十三經注疏 上

上海古籍出版社

圖書在版編目(CIP)數據

十三經注疏/上海古籍出版社編．—上海：上海古籍出版社，1997.7（2025.1重印）
ISBN 978-7-5325-2081-7

Ⅰ.①十…　Ⅱ.①上…　Ⅲ.①十三經—注釋　②經學　Ⅳ.①Z126.2

中國版本圖書館CIP數據核字(2010)第211329號

十三經注疏
(全二册)
上海古籍出版社出版發行
（上海市閔行區號景路159弄1-5號A座5F　郵政編碼201101）
(1) 網址：www.guji.com.cn
(2) E-mail：gujil@guji.com.cn
(3) 易文網網址：www.ewen.co
上海展强印刷有限公司印刷
開本 787×1092　1/16　印張 176.5　插頁 8
1997 年 7 月第 1 版　2025 年 1 月第 13 次印刷
印數：15,401-16,500
ISBN 978-7-5325-2081-7

B·264　定價：458.00 元

如發生質量問題，請與承印公司聯系
電話：021-66366565

出版說明

「十三經」係指被儒家奉爲經典的十三部古籍，即《周易》、《尚書》、《毛詩》、《周禮》、《儀禮》、《禮記》、《春秋左傳》、《春秋公羊傳》、《春秋穀梁傳》、《論語》、《孝經》、《爾雅》、《孟子》。漢代，立《詩》、《書》、《禮》、《易》、《春秋》於學官，定爲「五經」。唐以「三禮」、「三傳」合《詩》、《書》、《易》，爲「九經」；開成年間刻石國子學，又加《孝經》、《論語》、《爾雅》，爲「十二經」。至宋，列《孟子》於經部，始爲「十三經」。隨着儒家之學在中國傳統社會中定於一尊，歷代學者紛紛爲諸經作注解，除注經之作外，後又出現了對舊注進行解釋和發揮的義疏。南宋以前，經與疏各單行，南宋紹熙年間始有匯集唐宋之前最具權威性的「十三經」注、疏的合刊本，後復有十行本。明嘉靖中有閩本，據十行本重刻；萬曆間有監本，據閩本重刻；崇禎時有毛氏汲古閣本，據監本重刻。清初有武英殿本。其後，阮元以十行本爲主，校以他本，主持重刻《十三經注疏》，並撰《校勘記》，號爲善本，是迄今爲止最好的本子。

本書據世界書局縮印阮刻本影印出版，並據阮刻本對縮印本有所校正。縮印本《公羊注疏》卷二十三阮元《校勘記》漏脱者，《論語注疏》卷首漏脱之阮元《校勘記序》，皆影印補録於全書之末。這次出版，除重新編定目録外，尚在書口增貼詳細篇目，以便檢索。本書能與葉紹鈞編《十三經索引》配合使用。

上海古籍出版社

十三經注疏　上

目録

十三經注疏

周易正義

目録

毛詩正義

目録

周禮注疏

儀禮注疏

目録

禮記正義

春秋左傳正義

春秋公羊傳注疏

目録

春秋穀梁傳注疏

論語注疏

孝經注疏

爾雅注疏

孟子注疏

重刻宋板注疏總目録

右十三經注疏共四百十六卷謹案五代會要後唐長興三年始依石經文字刻九經印板經書之刻木板實始於此逮兩宋刻本浸多有宋十行本注疏者即南宋岳珂九經三傳沿革例所載建本附釋音注疏也其書刻于宋南渡之後由元入明遞有修補至明正德中其板猶存是以十行本爲諸本最古之册此後有閩板乃明嘉靖中用十行本重刻者有明監板乃明萬厤中用閩本重刻者有汲古閣毛氏板乃明崇禎中用明監本重刻者輾轉翻刻訛

謬百出明監板巳燬今各省書坊通行者惟有汲古閣毛本此本漫漶不可識讀近人修補更多訛舛元家所藏十行宋本有十一經雖無儀禮爾雅但有蘇州北宋所刻之單疏板本爲賈公彦邢昺之原書此二經更在十行本之前元舊作十三經注疏挍勘記雖不專主十行本單疏本而大端實在此二本嘉慶二十年元至江西武寧盧氏宣旬讀余挍勘記而有慕于宋本南昌給事中黄氏中傑亦苦毛板之朽因以元所藏十一經至南昌學堂重刻之且借挍蘇州黄氏丕烈所藏單疏二經重刻之近鹽巡道胡氏稷亦從吳中購得十一經其中有可補元藏本中所殘缺者於是宋本注疏可以復行於世豈獨江西學中所私哉刻書者最患以臆見改古書今重刻宋板凡有明知宋板之誤字亦不使輕改但加圈于誤字之旁而別據挍勘記擇其說附載於每卷之末俾後之學者不疑于古籍之不可據愼之至也其經文注文有與明本不同恐後人習讀明本而反臆疑宋本之誤故盧氏亦引挍勘記載於卷後愼之至也竊謂士人讀書當從經學始經學當從注疏始空疏之士高明之徒讀注疏不終卷而思臥者是不能潛心揅索終身不知有聖賢諸儒經傳之學矣至於注疏諸義亦有是有非我朝經學最盛諸儒論之甚詳是又在好學深思實事求是之士由注疏而推求尋覽之也二十一年秋刻板初成藏其板於南昌學使士林書坊皆可就而印之學中因書成請序於元元謂聖賢之經如日月經天江河行地安敢以小言冠茲卷首惟記刻書始末於目録之後復敬録欽定四庫全書十三經注疏各提要於各注疏之前俾束身修行之士知我大清儒學遠軼前代由此潛心敦品博學篤行以求古聖賢經傳之本源不爲虛浮孤陋兩途所誤云爾太子少保光禄大夫江西巡撫兼提督揚州阮元謹記

重栞宋本十三經注疏後記

嘉慶二十有一年秋八月南昌學堂重栞宋本十三經注疏成卷四百十六并附錄挍勘記爲書萬一千八百一十葉距始事於二十年仲春歷時十有九月蓋官於斯土與生是邦者合其心力而爲之者也稷竊心慰焉曩歲癸酉稷承之江甯鹽法道適浙閩制府桐城方公維甸予告在籍相與過從講求政事之餘究研經義時以各注疏本異同得失參差互見近日坊間重刻汲古閣毛氏本舛誤滋多計欲重栞之而稷調任江西厥議遂寢越明年甲戌　宫保阮公元來撫江右稷向讀其所著十三經注疏挍勘記心知其所藏宋本之善欲請觀之而涖政之初公事旁午踰歲初春始獲所願稷昔欲重栞而志未逮者又怦然動矣武甯貢生盧宣旬　宫保門下士於稷夙有文字契至是來謁屬董厥事以宋本名工剞劂而一時賢士大夫樂與觀成者咸鼓舞而贊襄之於官則有今江南蘓松督糧道前九江府知府方體今江西督糧道前廣信府知府王賡言今南昌府知府張敦仁暨南昌縣知縣陳煦新建縣知縣鄭祖琛署鄱陽縣知縣候補知州周澍浮梁縣知縣劉丙廣豐縣知縣阿應麟會昌縣知縣候補知州會暉春二品蔭生儀徵阮常生於紳則有給事中黃中傑御史盧浙編修黃中模員外黃中杰檢討羅允叔舉人余成教貢生趙儀吉袁泰開李楨或輸廉以助或分經以挍續殘補闕證是存疑而　宫保於退食餘閒詳加勘定且令庋其版於學中俾四方讀者皆可就而印之誠西江之盛事而　宫保嘉惠士林之至意也　宫保既記其刻書始末於序目之後稷亦喜夙願之既副爲記其重栞日月與挍栞諸名氏於全書之末云江西鹽法道分巡瑞袁臨等處地方廬江胡稷謹記

重校宋本十三經注疏跋

宮保阮制軍前撫江右時出所藏宋十行本以嘉惠士林嘉慶丙子仲春開雕閱十有九月至丁丑仲秋板成爲卷四百一十有六爲葉一萬一千八百有奇董其事者武寧明經盧君來庵也嗣　宮保陞任兩廣制軍來庵以創始者樂於觀成板甫就急思印本呈　制軍以慰其遺澤西江之意局中襄事者未及細校故書一出頗有淮風別雨之訛覽者憾之後來庵遊幕湘南以板移置府學明倫堂遠近購書者皆就印焉時余司其事披覽所及心知有舛悮處而自揣見聞寡陋藏書不富未敢輕爲改易今夏　制軍自粵郵書以倪君模所校本一冊寄示適奉新余君成教亦以所校本寄省倪君所校計共九十三條余君所校計共三十八條予因合二君所校之本詳加勘對親爲檢查督工逐條更正是書益增美備於此想見　宮保尊經教士之心歷十餘年而不倦隔數千里而不忘而宇内好古之士旁搜博採相與正訛糾謬豈非經學昌明之盛事哉倘四方君子更有考訂所及補目前所未備者隨其所得郵寄省垣俾得彙梓更正亦皆有補於後學云道光丙戌歲仲冬月南昌府學教授盱江朱華臨謹識

欽定四庫全書總目周易正義十卷

魏王弼晉韓康伯注唐孔穎達疏易本卜筮之書故末派寖流於讖緯王弼乘其極敝而攻之遂能排擊漢儒自標新學然隋書經籍志載晉揚州刺史顧夸等有周易難王輔嗣義一卷冊府元龜又載顧悅之（案悅之即顧夸之字）難王弼易義四十餘條京口閔康之又申王難顧是在當日已有異同王儉顏延年以後此揚彼抑互詰不休至穎達等奉詔作疏始專崇王注而衆說皆廢故隋志易類稱鄭學寖微今殆絕矣蓋長孫無忌等作志之時在正義既行之後也今觀其書如復彖七日來復王偶用六日七分之說則推明鄭義之善乾九二利見大人王不用利見九五之說則駁詰鄭義之非於見龍在田時舍也則曰經但云時舍注曰必以時之通舍者則輔嗣以通解舍舍是通義也而不疏舍之何以訓通於天元而地黃則曰恐莊氏之言非王本意今所不取而不言莊說之何以未允如斯之類皆顯然偏袒至說卦傳之分陰分陽韓注二四爲陰三五爲陽則曰輔嗣以爲初上無陰陽定位此注用王之說帝出乎震韓氏無注則曰益卦六二王用享于帝吉輔嗣注云帝者生物之主興益之宗出震而齊巽者也則輔嗣之意以此帝爲天帝也是雖弼所未注者亦委曲旁引以就之然疏家之體主於詮解注文不欲有所出入故皇侃禮疏或乖鄭義穎達至斥爲狐不首丘葉不歸根其墨守專門固通例然也至於詮釋文句多用空言不能如諸經正義根據典籍源委粲然則由王注掃棄舊文無古義之可引亦非考證之疏矣此書初名義贊後詔改正義然卷端又題曰兼義未喻其故序稱十四卷唐志作十八卷書錄解題作十三卷此本十卷乃與王韓注本同殆後人從注本合併歟

周易正義序

國子祭酒上護軍曲阜縣開國子臣孔穎達奉勑撰定

夫易者象也爻者效也聖人有以仰觀俯察象天地而育羣品雲行雨施效四時以生萬物若用之以順則兩儀序而百物和若行之以逆則六位傾而五行亂故王者動必則天地之道不使一物失其性行必協陰陽之宜不使一物受其害故能彌綸宇宙酬酢神明宗社所以无窮風聲所以不朽非夫道極玄妙孰能與於此乎斯乃乾坤之大造生靈之所益也若夫龍出於河則八卦宣其象麟傷於澤則十翼彰其用業資凡聖時歷三古及秦亡金鏡未墜斯文漢理珠囊重興儒雅其傳易者西都則有丁孟京田東都則有荀劉馬鄭大體更相祖述非有絕倫唯魏世王輔嗣之注獨冠古今所以江左諸儒並傳其學河北學者罕能及之其江南義疏十有餘家皆辭尚虛玄義多浮誕原夫易理難窮雖復玄之又玄至於垂範作則便是有而教有若論住內住外之空就能就所之說斯乃義涉於釋氏非爲教於孔門也既背其本又違於注至若復卦云七日來復並解云七日當爲七月謂陽氣從五月建午而消至十一月建子始復所歷七辰故云七月今案輔嗣注云陽氣始剝盡至來復時凡七日則是陽氣剝盡之後凡經七日始復但陽氣雖建午始消至建戌之月陽氣猶在何得稱七月來復故鄭康成引易緯之說建戌之月以陽氣既盡建亥之月純陰用事至建子之月陽氣始生隔此純陰一卦卦主六日七分舉其成數言之而云七日來復仲尼之緯分明輔嗣之注若此康成之說遺跡可尋輔嗣注之於前諸儒背之於後考其義理其可通乎又蠱卦云先甲三日後甲三日輔嗣注云甲者創制之令又若漢世之時甲令乙令也輔嗣又云令洽乃誅故後之三日又巽卦云先庚三日後庚三日輔嗣注云申命令謂之庚輔嗣又云甲庚皆申命之謂也諸儒同於鄭氏之說以爲甲者宣令之日先之三日而用辛也欲取改新之義後之三日而用丁也取其丁寧之義王氏注意本不如此而又不顧其注妄作異端今既奉勑刪定考察其事必以仲尼爲宗義理可詮先以輔嗣爲本去其華而取其實欲使信而有徵其文簡其理約寡而制衆變而能通仍恐鄙才短見意未周盡謹與朝散大夫行大學博士臣馬嘉運守大學助教臣趙乾叶等對共參議詳其可否至十六年又奉勑與前修疏人及給事郎守四門博士上騎都尉臣蘇德融等對勑使趙弘智覆更詳審爲之正義凡十有四卷庶望上裨聖道下益將來故序其大略附之卷首爾

周易正義卷第一

自此下分爲八段

第一論易之三名

正義曰夫易者變化之總名改換之殊稱自天地開闢陰陽運行寒暑迭來日月更出孚萌庶類亭毒羣品新新不停生生相續莫非資變化之力換代之功然變化運行在陰陽二氣故聖人初畫八卦設剛柔兩畫象二氣也布以三位象三才也謂之爲易取變化之義既義總變化而獨以易爲名者易緯乾鑿度云易一名而含三義所謂易也變易也不易也又云易者其德也光明四通簡易立節天以爛明日月星辰布設張列通精無門藏神無穴不煩不擾澹泊不失此其易也變易者其氣也天地不變不能通氣五行迭終四時更廢君臣取象變節相移能消者息必專者敗此其變易也不易者其位也天在上地在下君南面臣北面父坐子伏此其不易也鄭玄依此義作易贊及易論云易一名而含三義易簡一也變易二也不易三也故繫辭云乾坤其易之蘊邪又云易之門戶邪又云夫乾確然示人易矣夫坤隤然示人簡矣易則易知簡則易從此言其易簡之法則也又云爲道也屢遷變動不居周流六虛上下無常剛柔相易不可爲典要唯變所適此言順時變易出入移動者也又云天尊地卑乾坤定矣卑高以陳貴賤位矣動靜有常剛柔斷矣此言其張設布列不易者也崔覲劉貞簡等並用此義云易者謂生生之德有易簡之義不易者言天地定位不可相易變易者謂生生之道變而相續皆以緯稱不煩不擾澹泊不失此明是易簡之義無爲之道故易者易也作難易之音而周簡子云易者易音亦也不易者變易也易者易代之名凡有無相代彼此相易皆是易義不易者常體之名有常有體無常無體是不易之義變易者相變改之名兩有相變此爲變易張氏何氏並用此義云易者換代之名待奪之義因於乾鑿度云易者其德也或沒而不論或云德者得也萬法相形皆得相易不顧緯文不煩不擾之言所謂用其文而背其義何不思之甚故今之所用同鄭康成等易者易也音爲

雖易之音義爲簡易之義得緯文之本實也蓋易之三義唯在於有然有從无出理則包无故乾鑿度云夫有形者生於无形則乾坤安從而生故有太易有太初有太始有太素太易者未見氣也太初者氣之始也太始者形之始也太素者質之始也氣形質具而未相離謂之渾沌渾沌者言萬物相渾沌而未相離也視之不見聽之不聞循之不得故曰易也是知易理備包有无而易象唯在於有者蓋以聖人作易本以垂教教之所備本備於有故繫辭云形而上者謂之道道卽无也形而下者謂之器器卽有也故以无言之存乎道體以有言之存乎器用以變化言之存乎其神以生成言之存乎其易以眞言之存乎其性以邪言之存乎其情以氣言之存乎陰陽以質言之存乎爻象以教言之存乎精義以人言之存乎景行此等是也且易者象也物无不可象也作易所以垂教者卽乾鑿度云孔子曰上古之時人民無別羣物未殊未有衣食器用之利伏犧乃仰觀象於天俯觀法於地中觀萬物之宜於是始作八卦以通神明之德以類萬物之情故易者所以斷天地理人倫而明王道是以畫八卦建五氣以立五常之行象法乾坤順陰陽以正君臣父子夫婦之義度時制宜作爲罔罟以佃以漁以贍民用於是人民乃治君親以尊臣子以順羣生和洽各安其性此其作易垂教之本意也

第二論重卦之人

繫辭云河出圖洛出書聖人則之又禮緯含文嘉曰伏犧德合上下天應以鳥獸文章地應以河圖洛書伏犧則而象之乃作八卦故孔安國馬融王肅姚信等並云伏犧得河圖而作易是則伏義雖得河圖復須仰觀俯察以相參正然後畫卦伏犧初畫八卦萬物之象皆在其中故繫辭曰八卦成列象在其中矣是也雖有萬物之象其萬物變通之理猶自未備故因其八卦而更重之卦有六爻遂重爲六十四卦也繫辭曰因而重之爻在其中矣是也然重卦之人諸儒不同凡有四說王輔嗣等以爲伏犧畫卦鄭玄之徒以爲神農重卦孫盛以爲夏禹重卦史遷等以爲文王重卦其言夏禹及文王重卦者案繫辭神農之時已有蓋取益與噬嗑以此論之不攻自破其言神農重卦亦未爲得今以諸文驗之案說卦云昔者聖人之作易也幽贊於神明而生蓍凡言作者創造之謂也神農以後便是述修不可謂之作也則幽贊用蓍謂伏犧矣故乾鑿度云垂皇策者犧上繫論用蓍云四營而

成易十有八變而成卦既言聖人作易十八變成卦明用蓍在六爻之後非三畫之時伏犧用著卽伏犧已重卦矣說卦又云昔者聖人之作易也將以順性命之理是以立天之道曰陰與陽立地之道曰柔與剛立人之道曰仁與義兼三才而兩之故易六畫而成卦既言聖人作易兼三才而兩之又非神農始重卦矣又上繫云易有聖人之道四焉以言者尚其辭以動者尚其變以制器者尚其象以卜筮者尚其占此之四事皆在六爻之後何者三畫之時未有彖繇不得有尚其辭因而重之始有變動三畫不動不得有尚其變揲著布爻方用之卜筮著起六爻之後三畫不得有尚其占自然中間以制器者尚其象亦非三畫之時今伏犧結繩而爲罔罟則是制器明伏犧已重卦矣又周禮小史掌三皇五帝之書明三皇已有書也下繫云上古結繩而治後世聖人易之以書契蓋取諸夬既象夬卦而造書契伏犧有書契則有夬卦矣故孔安國書序云古者伏犧氏之王天下也始畫八卦造書契以代結繩之政又曰伏犧神農黃帝之書謂之三墳是也又八卦小成爻象未備重三成六能事畢矣若言重卦起自神農其爲功也豈比繫辭而已哉何因易緯等數所歷三聖但云伏犧文王孔子竟不及神農明神農但有蓋取諸益不重卦矣故今依王輔嗣以伏犧既畫八卦卽自重爲六十四卦爲得其實其重卦之意備在說卦此不具敘伏犧之時道尚質素畫卦重爻足以垂法後代澆訛德不如古爻象不足以爲教故作繫辭以明之

第三論三代易名

案周禮大卜三易云一曰連山二曰歸藏三曰周易杜子春云連山伏犧歸藏黃帝鄭玄易贊及易論云夏曰連山殷曰歸藏周曰周易鄭玄又釋云連山者象山之出雲連連不絶歸藏者萬物莫不歸藏於其中周易者言易道周普无所不備鄭玄雖有此釋更无所據之文先儒因此遂爲文質之義皆煩而无用今所不取案世譜等羣書神農一曰連山氏亦曰列山氏黃帝一曰歸藏氏既連山歸藏並是代號則周易稱周取岐陽地名毛詩云周原膴膴是也又文王作易之時正在羑里周德未興猶是殷世也故題周別於殷以此文王所演故謂之周易其猶周書周禮題周以別餘代故易緯云因代以題周是也先儒又兼取鄭說云既指周代之名亦是普徧之義雖欲无所遐棄亦恐未可盡通其易題周因代以稱周是先儒更不別解唯皇甫謐云文王在羑里演六十四卦著

七八九六之爻謂之周易以此文王安周字其繫辭之文連山歸藏无以言也

第四論卦辭爻辭誰作

其周易繫辭凡有二說一說所以卦辭爻辭並是文王所作知者案繫辭云易之興也其於中古乎作易者其有憂患乎又曰易之興也其當殷之末世周之盛德邪當文王與紂之事邪又乾鑿度云垂皇策者犧卦道演德者文成命者孔通卦驗又云蒼牙通靈昌之成孔演命明道經準此諸文伏犧制卦文王繫辭孔子作十翼易歷三聖只謂此也故史遷云文王囚而演易卽是作易者其有憂患乎鄭學之徒並依此說也二以爲驗爻辭多是文王後事案升卦六四王用亨于岐山武王克殷之後始追號文王爲王若爻辭是文王所制不應云王用亨于岐山又明夷六五箕子之明夷武王觀兵之後箕子始被囚奴文王不宜豫言箕子之明夷又旣濟九五東鄰殺牛不如西鄰之禴祭說者皆云西鄰謂文王東鄰謂紂文王之時紂尚南面豈容自言已德受福勝殷又欲抗君之國遂言東西相鄰而已又左傳韓宣子適魯見易象云吾乃知周公之德周公被流言之謗亦得爲憂患也驗此諸說以爲卦辭文王爻辭周公馬融陸績等並同此說今依而用之所以只言三聖不數周公者以父統子業故也案禮稽命徵曰文王見禮壞樂崩道孤無主故設禮經三百威儀三千其三百三千卽周公所制周官儀禮明文王本有此意周公述而成之故繫之文王然則易之爻辭蓋亦是文王本意故易緯但言文王也

第五論分上下二篇

案乾鑿度云孔子曰陽三陰四位之正也故易卦六十四分爲上下而象陰陽也夫陽道純而奇故上篇三十所以象陽也陰道不純而偶故下篇三十四所以法陰也乾坤者陰陽之本始萬物之祖宗故爲上篇之始而尊之也離爲日坎爲月日月之道陰陽之經所以始終萬物故以坎離爲上篇之終也咸恒者男女之始夫婦之道也人道之興必由夫婦所以奉承祖宗爲天地之主故爲下篇之始而貴之也旣濟未濟爲最終者所以明戒愼而全王道也以此言之則上下二篇文王所定夫子作緯以釋其義也

第六論夫子十翼

其彖象等十翼之辭以爲孔子所作先儒更无異論但數十翼亦有多家既文王易經本分爲上下二篇則區域各別彖象釋卦亦當隨經而分故一家數十翼云上彖一下彖二上象三下象四上繫五下繫六文言七說卦八序卦九雜卦十鄭學之徒並同此說故今亦依之

第七論傳易之人

孔子既作十翼易道大明自商瞿已後傳授不絶案儒林傳云商瞿子木本受易於孔子以授魯橋庇子庸子庸授江東馯臂子弓子弓授燕周醜子家子家授東武孫虞子乘子乘授齊田何子莊及秦燔書易爲卜筮之書獨得不禁故傳授者不絶漢興田何授東武王同子中及雒陽周王孫梁人丁寬齊服生皆著易傳數篇同授菑川楊何字叔元叔元傳京房京房傳梁丘賀賀授子臨臨授御史大夫王駿其後丁寬又別授田王孫孫授施讎讎授張禹禹授彭宣此前漢大略傳授之人也其後漢則有馬融荀爽鄭玄劉表虞翻陸績等及王輔嗣也

第八論誰加經字

但子夏傳云雖分爲上下二篇未有經字經字是後人所加不知起自誰始案前漢孟喜易本云分上下二經是孟喜之前已題經字其篇題經字雖起於後其稱經之理則久在於前故禮記經解云絜靜精微易敎也既在經解之篇是易有稱經之理案經解之篇備論六藝則詩書禮樂並合稱經而孝經緯稱易建八卦序六十四卦轉成三百八十四爻運機布度其氣轉易故稱經也但緯文鄙僞不可全信其八卦方位之所六爻上下之次七八九六之數內外承乘之象入經別釋此未具論也

周易正義卷之一

周易注疏挍勘記序

古周易十二篇漢後至宋晁以道朱子始復其舊自晁以道朱子以前皆彖象文言分入上下經卦中別爲繫辭上下說卦序卦雜卦五篇鄭元王弼之書業已如是此學者所共知無庸覼縷者也易之爲書冣古而文多異字宋晁以道古文易撏撦爲之如郭忠恕薛季宣古文尚書之比國朝之治周易者未有過於徵士惠棟者也而其挍刊雅雨堂李鼎祚周易集解與自著周易述其改字多有似是而非者蓋經典相沿已久之本無庸突爲擅易況師說之不同他書之引用未便據以改久沿之本也但當錄其說於考證而已元於周易注疏舊有挍正各本今更取唐宋元明經本經注本單疏本經注疏合本讎挍各刻同異屬元和生員李銳筆之爲書九卷別挍略例一卷陸氏釋文一卷而不取他書妄改經文以還王弼孔穎達陸德明之舊謹列目錄如左阮元　記

引據各本目錄

單經本

唐石經 凡九卷附略例開成二年刻今在陜西西安府

單注本

岳本 宋岳珂刻凡十卷今據　武英殿重刊五經本

古本 已下二本據七經孟子考文補遺

足利本

單疏本

宋本 據錢遵王挍本案錢跋有單疏本一單注本二注疏本一今不復能識別但稱錢挍本

注疏本

影宋鈔本 據餘姚盧文弨傳挍明錢保孫求赤挍本今稱錢本

宋本 據七經孟子考文補遺

十行本 凡九卷附音義一卷無略例

閩本 凡九卷附略例一卷音義一卷

監本 與閩本同

毛本 凡九卷無略例音義

周易兼義上經乾傳第一

國子祭酒上護軍曲阜縣開國子臣孔穎達奉勑撰正義

王弼注

䷀ 乾下乾上**乾。元亨利貞。**〔疏〕正義曰乾者此卦之名謂之卦者易緯云卦者掛也言縣掛物象以示於人故謂之卦但二畫之體雖象陰陽之氣未成萬物之象未得成卦必三畫以象三才寫天地雷風水火山澤之象乃謂之卦也故繫辭云八卦成列象在其中矣是也但初有三畫雖有萬物之象於萬物變通之理猶有未盡故更重之而有六畫備萬物之形象窮天下之能事故六畫成卦也此乾卦本以象天天乃積諸陽氣而成天故此卦六爻皆陽畫成卦也此既象天何不謂之天而謂之乾者天者定體之名乾者體用之稱故說卦云乾健也言天之體以健為用聖人作易本以教人欲使人法天之用不法天之體故名乾不名天也天以健為用者運行不息應化无窮此天之自然之理故聖人當法此自然之象而施人事亦當應物成務云為不已終日乾乾无時懈倦所以因天象以教人事於物象言之則純陽也天也於人事言之則君也父也以其居尊故在諸卦之首為易理之初但聖人名卦體例不同或則以物象而為卦名者若否泰剝頤鼎之屬是也或以象之所用而為卦名者即乾坤之屬是也如此之類多矣雖取物象乃以人事而為卦名者即家人歸妹謙履之屬是也所以如此不同者但物有萬象人有萬事若執一事不可包萬物之象若限局一象不可總萬有之事故名有隱顯辭有踳駁不可一例求之不可一類取之故繫辭云上下无常剛柔相易不可為典要韓康伯注云不可立定準是也元亨利貞者是乾之四德也子夏傳云元始也亨通也利和也貞正也言此卦之德有純陽之性自然能以陽氣始生萬物而得元始亨通能使物性和諧各有其利又能使物堅固貞正得終此卦自然令物有此四種使得其所故謂之四德言聖人亦當法此卦而行善道以長萬物物得生存而為元也又當以嘉美之事會合萬物令使開通而為亨也又當以義協和萬物使物各得其理而為利也又當以貞固幹事使物各得其正而為貞也是以聖人法乾而行此四德故曰元亨利貞其委曲條例備在文言

初九。潛龍勿用。文言備矣〔疏〕正義曰居第一之位故稱初以其陽爻故稱九潛者隱伏之名龍者變化之物言天之自然之氣起於建子之月陰氣始盛陽氣潛在地下故言初九潛龍也此自然之象聖人作法言於此潛龍之時小人道盛聖人雖有龍德於此時唯宜潛藏勿可施用故言勿用張氏云以道未可行故稱勿用以誡之於此小人道盛之時若其施用則為小人所害寡不敵衆弱不勝強禍害斯及故誡勿用若漢高祖生於暴秦之世唯隱居為泗水亭長是勿用也諸儒皆以為舜始漁於雷澤舜之時當堯之世堯若在上不得為小人道盛此潛龍始起在建子之月於義恐非也第一位言初第六位當言終第六位言上第一位當言下所以文不同者莊氏云下言初則上有末義故大過彖云棟橈本末弱是上有末義六言上則初當言下故小象云潛龍勿用陽在下也則是初有下義互文相通義或然也且第一言初者欲明萬物積漸從无入有所以言初不言一與下也六言上者欲見位居卦上故不言六與末也此初九之等是乾之六爻之辭但乾卦是陽生之世故六爻所述皆以聖人出處託之其餘卦六爻各因象明義隨義而發不必皆論聖人他皆倣此謂之爻者繫辭云爻也者效此者也聖人畫爻以倣效萬物之象先儒云後代聖人以易占事之時先用蓍以求數得數以定爻累爻而成卦因卦以生辭則蓍為爻卦之本爻卦為蓍之末今案說卦云聖人之作易也幽贊於神明而生蓍三天兩地而倚數觀變於陰陽而立卦發揮於剛柔而生爻繫辭云成天下之亹亹者莫大乎蓍龜是故天生神物聖人則之又易乾鑿度云垂皇策者犧據此諸文皆是用蓍以求卦先儒之說理當然矣然陽爻稱九陰爻稱六其說有二一者乾體有三畫坤體有六畫陽得兼陰故其數九陰不得兼陽故其數六二者老陽數九老陰數六老陰老陽皆變周易以變者為占故杜元凱注襄九年傳遇艮之八及鄭康成注易皆稱周易以變者為占故稱九稱六所以老陽數九老陰數六者以揲蓍之數九遇揲則得老陽六遇揲則得老陰其少陽稱七少陰稱八義亦準此張氏以為陽數有七有九陰數有八有六但七為少陽八為少陰質而不變為爻之本體九為老陽六為老陰文而從變故為爻之別名且七既為陽爻其畫已長今有九之老陽不可復畫為陽所以重錢避少陽七數故稱九也八為陰數而畫陰爻今六為老陰不可復畫陰爻故交其錢避八而稱六但易含萬象所託多途義或然也

九二。見龍在田。利見大人。出潛離隱故曰見龍處於地上故曰在田德施周普居中不偏雖非君位君之德也初則不彰三則乾乾四則或躍上則過亢利見大人唯二五焉〔疏〕九二至利見大人○正義曰陽處二位故曰九二陽氣發見故曰見龍田是地上可營為有益之處陽氣發在地上故曰在田且一之與二俱為地道二在一上所以稱田見龍在田是自然之象利見大人以人事託之言龍見在田之時猶似聖人久潛稍出雖非君位而有君德故天下衆庶利見九二之大人故先儒云若夫子教於洙泗利益天下有人君之德故稱大人案文言云九二德博而化又云君德也王輔嗣注云雖非君位君之德也是九二有人君之德所以稱大人也輔嗣又云利見大人唯二五焉是二之與五俱是大人為天下所利見也而褚氏張氏同鄭康成之說皆以為九二利見九五之大人其義非也且大人之云不專在九五與九二故訟卦云利見大人又蹇卦利見大人此大人之文施處廣矣故輔嗣注謂九二也是大人非專九五○注出潛離隱至唯二五焉○正義曰處於地上故曰在田者先儒以為重卦之時重於上下兩體故初與四相應二與五相應三與上相應是上下兩體論天地人各別但易含萬象為例非一及其六位則一二為地道三四為人道五上為天道二在一上是九二處其地上所田食之處唯在地上所以稱田也觀輔嗣之注意唯取地上稱田諸儒更廣而稱之言田之耕稼利益及於萬物盈滿有益於人猶若聖人益於萬物故稱田也德施周普者下小象文謂周而普遍居中不偏者九二居在下卦之中而於上於下其心一等是居中不偏也不偏則周普也雖非君位者二為大人已居二位是非君位也君之德者以德施周普也文言云德博而化又云君德也是九二有人君之德也初則不彰者謂潛隱不彰顯也三則乾乾者危懼不安也四則或躍者謂進退懷疑也上則過亢過謂過甚亢謂亢極利見大人唯二五焉者言範模乾之一卦故云唯二五焉於別卦言之非唯二五而已故訟卦蹇卦並云利見大人所以施處廣非唯二五也諸儒以為九二當太蔟之月陽氣發見則九三為建辰之月九四為建午之月九五為建申之月為陰氣始殺不宜稱飛龍在天上九為建戌之月羣陰既盛上九不得言與時偕極於此時陽氣僅存何極之有諸儒此說於理稍乖此乾之陽氣漸生似聖人漸出宜據十一月之後至建巳之月已來此九二當據建丑建寅之間於時地之萌牙初有出者即是陽氣發見之義乾卦之象其應然也但陰陽二氣共成歲功故陰興之時仍有陽在陽生之月尚有陰存所以六律六呂陰陽相間取象論義與此不殊乾之初九則與復卦不殊乾之九二又與臨卦无別何以復臨二卦與此不同者但易論象復臨二卦既有羣陰見象於上即須論卦之象義各自為文此乾卦初九九二只論居位一爻无羣陰見象故但自明當爻之地為此與臨復不同

九三。君子終日乾乾。夕惕若厲。无咎。處下體之極居上體之下在不中之位履重剛之險上不在天未可以安其尊也下不在田未可以寧其居也純脩下道則居上之德廢純脩上道則處下之禮曠故終日乾乾至于夕惕猶若厲也居上不驕在下不憂因時而惕不失其幾雖危而勞可以無咎處下卦之極愈於上九之亢故竭知力而後免於咎也乾三以處下卦之上故免亢龍之悔坤三以處下卦之上故免龍戰之災〔疏〕九三君子至夕惕若厲無咎○正義曰以陽居三位故稱九三以居不得中故不稱大人陽而得位故稱君子在憂危之地故終日乾乾言每恒終竟此日健健自強勉力不有止息夕惕者謂終竟此日後至向夕之時猶懷憂惕若厲者若如也厲危也言尋常憂懼恒如傾危乃得无咎謂既能如此戒慎則无罪咎如其不然則有咎故繫辭云无咎者善補過也此一爻因陽居九三之位皆以人事明其象○注處下體之極至免龍戰之災○正義曰處下體之極者極終也三是上卦之下下體之極故云極也又云居上體之下者四五與上是上體三居四下未入上體但居上體之下四則已入上體但居其上體之下故九四注云居上體之下與此別也云履重剛之險者上下皆有陽爻剛強好為險難故云履重剛之險云上不在天未可以安其尊者若在天位其尊自然安處在上卦之下雖在下卦之上其尊未安故云未可以安其尊也下不在田未可以寧其居者田是所居之處又是中和之所既不在田故不得安其居純脩下道則居上之德廢者言若純脩下道以事上卦則已居下卦之上其德廢壞言其太卑柔也純脩上道則處下之禮曠者曠謂空曠言已純脩居下卦之上道以自驕矜則處上卦之下其禮終竟空曠夕惕猶若厲也者言雖至於夕恒懷惕懼猶如未夕之前當若厲也案此卦九三所居之處實有危厲又文言云雖危无咎是實有危也據其上下文勢若字宜為語辭但諸儒並以若為如如似有厲是實无厲也理恐未盡今且依如解之因時而惕不失其幾者因時謂因可憂之時故文言云因時而惕又云知至至之可與幾也是因時而惕不失其幾也雖危而勞者若厲是雖危終日乾乾是而勞也故竭知力而後免於咎者王以九三與上九相並九三處下卦之極其位猶卑故竭知力而得免咎也上九在上卦之上其位極尊雖竭知力不免亢極言下勝於上卑勝於尊

九四。或躍在淵。无咎。去下體之極居上體之下乾道革之時也上不在天下不在田中不在人履重剛之險而无定位所處斯誠進退无常之時也近乎尊位欲進其道迫乎在下非躍所及欲靖其居居非所安持疑猶豫未敢決志用心存公進不在私疑以為慮不謬於果故无咎也〔疏〕九四或躍在淵无咎○正義曰或疑也躍跳躍也言九四陽氣漸進似若龍體欲飛猶疑或也躍於在淵未即飛也此自然之象猶若聖人位漸尊高欲進於王位猶豫遲疑在於故位未即進也云无咎者以其遲疑進退不即果敢以取尊位故无咎也若其貪利務進時未可行而行則物所不與故有咎也若周西伯內執王心外率諸侯以事紂也○注去下體之極至无咎也○正義曰去下體之極者離下體入上體也但在下體之上故云去下體之極注九三云處下體之極彼仍處九三與此別也云乾道革之時者革變也九四去下體入上體是乾道革之時云上不在天下不在田中不在人者易之為體三與四為人道人近在下不近於上故九四云中不在人異於九三也云而无定位所處者九四以陽居陰上既不在於天下復不在於地中又不當於人上下皆无定位所處也斯

誠進退无常之時者文言云上下无常進退无恒是也欲進其道迫乎在下非躍所及者謂欲進已聖道而居王位但逼迫於下羣衆未許非己獨躍所能進及也欲靜其居居非所安持疑猶豫未敢決志者謂志欲靜其居處百姓旣未離禍患須當拯救所以不得安居故遲疑猶豫未敢決斷其志而苟進也用心存公進不在私者本爲救亂除患不爲於已是進不在私也是以爲慮不謬於果者謬謂錯謬果謂果敢若不思慮苟欲求進當錯謬於果敢之事而致敗亡若疑惑以爲思慮則不錯謬於果敢之事其錯謬者若宋襄公與楚人戰而致敗亡是也

九五。飛龍在天。利見大人。不行不躍而在乎天非飛而何故曰飛龍也龍德在天則大人之路亨也夫位以德興德以位敘以至德而處盛位萬物之覩不亦宜乎〔疏〕九五至利見大人○正義曰言九五陽氣盛至於天故云飛龍在天此自然之象猶若聖人有龍德飛騰而居天位德備天下爲萬物所瞻覩故天下利見此居王位之大人○注龍德在天○正義曰龍德在天則大人之路亨謂若聖人有龍德居在天位則大人道路得亨通猶若文王拘在羑里是大人道路未亨也夫位以德興者位謂王位以聖德之人能興王位也德以位敘者謂有聖德之人得居王位乃能敘其聖德若孔子雖有聖德而无其位是德不能以位敘也

上九。亢龍有悔。〔疏〕正義曰上九亢陽之至大而極盛故曰亢龍此自然之象以人事言之似聖人有龍德上居天位久而亢極物極則反故有悔也純陽雖極未至大凶但有悔吝而已繫辭云悔吝者言乎其小疵也故鄭引堯之末年四凶在朝是以有悔未大凶也凡悔之爲文既是小疵不單稱悔也必以餘字配之其悔若在則言有悔謂當有此悔則此經是也其悔若无則言悔亡言其悔已亡也若恒卦九二悔亡是也其悔雖亡或是更取他文結之若復卦初九不遠復无祇悔之類是也但聖人至極終始无虧故文言云知進退存亡而不失其正者其唯聖人乎是知大聖之人本無此悔但九五天位有大聖而居者亦有非大聖而居者不能不有驕亢故聖人設法以戒之也

用九。見羣龍无首吉。九天之德也能用天德乃見羣龍之義焉夫以剛健而居人之首則物之所不與也以柔順而爲不正則佞邪之道也故乾吉在无首坤利在永貞〔疏〕用九見羣龍无首吉○正義曰用九見羣龍者此一句說乾元能用天德也九天德也若體乾元聖人能用天德則見羣龍之義羣龍之義以无首爲吉故曰用九見羣龍无首吉也○注九天之德○正義曰九天之德者言六爻俱九乃共成天德非是一爻之九則爲天德也

彖曰。大哉乾元。萬物資始。乃統天。雲行雨施。品物流形。大明終始。六位時成。時乘六龍以御天。乾道變化。各正性命。天也者形之名也健也者用形者也夫形也者物之累也有天之形而能永保无虧爲物之首統之者豈非至健哉大明乎終始之道故六位不失其時而成升降无常隨時而用處則乘潛龍出則乘飛龍故曰時乘六龍也乘變化而御大器靜專動直不失大和豈非正性命之情者邪〔疏〕彖曰大哉乾元至各正性命○正義曰夫子所作彖辭統論一卦之義或說其卦之德或說其卦之義或說其卦之名故畧例云彖者何也統論一卦之體明其所由之主案褚氏莊氏並云彖斷也斷定一卦之義所以名爲彖也但此彖釋乾與元亨利貞之德但諸儒所說此彖分解四德意各不同今案莊氏之說於理稍密依而用之大哉乾元萬物資始乃統天者此三句總釋乾與元也乾是卦名元是乾德之首故以元德配乾釋之大哉乾元者陽氣昊大乾體廣遠又以元大始生萬物故曰大哉乾元萬物資始者釋其乾元稱大之義以萬象之物皆資取乾元而各得始生不失其宜所以稱大也乃統天者以其至健而爲物始以此乃能統領於天天是有形之物以其至健能總統有形是乾元之德也雲行雨施品物流形者此二句釋亨之德也言乾能用天之德使雲氣流行雨澤施布故品類之物流布成形各得亨通无所壅蔽是其亨也大明終始六位時成者此二句總結乾卦之德也以乾之爲德大明曉乎萬物終始之道始則潛伏終則飛躍可潛則潛可飛則飛是明達乎始終之道故六爻之位依時而成若其不明終始之道應潛而飛應飛而潛應生而殺應殺而生六位不以時而成也時乘六龍以御天者此二句申明乾元乃統天之義言乾之爲德以依時乘駕六爻之陽氣以控御於天體六龍即六位之龍也以所居上下言之謂之六位也陽氣升降謂之六龍也上文以至健元始總明乾德故云乃統天也此名乘駕六龍各分其事故云以御天也乾道變化各正性命者此二句更申明乾元資始之義道體无形自然使物開通謂之爲道言乾卦之德自然通物故云乾道也變謂後來改前以漸移改謂之變也化謂一有一无忽然而改謂之爲化言乾之爲道使物漸變者使物卒化者各能正定物之性命性者天生之質若剛柔遲速之別命者人所禀受若貴賤天壽之屬是也○注天也者形之名也至豈非正性命之情者邪○正義曰夫形也者物之累也凡有形之物以形爲累是含生之屬各憂性命而天地雖復有形常能永保无虧爲物之首豈非統用之者至極健哉若非至健何能使天形无累見其无累則知至健也乘變化而御大器者乘變化則乘潛龍飛龍之屬是也而御大器大器謂天也乘此潛龍飛龍而控御天體所以運動不息故云而御大器也靜專動直不失大和者謂乾之爲體其靜住之時則專一不轉移也其運動之時正直不傾邪也故上繫辭云夫乾其靜也專其動也直是以大生焉韓康伯注云專專一也直剛正也不失大和則下文保合大和是也豈非正性命之情者邪以乾能正定物之性命故云豈非正性命之情者邪謂物之性命各有情非天之情也天本无情何情之有而物之性命各有情也所稟生者謂之性隨時念慮謂之情无識无情今據有識而言故稱曰情也夫子爲彖之體斷明一卦之義體例不同莊氏以爲凡有一十二體今則畧舉大綱不可事事繫說莊氏云彖者發首則歎美卦者則此乾彖云大哉乾元坤卦彖云至哉坤元以乾坤德大故先歎美之乃後詳說其義或有先疊文解義而後歎者則豫卦彖云豫之時義大矣哉之類是也或有先釋卦名之義後以卦名結之者則同人彖云柔得位得中而應乎乾曰同人大有彖云柔得尊位大中而上下應之曰大有之例是也或有特疊卦名而稱其卦者則同人彖云同人曰同人於野亨注云同人於野亨利涉大川非二之所能也是乾之所行故特曰同人曰此等之屬爲文不同雖同人之彖特稱同人曰注又別釋其餘諸卦之彖或詳或畧或先或後故上下參差體例不同或難其解或易畧解若一一比並曲生節例非聖人之本趣恐學者之徒勞心不曉也今皆畧而不言必有其義於卦下而具說

保合大和。乃利貞。不和而剛暴。〔疏〕正義曰此二句釋利貞也純陽剛暴若无和順則物不得利又失其正以能保安合會大和之道乃能利貞於萬物言萬物得利而貞正也

首出庶物。萬國咸寧。萬國所以寧各以有君也。〔疏〕正義曰自上已來皆論乾德自然養萬物之道此二句論聖人上法乾德生養萬物言聖人爲君在衆物之上最尊高於物以頭首出於衆物之上各置君長以領萬國故萬國皆得寧也人君位實尊高故於此云首出於庶物者也志須卑下故前經云无首吉也但前文說乾用天德其事既詳故此文聖人以人事象乾於文略也以此言之聖人亦當令萬物資始統領於天位而雲行雨施布散恩澤使兆庶衆物各流布其形又大明乎盛衰終始之道使天地四時貴賤高下各以時而成又任用羣賢以奉行聖化使物各正性命此聖人所以象乾而立化

象曰。天行健。君子以自強不息。〔疏〕象曰天行健至自強不息○正義曰此大象也十翼之中第三翼總象一卦故謂之大象但萬物之體自然各有形象聖人設卦以寫萬物之象今夫子釋此卦之所象故言象曰天有純剛故有健用今畫純陽之卦以比擬之故謂之象象在彖後者彖詳而象略也是以過半之義思在彖而不在象有由而然也天行健者行者運動之稱健者強壯之名乾是衆健之訓今大象不取餘健爲釋偏說天者萬物壯健皆有衰息唯天運動日過一度蓋運轉混沒未曾休息故云天行健健是乾之訓也順者坤之訓也坤則云地勢坤此不言天行乾而言健者劉表云詳其名也然則天是體名乾則用名健是其訓三者並見最爲詳悉所以尊乾異於他卦凡六十四卦說象不同或總舉象之所由不論象之實體又總包六爻不顯上體下體則乾坤二卦是也或直舉上下二體者若雲雷屯也天地交泰也天地不交否也雷電噬嗑也雷風恒也雷雨作解也風雷益也雷電皆至豐也洊雷震也隨風巽也習坎坎也明兩作離也兼山艮也麗澤兌也凡此一十四卦皆總舉兩體而結義也取兩體俱成或有直舉兩體上下相對者天與水違行訟也上天下澤履也天與火同人也上火下澤睽也凡此四卦或取兩體相違或取兩體相合或取兩體上下相承而爲卦也故兩體相對而俱言也雖上下二體共成一卦或直指上體而爲文者若雲上於天需也風行天上小畜也火在天上大有也雷出地奮豫也風行地上觀也山附於地剝也澤滅木大過也雷在天上大壯也明出地上晉也風自火出家人也澤上於天夬也澤上於地萃也風行水上渙也水在火上旣濟也火在水上未濟也凡此十五卦皆先舉上象而連於下亦意取上象以立卦名也亦有雖意在上象而先舉下象以出上象者地上有水比也澤上有地臨也山上有澤咸也山上有火旅也木上有水井也木上有火鼎也山上有木漸也澤上有雷歸妹也山上有水蹇也澤上有水節也澤上有風中孚也山上有雷小過也凡此十二卦皆先舉下象以出上象亦意取上象共下象而成卦也或先舉上象而出下象義取上象以成卦義者山下出泉蒙也地中有水師也山下有風蠱也山下有火賁也天下雷行无妄也山下有雷頤也天下有山遯也山下有澤損也天下有風姤也地中有山謙也澤中有雷隨也地中生木升也澤中有火革也凡此十三卦皆先舉上體後明下體也其上體是天天與山則稱下也若上體是地地與澤則稱中也或有雖先舉下象稱在上象之下者若雷在地中復也天在山中大畜也明入地中明夷也澤无水困也是先舉下象而稱在上象之下亦義取下象以立卦也所論之例者皆大判而言之其間委曲各於卦下別更詳之先儒所云此等象辭或有實象或有假象實象者若地上有水比也地中生木升也皆非虛故言實也假象者若天在山中風自火出如此之類實无此象假而爲義故謂之假也雖有實象假象皆以義示人總謂之象也天行健者謂天體之行晝夜不息周而復始无時虧退故云天行健此謂天之自然之象君子以自強不息此以人事法天所行言君子之人用此卦象自強勉力不有止息言君子者謂君臨上位子愛下民通天子諸侯兼公卿大夫有地者凡言君子義皆然也但位尊者象卦之義多也位卑者象卦之義少也但須量力而行各法其卦也所以諸卦並稱君子若卦體之義唯施於天子不兼包在下者則言先王也若比卦稱先王以建萬國豫卦稱先王以作樂崇德觀卦稱先王

以省方觀民設敎噬嗑稱先王以明罰勑法復卦稱先王以至日閉關无妄稱先王以茂對時育萬物渙卦稱先王以享于帝立廟泰卦稱后以財成天地之道姤卦稱后以施命誥四方稱后兼諸侯也自外卦並稱君子

潛龍勿用。陽在下也。見龍在田。德施普也。終日乾乾。反復道也。以上言之則不驕以下言之則不憂反覆皆道也。〔疏〕潛龍勿用至反覆道也○正義曰自此以下至盈不可久是夫子釋六爻之象辭謂之小象以初九陽潛地中故云陽在下也經言龍而象言陽者明經之稱龍則陽氣也此一爻之象專明天之自然之氣也見龍在田德施普者此以人事言之用龍德在田似聖人已出在世道德恩施能普徧也比初九勿用是其周普也若比九五則猶狹也終日乾乾反復道者此亦以人事言之君子終日乾乾自彊不息故反之與覆皆合其道反謂進反在上也處下卦之上能不驕逸是反能合道也覆謂從上倒覆而下居上卦之下能不憂懼是覆能合道也○

或躍在淵。進无咎也。飛龍在天。大人造也。亢龍有悔。盈不可久也。〔疏〕或躍在淵至盈不可久也○正義曰或躍在淵進无咎者此亦人事言之進則跳躍在上退在潛處在淵猶聖人疑或而在於貴位也心所欲進意在於公非是爲私故進无咎也飛龍在天大人造者此亦人事言之飛龍在天猶聖人之在王位造爲也唯大人能爲之而成就也姚信陸績之屬皆以造爲造至之造今案象辭皆上下爲韻則姚信之義其讀非也亢龍有悔盈不可久者此亦人事言之九五是盈也盈而不已則至上九地致亢極有悔恨也故云盈不可久也但此六爻象辭第一爻言陽在下是舉自然之象明其餘五爻皆有自然之象舉初以見末五爻並論人事則知初爻亦有人事互文相通也

用九。天德不可爲首也。〔疏〕正義曰此一節釋經之用九之象辭經稱用九故象更疊云用九云天德不可爲首者此夫子釋辭也九是天之德也天德剛健當以柔和接待於下不可更懷尊剛爲物之首故云天德不可爲首也

文言曰。元者善之長也。亨者嘉之會也。利者義之和也。貞者事之幹也。君子體仁足以長人。嘉會足以合禮。利物足以和義。貞固足以幹事。君子行此四德者。故曰乾元亨利貞。〔疏〕文言曰至乾元亨利貞○正義曰文言者是夫子第七翼也以乾坤其易之門戶邪其餘諸卦及爻皆從乾坤而出義理深奥故特作文言以開釋之莊氏云文謂文飾以乾坤德大故特文飾以爲文言今謂夫子但贊明易道申說義理非是文飾華彩當謂釋二卦之經文故稱文言從此至元亨利貞明乾之四德爲第一節從初九曰潛龍勿用至動而有悔明六爻之義爲第二節自潛龍勿用下至天下治也論六爻之人事爲第三節自潛龍勿用陽氣潛藏至乃見天則論六爻自然之氣爲第四節自乾元者至天下平也此一節復說乾元之四德之義爲第五節自君子以成德爲行至其唯聖人乎此一節更廣明六爻之義爲第六節今各依文解之此第一節論乾之四德也元者善之長也此已下論乾之四德但乾之爲體是天之用凡天地運化自然而爾因无而生有也无爲而自爲天本无心豈造元亨利貞之德也天本无名豈造元亨利貞之名也但聖人以人事託之謂此自然之功爲天之四德垂敎於下使後代聖人法天之所爲故立天四德以設教也莊氏云第一節元者善之長者謂天之體性生養萬物善之大者莫善施生元爲施生之宗故言元者善之長也亨者嘉之會者嘉美也言天能通暢萬物使物嘉美之會聚故云嘉之會也利者義之和者言天能利益庶物使物各得其宜而和同也貞者事之幹者言天能以中正之氣成就萬物使物皆得幹濟莊氏之意以此四句明天之德也而配四時元是物始於時配春春爲發生故下云體仁仁則春也亨是通暢萬物於時配夏故下云合禮禮則夏也利爲和義於時配秋秋既物成各合其宜貞爲事幹於時配冬冬既收藏事皆幹了也於五行之氣唯少土也土則分王四季四氣之行非土不載故不言也君子體仁足以長人者自此已下明人法天之行此四德言君子之人體包仁道汎愛施生足以尊長於人也仁則善也謂行仁德法天之元德也嘉會足以合禮者言君子能使萬物嘉美集會足以配合於禮謂法天之亨也利物足以和義者言君子利益萬物使物各得其宜足以和合於義法天之利也貞固足以幹事者言君子能堅固貞正令物得成使事皆幹濟此法天之貞也施於王事言之元則仁也亨則禮也利則義也貞則信也不論智者行此四事並須資於知且乾鑿度云水土二行兼信與知也故略而不言也君子行此四德者故曰乾元亨利貞以君子之人當行此四種之德是以文王作易稱元亨利貞之德欲使君子法之但行此四德則與天同功非聖人不可唯云君子者但易之爲道廣爲垂法若限尚聖人恐不逮餘下故總云君子使諸侯公卿之等悉皆行之但聖人行此四德能盡其極也君子行此四德各量力而爲多少各有其分但乾卦象天故以此四德皆爲天德但陰陽合會二象相成皆有四德非獨乾之一卦是以諸卦之中亦有四德但餘卦四德有劣於乾故乾卦直云四德更无所言欲見乾之四德无所不包其餘卦四德之下則更有餘事以四德狹劣故以餘事繫之即坤卦之類是也亦有四德之上即論餘事若革卦云巳日乃孚元亨利貞悔亡也由乃孚之後有元亨利貞乃得悔亡也有四德者即乾坤屯臨隨无妄革七卦是也亦有其卦非善而有四德者以其卦凶故有四德乃可也故隨卦有元亨利貞乃得无咎是也四德具者其卦未必善也亦有三德者即離咸萃兌渙小過凡六卦就三德之中爲文不一或總稱三德於上更別陳餘事於下若離咸之屬是也就三德之中上下不一離則云利貞亨由利貞乃得亨也亦有先云亨更陳餘事乃始云利貞者以有餘事乃得利貞故也有二德者大有蠱漸大畜升困中孚凡七卦此二德或在事上言之或在事後言之由後有事乃致此二德故也亦有一德者若蒙師小畜履泰謙噬嗑賁復大過震豐節既濟未濟凡十五卦皆一德也並是亨也或多在事上言之或在事後言履卦云履虎尾不咥人亨由有事乃得亨以前所論德者皆於經文挺然特明德者乃言之也其有因事相連而言德者則不數之也若需卦云需有孚光亨貞吉雖有亨貞二德連事起文故不數也遯卦云亨小利貞雖有三德亦不數也旅卦云旅小亨旅貞吉雖有亨貞二德亦連他事不數也比卦云原筮元永貞无咎否卦云否之匪人不利君子貞雖有貞字亦連他文言之又非本卦德亦不數之同人云同人于野亨坎卦云有孚維心亨損卦云无咎可貞此等雖有一德皆連事而言之故亦不數所以然者但易含萬象事義非一隨時曲變不可爲典要故也其有意義各於卦下詳之亦有卦善而德少者若泰與謙復之類雖善唯一德也亦有全无德者若豫觀剝晉蹇解夬姤井艮歸妹凡十一卦也大略唯有凶卦无德者若剝蹇夬姤之屬是也亦有卦善而无德者晉解之屬是也各於卦下詳之凡四德者亨之與貞其德特行若元之與利則配連他事其意以元配亨以利配貞雖配他事爲文元是元大也始首也利是利益也合和也以當分言之各是其一德也唯配亨貞俱爲四德元雖配亨亦配他事故比卦云元永貞坤六五黃裳元吉是也利亦非獨利貞亦所利餘事多矣若利涉大川利建侯利見大人利君子貞如此之屬是利字所施處廣故諸卦謂他事之利不數以爲德也此四德非唯卦下有之亦於爻下有之但爻下其事稍少故黃裳元吉及何天之衢亨小貞吉大貞凶此皆於爻下言之其利則諸爻皆有

初九曰。潛龍勿用。何謂也。子曰。龍德而隱者也。不易乎世。不爲世俗所移易也〔疏〕初九曰至不易乎世○正義曰此第二節釋初九爻辭也初九曰潛龍勿用何謂也者此夫子疊經初九爻辭故言初九曰方釋其義假設問辭故言潛龍勿用何謂也子曰龍德而隱者也此夫子以人事釋潛龍之義聖人有龍德隱居者也不易乎世者不移易其心在於世俗雖逢險難不易本志也不成乎名。遯世无悶。不見是而无悶。樂則行之。憂則違之。確乎其不可拔。潛龍也。〔疏〕不成乎名至潛龍也○正義曰不成乎名者言自隱默不成就於令名使人知也遯世无悶者謂逃遯避世雖逢无道心无所悶不見是而无悶者言舉世皆非雖不見善而心亦无悶上云遯世无悶心處僻陋不見是而无悶此因見世俗行惡是亦无悶故再起无悶之文樂則行之憂則違之者心以爲樂已則行之心以爲憂已則違之確乎其不可拔者身雖逐物推移隱潛避世心志守道確乎堅實其不可拔此是潛龍之義也

九二曰。見龍在田。利見大人。何謂也。子曰。龍德而正中者也。庸言之信。庸行之謹。閑邪存其誠。善世而不伐。德博而化。易曰。見龍在田。利見大人。君德也。〔疏〕九二曰至君德也○正義曰此釋九二爻辭子曰龍德而正中者九二居中不偏然不如九五居尊得位故但云龍德而正中者也庸言之信庸行之謹者庸謂中庸庸常也從始至末常言之信實常行之謹愼閑邪存其誠者言防閑邪惡當自存其誠實也善世而不伐者謂爲善於世而不自伐其功德博而化者言德能廣博而變化於世俗初爻則全隱遯避世二爻則漸見德行以化於俗也若舜漁於雷澤陶於河濱以器不窳民漸化之是也易曰見龍在田利見大人君德者以其異於諸爻故特稱易曰見龍在田未是君位但云君德也

九三曰。君子終日乾乾。夕惕若厲。无咎。何謂也。子曰。君子進德脩業。忠信。所以進德也。脩辭立其誠。所以居業也。知至至之。可與幾也。知終終之。可與存義也。處一體之極是至也居一卦之盡是終也處事之至而不犯咎知至者也故可與成務矣處終而能全其終知終者也夫進物之速者義不若利存物之終若利不及義故靡不有初鮮克有終夫可與存義者其唯知終者乎〔疏〕九三曰至可與存義也○正義曰此釋九三爻辭也子曰君子進德脩業者德謂德行業謂功業九三所以終日乾乾者欲進益道德脩營功業故終日乾乾匪懈也進德則知至將進也脩業則知終存義也忠信所以進德者復解進德之事推忠於人以信待物人則親而尊之其德日進是進德也脩辭立其誠所以居業者辭謂文教誠謂誠實也外則脩理文教內則立其誠實內外相成則有功

業可居故云居業也上云進德下復云進德上云脩業下變云居業者以其間有脩辭之文故避其脩文而云居業且功業宜云居也知至至之可與幾者九三處一體之極方至上卦之下是至也既居上卦之下而不凶咎是知至也既能知是將至則是識幾知理可與共論幾事幾者去无入有有理而未形之時此九三既知時節將至知理欲到可與共營幾也知終終之可與存義者居一體之盡而全其終竟是知終也既能知此終竟是終盡之時可與保存其義義者宜也保全其位不有失喪於事得宜九三既能知其自全故可存義然九三唯是一爻或使之欲進知幾也或使之欲退存義也一進一退其意不同以九三處進退之時若可進則進可退則退兩意並行。注處一體之極至其唯知終者乎。正義曰處一體之極是至也者莊氏云極即至也三在下卦之上是至極褚氏云一體之極是至也者是下卦已極將至上卦之下至謂至上卦也下云在下位而不憂注云知夫至至故不憂此以人事言之既云下位明知在上卦之下欲至上卦故不憂是知將至上卦若莊氏之說直云下卦上極是至極儻无上卦之體何可至也何須與幾也是知至者據上卦爲文莊說非也處事之至而不犯咎是知至者謂三近上卦事之將至能以禮知屈而不觸犯上卦之咎則是知事之將至故可與成務者務謂事務既識事之先幾可與以成其事務與猶許也言可許之事不謂此人共彼相與也進物之速者義不若利者利則隨幾而發見利則行也義者依分而動不速妄求進故進物速疾義不如利由義靜而利動故也存物之終者利不及義者保全已成之物不妄興動故利不及義也故靡不有初鮮克有終者見利則行不顧在後是靡不有初不能守成其業是鮮克有終**是故居上位而不驕。在下位而不憂。**居下體之上在上體之下明夫終敝故不驕也知夫至至故不憂也【疏】是故居上位而不驕在下位而不憂。正義曰是故居上位而不驕者謂居下體之上位而不驕也以其知終故不敢懷驕慢在下位而不憂者處上卦之下故稱下位以其知事將至務幾欲進故不可憂也。注明夫終敝故不驕也至故不憂也。正義曰明夫終敝故不驕者解知終也知夫至至故不憂者解知至也前經知至在前知終在後此經先解知終後解知至者隨文便而言之也**故乾乾因其時而惕，雖危无咎矣。**惕怵惕之謂也處事之極失時則廢懈怠則曠故因其時而惕雖危无咎【疏】故乾乾至无咎矣。正義曰九三以此之故恒乾乾也因其已終已至之時而心懷惕懼雖危不寧以其知終知至故无咎。注處事之極至懈怠則曠。正義曰處事之極失時則廢者謂三在下卦之上體是處事之極至也至失時不進則幾務廢闕所以乾乾須進也懈怠則曠者既處事極極則終也當保守已終之業若懈怠驕逸則功業空曠所以乾乾也失時則廢解知至也懈怠則曠解知終也**九四曰：或躍在淵，无咎。何謂也？子曰：上下无常，非爲邪也。進退无恒，非離羣也。君子進德脩業，欲及時也，故无咎。**【疏】九四曰至故无咎。正義曰此明九四爻辭也子曰上下无常非爲邪者上而欲躍下而欲退是无常也意在於公非是爲邪也進退无恒非離羣者何氏云所以進退无恒者時使之然非苟欲離羣也何氏又云言上下者據位也進退者據爻也所謂非離羣者言雖進退无恒猶非羣衆而行和光俯仰並同於衆非是卓絶獨離羣也君子進德脩業欲及時者進德則欲上欲進也脩業則欲下欲退也進者棄位欲躍是進德之謂也退者仍退在淵是脩業之謂也

其意與九三同但九四欲前進多於九三故云欲及時也九三則不云及時但可與言幾而已**九五曰：飛龍在天，利見大人。何謂也？子曰：同聲相應，同氣相求。水流濕，火就燥，雲從龍，風從虎。聖人作而萬物覩。本乎天者親上，本乎地者親下，則各從其類也。**【疏】九五曰至各從其類也。正義曰此明九五爻之義飛龍在天者言天能廣感衆物衆物應之所以利見大人因大人與衆物感應故廣陳衆物相感應以明聖人之作而萬物瞻覩以結之也同聲相應者若彈宮而宮應彈角而角動是也同氣相求者若天欲雨而礎柱潤是也此二者聲氣相感也水流濕火就燥者此二者以形象相感水流於地先就濕處火焚其薪先就燥處此同氣水火皆无識而相感先明自然之物故發初言之也雲從龍風從虎者龍是水畜雲是水氣故龍吟則景雲出是雲從龍也虎是威猛之獸風是震動之氣此亦是同類相感故虎嘯則谷風生是風從虎也此二句明有識之物感无識故以次言之漸就有識而言也聖人作而萬物覩者此二句正釋飛龍在天利見大人之義聖人作則飛龍在天也萬物覩則利見大人也陳上數事之名本明於此是有識感有識也此亦同類相感聖人有生養之德萬物有生養之情故相感應也本乎天者親上本乎地者親下者在上雖陳感應唯明數事而已此則廣解天地之間共相感應之義莊氏云天地絪緼和合二氣共生萬物然萬物之體有感於天氣偏多者有感於地氣偏多者故周禮大宗伯有天產地產大司徒云動物植物本受氣於天者是動物含靈之屬天體運動含靈之物亦運動是親附於上也本受氣於地者是植物无識之屬地體凝滯植物亦不移動是親附於下也則各從其類者言天地之間共相感應各從其氣類此類因聖人感萬物以同類故以同類言之其造化之性陶甄之器非唯同類相感亦有異類相感者若磁石引針琥珀拾芥蠶吐絲而商弦絶銅山崩而洛鍾應其類煩多難一一言也皆冥理自然不知其所以然也感者動也應者報也皆先者爲感後者爲應非唯近事則相感亦有遠事遥相感者若周時獲麟乃爲漢高之應漢時黄星後爲曹公之兆感應之事廣非片言可悉今意在釋理故略舉大綱而已**上九曰：亢龍有悔。何謂也？子曰：貴而无位，高而无民，**下无陰也【疏】正義曰此明上九爻辭也子曰貴而无位者以上九非位而上九居之是无位也高而无民者六爻皆无陰是无民也**賢人在下位而无輔，**賢人雖在下而當位不爲之助【疏】正義曰賢人雖在下位不爲之輔助也**是以動而有悔也。**處上卦之極而不當位故盡陳其闕也獨立而動物莫之與矣乾文言首不論乾而先說元下乃曰乾何也夫乾者統行四事者也君子以自強不息行此四者故首不論乾而下曰乾元亨利貞餘爻皆說龍至於九三獨以君子爲目何也夫易者象也象之所生生於義也有斯義然後明之以其物故以龍叙乾以馬明坤隨其事義而取象焉是故初九九二龍德皆應其義故可論龍以明之也至於九三乾乾夕惕非龍德也明以君子當其象矣統而舉之乾體皆龍別而叙之各隨其義【疏】是以動而有悔也。正義曰聖人設戒居此之時不可動作也。注夫乾者統行四事者也。正義取夫乾者統行四事者也君子以自強不息行此四者注意以乾爲四德之主文言之首不先說乾而先說四德者故自發問而釋之以乾體當分无功唯統行此四德之事

行此四德乃是乾之功故文言先說君子以自強不息行此四德者故先言之發首不論乾也但能四德既備乾功自成故下始云乾元亨利貞**潛龍勿用，下也。見龍在田，時舍也。終日乾乾，行事也。或躍在淵，自試也。飛龍在天，上治也。亢龍有悔，窮之災也。乾元用九，天下治也。**此一章全以人事明之也九陽也陽剛直之物也夫能全用剛直放遠善柔非天下至理未之能也故乾元用九則天下治也夫識物之動則其所以然之理皆可知也龍之爲德不爲妄者也潛而勿用何乎必窮處於下也見而在田必以時之通舍也以爻爲人以位爲時人不妄動則時皆可知也文王明夷則主可知矣仲尼旅人則國可知矣【疏】潛龍勿用至天下治也。正義曰此一節是文言第三節說六爻人事所治之義潛龍勿用下也者言聖人於此潛龍之時在卑下也見龍在田時舍者舍謂通舍九二以見龍在田是時之通舍也終日乾乾行事者言行此知至知終之事也或躍在淵自試者言聖人逼近五位不敢果決而進唯漸漸自試意欲前進遲疑不定故云自試也飛龍在天上治者言聖人居上位而治理也亢龍有悔窮之災者言位窮而致災災則悔也非爲大禍災也乾元用九天下治者易經上稱用九用九之文總是乾德又乾字不可獨言故舉元德以配乾也言此乾元用九德而天下治九五止是一爻觀見事狹但云上治乾元總包六爻觀見事濶故云天下治也。注此一章全以人事至國可知矣。正義曰此一章全以人事明之者下云陽氣潛藏又云乃位乎天德又云乃見天則此一章但云天下治是皆以人事說之也夫能全用剛直放遠善柔非天下至理未之能也者以乾元用九六爻皆陽是全用剛直放遠善柔謂放棄善柔之人善柔謂貌恭心狠使人不知其惡惡識之爲難此用九純陽者是全用剛直更无餘陰柔善之人堯尚病之故云非天下之至理未之能也夫識物之動則其所以然之理皆可知者此欲明在下龍潛見之義故張氏云識物之動謂龍之動也則其所以然之理皆可知者謂識龍之所以潛所以見然此之理皆可知也龍之爲德不爲妄者言龍靈異於他獸不妄舉動可潛則潛可見則見是不虛妄也見而在田必以時之通舍者經唯云時舍也注云必以時之通舍者則輔嗣以通解舍舍是通義也初九潛藏不見九二既見而在田是時之通舍之義也以爻爲人以位爲時者爻居其位猶若人遇其時故文王明夷則主可知矣主則時也謂當時无道故明傷也仲尼旅人則國可知矣國亦時也若見仲尼羈旅於人則知國君无道令其羈旅出外引文王仲尼者明龍潛龍見之義**潛龍勿用，陽氣潛藏。見龍在田，天下文明。終日乾乾，與時偕行。**與天時俱不息【疏】潛龍勿用至與時偕行。正義曰此一節是文言第四節明六爻天氣之義天下文明者陽氣在田始生萬物故天下有文章而光明也與時偕行者此以天道釋爻象也所以九三乾乾不息終日自戒者同於天時生物不息言與時偕行也偕俱也諸儒以爲建辰之月萬物生長不有止息與天時而俱行若以不息言之是建寅之月三陽用事三當生物之初生物不息同於天時生物不息故言與時偕行也**或躍在淵，乾道乃革。飛龍在天，乃位乎天德。亢龍有悔，與時偕極。**與時運俱終極【疏】或躍在淵至與時偕極。正義曰乾道乃革者去下體入上體故云乃革也乃位乎天德者位當天德之位言九五陽居於天

照臨廣大故云天德也

乾元用九。乃見天則。此一章全說天氣以明之也九剛直之物唯乾體能用之用純剛以觀天天則可見矣〔疏〕正義曰乃見天則者陽是剛亢之物能用此純剛唯天乃然故云乃見天則

乾元者。始而亨者也。利貞者。性情也。不爲乾元何能通物之始不性其情何能久行其正是故始而亨者必乾元也利而正者必性情也〔疏〕乾元者至性情也○正義曰此一節是第五節復明上初章及乾四德之義也乾元者始而亨者也以乾非自當分有德以元亨利貞爲德元是四德之首故夫子恆以元配乾而言之欲見乾元相將之義也以有乾之元德故能爲物之始而亨通也此解元亨二德也○利貞者性情也者所以能利益於物而得正者由性制於情也○注不爲乾元至必性情也○正義曰乾之元氣其德廣大故能徧通諸物之始若餘卦元德雖能始生萬物德不周普故云不爲乾元何能通物之始其實坤元亦能通諸物之始以此文言論乾元之德故注連言乾元也不性其情何能久行其正者性者天生之質正而不邪情者性之欲也言若不能以性制情使其情如性則不能久行其正其六爻發揮之義案略例云爻者言乎變者也故合散屈伸與體相乖形躁好靜質柔愛剛體與情反質與願違是爻者所以明情故六爻發散旁通萬物之情輔嗣之意以初爲无用之地上爲盡末之境其居位者唯二三四五故繫辭唯論此四爻初上雖无正位統而論之爻亦始末之位故乾象云六位時成二四爲陰位陰居爲得位陽居爲失位三五爲陽位陽居爲得位陰居爲失位略例云陽之所求者陰也陰之所求者陽也一與四二與五三與上若一陰一陽爲有應若俱陰俱陽爲无應此其六爻之大略其義具於繫辭於此略言之

乾始能以美利利天下。不言所利大矣哉。大哉乾乎。剛健中正。純粹精也。六爻發揮。旁通情也。時乘六龍。以御天也。雲行雨施。天下平也。〔疏〕乾始能以美利至天下平也○正義曰乾始能以美利利天下不言所利大矣哉者此復說始而亨利貞之義乾始謂乾能始生萬物解元也能以美利利天下解利也謂能以生長美善之道利益天下也不復說亨貞者前文亨既連始貞又連利舉始舉利則通包亨貞也不言所利大矣哉者若坤卦云利牝馬之貞及利建侯利涉大川皆言所利之事此直云利貞不言所利之事欲見无不利也非唯止一事而已故云不言所利大矣哉其實此利爲无所不利此貞亦无所不貞是乾德大也大哉乾乎剛健中正純粹精者此正論乾德不兼通元也故直云大哉乾乎剛健中正謂純陽剛健其性剛強其行勁健中謂二與五也正謂五與二也故云剛健中正六爻俱陽是純粹也純粹不雜是精靈故云純粹精也六爻發揮旁通情也者發謂發越也揮謂散也言六爻發越揮散旁通萬物之情也時乘六龍以御天者重取乾象之文以贊美此乾之義雲行雨施天下平者言天下普得其利而均平不偏陂

君子以成德爲行。日可見之行也。潛之爲言也。隱而未見。行而未成。是以君子弗用也。〔疏〕君子以成德爲行至君子弗用也○正義曰此一節是文言第六節更復明六爻之義此節明初九爻辭周氏云上第六節乾元者始而亨者也是廣明乾與四德之義此君子以成德爲行亦是第六節明六爻之義總屬第六節不更爲第七節義或當然也君子以成德爲行者明初九潛龍之義故先開此語也言君子之人當以成就道德爲行令其德行彰顯使人日可見其德行之事此君子之常也不應潛隱所以今日潛者以時未可見故須潛也潛之爲言也隱而未見行而未成此夫子解潛龍之義此經中潛龍之言是德之幽隱而未宜見所行之行未可成就是以君子弗用者德既幽隱行又未成是君子於時不用以逢衆陰未可用也周氏云德出於己在身內之物故云成行被於人在外之事故云爲行下又卽云行而未成是行亦稱成周氏之說恐義非也成德爲行者言君子成就道德以爲其行其成德爲行未必文相對

君子學以聚之。問以辯之。以君德而處下體資納於物者也〔疏〕正義曰此復明九二之德君子學以聚之者九二從微而進未在君位故且習學以畜其德問以辯之者學有未了更詳問其事以辯決於疑也

寬以居之。仁以行之。易曰。見龍在田。利見大人。君德也。〔疏〕正義曰寬以居之者當用寬裕之道居處其位也仁以行之者以仁恩之心行之被物易曰見龍在田利見大人君德者既陳其德於上然後引易本文以結之易之所云是君德寬以居之仁以行之是也但有君德未是君位

九三。重剛而不中。上不在天。下不在田。故乾乾因其時而惕。雖危无咎矣。〔疏〕九三至无咎矣○正義曰此明九三爻辭上之初九九二皆豫陳其德於上不發首云初九九二此九三九四則發首先言九三九四其九五全不引易文上九則發首云亢之爲言也上下不爲例者夫子意在釋經義便則言以潛見須言其始故豫張本於上三四俱言重剛不中恐其義同故並先云爻位幷重剛不中之事九五前章已備故不復引易但云大人也上九亦前章備顯故此直言亢之爲言也案初九云潛之爲言上爻云亢之爲言獨二爻云言者褚氏以初上居无位之地故稱言也其餘四爻是有位故不云言義或然也重剛者上下俱陽故重剛也不中者不在二五之位故不中也上不在天謂非五位下不在田謂非二位也故乾乾因其時而惕雖危无咎矣者居危之地以乾乾夕惕戒懼不息得无咎也

九四。重剛而不中。上不在天。下不在田。中不在人。故或之。或之者。疑之也。故无咎。〔疏〕九四至故无咎○正義曰此明九四爻辭也其重剛不中上不在天下不在田並與九三同也中不在人者三之與四俱爲人道但人道之中人下近於地上遠於天九三近二是下近於地正是人道故九三不云中不在人九四則上近於天下遠於地非人所處故特云中不在人故或之者以其上下无定故心或之也或之者疑之也者此夫子釋經或字經稱或是疑惑之辭欲進欲退猶豫不定故疑之也九三中雖在人但位卑近下向上爲難故危惕其憂深也九四則陽德漸盛去五彌近前進稍易故但疑惑憂則淺也

夫大人者。與天地合其德。與日月合其明。與四時合其序。與鬼神合其吉凶。先天而天弗違。後天而奉天時。天且弗違。而況於人乎。況於鬼神乎。〔疏〕夫大人者至況於鬼神乎○正義曰此明九五爻辭但上節明大人與萬物相感此論大人之德无所不合廣言所合之事與天地合其德者莊氏云謂覆載也與日月合其明者謂照臨也與四時合其序者若賞以春夏刑以秋冬之類也與鬼神合其吉凶者若福善禍淫也先天而天弗違者若在天時之先行事天乃在後不違是天合大人也後天而奉天時者若在天時之後行事能奉順上天是大人合天也天且弗違而況於人乎況於鬼神乎者夫子以天且不違遂明大人之德言尊而遠者尚不違況小而近者可有違乎況於人乎況於鬼神乎

亢之爲言也。知進而不知退。知存而不知亡。知得而不知喪。其唯聖人乎。知進退存亡而不失其正者。其唯聖人乎。〔疏〕亢之爲言至其唯聖人乎○正義曰此明上九之義也知進而不知退知存而不知亡知得而不知喪者言此上九所以亢極有悔者正由有此三事若能三事備知雖居上位不至於亢也此設誡辭莊氏云進退據心存亡據身得喪據位其唯聖人乎知進退存亡者言唯聖人乃能知進退存亡也何不云得喪者得喪輕於存亡舉重略輕也而不失其正者其唯聖人乎者聖人非但只知進退存亡又能不失其正道其唯聖人乎此經再稱其唯聖人乎者上稱聖人爲知進退存亡發文下稱其唯聖人乎者爲不失其正發文言聖人非但知進退存亡又能不失其正故再發聖人之文也

☷☷坤下坤上

坤。元亨。利牝馬之貞。坤貞之所利利於牝馬也馬在下而行者也而又牝焉順之至也至順而後乃亨故唯利於牝馬之貞〔疏〕坤元亨利牝馬之貞○正義曰此一節是文王於坤卦之下陳坤德之辭但乾坤合體之物故乾後次坤言地之爲體亦能始生萬物各得亨通故云元亨與乾同也利牝馬之貞者此與乾異乾之所貞利於萬事爲貞此唯云利牝馬之貞坤是陰道當以柔順爲貞正借柔順之象以明柔順之德牝對牡爲柔馬對龍爲順還借此柔順以明柔道故云利牝馬之貞牝馬外物自然之象此亦聖人因坤元亨利牝馬之貞自然之德以垂教也不云牛而云馬者牛雖柔順不能行地无疆无以見坤廣生之德馬雖比龍爲劣所行亦能廣遠象地之廣育○注至順而後乃亨至唯利於牝馬之貞○正義曰至順而後乃亨故唯利於牝馬之貞者案牝馬是至順牝馬在元亨之下在貞之上應云至順而後乃貞今云至順而後乃亨倒取上文者輔嗣之意下句既云牝馬之貞避此貞文故云乃亨但亨貞相將之物故云至順之貞亦是至順之亨此坤德以牝馬至順乃得貞也下文又云東北喪朋去陰就陽乃得貞吉上下義反者但易含萬象一屈一伸此句與乾相對不可純剛敵乾故利牝馬下句論凡所交接不可純陰當須剛柔交錯故喪朋吉也

君子有攸往。先迷。後得主利。西南得朋。東北喪朋。安貞吉。西南致養之地與坤同道者也故曰得朋東北反西南者也故曰喪朋陰之爲物必離其黨之於反類而後獲安貞吉〔疏〕君子有攸往至安貞吉○正義曰君子有攸往者以其柔順利貞故君子利有所往先迷後得主利者以其至柔當待唱而後和凡有所爲若在物之先卽迷惑若在物之後卽得主利以陰不可先唱猶臣不可先君卑不可先尊故也西南得朋者此假象以明人事西南坤位是陰也今以陰詣陰乃得朋俱是陰類不獲吉也猶人既懷陰柔之行又向陰柔之方是純陰柔弱故非吉也東北喪朋安貞吉者西南既爲陰東北反西南卽爲陽也以柔順之道往詣於陽是喪失陰朋故得安靜貞正之吉以陰而兼有陽故也若以人事言之象人臣離其黨而入君之朝女子離其家而入夫之室莊氏云先迷後得主利者唯據臣事君也得朋喪朋唯據婦適夫也其褊狹非復弘通之道○注西南致養之地至後獲安貞吉○正義

曰坤位居西南說卦云坤也者地也萬物皆致養焉坤既養物若向西南與坤同道也陰之爲物必離其黨之於反類而後獲安貞吉者若二女同居其志不同必之於陽是之於反類乃得吉也凡言朋者非唯人爲其黨性行相同亦爲其黨假令人是陰柔而之剛正亦是離其黨

彖曰。至哉坤元。萬物資生。乃順承天。坤厚載物。德合无疆。含弘光大。品物咸亨。牝馬地類。行地无疆。地之所以得无疆者以卑順行之故也乾以龍御天坤以馬行地〔疏〕彖曰至行合无疆○正義曰至哉坤元至德合无疆此五句總明坤義及二德之首也但元是坤德之首故連言之猶乾之元德與乾相通共文也至哉坤元者歎美坤德故云至哉至謂至極也言地能生養至極與天同也但天亦至極包籠於地非但至極又大於地故乾言大哉坤言至哉萬物資生者言萬物資地而生初稟其氣謂之始成形謂之生乾本氣初故云資始坤據成形故云資生乃順承天者乾是剛健能統領於天坤是陰柔以和順承平於天坤厚載物德合无疆者以其廣厚故能載物有此生長之德合會无疆凡言无疆者其有二義一是廣博无疆二是長久无疆也自此已上論坤元之氣也含弘光大品物咸亨者包含以厚光著盛大故品類之物皆得亨通但坤比元卽不得大名若比衆物其實大也故曰含弘光大者也此二句釋亨也牝馬地類行地无疆者以其柔順故云地類以柔順爲體終无禍患順行地无疆不復窮已此二句釋利貞也故上文云利牝馬之貞是也

柔順利貞。君子攸行。先迷失道。後順得常。西南得朋。乃與類行。東北喪朋。乃終有慶。安貞之吉。應地无疆。地也者形之名也坤也者用地者也夫兩雄必爭二主必危有地之形與剛健爲耦而以永保无疆用之者不亦至順乎若夫行之不以牝馬利之不以永貞方而又剛柔而又圓求安難矣〔疏〕柔順利貞至應地无疆○正義曰柔順利貞君子攸行者重釋利貞之義是君子之所行兼釋前文君子有攸往先迷失道者以陰在是之先失其爲陰之道後順得常者以陰在物之後陽唱而陰和乃得主利是後順得常西南得朋乃與類行者以陰而造坤位是乃與類俱行東北喪朋乃終有慶者以陰而詣陽初雖離羣乃終久有慶善也安貞之吉應地无疆者安謂安靜貞謂貞正地體安靜而貞正人若得靜而能正卽得其吉應合地之无疆是慶善之事也○注行之不以牝馬至求安難矣○正義曰行之不以牝馬牝馬謂柔順也利之不以永貞永貞謂貞固剛正也言坤既至柔順而利之卽不兼剛正也方而又剛者言體既方正而性又剛强卽太剛也所以須牝馬也柔而又圓者謂性既柔順體又圓曲謂太柔也故須永貞也若其坤无牝馬又无永貞求安難矣云永貞者是下用六爻辭也東北喪朋去陰就陽是利之永貞

象曰。地勢坤。地形不順其勢順〔疏〕正義曰地勢方直是不順也其勢承天是其順也君子以厚德載物。〔疏〕正義曰君子用此地之厚德容載萬物言君子者亦包公卿諸侯之等但厚德載物隨分多少非如至聖載物之極也

初六。履霜堅冰至。始於履霜至于堅冰所謂至柔而動也剛陰之爲道本於卑弱而後積著者也故取履霜以明其始陽之爲物非基於始以至於著者也故以出處明之則以初爲潛〔疏〕初六履霜堅冰至○正義曰初六陰氣之微似若初寒之始但履踐其霜微而積漸故堅冰乃至義所謂陰道初雖柔順漸漸積著乃至堅剛凡易者象也以物象而明人事若詩之比喻也或取天地陰陽之象以明義者若乾之潛龍見龍坤之履霜堅冰龍戰之屬是也或取萬物雜象以明義者若屯之六三卽鹿无虞六四乘馬班如之屬是也如此之類易中多矣或直以人事不取物象以明義者若乾之九三君子終日乾乾坤之六三含章可貞之例是也聖人之意可以取象者則取象也可以取人事者則取人事也故文言注云至於九三獨以君子爲目者何也乾乾夕惕非龍德也故以人事明之是其義也

象曰。履霜堅冰。陰始凝也。馴致其道。至堅冰也。〔疏〕象曰履霜堅冰至堅冰也○正義曰夫子所作象辭元在六爻經辭之後以自卑退不敢于亂先聖正經之辭及至輔嗣之意以爲象者本釋經文宜相附近其義易了故分爻之象辭各附其當爻下言之猶如元凱注左傳分經之年與傳相附陰始凝也者釋履霜之義言陰氣始凝結而爲霜也馴致其道至堅冰也者馴猶狎順也若鳥獸馴狎然言順其陰柔之道習而不已乃至堅冰也褚氏云履霜者從初六至六三堅冰者從六四至上六陰陽之氣无爲故積馴履霜必至於堅冰以明人事有爲不可不制其節度故於履霜而逆以堅冰爲戒所以防漸慮微慎終于始也

六二。直方大。不習无不利。居中得正極於地質任其自然而物自生不假修營而功自成故不習焉而无不利〔疏〕六二至无不利○正義曰文言云直其正也二得其位極地之質故亦同地也俱包三德生物不邪謂之直也地體安靜是其方也无物不載是其大也旣有三德極地之美自然而生不假修營故云不習无不利物皆自成无所不利以此爻居中得位極於地體故盡極地之義此因自然之性以明人事居在此位亦當如地之所爲○注居中得正○正義曰居中得正極於地質者質謂形質地之形質直方又大此六二居中得正是盡極地之體質也所以直者言氣至卽生物由是體正直之性其運動生物之時又能任其質性直而且方故象云六二之動直以方也

象曰。六二之動。直以方也。動而直方任其質也〔疏〕象曰至直以方也○正義曰言六二之體所有興動任其自然之性故云直以方也○注動而直方任其質也○正義曰是質以直方動又直方是質之與行內外相副物有內外不相副者故略例云形躁好靜質柔愛剛此之類是也不習无不利。地道光也。〔疏〕正義曰言所以不假修習物无不利猶地道光大故也

六三。含章可貞。或從王事。无成有終。三處下卦之極而不疑於陽應斯義者也不爲事始須唱乃應待命乃發含美而可正者也故曰含章可貞也有事則從不敢爲首故曰或從王事也不爲事主順命而終故曰无成有終也〔疏〕六三至无成有終○正義曰含章可貞者六三處下卦之極而能不被疑於陽章美也既居陰極能自降退不爲事始唯內含章美之道待命乃行可以得正故曰含章可貞或從王事无成有終者言六三爲臣或順從於王事故不敢爲事之首主成於物故云无成唯上唱下和奉行其終故云有終○注三處下卦之極○正義曰三處下卦之極者欲見三雖陰爻其位尊也不疑於陽應之尊極將與陽敵體必被陽所忌今不被疑於陽言陽不害也應斯義者斯此也若能應此義唯行含章可貞已下之事乃應斯義此爻全以人事明之

象曰。含章可貞。以時發也。或從王事。知光大也。知慮光大故不擅其美〔疏〕象曰至知光大也○正義曰含章可貞以時發者夫子釋含章之義以身居陰極不敢爲物之首但內含章美之道待時而發是以時發也或從王事知光大者釋无成有終也旣隨從王事不敢主成物始但奉終而行是知慮光大不自擅其美唯奉於上

六四。括囊。无咎无譽。處陰之卦以陰居陰履非中位无直方之質不造陽事无含章之美括結否閉賢人乃隱施慎則可非泰之道〔疏〕六四至无譽○正義曰括結也囊所以貯物以譬心藏知也閉其知而不用故曰括囊功不顯物故曰无譽不與物忤故曰无咎○注不造陽事无含章之美○正義曰不造陽事无含章之美者六三以陰居陽位是造爲陽事但不爲事始待唱乃行是陽事猶在故云含章章卽美也今六四以陰處陰內无陽事是不造陽事无含章之美當括結否閉之時是賢人乃隱唯施謹慎則可非通泰之道也

象曰。括囊无咎。慎不害也。〔疏〕正義曰慎不害者釋所以括囊无咎之義由其謹慎不與物競故不被害也

六五。黃裳元吉。黃中之色也裳下之飾也坤爲臣道美盡於下夫體无剛健而能極物之情通理者也以柔順之德處於盛位任夫文理者也垂黃裳以獲元吉非用武者也極陰之盛不至疑陽以文在中美之至也〔疏〕六五黃裳元吉○正義曰黃是中之色裳是下之飾坤爲臣道五居君位是臣之極貴者也能以中和通於物理居於臣職故云黃裳元吉元大也以其德能如此故得大吉也○注黃中之色○正義曰黃中之色裳下之飾者左氏昭十二年傳文也裳下之飾則上衣比君下裳法臣也垂黃裳以獲元吉非用武者以體无剛健是非用威武也以內有文德通達物理故象云文在中也

象曰。黃裳元吉。文在中也。用黃裳而獲元吉以文在中也〔疏〕正義曰釋所以黃裳元吉之義以其文德在中故也旣有中和又奉臣職通達文理故云文在其中言不用威武也

上六。龍戰于野。其血玄黃。陰之爲道卑順不盈乃全其美盛而不已固陽之地陽所不堪故戰于野〔疏〕上六至其血玄黃○正義曰以陽謂之龍上六是陰之至極陰盛似陽故稱龍焉盛而不已固陽之地陽所不堪故陽氣之龍與之交戰卽說卦云戰乎乾是也戰於卦外故曰于野陰陽相傷故其血玄黃○注盛而不已○正義曰盛而不已固陽之地者固爲占固陰去則陽來陰乃盛而不去占固此陽所生之地故陽氣之龍與之交戰

象曰。龍戰于野。其道窮也。用六。利永貞。用六之利利永貞也〔疏〕正義曰用六利永貞者此坤之六爻總辭也言坤之所用用此衆爻之六六是柔順不可純柔故利在永貞永長也貞正也言長能貞正也

象曰。用六永貞。以大終也。能以永貞大終者也〔疏〕正義曰以大終者釋永貞之義旣能用此柔順長守貞正所以廣大而終也若不用永貞則是柔而又圓卽前注云求安難矣此永貞卽坤卦之下安貞吉是也

文言曰。坤至柔而動也剛。至靜而德方。動之方直不爲邪也柔而又圓消之道也其德至靜德必方也〔疏〕正義曰此一節是第一節明坤之德也自積善之家以下是第二節也分釋六爻之義坤至柔而動也剛者六爻皆陰是至柔也體雖至柔而運動也剛柔而積漸乃至堅剛則上云履霜堅冰是也又地能生物初雖柔弱後至堅剛而成就至靜而德方者地體不動是至靜生物不邪是德能方正

後得主而有常。含萬物而化光。坤道其順乎。承天而時行。〔疏〕正義曰後得主而有常者陰主卑退若在事之後不爲物先卽得主也此陰之

恒理故云有常含萬物而化光者自明象辭含弘光大言含養萬物而德化光大也坤道其順乎承天而時行者言坤道柔順承奉於天以量時而行卽不敢爲物之先恒相時而動積善之家。必有餘慶。積不善之家。必有餘殃。臣弑其君。子弑其父。非一朝一夕之故。其所由來者漸矣。由辯之不早辯也。易曰。履霜堅冰至。蓋言順也。〔疏〕積善之家至蓋言順也。○正義曰此一節明初六爻辭也積善之家必有餘慶積不善之家必有餘殃者欲明初六其惡有漸故先明其所行善惡事由久而積漸故致後之吉凶其所由來者漸矣者言臣弑君子弑父非一朝一夕率然而起其禍患所從來者積漸久遠矣由辯之不早辯者臣子所以久包禍心由君父欲辯明之事不早分辯故也此戒君父防臣子之惡蓋言順者言此履霜堅冰至蓋言順習陰惡之道積微而不已乃致此弑害稱蓋者是疑之辭凡萬事之起皆從小至大從微至著故上文善惡並言今獨言弑君弑父有漸者以陰主柔順積柔不已乃終至禍亂故特於坤之初六言之欲戒其防柔弱之初又陰爲弑害故寄此以明義直其正也。方其義也。君子敬以直內。義以方外。敬義立而德不孤。直方大。不習无不利。則不疑其所行也。〔疏〕直其正也至所行也。○正義曰此一節釋六二爻辭直其正者經稱直是其正也方其義者經稱方是其義也義者宜也於事得宜故曰義君子敬以直內者覆釋直其正也言君子用敬以直內內謂心也用此恭敬以直內理義以方外者用此義事以方正外物言君子法地正直而生萬物皆得所宜各以方正然卽前云直其正也方其義也下云義以方外卽此應云正以直內改云敬以直內者欲見正則能敬故變正爲敬也敬義立而德不孤者身有敬義以接於人則人亦敬義以應之是德不孤也直則不邪正則謙恭義則與物無競方則凝重不躁既不習無不利則所行不須疑慮故曰不疑其所行陰雖有美。含之以從王事。弗敢成也。地道也。妻道也。臣道也。地道無成而代有終也。〔疏〕陰雖有美至有終也。○正義曰此一節明六三爻辭言陰雖有美含之以從王事者釋含章可貞之義也言六三之陰雖有美道包含之德苟或從王事不敢爲主先成之也地道也妻道也臣道也者欲明坤道處卑待唱乃和故歷言此三事皆卑應於尊下順於上也地道無成而代有終者其地道卑柔无敢先唱成物必待陽始先唱而後代陽有終也天地變化。草木蕃。天地閉。賢人隱。易曰。括囊无咎无譽。蓋言謹也。〔疏〕天地變化至蓋言謹也。○正義曰此一節明六四爻辭天地變化謂二氣交通生養萬物故草木蕃滋天地閉賢人隱者謂二氣不相交通天地否閉賢人潛隱天地通則草木蕃明天地閉草木不蕃天地閉賢人隱明天地通則賢人出互而相通此乃括囊无咎故賢人隱屬天地閉也蓋言謹者謹謂謹愼蓋言賢人君子於此之時須謹愼也君子黃中通理。正位居體。美在其中。而暢於四支。發於事業。美之至也。〔疏〕君子至美之至也。○正義曰此一節明六五爻辭也黃中通理者以黃居中兼四方之色奉承臣職是通曉物理也正位居體者居中得正是正位也處上體之中是居體也黃中通理是美在其中有美在於中必通暢於外故云暢於四支四支猶人手足比于四方物務也外內俱善能宣發於事業所營謂之事事成謂之業美莫過之故云美之至也陰疑於陽必戰。辯之不早疑盛乃動故必戰也〔疏〕正義曰此一節明上六爻辭陰疑於陽必戰者陰盛爲陽所疑陽乃發動欲除去此陰陰既强盛不肯退避故必戰也爲其嫌於无陽也。爲其嫌於非陽而戰故稱龍焉。〔疏〕正義曰上六陰盛似陽爲嫌純陰非陽故稱龍以明之猶未離其類也。猶未失其陰類爲陽所滅故稱血焉。猶與陽戰而相傷故稱血〔疏〕正義曰言上六未能離其陰類故爲陽所傷而見成也夫玄黃者。天地之雜也。天玄而地黃。〔疏〕正義曰釋其血玄黃之義莊氏云上六之爻兼有天地雜氣所以上六被傷其血玄黃也天色玄地色黃故血有天地之色今輔嗣注云猶與陽戰而相傷是言陰陽俱傷也恐莊氏之言非王之本意今所不取也

䷂震下坎上屯。元亨。利貞。剛柔始交是以屯也不交則否故屯乃大亨也大亨則無險故利貞〔疏〕正義曰屯難也剛柔始交而難生初相逢遇故云屯難也以陰陽始交而爲難因難物始大通故元亨也萬物大亨乃得利益而貞正故利貞也但屯之四德劣於乾之四德故屯乃元亨亨乃利貞乾之四德無所不包此卽勿用有攸往又別言利建侯不如乾之無所不利此已上說屯之自然之四德聖人當法之勿用有攸往。利建侯。得王則定〔疏〕正義曰勿用有攸往利建侯者以其屯難之世世道初創其物未寧故宜利建侯以寧之此二句釋人事也彖曰。屯。剛柔始交而難生。動乎險中。大亨貞。始於險難至於大亨而後全正故曰屯元亨利貞〔疏〕彖曰至大亨貞。○正義曰者此一句釋屯之名以剛柔二氣始欲相交未相通感情意未得故難生也若剛柔已交之後物皆通泰非復難也唯初始交時而有難故云剛柔始交而難生動乎險中大亨貞者此釋德也坎爲險震爲動震在坎下是動於險中初動險中故屯動而不已將出於險故得大亨貞也大亨卽元也貞卽元亨也不言利者利屬於貞故直言大亨貞雷雨之動滿盈。雷雨之動乃得滿盈皆剛柔始交之所爲〔疏〕雷雨之動滿盈。○正義曰周氏云此一句覆釋亨也但屯有二義一難也一盈也上既以剛柔始交釋屯象解盈也言雷雨二氣初相交動以生養亨之義也覆釋亨者以屯難之世不宜亨釋之此已下說屯之自然之象也○注雷雨之動乃得滿盈○正義曰雷雨之動乃得滿盈者周氏褚氏則亨通也皆剛柔始交之所爲者雷雨之物盈滿亦陰陽而致之故云皆剛柔始交則坎爲險則上云動乎險中是也若取亨此云雷雨之動是也隨義而取象其義不一天造草昧。宜建侯而不寧。屯體不寧故利建侯也屯者天地造始之時也造物之始始於冥昧故曰草昧也處造始之時所宜之善莫善建侯也〔疏〕天造草昧至不寧○正義曰釋利建侯也言天造萬物於草創之始如在冥昧之時也於此草昧之時王

者當法此屯卦宜建立諸侯以撫恤萬方之物而不得安居于事此二句以人事釋屯之義○注屯體不寧○正義曰屯體不寧者以此屯遭險難其體不寧故宜建侯也造物之始始於冥昧者言物之初造其形未著其體未彰故在幽冥闇昧也象曰。雲雷屯。君子以經綸。君子經綸之時〔疏〕正義曰經謂經緯綸謂綱綸言君子法此屯象有爲之時以經綸天下約束於物故云君子以經綸也姚信云綸謂綱也以織綜經緯此君子之事非其義也劉表鄭玄云以綸爲淪字非王本意也初九。磐桓。處屯之初動則難生不可以進故磐桓也利居貞。利建侯。處此時也其利安在不唯居貞建侯乎夫息亂以靜守靜以侯安民在正弘正在謙屯難之世陰求於陽弱求於强民思其主之時也初處其首而又下焉爻備斯義宜其得民也〔疏〕正義曰磐桓不進之貌處屯之初動卽難生故磐桓也不可以進唯宜利居處貞正亦宜建立諸侯○注息亂以靜至宜其得民也○正義曰弘正在謙者言弘大正道在於謙也陰求於陽弱求於强民思其主也象曰。雖磐桓。志行正也。不可以進故磐桓也非爲宴安棄成務也故雖磐桓志行正也〔疏〕象曰至行正也。○正義曰言初九雖磐桓不進非苟求宴安志欲以靜息亂故居處貞也非是苟貪逸樂唯志行守正也以貴下賤。大得民也。陽貴而陰賤也〔疏〕正義曰貴謂陽也賤謂陰也言初九之陽在三陰之下是以貴下賤屯難之世民思其主之時既能以貴下賤所以大得民心也六二。屯如邅如。乘馬班如。匪寇婚媾。女子貞不字。十年乃字。志在乎五不從於初屯難之時正道未行與初相近而不相得困於侵害故屯邅也時方屯難正道未通涉遠而行難可以進故曰乘馬班如也寇謂初也無初之難則與五婚矣故曰匪寇婚媾也志在於五不從於初故曰女子貞不字也屯難之世勢不過十年者也十年則反常反常則本志斯獲矣故曰十年乃字〔疏〕六二至十年乃字。○正義曰屯如邅如者屯是屯難邅是邅迴如是語辭也言六二欲應於九五卽畏初九逼之不敢前進故屯如邅如也乘馬班如者子夏傳云班如者謂相牽不進也馬季長云班旋不進也言二欲乘馬往適於五正道未通故班旋而不進也匪寇婚媾者寇謂初也言二非有初九與己作寇害則得其五爲婚媾矣馬季長云重婚曰媾鄭玄云媾猶會也女子貞不字者貞正也女子以守貞正不受初九之愛字訓愛也十年乃字者十年難息之後卽初不害己也乃得往適於五受五之字愛十者數之極數極則復故云十年也象曰。六二之難。乘剛也。十年乃字。反常也。〔疏〕正義曰十年乃字反常者謂反常道卽二適於五是其得常也已前有難不得行常十年難息得反歸於常以適五也此爻因六二之象以明女子婚媾之事卽其餘人事亦當法此猶如有人逼近於强雖遠有外應未敢苟進被近者所陵經久之後乃得與應相合是知萬事皆象於此非唯男女而已諸爻所云陰陽男女之象義皆倣於此六

三。即鹿無虞，惟入于林中。君子幾不如舍，往吝。三既近五而無寇難，四雖比五，其志在初，不妨己路，可以進而无屯邅也。見路之易，不揆其志，五應在二，往必不納，何異無虞以從禽乎？雖見其禽而無其虞，徒入于林中，其可獲乎？幾，辭也。夫君子之動，豈取恨辱哉？故不如舍，往吝窮也。〔疏〕六三至舍往吝。○正義曰：即鹿無虞者，即，就也，虞謂虞官，如人之田獵，欲從就於鹿，當有虞官助己，商度形勢可否，乃始得鹿，若无虞官，即虛入于林木之中，必不得鹿，故云唯入于林中。此是假物爲喻，今六三欲往從五，如就鹿也；五自應二，今乃不自揆度彼五之情納己以否，是無虞也；即徒往向五，五所不納，是徒入于林中。君子幾不如舍者，幾，辭也。夫君子之動，自知可否，豈取恨辱哉？見此形勢，即不如休舍也。言六三不如舍此求五之心勿往也。往吝者，若往求五，即有悔吝也。○注見路之易不揆其志。○正義曰：見路之易不揆其志者，三雖比四，四不害己身，无屯邅，是路之平易，即意欲向五，而不預先揆度五之情意納己以否，是無虞也。獵人先遣虞官商度鹿之所有，猶若三欲適五，先遣人測度五之情意。幾爲語辭，不爲義也。知此幾不爲事之幾微，凡幾微者，乃從无向有，其事未見，乃爲幾也。今即鹿無虞，是已成之事，事已顯者，故不得爲幾微之義。象曰：即鹿无虞，以從禽也。君子舍之，往吝窮也。〔疏〕正義曰：即鹿无虞以從禽者，言即鹿當有虞官，即有鹿也；若无虞官，以從逐于禽，亦不可得也。君子舍之往吝窮者，君子見此之時，當舍而不往，若往則有悔吝窮苦也。六四。乘馬班如，求婚媾，往吉，无不利。二雖比初，執貞不從，不害己志者也。求與合好，往必見納矣，故曰往吉无不利。〔疏〕正義曰：六四應初，故乘馬也。慮二妨己路，故初時班如旋也。二既不從於初，故四求之爲婚，必得媾合，所以往吉无不利。象曰：求而往，明也。見彼之情狀也。〔疏〕正義曰：言求初而往婚媾，明識初與二之情狀，知初納己，知二不害己志，是其明矣。九五。屯其膏，小貞吉，大貞凶。處屯難之時，居尊位之上，不能恢弘博施，无物不與，拯濟微滯，亨于羣小，而繫應在二，屯難其膏，非能光其施者也。固志同好，不容他間，小貞之吉，大貞之凶。〔疏〕九五屯其膏至大貞凶。○正義曰：屯其膏者，膏謂膏澤恩惠之類，言九五既居尊位，當恢弘博施，唯繫應在二，而所施者褊狹，是屯難其膏。小貞吉大貞凶者，貞，正也，出納之吝謂之有司，是小正爲吉；若大人不能恢弘博施，是大正爲凶。○注固志同好不容他間。○正義曰：固志同好不容他間者，間者，廁也。五應在二，是堅固其志在于同好，不容他人間廁其間也。象曰：屯其膏，施未光也。上六。乘馬班如，泣血漣如。處險難之極，下无應援，進无所適，雖比於五，五屯其膏，不與相得，居不獲安，行无所適，窮困闉厄，无所委仰，故泣血漣如。〔疏〕正義曰：處險難之極，而下无應援，若欲前進，即无所之適，故乘馬班如，窮困闉厄，无所委仰，故泣血漣如。象曰：泣血漣如，何可長也。〔疏〕正義曰：何可長者，言窮困泣血，何可久長也。

䷃ 坎下艮上 蒙。亨。匪我求童蒙，童蒙求我。初筮告，再三瀆，瀆則不告。筮者，決疑之物也。童蒙之來求我，欲決所惑也。決之不一，不知所從，則復惑也。故初筮則告，再三則瀆，瀆，蒙也。能爲初筮，其唯二乎？以剛處中，能斷夫疑者也。〔疏〕蒙亨至瀆則不告。○正義曰：蒙者，微昧闇弱之名。物皆蒙昧，唯願亨通，故云蒙亨。匪我求童蒙童蒙求我者，物既闇弱而意願亨通，即明者不求於闇，即匪我師德之高明往求童蒙之闇，但闇者求明，明者不諮於闇，故云童蒙求我也。初筮告者，初者發始之辭，筮者決疑之物，童蒙既來求我，當以初始一理剖決告之。再三瀆瀆則不告者，師若遲疑不定，或再或三，是褻瀆，褻瀆則不告。童蒙來問，本爲決疑，師若以廣二義再三之言告之，則童蒙聞之，轉亦瀆亂，故不如不告也。自此以上，解蒙亨之義，順此上事，乃得亨也，故亨文在此事之上也。不云元者，謂時當蒙弱，未有元也。○注初筮告。○正義曰：初筮則告者，童蒙既來求我，我當以初心所念所筮之義一理而剖告之。再三則瀆瀆蒙也者，若以棄此初本之意，而猶豫遲疑，岐頭別說，則童蒙之人聞之，褻瀆而煩亂也，故再三則瀆，瀆蒙也。能爲初筮其唯二乎者，以象云初筮告以剛中者，剛而得中，故知是二也。利貞。蒙之所利，乃利正也。夫明莫若聖，昧莫若蒙。蒙以養正，乃聖功也。然則養正以明，失其道矣。〔疏〕利貞。○正義曰：貞，正也。言蒙之爲義，利以養正，故象云蒙以養正乃聖功也。若養正以明，即失其道也。○注然則養正以明失其道。○正義曰：然則養正以明失其道者，言人雖懷聖德，若隱默不言，人則莫測其淺深，不知其大小，所以聖德彌遠而難測矣。若彰顯其德，苟自發明，即人知其所爲，識其淺深。故明夷注云：明夷莅衆，顯明於外，巧所避是也。此卦繫辭皆以人事明之。象曰：蒙，山下有險，險而止，蒙。退則困險，進則閡山，不知所適，蒙之義也。〔疏〕正義曰：山下有險者，坎在艮下，是山下有險，艮爲止，坎上遇止，是險而止也。恐進退不可，故蒙昧也。此釋蒙卦之名。蒙亨，以亨行，時中也。時之所願，惟願亨也。以亨行之，得時中也。〔疏〕正義曰：疊蒙亨之義，言居蒙之時，人皆願亨，若以亨道行之，于時則得中也，故云時中也。匪我求童蒙，童蒙求我，志應也。我謂非童蒙者也。非童蒙者，即陽也。凡不識者求問識者，識者不求所告；闇者求明，明者不諮於闇。故蒙之爲義，匪我求童蒙，童蒙求我也。童蒙之來求我，志應故也。〔疏〕正義曰：以童蒙闇昧之志，而求應會明者，故云志應也。初筮告，以剛中也。謂二也。二爲衆陰之主也。无剛失中，何由得初筮之告乎？再三瀆，瀆則不告，瀆蒙也。蒙以養正，聖功也。〔疏〕正義曰：再三瀆瀆則不告瀆蒙者，所以再三不告，恐瀆亂蒙者。自此以上，象辭總釋蒙亨之義。蒙以養正聖功也者，能以蒙昧隱默自養正道，乃成至聖之功。此一句釋經之利貞。象曰：山下出泉，蒙。山下出泉，未知所適，蒙之象也。〔疏〕正義曰：山下出泉，未有所適之處，是險而止，故蒙昧之象也。君子以果行育德。果行者，初筮之義也。育德者，養正之功也。〔疏〕正義曰：君子當發此蒙道，以果決其行，告示蒙者，則初筮之義。育德謂隱默懷藏，不自彰顯，以育養其德。果行育德者，自相違錯，若童蒙來問，則果行也；尋常處衆，則育德，是不相須也。初六。發蒙，利用刑人，用說桎梏，以往吝。處蒙之初，二照其上，故蒙發也。蒙發疑明，刑說當也。以往吝，刑不可長。〔疏〕初六至以往吝。○正義曰：發蒙者，以初近於九二，二以陽處中而明能照闇，故初六以能發去其蒙也。利用刑人用說桎梏者，蒙既發去，无所疑滯，故利用刑戮于人，又利用說去罪人桎梏。以蒙既發去，疑事顯明，刑人說桎梏皆得當。在足曰桎，在手曰梏。小雅云：杻謂之梏，械謂之桎。以往吝者，若以正道而往，即其事益善矣；若以刑人之道出往行之，即有鄙吝。象曰：利用刑人，以正法也。刑人之道，道所惡也。以正法制，故刑人也。〔疏〕正義曰：且刑人之道，乃賊害於物，是道之所惡。以利用刑人者，以正其法制，不可不刑矣。故刑罰不可不施於國，而鞭扑不可不施於家。案此經刑人、說人二事，象直云利用刑人一者，但舉刑重故也。九二。包蒙吉，納婦吉，子克家。以剛居中，童蒙所歸，包而不距，則遠近咸至，故包蒙吉也。婦者，配己而成德者也。體陽而能包蒙，以剛而能居中，以此納配，物莫不應，故納婦吉也。處于卦內，以剛接柔，親而得中，能幹其任，施之於子，克家之義。〔疏〕九二至子克家。○正義曰：包謂包含。九二以剛居中，童蒙悉來歸己，九二能含容而不距，皆與之決疑，故得吉也。九二以剛居中，陰來應之，婦謂配也，故納此匹配而得吉也。此爻在下體之中，能包蒙納婦，任內理中，幹了其任，即是子孫能克荷家事，故云子克家也。○注親而得中。○王氏曰：親而得中者，言九二居下卦之中央，上下俱陰，以己之兩陽迎接上下二陰，陰陽相親，故云親而得中也。能幹其任者，既能包蒙，又能納匹，是能幹其任。象曰：子克家，剛柔節也。〔疏〕正義曰：以陽居於卦內，接待羣陰，是剛柔相接，故克幹家事也。六三。勿用取女，見金夫，不有躬，无攸利。童蒙之時，陰求於陽，晦求於明，各求發其昧者也。六三在下卦之上，上九在上卦之上，男女之義也。上不求三，而三求上，女先求男者也。女之爲體，正行以待命者也。見剛夫而求之，故曰不有躬也。施之於女，行在不順，故勿用取女，而无攸利。〔疏〕六三至无攸利。○正義曰：勿用取女者，女謂六三，言勿用取此六三之女。所以不須者，此童蒙之世，陰求於陽，是女求男之時也。見金夫者，謂上九以其剛陽，故稱金夫。此六三之女自往求見金夫。女之爲禮，正行以待命而嫁，今先求於夫，是爲女不能自保其躬，固守貞信，乃非禮而動，行既不順，若欲取之，无所利益，故云不有躬，无攸利也。象曰：勿用取女，行不順也。〔疏〕正義曰：釋勿用取女之義。所以勿用取此女者，以女行不順故也。六四。困蒙，吝。獨遠於陽，處兩陰之中，闇莫之發，故曰困蒙也。困於蒙昧，不能比賢以發其志，亦以鄙矣，故曰吝也。〔疏〕正義曰：此釋六四爻辭也。六四在兩陰之中，去九二既遠，无人發去其童蒙，故曰困于蒙昧而有鄙吝。象曰：困蒙之吝，獨遠實也。陽稱實也。〔疏〕象曰至獨遠實也。○正義曰：獨遠實者，實謂九二之陽也。九二以陽，故稱實也。六三近九二，六五近上九，又應九二，唯此六四既不近二，又不近上，故云獨遠實也。○注陽稱實也。○正義曰：陽主生息，故稱實；陰主消損，故不得言實。六五。童蒙吉。以夫陰質居於尊位，不自任察而委於二，付物以能，不勞聰明，功斯克矣，故曰童蒙吉。〔疏〕正義曰：言六五以陰居於尊位，其應在二，二剛而得中，五則以事委任於二，不勞己之聰明，猶若童稚蒙昧之人，故所以得吉也。象曰：童蒙之吉，順以巽也。委物以能，不先不爲，順以巽也。〔疏〕象曰至順以巽也。○正義曰：順以巽也，釋童蒙之吉，巽以順也，猶委物於二，順謂心順，巽謂貌順。故褚氏云：順者心不違也，巽者外迹相卑下也。○注委物以能至順以巽也。○正義曰：委物以能，謂委付事物與有能之人，謂委二也。不先不爲者，五雖居尊位，而專委任於二，不在二先而首唱，是順於二也。不爲者，謂不自造爲，是委任二也。不先於二，是心順也；不自造爲，是貌順也。上九。擊蒙，不利爲寇，利禦寇。處蒙之終，以剛居上，能擊去童蒙，以發其昧者也，故曰擊蒙也。童蒙願發而已能擊

去之合上下之願故莫不順也爲之扞禦則物咸附之若欲取之則物咸叛矣故不利爲寇利禦寇也〔疏〕正義曰處衆之終以剛居上能擊去衆陰之衆合上下之願故莫不順從也若因物之來即欲取之而爲寇害物皆叛矣故不利爲寇也若物從外來爲之扞禦則物咸附之故利用禦寇也**象曰。利用禦寇。上下順也。**〔疏〕正義曰所宜利爲物禦寇者由上下順從故也言此爻既能發去衆以合上下之願又能爲之禦寇故上下彌更順從也

周易注疏校勘記卷一　阮元撰盧宣旬摘錄

國子祭酒上護軍曲阜縣開國子臣孔穎達奉　勅撰

定　閩本同錢本亦同惟勅撰定三字在次行與國子並毛本國上有唐字監本刪去結銜作唐孔穎達撰定非

夫易者象也　十行本自此已下行行頂格錢本同閩監毛本首行頂格次行以後並上空一格

業資凡聖　閩監本同毛本足利本寫本凡作九

輔嗣之注若此　錢本閩監本同毛本注作註○按漢唐宋人經注字無作註者

欲取改新之義　閩監毛本同寫本新作辛

今既奉勅刪定　十行本勅字提行下同錢本同閩監毛本不提行毛本勅改敕

考察其事　閩監毛本同錢本寫本察作案

周易正義卷第一　閩監毛本同錢本無此七字但有八論二字

第一論易之三名　第二論重卦之人　此八論題目十行本作四行分上下兩排閩監毛本同錢本作八行

第一論易之三名　十行本頂格錢本同閩監毛本並上空一格八論並同

正義曰夫易者　十行本自此已下行行頂格錢本同閩監毛本首行頂格次行已後並上空一格八論並同

天以爛明　閩監毛本同寫本爛作燗

其易之蘊邪　閩監毛本同錢本蘊作緼

上下無常　閩監毛本同錢本無作无下同

崔覲劉貞簡等　閩監毛本同寫本簡上有周字

故易者所以斷天地　盧文弨云案乾鑿度本作繼天地此斷字疑誤

以爲伏犧畫卦　閩監毛本同盧文弨云當作重卦畫字誤

未有彖繇　閩毛本同監本繇作繇○按籒者正字也繇者假借字繇爲俗字

周易兼義上經乾傳第一　閩監本同毛本第上有卷字石經釋文岳本考文引古本足利本題周易上經乾傳第一錢本考文所據宋本題周易注疏卷第一按兼義字乃合刻注疏者所加取兼并正義之意也蓋其始注疏無合一之本南北宋之間以疏附於經注者謂之某經兼義至其後則直謂之某經注疏此變易之漸也又十行本閩監毛本其第七卷題云周易兼義卷第七周易繫辭上第七八卷九卷同則此第一至第六卷亦當先標周易兼義卷第幾後標周易上下經某傳第幾庶前後畫一釋文云第亦作弟

國子祭酒上護軍曲阜縣開國子臣孔穎達奉　勅撰

正義　王弼注　宋本無正義二字閩監毛本作魏王弼注唐孔穎達正義又監本義誤善又釋文王弼注本亦作王輔嗣注今本或無注字師說無者非石經岳本並作王弼注

䷀乾下乾上　乾元亨利貞　石經岳本宋本古本足利本並如此連寫閩監毛本以三及乾下乾上四字爲一行乾元以下提行頂格非是又十行本自此盡卦末連注疏行行頂格其每爻及象彖文言等不復提行另起與石經合錢本每卦分作數節每節首行頂格次行以後上空一格閩監毛本與錢本同

天乃積諸陽氣而成天　閩監毛本同浦鏜云下天字疑行

欲使人法天之用　閩監毛本同錢本使人二字作以

文言備矣　凡注文十行本雙行夾注岳本古本足利本同閩監毛本改爲單行上加注字錢本注文上有注云二字按考文大過下引宋本注云音相過之過則宋本與錢本同

他皆倣此　錢本閩監本同宋本倣作放毛本誤做

其畫已長　閩監毛本同浦鏜云長當陽字誤

所以重錢　宋本同閩監毛本錢改體下故爻其錢同按火珠林始以錢代蓍故謂之重錢爻錢改體非是

故曰在田　岳本閩監毛本同古本下有也字下故免龍戰之災下坤利在永貞下故六位不失其時而成下其唯知終者乎下雖危无咎下不爲之助下而下日乾元亨利貞下各隨其義下與天時俱不息下與時運俱終極下剛直之物下唯乾體能用之下並同

四則或躍　岳本閩監毛本同古本足利本或作惑非

九二至利見大人　閩監毛本同錢本宋本無此七字山井鼎云經傳下疏更引經文者宋板刊去直云正義曰以下皆然

且一之與二　錢本宋本同閩監毛本一改初下二在一上同

且大人之云　閩監毛本同宋本云作文

注處於地上至唯二五焉　閩監毛本同錢本宋本作出潛至五焉較今本爲省文後多類此茲不悉出

矣上下兩體　閩監毛本同錢本無矣字宋本作是○補案是字是也

是九二處其地上所田食之處　閩本同宋本其作於監毛本田誤由

觀輔嗣之注焉　閩監毛本同錢本宋本焉作意○補案意字是也

謂周而普獨　閩監毛本同錢本宋本獨作徧○補案徧字是也

言範模乾之一卦　閩監毛本同錢本宋本範模作此據

地之萌牙　閩監毛本同李鼎祚集解亦作牙錢本作芽○按古多以牙爲芽

其相終竟空曠　閩監毛本同錢本宋本相作禮○補案禮字是也注則處下之禮曠可證

當若厲也　閩監毛本同宋本當作常○補案常字是也

王以九三與上九相並　宋本同閩監毛本王作正

或躍在淵　岳本閩監毛本同石經淵字諱缺末畫釋文出或躍古本或作惑注及象文言同

而无定位所處　岳本閩監毛本同足利本所作可釋文所處一本作可處

躍於在淵　閩監毛本同錢本宋本作躍在於淵

猶豫遲疑　閩監毛本同下同宋本遲作持與注合

百姓既未離禍患　盧文弨云未字衍文

非飛而何　閩監毛本同岳本宋本古本足利本而作如

以柔順而爲不正　岳本閩監毛本同古本足利本下有之主二字

正義曰夫子所作彖辭　按自此以下錢本揔在注各以有君也之下蓋每一節末下接正義又釋經都畢然後釋注錢按單疏本注疏本亦同十行本閩監毛本每節內每段分屬雖便讀者究失舊第後皆準此

明其所由之主　閩監本同毛本由作繇按毛作繇者避所諱或諱作由後不悉出

此名乘駕六龍　閩監毛本同宋本名作明

正直不傾邪也　閩監毛本同錢本上有則字

何情之有　閩監毛本同浦鏜云情當正誤

則豫卦歎云　閩監毛本同錢本歎作彖是也

或難其解　閩監毛本同宋本其作具是也

不和而剛暴　岳本閩監毛本同古本足利本暴上有則字下有也字

大利之道　閩監毛本同錢本宋本利作和是也

以頭首出於衆物之上 宋本閩本同監毛本以作似

君子以自強不息 岳本同石經初刻彊後改强釋文出自强閩監毛本作彊

乾則用名 閩監毛本同錢本則作是

潛龍勿用陽在下也 閩監毛本提行另起錢本不提行

反復道也 石經岳本閩監毛本同古本足利本道上有之字一本無也字釋文復本亦作覆

反復皆道也 岳本閩監毛本同古本足利本皆下有合字

大人造也 石經岳本閩監毛本同釋文亦作造云劉歆父子作聚按造聚聲相近

退在潛處在淵 閩監毛本同宋本上在作則

文言曰 自此至卦末並文言也錢本皆不提行

君子體仁 石經岳本閩監毛本同釋文體仁京房荀爽董遇本作體信

利物足以和義 石經岳本閩監毛本同釋文利物孟喜京荀陸績作利之

若限倘聖人 閩監毛本同錢本宋本尚作局是也

或在事後言 閩監毛本同錢本宋本言作者

亦於爻下有之 閩監毛本同宋本有作言是也

此第二節釋初九爻辭也 盧文弨云當云此文言第二節此釋初九爻辭也觀下疏自明

不成乎名 石經岳本閩監毛本同釋文出不成名云一本作不成乎名按疏云不成就於令名以於字釋經文乎字則正義本與石經合

確乎其不可拔 石經岳本閩監毛本同古本下有者字

心處僻陋 盧文弨云心疑身之誤

可與幾也 石經岳本閩監毛本同古本足利本與下有言字

存物之終若 補案若當作者

而不凶咎 閩監本同錢本宋本不下有犯字○按毛本作而不犯咎

懈怠則曠 岳本閩監毛本同釋文出解怠○按古多以解為懈

故因其時而惕 岳本閩監毛本同集解故下有乾乾二字

至失時不進 閩監毛本同錢本宋本至作若是也

猶非羣衆而行 閩監毛本同錢本宋本非作依是也

聖人作而萬物覩 石經岳本閩監毛本同釋文作馬融作起

而礎柱潤 閩監毛本同宋本作而柱礎潤是也

感應之事應 錢本閩監毛本同宋本下應作廣是也

以上九非位而上九居之 盧文弨云當作上非九位而九居之

以馬明坤 岳本閩監毛本同錢本明作敘

正義取夫乾者 補毛本取作曰案所改是也

不先說乾 十行本不字空閩監毛本如此錢本宋本不作應

非天下至理 岳本閩監毛本同古本理作治按集解作非天下之至治

其六爻發揮之義 山井鼎云從此已下解下文者乃誤在此但宋板每章通為一節間不雜疏故無此誤

六爻發揮 石經岳本閩監毛本同釋文揮本亦作輝

下又卽云 閩監毛本同宋本又作文

問以辯之 石經岳本同閩監毛本辯誤辨釋文出以辯

故或之 石經岳本閩監毛本同古本或作惑非下句同

故心或之也 閩監毛本同宋本或作惑

其唯聖人乎 石經岳本閩監毛本同釋文王肅本作愚人後結始作聖人○按王肅本大非此經依釋文所載無末五字者是最古本此是倒裝文法故曰其唯聖人乎知進退存亡而不失其正者如檀弓誰與哭者卽哭者誰與

坤 石經岳本閩監毛本同釋文本又作巛巛今字也錢本宋本此卦前題周易注疏卷第二

故唯利於牝馬之貞 岳本閩監毛本同古本下有也字下故曰得朋下故曰喪朋下坤以馬行地下其勢順下故不習焉而无不利下故不擅其美下非泰之道下故戰于野下故必戰下為陽所滅下故稱血下並同

蓋乾坤合體之物 閩監毛本同宋本蓋作但是也

乾之所貞 十行本閩監本貞字缺毛本如此錢本宋本作利

牝對牝為柔 補毛本下牝字作牡案所改是也

馬雖比龍為劣 十行本閩監本比字缺毛本如此

所而亦能廣遠 閩監本缺所字毛本作鈍屬上句非也錢本宋本而作行是

今以陰詣陰乃得朋 十行本閩監本乃字缺毛本如此錢本宋本作是

其褊狹非復宏通之道 十行本閩監本缺復字毛本如此宋本作易錢本無此字又錢本宋本其下有理字

行地无疆 石經岳本閩監毛本同釋文疆或作壃下及注同

彖曰至行合无疆 補案合當作地

及二德之首也 閩監毛本同宋本二作元

與乾相通其文也 十行本通字模糊閩監毛本如此錢本宋本作連是也

以和順承平於天 閩監毛本同錢本宋本平作奉是也

包含以厚 閩監毛本同錢本宋本以作宏是也

但坤比元 閩監毛本同錢本宋本元作乾

順行地无疆 閩監毛本同錢本宋本順作故是也

應地无疆 石經岳本同閩監毛本无誤無

夫用雄必爭 補岳本監本毛本用作兩是也閩本作用缺夫字十行本夫雄字筆畫舛誤今正

重釋利貞之善 十行本之下一字筆畫舛誤閩監毛本如此錢本宋本作義

以陰在是之先 錢本宋本是作物閩監毛本作事

人得主利 閩本同錢本宋本人作乃監毛本主誤生

人若得靜而能正 閩監本同錢本宋本毛本若作君

正義曰地勢方直 閩監毛本同宋本勢作體錢本此疏在君子厚德載物疏後正義曰上標注地形不順其勢順七字

義所謂陰道 閩監毛本同錢本宋本義下有取字是也

履霜堅冰陰始凝也 岳本閩監毛本同石經初刻無也字後增古本足利本冰下有至字

不敢于亂先聖正經之辭 閩毛本同錢本監本于作乎是也

故分爻之辭象 閩監毛本同錢本宋本辭象作象辭

而逆以堅冰為戒 宋本同閩監毛本逆誤遂

不假脩營而功自成 岳本閩監毛本同古本上有故字○按古本多不可信

正義曰文言云 閩監毛本同宋本文言云上有直方大不習无不利者九字山井鼎云宋板爻象連為一節經文終乃有疏每卦為然如此篇地道光也下始有疏故疏字下無六二至无不利六字直作正義曰直方大不習无不利者文言云云今本斷章裁句與宋板稍異

功不顯物故曰无譽不與物忤故曰无咎 集解作不與物忤故无咎功名不顯故无譽也

曰其謹慎 錢本宋本曰作由閩監毛本作施字

固爲占固 浦鏜云爲當作謂

文言曰坤至柔而動也剛 石經岳本閩監毛本同釋文出坤至柔云本或有文言曰者

至靜而德方 岳本閩監毛本同石經德下旁添也字按旁添字並後人妄增不可信

其所由來者漸矣由辯之不早辯也 石經岳本閩監本同毛本由作繇釋文辯荀作變

直方大不習无不利則不疑其所行也 石經岳本閩監毛本同釋文出上十四字無也字云張璠本此上有易曰衆家皆無

故事得宜 閩監毛本同錢本宋本故作於

名以方正 閩監毛本同錢本宋本名作各是也

既云義以方外 十行本閩監本缺既字毛本如此錢本宋本作下是也

皆云敬以直正者 補案正當作內

草木蕃 石經岳本閩監毛本同古本下有茂字不必從

蓋言謹也 石經岳本閩監毛本同古本無也字

陰疑於陽必戰 石經岳本閩監毛本同釋文疑荀虞姚信蜀才本作凝

爲其嫌於无陽也 石經岳本閩監毛本同古本無也字釋文嫌鄭作謙荀虞陸董作嗛○按鄭作謙當云鄭作溓說詳釋文

然猶未能離其陽類 閩監本同毛本陽作陰

而見成也 閩本同錢本宋本成作滅監毛本作血

天地之雜也 石經岳本閩監毛本同古本雜下有色字

屯

故利貞 岳本閩監毛本同古本下有也字下故曰屯元亨利貞乃得滿盈下皆剛始交之所爲下君子經綸之時下故曰十年乃字下大貞之凶下不與相得下故泣血漣如下並同

得王則定 王主之誤岳本閩監毛本不誤釋文則定本亦作則寧古本下有也字

一盈也 閩監毛本同錢本宋本一作二

其義不一 閩監毛本同錢本宋本義作例

君子以經綸 岳本閩監毛本同石經綸字漫滅釋文出經論云本亦作綸

綸謂綱綸 閩監毛本同錢本宋本綱作繩是也

姚信云綸謂綱也 閩監毛本同錢本宋本綱作緯

磐桓 石經岳本閩監毛本同釋文磐本亦作盤又作槃

志行正也 石經岳本閩監毛本同古本無也字下大得民也同

但欲以靜息亂也 錢本宋本同閩本但誤桓監毛本誤恒

乘馬班如匪寇婚媾 石經岳本閩監毛本同釋文班鄭本作般媾馬本作冓本或作構者非

數極則復 閩監毛本同錢本宋本復作變是也

即鹿無虞 補石經岳本閩監毛本無作无案无字是也釋文鹿王肅作麓

君子幾不如舍 石經岳本閩監毛本同釋文幾鄭作機

往吝窮也 岳本閩監毛本同古本往作无

故不得爲幾微之義 閩監毛本同宋本義作幾

何長也 補各本作何可長也此十行本原脫可字案正義曰何可長者又曰何可久長也是何下當有可字今補

蒙

童蒙求我 石經岳本閩監毛本同考文引古本蒙下有來字

此卦繫辭 閩監毛本同錢本宋本繫作繇

以亨行時中也 石經岳本閩監毛本同古本足利本時上有得字一本也作矣按此得字蓋涉注文而衍

童蒙求我 石經岳本閩監毛本同釋文一本作來求我○案惠棟周易古義引呂覽勸學篇注易曰匪我求童蒙童蒙來求我王念孫云注云童蒙之來求我又蔡邕處士圈叔則碑童蒙來求彪之用文是漢魏時經文多有來字

君子當發此蒙道 閩監毛本同宋本發作法

小雅云 錢本宋本閩監毛本小作爾○按爾字誤小爾雅唐人多作小雅文選注亦然

出往往之 閩監毛本同宋本下往作行

故刑人也 岳本閩監毛本同古本刑上有利字

包蒙吉 岳本閩監毛本同石經包作苞釋文出苞蒙按此據宋本釋文若通志堂本則亦改爲包矣古經典包容字多从艸

克家之義 岳本閩監毛本同古本下有也字下而无攸利下故曰童蒙吉下並同

王氏曰 閩監毛本同錢本宋本作正義曰是也

勿用取女 石經岳本閩監毛本同釋文取本又作娶下及注同

所以不須者 閩監毛本同宋本須下有取字

困蒙吝 石經岳本閩監毛本同古本吝作咎象注同山井鼎云非

擊蒙不利爲寇利禦寇 石經岳本閩監毛本同釋文擊馬鄭作繫古本禦上有用字注同

爲之扞禦 岳本閩監毛本同釋文禦本又作衞

周易兼義上經需傳卷第二

國子祭酒上護軍曲阜縣開國子臣孔穎達奉勅撰正義

王弼注

☵☰乾下坎上 需。有孚。光亨貞吉。利涉大川。【疏】正義曰此需卦繫辭也需者待也物初蒙稺待養而成无信即不立所待唯信也故云需有孚言需之爲體唯有信也光亨貞吉者若能有信即需道光明物得亨通于正則吉故云光亨貞吉也利涉大川者以剛健而進即不患於險乾德乃亨故云利涉大川

彖曰。需須也。險在前也。剛健而不陷。其義不困窮矣。需有孚。光亨貞吉。位乎天位。以正中也。謂五也位乎天位用其中正以比待物需道畢矣故光亨貞吉【疏】彖曰需須也至以正中也○正義曰此釋需卦繫辭需須也險在前者釋需卦之名也是需待之義故云需須也險在前釋所以需待由險難在前故有待乃進也剛健而不陷其義不困窮矣者解需道所以得亨由乾之剛健前雖遇險而不被陷滯是其需待之義不有困窮矣故得光亨貞吉由乾之德也需有孚光亨貞吉位乎天位以正中者此疊出需卦繫辭然後釋之也言此需體非但得乾之剛彊而不陷又由中正之力也以九五居乎天子之位又以陽居陽正而得中故能有信光明亨通而貞吉也剛健而不陷只由二象之德位乎天位以正中是九五之德也凡卦之爲體或直取象而爲卦德者或直取爻而爲卦德者或以兼象兼爻而爲卦德者此卦之例是也○注謂五也至光亨貞吉○正義曰需道畢矣者凡需待之義先須於信後乃光明亨通於物而貞吉能備此事是須道終畢五即居於天位以陽居尊中則不偏正則无邪以此待物則所爲皆成故需道畢矣 利涉大川。往有功也。乾德獲進往輒亨也【疏】利涉大川往有功也○正義曰釋利涉大川之義以乾剛健故行險有功也○注乾德至亨也○正義曰前云剛健而不陷此云往有功剛健即乾也故乾德獲進往而有功即是往輒亨通也此雖釋利涉大川兼釋上光亨之義由是光亨乃得利涉大川故於利涉大川乃明亨也 象曰。雲上於天。需。君子以飲食宴樂。童蒙已發盛德光亨飲食宴樂其在茲乎【疏】象曰至飲食宴樂○正義曰坎既爲險又爲雨今不言險雨者此象不取險難之義也故不云險也雨是已下之物不是須待之義故不云雨也不言天上有雲而言雲上於天者若是天上有雲无以見欲雨之義故云雲上於天若言雲上於天是天之欲雨待時而落所以明需大惠將施而盛德又亨故君子於此之時以飲食宴樂

初九。需于郊。利用恆。无咎。居需之時最遠於難能抑其進以遠險待時雖不應幾可以保常也【疏】正義曰但難在於坎初九去難既遠故待時在於郊郊者是境上之地亦去水遠也利用恆无咎者恆常也遠難待時以避其害故宜利保守其常所以无咎猶不能見幾速進但得无咎而已 象曰。需于郊。不犯難行也。利用恆无咎。未失常也。【疏】正義曰不犯難行者去難既遠故不犯難而行未失常者不敢速進遠難待時是未失常也○

九二。需于沙。小有言。終吉。將近於難故曰需於沙也不至致寇故曰小有言也近不

逼難遠不後時履健居中以待其會雖小有言以吉終也〔疏〕正義曰沙是水傍之地去水漸近待時于沙故難稍近雖未致寇而小有言以相責讓近不逼難遠不後時但履健居中以待要會雖小有責讓之言而終得其吉也

象曰。需于沙。衍在中也。雖小有言。以終吉也。〔疏〕正義曰需于沙衍在中者衍謂寬衍去難雖近猶未逼于難而寬衍在其中也故雖小有言以吉終也

九二。需于泥。致寇至。以剛逼難欲進其道所以招寇而致敵也猶有須焉不陷其剛寇之來也自我所招敬慎防備可以不敗〔疏〕正義曰泥者水傍之地泥溺之處逼近於難欲進其道難必害已故致寇至猶且遲疑而需待時雖即有寇至亦未為禍敗也

象曰。需于泥。災在外也。自我致寇。敬慎不敗也。〔疏〕正義曰災在外者釋需于泥之義言為需雖復在泥泥猶居水之外即災在身外之義未陷其剛之義故可用需以免自我致寇敬慎不敗者自由也由我欲進而致寇來已若敬慎則不有禍敗也

六四。需于血。出自穴。凡稱血者陰陽相傷者也陰陽相近而不相得陽欲進而陰塞之則相害也穴者陰之路也處坎之始居穴者也九三剛進四不能距見侵則辟順以聽命者也故曰需于血出自穴也〔疏〕六四需于血出自穴○正義曰需于血者謂陰陽相傷故有血也九三之陽而欲上進此六四之陰而塞其路兩相妨害故稱血言待時于血猶待時於難中也出自穴者穴即陰之路也而處坎之始是居穴者也三來逼己四不能距故出此所居之穴以避之但順以聽命而得免咎也故象云需于血順以聽命也○注凡稱血者至出自穴也○正義曰凡稱血者陰陽相傷者也即坤之上六其血玄黃是也穴者陰之路也者凡孔穴穿道皆是幽隱故云陰之路也處坎之始居穴者坎是坎險若處坎之上即是出穴者也處坎之始是居穴者也但易含萬象此六四一爻若以戰鬭言之其出則為血也若以居處言之其處則為穴也穴之與位各隨事義也

象曰。需于血。順以聽也。九五。需于酒食。貞吉。需之所須以待達也已得天位暢其中正无所復須故酒食而已獲貞吉也〔疏〕正義曰需于酒食貞吉者五既為需之主已得天位无所復須但以需待酒食以遜相宴樂而得貞吉

象曰。酒食貞吉。以中正也。〔疏〕正義曰釋酒食貞吉之義言九五居中得正需道亨通上下无事也

上六。入于穴。有不速之客三人來。敬之終吉。六四所以出自穴者以不與三相得而塞其路不辟則害故不得不出自穴而辟之也至於上六處卦之終非塞路者也與三為應三來之己乃為己援故无畏害之辟而終乃有入穴之固也三陽所以不敢進者須難之終也難終則至不待召也已居難終故自來也處无位之地以一陰而為三陽之主故必敬之而後終吉〔疏〕上六至敬之終吉○正義曰上六入于穴者上六陰爻故亦稱穴也上六與三相應三來之己不為禍害乃得為己援助故上六无所畏忌乃入于穴而居也有不速之客三人來者速召也不須召喚之客有三人自來三人謂初九九二九三此三陽務欲前進但畏于險難不能前進其難既通三陽務欲上升不須召喚而自來故云有不速之客三人來也敬之終吉者上六居无位之地以一陰而為三陽之主不可怠慢故須恭敬此三陽乃得終吉

象曰。不速之客來。敬之終吉。雖不當位。未大失也。處无位之地不當位者也敬之則得終吉故雖不當位未大失也〔疏〕正義曰雖不當位未大失者釋敬之終吉之義言己雖不當位而以一陰為三陽之主若不敬之則有凶害今由己能敬之雖不當位亦未有大失言初時雖有小失終久乃獲吉故云未大失也且需之一卦須待難通其於六爻皆假他物之象以明人事待通而亨須待之義且凡人萬事或有去難遠近須出須處法此六爻即萬事盡矣不可皆以人事曲細比之易之諸爻之例並皆放此

䷅坎下乾上 訟。有孚窒惕。中吉。窒謂窒塞也皆惕然後可以獲中吉〔疏〕正義曰窒塞也惕懼也凡訟者物有不和情相乖爭而致其訟凡訟之體不可妄興必有信實被物止塞而能惕懼中道而止乃得吉也

終凶。利見大人。不利涉大川。〔疏〕正義曰終凶者訟不可長若終竟訟事雖復窒惕亦有凶也利見大人者物既有訟須大人決之故利見大人也不利涉大川者以訟不可長若以訟而往涉危難必有禍患故不利涉大川

象曰。訟。上剛下險。險而健。訟。訟有孚窒惕中吉。剛來而得中也。終凶。訟不可成也。利見大人。尚中正也。不利涉大川。入于淵也。凡不和而訟无施而可涉難特甚焉唯有信而見塞懼者乃可以得吉也猶復不可終中乃吉也不閉其源使訟不至雖每不枉而訟至終竟此亦凶矣故雖復有信而見塞懼猶不可以為終也故曰訟有孚窒惕中吉終凶也无善聽者雖有其實何由得明而令有信塞懼者得其中吉必有善聽之主焉其在二乎以剛而來正夫羣小斷不失中應斯任也〔疏〕象曰訟上剛下險至入于淵也正義曰此釋繇辭之義訟上剛下險險而健訟者上剛即乾也下險即坎也猶人意懷險惡性又剛健所以訟也此二句因卦之象以顯有訟之所由案上需須也以釋卦之名此訟卦不釋訟名者訟義可知故不釋也諸卦其名難者則釋之其名易者則不釋之他皆倣此訟有孚窒惕中吉剛來而得中者先疊出訟之繇辭以剛來而得中者釋所以訟得其有孚窒惕中吉者言中九二之剛來向下體而處下卦之中為訟之主而聽斷獄訟故訟者得其有孚窒惕中吉也終凶訟不可成者釋終凶之義以爭訟之事不可使成故終凶也利見大人尚中正者釋利見大人之義所以於訟之時利見此大人者以時方鬭爭貴尚居中得正之主而聽斷之不利涉大川入于淵者釋不利涉大川之義若以訟事往涉于川即必墜于深淵而陷于難也○注凡不和而訟至應斯任也○正義曰无施而可者言若性好不和又與人鬭訟即无處施設而可也言所往之處皆不可也涉難特甚焉者言好訟之人習常施為已且不可若更以訟涉難其不可特甚焉故云涉難特甚焉中乃吉者謂此訟事以中途而止乃得吉也前注云可以獲中吉謂獲中止之吉不閉其源使訟不至者若能謙虛退讓與物不競即此是閉塞訟之根源使訟不至也今不能如此是不閉塞訟源使訟得至也雖每不枉而訟至終竟者謂雖每訴訟陳其道理不有枉曲而訟至終竟此亦凶矣

象曰。天與水違行。訟。君子以作事謀始。聽訟吾猶人也必也使無訟乎无訟在於謀始謀始在於作制契之不明訟之所以生也物有其分職不相監爭何由興訟之所以起契之過也故有德司契而不責於人〔疏〕天與水違行訟至作事謀始○正義曰天道西轉水流東注是天與水相違而行象人彼此兩相乖戾故致訟也不云水與天違行者凡訟之所起必剛健在先以為訟始故云天與水違行也君子以作事謀始者物既有訟言君子當防此訟源凡欲興作其事先須謀慮其始若初始分職分明不相干涉即終无所訟也○注聽訟至不責於人○正義曰訟之所以起契之過者凡鬭訟之起只由初時契要之過謂作契要不分明有德司契者言上之有德司主契要而能使分明以斷於下亦不須責在下之人有爭訟也有德司契之文出老子經也

初六。不永所事。小有言。終吉。處訟之始訟不可終故不永所事然後乃吉凡陽唱而陰和陰非先唱者也四召而應見犯乃訟處訟之始不為訟先雖不能不訟而了訟必辯明矣〔疏〕初六至小有言終吉○正義曰不永所事者永長也不可長久為鬭訟之事以訟不可終也小有言終吉者言初六應于九四然九四剛陽先來非理犯己初六陰柔見犯乃訟雖不能不訟是不獲已而訟也故小有言以處訟之始不為訟先故終吉○注處訟至必辯明也○正義曰處訟之始者始入訟境言訟事尚微故云處訟之始也不為訟先者言已是陰柔待唱乃和故云不為訟先也

象曰。不永所事。訟不可長也。雖小有言。其辯明也。〔疏〕正義曰訟不可長者釋不永所事以訟不可長故不長此鬭爭之事其辯明者釋小有言以訟必辯析分明四雖初時犯己己能辯訟道理分明故初時小有言也

九二。不克訟。歸而逋其邑。人三百戶。无眚。以剛處訟不能下物自下訟上宜其不克若能以懼歸竄其邑乃可以免災邑過三百非為竄也竄而據強災未免也〔疏〕九二至三百戶无眚○正義曰不克訟者克勝也以剛處訟不能下物自下訟上與五相敵不勝其訟言訟不得勝也歸而逋其邑者訟既不勝怖懼還歸逋竄其邑若其邑強大則大都偶國非逋竄之道人三百戶无眚者若其邑狹少唯三百戶乃可也三百戶者鄭注禮記云小國下大夫之制又鄭注周禮小司徒云方十里為成九百夫之地溝渠城郭道路三分去其一餘六百夫又以田有不易有一易有再易定受三百家即此三百戶者一成之地也鄭注云不易之田歲種之一易之田休一歲乃種再易之田休二歲乃種言至薄也苟自藏隱不敢與五相敵則无眚災○注若能以懼至災未免也○正義曰若能以懼歸竄其邑乃可以免災者如此注意則經稱其邑二字連上為句人三百戶合下為句

象曰。不克訟。歸逋竄也。自下訟上。患至掇也。〔疏〕正義曰歸逋竄者釋歸而逋邑以訟之不勝故退歸逋竄也患至掇也者掇猶拾掇也自下訟上悖逆之道故禍患來至若手自拾掇其物言患必來也故王肅云若手拾掇物然

六三。食舊德。貞厲。終吉。或從王事。无成。體夫柔弱以順於上不為九二自下訟上不見侵奪保全其有故得食其舊德而不失也居爭訟之時處兩剛之閒而皆近不相得故曰貞厲柔體不爭繫應在上眾莫能傾故曰終吉上壯爭勝難可忤也故或從王事不敢成也〔疏〕六三至无成○正義曰食舊德者六三以陰柔順從上九不為九二侵奪保全己之所有故食其舊日之德祿位貞厲者貞正也厲危也居爭訟之時處兩剛之閒故須貞正自危厲故曰貞厲然六三柔體不爭繫應在上眾莫能傾故終吉也或從王事无成者三應於上上則壯而又勝故六三或從上九之王事不敢觸忤无敢先成故云无成

象曰。食舊德。從上吉也。〔疏〕正義曰從上吉者釋所以食舊德以順從上九故得其吉食其舊德也

九四。不克訟。初辯明也〔疏〕

正義曰九四既非理陵犯於初初能分辯道理故九四訟不勝也

復即命渝。安貞吉。處上訟下可以改變者也故其咎不大若能反從本理變前之命安貞不犯不失其道爲仁猶已故吉從之〔疏〕復即命渝安貞吉○正義曰復即命渝者復反也即就也九四訟既不勝若能反就本理變前與初爭訟之命能自渝變休息不與初訟故云復即命渝安貞吉者既能反從本理渝變往前爭訟之命即得安居貞吉○注處上訟下至故吉從之○正義曰若能反從本理者釋復即之義復反也即從也本理謂原本不與初訟之理當反從此原本不爭之理故云反從本理變前之命者解命渝也渝變也但倒經渝字在命上故云變前之命前之命者謂往前共初相訟之命也今乃變之也安貞不犯者謂四安居貞正不復犯初故云安貞不犯爲仁由己故吉從之者爲仁由己論語文初不犯己己莫陵於初是爲仁義之道自由於己故云爲仁由己

象曰。復即命渝。安貞不失也。〔疏〕正義曰安貞不失者釋復即命渝之義以其反理變命故得安貞之吉不失其道

九五。訟元吉。處得尊位爲訟之主用其中正以斷枉直中則不過正則不邪剛无所溺公无所偏故訟元吉〔疏〕九五訟元吉○正義曰處得尊位中而且正以斷獄訟故得元吉也○注處得尊位至故訟元吉○正義曰處得尊位爲訟之主者居九五之位當爭訟之時是主斷獄訟者也然此卦之內斷獄訟之人凡有二主案上注云善聽之主其在二乎是二爲主也此注又云爲訟之主用其中正以斷枉直是五又爲主也一卦兩主者凡諸卦之內如此者多矣五是其卦尊位之主餘爻是其卦爲義之主猶若復卦初九是復卦之主復義在于初九也六五亦居復之尊位爲復卦尊位之主如此之例非一卦也所以然者五居尊位猶若天子總統萬機與萬物爲王故諸卦皆五居尊位諸爻則偏主一事猶若六卿春官主禮秋官主刑之類偏主一事則其餘諸爻各主一事也即六卿總歸於天子諸卦之爻皆以九五爲尊位也若卦由五位五爻居尊正爲一主也若比之九五之類是也今此訟卦二既爲主五又爲主皆有斷獄之德其五與二爻其義同然也故俱以爲主也案上彖辭剛來而得中今九五象辭云訟元吉以中正也知彖辭剛來得中非據九五也輔嗣必以爲九二者凡上下二象在於下象者則稱來故賁卦云柔來而文剛是離下艮上而稱柔來今此云剛來而得中故知九二也且凡云來者皆據異類而來九二在二陰之中故稱來九五在外卦又三爻俱陽不得稱來若於爻辭之中亦有從下卦向上卦稱來也故需上六有不速之客三人來謂下卦三陽來然需上六陰爻陽來詣之亦是往非類而稱來也以斷枉直者枉曲也凡二人來訟必一曲一直此九五聽訟能斷定曲直者故云以斷枉直

象曰。訟元吉。以中正也。〔疏〕正義曰以中正也者釋元吉之義所以訟得大吉者以九五處中而得正位中則不有過差正則不有邪曲中正爲德故元吉

上九。或錫之鞶帶。終朝三褫之。處訟之極以剛居上訟而得勝者也以訟受錫榮何可保故終朝之間褫帶者三也〔疏〕正義曰或錫之鞶帶者上九以剛居上是訟而得勝者也若以謙讓蒙錫則可長保有若因訟而得勝雖或錫與鞶帶不可長久終一朝之間三被褫脫故云終朝三褫之

象曰。以訟受服。亦不足敬也。〔疏〕正義曰釋終朝三褫之義以其因訟得勝受此錫服非德而受亦不足可敬故終朝之間三被褫脫也凡言或者或之言有也言或有如此故言或則上云或從王事无成及坤之六三或從王事无成之類是也鞶帶謂大帶也故杜元凱桓二年傳鞶厲旒綴注云鞶大帶也此訟一卦及爻辭並以人事明之唯不利涉大川假外物之象以喻人事

䷆坎下坤上師。貞。丈人吉。无咎。丈人嚴莊之稱也爲師之正丈人乃吉也興役動衆无功罪也故吉乃无咎也〔疏〕師貞丈人吉无咎○正義曰師衆也貞正也丈人謂嚴莊尊重之人言爲師之正唯得嚴莊丈人監臨主領乃得吉无咎若不得丈人監臨之衆不畏懼不能齊衆必有咎害○注丈人嚴戒之稱也至乃无咎也○正義曰興役動衆无功罪者監臨師旅當以威嚴則有功勞乃得无咎若其不以威嚴師必无功而獲其罪故云興役動衆无功罪也

彖曰。師。衆也。貞。正也。能以衆正。可以王矣。剛中而應。行險而順。以此毒天下。而民從之。吉又何咎矣。毒猶役也〔疏〕彖曰至又何咎矣○正義曰師衆也貞正也能以衆正可以王矣者此釋師卦之名并明用師有功之義但師訓既多或訓爲法或訓爲長恐此師名取法之與長故特明之師訓爲衆也貞爲正也貞之爲正其義已見於此復云見正者欲見齊衆必須以正故訓貞爲正也與下文爲首引之勢故云能以衆正可以王矣剛中而應者剛中謂九二而應謂六五行險而順者行險謂下體坎也而順謂上體坤也若剛中而无應或有應而不剛中或行險而不柔順皆不可行師得吉也以此毒天下而民從之吉又何咎矣者毒猶役也若用此諸德使役天下之衆人必從之以得其吉又何无功而咎責乎自剛中以下釋丈人吉无咎也言丈人能備此諸德也

象曰。地中有水。師。君子以容民畜衆。〔疏〕正義曰君子以容民畜衆者言君法此師卦容納其民畜養其衆若爲人除害使衆得寧此則容民畜衆也又爲師之主雖尚威嚴當赦其小過不可純用威猛於軍師之中亦是容民畜衆之義所以象稱地中有水欲見地能包水水又衆大是容民畜衆之象若其不然或當云地在水上或云上地下水或云水上有地今云地中有水蓋取容畜之義也

初六。師出以律。否臧凶。爲師之始齊師者也齊衆以律失律則散故師出以律律不可失失律而臧何異於否失令有功法所不赦故師出不以律否臧皆凶〔疏〕初六師出至否臧凶○正義曰初六師出以律者律法也初六爲師之始是整齊師衆者也既齊整師衆使師出之時當須以其法制整齊之故云師出以律也否臧凶者若其失律行師无問否之與臧皆爲凶也否謂破敗臧謂有功然否爲破敗即是凶也何須更云否臧凶者本意所明雖臧亦凶臧文既單故以否配之欲盛言臧凶不可單言故云否之與臧皆爲凶也○注爲師之始至否臧皆凶○正義曰爲師之始齊師者也者以師之初爻故云爲師之始在師之首先唱發始是齊整師衆者也失律而臧何異於否者若棄失法律不奉法而行雖有功而臧何異於否也失令有功法所不赦者解何異於否之義令則法律也若失此法令雖有功勞軍法所不容赦故云何異於否然閫外之事將軍所載臨事制宜不必皆依君命何得有功法所不赦者凡爲師之體理非一端量事制宜隨時進退此則將軍所制隨時施行若苟順私情故違君命犯律觸法則事不可赦耳

象曰。師出以律。失律凶也。〔疏〕正義曰失律凶者釋師出以律之義言所以必須以律者以其失律則凶反經之文以明經義

九二。在師中。吉无咎。王三錫命。以剛居中而應於上在師而得其中者也承上之寵爲師之主任大役重无功則凶故吉乃无咎也行師得吉莫善懷邦邦懷衆服錫莫重焉故乃得成命〔疏〕九二至王三錫命○正義曰在師中吉者以剛居中而應於五是在師中吉也无咎者承上之寵爲師之主任大役重无功則凶故吉乃无咎王三錫命者以其有功故王三加錫命○注以剛居中至故乃得成命○正義曰在師而得中者觀注之意以在師中爲句其吉字屬下觀象之文在師中吉承天寵者則似吉字屬上此吉之一字上下兼該故注文屬下象文屬上但象略其无咎之字故吉屬師中也故乃得成命者案曲禮云三賜不及車馬一命受爵再命受服三命受車馬三賜三命而尊之得成故乃得成命也

象曰。在師中吉。承天寵也。王三錫命。懷萬邦也。〔疏〕正義曰承天寵者釋在師中吉之義也正謂承受五之恩寵故中吉也懷萬邦也者以其有功能招懷萬邦故被王三錫命也

六三。師或輿尸。凶。以陰處陽以柔乘剛進則无應退无所守以此用師宜獲輿尸之凶〔疏〕六三師或輿尸凶○正義曰以陰處陽以柔乘剛進无所應退无所守以此用師或有輿尸之凶○注以陰處陽至輿尸之凶○正義曰退无所守者倒退而下乘二之剛已又以陰居陽是退无所守

象曰。師或輿尸。大无功也。〔疏〕正義曰大无功也者釋輿尸之義以其輿尸則大无功也

六四。師左次。无咎。得位而无應无應不可以行得位則可以處故左次之而无咎也行師之法欲右背高故左次之〔疏〕六四師左次无咎○正義曰六四得位而无應无應不可以行得位則可以處故云師左次无咎故師在高險之左以次止則无凶咎也○注行師之法至故左次之○正義曰行師之法欲右背高者此兵法也故漢書韓信云兵法欲右背山陵前左水澤

象曰。左次无咎。未失常也。雖不能有獲足以不失其常也〔疏〕正義曰未失常者釋无咎之義以其雖未有功未失常道

六五。田有禽。利執言。无咎。長子帥師。弟子輿尸。貞凶。處師之時柔得尊位陰不先唱柔不犯物犯而後應往必得直故田有禽也物先犯己故可以執言而无咎也柔非軍帥陰非剛武故不躬行必以授也授不得王則衆不從故長子帥師可也弟子之凶故其宜也〔疏〕六五田有禽至輿尸貞凶○正義曰田有禽利執言者柔得尊位陰不先唱柔不犯物犯而後應往必得直故往即有功猶如田中有禽而來犯苗若往獵之則无咎過也人之修田非禽之所犯王者守國非叛者所亂禽之犯苗則可獵取叛人亂國則可誅之此假他象以喻人事故利執言无咎己不直則有咎己今得直故可以執此言往問之而无咎也長子帥師弟子輿尸貞凶者以己是柔不可爲軍帥己又是陰身非剛武不可以親行故須役任長子弟子之等若任役長子則可以帥師若任用弟子則軍必破敗而輿尸是爲正之凶莊氏云長子謂九二德長於人弟子謂六三德劣於物今案象辭云長子帥師以中行也是九二居中也弟子輿尸使不當也謂六三失位也○注至往必得直○正義曰往必得直者見犯乃得欲往征之則於理正直故云往必得直

象曰。長子帥師。以中行也。弟子輿尸。使不當也。

上六。大君有命。開國承家。小人勿用。處師之極師之終也大君之命不失功也開國承家以寧邦也小人勿用非其道也〔疏〕上六大君有命至小人勿用○正義曰大君有命者上六處師之極是師之終竟也大君謂天子也言天子爵命此上六若其功大使之開國爲諸侯若其功小使之承家爲卿大

夫小人勿用者，言開國承家須用君子，勿用小人也。**象曰：大君有命，以正功也。小人勿用，必亂邦也。**〔疏〕正義曰：大君有命以正功也者，正此上六之功也。小人勿用必亂邦也者，若用小人，必亂邦國，故不得用小人也。

䷇坤下坎上**比：吉。原筮元永貞，无咎。不寧方來，後夫凶。**〔疏〕正義曰：比吉者，謂能相親比而得具吉。原筮元永貞无咎者，欲相親比，必能原窮其情，筮決其意，唯有元大永長貞正，乃得无咎。元永貞者，謂兩相親比，皆須永貞。不寧方來者，此是寧樂之時，若能與人親比，則不寧之方皆悉歸來。後夫凶者，夫，語辭也。親比貴速，若及早而來，人皆親己，故在先者吉。若在後而至者，人或疏己，親比不成，故後夫凶。或以夫爲丈夫，謂後來之人也。

彖曰：比，吉也。比，輔也，下順從也。原筮元永貞无咎，以剛中也。處比之時，將原筮以求无咎，其唯元永貞乎？夫羣黨相比，而不以元永貞，則凶邪之道也。若不遇其主，則雖永貞而猶未足免於咎也。使永貞而无咎者，其唯九五乎？〔疏〕彖曰至以剛中也。正義曰：比吉也者，釋親比爲善，言相親比而得吉也。比輔也者，釋比所以得吉，由比者人來相輔助也。下順從也者，在下之人順從於上，是相輔助也，謂衆陰順從九五也。自此以上，釋比名爲吉之義。原筮元永貞无咎以剛中者，釋原筮元永貞无咎之義，所以得如此者，以九五剛而處中，故使比者皆得原筮元永貞无咎也。注處比之時至其唯九五乎。正義曰：將原筮以求无咎，其唯元永貞乎者，原謂原窮比者根本，筮謂筮決求比之情，以求久長无咎，其唯元永貞乎。元，大也；永，長也。爲己有大長貞正，乃能原筮相親比之情，得久長而无咎，謂彼此相親比也。若不遇其主，則雖永貞而猶未足免於咎者，若不逢遇明主，則彼此不相求比者，雖各懷永貞，而猶未足免離於咎。雖有永貞，而无明主照察，不被上知，相親涉於朋黨，故不免咎也。使永貞而无咎者，其唯九五乎者，使比者得免咎，保永貞久而无咎，其唯九五乎，以九五爲比之主，剛而處中，能識比者之情意，故使比者得保永貞，无凶咎也。

不寧方來，上下應也。上下无陽以分其民，五獨處尊，莫不歸之，上下應之，既親且安，安則不安者託焉，故不寧方所以來，上下應故也。夫无者求有，有者不求所與；危者求安，安者不求所保。火有其炎，寒者附之。故已苟安焉，則不寧方來矣。〔疏〕正義曰：釋不寧方來之義。以九五處中，故上下羣陰皆來應之。於此之時，陰往比陽，羣陰未得其所，皆未寧也。**後夫凶，其道窮也。**將合和親而獨在後，親成則誅，是以凶也。〔疏〕後夫凶其道窮也。正義曰：釋後夫凶。他悉親比，己獨後來，比道窮困，无人與親，故其凶也。此謂上六也。注將合和親至是以凶也。正義曰：親成則誅者，彼此相比，皆速來爲親，親道已成，己獨在後而來，衆則嫌其離貳，所以被誅而凶也。

象曰：地上有水，比。先王以建萬國，親諸侯。萬國以比建，諸侯以比親。〔疏〕正義曰：建萬國親諸侯，非諸侯以下之所爲，故特云先王也。建萬國謂割土而封建之，親諸侯謂爵賞恩澤而親友之。萬國據其境域，故曰建也。諸侯謂其君身，故云親也。地上有水，猶域中有萬國，使之各相親比，猶地上有水流通相潤及物，故云地上有水比也。

初六：有孚比之，无咎。有孚盈缶，終來有它吉。處比之始，爲比之首者也。夫以不信爲比之首，則禍莫大焉，故必有孚盈缶，然後乃得免比之咎，故曰有孚比之无咎也。處比之首，應不在一，心无私吝，則莫不比之。著信立誠，盈溢乎質素之器，則物終來无衰竭也。親乎天下，著信盈缶，應者豈一道而來？故必有他吉也。〔疏〕初六有孚至有他吉。正義曰：有孚比之无咎者，處比之始，爲比之首，若无誠信，禍莫大焉，必有誠信而相親比，終始如一，爲之誠信，乃得无咎。有孚盈缶終來有他吉者，身處比之首，應不在一，心无私吝，莫不比之。有此孚信盈溢質素之缶，以此待物，物皆歸向，從始至終，尋常恒來，非唯一人而已，更有他人並來而得吉，故云終來有他吉也。此假外象喻人事也。注應不在一心无私吝。正義曰：應不在一者，初六无應，是應不在一，故心无私吝也。若心有偏應，即私有愛吝也。以應不在一，故心无私吝也。**象曰：比之初六，有它吉也。**

六二：比之自內，貞吉。處比之時，居中得位，而繫應在五，不能來它，故得其自內，貞吉而已。〔疏〕正義曰：比之自內貞吉者，居中得位，係應在五，不能使它悉來，唯親比之道自在其內，獨與五應，但貞吉而已，不如初六有它吉也。**象曰：比之自內，不自失也。**〔疏〕正義曰：不自失者，釋比之自內之義，不自失其所應之偶，故云比之自內不自失也。

六三：比之匪人。四自外比，二爲五應，近不相得，遠則无應，所與比者皆非已親，故曰比之匪人。**象曰：比之匪人，不亦傷乎！**〔疏〕正義曰：比之匪人不亦傷乎者，言六三所比，皆非已親之人。四自外比，二爲五應，近不相得，遠又无應，是所欲親比，皆非其親，是以悲傷也。

六四：外比之，貞吉。外比於五，復得其位，比不失賢，處不失位，故貞吉也。〔疏〕正義曰：六四上比於五，欲外比也。居得其位，比不失賢，所以貞吉。凡下體爲內，上體爲外，六四比五，故云外比也。**象曰：外比於賢，以從上也。**〔疏〕正義曰：九五居中得位，故稱賢也。五在四上，四往比之，是以從上也。

九五：顯比，王用三驅，失前禽，邑人不誡，吉。爲比之主而有應在二，顯比者也。比而顯之，則所親者狹矣。夫无私於物，唯賢是與，則去之與來，皆无失也。夫三驅之禮，禽逆來趣己則舍之，背己而走則射之，愛於來而惡於去也，故其所施，常失前禽也。以顯比而居王位，用三驅之道者也，故曰王用三驅失前禽也。用其中正，征討有常，伐不加邑，動必討叛，邑人无虞，故不誡也。雖不得乎大人之吉，是顯比之吉也。此可以爲上之使，非爲上之道也。〔疏〕九五顯比至邑人不誡吉。正義曰：五應於二，顯明比道，不能普偏相親，是比道狹也。王用三驅失前禽者，此假田獵之道，以喻顯比之事。凡三驅之禮，禽向己者則舍之，背己者則射之，是失於前禽也。顯比之道，與己相應者則親之，與己不相應者則疏之，與三驅田獵愛來惡去相似，故云王用三驅失前禽也。言顯比之道，似於此也。邑人不誡吉者，雖不能廣普親比，於自己相親之處，不妄加討罰，所以己邑之人不須防誡而有吉也。至于邑人不誡而爲吉，非是大人弘闊之道，不可爲大人之道，但可爲大人之使。注爲比之主至非爲上之道。正義曰：去之與來皆无失者，若比道弘闊，不偏私於物，唯賢是親，則苟己去者與來向己者，皆悉親附，无所失也，言去亦不失，來亦不失。夫三驅之禮者，先儒皆云三度驅禽而射之也，三度則已，今亦從之。去則射之，褚氏諸儒皆以爲三面著人驅禽，必知三面者，禽唯有背己、向己、趣己，故左右及於後皆有驅之。愛於來而惡於去者，來則舍之，是愛於來也；去則射之，是惡於去也。故其所施常失前禽者，言獨比所應，則所比爲失，如三驅所施，愛來憎去，則失在前禽也。用其中正，征討有常，伐不加邑，動必討叛者，此九五居中得正，故云用其中正也。心既中正，不妄嚮怒，故征伐有常也。所伐之事，不加親己之邑，興師動衆，必欲討其叛逆。五以其顯比，親者伐所不加也，叛者必欲征伐也。云雖不得乎大人之吉，是顯比之吉者，以象云顯比之吉，其比狹也。若大人之吉，則比道弘通也。可以爲上之使，非爲上之道者，九五居上之位，若爲行如此，身雖爲王，止可爲上使之人，非是爲王之道，故云非爲上之道。

象曰：顯比之吉，位正中也。舍逆取順，失前禽也。邑人不誡，上使中也。〔疏〕顯比之吉至上使中也。正義曰：顯比之吉位在中者，所以顯比得吉者，以所居之位正而且中，故云顯比之吉。舍逆取順失前禽也者，禽逆來向己者則舍之而不害，禽順去背己而走者則射而取之，是失前禽也。邑人不誡上使中也者，釋邑人不誡之義。所以己邑之人不須防誡，止由在上九五之使得其中正之人，伐不加邑，動必討叛，不橫加无罪，止由在上使中也。中謂九五也。此九五雖不得爲王者之身，堪爲王者之使，以居中位，故云上使中也。

上六：比之无首，凶。无首，後也。處卦之終，是後夫也。親道已成，无所與終，爲時所棄，宜其凶也。〔疏〕正義曰：无首凶者，謂无能爲頭首。它人皆比，己獨在後，是親比於人，无能爲頭首也。它人皆比，親道已成，己獨在後，衆人所棄，宜其凶也。**象曰：比之无首，无所終也。**〔疏〕正義曰：无所終者，釋比之无首，既不能爲比之初首，被人所棄，故无能與之共終也。

䷈乾下巽上**小畜：亨。**不能畜大，止健剛志故行，是以亨。〔疏〕正義曰：但小有所畜，唯畜九三而已。初九、九二猶剛健得行，是以剛志上得亨通，故云小畜亨也。若大畜，乾在於下，艮在於上，艮是陽卦，又能止物，能止此乾之剛健，所畜者大，故稱大畜。此卦則巽在於上，乾在於下，巽是陰柔，性又和順，不能止畜在下之乾，唯能畜止九三，所畜狹小，故名小畜。**密雲不雨，自我西郊。**〔疏〕正義曰：密雲不雨者，若陽之上升，陰能畜止，兩氣相薄，則爲雨也。今唯能畜止九三，其氣被畜，但爲密雲。初九、九二猶自上通，所以不能爲雨也。自我西郊者，所聚密雲由在我之西郊，去我既遠，潤澤不能行也，但聚在西郊而已。

彖曰：小畜，柔得位而上下應之，曰小畜。謂六四也。成卦之義，在此爻也。體无二陰以分其應，故上下應之也。既得其位，而上下應之，三不能陵，小畜之義。〔疏〕正義曰：柔得位，謂六四也。以陰居陰，故稱得位。此卦唯有一陰，上下諸陽皆來應之，故曰小畜。此釋小畜卦名也。言此卦之六四唯畜其下九三，初九、九二猶不能擁畜，而云上下應之者，若細別而言，小畜之義，唯當畜止在下三陽，猶不能畜盡，但畜九三而已。若大判而言之，上下五陽總應六四，故云上下應之，其四雖應，何妨總不能畜止剛健也。**健而巽，剛中而志行，乃亨。密雲不雨，尚往也。自我西郊，施未行也。**小畜之勢，足作密雲，乃自我西郊，未足以爲雨也。何由知未能爲雨？夫能爲雨者，陽上薄陰，陰能固之，然後烝而爲雨。今不能制初九之復道，固九二之牽復，九三更以不能復爲劣也。下方尚往，施豈得行？故密雲而不能爲雨，尚往故也。何以明之去能固之，然後乃雨乎？上九獨能固九三之路，故九三不可以進而輿說輻也。能固其路而安於上，故得既雨既處。若四、五皆能若上九之善畜，則能雨明矣。故舉一卦而論之，能爲小畜密雲而已。陰苟不足以固陽，則雖復至盛，密雲自我西郊，故不能雨也。雨之未下，即施之未行也。彖至論一卦之體，故曰密雲不雨。

象各言一爻之德故曰既雨既處也〔疏〕健而巽至施未行也。正義曰健而巽剛中而志行乃亨者內既剛健而外逢柔順剛發於外不被摧抑而志意得行以此言之故剛健之志乃得亨通此釋亨也密雲不雨尚往者所以密雲不雨者不能畜止諸陽初九九二猶得上進陰陽氣通所以不雨釋密雲不雨也自我西郊施未行者釋自我西郊之義所以密雲不雨從我西郊而積聚者猶所施潤澤未得流行周偏故不覆國都但遠聚西郊也然雲在國都而不雨亦是施未行也必云在西郊者若在國都雨雖未落猶有覆蔭之施不得云施未行今言在西郊去施遠也。注小畜之勢至既雨既處也。正義曰九三更以不能復為劣者初九既得復道九二可牽以獲復皆得剛健上通則是陰不能固陽而九三劣弱又不能自復則是陽不薄陰是以皆不雨也且小畜之義貴於上往而九三不能自復更為劣弱故言九三更不能復為劣也能固其路而安於上者謂上九能閉固九三之道路不被九三所陵得安於上所以既雨既處也故舉一卦而論之能為小畜密雲而已者此明卦之與爻其義別也但卦總二象明上體不能閉固下體所以密雲不能為雨以爻則止明一爻之事上九能固九三所以上九而有雨也所以卦與爻其義異也諸卦多然若比卦云比吉上六則云比之无首凶也復卦云復亨上六云迷復凶也此皆卦之與爻義相違反它皆倣此

象曰。風行天上。小畜。君子以懿文德。未能行其施者故可以懿文德而已〔疏〕正義曰君子以懿文德者懿美也以於其時施未得行喻君子之人但修美文德待時而發風為號令若風行天下則施附於物不得云施未行也今風在天上去物既遠無所施及故曰風行天上凡大象君子所取之義或取二卦之象而法之者若地中有水師君子以容民畜眾取卦象包容之義若履卦象云上天下澤履君子以辯上下取上下尊卑之義如此之類皆取二象君子法以為行也或直取卦名因其卦義所有君子法之須合卦義行事者若訟卦云君子以作事謀始防其所訟之源不取天與水違行之象若小畜君子以懿文德不取風行天上之象餘皆倣此

初九。復自道。何其咎。吉。處乾之始以升巽初四為已應不距已者也以陽升陰復自其道順而无違何所犯咎得義之吉〔疏〕正義曰處乾之始以升巽初四為已應以陽升陰反復於上自用已道四則順而无違於已无咎故云復自道何其咎吉

象曰。復自道。其義吉也。〔疏〕正義曰其義吉者以陽升陰以剛應柔其義於理吉也

九二。牽復。吉。處乾之中以升巽五五非畜極非固已者也雖不能若陰之不違可牽以獲復是以吉也〔疏〕正義曰牽謂牽連復謂反復二欲往五五非止畜之極不閉固於已可自牽連反復於上而得吉也

象曰。牽復在中。亦不自失也。〔疏〕正義曰既彊牽連而復在下卦之中以其得中不被閉固亦於已不自有失解牽復吉也

九三。輿說輻。夫妻反目。上為畜盛不可牽征以斯而進故必說輻也已為陽極上為陰長畜於陰長不能自復方之夫妻反目之義也〔疏〕正義曰九三欲復而進上九固而止之不可以行故車輿說其輻夫妻反目者上九體巽為長女之陰令九三之陽被長女閉固不能自復夫妻乖戾故反目相視

象曰。夫妻反目。不能正室也。〔疏〕正義曰不能正室者釋夫妻反目之義以九三之夫不能正上九之室故反目也此假象以喻人事也

六四。有孚。血去惕出。无咎。夫言血者陽犯陰也四乘於三近不相得三務於進而已隔之將懼侵克者也上亦惡三而能制焉志與上合共同斯誠三雖逼已而不能犯故得血去懼除保无咎也〔疏〕六四至无咎。正義曰六四居九三之上乘陵於三三既務進而已固之懼三害已故有血也畏三侵陵故惕懼也但上九亦憎惡九三六四與上九同志共惡於三三不害已故得其血去除其惕出散信能血去懼除乃得无咎。注夫言血者至无咎也。正義曰夫言血者陽犯陰也者謂此卦言血陽犯陰也夫者發語之端非是總凡之辭故需六四云需於血注云凡稱血者陰陽相傷也則稱血者非唯陽犯陰也

象曰。有孚惕出。上合志也。〔疏〕正義曰釋惕出之意所以惕出者由已與上九同合其志共惡於三也

九五。有孚攣如。富以其鄰。處得尊位不疑於二來而不距二牽已攣不為專固有孚攣如之謂也以陽居陽處實者也居盛處實而不專固富以其鄰者也〔疏〕正義曰有孚攣如者五居尊位不疑於二來而不距二既牽挽而來已又攣攣而迎接志意合同不有專固相逼是有信而相牽攣也如語辭非義類富以其鄰者五是陽爻即必富實心不專固故能用富以與其鄰鄰謂二也

象曰。有孚攣如。不獨富也。〔疏〕正義曰不獨富也者釋攣如之義所以攣攣於二者以其不獨自專固於富欲分與二也

上九。既雨既處。尚德載。婦貞厲。處小畜之極能畜者也陽不獲亨故既雨也剛不能侵故既處也體巽處上剛不敢犯尚德者也為陰之長能畜剛健德積載者也婦制其夫臣制其君雖貞近危故曰婦貞厲也陰之盈盛莫盛於此故

月幾望。君子征凶。月幾望也滿而又進必失其道陰疑於陽必見戰伐雖復君子以征必凶故曰君子征凶〔疏〕上九既雨既處至君子征凶。正義曰既雨既處者九三欲進已能固之陰陽不通故已得其雨也既處者三不能侵不憂危害故已得其處也尚德載者體巽處上剛不敢犯為陰之長能畜止剛健慕尚此德之積聚而運載也故云尚德載也言慕尚此道德之積載也婦貞厲者上九制九三是婦制其夫臣制其君雖復貞正而近危厲也月幾望者婦人之制夫猶如月在望時盛極以敵日也幾辭也已從上釋故於此不復言也君子征凶者陰疑於陽必見戰伐雖復君子之行而亦凶也。注處小畜之極至君子征凶。正義曰處小畜之極能畜者也又已處小畜之盛極是閉畜者也陽不獲亨故既雨也者陽若亨通則不雨也所以卦係辭云小畜亨密雲不雨今九三之陽被上九所固不獲亨通故既雨也

象曰。既雨既處。德積載也。君子征凶。有所疑也。夫處下可以征而无咎者唯泰也則然坤本體下又順而弱不能敵剛故可以全其類征而吉也自此以往則其進各有難矣夫巽雖不能若艮之善畜猶不肯為坤之順從也故可得少進不可盡陵也是以初九九二其復則可至於九三則輿說輻也夫大畜者畜之極也畜而不已畜極則通是以其畜之盛在於四五至于上九道乃大行小畜積極而後乃能畜是以四五可以進而上九說征之輻〔疏〕象曰既雨既處至有所疑也。正義曰既雨既處德積載者釋既雨既處之義言所以得既雨既處者以上九道德積聚可以運載使人慕尚故云既雨既處也君子征凶有所疑者釋君子征凶之義言所以征凶者陰氣盛滿被陽有所疑忌必見戰伐故征凶也。注夫處下至說征之輻。正義曰夫巽雖不能若艮之善畜者謂雖不能如大畜艮卦在上善畜下之乾也巽雖不能如艮之善畜故其畜小也猶不肯為坤之順從者謂猶不肯如泰卦坤在於上順從乾也故可得少進者謂初九九二得前進也不可盡陵者九三欲陵上九被上九所固是不可得盡陵也畜而不已畜極則通是以其畜之盛在于四五至于上九道乃大行者此論大畜義也大畜畜而不已謂之大畜四爻五爻是畜之盛極而不休已畜極則通四五畜道既極至於上九无可所畜故上九道乃大行无所畜也小畜積極而後乃能畜者小畜之道既微積其終極至於上九乃能畜也謂九三也是以四五可以進者四雖畜初五雖畜二畜道既弱故九二可以進上九說征之輻者上九畜之積極故能說此九三征行之輻案九三但有說輻无征之文而王氏言上九說征之輻者輿之有輻可以征行九三有征義今輿輻既說則是說征之輻因上九征凶之文征則行也文雖不言於義必有言輻者鄭注云謂輿下縛木與軸相連鈎心之木是也子夏傳云輻車劇也

䷉ 兌下乾上

履虎尾。不咥人。亨。〔疏〕正義曰履卦之義以六三為主六三以陰柔履踐九二之剛履危者也猶如履虎尾為危之甚不咥人亨者以六三在兌體兌為和說而應乾剛雖履其危而不見害故得亨通猶若履虎尾不見咥齧于人此假物之象以喻人事

彖曰。履。柔履剛也。說而應乎乾。是以履虎尾。不咥人。亨。凡彖者言乎一卦之所以為主也成卦之體在六三也履虎尾者言其危也三為履主以柔履剛履危者也虎尾有不見咥者以其說而應乎乾也乾剛正之德者也不以說行夫佞邪而以說應乎乾宜其履虎尾不見咥而亨〔疏〕彖曰履柔履剛也至不咥人亨。正義曰履柔履剛者言履卦之義是柔之履剛六三陰爻在九二陽爻之上故云柔履剛也履謂履踐也此釋履卦之義說而應乎乾是以履虎尾不咥人亨者釋不咥人亨之義六三在兌體兌為和說應於上九上九在乾體兌自和說應乎乾剛以說應剛无所見害是以履踐虎尾不咥害于人而得亨通也若以和說之行而應於陰柔則是邪佞之道由以說應於剛故得吉也

剛中正。履帝位而不疚。光明也。言五之德〔疏〕正義曰剛中正履帝位者謂九五以剛處中得其正位居九五之尊是剛中正履帝位也而不疚光明者能以剛中而居帝位不有疚病由德之光明故也此一句贊明履卦德義之美於經无所釋也

象曰。上天下澤。履。君子以辯上下。定民志。〔疏〕正義曰天尊在上澤卑處下君子法此履卦之象以分辯上下尊卑以定正民之志意使尊卑有序也但此履卦名合二義若以爻言之則在上履踐於下六三履九二也若以二卦上下之象言之則履禮也在下以禮承事於上此象之所言取上下二卦卑承尊之義故云上天下澤履但易合萬象反覆取義不可定為一體故也

初九。素履往。无咎。處履之初為履之始履道惡華故素乃无咎處履以素何往不從必獨行其願物无犯也〔疏〕正義曰處履之始而用質素故往而无咎若不以質素則有咎也

象曰。素履之往。獨行願也。〔疏〕正義曰獨行願者釋素履之往它人尚華已獨質素則何咎也故獨行所願則物无犯也

九二。履道坦坦。幽人貞吉。履道尚謙不喜處盈務在致誠惡夫外飾者也而二以陽處陰履於謙也居內履中隱顯同也履道之美於斯為盛故履道坦坦无險厄也在幽而貞宜其吉〔疏〕九二至幽人貞吉。正義曰履道坦坦者坦坦平易之貌九二以陽處陰履於謙退已能謙退故履道坦坦者易无險難也幽人貞吉者既无險難故在幽隱之人守正得吉。注履道尚謙至宜其吉。正義曰履道尚謙者言履踐之道貴尚謙退然後乃能踐物履又為禮

故尙謙也居內履中隱顯同者履道尙謙不喜處盈然以陽處陰尙於謙德居內履中以信爲道不以居外爲榮處內爲屈若居在外亦能履中謙退隱之與顯在心齊等故曰隱顯同也在幽而貞宜其吉者以其在內卦之中故云在幽也謙而得中是貞正也在幽能行此正故曰宜其吉 象曰。幽人貞吉。中不自亂也。〔疏〕正義曰中不自亂者釋幽人貞吉以其居中不以危險而自亂也既能謙退幽居何有危險自亂之事 六三。眇能視。跛能履。履虎尾。咥人凶。武人爲于大君。居履之時以陽處陰猶曰不謙而況以陰居陽以柔乘剛者乎故以此爲明眇目者也以此爲行跛足者也以此履危見咥者也志在剛健不修所履欲以陵武於人爲于大君行未能免於凶而志存于五頑之甚也〔疏〕六三眇能視至武人爲于大君○正義曰眇能視跛能履者居履之時當須謙退今六三以陰居陽而又失其位以此視物猶如眇目自爲能視不足爲明也以此履物猶如跛足自爲能履不足與之行也履虎尾咥人凶者以此履虎尾咥齧於人所以凶也武人爲于大君者行此威武加陵於人欲自爲於大君以六三之微欲行九五之志頑愚之甚 象曰。眇能視。不足以有明也。跛能履。不足以與行也。咥人之凶。位不當也。武人爲于大君。志剛也。〔疏〕象曰眇能視至武人爲于大君志剛也○正義曰不足以有明者釋眇能視物目既隆眇假使能視无多明也不足以與行者解跛能履足既蹇跛假使能履行不能遠故云不足以與行也位不當者釋咥人之凶所以被咥見凶者緣居位不當爲以陰處陽也志剛者釋武人爲于大君所以陵武加人欲爲大君以其志意剛猛以陰而處陽是志意剛也 九四。履虎尾。愬愬終吉。逼近至尊以陽承陽處多懼之地故曰履虎尾愬愬也然以陽居陰以謙爲本雖處危懼終獲其志故終吉也〔疏〕正義曰履虎尾愬愬者逼近五之尊位是履虎尾近其危也以陽承陽處嫌隙之地故愬愬危懼也終吉者以陽居陰意能謙退故終得其吉 象曰。愬愬終吉。志行也。〔疏〕正義曰志行者釋愬愬終吉初雖愬愬終得其吉以謙志得行故終吉也 九五。夬履。貞厲。得位處尊以剛決正故曰夬履貞厲也履道惡盈而五處尊是以危〔疏〕正義曰夬履者夬者決也得位處尊以剛決正履道行正故夬履也貞厲者厲危也履道惡盈而五以陽居尊故危厲也 象曰。夬履貞厲。位正當也。〔疏〕正義曰位正當者釋夬履貞厲之義所以夬履貞厲者以其位正當處在九五之位不得不決斷其理不得不有其貞厲以位居此地故也 上九。視履考祥。其旋元吉。禍福之祥生乎所履處履之極履道成矣故可視履而考祥也居極應說高而不危是其旋也履道大成故元吉也〔疏〕正義曰視履考祥者祥謂徵祥上九處履之極履道已成故視其所履之行善惡得失考其禍福之徵祥其旋元吉者旋謂旋反也上九處履之極下應兌說高而不危是其不墜於履而能旋反行之履道大成故元吉也 象曰。元吉在上。大有慶也。〔疏〕正義曰大有慶者解元吉在上之義既以元吉而在上九是大有福慶也以有福慶故在上元吉也

䷊ 乾下坤上 泰。小往大來。吉亨。〔疏〕正義曰陰去故小往陽長故大來以此吉而亨通此卦亨通之極而四德不具者物既太通多失其節故不得以爲元始而利貞也所以象云財成輔相故四德不具 彖曰。泰小往大來。吉亨。則是天地交而萬物通也。上下交而其志同也。內陽而外陰。內健而外順。內君子而外小人。君子道長。小人道消也。〔疏〕彖曰泰小往大來至小人道消也○正義曰泰小往大來吉亨則是天地交而萬物通者釋此卦小往大來吉亨名爲泰也所以得名爲泰者止由天地氣交而生養萬物物得大通故云泰也上下交而其志同者此以人事象天地之交上謂君也下謂臣也君臣交好故志意和同內陽而外陰內健而外順內健則內陽外順則外陰內陽外陰據其象內健外順明其性此說泰卦之德也陰陽言爻健順言卦此就卦爻釋小往大來吉亨也內君子而外小人君子道長小人道消者更就人事之中釋小往大來吉亨也 象曰。天地交泰。后以財成天地之道。輔相天地之宜。以左右民。泰者物大通之時也上下大通則物失其節故財成而輔相以左右民也〔疏〕象曰天地交泰至以左右民○正義曰后以財成天地之道者由物皆通泰則上下失節后君也於此之時君當翦財成就天地之道輔相天地之宜者相助也當輔助天地所生之宜以左右民者左右助也以助養其人也天地之道者謂四時也冬寒夏暑春生秋殺之道若氣相交通則物失其節物失其節則冬溫夏寒秋生春殺君當財節成就使寒暑得其常生殺依其節此天地自然之氣故云天地之道也天地之宜者謂天地所生之物各有其宜若大司徒云其動物植物及職方云楊州其貢宜稻麥雍州其貢宜黍稷若天氣大同則所宜相反故人君輔助天地所宜之物各安其性得其宜據物言之故稱宜也此卦言后者以不兼公卿大夫故不云君子也兼通諸侯故不得直言先王欲見天子諸侯俱是南面之君故特言后也 初九。拔茅茹。以其彙。征吉。茅之爲物拔其根而相牽引者也茹相牽引之貌也三陽同志俱志在外初爲類首已舉則從若茅茹也上順而應不爲違距進皆得志故以其類征吉〔疏〕正義曰拔茅茹者初九欲往於上九二九三皆欲上行已去則從而似拔茅舉其根相牽茹也以其彙者彙類也以類相從征吉者征行也上坤而順下應於乾已去則納故征行而吉 象曰。拔茅征吉。志在外也。〔疏〕正義曰志在外者釋拔茅征吉之義以其三陽志意皆在於外已行則從而似拔茅征行而得吉此假外物以明義也 九二。包荒。用馮河。不遐遺。朋亡。得尚于中行。體健居中而用乎泰能包含荒穢受納馮河者也用心弘大无所遐棄故曰不遐遺也无私无偏存乎光大故曰朋亡也如此乃可以得尚于中行尚猶配也中行謂五〔疏〕正義曰包荒用馮河者體健居中而用乎泰能包含荒穢之物故云包荒也用馮河者无舟渡水馮陵于河是頑愚之人此九二能包含容受故曰用馮河也不遐遺者遐遠也遺棄也用心弘大无所疏遠棄遺於物朋亡者得中无偏所在皆納无私於朋黨之事亡无也故云朋亡也得尚於中行者中行謂六五也處中而行以九二所爲如此尚配也得配六五之中也 象曰。包荒得尚于中行。以光大也。〔疏〕正義曰釋得尚中行之義所以包荒得配此六五之中者以无私无偏存乎光大之道故此包荒皆假外物以明義也

九三。无平不陂。无往不復。艱貞无咎。勿恤其孚。于食有福。乾本上也坤本下也而得泰者降與升也而三處天地之際將復其所處復其所處則上守其尊下守其卑是故无往而不復也无平而不陂也處天地之將閉平路之將陂時將大變世將大革而居不失其正動不失其應艱而能貞不失其義故无咎也信義誠著故不恤其孚而自明也故曰勿恤其孚于食有福也〔疏〕九三无平不陂至于食有福○正義曰无平不陂者九三處天地相交之際將各分復其所處乾體初雖在下今將復歸於上坤體初雖在上今欲復歸於下是初始平者必將有險陂也初始往者必將有反復也无有平而不陂无有往而不復者猶若元在下者而不在上元在下者而不歸下也艱貞无咎者已居變革之世應有危殆只爲已居得其正動有其應艱難貞正乃得无咎勿恤其孚于食有福者憂恤也孚信也信義先以誠著故不須憂其其孚信也信義自明故於食祿之道自有福慶也○注將復其所處至于食有福也○正義曰將復其所處者以泰卦乾體在下此九三將棄三而向四是將復其乾之上體所處也泰卦坤體在上此六四今將去四而歸向初復其坤體所處也處天地之將閉平路之將陂者天將處上地將處下閉而不通是天地之將閉也所以往前通泰路无險難自今已后時既否閉路有傾危是平路之將陂也所以因三之向四是下欲上也則上六將歸於下是上欲下也故云復其所處也信義誠著者以九三居不失正動不失應是信義誠著也故不恤其孚而自明者解於食有福以信義自明故飲食有福 象曰。无往不復。天地際也。天地將各分復之際〔疏〕正義曰天地際者釋无往不復之義而三處天地交際之處天體將上地體將下故往者將復平者將陂 六四。翩翩。不富以其鄰。不戒以孚。乾樂上復坤樂下復四處坤首不固所居見命則退故曰翩翩也坤爻皆樂下已退則從故不待富而用其鄰也莫不與已同其志願故不待戒而自孚也〔疏〕正義曰六四翩翩者四主坤首而欲下復見命則退故翩翩而下也不富以其鄰者以用也鄰謂五與上也今已下復衆陰悉皆從之故不待財富而用其鄰不戒以孚者鄰皆從已共同志願不待戒告而自孚信以從已也 象曰。翩翩不富。皆失實也。不戒以孚。中心願也。〔疏〕正義曰皆失實者解翩翩不富之義猶衆陰皆失其本實所居之處今既見命翩翩樂動不待財富並悉從之故云皆失實也不戒以孚中心願者解不戒以孚之義所以不待六四之戒告而六五上六皆以孚信者由中心皆願下復故不待戒而自孚也 六五。帝乙歸妹。以祉元吉。婦人謂嫁曰歸泰者陰陽交通之時也女處尊位履中居順降身應二感以相與用中行願不失其祉帝乙歸妹誠合斯義履順居中行願以祉盡夫陰陽交配之宜故元吉也〔疏〕六五至以祉元吉○正義曰帝乙歸妹者女處尊位履中居順降身應二感以相與用其中情行其志願不失於祉交備斯義者唯帝乙歸嫁于妹而能然也故作易者引此帝乙歸妹以明之也以祉元吉者履順居中得行志願以獲祉福盡夫陰陽交配之道故大吉也○注婦人謂嫁曰歸○正義曰婦人謂嫁曰歸隱二年公羊傳文也 象曰。以祉元吉。中以行願也。〔疏〕正義曰中以行願者釋以祉元吉之義正由中順行其志願故得福而元吉也 上六。城復于隍。勿用師。自邑告命。貞吝。居泰上極

各反所應，泰道將滅，上下不交，卑不上承，尊不下施，是故城復于隍，卑道崩也。勿用師，不煩攻也。自邑告命，貞吝，否道已成，命不行也。（疏）上六城復于隍至自邑告命貞吝。正義曰：城復于隍者，居泰上極，各反所應，泰道將滅，上下不交，卑不上承，尊不下施，猶若城復于隍也。子夏傳云：隍是城下池也。城之爲體，由基土陪扶，乃得爲城，今下不陪扶，城則隕壞，以此崩倒，反復於隍，猶君之爲體，由臣之輔翼，今上下不交，臣不扶君，君道傾危，故云城復于隍。此假外象以喻人事。勿用師者，謂君道已傾，不煩用師也。自邑告命貞吝者，否道已成，物不順從，唯於自己之邑而施告命，下既不從，故貞吝。注卑道崩也。正義曰：卑道崩也者，卑道向下不與上交，故卑之道崩壞，不承事於上也。

象曰：城復于隍，其命亂也。（疏）正義曰：其命亂者，釋城復于隍之義。若教命不亂，臣當輔君，猶土當扶城，由其命錯亂，下不奉上，猶上不陪城，使復于隍，故云其命亂也。

䷋坤下乾上　否之匪人，不利君子貞，大往小來。（疏）正義曰：否之匪人者，言否閉之世，非是人道交通之時，故云匪人。不利君子貞者，由小人道長，君子道消，故不利君子爲正也。陽氣往而陰氣來，故云大往小來。陽主生息，故稱大；陰主消耗，故稱小。

彖曰：否之匪人，不利君子貞，大往小來，則是天地不交而萬物不通也，上下不交而天下无邦也。內陰而外陽，內柔而外剛，內小人而外君子，小人道長，君子道消也。（疏）正義曰：上下不交而天下无邦者，與泰卦反也。泰卦云上下交而其志同，此應云上下不交則其志不同也，非但其志不同，上下乖隔，則邦國滅亡，故變云天下无邦也。內柔而外剛者，欲取否塞之義，故內至柔弱，外禦剛彊，所以否閉。若欲取通泰之義，則云內健外順，各隨義爲文，故此云剛柔，不云健順。

象曰：天地不交，否，君子以儉德辟難，不可榮以祿。（疏）正義曰：君子以儉德辟難者，言君子於此否塞之時，以節儉爲德，辟其危難，不可榮華其身以居祿位。此若據諸侯公卿言之，辟其羣小之難，不可重受官賞；若據王者言之，謂節儉爲德，辟其陰陽已運之難，不可重自榮華而驕逸也。

初六：拔茅茹，以其彙，貞吉亨。居否之初，處順之始，爲類之首者也。順非健也，何可以征？居否之時，動則入邪，三陰同道，皆不可進，故茅茹以類，貞而不諂則吉亨。（疏）正義曰：拔茅茹者，以居否之初，處順之始，未可以動，動則入邪，不敢前進。三陰皆然，猶若拔茅牽連其根相茹也。已若不進，餘皆從之，故云拔茅茹也。以其彙者，以其同類共皆如此。貞吉亨者，守正而居，志在於君，乃得吉而亨通。

象曰：拔茅貞吉，志在君也。志在於君，故不苟進。（疏）正義曰：志在君者，釋拔茅貞吉之義。所以居而守正者，以其志意在君，不敢懷諂苟進，故得吉亨也。此假外物以明人事。

六二：包承，小人吉，大人否亨。居否之世而得其位，用其至順，包承於上，小人路通，內柔外剛，大人否之，其道乃亨。（疏）正義曰：包承者，居否之世而得其位，用其志順，包承於上。小人吉者，否閉之時，小人路通，故於小人爲吉也。大人否亨者，若大人用此包承之德，能否閉小人之吉，其道乃亨。

象曰：大人否亨，不亂羣也。（疏）正義曰：此釋所以大人否亨之意，良由否閉小人，防之以得其道，小人雖盛，不敢亂羣，故言不亂羣也。

六三：包羞。俱用小道以承其上，而但不當，所以包羞也。

象曰：包羞，位不當也。（疏）正義曰：包羞者，言羣陰俱用小人之道，包承於上，以失位不當，所包承之事，唯羞辱已。

九四：有命无咎，疇離祉。夫處否而不可以有命者，以所應者小人也。有命於小人，則消君子之道者也。今初志在君，處乎窮下，故可以有命无咎，而疇麗福也。疇謂初也。（疏）正義曰：有命无咎者，九四處否之時，其陰爻皆是小人，若有命於小人，則君子道消也。今初六志在於君，守正不進，處于窮下，今九四有命命之，故无咎。疇離祉者，疇謂疇匹，謂初六也；離，麗也，麗謂附著也。言九四命初，身既无咎，初既被命，附依祉福，言初六得福也。

象曰：有命无咎，志行也。（疏）正義曰：釋有命无咎之義。所以九四有命得无咎者，由初六志意得行，守正而應於上，故九四之命得无咎。

九五：休否，大人吉。其亡其亡，繫于苞桑。居尊得位，能休否道者也。施否於小人，否之休也。唯大人而後能然，故曰大人吉也。處君子道消之時，已居尊位，何可以安？故心存將危，乃得固也。（疏）九五休否至繫于苞桑。正義曰：休否者，休美也，謂能行休美之事於否塞之時，能施此否閉之道，遏絕小人，則是否之休也，故云休否。大人吉者，唯大人乃能如此而得吉也，若其凡人則不能。其亡其亡繫于苞桑者，在道消之世，居於尊位而遏小人，必近危難，須恒自戒慎其意，常懼其危亡，言丁寧戒慎如此也。繫于苞桑者，苞，本也。凡物繫于桑之苞本則牢固也。若能其亡其亡以自戒慎，則有繫于苞桑之固，无傾危也。注心存將危。正義曰：心存將危，解其亡其亡之義。身雖安靜，心意常存將有危難，但念其亡其亡，乃得固者，即繫于苞桑也。必云苞桑者，取會韻之義，又桑之爲物，其根眾也，眾則牢固之義。

象曰：大人之吉，位正當也。（疏）正義曰：釋大人吉之義。言九五居尊得位，正所以當遏絕小人，得其吉。

上九：傾否，先否後喜。先傾後通，故後喜也。始以傾爲否，後得通乃喜。（疏）正義曰：處否之極，否道已終，此上九能傾毀其否，故曰傾否也。先否後喜者，否道未傾之時，是先否之道；否道已傾之後，其事得通，故曰後有喜也。

象曰：否終則傾，何可長也。（疏）正義曰：釋傾否之義。否道已終，通道將至，故否之終極則傾損其否，何得長久，故云何可長也。

䷌離下乾上　同人于野，亨，利涉大川，利君子貞。（疏）正義曰：同人，謂和同於人。于野亨者，野是廣遠之處，借其野名，喻其廣遠，言和同於人，必須寬廣，无所不同，用心无私，處非近狹，遠至于野，乃得亨進，故云同人于野亨。與人同心，足以涉難，故曰利涉大川也。與人和同，義涉邪僻，故利君子貞也。此利涉大川，假物象以明人事。

彖曰：同人，柔得位得中而應乎乾，曰同人。二爲同人之主。（疏）正義曰：此釋所以能同於人之義。柔得位得中者，謂六二也。上應九五，是應於乾也。

同人曰：同人于野，亨，利涉大川，乾行也。所以乃能同人于野，亨，利涉大川，非二之所能也，是乾之所行，故特曰同人曰。（疏）同人曰至乾行也。正義曰：釋同人于野亨利涉大川之義。所以能如此者，由乾之所行也。言乾能行此德，非六二之所能也，故特云同人曰，乃云同人于野亨，與諸卦別也。注故特曰同人曰。正義曰：故特曰同人曰者，謂卦之彖辭，發首即疊卦名以釋其義，則以例言之，此發首應云同人于野亨。爲主別云同人曰者，是其義有異。此同人卦名以六二爲主，故同人卦名繫屬六二，故稱同人曰，猶言同人卦曰也。同人于野亨利涉大川，雖是同人卦下之辭，不關六二之義，故更疊同人于野亨之文，乃是乾之所行也。

文明以健，中正而應，君子正也。行健不以武，而以文明用之；相應不以邪，而以中正應之，君子正也，故曰利君子貞。（疏）正義曰：此釋君子貞也。此以二象明之，故云文明以健。中正而應，謂六二、九五皆居中得正，而又相應，是君子之正道也，故云君子正也。若以威武而爲健，邪僻而相應，則非君子之正也。

唯君子爲能通天下之志。君子以文明爲德。（疏）唯君子爲能通天下之志。正義曰：此更贊明君子貞正之義。唯君子之人於同人之時，能以正道通達天下之志，故利君子之貞。注君子以文明爲德。正義曰：若非君子，則用威武。今卦之下體爲離，故彖云文明；又云唯君子能通天下之志，是君子用文明爲德也。謂文理通明也。

象曰：天與火，同人。天體在上，而火炎上，同人之義也。（疏）正義曰：天體在上，火又炎上，取其性同，故云天與火同人。

君子以類族辨物。君子小人，各得所同。（疏）正義曰：族，聚也。言君子法此同人，以類而聚也。辨物謂分辨事物，各同其黨，使自相同，不間雜也。

初九：同人于門，无咎。居同人之始，爲同人之首者也。无應於上，心无係吝，通夫大同，出門皆同，故曰同人于門也。出門同人，誰與爲咎？（疏）正義曰：同人于門者，居同人之首，无應於上，心无係吝，含弘光大，和同於人，在於門外，出門皆同，故云无咎也。

象曰：出門同人，又誰咎也。（疏）正義曰：又誰咎者，釋出門同人无咎之義。言既心无係吝，出門逢人皆同，則誰與爲過咎。

六二：同人于宗，吝。應在乎五，唯同於主，過主則否。用心褊狹，鄙吝之道。（疏）正義曰：係應在五，而和同於人在於宗族，不能弘闊，是鄙吝之道，故象云吝道也。

象曰：同人于宗，吝道也。

九三：伏戎于莽，升其高陵，三歲不興。居同人之際，履下卦之極，不能包弘上下，通夫大同，物黨相分，欲乖其道，貪於所比，據上之應。其敵剛健，非力所當，故伏戎于莽，不敢顯亢也。升其高陵，望不敢進，量斯勢也，三歲不能興者也。三歲不能興，則五道亦以成矣，安所行焉。（疏）九三伏戎于莽至三歲不興。正義曰：伏戎于莽者，九三處下卦之極，不能包弘上下，通夫大同，欲下據六二，上與九五相爭也。但九五剛健，九三力不能敵，故伏潛兵戎於草莽之中，升其高陵。三歲不興者，唯升高陵以望前敵，量斯勢也，縱令更經三歲，亦不能興起也。注不能包弘上下至安所行焉。正義曰：不能包弘上下通夫大同者，九三出門皆同，无所係著，是包弘上下通夫大同。今九三欲下據六二，奪上之應，是不能包弘也。物黨相分者，謂同人之時，物各有黨類而相分別也。二則與五相親，與三相分別也。欲乖其道，貪於所比，據上之應者，言此九三欲乖其同人之道，不以類相從，不知二之從五，直以苟貪與二之比近，而欲取之，據上九五之應也。

象曰：伏戎于莽，敵剛也。三歲不興，安行也。安，辭也。（疏）正義曰：伏戎于莽敵剛者，釋伏戎于莽之義，以其當□九五之剛，不敢顯亢，故伏戎

于莽三歲不興安行者釋三歲不興之義雖經三歲猶不能興起也安語辭也猶言何也既三歲不興五道亦已成矣何可行也故云安行也此假外物以明人事

九四。乘其墉。弗克攻吉。處上攻下力能乘墉者也履非其位以與人爭二自五應三非犯已攻三求二尤而效之違義傷理衆所不與故雖乘墉而不克也不克則反反則得吉也不克乃反其所以得吉困而反則者也〔疏〕正義曰乘其墉者履非其位與三爭二欲攻於三既是上體力能顯亢故乘上高墉欲攻三也弗克攻吉者三欲求二其事已非四又效之以求其二違義傷理衆所不與雖復乘墉不能攻三也吉者既不能攻三能反自思愆以從法則故得吉也此爻亦假物象也

象曰。乘其墉。義弗克也。其吉。則困而反則也。〔疏〕正義曰乘其墉義弗克也者釋不克之義所以乘墉攻三不能克者以其違義衆所不從故云義不克也其吉則困而反則者釋其吉之義所以得其吉者九四則以不克困苦而反歸其法則故得吉也

九五。同人先號咷而後笑。大師克相遇。彖曰柔得位得中而應乎乾曰同人然則體柔居中衆之所與執剛用直衆所未從故近隔乎二剛未獲厥志是以先號咷也居中處尊戰必克勝故後笑也不能使物自歸而用其強直故必須大師克之然後相遇也〔疏〕正義曰同人先號咷者五與二應用其剛直衆所未從故九五共二欲相和同九三九四與之競二也五未得二故志未和同於二故先號咷也而後笑者處得尊位戰必克勝故後笑也大師克相遇者不能使物自歸已用其剛直必以大師與三四戰克乃得與二相遇此爻假物象以明人事

象曰。同人之先。以中直也。大師相遇。言相克也。〔疏〕正義曰同人之先以中直者解先號咷之意以其用中正剛直之道物所未從故先號咷也但象略號咷之字故直云同人之先以中直也大師相遇言相克者釋相遇之義所以必用大師力能相遇也以其用大師與三四相伐而得克勝乃與二相遇故言相克也

上九。同人于郊。无悔。郊者外之極也處同人之時最在於外不獲同志而遠於內爭故雖无悔吝亦未得其志〔疏〕上九同人于郊无悔○正義曰同人于郊者處同人之極最在於外雖欲同人人必疏已不獲所同其志未得然雖陽在于外遠於內之爭訟故无悔吝也○注不獲同志至未得其志○正義曰不獲同志者若彼此在內相同則獲其同志意也若已爲郊境之人而與相同人未親已是不獲同志也遠于內爭者以外而同不於室家之內是遠于內爭也以遠內爭故无悔吝以在外郊故未得志也

象曰。同人于郊。志未得也。凡處同人而不泰焉則必用師矣不能大通則各私其黨而求利焉楚人亡弓不能亡楚愛國愈甚益爲它災是以同人不弘剛健之爻皆至用師也〔疏〕象曰同人于郊志未得也正義曰釋同人于郊之義同人在郊境遠處與人疏遠和同之志猶未得也○注凡處同人至用師也○正義曰凡處同人而不泰焉則必用師矣者王氏注意非止上九一爻乃總論同人一卦之義去初上而言二有同宗之吝三有伏戎之禍四有不克之困五有大師之患是處同人之世无大通之志則必用師矣楚人亡弓不能亡楚愛國愈甚益爲它災者案孔子家語弟子好生篇云楚昭王出游亡烏號之弓左右請求之王曰楚人亡弓楚得之又何求焉孔子聞之曰惜乎其志不大也不曰人亡之人得之何必楚也昭王名軫哀六年吳伐陳楚救陳在城父卒此愛國而致它災也引此者證同人不弘皆至用師矣○

䷍ 乾下離上 大有。元亨。不大通何由得大有乎大有則必元亨矣〔疏〕正義曰柔處尊位羣陽並應大能所有故稱大有既能大有則其物大得亨通故云大有元亨

彖曰。大有。柔得尊位大中而上下應之曰大有。處尊以柔居中以大體无二陰以分其應上下應之靡所不納大有之義也〔疏〕正義曰釋此卦稱大有之義大中者謂六五處大以中柔處尊位是其大也居上卦之內是其中也

其德剛健而文明。應乎天而時行。是以元亨。德應於天則行不失時矣剛健不滯文明不犯應天則大時行無違是以元亨〔疏〕其德剛健至是以元亨○正義曰釋元亨之義剛健謂乾也文明謂離也應乎天而時行者褚氏莊氏云六五應乾九二亦與五爲體故云應乎天也德應於天則行不失時與時無違雖萬物皆得亨通故云是以元亨○注剛健不滯至是以元亨○正義曰剛健不滯者剛健則物不擁滯也文明不犯者文則明察而不犯於物也應天則大者能應於天則盛大也時行無違者以時而行物无違也以有此諸事故大通而元亨也

象曰。火在天上。大有。君子以遏惡揚善。順天休命。大有包容之象也故遏惡揚善成物之性順天休命順物之命〔疏〕正義曰君子以遏惡揚善者大有包容之義故君子象之亦當包含遏匿其惡褒揚其善順奉天德休美物之性命巽順含容之義也不云天在火下而云火在天上者天體高明火性炎上是照耀之物而在於天上是光明之甚无所不照亦是包含之義又爲揚善之理也○

初九。无交害。匪咎。艱則无咎。以夫剛健爲大有之始不能履中滿而不溢術斯以往後害必至其欲匪咎艱則无咎也〔疏〕初九至艱則无咎○正義曰以夫剛健爲大有之始不能履中謙退雖无交切之害久必有凶其欲匪咎能自艱難其志則得无咎故云无交害匪咎艱則无咎也○注不能履中至无咎也○正義曰不能履中滿而不溢者初不在二位是不能履中在大有初是盈滿身行剛健是溢也注云不能履中滿而不溢

象曰。大有初九。无交害也。

九二。大車以載。任重而不危〔疏〕九二大車以載○正義曰大車以載者體是剛健而又居中身被委任其任重也能堪受其任不有傾危猶若大車以載物也此假外象以喻人事○注任重而不危○正義曰釋大車以載之意大車謂牛車也載物既多故云任重車材彊壯故不有傾危也

有攸往。无咎。健不違中爲五所任任重不危致遠不泥故可以往而无咎也〔疏〕正義曰堪當重任故有所往无咎者以居失其位嫌有凶咎故云无咎也

象曰。大車以載。積中不敗也。〔疏〕正義曰積中不敗者釋大車以載之義物既積聚身有中和堪受所積之聚在身上不至於敗也

九三。公用亨于天子。小人弗克。處大有之時居下體之極乘剛健之上而履得其位與五同功威權之盛莫此過焉公用斯位乃得通乎天子之道也小人不克害可待也〔疏〕九三至小人弗克○正義曰公用亨于天子者九三處大有之時居下體之極乘剛健之上履得其位與五同功五爲王位三既與之同功則威權之盛莫盛於此乃得通乎天子之道故云公用亨于天子小人弗克者小人德劣不能勝其位必致禍害故云小人不克也○注與五同功至此過焉○正義曰與五同功者繫辭云三與五同功此云與五同功謂五爲王位三既能與五之同功則威權與五相似故云威權之盛莫此過焉

象曰。公用亨于天子。小人害也。

九四。匪其彭。无咎。既失其位而上近至尊之威下比分權之臣其爲懼也可謂危矣唯夫有聖知者乃能免斯咎也三雖至盛五不可舍能辯斯數專心承五常匪其旁則无咎矣旁謂三也〔疏〕九四匪其彭无咎○正義曰匪其彭无咎者匪非也彭旁也謂九三在九四之旁九四若能專心承五非取其旁九四言不用三也如此乃得无咎也既失其位上近至尊之威下比分權之臣可謂危矣能棄三歸五故得无咎也

象曰。匪其彭。无咎。明辯晳也。明猶才也〔疏〕正義曰明辯晳也者釋匪其彭无咎之義明猶才也九四所以能去其旁之九三者由九四才性辯而晳知能斟酌事宜故云明辯晳也

六五。厥孚交如威如吉。居尊以柔處大以中无私於物上下應之信以發志故其孚交如也夫不私於物物亦公焉不疑於物物亦誠焉既公且信何難何備不言而教行何爲而不威如爲大有之主而不以此道吉可得乎〔疏〕正義曰六五厥孚交如者厥其也孚信也交謂交接也如語辭也六五居尊以柔處大以中无私於物上下應之故其誠信物來交接故云厥孚交如也威如吉者威畏也既誠且信不言而教行所爲之處人皆畏敬故云威如以用此道故得吉也

象曰。厥孚交如。信以發志也。威如之吉。易而无備也。〔疏〕正義曰信以發志者釋厥孚交如之義由已誠信發起其志故上下應之與之交接也威如之吉易而无備者釋威如之吉之義所以威如得吉者以已不私於物唯行簡易无所防備物自畏之故云易而无備也

上九。自天祐之。吉无不利。大有豐富之世也處大有之上而不累於位志尚乎賢者也餘爻皆乘剛而已獨乘柔順也五爲信德而已履焉履信之謂也雖不能體柔而以剛乘柔思順之義也居豐有之世而不以物累其心高尚其志尚賢者也爻有三德盡夫助道故繫辭具焉〔疏〕上九至无不利○正義曰釋所以大有上九而得吉者以有三德從天已下悉皆祐之故云自天祐之○注不累於位至盡夫助道○正義曰不累於位志尚乎賢者既居豐富之時應須以富有爲累也既居无位之地不以富有縈心是不繫累於位既能清靜高絜是慕尚賢人行也爻有三德者五爲信德而已履焉履信之謂是一也以剛乘柔思順之義是二也不以物累於心高尚其志尚賢者是三也爻有三德盡夫助道者天尚祐之則无物不祐故云盡夫助道也

象曰。大有上吉。自天祐也。

䷎ 艮下坤上 謙。亨。君子有終。〔疏〕正義曰謙者屈躬下物先人後已以此待物則所在皆通故曰亨也小人行謙則不能長久唯君子有終也然案謙卦之象謙爲諸行之善是善之最極而不言元與利貞及吉者元是物首也利貞是幹正也於人既爲謙退何可爲之首也以謙下人何以幹正於物故不云元與利貞也謙必獲吉其吉可知故不言之況易經之體有吉理可知而不言吉者卽此謙卦之繇及乾之九五利見大人是吉理分明故不云吉也諸卦言吉者其義有嫌者爻兼善惡也若行事有善則吉乃隨之若行事有惡則不得其吉諸稱吉者嫌其不言故稱吉也若坤之六五及泰之六五並以陰居尊位若不行此事則无吉若行此事則得其吉故並稱元吉其餘皆言吉事亦倣此亦有大人爲吉於小人爲凶若否之九五云休否大人吉是也或有於小人爲吉大人爲凶若屯之九五小貞吉大貞凶及否之六三包承小

人吉之類是也亦有其吉灼然而稱吉者若大有上九自天祐之吉无不利之類是也但易之爲體不可以一爲例今各隨交解之義具諸卦之下今謙卦之繇其吉可知也既不云吉何故初六六二及九三並云吉者謙卦是總諸六爻其善既大故不須云吉也六爻各明其義其義有優劣其德既不嫌其不吉故須言以明之也

象曰。謙亨。天道下濟而光明。地道卑而上行。天道虧盈而益謙。地道變盈而流謙。鬼神害盈而福謙。人道惡盈而好謙。謙尊而光。卑而不可踰。君子之終也。【疏】象曰至君子之終也○正義曰謙亨天道下濟而光明地道卑而上行者釋亨義也欲明天地上下交通坤體在上故言地道卑而上行也其地道既上行天地相對則天道下濟也且艮爲陽卦又爲山夫之高明今在下體亦是天道下濟之義也下濟者謂降下濟生萬物也而光明者謂三光垂耀而顯明也地道卑而上行者地體卑柔而氣上行交通於天以生萬物也天道虧盈而益謙者從此已下廣說謙德之美以結君子能終之義也虧謂減損減損盈滿而增益謙退若日中則昃月盈則食是虧減其盈盈者虧減則謙者受益也地道變盈而流謙者丘陵川谷之屬高者漸下下者益高是改變盈者流布謙者也鬼神害盈而福謙者驕盈者被害謙退者受福是害盈而福謙也人道惡盈而好謙者盈溢驕慢皆以惡之謙退恭巽悉皆好之謙尊而光卑而不可踰者尊者有謙而更光明盛大卑謙而不可踰越是君子之所終也言君子能終其謙之善事又獲謙之終福故云君子之終也

象曰。地中有山。謙。君子以裒多益寡。稱物平施。多者用謙以爲裒少者用謙以爲益隨物而與施不失平也【疏】象曰至稱物平施○正義曰裒多者君子若能用此謙道則裒益其多言多者得謙物更裒聚彌益多也故云裒多即謙尊而光也是尊者得謙而光大也益寡者謂寡者得謙而更進益即卑而不可踰也是卑者得謙而更增益不可踰越也稱物平施者稱此物之多少均平而施物之先多者而得其施也稱物之先寡者而亦得其施也故云稱物平施也此謙卦之象以山爲主是於山爲謙於地爲不謙應言山在地中今乃云地中有山者意取多之與少皆得其益似地中有山以包取其物以與於人故變其文也○注多者用謙以爲裒少者正義曰多者用謙以爲裒者爾雅釋詁云裒聚也於先多者其物雖多未得積聚以謙故益其物更多而積聚也故云多者用以爲裒也少者用謙以爲益者其物先少今既用謙而更增益故云用謙以爲益也隨物而與者多少俱與隨多隨少而皆與也施不失平者多者亦得施恩少者亦得施恩是施不失平也言君子於下若有謙者官之先高則增之榮秩位之先卑亦加以爵祿隨其官之高下考其謙之多少皆因其多少而施與之也

初六。謙謙君子。用涉大川。吉。處謙之下謙之謙者也能體謙謙其唯君子用涉大難物无害也【疏】正義曰謙謙君子者能體謙謙唯君子者能之以此涉難其吉宜也用涉大川假象言也

象曰。謙謙君子。卑以自牧也。牧養也【疏】正義曰卑以自牧者解謙謙君子之義恒以謙卑自養其德也

六二。鳴謙。貞吉。鳴者聲名聞之謂也得位居中謙而正焉【疏】正義曰鳴謙者謂聲名也處正得中行謙廣遠故曰鳴謙正而得吉也

象曰。鳴謙貞吉。中心得也。【疏】正義曰中心得者鳴聲中吉以中和爲心而得其所鳴謙得中吉也

九三。勞謙君子。有終吉。處下體之極履得其位上下无陽以分其民衆陰所宗尊莫先焉居謙之世何可安尊上承下接勞謙匪解是以吉也【疏】正義曰勞謙君子者處下體之極履得其位上下无陽以分其民上承下接勞倦於謙也唯君子能終而得吉也

象曰。勞謙君子。萬民服也。【疏】正義曰萬民服者釋所以勞謙之義以上下羣陰象萬民皆來歸服事須引接故疲勞也

六四。无不利撝謙。處三之上而用謙焉則是自上下下之義也承五而用謙順則是上行之道也盡乎奉上下下之道故无不利指撝皆謙不違則也【疏】正義曰无不利者處三之上而用謙焉則是自上下下之義承五而用謙順則是上行之道盡乎奉上下下之道故无所不利也

象曰。无不利撝謙。不違則也。【疏】正義曰指撝皆謙不違則者釋无不利撝謙之義所以指撝皆謙者以不違法則動合於理故无所不利也

六五。不富以其鄰。利用侵伐。无不利。居於尊位用謙與順故能不富而用其鄰也以謙順而侵伐所伐皆驕逆也【疏】正義曰不富以其鄰者以用也凡人必將財物周贍鄰里乃能用之六五居於尊位用謙與順鄰自歸之故不待豐富能用其鄰也利用侵伐无不利者居謙履順必不濫罰无罪若有驕逆不服則須伐之以謙得衆故利用侵伐无不利者也

象曰。利用侵伐。征不服也。

上六。鳴謙。利用行師。征邑國。最處於外不與內政故有名而已志功未得也處外而履謙順可以邑一國而已【疏】正義曰鳴謙者上六最處於外不與內政不能於實事而謙但有虛名聲聞之謙故云鳴謙志欲立功未能遂事其志未得既在外而行謙順唯利用行師征伐外旁國邑而已不能立功在內也

象曰。鳴謙。志未得也。可用行師。征邑國也。夫吉凶悔吝生乎動者也動之所起興於利者也故飲食必有訟訟必有衆起未有居衆人之所惡而爲動者所害處不競之地而爲爭者所奪是以六爻雖有失位无應乘剛而皆无凶咎悔吝者以謙爲主也謙尊而光卑而不可踰信矣哉【疏】象曰鳴謙至征邑國也○正義曰志未得者釋鳴謙之義也所以但有聲鳴之謙不能實爭立功者以其居在於外其內立功之志猶未得也可用行師征邑國者釋行師征邑國之意經言利用象改利爲可者言志雖未得猶可在外興行軍師征邑國也○注動之所起興於利者也○正義曰動之所起興於利者凡人若不見利則心无所動今動之所以起者見利乃動故云興於利也飲食必有訟必有衆起者欲明爲利乃有動動而致訟訟則起兵故序卦需爲飲食飲食必有訟故需卦之後次訟卦也爭訟必興兵故訟卦之後次師卦也

䷏坤下震上 豫。利建侯行師。【疏】正義曰謂之豫者取逸豫之義以和順而動動不違衆衆皆說豫故謂之豫也動而衆說故可利建侯也以順而動不加无罪故可以行師也无四德者以逸豫之事不可以常行時有所爲也縱恣寬暇之事不可長行以經邦訓俗故无元亨也逸豫非幹正之道故不云利貞也莊氏云建侯卽元亨也行師卽利貞也案屯卦元亨利貞之後別云利建侯則建侯非元亨也恐莊氏說非也

象曰。豫。剛應而志行。順以動。豫。豫順以動。故天地如之。而況建侯行師乎。天地以順動。故日月不過。而四時不忒。聖人以順動。則刑罰清而民服。豫之時義大矣哉。【疏】象曰豫剛應而志行至大矣哉○正義曰豫剛應而志行順以動豫者剛謂九四也應謂初六也既陰陽相應故志行也此就爻明豫義順以動坤在下是順也震在上是動也以順而動故豫也此以上下二象明豫義也自此已上釋豫卦之理也豫順以動故天地如之而況建侯行師乎者此釋利建侯行師也若聖人和順而動合天地之德故天地亦如聖人而爲之也天地尊大而遠神之難者猶尚如之況於封建諸侯行師征伐乎難者既從易者可知若建侯能順動則人從之行師能順則衆從之天地以順動故日月不過而四時不忒自此以下廣明天地聖人順動之功也若天地以順而動則日月不有過差依其晷度四時不有忒變寒暑以時聖人以順動則刑罰清而民服者聖人能以理順而動則不赦有罪不濫无辜故刑罰清也刑罰當理故人服也豫之時義大矣哉者歎美爲豫之善言於逸豫之時其義大矣此歎卦也凡言不盡意者不可煩文其說且歎之以示情使後生思其餘蘊得意而忘言也然歎卦有三體一直歎時如大過之時大矣哉之例是也二歎時并用如險之時用大矣哉之例是也三歎時并義豫之時義大矣哉之例是也夫立卦之體各象其時時有屯夷事非一揆故爻來適時有凶有吉人之生世亦復如斯或逢治世或遇亂時出處存身此道豈小故曰大矣哉也然時運雖多大體不出四種者一者治時頤養之世是也二者亂時大過之世是也三者離散之時解緩之世是也四者改易之時革變之世是也故舉此四卦之時爲歎餘皆可知言用者謂適時之用也雖知居時之難此事不小而未知以何而用之耳故坎睽蹇之時宜用君子小人勿用用險取濟不可爲常斟酌得宜是用時之大略舉險難等三卦餘從可知矣又言義者姤卦注云凡言義者不盡於所見中有意謂者也是其時皆有義也略明佚樂之世相隨相遇之日隱遯羈旅之時凡五卦其義不小則餘卦亦可知也今所歎者十二卦足以發明大義恢弘妙理者也凡于彖之末歎云大哉者凡一十二卦若豫旅遯姤凡四卦皆云時義案姤卦注云凡言義者不盡於所見中有意謂以此言之則四卦卦各未盡其理其中更有餘意不可盡申故總云義也隨之一卦亦言義但與四卦其文稍別四卦皆云時義隨卦則云隨時之義者非但其中別有義意又取隨逐其時故變云隨時之義大矣哉睽蹇坎此三卦皆云時用案睽注云睽離之時非小人之所能用蹇卦亦云非小人之所能用此二卦言大矣哉者則是大人能用故云大矣哉其中更无餘義唯大人能用故云用不云義也坎卦時用則與睽蹇稍別故注云非用之常用有時也謂坎險之事時之須用利益乃大與睽蹇時用文同而義異也解之時革之時頤之時大過之時此四卦直云時不云義與用也案解卦注難解之時非治難時故不言用體盡於解之名无有幽隱故不曰義以此注言之直云時者尋卦之名則其意具盡中間更无餘義故不言義其卦名之事事已行了不須別有所用故解革及頤事已行了不須言用唯大過稱時注云君子有爲之時與解革頤其理稍別大過是有用之時亦直稱時者取大過之名其意卽盡更无餘意故直稱時不云義又略不云用也

象曰。雷出地奮。豫。先王以作樂崇德。殷薦之上帝。以配祖考。【疏】正義曰案諸卦之象或云雲上于天或云風行天上以類言之今此應云雷出地上乃云雷出地奮豫者雷是陽氣之聲奮是震動之狀雷既出地震動萬物被陽氣而生各皆逸豫故曰雷

出地奮豫也先王以作樂崇德者雷是鼓動故先王法此鼓動而作樂崇盛德業樂以發揚盛德故也殷薦之上帝者用此殷盛之樂薦祭上帝也象雷出地而向天也以配祖考者謂以祖考配上帝用祖用考若周夏正郊天配靈威仰以祖后稷配也配祀明堂五方之帝以考文王也故云以配祖考也**初六。鳴豫。凶。**處豫之初而特得志於上樂過則淫志窮則凶豫何可鳴（疏）正義曰鳴豫者處豫之初而獨得應於四逸豫之甚是聲鳴于豫但逸樂之極過則淫荒獨得於樂所以凶也**象曰。初六鳴豫。志窮凶也。**（疏）正義曰釋鳴豫之義而初時鳴豫後則樂志窮盡故爲凶也**六二。介于石。不終日。貞吉。**處豫之時得位履中安夫貞正不求苟豫者也順不苟從豫不違中是以上交不諂下交不瀆明禍福之所生故不苟說辯必然之理故不改其操介如石焉不終日明矣（疏）正義曰介于石者得位履中安夫貞正不苟求逸豫上交不諂下交不瀆知幾事之初始明禍福之所生不苟求逸豫守志耿介似於石然見幾之速不待終竟一日去惡修善恒守正得吉也**象曰。不終日貞吉。以中正也。**（疏）正義曰釋貞吉之義所以見其惡事即能離去不待終日守正吉者以比六二居中守正順不苟從豫不違中故不須待其一日終守貞吉也**六三。盱豫。悔。遲有悔。**居下體之極處兩卦之際履非其位承動豫之主若其睢盱而豫悔亦生焉遲而不從豫之所疾位非所據而以從豫進退離悔宜其然矣（疏）正義曰盱豫悔者六三履非其位上承動豫之主盱謂睢盱睢盱者喜說之貌若睢盱之求豫則悔吝也遲有悔者居豫之時若遲停不求於豫亦有悔也**象曰。盱豫有悔。位不當也。**（疏）正義曰解其盱豫有悔之義以六三居不當位進退不得其所故盱豫有悔但象載經文多從省略經有盱豫有悔遲有悔兩文具載象唯云盱豫有悔不言遲者略其文也故直云盱豫舉其欲進略云有悔舉其遲也**九四。由豫。大有得。勿疑朋盍簪。**處豫之時居動之始獨體陽爻衆陰所從莫不由之以得其豫故曰由豫大有得也夫不信於物物亦疑焉故勿疑則朋合疾也盍合也簪疾也（疏）正義曰由豫大有得者處豫之時居動之始獨體陽爻爲衆陰之所從莫不由之以得其豫故云由豫也大有得者衆陰皆歸是大有所得勿疑朋盍簪者盍合也簪疾也若能不疑於物以信待之則衆陰羣朋合聚而疾來也**象曰。由豫大有得。志大行也。**（疏）正義曰釋由豫大有之意衆陰既由之而豫大有所得是志意大同也**六五。貞疾。恒不死。**四以剛動爲豫之主專權執制非已所乘故不敢與四爭權而又居中處尊未可得亡是以必常至于貞疾恒不死而已（疏）正義曰四以剛動爲豫之主專權執制非已所乘故不敢與四專權而又居中處尊未可得亡滅之是以必常至於貞疾恒得不死而已**象曰。六五貞疾。乘剛也。恒不死。中未亡也。**（疏）正義曰六五貞疾乘剛者解貞疾之義以乘九四之剛故正得其疾恒不死也中未亡者以其居中處尊未可亡滅之也**上六。冥豫成。有渝无咎。**處動豫之極極豫盡樂故至于冥豫成也過豫不已何可長乎故必渝變然後无咎（疏）正義曰處動豫之極極豫盡樂乃至於冥昧之豫而成就也如俾晝作夜不能休已滅亡在近有渝无咎者渝變也若能自思改變不爲冥豫乃得无咎也**象曰。冥豫在上。何可長也。**

周易注疏挍勘記卷二

阮元撰盧宣旬摘錄

需

此需卦係辭也　閩監毛本同錢本宋本係作繇

位乎天位　岳本閩監毛本同釋文出位乎石經乎作于

雲上於天　石經岳本閩監毛本同釋文王肅本作雲在天上

利用恒无咎未失常也　石經岳本閩監毛本同釋文出利用恒未失常也云本亦有无咎者

需于沙　石經岳本閩監毛本同釋文沙鄭作沚○按說文沙亦作沚與沚字形似

以終吉也　閩本同石經岳本監毛本作以吉終也按終與中韻作終吉者非足利本以誤也

自我致寇　石經岳本閩監毛本同釋文寇鄭王肅本作戎古本亦作戎按陸云鄭王作戎則輔嗣本不作戎可知考文引古本多不足據

穴之與位　閩監毛本同宋本位作血

酒食貞吉　石經岳本閩監毛本同古本足利本上有需字

訟

有孚窒惕中吉　石經岳本閩監毛本同釋文窒馬作咥王注或在惕字上或在下皆通在中吉下者非

言中九二之剛　閩監毛本同宋本中作由

已且不可　閩監毛本同宋本且作自

起契之過職不相監　閩本同岳本監毛本監作濫釋文亦作濫宋本古本足利本無上四字岳本同

若其邑狹少　宋本閩本同監毛本少作小

再易之地休二歲　宋本同閩監毛本地改田○按作地與大司徒注合毛本上文不易之地再易之地皆改作田

患至掇也　石經岳本閩監毛本同釋文掇鄭本作惙

爲仁猶已　（補）案注作猶正義作由由猶古字通

也知彖辭剛來得中　閩監毛本同錢本宋本也作何

或錫之鞶帶終朝三褫之　石經岳本閩監毛本同釋文鞶王肅作槃帶亦作帶褫釋文云鄭本作拕

鞶厲旒纓　孫志祖云今左傳旒作游

師

此卦前錢本宋本題周易注疏卷第三錢挍本同按錢挍本起此已前缺

丈人嚴莊之稱也　岳本閩監毛本同集解也上有有軍正者四字錢挍本凡注文上並有注云二字

无功罪也　岳本閩監毛本同集解作无功則罪

師貞丈人吉无咎○正義曰　閩監毛本同錢挍本作正義曰師貞丈人吉无咎者按錢挍正義每卦分數段繇辭下一段彖曰下一段象曰下一段六爻下六段或彖象下共一段並在經注之末釋經在前釋注在後其釋經者皆引經文不標起止釋注者標起止所標起止較今本爲省文後皆放此

言爲師之正　錢本宋本同閩監毛本正誤主

注丈人嚴戒之稱也　（補）毛本戒作莊

主三錫命　石經岳本閩監毛本同釋文錫鄭本作賜

以剛居中而應於上　岳本閩監毛本同古本足利本上作五

故乃得成命　岳本閩監毛本同古本下有也字一本作故乃成也

承天寵也　石經岳本閩監毛本同釋文寵王肅作龍

田有禽　石經岳本閩監毛本同釋文禽徐本作擒○按徐本俗字也

授不得王　閩監毛本王作正岳本宋本古本足利本作王

故其宜也　閩監毛本同岳本宋本古本足利本故作固

比

則不寧方來矣　閩監毛本同岳本作則不寧之方皆來矣

終來有它吉　石經岳本錢本宋本古本足利本同閩監毛本它作他下象傳同釋文出有它云本亦作他○按它他古今字

比之匪人　石經岳本閩監毛本同釋文匪人王肅本作匪人凶

二爲五應　閩監毛本同岳本宋本古本足利本應作貞按內卦爲貞作貞是也

王用三驅　釋文云鄭作敺

邑人不誠　岳本閩監毛本同石經初刻作戒後改下句同

非爲上道也　（補）岳本錢本宋本足利本作非爲上之道古本作非爲上之道也案正義標起止作非爲上之道又曰非爲上之道者又云非爲上之道則正義本作非爲上之道是也

今亦從之去則射之　盧文弨云此八字乃衍文

五以其顯比親者　閩監毛本同錢本宋本五作二

无首後已〔補〕毛本已作也

小畜石經岳本閩監毛本同釋文本又作蓄

去陰能固之〔補〕案去當作夫形近之譌

然後乃雨乎上九獨能固九三之路岳本宋本閩本古本足利本同監毛本乎改兮屬下句非也

彖至論一卦之體閩本同岳本監毛本至作坐

得義之吉岳本閩監毛本同古本作得其義之吉者也一本無其字足利本作得其義之吉

興說輻石經岳本閩監毛本同釋文輻本亦作輹

不可牽征岳本閩監毛本同古本可下有以字足利本有不字

三不害已已閩監毛本同錢本宋本作三不能害已是也

非是總凡之辭宋本閩本同監本凡作咎毛本作爲並非

有孚攣如石經岳本閩監毛本同釋文攣子夏傳作戀

不有專固相逼浦鏜云有當作爲

尙德載石經岳本閩監毛本同古本載上有積字按此蓋因下文相涉而衍

月幾望石經岳本閩監毛本同釋文幾子夏傳作近

能畜正剛健閩監毛本正作止是也監本健作食誤

能畜者也又閩監毛本同宋本又作者是也

惟泰也則然岳本閩監毛本同釋文一本作然則讀卽以也字絶句古本足利本作然則采釋文

无可所畜宋本同閩監毛本作无所可畜

履

有不見咥者閩監毛本同岳本宋本古本足利本有作而

无得吉也〔補〕案无當故字之譌

履帝位而不疚石經岳本閩監毛本同釋文疚陸本作疾

此一句閩監毛本同錢本宋本一作二

但易合萬象〔補〕毛本合作含案含字是也

不喜處盈閩監毛本同岳本錢本宋本古本喜作憙釋文出不憙

者易无險難也〔補〕案上文坦坦平易之貌此者字當作平

不脩所履岳本閩監毛本同釋文脩本又作循

欲行九五之志盧文弨云志當作事

愬愬終吉石經岳本閩監毛本同釋文愬愬馬本作虩虩。案愬愬虩虩並訓恐懼說文引亦作虩與馬本同

而五處尊閩監毛本同岳本宋本古本足利本尊作實盧文弨云實謂陽也

視履考祥石經岳本閩監毛本同釋文祥本亦作詳

是其不墜於履閩毛本同監本履作禮下履道大成同

泰此卦前石經題周易上經泰傳第二釋文岳本古本足利本同

物既太通宋本太作大閩監毛本作泰

止由天地氣交閩監毛本同宋本止作正

后以財成天地之道石經岳本閩監毛本同釋文財作裁

楊州其貢宜稻麥雍州其貢宜黍稷按二貢字周禮並作穀

以其彙征吉石經岳本閩監毛本同古本征作往釋文彙古文作曹董作蕢江聲云據類篇當云古文作𢑛

而相牽引者也岳本閩監毛本同古本無牽字

征行而得吉閩監毛本同錢本宋本征作往

包荒岳本閩監毛本同石經初刻同後改苞下象傳及否卦包承包羞同釋文苞本又作包荒本亦作巟

猶若元在下者閩監毛本同錢本宋本元作无下元在上者同

憂恤也閩監毛本同宋本作恤憂也是也

象曰无往不復石經岳本閩監毛本同釋文出象曰无平不陂云一本作无往不復古本象曰下有无平不陂四字

翩翩石經岳本閩監毛本同釋文出篇篇云子夏傳作翩翩向本同古文作偏偏

故不待富而用其鄰也岳本閩監毛本同古本待作得

猶衆陰皆失其本實所居之處錢本宋本同閩監毛本猶誤由

女處尊位岳本閩監毛本同釋文女處本亦作爻處

城復于隍石經岳本閩監毛本同釋文隍子夏傳作堭姚作湟

由基土陪扶宋本閩本同監毛本陪作培下同

否

以居倖位閩監毛本同錢本宋本倖作祿集解同

辟其陰陽已運之難閩監毛本同宋本集解已作厄

故茅茹以類閩監毛本同岳本古本足利本茅上有拔字

拔茅貞吉石經岳本閩監毛本同古本茅下有茹字

用其志順〔補〕案志當依注作至

疇離祉石經岳本閩監毛本同釋文鄭作古𠷎字

疇離位者〔補〕案位當依經文作祉

繫于苞桑岳本閩監毛本同石經初刻作包後改苞是也古本無于字非

居尊得位閩監毛本同岳本宋本古本足利本得作當

但念其亡其亡閩監毛本同錢本宋本但作恒

同人

義涉邪僻錢本宋本閩監本同毛本義誤易

爲主別云同人曰者閩監毛本主作之錢本宋本作今此同人于野亨之上別云同人曰者無爲主二字

過主則否岳本閩本古本足利本同監毛本主誤上

用心偏狹十行本偏字左旁缺閩監毛本如此岳本作褊釋文出褊狹

物黨相分岳本閩監毛本同釋文物或作明古本黨下有而字

以其當□九五之剛閩本同監毛本無缺非錢本宋本當下是敵字

乘其墉石經岳本閩監毛本同釋文墉鄭作庸

以與人爭二自五應岳本閩監毛本同集解作與三爭二二自應五

不克則反反則得吉也岳本閩監毛本同釋文一本作反則得則吉也

欲功於三〔補〕案功當作攻形近之譌毛本正作攻

而應乎乾岳本閩監毛本同古本乎作于

力能相遇也閩監毛本同宋本力作乃

不能亡楚岳本宋本閩本古本足利本同監毛本亡誤忘疏同

楚得之宋本同閩監毛本作楚人得之。按今本家語有人字

不曰人亡之宋本同閩監毛本之作弓。按今本家語作弓

大有此卦前錢本錢孩本宋本題周易注疏卷第四

六五應乾九二錢本閩監毛本同宋本無乾字

亦與五爲體閩監毛本同錢本宋本作九二在乾體

與時無違雖萬物皆得亨通閩監毛本無作无錢本宋本作以時而行則萬物大

得亨通

文則明粲而不犯於物也　閩監毛本同宋本則作理粲而作祭則錢本亦作祭則

成物之性順天休命順物之命　閩監毛本同岳本宋本作成物之美順夫天德休物之命古本足利本與岳本同唯夫作奉一本無奉字

巽順含容之義也　閩監毛本同錢本宋本巽順作皆取

火性炎上是照耀之物　閩監毛本同錢本宋本作火又在上火是照耀之物

注云不能履中滿而不溢也　閩監毛本同錢本宋本注作故無也字按注作故是也

大車以載　石經岳本閩監毛本同釋文事蜀才作輿

故云小人不克也　錢本宋本同閩監毛本不作弗

三既能與五之同功　盧文弨云五衍文

匪其彭　石經岳本閩監毛本同釋文彭子夏作㫄虞作尪

唯夫有聖知者　岳本閩監毛本同釋文出至知

非取其旁九四言不用三也　盧文弨云九四二字衍文

明辯哲也　石經岳本同閩本辯監毛本辯哲作辨哲古本無也字釋文哲王廙作晣又作哲字鄭本作遰陸本作逝虞作折凡俗本作哲者誤

與之夾接也　(補)案夾當交字之譌毛本正作交

履信之謂也　岳本閩監毛本同集解之謂二字作者

居豐有之世　岳本閩監毛本同集解有作富世作代

而不以物累其心　集解作物不累心

謙　石經岳本閩監毛本同釋文子夏作嗛

況易經之體　閩監毛本同宋本況作凡

天道虧盈而益謙　石經岳本閩監毛本同釋文虧盈馬本作毀盈

鬼神害盈而福謙　石經岳本閩監毛本同釋文而福京本作而富

卑謙而不可踰越　集解作卑者有謙而不踰越盧文弨云論語疏所引正同

是君子之所終也言君子能終其謙之善事又獲謙之終福故云君子之終　集解無所字事作而無福上終字之作有

君子以裒多益寡　岳本閩監毛本同石經裒作褒釋文裒鄭荀董蜀才作捊

鳴者聲名聞之謂也　岳本閩監毛本同釋文出名者聲名聞之謂也

利用侵伐　石經岳本閩監毛本同釋文侵王廙作寑

征邑國　石經岳本閩監毛本同釋文出征國云本或作征邑國者非

可用行師征邑國也　石經岳本閩監毛本同古本可作利

未有居衆人之所惡而爲動者所害　郭京云而乃不字之誤盧文弨謂而下脫不字耳

不能實爭立功者　閩監毛本同錢本宋本爭作事

豫

而四時不忒　石經岳本閩監毛本同釋文忒京作貸

行師能順　閩監毛本同錢本宋本下有動字

不監无辜　(補)毛本監作濫

又略不云用也　閩監本同毛本又作文

殷薦之上帝　石經岳本閩監毛本同釋文殷京作隱薦本又作藨同本或作廌非

介于石　石經岳本閩監毛本同釋文介古文作砎馬作扴

相守正得吉也　(補)閩本明監本正作善錢本宋本相作恒案恒字是也

盱豫悔遲有悔　岳本閩監毛本同石經遲作遟餘並同古本豫下有有字釋文盱子夏作紆京作汙姚作盱

由豫大有得勿疑朋盍簪　石經岳本閩監毛本同釋文由馬作猶簪古文作貸京作撍馬作臧荀作宗虞作戠蜀才本依京

非己所乘　閩監毛本同宋本作非合己之所乘錢本亦有之字○按盧文弨云非合猶言不當也

周易注疏挍勘記卷二

周易兼義上經隨傳卷第三

國子祭酒上護軍曲阜縣開國子臣孔穎達奉勑撰正義

王弼注

䷐ 震下兌上

隨。元亨。利貞。无咎。【疏】隨元亨利貞无咎○正義曰元亨者於相隨之世必大得亨通若其不大亨通則无以相隨逆於時也利貞者相隨之體須利在得正隨而不正則邪僻之道必須利貞也无咎者有此四德乃无咎以苟相從涉於朋黨故必須四德乃无咎也凡卦有四德者或其卦當時之義即有四德如乾坤屯臨无妄此五卦之時即能四德備具其隨卦以惡相隨則不可也有此四德乃无咎无此四德則有咎也與前五卦其義稍別其革卦已日乃孚有四德若不已日乃孚則无四德與乾坤屯臨无妄隨其義又别若當卦之時其卦雖美未有四德若行此美方得在後始致四德者於卦則不言其德也若謙泰及復之等德義既美行之不已久必致此四德但當初之時其德未具故卦不顯四德也其諸卦之三德已下其義大略亦然也

彖曰。隨。剛來而下柔。動而說。隨。大亨貞无咎。而天下隨時。隨時之義大矣哉。震剛而兌柔也以剛下柔動而之說乃得隨也爲隨而不大通逆於時也相隨而不爲利正災之道也故大通利貞乃得无咎也爲隨而令大通利貞得於時也得時則天下隨之矣隨之所施唯在於時也時異而不隨否之道也故隨時之義大矣哉【疏】彖曰至大矣哉○正義曰隨剛來而下柔動而說隨者此釋隨卦之義所以致此隨者由剛來而下柔剛謂震也柔謂兌也震處兌下是剛來下柔震動而兌說既能下人動則喜說所以物皆隨從也大亨貞无咎而天下隨時者以有大亨貞正无有咎害而天下隨之以正道相隨故隨之者廣若不以大亨貞无咎而以邪僻相隨則天下不從也隨時之義大矣哉若以元亨利貞則天下隨從即隨之義意廣大矣哉謂隨之初始其道未弘終久義意而美大者特云隨時者謂隨其時節之義謂此時宜行元亨利貞故云隨時也○注震剛而兌至大矣哉○正義曰爲隨而不大通逆於時也物既相隨之時若王者不以廣大開通使物閉塞是違逆於隨從之時也相隨而不爲利正災之道者凡物之相隨多曲相朋附不能利益於物守其正直此則小人之道長災禍及之故云災之道也隨之所施唯在於時者釋隨時之義言隨時施設唯在於得時若能大通利貞是得時也若不能大通利貞是失時也時異而不隨否之道者凡所遇之時體无恒定或値不動之時或値相隨之時舊來恒往今須隨從時既殊異於前而不使物相隨則是否塞之道當須可隨則隨逐時而用所利則大故云隨時之義大矣哉

象曰。澤中有雷。隨。君子以嚮晦入宴息。澤中有雷動說之象也物皆說隨可以无爲不勞明鑒故君子嚮晦入宴息也【疏】象曰至宴息○正義曰說卦云動萬物者莫疾乎雷說萬物者莫說乎澤故注云澤中有雷動說之象也君子以嚮晦入宴息者明物皆說豫相隨不勞明鑒故君子象之鄭玄云晦宴也猶人君既夕之後入於宴寢而止息

初九。官有渝。貞吉。出門交有功。居隨之始上无其應无所偏係動能隨時意无所主者也隨不以欲以欲隨宜者也故官有渝變隨不失正也出門无違何所失哉【疏】初九至有功○正義曰官有渝者官謂執掌之職人心執掌與官同稱故人心所主謂之官渝變也此初九既

无其應无所偏係可隨則隨是所執之志有能渝變也唯正是從故貞吉也出門交有功者所隨不以私欲故見善則往隨之以此出門交獲其功。○注居隨之始至何所失哉。○正義曰言隨不以欲以欲隨宜者若有其應則有私欲以无偏應是所隨之事不以私欲有正則從是以欲隨其所宜也象曰。官有渝。從正吉也。出門交有功。不失也。疏正義曰官有渝從正吉者釋官有渝之義所執官守正能隨時渝變以見貞正則往隨從故云從正吉出門交有功不失者釋交有功之義以所隨之處不失正道故出門即有功也六二。係小子。失丈夫。陰之爲物以處隨世不能獨立必有係也居隨之時體於柔弱而以乘夫剛動豈能秉志違於所近隨此失彼弗能兼與五處已上初處已下故曰係小子失丈夫也疏○六二至失丈夫○正義曰小子謂初九也丈夫謂九五也初九處卑故稱小子五居尊位故稱丈夫六二既是陰柔不能獨立所處必近係屬初九故云係小子既屬初九則不得往應於五故云失丈夫也象曰。係小子。弗兼與也。疏正義曰釋係小子之意既隨此初九則失彼九五丈夫是不能兩處兼有故云弗兼與也六三。係丈夫。失小子。隨有求得。利居貞。陰之爲物以處隨世不能獨立必有係也雖體下卦二已據初將何所附故舍初係四志在丈夫四俱无應亦欲於已隨之則得其所求矣故曰隨有求得也應非其正以係於人何可以妄曰利居貞也初處已下四處已上故曰係丈夫失小子也疏六三係丈夫至利居貞○正義曰六三陰柔近於九四是係於丈夫也初九既被六二之所據六三不可復往從之是失小子也隨有求得者三從往隨於四四亦更无他應已往隨於四四不能逆已是三之所隨有求而皆得也利居貞者已非其正以係於人不可妄動唯利在俱處守正故云利居貞也○注四俱无應至小子也○正義曰四居无應者三既无應四亦无應是四與三俱无應也此六二六三因陰陽之象假丈夫小子以明人事餘无義也象曰。係丈夫。志舍下也。下謂初也疏正義曰釋係丈夫之義六三既係九四之丈夫志意則舍下之初九也九四。隨有獲。貞凶。有孚在道以明。何咎。處說之初下據二陰三求係已不距則獲故曰隨有獲也居於臣地履非其位以擅其民失於臣道違正者也故曰貞凶體剛居說而得民心能幹其事而成其功者也雖爲常義志在濟物心有公誠著信在道以明其功何咎之有疏九四至何咎○正義曰隨有獲者處說之初下據二陰三求係已不距則獲故曰隨有獲也貞凶者居於臣地履非其位以擅其民失其臣道違其正理故貞凶也有孚在道以明何咎者體剛居說而得民心雖違常義志在濟物心存公誠著信在於正道有功以明更有何咎故云有孚在道以明何咎也象曰。隨有獲。其義凶也。有孚在道。明功也。疏正義曰隨有獲其義凶者釋隨有獲貞凶之意九四既有六三六二獲得九五之民爲臣而擅君之民失於臣義是以宜其凶也有孚在道明功者釋以明何咎之義既能著信在于正道是明立其功故无咎也九五。孚于嘉吉。履正居中而處隨世盡隨時之宜得物之誠故嘉吉也疏正義曰嘉善也履中居正而處隨世盡隨時之義得物之誠信故獲美善之吉也象曰。孚于嘉吉。位正中也。上六。拘係之。乃從維之。王用亨于西山。隨之爲體陰順陽者也最處上極不從者也隨道已成而特不從故拘係之乃從也率土之濱莫非王臣而爲不從王之所討也故維之王用亨于西山也兌爲西方山者途之險隔也處西方而爲不從故王用通于西山疏象曰至于西山○正義曰最處上極是不隨從者也隨道已成而特不從故須拘係之乃始從也維之王用亨于西山者若欲維係此上六王者必須用兵通于西山險難之處乃得拘係也山謂險阻兌處西方故謂西山令有不從必須維係此乃王者必須用兵通於險阻之道非是意在好刑故曰王用亨于西山象曰。拘係之。上窮也。處于上極故窮也疏正義曰釋拘係之義所以須拘係者以其在上而窮極不肯隨從故也

䷑巽下艮上　蠱。元亨。利涉大川。先甲三日。後甲三日。疏蠱元亨至後甲三日。○正義曰蠱者事也有事營爲則大得亨通有爲之時利在拯難故利涉大川也先甲三日後甲三日者甲者創制之令既在有爲之時不可因仍舊令今用創制之令以治於人人若犯者未可即加刑罰以民未習故先此宜令之前三日殷勤而語之又如此宜令之後三日更丁寧而語之其人不從乃加刑罰也其褚氏何氏周氏等並同鄭義以爲甲者造作新令之日甲前三日取改過自新故用辛也甲後三日取丁寧之義故用丁也今案輔嗣注甲者創制之令不云創制之日又巽卦九五先庚三日後庚三日輔嗣注申命令謂之庚輔嗣又云甲庚皆申命之謂則輔嗣不以甲爲創制之日而諸儒不顧輔嗣注旨妄作異端非也象曰。蠱。剛上而柔下。上剛可以斷制下柔可以施令巽而止。蠱。既巽又止不競爭也有事而无競爭之患故可以有爲也疏象曰至止蠱○正義曰剛上而柔下巽而止蠱者此釋蠱卦之名并明稱蠱之義也以上剛能制斷下柔能施令巽順止靜故可以有爲也褚氏云蠱者惑也物既惑亂終致損壞當須有事也有爲治理也故序卦云蠱者事也謂物蠱必有事非謂訓蠱爲事義當然也蠱元亨而天下治也。有爲而大亨非天下治而何也疏正義曰釋元亨之義以有爲而得元亨是天下治理也利涉大川。往有事也。先甲三日。後甲三日。終則有始。天行也。蠱者有事而待能之時也可以有爲其在此時矣物已說隨則待夫作制以定其事也進德修業往則亨矣故元亨利涉大川也甲者創制之令也創制不可責之以舊故先之三日後之三日使令治而後乃誅也因事申令終則復始若天之行用四時也疏正義曰利涉大川往有事也者釋利涉大川也蠱者有爲之時拔拯危難往當有事故利涉大川此則假外象以喻危難也先甲三日後甲三日終則有始天行者釋先甲三日後甲三日之義也民之犯令告之已終更復從始告之殷勤不已若天之行四時既終更復從春爲始象天之行故云天行也○注蠱者至四時也○正義曰蠱者有事待能之時者物既蠱壞須有事營爲所作之事非賢能不可故經云幹父之蠱幹則能也甲者創制之令者甲爲十日之首創造之令爲在後諸令之首故以創造之令謂之爲甲故漢時謂令之重者謂之甲令則此義也創制不可責之以舊者以人有犯令而致罪者不可責之舊法有犯則刑故須先後三日殷勤語之使曉知新令而後乃誅誅謂兼通責讓之罪非尊謂誅殺也象曰。山下有風。蠱。君子以振民育德。蠱者有事而待能之時也故君子以濟民養德也疏正義曰必云山下有風者風能遊動散布潤澤今山下有風取君子能以恩澤下振於民育養以德振民象山下有風育德象山在上也初六。幹父之蠱。有子。考无咎。厲終吉。處事之首始見任者也以柔巽之質幹父之事能承先軌堪其任者也故曰有子也任爲事首能堪其事考乃无咎也故曰有子考无咎也當事之首是以危也能堪其事故終吉疏初六至厲終吉。○正義曰幹父之蠱者處事之首以柔巽之質幹父之事堪其任也有子考无咎者有子既能堪任父事考乃无咎也以其處事之初若不堪父事則考有咎也厲終吉者厲危也既爲事初所以危也能堪其事所以終吉也象曰。幹父之蠱。意承考也。幹事之首時有損益不可盡承故意承而已疏正義曰釋幹父之蠱義凡堪幹父事不可小大損益一依父命當量事制宜以意承考而已對文父沒稱考若散而言之生亦稱考若康誥云大傷厥考心是父在稱考此避幹父之文故變云考也九二。幹母之蠱。不可貞。居於內中宜幹母事故曰幹母之蠱也婦人之性難可全正宜屈已剛既幹且順故曰不可貞也幹不失中得中道也疏正義曰居內處中是幹母事也不可貞者婦人之性難可全正宜屈已剛不可固守貞正故云不可貞也象曰。幹母之蠱。得中道也。疏正義曰得中道者釋幹母之蠱義雖不能全正猶不失在中之道故云得中道也九三。幹父之蠱。小有悔。无大咎。以剛幹事而无其應故有悔也履得其位以正幹父雖小有悔終无大咎疏正義曰幹父之蠱小有悔者以剛幹事而无其應故小有悔也无大咎者履得其位故終无大咎也象曰。幹父之蠱。終无咎也。六四。裕父之蠱。往見吝。體柔當位幹不以剛而以柔和能裕先事者也然无其應往必不合故曰往見吝疏象曰至見吝。○正義曰裕父之蠱者體柔當位幹不以剛而以柔和能容裕父之事也往見吝者以其無應所往之處見其鄙吝故往未得也象曰。裕父之蠱。往未得也。六五。幹父之蠱。用譽。以柔處尊用中而應承先以斯用譽之道也疏象曰至用譽。○正義曰幹父之蠱用譽者以柔處尊用中而應以此承父用有聲譽象曰。幹父用譽。承以德也。以柔處中不任威力也疏正義曰釋幹父用譽之義奉承父事唯以中和之德不以威力故云承以德也上九。不事王侯。高尚其事。最處事上而不累於位不事王侯高尚其事也疏正義曰最處事上不復以世事爲心不係累於職位故不承事王侯但自尊高慕尚其清虛之事故云高尚其事也象曰。不事王侯。志可則也。疏正義曰釋不事王侯之義身既不事王侯志則清虛高尚可法則也

䷒兌下坤上　臨。元亨。利貞。至于八月有凶。疏臨元亨至有凶。○正義曰案序卦云臨大也以陽之浸長其德壯大可以監臨於下故曰臨也剛既浸長說而且順又以剛居中有應於外大得亨通而利正也故曰元亨利貞也至于八月有凶者以物盛必衰陰長陽退臨爲建丑之月從建丑至于七月建申之時三陰既盛三陽方退小人道長君子道消故八月有凶也以盛不可終保聖人作易以戒之也象曰。臨。剛

浸而長。說而順。剛中而應。大亨以正。天之道也。陽轉進長，陰道日消，君子日長，小人日憂，大亨以正之義。〔疏〕象曰至天之道也○正義曰：臨剛侵而長，說而順者，此釋卦義也。凡諸卦之例，說而順之下，應以臨字結之，此無臨字者，以其剛中而應，亦是臨義，故不得於剛中之上而加臨也。剛中而應，大亨以正，天之道者，天道以剛居中，而下與地相應，使物大得亨通而利正，故乾卦元亨利貞，今此臨卦，其義亦然，故云天之道也。至于八月有凶。消不久也。八月陽衰而陰長，小人道長，君子道消也，故曰有凶。〔疏〕至于八月不久也○正義曰：證有凶之義，以其陽道既消，不可常久，故有凶也。但復卦一陽始復，剛性尚微，又不得其中，故未有元亨利貞；泰卦三陽之時，三陽在下，而成乾體，乾下坤上，象天降下地升上，上下通泰，物通則失正，故不具四德；唯此卦二陽浸長，陽浸壯大，特得稱臨，所以四德具也。然陽長之卦，每卦皆應八月有凶，但此卦名臨，是盛大之義，故於此卦特戒之耳。若以類言之，則陽長之卦，至其終末，皆有凶也。○注八月至有凶○正義曰：云八月者，何氏云：從建子陽生至建未爲八月。褚氏云：自建寅至建酉爲八月。今案此注云小人道長，君子道消，宜據否卦之時，故以臨卦建丑，而至否卦建申爲八月也。

象曰。澤上有地。臨。君子以教思无窮。容保民无疆。相臨之道，莫若說順也。不恃威制，得物之誠，故物无違也。是以君子教思无窮，容保民无疆也。〔疏〕象曰至无疆○正義曰：澤上有地者，欲見地臨於澤，在上臨下之義，故云澤上有地也。君子以教思无窮者，君子於此臨卦之時，其下莫不喜說和順，在上但須教化，思念无窮已也，欲使教恒不絕也。容保民无疆者，容謂容受也，保安其民，无有疆境，象地之闊遠，故云无疆也。

初九。咸臨。貞吉。咸，感也。感，應也。有應於四，感以臨者也。四履正位，而已應焉，志行正者也。以剛感順，志行其正，以斯臨物，正而獲吉也。〔疏〕正義曰：咸，感也。有應於四，感之而臨，志行得正，故貞吉也。

象曰。咸臨貞吉。志行正也。〔疏〕正義曰：咸臨貞吉，志行正者，釋咸臨貞吉之義。四既履得正位，已往與之相應，是已之志意行而歸正也。

九二。咸臨。吉无不利。有應在五，感以臨者也。剛勝則柔危，而五體柔，非能同斯志者也。若順於五，則剛德不長，何由得吉无不利乎？全與相違，則失於感應，其得咸臨吉无不利，必未順命也。〔疏〕正義曰：咸臨吉者，咸，感也，有應於五，是感以臨而得其吉也。无不利者，二雖與五相應，二體是剛，五體是柔，兩雖相感，其志不同，若純用剛往，則五所不從，若純用柔往，又損已剛性，必須商量事宜，有從有否，乃得无不利也。

象曰。咸臨吉无不利。未順命也。〔疏〕正義曰：未順命者，釋无不利之義，未可盡順五命，須斟酌事宜，有從有否，故得无不利也。則君臣上下獻可替否之義也。

六三。甘臨。无攸利。既憂之。无咎。甘者，佞邪說媚不正之名也。履非其位，居剛長之世，而以邪說臨物，宜其无攸利也。若能盡憂其危，改脩其道，剛不害正，故咎不長。〔疏〕正義曰：甘臨者，謂甘美諂佞也。履非其位，居剛長之世，而以邪說臨物，故无攸利也。既憂之无咎者，既，盡也，若能盡憂其危，則剛不害正，故无咎也。

象曰。甘臨。位不當也。既憂之。咎不長也。〔疏〕正義曰：既憂之咎不長者，能盡憂其事，改過自脩，其咎則止，不復長久，故无咎也。

六四。至臨。无咎。處順應陽，不忌剛長，而乃應之，履得其位，盡其至者也。剛勝則柔危，柔不失正，乃得无咎也。〔疏〕正義曰：履順應陽，不畏剛長，而已應之，履得其位，能盡其至極之善而爲臨，故云至臨。以柔不失正，故无咎也。

象曰。至臨无咎。位當也。〔疏〕正義曰：釋无咎之義，以六四以陰所居，得正，柔不爲邪，位當其處，故无咎也。

六五。知臨。大君之宜。吉。處於尊位，履得其中，能納剛以禮，用建其正，不忌剛長，而能任之，委物以能，而不犯焉，則聰明者竭其視聽，知力者盡其謀能，不爲而成，不行而至矣。大君之宜，如此而已，故曰知臨大君之宜吉也。〔疏〕正義曰：處於尊位，履得其中，能納剛以禮，用建其正，不忌剛長，而能任之，故聰明者竭其視聽，知力者盡其謀能，是知爲臨之道，大君之所宜，以吉也。

象曰。大君之宜。行中之謂也。〔疏〕正義曰：釋大君之宜，所以得宜者，止由六五處中，行此中和之行，致得大君之宜，故言行中之謂也。

上六。敦臨。吉无咎。處坤之極，以敦而臨者也。志在助賢，以敦爲德，雖在剛長，剛不害厚，故无咎也。〔疏〕正義曰：敦，厚也。上六處坤之上，敦厚而爲臨，志在助賢，以敦爲德，故云敦臨吉。雖在剛長，而志行敦厚，剛所以不害，故无咎也。

象曰。敦臨之吉。志在內也。〔疏〕正義曰：釋敦臨吉之義。雖在上卦之極，志意恒在於內之二陽，意在助賢，故得吉也。

䷓坤下巽上　觀。盥而不薦。有孚顒若。王道之可觀者，莫盛乎宗廟。宗廟之可觀者，莫盛於盥也。至薦，簡略不足復觀，故觀盥而不觀薦也。孔子曰：禘自既灌而往者，吾不欲觀之矣。盡夫觀盛，則下觀而化矣。故觀至盥，則有孚顒若也。〔疏〕觀盥而至顒若○正義曰：觀者，王者道德之美而可觀也，故謂之觀。觀盥而不薦者，可觀之事，莫過宗廟之祭，盥其禮盛也。薦者，謂既灌之後，陳薦籩豆之事，故云觀盥而不薦也。有孚顒若者，孚，信也。但下觀此盛禮，莫不皆化，悉有孚信而顒然，故云有孚顒若。○注王道之可觀至有孚顒若也○正義曰：盡夫觀盛則下觀而化者，觀盛謂觀盥禮盛則休而止，是觀其大，不觀其細，此是下之效上，因觀而皆化之矣。故觀至盥則有孚顒若者，顒是嚴正之貌，若爲語辭，言下觀而化，皆孚信容貌儼然也。

象曰。大觀在上。下賤而上貴也。〔疏〕正義曰：謂大爲在下，所觀唯在於上，由在上既貴，故在下大觀，今大觀在於上。順而巽。中正以觀天下。觀。盥而不薦。有孚顒若。下觀而化也。觀天之神道。而四時不忒。聖人以神道設教。而天下服矣。統說觀之爲道，不以刑制使物，而以觀感化物者也。神則無形者也，不見天之使四時，而四時不忒；不見聖人使百姓，而百姓自服也。〔疏〕順而巽至天下服矣○正義曰：順而和巽，居中得正，以觀於天下，謂之觀也。此釋觀卦之名。觀盥而不薦，有孚顒若，下觀而化者，釋有孚顒若之義，本由在下觀效在上而變化，故有孚顒若也。觀天之神道而四時不忒者，此盛名觀卦之美，言觀盥與天之神道相合，觀此天之神道而四時不有差忒。神道者，微妙无方，理不可知，目不可見，不知所以然而然，謂之神道，而四時之節氣見矣。豈見天之所爲，不知從何而來邪？蓋四時流行，不有差忒，故云觀天之神道而四時不忒也。聖人以神道設教而天下服矣者，此明聖人用此天之神道，以觀設教，而天下服矣。天既不言而行，不爲而成，聖人法則天之神道，本身自行善，垂化於人，不假言語教戒，不須威刑恐逼，在下自然觀化服從，故云天下服矣。

象曰。風行地上。觀。先王以省方觀民設教。〔疏〕正義曰：風行地上者，風主號令，行于地上，猶如先王設教在於民上，故云風行地上觀也。先王以省方觀民設教者，以省視萬方，觀看民之風俗，以設於教。非諸侯以下之所爲，故云先王也。

初六。童觀。小人无咎。君子吝。處於觀時，而最遠朝美，體於陰柔，不能自進，无所鑒見，故曰童觀。巽順而已，无所能爲，小人之道也，故曰小人无咎。君子處大觀之時，而爲童觀，不亦鄙乎？〔疏〕正義曰：童觀者，處於觀時而最遠朝廷之美觀，是柔弱不能自進，无所鑒見，唯如童稚之子而觀之。爲小人无咎，君子吝者，爲此觀看，趣在順從而已，無所能爲，於小人行之，纔得无咎，若君子行之，則鄙吝也。

象曰。初六童觀。小人道也。

六二。闚觀。利女貞。處在於內，無所鑒見，體性柔弱，從順而已。猶有應焉，不爲全蒙，所見者狹，故曰闚觀。居內得位，柔順寡見，故曰利女貞，婦人之道也。處大觀之時，居中得位，不能大觀廣鑒，闚觀而已，誠可醜也。〔疏〕象曰至利女貞○正義曰：闚觀利女貞者，既是陰爻，又處在卦內，性又柔弱，唯闚竊而觀。如此之事，唯利女之所貞，非丈夫所爲之事也。○注處在於內至誠可醜也○正義曰：猶有應焉不爲全蒙者，六二以柔弱在內，猶有九五剛陽與之爲應，則爲有闚竊，不爲全蒙，童蒙如初六也，故能闚而外觀。此童觀、闚觀，皆讀爲去聲也。

象曰。闚觀女貞。亦可醜也。

六三。觀我生進退。居下體之極，處二卦之際，近不比尊，遠不童觀，觀風者也。居此時也，可以觀我生進退也。〔疏〕象曰至進退○正義曰：觀我生進退者，我生，我身所動出。三居下體之極，是有可進之時；又居上體之下，復是可退之地。遠則不爲童觀，近則未爲觀國，居在進退之處，可以自觀我之動出也。故時可則進，時不可則退，觀風相幾，未失其道，故曰觀我生進退也。道得名生者，道是開通生利萬物，故繫辭云生生之謂易，是道爲生也。

象曰。觀我生進退。未失道也。〔疏〕正義曰：處進退之時，以觀進退之幾，未失道也。

六四。觀國之光。利用賓于王。居觀之時，最近至尊，觀國之光者也。居近得位，明習國儀者也，故曰利用賓于王也。〔疏〕正義曰：最近至尊，是觀國之光。利用賓于王者，居在親近而得其位，明習國之禮儀，故曰利用賓于王庭也。

象曰。觀國之光。尚賓也。〔疏〕正義曰：釋觀國之光義，以居近至尊之道，志意慕尚爲王賓也。

九五。觀我生。君子无咎。居於尊位，爲觀之主，宣弘大化，光于四表，觀之極者也。上之化下，猶風之靡草，故觀民之俗，以察己之道，百姓有罪，在于一人。君子風著，己乃无咎。上爲觀主，將欲自觀，乃觀民也。〔疏〕正義曰：九五居尊，爲觀之主，四海之內，由我而觀，而教化善，則天下有君子之風；教化不善，則天下著小人之俗。故則民以察我道，有君子之風著，則无咎也，故曰觀我生君子无咎也。

象曰。觀我生。觀民也。〔疏〕正義曰：謂觀民以觀我，故觀我卽觀民也。

上九。觀其生。君子无咎。觀我生，自觀其道也；觀其生，爲民所觀者也。不在於位，最處上極，高尚其志，爲天下所觀者也。處天下所觀之地，可不慎乎？故君子德見，乃得无咎。生猶動出也。〔疏〕上九至无咎○正義曰：觀其生者，最處上極，高尚其志，生亦道也，爲天下觀其已之道，故云觀其生也。君子无

咎者既居天下可觀之地可不慎乎故君子謹慎乃得無咎也注觀我生至動出也○正義曰生猶動出者或動或出是生長之義故云生猶動出六三九五皆云觀我生上九云觀其生此等云生皆爲動出故於卦末注總明之也象曰觀其生。志未平也。將處異地爲衆觀不爲平易和光流通志未平也疏正義曰釋觀其生之義以特處異地爲衆所觀不爲平易和光流通志未與世俗均平世無危懼之憂我有符同之慮故曰志未平也

䷔震下離上噬嗑亨。利用獄。噬齧也嗑合也凡物之不親由有間也物之不齊由有過也有間與過齧而合之所以通也刑克以通獄之利也疏正義曰噬嗑亨者噬齧也嗑合也物在於口則隔其上下若齧去其物上下乃合而得亨也此卦之名假借口象以爲義以喻刑法也凡上下之間有物間隔當須用刑法去之乃得亨通故云噬嗑亨也利用獄者以刑除間隔之物故利用獄也象曰。頤中有物。曰噬嗑。頤中有物齧而合之噬嗑之義也疏正義曰此釋噬嗑名也案諸卦之象先標卦名乃復言曰某卦曰同人曰大有曰小畜之類是也此發首不疊卦名者若義幽隱者先出卦名後更以卦名結之若其義顯露則不先出卦名則此頤中有物曰噬嗑之類其事可知故不先出卦名此乃夫子因義理文勢隨義而發不爲例也噬嗑而亨。有物有間不齧不合无由亨也疏正義曰釋亨義由噬嗑而得亨也剛柔分動而明。雷電合而章。剛柔分動不溷乃明雷電並合不亂乃章皆利用獄之義疏剛柔分動至合而章正義曰釋利用獄之義剛柔既分不相溷雜故動而顯明也雷電既合而不錯亂故事得彰著明而且著可以斷獄剛柔分謂震剛在下離柔在上剛柔云分雷電云合者欲見明之與動各是一事故剛柔云分也明動雖各一事相須而用故雷電云合但易之爲體取象既多若取分義則云震下離上若取合義則云離震合體共成一卦也此釋二象利用獄之義也○注剛柔分動至用獄之義○正義曰雷電並合不亂乃章者象文雖云雷電合注云不亂乃章者不亂之文以其上云剛柔分剛柔分則是不亂故云雷電並合不亂乃章也柔得中而上行。雖不當位。利用獄也。謂五也能爲齧合而通必有其主五則是也上行謂所之在進也凡言上行皆所之在貴也雖不當位不害用獄也疏柔得中至用獄也○正義曰此釋爻有利用獄之義陰居五位是柔得中也而上行者既居上卦意在向進故云上行其德如此雖不當位者所居陰位猶利用獄也○注謂五也至不害用獄也○正義曰凡言上行皆所之在貴者輔嗣此注恐畏之適五位則是上行故於此明之凡言上行但所之在進皆曰上行不是唯向五位乃稱上行也故謙卦彖云地道卑而上行坤道體在上故總云上行不止也又損卦彖云損下益上曰上行是減下卦益上卦謂之上行是亦不據五也然則此云上行及晉卦彖云上行既在五位而又稱上行則似若王者雖見在尊位猶意在欲進仰慕三皇五帝可貴之道故稱上行者也象曰。雷電噬嗑。先王以明罰勑法。疏正義曰雷電噬嗑者但噬嗑之象其象在口雷電非噬嗑之體但噬嗑象外物既有雷電之體則雷電欲取明罰勑法可畏之義故連云雷電也初九。屨校滅趾。无咎。居无位之地以處刑初受刑而非治刑者也凡過之所始必始於微而後至於著罰之所始必始於薄而後至於誅過輕戮薄故屨校滅趾桎其行也足懲而已故不重也過而不改乃謂之過小懲大

誡乃得其福故无咎也校者以木絞校者也即械也校者取其通名也疏初九至无咎○正義曰屨校滅趾者屨謂著而屨踐也校謂所施之械也處刑之初居无位之地是受刑之人非治刑之主凡過之所始必始於微積而不已遂至於著罰之所始必始於薄刑薄刑之不已遂至於誅在刑之初過輕戮薄必校之在足足爲懲誡故不復重犯故校之在足已没其趾桎其小過誡其大惡過而能改乃是其福雖復滅趾可謂无咎故言屨校滅趾无咎也象曰。屨校滅趾。不行也。過止於此疏正義曰釋屨校滅趾之義猶著校滅没其趾也小懲大誡故罪過止息不行也六二。噬膚滅鼻。无咎。噬齧也齧者刑克之謂也處中得位所刑者當故曰噬膚也乘剛而刑未盡順道噬過其分故滅鼻也刑得所疾故雖滅鼻而无咎也膚者柔脆之物也疏正義曰六二處中得位是用刑者所刑中當故曰噬膚膚是柔脆之物以喻服罪受刑之人也乘剛而刑未盡順道噬過其分故至滅鼻言用刑大深也无咎者用刑得其所疾謂刑中其理故无咎也象曰。噬膚滅鼻。乘剛也。疏正義曰乘剛者釋噬膚滅鼻之義以其乘剛故用刑深也六三。噬腊肉。遇毒。小吝无咎。處下體之極而履非其位以斯食物其物必堅豈唯堅乎將遇其毒噬以喻刑人腊以喻不服毒以喻怨生然承於四而不乘剛雖失其正刑不侵順故雖遇毒小吝无咎疏正義曰噬腊肉者腊是堅剛之肉也毒者苦惡之物也三處下體之上失政刑人人不服若齧其腊肉非但難齧亦更生怨咎猶噬腊而難入復遇其毒味然也三以柔不乘剛刑不侵順道雖有遇毒之吝於德亦无大咎故曰噬腊肉遇毒小吝无咎也象曰。遇毒。位不當也。疏正義曰位不當者謂處位不當也九四。噬乾胏。得金矢。利艱貞吉。雖體陽爻爲陰之主履不獲中而居其非位以斯噬物物亦不服故曰噬乾胏也金剛也矢直也噬乾胏而得剛直可以利於艱貞之吉未足以盡通理之道也疏正義曰噬乾胏者乾胏是臠肉之乾者履不獲中居其非位以斯治物物亦不服猶如噬乾胏然也得金矢者金剛也矢直也雖刑不能服物而能得其剛直也利艱貞吉者既得剛直利益艱難守貞正之吉猶未能光大通理之道故象云未光也象曰。利艱貞吉。未光也。六五。噬乾肉。得黃金。貞厲无咎。乾肉堅也黃中也金剛也以陰處陽以柔乘剛以噬於物物亦不服故曰噬乾肉也然處得尊位以柔乘剛而居於中能行其戮者也履不正而能行其戮剛勝者也噬雖不服得中而勝故曰噬乾肉得黃金也已雖不正而刑戮得當故雖貞厲而无咎也疏象曰至貞厲无咎○正義曰噬乾肉者乾肉堅也以陰處陽以柔乘剛以此治罪於人人亦不服如似噬乾肉也得黃金者黃中也金剛也以居於中是黃也以柔乘剛是金也既中而行剛能行其戮剛勝者也故曰得黃金也貞厲无咎者已雖不正刑戮得當故雖貞正自危而无咎害位雖不當而用刑得當故象云得當也象曰。貞厲无咎。得當也。上九。何校滅耳。凶。處罰之極惡積不改者也罪非所懲故刑及其首至于滅耳及首非誡滅耳非懲凶莫甚焉疏象曰至滅耳凶正義曰何校滅耳凶者何謂擔何處罰之極惡積不改故罪及其首何擔枷械滅没於耳以至誥沒以其聰之不明積惡致此故象云聰不明也○注處罰之極至凶莫甚焉○正義曰罪非所懲者言其惡積既深尋常刑罪非能懲誡故云罪非所懲也

及首非誡滅耳非懲者若罪未及首猶可誡懼歸善也罪已及首性命將盡非復可誡故云及首非誡也校既滅耳將欲刑殺非可懲改故云滅耳非懲也象曰。何校滅耳。聰不明也。聰不明故不慮惡積至于不可解也

䷕離下艮上賁亨。小利有攸往。疏正義曰賁飾也以剛柔二象交相文飾也賁亨者以柔來文剛而得亨通故曰賁亨也小利有攸往者以剛上文柔不得中正故不能大有所往故云小利有攸往也象曰。賁亨。柔來而文剛。故亨。分剛上而文柔。故小利有攸往。剛柔不分文何由生故坤之上六來居二位柔來文剛之義也柔來文剛居位得中是以亨乾之九二分居上位分剛上而文柔之義也剛上文柔不得中位不若柔來文剛故小利有攸往疏彖曰至有攸往○正義曰賁亨柔來而文剛故亨者此釋賁亨之義不直言賁連云賁亨者由賁而致亨事義相連也若大哉乾元以元連乾者也柔來而文剛故亨柔來文剛以文相飾是賁義也相飾即有爲亨故云賁亨亨之下不重以賁字結之者以亨之與賁相連而釋所以亨下不得重結賁字分剛上而文柔故小利有攸往釋小利有攸往義乾體在下今分乾之九二上向文飾坤之上六是分剛上而文柔也棄此九二之中往居无位之地棄善從惡往无大利故小利有攸往也○注剛柔不分至小利有攸往○正義曰坤之上六何以來居二位不居於初三乾之九二何以分居上位不居於五者乾性剛亢故以己九二居坤極坤性柔順不爲順首故以己上六下居乾之二位也且若柔不分居乾二剛不分居坤極則不得文明以止故也又陽本在上陰本在下應分剛而下分柔而上何因分剛向上分柔向下者今謂此本泰卦故也若天地交泰則剛柔得交若乾上坤下則是天地否閉剛柔不得交故分剛而上分柔而下也天文也。剛柔交錯而成文焉天之文也疏正義曰天之爲體二象剛柔剛柔交錯成文是天文也文明以止。人文也。止物不以威武而以文明人之文也疏正義曰文明離也以止艮也用此文明之道裁止於人是人之文德之教此賁卦之象既有天文人文欲廣美天文人文之義聖人用之以治於物也觀乎天文。以察時變。觀乎人文。以化成天下。觀天之文則時變可知也觀人之文則化成可爲也疏正義曰觀乎天文以察時變者言聖人當觀視天文剛柔交錯相飾成文以察四時變化若四月純陽用事陰在其中靡草死也十月純陰用事陽在其中齊麥生也是觀剛柔而察時變也觀乎人文以化成天下者言聖人觀察人文則詩書禮樂之謂當法此教而化成天下也象曰。山下有火。賁。君子以明庶政。无敢折獄。處賁之時止物以文明不可以威刑故君子以明庶政而无敢折獄疏正義曰山下有火賁者欲見火上照山有光明文飾也又取山含火之光明象君子內含文明以理庶政故云山有火賁也以明庶政者用此文章明達以治理庶政也无敢折獄者勿得直用果敢折斷訟獄初九。賁其趾。舍車而徒。在賁之始以剛處下居於无位棄於不義安夫徒步以從其志者也故飾其趾舍車而徒義弗乘之謂也疏正義曰在賁之始以剛處下居於无位之地乃棄於不義之車而從有義之徒步故云舍車而徒以其志行高絜不苟就輿乘是以義不肯乘故象云義弗乘也象

曰。舍車而徒。義弗乘也。六二。賁其須。得其位而无應三亦无應俱无應而比焉近而相得者也須之爲物上附者也循其所履以附於上故曰賁其須也〔疏〕正義曰賁其須者須是上須於面六二常上附於三若似賁飾其須也循其所履以附於上與上同爲興起故象云與上興也

象曰。賁其須。與上興也。九三。賁如濡如。永貞吉。處下體之極居得其位與二相比俱履其正和合相潤以成其文者也既得其飾又得其潤故曰賁如濡如也永保其貞物莫之陵故曰永貞吉也〔疏〕正義曰賁如濡如者賁如華飾之貌濡如潤澤之理居得其位與二相比和合文飾而有潤澤故曰賁如濡如其美如此長保貞吉物莫之陵故象云永貞之吉終莫之陵也

象曰。永貞之吉。終莫之陵也。六四。賁如皤如。白馬翰如。匪寇婚媾。有應在初而閡於三爲已寇難二志相感不獲通亨欲靜則疑初之應欲進則懼三之難故或飾或素內懷疑懼也鮮絜其馬翰如以待雖履正位未敢果其志也三爲剛猛未可輕犯匪寇乃婚終无尤也〔疏〕象曰永貞之吉至匪寇婚媾正義曰賁如皤如者皤是素白之色六四有應在初欲往從之三爲已難故已猶豫或以文絜故賁如也或守質素故皤如也白馬翰如者但鮮絜其馬其色翰如徘徊待之未敢輒進也匪寇婚媾者若非九三爲已寇害乃得與初爲婚媾也

象曰。六四當位疑也。匪寇婚媾。終无尤也。〔疏〕正義曰六四當位疑者以其當位得與初爲應但礙於三故遲疑也若不當位則與初非應何須欲往而致遲疑也匪寇婚媾終无尤者釋匪寇婚媾之義若待匪有寇難乃爲婚媾則終无尤過若犯寇難而爲婚媾則終有尤也

六五。賁于丘園。束帛戔戔。吝。終吉。處得尊位爲飾之主飾之盛者也施飾於物其道害也施飾丘園盛莫大焉故賁于束帛丘園乃落賁于丘園帛乃戔戔用莫過儉泰而能約故必吝焉乃得終吉也〔疏〕六五賁于丘園至終吉○正義曰賁于丘園者丘園是質素之處六五處得尊位爲飾之主若能施飾在於質素之處不華侈費用則所束之帛戔戔衆多也吝終吉者初時儉約故是其吝也必儉約之吝乃得終吉而有喜也故象云六五之吉有喜也○注處得尊位至乃得終吉也○正義曰爲飾之主飾之盛者若宮室輿服之屬五爲飾主若施設華飾在於輿服宮館之物則大道損害也施飾丘園盛莫大焉者丘謂丘墟園謂園圃唯草木所生是質素之處非華美之所若能施飾每事質素與丘園相似盛莫大焉故賁于束帛丘園乃落者束帛財物也舉束帛言之則金銀珠玉之等皆是也若賁飾於此束帛珍寶則素質之道乃隕落故云丘園乃落也賁于丘園帛乃戔戔者設飾在於丘園質素之所用不士費財物束帛乃戔戔衆多也諸儒以爲若賁飾束帛不用聘士則丘園之士乃落也若賁飾丘園之士與之故束帛乃戔戔也諸家注易多爲此解但今案輔嗣之注全无聘賢之意且爻之與象亦无待士之文輔嗣云用莫過儉泰而能約故必吝焉乃得終吉此則普論爲國之道不尚華侈而貴儉約也若從先師唯用束帛招聘丘園以儉約待賢豈其義也所以漢聘隱士或乃用羔鴈玄纁蒲輪駟馬豈止束帛之間而云儉約之事今觀注意故爲此解耳

象曰。六五之吉。有喜也。上九。白賁。无咎。處飾之終飾終反素故在其質素不勞文飾而无咎也以白爲飾而无患憂得志者也〔疏〕正義曰白賁无咎者處飾之終飾終則反素故在其質素不勞文飾故曰白賁无咎也守志任真得其本性故象云上得志也言居上得志也

象曰。白賁无咎。上得志也。

䷖坤下艮上剝。不利有攸往。〔疏〕正義曰剝者剝落也今陰長變剛剛陽剝落故稱剝也小人既長故不利有攸往也

象曰。剝。剝也。柔變剛也。不利有攸往。小人長也。順而止之。觀象也。君子尚消息盈虛。天行也。坤順而艮止也所以順而止之不敢以剛止者以觀其形象也強亢激拂觸忤以隕身身既傾焉功又不就非君子之所尚也〔疏〕象曰至天行也○正義曰剝剝也者釋剝卦名爲剝不知何以稱剝故釋云剝也者解剝之義是陰長解剝於陽也柔變剛者釋所以此卦名剝之意也不利有攸往小人道長者此釋不利有攸往之義小人道長世既闇亂何由可進往則遇災故不利有攸往也順而止之觀象者明在剝之時世既无道君子行之不敢顯其剛直但以柔順止約其上唯望君上形象量其顏色而止也君子尚消息盈虛天行者解所以在剝之時順而止之觀其顏色形象者須量時制變隨物而動君子通達物理貴尚消息盈虛道消之時行消道也道息之時行盈道也在虛之時行虛道也若值消虛之時存身避害危行言遜也若值盈息之時極言正諫建事立功也天行謂逐時消息盈虛乃天道之所行也春夏始生之時天氣盛大秋冬嚴殺之時天氣消滅故云天行也○注坤順而艮止也至君子之所尚也○正義曰非君子之所尚者不逐時消息盈虛於无道之時剛亢激拂觸忤以隕身身既傾隕功又不就非君子之所尚也

象曰。山附於地。剝。上以厚下安宅。厚下者牀不見剝也安宅者物不失處也厚下安宅治剝之道也〔疏〕正義曰山附於地剝者山本高峻今附於地即是剝落之象故云山附於地剝也上以厚下安宅者剝之爲義從下而起故在上之人當須豐厚於下安物之居以防於剝也

初六。剝牀以足。蔑貞凶。牀者人之所以安也剝牀以足猶云剝牀之足也蔑猶削也剝牀之足滅下之道也下道始滅剛隕柔長則正削而凶來也〔疏〕正義曰剝牀以足者牀者人之所以安處也在剝之初剝道從下而起剝牀之足言牀足已剝也下道始滅也蔑貞凶者蔑削也貞正也下道既蔑則以侵削其貞正所以凶也

象曰。剝牀以足。以滅下也。〔疏〕正義曰釋剝牀以足之義牀在人下足又在牀下今剝牀之足是盡滅於下也

六二。剝牀以辨。蔑貞凶。蔑猶甚極之辭也辨者足之上也剝道浸長故剝其辨也稍近於牀轉欲滅物之所處長柔而削正以斯爲德物所棄也〔疏〕六二至蔑貞凶○正義曰剝牀以辨者辨謂牀身之下牀足之上足與牀身分辨之處也今剝落侵上乃至於辨是漸近人身故云剝牀以辨也蔑貞凶者蔑削也削除中正之道故凶也初六蔑貞但小削而已六二蔑貞是削之甚極故更云蔑貞凶也長此陰柔削其正道以此爲德則物之所棄故象云未有與也言无人與助之也○注蔑猶甚極至物所棄也○正義曰蔑猶甚極之辭者初既稱蔑二又稱蔑蔑上復蔑此爲蔑甚極故云蔑猶甚極之辭也蔑謂微蔑物之見削則微蔑也故以蔑爲削稍近於牀轉欲蔑物之處者物之所處謂牀也今剝道既至於辨在牀體下畔之間是將欲滅牀故云轉欲滅物之所處也

象曰。剝牀以辨。未有與也。六三。剝之无咎。與上爲應羣陰剝陽我獨協焉雖處於剝可以无咎〔疏〕正義曰六三與上九爲應雖在剝陽之時獨能與陽相應雖失位處剝而无咎也

象曰。剝之无咎。失上下也。三上下各有二陰而二獨應於陽則失上下也〔疏〕正義曰釋所以无咎之義上下羣陰皆悉剝陽也已獨能違失上下之情而往應之所以无咎也

六四。剝牀以膚。凶。初二剝牀民所以安未剝其身也至四剝道浸長牀既剝盡以及人身小人遂盛物將失身豈唯削正靡所不凶〔疏〕正義曰四道浸長剝牀已盡乃至人之膚體物皆失身所以凶也

象曰。剝牀以膚。切近災也。〔疏〕正義曰切近災者其災已至故云切近災也

六五。貫魚以宮人寵。无不利。處剝之時居得尊位爲剝之主者也剝之爲害小人得寵以消君子者也若能施寵小人於宮人而已不害於正則所寵雖衆終无尤也貫魚謂此衆陰也駢頭相次似貫魚也〔疏〕正義曰貫魚以宮人寵者處得尊位爲剝之主剝之爲害小人得寵以消君子貫魚者謂衆陰也駢頭相次似若貫穿之魚此六五若能處待衆陰但以宮人之寵相似宮人被寵不害正事則終无尤過无所不利故云无不利故象云終无尤也

象曰。以宮人寵。終无尤也。上九。碩果不食。君子得輿。小人剝廬。處卦之終獨全不落故果至于碩而不見食也君子居之則爲民覆蔭小人用之則剝下所庇也〔疏〕正義曰碩果不食者處卦之終獨得完全不被剝落猶如碩大之果不爲人食也君子得輿者若君子而居此位能覆蔭於下使得全安是君子居之則得車輿也若小人居之下无庇蔭在下之人被剝徹廬舍也

象曰。君子得輿。民所載也。小人剝廬。終不可用也。〔疏〕正義曰君子得輿民所載者釋得輿之義若君子居處此位養育其民民所仰載也小人剝廬終不可用者言小人處此位爲君剝徹民之廬舍此小人終不可用爲君也

䷗震下坤上復。亨。出入无疾。朋來无咎。反復其道。七日來復。利有攸往。〔疏〕正義曰復亨者陽氣反復而得亨通故云復亨也出入无疾者出則剛長入則陽反理會其時故无疾病也朋來无咎者朋謂陽也反復衆陽朋聚而來則无咎也若非陽衆來則有咎以其衆陽之來故无咎也反復其道七日來復者欲速反之與復而得其道不可過遠唯七日則來復乃合於道也利有攸往者以陽氣方長往則小人道消故利有攸往也

象曰。復亨。剛反動而以順行。是以出入无疾。入則爲反出則剛長故无疾疾猶病也朋來无咎。朋謂陽也〔疏〕象曰至无咎○正義曰復亨者以陽復則亨故以亨連復而釋之也剛反動而以順行者既上釋復亨之義又下釋出入无疾朋來无咎之理故云是以出入无疾朋來无咎也反復其道。七日來復。陽氣始剝盡至來復時凡七日〔疏〕正義曰陽氣始剝盡謂陽氣始於剝盡之後至陽氣來復時凡經七日觀注之意陽氣從剝盡之後至於反復凡經七日其注分明如褚氏莊氏並云五月一陰生至十一月一陽生凡七月而云七日不云月者欲見陽長須速故變月言日今輔嗣云剝盡至來復是從盡至來復經七日也若從五月言之何得云始盡也又臨卦亦是陽長而言八

月今復卦亦是陽長何以獨變月而稱七日觀注之意必謂不然亦用易緯六日七分之義同鄭康成之說但於文省略不復具言案易緯稽覽圖云卦氣起中孚故離坎震兌各主其一方其餘六十卦卦有六爻爻別主一日凡主三百六十日餘有五日四分日之一者每日分爲八十分五日分爲四百分四分日之一又爲二十分是四百二十分六十卦分之六七四十二卦別各得七分是每卦得六日七分也剝卦陽氣之盡在於九月之末十月當純坤用事坤卦有六日七分坤卦之盡則復卦陽來是從剝盡至陽氣來復隔坤之一卦六日七分舉成數言之故輔嗣言凡七日也反復者則出入之義反謂入而倒反復謂既反之後復而向上也**天行也。**以天之行反覆不過七日復之不可遠也〔疏〕正義曰反復其道七日來復天行者以天行釋反復其道七日來復之義言反之與復得合其道唯七日而來復不可久遠也此是天之所行也天之陽氣絕滅之後不過七日陽氣復生此乃天之自然之理故曰天行也**利有攸往。剛長也。**往則小人道消也〔疏〕正義曰以剛長釋利有攸往之義也**復其見天地之心乎。**復者反本之謂也天地以本爲心者也凡動息則靜靜非對動者也語息則默默非對語者也然則天地雖大富有萬物雷動風行運化萬變寂然至无是其本矣故動息地中乃天地之心見也若其以有爲心則異類未獲具存矣〔疏〕復見天地之心乎〇正義曰復其見天地之心乎者此贊明復卦之義天地養萬物以靜爲心不爲而物自爲不生而物自生寂然不動此天地之心也此復卦之象動息地中雷在地下息而不動靜寂之義與天地之心相似觀此復象乃見天地之心也天地非有主宰何得有心以人事之心託天地以示法爾〇注復者反本之謂也至未獲具存矣〇正義曰復者反本之謂也者往前離本處而去今更反於本處是反本之謂也天地以本爲心者本謂靜也言天地寂然不動是以本爲心者也凡動息則靜靜非對動者也者天地之動靜爲其本動爲其末言靜時多也動時少若暫時而動止息則歸靜是靜非對動言靜之爲本自然而有非對動而生靜故曰靜非對動者也語息則默默非對語者語則聲之動默則口之靜是不語之時恆常默也非是對語有默以動靜語默而无別體故云非對也云天地雖大富有萬物雷動風行運化萬變者此言天地之動也言寂然至无是其本矣者凡有二義一者萬物雖運動於外而天地寂然至无於其內也外是其末內是其本言天地无心也二者雖雷動風行千化萬變若其雷風止息運化停住之後亦寂然至无也若其以有爲心則異類未獲具存者凡以无爲心則物我齊致親疏一等則不害異類彼此獲寧若其以有爲心則我之自我不能普及於物物之自物不能普賴於我物則被害故未獲具存也**象曰。雷在地中。復。先王以至日閉關。商旅不行。后不省方。**方事也冬至陰之復也夏至陽之復也故爲復則至於寂然大靜先王則天地而行者也動復則靜行復則止事復則无事也〔疏〕象曰至后不省方〇正義曰雷在地中復者雷是動物復卦以動息爲主故曰雷在地中先王以至日閉關者先王象此復卦以二至之日閉塞其關也商旅不行於道路也后不省方者方事也后不省視其方事也以地掩閉於雷故關門掩閉商旅不行君后掩閉於事皆取動息之義〇注方事至事復則无事也〇正義曰方事者恐方是因方境域故以方爲事也言至日不但不可出行亦不可省視事也冬至陰之復夏至陽之復者復謂反本靜爲動本冬至一陽生是陽動用而陰復於靜也夏至一陰生是陰動用而陽復於靜也動復則靜行復則止事復則无事者動而反復則歸靜行而反復則歸止事而反復則歸于无事也

初九。不遠復。无祇悔。元吉。最處復初始復者也復之不速遂至迷凶不遠而復幾悔而反以此修身患難遠矣錯之於事其殆庶幾乎故元吉也〔疏〕正義曰不遠復者最處復初是始復者也既在陽復即能從而復之是之而不遠即能復也无祇悔元吉者韓氏云祇大也既能速復是无大悔所以大吉**象曰。不遠之復。以脩身也。**〔疏〕正義曰釋不遠之復也所以不遠速復者以能脩正其身有過則改故也**六二。休復。吉。**得位處中最比於初上无陽爻以疑其親陽爲仁行在初之上而附順之下仁之謂也既處中位親仁善鄰復之休也〔疏〕正義曰得位處中最比於初陽爲仁行已在其上附而順之是降下於仁是休美之復故云休復吉也以其下仁所以吉也故象云休復之吉以下仁也**象曰。休復之吉。以下仁也。六三。頻復。厲。无咎。**頻頻蹙之貌也處下體之終雖愈於上六之迷已失復遠矣是以蹙也蹙而求復未至於迷故雖危无咎也復道宜速蹙而乃復義雖无咎它來難保〔疏〕象曰休復之吉至无咎〇正義曰頻復者頻謂頻蹙六三處下體之上去復稍遠雖勝於上六迷復猶頻蹙而復復道宜速謂感而求復也去復猶近雖有危厲於義无咎故象云義无咎也〇注頻蹙之貌至它來難保〇正義曰義雖无咎它來難保者去復未甚大遠於義雖復无咎謂以道自守得无咎也若自守之外更有他事而來則難可保此无咎之吉也所以象云義无咎守常之義得无咎也**象曰。頻復之厲。義无咎也。六四。中行獨復。**四上下各有二陰而處厭中履得其位而應於初獨得所復順道而反物莫之犯故曰中行獨復也〔疏〕象曰至中行獨復〇正義曰中行獨復者處於上卦之下上下各有二陰已獨應初居在衆陰之中故云中行獨自應初故云獨復從道而歸故象云以從道也**象曰。中行獨復。以從道也。六五。敦復。无悔。**居厚而履中居厚則无怨履中則可以自考雖不足以及休復之吉守厚以復悔可免也〔疏〕正義曰敦復无悔者處坤之中是敦厚於復故云敦復既能履中又能自考成其行既居敦厚物无所怨雖不及六二之休復猶得免於悔吝故云无悔也**象曰。敦復无悔。中以自考也。**〔疏〕正義曰釋无悔之義以其處中能自考其身故无悔也**上六。迷復。凶。有災眚。用行師。終有大敗。以其國君凶。至于十年不克征。**最處復後是迷者也以迷求復故曰迷復也用之行師難用有克也終必大敗用之於國則反乎君道也大敗乃復量斯勢也雖復十年修之猶未能征也〔疏〕上六迷復凶至不克征〇正義曰迷復凶者最處復後是迷闇於復以迷求復所以凶也有災眚者闇於復道必无福慶唯有災眚也用行師終有大敗者所爲既凶故用之行師必无克勝唯終有大敗也以其國君凶者以用也用此迷復於其國內則反違君道所以凶也至于十年不克征者師敗國凶量斯形勢雖至十年猶不能征伐以其迷闇不復而反違於君道故象云迷復之凶反君道也**象曰。迷復之凶。反君道也。**

䷘震下乾上**无妄。元亨。利貞。其匪正有眚。不利有攸往。**〔疏〕正義曰无妄者以剛爲內主動而能健以此臨下物皆无敢詐僞虛妄俱行實理所以大得亨通利於貞正故曰元亨利貞也其匪正有眚不利有攸往者物既无妄當以正道行之若其匪依正道則有眚災不利有所往也**彖曰。无妄。剛自外來而爲主於內。**謂震也**動而健。**震動而乾健也〔疏〕正義曰以此卦象釋能致无妄之義以震之剛從外而來爲主於內震動而乾健故能使物无妄也**剛中而應。**謂五也〔疏〕正義曰明爻義能致无妄九五以剛處中六二應之是剛中而應剛中則能制斷虛實有應則物所順從不敢虛妄也**大亨以正。天之命也。**剛自外來而爲主於內動而愈健剛中而應威剛方正私欲不行何可以妄使有妄之道滅无妄之道成非大亨利貞而何剛自外來而爲主於內則柔邪之道消矣動而愈健則剛直之道通矣剛中而應則齊明之德著矣故大亨以正也天之教命何可犯乎何可妄乎是以匪正則有眚而不利有攸往也〔疏〕大亨以正天之命也〇正義曰釋元亨利貞之義威剛方正私欲不行何可以妄此天之教命也天道純陽剛而能健是乾德相似故云天之命也既是天命豈可犯乎〇注剛自外來至不利有攸往也〇正義曰云使有妄之道滅无妄之道成者妄謂虛妄矯詐不循正理若无剛中之主柔弱邪僻則物皆詐妄是有妄之道興也今遇剛中之主威嚴剛正在下畏威不敢詐妄是有妄之道滅无妄之道成**其匪正有眚。不利有攸往。无妄之往。何之矣。天命不祐。行矣哉。**匪正有眚不求改以從正而欲有所往居不可以妄之時而欲以不正有所往將欲何之天命之所不祐竟矣哉〔疏〕其匪正有眚至天命不祐行矣哉〇正義曰其匪正有眚不利有攸往无妄之往何之矣者此釋匪正有眚不利有攸往之義也无妄之往何之矣上之是語辭下之是適也身既非正在无妄之世欲有所往何所之適矣故云无妄之往何之矣天命不祐行矣哉者身既非正欲有所往犯違天命則天命不祐助也必竟行矣哉言終竟行此不祐之事也〇注匪正有眚至不祐竟矣哉〇正義曰竟矣哉者竟謂終竟言天所不祐終竟行矣哉**象曰。天下雷行。物與无妄。**與辭也猶皆也天下雷行物皆不可以妄也〔疏〕正義曰天下雷行者雷是威恐之聲今天下雷行震動萬物物皆驚肅无敢虛妄故云天下雷行物皆无妄也**先王以茂對時育萬物。**茂盛也物皆不敢妄然後萬物乃得各全其性對時育物莫盛於斯也〔疏〕正義曰茂盛也對當也言先王以此无妄盛事當其无妄之時育養萬物也此唯王者其德乃耳非諸侯已下所能故不云君子而言先王也案諸卦之象直言兩象卽以卦名結之若雷在地中復今无妄應云天下雷行无妄今云物與无妄者欲見萬物皆无妄故加物與二字也其餘諸卦未必萬物皆與卦名同義故直顯象以卦結之至如復卦唯陽氣復非是萬物皆復舉復一卦餘可知矣**初九。无妄往吉。**體剛處下以貴下賤行不犯妄故往得其志〔疏〕正義曰體剛居下以貴下賤所行教化不爲妄動故往吉而得志也**象曰。无妄之往。得志也。六二。不耕穫。不菑畬。則利有攸往。**不耕而穫不菑而畬代終已成而不造也不擅其美乃盡臣道故利有攸往〔疏〕象曰至利有攸往〇正義曰不耕穫不菑畬者六二處中得位盡於臣道不敢創首唯守其終猶若田農不敢發首而耕唯在後穫刈而已不敢菑發新田唯治其菑熟之地皆是不爲其始而成其末猶若爲臣之道不爲事始而代君有終也則利有攸往者爲臣

如此則利有攸往若不如此則往而无利也

象曰。不耕穫。未富也。〔疏〕正義曰釋不耕而穫之義不敢前耕但守後穫者未敢以耕耕之與穫俱爲己事唯爲後穫不敢先耕事既闕初不擅其美故云未富也

六三。无妄之災。或繫之牛。行人之得。邑人之災。以陰居陽行違謙順是无妄之所以爲災也牛者稼穡之資也二以不耕而穫利有攸往而三爲不順之行故或繫之牛是有司之所以爲穫彼人之所以爲災也故曰行人之得邑人之災也〔疏〕六三至人之災○正義曰无妄之世邪道不行六三陰居陽位失其正道行違謙順而乖臣範故无妄之所以爲災矣牛者稼穡之資六三僭爲耕事行唱始之道而爲不順王事之行故有司或繫其牛制之使不妄造故曰或繫之牛也行人者有司之義也有司繫得其牛是行人制之得功故曰行人之得彼居三者是處邑之人僭爲耕事受其災罰故曰行人之得邑人之災也

象曰。行人得牛。邑人災也。〔疏〕正義曰釋行人之得義也以行人所得謂得牛也此則得牛彼則爲災故云邑人災也

九四。可貞无咎。處无妄之時以陽居陰以剛乘柔履於謙順比近至尊故可以任正固有所守而无咎也〔疏〕正義曰以陽居陰以剛乘柔履於謙順上近至尊可以任正固有所守而无咎故曰可貞无咎也

象曰。可貞无咎。固有之也。〔疏〕正義曰釋可貞无咎之義所以可執貞正言堅固有所執守故曰无咎也

九五。无妄之疾。勿藥有喜。居得尊位爲无妄之主者也下皆无妄害非所致而取藥焉疾之甚也非妄之災勿治自復非妄而藥之則凶故曰勿藥有喜〔疏〕正義曰无妄之疾者凡禍疾所起由有妄而來今九五居得尊位爲无妄之主下皆无妄而偶然有此疾害故云无妄之疾也勿藥有喜者若疾自已招或寒暑飲食所致當須治療若其自然之疾非已所致疾當自損勿須藥療而有喜也此假病象以喻人事猶若人主而剛正自修身元虛妄下亦无虛妄而遇逢凶禍若堯湯之厄災非已招但順時修德勿須治理必欲除去不勞煩天下是有喜也然堯遭洪水使鯀禹治之者雖知災未可息必須順民之心鯀之不成以災未息也禹能治救災欲盡也是亦自然之災勿藥有喜之義也

象曰。无妄之藥。不可試也。藥攻有妄者也而反攻无妄故不可試也〔疏〕正義曰解勿藥有喜之義若有妄致疾其藥可用若身既无妄自然致疾其藥不可試也若其試之恐更益疾也言非妄有災不可治也若必欲治之則勞煩於下害更甚也此非直施於人主至於凡人之事亦皆然也若己之无罪忽逢禍患此乃自然之理不須憂勞救護亦恐反傷其性

上九。无妄行有眚。无攸利。處不可妄之極唯宜靜保其身而已故不可以行也〔疏〕正義曰處不可妄之極唯宜靜保其身若動行必有災眚无所利也位處窮極動則致災故象云无妄之行窮之災也

象曰。无妄之行。窮之災也。

䷙乾下艮上　大畜。利貞。不家食吉。利涉大川。〔疏〕正義曰謂之大畜者乾健上進艮止在上止而畜之能畜止剛健故曰大畜彖云能止健大正也是能止健故爲大畜也小畜則巽在乾上以其巽順不能畜止乾之剛故云小畜也此則艮能止之故爲大畜也利貞者人能止健非正不可故利貞也不家食吉者已有大畜之資當須養順賢人不使賢人在家自食如此乃吉也利涉大川者豐則養賢應於天道不憂險難故利涉大川

彖曰。大畜。剛健篤實輝光。日新其德。凡物既厭而退者弱也既榮而隕者薄也夫能輝光日新其德者唯剛健篤實也〔疏〕正義曰言大畜剛健篤實者此釋大畜之義剛健謂乾也乾體剛性健故言剛健也篤實謂艮也艮體靜止故稱篤實也輝光日新其德者以其剛健篤實之故故能輝耀光榮日日增新其德若无剛健則劣弱也必既厭而退若无篤實則虛薄也必既榮而隕何能久有輝光日新其德乎○注凡物既厭至剛健篤實也○正義曰凡物既厭而退者弱也者釋經剛健也若不剛健則見厭被退能剛健則所爲日進不被厭退也既榮而隕者薄也者釋經篤實也凡物暫時榮華而卽損落者由體質虛薄也若能篤厚充實則恒保榮美不有損落也

剛上而尚賢。謂上九也處上而大通剛來而不距尚賢之謂也〔疏〕剛上而尚賢○正義曰剛上謂上九也乾剛向上上九不距是貴尚賢也○注謂上九至尚賢之謂也○正義曰謂上九也者言上九之德見乾之上進而不距逆是貴尚賢也處上而大通者釋上九何天之衢亨是處上通也既處於上下應於天有大通之德也剛來而不距者以有大通既見乾來而不距逆是尚賢之義也

能止健。大正也。健莫過乾而能止之非夫大正未之能也〔疏〕正義曰釋利貞義所以艮能止乾之健者德能大正故能止健也

不家食吉。養賢也。利涉大川。應乎天也。有大畜之實以之養賢令賢者不家食乃吉也尚賢制健大正應天不憂險難故利涉大川也〔疏〕不家食吉至應乎天也○正義曰不家食吉養賢者釋不家食吉所以不使賢者在家自食而獲吉也以在上有大畜之實養此賢人故不使賢者在家自食也利涉大川應乎天者以貴尚賢人大正應天可踰越險難故利涉大川也○注有大畜之實至利涉大川也○正義曰尚賢制健者謂上九剛來不距尚賢之謂也艮能畜剛制健之謂也故上經云剛上而尚賢王注云謂上九也又云能止健大正也王注云健莫過乾而能止之非夫大正未之能也則是全論艮體明知尚賢謂上九也制健謂艮體也大正應天者謂艮也故前文云能止健大正也止健是艮也應天者上體之艮應下體之乾故稱應天也此取上卦下卦而相應非謂一陰一陽而相應也

象曰。天在山中。大畜。君子以多識前言往行。以畜其德。物之可畜於懷令德不散盡於此也〔疏〕象曰至以畜其德○正義曰天在山中者欲取德積於身中故云天在山中也君子以多識前言往行以畜其德者君子則此大畜物既大畜德亦大畜故多記識前代之言往賢之行使多聞多見以畜積己德故云以畜其德也○注物之可畜至盡於此也○正義曰物之可畜於懷令其道德不有棄散者唯貯藏前言往行於懷可以令德不散也唯此而已故云盡於此也

初九。有厲利已。四乃畜已未可犯也故進則有厲已則利也〔疏〕正義曰初九雖有應於四四乃抑畜於己己今若往則有危厲唯利休已不須前進則不犯禍凶也故象云不犯災也

象曰。有厲利已。不犯災也。處健之始未果其健者故能利已

九二。輿說輹。五處畜盛未可犯也遇斯而進故輿說輹也居得其中能以其中不爲馮河死而无悔過難能止故无尤也〔疏〕正義曰九二雖與六五相應五處畜盛未可犯也若遇斯而進則輿說其輹車破敗也以其居中能遇難而止則无尤過故象云中无尤也以其居中能自止息故无尤也此輿說輹亦假象以明人事也

象曰。輿說輹。中无尤也。

九三。良馬逐。利艱貞。曰閑輿衛。利有攸往。凡物極則反故畜極則通初二之進值於畜盛故不可以升至於九三升于上九而上九處天衢之亨塗逕大通進无違距可以馳騁故曰良馬逐也履當其位進得其時在乎通路不憂險厄故利艱貞也閑閡也衛護也進得其時雖涉艱難而无患也輿雖遇閑而故衛也與上合志故利有攸往也〔疏〕正義曰九三良馬逐者初二之進值於畜盛不可以升至於九三升于上九而上九處天衢之亨塗逕大通進无違距故九三可以良馬馳逐也利艱貞者履當其位進得其時在乎通路不憂險厄故宜利艱難而貞正也若不值此時雖平易守正而尚不可況艱難而欲行正乎曰閑輿衛者進得其時涉難无患雖曰有人欲閑閡車輿乃是防衛見護也故云曰閑輿衛也利有攸往者與上合志利有所往故象曰上合志也

象曰。利有攸往。上合志也。

六四。童牛之牿。元吉。處艮之始履得其位能止健初距不以角柔以止剛剛不敢犯抑銳之始以息強爭豈唯獨利乃將有喜也〔疏〕正義曰童牛之牿者處艮之始履得其位能抑止剛健之初距此初九不須用角故用童牛牿止其初也元吉者柔以止剛剛不敢犯以息彊爭所以大吉而有喜也故象云元吉有喜也

象曰。六四元吉。有喜也。

六五。豶豕之牙。吉。豕牙橫猾剛暴難制之物謂二也五處得尊位爲畜之主二剛而進能豶其牙柔能制健禁暴抑盛豈唯能固其位乃將有慶也〔疏〕象曰至豶豕之牙吉○正義曰豶豕之牙者豕牙謂九二也二既剛陽似豕牙之橫猾九二欲進此六五處得尊位能豶損其牙故云豶豕之牙柔能制剛禁暴抑盛所以吉也非唯獨吉乃終久有慶故象云六五之吉有慶也○注豕牙橫猾至將有慶○正義曰能豶其牙者觀注意則豶是禁制損去之名褚氏云豶除也除其牙也然豶之爲除爾雅无訓案爾雅云豶大防則豶是隄防之義此豶其牙謂防止其牙古字假借雖豕傍土邊之異其義亦通豶其牙謂止其牙也

象曰。六五之吉。有慶也。

上九。何天之衢。亨。處畜之極畜極則通大畜以至於大亨之時何辭也猶云何畜乃天之衢亨也〔疏〕正義曰何天之衢亨者何謂語辭猶云何畜也處畜極之時更何所畜乃天之衢亨无所不通也故象云何天之衢道大行也何氏云天衢既通道乃大亨

象曰。何天之衢。道大行也。

䷚震下艮上　頤。貞吉。觀頤。自求口實。〔疏〕正義曰頤貞吉者於頤養之世養此貞正則得吉也觀頤者頤養也觀此聖人所養物也自求口實者觀其自養求其口中之實也

彖曰。頤貞吉。養正則吉也。觀頤。觀其所養也。自求口實。觀其自養也。天地養萬物。聖人養賢以及萬民。頤之時大矣哉。〔疏〕彖曰至大矣哉○正義曰頤貞吉養正則吉者釋頤貞吉之義頤養也貞正也所養得正則有吉也其養正之言乃兼二義一者養此賢人是其養正故下云聖人養賢以及萬民二者謂養身得正故象云愼言語節飲食以此言之則養正之文兼養賢及自養之義也觀頤觀其所養也者釋觀頤之義也言在下觀視在上頤養所養何人故云觀頤觀其所養也自求口實觀其自養者釋自求口實之義也謂在下之人觀此在上自求口中之實是觀其自

養則是在下觀上乃有二義若所養是賢及自養有節則是其德盛也若所養非賢及自養乖度則其德惡也此卦之意欲使所養得也不欲所養失也天地養萬物者自此已下廣言頤卦所養事大故云天地養萬物也聖人養賢以及萬民者先須養賢乃得養民故云養賢以及萬民也聖人但養賢人使治衆衆皆獲安有如虞舜五人周武十人漢帝張良齊君管仲此皆養得賢人以爲輔佐政治世康兆庶咸說此則聖人養賢以及萬民之養也頤之時大矣哉者以象釋頤義於理既盡更无餘意故不云義所以直言頤之時大矣哉以所養得廣故云大矣哉

象曰。山下有雷。頤。君子以慎言語。節飲食。言飲食猶慎而節之而況其餘乎〔疏〕正義曰山止於上雷動於下頤之爲用下動上止故曰山下有雷頤人之開發言語咀嚼飲食皆動頤之事故君子觀此頤象以謹慎言語裁節飲食先儒云禍從口出患從口入故於頤養而慎節也

初九。舍爾靈龜。觀我朶頤。凶。朶頤者嚼也以陽處下而爲動始不能令物由己養動而求養者也夫安身莫若不競修己莫若自保守道則福至求祿則辱來居養賢之世不能貞其所履以全其德而舍其靈龜之明兆羨我朶頤而躁求離其致養之至道闚我寵祿而競進凶莫甚焉〔疏〕初九至觀我朶頤凶○正義曰靈龜謂神靈明鑒之龜兆以喻己之明德也朶頤謂朶動之頤以嚼物喻貪惏以求食也初九以陽處下而爲動始不能使物賴己而養而更自動求養是舍其靈龜之明兆觀我朶頤而躁求是損己廉靜之德行其貪竊之情所以凶也不足可貴故象云亦不足貴也○注朶頤者嚼也至凶莫甚焉○正義曰朶頤者嚼也者朶是動義如手之捉物謂之朶也今動其頤故知嚼也不能令物由己養者若道德弘大則己能養物是物由己養今身處无位之地又居震動之始是動而自求養也離其致養之至道闚我寵祿而競進者若能自守廉靜保其明德則能致君上所養今不能守廉靜是離其致養之至道反以求其寵祿而競進也

象曰。觀我朶頤。亦不足貴也。

六二。顛頤。拂經于丘頤。征凶。養下曰顛拂違也經猶義也丘所履之常也處下體之中无應於上反而養初居下不奉上而反養下故曰顛頤拂經于丘也以此而養未見其福也以此而行未見有與故曰頤征凶〔疏〕正義曰顛倒也拂違也經義也丘所履之常處也六二處下體之中无應於上反倒下養初故曰顛頤下當奉上是義之常處也今不奉於上而反養於下是違此經義於常之處故云拂經于丘也頤征凶者征行也若以此而養所行皆凶故曰頤征凶也

象曰。六二征凶。行失類也。類皆上養而二處下養初〔疏〕正義曰頤養之體類皆養上也今此獨養下是所行失類也

六三。拂頤。貞凶。十年勿用。无攸利。履夫不正以養於上納上以諂者也拂養正之義故曰拂頤貞凶也處頤而爲此行十年見棄者也立行於斯无施而利〔疏〕正義曰拂頤貞凶者拂違也履夫不正以養上九是自納於上以諂媚者也違養正之義故曰拂頤貞而有凶也爲行如此雖至十年猶勿用而見棄也故曰十年勿用立行於此故无所利也

象曰。十年勿用。道大悖也。〔疏〕正義曰釋十年勿用之義以其養上以諂媚則於正道大悖亂解十年勿用見棄也

六四。顛頤吉。虎視眈眈。其欲逐逐。无咎。體屬上體居得其位而應於初以上養下得頤之義故曰顛頤吉也下交不可以瀆故虎視眈眈威而不猛不惡而嚴養德施賢何可有利故其欲逐逐尚敦實也修此二者然後乃得全其吉而无咎觀其自養則履正察其所養則養陽頤爻之貴斯爲盛矣〔疏〕六四顛頤吉至无咎○正義曰顛頤吉者體屬上體居得其位而應於初以上養下得養之宜所以吉也虎視眈眈者以上養下不可褻瀆恒如虎視眈眈然威而不猛也其欲逐逐者既養於下不可有求其情之所欲逐逐然尚於敦實也无咎者若能虎視眈眈其欲逐逐雖復顛頤養下則得吉而无咎也○注體屬上體至斯爲盛矣○正義曰觀其自養則履正者以陰處陰四自處其身是觀其自養則能履正道也察其所養則養陽者六四下養於初是觀其所養初是陽爻則能養陽也

象曰。顛頤之吉。上施光也。〔疏〕正義曰釋顛頤吉之義上謂四也下養於初是上施也能威而不猛如虎視眈眈又寡欲少求其欲逐逐能爲此二者是上之所施有光明也然六二顛頤則爲凶六四顛頤得爲吉者六二身處下體而又下養所以凶也六四身處上體又應於初陰而應陽又能威嚴寡欲所以吉也

六五。拂經。居貞吉。不可涉大川。以陰居陽拂頤之義也行則失類故宜居貞也无應於下而比於上故可守貞從上得頤之吉雖得居貞之吉處頤違謙難未可涉也〔疏〕正義曰拂違也經義也以陰居陽不有謙退乖違於頤養之義故言拂經也居貞吉者行則失類居貞吉也不可涉大川者處頤違謙患難未解故不可涉大川故居貞吉也

象曰。居貞之吉。順以從上也。〔疏〕正義曰釋居貞之義以五近上九以陰順陽親從於上故得居貞吉也

上九。由頤。厲吉。利涉大川。以陽處上而履四陰陰不能獨爲主必宗於陽也故莫不由之以得其養故曰由頤爲衆陰之主不可瀆也故厲乃吉有似家人悔厲之義貴而无位是以厲也高而有民是以吉也爲養之主物莫之違故利涉大川也〔疏〕正義曰由頤者以陽處上而履四陰陰不能獨爲其主必宗事於陽也衆陰莫不由之以得其養故曰由頤也厲吉者爲衆陰之主不可褻瀆嚴厲乃吉故曰厲吉也利涉大川者爲養之主无所不爲故利涉大川而有慶也故象云大有慶也

象曰。由頤厲吉。大有慶也。

☱☴巽下兌上　大過。〔疏〕大過○正義曰過謂過越之過非經過之過此衰難之世唯陽爻乃大能過越常理以拯患難也故曰大過以人事言之猶若聖人過越常理以拯患難也○注音相過之過○正義曰相過者謂相過越之甚也非謂相過從之過故象云澤滅木是過越之甚也四陽在中二陰在外以陽之過越之甚也

棟橈。利有攸往。亨。〔疏〕正義曰棟橈者謂屋棟也本之與末俱橈弱以言衰亂之世始終皆弱也利有攸往亨者既遭衰難聖人利有攸往以拯患難乃得亨通故云利有攸往亨也

象曰。大過。大者過也。大者乃能過也〔疏〕正義曰釋大過之義也大者過謂盛大者乃能過其分理以拯難也故於二爻陽處陰位乃能拯難也亦是過甚之義

棟橈。本末弱也。初爲本而上爲末也〔疏〕正義曰釋棟橈義以大過本末俱弱故屋棟橈弱也似若衰難之時始終弱也

剛過而中。謂二也居陰過也處二中也拯弱興衰不失其中也**巽而說行。**巽而說行以此救難難乃濟也**利有攸往。乃亨。**危而弗持則將安用故往乃亨〔疏〕正義曰剛過而中巽而說行利有攸往乃亨者此釋利有攸往乃亨義剛過而中謂二也以陽處陰是陽之過極之甚則陽來拯此陰難是過極之甚也巽而說行者既以巽順和說而行難乃得濟故利有攸往得亨也故云乃亨

大過之時大矣哉。是君子有爲之時也〔疏〕正義曰此廣說大過之美言當此大過之時唯君子有爲拯難其功甚大故曰大矣哉也

象曰。澤滅木。大過。君子以獨立不懼。遯世无悶。此所以爲大過非凡所及也〔疏〕正義曰澤滅木者澤體處下木體處上澤无滅木之理今云澤滅木者乃是澤之甚極而至滅木是極大過越之義其大過之卦有二義也一者物之自然大相過越常分卽此澤滅木是也二者大人大過越常分以拯患難則九二枯楊生稊老夫得其女妻是也君子以獨立不懼遯世无悶者明君子於衰難之時卓爾獨立不有畏懼隱遯於世而无憂悶欲有遯難之心其操不改凡人遇此則不能然唯君子獨能如此是其過越之義

初六。藉用白茅。无咎。以柔處下過而可以无咎其唯慎乎〔疏〕正義曰以柔處下心能謹慎薦藉於物用絜白之茅言以絜素之道奉事於上也无咎者既能謹慎如此雖遇大過之難而无咎也以柔道在下所以免害故象云柔在下也

象曰。藉用白茅。柔在下也。

九二。枯楊生稊。老夫得其女妻。无不利。稊者楊之秀也以陽處陰能過其本而救其弱者也上无其應心无持吝處過以此无衰不濟也故能令枯楊更生稊老夫更得少妻拯弱興衰莫盛斯爻故无不利也老過則枯少過則稚以老分少則稚者長以稚分老則枯者榮過以相與之謂也大過至衰而已至壯以至壯輔至衰應斯義也〔疏〕象曰藉用白茅至无不利○正義曰枯楊生稊者枯謂枯槁稊謂楊之秀者九二以陽處陰能過其本分而救其衰弱上无其應心无特吝處大過之時能行此道无有衰者不被拯濟故衰者更盛猶若枯槁之楊更生少壯之稊枯老之夫得其少女爲妻也无不利者謂拯弱興衰莫盛於此以斯而行无有不利也○注稊者楊之秀也至應斯義也○正義曰稊者楊柳之穗故云楊之秀也以陽處陰能過其本而救其弱者若以陽處陽是依其本分今以陽處陰是過越本分拯救陰弱也老過則枯少過則稚者老之大過則枯槁少之太過則幼稚也以老分少則稚者長也謂老夫減老而與女妻女妻得之而更益長故云以老分少則稚者長也以稚分老則枯者榮者謂女妻減少而與老夫老夫得之似若槁者而更得生稊故云則枯者榮也云大過至衰而已至壯以至壯輔至衰應斯義者此大過之卦本明至壯輔至衰不論至衰減至壯故輔嗣此注特云以至壯輔至衰也象曰過以相與者因至壯而輔至衰以女妻而助老夫遂因云老夫減老而與少猶若至衰減衰而與壯也其實不然也

象曰。老夫女妻。過以相與也。〔疏〕正義曰釋老夫女妻之義若老夫而有老妻是依分相對今老夫而得女妻是過分相與也老夫得女妻是女妻以少而與老夫老夫得少而更壯是女妻過分而與夫也女妻而得少夫是依分相對今女妻得老夫是老夫減老而與少女妻既得其老則益長是老夫過分而與妻也故云過以相與象直云老夫女妻不云枯楊生稊者枯楊則是老夫也生稊則女妻也其意相似故象略而不言

九三。棟橈凶。居大過之時處下體之極不能救危拯弱以隆其棟而以陽處陽自守所居又應於上係心在一宜其淹溺而凶衰也〔疏〕正義曰居大過之時處下體之極以陽居陽不能救危拯弱唯自守而已獨應於上係心在一所以凶也心既褊狹不可以輔救衰難故象云不可以有輔也

象曰。棟橈之凶。

不可以有輔也。九四。棟隆吉。有它吝。體屬上體以陽處陰能拯其弱不爲下所橈者也故棟隆吉也而應在初用心不弘故有它吝也〔疏〕正義曰棟隆吉者體居上體以陽處陰能拯救其弱不爲下所橈故得棟隆起而獲吉也有它吝者以有應在初心不弘闊故有它吝也象曰。棟隆之吉。不橈乎下也。〔疏〕正義曰釋棟隆之吉以其能拯於難不被橈乎在下故得棟隆吉九四應初行又謙順能拯於難然唯只拯初初謂下也下得其拯猶若所居屋棟隆起下必不橈若何得之不被橈乎在下但經文云棟橈象釋棟橈者本末弱也以屋棟橈弱而偏則屋下榱柱亦先弱柱爲本棟爲末觀此象辭是足見其義故子產云棟折榱崩僑將壓焉以屋棟橈折則榱柱亦同崩此則義也九五。枯楊生華。老婦得其士夫。无咎无譽。處得尊位而以陽處陽未能拯危處得尊位亦未有橈故能生華不能生稊能得夫不能得妻處棟橈之世而爲无咎无譽何可長哉故生華不可久士夫誠可醜也〔疏〕九五枯楊生華至无咎无譽○正義曰枯楊生華者處得尊位而以陽居陽未能拯危不如九二枯楊生稊但以處在尊位唯得枯楊生華而已言其衰老雖被拯救其益少也又似年老之婦得其彊壯士夫婦已衰老夫又彊大亦是其益少也所拯難處少纔得无咎而已何有聲譽之美故无咎无譽也○注處得尊位至誠可醜也○正義曰處得尊位亦未有橈者以九三不得尊位故有棟橈今九五雖與九三同以陽居陽但九五處得尊位功雖未廣亦未有橈弱若其橈弱不能拯難不能使枯楊生華也以在尊位微有拯難但其功狹少但使枯楊生華而已不能生稊也能得夫不能得妻者若拯難功闊則老夫得其女妻是得少之甚也今既拯難功狹但能使老婦得士夫而已不能使女妻言老婦所得利益薄少皆爲拯難功薄故所益少也象曰。枯楊生華。何可久也。老婦士夫。亦可醜也。〔疏〕正義曰枯楊生華何可久者枯槁之楊被拯纔得生華何可長久尋當衰落也老婦士夫亦可醜者婦當少稚於夫今年老之婦而得彊壯士夫亦可醜辱也此言九五不能廣拯衰難但使枯楊而生華已但使老婦得其士夫而已拯難狹劣故不得長久誠可醜辱言不如九二也上六。過涉滅頂。凶。无咎。處大過之極過之甚也涉難過甚故至于滅頂凶志在救時故不可咎也〔疏〕正義曰處大過之極是過越之甚也以此涉危難乃至於滅頂言涉難深也既滅其頂所以凶也无咎者所以涉難滅頂至于凶亡本欲濟時拯難意善功惡无可咎責此猶龍逢比干憂時危亂不懼誅殺直言深諫以忤无道之主遂至滅亡其意則善而功不成復有何咎責此亦過涉滅頂凶无咎之象故象云不可咎言不可害於義理也象曰。過涉之凶。不可咎也。雖凶无咎不害義也

☵☵坎下坎上　習坎。坎險陷之名也習謂便習之〔疏〕正義曰坎是險陷之名習者便習之義險難之事非經便習不可以行故須便習於坎事乃得用故云習坎也案諸卦之名皆於卦上不加其字此坎卦之名特加習者以坎爲險難故特加習名習有二義一者習重也謂上下俱坎是重疊有險險之重疊乃成險之用也二者人之行險先須便習其事乃可得通故云習也有孚。維心亨。剛正在內有孚者也陽不外發而在乎內心亨者也〔疏〕有孚維心亨○正義曰有孚者亨信也由剛正在內故有信也維心亨者陽不發外而在於內是維心亨言心得通也○注剛正在內至心亨者也○正義曰剛正在內者謂陽在中也因心剛正則能有誠信故云剛正在內有孚者也陽不外發而在乎內心亨者也若外陽內陰則內心柔弱故不得亨通今以陽在於內陽能開通故維其在心之亨也行有尚。內亨外闇內剛外順以此行險行有尚也〔疏〕行有尚○正義曰內亨外闇內剛外柔以此行險事可尊尚故云行有尚也○注內亨外闇至行有尚也○正義曰內亨外闇者內陽故內亨外陰故外闇以亨通之性而往詣陰闇之所能通於險故行可貴尚也彖曰。習坎。重險也。坎以險爲用故特名曰重險言習坎者習重乎險也〔疏〕彖曰習坎重險也○正義曰釋習坎之義言習坎者習行重險險難也若險難不重不爲至險不須便習亦可濟也今險難既重是險之甚者若不便習不可濟也故注云習坎者習重乎重險也○注坎以險爲用至習重乎重險也○正義曰言習坎者習重乎重險也者言人便習於坎止是便習重險便習之語以釋習名兩坎相重謂之重險又當習義是一習之名有此兩義水流而不盈。行險而不失其信。險陗之極故水流而不能盈也處至險而不失剛中行險而不失其信者習坎之謂也〔疏〕水流而不盈至不失其信○正義曰此釋重險習坎之義水流而不盈謂險陷既極坑穽特深水雖流注不能盈滿言險之甚也釋重險之義也行險而不失其信謂行此至險能守其剛中不失其信也此釋習坎及有孚之義也以能便習於險故守剛中不失其信也○注險陗之極至習坎之謂也○正義曰險陗之極故水流而不能盈滿者若淺岸平谷則水流有可盈滿若其崖岸險峻澗谷泄漏是水流不可盈滿是險難之極也維心亨。乃以剛中也。行有尚。往有功也。便習於坎而之坎地盡坎之宜故往必有功也〔疏〕正義曰維心亨乃以剛中也者釋維心亨義也以剛在於中故維得心亨也行有尚往有功也者此釋行有尚也既便習於坎而往之險地必有其功故云行有尚往有功也天險不可升也。不可得升故得保其威尊〔疏〕正義曰此已下廣明險之用也言天之爲險懸邈高遠不可升上此天之險也若其可升不得保其威尊故以不可升爲險也地險山川丘陵也。有山川丘陵故物得以保全也〔疏〕正義曰言地以山川丘陵而爲險也故使地之所載之物保守其全若无山川丘陵則地之所載之物失其性也故地以山川丘陵而爲險也王公設險以守其國。國之爲衛恃於險也言自天地以下莫不須險也〔疏〕正義曰言王公法象天地固其城池嚴其法令以保其國也險之時用大矣哉。非用之常用有時也〔疏〕正義曰言天地已下莫不須險險有時而用故其功盛大矣哉○注非用之常用有時也○正義曰若天險地險不可暫无此謂人之設險用有時也若化洽平治內外輒睦非用險也若家國有虞須設險防難是用有時也象曰。水洊至。習坎。重險懸絕故水洊至也不以坎爲隔絕相仍而至習乎坎也〔疏〕正義曰重險懸絕其水不以險之懸絕水亦相仍而至故謂爲習坎也以人之便習于坎猶若水之洊至水不以險爲難也君子以常德行。習教事。至險未夷教不可廢故以常德行而習教事也習於坎然後乃能不以險難爲困而德行不失常也故則夫習坎以常德行而習教事也〔疏〕正義曰言君子當法此便習於坎不以險難爲困當守德行而習其政教之事若能習其教事則可便習於險也初六。習坎。入于坎窞。凶。

習坎者習爲險難之事也最處坎底入坎窞者也處重險而復入坎底其道凶也行險而不能自濟習坎而入坎窞失道而窮在坎底上无應援可以自濟是以凶也〔疏〕正義曰既處坎底上无應援是習爲險難之事无人應援故入於坎窞而至凶也以其失道不能自濟故象云失道凶也象曰。習坎入坎。失道凶也。九二。坎有險。求小得。履失其位故曰坎上无應援故曰有險坎而有險未能出險之中也處中而與初三相得故可以求小得也初三未足以爲援故曰小得也〔疏〕正義曰坎有險者履失其位故曰坎也上无應援故曰有險既在坎難而又遇險未得出險之中故象云未出中也求小得者以陽處中初三來附故可以求小得也初三柔弱未足以爲大援故云求小得也象曰。求小得。未出中也。六三。來之坎坎。險且枕。入于坎窞。勿用。既履非其位而又處兩坎之間出則之坎居則亦坎故曰來之坎坎也枕者枕枝而不安之謂也出則无之處則无安故曰險且枕也來之皆坎无所用之徒勞而已〔疏〕正義曰來之坎坎者履非其位而處兩坎之間出之與居皆在於坎故云來之坎坎也險且枕者枕枝而不安之謂也出則无應所以險處則不安故且枕也入于坎窞者出入皆難故入於坎窞也勿用者不出行若其出行終必无功徒勞而已故象云終无功也象曰。來之坎坎。終无功也。六四。樽酒簋貳。用缶。納約自牖。終无咎。處重險而履正以柔居柔履得其位以承於五五亦得位剛柔各得其所不相犯位皆无餘應以相承比明信顯著不存外飾處坎以斯雖復一樽之酒二簋之食瓦缶之器納此至約自進於牖乃可羞之於王公薦之於宗廟故終无咎也〔疏〕象曰至自牖終无咎○正義曰樽酒簋貳者處重險而履得其位以承於五五亦得位剛柔各得其所皆无餘應以相承比明信顯著不假外飾處坎以此雖復一樽之酒二簋之食故云樽酒簋二也用缶者既有樽酒簋二又用瓦缶之器故云用缶也納約自牖終无咎者納此儉約之物從牖而薦之可羞於王公可薦於宗廟故云終无咎也象曰。樽酒簋貳。剛柔際也。剛柔相比而相親焉際之謂也〔疏〕正義曰釋樽酒簋二義所以一樽之酒二簋之食得進獻者以六四之柔與九五之剛兩相交際而相親故得以此儉約而爲禮也九五。坎不盈。祇既平。无咎。爲坎之主而无應輔可以自佐未能盈坎者也坎之不盈則險不盡矣祇辭也爲坎之主盡平乃无咎故曰祇既平无咎也說既平乃无咎明九五未免於咎也〔疏〕正義曰坎不盈者爲坎之主而无應輔可以自佐險難未能盈坎猶險難未盡也故云坎不盈也祇既平无咎者祇辭也謂險難既得盈滿而平乃得无咎若坎未盈平仍有咎也象曰。坎不盈。中未大也。〔疏〕正義曰釋坎不盈之義雖復居中而无其應未得光大所以坎不盈滿也上六。係用徽纆。寘于叢棘。三歲不得。凶。險陗之極不可升也嚴法峻整難可犯也宜其囚執寘于思過之地三歲險道之夷也險終乃反故三歲不得自脩三歲乃可以求復故曰三歲不得凶也〔疏〕正義曰係用徽纆寘于叢棘者險陗之極不可升上嚴法峻整難可犯觸上六居此險陗之處犯其峻整之威所以被繫用其徽纆之繩置於叢棘謂囚執之處以棘叢而禁之也三歲不得凶者謂險道未終三歲已來不得其吉而有凶也險終乃反若能自

倚三歲後可以求復自新故象云上六失道凶三歲也言失道之凶唯三歲之後可以免也**象曰。上六失道。凶三歲也。**

䷝離下離上 **離。利貞亨。**離之爲卦以柔爲正故必貞而後乃亨故曰利貞亨也〔疏〕離利貞亨○正義曰離麗也麗謂附著也言萬物各得其所附著處故謂之離也利貞亨者離卦之體陰柔爲主柔則近於不正不正則不亨通故利在行正乃得亨通以此故亨在利貞之下故云利貞亨○注離之爲卦至利貞亨也○正義曰離之爲卦以柔爲正者二與五俱是陰爻處於上下兩卦之中是以柔爲正**畜牝牛吉。**柔處于內而履正中牝之善也外強而內順牛之善也離之爲體以柔順爲主者也故不可以畜剛猛之物而吉於畜牝牛也〔疏〕畜牝牛吉正義曰柔處於內而履正中是牝之善者外強內順是牛之善者也離之爲體以柔順爲主故畜養牝牛乃得其吉若畜養剛健則不可也此云畜牝牛假象以明人事也言離之爲德須內順外強而行此德則得吉也若內剛外順則反離之道也○注柔處于內至畜牝牛也○正義曰柔處於內而履正中牝之善也者若柔不處於內似婦人而預外事若柔而不履正中則邪僻之行皆非牝之善也若柔能處中行能履正是爲牝之善也云外強而內順牛之善者若內外俱強則失於猛害若外內俱順則失於劣弱唯外強內順於用爲善故云外強內順牛之善也離之爲體以柔順爲主故不可以畜剛猛之物者既以柔順爲主若畜剛猛之物則反其德故不可畜剛猛而畜牝牛也**象曰。離。麗也。**麗猶著也各得所著之宜〔疏〕正義曰釋離卦之名麗謂附著也以陰柔之質附著中正之位得所著之宜故云麗也**日月麗乎天。百穀草木麗乎土。重明以麗乎正。乃化成天下。柔麗乎中正。故亨。是以畜牝牛吉也。**柔著于中正乃得通也柔通之吉極於畜牝牛不能及剛猛也〔疏〕日月麗乎天至是以畜牝牛吉也○正義曰日月麗乎天百穀草木麗乎土者此廣明附著之義以柔附著中正是附得宜故廣言所附得宜之事也重明以麗乎正乃化成天下者此以卦象說離之功德也并明利貞之義也重明謂上下俱離麗乎正也者謂兩陰在內既有重明之德又附於正道所以化成天下也然陰居二位可謂爲正若陰居五位非其正位而云重明麗乎正者以五處於中正又居尊位雖非陰陽之正乃是事理之正故總云麗於正也柔麗乎中正故亨是以牝牛吉者釋經亨義也又總釋畜牝牛吉也柔麗於中正謂六五六二之柔皆麗於中中則不偏故云中正以中正爲德故云柔麗乎中正得通故畜養牝牛而得吉也以牝牛有中正而柔順故離之彖釋卦名之下乃釋卦下之義於後乃歎而美之此彖既釋卦名即廣歎爲卦之美乃釋卦下之義與諸卦不例者此乃夫子隨義則言因文之便也此既釋離名麗因廣說日月草木所麗之事然後却明卦下之義更無義例**象曰。明兩作離。大人以繼明照于四方。**繼謂不絕也明照相繼不絕曠也○〔疏〕正義曰明兩作離者離爲日日爲明今有上下二體故云明兩作離也案八純之卦論象不同各因卦體事義隨文而發乾坤不論上下之體直總云天行健地勢坤以天地之大故總稱上下二體也雷是連續之至水爲流注不已義皆取連續相因故震云洊雷坎云洊至也風是搖動相隨之物故云隨風巽也山澤各自爲體非相入之物故云兼山艮麗澤兌是兩物各行也今明之爲體前後各

照故云明兩作離是積聚兩明乃作於離若一明暫絕其離未久必取兩明前後相續乃得作離卦之美故云大人以繼明照於四方是繼續其明乃照於四方若明不繼續則不得久爲照臨所以特云明兩作離取不絕之義也**初九。履錯然。敬之。无咎。**錯然者警慎之貌也處離之始將進而盛未在既濟故宜慎其所履以敬爲務辟其咎也〔疏〕初九履錯然敬之无咎○正義曰履錯然者身處離初將欲前進其道未濟故其所履踐恆錯然敬慎不敢自寧故云履錯然敬之无咎若能如此恭敬則得避其禍而无咎故象云履錯之敬以避咎也○注錯然者警慎之貌也至辟其咎也○正義曰錯然者警慎之貌者是警懼之狀其心未寧故錯然也○言處離之始將進而盛未在既濟者將進而盛謂將欲前進而向盛也若位在於三則得既濟今位在於初是未在既濟謂功業未大故宜慎其所履恆須錯然避咎也○**象曰。履錯之敬。以辟咎也。六二。黃離。元吉。**居中得位以柔處柔履文明之盛而得其中故曰黃離元吉也〔疏〕正義曰黃者中色離者文明居中得位而處於文明故元吉也故象云得中道以其得中央黃色之道也**象曰。黃離元吉。得中道也。九三。日昃之離。不鼓缶而歌。則大耋之嗟。凶。**嗟憂歎之辭也處下離之終明在將沒故曰日昃之離也明在將終若不委之於人養志无爲則至於耋老有嗟凶矣故曰不鼓缶而歌則大耋之嗟凶也〔疏〕正義曰日昃之離者處下離之終其明將沒故云日昃之離也不鼓缶而歌大耋之嗟凶者時既老耄當須委事任人自取逸樂若不委之於人則是不鼓擊其缶而爲歌則至於大耋老耄而咨嗟何可久長所以凶也故象云日昃之離何可久也**象曰。日昃之離。何可久也。九四。突如其來如。焚如。死如。棄如。**處於明道始變之際昏而始曉沒而始出故曰突如其來如其明始進其炎始盛故曰焚如逼近至尊履非其位欲進其盛以炎其上命必不終故曰死如違離之義无應无承衆所不容故曰棄如也〔疏〕九四突如其來如焚如死如棄如○正義曰突如其來如者四處始變之際三爲始昏四爲始曉三爲已沒四爲始出突然而至忽然而來故曰突如其來如也焚如者逼近至尊履非其位欲進其盛以焚炎其上故云焚如也死如者既焚其上命必不全故云死如也棄如者違於離道无應无承衆所不容故云棄如是以象云无所容也**象曰。突如其來如。无所容也。六五。出涕沱若。戚嗟若。吉。**履非其位不勝所履以柔乘剛不能制下下剛而進將來害已憂傷之深至于沱嗟也然所麗在尊四爲逆首憂傷至深衆之所助故乃沱嗟而獲吉也〔疏〕正義曰出涕沱若者履非其位不勝其任以柔乘剛不能制下下剛而進將來害已憂傷之深所以出涕滂沱憂戚而咨嗟也若是語辭也吉者以所居在尊位四爲逆首已能憂傷悲嗟衆之所助所以吉也**象曰。六五之吉。離王公也。**〔疏〕正義曰此釋六五吉義也所以終得吉者以其所居在五離附於王公之位被衆所助故得吉也五爲王位而言公者此連王而言公取其便文以會韻也**上九。王用出征。有嘉折首。獲匪其醜。无咎。**離麗也各得安其所麗謂之離處離之極離道已成則除其非類以去民害王用出征之時也故必有嘉折首獲匪其醜乃得无咎也〔疏〕正義曰王

用出征者處離之極離道既成物皆親附當除去其非類以去民害故王用出征也有嘉折首獲匪其醜者以出征罪人事必剋獲故有嘉美之功所斷罪人之首獲得匪其醜類乃得无咎也若不出征除害居在終極之地則有咎也**象曰。王用出征。以正邦也。**〔疏〕正義曰釋出征之義言所出征者除去民害以正邦國故也

周易注疏校勘記卷三　阮元撰盧宣旬摘錄

隨

大亨貞无咎而天下隨時　石經岳本閩監毛本同石經此行十一字无咎已下七字磨改釋文大亨貞本又作大亨利貞而天下隨時王肅本作隨之古本貞上有利字

隨時之義大矣哉　石經岳本閩監毛本同釋文王肅本作隨之時義

隨時之義大矣哉若　閩監毛本同浦鏜云者誤若

釋隨時之義　閩監毛本同宋本無釋字

舊來恒往今須隨從　十行本舊字空閩監毛本如此○〔補〕舊字今依挍補采

君子以嚮晦入宴息　石經岳本閩監毛本同釋文嚮本又作向王肅本作鄉○按嚮俗字鄉者今之向字

晦宴也　閩監毛本同宋本錢本宴作冥

官有渝　石經岳本閩監毛本同釋文官有蜀才作館有

體於柔弱　岳本宋本古本足利本同錢本閩監毛本於作分是也

四居无應者　〔補〕案居當俱字之譌此述注四俱无應之文毛本正作俱

位正中也　石經岳本閩監毛本同釋文一本作中正

王用亨于西山也　岳本錢本宋本閩本足利本同監毛本也作者古本亨作通

今有不從　閩監毛本同錢本今作令是也

蠱

又如此宣令之後三日　閩監毛本同錢本宋本如作於

使令治而後乃誅也　閩監毛本同岳本宋本古本足利本治作治○按正義序引注亦作治

而後乃專誅　〔補〕毛本專作誅下誅字屬下讀

非尊謂誅殺也　〔補〕毛本尊作專案專字是也

君子以振民育德　石經岳本閩監毛本同釋文有王肅作毓

象曰幹父用譽　石經岳本閩監毛本同足利本父下有之蠱二字

臨

陽轉進長岳本閩監毛本同古本足利本進作浸

至于八月不久也〔補〕案不當作至正義標起止例如此

其得咸臨吉〔補〕案感當作咸此注正述經文也無改字之例

居剛長之世岳本閩監毛本同宋本古本世作前

乃得无咎也閩監毛本同岳本宋本足利本乃作則一本無乃字

位當也石經岳本閩監毛本同釋文本或作當位實非也

剛所以不害盧文弨云以字衍

觀

盥而不薦石經岳本閩監毛本同釋文王又作盥同牋練反王肅本作而觀薦

觀天之神道而四時不忒岳本閩監毛本同石經道下旁添日月不過四字

聖人以神道設教石經岳本閩監毛本同釋文出神道設教云一本作以神道設教按據此則釋文本無以字

不見天之使四時而四時不忒岳本閩監毛本同古本之上衍下字而四時作而時

正義曰順而和巽閩監毛本同錢本宋本順上有又字案此疏本與上疏相連割裂分屬故刪又字

此盛名觀卦之美閩監毛本同錢本宋本名作明

處於觀盥而最遠德美岳本閩監毛本盥作時德作朝是也釋文出處於觀時最遠朝美又集解載此節注作失位處下最遠朝美无所鑒見故曰童觀處大觀之時而童觀趣順而已小人爲之无可咎責君子爲之鄙吝之道與此文句多不同

巽順而已岳本閩監毛本巽作趣釋文出趣字疏云遜不順從而已作巽非

闚觀石經岳本閩監毛本同釋文闚本亦作窺

六二以柔弱〔補〕毛本以作雖

則爲有闚竊不爲全蒙〔補〕毛本上爲字作微竊作發蒙作是

象曰闚觀女貞石經岳本閩監毛本同釋文一本有利字古本足利本女上有利字

正義曰○處進退之時以觀進退之幾未失道也閩監毛本○作三監毛本脫以字案處進至道也十五字岳本錢本宋本古本足利本並作注文十行本以下誤爲正義因衍正義曰三字非也

以察己之道。閩監毛本同岳本宋本古本足利本之作道○按正義本作道

在于一人閩本同岳本足利本于作亍宋本古本作余監毛本作於按亍是

故則民以察我道閩監毛本則作觀是也

自觀其道也閩監毛本同岳本宋本古本足利本也上有者字孫志祖云因學紀聞引道下亦有者字

故於卦主主〔補〕毛本主主作未註

將處異地爲衆觀閩監毛本同岳本宋本古本足利本將作特觀上有所字

噬嗑石經岳本此卦前題周易上經噬嗑傳第三釋文古本足利本同

有間與過岳本閩監毛本同釋文與過一本作有過

不齧不合岳本閩監毛本回釋文不合本又作而合古本齧下有而字一本下不作而

故事得彰著〔補〕毛本彰作彰案彰字是也

故總云上行不止也十行本闕故字閩監毛本如此錢本宋本止下有五字

是滅下云益上卦〔補〕閩監毛本作是滅三而益上卦案滅字是也三兩字猶誤當作是滅下卦益上卦此云字與次行卦字正相並互易而譌

及晉卦象卦〔補〕案下卦字當作云以與前行云字正相並互易而譌也

先王以明罰勑法石經岳本閩監本同釋文出勑法毛本勑作敕

屨校滅趾石經岳本閩監本同釋文滅止本亦作趾毛本校譌作挍下同○案止趾古今字

桎其小過閩監毛本同浦鏜云桎當慤字誤

不行也石經岳本閩監毛本同釋文或本作止不行也

柔脆之物也閩監毛本同岳本脆作肥釋文出肥字按脆俗肥字

失政刑人閩監毛本同錢本宋本政作正

噬乾胏石經岳本閩監毛本同釋文胏子夏作脯荀董同○按胏說文作𩛘

利艱貞吉岳本閩監毛本同石經貞下旁添大字

而居其非位閩監毛本同岳本宋本古本足利本其非作非其孫志祖云據疏應作居非其位

居其非位以斯治物錢本宋本其非作非其閩監毛本斯下衍道字

未光也石經岳本閩監毛本同釋文出未光大也云本亦無大字

何校滅耳石經岳本閩監毛本同古本何作荷象同釋文何校本亦作荷下同

聰不明也岳本閩監毛本同古本脫也字

賁

小利有攸往岳本閩監毛本同石經利字旁添貞字

故小利有攸往住當作往閩監毛本不誤錢本宋本下有者字

居坤極閩監毛本同錢本宋本上有上字

不爲順首閩監毛本同錢本宋本順作物

觀天之文則時變可知也觀人之文則化成可爲也閩監毛本同岳本宋本古本足利本二觀字作解古本爲作知釋文出解天音蟹下同

齊麥生也閩監毛本同錢本宋本齊作薺是也

君子以明庶政石經岳本閩監毛本同釋文明蜀才本作命

故云山有火賁也〔補〕毛本作山下有火賁也案所加是也

賁其趾舍車而徒石經岳本閩監毛本同釋文趾一本作止車鄭張本作輿

須是上須於面〔補〕毛本下須字作附案附字是也

賁如皤如石經岳本閩監毛本同釋文皤鄭陸作燔荀作波

欲靜則疑初之應閩監毛本同集解疑作失岳本宋本古本足利本作欲

賁于丘園束帛戔戔石經岳本閩監毛本同釋文黃本賁作世戔戔子夏傳作殘殘

賁于丘園帛乃戔戔岳本閩監毛本同宋本圓作東古本足利本帛上有束字

用不士費財物宋本用不士作則不靡閩本作則不靡監毛本作則不靡

不囿聘上則丘園之上乃落也〔補〕毛本不囿作不用二上字並作士字

故在其質素閩監毛本同岳本宋本古本足利本在作任是也疏引亦當依宋本作任

剝

道消之時錢本宋本閩本同監毛本道作在下道息之時同

行盈道也閩本同監毛本上有行息道也在盈之時八字

蔑貞凶石經岳本閩監毛本同釋文蔑荀作滅

猶削也岳本閩監毛本同釋文削或作消此從荀本也下皆然

轉欲蔑物之處者閩監毛本同宋本蔑作滅處上有所字

剝之无咎石經岳本閩監毛本同釋文出剝无咎云一本作剝之无咎非

剝牀以膚石經岳本閩監毛本同釋文膚京作簠

君子得輿石經輿字漫漶岳本閩監毛本同釋文得輿京作德輿董作德車

養育其民閩監毛本同宋本其民間闕一字

復此卦前錢本題周易註疏卷第五宋本同

朋來无咎石經岳本閩監毛本同釋文朋來京作崩

反復其道注反復皆同石經岳本閩監毛本同釋文反復本又作覆彖并

欲速反之與復閩監毛本同宋本速作使

正義曰陽氣始剝盡閩監毛本同宋此疏係釋注在釋經後錢本上標注陽氣至凡七日是也

反覆不過七日錢本同岳本閩監毛本覆作復

復見天地之心乎閩本同監毛本復下有其字

閉塞其關也商旅不行於道路也盧文弨云上也字當作使屬下句

无祇悔岳本閩監毛本同石經祇作祇釋文王肅作禔九家本作敍

遂至迷凶岳本閩監毛本同宋本迷作遠

頻復石經岳本閩監毛本同釋文本又作嚬鄭作顰。按鄭作顰呂東萊引作鄭作卑是也

頻蹙之貌也岳本閩監毛本同釋文出頻戚于寂反下同

已失復遠矣閩監毛本同岳本失作去

能自考其身閩監毛本同錢本宋本考下有成字

有災眚石經岳本閩監毛本同釋文出有災云本又作灾鄭作裁

无妄

无妄之道成岳本閩監毛本同古本道作德

天命不祐石經岳本閩監毛本同釋文出不佑本又作祐馬作右

天下雷行石經岳本閩監毛本同古本行誤往

其德乃耳錢本宋本閩本同監毛本耳作爾。按監毛本是也爾作如此解耳作而已解其德乃爾猶云其德乃如此爾在古音十五部耳在一部二字音義絕不相同也

不耕穫石經岳本閩監毛本同釋文云或依注作不耕而穫非下句亦然

不敢菑發新田宋本閩本同錢本監毛本菑作首。按盧文弨云首發新田正謂菑也錢本是

唯治其菑熟之地皆是不爲其始錢本閩監毛本同宋本菑作畬始作初。

按盧文弨云菑熟之地正謂畬也錢本是

不耕穫未富也岳本閩監毛本同古本穫上有而字石經初刻亦有而字後改刪去故此行止九字

未敢以耕耕之與穫補案兩耕字當誤重宜衍一字

六二陰居陽位閩監毛本同錢本宋本二作三是也

行唱始之道宋本閩本同監毛本唱改倡

大畜石經岳本閩監毛本同釋文本又作蓄

當須養順賢人閩監毛本同錢本宋本順作贍

豐則養賢閩監毛本同錢本宋本則作財

剛健篤實輝光閩監毛本同岳本錢本輝作煇釋文煇音輝石經煇旁火係磨改當是初刻輝後改煇。

按煇輝正俗字

既見乾來而不距逆宋本同閩監毛本見作是

而節損落者補案損當作隕上旣案而隕者可證下不有損落同

未之能也岳本閩監毛本同古本足利本未作末

君子以多識前言往行岳本閩監毛本同釋文識劉作志石經以多字漫漶識字存下半

有厲利已岳本閩監毛本同釋文利已夷止反或音紀姚同案音紀則字當作己石經作已

故能利已岳本閩監毛本同案釋文利已下云注能已同此文作能利已與釋文不合古本下有也字下進無違距下大畜以至於大亨之時下並同

輿說輹石經岳本閩監毛本同釋文輿本或作轝輹蜀才本同或作輻。按作輹是也輹者伏兔也可言脫輻貫於牙轂不可言脫

良馬逐石經岳本閩監毛本同釋文鄭本作逐逐

曰閑輿衛石經岳本閩監毛本同釋文曰音越鄭人實反。按人實反則當爲日月字

不憂險厄閩監毛本同岳本厄作阨釋文出險阨云本亦作厄

童牛之牿石經岳本閩監毛本同釋文牿九家作告

剛暴難制之物岳本閩監毛本同釋文剛暴一本作剛突

爾雅云豶大防則豶是隄防之義補案此兩豶字當依爾雅作墳下所謂豕旁土邊之異也

頤

自求口實補石經岳本宋本古本足利本同閩本明監本毛本實作食非也

言飲食猶愼而節之補案言下當有語字

觀我朶頤石經閩監毛本同釋文朶鄭同京作揣

闚我寵祿岳本閩監毛本同釋文出而闚則其本上有而字

拂經于丘石經岳本閩監毛本同釋文拂子夏傳作弗

未見有與岳本閩監毛本同古本足利本有作其下有也字

其欲逐逐石經下二字漫漶岳本閩監毛本同釋文逐逐子夏傳作攸攸荀作悠悠劉作跾

觀其自養則履正察其所養則養陽岳本閩監毛本同集解履作養陽作賢案疏云初是陽爻則能養陽也是正義本自作陽

故可守貞從上得頤之吉岳本閩監毛本同釋文得頤一本作得順集解作故宜居貞順而從上則吉古本下有也字

大過岳本錢本宋本足利本此下有注文音相過之過五字古本之過下有也字釋文出相過之過十行本閩監毛本並脫去

棟撓利有攸往補撓各本皆作橈是撓字誤也正義同。案九三爻辭以下經文正義亦並作橈則此特寫者誤耳

唯陽爻宋本同閩本陽作易監毛本作易

拯弱興衰岳本閩監毛本同釋文弱本亦作溺下救其弱拯弱皆同

遯世无悶石經岳本閩監毛本同釋文遯本又作遁

枯楊生稊石經岳本閩監毛本同釋文稊鄭作荑

心无持吝岳本閩監毛本持作特釋文特或作持

拯救陰弱也閩監毛本同錢本宋本陰弱作弱陰

宜其淹弱而凶衰也閩監毛本同岳本宋本古本足利本弱作溺釋文出淹溺乃歷反

若何得之不被橈乎在下閩本若作弱監毛本若何得之作弱何得云宋本作之

柱爲本盧文弨云當作棟爲本

棟爲末也閩監毛本同錢本宋本棟作榱盧文弨云榱是

不能生稊也閩監毛本同宋本能下有使之二字

不能使女妻得三字閩本同宋本使作得監毛本使下有老夫

習坎石經岳本閩監毛本同釋文坎本亦作埳京劉作欿

案諸卦之名案自此至故云習也錢本在行有尚也下

一者人之行險閩監毛本同錢本宋本一作二是也

因心剛正閩監毛本同錢本宋本因作内

故云剛正在内有孚者也閩監本同毛本也作内

而往謂陰闇之所 補毛本謂作諂案諂字是也形近之譌
習重乎險也 閩監毛本同岳本宋本古本足利本重乎作乎重
險陗之釋 岳本閩監毛本釋作極是也古本下有也字
習坎之謂也 閩監毛本同岳本宋本坎作險古一本作其信習險謂也一本作信習險之謂也
故物得以保全也 岳本閩監毛本同足利本以作其
險雖有時而用 閩監毛本同宋本雖作難是也
水洊至 石經岳本閩監毛本同釋文洊京作臻干作荐
當守德行 閩監毛本同宋本當作常
最處坎底 岳本閩監毛本同釋文出處欿云亦作坎字
而復入坎底其道凶也 岳本閩監毛本同古本坎作欿其上有失字足利本亦有失字
初三未足以爲援故曰小得也 岳本閩監毛本同古本足利本援上有大字小上有求字
險且枕 石經岳本閩監毛本同釋文險且古文及鄭向本作檢枕九家作玷古文作沈
出則之坎 岳本閩監毛本同釋文出則之坎一本作出則亦坎誤
居則亦坎 岳本閩監毛本同古二本亦作之一本亦下有之字足利本與一本同
枕枝而不安之謂也 閩監毛本同岳本宋本古本足利本無枕字
勿用者不出行 閩監毛本同錢本宋本不下有可字
納約自牖 石經岳本閩監毛本同釋文牖陸作誘
象曰樽酒簋貳 石經岳本閩監毛本同釋文出象曰樽酒簋五字云一本更有貳字案此則釋文與石經不合
祇既平 閩監毛本同石經岳本祇作祗是也釋文祗京作禔
說既平乃无咎 岳本閩監毛本同古本說作謂
中未大也 石經岳本閩監毛本同集解大上有光字案疏亦云未得光大
寘于叢棘 石經岳本閩監毛本同釋文寘劉作示子夏傳作是姚作寔張作置
險陗之極 岳本閩監毛本同古本陗作欿

離

似婦人而預外事 閩本下衍也字監毛本亦有也字似作以宋本作似錢本作以
百穀草木麗乎土 石經岳本閩監毛本同釋文乎土王肅本作地
故云柔麗乎中正 補案云柔麗乎四字毛本作萬事亨以是也
有中正而柔順故離之象 補案而柔順故離五字毛本作故也案諸卦是也
麗乎正也者 閩監毛本同浦鏜云也當衍字
是以牝牛吉者 錢本宋本同閩監毛本者誤言
此象既釋卦名 十行本此象既釋卦五字闕閩監毛本如此下例者此三字麗因廣說日月草木所麗十字義更无義例五字並同○補今並依挍補栞
繼謂不絕也明照相繼不絕曠也 此注十行本止有也明照也四字餘並闕岳本如此閩監毛本同釋文明照相繼一本無明照二字○補今依挍補栞
今有上下二體故云明兩作離也 錢本宋本體作離案十行本此文有上至故云七字缺閩監毛本如此下體事義隨文而發七字摠稱二字取連續相因五字隨風巽三字兩物二字積聚兩明四字並同○補今並依挍補栞
謷慎之貌也 岳本閩監毛本同集解謷作敬
是謷懼之狀 閩監毛本同宋本上有錯字
日昃之離不鼓缶而歌則大耋之嗟凶 閩監毛本同石經昃作昊耋作耊岳本同釋文日昊王嗣宗本作仄鼓鄭本作擊大耋京作絰蜀才作咥之嗟荀作差下嗟若亦爾凶古文及鄭無凶字
有嗟凶矣 岳本宋本古本足利本同閩監毛本作而有嗟凶
大耋之嗟凶者 閩監毛本大上有則字
時既老耄 錢本宋本同閩監毛本時誤將
棄如 岳本閩監毛本同石經作弃如
出涕沱若戚嗟若 石經岳本閩監毛本同釋文沱荀作池一本作沲[illegible]古文若皆如此戚子夏傳作嘁
四爲逆首 岳本閩監毛本同釋文逆首本又作逆道兩得
離王公也 石經岳本閩監毛本同釋文離鄭作麗
此釋六五吉義也 閩監毛本同錢本上有象曰六五之吉離王公者十字
事必剋獲 錢本宋本同閩監毛本剋作克
所斷罪人之首 閩監毛本同錢本宋本所作折

周易注疏挍勘記卷三終

周易兼義下經咸傳卷第四

國子祭酒上護軍曲阜縣開國子臣孔穎達奉勅撰正義

王弼注

☶☱ 艮下兌上 咸。亨。利貞。取女吉。疏 咸亨至取女吉。○正義曰：先儒以易之舊題分自此以上三十卦爲上經，已下三十四卦爲下經，序卦至此又別起端首。先儒皆以上經明天道，下經明人事，然韓康伯注序卦破此義云：夫易六畫成卦，三才必備，錯綜天人以效變化，豈有天道人事偏於上下哉？案上經之內明飲食必有訟，訟必有衆起，是兼於人事，不專天道，既不專天道，則下經不專人事，理則然矣。但孔子序卦不以咸繫離，繫辭云二篇之策，則是六十四卦舊分上下，乾坤象天地，咸恆明夫婦，乾坤乃造化之本，夫婦實人倫之原，因而擬之，何爲不可？天地各卦，夫婦共卦者，周氏云：尊天地之道，略於人事，猶如三才天地爲二，人止爲一也。此必不然。竊謂乾坤明天地初闢，至屯乃剛柔始交，故以純陽象天，純陰象地，則咸以明人事，人物既生，共相感應，若二氣不交，則不成於相感，自然天地各一，夫婦共卦，此不言可悉，豈宜妄爲異端？咸，亨，利貞，取女吉者，咸，感也，此卦明人倫之始，夫婦之義，必須男女共相感應，方成夫婦，既相感應，乃得亨通。若以邪道相通，則凶害斯及，故利在貞正，既感通以正，即是婚媾之善，故云咸亨利貞取女吉也。

彖曰。咸。感也。柔上而剛下。二氣感應以相與。是以亨也。疏 正義曰：柔上而剛下，二氣感應以相與者，此因上下二體釋咸亨之義也。艮剛而兌柔，若剛自在上，柔自在下，則不相交感，无由得通。今兌柔在上而艮剛在下，是二氣感應以相授與，所以爲咸亨也。止而說。故利貞也。疏 正義曰：此因二卦之義釋利貞也。艮止而兌說也，能自靜止則不隨動欲，以上行說則不爲邪諂，不失其正，所以利貞也。男下女。取女吉也。疏 正義曰：此因二卦之象釋取女吉之義。艮爲少男而居於下，兌爲少女而處於上，是男下於女也。婚姻之義，男先求女，親迎之禮，御輪三周，皆是男先下於女，然後女應於男，所以取女得吉者也。是以亨利貞取女吉也。天地感而萬物化生。二氣相與，乃化生也。疏 是以至化生。○正義曰：是以亨利貞取女吉者，次第釋訖，總舉繇辭以結之。天地感而萬物化生者，以下廣明感之義也。天地二氣若不感應相與，則萬物无由得應化而生。聖人感人心而天下和平。觀其所感。而天地萬物之情可見矣。天地萬物之情見於所感也。凡感之爲道，不能感非類者也，故引取女以明同類之義也。同類而不相感應，以其各亢所處也，故女雖應男之物，必下之而後取女乃吉也。○疏 聖人至可見矣。○正義曰：聖人感人心而天下和平者，聖人設教感動人心，使變惡從善，然後天下和平。觀其所感而天地萬物之情可見矣者，結歎咸道之廣，大則包天地，小則該萬物，感物而動謂之情也。天地萬物皆以氣類共相感應，故觀其所感而天地萬物之情可見矣。象曰。山上有澤。咸。君子以虛受人。以虛受人，物乃感應。疏 象曰至虛受人。○正義曰：山上有澤咸者，澤性下流，能潤於下，山體上承，能受其潤，以山感澤，所以爲咸。君子以虛受人者，君子法此咸卦，下山上澤，故能空虛其懷，不自有實，受納於物，无所棄遺，以此感人，莫不皆應。

初六。咸其拇。處咸之初爲感之始所感在末故有志而已如其本實未至傷靜〔疏〕初六咸其拇○正義曰咸其拇者拇是足大指也體之最末初應在四俱處卦始爲感淺末取譬一身在於足指而已故曰咸其拇也○注處咸至傷靜○正義曰六二咸道轉進所感在腓腓體動躁則成往而行今初六所感淺末則譬如拇指指雖小動未移其足以喩人心初感始有其志志雖小動未甚躁求凡吉凶悔吝生乎動者也以其本實未傷於靜故无吉凶悔吝之辭

象曰。咸其拇。志在外也。四屬外也〔疏〕正義曰志在外者外謂四也與四相應所感在外處於感初有志而已故云志在外也

六二。咸其腓。凶。居吉。咸道轉進離拇升腓腓體動躁者也感物以躁凶之道也由躁故凶居則吉矣處不乘剛故可以居而獲吉〔疏〕六二至居吉○正義曰腓足之腓腸也六二應在九五咸道轉進離拇升腓腓體動躁躁以相感凶之道也由躁故凶靜居則吉故曰咸其腓凶居吉以不乘剛故可以居而獲吉○注腓體動躁也○正義曰王廙云動於腓腸斯則行矣故言腓體動躁也

象曰。雖凶居吉。順不害也。陰而爲居順之道也不躁而居順不害也〔疏〕正義曰雖者與奪之辭若既凶矣何由得居而獲吉良由陰性本靜今能不躁而居順其本性則不有災害免凶而獲吉也

九三。咸其股。執其隨。往吝。股之爲物隨足者也進不能制動退不能靜處所感在股志在隨人者也志在隨人所執亦以賤矣用斯以往吝其宜也

象曰。咸其股。亦不處也。志在隨人。所執下也。〔疏〕正義曰咸其股亦不處也者非但進不能制動退亦不能靜處也所執下者既志在隨人是其志意所執下賤也

九四。貞吉悔亡。憧憧往來。朋從爾思。處上卦之初應下卦之始居體之中在股之上二體始相交感以通其志心神始感者也凡物始感而不以之於正則至於害故必貞然後乃吉吉然後乃得亡其悔也始在於感未盡感極不能至於无思以得其黨故有憧憧往來然後朋從其思也〔疏〕正義曰貞吉悔亡者九四居上卦之初應下卦之始居體之中在股之上二體始相交感以通其志心神始感者也凡物始感而不以之於正則害之將及矣故必貞然後乃吉吉然後乃得亡其悔也故曰貞吉悔亡也憧憧往來朋從爾思者始在於感未盡感極惟欲思運動以求相應未能忘懷息照任夫自然故有憧憧往來然後朋從爾之所思也

象曰。貞吉悔亡。未感害也。未感於害故可正之得悔亡也〔疏〕正義曰未感害者心神始感未至於害故不可不正正而故得悔亡也

憧憧往來。未光大也。〔疏〕正義曰未光大者非感之極不能无思无欲故未光大也

九五。咸其脢。无悔。脢者心之上口之下進不能大感退亦不爲无志其志淺末故无悔而已〔疏〕九五至无悔○正義曰咸其脢无悔者脢者心之上口之下也四已居體之中爲心神所感五進在於四上故所感在脢脢已過心故進不能大感由在心上退亦不能无志志在淺末故无悔而已故曰咸其脢无悔也○注脢者心之上口之下○正義曰脢者心之上口之下者子夏易傳曰在脊曰脢馬融云脢背也鄭玄云脢脊肉也王肅云脢在背而夾脊說文云脢背肉也雖諸說不同大體皆在心上輔嗣以四爲心神上爲輔頰五在上四之間故直云心之上口之下也明其淺於心神厚於言語

象曰。咸其脢。志末也。〔疏〕正義曰志末也者末猶淺也感以心爲深過心則謂之淺末矣

上六。咸其輔頰舌。咸道轉末故在口舌言語而已〔疏〕正義曰咸其輔頰舌者馬融云輔上頷也輔頰舌者言語之具咸道轉末在於口舌言語而已故云咸其輔頰舌也

象曰。咸其輔頰舌。滕口說也。輔頰舌者所以爲語之具也咸其輔頰舌則滕口說也憧憧往來猶未光大況在滕口薄可知也〔疏〕正義曰滕口說也者舊說字作滕徒登反滕競與也所競者口无復心實故云滕口說也鄭玄又作媵口送也咸道極薄徒送口舌言語相感而已不復有志於其開王注義得兩通未知誰同其旨也

䷟ 巽下震上　恒。亨。无咎。利貞。恒而亨以濟三事也恒之爲道亨乃无咎也恒通无咎乃利正也〔疏〕恒亨至利貞○正義曰恒久也恒久之道所貴變通必須變通隨時方可長久能久能通乃无咎也恒通无咎然後利以行正故曰恒亨无咎利貞也○注三事○正義曰褚氏云三事謂无咎利貞也莊氏云三事者无咎一也利二也貞三也周氏云三事者一亨也二无咎也三利貞也注不明數故先儒各以意說竊謂注云恒而亨以濟三事者明用此恒亨濟彼三事无疑亨字在三事之中而此注云恒之爲道亨乃无咎恒通无咎乃利正也又注象曰道得所久則常通无咎而利正也此解皆以利正相將爲一事分以爲二恐非注旨无驗此注云恒之爲道亨乃无咎此以恒亨濟无咎也又云恒通无咎乃利正也此以恒亨濟利貞也下注利有攸往云各得所恒修其常道終則有始往而无違故利有攸往此以恒亨濟利有攸往也觀文驗注褚氏爲長

利有攸往。各得所恒修其常道終則有始往而无違故利有攸往也〔疏〕正義曰得其常道何往不利故曰利有攸往也

象曰。恒久也。剛上而柔下。剛尊柔卑得其序也〔疏〕象曰至柔下○正義曰恒久也者釋訓卦名也恒之爲名以長久爲義剛上而柔下者既訓恒爲久因名此卦得其恒名所以釋可久之意此就二體以釋恒也震剛而巽柔震則剛尊在上巽則柔卑在下得其順序所以爲恒也○注剛尊柔卑得其序也○正義曰咸明感應故柔上而剛下取二氣相交也恒明長久故剛上而柔下取尊卑得序也

雷風相與。長陽長陰能相成也〔疏〕雷風相與○正義曰此就二象釋恒也雷之與風陰陽交感二氣相與更互而相成故得恒久也○注長陽長陰能相成也○正義曰震爲長男故曰長陽巽爲長女故曰長陰象曰雷風相與雷之與風共相助成之義故褚氏云雷資風而益遠風假雷而增威是也今言長陽長陰能相成者因震爲長男巽爲長女遂以長陽長陰而名之作文之體也又此卦明夫婦可久之道故以二長相成如雷風之義也

巽而動。動无違也〔疏〕正義曰此就二卦之義因釋恒名震動而巽順无有違逆所以可恒也

剛柔皆應。不孤媲也〔疏〕剛柔皆應○正義曰此就六爻釋恒此卦六爻剛柔皆相應和无孤媲者故可長久也○注不孤媲也○正義曰媲配也

恒。皆可久之道〔疏〕正義曰歷就四義釋恒名故更舉卦名以結之也明上四事皆可久之道故名此卦爲恒

恒亨无咎利貞。久於其道也。道得所久則常通无咎而利正也〔疏〕正義曰此就名釋卦之德言所以得亨无咎利貞者更无別義正以得其恒久之道故言久於其道也

天地之道。恒久而不已也。得其所久故不已也〔疏〕正義曰將釋利有攸往先舉天地以爲證喩言天地得其恒久之道故久而不已也

利有攸往。終則有始也。得其常道故終則復始往无窮也○〔疏〕正義曰舉經以結成也人用恒久之道會於變通故終則復始往无窮極同於天地之不已所以爲利也

日月得天而能久照。四時變化而能久成。聖人久於其道而天下化成。言各得其所恒故皆能長久〔疏〕日月得天而能久照至天下化成○正義曰日月得天而能久照者以下廣明恒義上言天地之道恒久而不已也故日月得天所以亦能久照四時變化而能久成者四時更代寒暑相變所以能久生成萬物聖人久於其道而天下化成者聖人應變隨時得其長久之道所以能光宅天下使萬物從化而成也

觀其所恒。而天地萬物之情可見矣。天地萬物之情見於所恒也○〔疏〕正義曰總結恒義也

象曰。雷風。恒。長陽長陰合而相與可久之道也○〔疏〕正義曰雷風相與爲恒已如彖釋

君子以立不易方。得其所久故不易也〔疏〕正義曰君子立身得其恒久之道故不改易其方方猶道也

初六。浚恒。貞凶。无攸利。處恒之初最處卦底始求深者也求深窮底令物无餘縕漸以至此物猶不堪而況始求深者乎以此爲恒凶正害德无施而利也〔疏〕初六浚恒貞凶无攸利○正義曰浚深也最處卦底故曰深也深恒者以深爲恒是也施之於仁義卽不厭深施之於正卽求物之情過深是凶正害德无施而利故曰浚恒貞凶无攸利也○注此恒之初至害德无施而利也○正義曰處卦之初故言始也最在於下故言深也所以致凶謂在於始而求深者也

象曰。浚恒之凶。始求深也。

九二。悔亡。雖失其位恒位於中可以消悔也〔疏〕正義曰失位故稱悔居中故悔亡也

象曰。九二悔亡。能久中也。〔疏〕正義曰能久中者處恒故能久位在於中所以消悔也

九三。不恒其德。或承之羞。貞吝。處三陽之中居下體之上處上體之下上不至尊下不至卑中不在體體在乎恒而分无所定无恒者也德行无恒自相違錯不可致詰故或承之羞也施德於斯物莫之納鄙賤甚矣故曰貞吝也〔疏〕九三不恒其德或承之羞貞吝○正義曰不恒其德或承之羞貞吝者九三居下體之上處上體之下雖處三陽之中又在不中之位上不全尊下不全卑執心不定德行无恒故曰不恒其德德既无恒自相違錯則爲羞辱承之所羞非一故曰或承之羞也處久如斯正之所賤故曰貞吝也○注處三陽之中至故曰貞吝也○正義曰雖在三陽之中非一體之中也不可致詰者詰問也違錯處多不足問其事理所以明其羞辱之深如論語云於予與何誅

象曰。不恒其德。无所容也。〔疏〕正義曰无所容者謂不恒之人所往之處皆不納之故无所容也

九四。田无禽。恒於非位雖勞无獲也〔疏〕正義曰田者田獵也以譬有事也无禽者田獵不獲以喩有事无功也恒於非位故勞而无功也

象曰。久非其位。安得禽也。〔疏〕正義曰有恒而失位是久非其位田獵而无所獲是安得禽也

六五。恒其德。貞。婦人吉。夫子凶。居得尊位爲恒之主不能制義而係應在二用心專貞從唱而已婦人之吉夫子之凶也〔疏〕正義曰恒其德貞者

六五係應在二不能傍及他人是恒常貞一其德故曰恒其德貞也婦人吉者用心專貞從唱而已是婦人之吉也夫子凶者夫子須制斷事宜不可專貞從唱故曰夫子凶也。象曰婦人貞吉從一而終也。夫子制義從婦凶也。【疏】正義曰從一而終者謂用心貞一從其貞一而自終也從婦凶者五與二相應五居尊位在震爲夫二處下體在巽爲婦五係於二故曰從婦凶也。上六振恒凶。夫靜爲躁君安爲動主故安者上之所處也靜者可久之道也處卦之上居動之極以此爲恒无施而得也。【疏】正義曰振恒凶者振動也凡處於上者當守靜以制動今上六居恒之上處動之極以振爲恒所以凶也。象曰振恒在上大无功也。【疏】正義曰大无功也者居上而以振動爲恒无施而得故曰大无功也。

䷠艮下乾上遯亨小利貞。【疏】正義曰遯亨者遯者隱退逃避之名陰長之卦小人方用君子日消君子當此之時若不隱遯避世即受其害須遯而後得通故曰遯亨小利貞者陰道初始浸長正道亦未全滅故曰小利貞。象曰遯亨遯而亨也。遯之爲義遯乃通也。【疏】正義曰遯而亨者此釋遯之所以得亨通之義小人之道方長君子非遯不通故曰遯而亨也。剛當位而應與時行也。謂五也剛當位而應非否亢也遯不否亢能與時行也。【疏】正義曰舉九五之爻釋所以能遯而致亨之由良由九五以剛而當其位有應於二非爲否亢遯不否亢即是相時而動所以遯而得亨故云剛當位而應與時行也。小利貞浸而長也。陰道欲浸而長正道亦未全滅故小利貞也。【疏】正義曰釋小利貞之義浸者漸進之名若陰德暴進即消正道良由二陰漸長而正道亦未即全滅故云小利貞也。遯之時義大矣哉。【疏】正義曰歎美遯德相時度宜避世而遯自非大人照幾不能如此其義甚大故云大矣哉。象曰天下有山遯。天下有山陰長之象。【疏】象曰天下有山遯○正義曰天下有山遯者山者陰類進在天下即是山勢欲上逼於天天性高遠不受於逼是遯避之象故曰天下有山遯○注天下有山至之象○正義曰積陽爲天積陰爲地山者地之高峻今上逼於天是陰長之象○君子以遠小人不惡而嚴。【疏】正義曰君子當此遯避之時小人進長理須遠避力不能討故不可爲惡復不可與之褻瀆故曰不惡而嚴○初六遯尾厲勿用有攸往。遯之爲義辟內而之外者也尾之爲物最在體後者也處遯之時不往何災而爲遯尾禍所及也危至而後未行雖可免乎厲則勿用有攸往也。【疏】正義曰遯尾厲者爲遯之尾最在後遯者也小人長於內應出外以避之而最在卦內是遯之爲後也逃遯之世宜速遠而居先而爲遯尾禍所及也故曰遯尾厲也勿用有攸往者危厲既至則當固窮危行言遜勿用更有所往故曰勿用有攸往。象曰遯尾之厲不往何災也。【疏】正義曰不往何災者象釋當遯之時宜須出避而勿用有攸往者既爲遯尾出必見執不如不往不往即无災害何災者猶言无災也與何傷何咎之義同也。六二執之用黃牛之革莫之勝說。居內處中爲遯之主物皆遯已何以固之若能執乎理中厚順之道以固之也則莫之勝解。【疏】正義曰執之用黃牛之革莫之勝說者逃遯之世避內出外二既處中居內即非遯之人也既非遯之人便爲所遯之主物皆棄已而遯何以執固留之惟有中和厚順之道可以固而安之也能用此道則不能勝已解脫而去也黃中之色以譬中和牛性順從皮體堅厚牛革以譬厚順也六三居中得位亦是能用中和厚順之道故曰執之用黃牛之革莫之勝說也。象曰執用黃牛固志也。【疏】正義曰固志者堅固遯者之志使不去已也。九三係遯有疾厲畜臣妾吉。在內近二以陽附陰宜遯而繫故曰繫遯遯之爲義宜遠小人以陽附陰繫於所在不能遠害亦已憊矣宜其屈辱而危厲也繫於所在畜臣妾可也施於大事凶之道也。【疏】正義曰係遯者九三无應於上與二相比以陽附陰係意在二處遯之世而意有所係故曰係遯有疾厲者遯之爲義宜遠小人既係於陰即是有疾憊而致危厲故曰有疾厲也畜臣妾吉者親於所近係在於下施之於人畜養臣妾則可矣大事則凶故曰畜臣妾吉。象曰係遯之厲有疾憊也。畜臣妾吉不可大事也。【疏】正義曰不可大事者釋此係遯之人以畜臣妾吉明其不可爲大事也。九四好遯君子吉小人否。處於外而有應於內君子好遯故能舍之小人繫戀是以否也。【疏】正義曰九四處在於外而有應於內處外即意欲遠遯應內則未能棄捨若好遯君子超然不顧所以得吉小人有所係戀即不能遯故曰小人否也。象曰君子好遯小人否也。音臧否之否。【疏】正義曰嫌讀爲圯故音之也。九五嘉遯貞吉。遯而得正反制於內小人應命率正其志不惡而嚴得正之吉遯之嘉也。【疏】正義曰嘉遯貞吉者嘉美也五居於外得位居中是遯而得正二爲已應不敢違拒從五之命率正其志遯而得正反制於內不惡而嚴得正之吉爲遯之美故曰嘉遯貞吉也。象曰嘉遯貞吉以正志也。【疏】正義曰以正志者小人應命不敢爲邪是五能正二之志故成遯之美也。上九肥遯无不利。最處外極无應於內超然絕志心无疑顧憂患不能累矰繳不能及是以肥遯无不利也。【疏】上九肥遯无不利○正義曰子夏傳曰肥饒裕也四五雖在於外皆在內有應猶有反顧之心惟上九最在外極无應於內心无疑顧是遯之最優故曰肥遯遯而得肥无所不利故云无不利也○注最處外極至无不利也○正義曰矰矢名也鄭注周禮結繳於矢謂之矰繳字林及說文云繳生絲縷也。象曰肥遯无不利无所疑也。

䷡乾下震上大壯利貞。【疏】正義曰大壯卦名也壯者強盛之名以陽稱大陽長既多是大者盛壯故曰大壯利貞者卦德也羣陽盛大小道將滅大者獲正故曰利貞也。象曰大壯大者壯也。大者謂陽爻小道將滅大者獲正故利貞也。【疏】正義曰大者壯也者就爻釋卦名陽爻浸長已至於四是大者盛壯故曰大者壯也○注大者謂陽爻至利貞也○正義曰釋名之下剩解利貞成大者之義也。剛以動故壯。大壯利貞大者正也。正大而天地之情可見矣。天地之情正大而已矣弘正極大則天地之情可見矣。【疏】正義曰剛以動故壯者就二體釋卦名乾剛而震動柔弱而動即有退弱剛強以動所以成壯大壯利貞大者正也者就爻釋卦德大者獲正故得利貞正大而天地之情可見矣者因大獲正遂廣美正大之義天地之道弘正極大故正大則見天地之情不言萬物者壯大之名義歸天極故不與咸恒同也。象曰雷在天上大壯。剛以動也。【疏】正義曰震雷爲威動乾天主剛健雷在天上是剛以動所以爲大壯也。君子以非禮弗履。壯而違禮則凶凶則失壯也故君子以大壯而順體也。【疏】正義曰盛極之時好生驕溢故於大壯誡以非禮勿履也。初九壯于趾征凶有孚。夫得大壯者必能自終成也未有陵犯於物而得終其壯者在下而壯故曰壯于趾也居下而用剛壯以斯而進窮凶可必也故曰征凶有孚。【疏】正義曰壯于趾征凶有孚者趾足也初在體下有如趾足之象故曰壯于趾也施之於人即是在下而用壯也在下用壯陵犯於物以斯而行凶其信矣故曰征凶有孚。象曰壯于趾其孚窮也。言其信窮。【疏】正義曰其孚窮者釋壯于趾者其人信其窮凶也。九二貞吉。居得中位以陽居陰履謙不亢是以貞吉。【疏】正義曰以其居中履謙行不違禮故得正而吉也。象曰九二貞吉以中也。九三小人用壯君子用罔貞厲羝羊觸藩羸其角。處健之極以陽處陽用其壯者也故小人用之以爲壯君子用之以爲羅已者也貞厲以壯雖復羝羊以之觸藩能无羸乎。【疏】九三小人用至羸其角○正義曰罔羅也羝羊羖羊也藩藩籬也羸拘纍纏繞也九三處乾之上是健之極也又以陽居陽是健而不謙也健而不謙必用其壯也小人當此不知恐懼即用以爲壯盛故曰小人用壯君子當此即慮危難用之以爲羅罔於已故曰君子用罔以壯爲正其正必危故云貞厲也以此爲正狀似羝羊觸藩也必拘羸其角矣。象曰小人用壯君子罔也。【疏】正義曰言小人用以爲壯者即是君子所以爲羅罔也。九四貞吉悔亡藩決不羸壯于大輿之輹。下剛而進將有憂虞而以陽處陰行不違謙不失其壯故得貞吉而悔亡也已得其壯而上陰不罔已路故藩決不羸也壯于大輿之輹无有能說其輹者可以往也。【疏】正義曰大輿者大車也下剛而進將有憂虞而九四以陽處陰行不違謙居謙即不失其壯故得正吉而悔亡也故云貞吉悔亡九三以壯健不謙即被羸其角九四以謙而進謂之上行陰爻不罔已路故藩決不羸也壯于大輿之輹者言四乘車而進其輹壯大无有能脫之者故曰藩決不羸壯于大輿之輹也。象曰藩決不羸尚往也。【疏】正義曰尚往者尚庶幾也言已不失其壯庶幾可以往也。六五喪羊于易无悔。居於大壯以陽處陽猶不免咎而況以陰處陽以柔乘剛者乎羊壯也必喪其羊失其所居也能喪壯于易不於險難故得无悔二履貞吉能幹其任而已委焉則得无悔委之則難不至居之則敵寇來故曰喪羊于易。【疏】六五喪羊于易无悔○正義曰喪羊于易无悔者羊壯也居大壯之時以陽處陽猶不免咎而況以陰處陽以柔乘剛違謙越禮必喪其壯羣陽方進勢不可止若於平易之時逆捨其壯委身任二不爲違拒亦剛所不害不害即无悔矣故曰喪羊于易无悔○注居於大壯至喪羊于易○正義曰羊剛狠之物故以譬壯云必喪其羊失其所居者言違謙越禮理勢必然云能喪壯于易不於險難者二雖應已剛長則侵陰爲已寇難必喪其壯當在於平易寇難未來之時勿於險難敵寇既來之日良由居之有必喪之理故戒其預之

防而莊氏云經止一言喪羊而注爲兩處分用初云必喪其羊失其所居是自然應失後云能喪壯於易不於險難故得无咎自能喪其羊二理自爲矛楯竊謂莊氏此言全不識注意

象曰。喪羊于易。位不當也。【疏】正義曰位不當者正由處不當位故須捨其壯也

上六。羝羊觸藩。不能退。不能遂。无攸利。艱則吉。有應於三故不能退懼於剛長故不能遂持疑猶豫志无所定以斯決事未見所利雖處剛長剛不害正苟定其分固志在一以斯自處則憂患消亡故曰艱則吉也○【疏】上六羝羊觸藩至艱則吉○正義曰退謂退避遂謂進往有應於三疑之不已故不能退避然懼於剛長故不能遂往故云羝羊觸藩不能退不能遂也无攸利者持疑猶豫不能自決以此處事未見其利故曰无攸利也艱則吉者雖處剛長剛不害正但艱固其志不捨於三卽得吉故曰艱則吉也

象曰。不能退。不能遂。不詳也。艱則吉。咎不長也。【疏】正義曰不詳也者祥者善也進退不定非爲善也故云不祥也咎不長也者能艱固其志卽憂患消亡其咎不長釋所以得吉也

䷢坤下離上　晉。康侯用錫馬蕃庶。晝日三接。【疏】正義曰晉者卦名也晉之爲義進長之名此卦明臣之昇進故謂之晉康者美之名也侯謂昇進之臣也臣既柔進天子美之賜以車馬蕃多而衆庶故曰康侯用錫馬蕃庶也晝日三接者言非惟蒙賜蕃多又被親寵頻數一晝之間三度接見也

彖曰。晉。進也。明出地上。順而麗乎大明。柔進而上行。凡言上行者所以在貴也【疏】彖曰晉進也至進而上行○正義曰晉進也者以今釋古古之晉字卽以進長爲義恐後世不曉故以進釋之明出地上者此就二體釋得晉名離上坤下故言明出地上明既出地漸就進長所以爲晉順而麗乎大明柔進而上行者此就二體之義及六五之爻釋康侯用錫馬已下也坤順也離麗也又爲明坤能順從而麗著於大明六五以柔而進上行貴位順而著明臣之美道也柔進而上行君上所與也故得厚賜而被親寵也是以康侯用錫馬蕃庶。晝日三接也。康美之名也順以著明臣之道也柔進而上行物所與也故得錫馬而蕃庶以訟受服則終朝三褫柔進受寵則一晝三接也【疏】是以康侯至三接也○正義曰釋訖舉經以結君寵之意也○注康美之名也至一晝三接也○正義曰舉此對釋者蓋訟言終朝晉言一晝俱不盡一日明黜陟之速所以示懲勸也

象曰。明出地上。晉。君子以自昭明德。以顯著明自顯之道【疏】象曰至以昭明德○正義曰自昭明德者昭亦明也謂自顯明其德也周氏等爲照以爲自照己身老子曰自知者明用明以自照爲明德案王注此云以順著明自顯之道又此卦與明夷正反明夷象云君子以莅衆用晦而明王注彼云莅衆顯明蔽偽百姓藏明於內乃得明也準此二注明王之注意以此爲自顯明德昭字宜爲昭昞之昭周氏等爲照反非注旨也

初六。晉如摧如。貞吉。罔孚。裕无咎。處順之初應明之始明順之德於斯將隆進明退順不失其正故曰晉如摧如貞吉也處卦之始功業未著物未之信故曰罔孚方踐卦始未至履位以此爲足自喪其長者也故必裕之然後无咎【疏】初六晉如摧如至无咎○正義曰晉如摧如貞吉者何氏云摧退也裕寬也如辭也初六處順之初應明之始明順之德於斯將隆進則之明退則居順進之與退不失其正故曰晉如摧如貞吉也罔孚者處卦之始功業未著未爲人所信服故曰罔孚裕无咎者方踐卦始未至履位不可自以爲足也若以此爲足是自喪其長也故必宜寬裕其德使功業弘廣然後无咎故曰裕无咎也

象曰。晉如摧如。獨行正也。裕无咎。未受命也。未得履位未受命也【疏】象曰至未受命也○正義曰獨行正者獨猶專也言進與退專行其正也裕无咎未受命也者進之初未得履位未受錫命故宜寬裕進德乃得无咎

六二。晉如愁如。貞吉。受茲介福。于其王母。進而无應其德不昭故曰晉如愁如居中得位履順而正不以无應而回其志處晦能致其誠者也脩德以斯聞乎幽昧得正之吉也故曰貞吉母者處內而成德者也鳴鶴在陰則其子和之立誠於闇闇亦應之故其初愁如履貞不回則乃受茲大福于其王母也【疏】六二晉如愁如至于其王母○正義曰晉如愁如者六二進而无應於上其德不見昭明故曰進如愁如憂其不昭也貞吉者然履順居於中正不以无應而不脩其德正而獲吉故曰貞吉也受茲介福于其王母者介者大也母者處內而成德者也初雖愁如但守正不改終能受此大福於其所脩故曰受茲介福于其王母○注進而无應至于其王母也○正義曰鳴鶴在陰則其子和之者此王用中孚九二爻辭也

象曰。受茲介福。以中正也。六三。衆允。悔亡。處非其位悔也志在上行與衆同信順而麗明故得悔亡也【疏】正義曰六三處非其位有悔也志在上行與衆同信順而麗明故得其悔亡

象曰。衆允之志。上行也。【疏】正義曰居晉之時衆皆欲進己應於上志在上行故能與衆同信也

九四。晉如鼫鼠。貞厲。履非其位上承於五下據三陰履非其位又負且乘无業可安志无所據以斯爲進正之危也進如鼫鼠无所守也【疏】九四晉如鼫鼠貞厲○正義曰晉如鼫鼠者鼫鼠有五能而不成伎之蟲也九四履非其位上承於五下據三陰上不許其承下不許其據以斯爲進无業可安无據可守事同鼫鼠无所成功也以斯爲進正之危也故曰晉如鼫鼠貞厲也○注履非其位至无所守也○正義曰晉如鼫鼠无所守也者蔡邕勸學篇云鼫鼠五能不成一伎王注曰能飛不能過屋能緣不能窮木能游不能度谷能穴不能掩身能走不能先人本草經云螻蛄一名鼫鼠謂此也鄭引詩云碩鼠碩鼠无食我黍謂大鼠也陸機以爲雀鼠案王以爲无所守蓋五伎者當之

象曰。鼫鼠貞厲。位不當也。六五。悔亡。失得勿恤。往吉无不利。柔得尊位陰爲明主能不用柔不代下任也故雖不當位能消其悔失得勿恤各有其司術斯以往无不利也【疏】象曰鼫鼠至无不利○正義曰悔亡失得勿恤往吉无不利者居不當位悔也柔得尊位陰爲明主能不自用其明以事委任於下故得悔亡既以事任下委物責成失之與得不須憂恤故曰失得勿恤也能用此道所往皆吉而无不利故曰往吉无不利也

象曰。失得勿恤。往有慶也。【疏】正義曰有慶者委任得人非惟自得无憂亦將人所慶說故曰有慶也

上九。晉其角。維用伐邑。厲吉无咎。貞吝。處進之極過明之中明將夷焉已在乎角而猶進之非亢如何失夫道化无爲之事必須攻伐然後服邑危乃得吉吉乃无咎用斯爲正亦以賤矣【疏】上九晉其角至貞吝○正義曰晉其角者西南隅也上九處晉之極過明之中其猶日過於中已在於角而猶進之故曰晉其角也維用伐邑者在角猶進過亢不已不能端拱无爲使物自服必須攻伐其邑然後服之故云維用伐邑也厲吉无咎貞吝者兵者凶器伐而服之是危乃得吉吉乃无咎故曰厲吉无咎以此爲正亦以賤矣故曰貞吝也

象曰。維用伐邑。道未光也。【疏】正義曰道未光也者用伐乃服雖得之其道未光大也

䷣離下坤上　明夷。利艱貞。【疏】正義曰明夷卦名夷者傷也此卦日入地中明夷之象施之於人事闇主在上明臣在下不敢顯其明智亦明夷之義也時雖至闇不可隨世傾邪故宜艱難堅固守其貞正之德故明夷之世利在艱貞

彖曰。明入地中。明夷。內文明而外柔順。以蒙大難。文王以之。利艱貞。晦其明也。內難而能正其志。箕子以之。【疏】彖曰明入地中至箕子以之正義曰明入地中明夷者此就二象以釋卦名故此及晉卦皆彖象同辭也內文明而外柔順以蒙大難文王以之者既釋明夷之義又須出能用明夷之人內懷文明之德撫教六州外執柔順之能三分事紂以此蒙犯大難身得保全惟文王能用之故云文王以之利艱貞晦其明也者此又就二體釋卦之德明在地中是晦其明也既處明夷之世外晦其明恐陷於邪道故利在艱固其貞不失其正言所以利艱貞者用晦其明也內難而能正其志箕子以之者既釋艱貞之義又須出能用艱貞之人內有險難殷紂將傾而能自正其志不爲邪干惟箕子能用之故云箕子以之

象曰。明入地中。明夷。君子以莅衆。莅衆顯明蔽偽百姓者也故以蒙養正以明夷莅衆【疏】象曰至君子以莅衆正義曰莅衆顯明蔽偽百姓者也所以君子能用此明夷之道以臨於衆冕旒垂目黈纊塞耳无爲淸靜民化不欺若運其聰明顯其智慧民卽逃其密網姦詐愈生豈非藏明用晦反得其明也故曰君子以莅衆用晦而明也用晦而明。藏明於內乃得明也顯明於外巧所辟也

初九。明夷于飛。垂其翼。君子于行。三日不食。有攸往。主人有言。明夷之主在於上六上六爲至闇者也初處卦之始最遠於難也遠難過甚明夷遠遯絕跡匿形不由軌路故曰明夷于飛懷懼而行行不敢顯故曰垂其翼也尚義而行故曰君子于行也志急於行飢不遑食故曰三日不食也殊類過甚以斯適人人心疑之故曰有攸往主人有言【疏】初九明夷于飛至主人有言○正義曰明夷于飛者明夷是至闇之卦上六既居上極爲明夷之主云飛者借飛鳥爲喻如鳥飛翔也初九處於卦始去上六最遠是最遠於難遠難過甚明夷遠遯絕跡匿形不由軌路高飛而去故曰明夷于飛也垂其翼者飛不敢顯故曰垂其翼也君子于行三日不食者尚義而行故云君子于行志急於行饑不遑食故曰三日不食有攸往主人有言者殊類過甚以此適人人必疑怪而有言故曰有攸往主人有言

象曰。君子于行。義不食也。【疏】正義曰義不食也者君子逃難惟速故義不求食也

六二。明夷。夷于左股。用拯馬壯。吉。夷于左股是行不能壯也以柔居中用夷其明進不殊類退不近難不見疑憚順以則也故可

用拯馬而壯吉也不垂其翼然後乃免也【疏】正義曰明夷夷于左股者左股被傷行不能壯六二以柔居中用夷其明不行剛壯之事者也故曰明夷夷于左股莊氏云言左者取其傷小則比夷右未爲切也夷于左股明避難不壯不爲闇主所疑猶得處位不至懷懼而行然後徐徐用馬以自拯濟而獲其壯吉也故曰用拯馬壯吉也象曰六二之吉順以則也。順之以則故不見疑【疏】正義曰順以則也者言順闇主之則不同初九殊類過甚故不爲闇主所疑故得拯馬之吉也

九三明夷于南狩得其大首不可疾貞。處下體之上居文明之極上爲至晦入地之物也故夷其明以獲南狩得大首也南狩者發其明也既誅其主將正其民民之迷也其日固已久矣化宜以漸不可速正故曰不可疾貞【疏】九三明夷于南狩至不可疾貞○正義曰南方文明之所狩者征伐之類夫首謂闇君明夷于南狩得其大首者初藏明而往託狩而行至南方而發其明也九三應於上六是明夷之臣發明以征闇君而得其大首故曰明夷于南狩得其大首也不可疾貞者既誅其主將正其民民迷日久不可卒正宜化之以漸故曰不可疾貞象曰南狩之志乃得大也。去闇主也【疏】正義曰志欲除闇乃得大首是其志大得也

六四入于左腹獲明夷之心于出門庭。左者取其順也入于左腹得其心意故雖近不危隨時辟難門庭而已能不逆忤也【疏】正義曰入于左腹獲明夷之心者凡右爲用事也從其左不從其右是卑順不逆也腹者事情之地六四體柔處坤與上六相近是能執卑順入于左腹獲明夷之心意也于出門庭者既得其意雖近不危隨時避難門庭而已故曰于出門庭象曰入于左腹獲心意也。【疏】正義曰獲心意者心有所存既不逆忤能順其旨故曰獲心意也

六五箕子之明夷利貞。最近於晦與難爲比險莫如茲而在斯中猶闇不能沒明不可息正不憂危故利貞也【疏】正義曰箕子之明夷者六五最比闇君似箕子之近殷紂故曰箕子之明夷也利貞者箕子執志不回闇不能沒明不可息正不憂危故曰利貞象曰箕子之貞明不可息也。【疏】正義曰明不可息也息滅也象稱明不可滅者明箕子能保其貞卒以全身爲武王師也

上六不明晦初登于天後入于地。處明夷之極是至晦者也本其初也在乎光照轉至於晦遂入于地【疏】正義曰不明晦者上六居明夷之極是至闇之主故曰不明而晦本其初也其意在於光照四國其後由乎不明遂入於地謂見誅滅也象曰初登于天照四國也後入于地失則也。【疏】正義曰失則者由失法則故誅滅也

☲☴離下巽上家人利女貞。家人之義各自脩一家之道不能知家外他人之事也統而論之非元亨利君子之貞故利女貞其正在家內而已【疏】正義曰家人者卦名也明家內之道正一家之人故謂之家人利女貞者既修家內之道不能知家外他人之事統而論之非君子丈夫之正故但言利女貞彖曰家人女正位乎內。謂二也。男正位乎外。謂五也家人之義以內爲本故先說女也【疏】彖曰至男正位乎外○正義曰此因二五得正以釋家人之義并明女貞之旨家人之道必須女主於內男主於外然後家道乃立今此卦六二柔而得位是女正位乎內也九五剛而得位是男正位乎外也家人以內爲本故先說女也男女正天地之大義也家人有嚴君焉父母之謂也父父子子兄兄弟弟夫夫婦婦而家道正正家而天下定矣【疏】男女正至天下定矣○正義曰男女正天地之大義也者因正位之言廣明家人之義乃道均二儀非惟人事而已家人即女正於內男正於外二儀則天尊在上地卑在下同於男女正位故曰天地之大義也家人有嚴君焉父母之謂者上明義均天地此又言道齊邦國父母一家之主家人尊事同於國有嚴君故曰家人有嚴君焉父母之謂也父父子子兄兄弟弟夫夫婦婦而家道正正家而天下定矣者此歎美正家之功可以定於天下申成道齊邦國既家有嚴君即父不失父道乃至婦不失婦道尊卑有序上下不失而後爲家道之正各正其家无家不正即天下之治定矣

象曰風自火出家人。由內以相成熾也○【疏】正義曰巽在離外是風從火出火出之初因風方熾火既炎盛還復生風內外相成有似家人之義故曰風自火出家人也○君子以言有物而行有恒。家人之道脩於近小而不妄也故君子以言必有物而口无擇言行必有恒而身无擇行【疏】正義曰物事也言必有事即口无擇言行必有常即身无擇行正家之義脩於近小言之與行君子樞機出身加人發邇化遠故舉言行以爲之誡言既稱物而行稱恒者發言立行皆須合於可常之事互而相足也

初九閑有家悔亡。凡教在初而法在始家瀆而後嚴之志變而後治之則悔矣處家人之初爲家人之始故宜必以閑有家然後悔亡也【疏】正義曰治家之道在初即須嚴正立法防閑若瀆亂之後方始治之即有悔矣初九處家人之初能防閑有家乃得悔亡故曰閑有家悔亡也象曰閑有家志未變也【疏】正義曰志未變也者釋在初防閑之義所以在初防閑其家者家人志未變黷也

六二无攸遂在中饋貞吉。居內處中履得其位以陰應陽盡婦人之正義无所必遂職乎中饋巽順而已是以貞吉也【疏】正義曰六二履中居位以陰應陽盡婦人之義也婦人之道巽順爲常无所必遂其所職主在於家中饋食供祭而已得婦人之正吉故曰无攸遂在中饋貞吉也象曰六二之吉順以巽也【疏】正義曰舉爻位也言吉者明其以柔居中而得正位故能順以巽而獲吉也

九三家人嗃嗃悔厲吉婦子嘻嘻終吝。以陽處陽剛嚴者也處下體之極爲一家之長者也行與其慢寧過乎恭家與其瀆寧過乎嚴是以家人雖嗃嗃悔厲猶得其道婦子嘻嘻乃失其節也【疏】正義曰嗃嗃嚴酷之意也嘻嘻喜笑之貌也九三處下體之上爲一家之主以陽處陽行剛嚴之政故家人嗃嗃雖復嗃嗃傷猛悔其酷厲猶保其吉故曰悔厲吉若縱其婦子慢黷嘻嘻喜笑而无節則終有恨辱故曰婦子嘻嘻終吝也象曰家人嗃嗃未失也婦子嘻嘻失家節也【疏】正義曰未失也者初雖悔厲似失於猛終无慢黷故曰未失也失家節者若縱其嘻嘻初雖歡樂終失家節也

六四富家大吉。能以其富順而處位故大吉也若但能富其家何足爲大吉體柔居巽履得其位明於家道以近至尊能富其家也【疏】正義曰富謂祿位昌盛也六四體柔處巽得位承五能富其家者也由其體巽承尊長保祿位吉之大者也故曰富家大吉象曰富家大吉順在位也【疏】正義曰順在位者所以致大吉由順承於君而在臣位故不見黜奪也

九五王假有家勿恤吉。假至也履正而應處尊體巽王至斯道以有其家者也居於尊位而明於家道則下莫不化矣父父子子兄兄弟弟夫夫婦婦六親和睦交相愛樂而家道正正家而天下定矣故王假有家則勿恤而吉【疏】正義曰王假有家者假至也九五履正而應處尊體巽是能以尊貴巽接於物王至此道以有其家故曰王假有家也勿恤吉者居於尊位而明於家道則在下莫不化之矣不須憂恤而得吉也故曰勿恤吉也象曰王假有家交相愛也【疏】正義曰交相愛也者王既明於家道天下化之六親和睦交相愛樂也

上九有孚威如終吉。處家人之終居家道之成刑于寡妻以著于外者也故曰有孚凡物以猛爲本者則患在寡恩以愛爲本者則患在寡威故家人之道尚威嚴也家道可終唯信與威身得威敬人亦如之反之於身則知施於人也【疏】正義曰上九處家人之終家道大成刑于寡妻以著於外信行天下故曰有孚也威被海內故曰威如威信並立上得終於家道而吉從之故曰有孚威如終吉也象曰威如之吉反身之謂也【疏】正義曰反身之謂者身得人敬則敬於人明知身敬於人人亦敬己反之於身則知施之於人故曰反身之謂也

☲☱兌下離上睽小事吉【疏】正義曰睽者乖異之名物情乖異不可大事大事謂與役動衆必須大同之世方可爲之小事謂飲食衣服不待衆力雖乖而可故曰小事吉也

象曰睽火動而上澤動而下二女同居其志不同行說而麗乎明柔進而上行得中而應乎剛是以小事吉。事皆相違害之道也何由得小事吉以有此三德也【疏】象曰睽火動而上至小事吉○正義曰睽火動而上澤動而下二女同居其志不同行者此就二體釋卦名爲睽之義同而異者也水火二物共成烹飪理應相濟今火在上而炎上澤居下而潤下无相成之道所以爲乖中少二女共居一家理應同志各自出適志不同行所以爲異也說而麗乎明柔進而上行得中而應乎剛是以小事吉者此就二體及六五有應釋所以小事得吉說而麗乎明不爲邪僻柔進而上行所之在貴得中而應乎剛非爲全弱雖在乖違之時卦爻有此三德故可以行小事而獲吉也天地睽而其事同也男女睽而其志通也萬物睽而其事類也睽之時用大矣哉。睽離之時非小人之所能用也【疏】天地睽而其事同也至時用大矣哉○正義曰天地睽而其事同此以下歷就天地男女萬物廣明睽義體乖而用合也天高地卑其體懸隔是天地睽也而生成品物其事則同也男女睽而其志通者男外女內分位有別是男女睽也而成家理事其志則通也萬物殊形各自爲象是萬物睽也而均於生長其事即類故曰天地睽而其事同也男女睽而其志通也萬物睽而其事類也睽之時用大矣哉既明睽理合同之大又歎能用睽之人其德不小睽離之時能建其用使合其通理非大德之人則不可也故曰睽之時用大矣哉也象

曰。上火下澤。睽。君子以同而異。同於通理異於職事【疏】正義曰上火下澤睽者動而相背所以爲睽也君子以同而異者佐王治民其意則同各有司存職掌則異故曰君子以同而異也

初九。悔亡。喪馬勿逐自復。見惡人。无咎。處睽之初居下體之下无應獨立悔也與人合志故得悔亡馬者必顯之物處物之始乖而喪其馬物莫能同其私必相顯也故勿逐而自復也時方乖離而位乎窮下上无應可援下无權可恃顯德自異爲惡所害故見惡人乃得免咎也【疏】初九悔亡喪馬勿逐自復見惡人无咎。正義曰悔亡者初九處睽離之初居下體之下无應獨立所以悔也四亦處下无應獨立不乖於已與已合志故得悔亡喪馬勿逐自復者時方睽離觸目乖阻馬之爲物難可隱藏時或失之不相容隱不須尋求勢必自復故曰喪馬勿逐自復也見惡人无咎者處於窮下上无其應无應則無以爲援窮下則无權可恃若標顯自異不能和光同塵則必爲惡人所害故曰見惡人无咎見謂遜接之也

象曰。見惡人。以辟咎也。【疏】象曰見惡人以辟咎也。正義曰以辟咎也者惡人不應與之相見而遜接之者以辟咎也

九二。遇主于巷。无咎。處睽失位將无所安然五亦失位俱求其黨出門同趣不期而遇故曰遇主于巷也處睽得援雖失其位未失道也【疏】九二遇主于巷无咎。正義曰九二處睽之時而失其位將无所安五亦失位與已同黨同趣相求不假遠涉而自相遇適在於巷言遇之不遠故曰遇主於巷主謂五也處睽得援咎悔可亡故无咎也

象曰。遇主于巷。未失道也。【疏】正義曰未失道者既遇其主雖失其位亦未失道也

六三。見輿曳。其牛掣。其人天且劓。无初有終。凡物近而不相得則凶處睽之時履非其位以陰居陽以柔乘剛志在於上而不和於四二應於五則近而不相比故見輿曳輿曳者履非其位失所載也其牛掣者滯隔所在不獲進也其人天且劓者四從上取二從下取而應在上九執志不回初雖受困終獲剛助【疏】六三見輿曳其牛至无初有終。正義曰見輿曳其牛掣者處睽之時履非其位以陰居陽以柔乘剛志在上九不與四合二自應五又與已乖欲載其輿被曳失已所載也欲進其牛被牽滯隔所在不能得進也故曰見輿曳其牛掣也其人天且劓无初有終者剠額爲天截鼻爲劓既處二四之間皆不相得其爲人也四從上刑之故剠其額二從下刑之又截其鼻故曰其人天且劓而應在上九執志不回初雖受困終獲剛助故曰无初有終

象曰。見輿曳。位不當也。无初有終。遇剛也。【疏】象曰至有終遇剛也。正義曰位不當者由位不當故輿被曳遇剛者由遇上九之剛所以有終也

九四。睽孤。遇元夫。交孚。厲无咎。无應獨處五自應二三與已睽故曰睽孤也初亦无應特立處睽之時俱在獨立同處體下同志者也而已失位比於三五皆與已乖處无所安故求其疇類而自託焉故曰遇元夫也同志相得而无疑焉故曰交孚也雖在乖隔志故得行故雖危无咎【疏】九四至交孚厲无咎。正義曰元夫謂初九也處於卦始故云元也初四俱陽而言夫者蓋是丈夫之夫非夫婦之夫也

象曰。交孚无咎。志行也。

六五。悔亡。厥宗噬膚。往何咎。非位悔也有應故亡厥宗謂二也噬膚者齧柔也三雖比二二之所噬非妨已應者也以斯而往何咎之有往必合也【疏】六五悔亡至往何咎。正義曰悔亡者失位悔也有應故悔亡也厥宗噬膚往何咎者宗主也謂二也噬膚謂噬三也三雖隔二二之所噬故曰厥宗噬膚也三是陰爻故以膚爲譬言柔脆也二既噬三即五可以往而无咎矣故曰往无咎

象曰。厥宗噬膚。往有慶也。【疏】象曰至往有慶也。正義曰往有慶也者有慶之言善功被物爲物所賴也五雖居尊而不當位與二合德乃爲物所賴故曰往有慶也

上九。睽孤。見豕負塗。載鬼一車。先張之弧。後說之弧。匪寇婚媾。往遇雨則吉。處睽之極睽道未通故曰睽孤已居炎極三處澤盛睽之極也以文明之極而觀至穢之物睽之甚也豕失負塗穢莫過焉至睽將合至殊將通恢詭譎怪道將爲一未至於治先見殊怪故見豕負塗甚可穢也見鬼盈車吁可怪也先張之弧將攻害也後說之弧睽怪通也四剠其應故爲寇也睽志將通匪寇婚媾往不失時睽疑亡也貴於遇雨和陰陽也陰陽既和羣疑亡也【疏】上九睽孤見豕至遇雨則吉。正義曰睽孤者處睽之極睽道未通故曰睽孤也見豕負塗者火動而上澤動而下已居炎極三處澤盛睽之極也離爲文明澤是卑穢以文明之極而觀至穢之物事同豕而負塗泥穢莫斯甚矣故曰見豕負塗載鬼一車者鬼魅盈車怪異之甚也至睽將合至殊將通未至於治先見殊怪故又見載鬼一車載鬼不言見者爲豕上有見字也見怪若斯懼來害已故先張之弧將攻害也物極則反睽極則通故後說之弧不復攻也匪寇婚媾者四剠其應故謂四爲寇睽志既通匪能爲寇乃得與三爲婚媾矣故曰匪寇婚媾也往遇雨則吉者雨者陰陽交和之道也衆異併消无復疑阻往得和合則吉從之故曰往遇雨則吉。注處睽之極至羣疑亡也。正義曰恢詭譎怪道將爲一者莊子內篇齊物論曰无物不然无物不可故爲舉莛與楹厲與西施恢詭譎怪道通爲一郭象注云夫莛橫而楹縱厲醜而西施好所謂齊者豈必齊形狀同規矩哉故舉縱橫好醜恢詭譎怪各然其所然各可其所可即形雖萬殊而性本得同故曰道通爲一也莊子所言以明齊物故舉恢詭譎怪至異之物道通爲一得性則同王輔嗣用此文而改通爲將字者明物極則反睽極則通有似引詩斷章不必與本義同也

象曰。遇雨之吉。羣疑亡也。【疏】正義曰羣疑亡也者往與三合如雨之和向之見豕見鬼張弧之疑併消釋矣故曰羣疑亡也

䷦艮下坎上蹇。利西南。不利東北。西南地也東北山也以難之平則難解以難之山則道窮【疏】正義曰蹇難也有險在前畏而不進故稱爲蹇西南險位平易之方東北險位阻礙之所世道多難率物以適平易則蹇難可解若入於險阻則彌加擁塞去就之宜理須如此故曰蹇利西南不利東北也利見大人。往則濟也【疏】正義曰能濟衆難惟有大德之人故曰利見大人貞吉。爻皆當位各履其正居難履正正邦之道也正道未否難由正濟故貞吉也遇難失正吉可得乎【疏】正義曰居難之時若不守正而行其邪道雖見大人亦不得吉故曰貞吉也

象曰。蹇。難也。險在前也。見險而能止。知矣哉。蹇利西南。往得中也。不利東北。其道窮也。利見大人。往有功也。當位貞吉。以正邦也。蹇之時用大矣哉。蹇難之時非小人之所能用也【疏】象曰至大矣哉。正義曰蹇難也險在前也見險而能止知矣哉者釋卦名也蹇者有難而不進能止而不犯故就二體有險有止以釋蹇名坎在其外是險在前也有險在前所以爲難若冒險而行或罹其害艮居其內止而不往相時而動非知不能故曰見險而能止知矣哉也蹇利西南往得中也者之於平易救難之理故云往得中也不利東北其道窮者之於險阻更益其難其道彌窮故曰其道窮也利見大人往有功也者往見大人必能除難故曰往有功也當位貞吉以正邦也者二三四五爻皆當位所以得正而吉故曰當位貞吉也以正邦也者居難守正正邦之道故曰以正邦也蹇之時用大矣哉者能於蹇難之時建立其功用以濟世者非小人之所能故曰蹇之時用大矣哉也

象曰。山上有水。蹇。山上有水蹇難之象【疏】正義曰山上有水蹇者山者是巖險水是阻難水積山上彌益危難故曰山上有水蹇君子以反身修德。除難莫若反身脩德【疏】正義曰蹇難之時未可以進惟宜反求諸身自脩其德道成德立方能濟險故曰君子以反身修德也陸績曰水在山上失流通之性故曰蹇通水流下今在山上不得下流蹇之象陸績又曰水本應山下今在山上終應反下故曰反身處難之世不可以行只可反自省察脩已德用乃除難君子通達道暢之時並濟天下處窮之時則獨善其身也

初六。往蹇來譽。處難之始居止之初獨見前識覩險而止以待其時知矣哉故往則遇蹇來則得譽【疏】正義曰初六處蹇之初往則遇難來則得譽初居艮始是能見險而止見險不往則是來而得譽故曰往蹇來譽

象曰。往蹇來譽。宜待也。【疏】正義曰宜待者既往則遇蹇宜止以待時也

六二。王臣蹇蹇。匪躬之故。處難之時履當其位居不失中以應於五不以五在難中私身遠害執心不回志匡王室者也故曰王臣蹇蹇匪躬之故履中行義以存其上處蹇以比未見其尤也【疏】正義曰王謂五也臣謂二也九五居於王位而在難中六二是五之臣往應於五履正居中志匡王室能涉蹇難而往濟蹇故曰王臣蹇蹇也盡忠於君匪以私身之故而不往濟君故曰匪躬之故

象曰。王臣蹇蹇。終无尤也。【疏】正義曰終无尤者處難以斯豈有過尤也

九三。往蹇來反。進則入險來則得位故曰往蹇來反爲下卦之主是內之所恃也【疏】正義曰九三與坎爲鄰進則入險故曰往蹇來則得位故曰來反

象曰。往蹇來反。內喜之也。【疏】正義曰內喜之者內卦三爻惟九三一陽居二陰之上是內之所恃故云內喜之也

六四。往蹇來連。往則無應來則乘剛往來皆難故曰往蹇來連得位履正當其本實雖遇於難非妄所招也【疏】正義曰馬云連亦難也鄭云遲久之意六四往則無應來則乘剛往來皆難故曰往蹇來連也

象曰。往蹇來連。當位實也。【疏】正義曰當位實者明六四當位履正當其本實而往來遇難者乃數之所招非邪妄之所致也故曰當位實也

九五。大蹇朋來。處難之時獨在險中難之大者也故曰大蹇然居不失正履不失中執德之長不改其節如此則同志者集而至矣故曰朋來也【疏】九五大蹇朋來。正義曰九五處難之時獨在險中難之大者也故曰大蹇然得位履正不改其節如此則同志者自遠而來故曰朋來。注處難之時至朋來也。正義曰同志者集而至矣者此以同志釋朋來之義鄭

注論語云同門曰朋同志曰友此對文也通而言之同志亦是朋黨也

象曰：大蹇朋來，以中節也。〔疏〕正義曰以中節者得位居中不易其節故致朋來故云以中節也

上六：往蹇來碩，吉，利見大人。往則長難來則難終難終則衆難皆濟志大得矣故曰往蹇來碩吉險夷難解大道可與故曰利見大人也〔疏〕正義曰碩大也上六難終之地不宜更有所往往則長難故曰往蹇也來則難終難終則衆難皆濟志大得矣故曰碩吉也險夷難解大道可與宜見大人以弘道化故曰利見大人也

象曰：往蹇來碩，志在內也。有應在內往則失之來則志獲志在內也〔疏〕正義曰志在內也者有應在三是志在內也應既在內往則失之來則得之所以往則有蹇來則碩吉也

利見大人，以從貴也。〔疏〕正義曰貴謂陽也以從陽故云以從貴也

䷧ 坎下震上 解：利西南。西南衆也解難濟險利施於衆遇難不困于東北故不言不利東北也〔疏〕正義曰解者卦名也然解有兩音一音古買反一音胡買反解謂解難之初解謂既解之後彖稱動而免乎險明解衆難之時故先儒皆讀爲解序卦云物不可以終難故受之以解解者緩也然則解者險難解釋物情舒緩故爲解也解利西南者西南坤位坤是衆也施解於衆則所濟者弘故曰解利西南也

无所往，其來復吉，有攸往，夙吉。未有善於解難而迷於處安也解之爲義解難而濟厄者也无難可往以解來復則不失中有難而往則以速爲吉者无難則能復其中有難則能濟其厄也〔疏〕正義曰无所往者上言解難濟險利施於衆此下明救難之時誠其可否若无難可往則以來復爲吉若有難可往則以速赴爲善故云无所往其來復吉有攸往夙吉設此誠者褚氏云世有无事求功故誠以无難宜靜亦有待敗乃救故誠以有難須速也

彖曰：解，險以動，動而免乎險，解。動乎險外故謂之免免險則解故謂之解〔疏〕正義曰此就二體以釋卦名遇險不動无由解難動在險中亦未能免咎今動於險外即見免說於險所以爲解也

解利西南，往得衆也。其來復吉，乃得中也。有攸往夙吉，往有功也。天地解而雷雨作，雷雨作而百果草木皆甲坼。天地否結則雷雨不作交通感散雷雨乃作也雷雨之作則險厄者亨否結者散故百果草木皆甲坼也〔疏〕解利西南至百果草木皆甲坼○正義曰解利西南往得衆者解之爲義兼濟爲美往之西南得施解於衆所以爲利也其來復吉乃得中也者无難可解退守靜默得理之中故云乃得中也有攸往夙吉往有功也者解難能速則不失其幾故往有功也天地解而雷雨作雷雨作而百果草木皆甲坼者此因震坎有雷雨之象以廣明解義天地解緩雷雨乃作雷雨既作百果草木皆孚甲開坼莫不解散也

解之時大矣哉。无所而不釋也難解之時非治難時故不言用體盡於解之名无有幽隱故不曰義〔疏〕正義曰結歎解之大也自天地至於草木无不有解豈非大哉

象曰：雷雨作，解。君子以赦過宥罪。〔疏〕正義曰赦謂放免過謂誤失宥謂寬宥罪謂故犯過輕則赦罪重則宥皆解緩之義也

初六：无咎。解者解也屯難盤結於是乎解也處蹇難始解之初在剛柔始散之際將赦罪厄以夷其險處此之時不煩於位而无咎也〔疏〕正義曰夫險難未夷則賤弱者受害然則蹇難未解之時柔弱者不能无咎否結既釋之後剛強者不復陵暴初六處蹇難始解之初在剛柔始散之際雖以柔弱處无位之地逢此之時不慮有咎故曰初六无咎也

象曰：剛柔之際，義无咎也。或有過咎非其理也義猶理也〔疏〕正義曰義无咎者義猶理也剛柔既散理必无咎或有過咎非理之當也故曰義无咎也○注有過咎至非其理也○正義曰或有過咎非其理也者或本无此八字

九二：田獲三狐，得黃矢，貞吉。狐者隱伏之物也剛中而應爲五所任處於險中知險之情以斯解物能獲隱伏也故曰田獲三狐也黃理中之稱也矢直也田而獲三狐得乎理中之道不失枉直之實能全其正者也故曰田獲三狐得黃矢貞吉也〔疏〕正義曰田獲三狐者狐是隱伏之物三爲成數舉三言之搜獲懽盡九二以剛居中而應於五爲五所任處於險中知險之情以斯解險无險不濟能獲隱伏如似田獵而獲窟中之狐故曰田獲三狐得黃矢貞吉者黃中之稱矢直也田而獲三狐得乎理中之道不失枉直之實能全其正者也故曰得黃矢貞吉也

象曰：九二貞吉，得中道也。〔疏〕正義曰得中道也者明九二位既不當所以得貞吉者由處於中得乎理中之道故也

六三：負且乘，致寇至，貞吝。處非其位履非其正以附於四用夫柔邪以自媚者也乘二負四以容其爲寇之來也自已所致雖幸而免正之所賤也〔疏〕正義曰負且乘致寇至者六三失正无應下乘於二上附於四即是用夫邪佞以自說媚者也乘者君子之器也負者小人之事也施之於人即在車騎之上而負於物也故寇盜知其非已所有於是競欲奪之故曰負且乘致寇至也貞吝者負乘之人正其所鄙故曰貞吝也

象曰：負且乘，亦可醜也。自我致戎，又誰咎也。〔疏〕正義曰亦可醜也者天下之醜多矣此是其一故曰亦可醜也自我致戎又誰咎也者言此寇雖由已之招非是他人致此過咎故曰又誰咎也

九四：解而拇，朋至斯孚。失位不正而比於三故三得附之爲其拇也三爲之拇則失初之應故解其拇然後朋至而信矣〔疏〕正義曰而汝也拇足大指也履於不正與三相比三從下來附之如指之附足四有應在初若三爲之拇則失初之應故必解其拇然後朋至而信故曰解而拇朋至斯孚

象曰：解而拇，未當位也。〔疏〕正義曰未當位者四若當位履正即三爲邪媚之身不得附之也既三不得附四則无所解今須解拇由不當位也

六五：君子維有解，吉。有孚于小人。居尊履中而應乎剛可以有解而獲吉矣以君子之道解難釋險小人雖間猶知服之而无怨矣故曰有孚于小人也〔疏〕正義曰君子維有解吉者六五居尊履中而應於剛是有君子之德君子當此之時可以解於險難維辭也有解於難所以獲吉故曰君子維有解吉也有孚于小人者以君子之道解難則小人皆信服之故曰有孚于小人也

象曰：君子有解，小人退也。〔疏〕正義曰小人謂作難者信君子之德故退而畏服之

上六：公用射集于高墉之上，獲之，无不利。初爲四應二爲五應三不應上失位負乘處下體之上故曰高墉墉非隼之所處高非三之所履上六居動之上爲解之極將解荒悖而除穢亂者也故用射之極則後動成而後舉故必獲之而无不利也〔疏〕上六至无不利○正義曰隼者貪殘之鳥鸇鷂之屬墉牆也六三失位負乘不應於上即是罪釁之人故以譬於集此借飛鳥爲喻而居下體之上其猶隼處高墉隼之爲鳥宜在山林集於人家高墉必爲人所繳射以譬六三處於高位必當被人所誅討上六居動之上爲解之極將解之荒悖而除穢亂故用射之也極而後動成而後舉故必獲之而无不利故曰公用射隼于高墉之上獲之无不利也公者臣之極上六以陰居上故謂之公也

象曰：公用射隼，以解悖也。〔疏〕正義曰解悖也者悖逆也六三失位負乘不應於上是悖逆之人也上六居動之上能除解六三之荒悖故云以解悖也

䷨ 兌下艮上 損：有孚，元吉，无咎，可貞，利有攸往。曷之用？二簋可用享。〔疏〕損有孚至可用享○正義曰損者減損之名此卦明損下益上故謂之損損之爲義損下益上損剛益柔損下益上非補不足者也損剛益柔非長君子之道者也若不以誠則涉諂諛而有過咎故必有孚然後大吉无咎可正而利有攸往矣故曰損有孚元吉无咎可貞利有攸往也先儒皆以无咎可貞各自爲義言既吉而无咎則可以爲正準下王注象辭云損下而不爲邪益上而不爲諂則何咎而可正然則王意以无咎可貞共成一義故莊氏云若行損有咎則須補過以正其失今行損用信則是无咎可正故云无咎可貞竊謂莊氏之言得王旨矣曷之用二簋可用享者明行損之禮貴夫誠信不在於豐既行損以信何用豐爲二簋至約可用享祭矣故曰曷之用二簋可用享也

彖曰：損，損下益上，其道上行。艮爲陽兌爲陰凡陰順於陽者也陽止於上陰說而順損下益上上行之義也〔疏〕正義曰此就二體釋卦名之義艮陽卦爲止兌陰卦爲說陽止於上陰說而奉之是下自減損以奉於上上行之謂也

損而有孚，元吉，无咎，可貞，利有攸往。損之爲道損下益上損剛益柔也損下益上非補不足也損剛益柔非長君子之道也爲損而可以獲吉其唯有孚乎損而有孚則元吉无咎而可正利有攸往矣損剛益柔不以消剛損柔益上不以盈上損剛而不爲邪益上而不爲諂則何咎而可正雖不能拯濟大難以斯有往物无距也〔疏〕正義曰卦有元吉已下等事由於有孚故加一而字則其義可見矣

曷之用？曷辭也曷之用言何以豐爲也二簋可用享。二簋質薄之器也行損以信雖二簋而可用享〔疏〕正義曰曷之用二簋可用享經明之皆爲損而有孚故得如此

二簋應有時，至約之道不可常也〔疏〕正義曰申明二簋之禮不可爲常二簋至約惟在損時應時行之非可常也

損剛益柔有時。下不敢剛貴於上行損剛益柔之謂也剛爲德長損之不可以爲常也〔疏〕正義曰明損下益上之道亦不可爲常損之所以能損下益上者以下不敢剛亢貴於奉上則是損於剛亢而益柔順也損剛者謂損兌之陽爻也益柔者謂益艮之陰爻也人之爲德須備剛柔就剛柔之中剛爲德長既爲德長不可恆減故損之有時

損益盈虛，與時偕行。自然之質各定其分短者不爲不足長者不爲有餘損益將何加焉非道之常故必與時偕行也〔疏〕正義曰盈虛者鳧足短而任性鶴脛長而自然此又云與時偕行者上既言損剛益柔不可常用此又汎明損益之事體非恆理自然之質各定其分鳧足非短鶴脛非長何須損我以益人虛此以盈彼但有時宜用故應時而行故

日損益盈虛，與時偕行也。象曰：山下有澤，損。山下有澤，損之象也。〔疏〕正義曰：澤在山下，澤卑山高，似澤之自損以崇山之象也。君子以懲忿窒欲。可損之善，莫善忿欲也。〔疏〕正義曰：君子以法此損道，以懲止忿怒，窒塞情欲。夫人之情也，感物而動，境有順逆，故情有忿欲。懲者息其既往，窒者閉其將來。忿欲皆有往來，懲窒互文而相足也。初九：已事遄往，无咎，酌損之。損之爲道，損下益上，損剛益柔，以應其時者也。居於下極，損剛奉柔，則不可以逸；處損之始，則不可以盈。事已則往，不敢宴安，乃獲无咎也。剛以奉柔，雖免乎咎，猶未親也，故既獲无咎，復自酌損，乃得合志也。遄，速也。〔疏〕正義曰：已事遄往，无咎者，已，竟也；遄，速也。損之爲道，損下益上，如人臣欲自損己奉上，然各有所掌，若廢事而往，咎莫大焉；若事已不往，則爲傲慢。竟事速往，乃得无咎，故曰已事遄往，无咎也。酌損之者，剛勝則柔危，以剛奉柔，初未見親也，故須酌而減損之，乃得合志，故曰酌損之。象曰：已事遄往，尚合志也。尚合於志，欲速往也。〔疏〕正義曰：尚合志者，尚，庶幾也。所以竟事速往，庶幾與上合志也。九二：利貞，征凶，弗損益之。柔不可全益，剛不可全削，下不可以无正。初九已損剛以順柔，九二履中而復損己以益柔，則剝道成焉，故不可遄往而利貞也。進之於柔則凶矣，故曰征凶也。故九二不損而務益，以中爲志也。〔疏〕正義曰：柔不可以全益，剛不可以全削，下不可以无正。初九已損剛以益柔，爲順六四爲初六，九二復損己以益六五，爲六二則成剝卦矣。故九二利以居而守正，進之於柔則凶，故曰利貞，征凶也。既征凶，故九二不損己而務益，故曰弗損益之也。象曰：九二利貞，中以爲志也。〔疏〕正義曰：中以爲志者，言九二所以能居而守貞，不損益之，良由居中，以中爲志，故損益得其節適也。六三：三人行則損一人，一人行則得其友。損之爲道，損下益上，其道上行。三人謂自六三已上三陰也。三陰並行以承於上，則上失其友，內无其主，名之曰益，其實乃損。故天地相應，乃得化醇；男女匹配，乃得化生。陰陽不對，生可得乎？故六三獨行，乃得其友；二陰俱行，則必疑矣。〔疏〕六三至得其友。○正義曰：六三處損之時，居於下體，損之爲義，其道上行。三人謂自六三已上三陰，上一人謂上九也，下一人謂六三也。夫陰陽相應，萬物化醇，男女匹配，故能生育。六三應於上九，上有二陰，六四、六五也。損道上行，有相從之義，若與二陰并己俱行，雖欲益上九一人，更使上九懷疑，疑則失其適匹之義也。名之曰益，卽不是減損其實，損之也，故曰三人行則損一人。若六三一人獨行，則上九納己无疑，則得其友矣，故曰一人行則得其友也。象曰：一人行，三則疑也。〔疏〕正義曰：三則疑者，言一人則可，三人疑加疑惑也。六四：損其疾，使遄有喜，无咎。履得其位，以柔納剛，能損其疾也。疾何可久，故速乃有喜，損疾以離其咎，有喜乃免，故使速乃有喜，有喜乃无咎也。〔疏〕六四至无咎。○正義曰：疾者，相思之疾也。初九自損已遄往，己以正道速納，陰陽相會，同志斯來，无復企子之疾，故曰損其疾。疾何可久，速乃有喜，有喜乃无咎，故曰使遄有喜，无咎。○注履得其位至有喜乃无咎也。○正義曰：速乃有喜，有喜乃无咎者，相感而久不相會，則有勤望之憂，故速乃有喜。初九自損以益四，四不速納，則有失益之咎也，故曰有喜乃无咎也。象曰：損其疾，亦可喜也。〔疏〕正義曰：亦可喜者，詩曰：亦既見止，我心則降。不亦有喜乎。

六五：或益之十朋之龜，弗克違，元吉。以柔居尊而爲損道，江海處下，百谷歸之，履尊以損，則或益之矣。朋，黨也。龜者，決疑之物也。陰非先唱，柔非自任，尊以自居，損以守之，故人用其力，事順其功，智者慮能，明者慮策，弗能違也，則衆才之用事矣。獲益而得十朋之龜，足以盡天人之助也。〔疏〕六五至元吉。○正義曰：六五居尊以柔而在乎損，而能自抑損者也。居尊而能自抑損，則天下莫不歸而益之，故曰或益之也。或者，言有也，言其不自益之，有人來益之也。朋者，黨也。龜者，決疑之物也。陰不先唱，柔不自任，尊以自居，損以守之，則人用其力，事竭其功，智者慮能，明者慮策，而不能違也。朋至不違，則羣才之用盡矣，故曰十朋之龜，弗克違也。羣才畢用，自尊委人，天人並助，故曰元吉。○注以柔居尊至天人之助也。○正義曰：朋，黨也者，馬、鄭皆案爾雅云：十朋之龜者，一曰神龜，二曰靈龜，三曰攝龜，四曰寶龜，五曰文龜，六曰筮龜，七曰山龜，八曰澤龜，九曰水龜，十曰火龜。象曰：六五元吉，自上祐也。〔疏〕正義曰：自上祐者，上謂天也，故與自天祐之，吉無不利義同也。上九：弗損，益之，无咎，貞吉，利有攸往，得臣无家。處損之終，上无所奉，損終反益，剛德不損，乃反益之，而不憂於咎，用正而吉，不制於柔，剛德遂長，故曰弗損益之，无咎，貞吉，利有攸往也。居上乘柔，處損之極，尚夫剛德，爲物所歸，故曰得臣；得臣則天下爲一，故无家也。〔疏〕上九至得臣无家。○正義曰：弗損益之，无咎，貞吉者，損之爲義，損下益上，上九處損之極，上无所奉，損終反益，故曰弗損益之也。既剛德不損，乃反益之，則不憂於咎，用正而吉，故曰无咎，貞吉也。利有攸往者，不利於柔，不使三陰俱進，不疑其志，剛德遂長，故曰利有攸往也。又能自守剛陽，不爲柔之所制，豈惟无咎貞吉而已，所往亦无不利，故曰利有攸往，義兩存也。得臣无家者，居上乘柔，處損之極，尊夫剛德，爲物所歸，故曰得臣。得臣則以天下爲一，故曰无家。无家者，光宅天下，无適一家也。象曰：弗損益之，大得志也。〔疏〕正義曰：大得志者，剛德不損，爲物所歸，故大得志也。

䷩ 震下巽上　益：利有攸往，利涉大川。〔疏〕正義曰：益者，增足之名，損上益下，故謂之益。下已有矣，而上更益之，明聖人利物之无已也。損卦則損下益上，益卦則損上益下，得名皆就下而不據上者，向秀云：明王之道，志在惠下，故取下謂之損，與下謂之益。既上行惠下之道，利益萬物，動而无違，何往不利，故曰利有攸往。以益涉難，理絕險阻，故曰利涉大川。象曰：益，損上益下，民說无疆。震，陽也；巽，陰也。巽非違震者也，處上而巽，不違於下，損上益下之謂也。〔疏〕正義曰：此就二體釋卦名之義。柔損在上，剛動在下，上巽不違於下，損上益下之義也。既居上者能自損以益下，則下民懽說，无復疆限，益卦所以名益者，正以損上益下，民說无疆者也。自上下下，其道大光。利有攸往，中正有慶。五處中正，自上下下，故有慶也。以中正有慶之德，有攸往也，何適而不利哉。〔疏〕正義曰：此就九五之爻釋利有攸往，中正有慶也。五處中正，能自上下下，則其道光大，爲天下之所慶順也。以中正有慶之德，故所往无不利焉。益之所以利有攸往者，正謂中正有慶故也。利涉大川，木道乃行。木者以涉大川爲常，而不溺者也。以益涉難，同乎木也。〔疏〕正義曰：此取譬以釋利涉大川也。木體輕浮，以涉大川爲常而不溺也。以益涉難，如木道之涉川，涉川无害，方見益之爲利，故云利涉大川，木道乃行也。

益動而巽，日進无疆。天施地生，其益无方。損下益上。〔疏〕正義曰：益動而巽，日進无疆者，自此已下，廣明益義。前則就二體明損上益下以釋卦名，以下有動求上能巽接，是損上益下之義。今執二體更明得益之方也。若動而驕盈，則彼損无已；若動而卑巽，則進益无疆，故曰益動而巽，日進无疆。天施地生，其益无方者，此就天地廣明益之大義也。天施氣於地，地受氣而化生，亦是損上益下義也。其施化之益，无有方所，故曰天施地生，其益无方。凡益之道，與時偕行。益之爲用，施未足也；滿而益之，害之道也。故凡益之道，與時偕行也。〔疏〕正義曰：雖施益无方，不可恆用，當應時行之，故舉凡益揔結之，故曰凡益之道，與時偕行也。象曰：風雷，益。君子以見善則遷，有過則改。遷善改過，益莫大焉。〔疏〕正義曰：子夏傳云：雷以動之，風以散之，萬物皆盈。孟僖亦與此同。其意言必須雷動於前，風散於後，然後萬物皆益。如二月啓蟄之後，風以長物；八月收聲之後，風以殘物。風之爲益，其在雷後，故曰風雷益也。遷謂遷徙慕尚，改謂改更懲止。遷善改過，益莫大焉，故君子求益，以見善則遷，有過則改也。六子之中，並有益物，猶取雷風者，何晏云：取其最長可久之義也。初九：利用爲大作，元吉，无咎。處益之初，居動之始，體夫剛德，以莅其事，而之乎巽，以斯大作，必獲大功。夫居下非厚事之地，在卑非任重之處，大作非小功所濟，故元吉乃得无咎也。〔疏〕正義曰：大作謂興作大事也。初九處益之初，居動之始，有興作大事之端，又應剛能幹，應巽不違，有堪建大功之德，故曰利用爲大作也。然有其才而无其位，得其時而无其處，雖有殊功，人不與也。時人不與，則咎過生焉，故必元吉乃得无咎，故曰元吉无咎。象曰：元吉无咎，下不厚事也。時可以大作，而下不可以厚事，得其時而无其處，故元吉乃得无咎也。〔疏〕正義曰：下不厚事者，厚事猶大事也。六二：或益之十朋之龜，弗克違，永貞吉。王用享于帝，吉。以柔居中而得其位，處內履中，居益以中，益自外來，不名自至，不先不爲，則朋龜獻策，同於損卦六五之位。位不當尊，故吉在永貞也。帝者，生物之主，興益之宗，出震而齊巽者也。六二居益之中，體柔當位，而應於巽，享帝之美，在此時也。〔疏〕六二至王用享于帝吉。○正義曰：六二體柔居中當位，應巽，是居益而能用謙沖者也。居益用謙，則物自外來，朋龜獻策，弗能違也，同於損卦六五之位，故曰或益之十朋之龜，弗克違也。然位不當尊，故永貞乃吉，故曰永貞吉。帝，天也。王用此時以享祭於帝，明靈降福，故曰王用享於帝吉也。象曰：或益之，自外來也。〔疏〕正義曰：自外來者，明益之者從外自來，不名而至也。六三：益之用凶事，无咎。有孚中行，告公用圭。以陰居陽，求益者也，故曰益之。益不外來，己自爲之，物所不與，故在謙則戮，救凶則免。以陰居陽，處下卦之上，壯之甚也。用救衰危，物所恃也，故用凶事乃得无咎也。若能益不爲私，志在救難，壯不至亢，不失中行，以此告公，國主所任也。用圭之禮，備此道矣，故曰有孚中行，告公用圭也。公者，臣之極也。凡事足以施天下則稱王，次天下之大者則稱公。六三之才不足以告王，足以告公而得用圭也，故曰中行告公用圭也。〔疏〕六三至告公用圭。○正義曰：六三以陰居陽，不能謙退，是求益者也，故曰益之。益不外來，己自爲之，物所不與，若以謙道責之，則理合誅戮，若以救

凶原之則情在可恕然此六三以陰居陽處下卦之上壯之甚也用此以救衰危則物之所恃所以用凶事而得免咎故曰益之用凶事无咎若能求益不爲私己志在救難爲壯不至亢極能適於時是有信實而得中行故曰有孚中行也用此有孚中行之德執圭以告於公公必任之以救衰危之事故曰告公用圭。注以陰居陽至告公用圭也。正義曰告王者宜以文德燮理使天下人寧不當恆以救凶用志褊狹也。**象曰。益用凶事。固有之也。**用施凶事乃得固有之也。〔疏〕正義曰固有之者明其爲救凶則不可求益施之凶事乃得固有其功也。**六四。中行。告公從。利用爲依遷國。**居益之時處巽之始體柔當位在上應下卑不窮下高不處亢位雖不中用中行者也以斯告公何有不從以斯依遷誰有不納也〔疏〕正義曰六四居益之時處巽之始體柔當位在上應下卑不窮下高不處亢位雖不中用中行者也故曰中行也以此中行之德有事以告於公公必從之故曰告公從也用此道以依人而遷國者人无不納故曰利用爲依遷國也遷國國之大事明以中行雖有大事而无不利如周之東遷晉鄭焉依之義也。**象曰。告公從。以益志也。**志得益也。〔疏〕正義曰以益志者既爲公所從其志得益也。**九五。有孚惠心。勿問元吉。有孚惠我德。**得位履尊爲益之主者也爲益之大莫大於信爲惠之大莫大於心因民所利而利之焉惠而不費惠心者也信以惠心盡物之願固不待問而元吉有孚惠我德也以誠惠物物亦應之故曰有孚惠我德也〔疏〕正義曰九五得位處尊爲益之主兼張德義以益物者也爲益之大莫大於信爲惠之大莫大於心因民所利而利之焉惠而不費惠心者也有惠有信盡物之願必獲元吉不待疑問故曰有孚惠心勿問元吉我既以信惠被於物物亦以信惠歸於我故曰有孚惠我德也。**象曰。有孚惠心。勿問之矣。惠我德。大得志也。**〔疏〕正義曰大得志者天下皆以信惠歸我則可以得志於天下故曰大得志也。**上九。莫益之。或擊之。立心勿恆。凶。**處益之極過盈者也求益无已心无恆者也无厭之求人弗與也獨唱莫和是偏辭也人道惡盈怨者非一故曰或擊之也〔疏〕正義曰上九處益之極益之過甚者也求益无厭怨者非一故曰莫益之或擊之也勿猶无也求益无已是立心无恆者也无恆之人必凶咎之所集故曰立心勿恆凶。**象曰。莫益之。偏辭也。或擊之。自外來也。**〔疏〕正義曰偏辭者此有求而彼不應是偏辭也自外來者怨者非一不待名也故曰自外來也

周易注疏校勘記卷四　阮元撰盧宣旬摘錄

咸　此卦前石經題周易下經咸傳第四釋文岳本古本足利本同錢本題周易注疏卷第六宋本同

取女吉　石經岳本閩監毛本同釋文取本亦作娶○按娶正字取假借字

則萬物无由得應化而生　錢本閩監毛本同宋本應作變

以其各亢所處也　岳本閩監毛本同釋文亢本或作有

咸其拇　石經岳本閩監毛本同釋文拇子夏作踇荀作母

四屬外也　岳本閩監毛本也作卦古本上有卦字

咸其腓　石經岳本閩監毛本同釋文腓荀作肥

退不能靜處　岳本閩監毛本同古本足利本靜處作處靜案疏云靜守其處作處靜非

吝其宜也　此下十行本閩監毛本並脫去正義一段今據錢本宋本錄之於下正義曰咸其股執其隨往吝者九三處二之上轉高至股股之爲體動靜隨足進不能制足之動退不能靜守其處股是可動之物足動則隨不能自處常執其隨足之志故云咸其股執其隨施之於人自无操持志在隨人所執卑下以斯而往鄙吝之道故言往吝

憧憧往來　石經岳本閩監毛本同釋文憧憧京作憧

正而故得悔亡也　閩監毛本同浦鏜云而下當脫吉字

咸其輔頰舌　石經岳本閩監毛本同釋文輔虞作酺頰孟作俠

滕口說也　石經岳本閩監毛本同釋文滕九家作乘虞作媵

鄭元又作媵口送也　〔補〕毛本作媵送也案經滕字虞本作媵是媵口二字當媵媵之譌

恒

无疑亨字在三事之中　浦鏜云中當作外

釋訓卦名也　錢本閩監毛本同宋本釋訓作訓釋

因名此卦得其恒名　閩監毛本同宋本名作明

往无窮也　閩監毛本同岳本宋本古本足利本也作極

浚恒　石經岳本閩監毛本同釋文浚鄭作濬

令物无餘縕　閩監毛本同岳本錢本縕作蘊釋文出餘縕

或承之羞　石經岳本閩監毛本同釋文或承鄭本作咸承

振恒凶　石經岳本閩監毛本同釋文振張作震

遯

危至而後未行　〔補〕毛本未作求案未字宜衍正義是遯之爲後也可證

雖可免乎　閩本同監毛本雖作難不誤釋文出難可

物皆遯已　岳本閩監毛本同釋文已音以或音紀案音紀則當作人己字疏云物皆棄已而遯則正義本作己與或音合

係遯　石經岳本閩監毛本同釋文本或作繫○按凡相連屬謂之係此係遯是也

宜遯而繫　錢本宋本古本同岳本閩監毛本繫作係下繫遯繫於所在不能遠害同

有疾憊也　石經岳本閩監毛本同釋文憊王肅作𤻲荀作備

矰繳不能及　岳本閩監毛本同釋文出繒繳○按矰正字繒假借字

大壯

一者謂陽爻　岳本閩監毛本一作大古本下有也字○〔補〕案大字是也正義標起止可證

遂廣美正人之義　〔補〕案人當作大

義歸天極　〔補〕毛本極作大

故正大則見天地之情　閩監毛本同錢本宋本則作卽

而順體也　岳本錢本閩監毛本體作禮釋文而愼禮也愼或作順

其人信其窮凶也　閩監毛本同錢本宋本其作有

羸其角　石經岳本閩監毛本同釋文羸王肅作縲鄭虞作纍蜀才作累張作虆

用之以爲羅罔於已　閩監毛本同宋本無以字

君子罔也　石經岳本閩監毛本同古本罔上有用字非

壯于大輿之輹　石經岳本閩監毛本同釋文輹本又作輻

能幹其任　岳本閩監毛本同古本任上有所字

二理自爲矛楯　錢本宋本同閩監毛本楯作盾

持疑猶豫　岳本閩監毛本同釋文猶與一本作預○按與豫之假借字預又豫之俗字

固志在一　岳本閩本古本足利本同監毛本一作三

疑之不已　閩監毛本同錢本宋本疑作欽

不詳也　石經岳本宋本閩監毛本同古本足利本詳作祥釋文不詳鄭王肅作祥案此則王弼本自作詳古本足利本非也

不詳也者　閩監毛本同錢本宋本詳作祥○〔補〕案下並同

晉　石經岳本閩監毛本同釋文孟作齊

所以在貴也　閩監毛本同岳本宋本古本足利本以作之案噬嗑注皆所之在貴也足證此文以字爲之字之誤

以顯著明自顯之道　閩本同岳本監毛本上顯作順古本下有也字○〔補〕案順字是也正義可證

之迆反　十行本此三字雙行夾注閩本作單行側注監毛本誤與正義字同

之召反　十行本此三字亦雙行夾注錢本宋本召作少閩監毛本與十行本同

進之初　閩監毛本同錢本宋本上有處字

而回其志 岳本閩監毛本同古本回誤曲下履貞不回同

處晦能致其誠者也 閩監毛本同岳本晦作悔

闇乎幽昧 閩監毛本同岳本宋本古本足利本闇作闇釋文出闇乎

故曰進如愁如 閩監本同毛本進作晉是也

故得其悔亡 閩監毛本同錢本宋本無其字

晉如鼫鼠 石經岳本閩監毛本同釋文鼫子夏傳作碩

正之厄也 〔補〕案厄當危字之譌正義正之危也可證毛本作危

不成一伎王 閩監毛本同錢本宋本王作術○按盧文弨云顏氏家訓作不成技術知王字誤也

能游不能度谷 閩監毛本同錢本宋本度作渡○按詩疏亦作渡

能穴不能掩身 詩疏掩作覆

陸機以爲雀鼠 閩監本同毛本機改璣非

失得勿恤 石經岳本閩監毛本同釋文失孟馬鄭虞王肅本作矢

能不用柔 〔補〕毛本柔作粲

有慶者委任得人 盧文弨云疏讀失得勿恤往爲句故此上無往字

明夷

文王以之 石經岳本閩監毛本同釋文鄭荀向作似之下亦然

不爲邪干 〔補〕毛本干作諂

蔽僞百姓者也 岳本閩監毛本同釋文蔽僞本或作獘僞

巧所辟也 〔補〕岳本毛本同古本足利本巧作乃閩本明監本辟作避

初處卦之始最遠於難也 岳本閩監毛本同古本初下有九字也上有者字

夷于左股用拯馬 岳本閩監毛本同石經股用拯三字漫漶釋文夷子夏作睇京作眱左股姚作右槃

拯子夏作抍

是行不能壯也 閩監毛本同岳本宋本古本足利本是作示釋文出示行

然後乃免也 岳本閩監毛本同釋文然後而免也一本作然後乃獲免也古本乃作獲

明夷于南狩 石經岳本閩監毛本同釋文狩本亦作守

乃得大也 石經岳本閩監毛本作乃大得也疏亦云是其志大得也○〔補〕案大得是也誤倒耳

事情之地 〔補〕毛本事作懷

隨時辟難 錢本閩監毛本同岳本宋本古本足利本隨作隨

獲心意也 石經岳本閩監毛本同古本也誤者

箕子之明夷 石經岳本閩監毛本同釋文蜀才箕作其劉向云今易箕子作荄滋

家人

卽入不失父道 〔補〕毛本入作父

發邇化遠 宋本閩本同監毛本化作見

則悔矣 岳本閩監毛本同古本作則悔成矣足利本作則悔生矣

志未變也 石經岳本閩監毛本同古本也上衍之字

家人嗃嗃 石經岳本閩監毛本同釋文嗃嗃荀作確確劉作熇熇

婦子嘻嘻終吝 石經岳本閩監毛本同古本終下衍之字釋文嘻嘻張作嬉嬉陸作喜喜

猶得其道 岳本閩監毛本同集解作猶得吉也古本無猶字

上得終於家道 〔補〕毛本上作乃

睽

睽動而上 〔補〕案動上當有火字

佐王治民 〔補〕毛本王作主

與人合志 閩監毛本同岳本宋本古本足利本人作四

馬者必顯之物 岳本閩監毛本同古本下有也字釋文必顯一本作必類下相顯亦然

見謂遜接之也 閩監毛本同錢本宋本無見字

以辟咎也 閩監毛本同宋本辟作避

正義曰未失道者既遇其主雖失其位亦未失道也此疏錢本宋本在九二疏末十行本在未失道也下閩本與十行本同監毛本脫去

其牛掣其人天且劓 石經岳本閩監毛本同釋文掣鄭作犎子夏作契荀作觭劉本從說文作㸷劓王肅作臲

有應故亡 岳本閩監毛本同古本足利本亡上有悔字○按集解有悔字正義本同是古本之所據也

後說之弧 石經岳本閩監毛本同釋文弧本亦作壺京馬鄭王肅翟子元作壺

豕失負塗 閩本同岳本錢本宋本古本失作而監毛本作之足利本作也案而是

恢詭譎怪 岳本閩監毛本同釋文譎本亦作決

未至於治先見殊怪 閩監毛本同岳本錢本宋本足利本治作洽古本洽先作合志一本洽作合志二字

故見豕負塗 岳本閩監毛本同古本故下有曰字

四剋其應 岳本閩監毛本同錢本宋本古本剋作刺釋文出四剋

未至於治 閩監毛本同宋本治作洽

乃得與二爲婚媾矣 閩監毛本同錢本宋本二作三

故爲舉筳與楹 孫志祖云今本莊子故爲下有是字

蹇

利西南 石經岳本閩監毛本同古本利下衍也字

西南險位 閩本同宋本險作地監毛本作順

吉可得乎 岳本閩監毛本同古本吉下有何字一本作吉何可得也足利本上有何字

以正邦也 石經岳本閩監毛本同釋文正邦荀陸本作正國爲漢朝諱

宜待也 岳本閩監毛本同石經待也二字漫漶釋文張本作宜時也鄭本宜待時也

處難之時 岳本閩監毛本同錢本宋本古本之作窮

處蹇以比 〔補〕毛本比作此

而在難中 錢本閩監本同毛本而作尙

往則失之 岳本閩監毛本同錢本宋本古本作往之則失

以從陽 閩監毛本同宋本以下有陰字

解

利施於衆遇難不困于東北 岳本閩監毛本遇難作也亦宋本難不困于東北作亦不困于東北

一音古買反一音胡買反 錢本宋本同閩本胡作故監毛本作諧又錢本宋本古買反胡買反六字小注

解難而濟厄者也 十行本難字闕岳本如此閩監毛本同古本足利本厄作危下放此釋文厄或作危○〔補〕難字今依挍補耒

則以速爲吉者 閩監毛本同岳本宋本古本足利本者作也

卽見免說於險 宋本同閩監毛本見作是說作脫

而百果草木皆甲坼 石經岳本錢本坼作坼是也下注及正義並同閩監毛本作拆非宋本注疏皆作甲坼經文坼字不明當亦作坼釋文坼馬陸作宅

无坼而不釋也 〔補〕案坼當作坼毛本作所非也

君子以赦過宥罪石經岳本閩監毛本同釋文宥京作尤

或有過咎非其理也岳本閩監毛本同釋文過或作過一本無此八字古本亦無此八字

非理之當也【補】毛本當作常

捜獲憊盡【補】毛本憊作備

乘二負四以容其為寇之來也【補】毛本為作身

自我致戎石經岳本閩監毛本同釋文本又作致寇

言此寇雖由己之招閩監毛本同錢本宋本雖作難○【補】案所改是也

解而拇石經岳本閩監毛本同釋文拇荀作母

極則後動閩本同岳本監毛本則作而○補案而字是也正義可證

隼於人家高墉也【補】案隼當作集因上隼之為鳥隼字而誤

損此卦前錢本宋本題周易注疏卷第七

二簋可用享石經岳本閩監毛本同釋文二簋蜀才作軌

準下王注閩監毛本同錢本準作准

損下而不為邪按下注作損剛

則是无咎可正錢本閩監毛本同宋本咎作過

得正旨矣閩監毛本同錢本宋本正作王盧文弨云王謂王弼也

君子以懲忿窒欲石經岳本閩監毛本同釋文徵劉作懲蜀才作澄窒鄭劉作懫孟作恎陸作咨欲孟作浴

莫善忿欲也岳本閩監毛本同古本足利本善下有損字

已事遄往石經岳本閩監毛本同釋文已本亦作以虞作祀遄荀作顓

不敢宴安閩監毛本同岳本古本足利本敢作可

利貞征凶石經岳本閩監毛本同古本征作往注同

柔下可全益剛不可全削下不字誤岳本閩監毛本不誤古本全上並有以字

謂自六三已上三陰也岳本閩監毛本同釋文出以上按以已古多通用

乃得化醇岳本閩監毛本同宋本古本足利本醇作淳䟽同釋文出化淳

三人疑加疑惑也閩監毛本同錢本宋本上疑作益

無復企子之疾錢本宋本子作予閩監毛本無作无

智者慮能閩監毛本同岳本智作知釋文出知者

則衆才之用事矣【補】案正義事當作盡毛本不誤

自上祐也石經岳本閩監毛本同釋文祐本亦作佑

吉無不利義同也閩監毛本無作无錢本無也字

不制於柔岳本閩監毛本同釋文不制一本作下制

不利於柔【補】宋本不利作下制閩監毛本作不制案不制正與注同然注不字亦疑是下字之譌

益

損下益上岳本閩監毛本作損上益下是也古本下有也字下必獲大功下與益之宗下救凶則免下並同

君子以見善則遷岳本閩監毛本同石經善字磨改

又應剛能幹閩監毛本同錢本宋本應作體○補案體字是也注體夫剛德可證

王用享于帝吉岳本閩監毛本同石經下五字漫滅釋文出用亨案此釋文據宋本通志堂本作享

出震而齊巽者也岳本閩監毛本同古本齊誤濟

居益以中【補】案中當作沖下正義居益而能用謙沖者也可證

不先不為補案為當作違

告公用圭石經岳本閩監毛本同釋文用圭王肅作用桓圭

不失中行岳本閩監毛本同古本上有故字

誰有不納也岳本閩監毛本同古本足利本誰作何

固不待問而元吉有孚惠我德也閩監毛本同岳本宋本古本足利本固作故浦鏜云下六字疑衍文

兼張德義閩監毛本同錢本宋本張作宏

无厭之求岳本閩監毛本同釋文出無厭

偏辭也石經岳本閩監毛本同釋文偏孟作徧

周易注疏校勘記卷四

周易兼義下經夬傳卷第五

國子祭酒上護軍曲阜縣開國子臣孔穎達奉勑撰正義

王弼注

䷪乾下兌上夬。揚于王庭。孚號有厲。告自邑。不利即戎。利有攸往。夬與剝反者也剝以柔變剛至於剛幾盡夬以剛決柔如剝之消剛剛隕則君子道消柔消則小人道隕君子道消則剛正之德不可得直道而用刑罰之威不可得坦然而行揚于王庭其道公也【疏】夬揚于王庭至利有攸往○正義曰夬決也此陰消陽息之卦也陽長至五五陽共決一陰故名為夬也揚于王庭者明行決斷之法夬以剛決柔施之於人則是君子決小人也王庭是百官所在之處以君子決小人故可以顯然發揚決斷之事於王者之庭示公正而无私隱也故曰揚于王庭也孚號有厲者號號令也行決之法先須號令夬以剛決柔則是用明信之法而宣其號令如此即柔邪者危故曰孚號有厲也以剛制斷行令於邑可也若用剛即戎尚力取勝為物所疾以此用師必有不利故曰告自邑不利即戎雖不利即戎然剛德不長則柔邪不消故陽交宜有所往夬道乃成故曰利有攸往也象曰。夬。決也。剛決柔也。健而說。決而和。健而說則決而和矣【疏】象曰至決而和○正義曰夬決也剛決柔者此就爻釋卦名也健而說決而和者此就二體之義明決而能和乾健而兌說健則能決說則能和故曰決而和也○揚于王庭。柔乘五剛也。剛德齊長一柔為逆眾所同誅而无忌者也故可揚于王庭○【疏】正義曰此因一陰而居五陽之上釋行決之法以剛德齊長一柔為逆眾所同誅誅而无忌也故曰揚于王庭言所以得顯然揚于王庭者只謂柔乘五剛也孚號有厲。其危乃光也。剛正明信以宣其令則柔邪者危故曰其危乃光也【疏】正義曰以明信而宣號令即柔邪者危厲危厲之理分明可見故曰其危乃光也○告自邑。不利即戎。所尚乃窮也。以剛斷制告令可也告自邑謂行令於邑也用剛即戎尚力取勝也尚力取勝物所同疾也【疏】正義曰剛克之道不可常行若專用威猛以此即戎則便為尚力取勝即是決而不和其道窮矣行決所以惟告自邑不利即戎者只謂所尚乃窮故也利有攸往。剛長乃終也。剛德愈長柔邪愈消故利有攸往道乃成也【疏】正義曰道成也剛長柔消夬道乃成也象曰。澤上於天。夬。君子以施祿及下。居德則忌。澤上於天夬之象也澤上於天必來下潤施祿及下之義也夬者明法而決斷之象也忌止也法明斷嚴不可以慢故居德以明禁也施而能嚴嚴而能施健而能說決而能和美之道也【疏】象曰至居德則忌○正義曰澤上於天夬者澤性潤下雖復澤上於天決來下潤此事必然故是夬之象也君子以施祿及下居德則忌者忌禁也決有二義象則澤來潤下彖則明法決斷所以君子法此夬義威惠兼施雖復施祿及下其在身居德復須明其禁令合於健而能說決而能和故曰君子以施祿及下居德則忌也初九。壯于前趾。往不勝為咎。居健之初為決之始宜審其策以行其事壯其前趾往而不勝宜其咎也【疏】正義曰初九居夬之

初當須審其籌策然後乃往而體健處下徒欲果決壯健前進其趾以此而往必不克勝非決之謀所以爲咎故曰初九壯于前趾往不勝爲咎也 象曰。不勝而往。咎也。不勝之理在往前也〔疏〕正義曰經稱往不勝爲咎象云不勝而往咎翻其文者蓋暴虎馮河孔子所忌謬於用壯必無勝理孰知不勝果決而往所以致於咎過故注云不勝之理在往前也 九二。惕號。莫夜有戎。勿恤。居健履中以斯決事能審已度而不疑者也故雖有惕懼號呼莫夜有戎不憂不惑故勿恤也〔疏〕正義曰九二體健居中能決其事而无疑惑者也雖復有人惕懼號呼語之云莫夜必有戎卒來害己能審己度不惑不憂故勿恤也 象曰。有戎勿恤。得中道也。〔疏〕正義曰得中道者決事而得中道故不以有戎爲憂故云得中道也 九三。壯于頄。有凶。君子夬夬。獨行。遇雨若濡。有慍。无咎。頄面權也謂上六也最處體上故曰權也剝之六三以應陽爲善夫剛長則君子道興陰盛則小人道長然則處陰長而助陽則善處剛長而助柔則凶矣夬爲剛長而三獨應上六助於小人是以凶也君子處之必能棄夫情累決之不疑故曰夬夬也若不與衆陽爲群而獨行殊志應於小人則受其困焉遇雨若濡有恨而无所咎也〔疏〕九三壯于頄至无咎○正義曰壯于頄有凶者頄面權也謂上六也言九三處夬之時獨應上六助於小人是以凶也若剝之六三處陰長之時而應上是助陽爲善今九三處剛長之時獨助陰爲凶也君子夬夬者君子之人若於此時能棄其情累不受於應在於決斷而无滯是夬夬也獨行遇雨若濡有慍无咎者若不能決發於衆陽應於小人則受濡濕其衣自爲怨恨无咎責於人故曰有慍无咎也 象曰。君子夬夬。終无咎也。〔疏〕正義曰衆陽決陰獨與上六相應是有咎也若能夬夬決之不疑則終无咎矣然則象云无咎自釋君子夬夬非經之无咎也 九四。臀无膚。其行次且。牽羊悔亡。聞言不信。不剛而進非已所據必見侵傷失其所安故臀无膚其行次且也羊者抵狠難移之物謂五也五爲夬主非下所侵若牽於五則可得悔亡而已剛亢不能納言自任所處聞言不信以斯而行凶可知矣○〔疏〕九四臀无膚至聞言不信○正義曰臀无膚其行次且者九四據下三陽位又不正下剛而進必見侵傷侵傷則居不得安若臀无膚矣次且行不前進也臀之无膚居既失安行亦不進故曰臀无膚其行次且也牽羊悔亡聞言不信者羊者抵狠難移之物謂五也居尊當位爲夬之主下不敢侵若牽於五則可得悔亡故曰牽羊悔亡然四亦是剛陽各亢所處雖復聞牽羊之言不肯信服事於五故曰聞言不信也○ 象曰。其行次且。位不當也。聞言不信。聰不明也。同於噬嗑滅耳之凶〔疏〕聰不明也○正義曰聰不明者聰聽也良由聽之不明故聞言不信也○注同於噬嗑滅耳之凶○正義曰四既聞言不信不肯牽係於五則必被侵克致凶而經无凶文象稱聰不明者與噬嗑上九辭同彼以不明釋凶知此亦爲凶也 九五。莧陸夬夬。中行无咎。莧陸草之柔脆者也決之至易故曰夬夬也夬之爲義以剛決柔以君子除小人者也而五處尊位最比小人躬自決者也以至尊而敵至賤雖其克勝未足多也處中而行足以免咎而已未足光也〔疏〕九五至无咎○正義曰莧陸草之柔脆者也夬之爲義以剛決柔以君子除小人者也五處尊位爲夬之主親決上六決之至易也如決莧草然故曰莧陸夬夬也但以至尊而敵於至賤雖其克勝不足貴也特以中行之故纔得无咎故曰中行无咎○注莧陸草之柔脆者○正義曰莧陸草之柔脆者子夏傳云莧陸木根草莖剛下柔上也馬融鄭玄王肅皆云莧陸一名商陸皆以莧陸爲一黃遇云莧人莧也陸商陸也以莧陸爲二案注直云草之柔脆者亦以爲一同於子夏等也 象曰。中行无咎。中未光也。〔疏〕正義曰中未光者雖復居中而行以其親決上六以尊敵卑未足以爲光大也 上六。无號。終有凶。處夬之極小人在上君子道長衆所共棄故非號咷所能延也〔疏〕正義曰上六居夬之極以小人而居羣陽之上衆共棄也君子道長小人必凶非號咷所免故禁其號咷曰无號終有凶也 象曰。无號之凶。終不可長也。〔疏〕正義曰終不可長者長延也凶危若此非號咷所能延故曰終不可長也

䷫巽下乾上姤。女壯。勿用取女。〔疏〕正義曰姤遇也此卦一柔而遇五剛故名爲姤施之於人則是一女而遇五男爲壯至甚故戒之曰此女壯甚勿用取此女也 象曰。姤。遇也。柔遇剛也。施之於人即女遇男也一女而遇五男爲壯至甚故不可取也〔疏〕正義曰此就爻釋卦名以初六一柔而上遇五剛所以名遇而用釋卦辭女壯勿用取女之義也 勿用取女。不可與長也。天地相遇。品物咸章也。正乃功成也〔疏〕勿用取女至品物咸章也○正義曰勿用取女不可與長者女之爲體婉娩貞順方可期之偕老淫壯若此不可與之長久故勿用取女天地相遇品物咸章者已下廣明遇義卦得遇名本由一柔與五剛相遇故遇辭非美就卦而取遂言遇不可用是勿用取女也故孔子更就天地歎美遇之爲義不可廢也天地若各亢所處不相交遇則萬品庶物无由彰顯必須二氣相遇乃得化生故曰天地相遇品物咸章 剛遇中正。天下大行也。化乃大行也〔疏〕正義曰莊氏云一女而遇五男既不可取天地匹配則能成品物由是言之若剛遇中正之柔男得幽貞之女則天下人倫之化乃得大行也 姤之時義大矣哉。凡言義者不盡於所見中有意謂者也〔疏〕姤之時義大矣哉正義曰上既博美此又結歎就卦而取義但是一女而遇五男不足稱美博論天地相遇乃致品物咸章然後姤之時義大矣哉○注凡言義者至有意謂者也○正義曰注總爲稱義發例故曰凡言義卦以驗名義只是女遇於男博尋遇之深旨乃至道該天地故云不盡於所見中有意謂者也 象曰。天下有風。姤。后以施命誥四方。〔疏〕正義曰風行天下則无物不遇故爲遇象后以施命誥四方者風行草偃天之威令故人君法此以施教命誥於四方也 初六。繫于金柅。貞吉。有攸往。見凶。羸豕孚蹢躅。金者堅剛之物柅者制動之主謂九四也初六處遇之始以一柔而承五剛體夫躁質得遇而通散而无主自縱者也柔之爲物不可以不牽臣妾之道不可以不貞故必繫于正應乃得貞吉也若不牽于一而有攸往行則唯凶是見矣羸豕謂牝豕也群豕之中豭強而牝弱故謂之羸豕也孚猶務躁也夫陰質而躁恣者羸豕特甚焉言以不貞之陰失其所牽其爲淫醜若羸豕之孚務蹢躅也〔疏〕初六繫于金柅至羸豕孚蹢躅○正義曰繫于金柅貞吉者金者堅剛之物柅者制動之主謂九四也初六陰質若繫於正應以從於四則貞而吉矣故曰繫于金柅貞吉也有攸往見凶者若不牽於一而有所行往則惟凶是見矣故曰有攸往見凶羸豕孚蹢躅者初六處遇之初以一柔而承五剛是不繫金柅有所往者也不繫而往則如羸豕之務躁而蹢躅然也故曰羸豕孚蹢躅羸豕謂牝豕也群豕之中豭強而牝弱也故謂牝豕爲羸豕陰質而淫躁牝豕特甚焉故取以爲喻○注柅者制動之主○正義曰柅者制動之主者柅之爲物衆說不同王肅之徒皆爲織績之器婦人所用惟馬云柅者在車之下所以止輪令不動者也王注云柅制動之主蓋與馬同 象曰。繫于金柅。柔道牽也。〔疏〕正義曰柔道牽者陰柔之道必須有所牽繫也 九二。包有魚。无咎。不利賓。初陰而窮下故稱魚不正之陰處遇之始不能逆近者也初自樂來應己之庖非爲犯奪故无咎也擅人之物以爲己惠義所不爲故不利賓也〔疏〕正義曰庖有魚无咎者初六以陰而處下故稱魚也以不正之陰處遇之始不能逆於所近故捨九四之正應樂充九二之庖廚故曰九二庖有魚初自樂來爲己之廚非爲犯奪故得无咎也不利賓者夫擅人之物以爲己惠義所不爲故不利賓也 象曰。包有魚。義不及賓也。〔疏〕正義曰義不及賓者言有他人之物於義不可及賓也 九三。臀无膚。其行次且。厲。无大咎。處下體之極而二據於初不爲已乘居不獲安行爲其應不能牽據以固所處故曰臀无膚其行次且也然履得其位非爲妄處不遇其時故使危厲災非己招是以无大咎也〔疏〕正義曰陽之所據者陰也九三處下體之上爲內卦之主以乘於二无陰可據居不獲安上又无應不能牽據以固所處同於夬卦九四之失據故曰臀无膚其行次且也然復得其位非爲妄處特以不遇其時故致此危厲災非己招故无大咎故曰厲无大咎 象曰。其行次且。行未牽也。〔疏〕正義曰行未牽者未能牽據故其行次且是行未牽也 九四。包无魚。起凶。二有其魚故失之也无民而動失應而作是以凶也〔疏〕正義曰庖无魚者二擅其應故曰庖无魚也庖之无魚則是无民之義也起凶者起動也无民而動失應而作是以凶也 象曰。无魚之凶。遠民也。〔疏〕正義曰遠民者陰爲之民爲二所據故曰遠民也 九五。以杞包瓜。含章。有隕自天。杞之爲物生於肥地者也包瓜爲物繫而不食者也九五處得尊位而不遇其應得地而不食含章而未發不遇其應命未流行然處得其所體剛居中志不舍命不可傾隕故曰有隕自天也〔疏〕九五以杞包瓜至有隕自天○正義曰以杞匏瓜者杞之爲物生於肥地匏瓜爲物繫而不食九五處得尊位而不遇其應是得地而不食故曰以杞匏瓜也含章有隕自天者不遇其應命未流行无物發起其美故曰含章然體剛居中雖復當位命未流行而不能改其操无能傾隕之者故曰有隕自天蓋言惟天能隕之耳○注杞之爲物生於肥地者也○正義曰杞之爲物生於肥地者也先儒說杞亦有不同馬云杞大木也左傳云杞梓皮革自楚往則爲杞梓之杞子夏傳曰作杞匏瓜薛虞記云杞杞柳也杞性柔刃宜屈橈似匏瓜又爲杞柳之杞案王氏云生於肥地蓋以杞爲今之枸杞也 象曰。九五含章。中正也。有隕自天。志不舍命也。〔疏〕正義曰中正者中正故有美无應故含章而不發若非九五中正則无美可含故舉爻位而言

中正也志不舍命者雖命未流行而居尊當位志不舍命故曰不可傾隕也上九。姤其角。吝。无咎。進之於極无所復過遇角而已故曰姤其角也進而无過獨恨而已不與物爭其道不害故无凶咎也〔疏〕正義曰姤其角者角者最處體上上九進之於極无所復過遇角而已故曰姤其角也吝无咎者角非所安與无遇等故獨恨而鄙吝也然不與物爭其道不害故无凶咎故曰无咎也象曰。姤其角。上窮吝也。〔疏〕正義曰上窮吝者處於上窮所以遇角而吝也

☷☱坤下兌上萃。亨。聚乃通也〔疏〕正義曰萃卦名也又萃聚也聚集之義也能招民聚物使物歸而聚已故名爲萃也亨者通也擁隔不通无由得聚聚之爲事其道必通故云萃亨王假有廟。假至王以聚至有廟也〔疏〕正義曰假至也天下崩離則民怨神怒雖復享祀與无廟同王至大聚之時孝德乃昭始可謂之有廟矣故曰王假有廟利見大人。亨。利貞。聚得大人乃得通而利正也〔疏〕正義曰聚而無主不散則亂惟有大德之人能弘正道乃得常通而利正故曰利見大人亨利貞也用大牲吉。全乎聚道用大牲乃吉也聚道不全而用大牲神不福也〔疏〕正義曰大人爲王聚道乃全以此而用大牲神明降福故曰用大牲吉也利有攸往。〔疏〕正義曰人聚神祐何往不利故曰利有攸往也象曰。萃聚也。順以說。剛中而應。故聚也。但順而說則邪佞之道也剛而違於中應則強亢之德也何由得聚順說而以剛爲主主剛而履中履中以應故得聚也〔疏〕象曰至故聚也○正義曰萃聚者訓萃名也順以說剛中而應故聚者此就二體及九五之爻釋所以能聚也若全用順說則邪佞之道興全用剛陽而違於中應則強亢之德著何由得聚今順以說而剛爲主則非邪佞也應不失中則非偏亢也如此方能聚物故曰順以說剛中而應故聚也王假有廟。致孝享也。全聚乃得致孝之享也〔疏〕正義曰享獻也聚道既全可以至於有廟設祭祀而致孝享也利見大人。亨。聚以正也。大人體中正者也通衆以正聚乃得全也〔疏〕正義曰釋聚所以利見大人乃得通而利正者良由大人有中正之德能以正道通而化之然後聚道得全故曰聚以正也用大牲吉。利有攸往。順天命也。順以說而不損剛順天命者也天德剛而不違中順天則說而以剛爲主也〔疏〕正義曰天之爲德剛不違中今順以說而以剛爲主是順天命也動順天命可以享於神明无往不利所以得用大牲吉利有攸往者只爲順天命也觀其所聚。而天地萬物之情可見矣。方以類聚物以羣分情同而後乃聚氣合而後乃羣〔疏〕正義曰此廣明萃義而歎美之也凡物所以得聚者由情同也情志若乖无由得聚故觀其所聚則天地萬物之情可見矣象曰。澤上於地。萃。君子以除戎器。戒不虞。聚而无防則衆心生〔疏〕正義曰澤上於地則水潦聚故曰澤上於地萃也除者治也人既聚會不可无防備故君子於此之時脩治戎器以戒備不虞也初六。有孚不終。乃亂乃萃。若號一握爲笑。勿恤。往无咎。有應在四而三承之心懷嫌疑故有孚不終也不能守道以結至好迷務競爭

故乃亂乃萃也一握者小之貌也爲笑者懦劣之貌也已爲正配三以近寵若安夫卑退謙以自牧則勿恤而往无咎也〔疏〕初六有孚至往无咎○正義曰有孚不終乃亂乃萃者初六有應在四而三承之萃聚之時貴於近合見三承四疑四與三始以中應相信不以他意相阻故曰有孚不終也既心懷嫌疑則情意迷亂奔馳而行萃不以禮故曰乃亂乃萃一握者小之貌也自比一握之間言至小也爲笑者非嚴毅之容言懦劣也已爲正配三以近寵若自號比爲一握之小執其謙退之容不與物爭則不憂於三往必得合而无咎矣故曰若號一握爲笑勿恤往无咎也象曰。乃亂乃萃。其志亂也。〔疏〕正義曰其志亂者只爲疑四與三故志意迷亂也六二。引吉无咎。孚乃利用禴。居萃之時體柔當位處坤之中已獨處正與衆相殊異操而聚民之多僻獨正者危矣能變體以遠於害故必見引然後乃吉而无咎也禴殷春祭名也四時祭之省者也居聚之時處於中正而行以忠信致之以省薄薦於鬼神也〔疏〕六二至利用禴○正義曰引吉无咎者萃之爲體貴相從就聚道乃成今六二以陰居陰復在坤體志於靜退則是守中未變不欲相從者也乖衆違時則致危害故須牽引乃得吉而无咎也故曰引吉无咎孚乃利用禴者禴殷祭之名也四時之祭最薄者也雖乖於衆志須牽引然居中得正忠信而行故可以省薄祭於鬼神也故曰孚乃利用禴象曰。引吉无咎。中未變也。〔疏〕正義曰中未變也者釋其所以須引乃吉良由居中未變六三。萃如嗟如。无攸利。往无咎。小吝。履非其位以比於四四亦失位不正相聚相聚不正患所生也干人之應害所起也故萃如嗟如无攸利也上六亦无應而獨立處極而憂危思援而求朋巽以待物者也與其萃於不正不若之於同志故可以往而无咎也二陰相合猶不若一陰一陽之至故有小吝也〔疏〕六三萃如至小吝○正義曰居萃之時履非其位以比於四四亦失位不正相聚相聚不正患所生也干人之應害所起也故曰萃如嗟如无攸利也往无咎小吝者上六亦无應而獨立處極而憂危思援而求朋巽以待物者也與其萃於不正不若之於同志故可往而无咎但以上六是陰已又是陰以二陰相合猶不若一陰一陽之應故有小吝也象曰。往无咎。上巽也。〔疏〕正義曰以上體是巽巽以求其朋故三可以往而无咎也九四。大吉无咎。履非其位而下據三陰得其所據失其所處處聚之時不正而據故必大吉立夫大功然後无咎也〔疏〕正義曰以陽處陰明履非其位又不據三陰得其所據失其所處處聚之時不正而據是其凶也若以萃之時立夫大功獲其大吉乃得无咎故曰大吉无咎象曰。大吉无咎。位不當也。〔疏〕正義曰位不當者謂以陽居陰也九五。萃有位。无咎。匪孚。元永貞。悔亡。處聚之時最得盛位故曰萃有位也四專而據已德不行自守而已故曰无咎匪孚夫脩仁守正久必悔消故曰元永貞悔亡〔疏〕九五至悔亡○正義曰九五處聚之時最得盛位故曰萃有位也既得盛位所以无咎匪孚者良由四專而據已德化不行信不孚物自守而已故曰无咎匪孚若能修夫大德久行其正則其悔可消故曰元永貞悔亡象曰。萃有位。志未光也。〔疏〕正義曰志未光也者雖有盛位然德未行久乃悔亡今時志意未光大也上六。齎咨涕洟。无咎。處聚之時居於上極五非所乘內无應援處上獨立近遠无助

危莫甚焉齎咨嗟歎之辭也若能知危之至懼禍之深憂病之甚至于涕洟不敢自安亦衆所不害故得无咎也〔疏〕正義曰齎咨者居萃之時最處上極五非所乘內又无應處上獨立无其援助危亡之甚居不獲安故齎咨而嗟歎也若能知有危亡懼害之深憂危之甚至於涕洟滂沱如此居不獲安方得衆所不害故无咎矣自目出曰涕自鼻出曰洟象曰。齎咨涕洟。未安上也。〔疏〕正義曰未安上者未敢安居其上所乘也

☴☷巽下坤上升。元亨。用見大人。勿恤。巽順可以升陽爻不當尊位无嚴剛之正則未免於憂故用見大人乃勿恤也〔疏〕正義曰升元亨者升卦名也升者登上之義升而得大通故曰升元亨也用見大人勿恤者升者登也陽爻不當尊位无剛嚴之正則未免於憂故用見大德之人然後乃得无憂恤故曰用見大人勿恤南征吉。以柔之南則麗乎大明也〔疏〕正義曰非直須見大德之人復宜適明陽之地若以陰之陰彌足其闇也南是明陽之方故云南征吉也象曰。柔以時升。柔以其時乃得升也〔疏〕正義曰升之爲義自下升高故就六五居尊以釋名升之意六五以陰柔之質超升貴位若不得時則不能升耳故曰柔以時升也巽而順。剛中而應。是以大亨。純柔則不能自升剛亢則物不從既以時升又巽而順剛中而應以此而升故得大亨〔疏〕正義曰此就二體及九二之爻釋元亨之德也純柔則不能自升剛亢則物所不從卦體既巽且順爻又剛中而應於五有此衆德故得元亨用見大人。勿恤。有慶也。南征吉。志行也。巽順以升至于大明志行之謂也〔疏〕正義曰用見大人勿恤有慶者以大通之德用見大人不憂否塞必致慶善故曰有慶也南征吉志行者之於闇昧則非其本志今以柔順而升大明其志得行也象曰。地中生木。升。君子以順德。積小以高大。〔疏〕正義曰地中生木升者地中生木始於細微以至高大故爲升象也君子以順德積小以高大者地中生木始於毫末終至合抱君子象之以順行其德積其小善以成大名故繫辭云善不積不足以成名是也初六。允升。大吉。允當也巽卦三爻皆升者也雖无其應處升之初與九二九三合志俱升當升之時升必大得是以大吉也〔疏〕正義曰允當也巽卦三爻皆應升上而二三有應於五六升之不疑惟初无應於上恐不得升當二三升時與之俱升必大得矣故曰允升大吉象曰。允升大吉。上合志也。〔疏〕正義曰上謂二三也與之合志俱升乃得大吉也九二。孚乃利用禴。无咎。與五爲應往必見任體夫剛德進不求寵閑邪存誠志在大業故乃利用納約于神明矣〔疏〕正義曰九二與五爲應往升於五必見信任故曰孚二體剛德而履乎中進不求寵志在大業用心如此乃可薦其省約于神明而无咎也故曰孚乃利用禴无咎象曰。九二之孚。有喜也。〔疏〕正義曰有喜也者上升則爲君所任薦約則爲神所享斯之爲喜不亦宜乎九三。升虛邑。履得其位以陽升陰以斯而舉莫之違距故若升虛邑也〔疏〕正義曰九三履得其位升於上六上六體是陰柔不距於已若升空虛之邑也象曰。升虛邑。无所疑也。往必得邑〔疏〕正義曰无所疑者往必得邑何所疑乎六四。王用亨于岐山。吉。无

咎。處升之際，下升而進，可納而不可距也。距下之進，攘來自事，則殃咎至焉。若能不距而納，順物之情，以通庶志，則得吉而无咎矣。岐山之會，順事之情，无不納也。〔疏〕正義曰：王用亨于岐山者，六四處升之際，下體二爻皆來上升，可納而不可距，事同文王岐山之會，故曰王用亨于岐山也。吉无咎者，若能納而不距，順物之情，則得吉而无咎，故曰吉无咎也。

象曰：王用亨于岐山，順事也。〔疏〕正義曰：順事者，順物之情而立功立事，故曰順事也。

六五，貞吉，升階。升得尊位，體柔而應，納而不距，任而不專，故得貞吉，升階而尊也。〔疏〕正義曰：貞吉升階者，六五以柔居尊位，納於九二，不自專權，故得貞吉，升階保是尊貴而踐阼矣，故曰貞吉升階也。

象曰：貞吉升階，大得志也。〔疏〕正義曰：大得志者，居中而得其貞吉，處尊而保其升階，志大得矣，故曰大得志也。

上六，冥升，利于不息之貞。處升之極，進而不息者也。進而不息，故雖冥猶升也。故施於不息之正則可，用於爲物之主則喪矣。終於不息，消之道也。〔疏〕正義曰：冥升者，冥猶暗也，處升之上，進而不已，則是雖冥猶升也，故曰冥升。利于不息之貞者，若冥升在上，陵物爲主，則喪亡斯及；若潔已脩身，施於爲政，則以不息爲美，故曰利於不息之貞。

象曰：冥升在上，消不富也。勞不可久也。〔疏〕正義曰：消不富者，雖爲政不息，交免危咎，然勞不可久，終致消衰，故曰消不富也。

䷮坎下兌上　困，亨。困必通也。處窮而不能自通者，小人也。〔疏〕正義曰：困者，窮厄委頓之名，道窮力竭，不能自濟，故名爲困。亨者，卦德也。小人遭困，則窮斯濫矣；君子遇之，則不改其操。君子處困而不失其自通之道，故曰困亨也。

貞大人吉，无咎。處困而得无咎，吉乃免也。〔疏〕正義曰：處困而能自通，必是履正體大之人，能濟於困，然後得吉而无咎，故曰貞大人吉无咎也。

有言不信。〔疏〕正義曰：處困求濟，在於正身脩德，若巧言能辭，人所不信，則其道彌窮，故誡之以有言不信也。

彖曰：困，剛揜也。剛則揜於柔也。〔疏〕正義曰：此就二體以釋卦名。兌陰卦爲柔，坎陽卦爲剛，坎在兌下，是剛見揜於柔也。剛應升進，今被柔揜，施之於人，其猶君子爲小人所蔽，以爲困窮矣。

險以說，困而不失其所亨。處險而不改其說，困而不失其所亨也。〔疏〕正義曰：此又就二體名訓以釋亨德也。坎險而兌說，所以困而能亨者，良由君子遇困，安其所遇，雖居險困之世，不失暢說之心，故曰險以說困而不失其所亨也。

其唯君子乎！貞大人吉，以剛中也。處困而用剛，不失其中，履正而能體大者也。能正而不能大，博未能說困者也，故曰貞大人吉也。〔疏〕正義曰：其唯君子乎者，結歎處困能通，非小人之事，唯君子能然也。貞大人吉以剛中者，此就二五之爻釋貞大人之義。剛則正直，所以爲貞；中而不偏，所以能大。若正而不大，未能濟困；處困能濟，濟乃得吉而无咎也，故曰貞大人吉以剛中也。

有言不信，尚口乃窮也。處困而言，不見信之時也。非行言之時而欲用言以免，必窮者也。其吉在於貞大人，口何爲乎？〔疏〕正義曰：處困求通，在於修德，非用言以免困，徒尚口說，更致困窮，故曰尚口乃窮也。

象曰：澤无水，困。君子以致命遂志。澤无水則水在澤下，水在澤下，困之象也。處困而屈其志者，小人也；君子固窮，道可忘乎？〔疏〕正義曰：澤无水困者，謂水在澤下，則澤上枯槁，萬物皆困，故曰澤无水困也。君子以致命遂志者，君子之人守道而死，雖遭困厄之世，期於致命喪身，必當遂其高志，不屈撓而移改也，故曰致命遂志也。

初六，臀困于株木，入于幽谷，三歲不覿。最處底下，沈滯卑困，居无所安，故曰臀困于株木也。欲之其應，二隔其路，居則困于株木，進不獲拯，必隱遯者也，故曰入于幽谷也。困之爲道，不過數歲者也。以困而藏，困解乃出，故曰三歲不覿也。〔疏〕初六臀困于株至三歲不覿。○正義曰：臀困于株木者，初六處困之時，以陰爻最居窮下，沈滯卑困，居不獲安，若臀之困于株木，故曰臀困於株木也。入于幽谷者，有應在四，而二隔之，居則困株，進不獲拯，勢必隱遯者也，故曰入于幽谷也。三歲不覿者，困之爲道，不過數歲，困窮乃出，故曰三歲不覿也。

象曰：入于幽谷，幽不明也。言幽者不明之辭也。入于不明以自藏也。〔疏〕正義曰：幽不明者，象辭惟釋幽字，言幽者正是不明之辭，所以入不明以自藏而避困也。釋株者，初不謂之株也。

九二，困于酒食，朱紱方來，利用享祀，征凶，无咎。以陽居陰，尚謙者也。居困之時，處得其中，體夫剛質而用中履謙，應不在一，心无所私，盛莫先焉。夫謙以待物，物之所歸；剛以處險，難之所濟。履中則不失其宜，无應則心无私恃。以斯處困，物莫不至，不勝豐衍，故曰困于酒食，美之至矣。坎，北方之卦也；朱紱，南方之物也。處困以斯，能招異方者也，故曰朱紱方來也。豐衍盈盛，故利用享祀。盈而又進，傾之道也。以此而征，征凶誰咎乎？故曰征凶无咎。〔疏〕九二困于酒食至无咎。○正義曰：困于酒食者，九二體剛居陰，處中无應。體剛則健，能濟險也；居陰則謙，物所歸也；處中則不失其宜；无應則心无私黨。處困以斯，物莫不至，不勝豐衍，故曰困于酒食也。朱紱方來，利用享祀者，紱，祭服也。坎，北方之卦也；紱，南方之物。處困用謙，能招異方者也，故曰朱紱方來也。舉異方者，明物无不至。酒食豐盈，異方歸向，祭則受福，故曰利用享祀。征凶无咎者，盈而又進，傾敗之道，以征必凶，故曰征凶。自進致凶，无所怨咎，故曰无咎也。

象曰：困于酒食，中有慶也。〔疏〕正義曰：中有慶者，言二以中德被物，物之所賴，故曰有慶也。

六三，困于石，據于蒺蔾，入于其宮，不見其妻，凶。石之爲物，堅而不納者也，謂四也。三以陰居陽，志武者也。四自納初，不受已者。二非所據，剛非所乘。上比困石，下據蒺蔾，无應而入，焉得配偶？在困處斯，凶其宜也。〔疏〕六三困于石至不見其妻凶。○正義曰：困于石，據于蒺蔾者，石之爲物，堅剛而不可入也；蒺蔾之草，有刺而不可踐也。六三以陰居陽，志懷剛武，已又无應，欲上附於四，四自納於初，不受已者也，故曰困于石也。下欲比二，二又剛陽，非已所據，故曰據于蒺蔾也。入于其宮不見其妻凶者，无應而入，難得配偶，譬於入宮不見其妻，處困以斯，凶其宜也，故曰入于其宮不見其妻凶也。

象曰：據于蒺蔾，乘剛也。入于其宮，不見其妻，不祥也。〔疏〕正義曰：乘剛者，明二爲蒺蔾也。不祥也者，祥，善也、吉也，不吉必有凶也。

九四，來徐徐，困于金車，吝，有終。金車謂二也。二剛以載者也，故謂之金車。徐徐者，疑懼之辭也。志在於初，而隔於二，履不當位，威令不行，棄之則不能，欲往則畏二，故曰來徐徐困于金車也。有應而不能濟之，故曰吝也。然以陽居陰，履謙之道，量力而處，不與二爭，雖不當位，物終與之，故曰有終也。〔疏〕九四來徐徐至有終。○正義曰：何氏云：九二以剛德勝，故曰金車也。徐徐者，疑懼之辭。九四有應於初，而礙於九二，故曰困于金車。欲棄之，惜其配偶，疑懼而行，不敢疾速，故來徐徐也。有應而不敢往，可恥可恨，故曰吝也。以陽居陰，不失謙道，爲物之所與，故曰有終也。

象曰：來徐徐，志在下也。下謂初也。雖不當位，有與也。〔疏〕正義曰：有與者，位雖不當，執謙之故，物所與也。

九五，劓刖，困于赤紱，乃徐有說，利用祭祀。以陽居陽，任其壯者也。不能以謙致物，物則不附。忿物不附而用其壯猛，行其威刑，異方愈乖，遐邇愈叛，刑之欲以得，乃益所以失也，故曰劓刖困于赤紱也。二以謙得之，五以剛失之，體在中直，能不遂迷，困而徐能用其道者也。致物之功，不在於暴，故曰徐也。困而後乃徐，徐則有說矣，故曰困于赤紱乃徐有說也。祭祀，所以受福也。履夫尊位，困而能改，不遂其迷，以斯祭祀，必得福焉，故曰利用祭祀也。〔疏〕九五至利用祭祀。○正義曰：九五以陽居陽，用其剛壯，物不歸已，見物不歸而用威刑，行其劓刖之事，既行其威刑，則異方愈乖，遐邇愈叛。兌爲西方之卦，赤紱南方之物，故曰劓刖困於赤紱也。此卦九二爲以陽居陰，用其謙退，能招異方之物也。此言九五剛猛，不能感異方之物也。若但用其中正之德，招致於物，不在速暴而徐徐，則物歸之而有說矣，故曰乃徐有說也。居得尊位，困而能反，不執其迷，用其祭祀，則受福也。

象曰：劓刖，志未得也。乃徐有說，以中直也。利用祭祀，受福也。〔疏〕正義曰：志未得也者，由物不附已，已德未得，故曰志未得也。乃徐有說以中直也者，居中得直，不貪下暴，終得其應，乃寬緩修其道德，則得喜說，故云乃徐有說以中直也。利用祭祀受福者，若能不遂迷志，用其中正，則異方所歸，祭則受福，故曰利用祭祀受福也。

上六，困于葛藟，于臲卼，曰動悔有悔，征吉。居困之極，而乘於剛，下无其應，行則愈繞者也。行則纏繞，居不獲安，故曰困于葛藟，于臲卼也。下句无困，困於上也。處困之極，行无通路，居无所安，困之至也。凡物窮則思變，困則謀通。處至困之地，用謀之時也。曰者，思謀之辭也。謀之所行，有隙則獲。言將何以通至困乎？曰動悔令生有悔，以征則濟矣，故曰動悔有悔征吉也。〔疏〕上六困于葛藟至征吉。○正義曰：葛藟，引蔓纏繞之草；臲卼，動搖不安之辭。上六處困之極，極困者也。而乘於剛，下又无應，行則纏繞者，不得安，故曰困於葛藟於臲卼也。應亦言困於臲卼，困困於上，省文也。凡物窮則思變，困則謀通，處至困之地，是用謀策之時也。曰者，思謀之辭也。謀之所行，有隙則獲。言將何以通至困乎？爲之謀曰：必須發動其可悔之事，令其有悔，可知然後處困求通，可以行而獲吉，故曰動悔有悔征吉。

象曰：困于葛藟，未當也。所處未當，故致此困也。〔疏〕正義曰：未當也者，處於困極而又乘剛，所處不當，故致此困也。

動悔有悔，吉行也。〔疏〕正義曰：吉行者，知悔而征，行必獲吉也。

䷯巽下坎上　井，改邑不改井。井以不變爲德者也。〔疏〕正義曰：井者，物象之名也。古者穿地取水，以瓶引汲，謂之爲井。此卦明君子脩德養民，有常不變，終始无改，養物不窮，莫過乎井，故以脩德之卦取譬名之井焉。改邑不改井者，以下明井有常德，此明井體有常，邑雖遷移，而井體无改，故云改邑不改井也。

无喪无得。德有常也。〔疏〕正義曰：此明井用有常德，終日引汲，未嘗言損；終日泉注，未嘗言益，故曰无喪无得也。

往來

井井。不渝變也。〈疏〉正義曰此明性常井井絜靜之貌也往者來者皆使潔靜不以人有往來改其洗濯之性故曰往來井井也汔至亦未繘井。已來至而未出井也羸其瓶。凶。井道以已出爲功也幾至而覆與未汲同也〈疏〉正義曰此下明井誠言井功難成也汔幾也幾近也繘綆也雖汲水以至井上然綆出猶未離井口而鉤羸其瓶而覆之也棄其方成之功雖有出井之勞而與未汲不異喻今人行常德須善始令終若有初无終則必致凶咎故曰汔至亦未繘井羸其瓶凶言亦者不必之辭言不必有如此不克終者計覆一瓶之水何足言凶以喻人之修德不成又云但取喻人之德行不恒不能慎終如始故就人言凶也象曰。巽乎水而上水井。音舉上之上〈疏〉象曰至水井○正義曰此就二體釋井之名義此卦坎爲水在上巽爲木在下又巽爲入以木入於水而又上水井之象也○注音舉上之上○正義曰嫌讀爲去聲故音之也井養而不窮也。改邑不改井。乃以剛中也。以剛處中故能定居其所而不變也〈疏〉正義曰井養而不窮者歎美井德愈汲愈生給養於人无有窮已也改邑不改井乃以剛中也者此釋井體有常由於二五也二五以剛居中故能定居其所而不改變也不釋往來二德者无喪无得往來井井皆由以剛居中更无他義故不具舉經文也汔至亦未繘井。未有功也。井以已成爲功〈疏〉正義曰水未及用則井功未成其猶人德事被物亦是功德未就也羸其瓶。是以凶也。〈疏〉正義曰汲水未出而覆喻脩德未成而止所以致凶也象曰。木上有水。井。君子以勞民勸相。木上有水井之象也上水以養養而不窮者也相猶助也可以勞民勸助莫若養而不窮也〈疏〉正義曰木上有水則是上水之象所以爲井君子以勞民勸相者勞謂勞賚相猶助也井之爲義汲養而不窮君子以勞來之恩勤恤民隱勸助百姓使有成功則此養而不窮也初六。井泥不食。舊井无禽。最在井底上又无應沈滯滓穢故曰井泥不食也井泥而不可食則是久井不見渫治者也久井不見渫治禽所不嚮而況人乎一時所共棄舍也井者不變之物居德之地恒德至賤物无取也〈疏〉初六井泥至无禽○正義曰初六最處井底上又无應沈滯滓穢即是井之下泥污不堪食也故曰井泥不食也井泥而不可食即是久井不見渫治禽所不嚮而況人乎故曰舊井无禽也○注井者不變之物○正義曰井者不變之物居德之地者繫辭稱改邑不改井故曰井者不變之物居德者繫辭又云井德之地故曰居德之地也注言此者明井既有不變即是有恒既居德地即是用德也今居窮下即是恒德至賤故物无取也禽之與人皆共棄舍也象曰。井泥不食。下也。舊井无禽。時舍也。〈疏〉正義曰下也者以其最在井下故爲井泥也時舍也者以既非食禽又不向即是一時共棄舍也九二。井谷射鮒。甕敝漏。谿谷出水從上注下水常射焉井之爲道以下給上者也而无應於上反下與初故曰井谷射鮒鮒謂初也失井之道水不上出而反下注故曰甕敝漏也夫處上宜下處下宜上井已下矣而復下注其道不交則莫之與也〈疏〉正義曰井谷射鮒者井之爲德以下汲上九二上无其應反下比初施之於事正似谷中之水下注敝鮒井而似谷故曰井谷射鮒也鮒謂初也子夏傳云井中蝦蟆呼爲鮒魚也甕敝漏者井而下注失井之道有似甕敝漏水水漏下流故曰甕敝漏也象曰。井谷射鮒。无與也。〈疏〉正義曰无與也者井既處下宜應汲上今反養下則不與上交物莫之與故曰无與也九三。井渫不食。爲我心惻。可用汲。王明。並受其福。渫不停污之謂也處下卦之上復得其位而應於上得井之義也當井之義而不見食脩已全潔而不見用故爲我心惻也爲猶使也不下注而應上故可用汲也王明則見照明既嘉其行又欽其用故曰王明並受其福也〈疏〉九三井渫不食至王明並受其福○正義曰井渫不食者渫治去穢污之名也井被渫治則清潔可食九三處下卦之上異初六井泥之時得位而有應於上非射鮒之象但井以上出爲用猶在下體未有成功功既未成井雖渫治未食也故曰井渫不食也爲我心惻者爲猶使也井渫而不見食猶人脩已全潔而不見用使我心中惻愴故曰爲我心惻也可用汲王明並受其福者不同九二下注而不可汲也有應於上是可汲也井之可汲猶人可用若不遇明王則滯其才用若遭遇賢主則申其行能賢主既嘉其行又欽其用故曰可用汲王明並受其福也象曰。井渫不食。行惻也。行感於誠故曰惻也求王明。受福也。六四。井甃无咎。得位而无應自守而不能給上可以修井之壞補過而已〈疏〉正義曰六四井甃无咎者案子夏傳曰甃亦治也以塼壘井脩井之壞謂之爲甃六四得位而无應自守而已不能給上可以脩井崩壞施之於人可以脩德補過故曰井甃无咎也象曰。井甃无咎。脩井也。〈疏〉正義曰脩井者但可脩井之壞未可上給養人也九五。井洌寒泉食。洌絜也居中得正體剛不撓不食不義中正高絜故井洌寒泉然後乃食也〈疏〉正義曰餘爻不當貴位但脩德以待用九五爲卦之主擇人而用之洌絜也九五居中得正而體剛直既體剛直則不食污穢必須井絜而寒泉然後乃食以言剛正之主不納非賢必須行絜才高而後乃用故曰井洌寒泉食也象曰。寒泉之食。中正也。〈疏〉正義曰以中正者若非居中得正則任用非賢不能要待寒泉然後乃食也必言寒泉者清而冷者水之本性遇物然後濁而溫故言寒泉以表絜也上六。井收。勿幕。有孚。元吉。處井上極水已出井井功大成在此爻矣故曰井收也羃下仰之以濟淵泉由之以通者也羃猶覆也不擅其有不私其利則物歸之往无窮矣故曰勿幕有孚元吉也〈疏〉正義曰收賦冑凡物可收成者則謂之收如五穀之有收也上六處井之極水已出井井功大成者也故曰井收也勿幕有孚元吉者幕覆也井功已成若能不擅其美不專其利不自掩覆與衆共之則爲物所歸信能致其大功而獲元吉故曰勿幕有孚元吉也象曰。元吉在上。大成也。〈疏〉正義曰上六所以能獲元吉者只爲居井之上井功大成者也

䷰ 離下兌上　革。已日乃孚。元亨。利貞。悔亡。夫民可與習常難與適變可與樂成難與慮始故革之爲道即日不孚已日乃孚也孚然後乃得元亨利貞悔亡也已日而不孚革不當也悔吝之所生生乎變動者也革而當其悔乃亡也〈疏〉正義曰革者改變之名也此卦明改制革命故名革也已日乃孚者夫民情可與習常難與適變可與樂成難與慮始故革命之初人未信服所以即日不孚已日乃孚也元亨利貞悔亡者爲革而民信之然後乃得大通而利正也悔吝之所生生乎變動革之爲義變動者也革若不當則悔吝交及如能大通利貞則革道當矣爲革而當乃得亡其悔吝故曰元亨利貞悔亡象曰。革。水火相息。二女同居。其志不相得。曰革。凡不合然後乃變生變之所生生於不合者也故取不合之象以爲革也息者生變之謂也火欲上而澤欲下水火相戰而後生變者也二女同居而有水火之性近而不相得也〈疏〉象曰居其志不相得曰革○正義曰此就二體釋卦名也水火相息先就二象明革息生也火本乾燥澤本潤濕燥濕殊性不可共處若其共處必相侵尅既相侵尅其變乃生變生則本性改矣水熱而成湯火滅而氣冷是謂革也二女同居者此就人事明革也中少二女而成一卦此雖形同而志革也一男一女乃相感應二女雖復同居其志終不相得志不相得則變必生矣所以爲革已日乃孚。革而信之。文明以說。大亨以正。革而當。其悔乃亡。夫所以得革而信者文明以說也文明以說履正而行以斯爲革應天順民大亨以正者也革而大亨以正非當如何〈疏〉已日乃孚至其悔乃亡○正義曰已日乃孚革而信者釋革之爲義革初未孚已日乃信也文明以說者此舉二體上釋革而信下釋四德也能思文明之德以說於人所以革命而爲民所信也大亨以正者民既說文明之德而從之所以大通而利正也革而當其悔乃亡名爲革若合於大通而利正可謂當矣革而當理其悔乃亡消也天地革而四時成。湯武革命。順乎天而應乎人。革之時大矣哉。〈疏〉天地革而四時成至大矣哉○正義曰天地革而四時成者以下廣明革義此先明天地革者天地之道陰陽升降溫暑涼寒迭相變革然後四時之序皆有成也湯武革命順乎天而應乎人者以明人革也夏桀殷紂凶狂无度天既震怒人亦叛主殷湯周武聰明睿智上順天命下應人心放桀鳴條誅紂牧野革其王命改其惡俗故曰湯武革命順乎天而應乎人計王者相承改正易服皆有變革而獨舉湯武者蓋舜禹禪讓猶或因循湯武干戈極其損益故取相變甚者以明人革也革之時大矣哉者備論革道之廣訖摠結歎其大故曰大矣哉也象曰。澤中有火。革。君子以治厤明時。厤數時會存乎變也〈疏〉正義曰澤中有火革者火在澤中二性相違必相改變故爲革象也君子以治厤明時者天時變改故須厤數所以君子觀茲革象脩治厤數以明天時也初九。鞏用黃牛之革。在革之始革道未成固夫常中未能應變者也此可以守成不可以有爲也鞏固也黃中也牛之革堅仞不可變也固之所用常中堅仞不肯變也〈疏〉正義曰鞏固也黃中也牛革牛皮也革之爲義變改之名而名皮爲革者以禽獸之皮皆可從革故以喻焉皮雖從革之物然牛皮堅仞難變初九在革之始革道未成守夫常中未能應變施之於事有似用牛皮以自固未肯造次以從變者也故曰鞏用黃牛之革也象曰。鞏用黃牛。不可以有爲也。〈疏〉正義曰不可以有爲者有爲謂適時之變有所云爲也既堅忍自固可以守常不可以有爲也六二。已日乃革之。征吉无咎。陰之爲物不能先唱順從者也不能自革革已乃能從之故曰已日乃革之也二與五雖有水火殊體之異同處厥中陰陽相應往必合志不憂咎也是以征吉而无咎〈疏〉六二已日至无咎○正義曰已日乃革之者陰道柔弱每

事順從，不能自革，革巳日乃能從之，故曰巳日乃革之。征吉无咎者，與五相應，同處厥中，陰陽相應，往必合志，不憂咎也，故曰征吉无咎。二五雖是相應，而水火殊體，嫌有相剋之過，故曰无咎。

象曰：巳日革之，行有嘉也。【疏】正義曰：行有嘉者，往應見納，故行有嘉慶也。

九三：征凶，貞厲。革言三就，有孚。巳處火極，上卦三爻雖體水性，皆從革者也。自四至上，從命而變，不敢自違，故曰革言三就。其言實誠，故曰有孚。革言三就，有孚而猶征之，凶其宜也。【疏】正義曰：九三陽爻剛壯，又居火極，火性炎上，處革之時，欲征之使革，征之非道，則正之危也，故曰征凶貞厲。所以征凶致危者，正以水火相息之物，既處於火極，上之三爻，水在火上，皆從革者也。自四至上，從命而變，不敢有違，則從革之言，三爻並成就不虛，故曰革言三就。其言實誠，故曰有孚也。既不言三就，有孚從革巳矣，而猶征之則凶，所以征凶而厲貞。

象曰：革言三就，又何之矣。【疏】正義曰：又何之矣者，征之本爲不從，既革言三就，更又何往征伐矣。

九四：悔亡，有孚改命，吉。初九處下卦之下，九四處上卦之下，故能變也。无應悔也，與水火相比，能變者也，是以悔亡。處水火之際，居會變之始，能不固吝，不疑於下，信志改命，不失時願，是以吉也。有孚則見信矣，見信以改命，則物安而无違，故曰悔亡有孚改命吉也。處上體之下，始宜命也。【疏】正義曰：九四與初同處卦下，初九處下卦之下，革道未成，故未能變。九四處上卦之下，所以能變也。无應悔也，能變故悔亡也。處水火之際，居會變之始，能不固吝，不疑於下，信彼改命之志，而能從之，合於時願，所以得吉，故曰有孚改命吉也。

象曰：改命之吉，信志也。信志而行。【疏】正義曰：信志者，信下之志而行其命也。

九五：大人虎變，未占有孚。未占而孚，合時心也。【疏】正義曰：九五居中處尊，以大人之德爲革之主，損益前王，創制立法，有文章之美，煥然可觀，有似虎變，其文彪炳。則是湯武革命，順天應人，不勞占決，信德自著，故曰大人虎變未占有孚也。

象曰：大人虎變，其文炳也。【疏】正義曰：其文炳者，義取文章炳著也。

上六：君子豹變，小人革面。居變之終，變道巳成，君子處之，能成其文；小人樂成，則變面以順上也。【疏】正義曰：上六居革之終，變道巳成，君子處之，雖不能同九五革命創制，如虎文之彪炳，然亦潤色鴻業，如豹文之蔚縟，故曰君子豹變也。小人革面者，小人處之，但能變其顏面容色，順上而巳，故曰小人革面也。征凶，居貞吉。改命創制，變道巳成，功成則事損，事損則无爲，故居則得正而吉，征則躁擾而凶也。【疏】正義曰：革道巳成，宜安靜守正，更有所征則凶，居而守正則吉，故曰征凶居貞吉也。

象曰：君子豹變，其文蔚也。小人革面，順以從君也。【疏】正義曰：其文蔚者，明其不能大變，故文炳而相映蔚也。順以從君者，明其不能潤色立制，但順而從君也。

䷱ 巽下離上 鼎：元吉，亨。革去故而鼎取新，取新而當其人，易故而法制齊明，吉然後乃亨，故先元吉而後亨也。鼎者，成變之卦也。革既變矣，則制器立法以成之焉。變而无制，亂可待也。法制應時，然後乃吉；賢愚有別，尊卑有序，然後乃亨，故先元吉而後乃亨。【疏】正義曰：鼎者，器之名也。自火化之後，鑄金而爲此器，以供亨飪之用，謂之爲鼎。亨飪成新，能成新法。然則鼎之爲器，且有二義：一有亨飪之用，二有物象之法。故彖曰鼎象也，明其有法象也。雜卦曰革去故而鼎取新，明其亨飪有成新之用。此卦明聖人革命，示物法象，惟新其制，有鼎之義。以木巽火，有鼎之象，故名爲鼎焉。變故成新，必須當理，故先元吉而後乃亨，故曰鼎元吉亨也。

彖曰：鼎，象也。法象也。【疏】正義曰：此明鼎有亨飪成新之法象也。以木巽火，亨飪也。亨飪，鼎之用也。【疏】正義曰：此明上下二象有亨飪之用，此就用釋卦名也。聖人亨以亨上帝，而大亨以養聖賢。亨者，鼎之所爲也。革去故而鼎成新，故爲亨飪調和之器也。去故取新，聖賢不可失也。飪，孰也。天下莫不用之，而聖人用之，乃上以亨上帝，而下以大亨養聖賢也。【疏】正義曰：此明鼎用之美。亨飪所須，不出二種：一供祭祀，二當賓客。若祭祀則天神爲大，賓客則聖賢爲重。故質其牲，大則輕小可知。亨帝直言亨，養人則言大亨者，亨帝尚質，特牲而巳，故直言亨；聖賢既多，養須飽飫，故亨上加大字也。巽而耳目聰明。聖賢獲養，則巳不爲而成矣，故巽而耳目聰明也。【疏】正義曰：此明鼎用之益。言聖人既能謙巽大養聖賢，聖賢獲養，則憂其事而助於巳，明目達聰，不勞巳之聰明，則不爲而成矣。柔進而上行，得中而應乎剛，是以元亨。謂五也。有斯二德，故能成新而獲大亨也。【疏】正義曰：此就六五釋元吉亨。以柔進上行，體巳獲通，得中應剛，所通者大，故能制法成新而獲大亨也。

象曰：木上有火，鼎。君子以正位凝命。凝者，嚴整之貌也。鼎者，取新成變者也。革去故而鼎成新，正位者，明尊卑之序也；凝命者，以成教命之嚴也。【疏】正義曰：木上有火，即是以木巽火，有亨飪之象，所以爲鼎也。君子以正位凝命者，凝者，嚴整之貌也。鼎既成新，即須制法，制法之美，莫若上下有序，正尊卑之位，輕而難犯，布嚴凝之命，故君子象此以正位凝命也。

初六：鼎顛趾，利出否，得妾以其子，无咎。凡陽爲實而陰爲虛，鼎之爲物，下實而上虛，而今陰在下，則是爲覆鼎也。鼎覆則趾倒矣。否謂不善之物也。取妾以爲室主，亦顛趾之義也。處鼎之初，將在納新，施顛以出穢，得妾以爲子，故无咎也。【疏】正義曰：鼎顛趾，趾，足也。凡陽爲實而陰爲虛，鼎之爲物，下實而上虛，初六居鼎之始，以陰處下，則是下虛上實而鼎足倒矣，故曰鼎顛趾也。利出否者，否者不善之物，鼎之倒趾而失其所，利鼎覆而不失其利，在於寫出否穢之物也，故曰利出否也。得妾以其子无咎者，妾者側媵，非正室也。施之於人，正室雖亡，妾猶不得爲室主，妾爲室主，亦猶鼎之顛趾而有咎過。妾若有賢子，則母以子貴，以之繼室，則得无咎，故曰得妾以其子无咎也。

象曰：鼎顛趾，未悖也。倒以寫否，故未悖也。【疏】正義曰：未悖也者，倒趾以出否，未爲悖逆也。利出否，以從貴也。棄穢以納新也。【疏】正義曰：以從貴者，舊穢也，新貴也，棄穢納新，所以從貴也。然是去妾之賤名，而爲室主，亦從子貴也。

九二：鼎有實，我仇有疾，不我能即，吉。以陽之質，處鼎之中，有實者也。有實之物，不可復加，益之則溢，反傷其實。我仇謂九也，困於乘剛之疾，不能就我，則我不溢，全其吉也。【疏】正義曰：實謂陽也。仇是匹也。即，就也。九二以陽之質居鼎之中，有實者也，故曰鼎有實也。有實之物，不可復加也，加之則溢而傷其實矣。六五我之仇匹，欲來應我，困於乘剛之疾，不能就我，則我不溢而全其吉也，故曰我仇有疾不我能即吉。

象曰：鼎有實，慎所之也。有實之鼎，不可復有所取；才任巳極，不可復有所加。【疏】正義曰：慎所之者，之，往也。自此巳往，所宜慎之也。我仇有疾，終无尤也。【疏】正義曰：終无尤也者，五既有乘剛之疾，不能加我，則我終无尤也。

九三：鼎耳革，其行塞，雉膏不食，方雨虧悔，終吉。鼎之爲義，虛中以待物者也。而三處下體之上，以陽居陽，守實无應，无所納受。耳宜空以待鉉，而反全其實塞，故曰鼎耳革，其行塞。雖有雉膏，而終不能食也。雨者，陰陽交和，不偏亢者也。雖陰陽交而統屬陰卦，若不全任剛亢，務在和通，方雨則悔虧，終則吉也。【疏】九三鼎耳革至終吉○正義曰：鼎耳革其行塞者，鼎之爲義，下實上虛，是空以待物者也。鼎耳之用，亦宜空以待鉉。今九三處下體之上，當此鼎之耳，宜居空之地，而以陽居陽，是以實處實者也。既實而不虛，則變革鼎耳之常義也。常所納物受鉉之處，今則塞矣，故曰鼎耳革其行塞也。雉膏不食者，非有體實不受，又上九不應於巳，亦无所納，雖有其器而无所用，雖有雉膏而不能見食也，故曰雉膏不食。方雨虧悔終吉者，雨者，陰陽交和，不偏亢者也。雖體陽爻而統屬陰卦，若不全任剛亢，務在和通，方欲爲此和通，則悔虧而終獲吉，故曰方雨虧悔終吉也。

象曰：鼎耳革，失其義也。【疏】正義曰：失其義也者，失其虛中納受之義也。

九四：鼎折足，覆公餗，其形渥，凶。處上體之下，而又應初，既承且施，非巳所堪，故曰鼎折足也。初巳出否，至四所盛則巳絜矣，故曰覆公餗也。渥，沾濡之貌也。既覆公餗，體爲渥沾，知小謀大，不堪其任，受其至辱，災及其身，故曰其形渥凶也。【疏】九四鼎折足至其形渥凶○正義曰：鼎折足覆公餗者，餗，糝也，八珍之膳，鼎之實也。初以出否，至四所盛，故當馨絜矣，故以餗言之。初處下體之下，九四處上體之下，上有所承而又應初，下有所施，既承且施，非巳所堪，故曰鼎折足。鼎足既折，則覆公餗也。渥，沾濡之貌也。既覆公餗，體則渥霑也。施之於人，知小而謀大，力薄而任重，如此必受其至辱，災及其身也，故曰其形渥凶。

象曰：覆公餗，信如何也。不量其力，果致凶災，信之如何。【疏】正義曰：信如何也者，言不能治之於未亂，既敗之後，乃責之云不量其力，果致凶災，災既及矣，信如之何也。言信有此不可如何之事也。

六五：鼎黃耳金鉉，利貞。居中以柔，能以通理，納乎剛正，故曰黃耳金鉉，利貞也。耳黃則能納剛正以自舉也。【疏】正義曰：黃，中也。金，剛也。鉉所以貫鼎而舉之也。五爲中位，故曰黃耳。應在九二，以柔納剛，故曰金鉉。所納剛正，故曰利貞也。

象曰：鼎黃耳，中以爲實也。以中爲實，所受不妄也。【疏】正義曰：中爲實也者，言六五以中爲實，所受不妄也。

上九：鼎玉鉉，大吉，无不利。處鼎之終，鼎道之成也。居鼎之成，體剛履柔，用勁施鉉，以斯處上，高不誠亢，得夫剛柔之節，能舉其任者也。應不在一，則應所不舉，故曰大吉无不利也。【疏】正義曰：鼎玉鉉者，玉者堅剛而有潤者也。上九居鼎之終，鼎道之成，體剛處柔，則是用玉鉉以自舉者也，故曰鼎玉鉉也。大吉无不利者，應不在一，即靡所不舉，故得大吉而无不利。

象曰：玉鉉在上，剛柔節也。【疏】正義曰：剛柔節者，以剛履柔，雖復在上，不爲乾之亢龍，故曰剛柔節也。

䷲ 震下震上 震：亨。懼以成，則是以亨。【疏】正義曰：震，動也。此象雷之卦，天之威動，故以震爲名。震既

威動莫不驚懼驚懼以威則物皆整齊由懼而獲通所以震有亨德故曰震亨也震來虩虩。笑言啞啞。震之爲義威至而後乃懼也故曰震來虩虩恐懼之貌也震者驚駭怠惰以肅解慢者也故震來虩虩恐致福也笑言啞啞後有則也〔疏〕正義曰虩虩恐懼之貌也啞啞笑語之聲也震之爲用天之威怒所以肅整怠慢故迅雷風烈君子爲之變容施之於人事則是威嚴之教行於天下也故震之來也莫不恐懼故曰震來虩虩也物既恐懼不敢爲非保安其福遂至笑語之盛故曰笑言啞啞也震驚百里。不喪匕鬯。威震驚乎百里則是可以不喪匕鬯矣匕所以載鼎實鬯香酒奉宗廟之盛也〔疏〕震驚百里不喪匕鬯○正義曰匕所以載鼎實鬯香酒也奉宗廟之盛者也震卦施之於人又爲長子長子則正體於上將所傳重出則撫軍守則監國威震驚於百里可以奉承宗廟彝器粢盛守而不失也故曰震驚百里不喪匕鬯○注威震驚乎百里至宗廟之盛也○正義曰先儒皆云雷之發聲聞乎百里故古帝王制國公侯地方百里故以象焉竊謂天之震雷不應止聞百里蓋以古之啓土百里爲極文王作繇在殷時明長子威震於一國故以百里言之也匕所以載鼎實者陸績云匕者棘匕橈鼎之器先儒皆云匕形似畢但不兩岐耳以棘木爲之長三尺刊柄與末詩云有捄棘匕是也用棘者取其赤心之義祭祀之禮先烹牢於鑊既納諸鼎而加羃焉將薦乃舉羃而以匕出之升于俎上故曰匕所以載鼎實也鬯者鄭玄之義則爲秬黍之酒其氣調暢故謂之鬯詩傳則爲鬯是香草案王度記云天子鬯諸侯薰大夫蘭以例而言之則鬯是草明矣今特言匕鬯者鄭玄云人君於祭祀之禮尚牲薦鬯而已其餘不足觀也彖曰。震亨。震來虩虩。恐致福也。笑言啞啞。後有則也。震驚百里。驚遠而懼邇也。威震驚乎百里則惰者懼於近也〔疏〕彖曰震亨至懼邇也○正義曰震亨者卦之名德但舉經而不釋名德所由者正明由懼得通故曰震亨更无他義或本无此二字震來虩虩恐致福也者威震之來初雖恐懼能因懼自修所以致福也笑言啞啞後有則也者因前恐懼自修未敢寬逸致福之後方有笑言以曾經戒懼不敢失則必時然後言樂然後笑故曰笑言啞啞後有則也震驚百里驚遠而懼邇者言威震驚於百里之遠則惰者恐懼於近也出可以守宗廟社稷。以爲祭主也。明所以堪長子之義也不喪匕鬯則已出可以守宗廟〔疏〕出可以守宗廟至爲祭主也○正義曰釋不喪匕鬯之義也出謂君出巡狩等事也君出則長子留守宗廟社稷攝祭主之禮事也○注已出○正義曰已出謂君也象曰。洊雷震。君子以恐懼脩省。〔疏〕正義曰洊者重也因仍也雷相因仍乃爲威震也此是重震之卦故曰洊雷震也君子恐懼修省者君子恒自戰戰兢兢不敢懈惰今見天之怒畏雷之威彌自脩身省察己過故曰君子以恐懼脩省也初九。震來虩虩。後笑言啞啞。吉。體夫剛德爲卦之先能以恐懼脩其德也〔疏〕正義曰初九剛陽之德爲一卦之先剛則不闇於幾先則能有前識故處震驚之始能以恐懼自脩而獲其吉故曰震來虩虩後笑言啞啞吉此爻辭兩句既與卦同象辭釋之又與彖不異者蓋卦主威震之功令物恐懼致福爻論遇震而懼脩省致福之人卦則自震言人爻則據人威震所說雖殊其事一也所以爻卦二辭本末俱等其猶屯卦初九與卦俱稱利建侯然卦則凡舉屯時宜其有所封建爻則以貴下賤則是

堪建之人此震之初九亦其類也象曰。震來虩虩。恐致福也。笑言啞啞。後有則也。六二。震來厲。億喪貝。躋于九陵。勿逐。七日得。震之爲義威駭怠懈肅整惰慢者也初幹其任而二乘之震來則危喪其資貨亡其所處矣故曰震來厲億喪貝億辭也貝資貨糧用之屬也犯逆受戮无應而行行无所舍威嚴大行物莫之納无糧而走雖復超越陵險必困于窮匱不過七日故曰勿逐七日得也〔疏〕六二震來厲億至勿逐七日得○正義曰震來厲億喪貝者億辭也貝資貨糧用之屬也震之爲用本威惰慢者也初九以剛處下聞震而懼恐而致福即是有德之人六二以陰賊之體不能敬於剛陽尊其有得而反乘之是傲尊陵貴爲天所誅震來則有危亡喪其資貨故曰震來厲億喪貝也躋于九陵勿逐七日得者躋升也犯逆受戮无應而行行无所舍威嚴大行物莫之納既喪資貨无糧而走雖復超越陵險必困於窮匱不過七日爲有司所獲矣故曰躋於九陵勿逐七日得象曰。震來厲。乘剛也。〔疏〕正義曰乘剛也者只爲乘於剛陽所以犯逆受戮也六三。震蘇蘇。震行无眚。不當其位位非所處故懼蘇蘇也而无乘剛之逆故可以懼行而无眚也〔疏〕六三震蘇蘇震行无眚○正義曰蘇蘇畏懼不安之貌六三居不當位故震懼而蘇蘇然也雖不當位而无乘剛之逆故可以懼行而无災眚也故曰震蘇蘇震行无眚也○注故懼○正義曰驗註以訓震爲懼蓋懼不自爲懼由震故懼也自下爻辭皆以震言懼也象曰。震蘇蘇。位不當也。〔疏〕正義曰位不當者其猶竊位者遇威嚴之世不能自安也九四。震遂泥。處四陰之中居恐懼之時爲衆陰之主宜勇其身以安於衆若其震也遂困難矣履夫不正不能除恐使物安己德未光也〔疏〕正義曰九四處四陰之中爲衆陰之主當恐懼之時宜勇其身以安於衆若其自懷震懼則遂滯溺而困難矣故曰震遂泥也然四失位違中則是有罪自懼遂沈泥者也象曰。震遂泥。未光也。〔疏〕正義曰未光也者身既不正不能除恐使物安己是道德未能光大也六五。震往來厲。意无喪有事。往則无應來則乘剛恐而往來不免於危夫處震之時而得尊位斯乃有事之機也而懼往來將喪其事故曰億无喪有事也〔疏〕正義曰震往來厲者六五往則无應來則乘剛恐而往來不免於咎故曰震往來厲也億无喪有事者夫處震之時而得尊位斯乃有事之機而懼以往來將喪其事故戒之曰億无喪有事也象曰。震往來厲。危行也。其事在中。大无喪也。大則无喪往來乃危也〔疏〕正義曰危行也者懷懼往來是致危之行其事在中大无喪也者六五居尊當有其事在於中位得建大功若守中建大則无喪有事若恐懼往來則致危无功也上六。震索索。視矍矍。征凶。震不于其躬。于其鄰。无咎。婚媾有言。處震之極極震者也居震之極求中未得故懼而索索視而矍矍无所安親也已處動極而復征焉凶其宜也若恐非已造彼動故懼懼鄰而戒合於備預故无咎也極懼相宜故雖婚媾而有言也〔疏〕上六震索索至婚媾有言○正義曰震索索視矍矍者索索心不安之貌矍矍視不專之容上六處震之極極震者也既居震位欲求中理以自安而未能得故懼而索索視而矍矍无所安親征凶者夫處動懼

之極而復征焉凶其宜也故曰征凶也震不于其躬于其鄰无咎者若恐非已造彼動故懼懼鄰而戒合於備豫則得无咎故曰震不于其躬于其鄰无咎婚媾有言者居極懼之地雖復婚媾相結亦不能无相疑之言故曰婚媾有言也象曰。震索索。中未得也。雖凶无咎。畏鄰戒也。〔疏〕正義曰中未得也者猶言未得中也畏鄰戒也者畏鄰之動懼而自戒乃得无咎

䷳艮下艮上艮其背。目无患也〔疏〕正義曰目者能見之物施止於面則抑割所見強隔其欲是目見之所患今施止於背則目无患也不獲其身。所止在後故不得其身也行其庭。不見其人。相背故也无咎。凡物對面而不相通否之道也艮者止而不相交通之卦也各止而不相與何得无咎唯不相見乃可也施止於背不隔物欲得其所止也背者无見之物也无見則自然靜止靜止而无見則不獲其身矣相背者雖近而不相見故行其庭不見其人也夫施止不於无見令物自然而止而強止之則姦邪並興近而不相得則凶其得无咎艮其背不獲其身行其庭不見其人故也〔疏〕艮其背至无咎○正義曰艮止也靜止之義此是象山之卦其以艮爲名施之於人則是止物之情防其動欲故謂之止艮其背者此明施止之所也施止得所則其道易成施止不得其所則其功難成故老子曰不見可欲使心不亂也背者无見之物也夫无見則自然靜止夫欲防止之法宜防其未兆既兆而止則傷物情故施止於无見之所則不隔物欲得其所止若施止於面則對面而不相通強止其情則姦邪並興而有凶咎止而无見則所止在後不與而相對言有物對面而來則情欲有私於己既止在後則是施止无見所止无見何見其身故不獲其身既不獲其身則相背矣相背者雖近而不相見故行其庭不見其人此乃得无咎故曰艮其背不獲其身行其庭不見其人无咎又若能止於未兆則是治之於未萌若對面不相交通則是否之道也但止其背可得无咎也象曰。艮止也。時止則止。時行則行。動靜不失其時。其道光明。止道不可常用必施於不可以行適於其時道乃光明也〔疏〕彖曰艮止也至其道光明○正義曰艮止也者訓其名也時止則止時行則行動靜不失其時其道光明者將釋施止有所光明施止有時凡物之動息自各有時運用止之法不可爲常必須應時行止然後其道乃得光明也艮其止。止其所也。易背曰止以明背即止也施止不可於面施背乃可也施止於止不施止於行得其所矣故曰艮其止止其所也〔疏〕正義曰此釋施止之所也艮其止是止其所止也易背曰止以明背者无見之物即是可止之所也既時止即宜止時行則行所以施止須是所止之所也既訓止令言艮其止是止其所止也故曰艮其止止其所也上下敵應。不相與也。是以不獲其身。行其庭不見其人。无咎也。〔疏〕正義曰上下敵應不相與也者此就六爻皆不相應釋艮卦之名又釋不獲其身以下之義凡應者一陰一陽二體不敵今上下之位雖復相當而爻皆峙敵不相交與故曰上下敵應不相與也然八純之卦皆六爻不應何獨於此言之者謂此卦既止而不加交又峙而不應與止義相協故兼此以明之也是以不獲其身行其庭不見其人无咎也者此舉經文以結之明相與而止之則无咎也象曰。兼山。艮。君子

以思不出其位。各止其所不侵官也。〔疏〕正義曰兼山艮者兩山義重謂之兼山也直置一山已能鎮止今兩山重疊止義彌大故曰兼山艮也君子以思不出其位者止之爲義各止其所故君子於此之時思慮所及不出其已位也。初六。艮其趾。无咎。利永貞。處止之初行无所之故止其趾乃得无咎至靜而定故利永貞。〔疏〕正義曰艮其趾无咎者趾足也初處體下故謂之足居止之初行无所適止其足而不行乃得无咎故曰艮其趾无咎也利永貞者靜止之初不可以躁動故利在永貞也。象曰。艮其趾。未失正也。〔疏〕正義曰未失正也者行則有咎止則不失其正釋所以在永貞。六二。艮其腓。不拯其隨。其心不快。隨謂趾也止其腓故其趾不拯也腓體躁而處止而不得拯其隨又不能退聽安靜故其心不快也。〔疏〕正義曰艮其腓不拯其隨者腓腸也在足之上腓體或屈或伸躁動之物腓動則足隨之故謂足爲隨拯舉也今既施止於腓腓不得動則足无拯舉故曰艮其腓不拯其隨也其心不快者腓是躁動之物而強止之貪進而不得動則情與質乖也故曰其心不快此爻明施止不得其所也。象曰。不拯其隨。未退聽也。〔疏〕正義曰未退聽也者聽從也既不能拯動又不能靜退聽從其見止之命所以其心不快矣。九三。艮其限。列其夤。厲薰心。限身之中也三當兩象之中故曰艮其限夤當中脊之肉也止加其身中體而分故列其夤而憂危薰心也艮之爲義各止於其所上下不相與至中則列矣列加其夤危莫甚焉危亡之憂乃薰灼其心也施止體中其體分焉體分兩主大器喪矣。〔疏〕九三艮其限至厲薰心。○正義曰限身之中人是帶之處言三當兩象之中故謂之限施止於限故曰艮其限也夤當中脊之肉也薰燒灼也既止加其身之中則上下不通之義也是分列其夤夤既分列身將喪亡故憂危之切薰灼其心矣然則君臣共治大體若身大體不通則君臣不接君臣不接則上下離心列夤則身亡離心則國喪故曰列其夤厲薰心。○注體分兩主大器喪矣。○正義曰體分兩主大器喪矣者大器謂國與身也此爻亦明施止不得其所也。象曰。艮其限。危薰心也。六四。艮其身。无咎。中上稱身履得其位止求諸身得其所處故不陷於咎也。〔疏〕六四艮其身无咎。○正義曰艮其身无咎者中上稱身六四居止之時已入上體履得其位止求諸身不陷於咎故曰艮其身无咎也求責也諸之也。象曰。艮其身。止諸躬也。自止其躬不分全體。〔疏〕象曰至止諸躬也。○正義曰止諸躬也者躬猶身也明能靜止其身不爲躁動也。○注自止其躬不分全體。○正義曰艮卦總其兩體以爲二身兩體不分乃謂之全全乃謂之身以九三居兩體之際在於身中未入上體則是止於下體不與上交所以體分夤列六四已入上體則非上下不接故能總止其身不分全體然則身是總名而言中上稱身者何也蓋至中則體分而身喪入上體則不分而身全九三施止於分體故謂之限六四施止於全體故謂之身非中上獨是其身而中下非身也。六五。艮其輔。言有序。悔亡。施止於輔以處於中故口无擇言能亡其悔也。〔疏〕正義曰輔頰車也能止於輔頰也以處其中故口无擇言也言有倫序能亡其悔故曰艮其輔言有序悔亡。象曰。艮其輔。以中正也。能用中正故言有序也。〔疏〕正義曰以中正者位雖不正以居得其中故不失其正故言有序也。上九。敦艮。吉。居止之極極止者也敦重在上不陷非妄宜其吉也。〔疏〕正義曰敦厚也上九居艮之極極止者也在上能用敦厚以自止不陷非妄宜其吉也故曰敦艮吉也。象曰。敦艮之吉。以厚終也。〔疏〕正義曰以厚終者言上九能以敦厚自終所以獲吉也。

䷴ 艮下巽上 漸。女歸吉。利貞。漸者漸進之卦也止而巽以斯適進漸進者也以止巽爲進故女歸吉也進而用正故利貞也。〔疏〕正義曰漸者不速之名也凡物有變移徐而不速謂之漸也女歸吉者歸嫁也女人生有外成之義以夫爲家故謂嫁曰歸也婦人之嫁備禮乃動故漸之所施吉在女嫁故曰女歸吉也利貞者女歸有漸得禮之正故曰利貞也。彖曰。漸之進也。之於進也。〔疏〕正義曰釋卦名也漸是徐動之名不當進退但卦所名漸是之於進也。女歸吉也。進得位。往有功也。進以正。可以正邦也。其位。剛得中也。以漸進得位也。〔疏〕女歸吉也至得中也。○正義曰女歸吉也者漸漸而進之施於人事是女歸之吉也進得位往有功也進以正可以正邦也者此就九五得位剛中釋利貞也言進而得於貴位是往而有功也以六二適九五是進而以正身既得正可以正邦也其位剛得中者此卦爻皆得位上言進得位嫌是兼二三四等故特言剛得中以明得位言唯是九五也。止而巽。動不窮也。〔疏〕正義曰此就二體廣明漸進之美也止不爲暴巽能用謙以斯適進物无違拒故能漸而動進不有困窮也。象曰。山上有木。漸。君子以居賢德善俗。賢德以止巽則居風俗以止巽乃善。〔疏〕正義曰山上有木漸者木生山上因山而高非是從下忽高故是漸義也君子以居賢德善俗者夫止而巽者漸之美也君子求賢得使居位化風俗使清善皆須文德謙下漸以進之若以卒暴威刑物不從矣。初六。鴻漸于干。小子厲有言。无咎。鴻水鳥也適進之義始於下而升者也故以鴻爲喻之又皆以進而履之爲義焉始進而位乎窮下又无其應若履于干危不可以安也始進而未得其位則困於小子窮於謗言故曰小子厲有言也困於小子讒諛之言未傷君子之義故曰无咎也。〔疏〕初六鴻漸至无咎。○正義曰鴻漸于干者鴻水鳥也干水涯也漸進之道自下升高故取譬鴻飛自下而上也初之始進未得祿位上无應援體又窮下若鴻之進于河之干不得安寧也故曰鴻漸于干也小子厲有言无咎者始進未得顯位易致陵辱則是危於小子而被毀於謗言故曰小子厲有言小人之言未傷君子之義故曰无咎也。象曰。小子之厲。義无咎也。〔疏〕正義曰義无咎者備如經釋。六二。鴻漸于磐。飲食衎衎。吉。磐山石之安者少進而得位居中而應本无祿養進而得之其爲歡樂願莫先焉。〔疏〕六二鴻漸至衎衎吉。○正義曰磐山石之安者也衎衎樂也六二進而得位居中而應得可安之地故曰鴻漸于磐既得可安之地所以飲食衎衎然樂而獲吉福也故曰鴻漸于磐飲食衎衎吉也。○注磐山石之安者也。○正義曰馬季長云山中石磐紆故稱磐也鴻是水鳥非是集於山石陵陸之禽而爻辭以此言鴻漸者蓋漸之爲義漸漸之於高故取山石陵陸以應漸高之義不復係水鳥也。象曰。飲食衎衎。不素飽也。〔疏〕正義曰不素飽者素故也故无祿養今日得之故願莫先焉。

九三。鴻漸于陸。夫征不復。婦孕不育。凶。利禦寇。陸高之頂也進而之陸與四相得不能復反者也夫征不復樂於邪配則婦亦不能執貞矣非夫而孕故不育也三本艮體而棄乎羣醜與四相得遂乃不反至使婦孕不育見利忘義貪進忘舊凶之道也異體合好順而相保物莫能間故利禦寇也。〔疏〕九三鴻漸于陸至利禦寇。○正義曰鴻漸于陸夫征不復婦孕不育凶者陸高之頂也九三居下體之上是進而得高之象故曰鴻漸于陸也進而之陸无應於上與四相比四亦无應近而相得三本是艮體與初二相同一家棄其羣類而與四合好卽是夫征而不反復也夫既樂於邪配妻亦不能保其貞非夫而孕故不育也見利忘義貪進忘舊凶之道也故曰夫征不復婦孕不育凶也利禦寇者異體合好恐有寇難離間之者然和比相順其相保安物莫能間故曰利用禦寇也。○注陸高之頂也。○正義曰陸高之頂也者爾雅云高平曰陸故曰高之頂也。象曰。夫征不復。離羣醜也。婦孕不育。失其道也。利用禦寇。順相保也。〔疏〕正義曰離羣醜者醜類也言三與初二雖有陰陽之殊同體艮卦故謂之羣醜也失其道也者非夫而孕孕而不育失道故也順相保也者謂四以陰乘陽嫌其非順然好合相得和比相安故曰順相保也。六四。鴻漸于木。或得其桷。无咎。鳥而之木得其宜也或得其桷遇安棲也雖乘于剛志相得也。〔疏〕正義曰鴻漸于木者鳥而之木得其宜也六四進而得位故曰鴻漸于木也或得其桷无咎者桷榱也之木而遇堪爲桷之枝取其易直可安也六四與二相得順而相保故曰或得其桷既與相得无乘剛之咎故曰无咎。象曰。或得其桷。順以巽也。〔疏〕正義曰順以巽也者言四雖乘三體巽而附下三雖被乘上順而相保所以六四得其安棲猶順以巽也。九五。鴻漸于陵。婦三歲不孕。終莫之勝。吉。陵次陸者也進得中位而隔乎三四不得與其應合故婦三歲不孕也各履正而居中三四不能久塞其塗者也不過三歲必得所願矣進以正邦三年有成成則道濟故不過三歲也。〔疏〕九五鴻漸于陵至終莫之勝吉。○正義曰鴻漸于陵者陵次陸者也九五進于中位處於尊高故曰鴻漸于陵婦三歲不孕者有應在二而隔乎三四不得與其應合是二五情意徒相感說而隔礙不交故曰婦三歲不孕也終莫之勝吉者然二與五合各履正而居中三四不能久塞其路終得遂其所懷故曰終莫之勝吉也。○注進以正邦至不過三歲。○正義曰進以正邦三年有成者九五居尊得位故曰進以正邦也三年有成則三四不敢塞其路故曰不過三歲也。象曰。終莫之勝吉。得所願也。〔疏〕正義曰得所願也者所願在於與三合好既各履中正无能勝之故終得其所願也。上九。鴻漸于陸。其羽可用爲儀。吉。進處高絜不累於位无物可以屈其心而亂其志峨峨清遠儀可貴也故曰其羽可用爲儀吉。〔疏〕正義曰鴻漸于陸者上九與三皆處卦上故並稱陸上九最居上極是進處高潔故曰鴻漸于陸也其羽可用爲儀吉者然居无位之地是不累於位者也處高而能不以位自累則其羽可用爲物之儀表可貴可法也故曰其羽可用爲儀吉也必言羽者既以鴻明漸故用羽表儀也。象曰。其羽可用爲儀吉。不可亂也。〔疏〕正義曰不可亂也者進處高潔不累於位无物可以亂其志也

䷵兌下震上 歸妹。征凶。无攸利。妹者少女之稱也兌爲少陰震爲長陽少陰而乘長陽說以動嫁妹之象也〔疏〕正義曰歸妹者卦名也婦人謂嫁曰歸歸妹猶言嫁妹也然易論歸妹得名不同泰卦六五云帝乙歸妹彼據兄嫁妹謂之歸妹此卦名歸妹以妹從娣而嫁謂之歸妹故初九爻辭云歸妹以娣是也上咸卦明二少相感恒卦明二長相承今此卦以少承長非是匹敵明是妹從娣嫁故謂之歸妹焉古者諸侯一取九女嫡夫人及左右媵皆以姪娣從故以此卦當之矣不言歸姪者女娣是兄弟之行亦舉尊以包之也征凶无攸利者歸妹之戒也征謂進有所往也妹從娣嫁本非正四唯須自守卑退以事元妃若妾進求寵則有並后凶咎之敗故曰征凶无攸利 彖曰。歸妹。天地之大義也。天地不交而萬物不興。歸妹。人之終始也。陰陽既合長少又交天地之大義人倫之終始〔疏〕正義曰歸妹天地之大義也天地不交而萬物不興者此舉天地交合然後萬物蕃興證美歸妹之義所以未及釋卦名先引證者以歸妹之義非人情所欲且違於匹對之理蓋以聖人制禮令姪娣從其姑姊而充妾媵者所以廣其繼嗣以象天地以少陰少陽長陰長陽之氣共相交接所以蕃興萬物也歸妹人之終始也者上既引天地交合爲證此又舉人事歸妹結合其義也天地以陰陽相合而得生物不已人倫以長少相交而得繼嗣不絕歸妹豈非天地之大義人倫之終始也 說以動。所歸妹也。少女而與長男交少女所不樂也而今說以動所歸必妹也雖與長男交嫁而係娣是以說也〔疏〕正義曰此就二體釋歸妹之義少女而與長男交少女所不樂也而今說以動所歸必妹也雖與長男交嫁而係於娣是以說也係娣所以說者既係娣爲媵不得別適若其不以備數更有動望之憂故係娣而行合禮說以動也 征凶。位不當也。履於不正說動以進妖邪之道也〔疏〕正義曰此因二三四五皆不當位釋征凶之義位既不當明非正嫡因說動而更求進妖邪之道也所戒其征凶也 无攸利。柔乘剛也。以征則有不正之凶以處則有乘剛之逆〔疏〕无攸利柔乘剛也。○正義曰此因六三六五乘剛釋无攸利之義夫陽貴而陰賤以妾媵之賤進求殊寵即是以賤陵貴故无施而利也○注以征則至有乘剛之逆也○正義曰象以失位釋征凶乘剛釋无攸利而注連引言之者畧例云去初上而論位分則三五各在一卦之上何得不謂之陽二四各在一卦之下何得不謂之陰然則二四陰位也三五陽位也陽應在上陰應在下今二三四五並皆失位其勢自然柔皆乘剛其猶妾媵求寵其勢自然以賤陵貴以明柔之乘剛緣於失正而進也 象曰。澤上有雷。歸妹。君子以永終知敝。歸妹相終始之道也故以永終知敝〔疏〕正義曰澤上有雷說以動也故曰歸妹君子以永終知敝者歸妹相終始之道也故君子象此以永長其終知應有不終之敝故也 初九。歸妹以娣。跛能履。征吉。少女而與長男爲耦非敵之謂是娣從之義也娣少女之稱也少女之行善莫若娣夫承嗣以君之子雖幼而不妄行少女以娣雖跛能履斯乃恒久之義吉而相承之道也以斯而進吉其宜也〔疏〕初九至貞吉。○正義曰歸妹以娣者少女謂之妹從娣而行謂之歸初九以兌適震非夫婦匹敵是從娣之義也故曰歸妹以娣也跛能履者妹而繼姊爲娣雖非正配不失常道譬猶跛人之足然雖不正不廢能履故曰跛能履也征吉者少長非偶爲妻而行則凶焉爲娣而行則吉故曰征吉也

注夫承嗣以君之子至吉其宜也○正義曰夫承嗣以君之子雖幼而不妄行者此爲少女作此例也言君之子宜爲嗣承以類妃之妹應爲娣也立嗣宜取長然君之子雖幼而立之不爲妄也以言行嫁宜匹敵然妃之妹雖至少而爲娣則可行也 象曰。歸妹以娣。以恒也。跛能履。吉相承也。〔疏〕正義曰以恒也者妹而爲娣恒久之道也吉相承也者行得其宜是相承之道也 九二。眇能視。利幽人之貞。雖失其位而居內處中眇猶能視足以保常也在內履中而能守其常故利幽人之貞也〔疏〕正義曰九二不云歸妹者既在歸妹之卦歸妹可知故畧不言也然九二雖失其位不廢居內處中以言歸妹雖非正配不失交合之道猶如眇目之人視雖不正不廢能視耳故曰眇能視也利幽人之貞者居內處中能守其常施之於人是處幽而不失其貞正也故曰利幽人之貞也 象曰。利幽人之貞。未變常也。〔疏〕正義曰未變常也者貞正者人之常也九三失位嫌其變常不貞也能以履中不偏故云未變常也 六三。歸妹以須。反歸以娣。室主猶存而求進焉進未值時故有須也不可以進故反歸待時以娣乃行也〔疏〕正義曰歸妹以須者六三在歸妹之時處下體之上有欲求爲室主之象而居不當位則是室主猶存室主既存而欲求進爲未值其時也未當其時則宜有待故曰歸妹以須也反歸以娣者既而有須不可以進宜反歸待時以娣乃行故曰反歸以娣 象曰。歸妹以須。未當也。〔疏〕正義曰未當也者未當其時故宜有待也 九四。歸妹愆期。遲歸有時。夫以不正无應而適人也必須彼道窮盡无所與交然後乃可以往故愆期遲歸以待時也〔疏〕正義曰九四居下得位又无其應以斯適人必待彼道窮盡无所與交然後乃可以往故曰愆期遲歸有時也 象曰。愆期之志。有待而行也。〔疏〕正義曰嫁宜及時今乃過期而遲歸者此嫁者之志正欲有所待而後乃行也 六五。帝乙歸妹。其君之袂不如其娣之袂良。月幾望。吉。歸妹之中獨處貴位故謂之帝乙歸妹也袂衣袖所以爲禮容者也其君之袂爲帝乙所寵也即五也爲帝乙所崇飾故謂之其君之袂也配在九二兌少震長以長從少不若以少從長之爲美也故曰不若其娣之袂良也位在乎中以貴而行極陰之盛以斯適配雖不若少往亦必合故曰月幾望吉也〔疏〕六五帝乙至幾望吉。○正義曰帝乙歸妹者六五居歸妹之中獨處貴位是帝王之所嫁妹也故曰帝乙歸妹其君之袂不如其娣之袂良者六五雖處貴位卦是長陽之卦若以爻爲人即是婦人之道故爲帝乙之妹既居長卦乃是長女之象其君即五也袂衣袖也所舉斂以爲禮容帝王嫁妹爲之崇飾故曰其君之袂也配在九二兌少震長以長從少者可以從少雖有其君崇飾之袂猶不若以少從長之爲美故曰不如其娣之袂良也月幾望吉者陰而貴盛如月之近望以斯適配雖不如以少從長然以貴而行往必合志故得吉也故曰月幾望吉也 象曰。帝乙歸妹。不如其娣之袂良也。其位在中。以貴行也。〔疏〕象曰至以貴行也。○正義曰帝乙歸妹不如其娣之袂良者釋其六五雖所居貴位言長不如少也言不必少女而從於長男也其位在中以貴行也者釋月幾望吉也既以長適少非歸妹之美而得吉者其位在五之中以貴盛而行所往必得合而獲吉也 上六。女承筐无實。士刲羊无血。无攸利。羊謂三也處卦之窮仰无所承下又无應爲女而承命則筐虛而莫之與爲士而下命則刲羊而无血刲血而无血不應所命也進退莫與故曰无攸利也〔疏〕上六至无攸利。○正義曰女之爲行以上有承順爲美士之爲功以下有應命爲貴上六處卦之窮仰則无所承受故爲女承筐則虛而无實又下无其應下命則无應之者故爲士刲羊則乾而无和故曰女承筐无實士刲羊无血則進退莫與故无所利 象曰。上六无實。承虛筐也。〔疏〕正義曰承虛筐者筐本盛幣以幣爲實今之无實正是承捧虛筐空无所有也

周易注疏挍勘記卷五　阮元撰盧宣旬摘錄

夬　此卦前石經岳本釋文古本足利本題周易下經夬傳第五

故可以顯然發揚決斷之事於王者之庭　孫志祖云上之字當作其

剛夬柔者　〔補〕案夬當作決

則柔邪者危　岳本閩監毛本同釋文出則邪是其本無柔字

道成也　閩本同錢本宋本道作終是也監毛本作道成者尤誤

壯于前趾　石經岳本閩監毛本同釋文趾荀作止按說文有止無趾古經多用止字止者足也

愓號　石經岳本閩監毛本同釋文愓荀翟作錫

能審已度　岳本閩監毛本同古本無能字

莫夜必有戎卒來害已　閩監毛本同宋本莫作暮卒作寇

壯于頄　石經岳本閩監毛本同釋文頄鄭作頯蜀才作仇

必能棄夫情累　岳本閩監毛本同釋文棄夫本亦作去

若於此時　閩監毛本同錢本宋本若作居

其行次且　石經岳本閩監毛本同釋文次本亦作趑或作跌鄭作趀且本亦作趄或作跙下卦放此

必見侵傷　岳本閩監毛本同宋本古本足利本傷作食按正義本作傷

抵狠難移之物　閩監毛本同岳本抵狠作牴很古本亦作牴很釋文出抵很抵本又作抵或作羝

莧陸夬夬　石經岳本閩監毛本同釋文莧一本作莞陸蜀才作睦

正義曰莧陸草之柔脆者　閩監毛本同錢本按本無下七字案此複上文下皆放此○按脆俗脃字

草之柔脆者亦以爲一　閩監毛本同錢本宋本者作似

姤　石經岳本閩監毛本同釋文古文作遘鄭同

勿用取女　石經岳本閩監毛本同釋文出娶女云本亦作取注及下同古本作娶采音義

爲壯至甚　閩監毛本同錢本宋本爲作注

彖曰姤遇也　石經岳本宋本閩監本古本足利本同毛本彖誤象

正乃功成也　閩監毛本同岳本宋本古本足利本正作匹釋文正亦作匹

誥四方　石經岳本閩監毛本同釋文誥鄭作詰王肅同

繫于金柅　石經岳本閩監毛本同釋文柅王肅作抳从手子夏作鑈蜀才作尼

羸豕孚蹢躅　石經岳本閩監毛本同釋文蹢一本作擲古文作蹢躅本亦作躅古文作蹳

注柅者制動之主者　〔補〕案下者字當衍毛本不誤

包有魚　石經岳本閩監毛本同釋文包本亦作庖下同荀作胞按正義作庖

不爲已棄　閩監本同毛本棄作弃岳本宋本古本足利本棄作乘

行爲其應　閩監毛本爲作失岳本作无古本作無案爲乃無之誤失乃无之誤

然復得其位　〔補〕案復當作履上注文可證毛本不誤

以杞包瓜　石經岳本閩監毛本同釋文包子夏作苞

而不能改其操　閩監毛本同宋本不能作能不

自莡注　閩監毛本同錢本宋本注作往

杞性柔刃　宋本閩本同監毛本刃作韌○按盧文弨云禮記月令命澤人納材葦注此時柔刃可取又毛詩抑箋柔忍之木釋文云本亦作刃知刃非誤字

萃亨　石經岳本閩監毛本同釋文王肅本同馬鄭陸虞等並無亨字

假至聚　〔補〕案聚當也字之譌毛本正作也

全乎聚道　閩監毛本同岳本宋本古本足利本乎作夫

故聚也　石經岳本閩監毛本同古本無也字

聚以正也　石經岳本閩監毛本同釋文聚以正荀作取以正

通衆以正　〔補〕毛本衆作聚

順天則說　岳本閩監毛本同錢本則作而

君子以除戎器　石經岳本閩監毛本同釋文除本亦作儲又作治荀作慮

則衆心生　閩監毛本同岳本宋本足利本作則衆生心古本作則衆生心也孫志祖云據困學紀聞常作

則衆生心

一握爲笑　石經岳本閩監毛本同釋文握傅氏作渥

懦劣之貌也　閩監毛本同岳本懦作愞釋文同○按釋文乃亂反則當從耎古音耎聲需聲劃然不同

說文云愞弱也從人從耎作懦者後出字

巳爲正配　閩監毛本同岳本古本配作妃釋文出正妃○按釋文正云本亦作匹

則情意迷亂　閩監毛本同宋本意作志

始以中應相信不以他意相阻　〔補〕毛本中作正不作未案未字是也

比爲一握之小　閩監毛本同錢本宋本爲作於

孚乃利用禴　石經岳本閩監毛本同釋文禴蜀才作躍劉作爚

獨正者危矣　〔補〕毛本矣作未屬下句

故必見引　集解作故必待五引

禴殷者祭名也　〔補〕毛本者作春下正義同

致之以省薄　〔補〕毛本致之作故可

无攸利也　岳本閩監毛本同古本攸下有往字

猶不若一陽一陰之至　岳本宋本古本足利本同閩監毛本至作應○按正義作應

志未光也　石經岳本閩監毛本同釋文未光也一本作志未光也

升　石經岳本閩監毛本同釋文鄭本作昇

用見大人　石經岳本閩監毛本同釋文本或作利見

升者登也　宋本者下空一字十行本閩監毛本不空

象曰柔以時升　〔補〕毛本同石經岳本宋本閩監本古本足利本象作彖案象字誤也

起升貴位　閩監毛本同錢本宋本起作超

君子以順德積小以高大　石經岳本閩監毛本同釋文順本又作慎姚本德作得以高大本或作以成高大古本足利本有成字

允升大吉　石經岳本閩監毛本同古本下衍也字

往必得邑　閩監毛本同岳本宋本古本足利本邑作也

保是尊貴而踐阼矣　閩監毛本同宋本是作其錢本阼作祚

處貞之極　錢本閩監毛本同岳本古本貞作升按正義當作升

冥猶暗也　閩監毛本同宋本暗作晦

困

若巧言能辭　〔補〕毛本能作飾

剛揜也　石經岳本閩監毛本同釋文本又作掩虞作弇

剛則揜於柔也　閩監毛本同岳本宋本古本足利本則作見案見是

未能說困者也　〔補〕案正義說當作濟毛本是濟字

其唯君子乎者　閩監毛本同宋本唯作惟下唯君子能然也同

君子固窮　岳本閩監毛本同釋文固窮或作困窮非

居則困于株木　岳本閩監毛本同古本無于木二字

不過數歲者也　岳本閩監毛本同釋文數歲本亦作三歲

幽不明也　石經岳本閩監毛本同足利本無幽字

初不謂之株也　錢本宋本初不作机木閩監毛本作机木

利用享祀　石經岳本宋本古本足利本同閩監毛本享誤亨釋文出享祀

據于蒺蔾　石經岳本監毛本同閩本據誤擄

焉得配偶　閩監毛本同岳本宋本古本足利本偶作耦宋本跡亦作耦○按耦字是也俗多借偶字爲之

來徐徐困于金車　石經岳本閩監毛本同釋文徐徐子夏作荼荼翟同王肅作余余金車本亦作金輿

而礙於九三　〔補〕案三當作二

欲棄之　閩監本同毛本棄作弃宋本誤乘

劓刖　石經岳本閩監毛本同釋文王肅本作臲䠡陸同京作劓劊

利用祭祀　石經岳本閩監毛本同釋文祭祀本亦作享祀

遐邇愈叛　岳本閩監毛本同釋文出遐遠云本亦作遐邇

已德未得　〔補〕案德當作志毛本正作志

困于葛藟于臲卼　石經岳本閩監毛本同釋文藟本又作蘽臲說文作劓薛同卼說文作䡾薛又作杌字同

動搖不安之辭　〔補〕毛本辭作貌

行則纏繞者不得安　〔補〕毛本者作居

井

羸其瓶　石經岳本閩監毛本同釋文羸蜀才作累

計獲一瓶之水　閩監毛本同錢本宋本獲作覆○按盧文弨云此句下多衍文當以集解正之云計覆一瓶之水何足言凶但此喻人德行不恒不能善始令終故就人言之凶也

汔至亦未繘井　石經岳本閩監毛本同古本脫亦字

其猶人德事被物　〔補〕毛本事作未案未字是也

木上有水井之象也集解云木上有水上水之象也○按正義作則是上水之象
使有成功閩監毛本同宋本作使有功成
井谷射鮒甕敝漏石經岳本閩監毛本同釋文射荀作耶甕鄭作甕案釋文二甕字當有一誤
則莫之與也岳本閩監毛本同釋文出无與之也云一本作則莫之與也
不停汚之謂也岳本閩監毛同釋文出停汙
王明則見照明岳本錢本閩本同監毛本照作昭
行惻也石經岳本閩監毛本同古本上有其字
脩井也石經岳本閩監本同毛本脩誤修
井洌寒泉石經岳本閩本同監毛本洌誤冽釋文出洌字
井收勿幕石經岳本閩監毛本同釋文收荀作甃干本勿作网
正義曰收式胄反凡物可收成者錢本宋本同閩監毛本删三小字正義曰上加
收式胄反四字一○大謬

革

凡不合然後乃變生閩監毛本同岳本錢本然作而
火欲上而澤欲下岳本閩監毛本同古本上有故字
彖曰居其志不相得曰革〔補〕毛本居作至
革而信之石經岳本閩監毛本同釋文一本無之字
革而當其悔乃亡名爲革〔補〕毛本名作者
其悔乃亡消也〔補〕案此本消字缺毛本如此今補
人亦叛王〔補〕毛本王作亡
以明八革也閩監毛本同錢本宋本以作於
堅仞岳本閩本同監毛本仞作韌○補下並同
既不言三就有孚閩監本同毛本不作革
故文炳而相暎蔚也〔補〕毛本炳作細

鼎此卦前錢本錢按本宋本題周易注疏卷第八

吉然後乃亨岳本閩監毛本同古本上有元字
賢愚有別尊卑有序岳本閩監毛本同釋文賢愚別尊卑序本亦作有別有序
以供烹飪之用閩監毛本同錢本宋本烹作亨○按亨通之亨享獻之享烹飪之烹古多作亨

能成新法盧文弨云句有誤字
亨飪也石經岳本閩監毛本同釋文亨本又作亯下及注聖人亨大亨亨飪亨者並同古本作烹聖人亨大亨同
注放此
飪孰也岳本同閩監毛本孰作熟○按孰熟古今字
故質其牲大〔補〕毛本質作舉牲作重案所改是也
特性而已閩監毛本作特牲不誤宋本性作牡亦非
君子以正位凝命石經岳本閩監毛本同釋文凝翟作擬
則是爲覆鼎也岳本閩監毛本同釋文出是覆則其本無爲字
倒以寫否岳本閩監毛本同古本足利本倒下有趾字
不我能卽吉石經岳本閩監毛本同古本作不能我卽吉
我仇謂九也〔補〕案九當作五正義云六五我之仇匹是也毛本是五字
雖陰陽爻〔補〕毛本陰作體案所改是也
非有體實不受閩本同監毛本有作其錢本宋本作直
其形渥石經岳本閩監毛本同釋文渥鄭作剭
信之如何閩監毛本同岳本宋本古本足利本之如作如之

震

懼以成則是以亨岳本閩監毛本同釋文成亦作盛古本下有也字下故曰震來厲億喪貝下同
震來虩虩笑言啞啞岳本閩監毛本同釋文虩虩荀作愬愬言亦作語下同石經初刻語後改言下
雖象傳句漫滅不可識傚並改語爲言
威至而後乃懼也岳本閩監毛本同古本也上有者字一本無乃字下奉宗廟之盛也能以恐懼
修其德也也上並有者字
驚駭怠惰岳本閩監毛本同釋文怠本又作殆
則是可以不喪匕鬯矣閩監毛本同岳本錢本宋本足利本是作足
長三尺宋本同閩監毛本三作二○按二字誤禮記雜記云枇以桑長三尺可證也
則惰者懼於近也閩監毛本同古本惰下有惓字也作矣岳本宋本足利本並作矣
則已出可以守宗廟岳本閩監毛本同古本下有也字一本則作卽
君子以恐懼脩省石經岳本監毛本同閩本脩誤修
然卦則凡舉屯時錢本宋本凡作汎閩監毛本作況

億喪貝躋于九陵石經岳本閩監毛本同釋文億本又作噫六五同躋本又作隮
威駭怠懈岳本閩監毛本同宋本懈作解
亡其所處矣岳本閩監毛本同古本無其字
是傲尊陵貴閩監毛本同錢本宋本傲作慠按傲慠古今字
正義曰驗注以訓震爲懼盧文弨云當作以震訓爲懼
象曰震蘇蘇石經岳本閩監毛本同古本下衍也字
震遂泥石經岳本閩監毛本同釋文荀本遂作隊
居恐懼之時岳本閩監毛本同足利本上有以字
意无喪有事〔補〕毛本意作億
當有其事閩監毛本同宋本作當其有事
視矍矍征凶石經岳本閩監毛本同古本征作往
彼動故懼岳本閩監毛本同釋文故或作而
疑婚媾有言者〔補〕毛本疑作也屬上讀
亦不能无相窺之言〔補〕毛本窺作疑案疑字是也

艮

其道光明石經岳本閩監毛本同古本脫其字下行其庭同
謂此卦既止而不加交又峙而不應〔補〕毛本加交作交爻
艮其趾石經岳本閩監毛本同釋文趾荀作止○按說見前
釋所以在永貞錢本宋本閩本同監毛本在作利
艮其腓不拯其隨石經岳本閩監毛本同釋文腓本又作肥不承音拯救之拯是陸所據本作承
故曰无擇言岳本閩監毛本同古本故作曰

漸

女歸吉也石經岳本閩監毛本同釋文王肅本還作女歸吉利貞
以明得位言言唯是九五也〔補〕閩監毛本上言字作之案之字是也宋本唯作惟
君子以居賢德善俗石經岳本閩監毛本同釋文善俗王肅本作善風俗足利本與王肅本同蓋采
音義
則困於小子岳本閩監毛本同釋文本又作則困譏於小子
面獲吉福也〔補〕毛本面作而

婦孕不育石經岳本閩監毛本同釋文孕荀作乘
而棄乎羣醜岳本閩監毛本同古本醜作配下經離羣醜也同
故曰鴻漸于陸也閩監毛本同宋本無漸字
志相得也岳本閩監毛本同古本上有與字
巽而附下閩監毛本同錢本宋本作巽而下附
九五進于中位閩監毛本于作乎宋本作得
進以正邦三年有成者閩監毛本同宋本年作歲錢本無者字以此為標注在正義曰上
峨峨清遠閩監毛本同岳本峨峨作峩峩釋文出峩峩
歸妹
少陰而乘長陽閩監毛本同宋本古本足利本乘作承岳本作永蓋亦承之譌
以妹從娣而嫁閩監毛本同錢本宋本娣作姊下明是妹從娣嫁又妹從娣嫁又嫁而係於娣又係娣所以說者既係娣為媵又故係娣而行合禮又從娣而行又是從娣之義也並同
本非正四〔補〕各本四作匹案匹字是也
若妾進求寵閩監毛本同錢本宋本妾作妄是也、
令姪娣從其姑娣〔補〕各本下娣字作姊案姊字是也
所歸妹也石經岳本閩監毛本同釋文本或作所以歸妹
嫁而係娣岳本閩監毛本同宋本古本娣作姊
更有動望之憂閩監毛本同宋本動作勤○按盧文弨云詩摽有梅迨其謂之箋云謂勤也女年二十而無嫁端則有勤望之憂正義本此
緣於失正而進也錢本正作位
君子以永終知敝石經岳本閩監毛本同釋文出知弊
娣少女之稱也閩監毛本同岳本宋本古本足利本娣作妹是也考文引毛本娣下誤衍者字
雖幼而不妾行〔補〕案妾當作妄形近之譌下正義可證毛本正作妄
歸妹以須石經岳本閩監毛本同釋文須荀陸作嬬
則是室主獨存閩監毛本同錢本宋本獨作猶
夫以不正无應而適人也岳本閩監毛本同釋文出不正不應云本亦作无應
有待而行也石經岳本閩監毛本同釋文一本待作時

月幾望石經岳本閩監毛本同釋文幾荀作既
以長從少者可以從少閩監毛本同錢本宋本作以長從少者也以長從少
雖所居貴位閩監毛本同宋本無貴字
言不必少女閩監毛本同宋本必作如
女承筐无實石經岳本閩監毛本同釋文承匡鄭作筐是其本作匡

周易注疏挍勘記卷五

周易兼義下經豐傳卷第六

國子祭酒上護軍曲阜縣開國子臣孔穎達奉勅撰正義

王弼注

䷶離下震上豐亨。王假之。大而亨者王之所至〔疏〕正義曰豐亨者豐卦名也彖及序卦皆以大訓豐也然則豐者多大之名盈足之義財多德大故謂之為豐德大則无所不容財多則无所不齊无所擁礙謂之為亨故曰豐亨王假之者假至也豐亨之道王之所尚非有王者之德不能至之故曰王假之也勿憂。宜日中。豐之為義闡弘微細通夫隱滯者也為天下之主而令微隱者不亨憂未已也故至豐亨乃得勿憂也用夫豐亨不憂之德宜處天中以偏照者也故曰宜日中也〔疏〕正義曰勿无也王能至於豐亨乃得无復憂慮故曰勿憂也用夫豐亨无憂之德然後可以君臨萬國徧照四方如日中之時徧照天下故曰宜日中也彖曰。豐大也。音闡大之大也〔疏〕彖曰豐大也○正義曰豐大也者釋卦名正是弘大之義也○注音闡大之大也○正義曰闡者弘廣之言凡物之大其有二種一者自然之大一者由人之闡弘使大豐之為義既闡弘微細則豐之稱大乃闡大之大非自然之大故音之也明以動。故豐。王假之。尚大也。大者王之所尚故至之也〔疏〕正義曰動故豐者此就二體釋卦得名為豐之意動而不明未能光大資明以動乃能致豐故曰明以動故豐也王假之尚大也者豐大之道王所崇尚所以王能至之以能尚大故也勿憂宜日中。宜照天下也。以勿憂之德故宜照天下也〔疏〕正義曰日中之時徧照天下王无憂慮德乃光被同於日中之盈故曰勿憂宜日中宜照天下也日中則昃。月盈則食。天地盈虛。與時消息。而況於人乎。況於鬼神乎。豐之為用困於昃食者也施於未足則尚豐施於已盈則方溢不可以為常故具陳消息之道者也〔疏〕正義曰此孔子因豐設戒以上言王者以豐大之德照臨天下同於日中然盛必有衰自然常理日中至盛過中則昃月滿則盈過盈則食天之寒暑往來地之陵谷遷貿盈則與時而息虛則與時而消天地日月尚不能久況於人與鬼神而能長保其盈盛乎勉令及時脩德仍戒居存慮亡也此辭先陳天地後言人鬼神者欲以輕譬重亦先尊後卑也而日月先天地者承上宜日中之下遂言其昃食因舉日月以對之然後并陳天地作文之體也象曰。雷電皆至。豐。君子以折獄致刑。文明以動不失情理也〔疏〕正義曰雷電皆至豐者雷者天之威動電者天之光耀雷電俱至則威明備足以為豐也君子以折獄致刑者君子法象天威而用刑罰亦當文明以動折獄斷決也斷決獄訟須得虛實之情致用刑罰必得輕重之中若動而不明則淫濫斯及故君子象於此卦而折獄致刑初九。遇其配主。雖旬无咎。往有尚。處豐之初其配在四以陽適陽以明之動能相光大者也旬均也雖均无咎往有尚也初四俱陽爻故曰均也〔疏〕正義曰遇其配主者豐者文明必動尚乎光大者也初配在四俱是陽爻以陽適陽以明之動能相光大者也故曰遇其配主也雖旬无咎往有尚者旬均也俱是陽爻謂之為均非是陰陽相應嫌其有咎以其能相光大故雖均可以无咎而往有嘉尚也故

曰雖均无咎往有尚也象曰。雖旬无咎。過旬災也。過均則爭交斯叛也疏象曰至災也○正義曰過旬災光者言勢若不均則相傾奪既相傾奪則爭競乃與而相違背災咎至焉故曰過旬災也○注過均至叛也○正義曰初四應配謂之爲交勢若不均則初四之相交於斯乖叛矣

六二。豐其蔀。日中見斗。往得疑疾。有孚發若。吉。蔀覆曖鄣光明之物也處明動之時不能自豐以光大之德既處乎內而又以陰居陰所豐在蔀幽而无覩者也故曰豐其蔀日中見斗也日中者明之盛也斗見者闇之極也處盛明而豐其蔀故曰日中見斗不能自發故往得疑疾然履中當位處闇不邪有孚者也若辭也有孚可以發其志不困於闇故獲吉也疏六二豐其蔀至有孚發若吉○正義曰豐其蔀者二以陰居陰又處於內幽闇无所覩見所豐在於覆蔽故曰豐其蔀也蔀者覆曖障光明之物也日中見斗者二居離卦之中如日正中則至極盛者也處日中盛明之時而斗星顯見是二之至闇使斗星見明者也處光大之世而爲極闇之行譬日中而斗星見故曰日中見斗也二五俱陰二已見斗之闇不能自發以自求於五往則得見疑之疾故曰往得疑疾也然居中履正處闇不邪是有信者也有信以自發其志不困於闇故獲吉也故曰有孚發若吉也

象曰。有孚發若。信以發志也。疏正義曰信以發志者雖處幽闇而不爲邪是有信以發其豐大之志故得吉也

九三。豐其沛。日中見沬。折其右肱。无咎。沛幡幔所以禦盛光也沬微昧之明也應在上六志在乎陰雖愈乎以陰處陰亦未足以免於闇也所豐在沛日中則見沬之謂也施明則見沬而已施用則折其右肱故可以自守而已未足用也疏正義曰豐其沛日中見沬者沛幡幔所以禦盛光也沬微昧之明也以九三應在上六志在乎陰雖愈於六二以陰處陰亦未免於闇也是所以豐在沛日中見沬夫處光大之時而豐沛見沬雖愈於豐蔀見斗然施於大事終不可用假如折其右肱自守而已乃得无咎故曰折其右肱无咎

象曰。豐其沛。不可大事也。明不足也疏正義曰不可大事者當光大之時可爲大事明不足故不可爲大事也折其右肱。終不可用也。雖有左在不足用也疏正義曰終不可用者凡用事在右肱右肱既折雖有左在終不可用也

九四。豐其蔀。日中見斗。遇其夷主。吉。以陽居陰豐其蔀也得初以發夷主吉也疏正義曰豐其蔀者九四以陽居陰闇同於六二故曰豐其蔀也日中見斗遇其夷主吉者夷平也四應在初而同是陽爻能相顯發而得其吉故曰遇其夷主吉也言四之與初交相爲主者若賓主之義也若據初適四則以四爲主故曰遇其配主自四之初則以初爲主故曰遇其夷主也二陽體敵兩主均平故初謂四爲旬而四謂初爲夷也

象曰。豐其蔀。位不當也。日中見斗。幽不明也。遇其夷主。吉行也。疏正義曰位不當者止謂以陽居陰而位不當所以豐蔀而闇者也幽不明也者日中盛則反而見斗以譬當光大而居陰是應明而幽闇不明也吉行也者處於陰位爲闇已甚更應於陰无由獲吉猶與陽相遇故得吉行也

六五。來章有慶譽。吉。以陰之質來適尊陽之位能自光大章顯其德獲慶譽也疏正義曰六五處豐大之世以陰柔之質來適尊陽之位能自光大章顯其德而獲慶善也故曰來章有慶譽吉也

象曰。六五之吉。有慶也。疏正義曰有慶也者言六五以柔處尊履得其中故致慶譽也

上六。豐其屋。蔀其家。闚其戶。闃其无人。三歲不覿。凶。屋藏蔭之物以陰處極而最在外不履於位深自幽隱絕跡深藏者也既豐其屋又蔀其家屋厚家覆闇之甚也雖闚其戶闃其无人棄其所處而自深藏也處於明動尚大之時而深自幽隱以高其行大道既濟而猶不見隱不爲賢更爲反道凶其宜也三年豐道之成治道未濟隱猶可也既濟而隱是以治爲亂者也疏上六豐其屋至不覿○正義曰屋者藏蔭隱蔽之物也上六以陰處陰極以處外不履於位是深自幽隱絕跡深藏也事同豐厚於屋者也既豐厚其屋而又覆鄣其家屋厚家闇蔽鄣之甚也雖闚視其戶而闃寂无人而棄其所處而自深藏也處於豐大之世隱不爲賢治道未濟隱猶可也三年豐道已成而猶不見所以爲凶故曰豐其屋蔀其家闚其戶闃其无人三歲不覿凶

象曰。豐其屋。天際翔也。翳光最甚者也疏正義曰天際翔也者如鳥之飛翔於天際言隱翳之深也闚其戶。闃其无人。自藏也。可以出而不出自藏之謂也非有爲而藏不出戶庭失時致凶況自藏乎凶其宜也疏正義曰自藏也者言非有爲而當自藏可以出而不出无事自爲隱藏也

䷷艮下離上旅。小亨。旅貞吉。不足全夫貞吉之道唯足以爲旅之貞吉故特重曰旅貞吉也疏正義曰旅者客寄之名羈旅之稱失其本居而寄他方謂之爲旅既爲羈旅苟求僅存雖得自通非甚光大故旅之爲義小亨而已故曰旅小亨羈旅而獲小亨是旅之正吉故曰旅貞吉也

彖曰。旅小亨。柔得中乎外而順乎剛。止而麗乎明。是以小亨旅貞吉也。夫物失其主則散柔乘於剛則乖既乖且散物皆羈旅何由得小亨而貞吉乎夫陽爲物長而陰皆順陽唯六五乘剛而復得中乎外以承于上陰不爲乖逆止而麗明動不履妄雖不及剛得尊位恢弘大通是以小亨令附旅者不失其正得其所安也疏彖曰至貞吉也○正義曰旅小亨者舉經文也柔得中乎外而順乎剛止而麗乎明是以小亨旅貞吉者此就六五及二體釋旅得亨貞之義柔處於外弱而爲客之象若所託不得其主得主而不能順從則乖逆而離散何由得自通而貞吉乎今柔雖處外而得中順陽則是得其所託而順從於主又止而麗明動不履妄故能於寄旅之時得通而正不失所安也旅之時義大矣哉。旅者大散物皆失其所居之時也咸失其居物願所附豈非知者有爲之時疏正義曰此歎美寄旅之時物皆失其所居若能與物爲附使旅者獲安非小才可濟惟大智能然故曰旅之時義大矣哉

象曰。山上有火。旅。君子以明慎用刑。而不留獄。止以明之刑戮詳也疏正義曰火在山上逐草而行勢不久留故爲旅象又上下二體艮止離明故君子象此以靜止明察審慎用刑而不稽留獄訟

初六。旅瑣瑣。斯其所取災。最處下極寄旅不得所安而爲斯賤之役所取致災志窮且困疏正義曰旅瑣瑣斯其所取災者瑣瑣者細小卑賤之貌也初六當旅之時最處下極是寄旅不得所安而爲斯卑賤之役然則爲斯卑賤勞役由其處於窮下故致此災故曰旅瑣瑣斯其所取災也

象曰。旅瑣瑣。志窮災也。疏正義曰志窮災志意窮困自取此災也

六二。旅即次。懷其資。得童僕貞。次者可以安行旅之地也懷來也得位居中體柔奉上以此寄旅必獲次舍懷來資貨得童僕之所正也旅不可以處盛故其美盡於童僕之正也過斯以往則見害矣童僕之正義足而已疏正義曰旅即次懷其資得童僕貞者得位居中體柔承上以此而爲寄旅必爲主君所安旅得次舍懷來資貨又得童僕之正不同初六賤役故曰旅即次懷其資得童僕貞

象曰。得童僕貞。終无尤也。疏正義曰終无尤者旅不可以處盛盛則爲物所害今惟正於童僕則終保无咎也

九三。旅焚其次。喪其童僕。貞厲。居下體之上與二相得以寄旅之身而爲施下之道與萌侵權主之所疑也故次焚僕喪而身危也疏九三旅焚其次至貞厲○正義曰旅焚其次喪其童僕貞厲者九三居下體之上下據於二上无其應與二相得是欲自尊而惠施於下也以羈旅之身而爲惠下之道是與萌侵權爲主君之所疑也爲君主所疑則被黜而見害故焚其次舍喪其童僕之正而身危也○注與萌至所疑也○正義曰與萌侵權者言與得政事之萌漸侵奪主君之權勢若齊之田氏故爲主所疑也

象曰。旅焚其次。亦以傷矣。以旅與下。其義喪也。疏正義曰亦以傷矣者言失其所安亦可悲傷也其義喪者言以旅與下理是喪亡也

九四。旅于處。得其資斧。我心不快。斧所以斫除荊棘以安其舍者也雖處上體之下不先於物然而不得其位不獲平坦之地客于所處不得其次而得其資斧之地故其心不快也疏正義曰旅于處得其資斧我心不快者九四處上體之下不同九三之自尊然不得其位猶寄旅之人求其次舍不獲平坦之所而得用斧之地言用斧除荊棘然後乃處故曰旅于處得其資斧也求安處而得資斧之地所以其心不快也

象曰。旅于處。未得位也。得其資斧。心未快也。

六五。射雉一矢亡。終以譽命。射雉以一矢而復亡之明雖有雉終不可得矣寄旅而進雖處于文明之中居于貴位此位終不可有也以其能知禍福之萌不安其處以乘其下而上承於上故終以譽而見命也疏六五射雉至以譽命○正義曰射雉一矢亡終以譽命者羈旅不可以處盛位六五以羈旅之身進居貴位其位終不可保譬之射雉惟有一矢射之而復亡失其雉終不可得故曰射雉一矢亡也然處文明之內能照禍福之幾不乘下以侵權而承上以自保故得終以美譽而見爵命故曰終以譽命也

象曰。終以譽命。上逮也。疏正義曰上逮者逮及也以能承及於上故得終以譽命也

上九。鳥焚其巢。旅人先笑後號咷。喪牛于易。凶。居高危而以爲宅巢之謂也客旅得上位故先笑也以旅而處于上極衆之所嫉也以不親之身而當被害之地必凶之道也故曰後號咷牛者稼穡之資以旅處上衆所同嫉故喪牛于易不在於難物莫之與危而不扶喪牛于易終莫之聞莫之聞則傷之者至矣疏正義曰鳥焚其巢旅人先笑後號咷喪牛于易凶者最居於上如鳥之巢以旅處上必見傾奪如鳥巢之被焚故曰鳥焚其巢也客得上位所以先笑凶害必至故後號咷衆所同嫉喪其稼穡之資理在不難故曰喪牛于易物

莫之與則傷之者至矣故曰凶也象曰。以旅在上。其義焚也。喪牛于易。終莫之聞也。〔疏〕正義曰終莫之聞也者衆所同疾危而不扶至于喪牛于易終无以一言告之使聞而悟也

䷸巽下巽上 巽。小亨。全以巽爲德是以小亨也上下皆巽不違其令命乃行也故申命行事之時上下不可以不巽也〔疏〕正義曰巽者卑順之名說卦云巽入也蓋以巽是象風之卦風行無所不入故以入爲訓若施之於人事能自卑巽者亦無所不容然巽之爲義以卑順爲體以容入爲用故受巽名矣上下皆巽不爲違逆君唱臣和教令乃行故於重巽之卦以明申命之理雖上下皆巽命令可行然全用卑巽則所通非大故曰小亨利有攸往。巽悌以行物无距也〔疏〕正義曰巽悌以行物无距逆故曰利有攸往利見大人。大人用之道愈隆〔疏〕正義曰但能用巽者皆无往不利然大人用巽其道愈隆故曰利見大人明上下皆須用巽也彖曰。重巽以申命。命乃行也未有不巽而命行也〔疏〕正義曰此卦以卑巽爲名以申命爲義故就二體上下皆巽以明可以申命也上巽能接於下下巽能奉於上上下皆巽命乃得行故曰重巽以申命也剛巽乎中正而志行。以剛而能用巽處乎中正物所與也〔疏〕正義曰剛巽乎中正而志行者雖上下皆巽若命不可從則物所不與也故又因二五之爻剛而能巽不失其中所以志意得行申其命令也柔皆順乎剛。明无違逆故得小亨〔疏〕柔皆順乎剛〇正義曰柔皆順乎剛者剛雖巽爲中正柔若不順乎剛何所申其命乎故又就初九各處卦下柔皆順剛无有違逆所以教命得申成小亨以下之義也〇注明无違至得小亨〇正義曰案彖併舉小亨利有攸往利見大人以結之則柔皆順剛之意不專釋小亨二字而注獨言明无違逆故得小亨者褚氏云夫獻可替否其道乃弘柔皆順剛非大通之道所以文王係小亨之辭孔子致皆順之釋案王注上下卦之體皆以巽言之柔不違剛正是巽義故知皆順之言通釋諸辭也是以小亨。利有攸往。利見大人。〔疏〕正義曰是以小亨以下釋經結也象曰。隨風。巽。君子以申命行事。〔疏〕正義曰隨風巽者兩風相隨故曰隨風風既相隨物无不順故曰隨風巽君子以申命行事者風之隨至非是令初故君子訓之以申命行事也

初六。進退。利武人之貞。處令之初未能服令者也故進退也成命齊邪莫善武人故利武人之貞以整之〔疏〕正義曰初六處令之初法未宜著體於柔巽不能自決心懷進退未能從令者也成命齊邪莫善威武既未能從令則宜用武人之正以整齊之故曰進退利武人之貞也象曰。進退。志疑也。巽順之志進退疑懼〔疏〕正義曰志疑者欲從之則未明其令欲不從則懼罪及已志意懷疑所以進退也利武人之貞。志治也。〔疏〕正義曰志治也者武非行令所宜而言利武人者志在使人從治故曰利武人其猶蒙卦初六象曰利用刑人以正法也

九二。巽在牀下。用史巫紛若。吉无咎。處巽之中既在下位而復以陽居陰卑巽之甚故曰巽在牀下也卑甚失正則入于咎過矣能以居中而施至卑於神祇而不用之於威勢則乃至于紛若之吉而亡其過矣故曰用史巫紛若吉无咎也〔疏〕正義曰巽在牀下者九二處巽下體而復以陽居陰卑巽之甚故曰巽在牀下用史巫紛若吉无咎者史謂祝史巫謂巫覡並是接事鬼神之人也紛若者盛多之貌卑甚失正則入於過咎人有威勢易爲行於神道无形多生怠慢若能用居中之德行至卑之道用之於神祇不行之於威勢則能致之於盛多之吉而无咎過故曰用史巫紛若吉无咎也象曰。紛若之吉。得中也。〔疏〕正義曰得中者用卑巽於神祇是行得其中故能致紛若之吉也

九三。頻巽。吝。頻頻蹙不樂而窮不得已之謂也以其剛正而爲四所乘志窮而巽是以吝也〔疏〕正義曰頻巽吝者頻者頻蹙憂戚之容也九三體剛居正爲四所乘是志意窮屈不得中遂也既處巽時只得受其屈辱也頻蹙而巽鄙吝之道故曰頻巽吝也象曰。頻巽之吝。志窮也。〔疏〕正義曰志窮者志意窮屈所以爲吝也

六四。悔亡。田獲三品。乘剛悔也然得位承五卑得所奉雖以柔乘剛而依尊履正以斯行命必能獲强暴遠不仁者也獲而有益莫善三品故曰悔亡田獲三品一曰乾豆二曰賓客三曰充君之庖〔疏〕正義曰悔亡田獲三品者六四有乘剛之悔然得位承尊得其所奉雖以柔乘剛而依尊履正以斯行命必能有功取譬田獵能獲而有益莫善三品所以得悔亡故曰悔亡田獲三品也三品者一曰乾豆二曰賓客三曰充君之庖廚也象曰。田獲三品。有功也。〔疏〕正義曰有功者田獵有獲以喻行命有功也

九五。貞吉。悔亡。无不利。无初有終。先庚三日。後庚三日。吉。以陽居陽損於謙巽然秉乎中正以宜其令物莫之違故曰貞吉悔亡无不利也化不以漸卒以剛直用加於物故初皆不說也終於中正邪道以消故有終也申命令謂之庚夫以正齊物不可卒也民迷固久直不可肆也故先申三日令著之後復申三日日然後誅而无咎怨矣甲庚皆申命之謂也〔疏〕正義曰九五以陽居陽違於謙巽是悔也然執乎中正以宜其令物莫之違是由貞正獲吉故得悔亡而无不利故曰貞吉悔亡无不利也无初有終者若卒用剛直化不以漸物皆不說故曰无初也終於中正物服其化故曰有終也先庚三日後庚三日吉者申命令之謂之庚民迷固久申不可卒故先申之三日令著之後復申之三日然後誅之民服其罪无怨而獲吉矣故曰先庚三日後庚三日吉也象曰。九五之吉。位正中也。〔疏〕正義曰位正中者若不以九居五位則不能以中正齊物物之不齊无由致吉致吉是由九居五位故舉爻位言之

上九。巽在牀下。喪其資斧。貞凶。處巽之極極巽過甚故曰巽在牀下也斧所以斷者也過巽失正喪所以斷故曰喪其資斧貞凶也〔疏〕正義曰巽在牀下者上九處巽之極巽之過甚故曰巽在牀下喪其資斧者斧能斬決以喻威斷也巽過則不能行威命命之不行是喪其所用之斧故曰喪其資斧也貞凶者失其威斷是正之凶故曰貞凶也象曰。巽在牀下。上窮也。喪其資斧。正乎凶也。〔疏〕正義曰上窮者處上窮巽故過在牀下也正乎凶者正理須當威斷而喪之是正乎凶也

䷹兌下兌上 兌。亨。利貞。〔疏〕正義曰兌說也說卦曰說萬物者莫說乎澤以兌是象澤之卦故以兌爲名澤以潤生萬物所以萬物皆說施於人事猶人君以恩惠養民民无不說也惠施民說所以爲亨以說說物恐陷諂邪其利在於貞正故曰兌亨利貞彖曰。兌。說也。剛中而柔外。說以利貞。說而違剛則諂剛而違說則暴剛中而柔外所以說以利貞也剛中故利貞柔外故說亨〔疏〕正義曰兌說也者訓卦名也剛中而柔外說以利貞也者此就二五以剛居中上六六三以柔處外釋兌亨利貞之義也外雖柔說而內德剛正則不畏邪諂內雖剛正而外迹柔說則不憂侵暴只爲剛中而柔外中外相濟故得說亨而利貞也是以順乎天而應乎人。天剛而不失說者也〔疏〕正義曰廣明說義合於天人天爲剛德而有柔克是剛而不失其說也今說以利貞是上順乎天也人心說於惠澤能以惠澤說人是下應乎人也說以先民民忘其勞。說以犯難。民忘其死。說之大。民勸矣哉。〔疏〕正義曰說以先民民忘其勞以下歎美說之所致亦申明應人之法先以說豫撫民然後使之從事則民皆竭力忘其從事之勞故曰說以先民民忘其勞也說以犯難民忘其死者先以說豫勞民然後使之犯難則民皆授命忘其犯難之死故曰說以犯難民忘其死也施說於人所致如此豈非說義之大能使民勸勉矣哉故曰說之大民勸矣哉象曰。麗澤。兌。君子以朋友講習。麗猶連也施說之盛莫盛於此〔疏〕正義曰麗澤兌者麗猶連也兩澤相連潤說之盛故曰麗澤兌也君子以朋友講習者同門曰朋同志曰友朋友聚居講習道義相說之盛莫過於此也故君子象之以朋友講習也

初九。和兌。吉。〔疏〕居兌之初應不在一无所黨係和兌之謂也說不在諂履斯而行未見有疑之者吉其宜矣〔疏〕正義曰初九居兌之初應不在一无所私說說之和也說物以和何往不吉故曰和兌吉也象曰。和兌之吉。行未疑也。〔疏〕正義曰行未疑者說不爲諂履斯而行未見疑之者也所以得吉也

九二。孚兌。吉。悔亡。說不失中有孚者也失位而說孚吉乃悔亡也〔疏〕正義曰九二說不失中有信者也說而有信則吉從之故曰孚兌吉也然履失其位有信而吉乃得悔亡故曰孚兌吉悔亡也象曰。孚兌之吉。信志也。其志信也〔疏〕正義曰信志也者失位而得吉是其志信也

六三。來兌。凶。以陰柔之質履非其位來求說者也非正而求說邪佞者也〔疏〕正義曰三爲陽位陰來居之是進來求說故言來兌而以不正來說佞邪之道故曰來兌凶也象曰。來兌之凶。位不當也。〔疏〕正義曰位不當者由位不當所以致凶也

九四。商兌未寧。介疾有喜。商商量裁制之謂也介隔也三爲佞說將近至尊故四以剛德裁而隔之匡內制外是以未寧也處於幾近閑邪介疾宜其有喜也〔疏〕正義曰商兌未寧者商商量裁制之謂也夫佞邪之人國之疾也三爲佞說將近至尊故四以剛德裁而隔之使三不得進匡內制外未遑寧處故曰商兌未寧居近至尊防邪隔疾宜其有喜故曰介疾有喜象曰。九四之喜。有慶也。〔疏〕正義曰有慶者四能匡內制外介疾除邪此之爲喜乃爲至尊所善天下蒙賴故言有慶也

九五。孚于剝。有厲。比於上六而與相得處尊正之位不說信乎陽而說信乎陰孚于剝之義也剝之爲義小人道長之謂〔疏〕正義曰剝者小人道長消君子之正故謂小人爲剝也九五處尊正之位下无其應比於上六與之相得是說信於小人故曰孚于剝信

而成剝危之道也故曰有厲。**象曰：孚于剝，位正當也。**以正當之位信於小人而疏君子故曰位正當也〔疏〕正義曰位正當者以正當之位宜在君子而信小人故以當位責之也

上六，引兌。以夫陰質最處說後靜退者也故必見引然後乃說也〔疏〕正義曰上六以陰柔之質最在兌後是自靜退不同六三自進求說必須他人見引然後乃說故曰引兌也**象曰：上六引兌，未光也。**〔疏〕正義曰未光也者雖免躁求之凶亦有後時之失所以經无吉文以其道未光故也

䷺坎下巽上　**渙，亨。王假有廟。利涉大川。利貞。**〔疏〕正義曰渙亨者渙卦名也序卦曰說而後散之故受之以渙然則渙者散釋之名雜卦曰渙離也此又渙是離散之號也蓋渙之爲義小人遭難離散奔迸而逃避也大德之人能於此時建功立德散難釋險故謂之爲渙能釋險難所以爲亨故曰渙亨王假有廟者王能渙難而亨可以至於建立宗廟故曰王假有廟也利涉大川者德洽神人可濟大難故曰利涉大川利貞者大難既散宜以正道而柔集之故曰利貞

象曰：渙，亨。剛來而不窮，柔得位乎外而上同。二以剛來居內而不窮於險四以柔得位乎外而與上同內剛而无險困之難外順而无違逆之乖是以亨利涉大川利貞也凡剛得暢而无忌回之累柔履正而同志乎剛則皆亨利涉大川利貞也〔疏〕象曰渙亨至上同○正義曰渙亨者疊經文略舉名德也剛來而不窮柔得位乎外而上同者此就九二剛德居險六四得位從上釋所以能散釋險難而致亨通乃至利涉大川利貞等也二以剛德來居險中而不窮於險四以柔順得位於外而上與五同內剛无險困之難外柔无違逆之乖所以得散釋險難而通亨建立宗廟而祭亨利涉大川而克濟利以正道而鳩民也○注凡剛得暢至利貞也○正義曰凡剛得暢而无忌回之累者此還言九二居險不窮是剛得暢无復畏忌回邪之累也柔履正而同志乎剛者此還言六四得位履正同志乎五也剛德不暢柔不同剛何由得亨通而濟難利貞而不邪乎故言則皆亨利涉大川利貞也注於此言皆者凡有二意一則象雖疊渙亨二字即以剛來而不窮柔得位乎外而上同釋之下別言王假有廟王乃在中利涉大川乘木有功恐剛來之言惟釋亨德不通在下二則先儒有以剛來不窮釋亨德柔得位乎外釋利貞故言皆以通之明剛柔皆釋亨以下至于利貞也

王假有廟，王乃在中也。王乃在乎渙然之中故至有廟也〔疏〕正義曰此重明渙時可以有廟之義險難未夷方勞經略今在渙然之中故至於有廟也

利涉大川，乘木有功也。乘木即涉難也木者專所以涉川也涉難而常用渙道必有功也〔疏〕利涉至有功也○正義曰重明用渙可以濟難之事乘木涉川必不沈溺以渙濟難必有成功故曰乘木有功也○注乘木有功也○正義曰先儒皆以此卦坎下巽上以爲乘木水上涉川之象故言乘木有功王不用象直取況喻之義故言此以序之也

象曰：風行水上，渙。先王以享于帝立廟。〔疏〕正義曰風行水上渙者風行水上激動波濤散釋之象故曰風行水上渙先王以享于帝立廟者先王以渙然无難之時享于上帝以告太平建立宗廟以祭祖考故曰先王以享于帝立廟也

初六，用拯馬壯，吉。渙散也處散之初乖散未甚故可以遊行得其志而違於難也不在危劇而後乃逃竄故曰用拯馬壯吉〔疏〕正義曰初六處散之初乖散未甚可用馬以自拯拔而得壯吉也故曰用拯馬壯吉**象曰：初六之吉，順也。**觀難而行不與險爭故曰順也〔疏〕正義曰觀難而行不與險爭故曰順也

九二，渙奔其机，悔亡。机承物者也謂初也二俱无應與初相得而初得散道離散而奔得其所安故悔亡也〔疏〕正義曰渙奔其机者机承物者也初承於二謂初爲机二俱无應與初相得而初得遠難之道今二散奔歸初故曰渙奔其机也悔亡者初得散道而二往歸之得其所安故悔亡也**象曰：渙奔其机，得願也。**〔疏〕正義曰得願者違難奔散願得所安奔初獲安是得其願也

六三，渙其躬，无悔。渙之爲義內險而外安者也散躬志外不固所守與剛合志故得无悔也〔疏〕正義曰渙其躬无悔者渙之爲義內險外安六三內不比二而外應上九是不固所守能散其躬故得无悔故曰渙其躬无悔**象曰：渙其躬，志在外也。**〔疏〕正義曰志在外者釋六三所以能渙其躬者正爲身在於內而應在上九是志意在外也

六四，渙其羣，元吉。渙有丘，匪夷所思。踰乎險難得位體巽與五合志內掌機密外宜化命者也故能散羣之險以光其道然處於卑順不可自專而爲散之任猶有丘虛匪夷之慮雖得元吉所思不可忘也〔疏〕正義曰渙其羣者六四出在坎上已踰於險得位體巽與五合志內掌機密外宜化命者也能爲羣物散其險害故曰渙其羣也元吉者能散羣險則有大功故曰元吉然處上體之下不可自專而得位承尊憂責復重雖獲元吉猶宜於散難之中有丘墟未平之慮爲其所思故曰渙有丘匪夷所思也**象曰：渙其羣元吉，光大也。**〔疏〕正義曰光大也者能散羣險而獲元吉是其道光大也

九五，渙汗其大號。處尊履正居巽之中散汗大號以盪險阨者也爲渙之主唯王居之乃得无咎也**渙王居，无咎。**〔疏〕正義曰渙汗其大號者人遇險阨驚怖而勞則汗從體出故以汗喻險阨也九五處尊履正在號令之中能行號令以散險阨者也故曰渙汗其大號也渙王居无咎者爲渙之主名位不可假人唯王居之乃得无咎故曰渙王居无咎**象曰：王居无咎，正位也。**正位不可以假人〔疏〕正義曰正位者釋王居无咎之義以九五是王之正位若非王居之則有咎矣

上九，渙其血去逖出，无咎。逖遠也最遠於害不近侵害散其憂傷遠出者也散患於遠害之地誰將咎之哉〔疏〕正義曰渙其血去逖出者血傷也逖遠也上九處於卦上最遠於險不近侵害是能散其憂傷去而逖出者也故曰渙其血去逖出也无咎者散患於遠害之地誰將咎之矣故曰无咎**象曰：渙其血，遠害也。**〔疏〕正義曰遠害者釋渙其血也是居遠害之地故也

䷻兌下坎上　**節，亨。苦節不可貞。**〔疏〕正義曰節卦名也象曰節以制度雜卦云節止也然則節者制度之名節止之義制事有節其道乃亨故曰節亨節須得中爲節過苦傷於刻薄物所不堪不可復正故曰苦節不可貞也

象曰：節，亨。剛柔分而剛得中。坎陽而兌陰也陽上而陰下剛柔分也剛柔分而不亂剛得中而爲制主節之義也節之大者莫若剛柔分男女別也〔疏〕正義曰此就上下二體居二五剛中釋所以爲節得亨之義也坎剛居上兌柔處下是剛柔分也剛柔分男女別節之大義也二五以剛居中爲制之主所以得節節不違中所以得亨故曰節亨剛柔分而剛得中也

苦節不可貞，其道窮也。爲節過苦則物所不能堪也物不能堪則不可復正也〔疏〕正義曰爲節過苦不可爲正若以苦節爲正則其道困窮故曰苦節不可貞其道窮也

說以行險，當位以節，中正以通。然後及亨也无說而行險過中而爲節則道窮也〔疏〕正義曰上言苦節不可貞其道窮者正由爲節不中則物所不說不可復正其道困窮故更就二體及四五當位重釋行節得亨之義以明苦節之窮也行險以說則爲節得中當位以節則可以爲正良由中而能正所以得通故曰中正以通此其所以爲亨也

天地節而四時成。節以制度，不傷財，不害民。〔疏〕正義曰天地節而四時成者此下就天地與人廣明節義天地以氣序爲節使寒暑往來各以其序則四時功成之也王者以制度爲節使用之有道役之有時則不傷財不害民也

象曰：澤上有水，節。君子以制數度，議德行。〔疏〕正義曰澤上有水節者水在澤中乃得其節故曰澤上有水節也君子以制數度議德行者數度謂尊卑禮命之多少德行謂人才堪任之優劣君子象節以制其禮數等差皆使有度議人之德行任用皆使得宜

初九，不出戶庭，无咎。爲節之初將整離散而立制度者也故明於通塞慮於險僞不出戶庭慎密不失然後事濟而无咎也〔疏〕初九至无咎○正義曰初九處節之初將立制度宜其慎密不出戶庭若不慎而泄則民情姦險應之以僞故慎密不失然後事濟而无咎故曰不出戶庭无咎○注將整離散而立制度者也○正義曰序卦云物不可以終離故受之以節此卦承渙之後初九居節之初故曰將整離散而立法度也**象曰：不出戶庭，知通塞也。**〔疏〕正義曰知通塞者識時通塞所以不出也

九二，不出門庭，凶。初已造之至二宜宜其制矣而故匿之失時之極則遂廢矣故不出門庭則凶也〔疏〕正義曰初已制法至二宜宜若猶匿之則失時之極可施之事則遂廢矣不出門庭所以致凶故曰不出門庭凶**象曰：不出門庭凶，失時極也。**〔疏〕正義曰失時極者極中也應出不出失時之中所以爲凶

六三，不節若，則嗟若，无咎。若辭也以陰處陽以柔乘剛違節之道以至哀嗟自已所致无所怨咎故曰无咎也〔疏〕正義曰節者制度之卦處節之時位不可失六三以陰處陽以柔乘剛失位驕逆違節之道禍將及已以至哀嗟故曰不節若則嗟若也禍自已致无所怨咎故曰无咎**象曰：不節之嗟，又誰咎也。**〔疏〕正義曰又誰咎者由已不節自致禍災又欲怨咎誰乎

六四，安節，亨。得位而順不改其節而能亨者也承上以斯得其道也〔疏〕正義曰六四得位而上順於五是得節之道但能安行此節而不改變則何往不通故曰安節亨明六三以失位乘剛則失節而招咎六四以得位承陽故安節而致亨**象曰：安節之亨，承上道也。**〔疏〕正義曰承上道者以能承於上故不失其道也

九五，甘節，吉。往有尚。當位居中爲節之主不失其中不傷財不害民之謂也爲節之不苦非甘而何術斯以往往有尚也〔疏〕正義曰甘者不苦之

名也九五居於尊位得正履中能以中正爲節之主則當象曰節以制度不傷財不害民之謂也爲節而无傷害則是不苦而甘所以得吉故曰甘節吉以此而行所往皆有嘉尚故曰往有尚也象曰。甘節之吉。居位中也。〔疏〕正義曰居位中者以居尊位而得中故致甘節之吉也上六。苦節貞凶。悔亡。過節之中以致亢極苦節者也以斯施正物所不堪正之凶也以斯脩身行在无妄故得悔亡〔疏〕正義曰上六處節之極過節之中節不能甘以至於苦故曰苦節也爲節過苦物所不堪不可復正正之凶也故曰貞凶若以苦節施人則是正道之凶若以苦節脩身則儉約无妄可得亡悔故曰悔亡也象曰。苦節貞凶。其道窮也。

䷼ 兌下巽上 中孚。豚魚吉。利涉大川。利貞。〔疏〕正義曰中孚豚魚吉者中孚卦名也信發於中謂之中孚魚者蟲之幽隱豚者獸之微賤人主內有誠信則雖微隱之物信皆及矣莫不得所而獲吉故曰豚魚吉也利涉大川利貞者微隱獲吉顯者可知既有誠信光被萬物萬物得宜以斯涉難何往不通故曰利涉大川信而不正凶邪之道故利在貞也象曰。中孚。柔在內而剛得中。說而巽孚。有上四德然後乃孚〔疏〕正義曰此就三四陰柔併在兩體之內二五剛德各處一卦之中及上下二體說而以巽釋此卦名爲中孚之義也柔內剛中各當其所說而以巽乖爭不作所以信發於內謂之中孚故曰柔在內而剛得中說而巽孚也乃化邦也。信立而後邦乃化也柔在內而剛得中各當其所也剛得中則直而正柔在內則靜而順說而以巽則乖爭不作如此則物无巧競敦實之行著而篤信發乎其中矣〔疏〕正義曰誠信發於內則邦國化於外故曰乃化邦也豚魚吉。信及豚魚也。魚者蟲之隱者也豚者獸之微賤者也爭競之道不興中信之德淳著則雖微隱之物信皆及之〔疏〕正義曰釋所以得吉由信及豚魚故也利涉大川。乘木舟虛也。乘木於川舟之虛則終已无溺也用中孚以涉難若乘木舟虛也〔疏〕正義曰釋此涉川所以得利以中信而濟難若乘虛舟以涉川也中孚以利貞。乃應乎天也。盛之至也〔疏〕正義曰釋中孚所以利貞者天德剛正而氣序不差是正而信也今信不失正乃得應於天是中孚之盛故須濟以利貞也象曰。澤上有風。中孚。君子以議獄緩死。信發於中雖過可亮〔疏〕正義曰澤上有風中孚者風行澤上无所不周其猶信之被物无所不至故曰澤上有風中孚君子以議獄緩死者中信之世必非故犯過失爲辜情在可恕故君子以議其過失之獄緩捨當死之刑也初九。虞吉。有它不燕。虞猶專也爲信之始而應在四得乎專吉者也志未能變繫心於一故有它不燕也〔疏〕正義曰虞猶專也燕安也初爲信始應在于四得其專一之吉故曰虞吉既係心於一故更有他來不能與之共相燕安也故曰有它不燕也象曰。初九虞吉。志未變也。〔疏〕正義曰志未變者所以得專一之吉以志未改變不更親於他也九二。鶴鳴在陰。其子和之。我有好爵。吾與爾靡之。處內而居重陰之下而履不失中不徇於外任其眞者也立誠篤至雖在闇昧物亦應焉故曰鳴鶴在陰其子和之也不私權利唯德是與誠之至也故曰我有好爵與物散之〔疏〕正義曰鳴鶴在陰其子和之者九二體剛處於卦內又在三四重陰之下而履不失中是不徇於外自任其眞者也處於幽昧而行不失信則聲聞于外爲同類之所應焉如鶴之鳴於幽遠則爲其子所和故曰鳴鶴在陰其子和之也我有好爵吾與爾靡之者靡散也又无偏應是不私權利惟德是與若我有好爵吾願與爾賢者分散而共之故曰我有好爵吾與爾靡之象曰。其子和之。中心願也。〔疏〕正義曰中心願者誠信之人願與同類相應得誠信而應之是中心願也六三。得敵。或鼓或罷。或泣或歌。三居少陰之上四居長陰之下對而不相比敵之謂也以陰居陽欲進者也欲進而閡敵故或鼓也四履正而承五非己所克故或罷也不勝而退懼見侵陵故或泣也四履乎順不與物校退而不見害故或歌也不量其力進退无恆憊可知也〔疏〕正義曰六三與四俱是陰爻相與爲類然三居少陰之上四居長陰之下各自有應對而不相比敵之謂也故曰得敵欲進礙四恐其害己故或鼓而攻之而四履正承尊非己所勝故或罷而退敗也不勝而退懼見侵陵故或泣而憂悲也四履于順不與物校退不見害故或歌而歡樂也故曰或鼓或罷或泣或歌也象曰。或鼓或罷。位不當也。〔疏〕正義曰位不當者所以或鼓或罷進退无恆者止爲不當其位妄進故也六四。月幾望。馬匹亡。无咎。居中孚之時處巽之始應說之初居正履順以承於五內毗元首外宜德化者也充乎陰德之盛故曰月幾望馬匹亡者棄群類也若夫居盛德之位而與物校其競爭則失其所盛矣故曰絕類而上履正承尊不與三爭乃得无咎也〔疏〕正義曰月幾望者六四居中孚之時處巽應說得位履順上承於五內毗元首外宜德化充乎陰德之盛如月之近望故曰月幾望也馬匹亡无咎者三與己敵進來攻己己若與三校戰則失其所盛故棄三之類如馬之亡匹上承其五不與三爭乃得无咎故曰馬匹亡无咎也象曰。馬匹亡。絕類上也。類謂三俱陰爻故曰類也〔疏〕正義曰絕類上者絕三之類不與三爭而上承於五也九五。有孚攣如。无咎。攣如者繫其信之辭也處中誠以相交之時居尊位以爲群物之主信何可舍故有孚攣如乃得无咎也〔疏〕正義曰有孚攣如无咎者攣如者相牽繫不絕之名也五在信時處於尊位爲群物之主恆須以中誠交物孚信何可暫舍故曰有孚攣如繫信不絕乃得无咎故曰有孚攣如无咎也象曰。有孚攣如。位正當也。〔疏〕正義曰位正當者以其正當尊位故戒以繫信乃得无咎若眞以陽得正位而无有繫信則招有咎之嫌也上九。翰音登于天。貞凶。翰高飛也飛音者音飛而實不從之謂也居卦之上處信之終信終則衰忠篤內喪華美外揚故曰翰音登于天也翰音登天正亦滅矣〔疏〕正義曰翰高飛也飛音者音飛而實不從之謂也上九處信之終信終則衰也信衰則詐起而忠篤內喪華美外揚若鳥於翰音登于天虛聲遠聞也故曰翰音登于天虛聲无實正之凶也故曰貞凶象曰。翰音登于天。何可長也。〔疏〕正義曰何可長也者虛聲无實何可久長

䷽ 艮下震上 小過。亨。利貞。可小事。不可大事。飛鳥遺之音。不宜上。宜下。大吉。飛鳥遺其音聲哀以求處上愈无所適下則得安愈上則愈窮莫若飛鳥也〔疏〕小過亨至大吉○正義曰小過亨者小過卦名也王於大過卦下注云音相過之過恐人作罪過之義故以音之然則小過之義亦與彼同也過之小事謂之小過即行過乎恭喪過乎哀之謂是也褚氏云謂小人之行小有過差君子爲過厚之行以矯之也如晏子狐裘之比也此因小人有過差故君子爲過厚之行非即以過差釋卦名彖曰小過小者過而亨言因過得亨明非罪過故王於大過音之明雖義兼罪過得名上在君子爲過行也而周氏等不悟此理兼以罪過釋卦名失之遠矣過爲小事道乃可通故曰小過亨也利貞者矯世厲俗利在歸正故曰利貞也可小事不可大事者時也小有過差惟可矯以小事不可正以大事故曰可小事不可大事也飛鳥遺之音不宜上宜下大吉者借喻以明過厚之行有吉有凶飛鳥遺其音聲哀以求處上則愈无所適過下則不失其安以譬君子處過差之時爲過厚之行順而立之則吉逆忤鱗則凶故曰飛鳥遺之音不宜上宜下大吉順則執卑守下逆則犯君陵上故以臣之逆順類鳥之上下也○注飛鳥至求處○正義曰飛鳥遺其音聲哀以求處者遺失也鳥之失聲必是窮迫未得安處論語曰鳥之將死其鳴也哀故知遺音即哀聲也象曰。小過。小者過而亨也。小者謂凡諸小事也過於小事而通者也〔疏〕正義曰此釋小過之名也并明小過有亨德之義過行小事謂之小過順時矯俗雖過而通故曰小者過而亨也過以利貞。與時行也。過而得以利貞應時宜也施過於恭儉利貞者也〔疏〕正義曰此釋利貞之德由爲過行而得利貞然矯枉過正應時所宜不可常也故曰與時行也柔得中。是以小事吉也。剛失位而不中。是以不可大事也。成大事者必在剛也柔而浸大剝之道也〔疏〕正義曰此就六二六五以柔居中九四失位不中九三得位不中釋可小事不可大事之義柔順之人惟能行小事柔而得中是行小中時故曰小事吉也剛健之人乃能行大事失位不中是行大不中時故曰不可大事也有飛鳥之象焉。不宜上宜下卽飛鳥之象〔疏〕正義曰釋不取餘物爲況惟取飛鳥者以不宜上宜下有飛鳥之象故也飛鳥遺之音。不宜上。宜下。大吉。上逆而下順也。上則乘剛逆也下則承陽順也施過於不順凶莫大焉施過於順過更變而爲吉也〔疏〕正義曰此就六五乘九四之剛六二承九三之陽釋所以不宜上宜下大吉之義也上則乘剛而逆下則承陽而順故曰不宜上宜下大吉以上逆而下順也象曰。山上有雷。小過。君子以行過乎恭。喪過乎哀。用過乎儉。〔疏〕正義曰雷之所出不出於地今出山上過其本所故曰小過小人過差失在慢易奢侈故君子矯之以行過乎恭喪過乎哀用過乎儉也初六。飛鳥以凶。小過上逆下順而應在上卦進而之逆无所錯足飛鳥之凶也〔疏〕正義曰小過之義上逆下順而初應在上卦進而之逆同於飛鳥无所錯足故曰飛鳥以凶也象曰。飛鳥以凶。不可如何也。〔疏〕正義曰不可如何也者進而之逆孰知不可自取凶咎欲如何乎六二。過其祖。遇其妣。不及其君。遇其臣。无咎。過而得之謂之遇在小過而當位過而得

之之謂也祖始也謂初也妣者居內履中而正者也過初而履二位故曰過其祖而過其妣過而不至於僭盡於臣位而已故曰不及其君遇其臣无咎〔疏〕正義曰過而得之謂之遇在小過而當位是過而得之也祖始也謂初也妣者母之稱六二居內履中而正固謂之妣已過於初故曰過其祖也履得中正故曰遇其妣也過不至於僭盡於臣位而已故曰不及其君遇其臣无咎

象曰不及其君臣不可過也〔疏〕正義曰臣不可過者臣不可自過其位也

九三弗過防之從或戕之凶小過之世大者不立故令小者得過也居下體之上以陽當位而不能先過防之至令小者或過而復應而從焉其從之也則戕之凶至矣故曰弗過防之從或戕之凶也〔疏〕正義曰弗過防之者小過之世大者不能立德故令小者得過九三居下體之上以陽當位不能先過爲防至令小者或過上六小人最居高顯而復應而從焉其從之也則有殘害之凶至矣故曰弗過防之從或戕之凶者春秋傳曰在內曰弒在外曰戕然則戕者皆殺害之謂也言或者不必之辭也謂爲此行者有幸而免也

象曰從或戕之凶如何也〔疏〕正義曰凶如何者從於小人果致凶禍將如何乎言不可如何也

九四无咎弗過遇之往厲必戒勿用永貞雖體陽爻而不居其位不爲責主故得无咎也失位在下不能過者也以其不能過故得合於免咎之宜故曰弗過遇之夫宴安酖毒不可懷也處於小過不寧之時而以陽居陰不能有所爲者也以此自守免咎可也以斯攸往危之道也不交於物物亦弗與无援之助故危則必戒而已无所告救也沈没怯弱自守而已以斯而處於羣小之中未足任者也故曰勿用永貞言不足用之於永貞〔疏〕九四无咎至永貞○正義曰居小過之世小人有過差之行須大德之人防使无過今九四雖體陽爻而不居其位不防之責責不在己故得无咎所以无其咎者以其失位在下不能爲過厚之行故得過於无咎之宜故曰无咎弗過遇之也既能无爲自守則无咎有往則危厲故曰往厲不交於物物亦不與无援之助故危則必自戒愼而已无所告救故曰必戒以斯而處於羣小之中未足任者不可用之以長行其正也故曰勿用永貞也○注夫宴安至懷也○正義曰夫宴安酖毒不可懷也者此春秋狄伐邢管仲勸齊侯救邢爲此辭言宴安不救邢卽酖鳥之毒不可懷而安之也

象曰弗過遇之位不當也往厲必戒終不可長也〔疏〕正義曰位不當者釋所以弗過而遇得免於咎者以其位不當故也終不可長者自身有危无所告救豈可任之長以爲正也

六五密雲不雨自我西郊公弋取彼在穴小過小者過於大也六得五位陰之盛也故密雲不雨至于西郊也夫雨者陰在於上而陽薄之而不得通則烝而爲雨今艮止於下而不交焉故不雨也是故小畜尚往而亨則不雨也小過陽不上交亦不雨也雖陰盛于上未能行其施也公者臣之極也五極陰盛故稱公也弋射也在穴者隱伏之物也小過者過小而難未大作猶在隱伏者也以陰質治小過能獲小過者也故曰公弋取彼在穴也除過之道不在取之是乃密雲未能雨也〔疏〕六五密雲至在穴○正義曰密雲不雨自我西郊者小過小者過於大也六得五位是小過於大陰之盛也陰盛於上而艮止之九三陽止於下是陰陽不交雖復至盛密雲至于西郊而不能爲雨也施之於人是柔得過而處尊未能行其恩施廣其風化也故曰密雲不雨自我西郊也公弋取彼在穴者公者臣之極五極陰盛故稱公也小過之時爲過猶小而難未大作猶在隱伏以小過之才治小過之失能獲小過在隱伏者有如公之弋獵取得在穴隱伏之獸也故曰公弋取彼在穴也○注除過至能雨也○正義曰除過至能雨也者雨者以喻德之惠化也除過差之道在於文德懷之使其自服弋而取之是尚威武尚威武卽密雲不雨之義也

象曰密雲不雨已上也陽已上故止也〔疏〕正義曰已上者釋所以密雲不雨也以艮之陽爻已上於一卦之上而成止故不上交而爲雨也

上六弗遇過之飛鳥離之凶小人之過遂至上極過而不知限至于亢也過至于亢將何所遇飛而不已將何所託災自己致復何言哉

是謂災眚〔疏〕正義曰上六處小過之極是小人之過遂至上極過而不知限至于亢者也過至於亢无所復遇故曰弗遇過之也以小人之身過而弗過必遭羅網其猶飛鳥飛而无託必離矰繳故曰飛鳥離之凶也過亢離凶是謂自災而致眚復何言哉故曰是謂災眚也

象曰弗遇過之已亢也〔疏〕正義曰已亢者釋所以弗遇過之以其已在亢極之地故也

䷾離下坎上既濟亨小利貞初吉終亂〔疏〕正義曰既濟亨小利貞初吉終亂者濟者濟渡之名既者皆盡之稱萬事皆濟故以既濟爲名既萬事皆濟若小者不通則有所未濟故曰既濟亨小也小者尚亨何況于大則大小剛柔各當其位皆得其所當此之時非正不利故曰利貞也但人皆不能居安思危愼終如始故戒以今日既濟之初雖皆獲吉若不進德脩業至於終極則危亂及之故曰初吉終亂也

彖曰既濟亨小者亨也既濟者以皆濟爲義者也小者不遺乃爲皆濟故舉小者以明既濟也〔疏〕正義曰此釋卦名德既濟之亨必小者皆亨也但舉小者則大者可知所以爲既濟也具足爲文當更有一小字但既疊經文畧足以見故從省也利貞剛柔正而位當也剛柔正而位當則邪不可以行矣故唯正乃利貞也〔疏〕正義曰此就二三四五並皆得正以釋利貞也剛柔皆正則邪不可行故惟正乃利貞也初吉柔得中也終止則亂其道窮也柔得中則小者亨也柔不得中則小者未亨小者未亨雖剛得正則爲未既濟也故既濟之要在柔得中也以既濟爲安者道極无進終唯有亂故曰初吉終亂終亂不爲自亂由止故亂故曰終止則亂也〔疏〕正義曰初吉柔得中者此就六二以柔居中釋初吉也以柔小尚得其中則剛大之理皆獲其濟物无不濟所以爲吉故曰初吉也終止則亂其道窮者此正釋戒若能進脩不止則既濟无終既濟終亂由止故亂終止而亂則既濟之道窮矣故曰終止則亂其道窮也

象曰水在火上既濟君子以思患而豫防之存不忘亡既濟不忘未濟也〔疏〕正義曰水在火上炊爨之象飲食以之而成性命以之而濟故曰水在火上既濟也但既濟之道初吉終亂故君子思其後患而豫防之

初九曳其輪濡其尾无咎最處既濟之初始濟者也始濟未涉於燥故輪曳而尾濡也雖未造易心无顧戀志棄難者也其爲義也无所咎也〔疏〕正義曰初九處既濟之初體剛居中是始欲濟渡也始濟未涉於燥故輪曳而尾濡故云曳其輪濡其尾也但志在棄難雖復曳輪濡尾其義不有咎故云无咎

象曰曳其輪義无咎也

六二婦喪其茀勿逐七日得居中履正處文明之盛而應乎五陰之光盛者也然居初三之間而近不相得上不承三下不比初夫以光盛之陰處於二陽之間近而不相得能无見侵乎故曰喪其茀也稱婦者以明自有夫而它人侵之也茀首飾也夫以中道執乎貞正而見侵者衆之所助也處既濟之時不容邪道者也時既明峻衆又助之竊之者逃竄而莫之歸矣量斯勢也不過七日不須已逐而自得也〔疏〕六二至七日得○正義曰婦喪其茀勿逐七日得者婦人之首飾也六二居中履正處文明之盛而應乎五陰之光盛者也然居初三之間而近不相得夫以光盛之陰處於二陽之間近而不相得能无見侵乎故曰婦喪其茀稱婦者以明自有夫而它人侵之也夫以中道執乎貞正而見侵者物之所助也處既濟之時不容邪道者也時既明峻衆又助之竊之者逃竄而莫之歸矣量斯勢也不過七日不須已逐而自得故曰勿逐七日得

象曰七日得以中道也〔疏〕正義曰以中道者釋不須追逐而自得者以執守中道故也

九三高宗伐鬼方三年克之小人勿用處既濟之時居文明之終履得其位是居衰末而能濟者高宗伐鬼方三年乃克也君子處之故能興也小人居之遂喪邦也〔疏〕正義曰高宗伐鬼方三年克之者高宗者殷王武丁之號也九三處既濟之時居文明之終履得其位是居衰末而能濟者也高宗伐鬼方以中興殷道事同此爻故取譬焉高宗德實文明而勢甚衰德不能卽勝三年乃克故曰高宗伐鬼方三年克之也小人勿用者勢既衰弱君子處之能建功立德故興而復之小人居之日就危亂必喪邦也故曰小人勿用

象曰三年克之憊也〔疏〕正義曰憊也者以衰憊之故故三年乃克之

六四繻有衣袽終日戒繻宜曰濡衣袽所以塞舟漏也履得其正而近不與三五相得夫有隙之棄舟而得濟者有衣袽也鄰於不親而得全者終日戒也〔疏〕正義曰繻有衣袽終日戒也者王注云繻宜曰濡衣袽所以塞舟漏者也六四處既濟之時履得其位而近不與三五相得如在舟而漏矣而舟漏則濡濕所以得濟者有衣袽也鄰於不親而得全者終日戒也故曰繻有衣袽終日戒也

象曰終日戒有所疑也〔疏〕正義曰有所疑者釋所以終日戒以不與三五相得懼其侵克有所疑故也○

九五東鄰殺牛不如西鄰之禴祭實受其福牛祭之盛者也禴祭之薄者也居既濟之時而處尊位物皆盛矣將何爲焉其所務者祭祀而已祭祀之盛莫盛脩德故沼沚之毛蘋蘩之菜可羞於鬼神故黍稷非馨明德惟馨是以東鄰殺牛不如西鄰之禴祭實受其福也〔疏〕九五東鄰至受其福○正義曰牛祭之盛者也禴殷春祭之名祭之薄者也九五居既濟之時而處尊位物既濟矣將何爲焉其所務者祭祀而已祭祀之盛莫盛脩德九五履正居中動不爲妄脩德者也苟能脩德雖薄可饗假有東鄰不能脩德雖復殺牛至盛不爲鬼神歆饗不如我西鄰禴祭雖薄能脩其德故神明降福故曰東鄰殺牛不如西鄰之禴祭實受其福也○注沼沚之毛至鬼神○正義曰沼沚之毛蘋蘩之菜可羞於鬼神者並略左傳之文也

象曰東鄰殺牛不如西鄰之時也在於合時不在於豐也〔疏〕正義曰不如西鄰之時者神明饗德能脩德致敬合於祭祀之時雖薄降福故曰時也○注在於合時○正義曰在於合時者詩云威儀孔時言周王廟中羣臣助祭並皆威儀肅

敬甚得其時此合時之義亦當如彼也實受其福。吉大來也。〔疏〕正義曰吉大來者非惟當身福流後世

上六。濡其首。厲。處既濟之極既濟道窮則之於未濟之於未濟則首先犯焉過惟不已則遇於難故濡其首也將沒不久危莫先焉〔疏〕正義曰上六處既濟之極則反於未濟若反於未濟則首先犯焉若進而不已必遇於難故濡其首也既被濡首將沒不久危莫先焉故曰濡其首厲也

象曰。濡其首。厲。何可久也。〔疏〕正義曰何可久者首既被濡身將陷沒何可久長者也

䷿坎下離上未濟。亨。小狐汔濟。濡其尾。无攸利。〔疏〕正義曰未濟亨者未濟者未能濟渡之名也未濟之時小才居位不能建功立德拔難濟險若能執柔用中委任賢哲則未濟有可濟之理所以得通故曰未濟亨小狐汔濟濡其尾无攸利者汔者將盡之名小才不能濟難事同小狐雖難渡水而无餘力必須水汔方可涉川未及登岸而濡其尾濟不免濡豈有所利故曰小狐汔濟濡其尾无攸利也

彖曰。未濟亨。柔得中也。以柔處中不違剛也能納剛健故得亨也〔疏〕正義曰此就六五以柔居中下應九二釋未濟所以得亨柔而得中不違剛也與二相應納剛自輔故於未濟之世終得亨通也

小狐汔濟。未出中也。小狐不能涉大川須汔然後乃能濟處未濟之時必剛健拔難然後乃能濟汔乃能濟未能出險之中〔疏〕正義曰小狐汔濟未出中也者釋小狐涉川所以必須水汔乃濟以其力薄未能出險之中故也

濡其尾。无攸利。不續終也。小狐雖能渡而无餘力將濟而濡其尾力竭於斯不能續終險難猶未足以濟也濟未濟者必有餘力也〔疏〕正義曰濡尾力竭不能相續而終至於登岸所以无攸利也

雖不當位。剛柔應也。位不當故未濟剛柔應故可濟〔疏〕正義曰雖不當位剛柔應者重釋未濟之義凡言未者今日雖未濟復有可濟之理以其不當其位故即時未濟剛柔皆應是得相拯是有可濟之理故稱未濟不言不濟也

象曰。火在水上。未濟。君子以慎辨物居方。辨物居方令物各當其所也〔疏〕正義曰火在水上未濟者火在水上不成烹飪未能濟物故曰火在水上未濟君子以慎辨物居方者君子見未濟之時剛柔失正故用慎爲德辨別衆物各居其方使皆得安其所所以濟也

初六。濡其尾。吝。處未濟之初最居險下不可以濟者也而欲之其應進則溺身未濟之始始於既濟之上六也濡其首猶不反至於濡其尾不知紀極者也然以陰處下非爲進亢遂其志者也困則能反故不曰凶事在已量而必困乃反頑亦甚矣故曰吝也〔疏〕初六至吝〇正義曰初六處未濟之初最居險下而欲上之其應進則溺身如小狐之渡川濡其尾也未濟之始始於既濟之上六也既濟上六但云濡其首言始入於難未没其身此言濡其尾者進不知極已没其身也然以陰處下非爲進亢遂其志者也困則能反故不曰凶不能豫昭事之幾萌困而後反頑亦甚矣故曰吝也〇注不知紀極〇正義曰不知紀極者春秋傳曰聚斂積實不知紀極謂之饕餮言无休已也

象曰。濡其尾。亦不知極也。〔疏〕正義曰亦不知極者未濟之初始於既濟之上六濡首而不知遂濡其尾故曰不知極也

九二。曳其輪。貞吉。體剛履中而應於五五體陰柔應與而不自任者也居未濟之時處險難之中體剛中之質而見任與拯救危難經綸屯蹇者也用健拯難靖難在正而不違中故曳其輪貞吉也〔疏〕正義曰曳其輪貞吉者九二居未濟之時處險難之內體剛中之質以應於五五體陰柔委任於二令其濟難者也經綸屯蹇任重憂深故曰曳其輪曳其輪者言其勞也靖難在正然後得吉故曰曳其輪貞吉也

象曰。九二貞吉。中以行正也。位雖不正中以行正也〔疏〕正義曰中以行正者釋九二失位而稱貞吉者位雖不正以其居中故能行正也

六三。未濟。征凶。利涉大川。以陰之質失位居險不能自濟者也以不正之身力不能自濟而求進焉喪其身也故曰征凶也二能拯難而已比之棄已委二載二而行溺可得乎何憂未濟故曰利涉大川〔疏〕正義曰未濟征凶者六三以陰柔之質失位居險不能自濟者也身既不能自濟而欲自進求濟必喪其身故曰未濟征凶也利涉大川者二能拯難而已比之若能棄已委二則没溺可免故曰利涉大川

象曰。未濟征凶。位不當也。〔疏〕正義曰位不當者以不當其位故有征則凶

九四。貞吉悔亡。震用伐鬼方。三年有賞于大國。處未濟之時而出險難之上居文明之初體乎剛質以近至尊雖履非其位志在乎正則吉而悔亡矣其志得行靡禁其威故曰震用伐鬼方也伐鬼方者興衰之征也故每至興衰而取義焉處文明之初始出於難其德未盛故曰三年也五居尊以柔體乎文明之盛不奪物功者也故以大國賞之也〔疏〕正義曰居未濟之時履失其位所以爲悔但出險難之外居文明之初以剛健之質接近至尊志行其正正則貞吉而悔亡故曰貞吉悔亡正志既行靡禁其威故震發威怒用伐鬼方也然處文明之初始出於險其德未盛不能即勝故曰三年也五以順柔文明而居尊位不奪物功九四既克而還必得百里大國之賞故曰有賞於大國也

象曰。貞吉悔亡。志行也。〔疏〕正義曰志行者釋九四失位而得貞吉悔亡者也以其正志得行而終吉故也

六五。貞吉无悔。君子之光。有孚吉。以柔居尊處文明之盛爲未濟之主故必正然後乃吉吉乃得无悔也夫以柔順文明之質居於尊位付與於能而不自役使武以文御剛以柔斯誠君子之光也付物以能而不疑也物則竭力功斯克矣故曰有孚吉〔疏〕正義曰貞吉无悔者六五以柔居尊處文明之盛爲未濟之主故必正然後乃吉吉乃得无悔故曰貞吉无悔也君子之光者以柔順文明之質居於尊位有應於二是能付物以能而不自役有君子之光華矣故曰君子之光也有孚吉者付物以能而无疑焉則物竭其誠功斯克矣故曰有孚吉也

象曰。君子之光。其暉吉也。〔疏〕正義曰其暉吉者言君子之德光暉著見然後乃得吉也

上九。有孚于飲酒。无咎。濡其首。有孚失是。未濟之極則反於既濟既濟之道所任者當也所任者當則可信之无疑而已逸焉故曰有孚于飲酒无咎也以其能信於物故得逸豫而不憂於事之廢苟不憂於事之廢而耽於樂之甚則至于失節矣由於有孚失於是矣故曰濡其首有孚失是也〔疏〕正義曰有孚于飲酒无咎者上九居未濟之極則反於既濟既濟之道所任者當也所任者當則信之无疑故得自逸飲酒而已故曰有孚于飲酒无咎濡其首者既得自逸飲酒而不知其節則濡首之難還復及之故曰濡其首也有孚失是者言所以濡首之難及之者良由信任得人不憂事廢故失於是矣故曰有孚失是也

象曰。飲酒濡首。亦不知節也。〔疏〕正義曰亦不知節者釋飲酒所以致濡首之難以其不知止節故也

周易注疏挍勘記卷六　阮元撰盧宣旬摘錄

豐　此卦前石經釋文岳本古本足利本題周易下經豐傳第六

財多則无所不齊　〔補〕毛本齊作濟

日中則昊月盈則食　石經岳本同閩監毛本昊作昃釋文昊孟作稷食或作蝕非

施於已盈則方溢　岳本閩監毛本同釋文則溢本或作則方溢者非

承上宜日中之下　宋本同閩監毛本下作文

遇其配主雖旬无咎　石經岳本閩監毛本同釋文配鄭作妃旬荀作均劉昞作鈞

過旬災光者　〔補〕毛本光作也案所改是也

災咎至焉　十行本至字筆畫舛誤今改正閩監毛本如此宋本作生

豐其蔀日中見斗　石經岳本閩監毛本同釋文蔀鄭薛作菩見斗孟作見主

又處於內　閩監毛本同宋本上更有陰字

象曰有孚發若信以發志也　石經岳本閩監毛本同古本若下衍吉字脫也字

豐其沛日中見沬折其右肱　石經岳本閩監毛本同釋文沛本或作旆子夏作芾鄭干作韋

沬鄭作昧肱姚作股

日中則見沬之謂也　閩監毛本同岳本宋本古本足利本無則字

日中盛則反而見斗　閩監毛本同錢本宋本作日中盛明而反見斗

闃其无人　石經閩監毛本同岳本作闃其釋文闃姚作閴孟作窒並通按說文門部無闃門部有閴

三年豐道之成　岳本閩監毛本同古本成作盛下有也字宋本亦作盛

治道未濟　閩監毛本同錢本濟作際

天際翔也　石經岳本閩監毛本同釋文翔鄭王肅作祥

自藏也　石經岳本閩監毛本同釋文藏衆家作戕

旅　此卦前錢本錢挍本宋本題周易注疏卷第九

是以小亨　閩監毛本同岳本宋本錢本古本足利本是作足

咸失其居物願所附　岳本閩監毛本同足利本其作所集解作物失所居則咸願有附

止以明之　閩監毛本同岳本以作而

懷其資　石經岳本閩監毛本同釋文本或作懷其資斧非

則終保无咎也 閩監毛本同宋本咎作尤

而爲惠下之道 閩監毛本同錢本惠作施

爲君主所疑 錢本宋本閩本同監毛本君主作主君

得其資斧 石經岳本閩監毛本同釋文資斧子夏傳及衆家並作齊斧

客于所處 集解作客子所處

故其心不快也 岳本閩監毛本同古本無故其二字

寄旅而進 岳本閩監毛本同古本寄作羈

旅人先笑後號咷 石經岳本閩監毛本同古本後上衍而字

客旅得上位 閩監毛本同岳本錢本宋本古本足利本旅作而

衆之所嫉也 岳本閩監毛本同釋文嫉本亦作疾下同

終莫之聞 岳本閩監毛本同錢本宋本古本終作故古本下有也字

如鳥巢之被焚 宋本閩本同監毛本巢之倒

衆所同嫉 閩監毛本同錢本宋本嫉作疾下同

其義焚也喪牛于易 石經岳本閩監毛本同釋文其義焚也一本作宜其焚也喪牛之凶木亦作喪牛于易

巽

巽悌以行 岳本閩監毛本同釋文弟本亦作悌

雖上下皆巽 宋本同閩監毛本雖作須

故又就初九各處卦下 補毛本九作四

則柔皆順剛之意 閩監毛本同錢本宋本則作明

係小亨之辭 閩監毛本同宋本係作繫

釋經結也 補毛本釋作舉

故君子訓之 閩監毛本同錢本宋本訓作則

頻巽吝 石經岳本閩監毛本同古本頻作嚬注同

頻蹙不樂 岳本閩監毛本同釋文出頻顣

三曰无君之庖 岳本閩監毛本同宋本庖作包古本同下有也字

故初皆不說也 岳本閩監毛本同古本初作物

夫以正齊物 岳本閩監毛本同古本正作令

民迷固久 岳本閩監毛本同古本足利本固作故

故先申三日 岳本閩監毛本同釋文申音身或作甲字

復申三日日然後誅而无咎怨矣 補毛本日字不重案此誤衍也

兌

麗澤兌 石經岳本閩監毛本同釋文麗鄭作離

施說之盛 岳本閩本同錢本監毛本盛作道

无所黨係 岳本閩監毛本同釋文出黨繫云本亦作係

孚兌 石經岳本閩監毛本同古本兌作說

而以不正來說 閩監毛本同宋本來作求

此之爲喜 宋本此上更有除邪二字十行本閩監毛本無

宜在君子 閩監毛本同宋本在作任

故以當位責之也 錢本宋本閩本同監毛本責誤貴

渙

注乘木有功也 補毛本木下有至字

先王以享于帝立廟 岳本閩監毛本同石經享于以下入字磨改初刻于下尚有一字古本于下有上字

用拯馬壯吉 石經岳本閩監毛本同釋文拯子夏作抍古本下有悔亡二字

故可以遊行 岳本閩監毛本同釋文出以逝云逝又作遊

不在危劇 岳本閩監毛本同釋文出厄劇云本又作危處又作厄處

故得无悔 宋本閩本同監毛本悔作咎下同

渙有丘匪夷所思 石經岳本閩監毛本同釋文有丘姚作有近匪夷荀作匪弟

猶有丘虛匪夷之慮 閩監毛本同岳本宋本古本虛作墟正義同釋文出丘墟○按虛墟正俗字

去而遯出者也 閩監毛本同錢本宋本遯作遠

節

則物所不能堪也 十行本所字墨丁閩監毛本如此岳本錢本宋本古本足利本無此字

然後及亨也 閩監毛本同岳本古本及作乃

正出爲節不中 閩監毛本同錢本宋本正作止

澤上有水 石經岳本閩監毛本同釋文上或作中今不用

慮於險爲 補案下正義爲當作僞毛本是僞字

不出門庭凶 石經岳本閩監毛本同古本凶上有之字

故不出門庭則凶也 岳本閩監毛本同古本故下有彐字

爲節之不苦非甘而何 閩監毛本同岳本之作而古本同而作如

以斯施正 岳本定本古本足利本同閩監毛本正作人依正義當作人

中孚

豚魚吉 石經岳本閩監毛本同釋文豚黃作遯

顯者可知 閩監毛本同錢本宋本者作著

蟲之隱者也 岳本閩監毛本同古本足利本隱主有潛字

獸之微賤者也 岳本閩監毛本同釋文出畜之云本或作獸

若乘木舟虛也 岳本閩監毛本同古本作若乘木於舟虛者也

而應在四 岳本閩監毛本同古本在下有乎字

繫心於一 岳本閩監毛本同古本於作專

故更有它求 閩監毛本同錢本宋本求作來

九二鳴鶴在陰 補案十行本初刻與諸本同正德補板鳴鶴誤作鶴鳴今訂正

吾與爾靡之 石經岳本閩監毛本同釋文靡本又作縻陸作䌕京作劘

立誠篤志 宋本閩本古本足利本同岳本監毛本至作志

月幾望 石經岳本閩監毛本同釋文幾京作近荀作既

若真以陽得正位 閩監毛本同錢本宋本真作直

忠篤內喪 岳本閩監毛本同古本內作日釋文出內喪

若鳥於翰音登於天 閩監毛本同錢本宋本於作之

小過

過之小事 閩監毛本同宋本之作於

得名上在君子爲過行也 閩監毛本同錢本宋本上作止

時也小有過差 閩監毛本同錢本宋本也作世

爲過厚之行順而立之 閩監毛本同錢本宋本厚作矯立作止

无所錯足飛鳥之凶也 岳本閩監毛本同釋文錯本又作措又作厝古本作无所錯手足飛

鳥凶也○按錯與措唐詁訓皆別而古多通用

過而不至於僭 岳本閩監毛本同釋文出于僭古本過作過

履得中正 閩監毛本同宋本正作位

小過之世 錢本古本足利本同岳本閩監毛本世作時

至令小者或過 閩監毛本同岳本宋本古本足利本或作咸疏中錢本亦作咸

然則戕者皆殺害之謂也 盧文弨云皆衍文否則者字當作弑

不爲責主 閩監毛本同岳本宋本足利本責作貴

夫宴安酖毒 岳本閩監毛本同釋文出晏安鴆本亦作酖○按鴆正字酖假借字

以斯攸往 岳本閩監毛本同古本作以斯有攸往

即酖鳥之毒 閩監毛本同宋本即作比

小過小者過於大也 閩監毛本同岳本小過作小過者

陰在於上而陽薄之而不得通則烝而爲雨 閩監毛本同岳本足利本在作布烝作蒸宋本亦作布古本同陽下有上字錢本亦作蒸釋文出則蒸

是故小畜尚往而亨 岳本閩監毛本同釋文畜本又作蓄

雖陰盛於上未能行其施也 岳本閩監毛本同古本陰下有復字也上有者字

五極陰盛故稱公也弋射也 岳本閩監毛本同古本無極字射作獵

是乃密雲未能雨也 岳本閩監毛本同宋本足利本是乃作足及古本同也上有者字

已上也 石經岳本閩監毛本同釋文上鄭作尚

陽已上故止也 岳本閩監毛本同釋文本又作陽已上故少陰止

已上於一卦之上 閩監毛本同宋本已上作已止

至於亢也過至于亢 閩監毛本同岳本於作于于作於古本于作於也上有者字

過至於亢 宋本同閩監毛本於作于

既濟

故惟正乃利貞也 岳本閩監毛本同錢本無貞也二字

以既濟爲安者 岳本閩監毛本同錢本古本足利本安作象宋本作家案家即象之誤

故曰初吉終亂終亂不爲自亂 閩監毛本同岳本足利本不重終亂二字古本同初吉終亂下有也字

體剛居中 閩監毛本同錢本宋本中作下

婦喪其茀 石經岳本閩監毛本同釋文茀子夏作髴荀作紱董作髢

量斯勢也 岳本閩監毛本同古本斯作其

而能濟者高宗伐鬼方 閩監毛本同岳本宋本足利本高宗作也故古本同一本高宗上有也故二字

憊也 石經岳本閩監毛本同釋文憊陸作備

繻有衣袽 岳本閩監毛本同釋文繻子夏作襦王廙同薛云古文作繻袽子夏作茹京作絮石經袽字漫滅

夫有隙之棄舟而得濟者 岳本閩監毛本同釋文出有郤

過惟不已 岳本錢本宋本足利本惟作進古本同一本作過進惟不已閩監毛本惟作而

未濟

小狐雖能渡 岳本閩監毛本同古本下有濟字

命物各當其所也 岳本閩監毛本同釋文各得其所一本得作當古本作得宋音義

使皆得安其所 閩監毛本同宋本安作求

濡其首猶不反 岳本閩監毛本同古本首下有而字

經綸屯蹇者也 岳本閩監毛本同釋文綸本又作論

用健拯難靖難在正 岳本閩監毛本同宋本足利本拯作施靖作循古本同一本靖作倚錢本亦作循釋文出循難

靖難在正 閩監毛本同錢本宋本靖作循

周易注疏挍勘記卷六

周易兼義卷第七

國子祭酒上護軍曲阜縣開國子臣孔穎達奉勑撰正義

韓康伯注

周易繫辭上第七〔疏〕

正義曰謂之繫辭者凡有二義論字取繫屬之義聖人繫屬此辭於爻卦之下故此篇第六章云繫辭焉以斷其吉凶第十二章云繫辭焉以盡其言是繫屬其辭於爻卦之下則上下二篇經辭是也文取繫屬之義故字體從毄又音爲係者取剛係之義卦之與爻各有其辭以釋其義則卦之與爻各有剛係所以音謂之係也夫子本作十翼申說上下二篇經文繫辭條貫義理別自爲卷總曰繫辭分爲上下二篇者何氏云上篇明无故曰易有太極太極即无也又云聖人以此洗心退藏於密是其无也下篇明幾從无入有故云知幾其神乎今謂分爲上下更无異義存以簡編重大是以分之或以上篇論易之大理下篇論易之小理者事必不通何則案上繫云君子出其言善則千里之外應之出其言不善則千里違之又云藉用白茅无咎皆人言語小事及小慎之行豈爲易之大理又下繫云天地之道貞觀者也日月之道貞明者也豈復易之小事乎明以大小分之義必不可故知聖人既无其意若欲強釋理必不通諸儒所釋上篇所以分段次下凡有一十二章周氏云天尊地卑爲第一章聖人設卦觀象爲第二章彖者言乎象者爲第三章精氣爲物爲第四章顯諸仁藏諸用爲第五章聖人有以見天下之賾爲第六章初六藉用白茅爲第七章大衍之數爲第八章子曰知變化之道爲第九章天一地二爲第十章是故易有太極爲第十一章子曰書不盡言爲第十二章馬季長荀爽姚信等又分白茅章後取負且乘更爲別章成十三章案白茅以下歷序諸卦獨分負且乘以爲別章義无所取也虞翻分爲十一章合大衍之數并知變化之道共爲一章案大衍一章總明揲著策數及十有八變之事首尾相連其知變化之道已下別明知神及唯幾之事全與大衍章義不類何得合爲一章今從先儒以十二章爲定〔疏〕正義曰天尊地卑至其中矣此第一章明天尊地卑及貴賤之位剛柔動靜寒暑往來廣明乾坤簡易之德聖人法之能見天下之理

天尊地卑。乾坤定矣。乾坤其易之門戶先明天尊地卑以定乾坤之體〔疏〕天尊至定矣○正義曰天以剛陽而尊地以柔陰而卑則乾坤之體安定矣乾健與天陽同坤順與地陰同故得乾坤定矣若天不剛陽地不柔陰是乾坤之體不得定也此經明天地之德也○注先明至之體○正義曰云先明天尊地卑以定乾坤之體者易含萬象天地最大若天尊地卑各得其所則乾坤之義得定矣若天之不尊降在滯溺地之不卑進在剛盛則乾坤之體何由定矣案乾坤是天地之用非天地之體今云乾坤之體者是所用之體乾以健爲體坤以順爲體故云乾坤之體

卑高以陳。貴賤位矣。天尊地卑之義既列則涉乎萬物貴賤之位明矣〔疏〕卑高至位矣○正義曰卑謂地體卑下高謂天體高上卑高既以陳列則物之貴賤得其位矣若卑不處卑謂地在上高不處高謂天在下上下既亂則萬物貴賤則不得其位矣此經明天地之體此雖明天地之體亦涉乎萬物之形此貴賤總兼萬物不唯天地而已先云卑者便文爾案前經云天尊地卑天地別陳此卑高以陳不更別陳總云卑高者上文詳於此畧也○注天尊至明

矣。○正義曰：天尊地卑之義既列，解經卑高以陳也，云則涉乎萬物貴賤之位明矣，解經貴賤位矣。上經既云天尊地卑，此經又云貴賤者，則貴非唯天地，是兼萬物之貴賤。

動靜有常，剛柔斷矣。 剛動而柔止也，動止得其常體，則剛柔之分著矣。【疏】正義曰：天陽爲動，地陰爲靜，各有常度，則剛柔斷定矣。動而有常則成剛，靜而有常則成柔，所以剛柔可斷定矣。若動而无常則剛道不成，靜而无常則柔道不立，是剛柔雜亂，動靜无常，則剛柔不可斷定也。此經論天地之性也。此雖天地動靜，亦總兼萬物也。萬物稟於陽氣多而爲動也，稟於陰氣多而爲靜也。

方以類聚，物以羣分，吉凶生矣。 方有類，物有羣，則有同有異，有聚有分也。順其所同則吉，乖其所趣則凶，故吉凶生矣。【疏】方以類聚至生矣。○正義曰：方謂法術性行，以類共聚，固方者則同聚也。物謂物色羣黨，共在一處，而與他物相分別。若順其所同則吉也，若乖其所趣則凶也，故曰吉凶生矣。此經雖因天地之性，亦廣包萬物之情也。○注方有類。○正義曰：云方有類者，方謂法術情性趣舍，故春秋云教子以義方，注云方道也，是方謂性行法術也。言方雖以類而聚，亦有非類而聚者，若陰之所求者陽，陽之所求者陰，是非類聚也。若以人比禽獸，即是非類，雖男女不同，俱是人例，亦是以類聚也。故云順所同則吉，乖所趣則凶。

在天成象，在地成形，變化見矣。 象況日月星辰，形況山川草木也。懸象運轉以成昬明，山澤通氣而雲行雨施，故變化見矣。【疏】正義曰：象謂懸象，日月星辰也。形謂山川草木也。懸象運轉而成昬明，山澤通氣而雲行雨施，故變化見也。

是故剛柔相摩， 相切摩也，言陰陽之交感也。【疏】正義曰：以變化形見，即陽極變爲陰，陰極變爲陽，陽剛而陰柔，故剛柔共相切摩，更遞變化也。

八卦相盪。 相推盪也，言運化之推移。【疏】正義曰：剛則陽爻也，柔則陰爻也。剛柔兩體，是陰陽二爻相雜而成八卦，遞相推盪。若十一月一陽生而推去一陰，五月一陰生而推去一陽，雖諸卦遞相推移，本從八卦而來，故云八卦相盪也。

鼓之以雷霆，潤之以風雨，日月運行，一寒一暑，乾道成男，坤道成女。乾知大始，坤作成物。乾以易知，坤以簡能。 天地之道，不爲而善始，不勞而善成，故曰易簡。【疏】鼓之以雷霆至簡能。○正義曰：鼓之以雷霆，潤之以風雨，日月運行，一寒一暑者，重明上經變化見矣，及剛柔相摩、八卦相盪之事。八卦既相推盪，各有功之所用也。又鼓動之以震雷離電，滋潤之以巽風坎雨，或離日坎月，運動而行，一節爲寒，一節爲暑。直云震巽離坎，不云乾坤艮兌者，乾坤上下備言，艮兌非鼓動運行之物，故不言之，其實亦一焉。雷電風雨亦出山澤也。乾道成男，坤道成女者，道謂自然而生，故乾得自然而爲男，坤得自然而成女。必云成者，有故以乾因陰而得成男，坤因陽而得成女，故云成也。乾知大始者，以乾是天陽之氣，萬物皆始在於氣，故云知其大始也。坤作成物者，坤是地陰之形，坤能造作以成物也。初始無形，未有營作，故但云知也。已成之物，事可營爲，故云作也。乾以易知者，易謂易略，无所造爲，以此爲知，故曰乾以易知也。坤以簡能者，簡謂簡省凝靜，不須繁勞，以此爲能，故曰坤以簡能也。若於物艱難，則不可以知，故以易而得知也。若於事繁勞，則不可能也，必簡省而後可能也。○注天地之道至易簡。○正義曰：云天地之道不爲而善始者，釋經之乾以易知；不勞而善成者，釋經坤以簡能也。案經乾易坤簡，各自別言，而注合云天地者，若以坤對乾，乾爲易也，坤爲簡也，經之所云者是也。若據乾坤相合，皆無爲自然養物之始也，是自然成物之終也，是乾亦有簡，坤亦有易，故注合而言之也。用使聖人俱行易簡，法无爲之化。

易則易知，簡則易從。易知則有親，易從則有功。 順萬物之情，故曰有親；通天下之志，故曰有功。【疏】正義曰：易則易知者，此覆說上乾以易知也。乾德既能說易，若求而行之，則易可知也。簡則易從者，覆說上坤以簡能也。於事簡省，若求而行之，則易可從也。上乾以易知，坤以簡能，論乾坤之體性也。易則易知，簡則易從者，此論乾坤既有此性，人則易可倣傚也。易知則有親者，性意易知，心无險難，則相和親，故云易知則有親也。易從則有功者，於事易從，不有繁勞，其功易就，故曰易從則有功。此二句論聖人法此乾坤易簡，則有所益也。

有親則可久，有功則可大。 有易簡之德，則能成可久可大之功。【疏】正義曰：有親則可久者，物既和親，无相殘害，故可久也。有功則可大者，事業有功，則積漸可大。此二句論人法乾坤，久而益大。

可久則賢人之德，可大則賢人之業。 天地易簡，萬物各載其形；聖人不爲，羣方各遂其業。德業既成，則入於形器，故以賢人目其德業。【疏】可久至之業。○正義曰：可久則賢人之德者，使物長久，是賢人之德，能養萬物，故云可久則賢人之德也。可大則賢人之業者，功勞既大，則是賢人事業。行天地之道，總天地之功，唯聖人能然。今云賢人者，聖人則隱迹藏用，事在无境；今云可久可大，則是離无入有，賢人則事在有境，故可久可大，以賢人目之也。○注聖人至其業。○正義曰：云聖人不爲，羣方各遂其業者，聖人顯仁藏用，唯見生養之功，不見其何以生養，猶若日月見其照臨之力，不知何以照臨，是聖人用无爲以及天下，是聖人不爲也。云德業既成則入於形器者，初行德業未成之時，不見其所爲，是在於虛无。若德業既成，復被於物，在於有境，是入於形器也。賢人之分，則見其所爲，見其成功，始末皆有。德之與業，是所有形器，故以賢人目其德業。然則本其虛无玄象謂之聖，據其成功事業謂之賢也。

易簡而天下之理得矣。 天下之理，莫不由於易簡而各得順其分位也。【疏】易簡至得矣。○正義曰：此則贊明聖人能行天地易簡之化，則天下萬事之理並得其宜矣。○注易簡。○正義曰：若能行說易簡，靜任物自生，則物得其性矣。故列子云不生而物自生，不化而物自化。若不行易簡，法令茲章，則物失其性也。老子云：水至清則無魚，人至察則無徒。又莊云：馬翦剔羈絆，所傷多矣。是天下之理未得也。

天下之理得，而成位乎其中矣。 成位至立象也。極易簡則能通天下之理，通天下之理，故能成象並乎天地。言其中，則並明天地也。【疏】正義曰：成位況立象，言聖人極易簡之善，則能通天下之理，故能成立卦象於天地之中，言並天地也。

【疏】正義曰：聖人設卦至不利，此第二章也。前章言天地成象成形，簡易之德，明乾坤之大旨。此章明聖人設卦觀象，爻辭吉凶悔吝之細別。

聖人設卦觀象， 此總言也。【疏】聖人至觀象。○正義曰：謂聖人設畫其卦之時，莫不瞻觀物象，法其物象，然後設之卦象，則有吉有凶。故下文云吉凶者，失得之象也；悔吝者，憂虞之象；變化者，進退之象；剛柔者，晝夜之象，是施設其卦有此諸象也。○注此總言也。○正義曰：此設卦觀象，總爲下而言，故云此總言也。

繫辭焉而明吉凶，剛柔相推而生變化。 繫辭所以明吉凶，剛柔相推所以明變化也。吉凶者，存乎人事也；變化者，存乎運行也。【疏】正義曰：繫辭焉而明吉凶者，卦象爻象，有吉有凶，若不繫辭，其理未顯，故繫屬吉凶之文辭於卦爻之下，而顯明此卦爻吉凶也。案吉凶之外，猶有悔吝憂虞，直云而明吉凶者，悔吝憂虞是凶中之小別，舉吉凶則包之可知也。剛柔相推而生變化者，八純之卦，卦之與爻，其象既定，變化猶少；若剛柔二氣相推，陰爻陽爻交變，分爲六十四卦，有三百八十四爻，委曲變化，事非一體，是而生變化也。繫辭而明吉凶，明繫辭之意；剛柔相推而生變化，明其推引而生雜卦之意也。

是故吉凶者，失得之象也。 由有失得，故吉凶生。【疏】正義曰：此下四句經，總明諸象不同之事。辭之吉者，是得之象；辭之凶者，是失之象，故曰吉凶者是失得之象也。初時於事有失有得，積漸成著，乃爲吉凶也。然易之諸卦及爻，不言吉凶者，義有數等。或吉凶據文可知，不須明言吉凶者，若乾元亨利貞，及九五飛龍在天，利見大人之屬，尋文考義，是吉可知，故不須云吉也。若其剝不利有攸往，離之九四突如其來如，焚如，死如，棄如之屬，據其文辭，其凶可見，故不言凶也。亦有爻處吉凶之際，吉凶未定，行善則吉，行惡則凶，是吉凶未定，亦不言吉凶。若乾之九三君子終日乾乾，夕惕若厲，无咎；若屯之六二屯如邅如，乘馬班如，匪寇婚媾，女子貞不字，十年乃字，是吉凶未定，亦不言吉凶也。又諸稱无咎者，若不有善應則有咎，若有善應則无咎，此亦不定言吉凶也。諸稱吉凶者，皆嫌其吉凶不明，故言吉凶以正之。若坤之六五黃裳元吉，以陰居尊位，嫌其不吉，故言吉以明之，推此餘可知也。亦有於事无嫌，吉凶灼然可知，而故更明言吉凶者，若剝之初六剝牀以足，蔑貞凶；六二剝牀以辨，蔑貞凶者，此皆凶狀灼然而言凶也。或有一卦之內，或一爻之中，得失相形，須言吉凶。若大過九三棟橈凶，九四棟隆吉，是一卦相形也。屯卦九五屯其膏，小貞吉，大貞凶，是一爻相形也。亦有一事相形，終始有異，若訟卦有孚窒惕，中吉終凶之類是也。大略如此。原夫易之爲書，曲明萬象，苟在釋辭，明其意，達其理，不可以一爻爲例，義有變通也。

悔吝者，憂虞之象也。 失得之微者，足以致憂虞而已，故曰悔吝。【疏】正義曰：經稱悔吝者，是得失微小，初時憂念虞度之形象也。以憂虞不已，未是大凶，終致悔吝。悔者，其事已過，意有追悔之也。吝者，當事之時，可輕鄙恥，故云吝也。吝既是小凶，則易之爲書，亦有小吉，則无咎之屬善補過是也。此亦小吉而不言者，下經備陳之也，故於此不言。其餘元亨利貞，則是吉象之境，有四德別言，故於此不言也。其以祉、有慶、有福之屬，各於爻卦別言，故不在此而說。且易者戒人爲惡，故於惡事備言也。

變化者，進退之象也。 往復相推，迭進退也。【疏】正義曰：萬物之象，皆有陰陽之爻，或從始而上進，或居終而倒退，以其往復相推，或漸變而頓化，故云進退之象也。

剛柔者，晝夜之象也。 晝則陽剛，夜則陰柔。始總言吉凶變化，而下別明悔吝晝夜者，悔吝則吉凶之類，晝夜亦變化之道，吉凶之類則同因繫辭而明，變化之道則俱由剛柔而著，故始總言之，下則明失得之輕重，辨變化之小大，故別序其義也。【疏】剛柔至象也。○正義曰：晝則陽日照臨，萬物生而堅剛，是晝之象也；夜則陰潤浸被，萬物而皆柔弱，是夜之象也。○注始總至變化。○正義曰：云始總言吉凶變化者，謂上文云繫辭焉而明吉凶，剛柔相推而生變化，是始總言吉凶變化也。云而下別明悔吝晝夜者，謂次文云悔吝者憂虞之象，剛柔者晝夜之象，是別明悔吝晝夜也。言悔吝則吉凶之類者，案上文繫辭而明吉凶，次又別序云吉凶者失得之象，悔吝者憂虞之象，是吉

凶之外別生悔吝是悔吝亦吉凶之類大畧總言吉凶是細別之吉凶之外別有悔吝也故云悔吝則吉凶之類云晝夜亦變化之道者案上文云剛柔相推而生變化次文別云變化者進退之象剛柔者晝夜之象變化之外別云晝夜總言之則變化晝夜是一分之則變化晝夜是殊故云晝夜亦變化之道也云吉凶之類則同因繫辭而明者案上文云繫辭焉而明吉凶次文別序云吉凶悔吝兩事同因上繫辭而明之也故云吉凶之類則同因繫辭而明也云變化之道則俱由剛柔而著者上文剛柔相推而生變化次文別序云變化者進退之象剛柔者晝夜之象上文則變化剛柔合爲一次文則別序變化剛柔分爲二合之則同分之則異是變化從剛柔而生故云變化之道俱由剛柔而著也云故始總言之也上文繫辭焉而明吉凶不云悔吝是總言之也又上文剛柔相推而生變化不云晝夜是總變化言之也云下則明失得之輕重辨變化之小大故別序其義者案次文別序云吉凶者失得之象是失得重也悔吝者憂虞之象是失得輕也又次經云變化者進退之象是變化大也剛柔者晝夜之象是變化小也兩事並言失得別明輕重變化別明小大是別序其義

六爻之動。三極之道也。三極三材也兼三材之道故能見吉凶成變化也〔疏〕正義曰此覆明變化進退之義言六爻遞相推動而生變化是天地人三才至極之道以其事兼三才故能見吉凶而成變化也

是故。君子所居而安者。易之序也。序易象之次序〔疏〕正義曰以其在上吉凶顯其得失變化明其進退以此之故君子觀象知其所處故可居治之位而安靜居之是易位之次序也若居在乾之初九而安在勿用若居在乾之九三而安在乾乾是以所居而安者由觀易之位次序也

所樂而玩者。爻之辭也。是故。君子居則觀其象而玩其辭。動則觀其變而玩其占。是以自天祐之。吉无不利。〔疏〕所樂至无不利○正義曰所樂而玩者爻之辭也者言君子愛樂而習玩者是六爻之辭也辭有吉凶悔吝見善則思齊其事見惡則懼而自改所以愛樂而耽玩也卦之與爻皆有其辭但爻有變化取象既多以知得失故君子尤所愛樂所以特云爻之辭也是故君子居則觀其象而玩其辭者以易象則明其善惡辭則示其吉凶故君子自居處其身觀看其象以知身之善惡而習玩其辭以曉事之吉凶動則觀其變而玩其占者言君子出行興動之時則觀其爻之變化而習玩其占之吉凶若乾之九四或躍在淵是動則觀其變也春秋傳云先王卜征五年又云卜以決疑是動玩其占也是以自天祐之吉无不利者君子既能奉遵易象以居處其身无有凶害是以從天以下悉皆祐之吉无不利此大有上九爻辭

〔疏〕正義曰彖者言乎至生之說此第三章也上章明吉凶悔吝繫辭之義而細意未盡故此章更委曲說卦爻吉凶之事是以義理深奧能彌綸天地之道仰觀俯察知死生之說

彖者。言乎象者也。彖總一卦之義也〔疏〕正義曰彖謂卦下之辭言說乎一卦之象也

爻者。言乎變者也。爻各言其變也〔疏〕正義曰謂爻下之辭言說此爻之象改變也

吉凶者。言乎其失得也。悔吝者。言乎其小疵也。无咎者。善補過也。是故。列貴賤者存乎位。爻之所處曰位六位有貴賤也〔疏〕正義曰吉凶者言乎其失得也者謂爻卦下辭也著其吉凶者言論其卦爻失之與得之義也前章言據其卦爻之象故云吉凶者失得之象此章據其卦爻之辭故云吉凶者言乎其失得也悔吝者言乎其小疵也者辭著悔吝者言說此卦爻有小疵病也有小疵病必預有憂虞故前章云悔吝者憂虞之象但前章據其象此章論其辭也无咎者善補過也者辭稱无咎者即此卦爻能補其過若不能補過則有咎也案畧例无咎有二一者善能補過故无咎二者其禍自己招无所怨咎故節之六三不節之嗟又誰咎也但如此者少此據多者言之故云善補過也前章舉其大略故不細言无咎之事此章備論也是故列貴賤者存乎位者以爻者言乎變以此之故陳列物之貴賤者在存乎六爻之位皆上貴而下賤也

齊小大者存乎卦。卦有小大也齊猶言辯也即彖者言乎象也〔疏〕正義曰以彖者言乎象象有小大故齊辯物之小大者存乎卦也猶若泰則小往大來吉亨否則大往小來之類是也

辯吉凶者存乎辭。辭爻辭也即爻者言乎變也言象所以明小大言變所以明吉凶故小大之義存乎卦吉凶之狀見乎爻至於悔吝无咎其例一也吉凶悔吝小疵无咎皆主乎變事有小大故下歷言五者之差也〔疏〕辯吉至乎辭○正義曰謂辯明卦之與爻之吉凶存乎卦爻下之言辭是也○注辭爻至差也○正義曰云辭爻辭也者其實卦之與爻皆有其辭知是爻辭者但卦辭變化少爻辭變化多此經辯吉凶者存乎辭與齊小大者存乎卦二文相對既云卦故此辭爲爻辭也云言象所以明小大者即齊小大者存乎卦是也云言變化所以明吉凶者則辯吉凶者存乎辭是也云故小大之義存乎卦者覆說言象所以明小大也云吉凶之狀見乎爻者覆說言變所以明吉凶也云悔吝无咎其例一也者謂悔吝无咎體例與吉凶一也皆是存乎辭云悔吝小疵无咎皆生乎變者謂皆生於爻也言乎變者謂皆從爻變而來云事有小大者大則爲吉凶小則爲悔吝无咎也云故下歷言五者之差者謂於吉凶下歷次言五者之差別數五者謂吉一凶二悔三吝四无咎五然諸儒以爲五者皆數列貴賤者存乎位是其一也齊小大者存乎卦是其二也辯吉凶者存乎辭是其三也憂悔吝者存乎介是其四也震无咎者存乎悔是其五也於經數之爲便但於理則乖今並存焉任後賢所釋

憂悔吝者存乎介。介纖介也王弼曰憂悔吝之時其介不可慢也即悔吝者言乎小疵也〔疏〕正義曰介謂纖介謂小小疵病能預憂虞悔吝者存於細小之疵病也

震无咎者存乎悔。无咎者善補過也震動也故動而无咎存乎悔過也〔疏〕正義曰震動也動而无咎者存乎能自悔過也

是故。卦有小大。辭有險易。其道光明曰大君子道消曰小之泰則其辭易之否則其辭險〔疏〕正義曰其道光明謂之大其道消散謂之小若之適通泰其辭則說易若之適否塞其辭則難險也

辭也者。各指其所之。易與天地準。作易以準天地〔疏〕正義曰辭也者各指其所之者謂爻卦之辭各斥其爻卦之之適也若之適於善則其辭善若之適於惡則其辭惡也易與天地準者自此已上論卦爻辭理之義自此已下廣明易道之美言聖人作易與天地相準謂準擬天地則乾健以法天坤順以法地之類是也

故能彌綸天地之道。仰以觀於天文。俯以察於地理。是故知幽明之故。原始反終。故知死生之說。幽明者有形无形之象死生者終始之數也〔疏〕正義曰故能彌綸天地之道者以易與天地相準爲此之故聖人用易能彌綸天地之道彌謂彌縫補合綸謂經綸牽引能補合牽引天地之道用此易道也仰以觀於天文俯以察於地理者天有懸象而成文章故稱文也地有山川原隰各有條理故稱理也是故知幽明之故者故謂事也故以用易道仰觀俯察知无形之幽有形之明義理事故也原始反終故知死生之說者言用易理原窮事物之初始反復事物之終末始終吉凶皆悉包羅以此之故知死生之數也正謂用易道參其逆順則禍福可知用蓍策求其吉凶則死生可識也

〔疏〕正義曰精氣爲物至鮮矣此第四章也上章明卦爻之義其事類稍盡但卦爻未明鬼神情狀此章說物之改變而爲鬼神易能通鬼神之變化故於此章明之

精氣爲物。遊魂爲變。精氣烟熅聚而成物聚極則散而遊魂爲變也遊魂言其遊散也〔疏〕正義曰云精氣爲物者謂陰陽精靈之氣氤氳積聚而爲萬物也遊魂爲變者物既積聚極則分散將散之時浮遊精魂去離物形而爲改變則生變爲死成變爲敗或未死之間變爲異類也

是故知鬼神之情狀。盡聚散之理則能知變化之道无幽而不通也〔疏〕是故至情狀○正義曰能窮易理盡生死變化以此之故能知鬼神之內外情狀也物既以聚而生以散而死皆是鬼神所爲但極聚散之理則知鬼神之情狀也言聖人以易之理而能然也○注知變化之道○正義曰案下云神无方韓氏云自此以上皆言神之所爲則此經情狀是虛无之神聖人極虛无之神如變化之道幽冥悉通故能知鬼神之情狀

與天地相似。故不違。德合天地故曰相似〔疏〕正義曰天地能知鬼神任其變化聖人亦窮神盡性能知鬼神是與天地相似所爲所作故不違於天地能與天地合也

知周乎萬物而道濟天下。故不過。知周萬物則能以道濟天下也〔疏〕正義曰知周乎萬物而道濟天下者聖人无物不知是知周於萬物天下皆養是道濟天下也故不過者所爲皆得其宜不有愆過使物失分也

旁行而不流。應變旁通而不流淫也〔疏〕正義曰言聖人之德應變旁行无不被及而不有流移淫過若不應變化非理而動則爲流淫也

樂天知命。故不憂。順天之化故曰樂也〔疏〕正義曰順天施化是歡樂於天識物始終是自知性命順天道之常數知性命之始終任自然之理故不憂也

安土敦乎仁。故能愛。安土敦仁者萬物之情也物順其情則仁功贍矣〔疏〕正義曰言萬物之性皆欲安靜於土敦厚於仁聖人能行此安土敦仁之化故能愛養萬物也

範圍天地之化而不過。範圍者擬範天地而周備其理也〔疏〕正義曰範謂模範圍謂周圍言聖人所爲所作模範周圍天地之化養言法則天地以施其化而不有過失違天地者也

曲成萬物而不遺。曲成者乘變以應物不係一方者也則物宜得矣〔疏〕正義曰言聖人隨變而應屈曲委細成就萬物而不有遺棄細小而不成也

通乎晝夜之道而知。通幽明之故則无不知也〔疏〕正義曰言聖人通曉於晝夜之道晝則明也夜則幽也言通曉於幽明之道而无事不知也自此以上皆神之所爲聖人能極神之幽隱之德也

故神无方而易无體。自此以上皆言神之所爲也方

體者皆係於形器者也神則陰陽不測易則唯變所適不可以一方一體明【疏】故神至无體○正義曰神則寂然虛无陰陽深遠不可求難是无一方可明也易則隨物改變應變而往无一體可定也○注自此以上○正義曰自此以上皆言神之所爲者謂從神无方以上至精氣爲物以下經之所云皆言神所施爲神者微妙玄通不可測量故能知鬼神之情狀與天地相似知周萬物樂天知命安土敦仁範圍天地曲成萬物通乎晝夜此皆神之功用也作易者因自然之神以垂教欲使聖人用此神道以被天下雖是神之所爲亦是聖人所爲云方體者皆係於形器者方是處所之名體是形質之稱凡處所形質非是虛无皆係著於物故云皆係於形器也云神則陰陽不測者既幽微不可測度不可測則何有處所是神无方也云易則唯變所適者既是變易唯變之適不有定往何可有體是易无體也云不可以一方一體明者解无方无體也凡无方无體各有二義一者神則不見其處所云爲是无方也二則周遊運動不常在一處亦是无方也无體者一是自然而變而不知變之所由是无形體也二則隨變而往无定在一體亦是无體也

一陰一陽之謂道。道者何无之稱也无不通也无不由也況之曰道寂然无體不可爲象必有之用極而无之功顯故至乎神无方而易无體而道可見矣故窮變以盡神因神以明道陰陽雖殊无一以待之在陰爲无陰陰以之生在陽爲无陽陽以之成故曰一陰一陽也【疏】一陰至謂道○正義曰一謂无也无陰无陽乃謂之道一得爲无者无是虛无虛无是大虛不可分別唯一而已故以一爲无也若其有境則彼此相形有二有不得爲一故在陰之時而不見爲陰之功在陽之時而不見爲陽之力自然而有陰陽自然无所營爲此則道之謂也故以言之爲道以數言之謂之一以體言之謂之无以物得開通謂之道以微妙不測謂之神以應機變化謂之易總而言之皆虛无之謂也聖人以人事名之隨其義理立其稱號○注道者至一陽也○正義曰云道者何无之稱者此韓氏自問其道而釋之也道是虛无之稱以虛无能開通於物故稱之曰道云无不通也无不由者若處於有有則爲物礙難不可常通道既虛无爲體則不爲礙難故曰不通也无不由者言萬物皆因之而通由之而有云況之曰道者比況道路以爲稱也寂然无體不可爲象者謂寂然幽靜而无體不可以形象求是不可爲象至如天覆地載日照月臨冬寒夏暑春生秋殺萬物運動皆由道而然豈見其所營知其所爲是寂然无體不可爲象也云必有之用極而无之功顯者猶若風雨是有之所用當用之時以无爲心風雨既極之後萬物賴此風雨而得生育是生育之功由風雨无心而成是有之用極而无之功顯是神之發作動用以生萬物其功成就乃在於无形應機變化雖有功用本其用之所以亦在於无也故至乎神无方而易无體自然无爲之道可顯見矣當其有用之時道未見也云故窮變以盡神者神則杳然不測千變萬化聖人則窮此千變萬化以盡神之妙理故云窮變化以盡神云因神以明道者謂盡神之理唯在虛无因此虛无之神以明道之所在道亦虛无故云因神以明道也陰陽雖殊无一以待之者言陰之與陽雖有兩氣恒用虛无之一以擬待之言在陽之時亦以爲虛无無此陽也在陰之時亦以爲虛无无此陰也云在陰爲无陰陰以之生者謂道雖在於陰而无於陰言道所生皆无陰也班无於陰陰終由道而生故言陰以之生也在陽爲无陽陽以之成者謂道雖在陽陽中必无道也雖无於陽陽必由道而成故言陽以成之也道雖無於陰陽然亦不離於陰陽陰陽雖由道成即陰陽亦非道故曰一陰一陽也

繼之者善也。成之者性也。仁者見之謂之仁。知者見之謂之知。仁者資道以見其仁知者資道以見其知各盡其分【疏】正義曰繼之者善也者道是生物開通善是順理養物故繼道之功者唯善行也成之者性也者若能成就此道者是人之本性若性仁者成就此道爲仁性知者成就此道爲知也故云仁者見之謂之仁知者見之謂之知是仁之與知皆資道而得成仁知也

百姓日用而不知。故君子之道鮮矣。君子體道以爲用也仁知則滯於所見百姓則日用而不知體斯道者不亦鮮矣故常无欲以觀其妙始可以語至而言極也【疏】百姓至鮮矣○正義曰百姓日用而不知者言萬方百姓恒日日賴用此道而得生而不知道之功力也言道冥昧不以功爲功故百姓日用而不能知也故君子之道鮮矣者君子謂聖人也仁知則各滯於所見百姓則日用不知明體道君子不亦少乎○注君子體道至極也○正義曰君子體道以爲用者謂聖人爲君子體附於至道法道而施政則老子云爲而不宰功成不居是也云仁知則滯於所見者言仁知雖賢猶有偏見仁者觀道謂道爲仁知者觀道謂道爲知不能偏曉是滯於所見也是道既以爲用若以仁以知則滯所見也至於百姓但日用通生之道又不知通生由道而來故云百姓日用而不知也云體斯道者不亦鮮矣者是聖人君子獨能悟道故云不亦鮮矣云故常無欲以觀其妙者引老子道經之文以結成此義無欲謂无心若能寂然無心無欲觀其道之妙趣謂不爲所爲得道之妙理也云始可以語至而言極也者若能無欲觀此道之妙理無事無爲如此可以語說其至理而言其極趣也若不如此不可語至而言極也【疏】正義曰顯諸仁至之門此第五章也上章論神之所爲此章廣明易道之大與神功不異也

顯諸仁。藏諸用。衣被萬物故曰顯諸仁日用而不知故曰藏諸用【疏】正義曰顯諸仁者言道之爲體顯見仁功衣被萬物是顯諸仁也藏諸用者謂潛藏功用不使物知是藏諸用也

鼓萬物而不與聖人同憂。萬物由之以化故曰鼓萬物也聖人雖體道以爲用未能至无以爲體故順通天下則有經營之跡也【疏】鼓萬物至同憂○正義曰言道之功用能鼓動萬物使之化育故云鼓萬物聖人化物不能全无以爲體猶有經營之憂道則虛无爲用无事无爲不與聖人同用有經營之憂也○注聖人雖體以爲用○正義曰云聖人雖體道以爲用者言聖人不能无憂之事道則无心无跡聖人則亦无心有跡聖人能體附於道其跡以有爲用云未能全无以爲體者道則心跡俱无是其全无以爲體聖人則无心有跡是跡有而心无是不能全无以爲體云故順通天下則有經營之跡者言聖人順通天下之理內則雖是无心外則有經營之跡則有憂也道則心跡俱无无憂无患故云不與聖人同憂也

盛德大業至矣哉。夫物之所以通事之所以理莫不由乎道也聖人功用之母體同乎道盛德大業所以能至【疏】正義曰聖人爲功用之母體同於道萬物由之而通衆事以之而理是聖人極盛之德廣大之業至極矣哉於行謂之德於事謂之業

富有之謂大業。廣大悉備故曰富有【疏】正義曰自此已下覆說大業盛德因廣明易與乾坤及其占之與事并明神之體以廣大悉備萬事富有所以謂之大業

日新之謂盛德。體化合變故曰日新【疏】正義曰聖人以能變通體化合變其德日日增新是德之盛極故謂之盛德也

生生之謂易。陰陽轉易以成化生【疏】正義曰生生不絕之辭陰陽變轉後生次於前生是萬物恒生謂之易也前後之生變化改易生必有死易主勸戒獎人爲善故云生不云死也

成象之謂乾。擬乾之象【疏】正義曰謂畫卦成乾之象擬乾之健故謂卦爲乾也

效法之謂坤。效坤之法【疏】正義曰謂畫卦效坤之法擬坤之順故謂之坤也

極數知來之謂占。通變之謂事。物窮則變變而通之事之所由生也【疏】正義曰極數知來之謂占者謂窮極蓍策之數豫知來事占問吉凶故云謂之占也通變之謂事者物之窮極欲使開通須知其變化乃得通也凡天下之事窮則須變萬事乃生故云通變之謂事

陰陽不測之謂神。神也者變化之極妙萬物而爲言不可以形詰者也故曰陰陽不測嘗試論之曰原夫兩儀之運萬物之動豈有使之然哉莫不獨化於大虛欻爾而自造矣造之非我理自玄應化之无主數自冥運故不知所以然而況之神是以明兩儀以太極爲始言變化而稱極乎神也夫唯知天之所爲者窮理體化坐忘遺照至虛而善應則以道爲稱不思而玄覽則以神爲名蓋資道而同乎道由神而冥於神也○【疏】陰陽至謂神○正義曰天下萬物皆由陰陽或生或成本其所由之理不可測量之謂神也故云陰陽不測之謂神○注神也者至神也○正義曰云神也者變化之極者言神之施爲自將變化之極以爲名也云妙萬物而爲言者妙謂微妙也萬物之體有變象可尋神則微妙於萬物而爲言也謂不可尋求也云不可以形詰者杳寂不測无形无體不可以物之形容所求而窮詰也云造之非我理自玄應者此言神力也我謂宰主之名也言物之造作非由我之宰主所爲其造化之理自然玄空相應而自然造作也云是以明兩儀以太極爲始者言欲明兩儀天地之體必以太極虛无爲初始不知所以然將何爲始也云言變化而稱極乎神者欲言論變化之理不知涯際唯稱極乎神神則不可知也云夫唯知天之所爲者窮理體化坐忘遺照者言若能知天之所造爲者會能窮其物理體其變化靜坐而忘其事及遺棄所照之物任其自然之理不以他事係心端然玄寂如此者乃能知天之所爲也言天之道亦如此也坐忘遺照之言事出莊子大宗師篇也云至虛而善應則以道爲稱者此解道之目也言至極空虛而善應於物則乃目之爲道故云則以道爲稱云不思而玄覽則以神爲名者謂不可思量而玄遠覽見者乃目之爲神故云則以神爲名也云蓋資道而同乎道者此謂聖人設教資取乎道行无爲之化積久而遂同於道內外皆无也云由神而冥於神也者言聖人設教法此神之不測无體无方以垂於教久能積漸而冥合於神不可測也此皆謂聖人初時雖法道法神以爲无體未能全无但行之不已遂至全无不測故云資道而同於道由神而冥於神也

夫易廣矣大矣。以言乎遠則不禦。窮幽極深无所止也【疏】正義曰夫易廣矣大矣者此贊明易理之大易之變化極於四遠是廣矣窮於上天是大矣故下云廣大配天地也以言乎遠則不禦者禦止也言乎易之變化窮極幽深之遠則不有禦止也謂无所止息也○

以言乎邇則靜而正。則近而當【疏】正義曰邇近也言易之變化在於邇近之處則寧靜而得正謂變化之道於其近處物各靜而得正不煩亂邪僻也遠尚不禦近則不煩可知近既靜正則遠亦靜正互文也

以言乎天地之間則備矣。夫乾。其靜也專。其動也直。是以大生焉。專專一也直剛正也【疏】正義曰以言乎天地之間則備矣者變通之道遍滿天地之內是則備矣夫乾其靜也專其動也直

是以大生焉者上經既論易道資陰陽而成故此經明乾復兼明坤也乾是純陽德能普備无所偏主唯專一而已若氣不發動則靜而專一故云其靜也專若其運轉則四時不忒寒暑无差則而得正故云其動也直以其動靜如此故能大生焉夫坤。其靜也翕。其動也闢。是以廣生焉。翕斂也止則翕斂其氣動則闢開以生物也乾統天首物爲變化之元通乎形外者也坤則順以承陽功盡於已用止乎形者也故乾以專直言乎其材坤以翕闢言乎其形〔疏〕正義曰此經明坤之德也坤是陰柔閉藏翕斂故其靜也翕動則開生萬物故其動也闢以其如此故能廣生於物焉天體高遠故乾云大生地體廣博故坤云廣生對則乾爲物始坤爲物生散則始亦爲生故總云生也廣大配天地。變通配四時。陰陽之義配日月。易簡之善配至德。易之所載配此四義〔疏〕正義曰廣大配天地者此經申明易之德以易道廣大配合天地大以配天廣以配地變通配四時者四時變通易理亦能變通故云變通配四時也陰陽之義配日月易簡之善配至德者案初章論乾坤易簡可以大配至極微妙之德也然易初章易爲賢人之德簡爲賢人之業今總云至德者對則德業別散則業由德而來俱爲德也子曰。易其至矣乎。夫易。聖人所以崇德而廣業也。窮理入神其德崇也兼濟萬物其業廣也〔疏〕正義曰子曰易其至矣乎者更美易之至極是語之別端故言子曰夫易聖人所以崇德而廣業者言易道至極聖人用之增崇其德廣大其業故云崇德而廣業也知崇禮卑。知以崇爲貴禮以卑爲用〔疏〕正義曰易兼知之與禮故此明知禮之用知者通利萬物象天陽无不覆以崇爲貴也禮者卑敬於物象地柔而在下故以卑爲用也崇效天。卑法地。極知之崇象天高而統物備禮之用象地廣而載物也〔疏〕正義曰知既崇高故效天禮以卑退故法地也天地設位而易行乎其中矣。天地者易之門戶而易之爲義兼周萬物故曰行乎其中矣〔疏〕正義曰天地陳設於位謂知之與禮而效法天地也而易行乎其中矣者變易之道行乎知禮之中言知禮與易而並行也若以實象言之天在上地在下是天地設位天地之間萬物變化是易行乎天地之中也成性存存。道義之門。物之存成由乎道義也〔疏〕正義曰此明易道既在天地之中能成其萬物之性使物生不失其性存其萬物之存使物得其存成也性謂稟其始也存謂保其終也道謂開通也義謂得其宜也既能成性存存則物之開通物之得宜從此易而來故云道義之門謂易與道義爲門戶也〔疏〕正義曰聖人有以至如蘭此第六章也上章既明易道變化神理不測聖人法之所以配於天地道義從易而生此章又明聖人擬議易象以贊成變化又明人擬議之事先慎其身在於慎言語同心行動舉措守謙退勿驕盈保靜密勿貪非位凡有七事是行之於急者故引七卦之議以證成之聖人有以見天下之賾。而擬諸其形容。象其物宜。乾剛坤柔各有其體故曰擬諸形容〔疏〕正義曰聖人有以見天下之賾者賾謂幽深難見聖人有其神妙以能見天下深賾之至理也而擬諸其形容者以此深賾之理擬度諸物形容也見此剛理則擬諸乾之形容見此柔理則擬諸

坤之形容也象其物宜者聖人又法象其物之所宜若象陽物宜於剛也若象陰物宜於柔也是各象其物之所宜六十四卦皆擬諸形容象其物宜也若泰卦比擬泰之形容象其泰之物宜若否卦則比擬否之形容象其否之物宜也舉此而言諸卦可知也是故謂之象。聖人有以見天下之動。而觀其會通。以行其典禮。典禮適時之所用〔疏〕正義曰是故謂之象者以是之故謂之象也謂六十四卦是也故前章云卦者言乎象者也此以上結成卦象之義也聖人有以見天下之動者謂聖人有其微妙以見天下萬物之動也而觀其會通以行其典禮者既知萬物以此變動觀看其物之會合變通當此會通之時以施行其典法禮儀也繫辭焉以斷其吉凶。是故謂之爻。言天下之至賾而不可惡也。言天下之至動而不可亂也。易之爲書不可遠也惡之則逆於順錯之則乖於理〔疏〕正義曰繫辭焉以斷其吉凶者既觀其會通而行其典禮以斷以定爻之通變而有三百八十四爻於此爻下繫屬文辭以斷定其吉凶若會通典禮得則爲吉若會通典禮失則爲凶也是故謂之爻者以是之故議此會通之事而爲爻也夫爻者效也效諸物之通變故上章云爻者言乎變者也自此已上結爻義也言天下之至賾而不可惡也者此覆說前文見天下之賾卦象義也謂聖人於天下至賾之理必重慎明之不可鄙賤輕惡也若鄙賤輕惡不有意明之則逆於順道也言天下之至動而不可亂者覆說上聖人見天下之至動爻之義也謂天下至賾變動之理論說之時明不可錯亂也若錯亂則乖違正理也若以文勢上下言之宜云至動而不可亂也擬之而後言。議之而後動。擬議以成其變化。擬議以動則盡變化之道〔疏〕正義曰擬之而後言者覆說上天下之至賾不可惡也聖人欲言之時必擬度之而後言也議之而後動者覆說上天下之至動不可亂也謂欲動之時必議論之而後動也擬議以成其變化者言則先擬也動則先議也則能成盡其變化之道也鳴鶴在陰。其子和之。我有好爵。吾與爾靡之。鶴鳴則子和脩誠則物應我有好爵與物散之物亦以善應也明擬議之道繼以斯義者誠以吉凶失得存乎所動同乎道者道亦得之同乎失者失亦違之莫不以同相順以類相應動之斯來緣之斯至鶴鳴于陰氣同則和出言戶庭千里或應出言猶然況其大者乎千里或應況其邇者乎故夫憂悔吝者存乎纖介定失得者慎於樞機是以君子擬議以動慎其微也。〔疏〕正義曰鳴鶴在陰者上既明擬議而動若擬議於善則善來應之若擬於惡則惡亦隨之故引鳴鶴在陰取同類相應以證之此引中孚九二爻辭也鳴鶴在幽陰之處雖在幽陰而鳴其子則在遠而和之以其同類相感召故也我有好爵者言我有美好之爵而在我身吾與爾靡之者言我雖有好爵不自獨有吾與汝外物共靡散之謂我既有好爵能靡散以施於物物則有感我之恩亦來歸從於我是善往則善者來皆證明擬議之事我擬議於善以及物物亦以善而應我也子曰。君子居其室。出其言善。則千里之外應之。況其邇者乎。居其室。出其言不善。則千里之外違之。況其邇者乎。言出乎身。加乎民。行發乎邇。見

乎遠。言行君子之樞機。樞機制動之主〔疏〕子曰君子至樞機正義曰子曰君子居其室者既引易辭前語已絕故言子曰況其邇者乎者出其言善遠尚應之則近應可知故曰況其邇者乎此證明擬議而動之事言身有善惡无問遠近皆應之也言行君子之樞機者樞謂戶樞機謂弩牙言戶樞之轉或明或闇弩牙之發或中或否猶言行之動從身而發以及於物或是或非也。樞機之發。榮辱之主也。言行。君子之所以動天地也。可不慎乎。同人先號咷而後笑。子曰。君子之道。或出或處。或默或語。二人同心。其利斷金。同人終獲後笑者以有同心之應也夫所況同者豈係乎一方哉君子出處默語不違其中則其跡雖異道同則應〔疏〕正義曰言行君子之所以動天地者言行雖初在於身其善惡積而不已所感動天地豈可不慎乎同人先號咷而後笑者證擬議而動則同類相應以同人初未和同故先號咷後得同類故後笑也子曰君子之道者各引易之後其文勢已絕故言子曰或出或處或默或語者言同類相應本在於心不必共同一事或此物而出或彼物而處或此物而默或彼物而語出處默語其時雖異其感應之事其意則同或處應於出或默應於語二人同心其利斷金者二人若同齊其心其纖利能斷截於金金是堅剛之物能斷而截之盛言利之甚也此謂二人心行同也。同心之言。其臭如蘭。〔疏〕正義曰言二人同齊其心吐發言語氤氳臭氣香馥如蘭也此謂二人言同也〔疏〕正義曰初六藉用至盜之招也此第七章也此章欲求外物來應必須擬議謹慎則外物來應之故引藉用白茅无咎之事以證謹慎之理初六。藉用白茅。无咎。子曰。苟錯諸地而可矣。藉之用茅。何咎之有。慎之至也。夫茅之爲物薄而用可重也。慎斯術也以往。其无所失矣。〔疏〕正義曰此藉用白茅大過初六爻辭也子曰苟錯諸地而可矣者苟且也錯置也凡薦獻之物且置於地其理可矣言今乃謹慎薦藉此物而用絜白之茅可置於地藉之用茅何咎之有者何愆咎之有是謹慎之至也勞謙。君子有終。吉。子曰。勞而不伐。有功而不德。厚之至也。語以其功下人者也。〔疏〕正義曰勞謙君子有終吉者欲求外物來應非唯謹慎又須謙以下人故引謙卦九三爻辭以證之也子曰勞而不伐者以引卦之後故言子曰勞而不伐者雖謙退疲勞而不自伐其善也有功而不德厚之至者雖有其功而不自以爲恩德是篤厚之至極語以其功下人者言易之所言者語說其謙卦九三能以其有功卑下於人者也德言盛。禮言恭。謙也者。致恭以存其位者也。〔疏〕正義曰德言盛禮言恭者謂德以盛爲本禮以恭爲主德貴盛新禮尚恭敬故曰德言盛禮言恭謙也者致恭以存其位者言謙退致其恭敬以存其位者也言由恭德保其祿位也亢龍有悔。子曰。貴

而无位。高而无民。賢人在下位而无輔。是以動而有悔也。〔疏〕正義曰亢龍有悔者上既以謙德保位此明无謙則有悔故引乾之上九亢龍有悔證驕亢不謙也不出戶庭。无咎。子曰。亂之所生也。則言語以爲階。〔疏〕正義曰不出戶庭无咎者又明擬議之道非但謙而不驕又當謹慎周密故引節之初九周密之事以明之子曰亂之所生則言語以爲階者階謂梯也言亂之所生則由言語以爲亂之階梯也君不密則失臣。臣不密則失身。幾事不密則害成。是以君子慎密而不出也。〔疏〕正義曰君不密則失臣者臣既盡忠不避危難爲君謀事君不慎密乃彰露臣之所爲使在下聞之衆共嫉怒害此臣而殺之是失臣也臣不密則失身者言臣之言行既有虧失則失身也幾事不密則害成者幾謂幾微之事當須密慎預防禍害若其不密而漏泄禍害交起是害成也是以君子慎密而不出者於易言之是身慎密不出戶庭於此義言之亦謂不妄出言語也子曰。作易者。其知盜乎。言盜亦乘釁而至也〔疏〕正義曰此結上不密失身之事事若不密人則乘此機危而害之猶若財之不密盜則乘此機危而竊之易者愛惡相攻遠近相取盛衰相變若此爻有釁隙衰弱則彼爻乘變而奪之故云作易者其知盜乎易曰。負且乘。致寇至。負也者。小人之事也。乘也者。君子之器也。小人而乘君子之器。盜思奪之矣。上慢下暴。盜思伐之矣。慢藏誨盜。冶容誨淫。〔疏〕易曰至誨淫○正義曰易曰負且乘致寇至者此又明擬議之道當量身而行不可以小處大以賤貪貴故引解卦六三以明之也負也者小人之事也負者擔負於物合是小人所爲也乘也者君子之器者言乘車者君子之器物言君子合乘車今應負之人而乘車是小人乘君子之器也則盜竊之人思欲奪之矣上慢下暴盜思伐之矣者小人居上位必驕慢而在下必暴虐爲政如此大盜思欲伐之矣慢藏誨盜冶容誨淫者若慢藏財物守掌不謹則教誨於盜者使來取此物女子妖冶其容身不精慤是教誨淫者使來淫已也以此小人而居貴位驕矜而不謹慎而致寇至也易曰。負且乘。致寇至。盜之招也。〔疏〕正義曰又引易之所云是盜之招來也言自招來於盜以慎重其事故首尾皆稱易曰而載易之爻辭也

〔疏〕正義曰大衍之數至祐神矣此第八章明占筮之法揲蓍之體顯天地之數定乾坤之策以爲六十四卦而生三百八十四爻

大衍之數五十。其用四十有九。王弼曰演天地之數所賴者五十也其用四十有九則其一不用也不用而用以之通非數而數以之成斯易之太極也四十有九數之極也夫无不可以无明必因於有故常於有物之極而必明其所由之宗也〔疏〕大衍至有九○正義曰京房云五十者謂十日十二辰二十八宿也凡五十其一不用者天之生氣將欲以虛來實故用四十九焉馬季長云易有太極謂北辰也太極生兩儀兩儀生日月日月生四時四時生五行五行生十二月十二月生二十四氣北辰居位不動其餘四十九轉運而用也荀爽云卦各有六爻六八四十八加乾坤二用凡有五十乾初九潛龍勿用故用四十九也鄭康成云天地之數五十有五以五行氣通凡五行減五大衍又減一故四十九也姚信董遇云天地之數五十有五者其六以象六畫之數故減之而用四十九但五十之數義有多家各有其說未知孰是今案王弼云演天地之數所賴者五十據王弼此說其意皆與諸儒不同萬物之策凡有萬一千五百二十其用此策推演天地之數唯用五十策也一謂自然所須策者唯用五十就五十策中其所用揲蓍者唯用四十有九其一不用以其虛无非所用也故不數之顧懽同王弼此說故顧懽云立此五十數以數神神雖非數因數而顯故虛其一數以明不可言之義只如此意則別无所以自然而有此五十也今依用之○注王弼至宗也○正義曰王弼云演天地之數所賴者五十者韓氏親受業於王弼承王弼之旨故引王弼云以證成其義演天地之數所賴者五十謂萬物籌策雖萬有一千五百二十若用之推演天地之數所賴者唯賴五十其餘不賴也但賴五十者自然如此不知其所以然云則其一不用者經既云五十又云其用四十九也既稱其用明知五十之內其一是不用者也言不用而用以之通者若全不用理應不賴此既當論用所以并言不用爲用五十者雖是不用其有用從不用而來以不用而得用也故云不用而用以之通所用者則四十九蓍也蓍所以堪用者從造化虛无而生也若无造化之生此蓍何由得用也言非數而數以之成者太一虛无无形无數是非可數也然有形之數由非數而得成也即四十九是有形之數原從非數而來故將非數之一總爲五十故云非數而數以之成也言斯易之太極者斯此也言此其一不用者是易之太極之虛无也无形即无數也凡有皆從无而來故易從太一爲始也言夫无不可以无明必因於有者言虛无之體處處皆虛何可以无說之明其虛无也若欲明虛无之理必因於有物之境可以却本虛无猶若春生秋殺之事於虛无之時不見生殺之象是不可以无明也就有境之中見其生殺却推於无始知无中有生殺之理是明无必因於有也言故常於有物之極而必明其所由之宗者言欲明於无常須因有物至極之處而明其所由宗若易由太一有由於无變化由於神皆是所由之宗也言有且何因如此皆由於虛无自然而來也

分而爲二以象兩。掛一以象三。揲之以四以象四時。歸奇於扐以象閏。五歲再閏。故再扐而後掛。奇況四揲之餘不足復揲者也分而爲二既揲之餘合掛於一故曰再扐而後掛凡閏十九年七閏爲一章五歲再閏者二故略舉其凡也〔疏〕正義曰分而爲二以象兩者五十之內去其一餘有四十九合同未分是象大一也今以四十九分而爲二以象兩儀也掛一以象三者就兩儀之間於天數之中分掛其一而配兩儀以象三才也揲之以四以象四時者分揲其蓍皆以四四爲數以象四時歸奇於扐以象閏者奇謂四揲之餘歸此殘奇於所扐之策而成數以法象天道歸殘聚餘分而成閏也五歲再閏者凡前閏後閏相去大略三十二月在五歲之中故五歲再閏再扐而後掛者既分天地天於左手地於右手乃四四揲天之數最末之餘歸之合於扐掛之一處是一揲也又以四四揲地之數最末之餘又合於前所歸之扐而總掛之是再扐而後掛也

天數五。五奇也〔疏〕正義曰謂一三五七九也地數五。五耦也〔疏〕正義曰謂二四六八十也五位相得而各有合。天地之數各五五數相配以合成金木水火土〔疏〕正義曰若天一與地六相得合爲水地二與天七相得合爲火天三與地八相得合爲木地四與天九相得合爲金天五與地十相得合爲土也天數二十有五。五奇合爲二十五〔疏〕正義曰總合五奇之數地數三十。五耦合爲三十〔疏〕正義曰總合五耦之類也凡天地之數五十有五。此所以成變化而行鬼神也。變化以此成鬼神以此行〔疏〕正義曰凡天地之數五十有五者是天地二數相合爲五十五此乃天地陰陽奇耦之數非是上文演天地之策也此所以成變化而行鬼神者言此陽奇陰耦之數成就其變化言變化以此陰陽而成故云成變化也而宜行鬼神之用言鬼神以此陰陽而得宜行故云而行鬼神也乾之策二百一十有六。陽爻六一爻三十六策六爻二百一十六策〔疏〕正義曰以乾老陽一爻有三十六策六爻凡有二百一十六策也乾之少陽一爻有二十八策六爻則有一百六十八策此經據老陽之策也坤之策百四十有四。陰爻六一爻二十四策六爻百四十四策〔疏〕正義曰坤之老陰一爻有二十四策六爻故一百四十有四策也若坤之少陰一爻有三十二六爻則有一百九十二此經據坤之老陰故百四十有四也凡三百有六十。當期之日。二篇之策。萬有一千五百二十。當萬物之數也。二篇三百八十四爻陰陽各半合萬一千五百二十策〔疏〕正義曰凡二百有六十當期之日者舉合乾坤兩策有三百有六十當期之數三百六十日舉其大略不數五日四分日之一也二篇之策萬有一千五百二十當萬物之數者二篇之爻總有三百八十四爻陰陽各半陽爻一百九十二爻爻別三十六總有六千九百一十二也陰爻亦一百九十二爻爻別二十四總有四千六百八也陰陽總合萬有一千五百二十當萬物之數也是故四營而成易。分而爲二以象兩一營也掛一以象三二營也揲之以四三營也歸奇於扐四營也〔疏〕正義曰營謂經營四度經營蓍策乃成易之一變也十有八變而成卦。八卦而小成。引而伸之。伸之六十四卦〔疏〕正義曰十有八變而成卦者每一爻有三變謂初一揲不五則九是一變也第二揲不四則八是二變也第三揲亦不四則八是三變也若三者俱多爲老陰謂初得九第二第三俱得八也若三者俱少爲老陽謂初得五第二第三俱得四也若兩少一多爲少陰謂初與二三之間或有四或有五而有八也或有二箇四而有一箇九此爲兩少一多也其兩多一少爲少陽者謂三揲之間或有一箇九有一箇八而有一箇四或有二箇八而有一箇五此爲兩多一少也如此三變既畢乃定一爻六爻則十有八變乃始成卦也八卦而小成者象天地雷風日月山澤於大象略盡是易道小成引而伸之者謂引長八卦而伸盡之謂引之爲六十四卦也觸類而長之。天下之能事畢矣。〔疏〕正義曰觸類而長之者謂觸逢事類而增長之若觸剛之事類以次增長於剛若觸柔之事類以次增長於柔天下之能事畢矣者天下萬事皆如此例各以類增長則天下所能之事法象皆盡故曰天下之能事畢矣也顯道。顯明也神德行。由神以成其用〔疏〕正義曰言易理備盡天下之能事故可以顯明无爲之道而神靈其德行之事言大虛以養萬物爲德行今易道以其神靈助太虛而養物是神其

德行也

是故。可與酬酢。可與祐神矣。可以應對萬物之求助成神化之功也酬酢猶應對也

【疏】正義曰是故可與酬酢者酬酢謂應對報荅言易道如此若萬物有所求爲此易道可與應荅萬物有求則報故曰可與酬酢也可與祐神矣者祐助也易道弘大可與助成神化之功也

【疏】正義曰子曰知變化至此之謂也此第九章也上章既明大衍之數極盡蓍策之名數可與助成神化之功此又廣明易道深遠聖人之道有四又明易之深遠窮極幾神也

子曰。知變化之道者。其知神之所爲乎。夫變化之道不爲而自然故知變化者則知神之所爲

【疏】正義曰言易既知變化之道理不爲而自然也則能知神化之所爲言神化亦不爲而自然也

易有聖人之道四焉。以言者尚其辭。以動者尚其變。以制器者尚其象。以卜筮者尚其占。此四者存乎器象可得而用也

【疏】易有至其占○正義曰易有聖人之道四焉者言易之爲書有聖人所用之道者凡有四事焉以言者尚其辭者謂聖人發言而施政教者貴尚其爻卦之辭發其言辭出言而施政教也以動者尚其變者謂聖人有所興動營爲故法其陰陽變化變有吉凶聖人之動取吉不取凶也以制器者尚其象者謂造制刑器法其爻卦之象若造弧矢法睽之象若造杵臼法小過之象也以卜筮者尚其占者策是筮之所用并言卜者卜雖龜之見兆亦有陰陽三行變動之狀故卜之與筮尚其爻卦變動之占也○注器象○正義曰辭是爻辭爻辭是器象也變是變化見其來去亦是器象也象是形象占是占其形狀並是有體之物有體則是物之可用故云可得而用者也

是以君子將有爲也。將有行也。問焉而以言。其受命也如響。无有遠近幽深。遂知來物。非天下之至精。其孰能與於此。

【疏】正義曰是以君子將有爲也將有行也問焉而以言者既易道有四是以君子將欲有所施爲將欲有所行往占問其吉凶而以言命蓍也其受命也如響者謂蓍受人命報人吉凶如響之應聲也无有遠近幽深者言易之告人吉凶无問遠之與近及幽邃深遠之處悉皆告之也遂知來物者物事也然易以萬事告人人因此遂知將來之事也非天下之至精其孰能與於此者言易之功深如此若非天下萬事之內至極精妙誰能參與於此與易道同也此已上論易道功深告人吉凶使豫知來事故以此結之也

參伍以變。錯綜其數。通其變。遂成天下之文。極其數。遂定天下之象。非天下之至變。其孰能與於此。

【疏】正義曰參伍以變者參三也伍五也或三或五以相參合以相改變略舉三五諸數皆然也錯綜其數者錯謂交錯綜謂總聚交錯總聚其陰陽之數也通其變者由交錯總聚通極其陰陽相變也遂成天地之文者以其相變故能遂成就天地之文若青赤相雜故稱文也極其數遂定天下之象者謂窮極其陰陽之數以定天下萬物之象猶若極二百一十六策以定乾之老陽之象窮一百四十四策以定坤之老陰之象舉此餘可知也非天下之至變其孰能與於此者言此易之理若非天下萬事至極之變化誰能與於此言皆不能也此結成易之變化之道故更言與於此也前經論易理深故云非天下之至精此經論極數變通故云非天下之至變也

易。无思也。无爲也。寂然不動。感而遂通天下之故。非天下之至神。其孰能與於此。夫非忘象者則无以制象非遺數者无以極數至精者无籌策而不可亂至變者體一而无不周至神者寂然而无不應斯蓋功用之母象數所由立故曰非至精至變至神則不得與於斯也

【疏】易无思至於此○正義曰易无思也无爲也者任運自然不關心慮是无思也任運自動不須營造是无爲也寂然不動感而遂通天下之故者既无思无爲故寂然不動有感必應萬事皆通是感而遂通天下之故也故謂事故言通天下萬事也非天下之至神其孰能與於此者言易理神功不測非天下萬事之中至極神妙其孰能與於此也此經明易理神妙不測故云非天下之至神若非天下之至神誰能與於此也○注并忘象○正義曰云夫非忘象者則无以制象者凡自有形象者不可以制他物之形象猶若海不能制山之形象山不能制海之形象遺忘已象者乃能制眾物之形象也非遺數者无以極數者若以數數物則不能極其物數猶若以萬而數則不能苞億以一億而數則不能苞千億萬億遺去數名者則无所不苞是非遺去其數无以極盡於數也言至精者无籌策而不可亂者以其心之至精理在玄通无不記億雖无籌策而不可亂也言至變者體一而无不周者言至極曉達變理者能體於淳一之理其變通无不周偏言雖萬類之變同歸於一變也斯蓋功用之母象數所由立者言至精至微至神三者是物之功用之母物之功用象之與數由此至精至變至神所由來故云象數所由立也言象之所以立有象者豈由象而來由太虛自然而有象也數之所以有數者豈由數而來由太虛自然而有數也是太虛之象太虛之數是其至精至變也由其至精故能制數由其至變故能制象若非至精至變至神則不得參與妙極之玄理也

夫易。聖人之所以極深而研幾也。唯深也。故能通天下之志。唯幾也。故能成天下之務。極未形之理則曰深適動微之會則曰幾

【疏】正義曰夫易聖人之所以極深而研幾也者言易道弘大故聖人用之所以窮極幽深而研覈幾微也極深者則前經初一節云君子將有爲將有行問焉而以言其受命如響无有遠近幽深是極深也研幾者上經次節云參伍以變錯綜其數通其變遂成天地之文極其數以定天下之象是研幾也唯深也故能通天下之志者言聖人用易道以極深故聖人德深也故能通天下之志意即是前經上節問焉而以言其受命如響遂知來物是通天下之志也唯幾也故能成天下之務者聖人用易道以研幾故聖人知事之幾微是前經次節參伍以變錯綜其數通其變遂成天地之文是也幾者離无入有是有初之微以能知有初之微則能興行其事故能成天下之事務也

唯神也。故不疾而速。不行而至。子曰。易有聖人之道四焉者。此之謂也。四者由聖道以成故曰聖人之道

【疏】正義曰唯神也故不疾而速不行而至者此覆說上經下節易之神功也以无思无爲寂然不動感而遂通故不須急疾而事速成不須行動而理自至也案下節云唯深也言通天下之志唯幾也言成天下之務今唯神也直云不疾而速不行而至不言通天下者神則至理微妙不可測知无象无功於天下之事理絕名言不可論也故不云成天下之功也子曰易有聖人之道四焉者此之謂也者章首論聖人之道四焉章中歷陳其三事章末結而成之故曰聖人之道四焉是此之謂也章首聖人之道有四者韓氏注云此四者存乎器象可得而用者則辭也變也象也占也是有形之物形器可知也若章中所陳則有三事一是至精精則唯深也二是至變變則唯幾也三是至神神則微妙无形是其无也神既无形則章中三事不得配章首四事韓氏云四者存乎器象故知章中三事不得配章首四事者也但行此四者即能致章中三事故章中歷陳三事下總以聖人之道四焉結之也

【疏】正義曰天一地二至謂之神此第十章也前章論易有聖人之道四焉以卜筮尚其占此章明卜筮蓍龜所用能通神知也

天一。地二。天三。地四。天五。地六。天七。地八。天九。地十。易以極數通神明之德故明易之道先舉天地之數也

【疏】天一至地十○正義曰此言天地陰陽自然奇偶之數也○注易以極至數也○正義曰易以極數通神明之德者謂易之爲道先由窮極其數乃以通神明之德也故明易之道先舉天地之數者此章欲明神之德先由天地之數而成故云故明易之道先舉天地之數也

子曰。夫易。何爲者也。夫易。開物成務。冒天下之道。如斯而已者也。冒覆也言易通萬物之志成天下之務其道可以覆冒天下也

【疏】正義曰子曰夫易何爲者言易之功用其體何爲是問其功用之意夫易開物成務冒天下之道如斯而已者此夫子還自釋易之體用之狀言易能開通萬物之志成就天下之務有覆冒天下之道斯此也易之體用如此而已

是故。聖人以通天下之志。以定天下之業。以斷天下之疑。是故。蓍之德圓而神。卦之德方以知。圓者運而不窮方者止而有分言蓍以圓象神卦以方象知也唯變所適无數不周故曰圓卦列爻分各有其體故曰方也

【疏】是故聖人至以知正義曰是故聖人以通天下之志者言易道如此是故聖人以其易道通達天下之志極其幽深也以定天下之業者以此易道定天下之業由能研幾成務故定天下之業也以斷天下之疑者以此易道決斷天下之疑用其蓍龜占卜定天下疑危也是故蓍之德圓而神卦之德方以知者神以知來是來无方也知以藏往是往有常也物既有常猶方之有止數无恒體猶圓之不窮故蓍之變通則无窮神之象也卦列爻分有定體知之象也知可以識前言往行神可以逆知將來之事故蓍以圓象神卦以方象知也○注圓者至方也○正義曰圓者運而不窮者謂圓圓之物運轉无窮已猶阪上走丸也蓍亦運動不已故稱圓也言方者止而有分者方謂處所既有處所則是止而有分且物方者著地則安其卦既成更不移動亦是止而有分故卦稱方也

六爻之義易以貢。貢告也六爻變易以告吉凶

【疏】正義曰貢告也六爻有吉凶之義變易以告人也

聖人以此洗心。洗濯萬物之心

【疏】正義曰聖人以此易之卜筮洗蕩萬物之心萬物有疑則卜之是蕩其疑心行善得吉行惡遇凶是盪其惡心也

退藏於密。言其道深微萬物日用而不能知其原故曰退藏於密猶藏諸用也

【疏】正義曰言易道進則盪除萬物之心退則不知其所以然萬物日用而不知有功用藏於密也

吉凶與民同患。表吉凶之象以同民所憂患之事故曰吉凶與民同患也

〔疏〕正義曰易道以示人吉凶民則亦憂患其吉凶是與民同其所憂患也凶者民之所憂也上竝言吉凶此獨言同患者凶雖民之所患也吉亦民之所患也既得其吉又患其失故老子云寵辱若驚也神以知來。知以藏往。明蓍卦之用同神知也蓍定數於始於卦爲來卦成象於終於蓍爲往往來之用相成猶神知也〔疏〕正義曰此明蓍卦德同神知知來藏往也蓍定數於始於卦爲來卦成象於終於蓍爲往以蓍望卦則是知卦象將來之事故言神以知來以卦望蓍則是聚於蓍象往去之事故言知以藏往也其孰能與此哉。古之聰明叡知。神武而不殺者夫。服萬物而不以威形也〔疏〕正義曰其孰能與此哉者言誰能同此也蓋是古之聰明叡知神武而不殺者夫易道深遠以吉凶禍福威服萬物故古之聰明叡知神武之君謂伏犧等用此易道能威服天下而不用刑殺而畏服之也是以明於天之道。而察於民之故。是興神物。以前民用。定吉凶於始也〔疏〕正義曰是以明於天之道者言聖人能明天道也而察於民之故者故事也易窮變化而察知民之事也是興神物以前民用者謂易道興起神理事物豫爲法象以示於人以前民之所用定吉凶於前民乃法之所用故云以前民用也聖人以此齊戒。洗心曰齊防患曰戒〔疏〕正義曰聖人以易道自齊自戒謂照了吉凶齊戒其身洗心曰齊防患曰戒以神明其德夫。是故闔戶謂之坤。坤道包物〔疏〕正義曰以神明其德夫者言聖人既以易道自齊戒又以易道神明其已之德化也是故闔戶謂之坤者聖人既用此易道以化天下此以下又廣明易道之大易從乾坤而來故更明乾坤也凡物先藏而後出故先言坤而後言乾闔戶謂閉藏萬物若室之閉闔其戶故云闔戶謂之坤也闢戶謂之乾。乾道施生〔疏〕正義曰闢戶謂吐生萬物也若室之開闢其戶故云闢戶謂之乾也一闔一闢謂之變。往來不窮謂之通。見乃謂之象。兆見曰象〔疏〕正義曰一闔一闢謂之變者開閉相循陰陽遞至或陽變爲陰或開而更閉或陰變爲陽或閉而還開是謂之變也往來不窮謂之通者須往則變來爲往須來則變往爲來隨須改變不有窮已恒得通流是謂之通也見乃謂之象者前往來不窮據其氣也氣漸積聚露見萌兆乃謂之象言物體尚微也形乃謂之器。成形曰器〔疏〕正義曰體質成器是謂器物故曰形乃謂之器言其著也制而用之謂之法。利用出入。民咸用之謂之神。〔疏〕正義曰制而用之謂之法者言聖人裁制其物而施用之垂爲模範故云謂之法利用出入民咸用之謂之神者言聖人以利而用或出或入使民咸用之是聖德微妙故云謂之神

〔疏〕正義曰是故易有至无不利也此第十一章也前章既明蓍卦有神明之用聖人則而象之成其神化此又明易道之大法於天地明象日月能定天下之吉凶成天下之亹亹也是故易有太極。是生兩儀。夫有必始於无故太極生兩儀也太極者无稱之稱不可得而名取有之所極況之太極者也〔疏〕正義曰太極謂天地未分之前元氣混而爲一即是太初太一也故老子云道生一即此太極是也又謂混元既分即有天地故曰太極生兩儀即老子云一生二也不言天地而言兩儀者指其物體下與四象相對故曰兩儀謂兩體容儀也兩儀生四象。四象生八卦。卦以象之〔疏〕正義曰兩儀生四象者謂金木水火稟天地而有故云兩儀生四象土則分王四季又地中之別故唯云四象也四象生八卦者若謂震木離火兌金坎水各主一時又巽同震木乾同兌金加以坤艮之土爲八卦也八卦定吉凶。八卦既立則吉凶可定〔疏〕正義曰八卦既立爻象變而相推有吉有凶故八卦定吉凶也吉凶生大業。既定吉凶則廣大悉備〔疏〕正義曰萬事各有吉凶廣大悉備故能王天下大事業也是故。法象莫大乎天地。變通莫大乎四時。縣象著明莫大乎日月。崇高莫大乎富貴。位所以一天下之動而濟萬物〔疏〕正義曰是故法象莫大乎天地者言天地最大也變通莫大乎四時者謂四時以變得通是變中最大也縣象著明莫大乎日月者謂日月中時徧照天下无幽不燭故云著明莫大乎日月也崇高莫大乎富貴者以王者居九五富貴之位力能齊一天下之動而道濟萬物是崇高之極故云莫大乎富貴備物致用。立成器以爲天下利。莫大乎聖人。〔疏〕正義曰謂備天下之物招致天下所用建立成就天下之器以爲天下之利唯聖人能然故云莫大乎聖人也探賾索隱。鉤深致遠。以定天下之吉凶。成天下之亹亹者。莫大乎蓍龜。〔疏〕正義曰探謂闚探求取賾謂幽深難見卜筮則能闚探幽昧之理故云探賾也索謂求索隱謂隱藏卜筮能求索隱藏之處故云索隱也物在深處能鉤取之物在遠方能招致之卜筮能然故云鉤深致遠也以此諸事正定天下之吉凶成就天下之亹亹者唯卜筮能然故云莫善乎蓍龜也案釋詁云亹亹勉也言天下萬事悉動而好生皆勉勉營爲此蓍龜知其好惡得失人則棄其得而取其好背其失而求其得是成天下之亹亹也是故。天生神物。聖人則之。天地變化。聖人效之。天垂象。見吉凶。聖人象之。河出圖。洛出書。聖人則之。〔疏〕正義曰是故天生神物聖人則之者謂天生蓍龜聖人法則之以爲卜筮也天地變化聖人效之者行四時生殺賞以春夏刑以秋冬是聖人效之天垂象見吉凶聖人象之者若璿璣玉衡以齊七政是聖人象之也河出圖洛出書聖人則之者如鄭康成之義則春秋緯云河以通乾出天苞洛以流坤吐地符河龍圖發洛龜書感河圖有九篇洛書有六篇孔安國以爲河圖則八卦是也洛書則九疇是也輔嗣之義未知何從易有四象。所以示也。繫辭焉。所以告也。定之以吉凶。所以斷也。〔疏〕正義曰易有四象所以示者莊氏云四象謂六十四卦之中有實象有假象有義象有用象爲四象也今於釋卦之處已破之矣何氏以爲四象謂天生神物聖人則之一也天地變化聖人效之二也天垂象見吉凶聖人象之三也河出圖洛出書聖人則之四也今謂此等四事乃是聖人易外別有其功非專易內之物何得稱易有四象且又云易有四象所以示也繫辭焉所以告也然則象之與辭相對之物辭既爻卦之下辭則象爲爻卦之象也則上兩儀生四象七八九六之謂也故諸儒有爲七八九六今則從以爲義繫辭焉所以告者繫辭於象卦下所以告其得失也定之以吉凶所以斷者謂於繫辭之中定其行事吉凶所以斷其行事得失易曰。自天祐之。吉无不利。子曰。祐者助也。天之所助者順也。人之所助者信也。履信思乎順。又以尚賢也。是以自天祐之吉无不利也。〔疏〕正義曰自天祐之吉无不利者言人於此易之四象所以示繫辭所以告吉凶所斷而行之行則鬼神无不祐助无所不利故引易之大有上九爻辭以證之子曰祐者助也者上既引易文下又釋其易理故云子曰祐者助也天之所助者順也人之所助者信也履信思乎順者人之所助唯在於信此上九能履踐於信也天之所助唯在於順此上九恒思於順既有信思順又能尊尚賢人是以從天已下皆祐助之而得其吉无所不利也

子曰。書不盡言。言不盡意。然則聖人之意。其不可見乎。〔疏〕正義曰子曰書不盡言至乎德行此第十二章也此章言立象盡意繫辭盡言易之興廢存乎其人事也〔疏〕正義曰此一節夫子自發其問謂聖人之意難見也所以難見者書所以記言言有煩碎或楚夏不同有言无字雖欲書錄不可盡竭於其言故云書不盡言也言不盡意者意有深邃委曲非言可寫是言不盡意也聖人之意意又深遠若言之不能盡聖人之意書之又不能盡聖人之言是聖人之意其不可見也故云然則聖人之意其不可見乎疑而問之故稱乎也子曰。聖人立象以盡意。設卦以盡情僞。繫辭焉以盡其言。變而通之以盡利。極變通之數則盡利也故曰易窮則變變則通通則久〔疏〕正義曰子曰聖人立象以盡意已下至幾乎息矣此一節是夫子還自釋聖人之意有可見之理也聖人立象以盡意者雖言不盡意立象可以盡之也設卦以盡情僞者非唯立象以盡聖人之意又設卦以盡百姓之情僞也繫辭焉以盡其言者雖書不盡言繫辭可以盡其言也變而通之以盡利者變謂化而裁之通謂推而行之故能盡物之利也鼓之舞之以盡神。乾坤其易之縕邪。縕淵奧也〔疏〕正義曰鼓之舞之以盡神者此一句總結立象盡意繫辭盡言之美聖人立象以盡其意繫辭則盡其言可以說化百姓之心百姓之心自然樂順若鼓舞然而天下從之非盡神其孰能與於此故曰鼓之舞之以盡神也乾坤其易之縕邪者上明盡言盡意皆由於易道此明易之所立本乎乾坤若乾坤不存則易道无由興起故乾坤是易道之所縕積之根源也是與易爲川府奧藏故云乾坤其易之縕邪乾坤成列。而易立乎其中矣。乾坤毀。則无以見易。易不可見。則乾坤或幾乎息矣。〔疏〕正義曰乾坤成列而易立乎其中矣者夫易者陰陽變化之謂陰陽變化立爻以效之皆從乾坤而來故乾生三男坤生三女而爲八卦變而相重而有六十四卦三百八十四爻本之根源從乾坤而來故乾坤既成列位而易道變化建立乎乾坤之中矣乾坤毀則无以見易者易既從乾坤而來乾坤若缺毀則易道損壞故云无以見易也易不可見

則乾坤或幾乎息矣若易道毀壞不可見其變化之理則乾坤亦壞或其近乎止息矣幾近也猶若樹之枝幹生乎根株根株毀則枝條不茂若枝幹已枯死其根株雖未全死僅有微生將死不久根株譬乾坤也易譬枝幹也故云易不可見則乾坤或幾乎息矣是故形而上者謂之道。形而下者謂之器。化而裁之謂之變。因而制其會通適變之道也〔疏〕正義曰是故形而上者謂之道形而下者謂之器者道是无體之名形是有質之稱凡有從无而生形由道而立是先道而後形是道在形之上形在道之下故自形外已上者謂之道也自形內而下者謂之器也形雖處道器兩畔之際形在器不在道也既有形質可爲器用故云形而下者謂之器也化而裁之謂之變者陰陽變化而相裁節之謂之變也是得以理之變也猶若陽氣之化不可久長而裁節之以陰雨也是得理之變也陰陽之化自然相裁聖人亦法此而裁節也推而行之謂之通。乘變而往者无不通也〔疏〕正義曰因推此以可變而施行之謂之通也猶若亢陽之後變爲陰雨因陰雨而行之物得開通聖人亦當然也舉而錯之天下之民。謂之事業。事業所以濟物故舉而錯之於民〔疏〕正義曰謂舉此理以爲變化而錯置於天下之民凡民得以營爲事業故云謂之事業也此乃自然以變化錯置於民也聖人亦當法此錯置變化於萬民使成其事業也凡繫辭之說皆說易道以爲聖人德化欲使聖人法易道以化成天下是故易與聖人恒相將也以作易者本爲立教故也非是空說易道不關人事也是故夫象。聖人有以見天下之賾。而擬諸其形容。象其物宜。是故謂之象。聖人有以見天下之動。而觀其會通。以行其典禮。繫辭焉以斷其吉凶。是故謂之爻。〔疏〕正義曰是故夫象聖人有以見天下之賾至是故謂之爻者於第六章已具其文今於此更復言者何也爲下云極天下之賾存乎卦鼓天下之動存乎辭爲此故更引其文也且已下又云存乎變存乎通存乎其人廣陳所存之事所以須重論也極天下之賾者存乎卦。鼓天下之動者存乎辭。辭爻辭也爻以鼓動效天下之動也〔疏〕正義曰極天下之賾存乎卦者言窮極天下深賾之處存乎卦言觀卦以知賾也鼓天下之動存乎辭者鼓謂發揚天下之動動有得失存乎爻卦之辭謂觀辭以知得失也化而裁之存乎變。推而行之存乎通。神而明之。存乎其人。體神而明之不假於象故存乎其人〔疏〕正義曰化而裁之存乎變者謂覆說上文化而裁之謂之變也推而行之存乎通者覆說上文推而行之謂之通也神而明之存乎其人者言人能神此易道而顯明之者存在於其人若其人聖則能神而明之若其人愚則不能神而明之故存於其人不在易象也默而成之。不言而信。存乎德行。德行賢人之德行也順足於內故默而成之也體與理會故不言而信也〔疏〕正義曰若能順理足於內默然而成就之闇與理會不須言而自信也存乎德行者若有德行則得默而成就之不言而信也若无德行則不能然此言德行據賢人之德行也前經神而明之存乎其人謂聖人也

周易注疏挍勘記卷七　　阮元撰盧宣旬摘錄

周易兼義卷第七　錢本錢挍本宋本作周易注疏卷第十

韓康伯注　石經岳本古本足利本同釋文作韓伯注云本亦作韓康伯注閩監毛本上加晉字

周易繫辭上第七　石經岳本閩監毛本古本足利本同錢本錢挍本宋本無第七二字釋文周易繫辭本亦作繫辭上第七本亦作繫辭上王肅本皆作繫辭上傳訖於雜卦皆有傳字本亦有無上字者又十行本此行頂格與石經合閩監毛本並上空一字

故字體從繫　閩監毛本同錢本宋本繫作毄○按毄字是也

取剛係之義　〔補〕毛本剛作綱下同

有以簡編重大　閩監毛本同錢本宋本有作直

正義曰天尊地卑至其中矣此第一章　錢本錢挍本正義總在每章之後亦釋經畢乃釋注考文所據宋本正義在每段之末如此章第一段注文以定乾坤之體下接疏與錢本異十行本閩監毛本以釋一章大義者分列每章之前低一字寫以下逐段繫疏凡屬非是又錢本錢挍本宋本此第一章此第二章之上不標經文起止如此章作正義曰此第一章云云無天尊地卑至其中矣八字下皆放此

天尊地卑　石經岳本閩監毛本同釋文卑本又作埤

其易之門戶　岳本閩監毛本同釋文其易之門本亦作其易之門戶是其本無戶字

以定乾坤之體　岳本閩監毛本同古本下有也字下言運化之推移下故曰易簡下故曰有功下並乎天地下並同

則不得其位矣　宋本閩本同監毛本無則字

則貴非唯天地　〔補〕毛本貴下有賤字案所補是也

乖其所趣則凶　岳本閩監毛本同錢本宋本趣作趍

固方者則同聚也　〔補〕毛本固作同

象況日月星辰　岳本閩監毛本同古本況作謂

懸象運轉以成昏明　岳本閩監毛本同釋文出縣象古本轉下有而字

剛柔相摩　石經岳本閩監毛本同釋文摩本又作磨按摩字是

八卦相盪　石經岳本閩監毛本同釋文盪衆家作蕩

日月運行　石經岳本閩監毛本同釋文運行姚作違行

乾知大始坤作成物　石經岳本閩監毛本同釋文大王肅作泰坤作虞姚作坤化

其實亦一焉　閩監毛本同錢本宋本一作兼

乾知大始者　宋本同閩監毛本太作大下知其大始宋本亦作太

入則易可做傚也　〔補〕毛本做作倣案倣字是也

德業既成則入於形器　岳本閩監毛本同古本無德業二字

目其德業　岳本閩監毛本同宋本目作名古本下有也字

賢人則事在有境　閩監毛本同宋本則作亦

法合茲章　〔補〕毛本茲作滋

又莊云　閩監毛本同錢本宋本作又莊子云

而成位乎其中矣　石經岳本閩監毛本同釋文而成位乎其中馬王肅作而易成位乎其中

成位至立象也　閩監毛本同岳本宋本古本足利本至作況

言其中則並明天地也　閩監毛本同岳本宋本古本足利本並明作明並

簡易之德　閩監毛本同錢本簡易作易簡

繫辭焉而明吉凶　石經岳本閩監毛本同釋文虞本更有悔吝二字

是故吉凶者　石經岳本閩監毛本同足利本故作以

其以祉有慶有禍之屬　宋本同閩監毛本以作有

剛柔者晝夜之象也　石經岳本閩監毛本同釋文剛柔者晝夜之象虞作晝夜者剛柔之象

夜則陰柔　岳本閩監毛本同古本作夜則柔陰也

次文別云變化者　閩監毛本同錢本宋本別下有序字

易之序也　石經岳本閩監毛本同釋文序虞本作象

故可居治之位　宋本閩本同監毛本可居作居可

所樂而玩者　石經岳本閩監毛本同釋文所樂虞本作所變玩鄭作翫

是故君子居則觀其象　石經岳本閩監毛本同古本無君子二字

吉无不利　石經岳本閩監毛本同古本下有也字

彖者言乎象者也　石經岳本閩監毛本同古本彖下有曰字

正義曰彖謂卦下之辭言說乎一卦之象也　閩本同監毛本脫卦下之辭言五字錢本宋本並有

言乎其小疵也　岳本閩監毛本同石經言作存案正義云言說此卦爻有小疵病也則正義所據本是言字

存乎悔過也 岳本閩監毛本同錢本宋本過作道

辭有險易 石經岳本閩監毛本同古本上有而字

其道消散 閩監毛本同錢本宋本消作銷

其辭則難險也 閩監毛本同錢本宋本難作艱

故能彌綸天地之道 石經岳本閩監毛本同釋文彌本又作弥天下之道一本作天地

俯以察於地理 石經岳本閩監毛本同釋文察於一本作觀於

原始反終 石經岳本閩監毛本同釋文反終鄭虞作及終

知死生之數也止謂用易道 錢本宋本閩本同監本止作正毛本同死生作生死

精氣烟熅 岳本同閩監毛本烟熅作絪緼釋文出烟熅

而遊魂爲變也 閩監毛本同岳本足利本無而字

旁行而不流 石經岳本閩監毛本同釋文流京作留

應變考通 補案考當作旁形近之譌毛本正作旁

樂天知命 石經岳本閩監毛本同釋文樂天虞作變天

範圍天地之化而不過 石經岳本閩監毛本同釋文範圍馬王肅張作犯違

則物宜得矣 岳本閩監毛本同古本足利本宜得作得宜

通乎晝夜之道而知 石經岳本閩監毛本同古本乎作于

寂然天體 閩監毛本同岳本宋本古本足利本天作无按正義作无

一陰是謂道 補案是當作至毛本不誤

有二有不得爲一 補毛本作有二有三不得爲一

故曰不通也 錢本曰作无閩監毛本曰下增无字

班无於陰 補案班當作雖與下雖无於陽對舉而言毛本不誤

百姓日用而不知故君子之道鮮矣 石經岳本閩監毛本同古本知下有也字釋文鮮鄭作尟

恒日日賴用此道而得生 閩監毛本同宋本而作以

藏諸用 石經岳本閩監毛本同釋文藏鄭作臧○按臧藏古今字

未能至无以爲體 閩本同岳本錢本宋本足利本至作全監本未作不毛本亦作不至作全古本亦作全無无字○補案下正義未字不誤至當作全

故順通天下則有經營之跡也 閩監毛本同岳本跡作迹宋本順作顯釋文則有經營之功也本亦无功字一本功作迹

聖人功用之母體同乎道 岳本閩監毛本同宋本母作無古本同作周

成象之謂乾 石經岳本閩監毛本同釋文成象蜀才作盛象

效法之謂坤 石經岳本閩監毛本同釋文爻法蜀才作效

故兩而自造矣 岳本閩監毛本故兩作欻爾釋文出欻爾古本欻作欻采集解

言變化而稱極乎神也 岳本閩監毛本同足利本而作之

以言乎遠則不禦 石經岳本閩監毛本同古本乎作于下以言乎天地之間則備矣而易行乎其中矣並同

以言乎邇則靜而正 岳本閩監毛本同釋文迩本又作邇

其靜也專 石經岳本閩監毛本同釋文專陸作摶

遍滿天地之內 閩監毛本同錢本宋本遍作徧○按徧正字遍俗字

則而得正 補毛本則作剛

動則闢開以生物也 補毛本闢作闢

易其至矣乎 石經岳本閩監毛本同古本乎誤于

知崇禮卑 石經岳本閩監毛本同釋文禮蜀才作體卑本亦作埤

此第六章也 自此章已下錢本錢挍本宋本爲周易注疏卷第十一

是行之於急者故引七卦之議 閩監毛本同錢本於作九宋本同議作義

聖人有以見天下之賾 石經岳本閩監毛本同釋文賾九家作冊京作嘖

以行其典禮 石經岳本閩監毛本同釋文典禮京作等禮姚作典體

言天下之至賾而不可惡也言天下之至動而不可亂也 石經岳本閩監毛本同釋文惡荀作亞言天下之至動而不可亂也衆家本並然鄭本作至賾云賾當作動九家亦作冊○按至動王本亦作至賾正義云謂天下至賾變動之理又云以文勢上下言之宜云至動而不可亂也云宜云至動則不作賾可知

議此會通之事 閩監毛本同錢本宋本議作謂

議之而後動 石經岳本閩監毛本同釋文議之陸姚桓元荀柔之作儀之

吾與爾靡之 石經岳本閩監毛本同釋文靡本又作縻

緩之斯至 補案緩當作綏形近之譌毛本正作綏

千里或應 岳本閩監毛本同古本或應作應之

況其邇者乎 石經岳本閩監毛本同古本乎誤于下出乎加乎發乎見乎慎乎並同

言行雖初在於身 宋本同閩監毛本初作切

其纖利能斷截於金 盧文弨云纖當作鐵是也

苟錯諸地而可矣 石經岳本閩監毛本同釋文錯本亦作措○按措置之措經傳假錯字爲之

愼斯術也以往 石經岳本閩監毛本同釋文愼一本作順

有功而不德 石經岳本閩監毛本同釋文德鄭陸蜀才作置

則言語以爲階 石經岳本閩監毛本同釋文階姚作機

作易者其知盜乎 石經岳本閩監毛本同釋文爲易者本又云作易者

致寇至 石經岳本閩監毛本同釋文寇徐或作戎

慢藏誨盜冶容誨淫 石經岳本閩監毛本同釋文誨虞作悔冶鄭陸虞姚王肅作野

以此小人而居貴位 閩監毛本同錢本宋本此作比

易曰負且乘致 補案此六字各本皆有不誤惟此本六字空白今補正

故口尾皆稱易曰 補閩本故下重故字明監本毛本刪一故字錢本宋本故下有首字案首字是也今補正

而載易之爻辭也 盧文弨挍本而作兩

明占筮之法揲蓍之體 補本著上原闕法揲兩字各本皆有今補正

所賴者 閩監毛本同錢本宋本作所須賴者

若易由太 閩監毛本同宋本下有一字

故再扐而後掛 石經岳本閩監毛本同釋文掛京作卦○按乾鑿度說文解字引此句皆作卦張惠言云作卦義長

奇況四揲之餘 岳本宋本古本足利本同閩監毛本況誤凡

天數二十有五 岳本閩監毛本同石經二十作廿下同又下三十作卅衆經並同

當期之日 石經岳本閩監毛本同釋文期本又作朞

引而伸之 石經岳本閩監毛本同釋文伸本又作信○按古經傳信多作伸

是故可與酬酢可與祐神矣 石經岳本閩監毛本同釋文酢京作醋祐荀作侑

謂應對報荅 閩監毛本同宋本對報作報對

易有聖人之道四焉以言者尚其辭 石經岳本閩監毛本同釋文聖人之道明僧紹作君子之道以言者下三句無以字一本四句皆有

發其言辭出言而施政敎也　浦鏜云發當作法
故法其陰陽變化　浦鏜云故當作效
其受命也如響　石經岳本宋本古本足利本同閩監毛本響作嚮釋文嚮又作響
及幽遂深遠之處　〔補〕毛本遂作邃
遂成天地之文　石經岳本閩監毛本同釋文天地之文一本作天下虞陸本作之爻
前經論易理深　閩監毛本同錢本宋本深上有功字
此經論極數變通　宋本閩本同監毛本變通作通變
无不記億　閩監毛本記誤既宋本億作憶○〔補〕案憶字是也
能體於淳一之理　閩監毛本同宋本於作其
以定天下之象　宋本閩監本同毛本以作遂
聖人之所以極深而研幾也　石經岳本閩監毛本同釋文研蜀才作揅幾本或作機
乃以通神明之德也　閩監毛本同宋本以下有數字
夫易開物成務　石經岳本閩監毛本同釋文開王肅作闓一本無夫易二字
蓍之德圓而神　石經岳本閩監毛本同釋文圓本又作員
六爻之義易以貢　石經岳本閩監毛本同釋文貢京陸虞作工荀作功
聖人以此洗心　石經岳本閩監毛本同釋文洗京荀虞董張蜀才作先石經同
寵辱若驚也　閩監毛本同錢本若作皆
知以藏往　岳本閩監毛本同石經漫滅不可識釋文藏劉作臧
其孰能與此哉　石經同岳本閩監毛本與下有於字案正義云其孰能與此哉者言誰能同此也是正義本無於字
以神明其德夫　石經岳本閩監毛本同釋文一本無夫字
故云謂之法　錢本閩監本同毛本云作曰
言聖人以利而用　宋本同閩監毛本而作爲
易有太極　閩監毛本同石經岳本太作大釋文大音泰注同
取有之所極　閩監毛本同岳本宋本古本足利本取下有其字
探賾索隱　石經岳本閩監毛本同釋文賾九家作册
莫大乎蓍龜　石經岳本閩監毛本同釋文莫善乎蓍龜本亦作莫大
故云莫善乎蓍龜也　宋本閩本同監毛本善改大○按正義作善與釋文本同
洛出書　石經岳本閩監毛本同釋文洛王肅作雒
又以尙賢也　石經岳本閩監毛本同釋文又以尙賢也鄭本作有以
告所斷而行之　宋本同閩監毛本告所作所以○〔補〕案所以是也
乾坤其易之緼邪　岳本閩監毛本同石經初刻緼作蘊後去廿釋文出之緼
則乾坤或幾乎息矣　石經岳本監毛本同閩本或誤成
其根株雖未全死　錢本宋本閩監本同毛本全作至
是得以理之變也　盧文弨云以當作其
舉而錯之天下之民　石經岳本閩監毛本同釋文錯本又作措
有以見天下之賾　石經岳本閩監毛本同釋文之賾本亦作之至賾古本有至字采音義
化而裁之　石經岳本閩監毛本同釋文裁本又作財
默而成之　石經岳本閩監毛本同釋文默而成本或作默而成之
闇與理會　〔補〕本與上原鈌闇字閩監毛本有今補正
則得默而成就之　〔補〕本而下原鈌成就二字閩監毛本有今補正
據賢人之德行也　〔補〕本行上原鈌德字閩監毛本有今補正

周易注疏挍勘記卷七

周易兼義卷第八

國子祭酒上護軍曲阜縣開國子臣孔穎達奉勑撰正義

韓康伯注

周易繫辭下第八

〔疏〕正義曰此篇章數諸儒不同劉瓛爲十二章以對上繫十二章也周氏莊氏並爲九章今從九章爲說也第一起八卦成列至非曰義第二起古者包犧至蓋取諸夬第三起易者象也至德之盛第四起困于石至勿恒凶第五起乾坤其易之門至失得之報第六起易之興至巽以行權第七起易之爲書至思過半矣第八起二與四至謂易之道第九起夫乾天下至其辭屈

八卦成列。象在其中矣。備天下之象也〔疏〕正義曰此第一章覆釋上繫第二章象爻剛柔吉凶悔吝之事更具而詳之〔疏〕正義曰言八卦各成列位萬物之象在其八卦之中也因而重之。爻在其中矣。夫八卦備天下之理而未極其變故因而重之以象其動用擬諸形容以明治亂之宜觀其所應以著適時之功則爻卦之義所存各異故爻在其中矣〔疏〕因而至中矣○正義曰謂因此八卦之象而更重之萬物之爻在其所重之中然象亦有爻爻亦有象所以象獨在卦爻獨在重者卦則爻少而象多重則爻多而象少故在卦舉象在重論爻也○注夫八卦至其中矣○正義曰夫八卦備天下理者前注云備天下之象據其體此云備天下之理據其用也言八卦大略有八以備天下大象大理大者既備則小者亦備矣直是不變之備未是變之備也故云未極其變故因而重之以象其動用也云則爻卦之義所存各異者謂爻之所存存乎已變之義因而重之爻在其中是也卦之所存存於未變之義八卦成列象在其中是也剛柔相推。變在其中矣。〔疏〕正義曰則上繫第二章云剛柔相推而生變化是變化之道在剛柔相推之中剛柔即陰陽也論其氣即謂之陰陽語其體即謂之剛柔也繫辭焉而命之。動在其中矣。剛柔相推況八卦相盪或否或泰繫辭焉而斷其吉凶況之六爻動以適時者也立卦之義則見於彖象適時之功則存之爻辭王氏之例詳矣〔疏〕繫辭至中矣○正義曰謂繫辭於爻卦之下而呼命其卦爻得失吉凶則適時變動好惡故在其繫辭之中矣○注立卦至詳矣○正義曰云立卦之義則見於彖象者彖象謂卦下之辭說其卦之義也適時之功則存於爻辭者卦者時也六爻在一卦之中各以適當時之所宜以立功也欲知適時之功用觀於爻辭也云王氏之例詳矣者案略例論彖云彖者何也統論一卦之體明其所由之主者也夫衆不能治衆治衆者至寡者也論卦體皆以一爲主是卦之大略也又論爻云爻者何也言乎其變者也變者何也情僞之所爲也夫情僞之動非數之所求也故合散屈伸與體相乖形躁好靜質柔愛剛體與情反質與願違是故情僞相感遠近相追愛惡相攻屈伸相推見情者獲直往則違此是爻之大略也其義既廣不能備載是王氏之例詳矣吉凶悔吝者。生乎動者也。有變動而後有吉凶〔疏〕正義曰上既云動在繫辭之中動則有吉凶悔吝所以悔吝生在乎所動之中也剛柔者。立本者也。變通者。趣時者也。立本況卦趣時況爻〔疏〕正義曰剛柔者立本者也

言剛柔之象立在其卦之根本者也言卦之根本皆由剛柔陰陽往來變通者趣時者也其剛柔之氣所以改變會通趣向於時也若乾之初九趣向勿用之時乾之上九趣向亢極之時是諸爻之變皆臻趣於時也其剛柔立本者若剛定體爲乾若柔定體爲坤陽卦兩陰而一陽陰卦兩陽而一陰是立其卦本而不易也則上八卦成列象在其中矣是也卦既與爻爲本又是總主其時故略例云卦者時也變通者趣時者也則上因而重之爻在其中矣是也卦既總主一時爻則就一時之中各趣其所宜之時故略例云爻者趣時者也

吉凶者。貞勝者也。貞者正也一也夫有動則未免乎累殉吉則未離乎凶盡會通之變而不累於吉凶者其唯貞者乎老子曰王侯得一以爲天下貞萬變雖殊可以執一御也〔疏〕吉凶至者也○正義曰貞正也言吉之與凶皆由所動不能守一而生吉凶唯守一貞正而能克勝此吉凶謂但能貞正則免此吉凶之累也○注貞者至御也○正義曰貞者正也一也者言貞之爲訓訓正訓一正者體无傾邪一者情无差二寂然无慮任運而行者也凡吉凶者由動而來若守貞靜寂何吉何凶之有是貞正能勝其吉凶也云夫有動則未能免乎累者寂然不動則无所可累若動有營求則恥累將來故云動則未免於累也云殉吉則未離乎凶者殉求也若不求其吉无慮无思凶禍何因而至由其求吉有所貪欲則凶亦將來故云殉吉未離乎凶也云盡會通之變而不累於吉凶者其唯貞者乎言若能窮盡萬物會通改變之理而不繫累於吉凶之事者唯貞一者乃能然也猶若少必有老老必有死能知此理是盡會通之變既知老必將死是運之自然何須憂累於死是不累乎吉凶唯守貞一任其自然故云其唯貞者乎云老子曰王侯得一以爲天下貞者王侯若不得一二三其德則不能治正天下若得純粹无二无邪則能爲天下貞也謂可以貞正天下也云萬變雖殊可以執一御也者猶若寒變爲暑暑變爲寒少變爲壯壯變爲老老變爲死禍變爲福盛變爲衰變改不同是萬變殊也其變雖異皆自然而有若能知其自然不造不爲无喜无感而乘御於此是可以執一御也

天地之道。貞觀者也。明夫天地萬物莫不保其貞以全其用也〔疏〕正義曰謂天覆地載之道以貞正得一故其功可爲物之所觀也

日月之道。貞明者也。天下之動。貞夫一者也。夫乾確然。示人易矣。夫坤隤然。示人簡矣。確剛貌也隤柔貌也乾坤皆恒一其德物由以成故簡易也〔疏〕正義曰日月之道貞明者也言日月照臨之道以貞正得一而爲明也若天覆地載不以貞正而有二心則天不能普覆地不能兼載則不可以觀由貞乃得觀見也日月照臨若不以貞正有二之心則照不普及不爲明也故以貞而爲明也天下之動貞夫一者也言天地日月之外天下萬事之動皆正乎純一也若得於純一則所動遂其性若失於純一則所動乖其理是天下之動得正在一也夫乾確然示人易矣者此明天之得一之道剛質確然示人以和易由其得一无爲物由以生是示人易也夫坤隤然示人簡矣者此明地之得一以其得一故坤隤然而柔自然无爲以成萬物是示人簡矣若乾不得一或有隤然則不能示人易矣若坤不得一或有確然則不能示人簡矣

爻也者。效此者也。象也者。像此者也。爻象動乎內。兆數見於卦也〔疏〕正義曰爻也者效此者也此釋爻之名也言爻者效此物之變動也象也者像此者也言象此物之形狀也爻象動乎內者言爻之與象發動於卦之內也

吉凶見乎外。失得驗於事也〔疏〕正義曰其爻象吉凶見於卦外在事物之上也

功業見乎變。功業由變以興故見乎變也〔疏〕正義曰言功勞事業由變乃興故功業見於變也○

聖人之情見乎辭。辭也者各指其所之故曰情也〔疏〕正義曰辭則言其聖人所用之情故觀其辭而知其情也是聖人之情見乎爻象之辭也若乾之初九其辭云潛龍勿用則聖人勿用之情見於初九爻辭也他皆放此

天地之大德曰生。施生而不爲故能常生故曰大德也〔疏〕正義曰自此已下欲明聖人同天地之德廣生萬物之意也言天地之盛德在乎常生故言曰生若不常生則德之不大以其常生萬物故云大德也

聖人之大寶曰位。夫无用則无所寶有用則有所寶也无用而常足者莫妙乎道有用而弘道者莫大乎位故曰聖人之大寶曰位○〔疏〕正義曰言聖人大可寶愛者在於位耳位是有用之地寶是有用之物若以居盛位能廣用无疆故稱大寶也

何以守位曰仁。何以聚人曰財。財所以資物生也〔疏〕正義曰何以守位曰仁者言聖人何以保守其位必信仁愛故言曰仁也何以聚人曰財者言何以聚集人衆必須財物故言曰財也

理財正辭。禁民爲非曰義。〔疏〕正義曰言聖人治理其財用之有節正定號令之辭出之以理禁約其民爲非僻之事勿使行惡是謂之義義宜也言以此行之而得其宜也

〔疏〕正義曰古者包犧至取諸夬此第二章明聖人法自然之理而作易象易以制器而利天下此一章其義既廣今各隨文釋之

古者包犧氏之王天下也。仰則觀象於天。俯則觀法於地。觀鳥獸之文。與地之宜。聖人之作易无大不極无微不究大則取象天地細則觀鳥獸之文與地之宜也〔疏〕正義曰自此至取諸離此一節明包犧法天地造作八卦法離卦而爲罔罟也云仰則觀象於天俯則觀法於地者言取象大也觀鳥獸之文與地之宜者言取象細也大之與細則无所不包也地之宜者若周禮五土動物植物各有所宜是也

近取諸身。遠取諸物。於是始作八卦。以通神明之德。以類萬物之情。作結繩而爲罔罟。以佃以漁。蓋取諸離。離麗也罔罟之用必審物之所麗也魚麗于水獸麗于山也〔疏〕正義曰近取諸身者若耳目鼻口之屬是也遠取諸物者若雷風山澤之類是也舉遠近則萬事在其中矣於是始作八卦以通神明之德者言萬事云爲皆是神明之德若不作八卦此神明之德閉塞幽隱既作八卦則而象之是通達神明之德也以類萬物之情者若不作易物情難知今作八卦以類象萬物之情皆可見也作結繩而爲罔罟以佃以漁者用此罟罔或陸畋以羅鳥獸或水澤以罔魚鼈也蓋取諸離者離麗也麗謂附著也言罔罟之用必審知鳥獸魚鼈所附著之處故稱離卦之名爲罔罟也案諸儒象卦制器皆取卦之爻象之體今韓氏之意直取卦名因以制器案上繫云以制器者尚其象則取象不取名也韓氏乃取名不取象於義未善矣今既遵韓氏之學且依此釋之也

包犧氏沒。神農氏作。斲木爲耜。揉木爲耒。耒耨之利。以教天下。蓋取諸益。制器致豐以益萬物

日中爲市。致天下之民。聚天下之貨。交易而退。各得其所。蓋取諸噬嗑。噬嗑合也市人之所聚異方之所合設法以合物噬嗑之義也〔疏〕正義曰包犧氏至取諸噬嗑此一節明神農取卦造器之義一者制耒耜取於益卦以利益民也二者日中爲市聚合天下之貨設法以合物取於噬嗑象物噬齧乃得通也包犧者案帝王世紀云大皞帝包犧氏風姓也母曰華胥燧人之世有大人跡出於雷澤華胥履之而生包犧長於成紀蛇身人首有聖德取犧牲以充包廚故號曰包犧氏後世音謬故或謂之伏犧或謂之慮犧一號皇雄氏在位一百一十年包犧氏沒女媧氏代立爲女皇亦風姓也女媧氏沒次有大庭氏柏黃氏中央氏栗陸氏驪連氏赫胥氏尊盧氏混沌氏皞英氏有巢氏朱襄氏葛天氏陰康氏无懷氏凡十五世皆習包犧氏之號也神農者案帝王世紀云炎帝神農氏姜姓也母曰任己有蟜氏女名曰女登爲少典正妃游華山之陽有神龍首感女登於尚羊生炎帝人身牛首長於姜水有聖德繼无懷之後本起烈山或稱烈山氏在位一百二十年而崩納奔水氏女曰聽談生帝臨魁次帝承次帝明次帝直次帝氂次帝哀次帝榆罔凡八代及軒轅氏也

神農氏沒。黃帝堯舜氏作。通其變。使民不倦。通物之變故樂其器用不解倦也〔疏〕正義曰神農氏沒至吉无不利此一節明神農氏沒後乃至黃帝堯舜通其易之變理於是廣制器物此節與下制器物爲引緒之勢爲下起文黃帝堯舜氏作者案世紀云黃帝有熊氏少典之子姬姓也母曰附寶其先即炎帝母家有蟜氏之女附寶見大電光繞北斗樞星照於郊野感附寶孕二十四月而生黃帝於壽丘長於姬水龍顏有聖德戰蚩尤于涿鹿擒之在位一百年崩子青陽代立是爲少皞少皞帝名摯字青陽姬姓也母曰女節黃帝時大星如斗下臨華渚女節夢接意感生少皞在位八十四年而崩顓頊高陽氏黃帝之孫昌意之子母曰昌僕蜀山氏之女爲昌意正妃謂之女樞瑤光之星貫月如虹感女樞於幽房之宮生顓頊於弱水在位七十八年而崩少皞之孫蟜極之子代立是爲帝嚳帝嚳高辛氏姬姓也其母不見生而神異自言其名在位七十年而崩子帝摯立在位九年摯立不肖而崩弟放勛代立是爲帝堯帝堯陶唐氏伊祁姓母曰慶都生而神異常有黃雲覆其上爲帝嚳妃出以觀河遇赤龍晻然陰風而感慶都孕十四月而生堯於丹陵即位九十八年而崩帝舜代立帝舜姚姓其先出自顓頊顓頊生窮蟬窮蟬生敬康敬康生句芒句芒生蟜牛蟜牛生瞽瞍之妻握登見大虹意感而生舜於姚墟故姓姚氏此歷序三皇之後至堯舜之前所爲君也此既云黃帝即云堯舜者略舉五帝之終始則少皞顓頊帝嚳在其間也通其變使民不倦者事久不變則民倦而變今皇帝堯舜之等以其事久或窮故開通其變量時制器使民用之日新不有懈倦也

神而化之。通變則无窮故可久也

使民宜之。易窮則變。變則通。通則久。〔疏〕正義曰神而化之使民宜之者言所以通其變者欲使神理微妙而變化之使民各得其宜若黃帝已上衣鳥獸之皮其後人多獸少事或窮乏故以絲麻布帛而制衣裳是神而變化使民得宜也易窮則變變則通通則久者此覆說上文通則變之事所以通其變者言易道若窮則須隨時改變所以須變者變則開通得久長故云通則久也

是以自天祐之。吉无不利。〔疏〕正義曰此明若能通變則无所不利故引易文證結變通之善上繫

引此文者證明人事之信順此乃明易道之變通俱得天之祐故各引其文也

黃帝堯舜垂衣裳而天下治。蓋取諸乾坤。垂衣裳以辨貴賤乾尊坤卑之義也〔疏〕正義曰自此已下凡有九事皆黃帝堯舜取易卦以制象此於九事之第一也何以連云堯舜者謂此九事黃帝制其初堯舜成其末事相連接共有九事之功故連云黃帝堯舜也案皇甫謐帝王世紀載此九事皆為黃帝之功若如所論則堯舜无事易繫何須連云堯舜則皇甫之言未可用也垂衣裳者以前衣皮其制短小今衣絲麻布帛所作衣裳其制長大故云垂衣裳也取諸乾坤者衣裳辨貴賤乾坤則上下殊體故云取諸乾坤也

刳木為舟。剡木為楫。舟楫之利。以濟不通。致遠以利天下。蓋取諸渙。渙者乘理以散通也〔疏〕正義曰此九事之第二也舟必用大木刳鑿其中故云刳木也剡木為楫者楫必須纖長理當剡削故曰剡木也取諸渙者渙散也渙卦之義取乘理以散動也舟楫以乘水以載運故取諸渙也

服牛乘馬。引重致遠。以利天下。蓋取諸隨。隨隨宜也服牛乘馬隨物所之各得其宜也〔疏〕正義曰此九事之第三也隨者謂隨時之所宜也今服用其牛乘駕其馬服牛以引重乘馬以致遠是以人之所用各得其宜故取諸隨也

重門擊柝。以待暴客。蓋取諸豫。取其豫備〔疏〕正義曰此九事之第四也豫者取其豫有防備韓氏以此九事皆以卦名而為義者特以此象文取備豫之義其事相合故其餘八事皆以卦名解義量為此也

斷木為杵。掘地為臼。臼杵之利。萬民以濟。蓋取諸小過。以小用而濟物也〔疏〕正義曰此九事之第五也杵須短木故斷木為杵臼須鑿地故掘地為臼取諸小過以小事之用過而濟物杵臼亦小事過越而用以利民故取諸小過也

弦木為弧。剡木為矢。弧矢之利。以威天下。蓋取諸睽。睽乖也物乖則爭興弧矢之用所以威乖爭也〔疏〕正義曰此九事之第六也案爾雅弧木弓也故云弦木為弧取諸睽者睽謂乖離弧矢所以服此乖離之人故取諸睽也案弧矢杵臼服牛乘馬舟楫皆云之利此皆器物益人故稱利也重門擊柝非如舟楫杵臼故不云利也變稱以禦暴客是以利也垂衣裳不言利者此亦隨便立稱故云天下治治亦利也此皆義便而言不可以一例取也

上古穴居而野處。後世聖人易之以宮室。上棟下宇。以待風雨。蓋取諸大壯。宮室壯大於穴居故制為宮室取諸大壯也〔疏〕正義曰此九事之第七也已前不云上古已下三事或言上古或言古與上不同者已前未造此器之前更无餘物之用非是後物以替前物故不云上古也此已下三事皆是未造此物之前已更別有所用今將後用而代前用欲明前所有故本之云上古及古者案未有衣裳之前則衣鳥獸之皮亦是已前有用云上古者雖云古者衣皮必不專衣皮也或衣草衣木事无定體故不得稱上古衣皮也若此穴居野處及結繩以治唯專一事故可稱上古由後物代之也取諸大壯者以造制宮室壯大於穴居野處故取大壯之名也

古之葬者。厚衣之以薪。葬之中野。不封不樹。喪期无數。後世聖人易之以棺槨。蓋取諸大過。取其過厚〔疏〕正義曰此九事之第八也不云上古直云古之葬者若極遠者則云上古其次遠者則直云古則厚衣之以薪葬之中野猶在穴居結繩之後故直云古也不封不樹者不積土為墳是不封也不種樹以標其處是不樹也喪期无數者哀除則止无日月限數也後世聖人易之以棺槨者若禮記云有虞氏瓦棺未必用木為棺也則禮記又云殷人之棺槨以前云槨无文也取諸大過者送終追遠欲其甚大過厚故取諸大過也案書稱堯崩百姓如喪考妣三載四海遏密八音則喪期无數在堯已前而棺槨自殷已後則夏已前棺槨未具也所以其文參差前後不齊者但此文舉大略明前後相代之義不必確在一時故九事上從黃帝下稱堯舜連延不絕更相增脩也

上古結繩而治。後世聖人易之以書契。百官以治。萬民以察。蓋取諸夬。夬決也書契所以決斷萬事也〔疏〕正義曰此明九事之終也夬者決也造立書契所以決斷萬事故取諸夬也結繩者鄭康成注云事大大結其繩事小小結其繩義或然也

〔疏〕正義曰是故易者至德之盛也此第三章明陰陽二卦之體及日月相推而成歲聖人用之安身崇德德之盛也

是故易者象也。象也者像也。彖者材也。材才德也彖言成卦之材以統卦義也〔疏〕正義曰是故易者象也者但前章皆取象以制器以是之故易卦者寫萬物之形象故易者象也象也者像也謂卦為萬物象者法像萬物猶若乾卦之象法像於天也彖者材也謂卦下彖辭者論此卦之材德也

爻也者。效天下之動者也。是故吉凶生而悔吝著也。陽卦多陰。陰卦多陽。其故何也。陽卦奇。陰卦耦。夫少者多之所宗一者眾之所歸陽卦二陰故奇為之君陰卦二陽故耦為之主〔疏〕正義曰爻也者效天下之動者謂每卦六爻皆倣效天下之物而發動也吉凶生而悔吝著者動有得失故吉凶生也動有細小疵病故悔吝著也陽卦多陰陰卦多陽其故何也者此夫子將釋陰陽二卦不同之意故先發其問云其故何也陽卦多陰謂震坎艮一陽而二陰也陰卦多陽謂巽離兌一陰而二陽也陽卦奇陰卦耦者陽卦則以奇為君故一陽而二陰陽為君陰為臣也陰卦則以耦為君故二陰而一陽陰為君陽為臣也故注云陽卦二陰故奇為之君陰卦二陽故耦為之主

其德行何也。辨陰陽二卦之德行也〔疏〕正義曰前釋陰陽之體未知陰陽德行之故故夫子將釋德行先自問之故云其德行何也

陽一君而二民。君子之道也。陰二君而一民。小人之道也。陽君道也陰臣道也君以无為統眾无為則一也臣以有事代終有事則二也故陽爻畫奇以明君道必一陰爻畫兩以明臣體必二斯則陰陽之數君臣之辨也以一為君君之德也二居君位非其道也故陽卦曰君子陰卦曰小人也〔疏〕陽一至道也〇正義曰陽一君而二民君子之道者夫君以无為統眾无為者為每事因循委任臣下不司其事故稱一也臣則有事代終各司其職有對故稱二也今陽爻以一為君以二為臣得其尊卑相正之道故為君子之道者也陰二君而一民小人之道者陰卦則以二為君是君失其正以一為臣乖反於理上下失序故稱小人之道也〇注陽君至道也〇正義曰陽君道者陽是虛无為體純一不二君德亦然故云陽君道也陰臣道者陰是形器各有質分不能純一臣職亦然故云陰臣道也案經云民而注云臣者臣則民也經中對君故稱民注意解陰故稱臣也

易曰。憧憧往來。朋從爾思。天下之動必歸乎一思以求朋未能一也一以感物不思而至〔疏〕正義曰此明不能无心感物使物來應乃憧憧然役用思慮或來或往然後朋從爾之所思若能虛寂以純一感物則不須憧憧往來朋自歸也此一之為道得為可尚結成前文陽爻以一為君是君子之道也注云天下之動必歸乎一思以求朋未能一也一以感物不思而至矣

子曰。天下何思何慮。天下同歸而殊塗。一致而百慮。天下何思何慮。夫少則得多則惑塗雖殊其歸則同慮雖百其致不二苟識其要不在博求一以貫之不慮而盡矣〔疏〕正義曰子曰天下何思何慮者言得一之道心既寂靜何假思慮也天下同歸而殊塗者言天下萬事終則同歸於一但初時殊異其塗路也一致而百慮者所致雖一慮必有百言慮雖百種必歸於一致也塗雖殊異亦同歸於至真也言多則不如少動則不如寂則天下之事何須思也何須慮也

日往則月來。月往則日來。日月相推而明生焉。寒往則暑來。暑往則寒來。寒暑相推而歲成焉。往者屈也。來者信也。屈信相感而利生焉。〔疏〕正義曰日往則月來至相推而歲成者此言不須憂慮任運往來自然明生自然歲成也往者屈也來者信也者此覆明上日往則月來寒往則暑來自然相感而生利之事也往是去藏故為屈也來是施用故為信也一屈一信遞相感動而利生則上云明生歲成是利生也

尺蠖之屈。以求信也。龍蛇之蟄。以存身也。精義入神。以致用也。精義物理之微者也神寂然不動感而遂通故能乘天下之微會而通其用也〔疏〕正義曰尺蠖之屈以求信者覆明上往來相感屈信相須尺蠖之蟲初行必屈者欲求在後之信也言信必須屈屈以求信是相須也龍蛇之蟄以存身者言靜以求動也蛇初蟄是靜也以此存身是後動也言動必因靜而後動也精義入神以致用者亦言先靜而後動此言人事之用言聖人用精粹微妙之義入於神化寂然不動乃能致其所用精義入神是先靜也以致用是後動也是動因靜而來也

利用安身。以崇德也。利用之道皆安其身而後動也精義由於入神以致其用利用由於安身以崇其德理必由乎其宗事各本乎其根歸根則寧天下之理得也若役其思慮以求動用忘其安身以殉功美則偽彌多而理愈失名彌美而累愈彰矣〔疏〕正義曰利用安身以崇德也者此亦言人事也言欲利己之用先須自安其身身既得安然後舉動德乃尊崇若不先安其身身有患害何能利益所用以崇德也〇注精義至彰矣〇正義曰精義由於入神以致其用者言精粹微妙之義由於入神乃可以致其用也利用由於安身以崇其德者言利益所用由於先安其身乃可以增崇其德也

過此以往。未之或知也。窮神知化。

德之盛也。〔疏〕正義曰過此以往未之或知也者言精義入神以致用利用安身以崇德此二者皆人理之極過此二者以往則微妙不可知故云未之或知也窮神知化德之盛者此言過此二者以往之事若能過此以往則窮極微妙之神曉知變化之道乃是聖人德之盛極也

〔疏〕正義曰易曰困于石至勿恒凶此第四章凡有九節以上章先利用安身可以崇德若身自危辱何崇德之有故此章第一節引困之六三危辱之事以證之也

易曰。困于石。據于蒺蔾。入于其宮。不見其妻。凶。子曰。非所困而困焉。名必辱。非所據而據焉。身必危。既辱且危。死期將至。妻其可得見耶。〔疏〕正義曰困之六三履非其地欲上干於四四自應初不納於已是困於九四之石也三又乘二二是剛陽非已所乘是下向據於九二之蒺蔾也六三又无應是入其宮不見其妻死期將至所以凶也子曰非所困而困焉者夫子既引易文又釋其義故云子曰非所困謂九四若六三不往犯之非六三之所困而六三彊往干之而取困焉名必辱者以向上而進取故以聲名言之云名必辱也非所據而據焉者謂九二也若六三能卑下九二則九三不爲其害是非所據也今六三彊往陵之是非所據而據焉身必危者下向安身之處故以身言之云身必危也

易曰。公用射隼于高墉之上。獲之无不利。子曰。隼者禽也。弓矢者器也。射之者人也。君子藏器於身。待時而動。何不利之有。動而不括。是以出而有獲。語成器而動者也。括結也君子待時而動則无結閡之患也〔疏〕易曰至動者也○正義曰以前章先須安身可以崇德故此第二節論明先藏器於身待時而動而有利也故引解之上六以證之三不應上又以陰居陽此上六處解之極欲除其悖亂而去其三也故公用射此六三之隼於下體高墉之上云自上攻下合於順道故獲之无不利也子曰隼者禽也者既引易文於上下以解之故言子曰也君子藏器於身待時而動何不利者猶若射人持弓矢於身此君子若包藏其器於身待時而動何不利之有似此射隼之人也動而不括者言射隼之人既持弓矢待隼可射之動而射之則不括結而有礙也猶若君子藏善道於身待可動之時而興動亦不滯礙而括結也語成器而後動者謂易之所說此者語論有見成之器而後興動也

子曰。小人不恥不仁。不畏不義。不見利不勸。不威不懲。小懲而大誡。此小人之福也。易曰。屨校滅趾无咎。此之謂也。〔疏〕正義曰此章第三節也明小人之道不能恒善若因懲誡而得福也此亦證前章安身之事故引易噬嗑初九以證之以初九居无位之地是受刑者以處卦初其過未深故屨校滅趾而无咎也

善不積不足以成名。惡不積不足以滅身。小人以小善爲无益。而弗爲也。以小惡爲无傷。而弗去也。故惡積而不可揜。罪大而不可解。易曰。何校滅耳。凶。〔疏〕正義曰此章第四節也明惡人爲惡之極以致凶也此結成前章不能安身之事故引噬嗑上九之義以證之上九處斷獄之終是罪之深極者故有何校滅耳之凶案第一第二節皆先引易文於上其後乃釋之此第三已下皆先豫張卦義於上然後引易於下以結之體例不同者蓋夫子隨義而言不爲例也

子曰。危者安其位者也。亡者保其存者也。亂者有其治者也。是故君子安而不忘危。存而不忘亡。治而不忘亂。是以身安而國家可保也。易曰。其亡其亡。繫于苞桑。〔疏〕正義曰此第五節以上章有安身之事故此節恒須謹慎可以安身故引否之九五以證之危者安其位者也言所以今有傾危者由往前安樂於其位自以爲安不有畏慎故致今日危也亡者保其存者所以今日滅亡者由往前保有其存恒以爲存不有憂懼故今致滅亡也亂者有其治者所以今有禍亂者由往前自恃有其治理也謂恒以爲治不有憂慮故今致禍亂也是故君子今雖復安心恒不忘傾危之事國之雖存心恒不忘滅亡之事政之雖治心恒不忘禍亂之事其亡其亡繫于苞桑者言心恒畏慎其將滅亡其將滅亡乃繫于苞桑之固也

子曰。德薄而位尊。知小而謀大。力小而任重。鮮不及矣。易曰。鼎折足。覆公餗。其形渥。凶。言不勝其任也。〔疏〕子曰至其任也○正義曰此第六節言不能安其身知小謀大而遇禍故引易鼎卦九四以證之鼎折足覆公餗其形渥凶者處上體之下而又應初既承且施非已所堪故有折足之凶既覆敗其美道災及其形以致渥凶也言不勝其任者此夫子之言引易後以此結之其文少故不云子曰也

子曰。知幾其神乎。君子上交不諂。下交不瀆。其知幾乎。形而上者况之道形而下者况之器於道不冥而有求焉未離乎諂也於器不絕而有交焉未免乎瀆也能无諂瀆窮理者乎〔疏〕正義曰子曰知幾其神乎至萬夫之望者此第七節前章云精義入神故此章明知幾入神之事故引豫之六二以證之云易曰介于石不終日貞吉知幾其神乎者神道微妙寂然不測人若能豫知事之幾微則能與其神道合會也君子上交不諂下交不瀆者上謂道也下謂器也若聖人知幾窮理冥於道絕於器故能上交不諂下交不瀆若於道不冥而有求焉未能離於諂也於器不絕而有交焉未能免於瀆也能无諂瀆知幾窮理者乎

幾者動之微。吉之先見者也。幾者去无入有理而无形不可以名尋不可以形覩者也唯神也不疾而速感而遂通故能朗然玄照鑒於未形也合抱之木起於毫末吉凶之彰始於微兆故爲吉之先見也〔疏〕正義曰此釋幾之義也幾微也是已動之微動謂心動事動初動之時其理未著唯纖微而已若其已著之後則心事顯露不得爲幾若未動之前又寂然頓无兼亦不得稱幾也幾是離无入有在有无之際故云動之微也若事著之後乃成爲吉此幾在吉之先豫前已見故云吉之先見者也此直云吉不云凶者凡豫前知幾皆向吉而背凶違凶而就吉无復有凶故特云吉也諸本或有凶字者其定本則无也

君子見幾而作。不俟終日。易曰。介于石。不終日。貞吉。介如石焉。寧用終日。斷可識矣。定之於始故不待終日也〔疏〕正義曰君子見幾而作不俟終日者言君子既見事之幾微則須動作而應之不得待終其日言赴幾之速也易曰介于石不終日貞吉者此豫之六二辭也得位居中故守介如石見幾則動不待終其一日也介如石焉寧用終日斷可識矣者此夫子解釋此爻之時既守志耿介如石不動纔見幾微即知禍福何用終竟其日當時則斷可識矣

君子知微知彰。知柔知剛。萬夫之望。此知幾其神乎〔疏〕正義曰君子知微知彰者初見是幾是知其微既見其幾逆知事之禍福是知其彰著也知柔知剛者剛柔是變化之道既知初時之柔則逆知在後之剛言凡物之體從柔以至剛凡事之理從微以至彰知幾之人既知其始又知其末是合於神道故爲萬夫所瞻望也萬夫舉大略而言若知幾合神則爲天下之主何直只云萬夫而已此知幾其神乎者也

子曰。顏氏之子。其殆庶幾乎。有不善未嘗不知。知之未嘗復行也。在理則昧造形而悟顏子之分也失之於幾故有不善得之於二不遠而復故知之未嘗復行也〔疏〕正義曰子曰顏氏之子至元吉者此第八節上節明其知幾是聖人之德此節論賢人唯庶於幾雖未能知幾故引顏氏之子以明之也其殆庶幾乎者言聖人知幾顏子亞聖未能知幾但殆近庶慕而已故云其殆庶幾乎又以殆爲辭有不善未嘗不知者若知幾之人本无不善以顏子未能知幾故有不善不近於幾之人既有不善不能自知於惡此顏子以其近幾若有不善未嘗不自知也知之未嘗復行者以顏子通幾既知不善之事見過則改未嘗復更行之但顏子於幾理闇昧故有不善之事於形器顯著乃自覺悟所有不善未嘗復行

易曰。不遠復。无祇悔。元吉。吉凶者失得之象也得一者於理不盡未至成形故得不遠而復舍凶之吉免夫祇悔而終獲元吉祇大也〔疏〕正義曰以去幾既近尋能改悔故引復卦初九以明之也以復卦初九既在卦初則能復於陽道是速而不遠則能復也所以无大悔而有元吉也

天地絪緼。萬物化醇。男女構精。萬物化生。〔疏〕正義曰天地絪緼至勿恒凶此第九節也以前章利用安身以崇德也安身之道在於得一若已能得一則可以安身故此節明得一之事也天地絪緼萬物化醇者絪緼相附著之義言天地无心自然得一唯二氣絪緼共相和會萬物感之變化而精醇也天地若有心爲二則不能使萬物化醇也男女構精萬物化生者構合也言男女陰陽相感任其自然得一之性故合其精則萬物化生也若男女无自然之性而各懷差二則萬物不化生也

易曰。三人行。則損一人。一人行。則得其友。言致一也。致一而後化成也〔疏〕正義曰此損卦六三辭也言六三若更與二人同往承上則上所不納是三人俱行并六三不相納是則損一人也若六三獨行則上所容受故云一人行則得其友此言衆不如寡三不及一也言致一也者此夫子釋此爻之意謂此爻所論致其醇一也故一人獨行乃得其友也

子曰。君子安其身而後動。易其心而後語。定其交而後求。君子脩此三者。故全也。危以動。則民不與也。懼

以語。則民不應也。无交而求。則民不與也。莫之與。則傷之者至矣。【疏】正義曰子曰君子安其身而後動者此明致一之道致一者在身之謂若己之爲得則萬事得若己之爲失則萬事失也欲行於天下先在其身之一故先須安靜其身而後動和易其心而後語先以心選定其交而後求若其不然則傷之者至矣易曰。莫益之。或擊之。立心勿恆。凶。夫虛己存誠則衆之所不迕也躁以有求則物之所不欲也【疏】正義曰此益之上九爻辭在无位高亢獨唱无和是莫益之也衆怒難犯是或擊之也勿无也由己建立其心无能有恆故凶危也易之此言若虛己存誠則衆之所與躁以有求則物之所不與也【疏】正義曰子曰乾坤其易至失得之報此第五章也前章明安身崇德之道在於知幾得一也此明易之體用辭理遠大可以濟民之行以明失得之報也

子曰。乾坤其易之門邪。乾。陽物也。坤。陰物也。陰陽合德。而剛柔有體。以體天地之撰。撰數也【疏】正義曰子曰乾坤其易之門邪者易之變化從乾坤而起猶人之興動從門而出故乾坤是易之門邪乾陽物也坤陰物也陰陽合德而剛柔有體者若陰陽不合則剛柔之體无從而生以陰陽相合乃生萬物或剛或柔各有其體陽多爲剛陰多爲柔也以體天地之撰者撰數也天地之內萬物之象非剛則柔或以剛柔體象天地之數也以通神明之德。其稱名也雜而不越。備物極變故其名雜也各得其序不相踰越況爻繇之辭也【疏】正義曰以通神明之德者萬物變化或生或成是神明之德易則象其變化之理是其易能通達神明之德也其稱名也雜而不越者易之其稱萬物之名萬事論說故辭理雜碎各有倫敘而不相乖越易之爻辭多載細小之物若見豕負塗之屬是雜碎也辭雖雜碎各依爻卦所宜而言之是不相踰越也於稽其類。其衰世之意邪。有憂患而後作易世衰則失得彌彰爻繇之辭所以明失得故知衰世之意邪稽猶考也【疏】正義曰稽考也類謂事類然考校易辭事類多有悔之憂虞故云變亂之世所陳情意也若盛德之時物皆遂性人悉懽娛无累於吉凶不憂於禍害今易所論則有亢龍有悔或稱龍戰于野或稱箕子明夷或稱不如西鄰之禴祭此皆論戰爭盛衰之理故云衰意也凡云邪者是疑而不定之辭也夫易彰往而察來。而微顯闡幽。易无往不彰无來不察而微以之顯幽以之闡闡明也【疏】正義曰夫易彰往而察來者往事必載是彰往也來事豫占是察來也而微顯闡幽者闡明也謂微而之顯幽而闡明也言易之所說論其初微之事以至其終末顯著也論其初時幽闇以至終末闡明也皆從微以至顯從幽以至明觀其易辭是微而幽闇也演其義理則顯見著明也以體言之則云微顯也以理言之則云闡幽其義一也但以體以理故別言之開而當名。辨物正言。斷辭則備矣。開釋爻卦使各當其名也理類辨明故曰斷辭也【疏】正義曰開而當名者謂開釋爻卦之義使各當所象之名若乾卦當龍坤卦當馬也辨物正言者謂辨天下之物各以類正定言之若辨健物正言其龍若辨順物正言其馬是辨物正言也斷辭則備矣者言開而當名及辨物正言凡此二事決斷於爻卦之辭則備具矣其稱名也小。其取類也大。託象以明義因小以喻大【疏】正義曰其稱名也小者言易辭所稱物名多細小若見豕負塗噬腊肉之屬是其辭碎小也其取類也大者言雖是小物而比喻大事是所取義類而廣大也其旨遠。其辭文。其言曲而中。變化无恆不可爲典要故其言曲而中也【疏】正義曰其旨遠者近道此事遠明彼事是其旨意深遠若龍戰于野近言龍戰乃遠明陰陽鬪爭聖人變革是其旨遠也其辭文者不直言所論之事乃以義理明之是其辭文飾也若黃裳元吉不直言得中居職乃云黃裳是其辭文也其言曲而中者變化无恆不可爲體例其言隨物屈曲而各中其理也其事肆而隱。事顯而理微也【疏】正義曰其易之所載之事其辭放肆顯露而所論義理深而幽隱也因貳以濟民行。以明失得之報。貳則失得也因失得以通濟民行故明失得之報也失得之報者得其會則吉乖其理則凶【疏】正義曰因貳以濟民行者貳二也謂吉凶二理言易因自然吉凶二理以濟民之行也欲令趨吉而避凶行善而不行惡也以明失得之報者言易明人行失之與得所報應也失則報之以凶得則報之以吉是明失得之報也【疏】正義曰易之興也至巽以行權此第六章明所以作易爲其憂患故作易既有憂患須脩德以避患故明九卦爲德之所用也

易之興也。其於中古乎。作易者。其有憂患乎。无憂患則不爲而足也【疏】正義曰其於中古乎者謂易之爻卦之辭起於中古若易之爻卦之象則在上古伏犧之時但其時理尚質素聖道凝寂直觀其象足以垂教矣但中古之時事漸澆浮非象可以爲教又須繫以文辭示其變動吉凶故爻卦之辭起於中古則連山起於神農歸藏起於黃帝周易起於文王及周公也此之所論謂周易也作易者其有憂患乎者若无憂患何思何慮不須營作今既作易故知有憂患也身既患憂須垂法以示於后以防憂患之事故繫之以文辭明其失得與吉凶也其作易憂患已於初卷詳之也是故履。德之基也。基所蹈也【疏】正義曰以爲憂患行德爲本也六十四卦悉爲脩德防患之事但於此九卦最是脩德之甚故特舉以言焉以防憂患之事故履卦爲德之初基故爲德之時先須履踐其禮敬事於上故履爲德之初基也謙。德之柄也。復。德之本也。夫動本於靜語始於默復者各反其所始故爲德之本也【疏】正義曰謙德之柄也者言爲德之時以謙爲用若行德不用謙則德不施用是謙爲德之柄猶斧刃以柯柄爲用也復德之本也者言爲德之時先從靜默而來復是靜默故爲德之根本也恆。德之固也。固不傾移也【疏】正義曰言爲德之時恆能執守始終不變則德之堅固故爲德之固也損。德之脩也。益。德之裕也。能益物者其德寬大也【疏】正義曰損德之脩者行德之時恆自降損則其德自益而增新故云損德之脩也謙者論其退下於人損者能自減損於己故謙損別言也益德之裕者裕寬大也能以利益於物則德更寬大也困。德之辨也。困而益明【疏】正義曰若遭困之時守操不移德乃可分辨也井。德之地也。所處不移象居得其所也【疏】正義曰改邑不改井井是所居之常處能守處不移是德之地也言德亦不移動也巽。德之制也。巽所以申命明制也【疏】正義曰巽申明號令以示法制故能與德爲制度也自此已上明九卦各與德爲用也履。和而至。和而不至從物者也和而能至故可履也【疏】正義曰自此已下明九卦之德也言履卦與物和諧而守其能至故可履踐也謙。尊而光。復。小而辨於物。微而辨之不遠復也【疏】正義曰謙尊而光者以能謙卑故其德益尊而光明也復小而辨於物者言復卦於初細微小之時即能辨於物之吉凶不遠速復也恆。雜而不厭。雜而不厭是以能恆【疏】正義曰言恆卦雖與物雜碎並居而常執守其操不被物之不正也損。先難而後易。刻損以脩身故先難也身脩而无患故后易也【疏】正義曰先自減損是先難也后乃无患是后易也益。長裕而不設。有所興爲以益於物故曰長裕因物興務不虛設也【疏】正義曰益是增益於物能長養寬裕於物皆因物性自然而長養不空虛妄設其法而无益也困。窮而通。處窮而不屈其道也【疏】正義曰言困卦於困窮之時而能守節使道通行而不屈也井。居其所而遷。改邑不改井井所居不移而能遷其施也【疏】正義曰言井卦居得其所恆住不移而能遷其潤澤施惠於外也巽。稱而隱。稱揚命令而百姓不知其由也【疏】正義曰言巽稱揚號令而不自彰伐而幽隱也自此已上辨九卦性德也履。以和行。謙。以制禮。復。以自知。求諸己也【疏】正義曰履以和行者自此以下論九卦各有施用而有利益也言履者以禮敬事於人是調和性行也謙以制禮者性能謙順可以裁制於禮復以自知者既能返復求身則自知得失也恆。以一德。以一爲德也【疏】正義曰恆能終始不移是純一其德也損。以遠害。止於脩身故可以遠害而已【疏】正義曰自降損脩身无物害己故遠害也益。以興利。困。以寡怨。困而不濫无怨於物【疏】正義曰益以興利者既能益物物亦益己故興利也困以寡怨者遇困守節不移不怨天不尤人是无怨於物故寡怨也井。以辯義。施而无私義之方也【疏】正義曰井能施而无私則是義之方所故辨明於義也巽。以行權。權反經而合道必合乎巽順而后可以行權也【疏】正義曰巽順以既能順時合宜故可以權行也若不順時制變不可以行權也【疏】正義曰易之爲書至思過半矣此第七章明易書體用也

易之爲書也不可遠。擬議而動不可遠也【疏】正義曰不可遠者言易書之體皆倣法陰陽擬議而動不可遠離陰陽物象而妄爲也爲道也屢遷。變動不居。周流六虛。六虛六位也【疏】正義曰其爲道也屢遷者屢數也言易之爲道皆法象陰陽數數遷改若乾之初九則潛龍九二則見龍是屢遷也變動不居者言陰陽六爻更互變動不恆居一體也若一陽生爲復二陽生爲臨之屬是也周流六虛者言陰陽周徧流動在六位之虛六位言虛者位本无體因爻始見故稱虛也上下无常。剛柔相易。不可爲典要。不可立定準也【疏】正義曰上下无常者初居一位又居

二位是上无常定也既窮上位之極又下來居於初是上下无常定也若九月剝卦一陽上極也十一月一陽下來歸初也剛柔相易不可爲典要者言陰陽六爻兩相交易或以陰易陽或以陽易陰或在初位相易在二位相易六位錯綜上下所易皆不同是不可爲典常要會也。**唯變所適。**變動貴於適時趣舍存乎會也〔疏〕正義曰言剛柔相易之時既无定準唯隨應變之時所之適也。**其出入以度外內使知懼。**明出入之度使物之外內之戒也出入尤行藏外內尤隱顯遯以遠時爲吉豐以幽隱致凶漸以高顯爲美明夷以處昧利貞此外內之戒也〔疏〕正義曰其出入以度者出入尤行藏也言行藏各有其度不可違失於時故韓氏云豐以幽隱致凶明夷以處昧利貞是出入有度也外內使知懼者外內尤隱顯言欲隱顯之人使知畏懼於易也若不應隱而隱不應顯而顯必有凶咎使知畏懼凶咎而不爲也。**又明於憂患與故。**故事故也〔疏〕正義曰故事故也非但使人隱顯知懼又使人明曉於憂患幷與萬事也。**无有師保，如臨父母。**安而不忘危存而不忘亡終日乾乾不可以怠也〔疏〕正義曰言使人畏懼此易歸行善道不須有師保教訓恒常恭敬如父母臨之故云如臨父母也。**初率其辭而揆其方，既有典常。**能循其辭以度其義原其初以要其終則唯變所適是其常典也明其變者存其要也故曰苟非其人道不虛行〔疏〕正義曰初率其辭而揆其方者率循也揆度也方義也言人君若能初始依循其易之文辭而揆度其易之義理則能知易有典常也故云既有典常易雖千變萬化不可爲典要然循其辭度其義原尋其初要結其終皆唯變所適是其常典也言惟變是常旣以變爲常其就變之中剛柔相易仍不常也故上云不可爲典要也。**苟非其人，道不虛行。**〔疏〕正義曰言若聖人則能循其文辭揆其義理知其典常是易道得行也若苟非通聖之人則不曉達易之道理則易之道不虛空得行也言有人則易道行若无人則易道不行无人而行是虛行也必不如此故云道不虛行也。**易之爲書也，原始要終，以爲質也。**質體也卦兼終始之義也〔疏〕正義曰此以下亦明易辭體用尋其辭則吉凶可以知也原始要終以爲質者質體也言易之爲書原窮其事之初始乾初九潛龍勿用是原始也又要會其事之終末若上九亢龍有悔是要終也言易以原始要終以爲體質也此潛龍亢龍是一卦之始終也諸卦亦然若大畜初畜而后通皆是也亦有一爻之中原始要終也故坤卦之初六履霜堅冰至履霜是原始也堅冰至是要終也。**六爻相雜，唯其時物也。**爻各存乎其時物事也〔疏〕正義曰物事也一卦之中六爻交相雜錯唯各會其時唯各主其事若屯卦初九盤桓利居貞是居貞之時有居貞之事六二屯如邅如是乘陽屯邅之時是有屯邅之事也略舉一爻餘爻倣此也。**其初難知，其上易知，本末也。初辭擬之，卒成之終。**夫事始於微而后至於著初者數之始擬議其端故難知也上者卦之終事皆成著故易知也〔疏〕正義曰其初難知者謂卦之初始起於微細始擬議其端緒事未顯著故難知也其上易知者其上謂卦之上爻事已終極成敗已見故易知也上云其上則其初宜云下也初既言初則上應稱末互文也以易經爻辭言初言上故此從經文也本末也者其初難知是本也其上易知是末也以事本故難知以事末故易知故云本末也初辭擬之者覆釋其初難知也以初時以辭擬議其始故難知也卒成之終者覆釋其上易知也言上是事之卒了而成就終竟故易知也。**若夫雜物撰德，辯是與非，則非其中爻不備。噫！亦要存亡吉凶，則居可知矣。知者觀其彖辭，則思過半矣。**夫彖者舉立象之統論中爻之義約以存博簡以兼衆雜物撰德而一以貫之形之所宗者道衆之所歸者一其事彌繁則愈滯乎形其理彌約則轉近乎道彖之爲義存乎一也一之爲用同乎道矣形而上者可以觀道過半之益不亦宜乎〔疏〕若夫至過半矣正義曰若夫雜物撰德辯是與非則非其中爻不備者言雜聚天下之物撰數衆人之德辯定是之與非則非其中之一爻不能備具也謂一卦之內而有六爻各主其物各數其德欲辨定此六爻之是非則總歸於中爻言中爻統攝一卦之義多也若非中爻則各守一爻不能盡統卦義以中爻居一无偏故能統卦義也尤乾之九二見龍在田利見大人九五飛龍在天利見大人是總攝乾卦之義也乾是陽長是行利見大人之時二之與五統攝乾德又坤之六二云直方大攝坤卦地道之義六五黃裳元吉亦統攝坤之臣道之義也噫亦要存亡吉凶則居可知矣者噫者發聲之辭卦爻雖衆意義必在其中爻噫乎發歎要定或此卦存之與亡吉之與凶但觀其中爻則居然可知矣謂平居自知不須營爲也知者觀其彖辭則思過半矣者彖辭謂文王卦下之辭言聰明知達之士觀此卦下彖辭則能思慮有益以過半矣○注夫彖者至近乎道○正義曰夫彖者舉立象之統者謂文王卦下彖辭舉明立此卦象之綱統也云論中爻之義者言彖辭論量此卦中爻義意也舉立象之統者若屯卦彖云利貞夫子釋云動於險中大亨貞者是舉立象之統也論中爻之義者若蒙卦云蒙亨初筮告注云能爲初筮其唯二乎是彖云初筮其在九二是論中爻之義也云約以存博簡以兼衆者唯舉中爻是約是簡存備六爻之義是存博兼衆也云雜物撰德而一以貫之者一卦六爻雜聚諸物撰數諸德而用一道以貫穿之一謂中爻也以其居中於上於下无有偏二故稱一也其事彌繁則愈滯乎形者愈益也滯謂陷滯也若事務彌更繁多則轉益滯陷於形體言處處妨礙也云其理彌約則轉近乎道者若理能簡約則轉轉附近於道道以約少无爲之稱故少則近於道也〔疏〕正義曰二與四至易之道也此第八章也明諸卦二三四五爻之功用又明三才之道并明易與之時總贊明易道之大也各隨文釋之。**二與四同功，**同陰功也**而異位，**有內外也**其善不同，二多譽，**二處中和故多譽也**四多懼，近也。**位逼於君故多懼也**柔之爲道，不利遠者。其要无咎，其用柔中也。**四之多懼以近君也柔之爲道須援而濟故有不利遠者二之能无咎柔而處中也〔疏〕正義曰柔之爲道不利遠者此覆釋上四多懼之意凡陰柔爲道當須親附於人以得濟今乃遠其親援而欲上逼於君所以多懼其不宜利於疏遠也其要无咎其用柔中者覆釋上二多譽也言二所多譽者言二所以要會无罪咎而多譽也所以然者以其用柔而居中也。**三與五同功，**同陽功也**而異位。**有貴賤也**三多凶，五多功，貴賤之等也。其柔危，其剛勝邪。**三五陽位柔非其位處之則危居以剛健勝其任也夫所貴剛者閑邪存誠動而不違其節者也所貴柔者含弘居中順而不失其貞者也若剛以犯物則非剛之道柔以卑佞則非柔之義也〔疏〕正義曰貴賤之等其柔危其剛勝邪者此釋三與五同功之義五爲貴三爲賤是貴賤之等也此並陽位若陰柔處之則傾危陽剛處之則剋勝其任故云其柔危其剛勝也諸本三多凶五多功之下皆有注今定本无也三居下卦之極故多凶五居中處尊故多功也。**易之爲書也，廣大悉備，有天道焉，有人道焉，有地道焉，兼三材而兩之，故六。六者非它也，三材之道也。**說卦備矣〔疏〕正義曰易之爲書至吉凶生焉此節明三材之義六爻相雜之理也六者非他三材之道也者言六爻所效法者非更別有他義唯三材之道也。**道有變動，故曰爻。爻有等，故曰物。**等類也乾陽物也坤陰物也爻有陰陽之類而后有剛柔之用故曰爻有等故曰物〔疏〕正義曰道有變動故曰爻者言三材之道既有變化而移動故重畫以象之而曰爻也爻有等故曰物者物類也言爻有陰陽貴賤等級以象萬物之類故謂之物也。**物相雜，故曰文。**剛柔交錯玄黃錯雜〔疏〕正義曰言萬物遞相錯雜若玄黃相間故謂之文也。**文不當，故吉凶生焉。**〔疏〕正義曰若相與聚居間雜成文不相妨害則吉凶不生也由文之不當相與聚居不當於理故吉凶生也。**易之興也，其當殷之末世，周之盛德邪？當文王與紂之事邪？**文王以盛德蒙難而能亨其道故稱文王之德以明易之道也**是故其辭危。**文王與紂之事危其辭也〔疏〕正義曰易之興也至易之道也此一節明易之興起在紂之末世故其辭者憂其傾危也以當紂世憂畏滅亡故作易辭多述憂危之事亦以垂法於后使保身危懼避其患難也周氏云謂當紂時不敢指斥紂惡故其辭微危而不正也今案康伯之注云文王與紂之事危其辭也則似周釋爲得也案下覆云危者使平則似危謂憂危是非既未可明所以兩存其釋也。**危者使平，易者使傾。**易慢易也〔疏〕正義曰危者使平者既有傾危以蒙大難文王有天下是危者使平也易者使傾者若其慢易不循易道者則使之傾覆若紂爲凶惡以至誅滅也。**其道甚大，百物不廢。懼以終始，其要无咎，此之謂易之道也。**夫文不當而吉凶生則保其存者亡不忘亡者存有其治者亂不忘危者安懼以終始歸於无咎安危之所由爻象之本體也〔疏〕正義曰其道甚大百物不廢者言易道功用甚大百種之物賴之不有休廢也懼以終始者言恒能憂懼於終始能於始思終於終思始也其要无咎者若能始終皆懼要會歸於无咎也此之謂易之道者言易之爲道若能終始之懼則无凶咎此謂易之所用之道其大體如此也〔疏〕正義曰夫乾天下至其辭屈此第九章自此已下終篇末總明易道之美兼明易道愛惡相攻情僞相感吉凶悔吝由此而生人情不等制辭各異也。**夫乾，天下之至健也，德行恒易以知險。夫坤，天**

下之至順也。德行恒簡以知阻。能說諸心。能研諸侯之慮。諸侯物主有爲者也能說萬物之心能精爲者之務〔疏〕正義曰德行恒易以知險者謂乾之德行恒易署不有艱難以此之故能知險之所興若不有易署則爲險也故行易以知險也德行恒簡以知阻者言坤之德行恒爲簡靜不有煩亂以此之故知阻之所興也若不簡則爲阻難故行簡靜以知阻也大難曰險乾以剛健故知其大難小難曰阻坤以柔順故知其小難知大難曰險者案坎卦彖云天險不可升地險山川丘陵言險不云阻故知險阻爲大難險既爲大明阻爲小也能說諸心者萬物之心皆患險阻今以阻險逆告於人則萬物之心无不喜說故曰能說諸心也能研諸侯之慮者研精也諸侯既有爲於萬物育養萬物使令得所易既能說諸物之心則能精妙諸侯之慮謂諸侯以此易之道思慮諸物轉益精粹故云研諸侯之慮也定天下之吉凶。成天下之亹亹者。是故變化云爲。吉事有祥。象事知器。占事知來。夫變化云爲者行其吉事則獲嘉祥之應觀其象事則知制器之方玩其占事則覩方來之驗也〔疏〕正義曰定天下之吉凶者言易道備載諸物得失依之則吉逆之則凶是易能定天下之吉凶也成天下之亹亹者亹亹勉也天下有所營爲皆勉勉不息若依此易道則所爲得成故云成天下之亹亹也是故變化云爲者易既備含諸事以是之故物之或以漸變改或頓從化易或口之所云或身之所爲也吉事有祥者若行吉事則有嘉祥之應也象事知器者觀其所象之事則知作器物之方也占事知來者言卜占之事則知未來之驗也言易之爲道有此諸德也天地設位。聖人成能。聖人乘天地之正萬物各成其能〔疏〕正義曰天地設位者言聖人乘天地之正設貴賤之位也聖人成能者聖人因天地所生之性各成其能令皆得所也人謀鬼謀。百姓與能。人謀況議於衆以定失得也鬼謀況寄卜筮以考吉凶也不役思慮而失得自明不勞探討而吉凶自著類萬物之情通幽深之故百姓與能樂推而不厭也〔疏〕正義曰謂聖人欲舉事之時先與人衆謀圖以定得失又卜筮於鬼神以考其吉凶是與鬼爲謀也聖人既先與人謀鬼謀不煩思慮與探討自然能類萬物之情能通幽深之理是其能也則天下百姓親與能人樂推爲王也自此已上論易道之大聖人法之而行八卦以象告。爻彖以情言。以象告人辭有險易而各得其情也〔疏〕正義曰自此已下又明卦爻剛柔變動情僞相感之事也剛柔雜居。而吉凶可見矣。變動以利言。變而通之以盡利也〔疏〕正義曰剛柔雜居而吉凶可見矣者剛柔二爻相雜而居得理則吉失理則凶故吉凶可見也變動以利言者若不變不動則於物有損有害今變而動之使利益於物是變動以利而言說也吉凶以情遷。吉凶无定唯人所動情順乘理以之吉情逆違道以陷凶故曰吉凶以情遷也〔疏〕正義曰遷謂遷移凡得吉者由情遷移於善也所得凶者由情遷於惡也是故愛惡相攻而吉凶生。泯然同順何吉何凶愛惡相攻然后逆順者殊故吉凶生〔疏〕正義曰若泯然无心事无得失何吉凶之有由有所貪愛有所憎惡兩相攻擊或愛攻於惡或惡攻於愛或兩相攻擊事有得失故吉凶生也遠近相取而悔吝生。相取尤相資也遠近之爻互相資取而后有悔吝也〔疏〕正義曰遠謂兩卦上下相應之類近謂比爻共聚迭相資取取之不以理故悔吝生也情僞相感而利害生。情以感物則得利僞以感物則致害也〔疏〕正義曰情謂實情僞謂虛僞虛實相感若以情實相感則利生若以虛僞相感則害生也凡易之情。近而不相得則凶。近況比爻也易之情剛柔相摩變動相適者也近而不相得必有乖違之患或有相違而无患者得其應也相順而皆凶者乖於時也存事以考之則義可見矣〔疏〕正義曰近謂兩爻相近而不相得以各无外應則致凶咎若各有應雖近不相得不必皆凶也或害之。悔且吝。夫无對於物而後盡全順之道豈可有欲害之者乎雖能免濟必有悔吝也或欲害之辭也〔疏〕正義曰言若能弘通不偏對於物盡竭順道物豈害之今既有心於物情意二三其外物則或欲害之則有凶禍假令自能免濟猶有悔及吝也故云或害之悔且吝也將叛者其辭慙。中心疑者其辭枝。吉人之辭寡。躁人之辭多。誣善之人其辭游。失其守者其辭屈。〔疏〕正義曰將叛者其辭慙者此已下說人情不同其辭各異將欲違叛已者貌雖相親辭不以實故其辭慙也中心疑者其辭枝者枝謂樹枝也中心於事疑惑則其心不定其辭分散若開枝也吉人之辭寡者以其吉善辭直故辭寡也躁人之辭多者以其煩躁故其辭多也誣善之人其辭游者游謂浮游誣罔善人其辭虛漫故言其辭游也失其守者其辭屈者居不值時失其所守之志故其辭屈橈不能申也凡此辭者皆論易經之中有此六種之辭謂作易之人述此六人之意各準擬其意而制其辭也

周易注䟽挍勘記卷八　　阮元撰盧宣旬摘錄

周易兼義卷第八　錢本錢挍本宋本作周易注䟽卷第十二

周易繫辭下第八　石經釋文岳本古本足利本同錢本宋本無第八二字

繫辭焉而命之　石經岳本閩監毛本同釋文命孟作明古本無焉字

況之六爻　岳本閩監毛本同古本下更有六爻二字

見存之爻辭○　閩監毛本同岳本宋本古本足利本見作則○補案則字是也正義可證

立在其卦之根本者也　錢本閩監本同毛本立在作在立

貞勝者也　石經岳本閩監毛本同釋文貞勝姚本作貞稱

夫有動則未免乎累　正義未下有能字

貞夫一者也　石經岳本閩監毛本同古本夫作於釋文出貞夫

隤然示人簡矣　石經岳本閩監毛本同釋文隤孟作退陸董姚作安

像此者也　岳本閩監毛本同石經初刻作象後加人旁下第三章同釋文出像此

則德之不大　孫志祖云之字疑衍

聖人之大寶曰位　石經岳本閩監毛本同釋文寶孟作保

何以守位曰人　石經岳本閩監毛本同釋文曰人王肅卞伯玉桓元明僧紹作仁

財所以資物生也　岳本閩監毛本同古本也上有者字

必信仁愛　閩監毛本同宋本信作須○補案須字是也

包犧氏之王天下也　石經岳本閩監毛本同釋文包本又作庖孟京作伏犧孟京作戲

无微不究　岳本閩監毛本同足利本微作細

作結繩而爲罔罟以佃以漁　石經岳本閩監毛本同釋文爲罔罟黃本作爲網罟佃本亦作田漁本亦作魚

或水澤以罔魚鼈也　浦鏜云澤當作漁

故稱離卦之名　浦鏜云稱當作取

揉木爲耒　石經岳本閩監毛本同釋文爲耒本或作揉本爲之耒耨非

在位一百一十年　錢本宋本同閩監毛本下一作二案帝王世紀正作一

皆習包犧氏之號也　浦鏜云習當作襲

納奔水氏女曰聽談　錢本宋本閩本同監毛本談作䛳

不解倦也　閩監毛本同岳本宋本古本足利本解作懈○按懈正字解假借字

大星如斗　閩監毛本同錢本宋本斗作虹

生顓頊於弱水　盧文弨云當作若水

萬天氏　補案萬當作葛形近之譌毛本正作葛今改正

乃至皇帝堯舜　補各本皇皆作黃案黃字是也下並同

易窮則變變則通通則久　石經岳本閩監毛本同釋文一本作易窮則變通則久

通則變之事　閩監毛本同錢本宋本則作其○補案其字是也

是以自天祐之吉无不利　岳本閩監毛本同釋文祐本亦作佑石經利下有也字古本同

此明若能通變　閩監毛本同錢本宋本通變作變通

此乃明易道之變通　補案道字不當重毛本刪一道字

以辨貴賤　岳本閩監毛本同釋文以别一本作辯

此於九事之第一也　浦鏜云於字衍是也

何以連云　浦鏜云當作所以連云是也

刳木爲舟剡木爲楫　石經岳本閩監毛本同釋文挎本又作刳剡掞本亦作剡楫本又作檝

致遠以利天下　石經岳本閩監毛本同釋文一本無此句

乘理以散通也閩監毛本同岳本宋本足利本通作動古本同也上有者字下各得其宜也同
以利天下蓋取諸隨石經岳本閩監毛本同釋文一本無以利天下一句
以待暴客石經岳本閩監毛本同釋文暴鄭作虣
取其豫備閩監毛本同岳本宋本古本作取其備豫
特以此象閩監毛本同宋本象作豫
易之以棺椁石經岳本同閩監毛本椁作槨非釋文出棺椁
書契所以決斷萬事也岳本閩監毛本同宋本決上有夬字
象也者像也石經岳本閩監毛本同釋文衆本並云像擬也孟京虞董姚還作象
故易者象也浦鏜云故下有云字
象也者像也○謂卦爲萬物象者〔補〕案○當者字之誤毛本正作者
无爲者爲每事因循孫志祖云下爲字當作謂
憧憧往來石經岳本閩監毛本同釋文憧本又作憧
心既寂靜閩監毛本同宋本寂靜倒
來者信也石經岳本閩監毛本同釋文信本又作伸
龍蛇之蟄以存身也岳本閩監毛本同石經初刻作虵後改蛇釋文出龍虵云本又作蛇全身本亦作存身
蛟蛇初蟄錢本宋本閩本同監毛本蛟改龍
由安其身而後動也閩監毛本同岳本宋本古本足利本由作皆○〔補〕案皆字是也正義可證
過此以往石經岳本閩監毛本同古本此下有而字
以上章先利用安身集解先下有言字
何崇德之有集解無德字
據于蒺蔾石經岳本閩監本同毛本蔾作藜釋文出蒺藜
死期將至岳本閩監毛本同石經死字漫滅餘同釋文出死其云其亦作期
履非其地閩監毛本同宋本地作位集解同
故云不曰〔補〕閩監毛本不作子案子字是也
則九三不爲其害〔補〕案三當二字之譌毛本正作二
是以出而有獲石經岳本閩監毛本同古本下有何字
此君子若包藏其器於身錢本宋本同閩監毛本此作比

待隼可射之動而射之盧文弨云上之字下當有時字嚴杰云動疑時字之誤
小懲而大誡岳本閩監毛本同石經初刻戒後改誡
屨校滅趾〔補〕古本同石經岳本閩監毛本屨作履釋文止本亦作趾案屨字是也噬嗑爻辭及下正義可證
故惡積而不可揜石經岳本同閩監毛本揜作掩
何校滅耳石經岳本閩監毛本同古本何作荷釋文出何校
繫于苞桑岳本閩監毛本同石經初刻包後加卄
力小而任重岳本閩監毛本同石經小作少錢大昕云當從唐石經爲正後漢書朱馮虞鄭周傳贊注引易與石經同三國志王脩傳注引魏略力少任重又漢書王莽傳自知德薄位尊力少任大今本少作小惟北宋景祐本是少字
鮮不及矣釋文尟本亦作鮮
理而无形閩監毛本同岳本宋本古本足利本无作未集解同孫志祖云據乾文言可與幾也疏當作有理而未形
故能朗然元昭閩監毛本同岳本宋本古本足利本昭作照集解同
故爲吉之先見也集解故爲作故言
介于石石經岳本閩監毛本同釋文介衆家作砎
未嘗不知石經岳本閩監毛本同古本下有也字
以顏子通幾閩監毛本同錢本宋本通作近
得一者閩監毛本同岳本宋本古本足利本一作二
天地絪縕萬物化醇男女構精萬物化生岳本閩監毛本同釋文絪縕本又作氤氳石經構字木旁摩改初刻似从女古本精下衍而字
君子脩此三者石經岳本閩監本同毛本脩誤修
則物之所不欲也閩監毛本同岳本宋本古本足利本欲作與按正義作與
乾坤其易之門邪乾陽物也岳本監毛本同閩本陽誤坤釋文其易之門邪本又作門戶邪
況爻繇之辭也閩本宋本古本足利本同岳本監本繇作繇毛本誤卦釋文出爻繇
易之其稱萬物之名浦鏜云之其當作辭所
所以明失得閩監毛本同岳本明作辨宋本古本足利本作辯
故云衰意也浦鏜云衰下脫世之二字
辨物正言石經岳本閩監毛本同釋文出辯物錢本亦作辯

欲令趣吉而避凶閩監本同毛本趣作趨錢本宋本作取
身既患憂〔補〕毛本患憂作憂患
故爲德之時閩監毛本同宋本故作欲
謙德之柄也石經岳本閩監毛本同古本無也字
損德之脩也石經岳本閩監毛本同釋文脩馬作循
能以利益於物閩監毛本同錢本宋本無以字
困德之辨也閩監毛本同石經岳本辨作辯釋文出之辯
象居得其所也岳本閩監毛本同古本無象字
恒雜而不厭石經岳本閩監毛本同古本雜上有先字
不被物之不正也閩監毛本同宋本不正作厭薄
而百姓不知其由也岳本閩監毛本同古本由作曲
以禮敬事於人閩監毛本同錢本登敬事二字
物亦益已閩監毛本同錢本宋本益作盈
井以辯義石經同岳本閩監毛本辯作辨
巽順以閩監毛本同錢本宋本以作也
故可以權行也閩監毛本同錢本宋本權行倒
不可立定準也岳本閩監毛本同宋本立作以
在二位相易閩監毛本同錢本宋本上有或字
趣舍存乎會也岳本閩監毛本同古本會上有其字
出入尢行藏外內尢隱顯〔補〕毛本尢作猶下正義並同
初九盤桓閩監毛本同錢本盤作磐
若夫雜物撰德辯是與非石經岳本同閩監毛本辯作辨釋文撰鄭作算
知者觀其彖辭石經岳本閩監毛本同古本知作智彖作象釋文出知者彖辭
尢乾之九二〔補〕毛本尢作猶
其用柔中也石經岳本閩監毛本同古本中上有得字
須援而濟岳本閩監毛本同古本援作扶
其剛勝邪石經岳本閩監毛本同古本下有也字
陽剛處之則剋勝錢本宋本閩本同監毛本剋作克

兼三材而兩之　岳本宋本古本足利本同閩監毛本材作才石經初刻作才後改材下同

故曰爻有等故曰物　閩監毛本同岳本叠爻字足利本爻上有交字古本下有也字

物相雜故曰文　石經岳本閩監毛本同足利本無相字

元黃錯雜　閩監毛本同岳本宋本足利本錯作相古本同下有也字

今以阻險　宋本同閩監毛本阻險倒

則覩方來之驗也　岳本閩監毛本同古本覩作觀

不勞探討　閩監毛本同岳本宋本古本足利本討作射釋文出探射䟽探討宋本亦作射

情逆違道以陷凶　䟽閩監毛本同岳本宋本古本足利本陷作蹈案蹈字是也

然后逆順者殊　閩本同岳本監毛本后作後古本下有功字

情僞相感而利害生　石經岳本閩監毛本同古本無此八字及注文

情謂情實　閩監毛本同錢本宋本情實作實情

近況比爻也　岳本宋本古本足利本同閩監毛本況誤凡

以各无外應　閩監毛本同錢本宋本以作又

失其守者其辭屈　石經岳本閩監毛本同古本下有也字

故言其辭游也　閩監毛本同錢本宋本游上有浮字盧文弨云言字疑衍

周易兼義卷第九

國子祭酒上護軍曲阜縣開國子臣孔穎達奉　勑撰正義

周易說卦第九　韓康伯注

【疏】正義曰說卦者陳說八卦之德業變化及法象所爲也孔子以伏犧畫八卦後重爲六十四卦八卦爲六十四卦之本前繫辭中略明八卦小成引而伸之觸類而長之天下之能事畢矣又曰八卦成列象在其中矣因而重之爻在其中矣又云古者包犧氏之王天下也仰則觀象於天俯則觀法於地觀鳥獸之文與地之宜近取諸身遠取諸物於是始作八卦以通神明之德以類萬物之情然引而伸之重三成六之意猶自未明仰觀俯察近身遠物之象亦爲未見故孔子於此更備說重卦之由及八卦所爲之象故謂之說卦焉先儒以孔子十翼之次乾坤文言在二繫之后說卦之前以彖象附上下二經爲六卷則上繫第七下繫第八文言第九說卦第十輔嗣之文言分附乾坤二卦故說卦爲第九

【疏】正義曰昔者聖人至以至於命此一節將明聖人引伸因重之意故先敘聖人本制蓍數卦爻備明天道人事妙極之理

昔者聖人之作易也。幽贊於神明而生蓍。幽深也贊明也蓍受命如嚮不知所以然而然也【疏】昔者至生蓍。○正義曰據今而稱上世謂之昔者也聰明叡知謂之聖人此聖人即伏犧也不言伏犧而云聖人者明以聖知而制作也且下繫已云包犧氏之王天下也於是始作八卦今言作易言是伏犧非文王等凡言作者皆本其事之所由故云昔者聖人之作易也聖人作易其作如何以此聖知深明神明之道而生用蓍求卦之法故曰幽贊於神明而生蓍也○注幽深也至然也○正義曰幽者隱而難見故訓爲深也贊者佐而助成而令微者得著故訓爲明也蓍受命如嚮不知所以然而然者釋聖人所以深明神明之道便能生用蓍之意以神道與用蓍相協之故也神之爲道陰陽不測妙而无方生成變化不知所以然而然者也蓍則受人命令告人吉凶應人如嚮亦不知所以然而然與神道爲一故繫辭云蓍之德員而神其受命如嚮亦繫辭文也

參天兩地而倚數。參奇也兩耦也七九陽數六八陰數【疏】參天至倚數。○正義曰倚立也既用蓍求卦其揲蓍所得取奇數於天取耦數於地而立七八九六之數故曰參天兩地而倚數也○注七九陽數○正義曰先儒馬融王肅等解此皆依繫辭云天數五地數五五位相得而各有合以爲五位相合以陰從陽天得三合謂一三與五也地得兩合謂二與四也鄭玄亦云天地之數備於十乃三之以天兩之以地而倚託大演之數五十也必三之以天兩之以地者天三覆地二載欲極於數庶得吉凶之審也其意皆以繫辭所云大演之數五十其用四十有九明用蓍之數下云天數五地數五五位相得而各有合天地之數五十有五以爲大演即天地之數又此上言幽贊於神明而生蓍便云參天兩地而倚數驗文準義故知如此韓康伯注繫辭云大演之數五十用王輔嗣意云易之所賴者五十其用四十有九則其一不用也不用而用以之通非數而數以之成用與不用本末合數故五十也以大衍五十非即天地之數故不用馬融鄭玄等說然此倚數生數在生蓍之後立卦之前明用蓍得數而布以爲卦故以七八九六當之七九爲奇天數也六八爲耦地數也故取奇於天取耦於地而立七八九六之數也何以爲參兩爲目奇耦者蓋古之奇耦亦以三兩言之且以兩是耦數之始三是奇數之初故也不以一目奇者張氏云以三中含兩有一以包兩之義明天有包地之德陽有包陰之道故天舉其多地言其少也

觀變於陰陽而立卦。卦象也蓍數也卦則雷風相薄山澤通氣擬象陰陽變化之體蓍則錯綜天地參兩之數蓍極數以定象卦備象以盡數故蓍曰參天兩地而倚數卦曰觀變於陰陽也【疏】觀變至立卦。○正義曰言其作易聖人本觀察變化之道象於天地陰陽而立乾坤等卦故曰觀變於陰陽而立卦也○注卦則雷風○正義曰卦則雷風相薄山澤通氣擬象陰陽變化之體以此言六十四卦非小成之八卦也伏犧初畫八卦以震象雷以巽象風以艮象山以兌象澤八卦未重則雷風各異山澤不通於陰陽變化之理未爲周備故此下云八卦相錯數往者順知來者逆注云八卦相錯變化理備於往則順而知之於來則逆而數之是也知非八卦者先儒皆以繫辭論用蓍之法云四營而成易十有八變而成卦者謂用蓍三扐而布一爻則十有八變爲六爻也然則用蓍在六爻之後非三畫之時蓋伏犧之初直仰觀俯察用陰陽兩爻而畫八卦後因而重之爲六十四卦然後天地變化人事吉凶莫不周備縕在爻卦之中矣文王又於爻卦之下繫之以辭明其爻卦之中吉凶之義蓍是數也傳稱物生而後有象象而後有滋滋而後有數然則數從象生故可用數求象於是幽贊於神明而生蓍用蓍之法求取卦爻以定吉凶繫辭曰天生神物聖人則之无有遠近幽深遂知來物是也繫辭言伏犧作易之初不假用蓍成卦故直言仰觀俯察此則論其既重之后端策布爻故先言生蓍后言立卦非是聖人幽贊元在觀變之前

發揮於剛柔而生爻。剛柔發散變動相和【疏】正義曰既觀象立卦又就卦發動揮散於剛柔兩畫而生變動之爻故曰發揮於剛柔而生爻也

和順於道德而理於義。窮理盡性以至於命。命者生之極窮理則盡其極也【疏】和順至性命。○正義曰蓍數既生爻卦又立易道周備无理不盡聖人用之上以和協順成聖人之道德下以治理斷人倫之正義又能窮極萬物深妙之理究盡生靈所稟之性物理既窮生性又盡至於一期所賦之命莫不窮其短長定其吉凶故曰和順於道德而理於義窮理盡性以至於命也○注命者至極也○正義曰命者人所稟受有其定分從生至終有長短之極故曰命者生之極也此所賦命乃自然之至理故窮理則盡其極也

【疏】正義曰昔者至成章此節就爻位明重卦之意

昔者聖人之作易也。將以順性命之理。是以立天之道。曰陰與陽。立地之道。曰柔與剛。在天成象在地成形陰陽者言其氣剛柔者言其形變化始於氣象而后成形萬物資始乎天成形乎地故天曰陰陽地曰柔剛也或有在形而言陰陽者本其始也在氣而言柔剛者要其終也【疏】昔者至柔與剛。○正義曰八卦小成但有三畫於三才之道陰陽未備所以重三爲六然后周盡故云昔者聖人之作易也將以順性命之理者本意將此易卦以順從天地生成萬物性命之理也其天地生成萬物之理須在陰陽必備是以造化闢設之時其立天之道有二種之氣曰成物之陰與施生之陽也其

立地之道有二種之形曰順承之柔與特載之剛也○注在形而言陰陽者○正義曰在形而言陰陽者即坤象辭云履霜堅冰陰始凝是也在氣而言柔剛者即尚書云高明柔克及左傳云天爲剛德是也

立人之道曰仁與義。兼三才而兩之。故易六畫而成卦。分陰分陽。迭用柔剛。故易六位而成章。設六爻以效三才之動故六畫而成卦也六位爻所處之位也二四爲陰三五爲陽故曰分陰分陽六爻升降或柔或剛故曰迭用柔剛也〔疏〕立人之道至成章○正義曰天地既立人生其間立人之道有二種之性曰愛惠之仁與斷割之義也既備三才之道而皆兩之作易本順此道理須六畫成卦故作易者因而重之使六畫而成卦也六畫所處有其六位分二四爲陰位三五爲陽位迭用六八之柔爻七九之剛爻而來居之故作易者分布六位而成爻卦之文章也○注二四至爲陽者○正義曰二四爲陰三五爲陽者王輔嗣以爲初上无陰陽定位此注用王之說也

天地定位。山澤通氣。雷風相薄。水火不相射。八卦相錯。數往者順。知來者逆。易八卦相錯變化理備於往則順而知之於來則逆而數之是故易逆數也。作易以逆覩來事以前民用〔疏〕天地定位至數也○正義曰此一節就卦象明重卦之意易以乾坤象天地艮兌象山澤震巽象雷風坎離象水火若使天地不交水火異處則庶類无生成之用品物无變化之理所以因而重之令八卦相錯則天地人事莫不備矣故云天地定位而合德山澤異體而通氣雷風各動而相薄水火不相入而相資既八卦之用變化如此故聖人重卦令八卦相錯乾坤震巽坎離艮兌莫不交互而相重以象天地雷風水火山澤莫不交錯則易之爻卦與天地等成性命之理吉凶之數既往之事將來之幾備在爻卦之中矣故易之爲用人欲數知既往之事者易則順后而知之人欲數知將來之事者易則逆前而數之是故聖人用此易道以逆數知來事也○注作易至民用○正義曰易雖備知來往之事莫不假象知之故聖人作易以逆覩來事也以前民用者易占事在其民用之前此繫辭文引之以証逆數來事也

雷以動之。風以散之。雨以潤之。日以烜之。艮以止之。兌以說之。乾以君之。坤以藏之。〔疏〕正義曰此一節總明八卦養物之功烜乾也上四舉象下四舉卦者王肅云互相備也明雷風與震巽同用乾坤與天地通功也

帝出乎震。齊乎巽。相見乎離。致役乎坤。說言乎兌。戰乎乾。勞乎坎。成言乎艮。〔疏〕正義曰帝出乎震至故曰成言乎艮者康伯於此无注然益卦六二王用亨于帝吉王輔嗣注云帝者生物之主興益之宗出震而齊巽者也王之注意正引此文則輔嗣之意以此帝爲天帝也帝若出萬物則在乎震絜齊萬物則在乎巽令萬物相見則在乎離致役以養萬物則在乎坤說萬物而可言者則在乎兌陰陽相戰則在乎乾受納萬物勤勞則在乎坎能成萬物而可定則在乎艮也

萬物出乎震。震東方也。齊乎巽。巽東南也。齊也者。言萬物之絜齊也。離也者。明也。萬物皆相見。南方之卦也。聖人南面而聽天下。嚮明而治。蓋取諸此也。〔疏〕正義曰萬物出乎震震東方者解上帝出乎震以震是東方之卦斗柄指東爲春春時萬物出生也齊乎巽巽東南也齊也者言萬物之絜齊也解上齊乎巽以巽是東南之卦斗柄指東南之時萬物皆絜齊也離也者明也萬物皆相見南方之卦也聖人南面而聽天下嚮明而治蓋取諸此也者解上相見乎離因明聖人法離之事以離爲象日之卦故爲明也日出而萬物皆相見也又位在南方故聖人法南面而聽天下嚮明而治也故云蓋取諸此也

坤也者。地也。萬物皆致養焉。故曰致役乎坤。兌正秋也。萬物之所說也。故曰說言乎兌。戰乎乾。乾西北之卦也。言陰陽相薄也。坎者。水也。正北方之卦也。勞卦也。萬物之所歸也。故曰勞乎坎。艮東北之卦也。萬物之所成終而所成始也。故曰成言乎艮。〔疏〕坤也者至乎艮○正義曰坤也者地也萬物皆致養焉故曰致役乎坤者解上致役乎坤以坤是象地之卦地能生養萬物是有其勞役故云致役乎坤鄭云坤不言方者所言地之養物不專一也兌正秋也萬物之所說也故曰說言乎兌者解上說言乎兌以兌是象澤之卦說萬物者莫說乎澤又位是西方之卦斗柄指西是正秋八月也立秋而萬物皆說成也戰乎乾乾西北之卦也言陰陽相薄也者解上戰乎乾以乾是西北方之卦西北是陰地乾是純陽而居之是陰陽相薄之象也故曰戰乎乾坎者水也正北方之卦也勞卦也萬物之所歸也故曰勞乎坎者解上勞乎坎以坎是象水之卦水行不舍晝夜所以爲勞卦又是正北方之卦斗柄指北於時爲冬冬時萬物閉藏納受爲勞是坎爲勞卦也艮東北之卦也萬物之所成終而所成始也故曰成言乎艮者解上成言乎艮也以艮是東北方之卦也東北在寅丑之間丑爲前歲之末寅爲後歲之初則是萬物之所成終而所成始也

神也者。妙萬物而爲言者也。於此言神者明八卦運動變化推移莫有使之然者神則无物妙萬物而爲言者則雷疾風行火炎水潤莫不自然相與爲變化故能萬物既成也〔疏〕正義曰神也者至成萬物也此一節別明八卦生成之用八卦運動萬物變化應時不失无所不成莫有使之然者而求其眞宰无有遠近了无晦跡不知所以然而然況之曰神也然則神也者非物妙萬物而爲言者神卽範圍天地故此之下不復別言乾坤直舉六子以明神之功用

動萬物者。莫疾乎雷。撓萬物者。莫疾乎風。燥萬物者。莫熯乎火。說萬物者。莫說乎澤。潤萬物者。莫潤乎水。終萬物始萬物者。莫盛乎艮。故水火相逮。雷風不相悖。山澤通氣。然後能變化。既成萬物也。〔疏〕正義曰鼓動萬物者莫疾乎震震象雷也撓散萬物者莫疾乎巽巽象風也乾燥萬物者莫熯乎離離象火也光說萬物者莫說乎兌兌象澤也潤濕萬物者莫潤乎坎坎象水也終萬物始萬物者莫盛乎艮艮東北方之卦也故水火雖不相入而相逮及雷風雖相薄而不相悖逆山澤雖相懸而能通氣然後能行變化而盡成萬物也艮不言山獨舉卦名者動橈燥潤之功是雷風水火至於終始萬物於山義爲微故言艮而不言山也上章言水火不相入此言水火相逮者既不相入又不相及則无成物之功明性雖不相入而氣相逮及也上言雷風相薄此言不相悖者二象俱動動若相薄而相悖逆則相傷害亦無成物之功明雖相薄而不相逆也

乾。健也。坤。順也。震。動也。巽。入也。坎。陷也。離。麗也。艮。止也。兌。說也。〔疏〕正義曰此一節說八卦名訓乾象天天體運轉不息故爲健也坤順也坤象地地順承於天故爲順也震動也震象雷雷奮動萬物故爲動也巽入也巽象風風行无所不入故爲入也坎陷也坎象水水處險陷故爲陷也離麗也離象火火必著於物故爲麗也艮止也艮象山山體靜止故爲止也兌說也兌象澤澤潤萬物故爲說也

乾爲馬。坤爲牛。震爲龍。巽爲雞。坎爲豕。離爲雉。艮爲狗。兌爲羊。〔疏〕正義曰此一節說八卦畜獸之象略明遠取諸物也乾象天天行健故爲馬也坤爲牛坤象地任重而順故爲牛也震爲龍震動象龍動物故爲龍也巽爲雞巽主號令雞能知時故爲雞也坎爲豕坎主水瀆豕處污濕故爲豕也離爲雉離爲文明雉有文章故爲雉也艮爲狗艮爲靜止狗能善守禁止外人故爲狗也兌爲羊兌說也王廙云羊者順之畜故爲羊也

乾爲首。坤爲腹。震爲足。巽爲股。坎爲耳。離爲目。艮爲手。兌爲口。〔疏〕正義曰此一節說八卦人身之象略明近取諸身也乾尊而在上故爲首也坤爲腹坤能包藏含容故爲腹也震爲足足能動用故爲足也巽爲股股隨於足則巽順之謂故爲股也坎爲耳坎北方之卦主聽故爲耳也離爲目南方之卦主視故爲目也艮爲手艮既爲止手亦能止持其物故爲手也兌爲口兌西方之卦主言語故爲口也

乾。天也。故稱乎父。坤。地也。故稱乎母。震一索而得男。故謂之長男。巽一索而得女。故謂之長女。坎再索而得男。故謂之中男。離再索而得女。故謂之中女。艮三索而得男。故謂之少男。兌三索而得女。故謂之少女。〔疏〕正義曰此一節說乾坤六子明父子之道王氏云索求也以乾坤爲父母而求其子也得父氣者爲男得母氣者爲女坤初求得乾氣爲震故曰長男坤二求得乾氣爲坎故曰中男坤三求得乾氣爲艮故曰少男乾初求得坤氣爲巽故曰長女乾二求得坤氣爲離故曰中女乾三求得坤氣爲兌故曰少女

乾爲天。爲圜。爲君。爲父。爲玉。爲金。爲寒。爲冰。爲

大赤。爲良馬。爲老馬。爲瘠馬。爲駁馬。爲木果。【疏】正義曰此下歷就八卦廣明卦象者也此一節廣明乾象乾既爲天天動運轉故爲圜也爲君爲父取其尊道而爲萬物之始也爲玉爲金取其剛之清明也爲寒爲冰取其西北寒冰之地也爲大赤取其盛陽之色也爲良馬取其行健之善也爲老馬取其行健之久也爲瘠馬取其行健之甚瘠馬骨多也爲駁馬言此馬有牙如倨能食虎豹爾雅云倨牙食虎豹此之謂也王廙云駁馬能食虎豹取其至健也爲木果取其果實著木有似星之著天也

坤爲地。爲母。爲布。爲釜。爲吝嗇。爲均。爲子母牛。爲大輿。爲文。爲衆。爲柄。其於地也爲黑。【疏】正義曰此一節廣明坤象坤既爲地地受任生育故謂之爲母也爲布取其地廣載也爲釜取其化生成熟也爲吝嗇取其地生物不轉移也爲均以其地道平均也爲子母牛取其多蕃育而順之也爲大輿取其能載萬物也爲文取其萬物之色雜也爲衆取其地載物非一也爲柄取其生物之本也其於地也爲黑取其極陰之色也

震爲雷。爲龍。爲玄黃。爲旉。爲大塗。爲長子。爲決躁。爲蒼筤竹。爲萑葦。其於馬也爲善鳴。爲馵足。爲作足。爲的顙。其於稼也爲反生。其究爲健。爲蕃鮮。【疏】正義曰此一節廣明震象爲玄黃取其相雜而成蒼色也爲旉取其春時氣至草木皆吐旉布而生也爲大塗取其萬物之所生也爲長子如上文釋震爲長子也爲決躁取其剛動也爲蒼筤竹竹初生之時色蒼筤取其春生之美也爲萑葦萑葦竹之類也其於馬也爲善鳴取其象雷聲之遠聞也爲馵足馬後足白爲馵取其動而見也爲作足取其動而行健也爲的顙白額爲的顙亦取動而見也其於稼也爲反生取其始生戴甲而出也其究爲健究極也極於震動則爲健也爲蕃鮮明也取其春時草木蕃育而鮮明

巽爲木。爲風。爲長女。爲繩直。爲工。爲白。爲長。爲高。爲進退。爲不果。爲臭。其於人也爲寡髮。爲廣顙。爲多白眼。爲近利市三倍。其究爲躁卦。【疏】正義曰此一節廣明巽象巽爲木木可以輮曲直卽巽順之謂也爲風取其陽在上搖木也爲長女如上釋巽爲長女也爲繩直取其號令齊物如繩之直木也爲工亦正取繩直之類爲白取其風吹去塵故絜白也爲長取其風行之遠也爲高取其風性高遠又木生而上也爲進退取其風之性前却其物進退之義也爲不果取其風性前却不能果敢決斷亦皆進退之義也爲臭王肅作爲香臭也取其風所發也又取下風之遠聞其於人也爲寡髮寡少也風落樹之華葉則在樹者稀踈如人之少髮亦類於此故爲寡髮也爲廣顙額闊爲廣顙髮寡少之義故爲廣顙也爲多白眼取躁人之眼其色多白也爲近利取其躁人之情多近於利也市三倍取其木生蕃盛於市則三倍之宜利也其究爲躁卦究極也取其風之近極於躁急也

坎爲水。爲溝瀆。爲隱伏。爲矯輮。爲弓輪。其於人也爲加憂。爲心病。爲耳痛。爲血卦。爲赤。其於馬也爲美脊。爲亟心。爲下首。爲薄蹄。爲曳。其於輿也爲多眚。爲通。爲月。爲盜。其於木也爲堅多心。【疏】正義曰此一節廣明坎象坎爲水取其北方之行也爲溝瀆取其水行無所不通也爲隱伏取其水藏地中也爲矯輮取其使曲者直爲矯使直者曲爲輮水流曲直故爲矯輮也爲弓輪弓者激矢取如水激射也輪者運行如水行也其於人也爲加憂取其憂險難也爲心病憂其險難故心病也爲耳痛坎爲勞卦也又北方主聽聽勞則耳痛也爲血卦取其人之有血猶地有水也爲赤亦取血之色其於馬也爲美脊取其陽在中也爲亟心亟急也取其中堅內動也爲下首取其水流向下也爲薄蹄取其水流迫地而行也爲曳取其水磨地而行也其於輿也爲多眚取其表裏有陰力弱不能重載常憂災眚也爲通取其行有孔穴也爲月取其月是水之精也爲盜取水行潛竊如盜賊也其於木也爲堅多心取剛在內也

離爲火。爲日。爲電。爲中女。爲甲冑。爲戈兵。其於人也爲大腹。爲乾卦。爲鼈。爲蟹。爲蠃。爲蚌。爲龜。其於木也爲科上槁。【疏】正義曰此一節廣明離象離爲火取南方之行也爲日取其日是火精也爲電取其有明似火之類也爲中女如上釋離爲中女也爲甲冑取其剛在外也爲戈兵取其剛在於外以剛自捍也其於人也爲大腹取其懷陰氣也爲乾卦取其日所烜也爲鼈爲蟹爲蠃爲蚌爲龜皆取剛在外也其於木也爲科上槁科空也陰在內爲空木既空中者上必枯槁也

艮爲山。爲徑路。爲小石。爲門闕。爲果蓏。爲閽寺。爲指。爲狗。爲鼠。爲黔喙之屬。其於木也爲堅多節。【疏】正義曰此一節廣明艮象艮爲山取陰在下爲止陽在於上爲高故艮象山也爲徑路取其山雖高有澗道也爲小石取其艮爲山又爲陽卦之小者故爲小石也爲門闕取其有徑路又崇高也爲果蓏木實爲果草實爲蓏取其出於山谷之中也爲閽寺取其禁止人也爲指取其執止物也爲狗爲鼠取其皆止人家也爲黔喙之屬取其山居之獸也其於木也爲堅多節取其山之所生其堅勁故多節也

兌爲澤。爲少女。爲巫。爲口舌。爲毀折。爲附決。其於地也爲剛鹵。爲妾。爲羊。【疏】正義曰此一節廣明兌象兌爲澤取其陰卦之小地類卑也爲少女如上釋兌爲少女也爲巫取其口舌之官也爲口舌取西方於五事爲言取口舌爲言語之具也爲毀折爲附決兌西方之卦又兌主秋也取秋物成熟稾稈之屬則毀折也果蓏之屬則附決也其於地也爲剛鹵取水澤所停則鹹鹵也爲妾取少女從姊爲娣也爲羊如上釋取其羊性順也

周易序卦第十

【疏】正義曰序卦者文王既繇六十四卦分爲上下二篇其先後之次其理不見故孔子就上下二經各序其相次之義故謂之序卦焉其周氏就序卦以六門往攝第一天道門第二人事門第三相因門第四相反門第五相須門第六相病門如乾之次坤泰之次否等是天道運數門也如訟必有師師必有比等是人事門也如因小畜生履因履故通等是相因門也如遯極反壯動竟歸止等是相反門也如大有須謙蒙稚待養等是相須門也如賁盡致剝進極致傷等是相病門也韓康伯云序卦之所明非易之緼也蓋因卦之次託象以明義不取深緼之義故云非易之緼故以取其人理也今驗六十四卦二二相耦非覆卽變覆者表裏視之遂成兩卦屯蒙需訟師比之類是也變者反覆唯成一卦則變以對之乾坤坎離大過頤中孚小過之類是也且聖人本定先後若元用孔子序卦之意則不應非覆卽變然則康伯所云因卦之次託象以明義蓋不虛矣故不用周氏之義

有天地。然後萬物生焉。盈天地之間者唯萬物。故受之以屯。屯者盈也。屯者物之始生也。屯剛柔始交故爲物之始交也【疏】正義曰王肅云屯剛柔始交而難生故爲物始生也盧氏云物之始生故屯難皆以物之始生釋屯難之義案上言屯者盈也釋屯次乾坤其言已畢更言屯者物之始生者開說下物生必蒙直取始生之意非重釋屯之名也故韓康伯直引剛柔始交以釋物之始生也

物生必蒙。故受之以蒙。蒙者蒙也。物之稺也。物稺不可不養也。故受之以需。需者飲食之道也。飲食必有訟。故受之以訟。夫有生則有資有資則爭興也訟必有衆起。故受之以師。師者衆也。衆必有所比。故受之以比。衆起而不比則爭无由息必相親比而後得寧也比者比也。比必有所畜。故受之以小畜。此非大通之道則各有所畜以相濟也由比而畜故曰小畜而不能大也物畜然後有禮。故受之以履。履者禮也禮所以適用也故既畜則宜用有用則須禮也履而泰然後安。故受之以泰。泰者通也。物不可以終通。故受之以否。物不可以終否。故受之以同人。否則思通人人同志故可出門同人不謀而合與人同者。物必歸焉。故受之以大有。有大者不可以盈。故受之以謙。有大而能謙必豫。故受之以豫。豫必有隨。順以動者衆之所隨【疏】正義曰鄭玄云喜樂而出人則隨從孟子曰吾君不游吾何以休吾君不豫吾何以助此之謂也王肅云歡豫人必有隨者皆以爲人君喜樂歡豫則人所隨案豫卦彖云豫剛應而志行順以動豫豫順以動故天地如之而況建侯行師乎天地以順動故日月不過而四時不忒聖人以順動則刑罰清而民服卽此上云有大而能謙必豫故受之以豫其意以聖人順動能謙爲物所說所以爲豫人既說豫自然隨之則謙順在君說豫在人也若以人君喜樂游豫人則隨之紂作靡靡之樂長夜之飲何爲天下離叛乎故韓康伯云順以動者衆之所隨在於人君取致豫之義然後爲物所隨所以非斥先儒也故受之以隨。以喜隨人者

必有事。故受之以蠱。蠱者事也。有事而後可大。可大之業由事而生 故受之以臨。臨者大也。物大然後可觀。故受之以觀。可觀而後有所合。故受之以噬嗑。可觀則異方合會也 嗑者合也。物不可以苟合而已。故受之以賁。賁者飾也。物相合則須飾以脩外也 致飾然後亨則盡矣。故受之以剝。極飾則實喪也 剝者剝也。物不可以終盡。剝窮上反下。故受之以復。復則不妄矣。故受之以无妄。有无妄然後可畜。故受之以大畜。物畜然後可養。故受之以頤。頤者養也。不養則不可動。故受之以大過。不養則不可動養過則厚〔疏〕正義曰鄭玄云以養賢者宜過於厚王輔嗣注此卦云音相過之過韓氏云養過則厚與鄭玄輔嗣義同唯王肅云過莫大於不養則以爲過失之過案此序卦以大過次頤也明所過在養子雍以爲過在不養違經反義莫此之尤而周氏等不悟其非兼以過失釋大過之名已具論之於經也 物不可以終過。故受之以坎。坎者陷也。過而不已則陷沒也 陷必有所麗。故受之以離。離者麗也。物窮則變極陷則反所麗也 有天地。然後有萬物。有萬物。然後有男女。有男女。然後有夫婦。有夫婦。然後有父子。有父子。然後有君臣。有君臣。然後有上下。有上下。然後禮義有所錯。言咸卦之義也凡序卦所明非易之緼也蓋因卦之次託以明義咸柔上而剛下感應以相與夫婦之象莫美乎斯人倫之道莫大乎夫婦故夫子殷勤深述其義以崇人倫之始而不係之於離也先儒以乾至離爲上經天道也咸至未濟爲下經人事也夫易六畫成卦三材必備錯綜天人以效變化豈有天道人事偏於上下哉斯蓋守文而不求義失之遠矣〔疏〕正義曰韓於此一節注破先儒上經明天道下經明人事於咸卦之初已論之矣 夫婦之道。不可以不久也。故受之以恒。恒者久也。物不可以久居其所。故受之以遯。遯者退也。夫婦之道以恒爲貴而物之所居不可以恒宜與世升降有時而遯也 物不可以終遯。遯君子以遠小人遯而後亨何可終邪則小人遂陵君子日消也 故受之以大壯。陽盛陰消君子道勝 物不可以終壯。故受之以晉。晉以柔而進也 晉者進也。雖以柔而進要是進也。進必有所傷。故受之以明夷。日中則昃日盈則食 夷者傷也。傷於外者必反於家。故受之以家人。傷於外必反脩諸內

家道窮必乖。室家至親過在失節故家人之義唯嚴與敬樂勝則流禮勝則離家人尚嚴其敝必乖也 故受之以睽。睽者乖也。乖必有難。故受之以蹇。蹇者難也。物不可以終難。故受之以解。解者緩也。緩必有所失。故受之以損。損而不已必益。故受之以益。益而不已必決。益而不已則盈故必決也 故受之以夬。夬者決也。決必有遇。以正決邪必有喜遇也 故受之以姤。姤者遇也。物相遇而後聚。故受之以萃。萃者聚也。聚而上者謂之升。故受之以升。升而不已必困。故受之以困。困乎上者必反下。故受之以井。井道不可不革。井久則濁穢宜革易其故 故受之以革。革物者莫若鼎。革去故鼎取新既以去故則宜制器立法以治新也鼎所以和齊生物成新之器也故取象焉 主器者莫若長子。故受之以震。震者動也。物不可以終動。止之。故受之以艮。艮者止也。物不可以終止。故受之以漸。漸者進也。進必有所歸。故受之以歸妹。得其所歸者必大。故受之以豐。豐者大也。窮大者必失其居。故受之以旅。旅而无所容。故受之以巽。旅而无所容以巽則得入也 巽者入也。入而後說之。故受之以兌。兌者說也。說而後散之。故受之以渙。說不可偏係故宜散也 渙者離也。渙者發暢而无所壅滯則殊越各肆而不反則遂乖離也 物不可以終離。故受之以節。夫事有其節則物之所同守而不散越也 節而信之。故受之以中孚。孚信也既已有節則宜信以守之 有其信者必行之。故受之以小過。守其信者則失貞而不諒之道而以信爲過故曰小過也 有過物者必濟。行過乎恭禮過乎儉可以矯世厲俗有所濟也 故受之以既濟。物不可窮也。故受之以未濟終焉。有爲而能濟者以已窮物者也物窮則乖功極則亂其可濟乎故受之以未濟也

周易雜卦第十一　雜卦者雜糅衆卦錯綜其義或以同相類或以異相明也〔疏〕正義曰上序卦依文王上下而次序之此雜卦孔子更以意錯雜而對辨其次第不與序卦同故韓康伯云雜卦者雜糅衆卦錯綜其義或以同相類或以異相明也虞氏云雜卦者雜六十四卦以爲義其於序卦之外別言也此者聖人之興因時而作隨其時宜不必皆相因襲當有損益之意也故歸藏名卦之次亦多異於時王道踳駁聖人之意或欲錯綜以濟之故次序卦以其雜也

乾剛坤柔。比樂師憂。親比則樂動衆則憂 臨觀之義。或與或求。以我臨物故曰與物來觀我故曰求 屯見而不失其居。屯利建侯君子經綸之時雖見而磐桓利貞不失其居也 蒙雜而著。雜而未知所定也求發其蒙則終得所定著定也 震起也。艮止也。損益盛衰之始也。極損則益極益則損 大畜時也。因時而畜故能大也 无妄災也。无妄之世妄則災也 萃聚而升不來也。來還也方在上升故不還也 謙輕而豫怠也。謙者不自重大 噬嗑食也。賁无色也。飾貴合衆无定色也 兌見而巽伏也。兌貴顯說巽貴卑退 隨无故也。隨時之宜不繫於故也隨則有事受之 蠱則飭也。以蠱飭整治也蠱所以整治其事也 剝爛也。物熟則剝落也 復反也。晉晝也。明夷誅也。誅傷也 井通而困相遇也。井物所通用而不吝也困安於所遇而不濫也 咸速也。物之相應莫速乎咸 恒久也。渙離也。節止也。解緩也。蹇難也。睽外也。相疏外也 家人內也。否泰反其類也。大壯則止。遯則退也。大正則小人也小人亨則君子退也 大有衆也。同人親也。革去故也。鼎取新也。小過過也。中孚信也。豐多故也。虛者懽危備者戒盈豐大者多憂故也 親寡旅也。親寡故寄旅也 離上而坎下也。火炎上水潤下 小畜寡也。不足以兼濟也 履不處也。王弼云履卦陽爻皆以不處其位爲吉也 需不進也。畏險而止也 訟不親也。大過顚也。本末弱也 姤遇也。柔遇剛也。漸女歸待男行也。女從男也 頤養正也。既濟定也。歸妹女之終也。女終於出嫁也 未濟男之窮也。剛柔失位其道未濟故曰窮也 夬決也。剛決柔也。君子道長。小人道憂也。

周易注疏挍勘記卷九　阮元撰盧宣旬摘錄

周易兼義卷第九　錢本錢挍本宋本作周易注疏卷第十三

周易說卦第九　石經釋文岳本古本足利本同錢本宋本無第九二字

輔嗣之文言　閩監毛本同錢本宋本之作以

將明聖人引伸因重之意　閩監毛本同錢本宋本重下有卦字

幽贊於神明而生蓍　石經岳本閩監毛本同釋文本贊或作讚

著受命如嚮　閩監毛本同岳本宋本古本足利本嚮作響釋文嚮本又作響

言是伏犧非文王等　閩監毛本同錢本宋本言作明○按集解作明是伏犧非謂文王也

參天兩地而倚數　石經岳本閩監毛本同釋文天或作大者非倚蜀才作奇通

觀變於陰陽而立卦　石經岳本閩監毛本同釋文觀變一本作觀變化

擬象陰陽變化之體○〔補〕案○當者字之譌毛本正作者

變動相和　閩監毛本同岳本宋本古本足利本和作生○〔補〕案生字是也

和順於道德而理於義　此下古本有易所以和天道順地德理行義十二字注足利本同惟理行義作理仁義也

斷人倫之正義　閩監毛本同宋本斷下有訓字

此節就爻位　閩監毛本同錢本宋本此下有一字

將以順性命之理　石經岳本閩監毛本同古本下有也字

或有在形而言陰陽者　岳本閩監毛本同古本無有字

與特載之剛也　〔補〕毛本特作持

故易六位而成章　石經岳本閩監毛本同釋文六位而成章本又作六畫

與斷刮之義也　〔補〕閩監毛本刮作劊宋本同案劊字是也

既備三才之道　閩監毛本同錢本宋本備上有兼字

注二四至爲陽者　〔補〕案注文無者字此誤衍也毛本不誤

今八卦相錯　閩監毛本同宋本今作令○〔補〕案令字是也

日以烜之　石經岳本閩監毛本同釋文烜本又作晅

巽東南也　石經岳本閩監毛本同古本南下有方字

故曰致役乎坤　石經岳本閩監毛本同古本下有也字

坎者水也　石經岳本閩監毛本同古本無也字

萬物之所歸也　〔補〕各本如此十行本原脫所字案經萬物之所說也萬物之所成終而所成始也並有所字正義述此句亦作萬物之所歸也是當有所字今補正

萬物之所成終而所成始也　石經岳本閩監毛本同古本無下所字

立秋而萬物皆說成也　閩監毛本同宋本立作正

妙萬物而爲言者也　石經岳本閩監毛本同釋文妙王肅作眇

則雷疾風行　盧文弨云則當作明集解作明則衍則字

莫熯乎火　石經岳本閩監毛本同釋文熯徐本作暵

故水火相逮　石經岳本閩監毛本同釋文水火不相逮鄭宋陸王肅王廙無不字

正義曰鼓動萬物者　閩監毛本同錢本宋本與上疏相連故無正義二字但作故曰二字

坎爲豕　石經岳本閩監毛本同正義亦作豕釋文云京作彘

羊者順之畜　閩監毛本同錢本宋本順下有從字

爲瘠馬爲駁馬　岳本閩監毛本同石經駁字係摩改初刻當是駮字釋文瘠京荀作柴駁邦角反

取其尊道　閩監毛本同宋本道作首

取其剛之清明也　閩監毛本同錢本宋本之作而

此馬有牙如倨　宋本同閩監毛本倨作鋸下同

爲吝嗇　石經岳本閩監毛本同釋文吝京作遴

以其地道平均也　閩監毛本同宋本以作取是也

爲龍　石經岳本閩監毛本同釋文龍虞干作駹

爲旉　石經岳本閩監毛本同釋文旉本又作專

爲蒼筤竹爲萑葦　岳本閩監毛本同釋文蒼筤或作琅邇石經萑作藋釋文出萑葦○按依說文當作萑从艸萑聲省作萑俗作藿

爲馵足　石經岳本閩監毛本同釋文馵京作朱荀同

其於稼也爲反生　石經岳本閩監毛本同釋文反虞作阪

取其萬物之所生也　閩監毛本同宋本生下有出字

馬後足白爲馵　盧文弨云依爾雅足上當有左字

白顙爲的顙　閩監毛本同宋本顙作頟○按頟顙古今字

爲臭　石經岳本閩監毛本同釋文王肅作爲香臭

其於人也爲寡髮爲廣顙　石經岳本閩監毛本同釋文寡本又作宣廣鄭作黃

取躁人之眼　閩監毛本同錢本宋本躁上有其字

爲矯輮爲弓輪　石經岳本閩監毛本同釋文矯一本作撟輮馬鄭陸王肅本作此宋衷王廙作揉京作柔荀作撓輪姚作倫

爲亟心　石經岳本閩監毛本同釋文亟荀作極

取其行有孔穴也　閩監毛本同錢本宋本行上有水字

爲乾卦爲鱉　閩監本同岳本毛本鱉作鼈石經鱉字下半漫滅釋文乾董作幹鱉本又作鼈○按鼈鱉正俗字

爲羸爲蚌　岳本閩監毛本同石經蚌字漫滅釋文羸京作螺姚作蠡蚌本又作蜯

其於木也爲科上槁　石經岳本監毛本同閩本槁作稿釋文科虞作折槁鄭作槀干作熇

爲果蓏爲閽寺　石經岳本閩監毛本同釋文果蓏京本作果墮之字寺亦作閹字

爲黔喙之屬　石經岳本閩監毛本同釋文黔鄭作黚

爲堅多節　石經岳本閩監毛本同釋文一本無堅字古本多上有爲字

取陰在下爲止　閩監毛本同錢本宋本在下有於字

爲羊　石經岳本閩監毛本同釋文虞作羔此六子依求索而爲次序也本亦有以三男居前三女後從乾健也章至此韓無注或有注非也

周易序卦第十　石經釋文岳本錢本錢本宋本同古本序上有經字又案石經篇題在每卷首者皆八分大書此及雜卦與繫辭下同卷故獨楷書

以六門往攝　閩監毛本同錢本宋本往作主

泰之次否等第　閩監毛本同宋本無第字

是人事門也　閩監毛本同宋本無門字

故以取其人理也　閩監毛本同錢本宋本人作義盧文弨云按句上疑有脫字

屯者物之始生也　石經岳本閩監毛本同古本無也字

故爲物之始交也　〔補〕案交當作生正義可證毛本是生字

物之穉也　石經岳本閩監毛本同釋文穉本或作稚

此必有所畜　石經岳本閩監毛本同釋文畜本亦作蓄下及雜卦同

此非大通之道　閩監毛本同岳本宋本古本足利本此作比○〔補〕案比字是也

物不可以終通　〔補〕各本如此十行本原脫以字案序卦物不可以終否物不可以終壯物不可以終過物不可以終遯物不可以終盡物不可以終動止之物不可以終止物不可以終離句法凡九見終上並有以字今依各本補正

吾君不游吾何以休吾君不豫吾何以助　孫志祖云今孟子二君字俱作王

嘉樂游豫　閩監毛本同宋本游作歡

物大然後可觀　石經岳本閩監毛本同古本下有也字下剝窮上反下下有无妄然後可畜下物畜然後可養下不養則不可動下並同案无妄然後可畜下石經初刻有也字後改刪去

故受之以坎　石經岳本閩監毛本同古本坎上有習字

然後禮義有所錯 石經岳本閩監毛本同古本下有矣字
言咸卦之義也 岳本閩監毛本同古本咸作感
非易之緼也 岳本閩監毛本同釋文緼本又作藴
託以明義 岳本閩監毛本同古本託作說
故夫子殷勤深述其義 閩監毛本同岳本足利本殷勤作慇懃
而不係之於雜也 閩監毛本同岳本宋本古本足利本雜作離○補案離字是也
三材必備 岳本閩本古本同監毛本材作才
君子日消也 岳本閩監毛本同古本也作矣
日盈則食 閩本同岳本監毛本日作月是也古本下有也字下宜革易其故下而以信為過下並同
必反於家 石經岳本同閩本反下空一字監毛本於作其錢大昕云周易本義咸淳本亦作於字
乖必有難 石經岳本閩監毛本同古本難上有所字釋文出有難
故受之以解 補各本如此十行本原脫以字案序卦故受之下並有以字今補正
決必有過 石經岳本宋本古本足利本同閩監毛本有下衍所字
必有喜遇也 岳本宋本古本足利本喜作嘉閩監毛本脫也字
井道不可不革 石經岳本閩監毛本同古本下有也字
物不可以終動止之 石經閩監毛本同岳本古本足利本止上有動必二字
必失其居 石經岳本閩監毛本同古本居作君
則得出入也 閩監毛本同岳本宋本古本足利本出作所
則殊越 閩監毛本同岳本宋本古本足利本越作趣
節而信之 石經岳本閩監毛本同古本而下有後字
周易雜卦第十一 石經釋文岳本錢本錢校本同古本卦下有傳字○按監本此節注文全脫當依此補
別言也此者 錢本宋本同閩監毛本此作昔
君子經綸之時 閩監毛本同岳本古本經上有以字釋文綸本又作論
雜而未知所定也 閩監毛本同岳本宋本古本足利本而作者
萃聚而升不來也 石經岳本閩監毛本同古本聚下有也字下謙輕下離上下漸女歸下並同
謙輕而豫怠也 石經岳本閩監毛本同釋文怠京作治虞作怡
謙者不自重大 集解作不自任也

蠱則飭也 岳本閩監毛本同石經飭作飾釋文則飭鄭本王肅作飾
復反也 岳本閩監毛本同古本無也字下親寡旅也履不處也並同石經此三字漫滅以字數計之當有也字
大正則小人也 補案也當作止形近之譌
小人享則君子退也 閩監毛本古本享作亨岳本宋本足利本同無也字
大有衆也 石經岳本閩監毛本同釋文衆荀作終
豐多故也 石經岳本閩監毛本同釋文豐多故衆家以此絕句親寡旅也荀本豐多故親絕句寡旅也別為句是其本無也字
畏駭而止也 補案駭當作險毛本是險字
姤遇也 岳本閩監毛本同石經姤作遘非
小人道憂也 足利本此下有君子以決小人長其道小人見決云深憂也十八字注

經典釋文卷第一　周易音義

唐國子博士兼太子中允贈齊州刺史吳縣開國男陸德明撰

周代名也周至也遍也備也今名書義取周普 易盈隻反此經名也虞翻注參同契云字從日下月 上經上者對下立名經者常也法也徑也由也 乾卦名 傳直戀反以傳述為義謂夫子十翼也解見發題 第一亦作弟 王弼注本亦作王輔嗣注音張具反今本或无注字師說无者非

☰☰乾竭然反依字作乾下乙乾從旦从㫃音偃說卦云乾健也此八純卦象天 元亨許庚反卦德也訓通也餘放此 潛捷鹽反 龍喻陽氣及聖人 見龍賢遍反示也注及下見龍皆同 利見如字下皆同 大人王肅云聖人在位之目 離隱力智反 處於昌呂反衆經不音者放此 德施始豉反與也 不偏音篇 則過古臥反經內皆同 夕惕他歷反怵惕也鄭玄云懼也廣雅同 若厲力世反危也 无音無易內皆作此字說文云奇字無也通於无者虛无道也王述說天屈西北為无 咎其久反易內同 重剛直龍反下同 竭知音智 或躍羊灼反廣雅云上也上音時掌反 上所處一本作可處 近乎附近之近 猶以救反 與音預 不謬靡幼反本或作繆音同 夫位音符下皆同 亢苦浪反子夏傳云極也廣雅云高也 則佞乃定反 邪字又作耶似嗟反 彖吐亂反斷也斷音都亂反 資始鄭云資取也 乃統鄭云統本也 雲行如字 雨施始豉反卦內皆同 之累劣偽反 者邪或作耶同餘嗟反後協句辭皆放此 象翔丈反精象擬象也 自強其良反 反復芳服反注同本亦作覆 大人造鄭徂早反為也王肅七到反就也至也劉歆父子作聚 文言文飾卦下之言也夫子之十翼梁武帝云文言是文王所制 之長張丈反 之幹古旦反 體仁如字京房荀爽董遇本作體信 利物孟喜京荀陸績作利之 不成名一本作不成乎名 遯世徒頓反 无悶門遜反 樂則音洛 確乎苦學反鄭云堅高之皃說文云高至 可拔蒲八反鄭云移也廣雅云出也 庸行下孟反 閑邪以嗟反下同 幾既依反注同理祈始徵名幾 能全一本作能令 尟克本亦作鮮同仙善反少也 怵勑律反 解怠佳賣反 上下並如字王肅上音時掌反 非離力智反 相應應對之應易內不出者並同 流濕申入反 就燥蘇早先早二反 聖人作如字鄭云起也馬融作起 而當都浪反易內皆同有異者別出 故盡津忍反 當其如字 上治直吏反下及注同 放遯于萬反 見而賢遍反 粹雖遂反 揮音輝廣雅云動也王肅云散也本亦作輝義取光輝 為行下孟反下之行行而皆同 日可人實反 未見賢遍反 以辯如字徐便免反 重剛直龍反下同 夫大人音符發端之字皆放此 先天悉薦反 後天胡豆反 知喪息浪反 其唯聖人乎王肅本作愚人後結始作聖人

☷☷坤本又作巛巛今字也同困魂反說卦云順也八純卦象地 利牝頻忍反徐邈扶忍反又扶死反 有攸音由所也 喪朋息浪反馬云失也下及注並同 必離力智反 无疆或作壃同居良反下及注同 必爭

爭鬬之爭 履霜 如字鄭讀履爲禮 積著 張慮反衆經不音者皆同 始凝 魚冰反 馴 似遵反向秀云從也徐音訓比依鄭義 任其 而鴆反經皆同 知光 音智注同 不擅 善戰反專也 括 古活反結也方言云閑也廣雅云塞也 囊 乃剛反 无譽 音餘又音預 不造 七到反又曹早反 否 皮鄙反 閉 必計反字林方結反云闔也 施慎 竝如字慎謹也象詞同本或作順非 之飾 申職反本或作飭俗字 坤至柔 本或有文言曰者 爲邪 似嗟反 餘殃 於良反鄭云禍惡也說文云凶也 臣弒 式志反本或作殺音同下同 由辯 如字馬云別也荀作變 言順 如字 直方大不習无不利則不疑其所行 張璠本也上有易曰衆家皆无 大蕃 伐袁反 而暢 勑亮反 陰疑 如字荀虞姚信蜀才本作凝 爲其 于僞反注爲其同 嫌 戶謙反注同鄭作謙荀虞陸董作嗛 未離 力智反

䷂屯 張倫反難也盈也坎宮二世卦 則否 備鄙反鄭 得主 則定 本亦作寧 而難 乃旦反卦內除六二注難可餘竝同賈逵注周語云畏憚也 天造 徂早反注同 草昧 音妹廣雅云草造也董云草昧微物 而不寧 而辭也鄭讀而曰能能猶安也 經論 音倫鄭如字謂論撰書禮樂施政事黃穎云經綸匡濟也本亦作綸 磐 本亦作盤又作槃步干反 桓 馬云槃桓旋也 晏安 一讌反宴一見反又作宴各依字 下賤 遐嫁反 屯如 如字子夏傳云辭也 邅如 張連反馬云難行不進之兒 乘馬 繩證反四馬曰乘下及注並同鄭云馬牡曰乘子夏傳音繩 班如 如字子夏傳云相牽不進兒鄭本作般 媾 古后反馬云重婚本作冓鄭云猶會本或作搆者非 相近 附近之近下近五同又如字 卽鹿 王肅作麓云山足 君子幾 徐音祈辭也注同又音機近也速也鄭作機云弩牙也 如舍 式夜反止也注下同徐音捨 往吝 力刃反馬云恨也又力慎反 雖比 毗志反下皆同 之易 以豉反 不揆 葵癸反 以從 如字鄭黃子用反 合好 呼報反下同 恢弘 苦回反大也 博施 式豉反及下文皆同 拯 拯救之拯 亨 許庚反 他間 間廁之間 漣如 音連說文云泣下也 應援 于眷反又音袁 闉 音因塞也春秋傳云當陳隧者井堙木刊是也 陒 於革反又於賣反 委佗 如字 又魚亮反 長也 直良反

䷃蒙 莫公反蒙也稚也稽覽圖云無以教天下曰蒙方言云蒙萌也離宮四世卦 童 如字字書作僮鄭云未冠之稱廣雅云癡也 筮 市制反決也鄭云問也 告 古毒反示也語也 再三 息暫反又如字 瀆 音獨亂也鄭云褻也 則復 扶又反 能斷 丁亂反 夫疑 音扶六五注同 閡山 五代反 時中 張仲反下及注同又如字 如字和也 童蒙 並如字 求我 一本作來求我 不諧 本亦作資竝通又作咨 果行 下孟反注及象同下六三注同 所惡 烏路反 說 吐活反注同徐又音稅 桎 音質 梏 古毒反在足曰桎在手曰梏小爾雅云杻謂之梏械謂之桎杻音丑 苞蒙 如字鄭云苞當作彪彪文也 用取 七住反本又作娶下及注同 獨遠 于萬反下文同 能 比 毗志反 以巽 音遜鄭云當作遜 擊蒙 經歷反王肅云治也馬鄭作繫 擊去 起呂反 爲之 于僞反又如字 扞 胡旦反 禦 魚呂反本又作衛

䷄需 音須字從雨重而者非飲食之道也訓養鄭讀爲秀解云陽氣秀而不直前者畏上坎也坤宮遊魂卦 有孚 徐音敷信也又作專 光 師讀絶句 亨貞吉 一句馬鄭總爲一句 不陷 陷沒之陷 位乎 如字鄭音涖下同 雲上 時掌反干寶云外也 於天 王肅本作雲在天上 宴 烏練反徐烏殄反安也下同鄭云享宴也李軌烏衍反 樂 音洛注同 最遠 袁萬反下遠險同 於難 乃旦反下及文皆同 利用恒未失常也 本亦有无咎者 于沙 如字鄭作沚 轉近 附近之近 後時 胡豆反 衍在 以善反徐怡戰反 致寇 如字鄭王肅本作戎 則辟 音避下同 已得 音紀又音已 所復 扶又反 不速 如字馬云召也釋詁云疾也釋言云徵也召也

䷅訟 才用反爭也言之於公也鄭云辯財曰訟離宮遊魂卦 窒 張栗反徐得悉反又得失反馬作咥云讀爲躓猶止也鄭云咥覺悔兒 惕 湯歷反王注或在惕字上或在下皆通在中吉下者非 中 丁仲反又如字 吉 句一惕吉一句 涉難 乃旦反下同 猶復 扶又反下同 不枉 紆往反 而令 力呈反 正夫 音符下注同 斷不 丁亂反下注竝同 契之 苦計反下同 其分 符問反 相濫 力暫反 爭何 爭鬬之爭 下物 遐嫁反 陰和 胡臥反 而逋 補吳反徐又方吳反 眚 生領反子夏傳云妖祥曰眚馬云災也鄭云過也 竄 七亂反徐又七外反逃也 掇 徐都活反說文云拾取也鄭本作惙陟劣反憂也 忤也 五故反 復卽 音服役同者更不音 渝 以朱反變也同鄭云然也 不邪 似嗟反 錫 星歷反又星目反賜也 鞶 步干反馬云大也徐云王肅作槃 帶 音帶亦作帶 終朝 馬云旦至食時爲終朝 三褫 息暫反注同或如字 褫 徐敕紙反又直是反本又作褫音同王肅云解也鄭本作拕徒何反

䷆師 彖云衆也馬云二千五百人爲師坎宮歸魂卦 貞丈人 絶句丈人嚴莊之稱鄭云能以法度長於人 之稱 尺證反 以王 如字物歸往也徐又往況反 毒 徒篤反役也馬云治也 畜衆 敕六反聚也王肅許六反養也 否 音鄙惡也注同馬鄭王肅方有反 臧 作郎反善也 三錫 星歷反徐音賜鄭本作賜 天寵 如字鄭云光燿也王肅作龍云寵也 背高 音佩 有禽 徐本作擒 長子 丁丈反及下同 軍帥 色類反

䷇比 毗志反卦內竝同彖云輔也比也子夏傳云地得水而柔水得地而流故曰比徐又甫履反坤宮歸魂卦 凶邪 似嗟反 求有 本亦作求得 其炎 于廉反 缶 方有反器也鄭云汲爾雅云盎謂之缶 有它 敕多反亦作他 匪人 非鬼反馬云匪非也王肅本作匪人凶也 三驅 匡愚反徐云鄭作毆馬云三驅 則射 食亦反 惡 烏路反 者一曰乾豆二曰賓客三曰君庖 狹矣 戶夾反 則舍 音捨又音赦 背已 音佩 舍逆 音捨

䷈小畜 本又作蓄同敕六反積也聚也卦內皆同鄭許六反養也巽宮一世卦 施未 始豉反注皆同 陽 上 時掌反 蒸 職膺反 車說 吐活反下並同說文云解也 輻也 音福 雖復 扶又反九注同 上 輿 音餘 輻 音福本亦作輹音服馬云車下縛也鄭云伏菟 陰長 丁丈反下同 血 如字馬云當作恤憂也 去

起呂反注同 亦惡 烏路反履卦同 攣 力專反馬云連也徐又力轉反子夏傳作戀云思也 幾 徐音祈又音機注同 子夏傳作近 雖泰也則然 一本作然則讀卽以也字絶句 有難 乃旦反 可盡 津忍反

䷉履 利恥反禮也艮宮五世卦 咥 直結反齧也馬云齕 說而 音悅注及後同 行夫 音符下同 佞邪 似嗟反 疚 久又反馬云病也陸本作疾 坦坦 吐但反說文云安也廣雅云平也明也著顯篇云著也 不憙 虛備反又音喜 險厄 於革反又作戹 眇 妙小反字書云也說文云小目 跛 波我反依字作跛 本又作循 行未 下孟反 愬愬 山革反子夏傳云恐懼兒何休注公羊傳云驚愕也馬本作虩虩音許逆反云恐懼也說文同廣雅云懼也 逼近 附近之近 夬 古快反 考祥 本亦作詳

周易上經泰傳第二

䷊泰 如字大通也鄭云通也馬云大也坤宮三世卦 道長 丁丈反 財成 音才徐才載反荀作裁 輔相 息亮反注同 以左 音佐注同 右民 音佑注同左右助也 拔 蒲八反 茅 卯交反鄭音苗 茹 汝據反牽引也鄭湛同王肅音如 彙 音胃類也李于鬼反傅氏注云彙古偉字美也古文作肖董作夤出也鄭云勤也 苞 作包必交反下卦同音薄交反 荒 本亦作巟音同水廣也又大也鄭讀爲康云虛也 用馮 音憑 注同 荒穢 於廢反 不陂 彼僞反徐甫寄反又破何反偏也頗也 象曰无平不陂 一本作无平不陂 往復 篇篇 如字子夏傳作翩翩向本同古文作偏偏 以祉 音恥又音止 女處 本亦作 盡夫 音符此以意求之後皆放此 隍 音皇城塹也子夏傳作堭姚作湟 所應 應對之應 上承 時掌反 下施 始豉反 否道 備鄙反

䷋否 備鄙反卦內同閉也塞也乾宮三世卦 道長 丁丈反 辟難 上音避下乃旦反 入邪 似嗟反 不諂 勑檢反 否亨 許庚反 疇 直留反鄭作古疇字 休否 虛虯反美也又許求反息也注同 繫吝

䷌同人 和同也離宮歸魂卦 以邪 似嗟反 炎上 時掌反 辯物 如字王肅小免反 繫或作係本作黨係 則否 方有反又備鄙反 褊 必淺反 狹 戶夾反 于莽 莫蕩反王肅冥黨反鄭云叢木 也 物黨 物或作朋 所比 毗志反 所當 如字 量斯 音良又音亮 其墉 徐音容鄭作庸 而效 下教反 不克則反反則得吉也 一本作反則得則吉也 號 戶羔反 咷 道刀反號咷啼呼也 而遠 袁萬反 內爭 爭鬬之爭 異災 一本作他災

䷍大有 包容豐富之象乾宮歸魂卦 過 於葛反止也徐又音謁 休命 虛虯反美也徐又許求反 大車 王肅剛徐反蜀才作輿 不泥 乃計反 用亨 許庚反通也下同衆家並香兩反京云獻也于云享宴也姚云享祀也 其彭 步郎反子夏作旁干云彭亨驕滿兒王肅云壯也虞作尫姚云彭旁徐音同 上近 如字亦附近之近 下比 毗志反 至知 音智 可舍 音捨 斯數 色助反 哲 章舌反王廙作晰同音徐李之世反又作哲字鄭本作遰云讀如明星晢晢陸本作逝虞作折 何難 依象宜如字一音乃旦反 易而 以豉反 祐之

音又不累劣偽反下同盡夫津忍反繫辭音係
䷎謙卑退爲義屈己下物也兌宮五世卦子夏作嗛云嗛謙也下濟節細反而上時掌反下注上承上
行同虧盈馬本作毀盈而福京本作而富惡盈烏路反卦末注同而好呼報反裒蒲侯反鄭
荀董蜀才作捊云取也字書作掊廣雅云掊減也稱物尺證反平施始豉反注同大難乃旦反自牧
牧養之牧徐音目一音茂名者聲名聞之謂也一讀名者聲絕句聞音問匪解佳賣反撝毀皮
反指撝也義與麾同書云右秉白旄以麾是也馬云撝猶離也鄭讀爲宣下下上遐嫁反下如字下句同用侵王廙
作寑征國本或作征邑國者非不與音預爲爭爭鬭之爭
䷏豫餘慮反悅豫也備豫也馬云豫樂震宮一世卦不忒他得反鄭云差也京作貸地奮方問反殷
於勤反馬云盛也說文云作樂之盛稱殷京作隱薦將電反本又作廌同本或作薦獸名耳非介于音界纖介古文
作砎鄭古八反云謂磨砎也馬作扴云觸小石聲荀說音悅盱香于反睢盱也向云睢盱小人喜悅之皃王肅云盱
大也鄭云誇也說文云張目也字林火孤反又火于反子夏作紆京作汙姚作盱云日始出引詩盱日始旦睢香維反說
文云仰目也字林火隹反由豫由從也鄭云用也馬作猶云猶豫疑也盍胡臘反合也簪徐側林反子夏傳同
疾也鄭云速也埤蒼同王肅又祖感反古文作貸京作撍馬作臧荀作宗虞作戠戠叢合也蜀才本依京義從鄭冥覓經
反馬云冥昧耽於樂也王廙云深也又亡定反鄭讀爲鳴有渝羊朱反盡津忍反樂音洛
䷐隨從也震宮歸魂卦而下遐嫁反注下彖同而說音悅注下皆同大亨貞本又作大亨利
貞而天下隨時王肅本作隨之隨時之義王肅本作隨之時義而令力呈反否之備鄙
反以嚮本又作向許亮反王肅本作鄉音同入宴徐烏練反王肅烏顯反官有蜀本作館有故舍
音捨下文同以擅市戰反盡隨津忍反盡卷末同未正中也一本作中正拘句于反用
亨許庚反通也陸許兩反云祭也之濱音賓
䷑蠱音古事也惑也亂也左傳云於文皿蟲爲蠱又云女惑男風落山謂之蠱徐又姬祖反一音故巽宮歸魂卦
先甲息薦反象并注同後甲胡豆反象并注同以斷丁亂反施令力政反下同競爭爭鬭
之爭治也直吏反注同說隨音悅創制初亮反此俗字也依字作刱復始扶又反以振舊之
愼反濟也師讀音眞振仁厚也育德王肅作毓古育字有子考无咎絕句周依馬王肅以考絕句
當事丁堂反盡承津忍反下皆同裕父羊樹反馬云寬也不累力僞反
䷒臨如字序卦云大也坤宮二世卦剛浸子鴆反而長丁丈反除六三注末及象咎不長皆同一音此
治良反說而音悅下同教思息吏反注同無疆居良反注同剛勝升證反下同佞邪似嗟
反下同媚密備反位當也本或作當位實非也知臨音智注同又如字
䷓觀官喚反示也乾宮四世卦盥音管而不薦本又作藨同牋練反王肅本作而觀薦顒魚恭反

足復扶又反既灌官喚反不忒吐得反神道設教一本作以神道設教省方悉井反
童觀馬云童猶獨也鄭云稚也最遠袁萬反朝美直遙反所鑒古暫反下同趣促裕反闚
苦規反本亦作窺者狹戶夾反象曰闚觀女貞一本有利字不比毗志反觀國之
光如字或音官喚反最近附近之近居近如字德見賢遍反平易以豉反盡夫觀盛
故觀至大觀在上王肅音官以觀天下徐唯此一字作官音觀盥而不薦觀之
爲道而以觀感風行地上觀處於觀時君子處大觀之時處大
觀之時大觀廣鑒亦音官居觀之時爲觀之主觀之盛也從盡夫觀以下
並官喚反餘不出者並音官

周易上經噬嗑傳第三

䷔噬嗑市利反齧也胡臘反合也巽宮五世卦齧研節反有閒如字下同又音閒廁之閒與過
一本作有過頤以之反不合本又作而合不溷胡困反濁也雜也亂也韋昭云汙辱也上行時掌
反注同勑法恥力反此俗字也字林作敕鄭云勑猶理也一云整也屨紀具反校爻教反注及下同馬音教
滅止本亦作趾趾足也桎章實反足徽直追反木絞交卯反械戶戒反不行也本或
作止不行也噬膚方于反馬云柔脆肥美曰膚未盡津忍反下同其分符問反脆七歲反腊
肉音昔馬云晞於陽而煬於日曰腊肉鄭注周禮小物全乾曰腊乾音干胏緇美反馬云有骨謂之胏鄭云簣也字林
云含食所遺也一曰脯也子夏作脯徐音甫荀董同未光大也本亦無大字何校何可反又音何本亦作荷
音同下同王肅云荷擔聰不明也馬云耳無所聞鄭云目不明耳不聰王肅云言其聰之不明可解佳買反
䷕賁彼僞反徐甫寄反李軌府瓮反傅氏云賁古斑字文章皃鄭云變也文飾之皃王肅符文反云有文飾黃白色
艮宮一世卦剛上時掌反注剛上皆同解天音蟹下同以明蜀才本作命折之舌反注同鄭云斷也斷
音丁亂反其趾一本作止鄭云趾足舍音捨下及注同車音居鄭張本作輿從漢時始有居音安夫音符其
須如字從彡水邊作非而比毗志反下同上附時掌反循以遵反濡如臾反皤白波反說
文云老人皃董音槃云馬作足橫行曰皤鄭陸作蟠音煩荀作波翰戶旦反董黃云馬舉頭高卬也馬荀云高也鄭云白
也亦作寒案反媾古豆反而閡五戴反寇難乃旦反下同賁于丘園黃本賁作世束帛
子夏傳云五匹爲束三玄二纁象陰陽戔戔在干反馬云委積皃薛虞云禮之多也又音牋黃云猥積皃一云顯見皃
子夏傳作殘殘有喜如字徐許意反无妄大畜卦放此
䷖剝邦角反象云剝也馬云落也說文云裂也乾宮五世卦人長丁丈反下注皆同激經歷反拂
附弗反觸忤五故反以殞于敏反失處昌呂反又昌預反蔑莫結反猶削也楚俗有削蔑之言馬
云無也鄭云輕慢荀作滅猶削相略反或作消此從荀本也下皆然辨徐音辦具之辦足上也馬鄭同黃云牀簀也薛

虞滕下也鄭符勉反王肅否勉反道浸子鴆反下同稍近附近之近六三剝无咎一本作剝之无
咎非以膚方于反京作簠謂祭器切近如字徐巨靳反鄭云切急也貫魚古亂反徐音官穿也駢頭
薄田反得輿音餘京作德輿董作德車廬力居反覆陰於鳩反所芘本又作庇必利反又悲備反
䷗復音服反也還也坤宮一世卦朋來如字京作崩反復芳福反劉本同本又作覆象并注反復皆同
剛反絕句剛長丁丈反下文注皆同心見賢遍反具存本亦作其存商旅鄭云資貨而行曰商
旅客也無祇音支辭也馬同音之是反韓伯祁支反云大也鄭云病也王肅作禔時支反陸云禔安也九家本作多字
音支幾悔音機下同又音祈患難乃旦反遠矣袁萬反錯之七故反休復虛虬反最
比毗志反仁行下孟反下仁遐嫁反以下仁也如字王肅云下附於仁徐戶嫁反頻復
如字本又作頻嚬眉也鄭作顰音同馬云憂頻也頻蹙千寂反下同憂也又子六反自考也鄭云考成也向
云察也有災本又作災鄭作裁按說文裁正字也災或字也災籀文也眚生領反下卦同子夏傳云傷害曰災妖祥
曰眚鄭云異自內生曰眚自外曰祥害物曰災量斯音良雖復扶又
䷘无妄亡亮反无妄无虛妄也說文云妄亂也馬鄭王肅皆云妄猶望謂无所希望也巽宮四世卦柔邪
似嗟反不佑音又鄭云助也本又作祐馬作右謂天不右行茂對時茂盛也馬云茂勉也對配也下賤
遐嫁反不耕穫黃郭反或依注作不耕而穫非下句亦然不菑側其反馬云田一歲也董云反草也畬音餘
馬曰田三歲也董云悉耨曰畬說文云二歲治田也字林弋恕反不擅市戰反行違下孟反下之行同稼
音嫁穡音色爲穫如字或作穫非比毗志反近附近之近可試試驗也一云試用也
䷙大畜本又作蓄勑六反義與小畜同艮宮二世卦大畜剛健絕句篤實輝音揮光絕句
日新其德鄭以日新絕句其德連下句厭而於豔反夫能音符發句皆同然下并夫同令賢力呈
反不同險難乃旦反下遇難同多識如字又音試劉作志往行下孟反利已夷止反下及注已則
能已同或音紀姚同輿音餘下同本或作轝音同說吐活反注及下同馬云解也輹音服又音福蜀才本同或作輻
一云車旁作复音服車下縛也作輻者音福老子所云三十輻共一轂是也釋名云輹似人屐又曰伏菟在軸上似之又曰輹
伏於軸上馮河皮冰反良馬逐如字鄭本作逐逐云兩馬走也姚云逐逐疾並驅之皃一音胄曰音越劉云
曰猶言也鄭人實反云日習車徒閑如字閑也馬鄭云習也險阨於厄反本亦作厄童牛無角牛也廣蒼作㹀
劉云童妾也牿古毒反劉云牿之言角也陸云牿當作角九家作告說文同云牛觸角著橫木所以告人抑銳於力
反下同本又作挫災臥反強其良反爭爭鬭之爭豶符云反劉云豶豕去勢曰豶之牙徐五加反鄭讀爲互剛
暴一本作剛突禁暴音金何天音河梁武帝音賀衢其俱反馬云四達謂之衢亨許庚
䷚頤以之反養也此象文字也巽宮遊魂卦舍爾音捨注同朶多果反動也鄭同京作揣噡許瞻反
令物力呈反離其力智反而闚苦規反顛頤丁田反拂符弗反違也薛同注下皆同一音敷

弗反子夏傳作弗云輔弼也 **此行** 下孟反下立行同 **悖也** 布內反逆也 **虎視** 徐市志反又常止反 **眈眈** 丁南反威而不猛也馬云虎下視皃一音大南反 **逐逐** 如字敦實也薛云速也子夏傳作攸攸志林云攸當爲逐蘇林音迪荀作悠悠劉作跾云遠也說文跾音式六反 **施賢** 始豉反下文同又如字 **而比** 毗志反 **得頤** 一本作得順 **難未** 乃旦反 **厲吉** 厲嚴厲也馬王肅云危

䷛**大過** 徐古臥反罪過也超過也王肅音戈震宮遊魂卦 **相過之過** 並古臥反 **棟** 徐丁貢反 **橈** 乃教反曲折也下同 **拯** 拯救之拯 **弱** 本亦作溺並依字讀下救其二拯弱皆同 **而說** 音悅注同 **救難** 難乃並乃旦反上六注同 **遯** 本又作遁同徒遜反 **藉** 在夜反下同馬云在下曰藉 **唯慎** 辰震反 **枯楊** 如字鄭音姑謂無姑山楡楡羊朱反 **稊** 徒稽反楊之秀也鄭作荑荑木更生音夷謂山楡之實 **老夫** 如字下同 **特吝** 或特作持 **能令** 力呈反 **得少** 詩照反下同 **則稺** 直吏反 **者長** 丁丈反 **淹溺** 乃歷反 **生華** 如字徐音花 **无譽** 音預又音餘 **滅頂** 徐都冷反

䷜**習** 便習也重也劉云水流行不休故曰習 **坎** 徐苦感反本亦作埳京劉作欿險也陷也八純卦象水 **險陷** 陷沒之陷 **謂便** 婢面反下同 **重險** 直龍反注下並同 **陗** 七妙反 **洊** 在薦反徐在悶反曹又才本反爾雅云再也劉云仍也京作𣻳于作荐 **德行** 下孟反注同 **險難** 乃旦反下險難同 **則夫** 音符 **窞** 徒坎反說文云坎中更有坎王肅又作陵感反云窞坎底也字林云坎中小坎一曰旁入 **處欿** 亦作坎字 **而復** 扶又反下雖復同 **險且** 如字古文及鄭向本作檢鄭云木在手曰檢 **枕** 徐舒鴆反王肅針甚反鄭玄云木在首曰枕陸云閑礙險害之皃九家作玷古文作沈沈直林反 **出則之坎** 一本作出則亦坎誤 **樽酒** 音尊絕句 **簋貳** 音軌絕句 **用缶** 方有反絕句舊讀樽酒簋絕句貳用缶句 **自牖** 音酉陸作誘 **承比** 毗志反下同 **之食** 音嗣飯也 **象曰樽酒簋** 一本更有貳字 **祇** 音支又祁支反鄭云當爲坻小丘也京作禔說文同音支又上支反安也 **盡平** 津忍反 **徽** 許韋反 **纆** 音墨劉云三股曰徽兩股曰纆皆索名 **寘** 之豉反置也注同劉作示言眾議於九棘之下也子夏傳作湜姚作寔寔置也張作置 **叢** 才公反 **棘峻** 荀潤反

䷝**離** 列池反麗也麗著也八純卦象日象火 **畜** 許六反注同 **牝** 頻忍反徐又扶死反 **外強** 其良反 **猶著** 直略反卦內同 **草木麗** 如字說文作蘺 **乎土** 王肅本作地 **重明** 直龍反 **明兩作** 鄭云作起也荀云用也 **明照相繼** 一本无明照二字 **履錯** 鄭徐七各反馬七路反 **警** 京領反 **辟其** 音避象同 **日昃** 王嗣宗本作仄音同 **鼓** 鄭本作擊 **大耋** 田節反馬云七十曰耋王肅又他結反云八十曰耋京作經蜀才作垤 **之嗟** 如字王肅又遭哥反荀作差下嗟若亦僞 **凶** 古文及鄭无凶字 **突** 徒忽反王肅唐屑反舊又湯骨反字林同云暫出 **逼近** 附近之近 **出** 如字徐尺遂反王嗣宗勅類反 **涕** 徐他米反又音弟 **沱** 徒河反荀作池一本作沲 **若** 古文若皆如此 **戚** 千寂反子夏傳作嘁嘁子六反咨嗟也 **不勝** 音升 **逆首** 本又作逆道兩作得 **離王公也** 音麗鄭作麗王肅云麗王者之後爲公梁武力智反王嗣宗同 **折首** 徐之舌反注同 **以去** 羌呂反 **王用出征以正邦也** 王肅本此下更有獲匪其醜大有功也

周易下經傳第四

䷞**咸** 如字彖云感也兌宮三世卦 **取** 七具反本亦作娶音同 **相與** 如字鄭云與猶親也 **而說** 音悅 **男下** 遐嫁反下注必下同 **見於** 賢遍反 **各亢** 口浪反本或作有 **拇** 茂后反馬鄭薛云足大指也子夏作跗荀作母云陰位之尊 **腓** 房非反鄭云膊腸也膊音市轉反王廙云腓腸也荀作肥云謂五也尊盛故稱肥 **離拇** 力智反 **動躁** 早報反 **股** 音古 **憧憧** 昌容反馬云行皃王肅云往來不絕皃廣雅云往來也劉云意未定也徐又音童又音鍾京作憧字林云憧遲也丈家反 **脢** 武杯反又音每心之上口之下也鄭云背脊肉也說文同王肅又音灰廣雅云胂謂之脢胂音以人反 **輔** 如字馬云上頷也虞作酺云耳目之間 **頰** 兼叶反孟作俠 **滕** 徒登反達也九家作乘虞作滕鄭云送也 **口說** 如字注同徐音脫又始銳反

䷟**恒** 如字久也震宮三世卦 **長陽長陰** 並丁丈反大象注同 **媲** 普計反配也 **復始** 扶又反 **見於** 賢遍反 **浚** 荀潤反深也鄭作濬 **令物** 力呈反 **餘縕** 紆粉反廣雅云積也 **或承** 或有也一云常也鄭本作咸承 **德行** 下孟反 **詰** 去吉反 **而分** 扶運反 **振恒** 之刃反馬云動也鄭云搖落也張作震

䷠**遯** 徒巽反字又作遂又作遁同隱退也匿迹避時奉身退隱之謂也鄭云逃去之名序卦云遯者退也乾宮二世卦 **夫靜** 音扶 **非否** 備鄙反下同 **亢** 苦浪反 **浸** 子鴆反注同 **而長** 丁丈反卦內同或如字 **以遠** 袁萬反注並同 **辟內** 音避 **難可** 乃旦反 **何災** 音河禍何可反今不用 **勝** 升證反又音升注同 **說** 王肅如字解說也師同徐吐括反又始銳反 **遯已** 音以或音紀 **係遯** 古詣反本或作繫 **近二** 附近之近 **憊** 蒲拜反鄭云困也廣雅云極也王肅作斃荀作備 **好遯** 呼報反注下同 **小人否** 音鄙注下同惡也徐方有反鄭王肅備鄙反云塞也 **能舍** 音捨 **肥遯** 如字子夏傳云肥饒裕 **能累** 劣偽反 **繒** 則能反 **繳** 章略反

䷡**大壯** 莊亮反威盛強猛之名鄭云氣力浸強之名王肅云壯盛也廣雅云健也馬云傷也郭璞云今淮南人呼壯爲傷坤宮四世卦 **而慎禮也** 慎或作順義亦通 **用罔** 罔羅也馬王肅云无 **羝羊** 音低張云羖羊也廣雅云吳羊曰羝 **觸** 徐處六反 **藩** 方袁反徐甫言反下同馬云籬落也 **羸** 律悲反又力追反下同馬云大索也徐力皮反王肅作縲音螺鄭虞作纍蜀才作累張作虆 **雖復** 扶又反 **藩決** 音穴注下同 **大輿** 音餘 **之輹** 音福本又作輻 **行不** 下孟反 **能說** 吐活反 **喪羊** 息浪反注下同 **于易** 以豉反注下同鄭音亦謂佼易也陸作場謂墠場也 **險難** 如字亦乃旦反 **則難** 乃旦反 **剛長** 丁丈反下剛長同 **猶與** 音預一本作預 **其分** 扶問反 **不詳** 詳審也鄭王肅作祥善也

䷢**晉** 彖云進也孟作齊齊子西反義同乾宮遊魂卦 **康** 美之名也馬云安也鄭云尊也廣也陸云安也樂也 **蕃** 音煩多也鄭發袁反 **庶** 如字衆也鄭止奢反謂蕃遮禽也 **晝日** 竹又反 **三** 徐息暫反下及注同 **接** 如字鄭云捷勝也 **上行** 時掌反凡上行並同 **以著** 直略反下著明同 **三褫** 勑紙反又直紙反 **摧如** 罪雷反退也鄭讀如南山崔崔之崔 **未著** 張慮反 **自喪** 息浪反 **愁** 狀由反鄭子小反云變色皃 **介** 音戒大也馬同 **聞乎** 聞亦作文又作交義並通 **和之** 胡臥反 **鼫** 音石子夏傳作碩鼠鼫鼠也本草螻蛄一名鼫鼠五技 **得** 如字孟馬鄭虞王肅本作矢馬王云離爲矢虞云矢古誓字 **失夫** 音符

䷣**明夷** 夷傷也坎宮遊魂卦 **以蒙大難** 乃旦反卦內同鄭云蒙猶遭也一云蒙冒也 **文王以之** 王肅云唯文王能用之鄭荀向作似之下亦然 **莅** 履二反又律祕反 **被僞** 本或作蔽僞 **所辟** 音避下同 **最遠** 袁萬反下遠難同 **遠遁** 徒遜反 **匿形** 女力反 **不遑** 音皇 **夷于** 如字子夏作睇鄭陸同云旁視曰睇京作眱 **左股** 音古馬王肅作般云旋也日隨天左旋也姚作右槃云自辰右旋入丑 **用拯** 拯救之拯注同說文云舉也鄭云承也子夏作抍字林云抍上舉音承 **示行** 示或作亦 **近難** 附近之近下最近同 **疑憚** 但旦反 **然後而免也** 一作然後乃獲免也 **南狩** 手又反本亦作守同 **去闇** 羌呂反 **逆忤** 五故反 **箕子之明夷** 蜀才箕作其劉向云今易箕子作荄滋鄒湛云訓箕爲荄詁子爲滋漫衍無經不可致詰以譏荀爽 **爲比** 毗志反

䷤**家人** 說文家居也案人所居稱家爾雅室內謂之家是也巽宮二世卦 **熾也** 尺志反 **而行** 下孟反注皆同 **閑** 馬云闌也防也鄭云習也 **中饋** 巨愧反食也 **嗃嗃** 呼落反又呼學反馬云悅樂自得皃鄭云苦熱之意荀作確確劉作熇熇 **嘻嘻** 喜悲反馬云笑聲鄭云驕佚喜笑之意張作嬉嬉陸作喜喜 **之長** 丁丈反 **以近** 附近之近 **王假** 更白反注同至也鄭云登也徐古雅反馬云大也 **樂樂** 音洛 **以著** 張慮反

䷥**睽** 苦圭反馬鄭王肅徐呂忱並音圭序卦云乖也雜卦云外也說文云目不相視也艮宮四世卦 **而上** 時掌反上行同上 **同行** 如字王肅遐孟反 **說而** 音悅 **喪馬** 息浪反注同 **自復** 音服注同 **必顯** 一本作必類下相顯亦然 **可援** 于眷反下得援同又音袁 **以辟** 音避 **于巷** 戶絳反說文云里中道也廣雅云居也字書作衖 **曳** 以制反 **掣** 昌逝反鄭作挈云牛角皆踊曰挈徐市制反說文作觢之世反云角一俯一仰子夏作契傳云一角仰也荀作觭劉本從說文解依鄭 **其人天** 天剠也馬云剠鑿其額曰天 **劓** 魚器反截鼻也王肅作臲鼿魚一反 **相比** 毗志反下同 **元夫** 如字 **噬** 市制反 **之弧** 音胡弓也本亦作壺京馬鄭王肅翟子玄作壺 **媾** 古豆反 **恢** 苦回反大也 **詭** 久委反也戾也 **譎** 古穴反本亦作史詐也乖也 **吁可** 況于反 **四剠** 其京反說文或作黥字

䷦**蹇** 紀免反彖及序卦皆云難也王肅徐紀偃反兌宮四世卦 **以難** 乃旦反卦內及解卦皆同 **難解** 音蟹上六注同 **未否** 備鄙反 **知矣** 音智初六注同 **得中** 如字鄭云和也又張仲反王肅云中適也解卦彖同 **正邦** 荀陸本作正國爲漢朝諱 **宜待也** 張本作宜時也鄭本宜待時也 **遠害** 袁萬反 **內喜** 如字徐許意反猶好也 **來連** 力善反馬云亦難也鄭如字遲久之意 **之長** 直良反 **長難** 丁丈反

䷧**解** 音蟹序卦云緩也震宮二世卦 **解之爲義** 音蟹下以解來復同 **濟厄** 厄或作危 **彖曰解**

解　音蟹，自此盡初六注皆同。坼　勑宅反。說文云裂也。廣雅云分也。馬陸作宅，云根也。否結　備鄙反。者亨　許庚反。宥罪　音又，京作尤。磐結　步丹反。或有遇咎非其理也　遇或作過。一本无此八字。所任　而鴆反。斯解　佳買反。之稱　尺證反。失枉　紆往反。且乘　繩證反，王肅如字。柔邪　似嗟反。自我致戎　本又作寇。解而　佳買反，注同。拇　茂后反。陸云足大指，王肅云手大指，荀作母。而比　毗志反。維有解　音蟹，注有解及象並下注為解之極同。解難　佳買反。用射　食亦反，注下同。隼　荀尹反。毛詩草木鳥獸疏云鶚。高墉　音容，馬云城也。將解　佳買反。荒悖　布內反。以解　佳買反。

䷨損　孫本反，省減之義也。又訓失，序卦云損必有所失是也。艮宮三世卦。曷　何葛反。二簋　蜀才作軌。用亨　香兩反，下同。蜀才許庚反。上行　時掌反，凡上行皆同。陰說　音悅。非長　丁丈反，下德長遂長同。為邪　似嗟反。能拯　拯救之拯。大難　乃旦反。二簋應　應對之應。偕行　音皆。其分　扶問反。懲　直升反，止也。鄭云猶清也。蜀才作澄。忿　芳粉反。窒　珍栗反，徐得悉反。鄭劉作懫。懫，止也。孟作恎，陸作䆝。欲　如字，孟作浴。已事　音以，虞作祀，本亦作以。遄　市專反，速也。荀作顓。復自　扶又反，二注同。以上　時掌反。化淳　尚春反。以離　力智反。知者　音智。以盡　津忍反。上祐　音又，本亦作佑。不制　一本作下制。遂長　丁丈反。尚夫　音符。

䷩益　增長之名，又以弘裕為義。繫辭云益長裕而不設，是也。巽宮三世卦。民說　音悅。無疆　居良反，下同。下下　上遐嫁反，下如字，注同。涉難　乃旦反，下同。天施　始豉反。之處　昌預反，下其處同。用亨　香兩反，注同。王廙許庚反。用圭　王肅作用桓圭。不為　于偽反。不處　本或作不屆。用費　芳貴反。盡物　津忍反。無厭　於豔反。莫和　胡臥反。惡盈　烏路反。偏辭　音篇，孟作偏，云周匝也。

周易下經夬傳第五

䷪夬　古快反，決也。坤宮五世卦。剛幾　音祈。坦然　他但反。夬決　徐古穴反。而說　音悅，注皆同。齊長　丁丈反，徐上六象並同。則邪　似嗟反，下同。斷制　丁亂反，注同。澤上　時掌反，注同。以施　始豉反，注同。壯于　側亮反。前趾　荀作止。惕　勑歷反，荀翟作錫，云賜也。號　戶羔反，注及下同。鄭王廙音號。莫夜　音暮，注同。鄭如字，云無也，無夜非一夜。號呼　火故反。頄　求龜反，顴也，又音求。翟云面顴頰間骨也。鄭作頯，蜀才作仇。王肅音龜。江氏音琴威反。夾面也。若濡　而朱反。有慍　紆運反，舊於問反，恨也。面權　如字，書作顴。乘夫　音扶，亦作去。情累　劣偽反。臀　徒敦反。次　本亦作趑，或作跌。說文及鄭作趀。趄　七私反，注下同。馬云卻行不前也。說文倉卒也。且　七餘反，注及下同。本亦作趄，或作跙，同。王肅云語助也。說文云趑趄行止之礙也。牽羊　苦年反，子夏作掔。抵　丁禮反，本又作抵，又作柢，音同。王肅丁計反。很　胡懇反。莧　閑辯反。一本作莞，華板反。三家音胡練反。陸　如字。馬鄭云莧陸，商陸也。宋衷云莧，莧菜也；陸，商陸也。虞云莧，蕢也；陸，商也。蜀才作睦。睦，親也，通也。柔脆　七歲反。至易　以豉反。最比　毗志反。號咷　徒刀反。

䷫姤　古豆反。薛云古文作遘，鄭同。序卦及彖皆云遇也。乾宮一世卦。用取　七喻反，本亦作娶，音同，注及下同。正乃　如字，亦作匹。誥四方　古報反。鄭作詰，起一反。王肅同。柅　徐乃履反，又女紀反。廣雅云止也。說文作檷，云絡絲趺也。讀若昵，字林音乃米反。王肅作抳，從手，子夏作鑈，蜀才作尼，止也。羸豕　劣隨反。王肅同。鄭力追反。陸讀為累。蹢　直戟反，徐治益反，一本作庶。鄭古文作蹢。躅　直錄反，本亦作躅，古文作䠱。蹢躅，不靜也。牝　頻忍反。豭　音家。包有　本亦作庖，同，白交反，下同。鄭百交反。虞云白茅苞之。荀作胞。利賓　如字。擅人　市戰反。遠民　袁万反。以杞　音起。張云苟杞。馬云大木也。鄭云柳也。薛云柳柔脆木也，並同。包瓜　白交反，子夏作苞，馬鄭百交反。瓜音花反。王不舍　音捨，下同。所復　扶又反。物爭　爭鬬之爭，下卦同。

䷬萃　在季反。彖及序卦皆云聚也。兌宮二世卦。亨　香兩反。王肅本同。馬鄭陸虞等並無此字。王假　更白反。以說　音悅，下注皆同。則邪　似嗟反。孝享　香兩反。聚以正　荀作取。澤上　時掌反。除戎器　如字，本亦作儲，又作治。王肅姚陸云除，去也。蜀才云除去戎器，修文德也。荀作慮。若號　戶報反，鄭云號當為呼報反。一握　烏學反，傅氏作渥。鄭云握當讀為夫三為屋之屋，蜀才同。王肅同。王好　呼報反。恤　乃亂反。正　本亦作匹。如禴　羊略反，殷春祭名，馬王肅同。鄭云夏祭名。蜀才作躍，劉作爚。多辟　匹亦反。以遠　袁万反。之省　生領反，下同。以比　毗志反。未光也　一本作志未光也。齎　徐將池反，王肅將啼反。咨　音諮，又將利反。齎咨，嗟歎之辭也。鄭同。馬云悲聲怨聲。涕　徐他麗反，又音夷。洟　鄭云自目曰涕，自鼻曰洟。

䷭升　式陵反。序卦云上也。鄭本作昇，馬云高也。震宮四世卦。用見大人　本或作利見。以高大　本或作以成高大。允當　如字，下同。閑邪　似嗟反。順德　如字，王肅同。師徐同。姚本作慎，徐本作得。用亨　許庚反，通也。馬陸鄭云獻也。王肅許兩反。岐山　其宜反，或祁支反。升虛　如字，空也。徐去餘反。馬云丘也。攘來　如羊反。冥　覓經反，注同，又莫定反。闇昧之義也，故彖云日冥也。則喪　息浪反。

䷮困　窮也，窮悴掩蔽之義。廣雅云困，悴也。兌宮一世卦。剛揜　本又作掩，於檢反。虞作弇，徐於範反。以說　音悅，卦內同。固窮　如字，或作困窮，非。臀　徒敦反。株木　張愚反。幽谷　徐古木反。不覿　大歷反，注同。見拯　拯救之拯。隱遯　徒困反。數歲　色柱反，本亦作三歲。困解　音蟹。朱紱　音弗。亨祀　許兩反，注同，下同。難之　乃旦反。不勝　音升。豐衍　延善反。蒺　音疾。藜　音黎。蒺藜，草名。上　比　毗志反。焉得　於虔反。來徐徐　徐徐，疑懼貌。馬云安行貌。子夏作荼荼，翟同。荼音圖，云內不定之意。王肅作余余。余，本亦作。金車　金輿。劓　魚器反，徐魚氣反。刖　徐五刮反，又音月。荀王肅本劓刖作臲卼，云不安貌。陸同。鄭云劓刖當為倪仉。京作劓刖。說文云劓，斷也。祭祀　本亦作享祀。葛藟　力軌反，似葛之草。詩草木疏云一名巨荒，似燕薁，連蔓而生，幽州人謂之推虆。虆　本又作藟。臲　五結反，王肅妍喆反，薛同，說文作劓。卼　五骨反，又音月。薛又作杌，說文作䡆，字同，云䡆不安也。曰動悔　其無不然。曰，音越，向中云，言。合生　力呈反。

䷯井　精領反。雜卦云通也。彖云養而不窮。周書云黃帝穿井。世本云化益作井，宋衷云化益，伯益也，堯臣。廣雅云井，深也。鄭云井，法也。字林作丼，子挺反。周云井以不變更為義。師說井以清絜為義。震宮五世卦。無喪　息浪反。汔　許訖反，徐許乞反，注同，幾也。繘　音橘，徐又居密反。鄭云綆也。方言云關西謂綆為繘。郭璞云汲水索也。又其律反，又音述。羸　律悲反，徐力追反。下同。蜀才作累。鄭讀曰虆。幾至　音祈，或音機。而覆　芳福反。而上　時掌反。水上　時掌反，注同，及下同。井養　如字，徐以上反。木上　時掌反。以勞　力報反。勸　相　息亮反，注同。王肅如字。井泥　乃計反，注及下同。滓穢　側里反。不䊦　許亮反。棄舍　音捨，下文同。井谷　古木反。射　食亦反，注同，徐食夜反。鄭王肅皆音亦。荀作耶也。鮒　音付，魚名也。子夏傳謂蝦蟆。甕　烏送反。鄭作甕。李云甕，亭屋水器也。說文作罋，汲瓶也。敝　徐扶滅反，王肅婢世反。谿谷　口啼反。注下　章喻反，下同。而復　扶又反。無與之也　本亦作莫之與也。渫　息列反，徐又食列反。黃云治也。馬云為。惻　初力反。說文云痛也。汲　音急。停汙　音烏。其行　下孟反，象同。甃　側舊反。馬云為瓦裹下達上也。子夏傳云修治也。干云以甎壘井，井壁也。字林云井甃也。洌　音列，潔也。說文云水清也。王肅音例。不撓　乃孝反。不食　井收　徐詩救反，又如字。馬云汲也。陸云井幹也。荀作甃。勿幕　音莫，覆也。干云幕，本亦作網。

䷰革　坎宮四世卦。馬鄭云改也。樂成　音洛，上六注同。相息　如字。馬云滅也。漢書同。說文作熄。李斐云。欲　上　時掌反。革而信之　一本无之字。以說　音悅，注同。鞏　九勇反，馬同。堅仞　仁震反。行　有　如字，又下孟反。相比　毗志反。文炳　兵領反。文蔚　音尉，又紆弗反。廣雅云茂也，數也。說文作斐。

䷱鼎　丁冷反。法象也，器也。離宮二世卦。革去　羌呂反，下皆同。賢愚別　彼列反。尊卑序　本亦作有序。別也　徐而鴆反。以木巽火　亨　香兩反，注同，本又作亨者，聖人亨大亨。飪　而甚反，熟也。上行　時掌反。凝　魚承反，翟作擬，云度也。鄭云成也。顛　丁田反。趾　音止。利出　如字，徐尺遂反，注及下同。否　悲已反，注及下同。惡也。是覆　芳福反，下皆同。倒趾　丁老反，下同。以為　于偽反。未悖　必內反，逆也。我仇　音求，匹也。鄭云怨耦曰仇。可復　扶又反，下同。其行　下孟反，注同。塞　悉則反。雉膏　如字。鄭云雉膏，食之美也。折足　之舌反，注同。餗　送鹿反。虞云八珍之具也。馬云䬻也。鄭云菜也。形渥　於角反。鄭作剭，音屋。且施　始豉反。所健　音健也。健，鹿之然反。盛　音成。知小　音智。金鉉　音玄，古螢反，徐又古冥反。馬云鉉，扛鼎而舉之也。一用　勁　古政反。

䷲震　止慎反，動也。象雷也。八純卦。以成　本亦作成。虩虩　許逆反，馬云恐懼貌。鄭同。荀作愬愬。笑言　亦言。啞啞　烏客反，馬云笑聲，鄭云樂也。恐致　殆　本又作怠，徐以反。解慢　佳賣反。惰　徒臥反，下同。作語　同。不喪　息浪反，下同。匕　必以反。鬯　敕亮反，香酒也。堪長　丁丈反。已出　音紀。曲勇反，注皆同。億　本又作噫，同，於力反。云辭也。六五同。鄭於其反，十萬曰億。喪貝　如字。躋　子西反，又作隮，升也。九陵　荀云在鬱。雖復　扶又反，上六注同。蘇蘇　疑懼貌。王肅云躁動貌。鄭云不安也。馬云　敗　音。

尸祿素餐見 无眚 生領反 遂泥 乃計反下同荀本遂作隊泥音乃低反 困難 乃旦反 索索 桑洛反注及下同懼也馬云內不安皃鄭云猶縮縮足不正也 視 如字徐市至反 矍矍 俱縛反徐許縛反馬云中未得之皃鄭云目不正 婚媾 古豆反 被動故懼 或作而

䷳艮 根恨反止也鄭云艮之言很也八純卦象山 其背 必內反徐甫載反 相背 音佩下相背同 否之 備鄙反 令物 力呈反 而強 其兩反 紆邪 似嗟反 敵應 應對之應又音膺 其趾 如字荀作止 腓 符非反本又作腓義同咸卦同 不承 音拯救之拯馬云舉也 不快 苦夬反 其限 馬云限要也鄭荀虞同 夤 引眞反馬云夾脊肉也鄭本作臏徐本又音肩荀作腎云互體有坎坎爲腎 薰 許云反荀作動云互體有震震爲動 器咢 息浪反

䷴漸 捷檢反以之前爲義卽階漸之道艮宮歸魂卦 女歸吉也 王肅本還作女歸吉利貞 善俗 王肅本作善風俗 于干 如字鄭云干水傍故停水處陸云水畔稱干毛傳詩云涯也又云澗也荀王肅云山閒澗水也翟云涯也 則困於小子 本又作則困讒於小子 於謗 博浪反 讒諛 音臾 磐 畔干反山石之安也馬云山中磐紆 衎衎 苦旦反馬云饒衍 祿養 羊尚反 歡樂 音洛 于陸 陸高之頂也馬云山上高平曰陸 孕 以證反說文云懷子曰孕鄭云猶娠也荀作乘 復反 扶又反 邪配 似嗟反 合好 呼報反 能閑 閑廁之閑 離羣 力智反鄭云猶去也 桷 音角翟云方曰桷椽也馬陸云桷榱也說文云秦曰榱周謂之椽齊魯謂之桷 安棲 音西字亦作栖 不累 劣僞反 嶬峩 五何反

䷵歸妹 婦人謂嫁曰歸妹者少女之稱兌宮歸魂卦 少女 詩照反下皆同 之稱 尺證反下同 爲長 丁丈反下皆同 說以 音悅後並同 所歸妹也 本或作以歸妹 不樂 音洛 妖邪 似嗟反 知弊 反釋也 以娣 大計反 跛 波我反 娣從 才用反又如字 眇 彌小反 以須 如字待也鄭云有才智之稱荀陸作嬬陸云妾也 愆期 起虔反馬云過也 遲 雉夷反晚也緩也陸云待也一音直冀反 不正 不應 本亦作无應 有待而行也 一本作待時 之袂 彌世反 月幾 音機又音祈荀作既 承筐 曲亡反鄭作筐 刲 苦圭反馬云刺也一音工惠反

周易下經豐傳第六

䷶豐 芳忠反字林匹忠反依字作豐今並三直畫猶是變體若曲下作者禮字耳非也世人亂之久矣彖及序卦皆云大也案豐是腆厚光大之義鄭云豐之言腆充滿意也坎宮五世卦 王假 庚白反至也下同馬古雅反大也 闡 昌善反 而令 力呈反 以徧 音遍 則異 如字孟作禩 則食 如字或作蝕非 則溢 本或作則方益者非 以折 之舌反斷也下及注同 其配 如字鄭作妃云嘉耦曰妃 雖旬 如字均也王肅作尚純反或音脣荀作均劉昫作鈞 則爭 爭鬬之爭下皆同 蔀 音部王廙同蒲戶反王肅普苟反略例云大暗之謂蔀馬云蔀小也鄭薛作菩云小席 見斗 孟作見主 曖 音愛 鄣 音章又止尚反字又作障同 斗見者 賢遍反下不見同 不

邪 似嗟反 沛 本或作旆謂幡幔也又普貝反姚云滂沛也王廙豐蓋反又補賴反徐普蓋反子夏作芾傳云小也鄭干作常云祭祀之蔽膝 沬 徐武蓋反又亡對反微昧之光也字林作昧亡太反云斗杓後星王肅云音妹鄭作昧服虔云日中而昏也子夏傳云昧星之小者馬同薛云輔星也 肱 古弘反姚作股 幡 方袁反 幔 末半反 以禦 魚呂反 從昧 音妹 豐其屋 說文作寷云大屋也 闚 苦規反李登云小視 闃 苦鵙反徐苦鵙反一音苦鵙反馬鄭云无人皃字林云靜也姚作闃孟作窒並通也 覿 徒歷反 藏 如字 廕 於鴆反 其行 下孟反 治道 直吏反下同 天際 如字鄭云當爲瘵瘵病也 翔 鄭王肅作祥 翳光 烏細反 自藏 如字眾家作戕慈羊反馬王肅云殘也鄭云傷也 有爲 于僞反 不出戶庭 此引節卦九二爻辭應云門庭作戶誤也或云門戶通語

䷷旅 力舉反羈旅也序卦云旅而无所容雜卦云親寡旅是也離宮一世卦王肅等以爲單旅 特重 直用反 物長 丁丈反 而復 扶又反六五注同 令附 力呈反 非知 音智 瑣瑣 悉果反或作璅字者非也鄭云瑣瑣小也馬云疲弊皃王肅云細小皃 懷其資 本或作懷其資斧非 喪 息浪反卦內并下卦同 爲施 始豉反 與萌 如字又音預 得其資斧 如字子夏傳及眾家並作齊斧張軌云齊斧蓋黃鉞斧也張晏云整齊也應劭云齊利也虞喜志林云齊當作齋齋戒入廟而受斧下卦同 不快 苦夬反 斫 諸若反 平坦 吐但反 射雉 食亦反注同 而上 時掌反 上逮 音代一音大計反 號 戶羔反 咷 道羔反 于易 以豉反注同王肅音亦 所嫉 音疾字林音自本亦作疾下同 其義焚也 馬云義宜也一本作宜其焚也 喪牛之凶 本亦作喪牛于易

䷸巽 孫問反入也廣雅云順也八純卦象風象木 巽弟 大計反本亦作悌 重巽 直龍反 齊邪 似嗟反下并下卦同 志治 直吏反 紛 芳云反廣雅云眾也喜也一云盛也 而復 扶又反下同 神祇 祁支反 頻顣 干寂反又子六反此同鄭意 不樂 音洛 遠不 袁方反 之庖 步交反 先庚 西薦反注同 後庚 胡豆反 卒以 寸忽反下同 不說 字又作悅同 先申 音身或作甲字非 以斷 丁亂反下同

䷹兌 徒外反悅也八純卦象澤 兌說 音悅卦內並同 以先 西薦反又如字 犯難 乃旦反 麗澤 如字麗連也鄭作離云猶併也 黨繫 本亦作係 商兌 如字商商量也鄭云隱度也 介疾 音界隔也馬云大也 將近 附近之近 比於 毗志反 道長 丁丈反

䷺渙 呼亂反散也序卦云離也離宮五世卦 王假 庚白反下同梁武帝音賈 而上 如字又時掌反 之難 乃旦反卦內同 之累 劣僞反 享于 香兩反 用拯 拯救之拯馬云舉也伏曼容云濟也王肅云拔也子夏作抍抍取也 以逝 逝又作遊 厄劇 本又作危處又作厄處 逃竄 七亂反 險爭 爭鬬之爭 机 音几 有丘 姚作有近 匪夷 荀作匪弟 丘墟 去魚反 渙汗 下旦反 以盪 徒黨反 險阨 於隔反 以假 古雅反 逖 湯歷反 血去 羌呂反 最遠 袁萬反下於遠象遠害並同 不近 附近之近

䷻節 薦絜反止也明礼有制度之名一云分段支節之義坎宮一世卦 男女別 彼列反 復正 扶又反 說以 音悅注同 澤上有水 上或作中今不用 德行 下孟反下注同 故匿 女力反 所怨 紆萬反又紆元反

䷼中孚 芳夫反信也艮宮遊魂卦 豚 徒尊反黃作遯 說而 音悅下注皆同 乖爭 爭鬬之爭 之行 下孟反 畜之 許六反本或作歡 涉難 乃旦反 有它 音他 燕 音鷰 鶴 戶各反 和之 胡臥反注及下同 好爵 如字王肅呼報反孟云好小也 爾靡 本又作縻同亡池反散也干同徐又武寄反又亡彼反韓詩云共也孟同埤蒼作縻云散也陸作䌕京作劘 重陰 直龍反 不狥 似俊反 或罷 如字王肅音皮徐扶彼反 少陰 詩照反 長陰 丁丈反 相比 毗志反 而閡 五代反 憊 備拜反 幾望 音機又音祈京作近荀作既 而上 時掌反象同 攣 力圓反廣雅云拳也 可舍 音捨 翰音 胡旦反高飛 內喪 息浪反

䷽小過 古臥反義與大過同王肅云音戈兌宮遊魂卦 遺之 如字 不宜上 時掌反注同下及爻不宜上上六注上亦同鄭如字謂君也 而浸 子鴆反 以行 下孟反 所錯 本又作措又作厝同七路反 其妣 必履反 于僭 子念反 盡於 津忍反 或戕 徐在良反注同 故令 力呈反注同 先過 西薦反 而復 扶又反卦末同 晏安 於諫反又音宴 鴆 除蔭反本亦作酖 沒怯 去業反 公弋 餘職反 則蒸 章勝反字又作烝或作滕字非 小畜 本又作蓄同勑六反 其施 始豉反 而難 乃旦反 已上也 並如字上又時掌反注同鄭作尙云庶幾也 陽已上故止也 本又作陽已上故少陰上少音多少之少 上六弗遇 王付反本多誤故詳之 災眚 生領反

䷾既濟 節計反下卦同鄭云既已也盡也濟度也坎宮三世卦 亨小 絕句以小連利貞者非 則邪 似嗟反下同 曳 以制反 濡其 音儒注同 於燥 西皁反 未造 七報反 易 以豉反 棄難 乃旦反卦末并下卦同 婦喪 息浪反注皆同 其茀 方拂反首飾也馬同干云馬髴也鄭云車蔽也子夏作髴荀作紱董作髢 不比 毗志反 鬼方 蒼頡篇云鬼遠也 憊 備拜反鄭云劣弱也陸作備云當爲憊憊困劣也 繻有 而朱反鄭王肅云音須子夏作襦王廙同薛云古文作繻 衣袽 女居反絲袽也王肅音如說文作絮云緼也廣雅云絮塞也子夏作茹京作絮 有郤 去逆反 禴 羊略反祭之薄者 沼 之紹反 沚 音止 蘋 音頻 蘩 音煩 非馨 呼庭反

䷿未濟 離宮三世卦 小狐 徐音胡 汔 許訖反說文云水涸也鄭云幾也 令物 力呈反 各得其所 一本得作當 經綸 本又作論同音倫又魯門反 屯 張倫反 蹇 紀勉反 循難 似遵反猶履也 喪其 息浪反 已比 上音紀下毗志反 以近 附近之近 暉 許歸反字又作煇 而耽 丁南反 於樂 音洛

周易繫 徐胡詣反本系也又音係續也字從毄若直作毄下系者音口奚反非 辭 本亦作辤依字應作詞說也說

文云詞者意内而言外也辤不受也受辛者辤辞籀文辭字也上第七本亦作繫辭上王肅本皆作繫辭上傳訖於雜
卦皆有傳字本亦有无上字者韓伯注本亦作韓康伯注案王輔嗣止注大經講者相承用韓注繫辭以下續之
地卑如字又音婢本又作埤同其易之門本亦作其易之門戶斷矣丁亂反之分符問反章末注
同著矣張慮反見矣賢遍反注同縣象音玄兩施始豉反相摩本又作磨末何反京云相
磑切也磑音古代反馬云摩切也鄭注禮記云迫也迫音百相盪衆家作蕩王肅音唐黨反馬云除也桓云動也唯韓
云相推盪鼓之虞陸董皆云鼓鼓動也霆王肅呂忱音庭徐又徒鼎反又音定京云霆者雷之餘氣挺生萬物也說
文同蜀才云疑為電運行姚作違行大始音泰王肅作泰坤作虞姚作坤化姚云化當為作易知以豉
反訖章末同鄭荀董並音亦簡能如字姚云能當為從而成位乎其中馬王肅作而易成位乎其中
繫辭音系卷内皆同焉而明吉凶虞本更有悔吝二字迭田節反剛柔者晝夜之象
廣作晝夜者剛柔之象三極陸云極至也馬云三統也鄭韓云三才也王肅云陰陽剛柔仁義為三極能見賢遍
反易之序也陸云序象也京云次也虞本作象所樂音岳適會也虞本作所變而玩五亂反研玩也
馬云貪也鄭作翫祐之音又後同
爻者戶交反說文云交也小疵徐才斯反馬云瑕也辯吉凶如字京云明也虞董姚顧蜀才並云別也音彼
列反見乎賢遍反乎介音界注同王肅干韓云纖介也纖息廉反震无咎馬云震驚也鄭云懼也王
肅韓云動也周云威也險易以豉反注同京云險惡也易善也之否備鄙反天地準如字京云準等
也鄭云中也平也弥如字本又作彌綸音倫京云彌遍綸知也王肅云綸纏裹也荀云彌終也綸迹也天下之
道一本作天地俯以音甫察於一本作觀於反終鄭虞作及終之說如字宋衷始銳反云舍也
烟音因熅紆云反盡衆津忍反注同知周音智注同道濟如字鄭云道當作導不流如字京作
留樂天音洛注同虞作變天功贍先艷反範圍鄭云範法也馬王肅張作犯違張云犯違猶裁成也而
知如字荀爽荀柔之明偕知音智以上時掌反之稱尺證反下章及注同知者音智下之知注知者其知
仁知並同其分符問反鮮矣悉淺反注同師說云盡也鄭作尟馬鄭王肅云少也藏諸才剛反鄭作藏云善
也衣於既反被皮寄反則有經營之功也本亦无功字一本功作迹成象蜀本作盛象
爻法胡孝反馬韓如字云放也蜀才作効形詰去吉反大虛音泰下大極同欻爾況勿反自造
在早反下同稱極尺征反為稱尺證反不禦魚呂反禁止也乎邇本又作邇音爾也專如字
陸作摶音同也翕虛級反斂也也闢舞亦反開也易簡以豉反知崇音智注同禮蜀才作體
卑必彌反本亦作俾徐音婢下同賾仕責反下同九家作冊京作嘖云債也典禮京作等禮姚作典禮以斷
丁亂反下注同惡也於嫁反荀作亞亞次也又烏路反馬鄭烏洛反並通言天下之至動而不可
亂也衆家本並然鄭本作至賾云賾當為動九家亦作冊可遠袁萬反之惡烏路反錯之七各反

議之鄭姚桓玄荀柔之作儀之則盡津忍反子和胡臥反注同靡之本又作縻亡池反徐又亡彼反
京作劇行發丁孟反下同見乎賢遍反樞尺朱反王廙云戶樞也一云門臼機王廙云弩牙也先
號戶羔反咷道羔反或默亡北反字或作嘿利斷丁亂反王肅丁管反其臭昌又反
初六藉在夜反下同用白茅卯交反无咎或以此為別章今不用苟錯七故反本亦作措
可重直勇反慎斯術也時震反鄭于同一本作順師明義鄭云術道不德鄭陸蜀本作置鄭云置當
為德下人遐嫁反後同為階姚作機為易者本又云作易者乘釁許覲反致寇至徐或
作戎宋衷云戎謨乘也者如字一讀繩證反慢藏才浪反誨如字教也虞作悔謂悔恨冶容音也
鄭陸虞姚王肅作野言妖野容儀教誨淫泆也王肅云作野音也大衍延善反又注演同鄭云衍演也干云合也王廙
蜀才云廣也大極音泰掛一卦買反別也王肅音卦揲時設反案揲猶數也說文云閱持也一音思煩反徐
音息列反鄭云取也歸奇紀宜反注下同於扐郎得反下同馬云指間也荀柔之云別也後掛京作卦云再扐
而後布卦之策初革反字亦作筴當如字下同期本又作朞音朞同而伸本又作信音身而長丁丈
反德行下孟反酬市由反徐又音疇酢在洛反京作醋與祐音又助也馬云配也荀作侑
聖人之道明僭紹作君子之道以言者下三句无以字一本四句皆有如嚮許兩反又作響能與
音預下及注同參伍七南反錯七各反綜宗統反天地之文一本作天下虞陸本作之爻无
籌直周反研蜀才作擘幾也如字本或作機鄭云機當作幾幾微也夫易開王肅作闓音同物成
務一本无夫易二字冒天莫報反注同覆也以斷丁亂反下二章同蓍音尸圓而本又作員音同
方以知音智注同下知以叡知注神知皆同有分符問反易以以豉反韓音亦謂變易貢如字告也
京陸虞作王荀作功洗心劉瓛悉殄反盡也王肅韓悉禮反京荀虞董張蜀才作先石經同洗濯直角反藏往
如字劉作臧善也能與音預不殺王鄭王肅干所戒反師同徐所例反陸韓如字者夫音符下同齊戒
側皆反注同以神明其德夫荀虞顧絕句衆皆以夫字為下句一本无夫字闔戶胡臘反闢戶
婢亦反王肅甫亦反施生始豉反見乃賢遍反是故易有大極大音泰注同大極无也馬云北
辰也王肅云此章首獨言是故者總衆章之意无稱之稱並尺證反縣象音玄探吐南反賾九家作冊
索隱色白反亹亹亡偉反莫善乎蓍龜本亦作莫大見吉賢遍反河出如字又尺
遂反下同洛出王肅作雒漢家以火德王故從各又以尚賢也鄭本作有以子曰書不盡
如字又津忍反下同之縕紆粉反徐於憤反王肅又於問反之與烏報反而上時掌反而錯七故
反注同本又作措之賾本亦作之至賾而裁音才本又作財默而成本或作默而成之德行下孟反

周易繫辭下第八

而重直龍反注同明治直吏反繫辭音係卷內皆同而命孟作明或否備鄙反而斷

丁亂反則見賢遍反下及注皆同趣時七樹反貞勝姚本作貞稱乎累劣偽反殉吉辭俊
反後同未離力智反盡會丁迴反下同貞觀官換反又音官貞夫音符確然苦角反馬韓云
剛兒說文云高至人易以豉反下注同隤然人回反馬韓云柔兒也孟作退陸董姚作妥像此音象施
始豉反大寶孟作保曰人王肅卞伯玉桓玄明僧紹作仁禁民音金又金鴆反包本又作庖白交
反鄭云取也孟京作伏犧許宜反字又作羲鄭云鳥獸全具曰犧孟京作戲云伏服也戲化也氏包犧取大諱三皇之
最先之王于況反不究九又反為罟音古馬姚云猶网也黃本作為网罟云取獸曰网取魚曰罟以
佃音田本亦作田以漁音魚本亦作魚又言庶反馬云取獸曰佃取魚曰漁斲木陟角反為耜音似京云
耒下耒也陸云廣六寸耒音勑丁反為耒力對反京云耜上句木也說文云耜曲木垂所作字林同力佳反徐力猥反垂
造作也木或捸木為之未耨非耒耨之利奴豆反馬云鉏也孟云耘除草為市世本云祝融為市宋衷云顓頊
臣也說文云市時止反噬市制反嗑胡臘反不解佳賣反易窮則變變則通通則
久一本作易窮則變通則久祐之音又本亦作佑下治直吏反草木同以別彼列反本作辨一挎本又
作刳口孤反徐又口溝反剡以冉反亦作剡楫本又作檝將輒反下同徐音集又子入反方言云楫謂之橈或謂之櫂說
文云楫舟櫂也致遠以利天下一本无此句諸渙音喚以利天下蓋取諸隨一本
无以利天下一句重門直龍反柝他洛反馬云兩木相擊以行夜說文作欜字林他各反同暴客白報反鄭
作虣斷木丁緩反又徒緩反斷斷絕為杵昌呂反掘地其月反又其勿反為臼求酉反為弧
音胡說文云木弓剡木以冉反字林云銳也因冉反諸睽苦圭反又音圭則爭爭鬬之爭下同厚衣
於既反喪期並如字无數色具反棺槨上音官下音郭而治直吏反下同書契苦計反
決斷都亂反象也者像也衆本並云像擬也孟京虞董姚還作象卦奇紀宜反注同德行
下孟反下同畫音獲下同憧憧本又作憧昌容反以貫古亂反屈也丘勿反下同信也
本又作伸同音申下同韋昭漢書音義云古伸字尺蠖紆縛反蟲名也徐又烏郭反龍虵本又作蛇同之
蟄直立反全身本亦作存身思慮息吏反而累劣偽反蒺音疾藜音梨死其其亦作期
射食亦反下注同隼恤允反高墉音容不括古活反結也結閡五代反不懲直升反屨
俱遇反校胡孝反下同滅趾本亦作止弗去羌呂反何校河可反又音河其治直吏反下同
知小音智尟不本亦作鮮仙善反少也折足之設反覆公芳六反餗音速馬作粥形渥
於角反不勝音升而上時掌反未離力智反先見賢遍反介于徐音戒衆家作介徐云王
廙古黠反斷可丁亂反注同復行扶又反注復行同造形七報反之分符問反无祇韓音
祁支反注同王廙輔嗣音支舍凶音捨絪本又作氤同音因縕本又作氳紆云反化醇音淳易其
以豉反不迕五路反字亦作忤其易之門邪本又作門戶邪之撰仕勉反下章同數也廣雅云定

也王肅士眷反 數也色柱反 爻繇直救反下同服虔云抽也抽出吉凶也韋昭云由也吉凶所由而出也 於稽古兮反考也 闡幽昌善反明也 辯物如字徐扶勉反別也 斷辭丁亂反注同 辭文如字音問 而中丁仲反注同 因貳音二鄭云當爲式 民行下孟反注同 所蹈徒報反 之柄兵病反 之脩如字鄭云治也馬作循 之辯如字王肅卜免反 不厭於豔反注同 後易以豉反注同 長裕丁丈反注同 其施始豉反下同 巽稱尺證反又尺升反 和行下孟反 以遠于萬反注同 不濫力暫反 可遠馬王肅韓袁萬反注皆同師讀如字 上下時掌反章末同 趣舍音捨 處昧音妹 而揆葵癸反度也 其方馬云方道 能循似倫反 以度待洛反 以要一遙反下爻要終同 其要於妙反 易知以豉反 撰德鄭作算云數也 噫於其反王肅於力反辭也馬同 亦要一妙反絕句又一遙反絕句至吉凶 則居馬如字處也師音同鄭王肅音基 知者音智 彖辭吐貫反馬云彖辭卦辭也鄭云爻辭也周同王肅云彖舉彖之要也師說通謂爻卦之辭也一云郎夫子彖辭 則思息吏反 貫之古亂反 轉 近附近之近下章以近同 而上時掌反 須援于眷反 剛勝升證反一音升 勝其音升 閑邪似嗟反 其當如字下當文王同 紂直又反 蒙難乃旦反 能亨許庚反 易者以豉反注同 其治直吏反 德行下孟反下德行同 易以以豉反下注險易同 知阻莊呂反 能說音悅注同 亹亹亡偉反鄭云沒沒也王肅云勉也 役思息吏反 探吐南反 射食亦反 不厭於豔反 以盡津忍反下同 愛惡烏路反注同鄭烏洛反 泯然亡忍反 比爻毗志反 辭枝音支 誣善音無

周易說卦第九

幽贊本或作讚子旦反幽深也贊明也 蓍音尸說文云蒿屬生千歲三百莖易以爲數天子九尺諸侯七尺大夫五尺士三尺毛詩草木疏云以藾蕭青色科生鴻範五行傳云蓍百年一本生百莖論衡云七十歲生一莖七百歲生十莖神靈之物故生遲也史記云生滿百莖者其下必有神龜守之其上常有雲氣覆之淮南子云上有叢蓍下有伏龜 如響香兩反本又作響 參七南反又如字音三 天或作夫者非 而倚於綺反馬云依也王肅其綺反云立也虞同蜀才作奇通 數色具反 參奇紀宜反 觀變一本作觀變化 發揮音煇鄭云揚也王廙韓云散也 盡性津忍反 要其一遙反 迭用田節反 六位而成章本又作六畫 相薄旁各反陸云相附薄也馬鄭顧云薄入也 相射食亦反虞陸董姚王肅音亦云厭也 數往色具反又色主反 而數色主反下文同 晅況晚反京云乾也本又作晅徐古鄧反又音香元反 以說音悅後皆同 嚮明許亮反 而治直吏反 妙 萬物如字王肅作眇音妙董云眇成也 撓徐乃飽反王肅乃教反又呼勞反 熯王肅云呼但反火氣也徐本作暵音漢云熱暵也說文同 莫盛成是政反鄭云裏也 水火不相逮音代一音七計反鄭宋陸王肅王廙无不字 悖必內反逆也 爲豕京作豨 爲狗音苟 一索色白反下同馬云數也王肅云求也 長男丁丈反下長女長子皆同 中男丁仲反下同 少男詩照反下必之皆同 爲圜音圓 瘠在亦反下同王廙云健之甚者爲多骨也京荀作柴云多筋幹 駁邦角反 爲釜扶甫反 爲吝京作遴 嗇音色 爲柄彼病反 爲龍如字虞干作駹云倉色干云雜色 爲旉王肅音孚干云花之通名鋪爲花皃謂之敷木又作尃如字虞同姚云專一也鄭市戀反 蒼筤音郎或作琅 萑音九廣雅云適也適音狄 葦韋鬼反蘆 馵主樹反京作朱荀同 陽在下一 的丁麻反說文作馰 顙桑黨反額額曰顙 反生麻豆之屬反生戴莩甲而出也虞作阪云陵阪也陸云反當爲反 蕃音煩 鮮息淺反 爲臭昌又反王肅作爲香臭 寡髮如字本又作宣黑白雜爲宣髮 爲廣如字鄭作黃 爲近附近之近 三倍步罪反 其究九又反 爲矯紀表反一本作橋同 輮如九反王肅奴又反又女九反又如又反馬鄭陸王肅本作此宋衷王廙作揉宋云使曲者直直者曲爲揉京作柔荀作橈 弓輪姚作倫 美脊精亦反 爲亟紀力反荀作極云中也 爲薄旁博反 蹄徒低反 爲曳以制反 眚生領反王廙云病也 甲胄直又反 乾卦古旱反鄭云乾當爲幹陽在以能幹正也董作幹 鼈卑列反本又作鱉同 蟹戶賣反 蠃力禾反京作螺姚作蠡 蚌步項反本又作蜯同 科苦禾反空也虞作折 槁苦老反鄭作槀干作槁 爲徑古定反 果蓏力火反馬云果桃李之屬蓏瓜瓠之屬應劭云木實曰果草實曰蓏說文云在木曰果在地曰蓏張晏云有核曰果无核曰蓏京本作果墮之字 閽寺音昏如字徐音侍亦作閽字 黔其廉反徐音禽王肅其嚴反鄭作黚謂虎豹之屬貪冒之類 喙丁遘反徐況廢反 爲堅多節本无堅字 爲巫亡符反 附決如字徐音穴 剛鹵力杜反鹹土也 爲羊虞作羔此六子依求索而爲次第也本亦有以三男居前三女後從乾健也章至此韓无注或有注者非也荀爽九家集解本乾後更有四爲龍爲直爲衣爲言巛後有八爲牝爲迷爲方爲囊爲裳爲黃爲帛爲漿震後有三爲王爲鵠爲鼓巽後有二爲楊爲鸛坎後有八爲宮爲律爲可爲棟爲叢棘爲狐爲蒺藜爲桎梏離後有一爲牝牛艮後有三爲鼻爲虎爲狐兌後有二爲常爲輔頰注云常西方神也不同故記之於此

周易序卦第十

之穉直吏反本或作稚 爭興爭鬭之爭下同 所比毗志反下注同 所畜敕六反本亦作蓄下及雜卦同 以否備鄙反下同 以觀宮喚反 亨則許庚反鄭許兩反徐音向同 實喪息浪反 所錯七各反注同徐七路反 之緼紆粉反本又作蘊 遠小人袁万反 有難乃旦反下同 以解音蟹下同 決邪似嗟反 而上時掌反 去故起呂反下同 以和胡臥反又如字 齊才細反又如字 若長丁丈反 說音悅下及注同 行過下孟反

周易雜卦韓云雜糅衆卦也孟云雜亂也第十一

雜糅如又反 比毗志反下同 樂音洛注同 臨觀古亂反 屯見賢遍反注及下經皆同鄭如字 綸本又作論音倫又力門反 上升時掌反下文同離上升注同 豫怠如字姚同京作治虞作怡 則飭音敕注同整治也鄭本王肅作飾 剝爛老旦反 晝也竹又反 誅也荀云誅滅也陸韓云傷也 解音蟹 難也

乃旦反 衆荀作終 去故起呂反 豐多故衆家以此絕句 親寡旅也荀本豐多故親絕句寡旅也別爲句 道長丁丈反

周易釋文挍勘記　　阮元撰盧宣旬摘錄

字從日下月　閩監本同宋本下有正从日勿四字盧本下从作從

第一　宋本此二字另提行

〔乾〕

乾　依字作乾下乙乾從旦㫃㫃音偃。閩本同監本脫此十三字宋本乾並作𠦝盧本同是也

无　通於无者王述說。宋本閩監本同盧本无作元述作育

无悶　門遜反。宋本盧本同閩監本遜作遜。按盧刻多半出於宋本

閑邪　以嗟反。補通志堂本盧本以作似案似字是也

怵　敕律反。宋本閩監本同案敕字是也盧本作勑依集韻改

就燥　蘇早先早二反。補通志堂本盧本先早作先阜案阜字是也宋本阜作皂俗字閩本亦誤早監本作告

以辯　徐便免反。補閩監本同宋本盧本便作扶案便免郎集韻之平免扶字非也

〔坤〕。閩監本同盧本改巛

坤　本又作巛巛今字也。宋本閩監本同盧本巛並改坤案坤正字巛假借字說詳王引之經義述聞

利牝　又扶死反。宋本閩本盧本同監本死作允

括　方言云閑也。補閩監本同宋本盧本閑作閉是也

閉　必計反字林方結反。補舊本必作心閩本亦作必監本盧本同又方作兵宋本方作力案必字兵字是也

之飾　本或作飭。補閩本同宋本作餝監本盧本作餝案餝字是也

嫌　鄭作謙荀虞陸董作嗛。閩監本同宋本嗛作兼盧本謙改溓

〔屯〕

得主則定　本亦作寗寧。補閩監本同宋本盧本寧作則寧按則寧是也

經綸　經綸匡濟也本亦作倫。補閩監本同宋本盧本綸作論倫作綸是也

邅如　。閩監本盧本同宋本作亶如。按亶邅正俗字

乘馬　馬牡日乘。補閩本同宋本盧本上牡字作牝監本作四

相近　下近五同。補盧本同閩監本五作王十行本模糊今改五宋本作並誤

如舍　式夜反。補通志堂本盧本式作武

〔蒙〕

梏 小爾雅云○宋本同閩監本爾作廣盧本亦作廣無小字○按作廣是也

擊去 起呂反○閩監本盧本同宋本作繫去宋本起作紀○按當作起

〔需〕

需 字從兩重而者非○宋本閩監本同盧本兩改雨

雲上 于寶云外也○補閩監本同宋本盧本外作升閩本干誤于按升字是也

宴 徐烏殄反安也下同鄭云享宴也李暫烏衍反○補閩監本同宋本下作于宴作宜並誤盧本暫作軌是也

於難 及注皆同下及文皆同○閩監本同宋本作及下文盧本作下文

于沙 鄭作沚○宋本閩監本同盧本沚改沚

〔訟〕

褫 徐敕紙反本又作褫鄭本作拕徒何反○補宋本敕作致褫作補閩監本褫作褫盧本褫作褫何作可云褫或體舊本褫下作币譌今改正

〔師〕

天寵 光耀也○宋本閩監本同盧本耀作燿

〔比〕

比 徐又甫履反○補宋本閩本盧本同盧文弨云舊本作補今據錢本正案作甫非舊本是也

〔小畜〕

車說 說云解也○補通志堂本盧本說下有文字是也盧文弨云今說文作說釋也

〔履〕

坦坦 吐但反說文云文也○補閩監本同宋本盧本但作旦下文字作安案安字是也

跛 依字作跛○補宋本閩監本跛作破盧本破改跛云舊本作破譌今從雅雨本正案所改是也跛正字隸變而爲跛十行本模糊今正

〔泰〕

荒 本亦作巟○補盧本荒作荒巟作巟云舊譌作充案荒巟並从亾下荒穢同

〔否〕

〔同人〕

不克則反反則得吉也 ○閩監本盧本同宋本作反則得則得則吉也

〔大有〕

大車 剛徐反蜀才作輿○補閩本同宋本盧本徐作除監本剛除誤剕余才誤本

用亨 干云亨宴也○補閩監本同宋本盧本亨作享

〔謙〕

謙 云二謙也○補閩監本同宋本盧本二作嗛案嗛字是也

名者聲名聞之謂也 ○宋本閩本盧本同監本上名改鳴○按監本是也

〔豫〕

他奮 ○補閩監本同宋本盧本他作地案地字是也

薦 本又作廌○補閩監本同宋本盧本廌作藨

〔隨〕

〔蠱〕

以振 振仁厚也○補通志堂盧本作振振仁厚也

不累 力僞反○補宋本閩本同監本盧本力作劣

〔臨〕

無疆 ○補宋本閩監本同盧本無作无

〔觀〕

而不薦 本又作藨同牋練反王肅本作而觀薦○補宋本盧本本作王藨作藨而觀薦作而不觀薦案王字非也豫殷薦釋文云本又作藨此當與彼同閩監本亦是本字唯此觀薦上當有不字誤脫耳

者狹 戶夾反○閩監本盧本同宋本戶作下

〔噬嗑〕

噬 市利反○補閩監本同宋本盧本利作制案制字是也

腊肉 而煬於日○補宋本閩本同監本盧本同日作火

胏 字林云含食所遺也○補宋本閩監本同盧本舍作食○按盧依說文改也

何校 又音何○宋本閩監本同盧本何改河

〔賁〕

賁 鄭云變也○閩監本盧本同宋本變作有

其須 水邊作非○宋本閩本盧本同監本非上有須字誤

皤 鄭陸作蟠音煩○補宋本蟠作皤閩本作膰監本盧本作皤

翰 鄭云白也○宋本閩監本同盧本白作幹○按盧作幹是也

〔剝〕

貫魚 徐音宮○補閩本同宋本盧本宮作官監本作館案官字是也

〔復〕

復 音服○宋本盧本同閩本服作復監本作覆

無祗 九家本作多○補宋本閩監本同祗宋本作祇盧本無祗作无祗多作祇案盧挍是也

頻復 本又作嚬馬云憂頻也○補宋本閩監本同盧本頻嚬互易

〔大畜〕

篤實輝 音揮○補閩監本同宋本盧本揮作輝宋本音揮作音輝

輹 輹似人屐又曰伏莬上軸上似之○補閩監本同宋本輹作屐非盧本上軸作在軸案在字是也

良馬逐 鄭本作逐逐云兩馬疋也姚云逐逐疾並驅之皃○補閩本同宋本上逐下有衍字疾作姚非監本疋作是亦非盧本疋作走案走字是也

險阨 於厄反○補閩監本同宋本盧本厄作革案革字是也

〔頤〕

朶 京作瑞○補閩監本同盧本瑞作揣盧文弨云舊本從木譌今從宋本錢本正

虎視 又常止反○宋本閩本同監本盧本常作市○按常是也

逐逐 志林云○宋本閩本盧本同監本志作字

施賢 ○閩監本盧本同宋本賢作贒

得頤 一本作得順○宋本閩本盧本同監本得誤德

〔大過〕

弱 下救其二○補閩監本同宋本盧本二作弱案二字誤也

〔習坎〕

窞 王肅又作陵感反○補盧本同宋本陵作徒

枕 徐舒鴆反○補閩監本同宋本盧本舒作針按針字是也

祇 又上支反○宋本閩本盧本同監本上作止○按監本是也

寘 姚作寔寔置也○宋本閩本盧本同監本寔並作寘非是

〔離〕

牝 又扶死反○宋本閩本盧本同監本死作允

涕 徐他木反○補閩本同監本木誤李宋本盧本木作米案米字是也

若 閩監本同宋本盧本作嵳是也

〔恒〕而分○此條各本俱在詰去吉反下盧本移在德行條上○按盧本是也

〔遯〕遯匿亦避時○補閩監本同宋本盧本亦作迹案迹字是也

夫靜○此條各本俱在非否條上盧本移在恒卦末按盧本是也

〔大壯〕于易謂佼易也謂壃場也○宋本閩監本盧本同壃場閩監本作疆場

〔晉〕接鄭云捷○補閩監本同宋本盧本云作音按音字是也

鼫一名鼫○補閩監本同宋本盧本鼫下有鼠字案有者是也今正

得○補閩監本同宋本盧本得上有失字案有者是也

〔明夷〕最遠下袁難同○補閩監本同宋本盧本袁作遠案遠字是也

夷于京作賰○〔補〕宋本盧本同盧文弨云舊本京作亦今正閩監本作京作賰

左股日隨天左音也姚作右槃云自辰右旋入丑○補盧本音作旋是也閩監本旋誤行槃誤樂宋本下右字誤在

南狩手又反本亦作守同○宋本盧本同此十行本缺又作二字閩監本又誤救作誤與案此救與二字乃閩本以意補十行本之缺故誤○補又作二字今正

〔家人〕樂樂○補閩監本同宋本盧本上樂字作愛案愛字是也

〔睽〕睽目不相視也○閩監本同宋本盧本視作聽○按聽字是也

〔解〕用射食亦反注下同○補閩監本同宋本注下作下注

〔損〕損豫本反省減之義也又訓失序卦云損必有所失○補閩監本同宋本盧本豫作孫省作虧損作緩是也

徵劉徵云清也蜀才作證○補閩本同監本徵作徵劉徵云作劉云徵蜀才作蜀本盧本證作澂云舊本澄據訓云清也則當作澂

〔益〕無疆○補宋本閩本同監本盧本無作无

用圭王肅作用恒圭○補閩監本同宋本盧本恒作桓案桓字是也

用費○宋本閩監本同盧本用改不○按注云惠而不費作不是也

無厭○宋本閩監本同盧本無改无

〔夬〕夬使也○補閩監本同宋本盧本使作決案決字是也

齊長丁丈反徐上六象並同○補盧本徐作除案除字是也

莫夜鄭如字云無也無夜非一夜○補案此不誤無夜非一夜正是鄭訓莫爲無之義盧本無夜作莫夜非

次本亦作趑或作跋說文及鄭作趑同○補閩監本同宋本盧本上趑作趑跋作跋下趑作趑案趑字是也

陸陸當陸也虞云莧其也陸商也○補閩監本同盧本其作說商作和云舊作陸商陸也則與馬鄭同非又說也作蕢也或作其也和也作商也皆謬今據宋本正莧通莞故訓說陸通睦故訓和案張惠言周易虞氏義作莧說也陸和睦也與盧本合

〔姤〕誥四方正也○補宋本閩監本同盧本正作止

蹢一本作鄭古文作蹢○補宋本盧本鄭作躑下蹢字作蹢案躑字蹢字是也閩監本亦作蹢非

以杞馬云大本也柳柔脆木也○補閩監本同宋本馬誤禹脆作栁盧本大本作大木脆作韌

〔萃〕除戎器本亦作鍺○補宋本盧本鍺作儲閩監本鍺誤錯案儲字是也

〔升〕冥見經反○補盧本見作覓

〔困〕株木張一反○補閩本同宋本一作愚監本一作于盧本一作慮案宋本是也

數歲色柱反○宋本閩監本同盧本柱改主

刖方刮反○補閩本同宋本方作王監本方作於盧本方作五案五字是也

藟幽州人謂之推藟○補盧本推作推

〔井〕無喪○宋本閩監本同盧本無作无

以勞力報反二同○補宋本盧本二作注是也閩監本作下

甕說文作罋○宋本閩本同盧本甕改雍非監本罋作甕俗字○按依說文當作罋从缶雝聲

甃本云以甎壘井曰甃○補閩監本同宋本盧本本作干案干字是也

冽潔也○補閩監本同宋本盧本潔作絜按絜正字潔俗字

〔革〕〔鼎〕以爲○宋本閩監本同盧本下增子字是也

雉膏食之美也○補閩監本同宋本盧本也作者案者字是也

〔震〕以成成亦作威○補閩監本盧本同宋本威作盛

〔漸〕衎衎馬云饒衍○補盧本饒衍作饒行

〔歸妹〕知弊釋也反○補盧本作婢世反

以須荀陸作孺○補閩監本同宋本盧本孺作嬬

承筐郊作筐○補宋本承筐作承匡郊作鄭閩監本盧本筐作匡案宋本是也

〔豐〕則溢本或作則方益者非○補宋本閩本盧本益作溢監本方誤云

沛鄭干作常○補盧本常作芾云舊本鄭干作芾之芾作韋字乃後人所臆改不知訓小之芾乃蔽芾之芾鄭干作芾乃朱芾之芾二字義本不同今從宋本正錢本同

豐其屋說文作豐○閩監本同宋本作豐盧本作豐是也

〔旅〕不快苦夬反○宋本盧本同閩監本苦作草○按草字誤

〔渙〕血去○此條各本在逖湯歷反下盧本移在上是也

〔中孚〕爾靡本又作縻又亡彼反京作劘○宋本盧本縻作糜七彼宋本作亡波閩監本劘作劘

〔小過〕不宜上上六注上亦同○宋本閩監本同盧本亦作極○按盧是也

故令也力呈反注同。宋本閩監本同盧本注作下。按盧是

陽已上故止也故少陰上。補閩監本同宋本盧本上作止案止字是也

〔既濟〕

衣袽說文作絮。閩監本同宋本盧本絮作絮下絮塞同

〔繫辭上〕

周易繫徐胡詣反字從毄若直作毄下系者。補閩本同監本請作計盧本請作詣從毄下有下系二字系者系字作系案諸字是也古用毄爲系字陸氏謂字作毄不誤若作繫則音口奚反說文所謂繫褫也繫褫惡絮也上音溪下音題陸氏大字當云周易毄小字當云字從毄當云本作毄

霆疑爲電。補閩監本盧本同盧文弨云舊本疑作凝非

震无咎周云威也。補閩監本同宋本盧本威作救

盡聚。補閩監本同宋本盧本聚作聚案聚字是也

功贍先豔反。補閩本同監本先作失宋本盧本先作涉案涉字是也

而知僧字今正明僧知音智。補盧本僧知作僧紹是也十行本原闕

成象蜀本作盛象。補閩監本同宋本盧本作蜀才案才字是也

卑本亦作俾。補閩監本同宋本盧本俾作埤

賾云債也。補閩監本同宋本盧本債作情案情字是也

典禮姚作典禮。補盧本作姚作典體

之惡。補盧本作惡之云舊誤倒今從官本改正

議之鄭姚。補盧本鄭作陸

予和明臥反。補盧本明作和

慎斯術也師明義。補閩監本同宋本盧本明作用

不德蜀本作置。補盧本作蜀才作置案才字是也

期音朞。補盧本朞作朞

以斷下二章同。補十行本二字缺宋本盧本有今正閩監本誤作一

洛出故從各。補閩監本同宋本盧本各下有隹字

之奧依毛本正。補盧本作淵奧云淵舊本作之疑避唐諱因致譌今

〔繫辭下〕

盡會丁廻反。補盧本丁廻作津忍

貞觀官換反。補盧本換作喚云舊本作換譌今依前例作喚宋本錢本作奐

隤然大回反。補盧本大作大

氏也包犧取大皞。補閩監本同宋本盧本取作氏案氏字是

下治草木同。補閩監本同宋本盧本草木作章末是也

暴客鄭作虣。補閩監本同宋本盧本虣作虣是也

介于衆家作介。宋本作介作砎

數也色柱反。補盧本柱作主云主舊作柱譌宋本作拄亦非仍據前後例改作主

〔說卦〕

發揮音輝。補宋本盧本同閩監本音輝作音揮十行本輝字模糊今正

撓。補盧本撓作橈案橈正字撓俗字

水火不相逮一音七計反。補盧本七作大

少男女許黨反下必之皆同。補盧本許黨作詩照必之作少

駹。補閩監本同宋本盧本作駁是也

爲旉鋪爲花泉謂之敷。補閩本同宋本泉作見盧本作藐敷作藪案見字是也監本作烝亦非

著筤。補盧本筤作莨

顙的顙日顛。補閩監本同宋本盧本日作白

反生麻豆之屬陸云反當爲反。補十行本麻字缺今正閩監本麻作跛宋本盧本作麻陸云反作陸云阪監本作坂案阪字是也

矯一本作橋。補盧本橋作橋

乾卦古免反陽在以能幹正也。補宋本盧本免作丹以作外監本免作完在作性閩本亦作性

鱉本又作鼈。補盧本作本又作鼈

蟹戶賣反。宋本閩本同監本盧本賣作買是也

果蓏在地曰蓏。補盧本蓏作蓏

黔鄭作黯。補閩監本同宋本盧本黯作黯

爲堅多節本無堅字。補閩監本同宋本盧本作一本无堅字

爲羊爲首爲作爲楊爲可爲叢棘爲此字。補盧本首作直作作牝此字作牝牛是也閩監本亦誤爲首爲作宋本爲楊作爲揚監本爲可作爲河宋本爲叢棘作爲叢梗閩監本此字二字缺

欽定四庫全書總目尚書正義二十卷

舊本題漢孔安國傳其書至晉豫章內史梅賾始奏於朝唐貞觀十六年孔穎達等爲之疏永徽四年長孫無忌等又加刊定孔傳之依託自朱子以來遞有論辯至國朝閻若璩作尚書古文疏證其事愈明其灼然可據者梅鷟尚書考異攻其注禹貢瀍水出河南北山一條積石山在金城西南羌中一條地名皆在安國後朱彝尊經義考攻其注書序東海駒驪扶餘馯貊之屬一條謂駒驪王朱蒙至漢元帝建昭二年始建國安國武帝時人亦不及見若璩則攻其注泰誓雖有周親不如仁人與所注論語相反又安國傳有湯誓而注論語予小子履一節乃以爲墨子所引湯誓之文（案安國論語注今佚此條乃何晏集解所引）皆證佐分明更無疑義至若璩謂定從孔傳以孔穎達之故則不盡然考漢書藝文志敘古文尚書但稱安國獻之遭巫蠱事未立於學官不云作傳而經典釋文敘錄乃稱藝文志云安國獻尚書傳遭巫蠱事未立於學官始增入一傳字以證實其事又稱今以孔氏爲正則定從孔傳者乃陸德明非自穎達惟德明於舜典下注云孔氏傳亡舜典一篇時以王肅注頗類孔氏故取王注從慎徽五典以下爲舜典以續孔傳又云曰若稽古帝舜曰重華協于帝十二字是姚方興所上孔氏傳本無阮孝緒七錄亦云方興本或此下更有濬哲文明溫恭允塞玄德升聞乃命以位凡二十八字異聊出之於王注無施也則開皇中雖增入此文尚未增入孔傳中故德明云爾今本二十八字當爲穎達增入耳梅賾之時去古未遠其傳實據王肅之注而附益以舊訓故釋文稱王肅亦注今文所解大與古文相類或肅私見孔傳而祕之乎此雖以末爲本未免倒置亦足見其根據古義非盡無稽矣穎達之疏晁公武讀書志謂因梁費甝疏廣之然穎達原序稱爲正義者蔡大寶巢猗費甝顧彪劉焯劉炫六家而以劉焯劉炫最爲詳雅其書實因二劉非因費氏公武或以經典釋文所列義疏僅甝一家故云然歟朱子語錄謂五經疏周禮最好詩禮記次之易書爲下其言良允然名物訓故究賴之以有考亦何可輕也

尚書正義序

國子祭酒上護軍曲阜縣開國子臣孔穎達奉　勑撰

夫書者人君辭誥之典右史記言之策古之王者事揔萬機發號出令義非一揆或設教以馭下或展禮以事上或宣威以肅震曜或敷和而散風雨得之則百度惟貞失之則千里斯謬樞機之發榮辱之生絲綸之動不可不慎所以辭不苟出君舉必書欲其昭法誡慎言行也其泉源所漸基於出震之君黼藻斯彰郁乎如雲之后勳華揖讓而典謨起湯武革命而誓誥興先君宣父生於周末有至德而無至位修聖道以顯聖人芟煩亂而翦浮辭舉宏綱而撮機要上斷唐虞下終秦魯時經五代書揔百篇採翡翠之羽毛拔犀象之牙角罄荆山之石所得者連城窮漢水之濱所求者照乘巍巍蕩蕩無得而稱郁郁紛紛於斯爲盛斯乃前言往行足以垂法將來者也暨乎七雄已戰五精未聚儒雅與深穽同埋經典共積薪俱燎漢氏大濟區宇廣求遺逸採古文於金石得今書於齊魯其文則歐陽夏侯二家之所説蔡邕碑石刻之古文則兩漢亦所不行安國注之寔遭巫蠱遂寢而不用歷及魏晉方始稍興故馬鄭諸儒莫覩其學所注經傳時或異同晉世皇甫謐獨得其書載於帝紀其後傳授乃可詳焉但古文經雖然早出晚始得行其辭富而備其義弘而雅故復而不厭久而愈亮江左學者咸悉祖焉近至隋初始流河朔其爲正義者蔡大寶巢猗費甝顧彪劉焯劉炫等其諸公旨趣多或因循怗釋注文義皆淺略惟劉焯劉炫最爲詳雅然焯乃織綜經文穿鑿孔穴詭其新見異彼前儒非險而更爲險無義而更生義竊以古人言誥惟在達情雖復時或取象不必辭皆有意若其言必託數經悉對文斯乃鼓怒浪於平流震驚飈於靜樹使教者煩而多惑學者勞而少功過猶不及良爲此也炫嫌焯之煩雜就而刪焉雖復微稍省要又好改張前義義更太略辭又過華雖爲文筆之善乃非開奬之路義既無義文又非文欲使後生若爲領袖此乃炫之所失未爲得也今奉明勑考定是非謹罄庸愚竭所聞見覽古人之傳記質近代之異同存其是而去其非削其煩而增其簡此亦非敢臆説必據舊聞謹與朝散大夫行太學博士臣王德韶前四門助教臣李子雲等謹共銓敘至十六年又奉勑與前修疏人及通直郎行四門博士驍騎尉臣朱長才給事郎守四門博士上騎都尉臣蘇德融登仕郎守太學助教雲騎尉臣隨德素儒林郎守四門助教雲騎尉臣王士雄等對勑使趙弘智覆更詳審爲之正義凡二十卷庶對揚於聖範冀有益於童稚略陳其事敘之云爾

尚書注䟽挍勘記序

自梅頤獻孔傳而漢之眞古文與今文皆亡乃梅本又有今文古文之別新唐書藝文志云天寶三載詔集賢學士衞包改古文從今文説者謂今文從此始古文從此絶殊不知衞包以前未嘗無今文衞包以後又別有古文也隋書經籍志有古文尚書十五卷今字尚書十四卷又顧彪今文尚書音一卷是隋以前已有今文矣蓋變古文爲今文實自范甯始甯自爲集注成一家言後之傳寫孔傳者從而效之此所以有今文也六朝之儒傳古文者多傳今文者少今文自顧彪而外不少概見李巡徐邈陸德明皆爲古文作音孔穎達正義出於二劉蓋亦用古文本如塗之爲斁云之爲員是也然疏內不數數覯殆爲後人竄改如陳鄂等之於釋文歟然則衞包之改古從今乃改陸孔而從范顧非倡始爲之也乃若天寶既改古文其舊本藏書府民閒不復有之更經喪亂卽書府所藏亦不可問矣開成初鄭覃進石經悉用今文前此張參之壁經後此長興之板本廣政之石本當無不用今文者乃後周顯德六年郭忠恕獨校古文尚書上之上距天寶三載已三百餘年不知郭氏從何而得其本宋初仍不甚行至呂大防得於宋次道王仲至家而晁公武取以刻石薛季宣據以作訓然後大顯今按釋文序錄云尚書之字本爲隷古既是隷寫古文則不全爲古字今宋齊舊本及徐李等音所有古字蓋亦無幾穿鑿之徒務欲立異依傍字部改變經文疑惑後生不可寫用是所謂古文不過如周禮漢書略有古體及假借通用之字而已晁氏讀書志云陸德明獨存一二於釋文此正與古字無幾之説相合若連篇累牘悉是竒字則陸氏豈得或釋或不釋哉晁氏又云以古文尚書校釋文雖小有異同而大體相類夫釋文所存僅止一二就此一二之中復小有異同則全經不合者必十之九其爲贋本無疑然觀陸氏之言則穿鑿立異自古而然不獨郭氏也元於尚書注䟽舊有挍本玆以各本授德清貢生徐養原挍之并及釋文元復定其是非且考其顚末著於簡首阮元記

引據各本目錄

唐石經　用衞包所改之今文後來注疏本俱出於此

宋臨安石經　今所存者起禹貢之半至允征之半又起大誓末至酒誥之半

古本　見山井鼎七經孟子考文乃日本足利學所藏書寫本也物也序以爲唐以前物其經皆古文然字體太奇閒參俗體多不足信

岳本　宋岳珂用廖氏世綵堂本重加挍勘所謂相臺本也世甚重之今考其書多詳於音讀句逗而略於字句異同又往往據疏以改注不知疏中所述經傳不必盡依元文也然合二十三家參訂用力甚勤固當優於諸家元本未見今所據者武英殿翻

刻本也

葛本 卽永懷堂本與閩刻注疏本相類而譌字較多○已上三種皆單注本

宋板 見七經孟子考文左傳考文載黃唐禮記跋云本司舊刊易書周禮正經注疏萃見一書便於披繹它經獨闕紹興辛亥遂取毛詩禮記疏義如前三經編彙精加讎正盡注疏合刻起於南北宋之閒而易書周禮先刻當在北宋之末也此本或卽黃跋所稱者自盤庚以下爲九卷泰誓以下爲十卷洪範以下爲十一卷旅獒以下爲十二卷康誥以下爲十三卷召誥以下爲十四卷多士以下爲十五卷君奭以下爲十六卷立政以下爲十七卷顧命以下爲十八卷君牙以下爲十九卷文侯之命以下爲二十卷其中缺葉爲後人所補者則謂之補

宋十行本 案他本注疏每半葉九行此獨十行故世謂之十行本溯其源葢卽岳珂九經三傳沿革例所謂建本有音釋注疏是也修板至明正德間止亦卽山井鼎所謂正德本是也記中稱正德本據考文而言其中譌字雖多無臆改之失考文所引宋板多與之合

閩本 明嘉靖時李元陽刻於閩中卽考文所謂嘉靖本也記中亦與考文所引並載以見此詳彼略云

明監本 神廟時所刊毛本從此出

毛本 汲古閣刻今挍正義以此爲據○已上七種皆注疏合刻本

釋文 陸德明本據古文作音義自陳鄂改用今文流傳至今已非其舊矣其注中所載別本或尙屬元文今仍歸之陸氏

六經正誤 宋毛居正撰多辨偏旁之疑似惟所載監本與國本建本可以考宋本之異同自不可廢

尙書纂傳 元王天與撰注語略有刊落疏則僅載十之一二其中有臆改處不足盡憑

石經考文提要 乾隆五十六年命刊立石經工部尙書彭元瑞因著此書其所據自通行各本外有宋本九經南宋巾箱本宋本附釋音尙書注疏宋本纂圖互注尙書岳珂本元本尙書注疏至善堂九經本

九經誤字 顧炎武撰以唐石經正監本之誤又金石文字記舉唐石經誤字

七經孟子考文 山井鼎撰物觀補遺以古本宋板挍明刻之譌閒有辨論別爲古文考一卷列尙書之前殊嫌肬贅

十三經正字 嘉善浦鏜撰

羣書拾補 餘姚盧文弨輯

附釋音尚書注疏卷第一

國子祭酒上護軍曲阜縣開國子臣孔穎達等奉

勑撰

尚書序

釋文此孔氏所作述尚書起之時代并敘爲注之由故相承講之今依舊爲音【疏】正義曰道本沖寂非有名言既形以道生物由名舉則凡諸經史因物立名物有本形形從事著聖賢闡教事顯於言言愜羣心書而示法既書有法因號曰書後人見其久遠自於上世尚者上也言此上代以來之書故曰尚書且言者意之聲書者言之記是故存言以聲意立書以記言故易曰書不盡言言不盡意是言者意之筌蹄書言相生者也書者舒也書緯璿璣鈐云書者如也則書者寫其言如其意情得展舒也又劉熙釋名云書者庶也以記庶物又爲著言事得彰著五經六籍皆是筆書此獨稱書者以彼五經者非是君口出言卽書爲法所書之事各有云爲遂以所爲別立其稱稱以事立故不名書至於此書者本書君事事雖有別正是君言言而見書因而立號以此之故名異諸部但諸部之書隨事立名名以事舉要名立之後亦是筆書故百氏六經摠曰書也論讖所謂題意別名各自載耳昭二年左傳曰晉韓起適魯觀書於太史氏見易象與魯春秋此摠名書也序者言序述尚書起存亡注說之由序爲尚書而作故曰尚書序周頌曰繼序思不忘毛傳云序者緒也則緒述其事使理相胤續若繭之抽緒但易有序卦子夏作詩序孔子亦作尚書序故孔君因此作序名也鄭玄謂之贊者以序不分散避其序名故謂之贊贊者明也佐也佐成序義明以注解故也安國以孔子之序分附篇端故已之摠述亦謂之序事不煩重義無所嫌故也

古者伏犧氏之王天下也。始畫八卦。造書契。以代結繩之政。由是文籍生焉。

伏犧氏伏古作虙犧本又作羲亦作戲辭皮反說文云賈侍中說此犧非古字張揖字詁云羲古字戲今字一號包羲氏三皇之最先風姓母曰華胥以木德王卽太皥也王于況反畫乎麥反卦俱賣反契苦計反書者文字契者刻木而書其側故曰書契也一云以書契約其事也鄭玄云以書書木邊言其事刻其木謂之書契也結繩易繫辭上上古結繩以治後世聖人易之以書契文文字也籍籍書【疏】古者至生焉○正義曰代結繩者言前世之政用結繩今有書契以代之則伏犧時始有文字以書事故曰由是文籍生焉自今本昔曰古古者以聖德伏物教人取犧牲故曰伏犧字或作宓犧音亦同律歷志曰結作網罟以取犧牲故曰伏犧或曰包犧言取犧而包之顧氏讀包爲庖取其犧牲以供庖廚顧氏又引帝王世紀云伏犧母曰華胥有巨人跡出於雷澤華胥以足履之有娠生伏犧於成紀蛇身人首月令云其帝太昊繫辭云古者包犧氏之王天下也是直變包言伏耳則伏犧是皇言王天下者以皇與帝王據跡爲優劣通亦爲王故禮運云昔者先王亦謂上代爲王但自下言之則以上身爲王據王身於下謂之王天下也知伏犧始畫八卦者以繫辭云包犧氏之王天下也後乃云始畫八卦以通神明之德以類萬物之情故知之也知時造書契以代結繩之政者亦以繫辭云上古結繩而治後世聖人易之以書契蓋取諸夬是造書契可以代結繩也彼直言後世聖人知是伏犧者以理比況而知何則八卦畫萬物之象文字書百事之名故繫辭曰仰則觀象於天俯則觀法於地觀鳥獸之文與地之宜近取諸身遠取諸物始畫八卦是萬象見於卦然畫亦書也與卦相類故知書契亦伏犧時也由此孔意正欲須言伏犧時有書契本不取於八卦今云八卦者明書卦相類據繫辭有畫八卦之成文而言明伏犧造書契也言結繩者當如鄭注云爲約事大大其繩事小小其繩王肅亦曰結繩識其政事是也言書契者鄭云書之於木刻其側爲契各持其一後以相考合若結繩之爲治孔無明說義或當然說文云文者物象之本也籍者借也借此簡書以記錄政事故曰籍蓋取諸夬夬者決也言文籍所以決斷宣揚王政是以夬繇曰揚于王庭繫辭云包犧氏之王天下又云作結繩而爲罔罟蓋取諸離彼謂結罔罟之繩與結爲政之繩異也若然尚書緯及孝經讖皆云三皇無文字又班固馬融鄭玄王肅諸儒皆以爲文籍初自五帝亦云三皇未有文字與此說不同何也又蒼頡造書出於世本蒼頡豈伏犧時乎且繫辭云黃帝堯舜爲九事之目未乃云上古結繩以治後世聖人易之以書契是後世聖人卽黃帝堯舜何得爲伏犧哉孔何所據而更與繫辭相反如此不同者藝文志曰仲尼没而微言絕七十子喪而大義乖況遭秦焚書之後羣言競出其緯文鄙近不出聖人前賢共疑有所不取通人考正偽起哀平則孔君之時未有此緯何可引以爲難乎其馬鄭諸儒以據文立說見後世聖人在九事之科便謂書起五帝自所見有異亦不可難孔也而繫辭云後世聖人在九事之下者有以而然案彼文先歷說伏犧神農蓋取下乃云黃帝堯舜垂衣裳而天下治蓋取諸乾坤是黃帝堯舜之事也又舟檝取渙服牛取隨重門取豫白杵取小過弧矢取暌此五者時無所繫在黃帝堯舜時以否皆可以通也至於宮室葬與書契皆先言上古古者乃言後世聖人易之則別起事之端不指黃帝堯舜時以此葬事云古者不云上古而云易之以棺槨棺槨自殷湯而然非是彼時之驗則上古結繩何廢伏犧前也其蒼頡則說者不同故世本云蒼頡作書司馬遷班固韋誕宋忠傅玄皆云蒼頡黃帝之史官也崔瑗曹植蔡邕索靖皆直云古之王也徐整云在神農黃帝之間譙周云在炎帝之世衛氏云當在庖犧蒼帝之世慎到云在庖犧之前張揖云蒼頡爲帝王生於禪通之紀廣雅曰自開闢至獲麟二百七十六萬歲分爲十紀則大率一紀二十七萬六千年十紀者九頭一也五龍二也攝提三也合雒四也連通五也序命六也循飛七也因提八也禪通九也流訖十也如揖此言則蒼頡在獲麟前二十七萬六千餘年是說蒼頡其年代莫能有定亦不可以難孔也然紀自燧人而下揖以爲自開闢而設又伏犧前六紀後三紀亦爲據張揖慎到徐整等說亦不可以年斷其說訖之紀似自黃帝爲始耳又依易緯通卦驗燧人在伏犧前表計寘其刻曰蒼牙通靈昌之成孔演命明道經鄭玄注云刻謂刻石而記讖之據此伏犧前已有文字矣又陰陽書稱天老對黃帝云鳳皇之象首戴德背負仁頸荷義膺抱信足履政尾繫武又山海經云鳳皇首文曰德背文曰義翼文曰順膺文曰仁腹文曰信又易繫辭云河出圖洛出書聖人則之是文字與天地並與焉又韓詩外傳稱古封太山禪梁甫者萬餘人仲尼觀焉不能盡識又管子書稱管仲對齊桓公曰古之封太山者七十二家夷吾所識十二而已首有無懷氏封太山禪云云其登封者皆刻石紀號但遠者字有影毀故不可識則夷吾所不識者六十家又在無懷氏前孔子覩而不識又多於夷吾是文字在伏犧之前已自久遠何怪伏犧而有書契乎如此者蓋文字在三皇之前未用之教世至伏犧乃用造書契以代結繩之政是教世之用猶燧人有火中古用以燔黍捭豚後聖乃修其利相似文字理本有之用否隨世而漸也若然惟繫辭至神農始有噬嗑與益則伏犧時其卦未重當無雜卦而得有取諸夬者此自鄭玄等說耳案說卦曰昔者聖人幽贊於神明而生蓍繫辭曰天生神物聖人則之則伏犧用蓍而筮矣故鄭注說卦亦曰昔者聖人謂伏犧文王也繫辭又曰十有八變而成卦是言爻皆三歸奇爲三變十八變則六爻明矣則筮皆六爻伏犧有筮則有六爻何爲不重而怪有夬卦乎

伏犧神農黃帝之書。謂之三墳。言大道也。少昊顓頊高辛唐虞之書。謂之五典。言常道也。

少詩照反昊胡老反少昊金天氏名摯字青陽一曰玄囂已姓黃帝之子母曰女節以金德王五帝之最先顓音專頊許玉反顓頊高陽氏姬姓黃帝之孫昌意之子母曰景僕謂之女樞以水德王五帝之二也高辛帝嚳也姬姓嚳口毒反母名不見以木德王五帝之三也唐帝堯也姓伊耆氏堯初爲唐侯後爲天子都陶故號陶唐氏帝嚳之子帝摯之弟母曰慶都以火德王五帝之四也虞帝舜也姓姚氏國號有虞顓頊六世孫瞽瞍之子母曰握登以土德王五帝之五也先儒解三皇五帝與孔子同並見發題【疏】伏犧至常道也○正義曰墳大也以所論三皇之事其道至大故曰言大道也以典者常也言五帝之道可以百代常行故曰言常道也此三皇五帝或舉德號或舉地名或直指其人言及便稱不爲義例顧氏引帝王世紀云神農母曰女登有神龍首感女登而生炎帝人身牛首黃帝母曰附寶見大電光繞北斗樞星附寶感而懷孕二十四月而生黃帝日角龍顏少昊金天氏母曰女節有星如虹下流意感而生少昊顓頊母曰景僕昌意正妃謂之女樞有星貫月如虹感女樞於幽房之宮而生顓頊堯母曰慶都觀河遇赤龍晦然陰風感而有孕十四月而生堯又云舜母曰握登見大虹感而生舜此言謂之三墳謂之五典者因左傳有三墳五典之文故指而謂之然五帝之書皆謂之典則虞書皐陶謨益稷之屬亦應稱典所以別立名者若主論帝德則以典爲名其臣下所爲隨義立稱其三墳直云言大道也五典直云言常道也不訓墳典之名者以墳大典常常訓可知故略之也常道所以與大道爲異者以帝者公平天下其道可以常行故以典言之而皇優於帝其道不但可常行而已又更大於常故言墳也此爲對列耳雖少有優劣皆是大道並可常行故禮運云以大道之行爲五帝時也然帝號同天名所莫加優而稱皇者以皇是美大之名言大於帝也故後代措廟立主尊之曰皇生者莫敢稱焉而士庶祖父稱曰皇者以取美名可以通稱故也案左傳上有三墳五典不言墳是三皇之書典是五帝之書孔知然者案今堯典舜典是二帝二典推此二典而上則五帝當五典是五典爲五帝之書今三墳之書在五典之上數與三皇相當墳又大名與皇義相類故云三皇之書爲三墳孔君必知三皇有書者案周禮小史職掌三皇五帝之書是其明文也鄭玄亦云其書卽三墳五典但鄭玄以三皇無文或據後錄定孔君以爲書者記當時之事不可以在後追錄若當時無書後代何以得知其道也此亦孔君所據三皇有文字之驗耳鄭玄注中候依運斗樞以伏犧女媧神農爲三皇又云五帝坐帝鴻金天高陽高辛唐虞氏知不爾者孔君既不依緯不可以緯難之又易典作之條則見有女媧何以不數之鄭玄云女媧修伏犧之道無改作則己上修舊者眾豈皆爲皇乎既不數女媧不可不取黃帝以充三皇耳又鄭玄數五帝何以六人或爲之說云德協五帝座不限多少故六人亦名五帝若六帝何有五座而皇指大帝所

謂耀魄寶止一而已本自無三皇何云三皇豈可三皇數人五帝數座二文舛互自相乖阻也其諸儒說三皇或數燧人或數祝融以配犧農者其五帝皆自軒轅不數少昊斯亦非矣何燧人說者以爲伏犧之前據易曰帝出於震震東方其帝太昊又云古者包犧氏之王天下也言古者制作莫先於伏犧何以燧人厠在前乎又祝融及顓頊以下火官之號金天已上百官之號以其徵五經無云祝融爲皇者縱有不過如共工氏共工有水瑞乃與犧農軒摯相類尚云霸其九州祝融本無此瑞何可數之乎左傳曰少昊之立鳳鳥適至於月令又在秋享食所謂白帝之室者也何爲獨非帝乎故孔君以黃帝上數爲皇少昊爲五帝之首耳若然案今世本帝繫及大戴禮五帝德并家語宰我問太史公五帝本紀皆以黃帝爲五帝此乃史籍明文而孔君不從之者孟軻曰信書不如其無書吾於武成取二三策而已言書以漸染之濫也孟軻已然況後之說者乎又帝繫本紀家語五帝德皆云少昊卽黃帝子青陽是也顓頊黃帝孫昌意子帝嚳高辛氏爲黃帝曾孫玄囂孫僑極子堯爲帝嚳子舜爲顓頊七世孫此等之書說五帝而以黃帝爲首者原由世本經於暴秦爲儒者所亂家語則王肅多私定大戴禮本紀出於世本以此而同蓋以少昊而下皆出黃帝故不得不先說黃帝因此謬爲五帝耳亦由繫辭以黃帝與堯舜同事故儒者共數之焉孔君今者意以月令春曰太昊夏曰炎帝中央曰黃帝依次以爲三皇又依繫辭先包犧氏王沒神農氏作又沒黃帝氏作亦文相次皆著作見於易此三皇之明文也月令秋曰少昊冬曰顓頊自此爲五帝然黃帝是皇今言帝不云皇者以皇亦帝也別其美名耳太昊爲皇月令亦曰其帝太昊易曰帝出於震是也又軒轅之稱黃帝猶神農之云炎帝神農於月令爲炎帝不怪炎帝爲皇何怪軒轅稱帝而梁主云書起軒轅同以燧人爲皇其五帝自黃帝至堯而止知帝不可以過五故曰舜非三王亦非五帝與三王爲四代而已其言與詩之爲體不雅則風除皇已下不王則帝何有非王非帝以爲何人乎典謨皆云帝曰非帝如何

至于夏商周之書。雖設教不倫。雅誥奧義。其歸一揆。

夏禹天下號也以金德王三王之最先商湯天下號亦號殷以水德王三王之二也周文王武王有天下號也以木德王三王之三也誥故報反告也示也奧烏報反深也揆葵癸反度也

疏 至于至一揆○正義曰既皇書稱墳帝書稱典除皇與帝墳典之外以次累陳故言至于夏商周三代之書雖復當時所設之教與皇帝墳典之等不相倫類要其言皆是雅正辭誥有深奧之義其所歸趣與墳典一揆明雖事異墳典而理趣終同故所以同入尚書共爲世教也孔君之意以墳典亦是尚書故此因墳典而及三代下云討論墳典斷自唐虞以下是墳典亦是尚書之內而小史偏掌之者以其遠代故也此既言墳典不依外文連類解八索九丘而言三代之書厠於其間者孔意以墳典是尚書丘索是尚書外物欲先說尚書事訖然後及其外物故先言之也夏商周之書皆訓誥誓命之事言設教者以此訓誥誓命卽爲教而設故云設教也言不倫者倫類也三代戰爭不與皇帝等類若然五帝稱典三王劣而不倫不得稱典則三代非典不可常行何以垂法乎然三王世澆不如上代故隨事立名雖篇目典理實是典故曰雅誥奧義其歸一揆卽爲典之謂也然三王之書惟無典謨以外訓誥誓命歌貢征範類猶有八獨言誥者以別而言之其類有八文從要約一誥兼焉何者以此八事皆有言以誥示故揔謂之誥又言與義者指其言謂之誥論其理謂之義故以義配焉言其歸一揆見三代自歸於一亦與墳典爲一揆者況喻之義假譬人射莫不皆發志揆度於的猶如聖人立教亦同揆度於至理故云一揆

是故歷代寶之。以爲大訓。

疏 正義曰顧命云越玉五重陳寶卽以赤刀大訓在西序是寶之以爲大訓之文彼注以典謨爲之與此相當要六藝皆是此直爲書者指而言之故彼注亦然也彼直周時寶之此知歷代者以墳典久遠周尚寶之前代可知故言歷代耳

八卦之說。謂之八索。求其義也。九州之志。謂之九丘。丘。聚也。言九州所有。土地所生。風氣所宜。皆聚此書也。

○八索所白反下同求也徐音素本或作素

疏 八卦至此書也○正義曰以墳典因外文而知其丘索與墳典文連故連而說之故揔引傳文以充足已意且爲於下見與墳典俱被黜削故說而以爲首引言爲論八卦事義之說者其書謂之八索其論九州之事所有志記者其書謂之九丘所以名丘者以丘聚也言於此書當有土地所生之物風氣所宜之事莫不皆聚見於此書故謂之九丘焉然八卦言之說九州言之志不同者以八卦交互相說其理九州當州有所志識以此而不同此索謂求索亦爲搜索以易八卦爲主故易曰八卦成列象在其中矣因而重之爻在其中矣又曰八卦相盪是六十四卦三百八十四爻皆出於八卦就八卦而求其理則萬有一千五百二十策天下之事得故謂之索非一索再索而已此索於左傳亦或謂之索說有不同皆後人失其眞理妄穿鑿耳其九丘取名於聚義多如山丘故爲聚左傳或謂之九區得爲說當九州之區域義亦通也又言九州所有此一句與下爲揔卽土地所生風氣所宜是所有也言土地所生卽其動物植物大率土之所生不出此二者又云風氣所宜者亦與土地所生大同何者以九州各有土地有生與不生由風氣所宜與不宜此亦職方禹貢之類別而言之土地所生若禹貢之厥貢厥篚也風氣所宜若職方其畜宜若干其民若干男若干女是也上墳典及索不別訓之以可知故略之丘訓既難又須別言九州所宜已下故先訓之於下結義故云皆聚此書也

春秋左氏傳曰。楚左史倚相。能讀三墳五典八索九丘。卽謂上世帝王遺書也。

○左史史官左右倚於綺反劉琴綺反相息亮反倚相楚靈王時史官也

疏 春秋至遺書也○正義曰以上因有外文言墳典丘索而謂之故引成文以證結之此昭十二年左傳楚靈王見倚相趨過告右尹子革以此辭知倚相是其名字蓋爲太史而主記左動之事謂之左史不然或楚俗與諸國不同官多以左右爲名或別有此左史乎彼子革荅王云倚相臣問祈招之詩而不知若問遠焉其焉能知之彼以爲倚相不能讀之此云能者以此據左傳成文因王言而引之假不能讀事亦無妨況子革欲開諫王之路倚相未必不能讀也言此墳典丘索卽此書是謂上世帝王遺餘之書也以楚王論時已在三王之末故云遺書其丘索知是前事亦不知在何代故直揔言帝王耳

先君孔子。生於周末。覩史籍之煩文。懼覽之者不一。遂乃定禮樂。明舊章。刪詩爲三百篇。約史記而修春秋。讚易道以黜八索。述職方以除九丘。

○刪色姦反

疏 先君至九丘○正義曰既結申帝王遺書欲言孔子就而刊定孔子世家云安國是孔子十一世孫而上尊先祖故曰先君穀梁以爲魯襄公二十一年冬十一月庚子孔子生左傳哀公十六年夏四月己丑孔子卒計以周靈王時生敬王時卒故爲周末上云文籍下云滅先代典籍此言史籍者古書之大名由文而有籍謂之文籍因史所書謂之史籍可以爲常故曰典籍義亦相通也但上因書契而言文下傷秦滅道以稱典於此言史者不但以義通上下又以此史籍不必是先王正史是後代好事者作以此懼其不一故曰蓋有不知而作之者我無是也先言定禮樂者欲明孔子反於聖道以歸於一故先言其舊行可從者修而不改曰定就而減削曰刪準依其事曰約因而佐成曰贊顯而明之曰述各從義理而言獨禮樂不改者以禮樂聖人制作已無貴位故因而定之又云明舊章者卽禮樂詩春秋是也以易道職方與黜八索除九丘相對其約史記以刪詩書爲偶其定禮樂文孤故以明舊章配之作文之體也易亦是聖人所作不言定者以易非如禮樂人之行事不須云定又因而爲作十翼故云贊耳易文在下者亦爲黜八索與除九丘相近故也爲文之便不爲義例孔子之修六藝年月孔無明說論語曰吾自衛反魯然後樂正雅頌各得其所則孔子以魯哀公十一年反魯爲大夫十二年孟子卒孔子弔則致仕時年七十以後脩述也詩有序三百一十一篇全者三百五篇云三百者亦舉全數詁職方在周禮夏官亦武帝時出於山巖屋壁卽藏祕府世人莫見以孔君爲武帝博士於祕府而見爲知必黜八索除九丘者以三墳五典本有八今序只有二典而已其三典三墳今乃寂寞明其除去既墳典書內之正尚有去者況書外乎故知丘索亦黜除也黜與除其義一也黜退不用而除去之必云贊易道以黜者以不有所與孰有所廢故也職方卽周禮也上已云定禮樂卽職方在其內別云述之以爲除九丘舉其類者以言之則云述者以定而不改卽是遵述更有書以述之

討論墳典。斷自唐虞以下訖于周。芟夷煩亂。翦截浮辭。舉其宏綱。撮其機要。足以垂世立教。典謨訓誥誓命之文。凡百篇。

○斷丁亂反訖居乙反又許乙反芟色咸反翦咨淺反撮七活反機本又作幾與凡十五篇正典二攝十三十一篇亡謨莫胡反凡三篇正二攝一訓凡十六篇正二篇亡攝十四三篇亡誥凡三十八篇正八攝三十七十八篇亡誓市制反凡十篇正八攝二十篇亡命凡十八篇正十二三篇亡攝六四篇亡

疏 討論至百篇○正義曰言孔子既懼覽之者不一不但刪詩約史定禮贊易有所黜除而已又討整理此三墳五典并三代之書也論語曰世叔討論之鄭以討論爲整理孔君既取彼文義亦當然以書是亂物故就而整理之若然墳典周公制禮使小史掌之而孔子除之者蓋隨世不同亦可孔子之時墳典已雜亂故因去之左傳曰芟夷蘊崇之又曰俘翦惟命詩曰海外有截此孔君所取之文也芟夷者據全代全篇似草隨次皆芟使平夷若自帝嚳已上三典三墳是芟夷之文自夏至周雖有所留全篇去之而多者卽芟夷也翦截者就代就篇辭有浮者翦截而去之去而少者爲翦截也舉其宏綱卽上芟夷煩亂也撮其機要卽上翦截浮辭也且宏綱云舉是據篇代大者言之機要云撮爲就篇代之內而撮出之耳宏大也綱者網之索舉大綱則衆目隨之機者機關撮取其機關之要者斷自唐虞以下者孔無明說書緯以爲帝嚳以上

朴略難傳唐虞已來煥炳可法又禪讓之首至周五代一意故耳孔義或然典即堯典舜典謨即大禹謨皐陶謨訓即伊訓高宗之訓誥即湯誥大誥誓即甘誓湯誓命即畢命顧命之等是也說者以書體例有十此六者之外尚有征貢歌範四者并之則十矣若益稷盤庚單言附於十事之例今孔不言者不但舉其機約亦自征貢歌範非君出言之名六者可以兼之此云凡百篇據序而數故耳或云百二篇者誤有所由以前漢之時有東萊張霸僞造尚書百兩篇而爲緯者附之因此鄭云異者其在大司徒大僕正乎此事爲不經也鄭作書論依尚書緯云孔子求書得黄帝玄孫帝魁之書迄於秦穆公凡三千二百四十篇斷遠取近定可以爲世法者百二十篇以百二篇爲尚書十八篇爲中候以爲去三千一百二十篇以上取黄帝玄孫以爲不可依用今所考覈尚書首自舜之末年以禪於禹上録舜之得用之事由堯以爲堯典下取舜禪之後以爲舜讓得人故史體例別而不必君言若禹貢全非君言而禹身事受禪之後無入夏書之言是舜史自録成一法後代因之耳

所以恢弘至道。示人主以軌範也。帝王之制。坦然明白。可舉而行。三千之徒。並受其義。○恢苦回反大也坦土管反【疏】所以至其義。○正義曰此論孔子正理羣經已畢揔而結之故爲此言家語及史記皆云孔子弟子三千人故云三千之徒也

及秦始皇滅先代典籍。焚書坑儒。天下學士。逃難解散。我先人用藏其家書于屋壁。○始皇名政二十六年初并六國自號始皇帝焚書詩在始皇之三十四年坑儒在三十五年坑苦庚反難乃旦反解音蟹【疏】及秦至屋壁○正義曰言孔子既定此書後雖曰明白反遭秦始皇滅除之依秦本紀云秦王正二十六年平定天下尊爲皇帝不復立謚以爲初并天下故號始皇爲滅先代典籍故云坑儒焚書以即位三十四年因置酒於咸陽宮丞相李斯奏請天下敢有藏詩書百家語者悉詣守尉親燒之有敢偶語詩書者棄市令下三十日不燒黥爲城旦制曰可是焚書也三十五年始皇以方士盧生求仙藥不得以爲誹謗諸生連相告引四百六十餘人皆坑之咸陽是坑儒也又衛宏古文奇字序云秦改古文以爲篆隷國人多誹謗秦患天下不從而召諸生至者皆拜爲郎凡七百人又密令冬月種瓜於驪山硎谷之中温處瓜實乃使人上書曰瓜冬有實有詔天下博士諸生説之人人各異則皆使往視之而爲伏機諸生方相論難因發機從上塡之以土皆終命也我先人用藏其家書于屋壁者史記孔子世家云孔子生鯉字伯魚魚生伋字子思思生白字子上上生求字子家家生箕字子京京生穿字子高高生愼愼爲魏相愼生鮒鮒爲陳涉博士鮒弟子襄爲惠帝博士長沙太守襄生中中生武武生延陵及安國爲武帝博士臨淮太守家語序云子襄以秦法峻急壁中藏其家書是安國祖藏之

漢室龍興。開設學校。旁求儒雅。以闡大猷。濟南伏生。年過九十。失其本經。口以傳授。裁二十餘篇。以其上古之書。謂之尚書。百篇之義。世莫得聞。○校戸教反詩箋云鄭國謂學爲校闡尺善反大也明也濟子禮反郡名也伏生名勝過古臥反後同傳直專反下傳之同二十餘篇即馬鄭所注二十九篇也【疏】漢室至得聞○正義曰將言所藏之書得之所由故本之也言龍興者以易龍能變化故比之聖人九五飛龍在天猶聖人在天子之位故謂之龍興也言學校者學之一名也故鄭詩序云子衿刺學校廢左傳云然明請毀鄉校是也漢書云惠帝除挾書之律立學興教招聘名士文景以後儒者更衆至武帝尤甚故云旁求儒雅詩小雅曰匪先民是程匪大猷是經彼注云猷道也大道即先王六籍是也伏生名勝爲秦二世博士儒林傳云孝文帝時求能治尚書者天下無有聞伏生治之欲召時伏生年已九十餘老不能行於是詔太常使掌故臣鼂錯往受之得二十九篇以教於齊魯之間是年過九十也案史記秦時焚書伏生壁藏之其後兵火起流漢定天下伏生求其書亡數十篇獨得二十九篇以教于齊魯之間則伏生壁内得二十九篇而云失其本經口以傳授者蓋伏生初實壁内得之以教齊魯傳教既久誦文則熟至其末年因其習誦或亦目暗至年九十鼂錯往受之時不執經而口授之故也又言裁二十餘篇者意在傷亡爲少之文勢何者以數法隨所近而言之若欲多之當云得三十篇今爲二十餘篇言裁亦意以爲少之辭又二十九篇自是計卷若計篇則三十四去泰誓猶有三十一案史記及儒林傳皆云伏生獨得二十九篇以教齊魯則今之泰誓非初伏生所得案馬融云泰誓後得鄭玄書論亦云民間得泰誓別録曰武帝末民有得泰誓書於壁内者獻之與博士使讀説之數月皆起傳以教人則泰誓非伏生所傳而言二十九篇者以司馬遷在武帝之世見泰誓出而得行入於伏生所傳内故爲史揔之并云伏生所出不復曲別分析云民間所得其實得時不與伏生所傳同也但伏生雖無此一篇而書傳有八百諸侯俱至孟津白魚入舟之事與泰誓事同不知爲伏生先爲此説不知爲是泰誓出後後人加增此語案王充論衡及後漢史獻帝建安十四年黄門侍郎房宏等説云宣帝泰和元年河内女子有壞老子屋得古文泰誓三篇論衡又云以掘地所得者今史漢書皆云伏生傳二十九篇則司馬遷時已得泰誓以并歸於伏生不得云宣帝時始出也則云宣帝時女子所得亦不可信或者爾時重得之故於後亦據而言之史記云伏生得二十九篇武帝記載今文泰誓末篇由此劉向之作別録班固爲儒林傳不分明因同於史記而劉向云武帝末得之泰誓理當是一而古今文不同者即馬融所云吾見書傳多矣凡諸所引今之泰誓皆無此言而古文皆有則古文爲眞亦復何疑但於先有張霸之徒僞造泰誓以藏壁中故後得而惑世也亦可今之泰誓百篇之外若周書之例以於時實有觀兵之誓但不録入尚書故古文泰誓曰皇天震怒命我文考肅將天威大勳未集肆予小子發以爾友邦冢君觀政於商是也又云以其上古之書謂之尚書者此文繼在伏生之下則言以其上古之書謂之尚書者此伏生意也若以伏生指解尚書之名名已先有則當云名之尚書既言以其上古之書今先云以其則伏生意之所加則知尚字乃伏生所加也以尚解上則尚訓爲上上者下所慕尚故義得爲通也孔君既陳伏生此義於下更無是非明即用伏生之説故書此而論之馬融雖不見孔君此説理自然同故曰上古有虞氏之書故曰尚書是也王肅曰上所言史所書故曰尚書鄭氏云尚者上也尊而重之若天書然故曰尚書一家以尚與書相將則上名不正出於伏生鄭玄依書緯以尚字是孔子所加故書贊曰孔子乃尊而命之曰尚書璿璣鈐云因而謂之書加尚以尊之又曰書務以天言之鄭玄溺於書緯之説何有人言而須繫之於天乎且孔君親見伏生不容不悉自云伏生以其上古之書謂之尚書何云孔子加也王肅云上所言史所書則尚字與書俱有無先後既直云尚何以明上之所言書者以筆畫記之辭羣書皆是何知書要責史所爲也此其不若前儒之説密耳云上古者亦無指定之目自伏生言之則於漢世仰遵前代自周已上皆是馬融云有虞氏爲書之初耳若易歷三世則伏犧爲上古文王爲中古孔子爲下古禮運鄭玄以先王食腥與易上古結繩同時爲上古神農爲中古五帝爲下古其不相對則無例耳且太之與上爲義不異禮以唐虞爲太古以下有三代冠而推之爲然是爲不定則但今世已上仰之已古便爲上古耳以書是本名尚是伏生所加故諸引書直云書曰若有配代而言則曰夏書無言尚書者

至魯共王好治宮室。壞孔子舊宅。以廣其居。於壁中得先人所藏古文虞夏商周之書。及傳論語孝經。皆科斗文字。王又升孔子堂。聞金石絲竹之音。乃不壞宅。○共音恭亦作龔又作恭共王漢景帝之子名餘好呼報反下好古同壞音怪下同字林作𡐨云公壞反毀也傳謂春秋也一云周易十翼非經謂之傳論如字又音倫科苦禾反科斗蟲名蝦蟆子書形似之【疏】至魯至壞宅○正義曰欲云得百篇之由故序其事漢景帝之子名餘封於魯爲王死謚曰共存日以居於魯近孔子宅好治宮室故欲裒益乃壞孔子舊宅以增廣其居於所壞壁内得安國先人所藏古文虞夏商周之書及傳論語孝經皆是科斗文字王雖得此書猶壞不止又升孔子廟堂聞金鍾石磬絲琴竹管之音以懼其神異乃止不復敢壞宅也上言藏家書於屋壁此亦屋壁内得書也亦得及傳論語孝經等不從約云得尚書而煩文言虞夏商周之書者以壁内所得上有題目虞夏商周書其序直云書序皆無尚字故其目録亦然故不云尚書而言虞夏商周之書安國亦以此知尚字是伏生所加惟此壁内所無則書本無尚字明矣凡書非經則謂之傳言及傳論語孝經正謂論語孝經是傳也漢武帝謂東方朔云傳曰時然後言人不厭其言又漢東平王劉雲與其太師策書云傳曰陳力就列不能者止又成帝賜翟方進策書云傳曰高而危所以長守貴也是漢世通謂論語孝經爲傳也以論語孝經非先王之書是孔子所傳説故謂之傳所以異於先王之書也上已云壞孔子舊宅又云乃不壞宅者初王意欲壞之已壞其屋壁聞八音之聲乃止餘者不壞明知已壞者亦不敢居故云乃不壞宅耳

悉以書還孔氏。科斗書廢已久。時人無能知者。以所聞伏生之書。考論文義。定其可知者。爲隸古定。更以竹簡寫之。增多伏生二十五篇。伏生又以舜典合於堯典。益稷合於皐陶謨。盤庚三篇合爲一。康王之誥合於顧命。復出此篇。并序。凡五十九篇。爲四十六卷。其餘錯亂摩滅。弗可復知。悉上送官。藏之書府。以待能者。○隸音麗謂用隸書寫古文二十五篇謂虞書大禹謨夏書五子之

歌胤征商書仲虺之誥湯誥伊訓太甲三篇咸有一德說命三篇周書泰誓三篇武成旅獒微子之命蔡仲之命周官君陳畢命君牙冏命合舊音閤又如字下同臯音高本又作咎陶音遙本又作繇盤步干反本又作般復扶又反下同五十九篇即今所行五十八篇其一是百篇之序謂虞書汨作九共九篇槀飫夏書帝告釐沃湯征汝鳩汝方商書夏社疑至臣扈典寶明居肆命徂后沃丁咸乂四篇伊陟原命仲丁河亶甲祖乙高宗之訓周書分器旅巢命歸禾嘉禾成王政將蒲姑賄肅慎之命亳姑凡四十二篇亡上時掌反

〔疏〕悉以至能者○正義曰既云王不壞宅以懼神靈因還其書已前所得言悉以書還孔氏則上傳論語孝經等皆還之故言悉也科斗書古文也所謂蒼頡本體周所用之以今所不識是古人所爲故名古文形多頭麤尾細狀腹團圓似水蟲之科斗故曰科斗也以古文經秦不用故云廢已久矣時人無能知識者孔君以人無能知識之故已欲傳之故以所聞伏生之書比校起發考論古文之義考文而云義者以上下事義推考其文故云義也定其可知者就古文內定可知識者爲隸古定不言就伏生之書而云以其所聞者明用伏生書外亦考之故云可知者謂并伏生書外有可知不徒伏生書內而已言隸古者正謂就古文體而從隸定之存古爲可慕以隸爲可識故曰隸古以雖隸而猶古由此故謂孔君所傳爲古文也古文者蒼頡舊體周世所用之文字案班固漢志及許氏說文書本有六體一曰指事上下二曰象形日月三曰形聲江河四曰會意武信五曰轉注考老六曰假借令長此造字之本也自蒼頡以至今字體雖變此本皆同古今不易也自蒼頡以至周宣皆蒼頡之體未聞其異宣王紀其史籀始有大篆十五篇號曰篆籀惟篆與蒼頡二體而已衛恒曰蒼頡造書覩於鳥跡因而遂滋則謂之字字有六義其文至於三代不改及秦用篆書焚燒先代典籍古文絕矣許慎說文言自秦有八體一曰大篆二曰小篆三曰刻符四曰蟲書五曰摹印六曰署書七曰殳書八曰隸書亡新居攝以應制作改定古文使甄豐校定時有六書一曰古文孔子壁內書也二曰奇字即古字有異者三曰篆書即小篆下杜人程邈所作也四曰佐書秦隸書也五曰繆篆所以摹印也六曰鳥蟲書所以書幡信也由此而論即秦罷古文而有八體非古文矣以至亡新六書并八體亦用書之六體以造其字其亡新六書於秦八體用其小篆蟲書摹印隸書去其大篆刻符殳書署書而加以古文與奇字其刻符及署書蓋同摹印殳書同於繆篆大篆正古文之別以慕古故乃用古文與奇字而不用大篆也是孔子壁內古文即蒼頡之體故鄭玄云書初出屋壁皆周時象形文字今所謂科斗書以形言之爲科斗指體即周之古文鄭玄知者若於周時秦世所有至漢猶當識之不得云無能知者又亡新古文亦云即孔氏壁內古文是其證也或以古文即大篆非也何者八體六書自大篆與古文不同又秦有大篆若大篆是古文不得云古文遂絕以此知大篆非古文也六書古文與蟲書本別則蟲書非科斗書也鄭玄云周之象形文字者總指六書象科斗之形不謂六書之內一曰象形也又云更以竹簡寫之明留其壁內之本也顧氏云策長二尺四寸簡長一尺二寸會多伏生二十五篇者以壁內古文篇題殊別故知以舜典合於堯典益稷合於皐陶謨伏生之本亦壁內古文而合之者蓋以老而口授之時因誦而連之故殊耳其盤庚本當同卷故有并也康王之誥以一時之事連誦而同卷當以王出在應門之內爲篇首及以王若曰庶邦亦誤矣以伏生本二十八篇盤庚出二篇加舜典益稷康王之誥凡五篇爲三十三篇加所增二十五篇爲五十八加序一篇爲五十九篇云復出此篇并序凡五十九篇此云爲四十六卷者謂除序也下云定五十八篇既畢不更云卷數明四十六卷者故爾又伏生二十九卷而序在外故知然矣此云四十六卷者不見安國明說蓋以同序者同卷異序者異卷故五十八篇爲四十六卷何者五十八篇內有太甲盤庚說命泰誓皆三篇共卷減其八又大禹謨皐陶謨益稷又三篇同序共卷其康誥酒誥梓材亦三篇同序共卷則又減四通前十二以五十八減十二非四十六卷而何其康王之誥乃與顧命別卷以別序故也其餘錯亂摩滅五十八篇外四十二篇也以不可復知亦上送官其可知者已用竹簡寫得其本亦俱送入府故在祕府得有古文也以後生可畏或賢聖間出故須藏之以待能整理讀之者

承詔爲五十九篇作傳。於是遂研精覃思。博考經籍。採摭羣言。以立訓傳。約文申義。敷暢厥旨。庶幾有補於將來。○爲于僞反覃徒南反深也思息嗣反採本又作采摭之石反一音之若反敷芳夫反暢丑亮反

〔疏〕承詔至將來○正義曰安國時爲武帝博士孔君考正古文之日帝之所知亦既定訖當以聞於帝帝令注解故云承詔爲五十九篇作傳以注者多言曰傳傳者傳通故也以傳名出自丘明賓牟賈對孔子曰史失其傳又喪服儒者皆云子夏作傳是傳名久矣但大率秦漢之際多名爲傳於後儒以其傳多或有改之別云注解者仍有同者以當時之意耳說者爲例云前漢稱傳於後皆稱注誤矣何者馬融王肅亦稱注名爲傳傳何有例乎以聖道弘深當須詳悉於是研覈精審覃靜思慮以求其理冀免乖違既顧察經文又取證於外故須廣博推考羣經六籍又据拾採摭羣書之言以此文證造立訓解爲之作傳明不率爾雖復廣證亦不煩多爲傳直約省文令得申盡其義明文要義通不假煩多也以此得申故能偏布通暢書之旨意是辭達而已不求於煩既義暢而文要則觀者曉悟故云庶幾有所補益於將來讀之者得悟而有益也敷布也厥其也庶幸也幾冀也爾雅有訓既云經籍又稱羣言者經籍五經是也羣言子史是也以書與經籍理相因通故云博考子史時有所須故云採摭耳案孔君此傳辭旨不多是約文也要文無不解是申義也其義既申故云敷暢其義之旨趣耳考其此注不但言少書之爲言多須詁訓而孔君爲例一訓之後重訓者少此亦約文也

書序。序所以爲作者之意。昭然義見。宜相附近。故引之各冠其篇首。定五十八篇。既畢。會國有巫蠱事。經籍道息。用不復以聞。傳之子孫。以貽後代。若好古博雅君子。與我同志。亦所不隱也。○爲于僞反又如字見賢遍反冠工亂反巫蠱漢武帝末征和中江充造蠱敗戾太子故經籍道息焉巫音無蠱音古貽以之反

〔疏〕書序至隱也○正義曰孔君既言已立傳之意又當斟酌所宜而書序雖名爲序不是揔陳書意汎論乃篇篇各序作意但作序者不敢廁於正經故謙而聚於下而注述者不可代作者之謙須從利益而欲分之從便云序序所以當篇爲作此書之意則是當篇作意觀序而昭然意義顯見既義見由序宜各與其本篇相從附近不宜聚於一處故每篇引而分之各冠加於篇首令意昭見序既分散損其一篇故定五十八篇然此本承詔而作作畢當以上奏聞知俱會値國家有巫蠱之事好愛經籍之道滅息假奏亦不能行用爲此之故不復以此傳奏聞亦以既傳成不得聞上惟自傳於已之子孫以遺與後世之人使行之亦不敢望後世必行故云若後世有好愛古道廣博學問志懷雅正如此之君子冀能與我同於慕古之志以行我道我道得此人流行亦所以傳不隱蔽是弘道由人也言巫蠱者王制曰執左道以亂政者殺鄭玄注云左道謂巫蠱之屬以非正道故謂之左道以蠱皆巫之所行故云巫蠱蠱者揔名左傳云惑蠱其君則蠱者怪惑之名指體則藥毒害人者揔名若行符厭俗之爲魅令人蠱惑夭年傷性皆是也依漢書此時武帝末年上已年老淫惑鬼神崇信巫術由此姦人江充因而行詐先於太子宮埋桐人告上云太子宮有蠱氣上信之使江充治之於太子宮果得桐人太子知已不爲此以江充故爲陷己因而殺之而帝不知太子實心謂江充言爲實即詔丞相劉屈氂發三輔兵討之太子看長安因與鬬不勝而出走奔湖關自殺此即巫蠱事也言不隱者不謂恐隱藏已道以己道人所不知懼其幽隱人能行之使顯爲不隱蔽耳易曰謙謙君子仁者好謙而孔君自作揄揚云君子知已者亦意在教世欲令人覩此言知已傳是深遠因而有所曉寤令之有益故不可以苟謙也亦猶孔子曰何有於我哉

尚書注疏挍勘記卷一

阮元撰盧宣旬摘錄

尚書正義序

國子祭酒上護軍曲阜縣開國子臣孔穎達奉勑撰　按七經孟子考文所據宋板此行在尚書正義卷第一之下蓋唐時北宋時單疏別行序文當列正義第一卷之首今序文既別爲一篇遂移此行於序題下耳閩本達下有等字按此行若如宋板則達下宜有等字以正義非一人所作故也若在序題下則不當有等字序云先君宣父此孔氏之詞非他人所得通用

古之正者　案正當作王

怙釋注文　浦鏜云怙疑詁字誤○按怙疑帖字誤

謹其銓敘　按銓應作詮

尚書注疏卷第一

國子祭酒上護軍曲阜縣開國子臣孔穎達等奉勑撰　宋本首有尚書正義卷第一七字達下無等字正義下或作注疏參差不一勑字提頭凡三行記之下同此

尚書序　足利古本作古文尚書序

言序述尚書起　閩本明監本同宋本起下有記字浦鏜云記疑訖字誤按訖字是也

作結繩而爲罔罟　閩本明監本同宋本罔作網

易繫辭上　按上當作云

循飛七也　宋本正德本同毛本飛作蜚

流訖十也 宋本正德本同毛本流訖改作疏佐案此本流訖下誤作涜訖山井鼎曰史記三皇本紀載此及上條與宋板同但循作脩

背文曰義翼文曰順 浦鏜云翼背字互誤禮誤順○按順字不誤浦云非也毛詩左傳正義及周禮疏引並可證惟埤雅引作翼文曰禮王念孫云順字與下膺文曰仁腹文曰信爲韻若作禮則失其韻矣

與孔子同 按子當作君

言及便稱 宋本同案便稱二字當倒

案左傳上有三墳五典 宋本上作止是也

案周禮小史職掌三皇五帝之書 浦鏜云外誤小是也下同

又云五帝坐 案坐當作座

何燧人說者以爲伏犧之前 浦鏜云何疑又字誤

僑極子 浦鏜云蟜誤僑

舜非三王 皇宋板十行閩本俱作王

曰非帝如 宋本閩本明監本如下俱有何字案有者是也

此索於左傳亦或謂之索 宋本下索字作素按素字是也

八索 陸氏曰索所白反徐音素本或作素

懼覽之者不一 岳本之者作者之顏師古匡謬正俗曰孔安國古文尚書序云先君孔子生於周末覩史籍之煩文懼覽者之不一遂乃定禮樂明舊章覽者謂習讀之人猶言學者爾蓋思後之讀史籍者以其煩文不能專一將生異說故刪定之凡此數句文對旨明甚爲易曉然後之學者輒改之字居者字上云覽之者不一雖大意不失而顛倒本文語更凡淺又不屬對亦爲妄矣今有晉宋時書不被改者往往而在皆云覽者之不一

穀梁以爲魯襄公二十一年冬十一月庚子孔子生 浦鏜云十月誤十一月許宗彥曰公羊釋文云一本作十一月則穀梁亦有作十一月者

詩有序三百一十一篇 浦鏜云有序字當誤倒按○或序下脫者字

全者三百五篇 浦鏜云全當今字誤下當脫存字○按全謂辭義俱存也非誤

於秘府而見爲 閩本明監本同案爲當作焉

別云述之以爲除九印 浦鏜云之疑者字誤

更有書以述之 浦鏜云更上疑脫非字

足以垂世立教 文選李善注本無立字

使小史掌之 浦鏜云外誤小是也

而禹身事受禪之後無入夏書之言 浦鏜云理誤言從後堯典下疏按許宗彥曰事乃自字之誤言禹所言皆在受禪以前入於虞書自受禪後更無入夏書之言也下堯典下疏同此義

所以恢宏至道示人主以軌範也 文選李善本無主字

反遭秦始皇滅除之 浦鏜云反當及字誤○按當又字誤

悉詣守尉親燒之 宋本監本親作雜是也

又衛宏古文奇字序云 段玉裁云師古注儒林傳引此作衛宏詔定古文官書

於是詔太常使掌故臣鼂錯往受之 監本無臣字浦鏜云臣字衍是也

其後兵火起流 案流下當有亡字

使讀說之 按文選注讀作讚

但伏生雖無此一篇 宋本一作三按一字非也

宣帝泰和元年 宋本閩本同毛本泰和作本始案所改是也

爲隸古定更以竹簡寫之 匡謬正俗曰言以孔氏壁中科斗文字依傍伏生口傳撥者考校改定之易科斗以隸古字定訖更別以竹簡寫之非復本文也近代淺學乃改隸古定爲隸古字非也按直云隸古卽是隸古字於理可知無所闕小定者爲定訖耳今先代舊本皆爲隸古定不爲古字也

益稷合於皐陶謨 陸氏曰皐本作咎陶本作繇

盤庚三篇合爲一 陸氏曰盤本又作般○按周禮司勳注作般庚說詳段玉裁尚書撰異

其餘錯亂摩滅 山井鼎曰古本後人旁記云異本摩作磨按磨字說文所無

弗可復知 弗文選李善本作不

曾多伏生二十五篇者 閩本同毛本曾作增案增字是也

及以王若曰庶邦亦誤矣 浦鏜云及當乃字誤

亦壁內古文而合者 毛本下者字作也

傳子孫 諸本俱作傳之子孫

宜各以其本篇相從附近 閩本明監本同毛本宜上有此序二字案有者是也

郎詔丞相劉屈氂 閩本同明監本毛本氂作蘖按氂字非也

太子看長安因與闕 毛本看作釋因作囙案所改是也監本因作國闕作閒並誤

奔湖闕自殺 宋本明監本閩本同毛本闕作遂山井鼎曰作遂似是○按湖地名也作湖闕者殆因壺闕而誤

附釋音尚書注疏卷第二

孔穎達疏

堯典第一

○釋文凡十六篇十一篇亡五篇見存 疏 古文尚書堯典第一○正義曰檢古本并石經直言堯典第一無古文尚書以孔君從隸古仍號古文故後人因而題於此以別伏生所出大小夏侯及歐陽所傳爲今文故也堯典第一篇之名當與衆篇相次第訓爲次也於次第之內而處一故曰堯典第一以此第一者以五帝之末接三王之初典策既備因機成務交代揖讓以垂無爲故爲第一也然書者理由舜史勒成一家可以爲法上取堯事下終禪禹以至舜終皆爲舜史所錄其堯舜之典多陳行事之狀其言寡矣禹貢卽全非君言準之後代不應入書此其一體之異以此禹之身事於禪後無入夏書之理自甘誓已下皆多言辭則古史所書於是乎始知五子之歌亦非上言典書草創以義而錄但致言有本名隨其事檢其此體爲例有十一曰典二曰謨三曰貢四曰歌五曰誓六曰誥七曰訓八曰命九曰征十曰範堯典舜典二篇典也大禹謨皋陶謨二篇謨也禹貢一篇貢也五子之歌一篇歌也甘誓泰誓三篇湯誓牧誓費誓秦誓八篇誓也仲虺之誥湯誥大誥康誥酒誥召誥洛誥康王之誥八篇誥也伊訓一篇訓也說命三篇微子之命蔡仲之命顧命畢命冏命文侯之命九篇命也胤征一篇征也洪範一篇範也此各隨事而言益稷亦謨也因其人稱言以別之其太甲咸有一德伊尹訓道王亦訓之類盤庚亦誥也故王肅云不言誥何也取其徒而立功非但錄其誥高宗肜日與訓序連文亦訓辭可知也西伯戡黎云祖伊恐奔告于受亦誥也武成云識其政事亦誥也旅獒戒王亦訓也金縢自爲一體祝亦誥辭也梓材酒誥分出亦誥也多士以王命誥自然誥也無逸戒王亦訓也君奭周公誥召公亦誥也多方周官上誥於下亦誥也君陳君牙與畢命之類亦命也呂刑陳刑告王誥也書篇之名因事而立既無體例隨便爲文其百篇次第於序孔鄭不同孔以湯誓在夏社前於百篇爲第二十六鄭以爲在臣扈後第二十九孔以咸有一德次太甲後第四十鄭以爲在湯誥後第三十二孔以蔡仲之命次君奭後第八十三鄭以爲在費誓前第九十六孔以周官在立政後第八十八鄭以爲在立政前第八十六孔以費誓在文侯之命後第九十九鄭以爲在呂刑前第九十七不同者孔依壁內篇次及序爲文鄭依賈氏所奏別錄爲次孔未入學官以此不同考論次第孔義是也

虞書 疏 正義曰堯典雖曰唐事本以虞史所錄末言舜登庸由堯故追堯作典非唐史所錄故謂之虞書也鄭玄云舜之美事在於堯時是也案馬融鄭玄王肅別錄題皆曰虞夏書以虞夏同科雖虞事亦連夏此直言虞書本無尚書之題也案鄭序以爲虞夏書二十篇商書四十篇周書四十篇贊云三科之條五家之教是虞夏同科也其孔於禹貢註云禹之王以是功故爲夏書之首則虞夏別題也以上爲虞書則十六篇又帝告釐沃湯征汝鳩汝方於鄭玄爲商書而孔并於胤征之下或以爲夏事猶西伯戡黎則夏書九篇商書三十五篇此與鄭異也或孔因帝告以下五篇亡并註於夏書不廢猶商書乎別文所引皆云虞書曰夏書曰無并言虞夏書者又伏生雖有一虞夏傳以外亦有虞傳夏傳此其所以宜別也此孔依虞夏各別而存之莊八年左傳云夏書曰皐陶邁種德僖二十四年左傳引夏書曰地平天成二十七年引夏書賦納以言襄二十六年引夏書曰與其殺不辜寧失不經皆在大禹謨皐陶謨當云虞書而云夏

書者以事關禹故引爲夏書若洪範以爲周書以箕子至周商人所陳而傳引之卽曰商書也案壁內所得孔爲傳者凡五十八篇爲四十六卷三十三篇與鄭註同二十五篇增多鄭註也其二十五篇者大禹謨一五子之歌二胤征三仲虺之誥四湯誥五伊訓六太甲三篇九咸有一德十說命三篇十三泰誓三篇十六武成十七旅獒十八微子之命十九蔡仲之命二十周官二十一君陳二十二畢命二十三君牙二十四冏命二十五但孔君所傳値巫蠱不行以終前漢諸儒知孔本有五十八篇不見孔傳遂有張霸之徒於鄭註之外僞造尚書凡二十四篇以足鄭註三十四篇爲五十八篇其數雖與孔同其篇有異孔則於伏生所傳二十九篇內無古文泰誓除序尚二十八篇分出舜典益稷盤庚二篇康王之誥爲三十三增二十五篇爲五十八篇鄭玄則於伏生二十九篇之內分出盤庚二篇康王之誥又泰誓三篇爲三十四篇更增益僞書二十四篇爲五十八所增益二十四篇者則鄭註書序舜典一汨作二九共九篇十一大禹謨十二益稷十三五子之歌十四胤征十五湯誥十六咸有一德十七典寶十八伊訓十九肆命二十原命二十一武成二十二旅獒二十三冏命二十四以此二十四爲十六卷以九共九篇共卷除八篇故爲十六故藝文志劉向別錄云五十八篇藝文志又云孔安國者孔子後也悉得其書以古文又多十六篇篇卽卷也卽是僞書二十四篇也劉向作別錄班固作藝文志並云此言不見孔傳也劉歆作三統歷論武王伐紂引今文泰誓云丙午逮師又引武成越若來三月五日甲子咸劉商王受並不與孔同亦不見孔傳也後漢初賈逵奏尚書疏云流爲烏是與孔亦異也馬融書序云經傳所引泰誓泰誓並無此文又云逸十六篇絕無師說是融亦不見也服虔杜預註左傳亂其紀綱並云夏桀時服虔杜預皆不見也鄭玄亦不見之故註書序舜典云入麓伐木註五子之歌云避亂於洛汭註胤征云胤征臣名又註禹貢引胤征云厥匪玄黃昭我周王又註咸有一德云伊陟臣扈曰又註典寶引伊訓云載孚在亳又曰征是三朡又註旅獒云獒讀曰豪謂是遣豪之長又古文有仲虺之誥太甲說命等見在而云亡其汨作典寶之等一十三篇見亡而云已逸是不見古文也案伏生所傳三十四篇者謂之今文則夏侯勝夏侯建歐陽和伯等三家所傳及後漢末蔡邕所勒石經是也孔所傳者膠東庸生劉歆賈逵馬融等所傳是也鄭玄書贊云我先師棘子下生安國亦好此學衞賈馬二三君子之業則雅才好博既宣之矣又云歐陽氏失其本義今疾此蔽冒猶復疑惑未悛是鄭意師祖孔學傳授膠東庸生劉歆賈逵馬融等學而賤夏侯歐陽等何意鄭註尚書亡逸並與孔異篇數並與三家同又劉歆賈逵馬融之等並傳孔學云十六篇逸與安國不同者良由孔註之後其書散逸傳註不行以庸生賈馬之等惟傳孔學經文三十三篇故鄭與三家同以爲古文而鄭承其後所註皆同賈逵馬融之學題曰古文尚書篇與夏侯等同而經字多異夏侯等書宅嵎夷爲宅嵎鐵昧谷曰柳谷心腹腎腸曰憂腎陽劓刵劅剠云臏宮劓割頭庶剠是鄭註不同也三家之學傳孔業者漢書儒林傳云安國傳都尉朝子俊俊傳膠東庸生生傳清河胡常常傳徐敖敖傳王璜及塗惲惲傳河南桑欽至後漢初衞賈馬亦傳孔學故書贊云自世祖興後漢衞賈馬二三君子之業是也所得傳者三十三篇古經亦無其五十八篇及傳說絕無傳者至晉世王肅註書始似竊見孔傳故註亂其紀綱爲夏太康時又晉書皇甫謐傳云姑子外弟梁柳邊得古文尚書故作帝王世紀往往載孔傳五十八篇之書晉書又云晉太保公鄭沖以古文授扶風蘇愉愉字休預預授天水梁柳字洪季卽謐之外弟也季授城陽臧曹字彥始始授郡守子汝南梅賾字仲眞又爲豫章內史遂於前晉奏上其書而施行焉時已亡失舜典一篇晉末范甯爲解時已不得焉至齊蕭鸞建武四年姚方興於大航頭得而獻之議者以爲孔安國之所註也值方興有罪事亦隨寢至隋開皇二年購募遺典乃得其篇焉然孔註之後歷及後漢之末無人傳說至晉之初猶得存者雖不列學官散在民間事雖久遠故得猶存

孔氏傳 傳卽註也以傳述爲義舊說漢已前稱傳 【疏】正義曰以註者多門故云其氏以別衆家或當時自題孔氏亦可以後人辨之

昔在帝堯。聰明文思。光宅天下。 言聖德之遠著。○昔古也堯唐帝名馬融云謚也翼善傳聖曰堯聰千公反思息嗣反又如字下同著張慮反 **將遜于位。讓于虞舜。** 遜遁也老使攝遂禪之。○遁本作遯徒遜反退也避也遂禪音時戰反讓也授也 **作堯典。**

【疏】昔在至堯典○正義曰此序鄭玄馬融王肅並云孔子所作孔義或然詩書理不應異夫子爲書作序不作詩序者此自或作或否無義例也鄭知孔子作者依緯文而知也安國既以同序爲卷檢此百篇凡有六十三序序其九十六篇明居咸有一德立政無逸不序所由直云咎單作明居伊尹作咸有一德周公作立政周公作無逸六十三序者若汨作九共九篇槀飫十一篇共序其咸乂四篇同序其大禹謨皐陶謨益稷夏社疑至臣扈伊訓肆命徂后太甲三篇盤庚三篇說命三篇泰誓三篇康誥酒誥梓材二十四篇皆三篇同序其帝告釐沃汝鳩汝方伊陟原命高宗肜日高宗之訓八篇皆共卷類同故同序同序而別篇者三十三篇通明居無逸等四篇爲三十七篇加六十三卽百篇也序者以序別行辭爲形勢言昔日在於帝號堯之時也此堯身智無不知聰也神無不見明也以此聰明之神智足可以經緯天地卽文也又神智之運深敏於幾謀卽思也聰明文思卽其聖性行之於外無不備知故此德充滿居止於天下而遠著德既知此政化有成天道沖盈功成者退以此故將遜遁避於帝位以禪其有聖德之虞舜史序其事而作堯典之篇言昔在者鄭玄云書以堯爲始獨云昔在使若無先之典然也詩云自古在昔言在昔者自下本上之辭言昔在者從上自下爲稱故曰使若無先之者據代有先之而書無所先故云昔也言帝者天之一名所以名帝帝者諦也言天蕩然無心忘於物我言公平通遠舉事審諦故謂之帝也五帝道同於此亦能審諦故取其名若然聖人皆能同天故曰大人大人者與天地合其德卽三王亦大人不得稱帝者以三王雖實聖人內德同天而外隨時運不得盡其聖用逐迹爲名故謂之爲王禮運曰大道之行天下爲公卽帝也大道既隱各親其親卽王也則聖德無大於天三皇優於帝豈過乎天哉然則三皇亦不能過天但遂同天之名以爲優劣五帝有爲而同天三皇無爲而同天立名以爲優劣耳但有爲無爲亦遂多少以爲分三王亦順帝之則而不盡故不得名帝然天之與帝義爲一也人主可得稱帝不可得稱天者以天隨體而立名人主不可同天之體也無由稱天者以天德立號王者可以同其德焉所以可稱於帝故繼天則謂之天子其號謂之帝不得云帝子也言堯者孔無明解案下傳云虞氏舜名然堯舜相配爲義既舜爲名則堯亦名也以此而言禹湯亦名於下都無所解而放動重華文命注隨其事而解其文以爲義不爲堯舜及禹之名據此似堯舜及禹與湯相類名則俱名不應殊異案鄭以下亦云虞氏舜名與孔傳不殊及鄭注中候云重華舜名則舜不得有二名鄭注禮記云舜之言充是以舜爲號謚之名則下注云舜名亦號謚之名也推此則孔君亦然何以知之既湯類堯舜當爲名而孔注論語曰予小子履云履是殷湯名是湯名履而湯非名也又此不云堯舜是名則堯及舜禹非名於是明矣既非名而放動重華文命蓋以爲三王之名同於鄭玄矣鄭知名者以帝繫云禹名文命以上類之亦名若然名本題情記意必有義者蓋運命相符名與運接所以異於凡平或說以其有義皆以爲字古代尚質若名之不顯何以著字必不獲已以爲非名非字可也譙周以堯爲號皇甫謐以放動重華文命爲名案謚法翼善傳聖曰堯仁義盛明曰舜是堯舜謚也故馬融亦云謚也又曰淵源流通曰禹雲行雨施曰湯則禹湯亦是謚法而馬融云禹湯不在謚法故疑之將由謚法或本不同故有致異亦可本無禹湯爲謚後來所加故或本曰除虐去殘曰湯是以異也檀弓曰死謚周道也周書謚法周公所作而得有堯舜禹湯者以周法死後乃追故謂之爲謚謚者累也累其行而號也隨其行以名之則死謚猶生號因上世之生號陳之爲死謚明上代生死同稱上世質非至善至惡無號故與周異以此堯舜或云號或云謚也若然湯名履而王侯世本湯名天乙者安國意蓋以湯受命之王依殷法以乙日生名天乙至將爲王又改名爲履故二名也亦可安國不信世本無天乙之名皇甫謐巧欲傳會云以乙日生故名履字天乙又云祖乙亦云乙日生復名乙引易緯孔子所謂天之錫命故可同名既以天乙爲字何云同名乎斯又妄矣號之曰堯者釋名以爲其尊高堯堯然物莫之先故謂之堯也謚法云翼善傳聖曰堯堯者以天下之生善因善欲禪之故二八顯升所謂爲翼能傳位於聖人天下爲公此所以出衆而高也言聰明者據人近驗則聽遠爲聰見微爲明若離婁之視明也師曠之聽聰也以耳目之聞見喻聖人之智慧兼知天下之事故在於聞見而已故以聰明言之智之所用用於天地經緯天地謂之文故以聰明之用爲文須當其理故又云思而會理也經云欽明此爲聰明者彼方陳行事故美其敬此序其聖性故稱其聰隨事而變文下舜典宜云堯聞之聰明不云文思者此將言堯用故云文思彼要云舜德故宜云聰明亦自此而可知也言光宅者經傳云光充也不訓宅者可知也不於此訓光者從經爲正也下將遜于位傳云遜遁者以經無遜字故在序訓之○傳言聖德之遠著○正義曰聖德解聰明文思遠著解光宅天下○傳老使至禪之○正義曰老使攝者解將遜于位云遂禪之者解讓于虞舜也以已年老故遜之使攝之後功成而禪禪卽讓也言攝者納於大麓是也禪者汝陟帝位是也雖舜受而攝之而堯以爲禪或云汝陟帝位爲攝因卽宜言爲讓故云遂也鄭玄云堯尊如故舜攝其事是也

堯典。 言堯可爲百代常行之道

【疏】堯典○正義曰序已云作堯典而重言此者此是經之篇目不可因序有名略其舊題故諸篇皆重言本目而就目解之稱典者以道可百代常行若堯舜禪讓聖賢禹湯傳授子孫卽是堯舜之道不可常行但惟德是與非賢不授授賢之事道可常行但後王德劣不能及古耳然經之與與俱訓爲常名典不名經者以經是總名包殷周以上皆可爲後代常法故以經爲名典者經中之別特指堯舜之德於常行之內道最爲優故名典不名經也其太宰六典及司寇三典者自由當代常行與此別矣

曰若稽古帝堯。 若順稽考也能順考古道而行之者帝堯

曰放勳。欽明文思安安。 勳功欽敬也言堯放上世之功化而以敬明文思之四德安天下之當安者。○放方往反註同徐云鄭王如字勳許云反功也馬云放勳堯名皇甫謐同一云放勳堯字欽明

文思馬云威儀表備謂之欽照臨四方謂之明經緯天地謂之文道德純備謂之思

允恭克讓。光被四表。格于上下。允信克能光充格至也既有四德又信恭能讓故其名聞充溢四外至于天地。被皮寄反徐扶義反聞音問本亦作問溢音逸〔疏〕曰若至上下。正義曰史將述堯之美故爲題目之辭曰能順考校古道而行之者是帝堯也又申其順考古道之事曰此帝堯能放效上世之功而施其教化心意恒敬智慧甚明發舉則有文謀思慮則能通敏以此四德安天下之當安者在於己身則有此四德其於外接物又能信實恭勤善能謙讓恭則人不敢侮讓則人莫與爭由此爲下所服名譽著聞聖德美名充滿被溢於四方之外又至于上天下地言其日月所照霜露所墜莫不聞其聲名被其恩澤此卽稽古之事也。傳若順至帝堯。正義曰若順釋言文詩稱考卜惟王洪範考卜之事謂之稽疑是稽爲考經傳常訓也爾雅一訓一也孔所以約文故數字俱訓其末以一也結之又已經訓者後傳多不重訓顯見可知則徑言其義皆務在省文故也言順考古道者古人之道非無得失施之當時又有可否考其事之是非知其宜於今世乃順而行之言其行可否順是不順非也考古者自己之前無遠近之限但事有可取皆考而順之今古旣異時政必殊古事雖不得盡行又不可頓除古法故說命曰事不師古以克永世匪說攸聞是後世爲治當師古法雖則聖人必須順古若空欲追遠不知考擇居今行古更致禍災若宋襄慕義師敗身傷徐偃行仁國亡家滅斯乃不考之失故美其能順考也鄭玄信緯訓稽爲同訓古爲天言能順天而行之與之同功論語稱惟堯則天詩美文王順帝之則然則聖人之道莫不同天合德豈待同天之語然後得同之哉書爲世教當因之人事以人繫天於義無取且古之爲天經無此訓高貴鄉公皆以鄭爲長非篤論也。傳勳功至安者。正義曰勳功欽敬釋詁文此經述上稽古之事放效上世之功卽是考於古道也經言放勳放其功而已傳兼言化者據其勳業謂之功指其教人則爲化功之與化所從言之異耳鄭玄云敬事節用謂之欽照臨四方謂之明經緯天地謂之文慮深通敏謂之思孔無明說當與之同四者皆在身之德故謂之四德凡是臣人王者皆須安之故廣言安天下之當安者所安者則下文九族百姓萬邦是也其敬明文思爲此次者顧氏云隨便而言無義例也知者此先聰後明舜典云明四目達四聰先明後聰故知無例也今考舜典云濬哲文明又先文後明與此不類知顧氏爲得也。傳允信至天地。正義曰允信格至釋詁文克能光充釋言文在身爲德施之曰行鄭玄云不懈於位曰恭推賢尙善曰讓恭讓是施行之名上言堯德此言堯行故傳以文次言之言堯既有敬明文思之四德又信實恭勤善能推讓下人愛其恭讓傳其德音故其名遠聞旁行則充溢四方上下則至于天地持身能恭與人能讓自己及物故先恭後讓恭言信讓言克交互其文耳皆言信實能爲也傳以溢解被言其饒多盈溢故被及之也表裏內外相對之言故以表爲外向不向上至有所限旁行四方無復限極故四表言被上下言至四外者以其無限自內言之言其至於遠處正謂四方之外畔者當如爾雅所謂四海四荒之地也先四表後上下者人之聲名宜先及於人後被四表是人先知之故先言至人後言至于上下言至於天地喩其聲聞遠耳禮運稱聖人爲政能使天降膏露地出醴泉是名聞遠達使天地效靈是亦格于上下之事**克明俊德。**能明俊德之士任用之以睦高祖玄孫之親**以親九族。**。九族上自高祖下至玄孫凡九族馬鄭同

九族既睦。平章百姓。既已也百姓百官言化九族而平和章明**百姓昭明。協和萬邦。黎民於變時雍。**昭亦明也協合黎衆時是雍和也言天下衆民皆變化化上是以風俗大和。黎力兮反〔疏〕克明至時雍。正義曰言堯能名聞廣遠由其委任賢哲故復陳之言堯之爲君也能尊明俊德之士使之助己施化以此賢臣之化先令親其九族之親九族蒙化已親睦矣又使之和協顯明於百官之族姓百姓蒙化皆有禮儀昭然而明顯矣又使之合會調和天下之萬國其萬國之衆人於是變化從上是以風俗大和能使九族敦睦百姓顯明萬邦和睦是安天下之當安者也。傳能明至之親。正義曰鄭玄云俊德賢才兼人者然則俊德謂有德又能明俊德之士者謂命爲大官賜之厚祿用其才智使之高顯也以其有德故任用之以此賢臣之化親睦高祖玄孫之親上至高祖下及玄孫是爲九族同出高曾皆當親之故言之親也禮記喪服小記云親親以三爲五以五爲九又異義夏侯歐陽等以爲九族者父族四母族三妻族二皆據異姓有服鄭玄駁云異姓之服不過總麻言不廢昏又昏禮請期云惟是三族之不虞恐其廢昏明非外族也是鄭與孔同九族謂帝之九族百姓謂百官族姓萬邦謂天下衆民自內及外從高至卑以爲遠近之次也知九族非民之九族者以先親九族次及百姓百姓是羣臣弟子不宜越百姓而先下民若是民之九族則九族旣睦民已和矣下句不當復言協和萬邦以此知帝之九族也堯不自親九族而待臣使之親者此言用臣法耳豈有聖人在上疏其骨肉者乎若以堯自能親不待臣化則化萬邦百姓堯豈不能化之而待臣化之也且言親九族者非徒使帝親之亦使臣親之帝亦令其自相親愛故須臣子之化也。傳旣已至章明。正義曰旣已義同故訓旣爲已經傳之言百姓或指天下百姓此下句乃有黎民故知百姓卽百官也百官謂之百姓者隱八年左傳云天子建德因生以賜姓謂建立有德以爲公卿因其所生之地而賜之以爲其姓命其收斂族親自爲宗主明王者任賢不任親族以百姓言之周官篇云唐虞稽古建官惟百大禹謨云率百官若帝之初是唐虞之世經文皆稱百官而禮記明堂位云有虞氏之官五十後世所記不合經也平章與百姓其文非九族之事傳以此經之事文勢相因先化九族乃化百官故云化九族而平和章明謂九族與百官皆須導之以德義平理之使之協和教之以禮法章顯之使之明著。傳昭亦至大和。正義曰釋詁以昭爲光光明義同經已有明故云昭亦明也釋詁以協爲和和合義同故訓協爲合也黎衆時是釋詁文雍和釋訓文堯民之變明其變惡從善人之所和惟風俗耳故知謂天下衆人皆變化化上是以風俗大和人俗大和卽是太平之事也此經三事相類古史交互立文以親言旣睦平章言昭明協和言時雍睦卽親也章卽明也雍卽和也各自變文以類相對平九族使之親平百姓使之明正謂使從順禮義恩情和合故於萬邦變言協和明以親九族平章百姓亦是協和之也但九族宜相親睦百姓宜明禮義萬邦宜盡和協各因所宜爲文其實相通也民言於變謂從上化則九族旣睦百姓昭明亦是變上故得睦得明也**乃命羲和。欽若昊天。麻象日月星辰。敬授人時。**重黎之後羲氏和氏世掌天地四時之官故堯命之使敬順昊天昊天言元氣廣大星四方中星辰日月所會麻象其分節敬記天時以授人也此舉其目下別序之。羲和馬云羲氏掌天官和氏掌地官四子掌四時昊胡老反重直龍反少昊之

後黎高陽之後四月所會謂日月交會於十二次也寅曰析木卯曰大火辰曰壽星巳曰鶉尾午曰鶉火未曰鶉首申曰實沈酉曰大梁戌曰降婁亥曰娵訾子曰玄枵丑曰星紀**分命羲仲。宅嵎夷。曰暘谷。**宅居也東表之地稱嵎夷暘明也日出於谷而天下明故稱暘谷暘谷嵎夷一也羲仲居治東方之官。嵎音隅馬曰嵎海嵎也夷萊夷也尙書考靈耀及史記作禺銕暘音陽谷工木反又音欲下同馬云暘谷海嵎夷之地名日出於谷本或作日出於陽谷陽衍字**寅賓出日。平秩東作。**寅敬賓導秩序也歲起於東而始就耕謂之東作東方之官敬導出日平均次序東作之事以務農也。寅徐以眞反又音夷下同賓如字徐音殯馬云從也出尺遂反又如字註同平如字馬作苹普庚反云使也下皆放此秩如字**日中星鳥。以殷仲春。**日中謂春分之日鳥南方朱鳥七宿殷正也春分之昏鳥星畢見以正仲春之氣節轉以推季孟則可知。中貞仲反又如字殷於勤反馬鄭云中也宿音秀下同見賢遍反下同**厥民析。鳥獸孳尾。**冬寒無事並入室處春事旣起丁壯就功厥其也言其民老壯分析乳化曰孳交接曰尾。析星歷反孳音字乳儒付反說文云人及鳥生子曰乳獸曰産**申命羲叔。宅南交。**申重也南交言夏與春交舉一隅以見之此居治南方之官。重直用反**平秩南訛。敬致。**訛化也掌夏之官平敍南方化育之事敬行其教以致其功四時同之亦舉一隅。訛五和反**日永。星火。以正仲夏。**永長也謂夏至之日火蒼龍之中星舉中則七星見可知以正仲夏之氣節季孟亦可知**厥民因。鳥獸希革。**因謂老弱因就在田之丁壯以助農也夏時鳥獸毛羽希少改易革改也**分命和仲。宅西。曰昧谷。**昧冥也日入於谷而天下冥故曰昧谷昧谷曰西則嵎夷東可知此居治西方之官掌秋天之政也。昧武內反冥莫定反**寅餞納日。平秩西成。**餞送也日出言導日入言送因事之宜秋西方萬物成平序其政助成物。餞賤衍反馬云滅也滅猶沒也**宵中。星虛。以殷仲秋。**宵夜也春言日秋言夜互相備虛玄武之中星亦言七星皆以秋分日見以正三秋**厥民夷。鳥獸毛毨。**夷平也老壯在田與夏平也毨理也毛更生整理。毛毨下先典反說文云仲秋鳥獸毛盛可選取以爲器用也**申命和叔。宅朔方。曰幽都。平在朔易。**北稱朔亦稱方言一方則三方見矣北稱幽則南稱明從可知也都謂所聚也易謂歲改易於北方平均在察其政以順天常上總言羲和敬順昊天此分別仲叔各有所掌。別音彼列反下同**日短。星昴。以正仲冬。**日短冬至之日昴白虎之中星亦以七星並見以正冬之三節**厥民隩。鳥獸氄毛。**隩室也民改歲入此室處以辟風寒鳥獸皆生耎毳細毛以自溫焉。隩於六反馬云煖也氄如勇反徐又音而充反馬云溫柔貌辟音避耎如充反本或作濡音儒毳尺銳反**帝曰。咨。汝羲暨和。朞三百有六旬有六日。以閏月定四時成歲。**咨嗟暨與也匝四時曰朞一歲十二月月三十日正三百六十日除小月六爲六日是爲

一歲有餘十二日未盈三歲足得一月則置閏焉以定四時之氣節成一歲之歷象。暨其器反朞居其反下同旬似遵反十日爲旬匝子合反

允釐百工庶績咸熙。允信釐治工官績功咸皆熙廣也言定四時成歲歷以告時授事則能信治百官衆功皆廣歎其善。釐力之反熙許其反興也

〔疏〕乃命至咸熙。正義曰上言能明俊德又述能明之事堯之聖德美政如上所陳但聖不必獨理必須賢輔堯以須臣之故乃命有俊明之人羲氏和氏敬順昊天之命歷此法象其日之甲乙月之大小昏明遞中之星日月所會之辰定其所行之數以爲一歲之歷乃依此歷敬授下人以天時之早晚其總爲一歲之歷其分有四時之異既舉總目更別序之堯於羲和之內乃分別命其羲氏而字仲者令居治東方嵎夷之地也日所出處名曰暘明之谷於此處所主之職使羲仲主治之既主東方之事而日出於東方令此羲仲恭敬導引將出之日平均次序東方耕作之事使彼下民務勤種植於日晝夜中分刻漏正等天星朱鳥南方七宿合昏畢見以此天之時候調正仲春之氣節此時農事已起不居室內其時之民宜分析適野老弱居室丁壯就功於時鳥獸皆孕胎卵孳尾匹合又就所分羲氏之內重命其羲氏而字叔者使之居治南方之職又於天分南方與東交立夏以至立秋時之事皆主之均平次序南方化育之事敬行其敎以致其功於日正長晝漏最多天星大火東方七宿合昏畢見以此天時之候調正仲夏之氣節於時苗稼已殖農事尤煩其時之民老弱因一丁壯就在田野於時鳥獸羽毛希少變改寒時又分命和氏而字仲者居治西方日所入處名曰昧冥之谷於此處所主之職使和仲主治之既主西方之事而日入在於西方令此和仲恭敬從送既入之日平均次序西方成物之事使彼下民務勤收斂於晝夜中分漏刻正等天星之虛北方七宿合昏畢見以此天時之候調正仲秋之氣節於時禾苗秀實農事未閑其時之民與夏齊平盡在田野於時鳥獸毛羽更生巳稍整治又重命和氏而字叔者令居治北方名曰幽都之地於此處所主之職使和叔主治之平均視察北方歲改之事於日正短晝漏最少天星之昴西方七宿合昏畢見以此天時之候調正仲冬之氣節於時禾稼已入農事閑暇其時之人皆處深隩之室鳥獸皆生耎毳細毛以自溫煖此是羲和敬天授人之實事也羲和所掌如是故帝堯乃述而歎之曰咨嗟汝羲仲羲叔與和仲和叔一朞之閏三百有六旬有六日分爲十二月則餘日不盡令氣朔參差若以閏月補闕令氣朔得正定四時之氣節成一歲之歷象是汝之美可歎也又以此歲歷告時授事信能和治百官使之衆功皆廣歎美羲和能敬天之節衆功皆廣則是風俗大和

○傳重黎至序之○正義曰楚語云少昊氏之衰九黎亂德人神雜擾不可方物顓頊受之乃命南正重司天以屬神火正黎司地以屬民使復舊常無相侵瀆其後三苗復九黎之惡堯復育重黎之後不忘舊者使復典之以至于夏商據此文則自堯及商無他姓也堯育重黎之後是此羲和可知是羲和爲重黎之後世掌天地之官文所出也呂刑先重後黎此文先羲後和揚子法言云羲近重和近黎是羲承重而和承黎矣呂刑稱乃命重黎與此命羲和爲一事也故呂刑傳云重卽羲也黎卽和也羲和雖別爲氏族而出自重黎故呂刑以重黎言之鄭語云爲高辛氏火正則高辛亦命重黎故鄭立於此注云高辛氏世命重爲南正司天黎爲火正司地據世掌之文用楚語爲說也楚世家云重黎爲帝嚳火正能光融天下帝嚳命曰祝融共工氏作亂帝嚳使重黎誅之而不盡帝乃以庚寅日誅重黎而以其弟吳回爲重黎復居火正爲祝融案昭二十九年左傳稱少昊氏有子曰重顓頊氏有子曰黎則重黎二人各出一帝而史記并以重黎爲楚國之祖吳回爲重黎以重黎爲官號此乃史記之謬故束皙譏馬遷并兩人以爲一謂此是也左傳稱重爲句芒黎爲祝融不言何帝使爲此官但黎是顓頊之子其爲祝融必在顓頊之世重雖少昊之胄而與黎同命明使重爲句芒亦是顓頊時也祝融火官可得稱爲火正句芒木官不應號爲南正且木不王天火不主地而外轉稱顓頊命南正司天火正司地者蓋使木官兼掌天火官兼掌地南爲陽位故掌天謂之南正黎稱本官故掌地猶爲火正鄭答趙商云先師以來皆云火掌爲地當云黎爲北正孔無明說未必然也昭十七年左傳郯子稱少昊氏以鳥名官自顓頊已來乃命以民事句芒祝融皆以人事名官明此當顓頊之時也傳言少昊氏有四叔當爲後代子孫非親子也何則傳稱共工氏有子曰句龍共工氏在顓頊之前多歷年代豈復共工氏親子至顓頊時乎明知少昊四叔亦非親子高辛所命重黎或是重黎子孫未必一人能歷二代又高辛前命後誅當是異人何有罪而誅不容列在祀典明是重黎之後世以重黎爲號所誅重黎是有功重黎之子孫也呂刑說羲和之事猶尙謂之重黎況彼尙近重黎何故不得稱之以此知異世重黎號同人別顓頊命重司天黎司地羲氏掌天和氏掌地其實重黎羲和通掌之也此云乃命羲和欽若昊天是羲和二氏共掌天地之事以乾坤相配天地相成運立施化者天資生成物者地天之功成其見在地故下言日中星鳥之類是天事也平秩東作之類是地事也各分掌其時非別職矣案楚語云重司天以屬神黎司地以屬人天地既別人神又殊而云通掌之者外傳之文說呂刑之義以爲少昊之衰天地相通人神雜擾顓頊乃命重黎分而異之以解絕地天通之言故云各有所掌天地相通人神雜擾見其能離絕天地變異人神耳非卽別掌之下文別序所掌則羲主春夏和主秋冬俱掌天時明其共職彼又言至于夏商世掌天地胤征云羲和湎淫廢時亂日不知日食羲和同罪明其世掌天地共職可知顓頊命掌天地惟重黎二人堯命羲和則仲叔四人者以羲和二氏賢者既多且後代稍文故分掌其職事四人各職一時兼職方岳以有四岳故用四人顓頊之命重黎惟司天地主岳以否不可得知設令亦主方岳蓋重黎二人分主東西也馬融鄭玄皆以此命羲和者命爲天地之官下云分命申命爲四時之職天地之與四時於周則冢宰司徒之屬六卿是也孔言此舉其目下別序之則惟命四人無六官也下傳云四岳卽羲和四子舜典傳稱禹益六人新命有職與四岳十二牧凡爲二十二人然新命之六人禹命爲百揆契作司徒伯夷爲秩宗皋陶爲士垂作共工亦禹契之輩卽是卿官卿官之外別有四岳四岳非卿官也孔意以羲和非是卿官別掌天地但天地行於四時四時位在四方平秩四時之人因主方岳之事猶自別有卿官分掌諸職左傳稱少昊氏以鳥名官五鳩氏卽周世之卿官也五鳩之外別有鳳鳥氏歷正也班在五鳩之上是上代以來皆重歷數故知堯於卿官之外別命羲和掌天地也於時羲和似尊於諸卿後世以來稍益卑賤周禮太史掌正歲年以序事卽古羲和之任也桓十七年左傳云日官居卿以底日猶尙尊其所掌周之卿官明是堯時重之故特言乃命羲和此乃命羲和重述克明俊德之事得致雍和所由已上論堯聖性此說堯之任賢據堯身而言用臣故云乃命非時雍之後方始命之使敬順昊天昊天者混元之氣昊然廣大故謂之昊天也釋天云春爲蒼天夏爲昊天秋爲旻天冬爲上天毛詩傳云尊而君之則稱皇天元氣廣大則稱昊天仁覆閔下則稱旻天自上降監則稱上天據遠視之蒼蒼然則稱蒼天爾雅四時異名詩傳卽隨事立稱鄭玄讀爾雅云春爲昊天夏爲蒼天故駁異義云春氣博施故以廣大言之夏氣高明故以遠言之秋氣或生或殺故以閔下言之冬氣閉藏而清察故以監下言之皇天者尊而號之也六籍之中諸稱天者以情所求言之耳非必於其時稱之然此言堯敬大四天故以廣大言之星四方中星者二十八宿布在四方隨天轉運更互在南方每月各有中者月令每月昏旦惟舉一星之中若使每日視之卽諸宿每日昏旦莫不常中中則人皆見之故以中星表宿四方中星摠謂二十八宿也或以書傳云主春者張昏中可以種穀主夏者火昏中可以種黍主秋者虛昏中可以種麥主冬者昴昏中可以收斂皆云上告天子下賦臣人天子南面而視四方星之中知人緩急故曰敬授人時謂此四方中星如書傳之說孔於虛昴諸星本無取中之事用書傳爲孔說非其旨矣辰日月所會者昭七年左傳士文伯對晉侯之辭也日行遲月行疾每月之朔月行及日而與之會其必在宿分二十八宿是日月所會之處辰時也集會有時故謂之辰日月所會與四方中星俱是二十八宿舉其人目所見以星言之論其日月所會以辰言之其實一物故星辰共文益稷稱古之人象日月星辰共爲一象由其實同故也日月與星天之三光四時變化以此爲政故命羲和令以算術推步累歷其所行法象其所在具有分數節候參差不等敬記此天時以爲歷而授人此言星辰共爲一物周禮大宗伯云實柴祀日月星辰鄭玄云星謂五緯辰謂日月所會十二次者以星辰爲二者五緯與二十八宿俱是天星天之神祇禮無不祭故鄭玄隨事而分之以此敬授人時無取五緯之義故鄭玄於此注亦以星辰爲一觀文爲說也然則五星與日月皆別行不與二十八宿同爲不動也

○傳宅居至之官○正義曰宅居釋言文禹貢青州云嵎夷既略青州在東界外之畔爲表故云東表之地稱嵎夷也陰陽相對陰闇而陽明也故以暘爲明谷無陰陽之異以日出於谷而天下皆明故謂日出之處爲暘谷冬南夏北不常厥處但日由空道似行自谷故以谷言之非實有深谷而日從谷之出也據日所出謂之暘谷指其地名卽稱嵎夷故云暘谷嵎夷一也又解居者居其官不居其地故云羲仲居治東方之官此言分命者上云乃命羲和揔舉其目就乃命之內分其職掌使羲主春夏和主秋冬分一歲而別掌之故言分命就羲和之內又重分之故於夏變言申命旣命仲而復命叔是其重命之也所命無伯季者蓋時無伯季或有而不賢則外傳稱堯育重黎之後不忘舊者使復典之明仲叔能守舊業故命之也此羲和掌序天地兼知人事因主四時而分主四方故舉東表之地以明所舉之域地東舉嵎夷之名明分三方皆宜有地名此爲其始故特詳舉其文羲仲統治東方之官居在帝都而遙統領之王肅云皆居京師而統之亦有時述職是其事也以春位在東因治於東方其實本主四方春政故於和仲之下云此居治西方之官掌秋天之政明此掌春天之政孔以經事詳故就下文而互發之

○傳寅敬至務農○正義曰寅敬釋詁文寅者主行導引故賓爲導也釋詁以秩爲常常卽次第有序故秩爲序也一歲之事在東則耕作在南則化育在西則成熟在北則改易故以方名配歲事爲文言順天時氣以勸課人務也春則生物秋則成物日之出也物始生長人當順其生長致力耕耘日之入也物皆成熟人當順其成熟致力收斂東方之官當恭敬導引日出平秩東作之事使人耕耘西方之官當恭敬從送日入平秩西成之事使人收斂日之出入自是其常但由日出入故物有生成雖氣能生物而非人不就勤於耕稼是導引之勤於收藏是從送之冬夏之文無此類者南北二方非日

所出入平秩南訛亦是導日之事平在朔易亦是送日之事依此春秋而其爲寅餞故冬夏二時無此一句勸課下民皆使致力是敬導之平均次序即是授人田里各有疆場是平均之也耕種收斂使不失其次序王者以農爲重經主於農事寅賓出日爲平秩設文故并解之也言敬導出日者正謂平秩次序東作之事以務農也鄭以作爲生計秋言西成春宜言東生但四時之功皆須作力不可不言力作直說生成明此以歲事初起特言東作以見四時亦當力作故孔以耕作解之鄭玄云寅賓出日謂春分朝日又以寅餞納日謂秋分夕月也○傳日中至可知○正義曰其仲春仲秋冬至夏至馬融云古制刻漏晝夜百刻晝長六十刻夜短四十刻晝短四十刻夜長六十刻晝中五十刻夜亦五十刻融之此言據日出見爲說天之晝夜以日出入爲分人之晝夜以昏明爲限日未出前二刻半爲明日入後二刻半爲昏損夜五刻以裨於晝則晝多於夜復校五刻古今歷術與太史所候皆云夏至之晝六十五刻夜三十五刻冬至之晝四十五刻夜五十五刻春分秋分之晝五十五刻夜四十五刻此其不易之法也然今太史細候之法則校常法半刻也從春分至于夏至晝漸長增九刻半夏至至于秋分所減亦如之從秋分至于冬至晝漸短減十刻半從冬至至于春分其增亦如之又於每氣之閒增減刻數有多有少不可通而爲率漢初未能審知率九日增減一刻和帝時待詔霍融始請改之鄭注書緯考靈曜仍云九日增減一刻猶尚未覺誤也鄭注此云日長者日見之漏五十五刻日短者日見之漏四十五刻與歷不同故王肅難云知日見之漏減晝漏五刻不意馬融爲傳已減之矣因馬融所減而又減之故日長爲五十五刻因以冬至反之取其夏至夜刻以爲冬至晝短此其所以誤耳鳥南方朱鳥七宿者在天成象星作鳥形曲禮說軍陳象天之行前朱雀後玄武左青龍右白虎雀卽鳥也武謂龜甲捍禦故變文玄武焉是天星有龍虎鳥龜之形也四方皆有七宿各成一形東方成龍形西方成虎形皆南首而北尾南方成鳥形北方成龜形皆西首而東尾以南方之宿象鳥故言鳥謂朱鳥七宿也此經擧宿爲文不類春言星鳥摠擧七宿夏言星火獨指房心虛昴惟擧一宿文不同者互相通也釋言以殷爲中中正義同故殷爲正也此經冬夏言正春秋言殷者其義同春分之昏觀鳥星畢見以正仲春之氣節計仲春日在奎婁而入於酉地則初昏之時井鬼在午柳星張在巳翼軫在辰是朱鳥七宿皆得見也春有三月此經直云仲春故傳辨之云既正仲春轉以推季孟之月則事亦可知也天道左旋日體右行故星見之方與四時相逆春則南方見夏則東方見秋則北方見冬則西方見此則勢自當然而書緯爲文生說言春夏相與交秋冬相與互謂之母成子子助母斯假妄之談耳馬融鄭玄以爲星鳥星火謂正在南方春分之昏七星中仲夏之昏心星中秋分之昏虛星中冬至之昏昴星中皆擧正中之星不爲一方盡見此其與孔異也至于擧仲月以統一時亦與孔同王肅亦以星鳥之屬爲昏中之星其要異者以所宅爲孟月日中日永爲仲月星鳥星火爲季月以殷以正皆惣三時之月讀仲爲中言各正三月之中氣也以馬融鄭玄之言不合天象星火之屬仲月未中故爲每時皆歷陳三月言日以正仲春以正春之三月中氣若正春之三月中當言以正春中不應言以正仲春王氏之說非文勢也孔氏直取擧見稍爲迂闊比諸王馬於理最優○傳冬寒至曰尾○正義曰厥其釋言文其人老弱在室丁壯適野是老壯分析也孳字古今同耳字訓愛也產生爲乳胎孕爲化孕產必愛之故乳化曰孳鳥獸皆以尾交接故交接曰尾計當先尾後孳隨便言之○傳申重至之官○正義曰

申重釋詁文此官既主四時亦主方面經言南交謂南方與東方交傳言夏與春交見其時方皆掌之春盡之日與立夏之初時相交也東方之南南方之東位相交也言義叔所掌與義仲相交際也四時皆擧仲月之候嫌其不統季孟於此言交明四時皆然故傳言擧一隅以見之春上無冬不得見其交接至是夏與春交故此言之○傳訛化至一隅○正義曰訛化釋言文禾苗秀穗化成子實亦胎生乳化之類故掌夏之官平序南方化育之事謂勸課民耘耨使苗得秀實敬行其教以致其功謂敬行平秩之教以致化育之功農功歲終乃畢敬行四時皆同於此言之見四時皆然故云亦擧一隅也夏日農功尤急故就此言之○傳永長至可知○正義曰永長釋詁文夏至之日日最長故知謂夏至之日計七宿房在其中但房心連體心統其名左傳言火中火見詩稱七月流火皆指房心爲火故曰火蒼龍之中星特擧一星與鳥不類故云擧中則七星見可知計仲夏日在東井而入於酉地卽初昏之時角亢在午氐房心在巳尾箕在辰是東方七宿皆得見也○傳因謂至革改○正義曰春既分析在外今日因往就之故言因謂老弱因就在田之丁壯以務農也鳥獸冬毛最多春猶未脫故至夏始毛羽希少改易往前變革故爲改也傳之訓字或先或後無義例也○傳昧冥至之政○正義曰釋言云晦冥也冥是暗故昧爲冥也谷者日所行之道日入於谷而天下皆冥故謂日入之處爲昧谷非實有谷而日入也此經春秋相對春不言東但擧昧谷曰西則嵎夷東可知然則東言嵎夷則西亦有地明矣闕其文所以互見之傳於春言東方之官不言掌春夏言掌夏之官不言南方此言居治西方之官掌秋天之政互文明四時皆同○傳餞送至成物也○正義曰送行飲酒謂之餞故餞爲送也導者引前之言送者從後之稱因其欲出導而引之因其欲入從而送之是其因事之宜而立此文也秋位在西於時萬物成熟平序其秋天之政未成則耘耨既熟則收斂助天成物以此而從送入日也納入義同故傳以入解納○傳宵夜至三秋○正義曰宵夜釋言文舍人曰宵陽氣消也三時皆言日惟秋言夜故傳辨之云春言日秋言夜互相備也互者明也明日中宵亦中宵中日亦中因此而推之足知日永則宵短日短則宵長皆以此而備知也正於此時變文者以春之與秋日夜皆等春言出日卽以日言之秋云納日卽以夜言之亦事之宜也北方七宿則虛爲中故虛爲玄武之中星計仲秋日在角亢而入于酉地初昏之時斗牛在午女虛危在巳室壁在辰擧虛中星言之亦言七星皆以秋分之日昏時並見以正秋之三月○傳夷平至整理○正義曰釋詁云夷平易也俱訓爲易是夷得爲平秋禾未熟農事猶煩故老壯在田與夏平也毨者毛羽美悅之狀故爲理也夏時毛羽希少今則毛羽復生夏改而少秋更生多故言更生整理○傳北稱至所掌○正義曰釋訓云朔北方也舍人曰朔盡也北方萬物盡故言朔也李巡曰萬物盡於北方蘇而復生故言北方是北稱朔也義和主四方之官四時皆應言方於此言方者卽三方皆見矣春爲歲首故擧地名夏與春交故言南交秋言西以見嵎夷當爲東冬言方以見三時皆有方古史要約其交互相發見也幽之與明文恒相對北既稱幽則南當稱明從此可知故於夏無文經冬言幽都夏當云明都傳不言都者從可知也鄭云夏不言曰明都三字摩減也伏生所誦與壁中舊本並無此字非摩滅也王肅以夏無明都避敬致然卽幽足見明闕文相避如肅之言義可通矣都謂所聚者惣言此方是萬物所聚之處非指都邑聚居也易謂歲改易於北方者人則三時在野冬入隩室物則三時生長冬入困倉是人之與物皆改易也王肅云改易者謹約蓋

藏循行積聚引詩嗟我婦子曰爲改歲入此室處王肅言人物皆易孔意亦當然也釋詁云在察也舍人曰在見物之察是在爲察義故言平均在察其政以順天常以在察須與平均連言不復訓在爲察故舜典之傳別更訓之三時皆言平秩此獨言平在者以三時乃役力田野當次序之冬則物皆藏入須省察之故異其文秋日物成就故傳言助成物冬日蓋藏天之常道故言順天常因明東作南訛亦是助生物類常道也上惣言義和敬順昊天此分別仲叔各有所掌明此四時之節卽順天之政實恐人以敬順昊天直是歷象日月嫌仲叔所掌非順天之事故重明之○傳隩室至溫焉○正義曰釋宮云西南隅謂之隩孫炎云室中隱隩之處也隩是室內之名故以隩爲室也物生皆盡野功咸畢是歲改矣以天氣改歲故入此室處以避風寒天氣既至故鳥獸皆生耎毳細毛以自溫焉經言氄毛謂附肉細毛故以耎毳解之○傳咨嗟至歷象○正義曰咨嗟暨與皆釋詁文也匝四時曰朞朞卽匝也故王肅云朞四時是也然古時眞歷遭戰國及秦而亡漢存六歷雖詳於五紀之論皆秦漢之際假託爲之實不得正要有梗粲之言周天三百六十五度四分度之一而日日行一度則一朞三百六十五日四分日之一今考靈曜乾鑿度諸緯皆然此言三百六十六日者王肅云四分日之一又入六日之內擧全數以言之故云三百六十六日也傳又解所以須置閏之意皆據大率以言之云一歲十二月月三十日正三百六十日也除小月六又爲六日今經云三百六十六日故云餘十二日不成朞以一月不整三十日令一年餘十二日故未至盈滿三歲足得一月則置閏也以時分於歲故云氣節謂二十四氣時月之節歲揔於時故云歷象日月星辰敬授人時以相配成也六歷諸緯與周髀皆云日行一度月行十三度十九分度之七爲每月二十九日過半日之於法分爲日九百四十分日之四百九十九卽月有二十九日半強爲十二月六大之外有日分三百四十八是除小月無六日又大歲三百六十六日小歲三百五十五日則一歲所餘無十二日今言十二日者皆以大率據整而計之其實一歲所餘正十一日弱也以爲十九年七閏十九年年十一日則二百九日其七月四大三小猶二百七日況無四大乎爲每年十一日弱分明矣所以弱者以四分日之一於九百四七分則一分爲二百三十五分少於小月餘分三百四十八以二百三十五減三百四十八不盡一百一十三是四分日之一餘矣皆以五日爲率其小月雖爲歲日殘分所減猶餘一百一十三則實餘尚無六日就六日抽一日爲九百四十分減其一百一十三分不盡八百二十七分以不抽者五日并三百六十日外之五日爲十日其餘九百四十分日之八百二十七爲每歲之實餘今十九年年十日得整日一百九十又以七九乘八百二十七分得一萬五千七百一十三以日法九百四十除之得十六日以并一百九十日爲二百六日不盡六百七十三分爲日餘今爲閏月得七每月二十九日七月爲二百三日又每四百九十九分以七乘之得三千四百九十三以日法九百四十分除之得三日以二百三日亦爲二百六日不盡亦六百七十三爲日餘亦相當矣所以無閏時不定歲不成者若以閏無三年差一月則以正月爲二月每月皆差九年差三月卽以春爲夏若十七年差六月卽四時相反時何由定歲何得成乎故須置閏以定四時故左傳云履端於始序則不從擧正於中民則不歲歸餘於終事則不悖是也先王以重閏焉王肅云斗之所建是爲中氣日月所在斗指兩長之閏無中氣故以爲閏也○傳允信至其善○正義曰釋訓云鬼之爲言歸也鄉飮酒義云春之爲言蠢也然則釋訓之例有以聲相近而訓其義者

䜽治工官皆以聲近爲訓他皆放此類也績功咸皆釋詁文熙廣周語文此經文義承成歲之下傳以文勢次之言定歷授事能使衆功皆廣歎其善謂帝歎羲和之功也

帝曰疇咨若時登庸。疇誰庸用也誰能咸熙庶績順是事者將登用之。疇直由反

放齊曰胤子朱啓明。帝曰吁嚚訟可乎。放齊臣名胤國子爵朱名啓開也吁疑怪之辭言不忠信爲嚚又好爭訟可乎言不可。放方往反註同胤引信反馬云嗣也吁況于反徐往付反一音于嚚魚巾反訟才用反馬本作庸好呼報反下註同爭鬭也

帝曰疇咨若予采。采事也復求誰能順我事者。予音餘又羊汝反采七在反馬云官也復扶又反

驩兜曰都共工方鳩僝功。驩兜臣名都於歎美之辭共工官稱鳩聚僝見也歎共工能方方聚見其功。驩呼端反兜丁侯反共音恭注同僝仕簡反徐音撰馬云具也於音烏稱尺證反

帝曰吁靜言庸違象恭滔天。靜謀滔漫也言共工自爲謀言起用行事而違背之貌象恭敬而心傲很若漫天言不可用。滔吐刀反漫末旦反下同又末寒反背音佩傲五報反下同很恨懇反

帝曰咨四岳。四岳卽上羲和之四子分掌四岳之諸侯故稱焉

湯湯洪水方割。湯湯流貌洪大割害也言大水方方爲害。湯音傷洪音戶工反

蕩蕩懷山襄陵浩浩滔天。蕩蕩言之奔突有所滌除懷包襄上也包山上陵浩浩盛大若漫天。浩胡老反滌大歷反上時掌反

下民其咨有能俾乂。俾使乂治也言民咨嗟憂愁病水困苦故問四岳有能治者將使之。俾必爾反

僉曰於鯀哉。僉皆也鯀崇伯之名朝臣舉之。僉七廉反又七劍反於音烏鯀故本反馬云禹父也朝直遙反

帝曰吁咈哉方命圮族。凡言吁者皆非帝意咈戾圮毀族類也言鯀性很戾好此方名命而行事輒毀敗善類。咈扶弗反忿戾也方如字馬云方放也徐云鄭王音放圮音皮美反戾音力計反

岳曰异哉試可乃已。异已也退也言餘人盡已唯鯀可試無成乃退。异徐云鄭音異孔王音怡

帝曰往欽哉。勑鯀往治水命使敬其事堯知其性很戾圮族未明其所能而據衆言可試故遂用之

九載績用弗成。載年也三考九年功用不成則放退之

〔疏〕帝曰疇咨若予至九載績用弗成。正義曰史又序堯事堯任羲和衆功已廣及其末年羣官有闕復求賢人欲任用之帝曰誰乎咨嗟嗟人之難得也有人能順此咸熙庶績之事者我將登而用之有臣放齊者對帝曰有胤國子爵之君其名曰朱其人心志開達性識明悟言此人可登用也帝疑怪歎之曰吁此人既頑且嚚又好爭訟豈可用乎言不可也史又記堯復求人帝曰誰乎咨嗟嗟人之難得也今有人能順我事者否乎言有卽欲用之也有臣驩兜者對帝曰嗚呼歎有人之大賢也帝臣共工之官者此人於所在之方能立事業聚見其功言此人可用也帝亦疑怪之曰吁此人自作謀計之言及起用行事而背違之貌象恭敬而心傲很若漫天言此人不可用也頻煩求人無當帝意於是洪水爲災求人治之帝曰咨嗟嗟水災之大也呼掌岳之官而告以須人之意汝四岳等今湯湯流行之水所在方方爲害又其勢奔突蕩蕩然滌除在地之物包裹高山乘上丘陵浩浩盛大勢若漫天在下之人其皆咨嗟困病其水矣有能治者將使治之羣臣皆曰嗚呼歎其有人之能惟鯀堪能治之帝又疑怪之曰吁其人心很戾哉好此方直之名命而行事輒毀敗善類言其不可使也朝臣已共薦舉四岳又復然之岳曰帝若謂鯀爲不可餘人悉皆已哉言不及鯀也惟鯀一人試之可也試若無功乃黜退之言洪水必須速治餘人不復及鯀故勸帝用之帝以羣臣固請不得已而用之乃告勑鯀曰汝往治水當敬其事哉鯀治水九載已經三考而功用不成言帝實知人而朝無賢臣致使水害未除待舜乃治此經三言求人未必一時之事但歷言朝臣不賢爲求舜張本故也。傳疇誰至用之。正義曰疇誰釋詁文庸聲近用故爲用也馬融以羲和爲卿官堯之末年皆以老死庶績多闕故求賢順四時之職欲用以代羲和孔於下傳云四岳卽上羲和之四子帝就羲和求賢則所求者別代他官不代羲氏和氏孔以羲和掌天地之官正在敬順昊天告時授事而已其施政者乃是百官之事非復羲和之職但羲和告時授事流行百官使百官庶績咸熙今云咸熙庶績順是事者指謂求代百官之闕非求代羲和也此經文承庶績之下而言順是事者故孔以文勢次之此言誰能咸熙庶績順是事者將登用之蓋求卿士用任也計堯卽位至洪水之時六十餘年百官有闕皆應求代求得賢者則史亦不錄不當帝意乃始錄之爲求舜張本故惟帝求一人放齊以一人對之非六十餘年止求一人也堯以聖德在位庶績咸熙蓋應久矣此繼咸熙之下非知早晚求之史自歷序其事不必與治水同時也計四岳職掌天地當是朝臣之首下文求治水者帝咨四岳此不言咨四岳者帝求賢者固當博訪朝臣但史以有岳對者言咨四岳此不言咨者但此無岳對故不言耳。傳放齊至不可。正義曰以放齊舉人對帝故知臣名爲名爲字不可得知傳言名者辯此是爲臣之名號耳未必是臣之名也夏王仲康之時胤侯命掌六師顧命陳寶有胤之舞衣故知古有胤國胤既是國自然子爲爵朱爲名也馬融鄭玄以爲帝之胤子曰朱也求官而薦太子太子下愚以爲啓明揆之人情必不然矣啓之爲開書傳通訓言此人心志開解而明達吁者必有所嫌而爲此聲故以爲疑怪之辭僖二十四年左傳曰口不道忠信之言爲嚚是言不忠信爲嚚也其人心既頑嚚又好爭訟此實不可而帝云可乎故吁聲而反之可乎言不可也唐堯聖明之主應任賢哲放齊聖朝之臣當非庸品人有善惡無容不知稱嚚訟以爲啓明舉愚臣以對聖帝何哉將以知人不易人不易知密意深心固難照察胤子嬌飾容貌但以惑人放齊內少鑒明未能圓備謂其實可任用故承意舉之以帝堯之聖乃知其嚚訟之事放齊所不知也驩兜薦舉共工以爲比周之惡謂之四凶投之遠裔放齊舉胤子不爲凶人者胤子雖有嚚訟之失不至滔天之罪放齊謂之實賢非是苟爲阿比驩兜則志不在公私相朋黨共工行背其言心反於貌其罪並深俱被流放其意異於放齊舉胤子故也。傳采事至事者正義曰采事釋詁文上已求順時不得其人故復求順我事者順時順事其義一也史以上承庶績之下故言順時謂順是庶績之事此不可復同前文故變言順我帝事其意亦如前經當求卿士之任也順我事之下亦宜有登用之言上文已具故於此略之。傳驩兜至其功。正義曰驩兜亦舉人對帝故知臣名都於釋詁文於卽鳴字歎之辭也將言共工之善故先嘆美之舜典命垂作共工知共工是官稱鄭以爲其人名氏未聞先祖居此官故以官氏也計稱人對帝不應舉先世官名孔直云官稱則其人於時居此官也時見居官則是已被任用復舉之者帝求順事之人欲置之上位以爲大臣所欲尊於共工故舉之也鳩聚釋詁文僝然見之狀故爲見歎共工能方方聚見其功謂每於所在之方皆能聚集善事以見其功言可用也若能共工實有見功則是可任用之人帝言其庸違滔天不可任者共工言是行非貌恭心很取人之功以爲已功其人非無見功但功非已有左傳說驩兜云醜類惡物是與比周天下之人謂之渾敦言驩兜以共工比周妄相薦舉知所言見功非其實功也。傳靜謀至可用。正義曰靜謀釋詁文滔者漫浸之名浸必漫其上故滔爲漫也其工險僞之人自爲謀慮之言皆合於道及起用行事而背違之言其語是而行非也貌象恭敬而心傲很其侮上陵下若水漫天言貌恭而心很也行與言違貌恭心反乃是大佞之人不可任用也明君聖主莫先於堯求賢審官王政所急乃有放齊之不識是非驩兜之朋黨惡物共工之巧言令色崇伯之敗善亂常聖人之朝不才總萃讎曰難之何其甚也此等諸人才實中品亦雖行有不善未爲大惡故能仕於聖代致位大官以帝堯之末洪水爲災欲責非常之功非復常人所及自非聖舜登庸大禹致力則滔天之害未或可平以舜禹之成功見此徒之多罪動業旣謝愆賞自生爲聖所誅其咎僉大且虞史欲盛彰舜德歸過前人春秋史克以宜公比堯辭頗增甚知此等並非下愚未有大惡其爲不善惟帝所知將言求舜以見帝之知人耳。傳四岳至稱焉。正義曰上列羲和所掌云宅嵎夷朔方言四子岳治四方主於外專岳者四方之大山今王朝大臣皆號稱四岳是與羲和所掌其事爲一以此知四岳卽上羲和之四子也又解謂之岳者以其分掌四岳之諸侯故稱焉舜典稱巡守至于岱宗肆覲東后周官說巡守之禮云諸侯各朝於方岳之下是四方諸侯分屬四岳也計堯在位六十餘年乃命羲和蓋應早矣若使成人見命至此近將百歲故馬鄭以爲羲和皆死孔以爲四岳卽是羲和至今仍得在者以羲和世掌天地自當父子相承不必仲叔之身皆悉在也書傳雖出自伏生其常聞諸先達虞傳雖說舜典之四岳尙有羲伯和伯是仲叔子孫世掌岳事也。傳湯湯至爲害。正義曰湯湯波動之狀故爲流貌洪大釋詁文刀害爲割故割爲害也言大水方方爲害謂其偏害四方也。傳蕩蕩至漫天。正義曰蕩蕩廣平之貌言水勢奔突有所滌除謂平地之水除地上之物爲水漂流無所復見蕩然惟有水耳懷藏包裹之義故懷爲包也釋言以襄爲駕駕乘牛馬皆車在其上故襄爲上也包山謂遶其傍上陵謂乘其上平地已皆蕩蕩又復遶山上陵故爲盛大之勢摠言浩浩盛大若漫天然也天者無上之物漫者加陵之辭甚其盛大故云若漫天也。傳俾使乂治也正義曰俾使乂治釋詁文。傳僉皆至舉之。正義曰僉皆釋詁文周語云有崇伯鯀卽鯀是崇君伯爵故云鯀崇伯之名帝以岳爲朝臣之首故特言四岳其實求能治者普問朝臣不言岳對而云皆曰乃衆人舉之非獨四岳故言朝臣舉之。傳凡言至善類。正義曰自上以來三經求人所舉者帝言其惡而辭皆稱吁故知凡言吁者皆非帝之所當意也咈者相乖詭之意故爲戾也圮毀釋詁文左氏稱非我族類其心必異族類義同故族爲類也言鯀性很戾多乖異衆人好此方直之名內有姦回之志命而行事輒毀敗善類何則心性很戾違衆用已知善不從故云毀敗善類詩稱貪人敗類與此同鄭王以方命爲放謂放棄教命易坤卦六二直方大是直方之事爲人之美名此經云方故佐經爲說。傳异已已退也。正義曰异聲近已故爲已也已訓爲止是傳任之意故爲退也。傳勑鯀至用之。正義曰傳解鯀非帝所意而命使之者堯知其性很戾圮族未明其所能夫管氏之奢尙僭翼贊霸圖陳平之盜嫂受金弼諧帝業然則人有性

雖不善，才堪立功者，而衆皆據之，言鯀可試，冀或有益，故遂用之。孔之此說，據迹立言，必其盡理而論，未是聖人之實。何則？禹稱帝德廣運，乃聖乃神。夫以聖神之資，聰明之鑒，既知鯀性很戾，何故使之治水者？馬融云：堯以大聖知時運當然，人力所不能治，下民其咨，亦當憂勞屈己之是從人之非，遂用於鯀。李顒云：堯雖獨明於上，衆多不達於下，故不得不副側懸之望，以供一切之求耳。○傳「載年」至「退之」。○正義曰：釋天云：「載，歲也。夏曰歲，商曰祀，周曰年，唐虞曰載。」李巡云：「各自紀事，示不相襲也。」孫炎曰：「歲取歲星行一次也，祀取四時祭祀一訖也，年取禾穀一熟也，載取萬物終而更始。」是載者年之別名，故以載爲年也。舜典云：「三載考績，三考黜陟幽明。」是三考九年也。功用不成，水害不息，故放退之。謂退使不復治水。至明年得舜，乃殛之羽山。周禮太宰職云：「歲終則令百官各正其治，而詔王廢置。三年則大計羣吏之治而誅賞。」然則考課功績必在歲終，此言功用不成，是九年歲終三考也。下云「朕在位七十載」，而求得虞舜，歷試三載，即數登用之年，至七十二年爲三載，即知七十載者與此異年。此時堯在位六十九年，鯀初治水之時，堯在位六十一年。若然，鯀既無功，早應黜廢，而待九年無成始退之者，水爲大災，天之常運，而百官不悟，謂鯀能治水，及遺往治，非無小益，下人見其有益，謂鯀實能治之，日復一日，以終三考，三考無成，衆人乃服，然後退之，故至九年。祭法云：「鯀障洪水而殛死，禹能脩鯀之功。」然則禹之大功，顧亦因鯀，是治水有益之驗，但不能成功，故誅殛之耳。若然，災以運來，時不可距，假使興禹，未必能治，何以治水之功不成而便殛鯀者？以鯀性傲很，帝所素知，又治水無功，法須貶黜，先有很戾之惡，復加無功之罪，所以殛之羽山，以示其罪耳。然禹既聖人，當知洪水時未可治，何以不諫父者？梁主以爲舜之怨慕由己之私，鯀之治水乃爲國事，上令必行，非禹能止，時又年小，不可干政也。

帝曰：咨！四岳。朕在位七十載，堯年十六，以唐侯升爲天子，在位七十年，則時年八十六，老將求代。○朕，直錦反。馬云：我也。汝能庸命，巽朕位。巽，順也。言四岳能用帝命，故欲使順行帝位之事。○巽音遜。馬云：讓也。岳曰：否德忝帝位。否，不；忝，辱也。辭不堪。○否，方久反，又音鄙。忝，他簟反。曰：明明揚側陋。堯知子不肖，有禪位之志，故明舉明人在側陋者，廣求賢也。○肖音笑。說文云：肖，骨肉相似也。不似其先，故曰不肖。師錫帝曰：有鰥在下，曰虞舜。師，衆；錫，與也。無妻曰鰥。虞，氏；舜，名。在下民之中。衆臣知舜聖賢，恥己不若，故不舉。乃不獲已而言之。○錫，星歷反。鰥，故頑反。虞，虞氏；舜，名也。馬云：舜，謚也。舜死後，賢臣錄之，臣子爲諱，故變名言謚。帝曰：俞！予聞，如何？俞，然也。然其所舉，言我亦聞之。其德行如何？○俞，羊朱反。行，下孟反，下「其行」同。岳曰：瞽子，父頑，母嚚，象傲，無目曰瞽。舜父有目不能分別好惡，故時人謂之瞽，配字曰瞍。瞍，無目之稱。心不則德義之經爲頑。象，舜弟之字，傲慢不友。言並惡。○瞽音古。傲，五報反。瞍，素后反。稱，尺證反，又如字。克諧以孝，烝烝乂，不格姦。諧，和；烝，進也。言能以至孝和諧頑嚚昏傲，使進進以善自治，不至於姦惡。○諧，戶皆反。烝，之承反。姦，古顏反。帝曰：我其試哉！言欲試舜，觀其行迹。女于時，觀厥刑于二女。女，妻；刑，法也。堯於是以二女妻舜，觀其法度接二女，以治家觀治國。○女音而據反。妻音于計反。

釐降二女于嬀汭，嬪于虞。降，下；嬪，婦也。舜爲匹夫，能以義理下帝女之心於所居嬀水之汭，使行婦道於虞氏。○嬀音居危反。汭音如銳反，水之內也。杜預注左傳云：水之隈曲曰汭。嬪音毗人反。帝曰：欽哉！歎舜能脩己行敬以安人，則其所能者大矣。

【疏】「帝曰咨四」至「欽哉」。○正義曰：帝以鯀功不成，又已年老，求得授位明聖，代禦天災，故咨嗟：汝四岳等，我在天子之位七十載矣，言己年老不堪在位。汝等四岳之內，有能用我之命，使之順我帝位之事，言欲讓位與之也。四岳對帝曰：我等四岳皆不有用命之德，若使順行帝事，即辱於帝位。言己不堪也。帝又言曰：汝當明白舉其明德之人於僻隱鄙陋之處，何必在位之臣，乃舉之也。於是朝廷衆臣乃與帝之明人曰：有無妻之鰥夫，在下民之內，其名曰虞舜。言側陋之處有此賢人。帝曰：然，我亦聞之，其德行如何？四岳又對帝曰：其人愚瞽之子，其父頑，母嚚，其弟字象，性又傲慢，家有三惡，其人能諧和以至孝之行，使此頑嚚傲慢者皆進進於善，以自治，不至於姦惡，言能調和惡人，是爲賢也。帝曰：其行如此，當可任用，我其名而試之哉！欲配女與試之也。即以女妻舜，於是欲觀其居家治否也。舜能以義理下二女之心於嬀水之汭，使行婦道於虞氏。帝歎曰：此舜能敬其事哉！歎其善治家，知其可以治國，故下篇言其授以官位而歷試諸難。○傳「堯年」至「求代」。○正義曰：偏檢今之書傳，無堯即位之年。孔氏博考羣書，作爲此傳，言堯年十六，以唐侯升爲天子，必當有所案據，未知出何書。計十六爲天子，其歲稱元年，在位七十載，應年八十五，孔云八十六者，史記諸書皆言堯，帝嚳之子，帝摯之弟，嚳崩摯立，摯崩乃傳位於堯。然則堯以弟代兄，蓋踰年改元，據其改元年則七十載，數其立年故八十六。下句求人巽位，是老將求代也。此經文承續用不成之下，計治水之事於時最急，不求治水之人而先求代己者，堯以身既年老，臣無可任，治水之事非己所能，故求人代己，令代己者自治。是虞史盛美舜功，言堯不能治水，以大事付舜，美舜能消大災，成堯美也。○傳「巽順」至「之事」。○正義曰：「巽，順」，易說卦文。帝呼四岳，言汝能庸命，四岳自謙，言己否德，故知汝四岳，言四岳能用帝命，故帝欲使之順行帝位之事，將使攝也。在位之臣，四岳爲長，故讓位於四岳也。○傳「否不」至「不堪」。○正義曰：否，古今不字。「忝，辱」，釋言文。己身不德，恐辱帝位，自辭不堪。岳爲羣臣之首，自度既不堪，意以爲在位之臣皆亦不堪，由是自辭而已，不薦餘人，故帝使之明舉側陋之處。○傳「堯知」至「求賢」。○正義曰：此經「曰」上無「帝」，以可知而省文也。傳解四岳既辭而復言此者，堯知子不肖，不堪爲主，有禪位與人之志，故令四岳明舉明人，令其在側陋者，欲使廣求賢也。鄭注雜記云：「肖，似也。」言不如人也。史記五帝本紀云：「堯知子丹朱之不肖，不足授天下，於是權授舜。授舜則天下得其利而丹朱病，授丹朱則天下病而丹朱得其利。堯曰：終不以天下之病而利一人。而卒授舜以天下。」是堯知子不肖而禪舜之意也。文王世子論舉賢之法云：「或以事舉，或以言揚。」揚亦舉也，故以舉解揚。經之揚字在於二明之下，傳進舉字於兩明之中，繹於明中宜有揚字，言明舉明人於側陋之處。明下有揚，故上闕揚文。傳進舉於明上，互文以足之也。側陋者，僻側淺陋之處，意言不問貴賤，有人則舉，是令朝臣廣求賢人也。堯知有舜，而朝臣不舉，故令廣求賢以啓之。臣亦以堯知側陋有人，故不得不舉舜耳。此言堯知子不肖，有志禪位，然則自有賢子，必不禪人。授賢爰自上代，堯舜而已，非堯舜獨可，彼皆不然，將以子不肖，時無聖者，乃運值汚隆，非聖有優劣，而緯候之書附會其事，乃云河洛之符，各字之錄，何其妄且俗也。○傳「師衆」至「言之」。○正義曰：「師，衆。錫，與」，釋詁文。無妻曰鰥。釋名云：「愁悒不寐，目恒鰥鰥然，故鰥字從魚，魚目恒不閉。」王制云：「老而無妻曰鰥。」舜於時年未三十而謂之鰥者，書傳稱孔子對子張曰：「舜父頑母嚚，無室家之端，故謂之鰥。」鰥者，無妻之名，不拘老少。少者無妻可以更娶，老者即不復更娶，謂之天民之窮，故禮舉老者耳。詩云：「何草不玄，何人不鰥。」暫離室家，尚謂之鰥，不獨老而無妻始稱鰥矣。書傳以舜年尚少，爲之說耳。「虞，氏；舜，名」者，舜之爲虞，猶禹之爲夏。外傳稱禹氏曰有夏，則此舜氏曰有虞。顓頊已來，地爲國號，而舜有天下，號曰有虞氏，是地名也。王肅云：「虞，地名也。」皇甫謚云：「堯以二女妻舜，封之於虞，今河東太陽山西虞地是也。」然則舜居虞地，以虞爲氏，堯封之虞爲諸侯，及王天下，遂爲天子之號，故從微至著，常稱虞氏。舜爲生號之名，前已具釋。傳又解衆人以舜與帝，則衆人盡知有舜，但舜在下人之中，未有官位，衆臣德不及之，而位居其上，雖知舜實聖賢，而恥己不若，故不舉之。以帝令舉及側陋，意謂帝知有舜，乃不獲已而言之耳。知然者，正以初不薦舉，至此始言，明是恥己不若，故不早舉。舜實聖人而連言賢者，對則事有優劣，散即語亦相通。舜謂禹曰「惟汝賢」，是言聖德稱賢也。傳以師爲衆臣，爲朝臣之衆，或亦通及吏人。王肅云：「古者將舉大事，訊羣吏，訊萬人。堯將讓位，咨四岳，使問羣臣，衆舉側陋，衆皆願與舜。」堯計事之大者，莫過禪讓，必應博詢吏人，非獨在位。王氏之言得其實矣。鄭以師爲諸侯之師，帝咨四岳，徧訪羣臣，安得諸侯之師獨對帝也？○傳「俞然」至「如何」。○正義曰：「俞，然」，釋言文。然其所舉，言我亦聞也。其德行如何？恐所聞不審，故詳問之。堯知有舜，不召取禪之，而訪四岳，令衆舉薦者，以舜在卑賤，未有名聞，卒暴禪之，則下人不服，故鄭玄六藝論云：「若堯知命在舜，舜知命在禹，猶求於羣臣，舉於側陋，上下交讓，務在服人。」孔子曰：「人可使由之，不可使知之。」此之謂也。是解堯使人舉舜之意也。○傳「無目」至「並惡」。○正義曰：周禮樂官有瞽矇之職，以其無目，使眡瞭相之，是無目曰瞽。又解稱瞽之意，舜父有目，但不能識別好惡，與無目者同，故時人謂之瞽。配字曰瞍，瞍亦無目之稱，故或謂之爲瞽瞍。詩云：「矇瞍奏公。」是瞍爲瞽類。大禹謨云：「祇載見瞽瞍。」是相配之文。史記云：「舜父瞽瞍盲。」以爲瞽瞍是名，身實無目也。孔不然者，以經說舜德行美其能養惡人，父自名瞍，何須言之？若實無目，即是身有固疾，非善惡之事，輒言舜是盲人之子，意欲何所見乎？論語云：「未見顏色而言，謂之瞽。」則言瞽者非謂無目。史記又說瞽瞍使舜上廩，從下縱火焚廩，使舜穿井，下土實井，若其身自能然，不得謂之無目，明以不識善惡，故稱瞽耳。「心不則德義之經爲頑」，僖二十四年左傳文。象，舜弟之字，以字表象，是人之名號，其爲名字未可詳也。釋訓云：「善兄弟爲友。」孟子說象與父母共謀殺舜，是傲慢不友。言舜父母與弟並皆惡也。此經光指舜身，因言瞽子，又稱父頑者，欲極其惡，故文重也。○傳「諧和」至于「姦惡」。○正義曰：「諧，和。烝，進」，釋詁文。上歷言三惡，此美舜能養之，言舜能和之以至孝之行，和頑嚚昏傲，使皆進進於善道，以善自治，不至于姦惡。以下愚難變，化令慕善，是舜之美行，故以此對堯。案孟子及史記稱瞽瞍縱火焚廩，舜以雨笠自扞而下；以土實井，舜從旁空井出。象與父母共分舜財物。舜之大孝，升聞天朝，堯妻之二女，三惡尚謀殺舜，爲姦之大，莫甚於此，而言不至姦者，此三人性實下愚，動罹刑網，非舜養之，久被刑戮，猶尚有心殺舜，餘事何所不爲？舜以權謀自免厄難，使瞽無殺子之欲，象無害兄之罪，不至於姦惡，於此益驗。終令瞽亦允若，象封有鼻，是不至於姦惡也。○傳「言欲」至「行迹」。○正義曰：下言妻舜以女，觀其治家，是試舜觀其行迹也。馬、鄭、王本說此經皆無「帝曰」，當時庸生之徒漏之也。鄭玄云：試以爲臣之事。王肅云：試之以官。鄭、王皆以

舜典合於此篇故指歷試之事充此試哉之言孔據古今別卷此言試哉正謂以女試之既善於治家別更試以難事與此異也。傳女妻至治國。正義曰左傳稱宋雍氏女於鄭莊公晉伐驪戎驪戎男女以驪姬以女妻人謂之女故云女妻也刑法釋詁文此已下皆史述堯事非復堯語言女于時謂妻舜於是故傳倒文以曉民堯於是以二女妻舜必妻之者舜家有三惡身爲匹夫忽納帝女難以和協觀其施法度於二女以法治家觀治國將使治國故先使治家敵夫曰妻不得有二女言女于時者摠言之耳二女之中當有貴賤長幼劉向列女傳云二女長曰娥皇次曰女英舜既升爲天子娥皇爲后女英爲妃然則初適舜時卽娥皇爲妻鄭不言妻者不告其父不序其正又注禮記云舜不告而娶不立正妃此則鄭自所說未有書傳云然案世本堯是黃帝玄孫舜是黃帝八代之孫計堯女於舜之曾祖爲四從姊妹以之爲妻於義不可世本之言未可據信或者古道質故也。傳降下至虞氏。正義曰降下釋詁文周禮九嬪之職掌婦學之法嬪是婦之別名故以嬪爲婦釐降未能以義理下之則女意恆時不下故傳解之言舜爲匹夫帝女下嫁以貴適賤必自驕矜故美舜能以義理下帝女尊亢之心於所居嬀水之汭使之服行婦道於虞氏虞與嬀汭爲一地見其心下乃行婦道故分爲二文言匹夫者士大夫已上則有妾媵庶人無妾媵惟夫妻相匹其名既定雖單亦通謂之匹夫匹婦嬀水在河東虞鄉縣歷山西西流至蒲坂縣南入於河舜居其旁周武王賜陳胡公之姓爲嬀爲舜居嬀水故也舜仕堯朝不家在於京師而令二女歸虞者蓋舜以大孝示法使妻歸事於其親以帝之賢女事須隨舅姑美其能行婦道故云嬪於虞。傳歎舜至大矣。正義曰二女行婦道乃由舜之敬故帝言欽哉歎能脩己行敬以安民也能脩已及安人則是所能者大故歎之論語云脩己以安百姓堯舜其猶病諸傳意出於彼也

尚書注疏挍勘記卷二　阮元撰盧宣旬摘錄

尚書注疏卷第二　古本作尚書卷第一古文尚書堯典第一虞書孔氏傳宋板作尚書正義卷第二國子祭酒上護軍曲阜縣開國子臣孔穎達奉勅撰古文尚書堯典第一。按釋文題曰堯典第一卷之一虞書孔氏傳唐石經二典爲安國序同卷無尚書卷第一五字自第二卷以後乃始有之每篇篇名上俱無古文尚書四字岳本亦無古文尚書四字餘俱與古本同挍卷數當依釋文記於篇數之下其篇名上當依正義及足利古本加古文尚書四字首行題尚書卷第幾係後人所增可刪安國序當依唐石經與二典同卷

堯典第一

泰誓八篇誓也　泰當作秦

取其徒而立功　徒當作徒

與畢命之類　宋本同毛本命誤作公

本無尚書之題也　浦鏜云尚當夏字誤按浦挍是也

莊八年左傳云夏書曰　閩本明監本同宋本毛本云作引案引字是也

肆命二十　宋本肆命作伊陟○按鄭注本無伊陟宋板非是

泰誓竝無此文　宋本無泰誓二字按無泰誓二字則謂漢之大誓經傳未有引之者也若有泰誓二字則謂經傳所引泰誓皆不見於漢之泰誓也二義竝通据泰誓疏引馬序云吾見書傳多矣所引泰誓而不在泰誓者甚多則此處宜有泰誓二字

我先師棘子下生安國亦好此學　按子字衍文

宅嵎夷爲宅嵎鐵　宋本鐵作峓○按段玉裁云嵎鐵卽禺銕銕者古文鐵字鐵者銕之譌體也廣韻六脂云嵎峓山名書作嵎夷集韻云嵎銕東表之地又十二齊亦有銕字引字林云鐵名然則夷銕峓三字通用

心腹腎腸曰憂腎陽　孫志祖云憂腎陽三字乃優賢揚之訛優賢揚歷語見魏志管寧傳及左思魏都賦又隸釋載漢成陽令唐扶頌亦有優賢颺歷之文

購慕遺典　宋本閩本明監本慕作募

言聖德之遠著　古本下有也字案古本句末有也字者甚多不可勝載顏氏家訓書證篇曰也是語已及助句之辭河北經傳悉略此字有不可無者如伯也執殳於旅也語之類儻削此文頗成廢闕又有俗學閒經傳中時須也字輒以意加之每不得所益誠可笑是此字已經後人任意增損今不悉挍

但遂同天之名　宋本同毛本遂作逐閩本初亦作遂後改逐案逐是也

三皇無爲而同天　岳本閩本明監本同毛本皇作王

堯典

能順考古道而行之者帝堯　古本能上有言字堯下有也字

惟賢尚善曰讓　岳本惟作推案推字是也閩本以下並不誤

向不向上　岳本宋本不作下案下字是也閩本以下竝不誤

皆變化化上　岳本閩本纂傳同毛本下化字作從又古本化下有今字按今或是合字之誤

是以風俗大和　纂傳大作太按大字釋文不作音當讀如字纂傳恐非

昭然而明顯矣　岳本宋本昭作照閩本以下同

然則俊德謂有德又　宋本又作人是也

故知謂天下衆人皆變化化上　宋本閩本同毛本化作從山井鼎曰作化與注合○按疏釋經云其萬國之衆人於是變化從上唯此句從字諸本皆同無作化者

敬授人時　古本人作民注同按唐以前引此句未有不作民者疏云敬授下人以天時之早晚下人猶下民也知孔疏所据之本猶作民字後人因疏作人并經傳改之自開成石經以後沿譌至今舜典食哉惟時傳曰惟當敬授民時此未經改竄者

世掌天地四時之官　史記集解無四時二字按疏意似亦無此二字

日出於谷而天下明　陸氏曰本或作日出於陽谷陽衍字○按史記集解有暘字

平秩南訛　按史記便程南譌集解引孔安國曰譌化也索隱曰爲依字讀孔安國強讀爲訛字正義亦云爲音于僞反然則史文及注皆當作爲今作譌非也至孔本經傳亦皆當作爲若經文本是訛字可得云安國強讀耶又羣經音辨人部云僞化也音訛書平秩南僞蓋古文僞譌通用漢書王莽傳亦作南僞○按今本史記爲作譌者妄依衞包所改尚書說詳段玉裁撰異

四時同之　纂傳時作方

寅餞納日　按餞納羣經音辨作淺內○補釋文挍勘記段玉裁云餞本是淺字開寶依唐石經改爲餞餞安得訓爲滅也案羣經音義水部云淺送也滅也書寅淺內日

西方萬物成　成上古本有咸字

助成物　古本作助成萬物也宋本岳本作助成物也

毛更生整理　古本毛下有羽字

北稱幽則南稱明　宋本則作都按則字非也

鳥獸皆生而毳細毛以自溫焉　岳本閩本明監本毛本而作耎陸氏曰耎如兗反本或作濡音儒是作而字誤也又宋板無焉字與疏標題不合

帝曰咨汝羲暨和　汝古本作女下皆同

朞三百有六旬　唐石經纂傳朞俱作期纂傳注同

匝四時曰朞　古本宋本匝俱作迊按迊匝竝俗帀字

釐治　古本治作理下治百官同

於時苗穢已殛　宋板已作以按已以古多通用

其後三苗復九黎之惡　宋本閩本同毛本惡作德按作惡與國語楚語異

揚子法言云　監本同閩本揚从木作楊按楊子雲之楊從木不從才說詳段玉裁尚書撰異閩本亦從木是也

據世掌之文　宋本據作是

火掌爲地　按詩檜風正義引鄭志作火當爲地

何有罪而誅　浦鏜云何疑既字誤許宗彥云何字絕句

黎言地以屬人　閩本同毛本言作司案所改是也

推舉一星之中　宋本推作惟

而日從谷之出也宋本閩本纂傳並同毛本之作以

特言東作宋本同岳本閩本毛本特作時案作特非也

以此而從迄入日也閩本明監本同毛本入日作日入案入日誤倒也

互者明也岳本者作著案著字是也閩本亦誤作者

斗牛在午閩本明監本同毛本牛作女

故重明之浦鏜云此下當脫日短至三節傳疏內有西方七宿則昴爲中故昴爲白虎之中星計仲冬日在斗入於申酉地則初昏之時奎婁在午胃昴在巳畢觜參在辰四十五字餘無攷

周天二百六十五度四分度之一宋本二作三三字是也閩本以下皆不誤

有日分三百四十八宋本同毛本日作餘按餘字是也

雖爲歲日殘分所減閩本明監本同毛本日作月

以二百三日亦爲二百六日按以字下疑脫并字

蕩蕩言之奔突閩本同毛本之作水是也

有能治者將使之古本作有能治者將使治也

方命圮族按羣經音辨匚部云匚放也甫妄切書匚命圮族

好此方名毛氏曰比作此誤。按纂傳作比與毛說合又爾雅釋詁斁壞圮垝毀也疏引此傳正作比孫志祖云疏兩言好此方直之名亦皆當改爲比岳本亦誤作此

异已也退也古本作异已也已退也宋板岳本史記正義俱作异已已退也纂傳與今本同按今本之誤甚明纂傳疑後人妄改

無成乃退古本作無成功乃退也

帝曰疇咨若予至九載績用弗成宋板作帝曰疇咨至弗成

鯀治水九載九下宋板空一字

其常聞諸先達宋板常作當

蕩然惟有水耳宋板蕩然作蕩蕩然是也

年取禾穀一熟也宋本閩本同毛本禾作米按說文年字從禾千聲故義取禾熟也

顧亦因鯀宋板顧作頗

心不則德義之經爲頑古本則作測岳本此句下有口不道忠信之言爲嚚九字按前嚚訟傳云言不忠信爲嚚傳例一訓不重出岳本恐非

否古今不字浦鏜云當作否不古今字盧文弨云當作否古文不字。按浦義爲長此釋傳否不也又前疏云孳字古今同耳亦此例

令其在側陋者宋板令作今

人可使由之宋板同毛本人作民

此經光指舜身宋本光作先是也

孔據古今別卷按今字當作文

故傳倒文以曉民浦鏜云民恐明誤當屬下句是也

尚書挍勘記卷二

附釋音尚書注疏卷第三

舜典第二。釋文王氏注相承云梅賾上孔氏傳古文尚書云舜典一篇時以王肅注頗類孔氏故取王注從謹徽五典以下爲舜典以續孔傳徐仙民亦音此本今依舊音之

虞書　孔氏傳　孔穎達疏

虞舜側微。爲庶人故微賤堯聞之聰明。將使嗣位。歷試諸難。嗣繼也試以治民之難事。難乃丹反作舜典。舜典。典之義與堯同【疏】虞舜至舜典。正義曰虞舜所居側陋身又微賤堯聞之有聰明聖德將使之繼已帝位歷試於諸所難爲之事史述其事故作舜典。傳爲庶人故微賤。正義曰此云側微即堯典側陋也不在朝廷謂之側其人貧賤謂之微居處褊隘故言陋此指解微故云爲庶人故微賤也帝繫云顓頊生窮蟬窮蟬生敬康敬康生句芒句芒生蟜牛蟜牛生瞽瞍瞽瞍生舜昭八年左傳云自幕至于瞽瞍無違命似其繼世相傳當有國土孔言爲庶人者堯典云有鰥在下此云虞舜側微必是爲庶人矣蓋至瞽瞍始失國也。傳嗣繼至難事。正義曰嗣繼釋詁文經所云愼徽五典納于百揆賓于四門皆是試以治民之難事也

曰若稽古帝舜。亦言其順考古道而行之曰重華協于帝。華謂文德言其光文重合於堯俱聖明。曰若稽古帝舜曰重華協于帝此十二字是姚方興所上孔氏傳本無阮孝緒七錄亦云然方興本或此下更有濬哲文明溫恭允塞玄德升聞乃命以位此二十八字異聊出之於王注無施也濬哲文明。溫恭允塞。濬深哲智也舜有深智文明溫恭之德信允塞上下玄德升聞。乃命以位。玄謂幽潛潛行道德升聞天朝遂見徵用【疏】曰若至以位。正義曰昔東晉之初豫章內史梅賾上孔氏傳猶闕舜典自此乃命以位已上二十八字世所不傳多用王范之注補之而皆以愼徽已下爲舜典之初至齊蕭鸞建武四年吳興姚方興於大航頭得孔氏傳古文舜典亦類太康中書乃表上之事未施行方興以罪致戮至隋開皇初購求遺典始得之史將錄舜之美故爲題目之辭曰能順而考案古道而行之者是爲帝舜也又申其順考古道之事曰此舜能繼堯重其文德之光華用此德合於帝堯與堯俱聖明也此舜性有深沈智慧文章明鑒溫和之色恭遜之容由名聞遠達信能充實上下潛行道德聞天朝堯乃徵用命之以位而試之也。傳濬深至上下。正義曰濬深哲智皆釋言文舍人曰濬下之深也哲大智也舜有深智言其智之深所知不淺近也經緯天地曰文照臨四方曰明詩云溫溫恭人言其色溫而貌恭也舜既有深遠之智又有文明溫恭之德信能充實上下也詩毛傳訓塞爲實言能充滿天地之間堯典所謂格于上下是也不言四表者以四表外無限極非可實滿故不言之堯舜道同德亦如一史官錯互爲文故與上篇相類是其所合於堯也。傳玄謂至徵用。正義曰老子云玄之又玄衆妙之門則玄者微妙之名故云玄謂幽潛也舜在畎畝之間潛行道德顯彰於外升聞天朝天朝者天子之朝也從下而上謂之爲升天子聞之故遂見徵用

愼徽五典。五典克從。徽美也五典五常之教父義母慈兄友弟恭子孝舜愼美篤行斯道舉八元使布之於四方五教能從無違命。徽許韋反王云美馬云

善也從才容反八元左傳高辛氏有才子八人伯奮仲堪叔獻季仲伯虎仲熊叔豹**納于百揆。百揆時敘。**揆度也度百事揆百官納舜於此官舜舉八凱使揆度百事百事時敘無廢事業。揆音葵癸反凱音開在反左傳高陽氏有才子八人蒼舒隤敳檮戭大臨尨降庭堅仲容叔達齊聖廣淵明允篤誠天下之民謂之八凱**賓于四門。四門穆穆。**穆穆美也四門四方之門舜流四凶族四方諸侯來朝者舜賓迎之皆有美德無凶人。朝直遙反**納于大麓。烈風雷雨弗迷。**麓錄也納舜使大錄萬機之政陰陽和風雨時各以其節不有迷錯愆伏明舜之德合於天。麓音鹿王云錄也馬鄭云山足也愆音起虔反**帝曰。格汝舜。詢事考言。乃言底可績。三載。汝陟帝位。**格來詢謀乃汝底致陟升也堯呼舜曰來汝所謀事我考汝言汝言致可以立功三年矣三載考績故命使升帝位將禪之。詢音荀底音之履反王云致也馬云定也本或作痃非**舜讓于德。弗嗣。**辭讓於德不堪不能嗣成帝位

〔疏〕慎徽至弗嗣。正義曰此承乃命以位之下言命之以位試之以事也堯使舜慎美篤行五常之教而五常之教皆能順從而行之無違命也又納於百官之事命揆度行之而百事所揆度者於是皆得次序無廢事也又命使賓迎諸侯於四門而來入者穆穆然皆有美德無凶人也又納於大官揔錄萬機之政而陰陽和風雨時烈風雷雨不有迷惑錯謬明舜之德合於天天人和協其功成矣帝堯乃謂之曰來汝舜有所謀之事我考驗汝舜之所言汝言致可以立功於今三年汝功已成汝可升處帝位告以此言欲禪之也舜辭讓於德言己德不堪嗣成帝也。傳徽美至違命。正義曰釋詁云徽善也善亦美也此五典與下文五品五教其事一也一家之內品有五謂父母兄弟子也教此五者各以一事教父以義教母以慈教兄以友教弟以恭教子以孝是為五教也五者皆可常行謂之五典是五者司為一事所從言之異耳文十八年左傳曰昔高辛氏有才子八人伯奮仲堪叔獻季仲伯虎仲熊叔豹季貍忠肅恭懿宣慈惠和天下之民謂之八元舜臣堯舉八元使布五教于四方父義母慈兄友弟恭子孝以此知五典是五常之教謂此父義之等五事也皐陶謨云天敘有典自我五典五惇哉惇厚也行此五典須厚行之篤亦厚也言舜謹慎美善篤行斯道舉八元使布之於四方命教天下之民以此五教能使天下皆順從之無違逆舜之命也左傳又云故虞書數舜之功曰慎徽五典五典克從無違教也父母於子並宜為慈今分之者以父主教訓母主撫養撫養在於恩愛故以慈為名教訓愛而加嚴故以義為稱義者宜也理也教之以義方使得事理之宜故為義也釋訓云善兄弟為友則兄弟之恩俱名為友今云兄友弟恭者以其同志曰友友是相愛之名但兄弟相愛乃有長幼故分其弟使之為恭恭敬於兄而兄友愛之。傳揆度至事業。正義曰揆度釋言文百揆者言百事皆度之國事散在諸官故度百事為揔百官也周官云唐虞稽古建官惟百內有百揆四岳則百揆為官名故云納舜於此官也文十八年左傳云昔高陽氏有才子八人蒼舒隤敳檮戭大臨尨降庭堅仲容叔達齊聖廣淵明允篤誠天下之民謂之八凱舜臣堯舉八凱使主后土以揆百事莫不時敘地平天成又云虞書數舜之功曰納于百揆百揆時敘無廢事業也是言百官於是得其次敘皆無廢事業舜既臣堯乃舉元凱主后土布五教同時為之史官立文自以人事外內為次故孔先言八元若

左傳據所出代之先後故先舉八凱堯既得舜庶事委之舜既臣堯任無不統非五典克從之後方始納於百揆百揆時敘之後方始賓于四門四門穆穆謂流四凶流放四凶最在於前矣洪範云鯀則殛死禹乃嗣興是先誅鯀而後用禹明此言三事皆同時為之但言百揆時敘故言納于百揆其實納于百揆初得即然由舜既居百揆故得舉用二八若備居一職不得分使元凱。傳穆穆美至凶人。正義曰穆穆美也釋詁文四門四方之門謂四方諸侯來朝者從四門而入文十八年左傳歷言四凶之行乃云舜臣堯流四凶族渾敦窮奇檮杌饕餮投諸四裔以禦螭魅又曰虞書數舜之功曰賓于四門四門穆穆無凶人也是言皆有美德無凶人也案驗四凶之族皆是王朝之臣舜流王朝之臣而言諸侯無凶人者以外見內諸侯無凶人則於朝必無矣鄭玄以賓為擯謂舜為上擯以迎諸侯今孔不為擯者則謂舜既錄攝事無擯不統以諸侯為賓舜主其禮迎而待之非謂身為擯也。傳麓錄至於天。正義曰麓聲近錄故為錄也皐陶謨云一日二日萬幾言天下之事之微者有萬喻其多無數也納舜使大錄萬機之政還是納於百揆揆度百事大錄萬機揔是一事不為異也但此言德合于天故以大錄言之耳論語稱孔子曰迅雷風烈必變書傳稱越常之使久矣天之無烈風淫兩則烈風是猛疾之風非善風也經言烈風雷雨弗迷言舜居大錄之時陰陽和風雨時無此猛烈之風又雷雨各以其節不有迷錯愆伏也迷錯者應有而無應無而有也昭四年左傳云冬無愆陽夏無伏陰無愆伏者無冬溫夏寒也舜錄大政天時如此明舜之德合於天也此文與上三事亦同時也上為變人此為動天故最後言之以為功成之驗王肅云堯得舜任之事無不統自慎徽五典以下是也其言合孔意。傳格來至禪之。正義曰格來釋言文詢謀陟升釋詁文底聲近致故為致也經傳言汝多呼為乃知乃汝義同凡事之始必先謀之後為之堯呼舜曰來汝舜呼使前而與之言也汝所謀事我考汝言汝所為之事皆副汝所謀致可以立功於今三年矣從徵得至此為三年也君之駁陞必三年考積考既有功故使升帝位將禪之也鯀三考乃退此一考使升者鯀待三考冀其有成無成功乃黜為緩刑之義舜既有成更無所待故一考即升之且大聖之事不可以常法論也若然禹貢兗州作十有三載乃同是禹治兗州之水乃積十有三年此始三年已言地平天成者祭法云鯀障洪水而殛死禹能修鯀之功先儒馬融等皆以為鯀既九年又加此三年為十二年惟兗州未得盡平至明年乃畢八州已平一州未畢足以為成功也**正月上日。受終于文祖。**上日朔日也終謂堯終帝位之事文祖者堯文德之祖廟。正音政又音征王云文祖廟名馬云文祖天也天為文萬物之祖故曰文祖**在璿璣玉衡。以齊七政。**在察也璿美玉璣衡玉者正天文之器可運轉者七政日月五星各異政舜察天文齊七政以審己當天心與否。璿音旋**肆類于上帝。**堯不聽舜讓使之攝位舜察天文考齊七政而當天心故行其事肆遂也類謂攝位事類遂以攝告天及五帝王云上帝天也馬云上帝太一神在紫微宮天之最尊者**禋于六宗。**精意以享謂之禋宗尊也所尊祭者其祀有六謂四時也寒暑也日也月也星也水旱也祭亦以攝告。禋音因王云絜祀也馬云精意以享也六宗王云四時寒暑日月星水旱也馬云天地四時也**望于山川。徧于羣神。**九州名山大川五岳四瀆之屬皆一時望祭之羣神謂丘陵墳衍古之聖賢皆祭之。墳扶云反衍音演

輯五瑞。既月。乃日覲四岳羣牧。班瑞于羣后。輯斂既盡覲見班還后君也舜斂公侯伯子男之瑞圭璧盡以正月中乃日日見四岳及九州牧監還五瑞於諸侯與之正始。輯徐音集王云合馬云斂也瑞垂為反信也牧牧養之牧徐音目〔疏〕正月至羣后。正義曰舜既讓而不許乃以堯禪之明年正月上日受堯終帝位之事於堯文祖之廟雖受堯命猶不自安又以璿為璣以玉為衡者是為王者正天文之器也乃復察此璿璣玉衡以齊整天之日月五星七曜之政觀其齊與不齊齊則受之是也不齊則受之非也見七政皆齊知己受為是遂行為帝之事而以告攝事類祭於上帝祭昊天及五帝也又禋祭於六宗等尊卑之神望祭於名山大川五岳四瀆而又徧祭於山川丘陵墳衍古之聖賢之羣神以告己之受禪也告祭既畢乃斂公侯伯子男五等之瑞玉其圭與璧悉斂取之盡以正月之中乃日日見四岳及羣牧既而更班所斂五瑞於五等之羣后而與之更始見己受堯之禪行天子之事也。傳上日至祖廟。正義曰月之始日謂之朔日每月皆有朔日此是正月之朔故云上日言一歲日之上也下云元日亦然鄭玄以為帝王易代莫不改正堯正建丑舜正建子此時未改堯正故云正月上日即位乃改堯正故云月正元日故以異文先儒王肅等以為惟殷周改正易民視聽自夏已上皆以建寅為正此篇二文不同史異辭耳孔意亦然下云歲二月傳云既班瑞之明月以此為建寅之月也受終者堯為天子於此事終而授與舜故知終謂堯終帝位之事終言堯終舜始也禮有大事行之於廟況此是事之大者知文祖者堯文德之祖廟也且下云歸格于藝祖藝文義同知文祖是廟者咸有一德云七世之廟可以觀德則天子七廟其來自遠堯之文祖蓋是堯始祖之廟不知為誰也帝繫及世本皆云黃帝生玄囂玄囂生僑極僑極生帝嚳帝嚳生堯即如彼言黃帝為堯之高祖黃帝以上不知復祭何人先此七數況彼二書未必可信堯之文祖不可強言。傳在察至與否。正義曰在察釋詁文說文云璿美玉也玉是大名璿是玉之別稱璣衡俱以玉飾但史之立文不可以玉璣玉衡一指玉體一指玉名猶左傳云瓊弁玉纓所以變其文傳以璿言玉名故云美玉其實玉衡亦美玉也易賁卦彖云觀乎天文以察時變日月星宿運行於天是為天之文也璣衡者璣為轉運衡為橫簫運璣使動於下以衡望之是王者正天文之器漢世以來謂之渾天儀者是也馬融云渾天儀可旋轉故曰璣衡其橫簫所以視星宿也以璿為璣以玉為衡蓋貴天象也蔡邕云玉衡長八尺孔徑一寸下端望之以視星辰蓋懸璣以象天而衡望之轉璣窺衡以知星宿是其說也七政其政有七於璣衡察之必在天者知七政謂日月與五星也木曰歲星火曰熒惑星土曰鎮星金曰太白星水曰辰星易繫辭云天垂象見吉凶聖人象之此日月五星有吉凶之象因其變動為占七者各自異政故為七政得失由政故稱政也舜既受終乃察璣衡是舜察天文齊七政以審己之受禪當天心與否也馬融云日月星皆以璿璣玉衡度知其盈縮進退失政所在聖人謙讓猶不自安視璿璣玉衡以驗齊日月五星行度知其政是與否重審己之事也上天之體不可得知測天之事見於經者唯有此璿璣玉衡一事而已蔡邕天文志云言天體者有三家一曰周髀二曰宣夜三曰渾天宣夜絕無師說周髀術數具在考驗天象多所違失故史官不用惟渾天者近得其情今史所用候臺銅儀則其法也虞喜云宣明也夜幽也幽明之數其術兼之故曰宣夜但絕無師說不知其狀如何周髀之術以為天似覆盆蓋以斗極為中中高而四邊下日月旁

行遲之日近而見之爲晝日遠而不見爲夜渾天者以爲地在其中天周其外日月初登於天後入於地晝則日在地上夜則日入地下王蕃渾天說曰天之形狀似鳥卵天包地外猶卵之裹黃圓如彈丸故曰渾天言其形體渾渾然也其術以爲天半覆地上半在地下其天居地上見有一百八十二度半強地下亦然北極出地上三十六度南極入地下亦三十六度而嵩高正當天之中極南五十五度當嵩高之上又其南十二度爲夏至之日道又其南二十四度爲春秋分之日道又其南二十四度爲冬至之日道南下去地三十一度而已是夏至日北去極六十七度春秋分去極九十一度冬至去極一百一十五度此其大率也其南北極持其兩端其天與日月星宿斜而迴轉此必古有其法遭秦而滅楊子法言云或問渾天曰落下閎營之鮮于妄人度之耿中丞象之幾乎幾乎莫之能違也是楊雄之意以渾天而問之也閎與妄人武帝時人宣帝時司農中丞耿壽昌始鑄銅爲之象史官施用焉後漢張衡作靈憲以說其狀蔡邕鄭玄陸績吳時王蕃晉世姜岌張衡葛洪皆論渾天之義並以渾說爲長江南宋元嘉年皮延宗又作是渾天論太史丞錢樂鑄銅作渾天儀傳於齊梁周平江陵遷其器於長安今在太史書矣衡長八尺璣徑八尺圓周二丈五尺強轉而望之有其法也○傳堯不至五帝○正義曰傳以既受終事又察璣衡方始祭於羣神是舜察天文考齊七政知已攝位而當於天心故行其天子之事也祭法云有而下者祭百神徧祭羣神是天子事也肆是縱緩之言此因前事而行後事故以肆爲遂也類謂攝位事類既知攝當天心遂以攝位事類告天帝也此類與下禋望相次當爲祭名詩云是類是禡周禮肆師云類造上帝王制云天子將出類乎上帝所言類者皆是祭天之事言以事類而祭也周禮小宗伯云天地之大烖類社稷則爲位是類之爲祭所及者廣而傳云類謂攝位事類者以攝位而告祭故類爲祭名周禮司服云王祀昊天上帝則服大裘而冕祀五帝亦如之是昊天外更有五帝上帝可以兼之故以告天及五帝也鄭玄篤信讖緯以爲昊天上帝謂天皇大帝北辰之星也五帝謂靈威仰等太微宮中有五帝座星是也如鄭之言天神有六也家語云季康子問五帝之名孔子曰天有五行金木水火土分時化育以成萬物其神謂之五帝王肅云五行之神助天理物者也孔意亦當然矣此經惟有祭天不言祭地及社稷必皆祭之但史略文耳○傳精意至攝告○正義曰國語云精意以享禋也釋詁云禋祭也孫炎曰禋絜敬之祭也周禮大宗伯云以禋祀祀昊天上帝以實柴祀日月星辰以槱燎祀司中司命風師雨師鄭云禋之言煙周人尚臭煙氣之臭聞者也鄭以禋祀之文在燎柴之上故以禋爲此解耳而洛誥云秬鬯二卣曰明禋又曰禋于文王武王又曰王賓殺禋咸格經傳之文此類多矣非燔柴祭之也知禋是精誠絜敬之名耳宗之爲尊常訓也名曰六宗明是所尊祭者有六但不知六者爲何神耳祭法云埋少牢於太昭祭時相近於坎壇祭寒暑王宮祭日夜明祭月幽禜祭星雩禜祭水旱也據此言六宗彼祭六神故傳以彼六神謂此六宗必謂彼之所祭是此六宗者彼文上有祭天祭地下有山谷丘陵此六宗之文在上帝之下山川之上二者次第相類故知是此六宗王肅亦引彼文乃云禋于六宗此之謂矣鄭玄注彼云四時謂陰陽之神也然則陰陽寒暑水旱各自有神此言禋于六宗則六宗常禮也禮無此文不知以何時祀之鄭以彼皆爲祈禱之祭則不可用鄭玄注以解此傳也漢世以來說六宗者多矣歐陽及大小夏侯說尚書皆云所祭者六上不謂天下不謂地旁不謂四方在六者之間助陰陽變化實一而名六宗矣孔光劉歆以六宗謂乾坤之

六子水火雷風山澤也賈逵以爲六宗者天宗三日月星也地宗三河海岱也馬融云萬物非天不覆非地不載非春不生非夏不長非秋不收非冬不藏此其謂六也鄭玄以六宗言禋與祭天同名則六者皆是天之神祇謂星辰司中司命風師雨師星謂五緯星辰謂日月所會十二次也司中司命文昌第五第四星也風師箕也雨師畢也晉初幽州秀才張髦上表云臣謂禋于六宗祀祖考所尊者六三昭三穆是也司馬彪又上表云歷難諸家及自言已意天宗者日月星辰寒暑之屬也地宗社稷五祀之屬也四方之宗四時五帝之屬惟王肅據家語六宗與孔同各言其志未知孰是司馬彪續漢書云安帝元初六年立六宗祠於洛陽城西北亥地祀比大社魏亦因之晉初荀顗定新祀以六宗之神諸說不同廢之摯虞駁之謂宜依舊近代以來皆不立六宗之祠也○傳九州至祭之○正義曰望於山川大總之語故知九州之內所有名山大川五岳四瀆之屬皆一時望祭之也王制云名山大川不以封山川大乃有名是名大互言之耳釋山云泰山爲東嶽華山爲西嶽霍山爲南嶽恒山爲北嶽嵩高山爲中嶽白虎通云岳者何摘也摘考功德也應劭風俗通云岳者摘考功德黜陟也然則四方方有一大山天子巡守至其下摘考諸侯功德而黜陟之故謂之岳釋水云江河淮濟爲四瀆四瀆者發源注海者也岳是名山瀆是大川故先言名山大川又舉岳瀆以見之岳瀆之外猶有名山大川故言之屬以包之周禮大司樂云四鎮五嶽崩令去樂鄭云四鎮山之重大者謂揚州之會稽山青州之沂山幽州之醫無閭山冀州之霍山是五岳之外名山也周禮職方氏每州云其川其浸若雍州云其川涇汭其浸渭洛如此之類是四瀆之外大川也言徧于羣神則神無不徧故羣神謂丘陵墳衍古之聖賢皆祭之周禮大司樂云凡六樂者一變而致川澤之示再變而致山林之示三變而致丘陵之示四變而致墳衍之示鄭玄大司徒注云積石曰山竹木曰林注瀆曰川水鍾曰澤土高曰丘大阜曰陵水崖曰墳下平曰衍此傳舉丘陵墳衍則林澤亦包之矣古之聖賢謂祭法所云在祀典者黃帝顓頊句龍之類皆祭之也○傳輯斂至正始○正義曰覲見后君釋詁文釋言云輯合也輯是合聚之義故爲斂也日月食盡謂之既是既爲盡也釋言云班賦也孫炎曰謂布與也輯是斂聚班爲散布故爲還也下云班瑞于羣后則知輯者從羣后而斂之故云舜斂公侯伯子男之瑞圭璧也周禮典瑞云公執桓圭侯執信圭伯執躬圭子執穀璧男執蒲璧是圭璧爲五等之瑞諸侯執之以爲王者瑞信故稱瑞也舜以朔日受終於文祖又徧祭羣神及斂五瑞則入月以多日矣盡以正月中謂從斂瑞以後至月末也乃日日見四岳及九州牧監舜初攝位當發號出令日日見之與之言也州牧各監一州諸侯故言監也更復還五瑞於諸侯者此瑞本受於堯斂而又還之若言舜新付之改爲舜臣與之正新君之始也

歲二月。東巡守。至于岱宗。柴。諸侯爲天子守土故稱守巡行之既班瑞之明月乃順春東巡岱宗泰山爲四岳所宗燔柴祭天告至○巡似遵反徐養純反守時救反本或作狩岱音代泰山也柴士皆反爾雅祭天曰燔柴馬曰祭時積柴加牲其上而燔之行下孟反燔扶袁反又扶云反

望秩于山川。東岳諸侯竟內名山大川如其秩次望祭之謂五岳牲禮視三公四瀆視諸侯其餘視伯子男○瀆徒木反

肆覲東后。遂見東方之國君

協時月正日。同律度量衡。合四時之氣節月之大小日之甲乙使齊一也律法制及尺丈斛斗斤兩皆均同○同律王云同齊也律六律也馬云律法也鄭云陰呂陽律也度如字丈尺也量力尚反斗斛也衡稱也

修五禮。五玉。修吉凶賓軍嘉之禮五等諸侯執其玉

三帛。二生。一死。贄。三帛諸侯世子執纁公之孤執玄附庸之君執黃二生卿執羔大夫執鴈一死士執雉玉帛生死所以爲贄以見之○贄音至本又作摯纁許云反

如五器。卒乃復。卒終復還也器謂圭璧如五器禮終則還之三帛生死則否○復扶又反下同還音旋

五月南巡守。至于南岳。如岱禮。南岳衡山自東岳南巡五月至

八月西巡守。至于西岳。如初。西岳華山初謂岱宗○華戶化反華山在弘農

十有一月朔巡守。至于北岳。如西禮。北岳恒山○有如字徐于救反如西禮方典本同馬本作如初

歸格于藝祖。用特。巡守四岳然後歸告至文祖之廟藝文也言祖則考著特一牛○藝魚世反馬王云禰也

五載一巡守。羣后四朝。各會朝于方岳之下凡四處故曰四朝將說敷奏之事故申言之堯舜同道舜攝則然堯又可知○四朝馬王皆云四面朝於方岳之下鄭云四朝四季朝京師也朝音直遙反註同

敷奏以言。明試以功。車服以庸。敷陳奏進也諸侯四朝各使陳進治禮之言明試其言以要其功功成則賜車服以表顯其能用○敷音孚

〔疏〕歲二月至以庸○正義曰舜既班瑞羣后卽以其歲二月東行巡省守土之諸侯至於岱宗之岳燔柴告至又望而以秩次祭於其方岳山川柴望既畢遂以禮見東方諸侯諸國之君於此諸國協其四時氣節月之大小正其日之甲乙使之齊一均同其國之法制度之丈尺量之斛斗衡之斤兩皆使齊同無輕重大小又修五禮吉凶賓軍嘉之禮修五玉公侯伯子男所執之圭璧也又修三帛諸侯世子公之孤附庸之君所執玄纁黃之帛也又修二生卿所執羔大夫所執鴈也又修一死士所執雉也自五玉至於一死皆蒙上修文摠言所用玉帛生死皆爲贄以見天子也其贄之內如五玉之器禮終乃復還之其帛與生死則不還也東岳禮畢卽向衡山五月南巡守至于南岳之下柴望以下一如岱宗之禮南岳禮畢卽向華山八月西巡守至于西岳之下其禮如初時如岱宗所行西岳禮畢卽向恒山朔北也十有一月北巡守至于北岳之下一如西岳之禮巡守既周乃歸京師藝文也至於文祖之廟用特牛之牲設祭以告巡守歸至也從是以後每五歲一巡守其巡守之年諸侯羣后四方各朝天子於方岳之下其朝之時各使自陳進其所以治化之言天子明試其言以考其功功成有驗則賜之車服以表顯其有功能用事○傳諸侯至告至○正義曰王者所爲巡守者以諸侯自專一國威福在己恐其擁遏上命澤不下流故時自巡行問民疾苦孟子稱晏子對齊景公云天子適諸侯曰巡守巡守者巡所守也是言天子巡守主謂巡行諸侯故言諸侯爲天子守土故稱守而往巡之定四年左傳祝鮀言衛國取相土之東都以會王之東蒐蒐是獵之名也王者因巡諸侯或亦以教戰其守皆作狩白虎通云王者所以巡狩者何巡者循也狩者收也爲天子循收養人彼因名以附說不如晏子之言得其本也正月班瑞二月卽行故云既班瑞之明月乃順春東巡春位在東故順春也爾雅泰山爲東岳此巡守至於岱岱之與泰其山有二名也風俗通云泰山山之尊者一曰岱宗岱始也宗長也萬物之

始陰陽交代故爲五岳之長是解岱卽泰山爲四岳之宗稱岱宗也郊特牲云天子適四方先柴是燔柴爲祭天告至也○傳東岳至子男○正義曰四時各至其方岳望祭其方岳山川故云東岳諸侯境內名山大川如其秩次望祭之也言秩次而祭知徧於羣神故云五岳牲禮視三公四瀆視諸侯其餘視伯子男也其尊卑所視王制及書傳之文牲禮二字孔增之也諸侯五等三公爲上等諸侯爲中等伯子男爲下等則所言諸侯惟謂侯爵者耳其言所視蓋視其祭祀祭五岳如祭三公之禮祭四瀆如祭諸侯之禮祭山川如祭伯子男之禮公侯伯子男尊卑既有等級其祭禮必不同但古典亡滅不可復知鄭玄注書傳云所視者謂其牲幣粢盛籩豆爵獻之數案五等諸侯適天子皆膳用太牢禮諸侯祭皆用太牢無上下之別又大行人云上公九獻侯伯七獻子男五獻掌客上公饔餼九牢飧五牢侯伯饔餼七牢飧四牢子男饔餼五牢飧三牢又上公豆四十侯伯三十二子男二十四並伯與侯同又鄭注禮器四望五獻據此諸文與孔傳王制不同者掌客行人自是周法孔與王制先代之禮必知然者以周禮侯與伯同公羊及左氏傳皆以公爲上伯子男爲下是其異也○傳合四至均同○正義曰上篇已訓協爲合故注卽以合言之也他皆倣此周禮太史云正歲年頒告朔於邦國則節氣晦朔皆天子頒之猶恐諸侯國與或不齊同故因巡守而合和之節是月初氣是月半也世本云容成作歷大撓作甲子二人皆黃帝之臣蓋自黃帝已來始用甲子紀日每六十日而甲子一周史記稱紂爲長夜之飲忘其日辰恐諸侯或有此之類故須合日之甲乙也時也月也日也三者皆當勘檢諸國使齊一也律者候氣之管而度量衡三者法制皆出於律故云律法制也度有丈尺量有斛斗衡有斤兩皆取法於律故孔解律爲法制卽云及尺丈斛斗斤兩皆均同之漢書律麻志云度量衡出於黃鍾之律也度者分寸尺丈引所以度長短也本起於黃鍾之管長以子穀秬黍中者以一黍之廣度之千二百黍爲一分十分爲寸十寸爲尺十尺爲丈十丈爲引而五度審矣量謂龠合升斗斛所以量多少也本起於黃鍾之龠以子穀秬黍中者千有二百實爲一龠十龠爲合十合爲升十升爲斗十斗爲斛而五量嘉矣權者銖兩斤鈞石所以稱物知輕重也本起於黃鍾之龠一龠容千二百黍重十二銖兩銖之爲兩十六兩爲斤三十斤爲鈞四鈞爲石而五權謹矣權衡一物衡平也權重也稱上謂之衡稱錘謂之權所從言之異耳如彼志文是度量衡本起於律也時月言協日言正度量衡言同者以時月須與他月和合故言協日有正與不正故言正度量衡俱是明之所用恐不齊同故言同因事宜而變名耳○傳修吉至其玉○正義曰周禮大宗伯云以吉禮事邦國之鬼神示以凶禮哀邦國之憂以賓禮親邦國以軍禮同邦國以嘉禮親萬民之昏姻知五禮謂此也帝王之名既異古今之禮或殊而以周之五禮爲此五禮者以帝王相承事有損益後代之禮亦當是前代禮也且歷驗此經亦有五事此篇類于上帝吉也如喪考妣凶也羣后四朝賓也大禹謨云汝徂征軍也堯典云女于時嘉也五禮之事並見於經知與後世不異也此云五玉卽上文五瑞故知五等諸侯執其玉也鄭玄云執之曰瑞陳列曰玉○傳諸侯至執黃○正義曰周禮典命云凡諸侯之適子誓於天子攝其君則下其君之禮一等未誓則以皮帛繼子男之下公之孤四命以皮帛眡小國之君是諸侯世子公之孤執帛也附庸雖則無文而爲南面之君是一國之主春秋時附庸之君適魯皆稱來朝未有爵命不得執玉則亦繼小國之君同執帛也經言三帛必有三色所云纁玄黃者孔時或有所據未知出何書也王肅云三帛纁玄黃也附

庸與諸侯之適子公之孤執皮帛其執之色未詳聞或曰孤執玄諸侯之適子執纁附庸執黃王肅之注尚書其言多同孔傳周禮孤與世子皆執皮帛鄭玄云皮帛者束帛而表之以皮爲之飾皮虎豹皮也此三帛不言皮蓋于時未以皮爲飾○傳卿執至執雉○正義曰此皆大宗伯文也鄭玄曰羔小羊取其羣而不失其類也鴈取其候時而行也雉取其守介死不失節也曲禮云飾羔鴈者以繢謂衣之以布而又畫之雉執之無飾士相見之禮卿大夫飾贄以布不言繢此諸侯之臣與天子之臣異也鄭之此言論周之禮耳虞時每事猶質羔鴈不必有飾○傳玉帛至見之○正義曰曲禮云贄諸侯圭卿羔大夫鴈士雉雉不可生知一死是雉二生是羔鴈也鄭玄云贄之言至所執以自至也自五玉以下蒙上修文者執之使有常也若不言贄則不知所用故言贄以結上又見玉帛生死皆所以爲贄以見君與自相見其贄同也○傳卒終至則否○正義曰卒終釋詁文釋言云還復返也是還復同義故爲還也五器文在贄下則是贄內之物周禮大宗伯云以玉作五器知器謂圭璧卽五玉是也如若也言諸侯贄之內若是五器禮終乃還之如三帛生死則不還也聘義云以圭璋聘重禮也已聘而還圭璋此輕財而重禮之義也聘義主於說聘其朝禮亦然周禮司儀云諸公相見爲賓還圭如將幣之儀是圭璧皆還之也士相見禮言大夫以下見國君之禮云若他邦之人則使擯者還其贄已臣皆不還其贄是三帛生死則否○傳南岳至月至○正義曰釋山云河南華河東岱河北恒江南衡李巡云華西岳華山也岱東岳泰山也恒北岳恒山也衡南岳衡山也郭璞云恒山一名常山避漢文帝諱釋山又云泰山爲東岳華山爲西岳霍山爲南岳恒山爲北岳岱之與泰衡之與霍皆一山而有兩名也張揖云天柱謂之霍山漢書地理志云天柱在廬江灊縣則霍山在江北而與江南衡爲一者郭璞爾雅注云霍山今在廬江灊縣潛水出焉別名天柱山漢武帝以衡山遼曠故移其神於此今其彼土俗人皆呼之爲南岳南岳本自以兩山爲名非從近來也而學者多以霍山不得爲南岳又云漢武帝來始乃名之卽如此言謂武帝在爾雅前乎斯不然矣是解衡霍二名之由也書傳多云五岳以嵩高爲中岳此云四岳者明巡守至於四岳故也風俗通云泰山山之尊者一曰岱宗岱始也宗長也萬物之始陰陽交代故爲五岳之長王者受命恒封禪之衡山一名霍山言萬物霍然大也華變也萬物變由西方也恒常也萬物伏北方有常也二月至於岱宗不指岳名者巡守之始故詳其文三時言岳名明岱亦是岳因事宜而互相見也四巡之後乃云歸格則是一出而周四岳故知自東岳而卽南行以五月至也王者順天道以行人事故四時之月各當其時之中故以仲月至其岳上去歲二月東巡守以二月始發者此四時巡守之月皆以至岳爲文東巡以二月至非發時也但舜以正月有事二月卽發行耳鄭玄以爲每岳禮畢而歸仲月乃復更去若如鄭言當於東巡之下卽言歸格後以如初包之何當北巡之後始言歸乎且若來而復去計程不得周徧此事不必然也其經南云如岱禮西云如初北云如西禮者見四時之禮皆同互文以明耳不巡中岳者蓋近京師有事必聞不慮枉滯且諸侯分配四方無屬中岳故不須巡之也○朔巡守○正義曰釋訓云朔北方也故堯典及此與禹貢皆以朔言北史變文耳○傳巡守至一牛○正義曰此承四巡之下是巡守既徧然後歸也以上受終在文祖之廟知此以告至文祖之廟才藝文德其義相通故藝爲文也文祖藝祖史變文耳王制說巡守之禮云歸格于祖禰用特此不言禰故傳推之言祖則考著考近於祖舉尊以及卑也特者獨也故爲一牛此惟言文

祖故云一牛徧告諸廟廟用一牛故鄭注彼云祖下及禰皆一牛也此時舜始攝位未自立廟故知告堯之文祖也○傳各會至可知○正義曰此總說巡守之事而言羣后四朝是言四方諸侯各自會朝於方岳之下凡四處別朝故云四朝上文肆覲東后是爲一朝四岳禮同四朝見矣計此不宜須重言之爲將說敷奏之事敷奏因朝而爲故申言之申重也此是巡守大法文在舜攝位之時嫌堯本不然故云堯舜同道舜攝則然堯又可知也堯法已然舜無增攺而言此以美舜者道同於堯足以爲美故史錄之○傳敷陳至能用○正義曰敷者布散之言與陳設義同故爲陳也奏是進上之語故爲進也諸侯四處來朝每朝之處舜各使陳進其治理之言令自說己之治政既得其言乃依其言明試之以要其功以如其言卽功實成則賜之車服以表顯其人有才能可用也人以車服爲榮故天子之賞諸侯皆以車服賜之覲禮云天子賜侯氏以車服是也

肇十有二州。 肇始也禹治水之後舜分冀州爲幽州并州分青州爲營州始置十二州○肇音兆十有二州謂冀兗青徐荊楊豫梁雍并幽營也 **封十有二山。濬川。** 封大也每州之名山殊大者以爲其州之鎮有流川則深之使通利○濬荀俊反 **象以典刑。** 象法也法用常刑用不越法 **流宥五刑。** 宥寬也以流放之法寬五刑○宥音又馬云宥三宥也 **鞭作官刑。** 以作爲治官事之刑 **扑作教刑。** 扑榎楚也不勤道業則撻之○扑普卜反徐敷卜反榎皆雅反 **金作贖刑。** 金黃金誤而入刑出金以贖罪○贖石欲反徐音樹 **眚災肆赦。怙終賊刑。** 眚過災害肆緩賊殺也過而有害當緩赦之怙姦自終當刑殺之○眚所景反怙音戶 **欽哉欽哉。惟刑之恤哉。** 舜陳典刑之義勑天下使敬之憂欲得中○恤峻律反憂也 **流共工于幽洲。** 象恭滔天足以惑世故流放之幽洲北裔水中可居者曰州○共音恭左傳少皞氏有不才子毀信廢忠崇飾惡言靖譖庸回服讒蒐慝以誣盛德天下之民謂之窮奇杜預云卽共工裔以制反 **放驩兜于崇山。** 黨於共工罪惡同崇山南裔○驩呼端反兜丁侯反左傳帝鴻氏有不才子掩義隱賊好行凶德醜類惡物頑嚚不友是與比周天下之民謂之渾敦杜預云卽驩兜也帝鴻黃帝也 **竄三苗于三危。** 三苗國名縉雲氏之後爲諸侯號饕餮三危西裔○竄七亂反三苗馬王云國名也縉雲氏之後爲諸侯蓋饕餮也左傳縉雲氏有不才子貪于飲食冒于貨賄侵欲崇侈不可盈厭聚斂積實不知紀極不念孤寡不恤窮匱天下之民以比三凶謂之饕餮杜預云縉雲黃帝時官名非帝子孫故以比三凶也貪財曰饕貪食曰餮縉音晉饕土刀反餮他節反 **殛鯀于羽山。** 方命圮族績用不成殛竄放流皆誅也異其文述作之體羽山東裔在海中○殛紀力反鯀故本反左傳顓頊氏有不才子不可教訓不知話言告之則頑舍之則嚚傲狠明德以亂天常天下之民謂之檮杌杜預云卽鯀也檮杌凶頑無儔匹之貌 **四罪而天下咸服。** 皆服舜用刑當其罪故作者先敘典刑而連引四罪明皆徵用所行於此揔見之

［疏］肇十至咸服○正義曰史言舜既攝位出行巡守復分置州域重慎刑罰於禹治水後始分置十有二州每州以一大山爲鎮殊大者十有二山深其州內之川使水通利又留意於民詳其罪罰依法用其常刑使罪各當刑不越法用流放之法寬

宥五刑五刑雖有犯者或以恩減降不使身服其罪所以流放宥之五刑之外更有鞭作治官事之刑有扑作師儒教訓之刑其有意善功惡則令出金贖罪之刑若過誤爲害原情非故者則緩縱而赦放之若怙恃姦詐終行不改者則賊殺而刑罪之舜愼刑如此又設言以誡百官曰敬之哉敬之哉惟此刑罰之事最須憂念之哉令勤念刑罰不使枉濫也又言舜非於攝位之後方始重愼刑罪初於登用之曰卽用刑當其罪流徙共工於北裔之幽州放逐驩兜於南裔之崇山竄三苗于西裔之三危誅殛伯鯀于東裔之羽山行此四罪各得其實而天下皆服從之○傳肇始至二州○正義曰肇始釋詁文禹貢治水之時猶爲九州今始爲十二州知禹治水之後也禹之治水通鯀九載爲作十有三載則舜攝位元年九州始畢當是二年之後以境界太遠始別置之知分冀州爲幽州并州者以王者廢置理必相沿周禮職方氏九州之名有幽并無徐梁周立州名必因於古知舜時當有幽并職方幽并山川於禹貢皆冀州之域知分冀州之域爲之也爾雅釋地九州之名於禹貢無梁青而有幽營云燕曰幽州齊曰營州孫炎以爾雅之文與職方禹貢並皆不同疑是殷制則營州亦有所因知舜時亦有營州齊卽青州之地知分青州爲之於此居攝之時始置十有二州蓋終舜之世常然宣三年左傳云昔夏之方有德也貢金九牧則禹登王位還置九州其名蓋如禹貢其境界不可知也○傳封大至通利○正義曰釋詁云冢大也舍人曰冢封之大也定四年左傳云封豕長蛇相對是封爲大也周禮職方氏每州皆云其山鎭曰某山揚州會稽荆州衡山豫州華山雍州嶽山冀州霍山并州恒山幽州醫無閭青州沂山兗州岱山是周時九州之內最大之山舜時十有二山事亦然也州內雖有多山取其最高大者以爲其州之鎭特舉其名是殊大之也其有川無大無小皆當深之故云濬川有流川則深之使通利也職方氏每州皆云其川其浸亦舉其州內大川但令小大俱通不復舉其大者故宜云濬之而已○傳象法至越法○正義曰易繫辭云象也者象此者也又曰天垂象聖人則之是象爲傚法故爲法也五刑雖有常法所犯未必當條皆須原其本情然後斷決或情有差降俱被重科或意有不同失出失入皆是違其常法故令依法用其常刑用之使不越法也○傳宥寬至五刑○正義曰寬宥周語文流謂徙之遠方放使生活以流放之法寬縱五刑也此惟解以流寬之刑而不解宥寬之意鄭玄云其輕者或流放之四罪是也王肅云謂君不忍刑殺宥之以遠方然則知此是據狀合刑而情差可恕全赦則太輕致刑卽太重不忍依例刑殺故完全其體宥之遠方應刑不刑是寬縱之也上言典刑此言五刑者其法是常其數則五象以典刑謂其刑之也流宥五刑謂其遠縱之也流言五刑則典刑亦五其文互以相見王肅云言宥五刑則正五刑見矣是言二文相通之意也典刑是其身流宥離其鄉流放致罪爲輕此鞭爲故次典刑之下先言流宥鞭扑雖輕猶虧其體比於出金贖罪又爲輕且呂刑五罰雖主贖五刑其鞭扑之罪亦容輸贖故後言之此正刑五與流宥鞭扑俱有常法典字可以統之故發首言典刑也○傳以鞭至之刑○正義曰此有鞭刑則用鞭久矣周禮滌狼氏誓大夫曰敢不關鞭五百左傳有鞭徒人費圍人舉是也子玉使鞭七人衞侯鞭師曹三百日來亦皆施用大隨造律方使廢之治官事之刑者言若於官事不治則鞭之蓋量狀加之未必有定數也○傳扑榎至撻之○正義曰學記云榎楚二物以收其威鄭玄云榎楸也楚荆也二物可以扑撻犯禮者知扑是榎楚也既言以收其威知不勤道業則撻之益稷云撻以記之又大射鄉射皆云司馬搢扑則扑亦官刑惟言作教刑者

官刑鞭扑俱用教刑惟扑而已故屬扑於教其實官刑亦當用扑蓋重者鞭之輕者撻之○傳金黃至贖罪○正義曰此以金爲黃金呂刑其罰百鍰傳爲黃鐵俱是贖罪而金鐵不同者古之金銀銅鐵揔號爲金別之四名耳釋器云黃金謂之盪白金謂之銀是黃金白銀俱名金也周禮考工記攻金之工築氏爲削治氏爲殺矢鳧氏爲鍾㮚氏爲量段氏爲鑄桃氏爲劔其所爲者有銅有鐵是銅鐵俱名爲金則鐵名亦包銅矣此傳黃金呂刑黃鐵皆是今之銅也古之贖罪者皆用銅漢始改用黃金但少其斤兩令與銅相敵故鄭玄駁異義言贖死罪千鍰鍰六兩大半兩爲四百一十六斤十兩大半兩銅與金贖死罪金三斤爲價相依附是古贖罪皆用銅也實謂銅而謂之金鐵知傳之所言謂銅爲金鐵耳漢及後魏贖罪皆用黃金後魏以金難得合金一兩收絹十匹今律乃復依古死罪贖銅一百二十斤於古稱爲三百六十斤孔以鍰爲六兩計千鍰爲三百七十五斤今贖輕於古也誤而人罪出金以贖卽律過失殺傷人各依其狀以贖論是也呂刑所言疑赦乃罰者卽今律疑罪各從其實以贖論是也疑謂虛實之證等是非之理均或事涉疑似旁無證見或雖宥證見事非疑似如此之類言皆爲疑罪疑而罰贖呂刑已用言誤而輸贖於文不顯故此傳指言誤而入罪以解此贖鞭扑加於人身可云扑作教刑金非加人之物而言金作贖刑出金之與受扑俱是人之所患故得指其所出以爲刑名○傳眚過至殺之○正義曰春秋言肆眚者皆謂緩縱過失之人是肆爲緩也眚爲過也公羊傳云害物曰災是爲害也宣二年左傳晉侯殺趙盾使鉏麑賊之是賊爲殺也此經二句承上典刑之下揔言用刑之罪過而有害雖據狀合罪而原心非故如此者當緩赦之小則恕之大則宥之上言流宥贖刑是也怙恃姦詐欺罔時人以此自終無心改悔如此者當刑殺之小者刑之大者殺之上言典刑及鞭扑皆是也經言賊刑傳云刑殺不順經文者隨便言之○傳舜陳至得中○正義曰此經二句舜之言也不言舜曰以可知而略之舜既制此典刑又陳典刑之義以勑天下百官使敬之哉敬之哉惟刑之憂哉憂念此刑恐有濫失欲使得中也○傳象恭至曰洲○正義曰堯典言共工之行云靜言庸違象恭滔天言貌象恭敬傲狼漫天足以疑或世人故流放也左傳說此事言投諸四裔釋地云燕曰幽州知北裔也水中可居者曰洲釋水文李巡曰四方有水中央高獨可居故曰洲天地之勢四邊有水鄒衍書說九州之外有瀛海環之是九州居水內故以州爲名共在一洲之上分之爲九耳州取水內爲名故引爾雅解州也投之四裔裔訓遠也當在九州之外而言於幽州者在州境之北邊也禹貢羽山在徐州三危在雍州故知北裔在幽州下三者所居皆言山名此共工所處不近大山故舉州言之此流四凶在治水前於時未作十有二州則無幽州之名而云幽州者史據後定言之○傳黨於至南裔○正義曰共工象恭滔天而驩兜薦之是黨於共工罪惡同故放之也左傳說此事云流四凶族投諸四裔則四方方各有一人幽州在北裔雍州三危在西裔徐州羽山在東裔三方既明知崇山在南裔也禹貢無崇山不知其處蓋在衡嶺之南也○傳三苗至西裔○正義曰昭元年左傳說自古諸侯不用王命者虞有三苗夏有觀扈知三苗是國其國以三苗爲名非三國也杜預言三苗地闕不知其處三凶皆是王臣則三苗亦應是諸夏之國入仕王朝者也文十八年左傳言縉雲氏有不才子貪于飲食冒于貨賄侵欲崇侈不可盈厭聚斂積實不知紀極不分孤寡不恤窮匱天下之民以比三凶謂之饕餮卽此三苗是也知其然者以左傳說此事言舜臣堯流四凶族渾敦窮奇檮杌饕餮投諸四裔以禦螭魅謂

此驩兜共工三苗與鯀也雖知彼言四凶此等四人但名不同莫知孰是惟當驗其行跡以別其人左傳說窮奇之行云靖譖庸回堯典言共工之行云靜言庸違其事既同知窮奇是共工也左傳說渾敦之行云醜類惡物是與比周堯典言驩兜薦舉共工與惡比周知渾敦是驩兜也左傳說檮杌之行言不可教訓不知話言傲狠明德以亂天常堯典言鯀之行云咈哉方命圮族其事既同知檮杌是鯀也惟三苗之行堯典無文鄭玄具引左傳之文乃云命驩兜舉共工則驩兜爲渾敦也共工爲窮奇也鯀爲檮杌也而三苗爲饕餮亦可知是先儒以書傳相考知三苗是饕餮也禹貢雍州言三危既宅三苗丕敘知三危是西裔也○傳方命至海中○正義曰方命圮族是其本性績用不成試而無功二者俱是其罪故竝言之釋言云殛誅也傳稱流四凶族者皆是流而謂之殛竄放流皆誅者流者移其居處若水流然罪之正名故先言也放者使之自活竄者投棄之名殛者誅責之稱俱是流徙異其文述作之體也四者之次蓋以罪重者先共工滔天爲罪之最大驩兜與之同惡故以次之祭法以鯀障洪水故列諸祀典功雖不就爲罪最輕故後言之禹貢徐州云蒙羽其藝是羽山爲東裔也漢書地理志羽山在東海郡祝其縣西南海水漸及故言在海中也○傳皆服至見之○正義曰此四罪者徵用之初卽流之也舜以徵賤超升上宰初來之時天下未服既行四罪故天下皆服舜用刑得當其罪也自象以典刑以下徵用而卽行之於此居攝之後追論成功之狀故作者先敘典刑言舜重刑之事而連引四罪述其刑當之驗明此諸事皆是徵用之時所行於此揔見之也知此等諸事皆徵用所行者洪範云鯀則殛死禹乃嗣興僖三十三年左傳云舜之罪也殛鯀其舉也興禹襄二十一年左傳云鯀殛而禹興此三者皆言殛鯀而後用禹爲治水是徵用時事四罪在治水之前明是徵用所行也又下云禹讓稷契皐陶帝因追美三人之功所言稷播百穀契敷五教皐陶作士皆是徵用時事皐陶所行五刑有服五流有宅卽是象以典刑流宥五刑此爲徵用時事足可明矣而鄭玄以爲禹治水事畢乃流四凶故王肅難鄭言若待禹治水功成而後以鯀爲無功殛之是爲舜用人子之功而流放其父則禹之勤勞適足使父致殛爲舜失五典克從之義禹陷三千莫大之罪進退無據亦甚迂哉

二十有八載。帝乃殂落。殂落死也堯年十六卽位七十載求禪試舜三載自正月上日至崩二十八載堯死壽一百一十七歲○殂才枯反

百姓如喪考妣。考妣父母言百官感德思慕○喪如字又息浪反妣必履反父曰考母曰妣

三載。四海遏密八音。遏絕密靜也八音金石絲竹匏土革木四夷絕音三年則華夏可知言盛德恩化所及者遠○遏安葛反或音謁八音謂金鍾也石磬也絲琴瑟也竹篪笛也匏笙也土塤也革鼓也木柷敔也匏白交反

疏 二十至八音○正義曰舜受終之後攝天子之事二十有八載帝堯乃死百官感德思慕如喪考妣三載之內四海之人蠻夷戎狄皆絕靜八音而不復作樂是堯盛德恩化所及者遠也○傳殂落至七歲○正義曰殂落死也釋詁文李巡曰殂落堯死之稱郭璞曰古死尊卑同稱故書堯曰殂落舜曰陟方乃死謂之殂落者蓋殂爲往也言人命盡而往落者若草木葉落也堯以十六卽位明年乃爲元年七十載求禪求禪之時八十六也試舜三年自正月上日至崩二十八載揔計其數凡壽一百一十七歲案堯典求禪之年卽得舜而試之求禪試舜共在一年也更得二年卽爲歷試三年故下傳云歷試二年與攝位二十八年合得爲三十在位故

王肅云徵用三載其一在徵用之年其餘二載與攝位二十八年凡三十歲也故孔傳云歷試二年明其一年在徵用之限以此計之惟有一百一十六歲不得有七蓋誤爲七也○傳考妣至思慕○正義曰曲禮云生曰父母死曰考妣鄭玄云考成也言其德行之成也妣之言嬪也嬪於考也喪服爲父爲君同服斬衰檀弓說事君之禮云服勤至死方喪三年鄭玄云方喪資於事父凡此以義爲制義重則恩輕其情異於父如喪考妣言百官感德情同父母思慕深也諸經傳言百姓或爲百官或爲萬民知此百姓是百官者以喪服庶民爲天子齊衰三月畿外之民無服不得如考妣故知百官也○傳遏絕至遠者○正義曰密靜釋詁文遏止絕之義故爲絕也周禮太師云播之以八音金石土革絲木匏竹鄭云金鍾鑄也石磬也土塤也革鼓鼗也絲琴瑟也木柷敔也匏笙也竹管簫也傳言八音與彼次不同者隨便言耳釋地云九夷八狄七戎六蠻謂之四海夷狄尚絕音三年則華夏內國可知也衰服諸侯之大夫爲天子正服緦衰既葬除之今能使四夷三載絕音言堯有盛德恩化所及遠也

月正元日。舜格于文祖。月正正月元日上日也舜服堯喪三年畢將即政故復至文祖廟告○復扶又反

詢于四岳。闢四門。詢謀也謀政治於四岳開闢四方之門未開者廣致衆賢○闢婢亦反徐甫亦反

明四目。達四聰。廣視聽於四方使天下無壅塞

咨十有二牧。曰。食哉惟時。咨亦謀也所重在於民食惟當敬授民時

柔遠能邇。惇德允元。柔安邇近敦厚也元善之長言當安遠乃能安近厚行德信使足長善○惇音敦長張丈反下同

而難任人。蠻夷率服。任佞難拒也佞人斥遠之則忠信昭於四夷皆相率而來服○難乃旦反任音壬又音而鴆反

【疏】月正至率服○正義曰自此已下言舜眞爲天子命百官授職之事舜既除堯喪以明年之月正元日舜至於文祖之廟告已將即正位爲天子也告廟既訖乃謀政治於四岳之官所謀開四方之門大爲仕路致衆賢也明四方之目使爲已遠視四方也達四方之聰使爲已遠聽聞四方也恐遠方有所擁塞令爲已悉聞見之既謀於四岳又別勑州牧咨十有二牧曰人君最所重者在於民之食哉惟當敬授民之天時無失其農要爲政務在安民當安彼遠人則能安近人耳遠人不安則近亦不安欲令遠近皆安之也又當厚行德信而使足爲善長欲令諸侯皆厚行其德爲民之師長而難拒佞人斥遠之使不干朝政如是則誠信昭於四夷自然蠻夷皆相率而來服也○傳月正至廟告○正義曰正訓長也月正言月之最長正月長於諸月月正還是正月也上日日之最上元日日之最長元日還是上日王肅云月正元日猶言正月上日變文耳禮云令月吉日又變文言吉月令辰此之類也知舜服堯喪三年畢將即政者以堯存且攝其位堯崩讓而不居孟子云堯崩三年喪畢舜避丹朱於南河之南天下諸侯朝覲者不之堯子而之舜獄訟者不之堯子而之舜謳歌者不之堯子而謳歌舜曰天也然後之中國踐天子位既言然矣此文又承三載之下故知舜服堯喪三年畢將欲即政復至文祖廟告前以攝位告今以即政告也此猶是堯之文祖自此以後舜當自立文祖之廟堯之文祖當遷於丹朱之國也○傳詢謀至衆賢○正義曰詢謀釋詁文闢訓開開四方之門謂闢仕路引賢人也論語云從我於陳蔡者皆不及門也門者行之所由故以門言仕路以堯舜之聖求賢久矣今更言開門是開其未開者謂多設取士之科

以此廣致衆賢也○傳廣視至壅塞○正義曰聰謂耳聞之也既云明四目不云聰四耳者目視苦其不明耳聽貴其及遠明謂所見博達謂聽至遠二者互以相見故傳摠申其意廣視聽於四方使天下無壅塞天子之聞見在下必由近臣四岳親近之官故與謀此事也○傳咨亦至民時○正義曰咨謀釋詁文以上帝曰咨上連帝曰故爲咨嗟此則上有詢于四岳言咨十有二牧故爲謀也立君所以牧民民生在於粒食是君之所重論語云所重民食謂年穀也種殖收斂及時乃穫故惟當敬授民時○傳柔安至長善○正義曰柔安邇近惇厚皆釋詁文元善之長易文言也安近不能安遠遠人或來擾亂雖欲安近近亦不安人君爲政若其不能安近但戒使之柔遠故能安近言當安彼遠人乃能安近欲令遠近皆安也王肅云能安遠者先能安近知不然者以牧在遠方故據遠近之惇德者令人君厚行德也允元者信使足爲長善也言人君厚行德之與信使足爲善長民必効之爲善而行也○傳任佞至來服○正義曰任佞釋詁文孫炎云似可任之佞也論語說爲邦之法云遠佞人佞人殆故以難距佞人爲斥遠之令不干朝政朝無佞人則忠信昭於四夷皆相率而來服也舉蠻夷而戎狄亦見矣

舜曰。咨四岳。有能奮庸熙帝之載。奮起庸功載事也訪羣臣有能起發其功廣堯之事者言舜曰以別堯○奮弗運反

使宅百揆。亮采惠疇。亮信惠順也求其人使居百揆之官信立其功順其事者誰乎

僉曰。伯禹作司空。四岳同辭而對禹代鯀爲宗伯入爲天子司空治洪水有成功言可用之

帝曰。俞。咨禹。汝平水土。惟時懋哉。然其所舉稱禹前功以命之懋勉也惟居是百揆勉行之○俞以朱反懋音茂王云勉也馬云美也

禹拜稽首。讓于稷契暨皋陶。居稷官者棄也契皋陶二臣名稽首首至地○稽音啓稽首首至地臣事君之禮契息列反陶音遙

帝曰。俞。汝往哉。然其所推之賢不許其讓敕使往宅百揆

【疏】舜曰至往哉○正義曰舜本以百揆攝位今既即政故求置其官曰咨嗟四岳等汝於羣臣之內有能起發其功廣大帝堯之事者我欲使之居百揆之官在官而信立其功於事能順者其是誰乎四岳皆曰伯禹作司空有成功惟此人可用帝曰然然其所舉得人也乃咨嗟勑禹汝本平水土實有成功惟當居是百揆而勉力行哉禹拜稽首讓于稷契與皋陶帝曰然然其所讓實賢也汝但往居此職不許其讓也○傳奮起至別堯○正義曰奮是起動之意故爲起也釋詁云庸勞也勞亦功也鄭玄云載行也王肅云載成也孔以載爲事也各自以意訓耳舜受堯禪當繼行其道行之在於任臣百揆臣之最貴求能起發其功廣大帝堯之事者欲任之舜既即位可以稱帝而言舜曰者承堯事下言舜曰以別堯於此一別以下稱帝也○傳亮信至誰乎○正義曰亮信釋詁文惠順釋言文上云舜納於百揆百揆是官名故求其人使居百揆之官居官則當信立其功能順其事者誰乎此官任重當統羣職繼堯之功故歷言所順而後始問誰乎異於餘官先言疇也○傳四岳至用之○正義曰僉訓爲皆故云四岳皆同辭而對也國語云有崇伯鯀堯殛之於羽山賈逵云崇國名伯爵也禹代鯀爲崇伯入爲天子司空以其伯爵故稱伯禹言人之賢而舉其爲官知禹治洪水自成功言可用也○傳然其至行之○正義曰禹平水土往前之事嫌其今復命之令平水土故云稱禹前功以命之懋勉釋詁文○傳居稷至首至地○正義

曰下文帝述三人遂變稷爲棄故解之居稷官者棄也獨稱官者出自禹意耳不必著義鄭云時天下賴后稷之功故以官名通稱或當然也經因稷契名單共文言暨皋陶爲文勢耳三人爲此次者蓋以官尊卑爲先後也周禮太祝辨九拜一曰稽首稽首爲敬之極故爲首至地稽首是拜內之別名爲拜乃稽首故云拜稽首也

帝曰。棄。黎民阻飢。汝后稷。播時百穀。阻難播布也衆人之難在於饑汝后稷布種是百穀以濟之美其前功以勉之○阻莊呂反王云難也播波左反

【疏】帝曰棄至百穀○正義曰帝因禹讓三人而官不轉各述其功以勸之帝呼稷曰棄往者洪水之時衆民之難難在於飢汝君爲此稷之官教民布種是百穀以濟活之言我知汝功當勉之○傳阻難至勉之○正義曰阻難釋詁文播是分散之義故爲布也王肅云播敷也堯遭洪水民不粒食故衆民之難在於飢也稷是五穀之長立官主此稷事后訓君也帝言汝君此稷官布種是百穀以濟救之追美其功以勸勉之上文讓於稷契益稷云暨稷呂刑云稷降播種國語云稷爲天官單名爲稷尊而君之稱爲后稷故詩傳孝經皆以后稷爲言非官稱后也

帝曰。契。百姓不親。五品不遜。五品謂五常遜順也

汝作司徒。敬敷五教在寬。布五常之教務在寬所以得人心亦美其前功

【疏】帝曰契至在寬○正義曰帝又呼契曰往者天下百姓不相親睦家內尊卑五品不能和順汝作司徒之官謹敬布其五常之教務在於寬故使五典克從是汝之功宜當勉之○傳五品至順也○正義曰品謂品秩一家之內尊卑之差卽父母兄弟子是也教之義慈友恭孝此事可常行乃爲五常耳傳上云五典克從此五品能順上傳以解五典爲五常又解此以同之故云五品謂五常其不友不恭不孝也○傳布五至前功○正義曰文十八年左傳云布五教於四方父義母慈兄友弟恭子孝是布五常之教也論語云寬則得衆故務在寬所以得民心也治不遜之罪宜峻法以繩之而貴其務在寬者此五品不遜直是禮教不行風俗未淳耳未有殺害之罪故教之務在於寬若其不孝不恭其人至於逆亂而後治之於事不得寬也

帝曰。皋陶。蠻夷猾夏。寇賊姦宄。猾亂也夏華夏羣行攻劫曰寇殺人曰賊在外曰姦在內曰宄言無教所致○猾戶八反寇苦豆反宄音軌

汝作士。五刑有服。士理官也五刑墨劓剕宮大辟服從也言得輕重之中正○劓魚器反截鼻也剕扶味反刖足也大辟婢亦反死刑也

五服三就。既從五刑謂服罪也行刑當就三處大罪於原野大夫於朝士於市○處昌慮反朝直遙反

五流有宅。五宅三居。謂不忍加刑則流放之若四凶者五刑之流各有所居五居之差有三等之居大罪四裔次九州之外次千里之外

惟明克允。言皋陶能明信五刑施之遠近蠻夷猾夏使咸信服無敢犯者因禹讓三臣故歷述之

【疏】帝曰皋陶至克允○正義曰帝呼皋陶曰往者蠻夷戎狄猾亂華夏又有強寇劫賊外姦內宄者爲害甚大汝作士官治之皆能審得其情致之五刑之罪受罪者皆有服從之心言輕重得中悉無怨恨也五刑有服從者於三處就而殺之其有不忍刑其身者則斷爲五刑而流放之五刑之流各有所居處五刑所居於三處居之所以輕重罪得其宜受罪無怨者惟汝識見之明能使之信服故姦邪

之人無敢更犯。是汝之功，宜當勉之。因禹之讓，以次誡之。傳「猾亂」至「之致」。正義曰：猾者，狡猾相亂，故猾爲亂也。夏訓大也，中國有文章光華禮義之大。定十年左傳云「裔不謀夏，夷不亂華」，是中國爲華夏也。寇者衆聚爲之，賊者殺害之稱，故羣行攻刼曰寇，殺人曰賊也。成十七年左傳云「亂在外爲姦，在內爲宄」，是在外曰姦，在內曰宄也。寇賊姦宄皆是作亂害物之名也。蠻夷猾夏，興兵犯邊，害大，故先言之。寇賊姦宄皆國內之害，小，故後言之。管子曰：「倉廩實知禮節，衣食足知榮辱。」讓生於有餘，爭生於不足。往者洪水爲災，下民飢困，內有寇賊爲害，外則四夷犯邊，皆言無教之致也。唐堯之聖，協和萬邦，不應末年頓至於此，蓋少有其事，辭頗增甚，歸功於人，作與奪之勢耳。○傳「士理」至「中正」。正義曰：士卽周禮司寇之屬，有士師、卿士等，皆以士爲官名。鄭玄云：「士，察也，主察獄訟之事。」月令云「命大理」，昭十四年左傳云「叔魚攝理」，是謂獄官爲理也。準呂刑文，知五刑謂墨、劓、剕、宮、大辟也。人心服罪，是順從之義，故爲從也。所以服者，言得輕重之中正也。呂刑云「咸庶中正」是也。○傳「既從」至「於市」。正義曰：經言五服，謂皋陶所斷五刑皆服其罪。傳既訓服爲從，故云既從五刑，謂服罪也。行刑當就三處，惟謂大辟罪耳。魯語云：「刑五而已，無有隱者。大刑用甲兵，其次斧鉞；中刑刀鋸，其次鑽笮；薄刑鞭扑，以威民。故大者陳之原野，小者致之市朝，五刑三次，是無隱也。」孔用彼爲說，故以三就爲原野與市朝也。國語賈逵注云：「用兵甲者，諸侯逆命征討之刑也。大夫已上於朝，士已下於市。」傳雖不言已上已下，爲義亦當然也。國語云五刑者，謂甲兵也，斧鉞也，刀鋸也，鑽笮也，鞭扑也，與呂刑之五刑異也。所言三次，卽此三就是也。惟死罪當分就處所，其墨、劓、剕、宮無常處可就也。馬、鄭、王三家皆以三就爲原野也，市朝也，甸師氏也。案刑於甸師氏者，王之同族刑於隱者，不與國人慮兄弟耳，非所刑之正處。此言正刑，不當數甸師也。又市朝異所，不得合以爲一。且皆國語之文，其義不可通也。○傳「謂不」至「之外」。正義曰：此五流有宅，卽流有五刑也。當在五刑而流放之，故知謂不忍加刑，則流放之，若四凶也。鄭玄云：「舜不刑此四人者，以爲堯臣，不忍刑之。」王肅云：「謂在入議之辟，君不忍殺，宥之以遠。」入議者，周禮小司寇所云議親、議故、議賢、議能、議貴、議賓、議勤是也。以君恩不忍殺，罪重不可全赦，故流之也。五刑之流各有所居，謂徙置有處也。五居之差有三等之居，量其罪狀，爲遠近之差也。四裔最遠，在四海之表，故大罪四裔，謂不犯死罪也。故周禮調人職云「父之讎辟諸海外」，卽與四裔爲一也。次九州之外，卽王制云「入學不率教者屏之遠方，西方曰棘，東方曰寄」，注云「偪寄於夷狄也」，與此九州之外同也。次千里之外者，卽調人職云「兄弟之讎辟諸千里之外」也。立政云「中國之外」不同者，言中國者，據罪人所居之國，定千里也，據其遠近，其實一也。周禮與王制既有三處之別，故約以爲言。鄭玄云：「三處者，自九州之外至於四海，三分其地，遠近若周之夷、鎮、蕃也。」然罪有輕重不同，豈五百里之校乎？不可從也。○傳「言皐」至「述之」。正義曰：惟明，謂皐陶之明；克允，謂受罪者信服。故王肅云：「惟明其罪，能使之信服。」是信施於彼也。但彼人信服，由皐陶有信，故傳言皐陶能明信五刑，施之遠近，蠻夷使咸信服。主言信者，見其皐陶有信，故彼信之也。

帝曰：疇若予工？僉曰：垂哉。 問誰能順我百工事者。朝臣舉垂。垂，臣名。○垂，如字，徐音睡。〔疏〕傳「問誰」至「臣名」。正義曰：考工記云：「國有六職，百工與居一焉。」工卽百工，故云問誰能順我百工事者。直言帝曰，無所偏咨，故知僉曰是朝臣共舉垂也。

帝曰：俞，咨垂，汝共工。 共謂供其職事。○共音恭。〔疏〕傳「共謂供其職事」。○正義曰：堯典傳云共工官稱，卽彼以共工二字爲官名。上云疇若予工，舉工名，今命此人云汝作共工，明是帝謂此人堪供此職，非是呼此官名爲共工也。其官或以共工爲名，要帝意言共謂供此職也。

垂拜稽首，讓于殳斨暨伯與。 殳斨、伯與，二臣名。○斨，七良反。與音餘。**帝曰：俞，往哉，汝諧。** 汝能諧和此官。

帝曰：疇若予上下草木鳥獸？僉曰：益哉。 上謂山，下謂澤，順謂施其政教，取之有時，用之有節。言伯益能之。○益，皐陶子也。〔疏〕傳「上謂」至「能之」。○正義曰：言上下草木鳥獸，則上之與下各有草木鳥獸，卽周禮山虞、澤虞之官，各掌其教，知上謂山，下謂澤也。順其草木鳥獸之宜，明是施其政教，取之有時，用之有節也。馬、鄭、王本皆爲「禹曰益哉」，是字相近而彼誤耳。

帝曰：俞，咨益，汝作朕虞。 虞，掌山澤之官。〔疏〕「作朕虞」。○正義曰：此官以虞爲名，帝言作我虞耳，朕非官名也。鄭玄云：「言朕虞，重鳥獸草木。」漢書王莽自稱爲予，立予虞之官，則莽謂此官名爲朕虞，其義必不然也。

益拜稽首，讓于朱虎、熊羆。帝曰：俞，往哉，汝諧。 朱虎、熊羆，二臣名。垂、益所讓四人皆在元凱之中。○羆，彼皮反。〔疏〕傳「朱虎」至「之中」。正義曰：知垂所讓四人皆在元凱之中者，以文十八年左傳八元之內有伯虎、仲熊，卽此朱虎、熊羆是也。虎、熊在元凱之內，明殳斨、伯與亦在其內，但不知彼誰當之耳。益是皐陶之子，皐陶卽庭堅也，益在八凱之內，垂則不可知也。傳不在伯夷、夔龍之下爲此言者，以伯夷姜姓，不在元凱之內，夔龍亦不可知，惟言此四人耳。傳雖言殳斨、伯與，亦難知也。

帝曰：咨！四岳，有能典朕三禮？僉曰：伯夷。 三禮，天地人之禮。伯夷，臣名，姜姓。〔疏〕傳「三禮」至「姜姓」。正義曰：此時秩宗，卽周禮之宗伯也。其職云：「掌天神、人鬼、地祇之禮。」雖三者併爲吉禮，要言三禮者，是天地人之事，故知三禮是天地人之禮。上文舜之巡守言修五禮，此云典朕三禮，各有其事，則五禮皆據其所施，於三處五禮所施於天地人耳，言三足以包五，故舉三以言之。鄭語云：「姜，伯夷之後也。伯夷能禮於神以佐堯。」是伯夷爲姜姓也。此經不言疇者，訪其有能，是問誰可知，上文已具，此略之也。

帝曰：俞，咨伯，汝作秩宗。 秩，序；宗，尊也。主郊廟之官。〔疏〕傳「秩序」至「之官」。○正義曰：堯典傳已訓秩爲序，此復訓者，此爲官名，須辨官之尊卑，故詳之也。宗之爲尊，常訓也。主郊廟之官，掌序鬼神尊卑，故以秩宗爲名。郊謂祭天南郊、祭地北郊，廟謂祭先祖，卽周禮所謂天神、人鬼、地祇之禮是也。

夙夜惟寅，直哉惟清。 夙，早也。言早夜敬思其職，典禮施政教，使正直而清明。○寅，如字，徐音夷。〔疏〕傳「夙早也，言早夜敬思其職，典禮施政教，使正直而清明」。○正義曰：夙，早，釋詁文。早夜敬服其職，謂早已起，深夜乃臥，謹敬其職事也。典禮之官施行教化，使正直而清明。正直，不枉曲也；清明，不暗昧也。

伯拜稽首，讓于夔、龍。 夔、龍，二臣名。○夔，音求龜反。**帝曰：俞，往，欽哉。** 然其賢，不許讓。

帝曰：夔，命汝典樂，教胄子。 胄，長也。謂元子以下至卿大夫子弟，以歌詩蹈之舞之，教長國子中和祗庸孝友。○胄，直又反。王云：「胄子，國子也。」馬云：「胄，長也，教長天下之子弟。」**直而溫，寬而栗，** 教之正直而溫和，寬弘而能莊栗。○莊栗，戰栗也。**剛而無虐，簡而無傲。** 剛失之虐，簡失之傲，教之以防其失。

詩言志，歌永言， 謂詩言志以導之，歌詠其義以長其言。○永，徐音詠，又如字。**聲依永，律和聲。** 聲謂五聲，宮商角徵羽。律謂六律六呂，十二月之音氣。言當依聲律以和樂。**八音克諧，無相奪倫，神人以和。** 倫，理也。八音能諧，理不錯奪，則神人咸和。命夔使勉之。

夔曰：於！予擊石拊石，百獸率舞。 石，磬也。磬，音之清者。拊亦擊也。舉清者和，則其餘皆從矣。樂感百獸，使相率而舞，則神人和可知。○於，如字，或音烏而絕句者非。拊音撫，徐音府。〔疏〕「帝曰夔」至「率舞」。○正義曰：帝因伯夷所讓，隨才而任用之。帝呼夔曰：我今命女典掌樂事，當以詩樂教訓世適長子，使此長子正直而溫和，寬弘而莊栗，剛毅而不苛虐，簡易而不傲慢。教之詩樂所以然者，詩言人之志意，歌詠其義以長其言，樂聲依此長歌爲節，律呂和此長歌爲聲。八音皆能和諧，無令相奪道理，如此則神人以此和矣。夔答舜曰：嗚呼！我擊其石磬，拊其石磬，諸音莫不和諧，百獸相率而舞，樂之所感如此，是人神既已和矣。○[illegible]

本言律之所作如此聖人之作律也既以出音又以候氣布十二律於十二月之位氣至則律應是六律六呂述十二月之音氣也聲依永者謂五聲依附長言而爲之其聲未和乃用此律呂調和其五聲使應於節奏也○傳倫理至勉之○正義曰倫之爲理常訓也八音能諧相應和也各自守分不相奪道理是言理不錯亂相奪也如此則神人咸和矣帝言此者命夔使勉之也大司樂云大合樂以致鬼神元以和邦國以諧萬民以安賓容以說遠人是神人和也○傳石磬至可知○正義曰樂器惟磬以石爲之故云石磬也八音之音石磬最淸故知磬是音之聲淸者磬必擊以鳴之故云拊亦擊之重其文者擊有大小擊是大擊拊是小擊音聲濁者粗淸者精精則難和舉淸者和則其餘皆從矣商頌云依我磬聲是言磬聲淸諸音來依之百獸率舞卽大司樂云以作動物益稷云鳥獸蹌蹌是也人神易感鳥獸難感百獸相率而舞則神人和可知也夔言此者以帝戒之云神人以和欲使勉力感神人也乃荅帝云百獸率舞則神人以和言帝德及鳥獸也

帝曰。龍。朕堲讒說殄行。震驚朕師。堲疾殄絕震動也言我疾讒說絕君子之行而動驚我衆欲遏絕之○堲徐在力反讒切韻仕咸反說如字註同徐失銳反殄切韻徒典反行下孟反註同

命汝作納言。夙夜出納朕命。惟允。納言喉舌之官聽下言納於上受上言宣於下必以信○喉音侯〔疏〕帝曰龍至惟允○正義曰帝呼龍曰龍我憎疾人爲讒佞之說絕君子之行而動驚我衆大欲遏之故命汝作納言之官從早至夜出納我之教命惟以誠信每事皆信則讒言自絕命龍使勉之○傳堲疾至絕之○正義曰堲聲近疾故爲疾也殄絕震動皆釋詁文讒人以善爲惡以惡爲善故言我疾讒說絕君子之行衆人畏其讒口故爲動驚我衆欲遏止之○傳納言至以信○正義曰詩美仲山甫爲王之喉舌喉舌者宣出王命如王咽喉口舌故納言爲喉舌之官也此官主聽下言納於上故以納言爲名亦主受上言宣於下故言出朕命納言不納於下朕命有出無入官名納言云出納朕命互相見也必以信者不妄傳下言不妄宣帝命出納皆以信也

帝曰。咨汝二十有二人。禹垂益伯夷夔龍六人新命有職四岳十二牧凡二十二人特勅命之

欽哉。惟時亮天功。各敬其職惟是乃能信立天下之功〔疏〕帝曰咨至天功○正義曰帝既命用衆官乃戒勅之曰咨嗟汝新命六人及四岳十二牧凡二十有二人汝各當敬其職事哉惟是汝等敬事則信實能立天下之功天下之功成王在於汝可得不敬之哉○傳禹垂至命之○正義曰傳以此文揔結上事據上文詢於四岳咨十有二牧及新命六官等適滿二十二人謂此也其稷契皐陶殳斯伯與朱虎熊羆七人仍舊故不須勅命之岳牧亦應是舊而勅命之者岳牧外內之官常所咨詢故亦勅之鄭玄云自咨十有二牧至帝曰龍皆月正元日格於文祖所勅一命也案經於文祖之後方始詢於四岳咨十二州牧未必一日之內卽得行此諸事傳既不說或歷日命授乃揔勅之未必卽是元日之事也鄭以爲二十二人數殳斯伯與朱虎熊羆不數四岳彼四人者直被讓而已不言居官何故勅使敬之也岳牧俱是帝所咨詢何以勅牧不勅岳也必非經旨故孔說不然

三載考績。三考。黜陟幽明。三年有成故以考功九歲則能否幽明有別黜退其幽者升進其明者○黜丑律反

庶績咸熙。分北三苗。考績法明衆功皆廣三苗幽闇君臣善否分北流之不令相從善惡明○北如字又音佩令力呈反〔疏〕三載至三苗○正義曰自此以下史述舜事非帝語也言帝命羣官之後經三載乃考其功績經三考則九載黜陟幽明明者升之闇者退之羣官懼黜思升各敬其事故得衆功皆廣前流四凶時三苗之君窴之西裔更紹其嗣不滅其國舜卽政之後三苗復不從化是闇當黜之其君臣有善有惡舜復分北流其三苗北背也善留惡去使分背也○傳三年至明者○正義曰三年一閏天道成人亦可以成功故以三年考校其功之成否也九年三考則人之能否可知幽明有別黜退其幽者或奪其官爵或從之遠方升進其明者或益其土地或進其爵位也○傳考績至惡明○正義曰考績法明人皆自勵故得衆功皆廣也分北三苗卽是黜幽之事故於考績之下言其流之分謂別之云北者言相背必善惡不同故知三苗幽闇宜黜其君臣乃有善否分背流之不令相從俱從之則善從惡俱不從則惡從善言善惡不使相從言舜之黜陟善惡明也鄭玄以爲流四凶者卿爲伯子大夫爲男降其位耳猶爲國君故以三苗爲西裔諸侯猶爲惡乃復分北流之謂分北西裔之三苗也孔傳窴三苗爲誅也其身無復官爵必非黜陟之限其所分北非彼窴者王肅云三苗之民有赦宥者復不從化不令相從分北流之王肅意彼赦宥者復繼爲國君至不復從化故分北流之禹繼鯀爲崇伯三苗未必絕後傳意或如肅言

舜生三十徵庸。言其始見試用**三十在位。**歷試二年攝位二十八年〔疏〕傳歷試至八年○正義曰上云乃言厎可績三載則歷試當三年云二年者其一卽是徵用之年已在上句三十之數故惟有二年耳受終居攝尚在臣位故歷試并爲三十在位謂在臣位也

五十載。陟方乃死。方道也舜卽位五十年升道南方巡守死於蒼梧之野而葬焉三十徵庸三十年在位服喪三年其一在三十之數爲天子五十年凡壽百一十二歲〔疏〕傳方道至十二歲○正義曰論語云可謂仁之方也已孔註亦以方爲道常訓也舜卽位五十年從格於文祖之後數之升道謂乘道而行也天子之行必是巡其所守之國故通以巡守爲名未必以仲夏之月巡守南岳也檀弓云舜葬蒼梧之野是舜死蒼梧之野因而葬焉孔以月正元日在三載遏密之下又孟子云舜服堯三年喪畢避堯之子故服喪三年三年之喪二十五月而畢其一年卽在三十在位之數惟有二年是舜年六十二爲天子五十年是舜凡壽百一十二歲也大禹謨云帝曰朕宅帝位三十有三載乃求禪禹孟子云舜薦禹於天十七年是在位五十年其文明矣鄭玄讀此經云舜生三十謂生三十年也登庸二十謂歷試二十年在位五十載陟方乃死謂攝位至死爲五十年舜年一百歲也史記云舜年三十堯舉用之年五十攝行天子事年五十八堯崩年六十一而踐天子位三十九年崩皆謬耳

帝釐下土。方設居方。言舜理四方諸侯各設其官居其方○釐力之反馬云賜也理也下土絕句讀至方字絕句

別生分類。生姓也別其姓族分其類使相從○別彼列反分方云反徐扶問反

作汨作。汨治作興也言其治民之功興故爲汨作之篇亡○汨音骨

九共。九篇。槀飫。槀勞也飫賜也凡十一篇皆亡○共音恭王巳勇反法也馬同槀苦報反飫於據反槀飫亦書篇名也汨作等十一篇同此序其文皆亡而序與百篇之序同編故存今馬鄭之徒百篇之序揔爲一卷孔以各冠其篇首而亡篇之序卽隨其次篇居見存者之間衆家經文並盡此唯王註本下更有汨作九共故逸故亦作古〔疏〕帝釐至槀飫○正義曰此序也孔以書序序所以爲作者之意宜相附近故引之各冠其篇首其經亡者以序附於本篇次而爲之傳故此序在此也帝舜治理下土諸侯之事爲各於其方置設其官居其所在之方而統治之又爲民別其姓族之生分別異類各使相從作汨作篇又作九共九篇又作槀飫之篇凡十一篇皆亡○傳言舜至其方○正義曰在虞書知帝是舜也下土對天子之辭故云理四方諸侯各爲其官居其方不知若爲設之凡此三篇之序亦不見其經闇射無以可中孔氏爲傳復順其文爲其傳耳既非不可知也他皆倣此○傳汨治至篇亡○正義曰汨之爲治無正訓也作是起義故爲興也言其治民之功興以意言之耳○傳槀勞飫賜也○正義曰左傳言槁師者以師枯槁用酒食勞之是槀得爲勞也襄二十六年左傳云將賞爲之加膳加膳則飫賜是飫得爲賜也亦不知勞賜之何所謂也

尚書注疏校勘記卷三　阮元撰盧宣旬摘錄

尚書注疏卷第三　宋板同古本作古文尚書舜典第二虞書孔氏傳山井鼎曰古本分爲十三卷卷內有數篇每篇題同此宋板卷數同今本其所分少有不同今詳記之見其牴牾耳但宋板篇題虞書孔氏傳之類或有或無注疏或作正義之等參差不一又舜典以下無古文尚書四字應以古本爲正也○按十行本堯典上亦無古文尚書四字每篇題孔氏傳下各有孔穎達疏四字未知宋板如是否

舜典第二　虞書　按舜典傳乃姚方興所上梅頤本無詳見正義及釋文此亦有闕古本異同故識之

似其繼世相傳　宋板似作以

曰若稽古帝舜曰重華協于帝　陸氏曰此十二字是姚方興所上孔氏傳本無阮孝緒七錄亦云然方興本或此下更有濬哲文明溫恭允塞玄德升聞乃命以位凡二十八字○按方興上孔傳不容遽有異本疑經文濬哲以下十六字及傳三十六字又後人所加明鄭曉謂舜典孔傳乃劉光伯僞撰托名姚方興細按方興之事見釋文序錄不可誣也惟濬哲以下十六字或劉氏所增耳或問陸氏著釋文時已知世有劉光伯乎曰隋文帝得舜典在開皇二年壬寅陸氏著書在癸卯較後一年時南北雖未混一陸氏或遙聞其說而筆之於書也

信允塞上下　古本作充塞四表至于上下也岳本作信充塞上下按古本四表與疏說不合允字作充則是也纂傳亦誤作允

豫章內史梅賾　纂傳賾作頤

聞天朝　閩本明監本毛本聞上有升字

詩毛傳訓塞爲實　實監本誤作貴

叔豹　〔補〕案釋文豹下有季貍二字此誤脫也

格汝舜　汝古本作女

不能嗣成帝位　纂傳成作承

是五者司爲一事　岳本司作同

自我五典五惇哉　宋板同毛本自作勑按勑字是也

檮戭　毛本禱改作檮非也

傳麓録至於天　閩本明監本同毛本天作大非也

書傳稱越常之使久矣　閩本同毛本常作裳案說文常是裳之正字詩小雅蓼蕭周頌譜及臣工三正義皆引作常

王者正天文之器　岳本閩本纂傳玊作王是也

以審已當天心與否　古本作以政察已當天心與否也

王云上帝天也注　山井鼎曰此以下二十二字釋文混入于

星也　古本星下有辰字

輯五瑞　按輯古文作揖見漢書倪寬傳注

班瑞于羣后　古本瑞上有五字

是爲主者正天文之器也　閩本主作王按作王是也毛本作玉尤誤

乃日月見四岳及羣牧　岳本日月作日日按日日是也毛本不誤

今史所用候臺銅儀　宋板今作令

猶卯之裏黃　毛本裏作裹按陳師凱曰晉志及孔疏裏字皆作裹取包裹之義是裏字誤也

又其南十二度爲夏至之日道　宋板閩本纂傳同毛本二作三

耻中丞象之　毛本耻作耿是也

王藩　毛本藩作蕃是也

江南宋元嘉年　浦鏜云中誤年○按玉海卷四引亦作年

今在太史書矣　盧文弨云書當作署○按當作臺

衡長八尺　此下纂傳有孔徑一寸四字按正義前引蔡邕云玉衡長八尺孔徑一寸蔡氏集傳因錢樂銅儀亦衡長八尺遂肬增此四字而纂傳承其誤

有而下者祭百神　岳本而作天是也閩本以下皆不誤

而傳之類謂攝位事類者　盧文弨云之當作云是也

禋之言禋　閩本明監本同毛本下禋字作烟是也

幽禜　纂傳禜作宗與記合下同○按依說文當作禜

司馬彪又上表云　盧文弨云云字疑衍○按疏中往往有小注下文歷難諸家及自言已意九字疑是小注否則云字當在已意下

東岳諸侯竟內名山大川　岳本閩本纂傳同毛本竟作境按竟境正俗字

二生　按儀禮士昏記疏引尚書云三帛二生一死贄宋單疏本生作牲考風俗通山澤篇及劉昭注補後漢書祭祀志上引此經俱作二牲是漢世經文如此孔傳古本葢亦作牲賈疏所引尚存其舊今經及賈疏俱作生古本遂湮矣○按史記封禪書漢書郊祀志並作牲

各使陳進治禮之言　古本閩本明監本同與國本禮作理毛本亦作理案正義各使自陳進其治化之言是作禮者誤也

白虎通云王者所以巡狩者也　盧文弨浦鏜皆云也當作何是也

謂其牲幣粢盛籩豆爵獻之數　毛本幣作帛

兩銖之爲兩　宋板閩本同毛本無銖字山井鼎曰漢元文無銖

以軍禮同邦國　宋板同毛本作固按作同是也

上去歲二月東巡守　毛本去作云去字誤也

此事不必然也　盧文弨云不必疑倒○按下云莽謂此官名爲朕虞其義必不然也語勢正同

肇十有二州　肇唐石經作肈後並同不悉挍

每州之名山殊大者　古本者作之按疏云特舉其名是殊大之也則作之爲是

以作爲治官事之刑　閩本明監本同毛本作作鞭案鞭字是也

惟刑之恤哉　匡謬正俗曰惟辭也葢語之發端書云惟三月哉生魄惟十有三祀王訪于箕子之類是也古文皆惟字今文尚書易爲維音義並同

流共工于幽洲　按說文無洲字水中之地本只作州後人加水相沿已久惟此句不可作洲觀孔疏直以十二州之幽州釋之則孔氏所据之經作州與孟子同若作洲則似別有一地名爲幽洲矣孔傳云水中可居者曰州此葢汎釋州字之義顧不於肇十有二州釋之而釋之於此亦不可解

水中可居者曰州　閩本同岳本州作洲當是岳本誤下幽州同

每州以一大山爲鎭　宋板州上亦有一字閩本明監本並無毛本州上有一字大上無

正義曰寬宥周語文　浦鏜云宥寬字誤倒

此鞭爲　毛本此作比爲下有重字是也

周禮滌狼氏　閩本同毛本滌作條案周禮條狼氏杜子春云條讀爲滌器之滌因改而爲滌此正義例也作條誤

大隨造律　山井鼎曰隨恐隋誤○按此說非也唐人書隋字多作隨歐陽詢書皇甫誕諸碑可証

治氏爲殺矢　案治當作冶閩本亦誤

臯氏爲重　岳本重作量案量字是也閩本明監本並誤

吕刑已用言　岳本用作明是也閩本明監本並誤

是肆災緩也眚災過也　岳本災並作爲是也閩本明監本並誤

總言用刑之罪　岳本罪作要是也閩本明監本並誤

共在一洲之上　宋板同毛本洲作州

堯死壽一百一十七歲　古本岳本宋板死作凡岳本宋板無上一字纂傳歲作載

若其不能安近　按若疑當作苦

欲令遠言皆安也　案言當作近與下據遠言之互易而誤也

故據遠近之　宋板纂傳近作言按言字是也與上互誤

禹代鯀爲宗伯　岳本宗作崇是也閩本亦誤

爲拜乃稽首　纂傳爲作禹是也

帝曰棄　棄唐石經作弃後並同

言無教所致　古本作无教之致也岳本作言無教之致

有士師卿士等　浦鏜云鄉誤卿

議能議貴　閩本議能下有議功二字案所補是也

攷傳言皐陶能明信五刑　宋板攷作故按攷非也

知垂所讓四人　按垂下脫益字

深夜乃臥　宋板深夜作夜深

謂元子以下至卿大夫子弟　古本謂上有子字元作天弟下有也字按釋文王云胄子國子也馬云胄長也教長天下之子弟如馬氏說則教胄二字連文子字單出謂教長此子也如王氏說則教字單出胄子二字連文謂教此國子也孔傳云教長國子國子二字取諸王教長二字取之馬則孔意亦教胄連文子字單出也上文所謂胄長也者乃長養之長非長幼之長當從古本謂上加子字爲是然以疏考之則孔穎達時已譌脫矣又按胄無長義馬本未必作胄說文去部育字注云養子使作善也虞書曰教育子然則古書作育馬本亦必作育故訓作長長即養也陸氏未經注明偶失檢耳僞孔於文則從王於義則從馬殊爲牽率後人誤解長字妄删子字職此之由

剛失之虐簡失之傲　兩之字古本岳本宋板纂傳俱作入岳本考證曰正義云剛強之失入於苛虐簡易之失入於傲慢謂過於剛簡則入虐傲知元本兩入字最得解若如諸本作失之則似剛簡即虐傲矣於

義未洽

歌咏其義以長其言　纂傳咏作永按永則與長其言意複訓永爲長正恐人誤認傳之咏字爲釋經之永也

聲依永　永古本作詠按古本此句作詠上句不作詠蓋字有虛實動靜之別定本當皆作永耳

我令命女典掌樂事　岳本令作今是也

各生其竅厚薄均者　按各字疑衍或谷字之誤

述十二月之音氣也　宋板無述字

卽疾　毛本卽作塈是也

汝各當敬其職事哉　汝宋板作等屬上句

成王在於汝　宋板王作主毛本作之

九歲　歲古本作載

分北流之　古本分上有並字北作背按疏意似亦作背

舜薦禹於天子十七年　毛本十作十有是也閩本亦誤

槀飫　唐石經槀从木岳本閩本明監本同注疏同○按槀卽枯槁字也今注疏本作稾从禾非也

各爲其官　盧文弨云爲依注是設字

左傳言槁師者　閩本同毛本槁作犒

附釋音尚書注疏卷第四

大禹謨第三○釋文徐云本虞書總爲一卷凡十二卷今依七志七錄爲十三卷　虞書　孔氏傳　孔穎達疏

皐陶矢厥謨。矢陳也○皐音高陶音遙禹成厥功。陳其成功帝舜申之。申重也重美二子之言○重直用反作大禹。皐陶謨。大禹謀九功皐陶謀九德○謨亦作謩益稷。凡三篇【疏】皐陶至益稷○正義曰皐陶爲帝舜陳其謀禹爲帝舜陳已成所治水之功帝舜因其所陳從而重美之史錄其辭作大禹皐陶二篇之謨又作益稷之篇凡三篇也篇先大禹序先言皐陶者皐陶之篇皐陶自先發端禹乃然而問之皐陶言在禹先故序先言皐陶其此篇以功大爲先故先禹也益稷之篇亦是禹之所陳因皐陶之言而禹論益稷在皐陶謨後故後其篇○傳矢陳也○正義曰矢陳釋詁文○傳陳其成功○正義曰此是謨篇禹成其功陳其言耳蒙上矢文故傳明之言陳其成功也序成在厥上傳成在下者序順上句傳從便文故倒也○傳申重至之言○正義曰申重釋詁文大禹謨云帝曰俞地平天成時乃功又帝曰皐陶惟茲臣庶罔或干予正時乃大懋哉益稷云迪朕德時乃功惟敍皆是重美二子之言也○傳大禹至九德○正義曰二篇皆是謨也序以一謨摠二篇故傳明之大禹治水能致九功而言謨以其序有謨文故云謨也○傳凡三篇○正義曰益稷亦大禹所謀不言謨者禹謀言及益稷非是益稷爲謀不得言益稷謨也其篇雖有夔曰夔言樂和本非謀慮不得謂之夔謨

大禹謨。◎禹稱大大其功謨謀也【疏】傳禹稱至謀也○正義曰餘文單稱禹而此獨加大者故解之禹與皐陶同爲舜謀而禹功實大禹與皐陶不等史加大其功使異於皐陶於此獨加大字與皐陶竝言故也謨謀釋詁文此三篇皆是舜史所錄上取堯事下錄禹功善於堯之知已又美所禪得人故包括上下以爲虞書其事以類相從非由事之先後若其不然上篇已言舜死於此豈死後言乎此篇已言禪禹下篇豈受禪後乎明史以類聚爲文計此三篇禹謨最在後以禹功大故進之於先孟子稱舜薦禹於天十有七年則禹攝一十七年舜陟方乃死不知禹征有苗在攝幾年史述禹之行事不必以年攝位之年卽征苗民也

曰若稽古大禹。順考古道而言之曰文命敷於四海祗承于帝。言其外布文德教命內則敬承堯舜○文命孔云文德教命也先儒云文命禹名【疏】曰若至于帝○正義曰史將錄禹之事故爲題目之辭曰能順而考案古道而言之者是大功之禹也此禹能以文德教命布陳於四海又能敬承堯舜外布四海內承二帝言其道周備○傳順考至言之○正義曰典是常行謨是言語故傳於典云行之於謨云言之皆是順考古道也○傳言其至堯舜○正義曰敷於四海卽敷此文命故言外布文德教命也四海舉其遠地故傳以外內言之祇訓敬也禹承堯舜二帝故云敬承堯舜傳不訓祇而直言敬以易知而略之曰。后克艱厥后。臣克艱厥臣。政乃乂。黎民敏德。敏疾也能知爲君難爲臣不易則其政治而衆民皆疾修德○易以豉反治直吏反帝曰。俞。允若茲。嘉言罔攸伏。野無遺賢。萬邦咸寧。攸所也善言無所伏言必用如此則賢才在位天下安寧○俞羊朱反攸音由徐以帚反稽于衆。舍己從人。不虐無告。不廢困窮。惟帝時克。帝謂堯也舜因嘉言無所伏遂稱堯德以成其義考衆從人矜孤愍窮凡人所輕聖人所重○舍音捨告故毒反矜居陵反【疏】曰后至時克○正義曰禹爲帝舜謀曰君能重難其爲君之事臣能重難其爲臣之職則上之政教乃治則下之衆民皆化而疾修其德而帝曰然信能如此君臣皆能自難竝願善以輔已則下之善言無所隱伏在野無遺逸之賢賢人盡用則萬國皆安寧也爲人上者考於衆言觀其是非舍己之非從人之是不苛虐鰥寡孤獨無所告者必哀矜之不廢棄困苦貧窮無所依者必愍念之惟帝堯於是能爲此行餘人所不能言克艱之不易也○傳敏疾至修德○正義曰許愼說文云敏疾也是相傳爲訓爲君難爲臣不易論語文能知爲君難爲臣不易則當謹愼恪勤求賢自輔故其政自然治矣見善則用知賢必進衆民各自舉則皆疾修德矣此經上不言禹者承上禹事以可知而略之○傳攸所至下安○正義曰攸所釋言文善言無所伏者言其必用之也言之善者必出賢人之口但言之易行之難或有人不賢而言可用也故嘉言與賢異其文也知此用善言任賢才在位則天下安○傳帝謂至所重○正義曰舜稱爲帝故知帝謂堯也舜因嘉言無所伏以爲堯乃能然故遂稱堯德以成其義此禹言之義以堯之聖智無所不能惟言其考衆從人矜孤愍窮以爲堯之美者此是凡人所輕聖人所重不虐不廢皆謂矜撫愍念之互相通也王制云少而無父謂之孤老而無子謂之獨老而無妻謂之鰥老而無夫謂之寡此四者天民之窮而無告者故此無告是彼四者彼四者而此惟言孤者四者皆孤也言孤此足以摠之言因窮謂貧無資財也益曰。都。帝德廣運。乃聖乃神。乃武乃文。益因舜言又美堯也廣謂所覆者大運謂所及者遠聖無所不通神妙無方文經天地武定禍亂皇天眷命。奄有四海。爲天下君。眷視奄同也言堯有此德故爲天所命所以勉舜也○眷居倦反奄於檢反【疏】益曰至下君○正義曰益承帝言歎美堯德曰嗚呼帝堯之德廣大運行乃聖而無所不通乃神而微妙無方乃武能克定禍亂乃文能經緯天地以此爲大天顧視而命之使同有四海之內爲天下之君○傳益因至禍亂○正義曰廣者闊之義故爲所覆者大運者動之言故爲所及者遠洪範云睿作聖言通知衆事故爲無所不通案易曰神者妙萬物而爲言也又曰神妙無方此言神道微妙無可比方不知其所以然易又云陰陽不測之謂神諡法云經緯天地曰文克定禍亂曰武經傳文武倶者經取韻句傳以文重故也○傳眷視至勉舜○正義曰詩云乃眷西顧謂視而迴首說文亦以眷爲視奄同釋言文益因帝言盛稱堯善者亦勸勉舜冀之必及堯也禹曰。惠迪吉。從逆凶。惟影響。迪道也順道吉從逆凶吉凶之報若影之隨形響之應聲言不虛○迪徒力反響許丈反益曰。吁。戒哉。儆戒無虞。罔失法度。先吁後戒欲使聽者精其言虞度也無億度謂無形戒於無形備愼深秉法守度言有恆○吁況倶反度徒布反虞度徒洛反罔遊于逸。罔淫于樂。淫過也遊逸過樂敗德之原富貴所忽故特以爲戒○樂音洛任賢勿貳。去邪

勿疑。疑謀勿成。百志惟熙。一意任賢果於去邪疑則勿行道義所存於心日以廣矣○去起呂反熙火其反

罔違道以干百姓之譽。干求也失道求名古人賤之

罔咈百姓以從己之欲。咈戾也專欲難成犯衆興禍故戒之○咈扶弗反戾連弟反

無怠無荒。四夷來王。言天子常戒慎無怠惰荒廢則四夷歸往之○怠音待惰徒臥反

【疏】禹曰至來王○正義曰禹曰益言謀及廿事言人順道則吉從逆則凶吉凶之報惟若影之隨形響之應聲言其無不報也益聞禹語驚懼而言曰吁誠如此言宜誠慎之哉所誠者當儆誠其心無億度之事謂忽然而有當誠慎之無失其守法度使行必有恒無違常也無遊縱於逸豫無過耽於戲樂當誠慎之以保已也任用賢人勿有二心逐去回邪勿有疑惑所疑之謀勿成用之如是則百種志意惟益廣也無違越正道以求百姓之譽無反戾百姓以從己心之欲常行此事無怠惰荒廢則四夷之國皆來歸往之此亦所以勸勉舜也○傳迪道也○正義曰釋詁文○傳先吁至有恒○正義曰堯典傳云吁疑怪之辭此無可怪聞善驚而爲聲耳先吁後戒者驚其言之美然後設戒辭欲使聽者精審其言虞度釋詁文無億度者謂不有此事無心億度之曲禮云凡爲人子者聽於無聲視於無形戒於無形見之事言備慎深也安不忘危治不忘亂是其慎無形也法度當執守之故以秉法守度解不失言有恒也○傳淫過至爲戒○正義曰淫者過度之意故爲過也適謂縱體樂謂適心縱體在於逸遊適心在於淫恣故以遊逸過樂爲文二者敗德之源富貴所忽故特以爲戒○傳干求至賤之○正義曰干求釋言文失道求名謂曲取人情苟悅衆意古人賤之○傳咈戾至戒之○正義曰堯典已訓咈悉戾彼謂戾朋儕此謂戾在下故詳其文耳專欲難成犯衆與禍襄十年左傳文

禹曰。於。帝念哉。德惟善政。政在養民。歎而言念重其言爲政以德則民懷之

水、火、金、木、土、穀惟修。言養民之本在先修六府

正德、利用、厚生惟和。正德以率下利用以阜財厚生以養民三者和所謂善政

九功惟敘。九敘惟歌。言六府三事之功有次敘皆可歌樂乃德政之致○樂音洛

戒之用休。董之用威。勸之以九歌。俾勿壞。休美董督也言善政之道美以戒之威以督之歌以勸之使政勿壞在此三者而已○俾必爾反壞乎怪反

帝曰。俞。地平天成。六府三事允治。萬世永賴。時乃功。水土治曰平五行敘曰成因禹陳九功而歎美之言是汝之功明衆臣不及

【疏】禹曰至乃功○正義曰禹因益言又獻謀於帝曰嗚呼帝當念之哉言所謂德者惟是善於政也政之所爲在於養民養民者使水火金木土穀此六事惟當修治之正身之德利民之用厚民之生此三事惟當諧和之修和六府三事九者皆就有功九功惟使皆有次敘九事次敘惟使皆可歌樂此乃德之所致是德能爲善政之道終當不得怠惰但人雖爲善或寡令終故當戒勅之念用美道使民慕美道行善又督察之用威罰言其不善當獲罪勸勉之以九歌之辭但人君善政先致九歌成辭自勸勉也用此事使此善政勿有敗壞之時勸帝使長爲善也帝荅禹曰汝之所言爲然汝治水土使地平天成六府三事信皆治理萬代長所恃賴是汝之功也歸功于禹明衆臣不及○傳歎而至懷之○正義曰於歎辭歎而言念自重其言欲使帝念之此史以類相從共爲篇耳非是一時之事不使益言也禹謀以九功爲重知重其言者九功之言也○傳言養至六府○正義曰下文帝言六府卽此經六物也六者民之所資民非此不生故言養民之本在先修六府也府者藏財之處六者貨財所聚故稱六府襄二十七年左傳云天生五材民竝用之卽是水火金木土民用此自資也彼惟五材此兼以穀爲六府者穀之於民尤急穀是土之所生故於土下言之也此言五行與洪範之次不同者洪範以生數爲次此以相剋爲次便文耳六府是民之急先有六府乃可施教故先言六府後言三事也○傳正德至善政○正義曰正德者自正其德居上位者正己以治民故所以率下也利用者謂在上節儉不爲縻費以利而用使財物殷阜利民之用爲民興利除害使不匱乏故所以阜財阜財謂財豐大也厚生謂薄征徭輕賦稅不奪農時令民生計溫厚衣食豐足故所以養民也三者和謂德行正財用利生資厚立君所以養民人君若能如此則爲君之道備矣故謂善政結上德惟善政之言此三者之次人君自正乃能正下故以正德爲先利用然後厚生故後言厚生厚生謂財用足禮讓行也○傳言六至之致○正義曰上六下三卽是六府三事此揔云九功知六府三事之功爲九功惟敘者卽上惟修惟和爲次序事皆有敘民必歌樂君德故九敘皆可歌樂乃人君德政之致也言下民必有歌樂乃爲善政之驗所謂和樂興而頌聲作也○傳休美至而已○正義曰休美釋詁文又云董督正也是董爲督也此戒之董之勸之皆謂人君自戒勸欲使善政勿壞在此三事而已文七年左傳云晉郤缺言於趙宣子引此一經乃言九功之德皆可歌也謂之九歌若吾子之德莫可歌也其誰來之盍使睦者歌吾子乎言九功之德皆可歌者若水能灌溉火能烹飪金能斷割木能興作土能生殖穀能養育古之歌詠各述其功猶如漢魏已來樂府之歌事歌其功用是舊有成辭人君修治六府以自勸勉使民歌詠之三事亦然○傳水土至不及○正義曰釋詁云平成也是平成義同天地文異而分之耳天之不成由地之不平故先言地平本之於地以及天也禹平水土故水土治曰平五行之神佐天治物繫之於天故五行敘曰成洪範云鯀陻洪水汨陳其五行彝倫攸斁禹治洪水彝倫攸敘是禹命五行敘也帝因禹陳九功而歎美之指言是汝之功明衆臣不及

帝曰。格汝禹。朕宅帝位。三十有三載。耄期倦于勤。汝惟不怠。揔朕師。八十九十曰耄百年曰期頤言己年老厭倦萬機汝不懈怠於位稱揔我衆欲使攝○格庚白反朕直錦反耄莫報反倦其卷反頤以之反厭於豔反解于賣反

禹曰。朕德罔克。民不依。皋陶邁種德。德乃降。黎民懷之。邁行種布降下懷歸也言己無德民所不能依皋陶布行其德下治於民民歸服之○種章用反降江巷反

帝念哉。念茲在茲。釋茲在茲。茲此釋廢也念此人在此功廢此人在此罪言不可誣

名言茲在茲。允出茲在茲。惟帝念功。名言此事必在此義信出此心亦在此義言皋陶之德以義爲主所宜念之

【疏】帝曰格至念功○正義曰此舜言將禪禹帝呼禹曰來汝禹我居帝位已三十有三載在耄期之間厭倦於勤勞汝惟在官不懈怠可代我居帝位揔領我衆禹讓之曰我德實無所能民必不依就我也言已不堪揔衆也皋陶行布於德德乃下治於民衆皆歸服之可令皋陶攝也我所言者帝當念之哉凡念愛此人在此功勞知有功乃用之釋廢此人在此罪釁知有罪乃廢之言進人退人不可誣也名目言談此事必在此事之義而名言之若信實出見此心必在此心之義而出見之言已名言其口出見其心以舉皋陶皆在此義不有慮妄帝當念錄其功以禪之言皋陶堪攝位也○傳八十至使攝○正義曰八十九十曰耄百年曰期頤曲禮文也如舜典之傳計舜年六十三卽政至今九十五矣年在耄期之間故竝言之鄭云期要也頤養也不知衣服食味孝子要盡養之道而已孔意當然○傳邁行至服之○正義曰遵行降下釋言文又云懷來也來亦歸也種物必布於地故爲布也○傳茲此至可誣○正義曰茲此釋詁文釋爲舍舍義故爲廢也禹之此意欲令帝念皋陶下云惟帝念功念是念功知廢是廢罪言念廢心依其實不可誣罔也○傳名言至念之○正義曰名言謂已發於口信出謂始發於心皆據欲舉皋陶必先念慮於心而後宣之於口先言名言者已對帝讓皋陶卽是名言之事故先言其意然後本其心故後言信出以義爲主者言已讓皋陶事非虛妄以義爲尚

帝曰。皋陶。惟茲臣庶。罔或干予正。或有也無有干我正言順命

汝作士。明于五刑。以弼五教。期于予治。弼輔期當也歎其能以刑輔教當於治體○治音稚當丁浪反又如字

刑期于無刑。民協于中。時乃功。懋哉。雖或行刑以殺止殺終無犯者刑期於無所刑民皆命於大中之道是汝之功勉之○懋音茂

皋陶曰。帝德罔愆。臨下以簡。御衆以寬。愆過也善則歸君人臣之義○愆音牽

罰弗及嗣。賞延于世。嗣亦世俱謂子延及也父子罪不相及而及其賞道德之政

宥過無大。刑故無小。過誤所犯雖大必宥不忌故犯雖小必刑○宥音又

罪疑惟輕。功疑惟重。刑疑附輕賞疑從重忠厚之至

與其殺不辜。寧失不經。好生之德。洽于民心。茲用不犯于有司。辜罪經常司主也皋陶因帝勉己遂稱帝之德所以明民不犯上也寧失不常之罪不枉不辜之善仁愛之道○辜音孤好呼報反

帝曰。俾予從欲以治。四方風動。惟乃之休。使我從心所欲而政以治民動順上命若草應風是汝能明刑之美

【疏】帝曰皋陶至之休○正義曰帝以禹讓皋陶故述而美之帝呼之曰皋陶惟此羣臣衆庶皆無敢有干犯我正道者由汝作士官明曉於五刑以輔成五教當於我之治體用刑期於無刑以殺止殺使民合於中正之道令人每事得中是汝之功當勉之哉皋陶以帝美已歸美於君曰民合於中者由帝德純善無有過失臨臣下以簡易御衆庶以優寬罰人不及後嗣賞人延於來世宥過失者無大雖大亦宥之刑其故犯者無小雖小必刑之罪有疑者雖重從輕罪之功有疑者雖輕從重賞之與其殺不辜非罪之人寧失不經不常之罪以等枉殺無罪寧妄免有罪也由是故帝之好生之德下洽於民心民服帝德如此故用是不犯於有司言民之無刑非已力也帝又述之曰使我從心所欲而爲政以大治四方之民從我化如風之動草惟汝

用刑之美言已知其有功也○傳弼輔至治體○正義曰書傳稱左輔右弼是弼亦輔也期要是相當之言故爲當也傳言當於治體言皋陶用刑輕重得中於治體與正相當也○傳雖或至勉之○正義曰言皋陶或行刑乃是以殺止殺爲罪必將被刑民終無犯者要使人無犯法是期於無所用刑刑無所用此期爲限與前經期義別而論語所謂勝殘去殺矣民皆合於大中言舉動每事得中不犯法憲是合大中即洪範所謂皇極是也○傳愆過至之義○正義曰愆過釋言文坊記云善則稱君過則稱已則民作忠是善則稱君人臣之義也臨下據其在上御衆斥其治民簡易寬大亦不異也論語云居敬而行簡以臨其民不亦可乎是臨下宜以簡也又曰寬則得衆居上不寬吾何以觀之哉是御衆宜以寬也○傳嗣亦至及也○正義曰嗣謂繼父世謂後胤故俱謂子也延訓長以長及物故延爲及也○傳辜罪至之道○正義曰辜罪釋詁文經常司主常訓也皋陶因帝勉已遂稱帝之德所以明民不犯上者自由帝化使然非已力也不常之罪者謂罪大非尋常小罪也枉殺無罪妄免有罪二者皆失必不得已寧妄免大罪不枉殺無罪以好生之心故也故大罪尚赦小罪可知欲極言不可枉殺不辜寧放有罪故也故言非常大罪以對之耳寧失不經與殺不辜相對故爲故赦罪人原帝之意等殺無罪寧放有罪傳言帝德之善寧失有罪不枉殺無罪是仁愛之道各爲文勢故經傳倒也洽謂沾漬優渥洽於民心言潤澤多也

帝曰。來禹。降水儆予。成允成功。惟汝賢。水性流下故曰下水儆戒也能成聲教之信成治水之功言禹最賢重美之○儆居領反重直用反

克勤于邦。克儉于家。不自滿假。惟汝賢。滿謂盈實假大也言禹惡衣薄食卑其宮室而盡力爲民執心謙沖不自盈大○假工雅反盡津忍反爲于僞反

汝惟不矜。天下莫與汝爭能。汝惟不伐。天下莫與汝爭功。自賢曰矜自功曰伐言禹推善讓人而不失其能不有其勞而不失其功所以能絕衆人

予懋乃德。嘉乃丕績。天之歷數在汝躬。汝終陟元后。丕大也歷數謂天道元大也大君天子舜善禹有治水之大功言天道在汝身汝終當升爲天子○丕普悲反

人心惟危。道心惟微。惟精惟一。允執厥中。危則難安微則難明故戒以精一信執其中

無稽之言勿聽。弗詢之謀勿庸。無考無信驗不詢專獨終必無成故戒勿聽用○聽徐天定反

可愛非君。可畏非民。衆非元后何戴。后非衆罔與守邦。民以君爲命故可愛君失道民叛之故可畏言衆戴君以自存君恃衆以守國相須而立

欽哉。愼乃有位。敬修其可願。四海困窮。天祿永終。有位天子位可願謂道德之美困窮謂天民之無告者言爲天子勤此三者則天之祿籍長終汝身

惟口出好興戎。朕言不再。好謂賞善戎謂伐惡言口榮辱之主慮而宜之成於一也○出如字徐尺遂反好如字徐許到反

〔疏〕帝曰來至不再○正義曰帝不許禹讓呼之曰來禹下流之水儆戒於我我恐不能治之汝能成聲教之信能成治水之功惟汝之賢汝能勤勞於國謂盡力於溝洫能節儉於家謂薄飮食卑宮室常執謙沖不自滿溢誇大惟汝之賢也又申美之汝惟不自矜誇故天下莫敢與汝爭能汝惟不自稱伐故天下莫敢與汝爭功美功之大也我今勉汝之德善汝大功天之歷運之數帝位當在汝身汝終當升此大君之位宜代我爲天子因戒以爲君之法民心惟甚危險道心惟甚幽微危則難安微則難明汝當精心惟當一意信執其中正之道乃得人安而道明耳又爲人君不當妄受用人語無可考驗之言勿聽受之不是詢衆之謀勿信用之言民所愛者豈非人君乎民以君爲命故愛君也言君可畏者豈非民乎君失道則民叛之故畏民也衆非大君而何所奉戴無君則民亂故愛君也君非衆人無以守國無人則國已故畏民也君民相須如此當宜敬之哉謹愼汝所有之位守天子之位勿使失也敬修其可願之事謂道德之美人所願也養彼四海困窮之民使皆得存立則天之祿籍長終汝身矣又告禹惟口之所言出好事與戎兵非善思慮無以出口我言不可再發令禹受其言也○傳水性至美之○正義曰降水洪水也水性下流故曰下水禹以治水之事儆戒於予益稷云予創若時娶于塗山辛壬癸甲啓呱呱而泣予弗子惟荒度土功之事雖文在下篇實是欲禪前事故帝述而言之禹貢言治水功成云朔南暨聲教故知成允是成聲教之信成功是成治水之功也前已言地平天成是汝功今復說治水之事言禹最賢重美之也禹實聖人美其賢者其性爲聖其功爲賢猶易繫辭云可久則賢人之德可大則賢人之業亦是聖人之事○傳滿謂至盈大○正義曰滿以器喩故爲盈實也假大釋詁文言已無所不知是爲自滿言已無所不能是爲自大禹實不自滿大故爲賢也論語美禹之功德云惡衣服菲飮食卑宮室而盡力乎溝洫故傳引彼惡衣薄食卑其宮室是儉於家盡力爲民是勤於邦上言其功此言其德故再云惟汝賢○傳自賢至衆人○正義曰自言已賢曰矜自言已功曰伐論語云願無伐善詩云矜其車甲矜與伐俱是誇義以經有爭能爭功故別解之耳弗矜莫與汝爭能即矜者矜其能也賢能大同小異故自賢解矜老子云夫惟不爭故天下莫能與之爭是故不矜伐而不失其功能此所以能絕異於衆人也○傳丕大至天子○正義曰丕大釋詁文歷數謂天歷運之數帝王易姓而興故言歷數謂天道鄭玄以歷數在汝身謂有圖籙之名孔無讖緯之說義必不然當以大功既立衆望歸之即是天道在身釋詁元訓爲首首是體之大也易曰大君有命是大君謂天子也○傳危則至其中○正義曰居位則治民治民必須明道故戒之以人心惟危道心惟微道者經也物所從之路也因言人心遂云道心人心惟萬慮之主道心爲衆道之本立君所以安人人心危則難安安民必須明道道心微則難明將欲明道必須精心將欲安民必須一意故以戒精心一意又當信執其中然後可得明道以安民耳○傳無考至聽用○正義曰爲人之君不當妄用人言故又戒之無可考按之言謂無信驗不詢於衆人之謀謂專獨用意言無信驗是虛妄之言獨爲謀慮是偏見之說二者終必無成故戒令勿聽用也言謂率意爲語謀謂孫計前事故互文也○傳民以至而立○正義曰百人無主不散則亂故民以君爲命君尊民畏之嫌其不愛故言愛也民賤君忽之嫌其不畏故言畏也○傳有位至汝身○正義曰上云汝終陟元后命升天位知其愼汝有位愼天子位也道德人之可願知可願者是道德之美也惟言四海困窮不結言民之意必謂四海之內困窮之民令天子撫育之故知如王制所云孤獨鰥寡此四者天民之窮而無告者此是困窮者也言爲天子當愼天位修道德養窮民勤此三者則天之祿籍長終汝身祿謂福祿籍謂名籍言享大福保大名也○傳好謂至於一○正義曰昭二十八年左傳云慶賞刑威曰君君出言有賞有刑出好謂愛人而出好言故爲賞善興戎謂疾人而動甲兵故謂伐惡易繫辭曰言語者君子之樞機樞機之發榮辱之主必當慮之於心然後宜之於口故成之於一而不可再帝言我命汝升天位者是慮而宜之此言故不可再

禹曰。枚卜功臣。惟吉之從。枚謂歷卜之而從其吉此禹讓之志○枚音梅

帝曰。禹。官占。惟先蔽志。昆命于元龜。帝王立卜占之官故曰官占蔽斷昆後也官占之法先斷人志後命於元龜言志定然後卜○蔽必世反徐甫世反斷丁亂反

朕志先定。詢謀僉同。鬼神其依。龜筮協從。卜不習吉。習因也然已謀之於心謀及卜筮四者合從卜不因吉無所枚卜○僉七潛反

禹拜稽首固辭。再辭曰固

帝曰。毋。惟汝諧。言毋所以禁其辭禹有大功德故能諧和元后之任○禁今鴆反又音金

〔疏〕禹曰至汝諧○正義曰禹以讓而不許更請帝曰每以一枚歷卜功臣惟吉之人從而受之帝曰禹卜官之占惟能先斷人志後乃命其大龜我授汝之志先以定矣又詢於衆人其謀又皆同美矣我後謀及鬼神加之卜筮鬼神其依我矣龜筮復合從矣卜法不得因前之吉更復卜之不須復卜也禹猶拜而後稽首固辭帝曰毋毋者禁止其辭也惟汝能諧和此元后之任汝宜受之○傳枚謂至之志○正義曰周禮有銜枚氏所銜之物狀如箸今人數物云一枚兩枚則枚是籌之名也枚卜謂人人以次歷申卜之似老枚數然然請卜不請筮者舉動也○傳帝王至後卜○正義曰占是卜人之占而云官占者帝王立卜筮之官故曰官占洪範稽疑云擇建立卜筮人是帝王立卜筮之官周禮司寇斷獄爲蔽獄是蔽爲斷也昆後釋言文言占之法先斷人志後命元龜言志定然後卜也洪範云汝則有大疑謀及乃心謀及卿士謀及庶人是先斷人志乃云謀及卜筮是後命元龜乃龜謂大龜也○傳習因至枚卜○正義曰表記云卜筮不相襲鄭云襲因也然則習與襲同重衣謂之襲習是後因前故爲因也朕志先定言已謀之於心龜筮協從是謀及卜筮經言詢謀僉同謀及卿士庶人謀皆同心鬼神其依即是龜筮之事卜筮通鬼神之意故言鬼神其依龜筮協從謂卜得吉是依從也志先定也謀僉同也鬼神依也龜筮從也四者合從然後命汝卜法不得因吉無所復枚卜也如帝此言既謀既卜方始命禹仍請枚卜者帝與朝臣私謀私卜將欲命禹禹不預謀故不在更請卜也○傳言毋至之任○正義曰說文云毋止之也其字從女內有一畫象有姦之者禁止令勿姦也古人言毋猶今人言莫是言毋者所以禁其辭令勿辭

正月朔旦。受命于神宗。受舜終事之命神宗文祖之宗廟言神尊之○正音政徐音征

率百官若帝之初。順舜初攝帝位故事奉行之

〔疏〕正月至之初○正義曰舜即政三十三年命禹代已禹辭不獲免乃以明年正月朔旦受終事之命於舜神靈之宗廟揔率百官順帝之初攝故事言與舜受禪之初其事悉皆同也此年舜即政三十四年九十六也○傳受舜至尊之○正義曰舜典說舜之初受終于文祖此言若帝之初知受命即是舜終事之命也神宗猶彼文祖故云文祖之宗廟文祖言祖有文德神宗言神而尊之名異而實同神宗當舜之始祖案帝繫云

黃帝生昌意昌意生顓頊顓頊生窮蟬窮蟬生敬康敬康生句芒句芒生蟜牛蟜牛生瞽瞍瞽瞍生舜卽是舜有七廟黃帝爲始祖其顓頊與窮蟬爲二祧敬康句芒蟜牛瞽瞍爲親廟則文祖爲黃帝顓頊之等也○傳順舜至行之○正義曰若不得爲如舜典巡守之事言如初者皆言如不言若知此若爲順也順舜初攝帝位故事而盡行之其奉行者當如舜典在璿璣以下班瑞羣后以上也其巡守非率百官之事舜尚自爲陟方禹攝帝位未得巡守此是舜史所錄以爲虞書故言順帝之初奉行帝之事故自美禪之得人也

帝曰。咨禹。惟時有苗弗率。汝徂征。三苗之民數干王誅率循徂往也不循帝道言亂逆命禹討之○數音朔**禹乃會羣后。誓于師曰。濟濟有衆。咸聽朕命。**會諸侯共伐有苗軍旅曰誓濟濟衆盛之貌○濟子禮反**蠢茲有苗。昏迷不恭。**蠢動昏闇也言其所以宜討之○蠢春允反**侮慢自賢。反道敗德。**狎侮先王輕慢典教反正道敗德義○侮亡甫反慢亡諫反**君子在野。小人在位。**廢仁賢任姦佞**民棄不保。天降之咎。**言民叛天災之○咎其九反**肆予以爾衆士。奉辭罰罪。**肆故也辭謂不恭罪謂侮慢以下事**爾尚一乃心力。其克有勳。**尚庶幾一汝心力以從我命

〔疏〕帝曰咨至有勳○正義曰史言禹雖攝位帝尊如故時有苗國不順帝曰咨嗟汝禹惟時有苗之國不循帝道汝往征之禹得帝命乃會羣臣諸侯告誓於衆曰濟濟美盛之有衆皆聽從我命今蠢蠢然動而不遜者是此有苗之君昏闇迷惑不恭敬王命侮慢衆常自以爲賢反戾正道敗壞德義君子在野小人在位由此民棄叛之不保其有衆上天降之殃咎故我以爾衆士奉此讁責之辭伐彼有罪之國汝等庶幾同心盡力以從我命其必能有大功動不可懈惰○傳三苗至討之○正義曰呂刑稱苗民作五虐之刑皇帝遏絕苗民無世在下謂堯初誅三苗舜典云竄三苗于三危謂舜居攝之時投竄之也舜典又云庶績咸熙分北三苗謂舜卽位之後往徙三苗也今復不率命命禹徂征是三苗之民數干王誅之事禹率衆征之猶尚逆命卽三苗是諸侯之君而謂之民者以其頑愚號之爲民呂刑云苗民弗用靈是謂爲民也呂刑稱堯誅三苗云無世在下而得有苗國歷代常存者無世在下謂誅放者絕後世耳蓋不滅其國又立其近親紹其先祖鯀既殛死於羽山禹乃代爲崇伯三苗亦竄其身而存其國故舜時有被宥者復不從化更分北流之下傳云三苗之國左洞庭右彭蠡其國在南方蓋分北之時使爲南國君今復不率帝道率循徂往皆釋詁文不循帝道言其亂逆以其亂逆故命禹討之案舜典皆言舜受終之後萬事皆舜主之舜自巡守不禀堯命此言若帝之初其事亦應同矣而此言命禹征苗舜復陟方乃死與舜受堯禪事不同者以題曰虞書卽舜史所錄明其詳於舜事略於堯禹也○傳會諸至之貌○正義曰軍衆曰誓曲禮文也隱八年穀粱傳曰誥誓不及五帝盟詛不及三王交質不及二伯二伯謂齊桓公晉文公也不及者言於時未有也據此文五帝之世有誓周禮立司盟之官三王之世有盟也左傳云平王與鄭交質二伯之前有質也穀粱傳漢初始作不見經文妄言之耳美軍衆而言濟濟知是衆盛之貌○傳蠢動至討之○正義曰蠢動釋詁文釋訓云蠢不遜也郭璞云蠢動爲惡不謙遜也日入爲昏是爲闇也動爲惡而闇於事言其所以宜討之○傳狎侮至德義○正義曰侮謂輕人身慢謂忽言語故爲狎侮先王輕慢典教侮慢義同因有二字而分釋之論語云狎大人侮聖人之言則狎侮爲異旅獒云狎侮君子則狎侮意亦同鄭玄云狎慣忽也慣見而忽之是侮之義傳取狎侮連言之慢先王典教自謂已賢不知先王訓教道者物所由之路德謂自得於心反正道從邪徑敗德義毀正行也○傳廢仁賢任姦佞○正義曰雖則下愚之君皆云好賢疾佞非知賢而廢之知佞而任之但愚人所好必同於民賢求其心佞從其欲以賢爲惡謂佞爲善故仁賢見廢姦佞被任此則民迷之狀也○傳肆故至下事○正義曰肆故釋詁文所奉之辭卽所伐之罪但天子責其不恭數其身罪因其文異而分之○傳尚庶至我命○正義曰釋言云庶幾尚也反以相解故尚爲庶幾

三旬。苗民逆命。旬十日也以師臨之一月不服責舜不先有文誥之命威讓之辭而便憚之以威脅之以兵所以生辭○誥古報反憚徒旦反一音丹末反脅許業反**益贊于禹曰。惟德動天。無遠弗屆。**贊佐屆至也益以此義佐禹欲其修德致遠○屆音戒**滿招損。謙受益。時乃天道。**自滿者人損之自謙者人益之是天之常道**帝初于歷山。往于田。日號泣于旻天。于父母。**仁覆愍下謂之旻天言舜初耕于歷山之時爲父母所疾日號泣于旻天及父母克已自責不責於人○田本或作畋號戶高反旻武巾反**負罪引慝。祗載見瞽瞍。夔夔齋慄。瞽亦允若。**慝惡載事也夔夔悚懼之貌言舜負罪引惡敬以事見于父悚懼齋莊父亦信順之言能以至誠感頑父○慝他則反見賢遍反瞽音古瞍素后反夔求龜反齋側皆反**至諴感神。矧茲有苗。**諴和矧況也至和感神況有苗乎言易感○諴音咸矧失忍反易以豉反**禹拜昌言曰。俞。班師振旅。**昌當也以益言爲當故拜受而然之遂還師兵入曰振旅言整衆○當丁浪反下同還經典皆音旋**帝乃誕敷文德。**遠人不服大布文德以來之○誕音但**舞干羽于兩階。**干楯羽翳也皆舞者所執修闡文教舞文舞于賓主階間抑武事○階徐音皆楯食允反翳於計反闡尺善反**七旬。有苗格。**討而不服不討自來明御之者必有道三苗之國左洞庭右彭蠡在荒服之例去京師二千五百里也○洞徒弄反蠡音禮

〔疏〕三旬至苗格○正義曰禹既誓於衆而以師臨苗經三旬苗民逆帝命不肯服罪益乃進謀以佐於禹曰惟是有德能動上天苟能修德無有遠而不至因言行德之事自滿者招其損謙虛者受其益是乃天之常道欲禹修德謙虛以來苗既說其理又言其驗帝乃初耕於歷山之時爲父母所疾往至于田日號泣于旻天於父母乃自負其罪自引其惡恭敬以事見父瞽瞍夔夔然悚懼齋莊戰慄不敢言己無罪舜謙如此雖瞽瞍之頑愚亦能信順帝至和之德尚能感于冥神況此有苗乎言其苗易感於瞽瞍禹拜益之當言曰然然益語也遂還師整衆而歸帝舜乃大布文德舞干羽于兩階之間七旬而有苗自服來至言主聖臣賢御之有道也○傳旬十至生辭○正義曰堯典云三百有六旬是知旬十日也以師臨之一月不服者責舜不先有文告之命威讓之辭而便憚之以威脅之以兵所以有苗得生辭也傳知然者昭十三年左傳論征伐之事云告之以文辭董之以武師是用兵者先告不服然後伐之今經無先告之文而有逆命之事故知責舜不先有文告之命而卽脅之以兵其文告之命威讓之辭國語亦有其事夫以大舜足達用兵之道而不爲文告之命使之得生辭者有苗數干王誅逆者難以言服故憚之以威武任其生辭待其有辭爲之振旅彼若師退而服我復更有何求爲退而又不降復往必無辭說不恭而征之有辭而捨之正是柔服之道也若先告以辭未必卽得從命不從而後行師必將大加殺戮不以文誥感德自來固是大聖之遠謀也○傳贊佐至致遠○正義曰禮有贊佐是助祭之人故贊爲佐也屆至也釋詁文經云惟德動天天遠而難動德能動遠又言無遠不屆乃據人言德動遠人無不至也益以此義佐禹欲脩德致遠使有苗自來也德之動天經傳多矣禮運云聖人順民天不愛其道地不愛其寶故天降膏露地出醴泉如此之類皆德動之也○傳自滿至常道○正義曰自以爲滿人必損之自謙受物人必益之易謙卦象曰天道虧盈而益謙地道變盈而流謙鬼神害盈而福謙人道惡盈而好謙是滿招損謙受益爲天道之常也益言此者欲令禹俯德息師持謙以待有苗○傳仁覆至責於人○正義曰仁覆愍下謂之旻天詩毛傳文也旻愍也求天愍已故呼曰旻天書傳言舜耕於歷山鄭玄云歷山在河東是耕於歷山之時爲父母所疾故往於田日號泣于旻天何爲然也孟子曰怨慕也長息問於公明高曰舜往于田則予既聞命矣號泣于旻天及父母卽吾不知矣公明高曰非爾所知也我竭力耕田供爲子職而已父母不愛我何哉大孝終身慕父母五十而慕者予於大舜見之矣言舜之號泣怨慕者克己自責不責於人也○傳慝惡至頑父○正義曰慝之爲惡常訓耳舜典已訓載爲事以非常訓故詳其文夔夔與齋慄共文故爲悚懼之貌自負其罪引惡歸己事瞽同耳丁寧深言之敬以事見於父者謂恭敬自因事務須見父恭敬以見夔夔然悚懼齊慄是見時之貌父亦信順之者謂當以事見之時順帝意不悖怒也言能以至誠感頑父者言感使當時暫以順耳不能使每事信順變爲善人故孟子說舜既被堯徵用堯妻之以二女瞽瞍猶與象欲謀殺舜而分其財物是下愚之性終不可改但舜善養之使不至于姦惡而已○傳諴和至易感○正義曰諴亦咸也咸訓爲皆皆能相從亦和之義也矧況釋言文上言德能動天次言帝能感瞽天以玄遠難感瞽以頑愚難感言苗民近於天而智於瞽故言感天感瞽以況之天是神也覆動上天言至和尚能感天神而況於有苗乎言有苗易感神覆動天而不覆言瞽者以瞽雖愚猶是人類天神事與人隔感天難於感瞽故奉難者以見之其實天與瞽俱言難感以況有苗易於彼二者○傳昌當至整衆○正義曰昌當也釋詁文禹以益言爲當拜舜而已卽還還不請者春秋襄十九年晉士匄帥師侵齊聞齊侯卒乃還公羊傳曰大夫○以君命出進退在大夫是言進退由將不須請也或可當時請帝乃還文不具耳兵入曰振旅釋天文與春秋二傳皆有此文振整也言整衆而還○傳遠人至來之○正義曰遠人不服文德以來之論語文也益贊於禹使偕德而帝自誕敷者言君臣同心大布者多設文德之教君臣共行之也○傳干楯至武事○正義曰釋言云干扞也孫炎曰干楯自蔽扞也以楯爲人扞通以干爲楯名故干爲楯釋言又云纛翳也郭璞云舞者持以自蔽翳也故明堂位云朱干玉戚以舞大武戚斧也是武舞執斧執楯詩云左手執籥右手秉翟是文舞執籥故干羽皆舞者所執修闡文敎不復征伐故舞文德之舞於賓主階間言帝抑武事也經云舞干羽卽亦舞武也傳惟言舞文者以據器言之則有武有文俱用以

爲舞而不用於敵故教爲文也。○傳「討而」至「百里」。○正義曰：御之必有道者，不恭而往征，得辭而振旅而御之以道。史記吳起對魏武侯云：「昔三苗氏左洞庭，右彭蠡，德義不修，而禹滅之。」此言來服，則是不滅。吳起言滅者，以武侯恃險，言滅以懼之，辯士之說，不必皆依實也。知在荒服之例者，以其地驗之爲然。禹貢五服甸、侯、綏、要、荒，荒最在外。王畿面五百里，其外四服又每服五百里，是去京師爲二千五百里。

皋陶謨第四

虞書　　孔氏傳　　孔穎達疏

皋陶謨。謨，謀也。皋陶爲帝舜謀。○爲，于僞反。〔疏〕傳「謨謀」至「舜謀」。正義曰：孔以此篇惟與禹言，嫌其不對帝舜，故言爲帝舜謀。將言爲帝舜謀，故又訓謨爲謀，以詳其文。

曰若稽古皋陶。亦順考古道以言之。夫典謨，聖帝所以立治之本，皆師法古道以成不易之則。○夫音扶。治，直吏反，下同。**曰：允迪厥德，謨明弼諧。**迪，蹈。厥，其也。其，古人也。言人君當信蹈行古人之德，謀廣聰明以輔諧其政。○蹈，徒報反。**禹曰：俞。如何？**然其言，問所以行。**皋陶曰：都。愼厥身，修思永。**歎美之重也。愼修其身，思爲長久之道。○身修絕句。**惇敘九族，庶明勵翼，邇可遠在茲。**言愼修其身，厚次敘九族，則衆庶皆明其教，而自勉勵翼戴上命。近可推而遠者，在此道。○惇，切韻都昆反。**禹拜昌言曰：俞。**以皋陶言爲當，故拜受而然之。○當，丁浪反，下同。

〔疏〕「曰若」至「曰俞」。○正義曰：史將言皋陶之能謀，故爲題目之辭。曰能順而考案古道而言之者，是皋陶也。其爲帝謀曰：爲人君者當信實蹈行古人之德而謀廣其聰明之性，以輔諧已之政事，則善矣。禹曰：然其謀是也，此當如何行之？皋陶曰：嗚呼！重其事而歎美之。行上謀者，當謹愼其已身而修治人之事，思爲久長之道，又厚次敘九族之親而不遺棄，則衆人皆明曉上意而各自勉厲翼戴上命。行之於近而可推而至遠者，在此道也。禹乃拜受其當理之言曰：然。美其言而拜受之。○傳「亦順」至「之則」。○正義曰：二謨其目正同，故云「亦順考古道以言也」。堯舜考古以行，謂之爲典；大禹、皋陶考古以言，謂之爲謨。典謨之文不同，其目皆云考古，故傳明言其意：夫典謨，聖帝所以立治之本，雖言行有異，皆是考法古道以成不易之則，故史皆以稽古爲端目。但君則行之，臣則言之，以尊卑不同，故典謨名異。禹亦爲君而云謨者，禹在舜時未爲君也。顧氏亦同此解。皋陶德劣於禹，皆是考古以言，故得同其題目。但禹能敷于四海，祗承于帝，皋陶不能然，故此下更無別辭耳。○傳「迪蹈」至「其德」。○正義曰：釋詁云：「迪，道也。」聲借爲導，導音與蹈同，故迪又爲蹈也。其德即其上稽古，故曰其古人也。而臣爲君謀，故云言人君當信蹈行古人之德，謂蹈履依行之也。謀廣聰明，聰明者自是已性，又當受納人言，使多所聞見，以博大此聰明，以輔弼和諧其政。經惟言明，傳亦有聰者，以耳目同是所用，故以聰明言之。此曰上不言皋陶，猶大禹謨曰上不言禹。鄭玄云以皋陶下屬爲句，則稽古之下無人名，與上三篇不類甚矣。○傳「歎美」至「之道」。○正義曰：案傳之言，以修爲上讀，顧氏亦同也。○傳「言愼」至「此道」。○正義曰：自身以外，九族爲近，故愼修其身，又厚次敘九族，猶堯之爲政，先以親九族也。人君旣能如此，則衆庶皆明其教，而各自勉勵，翼戴上命。

昭九年左傳說晉叔向言「翼戴天子」，故以爲翼戴上命，言如鳥之羽翼而奉戴之。王者率已以化物，親親以及遠，故從近可推而至于遠者，在修已身、親九族之道。王肅云：「以衆賢明爲砥礪，爲羽翼。」鄭云：「厲，作也。以衆賢明作輔翼之臣。」與孔不同。

皋陶曰：都！在知人，在安民。歎修身親親之道，在知人所信任，在能安民。**禹曰：吁！咸若時，惟帝其難之。**言帝堯亦以知人安民爲難，故曰吁。**知人則哲，能官人；安民則惠，黎民懷之。**哲，智也。無所不知，故能官人。惠，愛也。愛則民歸之。**能哲而惠，何憂乎驩兜？**佞人亂眞，堯憂其敗政，故流放之。**何遷乎有苗？何畏乎巧言令色孔壬？**孔，甚也。巧言，靜言庸違；令色，象恭滔天。禹言有苗、驩兜之徒甚佞如此，堯畏其亂政，故遷放之。

〔疏〕「皋陶曰都在」至「孔壬」。○正義曰：皋陶以禹然其言，更述修身親親之道，歎而言曰：人君行此道者，在於知人善惡，擇善而信任之；在於能安下民，爲政以安定之也。禹聞此言，乃驚而言曰：吁！人君皆如是，能知人、能安民，惟帝堯猶其難之，況餘人乎？知人善惡則爲大智，能用官得其人矣；能安下民則爲惠政，衆民皆歸之矣。此甚不易也。若帝堯能智而惠，則當朝無姦佞，何憂懼於驩兜之佞而流放之？何須遷徙於有苗之君？何所畏懼於彼巧言令色爲甚佞之人？三凶見惡，帝堯方始去之，是知人之難。○傳「哲智」至「歸之」。○正義曰：「哲，智」，釋言文。舍人曰：「哲，大智也。」無所不知，知人之善惡，是能官人。「惠，愛」，釋詁文。君愛民，則民歸之。○傳「孔甚」至「放之」。○正義曰：「孔，甚」，釋詁文。上句旣言驩兜、有苗，則此巧言令色，共工之行也，故以堯典共工之事解之：巧言，靜言庸違也；令色，象恭滔天也。孔壬之文在三人之下，總上三人皆甚佞也。苗言其名，巧言令色言其行，令其文首尾互相見，故傳通言之。禹言有苗、驩兜之徒甚佞如此，堯畏其亂政，故遷放之。傳不言共工，故云之徒以包之。遷與憂、畏亦互相承，言畏之而憂，乃遷之也。四凶惟言三者，馬融云：「禹爲父隱，故不言鯀也。」

皋陶曰：都！亦行有九德。言人性行有九德，以考察眞僞則可知。○行，下孟反，注「性行」「行正直」之行同。**亦言其人有德，乃言曰：載采采。**載，行；采，事也。稱其人有德，必言其所行某事某事以爲驗。〔疏〕「皋陶」至「采采」。○正義曰：禹旣言知人爲難，皋陶又言行之有術，故言曰：嗚呼！人性雖則難知，亦當考察其所行有九種之德。人欲稱薦人者，不直言可用而已，亦當言其人有德，問其德之狀，乃言曰其德之所行某事某事，以所行之事爲九德之驗，如此則可知也。○傳「言人」至「可知」。○正義曰：言人性行有九德，下文所云是也。如此九者，考察其眞僞，則人之善惡皆可知矣。然則皋陶之賢，不及帝堯遠矣。皋陶知有此術，帝堯無容不知，而有四凶在朝。禹言帝難之者，堯朝之有四凶，晦迹以顯舜爾。禹言惟帝難之，說彼甚佞，因其成敗以示敎法，欲開皋陶之志，故擧大事以爲戒，非是此實甚佞，堯不能知也。顧氏亦云：堯實不以此爲難，今云難者，俯同流俗之稱也。○傳「載行」至「爲驗」。○正義曰：載者，運行之義，故爲行也。此謂薦擧人者，稱其人有德，欲使在上用之，必須言其所行之事，云見此人常行其某事某事，由此所行之事，以爲有德之驗。論語云：「如有所譽者，其有所試矣。」是言試之於事，乃可知其德。**禹曰：何？**問九德品例。**皋陶曰：寬而栗，**性寬弘而能莊栗。**柔而立，**和柔而能立事。**愿而恭，**愨愿而恭恪。○愿音願。愨，切韻苦角反。恪，苦各反。**亂而敬，**亂，治也。有治而能謹敬。**擾而毅，**擾，順也。致果爲毅。○擾，而小反，徐音饒。毅，五旣反。**直而溫，**行正直而氣溫和。**簡而廉，**性簡大而有廉隅。**剛而塞，**剛斷而實塞。○斷，丁亂反。**彊而義。**無所屈撓，動必合義。○撓，女孝反。**彰厥有常，吉哉！**彰，明；吉，善也。明九德之常，以擇人而官之，則政之善。

〔疏〕「禹曰」至「吉哉」。○正義曰：皋陶旣言其九德，禹乃問其品例，曰：何謂也？皋陶曰：人性有寬弘而能莊栗也，和柔而能立事也，愨愿而能恭恪也，治理而能謹敬也，和順而能果毅也，正直而能溫和也，簡大而有廉隅也，剛斷而能實塞也，強勁而合道義也。人性不同，有此九德。人君明其九德所有之常，以此擇人而官之，則爲政之善哉！○傳「性寬」至「莊栗」。○正義曰：此九德之文，舜典云「寬而栗，直而溫」，與此正同。彼云「剛而無虐，簡而無傲」，與此小異。彼言剛失之虐，此言剛斷而實塞，亦是不爲虐也。彼言簡失之傲，此言簡大而有廉隅，亦是不爲傲也。九德皆人性也。鄭玄云：「凡人之性有異，有其上者不必有下，有其下者不必有上，上下相協，乃成其德。」是言上下以相對，各令以相對兼而有之，乃爲一德。此二者雖是本性，亦可以長短自矯。寬弘者失於緩慢，故性寬弘而能矜莊嚴栗，乃成一德。九者皆然也。○傳「愨愿而恭恪」。○正義曰：愿者，愨謹良善之名。謹愿者失於遲鈍，貌或不恭，故愨愿而能恭恪，乃爲德。○傳「亂治」至「謹敬」。○正義曰：「亂，治」，釋詁文。有能治者，謂才高於人也，堪撥煩理劇者也。負才輕物，人之常性，故有治而能謹敬，乃爲德也。愿言恭，治云敬者，恭在貌，敬在心。愿者遲鈍，外失於儀，故言恭以表貌；治者輕物，內失於心，故稱敬以顯情。恭與敬其事亦通，愿其貌恭而心敬也。○傳「擾順」至「爲毅」。○正義曰：周禮大宰云「以擾萬民」，鄭玄云：「擾猶馴也。」司徒云「安擾邦國」，鄭云：「擾亦安也。」擾是安馴之義，故爲順也。「致果爲毅」，宣二年左傳文。彼文以殺敵爲果，致果爲毅，謂能致果敢殺敵之心，是爲強貌也。和順者失於不斷，故順而能決，乃爲德也。○傳「性簡」至「廉隅」。○正義曰：簡者，寬大率略之名。志遠者遺近，務大者輕細。弘大者失于不謹細行者，不修廉隅，故簡大而有廉隅，乃爲德也。○傳「剛斷」至「實塞」。○正義曰：塞，訓實也。剛而能斷，失於空疎，必性剛正而內充實，乃爲德也。○傳「無所」至「合義」。○正義曰：強直自立，無所屈撓，或任情違理，失於事宜，動合道義，乃爲德也。鄭注論語云：「剛謂強志不屈撓。」卽剛強義同。此剛強異者，剛是性也，強是志也。當官而行，無所避忌，剛也；執己所是，不爲衆撓，強也。剛強相近，鄭連言之。寬謂度量寬弘，柔謂性行和柔，擾謂事理擾順，三者相類，卽洪範云「柔克」也。愿謂容貌恭正，亂謂剛柔治理，直謂身行正直，三者相類，卽洪範云「正直」也。簡謂器量凝簡，剛謂事理剛斷，強謂性行堅強，三者相類，卽洪範云「剛克」也。而九德之次，從柔而至剛也。惟擾而毅在愿、亂之下耳。其洪範三德，先人事而後天地，與此不同。○傳「彰明」至「之善」。○正義曰：「彰，明；吉，善」，常訓也。此句言用人之義。所言九德，謂彼人常能然者，若暫能爲之，未成爲德。故人君取士，必明其九德之常，知其人常能行之，然後以此九者之法擇人而官之，則爲政之善也。明謂人君明知之。王肅云：「明其有常，則善也。」言有德當有恆也。其意亦言彼能有常，人君能明之也。鄭云：「人能明其德所行，使有常，則成善人矣。」其意謂彼人自明之，與孔異也。

日宣三德，夙夜浚明有家。三德，九德之中有其三。宣，布；夙，早；浚，須也。卿大夫稱家。言能日日布行三德，早夜思之，須明行之，可以爲卿大夫。○浚，息俊反。馬云：

大也。日嚴祗敬六德。亮采有邦。有國諸侯日日嚴敬其身敬行六德以信治政事則可以爲諸侯。○嚴如字馬徐魚檢反翕受敷施。九德咸事。俊乂在官。翕和也能合受三六之德而用之以布施政教使九德之人皆用事謂天子如此則俊德治能之士並在官。○翕許及反俊乂馬曰千人曰俊百人曰乂百僚師師。百工惟時。僚工皆官也師師相師法百官皆是言政無非。○僚本又作寮撫于五辰。庶績其凝。凝成也言百官皆撫順五行之時衆功皆成。○撫方武反凝魚陵反馬云定也。〔疏〕日宣至其凝○正義曰皐陶既陳人有九德宜擇而官之此又言官之所宜若人能日日宣布三德早夜思念而須明行之此人可以爲卿大夫使有家也若日日嚴敬其身又能敬行六德信能治理其事此人可以爲諸侯使有國也然後撫以天子之任合受有家有國三六之德而用之布施政教使九德之人皆得用事事各盡其能無所遺棄則天下俊德治能之士並在官矣皆隨賢才任職百官各師其師轉相教誨則百官惟皆是矣無有非者以此撫順五行之時以化天下之民則衆功皆成矣結上知人安民之意○傳三德至大夫○正義曰此文承九德之下故知三德是九德之內課有其三也周語云宣布哲人之令德宣以布義故爲布也夙早釋詁文又云須待也此經之意謂夜思之明旦行之須爲待之意故浚爲須也大夫受采邑賜氏族立宗廟世不絕祀故稱家位不虛受非賢臣不可言能日日布行三德早夜思之待明行之如此念德不懈怠者乃可以爲大夫也以士卑故言不及也計有一德二德卽可以爲士也鄭以三德六德皆亂而敬以下之文經無此意也○傳有國至諸侯○正義曰天子分地建國諸侯專爲已有故有國謂諸侯也祗亦爲敬敬有二文上謂敬身下謂敬德嚴則敬之狀也故言日日嚴敬其身敬行六德以信治政事則可以爲諸侯也諸侯大夫皆言日日者言人之行德不可暫時捨也臣當行君之令故早夜思之君是出令者故言敬身行德此文以小至大揔以天子之事故先大夫而後諸侯○傳翕合至在官○正義曰翕合釋詁文以文承三德六德之下故言合受三六之德而用之以此人爲官令其布施政教使此九德之人皆居官用事謂天子也任之所能大夫所行三德或在諸侯六德之內但并此三六之德既充九數故言九德皆用事謂用爲大夫用爲諸侯使之治民事也大夫諸侯當身自行之故言日宣日嚴天子當任人使行之故言合受而用之其實天子亦備九德故能任用三德六德也則俊德治能之士並在官矣乂訓爲治故云治能馬王鄭皆云才德過千人爲俊百人爲乂○傳僚工至無非○正義曰僚官釋詁文工官常訓也師師謂相師法也○傳凝成至皆成○正義曰鄭玄亦云凝成也王肅云凝猶定也皆以意訓耳文承百工之下撫于五辰還是百工撫之故云百官皆撫順五行之時則衆功皆成也五行之時卽四時也禮運曰播五行於四時土寄王四季故爲五行之時也所撫順者堯典敬授民時平秩東作之類是也無教逸欲有邦。不爲逸豫貪欲之教是有國者之常兢兢業業。一日二日萬幾。兢兢戒愼業業危懼幾微也言當戒懼萬事之微○兢居凌反業如字徐五荅反幾徐音機無曠庶官。天工人其代之。曠空也位非其人爲空官言人代天理官不可以天官私非其才天敘有典。勑我五典五惇

哉。天次敘人之常性各有分義當勑正我五常之敘使合于五厚厚天下○有典馬本作五典分扶問反天秩有禮。自我五禮有庸哉。庸常自用也天次秩有禮當用我公侯伯子男五等之禮以接之使有常○有庸馬本作五庸同寅協恭。和衷哉。衷善也以五禮正諸侯使同敬合恭而和善○衷音中天命有德。五服五章哉。五服天子諸侯卿大夫士之服也尊卑彩章各異所以命有德天討有罪。五刑五用哉。言天以五刑討五罪用五刑宜必當政事。懋哉懋哉。言敘典秩禮命德討罰無非天意者故人君居天官聽政治事不可以不自勉〔疏〕無教至懋哉○正義曰皐陶既言用人之法又戒以居官之事上之所爲下必效之無教在下爲逸豫貪欲之事是有國之常道也爲人君當兢兢然戒愼業業然危懼言當戒愼一日二日之間而有萬種幾微之事皆須親自知之不得自爲逸豫也萬幾事多不可獨治當立官以佐已無得空廢衆官使才非其任此官乃是天官人其代天治之不可以天之官而用非其人又言典禮德刑皆從天出天次敘人倫使有常性故人君爲政當勑正我父母兄弟子五常之敎敎之使五者皆惇厚哉天又次敘爵命使有禮法故人君爲政當奉用我公侯伯子男五等之禮接之使五者皆有常哉接以常禮當使同敬合恭而和善哉天又命用有九德使之居官當承天意爲五等之服使五者尊卑彰明哉天又討治有罪使之絕惡當承天意爲五等之刑使五者輕重用法哉典禮德刑無非天意者人君居天官聽治政事當須勉之哉○傳不爲至之常○正義曰毋者禁戒之辭人君身爲逸欲下則效之是以禁人君使不自爲耳不爲逸豫貪欲之敎是有國者之常也此文主於天子天子謂天下爲國詩云生此王國之類是也○傳兢兢至之微○正義曰釋訓云兢兢戒也業業危也戒必愼危必懼傳言愼懼以足之易繫辭云幾者動之微故幾爲微也一日二日之間微者乃有萬事言當戒愼萬事之微微者尚有萬則大事必多矣且微者難察察則勞神以言不可逸耳馬王皆云一日二日猶日日也○傳曠空至其才○正義曰曠之爲空常訓也位非其人所職不治是爲空官天不自治立君乃治之君不獨治爲臣以佐之下典禮德刑無非天意者天意既然人君當順天是言人當代天治官官則天之官居天之官代天爲治苟非其人不堪此任人不可以天之官而私非其才王肅云天不自下治之故人代天居之不可不得其人也○傳天次至天下○正義曰天敘有典有此五典卽父義母慈兄友弟恭子孝是也五者人之常性自然而有但人性有多少耳天次敘人之常性使之各有分義義宜也今此義慈友恭孝各有定分合於事宜此皆出天然是爲天次敘之天意既然人君當順天之意勑正我五常之敎使合於五者皆厚以教天下之民也五常之敎人君爲之故言我也五敎徧於海內故以天下言之○傳庸常至有常○正義曰庸常釋詁文又云由自也由是用故自爲用也天次敘有禮謂使賤事貴卑承尊是天道使之然也天意既然人君當順天意用我公侯伯子男五等之禮以接之使之貴賤有常也此文主於天子天子至於諸侯車旗衣服國家禮儀饗食燕好饗饌飧牢禮各有次秩以接之上言天敘此云天秩者敘謂定其倫次秩謂制其差等義亦相通上云勑我此言自我者五等以敎下民須勑戒之五禮以接諸侯當用我意故文不同也上言五惇此言五庸者五典施於近親欲其恩厚五禮施于臣下欲其有常故文異也王肅云五禮謂王公卿大

夫士鄭玄云五禮天子也諸侯也卿大夫也士也庶民也此無文可據各以意說耳○傳衷善至和善○正義曰衷之爲善常訓也故左傳云天誘其衷說者皆以衷爲善此文承五禮之下禮尚恭敬故以五禮正諸侯使同敬合恭而和善也鄭玄以爲并上之禮共有此事五典室家之內務在相親非復言以恭敬恭敬惟爲五禮而已孔言是也○傳五服至有德○正義曰益稷云以五采彰施於五色作服汝明是天子諸侯卿大夫士之服也其尊卑采章各異於彼傳具之天命有德使之居位命有貴賤之倫位有上下之異不得不立名以此等之象物以彰之先王制爲五服所以表貴賤也服有等差所以別尊卑也天聰明。自我民聰明。言天因民而降之福民所歸者天命之天視聽人君之行用民爲聰明天明畏。自我民明威。天明可畏亦用民成其威民所叛者天討之是天明可畏之効○畏如字徐音威馬本作威達于上下。敬哉有土。言天所賞罰惟善惡所在不避貴賤有土之君不可不敬懼皐陶曰。朕言惠。可底行。其所陳九德以下之言順於古道可致行禹曰。俞。乃言底可績。然其所陳從而美之曰用汝言致可以立功皐陶曰。予未有知思。曰。贊襄哉。言我未有所知未能思致於善徒亦贊奏上古行事而言之因禹美之承以謙辭言之序○知如字徐音智思如字徐音息吏反襄息羊反上也馬云因也案爾雅作儴因也如羊反〔疏〕天聰至襄哉○正義曰此承上懋哉以下言所勉之者以天之聰明視聽觀人有德用我民以爲耳目之聰明察人言善者天意歸賞之又天之明德可畏天威者用我民言惡而叛之因討而伐之成其明威天所賞罰達於上下不避貴賤故須敬哉有土之君皐陶既陳此戒欲其言入之故曰我之此言順於古道可致行不可忽也禹卽受之曰然汝言用而致可以立功重其言以深戒帝皐陶乃承之以謙曰我未有所知未能思致於善我所言曰徒贊奏上古所行而言之哉非已知思而所自能是其謙也○傳言天至聰明○正義曰皇天無心以百姓之心爲心此經大意言民之所欲天必從之天明謂聞見也天之所聞見用民之所聞見也然則聰明直是見聞之義其言未有善惡以下言明威是天降之禍知此聰明是天降之福此卽泰誓所云天聽自我民聽天視自我民視故民所歸者天命之大而言之民所歸就天命之爲天子也小而言之雖公卿大夫之任亦爲民所歸向乃得居之此文主於天子故言天視聽人君之行用民爲聰明戒天子使順民心受天之福也○傳言天至敬懼○正義曰上句有賞罰故言天所賞罰不避貴賤此之達於上下言天子亦不免也褒報鄭玄注云天子諸侯及卿大夫有地者皆曰君卽此有土可兼大夫以上但此文本意實主於天子戒天子不可不敬懼也○傳言我至之序○正義曰皐陶自言可致行禹言致可績此承而爲謙知其自言未有所知未能思致於善也思字屬上句王肅云贊贊猶贊奏也顯氏云襄上也謂贊奏上古行事而言之也經云曰者謂我上之所言也傳不訓襄爲上已從襄陵而釋之故二劉並以襄爲因若必爲因孔傳無容不訓其意言進習上古行事因贊成其辭而言之也傳雖不訓襄字其義當如王說皐陶慮忽之自云言順可行因禹美之卽承謙辭一揚一抑言之次序也鄭玄云贊明也襄之言暢言我未有所知所思徒贊明帝德暢我忠言而已謙也

尚書注疏挍勘記卷四　阮元撰盧宣旬摘錄

尚書注疏卷第四 宋板同古本作尚書卷第二古文尚書大禹謨第三虞書孔氏傳。案宋板標題皆低二字與十行本不同又或題注疏或題正義參差互見以後惟出題正義者

大禹謨第三　虞書

皋陶矢厥謨 陸氏曰矢本又作夫盧文弨云隋天文志枉矢舊本並作枉夫

天下安寧 古本寧下有也字岳本無寧字按岳本與疏合

傳攸所至下安 安下宋板有寧字山井鼎曰當作攸所至安寧。按今本正與岳本傳合

惟影響 顏氏家訓書證篇曰尚書曰惟景響周禮云土圭測景景朝景夕孟子曰圖景失形莊子云罔兩問景如此等字皆當爲光景之景凡陰景者因光而生故即爲景淮南子呼爲景柱廣雅云晷柱挂景並是也至晉世葛洪字苑傍始加彡音於景反而世間輒改治尚書周禮莊孟從葛洪字甚爲失矣

儆戒無虞 按朱子曰儆與警同古文作敬開元改今文

言天子常我慎 毛本我作戒是也

或寡令終 或下宋板空一字

厭倦萬機 機岳本作幾

信出謂始發於心 宋板閩本明監本同毛本信作言下言出同。案毛本下言出言字似挖去人傍

民皆命於大中之道 毛本命作合是也

俾予從欲以治 諸本同毛本欲誤作教

刑無所用 浦鏜云四字疑在下與前經期義別之下。按下云此期爲限與前經期義別而論語所謂勝殘去殺矣三句當是疏內小注

帝曰來禹降水儆予 石經考文提要云坊本作洚水沿蔡沈集傳。按蔡傳云洚水洪水也古文作降而蔡傳引朱子則曰降水洪水也古文作洚與蔡傳相反蓋蔡氏用師說而誤倒其文也薛氏古文訓正作洚

民叛之 古本叛作畔監本誤作判

百人無主 宋板同毛本人作姓

惟先蔽志 孫志祖云左傳哀十八年引夏書官占惟能蔽志釋文云尚書能作克克亦能也孔疏則云夏書大禹謨之篇也惟彼能作先耳此則陸氏所見本與今異孔氏所見本與今同頗疑釋文近得其真先字後人以意改也。按既言見則不必言先故知陸氏爲得也但孔疏云惟能先斷人志先字上仍有能字則孔氏所見本未必不作克左傳疏先字疑本是克字後人反据誤本尚書改之

然請卜不請筮者 宋板然下空一字

故言順帝之初 宋板閩本明監本同毛本言上脫故字

奉行帝之事故 浦鏜云故事誤倒

敷于王誅 纂傳誅作法是也

不循帝道 纂傳帝作常是也

命禹討之 纂傳禹作汝

民棄不保 岳本棄作弃

言民叛天災之 古本叛下有之字

奉辭罰罪 宋板岳本閩本纂傳本同唐石經罰作伐明監本毛本因之古本及蔡傳並作伐案伐字是也又辭古本作㓹罪古本作辠皆古今字

此則氏迷之狀也 案氏當昏之譌毛本正作昏

夔夔齋慄 唐石經岳本閩本葛本纂傳同明監本毛本齋作齊葛本注亦作齊按釋文云齊側皆反明不作齋蓋陸氏据古文而石經則從今文也

往至于田 宋板往下空一字

恭敬以事見父瞽瞍 宋板事下空一字

何爲然也 宋板然上有其字是也

事瞽同耳 宋本瞽作勢是也

覆動上天 許宗彥云當作覆上動天

神覆動天 許宗彥曰神字衍。按神疑作祇

皋陶謨第四　虞書

夫典謨 岳本無夫字按釋文云夫音扶明有夫字岳本誤脫也

佞人亂眞 古本眞作德按德古作悳形近之譌

亦言其人有德 唐石經無人字與史記夏本紀同。按石經元刻本有人字唐元度覆定乃刪人字重刻今注疏本則沿襲別本也唐石經摩去重刻者多同於今此獨異於今本也

必言其所行某事某事以爲驗 史記集解作必言其所行事因事以爲驗

彼言剛失之虐 宋板之作入與舜典傳古本合下之傲放此

是爲強貌也 毛本貌作毅是也閩本亦誤

翕和也 毛本和作合是也閩本亦誤

百僚師師 陸氏曰僚本又作寮。按依說文當作寮僚俗省作寮假借作僚

庶績其凝 按羣經音辨冰尚書古文凝字然則此經其凝古文作其冰

故稱家 家上纂傳有有字

謂天子也任之所能 浦鏜云也疑各字譌之疑其字譌是也

堯典敬授民時 宋板堯上有即字是也

自我五禮有庸哉 古本有作五按疏云上言五惇此言五庸疑孔氏所見本亦作五庸與馬本同。按古本多竊取釋文正義爲之此其證也

五服五章哉 章古本作彰

尊卑彩章各異 岳本纂傳彩作采。按采彩古今字

鄭元以爲并上之禮 浦鏜云之當典字誤

自我民明威 威古本作畏山井鼎曰古字通用王應麟曰古文天明畏自我民明畏今文下畏字作威蓋衛包所改當從古。按王所云古文即宋次道家本也多不足據

徒亦贊奏上古行事而言之 宋板無而字

非已知思而所能 宋板閩本同毛本思作失

襄之言暢 盧文弨云王伯厚鄭注尚書言暢作言揚注一作暢下暢亦作揚毛本作揚似與王所見本合。按鄭注尚書乃惠棟所輯託名王伯厚者

暢我忠言而已 宋板同毛本暢作揚

尚書注疏挍勘記卷四終

附釋音尚書注疏卷第五

益稷第五　夏書　孔氏傳　孔穎達疏

益稷。禹稱其人因以名篇[疏]傳禹稱至名篇○正義曰禹言暨益暨稷是禹稱其二人二人佐禹有功因以此二人名篇既美大禹亦所以彰此二人之功也禹先言暨益故益在稷上馬鄭王所據書序此篇名爲棄稷棄稷一人不宜言名又言官是彼誤耳又合此篇於皐陶謨謂其別有棄稷之篇皆由不見古文妄爲說耳 帝曰。來禹。汝亦昌言。因皐陶謨九德故呼禹使亦陳當言○當丁浪反本亦作讜當湯反李登聲類云讜言善言也 禹拜曰。都。帝。予何言。予思日孜孜。拜而歎辭不言欲使帝重皐陶所陳言已思日孜孜不怠奉承臣功而已○思徐如字又息吏反孜音茲 皐陶曰。吁。如何。問所以孜孜之事 禹曰。洪水滔天。浩浩懷山襄陵。下民昏墊。言天下民昏瞀墊溺皆困水災○浩戶老反墊丁念反瞀音務一音茂本或作務溺乃歷反 予乘四載。隨山刊木。所載者四謂水乘舟陸乘車泥乘輴山乘樏隨行九州之山林刊槎其木開通道路以治水也○乘音繩刊苦安反輴丑倫反漢書作橇如淳音蕝以板置泥上服虔云木橇形如木箕擿行泥上尸子云澤行乘蕝蕝音子絕反樏力追反史記作橋徐音丘遙反漢書作梮九足反行下孟反槎士雅反下同說文云衺斫又莊下反 暨益奏庶鮮食。奏謂進於民鳥獸新殺曰鮮與益槎木獲鳥獸民以進食○暨其器反鮮徐音仙馬云鮮生也 予決九川。距四海。濬畎澮距川。距至也決九州名川通之至海一畎之間廣尺深尺曰畎方百里之間廣二尋深二仞曰澮澮畎深之至川亦入海○畎工犬反澮故外反廣光浪反深尸鴆反 暨稷播。奏庶艱食鮮食。艱難也眾難得食處則與稷教民播種之決川有魚鱉使民鮮食之○艱工閑反馬本作根云根生之食謂百穀處昌慮反鱉必滅反 懋遷有無化居。化易也居謂所宜居積者勉勸天下徙有之無魚鹽徙山林木徙川澤交易其所居積○懋音茂鹽余廉反 烝民乃粒。萬邦作乂。米食曰粒言天下由此爲治本○烝之承反粒音立治直吏反下同 皐陶曰。俞。師汝昌言。言禹功甚當可師法○當丁浪反[疏]帝曰來至汝昌言○正義曰皐陶既爲帝謀帝又呼禹進之曰來禹汝亦宜陳其當言禹拜曰嗚乎帝皐陶之言既已美矣我更何所言我之所思者每日孜孜勤於臣職而已皐陶怪禹不言故謂之曰吁問其所以孜孜之事如何禹曰往者洪水漫天浩浩然盛大包山上陵下民昏惑沈溺皆困水災我乘舟車輴樏等四種之載隨其所往之山槎木通道而治之與益所進於人者惟有槎木所獲眾鳥獸鮮肉爲食也我又通決九州名川通之至於四海深其畎澮以至於川水漸除矣與稷播種五穀進於眾人難得食處乃決水所得魚鱉鮮肉爲食也人既皆得食矣又勸勉天下徙有之無交易其所居積於是天下眾人乃皆得米粒之食萬國由此爲治理之政我所言孜孜者在此也皐陶曰然可以爲師法者是汝之當言○傳因皐至當言○正義曰上篇皐陶謀九德此帝呼禹令亦陳當言亦者亦皐陶也明上篇皐陶雖與益相應其言亦對帝也上傳云皐陶爲帝舜謀者以此而知也○傳拜而至而已○正義曰既已拜而歎必有所美復辭而不言是知欲使帝重皐陶所陳言已無以加也王肅云帝在上皐陶陳謀於下已備矣我復何所言予是也既無所言故言已思惟日孜孜不敢怠惰奉成臣職而已孜孜者勉功不怠之意○傳言天下至水災○正義曰瞀者眩惑之意故言昏瞀墊是下濕之名故爲溺也言天下之人遭此大水精神昏瞀迷惑無有所知又苦沈溺皆困此水災也鄭云昏沒也墊陷也禹言洪水之時人有沒陷之害○傳所載至治水○正義曰史記河渠書云夏書曰禹湮洪水十三年三過家不入門陸行載車水行載舟泥行蹈毳音蕝山行即橋丘遙反徐廣曰橋一作輂几玉反輂直轅車也尸子云山行乘樏泥行乘蕝子絕反漢書溝洫志云泥行乘毳山行則梮居足反毳行如箕擿行泥上如淳云毳謂以板置泥上以通行路也慎子云爲毳者患塗之泥也應劭云梮或作樏爲人所牽引也如淳云梮謂以鐵如錐頭長半寸施之履下以上山不蹉跌也韋昭云梮木器也如今轝牀人轝以行也此經惟言四載傳言所載者四同彼史記之說古書尸子慎子之徒有此言也輴與毳爲一樏與梮轝爲一古篆變形字體改易說者不同未知孰是禹之施功本爲治水此經乃云隨山刊木刊木爲治水治水徧於九州故云隨行九州之山林襄二十五年左傳云井堙木刊刊是除木之義也毛傳云除木曰槎故曰刊槎其木開通道路以治水○傳奏至進食○正義曰黎民阻飢爲人治水故知奏謂進於人也礼有鮮魚腊以其新殺鮮淨故名爲鮮是鳥獸新殺曰鮮魚鼈新殺亦曰鮮也此承山下故爲鳥獸下承水後故爲魚鼈其新殺之意同也既言刊木乃進鮮食是除木所得故言與益槎木獲鳥獸人以進食○傳距至至海○正義曰距者相抵之名故爲至也非是名川不能至海故決九州之名川通之至海也考工記云匠人爲溝洫耜廣五寸二耜爲耦一耦之伐廣尺深尺謂之畎田首倍之廣二尺深二尺謂之遂九夫爲井井間廣四尺深四尺謂之溝方十里爲成成間廣八尺深八尺謂之洫方百里爲同同間廣二尋深二仞謂之澮是畎遂溝洫澮皆通水之道也以小注大故從畎遂溝洫乃以入澮澮入於川川入於海是畎內之水亦入海也惟言畎澮舉大小而略其餘也先言決川至海後言濬畎至川者川既入海然後澮得入川故先言川也○傳艱難至鮮食之○正義曰艱難也釋詁文禹主治水稷主教播種水害漸除則有可耕之地難得食處先須教導以救之故云眾難得食處則與稷教人播種之易得食處人必自能得之意在救人難危之厄故舉難得食處以言之於時雖漸播種得穀猶少人食未足故決川有魚鱉使人鮮食之言食魚以助穀也鄭玄云與稷教人種澤物菜蔬艱厄之食稷功在於種穀不主種菜蔬也言后稷種菜蔬艱厄之食傳記未有此言也○傳化易至居積○正義曰變化是改易之義故化爲易也居謂所宜居積者近水者居魚鹽近山者居林木也勉勸天下徙有之無者謂徙我所有往彼無鄉取彼所有以濟我之所無魚鹽徙山林木徙川澤交易其所宜居積言此遷者謂將物去不得空取彼物也王肅云易居者不得空去當滿而去當滿而來也○傳米食至治本○正義曰說文云粒糙也今人謂飯爲米糙遺餘之飯謂之一粒兩粒是米食曰粒言是用米爲食之名也人非穀不生政由穀而就言天下由此穀爲治政之本也君子之道以謙虛爲德禹盛言已功者爲臣之法當孜孜不怠自言己之勤苦所以勉勸人臣非自[illegible]也

禹曰。都。帝。慎乃在位。帝曰。俞。然禹言受其戒 禹曰。安汝止。惟幾惟康。其弼直。言慎在位當先安好惡所止念慮幾微以保其安其輔臣必用直人○好惡上呼報反下烏路反又並如字 惟動丕應徯志。徯待也帝先安所止動則天下大應之順命以待帝志○應應對之應徯胡啟反 以昭受上帝。天其申命用休。昭明也非但人應之又乃明受天之報施天又重命用美○施始豉反重直用反 帝曰。吁。臣哉鄰哉。鄰哉臣哉。禹曰。俞。鄰近也言君臣道近相須而成[疏]禹曰都至曰俞○正義曰禹以皐陶然已因歎而戒帝曰嗚呼帝當謹慎汝所在之位帝受其戒曰然禹又戒帝曰若欲慎汝在位當須先安定汝心好惡所止念慮事之微細以保安其身其輔弼之臣必用正直之人若能如此惟帝所動則天下大應之以待帝志以明受天之布施於天其重命帝用美道也帝以禹言已重乃驚而言曰吁臣哉近哉臣當親近君也近哉臣哉君當親近臣也言君臣當相親近其與成政道也禹應帝曰然言君臣宜相親近也○傳言慎至直人○正義曰此禹重戒帝覆上慎乃在位當先安好惡所止謂心之所止當止好不止惡言惡以刑好也大學云爲人君止於仁爲人臣止於敬好惡所止謂此類也傳意以上惟爲念下惟爲辭故云念慮幾微然後以保其好惡所安寧耳○傳徯待至帝志○正義曰徯待釋詁文帝先能自安所止心之所止止於好事有舉動發號出令則天下大應之順命以待帝志謂靜以待命有命則從也○傳昭明至用美○正義曰堯典已訓昭爲明此重訓詳之皇天無親惟德是輔人之所欲天必從之帝若能安所止非但人歸之又乃明受天之報施天下太平祚肩長遠是天之報施也天又重命用美謂四時和祥瑞臻之類也或當前後非一故傳言又也○傳鄰近至而成○正義曰周禮五家爲鄰取相近之義故鄰爲近也禹言君當好善帝言須得臣力再言鄰哉言君臣之道當相須而成鄭玄云臣哉汝當爲我鄰哉鄰哉汝當爲我臣哉反覆言此欲其志心入禹 帝曰。臣作朕股肱耳目。言大體若身○股音古肱古弘反 予欲左右有民。汝翼。左右助也助我所有之民富而教之汝翼成我 予欲宣力四方。汝爲。布力立治之功汝羣臣當爲之 予欲觀古人之象。欲觀示法象之服制○觀舊音官又官喚反 日、月、星、辰、山、龍、華蟲、日月星爲三辰華象草華蟲雉也畫三辰山龍華蟲於衣服旌旗○蟲直弓反 作會、宗彝、會五采也以五采成此畫焉宗廟彝樽亦以山龍華蟲爲飾○會胡對反馬鄭作繪彝音夷馬同鄭云宗彝虎也 藻、火、粉、米、黼、黻、絺、繡、藻水草有文者火爲火字粉若粟冰米若聚米黼若斧形黻爲兩已相背葛之精者曰絺五色備曰繡○藻音早本又作薻粉米說文作黺黺徐米作絲音米黼音甫白與黑謂之黼黻音弗黑與青謂之黻絺徐勑私反又勑其反馬同鄭陟里反刺也繡音秀背音佩 以五采彰施于五色。作服。汝明。天子服日月而下諸侯自龍袞而下至黼黻士服藻火大夫加粉米上得兼下下不得僭上以五采明施于五色作尊卑之服

汝明制之○衮工本反胥子念反

予欲聞六律。五聲。八音。在治忽。以出納五言。汝聽。言欲以六律和聲音在察天下治理及忽怠者又以出納仁義禮智信五德之言施于民以成化汝當聽審之○出如字又尺遂反注同納如字又音內予違汝弼。汝無面從。退有後言。我違道汝當以義輔正我無得面從我違而退後有言我不可弼欽四鄰。庶頑讒說。若不在時。四近前後左右之臣勑使敬其職衆頑愚讒說之人若所行不在於是而爲非者當察之侯以明之。撻以記之。當行射侯之禮以明善惡之教笞撻不是者使記識其過○撻他末反又他達反笞勑疑反書用識哉。欲並生哉。書識其非欲使改悔與共並生工以納言。時而颺之。工樂官當誦詩以納諫當是正其義而颺道之○颺音揚格則承之庸之。否則威之。天下人能至于道則承用之任以官不從教則以刑威之○否方有反徐音鄙任汝鴆反

〔疏〕帝曰臣至威之○正義曰帝以禹然已言又說須臣之事作我股肱耳目言已動作視聽皆由臣也我欲助我所有之人使之家給人足汝當翼贊我也我欲布陳智力於天下四方爲立治之功汝等當與我爲之我欲觀示君臣上下以古人衣服之法象其日月星辰山龍華蟲作會合五采而畫之又畫山龍華蟲於宗廟彝罇其藻火粉米黼黻於絺葛而刺繡以五種之彩明施於五色制作衣服汝當爲我明其差等而制度之我欲聞知六律和五聲播之於八音以此音樂察其政治與忽怠者其樂音又以出納五德之言汝當爲我聽審之我有違道汝當以義輔成我汝無得知我違非而對面從我退而後更有言云我不可輔也既言其須臣之力乃揔勑之敬其職事哉汝在我前後左右四旁鄰近之臣也其衆類頑愚讒說之人若有所行不在於是而爲非者汝當察之以法行射侯之禮知其善惡以明別之有不是者又撻其身以記之書識其過者以以識所以撻之書之者冀其改悔欲與並生活哉工樂之官以納諫言於上當是正其義而顯揚之使我自知得失也又揔言御下之法天下之人有能至於道者則當承受而進用之當任以官也不從教者則以刑罰威之當罪其身也此等皆汝臣之所爲○傳言大體若身○正義曰君爲元首臣爲股肱耳目大體如一身也足行手取耳聽目視身雖百體四者爲大故舉以爲言鄭玄云動作視聽皆由臣也○傳左右至成我○正義曰釋詁云左右助慮也同訓爲慮是左右得爲助也立君所以牧人人之自營生產人君當助救之論語稱孔子適衛欲先冨民而後教之故云助我所有之民欲冨而教之也君子施教本爲養人故先云助人舉其重者以其爲人事重當須翼成故言汝翼次顯君施教化須臣爲之故言汝爲次明衣服上下標顯尊卑故云汝明次云六律五聲故云汝聽各隨事立文其實不異○傳布力至爲之○正義曰詩云四方于宣論語云陳力就列是布政用力故言布力立治之功汝羣臣當爲之○傳欲觀至服制○正義曰觀示法象之服制者謂欲申明古人法象之衣服垂示在下使觀之也易辭云黃帝堯舜垂衣裳而天下治象物制服蓋因黃帝以還未知何代而具彩章舜言已欲觀古知在舜之前耳○傳日月至旗旗○正義曰桓二年左傳云三辰旂旗昭其明也三辰謂此日月星也故日月星爲三辰辰即時也三者皆是示人時節故並稱辰焉傳言此者以辰在星下揔上三事爲辰辰非別爲物也周禮大宗伯云實柴祀日月星辰鄭玄云星謂五緯也辰謂日月所會十二次也星辰異者彼鄭以偏祭天之諸神十二次也次亦當祭之故令辰與星別此云畫之於衣日月合宿之辰非有形容可畫且左傳云三辰即日月星也周禮司常掌九旗之物惟日月爲常不言畫星蓋太常之上又畫星也穆天子傳稱天子葬盛姬畫日月七星蓋畫北斗也草木雖皆有華而草華爲美故云華象草華蟲雉也周禮司服有鷩冕鷩則雉焉雉五色象草華也月令五時皆云其蟲蟲是鳥獸之揔名也下云作服汝明知畫三辰山龍華蟲於衣服也又言旌旗者左傳言三辰旂旗周禮司常云日月爲常王者禮有沿革後因於前故知舜時三辰亦畫之於旌旗也下傳云天子服日月而下則三辰畫之於衣服又畫於旌旗也周禮司服云享先王則袞冕袞者卷也言龍首卷然以袞爲名則所畫自龍已下無日月星也郊特牲云祭之日王被袞冕以象天也又曰龍章而設日月以象天也鄭玄云謂有日月星辰之章設日月畫於衣服旌旗也據此記文袞冕之服亦畫日月鄭注禮記言郊特牲所云謂魯禮也要其文稱王被服袞冕非魯事也或當二代天子衣上亦畫三辰自龍章爲首而使袞統名耳禮文殘缺不可得詳但如孔解舜時天子之衣畫日月耳鄭玄亦以爲然王肅以爲舜時三辰即畫於旌旗不在衣也天子山龍華蟲耳○傳會五至爲飾○正義曰會者合聚之名下云以五彩彰施於五色作服知會謂五色也禮衣畫而裳繡五色備謂之繡知畫亦備五色故云以五彩成此畫焉謂畫之於衣宗彝文承作會之下故云宗廟彝樽亦以山龍華蟲爲飾知不以日月星爲飾者孔以三辰之尊不宜施於器物也周禮有山罍龍勺雞彝鳥彝以類言之知彝樽以山龍華蟲爲飾亦畫之以爲飾也周禮彝器所云犧象雞鳥者鄭玄皆爲畫飾與孔意同也周禮彝器無山龍華蟲爲飾者帝王革易所尚不同故有異也○傳藻水至曰繡○正義曰詩云魚在在藻是藻爲水草草類多矣獨取此草者謂此草有文故也火爲火字謂刺繡爲火字也考工記云火以圜鄭司農云謂圜形似火也鄭玄云形如半環然記是後人所作何必能得其眞今之服章繡爲火字者如孔所說也粉若粟冰者粉之在粟其狀如冰米若聚米者刺繡爲文類聚米形也黼若斧形考工記云白與黑謂之黼釋器云斧謂之黼孫炎云黹文如斧形蓋半白半黑似斧刃白而身黑黻謂兩已相背謂刺繡爲已字兩已字相背也考工記云黑與青謂之黻刺繡爲兩已字以青黑線繡也詩葛覃云爲絺爲綌是絺用葛也玉藻云浴用二巾上絺下綌曲禮云爲天子削瓜者副之巾以絺爲國君者華之巾以綌皆以絺貴而綌賤是絺精而綌麤故葛之精者曰絺五色備謂之繡考工記文也計此所陳皆述祭服而服玄纁爲之後代無用絺者蓋於時仍質暑月染絺爲纁而繡之以爲祭服孔以華象草華蟲雉則合華蟲爲一周禮鄭玄注亦然則以日月星辰山龍華蟲六章畫於衣也藻火粉米黼黻六章繡於裳也天之大數不過十二故王者制作皆以十二象天也顧氏取先儒等說以爲日月星取其照臨山取能與雲雨龍取變化無方華取文章雉取耿介顧氏雖以華蟲爲二其取象則同又云藻取有文火取炎上粉取絜白米取能養黼取能斷黻取善惡相背鄭玄云會讀爲繪宗彝謂宗廟之鬱鬯樽也故虞夏以上蓋取虎彝蜼彝而已粉米白米也絺讀爲黹黹紩也自日月至黼黻凡十二章天子以飾祭服凡畫者爲繪刺者爲繡此繡與繪各有六衣用繪裳用繡至周而變之以三辰爲旂旗謂龍爲袞宗彝爲毳或損益上下更其等差鄭意以華蟲爲一粉米爲一加宗彝謂虎蜼也周禮宗廟彝器有虎彝蜼彝故以宗彝爲虎蜼也此經所云凡十二章日也月也星也山也龍也華蟲也六者畫以作繪施於衣也宗彝也藻也火也粉米也黼也黻也此六者紩以爲繡施之於裳也鄭玄云至周而變易之損益上下更其等差周禮司服之注具引此文乃云此古天子冕服十二章也王者相變至周而以日月星畫於旌旗冕服九章登龍於山登火於宗彝尊其神明也九章初一曰龍次二曰山次三曰華蟲次四曰火次五曰宗彝皆畫以爲繢次六曰藻次七曰粉米次八曰黼次九曰黻以絺爲繡則袞之衣五章裳四章凡九也鷩畫以雉謂華蟲也其衣三章裳四章凡七也毳畫虎蜼謂宗彝也其衣三章裳二章凡五也是鄭以冕服之名皆取章首爲義袞冕九章以龍爲首龍首卷然故以袞爲名鷩冕七章華蟲爲首華蟲即鷩雉也毳冕五章虎蜼爲首虎蜼毛淺毳是亂毛故以毳爲名如鄭此解配文甚便於絺繡之義揔爲消帖但解宗彝爲虎蜼取理太迴未知所說誰得經旨○傳天子至制之○正義曰此言作服汝明故傳辨其等差天子服日月而下十二章諸侯自龍袞而下至黼黻八章再言而下明天子諸侯皆至黼黻也士服藻火二章大夫加粉米四章孔注上篇五服謂天子諸侯卿大夫士則卿與大夫不同當加之以黼黻爲六章孔略而不言孔意蓋以周禮制諸侯有三等之服此諸侯同八章者上古樸質諸侯俱南面之尊故合三爲一等且禮諸侯多同爲一等故雜記云天子九虞諸侯七虞左傳云天子七月而葬諸侯五月而葬是也孔以此經上句日月星辰山龍華蟲尊者在上下句藻火粉米黼黻尊者在下黼黻尊於粉米粉米尊於藻火故從上以尊卑差之士服藻火大夫加以粉米并藻火爲四章馬融不見孔傳其注亦以爲然以古有此言相傳爲說也蓋以衣在上爲陽陽統於上故所尊在先裳在下爲陰陰統於下故所重在後詩稱玄袞及黼顧命云麻冕黼裳當以黼爲裳故首舉黼以言其事如孔說也天子諸侯下至黼黻大夫粉米兼服藻火是上得兼下也士不得服粉米大夫不得服黼黻是下不得僭上也訓彰爲明以五種之彩明施於五色作尊卑之服汝當分明制之令其勿使僭濫也鄭玄云性曰采施曰色以本性施於繒帛故云以五采施於五色也鄭云作服者此十二章爲五服天子備有焉公自山龍而下侯伯自華蟲而下子男自藻火而下卿大夫自粉米而下亦是以意說也此云作服推據衣服所以經有宗彝及孔云旌旗亦以山龍華蟲爲飾者但此雖以服爲主上既云古人之象則法象分在器物皆悉明之非止衣服而已旌旗器物皆是彩飾被服以明尊卑故揔云作服以結之○傳言欲至審之○正義曰此經大意令臣審聽樂音察世之治否以報君也金石絲竹匏土革木八物各出其音謂之八音八音之聲皆有淸濁聖人差之以爲五品宮商角徵羽謂之五聲五聲高下各有所準則聖人制爲六律與五聲相均作樂者以律均聲聲從器出帝言我欲以六律和彼五聲八音以此樂之音聲察世之治否詩序云治世之音安以樂其政和亂世之音怨以怒其政乖此則聽聲知政之道也言今聽作樂若其音安樂和平則時政辨治而修理也若其音怨怒乖離則時政忽慢而怠惰也是用樂之聲音察天下治理及忽怠者也知其治理則保以修之知其忽怠則改以修之此治理忽怠人君所願聞也又樂之感人使和易調暢若樂云合度則言必得理以此樂音出納仁義禮智信五德之言乃君之發言合彼五德施之於人可以成其教化是出五言也人之五言合彼五德歸之於君可以成諷諫是納五言也君言可以利民民言可以益君是言之善惡由樂音而知也此言之善惡亦人君之所願聞也政之理忽言之善惡皆是上所願聞欲令察知以告已得守善而改惡故帝令臣汝當爲我聽審之也六

律六呂當有十二惟言六律者鄭玄云舉陽陰從可知也傳以五言爲五德之言者漢書律歷志稱五聲播於五常則角爲仁商爲義徵爲禮羽爲智宮爲信志之所稱必有舊說也言五聲與五德相協此論樂事而云出納五言知是出納五德之言也樂音和則五德之言得其理音不和則五德之言違其度故亦以樂音察五言也帝之此言自說臣之大法於舜所聽使聽韶樂也襄二十九年左傳吳季札見舞韶樂而歎曰德至矣哉大矣如天之無不幬也如地之無不載也然則韶樂盡善盡美有理無忽而并言忽者韶樂自美取樂採人歌爲曲若其音忽則音辭亦有焉故常使聽察之也○傳四近至窺之○正義曰冏命云惟予一人無良實賴左右前後有位之士匡其不及知四近謂前後左右四者近君之臣勅使敬其職也更欲以此告下之辭故勅之衆頑愚讒說之人若有所行不在於是而爲非者當察之知其非乃撻之書之此與以下發端也庶頑讒說謂朝廷之臣格則承之乃謂天下之人舜之朝廷當無讒說之人故設爲大法戒愼之耳四近之臣普謂近君之臣耳無常人也鄭玄以四近爲左輔右弼前疑後承惟伏生書傳有此言文王世子云有師保有疑承以外經傳無此官也○傳當行至其過○正義曰禮射皆張侯射之知侯以明之當行射侯之禮以明善惡之教射禮有序賓以賢詢衆擇善之義是可以明善惡也笞撻不是者使記識其過謂過輕者也大罪刑殺之矣古之射侯之士無以言之案周禮司裘云王大射則供虎侯熊侯豹侯設其鵠諸侯則供熊侯豹侯卿大夫則供麋侯皆設其鵠鄭玄注云虎九十弓卽方一丈八尺熊七十弓方一丈四尺豹麋五十弓方一丈鄭又引梓人爲侯廣與崇方三分其廣而鵠居一焉則丈八之侯鵠方六尺丈四之侯鵠方四尺六寸大半寸一丈之侯鵠方三尺三寸少半寸此皆大射之侯也射人云王以六耦射三侯五正諸侯以四耦射二侯三正孤卿大夫以三耦射一侯二正士以三耦射豹侯二正鄭玄注云五正者五采中朱次白次蒼次黃玄居外三正者去玄黃二正者去白蒼而畫以朱綠此賓射之侯也鄭以賓射三侯步數高廣與大射侯同正大如鵠司裘及射人所云諸侯者謂折內諸侯若折外諸侯則儀禮大射云大侯九十弓熊侯七十弓豹侯五十弓皆以三耦其賓射則無文若天子已下之燕射案鄉射記云天子熊侯白質諸侯麋侯赤質大夫布侯畫以虎豹士布侯畫以鹿豕熊侯已下同五十弓卽侯身高一丈君臣共射之○傳書識至並生○正義曰書識其非亦是小過者也欲並生哉揔上三者侯以明之撻以記之書用識哉皆是欲其改悔與無過之人共並生也○傳工樂至道之○正義曰禮通謂樂官爲工知工是樂官則周禮大師瞽矇之類也樂官掌頌詩言以納諫以詩之義理或徵人君聽之若有不悟當正其義而揚道之揚舉也舉而道向君也○傳天下至威之○正義曰言承之用之則此人未在官也故言謂天下民必也能至於道卽賢者故承用之而任以官也否謂不從教者則以刑威之而罪其身也臣過必小故撻之書之人罪或大故以刑威之

禹曰。俞哉。帝光天之下。至于海隅蒼生。光天之下至于海隅蒼蒼然生草木言所及廣遠**萬邦黎獻。共惟帝臣。惟帝時舉。敷納以言。明庶以功。車服以庸。**獻賢也萬國衆賢共爲帝臣帝舉是而用之使陳布其言明之皆以功大小爲差以車服旌其能用之**誰敢不讓。敢不敬應。**上惟賢是用則下皆敬應上命而讓善○應應對之應

帝不時。敷同日奏罔功。帝用臣不是則遠近布同而日進於無功以賢愚並位優劣共流故**無若丹朱傲。惟慢遊是好。**丹朱堯子舉以戒之○傲五報反字又作奡好呼報反**傲虐是作。罔晝夜頟頟。**傲戲而爲虐無晝夜常頟頟肆惡無休息○傲五羔反徐五報反注同頟五客反**罔水行舟。朋淫于家。用殄厥世。**朋羣也丹朱習於無水陸地行舟言無度羣淫於家妻妾亂用是絕其世不得嗣○殄徒見反**予創若時。娶于塗山。辛壬癸甲。**創懲也塗山國名懲丹朱之惡辛日娶妻至于甲日復往治水不以私害公○娶促住反復扶又反**啓呱呱而泣。予弗子。惟荒度土功。**啓禹子也禹治水過門不入聞啓泣聲不暇子名之以大治度水土之功故○呱音孤子如字鄭將吏反度徒洛反**弼成五服。至于五千。州十有二師。**五服侯甸綏要荒服也服五百里四方相距爲方五千里治洪水輔成之一州用三萬人功九州二十七萬庸○至于五千馬云面五千里爲方萬里鄭云五服已五千又弼成爲萬里州十有二師二千五百人爲師鄭云師長也要一遙反**外薄四海。咸建五長。**薄迫也言至海諸侯五國立賢者一人爲方伯謂之五長以相統治以獎帝室○薄蒲各反徐扶各反長丁丈反五長衆官之長**各迪有功。苗頑弗卽工。帝其念哉。**九州五長各蹈爲有功惟三苗頑凶不得就官善惡分別○別彼列反**帝曰。迪朕德。時乃功惟敘。**言天下蹈行我德是汝治水之功有次序敢不念乎

【疏】禹曰至惟敘○正義曰禹既得帝言乃荅帝曰然既帝之任臣又言當擇人充滿大天之下旁至四海之隅蒼蒼然生草木之處皆是帝德所及其內有萬國衆賢皆共爲帝臣言其可用者甚衆也帝當就是衆賢之內舉而用之其舉用之法各使陳布其言納受之以其言之所能從其所能而驗試之明顯衆人所能當以功之大小既知有功乃賜之以車服以表其功有能用帝以此法用人卽在下之人知官不妄授必用度才能而使之如此誰敢不讓有德敢不敬應帝命而推先善人也若帝用臣不是不宜試驗不知臧否則羣臣遠近偏布同心而日進無功之人既戒帝擇人又勸帝自勸無若丹朱之傲惟慢褻之遊是其所好傲戲而爲虐是其所爲爲此惡事不問晝夜而頟頟然恆爲之無休息又無水而陸地行舟羣朋淫泆於室家之內用此之故絕其世嗣不得居位我本創丹朱之惡若是也故娶於塗山之國歷辛壬癸甲四日而卽往治水其後過門不入聞啓呱呱而泣我不暇入而子名之惟以大治度水土之功故也水土既平乃輔成五服四面相距至于五千里州十有二師其治水之時所役人功每州用十有二師各用三萬人也自京師外迫及四海其間諸侯五國皆立一長迭相統領以此諸侯各蹈行所職並爲有功惟有三苗頑凶不能就官我以供勤之故得使災消沒帝念此事哉不可不自勤也帝合禹曰天下之人皆蹈行我德是汝治水之功惟有次敘故也受其戒而美其功也○傳光天至廣遠○正義曰堯典之序訓光爲充卽此亦爲充言充滿大天之下也據其方面卽四隅爲遠至于海隅舉極遠之處言帝境所及廣遠其內多賢人也○傳獻賢至用之○正義曰釋言云獻聖也賢是聖之次臣德不宜言聖故爲賢也萬國衆賢其爲帝臣言求臣之處多也帝舉是衆賢而用之使陳布其言令其自說己之所能聽其言而納受之依其言而考試之顯明衆臣皆以功大小爲差然後賜車服以旌別其人功能事用是舉賢用人之法也舜典云敷奏以言明試以功奏試二字與此異者彼言施於諸侯其人見爲國君故令奏言試功此謂方始擢用故言納庶納謂受取之庶謂在羣衆○傳帝用至流故○正義曰帝用臣不是不以言考功在下知帝不分別善惡則無遠近徧布同心日日進於无功之人由其賢愚並位優劣共流故也敷是布之義故言遠近布同同心妄舉也○傳丹朱堯子○正義曰漢書律歷志云堯讓舜使子朱處於丹淵爲諸侯則朱是名丹是國也○傳傲戲至休息○正義曰詩美衛武公云善戲謔兮不爲虐兮丹朱反之故傲戲而爲虐也頟頟是不休息之意肆謂縱恣也晝夜常頟頟然縱恣爲惡無休息時也○傳朋羣至得嗣○正義曰朋輩與羣聚義同故朋爲羣也聖人作車以行陸作舟以行水丹朱乃習於無水而陸地行舟言其所爲惡事無節度也此乃稟受惡性習惡事也鄭玄云丹朱見洪水時人乘舟今水已治猶居舟中頟頟使人推行之案下句云予創若時乃勤治水則丹朱行舟之時水尚未除非劾洪水之時人乘舟也羣淫於家言羣聚妻妾恣意淫之無男女之別故言妻妾亂也用是之惡故絕其世位不得嗣父也此用殄厥世一句禹既見世絕今始言之以明行惡之驗此句非禹所創創之者創其行之惡耳○傳創懲至害公○正義曰創與懲皆是見惡自止之意故云創懲也哀七年左傳云禹會諸侯於塗山杜預云塗山在壽春縣東北塗山國名蓋近彼山也娶于塗山言其所娶之國耳非就妻家見妻也懲丹朱之惡故不可不勤故辛日娶妻至于甲日復往治水孔云復往則已嘗治水而輟事成昬也鄭玄云登用之年始娶于塗山氏三宿而爲帝所命治水鄭意娶後始受帝命娶前來治水也然娶後始受帝命當云聞命卽行不須計辛之與甲日數多少當如孔說輟事成昬也此時禹父新殛而得爲昏者鯀放而未死不妨禹娶且治水四年兗州始畢禹娶不必在殛鯀之年也○傳啓禹至功故○正義曰啓禹子世本文也孟子稱禹治水三過其門而不入是至門而聞啓泣聲不暇如人父子名爲己子而愛念之以其爲大治度水土之功故也訓荒爲大治謂去其水度謂量其功故治度連言之○傳五服至萬庸○正義曰據禹貢所云五服之名數知五服卽甸侯綏要荒服也彼五服每服五百里四面相距爲方五千里也王肅云五千里者直方之數若其適邪委曲動有倍加之較是直路五千里也治洪水輔成之者謂每服之內爲其小數定其差品各有所掌是禹輔成之也周禮大司馬法二千五百人爲師每州十有二師通計之一州用三萬人功揔計九州用二十七萬庸庸亦功也州境既有潤狹用功必有多少例言三萬人者大都通率爲然惟言用三萬人者不知用功日數多少治水四年乃畢用功蓋多矣不知用幾日也鄭玄云輔五服而成之至于面方各五千里四面相距爲方萬里九州州立十二人爲諸侯師以佐牧堯初制五服服各五百里要服之內方四千里曰九州其外荒服曰四海此禹所受地記書曰崑崙山東南地方五千里名曰神州者禹弼五服之殘數亦每服者合五百里故有萬里之界萬國之封焉猶用要服之內爲九州州更方七千里七七四十九得方千里者四十九其一以爲圻內餘四十八入州分而各有六春秋傳曰禹朝羣臣于會稽執玉帛者萬國言執玉帛者則九州之內諸侯也其制特置牧以諸侯賢者爲之師蓋百國一師州十有二師則州千二百國也入州凡九千六百國其餘四百國在圻內與王制之法準之入州通

率封公侯百里之國者一伯七十里之國二子男五十里之國四方百里者三封國七十有畸至于圻內則子男而已鄭云禹弼成五服面各五千里王肅禹貢之注已難之矣傳稱萬盈數也萬國舉盈數而言非謂其數滿萬也詩桓曰綏萬邦烝民曰揉此萬邦豈周之建國復有萬乎天地之勢平原者甚少山川所在不啻居半豈以不食之地亦封建國乎王圻千里封五十里之國四百則圻內盡以封人王城宮室無建立之處言不顧實何至此也百國一師不出典記自造此語何以可從禹朝羣臣于會稽魯語文也執玉帛者萬國左傳文也採合二事亦爲謬矣○傳薄迫至帝室○正義曰釋言云遍迫也薄者遍近之義故云迫也外迫四海言從京師而至于四海也釋地云九夷八狄七戎六蠻謂之四海謂九州之外也王制云五國以爲屬屬有長此建五長亦如彼文故云諸侯五國立賢者一人爲方伯謂之五長以相統治欲以共獎帝室故也僖元年公羊傳曰上無天子下無方伯方伯謂周禮九命作伯者也王制云千里之外設方伯方伯一爲之長謂周禮八命作牧者也傳言五國立一人爲方伯直是五國之長耳與彼異也以其是當方之長故傳以方伯言之○傳九州至分別○正義曰蹈爲有功之長言蹈履典法持之有功惟三苗頑凶不得就官謂舜分北三苗之時苗君有罪不得就其諸侯國君之官而被流於遠方也言九州五長各蹈爲有功則海內諸侯皆有功矣惟有三苗不得就官以見天下大治而惡者少耳頑則不得就官言善惡分別也

皋陶方祗厥敘。方施象刑惟明。方四方禹五服既成故皋陶敬行其九德考績之次序於四方又施其法刑皆明白史因禹功重美之○重直用反

【疏】皋陶至惟明○正義曰此經史述爲文非帝言也史以禹成五服帝念禹功故因美皋陶言禹既弼成五服故皋陶於其四方敬行九德考績之法有次敘也又於四方施其刑法惟明白也由禹有此大功故史重美之也○傳方四至美之○正義曰皋陶爲帝所任徧及天下故方爲四方也天下蹈行帝德水土既治亦由刑法彰明若使水害不息皋陶法無所施若無皋陶以刑人亦未能奉法天下蹈行帝德二臣共有其功故史因帝歸功於禹兼記皋陶之功舜典與大禹謨已美皋陶故言重美之也傳言考績之次敘者皋陶所言九德依德以考其功積亦是刑法之事故兼言也鄭云歸美於二臣則以此經爲帝語此文上無所由下無所結形勢非語辭也故傳以爲史因記之

夔曰。戞擊鳴球。搏拊琴瑟以詠。祖考來格。戞擊柷敔所以作止樂搏拊以韋爲之實之以糠所以節樂球玉磬此舜廟堂之樂民悅其化神歆其祀禮備樂和故以祖考來至明之○夔求龜反戞居八反徐古八反馬云櫟也球音求搏音博拊音撫柷尺叔反所以作樂敔魚呂反所以止樂糠音康歆許金反

虞賓在位。羣后德讓。丹朱爲王者後故稱賓言與諸侯助祭班爵同推先有德

下管鼗鼓。合止柷敔。堂下樂也上下合止樂各有柷敔明球弦鍾籥各自互見○鼗音桃合如字徐音閤籥余若反互音護見賢遍反下見細器同

笙鏞以間。鳥獸蹌蹌。鏞大鍾間迭也吹笙擊鍾鳥獸化德相率而舞蹌蹌然○鏞音庸間間側之間鳥獸孔以爲鳥獸自舞也馬云鳥獸筍虡也蹌七羊反舞貌說文作牄云鳥獸來食聲迭直結反

簫韶九成。鳳皇來儀。韶舜樂名言簫見細器之備雄曰鳳雌曰皇靈鳥也儀有容儀備樂九奏而致鳳皇則餘鳥獸不待九而率舞○韶時昭反

夔曰。於。予擊石拊石。百獸率舞。庶尹允諧。尹正也衆正官之長信皆和諧言神人治始於任賢立政以禮治成以樂所以太平○於予並如字

【疏】夔曰至允諧○正義曰皋陶大禹爲帝設謀大聖納其昌言天下以之致治功成道洽禮備樂和爲史述夔言繼之於後以夔曰在舜廟堂之上戞擊鳴球玉之磬搏拊鼓琴瑟以詞詠詩章樂音和協感致幽冥祖考之神來至矣虞之賓客丹朱者在於臣位與羣君諸侯以德相讓此堂上之樂所感深矣又於堂下吹竹管擊鼗鼓合樂用柷止樂用敔吹笙擊鍾以次迭作鳥獸相率而舞其容蹌蹌然堂下之樂感亦深矣簫韶之樂作之九成以致鳳皇來而有容儀也夔又曰嗚呼歎舜樂之美我大擊其石磬小拊其石磬百獸相率而舞鳥獸感德如此衆正官長信皆和諧矣言舜致教平而樂音和君聖臣賢謀爲成功所致也○傳戞擊至明之○正義曰戞擊是作用之名非樂器也故以戞擊爲柷敔之狀經典無文漢初已來學者相傳皆云柷如漆桶中有椎柄動而擊其旁也敔狀如伏虎背上有刻戞之以爲聲也樂之初擊柷以作之樂之將末戞敔以止之故云所以作止樂雙解之釋樂云所以鼓柷謂之止所以鼓敔謂之籈郭璞云柷如漆桶方二尺四寸深一尺八寸中有椎柄連底挏之令左右擊止者其椎名也敔如伏虎背上有二十七鉏鋙刻以木長尺櫟之籈者其名也是言擊柷之椎名爲止戞敔之木名爲籈戞即櫟也漢禮器制度及白虎通馬融鄭玄李巡其說皆爲然也惟郭璞爲詳據見作樂器而言之搏拊形如鼓以韋爲之實之以糠擊之以節樂漢初相傳爲然也釋器云球玉也鳴球謂擊球使鳴樂器惟磬用玉故球爲玉磬商頌云依我磬聲磬亦玉磬也鄭玄云磬懸也而以合堂上之樂玉磬和尊之也然則鄭以球玉之磬懸于堂下尊之故進之使在上耳此舜廟堂之樂謂廟內堂上之樂言祖考來格知在廟內下云下管知此在堂上也馬融見其言祖考遂言此是舜除瞽瞍之喪祭宗廟之樂亦不知舜父之喪在何時也但此論韶樂必在卽政後耳此說樂音之和而云祖考來格者聖王先成於人然後致力於神言人悅其化神歆其祀禮備樂和所以祖考來至明矣以祖考來至明樂之和諧也詩稱神之格思不可度思而云祖考來至者王肅云祖考來至者見其光輝也蓋如漢書郊祀志稱武帝郊祭天祠上有美光也此經文次以柷敔是樂之始終故先言戞擊其球與搏拊琴瑟皆當彈擊故使鳴冠於球上使下共蒙之也鄭玄以戞擊鳴球三者皆揔下樂櫟擊此四器也樂器惟敔當櫟耳四器不櫟鄭言非也○傳丹朱至有德○正義曰微子之命云作賓于王家詩頌微子之來謂之有客是王者之後爲時王所賓也故知虞賓謂丹朱爲王者後故稱賓也王者立二代之後而獨言丹朱者蓋高辛氏之後無文而言故惟指丹朱也王者之後尊於羣后故殊言在位羣后亦在位也後言德讓丹朱亦以德讓矣故言與諸侯助祭年爵同者推先有德也二王之後並爲上公亦有與丹朱爵同故丹朱亦讓也丹朱之性下愚堯不能化此言有德者猶上云瞽亦允若暫能然也○傳堂下至互見○正義曰經言下管知是堂下樂也敔當戞之柷當擊之上言戞擊此言柷敔其事是一故云上下合止樂各有柷敔也言堂下堂上合樂各以柷止樂各以敔也上言作用此言器名兩相備也上下皆有柷敔兩見其文明球絃鐘籥上下樂器不同各自更互見也絃謂琴瑟鐘鏞也籥管也琴瑟在堂鐘籥在庭上下之器各別不得兩見其名各自更互見之依大射禮鐘磬在庭今鳴球於廟堂之上者案郊特牲云歌者在上貴人聲也左傳云歌鐘二肆則堂上有鐘明磬亦在堂上故漢魏已來登歌皆有鐘磬燕禮大射堂上無鐘磬者諸侯樂不備也○傳鏞大至蹌蹌然○正義曰釋樂云大鐘謂之鏞李巡曰大鐘音聲大鏞大也孫炎曰鏞深長之聲釋詁云間代也孫炎曰間廁之代也釋言云遞迭也李巡曰遞者更迭間廁相代之義故爲迭也吹笙擊鍾更迭而作鳥獸化德相率而舞蹌蹌然下云百獸率舞知此蹌蹌然亦是舞也禮云凡行容惕惕大夫濟濟士蹌蹌是爲行動之貌故爲舞也○傳韶舜至率舞○正義曰韶是舜樂經傳多矣但餘文不言簫簫乃樂器非樂名簫是樂器之小者言簫見細器之備謂作樂之時小大之器皆備也釋鳥云鶠鳳其雌皇是此鳥雄曰鳳雌曰皇禮運云麟鳳龜龍謂之四靈是鳳皇爲神靈之鳥也易漸卦上九鴻漸于陸其羽可用爲儀是儀爲有容儀也九成謂樂曲九成也鄭云成猶終也每曲一終必變更奏故經言九成傳言九奏周禮謂之九變其實一也言簫見細器之備備樂九奏而致鳳皇則其餘鳥獸不待九而率舞也尊者體盤靈瑞難致故九成之下始言鳳皇來儀鳥獸蹌蹌乃在上句傳據此文言鳥獸易來鳳皇難致故云鳥獸不待九也樂之作也依上下遞奏間合而後曲成神物之鳥上下共致非堂上堂下別有忻感以祖考尊神配堂上之樂鳥獸賤物故配堂下之樂揔上下之樂樂九成致奉尊異靈瑞故別言爾非堂上之樂獨致神來堂下之樂偏令獸舞也鄭玄注周禮具引此文乃云此其在於宗廟九奏效應也是言祖考來格百獸率舞皆是九奏之事也大司樂云凡六樂者六變而致象物及天神鄭玄云象物有象在天所謂四靈者彼謂大蜡之祭作樂以致其神此謂鳳皇身至故九奏也○傳尹正至太平○正義曰尹正釋言文衆正官之長謂每職之首周官所謂唐虞稽古建官惟百是也信皆和諧言職事修理也上云祖考來格此言衆正官治言神人洽樂音和也此篇初說用臣之法末言樂音之和言其始用任賢立政以禮治成以樂所以得致太平解史錄夔言之意

帝庸作歌曰。勑天之命。惟時惟幾。用庶尹允諧之政故作歌以戒安不忘危勑正也奉正天命以臨民惟在順時惟在慎微

乃歌曰。股肱喜哉。元首起哉。百工熙哉。元首君也股肱之臣喜樂盡忠君之治功乃起百官之業乃廣○樂音洛盡津忍反

皋陶拜手稽首。颺言曰。念哉。大言而疾曰颺承歌以戒帝。○颺音揚

率作興事。慎乃憲。欽哉。憲法也天子率臣下爲起治之事當慎汝法度敬其職

屢省乃成。欽哉。屢數也當數顧省汝成功敬終以善無懈怠○屢力具反省悉井反數色角反懈佳賣反

乃賡載歌曰。元首明哉。股肱良哉。庶事康哉。賡續載成也帝歌歸美股肱義未足故續歌先君後臣衆事乃安以成其義○賡加孟反劉皆行反說文以爲古續字

又歌曰。元首叢脞哉。股肱惰哉。萬事墮哉。叢脞細碎無大略君如此則臣懈惰萬事墮廢其功不成歌以申戒○叢太公反脞倉果反徐音鎖馬云叢揔也脞小也惰徒臥反墮許規反

帝拜曰。俞。往欽哉。拜受其歌戒羣臣自今以往敬其職事哉

【疏】帝庸至欽哉○正義曰帝既得夔言用此庶尹允諧之政故乃作歌自戒將歌而先爲言曰人君奉正天命以臨下民惟當在於順時惟當在於慎微既爲此言乃歌曰股肱之臣喜樂其

事哉元首之君政化乃起哉百官事業乃得廣大哉言君之善政由臣也皐陶拜手稽首颺聲大言曰帝當念是言哉率領臣下爲起政治之事愼汝天子法度而敬其職事哉又當數自顧省已之成功而敬終之哉乃續載帝歌曰會是元首之君能明哉則股肱之臣乃善哉衆事皆得安寧哉既言其美又戒其惡元首之君叢脞細碎哉則股肱之臣懈怠緩慢哉衆事悉皆墮廢哉言政之得失由君也帝拜而受之曰然然其所歌顯是也汝羣臣自今已往各敬其職事哉○傳庶至愼微○正義曰此承夔言之下既得夔言而歌故知帝用庸作歌者用庶尹允諧之政故作歌以自戒之安不忘危也勑是正齊之意故爲正也言天▲合▲奉正天命以臨下民惟在順時不妨農務也惟在愼微不忍▲細事也鄭玄以爲戒臣孔以爲自戒者以正天之命是人君之事故也○傳元首至乃廣○正義曰釋詁云元良▲首也僖三十三年左傳稱狄人歸先軫之元則元與首各爲頭之別名此以元首共爲頭也君臣大體猶如一身故元首君也股肱之臣喜樂盡忠謂樂行君之化君之治功乃起言無變事業事業在於百官故衆功皆起百官之業乃廣也○傳憲法至其識▲○正義曰憲法釋詁文此言興事對上起哉天子率臣下爲起治之事言臣不能獨使起也○傳屢數至懈怠○正義曰釋詁云屢數疾也俱訓爲疾故屢爲數也顧省汝成功謂已有成功令▲數顧省之敬終以善無懈怠也恐其情於已成功故以此爲戒○傳賡續至其義○正義曰詩云西有長賡▲毛傳亦以賡爲續是相傳有此訓也鄭玄以載爲始孔以載爲成各以意訓耳帝歌歸美股肱義未足者非君之明爲臣不能盡力空責臣功是其義未足以此續成帝歌必先君後臣衆事乃安故以此言成其義也○傳叢脞至申戒○正義曰孔以叢脞爲細碎無大略鄭以叢脞摠聚小小之事以亂大政皆是以意言耳君無大略則不能任賢功不見知則臣皆懈惰萬事墮廢其功不成故又歌以重戒也庶事萬事爲義同而文變耳

尚書注疏挍勘記卷五　阮元撰盧宣旬摘錄

益稷第五　虞書

又合此篇於皐陶謀　岳本謀作謨毛本同案謀字誤

因皐陶謨九德　宋板岳本謨作謀毛本作謨纂傳亦是謨字

使亦陳當言　古本當上有其字陸氏曰當本亦作讜

開通道路以治水也　古本也上有之字山井鼎曰崇禎本也字細書與釋文混非也○案監本誤同毛本亦然

澮畎深之　纂傳澮畎作畎澮

魚鹽徙山林木徙川澤　古本木上有竹字盧文弨云依疏當以林木徙川澤爲句不必增竹字

精神昏瞀迷或　毛本或作惑

意在救人難危之厄　宋板難作艱是也

故舉難得食處以言之　宋板同嘉靖本閩本食之作之食

順命以待帝志　古本宋板命上有天字

言惡以刑好也　閩本同毛本刑作形刑字誤也

藻火粉米　陸氏曰藻本又作薻米徐本作絲音米

汝當聽審之　纂傳聽審作審聽之古本作也

侯以明之　石經侯字偏寫于右

當誦詩以納諫　古本岳本宋板纂傳當作掌按當字非也

當是正其義而颺道之　古本纂傳道作導按釋文無音作導爲是之古本作也

否則威之　威古本作畏

書其過者以識　宋板識下有哉字毛本作以識之

易辭云　宋板易下有繫字是也

彼鄭以徧祭天之諸神十二次也次亦當祭之　閩本明監本同毛本無也次二字○山井鼎曰似非宋板與崇禎本同

或當二代天子　宋板二作三

若樂云合度　岳本云作音是也閩本亦誤

若其怠忽　宋板閩本同毛本其作有

古之射侯之士　宋板士作事

熊侯已下同五十弓　閩本明監本纂傳同毛本熊作諸

明庶以功　庶古本作試按正義作庶又僖二十七年左傳引夏書曰賦納以言明試以功車服以庸疏云此古文虞書益稷之篇古文作敷納以言明庶以功敷作賦庶作試師受不同古字改易耳○按王符潛夫論引亦作試正與左氏合

以車服旌其能用之　古本之作也

無若丹朱傲　釋文云傲五報反字又作奡說文夰部奡嫚也讀若傲則奡傲古字通徐鍇曰今文尚書作傲則作奡者古文也

傲虐是作　岳本傲作敖按傲倨也五報反敖遊也五羔反傳釋傲虐云傲戲而爲虐釋文音五羔反則當作敖明矣釋文又云徐五報反則與上文傲字無別唐石經及近刻皆沿其誤薛氏古文訓兩句俱作奡亦非也惟岳本得之

得使天災消沒　閩本明監本同毛本災上有天字

禹朝羣臣於會稽　浦鏜云魯語作禹致羣神于會稽之山注羣神謂主山川之君爲羣神之主故謂之神許宗彥曰鄭答張逸云欲明守土之祀故兼用外傳內傳語益稱諸侯爲羣神明其守土之祀也今書疏禮疏引鄭注均作羣臣當是淺人所改

直謂五國之長耳　宋板謂作是

班爵同　古本岳本宋板班作年與疏合○按纂傳作班與此同

言神人治　古本岳本宋板治作洽

戛敔之木名爲鍼　閩本同毛本木作本

鄭元以戛擊鳴球三者　按球衍文

丹朱亦以德讓矣　宋板纂傳矣作也

言九成致奉　案鳳誤作奉

言其始用任賢　宋板用作於

帝拜曰俞　古本無帝拜二字

天合奉正天命　宋板閩本同山井鼎曰不可解也○按天合當作人君明監本得之毛本正誤政

惟在愼微不忍細事也　案忍當作忽各本皆不誤

元良首也　毛本元良作元首案元良與釋詁合

傳憲法至其識　毛本識作職是也

令數顧省之　宋板同毛本令作今

西有長賡　孫志祖云詩作長庚

尚書注疏挍勘記卷五

附釋音尚書注疏卷第六

禹貢第一

夏書　孔氏傳　孔穎達疏

禹別九州。分其圻界○別彼列反九州周公職錄云黃帝受命風后受圖割地布九州鄭子云中國爲赤縣內有九州春秋說題辭云州之言殊也圻其依反隨山濬川。刊其木深其流○濬思俊反刊苦安反任土作貢。任其土地所有定其貢賦之差此堯時事而在夏書之首禹之王以是功○任而鳩反貢字或作驗王于況反〔疏〕禹別至作貢○正義曰禹分別九州之界隨其所至之山刊除其木深大其川使得注海水害既除地復本性任其土地所有定其貢賦之差史錄其事以爲禹貢之篇○傳分其圻界○正義曰詩傳云圻疆也分其疆界使有分限計九州之境當應舊定而云禹別者以堯遭洪水萬事改新此爲作貢生文故言禹別耳○傳刊其木深其流○正義曰經言隨山刊木序以較略爲文直云隨山不云隨山爲何事故傳明之隨山刊其木也濬川深其流也隨山本爲濬川故連言之○傳任其至是功○正義曰九州之土物產各異任其土地所有以定貢賦之差既任其所有亦因其肥瘠多少不同制爲差品鄭玄云任土謂定其肥磽之所生是言用肥瘠多少爲差也賦者自上稅下之名謂治田出穀故經定其差等謂之厥賦貢者從下獻上之稱謂以所出之穀市其土地所生異物獻其所有謂之厥貢雖以所賦之物爲貢用賦物不盡有也亦有全不用賦物直隨地所有採取以爲貢者此之所貢即與周禮太宰九貢不殊但周禮分之爲九耳其賦與周禮九賦全異彼賦謂口率出錢不言作賦而言作貢者取下供上之義也諸序皆言作某篇此序不言作禹貢者以發首言禹句末言貢篇名足以顯矣百篇之序此類有三微子作誥父師少師不言作微子仲虺作誥不言作仲虺之誥與此篇皆爲理足而略之也又解篇在此之意此治水是堯末時事而在夏書之首禹之得王天下以是治水之功故以爲夏書之首此篇史述時事非是應對言語當是水土既治史即錄此篇其初必在虞書之內蓋夏史抽入夏書或仲尼始退其第事不可知也禹貢。禹制九州貢法〔疏〕禹貢○正義曰此篇史述爲文發首奠高山大川言禹治九州之水水害既除定山川次秩與諸州爲引序自導岍至嶓冢條說所治之山言其首尾相及也自導弱水至導洛條說所治之水言其發源注海也自九州攸同至成賦中邦揔言水土既平貢賦得常之事也錫土姓三句論天子於土地布行德教之事也自五百里甸服至二百里流揔言四海之內量其遠近分爲五服之事也自東漸于海以下揔結禹功成受錫之事也○傳禹制九州貢法○正義曰禹制貢法故以禹貢名篇貢賦之法其來久矣治水之後更復改新言此篇貢法是禹所制非禹始爲貢也禹敷土隨山刊木。洪水汎溢禹布治九州之土隨行山林斬木通道○敷芳無反馬云分也汎敷劒反行下孟反奠高山大川。奠定也高山五岳大川四瀆定其差秩祀禮所視○奠田遍反瀆音獨下同〔疏〕禹敷至大川○正義曰言禹分布治此九州之土其治之也隨行所至之山除木通道決流其水水土既平乃定其高山大川謂定其次秩尊卑使知祀禮所視言禹治其山川使復常也○傳洪水至通道○正義曰詩傳云汎汎流也汎是水流之貌洪水流

而汎溢浸壞民居故禹分布治之知者文十八年左傳云舉八凱使主后土則伯益之輩佐禹多矣禹必身行九州規謀設法乃使佐已之人分布治之於時平地盡爲流潦鮮有陸行之路故將欲治水隨行山林斬木通道鄭云必隨州中之山而登之除水爲道以望觀所當治者則規其形而度其功焉是言禹登山之意也孟子曰禹三過門不入其家門猶三過之則其餘所歷多矣來而復往非止一處故言分布治之之○傳奠定至所視○正義曰禮定器於地通名爲奠是奠爲定也山之高者莫高於岳川之大者莫大於瀆故言高山五岳謂嵩岱衡華恒也大川四瀆謂江河淮濟也此舉高大爲言卑小亦定之矣舜典云望秩於山川故言定其差秩定其大小次敍也定其祀禮所視謂王制所云五岳視三公四瀆視諸侯其餘視伯子男往者洪水滔天山則爲水所包川則水皆汎溢祭祀禮廢今始定之以見水土平復舊制也經云荊岐既旅蔡蒙旅平九山刊旅是次秩既定故旅祭之冀州既載。堯所都也先施貢賦役載於書○冀居器反州九州各義見爾雅音載如字載載於書也馬同鄭韋昭云載事也〔疏〕冀州○正義曰九州之次以治爲先後以水性下流當從下而泄故治水皆從下爲始冀州帝都於九州近北故首從冀起而東南次兖而東南次青而南次徐而南次揚從揚而西次荊從荊而北次豫從豫而西次梁從梁而北次雍雍地最高故在後也自兖已下皆準地之形從下向高從東向西青徐揚三州並爲東偏雍州高於豫州豫高於青徐雍豫之水從青徐而入海也梁高於荊荊高於揚梁荊之水從揚而入海也兖在冀州東南冀兖二州之水各自東北入海也冀州之不經兖州以冀是帝都河爲大患故先從冀起而次治兖若使冀州之水東入兖州水無去處治之無益雖是帝都不得先也此經大體每州始先言山川後言平地青州梁州先山後川徐州雍州先川後山兖揚荊豫有川無山揚豫不言平地冀州田賦之下始言恒衞既從史以大略爲文不爲例也每州之下言水路相通通向帝都之道言禹每州事了入朝以白帝也○傳堯所至至書○正義曰史傳皆云堯都平陽五子之歌曰惟彼陶唐有此冀方是冀州堯所都也諸州冀爲其先治水先從冀起爲諸州之首記其役功之法既載者言先施貢賦役載於書也謂計人多少賦功配役載於書籍然後徵而用之以治水也冀州如此則餘州亦然故於此特記之也王肅云言已賦功屬役載於書籍傳意當然鄭云載之言事事謂作徒役也禹知所當治水又知用徒之數則書於策以告帝徵役而治之惟解載字爲異其意亦同孔也壺口治梁及岐。壺口在冀州梁岐在雍州從東循山治水而西○壺音胡馬云壺口山名治如字岐其宜反雍於用反後州名同〔疏〕傳壺口至而西○正義曰史記稱高祖入咸陽蕭何先收圖籍則秦焚詩書圖籍皆在孔君去漢初七八十年耳身爲武帝博士必當具見圖籍其山川所在必是驗實而知壺口在冀州梁岐在雍州當時疆界爲然也此於冀州之分言及雍州之山者從東循山治水而西故也鄭云於此言治梁及岐者蓋治水從下起以襄水害易也班固作漢書地理志據前漢郡縣言山川所在志云壺口在河東北屈縣東南應劭云已有南屈故稱北屈梁山在左馮翊夏陽縣西北岐山在右扶風美陽縣西北然則壺口西至梁山梁山西至岐山從東而向西言之也經於壺口之下言治者孔意蓋云欲見上下皆治也既修太原至于岳陽。高平曰太原今以爲郡名岳太岳在太原西南山南曰陽○岳字又作嶽太岳山名陽山南曰陽水北亦曰陽〔疏〕傳高平至

曰陽○正義曰太原原之大者漢書以爲郡名傳欲省文故云高平曰太原今以爲郡名即晉陽縣是也釋地云廣平曰原高平曰陸孔以太原地高故言高平其地高而廣也下文導山云壺口雷首至于太岳知此岳即太岳也屬河東郡在太原西南也地理志河東彘縣東有霍太山此彘縣周厲王所奔順帝改爲永安縣周禮職方氏冀州其山鎮曰霍山即此太岳是也山南見日故山南曰陽此說循理平地言從太原至岳山之南故云岳陽也覃懷厎績至于衡漳。覃懷近河地名漳水横流入河從覃懷致功至横漳○覃徒南反厎之履反衡如字横也馬云水名漳音章近附近之近〔疏〕傳覃懷至衡漳○正義曰地理志河內郡有覃懷縣在河之北蓋覃懷二字共爲一地故云近河地名衡即古横字漳水横流入河故云横漳漳在懷北五百餘里從覃懷致功而北至横漳也地理志云清漳水出上黨沾縣大黽谷東北至渤海阜城縣入河過郡五行千六百八十里此沾縣因水爲名志又云沾水出壺關志亦云濁漳水出長子縣東至鄴縣入清漳鄭玄亦云横漳漳水横流王肅云衡漳二水名厥土惟白壤。無塊曰壤水去土復其性色白而壤○壤若丈反馬云天性和美也塊苦對反〔疏〕傳無塊至而壤○正義曰九章筭術穿地四爲壤五壤爲息土則壤是土和緩之名故云無塊曰壤此土本色爲然水去土復其性色白而壤雍州色黃而壤豫州直言壤不言其色蓋州內之土不純一色故不得言色也厥賦惟上上錯。賦謂土地所生以供天子上上第一錯雜雜出第二之賦○上如字賦第一錯倉各反馬云地有上下相錯通率第一供音恭〔疏〕傳賦謂至之賦○正義曰以文承厥土之下序云任土作貢又賦者稅斂之名往者洪水爲災民皆墊溺九州賦稅蓋亦不行水災既除土復本性以作貢賦之差故云賦謂土地所生以供天子謂稅穀以供天子鄭玄云此州入穀不貢是也因九州差爲九等上上是第一也交錯是間雜之義故錯爲雜也顧氏云上上之下即次上中故云雜出第二之賦也孟子稱稅什一爲正輕之於堯舜爲大貊小貊重之於堯舜爲大桀小桀則此時亦什一稅俱什一而得爲九等差者人功有強弱收穫有多少傳以荊州田第八賦第三爲人功修也雍州田第一賦第六爲人功少也是據人功多少揔計以定差此州以上上爲正而雜爲次等言出上上時多而上中時少也多者爲正少者爲雜故云第一此州言上上錯者少在正下故先言上上而後言錯豫州言錯上中者少在正上故先言錯而後言上中揚州云下上上錯不言錯下上者以本設九等分三品爲之上中下下上本是異品故變文言下上上錯也梁州云下中三錯者梁州之賦凡有三等其出下中時多故以下中爲正上有下上下有下下三等雜出故言三錯是明雜有下上下下可知也此九等所較無多諸州相準爲等級耳此計大率所得非上科定也但治水據田責其什一隨土豐瘠是上之任土而下所獻自有差降即以差等爲上之定賦也然一升一降不可常同冀州自出第二與豫州同時則無第一之賦豫州與冀州等一同時則無第二之賦或容如此事不可恒鄭玄云賦之差一井上上出九夫稅下下出一夫稅通率九州一井稅五夫如鄭此言上上出稅九倍多於下下鄭詩箋云井稅一夫其田百畝若上上一井稅一夫則下下九井乃出一夫稅太少矣若下下井稅一夫則上上全入官矣豈容輕重頻至是乎厥田惟中中。田之高下肥瘠九州之中爲第五○中丁仲反又如字中馬云土地有高下肥符非反瘠在亦反〔疏〕傳田之至第五○正義曰鄭玄云田著高

下之等者當爲水害備也則鄭謂地形高下爲九等也王肅云言其土地各有肥瘠則肅定其肥瘠以爲九等也如鄭之義高處地瘠出物既少不得爲上如肅之義肥處地下水害所傷出物既少不得爲上故孔云高下肥瘠共相參對以爲九等上言數土此言厥田田土異者鄭玄云地當陰陽之中能吐生萬物者曰土據人功作力競得而田之則謂之田田土異名義當然也

恒衞既從。大陸既作。二水已治從其故道大陸之地已可耕作○從才容反

〔疏〕傳二水至耕作○正義曰二水汎溢漫流已治從其故道故今已可耕作也青州濰淄其道與此恒衞既從同是從故道也荆州雲土夢作乂與此大陸既作同是水治可耕作也其文不同史異辭耳無義例也壺口與雍州之山連文故傳言壺口在冀州此無所嫌故不言在冀州以下皆如此也地理志云恒水出常山上曲陽縣東入滱水衞水出常山靈壽縣東北入滹沲大陸在鉅鹿縣北釋地十藪云晉有大陸孫炎等皆云今鉅鹿縣北廣河澤也郭璞云廣河猶大陸以地名言之近爲是也春秋魏獻子畋于大陸焚焉還卒于甯杜氏春秋說云嫌鉅鹿絶遠以爲汲郡修武縣吳澤也甯即修武也然此二澤相去其遠所以得爲大陸者以爾雅廣平曰陸但廣而平者則名大陸故異所而同名焉然此一澤地形卑下得以廣平爲陸者澤雖卑下旁帶廣平之地故統名爲故大陸澤名廣河以旁近大陸故也

島夷皮服。海曲謂之島居島之夷還服其皮明水害除○島當老反馬云島夷北夷國

〔疏〕傳海曲至害除○正義曰孔讀鳥爲島島是海中之山九章筭術所云海島邈絶不可踐量是也傳云海曲謂之島謂其海曲有山夷居其上此居島之夷常衣鳥獸之皮爲遭洪水衣食不足今還得衣其皮服以明水害除也鄭玄云鳥夷東方之民搏食鳥獸者也王肅云鳥夷東北夷國名也與孔不同

夾右碣石入于河。碣石海畔山禹夾行此山之右而入河逆上此州帝都不說境界以餘州所至則可知先賦後田亦殊於餘州不言貢篚亦差於餘州○夾音協註同帶也碣其列反韋昭其逝反上時掌反篚方尾反

〔疏〕傳碣石至餘州○正義曰地理志碣石山在北平驪城縣西南是碣石爲海畔山也鄭云戰國策碣石在九門縣今屬常山郡蓋別有碣石與此名同今驗九門無此山也下文導河入于海傳云入于渤海渤海之郡當以此海爲名計渤海北距碣石五百餘里河入海處遠在碣石之南禹行碣石不得入于河也蓋遠行通水之處北盡冀州之境然後南迴入河而逆上也夾右者孔云夾行此山之右則行碣石山西南行入河在碣石之右故云夾右也顧氏亦云山西曰右鄭玄云禹由碣石山西北行盡冀州之境還從山東南行入河鄭以北行則東爲右南行西爲右故夾山兩旁山常居右與孔異也梁州傳云浮東渡河而還帝都白所治也則入河逆上爲還都白所治也禹之治水必每州巡行度其形勢計其人功施設規模指授方略令人分布並作還都白帝所治於時帝都近河故於每州之下皆言浮水達河記禹還都之道也冀兗徐荆豫梁雍州各自言河惟青揚二州不言河耳兗州云浮于濟漯達于河故青州直云達于濟徐州云浮于淮泗達于河故揚州云達于淮泗皆記禹入河之道也王肅云凡每州之下說諸治水者禹功主於治水故詳記其所治之州往還所乘涉之水名肅雖不言還都白帝亦謂爲治水故浮水也鄭玄以爲治水既畢更復行之觀地肥將定貢賦上下其意與孔異也八州皆言境界而此獨無故解之此州帝都不說境界以餘州所至則可知也兗州云濟河自東河以東也豫州云荆河自南河以南也雍州云西河自西河以西也明東河之西西河之東南河之北是冀州之境也馬鄭皆云冀州不書其界者時帝都之使若廣大然文既局以州名復何以見其廣大是妄說也又解餘州先田後賦此州先賦後田亦如境界殊於餘州也言殊者當爲田賦以收穫爲差田以肥瘠爲等若田在賦上則賦宜從田田美則宜賦重無以見人功修否故令賦先於田也以見賦由人功此州既見此理餘州從而可知皆令賦在田下欲見賦從田出爲此故殊於餘州也鄭玄云此州入穀不貢下云五百里甸服傳云爲天子服治田是田入穀故不獻貢篚差異於餘州也甸服止方千里冀之北土境界甚遥遠都之國必有貢篚舉大畧而言也

濟河惟兗州。東南據濟西北距河○濟子禮反下同兗悅轉反

〔疏〕兗州○傳東南至距河○正義曰此下八州發首言山川者皆謂境界所及也據謂跨之距至也濟河之間相去路近兗州之境跨濟而過東南越濟水西北至東河也李巡注爾雅解州名云兩河間其氣清性相近故曰冀冀近也濟河間其氣專體性信謙故云兗兗信也淮海間其氣寬舒稟性安徐故曰徐徐舒也江南其氣燥勁厥性輕揚故曰揚揚輕也荆州其氣燥剛稟性彊梁故曰荆荆彊也河南其性安舒厥性寬豫故曰豫豫舒也河西其氣蔽壅受性急凶故云雍雍壅也爾雅九州無梁清故李巡不釋所言未必得其本也

九河既道。河水分爲九道在此州界平原以北是○九河徒駭一太史二馬頰三覆釜四胡蘇五簡六絜七鉤盤八鬲津九出爾雅

〔疏〕傳河水至北是○正義曰河自大陸之北敷爲九河謂大陸在冀州嫌九河亦在冀州故云在此州界也河從大陸東畔北行而東北入海冀州之東境至河之西畔水分大河東爲九道故知在兗州界平原以北是也釋水載九河之名云徒駭太史馬頰覆釜胡蘇簡絜鉤盤鬲津李巡曰徒駭禹疏九河以徒衆起故云徒駭太史禹大使徒衆通其水道故曰太史馬頰河勢上廣下狹狀如馬頰也覆釜水中多渚往往而處形如覆釜胡蘇其水下流故曰胡蘇胡下也蘇流也簡大也河水深而大也絜言河水多山石治之苦絜絜苦也鉤盤言河水曲如鉤屈折如盤也鬲津河水狹小可鬲以爲津也孫炎曰徒駭禹疏九河用功雖廣衆懼不成故曰徒駭胡蘇水流多散胡蘇然其餘同李巡郭璞云徒駭今在成平東光縣今有胡蘇亭覆釜之名同李巡餘名皆云其義未詳計禹陳九河云復其故道則各應先有不宜徒駭太史因禹立名此郭氏所以未詳也或九河雖舊有名至禹治水更別立名即爾雅所云是也漢書溝洫志成帝時河隄都尉許商上書曰古記九河之名有徒駭胡蘇鬲津今見在成平東光鬲縣界中自鬲津以北至徒駭其間相去二百餘里是知九河所在徒駭最北鬲津最南蓋徒駭是河之本道東出分爲八枝也許商上言三河下言三縣則徒駭在成平胡蘇在東光鬲津在鬲縣其餘不復知也爾雅九河之次從北而南既知三河之處則其餘六者太史馬頰覆釜在東光之北成平之南簡絜鉤盤在東光之南鬲縣之北也其河填塞時有故道鄭玄云周時齊桓公塞之同爲一河今河間弓高以東至平原鬲津往往有其遺處春秋緯寶乾圖云移河爲界在齊呂塡闕八流以自廣鄭玄蓋據此文爲齊桓公塞之也言闕八流拓境則塞其東流八枝并使歸於徒駭也

雷夏既澤。灉沮會同。雷夏澤名灉沮二水會同此澤○灉徐音邕王於用反沮七餘反

〔疏〕傳雷夏至此澤○正義曰洪水之時高原亦水澤不爲澤雷夏既澤高地水盡此復爲澤也於澤之下言灉沮會同謂二水會合而同入此澤也地理志云雷澤在濟陰城陽縣西北

桑土既蠶是降丘宅土。地高曰丘大水去民下丘居平土就桑蠶○蠶在南反

〔疏〕[illegible]土○正義曰宜桑之土既得桑養蠶矣洪水之時民居丘上於是得下丘陵居平土矣○傳地高至桑蠶○[illegible]云非人爲之丘孫炎曰地性自然也是地高曰[illegible]土與既蠶連文知下丘居平土就桑蠶也計下[illegible]皆然獨於此州言之者鄭玄云此州寡於山而[illegible]間遭洪水其民尤困水害既除於是下丘居土[illegible]尤喜故記之

厥土黑墳。色黑而墳起○墳扶粉[illegible]昭音勃僨反起也馬云[illegible]

厥草惟繇。厥木惟條。繇茂條長也○繇音遙馬云抽也

〔疏〕[illegible]義曰繇是茂之貌條是長之體言草茂而木長[illegible]州與徐揚三州言草木者三州偏宜之也宜草[illegible]而田非上者爲土下濕故也

厥田惟中下。田第六

厥賦貞。[illegible]與九相當

〔疏〕傳貞正至相當○正義曰周易彖象[illegible]也諸州賦無下下貞即下下爲第九[illegible]最在後畢州爲第九成功其賦亦爲第九列賦九州之差與第九州相當故變文爲貞見此意

作十有三載乃同。治水十三年乃有賦法與他州同○載馬鄭本作年

〔疏〕[illegible]作者役[illegible]務謂治水也治水十三年乃有賦[illegible]與他州[illegible]他州十二年此州十三年此於他[illegible]堯典言[illegible]水九載績用不成然後堯命得舜[illegible]水三載[illegible]堯即禪舜此言十三載者并鯀九[illegible]云禹能[illegible]之功明鯀已加功而禹因之也此[illegible]記其治[illegible]年言其水害除耳非言十三年內[illegible]水施功[illegible]融曰禹治水三年八州平故堯以[illegible]是十三[illegible]八州平十三年而兗州平兗州平[illegible]年也

厥貢漆絲。厥篚織文。地宜漆林又宜[illegible]綺之屬盛之篚[illegible]漆音七盛音成

〔疏〕傳地宜至貢焉○正義曰任土作[illegible]知地宜漆林也周禮載師云漆林[illegible]林言之[illegible]織繒之有文者是綾錦之別各故[illegible]皆是織而有文者也篚是入貢之時盛在於篚[illegible]篚而貢焉鄭玄云貢者百功之府受而藏之其[illegible]於女功故以貢篚別之歷檢篚之所盛皆供衣[illegible]女功如鄭言矣檿絲中琴瑟之絃亦是女功所[illegible]玄以爲織如貝文傳謂織爲細紵貝爲水物則[illegible]須蓋恐其損缺故以筐篚盛之也諸州無厥篚[illegible]入篚之物故不貢也漢世陳留襄邑縣置服官[illegible]是兗州綾錦美也

浮于濟漯達于河。順流曰浮[illegible]因水入水[illegible]苔反篇韻作他合反

〔疏〕傳順流至曰達○正義曰地理[illegible]東郡東武陽縣至樂安千乘縣[illegible]行千二十里其濟則下文具矣是濟漯爲二水[illegible]入水曰達當謂從水入水不須舍舟而陸行也[illegible]江海達于淮泗傳云沿江入海自海入淮自淮[illegible]路相通得乘舟經達也案青州云浮于汶達于[illegible]于汶浮汶則達濟也此云浮于濟漯達于河從[illegible]入河徐州云浮于淮泗達于河蓋以徐州北接[illegible]泗當浮汶入濟以達于河也

海岱惟青州。東北據海西[illegible]○岱音代泰[illegible]

青州○傳東北至距岱○正義曰海非可越而言據者東萊東境之縣浮海入海曲之間青州之境非至海畔而已故言

據也漢末有公孫度者竊據遼東自號青州刺史越海收東萊諸郡堯時青州當越海而有遼東也舜為十二州分青州為營州營州即遼東也**嵎夷既略。濰淄其道。**嵎夷地名用功少曰略濰淄二水復其故道○嵎音隅濰音惟本亦作惟又作濰淄側其反【疏】傳嵎夷至故道○正義曰嵎夷地名即堯典宅嵎夷是也嵎夷萊夷和夷為地名淮夷為水名島夷為狄名皆觀文為說也略是簡易之義故用功少為略也地理志云濰水出琅邪箕屋山北至都昌縣入海過郡三行五百二十里淄水出泰山萊蕪縣原山東北至千乘博昌縣入海**厥土白墳。海濱廣斥。**濱涯也言復其斥鹵○濱必人反斥徐音尺說文云東方謂之斥西方謂之鹵鄭云斥謂地鹹鹵涯魚佳反【疏】傳濱涯至斥鹵○正義曰濱涯常訓也說文云鹵鹹地也東方謂之斥西方謂之鹵海畔迥闊地皆斥鹵故云廣斥言水害除復舊性也**厥田惟上下。厥賦中上。**田第三賦第四**厥貢鹽絺。海物惟錯。**絺細葛錯雜非一種○鹽餘占反絺勑其反種章勇反**岱畎絲枲。鉛松怪石。**畎谷也怪異好石似玉者岱山之谷出此五物皆貢之○畎工犬反徐本作畎谷枲思似反鉛寅專反字從㕣㕣音以選反怪如字怪石碔砆之屬【疏】傳畎谷至貢之○正義曰釋水云水注川曰谿注谿曰谷谷是兩山之閒流水之道畎言畎去水故言谷也怪石奇怪之石故云好石似玉也枲麻也鉛錫也岱山之谷有此五物美於他方所有故貢之也**萊夷作牧。**萊夷地名可以放牧○萊音來牧養之牧徐音目一音茂註同**厥篚檿絲。**檿桑蠶絲中琴瑟弦○檿烏簟反山桑也【疏】傳檿桑至瑟弦○正義曰釋木云檿桑山桑郭璞曰柘屬也檿絲是蠶食檿桑所得絲韌中琴瑟弦也**浮于汶達于濟。**【疏】浮于汶○正義曰地理志云汶水出泰山萊蕪縣原山西南入濟也**海岱及淮惟徐州。**東至海北至岱南及淮○汶音問**淮沂其乂。蒙羽其藝。**二水已治二山已可種藝○沂魚依反水名藝魚世反【疏】徐州○傳二水至種藝○正義曰乂訓治也故云二水已治地理志云沂水出泰山蓋縣臨樂子山南至下邳入泗過郡五行六百里淮出桐柏山發源遠矣於此州言之者淮水至此而大為害尤甚喜得其治故於此記之地理志云蒙山在泰山蒙陰縣西南羽山在東海祝其縣南詩云蓺之荏菽故藝為種也**大野既豬。東原底平。**大野澤名水所停曰豬東原致功而平言可耕○豬張魚反馬云水所停止深者曰豬劉東胡反【疏】傳大野至可耕○正義曰地理志云大野澤在山陽鉅野縣北鉅即大也檀弓云汙其宮而豬焉又澤名孟豬停水處也故云水所停曰豬往前漫溢今得豬水為澤也東原即今之東平郡也致功而地平言其可耕也**厥土赤埴墳。草木漸包。**土黏曰埴漸進長包叢生○埴市力反鄭作戠徐鄭王皆讀曰熾韋昭音試漸如字本又作蘄字林才冉反草之相包裹也包必茅反字或作苞非叢生也馬云相包裹也黏女占反長丁丈反叢才公反【疏】傳土黏至叢生○正義曰戠埴音義同考工記用土為瓦謂之摶埴之工是埴謂黏土故土黏曰埴易漸卦彖云漸進也釋言云苞稹也孫炎曰物叢生曰苞齊人名曰稹郭璞曰今人呼叢緻者為稹漸苞謂長進叢生言其美也

厥田惟上中。厥賦中中。田第二賦第五**厥貢惟土五色。**王者封五色土為社建諸侯則各割其方色土與之使立社燾以黃土苴以白茅茅取其潔黃取王者覆四方○燾徒報反覆也苴子餘反包裹也【疏】傳王者至四方○正義曰傳解貢土之意王者封五色土以為社若封建諸侯則各割其方色土與之使歸國立社其土燾以黃土燾覆也四方各依其方色皆以黃土覆之其割土與之時苴以白茅用白茅裹土與之必用白茅者取其潔清也易稱藉用白茅茅色白而潔美韓詩外傳云天子社廣五丈東方青南方赤西方白北方黑上冒以黃土將封諸侯各取其方色土苴以白茅以為社明有土謹敬潔清也蔡邕獨斷云天子大社以五色土為壇皇子封為王者授之大社之土以所封之方色苴以白茅使之歸國以立社謂之茅社是必古書有此說故先儒之言皆同也**羽畎夏翟。嶧陽孤桐。**夏翟翟雉名羽中旌旄羽山之谷有之孤特也嶧山之陽特生桐中琴瑟○夏行雅反翟徒歷反嶧音亦一音久【疏】傳夏翟至琴瑟○正義曰釋鳥云翟山雉此言夏翟則夏翟共為雉名周禮立夏采之官取此名也周禮司常云全羽為旞析羽為旌用此羽為之故云羽中旌旄也地理志云東海下邳縣西有葛嶧山即此山也**泗濱浮磬。淮夷蠙珠暨魚。**泗水涯水中見石可以為磬蠙珠珠名淮夷二水出蠙珠及美魚○泗音四水名淮夷鄭云淮水之夷民也馬云淮夷二水名孔傳云淮夷之水本亦有作淮夷二水也蠙音蒲邊反徐扶堅反字又作蚍韋昭薄迷反蚌也暨其器反見賢遍反【疏】傳泗水至美魚○正義曰泗水旁山而過石為泗水之涯石在水旁水中見石似若水中浮然此石可以為磬故謂之浮磬也貢石而言磬者此石宜為磬猶如砥礪然也蠙是蚌之別名此蚌出珠遂以蠙為珠名蠙之與魚皆是水物而以淮夷冠之知淮夷是二水之名淮即四瀆之淮也夷蓋小水後來竭涸不復有其處耳王肅亦以淮夷為水名鄭玄以為淮水之上夷民獻此珠與魚也地理志泗水出濟陰乘氏縣東南至臨淮睢陵縣入淮行千一百一十里也**厥篚玄纖縞。**玄黑繒縞白繒纖細也纖在中明二物皆當細○纖息廉反縞古老反徐古到反繒似陵反【疏】傳玄黑至當細○正義曰篚之所盛例是衣服之用此單言玄玄必有質玄是黑色之別名故知玄是黑繒也史記稱高祖為義帝發喪諸侯皆縞素是縞為白繒也**浮于淮泗。達于河。**○河如字說文作菏工可反云水出山陽湖陵南**淮海惟揚州。**北據淮南距海**彭蠡既豬。陽鳥攸居。**彭蠡澤名隨陽之鳥鴻鴈之屬冬月所居於此澤○蠡音禮張勃吳錄云今名洞庭湖案今在九江郡界【疏】揚州○傳彭蠡至此澤○正義曰彭蠡是江漢合處下云導漾水南入于江東匯為彭蠡是也日之行也夏至漸南冬至漸北鴻鴈之屬九月而南正月而北左思蜀都賦所云木落南翔冰泮北徂是也日陽也此鳥南北與日進退隨陽之鳥故稱陽鳥冬月所居於此彭蠡之澤也**三江既入。震澤底定。**震澤吳南大湖名言三江已入致定為震澤○三江韋昭云謂吳松江錢唐江也吳地記云松江東北行七十里得三江口東北入海為婁江東南入海為東江并松江為三江○震澤吳都太湖底之履反致也史記音致大湖音太湖【疏】傳震澤至震澤○正義曰地理志云會稽吳縣故周泰伯所封國也具區在西古文以為震澤是吳

南大湖名蓋縣治居澤之東北故孔傳言南志言西大澤音水南方名之曰湖三江既入此湖也治水致功今江入此澤故致定為震澤也下傳云自彭蠡江分為三入震澤遂為北江而入海是孔意江從彭蠡而分為三又共入震澤從震澤復分為三乃入海鄭云三江分於彭蠡為三孔東入海其意言三江既入入海耳不入震澤也又案周禮職方揚州藪曰具區浸曰五湖五湖即震澤若如志云具區即震澤則浸藪為一案餘州浸藪皆異而揚州同者蓋揚州浸藪同處論其水謂之浸指其澤謂之藪**篠簜既敷。**篠竹箭簜大竹水去已布生○篠西了反簜徒黨反或作簜他莽反【疏】傳篠竹箭簜大竹○正義曰釋草云篠竹箭郭璞云竹別二名也又云簜竹李巡曰竹節相去一丈曰簜孫炎曰竹闊節者曰簜郭璞云竹別名是篠為小竹簜為大竹**厥草惟夭。厥木惟喬。**少長曰夭喬高也○夭於嬌反馬云長也喬其嬌反徐音驕少詩照反長丁丈反【疏】傳少長曰夭喬高也○正義曰夭是少長之貌詩曰桃之夭夭是也喬高釋詁文詩曰南有喬木是也**厥土惟塗泥。**地泉濕**厥田惟下下。厥賦下上上錯。**田第九賦第七雜出第六**厥貢惟金三品。**金銀銅也【疏】傳金銀銅也○正義曰金既總名而云三品黃金以下惟有白銀與銅耳故為金銀銅也釋器云黃金謂之璗其美者謂之鏐白金謂之銀其美者謂之鐐郭璞曰此皆道金銀之別名及其美者也鏐即紫磨金也鄭玄以為金三品者銅三色也**瑤琨篠簜。**瑤琨皆美玉瑤音遙琨音昆○美石也馬本作璭韋昭音貫【疏】傳瑤琨皆美玉○正義曰美石似玉者也玉石其質相類美惡別名也王肅云瑤琨美石次玉者也**齒革羽毛惟木。**齒革犀皮羽鳥羽毛旄牛尾木楩梓豫章○犀細兮反旄音毛楩音緶又婢善反【疏】傳齒象至豫章○正義曰詩云元龜象齒知齒是象牙也說文云齒口斷骨也牙牡齒也隱五年左傳云齒牙骨角牙也齒小別統而名之齒亦牙也考工記犀甲七屬兕甲六屬宣二年左傳云犀兕尚多棄甲則那是甲之所用犀革為上革之所美莫過於犀知革是犀皮也說文云獸皮治去其毛為革革與皮去毛為異耳說文云羽鳥長毛也知羽是鳥羽南方之鳥孔雀翡翠之屬其羽可以為飾故貢之也說文云犛西南夷長旄牛也此犛牛之尾可為旌旗之飾經傳通謂之旄牧誓云右秉白旄詩云建旐設旄皆謂此牛之尾故知毛是旄牛尾也直云惟木不言木名故言楩梓豫章此三者是揚州美木故傳舉以言之所貢之木不止於此**島夷卉服。**南海島夷草服葛越○卉徐許貴反【疏】傳南海至葛越○正義曰上傳海曲謂之島知此島夷是南海島上之夷也釋草云卉草舍人曰凡百草一名卉知卉服是草服葛越也葛越南方布名用葛為之左思吳都賦云蕉葛升越弱於羅紈是也冀州云島夷皮服是夷自服皮非所貢也此言島夷卉服亦非所貢也此與萊夷作牧並在貢篚之間古史立文不次也鄭玄云此州下濕故衣草服貢其服者以給天子之官與孔異也**厥篚織貝。**織細紵貝水物【疏】傳織細至水物○正義曰傳以貝非織物而云織貝則貝錦異物織是織而為之揚州紵之所出此物又以篚盛之為衣服之用知是細紵謂細紵布也釋魚之篇貝有居陸居水此州下濕故云水物釋魚有玄貝貽貝餘蚔黃白文餘泉白黃文當貢此有文之貝以為器物之飾也鄭玄云貝錦名詩云萋兮斐兮成是貝錦凡為織者先染其絲乃

織之則文成矣禮記曰士不衣織與孔異也**厥包橘柚錫貢。**小曰橘大曰柚其所包裹而致者錫命乃貢言不常○橘均必反柚由究反裹音果〔疏〕傳小曰至不常○正義曰橘柚二果其種本別以實相比則柚大橘小故云小曰橘大曰柚猶詩傳云大曰鴻小曰鴈亦別種也此物必須裹送故云其所包裹而送之以須之有時故待錫命乃貢言不常也文在篚下以不常故耳荊州納錫大龜豫州錫貢磬錯皆爲非常並在篚下荊州言包傳云橘柚也文在篚上者荊州橘柚爲善以其常貢此州則不常也王肅云橘與柚錫其命而後貢之不常入當繼荊州乏無也鄭云有錫則貢之此州有錫而貢之或時無則不貢錫所以柔金也周禮考工記云攻金之工掌執金錫之齊故也

沿于江海。達于淮泗。順流而下曰沿沿江入海自海入淮自淮入泗○沿悅專反鄭本作松松當爲沿馬本作均云均平〔疏〕傳順流至淮泗○正義曰文十年左傳云沿漢泝江泝是逆沿是順故順流而下曰沿沿江入海順也自海入淮自淮入泗逆也

荊及衡陽惟荊州。北據荊山南及衡山之陽〔疏〕荊州○傳北據至之陽○正義曰此州北界至荊山之北故言據也南及衡山之陽其境過衡山也以衡是大山其南無復有名山大川可以爲記故言陽見其南至山南也

江漢朝宗于海。二水經此州而入海有似於朝百川以海爲宗宗尊也○朝直遙反〔疏〕傳二水至宗尊也○正義曰周禮大宗伯諸侯見天子之禮春見曰朝夏見曰宗鄭云朝猶朝也欲其來之早也宗尊也欲其尊王也朝宗是人事之名水無性識非有此義以海水大而江漢小以小就大似諸侯歸於天子假人事而言之也詩云沔彼流水朝宗於海毛傳云水猶有所朝宗是假人事而言水也老子云滄海所以能爲百谷王者以其下之是百川以海爲宗鄭云江水漢水其流遄疾又合爲一共赴海也猶諸侯之同心尊天于而朝事之荊楚之域國有道則後服國無道則先彊故記其水之義以著人臣之禮

九江孔殷。江於此州界分爲九道甚得地勢之中○九江潯陽地記云一曰烏白江二曰蚌江三曰烏江四曰嘉靡江五曰畎江六曰源江七曰累江八曰提江九曰箘江張須元緣江圖云一曰三里江二曰五州江三曰嘉靡江四曰烏土江五曰白蚌江六曰白烏江七曰箘江八曰沙提江九曰廩江參差隨水長短或百里或五十里始於鄂陵終於江口會于桑落洲太康地記曰九江劉歆以爲湖漢九水入彭蠡澤也〔疏〕傳江於至之中○正義曰傳以江是此水大名九江謂大江分而爲九猶大河分爲九河故言江於此州之界分爲九道訓孔爲甚殷爲中言甚得地勢之中也鄭云殷猶多也九江從山谿所出其孔衆多言治之難也地理志九江在今廬江潯陽縣南皆東合爲大江如鄭此意九江各自別源其源非大江也下流合於大江耳然則江以南水無大小俗人皆呼爲江或從江分出或從外合來故孔鄭各爲別解應劭注地理志云江自潯陽分爲九道符於孔說潯陽記有九江之名一曰烏江二曰蚌江三曰烏白江四曰嘉靡江五曰畎江六曰源江七曰廩江八曰提江九曰箘江雖名起近代義或當然

沱潛既道。沱江別名潛水名皆復其故道○沱徒河反潛捷廉反馬云沱湖也其中泉出而不流者謂之潛〔疏〕傳沱江至故道○正義曰下文岷山導江東別爲沱是沱爲江之別名也經無潛之本源直云水名釋水云水自江出爲沱漢爲潛鄭注此引爾雅乃云今南郡枝江縣有沱水其尾入江耳首不於江出也華容有夏水首出江尾入沔蓋此所謂沱也潛則未聞象類此解荊州之沱潛發源此州若如鄭言此水南流入荊州界非此潛也此下梁州注云二水亦謂自江漢出者地理志在今蜀郡郫縣江沱及漢中安陽皆有沱水潛水其尾入江漢耳首不於此出江源有鄗江首出江南至犍爲武陽又入江豈沱之類與潛蓋漢西出嶓冢東南至巴郡江州入江行二千七百六十里此解梁州之沱潛也郭璞爾雅音義云沱水自蜀郡都水縣揃山與江別而更流璞又云有水從漢中沔陽縣南流至梓潼漢壽入大穴中通峒山下西南潛出一名沔水舊俗云卽禹貢潛也郭璞此言亦解梁州沱潛與鄭又異然地理志及鄭皆以荊梁二州各有沱潛又郭氏所解沱潛惟據梁州不言荊州之沱潛而孔梁州注云沱潛發源此州入荊州以二州沱潛爲一者然彼州山水古今不可移易此爲武帝博士地理志無容不知蓋以水從江漢出者皆曰沱潛但地勢西高東下雖於梁州合流還從荊州分出猶如濟水入河還從河出故孔舉大略爲發源梁州耳

雲土夢作乂。雲夢之澤在江南其中有平土丘水去可爲耕作畎畝之治○雲徐本作云夢亡弄反一音武仲反徐莫公反治直吏反〔疏〕傳雲夢至之治○正義曰昭三年左傳楚子與鄭伯田于江南之夢是雲夢之澤在江南也地理志南郡華容縣南有雲夢澤杜預云南郡枝江縣西有雲夢城江夏安陸縣亦有雲夢或曰南郡華容縣東南有巴丘湖江南之夢雲夢一澤而每處有名者司馬相如子虛賦云雲夢者方八九百里則此澤跨江南北每處名存焉定四年左傳稱楚昭王寢于雲中則此澤亦得單稱雲單稱夢經之土字在二字之間蓋史文兼上下也此澤既大其內有平土有高丘水可爲耕作畎畝之治

厥土惟塗泥。厥田惟下中。厥賦上下。田第八賦第三人功修

厥貢羽毛齒革。惟金三品。土所出與揚州同〔疏〕傳土所至州同○正義曰與揚州同而揚州先齒革此州先羽毛者蓋以善者爲先由此而言之諸州貢物多種其次第皆以當州貴者爲先也

杶榦栝柏。榦柘也柏葉松身曰栝○杶勑倫反徐勑荀反木名又作櫄榦本又作幹故旦反栝古活反馬云白栝也柘章夜反〔疏〕傳榦柘至曰栝○正義曰榦爲弓榦考工記云弓人取榦之道也以柘爲上知此榦是柘也釋木云栝柏葉松身陸機毛詩義疏云杶樗栲漆相似如一則杶似樗漆也杶栝柏皆木名也以其所施多矣柘木惟用爲弓榦弓榦莫若柘木故舉其用也

礪砥砮丹。砥細於礪皆磨石也砮石中矢鏃丹朱類○礪力世反砥音脂徐之履反韋昭音旨砮音奴韋昭乃固反磨末佐反鏃子木反一音七木反〔疏〕傳砥細至朱類○正義曰砥以細密爲名礪以麤糲爲稱故砥細於礪皆磨石也鄭云礪磨刀刃石也精者曰砥魯語曰肅慎氏貢楛矢石砮賈逵云砮矢鏃之石也故曰砮石中矢鏃丹者丹砂故云朱類王肅云丹可以爲采

惟箘簵楛。三邦底貢厥名。箘簵美竹楛中矢榦三物皆出雲夢之澤近澤三國常致貢之其名天下稱善○箘求隕反韋昭一名聆風簵音路楛音戶馬云木名可以爲箭毛詩草木疏云葉如荊而赤莖似著近附近之近〔疏〕傳箘簵至稱善○正義曰箘簵美竹當時之名猶然鄭云箘簵風也竹有二名或大小異也箘簵是兩種竹也肅慎氏貢楛矢知楛中矢榦三物皆出雲夢之澤當時驗之猶然經言三邦底貢知近澤三國致此貢也文續厥名則其物特有美名故云其名天下稱善鄭玄以厥名下屬包匭菁茅

包橘柚〔疏〕傳橘柚○正義曰包下言匭菁茅說文云匚受物之器象形也凡匚之屬皆從匚匱匣之字皆從匚匭亦從匚故匭是匣也菁茅既以匭盛非所包之物明包必有裹也此州所出與揚州同揚州厥包橘柚知此包是橘柚也王肅云揚州厥包橘柚從省而可知也

匭菁茅。匭匣也菁以爲菹茅以縮酒○匭音軌菁子丁反徐音精馬同鄭云茅有毛刺曰菁茅匣胡甲反又音甲菹切韻側魚反縮所六反〔疏〕傳匭匣也菁以爲菹茅以縮酒○正義曰匣是匱之別名匱之小者菁茅所盛不須大匱故用匣也周禮醢人有菁菹鹿臡故知菁以爲菹鄭云菁蕢菁也蕢菁處處皆有而令此州貢者蓋以其味善也僖四年左傳齊桓公責楚云爾貢包茅不入王祭不供無以縮酒是茅以縮酒也郊特牲云縮酒用茅明酌也鄭注云以茅縮酒也周禮甸師云祭祀供蕭茅鄭興云蕭字或爲茜茜讀爲縮束茅立之祭前沃酒其上酒滲下若神飲之故謂之縮杜預解左傳用鄭興之說未知誰同孔旨若特令此州貢茅茅當異於諸處杜預云茅之爲異未審也或云茅有三脊案史記齊桓公欲封禪管仲覩其不可窮以辭因設以無然之事云古之封禪江淮之間三脊茅以爲藉此乃懼桓公耳非荊州所有也鄭玄以菁茅爲一物匭猶纏結也菁茅之有毛刺者重之故既包裹而又纏結也

厥篚玄纁璣組。此州染玄纁色善故貢之璣珠類生於水組綬類○纁許云反璣其依反又音機馬同說文云珠不圓也字書云小珠也玉篇渠依居沂二反組音祖馬云組文也〔疏〕傳此州至綬類○正義曰釋器云三染謂之纁李巡云三染其色已成爲絳纁絳一名也考工記云三入爲纁五入爲緅七入爲緇鄭云纁者三入而成又再染以黑則爲緅又再染以黑則爲緇玄色在緅緇之間其六入者是玄纁之法也此州染玄纁色善故令貢之說文云璣珠不圓者故爲珠類玉藻說佩玉所懸者皆云組綬是組綬相類之物也

九江納錫大龜。尺二寸曰大龜出於九江水中龜不常用錫命而納之○馬云納入也〔疏〕傳尺二至納之○正義曰史記龜策傳云龜千歲滿尺二寸漢書食貨志云元龜距冉長尺二寸故以尺二寸爲大龜冠以九江知出九江水中也文在篚下而言納錫是言龜不常用故錫命乃納之言此大龜錫命乃貢之也

浮于江沱潛漢。逾于洛。至于南河。逾越也河在冀州南東流故越洛而至南河○江沱潛漢四水名本或作潛于漢非逾羊朱反〔疏〕浮于江沱潛漢○正義曰此四水乃得至洛本或潛下有于誤耳

荊河惟豫州。西南至荊山北距河水

伊洛瀍澗。既入于河。伊出陸渾山洛出上洛山澗出沔池山瀍出河南北山四水合流而入河○瀍直然反澗故晏反渾音魂又胡困胡昆二反沔亡淺反又亡忍反下同陸渾沔池二縣屬河南郡〔疏〕豫州○傳伊出至入河○正義曰地理志云伊水出弘農盧氏縣熊耳山東北入洛洛水出弘農上洛縣冢領山東北至鞏縣入河瀍水出河南穀城縣潛亭北東南入洛澗水出弘農新安縣東南入洛志與傳異者熊耳山在陸渾縣西冢領山在上洛縣境之內沔池在新安縣西穀城潛亭北此卽是河南境內之北山也志詳而傳略所據小異耳伊瀍澗三水入洛合流而入河言其不復爲害也

滎波既豬。滎澤波水已成遏豬○滎戶扃反滎澤也波如字馬本又作播滎播澤名遏烏葛反〔疏〕傳滎澤至遏豬○正義曰沇水入河而溢爲滎滎是澤名洪水之時此澤水大動成波浪此澤其時波水已成

過豬言壅遏而爲豬畜水而成澤不溢溢也鄭云今塞爲平地滎陽民猶謂其處爲滎澤在其縣東言在滎澤縣之東也馬鄭王本皆作滎播謂此澤名滎播春秋閔二年衛侯及狄人戰于滎澤不名播也鄭玄謂衛狄戰在此地杜預云此滎澤當在河北以衛敗方始渡河戰處必在河北蓋此澤跨河南北多而得名耳

導菏澤。被孟豬。菏澤在胡陵孟豬澤名在菏東北水流溢覆被之○導音道下同菏徐音柯又士可反註同韋胡阿反被皮寄反徐扶義反註同豬張魚反又音諸左傳及爾雅皆作孟諸宋藪澤也〔疏〕傳菏澤至被之○正義曰地理志山陽郡有胡陵縣不言其縣有菏澤也又云菏澤在濟陰定陶縣東孟豬在梁國睢陽縣東北以今地驗之則胡陵在睢陽之東定陶在睢陽之北其水皆不流溢東北被孟豬也然郡縣之名隨代變易古之胡陵當在睢陽之西北故得東出被孟豬也於此作孟豬左傳爾雅作孟諸周禮作望諸聲轉字異正是一地也

厥土惟壤。下土墳壚。高者壤下者壚壚疏○壚音盧說文黑剛土也

厥田惟中上。厥賦錯上中。田第四賦第一又雜出第二

厥貢漆枲絺紵。厥篚織纊。纊細綿○絺勑其反紵直呂反纊音曠綿切韻武延反〔疏〕傳纊細綿○正義曰禮喪大記候死者屬纊以候絕氣即纊是新綿耳纊是細故言細綿

錫貢磬錯。治玉石曰錯治磬錯〔疏〕傳治玉至磬錯○正義曰詩云佗山之石可以攻玉又曰可以爲錯有以玉爲之者故云治玉石曰錯謂治磬錯也

浮于洛。達于河。華陽黑水惟梁州。東據華山之南西距黑水○華胡化反又胡瓜反〔疏〕梁州○傳東據至黑水○正義曰周禮職方氏豫州其山鎮曰華山在豫州界內此梁州之境東據華山之南不得其山故言陽也此山之西雍州之境也

岷嶓既藝。沱潛既道。岷山嶓冢皆山名水去已可種藝沱潛發源此州入荊州○岷武巾反嶓音波徐甫河反韋音播〔疏〕傳岷山至荊州○正義曰漢制縣有羌夷曰道地理志云蜀郡有湔道岷山在西徼外江水所出也隴西郡西縣冢山西漢水所出是二者皆山名也于江潛出于漢二水發源此州而入荊州故荊州亦云沱潛既道

蔡蒙旅平。和夷底績。蔡蒙二山名祭山曰旅平言治功畢和夷之地致功可藝○旅如字韋音盧和如字又作龢鄭云和讀曰洹治直吏反下同〔疏〕傳蔡蒙至可藝○正義曰地理志云蒙山在蜀郡青衣縣應劭云順帝改曰漢嘉縣蔡山不知所在論語云季氏旅於泰山是祭山曰旅也平者言其治水畢猶上既藝也和夷平地之名致功可藝與平互言耳

厥土青黎。色青黑而沃壤○黎鄭力兮反徐力私反馬云小疏也〔疏〕傳色青黑而沃壤○正義曰孔以黎爲黑故云色青黑其地沃壤言其美也王肅曰青黑色黎小疏也

厥田惟下上。厥賦下中三錯。田第七賦第八雜出第七第九三等〔疏〕傳田第至三等○正義曰傳以既言下中復云三錯舉下中第八爲正上下取一故雜出第七第九與第八爲三也鄭云三錯者此州之地有當出下之賦者少耳又有當出下上中下者差復益小與孔異也

厥貢璆鐵。銀鏤砮磬。璆玉名鏤剛鐵○璆音虯徐又居虯反又閭幼反馬同韋昭郭璞云紫磨金案郭注爾雅璆卽紫磨金鐵天結反鏤婁豆反〔疏〕傳璆玉至剛鐵○正義曰釋器云璆琳玉也郭璞云璆琳美玉之別名鏤者可以刻鏤故爲剛鐵也

熊羆狐狸織皮。貢四獸之皮織金罽○熊音雄羆彼宜反如熊而黃貍力疑反罽紀例反〔疏〕傳貢四至金罽○正義曰與織皮連文必不貢生獸故云貢四獸之皮釋言云氂罽也舍人曰氂謂毛罽也胡人績羊毛作衣孫炎曰毛氂爲罽織毛而言皮者毛附於皮故以皮表毛耳

西傾因桓是來。浮于潛。逾于沔。西傾山名桓水自西傾山南行因桓水是來浮于潛漢上曰沔○傾窺井反〔疏〕傳西傾至曰沔○正義曰下文導山有西傾知是山名也地理志云西傾在隴西臨洮縣西南西傾在雍州自西傾山南行因桓水是來浮於潛水也地理志云桓水出蜀郡蜀山西南行羌中入南海則初發西傾未有水也不知南行幾里得桓水也下傳云泉始出山爲漾水東南流爲沔水至漢中東行爲漢水是漢上曰沔

入于渭。亂于河。越沔而北入渭浮東渡河而還帝都白所治正絕流曰亂○渭音謂〔疏〕傳越沔至曰亂○正義曰計沔在渭南五百餘里故越沔陸行而北入渭浮渭水入河故浮渭而東帝都在河之東故渡河陸行而還帝都也以每州之下言入河之事河近帝都知是還都白所治也正絕流曰亂釋水文孫炎曰橫渡也

黑水西河惟雍州。西距黑水東據河龍門之河在冀州西○雍於用反〔疏〕雍州○傳西距至州西○正義曰禹治豫州乃次梁州自東向西故言梁州之境先以華陽而後黑水從梁適雍自南向北故先黑水而後西河計雍州之境被荒服之外東不越河而西踰黑水王肅云西據黑水東距西河所言得其實也徧檢孔本皆云西距黑水東據河必是誤也又河在雍州之東而謂之西河者龍門之河在冀州西界故謂之西河王制云自東河至於西河千里而近是河相對而爲東西也

弱水既西。導之西流至於合黎〔疏〕傳導之至合黎○正義曰諸水言既導此言既西由地勢不同導之使西流也鄭云衆水皆東此水獨西故記其西下也

涇屬渭汭。屬逮也水北曰汭言治涇水入於渭○涇音經屬之蜀反汭本又作內同如銳反馬云入也逮音代〔疏〕傳屬逮至於渭○正義曰屬謂相連屬故訓爲逮逮及也言水相及詩毛傳云汭水涯也鄭云汭之言內也蓋以人皆南面望水則北爲汭也且涇水南入渭而名爲渭汭知水北曰汭言治涇水使之入渭亦是從故道也地理志云涇水出安定涇陽縣西幵頭山東南至馮翊陽陵縣入渭行千六百里

漆沮既從。灃水攸同。漆沮之水已從入渭灃水所同同之於渭○沮七徐反灃芳弓反〔疏〕傳漆沮至於渭○正義曰詩云自土沮漆毛傳云沮水漆水也則漆沮本爲二水地理志云漆水出扶風漆縣西闞駰十三州志云漆水出漆縣西北岐山東入渭沮則不知所出蓋東入渭時已與漆合漆發源遠以渭爲主上云涇屬渭是矣故此言漆沮既從已從於渭灃水所同亦同於渭以渭爲主故也地理志云灃水出扶風鄠縣東南北過上林苑入渭也

荊岐既旅。已旅祭言治功畢此荊在岐東非荊州之荊○治直吏反〔疏〕傳已旅至之荊○正義曰洪水之時祭祀禮廢已旅祭而言治功畢治水從下自東而西先荊後岐荊在岐東嫌與上荊爲一故云非荊州之荊也地理志云禹貢北條荊山在馮翊懷德縣南南條荊山在南郡臨沮縣北彼是荊州之荊也

終南惇物。至于鳥鼠。三山名言相望○終南山名漢書地理志一名太一山秦記云又名地肺惇物山名漢書云垂山也〔疏〕傳三山至相望○正義曰以荊岐單名此山復名故辯之云三山名也至於爲首尾之辭故言相望也三山空舉山名不言治意蒙上既旅之文也地理志云扶風武功縣有太一山古文以爲終南垂山古文以爲惇物皆在縣東南

原隰底績。至于豬野。下濕曰隰豬野地名言皆致功〔疏〕傳下濕至致功○正義曰下濕曰隰釋地文地理志云豬野澤在武威縣東北有休屠澤古文以爲豬野澤鄭玄以爲詩云度其隰原卽此原隰是也原隰幽地從此致功西至豬野之澤也

三危既宅。三苗丕敘。西裔之山已可居三苗之族大有次敘美禹之功○丕普悲反〔疏〕傳西裔至之功○正義曰左傳稱舜去四凶投之四裔舜典云竄三苗於三危是三危爲西裔之山也其山必是西裔未知山之所在地理志杜林以爲燉煌郡卽古瓜州也昭九年左傳云先王居檮杌于四裔故允姓之姦居于瓜州杜預云允姓之祖與三苗俱放於三危瓜州今燉煌也鄭玄引地記書云三危之山在鳥鼠之西南當岷山則在積石之西南地記乃妄書其言未必可信要知三危之山必在河之南也禹治水未已竄三苗水災既除彼得安定故云三危之山已可居三苗之族大有次敘記此事以美禹治之功也

厥土惟黃壤。厥田惟上上。厥賦中下。田第一賦第六人功少〔疏〕傳田第一至功少○正義曰此與荊州賦田升降皆較六等荊州升之極故云人功修此州降之極故云人功少其餘相較少者從此可知也王制云凡居民量地以致邑度地以居民地邑民居必參相得也則民當相準而得有人功修人功少者記言初置邑者可以量之而州境闊遠民居先定新遭洪水存亡不同故地勢有美惡人功有多少治水之後卽爲此差在後隨人少多必得更立其等此非永定也

厥貢惟球琳琅玕。球琳皆玉名琅玕石而似玉○球音求琳韋音來金反琅音郎玕音干山海經云崐崘山有琅玕樹〔疏〕傳球琳至似珠○正義曰釋地云西北之美者有崐崘虛之璆琳琅玕焉說者皆云球琳美玉名琅玕石而似珠者必相傳驗實有此言也

浮于積石。至于龍門西河。積石山在金城西南河所經也沿河順流而北千里而東千里而南龍門山在河東之西界〔疏〕傳積石至西界○正義曰地理志云積石山在金城河關縣西南羌中河行塞外東北入塞內積石非河之源故云河所經也河從西來至此北流故禹沿河順流而北釋水云河千里一曲一直故千里而東千里而南至于龍門西河也地理志云龍門山在馮翊夏陽縣北此山當河之道禹鑿以通河東郡之西界也禹至此渡河而還都白帝也沿或誤爲治此說禹行不說治水也

會于渭汭。逆流曰會自渭北涯逆水西上○上時掌反〔疏〕傳逆流至西上○正義曰會合也人行逆流而水相向故逆流曰會從河入渭自渭北涯逆水西上言禹白帝訖從此而西上更入雍州界也諸州之末惟言還都之道此州事終言發都更去明諸州皆然也

織皮崐崘析支渠搜。西戎卽敘。織皮毛布有此四國在荒服之外流沙之內羌髳之屬皆就次敘美禹之功及戎狄也○崐音昆崘音倫析星歷反馬云析支在河關西搜所由反漢書志朔方郡有渠搜縣武紀云北發渠搜是也髳音謀又音毛西戎國名〔疏〕傳織皮至戎狄也○正義曰四國皆衣皮毛故以織皮冠之傳言織

皮毛布有此四國崐崘也析支也渠也搜也四國皆是戎狄也末以西戎揔之此戎在荒服之外流沙之内牧誓云武王伐紂有羌髳從之此是羌髳之屬禹皆就次敘美禹之功遠及戎狄故記之也鄭玄云衣皮之民居此昆崘析支渠搜三山之野者皆西戎也王肅云崐崘在臨羌西析支在河關西西戎西域也王肅不言渠搜鄭并渠搜爲一孔傳不明或亦以渠搜爲一通西戎爲四也鄭以崐崘爲山謂別有崐崘之山非河所出者也所以孔意或是地名國號不必爲山也

導岍及岐。至于荊山。更理說所治山川首尾所在治山通水故以山名之三山皆在雍州。○導音道從首起也岍音牽字又作汧山名一名吳岳馬本作開【疏】導岍及岐○正義曰上文每州說其治水登山從下而上州境隔絶未得從通今更從上而下條說所治之山本以通水舉其山相連屬言此山之傍所有水害皆治訖也因冀州在北故自北爲始從此導岍至敷淺原舊說以爲三條地理志云禹貢北條荊山在馮翊懷德縣南南條荊山在南郡臨沮縣東北是舊有三條之說也故馬融王肅皆爲三條導岍北條西傾中條嶓冢南條鄭玄以爲四列導岍爲陰列西傾爲次陰列嶓冢爲次陽列岷山爲正陽列鄭玄創爲此說孔亦當爲三條也岍與嶓冢言導西傾不言導者史文有詳略以可知故省文也○傳更理至雍州○正義曰荊岐上已具矣而此復言之以山勢相連而州境隔絶更從上理說所在揔解此下導山水之意也其實通水而文稱導山者導山本爲治水故以導山名之地理志云吳岳在扶風岍縣西古文以爲岍山岐山在美陽縣西北荊山在懷德縣三山皆在雍州

逾于河。此謂梁山龍門西河【疏】傳此謂至西河○正義曰逾于河謂山逾之也此處山勢相望越河而東故云此謂龍門之西河言此處山不絶從此而渡河也

壺口雷首至于太岳。三山在冀州太岳上黨西【疏】傳三山至黨西○正義曰地理志云壺口在河東北屈縣東南雷首在河東蒲坂縣南太岳在河東彘縣東是三山在冀州以太岳東近上黨故云在上黨西也

厎柱析城至于王屋。此三山在冀州南河之北東行○厎之履反柱如字韋知父反又知女反厎柱山名在河水中【疏】傳此三至東行○正義曰地理志云析城在河東濩澤縣西王屋在河東垣縣東北地理志不載厎柱厎柱在太陽關東析城之西從厎柱至王屋在冀州南河之北東行也

大行恒山。至于碣石。入于海。此二山連延東北接碣石而入滄海百川經此衆山禹皆治之不可勝名故以山言之○行戶剛反又如字滄音倉勝音升【疏】傳此二至言之○正義曰地理志云大行山在河内山陽縣西北恒山在常山上曲陽縣西北大行去恒山太遠恒山去碣石又遠故云此二山連延東北接碣石而入滄海言山傍之水皆入海山不入海也又解治水言山之意百川經此衆山禹皆治之川多不可勝名故以山言之也謂漳潞汾涑在壺口雷首大行經厎柱析城濟出王屋淇近大行恒衛滹沲滱易近恒山碣石之等也

西傾朱圉鳥鼠。西傾朱圉在積石以東鳥鼠渭水所出在隴西之西三者雍州之南山○傾并反圉魚呂反【疏】傳西傾至南山○正義曰地理志云西傾在隴西臨洮縣西南朱圉在天水冀縣南言在積石以東見河所經也地理志云鳥鼠同穴山在隴西首陽縣西南渭水所出在隴西郡之西是三者皆雍州之南山也

至于太華。相首尾而東○華如字又戶化反【疏】傳相首尾而東○正義曰地理志云太華在京兆華陰縣南鳥鼠東望太華太遠故云相首尾而東也

熊耳外方桐柏。至于陪尾。四山相連東南在豫州界洛經熊耳伊經外方淮出桐柏經陪尾凡此皆先舉所施功之山於上而後條列所治水於下互相備○陪音裴陪尾山名漢書作橫尾列如字本或作別彼列反【疏】傳四山至相備○正義曰地理志云熊耳山在弘農盧氏縣東伊水所出嵩高山在潁川嵩高縣古文以爲外方山桐柏山在南陽平氏縣東南橫尾山在江夏安陸縣東北古文以爲陪尾山是四山接華山而相連東南皆在豫州界也凡舉山名皆爲治水故言水之所經洛出熊耳伊經外方淮出桐柏經陪尾導山本爲治水故云皆先舉所施功之山於上而後條列所治水於下互相備也

導嶓冢。至于荊山。漾水出嶓冢在梁州經荊山荊山在荊州○漾羊尚反【疏】傳漾水至荊州○正義曰下云嶓冢導漾梁州云岷嶓既藝是嶓冢在梁州也荊州以荊山爲名知荊山在荊州也

内方至于大別。内方大別二山名在荊州漢所經【疏】傳内方至所經○正義曰地理志云章山在江夏竟陵縣東北古文以爲内方山地理志無大別鄭玄云大別在廬江安豐縣杜預解春秋云大別闕不知何處或曰大別在安豐縣西南左傳云吳既與楚夾漢然後楚乃濟漢而陳自小別至于大別然則二別近漢之名無緣得在安豐縣如預所言雖不知其處要與内方相接漢水所經必在荊州界也

岷山之陽。至于衡山。岷山江所出在梁州衡山江所經在荊州【疏】傳岷山至荊州○正義曰其下云岷山導江梁州岷嶓既藝是岷山在梁州也地理志云衡山在長沙湘南縣東南上言衡陽惟荊州是江所經在荊州也

過九江。至于敷淺原。言衡山連延過九江接敷淺原言導從首起言陽從南敷淺原一名博陽山在揚州豫章界【疏】傳言衡至章界○正義曰衡即橫也東西長今之人謂之爲嶺東行連延過九江之水而東接於敷淺原之山也經於岍及嶓冢言導岷山言陽故解之言導從首起言陽從南言岷山之南至敷淺原別以岷山爲首不與大別相接由江所經別記之耳以見岷非三條也地理志豫章歷陵縣南有博陽山古文以爲敷淺原

導弱水。至于合黎。合黎水名在流沙東○弱本或作溺合如字黎力兮反馬云地名【疏】導弱水○正義曰此下所導凡有九水大意亦自北爲始以弱水最在西北水又西流故先言之黑水雖在河南水從雍梁西界南入南海與諸水不相參涉故又次之四瀆江河爲大河在北故先言河也漢入於江故先漢後江其濟發源河北越河而南與淮俱爲四瀆故次濟次淮其渭與洛俱入于河故後言之計流水多矣此舉大者言耳凡此九水立文不同弱水黑水不出于山文單故以水配其餘六水文與山連既繫於山不須言水積石山非河上源記施功之處故云導河積石言發首積石起也漾江先山後水淮渭洛先水後山皆是史文詳略無義例也又淮渭洛言自某山者皆是發源此山欲使與於導河故加自耳鄭玄云凡言導者發源於上未成流凡言自者亦發源於上未成流必其俱未成流何須別導與自河出崐崘發源甚遠豈至積石猶未成流而云導河也○傳合黎至流沙○正義曰弱水得入合黎知合黎是水名顧氏云地說書合黎山名但此水出合黎因山爲名鄭玄亦以爲山名地理志張掖郡刪丹縣桑欽以爲導弱水自此西至酒泉合黎張掖郡又有居延澤在縣東北古文以爲流沙如志之言酒泉郡在張掖郡西居延屬張掖合黎在酒泉則流沙在合黎之東與此傳不合案經弱水西流水既至于合黎餘波入于流沙當如傳文合黎在流沙之東不得在其西也

餘波入于流沙。弱水餘波西溢入流沙○溢音逸

導黑水。至于三危。入于南海。黑水自北而南經三危過梁州入南海【疏】傳黑水至南海○正義曰地理志益州郡計在蜀郡西南三千餘里故滇王國也武帝元封二年始開爲郡郡内有滇池縣縣有黑水祠止言有其祠不知水之所在鄭云今中國無也傳之此言順經文耳案酈元水經黑水出張掖雞山南流至燉煌過三危山南流入于南海然張掖燉煌並在河北所以黑水得越河入南海者河自積石以西皆多伏流故黑水得越而南也

導河積石。至于龍門。施功發於積石至于龍門或鑿山或穿地以通流【疏】傳施功至通流○正義曰河源不始於此記其施功處耳故言施功發于積石釋水云河千里一曲一直則河從積石北行又東乃南行至于龍門計應三千餘里龍門厎柱鑿山也其餘平地穿地也或鑿山或穿地以通流言自積石至海皆然也釋水云河出崐崘虛色白李巡曰崐崘山名虛山下地也郭璞云發源高處激湊故水色白潛流地中受渠衆多渾濁故水色黃漢書西域傳云河有兩源一出葱嶺一出于闐于闐在南山下其河北流與葱嶺河合東注蒲昌海蒲昌海一名鹽澤者去玉門陽關三百餘里廣袤三四百里其水停居冬夏不增減皆以爲潛行地下南出于積石爲中國河郭璞云其去崐崘里數遠近未得詳也

南至于華陰。河自龍門南流至華山北東行

東至于厎柱。厎柱山名河水分流包山而過山見水中若柱然在西虢之界○見賢遍反虢寡白反

又東至于孟津。孟津地名在洛北都道所湊古今以爲津○孟津如字洛北地名湊七豆反【疏】傳孟津至爲津○正義曰孟是地名津是渡處在孟地致津謂之孟津傳云地名謂孟爲地名耳杜預云孟津河内河陽縣南孟津也在洛陽城北都道所湊古今常以爲津武王渡之近世以來呼爲武濟

東過洛汭。至于大伾。洛汭洛入河處山再成曰伾至于大伾而北行○伾本或作岯音丕又皮鄙反徐扶眉反又數眉反韋音嚭郭撫梅反字或作岯【疏】傳洛汭至北行○正義曰洛汭洛入河處河南鞏縣東也釋山云再成英一成伾李巡曰山再重曰英一重曰伾傳云再成曰伾與爾雅不同蓋所見異也鄭玄云大伾在修武武德之界張揖云成皐縣山也漢書音義有臣瓚者以爲脩武武德無此山也成皐縣山又不一成今黎陽縣山臨河豈不是大伾乎瓚言當然

北過降水。至于大陸。降水水名入河大陸澤名○降如字鄭戶江反【疏】傳降水至澤名○正義曰地理志云降水在信都縣案班固漢書以襄國爲信都在大陸之内或降水發源在此下尾至今之信都故得先過降水乃至大陸若其不爾則降水不可知也鄭以降讀爲降下江反聲轉爲共河内共縣淇水出焉東至魏郡黎陽縣入河北近降水也周時國於此地者惡言降水改謂之共此鄭胥聽不可從也

又北播爲九河。北分爲九河以殺其溢在兗州界○殺所界反溢字又作隘於賓反

同爲逆河。入于海。同合爲一大河名逆河而入於渤海皆禹所加功故敘之○渤蒲兀反【疏】傳同合至敘之○正義曰傳言九河將欲至海更同合爲一大河名爲逆河而入于渤海也鄭玄云下尾合名爲逆河言相向迎受王肅云同

逆一大河納之於海其意與孔同**嶓冢導漾東流爲漢。**泉始出山爲漾水東南流爲沔水至漢中東流爲漢水【疏】傳泉始至漢水○正義曰傳之此言當據時人之名爲說也地理志云漾水出隴西氐道縣至武都爲漢水不言中爲沔水孔知嶓冢之東漢水之西而得爲沔水者以禹治梁州入帝都白所治云逾于沔入于渭是沔近于渭當梁州向冀州之路也應劭云沔水自江別至南郡華容縣爲夏水過江夏郡入江既云江別明與此沔別也依地理志漢水之尾變爲夏水是應劭所云沔水下尾亦與漢合乃入於江也**又東爲滄浪之水。**別流在荊州○浪音郎【疏】傳別流在荊州○正義曰傳言別流似分爲異水案經首尾相連不是分別當以名稱別流也又上在梁州故此云在荊州**過三澨。至于大別。**三澨水名入漢大別山名○澨市制反**南入于江。**觸山迴南入江○觸切韻尺玉反**東匯澤爲彭蠡。**匯迴也水東迴爲彭蠡大澤○匯徐胡罪反韋空爲反**東爲北江。入于海。**自彭蠡江分爲三入震澤遂爲北江而入海【疏】傳自彭至入海○正義曰揚州云三江既入震澤底定孔爲三江既入入震澤也故言江自彭蠡分而爲三入震澤出澤又分爲三此水遂爲北江而入于海鄭玄以爲三江既入入于海不入震澤也孔必知入震澤者以震澤屬揚州彭蠡在揚州之西界今從彭蠡有三江則震澤之西三江具矣今云三江既入繼以震澤底定故知三江入震澤矣今南人以大江不入震澤震澤之東則有松江等三江案職方揚州其川曰三江宜舉州內大川其松江等雖出震澤入海既近周禮不應捨岷山大江之名而記松江等小江之說山水同今變易故鄭云既知今亦當知古是古今同之驗也**岷山導江。東別爲沱。**江東南流沱東行○沱唐河反【疏】傳江東至東行○正義曰以土云浮于江沱潛漢其實自南而北江在沱南知江東南流而沱東行**又東至于澧。**澧水名○澧音禮【疏】傳澧水名○正義曰鄭玄以此經自導弱水已下言過言會者皆是水名言至于者或山或澤皆非水名故以合黎爲山名澧爲陵名鄭玄云今長沙郡有澧陵縣其以陵名爲縣乎孔以合黎與澧皆爲水名弱水餘波入于流沙則本源入合黎矣合黎得容弱水知是水名楚辭曰濯余佩兮澧浦是澧亦爲水名**過九江。至于東陵。**江分爲九道在荊州東陵地名【疏】傳江分至地名○正義曰九江之水禹前先有其處禹今導江過歷九江之處非是別有九江之水**東迆北會于匯。**迆溢也東溢分流都共北會爲彭蠡○迆以爾反馬云靡也【疏】傳迆溢至彭蠡○正義曰迆言靡迆邪出之言故爲溢也東溢分流又都共聚合北會彭蠡言散流而復合也鄭云東迆者爲南江孔意或然至之與會史異文耳**東爲中江。入于海。**有北有中南可知【疏】傳有北有中南可知○正義曰地理志云南江從會稽吳縣南東入海中江從丹陽無湖縣西東至會稽陽羨縣東入海北江從會稽毗陵縣北入于海**導沇水。東流爲濟。**泉源爲沇流去爲濟在溫西北平地○沇音兗又以轉反【疏】傳泉源至平地○正義曰地理志云濟水出河東垣縣王屋山東南至河內武德縣入河傳言在溫西北平地者濟水近在河內孔必驗而知之見今濟水所出在溫之西北七十餘里溫是古之舊縣故計溫言之**入于河。溢爲滎。**濟水入河並流十數里而南截河又並流數里溢爲滎澤在敖倉東南○數色主反下同一本作十所【疏】傳濟水至東南○正義曰此皆目驗爲說也濟水既入于河與河相亂而知截河過者以河濁濟清南出還清故可知也**東出于陶丘北。**陶丘丘再成○陶音桃【疏】傳陶丘丘再成○正義曰釋丘云再成爲陶丘李巡曰再成其形再重也郭璞云今濟陰定陶城中有陶丘地理志云定陶縣西南有陶丘亭**又東至于菏。**菏澤之水**又東北會于汶。**濟與汶合**又北東入于海。**北折而東○折之設反**導淮自桐柏。**桐柏山在南陽之東【疏】傳桐柏至之東○正義曰地理志云桐柏山在南陽平氏縣東南淮水所出水經云出胎簪山東北過桐柏山胎簪蓋桐柏之傍小山傳言南陽郡之東也**東會于泗沂。東入于海。**與泗沂二水合入海【疏】傳與泗至入海○正義曰地理志云沂水出泰山蓋縣南至下邳入泗泗水出濟陰乘氏縣至臨淮睢陵縣入淮乃沂水先入泗泗入淮耳以沂水入泗處去淮已近故連言之**導渭自鳥鼠同穴。**鳥鼠共爲雌雄同穴處此山遂名山曰鳥鼠渭水出焉【疏】傳鳥鼠至出焉○正義曰釋鳥云鳥鼠同穴其鳥爲鵌其鼠爲鼵李巡曰鵌鼵鳥鼠之名共處一穴天性然也郭璞曰鼵如人家鼠而短尾鵌似鵽而小黃黑色穴入地三四尺鼠在內鳥在外今在隴西首陽縣有鳥鼠同穴山尚書孔傳云共爲雄雌張氏地理記云不爲牝牡璞並載此言未知誰得實也地理志云隴西首陽西南有鳥鼠同穴山渭水所出至京兆北船司空縣入河過郡四行千八百七十里**東會于灃。又東會于涇。**灃水自南涇水自北而合○灃音豐**又東過漆沮。入于河。**漆沮二水名亦曰洛水出馮翊北○翊與職反【疏】傳漆沮至翊北○正義曰地理志云漆水出扶風漆縣依十三州記漆水在岐山東入渭則與漆沮不同矣此云會于涇又東過漆沮是漆沮在涇水之東故孔以爲洛水一名漆沮水經沮水出北地直路縣東入洛水又云鄭渠在太上皇陵東南濯水入焉俗謂之漆水又謂之漆沮其水東流注於洛水志云出馮翊懷德縣東南入渭以水土驗之與毛詩古公自土沮漆者別也彼漆即扶風漆水也彼沮則未聞**導洛自熊耳。**在宜陽之西**東北會于澗瀍。**會于河南城南**又東會于伊。**合於洛陽之南**又東北入于河。**合於鞏之東○鞏恭勇反縣名屬河南郡**九州攸同。**所同事在下**四隩既宅。**四方之宅已可居○隩於六反玉篇於報反**九山刊旅。九川滌源。九澤既陂。**九州名山與槎木通道而旅祭矣九州之川已滌除泉源無壅塞矣九州之澤已陂障無決溢矣○滌待歷反陂彼宜反槎仕雅反障章尚反**四海會同。六府孔修。**四海之內會同京師九州同風萬國共貫水火金木土穀甚修治言政化和○貫工喚反**庶土交正。厎慎財賦。**交俱也衆土俱得其正謂壤墳壚致所慎者財貨貢賦言取之有節不過度**咸則三壤。成賦中邦。**皆法壤田上中下大較三品成九州之賦明水害除○較音角【疏】九州至中邦○正義曰昔堯遭洪水道路阻絕今水土既治天下大同故總敘之今九州所共同矣所同者四方之宅已盡可居矣九州之山刊槎其木旅祭之矣九州之川滌除泉源無壅塞矣九州之澤已皆陂障無決溢矣四海之內皆得會同京師無乖異矣六材之府甚修治矣言海內之人皆豐足矣水災已除天下衆土壤墳之屬俱得其正復本性故也民既豐足取之有藝致所重慎者惟財貨賦稅也慎之者皆法則其三品上壤準其地之肥瘠爲上中下三等以成其貢賦之法於中國美禹能治水土安海內於此總結之○傳所同事在下○正義曰九州所同與下爲目故言所同事在下四隩既宅已下皆是也其言九山九川九澤最是同之事矣○傳四方至可居○正義曰室隅爲隩隩是內也人之造宅爲居至其隩內遂以隩表宅故傳以隩爲宅以宅內可居言四方舊可居之處皆可居也○傳九州至溢矣○正義曰上文諸州有言山川澤者皆舉大言之所言不盡故於此復更總之九山九川九澤言九州之內所有山川澤無大無小皆刊槎決除已訖其皆旅祭惟據名山大川言旅者往前大水旅祭禮廢已旅見已治也山非水體故以旅見治其實水亦旅矣發首云奠高山大川但是定位皆已旅祭也川言滌除泉源從其所出至其所入皆蕩除之無壅塞也澤言既陂往前濫溢今時水定或作陂以障之使無決溢詩云彼澤之陂毛傳云陂澤障也○傳四海至化和○正義曰禮諸侯之見天子時見曰會殷見曰同此言四海會同乃謂官之與民皆得聚會京師非據諸侯之身朝天子也夷狄戎蠻謂之四海但天子之於夷狄不與華夏同風故知四海謂四海之內即是九州之中乃有萬國萬國同其風化若物在繩索之貫故云九州同風萬國共貫大禹謨云水火金木土穀謂之六府皆修治者言政化和也由政化和平民不失業各得殖其資產故六府修治也○傳交俱至過度○正義曰交錯更互俱之義故交爲俱也洪水之時高下皆水土失本性今水災既除衆土俱得其正謂壤墳壚還復其壤墳壚之性也諸州之土青黎是色塗泥是濕土性之異惟有壤墳壚耳故舉三者以言也致所慎者財貨貢賦謹慎其事不使害人言取民有節什一而稅不過度也○傳皆法至害除○正義曰土壤各有肥瘠貢賦從地而出故分其土壤爲上中下計其肥瘠等級甚多但舉其大較定爲三品法則地之善惡以爲貢賦之差雖細分三品以爲九等人功修少當時小異要民之常稅必準其土故皆法三壤成九州之賦言得施賦法以明水害除也九州即是中邦故傳以九州言之**錫土姓。祗台德先。不距朕行。**台我也天子建德因生以賜姓謂有德之人生此地以此地名賜之姓以顯之王者常自以敬我德爲先則天下無距違我行者【疏】錫土至朕行○正義曰此一經皆史美禹功言九州風俗既同可以施其教化天子惟當擇任其賢者相與共治之選有德之人賜與所生之土爲姓既能尊賢如是又天子立意常自以敬我德爲先則天下之民無有距違我天子所行者皆禹之使然故敘而美之○傳台我至行者○正義曰台我釋詁文天子建德因生以賜姓隱八年左傳文既引其文又解其義土地也謂有德之人生於此地天子以地名賜之姓以尊顯之周語稱帝嘉禹德賜姓曰姒祚四岳賜姓曰姜左傳稱周賜陳胡公之姓爲嬀皆是因生賜姓之事也臣蒙賜姓其人少矣此事是用賢大者故舉以爲言王者既能用賢又能謹敬其立意也常自以敬我德爲先則天下無有距違我天子之行者論語云上好禮則民莫敢不敬上好義則民莫敢不服上好信則民莫敢不用情王者自敬其德則民豈敢不敬之人皆敬之則誰敢距違者聖人行而天下皆悅動而天下皆應用

此道也

五百里甸服。規方千里之內謂之甸服為天子服治田去王城面五百里○甸田遍反為于僞反

【疏】五百里甸服○正義曰既言九州同風法壞成賦而四海之內路有遠近更敘弼成五服之事甸侯綏要荒五服之名堯之舊制洪水既平之後禹乃為之節文使賦役有恒職掌分定甸服去京師最近賦稅尤多故每於百里即為一節侯服稍遠近者供役故二百里內各為一節三百里外共為一節綏要荒三服去京師益遠每服分而為二內三百里為一節外二百里為一節以遠近有較故其任不等甸服入穀故發首言賦稅也賦令自送入官故三百里內每皆言納四百里五百里不言納者從上省文也於三百里言服者舉中以明上下皆是服王事也侯服以外貢不入穀侯主為斥候二百里內徭役差多故各為一名三百里外同是斥候故共為一名自下皆先言三百里而後二百里舉大率為差等也○傳規方至百里○正義曰先王規方千里以為甸服周語文王制亦云千里之內曰甸鄭玄云服治田出穀稅也言甸者主治田故服名甸也

百里賦納總。甸服內之百里近王城者禾稾曰總入之供飼國馬○納如字本又作內音同下如字總音揔近附近之近稾故老反共音恭飼音嗣

【疏】傳甸服至國馬○正義曰去王城五百里揔名甸服就其甸服內又細分之從內而出此為其首故云甸服之內近王城者總者總下銍秸禾穗與稾總皆送之故云禾稾曰總入之供飼國馬周禮掌客待諸侯之禮有芻有禾此總是也

二百里納銍。銍刈謂禾穗○銍珍栗反穗亦作穟音遂

【疏】傳銍刈謂禾穗○正義曰劉熙釋名云銍穫禾鐵也說文云銍穫禾短鎌也詩云奄觀銍刈用銍刈者謂禾穗也禾穗用銍以刈故以銍表禾穗也

三百里納秸服。秸稾也服稾役○秸本或作稭工八反馬云去其穎音鞂

【疏】傳秸稾也服稾役○正義曰郊特牲云莞簟之安而稾秸之設秸亦稾也雙言之耳去穗送稾易於送穗故為遠彌輕也然計什一而得稾粟皆送則秸服重於納銍則乖近重遠輕之義蓋納粟之外斟酌納稾服稾役者解經服字於此言服明上下服皆並有所納之役也四百里猶尚納粟此當稾粟別納非是徒納稾也

四百里粟。五百里米。所納精者少麤者多

【疏】傳所納至者多○正義曰直納粟米為少禾稾俱送為多其於稅也皆當什一但所納有精麤遠輕而近重耳

五百里侯服。甸服外之五百里侯候也斥候而服事

【疏】傳甸服至服事○正義曰侯聲近候故為候也襄十八年左傳稱晉人伐齊使司馬斥山澤之險斥謂檢行之也斥候謂檢行險阻伺候盜賊此五百里主為斥候而服事天子故名侯服因見諸言服者皆是服事也

百里采。侯服內之百里供王事而已不主一

【疏】傳侯服至主一○正義曰采訓為事此百里之內主供王事而已事謂役也有役則供不主於一故但言采

二百里男邦。男任也任王者事○任而針反又而鴆反下同

【疏】傳男任也任王者事○正義曰男聲近任故訓為任任王者事任受其役此任有常殊於不主一也言邦者見上下皆是諸侯之國也

三百里諸侯。三百里同為王者斥候故合三為一名○為于僞反

【疏】傳三百至一名○正義曰經言諸侯者三百里內同為王者斥候在此內所主事同故合三百四百五百共為一名言諸侯以示義耳

五百里綏服。綏安也侯服外之五百里安服王者之政教○綏息遺反

【疏】傳綏安至政教○正義曰綏安釋詁文要服去京師已遠王者以文教要束使服此綏服路近言王者政教以示不待要束言安服自服也周語云先王之制邦內甸服邦外侯服侯衛賓服夷蠻要服戎狄荒服役賓服當此綏服韋昭云以文武侯衛為安王賓之因以名服然則綏者據諸侯安王為名賓者據王敬諸侯為名故云先王之制則此服舊有二名

三百里揆文教。揆度也度王者文教而行之三百里皆同○揆葵癸反度待洛反

【疏】傳揆度至皆同○正義曰釋詁訓揆為度故雙言之以王者有文教此服諸侯揆度王者政教而行之必自揆度恐其不合上耳即是安服王者之義

二百里奮武衛。文教外之二百里奮武衛天子所以安○奮方問反

【疏】傳文教至以安○正義曰既言三百又言二百是三百之內以下二服文與此同故於此解之此是文教之外二百里也由其心安王化奮武衛天子所以名此服為安也內文而外武故先揆文教後言奮武衛所從言之異與安之義同奮武衛天子是其安之驗也言服內諸侯心安天子非言天子賴諸侯以安也

五百里要服。綏服外之五百里要束以文教○要一遙反束如字一音來

【疏】傳綏服至文教○正義曰要者約束之義上言揆文教知要者要束以文教也綏服自揆天子文教恐其不稱上旨此要服差遠已慢王化天子恐其不服乃以文教要服之名為要見其疏遠之義也

三百里夷。守平常之教事王者而已○馬云夷易也

二百里蔡。蔡法也法三百里而差簡○差初佳反又初賣反

【疏】傳蔡法至差簡○正義曰蔡之為法無正訓也上言三百里夷夷訓平也言守平常教耳此名為蔡義簡於夷故訓蔡為法法則三百里者去京師彌遠差復簡易言其不能守平常也

五百里荒服。要服外之五百里言荒又簡略

【疏】傳要服至簡略○正義曰服名荒者王肅云政教荒忽因其故俗而治之傳言荒又簡略亦當以為荒忽又簡略於要服之蔡也

三百里蠻。以文德蠻來之不制以法

【疏】傳以文至以法○正義曰鄭云蠻者聽從其俗羈縻其人耳故云蠻蠻之言緡也其意言蠻是緡也緡是繩也言蠻者以繩束物之名揆度文教論語稱遠人不服則修文德以來之故傳言以文德蠻來之不制以國內之法強逼之王肅云蠻慢也禮儀簡慢與孔異然甸侯綏要四服俱有三日之役什一而稅但二百里蔡者稅微差簡其荒服力役田稅並無故鄭注云蔡之言殺減殺其賦荒服既不役作其人又不賦其田事也其侯綏等所出稅賦各入本國則亦有納總納銍之差但此據天子立文耳要服之內皆有文教故孔於要服傳云要束以文教則知已上皆有文教可知獨於綏服三百里傳云揆文教者以去京師既遠更無別供又不近外邊不為武衛其要服又要束始行文教無事而能揆度文教而行者惟有此三百里耳奮武衛者在國習學兵武有事則征討夷狄不於要服內奮武衛者以要服逼近夷狄要束始來不可委以兵武

二百里流。流移也言政教隨其俗凡五服相距為方五千里

【疏】傳流移至千里○正義曰流如水流故云移也其俗流移無常故政教隨其俗任其去來不服蠻來之也凡五服之別各五百里是王城四面面別二千五百里四面相距為方五千里也賈逵馬融以為甸服之外百里至五百里米特有此數去王城千里其侯綏要荒服各五百里是面三千里相距為方六千里鄭玄以為五服服別五百里是堯之舊制及禹弼之每服之間更增五百里面別至千五千里相距為方萬里司馬遷與孔意同王肅亦以為然故肅注此云賈馬既失其實鄭玄尤不然矣禹之功在平治山川不在拓境廣土土地之廣三倍於堯而書傳無稱也則鄭玄創造難可據信漢之孝武疲弊中國甘心夷狄天下戶口至減太半然後僅開緣邊之郡而已禹方憂洪水三過其門不入未暇以征伐為事且其所以為服之名輕重顛倒遠近失所難得而通矣先王規方千里以為甸服其餘均分之公侯伯子男使各有寰宇而使甸服之外諸侯入禾稾非其義也史遷之旨蓋得之矣是同於孔也若然周禮王畿之外別有九服服別五百里是為方萬里復以何故三倍於堯又地理志言漢之土境東西九千三百二里南北萬三千三百六十八里驗其所言山川不出禹貢之域山川載地古今必同而得里數異者堯與周漢其地一也尚書所言據其虛空鳥路方直而計之漢書乃謂著地人跡屈曲而量之所以數不同也故王肅上篇注云方五千里者直方之數若其迴邪委曲動有倍加之較是言經指直方之數漢據迴邪之道有九服五服其地雖同王者革易自相變改其法不改其地也鄭玄不言禹變堯法乃云地倍於堯故王肅所以難之王制云西不盡流沙東不盡東海南不盡衡山北不盡恒山凡四海之內斷長補短方三千里者彼自言不盡明未至遠界且王制漢世為之不可與經合也

東漸于海。西被于流沙。朔南暨聲教。漸入也被及也此言五服之外皆與王者聲教而朝見○漸子廉反被皮寄反朔朔北也與音預朝直遙反見賢遍反

訖于四海。禹錫玄圭。告厥成功。玄天色禹功盡加於四海故堯賜玄圭以彰顯之言天功成○訖斤密反

【疏】東漸至成功○正義曰言五服之外又東漸入于海西被及于流沙其北與南雖在服外皆與聞天子威聲文教時來朝見是禹治水之功盡加于四海以禹功如是故帝賜以玄色之圭告其能成天之功也○傳漸入至朝見○正義曰漸是沾濕故為入入謂入海也覆被是遠及之辭故為及也海多邪曲故言漸入流沙長遠故言被及皆是過之意也五服之下乃說此事於言此五服之外皆與王者聲教而朝見言其聞風感德而來朝也鄭玄云南北不言所至容踰之此言西被於流沙流沙當是西境最遠者也而地理志以流沙為張掖居延澤是也計三危在居延之西太遠矣志言非也○傳玄天至功成○正義曰義曰考工記天謂之玄是玄為天色禹之蒙賜必是堯賜故史敘其事禹功盡加于四海故堯賜玄圭以彰顯之必以天色圭者言天功成也大禹謨舜美禹功云地平天成是天功成也

尚書注疏校勘記卷六　阮元撰盧宣旬摘錄

尚書注疏卷第六　古本作尚書卷第三古文尚書禹貢第一夏書孔氏傳宋板作尚書正義卷第六

禹貢第一　夏書

任土作貢　古本貢下有作禹貢三字

定其貢賦之差　古本定上有以字賦下無之字按有以字與疏合無之字恐非

深大其川　宋板作深其大川

取下供上之義也　閩本明監本同毛本供作貢案供貢古通用字

浸壞民居　宋板閩本同毛本浸作漫

故言分布治之之　宋板不重之字毛本次之字作也

冀州　唐石經別起一行每州皆然

傳堯所至至書　案至當作於毛本不誤

山南見曰　毛本曰作日是也

從覃懷致功至橫漳　纂傳橫作衡諸本皆作橫案衡橫古今字

錯雜　古本史記集解下俱有也字按此與海物惟錯傳錯雜小異此以雜訓錯彼則二字平讀

此州入穀不貢　宋板州作則盧文弨云則字非

豫州與冀州等一同　案等當作第閩本明監本並誤

今鉅鹿縣北廣河澤也　纂傳河作阿是也下廣河同

相去其遠　毛本其作甚是也

島夷皮服　臧琳曰孔傳海曲謂之島正義曰孔讀鳥爲島鄭元云鳥夷東方之民搏食鳥獸者也王肅云鳥夷東北夷國名也與孔不同據此知鄭王本皆作鳥夷孔傳雖讀鳥爲島然未改經字故正義本亦作鳥也史記夏本紀冀州作鳥夷揚州作島夷蓋因集解采孔傳後人遂私改漢書地理志冀州揚州皆作鳥夷羣經音辨鳥部云鳥海曲也當老切書鳥夷是北宋孔傳尚作鳥字○按唐石經已作島

碣石山在北平驪城縣西南　浦鏜云碣石山漢志作大揭石山北平上有右字按疏引漢志多脫誤諸本皆然未可擅改茲不悉按

還都白帝所知　案知當作治閩本亦誤知毛本不誤

濟河間其氣專體性信謙　宋板體上有質字毛本體作質

河南其性安舒厥性寬豫　宋板閩本同毛本作其氣著密厥性安舒

在濟陰城縣西北　案上縣字當作陽毛本不誤

民居卯土　案土當作上閩本亦作土毛本不誤

而夾川兩大流之間　纂傳川作於按川字非也

與徐揚三州　纂傳三作二是也

賦正與九相當　古本九下有州字

是十三年而八州平　案三當作二閩本亦作三毛本不誤

盛之篚篚而貢焉　案篚篚當作筐篚疏同

得乘舟經達也　宋板同毛本經作徑

東北至千乘博昌縣入海　纂傳海作泲與漢志合

岱畎絲枲　陸氏曰畎徐本作畎谷○按徐本盡畎上無岱字畎下有谷字也傳曰畎谷也則徐本誤明矣○補釋文挍勘記段玉裁云此處釋文不可通不當一字爲二字也當云徐本作甽谷也說文曰甽古文也畎小篆文也谷下奪一也字

言可耕　宋板此下有作也二字

厥土赤埴墳草木漸包　陸氏曰漸本又作蔪○按說文蔪下云艸相蔪包也从艸斬聲引書草木蔪包蔪包者積緻之皃僞孔以進長釋蔪而或改蔪爲漸唐已前已如是

漸進長　進長二字史記集解倒按疏亦倒

謂之摶埴之工　監本同毛本摶作搏盧文弨云釋文元有兩音

出蠙珠及美魚　岳本無及字毛氏曰出蠙珠及美魚下多一字

達於河　諸本作河非也案說文菏字下水經濟水篇引並作達於菏古文尚書疏說云菏者澤名爲濟水所經又東至于菏者是在豫之東北即徐之西北舟則自淮而泗自泗而菏然後由菏入濟以達於河此徐之貢道也

北揚淮　案揚當作據毛本不誤

錢塘江也　岳本也上有浦陽江三字此誤脫也

今江入此澤　閩本明監本同毛本作令案所改是也

地泉濕　古本濕作溼

厥田惟下下厥賦下上錯　閩本上錯上更有上字按所補是也

牙牡齒也　宋板牡作壯○按壯字不誤說文士部曰壯大也壯齒謂齒大者

凡爲織者　纂傳織作錦

當繼荊州乏無也　宋板同毛本乏作之

是沱爲江之別名也　按當作是沱爲江別之名也

直云水名　宋板直上有故字

在今蜀郡鄲縣　岳本鄲作郫案鄲字誤也

潛蓋漢西出嶓冢　漢西二字纂傳倒是也

沱水自蜀郡都水縣揃山與江別而更流　纂傳自作出浦鏜云湔誤揃

入太穴中　纂傳太作大是也

雲土夢作乂　陸氏曰雲徐本作云沈括筆談曰舊尚書禹貢云雲夢土作乂太宗皇帝時得古本尚書作雲土夢作乂詔改禹貢從古本○按筆談所謂太宗乃宋太宗也胡朏明禹貢錐指乃以爲唐太宗殆誤矣疏云經之土字在二字之間開成石經亦作雲土夢作乂則古本卽唐世通行本耳至宋初監本始倒土夢二字蓋据漢書地理志不知史記夏本紀夢字亦在土下

此澤既大　宋板閩本明監本同毛本大作土

水可爲耕作畎畝之治　閩本同毛本水下有去字案有者是也

杶榦栝柏　陸氏曰榦本又作幹

弓人取榦之道也　浦鏜云七誤也○按作七與攷工記合

陸璣毛詩義疏云　璣閩本作機後並同○按作機是也說詳爾雅挍勘記

菁莫菁也　浦鏜云蔓誤莫下同按浦挍是也

江淮之間三茅脊以爲藉　宋板閩本茅脊二字倒不誤

鄭云纁者　宋板纁上有染字

浮于江沱潛漢　陸氏曰江沱潛漢四水名本或作潛于漢非正義曰本或潛下有于誤耳

出宏農盧氏縣冢熊耳山　岳本冢作東冢字非也閩本亦誤

多而得名耳　浦鏜云多上脫但在河內四字從詩疏挍

下者壚壚疏　岳本宋本纂傳同古本下有也毛本作下者墳壚許宗彥云傳末疏字今本誤爲黑質白文○按史記集解孔安國曰壚疏也

壚音盧說文黑剛土也　十行本不誤按下九字乃陸氏音義非孔疏也今本既誤以傳末疏字爲黑質白文遂於音義之首妄加傳字閩本疏字雖已誤尚無傳字衹於壚上作圈蓋猶知其爲音義也

沱山之石　案沱當作佗毛本不誤

浮于洛達于河　唐石經脫達于二字

隴西郡西縣冢山西漢水所出　宋板縣下有嶓字閩本纂傳無嶓字亦有縣字毛本縣作嶓案所改是也

是二者皆山名于江　閩本同毛本于上有沱出二字案所補是也

差復益小　宋板小作少

織金罽　古本作織皮金罽也○按史記集解金作今

胡人續羊毛作衣　盧文弨云續當本是績字

桓水自西傾山南行　各本皆同毛本自誤是○按段玉裁挍本作桓水名自西傾山南行

皆云西距黑水　宋板同毛本距作據

涇屬渭汭　陸氏曰汭本又作內同

出安定涇陽縣西岍頭山　纂傳岍作笄案漢志作开師古注云开音苦見反

同之於渭　盧文弨云史記集解作同于渭也是

杜林以爲燉煌郡　宋板閩本纂傳同毛本燉作敦○按作敦煌與漢書地理志合唐人乃作燉見元和郡縣志

禹治水未已竄三苗 浦鏜云未下疑脫平字許宗彥云未字當在禹下治上

石而似玉 閩本葛本同岳本纂傳玉作珠萬歷本珠作玉毛氏本與古本宋板同按作玉誤也作珠與疏標目合初學記地部上琅玕石似珠也注云出尙書注此作珠之證古本珠下有者也二字史記集解作石名而似珠者

太岳上黨西 古本史記集解岳下有在字與疏合

而後條列所治水於下 陸氏曰列本或作別

豫章歷陵縣南有博陽山 浦鏜云博陽漢志作傅易師古曰傅讀曰敷易古陽字朱長孺曰顗會數古作敷隸作傅史世家傅錫庶民漢文傳納以言是也博陽山字當作敷敷轉爲傅傳轉爲博耳○按此或刊本之誤傳中博字疑亦當作傅但陸氏不爲音未可遽改

導弱水 陸氏曰弱本或作溺

傳合黎至沙 毛本沙下有東字

河自龍門南流至華山 古本史記集解華下有陰字

北至東行 古本岳本宋板史記集解纂傳至作而

山見水中若柱然 纂傳柱上有底字

東過洛汭至于大伾 陸氏曰伾本又作岯○按段玉裁云東京賦底柱輟流鐔以大岯善注引東過大岯此正釋文又作之本也

一成岯 閩本明監本同毛本岯作伾

北過降水 降蔡氏作洚按此與大禹謨降水字同義異說文洚水不遵道一曰下也然則禹謨降字可作洚此降字必不可作洚也唐石經宋臨安石經亦俱作降知自古無作洚者

在大陸之內 閩本明監本同毛本內作南

北近降水也 宋板北作此

至漢中東流爲漢水 古本岳本流作行○按纂傳亦作流

分爲三 史記集解三下有道字

遂爲北江而入海 岳本入上有南字古本入海作入于海也按史記集解纂傳俱與今本同

山水同今變易 許宗彥曰同蓋古字誤案宗彥說得之下云是古今同之驗也同上亦疑脫不字

又東至于澧 案澧史記漢書俱作醴鄭氏以醴爲陵名亦不從水史記索隱曰騷人所歌濯余佩於醴浦明醴是水孔安國馬融解得其實又虞喜志林以醴是江沅之別流而醴字作澧也據此則以醴爲澧始於虞喜志林安國本作醴與馬鄭同耳

東迆北會于匯 顧炎武曰石經及監本注疏皆同史記夏本紀亦作于匯今本作爲匯非石經考文提要云坊本作爲匯沿董鼎書傳

都其北會爲彭蠡 葛本正嘉本監本同毛本其作共案其字誤也又古本無爲字與疏及史記集解合按經文于作爲傳中加爲字其誤一也

濟水在河東垣縣王屋山 宋板在作出

菏澤之水 古本菏作荷

與泗沂二水合入海 葛本泗誤作四岳本合入海作合入于海與疏標目不合纂傳作合而入海按史記集解與今本同

鳥鼠共爲雌雄 古本岳本宋板雌雄二字倒與史記集解合纂傳與今本同

漆沮二水名 按二當作一洛水一名漆沮可證也孫志祖云詩緜疏引孔安國云漆沮一名洛水漆沮爲一今作二水名誤也

沮水出北池直路縣 宋板同毛本池作地○按水經作地不作池

會同于京師 古本岳本宋板纂傳俱無于字

相與共治之 宋板無相字

祚四岳 毛本祚作胙案胙祚正俗字

去王城面五百里 古本里下有內字依史記集解增集解面作近閩本王誤至

百里賦納總 陸氏曰納本又作內音同

銍刈謂禾穗 古本作所銍刈謂禾穗也按所字依史記集解增

安服王者之政教 古本岳本宋板俱無之字與疏及史記集解合

役賓服當此綏服 毛本役作彼役字誤也

以文武侯衛爲安 閩本明監本侯作敎

稅微差簡 毛本微作徵案徵字是也

不服蠻來之也 宋板同毛本服作復案復字是也

至減太半 毛本太作大太字非也

使各有寰宇 浦鏜云寰國語作寧按詩頌殷武正義亦作寰當舊本作寰字也

別有九里 毛本里作服案服字是也閩本亦誤

正義義曰考工記 案義曰二字複衍

附釋音尚書注疏卷第七

甘誓第二　夏書　孔氏傳　孔穎達疏

啓與有扈戰于甘之野。作甘誓。夏啓嗣禹位伐有扈之罪。○啓禹子嗣禹爲天子也扈音戸有扈國名與夏同姓馬云姒姓之國爲無道者案京兆鄠縣卽有扈之國也甘有扈郊地名馬云南郊地也甘水名今在鄠縣西誓馬云軍旅曰誓會同曰誥 【疏】啓與至甘誓○正義曰夏王啓之時諸侯有扈氏叛王命率衆親征之有扈氏發兵拒啓啓與戰于甘地之野將戰集將士而誓戒之史敘其事作甘誓○傳夏啓至之罪○正義曰孟子稱禹薦益於天七年禹崩之後益避啓於箕山之陰天下諸侯不歸益而歸啓曰吾君之子也啓遂卽天子位史記夏本紀稱啓立有扈氏不服故伐之蓋由自堯舜受禪相承啓獨見繼父以此不服故云夏啓嗣禹立伐有扈之罪言繼立者見其由嗣立故不服也

甘誓。甘有扈郊地名將戰先誓 【疏】甘誓○正義曰發首二句敘其誓之由其王曰已下皆是誓之辭也曲禮云約信曰誓將與敵戰恐其損敗與將士設約示賞罰之信也將戰而誓是誓之大者禮將祭而號令齊百官亦謂之誓周禮大宰云祀五帝則掌百官之誓戒鄭玄云誓戒要之以刑重失禮也明堂云所謂各揚其職百官廢職服大刑是誓辭之略也彼亦是約信但小於戰之誓馬融云軍旅曰誓會同曰誥誥誓俱是號令之辭意小異耳○傳甘有至先誓○正義曰地理志扶風鄠縣古扈國夏啓所伐者也鄠扈音同未知何故改也啓伐有扈必將至其國乃出兵與啓戰故以甘爲有扈之郊地名馬融云甘有扈南郊地名計啓西行伐之當在東郊融則扶風人或當知其處也將戰先誓是臨戰時也甘誓者牧誓費誓皆取誓地爲名湯誓舉其王號泰誓不言武誓者皆史官不同故立名有異耳泰誓未戰而誓故別爲之名秦誓自悔而誓非爲戰誓自約其心故舉其國名

大戰于甘。乃名六卿。天子六軍其將皆命卿○將子匠反 王曰。嗟。六事之人。各有軍事故曰六事 予誓告汝。有扈氏威侮五行。怠棄三正。五行之德王者相承所取法有扈與夏同姓恃親而不恭是則威虐侮慢五行怠惰棄廢天地人之正道言亂常○侮亡甫反正如字徐音征馬云建子建丑建寅三正也惰徒臥反 天用勦絕其命。用其失道故勦截也截絕謂滅之○勦子六反玉篇子小反馬本作巢與玉篇切韻同 今予惟恭行天之罰。恭奉也言欲截絕之○罰音伐 左不攻于左。汝不恭命。左車左左方主射絕之也治其職 右不攻于右。汝不恭命。右車右勇力之士執戈矛以退敵 御非其馬之正。汝不恭命。御以正馬爲政三者有失皆不奉我命○御魚慮反 用命賞于祖。天子親征必載遷廟之祖主行有功則賞祖主前示不專 弗用命戮于社。天子親征又載社主謂之社事不用命奔北者則戮之於社主前社主陰陰主殺親祖嚴社之義○戮音六北如字又音佩軍走曰北 予則孥戮汝。孥子也非但止

汝身辱及汝子言恥累也○孥音奴累劣僞反〔疏〕大戰至戮汝○正義曰史官自先敘其事啓與有扈大戰于甘之野將欲交戰乃召六卿令與衆士俱集王乃言曰嗟重其事故嗟歎而呼之汝六卿者各有軍事之人我設要誓之言以勑告汝今有扈氏威虐侮慢五行之盛德怠情棄廢三才之正道上天用失道之故今欲截絶其命天既如此故我今惟奉行天之威罰不敢違天也我既奉天汝當奉我汝諸士衆在車左者不治理於車左之事是汝不奉我命在車右者不治理於車右之事是汝不奉我命御車者非其馬之正令馬進退違戾是汝不奉我命汝等若用我命我則賞之於祖主之前若不用我命則戮之於社主之前所戮者非但止汝身而已我則并殺汝子以戮辱汝汝等不可不用我命以求殺敵戒之使齊力戰也○傳天子至命卿○正義曰將戰而召六卿明是卿爲軍將天子六軍其將皆命卿周禮夏官序文也鄭玄云夏亦然則三王同也經言大戰者鄭玄云天子之兵故曰大孔無明說蓋以六軍並行威震多大故稱大戰○傳各有至六事○正義曰卿爲軍將故云乃召六卿及其誓之非六卿而已鄭玄云變六卿言六事之人者言軍吏下及士卒也下文戒左右與御是偏勑在軍之士步卒亦在其間六卿之身及所部之人各有軍事故六事之人爲挽呼之辭○傳五行至亂帝○正義曰五行水火金木土也分行四時各有其德月令孟春三日太史謁於天子曰某日立春盛德在木夏云盛德在火秋云盛德在金冬云盛德在水此五行之德王者雖易姓相承其所取法同也言王者共所取法而有扈氏獨侮慢之所以爲大罪也且五行在人爲仁義禮智信威侮五行亦爲侮慢此五常而不行也有扈與夏同姓恃親而不恭天子廢君臣之義失相親之恩五常之道盡矣是威侮五行也無所畏忌作威虐而侮慢之故云威虐侮慢易說卦云立天之道曰陰與陽立地之道曰柔與剛立人之道曰仁與義物之爲大無大於此者周易謂之三才人生天地之間莫不法天地而行事以此知怠情棄廢天地人之正道棄廢此道言亂常也孔馬鄭王與皇甫謐等皆言有扈與夏同姓並依世本之文楚語云昭王使觀射父傅太子射父辭曰堯有丹朱舜有商均夏有觀扈周有管蔡是其恃親而不恭也周語云帝嘉禹德賜姓曰姒禹始得姓有扈與夏同姓則爲啓之兄弟如此者蓋禹未賜姓之前以姒爲姓故禹之親屬舊已姓姒帝嘉其德又以姒姓顯揚之猶若伯夷國語稱賜姓曰姜然伯夷是炎帝之後未賜姓之前先爲姜姓與此同也故有扈以爲夏之同姓○傳用其至滅之○正義曰天子用兵稱恭行天罰諸侯討有罪稱肅將王誅皆示有所稟承不敢專也有扈既有大罪宜其絶滅故原天之意言天用其失道之故欲截絶其命謂滅之也勦是斬斷之義故爲截也○傳左車至其職○正義曰歷言左右及御此三人在一車之上也故左爲車左則右爲車右明矣宣十二年左傳云楚許伯御樂伯攝叔爲右以致晉師樂伯曰吾聞致師者左射以菆攝叔曰吾聞致師者右入壘折馘執俘而還是左方主射右主擊刺而御居中也御言正馬而左右不言所職者以職主殺敵左右用兵是職之常事故略而不言御惟主馬故特言之互相明也此謂凡當兵車甲士三人所主皆如此耳若將之兵車則御者在左勇力之士在右將居鼓下在中央主擊鼓與軍人爲節度成二年左傳說晉伐齊云晉解張御郤克鄭丘緩爲右郤克傷於矢未絶鼓音曰余病矣張侯曰自始合而矢貫余手及肘余折以御左輪朱殷豈敢言病郤克傷於矢而鼓音未絶張侯爲御而血染左輪是御在左而將居中也攻之爲治常訓也治其職者左當射人右當擊刺是其所掌職事也○傳御以至我命○正義曰御以正馬爲政言御之政事事在正馬故馬不正則罪之詩云兩驂如手傳云進止如御者之手是爲馬之正也左右與御三者有失言皆不奉我命以御在後故揔解之○傳天子至不專○正義曰曾子問云孔子曰天子巡守以遷廟之主行載於齊車言必有尊也巡守尚然征伐必也故云天子親征必載遷廟之祖主行有功則賞祖主前示不專也周禮大司馬云若師不功則厭而奉主車鄭玄云厭伏冠也奉猶送也送主歸於廟與社亦是征伐載主之事也○傳天子至之義○正義曰定四年左傳云君以軍行祓社釁鼓祝奉以從是天子親征又載社主行也郊特牲云惟爲社事單出里故以社事言之不用命奔北者則戮之於社主之前奔北謂背陳走也所以刑賞異處者社主陰陰主殺則祖主陽陽主生禮左宗廟右社稷是祖陽而社陰就祖賞就社殺親祖嚴社之義也大功大罪則在軍賞罰其偏敘諸勳乃至太祖賞耳○傳孥子至恥累也○正義曰詩云樂爾妻孥對妻別文是孥爲子也非但止辱汝身并及汝子亦殺言以恥惡累之湯誓云予則孥戮汝傳曰古之用刑父子兄弟罪不相及今云孥戮汝權以脅之使勿犯此亦然也

五子之歌第三

夏書　孔氏傳　孔穎達疏

太康失邦。啓子也盤于遊田不恤民事爲羿所逐不得反國**昆弟五人。須**太康五弟與其母待太康於洛水之北怨其不反故作歌○五**于洛汭。作五子之歌。**子名字書傳無聞仲康蓋其一也○須馬云止也汭如銳反本又作內音同〔疏〕太康至之歌○正義曰啓子太康以遊畋棄民爲羿所逐失其邦國其未失國之前畋于洛水之表太康之弟更有昆弟五人從太康畋獵與其母待太康于洛水之北太康爲羿所距不得反國其弟五人即啓之五子並怨太康各自作歌史敘其事作五子之歌○傳太康至作歌○正義曰昆弟五人自有長幼故稱昆弟嫌是太康之昆故云太康之五弟

五子之歌啓之五子因以名篇〔疏〕五子之歌○正義曰史述作歌之由先敘失國之事其一曰以下乃是歌辭此五子作歌五章每章各是一人之作辭相連接自爲終始初言皇祖有訓未必則指怨太康必是五子之歌相顧從輕至甚其一其二蓋是昆弟之次或是作歌之次不可知也○傳啓之至名篇○正義曰直言五子不知謂誰故言啓之五子太康之弟敘怨作歌不言五弟而言五子者以其述祖之訓故繫父以言之

太康尸位以逸豫。尸主也主以尊位爲逸豫不勤○逸本又作佾音同**滅厥德。黎民咸貳。**君喪其德則衆民皆二心矣○黎力兮反喪息浪反**乃盤遊無度。**盤樂遊逸無法度○盤步干反本或作槃度如字樂如字**畋于有洛之表。十旬弗反。**洛水之表水之南十日曰旬田獵過百日不還○畋音田**有窮后羿。因民弗忍。距于河。**有窮國名羿諸侯名距太康於河不得入國遂廢之○羿五計反除胡胡細反距音巨**厥弟五人。御其母以從。**御待也言從畋○從如字或作才用反非**徯于洛之汭。五子咸怨。**待太康怨其久畋失國○徯胡啓反**述大禹之戒以作歌。**述循也歌以敘怨〔疏〕太康至作歌○正義曰天子之在天位職當牧養兆民太康主以尊位用爲逸豫滅其人君之德衆人皆有二心太康乃復愛樂遊逸無有法度畋獵於洛水之表一出十旬不反有窮國君其名曰羿因民不能堪忍太康之惡率衆距之于河不得反國太康初去之時其弟五人侍其母以從太康太康畋于洛南五弟待於洛之北太康久而不反致使羿距於河子皆怨太康追述大禹之戒以作歌而各敘已怨之志也其弟待母以從太康太康初去即然待於洛水之北以冀太康速反羿既距之五子乃怨史述太康之惡既盡然後言其作歌故令羿距之文乃在母從之上作文之勢當然也○傳尸主也○正義曰釋詁文○傳有窮至廢之○正義曰襄四年左傳曰夏之方衰也后羿自鉏遷于窮石然則羿居窮石故曰有窮國名窮是諸侯之國羿是其君之名也說文云羿帝嚳射官也賈逵云羿之先祖世爲先王射官故帝賜羿弓矢使司射淮南子云堯時十日並生堯使羿射九日而落之楚辭天問云羿焉彈日烏解羽歸藏易亦云羿彈十日說文云彈者射也此三者言雖不經以取信要言帝嚳時有羿堯時亦有羿則羿是善射之號非復人之名字信如彼言則不知羿名爲何也夏都河北洛在河南距太康於河北不得入國遂廢太康耳羿猶立仲康不自立也○傳述循至敘怨○正義曰述循釋詁文循其所戒用作歌以敘怨也其一曰皇祖有訓其二曰訓有之是述大禹之戒也其三恨亡國都其四恨絶宗祀其五言追悔無及直是指怨太康非爲述祖戒也本述戒作歌因即言及時事故言祖戒以摠之

其一曰。皇祖有訓。民可近。不可下。皇君也君祖禹有訓戒近謂親之下謂失分○近附近之近分扶問反**民惟邦本。本固邦寧。**言人君當固民以安國**予視天下。愚夫愚婦。一能勝予。**言能畏敬小民所以得衆心**一人三失。怨豈在明。不見是圖。**三失過非一也不見是謀備其微○三如字又息暫反見賢遍反**予臨兆民。懍乎若朽索之馭六馬。**十萬曰億十億曰兆言多懍危貌朽腐也腐索馭六馬言危懼甚○懍力甚反朽許久反馭音御腐扶甫反**爲人上者。柰何不敬。**能敬則不驕在上不驕則高而不危〔疏〕其一至不敬○正義曰我君祖大禹有訓戒之事言民可親近不可卑賤輕下令其失分則人懷怨則事上之心不固矣民惟邦國之本本固則邦寧言在上不可使人怨也我視天下之民愚夫愚婦一能過勝我安得不敬畏之也所以畏其怨者一人之身三度有失凡所過失爲人所怨豈在明著大過皆由小事而起言小事不防易致大過故於不見細微之時當於是豫圖謀之使人不怨也我臨兆民之上常畏人怨懍懍乎危懼若腐索之馭六馬索絶則馬逸言危懼之甚人之可畏如是爲民上者柰何不敬愼乎怨太康之不恤下民也○傳皇君至失分○正義曰皇君釋詁文述禹之戒知君祖是禹禹有訓也民可近者據君爲文近謂親近之也下謂卑下輕忽之失本分也奪其農時勞以橫役是失分也故下云予視天下愚夫愚婦一能勝予是畏敬下民也○傳言能至衆心○正義曰我視愚夫愚婦當能勝我身是畏敬小民也由能長敬小民故以小民從命是得衆心也○傳三失至其微○正義曰顧氏云怨豈在明未必皆在明著之時必於未形之日思善道以自防衛之是備愼其微也○傳十萬至懼甚○正義曰古數十萬曰億十億曰兆言多也懍懍心懼之意故爲

危貌朽腐常訓也腐索馭六馬索絕馬驚馬驚則逸言危懼甚也經傳之文惟此言六馬漢世此經不傳餘書多言駕四者春秋公羊說天子駕六毛詩說天子至大夫皆駕四許慎案王度記云天子駕六鄭玄以周禮校人養馬乘馬一師四圉四馬曰乘康王之誥云皆布乘黃朱以爲天子駕四漢世天子駕六非常法也然則此言馬多懼深故舉六以言之

其二曰。訓有之。內作色荒。外作禽荒。作爲也迷亂曰荒色女色禽鳥獸

疏傳作爲至鳥獸○正義曰作爲釋言文昭元年左傳晉平公近女色過度惑以喪志老子云馳騁田獵令人心發狂好色好田則精神迷亂故迷亂曰荒女有美色男子悅之經傳通謂女人爲色獵則鳥獸並取故以禽爲鳥獸也

甘酒嗜音。峻宇彫牆。甘嗜無厭足峻高大彫飾畫○甘一音戶甘反嗜市志反峻思俊反牆慈羊反厭於鹽反又於豔反

有一于此。未或不亡。此六者棄德之君必有其一有一必亡況兼有乎

其三曰。惟彼陶唐。有此冀方。陶唐帝堯氏都冀州統天下四方

疏傳陶唐至四方○正義曰世本云帝堯爲陶唐氏韋昭云陶唐皆國名猶湯稱殷商也案書傳皆言堯以唐侯升爲天子不言封於陶唐陶唐二字或共爲地名未必如昭言也以天子王有天下非獨冀州一方故以冀方爲都冀州統天下四方堯都平陽舜都蒲坂禹都安邑相去不盈二百皆在冀州自堯以來其都不出此地故舉陶唐以言之

今失厥道。亂其紀綱。乃厎滅亡。言失堯之道亂其法制自致滅亡○厎之履反

其四曰。明明我祖。萬邦之君。有典有則。貽厥子孫。君萬國爲天子典謂經籍則法貽遺也言仁及後世○貽以之反遺唯季反

關石和鈞。王府則有。荒墜厥緒。覆宗絕祀。金鐵曰石供民器用通之使和平則官民足言古制存而太康失其業以取亡○覆芳服反供音恭

疏其四至絕祀○正義曰有明明之德我祖大禹也以有明德爲萬邦之君謂爲天子也有治國之典有爲君之法遺其後世之子孫使法則之又關通衡石之用使之和平人既足用王之府藏則皆有矣典存國富宜以爲政今太康荒廢墜失其業覆滅宗族斷絕祭祀言太康棄典法所以滅宗祀也○傳君萬至後世○正義曰萬邦之君謂君統萬國爲天子也典謂先王之典可憑據而行之故爲經籍則法釋詁文典謂先王舊典法謂當時所制其事不爲大異重言以備文耳貽遺釋言文以典法遺子孫言仁恩及後世○傳金鐵至取亡○正義曰關者通也名石而可通者惟衡量之器耳律歷志云二十四銖爲兩十六兩爲斤三十斤爲鈞四鈞爲石是石爲稱之最重以石而稱則爲重物故金鐵曰石言絲緜止於斤兩金鐵乃至於石舉石而言之則止稱之物皆通之也傳取金鐵重物以解言石之意非謂所關通者惟金鐵耳米粟則斗斛以量之布帛則丈尺以度之惟言關通權衡則度量之物懋遷有無亦關通矣舉一以言之耳衡石所稱之物以供民之器用其上或有或無通使和平也論語云百姓足君孰與不足民既足用則官亦富饒故通之使和平則官民皆足有典有法可依而行官民足可坐而守言古制存而太康失其業所以亡也訓緒爲業費氏顧氏等意云通金鐵於人官不禁障民得取之以供器用器既具所以上下充足以金鐵皆從石而生則金鐵亦石之類也故漢書五行志云石爲怪異人金不從革之條賁顧之義亦得通也

其五曰。嗚呼曷歸。予懷之悲。曷何也言思而悲○曷戶割反

萬姓仇予。予將疇依。仇怨也言當依誰以復國乎

鬱陶乎予心。顏厚有忸怩。鬱陶言哀思也顏厚色愧忸怩心慚慚愧於仁人賢士○鬱音蔚陶音桃鬱陶憂思也忸女六反怩女姬反徐乃私反思息嗣反

弗慎厥德。雖悔可追。言人君行已不慎其德以速滅敗雖欲改悔其可追及乎言無益○雖如字或作雖

疏其五至可追○正義曰嗚呼太康已覆滅矣我將何所依歸我以此故思之而悲太康爲惡彝偏天下姓皆共仇我我將誰依就乎鬱陶而哀思乎我之心也我以此故外貌顏厚而內情忸怩羞慚由太康不慎其德以致此見距雖欲改悔其可追及之乎事已往矣不可如何從首漸怨至此爲深皆是羿距時事也○傳仇怨至國乎○正義曰桓二年左傳云怨耦曰仇故爲怨也羿距於河不得復反乃思太康欲歸依之言當依誰以復國乎○傳鬱陶至賢士○正義曰孟子稱舜弟象見舜云思君正鬱陶鬱陶精神憤結積聚之意故爲哀思也詩云顏之厚矣羞愧之情見於面貌似如面皮厚然故以顏厚爲色愧忸怩羞不能言心慚之狀小人不足以知得失故慚愧於仁人賢士

胤征第四

夏書　孔氏傳　孔穎達疏

羲和湎淫。廢時亂日。羲氏和氏世掌天地四時之官自唐虞至三代世職不絕承太康之後沈湎於酒過差非度廢天時亂甲乙○湎徐音緬面善反差初賣反又初佳反

胤往征之。胤國之君受王命往征之○胤國名

作胤征。奉辭罰罪曰征

疏羲和至胤征○正義曰羲氏和氏世掌天地四時之官今乃沈湎于酒過差非度廢天時亂甲乙不以所掌爲意胤國之侯受王命往征之史敘其事作胤征○傳羲氏至甲乙○正義曰羲氏和氏世掌天地四時之官堯典所言是其事也羲和是重黎之後楚語稱堯育重黎之後使典天地以至于夏商是自唐虞至三代世職不絕故此時羲和仍掌時日以太康逸豫臣亦縱弛此承太康之後於今仍亦懈惰沈湎于酒過差非度廢天時亂甲乙是其罪也經云酒荒于厥邑惟言荒酒不言好色故訓淫爲過言耽酒爲過差也聖人作歷數以紀天時不存歷數是廢天時也日以甲乙爲紀不知日食是亂甲乙也○傳奉辭罰罪○正義曰奉責讓之辭伐不恭之罪名之曰征征者正也伐之以正其罪

惟仲康肇位四海。羿廢太康而立其弟仲康爲天子○肇音兆

胤侯命掌六師。仲康命胤侯掌王六師爲大司馬

羲和廢厥職。酒荒于厥邑。舍其職官還其私邑以酒迷亂不修其業○舍音捨

胤后承王命徂征。徂往也就其私邑往討之

疏惟仲康至徂征○正義曰惟仲康始即王位臨四海胤國之侯受王命爲大司馬掌六師於是有羲氏和氏廢其所掌之職縱酒荒迷亂于私邑胤國之君承王命往征之○傳羿廢至天子○正義曰以羿距太康於河於時必廢之也夏本紀云太康崩弟仲康立襄四年左傳云羿因夏民以代夏政則羿於其後篡天子之位仲康不能殺羿必是羿握其權知仲康之立是羿立之矣故云羿廢太康而立其弟仲康爲天子計五子之歌仲康當是其一仲康必賢於太康但形勢既衰政由羿耳羿在夏世爲一代大賊左傳稱羿既篡位寒浞殺之羿滅夏后相相子少康始滅浞復夏政計羿浞相承向有百載爲夏亂甚矣而夏本紀云太康崩其弟仲康立仲康崩子相立相崩子少康立都不言羿浞之事是馬遷之說疏矣

告于衆曰。嗟予有衆。誓勑之

聖有謨訓。明徵定保。徵證保安也聖人所謀之教訓爲世明證所以定國安家

先王克謹天戒。臣人克有常憲。言君能慎戒臣能奉有常法

百官修輔。厥后惟明明。修職輔君君臣俱明

每歲孟春。遒人以木鐸徇于路。遒人宣令之官木鐸金鈴木舌所以振文教○遒在由反鐸待洛反鈴音令

官師相規。工執藝事以諫。官衆衆官更相規闕百工各執其所治技藝以諫諫失常○藝本又作埶更音庚技其綺反

其或不恭。邦有常刑。言百官廢職服大刑

疏告于至常刑○正義曰胤侯將征羲和告于所部之衆曰嗟乎我所有之衆人聖人有謨之訓所以爲世之明證可以定國安家其所謀者言先王能謹慎敬畏天戒臣人者能奉先王常法百官修常職輔其君君臣相與如是則君臣俱明惟爲明君明臣言君當謹慎以畏天臣當守職以輔君也先王恐其不然大開諫爭之路每歲孟春遒人之官以木鐸徇于道路以號令臣下使在官之衆更相規闕百工雖賤令執其藝能之事以諫上之失常其有違諫不恭謹者國家則有常刑○傳徵證至安家○正義曰成八年左傳稱晉殺趙括欒郤爲徵徵是證驗之義故爲證也能自保守是安定之義故爲安也聖人將爲教訓必謀而後行故言所謀之教訓聖人之言必有其驗故爲世之明證用聖人之謨訓必有成功故所以定國安家○傳言君至常法○正義曰王者代天理官故稱天戒臣人奉主法令故有常憲君當奉天臣當奉君言君能戒慎天戒也臣能奉有常法奉行君法也此謂大臣下云百官修輔謂衆臣○傳遒人至文教○正義曰以執木鐸徇于路是宣令之事故言宣令之官周禮無此官惟小宰云正歲帥理官之屬而觀治象之法徇以木鐸曰不用法者國有常刑宣令之事略與此同此似別置其官非如周之小宰名曰遒人不知其意蓋訓遒爲聚聚人而令之故以爲名也禮有金鐸木鐸鐸是鈴也其體以金爲之明舌有金木之異知木鐸是木舌也周禮教鼓人以金鐸通鼓大司馬教振旅兩司馬執鐸明堂位云振木鐸於朝是武事振金鐸文事振木鐸今云木鐸故云所以振文教也○傳官衆至失常○正義曰相規相平等之辭故官衆謂衆官相規謂更相規闕平等有闕已尚相規見上之過諫之必矣百工各執其所治技藝以諫謂被遺作器工有奢儉若月令云無作淫巧以蕩上心見其淫乃不正當執之以諫諫失常也百工之職猶令進諫則百工以上不得不諫矣○傳言百至大刑○正義曰百官廢職服大刑明堂位文也顧氏云百官衆臣其有廢職懈怠不恭謹者國家當有常刑

惟時羲和。顛覆厥德。顛覆言反倒將陳羲和所犯故先舉孟春之令犯令之誅○覆芳服反倒丁老反

沈亂于酒。畔官離次。沈謂醉冥失次位也○離如字又力智反冥莫定反又亡丁反

俶擾天紀。遐棄厥司。俶始擾亂

遐遠也紀謂時日司所主也○俶本又作俶亦作叔同尺六反擾而小反乃季秋月朔。辰弗集于房。辰日月所會房所舍之次集合也不合即日食可知瞽奏鼓。嗇夫馳。庶人走。凡日食天子伐鼓於社責上公瞽樂官樂官進鼓則伐之嗇夫主幣之官馳取幣禮天神衆人走供救日食之百役也○嗇音色馳車馬曰馳走步曰走供音恭羲和尸厥官。罔聞知。主其官而無聞知於日食之變異所以罪重昏迷于天象。以干先王之誅。闇錯天象言昏亂之甚干犯也政典曰。先時者殺無赦。政典夏后爲政之典籍若周官六卿之治典先時謂歷象之法四時節氣弦望晦朔先天時則罪死無赦○先悉薦反又如字注先時先天同赦亦作赦治直吏反不及時者殺無赦。不及謂歷象後天時雖治其官苟有先後之差則無赦況廢官乎○後胡豆反〔疏〕惟時至無赦○正義曰言不諫尚有刑廢職懈怠是爲大罪惟是羲和顛倒其奉上之德而沈沒昏亂於酒違叛其所掌之官離其所居位次始亂天之紀綱遠棄所主之事乃季秋九月之朔日月當合於辰其日之辰日月不合於舍不得合辰謂日被月食日有食之禮有救日之法於是瞽人樂官進鼓而擊之嗇夫馳騁而取幣以禮天神庶人奔走供救日食之百役此爲災異之大羣官促遽若此羲和主其官而不聞知日食是大罪也此羲和昏闇迷錯於天象以犯先王之誅此罪不可赦也故先王爲政之典曰主歷之官爲歷之法節氣先天時者殺無殺不及時者殺無赦失前失後尚猶合殺況乎不知日食其罪不可赦也況彼罪之大言已所以征也○傳顛覆至之誅○正義曰顛覆言反倒謂人反倒也人當堅立今乃反倒猶臣當事君今乃廢職似人之反倒然言臣以事君爲德故言顛覆厥德胤侯將陳羲和之罪故先舉孟春之令犯令之誅舉輕以見重小事犯令猶有常刑況叛官離次爲大罪乎○傳沈謂至次位○正義曰沒水謂之沈大醉冥然無所復知猶沈水然故謂醉爲沈○傳俶始至所主○正義曰俶始遐遠皆釋詁文擾謂煩亂故爲亂也洪範五紀五曰歷數歷數所以紀天時此言天紀謂時日此時日之事是羲和所司言棄其所主○傳辰日至可知○正義曰昭七年左傳曰晉侯問於士文伯曰何謂辰對曰日月之會是謂辰是辰爲日月之會日月俱右行於天日行遲月行疾日每日行一度月日行十三度十九分度之七計二十九日過半月已行天一周又逐及日而與日聚會謂此聚會爲辰一歲十二會故爲十二辰即子丑寅卯之屬是也房謂室之房也故爲所舍之次計九月之朔日月當會於大火之次釋言云集會也會即是合故爲合也日月當聚會共舍今言日月不合於舍則是日食可知也日食者月掩之也月體掩日日被月映即不成共處故以不集言日食也或以爲房謂房星九月日月會于大火之次房心共爲大火言辰在房星事有似矣知不然者以集是止舍之處言其不集於舍故得以表日食若言不集於房星似太避太疾推可見歷錯不得以表日食也且日之所在星宿不見正可推算以知之非能舉目見之君子慎疑寧當以日在之宿爲文以此知其必非房星也○傳凡日至百役○正義曰文十五年左傳云日有食之天子不舉伐鼓于社諸侯用幣于社伐鼓于朝杜預以爲伐鼓于社責羣陰也此傳言責上公者郊特牲云社祭土而主陰氣也君南嚮北墉下荅陰之義也是言社主陰也日食陰侵陽故杜預以爲責羣陰也昭二十九年左傳云封爲上公祀爲貴神社稷五祀是尊是奉是社祭句龍爲上公之神也日食臣侵君之象故傳以爲責上公亦當羣陰上公並責之也周禮瞽矇之官掌作樂瞽爲樂官樂官用無目之人以其無目於音聲審也詩云奏鼓簡簡謂伐鼓爲奏鼓知樂官進鼓則伐之周禮太僕軍旅田役贊王鼓救日月亦如之鄭玄云王通鼓佐擊其餘面則救日之時王或親鼓莊二十五年穀梁傳曰天子救日置五麾陳五兵五鼓陳既多皆樂人伐之周禮無嗇夫之官禮云嗇夫承命告于天子鄭玄云嗇夫蓋司空之屬也嗇夫主幣禮無其文此云嗇夫馳必馳走有所取也左傳云諸侯用幣則天子亦當有用幣之處嗇夫必是主幣之官馳取幣也社神尊於諸侯故諸侯用幣於社以請救天子伐鼓于社必不用幣知嗇夫馳取幣禮天神庶人走蓋是庶人在官者謂諸侯胥徒也其走必有事知爲供救日食之百役也曾子問云諸侯從天子救日食各以方色與其兵周禮庭氏云救日之弓矢是救日必有多役庶人走供之鄭注庭氏云以救日爲大陽之弓救月爲太陰之弓救日以枉矢救月以恒矢其鼓則蓋用祭天之雷鼓也昭十七年夏六月甲戌朔日有食之左傳云季平子曰惟正月朔慝未作日有食之於是乎有伐鼓用幣禮也其餘則否太史曰在此月也當夏四月是謂孟夏如彼傳文惟夏四月有伐鼓用幣禮餘月則不然此以九月日食亦奏鼓用幣者顧氏云夏禮異於周禮也○傳政典至無赦○正義曰胤侯夏之卿士引政典而不言古典則當時之書知是夏后爲政之典籍也周禮太宰掌建邦之六典以佐王治邦國一曰治典二曰教典三曰禮典四曰政典五曰刑典六曰事典若周官六卿之治典謂此也先時不及者謂此歷象之法四時節氣弦望晦朔不得先天時不得後天時謂四時各九十日有餘分爲八節節各四十五日有餘也節氣者周天三百六十五日四分日之一四時分之均分爲十二月則月各得三十日十六分日之七以初爲節氣半爲中氣故一歲有二十四氣也計十二月每月二十九日彊半也以月初爲朔月盡爲晦當月之中日月相望故以月半爲望望去晦朔皆不滿十五日也又半此望去晦朔之數名之曰弦弦者言其月光正半如弓弦也晦者月盡無月言其闇也朔者蘇也言月死而更蘇也先天時者所名之日在天時之先假令天之正時當以甲子爲朔今歷乃以癸亥爲朔是造歷先天時也若以乙丑爲朔是造歷後天時也後即是不及時也其氣望等皆亦如此今予以爾有衆。奉將天罰。將行也奉王命行王誅謂殺湎淫之身立其賢子弟爾衆士同力王室。尚弼予。欽承天子威命。以天子威命督其士衆使用命火炎崐岡。玉石俱焚。山脊曰岡崐山出玉言火逸而害玉○崐音昆天吏逸德。烈于猛火。逸過也天王之吏爲過惡之德其傷害天下甚於火之害玉猛火烈矣又烈於火殲厥渠魁。脅從罔治。殲滅渠大魁帥也指謂羲和罪人之身其脅從距王師者皆無治○殲子廉反魁苦回反脅虛業反帥色類反舊染汙俗。咸與惟新。言其餘人久染汙俗本無惡心皆與更新一無所問○汙烏故反汙辱之汙又音烏涴泥著物也一音烏臥反嗚呼。威克厥愛允濟。歎能以威勝所愛則必有成功愛克厥威允罔功。以愛勝威無以濟衆信無功其爾衆士懋戒哉。言當勉以用命戒以辟戮○懋音茂辟音避〔疏〕今予至戒哉○正義曰羲和所犯如上故今我用汝所有之衆奉王命行天罰汝等衆士當同心盡力於王室庶幾輔我敬承天子之命使我伐必克之又恐兵威所及濫殺無辜故假喻以戒之火炎崐山之岡玉石俱被焚燒天王之吏爲過惡之德則酷烈甚於猛火宜誅惡存善不得濫殺滅其爲惡大帥罪止羲和之身其被迫脅而從距王師者皆無治責其罪久染汙穢之俗本無惡心皆與惟德更新一無所問又言將軍之法必有殺戮嗚呼重其事故歎而言之將軍威嚴能勝其愛心有罪者雖愛必誅信有成功若愛心勝其威嚴親愛者有罪不殺信無功矣言我雖愛汝有罪必殺其汝衆士宜勉力以戒慎哉勿違我命以取殺也○傳將行至子弟○正義曰將之爲行常訓也天欲加罪王者順天之罰則王誅也奉王命行王誅謂殺湎淫之身羲和之罪不及其嗣故知殺其身立其賢子弟楚語云重黎之後世掌天地四時之官至于夏商則此不滅其族故傳言此也○傳山脊至害玉○正義曰釋山云山脊曰岡孫炎曰長山之脊也以崐山出玉言火逸害玉喻誅惡害善也○傳逸過至於火○正義曰逸即佚也佚是淫縱之名故爲過也天王之吏言位貴而威高乘貴勢而逞毒心或賊賍而害良善故爲過惡之德其傷害天下甚於火之害玉猛火爲烈甚矣又復烈之於火言其害之深也○傳殲滅至無治○正義曰殲盡也釋詁文舍人曰殲衆之盡也衆皆死盡爲殲也渠大魁帥無正訓以上殲厥渠魁謂滅其元首故以渠爲大魁爲帥史傳因此謂賊之首領爲渠帥本原出於此

自契至于成湯。八遷。十四世凡八徙國都○契息列反殷之始祖八遷之書史唯見四湯始居亳。從先王居。契父帝嚳都亳湯自商丘遷焉故曰從先王居○亳旁各反徐扶各反嚳苦毒反作帝告。釐沃。告來居治沃土二篇皆亡○告古毒反釐力之反沃徐烏酷反此五亡篇舊解是夏書馬鄭之徒以爲商書兩義並通〔疏〕自契至釐沃○正義曰自此巳下皆商書也序本別卷與經不連孔以經序宜相附近引之各冠其篇首此篇經亡序存文無所託不可以無經之序爲卷之首本書在此故附此卷之末契是商之始祖故遠本之自契至于成湯凡八遷都至湯始往居亳從其先王帝嚳舊居當時湯有言告史序其事作帝告釐沃二篇○傳十四至國都○正義曰周語曰玄王勤商十四世而興玄王謂契也勤殖功業十四世至湯而興爲天子也殷本紀云契生昭明昭明卒子相土立相土卒子昌若立昌若卒子曹圉立曹圉卒子冥立冥卒子振立振卒子微立微卒子報丁立報丁卒子報乙立報乙卒子報丙立報丙卒子主壬立主壬卒子主癸立主癸卒子天乙立天乙是爲成湯是也契至成湯十四世凡八遷國都者商頌云帝立子生商是契居商也世本云昭明居砥石左傳稱相土居商丘及今湯居亳事見經傳者有此四遷其餘四遷未詳聞也鄭玄云契本封商國在太華之陽皇甫謐云今上洛商是也襄九年左傳云陶唐氏之火正閼伯居商丘相土因之杜預云今梁國睢陽宋都是也其砥石先儒無言不知所在自契至湯諸侯之國而得數遷都者蓋以時王命之使遷至湯乃以商爲天下號則都雖數遷商名不改今湯遷亳乃作此篇若是諸侯遷都則不得史錄其事以爲商書之首文在湯征諸侯伊尹去亳之上是湯將欲爲王時事史以商有天下乃追錄初興并湯征與汝鳩汝方皆是伐桀前事後追錄之也○傳契父至王居○正義曰先王天子也自契已下皆是諸侯且文稱契至湯今云從先王居者必從契之先世天子所居也世本本紀皆云契是帝嚳子知先王是契父帝嚳帝嚳本居亳今湯往

從之譽實帝也言先王者對文論優劣則有皇與帝及王之別散文則雖皇帝皆得言王也故禮運云昔者先王未有宮室乃謂上皇爲王是其類也孔言湯自商丘遷焉以相土之居商丘其文見於左傳因之言自商丘徙耳此言不必然也何則相土契之孫也自契至湯凡八遷若相土至湯都遂不改豈契至相土三世而七遷也相土至湯必更遷都但不知湯從何地而遷亳耳必不從商丘遷也鄭玄云亳今河南偃師縣有湯亭漢書音義臣瓚者云湯居亳今濟陰亳縣是也今亳有湯冢已氏有伊尹冢杜預云梁國蒙縣北有亳城城中有成湯冢其西又有伊尹冢皇甫謐云孟子稱湯居亳與葛爲鄰葛伯不祀湯使亳衆爲之耕葛即今梁國寧陵之葛鄉也若湯居偃師去寧陵八百餘里豈當使民爲之耕乎亳今梁國穀熟縣是也諸說不同未知孰是○傳告來至皆亡○正義曰經文既亡其義難明孔以意言耳所言帝告不知告誰序言從先王居或當告帝嚳也

湯征諸侯。爲夏方伯得專征伐**葛伯不祀。湯始征之。**葛國伯爵也廢其土地山川及宗廟神祇皆不祀湯始征之伐始於葛○祇巨支反【疏】傳葛國至於葛○正義曰序言湯征諸侯知其人是葛國之君伯爵直云不祀文無指斥王制云山川神祇有不舉者爲不敬不敬者君削以地宗廟有不順者爲不孝不孝者君黜以爵是言不祀必廢其土地山川之神祇及宗廟皆不祀故湯始征之湯伐諸侯始於葛仲虺之誥云初征自葛是也孟子云湯居亳與葛爲隣葛伯不祀湯使人問之曰何爲不祀曰無以供犧牲也湯使遺之牛羊葛伯食之又不祀湯又使人問之曰何爲不祀曰無以供粢盛也湯使亳往爲之耕老弱饋食葛伯率其人要其酒食黍稻者劫而奪之不授者殺之有童子以黍肉餉殺而奪之書曰葛伯仇餉此之謂也是說伐始於葛之事也

作湯征。述始征之義也亡

伊尹去亳適夏。伊尹字氏湯進於桀【疏】傳伊尹至於桀○正義曰伊氏尹字故云字氏倒文以曉人也伊尹不得叛湯知湯貢之於桀必貢之者湯欲以誠輔桀冀其用賢以治不可匡輔乃始伐之此時未有伐桀之意故貢伊尹使輔之孫武兵書反間篇曰商之興也伊尹在夏周之興也呂牙在殷言使之爲反間也與此說殊**既醜有夏。復歸于亳。**醜惡其政不能用賢故退還○復扶又反**入自北門。乃遇汝鳩汝方。**鳩方二人湯之賢臣不期而會曰遇【疏】傳鳩方至曰遇○正義曰伊尹與之言知是賢臣也不期而會曰遇隱八年穀梁傳文也**作汝鳩汝方。**言所以醜夏而還之意二篇皆亡

尚書注疏挍勘記卷七

阮元撰盧宣旬摘錄

甘誓第二　夏書

夏啓嗣禹位　古本宋本位作立與疏同

故伐之　浦鏜云啟誤故

甘誓

明堂云　毛本同宋本云作位案位字是也

未知何故改也　閩本明監本同毛本故作時案時字是也

有扈氏威侮五行　古本威作畏

怠棄三正　唐石經棄作弃後並同

用其失道故　古本故下有也字

絕之也　閩本葛本同岳本毛本絕之作攻治

執戈矛以退敵　古本以上有爲字

御以正馬爲政　古本政下有者也二字

有功則賞祖主前　史記集解則作即

親祖嚴社之義　纂傳義作意

言恥累也　史記集解也作之

傳五行至亂帝　案帝當作常形近之譌傳文可證

如此者蓋禹未賜姓之前　閩本同毛本如作知案知字是也

五子之歌第三　夏書

五子之歌

以其迷祖之訓　閩本明監本毛本迷作述案述字是也

盤樂遊逸無法度　古本重樂字

有窮后羿　古本后上有之字

御待也　岳本閩本明監本毛本待作侍正義同案侍字是也

一出十旬不反　宋本十上有而字

言雖不經以取信　浦鏜云以字上當有難字

甘酒嗜音峻宇彫牆　宋臨安石經彫作雕孫志祖云玉篇卩部引作酣酒嗜音

則止稱之物　宋本閩本同毛本止作所案所字是也

則官民皆定　閩本明監本毛本定作足案足字是也

其五曰嗚呼曷歸　按顏師古匡謬正俗云嗚呼歎辭也或嘉其美或傷其悲古文尚書悉爲於戲字今文尚書悉爲嗚呼字段玉裁云古今二字互譌以蔡邕石經殘字皆作於戲知之石經系今文也

雖悔可追　陸氏曰雖如字或作睢○按雖睢古蓋通用

允征第四　夏書

姓皆其仇我　閩本明監本毛本姓上有萬字案有者是也

允征

奉辭罰罪曰征　岳本葛本宋本閩本同按大禹謨奉辭伐罪宋本亦作罰

惟仲康肇位四海　古本仲作中注同

掌王六師爲大司馬　岳本宋本王作主古本作掌主也主六師爲大司馬也按當從之纂傳亦作掌王六師則其誤久矣

而立其弟仲康爲太子　宋本太作天與注合

政由羿耳　宋本政上有故字

官衆衆官　古本岳本宋本上衆字作師與疏標目不合纂傳亦作官衆

百工之職　宋本職作賤按職字非也

不及謂厤象後天時　古本謂上有時字

殺無殺　閩本明監本毛本下殺字作赦案赦字是也

謂此聚會爲辰　閩本明監本同宋本無謂字毛本此作之

則是日月可知也　宋本閩本同毛本月作食

君南嚮北墉下　毛本墉作牖按北牖之牖諸經正義多誤作墉或又誤爲牖

山脊曰岡　宋本無曰字山井鼎曰無曰字爲是

或眦睚而害良善　宋本眦睚二字倒按宋本是也

告來居洽沃土　閩本葛本同岳本毛本洽作治案治字是也

湯使亳往爲之耕　閩本同毛本亳下有衆字案有者是也

尚書挍勘記卷七

附釋音尚書注疏卷第八

湯誓第一　釋文凡三十四篇十七篇存

商書　孔氏傳　孔穎達疏

伊尹相湯伐桀。升自陑。桀都安邑湯升道從陑出其不意陑在河曲之南。相息亮反湯如字馬云俗儒以湯爲謚或爲號號者似非其意言謚近之然不在謚法故無聞焉及禹俗儒以爲名帝系禹名文命王侯世本湯名天乙推此言之禹豈復非謚乎亦不在謚法故疑焉桀其列反夏之末天子升音昇陑音而

遂與桀戰于鳴條之野。地在安邑之西桀逆拒湯作湯誓。

〔疏〕伊尹至湯誓。○正義曰伊尹以夏政醜惡志而歸湯輔相成湯與之伐桀升道從陑出其不意遂與桀戰于鳴條之野將戰而誓戒士衆史敘其事作湯誓。○傳桀都至之南。○正義曰此序湯自伐桀必言伊尹相湯者序其篇次自爲首尾以上云伊尹醜夏遂相成湯伐之故文次言伊尹也計太公之相武王猶如伊尹之相成湯泰誓不言太公相者彼文無其次也且武王之時有周召之倫聖賢多矣湯稱伊尹云聿求元聖與之戮力伊尹稱惟尹躬暨湯咸有一德則伊尹相湯其功多於太公故特言伊尹相湯也桀都安邑相傳爲然即漢之河東郡安邑縣是也史記吳起對魏武侯云夏桀之居左河濟右太華伊闕在其南羊陽在其北修政不仁湯放之也地理志云上黨郡壺關縣有羊腸坂在安邑北是桀都安邑必當然矣將明陑之所在故先言桀都安邑桀都在亳西當從東而往今乃升道從陑升者從下向上之名言陑當是山阜之地歷險迂路爲出不意故也陑在河曲之南蓋今潼關左右河曲在安邑西南從陑向北渡河乃東向安邑鳴條在安邑之西桀西出拒湯故戰于鳴條之野陑在河曲之南鳴條在安邑之西皆彼有其迹相傳云然湯以至聖伐暴當顯行用師而出其不意掩其不備者湯承禪代之後嘗爲桀臣慙而且懼故出其不意武王則三分天下有其二久不事紂紂有浮桀之罪地無險要之勢故顯然致罰以明天誅又慇勤誓衆與湯有異所以湯惟一誓武王有三○傳地在至拒湯。○正義曰鄭玄云鳴條南夷地名孟子云舜卒於鳴條東夷之地或云陳畱平邱縣今有鳴條亭是也皇甫謐云伊訓曰造攻自鳴條朕哉自亳又曰夏師敗績乃伐三朡湯誥曰王歸自克夏至于亳三朡在定陶於義不得在陳畱與東夷也今安邑見有鳴條陌昆吾亭左氏以爲昆吾與桀同以乙卯日亡韋顧亦爾故詩曰韋顧既伐昆吾夏桀於左氏昆吾在衛乃在濮陽不得與桀異處同日而亡明昆吾亦來安邑欲以衛桀故同日亡而安邑有其亭也且吳起言險以指安邑安邑於此而言何得在南夷乎謐言是也

湯誓。戒誓湯士衆。

〔疏〕湯誓。○正義曰此經皆誓之辭也甘誓泰誓牧誓發首皆有序引別言其誓意記其誓處此與費誓惟記誓辭不言誓處者史非一人辭有詳略序以經文不具故備言之也

王曰。格爾衆庶。悉聽朕言。契始封商湯遂以爲天下號湯稱王則比桀於一夫。○格庚白反

非台小子。敢行稱亂。有夏多罪。天命殛之。稱舉也舉亂以諸侯伐天子非我小子敢行此事桀有昏德天命誅之今順天。○台以之反下同殛居力反

今爾有衆。汝曰。我后不恤我衆。舍我穡事。而割正夏。汝汝有衆我后桀也正政也言奪民農功而爲割剝之政。○恤荀律反舍音捨廢也

予惟聞汝衆言。不憂我衆之言

夏氏有罪。予畏上帝。不敢不正。不敢不正桀罪誅之

今汝其曰。夏罪其如台。今汝其復言桀惡其亦如我所聞之言。○復扶又反

夏王率遏衆力。率割夏邑。言桀君臣相率爲勞役之事以絶衆力謂廢農功相率割剝夏之邑居謂征賦重。○遏於葛反徐音謁馬云止也

有衆率怠弗協。曰。時日曷喪。予及汝皆亡。衆下相率爲怠惰不與上和合比桀於日曰是日何時喪我與汝俱亡欲殺身以喪桀。○喪息浪反惰徒臥反

夏德若茲。今朕必往。凶德如此我必往誅之

爾尚輔予一人。致天之罰。予其大賚汝。賚與也汝庶幾輔成我我大與汝爵賞。○罰音伐賚力代反徐音來

爾無不信。朕不食言。食盡其言僞不實

爾不從誓言。不用命

予則孥戮汝。罔有攸赦。古之用刑父子兄弟罪不相及今云孥戮汝無有所赦權以脅之使勿犯

〔疏〕王曰至攸赦。○正義曰商王成湯將與桀戰呼其將士曰來汝在軍之衆庶悉聽我之誓言我伐夏者非我小子輒敢行此以臣伐君舉爲亂事乃由有夏君桀多有夏罪上天命我誅之桀既失君道我非復桀臣是以順天誅之由其多罪故也桀之罪狀汝盡知之今汝桀之所有之衆卽汝輩是也汝等言曰我君夏桀不憂念我等衆人舍廢我稼穡之事奪我農功之業而爲割剝之政於夏邑斂我貨財我惟聞汝衆言夏氏既有此罪上天命我誅桀我畏上天之命不敢不正桀罪而誅之又質而審之今汝衆人其必言曰夏王之罪其實如我所言夏王非徒如此又與臣下相率遏絶衆力使不得事農又相率爲割剝之政於此夏邑使不得安居上下同惡民困益甚由是汝等相率怠惰不與在上和協比桀於日曰是日何時能喪君其可喪我與汝皆亡身殺之寧殺身以亡桀是其惡之甚夏王惡德如此今我必往誅之汝庶幾輔成我一人致行天之威罰我其大賞賜汝汝無得不信我語我終不食盡其言爲虛僞不實汝若不從我之誓言我則并殺汝子以戮汝身必無有所赦勸使勉力勿犯法也庶亦衆也古人有此重言猶云艱難也○傳契始至一夫○正義曰以湯於此稱王故本其號商之意契始封商湯遂以商爲天下之號鄭玄之說亦然惟王肅云相土居商丘湯取商爲號若取商丘爲號何以不名商丘而單名商也若八遷國名商不改則此商猶是契商非相土之商也若八遷遷卽改名則相土至湯改名多矣相土既非始祖又非受命何故用其所居之地以爲天下號名成湯之意復何取乎知其必不然也湯取契封商以商爲天下之號周不取后稷封郤爲天下之號者契後八遷商名不改成湯以商受命故宜以商爲號后稷之後隨遷易名公劉爲豳大王爲周文王以周受命故當以周爲號二代不同理則然矣泰誓云獨夫受此湯稱爲王則比桀於一夫桀既同於一夫故湯可稱王矣是言湯於伐桀之時始稱王也周書泰誓稱王則亦伐紂之時始稱王也鄭玄以文王生稱王亦謬也○傳稱舉至順天○正義曰稱舉釋言文常法以臣伐君則爲亂逆故舉亂謂以諸侯伐天子桀有昏德宣三年左傳文以有昏德天命誅之今乃順天行誅非復臣伐君也以此解衆人守常之意也○傳今汝至之言○正義曰如我者謂湯之自稱我也湯謂其衆云汝言桀之罪如我誓言所述也○傳言桀至賦重○正義曰此經與上舍我穡事而割正夏其意一也上言夏王之身此言君臣相率再言所以穡正[illegible]故以止絶衆力謂廢農功割積[illegible]役又重斂其財致使民困而剝[illegible]傳衆下至喪桀○正義曰上旣馭[illegible]下相率爲怠惰不與上和合不[illegible]是日何時喪身欲令早喪桀命[illegible]辭言不可欲殺以喪難也不所[illegible]云桀不也言喪之[illegible]桀疾之甚也鄭云桀見民欲叛乃[illegible]乎日若喪亡我與汝亦皆喪亡引[illegible]○傳食盡至不實○正義曰釋詁[illegible]僞也哀二十五年左傳云孟武伯[illegible]食言多矣能無肥乎然則言而不[illegible]前言爲僞故通謂僞言爲食言故[illegible]之至勿犯○正義曰昭二十年左[illegible]不相及是古之用刑如是也旣刑[illegible]以迫脅之使勿犯刑法耳不於甘[illegible]之後刑罰尚寬殷周以後其罪或[illegible]於此解之鄭玄云大罪不止其身[illegible]奴男子入于罪隸女子入于舂稾[illegible]禮注云奴謂從坐而沒入縣官者[illegible]則周禮所云非從坐也鄭衆云謂坐爲盜賊而爲奴者輸於罪隸舂人稾人之官引此孥戮汝又引論語云箕子爲之奴或如衆言別有沒入非緣坐者也

湯既勝夏。欲遷其社。不可。湯承堯舜禪代之後順天應人逆取順守而有慙德故革命創制改正易服變置社稷而後世無及句龍者故不可而止○社后土[illegible]神禪時戰反應應對之應創初亮反正音征又音政句音[illegible]句龍共工之子爲后土

作夏社。疑至。臣扈。言夏社不可遷之義疑至及臣扈三篇皆亡○扈音戶

〔疏〕湯既至臣扈○正義曰湯既伐而勝夏革命創制變置社稷欲遷其社無人可代句龍故不可而止於時有言議論其事故史敘之爲夏社疑至臣扈三篇皆亡○傳湯承至而止○正義曰傳解湯遷社之意湯承堯舜禪代之後已獨伐而取之雖復應天順人乃是逆取順守而有慙愧之德自恨不及古人故革命創制改正易服因變置社稷也易革卦彖曰湯武革命順乎天而應乎人下篇言湯有慙德大傳云改正朔易服色此其所得與民變革者也所以變革此事欲易人之視聽與之更新故於是之時變置社稷昭二十九年左傳云共工氏有子曰句龍爲后土后土爲社有烈山氏之子曰柱爲稷自夏已上祀之周棄亦爲稷自商已來祀之祭法云厲山氏之有天下也其子曰農能殖百穀夏之衰也周棄繼之故祀以爲稷共工氏之霸九州也其子曰后土能平九州故祀以爲社是言變置之事也魯語文與祭法正同而云夏之興也周棄繼之興當爲衰字之誤耳湯于初時社稷俱欲改之周棄功多於社卽令廢社祀棄而上世治水土之臣其功無及句龍者故不可遷而止此序之次在湯誓之下云湯既勝夏下云夏師敗績湯遂從之是未及逐桀已爲此謀鄭玄等注此序乃在湯誓之上若在作誓之前不得云既勝夏也孟子曰犧牲既成粢盛既絜祭祀以時然而旱乾水溢則變置社稷鄭玄因此乃云湯伐桀之時大旱既置其禮祀明德以薦而猶旱至七年故更致社稷乃謂

湯卽位之後七年大旱方始變之若實七年乃變何當繫之勝夏勝夏猶尚不可況在湯誓前乎且禮記云夏之衰也周棄繼之商興七年乃變安得以夏衰爲言也若商革夏命猶七年祀柱左傳亦不得斷爲自夏已上祀柱自商以來祀棄也由此而言孔稱改正朔而變置社稷所言得其旨也漢世儒者說社稷有二左傳說社祭句龍稷祭柱棄惟祭人神而已孝經說社爲土神稷爲穀神句龍柱棄是配食者也孔無明說而此經云遷社孔傳云無及句龍卽同賈逵馬融等說以社爲句龍也○傳言夏至皆亡○正義曰疑至與臣扈相類當是二臣名也蓋亦言其不可遷之意馬融云聖人不可自專復用二臣自明也

夏師敗績。湯遂從之。大崩曰敗績從謂遂討之○績子寂反從才容反

遂伐三朡。俘厥寶玉。三朡國名桀走保之今定陶也桀自安邑東入山出太行東南涉河湯緩追之不迫遂奔南巢俘取也玉以禮神使無水旱之災故取而寶之○朡子公反俘音孚行戶剛反一音如字〔疏〕傳三朡至寶之○正義曰湯伐三朡知是國名逐桀而伐其國知桀走保之也今定陶者相傳爲然安邑在洛陽西北定陶在洛陽東南孔跡其所往之路桀自安邑東入山出太行乃東南涉河往奔三朡湯緩追之不迫遂奔南巢俘取釋詁文桀必載寶而行棄於三朡取其寶玉取其所棄者也楚語云玉足以庇廕嘉穀使無水旱之災則寶之韋昭云玉禮神之玉也言用玉禮神神享其德使風雨調和可以庇廕嘉穀故取而寶之

誼伯。仲伯。作典寶。二臣作典寶一篇言國之常寶也亡○誼本或作義

仲虺之誥第二

湯歸自夏。至于大坰。自三朡而還大坰地名。夏亥雅反坰故熒反徐欽螢反又古螢反

仲虺作誥。爲湯左相奚仲之後○虺許鬼反誥故報反相息亮反奚弦雞反〔疏〕湯歸至作誥○正義曰湯歸自伐夏至于大坰之地其臣仲虺作誥以誥湯使錄其言作仲虺之誥上言遂伐三朡故傳言自三朡而還不言歸自三朡而言歸自夏者伐夏而遂逐桀於今方始旋歸以自夏告廟故序言自夏傳本其來處故云自三朡耳大坰地名未知所在當是定陶向亳之路所經湯在道而言予恐來世以台爲口實故仲虺至此地而作誥也○序不言作仲虺之誥以理足文便故略之○傳爲湯至之後○正義曰定元年左傳云薛之皇祖奚仲居薛以爲夏車正仲虺居薛以爲湯左相是其事也

仲虺之誥。仲虺臣名以諸侯相天子會同曰誥〔疏〕仲虺之誥○正義曰發首二句史述成湯之心次二句湯言己慙之意仲虺乃作誥以下皆勸湯之辭自曰嗚呼至用爽厥師言天以桀有罪命伐夏之事自簡賢輔勢至言足聽聞說湯在桀時民怖懼之事自惟王弗邇聲色至厥惟舊哉言有德行加民民歸之事自佑賢輔德以下說天子之法當擢用賢良屏黜昏暴勸湯奉行此事不須以放桀爲惡康誥名誥之類一字足以爲文仲虺誥三字不得成文以之字足成其句畢命罔命不言之徵予之命文侯之命言之與此同猶周禮司服言大褻而冤亦足句也○傳仲虺至曰誥○正義曰伯仲叔季人字之常仲虺必是其名或字仲而名虺古人名或不可審知縱使是字亦得謂之爲名言是人之名號也左傳稱居薛爲湯左相是以諸侯相天子也周禮士師云以五戒先後刑罰一曰誓用之於軍旅二曰誥用之於會同是會同曰誥誥謂於會之所設言以誥衆此惟誥湯一人而言會同者因解諸篇誥義且仲虺必對衆誥湯亦是會同曰誥

成湯放桀于南巢。惟有慙德。湯伐桀武功成故以爲號南巢地名有慙德慙德不及古○湯伐桀武功成故號成湯一云成諡也

曰。予恐來世以台爲口實。恐來世論道我放天子常不去口

仲虺乃作誥。陳義誥湯可無慙

曰。嗚呼。惟天生民有欲。無主乃亂。民無君主則恣情欲必致禍亂

惟天生聰明時乂。言天生聰明是治民亂

有夏昏德。民墜塗炭。夏桀昏亂不恤下民民之危險若陷泥墜火無救之者

天乃錫王勇智。表正萬邦。纘禹舊服。言天與王勇智應爲民主儀表天下法正萬國繼禹之功統其故服○纘子管反應應對之應

茲率厥典。奉若天命。天意如此但當循其典法奉順天命而已無所慙〔疏〕成湯放桀于南巢○正義曰桀奔南巢湯縱而不迫故稱放也傳言南巢地名不知地之所在周書序有巢伯來朝傳云南方遠國鄭玄云巢南方之國世一見者桀之所奔蓋彼國也以其國在南故稱南耳傳并以南巢爲地名不能委知其處故未明言之

夏王有罪。矯誣上天。以布命于下。言誑天以行虐於民乃桀之大罪○矯居表反誣音無

帝用不臧。式商受命。用爽厥師。天用桀無道故不善之式用爽明也用商受王命用明其衆言爲主也○臧作郎反

簡賢附勢。寔繁有徒。簡略也賢而無勢則略之不賢有勢則附之若是者繁多有徒衆無道之世所常○繁音煩

肇我邦予有夏。若苗之有莠。若粟之有秕。始我商家國於夏世欲見翦除若莠生苗若秕在粟恐被鋤治簸颺○莠羊九反秕悲里反徐甫里反又必履反鋤仕魚反簸彼我反颺音揚

小大戰戰。罔不懼于非辜。矧予之德言足聽聞。言商家小大憂危恐其非罪見滅矧況也況我之道德善言足聽聞乎無道之惡有道自然理○惡烏路反

惟王不邇聲色。不殖貨利。邇近也不近聲樂言清簡不近女色言貞固殖生也不生資貨財利言不貪也既有聖德兼有此行○近附近之近行下孟反〔疏〕夏王至厥師○正義曰矯詐也誣加也夏王自有所欲詐加上天言天道須然不可不爾假此以布苛虐之命於天下以困苦下民上天用桀無道之故故不善之用使商家受此爲王之命以王天下用命商王明其所有之衆謂湯敎之使修德行善以自安樂是明之也○傳式用爽明也○正義曰式用釋言文昭七年左傳云是以有精爽至於神明從爽以至於明則爽是明之始故爽爲明也經稱昧爽謂未大明也

德懋懋官。功懋懋賞。用人惟己。改過不吝。勉於德者則勉之以官勉於功者則勉之以賞用人之言若自己出有過則改無所吝惜所以能成王業

克寬克仁。彰信兆民。言湯寬仁之德明信於天下〔疏〕德懋至不吝○正義曰於德能勉力行之者王則勸勉之以官於功能勉力爲之者王則勸勉之以賞用人之言惟如己之所出改悔過失無所悋惜美湯之行如此凡庸之主得人之言恥非已智雖知其善不肯遂從已有過失恥於改過舉事雖覺其非不肯更悔是惜過不改故以此美湯也成湯之爲此行尚爲仲虺所稱歎凡人能勉者鮮矣

乃葛伯仇餉。初征自葛。東征西夷怨。南征北狄怨。葛伯遊行見農民之餉於田者殺其人奪其餉故謂之仇餉仇怨也湯爲是以不祀之罪伐之從此後遂征無道西夷北狄舉遠以言則近者著矣○仇音求餉式亮反

曰。奚獨後予。怨者辭也

攸徂之民。室家相慶。曰。徯予后。后來其蘇。湯所往之民皆喜曰待我君來其可蘇息○徯胡啓反蘇字亦作穌

民之戴商。厥惟舊哉。舊謂初征自葛時

佑賢輔德。顯忠遂良。賢則助之德則輔之忠則顯之良則進之明王之道

兼弱攻昧。取亂侮亡。弱則兼之闇則攻之亂則取之有亡形則侮之言正義

推亡固存。邦乃其昌。有亡道則推而亡之有存道則輔而固之王者如此國乃昌盛〔疏〕乃葛伯仇餉○正義曰此言乃者[illegible]季秋月朔其義亦然左傳稱怨耦[illegible]心怨之是名爲仇也餉田之人不[illegible]之是葛伯以餉田之人爲已之仇[illegible]之報也孟子稱湯使亳衆往爲之[illegible]奪而殺之則葛伯所殺殺亳人也[illegible]餉於田者殺其人而奪其餉故謂[illegible]人與孟子違者湯之征葛以人之[illegible]人乃報之非亳人則赦之故傳指[illegible]人葛人義無以異故不復言亳非[illegible]之道○正義曰周禮卿大夫云三[illegible]而興賢者鄭玄云賢者謂有德行[illegible]善也然則賢是德盛之名德是資[illegible]是爲善之稱俱是可用之人所從[illegible]與遂隨便而言之○傳弱則至正[illegible]明爲昧政荒爲亂國滅爲亡兼謂[illegible]己有侮謂侮慢其人弱昧亂亡俱[illegible]侮是此欲吞并之意弱昧是始衰[illegible]服則以兵攻之此二者始欲服其[illegible]亡謂將亡二者衰甚已將滅其國[illegible]侮其人既侮其人必滅其國故以[illegible]仲虺陳此者意亦言桀亂亡取之[illegible]昏暴其意亦在桀也

德日新。萬邦惟懷。志自滿。九族乃離。日新不懈怠自滿志盈溢○懈工債反〔疏〕德日[illegible]辭云[illegible]怠日日益新德加於人無遠不屆[illegible]意自滿則陵人人既被陵情必不[illegible]萬邦舉遠以明近九族舉親以明[illegible]二家禮戴及尚書緯歐陽說九族[illegible]族三妻族二古尚書說九族從高[illegible]以親九族傳云以睦高祖玄孫之[illegible]玄孫之親也謂萬邦惟懷實歸之[illegible]言爲戒容辭頗甚父子之間便以[illegible]外姓九族有屬文便也

王懋昭大德。建中于民。以義制事。

以禮制心。垂裕後昆。欲王自勉明大德立大中之道於民率義奉禮垂優足之道示後世○中如字中或作忠非裕徐以樹反予聞曰。能自得師者王。求賢聖而事之○王徐于況反又如字謂人莫己若者亡。自多足人莫之益亡之道好問則裕。自用則小。問則有得所以足不問專固所以小○好呼報反嗚呼。慎厥終。惟其始。靡不有初鮮克有終故戒慎終如其始○鮮息淺反殖有禮。覆昏暴。有禮者封殖之昏暴者覆亡之○覆芳服反暴蒲報反字或作虣欽崇天道。永保天命。王者如此上事則敬天安命之道

湯誥第三

商書　孔氏傳　孔穎達疏

湯既黜夏命。黜退也退其王命復歸于亳。作湯誥。湯誥。以伐桀大義告天下〔疏〕湯既至湯誥○正義曰湯既黜夏王之命復歸于亳以伐桀大義誥示天下史錄其事作湯誥仲虺在路作誥此至亳乃作故次仲虺之下王歸自克夏。至于亳。誕告萬方。誕大也以天命大義告萬方之衆人○誕音但告工毒反〔疏〕王歸自克夏○正義曰湯之伐桀當有諸侯從之不從行者必應多矣既已克夏改正各號還至于亳海內盡來猶如武成篇所云庶邦冢君暨百工受命于周也湯於此時大誥諸侯以伐桀之義故云誕告萬方誕大釋詁文萬者舉盈數下云凡我造邦是誥諸侯也王曰。嗟爾萬方有衆。明聽予一人誥。天子自稱曰予一人古今同義惟皇上帝。降衷于下民。皇天上帝天也衷善也〔疏〕降衷于下民○正義曰天生烝民與之五常之性使有仁義禮智信是天降善於下民也天既與善於民君當順之故下傳云順人有常之性則是爲君之道若有恒性。克綏厥猷惟后。順人有常之性能安立其道敎則惟爲君之道夏王滅德作威。以敷虐于爾萬方百姓。夏桀滅道德作威刑以布行虐政於天下百官言殘酷爾萬方百姓。罹其凶害。弗忍荼毒。罹被荼毒苦也不能堪忍虐之甚○罹力之反本亦作羅洛河反荼音徒〔疏〕弗忍荼毒○正義曰釋草云荼苦菜此菜味苦故假之以言人苦毒謂螫人之蟲蛇虺之類實是人之所苦故并言荼毒以喻苦也並告無辜于上下神祇。言百姓兆民並告無罪稱寃訴天地○寃紆元反天道福善禍淫。降災于夏。以彰厥罪。政善天福之淫過天禍之故下災異以明桀罪惡譴寤之而桀不改○譴遣戰反寤五故反肆台小子。將天命明威。不敢赦。行天威謂誅之○台音怡敢用玄牡。敢昭告于上天神后。請罪有夏。明告天問桀百姓有何罪而加虐乎○牡茂后反〔疏〕敢用玄牡○正義曰檀弓云殷人尚白牲用白今云玄牡夏家尚黑于時未變夏禮故不用白也故安國注論語敢用玄牡之文云殷家尚白未變夏禮故用玄牡是其義也鄭玄說天神有六周家冬至祭皇天大帝于圜丘牲用蒼夏至祭靈威仰於南郊則牲用騂孔注孝經圜丘與郊共爲一事則孔之所說無六天之事論語堯曰之篇所言敢用玄牡卽此事是也孔注論語以爲堯曰之章有二帝三王之事錄者採合以成章檢大禹謨及此篇與泰誓武成則堯曰之章其文略矣鄭玄解論語云用玄牡者爲舜命禹事於時總告五方之帝莫適用用皇天大帝之牲其意與孔異聿求元聖。與之戮力。以與爾有衆請命。聿遂也大聖陳力謂伊尹放桀除民之穢是請命○聿允橘反述也戮舊音六又力彫反說文力周反史記音力消反穢於廢反〔疏〕傳聿遂也至請命○正義曰聿訓述也述前所以申遂故聿爲遂也戮力猶勉力也論語云陳力就列湯臣大賢惟有伊尹故知大聖陳力謂伊尹也伊尹賢人而謂之聖者相對則聖極而賢次散文則賢聖相通舜謂禹曰惟汝賢是聖得謂之賢則賢亦可言聖鄭玄周禮注云聖通而先識也解先識則爲聖名故伊尹可爲聖也孟子云伯夷聖人之清者也伊尹聖人之任者也柳下惠聖人之和者也孔子聖人之時者也是謂伊尹爲聖人者也桀爲殘虐人不自保故伐桀除人之穢是爲請命上天孚佑下民。罪人黜伏。孚信也天信佑助下民桀知其罪退伏遠屏天命弗僭。賁若草木。兆民允殖。僭差賁飾也言福善禍淫之道不差天下惡除煥然咸飾若草木同華民信樂生○僭子念反忒也劉創林反賁彼義反徐扶云反煥呼亂反樂音洛〔疏〕天命至允殖○正義曰桀以大罪身卽黜伏是天之福善禍淫之命信而不僭差也既除大惡天下煥然修飾若草木同生華兆民信樂生也昔日不保性命今日樂生活矣僭差不齊之意故傳以僭爲差賁飾易序卦文也俾予一人。輯寧爾邦家。言天使我輯安汝國家國諸侯家卿大夫茲朕未知獲戾于上下。此伐桀未知得罪於天地謙以求衆心○戾力計反〔疏〕傳此伐至衆心○正義曰經言茲者謂此伐桀也顧氏云未知得罪于天地言伐桀之事未知得罪于天地言伐桀之事未知得罪于天地以否湯之伐桀上應天心下符人事本實無罪而云未知得罪以否者謙以求衆心慄慄危懼。若將隕于深淵。慄慄危心若墜深淵危懼之甚○慄音栗隕于敏反凡我造邦。無從匪彝。無卽慆淫。戒諸侯與之更始彝常慆慢也無從非常無就慢過禁之○彝徐音夷慆他刀反各守爾典。以承天休。守其常法承天美道爾有善。朕弗敢蔽。罪當朕躬。弗敢自赦。惟簡在上帝之心。所以不蔽善人不赦己罪以其簡在天心故也〔疏〕惟簡在上帝之心○正義曰鄭玄注論語云簡閱在天心言天簡閱其善惡也其爾萬方有罪。在予一人。自責化不至予一人有罪。無以爾萬方。無用爾萬方言非所及嗚呼。尚克時忱。乃亦有終。忱誠也庶幾能是誠道乃亦有終世之美○忱市林反咎單作明居。咎單臣名主土地之官作明居民法一篇亡○單音善卷末同〔疏〕咎單作明居○正義曰百篇之序此類有四伊尹作咸有一德周公作無逸作立政與此篇直言其所作之人不言其作者之意蓋以經文分明故略之馬融云咎單爲湯司空傳言主土地之官蓋亦爲司空也

伊訓第四

商書　孔氏傳　孔穎達疏

成湯既沒。太甲元年。太甲太丁子湯孫也太丁未立而卒及湯沒而太甲立稱元年伊尹作伊訓。肆命。徂后。凡三篇其二亡〔疏〕成湯至徂后○正義曰成湯既沒其歲卽太甲元年伊尹以太甲承湯之後恐其不能纂修祖業作書以戒之史敍其事作伊訓肆命徂后三篇○傳太甲至元年○正義曰太甲太丁子世本文也此序以太甲元年繼湯沒之下明是太丁未立而卒太甲以孫繼祖故湯沒而太甲代立卽以其年稱爲元年也周法以踰年卽位知此卽以其年稱元年者此經云元祀十有二月伊尹祠于先王奉嗣王祇見厥祖太甲中篇云惟三祀十有二月朔伊尹以冕服奉嗣王歸于亳二者皆云十有二月若是踰年卽位二者皆當以正月行事何以用十二月也明此經十二月是湯崩之踰月太甲中篇三祀十有二月是服闋之踰月以此知湯崩之年太甲卽稱元年也舜禹受帝終事自取歲首遭喪嗣位經無其文夏后之世或亦不踰年也顧氏云殷家猶質踰月卽改元年以明世異不待正月以爲首也商謂年爲祀序稱年者以周世言之故據此經序及太甲之篇年爲太甲必繼湯後而殷本紀云湯崩太子太丁未立而卒於是乃立太丁之弟外丙三年崩立外丙之弟仲壬四年崩伊尹乃立太丁之子太甲與經不同彼必妄也劉歆班固不見古文謬從史記皇甫謐既得此經作帝王世紀乃述馬遷之語是其疎也顧氏亦云止可依經詰大典不可用傳記小說伊訓。作訓以敎道太甲惟元祀。十有二月。乙丑。伊尹祠于先王。此湯崩踰月太甲卽位奠殯而告○祀年也夏曰歲商曰祀周曰年唐虞曰載尹祠音辭祭也〔疏〕惟元祀○正義曰伊尹祠于先王謂祭湯也奉嗣王祇見厥祖謂見湯也故傳解祠先王爲奠殯而告見厥祖爲居位主喪羣后咸在爲在位次皆述在喪之事是言祠是奠也禮喪于殯斂祭皆名爲奠虞祔卒哭始名爲祭知祠非宗廟者元祀卽是初喪之時未得祠廟且湯之父祖不追爲王所言先王惟有湯耳故知祠實是奠非祠宗廟也祠之與奠有大小耳祠則有主有尸其禮大奠則奠器而已其禮小奠祠俱是享神故可以祠言奠亦由於時猶質未有節文周時則祠奠有異故傳解祠爲奠耳○傳此湯至而告○正義曰太甲中篇云三祀十有二月伊尹以冕服奉嗣王則是除喪卽吉明十二月服終禮記稱三年之喪二十五月而畢知此年十一月湯崩此祠先王是湯崩踰月太甲卽位奠殯而告也此奠殯而告亦如周康王受顧命尸於天子春秋之世既有奠殯卽位踰年卽位此踰月卽位當奠殯卽位也此言伊尹祠于先王是特設祀也嗣王祇見厥祖是始見祖也特設祀禮而王始見祖明是初卽王位告殯爲喪主也奉嗣王祇見厥祖。居位主喪○見賢遍反侯甸羣后咸在。在位次○甸徒遍反百官總己以聽冢宰。

伊尹制百官以三公攝冢宰○總音摠伊尹乃明言烈祖之成德。以訓于王。湯有功烈之祖故稱焉〔疏〕傳湯有至稱焉○正義曰湯有功烈之祖毛詩傳文也烈訓業也湯有定天下之功業爲商家一代之大祖故以烈祖稱焉曰。嗚呼。古有夏先后。方懋厥德。罔有天災。先君謂禹以下少康以上賢王言能以德禳災○少詩照反上時掌反禳如羊反〔疏〕傳先君至禳災○正義曰有夏先君揔指桀之上世有德之王皆是也傳舉聖賢者言禹已下少康已上惟當禹與啓及少康耳魯語云杼能師禹者也杼少康之子傳蓋以其德衰薄故斷自少康已上耳由躬行其德故無有天災言能以德禳災也山川鬼神。亦莫不寧。莫無也言皆安之曁鳥獸魚鼈咸若。雖微物皆順之明其餘無不順○曁其器反鼈必滅反〔疏〕山川至咸若○正義曰山川鬼神謂山川之鬼神也亦莫不寧者謂鬼神安人君之政政善則神安之神安之則降福人君無妖孽也鳥獸魚鼈咸若者謂人君順禽魚君政善而順彼性取之有時不夭殺也鳥獸在陸魚鼈在水水陸所生微細之物人君爲政皆順之明其餘無不順也于其子孫弗率。皇天降災。假手于我有命。言桀不循其祖道故天下禍災借手於我有命商王誅討之造攻自鳴條。朕哉自亳。造哉皆始也始攻桀伐無道由我始修德于亳○亳旁各反徐扶各反〔疏〕于其至自亳○正義曰于其子孫於有夏先君之子孫謂桀也不循其祖之道天下禍災謂滅其國而誅其身也天不能自誅於桀故借手于我有命之人謂成湯也言湯有天命將爲天子就湯借手使誅桀也既受天命誅桀始攻從鳴條之地而敗之天所以命我者由湯始自修德於亳故也惟我商王。布昭聖武。代虐以寬。兆民允懷。言湯布明武德以寬政代桀虐政兆民以此皆信懷我商王之德今王嗣厥德。罔不在初。言善惡之由無不在初欲其慎始立愛惟親。立敬惟長。始于家邦。終于四海。言立愛敬之道始於親長則家國並化終治四海○長丁丈反〔疏〕立愛至四海○正義曰王者之馭天下撫兆人惟愛敬二事而已孝經天子之章盛論愛敬之事言天子當用愛敬以接物也行之所立自近爲始立愛惟親先愛其親推之以及疏立敬惟長先敬其長推之以及幼即孝經所云愛親者不敢惡於人敬親者不敢慢於人是推親以及物始則行於家國終乃治於四海即孝經所云德教加於百姓刑於四海是也所異者孝經論愛敬並始於親今緣親以及疏此分敬屬長言從長以及幼耳嗚呼。先王肇修人紀。從諫弗咈。先民時若。言湯始修爲人綱紀有過則改從諫如流必先民之言是順○咈扶弗反〔疏〕先民時若○正義曰賈逵注周語云先民古賢人也魯語云古曰在昔昔曰先民然則先民在古昔之前遠言之也遠古賢人亦是民內之一人故以民言之先民之言於是順從言其動皆法古賢也居上克明。言理恕〔疏〕居上克明○正義曰見下之謂明言其以理恕物照察下情是能明也爲下克忠。事上竭誠與人不

求備。檢身若不及。使人必器之常如不及恐有過〔疏〕檢身若不及○正義曰檢謂自攝斂也檢勅其身常如不及不自大以卑人不恃長以陵物也以至于有萬邦。茲惟艱哉。言湯操心常危懼動而無過以至爲天子此自立之難○操七曹反又七報反敷求哲人。俾輔于爾後嗣。布求賢智使師輔於爾嗣王言仁及後世○哲本又作喆俾必爾反制官刑。儆于有位。言湯制治官刑法以儆戒百官○儆居領反曰。敢有恒舞于宮。酣歌于室。時謂巫風。常舞則荒淫樂酒曰酣酣歌則廢德事鬼神曰巫言無政○酣戶甘反巫音無樂音洛敢有殉于貨色。恒于遊畋。時謂淫風。殉求也昧求財貨美色常遊戲畋獵是淫過之風俗○殉辭俊反徐辭荀反畋音田敢有侮聖言。逆忠直。遠耆德。比頑童。時謂亂風。狎侮聖人之言而不行拒逆忠直之規而不納耆年有德疏遠之童稚頑嚚親比之是荒亂之風俗○遠于萬反注同耆巨夷反比毗志反徐扶至反稚直利反嚚魚巾反惟茲三風十愆。卿士有一于身。家必喪。有一過則德義廢失位亡家之道○愆去乾反喪如字又息浪邦君有一于身。國必亡。諸侯犯此國亡之道臣下不匡。其刑墨。具訓于蒙士。邦君卿士則以爭臣自匡正臣不正君服墨刑鑿其額涅以墨蒙士例謂下士士以爭友僕隸自匡正○爭諫爭之爭鑿在洛反額魚白反涅乃結反隸郎計反〔疏〕曰敢有至蒙士○正義曰此皆湯所制治官之刑以儆戒百官之言也三風十愆謂巫風二舞也歌也淫風四貨也色也遊也畋也與亂風四爲十愆也歌舞及遊畋得有時爲之而不可常然故三事特言恒也歌則可矣不可樂酒而歌故以酣配之巫以歌舞事神故歌舞爲巫覡之風俗也貨色人所貪欲宜其以義自節而不可專心殉求故言殉於貨色心殉貨色常爲遊畋是謂淫過之風俗也侮慢聖人之言拒逆忠直之諫疏遠耆年有德親比頑愚幼童愛惡憎善國必荒亂故爲荒亂之風俗也此三風十愆雖惡有大小但有一於身皆喪國亡家故各從其類相配爲風俗臣下不匡其刑墨言臣無貴賤皆當匡正君也具訓于蒙士者謂湯制官刑非直教訓邦君卿大夫等使之受諫亦備具教訓下士使受諫也○傳常舞至無政○正義曰酣歌常舞並爲耽樂無度荒淫廢德俱是敗亂政事其爲愆過不甚異也恒舞酣歌乃爲愆耳若不恒舞不酣歌非爲過也樂酒日酣言耽酒以自樂也說文亦云酣樂酒也楚語云民之精爽不攜貳者則明神降之在男曰覡在女曰巫又周禮有男巫女巫之官皆掌接神故事鬼神曰巫也廢棄德義事爲歌舞似巫事鬼神然言其無政也○傳殉求至風俗○正義曰殉者心循其事是貪求之意故爲求也志在得之不顧禮義昧求謂貪昧以求之無逸云于遊于畋是遊與畋別故爲遊戲與畋獵爲之無度是淫過之風俗也○傳狎侮至風俗○正義曰侮謂輕慢狎謂慣忽故傳以狎配侮而言之旅獒云德盛不狎侮是狎侮意相類也○傳邦君至匡正○正義曰言十愆有一則亡國喪家邦君卿士慮其喪亡之故則宜以爭臣自匡正犯顏而諫臣之所難故設不諫之刑以勵臣下故言臣不正君則服墨刑墨刑五刑之輕

者謂鑿其額涅以墨司刑所謂墨罪五百者也蒙謂蒙稚卑小之稱故蒙士例謂下士也顧氏亦以爲蒙謂蒙闇之士例字宜從下讀言此等流例謂下士也嗚呼。嗣王祗厥身。念哉。言當敬身念祖德聖謨洋洋。嘉言孔彰。洋洋美善言甚明可法○洋音羊徐音翔〔疏〕聖謨至孔彰○正義曰此歎聖人之謨洋洋美善者謂上湯作官刑所言三風十愆令受下之諫是善言甚明可法也惟上帝不常。作善降之百祥。作不善降之百殃。祥善也天之禍福惟善惡所在不常在一家爾惟德罔小。萬邦惟慶。修德無小則天下賚慶○賚力代反爾惟不德罔大。墜厥宗。苟爲不德無大言惡有類以類相致必墜失宗廟此伊尹至忠之訓〔疏〕爾惟至厥宗○正義曰又戒王爾惟修德而爲善德無小德雖小猶萬邦賴慶況大善乎爾惟不德而爲惡惡無大惡雖小猶墜失其宗廟況大惡乎○傳苟爲至之訓○正義曰爾惟德謂修德以善也爾惟不德謂不修德爲惡也易繫辭曰善不積不足以成名惡不積不足以滅身乃謂大善始爲福大惡乃成禍此訓作勸誘之辭言爲善無小小善萬邦猶慶況大善乎而爲惡無大言小惡猶墜厥宗況大惡乎此經二事辭反而意同也傳言惡有類者解小惡墜宗之意初爲小惡小惡有族類以類相致至於大惡若致於大惡必墜失宗廟言至於大惡乃墜非小惡即能墜也晉語云趙文子冠見韓獻子曰戒之此謂成人成人在始與善善進不善蔑由至矣始與不善不善進善亦蔑由至矣言惡有類以類相致也今太甲初立恐其親近惡人以惡類相致禍害故以言戒之此是伊尹至忠之訓也

肆命陳天命以戒太甲亡

徂后陳往古明君以戒亡

太甲上第五

商書　孔氏傳　孔穎達疏

太甲既立。不明。不用伊尹之訓不明居喪之禮伊尹放諸桐。湯葬地也不知朝政故曰放○朝直遙反三年。復歸于亳。思庸。念常道伊尹作太甲三篇。〔疏〕太甲至三篇○正義曰太甲既立爲君不明居喪之禮伊尹放諸桐宮使之思過三年復歸於亳都以其能改前過思念常道故也自初立至放而復歸伊尹每進言以戒之史敘其事作太甲三篇案經上篇是放桐宮之事中下二篇是歸亳之事此序歷言其事以揔三篇也○傳不用至之禮○正義曰此篇承伊訓之下經稱不惠于阿衡知不明者不用伊尹之訓也王徂桐宮始云居憂是未放已前不明居喪之禮也○傳湯葬至曰放○正義曰經稱營于桐宮密邇先王知桐是湯葬地也舜之四凶徙之遠裔春秋放其大夫流之他境嫌此亦然故辨之云不知朝政故曰放使之遠離國都往居墓側與彼放逐事同故亦稱放也古者天子居喪三年政事聽於家宰法當不知朝政而云不知朝政曰放者彼正法三年之內君雖不親政事家宰猶尚諮稟此則全不知政故爲放也

太甲。戒太甲故以名篇〔疏〕傳戒太甲故以名篇○正義曰盤庚仲丁祖乙等皆是發言之人名篇此太甲及沃丁君奭以被告之人名篇史官不同故以爲名有異且伊訓肆命徂后與此三篇及咸有一德皆是伊尹戒太

甲不可同名伊訓故隨事立稱以太甲名篇也惟嗣王不惠于阿衡。阿倚衡平言不順伊尹之訓○倚於綺反〔疏〕惟嗣至阿衡○正義曰太甲以元年十二月即位此至放桐之時未知凡經幾月必是伊尹數諫久而不順方始放之蓋以三五月矣必是二年放之序言三年復歸者謂即位三年非在桐宮三年也史錄其伊尹訓王有伊訓肆命徂后其餘忠規切諫固應多矣太甲終不從之故言不惠于阿衡史爲作書發端故言此爲目也○傳阿倚至之訓○正義曰古人所讀阿倚同音故阿亦倚也稱上謂之衡故衡爲平也詩毛傳云阿衡伊尹也鄭玄亦云阿倚衡平也伊尹湯倚而取平故以爲官名伊尹作書曰。先王顧諟天之明命。以承上下神祇。顧謂常目在之諟是也言敬奉天命以承順天地○顧音故諟音是說文理也祇巨支反〔疏〕傳顧謂至天地○正義曰說文云顧還視也諟與是古今之字異故變文爲是也言先王每有所行必還迴視是天之明命謂常目在之言其想象如目前終常敬奉天命以承上天下地之神祇也社稷宗廟。罔不祇肅。肅嚴也言能嚴敬鬼神而遠之○遠于萬反天監厥德。用集大命。撫綏萬方。監視也天視湯德集王命於其身撫安天下○監工暫反惟尹躬克左右厥辟。宅師。伊尹言能助其君居業天下之衆○辟必亦反徐甫亦反〔疏〕惟尹躬○正義曰孫武兵書及呂氏春秋皆云伊尹名摯則尹非名也今自稱尹者蓋湯得之使尹正天下故號曰伊尹人既呼之爲尹故亦以尹自稱禮法君前臣名不稱名者古人質直不可以後代之禮約之肆嗣王丕承基緒。肆故也言先祖勤德致有天下故子孫得大承基業宜念祖修德丕普悲反徐甫眉反惟尹躬先見于西邑夏。自周有終。相亦惟終。周忠信也言身先見夏君臣用忠信有終夏都在亳西○先見並如字注同其後嗣王。罔克有終。相亦罔終。言桀君臣滅先人之道德不能終其業以取亡○相悉亮反嗣王戒哉。祗爾厥辟。辟不辟。忝厥祖。以不終爲戒愼之至敬其君道則能終忝辱也爲君不君則辱其祖王惟庸。罔念聞。言太甲守常不改無念聞伊尹之戒伊尹乃言曰。先王昧爽丕顯。坐以待旦。爽顯皆明也言先王昧明思大明其德坐以待旦而行之○昧音妹旁求俊彥。啓迪後人。旁非一方美士曰彥開道後人言訓戒○俊本亦作畯迪大歷反無越厥命以自覆。越墜失也無失亡祖命而不勤德以自顛覆○越于月反本又作粵覆芳服反注同愼乃儉德。惟懷永圖。言當以儉爲德思長世之謀若虞機張。往省括于度則釋。機弩牙也虞度也度機機有度以準望言修德夙夜思之明旦行之如射先省矢括于度釋則中○省息井反括故活反度如字虞度待洛反中丁仲反欽厥止。率乃祖攸行。止謂行所安止君止於仁子止於孝惟朕以懌。萬世有辭。言能循汝祖所行則我喜悅王亦見歎美無窮○懌音亦〔疏〕伊尹至有辭○正義曰伊尹作書以告太甲不念聞之伊尹乃又言曰先王以昧爽之時思大明其德既思得其事則坐以待旦明則行之其身既勤於政又乃旁求俊彥之人置之於位令以開導後人先王之念子孫其憂勤若是嗣王今承其後無得墜失其先祖之命以自覆敗王當慎汝儉約之德令其以儉爲德而謹慎守之惟思其長世之謀謀爲政之事譬若以弩射也可準度之機已張之又當以意往省視矢括當於所度則釋而放之如是而射則無不中矣猶若人君所修政教欲發命也當以意夙夜思之使當於民心明旦行之則無不當矣王又當敬其身所安止循汝祖之所行若能如此惟我以此喜悅王于萬世常有善辭言有聲譽亦見歎美無窮也○傳爽顯至行之○正義曰昭七年左傳云是以有精爽至於神明從爽以至於明是爽謂未大明也昧是晦冥爽是未明謂夜向晨也釋詁云丕大也顯光也光亦明也於夜昧冥之時思欲大明其德既思得之坐以待旦而行之言先王身之勤也○傳旁非至訓戒○正義曰旁謂四方求之故言非一方也美士曰彥釋訓文舍人曰國有美士爲人所言道也○傳機弩至則中○正義曰括謂矢末機張省括則是以射喩也機是轉關故爲弩牙虞訓度也度機者機有法度以準望所射之物準望則解經虞也如射者弩以張訖機關先省矢括與所射之物三者於法度相當乃後釋弦發矢則射必中矣言爲政亦如是也王未克變。未能變不用訓太甲性輕脫伊尹至忠所以不已○輕遣政反〔疏〕傳未能至不已○正義曰未能變者據在後能變故當時爲未能也時既未變是不用伊尹之訓也太甲終爲人主非是全不可移但體性輕脫與物推遷雖有心向善而爲之不固伊尹至忠所以進言不已是伊尹知其可移故誨之不止冀其終從己也伊尹曰。茲乃不義。習與性成。言習行不義將成其性○義本亦作誼予弗狎于弗順。營于桐宮。密邇先王其訓。無俾世迷。狎近也經營桐墓立宮令太甲居之近先王則訓於義無成其過不使世人迷惑怪之○俾必爾反後篇同近附近之近令力呈反〔疏〕伊尹至世迷○正義曰伊尹以王未變乃告於朝廷羣臣曰此嗣王所行乃是不義之事習行此事乃與性成言爲之不已將以不義爲性也我不得令王近於不順之事當營於桐墓立宮使此近先王當受人教訓之無得成其過失使後世人迷惑怪之○傳狎近至不怪之○正義曰狎習是相近之義故訓爲近也不順即是近不順也習爲不義近於不順則當日日益惡必至滅亡故伊尹言已不得使王近於不順故經營桐墓立宮令太甲居之不使復知朝政身見廢退必當改悔爲善也王徂桐宮居憂。往入桐宮居憂位〔疏〕傳往入至憂位○正義曰亦既不知朝政之事惟行居喪之禮居憂位謂服治喪禮也伊尹亦使兵士衞之選賢俊教之故太甲能終信德也克終允德。言能思念其祖終其信德

太甲中第六

商書　孔氏傳　孔穎達疏

惟三祀。十有二月朔。湯以元年十一月崩至此二十六月三年服闋○闋苦穴反伊尹以冕服。奉嗣王歸于亳。冕冠也踰月即吉服○冕音免〔疏〕惟三至于亳○正義曰周制君薨之年屬前君明年始爲新君之元年此殷法君薨之年而新君即位即以其年爲新君之元年惟三祀者太甲即位之三年也湯以元年十一月崩至此元年十一月爲再朞除喪服也至十二月服闋闋息也如喪服息即吉服舉事貴初始故於十二月朔以冕服奉嗣王歸于亳冕是在首之服冠內之別名冠是首服之大名故傳以冕爲冠案王制云殷人哻而祭大雅云常服黼哻是殷之祭冠今云冕者蓋冕爲通名王制又云有虞氏皇而祭夏后氏收而祭殷人哻而祭周人冕而祭並是當代別名殷禮不知天子幾冕周禮天子六冕大裘之冕以祭天尚質弁師惟掌五冕備物盡文惟衮冕耳此以冕服蓋以衮冕之服也顏氏云祥禫之制前儒不同案士虞禮云朞而小祥又朞而大祥中月而禫王肅云祥月之內又禫祭服彌寬而變彌數也禮記檀弓云祥而縞是月禫徙月樂王肅云是祥之月而禫禫之明月可以樂矣案此孔傳云二十六月服闋則與王肅同鄭玄以中月爲間一月云祥後復更有一月而禫則三年之喪凡二十七月與孔爲異作書曰。民非后。罔克胥匡以生。無能相匡故須君以生○胥息餘反后非民。罔以辟四方。須民以君四方皇天眷佑有商。俾嗣王克終厥德。實萬世無疆之休。言王能終其德乃天之顧佑商家是商家萬世無窮之美○疆居良反王拜手稽首曰。予小子不明于德。自底不類。君而稽首於臣謝前過類善也闇於德故自致不善○底之履反欲敗度。縱敗禮。以速戾于厥躬。速召也言己放縱情欲毀敗禮儀法度以召罪於其身○敗必邁反徐甫邁反縱子用反戾郎計反〔疏〕傳速召至其身○正義曰釋言云速徵也徵召也轉以相訓故速爲召也欲者本之於情縱者放之於外有欲而縱之縱欲爲一也準法謂之度體見謂之禮禮度一也故傳幷釋之言已放縱情欲毀敗禮儀法度以召罪於其身也天作孽。猶可違。自作孽。不可逭。孽災逭逃也言天災可避自作災不可逃○孽魚列反逭胡亂反〔疏〕傳孽災至可逃○正義曰洪範五行傳有妖孽眚祥漢書五行志說云凡草物之類謂之妖妖猶夭胎言尙微也蟲豸之類謂之孽孽則牙孽矣甚則異物生謂之眚自外來謂之祥祥是孽爲災初生之名故爲災也逭逃也釋言文樊光云行相避逃謂之逭亦行不相逢也天作災者謂若太戊桑穀生朝高宗雊雉升鼎耳可修德以禳之是可避也自作災者謂若桀放鳴條紂死宣室是不可逃也據其將來修德可去及其已至改亦無益天災自作逃否亦同且天災亦由人行而至非是橫加災也此太甲自悔之深故言自作甚於天災耳既往背師保之訓。弗克于厥初。尙賴匡救之德。圖惟厥終。言已已往之前不能修德於其初今庶幾賴教訓之德謀終於善悔過之辭○背音佩徐扶代反伊尹拜手稽首。拜手首至手〔疏〕傳拜手首至手○正義曰周禮太祝辨九拜一曰稽首二曰頓首三曰空首鄭玄云稽首拜頭至地也頓首拜頭叩地也空首拜頭至手所謂拜手也鄭惟解此三者拜之形容以爲異也稽首頭至地頭下至地也頓首頭下至地暫一叩之而已此言拜手稽首者初爲拜頭至手乃復申頭以至于地至手是爲拜手至

地乃為稽首然則凡為稽首者皆先為拜手乃後為稽首故拜手稽首連言之諸言拜手稽首義皆同也太祝又云四曰振動五曰吉拜六曰凶拜七曰奇拜八曰褒拜九曰肅拜鄭注云振動者戰栗變動而拜吉拜者拜而後稽顙謂齊衰不杖以下者之拜凶拜者稽顙而後拜即三年喪拜也奇拜者謂君答臣一拜也褒拜者謂再拜拜神與尸也肅拜者謂揖拜也禮介者不拜及婦人之拜也左傳云天子在寡君無所稽首則諸侯於天子稽首也諸侯相於則頓首也君於臣則空首也

曰。修厥身。允德協于下。惟明后。言修其身使信德合於羣下惟乃明君

先王子惠困窮。民服厥命。罔有不悅。言湯子愛困窮之人使皆得其所故民心服其教令無有不忻喜

並其有邦厥鄰。乃曰。徯我后。后來無罰。湯俱與鄰並有國鄰國人乃曰待我君來言忻戴君來無罰言仁惠○徯胡啓反【疏】並其至無罰○正義曰言湯昔為諸侯之時與湯並居其有邦國謂諸侯之國也此諸侯國人其與湯鄰近者皆願以湯為君乃言曰待我后后來無罰於我言羨慕湯德忻戴之也

王懋乃德。視乃厥祖。無時豫怠。言當勉修其德法視其祖而行之無為是逸豫怠惰○懋音茂

奉先思孝。接下思恭。以念祖德為孝以不驕慢為恭

視遠惟明。聽德惟聰。言當以明視遠以聰聽德【疏】傳言當至聽德○正義曰人之心識所知在於聞見聞見所得在於耳目故欲言人之聰明以視聽為主視若不見故言惟明明謂監察是非也聽若不聞故言惟聰聰謂識知善惡也視戒見近迷遠故言視遠聽戒背正從邪故言聽德各準其事相配為文

朕承王之休無斁。王所行如此則我承王之美無斁○斁音亦厭於豔反

太甲下第七

商書　孔氏傳　孔穎達疏

伊尹申誥于王曰。嗚呼。惟天無親。克敬惟親。言天於人無有親疏惟親能敬身者【疏】伊尹申誥于王○正義曰伊尹以至忠之心喜王改悔重告於王冀王大善一篇皆誥辭也天親克敬民歸有仁神享克誠言天民與神皆歸于善也奉天宜其敬謹養民宜用仁恩事神當以誠信亦準事相配而為文也

民罔常懷。懷于有仁。民所歸無常以仁政為常

鬼神無常享。享于克誠。言鬼神不保一人能誠信者則享其祀

天位艱哉。言居天子之位難以此三者

德惟治。否德亂。為政以德則治不以德則亂○治直吏反注及下同

與治同道。罔不興。與亂同事。罔不亡。言安危在所任治亂在所法【疏】傳言安至所法○正義曰任賢則興任佞則亡故安危在所任於善則治於惡則亂故治亂在所法捴言治國則稱道單指所行則言事興難而亡易道大而事小故大言興而小言亡也此所云惟言治亂在所法耳下句云終始慎厥與言當與賢不與佞治亂在於用臣故傳於此言安危在所任也

終始慎厥與。惟明明后。明慎其所與治亂之機則為明王明君【疏】惟明明后○正義曰重言明明言其為大明耳傳因文重故言明王明君君王猶是一也

先王惟時懋敬厥德。克配上帝。言湯推是終始所與之難勉修其德能配天而行之

今王嗣有令緒。尚監茲哉。令善也繼祖善業當夙夜庶幾視祖此配天之德而法之

若升高。必自下。若陟遐。必自邇。言善政有漸如登高升遠必用下近為始

無輕民事惟難。無輕為力役之事必重難之乃可

無安厥位惟危。言當常自危懼以保其位

慎終于始。於始慮終於終思始【疏】慎終于始○正義曰欲慎其終於始即須慎之故傳云於始慮終傳以將終戒惰故又云於終思始言終始皆當慎也

有言逆于汝心。必求諸道。人以言咈違汝心必以道義求其意勿拒逆之

有言遜于汝志。必求諸非道。遜順也言順汝心必以非道察之勿以自臧

嗚呼。弗慮胡獲。弗為胡成。一人元良。萬邦以貞。胡何貞正也言常念慮道德則得道德念為善政則成善政一人天子天子有大善則天下得其正【疏】傳胡何至其正○正義曰胡之與何方言之異耳易象皆以貞為正也伊尹此言勸王為善弗慮弗為必是善事人君善事惟有道德政教言不慮何獲是念慮有所得知心所念慮是道德也不為何成則為之有所成則知心所為是善政也謂天子為一人者其義有二一則天子自稱一人是為謙辭言已是人中之一耳一則臣下謂天子為一人是為尊稱言天下惟一人而已

君罔以辯言亂舊政。利口覆國家故特慎焉

臣罔以寵利居成功。成功不退其志無限故為之極以安之【疏】傳成功至安之○正義曰四時之序成功者退臣既成功不知退謝其志貪欲無限其君不堪所求或有怨恨之心君懼其謀必生誅殺之計自古以來人臣有功不退者皆喪家滅族者衆矣經稱臣無以寵利居成功者為之限極以安之也伊尹告君而言及臣事者雖復汎說大理亦見已有退心也

邦其永孚于休。言君臣各以其道則國長信保於美

咸有一德第八

商書　孔氏傳　孔穎達疏

伊尹作咸有一德。言君臣皆有純一之德以戒太甲【疏】伊尹作咸有一德○正義曰太甲既歸於亳伊尹致仕而退恐太甲德不純一故作此篇以戒之經稱尹躬及湯有一德言已君臣皆有純一之德戒太甲使君臣亦然此主戒太甲而言臣者欲令太甲亦任一德之臣經云任官惟賢材左右惟其人是戒太甲使善用臣也伊尹既放太甲又迎而復之是伊尹有純一之德已為太甲所信是已君臣純一欲令太甲法之

咸有一德。即政之後恐其不一故以戒之【疏】咸有一德○正義曰此篇終始皆言一德之事發首至陳戒于德敘其作戒之由已下皆戒辭也德者得也內得於心行得其理既得其理執之必固不為邪見更致差貳是之謂一德也而凡庸之主監不周物志既少決性復多疑與智者謀之與愚者敗之則是二三其德不為一也經云德惟一動罔不吉德二三動罔不凶是不二三則為一德也又曰終始惟一時乃日新言守一必須固也太甲新始即政伊尹恐其二三故專以一德為戒

伊尹既復政厥辟。將告歸。乃陳戒于德。還政太甲將告老歸邑陳德以戒【疏】伊尹至于德○正義曰自太甲居桐而伊尹秉政太甲既歸于亳伊尹還政其君將欲告老歸其私邑乃陳言戒王於德以一德戒王也太甲既得復歸伊尹即應還政其告歸陳戒未知在何年也下云今嗣王新服厥命則是初始即政蓋太甲居亳之後即告老也君奭云在太甲時則有若保衡保衡伊尹也襄二十一年左傳云伊尹放太甲而相之卒無怨色則伊尹相太甲蓋伊尹此時將欲告歸太甲又留之為相如成王之留周公不得歸也○傳告老至以戒○正義曰伊尹湯之上相位為三公必封為國君又受邑於畿內告老致政事於君欲歸私邑以自安將離王朝故陳戒以德也無逸云肆祖甲之享國三十三年傳稱祖甲即太甲也殷本紀云太甲崩子沃丁立沃丁序云沃丁既葬伊尹于亳則伊尹卒在沃丁之世湯為諸侯之時已得伊尹此至沃丁始卒伊尹壽年百有餘歲此告歸之時已應七十左右也殷本紀云太甲既立三年伊尹放之於桐宮居桐宮三年悔過反善伊尹乃迎而受之政謂太甲歸於亳之歲已為即位六年與此經相違馬遷之說妄也紀年云殷仲壬即位居亳其卿士伊尹仲壬崩伊尹放太甲於桐乃自立也伊尹即位於太甲七年太甲潛出自桐殺伊尹乃立其子伊陟伊奮命復其父之田宅而中分之案此經序伊尹奉太甲歸于亳其文甚明左傳又稱伊尹放太甲而相之孟子云有伊尹之志則可無伊尹之志則篡伊尹不肯自立太甲不殺伊尹也必若伊尹放君自立太甲起而殺之則伊尹死有餘罪義當汙宮滅族太甲何所感德而復立其子還其田宅乎紀年之書晉太康八年汲郡民發魏安僖王冢得之蓋當時流俗有此妄說故其書因記之耳

曰。嗚呼。天難諶。命靡常。以其無常故難信○諶徐市林反

常厥德。保厥位。厥德匪常。九有以亡。人能常其德則安其位九有諸侯桀不能常其德湯伐而兼之【疏】九有以亡○正義曰毛詩傳云九有九州也此傳云九有諸侯謂九州所有之諸侯伊尹此言凡說大理未指夏桀但傳顧下文比桀為此言之驗故云桀不能常其德湯伐而兼之

夏王弗克庸德。慢神虐民。言桀不能常其德不敬神明不恤下民

皇天弗保。監于萬方。啓迪有命。言天不安桀所為廣視萬方有天命者開道之

眷求一德。俾作神主。天求一德使伐桀為天地神祇之主

惟尹躬暨湯。咸有一德。克享天心。受天明命。享當也所征無敵謂之受天命【疏】傳享當至天命○正義曰德當神意神乃享之故以享為當也天道遠而人道近天之命人非有言辭文誥正以神明祐之使之所征無敵謂之受天命也緯候之書乃稱有黃龍玄龜白魚赤雀負圖銜書以授聖人正典無其事也漢自哀平之間緯候始起假託鬼神妄稱祥瑞孔時未有其說縱使時已有之亦非孔所信也

以有九有之師。爰革夏正。爰於也於得九有之衆遂伐夏勝之改其正

非

天私我有商。惟天佑于一德。非天私商而王之佑助一德所以王○王于況反下同或如字非商求于下民。惟民歸于一德。非商以力求民民自歸於一德德惟一。動罔不吉。德二三。動罔不凶。二三言不一惟吉凶不僭在人。惟天降災祥在德。行善則吉行惡則凶是不差德一天降之善不一天降之災是在德○僭子念反【疏】惟吉至在德○正義曰指其已然則爲吉凶言其徵兆則曰災祥其事不甚異也吉凶已成之事指人言之故曰在人災祥未至之徵行之所招故言在德在德謂爲德有一與不一在人謂人行有善與不善也吉凶已在其身故不言來處災祥自外而至故言天降其實吉凶亦天降也

今嗣王新服厥命。惟新厥德。其命王命新其德戒勿怠終始惟一。時乃日新。言德行終始不衰殺是乃日新之義○行下孟反殺色界反衰微也殺害也言小小害也任官惟賢材。左右惟其人。官賢才而任之非賢材不可任選左右必忠良不忠良非其人臣爲上爲德。爲下爲民。言臣奉上布德順下訓民不可官所私任非其人○爲上于僞反下爲民同爲德如字下爲下同徐皆于僞反其難其愼。惟和惟一。其難無以爲易其愼無以輕之羣臣當和一心以事君政乃善○易以鼓反【疏】今嗣王至惟一○正義曰上既言在德此指戒嗣王今新始服其王命惟當新其所行之德所云新者終始所行惟常如一無有衰殺之時是乃日新也王既身行一德臣亦當然任人爲官惟用其賢材輔弼左右惟當用其忠良之人乃可爲左右耳比任官左右即王之臣也臣之爲用所施多矣何者言臣之助爲在上當施爲道德身爲臣下當須助爲於民也臣之既當爲君又須爲民故不可任非其才用非其人此臣之所職其事甚難無得以爲易其事須愼無得輕忽爲臣之難如此惟當衆臣和順惟當共秉一心以此事君然後政乃善耳言君臣宜皆有一德○傳其命至勿怠○正義曰說命云王言惟作命成十八年左傳云人之求君使出命也是言人君職在發命新服厥命新始服行王命故云其命王命也新其德者勤行其事日日益新戒王勿懈怠也○傳言德至之義○正義曰日新者日日益新也若今日勤而明日惰昨日是而今日非自旁觀之則有新有舊言王德行終始皆同不有衰殺從旁觀之每日益新是乃日新之義也○傳官賢至其人○正義曰任官謂任人以官故云官賢才而任之言官用賢才而委任之詩序云任賢使能非賢才不可任也冏命云小大之臣咸懷忠良故言選左右必忠良不忠良卽是非其人任官是用人爲官左右亦是在而用之故言選左右也宜言其人人字不見故據冏命之文以忠良充之○傳言臣至其人○正義曰言臣奉上布德者奉上謂奉爲在上解經爲上也布德者謂布爲道德解經爲德也順下訓民者順下謂卑順以爲臣下解經爲下也訓民者訓以善道訓助下民解經爲民也顧民亦同此解○傳其難至乃善○正義曰此經申上臣事既所爲如此其難無以爲易其愼無以輕忽之戒臣無得輕易臣之職也既事不可輕宜和協奉上羣臣當心以事君如此政乃善耳一心卽一德言臣亦當一德也

德無常師。主善爲師。德非一方以善爲主乃可師善無常主。協于克一。言以合於能一爲常德俾萬姓咸曰。大哉王言。一德之言故曰大又曰。一哉王心。能一德則一心克綏先王之祿。永底烝民之生。言爲王而令萬姓如此則能保安先王之寵祿長致衆民所以自生之道是明王之事○烝之丞反嗚呼。七世之廟。可以觀德。天子立七廟有德之王則爲祖宗其廟不毀故可觀德萬夫之長。可以觀政。能整齊萬夫其政可知○長丁丈反【疏】嗚呼至觀政○正義曰此又觀王修德以立後世之名禮王者祖有功宗有德雖七世之外其廟不毀嗚呼七世之廟其外則猶有不毀者可以觀知其有明德也立德在於爲政萬夫之長能使其整齊可以觀知其善政也萬夫之長尚爾況天子乎觀王使爲善政也○傳天子至觀德○正義曰天子立七廟是其常事其有德之王則列爲祖宗雖七廟親盡而其廟不毀故於七廟之外可以觀德矣下云萬夫之長可以觀政謂觀其萬夫之長此七世之廟可以觀德謂觀七世之外文雖同而義小異耳所謂辭不害意漢氏以來論七廟諸多矣其文見於記傳禮器家語荀卿書穀梁傳皆曰天子立七廟以爲天子常法不辨其廟之名王制云天子七廟三昭三穆與太祖之廟而七祭法云王立七廟曰考廟曰王考廟曰皇考廟曰顯考廟曰祖考廟皆月祭之遠廟爲祧有二祧享嘗乃止漢書韋玄成議曰周之所以七廟者后稷始封文王武王受命而王是以三廟不毀與親廟四而七也鄭玄用此爲說惟周有七廟二祧爲文王武王廟也故鄭玄王制注云此周制七者太祖及文王武王二祧與親廟四太祖后稷也殷則六廟契及湯與二昭二穆夏則五廟無太祖禹與二昭二穆而已良由不見古文故爲此謬說此篇乃是商書已云七世之廟則天子立七廟王者常禮非獨周人始有七廟也文武則爲祖宗不在昭穆之數王制之文不得云三昭三穆也劉歆馬融王肅雖則不見古文皆以七廟爲天子常禮所言二祧者王肅以爲高祖之父及祖也并高祖已下共爲三昭三穆耳喪服小記云王者禘其祖之所自出以其祖配之而立四廟庶子王亦如之所以不同者王肅等以爲受命之王是初基之王故立四廟庶子王者謂庶子之後自外繼立雖承正統之後自更別立己之高祖已下之廟猶若漢宣帝別立戾太子悼皇考廟之類也或可庶子初基爲王亦得與嫡子同正立四廟也后非民罔使。民非后罔事。君以使民自尊民以事君自生無自廣以狹人。匹夫匹婦。不獲自盡。民主罔與成厥功。上有狹人之心則下無所自盡矣言先盡其心然後乃能盡其力人君所以成功○狹戶夾反盡徐子忍反注同【疏】無自至厥功○正義曰既言君民相須又戒王虛心待物凡爲人王無得爲廣大以狹小前人勿自以所知爲大謂彼所知爲小若謂彼狹小必待之輕薄彼知遇薄則意不自盡匹夫匹婦不得自盡其意則在下不肯親上在上不得下情如是則人主無與成其功也

沃丁既葬。伊尹于亳。沃丁太甲子伊尹既致仕老終以三公禮葬○沃烏毒反徐於毒反咎單遂訓伊尹事。訓暢其所行功德之事作沃丁。咎單忠臣名作此篇以戒也亡【疏】沃丁至作沃丁○正義曰沃丁殷王名也沃丁既葬伊尹言重其賢德備禮而葬之咎單以沃丁愛慕伊尹遂訓暢伊尹之事以告沃丁史錄其事作沃丁之篇○傳沃丁至禮葬○正義曰世本本紀皆云太甲崩子沃丁立是爲太甲子也伊尹本是三公上篇言其告歸知致仕老終以三公禮葬皇甫謐云沃丁八年伊尹卒卒年百有餘歲大霧三日沃丁葬之以天子禮葬祀以太牢親臨喪以報大德晉文請隧襄王不許沃丁不當以天子之禮葬伊尹也孔言三公禮葬未必有文要情事當然也

伊陟相大戊。伊陟伊尹子太戊沃丁弟之子○陟張力反相息亮反太戊馬太甲子亳有祥桑穀共生于朝。祥妖怪二木合生七日大拱不恭之罰○桑蘇郎反穀工木反楮也朝直遙反伊陟贊于巫咸。作咸乂四篇。贊告也巫咸臣名皆亡○巫咸馬云巫男巫也名咸殷之巫也【疏】伊陟至四篇○正義曰伊陟輔相太戊於亳都之內有不善之祥桑穀二木共生于朝朝非生木之處是爲不善之徵伊陟以此桑穀之事告于巫咸使錄其事作咸乂四篇乂訓治也言所以致妖須治理之故名篇爲咸乂也伊陟不先告太戊而告巫咸者君奭云在太戊時則有若巫咸乂王家則咸是賢臣能治王事大臣見怪而懼先共議論而後以告君下篇序云太戊贊于伊陟明先告於巫咸而後告太戊○傳伊陟至之子○正義曰伊陟伊尹子相傳爲然殷本紀云沃丁崩弟太庚立崩子小甲立崩弟雍己立崩弟太戊立是太戊爲小甲弟太庚之子○傳祥妖至之罰○正義曰漢書五行志云凡草物之類謂之妖自外來謂之祥祥是惡事先見之徵故爲妖怪也二木合生謂共處生也七日大拱伏生書傳有其文或當别出餘書則孔用之也鄭玄注書傳云兩手搤之曰拱生七日而見其大滿兩手也殷本紀云一暮大拱言一夜卽滿拱所聞不同故說異也五行傳曰貌之不恭是謂不肅時則有青青之祥漢書五行志夏侯始昌劉向等說云肅敬也內曰恭外曰敬人君行已體貌不恭怠慢驕蹇則不能敬木色青故有青眚之祥是言木之變怪是貌不恭之罰人君貌不恭天將罰之木怪見其徵也皇甫謐云太戊問於伊陟伊陟曰臣聞妖不勝德帝之政事有闕白帝修德太戊退而占之曰桑穀野木而不合生于朝意者朝亡乎太戊懼修先王之政明養老之禮三年而遠方重譯而至七十六國是言妖不勝德也○傳贊告至臣名○正義曰禮有贊者皆以言告人故贊爲告也君奭傳曰巫氏也當以巫爲氏名咸此言臣名者言是臣之名號也鄭玄云巫咸謂之巫官者案君奭咸子又稱賢父子並爲大臣必不世作巫官故孔言巫氏是也

太戊贊于伊陟。告以改過自新作伊陟原命。原臣名原命伊陟三篇皆亡【疏】太戊至原命○正義曰言太戊贊於伊陟惟告伊陟不告原也史錄其事而作伊陟原命二篇則太戊告伊陟亦告原俱以桑穀事告故序總以爲文也原是臣名而云原命謂以言命原故以原命名篇猶如冏命畢命也

仲丁遷于囂。太戊子去亳囂地名○囂五羔反【疏】仲丁遷于囂○正義曰此三篇皆是遷都之事俱以君名名篇並陳遷都之義如盤庚之誥民也發其舊都謂之遷到彼新邑謂之居遷于囂與居相亦事同也以河亶甲三字句長不言于其實亦是居于相也圮于耿者孔意以爲毀于相地乃遷于耿地其篇蓋言毀意故序特言圮也李顒云囂在陳留浚儀縣皇甫謐云仲丁自亳徙囂在河北也或曰今河南敖倉二說未知孰是也相地孔云在河北蓋有文而知也謐又以耿在河東皮氏縣耿鄉是也○傳太戊至地名○正義曰此及下傳言仲丁是太戊之子河亶甲仲丁弟也祖乙河亶甲子皆世本文也仲丁是太戊

之子太戊之時仍云亳有祥知仲丁遷于囂去亳也**作仲丁。**陳遷都之義亡**河亶甲居相。**仲丁弟相地名在河北○亶丁但反相息亮反在河北今魏郡有相縣**作河亶甲。**亡**祖乙圮于耿。**亶甲子圮於相遷於耿河水所毀曰圮○圮備美反徐扶鄙反馬云毀也〔疏〕

傳亶甲至曰圮○正義曰孔以河亶甲居相祖乙即亶甲之子故以爲圮於相地乃遷都于耿釋詁云圮毀也故云河水所毀曰圮據文圮于耿也知非圮毀于耿更遷餘處必云圮於相地遷於耿者明其上文連上云遷于囂謂遷來向囂居於相謂居於相地故知圮于耿謂遷來于耿以文相類故孔爲此解謂古人之言雖尚要約皆使言足其文合人曉解若圮於相遷居於耿經言圮於耿大不辭乎且亶甲居於相祖乙居耿今爲水所毀更遷他處故言毀于耿耳非既毀乃遷耿也盤庚云不常厥邑于今五邦及其數之惟有亳囂相耿四處而已知此既毀於耿更遷一處盤庚又自彼處而遷於殷耳殷本紀云祖乙遷於邢馬遷所爲說耳鄭玄云祖乙又去相居耿而國爲水所毀於是修德以禦之不復徙也錄此篇者善其國圮毀改政而不徙如鄭所言稍爲文便但上有仲丁亶甲下有盤庚皆爲遷事作書述其遷意此若毀而不遷序當改文見義不應文類遷居更以不遷爲義汲冢古文云盤庚自奄遷於殷者蓋祖乙圮于耿遷于奄盤庚自奄遷于殷亳囂相耿與此奄五邦者此蓋不經之書未可依信也**作祖乙。**亡

八卷終

尚書注疏挍勘記卷八

臣阮元撰盧宣旬摘錄

尚書注疏卷第八　宋板同古本作尚書卷第四古文尚書湯誓第一商書湯斷孔氏傳

湯誓第一　按匡謬正俗卷二引商書湯斷曰予則孥戮汝蓋古文尚書誓作斷也　商書

伊尹以夏政醜惡　閩本明監本同毛本醜作配誤

爲出不意故也　閩本明監本同毛本出下有其字

戒誓湯士衆　古本岳本宋本湯作其纂傳亦作湯

而割正夏　按段玉裁云孔傳正政也言奪民農功而爲割剝之政按傳不言於夏邑則各本夏字賸也正義云爲割剝之政於夏邑增此三字以暢經意耳史記殷本紀云舍我嗇事而割政裴駰引孔安國曰奪民農功而爲割剝之政蓋今古文尚書皆無夏字後人據正義妄增之非也

正改也　葛本同閩本初亦作改後改作政案政字是也

不敢不正桀罪誅之　按史記集解引此桀下有之字罪下有而字文義較明

言桀君臣相率爲勞役之事以絕衆力謂廢農功　按史記集解引此作桀之君臣相率過止衆力使不得事農蓋櫽栝傳意非原文也

予則孥戮汝　按匡謬正俗引此句戮作翏蓋亦古文尚書也

多有夏罪　閩本明監本同毛本夏作大案大字是也

君其可喪　閩本明監本同毛本君作若案若字是也

再言所以積桀之非也　閩本同毛本非作罪

所以比於日者　閩本明監本毛本同宋本比下有桀字案有者是也

變置社稷　按史記集解引此傳變上有欲字浦鏜挍從之似可不必蓋改正易服變置社稷其事相因疏言改正易服因變置社稷是也非更端之詞又据疏說湯已變稷惟社未遷明不得有欲字

然而旱乾水溢　閩本亦初作益後加水毛本作溢

故更致社稷　宋本同毛本致作置盧文弨云可通用

大崩曰敗績　古本崩下有壞字

從謂遂討之　古本岳本宋本遂作逐纂傳亦作逐岳本攷證云逐字正釋從字之義即春秋左氏傳晉師從齊師意也

誼伯仲伯作典寶　陸氏曰誼本或作義

仲虺之誥第二　商書

使錄其言　閩本明監本毛本使作史案史字是也

自簡賢輔勢　閩本明監本毛本輔作附案附字是也

康誥召誥之類　宋本閩本明監本同毛本康作湯

一字足以爲文　閩本明監本同毛本一作二

謂於會之所　浦鏜云會下當脫同字

肇我邦予有夏　各本予作于案予字誤也

惟王不邇聲色　按篇題疏引此句不作弗與古本合

曰徯予后　古本予作我

湯誥第三　商書

皇天　閩本葛本同毛本天作大

則唯爲君之道　按前疏引此句惟作是

夏王滅德作威　古本威作畏下明威同

罹其凶害　古本害作虐

而桀不改　古本作而桀不改政也纂傳作而桀終不改

不敢赦　唐石經不作弗

用元壯者　閩本明監本毛本壯作牡案牡字是也

浮信也　閩本明監本毛本浮作孚案浮字誤也

凡我造邦無從匪彝無即慆淫　古本無並作亡下無以爾萬方同

承大美道　閩本明監本毛本大作天案大字誤也

朕弗敢蔽　古本蔽作弊

乃亦有終　古本亦作亓山井鼎曰亓古其字○按亦與亓形相似而誤當作亦

伊訓第四　商書

是特設祀也　閩本明監本同毛本祀作祠下特設祀禮同

杍能師禹者也　盧文弨云師國語作帥

朕哉自亳　石經補缺哉誤作載

終治四海　葛本同各本治作洽案洽字是也疏乃治于四海同

今緣親以及踈　閩本明監本毛本今作令按令字是也

敢有殉于貨色　按一切經音義卷一云尚書狥于貨色注云狥干求也凡元應所引尚書注不出姓名者皆孔傳也其經文當亦據孔本此經殉字古文蓋作狥今文則作殉當以狥爲正傳云殉求也宜改作狥干求也

昧求財貨美色　岳本纂傳昧作敢按敢字固與經相應然疏云昧求謂貪昧以求之則疏自作昧

親此頑愚幼童　閩本明監本毛本此作比案比字是也

但有一於身　宋本同各本身下有者字

謂貪昧以求之　按六經正誤引此文貪作昏攷疏上云殉者心循其事是貪求之意此云貪昧以求與上貪求相應貪者必昧故曰貪昧似不當作昏

則天下賚慶　按釋文云賚力代反是陸氏本作賚也疏云德雖小猶萬邦賴慶是孔氏本作賴也似當以賴爲正賴慶謂一人有慶兆民賴之若作賚慶則費解矣

太甲上第五　商書

此至放桐之時也　閩本明監本同毛本此作比案比字是

欽厥止率乃祖攸行　按今本皆以此兩句爲一節下文惟朕以懌萬世有辭兩句爲一節以傳攷之此節傳云止謂行所安止君止於仁子止於孝專釋止字之義至下傳乃云言能循汝祖所行則我喜悅王亦見歎美無窮似當以欽厥止一句爲一節率乃祖攸行合下兩句爲一節然疏云王又當敬其身所安止循汝祖之所行若能如此惟我以此喜悅其分節蓋已同今本矣

萬世有辭　古本辭作辤

使此近先王　閩本同明監本毛本此作比案比字是也

必當改悔爲善也　閩本明監本同毛本悔作過

太甲中第六　商書

王懋乃德視乃厥祖　石經考文提要云坊本作烈祖亦沿蔡沈集傳案孔安國傳視其祖而行之其訓厥也○按纂傳已從蔡傳作烈矣

則我承王之災無斁　各本災作美案美字是也古本岳本宋本纂傳斁作厭釋文有厭於豔反

太甲下第七　商書

終始愼厥與惟明明后　唐石經初刻有后字後磨改祇作惟明明

言湯推是終始所與之難　閩本明監本毛本推作惟案惟字是也

咸有一德第八　商書

經稱尹躬及湯有一德　宋本湯下有咸字是也

伊尹既復政厥辟　古本厥作其下常厥德同按古本多以其為厥亦有以厥為其者後亦不悉按

此至沃丁始卒　閩本明監本同毛本此作比

伊尹乃迎而受之政　閩本同毛本受作授案當作授

厥德匪常　顧炎武曰石經監本同按唐柳澤上書引此作匪常今本作靡常非石經考文提要云亦沿蔡沈集傳因上命靡常而誤

九有諸侯　古本下有也字按此增也字亦可傳意九有猶言諸侯也疏云謂九州所有之諸侯此又申釋傳義耳

任官惟賢材　浦鏜云材今本作才

謂卑順以為臣下　宋本閩本明監本同毛本臣下作下下

訓以善道訓助下民　宋本上訓字作謂按訓字非也

此又觀王修德　閩本明監本同毛本觀作勸案勸字是也下觀王重使為善政也同

論七廟諸多矣　閩本明監本毛本諸作者案諸字誤也

其文見於記傳　閩本明監本同毛本傳下有者字

無得為廣大　閩本明監本同毛本得下有自字

晉文請遂　閩本同毛本遂作隧案隧字是也

使錄其事　各本使作史

兩手搤之曰揚　閩本明監本毛本揚作拱案拱字是也

時則有青眚之祥　宋本之作青下同案作青與五行志合

而遠方重譯而至七十六國　浦鏜云者誤七書傳重譯而朝者六國說苑作七國家語作十有六國疑六與七近之○按恐仍當以七十六國為是書傳脫七十二字說苑脫十六二字耳然者字似不可省姑存浦說俟考

三篇皆亾　古本岳本宋板纂傳三作二案二字是也

附釋音尚書注疏卷第九

盤庚上第九　商書　孔氏傳　孔穎達疏

盤庚五遷。將治亳殷。自湯至盤庚凡五遷都盤庚治亳殷○盤本又作般步干反治直吏反民咨胥怨。胥相也民不欲徙乃咨嗟憂愁相與怨上○胥徐思餘反怨紆萬反作盤庚三篇。[疏]盤庚至三篇○正義曰商自成湯以來屢遷都邑仲丁河亶甲祖乙皆有言語歷載於篇盤庚最在其後故序揔之自湯至盤庚凡五遷都今盤庚將欲遷居而治於亳之殷地民皆戀其故居不欲移徙咨嗟憂愁相與怨上盤庚以言辭誥之史敘其事作盤庚三篇○傳自湯至亳怨○正義曰經言不常厥邑于今五邦故序言盤庚五遷傳嫌一身五遷故辨之云自湯至盤庚凡五遷都也上文言自契至于成湯八遷并數湯為八此言盤庚五遷又并數湯為五湯一人再數故班固云殷人屢遷前八後五其實正十二也此序云盤庚將治亳殷下傳云殷亳之別名則亳殷即是一都湯遷還從先王居也汲冢古文云盤庚自奄遷于殷殷在鄴南三十里束皙云尚書序盤庚五遷將治亳殷舊說以為居亳亳殷在河南孔子壁中尚書云將始宅殷是與古文不同也漢書項羽傳云洹水南殷墟上今安陽西有殷束皙以殷在河北與亳異也然孔子壁內之書安國先得其本此將治亳殷不可作將始宅殷亳字摩滅容或為宅壁內之書安國先得始皆作亂其字與治不類無緣誤作始字知束皙不見壁內之書妄為說耳若洹水南有殷墟或當餘王居之非盤庚也盤庚治於亳殷紂滅在於朝歌則盤庚以後遷於河北蓋盤庚後王有從河有亳地遷於洹水之南後又遷於朝歌○傳胥相至怨上○正義曰釋詁云胥皆也相亦是皆義故通訓胥為相也民不欲徙乃咨嗟憂愁相與怨上經云民不適有居是怨上之事也仲丁祖乙亦是遷都序無民怨之言此獨有怨者盤庚祖乙之曾孫也祖乙遷都於此至今多歷年世民居已久戀舊情深前王三徙誥令則行曉喻之易故無此言此則民怨之深故序獨有此事彼各一篇而此獨三篇者謂民怨上故勸誘之難也民不欲遷而盤庚必遷者鄭玄云祖乙居耿後奢侈踰禮土地迫近山川嘗圮焉至陽甲立盤庚為之臣乃謀徙居湯舊都又序注云民居耿久奢淫成俗故不樂徙王肅云自祖乙五世至盤庚元兄陽甲宮室奢侈下民邑居墊隘水泉瀉鹵不可以行政化故徙都於殷皇甫謐云耿在河北迫近山川自祖辛已來民皆奢侈故盤庚遷於殷此三者之說皆言奢侈鄭玄既言君奢又言民奢王肅專謂君奢皇甫謐專謂民奢言君奢者以天子宮室奢侈侵奪下民言民奢者以豪民室宇過度逼迫貧乏皆為細民弱劣無所容居欲遷都改制以寬之富民戀舊故違上意不欲遷也案檢孔傳無奢侈之語惟下篇云今我民用蕩析離居罔有定極傳云水泉沈溺故蕩析離居無安定之極徙以為之極孔意蓋以地勢洿下又久居水變水泉瀉鹵不可行化故欲遷都不必為奢侈也此以君名名篇必是為君時事而鄭玄以為上篇是盤庚為臣時事何得專輒謬妄也

盤庚。盤庚殷王名殷質以名篇○盤庚殷王名馬云祖乙曾孫祖丁之子不言盤庚誥何非但錄其誥也取其徙而立功故以盤庚名篇[疏]盤庚正義曰此三篇皆以民不樂遷開解民意告以不遷之害遷都之善也中上二篇未遷時事下篇既遷後事上篇人皆怨上初啓民心故其辭尤切中篇民已少悟故其辭稍緩下篇民既從遷故辭復益緩哀十一年左傳引此篇云盤庚之誥則此篇皆誥辭也題篇不曰盤庚誥者王肅云取其徙而立功故但以盤庚名篇然仲丁祖乙河亶甲等皆以王名篇則是史意異耳未必見他義○傳殷質以名篇○正義曰周書諡法成王時作故桓六年左傳云周人以諱事神殷時質未諱君名故以王名名篇也上仲丁祖乙亦是王名於此始作傳者以上篇經亾此經稱盤庚故就此解之史記殷本紀云盤庚崩弟小辛立殷復衰百姓思盤庚乃作盤庚三篇與此序違非也鄭玄云盤庚湯十世孫祖乙之曾孫以五遷繼湯篇次祖乙故繼之于上累之祖乙為湯玄孫七世也又加祖乙復其祖父通盤庚故十世本紀云祖乙崩子祖辛立崩門甲立崩弟祖丁立崩門甲之子南庚立崩祖丁子陽甲立崩弟盤庚立是祖乙生祖辛祖辛生祖丁祖丁生盤庚故為曾孫

盤庚遷于殷。亳之別名民不適有居。適之也不欲之殷有邑居率籲衆慼。出矢言。籲和也率和衆憂之人出正直之言○籲音喻慼千歷反曰。我王來。既爰宅于茲。我王祖乙居耿爰於也言祖乙已居於此重我民。無盡劉。劉殺也所以遷此重我民無欲盡殺故○盡子忍反不能胥匡以生。卜稽曰。其如台。言民不能相匡以生則當卜稽於龜以徙曰其如我所行○稽工兮反台音怡先王有服。恪謹天命。茲猶不常寧。先王有所服行敬謹天命如此尚不常安有可遷輒遷○恪苦各反不常厥邑。于今五邦。湯遷亳仲丁遷囂河亶甲居相祖乙居耿我往居亳凡五徙國都○馬云五邦謂商丘亳囂相耿也今不承于古。罔知天之斷命。今不承古而徙是無知天將斷絕汝命○斷音短矧曰其克從先王之烈。天將絕命尚無知之況能從先王之業乎○從才容反若顛木之有由蘖。言今往遷都更求昌盛如顛仆之木有用生蘖哉○蘖五達反本又作枿馬云顛木而肄生曰枿仆音赴又步北反天其永我命于茲新邑。言天其長我命於此新邑不可不從紹復先王之大業。厎綏四方。言我徙欲如此○厎之履反[疏]盤庚至四方○正義曰盤庚欲遷於亳之殷地其民不欲適彼殷地別有邑居莫不憂愁相與怨上盤庚率領和諧其衆憂之人出正直之言以曉告曰我先王初居此者從舊都來於是宅於此地所以遷於此者為重我民無欲盡殺故先王以久居墊隘不遷則死見下民不能相匡正以生故謀而來徙以為善未敢專決又考卜於龜以從既獲吉兆乃曰其如我所行欲徙之吉先王成湯以來凡有所服行敬順天命如此尚不常安可徙則徙不常其邑於今五邦矣今若不承於古徙以避害則是無知天將斷絕汝命矣天將絕命尚不能知況曰其能從先王之基業乎今我往遷都更求昌盛若顛仆之木有用生蘖哉人衰更求盛猶木死生蘖哉我今遷向新都上天其必長我殷之王命於此新邑繼復先王之大業致行其道以安四方之人我徙欲如此耳汝等何以不顧從乎前云若不徙以避害則天將絕汝命謂絕臣民之命明亦絕我殷王之命復云若遷往新都天其長我殷之王命明亦長臣民之命互文也○傳亳之別名○正義曰此序先亳後殷

亳是大名，殷是亳內之別名。鄭玄云：「商家自徙此而號曰殷。」鄭以此前未有殷名也。中篇云「殷降大虐，將遷於殷」，先正其號名，知於此號爲殷也。雖兼號爲殷，而商名不改，或稱殷又有兼稱殷商。商頌云「商邑翼翼」、「撻彼殷武」，是單稱之也。又大雅云「殷商之旅」、「咨汝殷商」，是兼稱之也。亳是殷地大名，故殷社謂之亳社。其亳，鄭玄以爲偃師，皇甫謐以爲梁國穀熟縣，或云濟陰亳縣。說既不同，未知誰是。○傳「適之至邑居」。○正義曰：釋詁云：「適、之，往也。」俱訓爲往，故適得爲之。不欲往彼殷地，別有新邑居也。○傳「籲和至之言」。○正義曰：籲即裕也，是寬裕故爲和也。憂則不和，和必訓憂也，故率和衆憂之人，出正直之言。詩云「其直如矢」，言爲正直之言。○傳「我王至於此」。○正義曰：孔以祖乙圮於相地，遷都於耿，今盤庚自欲遷于殷，以我王爲祖乙，此謂耿也。○傳「劉殺至殺故」。○正義曰：劉，殺，釋詁文。水泉鹹鹵，不可行化，王化不行，殺民之道，先王所以決欲遷此者，重我民，無欲盡殺故也。○傳「言民之至所行」。○正義曰：不徙所以不能相匡以生者，謂水泉沈溺，人民困苦，不能以義相匡正以生。又考卜於龜以徙，周禮大卜大遷考自聽，是遷必卜也。○傳「先王至輒遷」。○正義曰：下云「于今五邦」，自湯以來數之，則此言先王揔謂成湯至祖乙也。先王有所服行，謂有典法，言能敬順天命，即是有所服也。盤庚言先王敬順天命如此，尚不常安，有可遷輒遷，況我不能敬順天命不遷，民必死矣，故不可不遷也。○傳「湯遷至國都」。○正義曰：孔以盤庚意在必遷，故通數我往居亳爲五邦。鄭注皆云湯自商徙亳，數商、亳、囂、相、耿爲五。計湯既遷亳，始建王業，此言先王遷都，不得遠數居亳之前充此數也。○傳「言今至蘖哉」。○正義曰：釋詁云：「枿，餘也。」李巡曰：「枿，槁木之餘也。」郭璞云：「晉衛之間曰枿。」是言木死顛仆，其根更生蘖哉。此都毁壞，若枯死之木，若棄去毁壞之邑，更得昌盛，猶顛仆枯死之木用生蘖哉。

盤庚斆于民，由乃在位以常舊服，正法度。斆，教也。教人使用汝在位之命，用常故事，正其法度。○斆，戶教反，下如字。度如字。

曰：無或敢伏小人之攸箴。言無有故伏絕小人之所欲箴規上者。戒朝臣。○箴，之林反，馬云：諫也。朝，直遙反。

【疏】「盤庚」至「攸箴」。○正義曰：前既畧言遷意，今復並戒臣民。盤庚先教於民，云：汝等當用汝在位之命，用舊常故事，正其法度。欲令民徙，從其臣言也。民從上命，即是常事法度也。又戒臣曰：汝等無有敢伏絕小人之所欲箴規上者。○傳「斆教至朝臣」。○正義曰：文王世子云：「小樂正斆干，大胥贊之。籥師學戈，籥師丞贊之。」彼並是教舞干戈，知斆爲教也。小民等患水泉沈溺，欲箴規上而徙，汝臣下勿抑塞伏絕之。鄭玄云：「奢侈之俗，小民咸苦之，欲言於王。今將屬民而詢焉，故敕以無伏之。」

王命衆悉至于庭。衆，羣臣以下。

【疏】傳「衆羣臣以下」。○正義曰：周禮小司寇「掌外朝之政，以致萬民而詢焉。一曰詢國危，二曰詢國遷，三曰詢立君」。是國將大遷，必詢及於萬民，故知衆悉至王庭，是羣臣以下，謂及下民也。民不欲徙，由臣不助王勸民，故以下多是責臣之辭。

王若曰：格汝衆，予告汝訓，告汝以法教。汝猷黜乃心，無傲從康。謀退汝違上之心，無傲慢從心所安。○傲，五報反。

古我先王，亦惟圖任舊人共政。先王謀任久老成人共治其政。○任，而鴆反。

【疏】傳「先王」。○正義曰：此篇所言先王，其文無指斥者，皆謂成湯已來諸賢王也。下言神后、高后者，指謂湯耳。下篇言「古我先王適于山」者，乃謂遷都之王仲丁、祖乙之等也。此言先王，謂先世賢王。此既言先王，下句王播告之、王用丕欽，蒙上之先，不言先，省文也。

王播告之，修不匿厥指。王布告人以所修之政，不匿其指。○播，波餓反。匿，女力反。

【疏】傳「王布至其指」。○正義曰：上句言先王用舊人共政，下云王播告之修，當謂告臣耳。傳言布告人者，以下云民用丕變，是必告臣，亦又告民。

王用丕欽，罔有逸言，民用丕變。王用大敬其政，教無有逸豫之言，民用大變從化。

今汝聒聒，起信險膚，予弗知乃所訟。聒聒，無知之貌。起信險僞膚受之言，我不知汝所訟言何謂。○聒，古活反，馬云、說文皆云：拒善自用之意。

【疏】傳「聒聒至何謂」。○正義曰：鄭玄云：「聒讀如聒耳之聒，聒聒，難告之貌。」王肅云：「聒聒，善自用之意也。」此傳以聒聒爲無知之貌，以聒聒是多言亂人之意也。起信險膚者，言發起所行，專信此險僞膚受淺近之言，信此浮言，妄有爭訟，我不知汝所訟言何謂，言無理也。

非予自荒茲德，惟汝含德，不惕予一人。予若觀火。我之欲徙，非廢此德，汝不從我命，所含惡德，但不畏懼我耳。我視汝情如視火。○惕，他歷反。

【疏】「非予」至「觀火」。○正義曰：言先王敬其教，民用大變，我命教汝，汝不肯徙，非我自廢此丕欽之德，惟汝之所含德甚惡，不畏懼我一人故耳。汝含藏此意，謂我不知，我見汝情若觀火，言見之分明如見火也。

予亦拙謀作乃逸。逸，過也。我不威脅汝徙，是我拙謀成汝過。○拙，之劣反。

【疏】傳「逸過至汝過」。○正義曰：逸，過，釋言文。我若以威加汝，汝自不敢不遷，則無違上之過也。我不威脅汝徙，乃是我亦拙謀作成汝過也。恨民以恩導之而不從已也。

若網在綱，有條而不紊。若農服田力穡，乃亦有秋。紊，亂也。穡，耕稼也。下之順上，當如網在綱，各有條理而不亂也。農勤穡則有秋，下承上則有福。○紊，音問，徐音文。

【疏】傳「紊亂至有福」。○正義曰：紊是絲亂，故爲亂也。稼穡相對，則種之曰稼，斂之曰穡。穡是秋收之名，得爲耕穫揔稱，故云穡耕稼。下承上則有福，福謂祿賞。

汝克黜乃心，施實德于民，至于婚友，丕乃敢大言汝有積德。汝羣臣能退去傲上之心，施實德於民，至于婚姻僚友，則我大乃敢言汝有積德之臣。

乃不畏戎毒于遠邇，惰農自安，不昬作勞，不服田畝，越其罔有黍稷。戎，大。昬，強。越，於也。言不欲徙，則是不畏大毒於遠近。如怠惰之農，苟自安逸，不強作勞於田畝，則黍稷無所有。○昬，馬同，本或作暋，音敏，爾雅：昬、暋皆訓強，故兩存。越，本又作粵，音曰，于也。強，其丈反。

【疏】傳「戎大至所有」。○正義曰：戎，大；昬，強；越，於；皆釋詁文。孫炎曰：「昬，夙夜之強也。」書曰「不昬作勞」，引此解彼，是亦讀此爲昬也。鄭玄讀昬爲敯，訓爲勉也，與孔不同。傳云「言不欲徙，則是不畏大毒於遠近」，其意言不徙則有毒，毒爲禍患也。遠近謂賒促，言害至有早晚也。不強於作勞，則黍稷無所獲，以喻不遷於新邑，則福祿無所有也。此經惰農弗昬無黍稷，對上服田力穡乃亦有秋，但其文有詳畧耳。

汝不和吉言于百姓，惟汝自生毒。責公卿不能和喻百官，是自生毒害。

【疏】傳「責公至毒害」。○正義曰：此篇上下皆言民，此獨云百姓，則知百姓是百官也。百姓既是百官，和吉言者又在百官之上，知此經是責公卿不能和喻善言於百官，使之樂遷也。不和百官，必將遇禍，是公卿自生毒害。

乃敗禍姦宄，以自災于厥身。言汝不相率共徙，是爲敗禍姦宄以自災之道。○宄，音軌。

乃既先惡于民，乃奉其恫，汝悔身何及。羣臣不欲徙，是先惡於民。恫，痛也。不徙則禍毒在汝身，徙奉持所痛而悔之，則於身無所及。○奉，孚勇反，注同。恫，敕動反，又音通，痛也。

【疏】傳「羣臣至所及」。○正義曰：羣臣是民之師長，當倡民爲善。羣臣亦不欲徙，是乃先惡於民也。恫，痛，釋言文。

相時憸民，猶胥顧于箴言，其發有逸口，矧予制乃短長之命。言憸利小民尚相顧於箴誨，恐其發動有過口之患，況我制汝死生之命，而汝不相教從我，是不若小民。○相，息亮反，馬云：視。王、徐息羊反。憸，息廉反，馬云：憸利小小見事之人也。徐七漸反。

汝曷弗告朕，而胥動以浮言，恐沈于衆。曷，何也。責其不請告上，而相恐欲以浮言，不徙恐汝沈溺於衆，有禍害。○曷，何末反。

若火之燎于原，不可嚮邇，其猶可撲滅。火炎不可嚮近，尚可撲滅，浮言不可信用，尚可得遏絕之。○燎，力召反，又力鳥反，又力紹反。嚮，許亮反。撲，音卜反。近，附近之近。

則惟汝衆自作弗靖，非予有咎。我刑戮汝，非我咎也。靖，謀也。是汝自爲非謀所致。

【疏】「相時」至「有咎」。○正義曰：又責大臣不相教遷徙，是不如小民。我視彼憸利小民，猶尚相顧於箴規之言，恐其發舉有過口之患，故以言相規。患之小者，尚知畏避，況我爲天子，制汝短長之命，滅恩甚大，汝不相教從我，乃是汝不如小民。汝若不欲徙，何以不情告我，而輒相恐動以浮華之言，乃語民云：國不可徙。我恐汝自取沈溺於衆人，而身被刑戮之禍害。此浮言流行，若似火之燎於原野，炎熾不可嚮近，其猶可撲之使滅，以喻浮言不可止息，尚可刑戮使絕也。若以刑戮加汝，則是汝衆自爲非謀所致，此耳非我有咎過也。○傳「曷何至禍害」。○正義曰：曷、何同音，故曷爲何也。顧氏云：汝以浮言恐動，不從，更是無益，我恐汝自取沈溺於衆人，不免禍害也。○傳「我刑至所致」。○正義曰：我刑戮汝，汝自招之，非我咎也。靖，謀，釋詁文。告民不徙者，非善謀也，由此而被刑戮，是汝自爲非謀所致也。

遲任有言曰：人惟求舊，器非求舊，惟新。遲任，古賢。言人貴舊，器貴新，汝不徙，是不貴舊。○遲，直疑反，徐持夷反。任，而今反。馬云：古老成人。

古我先王暨乃祖乃父胥及逸勤，予敢動用非罰。言古之君臣相與同勞逸，子孫所宜法之，我豈敢動用非常之罰加汝乎。

世選爾勞，予不掩爾善。選，數也。言我世世選汝功勤，不掩蔽汝善，是我忠於汝。○選，息轉反，又蘇管反。掩，本又作弇。數，色主反。

茲予大享于先王，爾祖其從與享之。古者天子錄功臣配食於廟，大享烝嘗也。所以不掩汝善。○與，音預。烝，之丞反。

作福作災，予亦不敢動用非德。善自作福，惡自作災，我不敢動用非罰加汝，非德賞汝乎，從汝善惡而報之。

【疏】「遲任」至「非德」。○正義曰：可遷則遷，是先王舊法。古之賢人遲任有言

曰人惟求舊器非求舊惟新言人貴舊器貴新汝不欲徙是不貴舊反遲任也古者我之先王及汝祖汝父相與同逸豫同勤勞汝爲人子孫宜法汝父祖當與我同其勞逸我豈敢動用非常之罰脅汝乎自我先王以至於我世世數汝功勞我不掩蔽汝善是我忠於汝也以此故我大享祭于先王汝祖其從我先王與在宗廟而歆享之是我不掩汝善也汝有善自作福汝有惡自作災我亦不敢動用非德之賞妄賞汝各從汝善惡而報之耳其意而言汝從上必有賞違命必有罰也○傳遲至貴舊○正義曰其人既沒其言立於後世知是古賢人也鄭玄云古之賢史王肅云古老成人皆謂賢也○傳選數至於汝○正義曰釋詁云算數也舍人曰釋數之曰算選即算也故訓爲數經言世世數汝功勞是從先王至己常行此事故云是我忠於汝也言己之忠責臣之不忠也○傳古者至汝善○正義曰周禮大宗伯祭祀之名天神曰祀地祇曰祭人鬼曰享此大享於先王謂天子祭宗廟也傳解天子祭廟得有臣祖與享之意言古者天子錄功臣配食於廟故臣之先祖得與享之也古者孔氏據己而道前世也此殷時已然矣大享烝嘗者烝嘗是秋冬祭名謂之大享者以事各有對若烝嘗對禘祫則禘祫爲大烝嘗爲小若四時自相對則烝嘗爲大礿祠爲小以秋冬物成可薦者衆故烝嘗爲大春夏物未成可薦者少故禘祫爲小也知烝嘗有功臣與祭者案周禮司勳云凡有功者銘書於王之太常祭於大烝司勳詔之是也嘗是烝之類而傳以嘗配之魯頌曰秋而載嘗是也祭統云內祭則大嘗禘是也外祭則郊社是也然彼以祫爲大嘗知此不以烝嘗時爲禘祫而直據時祭者以殷祫於三時非獨烝嘗也秋冬之祭尚及功臣則禘祫可知惟春夏不可耳以物未成故也近代已來惟禘祫乃祭功臣配食時祭不及之也近代已來功臣配食各配所事之君若所事之君其廟已毀時祭不祭毀廟其君尚不時祭其臣固當止矣禘祫則毀廟之主亦在焉其時功臣亦當在也王制云犆礿祫禘祫嘗禘烝諸侯礿犆禘一犆一祫嘗祫烝祫此王制之文夏殷之制天子春惟時祭其夏秋冬既爲祫又爲時祭諸侯亦春爲時祭夏惟作祫不作祭秋冬先作時祭而後祫周則春曰祠夏曰礿三年一祫在秋五年一禘在夏故公羊傳云五年再殷祭禮緯云三年一祫五年一禘此是鄭氏之義未知孔意如何

予告汝于難。若射之有志。告汝行事之難當如射之有所準志必中所志乃善○射食夜反準音准中丁仲反

〔疏〕予告至有志○正義曰既言作福作災由人行有善惡故復敎臣行善我告汝於行事之難猶如射之有所準志志之主欲得中也必中所志乃爲善耳以喻人將有行豫思念之行得其道爲善耳其意言遷都是善道當念從我言也○傳告汝至乃善○正義曰此傳惟順經文不言喻意鄭玄云我告汝於我心至難矣夫射者張弓屬矢而志在所射必中然後發之爲政之道亦如是也以己心度之可施於彼然後出之

汝無侮老成人。無弱孤有幼。不用老成人之言是侮老之不徙則孤幼受害是弱易之○侮亡甫反易以豉反

〔疏〕傳不用至易之○正義曰老謂見其年老謂其無所復知弱謂見其幼弱謂其未有所識鄭云老弱皆輕忽之意也老成人之言云可徙不用其言是侮老之也不徙則水泉鹹鹵孤幼受害不念其害則是卑弱輕易之也

各長于厥居。勉出乃力。聽予一人之作猷。盤庚勑臣下各思長於其居勉盡心出力聽從遷徙之謀○長丁丈反

〔疏〕傳盤庚至之謀○正義曰於時羣臣難毀其居宅惟見目前之利不思長久之計其臣非一共爲此心盤庚勑臣下各思長久於其居處勉強盡心出力聽從我遷徙之謀自此已下皆是也

無有遠邇。用罪伐厥死。用德彰厥善。言遠近待之如一罪以懲之使勿犯伐去其死道德以明之使勸慕競爲善○去起呂反

〔疏〕無有至厥善○正義曰此即遷徙之謀也言我至新都撫養在下無有遠之與近必當待之如一用刑殺之罪伐去其死道用照察之德彰明其行善有過罪以懲之使民不犯非法死刑不用是伐去其死道伐若伐樹然言止而不復行用也有善者人主以照察之德加賞祿以明之使競慕爲善是彰其善也此二句相對上言用罪伐厥死下宜言用賞彰厥生不然者上言用刑下言賞善死是刑之重者舉重故言死有善乃可賞故言彰厥善行賞是德故以德言賞人生是常無善亦生不得言彰厥生故文互

邦之臧。惟汝衆。有善則衆臣之功○臧徐子郎反　邦之不臧。惟予一人有佚罰。佚失也是己失政之罰罪己之義○佚音逸

凡爾衆。其惟致告。致我誠告汝衆　自今至于後日。各恭爾事。齊乃位。度乃口。奉其職事正齊其位以法度居汝口勿浮言○度徐如字亦作度

〔疏〕度乃口○正義曰度法度也故傳言以法度居汝口也

罰及爾身。弗可悔。不從我謀罰及汝身雖悔可外乎

盤庚中第十

商書　孔氏傳　孔穎達疏

盤庚作。惟涉河以民遷。爲此南渡河之法用民徙　乃話民之弗率。誕告用亶其有衆。話善言民不循教發善言大告用誠於衆○話胡快反馬云告也言也誕徐音但亶丁但反馬本作單音同誠也

咸造勿褻在王庭。造至也衆皆至王庭無褻慢○造七報反注同馬在早反云爲也褻息列反

盤庚乃登進厥民。升進命使前

〔疏〕盤庚至厥民○正義曰盤庚於時見都河北欲遷向河南作惟南渡河之法欲用民徙乃出善言以告曉民之不循教者大爲教告用誠心於其所有之衆人於時衆人皆至無有褻慢之人盡在於王庭盤庚乃升進其民延之使前而衆告之史敘其事以爲盤庚發誥之目○傳爲此至民徙○正義曰鄭玄云作渡河之具王肅云爲此思南渡河之事此傳言南渡河之法皆謂造舟舡渡河之具是濟水先後之次思其事而爲之法也○傳話善至於衆○正義曰釋詁云話言也孫炎曰話善人之言也王若民不從教必發善言告之故以話爲善言鄭玄詩箋亦云話善言也

曰。明聽朕言。無荒失朕命。荒廢　嗚呼。古我前后。罔不惟民之承。言我先世賢君無不承安民而恤之　保后胥慼。鮮以不浮于天時。民亦安君之政相與憂行君令浮行也少以不行於天時者言皆行天時○鮮息淺反

〔疏〕傳民亦至天時○正義曰以君承安民而憂之故民亦安君之政相與憂行君令使君令必行責時羣臣不憂行君令也舟舡浮水而行故以浮爲行也行天時也順時布政若月令之爲也

殷降大虐。先王不懷。我殷家於天降大災則先王不思故居而行徙

〔疏〕傳我殷至行徙○正義曰遷徙者止爲邑居墊隘水泉鹹鹵非爲避天災也此傳以虐爲災懷爲思言殷家於天降大災則先王不思故居而行徙者以天時人事終是相將邑居不可行化必將天降之災上云不能相匡以生罔知天之斷命即是天降災也

厥攸作視。民利用遷。其所爲視民有利則用徙

汝曷弗念我古后之聞。古后先王之聞謂遷事○曷何末反下同

承汝俾汝惟喜康共。非汝有咎比于罰。今我法先王惟民之承故承汝使汝徙惟與汝共喜安非謂汝有惡徙汝令比近於殃罰○俾必爾反咎其九反比毗志反徐扶志反注及下同共用反令力呈反近附近之近

〔疏〕承汝至于罰○正義曰先王爲政惟民之承今我亦法先王故承安汝使汝徙惟歡喜安樂皆與汝共之非謂汝有咎惡而徙汝令比近於殃罰也

予若籲懷茲新邑。亦惟汝故。以丕從厥志。言我順和懷此新邑欲利汝衆故大從其志而徙之○籲羊戍反

〔疏〕予若至厥志○正義曰盤庚言我順於道理和協汝衆歸懷此新邑者非直爲我王家亦惟利汝衆故爲此大從我本志而遷徙不有疑也

今予將試以汝遷。安定厥邦。試用

汝不憂朕心之攸困。所困不順上命　乃咸大不宣乃心。欽念以忱動予一人。汝皆大不布腹心敬念以誠感動我是汝不盡忠○忱市林反

爾惟自鞠自苦。鞠窮也言汝爲臣不忠自取窮苦○鞠居六反

若乘舟。汝弗濟。臭厥載。言不徙之害如舟在水中流不渡臭敗其所載物○臭徐尺售反載如字又在代反

〔疏〕臭厥載○正義曰臭是氣之別名古者香氣穢氣皆名爲臭易云其臭如蘭謂香氣爲臭也晉語云惠公改葬申生臭徹於外謂穢氣爲臭也下文覆述此意云無起穢以自臭則此臭謂穢氣也肉敗則臭故以臭爲敗舡不渡水則敗其所載物也

爾忱不屬。惟胥以沈。不其或稽。自怒曷瘳。汝忠誠不屬逮古苟不欲徙相與沈溺不考之先王禍至自怒何瘳差乎○屬音燭注同馬云獨也沈直林反瘳勑留反

〔疏〕爾忱至曷瘳○正義曰盤庚責其臣民汝等不用徙者由汝忠誠不能屬逮於古賢苟不欲徙惟相與沈溺於衆不欲徙之言不其有考驗於先王遷徙之事汝既不考於古及其禍至乃自忿怒何所瘳差也

汝不謀長。以思乃災。汝誕勸憂。汝不謀長久之計思汝不徙之災苟不欲徙是大勸憂之道

〔疏〕汝誕勸憂○正義曰凡人以善自勸則善事多若以憂自勸則憂來衆今不徙則憂來衆是自勸勵以憂愁之道

今其有今罔後。汝何生在上。言不徙無後計汝何得久生在人上禍將及汝

〔疏〕今其至在上○正義曰顧氏云責羣臣汝今日其且有今目前之小利無後日久長之計患禍將至汝何得久生在民上也

今予命汝一。無起穢以自臭。我一心命汝汝違我是自臭敗○穢於廢反

〔疏〕

今予至自臭。正義曰今我命汝是我之一心也汝當從我無得起爲穢惡以自臭敗汝違我命是起穢以自臭也

恐人倚乃身迂乃心。言汝既不欲徙又爲他人所誤倚曲迂僻。○倚於綺反徐於奇反迂音于僻匹亦反

[疏]恐人至乃心○正義曰言汝既不欲徙旁人或更誤汝我又恐他人倚曲汝身迂僻汝心使汝益不用徙也○傳言汝至迂僻○正義曰人心不能自決則好用非理之謀言汝既不欲遷徙又爲他人所誤盤庚疑其被誤故言此也以物倚物者必曲故倚爲曲也迂是迴也迴行必僻故迂爲僻也

予迓續乃命于天。予豈汝威。用奉畜汝衆。迓迎也言我徙欲迎續汝命于天豈以威脅汝乎用奉畜養汝衆。○迓五駕反畜許竹反下同脅虛業反

[疏]傳迓迎至汝衆○正義曰迓迎釋詁文不遷必將死矣天欲遷以延命天意向汝我欲迎之天斷汝命我欲續之我今徙者欲迎續汝命於天豈以威脅汝乎遷都惟用奉養汝衆臣民耳

予念我先神后之勞爾先。予丕克羞爾。用懷爾然。言我亦法湯大能進勞汝以義懷汝心而汝違我是汝反先人。○勞力報反又如字注同

[疏]予念至爾然○正義曰我念我先世神后之君成湯愛勞汝之先人故我大能進用汝與汝爵位用以道義德懷安汝心耳然汝乃違我命是汝反先人也○傳言我至先人○正義曰易稱神者妙萬物而爲言也殷之先世神明之君惟有湯耳故知神后謂湯也下高后先后與此神后一也神者言其通聖高者言其德尊此神后言先於高后畧而不言先其下直言先后又畧而不言先其下直言先后又畧而不言高從上省文也勞爾先謂愛之也勞者勤也閔其勤勞而慰勞之勞亦愛之義故論語云愛之能勿勞乎是勞爲愛也此言湯勞汝先則此所責之臣其祖於成湯之世已在朝廷世仕王朝而不用已命故責之深也

失于政。陳于茲。高后丕乃崇降罪疾。曰曷虐朕民。崇重也今既失政而陳久於此而不徙湯必大重下罪疾於我曰何爲虐我民而不徙乎。○重直勇反又直恭反

汝萬民乃不生生。暨予一人猷同心。不進進謀同心徙

先后丕降與汝罪疾。曰曷不暨朕幼孫有比。言非但罪我亦將罪汝幼孫盤庚自謂比同心

故有爽德。自上其罰汝。汝罔能迪。湯有明德在天見汝情下罰汝汝無能道言無辭

[疏]失于至能迪○正義曰盤庚以民不願遷言神將罪汝欲懼之使從已也我所以必須徙者我今先於政教陳久於此民將有害高德之君成湯必忿我不徙大乃重下罪疾於我曰何爲殘虐我民而不徙乎我既欲徙而汝與萬民乃不進進與我一人謀計同心則我先君成湯大下與汝罪疾曰何故不與我幼孫盤庚有相親比同心徙乎汝不與我同心故湯有明德從上見汝之情其下罪罰於汝汝實有罪無所能道言無辭以有解說也○傳崇重至徙予○正義曰崇重釋詁文又云塵久也孫炎曰陳居之久久則生塵矣古者陳塵同也故陳爲久之義○傳不進至心徙○正義曰物之生長則必漸進故以生生爲進進王肅亦然進進是同心願樂之意也此實責羣臣而言汝萬民者民心亦然因博及之○傳湯有至無辭○正義曰訓爽爲明言明德故稱明德詩稱三后在天死者精神在天故言下見汝

古我先后。既勞乃祖乃父。勞之共治人

汝共作我畜民。汝有戕則在乃心。戕殘也汝共我治民有殘人之心而不欲徙是反父祖之行。○戕在良反又士良反行下孟反

我先后綏乃祖乃父。乃祖乃父乃斷棄汝。不救乃死。言我先王安汝父祖之忠今汝不忠汝父祖必斷絕棄汝命不救汝死。○斷丁緩反

[疏]古者至乃死○正義曰又責羣臣古我先君成湯既愛勞汝祖汝父與之共治民矣汝今共爲我養民之官是我於汝與先君同也而汝有殘虐民之心非我令汝如此則在汝心自爲此惡是汝反祖父之行惟汝祖父亦不祐汝我先君安汝祖汝父之忠汝祖汝父忠於先君必忿汝違我乃斷絕棄汝命不救汝死言汝違我命故汝祖父亦忿汝見湯罪汝不救汝死也○傳勞之共治人○正義曰下句責臣之身云汝共作我畜民明先后勞其祖父是勞之共治民也○傳戕殘至之行○正義曰春秋宣十八年邾人戕鄫子左傳云凡自虐其君曰弑自外曰戕爲殘害之義故爲殘也先后愛勞汝祖汝父與共治民汝祖父必有愛人之心作訓爲也汝今共爲我養民之官而有殘民之心而不用徙以避害是汝反祖父之行盤庚距湯年世多矣臣父不及湯世而云父者與祖連言之耳

茲予有亂政同位。具乃貝玉。亂治也此我有治政之臣同位於父祖不念盡忠但念貝玉而已言其貪。○治直吏反盡子忍反

乃祖先父丕乃告我高后曰。作丕刑于朕孫。言汝父祖見汝貪而不忠必大乃告湯曰作大刑於我子孫求討不忠之罪。○告工號反我高后本又作乃祖乃父

迪高后。丕乃崇降弗祥。言汝父祖開道湯大重下不善以罰汝陳忠孝之義以督之

[疏]茲予至弗祥○正義曰又責臣云汝祖父非徙不救汝死乃更請與汝罪於此我有治政之臣同位於其父祖其位與父祖同心與父祖異不念忠誠但念具汝貝玉而已言其貪而不忠也汝先祖先父以汝如此大乃告我高后曰爲大刑於我子孫以此言開道我高后故我高后大乃下不善之殃以罰汝成湯與汝祖父皆欲罪汝汝何以不從我徙乎○亂治至其貪○正義曰亂治釋詁文舍人曰亂義之治也孫炎曰亂治之理也大臣理國之政此者所責之人故言於此我有治政之臣言其同位於父祖責其位同而心異也貝者水蟲古人取其甲以爲貨如今之用錢然漢書食貨志具有其事貝是行用之貨也貝玉是物之最貴者責其貪財故舉二物以言之當時之臣不念盡忠於君但念具貝玉而已言其貪也○傳言汝至之罪○正義曰上句言成湯罪此諸臣其祖父不救子孫之死此句言臣之祖父請成湯討其子孫以不從已故責之深先祖請討非盤庚所知原神之意而爲之辭以懼其子孫耳○傳汝言至督之○正義曰訓迪爲道言汝父祖開道湯也不從君爲不忠違父祖爲不孝父祖開道湯下罰欲使從君順祖陳忠孝之義以督勵之

嗚呼。今予告汝不易。凡所言皆不易之事。○易以豉反注同

永敬大恤。無胥絕遠。長敬我言大憂行之無相與絕遠棄廢之。○遠于萬反又如字注同

汝分猷念以相從。各設中于乃心。羣臣當分明相與謀念和以相從各設中正於汝心。○分扶問反又如字注同

乃有不吉不迪。不善不道謂凶人

顛越不恭。暫遇姦宄。顛隕越墜也不恭不奉上命暫遇人而劫奪之爲姦於外爲宄於內。○暫才淡反隕于敏反

我乃劓殄滅之。無遺育。無俾易種于茲新邑。劓割育長也言不吉之人當割絕滅之無遺長其類無使易種於此新邑。○劓魚器反徐吾氣反殄徒典反易如字又以豉反注同長丁丈反下遺長同

往哉生生。今予將試以汝遷。永建乃家。自今以往進於善我乃以汝徙長立汝家。卿大夫稱家

[疏]嗚呼至乃家○正義曰盤庚以言事將畢欲戒使入之故嗚呼而歎之今我告汝皆不易之事言其難也事既不易當長敬我言大憂行之無相絕遠棄廢之必須存心奉行汝羣臣臣分輩相與計謀念和協以相從各設中正于汝心勿爲殘害之事汝羣臣若有不善不道隕墜禮法不恭上命暫逢遇人即爲姦宄而劫奪之我乃割絕滅之無有遺餘生長所以然者欲無使易其種類於此新邑故使汝耳自今已往哉汝當進進於善今我將用以汝遷長立汝使汝在位傳諸子孫勿得違我言也○傳不易之事○正義曰此易讀爲難易之易不易言其難也王肅云告汝以命之不易爲難鄭玄云我所以告汝者不變易言必行之謂盤庚自道已言必不改易與孔異○傳顛隕至於內○正義曰釋詁云隕落隕墜顛越也是從上倒下之言故以顛爲隕越是遺落爲墜也左傳僖九年齊桓公云恐越於下文十八年史克云弗敢失墜隕越是遺落廢失之意故以隕墜不恭爲不奉上命也暫遇人而劫奪之謂逢人即劫爲之無已成十七年左傳曰亂在外爲姦在內爲宄是劫奪之事故以劫奪解其姦宄也○傳劓割至新邑○正義曰五刑截鼻爲劓故劓爲割也育長釋詁文不吉之人當割絕滅之無遺長其類謂早殺其人不使得子孫有此惡類也易種者即今俗語云相染易也惡種在善人之中則善人亦變易爲惡故絕其類無使易種於此新邑也滅去惡種乃是常法而言于此新邑言已若至新都當整齊使絜清○傳自今至稱家○正義曰長立汝家謂賜之以族使子孫不絕左傳所謂諸侯命氏是也王朝大夫天子亦命之氏故云立汝家也

盤庚下第十一

商書　孔氏傳　孔穎達疏

盤庚既遷。奠厥攸居。乃正厥位。定其所居正郊廟朝社之位。○奠田薦反朝直遙反

綏爰有衆。曰。無戲怠。懋建大命。安於有衆戒無戲怠勉立大教

今予其敷心腹腎腸。歷告爾百姓于朕志。布心腹言輸誠於百官以告志。○腎時忍反腸徐待良反

罔罪爾衆。爾無共怒。協比讒言予一人。羣臣前有此過故禁其後今我不罪汝汝勿共怒我合比凶人而妄言。○比毗志反讒仕減反

[疏]盤庚至一人○正義曰盤庚既遷至殷地定其國都處所乃正其郊廟朝社之位又屬民而聚之安慰於其所有之衆曰汝等自今以後無得遊戲怠惰勉力立行教命今我其布心腹腎腸輸寫誠信歷徧告汝百姓於我心志者欲遷之日民臣共怒盤庚盤庚恐其怖懼故開解之今我無復罪汝衆人我既不罪汝汝無得如

前共為忿怒協比讒言毀惡我一人怨其前愆與之更始也○傳定其至之位○正義曰訓攸為所定其所居揔謂都城之內官府萬民之居處也鄭玄云徙主於民故先定其里宅所處次乃正宗廟朝廷之位如鄭之意奠厥攸居者止謂定民之居豈先令民居使足待其餘剩之處然後建王宮乎若留地以擬王宮即是先定王居不得為先定民矣孔惟言定其所居知是官民之居並定之也禮郊在國外左祖右社面朝後市正厥位謂正此郊廟朝社之位也○傳安於至大教○正義曰鄭玄云勉立我大命使心識教令常行之王肅云勉立大教建性命致之五福又案下句爾無共怒予一人是恐其不從己命此句宜言我有教命汝當勉力立之鄭說如孔旨也○傳布心至告志○正義曰此論心所欲言腹內之事耳以心為五臟之主腹為六腑之揔腸在腹內腎在心下舉腎腸以配腹心詩曰公侯腹心宣十二年左傳云敢布腹心是腹心足以表內腎腸配言之也

古我先王。將多于前功。言以遷徙多大前人之功美

適于山。用降我凶德。嘉績于朕邦。徙必依山之險無城郭之勞下去凶惡之德立善功於我國○降工巷反去羌呂反

今我民用蕩析離居。罔有定極。水泉沈溺故蕩析離居無安定之極徙以為之極

【疏】古我至定極　正義曰言古者我之先王欲將多大於前人之功是故徙都而適于山險之處用下去我凶惡之德立善功於我新國但從來已久水泉沈溺今我在此之民用播蕩分析離其居宅無有安定之極我今徙而使之得其中也說其遷都之意亦欲多大前人之功定民極也○傳言以至功美○正義曰古我先王謂遷都者前人謂未遷者前人久居舊邑民不能相匡以生則是居無功矣盤庚言先王以此遷徙故多大前人之功美故我今遷亦欲多前功矣○傳徙必至我國○正義曰先王至此五邦不能盡知其地所都皆近山故揔稱適于山也易坎卦彖云王公設險以守其國徙必依山之險欲使下民無城郭之勞雖則近山不可全無城郭言其防守易耳徙必近山則舊處新居皆有山矣而云適于山者言其徙必依山不適山乎地不謂舊處無山故徙就山也水泉鹹鹵民居墊隘時君不為之徙即是凶惡之德其徙者是下去凶惡之德立善功於我新遷之國也言下者凶德在身下而墜去之○傳水泉至之極○正義曰民居積世穿掘處多則水泉盈溢令人沈深而陷溺其處不可安居播蕩分析離其居宅無安定之極訓中也詩云立我烝民莫匪爾極言民賴后稷之功莫不得其中今為民失中故徙以為之中也

爾謂朕曷震動萬民以遷。言皆不明己本心

肆上帝將復我高祖之德。亂越我家。以徙故天將復湯德治理於我家○治直吏反

朕及篤敬。恭承民命。用永地于新邑。言我當與厚敬之臣奉承民命用長居新邑

肆予沖人。非廢厥謀。弔由靈。沖童童人謙也弔至靈善也非廢謂動謀於衆至用其善○弔音的或如字

各非敢違卜。用宏茲賁。宏賁皆大也君臣用謀不敢違卜用大此遷都大業○賁扶云反

【疏】爾謂至茲賁○正義曰言我徙以為民立中汝等不明我心乃謂我何故震動萬民以為此遷我以此遷之故上天將復我高祖成湯之德治理於我家我當與厚敬之臣奉承民命用是長居於此新邑以此須遷之故我童蒙之人非敢廢其詢謀謀於衆人衆謀不同至用其善者言善謀者皆欲遷都也又決之於龜卜而得吉我與汝羣臣各非敢違卜用是必遷光大此遷都之大業我徙本意如此耳○傳以徙至我家○正義曰民害不徙違失湯德以徙之故天必祐我將使復奉湯德令得治理於我家言由徙故天福之也○傳沖童至其善○正義曰沖童聲相近皆是幼小之名自稱童人言己幼小無知故為謙也弔至靈善皆釋詁文禮將有大事必謀於衆謀衆乃是常理故言非廢謂動謀於衆言已不自專也衆謀必有異見故至極用其善者○傳宏賁至大業○正義曰宏賁皆大也釋詁文樊光曰周禮云其聲大而宏詩云有賁其首是宏賁皆為大之義也各者非一之辭故為君臣用謀不敢違卜洪範云汝則有大疑謀及卿士謀及卜筮言非敢違卜是既謀及於衆又決於蓍龜也用大此遷都大謂立嘉績以大之也

鳴呼。邦伯師長。百執事之人。尚皆隱哉。國伯二伯及州牧也衆長公卿也言當庶幾相隱括共為善政○長丁丈反注同

予其懋簡相爾。念敬我衆。簡大相助也勉大助汝念敬我衆民○相息亮反

朕不肩好貨。敢恭生生。鞠人謀人之保居。敘欽。肩任也我不任貪貨之人敢奉用進進於善者人之窮困能謀安其居者則我式序而敬之○好呼報反任而林反

【疏】鳴呼至敘欽○正義曰言遷事已訖故歎而勑之鳴呼國之長伯及衆官之長與百執事之人庶幾皆相與隱括共為善政哉我其勉力大助汝等為善汝當思念愛敬我之衆民我不任用好貨之人有人果敢奉用進進於善見窮困之人能謀此窮困之人安居者我乃次序而敬用之○傳國伯至善政○正義曰邦伯邦國之伯諸侯師長故為東西二伯及九州之牧也鄭玄注禮記云殷之州長曰伯虞夏及周皆曰牧此殷時而言牧者此乃鄭之所約孔意不然故揔稱牧也師訓為衆衆長衆官之長故為三公六卿也其百執事謂大夫以下諸有職事之官皆是也此揔勑衆臣故二伯已下及執事之人皆戒之也釋言云庶幾尚也反覆相訓故尚為庶幾庶幸也幾冀也隱謂隱審也幸冀相與隱審檢括共為善政欲其同心共為善也隱括必是善語不知本出何書何休公羊序云隱括使就繩墨焉○傳簡大至衆民○正義曰簡大釋詁文又云相助慮也俱訓為慮是相得為助也盤庚欲使羣臣同心為善欲勉力大佐助之使皆念敬我衆民也○傳肩任至敬之○正義曰釋詁云肩勝也舍人曰肩強之勝也強能勝重是堪任之義故為任也我今不委任貪貨之人以恭為奉人有向善而心不決志故美其人能果敢奉用進進於善者言其人好善不倦也鞠訓為窮鞠人謂窮困之人謀人之保居謂謀此窮人之安居若見人之窮困能謀安其人居愛人而樂安存之者則我式序而敬之詩云式序在位言其用次序在官位也鄭王皆以鞠為養言能謀養人安其居者我則次序而敬之與孔不同

今我既羞告爾于朕志。若否。罔有弗欽。已進告汝之後順於汝心與否當以情告我無敢有不敬○告故報反

無總于貨寶。生生自庸。無揔貨寶以求位當進進皆自用功德

式敷民德。永肩一心。用布示民必以德義長任一心以事君

【疏】今我至一心○正義曰今我既進而告汝於我心志矣其我所告順合於汝心以否當以情告我無得有不敬者汝等無得揔於貨寶以求官位當進進自用功德不當用富也用此布示於民必以德義長任一心以事君不得懷二意以遷都既定故殷勤以戒之

尚書注疏挍勘記卷九　阮元撰盧宣旬摘錄

尚書注疏卷第九　宋板同古本作尚書卷第五古文尚書盤庚上第九商書孔氏傳

盤庚上第九　商書

盤庚五遷將治亳殷　陸氏曰盤本又作般按疏云壁內之書治皆作亂蓋古文尚書也孔氏正義本用古文後人改從今文疏中間存古字此亂字亦其一也羣經音辨云亂古文尚書治字也舉古文亂字也賈昌朝好宋次道家古文尚書故其言如此

而治於亳之殷治　宋板殷治作殷地

傳自湯至亳怨　岳本閩本明監本毛本怨作殷案怨字誤也

始皆作亂其字與治不類　宋板作治皆作亂其字與始不類按宋板是也

有從河有亳地遷於洹水之南　閩本同宋本河有作河南案南字是也明監本毛本作河自亦誤

大序注云　宋板大作又是也

耿在河北　宋板耿下空一字

殷質以名篇　古本重名字按疏標目不重

中上二篇　纂傳中上二字倒

題篇不自盤庚誥者　宋本閩本明監本同毛本自作曰案曰字是也今正

皆以王名篇　宋板重名字按下文云故以王名名篇也諸本俱重名字則此句當依宋板而傳文當依古本其疏中標目亦當重名字諸本不重誤也

子門甲立　諸本門皆作開門字誤也

重我民無殺盡殺故　諸本無殺作無欲殺字誤也

則當卜稽於龜以從　毛本稽作考

于今五邦　于上古本有至字

天將斷絕命　古本命上有汝字

若顛木之有由蘖　陸氏曰蘖本又作枿○按枿本作櫱傳寫者從俗作枿耳

有用生蘖哉　古本哉作栽山井鼎曰考疏古文似是

先正其號名　宋板名作明按作明屬下句亦通

亳是殷也大名　案也當作地

或稱殷　宋板句上有或稱商三字

不欲任彼殷也　毛本也作地是也

言爲正直之言　宋板作故以矢言爲正直之言

今盤庚自欲遷于殷　毛本欲作耿是也

劉殺釋詁云　閩本明監本同毛本云作文是也

先王所以決欲遷此者　閩本明監本同毛本決欲作去彼

大遷考自龜　毛本考自作則貞案所改是也

謂有典法　閩本明監本同毛本謂下有行字

卽是有所服也　閩本明監本同毛本服下有行字

鄭注皆云　毛本注作王

盤庚斆于民由乃在位　古本由上有曰字

無或敢伏小人之攸箴　古本人作民注同

王命衆悉至于庭　古本庭上有朝字

告汝以法教　古本法下有度字

下句王播告之　纂傳之下有修字

　蒙上之先　纂傳先作文

民用丕變　古本用作由注王用民用同按注王用既作由則經王用亦當作由

起信險爲膚受之言　閩本葛本同明監本爲作僞

　善自用之意也　閩本同明監本毛本善上有拒字

非予自荒兹德惟汝含德　葛本含誤作舍注同

予亦拙謀　疏正義曰下缺今補栞

汝羣臣能退去傲上之心　毛本去傲作汝違

不昬作勞　陸氏曰昬本或作敯○按正義引鄭注昬讀爲敯勉也然則古文作昬鄭讀爲敯釋文所謂本或作敯者指鄭讀也

　毒爲禍患也　宋板爲作謂

　遠近謂賒促　山井鼎曰賒字毛本與宋板同共餘注疏本皆作徐

　徙奉持所痛而悔之　閩本同毛本徙作徒是也

馬云視王　案王當作也

責其不請告上　閩本葛本明監本請作情毛本情上又有以字按諸本皆因疏而誤不知疏亦誤也見後

恐汝沈溺於衆有禍害　古本恐上有我字害下有也之二字

尚可得遏之絕之　毛本得遏之作刑戮二字

　嚮竹亮反　案竹當作許盧文弨云嚮當作鄉是也

滅恩甚大　閩本明監本同毛本滅作威

　何以不情告我　宋板以不作不以按觀宋板知諸本傳文無以字者爲誤

　傳曷何至忽害　閩本同毛本忽作禍是也今改正

遲任古賢　古本下有人字

言我世世選汝功勤　葛本閩本明監本同毛本選作數

掩本文作弇　毛本同案文當作又

作福作災　古本作依福依災注同

我不敢動用非罰加汝非德賞汝乎從汝善惡而報之　古本我下有豈字之下有乎字山井鼎曰古本不成文理作我豈敢動用非罰加汝非德賞汝乎從汝善惡而報之則爲穩今本不字亦似不穩姑記以俟再考○按浦鏜改乎爲各云從疏按是亦一說或疑非德上有缺文

可遷則遷　岳本閩本明監本毛本則並作卽

共意而言汝從上必有賞　岳本閩本明監本而言汝作告臣言案而言汝誤也

違命必有罰也　毛本命作我

故禘祫爲小也　宋板禘祫作祫祠

祫嘗禘烝　閩本同毛本禘作祫案禘字誤也

志之主欲得中也　閩本明監本同毛本主上有所字

汝無侮老成人　古本無作亡無弱無有遠邇同古本侮上有老字唐石經作汝無老侮成人按今本脫上老字石經脫下老字傳及疏內侮老疑亦俱當作老侮○按段玉裁云唐石經是也今板本作侮老因老成人三字口習既孰又誤會孔傳故倒亂之

是侮老之　閩本之作人恐非○按段玉裁校本作老侮

雖悔可外乎　古本可上有何字外作及案及字是也

盤庚中第十　商書

造士報反　毛本同案士當作七

欲用民徙　閩本明監本毛本徙作徒

延之使前而衆告之　宋板衆作教

王苦民不從教　宋板苦作話

行夫時也　孫志祖云也當者字之誤

遷徙者止爲邑居墊隘　閩本明監本同毛本徙作都

則先不思故居而行徙者　者字十行本未刻今補正

盤庚凝其被誤　毛本凝作疑是也

予迓續乃命于天　按匡謬正俗引此句迓作御徐氏音訝詳見敍書

予豈汝威　古本威作畏

我念我先世神后之君成湯　按下云殷之先世神明之君惟有湯耳疑此句后字亦當作明

用以道義德懷安汝心耳　宋板無德字

其下直言先后又畧而不言先其下直言先　案后下十一字複衍

此言湯勞汝先　毛本此作追

汝無能道　古本汝上有罰字

言神將罪汝　宋板同毛本神下有后字

故言下見汝　宋板言下倒是也

勞之共治人　古本人作民下殘人同

是反父祖之行　纂傳父祖倒與疏合

又士艮反　案士當作七

古者至乃死　閩本明監本同毛本者作我與岳本合

但念貝玉而已　古本念下有其字與疏合

乃祖先父丕乃告我高后曰　唐石經纂傳同毛本先父作乃父陸氏曰我高后本又作乃祖乃父按段玉裁云別本是也當乃祖乃父丕乃告句絕乃祖乃父曰作丕刑於朕孫句絕迪高后丕乃崇降不詳句絕曰詳尚書撰異

作丕刑于朕孫　孫上古本唐石經俱有子字○按顧炎武謂有子字誤王鳴盛以爲據傳當有子字段玉裁云不必因上文乃祖乃父而必兼舉子孫也古人文字不拘言朕孫者出乃祖口中自可統乃父在內傳多增字足利古本往往依以增經不足爲據也

亂治至其貪　案亂上當有傳字

傳言汝至督之　閩本同毛本言汝倒是也

凡所言皆不易之事　古本凡下有我字

謂凶人　古本宋板謂作爲

言不吉之人　岳本吉作善

我乃以汝從　古本宋板乃作用

汝羣臣臣分輩相與計謀念　閩本同毛本下臣字作當是也

長立汝　宋板下有家字

告汝以命之不易爲難　宋板爲上有亦以不易四字

釋詁云隕落隕墜顚越也是從上倒下之言　宋本落下墜下俱有也字浦鏜云越也二字疑衍○按釋詁云隕磒湮下降墜摽蘦落也又云洸湮隕墜也當從宋板增兩也字而刪去越下也字以顚越兩字屬下句

恐越於下　閩本同毛本恐下有隕字

不使得子孫　宋板子上有生字

盤庚下第十一　商書

故先定其里宅所處　宋板其里二字間空一字

弔至靈善皆釋詁文　孫志祖云按釋詁無靈善之文

宏賁皆大也　孫志祖云賁爾雅作墳

讒仕減反　案毛本作仕咸是也

相助慮也俱訓爲慮　兩慮字浦鏜云皆勴之誤

無總貨寶以已位　葛本閩本明監本同毛本已作求案求字是也

尚書挍勘記卷九

附釋音尚書注疏卷第十

說命上第十二

商書　孔氏傳　孔穎達疏

高宗夢得說。盤庚弟小乙子名武丁德高可尊故號高宗夢得賢相其名曰說○說本又作兌音悅注及下篇同相息亮反下同使百工營求諸野得諸傅巖。使百官以所夢之形象經求之於野得之於傅巖之谿作說命三篇。命說爲相使攝政

疏高宗至三篇○正義曰殷之賢王有高宗者夢得賢相其名曰說羣臣之內既無其人使百官以所夢之形象經營求之於野外得之于傅氏之巖遂命以爲相史敘其事作說命三篇○傳盤庚至曰說○正義曰世本云盤庚崩弟小辛立崩弟小乙立崩子武丁立是武丁爲盤庚弟小乙子也喪服四制云高宗者武丁武丁者殷之賢王也當此之時殷衰而復興禮廢而復起中而高之故謂之高宗是德高可尊故號高宗也○經云爰立作相王呼之曰說知其名曰說○傳使百至之谿○正義曰以工爲官見其求者衆多故擧百官言之使百官以所夢之形象經營求於外野皇甫謐云使百工寫其形象則謂工爲工巧之人與孔異也釋水云水注川曰谿李巡曰水出於山入於川曰谿然則谿是水流之處巖是山崖之名序稱得諸傅巖傳云得之於傅巖之谿以巖是揔名故序言之耳○傳命說至攝政○正義曰經稱爰立作相是命爲相也惟說命揔百官是使攝位也

說命。始求得而命之

疏說命○正義曰此三篇上篇言夢說始求得而命之中篇說既揔百官戒王爲政下篇王欲師說而學說報王爲學之有益王又厲說以伊尹之功相對以成章史分序以爲三篇也

王宅憂。亮陰三祀。陰默也居憂信默三年不言○亮本又作諒如字又力章反

疏王宅憂亮陰三祀○正義曰言王居父憂信任冢宰默而不言已三年矣三年不言自是常事史錄此句於首者謂既免喪事可以言而猶不言故述此以發端也○傳陰默至不言○正義曰陰者幽闇之義默亦闇義故爲默也易稱君子之道或默或語則默者不言之謂也無逸傳云乃有信默三年不言有此信默則信謂信任冢宰也

既免喪。其惟弗言。除喪猶不言政羣臣咸諫于王曰。嗚呼。知之曰明哲。明哲實作則。知事則爲明智明智則能制作法則○哲本又作喆天子惟君萬邦。百官承式。天下待令百官仰法王言惟作命。不言。臣下罔攸稟令。稟受令亦命也王庸作書以誥曰。以台正于四方。惟恐德弗類。茲故弗言。用臣下怪之故作誥類善也我正四方恐德不善此故不言○誥故報反台音怡恭默思道。夢帝賚予良弼。其代予言。夢天與我輔弼良佐將代我言政教○賚力代反徐音來乃審厥象。俾以形旁求于天下。審所夢之人刻其形象以四方旁求之於民間○俾必爾反說築傅巖之野。惟肖。傅氏之巖在虞虢之界通道所經有澗水壞道常使胥靡刑人築護此道說賢而隱代胥靡築之以供食肖似似所夢之形○肖音笑虢寡白反壞音怪供音恭

疏傳傅氏至之形○正義曰傳以傅爲氏此巖以傅爲名明巖傍有姓傅之民故云傅氏之巖也尸子云傅巖在北海之洲傳言虞虢之界孔必有所案據而言之也史記殷本紀云是時說爲胥靡築於傅險晉灼漢書音義云胥相也靡隨也古者相隨坐輕刑之名言於時築傅險則以杵築地傅說賢人必身不犯罪言其說爲胥靡當是時代胥靡也傳云通道所經有澗水壞道常使胥靡刑人築護此道說賢而隱代胥靡築之以供食或亦有成文也殷本紀又云武丁得說舉以爲相遂命傅險姓之號曰傅說鄭云得諸傅巖高宗因以傅命說爲氏案序直言夢得說不言傅或如馬鄭之言如高宗始命爲傅氏不知舊何氏也皇甫謐云高宗夢天賜賢人胥靡之衣蒙之而來曰我徒也姓傅名說天下得我者豈徒也哉武丁悟而推之曰傅者相也說者懽悅也天下當有傅我而說民者哉明以夢視百官百官皆非也乃使百工寫其形象求諸天下果見築者胥靡衣褐帶索執役于虞虢之間傅巖之野名說以其得之傅巖謂之傅說案謐言初夢即云姓傅名說又言得之傅巖謂之傅說其言自不相副謐惟見此書傅會爲近世之語其言非實事也

爰立作相。王置諸其左右。於是禮命立以爲相使在左右命之曰。朝夕納誨。以輔台德。言當納諫誨直辭以輔我德○朝張遙反若金。用汝作礪。鐵須礪以成利器○礪力世反若濟巨川。用汝作舟楫。渡大水待舟楫○楫音接徐音集若歲大旱。用汝作霖雨。霖三日雨霖以救旱

疏傳霖三日雨○正義曰隱九年左傳云凡雨自三日已往爲霖

啓乃心。沃朕心。開汝心以沃我心如服藥必瞑眩極其病乃除欲其出切言以自警

疏啓乃至弗瘳○正義曰當開汝心所有以灌沃我心欲令以彼所見教己未知故也其沃我心須切至若服藥不使人瞑眩憒亂則其疾不得瘳愈言藥毒乃得除病言切乃得去惑也○傳開汝至自警○正義曰瞑眩者令人憒悶之意也方言云凡飲藥而毒東齊海岱間或謂之瞑或謂之眩郭璞云瞑眩亦通語也然則藥之攻病先使人瞑眩憒亂病乃得瘳傳言瞑眩極者言悶極藥乃行也楚語稱衛武公作懿以自警懿即大雅抑詩也切言出於傳說據王以爲自警也

若藥弗瞑眩。厥疾弗瘳。若跣弗視地。厥足用傷。跣必視地足乃無害言欲使爲己視聽○跣先典反徐七顯反爲于僞反惟暨乃僚。罔不同心。以匡乃辟。與汝並官皆當倡率無不同心以匡正汝君○辟必亦反俾率先王。迪我高后。以康兆民。言匡正汝君使循先王之道蹈成湯之蹤以安天下嗚呼。欽予時命。其惟有終。敬我是命修其職使有終說復于王曰。惟木從繩則正。后從諫則聖。言木以繩直君以諫明后克聖。臣不命其承。君能受諫則臣不待命其承意而諫之疇敢不祗若王之休命。言王如此誰敢不敬順王之美命而諫者乎

說命中第十三

商書　孔氏傳　孔穎達疏

惟說命總百官。在冢宰之任○總音揔〔疏〕惟說命總百官○正義曰惟此傳說受王命總百官之職謂在冢宰之任也說以官高任重乃進言於王故史特標此句爲發言之端也乃進于王曰。嗚呼。明王奉若天道。建邦設都。天有日月北斗五星二十八宿皆有尊卑相正之法言明王奉順此道以立國設都○宿音秀〔疏〕傳天有至設都○正義曰晉語云大者天地其次君臣易繫辭云天垂象見吉凶聖人象之皆言人君之法天以設官順天以致治也天有日月照臨晝夜猶王官之伯率領諸侯也北斗環繞北極猶卿士之周衛天子也五星行於列宿猶州牧之省察諸侯也二十八宿布於四方猶諸侯爲天子守土也天象皆有尊卑相正之法言明王奉順天道以立國設都也立國謂立王國及邦國設都謂設帝都及諸侯國都總言建國立家之事樹后王君公。承以大夫師長。言立君臣上下將陳爲治之本故先舉其始○王于方反長丁丈反治直吏反下同〔疏〕樹后至師長○正義曰此又揔言設官分職之事也樹立也后王謂天子也君公謂諸侯也承者奉上之名后王君公人主也大夫師長人臣也臣當奉行君命故以承言之周禮立官多以師爲名師者衆所法亦是長之義也大夫已下分職不同每官各有其長故以師長言之三公則君公之內包之卿則大夫之文兼之師長之言亦通有將陳爲治之本故先舉其始略言設官故辭不詳備爲治之本惟天聰明已下皆是也不惟逸豫。惟以亂民。不使有位者逸豫民上言立之主使治民○豫羊慮反惟天聰明。惟聖時憲。惟臣欽若。惟民從乂。憲法也言聖王法天以立教於下無不聞見除其所惡納之於善雖復運有推移道有升降其所施爲未嘗不法天也臣敬順而奉之即上文承也奉承君命而布之於民民以從上爲治不從上命則亂故從乂也○從才容反惟口起羞。惟甲冑起戎。甲鎧冑兜鍪也言不可輕教令易用兵○冑直又反鎧苦代反兜丁侯反鍪莫侯反易以豉反惟衣裳在笥。惟干戈省厥躬。言服不可加非其人兵不可任非其才○笥息嗣反省息井反一本作眚〔疏〕惟口至厥躬○正義曰言王者法天施化其舉止不可不愼惟口出令不善以起羞辱惟甲冑伐非其罪以起戎兵言不可輕教令易用兵也惟衣裳在篋笥不可加非其人觀其能足稱職然後賜之惟干戈在府庫不可任非其才省其身堪將帥然後授之上二句事相類下二句文不同者衣裳言在篋笥干戈不言所在干戈云省厥躬衣裳不言視其人令其互相足也○傳甲鎧至用兵○正義曰經傳之無鎧與兜鍪蓋秦漢已來始有此名傳以今曉古也古之甲冑皆用犀兕未有用鐵者而鍪鎧之字皆從金蓋後世始用鐵耳口之出言爲教令甲冑興師乃用之言不可輕教令易用兵也易亦輕也安危在出令令之不善則人爲皆之是起羞也靜亂在用兵伐之無罪則人叛違之是起戎也○傳言服王其才○正義曰非其人非其才義同而互文也周禮大宗伯以九儀之命正邦國之位一命受職再命受服三命受位四命受器五命賜則六命賜官七命賜國八命作牧九命作伯鄭云一命始見命爲正吏受職治職事也列國之士一命王之下士亦一命再命受服受玄冕之服列國之大夫再命王之中士亦再命然則再命已上始受衣服未賜之時在官之篋笥也甲冑干戈俱是軍器上言不可輕用兵此言不可妄委人雖文重而意異也

王惟戒茲。允茲克明。乃罔不休。言王戒慎此四惟之事信能明政乃無不美惟治亂在庶官。言所官得人則治失人則亂官不及私昵。惟其能。不加私昵惟能是官○昵女乙反爵罔及惡德。惟其賢。言非賢不爵〔疏〕官不至其賢○正義曰王制云論定然後官之任官然後爵之鄭云官之使之試守也爵之命之也然則治其事謂之官受其位謂之爵官爵一也所從言之異耳賢謂德行能謂才用治事必用能故官云惟其能受位宜得賢故爵云惟其賢詩序云任賢使能周禮鄉大夫三年則大比考其德行道藝而興賢者能者鄭云賢者有德行者能者有道藝者是賢能爲異耳私昵謂知其不可而用之惡德謂不知其非而任之戒工使審求人絕私好也慮善以動。動惟厥時。非善非時不可動有其善。喪厥善。矜其能。喪厥功。雖天子亦必讓以得之○喪息浪反〔疏〕有其至厥功○正義曰人生尚謙讓而憎自取自有其善則人不以爲善故實善而喪其善自誇其能則人不以爲能故實能而喪其能由其自取故人不與之有其善則伐善也舜美禹云汝惟不矜天下莫與汝爭能汝惟不伐天下莫與汝爭功是言推而不有故各反歸之也惟事事。乃其有備。有備無患。事事非一事無啓寵納侮。開寵非其人則納侮之道〔疏〕無啓寵納侮○正義曰君子位高益恭小人得寵則慢若寵小人則必恃寵慢主無得開小人以寵自納此輕侮也開謂言出恩以寵臣納謂臣入慢以輕王據君而言開納以出入爲文也無恥過作非。恥過誤而文之遂成大非〔疏〕傳恥過至大非○正義曰仲虺之美成湯云改過不吝明小人有過皆惜而不改論語云小人之過也必文恥有過誤而更以言辭文飾之望人不覺其非彌甚故遂成大非也惟厥攸居。政事惟醇。其所居行皆如所言則王之政事醇粹○醇音純粹雖遂反黷于祭祀。時謂弗欽。禮煩則亂。事神則難。祭不欲數數則黷黷則不敬事神禮煩則亂而難行高宗之祀特豐數近廟故說因以戒之○黷徒木反數色角反〔疏〕傳祭不至戒之○正義曰祭不欲數數則黷黷則不敬禮記祭義文也此一經皆言祭祀之事禮煩亦謂祭祀之煩故傳云事神禮煩亂而難行孔以高宗彤日祖已訓諸王祀無豐于昵謂傳說此言爲彼事而發故云高宗之祀特豐數於近廟故說因而戒之王曰。旨哉。說乃言惟服。旨美也美其所言皆可服行乃不良于言。予罔聞于行。汝若不善於所言則我無聞於所行之事說拜稽首曰。非知之艱。行之惟艱。言知之易行之難以勉高宗王忱不艱。允協于先王成德。王心誠不以行之爲難則信合於先王成德○忱市林反惟說不言有厥咎。王能行善而說不言則有其咎罪

說命下第十四

商書　孔氏傳　孔穎達疏

王曰。來汝說。台小子舊學于甘盤。學先王之道甘盤殷賢臣有道德者○台音怡〔疏〕王曰至甘盤○正義曰舊學于甘盤謂爲王子時也君奭篇周公仰陳殷之賢臣云在武丁時則有若甘盤然則甘盤於高宗之時有大功也上篇高宗免喪不言卽求傳說似得說時無賢臣矣蓋甘盤於小乙之世以爲大臣小乙將崩受遺輔政高宗之初得有大功及高宗免喪甘盤已死故君奭傳曰高宗卽位甘盤佐之後有傳說是言傳說之前有甘盤也但下句言既乃遯于荒野是學訖乃遯非卽位之初從甘盤學也既乃遯于荒野。入宅于河。既學而中廢業遯居田野河洲也其父欲使高宗知民之艱苦故使居民間○遯徒頓反〔疏〕傳既學至民間○正義曰河是水名水不可居而云入宅于河知在河之洲也釋水云水中可居者曰洲初遯田野後入河洲言其徙居無常也無逸云其在高宗時舊勞於外爰曁小人言其父欲使高宗知民之艱苦故使居民間也於時蓋未爲太子殷道雖質不可既爲太子更得與民雜居自河徂亳。暨厥終罔顯。自河往居亳與其終故遂無顯明之德爾惟訓于朕志。言汝當教訓於我使我志通達若作酒醴。爾惟麴糵。酒醴須麴糵以成亦言我須汝以成○麴起六反糵魚列反若作和羹。爾惟鹽梅。鹽鹹梅醋羹須鹹醋以和之○羹音庚一音衡鹽余廉反梅亦作楳醋七故反和如字又胡臥反爾交修予。罔予棄。予惟克邁乃訓。交非一之義邁行也言我能行汝教〔疏〕傳交非至汝教○正義曰爾交修予令其交更修治已也故以交爲非一之義言交互教之非一事之義邁行釋詁文說曰。王。人求多聞。時惟建事。學于古訓。乃有獲。王者求多聞以立事學於古訓乃有所得事不師古。以克永世。匪說攸聞。事不法古訓而以能長世非說所聞言無是道惟學遜志。務時敏。厥脩乃來。學以順志務是敏疾其德之脩乃來〔疏〕惟學至乃來○正義曰人志本欲求善欲學順人本志學能務是敏疾則其德之脩乃自來言務之既疾則德自來歸已也允懷于茲。道積于厥躬。信懷此學志則道積於其身惟斅學半。念終始典于學。厥德脩罔覺。斅教也教然後知所困是學之半終始常念學則其德之脩無能自覺○斅戶孝反〔疏〕惟斅至罔覺○正義曰教人然後知困知困必將自強惟斅人乃是學之半言其功半於學也於學之法念終念始常在於學則其德之脩漸漸進益無能自覺其進言日有所益不能自知也監于先王成憲。其永無愆。愆過也視先王成法其長無過其惟學乎○愆起虔反惟說式克欽承。旁招俊

乂。列于庶位。言王能志學說亦用能敬承王志廣招俊乂使列衆官○俊本又作畯王曰。嗚呼。說四海之內咸仰朕德。時乃風。風教也使天下皆仰我德是汝教○仰如字徐五亮反股肱惟人。良臣惟聖。手足具乃成人有良臣乃成聖昔先正保衡。作我先王。保衡伊尹也作起正長也言先世長官之臣○長丁丈反下同〔疏〕傳保衡至之臣○正義曰保衡阿衡俱伊尹也君奭傳曰伊尹爲保衡言天下所取安所取平也鄭箋云阿倚衡平也伊尹湯所依倚而取平也故以爲官名又云太甲時曰保衡鄭不見古文太甲云不惠于阿衡故此爲解孔所不用計此阿衡保衡非常人之官名蓋當時特以此名號伊尹也作訓爲起言起而助湯也正長釋詁文乃曰。予弗克俾厥后惟堯舜。其心愧恥。若撻于市。言伊尹不能使其君如堯舜則恥之若見撻于市故成其能○俾必爾反撻他達反一夫不獲。則曰時予之辜。伊尹見一夫不得其所則以爲己罪佑我烈祖。格于皇天。言以此道左右成湯功至大天無能及者爾尚明保予。罔俾阿衡專美有商。汝庶幾明安我事則與伊尹同美○阿烏何反惟后非賢不乂。惟賢非后不食。言君須賢治賢須君食○治直吏反其爾克紹乃辟于先王。永綏民。能繼汝君於先王長安民則汝亦有保衡之功○辟必亦反說拜稽首曰。敢對揚天子之休命。對荅也荅受美命而稱揚之

高宗肜日第十五

商書　孔氏傳　孔穎達疏

高宗祭成湯。有飛雉升鼎耳而雊。耳不聽之異雊鳴○雊工豆反祖己訓諸王。賢臣也以訓道諫王○己音紀作高宗肜日。高宗之訓。所以訓也亡○肜音融〔疏〕高宗至之訓○正義曰高宗祭其太祖成湯於肜祭之日有飛雉來升祭之鼎耳而雊鳴其臣祖己以爲王有失德而致此祥遂以道義訓王勸王改脩德政史敍其事作高宗肜日高宗之訓二篇○傳耳不至雊鳴○正義曰經言肜日有雊雉不知祭何廟鳴何處故序言祭成湯升鼎耳以足以禘祫與四時之祭祭之明日皆爲肜祭不知此肜是何祭之肜也洪範五事有貌言視聽思若貌不恭言不從視不明聽不聰思不睿各有妖異興焉雉乃野鳥不應入室今乃入宗廟之內升鼎耳而鳴孔以雉鳴在鼎耳故以爲耳不聽之異也洪範五行傳云視之不明時則有羽蟲之孽聽之不聰時則有介蟲之孽言之不從時則有毛蟲之孽貌之不恭時則有鱗蟲之孽思之不睿時則有倮蟲之孽先儒多以此爲羽蟲之孽非爲耳不聰也漢書五行志劉歆以爲鼎三足三公象也而以耳行野鳥居鼎耳是小人將居公位敗宗廟之祀也鄭云鼎三公象也又用耳行雉升鼎耳而鳴象視不明天意若云當任三公之謀以爲政劉鄭雖小異其爲羽蟲之孽則同與孔意異詩云雉之朝雊尚求其雌說文云雊雄雉鳴也雷始動雉乃鳴而雊其頸○傳所以訓也亡○正義曰名高宗之訓所以訓高宗也此二篇俱是祖己之言竝是訓王之事經云乃訓于王此篇亦是訓也但所訓事異分爲二篇標此爲發言之端故以肜日爲名下篇揔諫王之事故名之訓終始互相明也肆命徂后孔歷其名於伊訓之下別爲之傳此高宗之訓因序爲傳不重出名者此以訓王事同因解文便作傳不爲例也

高宗肜日。祭之明日又祭殷曰肜周曰繹○繹音亦字書作釋爾雅云又祭也周曰繹商曰肜夏曰復胙〔疏〕傳祭之至曰繹○正義曰釋天云繹又祭也周曰繹商曰肜孫炎曰祭之明日尋繹復祭也肜者相尋不絶之意春秋宣八年六月辛巳有事於太廟壬午猶繹穀梁傳曰繹者祭之旦日之享賓也是肜者祭之明日又祭也爾雅因繹祭而本之上世故先周後商此以上代先後故與爾雅倒也釋天又云夏曰復胙郭璞云未見所出或無此一句孔傳不言夏曰復胙於義非所須或本無此事也儀禮有司徹上大夫曰儐尸與正祭同日鄭康成注詩鳧鷖云祭天地社稷山川五祀皆有繹祭高宗肜日。越有雊雉。於肜日有雉異祖己曰。惟先格王。正厥事。言至道之王遭變異正其事而異自消〔疏〕高宗至厥事○正義曰高宗既祭成湯肜祭之日於是有雊鳴之雉在於鼎耳此乃怪異之事賢臣祖己見其事而私自言曰惟先世至道之王遭遇變異則正其事而異自消也既作此言乃進言訓王史錄其事以爲訓王之端也○傳言至自消○正義曰格訓至也至道之王謂用心至極行合於道遭遇變異改脩德教正其事而異自消大戊拱木武丁雊雉皆感變而懼殷道復興是異自消之驗也至道之王當無災異而云遭變消災者天或有譴告使之至道未必爲道不至而致此異且此勸戒之辭不可執文以害意也此經直云祖己曰不知與誰語鄭云謂其黨王肅云言于王下句始言乃訓于王此句未是告王之辭私言告人鄭說是也乃訓于王曰。惟天監下民。典厥義。祖己既言遂以道訓諫王言天視下民以義爲常降年有永有不永。非天夭民。民中絕命。言天之下年與民有義者長無義者不長非天欲夭民民自不修義以致絕命○中丁仲反又如字民有不若德。不聽罪。天既孚命正厥德。不順德言無義不服罪不改修天已信命正其德謂有永有不永〔疏〕乃訓至厥德○正義曰祖己既私言其事乃以道訓諫於王曰惟天視此下民常用其義言以義視下觀其爲義以否其下年與民有長者有不長者言與爲義者長不義者短短命者非是天欲夭民民自不修義使中道絕其性命但人有爲行不順德義有過不服聽罪過而不改乃致天罰非天欲夭之也天既信行賞罰之命正其馭民之德欲使有義者長不義者短王安得不行義事求長命也○傳言天至絕命○正義曰經惟言有永有不永安知由義者以上句云惟天監下民典厥義天既以義爲常知命之長短莫不由義故云天之下年與民有義者長無義者不長也民有五常之性謂仁義禮智信也此獨以義爲言者五常指體則別理亦相通義者宜也得其事宜五常之名皆以適宜爲用故稱義可以揔之也民有貴賤貧富愚智好醜不同多矣獨以夭壽爲言者鄭玄云年命者蠢愚之人尤愓焉故引以諫王也愓貪也洪範五福以壽爲首六極以短折爲先是年壽者最是人之所貪故祖己引此以諫王也○傳不順至不永○正義曰傳亦顧上經故不順德言無義也聽謂聽從故以不聽爲不服罪言既爲罪過而不肯改修也天已信命正其德言天自信命賞有義罰無義此事必信也天自正其德福善禍淫其德必不差也謂民有永有不永天隨其善惡而報之勸王改過修德以求永也

乃曰。其如台。祖己恐王未受其言故乃復曰天道其如我所言○台音怡復扶又反嗚呼。王司敬民。罔非天胤。典祀無豐于昵。胤嗣昵近也歎以感王入其言王者主民當敬民事民事無非天所嗣常也祭祀有常不當特豐於近廟欲王因異服罪改修之○豐芳弓反昵女乙反尸子云不避遠昵近也又乃禮反馬云昵考也謂禰廟也〔疏〕嗚呼至于昵○正義曰祖己恐其言不入王意又歎而戒之嗚呼王者主民當謹敬民事民事無非天所繼嗣以爲常道者也天以其事爲常王當繼天行之祀禮亦有常無得豐厚於近廟若特豐於近廟是失於常道高宗豐於近廟欲王服罪改修也○傳胤嗣至改修之○正義曰釋詁云胤嗣繼也俱訓爲繼也是胤德爲嗣嗣亦繼之義也釋詁云卽尼也孫炎曰卽猶今也尼者近也郭璞引尸子曰悅尼而來遠是尼爲近也尼與昵音義同烝民不能自治自立君以主之是王者主民也既與民爲主當敬慎民事民事無大小無非天之所嗣常也言天意欲令繼嗣行之以爲常道也祭祀有常謂犧牲粢盛尊彝俎豆之數禮有常法不當特豐於近廟謂犧牲禮物多也祖己知高宗豐於近廟欲王因此雊雉之異服罪改修以從禮耳其異不必由豐近而致之也王肅亦云高宗豐於禰故有雊雉升遠祖成湯廟鼎之異

西伯戡黎第十六

商書　孔氏傳　孔穎達疏

殷始咎周。咎惡○咎其九反馬云咎周者爲周所咎周人乘黎。乘勝也所以見惡○黎力兮反國名尚書大傳作耆祖伊恐。祖己後賢臣奔告于受。受紂也音相亂帝乙之子嗣立暴虐無道○受如字傳云受紂也音相亂馬云受讀曰紂或曰受婦人之言故號曰受也作西伯戡黎。戡亦勝也○伯亦作柏戡音堪說文作㦻云殺也以此戡訓刺音竹甚反勝詩證反〔疏〕殷始至戡黎○正義曰文王功業稍高王兆漸著殷之朝廷之臣始畏惡周家所以畏惡之者以周人伐而勝黎邑故也殷臣祖伊見周克黎國之易恐其終必伐殷奔走告受言殷將滅史敍其事作西伯戡黎○傳咎惡又云乘勝至見惡○正義曰易繫辭云無咎者善補過也則咎是過之別名以彼過而憎惡之故咎爲惡也以其勝黎所以見惡釋其見惡之由是周人乘勝黎之後始惡之詩毛傳云乘陵也乘駕是加陵之意故乘爲勝也鄭玄云紂聞文王斷虞芮之訟又三伐皆勝而始畏惡之所言據書傳爲說伏生書傳云文王受命一年斷虞芮之質二年伐邘三年伐密須四年伐犬夷五年伐耆六年伐崇七年而崩耆卽黎也乘黎之前始言惡周故鄭以伐邘伐密須伐犬夷三伐皆勝始畏惡之武成篇文王誕膺天命九年乃崩則伐國之年不得如書傳所說未必見三伐皆勝始畏之○傳祖己後賢臣○正義曰此無所出正以同爲祖氏知是其後明能先覺故知賢臣○傳受紂至無道○正義曰經云奔告于王王無諡號故序言受以明之此及泰誓武成

皆呼此君為受自外書傳皆呼為紂受即紂也音相亂故字改易耳殷本紀云帝乙崩子辛立是為帝辛天下謂之紂鄭玄云紂帝乙之少子名辛帝乙愛而欲立焉號曰受德時人傳聲轉作紂也史掌書知其本故曰受與孔同諡法云殘義損善曰紂殷時未有諡法後人見其惡為作惡義耳○傳戡亦勝也○正義曰戡勝釋詁文孫炎曰戡強之勝也

西伯戡黎。

西伯既戡黎。近王圻之諸侯在上黨東北○近附近之近圻巨依反

【疏】西伯戡黎○正義曰鄭玄云西伯周文王也時國於岐封為雍州伯也國在西故曰西伯王肅云王者中分天下為二公總治之謂之二伯得專行征伐文王為西伯黎侯無道文王伐而勝之兩說不同孔無明解下傳云文王率諸侯以事紂非獨一州之諸侯也論語稱三分天下有其二以服事殷謂文王也終乃三分有二豈獨一州牧乎且言西北對東為名不得以國在西而稱西伯也蓋同王肅之說○傳近王至東北○正義曰黎國漢之上黨郡壺關所治黎亭是也紂都朝歌王圻千里黎在朝歌之西故為近王圻之諸侯也鄭云入紂圻內文王猶向事紂不可伐其圻內所言圻內亦無文也

祖伊恐。奔告于王曰。天子。天既訖我殷命。文王率諸侯以事紂內秉王心紂不能制今又克有黎國迫近王圻故知天已畢訖殷之王命言將化為周○王心于況反下注宜王者同

【疏】傳文王至為周○正義曰襄四年左傳云文王率殷之叛國以事紂是率諸侯共事紂也貌雖事紂內秉王心布德行威有將王之意而紂不能制日益強大今復克有黎國迫近王圻似有天助之力故云天已畢訖殷之王命言殷祚至此而畢將欲化為周也

格人元龜。罔敢知吉。至人以人事觀殷大龜以神靈考之皆無知吉

【疏】傳至人至知吉○正義曰格訓為至至人謂至道之人有所識解者也至人以人事觀殷大龜有神靈逆知來物故大龜以神靈考之二者皆無知殷有吉者言必凶也祖伊未必問至人親灼龜但假之以為言耳

非先王不相我後人。惟王淫戲用自絕。非先祖不助子孫以王淫過戲用自絕於先王○相息亮反

故天棄我。

不有康食。不虞天性。不迪率典。以紂自絕於先王故天亦棄之宗廟不有安食於天下而王不度知天性命所在而所行不蹈循常法言多罪○度待洛反

【疏】傳以紂至多罪○正義曰禮記稱萬物本於天人本於祖則天與先王俱是人君之本紂既自絕於先王亦自絕於天上經言紂自絕先王此言天棄紂互明紂自絕然後天與先王棄絕之故傳申通其意以紂自絕先故天亦棄之亦者亦先王言先王與天俱棄之也孝經言天子得萬國之歡心以事其先王然後祭則鬼享之今紂既自絕於先王先王不有安食於天下言紂雖以天子之尊事宗廟宗廟之神不得安食也而王不度知天命所在不知已之性命當盡也而所行不蹈循常法動皆違法言多罪

今我民罔弗欲喪。曰天曷不降威。大命不摯。今王其如台。摯至也民無不欲王之亡言天何不下罪誅之有大命宜王者何以不至王之凶害其如我所言○摯音至本又作摯

【疏】傳摯至也至所言○正義曰摯至同音故摯為至也言天何不下罪誅之恨其久行虐政欲得早殺之也有大命宜王者何以不至向望大聖之君欲令早伐紂也王之凶禍其如我之所言以王不信故審告之也

王曰。嗚呼。我生不有命在天。言我生有壽命在天民之所言豈能害我遂惡之辭

祖伊反曰。嗚呼。乃罪多參在上。乃能責命于天。反報紂也言汝罪惡眾多參列於上天天誅罰汝汝能責命于天拒天誅乎○參七南反馬云參字累在上

殷之即喪。指乃功。不無戮于爾邦。言殷之就亡指汝功事所致汝不得無死戮於殷國必將滅亡立可待

微子第十七　商書　孔氏傳　孔穎達疏

殷既錯天命。微子作誥父師少師。錯亂也○錯七各反馬云廢也告二師而去紂○少詩照反

【疏】殷既至少師○正義曰殷紂既暴虐無道錯亂天命其兄微子知紂必亡以作言誥告父師箕子少師比干史敘其事而作此篇也名曰微子不言作微子者已言微子作誥以可知而省文也○傳錯亂也○正義曰交錯是渾亂以義故為亂也不指言紂惡而言錯亂天命者天生蒸民立君以牧之為君而無君道是錯亂天命為惡之大故舉此以見惡之極耳

微子。微圻內國名子爵為紂卿士去无道

【疏】傳微圻至無道○正義曰微國在圻內先儒相傳為然鄭玄以為微與箕俱在圻內孔雖不言亦當在圻內也王肅云微國名子爵入為王卿士肅意蓋以微為圻外故言入也微子名啓世家作開避漢景帝諱也啓與其弟仲衍皆是紂之同母庶兄史記稱微仲衍衍亦稱微者微子封微以微為氏故弟亦稱微猶如春秋之世虞公之弟稱虞叔祭公之弟稱祭叔微子若非大臣則無假憂紂亦不必須去以此知其為卿士也傳云去無道者以去見其為卿士也

微子若曰。父師少師。父師太師三公箕子也少師孤卿比干微子以紂距諫知其必亡順其事而言之

殷其弗或亂正四方。或有也言殷其不有治正四方之事將必亡○治直吏反

我祖底遂陳于上。言湯致遂其功陳列於上世

我用沈酗于酒。

用亂敗厥德于下。我紂也沈湎酗醟敗亂湯德於後世○沈徐直金反酗況具反以酒為凶曰酗說文作酌云酒醟湎面善反醟音詠說文于命反酌酒也

殷罔不小大。好草竊姦宄。草野竊盜又為姦宄於外內○好呼報反宄音軌

卿士師師非度。凡有辜罪。乃罔恆獲。六卿典士相師效為非法度皆有辜罪無秉常得中者○度如字

小民方興。相為敵讎。卿士既亂而小人各起一方共為敵讎言不和同○讎常周反

今殷其淪喪。若涉大水。其無津涯。淪沒也言殷將沒亡如涉大水無涯際無所依就○淪音倫徐力允反喪息浪反涯五皆反又宜佳反

殷遂喪越至于今。言遂喪亡於是至於今到不待久

【疏】微子至于今○正義曰微子將欲去殷順其去事而言曰父師少師呼二師與之言也今殷國其將不復有治正四方之事言其必滅亡也昔我祖成湯致行其道遂其功業陳列於上世矣今我紂惟用沈湎酗醟於酒用是亂敗其祖之德於下由紂亂敗之故今日殷人無不小大皆好草竊姦宄雖在朝卿士相師師為非法度之事朝廷之臣皆有辜罪乃無有一人能秉常得中者在外小人方方各起相與共為敵讎荒亂如此今殷其沒亡若涉大水其無津濟涯岸殷遂喪亡言不復久也此喪亡於是至於今到必不得更久也○傳父師至而言○正義曰以畢命之篇王呼畢公為父師畢公時為太師也周官云太師太傅太保茲惟三公少師少傅少保曰三孤家語云比干官則少師少師是比干知太師是箕子也偏檢書傳不見箕子之名惟司馬彪注莊子云箕子名胥餘不知出何書也周官以少師為孤此傳言孤卿者孤亦卿也考工記曰外有九室九卿朝焉是二孤六卿共為九卿也比干不言封爵或本無爵或有而不言也家語云比干是紂之親則諸父知比干是紂之諸父耳箕子則無文宋世家云箕子者紂親戚也止言親戚不知為父為兄也鄭玄王肅皆以箕子為紂之諸父服虔杜預以為紂之庶兄既無正文各以意言之耳微子以紂距諫知其必亡心欲去之故順其去事而言呼二師以告之○傳或有至必亡○正義曰或者不定之辭其事欲當然則是有此事故以或為有也鄭玄論語注亦云或之言有也不有言無也天子天下之主所以治正四方言殷其不有治正四方之事言將必亡○傳我紂至後世○正義曰嗜酒亂德是紂之行故知我紂也人以酒亂若沈於水故以耽酒為沈也湎然是齊同之意詩云天不湎爾以酒鄭云天不同汝顏色以酒是湎謂酒變面色湎然齊同無復平時之容也說文云酗醟也然則酗醟一物謂飲酒醉而發怒經言亂敗其德必有所屬上言我祖指謂成湯知言敗亂湯德於後世也上謂前世故下為後世也○傳六卿至中者○正義曰士訓事也故卿士為六卿典事師師言相師效為非法度之事也止言卿士以貴者尚爾見賤者皆然故王肅云卿士以下轉相師效為非法度之事也鄭云凡猶皆也傳意亦然以凡為皆言卿士以下在朝之臣其所舉動皆有辜罪無人能秉常行得中正者

曰。父師少師。我其發出狂。吾家耄遜于荒。我念殷亡發疾生狂在家耄亂故欲遯出於荒野言愁悶○出尺遂反耄字又作旄莫報反注同遯徒困反徐徒頓反一音都困反

今爾無指告予顛隮。若之何其。汝無指意告我殷邦顛隕隮墜如之何其救之○隮子細反玉篇子兮反切韻祖稽反隕于敏反

【疏】曰父師至何其○正義曰微子既言紂亂乃問身之所宜止而復言故別加一曰父師少師更呼而告之也我念殷亡之故其心發疾生狂吾在家心內耄亂欲遯出於荒野今汝父師少師無指滅亡之意告我云殷邦其隕墜則當如之何其救之乎恐其留己共救之也○傳我念至愁悶○正義曰狂生於心而出於外故傳以出狂為生狂應璩詩云積念發狂癡此其事也在家思念之深精神益以耄亂鄭玄云耄昏亂也在家不堪耄亂故欲遯出於荒野言愁悶之至詩云駕言出遊以寫我憂亦此意也○傳汝無至救之○正義曰無指意告我者謂無指殷亡之事告我言殷將隕墜欲留我救之顛謂從上而隕隮謂墜於溝壑皆滅亡之意也昭十三年左傳曰小人老而無子知隮於溝壑矣王肅云隮隮溝壑言此隮之義如左傳也

父師若曰。王子。比干不見明心同省文微子帝乙元子故曰王子○見賢遍反省所景反

天毒降災荒殷邦。方興沈酗于酒。天生紂為亂是天毒下災四方化紂沈湎不可如何

乃罔畏畏。

咈其耇長舊有位人。言起沈湎上不畏天災下不畏賢人違戾耇老之長致仕之賢不用其教法紂故。○咈扶勿反耇工口反長丁丈反注同今殷民乃攘竊神祇之犧牷牲用以容將食無災。自來而取曰攘色純曰犧體完曰牷牛羊豕曰牲器實曰用盜天地宗廟牲用相容行食之無災罪之者言政亂。○攘如羊反因來而取曰攘竊馬云往盜曰竊神祇天曰神地曰祇犧許宜反牷音全降監殷民用乂讎斂召敵讎不怠。下視殷民所用治者皆重賦傷民斂聚怨讎之道而又亟行暴虐自召敵讎不解怠。○讎如字下同徐云鄭音疇馬本作稠云數也斂力檢反馬鄭力豔反謂賦斂也徐云鄭力劒反治直吏反亟欺忌反數也又紀力反本又作極如字至也解佳賣反罪合于一。多瘠罔詔。言殷民上下有罪皆合於一法紂故使民多瘠病而無詔救之者。○瘠在益反商今其有災。我興受其敗。災滅在近我起受其敗言宗室大臣義不忍去商其淪喪。我罔爲臣僕。詔王子出迪。商其沒亡我二人無所爲臣僕欲以死諫紂我教王子出合於道。臣僕一本無臣字我舊云刻子。王子弗出。我乃顚隮。刻病也我久知子賢言於帝乙欲立子帝乙不肯病子不得立則宜爲殷後者子今若不出逃難我殷家宗廟乃隕墜無主。○舊云馬云言也刻音克馬云侵刻也難乃旦反自靖。人自獻于先王。各自謀行其志人人自獻達于先王以不失道。○靖馬本作清謂潔也我不顧行遯。言將與紂俱死所執各異皆歸於仁明君子之道出處語默非一途。○顧音故徐音鼓

【疏】父師至行遯○正義曰父師亦順其事而報微子曰王子今天酷毒下災生此昏虐之君以荒亂殷之邦國紂既沈湎四方化之皆起而沈湎酗醟於酒不可如何小人皆自放恣乃無所畏上不畏天災下不畏賢人違戾其耆老之長與舊有爵位致仕之賢人今殷民乃攘竊祭祀神祇之犧牷牲用以相通容行取食之無災罪之者盜天地大祀之物用而不得罪言政亂甚也我又下視殷民所用爲治者民皆讎怨斂聚之道也言重賦傷民民以在上爲讎重賦乃是斂讎也既爲重賦又急行暴虐此所以益招民怨是乃自召敵讎不懈怠也上下各有罪合於一紂之身言紂化之使然也故使民多瘠病而無詔救之者商今其有滅亡之災我起而受其敗商其沒亡喪滅我無所爲人臣僕言不可別事他人必欲諫取死也我教王子出奔於外是道也我久云子賢言於帝乙欲立子不肯我乃病傷子不得立爲王則宜終爲殷後若王子不出則我殷家宗廟乃隕墜無主既勸之出卽與之別云各自謀行其志人人各自獻達於先王我不顧念行遯之事明期與紂俱死○傳比干至王子○正義曰諮二人而一人答明心同省文也鄭云少師不答志在必死然則箕子本意豈必求生乎身若求生何以不去既不顧行遯明期於必死但紂自不殺之耳若比干意異箕子則別有答安得默而不呼孔解心同是也微子帝乙元子微子之命有其文也父師言微子爲王子則父師非王子矣鄭王等以爲紂之諸父當是實也○傳天生至如何正義曰荒殷邦者乃是紂也而云天毒降災故言天生紂爲亂本之於天天毒下災也以微子云若之何此荅彼意故言四方化紂沈湎不可如何○傳言起至紂故○正義曰文在方興沈酗之下則此無所畏畏者謂當時四方之民也民所當畏惟畏天與人耳故知二畏者上不畏天下不畏賢人違戾耇長與舊有位人卽是不畏賢人故不用其教紂無所畏此民無所畏謂法紂故也○傳自來至政亂○正義曰攘竊同文則攘是竊類釋詁云攘因也是因其自來而取之名攘也說文云犧宗廟牲也曲禮云天子以犧牛天子祭牲必用純色故知色純曰犧也周禮牧人掌牧六牲以供祭祀之牲牷以牷爲言必是體全具也故體完曰牷經傳多言三牲知牲是牛羊豕也以犧牷牲三者既爲俎實則用者簠簋之實謂黍稷稻粱故云器實曰用謂粢盛也禮天曰神地曰祇舉天地則人鬼在其間矣故揔云盜天地宗廟牲用也訓將爲行相容行食之謂所司相通容使盜者得行盜而食之大祭祀之物物之重者盜而無罪言政亂甚也漢魏以來著律皆云敢盜郊祀宗廟之物無多少皆死爲特重故也○傳下視至懈怠○正義曰箕子身爲三公下觀世俗故云下視殷民所用治者謂卿士已下是治民之官也以紂暴虐務稱上旨皆重賦傷民民既傷矣則以上爲讎泰誓所謂虐我則讎是也重斂民財乃是聚斂怨讎之道既爲重斂而又亟行暴虐亟急也急行暴虐欲以威民乃是自召敵讎勤行虐政是不懈怠也○傳商其至於道○正義曰有災與淪喪一事而重出文者上言商今其有災我興受其敗逆言災雖未至至則已必受禍此言商其淪喪我罔爲臣僕豫言殷滅之後言已不事異姓辭有二意故重出其文我無所爲臣僕言不能與人爲臣僕必欲以死諫紂但箕子之諫值紂怒不甚故得不死耳我教王子出合於道保全身命終爲殷後使宗廟有主享祀不絕是合其道也○傳刻病至無主○正義曰刻者傷害之義故爲病也呂氏春秋仲冬紀云紂之母生微子啓與仲衍其時猶尚爲妾改而爲妻後生紂紂之父欲立微子啓爲太子太史據法而爭曰有妻之子不可立妾之子故立紂爲後於時箕子蓋謂請立啓而帝乙不聽今追恨其事我久知子賢言於帝乙欲立子爲太子而帝乙不肯我病子不得立則宜爲殷後○傳言將至一途○正義曰不肯遯以求生言將與紂俱死也或去或留所執各異皆歸於仁孔子稱殷有三仁焉是皆歸於仁也易繫辭曰君子之道或出或處或默或語是非一途也何晏云仁者愛人三人行異而同稱仁者以其俱在憂亂寧民

尚書注疏挍勘記卷十　阮元撰盧宣旬摘錄

說命上第十二　商書　宋板與上合爲一卷

高宗夢得說　按一切經音義卷一大方廣佛華嚴經第一卷引此得作㝵亦晉宋古文本也陸氏曰說本又作兊音悅注及下篇同

經求之於野　閩本明監本葛本同岳本纂傳經下有營字野上有外字毛本同

王又厲說以伊尹之功　纂傳厲作屬

王宅憂亮陰三祀　陸氏曰亮本又作諒

陰默也　此句上古本有亮信也三字山井鼎曰晉書杜預奏議中引尚書傳亮信也陰默也臣初疑之久矣今得古本乃知注疏諸本脫三字也○按傳例已釋者不再見亮之爲信已於舜典釋之矣此處不得有亮信也三字杜預在梅頤前安得見孔傳其所引者伏生大傳也山井鼎之說殊謬

羣臣咸諫于王曰嗚呼知之曰明哲　陸氏曰哲本又作喆

王言惟作命不言臣下罔攸稟令　古本罔作亡罔不同心同合石經補缺誤作命

惟恐德弗類　葛本閩本明監本纂傳同唐石經岳本毛本惟作台

遂令傳險姓之　宋板令作以○按史記殷本紀作以宋本是也

曰云我徒也　宋板曰作且

若藥弗瞑眩　藥石經補缺誤

先使人瞑眩憤亂　浦鏜云憤當憒字誤○按上云瞑眩者令人憒悶之意也此因彼而誤

說命中第十三　商書

正義曰晉語云　閩本明監本同毛本云作言

猶王官之伯　閩本明監本同毛本之作宗

師長之言亦通有　宋板有下有士字

憲法也　按此節今本疏混入注又脫上截四十二字山井鼎據古本宋板正誤補闕今錄于下傳憲法也言聖王法天以立教臣敬順而奉之民以從上爲治疏傳憲法至爲治正義曰憲法也釋詁文人之聞見在於耳目天無形體假人事以言之聰謂無所不聞明謂無所不見惟天聖人於是法天言法天以立教於下無不聞見除其所惡納之於善雖復運有推移道有升降其所施爲未嘗不法天也臣敬順而奉之卽上文承也奉承君命而布之於民民以從上爲治不從上命則亂故從又也○按岳本纂傳俱與古本同

經傳之無鎧與兜鍪　宋板之下有文字是也

則人爲背之　宋板爲作違是也

官不全其賢　案全當作至今改

是言推而不有　宋板閩本明監本同毛本推作惟

謂言出恩以寵臣　毛本言作君是也

謂臣入慢以輕王　浦鏜云王當主字誤

事神禮煩亂而難行　宋板煩下有則字正與注合

非知之艱行之惟艱　古本艱作難下不艱同

行之難　古本岳本閩本葛本纂傳同毛本難作艱

說命下第十四　商書

若作和羹爾惟鹽梅　陸氏曰梅亦作楳

鹽鹹梅醋　古本醋作酢下同按醋酢二字古今相反

言曰有所益　毛本曰作日是也

惟說式克欽承旁招俊乂　陸氏曰俊本又作畯

故此爲解　浦鏜云此爲二字當誤倒

一夫不獲則曰時予之辜　古本辜作罪

功至大天　古本岳本葛本宋板閩本明監本纂傳同毛本大作于

說拜稽首曰敢對揚天子之休命　唐石經無之字

高宗肜日第十五　商書

以訓道諫王　浦鏜云訓道二字疑誤倒或以訓二字倒○按下傳云遂以道訓諫王則此訓道二字誤倒明矣纂傳道作導亦誤

故序言祭成湯升鼎耳以足以　閩本明監本同毛本下以字作之是也

文云　閩本明監本同毛本文作又

傳言至自消　閩本明監本同毛本至字重是也

謂有永有不永　史記集解謂下有其字

天道其如其所言　葛本閩本明監本俱同毛本次其字作我

祀無豐于昵　按羣經音辨尸部云尼近也乃禮切書祀無豐亏尼又女乙切考疏引尔疋亦是尼字疏又云尼與昵音義同此但明尼昵同字非經文作昵

當敬民事民事無非天所嗣常也　史記集解作當敬民事無非天時天時所常祀也按史記注固非今本亦疑有誤

是允德爲嗣　諸本德皆作得德字誤也

卽兄也　諸本兄作尼尼字是也形近之譌

自立君以主之　宋板無自字按儀禮通解引亦無自字

西伯戡黎第十六　商書

殷始咎周　古本始初作亂後改作始按亂當作乿古治字

作西伯戡黎　陸氏曰伯亦作柏盧文弨云穆天子傳古今人表伯通作柏二字本可通用

且言西北對東爲名　諸本北作伯閩本明監本同誤

以王淫過戲迨　古本岳本宋板纂傳迨作怠毛本作逸

以紂自絕先　閩本明監本同毛本先下有王字正與岳本同

動昔違法　宋板昔作皆岳本作悉案悉字是也毛本不誤

大命不摯　命下唐石經旁添胡字陸氏曰摯本又作⿱埶女○按說文作⿱埶女引書云大命不⿱埶女據說文則胡字不應有也殷本紀作大命胡不至石經旁添字乃後人依史記增入也

反報紂也　古本作反報也報紂也

參列於上天　古本天上有在字

微子第十七　商書

錯亂天命　宋板閩本明監本同毛本亂作辭

交錯是渾亂以義　閩本明監本同毛本以作之案以字誤也

以去見其爲卿士也　浦鏜云卿士當無道誤許宗彥云卿士不誤上以此知其爲卿士也八字因末句而誤衍

我祖底遂陳于上　古本底作致

又爲姦宄於內外　閩本葛本監本纂傳同毛本內外二字倒

其爲敵讎　閩本葛本同岳本其作共其字誤也

無涯際　古本涯際作津涯

傳父師至而言　閩本明監本同毛本而言作言之按傳云順其事而言之疏兩云順其去事而言則作疏者所見孔傳疑本無之字

比干是紂之親則諸父　浦鏜改作比干于紂親則諸父

其事欲當然　宋板欲作或

不解怠　岳本葛本宋板正嘉本閩本纂傳解作懈毛本作解與此同按釋文云解佳賣反是解讀爲懈非字作懈也通志堂本解作懈亦誤

我罔爲臣僕　陸氏曰一本無臣字○按說文云古本僕字從臣作⿰臣菐恐此是古本作⿰臣菐後折爲二字釋文所云一本是也

我乃顛隮　古本隮作隕

我久知子賢　古本我上有言字

我又下視殷民所用爲治者民皆讎怨斂聚之道也　宋板閩本同毛本者民二字倒盧文弨云民字衍文是也

安得黙而不呼　毛本呼作言是也

尚書注疏挍勘記卷十

附釋音尚書注疏第十一

泰誓上第一　周書　孔氏傳　孔穎達疏

惟十有一年，武王伐殷。周自虞芮質厥成諸侯並附以爲受命之年至九年而文王卒武王三年服畢觀兵孟津以卜諸侯伐紂之心諸侯僉同乃退以示弱○芮如銳反虞芮二國名僉七廉反　一月戊午，師渡孟津。十三年正月二十八日更與諸侯期而共伐紂○孟津地名也　作泰誓三篇。渡津乃作

〔疏〕惟十至三篇○正義曰惟文王受命十有一年武王服喪既畢舉兵伐殷以卜諸侯伐紂之心雖諸侯僉同乃退以示弱至十三年紂惡既盈乃復往伐之其年一月戊午之日師渡孟津王誓以戒衆史敘其事作泰誓三篇○傳周自至示弱○正義曰武成篇云我文考文王誕膺天命以撫方夏惟九年大統未集則文王以九年而卒也無逸稱文王享國五十年至嗣位至卒非徒九年而已知此十一年者文王改稱元年至九年而卒至此年爲十一年也詩云虞芮質厥成毛傳稱天下聞虞芮之訟息歸周者四十餘國故知周自虞芮質厥成諸侯並附以爲受命之年至九年而文王卒至此十一年武王居父之喪三年服畢也案周書云文王受命九年惟暮春在鎬召太子發作文傳其時猶在但未知崩月就如暮春卽崩武王服喪至十一年三月大祥至四月觀兵故今文泰誓亦云四月觀兵也知此十一年非武王卽位之年者大戴禮云文王十五而生武王則武王少文王十四歲也禮記文王世子云文王九十七而終武王九十三而終計其終年文王崩時武王已八十三矣八十四卽位至九十三而崩適滿十年不得以十三年伐紂知此十一年者據文王受命而數之必繼文王年者爲其卒父業故也緯候之書言受命者謂有黄龍玄龜白魚赤雀負圖銜書以命人主其言起於漢哀平之世經典無文焉孔時未有此說咸有一德傳云所征無敵謂之受天命此傳云諸侯並附以爲受命之年是孔解受命皆以人事爲言無瑞應也史記亦以斷虞芮之訟爲受命元年但彼以文王受命七年而崩不得與孔同耳三年之喪二十五月而畢故九年文王卒至此一年服畢此經武王追陳前事云肆于小子發以爾友邦冢君觀政于商是十一年伐殷者止爲觀兵孟津以卜諸侯伐紂之心言于商知亦至孟津也○傳十三年正月至伐紂○正義曰以一月戊午乃是作誓月日經言十三年春大會于孟津又云戊午次于河朔知此一月戊午是十三年正月戊午日非是十一年正月也序不別言十三年而以一月接十一年下者序以觀兵至而卽還畧而不言月日誓則經有年有春故畧而不言年春正言一月使其互相足也戊午是二十八日以厤推而知之據經亦有其驗漢書律厤志載舊說云死魄朔也生魄望也武成篇說此伐紂之事云惟一月壬辰旁死魄則壬辰近朔而非朔是爲月二日也二日壬辰則此月辛卯朔矣以次數之知戊午是二十八日也不言正月而言一月者以武成經言一月故此序同之武成所以解一月者易革卦象曰湯武革命順乎天而應乎人象曰君子以治厤明時然則改正治厤必自武王始矣武王以殷之十二月發行正月四日殺紂既入商郊始改正朔以殷之正月爲周之二月其初發時猶是殷之十二月未爲周之正月改正在後不可追名爲正月以其實是周之一月故史以一月名之顧氏以爲古史質或云正

月或云一月不與春秋正月同義或然也易緯稱文王受命改正朔布王號於天下鄭玄依而用之言文王生稱王已改正然天無二日王無二王豈得殷紂尚在而稱周王哉若文王身自稱王已改正朔則是功業成矣武王何得云大勳未集欲卒父業也禮記大傳云牧之野武王之大事也既事而退追王大王亶父王季歷文王昌是追爲王何以得爲文王身稱王已改正朔也春秋王正月謂周正月也公羊傳曰王者孰謂謂文王其意以正爲文王所改公羊傳漢初俗儒之言不足以取正也春秋之王自是當時之王非改正之王晉世有王愆期者知其不可注公羊以爲春秋制文王指孔子耳非周昌也文王世子稱武王對文王云西方有九國焉君王其終撫諸呼文王爲王是後人追爲之辭其言未必可信亦非實也○傳渡津乃作○正義曰孟者河北地名春秋所謂向盟是也於孟地置津謂之孟津言師渡孟津乃作泰誓知三篇皆渡津乃作也然則中篇獨言戊午次于河朔者三篇皆河北乃作分爲三篇耳上篇未次時作故言十三年春中篇既次乃作故言戊午之日下篇則明日乃作言時厥明各爲首引故文不同耳尚書遭秦而亡漢初不知篇數武帝時有大常蓼侯孔臧者安國之從兄也與安國書云時人惟聞尚書二十八篇取象二十八宿謂爲信然不知其有百篇也然則漢初惟有二十八篇無泰誓矣後得僞泰誓三篇諸儒多疑之馬融書序曰泰誓後得案其文似若淺露又云八百諸侯不召自來不期同時不謀同辭及火復於上至於王屋流爲鵰至五以穀俱來舉火神怪得無在子所不語中乎又春秋引泰誓曰民之所欲天必從之國語引泰誓曰朕夢協朕卜襲于休祥戎商必克孟子引泰誓曰我武惟揚侵于之疆取彼凶殘我伐用張于湯有光孫卿引泰誓曰獨夫受禮記引泰誓曰予克受非予武惟朕文考無罪受克予非朕文考有罪惟予小子無良今文泰誓皆無此語吾見書傳多矣所引泰誓而不在泰誓者甚多弗復悉記略舉五事以明之亦可知矣王肅亦云泰誓近得非其本經馬融惟言後得不知何時得之漢書婁敬說高祖云武王伐紂不期而會盟津之上者八百諸侯僞泰誓有此文不知其本出何書也武帝時董仲舒對策云書曰白魚入于王舟有火入于王屋流爲鳥周公曰復哉復哉今引其文是武帝之時已得之矣李顒集注尚書於僞泰誓篇每引孔安國曰計安國必不爲彼僞書作傳不知顒何由爲此言梁王兼而存之言本有兩泰誓古文泰誓伐紂事聖人取爲尚書今文泰誓觀兵時事別錄之以爲周書此非辭也彼僞書三篇上篇觀兵時事中下二篇亦伐紂時事非盡觀兵時事也且觀兵示弱即退復何誓之有設有其誓不得同以泰誓爲篇名也

泰誓。大會以誓衆【疏】傳大會以示衆○正義曰經云大會于孟津知名曰泰誓者其大會以示衆也王肅云武王以大道誓衆肅解彼僞文故說謬耳湯誓指湯爲名此不言武誓而別立名者以武誓非一故史推義作名泰誓見大會也牧誓舉戰地時史意也顧氏以爲泰者大之極也猶如天子諸侯之子曰太子天子之卿曰太宰此會中之大故稱泰誓也

惟十有三年。春。大會于孟津。三分二諸侯及諸戎狄此周之孟春○惟十有三年春或作十有一年後人妄看序文輒改之【疏】惟十至孟津○正義曰此三篇俱是孟津之上大告諸國之君而發首異者此見大會誓衆故言大會于孟津中篇徇師而誓故言以師畢會下篇王更徇師故言大巡六師皆史官觀事而爲作端緒耳○傳三分至孟春○正義曰論語稱三分天下有其二中篇言羣后以師畢會則周之所有諸國皆集牧誓所呼有庸蜀羌髳微盧彭濮人知此大會謂三分有二之諸侯及諸戎狄皆會也序言一月知此春是周之孟春謂建子之月也知者案三統厤以殷之十二月武王發師至二月甲子咸劉商王紂彼十二月即周之正月建子之月也

王曰。嗟我友邦冢君。越我御事庶士。明聽誓。冢大御治也友諸侯親之稱大君尊之下及我治事衆士大小無不皆明聽誓【疏】傳冢大至聽誓○正義曰冢大釋詁文侍御是治理之事故通訓御爲治也同志爲友天子友諸侯親之也牧誓傳曰言志同滅紂令摠呼國君皆爲大君尊之也下及治事衆士謂國君以外卿大夫及士諸掌事者大小無不皆明聽誓自士以上皆摠戒之也

惟天地萬物父母。惟人萬物之靈。生之謂父母靈神也天地所生惟人爲貴【疏】傳生之至爲貴○正義曰萬物皆天地生之故謂天地爲父母也老子云神得一以靈靈神是一故靈爲神也禮運云人者天地之心五行之端也食味別聲被色而生者也言人能兼此氣性餘物則不能然故孝經云天地之性人爲貴此經之意天地是萬物之父母言天地之意欲養萬物也人是萬物之最靈言其尤宜長養也紂違天地之心而殘害人物故言此以數之與下句爲首引也

亶聰明。作元后。元后作民父母。人誠聰明則爲大君而爲衆民父母○亶丁但反

今商王受弗敬上天。降災下民。沈湎冒色。敢行暴虐。沈湎嗜酒冒亂女色敢行酷暴虐殺無辜○湎面善反冒莫報反注下同嗜市志反切韻常利反酷苦毒反【疏】傳沈湎至無辜○正義曰人被酒困若沈於水酒變其色湎然齊同故沈湎爲嗜酒之狀冒訓貪也亂女色荒也酷解經之暴殺辭經之虐皆果敢爲之案說文云酷酒厚味也酒味之厚必嚴烈人之暴虐與酒嚴烈同故謂之酷

罪人以族。官人以世。一人有罪刑及父母兄弟妻子言淫濫官人不以賢才而以父兄所以政亂【疏】傳一人至政亂○正義曰秦政酷虐有三族之刑謂非止犯者之身乃更上及其父下及其子經言罪人以族故以三族解之父母前世也兄弟及妻當世也子孫後世也一人有罪刑及三族言淫濫也古者臣有大功乃得繼世在位而紂之官人不以賢才而以父兄已濫受寵子弟頑愚亦用不堪其職所以政亂官人以世惟當用其子耳而傳兼言兄者以紂爲惡或當因兄用弟故以兄協句耳

惟宮室臺樹陂池侈服。以殘害于爾萬姓。土高曰臺有木曰樹澤障曰陂停水曰池侈謂服飾過制言匱民財力爲奢麗○樹爾雅云有木曰樹本又作謝陂彼皮反障之亮反匱其媿反【疏】傳土高至奢麗○正義曰釋宮云宮謂之室室謂之宮李巡曰所以古今通語明實同而兩名此傳不解宮室義當然也釋宮又云闍謂之臺有木者謂之樹李巡曰臺積土爲之所以觀望也臺上有屋謂之樹又云無室曰樹四方而高曰臺孫炎曰樹但有堂也郭璞曰樹即今之堂堭也然則樹是臺上之屋歇前無室今之廳是也詩云彼澤之陂毛傳云陂澤障也障澤之水便不流溢謂之陂停水不流謂之池侈亦奢也謂不服侈飾過於制度言匱竭民之財力爲奢麗也顧氏亦云華侈服飾二劉以爲宮室之上而加侈服據孔傳云服飾過制即謂人之服飾二劉之說非也殷本紀云紂厚賦稅以實鹿臺之錢而盈鉅橋之粟益收狗馬奇物充牣宮室益廣沙丘苑臺多聚野獸飛鳥置其中大聚樂戲於沙丘以酒爲池懸肉爲林使男女倮相逐其間說紂奢侈之事書傳多矣

焚炙忠良。刳剔孕婦。忠良無罪焚炙之懷子之婦刳剔視之言暴虐○刳口胡反剔他歷反孕以證反徐養證反【疏】傳忠良至暴虐○正義曰焚炙俱燒也刳剔謂割剔也說文云刳刲也今人去肉至骨謂之剔去是則亦刲之義也武王以此數紂之惡必有忠良被炙孕婦被刳不知其姓名爲誰也殷本紀云紂爲長夜之飲時諸侯或叛妲己以爲罰輕紂欲重刑乃爲熨斗以火燒之然使人舉輒爛其手不能勝紂怒乃更爲銅柱以膏塗之亦加於炭火之上使有罪者緣之足滑跌墜入中紂與妲己以爲大樂名曰炮烙之刑是紂焚炙之事也後文王獻洛西之地赤壤之田方千里請紂除炮烙之刑紂許之皇甫謐作帝王世紀亦云然謐又云紂剖比干妻以視其胎即引此爲刳剔孕婦也

皇天震怒。命我文考。肅將天威。大勳未集。言天怒紂之惡命文王敬行天罰功業未成而崩

肆予小子發。以爾友邦冢君。觀政于商。父業未就之故故我與諸侯觀紂政之善惡謂十一年自孟津還時

惟受罔有悛心。乃夷居。弗事上帝神祇。遺厥先宗廟弗祀。悛改也言紂縱惡無改心平居無故廢天地百神宗廟之祀慢之甚○悛七全反【疏】傳悛改至之甚○正義曰左傳稱長惡不悛是退前創改之義故爲改也觀政于商計當恐怖言紂縱惡無改悔之心平居無故不事神祇是紂之大惡上帝舉其尊者謂諸神悉皆不事故傳言百神以該之不事亦是不祀別言遺厥先宗廟弗祀遺棄祖父言其慢之甚也

犧牲粢盛。既于凶盜。凶人盡盜食之而紂不罪○粢音咨粢稷曰粢盛音成在器曰盛

乃曰。吾有民有命。罔懲其侮。紂言吾所以有兆民有天命故羣臣畏罪不爭無能止其慢心○懲直承反爭爭鬭之爭

天佑下民。作之君。作之師。言天佑助下民爲立君以政之爲立師以教之○爲于僞反

惟其克相上帝。寵綏四方。當能助天寵安天下○相息亮反

有罪無罪。予曷敢有越厥志。越遠也言己志欲爲民除惡是與否不敢遠其志○否方有反【疏】天佑至厥志○正義曰已上數紂之罪此言伐紂之意上天佑助下民不欲使之遭害故命我爲之君上使臨政之爲之師保使教誨之爲人君爲人師者天意如此不可違天我今惟其當能佑助上天寵安四方之民使民免於患難今紂暴虐無君師之道故今我往伐之不知伐罪之事爲有罪也爲無罪也不問有罪無罪志在必伐我何敢有遠其本志而不伐之○傳言天至教之○正義曰衆民不能自治立君以治之立君治民乃是天意言天佑助下民爲立君也治民之謂君教民之謂師君既治之師又教之故言作之君作之師師謂君與民爲師非謂別置師也○傳當能至天下○正義曰天愛下民爲立君立師者當能佑助天意寵安天下不奪民之財力不妄非理刑殺是助天寵愛民也○傳越遠至其志○正義曰越者踰越超遠之義故爲遠也武王伐紂內實爲民除害外則以臣伐君故疑其有罪與無罪言己志欲爲民除害無問是之與否不敢遠其志言已本志欲伐何敢遠本志捨而不伐也

同力度德。同德度義。

力鈞則有德者勝德鈞則秉義者強揆度優劣勝負可見○度徒洛反下注同〔疏〕傳力鈞至可見○正義曰德者得也自得於心義者宜也動合自宜但德在於身故言有德義施於行故言秉執武王志在養民動爲除害有君人之明德執利民之大義與紂無者爲敵雖未交兵揆度優劣勝負可見示以必勝之道令士衆勉力而戰也

受有臣億萬惟億萬心。人執異心不和諧○億十萬曰億予有臣三千惟一心。三千一心言欲同商罪貫盈天命誅之予弗順天厥罪惟鈞。紂之爲惡一以貫之惡貫已滿天畢其命今不誅紂則爲逆天與紂同罪○貫古亂反〔疏〕傳紂之至同罪○正義曰紂之爲惡如物在繩索之貫一以貫之其惡貫已滿矣物極則反天下欲畢其命故上天命我誅之今我不誅紂則是逆天之命無恤民之心是我與紂同罪矣猶如律故縱者與同罪也

予小子夙夜祇懼受命文考類于上帝宜于冢土。以爾有衆厎天之罰。祭社曰宜冢土社也言我畏天之威告文王廟以事類告天祭社用汝衆致天罰於紂○類師祭名冢中勇反厎之履反〔疏〕傳祭社至於紂○正義曰釋天引詩云乃立冢土戎醜攸行卽云起大事動大衆必先有事乎社而後出謂之宜孫炎曰宜求見福祐也是祭社曰宜冢訓大也社是土神故冢土社也毛詩傳云冢土大社也受命文考是告廟以行故爲告文王廟也毛詩云天子將出類乎上帝宜乎社造乎禰此受命文考卽是造乎禰也王制以神尊卑爲次故先言帝社後言禰此以廟是己親若言家內私義然後告天故先言受命文考而後言類于上帝舜典類于上帝傳云告天及五帝此以事類告天亦當如彼也罰紂是天之意故用汝衆致天罰於紂也

天矜于民。民之所欲。天必從之。矜憐也言天除惡樹善與民同○從才容反爾尚弼予一人。永清四海。穢惡除則四海長清時哉弗可失。言今我伐紂正是天人合同之時不可違失

泰誓中第二

周書　孔氏傳　孔穎達疏

惟戊午。王次于河朔。次止也戊午渡河而誓既誓而止於河之北〔疏〕傳次止至之北○正義曰次是止舍之名穀梁傳亦云次止也序云一月戊午師渡孟津則師以戊午日渡也此戊午日次于河朔則是師渡之日次止也上篇是渡河而誓未及止舍而先誓之此次于河朔者是既誓而止於河之北也莊三年左傳例云凡師一宿爲舍再宿爲信過信爲次此次直取止舍之義非春秋三日之例也何則商郊去河四百餘里戊午渡河甲子殺紂相去纔六日耳是今日次訖又誓明日誓訖卽行不容三日止于河旁也

羣后以師畢會。諸侯盡會次也王乃徇師而誓曰。嗚呼。西土有衆。咸聽朕言。徇循也武王在西故稱西土○徇似俊反字詁云徇巡也〔疏〕傳徇循至西土○正義曰說文云徇疾也循行也徇是疾行之意故以徇爲循也下篇大巡六師義亦然也此誓惣戒衆軍武王國在西偏此師皆從西而來故稱西土

我聞吉人爲善。惟日不足。凶人爲不善。亦惟日不足。言吉人竭日以爲善凶人亦竭日以行惡○竭苦曷反又苦蓋反今商王受力行無度。行無法度竭日不足故曰力行播棄犂老。鮐背之耇稱犂老布棄不禮敬昵近罪人謂天下逋逃之小人○犂力私反又力兮反昵女乙反比毗志反鮐他來反又音怡魚名逋布吳反〔疏〕傳鮐背至小人○正義曰釋詁云鮐背耇老壽也舍人曰鮐背老人氣衰皮膚消瘠背若鮐魚也孫炎曰耇面東黎色似浮垢也然則老人背皮似鮐面色似黎故鮐背之耇稱黎老傳以播爲布布者徧也言徧棄之不禮敬也昵近釋詁文孫炎曰昵親近也牧誓數紂之罪云四方之多罪逋逃是崇是長是信是使知紂所親近罪人謂天下逋逃之小人也

昵比罪人。淫酗肆虐。臣下化之。過酗縱虐以酒成惡臣下化之言罪同○酗況付反〔疏〕傳過酗至罪同○正義曰酗是酒怒淫酗共文則淫非女色故以淫爲過言飲酒過多也肆是放縱之意酒過則酗縱情爲虐以酒成此暴虐之惡臣下化之而爲之由紂惡而臣亦惡言君臣之罪同也

朋家作仇。脅權相滅。無辜籲天。穢德彰聞。臣下朋黨自爲仇怨脅上權命以相誅滅籲呼也民皆呼天告冤無辜紂之穢德彰聞天地言罪惡深○脅虛業反籲音喻穢於廢反〔疏〕朋家至彰聞○正義曰小人好忿天性之常化紂淫酗怨怒無已臣下朋黨共爲一家與前人並作仇敵脅上權命以相滅亡無罪之人怨嗟呼天紂之穢惡之德彰聞天地言其罪惡深也○傳臣下至惡深○正義曰脅上謂紂既昏迷朝無綱紀姦宄之臣脅於在下假用在上之權命脅之更相誅滅也

惟天惠民。惟辟奉天。言君天下者當奉天以愛民○辟必亦反有夏桀。弗克若天。流毒下國。桀不能順天流毒虐於下國萬民言凶害天乃佑命成湯。降黜夏命。言天助湯命使下退桀命惟受罪浮于桀。浮過〔疏〕傳浮過○正義曰物在水上謂水浮浮者高之意故爲過也桀罪已大紂又過之言紂惡之甚故下句說其過桀之狀案夏本紀及帝王世紀云諸侯叛桀關龍逢引皇圖而諫桀殺之伊尹諫桀桀曰天之有日由吾之有民日亡吾乃亡桀殺龍逢無剖心之事又桀惟比之於日紂乃詐命於天又紂有炮烙之刑又有刳胎斮脛之事而桀皆無之是紂罪過於桀也

剝喪元良。賊虐諫輔。剝傷害也賊殺也元善之長良善以諫輔紂紂反殺之○喪息浪反長丁丈反〔疏〕傳剝傷至殺之○正義曰說文云剝裂也一曰剝割也裂與割俱是傷害之義也殺人謂之賊故賊爲殺也元者善之長易文言文良之爲善書傳通訓也元良俱善而雙舉之者言其剝喪善中之善爲害大也以諫輔紂紂反殺之卽比干是也上篇言焚炙忠良與此經相類而復言此者以殺害人爲惡之大故重陳之也

謂已有天命。謂敬不足行。謂祭無益。謂暴無傷。言紂所以罪過於桀○已音紀厥監惟不遠。在彼夏王。其視紂罪與桀同辜言必誅之〔疏〕傳其視至誅之○正義曰紂罪過於桀而言與桀同辜者罪不過死合死之罪同言必誅也

天其以予乂民。用我治民當除惡朕夢協朕卜。襲于休祥。戎商必克。言我夢與卜俱合於美善以兵誅紂必克之占〔疏〕傳言我至之占○正義曰夢者事之祥人之精爽先見者也吉凶或有其驗聖王采而用之我卜伐紂得吉夢又戰勝禮記稱卜筮不相襲襲者重合之義訓戎爲兵夢卜俱合於美是以兵誅紂必克之占也聖人逆知來物不假夢卜言此以強軍人之意耳史記周本紀云武王伐紂卜龜兆不吉羣公皆懼惟太公強之太公六韜云卜戰龜兆焦筮又不吉太公曰枯骨朽蓍不踰人矣彼言不吉者六韜之書後人所作史記又採用六韜好事者妄矜太公非實事也

受有億兆夷人。離心離德。平人凡人也雖多而執心用德不同〔疏〕傳平人至不同○正義曰昭二十四年左傳此文服虔杜預以夷人爲夷狄之人卽如彼言惟云億兆夷人則受率其旅若林卽曾無華夏人矣故傳訓夷爲平人爲凡人言其智慮齊識見同人數雖多執心用德不同平心謂謀慮德謂用行智識既齊各欲申意故心德不同也

予有亂臣十人。同心同德。我治理之臣雖少而心德同○十人周公旦召公奭太公望畢公榮公太顛閎夭散宜生南宮适及文母治直吏反〔疏〕傳我治至德同○正義曰釋詁云亂治也故謂我治理之臣有十人也十人皆是上智咸識周是殷非故人數雖少而心能同同佐武王欲共滅紂也論語引此云予有亂臣十人而孔子論之有一婦人焉則十人之內其一是婦人故先儒鄭玄等皆以十人爲文母周公太公召公畢公榮公太顛閎夭散宜生南宮括也

雖有周親。不如仁人。周至也言紂至親雖多不如周家之少仁人〔疏〕傳周至至仁人○正義曰詩毛傳亦以周爲至相傳爲此訓也武王三分天下有其二則紂黨不多於周但辭有激發旨有抑揚欲明多惡不如少善故言紂至親雖多不如周家之少仁人也

天視自我民視。天聽自我民聽。言天因民以視聽民所惡者天誅之○惡烏路反一音如字百姓有過。在予一人。已能無惡於民民之有過在我教不至〔疏〕百姓有過在予一人○正義曰言此者以上云民之所惡天必誅之已今有善不爲民之所惡天必佑我令教化百姓若不教百姓使有罪過實在我一人之身此百姓與下百姓懔懔皆謂天下衆民也

今朕必往。我武惟揚。侵于之疆。揚舉也言我舉武事侵入紂郊疆伐之○疆居良反取彼凶殘。我伐用張。于湯有光。桀流毒天下湯黜其命紂行凶殘之德我以兵取之伐惡之道張設此於湯又有光明〔疏〕今朕至有光○正義曰既與天下爲任則當爲之除害今我必往伐紂我之武事惟於此舉之侵紂之疆境取彼爲凶殘之惡者若得取而殺之是我伐紂之事用張設矣湯惟放逐我能擒取是比於湯又益有光明○傳揚舉至伐之○正義曰文王世子論舉賢之法云或以事舉或以言揚是揚爲舉也於時猶在河朔將欲行適商都言我舉武事侵入紂之郊疆往伐之也春秋之例有鍾鼓曰伐無曰侵此實伐也言往侵者侵是入之意非如春秋之例無鍾鼓也

勗哉夫子。罔或無畏。寧執非敵。勗勉也夫子謂將士無敢有無畏之心寧執非敵之志伐之則克矣○將子匠反下篇注同〔疏〕勗哉至非敵○

正義曰取得紂則功多於湯宜勉力哉夫子將士等呼將士令勉力也以兵伐人當臨事而懼汝將士等無敢有無畏輕敵之心寧執守似前人之强非己能敵之志以伐之如是乃可克矣。傳勗勉至克矣。正義曰勗勉釋詁文呼將士而誓之知夫子是將士也老子云禍莫大於輕敵故今將士無敢有無畏之心令其必以前敵爲可畏也論語稱子路曰子行三軍則誰與孔子曰必也臨事而懼令軍士等不欲發意輕前人寧執非敵之志恐彼强多非我能敵執此志以伐之則當克矣

百姓懍懍。若崩厥角。言民畏紂之虐危懼不安若崩摧其角無所容頭。懍力甚反〔疏〕傳言民至容頭。正義曰懍懍是怖懼之意言民畏紂之虐危懼不安其志懍懍然以畜獸爲喻民之怖懼若似畜獸崩摧其頭角然無所容頭顧氏云常如人之欲崩其角也言容頭無地隱三年穀梁傳曰高曰崩頭角之稱崩體之高也

嗚呼。乃一德一心。立定厥功。惟克永世。汝同心立功則能長世以安民

泰誓下第三

周書　孔氏傳　孔穎達疏

時厥明。王乃大巡六師。明誓衆士。是其戊午明日師出以律三申令之重難之義衆士百夫長已上。令力政反重直用反長丁丈反已音以上時掌反〔疏〕傳是其至已上。正義曰上篇未次而誓故畧言大會中篇既次乃誓爲文稍詳故言以師畢會此篇最在其後爲文亦詳故言大巡六師巡遶周偏大其事故稱大也師者衆也天子之行通以六師爲言於時諸侯盡會其師不啻六也師出以律易師卦初六爻辭也律法也行師以法即誓勅賞勸是也禮成於三故三篇之誓三度申重號令爲重慎艱難之義也孫子兵法三令五申之此誓三篇亦爲三令之事也牧誓王所呼者從上而下至此百夫長而止知此衆士是百夫長已上也

王曰。嗚呼。我西土君子。天有顯道。厥類惟彰。言天有明道其義類惟明言王所宜法則〔疏〕傳言天至法則。正義曰孝經云則天之明昭二十五年左傳云以象天明是治民之事皆法天之道天有尊卑之序人有上下之節三正五常皆在於天有其明道此天之明道其義類惟明言明白可效王者所宜法則之將言商王不法天道故先標二句於前其下乃述商王違天之事言其罪宜誅也

今商王受。狎侮五常。荒怠弗敬。輕狎五常之教侮慢不行大爲怠惰不敬天地神明。惰徒卧反〔疏〕傳輕狎至神明。正義曰鄭玄論語注云狎慣忽之言慣見而忽也意與侮同傳因文重而分之五常即五典謂父義母慈兄友弟恭子孝五者人之常行法天明道爲之輕狎五常之教侮慢而不遵行之是違天顯也訓荒爲大大爲怠惰不敬謂不敬天地神明也上篇云不事上帝神祇知此不敬天地神明也禮云毋不敬傳舉天地以言明每事皆不敬也

自絕于天。結怨于民。不敬天自絕之酷虐民結怨之

斮朝涉之脛。剖賢人之心。冬月見朝涉水者謂其脛耐寒斬而視之比干忠諫謂其心異於人剖而觀之酷虐之甚。斮側略反又士略反朝陟遙反脛戶定反剖普口反耐乃代反〔疏〕傳冬月至之甚。正義曰釋器云魚曰斮之樊光云斮斫也說文云斮斬也斬朝涉水之脛必有所由知冬月見朝涉水者謂其脛耐寒疑其骨髓有異斬而視之其事或當有所出也殷本紀云微子既去比干曰爲人臣者不得不以死爭乃强諫紂紂怒曰吾聞聖人心有七竅遂剖比干觀其心是紂謂比干心異於人剖而觀之言酷虐之甚

作威殺戮。毒痛四海。痛病也言害所及遠。痛徐音敷又普吳反〔疏〕傳痛病至及遠。正義曰痛病釋詁文紂之毒害未必偏及夷狄而云病四海者言害所及遠也

崇信姦回。放黜師保。回邪也姦邪之人反尊信之可法以安者反放退之。邪似嗟反

屏棄典刑。囚奴正士。屏棄常法而不顧箕子正諫而以爲囚奴

郊社不修。宗廟不享。作奇技淫巧以悅婦人。言紂廢至尊之敬營卑褻惡事作過制技巧以恣耳目之欲。技其綺反褻息列反〔疏〕郊社至婦人。正義曰不修謂不掃治也不享謂不祭祀也與上篇不祀上帝神祇遺厥先宗廟不祀其事一也重言之耳奇技謂奇異技能淫巧謂過度工巧二者大同但技據人身巧指器物爲異耳

上帝弗順。祝降時喪。祝斷也天惡紂逆道斷絕其命故下是喪亡之誅。喪蘇浪反斷丁管反惡烏路反〔疏〕傳祝斷。正義曰哀十四年公羊傳云子路死子曰天祝予何休云祝斷也是相傳訓也

爾其孜孜。奉予一人。恭行天罰。孜孜勸勉不怠。孜音兹

古人有言曰。撫我則后。虐我則讎。武王述古言以明義言非惟今紂惡

獨夫受。洪惟作威。乃汝世讎。言獨夫失君道也大作威殺無辜乃是汝累世之讎明不可不誅

樹德務滋。除惡務本。立德務滋長去惡務除本言紂爲天下惡本

肆予小子。誕以爾衆士。殄殲乃讎。言欲行除惡之義絕盡紂。殄徒典反殲子廉反

爾衆士其尚迪果毅以登乃辟。迪進也殺敵爲果致果爲毅登成也成汝君之功。毅牛既反〔疏〕傳迪進至之功。正義曰迪進登成皆釋詁文殺敵爲果致果爲毅宣二年左傳文果謂果敢毅謂强決能殺敵人謂之爲果言能果敢以除賊致此果敢是名爲毅言能强決以立功皆言其心不猶豫也軍法以殺敵爲上故勸令果毅成功也

功多有厚賞。不迪有顯戮。賞以勸之戮以威之

嗚呼。惟我文考。若日月之照臨。光于四方。顯于西土。稱父以感衆也言其明德充塞四方明著岐周

惟我有周。誕受多方。言文王德大故受衆方之國三分天下而有其二

予克受。非予武。惟朕文考無罪。推功於父言文王無罪於天下故天佑之人盡其用

受克予。非朕文考有罪。惟予小子無良。若紂克我非我父罪我之無善之致〔疏〕傳若紂至之致。正義曰克受乃是文王之功若受克予非是文王之罪而言非我父罪我之無善之致者其意言勝非我功敗非父咎崇孝罪己以求衆心耳

牧誓第四

周書　孔氏傳　孔穎達疏

武王戎車三百兩。兵車百夫長所載車稱兩一車步卒七十二人凡二萬一千人舉全數。車音居釋名云古者聲如居所以居人也今曰車聲近舍車舍也韋昭辯釋名云古皆尺遮反從漢始有音居長丁丈反卒子忽反

虎賁三百人。勇士稱也若虎賁獸言其猛也皆百夫長。賁音奔稱尺證反

與受戰于牧野。作牧誓。牧誓。◎至牧地而誓衆。牧如字徐一音茂說文作坶云地名在朝歌南七十里字林音母〔疏〕武王至牧誓。正義曰武王以兵戎之車三百兩虎賁之士三百人與受戰于商郊牧地之野將戰之時王設言以誓衆史敘其事作牧誓。傳兵車至全數。正義曰孔以虎賁三百人與戎車數同王於誓時所呼有百夫長因謂虎賁是百夫之長一人而乘一車故云兵車百夫長所載也數車之法一車謂之一兩詩云百兩逐之是車稱兩也風俗通說車有兩輪故稱爲兩猶屢有兩隻亦稱爲兩詩云葛屢五兩即其類也一車步卒七十二人司馬法文也車有七十二人三百乘當有二萬一千六百人孔略六百而不言故云舉全數顧氏亦同此解孔既用司馬法一車七十二人又云兵車百夫長所載又下傳以百夫長爲卒師是實領百人非惟七十二人依周禮大司馬法天子六軍出自六鄉凡起徒役無過家一人故一鄉出一軍鄉爲正遂爲副若鄉遂不足則徵兵于邦國則司馬法六十四井爲旬計有五百七十六夫共出長轂一乘甲士三人步卒七十二人至於臨敵對戰布陳之時則依六鄉軍法五人爲伍五伍爲兩四兩爲卒五卒爲旅五旅爲師五師爲軍故左傳云先偏後伍又云廣有一卒卒偏之兩非直人數如此車數亦然故周禮云乃會車之卒伍鄭云車亦有卒伍左傳戰于繻葛杜注云車二十五乘爲偏是車亦爲卒伍之數也則一車七十二人者自計元科兵之數科兵既至臨時配割其車雖在其人分散前配車之人臨戰不得還屬本車當更以虎賁甲士配車而戰孔舉七十二人元科兵數者欲總明三百兩人之大數云兵車百夫長所載者欲見臨敵實數車有百人既虎賁與車數相當又經稱百夫長故孔爲此說。傳勇士至夫長。正義曰周禮虎賁氏之官其屬有虎士八百人是虎賁爲勇士稱也若虎之賁走逐獸言其猛也此虎賁必是軍內驍勇選而爲之當時謂之虎賁樂記云虎賁之士說劍謂此也孔意虎賁即是經之百夫長故云皆百夫長也

時甲子昧爽。是克紂之月甲子之日二月四日昧冥爽明早旦。昧音妹爽明也昧爽謂早旦也馬云昧未旦也〔疏〕傳是克至早旦。正義曰春秋主書動事編次爲文於法日月時年皆具其有不具史闕耳尚書惟記言語直指設言之日上篇戊午次于河朔洛誥戊辰王在新邑與此甲子皆言有日無月史意不爲編次故不具也是克紂之月甲子之日是周之二月四日以麻推而知之也釋言云晦冥也昧亦晦義故爲冥也冥是夜爽是明夜而未明謂早旦之時蓋雞鳴後也爲下朝至發端朝即昧爽時也

王朝至于商郊牧野乃誓。紂近郊三十里地名牧。癸亥夜陳甲子朝誓將與紂戰。陳直刃反〔疏〕傳紂近至紂戰。正義曰傳言在紂近郊三十里或當有所據也皇甫謐云在朝歌南七十里不知出何書也言至于商郊牧野知牧是郊上之地戰在

牢野故言野耳詩云于牧之野禮記大傳云牧之野武王之大事繼牧言野明是牧地而鄭玄云郊外曰野將戰于郊故至牧野而誓案經至于商郊牧野乃誓豈王行已至於郊乃後到退適野誓訖而更進兵乎何不然之甚也武成云癸亥夜陳未畢而雨是癸亥夜已布陳故甲子朝而誓衆將與紂戰故戒勑之

王左杖黃鉞。右秉白旄以麾。曰。逖矣西土之人。鉞以黃金飾斧左手杖鉞示無事於誅右手把旄示有事於教逖遠也遠矣西土之人勞苦之○杖徐直亮反鉞音越本又作戉旄音毛馬云白旄旄牛尾麾許危反逖他歷反【疏】傳鉞以至苦之○正義曰太公六韜云大柯斧重八斤一名天鉞○廣雅云鉞斧也斧稱黃鉞故知以黃金飾斧也鉞以殺戮殺戮用右手用左手杖鉞示無事於誅右手把旄示有事於教其意言惟教軍人不誅殺也把旄何以白旄用白者取其易見也逖遠釋詁文

王曰。嗟我友邦冢君。同志爲友言志同滅紂

御事。司徒。司馬。司空。治事三卿司徒主民司馬主兵司空主土指誓戰者【疏】傳治事至戰者○正義曰孔以於時已稱王而有六師亦應已置六卿今呼治事惟三卿者司徒主民治徒庶之政令司馬主兵治軍旅之誓戒司空主土治壘壁以營軍是指誓戰者故不及太宰大宗司寇也其時六卿具否不可得知但據此三卿爲說耳此御事之文指三卿而說是不通於亞旅已下

亞旅。師氏。亞次旅衆也衆大夫其位次卿師氏大夫官以兵守門者【疏】傳亞次至門者○正義曰亞次釋言文旅衆釋詁文此及左傳皆卿下言亞旅知是大夫其位次卿而數衆故以亞次名之謂諸是四命之大夫在軍有職事者也師氏亦大夫其官掌以兵守門所掌尤重故別言之周禮師氏中大夫使其屬帥四夷之隸各以其兵服守王之門外朝在野外則守內列鄭玄云內列蕃營之在內者也守之如守王宮

千夫長。百夫長。師帥卒帥○帥色類反下同○【疏】傳師帥卒帥○正義曰周禮二千五百人爲師師帥皆中大夫百人爲卒卒長皆上士孔以師雖二千五百人舉全數亦得爲千夫長與師帥其義同是千夫長亦可以稱師故以千夫長爲師帥百夫長爲卒帥王肅云師長卒長意與孔同順經文而稱長耳鄭玄以爲師帥旅帥也與孔不同

及庸蜀羌髳微盧彭濮人。八國皆蠻夷戎狄屬文王者國名羌在西蜀叟髳微在巴蜀盧彭在西北庸濮在江漢之南【疏】傳八國至之南○正義曰九州之外四夷大名則東夷西戎南蠻北狄其在當方或南有戎而西有夷此八國竝非華夏故大判言之皆蠻夷戎狄屬文王者國名也此八國皆西南夷也文王國在於西故西南夷先屬焉大劉以蜀是蜀郡顯然可知孔不說又退庸就濮解之故以次先解羌云羌在西蜀叟者漢世西南之夷蜀名爲大故傳據蜀而說左思蜀都賦云三蜀之豪時來時往是蜀都分爲三羌在其西故云西蜀叟叟者蜀夷之別名故後漢書興平元年馬騰劉範謀誅李傕益州牧劉焉遣叟兵五千人助之是蜀夷有名叟者也髳微在巴蜀者巴在蜀之東偏漢之巴郡所治江州縣也盧彭在西北者在東蜀之西北也文十八年左傳稱庸與百濮伐楚楚遂滅庸是庸濮西江漢之南

稱爾戈。比爾干。立爾矛。予其誓。稱舉也戈戟干楯也○比徐扶志毗志二反楯食準反又音允【疏】傳稱舉至干楯○正義曰稱舉釋言文方言云戟楚謂之孑吳揚之間謂之戈是戈即戟也考工記云戈柲六尺有六寸車戟常鄭云八尺曰尋倍尋曰常然則戈戟長短異名而云戈者即戟戈戟長短雖異其形制則同此云舉戈宜舉其長者故以戈爲戟也方言又云楯自關而東或謂之楯或謂之干關西謂之楯是干楯爲一也戈短人執以舉之故言稱楯則並以扞敵故言比矛長立之於地故言立也

王曰。古人有言曰。牝雞無晨。言無晨鳴之道○牝類引反徐扶忍反

牝雞之晨。惟家之索。索盡也喻婦人知外事雌代雄鳴則家盡婦奪夫政則國亡○索西各反【疏】傳索盡至國亡○正義曰禮記檀弓曰吾離羣而索居則索居爲散義鄭玄云索散也物散則盡故索爲盡也牝雞雌也爾雅飛曰雌雄走曰牝牡而此言牝雞者毛詩左傳稱雄狐是亦飛走通也此以牝雞之鳴喻婦人知外事故重申喻意云雌代雄鳴則家盡婦奪夫政則國亡家總貴賤爲文言家以對國耳將陳紂用婦言故舉此古人之語紂直用婦言耳非能奪其政舉此言者專用其言賞罰由婦即是奪其政矣婦人不當知政是別外內之分若使賢如文母可以興助國家則非牝雞之喻矣

今商王受。惟婦言是用。妲己惑紂紂信用之○妲丹達反己音紀紂妻也【疏】傳妲己至用之○正義曰晉語云殷辛伐有蘇氏以妲己女焉妲己有寵而亡殷殷本紀云紂嬖於婦人愛妲己惟妲己之言是從列女傳云紂好酒淫樂不離妲己妲己所與言者貴之妲己所憎者誅之爲長夜飲妲己好之百姓怨望而諸侯有叛者妲己曰罰輕誅薄威不立耳紂乃重刑辟爲炮烙之法妲己乃笑武王伐紂斬妲己頭懸之於小白旗上以爲亡紂者此女也

昏棄厥肆祀弗荅。昏亂肆陳荅當也亂棄其所陳祭祀不復當享鬼神○復扶又反【疏】傳昏亂至鬼神○正義曰昏闇於事必亂故昏爲亂也詩云肆筵設席肆者陳設之意毛傳亦以肆爲陳也對合相當之事故荅爲當也紂身昏亂棄其宜所陳設祭祀不復當享鬼神與上郊社不修宗廟不享亦一也不事神祇惡之大者故泰誓及此三言之

昏棄厥遺王父母弟不迪。王父祖之昆弟母弟同母弟言棄其骨肉不接之以道【疏】傳王父至以道○正義曰釋親云父之考爲王父則王父是祖也紂無親祖可棄故爲祖之昆弟棄其祖之昆弟則父之昆弟亦棄之矣春秋之例母弟稱弟凡春秋稱弟皆是母弟也母弟謂同母之弟同母尚棄別生者必棄矣舉尊親以見卑疏也遺亦棄也言紂之昏亂棄其所遺骨肉之親不接之以道經先言棄祀棄親者鄭玄云誓首言此者神怒民怨紂所以亡也

乃惟四方之多罪逋逃。是崇是長。言紂棄其賢臣而尊長逃亡罪人信用之

是信是使。是以爲大夫卿士。士事也用爲卿大夫典政事

俾暴虐于百姓。以姦宄于商邑。使四方罪人暴虐姦宄於都邑○俾必爾反使也【疏】傳使四至都邑○正義曰暴虐謂殺害殺害加於人故言於百姓姦宄謂劫奪劫奪有處故言於商邑百姓亦是商邑之人故傳總言於都邑也

今予發惟恭行天之罰。今日之事。不愆于六步七步。乃止齊焉。今日戰事就敵不過六步七步乃止相齊言當旅進一心【疏】傳今日至一心○正義曰戰法布陳然後相向故設其就敵之限不過六步七步乃止相齊焉欲其相得力也樂記稱進旅退旅是旅爲衆也言當衆進一心也

夫子勗哉。不愆于四伐五伐六伐七伐。乃止齊焉。夫子謂將士勉勵之伐謂擊刺少則四五多則六七以爲例○勗許六反刺七亦反【疏】傳夫子至爲例○正義曰此及下文三云夫子此勗哉在下下勗哉在上此先呼其人然後勉之此既言然下先令勉厲乃呼其人各與下句爲目也上有戈矛戈謂擊兵矛謂刺兵故云伐謂擊刺此伐猶伐樹然也

勗哉夫子。尚桓桓。桓桓武貌【疏】傳桓桓武貌○正義曰釋訓云桓桓威也詩序云桓武志也

如虎如貔。如熊如羆。于商郊。貔執夷虎屬也四獸皆猛健欲使士衆法之奮擊於牧野○貔彼皮反爾雅云羆如熊黃白文【疏】傳貔執夷○正義曰釋獸云貔白狐其子穀舍人曰貔名白狐其子名穀郭璞曰一名執夷虎豹屬

弗迓克奔。以役西土。商衆能奔來降者不迎擊之如此則所以役我西土之義○迓五嫁反馬作禦禁也役馬云爲也爲于僞反【疏】傳商衆至之義○正義曰迓訓迎也不迎擊商衆能奔來降者兵法不誅降也役謂使用也如此不殺降人則所以使用我西土之義用義於彼令彼知我有義也王肅讀御爲禦言不禦能奔走者如殷民欲奔走來降者無逆之奔走去者可不禦止役爲也盡力以爲我西土與孔不同

勗哉夫子。爾所弗勗。其于爾躬有戮。臨敵所安汝不勉則於汝身有戮矣

武成第五

周書

孔氏傳　孔穎達疏

武王伐殷。往伐歸獸。往誅紂克定偃武修文歸馬牛於華山桃林之牧地○獸徐始售反本或作嘼許救反

識其政事。作武成。記識殷家政教善事以爲法武功成文事修【疏】武王至武成○正義曰武王之伐殷也往則陳兵伐紂歸放牛馬爲獸記識殷家美政善事而行用之史敘其事作武成○傳往誅至牧地○正義曰此序於經于征伐商是往伐也歸馬放牛是歸獸也故傳引經以解之爾雅有釋獸釋畜畜獸形相類也在野自生爲獸人家養之爲畜歸馬放牛不復乘用使之自生自死若野獸然故謂之獸以野澤爲家故言歸也○傳記識至爲法○正義曰紂以昏亂而滅前世政有善者故訪問殷家政教記識善事以爲治國之法經云列爵惟五分土惟三是也

武成。文王受命有此武功成於克商【疏】武成○正義曰此篇敘事多而王言少惟辭又首尾不結體裁異於餘篇自惟一月壬受命于周史敘伐殷往反及諸侯大集爲王言發端也自王若曰至大統未集述祖父以來開建王業之事也自予小子至名山大川言已承父祖之意告神陳紂之罪也自曰惟有道至無作神羞王自陳告神之辭也既戊午已下又是史敘往伐殺紂入殷都布政之事無作神羞以下惟告神其辭不結文義不成非述作之體案左傳荀偃禱河云無作神羞具官臣偃無敢復濟惟爾有神裁之蒯聵禱祖云無作三祖羞大命不敢請佩玉不敢愛彼二者於神羞之下皆更申己意此經無作神羞下更無語直是與神之言猶尚未訖且冢君百工初受周命王當有以戒之如湯誥之類宜應說其除害與民更始創以爲惡之禍勸以行道之福不得大聚百官惟

誦禱辭而已欲征則殷勤誓衆既克則空話禱神聖人有作理必不爾竊謂神羞之下更合有言簡編斷絕經失其本所以辭不次耳或初藏之日已失其本或壞壁得之始有脫漏故孔稱五十八篇以外錯亂磨滅不可復知明是見在諸篇亦容脫錯但孔此篇首尾具足既取其文爲之作傳恥云有所失落不復言其事耳○傳文王至克商○正義曰文王受命有此武功詩之文也彼言武功謂始伐崇耳殷紂尚在其功未成此武功在於克商今武始成矣故以武成名篇以泰誓繼文王之年故本之於文王鄭云著武道至此而成

惟一月壬辰，旁死魄。此本說始伐紂時一月周之正月旁近也月二日死魄○旁步光反魄普白反說文作霸匹革反云月始生魄然貌近附近之近

越翼日癸巳，王朝步自周，于征伐商。翼明步行也武王以正月三日行自周往征伐商二十八日渡孟津

厥四月哉生明，王來自商，至于豐。其四月哉始也始生明月三日與死魄互言○哉徐音載豐芳弓反文王所都也

偃武修文。倒載干戈包以虎皮示不用行禮射設庠序修文教

歸馬于華山之陽，放牛于桃林之野，示天下弗服。山南曰陽桃林在華山東皆非長養牛馬之地欲使自生自死示天下不復乘用○華胡化胡瓜二反華山在恒農長丁丈反復扶又反乘

丁未，祀于周廟，邦甸侯衛駿奔走，執豆籩。四月丁未祭告后稷以下文考文王以上七世之祖駿大也邦國甸侯衛服諸侯皆大奔走於廟執事○駿荀俊反豆本又作梪籩音邊上時掌反

越三日庚戌，柴望，大告武成。燔柴郊天望祀山川先祖後郊自近始

疏 惟一至武成○正義曰此歷敘伐紂往反祀廟告天時日說武功成之事也一月壬辰旁死魄謂伐紂之年周正月辛卯朔其二日是壬辰也翼日癸巳王朝步自周于征伐商謂正月三日發鎬京始東行也其月二十八日戊午渡河泰誓序云一月戊午師渡孟津泰誓中篇云惟戊午王次于河朔是也二月辛酉朔甲子殺紂牧誓云時甲子昧爽乃誓是也其年閏二月庚寅朔三月庚申朔四月己丑朔厥四月哉生明王來自商至于豐謂四月三日月始生明其日當是辛卯也丁未祀于周廟四月十九日也越三日庚戌柴望二十二日也正月始往伐四月告成功史敘其事見其功成之次也漢書律歷志引武成篇云惟一月壬辰旁死魄若翼日癸巳武王乃朝步自周于征伐紂越若來二月既死魄越五日甲子咸劉商王紂惟四月既旁生魄越六日庚戌武王燎于周廟翼日辛亥祀於天位越五日乙卯乃以庶國祀於周廟與此經不同彼是焚書之後有人僞爲之漢世謂之逸書其後又亡其篇鄭玄云武成逸書建武之際亡謂彼僞武成也○傳此本至死魄○正義曰將言武成遠本其始此本說始伐紂時一月周之正月是建子之月殷十二月也此月辛卯朔朔是死魄故月二日近死魄魄者形也謂月之輪郭無光之處名魄也朔後明生而魄死望後明死而魄生律歷志云死魄朔也生魄望也顧命云惟四月哉生魄傳云始生魄月十六日也月十六日爲始生魄是一日爲始死魄二日近死魄也顧氏解死魄與小劉同大劉以三日爲始死魄二日爲旁死魄旁死魄無事而記之者與下日爲發端猶今之將言日必先言朔也○傳翼明至孟津○正義曰翼明釋言文釋宮云堂上謂之行堂下謂之步彼相對爲名耳散則可以通故步爲行也周去孟津千里以正月三日行自周二十八日渡孟津凡二十五日每日四十許里之宜也詩云于三十里毛傳云師行三十里蓋言其大法耳○傳其四至互言○正義曰其四月此伐商之四月也哉始釋詁文顧命傳以哉生魄爲十六日則此哉生明爲月初矣三日月光見故傳言始生明月三日也此經無日未必非三日也生明死魄俱是月初○上云死魄此云生明而魄死明生互言耳○傳倒載至文教○正義曰樂記云武王克殷濟河而西車甲釁而藏之府庫倒載干戈包之以虎皮天下知武王之不復用兵也散軍而郊射左射貍首右射騶虞而貫革之射息也是偃武修文之事故傳引之郊射是禮射也論四代學名云虞謂之庠夏謂之序故言設庠序修文教○傳山南至乘用○正義曰釋山云山西曰夕陽山東曰朝陽李巡曰山西暮乃見日故曰夕陽山東朝乃見日故云朝陽陽以見日爲名故知山南曰陽杜預云桃林之塞今宏農華陰縣潼關是也是在華山東也指其所往謂之歸據我之則云放牛歸馬互言之耳華山之旁尤乏水草非長養牛馬之地欲使自生自死此是戰時牛馬故放之示天下不復乘用易繫辭云服牛乘馬此服乘俱是用義故以服總之○傳四月至執事○正義曰以四月之字隔文已多故言四月丁未此以成功設祭明其徧告羣祖知告后稷以下后稷則始祖以下容毀廟也天子七廟故云文考文王以上七世之祖見是周廟皆祭之故經總云周廟也駿大釋詁文周六服侯甸男采衛要此略舉邦國在諸侯服故云侯甸衛言不次詩頌云駿奔走在廟故云皆大奔走於廟執事也越三日庚戌○正義曰召誥云越三日者皆從前至今爲日此從丁未數之則爲四日蓋史官不同立文自異或此三當爲四由字積與誤

既生魄，庶邦冢君暨百工，受命于周。魄生明死十五日之後侯與百官受政命於周一統○暨其器反

疏 傳魄生至一統○正義曰月以望虧望在十六日爲多通率在十六日者居三其一在十五日耳此言既生魄故言魄生明死十五日之後也丁未祀于周廟已是此月十九日矣此受生魄言之則受命在祀廟之前故祀廟之時諸侯已奔走執事豈得未受周命已助周祭明其受命在祀廟前矣史其時日先言告武成既訖然後却說受命故文在下耳與百官舊有未屬周者今皆受政命於周於此時始天下一統也顧氏以既生魄謂庚戌已後雖十六日始生魄耳從十六日至晦皆爲生魄但不知庚戌之後幾日耳

曰：嗚呼羣后！順其祖業歎美之以告諸侯

惟先王建邦啓土。謂后稷也尊祖故稱先王后稷始封於邰故言建邦啓土

疏 傳謂后至先王○正義曰此先王文在公劉之前知謂后稷也后稷非王尊其祖故稱先王周語云昔我先王后稷又曰我先王不窋韋昭云后稷周之始祖也又曰文武之功起於后稷故立后稷爲先王

公劉克篤前烈。后稷曾孫公劉能厚先人之業

疏 傳后稷至之業○正義曰周本紀云后稷卒子不窋立不窋卒子鞠陶立鞠陶卒子公劉立是公劉爲后稷曾孫也本紀云公劉雖在戎狄之間復修后稷之業有公非公祖之類立爲諸侯公當時之意耳本紀云殷時稱公未諱故稱劉名先公多矣獨三人稱公當時之意耳本紀云公劉復修后稷之業百姓懷之多徙而歸保焉周道之興自此之後是能厚先人之業也

至于大王肇基王迹，王季其勤王家。大王修德以翦齊商人始王業之迹王季纘統其業乃勤立王業○大音泰肇音兆業王迹于況反又如字注王業王功同

疏 傳大王至王家○正義曰詩云后稷之孫實維大王居岐之陽實始翦商是大王肇基王迹也周本紀云王季修古公之道諸侯順之是能纘統大王之業勤立王家之基本也

我文考文王克成厥勳，誕膺天命，以撫方夏。言我文考文王能成其王功大當天命以撫綏四方中夏

大邦畏其力，小邦懷其德。言天下諸侯大者畏威小者懷德是文王威德之大

疏 大邦至其德○正義曰大邦畏其力小邦懷其德者大邦必畏其力小邦必懷其德故言畏其力小邦亦畏力故言懷其德大邦亦懷德矣量事爲文也

惟九年，大統未集。言諸侯歸之九年而卒故大統未就

疏 傳言諸至未就○正義曰文王受命九年而卒諸侯歸之九年而崩故大統未就文王自於其國稱元年至九年者諸侯各於其國各稱元年是已之所稱或中年得改元此必有因於古也伏生司馬遷韓嬰之徒不見此景帝三元則此改元之事有自來矣書以爲文王受命七年而崩故鄭玄等皆依用之

厎商之罪，告于皇天后土、所過名山大川。致商之罪謂伐紂告天地后土社也名山華岳大川河○厎之履反

疏 傳致商至川河○正義曰致商之罪謂伐紂之時欲將伐紂告天乃發故文在所過之下云后土社也者昭二十九年左傳稱句龍爲后土后土爲社是后土爲社也泰誓云類于上帝宜于冢土故知后土社也而言后土者以地神后土而言之與此異也自周適商路過河華故知所過名山華岳大川河也山川大乃有名名大互言之耳周禮大祝云王過大山川則用事焉鄭云用事亦用祭事告行也

曰：惟有道曾孫周王發，周王發○告天社山川之辭

疏 曰惟有道曾孫周王發○正義曰自稱有道者聖人至公爲民除害以紂無道言已有道所以告神求助不得飾以謙辭也稱曾孫者曲禮說諸侯自稱曾孫周王發○告神曾孫某侯某是外事稱曾孫之言也祭祀之時稱曾孫言其上承祖考

將有大正于商。大正以兵征之也

今商王受無道，暴殄天物，害虐烝民，暴絕天物言逆天也逆天害民所以爲無道○殄徒典反烝之承反

疏 暴殄至烝民○正義曰天物語闊人在其間以人爲貴故別言害民則天物之言除人外普謂天下百物鳥獸草木皆是也

爲天下逋逃主，萃淵藪。天下罪人逋逃者而紂爲魁主窟聚淵府藪澤言大姦○萃在醉反藪素口反

疏 傳逋亡至大姦○正義曰逋亦逃也故以逋爲亡也與之爲魁首爲主人之魁首人之逃亡者就紂若蟲獸之窟聚故云窟聚深謂之淵藏府謂之府史遊急就篇云司農少府國之淵府類故言淵府大澤無水則名藪故言藪澤萃淵藪三者各爲物室言紂與亡人爲主亡人歸之若蟲之窟聚魚歸淵府獸集藪澤言紂爲大姦也據傳意主字下讀爲便昭七年左傳引此文杜預云萃集也天下逋逃悉以紂爲淵藪集而歸之與孔異也

予小子既獲仁人，敢祗承上帝，

以遏亂略。仁人謂大公周召之徒略路也言誅紂敬承天意以絶亂路○遏烏末反召上照反本又作畧華夏蠻貊。罔不率俾。恭天成命。冕服采章曰華大國曰夏及四夷皆相率而使奉天成命○貊亡白反俾必爾反〔疏〕傳冕服至成命○正義曰冕服采章對被髮左衽則爲有光華也釋詁云夏大也故大國曰夏華夏謂中國也言蠻貊則戎夷可知也言華夏及四夷皆相率而充已使奉天成命欲其共伐紂也肆予東征。綏厥士女。此謂十一年會孟津還時惟其士女。篚厥玄黄。昭我周王。言東國士女篚盛其絲帛奉迎道次明我周王爲之除害○篚音匪爲于僞反天休震動。用附我大邑周。天之美應震動民心故用依附我○應應對之應惟爾有神。尚克相予。以濟兆民。無作神羞。神庶幾助我渡民危害無爲神羞辱○相息亮反既戊午。師逾孟津。癸亥。陳于商郊。俟天休命。自河至朝歌出四百里五日而至赴敵宜速待天休命謂夜雨止畢陳○逾亦作踰陳直刃反注同徐音塵甲子昧爽。受率其旅若林。會于牧野。旅衆也如林言盛多會逆距戰罔有敵于我師。前徒倒戈。攻于後以北。血流漂杵。紂衆服周仁政無有戰心前徒倒戈自攻于後以北走血流漂舂杵甚之言○倒丁老反漂匹妙反徐敷妙反又匹消反杵昌呂反〔疏〕既戊午至我師○正義曰自此以下皆史辭也其上闕絶失其本經故文無次第必是王言既終史乃更敘戰事於文次當承自周于征伐商之下此句次之故云既戊午也史官敘事得言罔有敵于我師稱我者猶如自漢至今文章之士雖民論國事莫不稱我皆云我大隋以心體國故稱我耳非要王言乃稱我也○傳自河至畢陳○正義曰出四百里驗地爲然戊午明日猶誓於河朔癸亥已陳於商郊凡經五日日行八十里所以疾者赴敵宜速也帝王世紀云王軍至鮪水紂使膠鬲候周師見王問曰西伯將焉之王曰將攻紂也膠鬲曰然願西伯無我欺王曰不子欺也將之殷膠鬲曰何日至王曰以甲子日以是報矣膠鬲去而報命於紂而雨甚軍卒皆諫王曰卒病請休之王曰吾已令膠鬲以甲子報其主矣吾雨而行所以救膠鬲之死也遂行甲子至于商郊然則本期甲子故遠行也周語云王以二月癸亥夜陳未畢而雨是雨止畢陳也待天休命雨是天之美命也韋昭云雨者天地神人和同之應也天地氣和乃有雨降是雨爲和同之應也○傳旅衆至距戰○正義曰旅衆釋詁文詩亦云其會如林言盛多也本紀云紂發兵七十萬人以距武王紂兵雖則衆多不得有七十萬人是史官美其能破強敵虛言之耳○傳紂衆至之言○正義曰罔有敵于我師言紂衆雖多皆無有敵我之心故自攻於後以北走自攻其後必殺人不多血流漂舂杵甚之言也孟子云信書不如無書吾於武成取二三策而已仁者無敵於天下以至仁伐不仁如何其血流漂杵也是言不實也易繫辭云斷木爲杵掘地爲臼是杵爲臼器也一戎衣。天下大定。衣服也一著戎服而滅紂言與衆同心動有成功乃反商政。政由舊。反紂惡政用商先王善政釋箕子囚。封

比干墓。式商容閭。皆武王反紂政囚奴徒隸封益其土商容賢人紂所貶退式其閭巷以禮賢〔疏〕傳皆武至禮賢○正義曰紂囚其人而放釋之紂殺其身而增封其墓紂退其人而式其門閭皆是武王反紂政也下句散其財粟亦是反紂於此須有所解因言之耳上篇云囚奴正士論語云箕子爲之奴是紂囚之又爲奴役之周禮司厲職云其奴男子入于罪隸鄭衆云爲之奴者繫於罪隸之官是囚爲奴以徒隸役之也商容賢人之姓名紂所敗退處於私室式者車上之橫木男子立乘有所敬則俯而憑式遂以式爲敬名說文云閭族居里門也武王過其閭而式之言此內有賢人式之禮賢也帝王世紀云商容及殷民觀周軍之入見畢公至殷民曰是吾新君也容曰非也視其爲人嚴乎將有急色故君子臨事而懼見太公至民曰是吾新君也容曰非也視其爲人虎據而鷹趾當敵將衆威怒自倍見利卽前不顧其後故君子臨衆果於進退見周公至民曰是吾新君也容曰非也視其爲人忻忻休休志在除賊是非天子則周之相國也故聖人臨衆知之見武王至民曰是吾新君也容曰然聖人爲海內討惡見惡不怒見善不喜顏色相副是以知之是說商容之事也散鹿臺之財。發鉅橋之粟。紂所積之府倉皆散發以賑貧民○散西旦反〔疏〕傳紂所至貧民○正義曰藏財爲府藏粟爲倉故言紂所積之府倉也名曰鹿臺鉅橋則其義未聞散者言其分布發者言其開出互相見也周本紀云命召公釋箕子之囚命畢公釋百姓之囚表商容之閭命閎夭封比干之墓命南宮括散鹿臺之錢發鉅橋之粟以賑貧弱也然則武王親式商容之閭又表之也新序云鹿臺其大三里其高千尺則容物多矣此言鹿臺之財則非一物也史記作錢後世追論以錢爲主耳周禮有泉府之官周語稱景王鑄大錢是周時已名泉爲錢也大賚于四海。而萬姓悅服。施舍已債救乏賙無所謂周有大賚天下皆悅仁服德○賚力代反徐音來已音以債側界反賙音周本亦作周〔疏〕傳施舍至服德○正義曰左傳成十八年晉悼公初立施舍已責成二年楚將起師已責救乏定五年歸粟於蔡以賙急矜無資也杜預以爲施恩惠舍勞役也已責止逋責也皆是卹民之事故傳引之以證大賚所謂周有大賚論語文孔安國解堯曰之篇有二帝三王之事周有大賚正指此事故言所謂也悅是歡喜服謂聽從感恩則悅見義則歸故天下皆悅仁服德也帝王世紀云王命封墓釋囚又歸施鹿臺之珠玉及傾宮之女於諸侯殷民咸喜曰王之於仁人也死者猶封其墓況生者乎王之於賢人也亡者猶表其閭況存者乎王之於財也聚者猶散之況其復籍之乎王之於色也見在者猶歸其父母況其復徵之乎是悅服之事也列爵惟五。卽所識政事而法之爵五等公侯伯子男分土惟三。列地封國公侯方百里伯七十里子男五十里爲三品〔疏〕傳列地至三品○正義曰爵五等地三品武王於此既從殷法未知周公制禮亦然以否孟子曰北宮錡問於孟子曰周之班爵祿如何孟子曰其詳不可得聞矣嘗聞其略天子之制地方千里公侯方百里伯七十里子男五十里漢書地理志亦云周爵五等其土三等也公侯百里伯七十里子男五十里漢世儒者多以爲然包咸注論語云千乘之國百里之國也謂大國惟百里耳周禮大司徒云諸公之地封疆方五百里侯四百里伯三百里子二百里男一百里蓋是周室既衰諸侯相并自以國土寬大皆違禮文乃除去本經妄爲說耳鄭玄之徒以爲武王時大國百里周公制禮大國五百里王制

之注具矣建官惟賢。立官以官賢才位事惟能。居位理事必任能事重民五教。所重在民及五常之教〔疏〕重民五教○正義曰以重摠下五事民與五教食喪祭也五教所以教民故與民同句下句食與喪祭三者各爲一事相類而別故以惟目之言此皆聖王所重也論語云所重民食喪祭以論語卽是此事而彼無五教錄論語者自略之耳惟食喪祭。民以食爲命喪禮篤親愛祭祀崇孝養皆聖王所重○養羊亮反惇信明義。使天下厚行言顯忠義崇德報功。有德尊以爵有功報以祿垂拱而天下治。言武王所修皆是所任得人欲垂拱而天下治○任而鳩反治直吏反〔疏〕垂拱而天下治○正義曰說文云拱斂手也垂拱而天下治謂所任得人人皆稱職手無所營下垂其拱故美其垂拱而天下治也

尚書注疏挍勘記卷十一　阮元撰盧宣旬摘錄

尚書注疏卷第十一　古本作尚書卷第六古文尚書泰誓上第一周書孔氏傳宋板作卷第十

泰誓上第一　周書

渡津乃作　古本津上有孟字

至嗣位至卒　正嘉本閩本同宋本上至字作則明監本毛本作自山井鼎曰宋板爲愈

正言一月　宋板正作止

武成所以解一月者　宋板解作稱按解字非也

王無二王　宋板上王字作主毛本作民案民字是也

於孟地置津　宋板於上有是字

又云八百諸侯　按又字疑當作文

至五以穀俱來　閩本明監本同毛本至五二字倒

古文泰誓伐紂事　閩本明監本同毛本事上有時字

泰誓　王應麟困學紀聞泰誓古文作大誓孔氏注大會以誓衆晁氏曰開元間衞包定今文始作泰或以交泰爲說眞燕書哉大誓與大誥同音泰者非○按疏云顧氏以爲泰者大之極也猶天子諸侯之子曰大子天子之卿曰大宰夫太子太宰古通作大無作泰者則泰誓當作太誓明矣字雖爲大音則爲泰後人遂誤爲泰據唐石經作泰則其誤固在開成之前

惟十有三年春　陸氏曰或作十有一年後人妄依序文輒改

惟宮室臺榭　陸氏曰榭本又作謝按古无榭字

使不流洫　宋板洫作溢按洫字非也

謂不服采飾　閩本同毛本不作依按所改是也

是則亦封之義也　宋板封作剔是也

父業未就之故　岳葛閩本明監本纂傳同毛本父作功

故我與諸侯　古本無故字

計當恐怖　宋板同毛本計作紂

是我與討同罪矣　毛本討作紂是也

厎天之罰　古本厎作致

與民同　古本下有欲也二字

王乃徇師而誓　石經補缺徇誤作循說文云徇疾也按依說文當作徇

我聞吉人爲善　古本聞作聽

言吉人謁日以爲善　岳本謁作渴與釋文合下並同按說文𤁗欲飲也渴盡也謁負舉也今人多亂之此渴字本當作𤁗從俗作渴盧文弨按釋文以爲當讀如渴葬之渴是也非取渴盡之義尤不當作負舉之謁俗本既誤作謁併釋文渴苦曷反改作謁巨列反謬甚

故曰力行　古本下有無度也三字

播棄犂老　古本犂作黎注同

物在水上謂水浮　閩本同毛本水作之案所改是也

日亡吾乃亡　案乃亡下脫矣是桀亦賊虐諫輔謂已有有天命而云過於桀者殷本紀云紂剖比干觀其心凡三十字閩本明監本同毛本補入與宋本岳本合

以殺害人爲惡之大　閩本同毛本害作善

夢者事之祥人之精爽先見者也　宋板閩本明監本同毛本夢精二字互誤

予有亂臣十人　唐石經臣字旁添石經考文提要云此文諸經凡四見此與論語泰伯句同左傳襄公二十有八年武王有亂十人昭公二十有四年余有亂十人是也唐石經四見皆無臣字後人於泰誓左傳昭公二十有四年論語皆旁增臣字襄公二十有八年復失不增若云唐石經脫字不應四見皆同也經典釋文於論語明出予有亂十人注云本或作亂臣十人非是增臣字自論語別本始也

太公召公　纂傳召公在太公上

不如周家之少仁人　纂傳少作多按纂傳蓋據朱子論語集注孫志祖云論語集注作多仁人蓋沿邢疏之誤孔氏正義云明多惡不如少善則爲少字無疑人下古本岳本俱有也字按岳本讀不如周家之少爲一句仁人也爲一句文義甚明益知少字不當改作多

此於湯　毛本此作比所改是也

泰誓下第三　周書

斮朝涉之脛　古本斮作斲

剖賢人之心　古本剖作剳注同

作威殺戮　古本威作畏下作威同

二者大同　纂傳大作本按本字是也

乃汝世讎　顧炎武曰石經誤世作誓○按今本唐石經乃汝讎三字皆係補缺惟世字作廿尙係原刻顧以爲誤作誓非也

明著岐周　古本宋板周作𨙸盧文弨云𨙸即衆字從三人後人不識妄改爲周○按从音吟非衆字也後人誤會人三爲衆之說遂以众爲衆然相沿已久此𨙸字當如盧說山井鼎按古文尙書從字作㐺其例正同

牧誓第四　周書

若虎賁獸　史記集解無獸字

又下傳以百夫長爲卒師　毛本師作帥所改是也

欲揔明三百兩人之大數　閩本明監本同毛本三作此

乃復到退　閩本同毛本到作倒按倒古通作到

王左杖黃鉞　陸氏曰鉞本又作戉○按作戉是也說文云戉大斧也

鉞以黃金飾斧　浦鏜云鉞上脫黃字從公劉詩疏校○按史記集解亦無黃字

示有事於教　古本史記集解教下有令字

傳越以至苦之　案越當作鉞轉寫之譌

治事三卿　古本治作理

此御事之文　宋板閩本明監本同毛本文作大

旅衆也衆大夫　古本無下衆字按史記集解作旅衆大未也視今本少一衆字而也字在夫下文義較順

使其屬帥四夷之隸　閩本同毛本帥作師所改是也

師帥卒帥　史記集解帥並作率

亦可以稱師　宋板師作帥是也

巴在蜀之東偏　補本東作南

是庸濮西江漢之南　閩本同毛本西作在所改是也

戟楚謂之孑　纂傳同毛本孑作干○按纂傳引在說命中篇下同

或謂之楯　浦鏜云楯方言作瞂音代誤作楯

今商王受惟婦言是用　唐石經是字旁注按漢書五行志引此經無是字

日義曰晉語云　按日是正字之譌諸本俱不誤

妲己所舉言者貴之　閩本明監本舉言作與言按與言乃譽字誤分爲二也當據列女傳元文正之毛本亦誤

弗迓克奔　按匡謬正俗引此經迓作御又稱徐仙民音禦是徐本亦作御疏云王肅讀御爲禦則孔氏所據本亦作御蓋作御者古文也作迓者今文也釋文云馬作禦史記同

武成第五　周書

武王伐殷往伐歸獸　陸氏曰獸徐始售反本或作嘼許救反匡謬正俗曰徐仙民音嘼爲始售反按武成當篇云歸馬於華山之陽放牛於桃林之野此與序意相承六畜之字本作嘼尔疋論牛馬羊豕則在釋畜論麋鹿虎豹即在釋獸若武王歸鹿放虎可言歸獸所放既是馬牛當依嘼字本音讀之不得謂古文省簡即呼爲獸堯典鳥獸孳尾鳥獸毛毨旅獒珍禽奇獸皆作獸字何獨武城一篇以嘼爲獸斯不然矣○按作嘼者古文也作獸者今文也徐陸二本皆用古文今本釋文開寶所改非陸氏元本故錄顏氏說以存古文之遺

月二日死魄　正嘉本萬本閩本葛本同毛本死魄上有近字與岳本合案此誤脫也

七世之祖　纂傳祖作廟

而魄死明生　浦鏜云而疑衍字

由字積與誤　浦鏜云與誤二字疑倒孫志祖云字積者即積畫之說與誤者或誤寫四爲三也非倒

我文考文王克成厥勳　古本唐石經臨安石經岳本葛本閩本明監本並同毛本成誤作伐

以撫綏四方中夏　古本補本綏作安

故大統未就　葛本正德本嘉萬本閩本纂傳同岳本統作業與疏合毛本依之

厎商之罪　古本厎作致

用祭事告行也　纂傳事作祀

告天社山川之辭　岳本社作地

臨祭祀　纂傳祀作事

暴殄天物　古本殄作絕

則天物之言　纂傳言作害

普謂天下百物　閩本明監本普作皆

窟聚　葛本閩本明監本窟誤作窋疏同

此謂十一年會孟津還時　古本補本作此謂十一年會於孟津之時也

惟其士女篚厥元黃　古本無厥字

篚篚盛其絲帛　古本作上篚篚其絲帛補本作篚篚其綿帛按當作篚篚其絲帛古本之上今本之盛衍字也古本之篚篚倒字也補本之綿誤字也

既戊午師逾孟津　顧炎武云石經監本同釋文逾亦作踰今本作渡非

流血漂春杵　宋板流血二字倒是也

釋箕子囚封比干墓　唐石經干下旁增之字容下同

施舍已債　古本岳本宋板同毛本債作責按釋文作責責債古今字

列地封國　古本列作裂

喪禮篤親愛　宋板篤親間空一字

使天下厚行　葛本閩本同纂傳言作信

欲垂拱而天下治　閩本同毛本欲作故案欲字誤也

尚書校勘記卷十一

附釋音尚書注疏卷第十二

洪範第六　周書　孔氏傳　孔穎達疏

武王勝殷。殺受。立武庚。不放而殺紂自焚也武庚紂子以爲王者後一名祿父。勝商證反父音甫以箕子歸。作洪範。歸鎬京箕子作之。範音范鎬胡老反本又作鄗武王所都也〔疏〕武王至洪範。正義曰武王伐殷既勝殺受立其子武庚爲殷後以箕子歸鎬京訪以天道箕子爲陳天地之大法敘述其事作洪範此惟當言箕子歸耳乃言殺受立武庚者序自相顧爲文上武成序云武王伐紂故此言勝之下微子之命序云黜殷命殺武庚故此言立之敘言此以順上下也。傳不放至祿父。正義曰放桀也湯放桀此不放而殺之者紂自焚而死也殷本紀云紂兵敗紂走入登鹿臺衣其寶玉衣赴火而死武王遂斬紂頭懸之太白旗是也泰誓云取彼凶殘則志在於殺也死猶斬之則生亦不放傳據實而言之耳本紀云封紂子武庚祿父以續殷祀是以爲王者後也本紀武庚祿父雙言之伏生尚書傳云武王勝殷繼公子祿父是一名祿父也鄭云武庚字祿父春秋之世有齊侯祿父蔡侯考父季孫行父亦是名未必爲字故傳言一名祿父。傳歸至作之。正義曰上篇云至于豐者文王之廟在豐至豐先告廟耳時王都在鎬知歸者歸鎬京也此經文旨異於餘篇非直問荅而已不是史官敘述必是箕子既對武王之問退而自撰其事故傳特云箕子作之書傳云武王釋箕子之囚箕子不忍周之釋走之朝鮮武王聞之因以朝鮮封之箕子既受周之封不得無臣禮故於十三祀來朝武王因其朝而問洪範案此序云勝殷以箕子歸明既釋其囚即以歸之不令其走去而後來朝也又朝鮮去周路將萬里聞其所在然後封之受封乃朝必歷年矣不得仍在十三祀也宋世家云既作洪範武王乃封箕子於朝鮮得其實也

洪範。洪大範法也言天地之大法〔疏〕洪範。正義曰此經開源於首覆更演說非復一問一荅之勢必是箕子自爲之也發首二句自記被問之年自王乃言至彝倫攸敘王問之辭自箕子乃言至彝倫攸敘言禹得九疇之由自初一曰至威用六極言禹第敘九疇之次自一五行已下箕子更條說九疇之義此條說者當時亦以對王更復退而修撰定其文辭使成典教耳。傳洪大至大法。正義曰洪大範法皆釋詁文

惟十有三祀。王訪于箕子。商曰祀箕子稱祀不忘本此年四月歸宗周先告武成次問天道王乃言曰。嗚呼。箕子。惟天陰騭下民。相協厥居。騭定也天不言而默定下民是助合其居使有常生之資。陰默也馬云覆也騭之逸反馬云升也升猶舉也舉猶生也相息亮反助也我不知其彝倫攸敘。言我不知天所以定民之常道理次敘問何由。彝以之反〔疏〕惟十至攸敘。正義曰此箕子陳王問已之年被問之事惟文王受命十有三祀武王訪問於箕子即陳其問辭王乃言曰嗚呼箕子此上天不言而默定下民佑助諧合其安居使有常生之資我不知此天之定民常道所以次敘問天意何由也。傳商曰至天道。正義曰商曰祀周曰年釋天文案此周書也泰誓稱年此獨稱祀故解之箕子稱祀不忘本也此篇箕子所作箕子商人故記傳引此篇者皆云商書曰是箕子自作明矣序言歸作洪範似歸即作之嫌在武成之前故云此年四月歸宗周先告武成次問天道以次在武成之後故知先告武成也。傳騭定至之資。正義曰傳以騭即質也質訓爲成成亦定義故爲定也言民是上天所生形神天之所授故天不言而默定下民羣生受氣流形各有性靈心識下民不知其然是天默定也相助也協和也助合其居者言民有其心天佑助之令其諧合其生出言是非立行得失衣食之用動止之宜無不稟諸上天乃得諧合失道則死合道則生言天非徒賦命於人授以形體心識乃復佑助諧合其居業使有常生之資九疇施之於民皆是天助之事也此問荅皆言乃者以天道之大沈吟乃問思慮乃荅宣八年公羊傳曰乃緩辭也王肅以陰騭下民一句爲天事相協以下爲民事注云陰深也言天深定下民與之五常之性王者當助天和合其居所行天之性我不知常道倫理所以次敘是問承天順民何所由與孔異也

箕子乃言曰。我聞在昔。鯀陻洪水。汨陳其五行。陻塞汨亂也治水失道亂陳其五行。鯀工本反陻音因汨工忽反行戶更反帝乃震怒。不畀洪範九疇。彝倫攸斁。畀與斁敗也天動怒鯀不與大法九疇疇類也故常道所以敗。畀必二反徐甫至反注同斁多路反徐同路反敗也鯀則殛死。禹乃嗣興。放鯀至死不赦嗣繼也廢父興子堯舜之道。殛紀力反本或作極音同天乃錫禹洪範九疇。彝倫攸敘。天與禹洛出書神龜負文而出列於背有數至于九禹遂因而第之以成九類常道所以次敘。錫星歷反〔疏〕箕子至攸敘。正義曰箕子乃言荅王曰我聞在昔鯀障塞洪水治水失道是乃亂陳其五行而逆天道也天帝乃動其威怒不與鯀大法九類天之常道所以敗也鯀則放殛至死不赦禹以聖德繼父而興代治洪水決道使通天乃賜禹大法九類天之常道所以得其次敘此說其得九類之由也。傳陻塞至五行。正義曰襄二十五年左傳說陳之伐鄭云井陻木刊謂塞其井斬其木是陻爲塞也汨是亂之意欲爲亂也水是五行之一水性下流鯀反塞之失水之性水失其道則五行皆失矣是塞洪水爲亂陳其五行言五行陳列皆亂也大禹謨帝美禹治水之功云地平天成傳云水土治曰平五行敘曰成水既治五行序是治水失道爲亂五行也。傳畀與至以敗。正義曰畀與釋詁文斁敗相傳訓也以禹得而鯀不得故爲天動威怒鯀不與大法九疇疇是輩類之名故爲類也言其每事自相類者有九九者各有一章故漢書謂之爲九章此謂九類是天之常道既不得九類故常道所以敗也自古以來得九疇者惟有禹耳未聞餘人有得之者也若人皆得之鯀獨不得可言天帝怒鯀餘人皆不得獨言天怒鯀者以禹由治水有功故天賜之鯀亦治水而天不與以鯀禹俱是治水父不得而子得之所以彰禹之聖當於天心故舉鯀以彰禹也。傳放鯀至之道。正義曰傳嫌殛謂被誅殺故辨之云放鯀至死不赦也嗣繼釋詁文三代以還父罪子廢故云廢父興子堯舜之道賞罰各從其實爲天下之至公也。傳天與至次敘。正義曰易繫辭云河出圖洛出書聖人則之九類各有文字卽是書也而云天乃錫禹知此天與禹者卽是洛書也漢書五行志劉歆以爲伏羲繫天而王河出圖則而畫之八卦是也禹治洪水錫洛書法而陳之洪範是也先達共爲此說龜負洛書經無其事中候及諸緯多說黃帝堯舜禹湯文武受圖書之事皆云

龍負圖，龜負書。緯候之書，不知誰作，通人討覈，謂僞起哀平，雖復前漢之末始有此書，以前學者必相傳此說，故孔以九類是神龜負文而出，列於背，有數從一而至於九，禹見其文，遂因而第之，以成此九類法也。此九類陳而行之，常道所以得次敘也。言禹第之者，以天神言語必當簡要，不應曲有次第丁寧若此，故以爲禹次第之。禹既第之，當有成法可傳，應人盡知之，而武王獨問箕子者，五行志云：「聖人行其道而寶其眞，降及於殷，箕子在父師之位而典之。」周既克殷，以箕子歸周，武王親虛己而問焉。言箕子典其事，故武王特問之，其義或當然也。若然，大禹既得九類，常道始有次敘，未有洛書之前，常道所以不亂者，世有澆淳，教有疎密，三皇已前無文亦治，何止無洛書也。但既得九類以後，聖王法而行之，從之則治，違之則亂，故此說常道攸敘攸斁由洛書耳。

初一曰五行，九類類一章，以五行爲始。次二曰敬用五事，五事在身，用之必敬乃善。次三曰農用八政，農，厚也。厚用之政乃成。○農，馬云：食爲八政之首，故以農名之。次四曰協用五紀，協，和也。和天時使得正用五紀。次五曰建用皇極，皇，大。極，中也。凡立事當用大中之道。次六曰乂用三德，治民必用剛柔正直之三德。次七曰明用稽疑，明用十筮考疑之事。次八曰念用庶徵，次九曰嚮用五福，威用六極。言天所以嚮勸人用五福，所以威沮人用六極。此已上禹所第敘。○嚮，許亮反，又許兩反。沮，在汝反。此已上，時掌反。禹所第敘，馬云：從五行已下至六極，洛書文也。漢書五行志以初一已下皆洛書文也。

〔疏〕初一至六極。○正義曰：天所賜禹大法九類者，初一曰五材氣性流行，次二曰敬用在身五種之行事，次三曰厚用接物入品之政教，次四曰和用天象五物之綱紀，次五曰立治大爲中正之道，次六曰治民用三等之德，次七曰明用卜筮以考疑事，次八曰念用天時衆氣之應驗，次九曰嚮勸人用五福，威沮人用六極。此九類之事也。○傳「農厚」至「乃成」。○正義曰：鄭玄云「農讀爲醲」，則農是醲意，故爲厚也。政施於民，善不厭深，故厚用之政乃成也。張晏、王肅皆言農，食之本也，食爲八政之首，故以農言之。然則農用止爲一食，不兼八事，非上下之例，故傳不然。八政三德，惣是治民，但政是被物之名，德是在已之稱，故分爲二疇也。○傳「協和」至「五紀」。○正義曰：協，和，釋詁文。天是積氣，其狀無形，列宿四方爲天之限。天左行，晝夜一周，日月右行，日遲月疾。周天三百六十五度有餘，日則日行一度，月則日行十三度有餘。日月行於星辰，乃爲天之厤數。和此天時，令不差錯，使行得正，用五紀也。日月逆天道而行，其行又有遲疾，故須調和之。○皇大至之道。○正義曰：皇，大，釋詁文。極之爲中，常訓也。凡所立事，王者所行，皆是無得過與不及，常用大中之道也。詩云「莫匪爾極」，周禮「以爲民極」，論語「允執其中」，皆謂用大中也。○傳信人至第敘。○正義曰：貧弱等六者，皆謂窮極惡事，故目之六極也。福者人之所慕，皆嚮望之；極者人之所惡，皆畏懼之。勸勉也，勉之爲善；沮，止也，止其爲惡。福極皆上天爲之，言天所以嚮望勸勉人用五福，所以畏懼沮止人用六極。自初一曰已下至此六極已上，皆是禹所次第而敘之，下文更將此九類而演說之。知此九者皆禹所第也。禹爲此次者，蓋以五行世所行用，是諸事之本，故五行爲初也。發見於人則爲五事，故五事爲二也。正身而後及人，施人乃名爲政，故八政爲三也。施人之政，用天之道，故五紀爲四也。順天布政則得大中，故皇極爲五也。欲求大中，隨德是任，故三德爲六也。政雖在德，事必有疑，故稽疑爲七也。行事在於政，得失應於天，故庶徵爲八也。天監在下，善惡必報，休咎驗於時氣，禍福加於人身，故五福六極爲九也。皇極居中者，揔包上下，故皇極傳云「大中之道，大立其有中」，謂行九疇之義是也。福極處末者，顧氏云：「前八事俱得，五福歸之；前八事俱失，六極臻之。故福極處末也。」發首言初一，其末不言終九者，數必以一爲始，其九非數之終，故從上言次而不言終也。五行不言用者，五行萬物之本，天地百物莫不用之，不嫌非用也。傳於五福六極言天用者，以前並是人君所用，五福六極受之於天，故言天用。傳言此禹所第敘，不知洛書本有幾字。五行志悉載此一章，乃云「凡此六十五字，皆洛書本文」，計天言簡要，必無次第之數。上傳云「禹因而第之」，則孔以第是禹之所爲，「初一曰」等二十七字必是禹加之也。其「敬用」、「農用」等一十八字，大劉及顧氏以爲龜背先有，揔三十八字；小劉以爲「敬用」等亦禹所第敘，其龜文惟有二十字。並無明據，未知孰是，故兩存焉。皇極不言數者，以揔該九疇，理兼萬事，非局數能盡故也。稽疑不言數者，以五筮二共成爲七，若舉卜不得兼筮，舉筮不得兼十，且疑事既衆，不可以數揔之故也。庶徵不言數者，以庶徵得爲五休，失爲五咎，若舉休不兼咎，舉咎不兼休，若休咎並言，便爲十事，本是五物，不可言十也。然五福六極所以善惡皆言者，以沮勸在下，故丁寧明言善惡也。且庶徵雖有休咎，皆以念慮包之；福極嚮威相反，不可一言爲目，故別爲文焉。知五福六極非各分爲疇，所以其爲一者，蓋以龜文福極相近一處，故禹第之揔爲一疇。等行五事，所以福五而極六者，大劉以爲皇極若得，則分散揔爲五福；若失，則不能爲五事之主，與五事並列，其咎弱，故爲六也。猶詩平王以後與諸侯並列，同爲國風焉。咎徵有五而極有六者，五行傳云「皇之不極，厥罰常陰」，卽與咎徵常雨相類，故以常雨包之爲五也。

一，五行：一曰水，二曰火，三曰木，四曰金，五曰土。皆其生數。水曰潤下，火曰炎上，言其自然之常性。○炎，榮鉗反。上，時掌反，又如字，下同。木曰曲直，金曰從革，木可以揉曲直，金可以改更。○揉，如酉反。土爰稼穡。種曰稼，斂曰穡。土可以種，可以斂。潤下作鹹，水鹵所生。○鹹音咸。鹵音魯。炎上作苦，焦氣之味。曲直作酸，木實之性。從革作辛，金之氣。稼穡作甘。甘味生於百穀。五行以下，箕子所陳。

〔疏〕一五行至作甘。○正義曰：此以下箕子所演陳禹所第疇名於上，條列說以成之。此章所演，文有三重：第一言其名次，第二言其體性，第三言其氣味。言五者，性異而味別，各爲人之用。書傳云：「水火者，百姓之求飲食也；金木者，百姓之所興作也；土者，萬物之所資生也。」是爲人用。五行卽五材也。襄二十七年左傳云：「天生五材，民並用之。」言五者各有材幹也。謂之行者，若在天，則五氣流行；在地，世所行用也。○傳皆其生數。○正義曰：易繫辭曰：「天一，地二，天三，地四，天五，地六，天七，地八，天九，地十。」此卽是五行生成之數。天一生水，地二生火，天三生木，地四生金，天五生土，此其生數也。如此則陽無匹，陰無耦，故地六成水，天七成火，地八成木，天九成金，地十成土，於是陰陽各有匹偶，而物得成焉，故謂之成數也。易繫辭又曰：「天數五，地數五，五位相得而各有合。」此所以成變化而行鬼神，謂此也。又數之所起，起於陰陽，陰陽往來，在於日道。十一月冬至，日南極，陽來而陰往。冬，水位也，以一陽生爲水數。五月夏至，日北極，陰進而陽退。夏，火位也，當以一陰生爲火數。但陰不名奇，數必以偶，故以六月二陰生爲火數也。是故易說稱乾貞於十一月子，坤貞於六月未，而皆左行，由此也。冬至以及於夏至，當爲陽來，正月爲春，木位也，三陽已生，故三爲木數。夏至以及冬至，當爲陰進，八月爲秋，金位也，四陰已生，故四爲金數。三月春之季，四季土位也，五陽已生，故五爲土數。此其生數之由也。又萬物之本，有生於無者，生於微，及其成形，亦以微著爲漸。五行先後，亦以微著爲次。五行之體，水最微爲一，火漸著爲二，木形實爲三，金體固爲四，土質大爲五，亦是次之宜。大劉與顧氏皆以爲水火木金得土數而成，故水成數六，火成數七，木成數八，金成數九，土成數十，義亦然也。○傳言其自然之常性。○正義曰：易文言云：「水流濕，火就燥。」王肅曰：「水之性潤萬物而退下，火之性炎盛而升上。」是潤下、炎上，言其自然之本性。○傳木可至改更。○正義曰：此亦言其性也。曲直者，爲器有須曲直也。可改更者，可銷鑄以爲器也。木可以揉令曲直，金可以從人改更，言其可爲人用之意也。由此而觀，水則潤下，可用以灌溉；火則炎上，可用以炊爨，亦可知也。水既純陰，故潤下趣陰；火是純陽，故炎上趣陽；木金陰陽相雜，故可曲直改更也。○傳種曰至以斂。○正義曰：鄭玄周禮注云：「種穀曰稼，若嫁女之有所生。」然則穡是惜也，言聚畜之可惜也。其爲治田之事，分爲種斂二名耳。土上所爲，故爲土性。上文潤下、炎上、曲直、從革，卽是水火木金體有本性，其稼穡以人事爲名，非是土之本性。生物是土之本性，其稼穡非土本性也。爰亦曰也，變曰言爰，以見此異也。六府以土穀爲二，由其體異故也。○傳水鹵所生。○正義曰：水性本甘，久浸其地，變而爲鹵，鹵味乃鹹。說文云：「鹵，西方鹹地。東方謂之斥，西方謂之鹵。」禹貢云「海濱廣斥」，是海浸其旁地，使之鹹也。月令冬云「其味鹹，其臭朽」是也。上言曰者，言其本性；此言作者，從其發見，指其體則稱曰，致其類卽言作。下五事庶徵言曰、作者，義亦然也。○傳焦氣之味。○正義曰：火性炎上，焚物則焦，焦是苦氣。月令夏云「其臭焦，其味苦」，苦爲焦味，故云焦氣之味也。臭之曰氣，在口曰味。○傳木實之性。○正義曰：木生子實，其味多酸，五果之味雖殊，其爲酸一也，是木實之性然也。月令春云「其味酸，其臭羶」是也。○傳金之氣味。○正義曰：金之在火，別有腥氣，非苦非酸，其味近辛，故辛爲金之氣味。月令秋云「其味辛，其臭腥」是也。○傳甘味生於百穀。○正義曰：甘味生於百穀，穀是土之所生，故甘爲土之味也。月令中央云「其味甘，其臭香」是也。○

二，五事：一曰貌，容儀。○貌，本亦作頟。二曰言，詞章。三曰視，觀正。○視，常止反，徐市止反。四曰聽，察是非。五曰思。心慮所行。○思，如字，徐息吏反，下同。貌曰恭，儼恪。○儼，魚檢反。言曰從，是則可從。視曰明，必清審。聽曰聰，必微諦。○諦音帝。思曰睿。必通於微。○睿，悅歲反，馬云：通也。恭作肅，心敬。從作乂，可以治。明作哲，照了。○哲，之舌反，徐丁列反，又之世反。聰作謀，所謀必成當。○當，丁浪反。睿作聖。於事無不通謂之聖。

〔疏〕二五至作聖。○正義曰：此章所演，亦爲三重：第一言其所名，第二言其所用，第三言其所致。貌是容儀，舉身之大名也；言是口之所出；視是目之所見；聽是耳之所聞；思是心之所慮。一人之上有此五事也。貌必須恭，言乃可從，視必當明，聽必當聰，思必當通於微密也。此一重卽是敬用之事。貌能恭則心肅敬也，言可從則政必治也，視能明則所見照晳也，聽能聰則所謀必當也，思通微則事無不通，乃成聖也。此一重言其所致之事。洪範本體與人主作法，皆據人主爲說。貌揔身也，口言之，目視之，耳聽之，

心慮之人主始於敬身終通萬事此五事爲天下之本也五事爲此次者鄭云此數本諸陰陽昭明人相見之次也五行傳曰貌屬木言屬金視屬火聽屬水思屬土五行傳伏生之書也孔於太戊桑穀之下云七日大拱貌不恭之罰高宗雊雉之下云耳不聰之異皆書傳之文也孔取書傳爲說則此次之意亦當如書傳也木有華葉之容故貌屬木言之決斷若金之斬割故言屬金火外光故視屬火水內明故聽屬水土安靜而萬物生心思慮而萬事成故思屬土又於易東方震爲足足所以動容貌也西方兌爲口口出言也南方離爲目目視物也北方坎爲耳耳聽聲也土在內猶思在心亦是五屬之義也○傳察是非○正義曰此五事皆有是非論語云非禮勿視非禮勿聽非禮勿言非禮勿動又引詩云思無邪故此五事皆有是非也此經歷言五名名非善惡之稱但爲之有善有惡傳皆以是辭釋之貌者言其動有容儀也言者道其語有辭章也視者言其觀正不觀邪也聽者受人言察是非也思者心慮所行使行得中也傳於聽云察是非明五者皆有是非也所爲者爲正不爲邪也於視不言視邪正於聽言察是非亦所以互相明也○傳必通於微○正義曰此一重言敬用之事貌戒情容故恭爲儼恪曲禮曰儼若思儼是嚴正之貌也恪敬也貌當嚴正而莊敬也言非理則人違之故言是則可從也視必明於善惡故必清徹而審察也聽當別彼是非必微妙而審諦也王肅云睿通也思慮苦其不深故必深思使通於微也此皆敬用使然故經以善事明之鄭玄云此恭明聰睿行之於我身其從則是彼人從我以與上下違者我是而彼從亦我所爲不乖倒也此據人主爲文皆是人主之事說命云接下思恭視遠惟明聽德惟聰卽此是也○傳於事至之聖○正義曰此一重言所致之事也恭在貌而敬在心人有心慢而貌恭必當緣恭以致敬故貌恭作心敬也下從上則國治故人主言必從其國可以治也視能清審則照了物情故視明致照晳也聽聰則知其是非從其是爲謀必當故聽聰致善謀也睿聖俱是通名聖大而睿小緣其能通微事事無不通因睿以作聖也鄭玄周禮注云聖通而先識也是言識事在於衆物之先無所不通以是名之爲聖聖是智之上通之大也此言人主行其小而致其大皆是人主之事也鄭云皆謂其政所致也君貌恭則臣禮肅君言從則臣職治君視明則臣照晳君聽聰則臣進謀君思睿則臣賢智鄭意謂此所致皆是君致臣也案庶徵之意休徵咎徵皆肅乂所致若肅乂明聰皆是臣事則休咎之所致惡皆不由君矣又聖大而睿小若君睿而致臣聖則臣皆上於君矣何不然之甚乎哲字王肅及漢書五行志皆云哲智也定本作哲則讀爲哲

三。八政。一曰食。勤農業**二曰貨。**寶用物**三曰祀。**敬鬼神以成教**四曰司空。**主空土以居民**五曰司徒。**主徒衆教以禮義**六曰司寇。**主姦盜使無縱○縱子用反或作從音同**七曰賓。**禮賓客無不敬**八曰師。**簡師所任必良士卒必練○卒子忽反

〔疏〕三八政至曰師○正義曰八政者人主施政教於民有八事也一曰食教民使勤農業也二曰貨教民使求資用也三曰祀教民使敬鬼神也四曰司空之官主空土以居民也五曰司徒之官教衆民以禮義也六曰司寇之官詰治民之姦盜也七曰賓教民以禮待賓客相往來也八曰師立師防寇賊以安保民也八政如此次者人不食則死食於人最急故教爲先也有食又須衣貨爲人之用故貨爲二也所以得食貨乃是明靈祐之人當敬事鬼神故祀爲三也足衣食祭鬼神必當有所安居司空主居民故司空爲四也雖有所安居非禮義不立司徒教以禮義故司徒爲五也雖有禮義之教而無刑殺之法則彊弱相陵司寇主姦盜故司寇爲六也民不往來則無相親之好故賓爲七也寇賊爲害則民不安居故師爲八也此用於民緩急而爲次也食貨祀賓師指事爲之名三卿舉官爲名者三官所主事多若以一字爲名則所掌不盡故舉官名以見義鄭玄云此數本諸其職先後之宜也食謂掌民食之官若后稷者也貨掌金帛之官若周禮司貨賄是也祀掌祭祀之官若宗伯者也司空掌居民之官司徒掌教民之官也司寇掌詰盜賊之官賓掌諸侯朝覲之官周禮大行人是也師掌軍旅之官若司馬也王肅云賓掌賓客之官也卽如鄭王之說自可皆舉官名何獨三事舉官也八政主以教民非謂公家之事司貨賄掌公家貨賄大行人掌王之賓客若其事如周禮皆掌王家之事非復施民之政何以謂之政乎且司馬在上司空在下令司空在四司馬在八非取職之先後也○傳寶用物○正義曰貨者金玉布帛之總名皆爲人用故爲用物旅獒云不貴異物賤用物是也食則勤農以求之衣則蠶績以求之但貨非獨衣不可指言求處故云得而寶愛之孝經云謹身節用詩序云儉以足用是寶物也○傳主空土以居民○正義曰周官篇云司空掌邦土居四民時地利司徒掌邦教敷五典擾兆民司寇掌邦禁詰姦慝刑暴亂周禮司徒教以禮義司寇無縱罪人其文具矣○傳簡師至必練○正義曰經言賓師當有賓師之法故傳以禮賓客無不敬教民待賓客相往來也師者衆之通名必當選人爲之故傳言簡師選人爲師也所任必良士卒必練練謂教習使知義若練金使精也論語以不教民戰是謂棄之是士卒必須練也

四。五紀。一曰歲。所以紀四時**二曰月。**所以紀一月**三曰日。**紀一日**四曰星辰。**二十八宿迭見以敘氣節十二辰以紀日月所會○宿音秀迭田節反見賢遍反**五曰麻數。**麻數節氣之度以爲麻敬授民時

〔疏〕四五紀至麻數○正義曰五紀者五事爲天時之經紀也一曰歲從冬至以及明年冬至爲一歲所以紀四時也二曰月從朔至晦大月三十日小月二十九日所以紀一月也三曰日從夜半以至明日夜半周十二辰爲一日所以紀一日也四曰星辰星謂二十八宿昏明迭見辰謂日月別行會於宿度從子至於丑爲十二辰星以紀節氣早晚辰以紀日月所會處也五曰麻數筭日月行道所歷計氣朔早晚之數所以爲一歲之麻凡此五者皆所以紀天時故謂之五紀也五紀不言時者以歲月氣節正而四時亦自正時隨月變非麻所推故不言時也五紀爲此節者歲統月月統日星辰見於天其日麻數摠此四者故歲爲始麻爲終也○傳二十至所會○正義曰二十八宿布於四方隨天轉運昏明迭見月令十二月皆紀昏旦所中之星若月令孟春昏參中旦尾中仲春昏弧中旦建星中季春昏七星中旦牽牛中孟夏昏翼中旦婺女中仲夏昏亢中旦危中季夏昏心中旦奎中孟秋昏建星中旦畢中仲秋昏牽牛中旦觜觿中季秋昏虛中旦柳中孟冬昏危中旦七星中仲冬昏東壁中旦軫中季冬昏婁中旦氐中皆所以敘氣節也氣節者一歲三百六十五日有餘分爲十二月有二十四氣一爲節氣謂月初也一爲中氣謂月半也以彼迭見之星敘此月之節氣也昭七年左傳晉侯問士文伯曰多語寡人辰而莫同何謂也對曰日月之會是謂辰會者日行遲月行疾俱循天度而右行二十九日過半月行一周天又前及日而與日會因謂會處爲辰則月令孟春日在營室仲春日在奎季春日在胃孟夏日在畢仲夏日在東井季夏日在柳孟秋日在翼仲秋日在角季秋日在翼仲秋日在角季秋日在房孟冬日在尾仲冬日在斗季冬日在婺女十二會以爲十二辰辰卽子丑寅卯之謂也十二辰所以紀日月之會處也鄭以爲星五星也然五星所行下民不以爲候故傳不以星爲五星也○傳麻數至民時○正義曰天以積氣無形二十八宿分之爲限每宿各有度數合成三百六十五度有餘日月右行循此宿度日行一度月行十三度有餘二十九日過半而月行一周與日會每於一會謂之一月是一歲爲十二月仍有餘十一日爲日行天未周故置閏以充足若均分天度以爲十二次則每次三十度有餘一次之內有節氣中氣次之所管其度多每月之所統其日入月朔參差不及節氣不得在月朔中氣不得在月半故聖人歷數此節氣之度使知氣所在旣得氣在之日以爲一歲之麻所以敬授民時王肅云日月星辰所行布而數之所以紀度數是也歲月日星傳皆言紀麻數不言紀者歷數數上四事爲紀所紀非獨一事故傳不得言紀但成彼四事爲紀故通數以爲五耳

五。皇極。皇建其有極。大中之道大立其有中謂行九疇之義**斂時五福。用敷錫厥庶民。**斂是五福之道以爲教用布與衆民使慕之**惟時厥庶民于汝極。錫汝保極。**君上有五福之教衆民於君取中與君以安中之善言從化**凡厥庶民。無有淫朋。人無有比德。惟皇作極。**民有安中之善則無淫過朋黨之惡比周之德爲天下皆大爲中正○比毗志反注同

〔疏〕五皇極至作極○正義曰皇大也極中也施政教治下民當使大得其中無有邪僻故演之云大中者人君爲民之主當大自立其有中之道以施教於民當先敬用五事以斂聚五福之道用此爲教布與衆民使衆民慕而行之在上能教如此惟是其衆民皆效上所爲無不於汝人君取其中道而行積久漸以成性乃更與汝人君以安中之道言皆化也若能化如是凡其衆民無有淫過朋黨之行人無有惡相阿比之德惟皆大爲中正之道言天下衆民盡得中也○傳大中至之義○正義曰此疇以大中爲名故演其大中之義大中之道大立其有中欲使人主先自立其大中乃以大中教民也凡行不迂僻則謂之中中庸所謂從容中道論語允執其中皆謂此也九疇爲德皆求大中是爲善之摠故云謂行九疇之義言九疇之義皆求得中非獨此疇求大中也此大中是人君之大行故特敘以爲一疇耳○傳斂是至慕之正義曰五福生於五事五事得中則福報之斂是五福之道指其敬用五事也用五事得中則各得其福其福乃散於五處不相集聚若能五事皆敬則五福集來歸之普敬五事則是斂聚五福之道以此敬五事爲教布與衆民使衆民勸慕爲之福在幽冥無形可見敬用五事則能致之斂是五福正是敬用五事不言敬用五事以教而云斂是五福以爲教者福是善之見者故言福以勸民欲其慕而行善也汝者箕子汝王也○傳君上至從化○正義曰凡人皆有善性善不能自成必須人君教之乃得爲善君上有五福之教以大中教民衆民於君取中保訓安也旣學得中則其心安之君以大中教民民以大中嚮君是民與君皆以大中之善君有大中民亦有大中言從君化也○傳民有至中正○正義曰民有安中之善非中不與爲交安中之人則無淫過朋黨之惡無有比周之德朋黨比周是不中者善多惡少則惡亦化而爲善無復有不中之人惟天下皆大爲中正矣

凡厥庶民。有猷。有爲。有守。汝則念之。民戢有道有所爲有所執守汝則念

錄敘之

不協于極。不罹于咎。皇則受之。凡民之行雖不合於中而不罹于咎惡皆可進用大法受之。○罹馬力馳反又來多反行下孟反而康而色。曰予攸好德。汝則錫之福。汝當安汝顏色以謙下人人曰我所好者德汝則與之爵祿。○好呼報反下遐嫁反時人斯其惟皇之極。不合於中之人汝與之福則是人此其惟大之中言可勉進無虐煢獨。而畏高明。煢單無兄弟也無子曰獨單獨者不侵虐之寵貴者不枉法畏之。○無虐馬本作亡侮煢岐扃反畏如字徐云鄭音威【疏】凡厥至高明。○正義曰又說用人爲官使之大中凡其衆民有道德有所爲有所執守汝爲人君則當念錄敘之用之爲官若未能如此雖不合於中亦不罹於咎惡此人可勉進宜以取人大法則受取之其受人之大法如何乎汝當和安汝之顏色以謙下人彼欲仕者謂汝曰我所好者德也汝則與之以福祿隨其所能用之爲官是人庶幾必自勉進此其惟爲大中之道又爲君者無侵虐單獨而畏忌高明高明謂貴寵之人勿枉法畏之如是即爲大中矣。○傳民戢至敘之。○正義曰戢斂也因上斂是五福故傳以戢言之戢文兼下三事民能斂德行智能使其身有道德其才能有所施爲用心有所執守如此人者汝念錄敘之宜用之爲官也有所爲謂藝能也有執守謂得善事能守而勿失言其心正不逆邪也。○傳凡民至受之。○正義曰不合於中不罹於咎謂未爲大善又無惡行是中人已上可勸勉有方將者也故皆可進用以大法受之大法謂用人之法取其所長棄瑕錄用也上文人君以大中教民使天下皆爲大中此句又令不合於中亦用之者上文言設教耳其實天下之大兆民之衆不可使皆合大中且庶官交曠即須任人不可待人盡合大中然後敍用言各有爲不相妨害。○傳汝當至爵祿。○正義曰安汝顏色以謙下人其此不合於中人之皆人言曰我所好者德也是有慕善之心有方將者也汝則與之爵祿以長進之上句言受之謂治受以此言與爵祿謂用爲官也。○傳不合至勉進。○正義曰不合於中之人初時未合中也攸與之爵祿置之朝廷見人爲善心必慕之則是人此其惟大中之道爲大中之人言可勸勉使進也荀卿書曰蓬生麻中不扶自直白沙在涅與之俱黑斯言信矣此經或言時人德鄭王諸本皆無德字此傳不以德爲義定本無德疑衍字也。○傳煢單至畏之。○正義曰詩云獨行煢煢是爲單謂無兄弟也無子曰獨王制文高明與煢獨相對非謂才高知寵貴之人位望高也不枉法畏之即詩所謂不畏強禦是也此經皆是據天子無陵虐煢獨而畏避高明寵貴者顧氏亦以此經據人君小劉以爲據人臣謬也

人之有能有爲。使羞其行。而邦其昌。功能有爲之士使進其所行汝國其昌盛。○其行如字徐下孟反凡厥正人。既富方穀。凡其正直之人既當以爵祿富之又當以善道接之汝弗能使有好于而家。時人斯其辜。不能使正直之人有好於國家則是人斯其詐取罪而去于其無好德。汝雖錫之福。其作汝用咎。於其無好德之人汝雖與之爵祿其爲汝用惡道以敗汝善。○其爲于僞反【疏】人之至用咎。○正義曰此又言用臣之法人之在位者有才能有所爲當褒賞之委任使進其行汝國其將昌盛也凡其正直之人既以爵祿富之又復以善道接之使之荷恩盡力汝若不能使正直之人有好善於汝國家是人於此其將詐取罪而去矣於其無好德之人謂性行惡者汝雖與之福賜之爵祿但本性既惡必爲惡行其爲汝臣必用惡道以敗汝善言當任善而去惡。○傳功能至昌盛。○正義曰功能有爲之士謂其身有才能所爲有功者此謂已在朝廷任用者也使進其行者謂人之有善若上知其有能有爲或以言語勞來之或以財貨賞賜之或更任以大位如是則其人喜於見知必當自進益人皆漸自修進汝國其昌盛矣。○傳凡其至接之。○正義曰凡其正直之人普謂臣民有正直者爵祿所設正直是與已知彼人正直必當授之以官既當與爵祿富之又當以善道接之言其非徒與官而已又當數加燕賜使得其歡心也。○傳不能至而去。○正義曰授之以官爵加之以燕賜喜於知己苟君恩德必進謀樹功有好善於國家若雖用爲官心不委任禮意跡薄更無恩紀言不聽計不用必將奮衣而去不肯久留故言不能使正直之人有好於國家則是人斯其詐取罪而去也。○傳於其至汝善。○正義曰無好對有好有好謂有善也無好德之人謂彼性不好德好惡之人也論語曰未見好德如好色者傳記言好德者多矣故傳以好德言之定本作無惡者疑誤耳不好德者性行本惡君雖與之爵祿不能感恩行義其爲汝臣必用惡道以敗汝善也易繫辭云无咎者善補過也咎是過之別名故爲惡耳

無偏無陂。遵王之義。偏不平陂不正言當循先王之正義以治民。○陂音祕舊本作頗音普多反無有作好。遵王之道。無有作惡。遵王之路。言無有亂爲私好惡動必循先王之道路。○好呼報反惡烏路反注同無偏無黨。王道蕩蕩。言開闢。○闢婢必反無黨無偏。王道平平。言辯治。○平平婢緜反治直吏反無反無側。王道正直。言所行無反道不正則王道平直。會其有極。歸其有極。言會其有中而行之則天下皆歸其有中矣【疏】無偏至有極。○正義曰更言大中之體爲人君者當無偏私無陂曲動循先王之正義無有亂爲私好謬賞惡人動循先王之正道無有亂爲私惡濫罰善人動循先王之正路無偏私無阿黨王家所行之道蕩蕩然開闢矣無阿黨無偏私王者所立之道平平然辯治矣所行無反道無偏側王家之道正直矣所行得無偏私皆正直者會集其有中之道而行之若其行必得中則天下歸其中矣言人皆謂此人爲大中之人也。○傳偏不至治民。○正義曰不平謂高下不正謂邪僻與下好惡反側其義一也偏頗阿黨是政之大患故箕子殷勤言耳下傳云無有亂爲私好私惡者人有私好惡則亂於正道故傳以亂言之。○傳言會至中矣。○正義曰會謂集會言人之將爲行也集會其有中之道而行之行實得中則天下皆歸其爲有中矣天下者大言之論語云一日克己復禮天下歸仁焉此意與彼同也

曰皇極之敷言。是彝是訓。于帝其訓。曰者大其義言以大中之道布陳言教不失其常則人皆是順矣天且其順而況于人乎凡厥庶民。極之敷言。是訓是行。以近天子之光。凡其衆民中心之所陳言凡順是行之則可以近益天子之光明。○近附近之近曰天子作民父母。以爲天下王。言天子布德惠之教爲兆民之父母是爲天下所歸往不可不務【疏】曰皇至下王。○正義曰既言有中矣爲天下所歸更美之曰以大中之道布陳言教不使失是常道則民皆於是順矣天且其順而況於人乎以此之故大中爲天下所歸也又大中之道至矣何但出於天子爲貴凡其衆民中和之心所陳之言謂以善言聞於上者於是順之於是行之悅於民而便於政則可近益天子之光明矣又本人君須大中者更美大之曰人君於天所子布德惠之教爲民之父母以是之故爲天下所歸往由大中之道教使然言人君不可不務大中矣

六。三德。一曰正直。能正人之曲直二曰剛克。剛能立事。○克馬云勝也三曰柔克。和柔能治三者皆德平康正直。世平安用正直治之彊弗友剛克。友順也世強禦不順以剛能治之。○禦魚呂反能治直吏反燮友柔克。燮和也世和順以柔能治之。○燮息協反沈潛剛克。沈潛謂地雖柔亦有剛能出金石高明柔克。高明謂天言天爲剛德亦有柔克不干四時喻臣當執剛以正君君亦當執柔以納臣惟辟作福。惟辟作威。惟辟玉食。言惟君得專威福爲美食。○辟徐補亦反玉食張晏注漢書云玉食珍食也韋昭云諸侯備珍異之食臣無有作福作威玉食。臣之有作福作威玉食。其害于而家。凶于而國。人用側頗僻。民用僭忒。在位不敦平則下民僭差。○頗普多反僻匹亦反僭子念反忒他得反馬云惡也【疏】六三得至僭忒。○正義曰此三德者人君之德張弛有三也一曰正直言能正人之曲使直二曰剛克言剛強而能立事三曰柔克言和柔而能治既言人主有三德又說隨時而用之平安之世用正直治之強禦不順之世用剛能治之和順之世用柔能治之既言三德張弛隨時而用又舉天地之德以喻君臣之交地之德沉深而柔弱矣而有剛能出金石之物也天之德高明剛強矣而有柔能順陰陽之氣也以喻臣道雖柔當執剛以正君君道雖剛當執柔以納臣也既言君臣之交剛柔遞用更言君臣之分貴賤有恒惟君作福得專賞人也惟君作威得專罰人也惟君玉食得備珍食也爲臣無得有作福作威玉食言政當一統權不可分也臣之有作福作威玉食者其必害於汝臣之家凶於汝君之國言將得罪喪家且亂邦也在位之人用此大臣專權之故其行側頗僻下民用在位頗僻之故皆言不信而行差錯。○傳和柔至皆德。○正義曰剛不恒用有時施之故傳言立事柔則常用以治故傳言能治三德爲此次者正直在剛柔之間故先言二者先剛後柔得其敘矣王肅意與孔同鄭玄以爲三德人各有一德謂人臣也。○傳友順至治之。○正義曰釋訓云善兄弟爲友友是和順之名故爲順也傳云燮和也釋詁文此三德是王者一人之德視世而爲之故傳三者各言世世平安雖時無逆亂而民俗未和其下猶有曲者須在上以正之故世平安用正直之德治之世有強禦不順非剛無以制之故以剛能治之世既和順風俗又安故以柔能治之鄭玄以爲人臣各有一德天子擇使之注云安平之國使中平守一之人治之使不失舊職而已國有不順孝敬之行者則使剛能之人誅治之其有中和之行者則使柔能之人治之差正之與孔不同。○傳高明至納臣。○正義曰中庸云博厚配地高明配天高而明者惟有天耳知高明謂天也以此高明是天故上傳沈潛謂地也文五年左傳云天爲剛德猶不干

時是言天亦有柔德不干四時之序也地柔而能剛天剛而能柔故以喻臣當執剛以正君君當執柔以納臣也○傳言惟至美食○正義曰於三德之下說此事者以德則隨時而用位則不可假人故言尊卑之分君臣之紀不可使臣專威福奪君權也衣亦不得僭君而獨言食者人之所資食最爲重故舉言重也王肅云辟君也不言王者關諸侯也諸侯於國得專賞罰其義或當然也○傳在位至僭差○正義曰此經福威與食於君每事言辟於臣則并文而略之也作福作威謂秉國之權勇略震主者也人用側頗僻者謂在位小臣見彼大臣威福由己由此之故小臣皆附下罔上爲此側頗僻也下民見此在位小臣秉心僻側用此之故下民皆不信恒爲此僭差也言在位由大臣下民由在位故皆言用也傳不解家王肅云大夫稱家言秉權之臣必滅家復害其國也

七稽疑。擇建立卜筮人。龜曰卜蓍曰筮考正疑事當選擇知卜筮人而建立之○蓍音尸 **乃命卜筮。**建立其人命以其職 **曰雨。曰霽。**龜兆形有似雨者有似雨止者○霽子細反 **曰蒙。**蒙陰闇○蒙武工反徐亡鉤反 **曰驛。**氣洛驛不連屬○驛音亦注同屬音燭 **曰克。**兆相交錯五者卜兆之常法 **曰貞。曰悔。**內卦曰貞外卦曰悔 **凡七。**卜筮之數 **卜五。占用二。衍忒。立時人作卜筮。三人占則從二人之言。**立是知卜筮人使爲卜筮之事夏殷周卜筮各異三法並卜從二人之言善鈞從衆卜筮各三人○占用二馬云占筮也衍以淺反 **汝則有大疑。謀及乃心。謀及卿士。謀及庶人。謀及卜筮。**將舉事而汝則有大疑先盡汝心以謀慮之次及卿士衆民然後卜筮以決之 **汝則從。龜從。筮從。卿士從。庶民從。是之謂大同。**人心和順龜筮從之是謂大同於吉 **身其康彊。子孫其逢吉。**動不違衆故後世遇吉○逢馬云逢大也 **汝則從。龜從。筮從。卿士逆。庶民逆。吉。**三從二逆中吉亦可舉事 **卿士從。龜從。筮從。汝則逆。庶民逆。吉。**君臣不同決之卜筮亦中吉 **庶民從。龜從。筮從。汝則逆。卿士逆。吉。**民與上異心亦卜筮以決之 **汝則從。龜從。筮逆。卿士逆。庶民逆。作內吉。作外凶。**二從三逆龜筮相違故可以祭祀冠婚不可以出師征伐○冠官喚反 **龜筮共違于人。**皆逆 **用靜吉。用作凶。**安以守常則吉動則凶

【疏】七稽至之言○正義曰稽疑者言王者考正疑事當選擇知卜筮者而建立之以爲卜筮人謂立爲卜人筮人之官也既立其官乃命以卜筮之職云卜兆有五曰雨兆如雨下也曰霽兆如雨止也曰雺兆氣蒙闇也曰圛兆氣落驛不連屬也曰克兆相交也筮卦有二重二體乃成一卦曰貞謂內卦也曰悔謂外卦也卜筮兆卦其法有七事其卜兆用五雨霽蒙驛克也其筮占用二貞與悔也卜筮皆就此七者推衍其變立是知卜筮人使作卜筮之官其卜筮必用三代之法三人占之若其所占不同而其善鈞者則從二人之言言以此法考正疑事也○傳龜曰至立之○

正義曰龜曰卜蓍曰筮曲禮文也考正疑事當選擇知卜筮人而建立之建亦立也復言之耳鄭玄皆以建立爲二言將考疑事選擇可立者立爲卜人筮人○傳兆相至常法○正義曰此上五者灼龜爲兆其璺折形狀有五種是卜兆之常法也說文云霽雨止也霽似雨止則雨似雨下鄭玄曰霽如雨止者雲在上也雺聲近蒙詩云零雨其濛則濛是闇之義故以雺爲兆蒙是陰闇也圛即驛也故以爲兆氣落驛不連屬落驛希踈之意也雨霽既相對則蒙驛亦相對故驛爲落驛氣不連屬則雺爲氣連蒙闇也王肅云圛霍驛消減如雲陰雺天氣下地不應闇冥也其意如孔言鄭玄以圛爲明言色澤光明也雺者氣澤鬱鬱冥冥也自以明闇相對異於孔也克謂兆相交錯王肅云兆相侵入蓋兆爲二拆其拆相交也鄭玄云克者如雨氣色相侵入卜筮之事體用難明故先儒各以意說未知孰得其本今之用龜其兆横者爲土立者爲木斜向徑者爲金背徑者爲火因兆而細曲者爲水不知與此五者同異如何此五兆不言一曰二曰者灼龜所遇無先後也○傳內卦至曰悔○正義曰僖十五年左傳云秦伯伐晉卜徒父筮之其卦遇蠱蠱卦巽下艮上說卦云巽爲風艮爲山其占云蠱之貞風也其悔山也是內卦爲貞外卦爲悔也筮法爻從下起故以下體爲內上體爲外下體爲本因而重之故以下卦爲貞貞正也言下體是其正鄭玄云悔之言晦晦猶終也晦是月之終故以爲終言上體是其終也下體言正以見上體不正上體言終以見下體爲始二名互相明也○傳立是至三人○正義曰此經卜五占用二衍忒孔不爲傳鄭玄云卜五占用謂雨霽蒙驛克也二衍忒謂貞悔也斷用從上句二衍忒者指謂筮事王肅云卜五者筮短龜長故卜多而筮少占用二者以貞悔占六爻衍忒者當推衍其爻義以極其意卜五占二其義當如王解其衍忒宜揔謂卜筮皆當衍其義極其變非獨筮衍而卜否也傳言立是知卜筮人使爲小筮之事者言經之此文覆述上句立卜筮人也言三人占是占此卜筮法當有三人周禮太卜掌三兆之法一曰玉兆二曰瓦兆三曰原兆掌三易之法一曰連山二曰歸藏三曰周易杜子春以爲玉兆帝顓頊之兆瓦兆帝堯之兆又云連山虙犧歸藏黃帝三兆三易皆非夏殷而孔意必以三代夏殷周法者以周禮指言一曰二曰不辯時代之名案考工記云夏曰世室殷曰重屋周曰明堂又禮記郊特牲云夏收殷冔周冕皆以夏殷周三代相因明三易亦夏殷周相因之法子春之言孔所不取鄭玄易贊亦云夏曰連山殷曰歸藏與孔同也所言三兆三易必是三代異法故傳以爲夏殷周卜筮各以三代異法三法並卜法有一異故三人也從二人之言者二人爲善既鈞故從衆也若三人之內賢智不等雖少從賢不從衆也善鈞從衆成六年左傳文既言三法並卜嫌筮不然故又云卜筮各三人也經惟言三占從二何知不一法而三占而知三法並用者金縢云乃卜三龜一習吉儀禮士喪卜葬占者三人貴賤俱用三龜知卜筮並用三代法也○傳將舉至決之○正義曰非有所舉則自不卜故云將舉事事有疑則當卜筮人君先盡己心以謀慮之次及卿士衆民人謀猶不能定然後問卜筮以決之故先言乃心後言卜筮也鄭玄云卿士六卿掌事者然則謀及卿士以卿爲首耳其大夫及士亦在焉以下惟言庶人明大夫及士寄卿文以見之矣周禮小司寇掌外朝之政以致萬民而詢焉一曰詢國危二曰詢國遷三曰詢立君是有大疑而詢衆也又曰小司寇以敘進而問焉是謀及之也大疑者不要是彼三詢其謀及則同也謀及庶人必是大事若小事不必詢於萬民或謀及庶人在官者耳小司寇又曰以三刺斷庶民獄訟之中一曰訊羣臣二曰訊羣吏三曰訊萬民彼羣臣

羣吏分而爲二此惟言卿士者彼將斷獄令衆議然後行刑故臣與民爲三其人主待衆議而決之此則人主自疑故一人主爲一又揔羣臣爲一也○傳人心至於吉○正義曰人主與卿士庶民皆從是人心和順也此必臣民皆從乃問卜筮而進龜筮於上者尊神物故先言之不在汝則之上者卜當有主故以人爲先下三事亦然改卜言龜者卜是請問之意吉凶龜占兆告以人故改言龜也筮則本是蓍名故不須改也○傳動不至逢吉○正義曰物貴和同故大同之吉延及於後宣三年左傳稱成王定鼎卜世三十卜年七百是後世遇吉○傳三從至舉事○正義曰此與下二事皆是三從二逆除龜筮以外有汝與卿士庶民分三者各爲一從二逆嫌其貴賤有異從逆或殊故三者各以有一從爲主見其爲吉同也方論得吉以從者爲主故次言卿士從下言庶民從也以從爲主故退汝則於下傳解其意卿士從者君臣不同也庶民從者民與上異心也解臣民與君異心得其筮之意也不言四從一逆者吉可知不假言之也四從之內雖龜筮相違亦爲吉以其從者多也若三從之內龜筮相違雖不如龜筮俱從猶勝下龜筮相違二從三逆必知然者以下傳云一從三逆龜筮相違既計從之多少明從多則吉故杜預云龜筮同卿士之數者是龜筮雖靈不至越於人也上言庶人又言庶民者嫌庶人惟指在官者變人言民見其同也民人之賤得與卿士敵者貴者雖貴未必謀慮長故過以民爲一令與君臣等也○傳民與至決之○正義曰天子聖人庶民愚賤得爲議見同者但聖人生知不假卜筮垂教作訓晦跡同凡且庶民既衆以衆情可否亦得上敵於聖故老子云聖人無常心以百姓心爲心是也○傳二從至征伐○正義曰此二從三逆爲小吉故猶可舉事內謂國內故可以祭祀冠婚外謂境外故不可以出師征伐征伐事大此非大吉故也此經龜從筮逆其筮從龜逆爲吉亦同故傳言龜筮相違見龜筮之智等也若龜筮智等而僖四年左傳云筮短龜長者於時晉獻公欲以驪姬爲夫人卜既不吉而更令筮之神靈不以實告筮而得吉必欲用之卜人欲令公舍筮從卜故曰筮短龜長非是龜實長也易繫辭云蓍之德圓而神卦之德方以智神以知來智以藏往然則知來藏往是爲極妙雖龜之長無以加此聖人演筮爲易所知豈是短乎明彼長短之說乃是有爲言耳此二從三逆以汝與龜爲二從耳卿士庶民謀有一從亦是二從凶吉亦同故不復設文同可知也若然汝卿士庶民皆逆龜筮並從則亦是二從三逆而經無文者若君與臣民皆逆本自不問卜矣何有龜從筮從之理也前三從之內龜筮既從君與卿士庶民各有一從以配龜筮凡有三條若惟君與卿士從配龜爲一條或君與庶民從配龜又爲一條或卿士庶民從配龜又爲一條凡有三條若筮從龜逆其事亦然二從三逆君配龜從爲一條於經已具卿士配龜從爲二條庶民配龜從爲三條若筮從龜逆以人配筮其事亦同案周禮筮人國之大事先筮而後卜鄭玄云然筮之凶則止何有筮逆龜從及龜筮俱違者崔靈恩以爲筮用三代之占若三占之俱主凶則比不卜即鄭注周禮筮凶則止是也若三占二逆一從凶猶不決雖有筮逆猶得更卜故此有筮逆龜從之事或筮凶則止而不卜乃是鄭玄之意非是周禮經文未必孔之所取曲禮云卜筮不相襲鄭云卜不吉則又筮筮不吉則又卜是謂瀆龜筮周禮太卜小事筮大事卜應筮而又用卜應卜而又用筮及國之大事先筮後卜不吉之後更作卜筮如此之等是爲相襲皆據吉凶分明不可重爲卜筮若吉凶未決於事尚疑者則得更爲卜筮傳二十五年晉侯卜納王得阪泉之兆曰吾不堪也公曰筮之遇大有之睽又哀九年晉趙鞅卜救鄭遇水適火又筮之遇

秦之需之類是也周禮既先筮後卜而春秋時先卜後筮者不能依禮故也

八。庶徵。［疏］正義曰庶衆也徵驗也王者用九疇爲大中行稽疑以上爲善政則庶驗有美惡以爲人主自曰雨至一極無凶總言五氣之驗有美有惡曰休徵敘美行之驗曰咎徵敘惡行之驗自曰王省至家用平康言政善致美也日月歲時至家用不寧言政惡致咎也庶民惟星以下言人君當以常度齊正下民

曰雨。曰暘。曰燠。曰寒。曰風。曰時。雨以潤物暘以乾物燠以長物寒以成物風以動物五者各以其時所以爲衆驗○暘音陽乾音干燠乃管反長之丈反

五者來備。各以其敘。庶草蕃廡。言五者備至各以次序則衆草蕃滋廡豐也○蕃音煩廡無甫反徐莫柱反

一極備凶。一極無凶。一者備極過甚則凶一者極無不至亦凶謂不時失敘

［疏］曰雨至無凶○正義曰將說其驗先立其名五者行於天地之間人物所以得生成也其名曰雨所以潤萬物也曰暘所以乾萬物也曰燠所以長萬物也曰寒所以成萬物也曰風所以動萬物也此是五氣之名曰時言五者各以時來所以爲衆事之驗也更述時與不時之事五者於是來皆備足須風則風來須雨則雨來其來各以次序則衆草木蕃滋而豐茂矣謂來以時也若不以時五者之內一者備極過甚則凶一者極無不至亦凶雨多則澇雨少則旱是備極亦凶極無亦凶其餘四者亦然○傳雨以至衆驗○正義曰易說卦云風以散之雨以潤之日以烜之日暘也烜乾也是雨以潤物暘以乾物風以動物也易繫辭云寒往則暑來暑往則寒來寒暑相推而歲成焉是言天氣有寒有暑暑長物而寒成物也釋言云燠煖也舍人曰燠溫煖也是燠煖爲一故傳以煖言之不言暑而言燠者燠是熱之始暑是熱之極涼是冷之始寒是冷之極長物舉其始成物舉其極理宜然也五者各以其時而至所以爲衆事之驗也所以言時者謂當至則來當止則去無常時也冬寒夏燠雖有定時或夏須漸寒冬當漸熱雨足則思暘暘久則思雨草木春則待風而長秋則待風而落皆是無定時也不言一曰二曰者爲其來無先後也依五事所致爲次下云休徵咎徵雨若風若是其致之次也昭元年左傳云天有六氣陰陽風雨晦明也以彼六氣校此五氣雨暘風文與彼同彼言晦明此言寒燠則晦是寒也明是燠也惟彼陰於此無所當耳五行傳說五事致此五氣云貌之不恭是謂不肅厥罰恒雨惟金沴木言之不從是謂不乂厥罰恒暘惟木沴金視之不明是謂不哲厥罰恒燠惟木沴火聽之不聰是謂不謀厥罰恒寒惟火沴水思之不睿是謂不聖厥罰恒風惟木金水火沴土如彼五行傳言是雨屬木暘屬金燠屬火寒屬水風屬土鄭云雨木氣也春始施生故木氣爲雨暘金氣也秋物成而堅故金氣爲暘燠火氣也寒水氣也風土氣也凡氣非風不行猶金木水火非土不處故土氣爲風是用五行傳爲說孔意亦當然也六氣有陰五事休咎皆不致陰五行傳又曰皇之不極厥罰常陰是陰氣不由五事別自屬皇極也蓋立用大中則陰順時爲休大之不中陰恒若爲咎也○傳言五至廡豐○正義曰五氣所以生成萬物正可時來時去不可常無常有故書五者備至各以次序須至則來須止則去則衆草百物蕃滋廡豐也釋詁文廡豐茂也草蕃廡言草滋多而茂盛也下言百穀用成此言衆草蕃廡者舉草茂盛則穀成必矣舉輕以明重也○傳一者至失敘○正義曰此謂不以時來其至無次序也一者備極過甚則凶謂來而不去也一者極無不至亦凶謂去而不來也卽卜云恒雨若恒風若之類是也有無相刑去來正反恒雨則無暘恒寒則無燠恒雨亦凶無暘亦凶恒寒亦凶無燠亦凶謂至不待時失次序也如此則草不茂穀不成也

曰休徵。敘美行之驗○行下孟反 曰肅。時寒若。君行敬則時雨順之 曰乂。時暘若。君行政治則時暘順之○治直吏反下政治治其職皆同 曰哲。時燠若。君能照哲則時燠順之○哲之設反徐音制又音哲 曰謀。時寒若。君能謀則時寒順之 曰聖。時風若。君能通理則時風順之

［疏］曰休徵至風若○正義曰既言五者次序覆述次序之事曰美行致以時之驗何者是也曰人君行敬則雨以時而順之曰人君政治則暘以時而順之曰人君照哲則燠以時而順之曰人君謀當則寒以時而順之曰人君通聖則風以時而順之此則致上文各以其次敘庶草蕃廡也

曰咎徵。敘惡行之驗○咎其九反 曰狂。恒雨若。君行狂疾則常雨順之 曰僭。恒暘若。君行僭差則常暘順之 曰豫。恒燠若。君行逸豫則常燠順之○豫羊庶反徐又音舒 曰急。恒寒若。君行急則常寒順之 曰蒙。恒風若。君行蒙闇則常風順之

［疏］曰咎之至風若○正義曰上既言失次序覆述失次序之事曰惡行致備極之驗何者是也曰君行狂妄則常雨順之曰君行僭差則常暘順之曰君行逸豫則常燠順之曰君行急躁則常寒順之曰君行蒙闇則常風順之此卽致上文一極備凶一極無凶也○傳君行至順之○正義曰此故咎皆言若者其所致者皆順其所行故言若也易文言云雲從龍風從虎水流濕火就燥是物各以類相應故知天氣順人所行以示其驗也其咎反於休者人君行不敬則狂妄故狂對肅也政不治則僭差故僭對乂也明不照物則行自逸豫故豫對哲也心無謀慮則行必急躁故急對謀也性不通曉則行必蒙闇故蒙對聖也鄭玄以狂爲倨慢以對不敬故爲慢也鄭王本豫作舒鄭云舉遲也王肅云舒惰也以對照哲故爲遲惰鄭云急促自用也以謀者用人之言故急爲自用已也鄭云蒙見冒亂也王肅云蒙瞽蒙以聖是通達故蒙爲瞽蒙所見冒亂言其不曉事與聖反也與孔各小異耳

曰王省惟歲。王所省職兼所總羣吏如歲兼四時○省息井反 卿士惟月。卿士各有所掌如月之有別○別彼列反 師尹惟日。衆正官之吏分治其職如日之有歲月 歲月日時無易。各順常 百穀用成。乂用明。歲月日時無易則百穀成君臣無易則政治明 俊民用章。家用平康。賢臣顯用國家平寧 日月歲時既易。是三者已易喻君臣易職 百穀用不成。乂用昏不明。俊民用微。家用不寧。君失其柄權臣擅命治闇賢隱國家亂

［疏］曰王省至不寧○正義曰既陳五事之休咎又言皇極之得失與上異端更復言曰王之省職兼總羣吏惟如歲也卿士分居列位惟如月也衆正官之長各治其職惟如日也此王也卿士也師尹也掌事猶歲月日者言皆無改易君秉君道臣行臣事則百穀用此而成歲豐稔也其治用是而明世安泰也俊民用此而章在官位也國家用此而平安風俗和也若王也卿士也師尹也掌事猶如日月歲者是已變易君失其柄權臣各專恣百穀用此而不成歲飢饉也其治用此昏闇而不明政事亂也俊民用此而卑微皆隱遁也國家用此而不安泰時世亂也此是皇極所致得中則致善不中則致惡歲月日無易是得中也既易是不中也所致善惡乃大於庶徵故於此敘之也○傳王所至四時○正義曰下云庶民惟星以星喻民知此歲月日者皆以喻職事也於王言省則卿士師尹亦爲省也王之所省職無不兼所總羣吏如歲兼四時下句惟有月日羣臣無喻時者但時以統月故傳以四時言之言其兼下月日也○傳衆正至歲月○正義曰師衆也尹正也衆正官之吏謂卿士之下有正官大夫與其同類之官爲長周禮大司樂爲樂官之長太卜爲卜官之長此之類也此等分治其職屬王屬卿如日之有歲月言其有繫屬也詩稱赫赫師尹乃謂三公之官此以師尹爲正官之吏謂大夫者以此師尹之文在卿士之下卑於卿士知是大夫與小官爲長亦是衆官之長故師尹之名同耳鄭云所以承休徵咎徵言之者休咎五事得失之應其所致尚微故大陳君臣之象成皇極之事其道得則其美應如此其道失則敗德如彼非徒風雨寒燠而已是也

庶民惟星。星有好風。星有好雨。星民象故衆民惟若星箕星好風畢星好雨亦民所好○好呼報反 日月之行。則有冬有夏。日月之行冬夏各有常度君臣政治小大各有常法 月之從星。則以風雨。月經於箕則多風離於畢則多雨政教失常以從民欲亦所以亂

［疏］庶民至風雨○正義曰既言大中治民不可改易又言民各有心須齊正之言庶民之性惟若星然星有好風星有好雨以喻民有好善亦有好惡日月之行則有冬有夏言日月之行冬夏各有常道喻君臣爲政小大各有常法若日月失其常道則天氣從而改焉月之行度失道從星所好以致風雨喻人君政教失常從民所欲則致國亂故常立用大中以齊正之不得從民欲也○傳星民至所好○正義曰星之在天猶民之在地星爲民象以其象民故因以星喻故衆民惟若星也直言星有好風不知何星故云箕星好風也畢星好雨亦如民有所好也不言畢星好雨具於下傳○傳日月至常法○正義曰日月之行四時皆有常法變冬夏爲南北之極故舉以言之日月之行冬夏各有常度喻人君爲政小大各有常法張衡蔡邕王蕃等說渾天者皆云周天三百六十五度四分度之一天體圓如彈丸北高南下北極出地上三十六度南極入地下三十六度南極去北極直徑一百二十二度弱其依天體隆曲南極去北極一百八十二度彊正當天之中央南北二極中等之處謂之赤道去南北極各九十一度春分日行赤道從此漸北夏至赤道之北二十四度去北極六十七度去南極一百一十五度日行黑道從夏至以後日漸南至秋分還行赤道與春分同冬至行赤道之南二十四度去南極六十七度去北極一百一十五度其日之行處謂之黃道又有月行之道與日道相近交路而過半在日道之裏半在日道之表其當交則兩道相合交去極遠處兩道相去六度此其日月行道之大略也王肅云日月行有常度君臣禮有常法以齊其民○傳月經至以亂○正義曰詩云月離于畢俾滂沱矣是離畢則多雨其文見於經經箕則多風傳記無其事鄭玄引春秋緯云月離於箕則風揚沙作緯在孔君之後以前必有此說孔依用之也月行雖有常度時或失道從星經箕多風離畢多雨此天象之自然以箕爲簸揚之器畢亦捕魚之物故耳鄭以爲箕星好風者箕東方木宿風中央土氣木克土爲妻從妻所好故好風也畢星好雨者畢西方金宿雨東方木氣金克木爲妻從妻所好故好雨也推此則南宮好暘北宮好燠中宮四季好寒以各尚妻之所好故也未知孔意同否顧氏

所解亦同於鄭言從星者謂不應從而從以致此風雨故喻政教失常以從民欲亦所以亂也上云日月之行此句惟言月者鄭云不言日者日之從星不可見故也

九。五福。一曰壽。百二十年 二曰富。財豐備 三曰康寧。無疾病 四曰攸好德。所好者德福之道 五曰考終命。各成其短長之命以自終不橫夭。○橫，華孟反，又如字。 六極。一曰凶短折。動不遇吉短未六十折未三十言辛苦○凶馬云終也折時設反又之舌反 二曰疾。常抱疾苦 三曰憂。多所憂 四曰貧。困於財 五曰惡。醜陋 六曰弱。尫劣○尫烏黃反

【疏】九五福至曰弱○正義曰五福者謂人蒙福祐有五事也一曰壽年得長也二曰富家豐財貨也三曰康寧無疾病也四曰攸好德性所好者美德也五曰考終命成終長短之命不橫夭也六極謂窮極惡事有六一曰凶短折遇凶而橫夭性命也二曰疾常抱疾病三曰憂常多憂四曰貧困之於財五曰惡貌狀醜陋六曰弱志力尫劣也五福六極天實得爲之而歷言此者以人生於世有此福極爲善致福爲惡致極勸人君使行善也五福六極如此次者鄭云此數本諸其尤者福是人之所欲以尤欲者爲先極是人之所惡以尤所不欲者爲先以下緣人意輕重爲次耳○傳百二十年○正義曰人之大期百年爲限世有長壽云百二十年者故傳以最長者言之未必有正文也○傳所好至之道○正義曰人所嗜好禀諸上天性之所好不能自已好善者或當知善是善好惡者不知惡之爲惡是善故好之無厭任其所好而觀之所好者德是福之道也好德者天使之然故爲福也鄭云民皆好有德也王肅云言人君所好者道德爲福洪範以人君爲主上之所爲下必從之人君好德故臣亦好德事相通也○傳各成至橫夭○正義曰成十三年左傳云民受天地之中以生所謂命也能者養之以福不能者敗以取禍是言命之短長雖有定分未必能遂其性不致夭枉故各成其短長之命以自終不橫夭者亦爲福也○傳動不至辛苦○正義曰動不遇吉者解經凶也傳以壽爲百二十年短者半之爲未六十折又半爲未三十辛苦者味也辛苦之味入口猶困阨之事在身故謂殃厄勞役之事爲辛苦也鄭玄以爲凶短折皆是夭枉之名未齔曰凶未冠曰短未婚曰折漢書五行志云傷人曰凶禽獸曰短草木曰折一曰凶天是也兄喪弟曰短父喪子曰折並與孔不同○傳尫劣○正義曰尫劣並是弱事爲筋力弱亦爲志氣弱鄭玄云愚懦不毅曰弱言其志氣弱也五行傳有致極之文無致福之事鄭玄依書傳云凶短折思不睿之罰疾視不明之罰憂言不從之罰貧聽不聰之罰惡貌不恭之罰弱皇不極之罰反此而云王者思睿則致壽聽聰則致富視明則致康寧言從則致攸好德貌恭則致考終命所以然者不但行運氣性相感以義言之以思睿則無擁神安而保命故壽若蒙則不通殤神天性所以短折也聽聰則謀當所求而會故致富違而失計故貧也視明照了性得而安寧不明以擾神而疾也言從由於德故好者德也不從而無德所以憂耳貌恭則容儼形美而成性以終其命容毀故致惡也不能爲大中故所以弱也此亦孔所不同焉此福極之文雖主於君亦兼於下故有貧富惡弱之等也

武王既勝殷邦。諸侯。班宗彝。賦宗廟彝器酒罇賜諸侯○班本又作般音同 作分器。言諸侯尊卑各有分也亡○分扶問反注同

【疏】武王至分器○正義曰武王既已勝殷制邦國以封有功者爲諸侯既封爲國君乃班賦宗廟彝器以賜之於時有言誥戒勑史敘其事作分器之篇○傳賦宗至諸侯○正義曰序云邦諸侯者立邦國封人爲諸侯也樂記云封有功者爲諸侯詩賚序云大封於廟謂此時也釋言云班賦也周禮有司尊彝之官鄭云彝亦尊也鬱鬯曰彝彝法也言爲尊之法正然則盛鬯者爲彝盛酒者爲尊皆祭宗廟之酒器也分宗廟彝器酒尊以賦諸侯既封乃賜之也○傳言諸至也亡○正義曰篇名分器知其篇言諸侯尊卑各有分也昭十二年左傳楚靈王云昔我先王熊繹與呂伋王孫牟燮父禽父並事康王四國皆有分我獨無十五年傳曰諸侯之封也皆受明器於王室杜預云謂明德之分器也是諸侯各有分也亡

尚書注疏挍勘記卷十二　阮元撰盧宣旬摘錄

尚書注疏卷第十二　毛本同古本作尚書卷第七古文尚書洪範第六周書孔氏傳宋板作十一

立武庚　古本庚作康注同非也

歸鎬京　陸氏曰鎬本又作鄗

上武成序云武王伐紂　宋板閩本同毛本紂作殷

洪範

問天意何由也　宋板閩本明監本同毛本問誤周

乃復佑助諸合其居業　宋板復作得

亂陳其五行　史記集解句首有是字按疏云是乃亂陳其五行似宜有是字

井堙木刊　宋板閩本明監本同毛本木作水按作木與襄十五年左傳合

欲爲亂也　案欲當作故形近之譌閩本同毛本不誤

水失其道　纂傳道作性按性字是也

畀與釋詁文　孫志祖云與爾雅作予

劉歆以爲伏羲繫天而王　浦鏜云繼誤繫

通人討覈　宋板同毛本討作計

初一曰五行　唐石經別起一行九疇皆然

○皇大至之道　案○下誤脫傳字

木可以揉曲直　史記集解作木可揉使曲直

金之氣　葛本嘉萬本閩本同毛本氣下有味字史記集解作金氣之味按金氣之味猶上言焦氣之味也鹹苦酸辛甘皆以味言不以氣言金之氣乃腥也古本味下衍之也二字

名爲人之用　閩本同毛本名作各案所改是也

百姓之求飲食也　閩本同毛本求作所與岳本合求字誤也

土成數十義亦然也　纂傳亦作或

臭之曰氣　宋板臭作嗅

二五事一曰貌　陸氏曰貌本亦作皃

明作哲　古本作作曰誤顧炎武曰石經監本同書傳會選哲之刻反字與晰同下當從日從口非○按疏云王肅及漢書五行志皆云悊智也定本作哲則讀爲哲段玉裁云說文日部晰昭晰明也从日折聲口部哲知也从口折聲心部悊敬也从心折聲三字各有所屬本義而經傳多相假借

所謀必成當　史記集解當作審

言乃可從　宋板乃作必按宋板是也

不乖倒也　宋板閩本同毛本倒作刺盧文弨云宋板非

哲智也　宋板嘉本閩本同毛本哲作悊

故教爲先也　宋板教作食按教字非也

若以一字爲名　纂傳字作事是也

旦觜中　盧文弨云觜下宋板有觿字而考文獨未載未知盧所據○按有觿字是也月令云仲秋之月旦觜觿中

何謂也對曰　宋板閩本同明監本也作辰毛本也下有辰字

仲秋日在角季秋日在翼仲秋日在角　案季秋下十字誤衍

民戢有道　岳珂九經三傳沿革例云戢字止是一或字傳寫誤作戢爾疏義强釋作斂戢之戢此不敢改

時人斯其惟皇之極　正義曰此經或言時人德鄭王諸本皆無德字此傳不以德爲義定本無德疑衍字也

無虐煢獨而畏高明　孫志祖云煢周官大司寇疏引作惸

皆入言曰　閩本明監本同毛本皆作此案浦鏜云此人言三字疑衍

謂治受以　閩本同明監本治作始毛本以改作取

于其無好德　按疏云無好對有好又云傳記言好德者多矣故傳以好德言之疑孔氏所見之本經無德字至傳乃有之耳又云定本作無惡者疑誤耳蓋謂經文無好定本作無惡也

無偏無陂　陸氏曰陂音秘舊本作頗音普多反唐書藝文志開元十四年元宗以洪範無頗聲不協詔改爲無偏無陂困學紀聞宣和六年詔洪範復從舊文以陂爲頗然監本未嘗復舊也顧炎武曰呂氏春秋引此正作頗而下文有人用側頗僻之語況以古音求之作頗爲協○按頗陂皆以皮爲聲詩云彼澤之陂有蒲與荷陂與荷爲韻是陂頗同音也開元之改非但不知義字之古音并不知陂字之古音乃大和石經恪遵開元之詔而紹興石經不遵宣和之詔何

也今惟足利古本尙作頗字又按疏云無偏私無頗曲又云偏頗阿黨是政之大患此在孔疏元本必皆作頗後人據今本經文改之而所改又復不盡耳又按匡謬正俗卷六引無偏無陂遵王之誼證誼字有宜音此亦本作頗而後人改之也蓋顏氏亦知古韻部分與今不同宜字可以韻頗特未明乎仄通協之例故有此迂論耳其注漢書亦多類此

言當循王之正義以治民　史記循集解作修

不失其常　岳本宋板其作是

臣之有作福作威玉食其害于而家凶于而國　按漢書翟方進傳注師古引周書洪範云臣之有作福作威迺凶于迺國害于厥躬若非熹平石經卽唐初孔傳本如是

在位不敦平　史記集解敦作端與疏異

變和也釋詁　案下詁字當作文

曰蒙曰驛　孫志祖云案經文本作雺圛而傳讀爲蒙驛耳孔疏猶作雺圛且云雺聲近蒙圛卽驛也可證經文之作雺圛矣不知何時徑改經爲蒙驛沿誤至今幸疏中字多不及全改後之學者猶可尋求是正也○按改作蒙驛在唐天寶開寶時說詳段玉裁尙書撰異

氣洛驛不連屬　案洛當作落各本皆不誤此特寫者脫廿頭耳

卜五　監本脫卜字按上傳卜筮之數監本數下有七字卽此經卜字之誤也

則濛是闇之義　宋板同毛本濛作蒙

因兆而細曲者爲水　宋板細作紐

王肅云卜五也　閩本明監本同毛本也作者案所改是

周禮太卜掌一兆之法　閩本同毛本一作三是也

次及卿主眾民　案主當作士形近之譌

傳動不至逢吉　案逢當作遇毛本不誤

以下傳云一從三逆　宋板一作二是也

亦得上敵於聖故老子云　宋本同毛本故作人屬上讀

課有一從　宋板同毛本課作謀

若三占之俱主凶　宋板無主字

正義曰　按疏首疑脫入庶徵三字

燰以長物　古本岳本宋板燰作燠按史記集解亦作燠疏云燠爲一故傳以燰言之是疏亦作燰

五者來備　王應麟云五者史記作五是而今本史記仍作者蓋元明以來刊本之誤也七經孟子考文云古本者下有是字蓋或據史漢箋是字於者字之旁而轉寫者因增諸者字之下致不可通說詳尙書撰異

則眾草蕃滋廡豐也　古本草下有物字史記集解有木字按疏釋經云眾草木蕃滋而豐茂則當有木字又釋注云眾草百物蕃滋廡豐則當有百物二字滋廡二字史記集解倒

謂不時失敘　史記集解作謂其不時失敘之謂也似誤

惟木沴火　浦鏜云水誤木按浦挍是也

釋詁文廡豐茂也　浦鏜云文當云字誤是也

有無相刑　按刑疑形字誤

君行政治　史記集解無行字與疏合

君行狂疾　古本岳本宋板史記集解疾作妄與疏合

君行蒙闇　按稽疑章之蒙與此章之蒙史記俱作霧集解引此傳蒙闇卽作霧闇則孔本此經亦作雺明矣或疑疏引王肅云蒙聲似此經不當作雺然古字音同皆相假借前既以雺爲濛此何妨以雺爲瞟薛季宣書古文訓洪範兩雺字俱作蒙非也

此故咎皆言若者　毛本故作休故字誤也

箕星好風畢星好雨　浦鏜云按疏云不言畢星好雨具於下傳此有者當是後人增入

南極去北極直徑一百二十二度弱　毛本南北二字互易

交路而過　宋本路作絡是也閩本明監本毛本並誤

折未三十　古本岳本葛本宋板閩本明監本纂傳同毛本三作二

任其所好而觀之　而上宋板有從字

能者養之以福　盧文弨云當作養以之福○按養以之福見漢書五行志杜預注左傳云養威儀以致福疏云養此威儀禮法而往適於福是杜孔所見左傳並與漢志同不知何時誤倒以之二字并改此疏失之遠矣

賦宗廟彝器酒罇　按罇俗字也疏作尊傳文誤刋

言爲尊之法正　浦鏜云也誤正

是諸侯各有分也亡　案亡字似因傳文而誤衍

尙書挍勘記卷十二

附釋音尙書注疏卷第十三

旅獒第七　周書　孔氏傳　孔穎達疏

西旅獻獒。西戎遠國貢大犬。○獒五羔反馬云作豪酋豪也 太保作旅獒。召公陳戒○召時照反後召公皆倣此 旅獒。因獒而陳道義〔疏〕西旅至旅獒○正義曰西方之戎有國名旅者遣獻其大犬其名曰獒於是太保召公因陳戒史敘其事作旅獒○傳西戎至大犬○正義曰西旅西方夷名西方曰戎克商之後乃來知是西戎遠國也獒是犬名故云貢大犬○傳召公陳戒○正義曰成王時召公爲太保知此時太保亦召公也釋詁云旅陳也故云召公陳戒上旅是國名此旅訓爲陳二旅字同而義異鄭云獒讀曰豪西戎無君名强大有政者爲遒豪國人遣其遒豪來獻見於周良由不見古文妄爲此說 惟克商。遂通道于九夷八蠻。四夷慕化貢其方賄○九八言非一皆通道路無遠不服○賄呼罪反 西旅底貢厥獒。西旅之長致貢其獒犬高四尺曰獒以大爲異○底之履反長丁丈反 太保乃作旅獒。用訓于王。陳貢獒之義以訓諫王〔疏〕惟克至于王○正義曰惟武王既克商華夏既定遂開通道路於九夷八蠻於是有西戎旅國致貢其大犬名獒太保召公乃作此篇陳貢獒之義用訓諫於王○傳四夷至不服○正義曰曲禮云其在東夷西戎南蠻北狄則夷蠻戎狄可知四夷慕化貢其方賄言所貢非獨旅也四夷各自爲國無大小統領九八言非一也釋地云九夷八狄七戎六蠻謂之四海又云八蠻在南方六戎在西方五狄在北方上下二文三方數目不同明堂位稱九夷八蠻六戎五狄與爾雅上文不同周禮職方氏掌四夷八蠻七閩九貉五戎六狄之人鄭眾云四八七九五六周之所服國數也徧檢經傳四夷之數參差不同先儒舊解此爾雅殷制明堂位及職方并爾雅下文云八蠻在南六戎在西五狄在北皆爲周制義或當然明堂位言六戎五狄職方言五戎六狄趙商以此問鄭鄭荅云戎狄但有其國數其名難得而知是鄭亦不能定解言克商遂通道是王家遣使通道也魯語引此事韋昭云通道譯使懷柔之是王家遣使通彼彼聞命來獻也言其通夷蠻而有戎貢是四夷皆通道路無所不服○傳西戎至爲異○正義曰西戎之長謂旅國之君致貢其獒或遣使貢之不必自來也犬高四尺曰獒釋畜文左傳晉靈公有犬謂之獒旅國以犬爲異故貢之也 曰嗚呼。明王愼德。四夷咸賓。言明王愼德以懷遠故四夷皆賓服 無有遠邇。畢獻方物。惟服食器用。天下萬國無有遠近盡貢其方土所生之物惟可以供服食器用者言不爲耳目華侈○供音恭爲于僞反侈昌氏反又式氏反 王乃昭德之致于異姓之邦。無替厥服。德之所致謂遠夷之貢以分賜異姓諸侯使無廢其職 分寶玉于伯叔之國。時庸展親。以寶玉分同姓之國是用誠信其親親之道〔疏〕曰嗚呼至展親○正義曰嗚呼歎而言也自古明聖之王愼其德敎以柔遠人四夷皆來賓服無有遠之與近盡貢其方土所

生之物其所獻者惟可以供其服食器用而已不爲耳目華侈供玩好之用也明王既得所貢乃明其德之所致分賜於彼異姓之國明已德致遠賜異姓之國令使無廢其服職事也分寶玉於同姓伯叔之國見已無所愛惜是用誠信其親親之道也○傳天下至華侈○正義曰以言無有遠近是華夷總統之辭釋詁云畢盡也故云天下萬國無有遠之與近盡貢其方土所生之物惟可以供服食器用者玄纁絺紵供服也橘柚菁茅供食也羽毛齒革瑤琨篠簜供器用也下言不役耳目故知言不爲耳目華侈也周禮大行人云九州之外謂之蕃國世壹見各以其所貴寶爲贄鄭玄云所貴寶見經傳者犬戎獻白狼白鹿是也餘外則周書王會備焉案王會篇諸方致貢無所不有此言惟服食器用者遠方所貢雖不充於器用寶亦受之召公深戒武王故言此耳○傳德之至其職○正義曰明王有德四夷乃貢是德之所致謂遠夷之貢也昭德之致正謂賜異姓諸侯令其見此遠物服德異威無廢其貢獻常職也魯語稱武王時肅慎氏來貢楛矢石砮長尺有咫先王欲昭其令德之致遠以示後人使永監焉故銘其楛曰肅慎氏貢矢以分大姬配虞胡公而封諸陳古者分異姓以遠方之貢使無忘服也故分陳以肅慎氏之矢是分異姓之事禮有異姓庶姓異姓王之甥舅庶姓與王無親其分庶姓亦當以遠方之貢矣○傳以寶至之道○正義曰寶玉亦是萬國所貢但不必是遠方所貢耳以寶玉分同姓之國示已不愛惜共諸侯有之是用誠信其親親之道也言用寶以表誠心使彼知王親愛之也定四年左傳稱分魯公以夏后氏之璜是以寶玉分同姓也異姓疏慮其廢職故賜以遠方之物攝彼心同姓親嫌王無恩賜以寶玉貴物表王心此亦互相見也

人不易物。惟德其物。 言物貴由人有德則物貴無德則物賤所貴在於德。○易羊豉反

德盛不狎侮。 盛德必自敬何狎易侮慢之有○易以豉反

狎侮君子。罔以盡人心。 以虛受人則人盡其心矣○盡津忍反下同

狎侮小人。罔以盡其力。 以悅使民民忘其勞則力盡矣

疏 人不至其力○正義曰既言分物賜人因說貴不在物言有德無德之王俱是以物賜人所賜之物一也不改易其物惟有德者賜人其此賜者是物若無德者賜人則此物不是物矣恐人主恃已賜人不自脩德言此者戒人主使脩德也又說脩德之事德盛者常自敬身不爲輕狎侮慢之事狎侮君子則無以盡人心君子被君侮慢不肯盡心矣狎侮小人則無以盡其力小人被君侮慢不復肯盡力矣君子不盡心小人不盡力則國家之事敗矣○傳言物至於德○正義曰有德不濫賞賞必加於賢人得者則以爲榮故有德則物貴也無德則濫賞賞或加於小人賢者得之反以爲恥故無德則物賤也所貴不在於物乃在於德○傳以虛至心矣○正義曰以虛受人易咸卦象辭也人主以已爲虛受用人言執謙以下人則人皆盡其心矣○傳以悅至盡矣○正義曰詩序云悅以使民民忘其死故云以悅使民民忘其勞在上撫悅之則人皆盡其力矣此君子謂臣小人謂民大甲曰接下思恭不可狎侮臣也論語云使民如承大祭不可狎侮民也襄九年左傳云君子勞心小人勞力故別言之

不役耳目。百度惟貞。 言不以聲色自役則百度正

玩人喪德。玩物喪志。 以人爲戲弄則喪其德以器物爲戲弄則喪其志○玩五貫反喪息浪反

志以道寧。言以道接。 在心爲志發氣爲言皆以道爲本故君子勤道

不作無益害有益。功乃成。不貴異物賤用物。民乃足。 遊觀爲無益奇巧爲異物言明王之道以德義爲益器用爲貴所以化治生民○觀官喚反

犬馬非其土性不畜。 非此土所生不畜以不習其用○畜許竹反

珍禽奇獸。不育于國。 皆非所用有損害故

不寶遠物。則遠人格。 不侵奪其利則來服矣

所寶惟賢。則邇人安。 寶賢任能則近人安近人安則遠人安矣

疏 不役至人安○正義曰既言不可狎侮又言不可縱恣不以聲色使役耳目則百事之度惟皆正矣以聲色自娛必玩弄人物既玩弄人者喪其德也玩弄物者喪其志也人物既不可玩則當以道自處志當以道而寧身言當以道而接物依道而行則志自得而言自當○傳言不至度正○正義曰昭元年左傳子產論晉侯之疾云茲心不爽昏亂百度杜預云百度百事之節也此言志既不營聲色百事皆自用心則皆得正也○傳以人至其志○正義曰喪德喪志其義一也玩人爲重以德言之玩物爲輕以志言之終是志荒而德喪耳○傳在心至勤道○正義曰在心爲志詩序文也在心爲志謂心動有所向也發氣爲言言在於志所趣也志是未發言是已發相接而成本末之異耳志言並皆用道但志未發故以道寧志不依道則不得寧耳言是已發故以道接言不以道則不可接物志言皆以道爲本故君子須勤道也○傳遊觀至生民○正義曰遊觀從費時日故爲無益無益多矣非徒遊觀而已奇巧世所希有故爲異物異物多矣非徒奇巧而已諸是妄作皆爲無益諸是世所希皆爲異物異物無益不可徧舉舉此二者以明此類皆是也不作是初造之辭爲作有所害故以爲無益不貴是愛好之語有貴必有賤故以異物對用物雖經言用物傳言器用可矣經言有益有益不知所謂故傳以德義是人之本故德義爲有益諸是益身之物皆是有益亦舉重爲言經之戒人主人主如此所以化世俗生養下民也此言生民宜十二年左傳云分謗生民皆謂生活民也下云生民保厥居與孝經云生民之本盡矣○言民生於世謂之生民與此傳異也俗本云弗賤衍弗字也○傳非此至其用○正義曰此篇爲戒止爲此句以西旅之獒非中國之大不用令王愛好之故言此也僖十五年左傳言晉侯乘鄭馬及戰陷於濘是非此土所生不習其用也犬不習用傳記無文○傳寶賢至安矣○正義曰詩序云任賢使能周室中興故傳以任能配寶賢言之論語云舉直錯諸枉則民服故寶賢任能則近人安嫌安近不及遠故云近人安則遠人安矣楚語云王孫圉聘於晉定公饗之趙簡子鳴玉以相問於王孫圉曰楚之白珩猶在乎對曰然簡子曰其爲寶也幾何矣曰未嘗爲寶楚之所寶者曰觀射父及左史倚相此楚國之寶也若夫白珩先王之所玩何寶之焉是謂寶賢也

鳴呼。夙夜罔或不勤。 言當早起夜寐常勤於德

不矜細行。終累大德。 輕忽小物積害毀大故君子慎其微○行下孟反累劣僞反

爲山九仞。功虧一簣。 八尺曰仞喻向成也未成一簣猶不爲山故曰功虧一簣是以聖人乾乾日昃慎終如始○仞音刃字又作刃七尺曰仞虧曲爲反簣其貴反向許亮反乾其連反昃音側

允迪茲。生民保厥居。惟乃世王。 言其能信蹈行此誠則生人安其居天子乃世世王天下武王雖聖猶設此誠況非聖人可以無誠乎其不免於過則亦宜矣○世王如字又于況反注同

疏 鳴呼至世王○正義曰聽戒以終故歎以結之鳴呼爲人君所當早起夜寐無有不勤於德言當勤行德也若不矜惜細行作隨宜小過終必損累大德矣譬如爲山已高九仞其功虧在於一簣惟少一簣而止猶尚不成山以喻樹德行政小有不終政則不成矣必當慎終如始以成德政王者信能蹈行此誠生民皆安其居處惟天子乃世世王天下也○傳輕忽至其微○正義曰矜是憐惜之意故以不惜細行爲輕忽小物謂上狎侮君子小人愛玩犬馬禽獸之類是小行也積小害毀大德故君子慎其微易繫辭曰小人以小善爲無益而不爲也以小惡爲無傷而不去也故惡積而不可掩罪大而不可解是故君子當慎微也○傳八尺至如始○正義曰周禮匠人有畎遂溝洫皆廣深等而澮云廣二尋深二仞則澮亦廣深等仞與尋同故知八尺曰仞王肅聖證論及注家語皆云八尺曰仞與孔義同鄭玄云七尺曰仞與孔意異論語云譬如爲山未成一簣鄭云簣盛土器爲山九仞欲成山以喻爲善向成也未成一簣猶不爲山故曰爲山功虧一簣古語云行百里者半於九十言末路之艱難也是以聖人乾乾不息王於日昃不敢自暇恐末路之失同於一簣故慎終如始也乾乾易乾卦文日昃無逸篇文○傳言其至宜矣○正義曰此揔結上文信蹈行此誠行此以上言也言君主於治民故先云生民安其居天子乃得世世王天下也傳以庸君多自用已不受人言敘經意而申之云武王雖聖召公猶設此誠況非聖人可以無誠乎身既非聖又無善誠其不免於過則亦宜其然矣

巢伯來朝。 殷之諸侯伯爵也南方遠國武王克商慕義來朝○巢仕交反

芮伯作旅巢命。 芮伯周同姓圻內之國爲卿大夫陳威德以命巢亡○芮如銳反圻音祈

疏 巢伯至巢命○正義曰巢伯國爵之君南方遠國也以武王克商乃慕義來朝王之卿大夫有芮伯者陳王威德以命巢君史敘其事作旅巢命之篇○傳殷之至來朝○正義曰武王克商即來受周之王命知是殷之諸侯伯是爵也仲虺之誥云成湯放桀于南巢或此巢是也故先儒相傳皆以爲南方之國今聞武王克商慕義而來朝也鄭玄以爲南方世一見者孔以夷狄之爵不過子此君伯爵夷夏未明故直言遠國也○傳芮伯至巢亡○正義曰世本云芮伯姬姓是周同姓也杜預云芮馮翊臨晉縣芮鄉是也知是圻內之國者芮伯在朝作命必是王臣不得其宮故卿與大夫並言之旅訓爲陳陳王威德以命巢

金縢第八

周書　孔氏傳　孔穎達疏

武王有疾。周公作金縢。 爲請命之書藏之於匱緘之以金不欲人開之○武王有疾馬本作有疾不豫縢徒登反緘工咸反

金縢。 遂以所藏爲篇名

疏 武王至金縢○正義曰武王有疾周公作策書告神請代武王死事畢納書於金縢之匱遂作金縢凡序言作者謂作此篇也案經周公策命之書自納金縢之匱及爲流言所謗成王悟而開之史敘其事乃作此篇非周公作也序以經具故略言之○傳爲請至開之○正義曰經云金縢之匱則金縢是匱之名也詩述韔弓之事云竹閉緄縢毛傳云緄繩縢約也此傳言緘之以金則訓縢爲緘王鄭皆云縢束也又鄭喪大記注云齊人謂棺束爲緘家語稱周廟之內有金人參緘其口則縢是束縛之義藏

之於匱緘之以金若今釘鍱之不欲人開也鄭云凡藏祕書藏之於匱必以金緘其表是祕密之書皆藏於匱非周公始造此匱獨藏此書也○金縢○正義曰發首至王季文王史敘將告神之事也史乃策祝至屏璧與珪告神之辭也自乃卜至乃瘳言卜吉告王差之事也自武王既喪已下敘周公被流言東征還反之事也此篇敘事多而言語少若使周公不遭流言則請命之事遂無人知為成王開書周公得反史官美大其事故敘之以為此篇

既克商二年。王有疾。弗豫。伐紂明年武王有疾不悅豫○豫本又作忬

二公曰。我其為王穆卜。周公曰。未可以戚我先王。穆敬戚近也召公太公言王疾當敬卜吉凶周公言未可以死近我先王相順之辭○為于偽反戚千歷反

公乃自以為功。周公乃自以請命為己事

為三壇同墠。因太王王季文王請命於天故為三壇壇築土墠除地大除地於中為三壇○壇徒丹反築土也馬云土堂墠音善

為壇於南方北面。周公立焉。立壇上對三王

植璧秉珪。乃告大王王季文王。璧以禮神植置也置於三王之坐周公秉桓珪以為贄告謂祝辭○植時織反徐音置贄音至祝如字或之疾反下同

【疏】既克至文王○正義曰既克商二年即伐紂之明年也王有疾病不悅豫召公與太公二公同辭而言曰我其為王敬卜吉凶問王疾病瘳否周公曰王今有疾未可以死近我先王故當須卜也周公既為此言公乃自以請命之事為己事除地為墠墠內築壇為三壇同墠又為一壇於南方北面周公立壇上焉置璧於三王之坐公自執珪乃告大王王季文王告此三王之神也○傳伐紂至悅豫○正義曰武王以文王受命十三年伐紂既殺紂即當稱元年克紂稱元年知此二年是伐紂之明年也王肅亦云克殷明年顧命云王有疾不懌懌悅也故不豫為不悅豫也何休因此為例云天子曰不豫諸侯曰負茲大夫曰犬馬士曰負薪○傳穆敬至之辭○正義曰釋訓云穆穆敬也戚是親近之義故為近也武王時三公惟周召與太公耳知二公是召公太公也言王疾恐死當敬卜吉凶周公言武王既定天下當成就周道未可以死近我先王死則神與先王相近故言近先王若生則人神道隔是為遠也二公恐王死欲為之卜周公言王未可以死是相順之辭也鄭云戚憂也周公既內知武王有九齡之命又有文王曰吾與爾三之期今必瘳不以此終故止二公之卜云未可以憂怖我先王如鄭此言周公知王不死先王豈不知乎而慮先王憂也○傳周公至己事○正義曰功訓事也周公雖許二公之卜仍恐王疾不瘳不復與二公謀之乃自以請命為己之事獨請代武王死也所以周公自請為己事者周公位居冢宰地則近親脫或卜之不善不可使外人知悉亦不可苟讓故自以為功也○傳因大至三壇○正義曰請命請之於天而告三王者以三王精神已在天矣故因大王王季文王以請命於天三王每王一壇故為三壇壇是築土墠是除地大除其地於中為三壇周公為壇於南方亦當在此墠內但其處小別故下別言之周公北面則三壇南面可知但不知以何方為王耳鄭玄云時為壇墠於豐壇墠之處猶存焉○傳立壇至三王○正義曰禮授坐不立授立不坐欲其高下均也神位在壇故周公立壇上對三王也○傳璧以至祝辭○正義曰周禮大宗伯云以蒼璧禮天詩說禱旱云圭璧既卒是璧以禮神不知其何色也鄭云植古置字故為置也言置璧於三王之坐也周禮云公執桓圭知周公秉桓圭又置以為贄也告謂祝辭下文是其辭也

史乃册祝曰。惟爾元孫某。遘厲虐疾。史為册書祝辭也元孫武王某名臣諱君故曰某厲危虐暴也○遘工豆反遇也

若爾三王。是有丕子之責于天。以旦代某之身。太子之責謂疾不可救於天則當以旦代之死生有命不可請代聖人敘臣子之心以垂世教○丕普悲反馬同徐甫眉反鄭音不

予仁若考。能多材多藝。能事鬼神。我周公仁能順父又多材多藝能事鬼神言可以代武王之意

乃元孫不若旦多材多藝。不能事鬼神。乃命于帝庭。敷佑四方。汝元孫受命于天庭為天子布其德教以佑助四方言不可以死

用能定爾子孫于下地。四方之民罔不祗畏。言武王用受命帝庭之故能定先人子孫於天下四方之民無不敬畏

嗚呼。無墜天之降寶命。我先王亦永有依歸。歎惜武王言不救則墜天之寶命救之則先王長有依歸

今我即命于元龜。就受三王之命於大龜卜知吉凶

爾之許我。我其以璧與珪。歸俟爾命。許謂疾瘳待命當以事神○瘳勑留反下同

爾不許我。我乃屏璧與珪。不許謂不愈也屏藏也言不得事神

【疏】史乃至與珪○正義曰史乃為策書執以祝之曰惟爾元孫某某即發也遇得危暴重疾今恐其死若爾三王是有太子之責於天謂負天太子責必須一子死者請以旦代發之身令旦死而發生又告神以代之狀我仁能順父又且多材力多技藝又能善事鬼神汝元孫不如旦多材多藝又不能事鬼神言取發不如取旦也然人各有能發雖不能事鬼神則有人君之用乃受命於天帝之庭能布其德教以佑助四方之民用能安定汝三王子孫在於下地四方之民無不敬而畏之以此之故不可使死嗚呼發之可惜如此神明當救助之無得隕墜天之所下寶命天下寶命謂使為天子若武王死是隕墜之也若不墜命則我先王亦永有依歸為宗廟之主神得歸之我與三王人神道隔許我以否不可知今我就受三王之命於彼大龜卜其吉凶吉則許我凶則為不許我爾之許我使卜得吉兆旦死而發生我其以璧與珪歸家待汝神命我死當以珪璧事神爾不許我使卜兆不吉發死而旦生我乃屏去璧之與珪言不得事神當藏珪璧也○傳史為至虐暴○正義曰告神之言書之於策祝是讀書告神之名故云史為策書祝辭史讀此策書以祝告神也武王是大王之曾孫也尊統於上繼之於祖謂元孫是長孫也某者武王之名本告神云元孫發臣諱君故曰某也易乾卦云夕惕若厲厲為危也虐訓為暴言性命危而疾暴重也泰誓牧誓皆不諱發而此獨諱之孔惟言臣諱君不解諱之意鄭玄云諱之者由成王讀之也意雖不明當謂成王開匱得書王自讀之至此字口改為某史官錄為此篇因遂成王所讀故諱之上篇泰誓牧誓王自稱者令入史制為此典故不須諱之○傳太子至世教○正義曰責讀如左傳施舍已責之責謂負人物也太子之責於天言負天一太子謂必須死疾不可救於天必須一子死則當以旦代之死生有命不可請代今請代者聖人敘臣子之心以垂世教耳非謂可代得也鄭玄弟子趙商問玄曰若武王未終疾固當瘳信命之終雖請不得自古已來何患不為玄答曰君父疾病方困忠臣孝子不忍默爾視其歔欷歸其命於天中心惻然欲為之請命周公達於此禮著在尚書若君父之病不為請命豈忠孝之志也然則命有定分非可代死周公為此者自申臣子之心非謂死實可代自古不廢亦有其人但不見爾未必周公獨為之鄭玄云丕讀曰不愛子孫曰子元孫遇疾若汝不救是將有不愛子孫之過為天所責欲使為之請命也與孔異○傳我周至之意○正義曰告神稱予知周公自稱我也考是父也故仁能順父上云元孫對祖生稱此言順父從親為始祖為王考曾祖為皇考考父可以通之傳舉親而言父耳既能順父又多材多藝能事鬼神言已可以代武王之意上言丕子之責於天則是天欲取武王非父祖取之此言已能順父祖善事鬼神者假令天意取之其神必共父祖同處言已是父祖所欲令請之於天也○傳汝元至以死○正義曰以王者存亡大運在天有德於民天之所與是受命天庭也以人況天故言在庭非王實至天庭受天命也既受天命以為天子布其德教以佑助四方之民當於天心有功於民言不可以死也

乃卜三龜。一習吉。習因也以三王之龜卜一相因而吉

啓籥見書。乃并是吉。三兆既同吉開籥見占兆書乃亦并是吉○籥于若反徐以略反馬云藏卜兆書管并必政反

公曰。體。王其罔害。公視兆曰如此兆體王其無害言必愈

予小子新命于三王。惟永終是圖。周公言我小子新受三王之命武王惟長終是謀周之道

茲攸俟。能念予一人。言武王愈此所以待能念我天子事成周道○

公歸。乃納册于金縢之匱中。王翼日乃瘳。從壇歸翼明瘳差也○差初賣反

【疏】乃卜至乃瘳○正義曰祝告已畢即於壇所乃卜其吉凶用三王之龜卜一皆相因而吉觀兆已知其吉猶尚未見占書占書在於藏內啓藏以籥見其占書亦與兆體乃并是吉公視兆曰觀此兆體王身其無患害也我小子新受命於三王謂卜得吉也我武王當惟長終是謀周之道此卜吉之愈者上天所以須待武王能念我一人天子之事成其周道故也公自壇歸乃納策於金縢之匱中王明日乃病瘳○傳習因至而吉○正義曰習則襲也襲是重衣之名因前而重之故以習為因也雖三龜並卜卜有先後後者因前故云因也周禮太卜掌三兆之法一曰玉兆二曰瓦兆三曰原兆三兆各別必三代法也洪範卜筮之法三人占則從二人之言是必三代之法並用之矣故知三龜三王之龜龜形無異代之別但卜法既別各用一龜謂之三王之龜耳每龜一人占之其後君與大夫等揔占三代之龜定其吉凶未見占書已知吉者卜有大體見兆之吉凶麤觀可識故知吉也○傳三兆至是吉○正義曰鄭玄云籥開藏之管也開兆書藏之室以管乃復見三龜占書亦合於是吉王肅亦云籥開藏占兆書管也然則占兆別在於藏大卜三兆之下云其經兆之體皆百有二十其頌皆千有二百占兆之書則彼頌是也略觀三兆既已同吉開藏以籥見彼占兆之書乃亦并是吉言其兆頌符同為太吉也○傳公視至必愈○正義曰如此兆體指卜之所得兆也周禮占人云凡卜筮君占體大夫占色史占墨卜人占坼鄭玄云體兆象也色兆氣也墨兆廣也坼兆墨也尊者視兆象而已卑者以次詳其餘也周公卜武王占之曰體王

其無害鄭意此言體者卽彼君占體也但周公令卜汲汲欲王之愈必當親視灼龜躬省兆繇不惟占體而曰但鄭以君占體與此文同故引以爲證耳○傳言武王至周道○正義曰此原三王之意也言武王得愈者此謂卜吉武王之愈言天與三王一一須待武王能念我天子事成周道若死則下復天得念天子之事周道必不成也禮天子自稱曰予一人故以一人言天子也○傳從壇至瘳差○正義曰壇所卽卜故從壇歸也翼明釋言文瘳訓差亦爲愈病除之名也藏此書者此既告神卽是國家舊事其書不可捐棄又不可示諸世人故藏于金縢之匱耳

武王既喪。管叔及其羣弟乃流言於國。武王死周公攝政其弟管叔及蔡叔霍叔乃放言於國以誣周公以惑成王○喪蘓浪反曰。公將不利於孺子。三叔以周公大聖有次立之勢遂生流言孺稚也稚子成王○孺如樹反周公乃告二公曰。我之弗辟。我無以告我先王。辟法也告召公太公言我不以法法三叔則我無以成周道告我先王○辟扶亦反治也說文作壁云必亦反法也馬鄭音避謂避居東都周公居東二年。則罪人斯得。周公既告二公遂東征之二年之中罪人此得于後。公乃爲詩以貽王。名之曰鴟鴞。王亦未敢誚公。成王信流言而疑周公故周公既誅三監而作詩解所以宜誅之意以遺王王猶未悟故欲讓公而未敢○貽羊支反名如字徐亡政反鴟尺夷反鴞于嬌反誚在笑反以遺唯季反

【疏】武王至誚公○正義曰公於成王之世爲管蔡所誣王開金縢之書方始明公本意卒得成就周道天下太平史官美大其事述爲此篇故追言請命於前乃說流言於後自此以下說周公身事武王既喪成王幼弱周公攝王之政專決萬機管叔及其羣弟蔡叔霍叔乃流放其言於國中曰公將不利於孺子言欲篡王位爲不利周公乃告二公曰我之不以法法此三叔則我無以成就周道告我先王既言此遂東征之周公居東二年則罪人於此皆得謂獲三叔及諸叛逆者罪人既得訖成王猶尚疑公公於此既得罪人之後爲詩遺王名之曰鴟鴞鴟鴞言三叔不可不誅之意王心雖疑亦未敢責誚公言王意欲責而未敢也○傳武王死至成王○正義曰武王既死成王幼弱故周公攝政攝政者雖以成王爲主政令自公出不復關成王也蔡仲之命云羣叔流言乃致辟管叔于商囚蔡叔于郭鄰降霍叔于庶人則知羣弟是蔡叔霍叔也周語云歟三爲羣則滿三乃稱羣蔡霍二人而言羣者并管故稱羣也傳既言周公攝政乃云其弟管叔盡以管叔爲周公之弟孟子曰周公弟也管叔兄也史記亦以管叔爲周公之兄孔似不用孟子之說或可孔以其弟謂武王之弟與史記亦不違也流言者宣布其言使人聞知若水流然卽放也乃放言於國以誣周公以惑成王王亦未敢誚公是王心惑也鄭玄云流公將不利於孺子之言於京師於時管蔡在東盡遺人流傳此言於民間也○傳三叔至成王○正義曰殷法多兄亡弟立三叔以周公大聖又是武王之弟有次立之勢今復秉國之權恐其因卽篡奪遂生流言不識大聖之度謂其實有異心非是故誣之也但啓商共叛爲罪重耳○傳辟法也○正義曰釋詁文○傳周公至此得○正義曰詩東山之篇歌此事也序云東征知居東者遂東往征也雖征而不戰故言居東也東山詩曰自我不見于今三年又云三年而歸此言二年者詩言初去及來凡經三年此直數居東之年除其去年故二年也罪人既多必前後得之故云二年之中罪人此得惟言居東不知居在何處王肅云東洛邑也管蔡與商奄共叛故東征鎭撫之案驗其事二年之間罪人皆得○傳成王至未敢○正義曰成王信流言而疑周公管蔡既誅王疑益甚故周公既誅三監而作詩解所以宜誅之意其詩云鴟鴞鴟鴞既取我子無毀我室毛傳云無能毀我室者攻堅之故也寧亡二子不可以毀我周室言宜誅之意也釋言云貽遺也以詩遺王王猶未悟故欲讓公而未敢政在周公故畏威未敢也鄭玄以爲武王崩周公爲冢宰三年服終將欲攝政管蔡流言卽避居東都成王多殺公之屬黨公作鴟鴞之詩救其屬臣請勿奪其官位土地及遭風雷之異啓金縢之書迎公來反反乃居攝後方始東征管蔡解此一篇及鴟鴞之詩皆與孔異

秋。大熟。未穫。天大雷電以風。二年秋也蒙恒風若雷以威之故有風雷之異○穫戶郭反禾盡偃。大木斯拔。邦人大恐。風災所及邦人皆大恐○拔皮八反王與大夫盡弁。以啓金縢之書。皮弁質服以應天○弁皮彥反徐扶變反應應對之應乃得周公所自以爲功。代武王之說。所藏請命册書本○說如字徐始銳反二公及王。乃問諸史與百執事。二公倡王啓之故先見書史百執事皆從周公請命○倡昌亮反從才用反又如字對曰。信。噫。公命我勿敢言。史百執事言信有此事周公使我勿道今言之則負周公噫恨辭○噫於其反馬本作懿猶億也王執書以泣曰。其勿穆卜。本欲敬卜吉凶今天意可知故止之昔公勤勞王家。惟予沖人弗及知。言已童幼不及知周公昔日忠勤○沖直忠反今天動威以彰周公之德。發雷風之威以明周公之聖德惟朕小子其新逆。我國家禮亦宜之。周公以成王未寤故留東未還改過自新遣使者迎之亦國家禮有德之宜○新逆馬本作親迎遣使所吏反王出郊。天乃雨。反風。禾則盡起。郊以玉幣謝天天卽反風起禾明郊之是二公命邦人。凡大木所偃。盡起而築之。歲則大熟。木有偃拔起而立之築有其根桑果無虧百穀豐熟周公之德此已上大誥後因武王喪并見之○築音竹本亦作筑謂築其根馬云築拾也見賢遍反

【疏】秋大至大熟○正義曰爲詩遺王之後其秋大熟未及收穫天大雷電又隨之以風禾盡偃仆大木於此而拔風災所及邦人大恐王見此變與大夫盡皮弁以開金縢之書案省故事求變異所由乃得周公所自以爲功請代武王之說二公及王問於本從公之人史與百執事問審然以否對曰信言有此事也乃爲不平之聲噫公命我勿敢言王執書以泣曰其勿敬卜吉凶言天之意已可知也昔公勤勞王家惟我幼童之人不及見知今天動雷電之威以彰明周公之德惟朕小子其改過自新遣人往迎之我國家襃崇有德之禮亦宜行之王於是出郊而祭以謝天天乃雨反風禾則盡起二公命邦人凡大木所偃仆者盡扶起而築之禾木無虧歲則大熟言周公之所感致若此也○傳二年至之異○正義曰上文居東二年未有別年之事知卽是二年秋也嫌別年故辨之洪範咎徵云蒙恒風若以成王蒙闇故常風順之風是闇徵而有雷者以威怒之故以示天之威怒有雷風之異○傳風災至大恐○正義曰言邦人則風災惟在周邦不及寬遠故云風災所及邦人皆大恐言獨畿內恐也○傳皮弁質服以應天○正義曰皮弁象古故爲質服祭天尚質故服以應天也周禮司服云王祀昊天上帝則服大裘而冕無旒乃是冕之質者是事天宜質服故服之以應天變也周禮視朝則皮弁服皮弁是視朝之服每日常服而言質者皮弁白布衣素積裳故爲質也鄭玄以爲爵弁必爵弁者承天變降服亦如國家未道焉○傳二公至請命○正義曰二公與王若同而問當言王及二公今言二公及王則是二公先知二公倡王啓之故先見書鄭云開金縢之書者省察變異所由故事也以金縢匱內有先王故事而疑其遭遇災變必有消伏之術故王啓之史爲公造策書而百執事給使令皆從周公請命者○傳史百至恨辭○正義曰周公使我勿道此事者公以臣子之情忠心欲代五死非是規求名譽不用使人知之且武王瘳而周公不死恐人以公爲詐故令知者勿言今被問而言之是違負周公也噫者心不平之聲故爲恨辭○傳周公至之宜○正義曰公之東征止爲伐罪罪人既得公卽當還以成王未寤恐與公不和故留東未還待王之察已也新迎者改過自新遣使者迎之詩九罭之篇是迎之事也亦國家禮有德之宜言尊崇有德宜用厚禮詩稱袞衣籩豆是國家禮也○傳郊以至之是○正義曰祭天於南郊故謂之郊郊是祭天之處也王出郊者出城至郊爲壇告天也周禮大宗伯云以蒼璧禮天牲幣如其器之色是祭天有王有幣今言郊者以玉幣祭天告天以謝過也王謝天天卽反風起禾明王郊之是也鄭玄引易傳云陽感天不旋日陽謂天子也天子行善以感天不迴旋經日故郊之是得反風也○傳木有至見之○正義曰上文禾偃木拔必亦偃故云木有偃拔起而立之築有其根桑果無虧百穀豐熟鄭王皆云築拾也禾爲大木所偃者起其木拾下禾無所亡失意太曲碎當非經旨案序將東征作大誥此上居東二年以來皆是大誥後事而編於大誥之前者因武王喪并見之

大誥第九

周書　孔氏傳　孔穎達疏

武王崩。三監及淮夷叛。三監管蔡商淮夷徐奄之屬皆叛周○監古銜反視也周公相成王。將黜殷。作大誥。相謂攝政黜絶也將以誅叛者之義大誥天下○相息亮反注同

【疏】武王至大誥○正義曰武王既崩管叔蔡叔與紂子武庚三人監殷民者又及淮夷共叛周公相成王攝王政將欲東征黜退殷君武庚之命以誅叛之義大誥天下史敘其事作大誥○傳三監至叛周○正義曰知三監是管蔡商者以序上下相顧爲文此言三監及淮夷叛總舉諸叛之人也下云成王既黜殷命殺武庚命微子啓代殷後又言成王既伐管叔蔡叔以殷餘民封康叔此序言三監叛將征之下篇之序歷言伐得三人足知下文管叔蔡叔武庚卽此三監之謂知三監是管蔡商也漢書地理志云周既滅殷分其畿內爲三國詩風邶鄘衛是也邶以封紂子武庚鄘管叔尹之衛蔡叔尹之以監殷民謂之三監先儒多同此說惟鄭玄以三監爲管蔡霍獨爲異耳謂之監者當以殷之畿內被紂化日久未可以建諸侯且使三人監此殷民未是封建之也三人雖有其分互相監領不必獨主

一方也史記衛世家云武王克殷封紂子武庚爲諸侯奉其先祀爲武庚未集恐有賊心乃令其弟管叔蔡叔傅相之是言輔相武庚共監殷人故稱監也序惟言淮夷叛傳言淮夷徐奄之屬共叛周者以下序文云成王東伐淮夷遂踐奄作成王政又云成王既黜殷命滅淮夷作周官又云魯侯伯禽宅曲阜徐夷並興作費誓彼三序者一時之事皆在周公歸政之後也多方篇數此諸國之罪云至于再至于三得不以武王初崩已叛成王即政又叛謂此爲再三也以此知淮夷叛者徐奄之屬皆叛也○傳相謂至天下○正義曰君奭序云召公爲保周公爲師相成王爲左右於時成王爲天子自知政事二公爲臣輔助之此言相成王者有異於彼故辨之相謂攝政攝政者教由公出不復闕白成王耳仍以成王爲王故稱成王鄭玄云黜貶退也黜實退名但此黜乃殺其身絶其爵故以黜爲絶也周公此行普伐諸叛獨言黜殷命者定四年左傳云管蔡啓商惎間王室則此叛武庚爲主且顧微子之序故特言黜殷命也以誅叛者之義大誥天下經皆是也

大誥。陳大道以誥天下遂以名篇○誥本亦作弇

〔疏〕大誥○正義曰此陳伐叛之義以大誥天下而兵凶戰危非眾所欲故言煩重其自殷勤多止而更端故數言王曰大意皆是陳說武庚之罪自言己之不能言已當繼父祖之功須去叛逆之賊人心既從卜之又吉往伐無有不克勸人勉力用心此時武王初崩屬有此亂周公以臣代君天下未察其志親弟猶尚致惑何況疏賤者乎周公慮其有向背之意故殷勤告之陳壽云皋陶之謨略而雅周公之誥煩而悉何則皋陶與舜禹共談周公與羣下矢誓也其意或亦然乎但君奭康誥乃與召公康叔語也其辭亦甚委悉抑亦當時設言自好煩復也管蔡導武庚爲亂此篇略於管蔡者猶難以伐弟爲言故專說武庚罪耳

王若曰。猷大誥爾多邦。越爾御事。周公稱成王命順大道以誥天下眾國及於御治事者盡及之○猷音由道也邦馬本作大誥繇爾多邦盡津忍反

弗弔。天降割于我家不少。言周道不至故天下凶害於我家不少謂三監淮夷並作難○弔音的又如字割馬本作害不少馬讀弗少延爲句難乃旦反

延洪惟我幼沖人。凶害延大惟累我幼童人成王言其不可不誅之意○累劣偽反

嗣無疆大歷服。弗造哲。迪民康。言子孫承繼祖考無窮大數服行其政而不能爲智道以安人故使叛先自責

矧曰其有能格知天命。安人且猶不能況其有能至知天命者乎○矧失忍反

已。予惟小子。若涉淵水。予惟往求朕攸濟。已發端歎辭也我惟小子承先人之業若涉淵水往求我所以濟渡言祗懼

敷賁。敷前人受命。茲不忘大功。前人文武也我求濟渡在布行大道在布陳文武受命在此不忘大功言任重○賁扶云反徐音憤

予不敢閉于天降威用。天下威用謂誅惡也言我不敢閉絕天所下威用而不行將欲伐四國

寧王遺我大寶龜。紹天明即命。安天下之王謂文王也遺我大寶龜疑則卜之以繼天明就其命而行之言卜不可違○遺唯季反

〔疏〕王若至即命○正義曰周公雖攝王政其號令大事則假成王爲辭言王順大道而爲言曰我今以大道誥汝天下眾國及於眾治事之臣以我周道不至故上天下其凶害于我家不少言叛逆者多此害延長寬大惟累我幼童人成王自言害及已也我之致此凶害以我爲子孫承繼無疆界之大數服行其政不能爲智道令民安故使之叛自責也安民猶且不能況曰其能至於知天之大命者乎言已不能知天意也復歎而言已乎我惟小子承先人之業如涉淵水惟往求我所以濟渡言已恐懼之甚我所求者惟在布行大道布陳前人文王武王已受命之事在我此身不忘大功既不忘大功當誅叛逆由此我不敢絕天之所下威用而不行之言必將伐四國也寧天下之王謂文王也文王遺我大寶龜疑則就而卜之以繼天明命今我就受其命言已就龜卜其伐之吉凶已得吉也○傳周公至及之○正義曰序云相成王則王若曰者稱成王之言故言周公稱成王命實非王意成王爾時信流言疑周公豈命公伐管蔡乎以猷訓道也故云順大道以告天下眾國也鄭王本猷在誥下漢書王莽攝位東郡太守翟義叛莽莽依此作大誥其書亦道在誥下此本猷在大上言以道誥眾國於文爲便但此經云猷大傳云大道古人之語多倒猶詩稱中谷谷中也多邦之下云於爾御事是於諸國治事者盡及之也鄭玄云王周公也周公居攝命大事則權稱王惟名與器不可假人周公自稱爲王則是不爲臣矣大聖作則豈爲是乎○傳凶害至之意○正義曰釋詁云延長也洪大也此害長大敗亂國家經言惟我幼童人謂損累之故傳加累字累我童人言其不可不誅之意鄭王皆以延上屬爲句言害不少乃延長之王肅又以惟爲念向下爲義大念我幼童子與繼文武無窮之道○傳言子至自責○正義曰嗣訓繼也言子孫承繼祖疆境界則是無窮大數長遠卜世三十卜年七百是長遠也○傳安人至者乎○正義曰民近而天遠易而況難天子必當至聖至聖乃知天命言己猶不能安民明其不知天命自責而謙○傳前人至任重○正義曰成王前人故爲文武也以涉水爲喻言求濟者在於布行大道行天子之政也文武有大功德故受天命又當布陳文武受命所行之事也陳行天子之政又陳文武所行之事在此不忘大功大功大平之功也言己所任至重不得不奉天道行誅伐也○傳天下至四國○正義曰王者征伐刑獄象天震曜殺戮則征伐者天之所威用謂誅惡是也天有此道王者用之用之則開不用則閉言我不敢閉絕天之所下威用而不行之既不敢不行故將伐四國○傳安天至可違○正義曰紂爲昏虐天下不安言文王能安之安天下之王謂文王也遺我大寶龜者天子寶藏神龜疑則卜之繼天明道就其命而行之言卜吉則當行不可違卜也所以大寶龜皆得繼天明者以天道玄遠龜是神靈能傳天意以示吉凶故疑則卜之以繼天明道鄭玄云時既卜乃後出誥故先云然

曰。有大艱于西土。西土人亦不靜。越茲蠢。曰語更端也四國作大難於京師西土人亦不安於此蠢動○蠢尺允反難乃旦反下同又如字

殷小腆。誕敢紀其敘。言殷後小腆腆之祿父大敢紀其王業欲復之○腆他典反馬云至也誕大旦反父音甫後同

天降威。知我國有疵。天下威謂三叔流言故祿父知我周國有疵病○疵在斯反馬云瑕也

民不康。曰予復。反鄙我周邦。祿父言我殷當復欺惑東國人令不安反鄙易我周家道其罪無狀○令力呈反易以豉反下其易同

今蠢。今翼日。民獻有十夫。予翼以于敉寧武圖功。今天下蠢動今之明日四國人賢者有十夫來翼佐我周用撫安武事謀立其功言人事先應○敉亡婢反應應對之應

我有大事休。朕卜并吉。大事戎事也人謀既從卜又并吉所以爲美○并必政反注及篇末同

〔疏〕曰有至并吉○正義曰上言爲害不少陳欲征之意未說武庚之罪更復發端言之曰今四國叛逆有大艱於西土言作亂於東與京師爲難也西土之人爲此亦不得安靜於此人情皆蠢蠢然動殷後小國腆腆然之祿父大敢紀其王業之次敘而欲興復之祿父所以敢然者上天下威於三叔以其流言欲下威誅之祿父知我周國有此疵病而欺惑東國人令人不安祿父謂人曰我殷復望得更爲天子反鄙易我周國今天下蠢動今之明日四國民之賢者有十夫不從叛逆其來爲我翼佐我周於是用撫安武事謀立其功明祿父舉事不當得賢者叛來投我爲我謀用是人事先應如此則我有兵戎大事征伐必休美矣人謀既從我卜又并吉是其休也言往必克敵安民之意告眾使知也○傳曰語至蠢動○正義曰周公丁寧其事正而復言別加一曰語更端也下言王曰此不言王史詳略耳四國作逆於東京師以爲大艱故言作大難於京師西土人亦不安亦如東方見其亂不安也釋詁云蠢動也鄭云周民亦不定其心騷動言以兵應之當時京師無與應者鄭言妄耳○傳言殷至復之○正義曰殷本天子之國武庚比之爲小故言小腆腆是小貌也鄭玄云腆謂小國也王肅云腆主也殷小主謂祿父也大敢紀其王業經紀王業望復之也○傳天下至疵病○正義曰王肅云天降威者謂三叔流言當誅伐之言誅三叔是天下威也釋詁云疵病也鄭王皆云知我國有疵病之瑕○傳祿父至無狀○正義曰祿父以父罪滅殷身亦當死幸得繼其先祀宜荷天恩反鄙薄輕易我周家言其不識恩養道其罪無狀也漢代止有無狀之語蓋言其罪大無可形狀也近代已來遭重喪答人書云無狀招禍是古人之遺語也○傳今天至先應○正義曰武庚既叛聞者皆驚故今天下蠢動謂聞叛之日也今之明日聞叛之明日以獻爲賢四國民內賢者十夫來翼佐我周十人史無姓名直是在彼逆地有先見之明知彼必敗棄而歸周周公喜其來降舉以告眾謂之爲賢未必是大賢也用撫安武事謀立其功用此十夫爲之將欲伐叛而賢者即來喜人事先應也○傳大事至爲美○正義曰成十三年左傳云國之大事在祀與戎今論伐叛知大事戎事也十夫來翼人謀既從卜又并吉所以爲美美即經之休也既言其休乃說我卜并言以成此休之意鄭玄云卜并吉者謂三龜皆從也王肅云何以言美以三龜一習吉是言并吉證其休也與孔異矣

肆予告我友邦君。越尹氏庶士御事。以美故告我友國諸侯及於正官尹氏卿大夫眾士御治事者言謀及之

曰。予得吉卜。予惟以爾庶邦。于伐殷逋播臣。用汝眾國往伐殷逋亡之臣謂祿父○逋布吾反

爾庶邦君。越庶士。御事。罔不反曰。艱大。汝眾國上下無不反曰征伐四國爲大難欲其情以戒之

民不靜。亦惟在王宮邦君室。言四國不安亦在天子諸侯教化之過自責不能綏近以及遠

越予小子。考翼。不可征。王害不違卜。於我小子先卜敬成周道若謂今四國不可征則王室有害故宜從卜

〔疏〕肆予告至違卜○正義曰以人從卜吉爲美之故故我告汝有邦國之君及於尹氏卿大夫眾士治

事者曰我得吉卜我惟與汝衆國往伐殷逋亡播蕩之臣謂伐祿父也汝國君及於衆治事者無不反我之意相與言曰伐此四國爲難甚大言其不欲征也汝不欲伐罪我之由四國之民不安而叛者亦惟在我天子王宮與邦君之室教化之過使之然以此令汝難征過事在我雖然於我小子先考疑而卜之欲敬成周道若謂四國難大不可征則於王室有害不可違卜宜從卜往征也○傳以美至及之○正義曰肆訓故也承上休之下以其東征必美之故我告友國君以下共謀之尹氏卽顧命云百尹氏也尹正也諸官之正謂卿大夫故傳言及於正官尹氏卿大夫尹氏卽官也惣呼大夫爲官氏也上文大誥爾多邦緻越爾御事無尹氏庶士下之爾庶邦君越庶士御事亦無尹氏惟此及下文施義二者詳其文餘略之從可知也○傳用汝至祿父○正義曰逋逃也播謂播蕩逃亡之意祿父殷君謂之爲殷今曰叛逆是背周逃亡故云用汝衆國往伐彼殷君於我周家逋逃亡叛之臣謂祿父也○傳汝衆至戒之○正義曰王以卜吉之故將以諸國伐殷且彼諸國之情必有不欲伐者無不反我之意相與言曰征伐四國爲大難言其情必如此被其情以戒之使勿然也鄭云汝國君及下羣臣不與我同志者無不反我之意云三監叛其爲難大是言反者謂反上意反是上意則知曰者相與言也○傳言四至及遠○正義曰自責惟當言天子教化之過而并言諸侯者化從天子布於諸侯道之不行亦邦君之咎見庶邦亦有過故并言之教化之過在於君身而云王宮邦君室者宮室是行化之處故指以言之○傳於我至從卜○正義曰翼訓敬也於我小子先自考卜欲敬成周道汝庶邦御事等若謂今四國不可征則周道不成於王室有害故宜從卜小子先卜當謂初卽位時卜其欲征卜成周道也不可違卜謂上朕卜并吉也言欲征卜吉當從卜征之

肆予沖人。永思艱。曰。嗚呼。允蠢鰥寡。哀哉。故我童人成王長思此難而歎曰信蠢動天下使無妻無夫者受其害可哀哉○鰥故頑反

予造天役遺。大投艱于朕身。我周家爲天下役事遺我甚大投此艱難於我身言不得已○予造爲也馬云遺也

越予沖人。不卬自恤。義爾邦君。越爾多士。尹氏御事。言征四國於我童人不惟自憂而已乃欲施義於汝衆國君臣上下至御治事者○卬五剛反我也

綏予曰。無毖于恤。不可不成乃寧考圖功。汝衆國君臣當安勉我曰無勞於憂不可不成汝寧祖聖考文武所謀之功責其以善言之助○毖音祕

〔疏〕肆予沖至圖功○正義曰以汝等有難征之意哉我童子成王長思此難而歎曰嗚呼四國今叛信蠢動天下使鰥寡受害尤可哀哉我周家爲天下役事而遺我甚大乃投此艱難於我身此難須平不可以已今征四國於我童人不惟自憂而已乃欲施義於汝衆國君於汝多士尹氏治事之人如此爲汝計汝君臣當安勉我曰無勞於征伐之憂我諸侯當往共征四國汝王不可不成汝寧祖聖考所謀之功宜出此善言以助我何謂違我不欲征也○傳我周至得已○正義曰爲天于者當役已以養天下故我國家爲天下役事摠言周家當救天下此事遺我故爲甚大以大役遺我以爲甚大而又投擲此艱難之事於我身謂當已之時有四國叛逆言已職當靜亂不得以已也○傳言征至事者○正義曰卬我恤憂也四國叛逆害及衆國君得靜亂則爲大美言征四國於我童人不惟自憂而已乃欲施義於汝衆國君臣言難除則義施也○傳汝衆至之助○正義曰綏安也毖勞也言我旣施義於汝汝衆國君臣言得我之力當安慰勉勸我曰無勞於憂令我無憂四國衆國自來征之經言寧卽文王考卽武王故言寧祖聖考也王以衆國反已乃復設爲此言責其無善言助已

已。予惟小子。不敢替上帝命。不敢廢天命言卜吉當必征之

天休于寧王。興我小邦周。寧王惟卜用。克綏受茲命。言天美文王興周者以文王惟卜之用故能安受此天命明卜宜用

今天其相民。矧亦惟卜用。人獻十夫是天助民況亦用卜乎吉可知矣亦亦文王○相息亮反

嗚呼。天明畏。弼我丕丕基。歎天之明德可畏輔成我大大之基業言卜不可違也○畏如字徐音威

王曰。爾惟舊人。爾丕克遠省。爾知寧王若勤哉。特命久老之人知文王故事者大能遠省識古事汝知文王若彼之勤勞哉目所親見法之又明○省息井反

天閟毖我成功所。予不敢不極卒寧王圖事。閟慎也言天慎勞我周家成功所在我不敢不極盡文王所謀之事謂致太平○閟音秘

肆予大化誘我友邦君。我欲極盡文王所謀故大化天下道我友國諸侯

天棐忱辭。其考我民。言我周家有大化誠辭爲天所輔其成我民矣○棐徐音匪又芳鬼反忱市林反

予曷其不于前寧人圖功攸終。我何其不於前文王安人之道謀立其功所終乎

天亦惟用勤毖我民。若有疾。天亦勞慎我民欲安之如人有疾欲已去之

予曷敢不于前寧人攸受休畢。天欲安民我何敢不於前文王所受美命終畢之

〔疏〕已予至丕基○正義曰既述衆國之情告以必征之意已乎我惟小子不敢廢上帝之命卜吉不征是廢天命從卜而興乃有故事夫休美於安天下之文王興我小國周者以安民之王惟卜是用以此之故安受此上天之命明卜宜用之今天助民矣十夫佐周是天助也人事既驗況亦如文王惟卜之用吉可知矣嗚呼而歎天之明德可畏也輔成我周家大大之基業卜既得吉不可違也○傳人獻至文王○正義曰天之助民乃是常道而云民獻十夫是天助民者下云亦惟十人迪知上帝命故以民獻十夫爲天助民也○王曰爾至休畢○正義曰既述文王之事王又命於衆曰汝惟久老之人汝大能遠省識古事汝知寧王若此之勤勞哉以老人目所親見必知之也以文王勤勞如此故天命愼勞來我周家當至成功所在天意既然我不敢不極盡文王所謀之事文王謀致太平我欲盡行之我欲盡文王所謀故我大爲敎化勸誘我所友國君共伐叛逆天既輔助我周家有大化誠辭其必成就我之衆民天意既如此矣我何其不於前文王安民之道謀立其功之處所而終竟之乎天亦惟勞愼我民若人有疾病而欲已去之天意於民如此之急我何敢不於前安人文王所受美命終畢之乎以須終畢之故故當誅除逆亂安養下民使之致太平○傳閟愼至太平○正義曰閟愼釋詁文天愼勞我周家者美其德當天心愼惜又勞來勸勉之使至成功所在在於致太平也天意欲使之然我爲文王子孫敢不極盡文王所謀之事文王本謀謂致太平○傳言我至民矣○正義曰釋詁云棐輔也忱誠也文承大化之下知輔誠辭者言周家有大化誠辭爲天所輔其成我民必爲民除害使得成也○傳天亦至去之○正義曰亦者亦民之義也君民共爲一體天慎勞使成功亦當勤勞民使安寧故言亦也如疾欲已去之言天急於民至甚也○傳天欲至畢之○正義曰上云卒寧王圖事又云圖功攸終此云攸受休畢畢終也三者文辭略同義不甚異天意惟言當終文王之業須征逆亂之賊周公重兵慎戰丁寧以勸民耳

王曰。若昔朕其逝。朕言艱日思。順古道我其往東征矣我所言國家之難備矣日思念之○日人實反難乃旦反下爲難同

若考作室。既厎法。厥子乃弗肯堂。矧肯構。以作室喻治政也父已致法子乃不肯爲堂基況肯構立屋乎不爲其易則難者可知○厎之履反構古候反治直吏反

厥父菑。厥子乃弗肯播。矧肯穫。又以農喻其父已菑耕其田其子乃不肯播種況肯收穫乎○菑側其反草也田一歲曰菑穫戶郭反

厥考翼。其肯曰予有後。弗棄基。其父敬事創業而子不能繼成其功其肯言我有後不棄我基業乎今不正是棄之

肆予曷敢不越卬敉寧王大命。作室農人猶惡棄基故我何敢不於今日撫循文王大命以征逆乎○惡烏路反

若兄考。乃有友伐厥子。民養其勸弗救。若兄弟父子之家乃有朋友來伐其子民養其勸不救者以子惡故以此四國將誅而無救者罪大故

〔疏〕王曰若至弗救○正義曰子孫成父祖之業古道當然王又言曰今順古昔之道我其往東征矣我所言國家之難備矣日日思念之乃以作室爲喻若父作室營建基趾既致法矣其子乃不肯爲之堂況肯構架成之乎又以治田爲喻其父菑耕其田殺其草已堪下種矣其子乃不肯布種況肯收穫乎其此作室治田之父乃是敬事之人見其子如此其肯言曰我有後不棄我基業乎必不肯爲此言也我若不終文武之謀則文武之神亦如此耳其肯道我不棄基業乎作室農人猶惡棄其基業故我何敢不於我身今日撫循安人之文王大命以征討叛逆乎我今東征無往不克若凡人兄及父與子弟爲家長者乃有朋友來伐其子則民皆養其勸伐之心不救之何則以子惡故也以喻伐四國雖親如父兄亦無救之者以君惡故也言罪大不可不誅無救所以必克也顧氏以上不卬自恤傳云不惟自憂遂皆以卬爲惟但卬之爲惟非是正訓覲孔意亦以不卬爲惟義也○傳又以至穫乎○正義曰上言作室此言治田其取喻一也上言若考作室既厎法此類上文當云若父爲農既耕田從上省文耳菑謂殺草故治田一歲曰菑言其始殺草也播謂布種后稷播殖百穀是也定本云矧弗肯構矧弗肯穫皆有弗字檢孔傳所解弗爲衍字○傳其父至棄之○正義曰治田作室爲喻既同故以此經結上二事鄭王本於矧肯構下亦有此一經然取喻既同不應重出蓋先儒見下有而上無謂其脫而妄增之○傳若兄至大故○正義曰此經大意言兄不救弟父不救子發首兄考備文伐厥子不言弟互相發見傳言兄弟父子之家以足之民養其勸民謂父兄爲家長者也養其心不退止也

王曰。嗚呼。肆哉。爾庶邦君。越爾御事。歎今伐四國必克之故以告諸侯及臣下御治事者

爽邦由哲。亦

惟十人。迪知上帝命。言其故有明國事用智道十人蹈知天命謂人獻十夫來佐周越天棐忱。爾時罔敢易法。矧今天降戾于周邦。於天輔誠汝天下是知無敢易天法況今天下罪於周使四國叛乎惟大艱人。誕鄰胥伐于厥室。爾亦不知天命不易。惟大為難之人謂三叔也大近相伐於其室家謂叛逆也若不早誅汝天下亦不知天命之不易也○易以豉反〔疏〕王曰嗚至不易○正義曰既言四國無救之者王曰又言歎今伐四國必克之故告汝衆國君及於汝治事之臣所以知必克者故有明國事用智道者亦惟有十人此人皆蹈知上天之命謂民獻十夫來佐周家此人既來克之必也於我天輔誠信之故汝天下是知無敢變易天法者若易法無信則上天不輔故無敢易法也況今天下罪於周國使四國叛逆惟大為難之人謂三叔等大近相伐於其室家自欲拔本塞源反害周室是其為易天法也彼變易天法君不早誅之汝天下亦不知天命之不可變易也○傳言其至佐周○正義曰此其必克之故也爽明也由用也有明國事用智道言其有賢德也蹈天者識天命而須行之此言十人謂上文民獻十夫來佐周家者此是賢人賢人既來彼無所與是必克之効也王肅云我未伐而知民弗救者以民十夫用知天命故也○傳於天至叛乎○正義曰於天輔誠言天之所輔必是誠信汝天下於是觀之始知無敢變易天法若易天法則天不輔之況今天下罪於周使四國叛乎以小況大易法猶尚不可況叛逆乎○傳惟大至不易○正義曰以下句言相伐於其室家室家自相伐知惟大為難之人謂三叔也大近相伐於其室家者三叔為周室至親而舉兵作亂是室家自相伐為叛逆之罪是變易天法之極若汝諸國不肯誅之是汝天下亦不知天命之不可變易也王肅云惟大為難之人謂管蔡也大近相伐於其室家明不可不誅也管蔡犯天誅而汝不欲伐則亦不知天命之不易也

予永念曰。天惟喪殷若穡夫。予曷敢不終朕畝。稼穡之夫除草養苗我長念天亡殷惡主亦猶是矣我何敢不順天終竟我壟畝乎言當滅殷○壟力勇反天亦惟休于前寧人。予曷其極卜。敢弗于從。天亦惟美于文王受命我何其極卜法敢不於從言必從也率寧人有指疆土。矧今卜并吉。循文王所有指意以安疆土則善矣況今卜并吉乎言不可不從肆朕誕以爾東征。天命不僭。卜陳惟若茲。以卜吉之故大以汝衆東征四國天命不僭差卜兆陳列惟若此吉必克之不可不勉〔疏〕予永至若茲○正義曰所以必當誅四國者我長思念之曰天惟喪亡殷國者若稼穡之夫務去草也天意既然我何敢不終我壟畝也言穢草盡須除去殷餘皆當殄滅也天亦惟美於前寧人文王我何其極文王卜法敢不於是從乎言必從之也我循彼寧人所有吉意以安疆土不待卜筮便即東征已自善矣況今卜東征而龜并吉以吉之故我大以爾東征四國天命必不僭差卜兆陳列惟若此吉不可不從卜不可不勉力也○傳天亦至必從○正義曰天亦惟美於文王受命言文王德當天心天每事美之故得受天命是文王之德大美也文王用卜能受天命今於我何其窮極文王卜法敢不從乎言必從文王卜也○傳循文至不從○正義曰文王之旨意欲今天下疆土皆得其宜有叛逆者自然須平定之我直循彼文王所有旨意伐叛則已善矣不必須卜筮也況今卜并吉言不可不從也王肅云順文王安人之道有旨意盡天下疆土使皆得其所不必須卜筮也況今卜三龜皆吉明不可不從也○傳以卜至不勉○正義曰天命不僭者天意去惡與善其事必不僭差言我善而彼惡也卜兆陳列惟若此吉言往必克之不可不勉力也

微子之命第十三

周書　孔氏傳　孔穎達疏

成王既黜殷命。殺武庚。一名祿父命微子啓代殷後。啓知紂必亡而奔　周命為宋公為湯後作微子之命。封命之書〔疏〕成至命○正義曰成王既黜殷君之命殺武庚乃命微子啓代庚為殷後為書命之史敘其事作微子之命○黜殷命謂絕爵也殺武庚謂誅其身也○傳啓知至湯後○正義曰啓知紂必亡告父師少師而適於荒野微子作告是其事也武既克紂微子乃歸之非去紂即奔周也傳言得封之由莊其奔周耳僖六年左傳云許僖公見楚子面縛銜璧大夫經士輿櫬楚子問諸逢伯對曰昔武王克殷微子啓如是王親釋其縛受其璧而祓之焚其櫬禮而命之使復其所記宋世家云武王克殷微子乃持其祭器造於軍門肉面縛左牽羊右把茅膝行而前以告武王乃釋微子復其如故是言微子克殷始歸周也馬遷之書辭多錯謬面縛手於後故口銜其璧又安得左牽羊右把茅也要言歸周之是其實耳樂記云武王克殷既下車投殷之後於宋則傳復其位者以其自縛為因釋之使從本爵復其卿大夫之及下車即封於宋以其終為殷後故樂記云投殷之後未為殷之後也微子初封於宋不知何爵此時因舊宋為公令為湯後使祀湯耳不繼紂也

微子之命。稱其本爵以名篇〔疏〕微子之命○正義曰令寫命書之辭以為此篇君陳君牙冏命皆此類也

王若曰。猷殷王元子。微子帝乙元子故順道本而稱之惟稽古。崇德象賢。惟考古典有尊德象賢之義言今法之統承先王。修其禮物。言二王之後各修其典禮正朔服色與時王並通三統○正音政作賓于王家。與國咸休。永世無窮。為時王賓客與時皆美長世無竟嗚呼。乃祖成湯。克齊聖廣淵。言汝祖成湯能齊德聖達廣大深遠澤流後世皇天眷佑。誕受厥命。大天眷顧湯佑助之大受其命謂天命撫民以寬。除其邪虐。撫民以寬政拔桀邪淫湯之德功加于時。德垂後裔。言湯立功加流當時德澤垂及後世裔末也爾惟踐修厥猷。舊有令聞。汝微子言能踐湯德久有善譽昭聞遠近○令聞如字又音問恪慎克孝。肅恭神人。予嘉乃德。曰篤不忘。言微子敬慎能孝嚴恭神人故我善汝德謂厚不可忘○篤本又作竺東谷反〔疏〕王若曰猷殷王元子○正義曰王順道而言曰今以大道告汝殷王首子告之以下辭也曰猷如大誥言以道誥之○傳微子至稱之○正義曰呂氏春秋仲冬紀云紂之母生微子啓與仲衍其時猶尚為妾改而為妻後生紂紂之父欲立太史據法而爭之曰有妻之子而不可立妾之子故紂為後[illegible]易曰元者善之長也以其本是元子故順道本而稱之[illegible]

上帝時歆。下民祗協。庸建爾于上公。尹茲東夏。孝恭之人祭祀則神歆享施令則人敬和用是封汝於上公之位正此東方華夏之國在京師東○歆許金反[illegible]

欽哉。往敷乃訓。慎乃服命。率由典常。以蕃王室。[illegible]

弘乃烈祖。律乃有民。永綏厥位。毗予一人。大汝烈祖成湯之道以法度齊汝所有之人則長安其位以輔我一人言上下同榮慶○毗房脂反世世享德。萬邦作式。[illegible]俾我有周無斁。[illegible]嗚呼。往哉惟休。無替朕命。[illegible]

唐叔得禾。異畝同穎。唐叔成王母弟食邑內得異禾也[illegible]獻諸天子。拔而貢之王命唐叔歸周公于東。作歸禾。[illegible]

爲周公德所感致於時周公東征未還故命唐叔以禾歸周公於東也歸禾年月史傳無文不知在啓金縢之先後也王啓金縢正當禾熟之月若是前年得之於時王疑未解必不肯歸周公當是啓金縢之後喜得東土和平而有此應故以歸周公也唐叔後封於晉經史多矣傳言此者欲見此時未封知在邑内得之昭元年左傳稱成王滅唐而封太叔焉所滅之唐卽晉國是也然則得禾之時未封於唐從後稱之爲唐叔耳周公既得命禾旅。天子之命。已得唐叔之禾遂陳成王歸禾之命而推美成王善則稱君作嘉禾。天下和同政之善者故周公作書以善禾名篇告天下亡【疏】周公至嘉禾〇正義曰周公既得王所命禾乃陳天子歸禾之命爲文辭稱此禾之善推美於成王史敘其事作嘉禾之篇〇傳已得至稱君〇正義曰鄭云受王歸己禾之命與其禾以爲既得命禾謂復得禾義當然矣成王歸禾之命必歸美周公周公陳歸禾之命又推美成王是善則稱君之義也善則稱君坊記文也〇傳天下至下亡〇正義曰嘉訓善也言此禾之善故以善禾名篇陳天子之命故當布告天下此以善禾爲書之篇名後世同穎之禾遂名爲嘉禾由此也二篇東征未還時事微子受命應在此篇後篇在前者蓋先封微子後布此書故也

尚書注疏按勘記卷十三　阮元撰盧宣旬摘錄

尚書注疏卷第十三　宋板作十二

旅獒第七　周書

太保作旅獒　唐石經岳本纂傳同毛本太改作大石經考文提要云釋文不發音知係太字下同

強大有政者爲遒豪　岳本遒作酋遒字誤也

西旅之長　閩本葛本纂傳同毛本旅作戎與疏標目正合

故銘其楛曰　浦鏜云栝誤楛按魯語作栝

賤用物　按疏傳俗本云弗賤衍弗字也謂此句賤上俗本有弗字也疏不釋經故因釋傳而并及之

所以化治生民　古本岳本宋板治作俗

寶賢生能　毛本生作任案所改是也

不役至人安　宋板人安作道接按疏釋經實至道接而止宋板是也自不作無益以後祇釋傳不釋經以前後各章例之疑有脫誤

惟皆正矣　毛本惟皆二字倒

遊觀從費時日　岳本從作徒從字非也形近之譌

終累大德　羣經音辨厽部云絫連也書終絫大德〇按絫累古今字

金縢第八　周書

不欲人開之　古本人下有之字按史記集解作不欲人開也與疏合

有金人參緘其口　閩本同毛本參作三按儀禮經傳通解續作叁此殆言其誤

弗豫　陸氏曰豫本又作忬按說文引作有疾不忩釋文別本作忬蓋卽念字也

問王疾瘳否　宋本瘳上有當字通解同

但不知以何方爲王耳　閩本同毛本王作上

詩說禱旱至圭璧旣卒　宋板至作云通解同

史爲册書祝辭也　史記集解辭作祠

太子之責　各本太作大太字誤也

我先王亦永有依歸　古本有下有所字

救之則先王長有依歸　古本救上有命字非也有依歸古本作有所依歸也案此依史記集解改

謂負天太子責　岳本太作大太字非也下並同

凶則爲不許我　宋板通解俱無爲字

因遂成王所讀故諱之　通解遂作逐纂傳故作而

令請之於天也　閩本明監本同毛本令上有欲字

卽於壇所　閩本明監本通解同毛本卽作既

亦與兆體乃并是吉　宋板與作以盧文弨云非

乃流言於國　葛本於作于下於孺子同按語助之於尚書皆作于惟堯典於變時雍此篇爲壇於南方及此兩句酒誥人無於水監當於民監各本並作於薛氏古文訓亦然蓋傳寫舛錯初無義例葛本獨於此兩句仍作于又葛本之誤也

公於成王之世　宋板公上有周字

傳王叔至成王　各本王叔作三叔王字誤也

救其屬臣　宋板救作赦

禾盡偃　古本禾下有則字以意增

史百執事皆從周公請命　葛本皆誤作者命下古本史記集解俱有者字

言己童幼　岳本童幼二字倒

發雷風之威　纂傳雷風二字倒

周公以成王未寤　葛本閩本明監本同毛本寤作悟〇按史記集解亦作寤

改過自新　史記正義句首有成王二字

盡起而築之　陸氏曰築本亦作筑字按馬鄭王皆訓築爲拾釋言云筑拾也訓拾者宜作筑孔不訓拾而別本亦作筑是築筑古蓋通用〇按筑與掇雙聲故得訓拾築筑皆非正字且馬鄭王並訓築字爲拾或漢魏時爾雅亦作築未可知也

桑果無虧　古本岳本宋板纂傳同毛本桑果作禾本按桑果言木百穀言禾若作禾木則下百穀複矣所改非是後正義同〇案正義釋經禾木無虧是總承上文故各本皆同皆不誤毛本此傳此疏因之誤改不知上下文各別也

亦如國家未道焉　宋板同岳本未作失盧文弨云玉藻云國家未道則不充其服焉宋板是也

大誥第九　周書

大誥　陸氏曰誥本亦作弇案依汗簡古文四聲韻其字當作𢍰不作弇

陳大道以誥天下　岳本纂傳誥作告下傳順大道以誥天下岳本作告纂傳作誥

惟我幼沖人　古本惟下有累字按疏言惟我幼童人謂損累之故傳加累字是孔穎達所見經文無累字

就其命而言之　古本岳本宋板纂傳言作行與疏合岳本考證云案文義行字爲長

當誅叛逆　宋板同毛本當作將

則王若曰者稱成王之言　宋板者下空一字

六世三十　宋本六作卜是也毛本作傳亦誤

以于敉寧武圖功　古本敉作撫下敉寧王大命同〇按撫卽攺字說文攺撫也从攴亾聲讀與撫同段玉裁云

四國人賢者有十夫　古本四國人作四國之民

正而復言　毛本正作止是也

故我告汝有邦國之君　宋板有作友按疏意似當以有爲是

上文大誥爾多邦綏越爾御事　宋板無綏字是也

義爾邦君　古本義作誼

責其以善言之助　古本宋板之助二字倒按疏云責其無善言助已則傳當云責其無善言之助責乃責讓之義非責任之責也

哉我童子成王　案哉各本皆作故哉字誤也

何謂違我不欲征也　浦鏜云謂疑爲字誤

言得我之力　宋板同毛本力作功

言天美文王與周者纂傳文作寧後並同按王氏据蘇氏說以寧王爲武王凡孔傳武王字率改爲寧王不可爲訓

人獻十夫古本人作民

亦文王岳本亦作言

天閟毖我成功所錢大昕曰天閟毖我成功所傳訓毖爲愼又解之云天愼勞我周家成功所在孔疏云閟愼釋詁文考釋詁本云毖愼也經旣以閟爲毖不當重出毖字據莽誥云天毖勞我成功所則知此經毖乃勞之譌字形相涉後人傳寫致誤僞孔傳尚未誤也○按下經勤毖傳解作勞愼此傳云愼勞則經當作毖勤莽誥於下云天亦惟勞我民是訓勤爲勞也

閟愼釋詁文孫志祖云閟爾雅作毖

亦民之義也閩本明監本同作民是也盧文弨云毛作同是上言國家此方說民不應言亦民○按國家如此民亦如此故曰亦民之義

矧肯構疏云定本云矧弗肯構矧弗肯穫皆有弗字檢孔傳所解弗爲衍字○按矧況也況益也矧弗肯構矧弗肯穫猶言益弗肯構益弗肯穫也段玉裁云

今不正是棄之閩本正初亦作正後加彳毛本因改作征

民養其勸不救者古岳宋板勸下有心字

以此四國將誅而無救者浦鏜云此當比字誤

亦以不卬爲惟義也閩本明監本同毛本以不二字倒

王曰嗚呼肆哉爾庶邦君古本作王曰嗚呼肆告我爾庶邦家君按哉字與漢書翟方進傳合古本分爲我二字殆非也

爽邦由哲古本由作用

所以知必克者按者字疑之字之誤宜連下故字爲句

君不早誅之毛本君作若案所改是也

微子之命第十三案三字誤衍　周書

成王既黜殷命殺武庚古本庚作康非也

微子作告閩本同毛本告作誥是也

右抱茅閩本明監本同毛本抱作把○案下右把茅也仍作把史記元文作把

縛手於復岳本復作後復字誤也

正朔服色毛本服誤物與疏不合各本皆不誤

與時皆美纂傳皆作偕

放桀邪淫蕩之德古本岳本俱作放桀邪虐湯之德也宋板無也字餘與古本岳本同岳本考證云傳釋經不當改邪作淫又諸本湯之德下無也字辭義似未足

言湯立功加流當時葛本閩本明監本纂傳同案流當作於毛本不誤

言能踐湯德者纂傳無言字按傳上云汝微子謂經所謂汝指微子也此五字自爲一句纂傳與上三字連讀故刪去言字耳

曰篤不忘陸氏曰篤本又作竺

是二王後爲郊祭天閩本明監本同毛本爲作得按纂傳作是二王後皆郊天

以蕃王室陸氏曰蕃本亦作藩

以輔我一人古本輔下有成字

傳唐叔至一德案德當作𢛳

以善禾名篇岳本宋板纂傳善作嘉

告天下亡古本作布告天下亡也

尚書挍勘記卷十三

附釋音尚書注疏卷第十四

康誥第十一　周書　孔氏傳　孔穎達疏

成王既伐管叔蔡叔。滅三監以殷餘民封康叔以三監之民國康叔爲衛侯周公懲其數叛故使賢母弟主之。數叛上所角反下亦作畔作康誥。酒誥。梓材。康誥。命康叔之誥康圻內國名叔封字○梓音子圻具依反[疏]成王至康誥○正義曰既伐叛人三監之管叔蔡叔等以殷餘民國康叔爲衛侯周公以王命戒之作康誥酒誥梓材三篇之書也其酒誥梓材亦戒康叔但因事而分之然康誥戒以德刑又以化紂嗜酒故次以酒誥卒若梓人之治材爲器爲善政以結之○傳以三至主之○正義曰此序亦與上相顧爲首引初言三監叛又言黜殷命此云既伐管叔蔡叔言以殷餘民圻內之餘民故云以三監之民國康叔爲衛侯然古字邦封同故漢有上邦下邦縣邦字如封字此亦云邦康叔若分器序云邦諸侯故云國康叔并以三監之地封之者周公懲其數叛故使賢母弟主之此始一叛而云數叛者以六州之衆悉來歸周殷之頑民叛逆天命至今又叛據周言之故云數叛故多方云爾乃不大宅天命爾乃胥播天命以不從天命故云叛也古者大國不過百里周禮上公五百侯四百里孟軻有所不信費誓注云伯禽率七百里之內附庸諸侯則魯猶非七百里之封而康叔封千里者康叔時爲方伯殷之圻內諸侯並屬之故得揔言三監且其實地不方平計亦不能大於魯也故左傳云宋衛吾匹也又曰寡君未嘗後衛君且言千里亦大率言之耳何者邢在襄國河內卽東圻之限故以賜諸侯西山卽有黎潞河濟之西以曹地約有千里也以此鄭云初封於衛至子孫而并邶鄘也其地理志邶鄘之民皆遷分衛民於邶鄘故異國而同風所以詩分爲三孔與同否未明也既三年滅三監七年始封康叔則於其間更遣人鎮守自不知名號耳○傳命康叔至封字○正義曰以定四年左傳祝佗云命以康誥故以爲命康叔之誥知康圻內國名者以管蔡郕霍皆國名則康亦國名而在圻內馬王亦然惟鄭玄以康爲謚號以史記世家云生康伯故也則孔以康伯爲號謚而康叔之康鄭爲國而號謚不見耳

惟三月哉生魄。周公攝政七年三月始生魄月十六日明消而魄生○魄字又作鬼普白反馬云魄朏也謂月三日始生兆朏名曰魄周公初基。作新大邑于東國洛。四方民大和會。初造基建作王城大都邑於東國洛汭居天下上中四方之民大和悅而集會○汭如銳反侯甸男邦采衛。百工播民和。見士于周。此五服諸侯服五百里侯服去王城千里甸服千五百里男服去王城二千里采服二千五百里衛服三千里與禹貢異制五服之百官播率其民和悅並見卽事於周周公咸勤。乃洪大誥治。周公皆勞勉五服之人遂乃因大封命大誥以治道○陸云乃洪治同一本作周公迺洪大誥治勞力報反[疏]惟三至誥治○正義曰言惟以周公攝政七年之三月始明死而生魄月十六日己未於時周公初造基阯作新大邑於東國洛水之汭四方之民大和悅而集會言政治也此所集之

民即侯甸男采衞五服百官播率其民和悅並見即事於周之東國而周公皆慰勞勸勉之乃因大封命以康叔爲衞侯大誥以治道。傳周公至朏生。正義曰知周公攝政七年之三月者以洛誥即七年反政而言新邑營及獻卜之事與召誥參同俱爲七年此亦言作新邑又同召誥故知七年三月也若然書傳云四年建衞侯而封康叔五年營成洛邑七年制禮作樂明堂位云昔者周公朝諸侯于明堂之位即云頒度量而天下大順又云六年制禮作樂是六年已有明堂在洛邑而朝諸侯言六年已作洛邑而有明堂者禮記後儒所錄書傳伏生所造皆孔所不用始生朏月十六日戊午社于新邑之明日朏與明反故云明消而朏生。傳初造至集會。正義曰所以初基東國洛者以天下土中故也其召誥與大司徒文之所出釋言云集會也以主洛民故民服悅而見大平也初基者謂初始營建基址作此新邑此史總序言之鄭以爲此時未作新邑而以基爲謀大不辭矣。傳此五至於周。正義曰男下獨有邦以五服男居其中故舉中則五服皆有邦可知言邦見其國君焉以大司馬職大行人故知五服服五百里禹貢五服逼王畿此在畿外去王城五百里故每畿計之至衞服三千里言與禹貢異制也逼王畿與不逼爲異以此計畿之均故須土中若然黃帝與帝嚳居偃師餘非土中者自出當時之宜實在土中因得而美善之也不見要服者鄭云以遠於役事而恒闕焉君行必有臣從即卿大夫及士見亦上其勞故云五服之內百官播率其民和悅即事以土功勞事民之所苦也而此和悅見太平也而書傳云示之以力役其民猶至況導之以禮樂乎是也。傳周公至治道。正義曰太保以戊申至七月庚戌已云庶殷攻位於洛汭則庶殷先與之期于前至也周公以十三日乙卯朝至于洛則達觀于新邑營此日當勉其民此因命而并言之鄭玄以序云邦康叔洪大也爲大封命大誥康叔以治道也鄭玄以洪爲代言周公代成王誥何故代誥而反誥王呼之曰孟侯爲不辭矣

王若曰。孟侯。朕其弟。小子封。周公稱成王命順康叔之德命爲孟侯孟長也五侯之長謂方伯使康叔爲之長王使我命其弟封康叔名稱小子明當受教訓。長丁丈反下同

惟乃丕顯考文王。克明德愼罰。惟汝大明父文王能顯用俊德愼去刑罰以爲教首。去羌呂反下欲去去疾同

不敢侮鰥寡。庸庸。祗祗。威威。顯民。惠恤窮民不慢鰥夫寡婦用可用敬可敬刑可刑明此道以示民

用肇造我區夏。越我一二邦以修。用此明德愼罰之道始爲政於我區域諸夏故於我一二邦皆以修治

我西土惟時怙冒。聞于上帝。帝休。我西土岐周惟是怙恃文王之道故其政教冒被四表上聞于天天美其治。怙音戶冒莫報反覆也聞如字徐又音問

天乃大命文王。殪戎殷。誕受厥命。天美文王乃大命之殺兵殷大受其王命謂三分天下有其二以授武王。殪於計反

越厥邦厥民惟時敍。於其國於其民惟是次序皆文王教

乃寡兄勗。肆汝小子封在兹東土。汝寡有之兄武王勉行文王之道故汝小子封得在此東土爲諸侯。勗許玉反

〔疏〕王若至東土。正義曰言周公稱成王命順康叔之德而言曰命汝爲孟侯王又使我教命其弟小子封其所教命者惟汝大明德之父文王能顯用俊德愼去刑罰以爲教首故惠恤窮民不侮鰥夫寡婦況責強乎其明德用可用敬可敬其愼罰威可威者顯此道以示民用此道故始爲政於我區域諸夏由是於我一二諸國漸以修治也上政既修我西土惟是怙恃文王之道故其政教冒被四表聞于上天天美其治道以此上天乃大命文王以誅殺之道用兵除害于殷大受其王命三分天下而有其二也其所受二分者於其國於其民惟是皆有次序以文王之德故也汝寡有之兄武王勉行文王之道故受命克殷令汝小子封故得在此東土爲諸侯是文王之道明德愼罰既用受命武王無所復加以爲勉行所以汝必法之。傳周公至教訓。正義曰以曰者爲命辭故曰周公稱成王命順康叔之德命爲孟侯孟長也五侯之長謂方伯使康叔爲之長者即州牧也五侯之長五等諸侯之長也而左傳云五侯九伯汝實征之彼謂上公之伯故征九伯而此五侯當州牧之五侯與彼不同王制有連屬卒伯州也孔以五侯亦方伯則四方者皆可爲方伯而此方伯自是州牧也康叔以母弟令德受大國封命固非卒及連屬也虞夏及周既有牧又離騷云伯昌作牧殷亦有牧伯四代皆遍也非如鄭玄云殷之州長曰伯以稱小子爲幼弱故明當受教謂故云使我命其弟爲親親而使我用戒故也此指命康叔爲之而鄭以總告諸侯依略說以太子十八爲孟侯而呼成王既禮制無文義理駢曲豈周公自許天子以王爲孟侯皆不可信也。傳惟汝至教首。正義曰以近而可法不過子之法父故舉文王也法者不過除惡行善故云明德愼罰也。傳惠恤至承民。正義曰用可用敬可敬即明德也用可用謂小德小官敬可敬謂大德大官刑可刑謂明罰也。傳天美至武王。正義曰天美文王乃天命之殺兵殷者殪殺也戎兵也用誅殺之道以兵患殷文王以伐殷事未卒而言殺兵殷者謂三分有二爲滅殷之資也

王曰。嗚呼。封。汝念哉。念我所以告汝之言

今民將在祗遹乃文考。紹聞衣德言。今治民將在敬循汝文德之父繼其所聞服行其德言以爲政教。遹音聿又音述馬紹述也衣如字徐於既反

往敷求于殷先哲王。用保乂民。汝往之國當布求殷先智王之道用安治民

汝丕遠惟商耇成人。宅心知訓。汝當大遠求商家耇老成人之道常以居心則知訓民。耇音狗

別求聞由古先哲王。用康保民。又當別求所聞父兄用古先智王之道用其安者以安民

弘于天。若德裕乃身。不廢在王命。大于天爲順德則不見廢常在王命

〔疏〕王曰嗚呼封汝至王命。正義曰既言文王明德愼罰之謂武王尚行之汝既得爲君方別陳明德之事故稱王命而言曰嗚呼封汝常念我所以告汝之言哉今治民所行將在敬循汝文德之父繼其所聞者服行其德言以爲政教汝往之國當分布求於殷先智王之道用安治民不但法其先君汝又當須大遠求商家耇老成人之道居之於心即知訓民矣其外又更當別求所聞父兄用古先智王之道用其安者以安民即古虞夏之道也人事既然又闕大於天之道而爲順德又加之寬容則汝身不見廢常在王命。傳今治至王政教。正義曰繼其所聞服行其德言者謂文王先有所聞善事今令康叔繼續其文王所聞善事被服而施行其德言以爲政教也。傳汝當至訓民。正義曰上云敷求殷先哲王謂求殷之賢君此言求商家耇老成人謂求殷之賢臣大遠者備偏求之。傳又當至安民。正義曰以父兄乃所居殷外故云別求上只言遹乃文考并言父兄者以上云寡兄勗則以文武道同言文可以兼武故并言父兄也古先哲王鄭云虞夏也孔亦當然以上代與今事遠不可以同故言用其安者。傳大于至王命。正義曰以天道人用而光大之故云大也其文三及殷古先哲王與天其道不異以前後聖迹雖殊同天不二也以康叔亞聖大賢治殷餘惡故使之用天道爲順德也

王曰。嗚呼小子封。恫瘝乃身。敬哉。恫痛瘝病治民務除惡政當如痛病在汝身欲去之敬行我言。恫音通又勑動反瘝古頑反

天畏棐忱。民情大可見。小人難保。天德可畏以其輔誠人情大可見以小人難安。棐音匪又芳鬼反忱市林反

往盡乃心。無康好逸豫。乃其乂民。往當盡汝心爲政無自安好逸豫寬身其乃治民。盡徐子忍反好呼報反

我聞曰。怨不在大。亦不在小。惠不惠。懋不懋。不在大起於小不在小小至於大言怨不可爲故當使不順者順不勉者勉。懋音茂

已。汝惟小子。乃服惟弘王。應保殷民。已乎汝惟小子乃當服行德政惟弘大王道上以應天下以安我所受殷之民衆。應應對之應注同徐於甑反

亦惟助王宅天命。作新民。弘王道安殷民亦所以惟助王者居順天命爲民日新之教

〔疏〕王曰嗚呼小至新民。正義曰所明而云行天人之德者其要在於治民故言王曰嗚呼小子封治民爲善而除惡政當如痛病在汝身欲去之敬行我言哉所以去惡政者以天德可畏者以其輔誠故也以民情大率可見所以可見者以小人難保也安之既難其往治之當盡汝心爲政無自安好逸豫而寬縱乃其可以治民我聞名遺言曰人之怨不在事大或由小事而起雖由小事而起亦不恒在事小因小至大是爲民所怨事不可爲當使施順令不順者順勉力勸行令不勉者勉則其怨小大都消令汝消怨者已乎汝惟小子乃當服行政德惟弘大王道上以應天下以安我所受殷民。不但汝身所當行此亦惟助王者居順天命爲民日新之教。傳恫痛至我言。正義曰恫聲類於痛故恫爲痛也瘝病釋詁文以痛病在汝身以逃治民故務除惡政如已病也戒之而言敬故知敬行我言也鄭玄云刑罰及已爲痛病其義不及去惡若已病也。傳天德至難安。正義曰人情所以大可見者以小人難安爲可見故須安之。傳不在至者勉。正義曰以致怨恐謂由大惡故云不在大起於小言怨由小事起不在小者謂爲怨不恒在小言其初小漸至於大怨故使不順者順不勉者勉其怨自消也。傳弘王至之教。正義曰亦所以惟助王者言非直康叔身行有益亦惟助王者居順天命爲民日新之教謂漸致太平政教日日益新也

王曰。嗚呼。封。敬明乃罰。歎而勑之凡行刑罰汝必敬明之欲其重愼

人有小罪。非眚。乃惟終。自作不典式爾。小罪非過失乃惟終自行之自爲不常用犯汝。眚所領反本亦作省

有厥罪小。乃不可殺。乃有大罪。非終。乃惟眚災。適爾。既道極厥辜。時乃不可殺。汝盡聽訟之理以極其罪是人所犯亦不可殺當以罰宥論之。宥

于赦反【疏】王曰嗚呼封敬至可殺。正義曰以上既言明德之理故此又云慎罰之義而王言曰嗚呼封又當敬明汝所行刑罰須明其犯意人有小罪非過誤爲之乃惟終身自爲不常之行用犯汝如此者有其罪小乃不可不殺以故犯而不可赦若人乃有大罪非終行之乃惟過誤爲之以此故汝當盡斷獄之道以窮極其罪是人所犯乃不可以殺當以罰宥論之以誤故也卽原心定罪斷獄之本所以須敬明之也

王曰。嗚呼。封。有敘。時乃大明服。 歎政教有次敘是乃治理大明則民服

惟民其勑懋和。 民既服化乃其自勑正勉爲和

若有疾。惟民其畢棄咎。 化惡爲善如欲去疾治之以理則惟民其盡棄惡修善。咎其九反

若保赤子。惟民其康乂。 愛養人如安孩兒赤子不失其欲惟民其皆安治。孩亥才反

非汝封刑人殺人。 言得刑殺罪人

無或刑人殺人。 無以得刑殺人而有妄刑殺非辜者

非汝封又曰劓刵人。 劓截鼻刵截耳刑之輕者亦言所得行。劓魚器反刵如志反

無或劓刵人。 所以舉輕以戒爲人輕行之【疏】王曰嗚呼封有至刵人。正義曰以刑者政之助不得已卽用之非情好殺害故又本於政不可以濫刑而王言曰嗚呼封欲正刑之本要而汝政教有次序是乃治理大明則民服惟民既服從化其自勑正勉力而平和然政之化惡爲善若有病而欲去之治之以理則惟民其盡棄惡而修善言愛養人若母之安赤子惟民爲善其皆安治爲政保民之如此不可行以淫刑豈非汝封得刑人殺人乎言得刑殺不可以得故而有濫刑人殺人无辜也非汝封又曰劓刵人無以得故而有所濫劓刵人之無罪者也。傳化惡至修善。正義曰人之有疾治之以理則疾去人之有惡化之以道則惡除。傳愛養至安治。正義曰既去惡乃須愛養之爲善人爲上養則化所行故言其皆安治子生赤色故言赤子。傳劓截至得行。正義曰以國君故得專刑殺於國中而不可濫其刑卽墨劓剕宮也劓在五刑爲截鼻而有刵者周官五刑所无而呂刑亦云劓刵易噬嗑上九云何校滅耳鄭玄以臣從君坐之刑孔意然否未明要有刵而不在五刑之類言又曰者周公述康叔豈非汝封又自言曰得劓刵人此又曰者述康叔之又曰

王曰。外事。汝陳時臬司師茲殷罰有倫。 言外土諸侯奉王事汝當布陳是法司牧其衆及此殷家刑罰有倫理者兼用之。臬魚列反

又曰。要囚。服念五六日至于旬時。丕蔽要囚。 要囚謂察其要辭以斷獄既得其辭服膺思念五六日至於十日至於三月乃大斷之言必反覆思念重刑之至也。要於宵反蔽必世反斷丁亂反下及篇末同覆芳服反【疏】王曰外事至要囚。正義曰言不濫刑不但國內而王言曰若外土諸侯奉王事以至汝汝當布陳是刑法以司牧其衆及此殷家刑罰有倫理者兼用之周公又重言曰既用刑法要察囚情得其要辭以斷其獄當須服膺思念之五日六日次至於十日遠至於三月一時乃大斷囚之要辭言必反覆重之如此乃得無濫故耳。傳言外至用之。正義曰外土以獄事上於州牧之官爲奉土事汝當用刑書爲布陳是刑法爲司牧其衆故受而聽之既衛居殷墟又周承於殷後刑書相因故兼用其有理者謂當時刑書或無正條而殷有故事可兼用若今律無條求故事之比也臬爲準限之義故爲法也。傳要囚至之至。正義曰言要囚明取要辭於囚以思訖事定故言乃大斷之多至三月故云反覆思念重刑之至顧氏云又曰者周公重言之也

王曰。汝陳時臬事。罰蔽殷彝。 陳是法事其刑罰斷獄用殷家常法謂典刑故事。彝以支反

用其義刑義殺。勿庸以次汝封。 義宜也用舊法典刑宜於時世者以刑殺勿用以就汝封之心所安

乃汝盡遜曰時敘。惟曰未有遜事。 乃使汝所行盡順曰是有次敘惟當自謂未有順事君子將興自以爲不足

已。汝惟小子。未其有若汝封之心。朕心朕德。惟乃知。 已乎他人未其有若汝封之心言汝心最善我心我心惟汝所知欲其明成王所以命已之款心。款若管反【疏】王曰汝至乃知。正義曰此又申上既要囚思念定其大斷若爲而王言曰汝當陳是刑書之法以行事其刑法斷獄用殷家所行常法故事其陳法殷彝皆用其合宜者以刑殺勿用以就汝封意之所安而自行也以用心不如依法故耳言汝不但依法乃使汝所行盡順曰是有次敘猶當自惟曰未有順事其有餘若不足故耳必期汝於大幸已乎汝惟小子耳而他人未其有若汝封之心言汝心最善汝心既善我心我德惟汝所素知也。傳陳是至故事。正義曰陳是法事卽上汝陳時臬事罰蔽殷彝卽上殷罰有倫上據有初思念得失此據臨時行事也。傳已乎至款心。正義曰此言我得王也以王命故言王爲我以康叔爲已若汝不善我王家心德汝所不知則我不順命汝款曲之心只由汝最善我王心德汝所偏知故我王命汝以款曲之心述康叔爲言故云亦欲令康叔明識此意也

凡民自得罪。寇攘姦宄。殺越人于貨。 凡民用得罪爲寇盜攘竊姦宄殺人顚越人於是以取貨利。攘如羊反宄音軌

暋不畏死。罔弗憝。 暋強也自強爲惡而不畏死人無不惡之者言當消絕之。暋音敏憝徒對反徐徒猥反強其丈反無不惡烏路反下所大惡疾惡亦惡並音同【疏】凡民至弗憝。正義曰言人所犯刑者以凡民所用得罪者寇盜攘竊於外姦內宄而殺害及顛越於人以取貨利也自強爲之而不畏死此爲人無不惡之者以此須刑絕之故當愼刑罰耳。傳凡民至貨利。正義曰自用也言所用得罪者由寇攘也而爲之於外內既有劫竊其劫竊皆有殺有傷越人謂不死而傷皆爲之而取貨利故也。傳暋強至絕之。正義曰暋強也盤庚已訓而此重詳之以由此得罪當須絕之

王曰。封。元惡大憝。矧惟不孝不友。 大惡之人猶爲人所大惡況不善父母不友兄弟者乎言人之罪惡莫大於不孝不友

子弗祗服厥父事。大傷厥考心。 爲人子不能敬身服行父道而怠忽其業大傷其父心是不孝

于父不能字厥子。乃疾厥子。 於爲人父不能字愛其子乃疾惡其子是不慈

于弟弗念天顯。乃弗克恭厥兄。 於爲人弟不念天之明道乃不能恭事其兄是不恭

兄亦不念鞠子哀。大不友于弟。 爲人兄亦不念稚子之可哀大不篤友于弟是不友。鞠居六反

惟弔茲。不于我政人得罪。 惟人至此不孝不慈弗友不恭不於我執政之人得罪乎道教不至所致。弔音的

天惟與我民彝大泯亂。 天與我民五常使父義母慈兄友弟恭子孝而廢棄不行是大滅亂天道。泯徐武軫反

曰。乃其速由文王作罰。刑茲無赦。 言當速用文王所作違教之罰刑此亂五常者無得赦【疏】王曰封元至無赦。正義曰以是所用得其罪不但寇盜王命而言曰封非於骨肉之人爲大惡猶尚爲人所大惡之況惟不孝父母不友兄弟者乎其罪莫大於不孝也何者爲人之子不能敬身服行其父事而乃怠忽其業大傷其父心是不孝也於爲人父不能自愛其子乃疾惡其子是不慈也於爲人弟不能念天之明道故乃不能恭事其兄是不恭也爲人兄亦不能念稚子之可哀哉大不友愛於弟是不友也惟人所行以至此不孝不友者豈不由我執政之人道教不至以得此罪乎既人罪由教而致天惟與我民以五常之性使有恭孝廢棄不行是大滅亂天道也以由我滅亂曰乃其疾用文王所作違教之罰刑此亂五常者不可赦放也。傳大惡至不友。正義曰言將有作姦宄大惡猶爲人所大惡況不孝父母不善兄弟者乎孝經云五刑之屬三千而罪莫大於不孝是也爾雅云善父母爲孝善兄弟爲友下文不言母母同於父父子尊卑而異等故孝名上不通於下其兄弟雖有長幼而同倫故共友名也。傳爲人至不孝。正義曰考亦通生死卽此文及酒誥是也下曲禮云死曰考是對例耳人子以遜成父事爲孝怠忽其業卽其肯曰我有後不棄基故爲大傷父心卽是上不孝也則子不述父事當輕於盜殺況以爲甚者此聖人緣心立法人莫不緣身本於父母也自親以及物天然之理故孝經曰不愛其親而愛他人者謂之悖德不敬其親而敬他人者謂之悖禮以順則逆民無則焉不在於善而皆在於凶德是也以此言賊殺他人罪小於骨肉相乖阻但於他人言其極者於親言其小者小則有不和訾爭鬪訟相傷者也於親小則傷心大乃逆命毆罵殺害互相發趨而可知也。傳於爲至不慈。正義曰上文不言不慈意以不孝爲揔焉父當言義而云不慈者以父母於子并爲慈因父有愛敬多少而分之言父義母慈而由慈以義故雖義言不慈且見父兼母耳。傳於爲至不恭。正義曰善兄弟曰友此言不恭者友思念之辭兄弟同倫故俱言友雖同倫而有長幼其心友而貌恭故因兄弟而分友文爲二而言恭也五教卽左傳文十八年史克言也於此言天之明道者父子天性不嫌非天明故於兄弟言之因上先言不孝先言子於父故此不友先言弟於兄若舉中以見上下故此言天明見五教皆是卽孝經云則天之明左傳云爲父子兄弟姻媾以象天明是於天理常然爲天明白之道。傳爲人至不友。正義曰言亦者以兄弟同等而相亦所謂周書云父子兄弟罪不相及卽此文也不孝罪子非及於父之輩理所當然而周官隣保以比伍相及而趙商疑而發問鄭荅云周禮太平制此爲居殷亂而言斯不然矣康誥所云以骨肉之親得相容隱故左傳云父子兄弟罪不相及周禮所云據踈人相督率之法故相連獲罪故今之律令大功已上得相容隱鄰保罪有相及是也

不率大戛。矧惟外庶子訓人。 戛常也凡民不循大常之教猶刑之無赦況在外掌衆子之官主訓民者而親犯乎。戛簡八反

惟厥正人。越小臣諸節。 惟其正官之人於小臣諸有符節之吏及外庶子其有不循大常者則亦在無赦之科

乃別播敷。造民大譽。弗念

弗庸。瘝厥君時。乃引惡惟朕憝。汝今往之國當分別播布德教以立民大善之譽若不念我言不用我法者病其君道是汝長惡惟我亦惡汝○別彼列反注同汝長丁丈反下同已。汝乃其速由茲義率殺。亦惟君惟長。汝乃其速用此典刑宜於時世者循理以刑殺則亦惟君長之正道不能厥家人。越厥小臣外正。惟威惟虐。大放王命。乃非德用乂。爲人君長而不能治其家人之道則於其小臣外正官之吏並爲威虐大放棄王命乃由非德用治之故汝亦罔不克敬典。乃由裕民。惟文王之敬忌。常事人之所輕故戒以無不能敬常汝用寬民之道當惟念文王之所敬思而法之乃裕民曰。我惟有及。則予一人以懌。汝行寬民之政曰我惟有及於古則我一人以此悅懌汝德○懌音亦【疏】不率至以懌○正義曰言滅五常之害當除凡民不循大道五常之教猶刑之況在外土掌庶子之官主於訓民惟其正官之人及於小臣猶有符節者並爲教首其心不循大常豈可赦也以人之須有五常汝今往之國乃當分別播布德教以立民大善之譽若不念我言不用我法即病其爲君之道是汝長爲惡矣以此惟我亦惡汝也已乎既惡不可爲汝乃其疾用此典刑宜於時世者循理以刑殺亂常者則亦惟爲人君惟爲人長之正道既爲人君長不能治其五教施於家人之道則於其卑小臣外土正官之吏惟爲威暴則爲酷虐大放棄王命矣如是乃由汝非以道德用治之故由此汝亦無得不能敬其常事汝用寬民之道當思惟念用文王之所敬畏而法之汝以此行寬民之政曰我願惟有及於古則我一人天子以此悅懌汝德矣汝惟宜勤之○傳夏常至犯乎○正義曰夏猶楷也言爲楷模之常故夏爲常也逃上凡民自得罪故言凡民不循大常之教也猶刑之即上云刑茲無赦故也亦愚以況智故言況在外掌衆子之官主訓民者而親犯乎即周官云諸子文王世子云庶子也以致教諸子故爲訓人周禮諸子之官亦是王朝之臣言在外者對父子兄弟爲外惟舉庶子之官者以其教訓公卿子弟最爲急故也鄭玄以訓人爲師長亦各一家之道也○傳惟其至之科○正義曰正官之人若周官三百六十職正官之首於小臣諸有符節者謂正人之下非長官之身下至符吏諸有符節爲教人之故故言有符節者非要行道之符節若爲官行文書而有符今之印者也以上況之故言不循大常亦在無赦之科矣在軍者有旌節亦得爲有符節耳○傳汝今至惡汝○正義曰言分別播布德教謂分遺卿大夫爲之教民使善而已有善譽是立民以大善之譽○傳汝乃至正道○正義曰此用宜於時以刑殺上不循五常之道者其君長對則大夫爲長散則人君爲長君而居之是君亦與長爲一孝經對例以長爲大夫耳○傳爲人至之故○正義曰以五常父母兄弟子即家人之道易有家人卦亦與此同也不行五教爲不能治家人之道家人不治則君不明君既不明則不察下故則於其小臣外正官之吏並爲威虐大放棄王命非德用治是不明爲臣德也○傳常事至法之○正義曰常事常所行之事也人見尋常不爲異故輕之而以爲戒文王所敬忌即敬德忌刑鄭云祗祗威威是也○傳汝行至汝德○正義曰寬則得衆故五教在寬上既言乃由裕民此又疊之汝行寬民之政曰我惟有及於古即古賢諸侯汝惡我則惡之汝善我則愛之

以此我一人悅懌汝德也王曰。封。爽惟民。迪吉康。明惟治民之道而善安之我時其惟殷先哲王德。用康乂民作求。我是其惟殷先智王之德用安治民爲求等矧今民罔迪不適。不迪。則罔政在厥邦。治民乃欲求等殷先智王況今民無道不之言從教也不以道訓之則無善政在其國○【疏】王曰封爽至厥邦○正義曰既言德刑事終而捴言之我所以令汝明德慎罰以施政者王命所以言曰封爲人君當明惟爲治民之道而善安之故我以是須汝善安民故我其惟念殷先智聖王之德用安治民爲求而等之我於民未治之時尚求等殷先智王況今民無道不之而易化汝若不以道訓之則無善政在其國所以須安民以德刑也○傳明惟至安之○正義曰以慎德刑爲明治民之道教之五常爲善富而不擾爲安也鄭以迪爲下讀各爲一通也○傳治民至其國○正義曰以已喻康叔言我未治之時乃欲求等殷先智王以致太平者況今民無道不之言易從教不以正道訓民民不知道故無善政在其國爲無吉康也王曰。封。予惟不可不監。告汝德之說。于罰之行。我惟不可不監視古義告汝施德之說於罰之所行欲其勤德慎刑○說如字徐始銳反今惟民不靜。未戾厥心。迪屢未同。假令今天下民不安未定其心於周教道屢數而未和同設事之言○令力呈反數所角反爽惟天其罰殛我。我其不怨。明惟天其以民不安罰誅我我其不怨天汝不治我罰汝汝亦不可怨我○殛紀力反惟厥罪無在大。亦無在多。矧曰其尚顯聞于天。民之不安雖小邑少民猶有罰誅不在多大況曰不慎罰明聞於天者乎言罪大【疏】王曰封予至于天○正義曰以汝須善政在國令我民安當爲政以慎德刑爲教故王又命之曰封我惟不可不視古義告汝施德之說於罰之所有欲其勤德慎刑也假令惟天下民不安未定其心於周教道屢數而未和同明惟天其以民不安其罰誅我我其不怨於天則汝不治是其罪我罰汝汝亦不可怨我我以民之不安惟其罰之無在大邑無在多民以少猶誅罰況曰爲君不慎德刑其上明聞於天是爲罪大不可赦○傳我惟至慎刑○正義曰以數求殷先哲王及別求古先哲王爲已覩古義也德由說而罰須行故德之言說而罰言行也以事終而結上故云德也○傳假令至之言○正義曰天下不安爲捴說所以不安猶未定其心於周道屢數而未和同也時以大和會故言假令設不和同事言耳○傳明惟至怨我○正義曰顧氏云明惟天者言天明察在上見民不安乃以刑罰誅戮於我○傳民之至罪大○正義曰此捴德刑而直云不慎罰者政以德爲主不嫌不明政失由於濫刑故舉罰以言之下言無作怨以失罰爲罪大王曰。嗚呼。封。敬哉。無作怨。勿用非謀非彝。言當修已以敬無爲可怨之事勿用非善謀非常法蔽時忱。丕則敏德。斷行是誠道大法敏德信則人任焉敏則有功用康乃心。顧乃德。遠乃猷。用是誠道安汝心顧省汝德無令有非遠汝謀思爲長久裕乃以民寧。不汝瑕殄。行寬政乃以民安則我不

汝罪過不絕亡汝【疏】王曰嗚呼至瑕殄○正義曰以罰不可失故王命言曰嗚呼封當修已以敬哉無爲可怨之事勿用非善謀非常法而以決斷行是誠信之道大當法爲機敏之德用是信敏安汝心顧省汝德廣遠汝謀能行寬政乃以民安則我不於汝罪過而絕亡汝○傳斷行至有功○正義曰以誠在於心故決斷行之亦心誠而行敏爲見事有善而須德法故云大法敏德也正以此二者以信則人任焉敏則有功故也論語文○傳用是至長久○正義曰上文有忱有敏此惟云用是誠道不云敏者敏由誠下亦用之可知王曰。嗚呼。肆汝小子封。惟命不于常。以民安則不絕亡汝故當念天命之不於常汝行善則得之行惡則失之汝念哉。無我殄。無絕棄我言而不念享。明乃服命。享有國土當明汝所服行之命令使可則高乃聽。用康乂民。高汝聽聽先王道德之言以安治民【疏】王曰嗚呼至乂民○正義曰與上相首引王命言曰嗚呼以民安則不汝絕亡之故汝小子封當念天命之不於常也惟行善則得之行惡則失之汝念此無常哉無絕棄我言而不念若享有國土當明汝服行之教令使可法高大汝所聽用先王道德之言以安治民也○傳享有至可則○正義曰以不瑕殄即享有國土也服行之命謂德刑也王若曰。往哉。封。勿替敬典。汝往之國勿廢所宜敬之常法聽朕告汝。乃以殷民世享。順從我所告之言即汝乃以殷民世世享國福流後世【疏】王若至世享○正義曰以須高聽治民故王命順其德而言曰汝往之國哉封乎勿廢所宜敬之常法即聽用我誥汝也汝如此則汝乃得以殷民世世殷國而言不絕國祚延長由德也又言王若曰者一篇終始言之明於中亦有若也

酒誥第十二

周書　孔氏傳　孔穎達疏

酒誥。康叔監殷民殷民化紂嗜酒故以戒酒誥○嗜市志反【疏】傳康叔至酒誥○正義曰以梓材云若茲監故云康叔監殷民也鄭以爲連屬之監則爲牧而言然康叔時實爲牧而所戒爲居殷墟化紂餘民不主於牧下篇云監監亦指爲君言之也明監即國君監一國故此言監殷民不言監一州若大宰之建牧立監也王若曰。明大命于妹邦。周公以成王命誥康叔順其事而言之欲令明施大教命於妹國妹地名紂所都朝歌以北是○王若馬本作成王若曰注云言成王者未聞也俗儒以爲成王骨節始成故曰成王或曰以成王爲少成二聖之功生號曰成王沒因爲謚衛賈以爲戒成康叔以慎酒成就人之道也故曰成此三者吾無取焉吾以爲後錄書者加之未敢專從故曰未聞也妹邦馬云妹邦即牧養之地欲令力呈反下始令勿令同乃穆考文王。肇國在西土。父昭子穆文王弟稱穆將言始國在西土西土岐周之政○文王弟稱穆周自后稷而封爲始祖后稷生不窋爲昭鞠陶爲穆公劉爲昭慶節爲穆皇僕爲昭羌弗爲穆毀揄爲昭公非爲穆高圉爲昭亞圉爲穆諸盩爲昭大王爲穆王季爲昭文王爲穆故左傳宮之奇云大伯虞仲大王之昭也虢仲虢叔王季之穆也又富辰云管蔡已下十六國文之昭也昭一音部窋音竹律反揄音投盩音張流反大並音太厥

誥毖庶邦庶士。越少正。御事。朝夕曰。祀茲酒。文王其所告慎衆國衆士於少正官御治事吏朝夕勑之惟祭祀而用此酒不常飲○毖音祕少詩照反惟天降命。肇我民。惟元祀。惟天下教命始令我民知作酒者惟爲祭祀○爲于僞反下同天降威。我民用大亂喪德。亦罔非酒惟行。天下威罰使民亂德亦無非以酒爲行者言酒本爲祭祀亦爲亂行○惟行下孟反注及下注之行同越小大邦用喪。亦罔非酒惟辜。於小大之國所用喪亡亦無不以酒爲罪也

〔疏〕王若至惟辜○正義曰周公以王命誥康叔順其事而言曰汝當明施大教命於妹國而戒之以酒所以須戒酒者以汝父於廟以穆考文王始國在西土岐周爲政也其誥慎所職衆國衆士於少正官御治事吏朝夕勑之曰惟祭祀而用此酒不常爲飲也所以不常爲飲者以惟天之下教命始令我民知作酒者惟爲大祭祀故以酒爲祭不主飲故天下威罰於我民用使之大爲亂以喪其德亦無非以酒爲行而用之故於小大之國用使之喪亡亦無非以酒爲罪以此衆事少正皆須戒酒也是文王以酒爲重戒汝不可不法也○傳周公至北是○正義曰此爲下之目故言明施大教命於妹國此妹與沬一也故沬爲地名紂所都朝歌以北但妹爲朝歌之所居也朝歌近妹邑之南故云以北是詩又云沬之東矣沬之鄉矣即東與北爲鄉也妹屬鄘紂所都在妹又在北與東是地不方平偏在鄘多故也馬鄭王本以文涉三家而有成字鄭玄云成王所言成道之王三家云王年長骨節成立皆爲妄也○傳父昭至之政○正義曰以穆連考故以昭穆言之文王廟次爲穆以周自后稷以至文王十五世案世本云后稷生不窋爲昭不窋生鞠陶爲穆鞠陶生公劉爲昭公劉生慶節爲穆慶節生皇僕爲昭皇僕生羌弗爲穆羌弗生毀揄爲昭毀揄生公飛爲穆公飛生高圉爲昭高圉生亞圉爲穆亞圉生組紺爲昭組紺生大王亶父爲穆亶父生季歷爲昭季歷生文王爲穆據世次偶爲穆也左傳曰大伯虞仲大王之昭言大王爲穆而子爲昭又曰虢仲虢叔王季之穆亦王季爲昭而子爲穆與文王同穆也又管蔡郕霍等十六國亦曰文王之昭則以文王爲穆其子與武王爲昭又曰邦晉應韓武之穆以繼武王爲昭也將言始國在西土西土岐周之政者據今本先故言始爲初始爲政然則居豐前故云西土欲將言道文王誥毖庶邦以下之政故先本之云肇國在西土○傳文王至常飲○正義曰告勑使之敬慎故曰告慎其衆國即衆多國君衆士朝臣也既揔呼爲士則卿大夫俱在內少正御治事以其卑賤更別目之朝夕勑之丁寧慎之至也○傳惟天至祭祀○正義曰世本云儀狄造酒夏禹之臣又云杜康造酒則人自意所爲言天下教命者以天非人不因人爲者亦天之所使故凡造立皆云本之天元祀者言酒惟用於大祭祀見戒酒之深也顧氏云元大也洛誥稱秩元祀孔以爲舉秩大祀大劉以元爲始誤也○傳天下至亂行○正義曰民自飲酒致亂以被威罰言天下威者亦如上言天之下教命令民作酒也爲亂而罪天理當然故曰天討有罪五刑五用哉俗本云不爲亂行定本云亦爲亂行俗本誤也○傳於小至爲罪也○正義曰小大之國謂諸侯之國有小大也上言民用大亂指其身爲罪此言邦用喪言其邦國喪滅上文揔謂貴賤之人此則專指諸侯之身故也惟行用酒惟罪身得罪亦互相通也

文王誥教小子。有正有事。無彝酒。小子民之子孫也正官治事謂下羣吏教之皆無常飲酒越庶國。飲惟祀。德將無醉。於所治衆國飲酒惟當因祭祀以德自將無令至醉惟曰。我民迪小子。惟土物愛。厥心臧。文王化我民教道子孫惟土地所生之物皆愛惜之則其心善聰聽祖考之彝訓。越小大德。小子惟一。言子孫皆聰聽父祖之常教於小大之人皆念德則子孫惟專一

〔疏〕文王至惟一○正義曰前文王戒酒以爲所供當重飲之則有滅亡之害此更戒之令以德自將不可常飲故又云文王誥教其民之小子與正官之下有職事之人謂羣吏汝等無得常飲酒也於所治衆國之君臣民衆等言飲酒惟當因祭祀以德自將無令至醉又自申文王之教小子者不但身自教之又化民使自教其子弟惟教其民曰惟我民等當教道子孫小子令土地所生之物皆愛惜之則其心善矣以愛物則不爲酒而損耗故也既父祖稟文王之教以化其子孫而子孫能聰審聽用祖考之常訓言愛物以戒酒也不但民之小子爲然其於小大德之士大夫等亦皆能念行文王之德以教其子孫故子孫亦聰聽之小子惟皆專一而戒其酒其民及在位不問貴賤子孫皆化則王成長爲德可知也○傳小子至飲酒○正義曰知小子謂民之子孫者以下文云我民迪小子又云奔走事厥考厥長故知小子謂民之子孫也知有正有事非士大夫而云正官治事謂下羣吏者以文與小子相連故知是正官下治事之羣吏○傳於所至至醉○正義曰以述上文內外雙舉此爲小子及民與士大夫可知其外宜有國君故下云指戒康叔爲國之事故揔言衆國惟於祭祀得飲酒猶以德自將無令至醉大傳因此言宗室將有事族人皆入侍得有醉與不醉而出與不出之事而以德自將無令至醉亦一隅之驗文王爲諸侯而云衆國者文王爲西伯又三分有二諸侯故得戒衆國也○傳文王至心善○正義曰以惟曰爲教辭故言文王化我民愛惜土物而不損耗則不嗜酒故心善

妹土嗣爾股肱純。其藝黍稷。奔走事厥考厥長。今往當使妹土之人繼汝股肱之教爲純一之行其當勤種黍稷奔走事其父兄○長丁丈反下注長官諸侯之長同肇牽車牛。遠服賈。用孝養厥父母。農功既畢始牽車牛載其所有求易所無遠行賈賣用其所得珍異孝養其父母○賈音古養羊亮反厥父母慶。自洗腆致用酒。其父母善子之行子乃自絜厚致用酒養也庶士有正。越庶伯君子。其爾典聽朕教。衆伯君子長官大夫統庶士有正者其汝常聽我教勿違犯爾大克羞耇惟君。爾乃飲食醉飽。汝大能進老成人之道則爲君矣如此汝乃飲食醉飽之道先戒羣吏以聽教次戒康叔以君義丕惟曰。爾克永觀省。作稽中德。我大惟教汝曰汝能長觀省古道爲考中正之德則君道成矣○省悉井反爾尚克羞饋祀。爾乃自介用逸。能考中德則汝庶幾能進饋祀於祖考矣能進饋祀則汝乃能自大用逸之道茲乃允惟王正事之臣。汝能以進老成人爲醉飽考中德爲用逸則此乃信任王者正事之大臣○任音壬茲亦惟天若元德。永不忘在王家。言此非但正事之臣亦惟天順其大德而佑之長不見忘在王家

〔疏〕妹土至王家○正義曰既上言文王之教今指戒康叔之身實如汝當法文王斷酒之法故今往當使妹土之人繼爾股肱之教爲純一之行其當勤於耕種黍稷奔馳趨走供事其父與兄其農功既畢始牽車牛遠行賈賣用其所得珍異孝養其父母以子如此善子之行子乃自洗潔謹敬厚致用酒以養此亦小子土物愛也又謂汝衆士有正之人及於衆伯君子長官大夫統衆士有正者其汝亦常聽用我斷酒之教勿違犯也汝康叔大能推行老成人之道則惟可爲君矣如此汝乃爲飲食醉飽之道由須進行老成人故我大惟教汝曰汝能長觀省古道所爲耇行中正之德即是進行老成人惟堪爲君能考中德用汝庶幾能進饋祀於祖考矣以能進饋祀人神所助則汝乃能自大用逸之道如此用逸則乃信惟王正事之大臣不但正事大臣如此亦惟天順其大德而佑助之長不見忘在王家矣可不務乎○傳今往至父兄○正義曰以妹土爲所封之都故言今往繼汝股肱之教者君爲元首臣作股肱君倡臣行施由股肱故言繼其教也言奔走者顧氏云勤種黍稷奔馳趨走也○傳農功至父母○正義曰若當農功則有所廢故知既畢乃行故云始牽車牛即牽將大車載有易無遠求盈利所得珍異而本不損故可孝養其父母亦愛土物之義也○傳其父至酒養○正義曰以人父母欲家生之富者若非盈利雖得其養有喪家資則父母所不善今勤商得利富而得養所以善子之行也○傳衆伯至違犯○正義曰衆伯君子統衆士有正者經云庶士有正者戒其慎酒從早至尊故先教子孫乃及庶士衆百君子○傳汝大至君義○正義曰釋詁云羞進也既以慎酒立教是大能進行老成人之道是惟可爲人君矣以人君若治不得有所民事可憂雖得酒食不能醉飽若能進德民事可平故爲飲食可醉飽之道以羣臣言聽教即爲臣義不過慎酒進德次戒康叔以君義亦有聽教明爲互矣○傳我大至成矣○正義曰以惟曰爲教辭即教以大克羞者長省古道是老成人之德考其中正是能大進行可以惟爲君故云則君道成矣○傳能考至之道○正義曰以聖人爲能饗帝孝子爲能饗親考德爲君則人治之已成民事可以祭神故考中德能進饋祀於祖考人愛神助可以無爲故大用逸之道即上云飲食醉飽之道也鄭以爲助祭於君亦非其義勢也以下然並亦惟天據人事是惟王正事大臣本天理故天順其大德不見忘在於王家反覆相成之勢也

王曰。封。我西土棐徂邦君御事小子。尚克用文王教。不腆于酒。我文王在西土輔訓往日國君及御治事者下民子孫皆庶幾能用上教不厚於酒言不常飲故我至于今。克受殷之命。以不厚於酒故我周家至于今能受殷王之命

〔疏〕王曰封我西至之命○正義曰於此乃揔言不可不用文王慎酒之教王命之曰封我文王本在西土以道輔訓往日國君及治事之臣大夫士與其民之小子其此等皆庶幾能用文王教而不厚於酒故我周家至于今能受殷之王命以此故不可不用其教以斷酒○傳我文至常飲○正義曰棐輔也徂往也以事已過故言往日恐嗜酒不成其德故以斷酒輔成之其御事謂國君之下衆臣也不厚於酒即無彝酒也故云不常飲揔述上也

王曰。封。我聞惟曰。在昔殷先哲王。迪畏天顯小民。聞之於古殷先

智王謂湯蹈道畏天明著小民經德秉哲。自成湯咸至于帝乙。成王畏相。能常德持智從湯至帝乙中間之王猶保成其王道畏敬輔相之臣不敢為非。相息亮反下同惟御事厥棐有恭。不敢自暇自逸。惟殷御治事之臣其輔佐畏相之君有恭敬之德不敢自寬暇自逸豫。暇遐嫁反矧曰其敢崇飲。崇聚也自暇自逸猶不敢況敢聚會飲酒乎明無也越在外服。侯甸男衛邦伯。於在外國侯服甸服男服衛服國伯諸侯之長言皆化湯畏相之德越在內服。百僚庶尹。惟亞惟服宗工。於在內服治事百官眾正及次大夫服事尊官亦不自逸越百姓里居。於百官族姓及卿大夫致仕居田里者罔敢湎于酒。不惟不敢。亦不暇。自外服至里居皆無敢沈湎於酒非徒不敢志在助君敬法亦不暇飲酒。湎面善反惟助成王德顯。越尹人祗辟。所以不暇飲酒惟助其君成王道明其德於正人之道必正身敬法其身正不令而行。辟扶亦反〔疏〕王曰封我聞至祗辟○正義曰以周受於殷文王之前殷代也今又衛居殷地故舉殷代以酒興亡得失而為戒王命之曰封我聞於古所聞惟曰殷之先代智道之王成湯於上蹈道以畏天威於下明著加於小民即能常德持智以為政教自成湯之後皆然以至于帝乙猶保成其王道畏敬輔相之臣其君既然惟殷御治事之臣其輔相於君有恭敬之德不敢自寬暇自逸豫況曰其敢聚會羣飲酒乎於是在外之服侯甸男衛國君之長於是在內之服治事百官眾正惟次大夫惟服事尊官於百官族姓及致仕在田里而居者皆無敢沈湎於酒不惟不敢亦自不暇飲所以不暇者惟以助其君成其王道令德顯明又於正人之道必正身敬法正身以化下不令而行故不暇飲是亦可以為法也○傳聞之至小民○正義曰言聞之於古是事明眾見也下言自成湯知此別道湯事也王者上承天下恤民皆由蹈行於為畏天之罰已故也又以道教民故明德著小民○傳能常至為非○正義曰德在於身智在於心故能常德持智即上迪畏天顯小民為自湯後皆爾○傳惟殷至逸豫○正義曰此事當公卿故下別云越在內服百僚庶尹也為君畏相故輔之事若寬暇與逸豫則不恭敬故不敢為也○傳崇聚至明無○正義曰釋詁云崇充也充實則集聚故崇為聚也聚飲必待暇逸猶尚不敢暇逸故言況敢聚集飲酒乎明無也○傳於在至之德○正義曰以公卿與國為體承君共事故先言之然後見廣故自外及內舉四者以總六服又因衛為蕃衛故不言采也國謂國君伯言長連屬卒牧皆是見徧在外為君故言化湯畏相之德○傳於在至自逸○正義曰畿外有服數畿內無服數故為服治事也言百官眾正為總之文但百官眾正除六卿亦有大夫及士士亦有官首而為政者惟亞傳云次大夫者謂雖為大夫不為官首者亞次官首故云亞舉大夫尊者為言其實士亦為亞次之官必知為亞兼士者以此經文上下更無別見士之文故知兼之惟服宗工總上百僚庶尹及惟亞言服治職事尊官之故亦不自逸惟亞雖不為官首亦助上服治政事或可非官首者服事在上之尊官亦不自逸○傳於百至里者○正義曰每言於者總上君與御事為於此不言在從上內服故也百官族姓謂其每官之族姓而與里居為總故云卿大夫致仕居田里者也

○傳自外至飲酒○正義曰自外服至里居皆無敢沈湎亦上御事云亦不暇不暇則不逸可知助君敬法逆探下經也我聞亦惟曰。在今後嗣王酣身。嗣王紂也酣樂其身不憂政事○酣戶甘反樂音洛厥命罔顯于民。祗保越怨不易。言紂暴虐施其政令於民無顯明之德所敬所安皆在於怨不可變易○易如字馬以豉反誕惟厥縱淫泆于非彝。用燕喪威儀。民罔不盡傷心。紂大惟其縱淫泆于非常用燕安喪其威儀民無不盡然痛傷其心○縱子用反注同泆音溢又作逸亦作佚盡許力反惟荒腆于酒。不惟自息乃逸。言紂大厚於酒晝夜不念自息乃過差○差初佳反又初賣反厥心疾很。不克畏死。紂疾很其心不能畏死言無忌憚○很胡懇反辜在商邑。越殷國滅無罹。紂聚罪人在都邑而任之於殷國滅亡無憂懼弗惟德馨香。祀登聞于天。誕惟民怨。紂不念發聞其德使祀見享升聞於天大行淫虐惟為民所怨咎庶羣自酒。腥聞在上。故天降喪于殷。罔愛于殷。惟逸。紂眾羣臣用酒沈荒腥穢聞在上天故天下喪亡於殷無愛於殷惟以紂奢逸故○聞音問天非虐。惟民自速辜。言凡為天所亡天非虐民惟民行惡自召罪〔疏〕我聞至速辜○正義曰既言帝乙以上慎酒以存故又言紂嗜酒而滅我聞亦惟曰殷之在今帝乙後嗣之謂紂王酣樂其身不憂於政事施其政令無顯明之德於民所敬所安皆在於怨不可變易大惟其縱淫泆於非常用燕安之故喪其威儀民見之無不盡然痛傷其心也皆由惟大愛厚於酒晝夜不念自止息乃過逸其內心疾害很戾不能畏死聚罪人在商邑而任之於殷國滅亡無憂懼也不念發聞其德令之馨香使祀見享升聞于天大惟行其淫虐為民下所怨紂眾羣臣集聚用酒荒淫腥穢聞在上天故天下喪亡於殷無愛念於殷惟以紂奢逸故非天虐殷以滅之惟紂為人自召此罪故也○傳言紂至變易○正義曰施其政令於民無顯明之德言所施者皆是闇亂之政也紂意謂之為善所敬之所安之者及其施行皆是害民之事為民所怨紂之為惡執心堅固不可變易也○傳紂大至其心○正義曰誕訓為大言紂大惟其縱淫泆於非常之事○傳紂眾至逸故○正義曰紂眾羣臣用酒沈荒用者解經之自定本作自俗本多誤為嗜○傳言凡至召罪○正義曰此言惟人謂紂也今變言人者見雖非紂亦然王曰。封。予不惟若茲多誥。我不惟若此多誥汝我親行之古人有言曰。人無於水監。當於民監。古賢聖有言人無於水監當於民監視水見已形視民行事見吉凶。監工陷反下及注同今惟殷墜厥命。我其可不大監撫于時。今惟殷紂無道墜失天命我其可不大視此為戒撫安天下於是〔疏〕王曰封予至于時○正義曰既陳殷之戒酒與嗜酒以致興亡之異故誥之王命言曰封我不惟若此徒多出言以誥汝而已我自戒酒已親行之汝可法之也所以親行者古人有言曰人無於水監當於民監以水監但見已形以民監知成敗故

也以須民監之故今殷紂無道墜失其天命我其可不大視以為戒撫安天下於今時也予惟曰。汝劼毖殷獻臣。劼固也我惟告汝曰汝當固慎殷之善臣信用之○劼若八反侯甸男衛。矧太史友。內史友。侯甸男衛之國當慎接之況太史內史掌國典法所賓友乎越獻臣百宗工。矧惟爾事。服休服采。於善臣百尊官不可不慎況汝身事服行美道服事治民乎矧惟若疇圻父。薄違農父。圻父司馬農父司徒身事且宜敬慎況所順疇咨之司馬乎況能追迴萬民之司徒乎言任大○圻巨依反父音甫薄蒲各反徐又扶各反違如字徐音回馬云違行也若保宏父。定辟。矧汝剛制于酒。宏大也宏父司空當順安之司馬司徒司空列國諸侯三卿慎擇其人而任之則君道定況汝剛斷於酒乎○辟必亦反斷丁亂反〔疏〕予惟至於酒○正義曰殷之存亡既可以為監若是故我惟告汝曰汝當堅固愛慎殷之善臣及侯甸男衛之君則在外尚然況已下太史所賓友內史所賓友於善臣百尊官而不固慎乎此之畢官猶尚固慎況惟汝之身事所服行美道服行美事治民而可不固慎乎於已身事猶當固慎況惟所敬順疇咨之圻父能追迴萬民之農父所順所安之宏父此等大臣能得固慎則可定其為君之道固慎大臣雖非急要尚能使君道得定況汝又能剛斷於酒乎善所莫大不可加也○傳劼固至用之○正義曰劼固釋詁文將欲斷酒為重故節文以相況毖訓為慎言誠堅固謹慎皆敬而釋任之其文通於下皆固慎○傳侯甸至賓友乎○正義曰太史掌國六典依周禮治典教典禮典政典刑典事典也內史掌八柄之法者爵祿廢置殺生與奪此太史內史即康叔之國大夫知者以下圻父農父宏父是諸侯之三卿明太史內史非王朝之官所賓友者敬也○傳於善至民乎○正義曰於善臣即上經殷獻臣也百尊官即上侯甸男衛太史內史也服行美道服事治民即上汝之身事知服事是治民者民惟邦本諸侯治民為事故也○鄭玄以服休為燕息之近臣服采為朝祭之臣非孔意也○傳圻父至任大○正義曰司馬主封圻故云圻父父者尊之辭以司徒教民五土之藝故言農父也以司馬征伐在乎閫外所專故隨順而疇咨之言君所順疇也追近迴繞於萬民言近民事也二者皆任大○傳宏大至酒乎○正義曰宏大釋詁文以司空亦君所順所安和之故言當順安之諸侯之三卿以上有司馬司徒故知宏父是司空言大父者以營造為廣大國家之父因節文而分之乃總之言司馬司徒司空列國三卿令慎擇其人而任之則君道定況剛斷於酒乎為甚之義也其定辟總上自劼毖殷獻已下獨言三卿者因文相況而接之其實總上也三卿不次者以司馬征伐為重次以政教安萬民司徒為重司空直指營造故在下也司徒言於萬民為迫迴者事務為主故也司徒不言若者互相明皆為治民而君所順也厥或誥曰。羣飲。汝勿佚。其有誥汝曰民羣聚飲酒不用上命則汝收捕之勿令失也盡執拘以歸于周。予其殺。盡執拘羣飲酒者以歸於京師我其擇罪重者而殺之○盡子忍反又惟殷之迪諸臣。惟工乃湎于酒。勿庸殺之。又惟殷家蹈惡俗諸臣惟眾官化紂日久乃沈湎於酒勿用法殺之○惡烏各反姑惟教之。有斯

明享。以其漸染惡俗，故必三申法令，且惟教之，則汝有此明訓以享國。○三，息暫反，又如字。乃不用我教辭，惟我一人弗恤，弗蠲乃事，時同于殺。汝若忽怠不用我教辭，惟我一人不憂汝，乃不潔汝政事，是汝同於見殺之罪。〔疏〕「厥或」至「于殺」。○正義曰：以為政莫重於斷酒，故其有人誥汝曰：民今飲酒相與羣聚，是不用上命，則汝收捕之，勿令失矣。盡執拘以歸於周之京師，我其擇罪重而殺之也。又惟殷之蹈惡俗諸臣惟其眾官化紂日久，乃沈湎於酒，勿用法殺之，以漸染惡俗故，三申法令，且惟教之，則汝有此明訓，可以享國。汝若不用我教辭，惟我一人天子不憂汝，不潔汝政事，是汝同於見殺之罪，不可不慎。○傳「盡執」至「殺之」。○正義曰：言周故為京師。但飲有稀數，罪有大小，不可一皆盡殺，故知擇罪重者殺之。○傳「又惟」至「殺之」。○正義曰：言諸臣謂尊者及其下列職眾官，不可用法殺之。明法有張施，此由殷之諸臣漸染紂之惡俗日久，故不可即殺。其衛國之民，先非紂之舊臣，乃羣聚飲酒，恐增長昏亂，故擇罪重者殺之。據意不同，故殺否有異。○傳「以其」至「享國」。○正義曰：禮成於三，故必三申法令，有此明訓，愬上之辭，故得享國。○傳「汝若」至「之罪」。○正義曰：汝不用我教辭，則不足憂念，故惟我一人不憂汝，不絜汝之政事，事惟穢惡不復教之，使絜靜也。王曰：封，汝典聽朕毖。汝當常聽念我所慎而篤行之。勿辯乃司民湎于酒。辯，使也。勿使汝主民之吏湎於酒，言當正身以帥民。〔疏〕「王曰封」至「于酒」。○正義曰：以戒酒事終，故結之。王命言曰：封，汝當常聽念我所使汝慎者，篤而行之。勿使汝主民之吏若宰人者沈湎於酒，當正身以帥民。

梓材第十三

周書　孔氏傳　孔穎達疏

梓材。告康叔以為政之道，亦如梓人治材。○梓音子，本亦作杍。馬云：古作梓字。治木器曰梓，治土器曰陶，治金器曰冶。〔疏〕傳「告康」至「治材」。○正義曰：此取下言「若作梓材，既勤樸斲」，故云為政之道如梓人治材。此古杍字，今文作梓。梓，木名，木之善者，治之宜精，因以為木之工匠之名。下有稽田、作室，乃言梓材，三種獨用梓材者，雖三者同喻，田在於外，室總於家，猶非指事之器，故取梓材以為功也。因戒德刑與酒事終，言治人似治器而結之故也。

王曰：封，以厥庶民暨厥臣達大家。言當用其眾人之賢者，與其小臣之良者，以通達卿大夫及都家之政於國。○暨，其器反。以厥臣達王惟邦君。汝當信用其臣，以通王教於民，言通民事於國，通王教於民，惟乃國君之道。汝若恆越曰：我有師師，汝惟君道使順常，於是曰我有典常之師可師法。司徒、司馬、司空、尹旅，曰：予罔厲殺人。言國之三卿、正官、眾大夫皆順典常，而曰我無厲虐殺人之事，如此則善矣。亦厥君先敬勞，肆徂厥敬勞。亦其為君之道，當先敬勞民，故汝往治民，必敬勞來之。○勞，力報反，下同。來，力代反。肆往姦宄殺人歷人宥，以民當敬勞之，故汝往之國，又當詳察姦宄之人及殺人賊所過歷之人，有所寬宥，亦所以敬勞之。○宄音軌。肆亦見厥君事，戕敗人宥。聽訟折獄，當務從寬恕，故往治民，亦當見其為君之事，察民以過誤殘敗人者，當寬宥之。○見如字，徐賢遍反。戕敗，徐在羊反，又七良反。馬云：殘也。折，之舌反。〔疏〕「王曰」至「人宥」。○正義曰：王曰：封，汝為政當用其眾人之賢者與其小臣之良者，以通達卿大夫及都家等大家之政於國，然後汝當信用其臣，以通達王教於民，惟乃可為國君之道。汝為君道，故當使上下順常，於是曰我有典常之師可師法，是君之順典常也。其下司徒、司馬、司空國之三卿及正官眾大夫亦皆順典常，而曰我無虐厲殺人之事，是使臣之順常也。如此君臣皆能順常，則為善矣。為君之道，非但順常，亦須敬勞之，故云亦其為君之道，當先敬心以愛勞民，故汝往治民必敬勞之。又以民須敬勞之，故汝往之國，詳察其姦宄及殺人之人二者所過歷之人，原情不知，有所寬宥，以斷獄務從寬，故汝往治，亦當見其為君之事，而民有過誤殘敗人者，當寬宥之，此亦為敬勞之也。○傳「言當」至「於國」。○正義曰：以，用也。暨，與也。言用通厥臣可用，明此皆賢與良也。厥臣文在大家之上，故知小臣也。言用之者，既用其言以為政，又用其人以為輔，本之得大家所用統之，即君所遣也。以大夫稱家，對士庶有家而非大，故云大家。卿大夫在朝者，都家亦卿大夫所得邑也，又公邑而大夫所治亦是也。用此以行政令，上達於國，使人君知之也。即是庶人升為士，又用庶人進在官者，小臣亦得進等而用之。周禮有都家之官，鄭云：都謂王子弟所封及公卿所食邑，家謂大夫所食采地。傳以大家言之，總包大臣，故言卿大夫及都家之政。卿大夫之政，謂在朝所掌者；都家之政，謂采邑所有政事。二者並當通達之於國，故連言之。○傳「汝當」至「之道」。○正義曰：言汝當信用臣，即信用卿大夫及都家，自然大家也。傳用小臣與庶人，故得通王教於民也。人君上承於王，下治民事，故交通其政，惟乃國君之道而已。鄭以於邑言達大家於國，言達王與邦君，王為二王之後，即亂名實也。○傳「汝惟」至「師法」。○正義曰：即上民事、王教，通於國人，是順常也。故總上惟邦君，言汝惟君道使順常也。典常可師，即順常也。○傳「言國」至「善矣」。○正義曰：此連上蒙若恆之文，故云國之三卿、正官、眾大夫皆順典常也。不言士，從可知也。此曰予罔厲殺人，所謂令康叔之語，但在臣下宜為此也。以上令下行，行之在臣，故云我無厲虐殺人之事，互明君及臣皆師法而無虐。○傳「亦其」至「來之」。○正義曰：亦其為君之道者，為邦君之道非直順常，亦須敬勞，故往必敬勞，即論語云「先之勞之」是也。○傳「以民」至「勞之」。○正義曰：上文無罪敬勞，此惟就有罪者原情免宥，亦敬勞也。其實姦宄不殺人者，殺人亦是姦宄，但重言而別其文。姦宄及殺人二者並是賊害，自當合罪，不可寬宥。其所過歷之人，情所不知，故詳察寬宥，以為敬勞之。○傳「聽訟」至「宥之」。○正義曰：以君者立於無過之地，使物不失其所，故宥罪原情，當見其為君之事，與上厥君始終相臣。於姦上言肆往，此亦以罪事往可知也。言宥明情亦可原，故知過誤殘敗人也。

王啟監，厥亂為民。言王者開置監官，其治為民，不可不勉。○監，工暫反，劉工銜反，下同。為，于偽反，注同。治，直吏反。曰：無胥戕，無胥虐，至于敬寡，至于屬婦，合由以容。當教民無得相殘傷相虐殺，至於敬養寡弱，至於存恤妾婦，和合其教，用大道以容之，無令見冤枉。○屬婦上音蜀，妾之事妻也。令，力呈反，篇末同。冤，紆元反，一本作以宄。王其效邦君越御事，厥命曷以。王者其效實國君及於御治事者，知其教命所施何用，不可不勤。引養引恬。自古王若茲監，罔攸辟。能長養民，長安民，用古王道如此監，無所復罪，當務之。○恬，田廉反。辟，扶亦反。〔疏〕「王啟」至「攸辟」。○正義曰：周公云所以敬勞者，以王者開置監官，其治主為於民故也。以此當教民曰：無得相殘傷，無得相虐殺而為重害也。何但不可為重害民之相，於當至於敬養寡弱，至於存恤屬婦，合和其教，用大道以相容，無使至冤枉。所以如此者，以王者其當效實國君及於御治事者，惟須知其教命所施。何用知其善惡？故不可不勤也。所效實若能長養民、長安民，用古昔明王之道而治之如此為監，无所復罪，汝當務之。○傳「當教」至「冤枉」。○正義曰：以言曰，故知當教民也。殘謂不死，虐甚則殺，故二文也。經言屬婦，傳言妾婦者，以妾屬於人，故名屬婦。此經屬婦與寡弱為例，則非關嫡婦也。何者？妻子是家中之貴者，不至寃枉故也。○傳「王者」至「不勤」。○正義曰：以君臣共國事，故并效御治事，而知其所施，則下不得為非，即是王使存省侯伯，監治是也，故不可不勤。

惟曰：若稽田，既勤敷菑，惟其陳修，為厥疆畎。言為君監民，惟若農夫之考田，已勞力布發之，惟其陳列修治，為其疆畔畎壟，然後功成，以喻教化。○菑，側其反。畎，工犬反。若作室家，既勤垣墉，惟其塗塈茨。如人為室家，已勤立垣墻，惟其當塗塈茨蓋之。○垣音袁。墉音庸。馬云：卑曰垣，高曰墉。塈，許既反。說文云：仰塗也。廣雅云：塗也。馬云：塈，色。一音故愛反。茨，徐在私反。若作梓材，既勤樸斲，惟其塗丹雘。為政之術，如梓人治材為器，已勞力樸治斲削，惟其當塗以漆丹以朱而後成，以言教化亦須禮義然後治。○樸，普角反。馬云：未成器也。斲，丁角反。雘，枉略反，徐烏郭反。馬云：善丹也。說文云：讀與霍同也。又一郭反。字林音同。〔疏〕「惟曰」至「丹雘」。○正義曰：既言王者所以效實國君為政之事，故此言國君為政之喻，惟為監之事，曰若農人之考田也，已勞力徧布菑而耕發其田，又須為其陳列修治，為疆畔畎壟，以至收穫，然後功成。又若人為室家，已勤力立其垣墉，又當惟其塗而塈飾茨蓋之，功乃成也。又若梓人治材為器，已勞力樸治斲削其材，惟其當塗而丹漆以朱雘，乃後成。以喻人君為政之道，亦勞心施政，除民之疾，又當惟其飾以禮義，使之行善，然後治。○傳「為政」至「後治」。○正義曰：此三者事別而喻同也。先遠而類疏者，乃漸漸以事近而切者，欲之皆言既勤於初，乃言修治於未，明為政孜孜，因前基而修使善，垣墉故也。皆詳而復言之，室器皆云其事終，而考田止言疆畎，不云刈穫者，田以一種但陳修，終至收成，故開其初㝡，下二文互也。二文皆言斁，即古塗字，明其終而塗飾之。其室言塗塈，塈亦塗也，不是以物塗之。茨謂蓋覆也。器言塗丹雘，塗丹皆飾物之名，謂塗雘以朱。雘，雘是彩色之名，有青色者，有朱色者，故鄭玄引山海經云「青丘之山多有青雘」。此經知是朱者，與丹連文故也。

今王惟曰：先王既勤用明德，懷為夾。言文武已勤用明德，懷遠為近，汝治國當法之。○夾音協，近也。庶邦享，作兄弟，方來，亦既用明德。眾國朝享於王，又親仁善鄰，為兄弟之國，萬方皆來賓服，亦已奉用先王之明德。○朝，直遙反。后式典集，庶邦丕享。君天下能用常法，則和集眾國大來朝享。皇天既付中國民越厥疆土于先王。肆。大天已付周家治中國民矣，能遠拓其界壤，則於先王之道遂大。○付如

字馬本作附。拓音託。**王惟德用。和懌先後迷民。用懌先王受命。**今王惟用德和悅先後天下迷愚之民先後謂教訓所以悅先王受命之義。懌音亦字又作斁下同先悉薦反注同**已若茲監。惟曰欲至于萬年惟王。**爲監所行已如此所陳法則我周家惟欲使至於萬年承奉王室。監古陷反爲于僞反**子子孫孫永保民。**又欲令其子孫累世長居國以安民[疏]今王至保民。○正義曰此戒康叔已滿三篇其事將終此須有總結因其政術言法於明王上下相承資以成治故稱今者王命惟告汝曰先王文武在於前世以自勤用明德招懷遠人使來惟以爲親近也以明德懷柔之故衆國朝享於王又相親善爲兄弟之國萬方皆來賓服亦已化上奉用先王之明德矣是先王有明德下亦行明德以從之而可法也先王既然凡爲君以君天下者亦如先王用常法則和集衆國使之大來朝享亦須同先王用明德也君天下者當如此今大天已付周家治九州之中國民矣周家之王若能爲政用明德以懷萬國遠拓其疆界土壤則先王之道遂更光大以此今王須大先王之政惟明德之大道而用之以此和悅而先後其天下迷愚之民使之政治用此所以悅先王受命使之遂大之義故也是明德不可不務故我周王今亦行之汝爲人臣可以不法乎當法王家勤用明德治國也汝若能法我王家而用明德是爲善不可加因歎云已乎如此爲監則我周家惟曰欲汝至於萬年惟以承奉王室令其子子孫孫累世長居國以安民○傳言文至法之○正義曰言先王知謂文武也來者是人左右而來之故言近也○傳衆國至明德○正義曰享施於王而兄弟爲相於之辟明彼此皆和協親仁善鄰左傳文以先王用明德於下之所行今亦奉用爲亦先王耳○傳大天至遂大○正義曰肆遂也申遂故爲大越遠也使天下賓服故遠拓界壤以益先王故爲大也○傳今王至之義○正義曰言用德亦是明德也先後若詩云予曰有先後謂於民心先未悟而啓之已悟於後化成之故謂教訓也先王本欲子孫成其事今化天下使善是悅先王受命其和悅先王卽遠拓疆土悅其受命卽遂大也

尚書注疏校勘記卷十四　　阮元撰盧宣旬摘錄

尚書注疏卷第十四 古本作尚書卷第八古文尚書康誥第十一周書孔氏傳宋板十四作十三

康誥第十一　周書

以殷餘民封康叔 古本封上有邦字山井鼎曰邦封古或通用案注及疏意當作邦康叔封字衍文

故使賢母弟主之 古本作故使其賢母弟主也與疏異

康圻內國名叔封字 纂傳此注在序封康叔下諸本皆誤

周禮上公五百 宋板百下有里字是也

而康叔之康鄭爲國 案鄭當作猶各本皆不誤轉寫之譌耳

乃洪大誥治 陸氏曰一本作周公迺洪大誥治

大誥以治道 古本誥作告

七年制禮作樂 宋板七作六。案當作六

卽云頒度量而天下大順 宋板順作服。案明堂位作服宋本是也

自出當時之宜 毛本出作由

見亦上其勞 毛本上作三

其且猶至 宋板同毛本且作民

故於我一二邦 葛本閩監本俱脫我字

不侮鰥夫寡婦 宋板侮下有慢字

漸以修治也 毛本漸作皆

用兵除害于殷 宋板害作惡

以文王之德故也 宋板德作教

今民將在祗遹乃文考 古本民上有治字

汝丕遠惟商耇成人 古本汝作女篇內皆同

既言文王明德慎罰之調 岳本調作訓案調形近之譌

謂文王先有所聞善事 毛本缺事字

王曰嗚呼小子封恫瘝乃身 案後漢書和帝紀永元八年詔曰朕寤寐恫矜注尚書曰恫矜乃身孔安國注曰恫痛也矜病也言如疾病在身欲除之也矜音古頑反蓋章懷所見孔氏尚書作矜可證瘝爲矜之俗字矣

人情大可見 古本纂傳人作民

起於小 古本起上有大字

所明而云行天人之德者 盧文弨云所疑當作此而云二字疑衍。案而云疑當作上云

以小人難保也 閩本明監本同毛本保作安

我聞名遺言曰 毛本名作古案所改是也

非眚 陸氏曰眚本亦作省。案潛夫論作省

乃惟終自行之 岳本自作身與疏合案纂傳已誤作自

惟民其畢棄咎 古本無惟字

言得刑殺罪 岳本罪上有人字

故又本於政不可以濫刑 閩本明監本同毛本又作文

言又曰者周公述康叔豈非汝封又自言曰得劓刵人此又曰者述康叔之又曰 案或以爲此經文似本作又曰非汝封又曰劓刵人有爾又曰無頒未子疑又曰字當在非汝封之上也臣謂正義文理拙澀周公述已下十八字爲一句而下文又申明之不當疑經文有兩又曰脫其一也又曰要囚正義又重言曰

重刑之至也 案疏標目及舉傳文俱無也字

爲奉土事 閩本同宋板土作王毛本作上案上字是也

用其義刑義殺 古文義作誼

勿庸以次汝封 古本庸作用

我心我心 閩本葛本同毛本下心作德是也。○案葛本誤以上二字屬上句下二字屬下句故有此誤

乃使汝所行盡順曰 閩本明監本同毛本盡作而

惟汝所委知也 宋本同毛本委作悉案作悉是

述康叔爲言故云亦 宋板亦作已案經文有已字無亦字今本誤以此已字屬下句故有此誤

盤庚已訓 宋板盤上有於字是也

當須絕之 閩本明監本無須字浦鏜云案傳當作消字

王曰封元惡大憝 諸本同毛本誤作熬

不友兄弟者乎 古本友作善

爲人兄 古本爲上有於字

弗友不恭 古本岳本纂傳弗作不

不能自愛其子 閩本明監本同毛本自作字是也

釋親云 孫志祖云親當作訓

故此不友先言弟於兄若 宋板同毛本若作者案山井鼎云若字似屬下句然爲未穩浦鏜云者當也字誤

及外庶子 案此四字於本節經意無當疏亦無釋疑衍文

越厥小臣外正 古本無厥字

當惟念文王之所敬思而法之 閩本葛古同毛本思作忌句末古本有矣字。○案思字誤也

及於小臣猶有符節者 閩本明監本同毛本猶作諸

則爲酷虐 閩本明監本同毛本則作惟

是不明爲臣德也 閩本明監本同毛本臣作非案所改是也

即敬德忌刑　宋板即下空三字

我時其惟殷先哲王德　古本時作是

爽惟天其罰殛我　古本我上有於字

我罰汝　古本罰下有詠字

其上明聞於天　宋板同毛本其作有

故德之言說而罰言行也　盧文弨云之字疑衍

故曰德也　閩本明監本同毛本德下有刑字

無令有非　古本非作罪

敏為見　閩本明監本同毛本見下有事之速三字是也許宗彥曰浦鏜以毛本為衍殊非

則不絕亡汝　古本作則不汝絕亡

而不念　古本作而不思念也

聽朕告汝　古本唐石經告作誥

即汝乃以殷民世世享國　古本即作則是也

則汝乃得以殷民世世世殷國　閩本明監本世世作世享國毛本世世同殷國作享國與纂傳合

而言不絕國祚短長由德也　浦鏜云言字當在不絕下

酒誥第十二　周書

文王弟稱穆　古本岳本宋板纂傳弟俱作第案說文有弟無第後世次弟之弟既別從竹則此當作第

將言始國在西土　宋板在作於

亦為亂行　古本作而亦為亂行也正義曰俗本云不為亂行定本云亦為亂行俗本誤也

以此衆事少正　盧文弨云事當作士

此妹與沬一也　齊召南云疏此段脫誤不一此妹與沬一也沬字上脫鄘風桑中之五字沬字下脫鄉字但妹為朝歌之所居也應作為殷紂之所都也詩又云沬之東矣沬之鄉矣鄉字應是北字之誤

皇僕生羌弗為穆　宋板閩本同毛本羌作差下同

羌弗生毀榆為昭　閩本同毛本榆從才下同

毀榆生公飛為穆　閩本明監本同毛本飛作非下同

亞圉生組紺為昭　陳浩云組應作祖各本俱誤

為初始為政　宋板上為字作謂

言天下教命者　纂傳作今言天降命者

謂下羣吏　古本吏作事

惟曰我民迪小子　古本我上有化字

孝養其父母以子如此　毛本父母二字重是也

所為考行中正之德　閩本明監本同毛本考作進

乃及庶士衆百君子　宋板百作伯

若治不得有所民事可憂　宋板無有字盧文弨云疑有字當在民字上。案有疑當作其

以下然並亦惟天據人事　宋本同毛本並作茲浦鏜云然疑云字誤。案浦說是宋板十行本以茲為並恐誤

王曰封我西土棐徂邦君　古本徂作往

能受殷王之命　古本王之二字倒與疏合

惟服事尊官　閩本明監本同毛本惟作雖

惟亞雖不為官首　毛本亞下有等字

誕惟厥縱淫泆于非彝　陸氏曰泆又作逸亦作佚。案泆逸佚古並通用

庶羣自酒　正義曰自酒定本作自俗本多誤為嗜

天非虐民惟民行惡自召罪　古本兩民字俱作人行上有所字

人無於水監　古本監作鑒下文民監大監同

我其可不大視此為戒　古文此作之

薄違農父　案羣經音辨韋部云韋違行也音回書薄韋農父

所服行美道服行美事治民　宋板道字在事字下山井鼎曰不可解盧文弨云服行美事依注行美二字衍

揔上自劼毖殷獻已下　宋板獻下有臣字

惟工乃湎於酒　盧文弨云惟工俗本誤作百工

乃使也　閩本葛本同毛本乃作辯是也

汝當常聽命我所使汝慎者　宋板命作念是也

梓材第十三　周書

梓材　案傳云亦如梓人治材疏云此古杍字今文作梓謂傳中杍字乃古文若今字尚書本則作梓也孔疏本之劉炫其所據者古文也傳既作杍則經亦作杍可知今本經傳俱作梓與疏不合陸氏亦據古文而今本釋文大書梓字注云本亦作杍蓋為後人竄改亦非陸氏元文也

此古杍字　宋板杍作杼案杍乃古文李字借為梓匠之梓取音同也

王曰封以厥庶民暨厥臣　古本民作人

以民當敬勞之故汝往之國　古本重故字

聽訟折獄　古本折作斷

傳用小臣與庶人　浦鏜云疑而脫誤案傳用二字未誤與下鄭以為對

與上厥君始終相承　毛本始終二字倒

王啓監　古本監作鑒下皆同

至于屬婦　孫志祖云玉篇女部嫞婦人妊身也引書至于嫞婦

無令見寃枉　陸氏曰寃一本作以寃。案陸氏此語未詳俟考

惟其塗墍茨　案塗疏作斁下同此亦古文之見於疏者又見羣經音辨支部。案衞包改斁為塗幸正義猶存斁字

亦須禮義然後治　古岳宋板治作洽與宋本疏同

然後治　宋板治作洽下後治同

乃後成　毛本乃作然

乃言修治於未　閩本明監本未作末案未字是

二文皆言斁即古塗字　盧文弨云斁乃敷之訛趙佑云說文臒字下引周書曰惟其敷丹臒孔疏蓋本此即古塗字四字當為疏中之注。案斁當作敷因為有據但孔疏自據梅氏所上之本非本說文也

不是以物塗之　閩本明監本同毛本不作揔

言文武已勤用明德　傳首纂傳有來近也三字案傳例不重訓或訓于前或訓于後初無義例來近也乃多方傳王氏移置於此不足據

萬方皆來賓服　古本岳本宋板萬作方案方方孔傳屢見後人誤以上方字為万字之訛遂改作萬纂傳已誤夏氏曰如兄弟之密方方而來即用孔傳語也

惟欲使至於萬年　古本欲上有敬字無於字

累世長居國以安民　古本居作君監本亦作君與疏不合

萬方皆來賓服　宋板萬作方是也

以先王用明德於下之所行　宋板於作欲山井鼎曰似不可解但非行下之所欲則稍可通。案鼎說亦不可通據疏意先王行明德下亦行明德以從之是謂先王用明德於下之所行也先王既然凡為君者亦如先王用常法是謂今亦奉用為亦先王也似當從今本作於

附釋音尚書注疏卷第十五

召誥第十四　周書　孔氏傳　孔穎達疏

成王在豐。欲宅洛邑。武王克商遷九鼎於洛邑欲以爲都故成王居焉**使**
召公先相宅。相所居而卜之遂以陳戒○召詩照反相息亮反下注同**作召誥。**
召誥。召公以成王新即政因相宅以作誥〔疏〕成王至召誥○正義曰成王於時在豐欲居洛邑以爲王
都使召公先往相其所居之地因卜而營之王與周公從後
而往召公於庶殷大作之時乃以王命取幣以賜周公因告
王宜以夏殷興亡爲戒史敍其事作召誥○傳武王至居焉
○正義曰桓二年左傳云武王克商遷九鼎于洛邑服虔
注云今河南有鼎中觀云九鼎者案宣三年左傳王孫滿云
昔夏之方有德也貢金九牧鑄鼎象物然則九牧貢金爲鼎
故稱九鼎其實一鼎案戰國策顔率說齊王云昔武王克商
遷九鼎鼎用九萬人則以爲其鼎有九但游說之辭事多虛
誕不可信用然鼎之上備載九州山河異物亦又可疑未知
孰是故兩解之○傳相所至陳戒○正義曰孔以序言相宅
於經意不盡故爲傳以助成之召公相所居而卜之及其經
營大作遂以陳戒史録陳戒爲篇其意不在相宅序以經具
故略之耳言先相宅者明於時周公攝政居洛邑是周公之
意周公使召公先行故言先以見周公自後往也○傳召
至作誥○正義曰武王既崩周公即攝王政至此已積七年
將歸政成王故經營洛邑待此邑成使王即政召公以成王
將新即政恐王不順周公之意或將惰於政事故因相宅以
作誥也作誥之時王未即政周公作洛誥爲反政於成王召
公陳戒爲即政後事故傳言新即政也**惟二月既望。**周公攝政七年二月十五日日月相望因
紀之**越六日乙未。王朝步自周。則至于豐。**於已望後
六日二十一日成王朝行從鎬京則至于豐以遷都之事告
文王廟告文王則告武王可知以祖見考○鎬胡老反見賢
遍反下不見同**惟太保先周公相宅。**太保三公官名召公也召公於周公前相視洛
居周公後往○先息薦反又如字**越若來三月。惟丙午朏。越三**
日戊申。太保朝至于洛卜宅。朏明也月三日明生之名於順來三月丙
午朏於朏三日三月五日召公早朝至於洛邑相卜所居○朏芳尾反又普沒反徐又芳憒反**厥既得**
卜。則經營。其已得吉卜則經營規度城郭郊廟朝市之位處○度待洛反朝直遙反處昌慮反
越三日庚戌。太保乃以庶殷攻位于洛汭。越
五日甲寅。位成。於戊申三日庚戌以衆殷之民治都邑之位於洛水北今河南城也於庚戌五日
所治之位皆成言衆殷本其所由來○汭如銳反〔疏〕惟二月至位成○正義曰惟周公攝政七年二月十六日
其日爲庚寅既日月相望矣於已望後六日乙未爲二月二
十一日王以此日之朝行自周之鎬京則至于豐以遷都之
事告文王之廟此日王惟命太保召公先周公往洛水之旁
相視所居之處太保即行其月小二十九日癸卯晦於二月

之後順來三月惟三日丙午朏而月生明於朏三日戊申即
三月五日太保乃以此朝旦至於洛即卜宅其已得吉卜則
經營之規度其城郭郊廟朝市之位處於戊申三日庚戌爲
三月七日太保乃以衆所受於殷之民治都邑之位於洛水
之汭謂洛水北也於庚戌五日爲三月十一日甲寅而所治
之位皆成矣○傳周公至紀之○正義曰洛誥云周公誕保
文武受命惟七年洛誥是攝政七年事也洛誥周公云予惟
乙卯朝至于洛師此篇云乙卯周公朝至于洛正是一事知
此二月是周公攝政七年之二月也望者於月之半月當日
衝光照月光圓滿面嚮相當猶人之相望故稱望也治厤者
必先正朔故史官因紀之將言望後之事必以望紀之將
言朏後之事則以朏紀之猶今人將言日必先言朔也望之
在月十六日爲多大率十六日者四分之三十五日者四分
之一耳此年入戊午蔀五十六歲二月小乙亥朔孔云十五
日即爲望是已丑爲望言已望者謂庚寅十六日也且孔云
望與生魄死魄皆舉大略而言之不必恰依厤數又筭術前云
月大者後月二日月見可十五日望也顧氏亦云十五日望
日月正相望也○傳於已至見考○正義曰於已望後六日
是爲二十一日也步行也此云王朝行下太保與周公言朝
至者君子舉事貴早朝故皆言朝也宗周者爲天下所宗止
謂王都也武王已都於鎬故知宗周是鎬京也文王居豐武
王未遷之時於豐立文王之廟遷都而廟不毀故成王居鎬
京則至于豐以遷都之事告文王廟也大事告祖必告考
此經不言告武王以告文王則告武王可知以告祖見考也
告廟當先祖後考此必於豐告文王於鎬京告武王也○傳
朏明至所居○正義曰說文云朏月未盛之明故爲明也周
書月令云三日粤朏朏字從月出是入月三日明生之名也
於順來者於二月之後依順而來次三月也二月乙未而發
豐歷三月丙午朏又於朏三日是三月五日凡發豐至洛爲
十四日也召公早朝至於洛邑相卜所居當以至洛之日即
卜也○傳其已至位處○正義曰經營考工記所云匠人營
國方九里左祖右社面朝後市是也下有丁巳郊故知規度
城郭郊廟朝市之位處也匠人不言郊以不在國內也匠人
王城方九里如典命文又以公城方九里天子城十二里鄭
玄兩說孔無明解未知從何文也郊者司馬法百里爲郊鄭
注周禮云近郊五十里禮記祭天于南郊祭地于北郊皆謂
近郊也其廟案小宗伯云建國之神位右社稷左宗廟鄭注
朝士職云庫門內之左右其朝者鄭云外朝一在庫門之外
皐門之內是詢衆庶之朝內朝二者其一在路門外王每日
所視謂之治朝其一在路門內路寢之朝王每日視訖退適
路寢謂之燕朝或與宗人圖私事顧氏云市處王城之北朝
爲陽故在南市爲陰故處北今案周禮內宰職佐后立市然
則后既主陰故立市也○傳於戊至由來○正義曰於戊申
後三日庚戌爲三月七日也水內曰汭蓋以人南面望水則
北爲內故洛汭爲洛水之北鄭云隈曲中也漢書地理志河
南郡治在洛陽縣河南城別爲河南縣治都邑之位於洛北
今於漢河南城是也所治之位皆成布置處所定也治位乃
是周人而言衆殷者本其所由來言本是殷民今來爲我周
家役也莊二十九年左傳例云凡土功水昏正而栽日至
而畢此以周之三月農時役衆者彼言尋常土功此則遷都
事大不可拘以常制也**若翼日乙卯。周公朝至于洛。**周公順位成之
明日而朝至於洛汭**則達觀于新邑營。**周公通達觀新邑所營言周徧**越三**
日丁巳。用牲于郊。牛二。於乙卯三日用牲告立郊位於天以后稷配故二牛后稷

貶於天有羊豕羊豕不見可知**越翼日戊午。乃社于新邑。牛一。**
羊一。豕一。告立社稷之位用太牢也共工氏子曰句龍能平水土祀以爲社周祀后稷能殖百穀祀以爲
稷社稷共牢○共音恭句故侯反**越七日甲子。周公乃朝用書命**
庶殷。侯甸男邦伯。於戊午七日甲子是時諸侯皆會故周公乃昧爽以賦功屬役書命
衆殷侯甸男服之邦伯使就功邦伯方伯即州牧也**厥既命殷庶。庶殷丕作。**
其已命殷衆衆殷之民大作言勸事**大保乃以庶邦冢君出取幣。乃**
復入。諸侯公卿並覲於王王與周公俱至文不見王無事召公與諸侯出取幣欲因大會顯周公○復扶又反
錫周公曰。拜手稽首。旅王若公。召公以幣入稱成王命錫周公曰敢
拜手稽首陳王所宜順周公之事〔疏〕若翼至若公○正義曰順位成之明日乙卯三月十二日也周公以此朝
旦至於洛則通達而徧觀於新邑所經營其位處皆無所改
易於乙卯三日丁巳三月十四日也用牲於郊告立祭天之
位牛二天與后稷所配各用一牛於丁巳明日戊午乃祭社
於新邑用太牢牛一羊一豕一於戊午七日甲子二十一日
也周公乃以此朝旦用策書命衆殷在侯甸男服之內諸國
之長謂州牧使告諸國就功作其已命衆殷衆殷皆勸樂
勤事而大作矣太保召公乃以衆國大君諸侯出取幣乃復
入稱成王之命以錫周公曰我敢拜手稽首陳王所以順
宜順周公之事○傳周公至洛汭○正義曰周公以順位成
之明日而朝至則是三月十三日也其到洛汭在召公之後
七日不知初發鎬京以何日也成王蓋與周公俱來鄭云史
不書王往者王於相宅無事也○傳於乙至可知○正義曰
知此用牲是告立郊位於天者此郊與社於攻位之時已經
營之今非常祭之月而特用牲祭天知是郊位既定告天使
知而今後常以此處祭天也禮郊用特牲不應用二牛以后
稷配故二牛也郊特牲及公羊傳皆云養牲必養二帝牛不
吉以爲稷牛言用彼爲稷牛者以之祭帝其稷牛隨時取用
不在滌養是帝稷各用一牛故二牛也先儒皆云天神尊祭
天明用犢貴誠之義稷是人神祭用太牢貶於天神法有羊
豕因天用牛遂云牛二舉其大者從天言之羊豕不見可知
也詩頌我將祀文王於明堂云惟羊惟牛又月令云以太牢
祠于高禖皆據配者有羊豕也○傳告立至共牢○正義曰
經有社無稷稷是社類知其同告之告立社稷之位其祭用
太牢故牛羊豕各一也句龍能平水土祀之以爲社后稷能
殖百穀祀以爲稷左傳魯語祭法皆有此文漢世儒者說社
稷有二左氏說社稷惟祭句龍后稷人神而已是孔之所用
孝經說社爲土神稷爲穀神句龍后稷配食者是鄭之所從
而武成篇云告于皇天后土孔以后土爲地言后土社也者
以泰誓云類于上帝宜于冢土故以后土爲社也小劉云后
土與皇天相對以后土爲地若然左傳云句龍爲后土豈句
龍爲地乎社亦名后土地名后土名同而義異也社稷共牢
經無明說郊特牲云社稷太牢二神共言太牢故傳言社稷
共牢也此經上句言于郊此不言于社此言社于新邑上句
不言郊於新邑上句言用牲此言牛羊豕不言用告天不言
告地告社不言告稷皆互相足從省文也洛誥云王在新邑
烝祭王入太室祼則洛邑亦立宗廟此不云告廟亦從省文
也○傳於戊至牧也○正義曰康誥云周公初基作新大邑
于東國洛四方民大和會侯甸男邦采衛百工播民和見士

于周與此一事也故知是時諸侯皆會故周公乃昧爽以賦功屬役書命衆殷在侯甸男服之邦伯使就築作功也康誥五服此惟三服者立文有詳略耳昭三十二年晉合諸侯城成周左傳稱命役書於諸侯屬役賦丈此傳言賦功屬役其意出於彼也賦斂謂賦功諸侯之功科其人夫多少屬役謂付屬役之處使知得地之尺丈也邦伯諸國之長故爲方伯州牧王制云千里之外設方伯卽州牧也周公命州牧使州牧各命其所部○傳諸侯至周公○正義曰上云周公朝用書命庶殷者周公自命之其事不由王也庶殷既已大作諸侯公卿乃並覲君王其時蓋有行宮王在位而諸侯公卿並覲之既入見王乃出取幣初不言入而經言出者下云乃復入則上以入可知從省文也下賜周公言旅王若公明此出入是覲王之事而經文不見王至故傳辯之王與周公俱至自此已上於王無事故不見也正以經文不見王至知與周公俱至也周公居攝功成將歸政於成王召公與諸侯出取幣欲因大會顯周公之功既成將令王自知政因賜周公遂以戒王故出取幣復入以待王命其幣蓋玄纁束帛也鄭玄云所賜之幣蓋璋以皮及寶玉大弓此時所賜案鄭注周礼云璋以皮二王之後享后所用寧當以賜臣也寶玉大弓魯公之分伯禽封魯乃可賜之不得以此時賜周公也○傳召公至之事○正義曰太保以庶邦冢君出取幣者以上太保之意非王命幣既入卽云賜周公者下言召公不得賜周公知召公既以幣入乃稱成王命以賜周公於時政在周公成王未得賜周公也但召公見周公功成作邑將反王政欲尊王而顯周公故稱成王之命以賜周公鄭玄云召公見衆殷之民大作周公德隆功成有反政之期而欲顯之因大戒天下故與諸侯出取幣使戒成王立於位以其命賜周公王肅云爲戒成王錫周公是也曰拜手稽首者召公自言已與冢君等敢拜手稽首陳王所宜順周公之事宜順之事自此以下皆是也

誥告庶殷。越自乃御事。召公指戒成王而以衆殷諸侯於自乃御治事爲辭讓也諸侯在故託焉 嗚呼。皇天上帝。改厥元子。茲大國殷之命。歎皇天改其大子此大國殷之命言紂雖爲天所大子無道尤改之言不可不慎 惟王受命。無疆惟休。亦無疆惟恤。所以戒成王天改殷命惟王受之乃無窮惟美亦無窮惟當憂之 嗚呼。曷其柰何弗敬。何其柰何不憂敬之欲其行敬

【疏】誥告至弗敬。○正義曰召公所陳戒王宜順周公之事云我爲言誥以告汝庶殷之諸侯下自汝御事欲令君臣皆聽之其實指以戒王諸侯皆在故以爲言也乃曰嗚呼有皇天上帝改去其大子所受者卽此大國殷之王命也以其無道故改命有德惟王受得此命乃無窮惟美亦無窮惟當憂之既憂之無窮嗚呼何其柰何不敬乎欲其長行敬也告庶殷者告諸侯也庶殷通尊卑之辭故民與諸侯同云庶殷皆謂所受於殷之衆也○傳歎皇至不慎○正義曰釋詁云皇君也天地尊之大故皇天后土皆以君言之也改其大子謂改天子之位與他姓卽此大國殷之命謂紂也言紂雖爲天所大子無道尤改之不可不慎也以託戒諸侯故言天子雖大尤改之況已下乎釋詁云元首也首是體之大故傳言大子鄭云言首子者凡人皆云天之子天子爲之首耳

天既遐終大邦殷之命。茲殷多先哲王在天。言天已遠終殷命此殷多先智王精神在天不能救者以紂不行敬故 越厥後王後民。茲服厥命。於其後王後民謂先智王之後繼世君自此服其命言不忝 厥終智藏瘝在。其終後王之終謂紂也賢智隱藏瘝病者在位言無良臣○瘝工頑反 夫知保抱攜持厥婦子。以哀籲天。徂厥亡出執。言困於虐政夫知保抱其子攜持其妻以哀號呼天告冤無辜往其逃亡出見執殺無地自容所以窮○夫知並如字注同籲音喻呼也號戶高反 嗚呼。天亦哀于四方民。其眷命用懋。民哀呼天天亦哀之其顧視天下有德者命用勉敬者爲民主

【疏】天既至用懋。○正義曰更述改殷之事天既遠終大國殷之王命矣此殷多有先智之王精神在天不能救紂以紂不行敬故也於其智王之後人謂繼世之君及其時之人皆服行其君之命由其亦能行敬故得不忝其先祖其此後王之終謂紂之時賢智者隱藏瘝病者在位言其時無良臣多行無禮暴虐於時之民困於虐政夫知保抱攜持其婦子以哀號呼天告冤枉無辜往其逃亡出見執殺言無地自容以困窮也天亦哀矜於四方之民其眷顧天下選擇賢聖命用勉力行敬者以爲民主故王今得之也○傳言天至敬故○正義曰天既遠終殷命言其去而不復反也說天終殷之命而言智王在天者言先智王雖精神在天而不能救紂者以紂不行敬故也戒王使行敬○傳於其至不忝○正義曰先智王之後後繼世君臣謂智王之後紂已前能守位不失者經言後王後民傳言君臣者見民內有臣民於此皆服行君之命言不忝辱父祖也○傳其終至良臣○正義曰既言後王又復言其終知是後王之終謂紂也以瘝從病類故言瘝病也鄭王皆以瘝爲病小人在位殘暴在下故以病言之○傳言困至以窮○正義曰言困於虐政抱子攜妻欲去之夫凡人人言天下盡然也保訓安也王肅云匹夫知欲安其室抱其子攜其妻以悲呼天也

王其疾敬德。相古先民有夏。言王當疾行敬德視古先民有夏之王以爲法戒之 天迪從子保。面稽天若。今時既墜厥命。夏禹能敬德天道從而子安之禹亦面考天心而順之今是桀棄禹之道天已墜其王命 今相有殷。次復觀有殷 天迪格保。面稽天若。言天道所以至於保安湯者亦如禹 今時既墜厥命。墜其王命 今沖子嗣。則無遺壽者。童子言成王少嗣位治政無遺棄老成人之言欲其法之 曰其稽我古人之德。矧曰其有能稽謀自天。沖子成王其考行古人之德則善矣況曰其有能考謀從天道乎言至善

【疏】王其至自天。○正義曰既言皇天眷顧命用勉敬者爲人主故戒王言其疾行敬德視古先民有夏之君取大禹以爲法戒禹以能敬之故天道從而子安之禹能面考天心而順以行敬今是桀棄禹之道已墜失其王命矣更復視有殷之君取成湯以爲法戒湯以能敬之故天亦從而子安之天道所以至於保安湯者亦以湯面考天心而順以行敬也今是紂棄湯之道已墜失其王命矣夏殷二代能敬則得之不敬則失之今童子爲王嗣位治政則無遺棄壽考成人宜用老成人之言法古人爲治曰王其考行古人之德則已善矣況曰其有能考行所謀以順從天道乎若能從順天道則與禹湯同功言其善不可加也○傳夏禹至王命○正義曰勸王疾行敬德乃言天道安夏知夏禹能行敬德天道從而子安之天既子愛禹禹亦順天心鄭云面尤迴向也則面爲向義禹亦志意向天考天心而順安之言能同於天心也禹與夏而桀滅之知天道子保者是禹也既墜厥命者是桀也今桀廢禹之道已墜失其王命矣○傳言天至如禹○正義曰此說二代興亡其意同也於禹言從而子安之則天於湯亦子安之故於湯因上略文直言格保格至也言至於保安湯者亦如禹也○傳童子至法之○正義曰嗣位治政謂周公歸政之後此時王未蒞政而言今沖子嗣者召公此戒戒其卽政之後故也壽謂長命者是老稱無遺棄長命之老人欲其取老人之言而法效之老人之言卽下云古人之德也

嗚呼。有王雖小。元子哉。其丕能諴于小民。今休。召公歎曰有成王雖少而大爲天所子其大能和於小民成今之美勉之○諴音咸 王不敢後。用顧畏于民碞。王爲政當不敢後能用之士必任之爲先碞僭也又當顧畏於下民僭差禮義能此二者則德化立美道成也○碞五咸反徐音吟

【疏】嗚呼至民碞。○正義曰召公歎以戒王嗚呼今所有之王惟今雖復少小而爲大爲天所子愛哉言任大也若其大能和同於天下小民則成今之美以勉之故王當不敢後其能用之士必任以爲先又當顧念畏于下民僭差禮義能此二者則德化立美道成矣○傳王爲至道成○正義曰王者爲政任賢使能有能有用宜先任之故王者爲政當不敢後其能用之士必任之爲先也碞卽巖也參差不齊之意故爲僭也既任能人復憂下民故又當顧畏於下民僭差禮義其僭差當治之使合禮義也能此二者則德化立美道成美道成卽今休是也

王來紹上帝。自服于土中。言王今來居洛邑繼天爲治躬自服行教化於地勢正中○治直吏反下爲治致治皆同 旦曰。其作大邑。其自時配皇天。稱周公言其爲大邑於土中其用是大邑配上天而爲治 毖祀于上下。其自時中乂。爲治當愼祀于天地則其用是土中大致治 王厥有成命治民今休。用是土中致治則王其有天之成命治民今獲太平之美

【疏】王來至今休。○正義曰周公之作洛邑將以反政於王故召公述其遷洛之意今王來居洛邑繼上天爲治躬自服行教化於土地正中之處故周公且言曰其作大邑於土中其令成王用是大邑配上天而爲治爲治之道當事神訓民謹愼祭祀上下神祇其用是土中大致治也既能治則王其有天之成命治理下民今獲太平之美矣○傳言王至正中○正義曰傳言躬自服行則不訓自也鄭王皆以自爲用○傳稱周至爲治○正義曰王肅云旦周公名也禮君前臣名故傳稱周公之言爲旦曰王者爲天所子代天治民天有其意天子繼天使成謂之紹上帝也天子設法其理合於天道是爲配皇天也天子將欲配天必宜治居土中故稱周公之言其爲大邑於土之中其當令此成王用是大邑行化配上天而爲治也說周公之意然戒成王使順公也周礼大司徒云以土圭之法測土深正日影以求地中日南則影短多暑日北則影長多寒日東則影夕多風日西則影朝多陰日至之影尺有五寸謂之地中天地之所合也四時之所交也風雨之所會也陰陽之所和也然則百物阜安乃建王國焉馬融云王國東都王城今河南縣是也○傳爲治至致治○正義曰祭法云有天下者祭百神天地爲大上下卽天地也故爲治當愼祀於天地舉天地則百神之祀皆愼之也能事神訓民則其用是土

中大致治也。○傳用是至之美。○正義曰：用是土中致治，當於天心，則王其有天之成命，降福與之，使多歷年歲，治民今獲太平之美。自旦曰至此，述周公之意也。

王先服殷御事，比介于我有周御事。召公既述周公所言，又自陳己意以終其戒，言當先服治殷家御事之臣，使比近於我有周治事之臣，必和協乃可一。○比，毗志反，徐扶志反。近，附近之近。

節性，惟日其邁。和比殷周之臣，時節其性，令不失中，則道化惟日其行。○令，力呈反。

王敬作所，不可不敬德。敬爲所不可不敬之德，則下敬奉其命矣。

【疏】王先至敬德。○正義曰：召公既述周公所言，又自陳己意，戒王令爲政先服治殷家御事之臣，使之比近於我有周治事之臣，令新舊和協，政乃可一。和比殷周之臣，時節其性命，令不失其中，則王之道化惟日其行矣。王當敬爲所不可不敬之德，其德爲下所敬，則下敬奉其上命，則化必行矣。化在下者，常若命之不行，故以此爲戒。○傳召公至可一。○正義曰：自今休已上，文義相連，知皆是稱周公言也。此一句意異於上，知是召公自陳己意以終其戒。殷家治事之臣，謂殷朝舊人常被殷家任使者也。周家治事之臣，謂西土新來翼贊周家初基者也。周臣恃功，或加陵殷士；殷人失埶，或疏忌周臣。新舊不和，政必乖戾，故召公戒王當先治殷臣，使比近周臣，必和協政乃可一也。不使周臣比殷，而令殷臣比周臣者，周臣奉周之法，當使殷臣從之，故治殷臣使比周臣也。○傳和比至其行。○正義曰：文承殷周之下，故知和比殷周之臣。人各有性，嗜好不同，各恣所欲，必或反道，故以礼義時節其性命，示之限分，令不失中，皆得中道，則各奉王化，故王之道化惟日其行，言日日當行之，日益遠也。顧氏云：和協殷周新舊之臣，制其性命，勿使怠慢也。○傳敬爲至命矣。○正義曰：聖王爲政，當使易從而難犯，故令行如流水，民從如順風。若使設難從之教，爲易犯之令，雖迫以嚴刑，而終不用命，故爲其德不可不敬也。王必敬爲此不可不敬之德，則下民無不敬奉其命矣。民奉其王命，是化行也。

我不可不監于有夏，亦不可不監于有殷。言王當視夏殷，法其歷年，戒其不長。

我不敢知曰，有夏服天命，惟有歷年。以能敬德，故多歷年數。我不敢獨知，亦王所知。

我不敢知曰，不其延，惟不敬厥德，乃早墜厥命。言桀不謀長久，惟以不敬其德，故乃早墜失其王命，亦王所知。

我不敢知曰，有殷受天命，惟有歷年。夏言服，殷言受，明受而服行之，互相兼也。殷之賢王猶夏之賢王，所以歷年亦王所知。

我不敢知曰，不其延，惟不敬厥德，乃早墜厥命。紂早墜其命，猶桀不敬其德，亦王所知。

今王嗣受厥命，我亦惟茲二國命，嗣若功。其夏殷也。繼受其王命，亦惟當以此夏殷長短之命爲監戒，繼順其功德者而法則之。

【疏】我不至若功。○正義曰：言王所以須慎敬所爲不可不敬之德者，以我不可不監視于有夏，亦不可不監視于有殷，皆有歷年，長不與長，由敬與不敬故也。王當法其歷年，戒其不長。更說宜監之意：我不敢獨知，亦王所知，曰有夏之君服行天命，以敬德之故，惟有多歷年數，謂桀父已前也。其末亦我不敢獨知，亦王所知，曰有夏桀不其長久，惟不敬其德，乃早墜失其王命，是爲敬者長，不敬者短，所以我不可不監夏也。我不敢獨知，亦王所知，曰有殷之君受天命，以敬德之故，惟有多歷年數，謂紂父已前也。其末亦我不敢獨知，亦王所知，曰殷紂不其長久，惟不敬其德，乃早墜失其王命，亦是所敬者長，不敬者短，所以我不可不監殷也。夏殷短長既如此矣，今王繼受其命，我亦惟當用此二國夏殷長短之命以爲監戒，繼順其功德者而法則之，勸王爲敬也。○傳言王至不長。○正義曰：相、監俱訓爲視。上言相有夏、相有殷，今復重言監有夏、監有殷者，上言順天則興，棄命則滅；此言敬則歷年，不敬則短。故重言視夏殷，欲令王法其歷年，戒其不長故也。○傳以能至所知。○正義曰：下云不敬厥德，乃早墜厥命，知其以能敬德者，故多歷年數也。上言相夏相殷，皆云天迪從子保，面稽天若，上天以道安人，人主考天順之，非創業之君不能如是，故傳以禹湯當之。此言敬德歷年，則繼體賢君亦能如此，所言歷年非獨禹湯而已。下傳云殷之賢王猶夏之賢王，則此多歷年數者，夏則桀前之賢王，殷則紂前之賢王不失位者皆是也。召公此誥指以告王，故知言我不敢獨知者，其意言亦是王所知也。王肅亦然。

王乃初服。嗚呼！若生子，罔不在厥初生，自貽哲命。言王新即政，始服行教化，當如子之初生，習爲善則善矣。自遺智命，無不在其初生。爲政之道亦猶是也。○遺，唯季反。

今天其命哲，命吉凶，命歷年。今天制此三命，惟人所修。修敬德則有智，則常吉，則歷年；爲不敬德則愚凶不長。雖說之，其實在人。

知今我初服，宅新邑。肆惟王其疾敬德。天已知我王今初服政，居新邑洛都，故惟王其當疾行敬德。

王其德之用，祈天永命。言王當其德之用，求天長命以歷年。

其惟王勿以小民淫用非彝。勿用小民過用非常，欲其重民秉常。

亦敢殄戮用乂民。亦當果敢絕刑戮之道，用治民，戒以慎罰。

若有功。其惟王位在德元。順行禹湯所以成功，則其惟王居位在德之首。

小民乃惟刑用于天下，越王顯。王在德元，則小民乃惟用法於天下，言治政於王亦有光明。

【疏】王乃至王顯。○正義曰：既言當法則賢王，又戒王爲政之要。王乃初始即政，服行教化。嗚呼！王行教化，當如初生之子，子之善惡無不在其初生。若習行善道，此乃自遺智命。智命謂身有賢智，命由己來，是自遺也。爲政之道亦猶是矣。爲政初則能善，天必遺王多福，使王有智，則常吉，歷年長久也。今天觀人所爲，以授之命。其命者，智與愚也；其命，吉與凶也；其命，歷年與不長也。若能敬德，則有智常吉，歷年長久也；若不敬德，則愚凶不長也。天已知我王今初始服政，居此新邑，觀王善惡，欲授之命，故惟王其當疾行敬德。王其德之用，言爲行當用德，則能求天長命以歷年也。其惟王勿以役小人過用非常之事，亦當果敢絕刑戮之道，以治下民，順行禹湯所有成功，則惟王居天子之位，在德行之首矣。王能如是，小民乃惟法則於王，行用天下，如是則於王道亦有光明也。○傳言王至猶是。○正義曰：以此新即政，始行教化，比子之初生，始欲學習，爲善則善矣。若能爲善，天必授之以賢智之命，是此賢智之命由己行善而來，是自遺智命矣。初習爲惡則惡矣，若其爲惡，天必授之以頑愚之命，亦是自遺愚命也。方欲勸王慕善，故惟舉智命而不言愚命者，愚智由學習而至，是無不在其初生。此初生謂年長以解習學，非初始生也。爲政之道亦猶是，爲善政得福，爲惡政得禍，亦如初生之子習善惡也。○傳今天至在人。○正義曰：命由天授，遠舉天心，故言今天制此三命。有哲當有愚，有歷年當有不長，文不備者，以吉凶相反，言命吉凶則哲對愚，歷年對不長，可知矣。天制此三命，善惡由人，惟人所修習也。此篇所云惟勤修敬德，故云修敬德則有智，則常吉，則多年；惟不敬德，則愚凶不長也。愚智天壽之外而別言吉凶，於凡人則康強爲吉，病患爲凶；於王者則太平爲吉，禍亂爲凶。三者雖以託天說之，其實行之在人。人行之有善惡，天隨以善惡授之耳。此是立教誘人之辭，不可以賢智天枉爲難也。○傳言王至歷年。○正義曰：其德之用，言爲行當用德，用德與疾敬德爲一事也，故上傳云主者當疾行敬德，則此文是也。○傳勿用至秉常。○正義曰：勿用小民非常役用，爲非常之義，戒王當使民以時，莫爲非常勞役，欲其重民秉常也。○傳亦當至慎罰。○正義曰：聖人作法，以刑止刑，以殺止殺，若直犯罪之人，亦當果敢致罪之，以此絕刑戮之道，用治民。謂獄事無疑，決斷得理，則果敢爲絕刑戮之道。若其獄情疑惑，枉濫者多，是爲不能果敢絕刑戮之道也。上戒王以明德，此戒王以慎罰，故言亦也。○傳順行至之首。○正義曰：若有功，必順前世有功者也。上文所云相夏相殷，禹湯之功，故知此順行禹湯所有成功。能順禹湯之功，則惟王居位在德之首。禹湯爲有德之首，故王亦爲首。○傳王在至光明。○正義曰：詩稱民之秉彝，好是懿德，故王在德元，則小民乃惟法則於王，行王政於天下。王之爲政，民盡行之，是言治政於王道有光明也。

上下勤恤，其曰我受天命，丕若有夏歷年，式勿替有殷歷年。言當君臣勤憂敬德，曰我受天命，大順有夏之多歷年，勿用廢有殷歷年，庶幾兼之。

欲王以小民受天永命。我欲王用小民受天長命，言常有民。

拜手稽首曰：予小臣，敢以王之讎民百君子。拜手首至手，稽首首至地，盡禮致敬，以入其言。我小臣謙辭，敢以王之匹民百君子，治民者非一人。言民在下，自上匹之。○讎字或作酬。

越友民，保受王威命明德。言與匹民百君子於友愛民者，共安受王之威命明德，奉行之。

王末有成命，王亦顯。臣下安受王命，則王終有天成命，於王亦昭著。

我非敢勤，惟恭奉幣，用供王能祈天永命。言我非敢獨勤而已，惟恭敬奉其幣帛，用供待王能求天長命，將以慶王多福，必上下勤恤，乃與小民受天永命。○奉如字，又芳孔反。供音恭，徐紀用反，注供待同。

【疏】上下至永命。○正義曰：上既勸王敬德，又言臣當助君。言君臣上下勤憂敬德，所以勸者，其言曰：我周家既受天命，當大順有夏之多歷年歲，用勿廢有殷之多歷年歲。夏殷勤行敬德，故多歷年長久，我君臣亦當行敬德，庶幾兼之。如此者，我欲令王用小民受天長命，言愛下民則歷年多也。召公既言此，乃拜手稽首，盡禮致敬，欲王納用其言。既拜而又曰：我小臣敢以王之匹配於民衆百君子於友愛民者，共安受王之威命明德，奉行之，是上勤恤也。臣下安受王命，則王終有天之成命，於王亦爲昭著也。我非敢獨勤而已，衆百君子皆然。言我與衆百君子惟恭敬奉其幣帛，用供待王，能求天長命，將以此慶王受天多福也。○傳言當至兼之。○正義曰：王者不獨治，必當以臣助之。上句惟指勸王，故此又言臣助君。上下謂君臣，故言當君臣共勤

憂敬德不獨使王勤也我周王承夏殷之後受天明命欲其年過二代既言大順有夏歷年又言勿廢有殷歷年庶幾兼彼二代歷年長久勤行敬德即是大順勿廢也。傳拜手至匹之。正義曰拜手頭至手稽首頭至地謂既爲拜當頭至手又申頭以至地故拜手稽首重言之諸言拜手稽首者義皆然也就此文詳而解之周禮太祝辨九拜一曰稽首施之於極尊召公爲此拜者恐王忽而不聽盡禮致敬以入其言於王此拜手稽首一句史錄其事非召公語也召公設言未盡爲此拜乃更言鄭云拜手稽首者召公既拜興曰我小臣以下言召公拜訖而復言也王肅云我小臣召公自謂是小臣爲召公之謙辭雖訓爲匹敢以王之匹民百君子百者舉其成數言治民者非一人鄭玄云王之諸侯與羣吏是非一人也嫌匹爲齊等故云民在下自上匹之。傳言我至永命。正義曰我非敢勤召公自道言我非敢獨勤而已必上下勤恤言與衆百君子皆勤也禮執贄必用幣帛惟恭敬奉其幣帛用供待王能求天長命將以執贄慶王多福王能愛養小民即是求天長命待王能愛小民即欲慶之

洛誥第十五　周書　孔氏傳　孔穎達疏

召公既相宅。周公往營成周。使來告卜。召公先相宅卜之周公自後至經營作之遣使以所卜吉兆逆告成王。相息亮反注及下同使所吏反注遣使同 作洛誥。既成洛邑將致政成王告以居洛之義 〔疏〕召公至洛誥。正義曰序自上下相顧爲文上篇序云周公先相宅此承其下故云召公既相宅召公以三月戊申相宅而卜周公自後而往以乙卯日至經營成周之邑周公卽遣使人來告成王以召公所卜之吉兆及周公將欲歸於成王王乃陳本營洛邑之事以告成王王因請教誨之言周公與王更相報荅史敍其事作洛誥史錄此篇錄周公與王相對之言以爲後法非獨相宅告卜而已但周公因致政本說往前告卜經文既具故序畧其事直舉其發言之端耳。傳召公至成王。正義曰上篇云三月戊申太保朝至于洛卜宅厥既得卜則經營是召公先相宅則卜之又云乙卯周公朝至于洛則達觀于新邑營是周公自後至經營作之召公相洛邑亦相成周周公營成周亦營洛邑各舉其一互以相明卜者召公卜也周公既至洛邑案行所營之處遣使以所卜吉兆逆告成王也案上篇傳云王與周公俱至何得周公至洛逆告王者王與周公雖與相俱行欲至洛之時必以周公先到行處所故得逆告也顧氏云周公既至洛邑乃遣以所卜吉兆來告於王是也經稱成王言公既定宅伻來來視予卜休恒吉是以得吉兆告成王也上篇召公以戊申至周公乙卯至周公在召公後七日也至洛較七日其發鎬京或亦較七日。傳既成至之義。正義曰周公攝政七年三月經營洛邑既成洛邑又歸向西都其年冬將致政成王告以居洛之義故名之曰洛誥言以居洛之事告王也篇末乃云戊辰王在新邑明戊辰已上皆是西都時所誥也

周公拜手稽首曰。朕復子明辟。周公盡禮致敬言我復還明君之政於子子成王年二十成人故必歸政而退老。辟必亦反 王如弗敢及天基命定命。如往也言王往日幼少不敢及知天始命周家安定天下之命故已攝 予乃胤保大相東土。其基作民明辟。我乃繼文武安天下之道大相洛邑其始爲民明君之治 〔疏〕周公至民明辟。正義曰周公將反歸政陳成王將居其位周公拜手稽首盡禮致敬於王既拜乃興而言曰我今復還子明君之政言王往日幼少其志意未成不敢及知天之始命我周家安定天下之命故我攝王之位代王爲治我乃繼文王武王安定天下之道以此故大視東土洛邑之居其始欲王居之爲民明君之治言欲爲民明君必當治土中故爲王營洛邑也。傳周公至退老。正義曰周公還政而已明闇在於人君而云復還明君之政者其意欲令王明故稱復子明辟也正以此年還政者以成王年已二十成人故必歸政而退老也傳說成王之年惟此而已王肅於金縢篇末云武王年九十三而已冬十一月崩其明年稱元年周公攝政遭流言作大誥而東征二年克殷殺管叔三年歸制禮作樂出入四年六年而成七年營洛邑作康誥召詩洛誥致政成王然則武王崩時成王年已十三矣周公攝政七年成王適滿二十孔於此言成王年二十則其義如王肅也又家語云武王崩時成王年十三是孔之所據也。傳如往至已攝。正義曰如往釋詁文及訓與也言王往日幼少志意未成不敢與知上天始命我周家安定天下之命故已攝也天命周家安定天下者必令天下太平乃爲安定成王幼少未能使之安定故不敢與知之周公所以攝也。傳我乃至之治。正義曰肩訓繼也文王受命武王伐紂意在安定天下天下未得安定故周公言我乃繼續文武安定天下之道大相洛邑之地其處可行教化始營此都爲民明君之政治言欲爲民明君其意當在此

予惟乙卯。朝至于洛師。致政在冬本其春來至洛衆說始卜定都之意 我卜河朔黎水。我乃卜澗水東。瀍水西。惟洛食。我使人卜河北黎水上不吉又卜澗瀍之間南近洛吉今河南城也卜必先墨畫龜然後灼之兆順食墨。河朔朔北也瀍直連反近附近之近 我又卜瀍水東。亦惟洛食。伻來以圖及獻卜。今洛陽也將定下都遷殷頑民故幷卜之遣使以所卜地圖及獻所卜吉兆來告成王。伻普耕反徐敷耕反又甫耕反下同 〔疏〕予惟至獻卜。正義曰周公追述立東都之事我惟以七年三月乙卯之日朝至于洛邑衆作之處經營此都其未往之前我使人卜河北黎水之上不得吉兆乃卜澗水東瀍水西惟近洛而其兆得吉依規食墨我亦使人卜瀍水東亦惟近洛其兆亦吉依規食墨我以乙卯至洛我卽使人來以所卜地圖及獻所卜吉兆於王言卜吉立此周都宜居之爲治也。傳致政至之意。正義曰下文摠結此公攝政之事云在十有二月是致政在冬也在冬發言嫌此事是冬故辨之云本其春來至洛衆追說始卜定都之意也周公至洛之時庶殷已集於洛邑故云至于洛師。傳我使至食墨。正義曰嫌周公自卜故云我使人謂使召公也案上篇召公至洛其日卽卜而得卜河朔黎水者以地合龜非就地內此言所卜三處皆一時事也黎水之下不言吉凶者我乃是改卜之辭明其不吉乃改故知卜河北黎水之上不吉也王定鼎於郟鄏已有遷都之意而先卜黎水上者以帝王所都不常厥邑夏殷皆在河北所以博求吉地故令先卜河北不吉乃卜河南也其卜澗瀍之間南近洛吉今河南城也基址仍在可驗而知所卜黎水之上其處不可知矣凡卜之者必先以墨畫龜要坼依此墨然後灼之求其兆順食此墨畫之處故云惟洛食顏氏云此先卜河北黎水者近於紂都爲其懷土重遷故先卜近以悅之用鄭康成之說義或然也。傳今洛至成王。正義曰洛陽卽成周敬王自王城遷而都之春秋昭三十二年城成周是也周公慮此頑民未從周化故既營洛邑將定下都以遷殷之頑民故命召公卽幷卜之周公既至卽遣使以所卜地圖及獻所卜吉兆來告於成王言已重其事幷獻卜兆者使王觀兆知其審吉也

王拜手稽首曰。公不敢不敬天之休。來相宅。其作周匹休。成王尊敬周公荅其拜手稽首而受其言述而美之言公不敢不敬天之美來相宅其作周以配天之美 公既定宅。伻來。來視予卜休恒吉。我二人共貞。言公前已定宅遣使來來視我以所卜之美常吉之居我與公共正其美。貞正也馬云當也 公其以予萬億年敬天之休。公其當用我萬億年敬天之美十千爲萬十萬爲億言久遠 拜手稽首誨言。成王盡禮致敬於周公來教誨之言。盡子忍反 〔疏〕王拜手至誨言。正義曰成王尊敬周公故亦盡禮致敬拜手稽首乃受公之語述公之美曰不敢不敬天之美來至洛相宅其意欲作周家配天之美故也公既定洛邑卽使人來告亦來視我以所卜之美常吉之居我當與公二人共正其美公定其宅其當用我萬億年敬天之美故也既言此又拜手稽首於周公求教誨之言。傳成王至之美。正義曰拜手稽首施於極敬哀十七年左傳云非天子寡君無所稽首諸侯小事大尚不稽首況於臣乎成王尊敬周公荅言其拜手稽首而受其言又述而美之天命文武使王天下是天之美事言公不敢不敬天之美來相洛邑之宅。傳言公至其美。正義曰周公追述往前遣使獻卜於成王復疑公言言公前已定宅遣使來來視我所卜之吉兆常吉之居自言前已知其卜既有此美我當與公二人共正其美意欲留公輔已共公正此美事來壹文與者來來言使來下來爲視我卜也鄭云伻來來者使二人也與孔意異。傳公其至久遠。正義曰言居洛爲治可以永久公意其當用我使萬億年敬天之美言公欲令已作脩久遠美公意之深也王制云方百里者爲方十里者百爲田九十億畝方里者萬則是爲田九百萬畝今記乃云九十億畝是名十萬爲億也楚語云百姓千品萬官億醜每數相十是古十萬曰億今之算術乃萬萬爲億也。傳成王至之言。正義曰此一段史官所錄非王言也王求教誨之言必有求教誨之辭史略取其意故直云誨言爲求誨言而拜故言成王盡禮致敬於周公求教誨之言也

周公曰。王肇稱殷禮。祀于新邑。咸秩無文。言王當始舉殷家祭祀以禮典祀於新邑皆次秩不在禮文者而祀之 予齊百工。伻從王于周。予惟曰。庶有事。我整齊百官使從王於周行其禮典我惟曰庶幾有善政事 今王卽命曰。記功。宗以功。作元祀。今王就行王命於洛邑曰當記人之功尊人亦當用功大小爲序有大功則列大祀謂功施於民者。曰記上音越一音人實反 惟命曰。汝受命篤。弼丕視功載。乃汝其悉自教工。惟天命我周邦汝受天命厚矣當輔大天命視羣臣有功者記載之乃汝新卽政其當盡自教衆官躬化之 孺子其朋。孺子

其朋。其往。少子慎其朋黨少子慎朋黨戒其自今已往無若火始燄燄。厥攸灼敘。弗其絕。言朋黨敗俗所宜禁絕無令若火始然燄燄尚微其所及灼然有次序不其絕事從微至著防之宜以初。燄音豔敘絕句馬讀敘句字屬下令力呈反厥若彝。及撫事如予。惟以在周工。其順常道及撫國事如我所爲惟用在周之百官往新邑。伻嚮即有僚。明作有功。惇大成裕。汝永有辭。往行政化於新邑當使臣下各鄉就有官明爲有功厚大成寬裕之德則汝長有歎譽之辭於後世。嚮許亮反注同惇都昆反

〔疏〕周公至有辭。○正義曰王求教誨之言公乃誨之周公曰王居此洛邑當始舉殷家祭祀以爲禮典祀於洛之新邑皆次秩在禮無文法應祀者亦次秩而祀之我雖致政爲王整齊百官使從王於周行其禮典若能如此我惟曰庶幾有善政事今王就行王命於洛邑曰王當記人之功尊人亦當用功大小爲次序有大功者則列爲大祀又申述所以祀神功臣功者由臣而立惟天命我周邦之故曰汝受天命厚矣當輔大天命故須視羣臣有功者記載之君知臣功則臣皆盡力欲令羣臣盡力於於初即教之乃汝新始即政其當盡自教誨衆官令王躬自化之使之立功又以朋黨害政尤宜禁絕故丁寧戒之少子慎其朋黨少子慎其朋黨戒其自今已往令常慎此朋黨之事若欲絕止禁其未犯無令若火始然燄燄尚微火既然燄其火所及將灼然有次序矣不其復可絕也汝成王其當順此常道及撫循國事如我攝政所爲惟當用我此事在周之百官則當畏服各立功矣汝當以此往行政化於新邑當使臣下百官各嚮就有官明爲有功厚大成寬裕之德則汝長有歎譽之辭於後世此周公誨王之言也○傳言王至祀之正義曰於時制禮已訖而云殷禮者此殷禮即周公所制禮也雖有損益以其從殷而來故稱殷禮猶上篇云庶殷本其所由來孔於上傳已具故於此不言必知殷禮即周禮者以此云祀於新邑即下文烝祭歲也既用騂牛明用周禮云始者謂於新邑始爲此祭顧氏云舉行殷家舊祭祀用周之常法言周禮即殷家之舊禮也鄭玄云王者未制禮樂恒用先王之禮樂是言伐紂以來皆用殷之禮樂非始成王用之也周公制禮樂既成不使成王即用周禮仍令用殷禮者欲待明年即取告神受職然後班行周禮班訖始得用周禮故告神且用殷禮也孔義或然故復存之神數多而禮文少應祭之神名有不在禮文者故令皆次秩不在禮文而應祀者皆舉而祀之○傳我整至政事○正義曰時成王未有留公之意公以成王初始即政自慮百官不齊故雖即致政猶欲整齊百官使從王於周謂從至新邑行其典禮周公以成王賢君今復成長故言我惟曰庶幾有善政事言己私爲此言冀王爲政善也○傳令王至民者○正義曰記臣功者是人主之事故言今王就行王命於洛邑謂正位爲王臨察臣下知其有功以否恐王輕忽此事故曰當記人之功更言曰者所以致殷勤也尊人必當用功大小爲次序令功大者居上位功小者處下位也有大功則列爲大祀謂有殊功堪載祀典者祭法云聖王之制祭祀也法施於民則祀之以死勤事則祀之以勞定國則祀之能禦大災則祀之能捍大患則祀之是爲大祀謂功施於民者也或時立其祀配享廟廷亦是也○傳惟天至化之○正義曰惟天命我周邦謂天命我文武故及汝成王復受天命爲天子是天之恩德深厚矣天以厚德被汝汝當輔大天命任賢使能行合天意是輔大天也汝當輔太天命故宜視羣臣有功者記載之褒上記功宗以功言之也欲令羣臣有功必須躬自教化之在於初始故言乃汝新即政其當盡自教衆官欲令王躬化之者正已之身使羣臣法之非謂以辭化之也言盡自教者政有大小恐王輕大畧小令王盡自親化之言惟命曰亦是致殷勤乃者緩辭也義異上句故言乃耳王肅云此其盡自教百官謂正身以先之○傳少子至已往○正義曰鄭云孺子幼少之稱謂成王也此上皆云成王此句特言少子者以明朋黨敗俗爲害尤大恐年少所忽故特言孺子也朋黨謂臣相朋黨慎其朋黨令禁絕之戒其自今已往謂從即政以後常以此事爲戒也○傳言朋至以初○正義曰無令若火始然以喻無令朋黨始發若火既然初雖燄燄尚微其火所及灼然有次序不其復可絕也以喻朋黨若起漸漸益大羣黨既成不可復禁止也事從微至著防之宜以初謂朋黨未發之前防之使不發○傳其順至百官○正義曰考古依法爲順常道號令治民爲撫國事周公大聖動成軌則如我所爲謂如攝政之時事所施爲也惟當用我所爲在周之百官令其行周公之道法於百官也○傳往行至後世○正義曰此時在西都戒王故云往行政化於新邑當使臣下各嚮就所有之官令其各守其職思不出其位自當陳力就列明爲有功在官者當以禍小急躁爲累故令臣下厚大成寬裕之德臣下既賢君必明聖則汝長有歎譽之辭於後世矣今周頌所歌即歎譽成王之辭也

公曰。已。汝惟沖子惟終。已乎汝惟童子嗣父祖之位惟當終其美業汝其敬識百辟享。亦識其有不享。享多儀。儀不及物。惟曰不享。奉上謂之享言汝爲王其當敬識百君諸侯之奉上者亦識其有違上者奉上之道多威儀威儀不及禮物惟曰不奉上惟不役志于享。凡民惟曰不享。惟事其爽侮。言人君惟不役志於奉上則凡人化之惟曰不奉上矣如此則惟政事其差錯侮慢不可治理

〔疏〕公曰至爽侮。○正義曰周公復誨王曰嗚呼前言已如是更復教誨汝惟童子嗣父祖之位惟當終其美業天子居百官諸侯之上須知臣下恭之與慢奉上謂之享汝爲天子其當恭敬記識百官諸侯奉上者亦當記識其有不奉上者奉上之道多威儀威儀不及禮物則人惟曰不奉上之道矣所以須記之者百官諸侯爲下民之君惟爲政教不肯役用其志於此奉上之事則凡民化之亦惟曰不奉上矣百官不承天子民復不奉百官上下不相畏敬惟政事其皆差錯侮慢不可治理矣故天子須知百官奉上與否也○傳已乎至美業○正義曰周公止而復言故更言公曰已乎者道前言已如是矣爲後言發端也童子者言其年幼而任重嗣父祖之位當終其美業能致太平是終之也○傳奉上至奉上○正義曰享訓獻也獻是奉上之辭故奉上謂之享百官諸侯上事天子凡所恭承皆是奉上非獨朝覲貢獻乃爲奉上鄭玄專以朝聘說之理未盡也言汝爲王當敬識百官諸侯之奉上者亦識其有違上者察其恭承王命如法以否奉上違上皆須記之奉上者當以禮接之違上者當以刑威之所謂賞慶刑威爲君之道奉上之道其事非一故云多威儀威儀既多皆須合禮其威儀不及禮物惟曰不奉上矣謂旁人觀之亦言其不奉上也鄭云朝聘之禮至大其禮之儀不及物所謂貢篚多而威儀簡也威儀既簡亦是不享也

乃惟孺子。頒朕不暇。聽朕教汝于棐民彝。我爲政常若不暇汝爲小子當分取我之不暇而行之聽我教汝於輔民之常而用之。頒音班徐甫云反馬云猶也棐音匪又芳鬼反汝乃是不蘉。乃時惟不永哉。汝乃是不勉爲政汝是惟不可長哉欲其必勉爲可長。○蘉徐莫剛反又武剛反馬云勉也篤敘乃正父。罔不若予。不敢廢乃命。厚次序汝正父之道而行之無不順我所爲則天下不敢棄汝命常奉之汝往敬哉。茲予其明農哉。彼裕我民。無遠用戾。汝往居新邑敬行教化哉如此我其退老明教農人以義哉彼天下被寬裕之政則我民無遠用來言皆來。○被皮寄反又被美反

〔疏〕乃惟至用戾。○正義曰又曰已居攝之時爲政常若不暇汝惟小子當分取我之不暇而施行之又聽我教汝於輔民之常而用之汝乃於是事不勉力爲政則汝是惟不可長久哉必須勉力爲之乃可長久此所言皆是汝父所行汝欲勉之但厚次序汝正父之道而行之無不順我所爲則天下不敢廢棄汝命必常奉而行之汝往居新邑敬行教化哉如此我其退老明教農人以義哉汝若能使彼天下之民被寬裕之政則我天下之民無問遠近者悉皆用來歸汝矣○傳我爲至用之○正義曰爲政常若不暇謂居攝時也聖人爲政務在知人雖復治致太平猶懼意之不盡故謙言已所不暇若言猶有美事未得施者然故戒之成王汝惟小子當分取我之不暇而行之言已所不暇行者欲令成王勉行之鄭玄云成王之才周公倍之猶未而言分者誘掖之言也生民之爲業雖復志有經營不能獨自成就須王者設教以輔助之聽我教汝輔民之常法而用之謂用善政以安民說文云須分也○傳汝乃至可長○正義曰成王言公其以予萬億年言欲已長久也故周公於此戒之汝乃於是不勉力爲政汝惟不可長哉欲其必勉力勤行政教爲可長久之道然後可至萬億年耳蘉之爲勉相傳訓也鄭王皆以爲勉○傳厚次至奉之○正義曰正父謂武王言其德正故稱正父厚次序汝正父之道而行之令其爲武王之政也武王周公俱是大聖無不順我所爲又令法周公之道既言法武王又法周公則天下不敢棄汝命常奉行之○傳汝往至皆來○正義曰歸其王政令汝往居新邑敬行教化哉公既歸政則身當無事如此我其退老於州里明教農人以義哉又令成王行寬裕之政以治下民民被寬裕之政則天下之民無問遠近者用來歸王言遠處皆來也上文使之惇大成裕故此言裕政來民結上事也伏生書傳稱禮致仕之臣教於州里大夫爲父師士爲少師朝夕坐於門塾而教出入之子弟是教農人以義也

王若曰。公明保予沖子。成王順周公意請留之自輔言公當明安我童子不可去之公稱丕顯德。以予小子。揚文武烈。言公當留舉大明德用我小子褒揚文武之業而奉順天。○褒薄謀反切韻博毛反奉荅天命。和恒四方民。居師。又當奉當天命以和常四方之民居處其衆惇宗將禮。稱秩元祀。咸秩無文。厚尊大禮舉秩大祀皆次秩無禮文而宜在祀典者凡此待公而行惟公德明。光于上下。勤施于四方。言公明德光於天地勤政施於四海萬邦四夷服仰公德而化之旁作穆穆迓衡。不迷文武勤教。四方旁來爲敬敬之道以迎太平之政不迷惑於文武所

勤之敎言化治。旁步光反迓五嫁反馬鄭王皆音魚據反予沖子夙夜毖祀。言政化由公而立我童子徒早起夜寐愼其祭祀而已無所能〔疏〕王若至毖祀。正義曰王以周公將退因誨之而請留公王順周公之意而言曰公當留佐而明安我童子不可去也所以不可去者當舉行大明之德用使我小子褒揚文武之業而奉當天命以和常四方之民居處其衆故也其厚尊大禮謂舉秩大祀皆次秩禮所無文者而皆祀之凡此皆待公而行非我能也更述居攝時事惟公明德光于天地勤政施於四方使四方旁來爲敬敬之道以迎太平之政下民皆不復迷惑於文武所勤之敎言公化洽使如此也今若留輔我童子惟當早起夜寐愼其祭祀而已言政化由公而立我無所能也。傳成王至去之。正義曰成王以周公誨已爲善順周公之意示已欲行善政而請留之自輔王以公若捨我而去則已政闇而治危故云公當明安我童子不可去也。傳言公至順天。正義曰文武受命功德盛隆成王自量已身不能繼業言公當留舉大明德以佑助我用我小子褒揚文武之業而奉順天者下句奉荅天命是也孔分經爲傳故採取下句以申之。傳又當至其衆。正義曰天命周家欲令民治故又當奉當天命以和常四方之民居處其衆也奉當者尊天意使允當天心和協民心使常行善也居處其衆使之安土樂業也。傳厚尊至而行。正義曰釋詁云將大也厚尊大禮謂祭祀之禮祭統云禮有五經莫重於祭是祭禮最尊大公誨成王令肇稱殷禮祀于新邑咸秩無文欲荅公誨已之事還述公辭舉秩大祀皆次秩無禮文而宜在祀典者其祀事非我所爲凡此皆待公而行者也言公不可捨我以去也。傳言公至化之。正義曰此與下經皆追迹居攝時事堯典訓光爲充此光亦爲充也言公之明德充滿天地即堯典格于上下勤政施於四方即堯典光被四表也意言萬邦四表皆服仰公德而化之上言待公乃行之此言公有是德言其將來說其已然所以深美公也。傳四方至化洽。正義曰上言施化在公此言民化公德四方旁來爲敬敬之道民皆敬嚮公以迎太平之政言迎者公政從上而下民皆自下迎之言其慕化速也文武勤行敎化欲以教訓利民民蒙公化識文武之心不復迷惑文武所勤之敎言公居攝之時政化已洽於民也。傳言政至所能。正義曰此述留公之意陳自今已後之事言公若留佐政化由公而立我童子徒早起夜寐愼其祭祀而已於政事無所能欲惟典祭祀以政事委公襄二十六年左傳云衞獻公使與寗喜言曰苟得反國政由寗氏祭則寡人亦猶是也

王曰。公功棐迪篤。罔不若時。公之功輔道我已厚矣天下無不順而是公之功〔疏〕王曰公功至若時。正義曰王又重述前言還說居攝時事也曰公之功輔道我已厚矣天下無有不順而是公之功者公所以須留也。傳公之至之功。正義曰王意言公之居攝天下若爲非則可捨我而去公之居攝天下無不順而是公之功不可捨我去

王曰。公。予小子其退即辟于周。命公後。我小子退坐之後便就君於周命立公後公當留佑我四方迪亂未定于宗禮。亦未克敉公功。言四方雖道治猶未定於尊禮禮未彰是亦未能撫順公之大功明不可以去。敉亡婢反治直吏反下同迪將其後。監我士師工。公留教道將助我其今已後之政監篤我政事衆官委任之言。監工銜反注同誕保文武受民。亂爲四輔。大安文武所受之民治之爲我四維之輔明當依倚公〔疏〕王曰公予至四輔。正義曰王呼周公曰我小子其退此坐就爲君於周謂順公之言行天子之政於洛邑也至洛邑當命公後立公之世子爲國君公當留輔我也公之攝政四方雖已道治理猶自未能定於尊禮是亦未能撫順公之大功公當待其定大禮順公之大功此時未可去也公當留敎道將助我其今已後之政監篤我政事衆官以此大安文武所受之民而治之爲我四維之輔助明已當依倚公也。傳我小至佑我。正義曰退者退朝也周公於時令成王坐王位而以政歸之成王順周公言受其政也言我小子退坐之後便就君位於周周洛邑許其從公言適洛邑而行新政也古者臣有大功必封爲國君今周公將欲退老故命立公後使公子伯禽爲國君公當留佑我王肅云成王前春亦俱至洛邑是顧無事既會而還宗周周公往營成周還來致政成王也。傳言四至以去。正義曰王意恐公意以四方既定不須更留故謂公云四方雖已道治而猶未能定於尊大之禮言其禮樂未能彰明也禮既未彰是天下之民亦未能撫安順行公之大功公當待其禮法明公功順乃可去耳明今不可以去。傳大安至倚公。正義曰文武受民之於天下今大安文武所受之民助我治之爲我四維之輔明已當依倚公也維者爲之綱紀猶如用繩維持之文王世子云設四輔謂設衆官爲四方輔助周公一人事無不統故一人爲四輔管子云四維不張國乃滅亡傳取管子之意故言四維之輔也

王曰。公定。予往已。公功肅將祗歡。公留以安定我我從公言往至洛邑已矣公功以進大天下咸敬樂公功。樂音洛公無困哉。我惟無斁其康事。公勿替刑。四方其世享。公必留無去以困我哉我惟無厭其安天下事公勿去以廢法則四方其世世享公之德。斁音亦厭於豔反〔疏〕王曰公定至世享。正義曰王又呼公公留以安定我我從公言往至洛邑已矣公功已進且大矣天下皆樂公之功敬而歡樂公必留無去以困我哉公留助我我惟無厭其安天下之事公勿去以廢法則四方之民其世世享公之德矣。傳公留至公功。正義曰讀文以公定爲句王稱定者言定已也故傳言公留以安定我我字傳加之我從公言是經之予也往至洛邑已矣言已順從公命受歸政也公功已進大天下咸敬樂公之功亦謂居攝時也釋詁云肅進也。傳公必至之德。正義曰王言已才智淺短公去則困故請公無去以困我哉我意欲置太平惟無厭倦其安天下之事是以留公公勿去以廢治國之法則天下四方之民蒙公之恩其世世享公之德享謂荷負之

周公拜手稽首曰。王命予來。承保乃文祖受命民。拜而後言許成王留言王命我來承安汝文德之祖文王所受命之民是所以不得去越乃光烈考武王。弘朕恭。於汝大業之父武王大使我恭奉其道敎成王留已意孺子來相宅。其大惇典殷獻民。少子今所以來相宅於洛邑其大厚行典常於殷賢人亂爲四方新辟。作周恭先。言當治理天下新其政化爲四方之新君爲周家見恭敬之王後世所推先也曰。其自時中乂。萬邦咸休。惟王有成績。曰其當用是土中爲治使萬國皆被美德如此惟王乃有成功予旦以多子。越御事。篤前人成烈。荅其師。作周孚先。我旦以衆卿大夫於御治事之臣厚率行先王成業當其衆心爲周家立信者之所推先〔疏〕周公至孚先。正義曰周公拜手稽首盡禮致敬許王之留乃興而爲言曰王今命我來居臣位承安汝文德之祖文王所受命之民今我繼文祖大業我所以不得去也又於汝大業父武王大使我恭奉其道王意以禮留我其事甚大我所以爲王留也公呼成王云小子今所以來相宅於洛邑者欲其大厚行常道於殷賢人王當治理天下新其政化爲四方之新君爲周家後世見恭敬之王所推先也重誨王曰其當用是土中爲治使萬國皆被美德如此惟王乃有成功也公自稱名曰若王居洛邑則我旦以多衆君子卿大夫等及於御治事之臣厚率行前人先王成業使當其衆心爲周家後世人臣立信者之所推先言我留輔王使君臣皆爲後世所推先期於上下俱顯也。傳拜而至得去。正義曰拜是從命之事故云拜而後言許成王留也以退爲去以留爲來故言王令我來來居臣位爲太師也承安汝文德之祖文王所受命之民天命文王使爲民主天以民命文王故民是文王所受命之民承安者承文王之意安定此民言王之留已乃爲此事其事既大是所以不得去也。傳於汝至已意。正義曰於汝成王大功業之父武王王意大使我恭奉其道敎成王留已之意也王於文王武王皆欲令周公奉其道安其民其意一也周公分言之耳承安其文王之民恭奉其武王之道互相通也。傳少子至賢人。正義曰少子者呼成王之辭言我今所以來相宅於洛邑者欲令王居洛其大厚行典常於殷賢人而據洛爲政故言來訓典爲常故連言典常言其行常道也周受於殷故繼之於殷人有賢性故稱賢人。傳言當至推先。正義曰易稱日新之謂盛德雖舊有美政令王更復新之言當治理天下新其政化爲四方之新君與後人爲軌訓爲周家見恭敬之王後世所推先也謂周家後世子孫有德之王被人恭敬推先王戒成王使爲善政令後王崇重之。傳曰其至成功。正義曰重以誨王成其上事故言曰以起之。傳我旦至推先。正義曰旦是周公之名故自稱我旦也子者有德之稱大夫皆稱子故以衆子爲衆卿大夫同欲令成王行善政爲後世賢王所推先公與羣臣盡誠節爲後世賢臣所推先故欲以衆卿大夫及於御治事之臣深厚率行先王之業使當其人衆之心爲周家後世賢臣立信者之所推先也傳於此不言後世從上省文也於君言見恭敬於臣言立信者以君尊言人敬臣卑言自立信因其所宜以設文也考朕昭子刑。乃單文祖德。伻來毖殷。乃命寧。我所成明子法乃盡文祖之德謂典禮也所以君土中是文武使已來愼教殷民乃見命而安之。單音丹馬丁但反信也予以秬鬯二卣。曰明禋。拜手稽首休享。周公攝政七年致太平以黑黍酒二器明絜致敬告文武以美享既告而致政成王留之本說之。秬音巨鬯勑亮反香酒也卣由手反又音由中樽也禋音因予不敢宿。則禋于文王武王。言我見天下太平則絜告文武不經宿惠篤敘。無有遘自疾。萬年猒乃德。殷乃引考。汝爲政當順典常厚行之使有次序無有遇用患疾之道者則天下萬年猒於汝德殷乃長成爲周。遘工豆反猒於豔

反注同馬云厭飲也徐於廉反王伻殷乃承敘。萬年其永觀朕子懷德。王使殷民上下相承有次序則萬年之道民其長觀我子孫而歸其德矣勉使終之【疏】考朕至懷德○正義曰周公又誥制禮授王使王奉之我所成明子之法乃盡是汝文祖之德言用文王之道制禮其事大不可輕也又言所以須善治殷獻民者文武使已來居土中慎教殷民乃是見命於文武而安之故也制典當待太平我以時既太平即以秬黍鬯酒盛於二卣鐏內我言曰當以此酒須明潔致敬於文武我則拜手稽首告文武以美享告云今太平即速告廟我不敢經宿則禋告文王武王以致太平之事汝王爲政當順典常厚行之使有次序則諸爲政者無云有遇用患疾之道苦毒下民則天下萬年厭飽於汝王之德殷乃長成爲周王使殷民上下相承有次序則萬年之道下民其長觀我子孫而歸其德矣勸王使終之皆是誨王之言也○傳我所至安之○正義曰典禮治國事資聖人前聖後聖其終一揆故言所欲成明子之法乃盡是汝祖文王之德也予斥成王下句並告文武兼用武王可知又述居洛邑之意所以居土中者是文武使已來居此地周公自非已意也文武令我營此洛邑欲使居土中慎教殷民乃是見命於文武而安殷民也○顧氏云文武使我來慎教殷民我今受文武之命以安民也○傳周公至說之○正義曰康誥之作在七年云四方民大和會和會即太平之驗是周公攝政七年致太平也釋草云秬黑黍釋器云卣中鐏也以黑黍爲酒煑鬱金之草築而和之使芬香調暢謂之秬鬯酒二器明潔致敬告文王武王以美享謂以太平之美事享祭也國語稱精意以享謂之禋釋詁云禋敬也是明禋爲明潔致敬也太平是王之美事故太平告廟是以美享祭也公既告太平而致政成王成王留之故本而說之此事者欲令成王重其事厚行之周禮鬱鬯之酒實之於彝此言在卣者詩大雅江漢及文侯之命皆言秬鬯一卣告於文人則未祭實之於卣祭時實之於彝彼一卣此二卣者此一告文王一告武王彼王賜臣使告其太祖故惟一卣耳此經卣下言曰者說本盛酒於鐏乃爲此辭故言曰也○傳言我至經宿○正義曰此申述上明禋之事言我見天下太平則潔告文武不敢經宿示虔恭之意也此三月營洛邑民已和會則三月之時已太平矣既告而致政則告在歲末而云不經宿者蓋周公營洛邑至冬始成得還鎬京即文武是爲不經宿也且太平非一日之事公云不經宿者示虔恭之意耳未必且見太平即此日告也鄭玄以文祖爲明堂曰明禋者六典成祭於明堂告五帝太皞之屬也既告明堂則復禋於文武之廟告成洛邑○傳汝爲至爲周○正義曰釋言云惠順也此經述上悖典故言汝爲政當順典常厚行之使有次序釋詁云遘遇也患疾之道謂虐政使人患疾之厚行典常使有次序則百官諸侯凡爲政者皆無有遇用患疾之政以害下民則經歷萬年厭飽於汝德則殷國乃長成爲周○傳王使至終之○正義曰上言天下民萬年厭飽王德此教爲王德使萬年令民厭飽王德也能使殷民上下有次序則王德堪至萬年之道王之子孫當行不怠則民其長觀我子孫知其有德而歸其德矣此則長成爲周勸勉王使終之

戊辰。王在新邑。成王既受周公誥遂就居洛邑以十二月戊辰晦到○王在新邑馬孔絕句鄭讀王在新邑烝烝祭歲。文王騂牛一。武王騂牛一。王命作冊。逸祝冊。惟告周公其後。明月夏之仲冬始於新邑烝祭故曰烝祭歲古者褒德賞功必於祭日示不專也特加文武各牛告曰尊周公立其後爲魯侯王賓。殺禋。咸格。王入太室裸。王賓異周公殺牲精意以享文武皆至其親告也太室清廟裸鬯告神○王賓絕句殺禋絕句一讀連咸格絕句太室馬云廟中之夾室裸官喚反王命周公後。作冊逸誥。王爲冊書使史逸誥伯禽封命之書皆同在烝祭日周公拜前魯公拜後在十有二月。惟周公誕保文武受命。惟七年。言周公攝政盡十二月大安文受命之事惟七年天下太平自戊辰已下史所終述○受絕句馬同惟七年周公攝政七年天下太平馬同鄭云文武王受命及周公居攝皆七年【疏】戊辰至七年○正義曰自此以下史述之周公歸政成王既受言誥之王東行赴洛邑其年十二月晦戊辰日王在新邑後月是夏仲冬爲冬節烝祭其月節是周之歲首特異常祭加文王牛一武王騂牛一王命有司作策書乃使史官名逸者祝此策惟告文武之神言周公有功宜立其後爲國君也其王尊異周公以爲賓殺牲享祭文王武王皆親至其廟王廟之大室行祼鬯之禮言其尊異周公而禮敬深也於此時王命周公後令作策書使逸讀此策辭以告伯禽言封於魯命爲周公後也又摠述之在十有二月惟周公大安文武受命之事於此時惟攝政七年矣○傳成王至晦到○正義曰周公告成王令居洛邑爲治王既受周公之誥遂東就居洛邑以十二月戊辰晦日到洛指言戊辰王在新邑其晦日始到者此歲入戊午蔀五十六年三月云丙午朏算術計之三月甲辰朔大四月甲戌朔小五月癸卯朔大月癸酉朔小七月壬寅朔大八月壬申朔小九月辛丑朔又有閏九月辛未朔小十月庚子朔大十一月庚午朔小二月已亥朔大計十二月三十日戊辰晦到洛也○傳明至魯侯○正義曰下云在十有二月者周之十二月建亥月也戊辰是其晦日故明日即是夏之仲冬建子之月也明月者此烝祭非朔日故言月也自作新邑已來未嘗於祭祀此歲始於新邑烝祭故曰烝祭歲也周禮大司馬仲教大閱遂以享烝是也王者冬祭必用仲月此是周之歲故言歲耳王既戊辰晦到又須戒日致齊不得以朔日即之祭統云古者明君爵有德而祿有功必賜爵祿於太廟不敢專也故云古者褒德賞功必於祭日示不專也因封特設祭烝之禮宗廟用大牢此文武皆言牛一知於太牢外特加一牛告白文武之神言爲尊周公立其後爲魯侯頌所云王曰叔父建爾元子俾侯於魯是此時也王命作者命有司作策書也讀策告神謂之祝逸祝策者使史逸策書也鄭玄以烝祭上屬歲文王騂牛一者歲是成王元正月朔日特告文武封周公也案周頌烈文序云成王即諸侯助祭鄭箋云新王即政必以朝享之禮祭於祖考告位也則鄭意以朝享之後特以二牛告文武封周公之後孔義不同○傳王賓至告神○正義曰王賓異周公者王周公爲賓異於其臣王肅云成王尊周公不敢臣之以爲故封其子是也周語云特意以享謂之禋既殺二牲精誠意以享祭文武咸皆也格至也皆至其廟親告王重其事親之也太室室之大者故爲清廟廟有五室中央曰太室王云太室清廟中央之室清廟神之所在故王入太室祼獻酒以告神也祼者灌也王以圭瓚酌鬱鬯之酒以獻尸尸祭而灌於地因奠不飲謂之祼郊特牲云既灌然後迎牲殺在祼後此經先言殺後言祼者殺者咸格表王敬公之非行事之次也其王入太室祼乃是祭時行事耳周人尚祭禮以祼爲重故言王祼其封伯禽乃是祭之將末非祼時也祭統曰賜臣爵祿之法云祭之日一獻君降立于阼階之南南嚮所命者北面史由君右執策命之鄭云一獻一酳尸也傳王爲至拜後○正義曰王爲策書亦命有司爲之也上云作策作告神之策此言作策誥伯禽之策祭於神謂之祝於人謂之誥故云伯禽封命之書定四年左傳云命以伯禽即此書也……文十三年公羊傳曰封魯公以爲周公也周公拜乎前魯公拜乎後……此摠結之自戊辰已下非是王與周公之辭故辨之云史所終述也

尚書注疏校勘記卷十五　阮元撰盧宣旬摘錄

尚書注疏卷第十五　宋板作十四

召誥第十四　周書

然鼎之上　案鼎上疑有一字

以遷都之事告文王廟　古岳本宋板纂傳同毛本告作至非也作告正與疏合許宗彥曰曲禮正義引亦作告

大保乃以庶殷攻位于洛汭　顧炎武曰攻石經誤作公○案今石經作攻顧說非也

月當日衝光照　宋板光上有日字案宋本是也

必先正望朔　纂傳望朔二字倒是也

周祀后稷　葛本閩本明監本同案皆誤也祀當作祖

衆殷皆勤樂勤事　宋板勤樂作歡樂閩本勤並作勸毛本上勤改歡下勤改勸案所改是也

周公以順立成之明日而朝至　毛本立作位是也

錫周公曰拜手稽首　古本拜上有敘字案敘字依孔傳增也

則是三月十三日也　毛本十三作十二是也

是帝稷各用一牛　宋本一牛二字倒

賦歛謂賦功諸侯之功　毛本賦下歛功二字互易

千里之外設方伯卽州牧也　宋板卽上復有方伯二字案宋本是也

歎皇天改其大子　岳本纂傳大改作太下同葛本此句誤作天下亦作太閩監此亦誤作天下作大毛氏曰改厥元子注皇天改其大子言紂雖爲天所大子無道猶改之正義曰釋詁元首也首是體之大故傳言

大子今監本作太子而顧命注將正大子之尊猶作小大之大則知作太者傳寫誤閩與國及建本皆作太誤

言紂雖爲天所大子 案下文元子哉傳云大爲天所子與此不同疑皆有誤疏亦無所發明

無道九改之 毛本九作猶是也閩本葛本並誤下同

故以爲言也 宋板故作詁是也

謂繼世之君及其時之人 宋板及作乃

殘暴在下 纂傳在下作其民

夫九人人 毛本九作猶是也

面稽天若 古本面上有禽字案禽乃禹字之譌卽古文禹字也與傳合

則德化立美道成也 岳本美道成也作而美道成宋板亦無也字與疏標目合

而爲大爲天所子愛哉 宋板而下無爲字

配大天而爲治 宋板大作上案大字誤

則不訓自也 浦鏜云自疑用字之誤

主先服殷御事○ 古本殷上有ナ字山井鼎曰古文有字作ナ案古文有字作又ナ乃左字也此古本傳寫之訛

比介于我有周御事 古本介作迩山井鼎曰迩卽邇字考傳文比介解比近恐經文作比迩爲是○案作迩者古文尚書也今字尚書當作邇後誤爲介則因迩字而譌也開成石經已然

常若命之不行 盧文弨改若爲苦是也

或加陵殷士 宋板無殷士二字非

我不可不監于有夏亦不可不監于有殷 古本下監字作鑒案下句作鑒見後漢書崔駰傳卽古本之所據

言桀不謀長久 古本謀作其與合

長不與長 毛本不與二字倒

雖說之其實在人 岳本之下有於天二字沿草例曰雖說之三字不可曉考石經則曰雖說之於天添於天二字意始明○今案此所謂石經疑是成都石經然岳氏自述所据書本無成都石經未知其審說之於天卽疏所云託天說之也

順行禹湯所以成功 古岳本宋板以作有與疏合

其命者智與愚也 岳本者作有是也閩本亦誤作者

惟勤修敬德 宋板勤作勸是也

王者當疾行敬德 宋板者作其是也

相夏相殷禹湯之功 宋板禹上有謂字案宋本是

王末有成命 古本唐石經岳本葛本宋板閩本明監本同毛本末作未誤

是上勤恤也 宋本勤上有下字

我周王承夏殷之後 宋板閩本明監本同毛本王作公案此皆誤浦鏜按改作家是也

洛誥第十五　周書 毛本同古本作尚書卷第九古文尚書洛誥第十五周書孔氏傳

名公既相宅周公往營成周 古本營上有經字

周公先相宅 宋板周作名案周字誤

及周公將欲歸於成王 宋板於上有政字毛本於改作政案所改是也

雖與相俱行 宋板與相作相與是也

不敢及知天始命周家安定天下之命 古本宋板知作如

伻來以圖 案釋經音辨亏部平使也補耕普耕二切書平來以圖

來告成王 古本作來告於成王之案疏標起訖無之字古本妄加

來教誨之言 古本岳本宋板纂傳來作求與疏合

荅言其拜手稽首而受其言 毛本荅言作故荅案荅言非是此篇疏文十行本多誤此其一也

於成王復述公言 毛本於作故案所改是也

言公欲令已作允久遠 宋板作作祚案作字非也

咸秩無文 古本無作罔下無若火同案此句無字不可作罔

今王卽命曰 陸氏曰曰音越一音人實反○案古人書曰曰二字其形正同但以上缺者爲曰不缺者爲日此云一音人實反則是別本不缺也蓋經師傳讀不同致經文有異孔疏音越

有大功則列大祀 古本列下有爲字與疏合

其往 古本其上有慎字案段玉裁云後漢書爰延上封事曰臣聞之帝左右者所以咨政德故周公戒成王曰其朋其朋言慎所與也李注尚書周公戒成王曰孺子其朋孺子其朋慎其往較今本多一慎字疑爰增足利古本蓋本諸此

少子慎朋黨 古本岳本宋板纂傳慎下有其字

又申述所以祀神功臣功者 毛本上功字改作記所改是也

於於初卽教之 宋本於於作宜於是也毛本作於其亦誤

惟當用我此事在周之百官 案此事浦鏜據下疏改作所爲

時成王未有留公之意 宋板閩本明監本同毛本成作文誤

公曰已 古本已下有乎字

務在知人 宋板知作化是也

言欲已長久也 宋板已作以盧文弨云作以疑非

無問遠近者用來歸王 案者字疑當作皆

不可去之 据疏似無之字或當作不可去也

而奉順天 古本下有地字

言化治 閩本葛本同毛本治作洽是也古本洽下有之字非

舉大明德以佐助我 宋板同毛本佐作佑下我小至佐我同

使就君於周 毛本使作便案使字誤也

命正公後 毛本正作立案正字誤也

亦未克敉公功 古本敉作撫

言四方雖道治 古本道初作迪後改作道

周洛邑 閩本明監本同毛本周下有謂字

公當留佑我 宋板佑作佐與宋本注合

是顧無事 案是疑當作自

文武愛民之於天下 宋板民作人浦鏜云當作文武愛民愛之於天

我意欲置太平 宋板置作致案宋本是也

今我繼文祖大業 宋板今作令是也

被人恭敬推先王 閩本明監本同毛本王作已盧文弨云毛本是

所以君上中 古本岳本宋板閩本君上中作居土中是也毛本作居王中尢誤

本說之 岳本作故本而說之沿革例曰本說之三字不可曉依疏云故本而說之意始明○案傳文多簡疏中述傳往往增加數字以顯其意似未可據疏以改傳

萬年猒乃德 唐石經古本岳本纂傳猒下有于字毛本猒作厭案有于字是也厭飫之厭說文本作猒今通作厭別作饜猒字不誤

予斥成王下句並告文武 宋板予作于王下有言用文王之道制爲典法以明成王行之爲明君也特舉文祖不言武王二十八年

周公自非已意也 宋板自下有言字是

謂之秬鬯酒二器　宋板酒上復有鬯字

釋註云　宋板註作詁案註字誤

是明禋爲明潔致敬也　宋板潔作絜下皆同○案絜正字潔俗字

故本而說之此事者　案此事者三字疑有誤

得還鎬京卽文武　宋板卽下有告字是也

當行不怠　浦鏜云當疑常字誤

特加文武各牛　閩本葛本同毛本各下有一字

告曰尊周公　古本葛本曰作白與疏合

既受言誥之　浦鏜據儀禮續通解挍云言之二字衍

特以二牛告文武　宋板牛作年是也

附釋音尚書注疏卷第十六

多士第十六　周書

孔氏傳　孔穎達疏

成周既成。洛陽下都遷殷頑民。殷大夫士心不則德義之經故徙近王都教誨之○不則如字或作測非近附近之近周公以王命誥。稱成王命告令之作

多士。多士。所告者卽衆士故以名篇〔疏〕成周至多士○正義曰成周之邑既成乃遷殷之頑民令居此邑頑民謂殷之大夫士從武庚叛者以其無知謂之頑民民性安土重遷或有怨恨周公以成王之命誥此衆士言其須遷之意史敘其事作多士○傳洛陽下都○正義曰周之成周於漢爲洛陽也洛邑爲王都故謂此爲下都遷殷頑民以成周道故名此邑爲成周○傳殷大至誨之○正義曰經云商王士殷遺多士皆非在官謂之頑民知是殷之大夫士也經止云士而知有大夫者以經云迪簡在王庭有服在百僚其意言將任爲王官以爲大臣不惟告士而已故知有大夫也士者在官之揔號故言士也心不則德義之經僖二十四年左傳文引之以解釋頑民之意經云移爾遐逖比事臣我宗多遜是言徙近王都教誨之也漢書地理志及賈逵注左傳皆以爲遷邶鄘之民於成周分衛民爲三國計三國俱是從叛何以獨遷邶鄘邶鄘在殷畿三分有二其民衆矣非一邑能容民謂之爲士其名不類故孔意不然

惟三月。周公初于新邑洛。用告商王士。周公致政明年三月始於新邑洛用王命告商王之衆士〔疏〕惟三月至王士○正義曰惟成王卽政之明年三月周公初始於所造新邑之洛用成王之命告商王之衆士言周公親至成周告新來者○傳周公至衆士○正義曰以洛誥之文成周與洛邑同時成也王以周公攝政七年十二月來至新邑明年卽政此篇繼王居洛之後故知是致政明年之三月也成周南臨洛水故云新邑洛周公既以致政在王都故新邑成周以成王之命告商王之衆士鄭云成王元年三月周公自王城初往成周之邑用成王命告殷之衆士以撫安之是也

王若曰。爾殷遺多士。順其事稱以告殷遺餘衆士所順在下弗弔。旻天大降喪于殷。稱天以愍下言愍道至者殷道不至故旻天下喪亡於殷○弔音的旻天上閔巾反仁覆愍下謂之旻馬云秋曰旻天秋氣殺也方言降喪故稱旻天也愍眉隕反喪息浪反我有周佑命。將天明威。言我有周受天佑助之命故得奉天明威致王罰。勑殷命終于帝。天命周致王者之誅罰王黜殷命終周於帝王肆爾多士。非我小國敢弋殷命。天佑我故汝衆士臣服我弋取也非我敢取殷王命乃天命○弋徐音翼馬本作翼義同惟天不畀允罔固亂。弼我。我其敢求位。惟天不與言無堅固治者故輔佑我我其敢求天位乎○治直吏反畀必利反下同惟帝不畀。惟我下民秉爲。惟天明畏。惟天不與紂惟我周家下民秉心爲我皆是天明德可畏之效○爲于僞反畏如字一音威〔疏〕王若至明畏○正義曰周公以王命順其事而呼之曰汝殷家遺餘之衆士○汝殷家道教不至旻天以殷道不至之故天下喪亡於殷將欲滅殷我有周受天祐助之命奉天明白之威致王者之誅罰正黜殷命終我周家於帝王之事謂使我周家代殷爲天子也天既助我周王故汝衆士來爲我臣由天助我我得爲之非我小國敢取殷之王命以爲已有此乃天與我惟天不與信無堅固於治者以是故輔弼我若其不然我其敢妄求天子之位乎言此位天自與我非我得求而得之惟天不與紂故惟我周家下民秉心爲我故我得之惟天明德可畏之效也亦既得喪由天汝等不得不服以殷士未服故以天命諭之○傳順其至在下○正義曰順其殷亡之事稱王命以告之從紂之臣或有身已死者遺餘在者遷於成周故告殷遺餘衆士所順在下下文皆是順之辭○傳稱王至於殷○正義曰此經先言弗弔謂殷道不至也不至者上不至天下不至民撫民不以理也天有多名獨言旻天者旻愍也稱天以愍下言天之所愍愍道至者也殷道不至故旻天下喪亡於殷言將覆滅之○傳天命至帝王○正義曰天命周致王者之誅罰謂奉上天之命殺無道之王此乃王者之事故爲王者之誅罰勑訓正也正黜殷命謂殺去虐紂使周受其終事是終周於帝王終猶舜受堯終言殷祚終而歸於周○傳天祐至天命○正義曰肆訓故也直云故爾多士辭無所結此經大意欲其去殷事周知其故爾衆士言其臣服我弋射也射而取之故弋爲取也鄭玄王肅本弋作翼王亦云翼取也鄭云翼猶驅也非我周敢驅取女殷之王命雖訓爲驅亦爲取義周本殷之諸侯故周公自稱小國

我聞曰。上帝引逸。有夏不適逸。則惟帝降格。言上天欲民長逸樂有夏桀爲政不之逸樂故天下至戒以譴告之○樂音洛下同譴棄戰反嚮于時夏。弗克庸帝。大淫泆。有辭。天下至戒是嚮於時夏不背棄桀不能用天戒大爲過逸之行有惡辭聞於世○時夏絕句馬以時字絕句嚮許亮反泆音逸又作佾泆同馬本作屑云過也背音佩行下孟反惟時天罔念聞。厥惟廢元命。降致罰。惟是桀惡有辭故天無所念聞言不佑其惟廢其天命下致天罰乃命爾先祖成湯革夏。俊民甸四方。天命湯更代夏用其賢人治四方○甸徒遍反〔疏〕我聞至四方○正義曰既言天之効驗法惡與善更追說往事比而諭之我聞人有言曰上天之情欲民長得逸樂而有夏王桀逆天害民不得使民之適逸樂以此則惟上天下災異至戒以譴告之欲使夏王桀覺悟改惡爲善是天歸嚮於是夏家不背棄之而夏桀不能用天之明戒改悔已惡而反大爲過逸之行致有惡辭以聞於世惟是桀有惡辭故天無復愛念無復聽聞言天不復助桀其惟廢其大命欲絕夏祚也下致天罰欲誅桀身也乃命汝先祖成湯使之改革夏命用其賢俊之人以治四方之國舉桀滅湯興以譬之○傳言上至告之○正義曰襄十四年左傳稱天之愛民甚矣又曰天生民而立之君使司牧之是言上天欲民長得逸樂故立君養之使之長逸樂也夏桀爲政割剝夏邑使民不得之適逸樂故上天下至戒以譴告之降下格至也直言下至明是天下至戒天所下戒惟下災異以譴告人主使之見災而懼改修德政耳古書亡失桀之災異未得盡聞○傳惟是至天罰○正義曰桀惡流毒於民乃有惡辭聞於世惡既有辭是惡已成矣惟是桀惡有辭故天無所念聞言天不愛念不聽聞是其全棄之不佑助也棄而

不佑則當更求賢主其惟廢大命欲奪其王位也下致天罰欲殺其凶身也喪大命知降致是下罰也自成湯至于帝乙。罔不明德恤祀。自帝乙以上無不顯用有德憂念齊敬奉其祭祀言能保宗廟社稷○上時掌反齊側皆反亦惟天丕建保乂有殷。殷王亦罔敢失帝。罔不配天其澤。湯既革夏亦惟天大立安治於殷殷家諸王皆能憂念祭祀無敢失天道者故無不配天布其德澤在今後嗣王。誕罔顯于天。矧曰其有聽念于先王勤家。後嗣王紂大無明于天道行昏虐天且忽之況曰其有聽念先祖勤勞國家之事乎誕淫厥泆。罔顧于天顯民祗。言紂大過其過無顧於天無能明人為敬暴亂甚惟時上帝不保。降若茲大喪。惟是紂惡天不安之故下若此大喪亡之誅○喪息浪反惟天不畀不明厥德。凡四方小大邦喪。罔非有辭于罰。惟天不與不明其德者故凡四方小大國喪滅無非有辭於天所罰言皆有闇亂之辭

〔疏〕自成至于罰○正義曰既言命湯革夏又說後世皆賢王紂始惡天乃滅之自成湯至於帝乙無不顯用有德憂念祭祀後世亦賢非獨成湯以用其行合天意亦惟天大立安治有殷殷家諸王皆能明德憂祀亦無敢失天道者無不皆配天而布其德澤以此得天下為民主在今後嗣王紂大無明於天道敢行昏虐之政於天天猶且忽之況曰其有聽念先王父祖勤勞國家之事乎乃復大淫過其泆無所顧於上天無能明民為敬以此反於先王違逆天道惟是上天不安紂之所為下若此大喪亡之誅惟天不與不明其德之人故也天不與惡豈獨紂乎凡四方諸侯小大邦國其喪滅者無非皆有惡辭是以致王於天罰汝紂以惡而見滅汝何以不服我也○傳自帝至社稷○正義曰下篇說中宗高宗祖甲三王以外其後立王生則逸豫亦罔或能壽如彼文則帝乙以上非無僻王而此言無不顯用有德憂念祭祀者立文之法辭有抑揚方說紂之不善盛言前世皆賢正以守位不失故得美而言之憂念祭祀者惟有齊肅恭敬故言憂念齊敬奉其祭祀言能保宗廟社稷為天下之主以見紂不恭敬故喪亡之○傳湯既至德澤○正義曰帝乙已上諸王所以長處天位者皆由湯之聖德延及後人湯既革夏亦惟天大立安治於殷者謂天安治之故殷家得治理也殷家諸王自成湯之後皆能憂念祭祀無敢失天道者故得常處王位無不配天布其德澤於民為天之子是配天也號令於民是布德也○傳言紂至亂甚○正義曰淫泆俱訓為過言紂大過其過無顧於天言其縱心為惡不畏天也無能明民為敬言其多行虐政不憂民也不畏於天不愛於民言其暴亂甚也此經顧於天與顯民祗共蒙上罔文故傳再言無也○傳惟天至之辭○正義曰能明其德天乃與之惟天不與不明其德者紂不明其德故天喪之因即廣言天意凡四方小大邦國謂諸侯有土之君其為天所喪滅者無非皆有惡辭聞於天乃為上天所罰言彼天罰者皆有闇亂之辭上天不罰無辜紂有闇亂之辭故天滅之耳天既滅不明其德我有明德為天所立汝等殷士安得不服我乎以其心仍不服故以天道責之

王若曰。爾殷多士。今惟我周王。丕靈承帝事。周王文武也大神奉天事言明德恤祀有命曰割殷。告勑于帝。天有命命周割絕殷命告正於天謂既克紂柴於牧野告天不頓兵傷士惟我事不貳適。惟爾王家我適。言天下事已之我周矣不貳之佗惟汝殷王家已之我不復有變○復扶又反予其曰。惟爾洪無度。我不爾動。自乃邑。我其曰惟汝大無法度謂紂無道我不先動誅汝亂從汝邑起言自召禍予亦念天即于殷大戾。肆不正。我亦念天就於殷大罪而加誅者故以紂不能正身念法

〔疏〕王若至不正○正義曰周公又稱王順而言曰汝殷衆士今惟我周家文武二王大神能奉天事故天有命命我周王曰當割絕殷命告正於天我受天命已滅殷告天惟我天下之事不有二處之適言已之適周不更適他也惟汝殷王家事亦於我之適不復變改又追說初伐紂之事我其為汝言曰惟汝殷紂大無法度故當宜誅絕之伐紂之時我不先於汝動自往誅汝其亂從汝邑先起汝紂自召禍耳我亦念天所以就於殷致大罪者故以紂不能正身念法故也○傳周王至恤祀○正義曰文王受命武王伐紂故知周王兼文武也大神奉天事謂以天為神而勤奉事之勞身敬神言亦如湯明德恤祀也○傳天有至傷士○正義曰以周王奉天之故故天有命命我周使割絕殷命告正於天謂武成之篇所云既克紂柴於牧野告天不頓兵傷士是也前敵即服故無頓兵傷士師以正行故為告正武成正告功成功成無害即是不頓傷也頓兵者昭十五年左傳文頓折也○傳我亦至念法○正義曰言我亦念天者以紂雖無法度若使天不命我我亦不往誅紂以紂既為大惡上天命我我亦念天所遣我就殷加大罪者何故以紂不能正身念法也

王曰。猷告爾多士。予惟時其遷居西爾。以道告汝衆士我惟汝未達德義是以徙居西汝於洛邑教誨汝非我一人奉德不康寧。時惟天命。我徙汝非我天子奉德不能使民安之是惟天命宜然無違。朕不敢有後。無我怨。汝無違命我亦不敢有後誅汝無怨我惟爾知惟殷先人。有冊有典。殷革夏命。言汝所親知殷先世有冊書典籍說殷改夏王命之意今爾又曰。夏迪簡在王庭。有服在百僚。簡大也今汝又曰夏之衆士蹈道者大在殷王庭有服職在百官言見任用予一人惟聽用德。肆予敢求爾于天邑商。言我周亦法殷家惟聽用有德故我敢求汝於天邑商將任用之予惟率肆矜爾。非予罪。時惟天命。惟我循殷故事憐愍汝故徙教汝非我罪咎是惟天命

〔疏〕王曰猷至天命○正義曰又言曰我以道告汝衆士我惟是以汝未達德義之故耳今徙居西汝置於洛邑以教誨汝我之徙汝非我一人奉行德義不能使民安之是惟天命宜然汝無違我我亦不敢更有後誅罰汝等無於我見怨汝既來遷當為善事惟汝所親知惟汝殷先人往世有策書有典籍說殷改夏王命之意汝當案省知之汝知先人之故事今往又有言曰夏之諸臣蹈道者大在殷王之庭有服行職事在於百官言其見任用恐我不任汝我一人惟聽用有德之者故我敢求汝有德之人於彼天邑商都欲取賢而任用之我惟循殷故事憐愍汝故徙教汝此徙非我有罪是惟天命當然聖人動合天心故每事惟託天命也○傳以道至誨汝○正義曰猷訓道也故云以道告汝衆士上言惟是不言其故傳辨之惟是者未達德義也遷使居西正欲以德義是以徙居西汝置於洛邑近於京師教誨汝也從殷適洛南行而西迴故為居西也○傳汝無至怨我○正義曰周既伐紂又誅武庚殷士懼更有誅疑其欲違上命故設此言以戒之知無違朕者謂戒之使汝無違命也汝能用命我亦不敢有後誅必無後誅汝無怨我也○傳言我至用之○正義曰夏人簡在王庭為其有德見用言我亦法殷家惟聽用有德汝但有德我必任用故我往前敢求汝有德之人於天邑商都將任用之也鄭玄云言天邑商者亦本天之所建王肅云言商今為我之天邑二者其言雖異皆以天邑商為殷之舊都言未遷之時當求往遷後有德任用之必矣○傳惟我至天命○正義曰循殷故事此故解經中肆字謂殷用夏人我亦用殷人憐愍汝故徙之教汝此故解義之言非經中肆遷汝來西者非我罪咎是惟天命也

王曰。多士。昔朕來自奄。予大降爾四國民命。昔我來從奄謂先誅三監後伐奄淮夷民命謂君也大下汝民命謂誅四國君我乃明致天罰。移爾遐逖。比事臣我宗多遜。四國君叛逆我下其命乃所以明致天罰今移徙汝於洛邑使汝遠於惡俗比近臣我宗周多為順道○逖他力反比毗志反同遠于萬反

〔疏〕王曰多士至多遜○正義曰王復言曰衆士昔我來從奄國大黜下汝管蔡商奄四國民命民之性命死生在君誅殺其君是下民命由四國叛逆我乃明白致行天罰汝等遺餘當教之為善故移徙汝居於遠令汝遠於惡俗比近服事臣我宗周多為順道冀汝相教為善永不為惡也○傳昔我至國君○正義曰金縢之篇說周公東征言居東二年罪人斯得則昔我來從奄者謂攝政三年時也於時王不親行而王言我來自奄者周公以王命誅四國周公師還亦是王來還也一舉而誅四國獨言來自奄者謂先誅三監後伐奄與淮夷奄誅在後誅奄即來故言來自奄也民以君為命故民命謂君也大下汝民命謂誅四國君王肅云君為民命為君不能順民意故誅之也○傳四國至順道○正義曰王之所罰罰有罪也四國之君有叛逆之罪我下其命乃所以明致天罰言非苟為之也遐逖俱訓為遠令移徙汝於洛邑令去本鄉遠也使汝遠於惡俗去惡俗遠也此近京師臣我周家使汝從我善化多為順道所以救汝之性命也

王曰。告爾殷多士。今予惟不爾殺。予惟時命有申。所以徙汝是我不欲殺汝故惟是教命申戒之今朕作大邑于茲洛。予惟四方罔攸賓。今我作此洛邑以待四方無有遠近無所賓外○賓如字徐音殯馬云卻也亦惟爾多士。攸服奔走臣我多遜。非但待四方亦惟汝衆士所當服行奔走臣我多為順事爾乃尚有爾土。爾乃尚寧幹止。汝多為順事乃庶幾還有汝本土乃庶幾安汝故事止居以反所生誘之爾克敬。天惟畀矜爾。汝能敬行順事則為天所與為天所憐爾不克敬。爾不啻不

有爾土。予亦致天之罰于爾躬。汝不能敬順其罰深重不但不得還本土而已我亦致天罰於汝身言刑殺○啻始豉反徐本作翅音同下篇放此今爾惟時宅爾邑。繼爾居。爾厥有幹有年于茲洛。今汝惟是敬順居汝邑繼汝所當居爲則汝其有安事有豐年於此洛邑言由洛修善得還本土有幹有年爾小子乃興從爾遷。汝能敬則予孫乃起從汝化而遷善

疏王曰告至爾遷○正義曰王又言曰告汝殷之多士所以徙從汝者今我惟不欲於汝刑殺我惟是教命有所申戒由此也今我作大邑於此洛非但爲我惟以待四方無所賓外亦惟爲汝衆士所當服行臣事我宗周多爲順事故也汝若多爲順事汝乃庶幾還有汝本土乃庶幾安汝故事止居可不勉之也汝能敬行順事天惟與汝憐汝況於人乎汝若不能敬行順事則汝不啻不得還汝本土我亦致天之罰於汝身今汝惟是敬順居汝所居受新邑繼汝舊日所居爲我當聽汝還歸本鄉有幹事有豐年乃由於此洛邑行善也汝能敬順則汝之小子與孫等乃起從汝化而遷善矣○傳今汝至有年○正義曰殷士遠離本鄉新來此邑或當居不安爲棄舊業故戒之今汝惟是敬順居汝新所受邑繼汝舊日所當居爲謂繼其本土之事業也但能如此得還本土其有安事有豐年也有幹有年謂歸本土有幹年而言於洛者言由在洛修善得還本土有幹有年也王肅云汝其有安事有長久年於此洛邑王解於文甚便但孔上句爲云爾乃尚有爾本土是誘引之辭故止爲得還本土有幹有年也

王曰。又曰時予。乃或言。爾攸居。言汝衆士當是我勿非我也我乃有教誨之言則汝所當居行

疏王曰又至攸居○正義曰王之所云又復稱曰汝當是我勿非我也我乃有教誨之言則汝所當居行之○傳言汝至居行○正義曰王以誨之已終故戒之云汝當是我勿非我既不非我我乃有教誨汝之言則汝所當居行令其居於心而行用之鄭玄論語注云或之言有也凡言王曰皆是史官錄辭非王語也今史錄稱王之言曰以前事未終故言又曰也

無逸第十七

周書　孔氏傳　孔穎達疏

周公作無逸。中人之性好逸豫故戒以無逸○好呼報反無逸。成王即政恐其逸豫▲本以所戒名篇

疏傳中人至無逸○正義曰上智不肯爲非下愚戒之無益故中人之性可上可下不能勉強多好逸豫故周公作書以戒之使無逸此雖指戒成王以爲人之大法成王以聖賢輔之當在中人以上其實本性亦中人耳○傳成王至名篇○正義曰篇之次第以先後爲序多士君奭皆是成王即位之初知此篇是成王始初即政周公恐其逸豫故戒之使無逸即以所戒名篇也

周公曰。嗚呼。君子所其無逸。歎美君子之道所在念德其無逸豫君子且猶然況王者乎先知稼穡之艱難。乃逸。則知小人之依。稼穡農夫之艱難事先知之乃謀逸豫則知小人之所依怙相小人。厥父母勤勞稼穡。厥子乃不知稼穡之艱難。視小人不孝者其父母躬勤艱難而子乃不知其勞○相息亮反乃逸乃諺。既誕。否則侮厥父母曰。昔之人無聞知。小人之子既不知父母之勞力爲逸豫遊戲乃叛諺不恭已欺誕父母不欺則輕侮其父母曰古老之人無所聞知○諺魚戰反

疏周公至聞知○正義曰周公歎美君子之道以戒王曰嗚呼君子之人所在念德其無逸豫君子必先知農人稼穡之艱難然後乃謀爲逸豫如是則知小人之所依怙也視彼小人不孝者其父母勤勞稼穡其子乃不知稼穡之艱難乃爲逸豫遊戲乃叛諺不恭既爲欺誕父母不欺則又侮慢其父母曰昔之人無所聞知小人與君子如此相反則王宜知其事也○傳歎美至者乎○正義曰周公意重其事故歎而爲言鄭云嗚呼者將戒成王欲求以深感動之是欲深感成王故歎美君子之道君子者言其可以君正上位子愛下民有德則稱之不限貴賤君子之人念德不怠故所在念德其無逸豫也君子且猶然而況王者乎言王者日有萬幾彌復不可逸豫鄭云君子止謂在官長者所猶處也君子處位爲政其無自逸豫也○傳稼穡至依怙○正義曰民之性命在於穀食田作雖苦不得不爲寒耕熱耘沾體塗足是稼穡爲農夫艱難之事在上位者先知稼穡之艱難乃可謀其逸豫使家給人足乃得思慮不勞是爲謀逸豫也能知稼穡之艱難則知小人之所依怙言小人依怙此稼穡之事不可不勤勞也上句言君子當無逸此言乃謀逸豫者君子之事勞心與形盤于遊畋形之逸也無爲而治心之逸也君子無形逸而有心逸既知稼穡之艱難可以謀心逸也○傳視小人至其勞○正義曰視小人不孝者其父母勤苦艱難勞於稼穡成於生業致富以遺之而其子謂已自然得之乃不知其父母勤勞○傳小人至聞知○正義曰上言視小人之身此言小人之子者小人謂無知之人亦是賤者之稱躬爲稼穡是賤者之事故言小人之子謂賤者之子即上所視之小人也此子既不知父母之勞謂已自然得富恃其家富乃爲逸豫遊戲乃爲叛諺不恭已是欺誕父母矣若不欺誕則輕侮其父母曰古老之人無所聞知言其罪之深也論語曰由也諺諺則叛諺誕不恭之貌昔訓久也自今而道遠久故爲古老之人詩云召彼故老

周公曰。嗚呼。我聞曰。昔在殷王中宗。太戊也殷家中世尊其德故稱宗嚴恭寅畏天命。自度。言太戊嚴恪恭敬畏天命用法度○嚴如字又魚檢反注同馬作儼治民祗懼。不敢荒寧。爲政敬身畏懼不敢荒怠自安○治直吏反肆中宗之享國。七十有五年。以敬畏之故得壽考之福

疏周公至五年○正義曰既言君子不逸小人反之更舉前代之王以天壽爲戒周公曰嗚呼我所聞曰昔在殷王中宗威儀嚴恪貌恭心敬畏天命用法度治民敬身畏懼不敢荒怠自安故中宗之享有殷國七十有五年言不逸之故而得歷年長也○傳太戊至稱宗○正義曰中宗廟號太戊王名商自成湯已後政教漸衰至此王而中興之王者祖有功宗有德殷家中世尊其德其廟不毀故稱中宗○傳言太至法度○正義曰祭義云嚴威儼恪故引恪配嚴鄭玄云恭在貌敬在心然則嚴是威恭是貌敬是心三者各異故累言之

其在高宗。時舊勞于外。爰暨小人。武丁其父小乙使之久居民間勞是稼穡與小人出入同事作其即位。乃或亮陰。三年不言。武丁起其即王位則小乙死乃有信默三年不言言孝行著○行下孟反其惟不言。言乃雍。不敢荒寧。在喪則其惟不言喪畢發言則天下和亦法中宗不敢荒怠自安嘉靖殷邦。至于小大。無時或怨。善謀殷國至于小大之政人無是有怨者言無非肆高宗之享國。五十有九年。高宗爲政小大無怨故亦享國永年

疏其在至九年○正義曰其殷王高宗父在之時久勞於外於時與小人同其事後爲太子起其即王之位乃有信默三年不言在喪其惟不言喪畢發言得其道乃天下大和不敢荒怠自安善謀殷國至於小大之政莫不得所其時之人無是有怨恨之者故高宗之享殷國五十有九年亦言不逸得長壽也○傳武丁至同事○正義曰舊久也在即位之前而言久勞於外知是其父小乙使之久居民間勞是稼穡與小人出入同爲農役小人之艱難事也太子使與小人同勞此乃非常之事不可以非常怪之於時蓋未爲太子也殷道雖質不可既爲太子更得與小人雜居也○傳武丁至行著○正義曰上言久勞於外爲太子父在時事故言起其即王位則小乙死也亮信也陰默也三年不言以舊無功而今有故言乃有說此事者言其孝行著也禮記喪服四制引書云高宗諒闇三年不言善之也王者莫不行此禮何以獨善之也曰高宗者武丁武丁者殷之賢王也繼世即位而慈良於喪當此之時殷衰而復興禮廢而復起故載之於書中而高之故謂之高宗三年之喪君不言也是說此經不言之意也○傳在喪至自安○正義曰鄭玄云其不言之時時有所言則羣臣皆和諧鄭玄意謂此言乃雍者在三年之內時有所言也孔意則爲出言在三年之外故云在喪其惟不言喪畢發言則天下大和知者說命云王宅憂亮陰三祀既免喪其惟不言除喪猶尚不言在喪必無言矣故知喪畢乃發言也高宗不敢荒寧與中宗正同故云亦法中宗不敢荒怠自安也殷家之王皆是明王所爲善事應略同但古文辭有差異傳因其文同故言法中宗也○傳善謀至無非○正義曰釋詁云嘉善也靖謀也善謀殷國爲政教至於小大之政皆允人意人無是有怨高宗者言其政無非也鄭云小大謂萬人上及羣臣言人臣小大皆無怨王也

其在祖甲。不義惟王。舊爲小人。湯孫太甲爲王不義久爲小人之行伊尹放之桐作其即位。爰知小人之依。能保惠于庶民。不敢侮鰥寡。在桐三年思集用光起就王位於是知小人之所依依仁政故能安順於衆民不敢侮慢惸獨○惸求營反字又作煢肆祖甲之享國。三十有三年。太甲亦以知小人之依故得久年此以德優劣立年多少爲先後故祖甲在下殷家亦祖其功故稱祖

疏其在至三年○正義曰其在殷王祖甲不義惟王言行不義亦爲小人之行伊尹廢諸桐起其即王之位於是知小人之所依依於仁政乃能安順於衆民不敢侮鰥寡故祖甲之享有殷國三十有三年亦以不逸得長壽也○傳湯孫至之桐○正義曰以文在高宗之下世次顛倒故特辨之此祖甲是湯孫太甲也爲王不義謂湯初崩久爲小人之行故伊尹放之於桐言其廢而復興爲下作其即位起本也王肅亦以祖甲爲太甲鄭玄云祖甲武丁子帝甲也有兄祖庚賢武丁欲廢兄立弟祖甲以此爲不義逃於人間故云久爲小人武丁崩祖庚立祖庚崩祖甲立

祖庚崩弟祖甲立是爲帝甲淫亂殷道復衰國語說殷事云帝甲亂之七代而殞則帝甲是淫亂之主起亡殷之源寧當與二宗齊名舉之以戒無逸武丁賢王祖庚復賢以武丁之明無容廢長立少祖庚之賢誰所傳說武丁廢子事出何書妄造此語是負武丁而誣祖甲也○傳在桐至悍獨○正義曰在桐三年太甲序文思集用光詩大雅文彼集作輯輯和也彼鄭言公劉之遷豳思在和其民人用光大其道此傳之意蓋言太甲之在桐也思得安集其身用光顯王政故起即王位於是知小人之依依於仁政故能施行政教安順於衆民不敢侮慢悍獨鰥寡之類尤可憐愍故特言之○傳太甲至稱祖○正義曰傳於中宗云以敬畏之故得壽考之福高宗之爲政小大無怨故亦享國永年於此云太甲亦以知小人之依故得久年各順其文而爲之說其言行善而得長壽經意三王同也以其世次顛倒故解之云此以德優劣立年多少爲先後故祖甲在太戊武丁之下諸書皆言太甲此言祖甲者殷家亦祖其功故稱之祖甲與二宗爲類惟見此篇必言祖其功亦未知其然殷之先君有祖乙祖辛祖丁稱祖多矣或可號之爲祖未必祖其功而存其廟也

自時厥後立王。生則逸。從是三王各承其後而立者生則逸豫無度生則逸。不知稼穡之艱難。言與小人之子同其敝不聞小人之勞。惟耽樂之從。過樂謂之耽惟樂之從言荒淫○耽丁南反注下同樂音洛注下同自時厥後。亦罔或克壽。以耽樂之故從是其後亦無有能壽考或十年。或七八年。或五六年。或四三年。高者十年下者三年言逸樂之損壽

疏　自時至三年○正義曰從是三王其後所立之王生則逸豫不知稼穡之艱難不聞小人之勞苦惟耽樂之事則從而爲之故從是其後諸王無有能壽考者或十年或七八年或五六年或四三年言逸樂之損壽故舉以戒成王也

周公曰。嗚呼。厥亦惟我周太王王季克自抑畏。太王周公曾祖王季即祖言皆能以義自抑長敬天命將說文王故本其父祖文王卑服。即康功田功。文王節儉卑其衣服以就其安人之功以就田功以知稼穡之艱難○卑如字馬本作俾使也徽柔懿恭。懷保小民。惠鮮鰥寡。以美道和民故民懷之以美政恭民故民安之又加惠鮮乏鰥寡之人○鮮息淺反注同自朝至于日中昃。不遑暇食。用咸和萬民。從朝至日昳不暇食思慮政事用皆和萬民○昃音側本亦作仄昳田節反文王不敢盤于遊田。以庶邦惟正之供。文王不敢樂於遊逸田獵以衆國所取法則當以正道供待之故○供音恭文王受命惟中身。厥享國五十年。文王九十七而終中身即位時年四十七言中身舉全數

疏　周公至十年○正義曰殷之三王既如此矣周公又言曰嗚呼其惟我周家太王王季能以義自抑而畏敬天命故王迹從此起也文王又卑薄衣服以就其安人之功與治田之功以美道柔和其民以美政恭待其民民以此歸之以美政恭民之故故小民安之又加恩惠於鮮乏鰥寡之人其行之也自朝旦至于日中及昃尚不遑暇食用善政以諧和萬民故也文王專心於政不敢逸樂於遊戲畋獵以已爲衆國所取法惟當正身行已以供待之由是文王受命嗣位爲君惟於中身受之其享國五十年亦以不逸得長壽也○傳大王至父祖○正義曰大王周公曾祖王季即祖也此乃經傳明文而須詳言之者此二王之下辭無所結陳此不爲無逸[illegible]將說文王故本其父祖是以傳詳言也解其言此之意[illegible]自抑者言其非無此心以義自抑而不爲耳○傳文王至艱難○正義曰文王卑其衣服以就安人之功言儉於身而厚於人也立君所以牧人安人之功諸有美政皆是也就安人之內田功最急故特云田功以示知稼穡之艱難也○傳以美至之人○正義曰徽懿皆訓爲美徽柔懿恭此是施人[illegible]事以此柔恭懷安小民故傳分而配之徽柔配懷以美道和民故民懷之懿恭配保以美政恭民故民安之徽懿言其[illegible]而已不知何所恭也人君施於民惟有道與政耳故傳以[illegible]道美政言之政美道亦互相通也少乏鰥寡尤是可憐故[illegible]言加惠於鮮乏鰥寡之人也○傳從朝至萬民○正義曰昭五年左傳云日上其中食日爲二旦日爲三則人之常食在日中之前謂辰時也易豐卦彖曰日中則昃謂過中而斜昃也昃亦名昳言日蹉跌而下謂未時也故日之十位食日爲辰日昳爲未言文王勤於政事從朝不食或至於日中或至於日昃猶不暇食故經中昃並言之傳舉晚時故惟言[illegible]亦暇也重言之者古人自有複語猶云艱難也所以不[illegible]者爲思慮政事用皆和萬民政事雖多皆是爲民故言[illegible]訓皆也○傳文王至之故○正義曰釋詁云盤樂也遊[illegible]逸田謂畋獵二者不同故並云遊逸田獵以衆國皆於[illegible]所取其法則文王當以正義供待之故也言文王思爲[illegible]以待衆國故不敢樂於遊田文王世爲西伯故當爲衆[illegible]取法則禮有田獵而不敢者順時蒐狩不爲取樂故不[illegible]時畋獵以爲樂耳○傳文王至全數○正義曰文王年[illegible]七而終禮記文王世子文也於九十七內減享國五十[illegible]未立之前有四十七在禮諸侯踰年即位此據代父之[illegible]爲即位時年四十七也計九十七年半折以爲中身則[illegible]七時於身非中言中身者舉全數而稱之也經言受命[illegible]玄云受殷王嗣位之命然殷之末世政教已衰諸侯嗣[illegible]必皆待王命受先君之命亦可也王肅云文王受命嗣位爲君不言受王命也

周公曰。嗚呼。自今嗣王。繼從今已往嗣世之王皆戒之則其無淫于觀于逸。于遊于田。以萬民惟正之供。所以無敢過於觀遊逸豫田獵者用萬民當惟正身以供待之故無皇曰今日耽樂。乃非民攸訓。非天攸若。時人丕則有愆。無敢自暇曰惟今日樂後日止夫耽樂者乃非所以教民非所以順天是人則大有過矣○愆起虔反夫音扶無若殷王受之迷亂。酗于酒德哉。以酒爲凶謂之酗言紂心迷政亂以酗酒爲德戒嗣王無如之○酗況付反

疏　周公至德哉○正義曰周公又言而歎曰嗚呼繼此後世自今以後嗣位之王則其無得過於觀望過於逸豫過於遊戲過於田獵所以不得然者以萬民聽王者之教命王當正身以供待萬民必當早夜恪勤無敢自閑暇曰今日且樂後日乃止此爲耽樂者非民之所以教訓也非天之所以順也若是之人則有大愆過矣王當自勤政事莫如殷王受之迷亂國政酗營於酒德哉殷紂藉酒爲凶以酒爲德[illegible]亡殷國王當以紂爲戒無得如之○傳繼從至戒之○正義曰先言繼者謂繼此後人即從今以後嗣世之王也○周公思及日長遠後王盡皆戒之[illegible]莊公如齊觀社穀梁傳曰常事曰視非常曰觀[illegible]

周公曰。嗚呼。我聞曰。古之人猶胥訓告。胥保惠。胥教誨。歎古之君臣雖君明臣良猶相道告相安順相教誨以義方民無或胥譸張爲幻。譸張誑也君臣以道相正故下民無有相欺誑幻惑也○譸竹求反幻音患誑九況反此厥不聽。人乃訓之。此其不聽中正之君人乃教之以非法乃變亂先王之正刑。至于小大。以非法教乃變亂先王之正法至於小大無不變亂言已有以致之民否則厥心違怨。否則厥口詛祝。民否則其心違怨否則其口詛祝言皆患其上○詛側助反祝之又反

疏　周公至詛祝○正義曰周公言曰我聞人之言曰古之人雖君明臣良猶尚相訓告以善道相安順以美政相教誨以義方[illegible]

小異耳

周公曰。嗚呼。自殷王中宗。及高宗。及祖甲。及我周文王。茲四人迪哲。言此四人皆蹈智明德以臨下厥或告之曰。小人怨汝詈汝。則皇自敬德。其有告之言小人怨詈汝者則大自敬德增修善政○詈力智反厥愆。曰朕之愆。允若時不啻。不敢含怒。其人有禍則曰我過百姓有過在予一人信如是怨詈則四王不啻不敢含怒以罪之言常和悅〔疏〕周公至含怒○正義曰既言明君闇君善惡相反更述二者之行周公言而歎曰嗚呼自殷王中宗及高宗及祖甲及我周文王此四人者皆蹈明智之道以臨下民其有告之曰小人怨恨汝罵詈汝既聞此言則大自敬德更增修善政其民有過則曰是我之過民信有如是怨詈則不啻不敢含怒以罪彼人乃欲得數聞此言以自改悔言寬弘之若是○傳其有至善政○正義曰釋詁云皇大也故傳言大自敬德者謂增修善政也鄭玄以皇爲暇言寬暇自敬王肅本皇作況況滋益用敬德也○傳其人至和悅○正義曰或告之曰小人怨汝詈汝其言有虛有實其言若虛則民之愆也民有過則曰我過不責彼爲虛言而引過歸已者湯所云百姓有過在予一人故若信有如是怨詈小人聞之則含怒以罪彼人此四王即不啻不敢含怒以罪彼人乃自顧聞其愆言其顏色常和悅也鄭玄云不但不敢含怒乃欲屢聞之以知已政得失之源也此厥不聽。人乃或譸張爲幻曰。小人怨汝詈汝。則信之。此其不聽中正之君有人誑惑之言小人怨憾詛詈汝則信受之○憾胡暗反則若時。不永念厥辟。不寬綽厥心。則如是信讒者不長念其爲君之道不寬緩其心言含怒亂罰無罪。殺無辜。怨有同。是叢于厥身。信讒含怒罰殺無罪則天下同怨讎之叢聚於其身○叢才公反〔疏〕此厥至厥身○正義曰此其不聽中正之人乃有欺誑爲幻惑以告之曰小人怨汝詈汝不原其本情則信受之則知是信讒者不長念其爲君之道不審虛實不能寬緩其心而徑即含怒於人是亂其正法罰無罪殺無辜罰殺欲以止怨乃令人怨益甚天下之民有同怨君令怨惡聚於其身言禍急使民之怨若是教成王勿學此也○傳則如至含怒○正義曰君人者察獄必審其虛實然後加罪不長念其爲君之道謂不審察虛實也不寬緩其心言徑即含怒也王肅讀辟爲辟扶亦反不長念其刑辟不當加無罪也周公曰。嗚呼。嗣王其監于茲。視此亂罰之禍以爲戒

君奭第十八　周書

孔氏傳　孔穎達疏

召公爲保。周公爲師。相成王爲左右。保太保也師太師也馬云保氏師氏皆大夫官相音息亮反左有馬云分陝爲二伯東爲左西爲右召公不說。周公作君奭。君奭。尊之曰君奭名同姓也陳古以告之故以名篇○說音悅奭始亦反〔疏〕召公至君奭○正義曰成王即政之初召公爲保周公爲師輔相成王爲左右大臣召公以周公嘗攝王之政今復在臣位其意不說周公陳已意以告召公史敘其事作君奭之篇也周官篇云立太師太傅太保茲惟三公則此爲保爲師亦爲三公官也此實太師太保而不言太者意在師法保安王身言其實爲左右爾不爲舉其官名故不言太也經傳皆言武王之時太公爲太師此言周公爲師蓋太公薨命周公代之於時太傅蓋畢公爲之於此無事不須見也三公之次先師後保此序先言保者篇之所作主爲召公不說故先言召公不以官位爲次也案經周公之言皆說已留在王朝之意則召公不說周公之留也故鄭王皆云周公既攝王政不宜復列於臣職故不說然則召公大賢豈不知周公留意而不說者以周公留在臣職當時人皆怪之故欲開道周公之言以解世人之惑召公疑之作君奭非不知也史記燕世家云成王既幼周公攝政當國踐阼召公疑之作君奭此篇是致政之後言留輔成王之意其文甚明馬遷妄爲說爾鄭玄不見周官之篇言此師保爲周禮師氏保氏大夫之職言賢聖兼此官亦謬矣○傳尊之至名篇○正義曰周公呼爲君奭是周公尊之曰君也奭是其名君非名也傳二十四年左傳富辰言文王之子一十六國無名奭者則召公必非文王之子燕世家云召公奭與周同姓姬氏譙周曰周之支族譙周考校古史不能知其所出皇甫謐云原公名豐是其一也是爲文王之子一十六國然文王之子本無定數豈原豐爲一當召公於中以爲十六謬矣此篇多言先世有大臣輔政是陳古道以告之呼君奭以告之故以君奭名篇周公若曰。君奭。順古道呼其名而告之弗弔。天降喪于殷。殷既墜厥命。我有周既受。言殷道不至故天下喪亡於殷殷已墜失其王命我有周道至已受之○弔音的我不敢知曰。厥基永孚于休。若天棐忱。廢興之跡亦君所知言殷家其始長信於美道順天輔誠所以國也○棐音匪忱市林反我亦不敢知曰。其終出于不祥。言殷紂其終墜厥命以出於不善之故亦君所知〔疏〕周公至不祥○正義曰周公留在王朝召公不說周公爲師順古道而呼曰君奭殷道以不至之故故天下喪亡於殷殷既墜失其王命我有周已受之矣今雖受命貴在能終若不能終與殷無異故視殷以爲監戒我不敢獨知殷家其初始之時能長信於美道能安順於上天之道輔其誠信所以有國此亦君之所知我亦不敢獨知曰殷紂其終墜失其王命由出於不善之故亦君所知也○傳廢興至以國○正義曰孔以召誥云我不敢知者其意召公言我不敢獨知亦王所知則此言我不敢知亦是周公言我不敢獨知是君奭所知故以此及下句爲說殷之興亡言與君奭同知舉其殷興亡爲戒鄭玄亦然也嗚呼。君已曰。時我。我亦不敢寧于上帝命。歎而言曰君也當是我之留我亦不敢安于上天之命故不敢不留○已音以弗永遠念天威越我民罔尤違。言君不長遠念天之威而勸化於我民使無過違之闕惟人在我後嗣子孫。大弗克恭上下。遏佚前人光。在家不知。惟衆人共存在我後嗣子孫若大不能恭承天地絕失先王光大之道我老在家則不得知○遏於葛反天命不易。天難諶。乃其墜命。弗克經歷。天命不易天難信無德者乃其墜失王命不能經久歷遠不可不慎○易以豉反注同諶氏壬反嗣前人恭明德。在今予小子旦。繼先王之大業恭奉其明德正在我今小子旦言異於餘臣非克有正。迪惟前人光。施于我沖子。我留非能有改正但欲蹈行先王光大之道施正於我童子童子成王〔疏〕嗚呼至沖子○正義曰周公又歎而呼召公曰嗚呼君已已辭也既歎乃復言曰君當是我之留勿非我也我亦不敢安於上天之命故不敢不留君何不長遠念天之威罰禍福難量當勤教於我下民使無尤過違法之闕惟今天下衆人共誠心存在我後嗣子孫觀其政之善惡若此嗣王大不能恭承上天下地絕失先王光大之道令使衆人失望我若退老在家則不能得知何得不留輔王也天命不易言甚難也天難信惡則去之不常在一家是難信也天子若不稱天意乃墜失其王命不能經久歷遠其事可不慎乎繼嗣前人先王之大業恭奉其明德正在今我小子旦周公自言已身當恭奉其先王之明德留輔佐王非能有所改正但欲蹈行先王光大之道施政於我童子童子謂成王意欲奉行先王之事以教成王也○傳歎而至不留○正義曰歎而言曰嗚呼君已已是引聲之辭既呼君奭歎而引聲乃復言曰君當是我之留以其意不說故令是我而勿非我我不敢安於上天之命孔意當謂天既命周我當成就周道故不敢不留又曰。天不可信。我道惟寧王德延。無德去之是天不可信故我以道惟安寧王之德謀欲延久天不庸釋于文王受命。言天不用令釋廢於文王所受命故我留佐成王〔疏〕又曰至受命○正義曰周公又言曰天不可信無德則去之是其不可信也天難信之故恐其去我周家故我以道惟安寧王之德謀欲延長之我原上天之意不用令廢於文王所受命若嗣王失德則還廢之故我當留佐成王也○傳無德至延久○正義曰此經又曰傳不明解鄭云人又云則鄭玄以此又曰爲周公稱人之言也王肅云重言天不可信明已之留蓋畏天命則肅意以周公重言故稱又曰孔雖不解當與王肅意同言寧王者即文王也鄭王亦同公曰。君奭。我聞在昔成湯既受命。已放桀受命爲天子時則有若伊尹。格于皇天。尹摯佐湯功至大天謂致太平○摯音至在太甲。時則有若保衡。太甲繼湯時則有如此伊尹爲保衡言天下所取安所取平在太戊。太甲之孫時則有若伊陟臣扈。格于上帝。巫咸乂王家。伊陟臣扈率伊尹之職使其君不隕祖業故至天之功不隕巫咸治王家言不及二臣○隕于敏反在祖乙。時則有若巫賢。祖乙殷家亦祖其功時賢臣有如此巫賢賢咸子巫氏在武丁。時則有若甘盤。高宗即位甘盤佐之後有傅說○說音悅〔疏〕公曰君奭至甘盤○正義曰言時有若者言當其時有如此人也指謂如此伊尹甘盤非謂別有如此人也以湯是殷之始王故言在昔既受命見其爲天子也以下在大甲在武丁亦言其爲天子之時有如此臣也成湯未爲天子已得伊尹言既受命者以功格皇天在受

命之後，故言既受命也。皇天之與上帝俱是天也，變其文爾。其功至於天帝，謂致太平而天下和之也。保衡、伊尹一人也，異時而別號。伊尹之下已言格于皇天，保衡之下不言格于皇天，從可知也。伊陟、臣扈言格于上帝，則其時亦致太平，故與伊尹文異而事同。巫咸、巫賢、甘盤蓋功劣於彼三人，故無格天之言。○傳「尹摯」至「太平」。○正義曰：伊尹名摯，諸子傳記多有其文。功至大天，猶堯格于上下，知其謂致太平也。○傳「太甲」至「取平」。○正義曰：據太甲之篇及諸子傳記，太甲大臣惟有伊尹，知即保衡也。說命云：「昔先正保衡，作我先王，佑我烈祖，格于皇天。」商頌祁祀成湯，稱爲烈祖，烈祖，湯之號。言保衡佐湯，明保衡即是伊尹也。詩稱「實維阿衡，實左右商王」。鄭玄云：「阿，倚；衡，平也。伊尹，湯所依倚而取平。至太甲改曰保衡。保，安也。言天下所取安，所取平。此皆三公之官，當時爲之號也。」孔以太甲云「嗣王不惠於阿衡」，則太甲亦曰阿衡，與鄭異也。○傳「太甲之孫」。○正義曰：史記殷本紀云：太甲崩，子沃丁立；崩，弟太庚立；崩，子小甲立；崩，弟雍己立；崩，弟太戊立。是太戊爲太甲之孫，太庚之子。三代表云：小甲，太庚弟；雍己、太戊又是小甲弟。則太戊亦是沃丁弟，太甲子。本紀、世表俱出馬遷，必有一誤。孔於咸乂序傳云：「太戊，沃丁弟之子。」是太戊爲太甲之孫也。○傳「伊陟」至「二臣」。○正義曰：伊尹格于皇天，此伊陟、臣扈云格于上帝，其事既同，如此二臣能率循伊尹之職，輔佐其君，使其君不隕祖業，故至天之功亦不隕墜也。夏祉序云：「湯既勝夏，欲遷其祉，不可，作夏祉、疑至、臣扈。」則湯初有臣扈，已爲大臣矣，不得至今仍在，與伊尹之子同時立功。蓋二人名同，或兩字一誤也。案春秋范武子光輔五君，或臣扈事湯而乂事太戊也。格于上帝之下，乃言巫咸乂王家，則巫咸亦是賢臣，俱能紹治王家之事而已，其功不得至天，言不及彼二臣。○傳「祖乙」至「巫氏」。○正義曰：殷本紀云：中宗崩，子仲丁立；崩，弟外壬立；崩，弟河亶甲立；崩，子祖乙立。則祖乙是太戊之孫也。孔以其人稱祖，故云殷家亦祖其功。賢是咸子，相傳云然。父子俱稱爲巫，知巫爲氏也。○傳「高宗」至「傳說」。○正義曰：說命篇高宗云：「台小子舊學于甘盤，既乃遯於荒野。」高宗未立之前已有甘盤，免喪不言，乃求傳說，明其即位之初有甘盤佐之，甘盤卒後有傳說。計傳說當有大功，此惟數六人，不言傳說者，周公意所不言，未知其故。

率惟茲有陳，保乂有殷，故殷禮陟配天，多歷年所。言伊尹至甘盤六臣佐其君，循惟此道，有陳列之功，以安治有殷，故殷禮能升配天，享國久長，多歷年所。天惟純佑命，則商實百姓。殷禮配天，惟天大佑助其王命，使商家百姓豐實，皆知禮節。

〔疏〕「率惟」至「百姓」。○正義曰：此伊尹、甘盤六臣等輔佐其君，率循此爲臣之道，有陳烈之功，以安治有殷，故殷有安上治民之禮，升配上天，享國多歷年之次所。天惟大佑助其爲王之命，則使商家富實百姓，爲命使商之百姓家給人足，皆知禮節也。○傳「言伊」至「年所」。○正義曰：率訓循也。說賢臣佐君，云循惟此道，當謂循此爲臣之道，盡忠竭力以輔其君，故有陳烈於世，以安治有殷，使殷王得安治民，故殷得此安上治民之禮，能升配上天。天在人上，故謂之升。爲天之子，是配也。享國久長，多歷年所。○傳「殷禮」至「禮節」。○正義曰：殷能以禮配天，故天降福。天惟大佑助其王命，風雨以時，年穀豐稔，使商家百姓豐實，家給人足。管子曰：「衣食足，知榮辱；倉廩實，知禮節。」

王人罔不秉德，明恤小臣屏侯甸。自湯至武丁，其王人無不持德立業，明憂其小臣，使得其人，以爲蕃屏侯甸之服。小臣且憂得人，則大臣可知。○屏，實領反。

矧咸奔走。惟茲惟德稱，用乂厥辟。王猶秉德憂臣，況臣下得不皆奔走？惟王此事，惟有德者舉用，治其君事。○辟，必亦反。故一人有事于四方，若卜筮，罔不是孚。一人，天子也。君臣務德，故有事於四方，而天下化服，如卜筮無不是而信之。

〔疏〕「王人」至「是孚」。○正義曰：王人謂與人爲王，言此上所說成湯、太甲、太戊、祖乙、武丁，皆王人也。無不持德立業，明憂小臣，雖則小臣，亦憂使得其賢人，以蕃屏侯甸之服。王恐臣之不賢，尚以爲憂，況在臣下，得不皆勤勞奔走，惟憂王此求賢之事？惟求有德者，舉之用治其君之事乎？君臣共求其有德，所在職事皆治，天子一人有事於四方，天下咸化而服，如有卜筮之驗，無不是而信之。賢臣助君，致使大治，我留不去，亦當如此也。○傳「自湯」至「可知」。○正義曰：王肅云：「王人猶君人也。」無不持德立業，謂持人君之德，立王者之事業。人君之德在官賢人，官得其人，則事業立，故傳以立業配持德。明憂小臣之不賢，憂欲使得其人，以爲蕃屏侯甸之服也。小臣且憂得人，則大臣憂之可知。侯甸尚思得其人，朝廷思之必矣。王肅云：「小臣，臣之微者，舉小以明大也。」○傳「王猶」至「君事」。○正義曰：君之所重，莫重於求賢；官之所急，莫急於得人。故此章所陳，惟言君憂得人，臣能舉賢。以王之尊，猶尚秉德憂臣，況其臣下，得不皆奔走？惟王此求賢之事，惟有德者必舉之，置於官位，用治其君事也。○傳「一人」至「信之」。○正義曰：禮，天子自稱曰予一人，故爲天子也。君臣務求有德，衆官得其人，從上至下，遞相師法，職無大小，莫不治理。故天子有事於四方，發號出令，而天下化服，譬如卜筮無不是而信之，事既有驗，言如是則人皆信之。

公曰：「君奭，天壽平格，保乂有殷。有殷嗣，天滅威。言天壽有平至之君，故安治有殷。有殷嗣子紂不能平至，天滅亡加之以威。今汝永念，則有固命，厥亂明我新造邦。」今汝長念平至者安治，反是者滅亡，以爲法戒，則有堅固王命，其治理足以明我新成國矣。

〔疏〕「公曰君奭」至「造邦」。正義曰：周公呼召公曰：君奭，皇天賦命，壽此有平至之君，言有德者必壽考也。殷之先王有平至之德，故能安治有殷，言故得安治也。有殷嗣子紂不能平至，故天滅亡而加之以威。今汝奭當長念天道，平至者安治，不平至者滅亡，以此爲法戒，則有堅固王命，其治理足以明我新成國矣。○傳「言天」至「以威」。○正義曰：格訓至也。平謂政教均平，至謂有道有所至也。言不弔，謂道有不至者；此言格，謂道至者。天壽有平至之君，有平至之德，則天與之長壽，則知中宗、高宗之屬身是也。由其君有平至之德，故能安治有殷，言有殷國安而民治也。有殷嗣子紂，其德不能平至，國不安，民不治，故天滅亡之而加之以威也。孔傳之意，此經專說君之善惡，其言不及臣也。王肅以爲兼言君臣，注云：「殷君臣之有德，故安治有殷，言是者王不可不法。殷家有良臣也。」鄭注以爲傳言臣事，格謂至於天也，與孔不同。○傳「今汝」至「國矣」。○正義曰：上句言善者與而惡者亡，此句令其長安治及念明道，念上二者，故言今汝長念平至者而安治，反是者滅亡，念此以爲法戒，則有堅固王命，王旅必不傾壞。若能如此，其治理足以光明我新成國矣。周自武王伐紂，至此年歲未多，對殷而言，故爲新國。傳意言不及臣。周公說此事者，蓋言興滅由人，我欲輔王使爲平至之君。

公曰：「君奭，在昔上帝，割申勸寧王之德，其集大命于厥躬。在昔上天割制其義，重勸文王之德，故能成其大命於其身，謂勤德以受命。○重，直用反。惟文王尚克修和我有夏，亦惟有若虢叔，有若閎天，文王庶幾能修政化，以和我所有諸夏，亦惟賢臣之助，爲治有如此虢閎閎氏。虢，國；叔，字，文王弟；天，名。○虢，寡白反，徐公伯反。閎音宏。天，於表反，徐於驕反。有若散宜生，有若泰顛，有若南宮括。散、泰、南宮皆氏，宜生、顛、括皆名，凡五臣佐文王爲胥附、奔走、先後、禦侮之任。

〔疏〕「公曰君奭」至「厥躬」。○正義曰：公呼召公曰：君奭，在昔上天斷割其義，重勸文王之德，以文王有德，勸勉使之成功，故文王能成之命於其身。言文王能順天之意，勤德以受命。○傳「在昔」至「受命」。○正義曰：文王去此未久，但欲遠本天意，故云在昔上天，作久遠之言。割制謂切割絕斷之意，故云割制其義。重勸文王之德者，文王既已有德，上天佑助而重勸勉文王順天之意，故其能成大命於其身，正謂勤行德義以受天命。○傳「文王」至「天名」。○正義曰：文王未定天下，庶幾能修政化，以和我所有諸夏，謂三分有二屬己之諸國也。僖五年左傳云：「虢仲、虢叔，王季之穆也。」是虢叔爲文王之弟，虢國名，叔字。凡言人之名氏，皆上氏下名，故閎、散、泰、南宮皆是，天、宜生、顛、括皆名也。○傳「散泰」至「之任」。○正義曰：詩緜之卒章稱「文王有疏附、先後、奔奏、禦侮」之臣。毛傳云：「率下親上曰疏附，相通前後曰先後，喻德宣譽曰奔奏，武臣折衝曰禦侮。」鄭箋云：「疏附，使疏者親也。奔奏，使人歸趨之。」詩言文王有此四種之臣，經歷言五臣之名，故知五臣佐文王爲此任也。此四事者，五臣共爲此任，非一臣當一事也。鄭云：「不及呂望者，太師教文王以大德，周公謙，不可以自比。」

又曰：「無能往來，茲迪彝教文王蔑德降于國人。有五賢臣，猶曰其少，無所能往來，而五人以此道法教文王以精微之德，下政令於國人。言雖聖人亦須良佐。亦惟純佑秉德，迪知天威，乃惟時昭文王。文王亦如殷家，惟天所大佑，文王亦秉德，蹈知天威，乃惟是五人明文王之德。迪見冒聞于上帝，惟時受有殷命哉。」言能明文王德，蹈行顯見，覆冒下民，彰聞上天，惟是故受有殷之王命。○見，賢遍反，注同。冒，莫報反，下同。馬作勗，勉也。聞音問，或如字。

〔疏〕「又曰」至「命哉」。○正義曰：文王既有賢臣五人，又復言曰：我之賢臣猶少，無所能往來。五人以此道法教文王以微蔑精妙之德，下政令於國人，德政既善，爲天所佑。文王亦如殷家，惟爲天所大佑，文王亦秉德蹈知天威。文王德如此者，乃惟是五人明文王之德使然也。五人能明文王德，使蹈行顯見，覆冒下民，聞於上天，惟是之故，得受有殷王之命哉。言文王之聖猶須良佐，我所以留輔成王。○傳「有五」至「良佐」。○正義曰：「無能往來」一句，周公假爲文王之辭，言文王有五賢臣，猶恨其少，又復言曰：我臣既少，於事無能往來，謂去還理事未能周悉，言其好賢之深，不知厭足也。迪，道；彝，法也；蔑，小也，小謂精微也。而五人以此道法教文王以精微之德，用此精微之德下教令於國人。言雖聖人亦須良佐，以見成王須輔佐之甚也。鄭玄亦云：「蔑，小也。」

武王惟茲四人，尚迪有祿。文王沒，武王立，惟此四人庶幾輔相武王，蹈有天祿。虢叔先死，故曰四人。○相，息亮反。後暨武王，誕將天威，咸劉厥敵。言此四人後與武王皆殺其敵，謂誅紂。惟茲

四人。昭武王。惟冒丕單稱德。惟此四人明武王之德使布冒天下大盡舉行其德。〔疏〕武王至稱德。○正義曰文王既沒武王次立武功初立惟此四人庶幾輔相武王蹈有天下之祿其後四人與武王大行天之威罰皆與共殺其強敵謂其誅紂也武王之有天下惟此四人明武王之德惟武王布德覆冒天下此四人大盡舉行武王之德言武王亦得臣之力。○傳文王至四人。○正義曰文王受命九年而崩十三年方得殺紂文王沒武王立謂武王初立之時惟此四人而已庶幾輔相武王蹈有天祿初立則有此志故下句言後與武王殺紂也虢叔先死故曰四人以是文王之弟其年應長故言先死也。鄭玄疑不知誰死注云至武王時虢叔等有死者餘四人也。○傳惟此至其德。○正義曰單盡稱舉也使武王之德布冒天下是此四人之力言此四人大盡舉行武王之德也

今在予小子旦。若游大川。予往暨汝奭其濟。小子。同未在位。誕無我責。我新還政今任重在我小子旦不能同於四方若游大川我往與汝奭其共濟渡成王同於未在位即政時汝大無非責我留。收罔勖不及耇造德不降。我則鳴鳥不聞。矧曰其有能格。今與汝留輔成王欲收教無自勉不及道義者立此化而老成德不降意為之我周則鳴鳳不得聞況曰其有能格于皇天乎〔疏〕今在至能格。○正義曰周公言我新還政成王今任之重者其在我小子之身也我不能同於四人輔文武使有大功德但苟求救溺而已譬如遊於大川我往與汝奭其共濟渡小子成王用心輔弼同於成王未在位之時恐其未能嗣先人明德我當與汝輔之汝大無非責我之留也我留與汝輔王者欲收教無自勉力不及道義者我今欲立此化而老成德之人不降意為之我周家則鳴鳳之鳥尚不得聞知況曰其有能格於皇天者乎。○傳我新至我留。○正義曰周公既已還政則是捨重任矣而猶言今任重在我小人旦者周公既攝王政又須傳授得人若其不能負荷仍是周公之責以嗣子劣弱故言今任重猶在我小子旦也彼四人者能翼贊初基佑成王業我不能同於四人望有大功惟求救弱而已詩云泳之游之左傳稱閻敖游涌而逸則游者入水浮渡之名譬若成王在大川我往與汝奭其同共濟渡成王若云從此向川故言往也。○傳今與至天乎。○正義曰王朝之臣有不勉力者今與汝留輔成王者正欲收斂教誨無自勉力不及道義者當教之勉力使其及道義也我欲成立此化而老成德之人不肯降意為之我周家則鳴鳳尚不聞知況曰其有能如伊尹之輩使其功格於皇天乎言太平不可冀也經言耇造德不降者周公以已年老應退而留因即傳言已頻言已若退則老成德者悉皆退自逸樂不肯降意為之政無所成祥瑞不至我周家則鳴鳳不得聞則鳳是難聞之鳥必為靈瑞之物故以鳴鳥為鳴鳳孔子稱鳳鳥不至是鳳鳥難聞也詩大雅卷阿之篇歌成王之德其九章曰鳳皇鳴矣于彼高岡鄭云因時鳳皇至固以喻焉則成王之時鳳皇至也大雅正經之作多在周公攝政之後成王即位之初則周公言此之時已鳳皇至見太平矣而復言此者恐其不復能然故戒之此經之意言功格上天難於致鳳故以鳴鳳如之格天案禮器云升中于天而鳳皇降龜龍假升中謂功成告天也如彼記文似功至於天鳳皇乃降此以鳴鳳易致況格天之難者乎記以龍鳳有形是可見之物故以鳴鳳降龍至為成功之驗非言成功告天然後此物始至也

公曰。嗚呼。君。肆其監于茲。我受命無疆惟休。亦大惟艱。以朝臣無能立功至天故其當視於此我周受命無窮惟美亦大惟艱難不可輕忽謂之易治告君乃猷裕。我不以後人迷。告君汝謀寬饒之道我留與汝輔王不用後人迷惑故欲教之〔疏〕公曰嗚呼至人迷。○正義曰周公歎而呼召公曰嗚呼君我以朝臣無能立功至天之故故君其當視於此謂視此朝臣無能立功之事我周家受天之命無有境界惟美亦大惟艱難不可輕忽謂之易治我今告君汝當謀寬饒之道以治下民使其事可法我不用使後世人迷惑故欲教之也。○傳告君至教之。○正義曰猷訓為謀告君汝謀寬饒之道故當以寬饒為法我留與汝輔王不用使後人迷惑怪之無法則迷惑故欲與汝作法以教之鄭云召公不說似隘急故今謀於寬裕也

公曰。前人敷乃心。乃悉命汝。作汝民極。前人文武布其乃心為法度乃悉以命汝矣為汝民立中正矣曰。汝明勗偶王。在亶乘茲大命。汝以前人法度明勉配王在於成信行此大命而已惟文王德。丕承無疆之恤。惟文王聖德為之子孫無忝厥祖大承無窮之憂〔疏〕公曰前至之恤。○正義曰周公又言曰前人文武布其乃心制法度乃悉命汝為民立中正之道矣治民之法已成就也戒召公汝當以前人之法度明自勉力配此成王在於誠信行此大命而已言已有舊法易可遵行也惟文王聖德造始周邦為其子孫欲令無忝厥祖大承無窮之憂故我與汝不可不輔。○傳前人至正矣。○正義曰乃緩辭不訓為汝。○傳汝以至而已。○正義曰勗勉也偶配也亶信也汝當以前人法度明自勉力配成王在於誠信行大命而已言其不復須勞心傳以乘為行蓋以乘車必行故訓乘為行

公曰。君。告汝朕允。告汝以我之誠信也保奭。其汝克敬以予監于殷喪大否。呼其官而名之勑使能敬以我言視於殷喪亡大否言其大不可不戒肆念我天威。予不允惟若茲誥。予惟曰。襄我二人。以殷喪大故當念我天德可畏言命無常我不信惟若此誥我惟曰當因我文武之道而行之汝有合哉。言曰。在時二人。天休滋至。惟時二人弗戡。言汝行事動當有所合哉發言常在是文武則天美周家日益至矣惟是文武不勝受言多福其汝克敬德。明我俊民。在讓後人于丕時。其汝能敬行德明我賢人在禮讓則後代將於此道大且是〔疏〕公曰君告至丕時。○正義曰周公呼召公曰君我今告汝以我之誠信又呼其官而名之太保奭其汝必須能敬以我之言視於殷之喪亡殷之喪亡其事甚大不可不戒慎以殷喪大之故當念我天德可畏言天命無常無德則去之甚可畏我不信惟若此誥而已我惟言曰當因我文武二人之道而行之汝所行事舉動必當有所合哉當與文王武王合也汝所發言常在是文王武王二人則天美我周家日日滋益至矣其善既多惟在是文武二人不能勝受之矣其汝能敬行德明我賢俊之人在於禮讓則後人於此道大且是也。○傳言汝至多福。○正義曰動當有所合哉舉動皆合文武也發言常在是文武言非文武道則不言

嗚呼。篤棐時二人。我式克至于今日休。言我厚輔是文武之道而行之或用能至于今日其政美我咸成文王功于不怠。丕冒海隅出日。罔不率俾。今我周家皆成文王功于不懈怠則德教大覆冒海隅日所出之地無不循化而使之〔疏〕嗚呼至率俾。○正義曰周公言而嘆曰嗚呼我厚輔是二人之道而行之我用能至於今日其政美言今日政美由是文武之道我周家若能皆成文王之功於事常不懈怠則德教大覆四海之隅至於日出之處其民無不循我化可臣使也戒召公與朝臣皆當法文王之功

公曰。君。予不惠若茲多誥。予惟用閔于天越民。我不順若此多誥而已欲使汝念躬行之閔勉也我惟用勉於天道加於民〔疏〕公曰君予至越民。○正義曰公呼召公曰君我不徒惟順如此之事多誥而已欲使汝躬親行之我惟用勉力自強於天道行化於民顧氏云我亦自用勉勸躬行於天道加益於民人也

公曰。嗚呼。君。惟乃知民德。亦罔不能厥初。惟其終。惟汝所知民德亦無不能其初鮮能有終惟其終則惟君子戒召公以慎終。○鮮息淺反祗若茲。往敬用治。當敬順我此言自今以往敬用治民職事〔疏〕公曰嗚呼至用治。○正義曰周公歎而呼召公曰嗚呼君惟汝知民之德行亦無不能其初惟鮮能其終言行之雖易終之實難恐召公不能終行善政故戒之以慎終汝當以敬順我此言自今以往宜敬用此治民職事之使行善不懈怠也。○傳惟汝至慎終。○正義曰詩云靡不有初鮮克有終是凡民之德無不能其初少能有終者凡民皆如是有終則惟君子蓋召公至此已說恐其不能終善故戒召公汝慎終也鄭云召公是時意說周公恐其復不說故依違託言民德以劃切之

尚書注疏挍勘記卷十六　阮元撰盧宣旬摘錄

尚書注疏卷第十六　宋本作十五

多士第十六　周書

周公以王命誥　石經考文提要云坊本誥作告

所告者　纂傳告作誥

皆非在官　閩本明監本同毛本在官作民事段玉裁挍本又改民作序是也

惟天不與言無堅固治者　古本與上有右字毛本言作信案言字非閩本明監本並誤

天有多名　毛本名作言誤

殺無道之王　宋板王作主

大淫泆有辭　陸氏曰泆又作佾淫同○按失聲介聲古音同部

大為過逸之行　古本岳本葛本宋板閩本明監本纂傳並同毛本大作天誤

旣言天之効驗法惡與善 閩本同毛本法作去
誕淫厥泆 古本泆作洪誤
罔顧于天顯民祗 唐石經岳本葛本閩本明監本同毛本祗作祇
天乃與之 宋板與作與
無非皆有惡辭聞於天 毛本有作其
不能使民安之 古本作不能使民安安之也山井鼎曰恐衍一安字按疏云不能使民安而安之卽古本之所本
朕不敢有後 唐石經後下本有誅字後磨改
今爾又曰 顧炎武曰又今本作其
言我周亦法殷家 古本宋板法作涉非
今往又有言曰 毛本往作汝
我一人惟聽用有德之者 浦鏜云者當人字誤○按浦云非也
言未遷之時當求往 浦鏜云當疑尙字誤
爾不啻不有爾土 陸氏曰啻徐本作翅下篇倣此
王曰又曰時予乃或言 唐石經或下本有誨字後磨改
無逸第十七 周書
成王卽政 葛本閩本政作位誤
乃不知稼穡之艱難 宋板乃作亦葛本脫穡字
力爲逸豫遊戲 葛本閩本明監本同毛本力作乃是也
武丁其父小乙 古本其作也
言孝行者 毛本者作著
起其卽王之位 宋板閩本明監本同毛本王作土按土字是也
伊尹放之桐 史記集解桐下有宫字
惟樂之從 古本樂上有耽字
長敬天命 各本長皆作畏形近之譌
自朝至于日中昃 陸氏曰昃本亦作仄
文王不敢盤于遊田以庶邦惟正之供 按後漢書郅惲傳注引此經云文王不敢槃于游田曰萬人惟政之共
用善政以諧和萬民故也 按諧字疑當作皆

惟當正身行已以供待之 宋板同毛本身作心
釋詁云盤樂也 孫志祖云盤爾雅作般
故不敢非時畋獵以爲樂耳 岳本畋作田
惟今日樂後日止 古本作惟今日樂樂後日止也
王當正已身以供待萬民 閩本明監本同毛本以下有洪待之也以身六字與宋板合宋板洪作供
侵淫不止 浦鏜云侵當作浸
田謂田獵 宋板田作畋
酗從酉 閩本明監本酉誤酒毛本酉不誤浦鏜以毛本爲誤非也
飮酒爲政 宋板閩本明監本同毛本政改作文非也按山井鼎云正嘉與宋板同考神廟監本亦作政
古人之雖君明臣良 宋板古人之作古之人按宋本不誤
譸張誑也 孫志祖云爾雅作侜張
知此則訓之者 宋板則作乃按則字非也
周公曰嗚呼自殷王中宗及高宗及祖甲 古本殷王下有及字高宗下有下字
按古本無義不可從
罰無殺無辜 毛本無下有罪字此誤脫也
君奭第十八 周書 毛本同古本作尙書卷第十古文尙書君奭第十八周書孔氏傳宋本首題尙書注疏卷第十六下與此本同
歎而言曰君也 古本岳本纂傳也作已與疏合
同姓也 古本同上有周字
越我民罔尤違 蔡傳本越作曰盧文弨云宋元以來本無不作越字蔡傳亦以於爲訓似亦本作越字○按唐石經亦作越
而勤化於我民 而下古本有尤違二字似誤毛本勤作勸
乃其墜命 唐石經本墜下有厥字後磨改
正在我今小子旦 毛本我今作今我山井鼎曰古本我今作今我宋板同○按葛本閩本明監本倶作我今毛本却不誤鼎失撿耳纂傳亦作今我
尹摯佐湯 尹史記集解尹作伊山井鼎曰尹摯古本作伊尹後改作伊摯○按古本後改者正與史記集解合亦與宋板疏標目合
功至大夫 毛本夫作天是也
言時有若者 宋板時下有則字是也
傳尹摯至太平 宋板尹作伊山井鼎曰傳文作尹摯此作伊摯按古本後改者恐有据也○按宋板於傳雖作尹於疏則作伊是也

有陳烈之功 毛本烈作列案烈字誤下同
是配也 宋板配下有天字
臣能擧賢 閩本同毛本能作皆
信天壽有平至之君 毛本信作言案信字誤
加之有威 毛本有作以案有字誤
則知中宗高宗之屬身是也 盧文弨浦鏜並云則身二字倶衍知當作如
鄭注以爲傳言臣事 宋板傳作專按傳字誤
閎氏號國叔字文王弟夭名 纂傳閎氏二字在夭名上按王氏錄諸家說往往竄易字句多不足据然此處孔傳原文實不可解故存以俟考
佐文王爲胥附奔走先後禦侮之任 陸氏曰奔又作本走又作奏音同
公曰君奭至厥躬 宋板厥躬作宮括按宋本不誤
故文王能成之命於其身 毛本之作大案之字誤
故閎散泰南宮皆是 毛本是作氏案所改是也
相通前後曰先後 毛本通作道案通字誤
文王德如此者 宋板德作得
誕將天威 古本作誕將天畏
我則鳴鳥不聞 陸氏曰本或作鳴鳳者非
因卽傳言已類 宋板傳作博
固以喻焉 宋板同毛本固作故
故以鳴鳳如之格天 毛本如作況案如字誤
故今謀於寬裕也 宋本今作令案宋本是也
爲汝民立中正矣 古本正下有之教二字
言其大不可不戒 古本下有之字山井鼎曰此下崇禎本有數字空闕撿諸本經傳連接非有缺誤但當有喪否二字釋文耳
予不允惟若茲誥 古本茲作此
天休滋至 毛本滋作茲按茲滋古多通用
明我俊民在讓 俊古本作畯
嗚呼篤棐時二人 古本首有公曰二字

附釋音尚書注疏卷第十七

蔡仲之命第十九　周書　孔氏傳　孔穎達疏

蔡叔既沒。以罪放而卒王命蔡仲踐諸侯位。成王也父卒命子罪不相及作蔡仲之命。冊書命之蔡仲之命。蔡國名仲字因以名篇

〔疏〕蔡叔至之命○正義曰蔡叔與管叔流言於國謗毀周公周公囚之郭鄰至死不赦蔡叔既沒成王命蔡叔之子蔡仲踐諸侯之位封爲國君以策書命之史敘其事故作蔡仲之命○傳成王至相及○正義曰編書以世先後爲次此篇在成王書內知王命蔡仲是成王命之也蔡叔之沒不知何年其命蔡仲未必初卒即命以其繼父命子故繫之蔡叔之後也蔡叔有罪而命蔡仲者父卒命子罪不相及也昭二十年左傳曰父子兄弟罪不相及謂蔡仲不坐父爾若父有大罪罪當絕滅正可別封他國不得仍取蔡名以蔡叔爲始祖也蔡叔身尚不死明其罪輕不立管叔之後者蓋罪重無子或有而不賢故也

惟周公位冢宰正百工。百官總己以聽冢宰謂武王崩時羣叔流言。乃致辟管叔于商。囚蔡叔于郭鄰。以車七乘。致法謂誅殺囚謂制其出入郭鄰中國之外地名從車七乘言少管蔡國名○辟婢亦反徐扶亦反乘繩證反從才用反降霍叔于庶人。三年不齒。罪輕故退爲眾人三年之後乃齒錄封爲霍侯子孫爲晉所滅蔡仲克庸祗德。周公以爲卿士。蔡仲能用敬德稱其賢也明王之法誅父用子言至公周公圻內諸侯二卿治事○圻巨依反下同叔卒。乃命諸王邦之蔡。叔之所封圻內之蔡仲之所封淮汝之間圻內之蔡名已滅故取其名以名新國欲其戒之

〔疏〕惟周至之蔡○正義曰惟周公於武王崩後其位爲冢宰之卿正百官之治攝王政治天下於時管蔡霍等蔡叔流言於國謗毀周公乃以王命致法殺管叔於商就殷都殺之囚蔡叔遷之於郭鄰之地惟與之從車七乘降黜霍叔於庶人若今除名爲民三年之內不得與兄弟年齒相次蔡叔之子蔡仲能用敬德周公爲畿內諸侯得立二卿以蔡仲爲己之卿士周公善其爲人及蔡叔既卒乃將蔡仲命之於王國之於蔡爲諸侯也○傳致法至國名○正義曰周禮有掌囚之官鄭云囚拘也主拘繫當刑殺者拘繫之是爲制其出入不得輒行郭鄰中國之外地名蓋相傳爲然不知在何方舜典云流宥五刑謂流遠也任其自生此則徙之郭鄰而又囚之管蔡世家云封叔鮮於管封叔度於蔡是管蔡爲國名杜預云管在滎陽京縣東北○傳罪輕至所滅○正義曰言羣叔流言則霍叔亦流言也而知其罪輕者以其不死不遷有降黜而已明其罪輕也霍叔不監殷民周公惟伐管蔡不言伐霍叔於時霍叔蓋在京邑聞管蔡之語流傳其言謂其實然不與朝廷同心故退之世家云武王已克商平天下封功臣昆弟封叔處於霍則武王已封之矣後黜爲庶人奪其爵祿三年之後乃更爵祿蓋復其舊封爲霍侯春秋閔元年晉侯滅霍既子孫得爲國君爲晉所滅知三年之後復得封也世家惟云封霍不云其爵傳言霍侯或當有所據而知之○傳蔡仲至治事○正義曰周禮冢宰以八則治都鄙馬融云距王城四百里至五百里謂之都鄙鄙邊邑也以封王之子弟在畿內者冢宰又云乃施則于都鄙而建其長立其兩馬鄭皆云立卿兩人是畿內諸侯立二卿定四年左傳說此事云周公舉之以爲己卿士是爲周公圻內之卿士也世家云周公舉胡以爲魯卿士魯國治於是周公言於成王復封之於蔡案魯世家云成王封周公於魯周公不就封留佑成王則周公身不就封安得使胡爲卿士馬遷說之謬爾○傳叔之至戒之○正義曰仲之所封淮汝之間左傳有文叔之所封圻內之蔡其事不知所出也世家云蔡叔居上蔡宋仲子云胡徙居新蔡杜預云武王封叔度於汝南上蔡至平侯徙新蔡昭侯徙居九江下蔡檢其地上蔡新蔡皆屬汝南郡去京師太遠叔若封於上蔡不得在圻內也孔言叔封圻內或當有以知之但圻內蔡地不知所在爾

王若曰。小子胡。言小子明當受教訓胡仲名順其事而告之惟爾率德改行。克慎厥猷。言汝循祖之德改父之行能慎其道歎其賢肆予命爾侯于東土。往即乃封。敬哉。以汝率德改行之故故我命汝爲諸侯於東土往就汝所封之國當修己以敬哉爾尚蓋前人之愆。惟忠惟孝。汝當庶幾修德尚蓋前人之過子能蓋父所以爲惟忠惟孝爾乃邁迹自身。克勤無怠。以垂憲乃後。汝乃行善迹用汝身使可蹤跡而法循之能勤無懈怠以垂法子孫世世稱頌乃當我意率乃祖文王之彝訓。無若爾考之違王命。言當循文武之常教以父違命爲世戒皇天無親。惟德是輔。民心無常。惟惠之懷。天之於人無有親疏惟有德者則輔佑之民之於上無有常主惟愛己者則歸之爲善不同。同歸于治。爲惡不同。同歸于亂。言人爲善爲惡各有百端未必正同而治亂所歸不殊宜慎其微○治直吏反爾其戒哉。慎厥初。惟厥終。終以不困。不惟厥終。終以困窮。汝其戒治亂之機哉作事云爲必慎其初念其終則終用不困窮懋乃攸績。睦乃四鄰。以蕃王室。以和兄弟。勉汝所立之功親汝四鄰之國以蕃屏王室以和協同姓之邦諸侯之道○懋音茂蕃方元反注同康濟小民。率自中。無作聰明亂舊章。汝爲政當安小民之居成小民之業循用大中之道無敢爲小聰明作異辯以變亂舊典文章詳乃視聽。罔以側言改厥度。則予一人汝嘉。詳審汝視聽非禮義勿視聽無以邪巧之言易其常度必斷之以義則我一人善汝矣○度如字注同斷丁亂反王曰。嗚呼。小子胡。汝往哉。無荒棄朕命。歎而勅之欲其念戒小子胡汝往之國哉無廢棄我命欲其終身奉行後世遵則

〔疏〕侯于東土○正義曰此使之爲諸侯於東土爾不知何爵也世家云蔡仲卒子蔡伯荒立卒子宮侯立自此已下遂皆稱侯則蔡仲初封即爲侯也蔡伯荒者自稱其字伯非爵也○傳汝當至惟孝○正義曰忠施於君孝施於父子能蓋父惟得爲孝而亦得爲忠者父以不忠獲罪若能改父之行蓋父之愆是爲忠臣也

成王東伐淮夷。遂踐奄。成王即政淮夷奄國又叛王親征之遂滅奄而徙之以其數反覆○踐似淺反馬同大傳云籍也數色角反覆芳服反作成王政。爲平淮夷徙奄之政令亡○政如字馬本作征云正

〔疏〕成王東至王政○正義曰周公攝政之初奄與淮夷從管蔡作亂周公征而定之成王即政之初淮夷與奄又叛成王親往征之成王東伐淮夷遂踐滅奄國以其數叛徙奄民作誥命之辭言平淮夷徙奄之政令史敘其事作成王政之篇成訓平也言平此叛逆之民以爲王者政令故以成王政爲篇名○傳成王至反覆○正義曰洛誥之篇言周公歸政成王多士已下皆是成王即政初事編篇以先後爲次此篇在成王書內知是成王即政淮夷奄國又叛王親征之又案洛誥成王即政始封伯禽伯禽既爲魯侯乃居曲阜費誓稱魯侯伯禽宅曲阜淮夷徐戎並興魯侯征之作費誓彼言淮夷並興即此伐淮夷王伐淮夷魯伐徐戎是同時伐明是成王即政之年復重叛也鄭玄謂此伐淮夷與踐奄是攝政三年伐管蔡時事其編篇於此即云未聞費誓之篇言淮夷之叛則是重叛明矣多方之篇責殷臣云我惟時其戰要囚之至于再至于三若武王伐紂之後惟攝政三年之一叛正可至於再爾安得至於三乎故知是成王即政又叛也鄭玄讀踐爲翦翦滅也孔不破字蓋以踐其國即是踐滅之事故孔以踐爲滅也下篇序云成王既踐奄將遷其君是滅其奄而徙之以其數反覆故也

成王既踐奄。將遷其君於蒲姑。已滅奄而徙其君及人臣之惡者於蒲姑蒲姑齊地近中國教化之○蒲如字徐又扶各反馬本作薄近附近之近周公告召公。作將蒲姑。言將徙奄新立之君於蒲姑告召公使此冊書告令之亡

〔疏〕成王既至作蒲姑○正義曰成王既踐滅奄國將遷其君於蒲姑之地周公告召公使作冊書言將遷奄君於蒲姑之地史敘其事作將蒲姑之篇○傳已滅至化之○正義曰昭二十年左傳晏子云古人居此地者有蒲姑氏杜預云樂安博昌縣北有蒲姑城是蒲姑爲齊地也周公遷殷頑民於成周近京師教化之知今遷奄君臣於蒲姑爲近中國教化之必如此言則奄去中國遠於蒲姑杜預云奄闕不知所在鄭云奄蓋在淮夷之地亦未能詳成王先伐淮夷遂滅奄奄似遠於淮夷也○傳言將至之士○正義曰禮天子不滅國諸侯有罪則殺其君而擇立次賢者故知所徙者言將徙奄新立之君於蒲姑也上言周公告召公其篇既亡不知告以何事孔以意卜之告召公使爲此策書告令之不能知其必然否也

多方第二十　周書　孔氏傳　孔穎達疏

成王歸自奄。伐奄歸在宗周。誥庶邦。誥以禍福作多方。多方。眾方天下諸侯惟五月丁亥。王來自奄。至于宗周。周公歸政之明年淮夷奄又叛魯征淮夷作費誓王親征奄滅其國五月還至鎬京○費音祕

〔疏〕成王至多方○正義曰成王歸自伐奄在於宗周鎬京諸侯以王征還皆來朝集周公稱王命以禍福咸告天下諸侯國史敘

其事作多方。傳衆方天下諸侯。○正義曰：自武王伐紂及成王即政，新封建者甚少，天下諸侯多是殷之舊國，其心未服周家，由是奄君重叛，今因滅奄新歸，故告天下諸侯以興亡之戒，欲令其無二心也。語雖普告天下，意在殷之舊國，篇末亦告殷之多士，獨言諸侯者，舉其尊者，以其篇主告殷之諸侯故也。○傳周公至鎬京。○正義曰：以洛誥言歸政之事，多士之篇次之，多士是歸政明年之事，故知此篇亦歸政明年之事。事猶不明，故取費誓爲證以成之。序言成王東伐淮夷，費誓之篇言淮夷徐戎並興，俱言淮夷，是一事，故言魯征淮夷作費誓，王親征之，奄滅其國，以明二者爲一時之事也。上序言成王伐淮夷，而此傳言魯征淮夷者，當時淮夷徐戎並起爲亂，魯與二國相近，發意欲並征二夷，故以二國誓衆，但成王恐魯不能獨平二國，故復親往征之，所以成王政之序與費誓之經並言淮夷，爲此故也。傳言五月還至鎬京，明此宗周即鎬京也。禮記祭統衞孔悝之鼎銘云「即宮於宗周」，彼宗周謂洛邑也，是洛邑亦名宗周。知此是鎬京者，成王以周公歸政之時暫至洛邑，還歸處西都鎬京，是王常居，知至于宗周至鎬京也。且此與周官同時事也，周官序云「還歸在豐」，經云「歸于宗周」，豐鎬相近，即此宗周是鎬京也。

周公曰：「王若曰：猷告爾四國多方。周公以王命順大道告四方。稱周公以別王自告。○別，彼列反。**惟爾殷侯尹民，我惟大降爾命，爾罔不知。**殷之諸侯王民者，我大降汝命，謂誅紂也。言天下無不知紂暴虐以取亡。

〔疏〕「周公」至「不知」。○正義曰：周公以成王之意告衆方之諸侯曰：我王順大道以告汝四方之國多方諸侯，惟爾殷之諸侯正民者，我武王大下汝天下民命，誅殺虐紂，汝諸侯天下之民無有不知紂以暴虐取亡，欲令其思念之。○傳「周公至自告」。○正義曰：成王新始即政，周公留而輔之，周公以王命告令諸侯，所告實非王言，故加「周公曰」於「王若曰」之上，以明周公宣成王之意也。猷，道也，周公以王命順大道告四方也。既言四國，又言多方，見四方國多也。不直言「王曰」，稱「周公」，以別王自告也。王肅云：「周公攝政，稱成王命以告，及還政，稱王曰，嫌自成王辭，故加周公以明之。」然多士之篇「王若曰」之上不加周公曰者，以彼上句云「周公初于新邑洛，用告」，知是周公故也。○傳「殷之至取亡」。○正義曰：諸侯爲民之主，民所取正，故謂之正民。民以君爲命，死生在君，天下之命在於一人。紂言我大黜下汝之民命，正謂武王誅紂也。言天下無不知紂紂以暴虐取亡，欲使思念之，令其心棄殷而慕周也。

洪惟天之命，弗永寅念于祀。惟帝降格于夏，大惟爲王謀天之命，不長敬念于祭祀，謂夏桀。惟天下至戒於夏，以譴告之，謂災異。○譴，弃淺反。**有夏誕厥逸，不肯慼言于民，**有夏桀不畏天戒，而大其逸豫，不肯憂言於民，無憂民之言。**乃大淫昏，不克終日勸于帝之迪，**言桀乃大爲過昏之行，不能終日勸於天之道。○迪，徒歷反。馬本作攸，云：「所也。」行，下孟反。**乃爾攸聞。**言桀之惡，乃汝所聞。

〔疏〕「洪惟」至「攸聞」。○正義曰：以諸侯心未服周，故舉夏殷爲戒，此章皆說桀亡湯興之事。言夏桀大惟居天子之位，謀上天之命，而不能長敬念于祭祀，惟天下至戒於夏桀，謂下災異譴告之，冀其見災而懼，改脩政德，而有夏桀不畏天命，乃大其逸豫，不肯憂言於民，惟乃自樂其身，無憂民之言。夏桀乃復大爲淫昏之行，不能終竟一日勉於天之道，言不能一日行天道也。桀之此惡乃是汝之所聞，言不虛也。○傳「大惟至災異」。○正義曰：上天之命去惡與善，凡爲民主皆當謀之，恐天捨己而去，常須敬念祭祀。天所譴告，謂下災異，天不言，故下災異以譴告，責人主，冀自脩政也。

厥圖帝之命，不克開于民之麗，桀其謀天之命，不能開於民所施政教。麗，施也，言昏昧。○麗，力馳反。**乃大降罰，崇亂有夏，因甲于內亂，**桀乃大下罰於民，重亂有夏，言殘虐。外不憂民，內不勤德，因甲於二亂之內，言昏甚。○重，直用反，又直龍反。**不克靈承于旅，罔丕惟進之恭，洪舒于民。**言桀不能善奉於人衆，無大惟進恭德而大舒惰於治民。**亦惟有夏之民叨懫日欽，劓割夏邑。**桀洪舒於民，故亦惟有夏之民貪叨忿懫而逆命，於是桀民尊敬其能劓割夏邑者，謂殘賊臣。○懫，勑二反。劓，魚器反。

〔疏〕「厥圖」至「夏邑」。○正義曰：又言桀惡。桀其謀天之命，不能開發於民之所施政教，正謂不能開發善政以施於民。桀乃大下罪罰於民，重亂有夏之國，外不憂民，內不勤德，因復甲於二者之內爲亂之行。桀不能以善道奉承於衆民，無大惟進之恭德，而大舒惰於民。言桀不能進行恭德而解惰於治民。桀既舒惰於民，故亦惟有夏之民貪饕忿懫而違逆桀命。於是桀日日尊敬殘賊之臣能劓割夏邑者，任用之，使威服下民也。○傳「桀乃至昏甚」。○正義曰：釋詁云：「崇，重也。」桀既爲惡政，無以悛改，乃復大下罪罰於民，重亂有夏之國，言其殘虐大也。夾聲近甲，古人甲與夾通用，夾於二事之內，而爲亂行，故傳以二事充之，外不憂民，內不勤德，桀身夾於二亂之內，言其昏闇甚也。鄭、王皆以甲爲狎，王云「狎習災異於內外，爲禍亂」，鄭云「習爲鳥獸之行於內，爲淫亂」，與孔異也。○傳「言桀至治民」。○正義曰：民當奉主，而責桀不能善奉於民衆者，君之奉民，謂設美政於民也。以善奉民，當敬以循之，不敢懈惰，桀乃無大惟進於恭德，而大舒緩懈惰於治民，令民益困而政益亂也。○傳「桀洪至賊臣」。○正義曰：禮記云「言悖而出，亦悖而入」，桀既不憂於民，故民亦違逆桀命，爲貪饕忿懫之行。文十八年左傳云「縉雲氏有不才子，貪於飲食，冒於貨賄，天下之民謂之饕餮」，說者皆言貪財爲饕，貪食爲餮，即叨也。叨餮謂貪財貪食也。忿懫，言忿怒違理也。民既如此，桀無如之何，惟日日尊敬其能劓割夏邑者，謂性能殘賊者任用之。

天惟時求民主，乃大降顯休命于成湯，刑殄有夏。天惟是桀惡，故更求民主以代之，大下明美之命於成湯，使王天下。**惟天不畀純，**命湯刑絕有夏，惟天不與桀，亦已大。○畀，必二反。**乃惟以爾多方之義民，不克永于多享，**天所以不與桀，以其乃惟用汝多方之義民爲臣，而不能長久多享國故。**惟夏之恭多士，大不克明保享于民，**惟桀之所謂恭人衆士，大不能明安享于民，言亂主所任，任同已者。**乃胥惟虐于民，至于百爲，大不克開。**桀之衆士乃相與惟暴虐於民，至於百端所爲，言虐非一，大不能開民以善，言與桀合志。

〔疏〕「天惟」至「克開」。○正義曰：天惟桀惡之故，更求民主以代，天乃大下明美之命於成湯，使之代桀王天下，乃命湯施刑罰絕有夏。惟天不與夏桀，亦已大矣。天所不與之者，乃惟此桀用汝多方之義民爲臣，而不能長久於多享國故也。義民，實賢人也，夏桀不用，惟夏桀之所謂恭人衆士者，大不能用明道安存享於衆民，乃相與惟行暴虐於民，至於百端所爲，言虐無所不作，大不能開民以善，其臣與桀同惡，夏家所以滅亡也。○傳「惟桀至已者」。○正義曰：惟桀之所謂恭人衆士，實非恭人，亂主所好，用同已者，以其同已，謂之爲恭人，實非善人，故不能明享於民。杜預訓享爲受，受國者謂受而有之。此言不能安享於民，謂不能安存享受於民衆也。

乃惟成湯克以爾多方簡代夏作民主。乃惟成湯能用汝衆方之賢，大代夏政，爲天下民主。**慎厥麗，乃勸，厥民刑，用勸，**湯慎其施政於民，民乃勸善，其人雖刑，亦用勸善，言政刑清。**以至于帝乙，罔不明德慎罰，亦克用勸。**言自湯至于帝乙，皆能成其王道，長慎輔相，無不明有德，慎去刑罰，亦能用勸善。○相，息亮反。去，羌呂反。**要囚殄戮多罪，亦克用勸。開釋無辜，亦克用勸。**帝乙已上，要察囚情，絕戮衆罪，亦能用勸善，開放無罪之人，必無枉縱，亦能用勸善。○要，一遥反，又一妙反，注同。殄，亭遍反。上，時掌反。**今至于爾辟，弗克以爾多方享天之命。**今至于汝君，謂紂，不能用汝衆方享天之命，故誅滅之。○辟，必亦反。

〔疏〕「乃惟」至「之命」。○正義曰：桀殘虐於民，乃惟成湯能用汝衆方之賢人，大代夏桀，作天下民主。慎其所施政教於民，民乃勸勉爲善，其民雖被刑殺，亦用勸勉爲善。非徒湯聖，後世亦賢，自湯至于帝乙，皆能成其王道，無不顯用有德，畏慎刑罰，亦能用勸勉爲善。要察囚情，絕戮衆罪，亦能用勸勉爲善。開放無罪，亦能用勸勉爲善。今至於汝君紂，反先王之道，不能用汝多方之民享有上天之命，由此故被誅滅，汝等宜當知之，不當更令如殷也。○傳「乃惟至民主」。○正義曰：大代夏者，言天位之重，湯能代之，謂之大代夏也。王肅云：「以大道代夏，爲民主。」○傳「湯慎至刑清」。○正義曰：「慎厥麗」者，總謂施政教爾，但下句言刑用勸，則厥麗之言有賞有罰，謂賞用勸也。但所施政教，其事既多，非徒刑賞而已，舉事得中，民皆勸也。政無失，刑無濫，民以是勸善，言政刑清。○傳「帝乙至勸善」。○正義曰：將欲斷罪，必受其要辭，察其虛實，故言要囚也。殄戮多罪，罪者不濫，開釋無罪者，不枉殺人，不縱有罪，亦是政刑清，故能用勸善也。

嗚呼！王若曰：誥告爾多方，非天庸釋有夏，歎而順其事以告汝衆方，非天用釋棄桀，桀縱惡自棄，故誅放。**非天庸釋有殷。乃惟爾辟，以爾多方，大淫圖天之命，屑有辭。**非天用棄有殷，乃惟汝君紂用汝衆方，大爲過惡者，共謀天之命，惡事盡有辭說，布在天下，故見誅滅也。

〔疏〕「嗚呼」至「有辭」。○正義曰：周公先自歎而復稱王命云：王順其事而言曰：以言告人謂之誥，我告汝衆方諸侯，非天用廢有夏，夏桀縱惡自棄也。非天用廢有殷，殷紂縱惡自棄也。又指說紂惡，乃惟汝君殷紂用汝衆方之民，大爲過惡者，共此惡人謀天之命，其惡事盡有辭說，布在天下，以此故見誅滅。

乃惟有夏圖厥政，不集于享，天降時喪，有邦間之。更說桀也。言桀謀其政，不成于享，故天下是喪亡以禍之，使天下有國聖人代之。言有國，明皇天無親，佑有德。○間，間廁之間。

〔疏〕「乃惟」至「間之」。○正義

日更說桀亡之由乃惟有夏桀謀其政不能成於享國所謀皆是惡事故天下是喪亡以禍之使有國聖人來代之言皇天無親惟佑有德故以聖君代闇主也湯是夏之諸侯故云有國**乃惟爾商後王。逸厥逸。**後王紂逸豫其過逸言縱恣無度**圖厥政不蠲烝。天惟降時喪。**紂謀其政不絜進于善故天惟下其喪亡謂誅滅。蠲吉玄反馬云明也一音圭烝之承反馬云升也**惟聖罔念作狂。惟狂克念作聖。**惟聖人無念於善則爲狂人惟狂人能念於善則爲聖人言桀紂非實狂愚以不念善故滅亡**天惟五年須暇之子孫。誕作民主。罔可念聽。**天以湯故五年須暇湯之子孫冀其改悔而紂大爲民主肆行無道事無可念言無可聽武王服喪三年還師二年〔疏〕乃惟至念聽。○正義曰更說紂亡之由乃惟汝商之後王紂逸豫其過縱恣無度紂謀其爲政不能絜進於善惟行惡事天惟下是喪亡以禍之惟聖人無念於善則爲狂人惟狂人能念於善則爲聖人紂雖狂愚冀其念善也計紂爲惡早應誅滅天惟以成湯之故故積五年須待閒暇湯之子孫誕緩多年冀其改悔而紂大爲民主肆行無道事無可念言無可聽由是天始改意故誅滅之○傳惟聖至滅亡○正義曰聖君上智之名狂者下愚之稱孔子曰惟上智與下愚不移是聖必不可爲狂狂必不能爲聖此事決矣而此言惟聖人無念於善則爲狂人惟狂人能念於善則爲聖人者方言天須暇於紂冀其改悔說有此理爾不言此事是實也謂之爲聖寧肯無念於善巳名爲狂豈能念善中人念與不念其實少有所移欲見念善有益故擧狂聖極善惡者言之○傳天以至二年○正義曰湯是剏業聖王理當祚胤長遠計紂未死五年之前巳合喪滅但紂是湯之子孫天以湯聖人之故故五年須待閒暇湯之子孫冀其改悔能念善道而紂大爲民主肆行無道所爲皆惡事無可念者言皆惡言無可聽者由是天始滅之五年者以武王討紂初立即應伐之故從武王初立服之數至伐紂爲五年文王受命九年而崩其年武王嗣立服喪三年未得征伐十一年服闋乃觀兵於孟津十三年方始殺紂從九年至十三年是五年也然服喪三年還師二年乃事理宜然而云以湯故須暇之者以殷紂惡盈久合誅滅逢文王崩未暇行師兼示之弱凡經五載聖人因言之以爲法教爾其實非天不知紂狂望其後改悔亦非曲念湯德延此歲年也**天惟求爾多方。大動以威。開厥顧天。**天惟求汝衆方之賢者大動紂以威開其能顧天可以代者**惟爾多方。罔堪顧之。惟我周王。靈承于旅。**惟汝衆方之中無堪顧天之道者惟我周王善奉於衆言以仁政得人心**克堪用德。惟典神天。**言周文武能堪用德惟可以主神天之祀任天王○任音壬**天惟式教我用休。簡畀殷命。尹爾多方。**天以我用德之故惟用教我用美道伐殷天與我殷之王命以正汝衆方之諸侯〔疏〕天惟至多方。○正義曰天以紂惡之故將選人代之惟求賢人於汝衆方大動紂以威謂誅去紂也開其有德能顧天之者欲以伐紂惟汝衆方之君悉皆無德無堪使天顧之惟我周王善奉於衆能以仁政得人心文武能堪用德惟可以主神天之祀任作天子也天惟以我用德之故故教我使用美道大與我殷王之

命命我代殷爲王正汝衆方諸侯言天授我以此世也○傳天惟至代者○正義曰天惟求汝衆方之賢言欲選賢以爲天子也大動紂以威謂誅殺也天意復開其能顧天可以代者欲使代之顧謂迴視有聖德者天迴視之詩所謂乃眷西顧此惟與宅與彼顧同言天顧文王而與之居即此意也但謂天顧此人人亦顧天此云開厥顧天謂人顧天也下云罔堪顧之謂天顧人也言多方人皆無德不堪使天顧之傳以顧事過於彼故皆以天言之○傳天以至諸侯○正義曰周以能行美道乃得天顧復言天用教我美道者人之美惡何事非天由爲美道爲天所顧以美歸功於天言教我用美道故得當天意也**今我曷敢多誥。我惟大降爾四國民命。**今我何敢多誥汝而已我惟大下汝四國民命謂誅管蔡商奄之君**爾曷不忱裕之于爾多方。**汝何不以誠信行寬裕之道於汝衆方欲其戒四國崇和協**爾曷不夾介乂我周王享天之命。**夾近也汝何不近大見治於我周王以享天之命而爲不安乎○夾音協注同**今爾尚宅爾宅。畋爾田。爾曷不惠王熙天之命。**今汝殷之諸侯皆尚得居汝常居臣民皆尚得畋汝故田汝何不順從王政廣天之命而自懷疑乎**爾乃迪屢不靜。爾心未愛。**汝所蹈行數爲不安汝心未愛我周故○數色各反**爾乃不大宅天命。爾乃屑播天命。**汝乃不大居安天命是汝乃盡播棄天命**爾乃自作不典。圖忱于正。**汝未愛我周播棄天命是汝乃自爲不常謀信于正道**我惟時其教告之。我惟時其戰要囚之。**我惟汝如是不謀信于正道故其教告之謂訊以文誥其戰要囚之謂討其倡亂執其朋黨○要一遙反訊音信倡音唱**至于再。至于三。**再謂三監淮夷叛時三謂成王即政又叛言迪屢不靜之事**乃有不用我降爾命。我乃其大罰殛之。**我教告戰要囚汝已至再三汝其不用我命我乃大下誅汝君乃其大罰誅之○殛紀力反本又作極**非我有周秉德不康寧。乃惟爾自速辜。**非我有周執德不安寧自誅汝乃惟汝自召罪以取誅〔疏〕今我至速辜。○正義曰今我何敢多以言誥告於汝衆而已我惟大下黜汝管蔡商奄四國之君也民命謂民以君爲命謂誅殺四國之君也我已殺汝四國君矣汝何不以誠信之心行寬裕之道於汝衆方諸侯欲令懲創四國務崇和協言汝衆方諸侯何不崇和協相親近大顯見治道於我周王以享受上天之命而執心不安乎今爾殷之諸侯尚得居汝常居臣民尚得畋汝故田其安樂如此汝何得不順從王政以廣上天之命而自懷疑乎汝乃復所蹈行者數爲不安時或叛逆是汝心未愛我周家故也汝乃不大居安天命是汝乃欲盡播棄天命汝不愛我周家播棄天命是汝乃自爲此不常謀信於正道言其心不常謀正道故爲背違之心我惟汝如是不謀信於正道之故其以言辭教告之我惟汝如是不誠信於正道之故其用戰伐要察囚繫之由汝數爲不信故我教告汝戰伐要囚汝至於再至於三我教告汝戰伐要囚汝已至再三如今而後乃復有不用我命者我乃其大罰誅之言我更將殺汝也非我有周執

德不安數設誅罰乃惟汝自召罪也此章反覆殷勤者恐其更有叛逆故丁寧戒之○傳今我至之君○正義曰今我何敢多爲言誥而已實殺其君非徒口告管蔡商奄皆爲叛逆受誅故今奄重叛而追說前事言下四國民命王肅以四國爲四方之國言從今以後四方之國苟有此罪則必誅之謂戒其將來之事與孔不同○傳四方至安乎○正義曰夾其旁是近義故爲近也諸國疎遠周室不肯以治爲功故責之旁云汝衆方諸侯何不常和協相親近大顯見治道於我周王以享上天之命而今何以不自安乎○傳今汝至疑乎○正義曰主遷於上臣易於下計汝諸侯之國應隨殷降黜今汝殷之諸侯皆尚得居汝常居臣民畋汝故田宅不易安樂如此汝何不順從我周王之政以廣上天之命使天多佑汝何故畏我周家自懷疑乎諸侯有國故云居汝常居臣民重田故云畋汝故田治田謂之畋猶捕魚謂之漁今人以營田求食謂之畋食即此畋亦田之義也○傳汝未至正道○正義曰事君無二臣之道爲人臣者常宜信之汝未愛我周家播棄天命汝數爲叛逆是汝乃自爲此不常謀信於正道○傳我惟至朋黨○正義曰教告與戰要囚連文則告以文辭是將戰之時教告謂伐紂之事昭十三年說戰法云告之以文辭董之以武師是將戰之時於法當有文辭告前敵也我惟汝如是不謀信於正道故其教告之謂訊以文辭訊告也告以文辭數其罪也其戰要囚之謂戰敗其師執取其人受其要辭而囚之謂討其倡亂之人囚執其朋黨也此雖摠言戰事但下有至於再三明此指伐紂也○傳再謂至之事○正義曰以伐紂爲一故再謂攝政之初三監與淮夷叛時也三謂成王即政又叛也言上迪屢不靜之事**王曰。嗚呼。猷告爾有方多士暨殷多士。**王歎而以道告汝衆方與衆多士**今爾奔走臣我監五祀。**監謂成周之監此指謂所遷頑民殷衆士今汝奔走來徙臣我監五年無過則是還本土**越惟有胥伯小大多正。爾罔不克臬。**於惟有相長事小大衆正官之人汝無不能用法欲其皆用法○臬魚列反馬作剌長丁丈反**自作不和。爾惟和哉。爾室不睦。爾惟和哉。爾邑克明。爾惟克勤乃事。**小大多正自爲不和汝有方多士當和之哉汝親近室家不睦汝亦當和之哉汝邑中能明是汝惟能勤汝職事**爾尚不忌于凶德。亦則以穆穆在乃位。**汝庶幾不自忌入於凶德亦則用敬敬常在汝位**克閱于乃邑謀介。爾乃自時洛邑。尚永力畋爾田。**汝能使我閱具于汝邑而以汝所謀爲大則汝乃用是洛邑庶幾長力畋汝田矣言雖遷徙而以修善得反邑里○閱音悅**天惟畀矜爾。我有周惟其大介賚爾。**汝能修善天惟與汝憐汝我有周惟其大大賜汝言受多福之作**迪簡在王庭。尚爾事。有服在大僚。**非但受憐賜又乃蹈大道在王庭庶幾修汝事有所服行在大官〔疏〕王曰嗚呼猷至大僚。○正義曰王言而歎曰嗚呼我以道告汝在此所有四方之多士謂四方之諸侯及與殷之衆士謂頑民遷成周者因告四方諸侯遂告成周之人徧使諸侯知之此章皆告成周之人辭也今汝成周之人奔走勤事臣我周之

監成周者五年無罪過則聽汝還本土於惟有相長事謂小大衆正官之人汝無有不能用法欲其皆用法也小大衆正官之人自爲不和汝衆官等自當和之哉汝等親近室家不相和親汝亦當和之哉汝邑內之人若能明於和睦之道汝惟能勤於汝之職事言是其教之使然汝能庶幾不自相怨忌入於凶德若能不入於凶德若能不入於凶德亦則用敬敬之道常在汝之職位不黜退也汝若能善相教誨使我簡閱於汝邑善汝之事以汝所謀爲大則汝乃用是洛邑庶幾得反本土長得勤畋汝故田汝能修善天惟與汝憐汝我有周惟其大大賞賜汝汝非但受賞而已其有蹈大道者得在王庭被任用庶幾汝事有所服行在於大官恐其心未服故丁寧勸誘之○傳王歎至多士○正義曰言有方多士與殷多士則此二者非一人也有方多士當謂於時所有四方之諸侯也與殷多士當謂遷於成周頑民之衆士也下云以臣我監者謂成周之監明此殷多士也○傳監謂至本土○正義曰下云自時洛邑此所戒成周之人故知監謂成周之監此指謂所還頑民殷家衆士也五年再閏天道有成故期以五年無過則得還本土以民性重遷設期以誘之○傳於惟至用法○正義曰胥相也伯長也顏氏以相長事卽小大衆正官之人也○傳汝庶至汝位○正義曰和順爲善德怨惡爲凶德忌謂自怨忌上言自作不和是怨忌也釋訓云穆穆敬也此戒小大正官之人故云敬敬常在汝位○傳汝能至邑里○正義曰閱謂簡閱其事觀其具足以否故言閱具於汝邑介大也以汝所謀爲大善其治理聽還本國也是由在洛邑修善得反其邑里王肅云其無成雖五年亦不得反也

王曰。嗚呼。多士。爾不克勸忱我命。爾亦則惟不克享。凡民惟曰不享。王歎而言曰衆士汝不能勸信我命汝亦則惟不能享天祿矣凡民亦惟曰不享於汝祿矣爾乃惟逸惟頗。大遠王命。則惟爾多方探天之威。我則致天之罰。離逖爾土。若爾乃爲逸豫頗僻大棄王命則惟汝衆方取天之威我則致行天罰離逖汝土將遠徙之○頗破多反探吐南反辟四亦反

〔疏〕王曰嗚呼至爾土○正義曰王言而歎曰嗚呼成周之衆士汝若不能勸勉信用我之教命汝則惟不能多受天福祿矣凡民惟曰不享於汝祿矣汝乃惟爲逸豫惟爲頗僻大遠棄王命則惟汝衆方自取天之威刑我則致天之罰於汝身將遠徙之使離遠汝之本土○傳王歎至祿矣○正義曰勸信我命勸勉而信順之凡民亦惟曰不享於汝祿矣言民亦不願汝之子孫長久矣○傳若爾至徙之○正義曰成周一邑之士不得謂之多方此蓋意在成周遷者兼告四方諸國使知亦如康誥王告康叔并使諸侯知之離遠汝土更遠徙之鄭云分離奪汝土也與孔異也

王曰。我不惟多誥。我惟祇告爾命。我不惟多誥汝而已我惟敬告汝吉凶之命又曰。時惟爾初。不克敬于和。則無我怨。又誥汝是惟汝初不能敬于和道故誅汝汝無我怨解所以再三加誅之意○

〔疏〕王曰我至我怨○正義曰王曰我今告戒汝者不惟多爲言誥汝而已惟敬告汝吉凶之命從我則吉違我則凶汝命吉凶在此言也王又謂汝所以再三被誅者是惟汝初不能敬於和道故致此爾汝自取之則無於我有怨○傳又誥至之意○正義曰又誥者更言王意又謂汝曰也以上王誥已終又起別端故更稱王又復言曰以序云成王在豐誥庶邦則此篇是王親誥之辭又稱王曰者是也其有周公稱王告者則上云周公曰王若曰是也又曰嗚呼王若曰是也顧氏云又曰者是王又復言曰也

立政第二十一　周書

孔氏傳　孔穎達疏

周公作立政。周公既致政成王恐其怠忽故以君臣立政爲戒立政。言用臣當共立政故以名篇

周公若曰。拜手稽首。告嗣天子王矣。順古道盡禮致敬告成王言嗣天子今已爲王矣不可不愼用咸戒于王曰。王左右常伯。常任。準人。綴衣。虎賁。周公用王所立政之事皆戒於王曰常所長事常所委任謂三公六卿準人平法謂士官綴衣掌衣服虎賁以武力事王皆左右近臣宜得其人○任而鴆反準之允反綴徐丁衛反又丁劣反賁音奔長丁丈反除篇末文注以長直良反餘並同

周公曰。嗚呼。休茲。知恤鮮哉。歎此五者立政之本知憂得其人者少○鮮息淺反

〔疏〕周公至鮮哉○正義曰王之大事在於任賢使能成王初始卽政猶尚幼少周公恐其怠忽政事任非其人故告以用臣之法周公順古道而告王曰我其敢拜手稽首告嗣天子成王今已爲王矣王者當立善政其事不可不愼周公既爲此言乃用王所立政之事皆戒於王曰王之親近左右常所長事謂三公也常所委任謂六卿也平法之人謂獄官也綴衣之人謂掌衣服者虎賁以武力事王者此等皆近王左右最須得人周公既歷言此官復言而歎曰嗚呼美哉此五等之官立政之本也知憂此官置得賢人者少也○傳順古至不愼○正義曰周公既拜手稽首而後發言還自拜手稽首示已重其事欲令受其言故盡禮致敬以告王也召誥云拜手稽首旅王若公亦是召公自言已拜手稽首與此同也成王嗣世而立故呼成王爲嗣天子周公攝政之時成王未親王事此時既已歸政於成王故言今已爲王矣不可不愼也王肅以爲於時周公會羣臣共戒成王其言曰拜手稽首者是周公讚羣臣之辭○傳周公至其人○正義曰此以立政名篇知用咸戒者是周公用王所立政之事皆戒於王也三公臣之尊者知常所長事謂三公也六卿分掌國事王之所任知常所委任謂六卿也準訓平也平法之人謂士官也士察也察獄之官用法必當均平故謂獄官爲準人周禮司寇之長在常任之內此士官當謂士師也衣服必連綴著之此歷言官人知綴衣是掌衣服者此言親近大臣必非造衣裳者周禮大僕下大夫掌正王之服位出入王之大命此掌衣服者當是大僕之官也周禮虎賁氏下大夫言其若虎賁獸是以武力事王者此皆左右近臣宜得其人言其急於餘官得其人者文官得其文人武官得其武人違才易務皆爲非其人也○傳歎此至者少○正義曰此五官皆親近王故歎此五者立政之本也休美也王肅云此五官美哉是休茲爲美此五官也歎其官之美美官不可不委賢人用之故歎之知憂得其人者之少下句惟言禹湯文武官得其人是知憂得人者少也

古之人。迪惟有夏。乃有室大競。籲俊尊上帝。古之人道惟有夏禹之時乃有卿大夫室家大強猶乃招呼賢俊與共尊事上天○籲音預

迪知忱恂于九德之行。禹之臣蹈知誠信於九德之行謂賢智大臣九德皋陶所謀○忱市林反恂音荀行如字徐下孟反

乃敢告教厥后曰。拜手稽首。后矣。曰宅乃事。宅乃牧。宅乃準。茲惟后矣。知九德之臣乃敢告教其君以立政君矣亦猶王矣宅居也居汝事六卿掌事者牧牧民九州之伯居內外之官及平法者皆得其人則此惟君矣

謀面。用丕訓德。則乃宅人。茲乃三宅無義民。謀所面見之事無疑則能用大順德乃能居賢人於衆官若此則乃能三居無義民大罪宥之四裔次九州之外次中國之外

桀德。惟乃弗作往任。是惟暴德罔後。桀之爲德惟乃不爲其先王之法往所委任是惟暴德之人故絶世無後

〔疏〕古之人至罔後○正義曰[illegible]

外次中國之外四裔者四海之表最遠者也次九州之外者四海之內要服之外次中國之外者謂罪人所居之國外也猶若衛人居於晉去本國千里故孔注舜典云次千里之外是也鄭云三處者自九州之外至於四海三分其地遠近若周之夷鎮蕃也與孔不同

亦越成湯陟。丕釐上帝之耿命。桀之昏亂亦於成湯之道得升大賜上天之光命王天下。○釐力之反耿工迥反徐工穎反又工永反下同王往況反

乃用三有宅。克即宅。曰三有俊。克即俊。湯乃用三有居惡人之法能使就其居言服罪又曰能用剛柔正直三德之俊能就其俊事言明德

嚴惟丕式。克用三宅三俊。言湯所以能嚴威惟可大法象者以能用三居三德之法

其在商邑。用協于厥邑。其在四方。用丕式見德。湯在商邑用三宅三俊之道和其邑其在四方用是大法見其聖德言遠近化

〔疏〕亦越至見德○正義曰不有所廢則無以興桀之滅亡夏家乃以開道湯德此言湯之能用人也桀之昏亂亦於成湯之道得升聞於天大賜受上天之光命得王有天下湯既爲王乃用三有居惡人之法能使各就其居處言皆服其罪也又曰用三德之俊人能使各就其俊事言皆明其德也湯所以能嚴威惟可大法象者以其能用三居三俊之法故也成湯其在商邑用此三居三俊之道和於其邑其在四方用是斷罪任賢之大法見其聖德於民言遠近皆從化也○傳桀之至天下○正義曰成湯之道得升謂從下而升於天故天賜之以光命使之得王天下爲天子也釐賜耿光皆釋詁文○傳湯乃至明德○正義曰皐陶謨九德即洪範之三德細分以爲九爾以此知三俊即是洪範所言剛克柔克正直三德之俊也能就其俊事言明德者用以俊乂居官顯明其有德也上句言則乃宅人茲乃三宅無義民先言用賢後言去惡此經先言三有宅後言曰三有俊者用賢去惡俱是立政之本上句先說夏禹言得賢然後去惡見其須賢之切及說成湯文武先言去惡後言用賢又見惡宜遠去或先或後所以互相見爾

嗚呼。其在受德暋。惟羞刑暴德之人。同于厥邦。受德紂字帝乙愛焉爲作善字而反大惡自強惟進用刑與暴德之人同于其國並爲威虐○受德紂字馬云受所爲德也暋眉謹反徐亡巾反一音閔爲于爲反下爲之同強其丈反

乃惟庶習逸德之人。同于厥政。乃惟眾習爲過德之人同于其政言不任賢

帝欽罰之。乃伻我有夏。式商受命。奄甸萬姓。天以紂惡故敬罰之乃使我周家王有華夏得用商所受天命同治萬姓言皇天無親佑有德○伻普耕反徐敷耕反又甫耕反

〔疏〕嗚呼至萬姓○正義曰既言湯以用賢而興又說紂之失人而滅周公又歎曰嗚呼其在殷王受德本性大惡自強惟進用刑罰與暴德之人同治其國並爲威虐乃惟眾習爲過德之人與之同共於其政由其任同惡之人故上天敬誅罰之乃使我周家王有華夏用商所受天命同治天下萬姓言周能用賢天親有德故得爲天子○傳受德至威虐○正義曰泰誓三篇惟單言受而此云受德者則德本配受共爲一人故知受德是紂字也既受之與德共爲紂字而經或言受或言受德者呼之有單復爾其人實爲大惡德字乃爲善名非是時人呼有德知是帝乙愛焉爲作善字望其爲善而反爲大惡以其行反其字明非時人呼也釋詁云暋強也暋即昬也故訓爲強言紂自強爲惡惟進用刑罰身既進用刑罰則愛好暴虐之人故爲與之同於其國言並爲威虐○傳乃惟至任賢○正義曰暴德言以暴虐爲德逸德言以過惡爲德習效爲之眾者言其所任多也紂任眾爲過德之人與之同於其政言不任賢也與暴德同於其國與惡德同於其政其事一也異言之爾牧誓所云四方之多罪遁逃是信是使是以爲大夫卿士俾暴虐於百姓以姦宄於商邑是其事也○傳天以至有德○正義曰言天知其惡熟詳審下罰故言敬罰也商本受天命周亦受天命故言用商所受天命同治萬姓釋言云弇同也同爲天子治萬姓與商同也此經之意言周家有德皇天親有德也王肅云敬罰者謂須暇五年

亦越文王武王。克知三有宅心。灼見三有俊心。紂之不善亦於文武之道大行以能知三有居惡人之心灼然見三有賢俊之心

以敬事上帝。立民長伯。言文武知三宅三俊故能以敬事上天立民正長謂郊祀天建諸侯

〔疏〕亦曰至長伯○正義曰既言上天去惡與善滅殷興周即說文王武王能用求賢審官之事桀惡所以興成湯紂惡所以開文武言紂之不善亦於文王武王使得其道大行能知居三有惡人之心居之皆得其所言服其罪也灼然見三有賢俊之心用之皆得其人言明其德也文武知此三宅三俊故能敬事上天稱天心也立民正長合民心也○傳紂之至之心○正義曰桀之昬亂開成湯紂之不善開文武其事同也於成湯言能受上天之命於文武云能敬事上帝前聖後聖爲行必同交錯爲文所以互相見爾文王受命武王伐紂二聖共成王道故文武竝言之猶詩序云文武以天保已上治內采薇已下治外文武竝言與此同也文王之時未定天下所立之官亦未具足下經所言立政任人已下三亳阪尹已上其所舉官屬多是文武時事以見二聖同道父作之子述之言其相成爾故以能知三有居惡人之心灼然見三有賢俊之心言文王之聖心能揆度知惡人眞惡須屏黜之知賢人實賢須舉用之故去惡進賢皆得其所賢人難識故特言灼然言其知之審也○傳言文至諸侯○正義曰上天之道與善去惡三宅三俊行合天心言文武知三宅三俊故能敬事上帝伯亦長也故言立民正長天子祭天知敬事上帝謂郊祀天也天子建國知立民長伯謂建諸侯也以下句立政謂任人已下歷言朝廷之臣與蠻夷眾君知此立民長伯主謂諸侯詩周頌維清述文王之德言肇禋大雅皇矣美文王之伐言是類是禡皆是祭天之名是文王已祀天矣文王未得封建諸侯其建諸侯維武王時爾

立政。任人。準夫。牧。作三事。文武亦法禹湯以立政常任準人及牧治爲天地人之三事

虎賁。綴衣。趣馬。小尹。趣馬掌馬之官言此三者雖小官長必慎擇其人○趣七口反

左右攜僕。百司庶府。雖左右攜持器物之僕及百官有司主券契藏吏亦皆擇人○券音勸契苦計反藏才浪反

大都小伯。藝人。表臣。百司。小臣猶皆愼擇其人況大都邑之小長以道藝爲表幹之臣及百官有司之職可以非其任乎

太史。尹伯。庶常吉士。太史下大夫掌邦六典之貳尹伯長官大夫及旅掌常事之善士皆得其人

司徒。司馬。司空。亞旅。此有三卿及次卿眾大夫則是文武未伐紂特舉文武之初以爲法則

夷。微。盧。烝。三亳、阪尹。蠻夷微盧之眾師及亳人之歸文王者三所爲之立監及阪地之尹長皆用賢○阪音反

〔疏〕立政至阪尹○正義曰言文武亦法禹湯審官以立美政任人謂六卿準夫者平法之人謂理獄官也牧者九州之牧治爲天地人之三事自虎賁已下歷舉官名言此官皆須得其人不以官之尊卑爲次蓋以從近而至遠虎賁綴衣趣馬三者官雖小須愼擇其人乃至左右攜持器物之僕及百官有司之下至眾府藏之吏亦須擇其人既言近王小官及遠官大者小官猶須擇人況乎大都邑之小長與有道藝之人爲表幹之臣及百官有司之職可以非其任乎以近臣況遠臣以小官況大官既以近小況遠大又舉官之次而掌事要者若太史下大夫長官大夫及眾掌常事之善士皆須得其人更舉官之大者司徒司馬司空之卿及次卿之眾大夫皆須得其人既略言內外之官又更遠及夷狄蠻夷微盧之眾帥與三處亳民之監及阪地之尹長皆須用賢人言文武於此諸官皆求賢人爲之也○傳文武至三事○正義曰前聖後聖其道皆同未必相放法也後人法前自是常事因其上說禹湯立政故言文武亦法禹湯以立政也任人則前經所云常任六卿也準夫則準人也牧者前云宅乃牧也前文有常伯綴衣虎賁不言牧此不言常伯綴衣虎賁而言牧者以前文先舉朝臣故不言牧前已備文故此不言常伯其綴衣虎賁而言牧者以下文自詳故此雖舉內外要官者言之故內官舉任人準夫外官舉牧故下云繼自今我立政立事準人牧夫我其克灼知厥若又云自古商人亦越我周文王立政立事牧夫準人則克宅之克由繹之茲乃俾乂皆據內外要重官以言之夫即人也立官所以事天地治人民爲此三事而已故以三事謂天地人也王肅云文王所以立政任人常任也準夫準人也牧者諸侯之長也與孔意同○傳趣馬至其人○正義曰周禮趣馬爲校人屬官馬一十二匹立趣馬一人掌贊正良馬而齊其飲食是掌馬之小官也綴衣是大僕也虎賁大僕皆下大夫也此三公六卿亦爲小尹之官雖文止三官亦包通在下之屬官三官之下小官多矣趣馬即下士其馬一乘有圉師一人是趣馬之下猶有小官也○傳雖左至擇人○正義曰諸官有所務從業從王左右攜持器物之僕謂寺人內小臣等也百司庶府謂百官有司之下主券契府藏之吏謂其下賤人非百官有司之身也言此等亦皆擇人○傳小臣至任乎○正義曰小臣猶皆擇人況大都邑之小長謂公卿都邑之內大夫士及邑宰之屬以身有道藝爲民之表的楨幹之臣其都邑之內屬官謂之小長周禮太宰職云乃施則于都鄙而建其長立其兩設其伍陳其殷兩謂兩卿長謂公卿伍謂大夫殷謂眾士是也○傳太史至其人○正義曰周禮太史下大夫二人掌建邦之六典又太宰職亦云掌建邦之六典太史副貳太宰掌其正太史掌其貳六典謂治典教典禮典政典刑典事典六卿所掌者也掌邦六典之貳其所掌事重故特言之尹伯長官大夫周禮每官各有長若太史爲史官之長大司樂爲樂官之長如此類皆是也及眾掌常事之善士謂士爲長官者其大夫及士不爲長官者則前云百司也居官必須善人此是摠舉眾官故特言吉士○傳此在至法則○正義曰周公攝政之時制禮作樂其作立政之篇必在制禮之後周禮六卿而此有三卿及次卿眾大夫則是副卿之大夫有若周禮小宰之類是也此文武未伐紂之時也遠舉文武之初以爲法則爾泰誓下篇云王乃大巡六師六師則六軍也軍將皆命卿即伐紂之時已立六卿矣牧誓亦云司徒司馬司空舉之三卿者彼傳已解之云指誓戰者也○傳蠻夷至用賢○正義曰牧誓所云有微盧彭濮人此舉夷微

盧以見彭濮之等諸夷也烝訓衆也此篇所言皆立官之事此經惟阪下言尹則夷微已下以一尹摠之故傳言蠻夷微盧之衆帥及亳民之歸文王者三所爲之立監及阪地之尹長故言師言監亦是言爲之立長義出經文尹也亳是湯之舊都此言三亳必是亳民分爲三處此篇說立官之意明是分爲三亳必是三所各爲立監也亳人之歸文王經傳未有其事文王既未伐紂亳民不應歸之鄭王所說皆與孔同言亳民歸文王者蓋以此章雜陳文王武王時事其言以文王爲主故先儒因言亳民歸文王爾卽如此意三亳爲已歸周必是武王時也及阪地之尹長傳言其山阪之地立長爾不知其指斥何處也鄭玄以三亳阪尹者共爲一事云湯舊都之民服文王者分爲三邑其長居險故言阪尹蓋東成皋陬轘轅西降谷也皇甫謐以爲三亳三處之地皆名爲亳蒙爲北亳穀熟爲南亳偃師爲西亳古書亡滅既無要證未知誰得旨矣

文王惟克厥宅心。乃克立茲常事司牧人。以克俊有德。文王惟其能居心遠惡舉善乃能立此常事司牧人用能俊有德者。○遠于萬反

文王罔攸兼于庶言。庶獄。庶慎。惟有司之牧夫。文王無所兼知於毀譽衆言及衆刑獄衆當所慎之事惟慎擇有司牧夫而已勞於求才逸於任賢。○譽音餘又如字

是訓用違。庶獄庶慎。文王罔敢知于茲。是萬民順法用違法衆獄衆慎之事文王一無敢自知於此委任賢能而已〔疏〕文王至于茲。○正義曰上既摠言文武此又分而說之文王惟能其居心遠惡舉善乃能立此常事其主養人之官用能俊有德者既任用俊人每事委之文王無所兼知於衆人之言或毀或譽文王皆不知也衆獄斷罪得失文王亦不得知也衆所當慎之事文王亦不得知也惟慎擇在朝有司在外牧養民之一夫是時萬民或順於法或用違法衆刑獄衆所慎之事文王一皆無敢自知於此惟委任賢能而已。○傳文王至德者。○正義曰上言文王能知三宅三俊知此能居心者以遠惡舉善居其心也既遠惡舉善乃能立此常事用賢養民是人君之常事也。○傳文王至任賢。○正義曰下云是訓用違卽是在上庶言也是訓則稱譽之事用違則毀損之事但分析言之爾

亦越武王率惟敉功。不敢替厥義德。亦於武王循惟文王撫安天下之功不敢廢其義德奉遵父道。○敉亡婢反

率惟謀從容德。以並受此丕丕基。武王循惟謀從文王寬容之德故君臣並受此大大之基業傳之子孫。○傳直專反〔疏〕亦越至丕基。○正義曰亦於武王遵循父道所循惟文王撫安天下之功不敢廢其文王義德言奉行遵父道也又言武王遵循者惟謀從文王寬容之德故武王君臣能並受此大大之基業謂受命爲天子傳之子孫。○傳武王至子孫。○正義曰以言並受則非獨王身故以爲君臣並受此大大之基業謀從寬容之德是與臣謀及基業成就則君臣共有故言並受且王爲天子臣爲諸侯皆受基業各傳子孫是亦爲並受也

嗚呼。孺子王矣。歎稚子今以爲王矣不可不勤法祖考之德

繼自今。我其立政。立事。準人。牧夫。我其克灼知厥若。丕乃俾亂。繼用今已往我其立政大臣立事小臣及準人牧夫我其能灼然知其順者則大乃使治之言知臣下之勤勞然後莫不盡其力。○俾必爾反下同治直吏反下同

相我受民。和我庶獄庶慎。時則勿有間之。能治我所受天民和平我衆獄衆慎之事如是則勿有以代之言不可復變。○相如字馬息亮反下勱相同間間廁之間復扶又反

自一話一言。我則末惟成德之彥。以乂我受民。言政當用一善善在一言而已欲其口無擇言如此我則終惟有成德之美以治我所受之民。○話戶怪反〔疏〕嗚呼孺子至受民。○正義曰周公既歷說禹湯文武乃復指戒成王嗚呼而歎孺子今已爲王矣既正位爲王事不可不慎繼續從今已往我王其與立政謂大臣也其與立事謂小臣也平法之人及養民之夫此等諸臣我王其能察之灼然知其順於事者則大乃使之治理言知其能有勤勞各盡心力然後用此賢臣治我所受天民和平我衆獄訟及衆當所慎之事必能如是則勿復有以代之言其法不可復變也政從君出爲人主用是一善之言善在一言而已勿以惡言亂之王能如是我王則終惟有成德之美以治我所受天民矣。○傳繼用至心力。○正義曰自此已下四言繼自今者凡人靡不有初鮮克有終恐王不能終之戒成王使繼續從今已往常用賢也自訓爲從亦訓爲用此傳言用今已往下傳言從今已往其意同也政事相對則政大事小故以立政爲大臣立事爲小臣及準人牧夫畧舉四者以摠諸臣戒王任此人也其能灼然知其能順於事者則大乃使治顧氏云君能知臣下順於事則臣感君恩大乃治理各盡心力也。○傳能治至復變。○正義曰相訓助也助君所以治民事故相爲治天命王者使之治民則天與王者此民故言能治我所受天民也能治下民理衆獄衆慎之事使得其所則爲政之大要能如此則勿有以代之言此法盡善不可復變易也或據臣身既能如此不可以餘人代之也。○傳言政至之民。○正義曰釋詁云自用也話言也舍人曰話政之善言也孫炎曰話善之言也然則話之與言是一物也自在一話者言人君爲政當用純一善言又云一言者純一善言在於一言而已謂發號施令當須純一不得差貳欲令其口無可擇之言也顧氏云人君爲政之道當須用一善而已爲善之法惟在一言也末訓爲終彥訓爲美王能出言皆善口無可擇如此我王則終惟有成德之美以治我所受天民矣釋訓云美士爲彥故彥爲美

嗚呼。予旦已受人之徽言。咸告孺子王矣。歎所受賢聖說禹湯之美言皆以告稚子王矣。○稚直吏反本亦作穉

繼自今。文子文孫。其勿誤于庶獄庶慎。惟正是乂之。文子文孫文王之子孫從今已往惟以正是之道治衆獄衆慎其勿誤

自古商人。亦越我周文王。立政。立事。牧夫準人。則克宅之。克由繹之。茲乃俾乂。言用古商湯亦於我周文王立政立事用賢人之法能居之於心能用陳之此乃使天下治。○繹音亦〔疏〕嗚呼至俾乂。○正義曰旦者周公名也周公又歎曰嗚呼我旦已受賢聖人說禹湯之美言皆以告孺子王矣王宜依行之繼續從今以往文王之子孫其勿得過誤於衆獄訟衆所慎之事惟當用是正是之道治之用古商人成湯亦於我周家文王其立政立事牧夫準人此等諸官皆用賢人之法則能居之於心能用陳之於位明識賢人用之爲官此乃使天下大治戒成王使法之。○傳言用至下治。○正義曰上陳禹湯文武此覆上文惟言湯與文王者言有詳畧無別意也能居之於心謂心知其賢也能用陳之謂陳列於位用之以爲官也王肅曰則能居之在位能用陳其才力如此故能使天下治也

國則罔有立政用憸人。不訓于德。是罔顯在厥世。商周賢聖之國則無有立政用憸利之人者憸人不訓於德是使其君無顯名在其世。○憸息廉反徐七漸反本又作思馬云憸利佞人也

繼自今立政。其勿以憸人。其惟吉士。用勱相我國家。立政之臣惟其吉士用勉治我國家。○勱音邁〔疏〕國則至國家。○正義曰既言湯與文王用賢大治又言其不宜用小人商周聖賢之國無有立政用憸利之人者此憸利之人不順於德若其用之是使其君無顯名在其世也王當繼續從今已往立其善政其勿用憸利之人其惟任用善士使勉力治我國家教王使用善士勿使小人也

今文子文孫。孺子王矣。告文王之子孫言稚子已即政爲王矣所以厚戒

其勿誤于庶獄。惟有司之牧夫。獨言衆獄有司欲其重刑慎官人

其克詰爾戎兵。以陟禹之迹。其當能治汝戎服兵器威懷並設以升禹治水之舊迹。○詰起一反馬云實也

方行天下。至于海表。罔有不服。方四方海表蠻夷戎狄無不服化者

以覲文王之耿光。以揚武王之大烈。能使四夷賓服所以見祖之光明揚父之大業

嗚呼。繼自今。後王立政。其惟克用常人。其惟能用賢才爲常人不可以天官有所私〔疏〕今文至常人。○正義曰今告汝文王之子文王之孫孺子今已卽政爲王矣我所以須厚戒之王其勿誤於衆治獄之官當須慎刑也惟有司之牧夫有司主養民者宜得賢也治獄之吏養民之官若任得其人使其能治汝戎服兵器以此升行禹之舊迹四方而行至於天下至於四海之表無有不服王之化者以顯見文王之光明以播揚武王之大業言任得賢臣則化光揚父祖周公又歎曰嗚呼繼續從今已往後世之王立行善政其惟能用常人必使常得賢人不可任不其才此雖有戒成王乃是國之常法因以戒後王言此法可常行也。○傳獨言至官人。○正義曰上有庶獄庶慎立政立事牧夫準人此獨言庶獄與有司之牧夫者言庶獄欲其重刑言有司牧夫欲其慎官人也。○傳其當至舊迹。○正義曰立官所以牧養下民民戒備不虞故以詰爾戎兵爲言也戎亦兵也以其並言戎兵故傳以爲戎服兵器威懷並設以升禹治水之舊迹遠行必登山故以陟言之如禹之陟方意亦然。○傳方四至化者。○正義曰方行天下言無所不至故以方爲四方釋地云九夷八狄七戎六蠻謂之四海知海表謂夷狄戎蠻無有不服化者卽詩小雅云蓼蕭澤及四海是也。○傳其惟至所私。○正義曰官須常得賢人故惟賢是用用賢是常常則非賢不可人主或知其不賢以私受用之代天爲官故言不可以天官有所私

周公若曰。太史。順其事并告太史

司寇蘇公。式敬爾由獄。以長我王國。忿生爲武王司寇封蘇國能用法敬汝所用之獄以長施行於我王國言主獄當求蘇公之比。○比必二反又如字

茲

式有慎以列用中罰。此法有所慎行必以其列用中罰不輕不重蘇公所行太史掌六典有廢置官人之制故告之○行如字〔疏〕周公至中罰○正義曰周公順其事而言曰太史以其太史掌廢置官人故呼而告之昔日司寇蘇公既能用法汝太史當敬汝所用之獄以長施行於我王國欲使太史選主獄之官當求蘇公之比也此刑獄之法有所慎行必以其體式列用中常之罰不輕不重當如蘇公所行也○傳忿生至之比○正義曰成十一年左傳云昔周克商使諸侯撫封蘇忿生以溫爲司寇是忿生爲武王司寇封蘇國也蘇是國名所都之地其邑名溫故傳言以溫也特舉蘇公治獄官以告太史知其言主獄之官當求蘇公之比類也○傳此法至告之○正義曰治獄必有定法此定法有所慎行周禮大司寇云刑新國用輕典刑平國用中典刑亂國用重典輕重各有體式行列周公言然之時是法爲平國故必以其列用中罰使不輕不重美蘇公治獄使列用中罰明中罰不輕不重是蘇公所行也周禮太宰以八柄詔王馭羣臣有爵祿廢置生殺與奪之法太史亦掌邦之六典以副貳太宰是太史有廢置官人之制故特呼而告之也

尚書注疏挍勘記卷十七

阮元撰盧宣旬摘錄

蔡仲之命第十九　周書

冊書之命 古本冊作策

百官總己以聽冢宰 古本聽下有於字

故退爲衆人 古本岳本宋板纂傳同毛本衆作庶

謗毀周公 宋板周公下復有周公二字屬下句

謂流之遠也 毛本也作地案也字誤

乃更爵祿 宋板爵作齒是也盧文弨云祿亦當作錄

不云其爵 宋板同毛本云作聞

留佑成王 閩本明監本同毛本佑作佐案佐字是

世家云蔡叔居上蔡 盧文弨云世家當作世本據史記集解○按疏下文引宋仲子云云宋仲子乃注世本者也

子能葢父 古本下有惡字

使可蹤跡而法循之 岳本纂傳跡作迹按說文有迹無跡此處經文及傳上句俱作迹此句不當歧出

言當循文武之常教 古本纂傳武作王按岳本已作武

無荒棄朕命 石經補缺棄誤作失

使作冊書告令之 古本作使爲此冊書告令也之也宋板作使此冊書告令之山井鼎云二本紛亂混淆似有謬誤古本上也字誤寫灼然○按岳本纂傳俱作使此冊書告令之與考文所引之宋板同僞古本衍二也字疏標起訖可證

成王既至作蒲姑 閩本明監本同毛本作改將是也

古人居此地者 纂傳人作之○按依昭二十年左氏傳當作始

鄭云奄葢在淮夷之地 齊召南云周本紀注引鄭云奄國在淮夷之北疑此疏地字訛

多方第二十　周書

誥以禍福 古本誥作告

衆方天下諸侯 史記集解衆上有告字按傳意以衆方釋多方以天下諸侯釋衆方也不必加告字

以成以政之序 毛本下以字改作成案以字誤

王親征之奄滅其國 宋板同毛本無之字案之字衍

殷之諸侯王民者 毛本王作正案王字誤

我大降汝命 古岳宋本纂傳降作下

洪惟天之命 諸本天上有圖字此誤脫也

桀乃大下罰於民 古本罰下有誅字

言桀不能善奉於人衆 古本衆下有民字○按以疏攷之人衆當作民衆衆下不得復有民字

謂殘賊臣 古本臣上有之字

民當奉主也 宋板閩本明監本同毛本主作王案所改是

天所不與之者 按所下疑有以字

亂主所好用同己者 宋本重好字按宋本是也

弗克以爾多方享天之命 古本享上有其字非也

作天下民主 此句下宋板有湯既爲民主五字

非天用棄有殷 古本作天用棄有殷紂也非也

乃惟爾商後王逸厥逸 古本下逸字作偷下不乃惟逸同後皆改作逸

故天惟下其喪亡 古本岳本宋板纂傳其作是

武正喪服三年 案正當作王形近之譌

聖君上智之名 毛本君作者案君字誤

任天王 毛氏曰任作王誤與國本作天下○按疏云任作天子也則王當作子

惟用教我用美道伐殷 古本岳本宋板纂傳伐當作代按疏則作代字是

開其有德能顧天之者 宋板之作道案宋本是也

欲以伐紂 宋板伐作代按作代與宋本注合

今我曷敢多誥我惟大降爾四國民命 古本無惟字

我乃其大罰殛之 古本殛作極釋文云殛字本又作極郎古本之所本按作極是說詳段玉裁尚書撰異

卽此畋亦田之義也 浦鏜云爾誤亦按浦按是也

董之以武帥 宋板帥作師○按作師與昭十三年傳合

與衆多士 古岳宋板纂傳衆作殷按衆字非也

監謂成周之監 古本同宋板正德本同山井鼎曰嘉靖本誤衍一之字神廟本強改之作三崇禎本據之正德以上諸本皆作成周之監今當從之齊召南云文祗應云成周之監不當云三監此指洛邑之治殷民者非謂武庚時事也按孔疏並不解三監字義則知三字衍文也○按疏云故知監謂成周之監明無三字岳本纂傳俱不誤葛本與嘉靖本同非也

臣我我監 岳本葛本同毛本臣我作臣服案古本無服字山井鼎曰宋板正嘉三本作臣我我監衍一我字神廟本改上我字作服崇禎本據之

則是還本土 古本岳本宋板是作得案是字非

我有周惟其大夫賜汝 毛本大夫作大大夫誤也

言受多福之作 閩本葛本同明監本作作胙是也毛本誤作祚

若能不入於凶德若能不入於凶德 案二句誤複衍

我有周惟其大大賞賜汝 宋板大字不重

汝無我怨 岳本同毛本我怨二字誤倒

立政第二十一　周書

宋本首題尚書正義卷第十七

周公若曰拜手稽首 按此篇序題下俱無疏疑有脫誤

今已爲王矣 古本今下有以字宋板已作以山井鼎曰以下文注推之古本衍已字也按岳本與宋本同纂傳與毛本同

知憂此官置得賢人者少也 宋板置作宜

茲乃三宅無義民 古本義作誼下義德同

皋陶所謀者 宋板皋上有故言九德四字

但大佞以忠 案以當作似毛本不誤

但禹能謀所面見之事官賢人 諸本同毛本官誤宮山井鼎攷文以毛本爲據直書作官誤也官上宋板有善字

曰三有俊 古本俊作畯下三俊三有俊同

言逮近化 岳本逮作遠是也

亦於成湯之道 宋板閩本明監本同毛本於作從

呼之有單復爾 閩本明監本同毛本復作複

異言之爾 纂傳作異其文耳

亦曰至長伯 宋板曰作越按曰字非也

維武王時爾 宋板維作惟纂傳作謂

及衆掌常事之善士 古本無常字

特舉文武之初以爲法則 岳本纂傳特作時屬上句與疏合宋板亦作時下更有也字

蠻夷微盧之衆師 閩本葛本同毛本師作帥案師字誤

乃至左右攜持舉物之僕 毛本舉作器案舉字誤

其綴衣虎賁而言牧者以下文自詳 盧文弨云而言牧者以五字疑衍。按此疏自前已備文至自詳廿四字皆疑衍下句故字亦衍

兩謂兩卿長謂公卿 纂傳一句倒是也

其作立政之篇 宋板其下空一字

故言師言監 宋板師作帥

亳人之歸文王 按疏上下文俱作亳民此人字亦當是民之誤

陶轄轅 毛本陶作南案陶字誤

惟慎擇有司牧夫而已 古本擇上有惟字非也

知此能居心者 宋板能上有言字

循惟文王撫安天下之力 閩本葛本同毛本力作功是也

然後莫不盡其力 古本岳本宋板其作心與疏合

及衆當所慎之事 按當所二字宜倒

皆以告稚子王矣 陸氏曰稚直吏反本亦作穉。按前章傳已有稚字至此始作音并存別本未詳其故

國則罔有立政用憸人 陸氏曰憸本又作⿱冊心同也按說文⿱冊心引詩曰相時⿱冊心民今詩無此句蓋引盤庚也是漢世古文尚書憸皆作⿱冊心孔氏元本亦與之同陸氏於盤庚不言至此乃言之未詳其故。按集韻引說文作商書相時⿱冊心民丁度時所見說文尚不誤也

無有立政用憸利之人者 宋板之作小

無不服化者乎 古本無下有有字者下無乎字宋本同毛本有字乎字並無山井鼎曰正德嘉靖二本共無有字者下有乎字爲誤。按岳本纂傳亦俱作無有不服化者與疏合閩葛俱與正德本同

孺子今已則政爲王矣 毛本則作卽案則字誤

王其勿設於衆治獄之官 毛本設作誤案設字誤

不可任不其才 毛本下不字作非案非字是

如禹之陟方 宋板禹作舜。按宋本是也

周公言然之時 案然字恐此字之譌

尚書注疏挍勘記卷十七

附釋音尚書注疏卷第十八

周官第二十二　周書　孔氏傳　孔穎達疏

成王既黜殷命。滅淮夷。黜殷在周公東征時滅淮夷在成王即政後事相因故連言之還歸在豐作周官。成王雖作洛邑猶還西周周官。言周家設官分職用人之法〔疏〕成王至周官。正義曰成王於周公攝政之時既黜殷命及其即位之後滅淮夷於是天下大定自滅淮夷還歸在豐號令羣臣言周家設官分職用人之法史敍其事作周官。傳黜殷至言之。正義曰據金縢之經大誥之序知黜殷命在周公攝政三年東征之時也據成王政之序費誓之經知滅淮夷在成王即政之後也淮夷於攝政之時與武庚同叛成王既滅淮夷天下始定淮夷本因武庚而叛黜殷命與滅淮夷其事相因故雖異年而連言之事以見天下既定乃作周官故也下經言四征弗庭是黜滅之事也六服承德是安寧之狀也序顧經文故追言黜殷命以接滅淮夷見征伐乃安定之意也。傳成王至西周。正義曰以洛誥之文言王在新邑今復云在豐故解之也史記周本紀云太史公曰學者皆稱周伐紂居洛邑綜其實不然武王營之成王使召公卜居九鼎焉而周復都豐鎬是言成王雖作洛邑猶還西周之事也多方云王來自奄至于宗周宗周即鎬京也於彼不解至此始爲傳者宗周雖是鎬京文無豐鎬之字故就此解之武王既以遷鎬京今王復在豐者豐鎬相近舊都不毀豐有文王之廟故事就豐宣之故也。傳言周至之法。正義曰周禮每官言人之員數及職所掌立其定法授與成王成王即政之初即有淮夷叛逆未服得以立官之意號令羣臣今既滅淮夷天下清泰故以周家設官分職用人之法以誥羣臣使知立官之大旨也設官分職周禮序官之文言設置羣官分其職掌經言立三公六卿是設官也各言所掌是分職也各舉其官之所掌示以才堪乃得居之是說用人之法

惟周王撫萬邦。巡侯甸。即政撫萬國巡行天下侯服甸服四征弗庭。綏厥兆民。四面征討諸侯之不直者所以安其兆民十億曰兆言多六服羣辟。罔不承德。歸于宗周。董正治官。六服諸侯奉承周德言協服還歸於豐督正治理職司之百官。辟必亦反治直吏反下至冢宰經注同〔疏〕惟周至治官。正義曰惟周之王者布政教撫安萬國巡行天下侯服甸服四面征討諸侯之不直者所以安其海內兆民六服之內羣叔諸侯之君無有不奉承周王之德者自滅淮夷而歸於宗周豐邑乃督正治理職司之百官較王發言之端也。傳即政至甸服。正義曰檢成王政之序與費誓之經知成王即政之年奄與淮夷又叛叛即往伐今始還歸多方云五月丁亥王來自奄至于宗周與此滅淮夷而還歸在豐爲一事也年初始叛五月即歸其間未得巡守於四方也而此言撫萬國巡行天下其實止得撫巡向淮夷之道所過諸侯爾未是用四仲之月大巡守也以撫諸侯巡守是天子之大事因即大言之爾周之法制無萬國也惟伐淮夷非四征也言萬國四征亦是大言之爾六服而惟言侯甸者二服去圻最近舉近以言之言王巡省徧六服也。傳四方至言多。正義曰四征從京師而四面征也釋詁云庭直也綏安也諸侯不直謂叛逆王

命侵削下民故四面征討諸侯之不直者所以安其兆民楚語云十日百姓千品萬官億醜兆民每數相十知十億曰兆稱兆言其多也○傳六服至百官○正義曰周禮九服此惟言六者夷鎭蕃三服在九州之外夷狄之地王者之於夷狄羈縻而已不可同於華夏故惟舉六服諸侯奉承周德言協服也序云還歸在豐知宗周卽豐也周爲天下所宗王都所在皆得稱之故豐鎬與洛邑皆名宗周釋詁云董督正也是董得爲督督正治理職司之百官下戒勑是董正也

王曰。若昔大猷。制治于未亂。保邦于未危。言當順古大道制治安國必于未亂未危之前思患預防之【疏】王曰至未危○正義曰治謂政教邦謂國家治有失則亂家不安則危恐其亂則預爲之制慮其危則謀之使安制其治於未亂之前安其國於未危之前張官設府使分職明察任賢委能令事務順理如是則政治而國安矣標此二句於前以示立官之意必於未亂未危之前爲之者思患而預防之思患而預防之易既濟卦象辭也

曰唐虞稽古。建官惟百。內有百揆四岳。外有州牧侯伯。道堯舜考古以建百官內置百揆四岳象天之有五行外置州牧十二及五國之長上下相維外內咸治言有法○長丁丈反下官長助長並同庶政惟和。萬國咸寧。官職有序故衆政惟和萬國皆安所以爲正治夏商官倍。亦克用乂。禹湯建官二百亦能用治言不及唐虞之清要明王立政。不惟其官。惟其人。言聖帝明王立政修教不惟多其官惟在得其人【疏】曰唐虞至其人○正義曰既言須立官之意乃追述前代之法止而復言故更加一曰唐堯虞舜考行古道立官惟數止一百也內有百揆四岳者百揆度百事爲羣官之首立一人也四岳內典四時之政外主太岳之事立四人也外有州牧侯伯牧一州之長侯伯五國之長各監其所部之國外內置官各有所掌衆政惟以協和萬邦所以皆安也夏禹商湯立官倍多於唐虞雖不及唐虞之清簡亦能用以爲治明王立其政教不惟多其官惟在得其人言自古制法皆明開官司求賢以處之也○傳道堯至有法○正義曰百人無主不散則亂有父則有君也君不獨治必須輔佐有君則有臣也易序卦云有父子然後有君臣則君臣之興次父子之後人民之始則當有之未知其所由來也雖遠舉唐虞復考古也說命曰明王奉若天道建邦設都則王者立官皆象天爲之故內置百揆四岳象天之有五行也五行佐天羣臣佐主以此爲象象天爾不必其數有五乃象五行故以百揆四岳爲五行之象左傳少昊立五鳩氏顓頊已來立五行之官其數亦有五故置於五行矣舜典云肇十有二州此說虞事知置州牧十二也侯伯謂諸侯之長益稷篇禹言治水時事云外薄四海咸建五長知侯伯是五國之長也成王說此事者言堯舜所制上下相維內外咸治言有法也此言建官惟百夏商官倍則唐虞一百夏商二百禮記明堂位云有虞氏官五十夏后氏官百者禮記是後世之言不與經典合也

今予小子。祇勤于德。夙夜不逮。今我小子敬勤於德雖夙夜匪懈不能及古人言自有極○逮音代一音大計反懈佳賣反仰惟前代時若。訓迪厥官。言仰惟先代之法是順訓蹈其所建官而則之不敢自同堯舜之官準擬夏殷而蹈之

立太師。太傅。太保。茲惟三公。論道經邦。燮理陰陽。師天子所師法傅傅相天子保保安天子於德義者此惟三公之任佐王論道以經緯國事和理陰陽言有德乃堪之○燮素協反相息亮反官不必備。惟其人。三公之官不必備員惟其人有德乃處之○處昌呂反少師。少傅。少保。曰三孤。此三官名曰三孤孤特也言卑於公尊於卿特置此三者○少詩照反下同貳公弘化。寅亮天地。弼予一人。副貳三公弘大道化敬信天地之教以輔我一人之治冢宰掌邦治。統百官。均四海。天官卿稱太宰主國政治統理百官均平四海之內邦國言任大司徒掌邦教。敷五典。擾兆民。地官卿司徒主國教化布五常之教以安和天下衆民使小大皆協睦○擾而小反徐音饒宗伯掌邦禮。治神人。和上下。春官卿宗廟官長主國禮治天地神祇人鬼之事及國之吉凶賓軍嘉五禮以和上下尊卑等列司馬掌邦政。統六師。平邦國。夏官卿主戎馬之事掌國征伐統正六軍平治王邦四方國之亂者司寇掌邦禁。詰姦慝。刑暴亂。秋官卿主寇賊法禁治姦惡刑強暴作亂者夏司馬討惡助長物秋司寇刑姦順時殺司空掌邦土。居四民。時地利。冬官卿主國空土以居民士農工商四人使順天時分地利授之土能吐生百穀故曰土六卿分職。各率其屬。以倡九牧。阜成兆民。六卿各率其屬官大夫士治其所分之職以倡道九州牧伯爲政大成兆民之性命皆能其官則政治○倡尺亮反下同阜音負治直吏反【疏】今予至厥官○正義曰王言今我小子敬勤於德雖早夜不懈息猶不能及於唐虞仰惟先代夏商之法是順順蹈其前代建官而法則之言不敢同堯舜之官準擬夏殷之官爾若與訓俱訓爲順也○傳師天至堪之○正義曰三公俱是教道天子輔相天子其事而爲之名三公皆當運致天子使歸於德義傳於保下言保安天子於德義上三者言皆然也禮記文王世子云師也者教之以事而喻諸德者也保也者愼其身以輔翼之而歸諸道者也道德別掌者內得於心出行於道道德不甚相遠因其並釋師保故分配之爾於公云燮理陰陽於孤云寅亮天地和理敬信義亦同爾以孤副貳三公故其事所掌不異○傳天官至任大○正義曰此經言六卿所掌之事提引周禮爲之揔目或據禮文或取禮意雖言有小異義皆不殊周禮云乃立天官冢宰使帥其屬而掌邦治治官之屬太宰卿一人馬融云冢大也宰治也大治者兼萬事之名也鄭玄云變冢言大進退異名也百官揔焉則謂之冢列職於王則稱大冢者大之上也山頂曰冢是解冢大異名之意大宰職云三曰禮典以統百官馬融云統本也百官是宗伯之事也此統百官在冢宰之下當以冢尊故命統治百官爲冢宰之事治官禮官俱得統之也禮云以佐王均邦國此言均四海故傳辨之均平四海之內邦國與孔意不異○傳地官至協睦○正義曰周禮云乃立地官司徒使帥其屬而掌邦教以佐王安擾邦國太宰職云二曰教典以擾萬民鄭玄云擾亦安也言饒衍之傳亦以擾爲安五典卽五教也布五常之教以安和天下之人民使小大協睦也舜典云契爲司徒敬敷五教周禮司徒掌十有二教一曰以祀禮教敬則民不苟二曰以陽禮教讓則民不爭三曰以陰禮教親則民不怨四曰以樂禮教和則民不乖五曰以儀辨等則民不越六曰以俗教安則民不偷七曰以刑教中則民不暴八曰以誓教恤則民不怠九曰以度教節則民知足十曰以世事教能則民不失職十有一曰以賢制爵則民愼德十有二曰以庸制祿則民興功鄭玄云有虞氏五而周十有二焉然則十有二細分五教爲之五教可以常行謂之五典五常謂父義母慈兄友弟恭子孝也○傳春官至等列○正義曰周禮云乃立春官宗伯使帥其屬而掌邦禮以佐王和邦國宗廟也伯長也宗廟官之長故名其官爲宗伯其職云掌建邦之天神人鬼地祇之禮又主吉凶賓軍嘉之五禮吉禮之別十有二凶禮之別有五賓禮之別有八軍禮之別有五嘉禮之別有六揔有三十六禮皆在宗伯職掌之文又頻不可具載太宰職云三曰禮典以和邦國以諧萬民其職又有以玉作六瑞以等邦國以禽作六贊以等諸臣是以和上下尊卑等列也○傳夏官至亂者○正義曰周禮云乃立夏官司馬使帥其屬而掌邦政以佐王平邦國其職主戎馬之事有掌征伐統正六軍平治王邦四方國之亂者天子六軍軍師之通名也案其職掌九伐之法馮弱犯寡則眚之賊賢害民則伐之暴內陵外則壇之野荒民散則削之負固不服則侵之賊殺其親則正之放弒其君則殘之犯令陵政則杜之外內亂鳥獸行則滅之○傳秋官至時殺○正義曰周禮云乃立秋官司寇使帥其屬而掌邦禁以佐王刑邦國其職云刑邦國詰四方馬融云詰猶窮也窮四方之姦也孔以詰爲治是主寇賊法禁治姦慝之人刑殺其強暴作亂者夏官主征伐秋官主刑殺征伐亦殺人而官屬異時者夏司馬討惡助夏時之長物秋司寇刑姦順秋時之殺物也周禮云掌邦刑此云掌邦禁者避下刑暴亂之文故云掌邦禁○傳冬官至曰土○正義曰周禮冬官亡小宰職云六曰冬官掌邦事又云六曰事職以富邦國以養萬民馬融云事職掌百工器用耒耜弓車之屬與此主士居民全不相當冬官既亡不知其本禮記王制記司空之事云量地以制邑度地以居民足明冬官本有主土居民之事也齊語云管仲制法令士農工商四民不雜卽此居民使順天時分地利授之土也土則地利爲之名以其吐生百穀故曰土也周禮云事此云上者爲下有居四民故云上以居民爲急故也

六年。五服一朝。五服侯甸男采衞六年一朝會京師又六年。王乃時巡。考制度于四岳。周制十二年一巡守春東夏南秋西冬北故曰時巡考正制度禮法于四岳之下如虞帝巡守然諸侯各朝于方岳。大明黜陟。覲四方諸侯各朝于方岳之下大明考績黜陟之法【疏】六年至黜陟○正義曰此篇說六卿職掌皆與周禮符同則六年五服一朝亦應是周禮之法而周禮無此法也周禮大行人云侯服歲一見其貢祀物甸服二歲一見其貢嬪物男服三歲一見其貢器物采服四歲一見其貢服物衞服五歲一見其貢材物要服六歲一見其貢貨物先儒說周禮者皆云見謂來朝也必如所言則周之諸侯各以服數來朝無六年一朝之事昭十三年左傳叔向云明王之制使諸侯歲聘以志業間朝以講禮再朝而會以示威再會而盟以顯昭明自古已來未之或失也存亡之道恒由是與說左傳者以爲三年一朝六年一會十二年而盟事與周禮不同謂之前代明王之法先儒未嘗措意不知異之所由計彼六年一會與此六年五服一朝事相當也再會而盟與此十二年王乃時巡諸侯各朝於方岳亦相當也叔向盛陳此法以懼齊人使盟若周無此禮叔向妄說齊

人當以辭拒之何所畏懼而敬以從命乎且云自古以來未之或失則當時猶尚行之不得爲前代之法魯當時之人明矣明周有此法禮文不具爾大行人所云見者皆言貢物或可因貢而見何必見者皆是君自朝乎遣使貢物亦應可矣大宗伯云時見曰會殷見曰同時見殷見不云年限時見曰會何必不是再朝而會乎殷見曰同何必不是再會而盟乎周公制禮若無此法豈成王謬言叔向妄說也計六年大集應六服俱來而此文惟言五服孔以五服爲侯甸男采衞蓋以要服路遠外逼四夷不必常能及期故寬言之而不數也○傳周制至守然○正義曰周禮大行人云十有二歲王巡守殷國是周制十二年一巡守也如舜典所云春東夏南秋西冬北以四時巡行故曰時巡考正制度禮法于四岳之下如虞帝巡守然據舜典同律度量衡已下皆是也

王曰：「嗚呼！凡我有官君子。有官君子大夫以上歎而戒之使敬汝所司慎汝出令從政之本令出必惟行之不惟反改若二三其令亂之道**欽乃攸司，慎乃出令，令出惟行，弗惟反。以公滅私，民其允懷。**從政以公平滅私情則民其信歸之**學古入官，議事以制，政乃不迷。**言當先學古訓然後入官治政凡制事必以古義議度終始政乃不迷錯○度待洛反**其爾典常作之師，無以利口亂厥官。**其汝爲政當以舊典常故事爲師法無以利口辯佞亂其官

〔疏〕王曰至厥官○正義曰王言而歎曰嗚呼凡我有官君子謂大夫已上有職事者汝等皆敬汝所主之職事慎汝所出之號令令出於口惟即行之不惟反之而不用是去而後反也爲政之法以公平之心滅已之私欲則見下民其信汝而歸汝矣學古之典訓然後入官治政論議時事必以古之故事制此則政教乃不迷錯矣其汝爲政當以舊典常故事作師法無以利口辯佞亂其官教之以居官爲政之法也○傳有官至之道○正義曰教之出令使之號令在下則是尊官故知有官君子是大夫已上也下云三事暨大夫是也安危在於出令故慎汝出令是從政之本也令出口必須行之令而於不行是去而更反故謂之反也不惟反者令其必行之勿使反也若前令不行而倒反別出後令以改前令二三其政則在下不知所從是亂之道也○傳言當至迷錯○正義曰襄三十一年左傳子產云我聞學而後入政未聞以政學者也言將欲入政先學古之訓典觀古之成敗擇善而從之然後可以入官治政矣凡欲制斷當今之事必以古之義理議論量度其終始合於古義然後行之則其爲之政教乃不迷錯也

蓄疑敗謀，怠忽荒政，不學牆面，莅事惟煩。積疑不決必敗其謀怠情忽略必亂其政人而不學其猶正牆面而立臨政事必煩○蓄勑六反莅音利又音類**戒爾卿士，功崇惟志，業廣惟勤，惟克果斷，乃罔後艱。**此戒凡有官位但言卿士舉其掌事者功高由志業廣由勤惟能果斷行事乃無後難言多疑必致患○斷丁亂反下注同

〔疏〕蓄疑至後艱○正義曰又戒羣臣使彊於割斷勤於職事蓄積疑惑不能彊斷則必敗其謀慮怠情忽略不能恪勤則荒廢政事人而不學如面向牆無所覩見以此臨事則惟煩亂不能治理戒汝卿之有事者功之高者惟志意彊正業之大者惟勤力在公惟能果敢決斷乃無有後日艱難言多疑必將致後患矣申說蓄疑敗謀也

位不期驕，祿不期侈。貴不與驕期而驕自至富不與侈期而侈自來驕侈以行已所以速亡**恭儉惟德，無載爾僞。**言當恭儉惟以立德無行姦僞**作德，心逸日休；作僞，心勞日拙。**爲德直道而行於心逸豫而名且美爲僞飾巧百端於心勞苦而事日拙不可爲**居寵思危，罔不惟畏，弗畏入畏。**言雖居貴寵當思危懼無所不畏若乃不畏則入可畏之刑**推賢讓能，庶官乃和，不和政厖。**賢能相讓俊乂在官所以和諧厖亂也○厖武江反**舉能其官，惟爾之能；稱匪其人，惟爾不任。」**所舉能修其官惟亦汝之功能舉非其人亦惟汝之不勝其任○勝音升**王曰：「嗚呼！三事暨大夫，敬爾有官，亂爾有政，**歎而勑之公卿已下各敬居汝所有之官治汝所有之職**以佑乃辟，永康兆民，萬邦惟無斁。」**言當敬治官政以助汝君長安天下兆民則天下萬國惟乃無厭我周德○斁音亦長直良反厭於豔反

〔疏〕傳爲德至可爲○正義曰爲德者自得於已直道而行無所經營於心逸豫功成則譽顯而名益美也爲僞者行違其方枉道求進思念欺巧於心勞苦詐窮則道屈而事日益拙也以此故僞不可爲申說無載爾僞也

武王既伐東夷，肅慎來賀。海東諸夷駒麗扶餘馯貊之屬武王克商皆通道焉成王即政而叛王伐而服之故肅慎氏來賀○肅慎馬本作息慎云北夷也駒俱付反又如字麗力支反馯戶旦反地理志音寒貊孟白反說文作貉北方豸種孔子曰貉之言貊貊惡也**王俾榮伯作賄肅慎之命。**榮國名同姓諸侯爲卿大夫王使之爲命書以幣賄賜肅慎之來賀○俾必爾反馬本作辨

〔疏〕成王至之命○正義曰成王即政之初東夷背叛成王既伐而服之東北遠夷其國有名肅慎氏者以王戰勝遠來朝賀王賜以財賄使榮國之伯爲策書以命肅慎之夷嘉其慶賀慰其勞苦之意史敘其事作賄肅慎之命名篇也○傳海東至來賀○正義曰成王伐淮夷滅徐奄指言其國之名此傳言東夷非徒淮水之上夷也故以爲海東諸夷駒麗扶餘馯貊之屬此皆於孔君之時有此名也周禮職方氏四夷之名八蠻九貉鄭玄云北方曰貉又云東北夷也漢書有高駒麗扶餘韓無此馯馯即彼韓也音同而字異爾多方云王來自奄奄在後滅言滅奄即來必非滅奄之後更伐東夷夷在海東路遠又不得先伐遠夷後來滅奄此云成王既伐東夷不知何時伐之魯語云武王克商遂通道於九夷八蠻於是肅慎氏來賀貢楛矢則武王之時東夷服也成王卽政奄與淮夷近者尚叛明知遠夷亦叛蓋成王親伐淮夷而滅之又使偏師伐東夷而服之君統臣功故言王伐不是成王親自伐也肅慎之於中國又遠於所伐諸夷見諸夷既服故懼而來賀也○傳榮國至夷亡○正義曰晉語云文王諏於蔡原訪於辛尹重之以周召畢榮於文王之時名次畢公之下則是大臣也未知此時榮伯是彼榮公以否或是其子孫也同姓相傳爲然注國語者亦云榮周同姓不知時爲何官故並云侯卿大夫王使榮伯明使之有所作史錄其篇名爲賄肅慎之命明是王使之爲命書以幣賜肅慎氏之夷也

周公在豐，將沒，致政老歸**欲葬成周。**已所營作示終始念之**公薨，成王葬于畢，**不敢臣周公故使近文武之墓○近附近之近**告周公，作亳姑。**周公徙奄君於亳姑因告柩以葬畢之義斥及奄君已定亳姑言所遷之功成亡○柩其久反

〔疏〕周公至亳姑○正義曰周公既致政於王歸在豐邑將沒遺言欲得葬於成周以成周是已所營示已終始念之故欲葬焉及公薨成王葬於畢以文武之墓在畢示已不敢臣周公使近文武之墓王以葬畢之義告周公之柩又周公徙奄君於亳姑因言亳姑功成史敘其事作亳姑之篇案帝王世紀云文武葬於畢畢在杜南晉書地道記亦云畢在杜南與畢陌別俱在長安西北○傳致政老歸○正義曰周公既還政成王成王又留爲太師今言周公在豐則是去離王朝又致太師之政告老歸於豐如伊尹之告歸也成王封伯禽於魯以爲周公後公老不歸魯而在豐者文十三年公羊傳云周公曷爲不之魯欲天下之一乎周也何休云周公聖人德至重功至大東征則西國怨西征則東國怨嫌之魯恐天下迴心趣向之故封伯禽命使遙供養死則奔喪爲王所以一天下之心于周室是言周公不歸魯之意也歸豐者蓋以先王之都欲近其宗廟故也○傳周公至成亡○正義曰序說葬周公之事其篇乃名亳姑篇名與序不相允會其篇既亡不知所道故傳原其意而爲之說上篇將遷亳姑序言成王既踐奄將遷其君於亳姑者是周公之意今告周公之柩以葬畢之義乃用亳姑爲篇名必是告葬之時并言及奄君已定於亳姑言周公所遷之功成故以名篇也

君陳第二十三　周書

孔氏傳　孔穎達疏

周公既沒，命君陳分正東郊成周，成王重周公所營故命君陳分居正東郊成周之邑里官司**作君陳。**作書命之**君陳。**臣名也因以名篇○鄭注禮記云周公之子

王若曰：「君陳，惟爾令德孝恭。言其有令德善事父母行已以恭**惟孝友于兄弟，克施有政。**言善父母者必友于兄弟能施有政令**命汝尹茲東郊，敬哉！**正此東郊監殷頑民教訓之○監工銜反**昔周公師保萬民，民懷其德。往慎乃司，茲率厥常，**言周公師安天下之民民歸其德今往承其業當慎汝所主此循其常法而教訓之**懋昭周公之訓，惟民其乂。**勉明周公之教惟民其治○懋音茂治直吏反下注政治同

〔疏〕周公至君陳○正義曰周公遷殷頑民於成周頑民既遷周公親自監之周公既沒成王命其臣名君陳代周公監之分別居處正此東郊成周之邑以策書命之史錄其事作策書爲君陳篇名○傳成王至官司○正義曰成周周之下都監成周者正是一邑宰爾而特命君陳大其事者成王重周公所營猶恐殷民有不服之者故命君陳分居正東郊成周之邑里官司也以畢命之序言分居知此分亦爲分別居處卽以殷民善惡畢命所去旌別淑慝表厥宅里是也言東郊者鄭玄云天子之國五十里爲近郊今河南洛陽相去則然是言成周之邑爲周之東郊也○傳臣名至名篇○正義曰孔直云臣名則

非周公子也鄭玄注中庸云君陳蓋周公子者以經云周公旣没命君陳猶若蔡叔旣没命蔡仲故也孔未必然矣○傳言其至以恭○正義曰令德在身之大名孝是事親之稱恭是身之所行言其善事父母行已以恭也釋訓云善父母爲孝善兄弟爲友○傳言善至政令○正義曰父母尊之極兄弟親之甚緣其施孝於極尊乃能施友於甚親言善事父母者必友於兄弟推此親親之心以至於疏遠每事以仁恕行之故能施有政令也 我聞曰。至治馨香。感于神明。黍稷非馨。明德惟馨。所聞之古聖賢之言政治之至者芬芳馨氣動於神明所謂芬芳非黍稷之氣乃明德之馨勵之以德 爾尚式時周公之猷訓。惟日孜孜。無敢逸豫。汝庶幾用是周公之道教殷民惟當日孜孜動行之無敢自寬暇逸豫○孜音茲〔疏〕我聞至逸豫○正義曰我聞人之言曰有至美治之善者乃有馨香之氣感動於神明所言馨香感神者黍稷飲食之氣非馨香也明德之所遠及乃惟爲馨香爾勉勵君陳使爲德也欲必爲明德惟法周公汝當庶幾用是周公之道惟當每日孜孜勤法行之無敢自寬暇逸豫教使勤於事也 凡人未見聖。若不克見。旣見聖。亦不克由聖。此言凡人有初無終未見聖道如不能得見已見聖道亦不能用之所以無成 爾其戒哉。爾惟風。下民惟草。汝戒勿爲凡人之行民從上教而變猶草應風而偃不可不愼 圖厥政。莫或不艱。有廢有興。出入自爾師虞。庶言同則繹。謀其政無有不先慮其難有所廢有所起出納之事當用汝衆言度之衆言同則陳而布之禁其專○繹音亦度待洛反 爾有嘉謀嘉猷。則入告爾后于內。爾乃順之于外。汝有善謀善道則入告汝君於內汝乃順行之於外 曰。斯謀斯猷。惟我后之德。此善謀此善道惟我君之德善則稱君人臣之義 嗚呼。臣人咸若時。惟良顯哉。歎而美之曰臣於人者皆順此道是惟良臣則君顯明於世 王曰。君陳。爾惟弘周公丕訓。無依勢作威。無倚法以削。汝爲政當闡大周公之大訓無乘勢位作威人上無倚法制以行刻削之政 寬而有制。從容以和。寬不失制動不失和德教之治○從七容反 殷民在辟。予曰辟。爾惟勿辟。予曰宥。爾惟勿宥。惟厥中。殷人有罪在刑法者我曰刑之汝勿刑我曰赦宥汝勿宥惟其當以中正平理斷之○辟扶亦反下同中如字或丁仲反斷丁亂反 有弗若于汝政。弗化于汝訓。辟以止辟。乃辟。有不順於汝政不變於汝教刑之而懲止犯刑者乃刑之 狃于姦宄。敗常亂俗。三細不宥。習於姦宄凶惡毀敗五常之道以亂風俗之教罪雖小三犯不赦所以絶惡源○狃女九反〔疏〕王曰至不宥○正義曰王呼之曰君陳汝今爲政當弘大周公之大訓周公旣有大訓汝

當遵而行之使其法更寬大汝奉周公之訓無得依恃形勢以作威於人無得倚附法制以行刻削百姓必當寬容而有法制使疏而不漏從容以和協於物莫爲褊急此成周殷民有犯事在於刑法未斷決者我告汝曰刑罰之汝惟勿得刑罰之我告汝曰赦宥之汝惟勿得赦宥之惟其以中正平法斷決之不得從上意也其有不順於汝之政令不化於汝之訓教其罪旣大當行刑中刑罰一人可以止息後犯者故云犯刑者乃刑之如其罪或輕細罰不當理雖刑勿息故不可輒刑若有人習於姦宄凶惡敗五常之道亂風俗之教三犯其事者事雖細小勿得宥之以其知而故犯當殺之以絶惡源也○傳汝爲至之政○正義曰君陳之智必不及周公而令闡大周公訓者遵行其法使廣被於民卽是闡揚而大之非遣君陳爲法使大於周公法也凡在人上位貴於人勢足可畏者多乘是形勢以作威刑於人倚附公法以行刻削之政故禁之也○傳寬不至之治○正義曰寬不失制則經寬而有制動不失和則經從容以和言動謂從容也○傳習於至惡源○正義曰釋言云狃復也孫炎曰狃忕前復爲也古言狃忕是貫習之義故以習解狃習於姦宄凶惡言爲之不知止也敗常亂俗有大有小罪雖小者三犯不赦恐其滋大所以絶惡源也此謂所犯小事言三者再猶可赦爾 爾無忿疾于頑。無求備于一夫。人有頑嚚不喻汝當訓之無忿怒疾之使人當器之無責備于一夫 必有忍。其乃有濟。有容。德乃大。爲人君長必有所含忍其乃有所成有所包容德乃爲大欲其忍恥藏垢○長誅丈反垢工口反 簡厥修。亦簡其或不修。簡別其德行修者亦別其有不修者善以勸能惡以沮否○別彼列反沮在汝反否方九反又音鄙 進厥良。以率其或不良。進顯其賢良者以率勉其有不良者使爲善〔疏〕爾無至不良○正義曰民者冥也當以漸教之故戒君陳民有不知道者汝無忿怒疾惡頑嚚之民當以漸教訓之無求備于一人當取其所能在爲人君必有所含忍其事乃有所成有所寬容其德乃能大欲其寬大不褊隘也汝之爲政須知民之善惡簡別其德行修者亦簡別其有不修德行者進顯其賢良以率勵其不良者欲令其化惡使爲善也 惟民生厚。因物有遷。言人自然之性敦厚因所見所習之物有遷變之道故必愼所以示之 違上所命。從厥攸好。人之於上不從其令從其所好故人主不可不愼所好○好呼報反 爾克敬典在德。時乃罔不變。允升于大猷。汝治人能敬常在道德是乃無不變化其政教則信升於大道 惟予一人膺受多福。汝能升大道則惟我一人亦當受其多福無凶危 其爾之休。終有辭於永世。非但我受多福而已其汝之美名亦終見稱誦於長世言没而不朽○長如字朽許久反〔疏〕惟民至永世○正義曰惟民初生自然之性皆敦厚矣因見所習之物本性乃有遷變爲惡皆由習效使然人之情性好違上所命之不必從也從其君所好君之所好民必從之在上者不可不愼所好也汝之治民能敬當從終常在於道德教之汝以道德教之是惟民乃無不變化民皆變從汝化則信升于大道矣汝能如此惟我一人亦當受其多福無凶危矣其汝之美名亦終有稱誦之美辭於長世矣

顧命第二十四　周書　孔氏傳　孔穎達疏

成王將崩。命召公畢公。二公爲二伯中分天下而治之 率諸侯相康王。作顧命。臨終之命曰顧命○相息亮反顧工戸反馬云成王將崩顧命康王命召公畢公率諸侯輔相之〔疏〕成王至顧命○正義曰成王病困將崩召集羣臣以言命太保召公太師畢公使率領天下諸侯輔相康王史敘其事作顧命○傳二公至治之○正義曰禮記曲禮下文云九州之長曰牧五官之長曰伯是職方鄭玄云職主也謂爲三公者是伯分主東西者也周禮大宗伯云八命作牧九命作伯鄭云謂上公有功德者加命爲三伯此禮文皆伯尊於牧牧主一州明伯是中分天下者也禮言職方是各主一方也此二伯卽以三公爲之隱五年公羊傳云諸公者何天子三公天子三公者何天子之相也天子之相何以三自陝而東者周公主之自陝而西者召公主之一相處乎內是言三公爲二伯也公羊傳漢世之書陝縣者漢之弘農郡所治其地居二京之中故以爲二伯分掌之界周公所分亦當然也公羊傳所言周召分主謂成王卽位之初此時周公已薨故畢公代之周官篇三公之次太師太傅太保太保最在下此篇以召公爲先者三公數尊卑同也王就其中委任賢者任之重者則在前耳○傳臨終至顧命○正義曰說文云顧還視也鄭玄云迴首曰顧顧是將去之意此言臨終之命曰顧命言臨將死去迴顧而爲語也

顧命。實命羣臣叙以要言 惟四月哉生魄。王不懌。成王崩年之四月始生魄月十六日王有疾故不悅懌○懌音亦馬本作不釋云不釋疾不解也 甲子。王乃洮頮水。相被冕服。憑玉几。王大發大命臨羣臣必齊戒沐浴今疾病故但洮盥頮面扶相者被以冠冕加朝服憑玉几以出命○洮他刀反徐音逃馬云洮洮髮也頮音悔說文作沬云古文作頮馬云頮頮面也被皮義反徐扶僞反注同憑皮冰反下同說文作凭云依倚也字林同父冰反齊側皆反盥音管又音灌朝直遥反 乃同召太保奭。芮伯。彤伯。畢公。衛侯。毛公。同召六卿下至御治事太保畢毛稱公則三公矣此先後六卿次第冢宰第一召公領之司徒第二芮伯爲之宗伯第三彤伯爲之司馬第四畢公領之司寇第五衛侯爲之司空第六毛公領之召芮彤畢衛毛皆國名入爲天子公卿○奭音釋芮如銳反彤徒冬反 師氏。虎臣。百尹。御事。師氏大夫官虎臣虎賁氏百尹百官之長及諸御治事者〔疏〕顧命至御事○正義曰發首至百尹御事敘王以病召臣爲發言之端自王曰至冒貢于非幾是顧命之辭也茲旣受命至立于側階言命後王崩欲宣王命布陳儀衛之事也自王麻冕已下敘康王受命之事○傳實命至要言○正義曰王之所命實普命羣臣序以要約爲言直云命召公畢公傳不於上召公畢公之下而解於顧命之下言之者以上欲指明二公中分天下之事非是摠語故命不得言之顧命是摠命羣臣非但召畢而已故於此解也○傳成王至悅懌○正義曰成王崩年經典不載漢書律歷志云成王卽位三十年四月庚戌朔十五日甲子哉生魄卽引此顧命之文以爲成王卽位三十年而崩此是劉歆說也孔以甲子爲十六日則不得與歆同矣鄭玄云此成王二十

八年傳惟言成王崩年未知成王即位幾年崩也志又云死魄朔也生魄望也明死魄生從望爲始故始生魄爲月十六日即是望之日也釋詁云懌樂也有疾故不悅懌下云病日臻既彌留則成王遇病已多日矣於哉生魄下始言王不懌者甲子是發命之日爲洮頮張本耳○傳王大發至出命○正義曰凡有敬事皆當潔清王將發大命臨羣臣必齋戒沐浴今以病疾之故不能沐浴故但洮頮而已禮洗手謂之盥洗面謂之靧內則云子事父母面垢燂潘請靧頮是洗面知洮爲盥手言水謂洮盥俱用水扶相王者以冕服加王鄭玄云相者正王服位之臣謂太僕或當然也被以冠冕以冕服被王首也加朝服以服加王身也謂以衮冕朝諸侯之服加王身也鄭以爲玄冕知不然者以顧命羣臣大發大命以文武之業傳社稷之重不應惟服玄冕而已覲禮王服衮冕而有玉几此既憑玉几明服衮冕也周禮司几筵云凡大朝覲王位設黼扆扆前南向設左右玉几是王見羣臣當憑玉几以出命○傳同召至公卿○正義曰下及御事衆此同召之文故云同召六卿下及御事也以王病甚故同時俱召之太保是三公官名畢毛又亦稱公知此三人是三公也三人是三公而與侯伯相次知六者是六卿衛侯爲司寇而位第五知此先後是六卿次第也以三公尊故待言公其餘三卿舉其本爵見其以國君入爲卿也天子三公皆以卿爲之不復別置其人高官兼攝下司者漢世以來謂之爲領故言召公領之毛公領之定四年左傳云康叔爲司寇知此六人依周禮次第爲六卿也王肅云彤姒姓之國其餘五國姬姓畢毛文王庶子衛侯康叔所封武王母弟依世本史記爲說也○傳師氏至事者○正義曰周禮師氏中大夫掌以美詔王居虎門之左司王朝得失之事帥其屬守王之門重其所掌故於虎臣並於百尹之上特言之尹訓正也故百尹爲百官之長諸御治事謂諸掌事者蓋大夫士皆被召也王肅云治事蓋羣士也

王曰。嗚呼。疾大漸。惟幾。自嘆其疾大進篤惟危殆○幾音機徐音畿下同病日臻。既彌留。恐不獲誓言嗣。茲予審訓命汝。病日至言困甚已久留言無瘳恐不得結信出言嗣續我志以此故我詳審教命汝○瘳勑留反昔君文王武王宣重光。奠麗陳教則肄。言昔先君文武布其重光累聖之德定天命施陳教則勤勞○重光馬云日月星也太極上元十一月朔旦冬至日月如疊璧五星如連珠故曰重光重直龍反麗力馳反肄徐以至反又以制反肄不違。用克達殷集大命。文武定命陳教雖勞而不違道故能達殷爲周成其大命在後之侗。敬迓天威。嗣守文武大訓。無敢昏逾。在文武後之侗稚成王自斥敬迎天之威命言奉順繼守文武大教無敢昏亂逾越言戰慄畏懼○侗徐音同又勑動反馬本作詷云共也斥昌亦反今天降疾殆。弗興弗悟。爾尚明時朕言。今天下疾我身甚危殆不起不悟言必死汝當庶幾明是我言勿忽略用敬保元子釗。弘濟于艱難。用奉我言敬安太子釗釗康王名大度於艱難勤德政○釗姜遼反又音昭徐之肴反柔遠能邇。安勸小大庶邦。言當和遠又能和近安小大衆國勸使爲善思夫人自亂于威儀。爾無以釗冒貢于非幾。羣臣皆宜思夫人夫人自治正於威儀有威可畏有儀可象然後足以率人汝無以釗冒進于非危之事

【疏】王曰至非幾○正義曰王召羣臣既集乃言而歎曰嗚呼我疾大進益重惟危殆矣病日日益至言病困已甚病既久留於我身恐一旦暴死不得結誓出言語以繼續我志以此故我今詳審教訓命誥汝等昔先君文王武王布其重光累聖之德安定天命施陳教誨則勤勞矣文武定命陳教雖勞而不違於道用能通殷爲周成其大命代殷爲主至文武後之侗稚成王自謂已也言已常敬迎天之威命終當奉順天道繼守文武大教無敢昏亂逾越言當戰慄畏懼恐墜文武之業今天降疾於我身甚危殆矣不能更起不復覺悟言已必死汝等庶幾明是我言勿忽略之用我之語敬安太子釗大度於艱難言當安和遠人又須能和近人當爲善政遠近俱安之又當安勸小大衆國於彼小大衆國皆安之勸之安之使國得安存勸之使相勸爲善汝羣臣等思夫人夫人衆國各自治正於威儀有威有儀然後可以率人無威無儀則民不從命戒使愼威儀也汝無以釗冒進於非事危事欲令戒其不爲惡也○傳病日至命汝○正義曰病日至者言日日益至偏於身體困甚也已久留者言病來多日無瘳愈也恐死不得結信出言嗣續我志欲有言若不能言則不得續志以此及今能言故我詩誓出言教命彼言已詳審欲其敬聽之○傳今天至忽略○正義曰孔讀殆上屬爲句今天下疾我身甚危殆也不起言身不能起不悟言心不能覺悟病者形弱神亂不起不悟言必死也

茲既受命還。此羣臣已受顧命各還本位出綴衣于庭。越翼日乙丑。王崩。綴衣幄帳羣臣既退徹出幄帳於庭王寢於北墉下東首反初生於其明日王崩○出如字徐尺遂反綴丁衛反下同王崩馬本作成王崩注安民立政曰成幄於角反下同墉音容本亦作牖音毛又反太保命仲桓南宮毛。冢宰攝政故命二臣桓毛各俾爰齊侯呂伋。以二干戈。虎賁百人。逆子釗於南門之外。臣子皆侍左右將正太子之尊故出於路寢門外使桓毛二臣各執干戈於齊侯呂伋索虎賁百人更新逆門外所以殊之伋爲天子虎賁氏○俾必爾反伋居及反齊侯名太公子延入翼室。恤宅宗。明室路寢延之使居憂爲天下宗主丁卯。命作冊度。三日命史爲冊書法度傳顧命於康王○度舊音杜洛反恐誤注云作冊書法度音宜如字傳直專反

【疏】茲既至冊度○正義曰此羣臣既受王命還復本位出連綴之衣王所坐幄帳置之於庭於其明日乙丑王崩矣太保召公命仲桓南宮毛使此二人於齊侯呂伋之所以二干戈桓毛各執其一又取虎賁之士百人迎太子釗於南門之外逆此太子使入於路寢明室令太子在室當喪憂居爲天下宗主正其將王之位以繫羣臣之心也○傳此羣至本位○正義曰周禮射人掌國之三公孤卿大夫之位三公北面孤東面卿大夫西面鄭玄云不言士者此與諸侯之賓射士不與也凡朝燕及射臣見於君之禮同鄭知然者以周禮司士掌治朝之位與射人同是天子之朝位與射禮位同案燕禮小臣納卿大夫卿大夫皆北面公命爾卿東方西面爾大夫少進皆北面大射禮其位亦然是諸侯燕位與射位同故云朝燕及射臣見於君之禮同但天子臣多故三公北面孤東面卿大夫西面諸侯臣少故卿西面大夫北面其士與天子同皆門內西方東面其入門當立定位如是及王呼與言必各自前進已受顧命退還本位者謂還本治事之位故孔下傳云朝臣就次謂退王庭而還治事之處○傳綴衣至王崩○正義曰綴衣者連綴衣物出之於庭則是從內而出下云狄設黼扆綴衣則綴衣是黼扆之類黼扆是王坐立之處知綴衣是施張於王坐之上故以爲幄帳也周禮幕人掌帷幕幄帟綬之事鄭玄云在旁曰帷在上曰幕帷幕皆以布爲之四合象宮室曰幄王所居之帳也帟王在幕居幄中坐上承塵也幄帟皆以繒爲之然則幄帳是黼扆之上所張之物此言出綴衣於庭則亦并出黼扆故下句云象王平生之時更復設之王發顧命在此黼扆幄帳之坐命訖乃復反於寢處以王病重不復能臨此坐故徹出幄帳於庭將欲爲死備也傳更解徹去幄帳之意以王病困寢不在此喪大記云疾病君大夫徹懸士去琴瑟寢東首於比墉下廢牀鄭玄云廢去也人始生在地去牀庶其生氣反也記言君大夫士則尊卑皆然故知此時王亦寢於北墉下東首反初生也○傳臣子至賁氏○正義曰天子初崩太子必在其側解其迎於門外之意於時臣子皆侍左右將正太子之尊故使太子出於路寢門外更迎入所以殊之也經言以二干戈在齊侯呂伋下似就齊侯取干戈傳言使桓毛二臣各執干戈於齊侯呂伋索虎賁則是執干戈就齊侯傳似反於經者於時新遭大禍內外嚴戒桓毛二人必是武臣宿衛先執干戈太保就命使之就干戈以往傳達其意故移干戈之文於齊侯之上傳言是實也經言於齊侯呂伋下言以二干戈虎賁百人者指說迎太子之時有此備衞耳非言二人干戈亦是齊侯授也周禮虎賁氏下大夫其屬有虎士八百人知伋爲天子虎賁氏故就伋取虎賁也○傳明室至宗主○正義曰釋言云翼明也喪大記云君夫人卒於路寢以諸侯薨於路寢知天子亦崩於路寢今延太子入室必延入喪所知翼室是明室謂路寢也路寢之大者故以明言之延之使憂居喪主爲天下宗主也○傳三日至康王○正義曰周禮內史掌策命故命內史爲策書也經不言命史史是常職不假言之將崩雖口有遺命未作策書故以此日作之既作策書因作受策法度下云曰皇后憑玉几宣成王言是策書也將受命時升階即位及傳命已後康王荅命受同祭饗皆是法度

越七日癸酉。伯相命士須材。邦伯爲相則召公於丁卯七日癸酉召公命士致材木須待以供喪用○相息亮反供音恭狄設黼扆綴衣。狄下士扆屏風畫爲斧文置戶牖間復設幄帳象平生所爲○黼音甫徐音補扆於豈反屏步經反畫胡卦反牖音酉復扶又反

【疏】越七日至癸酉○正義曰自此以下至立于側階惟命士須材是擬供喪用其餘皆是將欲傳命布設之士四坐王之所處者器物國之所寶者車輅王之所乘者陳之所以華國且以示重顧命其執兵器立于門內堂階者所以備不虞亦爲國家之威儀也○傳邦伯至喪用○正義曰成王既崩事皆聽於冢宰自非召公無由發命知伯相即召公也王肅云召公爲二伯相王室故曰伯相上言太保命仲桓此改言伯相者於此所命士多非是國相不得大命諸侯故改言伯相以見政皆在焉於丁卯七日癸酉則王乙丑崩於今已九日矣於九日始傳顧命不知其所由也鄭玄云癸酉蓋大斂之明日也鄭大夫已上殯斂皆以死之來日數天子七日而殯於死日爲入日故以癸酉爲殯之明日孔不爲傳不必如鄭說也須訓待也今所命者皆爲喪士知命士須材者召公命士致材木須待以供喪用謂椁與明器是喪之雜用也案士喪禮將葬筮宅之後始作椁及明器此既殯即須材木者以天子禮大當須預營之故禮記

云虞人致百祀之木可爲棺槨者斬之是與士禮不同顧氏亦云命士供葬槨之材。傳狄下至所爲。正義曰禮記祭統云狄者樂吏之賤者也是賤官有名爲狄者故以狄爲下士喪大記復魄之禮云狄人設階是喪事使狄與此同也釋宮云牖戶之間謂之扆李巡曰謂牖之東戶之西爲扆郭璞曰窻東戶西也禮云斧扆者以其所在處名之郭璞又云禮有斧扆扆形如屛風畫爲斧文置於扆地因名爲扆是先儒相傳黼扆者屛風畫爲斧文在於戶牖之間考工記云畫繢之事白與黑謂之黼是用白黑畫屛風置之於扆地故名此物爲黼扆上文言出綴衣於庭此復設黼扆綴衣帷帳者象王平生時所爲也經於四坐之上言設黼扆綴衣則四坐皆設之此經所云狄設亦是伯相命狄使設之不言命者上云命士此蒙命文設四坐及陳寶玉兵器與輅車各有所司皆是相命不言所命之人從上省文也

牖間南嚮。敷重篾席。黼純。華玉仍几。篾桃枝竹白黑雜繒緣之華彩色華玉以飾憑几仍因也因生時几不改作此見羣臣覲諸侯之坐。嚮許亮反篾眠結反馬云纖蒻純之允反又之閏反下同緣悅絹反本或作純

西序東嚮。敷重底席。綴純。文貝仍几。東西廂謂之序底蒻苹綴雜彩有文之貝飾几此旦夕聽事之坐。底之履反馬云青蒲也蒻音弱苹音平

東序西嚮。敷重豐席。畫純。雕玉仍几。豐莞彩色爲畫雕刻鏤此養國老饗羣臣之坐。豐芳弓反莞音官又音關鏤來豆反

西夾南嚮。敷重筍席。玄紛純。漆仍几。西廂夾室之前筍蒻竹玄紛黑綬此親屬私宴之坐故席几質飾。夾工洽反徐音頰注同筍息允反馬云箁箬也徐云竹子竹爲席于貧反紛孚云反漆音七徐七利反綬音受

越玉五重。陳寶。於東西序坐北列玉五重又陳先王所寶之器物。越玉馬云越地所獻玉也重直容反

赤刀。大訓。弘璧。琬琰。在西序。寶刀赤刀削大訓虞書典謨大璧琬琰之珪爲二重。琬紆晚反琰以冉反削音笑

大玉。夷玉。天球。河圖。在東序。三玉爲三重夷常也球雍州所貢河圖八卦伏犧王天下龍馬出河遂則其文以畫八卦謂之河圖及典謨皆歷代傳寶之。夷玉馬云東夷之美玉說文夷玉卽珣玗琪球音求馬云玉磬雍於用反本亦作邕

胤之舞衣。大貝。鼖鼓。在西房。胤國所爲舞者之衣皆中法大貝如車渠鼖鼓長八尺商周傳寶之西房西夾坐東。鼖扶云反注同中丁仲反車尺遮反車渠車輞也

兌之戈。和之弓。垂之竹矢。在東房。兌和古之巧人垂舜共工所爲皆中法故亦傳寶之東房東廂夾室。兌徒外反共音恭

大輅在賓階面。綴輅在阼階面。大輅玉綴輅金面前皆南向。阼才故反向許亮反

先輅在左塾之前。次輅在右塾之前。先輅象次輅木金玉象皆以飾車木則無飾皆在路寢門內左右塾前北面凡所陳列皆象成王生時華國之事所以重顧命。塾音孰一音育重直用反

疏 牖間至漆仍几。正義曰牖謂窻也間者窻東戶西戶牖之間也周禮司几筵云凡大朝覲大饗射凡封國命諸侯王位設黼扆扆前南向設莞筵紛純加繅席畫純加次席黼純左右玉几彼所設者卽此坐也又云戶牖之間謂之扆彼言扆前此言牖間卽一坐也彼言次席黼純此言篾席黼純亦一物也周禮天子之席三重諸侯之席再重則此四坐所言敷重席者其席皆敷三重舉其上席而言重知其下更有席也此牖間之坐卽是周禮扆前之坐篾席之下二重其次是繅席畫純其下是莞筵紛純也此一坐有周禮可據知其下二席必然下文三坐禮無其事以扆前一坐敷三重之席知下三坐必非一重之席敷三坐但不知其下二重是何席耳周禮天子左右几諸侯惟右几此言仍几則四坐皆左右几也鄭玄云左右有几優至尊也。傳篾桃至之坐。正義曰此篾席與周禮次席一也鄭注彼云次席桃枝席有次列成文鄭玄不見孔傳亦言是桃枝席則此席用桃枝之竹必相傳有舊說也鄭注此下則云篾析竹之次青者王肅云篾席纖蒻苹席並不知其所據也考工記云白與黑謂之黼釋器云緣謂之純知黼純是白黑雜繒緣之蓋以白繒黑繒錯雜彩以緣之鄭玄注周禮云斧謂之黼其繡白黑采也以絳帛爲質其意以白黑之線縫刺爲黼文以緣席其事或當然也華是彩之別名故以爲彩色用華玉以飾憑几也鄭玄云華玉五色玉也仍因也釋詁文周禮云几吉事變几凶事仍几禮之於几有變有仍故特言仍几以見因生時几不改作也此見羣臣覲諸侯之坐周禮之文知之又覲禮天子待諸侯設斧扆於戶牖之間左右几天子衮冕負斧扆彼在朝此在寢爲與其牖間之坐則同。傳東西至之坐。正義曰東西廂謂之序釋宮文孫炎曰堂東西牆所以別序內外也禮注謂蒲席爲蒻苹孔以底席爲蒻苹當謂蒲爲蒲蒻之席也史游急就篇云蒲蒻蘭席蒲蒻謂此也王肅云底席青蒲席也鄭玄云底致也篾纖致席也鄭謂此底席亦竹席也凡此重席非有明文可據各自以意說耳綴者連綴諸色席必以彩爲緣故以綴爲雜彩也貝者水虫取其甲以飾器物釋魚於貝之下云餘蚳黃白文餘泉白黃文李巡曰貝甲以黃爲質白爲文彩名爲餘蚳貝甲以白爲質黃爲文彩名爲餘泉有文之貝飾几謂用此餘蚳餘泉之貝飾几也此旦夕聽事之坐鄭王亦以爲然牖間是見羣臣覲諸侯之坐見於周禮其東序西嚮養國老饗羣臣之坐者案燕禮云坐於阼階上西嚮則養國老及饗與燕禮同其西序之坐在燕饗坐前以其旦夕聽事重於燕飲故西序爲旦夕聽事之坐夾室之坐在燕饗坐後又夾室是隱映之處又親屬輕於燕饗故夾室爲親屬私宴之坐案朝士職掌治朝之位王南面此西序東嚮者以此諸坐並陳避牖間南嚮覲諸侯之坐故也王肅說四坐皆與孔同。傳豐莞至之坐。正義曰釋草云莞苻蘺郭璞曰今之西方人呼蒲爲莞用之爲席也又云蓆鼠莞樊光曰詩云下莞上簟郭璞曰似莞而纖細今蜀中所出莞席是也王肅亦云豐席莞鄭玄云豐席刮湅竹席考工記云畫繢之事雜五色是彩色爲畫蓋以五彩色畫帛以爲緣鄭玄云似雲氣畫之爲緣釋器云玉謂之彫金謂之鏤木謂之刻是彫爲刻鏤之類故以刻鏤解彫蓋雜以金玉刻鏤爲飾也。傳西廂至質飾。正義曰下傳云西房西夾坐東東房東廂夾室然則房與夾室實同而異名天子之室有左右房房卽室也以其夾中央之大室故謂之夾室此坐在西廂夾室之前故繫夾室言之釋草云筍竹萌孫炎曰竹初萌生謂之筍是筍爲蒻竹取筍竹之皮以爲席也紛則組之小別鄭玄周禮注云紛如綬有文而狹者也然則紛綏一物小大異名故傳以玄紛爲黑綏鄭於此注云以玄組爲之緣周禮大宗伯云以飲食之禮親宗族兄弟鄭玄云親者使之相親人君有食宗族飲酒之禮所以親之也文王世子云族食世降一等是天子有與親屬私宴之事以骨肉情親不事華麗故席几質飾也。傳於

東至器物。正義曰此經爲下揔[illegible]也於者於其處所上云西序東嚮[illegible]之坐矣下句陳玉復云在西序在[illegible]也序者牆之別各其牆南北長坐[illegible]在東序也西序二重東序三重二[illegible]王所寶之器物河圖大訓貝鼓戈[illegible]傳寶刀至二重。正義曰上言陳[illegible]赤刃爲寶刀也謂之赤刀者其刃[illegible]赤刀削用禮記少儀記執物按人[illegible]玄云避也時也穎鐶也將謂把也[illegible]小於刀相對爲異散文則通故傳[illegible]吳人嚴白虎聚家反遺弟與治孫[illegible]曰我見刃爲然然赤刃爲赤削白[illegible]名明矣周禮考工記云築氏爲削[illegible]刀也又云赤刀者武王誅紂時刀[illegible]何所出也大訓虞書典謨王肅亦[illegible]先王德教皆是以意言耳弘訓大[illegible]則琬琰共爲一重周禮典瑞云琬[illegible]琬琰別玉而共爲重者蓋以其玉[illegible]土記琬圭琰圭皆九寸鄭玄云大[illegible]既不分爲二重亦不知何所據也[illegible]曰三玉爲三重與上共爲五重也[illegible]貢球琳瑱玗知球是雍州所貢也[illegible]義未番孔意如何王肅云夷玉東[illegible]不解稱天之意鄭玄云大玉華山[illegible]琪也天球雍州所貢之玉色如天[illegible]禮器名之釋地云東方之美者有[illegible]實有此玉鄭以夷玉爲彼玉未知[illegible]伏羲氏王天下龍馬出河遂則其[illegible]孔之時必有書爲此說也漢書五[illegible]天而王受河圖則而畫之八卦是[illegible]書明矣易繫辭云古者包犧氏之[illegible]俯則觀法於地觀鳥獸之文與地[illegible]於是始作八卦都不言法河圖也[illegible]寬弘無所不法直如繫辭之言所[illegible]河圖也且繫辭又云河出圖洛出[illegible]河圖條復何所則也王肅亦云河[illegible]是爲可寶之物八卦典謨非金玉[illegible]及典謨皆歷代傳寶之此西序東[illegible]置未必別有他義下二房各有二[illegible]國至坐東。正義曰以夏有胤侯[illegible]之國舞衣至今猶在明其所爲中[illegible]之衣是何衣也大貝必大於餘貝[illegible]淮取大貝如大車之渠是言大小[illegible]爲渠大小如車罔其貝形曲如車[illegible]長八尺謂之鼖鼓釋樂云大鼓謂[illegible]至此未久當是先代之器故云商[illegible]西夾之前已有南向坐矣西序亦[illegible]此在西房者在西夾室東也。傳[illegible]弓竹矢巧人所作垂是巧人知兌[illegible]共工舜典文若不中法卽不足可[illegible]寶之垂是舜之共工竹矢蓋舜時[illegible]知寶來幾何世也故皆言傳寶之[illegible]廂夾室陳於夾室之前也案鄭注[illegible]明堂則五室此路寢得有東房西[illegible]荅云成王崩在鎬京鎬京宮室因[illegible]

之制有左右旁也孔無明說或與鄭異路寢之制不必同明堂也○傳大輅至南向○正義曰周禮巾車掌王之五輅玉輅金輅象輅革輅木輅是爲五輅也此經所陳四輅必是周禮五輅之四大輅輅之最大故知大輅玉輅也綴輅繫綴於下必是玉輅之次故爲金輅也面前者據人在堂上面向南方知面前皆南向謂轅向南也地道尊右故玉輅在西金輅在東○傳先輅至顧命○正義曰此經四輅兩兩相配上言大輅綴輅此言先輅次輅二者各自以前後爲文玉輅金卽次象故言先輅象其木輅在象輅之下故云次輅木也又解四輅之名金玉象皆以飾車三者以飾爲之名木則無飾故指木爲名耳鄭玄周禮注云革輅輓之以革而漆之木輅不輓以革漆之而巳以直漆其木故以木爲名木輅之上猶有革輅不以次輅爲革輅者禮五輅而此四輅於五之內必將少一蓋以革輅是兵戎之用於此不必陳之故不云革輅而以木輅爲次馬融王肅皆云不陳戎輅者兵事非常故不陳之孔意或當然也鄭玄以綴次是從後之言二者皆爲副貳之車先輅是金輅也綴輅是玉輅之貳次輅是金輅之貳不陳象輅木輅革輅者主於朝祀而巳未知孔鄭誰得經旨成王殯在路寢下云二人執惠立于畢門之內畢門是路寢之門知此陳設車輅皆在路寢門內也釋宮云門側之堂謂之塾孫炎曰夾門堂也塾前陳車必以轅向堂故知左右塾前皆北面也左塾者謂門內之西右塾者門內之東故以北面言之爲左右所陳坐位器物皆以西爲上由王殯在西序故也其執兵宿衞之人則先東而後西者以王在東宿衞敬新王故也顧氏云先輅在左塾之前在寢門內之西北面對玉輅次輅在右塾之前在寢門內之東對金輅也凡所陳列自狄設黼扆巳下至此皆象成王生時華國之事所以重顧命也鄭玄亦云陳寶者方有大事以華國也周禮典路云若有大祭祀則出路大喪大賓客亦如之是大喪出輅爲常禮也

二人雀弁，執惠，立于畢門之內。士衞殯與在廟同故雀韋弁惠三隅矛路寢門一名畢門○弁皮彥反徐扶變反

四人綦弁，執戈上刃，夾兩階戺。綦文鹿子皮弁亦士堂廉曰戺士所立處○綦音其馬本作騏云青黑色夾徐工洽反戺音俟徐音士廉力占反稜也

一人冕執劉，立于東堂。一人冕執鉞，立于西堂。冕皆大夫也劉鉞屬立於東西廂之前堂

一人冕執戣，立于東垂。一人冕執瞿，立于西垂。戣瞿皆戟屬立于東西下之階上○戣音逵瞿其俱反徐音懼

一人冕執銳，立于側階。銳矛屬也側階北下立階上○銳以稅反

〔疏〕二人至側階○正義曰禮大夫服冕士服弁也此所執者凡有七兵立于畢門之內及夾兩階立堂下者服爵弁綦弁者皆士也以其去殯遠故使士爲之其在堂上服冕者皆大夫也以其去殯近皆使大夫爲之先門次階次堂從外向內而敘之也次東西垂次側階又從近向遠而敘之也在門者兩守門兩廂各一人故二人在階者兩廂各二人故四人禮記明堂位三公在中階之前考工記夏后氏世室九階鄭玄云南面三三面各二鄭玄又云宗廟及路寢制如明堂則路寢南面亦當有三階矣此惟四人夾兩階不守中階者路寢制如明堂惟鄭玄之說耳路寢三階書亦未有明文縱有中階中階無人升降不須以兵衞之○傳士衞至畢門○正義曰士入廟助祭乃服雀弁於此服雀弁者士衞主殯與在廟同故爵韋弁也鄭玄云赤黑曰雀言如雀頭色也雀弁同如冕黑色但無藻耳然則雀弁所用當與冕同阮諶二禮圖云雀弁以三十升布爲之此傳言雀韋弁者蓋以周禮司服云凡兵事韋弁服此人執兵宜以韋爲之異於祭服故言雀韋弁下云綦弁孔言鹿子皮爲弁然則下言冕執兵者不可以韋爲冕未知孔意如何天子五門皐庫雉應路也下云王出在應門之內出畢門始至應門之內知畢門卽是路寢之門一名畢門也此經所陳七種之兵惟戈經傳多言之考工記有其形制其餘皆無文傳惟言惠三隅矛銳亦矛也戣瞿皆戟屬不知何所據也劉鉞屬者以劉與鉞相對故言屬以似之而別又不知何以爲異古今兵器各異體殊此等形制皆不可得而知也鄭玄云惠狀蓋斜刃宜芟刈戈卽今之句矛戟劉蓋今鑱斧鉞大斧戣瞿蓋今三鋒矛銳矛屬凡此七兵或施矜或著柄周禮戈長六尺六寸其餘未聞長短之數王肅惟云皆兵器之名也○傳綦文至立處○正義曰鄭玄云青黑曰綦王肅云綦赤黑色孔以爲綦文鹿子皮弁各以意言無正文也大夫則服冕此服弁知亦士也堂廉曰戺相傳爲然廉者稜也所立在堂下近於堂稜○傳冕皆至前堂○正義曰周禮司服云大夫之服自玄冕而下知服冕者皆大夫也鄭玄云序內半以前曰堂謂序內簷下自室壁至於堂廉中半以前揔名爲堂此立於東堂西堂者當在東西廂近階而立以備升階之人也○傳戣瞿至階上○正義曰釋詁云疆界邊衞圉垂也則垂是遠外之名此經所言冕則在堂上弁則在堂下此二人服冕知在堂上也堂上而言東垂西垂知在堂上之遠地當於序外東廂西廂必有階上堂知此立于東西堂之階上也○傳銳矛至階上○正義曰鄭王皆以側階爲東下階也然立于東垂者已在東下階上何由此人復共並立故傳以爲北下階上謂堂北階北階則惟堂北一階而已側猶特也

王麻冕黼裳，由賓階隮。王及羣臣皆吉服用西階升不敢當主

卿士邦君，麻冕蟻裳，入卽位。公卿大夫及諸侯皆同服亦廟中之禮蟻裳名色玄○蟻魚綺反

太保、太史、太宗，皆麻冕彤裳。執事各異裳彤纁也太宗上宗卽宗伯也

太保承介圭，上宗奉同瑁，由阼階隮。大圭尺二寸天子守之故奉以奠康王所位同爵名瑁所以冒諸侯圭以齊瑞信方四寸邪刻之用阼階升由便不嫌○冒莫報反

太史秉書，由賓階隮，御王冊命。太史持冊書顧命進康王故同階

〔疏〕王麻至冊命○正義曰此將傳顧命布設位次卽上所作法度也凡諸行禮皆賤者先置此必卿下士邦君卽位旣定然後王始升階但以君臣之序先言王服因服之下卽言升階從省文卿士邦君無所執事故直言卽位而已太保太史太宗皆執事之人故別言衣服各自所職不得卽言升階故別言所執各從升階爲文次也卿士王臣故先於邦君太史乃是大宗之屬而先於太宗者太史之職掌冊書此禮主爲冊命太史所掌事重故先言之○傳王及至當主○正義曰禮績麻三十升以爲冕故稱麻冕傳嫌麻非吉服故言王及羣羣臣皆吉服也王麻冕者蓋衮冕也周禮司服享先王則衮冕此禮授王冊命進酒祭王且衮是王之上服於此正王之尊明其服必衮冕也其卿士邦君當各以命服服卽助祭之冕矣衮鄭玄周禮注云衮之衣五章裳四章則衮衣之裳非獨有黼言黼裳者以裳之章色黼黻有文故特取爲文詩采菽之篇言王賜諸侯云玄衮及黼以黼有文故特言之鄭玄於此注云黼裳者冕服有文者也是言貴文故稱之禮君升阼階此用西階升者以未受顧命不敢當主也○傳公卿至色玄○正義曰卿士卿之有事者公則卿兼之此行大禮大夫亦與焉略舉卿士爲文公與大夫必在故傳言公卿大夫及諸侯皆同服言同服吉服此亦廟中之禮也言其如助祭各服其冕服也禮無蟻裳今云蟻者裳之名也蟻者螻蟻蟲也此蟲色黑知蟻裳色玄以色玄如蟻故以蟻名之禮祭服皆玄衣纁裳此獨云玄裳者卿士邦君於此無事不可全與祭同改其裳以示變於常也太保大史有所主者則純如祭服暫從吉也入卽位者鄭玄云卿西面諸侯北面鄭玄惟據經卿士邦君言之其公亦北面孤東面也○傳執事至宗伯○正義曰此三官者皆執事俱彤裳而言各異裳者各自異於卿士邦君也彤赤也禮祭服纁裳纁是赤色之淺者故以彤爲纁言是常祭服也太宗與下文上宗一人卽宗伯之卿也○傳大圭至不嫌○正義曰考工記玉人云鎭圭尺有二寸天子守之鎭圭圭之大者介訓大也故知是彼鎭圭天子之所守故奉之以奠康王所位以明正位爲天子也禮又有大圭長三尺知介圭非彼三尺圭者典瑞云王搢大圭執鎭圭以朝日玉人云大圭長三尺天子服之彼搢於紳帶是天子之笏不是天子所守故知非彼三尺之大圭也上宗奉同瑁則下文云天子受同瑁大保必奠於位其奉介圭下文不言受介圭者以同瑁并在手中故不得執之太保必奠於其位但文不見耳禮於奠爵無名同者但下文祭酢皆用同奉酒知同是酒爵之名也玉人云天子執冒四寸以朝諸侯鄭玄注云名玉曰冒者言德能覆蓋天下也四寸者方以尊接卑以小爲貴禮天子所以執瑁者諸侯卽位天子賜之以命圭圭頭邪銳其瑁當下邪刻之其刻闕狹長短如圭頭諸侯來朝執圭以授天子天子以冒之刻處冒彼圭頭若大小相當則是本所賜其或不同則圭是僞作知諸侯信與不信故天子執瑁所以冒諸侯之圭以齊瑞信猶今之合符然經傳惟言圭之長短不言闕狹瑁方四寸容彼圭頭則圭頭之闕無四寸也天子以一瑁冒天下之圭則公侯伯之圭闕狹等也此瑁惟冒圭耳不得冒璧璧亦稱瑞不知所以齊信未得而聞之也阼階者東階也謂之阼者鄭玄云冠禮注云阼猶酢也東階所以荅酢賓客是其義也禮凶事設洗於西階西南吉事設洗於東階東南此太保上宗皆行吉事盥洗在東故用阼階升由便以卑不嫌爲主人也鄭玄云上宗猶太宗變其文者宗伯之長大宗伯一人與小宗伯二人凡三人使其上二人也一人奉同一人奉瑁傳無明解當同於鄭也○傳太史至同階○正義曰訓御爲進大史持策書顧命欲以進王故與王同升西階鄭玄云御猶嚮也王此時正立賓階上少東太史東面於殯西南而讀策書以命王嗣位之事孔雖以御爲進其意當如鄭言不言王面北可知也篇以顧命爲名指上文爲言顧命策書稟王之意爲言亦是顧命之事故傳言策書顧命

曰：皇后憑玉几，道揚末命，命汝嗣訓，冊命之辭大君成王言憑玉几所道稱揚終命所以感動康王命汝繼嗣其道言任重因以託戒○憑皮冰反

臨君周邦，率循大卞，用是道臨君周國率羣臣循大法卞皮彥反徐扶變反

燮和天下，用荅揚文武之光訓。言用和道和天下用對揚聖祖文武之大教敘成王意

王再拜，興，荅曰：眇眇予末小子，其能而亂四方，以敬忌天威。言微微我淺末小子其能如父祖治四方以敬忌天威德乎謙辭託不能○眇彌小反

〔疏〕曰皇至光訓○正義曰此

卽丁卯命作之冊書也誥康王曰大君成王病困之時憑玉几所道稱揚將終之教命命汝繼嗣其道代爲民主用是道以臨君周邦率羣臣循大法用和道和天下用對揚聖祖文武之大教敘成王之意言成王命汝如此也○傳冊命至託戒○正義曰言憑玉几所道以示不憑玉几則不能言所以感動康王令其哀而聽之不敢忽也以訓爲道命汝繼嗣其道繼父道爲天下之主言所任者重因以託戒也○傳用是至大法○正義曰卞之爲法無正訓也告以爲法之道令率羣臣循之明所循者法也故以大卞爲大法王肅亦同也乃受同瑁。王三宿。三祭。三咤。王受瑁爲主受同以祭禮成於三故酌者實三爵於王王三進爵三祭酒三奠爵告已受羣臣所傳顧命○咤陟嫁反字亦作宅又音妬徐又音託又豬夜反說文作詫丁故反奠爵也馬作詫與說文音義同上宗曰饗。祭必受福讚王曰饗福酒太保受同。降。受王所饗同下堂反於篚盥以異同。秉璋以酢。太保以盥手先異同實酒秉璋以酢祭半圭曰璋臣所奉王已祭太保又祭報祭曰酢○酢才各反授宗人同。拜。王荅拜。宗人小宗伯佐大宗伯大宗供主宗人供大保拜白已傳顧命故授宗人同拜王荅拜尊所受命太保受同。祭嚌。太宗既拜而祭既祭受福嚌至齒則王亦至齒王言饗太保言嚌互相備○嚌才細反互音戶宅授宗人同。拜。王荅拜。太保居其所授宗人同拜白成王以事畢王荅拜敬所白○宅如字馬同徐殆故反太保降。收。太保下堂則王亦可知有司於此盡收徹○徹尹列反又徐直列反【疏】乃受至降收○正義曰王受冊命之時立於西階上少東北面太史於柩西南東面讀策書讀冊既訖王再拜上宗於王西南北面奉同瑁以授王王一手受同一手受瑁王又以瑁授宗人王乃執同就樽於兩楹之間酌酒乃於殯東西面立三進於神坐前祭神如前祭凡前祭酒酹地而奠爵訖復位再拜王又於樽所別以同酌酒祭神如前復三祭故云三宿三祭三咤然後酌福酒以授王上宗讚王曰饗福酒王再拜受酒跪而祭先嚌至齒與再拜太保受同降自東階反於篚又盥以異同執璋升自東階適樽所酌酒至殯東西報祭之欲祭之時授宗人同拜白王柩云已傳顧命訖王則荅拜拜柩尊所受命太保乃於宗人處受同祭柩如王禮但一祭而已祭訖乃受福祝酢同以授太保宗人讚太保曰饗福酒太保再拜受同亦祭先而嚌至齒與再拜訖於所居位授宗人同太保更拜白柩以事畢王又荅拜拜柩敬所白王與太保降階而下堂有司於是收徹器物○傳王受至顧命○正義曰天子執瑁故受瑁爲主同是酒器故受同以祭鄭玄云王既對神則一手受同一手受瑁然既受之後王受同而祭則瑁以授人禮成於三酌者實三爵於王當是實三爵而續送三祭各用一同非一同而三反也釋詁云肅進也宿卽肅也故以宿爵而續送祭各用一同爲一進三宿謂三進爵從立處而三進至神所也三祭酒三酹酒於神坐也每一酹酒則一奠爵三奠爵於地也爲此祭者告神言已已受羣臣所傳顧命白神使知也經典無此咤字咤爲奠爵傳記無文正以既祭必當奠爵既言三祭知三咤爲三奠爵也王肅亦以咤爲奠爵鄭玄云徐行前曰肅却行曰咤王徐行前三祭又三却復本位與孔異也○傳祭必至福酒○正義曰禮於祭末必飲神之酒受神之福其人祭則有受嘏之福禮特牲少牢主人受嘏福是受神之福也其告祭小祀則不得備儀直飲酒而已此非大祭故於上三奠爵訖上宗以同酌酒進王讚王曰饗福酒也王取同嚌之乃以同授太保也○傳受王至於篚○正義曰上宗讚王以饗福酒也卽云太保受同明是受王所饗同也祭祀飲酒之禮爵未用皆實於篚既飲皆反於篚知此下堂反於篚也○傳太保至曰酢○正義曰祭祀以變爲敬不可卽用王同故太保以盥手更洗異同實酒於同中乃秉璋以酢祭於上祭後更復報祭猶如正祭大禮之亞獻也周禮典瑞云四圭有邸以祀天兩圭有邸以祀地圭璧以祀日月璋邸射以祀山川從上而下遞減其半知半圭曰璋祭統云君執圭瓚大宗執璋瓚亞獻用璋瓚此非正祭亦是亞獻之類故亦執璋若助祭公侯伯子男自得執圭璧也秉璋以酢是報祭之事王已祭太保又報祭也酢訓報也故報祭曰酢飲酒之禮稱獻酢者亦是報之義也○傳宗人至受命○正義曰上宗爲太宗伯知宗人爲小宗伯也太保所以拜者白成王言已已傳顧命訖也將欲拜故先授宗人同拜者自爲拜神不拜康王但白神言已傳顧命之事先告王已受顧命王荅拜者尊所受之命亦告神使知故荅拜也王既祭則奠同於地太保不敢奠於地故以同授宗人然後拜也太保既酢祭而拜則王之奠爵每奠必拜於王祭不言拜者祭酒必拜乃是常禮於王不言拜於太保言拜者足以見王拜也○傳太保至相備○正義曰太保受同者謂太保既拜之後於宗人邊受前所受之同而進以祭神既祭神之後遂更受福酒嚌以至齒禮之通例啐入口是嚌至於齒示歆而實不飲也太保報王之祭事與王祭禮同而史錄其事二文不等故傳辨其意於太保言嚌至齒則王饗福酒亦嚌至齒也於王言上宗曰饗則太保亦應有宗人曰饗二文不同互見以相備○傳太保至所白○正義曰宅訓居也太保居其所於受福酒之處足不移爲將拜故授宗人同祭祀既畢而更拜者白成王以事畢也既拜白成王以傳顧命事畢則王受顧命亦畢王荅拜敬所白也諸侯出廟門俟。言諸侯則卿士已下亦可知殯之所處故曰廟待王後命○處昌呂反【疏】諸侯出廟門俟○正義曰廟門謂路寢門也出門待王後命卽作後篇後篇云二伯率諸侯入應門則諸侯之出應門之外非出廟門而已以其在廟行事事畢出於廟門不言出廟門卽止也

尚書注疏校勘記卷十八

阮元撰盧宣旬摘錄

尚書注疏卷第十八　宋板題在顧命前周官君陳二篇屬卷第十七古本作尚書卷第十一周官二十二周書孔氏傳山井鼎曰周官以下諸篇無古文尚書四字爲非盧文弨云周官下亦少第字

周官第二十二　周書

及其卽位之後　宋板位作政

六服承德　岳本六服作四不案六服非也

巡行天下　宋板巡下空一字

家不安則危　纂傳家作邦按蒲鏜亦謂家宜作邦

安其國於未危之前　纂傳前作始按上句作前則此句當作始

所以爲正治　古本岳本宋板正作至治下古本有之字

外主太岳之事　閩本同毛本太作方

訓蹈其所建官而則之　古本岳本宋板訓作順按疏云若與訓俱訓爲順也明傳中兩順字一釋若一釋訓耳

使小大皆協睦　葛本閩本明監本纂傳同古本岳本宋板纂傳無皆字古本睦下有之字毛本小大二字倒下疏同

主國禮治天地神祇人鬼之事　纂傳天地神祇作天神地祇

及國之吉凶賓軍嘉五禮　纂傳賓軍二字倒疏同

夏司馬討惡　古本夏下有官字

秋司寇刑姦順時殺　古本作秋官司寇刑姦惡順時教殺之

順蹈其前代建官而法則之　閩本明監本同案諸本傳順作訓疏仍作順獨毛本作訓宋板傳既作順則疏亦必作順不與毛本同山井鼎失挍

吉禮之別十有二　閩本作十有三非也

其職主戎馬之事　閩本明監本同毛本其誤以

是主寇賊法禁治姦慝之人　宋板禁下空一字

恒由是興　閩本明監本同毛本由作繇下所由下傳由志由勤並同

是去而後反也　宋板後作復按後字非也

令暨出口　毛本暨作既案暨字誤

無所覩見　宋板覩作都盧文弨云疑是都無所見

戒汝卿之有事者　宋板之作士按之字非也

而名且美　古本岳本葛本宋板纂傳且作日

弗畏入畏　古本入下衍可字

當思危懼　古本當下有常字懼宋板作惟按當从宋本以惟字下屬

騶麗扶餘馯貌之屬　岳本貌作貊貌字誤也

以幣賄賜肅愼之來賀　古本來賀作夷也亾岳本宋板纂傳作夷亾疏標起訖亦作夷亡史記集解引孔傳云賄賜也孔疏述傳云以幣賜肅愼氏之夷也疏又云王賜以財賄盈以財賄賜人因訓賄爲賜財賄卽幣也言幣言賜卽不必更言賄矣竊疑孔傳此句上當有賜賄也三字此句衍賄字

北方曰貉　宋板同毛本作白誤

斥及奄君已定亳姑　古本岳本宋板纂傳斥作并

恐天下迴心趣向之 宋板閩本明監本同毛本迴作刓按刓字誤

君陳第二十三　周書

惟孝友于兄弟 古本孝下有于孝二字山井鼎曰足利所藏古本論語及皇侃義疏本作惟孝于孝足利本論語作孝于惟孝潘岳閑居賦作孝乎惟孝乎于通用固無意義也所引之文少有異耳據斯數者今本尚書脫孝乎二字明矣○按今皇疏本亦作孝于惟孝山井鼎於論語考文亦祇言古本乎作于不言作惟孝于孝與此不合要之閒居賦最爲近之孝乎惟孝者猶言君子人與君子人也故曰美大孝之辭以乎爲于已不可通若作惟孝于孝更無是理古本之謬往往類此

卽畢命所去 毛本去作云案去字誤

所聞之古聖賢之言 古本岳本宋板纂傳之作上古本言下有也字

亦不能用之 古本岳本宋板纂傳同毛本亦誤作而

無乘勢位作威人上 古本人作民下般人有罪同

爾無忿疾于頑無求備于一夫 古本唐石經岳本葛本宋板閩本明監本同毛本夫誤大

民者眞也 宋板眞作寘案嚴杰云宋本是也鄭注論語泰伯可證鄭注呂刑亦可證

言人自然之性敦厚 古本人作民下傳人之於上汝治人能敬同

終有辭於永世 古本辭作詞

非但我受多福而已 古本宋板但作怛非也

見稱誦於長世 古本岳本葛本閩本明監本纂傳同毛本見作凡

因見所習之物 按傳見上有所字

常在於道德教之 許宗彥云敎之二字因下句誤衍

顧命第二十四　周書 宋本下行題尙書注疏卷第十八

禮記曲禮下文云 宋板無文字

迴顧而爲語也 纂傳爲語作發命

王乃洮頮水 宋板無王字

王大發大命 岳本大作將按疏述注作將其標目仍作大又云顧命羣臣大發大命恐俱因注之誤而誤也續通解及纂傳載此注俱直云王發大命無將字

下至御治事 古本無治字按疏作下及御事殆因下傳而誤

顧命至御事 此下兩段疏一本在篇題下浦鏜云至御事三字誤衍

以上欲指明二公中分天下之事 宋板閩本同毛本二誤作三

傳成王至悅謂 案謂當作懌形近之譌

故待言公 毛本待作特案待字誤也

其餘五國姓姓 案姓當作姬形近之譌

益大夫士皆被召也 宋板無士字按續通解亦無士字

故能適殷 毛本適作通適字誤也

大度於艱難 古本岳本宋板度作渡按續通解亦作渡纂傳作度疏內同

不得結誓出言語 宋板得下空二字盧文弨云此無脫文但結誓疑當作結信誓

昔先君文王武王 毛本君誤作公

代殷爲主 宋板閩本明監本同毛本代作伐

言已常敬迎天之威命 宋板閩本明監本同毛本威作成非也

言當戰慄畏懼 毛本當作常案所改是也

恐死不得結信出言 宋板不上空一字

則不得續志 宋板同毛本得作能

故我詩蓄出言教命汝 毛本詩蓄作詳審案詩蓄無解是形近之譌

言必死也 宋板閩本明監本同毛本死作殆

此羣臣已受賜命也 古本岳本宋板續通解纂傳賜作顧是

王寢於北墉下 陸氏曰墉本亦作牖○按墉牖字相似鄭注喪大記兩存之續通解纂傳引此注俱作牖

還復本位 宋板閩本同毛本還復二字倒

下云狄設黼扆綴衣 纂傳云作文

帟王在幕居幄中坐上承塵也 宋板居作若與周禮注本文合

就干戈以往 毛本就作執按續通解作執

君大夫卒於路寢 宋板及續通解大夫作夫人按作大夫非也

延之使憂居喪主爲天下宗主也 續通解作延使之居憂爲天下喪主也按兩本疑俱有脫誤

將崩雖口有遺命 宋板將上有王之二字

故以此日作之 宋板以作於按宋本是也

置戶牖間 齊召南云周禮司几筵賈疏引此注曰其置竟戶牖間似賈所見本置字上有其字下有竟字

越七日至癸酉 各本癸酉皆作綴衣癸酉誤也

其餘皆是將欲傳命布設之士 閩本明監本同毛本士作事是也下皆爲喪士同

不言命者 閩本明監本纂傳同毛本不誤下

敷重篾席 孫志祖云玉篇首部蒖字下引書曰布重蒖席

白黑雜繒緣之 陸氏曰緣本或作純

有文之貝飾几 岳本閩本明監本纂傳同毛本貝作具非

元紛黑綬 古本岳本宋板閩本纂傳同毛本紛作粉非

赤刀削 古本岳本宋板續通解刀作刃案刀字非也毛本纂傳並誤

大璧琬玉之珪 古本纂傳珪作圭

球雍州所貢 陸氏曰雍本亦作邕○按說文有雝無雍雝乃鳥名也雍州字當以邕爲正今皆作雍此乃僅見

伏犧王天下 岳本葛本閩本明監本同毛本犧作羲續通解纂傳亦作羲古本益作犧犧下古本岳本宋板續通解纂傳俱有氏字

此言篾席黼純 宋板此下空一字

敷三重之席 宋板重作種是也下一重同

必非一重之席數三坐 宋板坐作重按坐字非也

纖蒻苹席 監本苹誤作萃

彼在朝 宋板朝作廟

莞苻籬 宋板纂傳籬作蘺與爾雅釋艸合

故名赤刀削也 宋板刀作刃下爲赤刀削同按監本初似亦作刃後刊去一點下赤刀白刀同

遺弟與治孫策 宋板閩本同毛本治作詒治字誤

策引白削斫虎 宋板閩本同毛本虎誤作席虒字形近之譌也

我見刃爲然 宋板閩本同毛本刃作刀

曲刃刀也 閩本同宋板曲刃作白刃毛本作曲刀盧文弨云鄭注考工記但云今之書刀疏云馬氏諸家亦爲偃曲却刃也疑曲字是

東北之珣玗琪也 纂傳北作方是也玗毛本作玗案所改亦是閩本纂傳誤下同

古者包犧氏之王天下也 閩本同毛本包犧作伏羲

西序亦陳之寶近在此坐之西 按亦字疑所字之譌當讀至寶字絕句

亦古人之巧人也 宋板無上人字

則不知寶來幾何世也 監本寶誤作責幾何世纂傳作何時

有左右旁也 閩本同毛本旁作房是也

王輅金即次象 閩本明監本同宋板纂傳王作五是也毛本作玉亦誤

革輅輓之以革而漆之 宋板輓作鞔是也

先輅是金輅也 此句上纂傳有大輅是玉輅五字按大輅爲玉輅孔鄭所同故賈氏不言王氏益以意增之也

故以此面言之 毛本此作北案此字誤

亦士 古本岳本葛本宋板閩本明監本續通解纂傳同毛本士作仕非也

一人冕執瞿 葛本脫執字

一人冕執鋭 岳珂沿革例曰鋭實鈗字也說文以爲兵器今注中釋爲矛屬而陸德明又音以稅反且諸本皆作鋭獨越中注疏於正文作鈗爾疏中亦皆作鋭案玉篇無鈗字廣韻十七準亦無鈗字則說文古本鈗字有無未可定也

故二人 宋板二作三

南面三 宋板閩本明監本三作二○按攷工記注作三宋板非也

士衛主殯 宋板續通解主作王按主字非也

赤黑白雀 宋板續通解纂傳白作曰是也

雀弁同如冕 宋板續通解同作制按制字不誤

阮諶二禮圖云 宋板纂傳二作三是

戈即今之句子戟 宋板子作矛按諸本作子形近之誤他正義中矛字訛作子者十之八九

劉蓋今鑱斧 宋板鑱作纔非是

知在堂上之遠地 纂傳知作益此句下宋板續通解俱有堂之遠地四字

皆賤者先置 纂傳置作至是也

天子執冒四寸以朝諸侯 閩本明監本續通解纂傳同毛本冒作瑁案言與攷工記合

鄭元云冠禮注云 宋板上云字作士是也

率循大卞 古本作帥修大辨

告己受羣臣所傳顧命 告下古本有以字盧文弨云己受當作以受○按疏云告神言己己受羣臣所傳顧命下已字宜作己上已字古通作以今本孔傳既以以爲已遂脫己字疏內又疊出兩已並誤

太保以盥手先異同 閩本葛本同毛本先作洗案先字誤

太宗供主 閩本明監本同毛本主作王案主字誤

拜曰已傳顧命 古本岳本宋板續通解纂傳曰作白按白字是也

太宗既拜而祭 古本岳本宋板續通解纂傳宗作保與疏合

則王亦可知 古岳宋板續通解亦作下是也纂傳毛本並誤

王殯東西報祭之 宋板西下有面字

傳記無文 纂傳文作聞

其人祭則有受嘏之福 禮宋板人作大是也許宗彥曰之福字益誤倒

祭祀以變爲敬 纂傳祀作禮

於上祭後 宋板上作王

受前所受之同 宋板纂傳下受字作授是也

故曰廟待王後命 古本廟下有門皆二字岳本宋板續通解纂傳有皆字無門字

二伯率諸侯入應門 纂傳伯作公

尚書注疏校勘記卷十八

附釋音尚書注疏卷第十九

康王之誥第二十五　周書

孔氏傳　孔穎達疏

康王既尸天子。尸主也主天子之正號。○馬本此句上更有成王崩三字 遂誥諸侯。作康王之誥。既受顧命羣臣陳戒遂報誥之因事曰遂 康王之誥。求諸侯之見匡弼

〔疏〕康王既至之誥○正義曰康王既受顧命主天子之位羣臣進戒於王王遂報誥諸侯史敘其事作康王之誥伏生以此篇合於顧命共爲一篇後人知其不可分而爲二馬鄭王本此篇自高祖寡命已上內於顧命之篇王若曰已下始爲康王之誥諸侯告王王報誥諸侯而使告報異篇失其義也

王出在應門之內。出畢門立應門內之中庭南面 太保率西方諸侯入應門左。畢公率東方諸侯入應門右。二公爲二伯各率其所掌諸侯隨其方爲位皆北面 皆布乘黃朱。諸侯皆陳四黃馬朱鬣以爲庭實○乘音繩證反鬣力輒反○ 賓稱奉圭兼幣。曰。一二臣衛。敢執壤奠。賓諸侯也舉奉圭兼幣之辭言一二見非一也爲蕃衛故曰臣衛來朝而遇國喪遂因見新王敢執壤地所出而奠贄也○壤如丈反見賢遍反下同蕃方袁反朝直遙反喪息浪反贄音至 皆再拜稽首。王義嗣德。答拜。諸侯拜送幣而首至地盡禮也康王以義繼先人明德答其拜受其幣○盡子忍反

〔疏〕王出至答拜○正義曰此敘諸侯見新王之事王出畢門在應門之內立於中庭太保召公爲西伯率西方諸侯入應門左立於門內之西廂也太師畢公爲東伯率東方諸侯入應門右立於門內之東廂也諸侯皆布陳一乘四匹之黃馬朱鬣以爲見新王之庭實諸侯爲王之賓共使一人少前進舉奉圭兼幣之辭言曰一二天子之臣在外爲蕃衛者敢執土壤所有奠之於庭既爲此言乃皆再拜稽首用盡禮致敬以正王爲天子也康王先爲太子以義嗣先人明德不以在喪爲嫌答諸侯之拜以示受其圭幣與之爲主也○傳出畢至南面○正義曰出在門內不言王坐諸侯既拜王即答拜復不言與知立庭中南面也○傳二公至北面○正義曰二公率領諸侯知其爲二伯各率其所掌諸侯曲禮所謂職方者此之義也王肅云畢公代周公爲東伯故率東方諸侯然則畢公是太師也當太師之名在太保之上此先言太保者於時太保領家宰相王室任重故先言西方若使東伯任重亦當先言東方北面以東爲右西爲左入左入右隨其方爲位嫌東西相向故云皆北面將拜王明北面也○傳諸侯至庭實○正義曰諸侯朝見天子必獻國之所有以表忠敬之心故諸侯皆陳四黃馬朱鬣以爲庭實言實之於王庭也四馬曰乘言乘黃正是馬色黃矣黃下言朱朱非馬色定十年左傳云宋公子地有白馬四公嬖向魋魋欲之公取而朱其尾鬣以與之是古人貴朱鬣知朱者朱其尾鬣也於時諸侯其數必衆衆國皆陳四馬則非王庭所容諸侯各有所獻必當少陳之也案周禮小行人云合六幣圭以馬璋以皮璧以帛琮以錦琥以繡璜以黼此六物者以和諸侯之好鄭玄云六幣所以享也五等諸侯享天子用璧享后用琮用圭璋者二王之後也

如鄭彼言則諸侯之享天子惟二王之後用馬此云皆陳馬者下云奉圭兼幣幣卽馬是也圭是文馬之物鄭云此幣圭以馬蓋舉王者之後以言耳諸侯當璧以帛亦有庭實然則此陳馬者是二王之後享王物也獨取此物以摠表諸侯之意故云諸侯皆陳馬也圭亦享王之物下言奉圭此不陳圭者圭奉以文命不陳之也案覲禮諸侯享天子馬卓上九馬隨之此用乘黃者因喪禮而行朝故略之○傳賓諸至奠贄○正義曰天子於諸侯有不純臣之義故以諸侯爲賓稱訓舉也舉奉圭兼幣之辭以圭幣奉王而爲之作辭辭出一人之口而言一二者見諸侯同爲此意意非一人也鄭玄云釋辭者一人其餘奠幣拜者稽首而已是也言衞者諸侯之在四方皆爲天子蕃衞故曰臣衞此時成王始崩卽得有諸侯在京師者來朝而遇國喪遂因見新王也諸侯享天子其物甚衆非徒圭馬而已皆是土地所有故云敢執壤地所出而奠贄也然舉奉圭兼幣乃是享禮凡享禮則每一國事畢乃更餘國復入其朝則侯氏摠入故鄭玄注曲禮云春受贄於朝受享於廟是朝與享別此既諸侯摠入而得有庭實享禮者以新朝嗣王因行享禮故鄭注云朝兼享禮也與常禮不同○傳諸侯至其幣○正義曰周禮太祝辨九拜一曰稽首施之於極尊故爲盡禮也義嗣德三字史言王答拜之意也康王先是太子以義繼先人明德今爲天子無所嫌故答其拜受其幣自許與諸侯爲王也

太保暨芮伯。咸進相揖。皆再拜稽首。冢宰與司徒皆共羣臣諸侯並進陳戒不言諸侯以內見外**曰。敢敬告天子皇天。改大邦殷之命。**大天改大國殷之王命謂誅紂也**惟周文武。誕受羑若。克恤西土。**言文武大受天道而順之能憂我西土之民本其所起。○羑羊久反馬云道也**惟新陟王。畢協賞罰。戡定厥功。用敷遺後人休。**惟周家新升王位當盡和天下賞罰能定其功用布遺後人之美言施及子孫無窮○戡音堪遺唯季反注及下同施以豉反**今王敬之哉。**敬天道務崇先人之美**張皇六師。無壞我高祖寡命。**言當張大六師之衆無壞我高德之祖寡有之教命○壞音怪

〔疏〕太保至寡命○正義曰太保召公與司徒芮伯皆共諸侯並進相顧而揖乃並再拜稽首起而言曰敢告天子大天改大國殷之王命誅殺殷紂惟周家文王武王大受天道而順之能憂我西土之民以此王有天下惟我周家之新升王位當盡和天下賞罰戡定其爲王之功用布遺後人之美將使施及子孫無有窮盡之期今王新卽王位其敬之哉當張大我之六師令國常強盛無令傾壞我高祖寡有之命戒王使繼先王之業也○傳冢宰至見外○正義曰召公爲冢宰芮伯爲司徒司徒位次冢宰故言太保與芮伯咸進芮伯已下共告羣臣諸侯並皆進也相揖者揖之使俱進也大保揖羣臣羣臣又報揖太保故言相揖動足然後相揖故相揖之文在咸進之下○傳言文至所起○正義曰羑聲近猷故訓之爲道王肅云羑道也文武所憂非憂西土而已特言能憂西土之民本其初起於西土故也○傳言當至教命○正義曰皇訓大也國之大事在於強兵故令張大六師之衆高德之祖謂文王也王肅云美文王少有及之故曰寡有也

王若曰。庶邦侯甸男衞。順其戒而告之不言羣臣以外見內○馬本從此以下爲康王之誥又云與顧命差異敘歐陽大小夏侯同爲顧命**惟予一人釗報誥。**報其戒**昔君文武。丕平富。不務咎。**言先君文武道大政化平美不務咎惡**厎至齊。**○馬讀絕句**信用昭明于天下。**致行至中信之道用顯明於天下言聖德治○厎之履反**則亦有熊羆之士。不二心之臣。保乂王家。**言文武既聖則亦有勇猛如熊羆之士忠一不二心之臣共安治王家○熊音雄羆彼皮反**用端命于上帝。皇天用訓厥道。付畀四方。**君聖臣良用受端直之命於上天大天用順其道付與四方之國王天下○畀必利反徐甫至反王于況反**乃命建侯樹屏。在我後之人。**言文武乃施政令立諸侯樹以爲蕃屏傳王業在我後之人謂子孫**今予一二伯父。尚胥暨顧。綏爾先公之臣服于先王。**天子稱同姓諸侯曰伯父言今我一二伯父庶幾相與顧念文武之道安汝先公之臣服於先王而法循之**雖爾身在外。乃心罔不在王室。**言雖汝身在外之爲諸侯汝心常當忠篤無不在王室熊羆之士廟朝臣此督諸侯○督丁木反**用奉恤厥若。無遺鞠子羞。**當各用心奉憂其所行順道無自荒怠遺我稚子之羞辱稚子康王自謂也○鞠居六反

〔疏〕王若至子羞○正義曰羣臣諸侯既進戒王王順其戒呼而告之曰衆邦在侯甸男衞諸服內之國君惟我一人釗報誥卿士羣公昔先君文王武王其道甚大政化平美專以美道教化不務咎惡於人致行至美中正誠信之道用是顯明於天下言聖道博洽也文武既聖時臣亦賢則亦有如熊如羆之勇士不二心之忠臣共安治王家以君聖臣良之故用能受端直之命於上天大天用順其道付與四方之國使文武受此諸國王有天下言文武得賢臣之力也文武以得臣力之故乃施政令封立賢臣爲諸侯者樹之以爲蕃屏令屏衞在我後之人先王所立諸侯卽今諸侯之祖故舉先世之事以告今之諸侯今我一二伯父庶幾相與顧念文武之道安汝先公之用臣服於先王之道而法循之亦當以忠誠輔我天子雖汝身在外土爲國君汝心常當無有不在王室當各用心奉憂其所行順道無自荒怠以遺我稚子之羞辱稚子康王自謂戒令匡弼已也○傳順其至見內○正義曰羣臣戒王使勤王又戒之使輔已是順其事而告之也上文太保芮伯進言不言諸侯以內見外此王告庶邦不言朝臣以外見內欲令互相備也周制六服此惟四服不言采要者略舉其事猶武成云甸侯衞駿奔走亦略舉之矣○予一人釗○正義曰禮天子自稱予一人不言名此王自稱名者新卽王位謙也○傳言先至咎惡○正義曰孔以富爲美故云政化平美不務咎惡於人言哀矜下民不用刑罰之王肅云文武道大天下以平萬民以富是也○傳致行至德洽○正義曰孔以齊爲中致行中正誠信之道王肅云立大中之道也○傳天子至循之○正義曰覲禮言天子呼諸侯之禮云同姓大國則曰伯父其異姓則曰伯舅同姓小邦則曰叔父其異姓則曰叔舅計此時諸侯多矣獨云伯父舉同姓大國言之也諸侯先公以臣道服於先王其事有法故令安汝先公之用臣服於先王以臣之道而法循之○傳言雖至諸侯○正義曰王之此誥並誥羣臣諸侯但互相發見其言不備言先王有熊羆之士廟朝臣使用力如先世之臣也此言汝身在外土心念王室督諸侯使然

羣公既皆聽命。相揖趨出。已聽誥命趨出罷退諸侯歸國朝臣就次**王釋冕。反喪服。**脫去黼冕反服喪服居倚廬

〔疏〕羣公至喪服○正義曰羣公摠謂朝臣與諸侯也鄭玄云羣公主爲諸侯與王之三公諸臣亦在焉王釋冕反喪服朝臣諸侯亦反喪服禮喪服篇臣爲君諸侯爲天子皆斬衰

畢命第二十六

周書　孔氏傳　孔穎達疏

康王命作冊畢。命爲冊書以命畢公**分居里。成周郊。**分別民之居里異其善惡成定東周郊境使有保護○別彼列反**作畢命。**言畢公見命之書

〔疏〕康王至畢命○正義曰康王命史官作冊書命畢公使分別民之居里異其善惡成定東周郊境使有保護○傳命爲至畢公○正義曰周禮內史凡命諸侯及孤卿大夫則冊命之故云以冊命畢公也○傳分別至保護○正義曰恐其變改故更命畢公分別民之居里異其善惡卽經所云旌別淑慝表厥宅里彰善癉惡樹之風聲殊厥井疆俾克畏慕是也成定東周郊境卽經所云申畫郊圻愼固封守是其使有保護

惟十有二年六月庚午朏。康王卽位十二年六月三日庚午朏普忽反徐芳尾反又芳憒反**越三日壬申。王朝步自宗周。至于豐。**於朏三日壬申王朝行自宗周至于豐宗周鎬京豐文王所都○朝直遙反鎬戶老反**以成周之衆。命畢公保釐東郊。**用成周之民衆命畢公使安理治正成周東郊令得所○釐力之反治直吏反一本作治政則依字讀令力呈反

〔疏〕惟十至東郊○正義曰惟康王卽位十有二年六月三日庚午月光朏然而明也於朏後三日壬申王早朝行從宗周鎬京至於豐邑就文王之廟以成周之民衆命太師畢公使安理東郊之民令得其所○傳康王至庚午○正義曰漢初不得此篇有僞作其書以代之者漢書律麻志云康王十二年六月戊辰朔三日庚午故畢命豐刑曰惟十有二年六月庚午朏王命作策書豐刑此僞作者傳聞舊語得其年月不得以下之辭妄言作豐刑耳亦不知豐刑之言何所道也鄭玄云今其逸篇有冊命霍侯之事不同與此序相應非也鄭玄所見又似異於豐刑皆妄作也說文云朏月未盛之明也此日未有事而記此庚午朏者爲下言壬申張本猶如記朔望與生魄死魄然也

王若曰。嗚呼。父師。惟文王武王。敷大德于天下。用克受殷命。王順其事歎告畢公代周公爲大師爲東伯命之代君陳言文武布大德於天下故天佑之用能受殷王之命○大音泰**惟周公左右先王。綏定厥家。**言周公助先王安定其家**毖殷頑民。遷于洛邑。密邇王室。式化**

厥訓。惟殷頑民恐其叛亂故徙於洛邑密近王室用化其教。○毖音祕近如字又附近之近既歷三紀。世變風移。四方無虞。予一人以寧。言殷民遷周已經三紀世代民易頑者漸化四方無可度之事我天子用安矣十二年曰紀父子曰世○度待洛反舊作待路反道有升降。政由俗革。不臧厥臧。民罔攸勸。天道有上下交接之義政教有用俗改更之理民之俗善以善養之俗有不善以法御之若乃不善其善則民無所勸慕○上時掌反更古衡反惟公懋德。克勤小物。弼亮四世。正色率下。罔不祗師言。言公勉行德能勤小物輔佐文武成康四世爲公卿正色率下下人無不敬仰師法○懋音茂嘉績多于先王。予小子垂拱仰成。公之善功多大先人之美我小子爲王垂拱仰公成理言其上顯父兄下施子孫○拱九勇反仰如字徐五亮反〔疏〕王若至仰成○正義曰康王順其事歎而呼畢公曰嗚呼父師惟文王武王布大德於天下用此能受殷之王命代殷爲天子惟周公佐助先王安定其家愼彼殷之頑民恐其或有叛逆故遷於洛邑令之北近王室用使化其教訓自爾已來既歷三紀人世既變風俗亦移四方無可度之事我天子一人用是而得安寧但天道有上下交接之義政教有用俗改更之理今日雖善或變爲惡若不善其善則民無所勸慕更須選賢教之舉善勸之宜此任者莫先於公惟公勉力行德能勤小事輔佐四世正色率下無有不敬仰師法公言者公之善功多於先王我小子垂衣拱手仰公成理將欲任之故盛稱其德也○傳王順至王命○正義曰畢公代周公爲太師故王呼爲父師率東方諸侯是爲東伯也蓋君陳卒命之使代君陳也○傳言周至其家○正義曰釋詁云左右助也言周公助先王安定其家伐殷之時周公已有其功復能遷殷頑民言其功之多也○傳言殷至曰世○正義曰周公以攝政七年營成周成王元年還殷頑民成王在位之年雖未知其實當在三十左右至今應三十六年是殷民遷周已歷三紀十二年者天之大數歲星太歲皆十二年而一周天故十二年曰紀父子易人爲世大禹謨云賞延于世謂祿父及子也○傳天道至勸慕○正義曰天氣下降地氣上騰而有寒暑生焉刑新國用輕典刑亂國用重典輕重隨俗而有寬猛異焉天道有上下交接之義故寒暑易節政教有用俗改更之理故寬猛相濟天道有寒暑遞來政教以寬猛相濟民之風俗善惡無常或善變爲惡或惡變爲善不可以其既善謂善必不變民之俗善須以善養之令善遂不變人之俗有不善當以善法御之使變而爲善若乃不善其善則下民無所勸慕民無所慕則變爲惡矣殷民今雖已善更當以善教之欲以屈畢公之意○傳言公至師法○正義曰小物猶小事也能勤小事則大事必能勤矣故舉能勤小事以爲畢公之善釋詁云亮佐也晉語說文王之事云詢于八虞訪于辛尹重之以周召畢榮則畢公於文王之世已爲大臣是輔佐文武成康四世爲公卿也正色謂嚴其顏色不惰慢不阿諂以此率下下民無不敬仰師法之○傳公之至子孫○正義曰先王之功無由可及言公之善功多大先人之美方欲委之以事盛言之重其功美矣王曰。嗚呼。父師。今予祗命公以周公之事。往哉。今我敬命公以周公所爲之事往爲之哉言非周公所爲不敢枉公往治○治直吏反

旌別淑慝。表厥宅里。彰善癉惡。樹之風聲。言當識別頑民之善惡表異其居里明其爲善病其爲惡立其善風揚其善聲○別音彼列反癉音丁但反弗率訓典。殊厥井疆。俾克畏慕。其不循教道之常則殊其井居田界使能畏爲惡之禍慕爲善之福所以沮勸○俾必爾反沮辭汝反又慈呂反申畫郊圻。愼固封守。以康四海。郊圻雖舊所規畫當重分明之又當謹愼堅固封疆之守備以安四海京圻安則四海安矣○守徐始救反重直用反政貴有恆。辭尚體要。不惟好異。政以仁義爲常辭以理實爲要故貴尚之若異於先王君子所不好○好呼報反商俗靡靡。利口惟賢。餘風未殄。公其念哉。紂以靡靡利口惟賢覆亡國家今殷民利口餘風未絶公其念絶之○覆芳服反〔疏〕王曰至念哉○正義曰王更歎而呼畢公曰嗚呼父師今日我敬命公以周公所爲之事公其往爲之哉公往至彼當識別善之與惡表異其善者所居之里彰明其爲善病其爲惡其爲善之人當立其善風揚其善聲其有不循道教之常者則殊其井田疆界使之能畏爲惡之禍慕爲善之福更重畫郊圻境界謹愼牢固其封疆守備以安彼四海之内爲政貴在有常言辭尚其體實要約當不惟好其奇異商之舊俗靡靡然好相隨順利口辯捷阿諛順旨者惟以爲賢餘風至今未絶公其念絶之哉戒畢公以治殷民之法○傳言當至善聲○正義曰旌旗所以表識貴賤故傳以旌爲識淑善也慝惡也言當識別頑民之善惡知其善者表異其所居之里若今孝子順孫義夫節婦表其門閭者也表其善者則惡者自見明其爲善當褒賞之病其爲惡當罪罰之其有善人立其善風令邑里使放倣之揚其善聲告之疏遠使聞知之○傳其不至沮勸○正義曰孟子云方里爲井井九百畝使民死徙無出鄉鄉田同井出入相友守望相助疾病相扶持則百姓親睦然則先王制之爲井田也欲使民相親愛相生佐助死相殯葬不循道教之常者其人不可親近與善民雜居或染善爲惡故殊其井田居界令民不與來往猶今下民有大罪過不肯服者則擯出族黨之外吉凶不與交通此之義也亦既殊其井田必當思自改悔使其能畏爲惡之禍慕爲善之福所以沮止爲惡者勸勉爲善者○傳郊圻至安矣○正義曰郊圻謂邑之境界境界雖舊有規畫而年世久遠或相侵奪當重分明畫之以防後相侵犯雖舉邑之郊境爲言其民田疆畔亦令更重畫之不然何以得殊其井疆也王城之立四郊以爲京師屏障預備不虞又當謹愼牢固封疆之守備以安四海之内此是王之近郊牢設守備惟可以安京師耳而云安四海者京師安則四海安矣○傳紂以至絶之○正義曰韓宣子稱紂使師延作靡靡之樂靡靡者相隨順之意紂之爲人拒諫飾非惡聞其短惟以靡靡相隨順利口捷給能隨從上意者以之爲賢商人效之遂成風俗由此所以覆亡國家殷民利口餘風至今不絶公其念絶之欲令其變惡俗也我聞曰。世祿之家。鮮克由禮。以蕩陵德。實悖天道。特言我聞自古有之世有祿位而無禮教少不以放蕩陵邈有德者如此實亂天道○鮮息淺反悖布內反敝化奢麗。萬世同流。言敝俗相化車服奢麗雖相去萬世若同一流○敝步祭反茲殷庶

士。席寵惟舊。怙侈滅義。服美于人。此殷衆士居寵日久怙恃奢侈以滅德義服飾過制美於其民言僭上○怙音戶驕淫矜侉。將由惡終。雖收放心。閑之惟艱。言殷衆士驕恣過制矜其所能以自侉大如此不變將用惡自終雖今順從周制心未厭服以禮閑禦其心惟難○侉音苦瓜反厭於葉反又於甲反又於豔反資富能訓。惟以永年。惟德惟義。時乃大訓。不由古訓。于何其訓。以富資而能順義則惟可以長年命矣惟有德義是乃大順若不用古訓典籍於何其能順乎王曰。嗚呼。父師。邦之安危。惟茲殷士。不剛不柔。厥德允修。言邦國所以安危惟在和此殷士而已治之不剛不柔寬猛相濟則其德政信修立惟周公克愼厥始。惟君陳克和厥中。惟公克成厥終。周公遷殷頑民以消亂階能愼其始君陳弘周公之訓能和其中畢公闡二公之烈能成其終三后協心。同底于道。道洽政治。澤潤生民。三君合心爲一終始相成同致于道道至普洽政化治理其德澤惠施乃浸潤生民言三君之功不可不尚○治直吏反施始豉反浸子鴆反四夷左衽。罔不咸賴。予小子永膺多福。言東夷西戎南蠻北狄被髮左衽之人無不皆恃賴三君之德我小子亦長受其多福○衽而甚反又而鴆反公其惟時成周。建無窮之基。亦有無窮之聞。公其惟以是成周之治爲周家立無窮之基業於公亦有無窮之名以聞於後世○爲于僞反子孫訓其成式。惟乂。言後世子孫順公之成法惟以治嗚呼。罔曰弗克。惟既厥心。人之爲政無曰不能惟在盡其心而已罔曰民寡。惟愼厥事。無曰人少不足治也惟在愼其政事無敢輕之○少詩照反欽若先王成烈。以休于前政。敬順文武成業以美於前人之政所以勉畢公〔疏〕我聞至其訓○正義曰我聞古人言曰世有祿位之家恃富驕恣少能用禮以放蕩之心陵邈有德之士如此者實悖亂天道敝俗相化奢侈華麗雖相去萬世而共同一流此殷之衆士皆是富貴之家居處寵勢惟已久矣怙恃奢侈以滅德義身卑而僭上飾其服美於其人驕恣過制矜能自侉行如此不變將用惡自終令以法約之雖收斂其放佚之心恒防閑之惟大艱難資財富足能順道義則惟可以長年命矣惟能用德惟能行義是乃爲大順德也若不用古之訓典則於何其能順乎欲令畢公以古之訓典教殷民也○傳特言至天道○正義曰凡以善言教化無非古之訓典於此特言我聞者言此事自古有之所以尤須嚴禁故也世有祿位財多勢重縱恣其心而無禮教如此之人少能不以放蕩之心陵邈有德者天道以上臨下以善率惡今乃以下慢上以惡陵善如此者實亂天道也○傳此殷至僭上○正義曰席者人之所處故爲居之義舊久也殷士多是世貴之家故爲居寵日久怙恃已之奢侈自謂奢侈爲賢德義廢而不行故爲以滅德義又

以人輕位卑美服盛飾是服飾過制度美於其人言僭上服服勝人也○傳言服至惟難○正義曰淫訓過也故爲過制強梁者不得其死好勝者必遇其敵故矜伐不變將用惡自終言雖收放心則已收之矣雖令順從周制思感自止故怨猶在心未壓服故以禮閑禦其心惟難也閑謂防閑禦止也○傳敬順至畢公○正義曰美於前人之政謂光前人之政所以勉畢公

君牙第二十七　周書　孔氏傳　孔穎達疏

穆王命君牙。爲周大司徒。穆王康王孫昭王子。○穆王名滿君牙或作君雅 作君牙。君牙臣名 君牙。命以其名遂以名篇 王若曰。嗚呼。君牙。順其事而歎稱其名而命之 惟乃祖乃父。世篤忠貞。服勞王家。厥有成績。紀于太常。言汝父祖世厚忠貞服事勤勞王家其有成功見紀錄書于王之太常以表顯之王之旌旗畫日月曰太常○畫胡卦反 惟予小子。嗣守文武成康遺緒。亦惟先正之臣。克左右亂四方。惟我小子繼守先王遺業亦惟父祖之臣能佐助我治四方言已無所能 心之憂危。若蹈虎尾。涉于春冰。言祖業之大已才之弱故心懷危懼虎尾畏噬春冰畏陷危懼之甚○蹈徒報反噬市制反陷陷沒之陷 疏 穆王至春冰○正義曰穆王命其臣名君牙者爲周大司徒之卿以策書命之史錄其策書作君牙○傳言汝至太常○正義曰周禮司勳云凡有功者銘書於王之太常祭於大烝鄭玄云銘之言名也生則書於王旌以識其人與其功也死則於烝先王祭之是有功者書於王之太常以表顯之也周禮司常云日月爲常王建太常是王之旌畫日月名之曰太常也 今命爾予翼。作股肱心膂。今命汝爲我輔翼股肱心體之臣言委任○膂音旅 纘乃舊服。無忝祖考。弘敷五典。式和民則。纘汝先祖故所服忠勤無辱累祖考之道大布五常之教用和民令有法則○累劣偽反令力呈反 爾身克正。罔敢弗正。民心罔中。惟爾之中。言汝身能正則下無敢不正民心無中從汝取中必當正身示民以中正 夏暑雨。小民惟曰怨咨。夏月暑雨天之常道小人惟曰怨歎咨嗟言心無中也 冬祁寒。小民亦惟曰怨咨。冬大寒亦天之常道民猶怨咨 厥惟艱哉。思其艱以圖其易。民乃寧。天不可怨民猶怨嗟治民其惟難哉當思慮其難以謀其易民乃寧○易以豉反 疏 今命至乃寧○正義曰王言我以危懼之故今命汝爲大司徒汝當作我股肱心膂言將任之如己身也繼汝先世舊所服行亦如父祖忠勤無爲不忠辱累汝祖考當須大布五常之教用和天下兆民令有法則凡欲率下當先正身汝身能正則下無敢不正民心無能中正惟取汝之中正汝當正身心以率之夏月大暑大雨天之常也小民惟曰怨恨而咨嗟冬月大寒亦天之常也小民亦惟曰怨恨而咨嗟天不可怨民尚怨之治民欲使無怨其惟難哉思慮其難以謀其易爲治不違道不逆民民乃安矣○傳今命至委任○正義曰股足也肱臂也膂背也汝爲我輔翼當如我之身故舉四支以喻爲股肱心體之臣言委任如身也傳以膂爲體以見四者皆體非獨膂爲體也禮記緇衣云民以君爲心君以民爲體此舉四體令以臣爲心者君臣合體則亦同心詩云赳赳武夫公侯腹心是臣亦爲君心也○傳冬大至怨咨○正義曰傳以祁爲大故云冬大寒寒言大則夏暑雨是大雨於此言祁以見之上言暑雨此不言寒雪者於上言雨以見之互相備也 嗚呼。丕顯哉。文王謨。歎文王所謀大顯明 丕承哉。武王烈。言武王業美大可承奉 啓佑我後人。咸以正罔缺。文武之謀業大明可承奉開助我後嗣皆以正道無邪缺○缺苦穴反 爾惟敬明乃訓。用奉若于先王。汝惟當敬明汝五教用奉順於先王之道 對揚文武之光命。追配于前人。言當答揚文武光明之命君臣各追配於前令名之人 疏 嗚呼至前人○正義曰王又歎言嗚呼大是顯明哉文王之謀也大可承奉哉武王之業是也文王之謀武王之業開道佑助我在後之人皆以正道無邪缺言先王之道易可遵也汝惟敬明汝之五教用奉順於先王之道汝當答揚文武光明之命追配於前世令名之人合其順先王之道同古之大賢也○傳言武至承奉○正義曰文王未克殷始謀造周故美其謀武王以殺紂功成業就故美其業謀則明白可遵業則功成可奉故以謀言顯功言烈詩周頌武篇曰於皇武王無競維烈亦美武王業之大也○傳文王至邪缺○正義曰文始謀之武卒成之文謀大明武業可奉言先王以此成功開道佑助我之後人使我得安其事而奉行之以正道見其無邪罔缺失見其周備故傳言無邪缺 王若曰。君牙。乃惟由先正舊典時式。民之治亂在茲。汝惟當奉用先正之臣所行故事舊典文籍是法民之治亂在此而已用之則民治廢之則民亂○治直吏反下注同 率乃祖考之攸行。昭乃辟之有乂。言當循汝父祖之所行明汝君之有治功○辟必亦反 疏 王若至有乂○正義曰王順而呼之曰君牙汝爲大司徒惟當奉用先世正官之法諸臣所行故事舊典於是法則之民之治亂在此而已汝必奉而用之循汝祖考之所行明汝君之有治功汝君王自謂也

冏命第二十八　周書　孔氏傳　孔穎達疏

穆王命伯冏。爲周太僕正。伯冏臣名也太僕長太御中大夫○冏九永反字亦作臩長誅丈反 作冏命。冏命。以冏見命名篇 疏 穆王至冏命○正義曰穆王命其臣名伯冏者爲周太僕正之官以策書命之史錄其策書作冏命○傳伯冏至大夫○正義曰正訓長也周禮太御中大夫太僕下大夫孔以此言太僕正則官高於太僕故以爲周禮太御者知非周禮太僕者若是周禮太僕則此云太僕是矣何須云正乎且此經云命汝作大正正于羣僕案周禮太馭中大夫而下有戎僕齊僕道僕田僕太御最爲長既稱正于羣僕故以爲太御中大夫且與君同車最爲親近故春秋隨侯寵少師以爲車右漢書文帝愛趙同命之爲御凡御者最爲密昵故此經云汝無昵於憸人充耳目之官故以爲太御中大夫掌御王輅之官戎僕雖中大夫以戎事爲重敘在太御之下故以太御爲長太僕雖掌燕朝非親近之任又是下大夫不得爲長 王若曰。伯冏。惟予弗克于德。嗣先人宅丕后。順其事以命伯冏言我不能於道德繼先人居大君之位人輕任重 怵惕惟厲。中夜以興。思免厥愆。言常悚懼惟危夜半以起思所以免其過悔○怵勑律反惕他歷反 昔在文武。聰明齊聖。小大之臣。咸懷忠良。聰明視聽遠齊通無滯礙臣雖官有尊卑無不忠良○礙五代反 其侍御僕從。罔匪正人。雖給侍進御僕役從官官雖微無不用中正之人○御如字一音禦從才用反注及下注侍從同 以旦夕承弼厥辟。出入起居。罔有不欽。小臣皆良僕役皆正以旦夕承輔其君故君出入起居無有不敬 發號施令。罔有不臧。下民祇若。萬邦咸休。言文武發號施令無有不善下民敬順其命萬國皆美其化 疏 王若至咸休○正義曰王順其事而呼之曰伯冏惟我不能於道德而繼嗣先人居大君之位人輕任重終常悚懼心內怵惕惟恐傾危中夜以起思望免其愆過昔在文王武王聰無所不聞明無所不見齊中也每事得中聖通也通知諸事其身明聖如此又小大之臣無不皆思忠良其左右侍御僕從無非中正之人以旦夕承輔其君故其君出入起居無有不敬文武發號施令無有不善以此之故下民敬順其命萬邦皆美其化由臣善故也○傳言常至過悔○正義曰禮記祭義云春雨露既濡君子履之必有怵惕之心怵惕是心動之名多憂懼之意也厲訓危也言常悚懼惟恐傾危易稱夕惕若厲即此義也○傳聰明至忠良○正義曰聰發於耳明發於目故爲視聽遠也齊訓通也動必得中通而先識是無滯礙也 惟予一人無良。實賴左右前後有位之士。匡其不及。惟我一人無善實恃左右前後有職位之士匡正其不及言此責羣臣正已 繩愆糾謬。格其非心。俾克紹先烈。言侍左右之臣彈正過誤檢其非妄之心使能繼先王之功業○繩市陵反俾必爾反 疏 惟予至先烈○正義曰王言惟我一人無善亦既無知實恃賴左右前後有職位之臣匡正其智所不及者責羣臣使正已也即言正已之事繩其愆過糾其錯謬格其非妄之心心有妄作則格正之使能繼先王之功業言得臣匡輔乃可繼世也○傳言侍至功業○正義曰木不正者以繩正之繩謂彈正糾謂發舉有愆過則彈正之有錯謬則發舉之格謂檢括其有非理枉妄之心檢括使妄心不作臣當如此匡君使能繼先王之功業言已無能責臣使如此也 今予命汝作大正。正于羣僕侍御之臣。欲其教正羣僕無敢佞僞 懋乃后德。交修不逮。言侍御之臣無小大親疏皆當勉汝君爲

德吏代修進其所不及○更古衡反

愼簡乃僚。無以巧言令色便辟側媚。其惟吉士。當謹愼簡選汝僚屬侍臣無得用巧言無實令色無質便辟足恭側媚諂諛之人其惟皆吉良正士○便婢緜反辟匹亦反徐扶亦反足將住反諛徐以朱反〔疏〕今予至吉士○正義曰令我命汝作太僕正正於羣僕侍御之臣勸勉汝君爲德汝與同僚交更修進汝君智所不及之事汝爲僕官之長當愼簡汝之僚屬必使皆得正人無得用巧言令色便辟側媚之人其惟皆當用吉良善士今選其在下屬官小臣僕隸之等皆用善人○傳欲其至佞僞○正義曰作大正正長也作僕官之長正於羣僕令教正之二正不同也羣僕雖官有小大皆近天子近人主者多以諂佞自容今大僕教正羣僕明使教之無敢佞僞也案周禮大馭中大夫掌御玉輅戎僕中大夫掌御戎車齊僕下大夫掌馭金輅道僕上士掌馭象輅田僕上士掌馭田輅羣僕謂此也○傳當謹至正士○正義曰府史已下官長所自辟除命士以上皆應人主自選此令太僕正謹愼簡選僚屬者人主所用皆由臣下臣下銓擬可者然後用之故令太僕正愼簡僚屬也論語稱巧言令色足恭左丘明恥之便辟是巧言令色之類知是彼足恭也巧言者巧爲言語以順從上意無情實也令色者善爲顏色以媚說人主無本質也便僻者前却俯仰以是爲恭側媚者爲僻側之事以求媚於君此等皆是諂諛之人不可用爲近官也媚愛也襄三十年左傳云鄭子產謂子皮曰誰敢求愛於子知此爲側媚者爲側行以求愛非是愛前人也若能愛在上則忠臣也不當禁其無用

僕臣正。厥后克正。僕臣諛。厥后自聖。言僕臣皆正則其君乃能正僕臣諂諛則其君乃自謂聖

后德惟臣。不德惟臣。君之有德惟臣成之君之無德惟臣諛之言君所行善惡專在左右

爾無昵于憸人。充耳目之官。迪上以非先王之典。汝無親近於憸利小子之人充備侍從在視聽之官道君上以非先王之法○昵女乙反憸息廉反徐七漸反利口也本亦作思近附近之近道導也

非人其吉。惟貨其吉。若非入其實吉良惟以貨財配其吉良以求入於僕侍之臣汝當清審

若時瘝厥官。若用是行貨之人則病其官職○瘝故頑反

惟爾大弗克祗厥辟。惟予汝辜。用行貨之人則惟汝大不能敬其君惟我則亦以此罪汝言不忠也

王曰。嗚呼。欽哉。永弼乃后于彝憲。歎而勑之使敬用所言當長輔汝君於常法此穆王庶幾欲蹈行常法

呂刑第二十九

周書　孔氏傳　孔穎達疏

呂命。呂侯見命爲天子司寇穆王訓夏贖刑。呂侯以穆王命作書訓暢夏禹贖刑之法更從輕以布告天下○贖音蜀註及下同作呂刑。呂刑。後爲甫侯故或稱甫刑〔疏〕呂命至呂刑○正義曰呂侯得穆王之命爲天子司寇之卿穆王於是用呂侯之言訓暢夏禹贖刑之法呂侯稱王之命而布告天下史錄其事作呂刑○傳呂侯至司寇○正義曰呂侯得王命必命爲王官周禮司寇掌刑知呂侯見命爲天子司寇鄭玄云呂侯受王命入爲三公引書說云周穆王以呂侯爲相書說謂書緯刑德放之篇有此言也以其言相知爲三公即如鄭言當以三公領司寇不然何以得專王刑也○傳呂侯至天下○正義曰名篇謂之呂刑其經皆言王曰知呂侯以穆王命作書也經言陳罰贖之事不言何代之禮故序言訓夏以明經是夏法王者代相革易刑罰世輕世重殷以變夏周又改殷夏法行於前代廢已久矣今復訓暢夏禹贖刑之法以周法傷重更從輕以布告天下以其事合於當時故孔子錄之以爲法經多說治獄之事是訓釋申暢之也金作贖刑唐虞之法周禮職金掌受士之金罰貨罰入于司兵則周亦有贖刑而遠訓夏之贖刑者周禮惟言士之金罰人似不得贖罪縱使亦得贖罪必異於夏法以夏刑爲輕故祖而用之罪實則刑之罪疑則贖之故當並言贖刑非是惟訓贖罰也周禮司刑掌五刑之法以麗萬民之罪墨罪五百劓罪五百宮罪五百剕罪五百殺罪五百五刑惟有二千五百此經五刑之屬三千案刑數乃多於周禮而言變從輕者周禮五刑皆有五百此則輕刑少而重刑多此經墨劓皆千剕刑五百宮刑三百大辟二百輕刑多而重刑少變周用夏是改重從輕也然則周公聖人相時制法而使刑罰太重令穆王改易之者穆王遠取夏法殷刑必重於夏夏承堯舜之後民淳易治故制刑近輕輕則民慢故殷刑稍重自湯已後世漸苛酷紂作炮烙之刑明知刑罰益重周承暴虐之後不可頓使太輕雖減之輕猶重於夏法成康之間刑措不用下及穆王民猶易治故呂侯度時制宜勸王改從夏法聖人之法非不善也而不以經遠呂侯之智非能高也而法可以適時苟適於時事即可爲善亦不言呂侯才高於周公法勝於前代所謂觀民設教遭時制宜刑罰所以世輕世重爲此故也○傳後爲至甫刑○正義曰禮記書傳引此篇之言多稱爲甫刑曰故傳解之後爲甫侯故或稱甫刑知後爲甫侯者以詩大雅崧高之篇宣王之詩云生甫及申揚之水爲平王之詩云不與我戍甫明子孫改封爲甫侯不知因呂國改作甫名不知別封餘國而爲甫號然子孫封甫穆王時未有甫名而稱爲甫刑者後人以子孫之國號名之也猶若叔虞初封於唐子孫封晉而史記稱晉世家然宣王以後改呂爲甫鄭語史伯之言幽王之時也乃云申呂雖衰齊許猶在仍得有呂者以彼史伯論四嶽治水其齊許申呂是其後也因上申呂之文而云申呂雖衰呂即甫也

惟呂命。王享國百年。耄荒。言呂侯見命爲卿時穆王以享國百年耄亂荒忽穆王即位過四十矣言百年大期雖老而能用賢以揚名○耄本亦作耄毛報反切韻莫報反

度作刑以詰四方。度時世所宜訓作贖刑以治天下四方之民○度待洛反註同馬如字云法度也詰起一反〔疏〕惟呂至四方○正義曰惟呂侯見命爲卿於時穆王享有周國已積百年王精神耄亂而荒忽矣王雖老耄猶能用賢取呂侯之言度時世所宜作夏贖刑以治天下四方之民也○傳言呂至揚名○正義曰史述呂侯見命而記王年知其得命之時王已享國百年也曲禮云八十九十曰耄是耄荒爲年老精神耄亂荒忽也穆王即位之時已年過四十矣此主命呂侯之年未必已有百年言百年者美大其事雖則年老而能用賢以揚名故記其百年之耄荒也周本紀云甫侯言於王作脩刑辟是脩刑法者皆呂侯之意美王能用之穆王即位過四十者不知出何書也周本紀云穆王即位春秋已五十矣立五十五年崩司馬遷若在孔後或當各有所據無逸篇言殷之三王及文王享國若干年者皆謂在位之年此言享國百年乃從生年而數意在美王年老能用賢而言其長壽故舉從生之年以耄荒接之美其老之意也文不害意不與彼同

王曰。若古有訓。蚩尤惟始作亂。延及于平民。順古有遺訓言蚩尤造始作亂惡化相易延及於平善之人九黎之君號曰蚩尤○蚩尺之反尤有牛反馬云少昊之末九黎君名

罔不寇賊鴟義。姦宄奪攘矯虔。平民化之無不相寇賊爲鴟梟之義以相奪攘矯稱上命若固有之亂之甚○鴟尺之反鴟梟惡鳥馬云鴟輕也義本亦作誼宄音軌攘如羊反矯居表反虔其然反

苗民弗用靈。制以刑。惟作五虐之刑曰法。三苗之君習蚩尤之惡不用善化民而制以重刑惟爲五虐之刑自謂得法蚩尤黃帝所滅三苗帝堯所誅言異世而同惡

殺戮無辜。爰始淫爲劓刵椓黥。三苗之主頑凶若民敢行虐刑以殺戮無罪於是始大爲截人耳鼻椓陰黥面以加無辜故曰五虐○劓魚器反刵徐如志反椓丁角反黥其京反

越兹麗刑并制。罔差有辭。苗民於此施刑并制無罪無差有直辭者言淫濫○麗力馳反并必政反

民興胥漸。泯泯棼棼。罔中于信。以覆詛盟。三苗之民瀆於亂政起相漸化泯泯爲亂棼棼同惡皆無中于信義以反背詛盟之約○泯面忍反徐音民棼芳云反徐扶云反覆芳服反徐敷目反詛側助反背音佩約如字又於妙反

虐威庶戮方告無辜于上。上帝監民。罔有馨香。德刑發聞惟腥。三苗虐政作威衆被戮者方方各告無罪於天天視苗民無有馨香之行其所以爲德刑發聞惟乃腥臭○聞音問又如字注同腥音星行下孟反

皇帝哀矜庶戮之不辜。報虐以威。遏絶苗民。無世在下。皇帝帝堯也哀矜衆被戮者之不辜乃報爲虐者以威誅遏絶苗民使無世位在下國也○君帝君宜作皇字帝堯也過於葛反〔疏〕王曰至在下○正義曰呂侯進言於王使用輕刑又稱王之言以告天下說重刑害民之義王曰順古道有遺餘典訓記法古人之事昔炎帝之末有九黎之國君號蚩尤者惟造始作亂惡化遞相染易延及于平善之民民化之亦變爲惡無有不相寇賊盜相賊害爲鴟梟之義鈔掠良善外姦內宄劫奪人物攘竊人財矯稱上命以取人財若已固自有之然蚩尤之惡已如此矣至於高辛氏之末又有三苗之國君習蚩尤之惡不肯用善化民而更制重法惟作五虐之刑乃言曰此得法也殺戮無罪之人於是始大爲四種之刑刵截人耳劓截人鼻椓椓人陰黥割人面苗民於此施刑之時并制無罪之人對獄有罪者無辭無罪者有辭苗民斷獄並皆罪之無差簡有直辭者言淫濫無罪者也三苗之民慣瀆亂政起相漸染皆化爲惡泯泯爲亂棼棼同惡小大爲惡民皆巧詐無有中于信義以此無中于信反背詛盟之約雖有要約皆違背之三苗虐政作威衆被戮者方方各告無罪於上天上天下視苗民無有馨香之行其所以爲德刑者發聞於外惟乃皆是腥臭無馨香也君帝堯哀矜衆被殺戮者不以其罪乃報爲暴虐者以威止絶苗民使無世位在於下國言以刑虐故滅之也○傳順古至蚩

尤○正義曰古有遺訓順而言之故為順古有遺訓也蚩尤造始作亂其事往前未有蚩尤今始造之必是亂民之事不知造何事也下說三苗之主習蚩尤之惡作五虐之刑此章主說虐刑之事蚩尤所作必亦造虐刑也以峻法治民民不堪命故惡化轉相染易延及於平善之民亦化為惡也九黎之君號曰蚩尤當有舊說云然不知出何書也史記五帝本紀云神農氏世衰諸侯相侵伐蚩尤最為暴虐莫能伐之黃帝乃徵師諸侯與蚩尤戰於涿鹿之野遂擒殺蚩尤而諸侯咸尊軒轅為天子如本紀之言蚩尤是炎帝之末諸侯君也應劭云蚩尤古天子鄭云蚩尤霸天下黃帝所伐者漢書音義有臣瓚者引孔子三朝記云蚩尤庶人之貪者諸說不同未知蚩尤是何人也楚語曰少昊氏之衰也九黎亂德顓頊受之使復舊常則九黎在少昊之末非蚩尤也韋昭云九黎氏九人蚩尤之徒也韋昭雖以九黎為蚩尤也史記蚩尤在炎帝之末國語九黎在少昊之末二者不得同也九黎之文惟出楚語孔以蚩尤為九黎下傳又云蚩尤黃帝所滅言黃帝所滅則與史記同矣孔非不見楚語而為此說蓋以蚩尤是九黎之君黃帝雖滅蚩尤猶有種類尚在故下至少昊之末更復作亂若其不然孔意不可知也鄭玄云學蚩尤為此者九黎之君在少昊之代也其意以蚩尤當炎帝之末九黎當少昊之末九黎學蚩尤九黎非蚩尤也○傳平民至之甚○正義曰蚩尤作亂當是作重刑以亂民以峻法酷刑民無所措手足困於苛虐所酷人皆苟且故平民化之無有不相寇賊羣行攻劫曰寇殺人曰賊言攻殺人以求財也鴟梟貪殘之鳥詩云為梟為鴟梟是鴟類鄭玄云盜賊狀如鴟梟鈔掠良善劫奪人物傳言鴟梟之義如鄭說也釋詁云虔固也若固有之言取得人物如已自有也○傳三苗至同惡○正義曰上說蚩尤之惡即以苗民繼之知經意言三苗之君習蚩尤之惡靈善也不用善化民而制以重刑學蚩尤制之用五刑而虐為之故為五虐之刑不必皐陶五刑之外別有五也曰法者述苗民之語自謂所作得法欲民行而畏之如史記之文蚩尤黃帝所滅下句所說三苗帝堯所誅楚語云三苗復九黎之惡是異世而同惡也鄭玄以為苗民即九黎之後顓頊誅九黎至其子孫為三國高辛之衰又復九黎之惡堯興又誅之堯末又在朝舜臣堯又竄之後禹攝位又在洞庭逆命禹又誅之穆王深惡此族三生凶德故著其惡而謂之民孔惟言異世同惡不言三苗是蚩尤之子孫韋昭云三苗炎帝之後諸侯共工也○傳三苗至五虐○正義曰三苗之主實國君也頑凶若民故謂之苗民不於上經為傳者就此惡行解之以其頑凶敢行虐刑以殺戮無罪釋詁云淫大也於是大為截人耳鼻椓陰黥面苗民為此刑也椓陰即宮刑也黥面即墨刑也康誥周公戒康叔云無或劓刵人即周世有劓刵之刑非苗民別造此刑也以加無辜故曰五虐鄭玄云刵斷耳劓截鼻椓謂椓破陰黥為羈黥人面苗民大為此四刑者言其特深刻異於皐陶之為鄭意蓋謂截耳截鼻多截之椓陰苦於去勢黥面甚於墨額孔意或亦然也○傳三苗至之約○正義曰三苗之民謂三苗國內之民也瀆謂慣瀆苗君久行虐刑民慣見亂政習以為常起相漸化泯泯相似之意棼棼擾攘之狀泯泯為亂習為亂也棼棼同惡共為惡也中猶當也皆無中於信義言為行無與信義合者詩云君子屢盟亂是用長亂世之民多相盟詛既無信義必皆違之以此無中於信反背詛盟之約也○傳三苗至腥臭○正義曰方方各告無罪於上天言其處處告也天矜於下俯視苗民無有馨香之行馨香以喻善也其所以為德刑苗民自謂是德刑者發聞於外惟乃皆是腥臭腥臭喻惡也○傳君帝至下國○正義曰釋詁云皇君也此言遏絕苗民下句即云乃命重黎重黎是帝堯之事知此滅苗民亦帝堯也此滅苗民在堯之初興使無世位在於下國而堯之末年又有竄三苗者禮天子不滅國擇立其次賢者此為五虐之君自無世位在下其改立者復得在朝但此族數生凶德故歷代每被誅耳

乃命重黎。絕地天通。罔有降格。重即羲黎即和堯命羲和世掌天地四時之官使人神不擾各得其序是謂絕地天通言天神無有降地地祇不至於天明不相干○重直龍反黎力兮反

羣后之逮在下。明明棐常。鰥寡無蓋。羣后諸侯之逮在下國皆以明明大道輔行常法故使鰥寡得所無有掩蓋○棐音匪又芳鬼反鰥居頑反

皇帝清問下民。鰥寡有辭于苗。帝堯詳問民患皆有辭怨於苗民○清問馬云清訊

德威惟畏。德明惟明。言堯監苗民之見怨則又增修其德行威則民畏服明賢則德明人所以無能名焉

【疏】乃命至推明○正義曰三苗亂德民神雜擾帝堯既誅苗民乃命重黎二氏使絕天地相通令民神不雜於是天神無有下至地地民無有上至天言天神地民不相雜也羣后諸侯相與在下國羣臣皆以明明大道輔行常法鰥寡皆得其所無有掩蓋之者君帝帝堯清審詳問下民所患鰥寡皆有辭怨於苗民言誅之合民意堯視苗民見怨則又增修其德以德行威則民畏之不敢為非以德明人人皆勉力自修使德明言堯所行賞罰得其所也○傳重即至相干○正義曰楚語云昭王問於觀射父曰周書所謂重黎實使天地不通者何也若無然民將能登天乎對曰非此之謂也古者民神不雜少昊氏之衰也九黎亂德家為巫史民神同位禍災荐臻顓頊受之乃命南正重司天以屬神命火正黎司地以屬民使復舊常無相侵瀆是謂絕地天通其後三苗復九黎之德堯復育重黎之後不忘舊者使復典之彼言主說此事而堯典云乃命羲和欽若昊天即所謂育重黎之後使典之也以此知重即羲也黎即和也言羲是重之子孫和是黎之子孫能不忘祖之舊業故以重黎言之傳言堯乃命羲和掌天地四時之官堯典文也民神不擾是謂絕地天通楚語文也孔惟加各得其序一句耳楚語又云司天屬神司地屬民令神與天在上民與地在下定上下之分使民神不雜則祭享有度災厲不生經言民神分別之意故言罔有降格言天神無有降至於地者謂神不干民孔因互文云地民不有上至於天者言民不干神也乃總之云明不相干即是民神不雜也地民或作地祇學者多聞神祇又民字似祇因妄改使謬耳如楚語云乃命重黎是顓頊命之鄭玄以皇帝哀矜庶戮之不辜至罔有降格皆說顓頊之事乃命重黎即是命重黎之身非羲和也皇帝清問以下乃說堯事顓頊與堯再誅苗民故上言遏絕苗民下云有辭於苗異代別時非一事也案楚語云少昊氏之衰也九黎亂德又云其後三苗復九黎之德則九黎三苗非一物也顓頊誅九黎謂之遏絕苗民於鄭義為不愜楚語言顓頊命重黎解為帝堯命羲和於孔說又未允不知二者誰得經意也○傳言堯至名焉○正義曰此經二句說帝堯之德事也而其言不順文在苗民之下故傳以為堯監苗民之見怨則又增修其德敦德以臨之以德行其威罰則民畏之而不敢為非明賢則德明人者若凡人雖欲以德明賢者不能照察今堯德明賢者則能以德明識賢人故皆勸慕為善明與上句相互則德威者凡人雖欲以德行威不能威肅今堯行威罰則能以德威罰罪人故人皆畏威服德也

乃命三后。恤功于民。伯夷降典。折民惟刑。禹平水土。主名山川。稷降播種。農殖嘉穀。伯夷下典禮教民而斷以法禹治洪水山川無名者主名之后稷下教民播種農畝生善穀所謂堯命三君憂功於民○折之設反下同馬鄭王皆音悊馬云智也種音章用反殖承力反斷丁亂反下同

三后成功。惟殷于民。各成其功惟所以殷盛於民言禮教備衣食足

士制百姓于刑之中。以教祗德。言伯夷道民典禮斷之以法皐陶作士制百官於刑之中助成道化以教民為敬德○祗止而反

【疏】乃命至祗德○正義曰堯既誅苗民乃命三君伯夷禹稷憂施功於民使伯夷下禮典教民折斷下民惟以典法伯禹身平治水土主名天下山川其無名者皆與作名后稷下教民布種在於農畝種殖嘉穀三君者各成其功惟以殷盛於民使民衣食充足乃使士官制御百官之姓於刑之中正以教民為敬德言先以禮法化民民既富而後教之非苟欲刑殺也○傳伯夷至於民○正義曰伯夷與稷言降禹不言降降可知降下也從上而下於民也舜典伯夷主禮典教民而斷以法即論語所謂齊之以禮也山川與天地並生民應先與作名但禹治水萬事改新古老既死其名或滅故當時無名者禹皆主名之言此者以見禹治山川為民於此耕稼故也此三事者皆是為民故傳既解三事乃結上句此即所謂堯命三君憂功於民憂欲與民施功也此三事之次當禹功在先先治水土乃得種穀民得穀食乃能行禮管子云衣食足知榮辱倉廩實知禮節是言足食足衣然後行禮也此經先言伯夷者以民為國之本禮是民之所急將言制刑先言用禮刑禮相須重禮故先言之也○傳言伯至敬德○正義曰此經大意言禹稷教民使衣食充足伯夷道民使知禮節有不從教者乃以刑威之故先言三君之功乃說用刑之事言禹稷教民稼穡衣食既已充足伯夷道民典禮又能折之以法禮法既行乃使皐陶作士制百官於刑之中令百官用刑皆得中正使不僭不濫不輕不重助成道化以教民為敬德言從伯夷之法敬德行禮也

穆穆在上。明明在下。灼于四方。罔不惟德之勤。堯躬行敬敬在上三后之徒秉明德明君道於下灼然彰著四方故天下之士無不惟德之勤

故乃明于刑之中。率乂于民棐彝。天下皆勤立德故乃能明於用刑之中正循道以治於民輔成常教○治直吏反

【疏】穆穆至棐彝○正義曰言堯躬行敬敬之道在於上位三后之徒躬秉明德明君道在於下君臣敬明與德灼然著於四方故天下之事無不惟德之勤悉皆勤行德矣天下之士皆勤立德故乃能明於用刑之中正循大道以治於民輔成常教美堯君臣明德能用刑得中以輔禮教○傳堯躬至之勤○正義曰釋訓云穆穆敬也明明重明則穆穆重敬當敬天敬民在於上位也明明在下則是臣事知是三后之徒秉明德明君道於下也彰著于四方四方皆法効之故天下之士無不惟德之勤○傳天下至常教○正義曰刑者所以助教而不可專用非是身有明德則不能用刑以天下之大萬方之衆必當盡能用刑天下乃治此美堯能使天下皆勤立德故乃能明於用刑之中正言天下皆能用刑盡得中正循治民之道以治於民輔成常教伯夷所典之禮是常行之教也

典獄。非訖于威。惟訖于富。言堯時主獄有威有德有恕非絕於威惟絕於富世治貨賂不

行○賂來故反敬忌。罔有擇言在身。堯時典獄皆能敬其職忌其過故無有可擇之言在其身惟克天德。自作元命。配享在下。凡明於刑之中無擇言在身必是惟能天德自爲大命配亨天意在於天下〔疏〕典獄至在下○正義曰堯時典獄之官非能止絶於威有犯必當行威威刑不可止也惟能止絶於富受貨然後得富無貨富自絶矣言於時世治貨賂不行堯時典獄之官皆能敬其職事忌其過失無有可釋之言在於其身天德平均惟能爲天之德志性平均自爲長久大命配當天意在於天下言堯德化之深於時典獄之官皆能賢也○傳言堯至不行○正義曰堯時主獄之官有威嚴有德行有恕心有犯罪必罪之是有威也無罪則赦之是有德也有威有德有恕心行之不受貨賂是恕心也訖是盡也故傳以訖爲絶不可能使民不犯非絶於威能使不受貨賂惟絶於富言以恕心行之世治則貨賂不行故獄官無得富者○傳凡明至天下○正義曰惟克天德言能效天爲德當謂天德平均獄官效天爲平均凡能明於刑之中正矣又能使無可擇之言在身者此人必是惟能爲天平均之德斷獄必平矣皇天無親惟德是輔若能斷獄平均者必壽長久大命大命由已而來是自爲大命享訓當也是此人能配當天命在於天之下鄭云大命謂延期長久也王曰。嗟。四方司政典獄。非爾惟作天牧。主政典獄謂諸侯也非汝惟爲天牧民乎言任重是汝○爲于僞反任而鴆反重輕重之重今爾何監。非時伯夷播刑之迪。言當視是伯夷布刑之道而法之其今爾何懲。惟時苗民匪察于獄之麗。其今汝何懲戒乎所懲戒惟是苗民非察於獄之施刑以取滅亡○麗力馳反罔擇吉人觀于五刑之中。惟時庶威奪貨。言苗民無肯選擇善人使觀視五刑之中正惟是衆爲威虐者任之以奪取人貨所以爲亂斷制五刑。以亂無辜。上帝不蠲。降咎于苗。苗民任奪貨姦人斷制五刑以亂加無罪天不絜其所爲故下咎罪謂誅之○蠲吉緣反咎其九反苗民無辭于罰。乃絶厥世。言罪重無以辭於天罰故堯絶其世申言之爲至戒〔疏〕王曰至厥世○正義曰王呼諸侯戒之曰咨嗟汝四方主政事典獄訟者諸侯之君等非汝惟爲天牧養民乎言汝等皆爲天養民言任重也受任既重當觀古成敗今汝何所監視乎其所視者非是伯夷布刑之道也言當效伯夷善布刑法受令名也其今汝何所懲創乎其所創者惟是苗民非察於獄之施刑乎言當創苗民施刑不當取滅亡也彼苗民之爲政也無肯選擇善人使觀視於五刑之中正惟是衆爲威虐者任之以奪取人貨賂任用此人使斷制五利以亂加無罪之人上天不絜其所爲故下咎惡於苗民苗民無以辭於天罰堯乃絶滅其世汝等安得不懲創乎○傳言當至法之○正義曰伯夷典禮皐陶主刑刑禮相成以爲治不使視皐陶而令視伯夷者欲其先禮而後刑道之以禮禮不從乃刑之則刑亦伯夷之所布故令視伯夷布刑之道而法之王肅云伯夷道之以禮齊之以刑○傳其今至滅亡○正義曰上言非時此言惟時文異者非時者言豈非是事也惟時者言惟當是事也雖文異而意同惟是苗民非察於獄之施刑以取滅亡也言其正謂察於獄之施刑不當於罪以取滅亡

○傳苗民至誅之○正義曰以亂加無罪者正謂以罪加無罪是亂也蠲訓絜也天不絜其所爲者鄭玄云天以苗民所行腥臊不絜故下禍誅之王曰。嗚呼。念之哉。念以伯夷爲法苗民爲戒伯父伯兄。仲叔季弟。幼子童孫。皆聽朕言。庶有格命。皆王同姓有父兄弟子孫列者伯仲叔季順少長也舉同姓包異姓言不殊也聽從我言庶幾有至命○聽如字又他經反少詩照反長丁丈反今爾罔不由慰日勤。爾罔或戒不勤。今汝無不用安自居日當勤之汝無有徒念戒而不勤○日人實反一音曰天齊于民。俾我一日。非終惟終在人。天整齊於下民使我爲之一日所行非爲天所終惟爲天所終在人所行○天齊于民絶句馬云齊中也俾我絶句俾必爾反馬本作矜矜哀也爾尚敬逆天命。以奉我一人。雖畏勿畏。雖休勿休。汝當庶幾敬逆天命以奉我一人之戒行事雖見畏勿自謂可敬畏雖見美勿自謂有德美惟敬五刑。以成三德。一人有慶。兆民賴之。其寧惟永。先戒以勞謙之德次教以惟敬五刑所以成剛柔正直之三德也天子有善則兆民賴之其乃安寧長久之道也〔疏〕王曰至惟永○正義曰王言而歎曰嗚呼汝等諸侯其當念之哉念以伯夷爲法苗民爲戒既令念此法戒又呼同姓諸侯曰伯父伯兄仲叔季弟幼子童孫等汝皆聽從我言依行用之庶幾有至善之命命必長壽也今汝等諸侯無不用安道以自居曰我當勤之哉汝已許自勤即當必勤汝無有徒念我戒許欲自勤而身竟不勤戒使必自勤也上天欲整齊於下民使我爲之令我爲天子整齊下民也我一日所行失其道非爲天所終一日所行得其理惟爲天所終此事皆在人所行言已當慎行以順天也我已冀欲順天汝等當庶幾敬逆天命以奉用我一人之戒汝所行事雖見畏勿自謂可敬畏雖見美勿自謂有德美欲令其謙而勿自取也汝等惟當敬慎用此五刑以成剛柔正直之三德以輔我天子我天子一人有善事則億兆之民蒙賴之若能如此其乃安寧惟久長之道也○傳皆王至至命○正義曰此總告諸侯不獨告同姓知舉同姓包異姓也格訓至也言庶幾有至命至命當謂至善之命不知是何命也鄭玄云格登也登命謂壽考者傳云至命亦謂壽考○傳今汝至不勤○正義曰由用也慰安也人之行事多有始無終從而不改王既殷勤教誨恐其知而不行或當曰欲勤行而中道倦怠故以此言戒之今汝等諸侯無不用安道以自居言曰我當勤之安道者謂勤其職是安之道若不勤其職是危之道也○傳天整至所行○正義曰天整齊於下民者欲使之順道依理以性命自終也以民不能自治故使我爲之使我爲天子我既愛天委付務欲稱天之心墜失天命是不爲天所終保全祿位是爲天所終我一日所行善之與惡非爲天所終惟爲天所終皆在人所行王言已冀欲使爲行稱天意也○傳汝當至德美○正義曰逆迎也上天授人爲主是下天命也諸侯上輔天子是逆天命也言與天意相迎逆也汝當庶幾敬逆天命以奉我一人之戒欲使之順天意而用已命凡人被人畏必當自謂已有可畏敬被人譽必自謂已實有德美故戒之汝等所行事雖見畏勿自謂可敬畏雖見美勿自謂有德美教之令謙而不自恃也○傳先戒至之道○正義曰上句雖畏勿畏雖休勿休是先戒以

勞謙之德也勞謙易謙卦九三爻辭謙則心勞故云勞謙天子有善以善事教天下則兆民蒙賴之王曰。吁。來。有邦有土。告爾祥刑。吁歎也有國土諸侯告汝以善用刑之道○吁況于反馬作于于於也在今爾安百姓。何擇非人。何敬非刑。何度非及。在今爾安百姓兆民之道當何所擇非惟吉人乎當何所敬非惟五刑乎當何所度非惟及世輕重所宜乎○度待洛反註同馬云造謀也兩造具備。師聽五辭。兩謂囚證造至也兩至具備則衆獄官共聽其入五刑之辭○造七報反注同五辭簡孚。正于五刑。五辭簡核信有罪驗則正之於五刑○核幸革反五刑不簡。正于五罰。不簡核謂不應五刑當正五罰出金贖罪○應應對之應下同五罰不服。正于五過。不服不應罰也正於五過從赦免五過之疵。惟官。惟反。惟內。惟貨。惟來。五過之所病或嘗同官位或詐反囚辭或內親用事或行貨枉法或舊相往來皆病所在○疵才斯反來馬本作求云有求請賕也其罪惟均。其審克之。以病所在出入人罪使在五過罪與犯法者同其當清察能使之不行五刑之疑有赦。五罰之疑有赦。其審克之。刑疑赦從罰罰疑赦從免其當清察能得其理簡孚有衆。惟貌有稽。簡核誠信有合衆心惟察其貌有所考合重刑之至無簡不聽。具嚴天威。無簡核誠信不聽理其獄皆當嚴敬天威無輕用刑墨辟疑赦。其罰百鍰。閱實其罪。刻其顙而涅之曰墨刑疑則赦從罰六兩曰鍰鍰黃鐵也閱實其罪使與罰各相當○辟婢亦反鍰戶關反六兩也鄭及爾雅同說文云六鋝也鋝十一銖二十五分銖之十三也馬同又云賈逵說俗儒以鋝重六兩周官劍重九鋝俗儒近是閱音悅顙素黨反涅乃結反劓辟疑赦。其罰惟倍。閱實其罪。截鼻曰劓刑倍百爲二百鍰剕辟疑赦。其罰倍差。閱實其罪。刖足曰剕倍差謂倍之又半爲五百鍰宮辟疑赦。其罰六百鍰。閱實其罪。宮淫刑也男子割勢婦人幽閉次死之刑序五刑先輕轉至重者事之宜大辟疑赦。其罰千鍰。閱實其罪。死刑也五刑疑各入罰不降相因古之制也墨罰之屬千。劓罰之屬千。剕罰之屬五百。宮罰之屬三百。大辟之罰其屬二百。五刑之屬三千。別言罰屬合言刑屬明刑罰同屬互見其義以相備○見賢遍反〔疏〕王曰至天威○正義曰凡與人言必呼使來前吁歎聲也王歎而呼諸侯曰吁來有邦國有土地諸侯國君等告汝以善用刑之道在於今日汝安百姓兆民之道何所選擇非惟選擇善人乎何所敬慎非惟敬慎五刑乎何所謀度非惟度及世之用刑輕重所宜乎即教諸侯以斷獄之法凡斷獄者必令囚之與證兩皆來至囚證具備取其言語乃與衆獄官共

聽其入五刑之辭其五刑之辭簡核信實有罪則正之於五刑以五刑之罪罪其身也五刑之辭不如衆所簡核不合入五刑則正之於五罰罰謂其取贖也於五罰論之又有辭不服則正之於五過過失可宥則赦宥之從刑入罰從罰入過此五過之所病者惟嘗同官位惟詐反囚辭惟內親用事惟行貨枉法惟舊相往來以此五病出入人罪其罪與犯法者均其當清證審察能使五者不行乃爲能耳五刑之疑有赦赦從罰也五罰之疑有赦赦從過也過則赦之矣其當清證審察使能之勿使妄入人罪妄得赦免旣得囚辭簡核誠信有合衆心或皆可刑或皆可放雖云合罪惟更審察其貌有所考合謂貌又當罪乃決斷之無簡不聽者謂雖似罪狀無可簡核誠信合罪者則不聽理其獄當放赦之皆當嚴敬天威天威勿輕聽用刑也○傳在今至宜乎○正義曰何度非及其言不明以論刑事而言度所及知所度者度及世之用刑輕重所宜王肅云度諫也非當與主獄者諫慮刑事度世輕重所宜也○傳兩謂至之辭○正義曰兩謂兩人謂囚與證也凡競獄必有兩人爲敵各言有辭理或時兩皆須證則囚之與證非徒兩人而已兩人謂囚與證不爲兩敵至者將斷其罪必須得證兩敵同時在官不須待至且兩人競理或並皆爲囚各自須證故以兩爲囚與證也兩至具備謂囚證具足各得其辭乃據辭定罪與衆獄官共聽其辭觀其犯狀斟酌入罪或入墨劓或入宮剕故云聽其入五刑之辭也○傳五辭至五刑○正義曰既得囚證將入五刑之辭更復簡練核實知其信有罪狀與刑書正同則依刑書斷之應墨者墨之應殺者殺之○傳不簡至贖罪○正義曰不簡核者謂覆審囚證之辭不如簡核之狀既囚與證辭不相符合則是犯狀不定謂不應五刑不與五刑書同獄官疑不能決則當正之於五罰令其出金贖罪依準五刑疑則從罰故爲五罰卽下文是也今律疑罪各依所犯以贖論虛實之證等是非之理均或事涉疑似旁無證見或雖有證見事非疑似如此者皆爲疑罪○傳不服至赦免○正義曰不服不應罰者欲令贖罪而其人不服獄官重加簡核無復疑似之狀本情非罪不可強遣出金如是者則正之於五過雖事涉疑似有罪乃是過失過則可原故從赦免下文惟有五刑五罰而無五過亦稱五者緣五罰爲過故謂之五過五者之過皆可原也○傳五過至所在○正義曰釋詁云疵病也此五過之所病皆謂獄吏故出入人罪應刑不刑應罰不罰致之五過而赦免之故指言五過之疵於五刑五罰不赦其罪未有此病故不言五刑之疵五罰之疵應刑而罰亦是其病於赦免言病則赦刑從罰亦是病可知指害王道於政爲病故謂之病惟官謂嘗同官位與吏舊同僚也或詐反囚辭拒諱實情不承服也或內親用事囚有親戚在官吏或望其意而曲筆也或行貨於吏吏受財枉法也或囚與吏舊相往來此五事皆是病之所在五事皆是枉法但枉法多是爲貨故於貨言枉餘皆枉可知○傳以病至不行○正義曰以五病所在出入人罪不罰不刑使得在於五過妄赦免之此獄吏之罪與犯法者同諸侯國君清證審察能使之不行乃爲善也此以病所在惟出入罪耳而傳并言入者有罪而妄出與無罪而妄入獄吏之罪等故以出入言之今律故出入者與同罪而此是也○傳刑疑至其理○正義曰刑疑有赦赦從罰也罰疑有赦赦從免也上云五罰不服正於五過卽是免之也不言五過之疑有赦者知過則赦之不得疑也其當清察能得其理不使應刑妄得罰應罰妄得免也舜典云眚災肆赦大禹謨云宥過無大易解卦象云君子以赦過宥罪論語云赦小過是過失之罪皆當赦放故知過卽是赦之鄭玄云不言五過之疑有赦者過不赦也禮記云凡執禁以齊衆者不赦過如鄭此言五罰不服正於五過者五過皆當罪之也五刑之疑赦刑取贖五罰疑者反使服刑是刑疑而輸贖罰疑而受刑不疑而更輕可疑而益重事之顛倒一至此乎謂之祥刑豈當若是然則不赦過者復何所謂執禁以齊衆非謂平常之過失也人君故設禁約將以齊整大衆小事易犯人必輕之過犯悉皆赦之衆人不可復禁是故不赦小過所以齊整衆人合其不敢犯也今律和合御藥誤不如本方御幸舟舡誤不牢固罪皆死乏軍興者斬故失等皆是不赦過也○傳簡核至之至○正義曰簡核誠信有合衆心或皆以爲可刑或可以爲赦未得卽斷之惟當察其囚貌更有所考合考合復同乃從衆議斷之重刑之至也察其貌者卽周禮五聽辭聽色聽氣聽耳聽目聽也鄭玄以爲辭聽觀其出言不直則煩色聽觀其顏色不直則赧然氣聽觀其氣息不直則喘耳聽觀其聽聆不直則惑目聽觀其眸子視不直則眊然是察其貌有所考合也○傳無簡至用刑○正義曰無簡核誠信者謂簡核之於罪無誠信效驗可簡核卽是無罪之人當赦之○傳刻其至相當○正義曰五刑之名見於經傳唐虞已來皆有之矣未知上古起在何時也漢文帝始除肉刑其刻額截鼻刖足劓勢皆法傳於先代孔君親見之說文云額顙也墨一名黥鄭玄周禮注云墨黥也先刻其面以墨窒之言刻額爲瘡以墨塞瘡孔令變色也六兩曰鍰蓋古語存於當時未必有明文也考工記云戈矛重三鋝馬融云鋝量名當與呂刑鍰同俗儒云鋝六兩爲一川不知所出耳鄭玄云鍰稱輕重之名今代東萊稱或以太半兩爲鈞十鈞爲鍰鍰重六兩太半兩鍰鋝似同也或有存行之者十鈞爲鍰二鍰四鈞而當一斤然則鍰重六兩三分兩之二周禮謂鍰爲鋝如鄭玄之言一鍰之重六兩多於孔王所說惟校十六銖爾舜典云金作贖刑傳以金爲黃金此言黃鐵者古者金銀銅鐵總號爲金今別之以爲四名此傳言黃鐵舜典傳言黃金皆是今之銅也古人贖罪悉皆用銅而傳或稱黃金或言黃鐵謂銅爲金爲鐵爾閱實其罪撿閱核實其所犯之罪使與罰名相當然後收取其贖此既罪疑而取贖疑罪不定恐受贖參差故五罰之下皆言閱實其罪慮其不相當故也○傳刖足至百鍰正義曰釋詁云剕刖也李巡云斷足曰刖說文云刖絕也是刖者斷絕之名故刖足曰剕贖劓倍墨剕應倍劓而云倍差倍之又有差則不齊一倍也下句贖宮六百鍰知倍之又半之爲五百鍰也截鼻重於黥額相校猶少刖足重於截鼻所校則多刖足之罪近於宮刑故使贖剕不齊倍劓而多少近於贖宮也○傳宮淫至之宜○正義曰伏生書傳云男女不以義交者其刑宮是宮刑爲淫刑也男子之陰名爲勢割去其勢與椓去其陰事亦同也婦人幽閉閉於宮使不得出也本制宮刑主爲淫者後人被此罪者未必盡皆爲淫昭五年左傳楚子以羊舌肸爲司宮非坐淫也漢除肉刑除墨劓剕耳宮刑猶在近代反逆緣坐男子十五已下不應死者皆宮之大隋開皇之初始除男子宮刑婦人猶閉於宮宮是次死之刑宮於四刑爲最重也人犯輕刑者多犯重刑者少又以鍰數以倍相加序五刑先輕後重取事之宜○傳死刑至制也○正義曰釋詁云辟罪也死是罪之大者故謂死刑爲大辟經歷陳罰之鍰數五刑之疑各自入罰不降相因不合死疑入宮宮疑入剕者是古之制也所以然者以其所犯疑不能決故使贖之次刑非其所犯故不得降相因○傳別言至相備○正義曰此經歷言二百三百五百者各是刑之條也每於其條有犯者實則刑之疑則罰之刑屬罰屬其數同也別言罰屬五者各言其數合言刑屬但總云三千明刑罰同其屬數互見其義以相備也經云大辟之罰其屬二百文異於上四罰者以大辟二字不可云大辟罰之屬故分爲二句以其二字足使成文

上下比罪。無僭亂辭。勿用不行。上下比方其罪無聽僭亂之辭以自疑勿用折獄不可行○僭子念反

惟察惟法。其審克之。惟當清察罪人之辭附以法理其當詳審能之

上刑適輕。下服。重刑有可以虧減則之輕服下罪

下刑適重。上服。輕重諸罰有權。一人有二罪則之重而輕并數輕重諸刑罰各有權宜○并必政反數色住反

刑罰世輕世重。惟齊非齊。有倫有要。言刑罰隨世輕重也刑新國用輕典刑亂國用重典刑平國用中典凡刑所以齊非齊各有倫理有要善

【疏】上下至有要○正義曰此又述斷獄之法將斷獄訟當上下比方其罪之輕重乃與獄官衆議斷之其囚有僭亂之虛辭者無得聽之勿用此辭斷獄此僭亂之辭言不可行也惟當清察罪人之辭惟當附以法理其當詳審使能之勿使僭失爲不能也上刑適輕者謂一人雖犯一罪狀當輕重兩條據重條之上有可以虧減者則之輕條服下罪也下刑適重者謂一人之身輕重二罪俱發則以重罪而從上服令之服上罪或輕或重諸所罪罰皆有權宜當臨時斟酌其狀不得雷同加罪刑罰有世輕世重當視世所宜權而行之行罰者所以齊非齊者有倫理有要善戒合審量之○傳上下至可行○正義曰罪條雖有多數犯者未必當條當取故事並之上下比方其罪之輕重上比重罪下比輕罪觀其所犯當與誰同獄官不可盡賢其間或有阿曲宜預防之僭不信也獄官與囚等或作不信之辭以惑亂在上人君無得聽此僭亂之辭以自疑惑勿卽用此僭亂之辭以之斷獄此僭亂之言不可行用也○傳一人至權宜○正義曰一人有二罪則之重而輕并數者謂若一人有二罪則應兩罪俱治今惟斷獄以重條而輕者不更別數與重并數爲一劉君以爲上刑適輕下刑適重皆以爲一人有二罪上刑適輕者若今律重罪應贖輕罪應居作官當者以居作官當爲重是爲上刑適輕下刑適重者謂若二者俱是贓罪罪從重科輕贓亦備是爲而輕并數也知不然者案經既言下刑適重上服則是重上服而已何得爲輕贓亦備又今律云重罪應贖輕重應居作官當者以居作官當爲重者此卽是下刑適重之條而以爲上刑適輕之例實爲未允且孔傳下經始云一人有二罪則上經所云非一人有二罪者也劉君妄爲其說故今不從○傳言刑至要善○正義曰刑罰隨世輕重言觀世而制刑也刑新國用輕典刑亂國用重典刑平國用中典周禮大司寇文也鄭玄云新國者新辟地立君之國用輕法者爲其民未習於教也平國承平守成之國用中典者常行之法也亂國篡弒叛逆之國用重典者以其化惡伐滅之也

罰懲非死。人極于病。刑罰所以懲過非殺人欲使惡人極于病苦莫敢犯者

非佞折獄。惟良折獄。罔非在中。非口才可以斷獄惟平良可以斷獄無不在中正

察辭于差。非從惟從。察四辭其難在於差錯非從其僞辭惟從其本情

哀敬折獄。明啓刑書胥占。咸庶中正。當憐下人之犯法敬斷獄之害人明開刑書相與占之使刑當其罪皆庶幾必得中正之道○當丁浪反

其刑其罰。其審克之。其所刑其所罰其當詳審能之無失中正

獄成而孚。輸而孚。斷獄成辭

而信當輸汝信於王謂上其鞫劾文辭○上時掌反下註同鞫九六反劾亥代反玉篇胡得反其刑上備。有并兩刑。其斷刑文書上王府皆當備具有并兩刑亦具上之〔疏〕罰懲至兩刑○正義曰言聖人之制刑罰所以懲創罪過非要使人死也欲使惡人極於病苦莫敢犯之而已非口才辯佞之人可以斷獄惟良善之人乃可以斷獄言斷獄無非在其中正佞人即不能然也察囚之辭其難在於言辭差錯斷獄者非從其僞辭惟從其本情斷獄之時當哀憐之下民之犯法敬慎斷獄之害人勿得輕耳斷之必令典獄諸官明開刑書相與占之皆庶幾得中正之道其所刑罰其當詳審能之勿使失中其斷獄成辭得其信實又當輸汝言實之狀而告於王其斷刑文書上於王府皆使備具勿有疏漏其囚若犯二事罪雖從重有并兩刑上之者言有兩刑亦具上之恐獄官有所隱沒故戒之○傳當憐至之道○正義曰論語云陽膚爲士師曾子戒之云如得其情則哀矜而勿喜是斷獄者於斷之時當憐下民之犯法也死者不可復生斷者不可復續當須敬慎斷獄之害人勿得輕耳即決之五刑之屬三千皆著在刑書使斷獄者依案用之宜令斷獄諸官明開刑書相與占之使刑書當其罪合人之所犯不必當條須探測刑書之意比附以斷其罪若卜筮之占然故稱占也皆庶幾必得中正之道令獄官同心思使中也此言明啟刑書而左傳云昔先王議事以制不爲刑辟者彼鑄刑書以宣示百姓故云臨事時宜不預明刑辟人有犯罪原其情之善惡斷定其輕重乃於刑書比附而罪之故彼此各據其一義不相違也○傳斷獄至文辭○正義曰孚信也輸寫也下而爲汝也斷獄成辭而得信實當輸寫汝之信實以告於王勿藏隱其情不告王也曲必隱情直則無隱令其不隱情者欲使之無阿曲也漢世問罪謂之鞫斷獄謂之劾謂上其鞫劾文辭也○傳其斷至上之○正義曰其斷刑文書上王府皆當備具若今曹司寫案申尚書省也有并兩刑謂人犯兩事刑有上下雖罪從重斷有兩刑者亦并具上之使王知其事王或時以下刑爲重改下爲上故并亦上之

王曰。嗚呼。敬之哉。官伯族姓。朕言多懼。敬之哉告使敬刑官長諸侯族同族姓異姓也我言多可戒懼以儆之○儆音景朕敬于刑。有德惟刑。我敬於刑當使有德者惟典刑今天相民作配在下。明清于單辭。今天治民人君爲配天在下當承天意聽訟當清審單辭單辭特難聽故言之○相如字馬息亮反助也民之亂。罔不中聽獄之兩辭。民之所以治由典獄之無不以中正聽獄之兩辭兩辭棄虛從實刑獄清則民治○治直吏反無或私家于獄之兩辭。典獄無敢有受貨聽詐成私家於獄之兩辭獄貨非寶。惟府辜功。報以庶尤。受獄貨非家寶也惟聚罪之事其報則以衆人見罪永畏惟罰。非天不中。惟人在命。當長畏懼惟爲天所罰非天道不中惟人在教命使不中不中則天罰之天罰不極。庶民罔有令政在于天下。天道罰不中令衆民無有善政在於天下由人主不中將亦罰之○令力呈反〔疏〕王曰至天下○正義曰王歎而呼諸侯曰鳴呼刑罰事重汝當敬之哉謂諸侯官之長此同族異姓等我言多可戒懼我敬於刑當使有德者惟典刑事今上天治民命人君爲

天子配天在於下承天之意爲事甚重其聽獄訟當明白清審於獄之單辭民之所以治者由獄官無有不用中正聽訟之兩辭由以中正之故下民得治汝獄官無有敢受貨賂成私家於獄之兩辭勿於獄之兩家受貨致富治獄受貨非家寶也惟是聚罪之事言汝身多違則不遠虛言戒行急惡疏非虛諭矣多聚罪則天報汝以衆人見被尤怨而罰責之汝當長畏惟天所罰天罰汝者非是天道不中惟人在於自作教命使不中爾教命不中則天罰汝天道罰不中也若令衆民無有善政在於天下則是人主不中天亦將罰人主諸侯爲民之主故以天罰懼之○傳敬之至儆之○正義曰此篇主多戒諸侯百官之長故知官長卽諸侯也襄十二年左傳哭諸侯之例云異姓臨於外同族於禰廟是相對則族爲同姓姓爲異姓也告之以我言多可戒懼者以儆戒之也下言民無善政則天罰人主是儆戒諸侯也○傳我敬至典刑○正義曰當使有德者惟典刑言將選有德之人使爲刑官刑官不用無德之人也○傳今天至言之○正義曰傳以相爲治今天治民者天有意治民而天不自治使人治之人君爲配天在下當承天意治民治之當使稱天心也欲稱天心聽獄當清審單辭單辭謂一人獨言未有與對之人訟者多直已以曲彼搆辭以誣人單辭特難聽故言之也孔子美子路云片言可以折獄者其由也與片言即單辭也子路行直聞於天下不肯自道已長妄稱彼短得其單辭即可以斷獄者惟子路爾凡人少能然故難聽也○傳民之至民治○正義曰獄之兩辭謂兩人競理一虛一實實者枉屈虛者得理則此民之所以不得治也民之所以得治者由典獄之官其無不以中正之心聽獄之兩辭棄虛從實實者得理虛者受刑虛者不敢更訟則刑獄清而民治矣孔子稱必也使無訟乎謂此也○傳典獄至兩辭○正義曰典獄知其虛受其貨而聽其詐詐者虛而得理獄官致富成私家此民之所以亂也故戒諸侯無使獄官成私家於獄之兩辭○傳受獄至見罪○正義曰府聚也功事也受獄貨非是家之寶也惟最聚近罪之事爾罪多必有惡報其報則以衆人見罪也衆人見罪者多天必報以禍罰故下句戒令畏天罰之○傳當長至罰之○正義曰衆人見罪者多天必報以禍罰汝諸侯等當長畏懼爲天所罰天之罰人非天道不得其中惟人在其教命自使不中教命不中則天罰之諸侯一國之君施教命於民者也故戒以施教命中否也○傳天道至罰之○正義曰天道下罰罰不中者令使衆民無有善政在於天下由人主不中爲人主不中故無善政天將亦罰人主人主謂諸侯此言戒諸侯也

王曰。嗚呼。嗣孫。今往何監。非德于民之中。尚明聽之哉。嗣孫諸侯嗣世子孫非一世自今已往當何監視非當立德於民爲之中正乎庶幾明聽我言而行之哉哲人惟刑。無疆之辭。屬于五極。咸中有慶。言智人惟用刑乃有無窮之善辭名聞於後世以其折獄屬五常之中正皆中有善所以然也○屬音燭受王嘉師。監于茲祥刑。有邦有土受王之善衆而治之者視於此善刑欲其勤而法之爲無疆之辭〔疏〕王曰至祥刑○正義曰戒之既終王又言而歎曰鳴呼汝諸侯嗣世子孫等從自今已往當何所監視非當視立德於民而爲之中正乎言諸侯并嗣世惟當視此立德於民爲之中正之事汝必視此庶幾明聽我言而行之哉有智之人惟能用刑乃有無疆之善辭得有無疆善辭者以其折獄能屬於五常之中正皆中其理而法有善政故也汝有邦有土之君受王之善衆而治之當視於此善刑從上已來舉善刑以告之欲其勤而法之使有無窮之美譽○傳言智至以然○正義曰屬謂屬著也極中也慶善也五常謂仁義禮智信人所常行之道也言得有善辭名聞於後世者以其斷獄能屬著於五常之中正皆得其理而法之有善所以得然也知五是五常者以人所常行惟有五事知是五常也

尚書注疏挍勘記卷十九　阮元撰盧宣旬摘錄

康王之誥第二十五　周書

主天子之正號　古本正作政

羣臣陳戒　纂傳陳作進

太保率西方諸侯　古本率作帥下同

若使東伯任重　纂傳伯作方

圭是文馬之物　宋板纂傳同齊召南云舊本作文馬非也据覲禮賈疏皆以璧帛致之監本作

致字是下文命同

馬卓上　閩本明監本纂傳同毛本卓作阜按阜字誤覲禮作匹馬卓上

史言王荅拜之意也　宋板言作原按纂傳已作言

自許與諸侯爲王也　纂傳同毛本王作主

皆再拜稽首　古本皆作並

誕受羑若　古本受下有厥字

務崇先人之美　纂傳美作業

文武所憂　宋板閩本同毛本武作王

言聖德治　毛本治作洽案治字誤

用端命于上帝　石經補缺于誤作弓

乃命建侯樹屏　侯上古本有諸字

樹以爲蕃屏　岳本纂傳同毛本蕃作藩疏同

安汝先公之臣服於先王而法循之　古本公作君循作修

言雖汝身在外之爲諸侯　古本岳本宋板纂傳之作土與疏合

畢命第二十六　周書　古本首題尚書卷第十二畢命第二十六周書孔氏傳

今其逸篇有冊命霍侯之事不同與此序相應非也　此與序相應浦鏜從埤傳作與此不應○按不同謂異於豐刑也漢志豐刑本異於序逸篇冊命霍侯又與漢志不同亦不與序相應故知其非也與字上宜更有不字或衍同字亦通埤傳似不可從

用能受殷王之命　岳本宋板纂傳王之二字倒與疏標目合

惟殷頑民　古本岳本宋板纂傳惟作愼是也岳本考正云愼字正釋歨字義孔疏云愼彼殷之頑民諸本作惟字非

令之北近王室　毛本北作比案北字誤

彰善癉惡　孫志祖云此彰字亦開元中所改也古彰字影字皆作章字景字不加彡禮記章義癉惡可證

辭以理實爲要　按正義當作以體

紂以靡靡利口惟賢　古本惟下有爲字纂傳有爲無惟按作爲是也若惟爲疊見則惟字當在紂字下

心未厭服　古本岳本宋板厭作壓按釋文有壓字音纂傳作厭疏同

惟公克成厥終　古本公上有畢字誤

不可不尙　古本下有道字

亦有無窮之聞　古本亦作其

以聞於後世　古本岳本宋板纂傳俱無以字

傳敬順至畢公　浦鏜云自邦之安危以下凡九節僅存一條當有脫落

所以勉勸畢公　宋板勸作勵按宋本是也

君牙第二十七　周書　宋板下行題尙書注疏卷第十九

作君牙　陸氏曰君牙或作君雅○按禮記緇衣作君雅注云書序作牙假借字也然則記自作雅經自作牙陸言或作君雅自指記言非謂經之别本或作雅也但無顯證或僞孔本有作雅者姑存以俟攷

王若曰嗚呼君牙　毛本嗚呼作鳴呼誤

亦惟先正之臣　正唐石經古岳宋板蔡本俱作王按本篇下文及説命文侯之命言先正皆無之臣二字則此正字當屬王字之譌先王之臣猶言先正爾

小民惟曰怨咨　古本曰作日下同

民猶怨咨　古本岳本宋板咨作嗟與疏標目合

厥惟艱哉　古本艱作難

以謀其易民乃寧　古本岳本宋板寧作安○按安字正釋經文寧字

故今命汝爲大司徒　宋板大司徒作我輔翼

汝當正身心以率之　宋板正身心作爲中正

啓佑我後人　古本佑作佐

文武之謀業　古本岳本葛本宋板閩本明監本纂傳同毛本武誤作王○按疏標目各本俱誤作王毛本遂併改傳非

傳文王至邪缺　按王當作武各本皆誤

王若曰君牙乃惟由先正舊典時式　山井鼎曰正永懷堂本作王古本作生並非

汝惟當奉用先正之臣所行故事　盧文弨云經當作先正傳當作先王之臣先王之臣乃解先正二字

冏命第二十八　周書

穆王命伯冏爲周太僕正　陸氏曰冏字亦作臩○今按史記周本紀正義引尙書序云穆王令伯臩爲大僕正蓋此字自魏晉以前俱作臩僞孔亦必作臩後人始改爲冏耳集解引孔安國曰伯冏名也冏字疑亦後人所改非裴氏原文

故以爲周禮太御者知非周禮太僕　浦鏜云者字疑在太僕下

則此云太僕是矣　纂傳是作足按足是也

故以太御爲長　宋板同毛本御作僕

齊訓通也　岳本閩本明監本毛本通上有中也聖訓四字案此誤脫

言侍左右之臣　毛本侍作恃按恃字不誤

今予命汝作大正　古本正上有僕字按疏云命汝作太僕官大正則大字作如字讀不讀爲太古本非也

今選其在下屬官　毛本今作令案今字誤

襄三十年左傳云　宋板十下有一字按有者是也

非是愛前人也　宋板同毛本前作側

爾無昵于憸人　昵古本作暱陸氏曰憸本亦作[illegible]

呂刑第二十九　周書

謂書籍刑將得放之篇　盧文弨云刑將得放當作刑德放是也

何以得專王刑也　宋板同毛本王作主

刖罪五百　宋板纂傳同毛本刖作剕○按周禮司刑是刖字

令穆王改易之者　毛本令作今

惟呂命王享國百年耄荒　陸氏曰耄本亦作[illegible]○按説文當作[illegible]此[illegible]字正説文[illegible]字之譌也

言百年大期　古本大期作大其屬下讀按疏云美大其事則作其是也

度作刑以詰四方　石經考文提要云坊本詰譌誥

北至命呂侯之年　宋板北作比是也毛本作此亦非

罔不寇賊鴟義　陸氏曰義本亦作誼

殺戮無辜　古本辜作罪

越茲麗刑并制　古本刑作戮

罔差有辭　古本辭作詞按山井鼎按下鰥寡有辭于苗云古文辭作詞下師聽五辭五辭簡孚無僭亂辭察辭于差獄之兩辭無疆之辭並同傳中辭字皆同今本

民興胥漸　古本胥作匹

上帝監民　古本民作人

皇帝哀矜庶戮之不辜　陸氏曰皇宜作君字○按陸氏因傳有君帝之語遂謂經之皇字宜作君不知經自作皇傳自作君傳以君帝釋經皇帝以别於秦之所謂皇帝也皇之爲君自是常訓故傳不特釋之下經官伯傳作官長亦將謂經之伯字當作長乎考單本釋文乃大書君帝二字注云君宜作皇字尤爲舛誤注疏本所載不誤也

皇帝帝堯也　岳本葛本同毛本皇作君山井鼎曰宋板君作皇正嘉同古本萬歷崇禎本俱作君今按岳葛十行閩本纂傳亦俱作皇疏引釋詁以解傳則傳宜作君明矣陸德明所據之本蓋亦作君也

乃報爲虐者以威誅遏絶苗民　古本絶下有滅字按如古本則誅字宜屬下讀

蚩尤是炎帝之末諸侯君也　閩本同毛本君作名按君字誤

皇帝所伐者　毛本皇作黃案所改是也

學蚩尤爲此者　浦鏜云亂誤此是也

三生凶德　孫志祖云禮緇衣疏引鄭注作凶惡

必皆違之　宋板皆作背按宋本是也

傳君帝至下國　山井鼎曰注文古本萬歷崇禎本作君帝其餘注疏本皆作皇帝而疏所引諸本皆作君帝未知所適從耳○按十行本亦作君盆知傳文宜作君帝

使人神不擾　古本人作祇按祇乃民之訛

地民不至於天　疏云地民或作地祇學者多聞神祇又民字似祇因妄改使謬耳毛居正曰祇作民誤○按此傳全本楚語楚語民神對言故傳亦以神民對言疏説甚明毛氏不從何也岳本纂傳及明刻注疏諸本俱作祇蓋爲毛氏所誤惟此本不誤

禹治洪水　宋板治下空一字按治上疑有平字

今爾罔不由慰曰勤　按段玉裁云曰勤釋文作日月字人實反一音曰音曰音曰當作音越正義作子曰

字云言曰我當勤之王鳴盛云孔傳令汝無不用安自居曰當勤之按曰當勤之下文所謂徒念戒而不勤也孔本本作曰字今定作曰唐石經作日非也

欲令其謙而勿自取也　閩本同毛本取作恃

或當曰欲勤行　宋板閩本同毛本曰作日

當何所度　史記集解度作居按度與宅古字通用宅訓居故疏云何所謀度非惟度及世之用刑輕重所宜乎是也裴氏所引殆有意遷就非孔氏本文

其罪惟均　岳本均作鈞

使與罰各相當　古本岳本宋板史記集解各作名與疏合按纂傳亦誤作各

刖足曰剕　古本剕下有刑字按以上兩節傳例之當有刑字

必令內之與證　毛本內作囚按內字誤

其當清證審察　盧文弨云證當作澄楚辭不清澂其然否下同

或記可刑　宋板閩本同毛本記作皆盧文弨云作記非

皆當嚴敬天威天威勿輕聽用刑也　毛本天威二字不重此誤重也閩本誤同

覩其犯狀　閩本同毛本覩作觀案覩字誤

或雖有證見事非疑似　閩本同毛本非作涉

無服疑似之狀　宋板服作復是也

捐害王道　閩本同毛本捐作損是也

四有親戒在官吏　閩本同毛本戒作威

而此是也　宋板而作即

今律和合御藥　宋板倒和合二字山井鼎曰見于唐律十惡之條作合和爲是

或可以爲赦　閩本同毛本作或以爲可赦案所改是也

正義曰釋詁云　宋板詁作言按言字不誤

此經歷言二百三百五百者　山井鼎曰正嘉二本同閩本同宋本三百作二百毛本二百作一百案宋本二百似複衍毛本一百亦疑誤

有要善　岳本纂傳善作義與疏不合俟攷

輕重應居官當者　毛本重作罪案重字誤

謂上其鞠劾文辭　古本岳本宋板鞠作鞫岳本考證云說文窮理罪人曰鞫中應從言爲是

當哀憐之下民之犯法　宋板憐下無之字

故云臨事時宜　宋板時作制按時字非也

言汝身多違則不違盧言戒行急惡疏非虛論矣　浦鏜云一十九字當誤衍盧文弨云刪此十九字義無不足定是衍又無疑○按此數句疑是他節疏文誤入于此而又多誤字遂不可解

惟最聚近罪之事爾　宋板最作是

故下句戒令畏天罰之　宋板之作也是也

尚明聽之哉　葛本聽誤作德

尚書注疏校勘記卷十九

附釋音尚書注疏卷第二十

文侯之命第三十　周書　孔氏傳　孔穎達疏

平王錫晉文侯秬鬯圭瓚。以圭爲杓柄謂之圭瓚○平王馬無平字錫星歷反馬本作賜秬音巨鬯勑亮反瓚才但反杓上灼反柄彼病反　作文侯之命。所以名篇幽王爲犬戎所殺平王立而東遷洛邑晉文侯迎送安定之故錫命焉　文侯之命。平王命爲侯伯

〔疏〕平王至之命○正義曰幽王嬖褒姒廢申后逐太子宜臼宜臼奔申申侯與犬戎既殺幽王晉文侯與鄭武公迎宜臼立之是爲平王遷於東都平王乃以文侯爲方伯賜其秬鬯之酒以圭瓚副焉作策書命之史錄其策書作文侯之命○傳以圭至圭瓚○正義曰祭之初酌鬱鬯之酒以灌尸圭瓚者酌鬱鬯之杓杓下有槃瓚即槃之名也是以圭爲杓之柄故謂之圭瓚周禮典瑞云祼圭有瓚以肆先王以祼賓客鄭司農云於圭頭爲器可以挹鬯祼祭謂之瓚以肆先王灌先王祭也鄭玄云肆解牲體以祭因以爲名爵行曰祼漢禮瓚槃大五升口徑八寸下有槃口徑一尺詩云瑟彼玉瓚黃流在中毛傳云玉瓚圭瓚也黃金所以飾流鬯也鄭云黃流秬鬯也圭瓚之狀以圭爲柄黃金爲勺青金爲外朱中央是說圭瓚之形狀也禮無明文而知其然者祭統云君執圭瓚祼尸大宗執璋瓚亞祼鄭云圭瓚璋瓚祼器也以圭璋爲柄酌鬱鬯曰祼然則圭瓚璋瓚惟柄以圭璋爲異其瓚形則同考工記玉人云祼圭尺有二寸有瓚以祀廟大璋中璋九寸邊璋七寸厚寸黃金勺青金外朱中鼻寸鄭云鼻勺流也凡流皆爲龍口也三璋之勺形如圭瓚是鄭以璋形如此知圭瓚亦然毛傳又云九命然後錫以秬鬯圭瓚則晉文侯於時九命爲東西大伯故得受此賜也秬鬯從經爲傳故此惟解圭瓚○傳所以至命焉○正義曰周本紀云幽王嬖褒姒褒姒生子伯服幽王廢申后并去太子用褒姒爲后伯服爲太子申侯怒乃與西夷犬戎共攻殺幽王於是諸侯乃與申侯共立太子宜臼是爲平王東徙於洛邑避戎寇隱六年左傳周桓公言於王曰我周之東遷晉鄭焉依鄭語云晉文侯於是乎定天子是迎送安定之故平王錫命焉○傳平王命爲侯伯○正義曰伯長也諸侯之長謂之伯也僖元年左傳云凡侯伯救患分災討罪禮也是與諸侯之長爲侯伯王肅云幽王既滅平王東遷晉文侯鄭武公夾輔王室者爲大國功重故平王命爲侯伯

王若曰。父義和。順其功而命之文侯同姓故稱曰父義和字也稱父者非一人故以字別之○義和馬云能以義和諸侯義本作誼別彼列反　丕顯文武。克慎明德。大明乎文王武王之道能詳愼顯用有德　昭升于上。敷聞在下。惟時上帝集厥命于文王。更述文王所以王也言文王聖德明升于天而布聞在下居惟以是故上天集成其王命德流子孫○聞音問王于況反　亦惟先正。克左右昭事厥辟。言君既聖明亦惟先正官賢臣能左右明事其君所以然○辟必亦反　越小大謀猷。罔不率從。肆先祖懷在位。文王君聖臣良於小大所謀道德天下無不循從其化故我後世先祖歸在王位　〔疏〕王若至在

位。○正義曰平王順文侯之功親之敬而呼其字曰父義和既呼其字乃告以上世之事大明乎文王武王之道能詳順顯用有德之人以爲大臣文王之爲王也聖德明升於天言其道至天也又布聞於在下言其德被民也惟以是故上天成其大命於文王使之身爲天子澤流後世文武聖明如此亦惟先世長官之臣能左右明事其君君聖臣賢之故於小大所謀道德天下無有不循從其化故我之先祖文武之後諸王皆得歸在王位言先世聖王得賢臣之力將說已無賢臣故言此也○傳順其至別之○正義曰覲禮說天子呼諸侯之義曰姓大國則曰伯父其異姓則曰伯舅同姓小國則曰叔父其異姓則曰叔舅鄭玄禮注云稱伯以父與舅親親之辭晉文侯唐叔之後與王同姓故稱曰父曲禮天子謂二伯爲伯父伯舅計文侯爲侯伯天子當呼爲伯父此不云伯而直稱父者光親之也左傳以文侯名仇今呼曰義和知是字也天子於同姓諸侯皆呼爲父稱父者非一人若不稱其字無以知是文侯故以字別之鄭玄讀義爲儀儀仇皆訓匹也兹名仇字儀古人名字不可皆令相配不必然也○傳文王至王位○正義曰後世先祖謂文武之後在令王之先祖成康以至宣幽皆是也懷歸也歸在王位者王位是其所有也若歸向家然故稱歸也

嗚呼。閔予小子嗣。造天丕愆。歎而自痛傷也言我小子而遭天大罪過父死國敗祖業隤隕。○予如字又音與愆去虔反隤杜回反隕于敏反殄資澤于下民。侵戎我國家純。言周邦喪亂絕其資用惠澤於下民侵兵傷我國及卿大夫之家禍甚大。○殄大見反即我御事。罔或耆壽俊在厥服。予則罔克。所以遇禍即我治事之臣無有耆宿壽考俊德在其服位我則材劣無能之致〈疏〉嗚呼至罔克○正義曰王又歎而自傷嗚呼疲病者是我小子繼嗣先王之位遭天大罪過於我周家父死國敗傾覆祖業致使周邦喪亂絕其資用惠澤於下民言下民資用盡致使而王澤竭也西夷犬戎侵兵傷我國及卿大夫之家其禍亦甚大也所以遇此禍者即我治事之臣無有耆宿壽考俊德之人在其服位我則材弱無能之致自恨已弱不能致得賢臣恐又不能自立也○傳言周至甚大○正義曰此經所言追敘幽王滅事民不自治立君以養之民之資用是王者佑助以得之言周邦喪亂不能撫佑下民絕其資用惠澤於下民也幽王之滅由夷狄交侵兵傷我國及卿大夫之家其禍甚大諸言國家者皆謂國爲國家傳意欲見君臣俱被其害故以家爲卿大夫之家王肅云遭天之大愆謂幽王爲犬戎所殺殄絕其先祖之澤於下民侵犯兵寇傷我國家甚大謂犬戎也○傳所以至之致○正義曰此經亦是追敘往事言幽王所以遇禍者即我周家治事之臣無有耆宿壽考俊德之人在其服位致使有犬戎之禍亦是我材劣無能之致幽王之時平王被逐在外國之興亡非平王所知言我無能之致者引過歸己自懼將來復然故下句思得賢臣

曰。惟祖惟父。其伊恤朕躬。嗚呼。有績予一人永綏在位。王曰同姓諸侯在我惟祖惟父列者其惟當憂念我身嗚呼能有成功則我一人長安在王位言恃諸侯父義和。汝克紹乃顯祖。重稱字親之不稱名尊之言汝能明汝顯祖唐叔之道獎之汝肇刑文武。用會紹乃辟。追孝于前文人。言汝今始法文武之道矣當用是道合會繼汝君以善使追孝於前文德之人汝君平王自謂也繼先祖之志爲孝○辟扶亦反汝多修。扞我于艱。若汝予嘉。戰功曰多言汝之功多甚修矣乃扞我於艱難謂救周誅犬戎汝功我所善之○扞下旦反注同〈疏〉曰惟至予嘉○正義曰王又言我以無能之致私爲言曰同姓諸侯惟我祖之列者惟我父之列者其惟當憂念我身又自傷歎嗚呼此諸侯等若有能助我有功則我一人長安在王位言已無能惟將賴諸侯也又呼文侯字曰父義和汝能明汝顯祖唐叔之道汝始法文武之道用是道合會繼汝君以善追孝於前世文德之人救周之國汝功爲多甚修矣乃能扞蔽我於艱難謂救周誅犬戎也如汝之功是我所善陳其前功以勤勉之○傳王曰至諸侯○正義曰文侯是同姓諸侯王言已未得文侯之時常望同姓助已王私爲言曰同姓諸侯在我惟祖惟父列者惟當憂念我身伊訓惟也望得同姓之間有憂已者以思謂未得更歎而爲言嗚呼同姓諸侯若有能助我有功則我一人長得安在王位言已恃賴諸侯思得其人在後果得文侯告文侯以此言言已思文侯之功○傳重稱至獎之○正義曰天子之於諸侯當稱父舅而已既呼其父又稱其字所以別他人也初則別於他人重則可以已矣重稱其字者親之也禮君父之前曰名朋友之交曰字是名重於字也輕前人則斥其名尊前人則避其重故不稱其名尊之也不於上文作傳於此言尊之者就此親之并解之也昭乃顯祖不知所斥以晉之上世有功名者惟有唐叔耳故知明汝顯祖唐叔之道所以勸獎之令其繼唐叔之業也○傳言汝至爲孝○正義曰以其初有大功終當不殞其業故言始法文武之道當用是文武之道合會繼汝君以善令以功德佐汝君使汝君繼前世追行孝道於前世文德之人汝君者平王自謂也先祖之志在於平定天下故子孫繼父祖之志爲孝也○傳戰功至所善○正義曰戰功曰多者周禮司勳文又云王功曰勳國功曰功民功曰庸事功曰勞治功曰力戰功曰多彼有此六功也言功多殊於他人故云汝之功多甚修矣言其功修整美其功之善也文侯之功在於誅犬戎立平王言乃扞蔽我於艱難知謂救周誅犬戎也若訓如也如汝之功我所嘉也王肅云云如汝之功我所善也

王曰。父義和。其歸視爾師。寧爾邦。遣令還晉國其歸視汝衆安汝國內上下○令力呈反用賚爾秬鬯一卣。黑黍曰秬釀以鬯草不言圭瓚可知卣中鐏也當以錫命告其始祖故賜鬯○賚力代反卣音酉又音由釀女亮反彤弓一。彤矢百。盧弓一。盧矢百。彤赤盧黑也諸侯有大功賜弓矢然後專征伐彤弓以講德習射藏示子孫○彤徒冬反馬四匹。馬供武用四匹曰乘侯伯之賜無常以功大小爲度○供音恭父往哉。柔遠能邇。惠康小民。無荒寧。父往歸國哉懷柔遠人必以文德能柔遠者必能柔近然後國安安小人之道必以順無荒廢人事而自安簡恤爾都。用成爾顯德。當簡核汝所任憂治汝都鄙之人人和政治則汝顯用有德之功成矣不言鄙由近以及遠○核尹華反治直吏反〈疏〉王曰至顯德○正義曰王既陳其功乃賚賜之王曰父義和其當歸汝晉國視汝衆民安汝國內上下用賜汝秬鬯之酒一卣鐏歸以告祭汝之始祖又賜汝彤弓一彤矢百盧弓一盧矢百馬四匹父往歸國哉必以文德安彼遠人欲安遠必能安近是遠近乃得安耳當以順道安汝之小民無得荒廢人事以自安逸簡核汝所任之臣憂治汝都鄙之人民用成汝顯明之德戒使歸國善治民也○傳黑黍至賜鬯○正義曰釋草云秬黑黍李巡曰黑黍一名秬周禮鬱人掌和鬱鬯以實彝而陳之鄭云鬱鬱金香草也築鬱金黃之以和鬯酒鄭衆云鬱爲草若蘭又有鬯人掌供秬鬯鄭玄云鬯釀秬爲酒芬香調暢於上下也如彼鄭說釀黑黍之米爲酒築鬱金之草煮以和之此傳言釀以鬯草似用鬯草合釀不同者終是以鬯和黍米之酒或先或後言之耳詩美宣王賜召穆公云釐爾圭瓚秬鬯一卣告于文人知賜秬鬯者必以圭瓚副焉此不言圭瓚明并賜之可知也卣中尊也釋器文孫炎云樽彝爲上罍爲下卣居中郭璞曰在罍彝之間即犧象壺著大山等六尊是也周禮司尊彝云春祠夏禴祼用雞彝鳥彝秋嘗冬烝祼用斝彝黃彝則祭時實鬯酒於彝此用卣者未祭則盛於卣及祭則實於彝此初賜未祭故盛以卣也詩稱告于文人毛傳云文人文德之人也鄭玄云王賜召虎以鬯酒一尊使以祭其宗廟告其先祖諸有德美見記也然則得秬鬯之賜當徧告宗廟此傳惟言告始祖者舉祖之尊者言之耳○傳彤赤至子孫○正義曰彤字從丹旅字從玄故彤赤旅黑也是諸侯有大弓賜弓矢然後專征伐禮記王制文也周禮司弓矢掌六弓其名王弧夾庾唐大鄭玄云六者弓異體之名也往體寡來體多曰王弧往體多來體寡曰夾庾往體來體若一曰唐大經又云唐弓大弓以授學射者使者勞者鄭云學射者弓用中役習強弱則易也使者勞者弓亦用中遠近可也勞者勳勞王事若晉文侯受弓矢之賜者鄭玄以此彤弓旅弓爲周禮唐弓大弓唐大是弓強弱之名彤旅是弓赤黑之色孔意亦當然也此傳及毛傳皆云彤弓以講德習射用周禮爲說也唐弓大弓以授學射者是習射也授使者勞者是講德也講論知其有德乃賜之耳襄八年左傳云晉范宣子來聘季武子賦彤弓宣子曰城濮之役我先君文公受彤弓于襄王以爲子孫藏杜預云藏之以示子孫○傳馬供至爲度○正義曰六畜特以馬賜之者爲馬供武用故也周禮校人云乘馬一師四圉圉養一馬是四匹曰乘乘車必駕四馬故也司勳云凡賞無常輕重視功是侯伯之賜無常以功大小爲度○傳父往至相安○正義曰論語云遠人不服則修文德以來之是懷柔遠人必以文德也能柔遠者必能柔近遠近俱安然後國安惠順也康安也言順安小民者安小民之道必以順道安之故言順安也順者順小民之心爲其政也論語云因民之所利而利之是順安也○傳當簡至及遠○正義曰簡恤者共有爾都之文當簡核汝都內善人而任之令以德憂治汝都鄙之人人和政治則汝顯用有德之功成矣言用賢之名既成國君之治亦成也鄭云都國都也鄙邊邑也言都不言鄙由近以及遠也

費誓第三十一

周書　孔氏傳　孔穎達疏

魯侯伯禽宅曲阜。治封之國居曲阜○伯禽魯侯名徐夷並興。東郊不開。徐戎淮夷並起爲寇於魯故東郊不開○開舊讀皆作開馬本作闢作費誓。魯侯征之於費地而誓衆也諸侯之事而連帝王孔子序書以魯有治戎征討之備秦有悔過自誓之戒足爲世法故錄以備王事猶詩錄商魯之頌○費音祕

費誓。費魯東郊之地名〈疏〉魯侯至費誓○正義曰魯侯伯

禽於成王即政元年始就封於魯居曲阜之地於時徐州之戎淮浦之夷並起爲寇於魯東郊之門不敢開闢魯侯時爲方伯率諸侯征之至費地而誓戒士衆史錄其誓辭作費誓○傳徐戎至不開○正義曰經稱淮夷徐戎序言徐夷略之也此戎夷在魯之東諸侯之制於郊有門恐其侵逼魯境故東郊之門不開○傳費魯至地名○正義曰甘誓牧誓皆至戰地而誓知費非戰地者東郊不開則戎夷去魯近矣此誓令其治兵器具糗糧則是未出魯境故知費是魯東郊地名非戰處也

公曰。嗟。人無譁。聽命。伯禽爲方伯監七百里內之諸侯帥之以征歎而勑之使無喧譁欲其靜聽誓命○譁戸瓜反監工銜反

徂茲淮夷徐戎並興。今往征此淮浦之夷徐州之戎並起爲寇此戎夷帝王所羈縻統敘故錯居九州之內秦始皇逐出之

善敹乃甲冑。敿乃干。無敢不弔。言當善簡汝甲鎧冑兜鍪施汝楯紛無敢不令至攻堅使可用○敹了彫反敿居表反弔音的鎧苦代反兜丁侯反鍪音矛楯常準反又音允紛芳云反令力呈反

備乃弓矢。鍛乃戈矛。礪乃鋒刃。無敢不善。備汝弓矢弓調矢利鍛鍊戈矛磨礪鋒刃皆使無敢不功善○鍛丁亂反礪力世反鍊來見反

〔疏〕公曰至不善○正義曰魯侯將征徐戎召集士衆歎而勑之公曰嗟在軍之人無得喧譁皆靜而聽我誓命在往征此淮浦之夷徐州之戎以其並起爲寇故也汝等善簡擇汝之甲冑施汝楯紛無敢不令至攻極堅備汝弓矢一弓百矢令之弓調矢利鍛鍊汝之戈矛磨礪汝之鋒刃無敢不使皆善戒之使善言不善將得罪也○傳伯禽至誓命○正義曰禮諸侯不得專征伐惟州牧於當州之內有不順者得專征之於時伯禽爲方伯監七百里內之諸侯故得帥之以征戎夷王制云千里之外設方伯以八州八伯是州別立一賢侯以爲方伯卽周禮大宗伯云八命作牧是也禮記明堂位云封周公於曲阜地方七百里孔意以周之大國不過百里禮記云七百里者監此七百里內之諸侯非以七百里地并封伯禽也下云魯人三郊三遂指言魯人明於時軍內更有諸侯之人故知帥七百里內諸侯之人以之共征也鄭云人謂軍之士衆及費地之民案下句令塡塞坑穽必使軍旁之民塞之或當如鄭言也○傳今往至出之○正義曰詩美宣王命程伯休父率彼淮浦省此徐土知淮夷是淮浦之夷徐戎是徐州之戎也四海之名東方曰夷西方曰戎謂在九州之外此徐州淮浦中夏之地而得有戎夷者此戎夷帝王之所羈縻而統敘之不以中國之法齊其風俗故得雜錯居九州之內此伯禽之時有淮浦者淮浦之夷並起詩美宣王命召穆公平淮夷則戎夷之處中國久矣漢時內地無戎夷者秦始皇逐出之始皇之崩至孔之初惟可三四十年古老猶在及見其事故孔得親知之也王肅云皆紂時錯居中國經傳不說其事無以知紂時來也○傳言當至可用○正義曰世本云杼作甲宋仲子云少康子杼也說文云冑兜鍪也兜鍪首鎧也經典皆言甲冑秦世已來始有鎧兜鍪之文古之作甲用皮秦漢已來用鐵鎧鍪二字皆從金蓋用鐵爲之而因以作名也甲冑爲有善有惡故令敹簡取其善者鄭云敹謂穿徹之謂甲繩有斷絕當使敹理穿治之干是楯也敿乃干必施功於楯但楯無施功之處惟繫紛於楯故以爲敿汝楯紛紛如綬而小繫於楯以持之且以爲飾鄭云敿猶繫也王肅云敿楯當有紛繫持之是相傳爲此說也弔訓至也無敢不令至極攻堅使可用鄭云至猶善也○傳備汝至功善○正義曰備訓具也每弓百矢弓十矢千使其數備足令弓調矢利案毛傳云五十矢爲束或臨戰用五十矢爲束凡金爲兵器皆須鍛礪有刃之兵非獨戈矛而已云鍛鍊戈矛磨礪鋒刃令其文互相通稱諸侯兵器皆使無敢不功善令皆利快也

今惟淫舍牿牛馬。今軍人惟大放舍牿牢之牛馬言軍所在必放牧也○牿工毒反

杜乃擭。敜乃穽。無敢傷牿。牿之傷。汝則有常刑。擭捕獸機檻當杜塞之穽穿地陷獸當以土窒敜之無敢令傷所以牿牢之牛馬牛馬之傷汝則有殘人畜之常刑○杜本又作敗擭華化反徐戸覆反敜徐乃協反又乃結反穽在性反檻戸減反窒珍栗反畜許六反又丑六反

〔疏〕今惟至常刑○正義曰此戒軍旁之民也今軍人惟欲大放舍牿牢之牛馬令牧於野澤杜汝捕獸之擭塞汝陷獸之穽無敢令傷所放牿牢之牛馬牛馬之傷汝則有殘害人畜之常刑○傳今軍至放牧○正義曰淫訓大也周禮充人掌繫祭祀之牲牷祀五帝則繫于牢芻之三月鄭玄云牢閑也校人掌王馬之政天子十有二閑馬六種然則養牛馬之處謂之牢閑牢閑是周衛之名也此言大舍牿牛馬則是出之牢閑牧於野澤令其逐草而牧之故謂此牢閑之牛馬爲牿牛馬而知牿卽閑牢之謂也故言大放舍牿牢之牛馬言軍人所在必須放牧此告軍旁之民也旣言牛馬在牿遂以牿爲牛馬之名下云無敢傷牿謂傷牛馬牿之傷謂牛馬傷也鄭玄以牿爲桎梏之梏施梏於牛馬之腳使不得走失○傳擭捕至常刑○正義曰周禮冥氏掌爲阱擭以攻猛獸知穽擭皆是捕獸之器也檻以捕虎豹穿地爲深坑又設機於上防其躍而出也穽以捕小獸穿地爲深坑入必不能出其上不設機也穽以穿地爲名擭以得獸爲名擭亦設於穽中但穽不設機爲異耳杜塞之窒敜之皆閉塞之義使之塡坑廢機無敢令傷所放牿牢之牛馬牛馬之傷汝則有殘人畜之常刑今律文施機槍作坑穽者杖一百傷人之畜產者償所減價王肅云杜閉也擭所以捕禽獸機檻之屬敜塞也穽穿地爲之所以陷墮之恐害牧牛馬故使閉塞之鄭玄云山林之田春始穿地爲穽或設擭其中以遮獸擭作鄂也

馬牛其風。臣妾逋逃。勿敢越逐。馬牛其有風佚臣妾逋亡勿敢棄越壘伍而求逐之役人賤者男曰臣女曰妾○逋布吳反佚音逸

祗復之。我商賚爾。衆人其有得佚馬牛逃臣妾皆敬還復之我則商度汝功賜與汝○商如字徐音章賚力代反徐音來度待洛反

乃越逐不復。汝則有常刑。越逐爲失伍不還爲攘盜汝則有此常刑○攘如羊反

無敢寇攘。踰垣牆。軍人無敢暴劫人踰越人垣牆物有自來者無敢取之○垣音袁

竊馬牛。誘臣妾。汝則有常刑。軍人盜竊馬牛誘偷奴婢汝則有犯軍令之常刑

甲戌。我惟征徐戎。誓後甲戌之日我惟征之

峙乃糗糧。無敢不逮。汝則有大刑。皆當儲峙汝糗糒之糧使足食無敢不相逮及汝則有乏軍興之死刑○峙直里反爾雅云具也糗去九反一音昌紹反糧音良糒音備

魯人三郊三遂。峙乃楨榦。甲戌。我惟築。總諸國之兵而但稱魯人峙具楨榦道近也題曰楨旁曰榦言三郊三遂明東郊距守不峙甲戌日當築攻敵壘距堙之屬○楨徐音貞榦工翰反築陟六反守手又反堙音因

無敢不供。汝則有無餘刑。非殺。峙具楨榦無敢不供汝則無有餘之刑刑者非一也然亦非殺汝○供音恭

魯人三郊三遂。峙乃芻茭。無敢不多。汝則有大刑。郊遂多積芻茭供軍牛馬不多汝則亦有乏軍興之大刑○芻初俱反茭音交

〔疏〕馬牛至大刑○正義曰馬牛其有放佚臣妾其有逋逃汝無敢棄越壘伍而遠求逐之其有得逸馬牛逃臣妾皆敬還復之歸於本主我則商度汝功賞賜汝汝若棄越壘伍遠求逐馬牛臣妾及有得馬牛臣妾不肯敬還復歸本主者汝則有常刑○傳馬牛至曰妾○正義曰僖四年左傳云唯是風馬牛不相及也賈逵云風放也牝牡相誘謂之風然則馬牛風佚因牝牡相逐而遂至放佚遠去也逋亦逃也軍士在軍當各守部署止則有壘壁行則有隊伍勿敢棄越壘伍而遠求逐之周禮太宰以九職任萬民八曰臣妾聚斂疏材僖十七年左傳云晉惠公之妻梁嬴孕過期卜招父與其子卜之其子曰將生一男一女招曰然男爲人臣女爲人妾是役人賤者男曰臣女曰妾也古人或以婦女從軍故云臣妾逋逃也○傳皆當至死刑○正義曰峙具也預貯米粟謂之儲峙鄭衆云糗熬大豆及米也說文云糗熬米麥也鄭玄云糗擣熬穀也謂熬米麥使熟又擣之以爲粉也糒乾飯也糗糒是行軍之糧皆當儲峙汝糗糒之糧使在軍足食無敢不相逮及謂儲糧少不及衆人汝則有乏軍興之死刑興軍征伐而有乏之少謂之乏興今律乏軍興者斬○傳摠諸至之屬○正義曰指言魯人明更有他國之人摠諸國之兵而但謂魯人峙具楨榦爲道近故也峙具楨榦以擬築之用題曰楨謂當牆兩端者也旁曰榦謂在牆兩邊者也釋詁云楨榦也舍人曰楨正也築牆所立兩木也榦所以當牆兩邊障土者三郊三遂謂魯人三軍周禮司徒萬二千五百家爲鄉司馬法萬二千五百人爲軍小司徒云凡起徒役無過家一人是家出一人一鄉爲一軍天子六軍出自六鄉則諸侯大國三軍亦當出自三鄉也周禮又云萬二千五百家爲遂遂人職云以歲時稽其人民簡其兵器以起征役則六遂亦當出六軍鄉爲正遂爲副耳鄭衆云六遂之地在王國百里之外然則王國百里爲郊鄉在郊內遂在郊外釋地云邑外謂之郊孫炎曰邑國都也設百里之國去國十里爲郊則諸侯之制亦當鄉在郊內遂在郊外此言三郊三遂者三郊謂三鄉也蓋使三鄉之民分在四郊之內三遂之民分在四郊之外鄉近於郊故以郊言之鄉遂之民分在國之四面當有四郊四遂惟言三郊三遂者明東郊令留守不令峙楨榦也上云甲戌我惟征徐戎此云甲戌我惟築期以至日卽築當築攻敵之壘距堙之屬兵法攻城築土爲山以闕望城內謂之距堙襄六年左傳云晏弱城東陽而遂圍萊甲寅堙之環城傅於堞杜預云堞女牆也堙土山也周城爲土山及女牆宣十五年公羊傳楚子圍宋使司馬子反乘堙而闚宋城宋華元亦乘堙而出見之何休云堙距堙上城具也是攻敵城壘必有距堙知築者築距堙之屬也○傳峙具至殺汝○正義曰上云無敢不逮此云無敢不供下云無敢不多文異者糗糧難備不得偏少故云無敢不逮楨榦易得惟恐闕事故云無敢不供芻茭賤物惟多爲善故云無敢不多量事而爲文也不供汝則有無餘之刑者言刑者非一謂合家盡刑之王肅云汝則有無餘刑父母妻子同産皆坐之無遺免之者故謂無餘之刑然入於罪隸亦不殺之鄭玄云無餘刑非殺者謂盡奴其妻子不遺其種類在軍使給廝役反則入於罪隸舂臺不殺之周禮司厲云其奴男子入於罪隸女子入於舂臺鄭玄云奴從坐而沒入縣官者男女同名鄭衆云輸於罪隸舂人臺人之官也然不

供楨榦雖是大罪未應緣坐盡及家人蓋亦權以脅之使勿犯耳○芻茭○正義曰鄭云茭乾芻也

秦誓第三十二　周書　孔氏傳　孔穎達疏

秦穆公伐鄭。遣三帥帥往伐之○事見魯僖公三十三年三帥謂孟明視西乞術白乙丙帥色類反下注同晉襄公帥師敗諸崤。崤晉要塞也以其不假道伐而敗之囚其三帥○崤戶交反塞悉代反假工下反還歸作秦誓。晉舍三帥還歸秦穆公悔過作誓

秦誓。貪鄭取敗悔而自誓〔疏〕秦穆至秦誓○正義曰秦穆公使孟明視西乞術白乙丙三帥帥師伐鄭未至鄭而還晉襄公帥師敗之於崤山囚其三帥後晉舍三帥得還歸於秦秦穆公自悔己過誓戒羣臣史錄其誓辭作秦誓○傳遣三至伐之○正義曰左傳僖三十年晉文公與秦穆公圍鄭鄭使燭之武說秦伯秦伯竊與鄭人盟使杞子逢孫揚孫戍之乃還三十二年杞子自鄭使告于秦曰鄭人使我掌其北門之管若潛師以來國可得也穆公訪諸蹇叔蹇叔曰不可公辭焉召孟明西乞白乙使出師伐鄭是遣三帥師往伐之事也序言穆公伐鄭嫌似穆公親行故辨之耳○傳崤晉至三帥○正義曰杜預云殽在弘農澠池縣西築城守道謂之塞言其要塞盜賊之路也崤山險阨是晉之要道關塞也從秦嚮鄭路經晉之南境於南河之南崤關而東適鄭禮征伐朝聘過人之國必遣使假道晉以秦不假道故伐之左傳僖三十二年晉文公卒三十三年秦師及滑鄭商人弦高將市於周遇之矯鄭伯之命以牛十二犒師孟明曰鄭有備矣不可冀也攻之不克圍之不繼吾其還也滅滑而還晉先軫請伐秦師襄公在喪墨縗絰夏四月敗秦師于殽獲百里孟明視西乞術白乙丙以歸是襄公親自帥師敗之囚其三帥也春秋之例君將不言帥師舉其重者此言襄公帥師依實爲文非彼例也又春秋經書此事云晉人及姜戎敗秦師于殽實是晉侯而書晉人者杜預云晉侯諱背喪用兵通以賤者告也是言晉人告魯不言晉侯親行而云大夫將兵夫賤不合書名氏故稱人也直言敗秦師于殽不言秦之將師之名亦諱背喪用兵故言辭略也○傳晉舍至作誓○正義曰左傳又稱晉文公之夫人文嬴秦女也請三帥曰彼實構吾二君寡君若得而食之不厭君何辱討焉使歸就戮于秦以逞寡君之志若何公許之秦伯素服郊次嚮師而哭曰孤違蹇叔以辱二三子孤之罪也不替孟明孤之過也是晉舍三帥而得還秦穆公於是悔過作誓序言還歸謂三帥還也嫌穆公身還故辨之公羊傳說此事云匹馬隻輪無反者左傳稱秦伯嚮師而哭則師亦少有還者

公曰。嗟我士。聽無譁。誓其羣臣通稱士也予誓告汝羣言之首。衆言之本要

古人有言曰。民訖自若是多盤。言民之行已盡用順道是多樂稱古人言悔前不順忠臣○樂音洛責人斯無難。惟受責俾如流。是惟艱哉。人之有非以義責之此無難也若已有非惟受人責即改之如水流下是惟艱哉○俾必爾反下同我心之憂。日月逾邁。若弗云來。言我心之憂欲改過自新如日月並行過如不復云來雖欲改悔恐死及之無所益○復扶又反〔疏〕公曰至云來○正義曰穆公自悔伐鄭召集羣臣而告之公曰咨嗟我之朝廷之士聽我告於汝無得喧嘩我誓告汝衆言之首語汝以言中之最要者古人有言曰民之行已盡用順道是多樂言順善事則身大樂也見他有非理以義責之此無難也惟已有非理受人之責即能改之使如水之流下此事是惟難哉言已往之前不受人言故自悔也今我心憂欲自改過自新但日月益爲疾行如似不復云來恐已老死不得改悔也○傳誓其至稱士○正義曰士者男子之大號故羣臣通稱之鄭云誓其羣臣下及萬民獨云士者舉中言之○傳言民至忠臣○正義曰訖盡也自用若順盤樂也盡用順道則有福有福則身樂故云是多樂也稱古人言者悔前不用古人之言不順忠臣之謀故也昔漢明帝問東平王劉蒼云在家何者爲樂對曰爲善最樂是其用順道則多樂○傳言我至所益○正義曰逾益邁行也員即云也言日月益爲疾行並皆過去如似不復云來畏其去而不復來夜而不復明言己年老前途稍近雖欲改悔恐死及之不得修改身無所益也王肅云年已衰老恐命將終日月遂往若不云來將不復見日月雖欲改過無所及益自用改過遲晚深自咎責之辭

惟古之謀人。則曰未就予忌。惟爲我執古義之謀人謂忠賢蹇叔等也則曰未成我所欲反忌之耳○爲于僞反下爲我謀同惟今之謀人。姑將以爲親。惟指今事爲我所謀之人我且將以爲親而用之悔前違古從今以取破敗〔疏〕惟古至爲親○正義曰此穆公自說已之前過我欲伐鄭之時羣臣共爲謀計惟爲我執古義之謀人我則曰未成我之所欲反猜忌之惟指今事爲我所謀之人我且將以爲親已而用之悔前違古從今自取破敗也其古之謀人當謂忠賢之臣若蹇叔之等今之謀人勸穆公使伐鄭者蓋謂杞子之類國內亦當有此人

雖則云然。尚猷詢茲黃髮則罔所愆。言前雖則有云然之過今我庶幾以道謀此黃髮賢老則行事無所過矣番番良士。旅力既愆。我尚有之。勇武番番之良士雖衆力已過老我今庶幾欲有此人而用之○番音波仡仡勇夫。射御不違。我尚不欲。仡仡壯勇之夫雖射御不違我庶幾不欲用自悔之至○仡許乞反惟截截善諞言。俾君子易辭。我皇多有之。昧昧我思之。惟察察便巧善爲辨佞之言使君子迴心易辭我前多有之以我昧昧思之不明故也○截才節反馬云辭語截削省要也諞音辨徐敷連反又甫淺反馬本作偏云少也辭約損明大辨佞之人易羊石反昧音妹

如有一介臣。斷斷猗。無他伎。其心休休焉。其如有容。如有束脩一介臣斷斷猗然專一之臣雖無他伎藝其心休休焉樂善其如是則能有所容言將任之○介音界馬本作界云一介耿介一心端慤者字又作个音工佐反斷丁亂反又音短猗於綺反又於宜反技其綺反本亦作伎他本亦作它吐何反樂音洛〔疏〕雖則至不欲○正義曰言我前事雖則有云然之過我今庶幾以道謀此黃髮賢老受用其言則行事無所過也番番然勇武之善士雖衆力既過老而謀計深長我庶幾欲有此人而用之仡仡然壯勇之夫雖射御不有違失而智慮淺近我庶幾不欲用之自悔往前用壯勇之計失也○惟截截至有容○正義曰惟察察然便巧善爲辯佞之言能使君子迴心易辭我前大多有之昧昧然我思之不明故也如有一心耿介之臣斷斷守善猗然雖無他技藝而其心樂善休休焉其如是則能有所含容如此者我將任用之悔前用巧佞之人今將任寬容善士也○傳惟察至故也○正義曰截截猶察察明辯便巧之意諞猶辯也由其便巧善爲辯佞之言使君子聽之迴心易辭皇訓大也我前大多有之謂杞子之等及在國從己之人以我昧昧而闇思之不明故有此輩在我側也○傳如有至任之○正義曰孔注論語以束脩爲束帶脩節此亦當然一介謂一心耿介斷斷守善之貌休休好善之意如有束帶脩節一心耿介斷斷然守善猗然專一之臣雖復無他技藝休休焉好樂善道其心行如是則能有所含容言得此人將任用之猗者足句之辭不爲義也禮記大學引此作斷斷兮猗是兮之類詩云河水清且漣猗是也王肅云一介耿介一心端慤斷斷守善之貌無他技能徒守善而已休休好善之貌其如是人能有所容忍小過寬則得衆穆公疾技巧多端故思斷斷無他技者

人之有技。若已有之。人之彥聖。其心好之。不啻若自其口出。是能容之。人之有技若已有之樂善之至也人之美聖其心好之不啻如自其口出心好之至也是人必能容之○好呼報反啻失豉反以保我子孫黎民。亦職有利哉。用此好技聖之人安我子孫衆人亦主有利哉言能興國〔疏〕人之至利哉○正義曰此說大賢之行也大賢之人見人之有技如似已自有之見人之有美善通聖者其心愛好之不啻如自其口出愛彼美聖口必稱揚而薦達之其心愛之又甚於口言其愛之至也是人於民必能含容之用此愛好技聖之人安我子孫衆民則我子孫衆民亦主有利益哉言其能興邦也

人之有技。冒疾以惡之。人之彥聖而違之。俾不達。見人之有技藝蔽冒疾害以惡之人之美聖而違背壅塞之使不得上通○冒莫報反惡烏路反背音佩壅於勇反塞先得反是不能容。以不能保我子孫黎民。亦曰殆哉。冒疾之人是不能容人用之不能安我子孫衆人亦曰危殆哉○殆唐在反〔疏〕人之至殆哉○正義曰此說大佞之行也大佞之人見人之有技蔽冒疾害以惡之見人之有美善通聖者而違背壅塞之使不達於在上是人之不能含容人也用此疾惡技聖之人不能安我子孫衆民則我子孫衆民亦曰危殆哉言其必亂邦也○傳見人至上通○正義曰傳以冒爲覆冒之冒謂蔽障掩蓋之也疾謂疾惡之謂憎疾患害之也見人之美善通聖而違背之不從其言壅塞之使不得上通皆是佞人害賢之行也

邦之杌隉。曰由一人。杌隉不安言危也一人所任用國之傾危曰由所任不用賢○杌五骨反隉五結反徐語折反邦之榮懷。亦尚一人之慶。國之光榮爲民所歸亦庶幾其所任用賢之善也穆公陳戒背賢則危用賢則榮自誓改前過之意〔疏〕邦之至之慶○正義曰既言賢佞行異又言用之安否邦之杌隉危而不安曰由所任一人之不賢也邦之光榮爲民所歸亦庶幾所任一人之有慶也言國家用賢則榮背賢則危穆公自誓將改前過用賢人者也

尚書注疏挍勘記卷二十　阮元撰盧宣旬摘錄

尙書注疏卷第二十 宋板同古本作尙書卷第十三文侯之命第三十周書孔氏傳

文侯之命第三十　周書

所以名篇 古本篇下有也字按纂傳移此四字於篇題傳末文義較妥但未必孔氏元文爾

誄之瓚 宋板纂傳誄作謂毛本作祼○案作謂山井鼎曰與周禮注合

晉文侯鄭武公夾輔王室者爲大國 宋板者作晉按者字非也

王若曰父義和 義古本作誼注同今本按陸氏曰義本亦作誼與古本合作誼者葢古文也作義者今文也馬云能以義和諸侯則馬本作誼鄭氏讀義爲儀則鄭本作義古文與馬本同今文與鄭本同

而布聞在下居 古本岳本宋板纂傳居作民

曰姓大國 毛本曰作同是也○按宋板上句之末有曰字此遂誤同爲曰耳

在令王之先祖 毛本令作今案所改是也

而遭天大罪過 按而字上疑有缺文傳依經釋訓無所遺漏此經有嗣字傳未釋

卽我御事 唐石經古本岳本閩本葛本毛本卽作既○按作卽是也王鳴盛曰傳及疏亦皆言卽及按漢書成帝紀鴻嘉元年詔曰書不云乎卽我御事文穎注云卽尙書文侯之命篇中辭也

無有耆宿壽考俊德 古本俊作儁

非平王所知 閩本明監本纂傳同毛本王誤作生大謬

其惟當憂念我 纂傳惟作誰

嗚呼能有成功 古本嗚呼作於乎

汝克紹乃顯祖 唐石經古本岳本宋板蔡傳紹作昭紹字非也毛本亦誤石經考文提要云孔安國傳汝能明汝顯祖唐叔之道明訓昭也○按疏云昭乃顯祖不知所斥是宜作昭明矣此殆因下紹乃辟而誤

汝功我所善之 古本汝下有之字岳本善下無之字與疏標目合

以思謂未得 浦鏜云謂當惟字誤按浦云是也

更歎而爲言 宋板更下有復字是也

不於上文作傳 宋板不字闕

王肅云云 古本云字不重按云云疑當作亦云

盧弓一盧矢百 古本盧並作玈傳同○按正義中玈字凡六見且曰彤字從丹玈字從元故彤赤玈黑也據此則可知尙書經文傳文皆本作玈今經傳皆作盧者未知正義本與陸氏釋文本所據有異抑陸氏本亦作玈天寶三載改作盧音義中玈字爲宋開寶中所删周禮司弓矢疏云文侯之命賜之彤弓玈弓此段玉裁說也其詳在尙書撰異

告其先祖諸有德美見記也 浦鏜云者誤也

是諸侯有大功 浦鏜云是當衍文

傳父往至相安 宋板相作自與注合

費誓第三十一　周書

魯侯伯禽宅曲阜 史繩祖學齋佔畢云今文尙書費誓首句云魯侯命伯禽宅曲阜予嘗疑魯侯卽伯禽也如何更自出命此字極害義諸家注解咸莫能剖析今觀古文尙書元無命字止曰𣍘𥎦柏禽宅凸𠂤則今文衍字渙然冰釋矣○按注疏及諸家本俱無命字匡謬正俗引此序亦無命字惟薛氏書古文訓有之史氏謂惟古文無命字殊不可解

東郊不閞 開唐石經初作闢後磨改匡謬正俗曰費誓序云魯侯伯禽宅曲阜徐夷竝興東郊不開孔安國注云徐戎淮夷竝起爲寇於東故東郊不閞徐邈音開按許氏說文解字及張揖古今字詁閞古闢字但閞旣訓開故孔氏釋云東郊不開爾不得徑讀閞爲開○按古文作閞則今文自宜作闢先儒以閞開相似故誤讀閞爲開而今文尙書又徑改爲開失之遠矣

竝起爲寇於魯 古本竝上有以字似誤魯下古本有東字按疏云此戎夷在魯之東似釋傳魯東之義匡謬正俗引此有東字無魯字

作費誓 按史記魯世家云作肹誓集解駰案尙書作柴孔安國曰魯東郊之地名也索隱亦云尙書作柴葢並据古文尙書也

公曰嗟人無譁聽命 古本命上有予字

善敹乃甲冑 山井鼎曰宋板敹作敿疏同考字書宋板爲是○按毛本作敹不作敿也唐石經岳本俱作敹考說文宜作敿諸本並誤

在往征此淮浦之夷 宋板作今在

其以爲飾 浦鏜云且誤其

今軍人惟大放舍牿牢之牛馬 山井鼎曰古本後人旁注牢一作穽下注牿牢古本作牿穽旁注穽一作牢

杜乃擭 陸氏曰杜本又作敷○按說文敷閉也讀若杜孫志祖云周官雍氏注引作敷

然則養牛馬之處 宋板同毛本養作掌

檻以捕虎豹 纂傳檻作擭按經文擭穽相對疏下云穽以捕小獸則此當作擭明矣浦鏜未見纂傳亦云檻當作擭

今律文施機搶作坑穽者杖一百 浦鏜云槍誤搶是也

王肅云杜閉也 宋板閉作閇按閇字非也

擭作㓺也 浦鏜云柞鄂誤作㓺

馬牛其風臣妾逋逃勿敢越逐 石經考文提要云勿敢坊本作無敢

峙乃楨幹 唐石經岳本葛本閩本明監本幹作榦不誤

總諸國之兵 古本岳本宋板纂傳同與宋本注合毛本國誤作侯疏同

惟是風馬牛不相及也 毛本是誤作有與僖四年傳不合

謂儲糧少 宋板同毛本儲糧誤倒

萬二千五百家爲遂 宋板纂傳同毛本家作人

秦誓第三十二　周書

悔而自誓 宋板悔下有過字

若弗云來 古本云作員下雖則云然同山井鼎曰傳文共同今本盧文弨云疏云員卽云也則本是員字○按傳以云釋員作云來故正義曰員卽云也衞包依之改員爲云下文雖則員然同

無所及盇 孫志祖云盇疑當作蓋屬下讀

自用改過遲晚 宋板用作恨是也

雖則云然尙猷詢茲黃髮則罔所愆 按漢書李尋傳注師古引此經云雖則員然尙猶詢茲黃髮則罔所僁云爲員猷爲猶愆爲僁又韋賢傳注亦引此經唯僁作愆餘同

我今庶幾欲有此人而用之 古本欲上有敬字似誤

俾君子易辭 辭古本作詞

使君子迴心易辭 岳本纂傳迴作回是也

我前多有之 按疏前下當有大字

斷斷猗無他伎 斷古本作𣃔注同按說文斷古文作𢇍引此句爲證然則古本𣃔字殆𢇍字之誤歟陸氏曰他本亦作它技本亦作伎按唐石經宋板葛本伎俱作技與釋文合至監本始從人其所載釋文亦誤倒下文人之有技仍從手舛錯之甚此節傳中伎字葛本亦從人宋板從手○按它他古今字技正字伎假借字

自悔往前用勇壯之計失也 宋板勇壯二字倒按宋本是也否則與注不合與上文亦異

惟截截至有容 宋板截字不重

明辯便巧之意 宋板同毛本意作善

以東脩爲束帶脩飾 毛本飾作飭案飭字誤

禮記太學引此 毛本太作大案太字誤

河水清且漣漪 許宗彥曰此引詩以證猗字作漪者葢誤○按毛詩釋文猗本亦作漪同葢六朝以後有以漣猗爲漣漪者猶鸒斯之爲鸒鷥也在此疏則不可耳

用此好技聖之人 古本技下有美字

安我子孫衆人 古本人作民下是不能容人同

毛詩正義四十卷

漢毛亨傳鄭元箋唐孔穎達疏案漢書藝文志毛詩二十九卷毛詩故訓傳三十卷然但稱毛公不著其名後漢書儒林傳始云趙人毛長傳詩是爲毛詩其長字不從艸隋書經籍志載毛詩二十卷漢河閒太守毛萇傳鄭氏箋於是詩傳始稱毛萇然鄭元詩譜曰魯人大毛公爲訓詁傳於其家河閒獻王得而獻之以小毛公爲博士陸璣毛詩草木蟲魚疏亦云孔子刪詩授卜商商爲之序以授魯人曾申申授魏人李克克授魯人孟仲子仲子授根牟子根牟子授趙人荀卿荀卿授魯國毛亨毛亨作訓詁傳以授趙國毛萇時人謂亨爲大毛公萇爲小毛公據是二書則作傳者乃毛亨非毛萇故孔氏正義亦云大毛公爲其傳由小毛公而題毛也隋志所云殊爲舛誤而流俗沿襲莫之能更朱彝尊經義考乃以毛詩二十九卷題毛亨撰注曰佚毛詩訓故傳三十卷題毛萇撰注曰存意主調停尤爲於古無據今參稽衆說定作傳者爲毛亨以鄭氏後漢人陸氏三國吳人併傳授毛詩淵源有自所言必不誣也鄭氏發明毛義自命曰箋博物志曰毛公嘗爲北海郡守康成是此郡人故以爲敬推張華所言蓋以爲公府用記郡將用箋之意然康成生於漢末乃修敬於四百年前之太守殊無所取案說文曰箋表識書也鄭氏六藝論云注詩宗毛爲主毛義若隱略則更表明如有不同卽下己意使可識別（案此論今佚此據正義所引）然則康成特因毛傳而表識其傍如今人之簽記積而成帙故謂之箋無容別曲說也自鄭箋既行齊魯韓三家遂廢（案此陸德明經典釋文之說）然箋與傳義亦時有異同魏王肅作毛詩注毛詩義駁毛詩奏事毛詩問難諸書以申毛難鄭歐陽修引其釋衛風擊鼓五章謂鄭不如王（見詩本義）王基又作毛詩駁以申鄭難王王應麟引其駁芣苢一條謂王不及鄭（見困學紀聞亦載經典釋文）晉孫毓作毛詩異同評復申王說陳統作難孫

氏毛詩評又明鄭義竝見經典釋文祖分左右垂數百年至唐貞觀十六年命孔穎達等因鄭箋爲正義乃論歸一定無復歧途毛傳二十九卷隋志附以鄭箋作二十卷疑爲康成所倂穎達等以疏文繁重又析爲四十卷其書以劉焯毛詩義疏劉炫毛詩述義爲稾本故能融貫羣言包羅古義終唐之世人無異詞惟王讜唐語林記劉禹錫聽施士匄講毛詩所說維鵜在梁陟彼岵兮勿翦勿拜維北有斗四義稱毛未注然未嘗有所詆排也至宋鄭樵恃其才辨無故而發難端南渡諸儒始以掊擊毛鄭爲能事元延祐科舉條制詩雖兼用古注疏其時門戶已成講學者訖不遵用沿及明代胡廣等竊劉瑾之書作詩經大全著爲令典於是專宗朱傳漢學遂亡然朱子從鄭樵之說不過攻小序耳至於詩中訓詁用毛鄭者居多後儒不考古書不知小序自小序傳箋自傳箋鬨然佐鬬遂倂毛鄭而棄之是非惟不知毛鄭爲何語殆倂朱子之傳亦不辨爲何語矣我國家經學昌明一洗前明之固陋乾隆四年皇上特命校刊十三經注疏頒布學宮鼓篋之儒皆駸駸乎研求古學今特錄其書與小序同冠詩類之首以昭六義淵源其來有自孔門師授端緒炳然終不能以他說掩也

毛詩正義序

夫詩者論功頌德之歌止僻防邪之訓雖無爲而自發乃有益於生靈六情靜於中百物盪於外情緣物動物感情遷若政遇醇和則歡娛被於朝野時當慘黷亦怨刺形於詠歌作之者所以暢懷舒憤聞之者足以塞違從正發諸情性諧於律呂故曰感天地動鬼神莫近於詩此乃詩之爲用其利大矣若夫哀樂之起冥於自然喜怒之端非由人事故燕雀表啁噍之感鸞鳳有歌舞之容然則詩理之先同夫開闢詩迹所用隨運而移上皇道質故諷諭之情寡中古政繁亦謳謌之理切唐虞乃見其初犧軒莫測其始於後時經五代篇有三千成康没而頌聲寢陳靈興而變風息先君宣父釐正遺文緝其精華褫其煩重上從周始下暨魯僖四百年閒六詩備矣卜商闡其業雅頌與金石同和秦正燎其書簡牘與煙塵共盡漢氏之初詩分爲四申公騰芳於鄢郢毛氏光價於河閒貫長卿傳之於前鄭康成箋之於後晉宋二蕭之世其道大行齊魏兩河之閒茲風不墜其近代爲義疏者有全緩何胤舒瑗劉軌思劉醜劉焯劉炫等然焯炫並聰穎特達文而又儒擢秀幹於一時騁絶轡於千里固諸儒之所揖讓日下之無雙於其所作疏内特爲殊絶今奉勑删定故據以爲本然焯炫等負恃才氣輕鄙先達同其所異異其所同或應略而反詳或宜詳而更略準其繩墨差忒未免勘其會同時有顛躓今則削其所煩增其所簡唯意存於曲直非有心於愛增謹與朝散大夫行太學博士臣王德韶徵事郎守四門博士臣齊威等對共討論辨詳得失至十六年又奉勑與前脩疏人及給事郎守太學助教雲騎尉臣趙乾叶登仕郎守四門助教雲騎尉臣賈普曜等對勑使趙弘智覆更詳正凡爲四十卷庶以對揚聖範垂訓幼蒙故序其所見載之於卷首云爾

詩譜序

詩之興也，諒不於上皇之世。（疏）正義曰上皇謂伏犧三皇之最先者故謂之上皇鄭知于時信無詩者上皇之時舉代淳朴田漁而食與物未殊居上者設言而莫違在下者羣居而不亂未有禮義之教刑罰之威為善則莫知其善為惡則莫知其惡其心既無所感其志有何可言故知爾時未有詩詠。

大庭軒轅，逮於高辛，其時有亡，載籍亦蔑云焉。（疏）正義曰鄭注中候勑省圖以伏犧女媧神農三代為三皇以軒轅少昊高陽高辛陶唐有虞六代為五帝德合北辰者皆稱皇感五帝座星者皆稱帝故三皇三而五帝六也大庭神農之別號大庭軒轅疑其有詩者大庭以還漸有樂器樂器之音逐人為辭則是為詩之漸故疑有之也禮記明堂位曰土鼓蕢桴葦籥伊耆氏之樂也注云伊耆氏古天子號禮運云夫禮之初始諸飲食蕢桴而土鼓注云中古未有釜甑而中古謂神農時也郊特牲云伊耆氏始為蜡蜡者為田報祭案易繫辭稱農始作耒耜以教天下則田起神農矣二者相推則伊耆神農并與大庭為一大庭有鼓籥之器黃帝有雲門之樂至周尚有雲門明其音聲和集既能和集必不空絃絃之所歌即是詩也但事不經見故總為疑辭案古史考云伏犧作瑟明堂位云女媧之笙簧則伏犧女媧已有樂矣鄭既信伏犧無詩又不疑女媧有詩而以大庭為首者原夫樂之所起發於人之性情性情之生斯乃自然而有故嬰兒孩子則懷嬉戲抃躍之心玄鶴蒼鸞亦合歌舞節奏之應豈由有詩而乃成樂樂作而必由詩然則上古之時徒有謳歌吟呼縱令土鼓葦籥必無文字雅頌之聲故伏犧作瑟女媧笙簧及蕢桴土鼓必不因詩詠如此則時雖有樂容或無詩鄭疑大庭有詩者正據後世漸文故疑有爾未必以土鼓葦籥遂為有詩若然詩序云情動於中而形於言言之不足乃永歌嗟歎聲成文謂之音是由詩乃為樂者此據後代之詩因詩為樂其上古之樂必不如此鄭說既疑大庭有詩則書契之前已有詩矣而六藝論論詩云詩者弦歌諷喻之聲也自書契之興朴略尚質面稱不為諂目諫不為謗君臣之接如朋友然在於懇誠而已斯道稍衰姦偽以生上下相犯及其制禮尊君卑臣君道剛嚴臣道柔順於是箴諫者希情志不通故作詩者以誦其美而譏其過彼書契之興既未有詩制禮之後始有詩者藝論所云今詩所用誦美譏過故以制禮為限此言有詩之漸述情歌詠未有箴諫故疑大庭以還由主意有異故所稱不同禮之初與天地並矣而藝論論禮云禮其初起蓋與詩同時亦謂今時所用之禮不言禮起之初也。

虞書曰：詩言志，歌永言，聲依永，律和聲。然則詩之道放於此乎。（疏）正義曰虞書者舜典也鄭不見古文尚書伏生以舜典合於堯典故鄭註在堯典之末彼註云詩所以言人之志意也永長也歌又所以長言詩之意聲之曲折又長言而為之聲中律乃為和彼舜典命樂已道歌詩經典言詩無先此者故言詩之道也放於此乎猶言適於此也放於此乎隱二年公羊傳文言放於此者謂今誦美譏過之詩其道始於此非初作謳歌始於此也益稷稱舜云工以納言時而颺之格則乘之庸之否則威之彼說舜誡羣臣使之用詩是用詩規諫舜時已然大舜之聖任賢使能目諫面稱似無所忌而云情志不通始作詩者六藝論云情志不通者據今詩而論故云以誦其美而譏其過其唐虞之詩非由情志不通直對面歌詩以相誡勗且為濫觴之漸與今詩不一故皐陶謨說皐陶與舜相荅為歌即是詩也虞書所言雖是舜之命夔而舜承於堯明堯已用詩矣故六藝論云唐虞始造其初至周分為六詩亦指堯典之文謂之造初謂造今詩之初非謳歌之初謳歌之初則疑其起自大庭時矣然謳歌自當久遠其名曰詩未知何代雖於舜世始見詩名其名必不初起舜時也名為詩者內則說負子之禮云詩負之注云詩之言承也春秋說題辭云在事為詩未發為謀恬澹為心思慮為志詩之為言志也詩緯含神務云詩者持也然則詩有三訓承也志也持也作者承君政之善惡述己志而作詩為詩所以持人之行使不失隊故一名而三訓也。

有夏承之，篇章泯棄，靡有孑遺。（疏）正義曰夏承虞後必有詩矣但篇章絕滅無有孑然而得遺餘此夏之篇章不知何時滅也有商頌而無夏頌蓋周室之初也記錄不得

邇及商王，不風不雅。（疏）正義曰湯以諸侯行化卒為天子商頌成湯命於下國封建厥福明其政教漸興亦有風雅商周相接年月未多今無商風雅唯有其頌是周世棄而不錄故云近及商王不風不雅言有而不取之。

何者？論功頌德，所以將順其美；刺過譏失，所以匡救其惡。各於其黨，則為法者彰顯，為戒者著明。（疏）正義曰此論周室不存商之風雅之意風雅之詩止有論功頌德刺過譏失之二事耳黨謂族親此二事各於己之族親周人自錄周之風雅則法足彰顯戒足著明不假復錄先代之風雅也頌則前代至美之詩敬先代故錄之。

周自后稷播種百穀，黎民阻飢，茲時乃粒，自傳於此名也。（疏）正義曰自此下至詩之正經說周有正詩之由言后稷種百穀之時衆人皆厄於飢此時乃得粒食后稷有此大功稱聞不朽是后稷自彼堯時流傳於此後世之名也堯典說舜命后稷云帝曰棄黎民阻飢汝后稷播時百穀皐陶謨稱禹曰予暨稷播奏庶艱食鮮食烝民乃粒是其文也。

陶唐之末，中葉公劉，亦世脩其業，以明民共財。（疏）正義曰公劉者后稷之曾孫當夏時為諸侯以后稷當唐之時故繼唐言之也中葉謂中世后稷至於大王公劉居其中商頌云昔在中葉亦謂自契至湯之中也祭法云黃帝正名百物以明民共財明民謂使衣服有章共財謂使之同有財用公劉在豳教民使上下有章財用不乏故引黃帝之事以言之。

至於大王、王季，克堪顧天。（疏）正義曰此尚書多方說天以紂惡更求人主之意云天惟求爾多方大動以威開厥顧天惟爾多方罔堪顧之惟我周王克堪用德惟典神天注云顧由視念也其意言天下災異之威動天下之心開其能為天以視念者衆國無堪為之惟我周能堪之彼言文王武王能顧天耳大王王季為天所祐已有王跡是能顧天也。

文、武之德，光熙前緒，以集大命於厥身，遂為天下父母，使民有政有居。（疏）正義曰泰誓說武王伐紂衆咸曰孜孜無怠天將有立父母民之有政有居言民得聖人為父母必將有明政有安居文武道同故并言之。

其時詩，風有周南、召南，雅有鹿鳴、文王之屬。（疏）正義曰此總言文武之詩皆述文武之政未必皆文武時作也故文王大明之等檢其文皆成王時作。

及成王、周公致大平，制禮作樂，而有頌聲興焉，盛之至也。（疏）正義曰時當成王功由周公故譜說成王之詩皆并舉周公為文制禮作樂大平無為故與大平連言頌聲之興不皆在制禮之後也故春官樂師職云及徹帥學士而歌徹注謂徹者歌雍也是頌詩之作有在制禮前者

也。本之由此風雅而來，故皆錄之，謂之詩之正經。（疏）正義曰：此解周詩并錄風雅之意。以周南、召南之風，是王化之基本；鹿鳴、文王之雅，初興之政教。今有頌之成功，由彼風雅而就，據成功之頌本而原之，其頌乃由此風雅而來，故皆錄之，謂之詩之正經。以道衰乃作者名之爲變，此詩謂之爲正。此等正詩，昔武王采得之後，乃成王即政之初，於時國史自定其篇，屬之大師，以爲常樂，非孔子有去取也。儀禮鄉飲酒工歌鹿鳴、四牡、皇皇者華，笙入奏南陔、白華、華黍，閒歌魚麗，笙由庚，歌南有嘉魚，笙崇丘，歌南山有臺，笙由儀，合樂周南關雎、葛覃、卷耳，召南鵲巢、采蘩、采蘋。燕禮用樂與鄉飲酒文同，唯采蘋越草蟲之篇，其餘在於今詩悉皆次比。又左傳及國語稱魯叔孫穆子聘於晉，晉人爲之歌文王、大明、緜，又歌鹿鳴、四牡、皇皇者華，亦各取三篇，風雅異奏，明其先自次比，非孔子定之，故譜於此不言孔子。其變風變雅皆孔子所定，故下文特言孔子錄之。春官大師職鄭司農注云：古而自有風雅頌之名，故延陵季子觀樂於魯，時孔子尚幼，未定詩書，而曰爲之歌邶、鄘、衛，曰「是其衛風乎」，又爲之歌小雅、大雅，又爲之歌頌。論語曰：「吾自衛反魯，然後樂正，雅頌各得其所。」時禮樂自諸侯出，頗有謬亂不正者，孔子正之耳。是司農之意亦與鄭同，以爲風雅先定，非孔子爲之。襄二十九年左傳服虔注云：哀公十一年，孔子自衛反魯，然後樂正，雅頌各得其所，距此六十二歲，當時雅頌未定，而云爲之歌小雅、大雅、頌者，傳家據已定錄之。此說非也。六詩之目見於周禮，豈由孔子始定其名乎？儀禮歌召南三篇，越草蟲而取采蘋，蓋采蘋舊在草蟲之前，孔子以後簡札始倒，或者草蟲有憂心之言，故不用爲常樂耳。

後王稍更陵遲，懿王始受譖亨齊哀公，夷身失禮之後，邶不尊賢。（疏）正義曰：自此以下至「刺怨相尋」，解變風變雅之作時節。變風之作，齊、衛爲變先。齊哀公當懿王，衛頃公當夷王，故先言此也。莊四年公羊傳曰：「齊哀公亨乎周，紀侯譖之。」徐廣以爲周夷王亨之。鄭知懿王者，以齊世家云周亨哀公而立其弟靖，爲胡公。當夷王之時，哀公母弟山殺胡公而自立。言夷王之時山殺胡公，則胡公之立在夷王前矣。受譖亨人，是衰闇之主。夷王上有孝王，書傳不言孝王有大罪惡。周本紀云：懿王立，王室遂衰，詩人作刺。是周衰自懿王始，明懿王受譖矣。本紀言詩人作刺，得不以懿王之時雞鳴之詩作乎？是以知亨之者懿王也。衛世家云：貞伯卒，子頃侯立。頃侯厚賂周夷王，夷王命爲衛侯。是衛頃公當夷王時。郊特牲云：「覲禮，天子不下堂而見諸侯。下堂而見諸侯，大子之失禮也，由夷王以下。」是夷王身失禮也。柏舟言仁而不遇，是邶不尊賢也。

自是而下，厲也，幽也，政教尤衰，周室大壞，十月之交、民勞、板、蕩勃爾俱作，衆國紛然，刺怨相尋。正義曰：大率變風之作，多在夷、厲之後，故云衆國紛然，刺怨相尋。擊鼓序云「怨州吁」，怨亦刺之類，故連言之。

五霸之末，上無天子，下無方伯，善者誰賞？惡者誰罰？紀綱絕矣。（疏）正義曰：此言周室極衰之後，不復有詩之意。五霸之字，或作五伯。成二年左傳云：「五伯之霸也。」中侯霸免注云：「霸，猶把也，把天子之事也。」然則言伯者，長也，謂與諸侯爲長也。五伯者，三代之末，王政衰微，諸侯之強者以把天子之事，與諸侯爲長。三代共有五人。服虔云：五伯謂夏伯昆吾，商伯大彭、豕韋，周伯齊桓、晉文也。知者，鄭語誥云：「祝融之後，昆吾爲夏伯矣，大彭、豕韋爲商伯矣。」論語云：「管仲相桓公，霸諸侯。」昭九年傳云：「文之伯也。」是五者爲霸之文也。此言五霸之末，正謂周代之霸齊桓、晉文之後，明其不在夏殷之霸也。齊、晉最居其末，故言五霸之末耳。僖元年公羊傳云：「上無天子，下無方伯，天下諸侯有相滅亡者，桓公不能救，則桓公恥之。」是齊桓、晉文能賞善罰惡也。其後無復霸君，不能賞罰，是天下之綱紀絕矣。縱使作詩，終是無益，故賢者不復作詩，由其王澤竭故也。王制云：「千里之外設方伯。二百一十國以爲州，州有伯。」是方伯謂州牧也。周之州長自名爲牧，以其長於一方，故公羊稱爲方伯。言無天子、無方伯，謂無賢明耳。

故孔子錄懿王、夷王時詩，訖於陳靈公淫亂之事，謂之變風變雅。（疏）正義曰：懿王時詩，齊風是也；夷王時詩，邶風是也。陳靈公，魯宣公十年爲其臣夏徵舒所弒。變風齊、邶爲先，陳最在後；變雅則處其間，故鄭舉其終始也。史記孔子世家云：古者詩本三千餘篇，去其重，取其可施於禮義者三百五篇。是詩三百者，孔子定之。如史記之言，則孔子之前詩篇多矣。案書傳所引之詩，見在者多，亡逸者少，則孔子所錄，不容十分去九，馬遷言古詩三千餘篇，未可信也。據今者及亡詩六篇，凡有三百一十一篇，皆子夏爲之作序，明是孔子舊定。而史記、漢書云三百五篇者，闕其亡者，以見在爲數也。樂緯動聲儀、詩緯含神務、尚書璇璣鈐皆云三百五篇者，漢世毛學不行，三家不見詩序，不知六篇亡失，謂其唯有三百五篇。讖緯皆漢世所作，故言三百五耳。此言訖於陳靈，則在魯僖之後。藝論云：「孔子錄周衰之歌，及衆國賢聖之遺風，自文王創基，至於魯僖四百年間，凡取三百五篇，合爲國風、雅、頌。」唯言至於魯僖者，據詩之首君爲文也。陳靈公非陳詩之首，曹昭公以僖七年卒，即位在僖之前，故舉魯僖以爲言也。藝論云文王創基至於魯僖，則商頌不在數矣。而以周詩是孔子所錄，商頌則篇數先定，論錄則獨舉周代，數篇則兼取商詩，而云合爲國風雅頌者，以商詩亦周歌所用，故得稱之。孔子刊定，則應先後依次，而鄭風清人是文公詩，處昭公之上；衛風伯兮是宣公之詩，在惠公之下者，鄭荅張逸云：「詩本無文字，後人不能盡得其次第，錄者直錄存義而已。」然則孔子之後，始顛倒雜亂耳。

以爲勤民恤功，昭事上帝，則受頌聲，弘福如彼；若違而弗用，則被劫殺，大禍如此。吉凶之所由，憂娛之萌漸，昭昭在斯，足作後王之鑒，於是止矣。（疏）正義曰：此言孔子錄詩唯取三百之意。弘福如彼，謂如文、武、成王世脩其德，致太平也。大禍如此，謂如厲、幽、陳靈惡加於民，被放弒也。違而不用，謂不用詩義。則勤民恤功，昭事上帝，是用詩義也。互言之也。用詩則吉，不用則凶。吉凶之所由，謂由詩也。詩之規諫，皆防萌杜漸。用詩則樂，不用則憂，是爲憂娛之萌漸也。此二事皆明明在此，故唯錄三百一十一篇，庶今之明君良臣欲崇德致治，克稽古於先代，視成敗於行事。又疾時博士之說詩，既不精其研覈，又不覩其終始，講於鄉黨，無昭晢，陳於朝廷，不煥炳，故將述其國土之分，列其人之先後。

夷、厲已上，歲數不明，大史年表自共和始，歷宣、幽、平王而得春秋次第，以立斯譜。（疏）正義曰：自此已下，論作譜之意。本紀夷王已上，多不記在位之年，是歲數不明。周本紀云：厲王三十四年，王益嚴。又三年，王出奔于彘。召公、周公二相行政，號曰共和。十二諸侯年表起自共和元年，是歲魯眞公之十四年，齊武公之十年，晉靖侯之十八年，秦仲之四年，宋釐公之十八年，衞僖侯之十四年，陳幽公之十四年，蔡武公之二十四年，曹夷伯之二十四年，鄭則于時未封。是太史年表自共和始也。又案本紀，共和十四年，厲王死於彘，宣王即位，四十六年崩，子幽王立，十一年爲犬戎所殺，子平王立，四十九年當魯隱公元年。計共和元年距春秋之初一百一十九年，春秋之時，年歲分明，故云歷宣、幽、平王而得春秋次第，以立斯譜。鄭於三禮、論語爲之作序，此譜亦是序類，避子夏序名，以其列諸侯世及詩之次，故名譜也。易有序卦，書有孔

子作序故鄭避之謂之爲贊贊明也明己爲註之意此詩不謂之贊而謂之譜譜者普也註序世數事得周普故史記謂之譜牒是也 **欲知源流清濁之所處則循其上下而省之欲知風化芳臭氣澤之所及則傍行而觀之此詩之大綱也舉一綱而萬目張解一卷而衆篇明於力則鮮於思則寡其諸君子亦有樂於是與**

【疏】正義曰此又揔言爲譜之理也若魏有儉嗇之俗唐有殺礼之風齊有太公之化衛有康叔之烈述其土地之宜顯其始封之主省其上下知其衆源所出識其清濁也屬其美刺之詩各當其君君之化傍觀其詩知其風化得失識其芳臭皆以喻善惡耳哀十四年公羊傳說孔子制春秋之義以俟後聖以君子之爲亦有樂乎此鄭取彼意也

周南召南譜

周召者禹貢雍州岐山之陽地名。正義曰禹貢雍州云荆岐既旅是岐屬雍州也緜之篇說大王遷於周原閟宮言大王居岐之陽是周地在岐山之陽也孟子云文王以百里而王則周召之地共方百里而皆名曰周其召是周內之別名也大王始居其地至文王乃徙於豐周書稱王季宅程皇矣說文王既伐密須度其鮮原居岐之陽不出百里則王季居程亦在岐南程是周地之小別也。今屬右扶風美陽縣地形險阻而原田肥美。正義曰漢書地理志右扶風郡有美陽縣禹貢岐山在西北周文王所居也皇甫謐云今美陽西北有岐城舊趾是也本或作杜陽案志扶風自別有杜陽縣而岐山在美陽不在杜陽鄭於禹貢注云岐山在扶風美陽西北則作杜者誤也皇矣稱居岐之陽在渭之將是其處險阻也緜云周原膴膴堇荼如飴是地肥美也。周之先公曰大王者避狄難自豳始遷焉而脩德建王業商王帝乙之初命其子王季爲西伯至紂又命文王典治南國江漢汝旁之諸侯。正義曰以帝乙紂之父準其年世與王季同時旱麓說大王王季之事云瑟彼玉瓚黃流在中言王季受玉瓚之賜也尚書謂文王爲西伯當是繼父之業故知王季亦爲西伯殷之州長曰伯謂爲雍州伯也周禮八命作牧殷之州伯蓋亦八命也如旱麓傳云九命然後錫以秬鬯圭瓚孔叢云羊容問於子思曰古之帝王中分天下而二公治之謂之二伯周自后稷封爲王者之後大王王季皆爲諸侯奚得爲西伯乎子思曰吾聞諸子夏云殷王帝乙之時王季以九命作伯於西受圭瓚秬鬯之賜故文王因之得專征伐此諸侯爲伯猶周召分陝皇甫謐亦云王季於帝乙殷王之時賜九命爲西長始受圭瓚秬鬯皆以爲王季受九命作東西大伯鄭不見孔叢之書旱麓之箋不言九命則以王季爲州伯也文王亦爲州伯故西伯戡黎注云文王爲雍州之伯南兼梁荆在西故曰西伯文王之德優於王季尚爲州伯明王季亦爲州伯也楚辭天問曰伯昌號衰秉鞭作牧王逸注云伯謂文王也鞭以喻政言紂號令既衰文王執鞭持政爲雍州牧天問屈原所作去聖未遠謂文王爲牧明非大伯也所以不從毛說言至紂又命文王者既已繼父爲州伯又命之使兼治南國江漢汝旁之諸侯也知者以漢廣序云美化行乎江漢之域汝墳序云汝墳之國婦人能閔其君子文王三分天下而有其二此詩猶美江漢汝墳明是紂命也。濱於先時被文王之教若非受紂之命其化無由及之明紂命之矣江漢之域即梁荆二州故尚書注云南兼梁荆其後化廣民附三分有二不必皆紂命之也。文王三分天下有其二以服事殷故雍梁荆豫徐揚之人咸被其德而從之。正義曰既引論語三分有二故據禹貢州名指而言之雍梁荆豫徐揚歸文王其餘冀青兗屬紂九州而有其六是爲三分有其二也禹貢九州夏時之制於周則夏官職方氏辨九州之域有揚荆豫青兗雍幽冀并校之於禹貢無徐梁有幽并故地理志云周監二代而損益之改禹貢徐梁二州合之於雍青分冀州之地以爲幽并是其事也爾雅釋地九州之名有冀豫雍荆揚兗徐幽營孫炎曰此蓋殷制禹貢有梁青無幽營周禮有幽并無徐營然則此說不同不言殷周九州而遠指禹世者孫炎以爾雅之文與禹貢不同於周禮又異故疑爲殷制耳亦無明文言殷改夏也地理志云殷因於夏無所變改班固不以爾雅爲世法又周禮冀幽并於禹貢唯一州耳相率三分無一故從岐而横分之據禹貢正經之文取六州以爲三分之二準禹貢之境論施化之處不言當時有此州名也序言化自北而南則於岐東西之南得有三分二者岐於土中近北故也。文王受命作邑於豐乃分岐邦周召之地爲周公旦召公奭之采地施先公之教於己所職之國。正義曰文王受命作邑於豐文王有聲之文也地理志云京兆鄠縣豐水出其東南皇甫謐云豐在京兆鄠縣東豐水之西文王自程徙此案皇矣篇云文王既伐密須徙於鮮原從鮮原徙豐而謐云自程非也豐在岐山東南三百餘里文王既遷於豐而岐邦地空故分賜二公以爲采邑也言分采地當是中半不知孰爲東西或以爲東謂之周西謂之召事無所出未可明也知在居豐之後賜二公地者以泰誓之篇伐紂時事已言周公曰樂記說大武之樂象伐紂之事云五成而分陝周公左而召公右明知周召二公並在文王時已受采矣文王若未居豐則岐邦自爲都邑不得分以賜人明知分賜二公在作豐之後且二南文王之詩而分繫二公若文王不賜采邑不使行化安得以詩繫之故知此時賜之采邑也既以此詩繫二公明感二公之化故知使施先公之教於己所職之國也言先公者大王王季賢人文王承其業文王自有聖化不必要用先公但子當述父之事取其宜者行之以先公爲辭耳猶自兼行聖化故有聖人之風此獨言施先公之教明化己之可知以召南有先公之教故特言之耳文王使二公施化早矣非受采之後於此言之者明詩繫二公之意也言己所職者指謂六州之人服從於己者。武王伐紂定天下巡守述職陳誦諸國之詩以觀民風俗六州者得二公之德教尤純故獨錄之屬之大師分而國之。正義曰宣十二年左傳引時邁之詩云昔武王克商而作頌曰載戢干戈載櫜弓矢時邁序云巡守則武王巡守矣王制說巡守之禮曰命大師陳詩以觀民風俗故知武王巡守得二南之詩也譜云天子納變雅諸侯納變風其禮同則文王亦采詩而必知武王始得之者諸侯之納變風直欲觀民之情以知己政得失耳非能別賢聖之異風立一代之大典也文王猶爲諸侯王業未定必不得分定二南故據武王言之耳武王徧陳諸國之詩非特六州而已而此二南之風獨有二公之化故知六州者得二公之德教風化尤最純絜故獨取其詩付屬之於大師之官使分而國之爲二國之風以大師掌六詩之歌達聲樂之本故知屬之使分繫也。其得聖人之化者謂之周南得賢人之化者謂之召南言二公之德教自岐而行於南國也。正義曰文王將建王業以諸侯而行王道大王王季是其祖父皆有仁賢之行己之聖化未可盡行乃取先公之教宜於今者與己聖化使二公雜而施之又六州之民志性不等或得聖人之化或得賢人之化由受教有精麤故歌詠有等級大師曉達聲樂妙識本源分別所感以爲二國其得聖人之化者謂之周南得賢人之化者謂之召南解大師分作二南之意也知有此理者序云關雎麟趾之化王者之風故繫之周公鵲巢騶虞之德諸侯之風故繫之召公以聖人宜爲天子賢人宜作諸侯言王者之風是得聖人之化也言諸侯之風是得賢人之化也以周公聖人故以聖人之風繫之以召公賢人故以賢人之風繫之以六州本得二公之教因有天子之風義一聖一賢事尤相類故繫之二公既分繫二公以優劣爲次先聖後賢故先周後召也不直稱周召而連言南者欲見行化之地且作詩之處若不言南無以見斯義也且直言周召嫌主美二公此實文王之詩而繫之二公故周召二國並皆云南見所化之處明其與諸國有異故也此詩既繫二公即二公爲其詩主若有美二公則各從其國甘棠之在召南是其事也周南無美周公或時不作或錄不得也。乃棄其餘謂此爲風之正經。正義曰武王徧陳諸國之詩今唯二南在矣明是棄其餘也。初古公亶父聿來胥宇爰及姜女其後大任思媚周姜大似嗣

徽音歷世有賢妃之助以致其治。正義曰此詩皆在大雅也鄭言此者以二國之詩以后妃夫人之德爲首召南夫人雖斥文王夫人而先王夫人亦有是德故引詩文以歷言。文王刑于寡妻至于兄弟以御于家邦。正義曰此思齊文也言文王先化於妻卒治家國此明二國之詩先以后妃夫人爲首之意。是故二國之詩以后妃夫人之德爲首終以麟趾騶虞言后妃夫人有斯德與助其君子皆可以成功至于獲嘉瑞。正義曰此論二國之詩次比之意是故者緣上事生下勢之稱此后妃夫人皆大姒也一人而二名各隨其事立稱禮天子之妃曰后諸侯之妃曰夫人以周南王者之化故稱后妃召南諸侯之化故云夫人直以化感爲名非爲先後之别有陳聖化雖受命前事猶稱后妃有說賢化雖受命後事尚稱夫人二國别稱而文王不異文者召南夫人爲首后妃變稱夫人是知賢聖異化於文王不假復異其辭故鵲巢之序言國君以著義於後皆以常稱言之聖王之馭世符瑞必臻故次麟趾騶虞於末欲見致嘉瑞也時實不致設以爲法故言耳以詩人之作各言其志麟趾關雎騶虞之與鵲巢未必一人作也麟趾言公子之信厚騶虞歎國君之仁心自取獸名别爲興喻非歎瑞應與前篇共相終始但君子之道作事可法垂憲後昆大師比之於末序者申明其意因言關雎之應鵲巢之應耳其實作者本意不在於應而使詩有龍鳳之文亦將以之爲應非獨麟白虎也鄭荅張逸云文王承先公之業積脩其德以致風化述其美以爲之法能行其本則致末應既致其應設以爲法是其不實致也此譜於此篇之大略耳而二風大意皆自近及遠周南關雎至螽斯皆后妃身事桃夭兔罝芣苢后妃化之所及漢廣汝墳變言文王之化見其化之又遠也召南鵲巢采蘩夫人身事草蟲采蘋朝廷之妻甘棠行露朝廷之臣大夫之妻與夫人同爲陰類故先於召伯皆是夫人化之所及也羔羊以下言召南之國江沱之閒亦言文王之政是又化之差遠也篇之大率自以遠近爲差周南上八篇言后妃漢廣汝墳言文王召南上二篇言夫人羔羊摽有梅江有汜騶虞四篇言文王所以論后妃夫人詳於周南而略於召南者以召南夫人則周南后妃既於后妃事詳所以召南於夫人遂略其文王之德化多少不同者自由作不有别又采得多少不同周南桃夭言后妃之所致召南羔羊云鵲巢之功所致者周南桃夭以上皆后妃身事文與后妃接連故言后妃所致召南羔羊以前非獨夫人身事文與夫人不相連接故變言鵲巢之功所致也又桃夭致後三篇有后妃之化羔羊致後無夫人之化者亦是周南后妃既詳於召南夫人遂略致者行化於已自已致人草蟲以下非後夫人身事亦是夫人之致也羔羊召南之國化文王之政爲鵲巢之功所致則漢廣文王之道被于南國亦是關雎之功所致序者以此二風皆是文王之化太姒所贊周南以桃夭至芣苢三篇爲后妃所致漢廣以下其事差遠爲文王之致召南以草蟲至行露四篇爲夫人所致羔羊以下差遠爲文王之致各舉其事互相發明此二南之詩文王時作文王卽位至受命之時已四十餘年諸侯從之蓋亦早矣鄭荅張逸云文王以諸侯而有王者之化卒以受命是受命之前已行王德當此之時詩已作也何則化被於下則民述其志何須待布王號然後作歌武王采得之時二公已有爵土命其行化遂分繫之非由二公有土此詩始作也周召二十五篇唯甘棠與何彼襛矣二篇乃是武王時作武王伐紂乃封太公爲齊侯令周召爲二伯而何彼襛矣經云齊侯之子太公已封於齊甘棠經云召伯召公爲伯之後故知二篇皆武王時作在武王之時其所美之事亦武王時也行露雖述召伯事與甘棠異時趙商謂其同時疑而發問故志趙商問甘棠行露之詩美召伯之功箋以爲當文王與紂之時不審召公何得爲伯荅曰甘棠之詩召伯自明誰云文王與紂之時乎至行露篇箋義云衰亂之俗微貞信之教興若當武王時被召南之化久矣衰亂之俗已銷安得云微云此文王時也序義云召伯聽訟者從後錄其意是以云然而鄭此荅明甘棠箋之所云美其爲伯之功謂武王時也此二篇武王時事得入召南風者以詩繫於召召爲詩主以其主美召伯因卽錄於召南王姬以天子之女降尊適卑不失婦道召南多陳人倫事與相類又王姬賢女召南賢化又作在武王之世不可入文王聖化之風故錄之於召南也。風之始所以風化天下而正夫婦焉故周公作樂用之鄉人焉用之邦國焉或謂之房中之樂者后妃夫人侍御於其君子女史歌之以節義序故耳。正義曰云言或者道異說也鄭之前世有爲此說者故因解之二南之風言后妃樂得淑女無嫉妬之心夫人德如鳲鳩可以承奉祭祀能使夫婦有義妻妾有序女史歌之風切后夫人以節此義序故用之耳王風云君子陽陽左執簧右招我由房謂路寢之房以人君有房中之樂則后夫人亦有房中之樂以后夫人房中之樂歌周南召南則人君房中之樂亦歌周南召南故譜下文云路寢之常樂風之正經也天子歌周南諸侯歌召南用此或說爲義也后夫人用之亦當然也王肅云自關雎至芣苢后妃房中之樂然則夫人房中之樂當用鵲巢采蘩鄭無所說義亦或然。射禮天子以騶虞諸侯以貍首大夫以采蘋士以采蘩爲節。正義曰在召南之篇亦是用之於樂故言之禮記射義有此文彼注亦以爲騶虞取其一發五豝喻得賢者多貍首取小大莫處御于君所采蘋取其循澗以采蘋喻循法度以成君事采蘩取夙夜在公各取其篇之義以爲戒也爲節者謂射之進退當樂節相應彼每篇一言爲節此引之省文也。今無貍首周衰諸侯並僭而去之孔子錄詩不得也爲禮樂之記者從後存之遂不得其次序。正義曰言此者以射用四篇而三篇皆在召南則貍首亦當在今無其篇故辨之云諸侯所以去之大射注云貍之言不來也其詩有射諸侯首不朝者之言因以名篇後世失之然則於時諸侯不肯朝事天子惡其被射之言故棄之爲禮樂之記者正謂記作射義者以貍首樂歌之曲故并樂言之射義注云貍首逸詩下云曾孫侯氏是也其下文云故詩曰曾孫侯氏四正具舉大夫君子凡以庶士小大莫處御于君所以燕以射則燕則譽謂此是貍首經文也彼雖引詩無貍首之字鄭知是貍首者以彼之說諸侯射法而引此詩其下又云君臣相與盡志於射以習禮樂則安則譽也是以天子制之而諸侯務焉言諸侯用爲射節知是貍首之辭無貍首字者略引其文不盡其辭故也。周公封魯死謚曰文公召公封燕死謚曰康公元子世之。正義曰周公封魯召公封燕史記皆有世家言之周語引常棣爲周文公之詩是周公謚曰文也公劉序云召康公戒成王是召公謚曰康也閟宮云建爾元子乃命魯公是元子世之也燕世家云自召公以下九世至惠公當厲王之時則是失其世次不得召公元子名謚傳國於後是元子可知。其次子亦世守采地在王官春秋時周公召公是也。正義曰僖九年公會宰周公于葵丘文五年召伯來會葬是春秋時周公召公也經傳皆言周公謂爲三公不知何爵也召稱伯則伯爵以左傳多云召公故言公其旦與奭次子名謚書傳無文王以西都賜秦則春秋時周公召公别於東都受采存本周召之名也。非復岐周之地晉書地道記云河東郡垣縣有召亭周則未聞今爲召州是也左方無君世者此國詩繫二公故終言之其君世世家亡滅且非此所須故也。問者曰周南召南之詩爲風之正經則然矣自此之後南國諸侯政之興衰何以無變風答曰陳諸國之詩者將以知其缺失省方設教爲黜陟時徐及吳楚僭號稱王不承天子之風今棄其詩夷狄之也。正義曰以列國政衰變風皆作南國諸侯其數多矣不得全不作詩今無其事故問而釋之巡守陳詩者觀其國之風俗故采取詩以爲黜陟之漸亦既僭號稱王不承天子威令則不可黜陟故不錄其詩吳楚僭號稱王春秋多有其事知徐亦僭者檀弓云邾婁考公之喪徐君使容居來弔其辭云昔我先君駒王是其僭稱王也。其餘江黃六蓼之屬既驅陷於彼俗又亦小國猶邾滕紀莒之等夷其詩蔑而不得列於此。正義曰春秋文四年楚人滅江僖十二年滅黃文五年楚滅六并蓼終爲楚所滅是被其驅逼陷惡俗也既驅陷彼俗亦不可黜陟又且小國政教狹陋故夷其詩輕蔑之而不得列於國風也邾滕紀莒春秋時小國亦不錄之非獨南方之小國也其魏與檜曹當時猶大於邾莒故得錄之春秋時燕蔡之屬國大而無詩者薛綜荅韋昭云或時不作詩或有而不足錄

詩譜序終

毛詩注疏挍勘記序

攷異於毛詩經有齊魯韓三家之異齊魯詩久亡韓詩則宋以前尚存其異字之見於諸書可攷者大約毛多古字韓多今字有時必互相證而後可以得毛義也毛公之傳詩也同一字而各篇訓釋不同大抵依文以立解不依字以求訓非孰於周官之假借者不可以讀毛傳也毛不易字鄭箋始有易字之例顧注禮則立說以改其字而詩則多不欲顯言之亦或有顯言之者毛以假借立說則不言易字而易字在其中鄭又於傳外研尋往往傳所不易者而易之非好異也亦所謂依文立解不如此則文有未適也孟子曰不以文害辭不以辭害志孟子所謂文者今所謂字言不可泥於字而必使作者之志昭著顯白於後世毛鄭之於詩其用意同也傳箋分而同一毛詩字有各異矣自漢以後轉寫滋異莫能校數至唐初而陸氏釋文顏氏定本孔氏正義先後出焉其所遵用之本不能畫一自唐後至今鋟版盛行於經於傳箋於疏或有意妄更或無意譌脫於是繆盭莫可究詰因以元舊挍本授元和生員顧廣圻取各本挍之元復定是非於以知經有經之例傳有傳之例箋有箋之例疏有疏之例通乎諸例而折衷於孟子不以辭害志而後諸家之本可以知其分亦可以知其一定不可易者矣阮元記

引據各本目錄

經本二

唐石經二十卷 今行於世款式不具列

南宋石經殘本 高宗御書在今杭州府學碑存十石每石四列列四十五行行十八字惟末石三列碑內不分卷第其周南召南小雅大雅下亦無第一第二等字小序皆連經文每篇另起每章連接凡篇後幾章幾句及風雅頌後總計章句皆無之末石有秦檜跋語第一石周南起至報我不述止第二石送子涉淇起至青青子佩止第三石悠悠我思起至維子之故羔裘豹止第四石褎自我人究究起至輾轉伏枕止第五石采蘩祁祁起至我有嘉賓中心止第六石好之鍾鼓既設起至我獨居憂止第七石毛取其血膋起至經營四方何草止第八石不元何人不矜起至于時言言于止第九石入覲以其介圭起至薄言駉者有驛有止第十石駜有駜有雒起至末字體小楷書凡遇避諱字皆本字缺筆如筐作筐貞作貞殷作殷桓作桓竟作竟恒作恒佶作佶慇作慇又作慇徵作徵楨作楨朗作朗姞作姞敬作敬禎作禎是也經文大率與今本同唯鴟鴞予尾翛翛竹竿遠兄弟父母園有桃不知我者謂我士也驕不知我者謂我士也罔極椒聊碩大且篤鶴鳴它山之石烈祖來假來饗皆與唐石經同今書中已詳載唐刻故附存其目於此以見南宋時經猶爲善本攷古者宜所寶貴矣

經注本三

孟蜀石經殘本二卷 自召南鵲巢箋爵位故以興焉爵字起至邶風之二子乘舟二章章四句止分卷同唐石經有杭州黃松石廣仁義學印章每行大字計廿四注夾行每行字二十及廿一二三不等宋晁公武云毛詩二十卷張紹文書其注或羨或脫或不同又云昔議者以太和石本授寫非精時人未之許書中凡淵民世字皆缺筆避唐諱察字缺筆避家諱也今攷經文如日月篇乃如人之兮谷風篇不以我能慉非誤倒即誤衍又昔育恐育鞫脫下育字毛傳育鞫之育訓長鄭箋昔育之育訓稚云昔幼稚時恐至長老窮匱無下育字則與傳箋正義不合此經文之誤也傳文如草蟲篇阜螽蠜螽也今所傳各本無下螽與爾雅說文合正義亦引定本云作蠜螽者衍字采蘋篇藻聚藻也下有沈曰蘋浮曰藻六字與物理不合是據釋文所引韓詩增入也羔羊篇曰古者素絲以英裘乃作黃裘其譌不辯自明此傳文之誤也箋文如采蘋篇蘋之言賓也賓乃賓之譌行露篇不以角乃以味味乃味之譌野有死麕篇動其佩飾下衍帨音稅也四字終風篇然而已不能得而止之脫不能得而止之六字此箋文之誤也其餘乖異甚多均無足采惟甘棠箋重煩勞百姓較今本少不字與漢書司馬相如傳方今田時重煩百姓合是條差爲可取今此記槩不錄入餘詳嚴杰蜀石殘本毛詩考證

宋小字本二十卷 分卷與唐石經同以隋唐著錄考之鄭箋元第如此每半葉十三行每行大小皆二十四字第一卷第一行題毛詩卷第一第二行題唐國子博士兼太子中允贈齊州刺史吳縣開國男陸德明釋文附第三行題周南關雎詁訓傳第一以下題毛詩國風以下題鄭氏箋第二卷以後無唐國子云云一行餘悉同前段玉裁云南宋光宗時刻也

重刻相臺岳氏本二十卷 分卷與唐石經同乾隆四十八年武英殿仿宋本款式不具列

注疏本四

十行本七十卷分經注本第一卷爲五第二卷爲三第三卷爲三第四卷爲四第五卷爲三第六卷爲四第七卷爲三第八卷爲三第九卷爲四第十卷爲三第十一卷爲二第十二卷爲三第十三卷爲二第十四卷爲三第十五卷爲三第十六卷爲五第十七卷爲四第十八卷爲五第十九卷爲四第二十卷爲四共七十卷以正義序及唐志考之非孔疏四十卷之舊也每半葉十行每行大十八字小二十三字經作大字注釋文正義皆小字雙行在其下釋文首加○隔之正義首加疏字圍其外隔之首列毛詩正義序次鄭譜序次周南召南譜第一卷第一行題附釋音毛詩注疏卷第一其下側注一之一行末題云一餘卷皆然第二行第三行題唐國子祭酒上護軍曲阜縣開國子孔穎達奉勑撰餘卷無第四行題周南關雎詁訓傳第一以下題毛詩國風以下題鄭氏箋即以釋文正義各繫其下第二卷第二行題毛詩國風鄭氏箋孔穎達疏共爲一行每空一字以後各卷大略同前日本山井鼎所云宋版即此書其源出於沿革例所云建本有音釋注疏遞加脩改至明正德時山井鼎云與正德刊本略似不知其似二而實一也是爲各本注疏之祖

閩本注疏七十卷用十行本重雕分卷同山井鼎所云嘉靖本也明御史李元陽僉事江以達刊今行於世欵式不具列

明監本注疏七十卷用閩本重雕分卷同山井鼎所云萬歷本也今行於世欵式不具列

汲古閣毛氏本注疏七十卷用明監本重雕分卷同山井鼎所云崇禎本也今行於世欵式不具列

引用諸家

陸德明毛詩音義三卷

山井鼎考文毛詩陸冊

浦鏜毛詩注疏正誤十四卷

陳啓源毛詩稽古編二十卷

惠棟毛詩古義二卷

戴震毛鄭詩考正四卷

段玉裁挍定毛傳三十卷又詩經小學三十卷

毛詩注疏校勘記卷一　　阮元撰盧宣旬摘錄

毛詩正義序閩本明監本毛本於此下題唐國子祭酒上護軍曲阜縣開國子臣孔穎達等奉勑撰案十行本題於卷第一之首移在序下者非其舊也凡序經注疏之文十行本皆平行接寫唯章句低三字閩本以下分高低數等又多提行皆非其舊

日下之無雙閩本明監本毛本同案之下當有所字錯入下句

於其所作疏內閩本明監本毛本同案當作其於作疏內其於二字誤倒所字上句錯在此

非有心於愛增耳閩本明監本毛本增作憎案憎字是也古或用增爲憎字如墨子帝式是增之屬唐時則不應爾矣○按此因上文有增其所憎而誤

謹與朝散大夫明監本謹與誤議與閩本毛本不誤

詩譜序毛本此序文并正義悉脫閩本明監本有案毛本即據明監本重刻乃其本偶失此序更不知補誤甚

稱農始作耒耜明監本稱下衍神字閩本不誤

藝論所云 閩本明監本同案此不誤浦鏜云上當脫大字非也藝論與六藝論互見卽其省耳餘同此詳考浦書失多而得寡茲所采外不勝駁正以後所列用爲舉例推類求之大略可知矣

放於此乎隱二年公羊傳文 閩本明監本同案此不誤浦鏜云放傳作昉非也隸釋載漢石經公羊殘碑字作放版本作昉鄭考工記注引亦作放可證也凡正義所引經典有所見本如此不容執今本以相比較者此類是矣

格則乘之庸之 閩本同明監本乘作承案所改是也

詩緯含神務云 閩本明監本同案此不誤浦鏜云霧誤務非也後漢書樊英傳注載七緯之名字正作務困學紀聞亦然其又作霧者霧務聲同得相通借不當以霧改務也餘同此

蓋周室之初也 閩本明監本同案也當作世形近之譌

距此六十二歲 閩本明監本同案浦鏜云一誤工以春秋考之浦挍是也

鄭語註云 閩本明監本同案浦鏜云註衍字以國語考之浦挍是也

魯眞公之十四年 閩本同明監本眞誤貞物觀考文補遺載此無之字誤脫

周南召南譜 閩本明監本毛本移此譜入卷第一中鄭氏箋正義之後案十行本與譜序接連考書錄解題云正義備鄭譜於卷首陳氏所見乃正義原譜爲得其實則知鄭譜散入各處不復總聚於譜序下者後來合併經注正義時所改也此一譜與譜序接連正其跡之未經盡泯者閩本以下所移非是且鄭氏箋正義之後羼入此一譜於正義之次序尤屬紊亂失之甚矣又正義所載鄭譜是其原第檜在鄭前王城在豳後兩正義屢有明文而鄭譜正義云對上檜風已作故云又作尤爲顯證可見散入各處之失也

周文王所居也 閩本明監本毛本同案浦鏜云大誤文以漢書考之浦挍是也

此詩既繼二公 明監本毛本同案浦鏜云繼當繫字誤是也

此譜於此篇之大略耳 閩本明監本毛本同案下此字當作比形近之譌

凡以庶士小人 補毛本人作大案大字是也

楚滅六并蓼 閩本明監本毛本蓼誤蔑

附釋音毛詩注疏卷第一（一之一）

唐國子祭酒上護軍曲阜縣開國子孔穎達奉

勅撰

周南關雎詁訓傳第一

陸德明音義曰周南周者代名其地在禹貢雍州之域岐山之陽於漢屬扶風美陽縣南者言周之德化自岐陽而先被南方故序云化自北而南也漢廣序又云文王之道被於南國是也○關雎七胥反依字且邊隹且音子餘反旁或作鳥故訓舊本多作故今或作詁音古又音故傳音直戀反案詁故皆是古義所以兩行然前儒多作詁解而章句有故言郭景純注爾雅則作釋詁樊孫等爾雅本皆爲釋故今宜隨本不煩改字○【疏】正義曰關雎者詩篇之名既以關雎爲首遂以關雎爲一卷之目金縢云公乃爲詩以貽王名之曰鴟鴞然則篇名皆作者所自名既言爲詩乃云名之則先作詩後爲名也名篇之例義無定準多不過五少纔取一或偏舉兩字或全取一句偏舉則或上或下全取則或盡或餘亦有捨其篇首撮章中之一言或復都遺見文假外理以定稱黃鳥顯緜蠻之貌草蟲棄喓喓之聲瓜瓞取緜緜之形瓠葉捨番番之狀夭夭與桃名而俱舉蚩蚩從氓狀而見遺召旻韓奕則采合上下騶虞權輿則并舉篇末其中蹖駁不可勝論豈古人之無常何立名之異與以作非一人故名無定目詁訓傳者注解之別名毛以爾雅之作多爲釋詩而篇有釋詁釋訓故依爾雅訓而爲詩立傳傳者傳通其義也爾雅所釋十有九篇獨云詁訓者詁者古也古今異言通之使人知也訓者道也道物之貌以告人也釋言則釋詁之別故爾雅序篇云釋詁釋言通古今之字古與今異言也釋訓言形貌也然則詁訓者通古今之異辭辨物之形貌則解釋之義盡歸於此釋親已下皆指體而釋其別亦是詁訓之義故唯言詁訓足摠眾篇之目今定本作故以詩云古訓是式毛傳云古故也則故訓者故昔典訓依故昔典訓而爲傳義或當然毛傳不訓序者以分置篇首義理易明性好簡略故不爲傳鄭以序下無傳不須辨嫌故註序不言箋說文云第次也字從竹弟稱第一者言其次第當一所以分別先後也○

毛詩國風

毛詩詩是此書之名毛者傳詩人姓既有齊魯韓三家故題姓以別之或云小毛公加毛詩二字又云河閒獻王所加故大題在下案馬融盧植鄭玄註三禮並大題在下班固漢書陳壽三國志題亦然國風國者總謂十五國風者諸侯之詩從關雎至騶虞二十五篇謂之正風【疏】正義曰詩國風舊題也毛字漢世加之六藝論云河閒獻王好學其博士毛公善說詩獻王號之曰毛詩是獻王始加毛也漢書儒林傳云毛公趙人也爲河閒獻王博士不言其名范曄後漢書云趙人毛長傳詩是爲毛詩然則趙人毛公名爲長也譜云魯人大毛公爲詁訓傳於其家河閒獻王得而獻之以小毛公爲博士然則大毛公爲其傳由小毛公而題毛也詩者一部之大名國風者十五國之摠稱不冠於周南之上而退在下者按鄭注三禮周易中候尚書皆大名在下孔安國馬季長盧植王肅之徒其所注者莫不盡然然則本題自然非注者移之定本亦然當以皆在第下足得摠攝故也班固之作漢書陳壽之撰國志亦大名在下蓋取法於經典也言國風者國是風化之界詩以當國爲別故謂之國風其雅則天子之事政教刑于四海不須言國也周召風之正經固當爲首自衛以下十有餘國編此後舊無明說去聖久遠難得而知欲言先後爲次則齊哀先於衛頃鄭武後於檜國而衛在齊先檜處鄭後是不由作之先後欲以國地爲序則鄭小於齊魏狹於晉而齊後於鄭魏先於唐是不由國之大小也欲以采得爲次則雞鳴之作遠在緇衣之前鄭國之風必處檜詩之後何當後作先采先作後采乎是不由采得先後也二三擬議悉皆不可則諸國所次別有意焉蓋迹其先封善否參其詩之美惡驗其時政得失詳其國之大小斟酌所宜以爲其次邶鄘衛者商紂畿內千里之地柏舟之作夷王之時有康叔之餘烈武公之盛德資母弟之戚成入相之勳文公則滅而復興徙而能富土地既廣詩又早作故以爲變風之首既以衛國爲首邶鄘則衛之所滅風俗雖異美刺則同依其作之先後故以邶鄘先衛也周則平王東遷政遂微弱化之所被纔及郊畿詩作後於衛頃國地狹於千里徒以天命未改王爵仍存不可過于後諸侯故使次之於衛也鄭以史伯之謀列爲大國桓爲司徒甚得周眾武公夾輔平王克成大業有厲宣之親有緇衣之美其地雖狹既親且勳故使之次王也齊則異姓諸侯世有哀德哀公有荒淫之風襄公有鳥獸之行辭有怨刺篇無美者又以大師之後國土仍大故使之次鄭也魏國雖小儉而能勤踵虞舜之舊風有夏禹之遺化故季札觀樂美其詩音云大而婉儉而易行以德輔此則明主也故次於齊唐者叔虞之後雖爲大國昭公則五世交爭獻後則喪亂弘多故次於魏下秦以秦仲始大襄公始命穆公遂霸西戎卒爲強國故使之次唐也陳以三恪之尊食侯爵之地但以民多淫昏國無令主故使之次秦也檜則其君淫恣曹則小人多寵國小而君奢民勞而政僻季札之所不譏國風次之於末宜哉豳者周公之事欲尊周公使專一國故次於眾國之後小雅之前欲兼其上下之美非諸國之例也鄭譜王在豳後者退就雅頌并言王世故耳諸國之次當是大師所弟孔子刪定或亦改張襄二十九年左傳魯爲季札徧歌周樂齊之下卽歌豳歌秦然後歌魏杜預云於詩豳第十五秦第十一後仲尼刪定故不同杜以爲今所第皆孔子之制孔子之前則如左傳之次鄭意或亦然也鄉飲酒云無筭樂注云燕樂亦無筭數或間或合盡歡而止春秋襄二十九年吳公子札來聘請觀於周樂此國君之無筭也以其徧歌謂之無數不以數次爲無筭也○

鄭氏箋

鄭氏箋本亦作牋同薦年反字林云箋表也識也案鄭六藝論文註詩宗毛爲主其義若隱略則更表明如有不同卽下己意使可識別也然此題非毛公馬鄭王肅等題相傳云是雷次宗題承用既久莫敢爲異又案周續之與雷次宗同受慧遠法師詩義而續之釋題已如此又恐非雷之題也疑未敢明之【疏】正義曰鄭氏名玄字康成北海高密人當後漢桓靈之時注此書也不言名而言氏者漢承滅學之後典籍出於人閒各專門命氏以顯其家之學故諸爲訓者皆云氏不言名由此而言毛氏爲傳亦應自載毛字但不必冠詩上耳不然獻王得之何知毛爲之也明其自言毛矣鄭於諸經皆謂之注此言箋者呂忱字林云箋者表也識也鄭以毛學審備遵暢厥旨所以表明毛意記識其事故特稱爲箋餘經無所遵奉故謂之註註者著也言爲之解說使其義著明也漢初爲傳訓者皆與經別行三傳之文不與經連故石經書公羊傳皆無經文藝文志云毛詩經二十九卷毛詩故訓傳三十卷是毛爲詁訓亦與經別也及馬融爲周禮之註乃云欲省學者兩讀故具載本文然則後漢以來始就經爲註未審此詩引經附傳是誰爲之其鄭之箋當元在經傳之下矣其毛詩經二十九卷不知併何卷也自周南至鄭氏箋凡一十六字所題非一時也周南關雎至第一詩國風元是大師所題也詁訓毛自題之毛一字獻王加之鄭氏箋鄭自題之

關雎后妃之德也。○關雎舊解云三百一十一篇詩並是作者自爲名后妃芳非反爾雅云妃媲也對也左傳云嘉耦曰妃禮記云天子之妃曰后之德也舊說云起此至用之邦國焉名關雎序謂之小序自風風也訖末名爲大序沈重云案鄭詩譜意大序是子夏作小序是子夏毛公合作卜商意有不盡毛更足成之或云小序是東海衛敬仲所作今謂此序止是關雎之序總論詩之綱領無大小之異解見詩義序並是鄭注所以無箋云者以無所疑亂故也【疏】關雎后妃之德也○正義曰諸序皆一篇之義但詩理深廣此爲篇端故以詩之大綱併舉於此今分爲十五節當節自解次第於此不復煩文作關雎詩者言后妃之德也曲禮曰天子之妃曰后註云后之言後也執理內事在夫之後也釋詁云妃媲也言媲匹於夫也天子之妻唯稱后耳妃則上下通名故以妃配后而言之德者得也自得於身人行之摠名此篇言后妃性行和諧貞專化下寤寐求賢供奉職事是后妃之德也二南之風實文王之化而美后妃之德者以夫婦之性人倫之重故夫婦正則父子親父子親則君臣敬是以詩者歌其性情陰陽爲重所以詩之爲體多序男女之事不言美后妃者此詩之作直是感其德澤歌其性行欲以發揚聖化示語未知非是褒賞后妃能爲此行也正經例不言美皆此意也其變詩則政教已失爲惡者多苟能爲善則賞其善事征伐獫狁始見憂國之心聽仰昊天方知求雨之切意與正經有異故序每篇言美也

風之始也。所以風天下而正夫婦也。故用之鄉人焉。用之邦國焉。○風之始此風謂十五國風風是諸侯政教也下云所以風天下論語云君子之德風並是此義所以風如字徐福鳳反今不用【疏】風之至國焉○正義曰序以后妃樂得淑女不淫其色家人之細事耳而編於詩首用爲歌樂故於后妃德下卽申明此意言后妃之有美德文王風化之始也言文王行化始於其妻故用此爲風教之始所以風化天下之民而使之皆正夫婦焉周公制禮作樂用之鄉人焉令鄉大夫以之教其民也又用之邦國焉令天下諸侯以之教其臣也欲使天子至於庶民悉知此詩皆正夫婦也故鄭譜云天子諸侯燕其羣臣皆歌鹿鳴合鄉樂是也定本所以風天下俗本風下有化字誤也儀禮鄉飲酒禮者鄉大夫三年賓賢能之禮其經云乃合樂周南關雎是用之鄉人也燕禮者諸侯飲燕其臣子及賓客之禮其經云遂歌鄉樂周南關雎是用之邦國也施化之法自上而下當天子教諸侯教大夫大夫教其民今此先言風天下而正夫婦焉既言化及于民遂從民而廣之故先鄉人而後邦國也老子云脩之家其德乃餘脩之邦其德乃豐脩之天下其德乃普亦自狹至廣與此同意也

風風也。教也。風以動之。教以化之。○風風也並如字徐上如字下福鳳反崔靈恩集註本下卽作諷字劉氏云動物曰風託音曰諷崔云用風感物則謂之諷沈云上風是國風卽詩之六義也下風卽是風伯鼓動之風君上風教能鼓動萬物如風之偃草也今從沈說風以動之如字沈福鳳反云謂自下刺上感動之名變風也今不用【疏】風風至化之正義曰上言風之始謂教天下之始也序又解名教爲風之意風訓諷也教也諷謂微加曉告教謂殷勤誨示諷之與教始末之異名耳言王者施化先依違諷諭以動之民漸開悟乃後明教命以化之風之所吹無物不扇化之所被無往不霑故取名焉

詩者志之所之也。在心爲志。發言爲詩。【疏】詩者至爲

詩。○正義曰：上言用詩以教，此又解作詩所由。詩者，人志意之所適也。雖有所適，猶未發口，蘊藏在心，謂之爲志。發見於言，乃名爲詩。言作詩者，所以舒心志憤懣，而卒成於歌詠，故《虞書》謂之「詩言志」也。包管萬慮，其名曰心；感物而動，乃呼爲志。志之所適，外物感焉。言悅豫之志則和樂興而頌聲作，憂愁之志則哀傷起而怨刺生。《藝文志》云「哀樂之情感，歌詠之聲發」，此之謂也。正經與變同名曰詩，以其俱是志之所之故也。

情動於中而形於言。言之不足，故嗟歎之；嗟歎之不足，故永歌之；永歌之不足，不知手之舞之，足之蹈之也。嗟，遭斜反，咨嗟也。歎，本亦作嘆，湯贊反，歎息也。蹈，徒到反，動足履地也。【疏】情動至蹈之。○正義曰：上云發言爲詩，辨詩志之異，而直言者非詩，故更序詩必長歌之意。言哀樂之情動於心志之中，出口而形見於言。初言之時，直平言之耳，平言之而意不足，嫌其言未申志，故咨嗟歎息以和續之。嗟歎之猶嫌不足，故長引聲而歌之。長歌之猶嫌不足，忽然不自覺知，舉手而舞，動足而蹈地。如是而後得舒心腹之憤，故爲詩必長歌也。聖王以人情之如是，故用之於樂，使人歌詠其聲，象其吟詠之形，然後得盡其心志之情。《樂記》云：「歌之爲言也，長言之也。說之，故言之；言之不足，故長言之；長言之不足，故嗟歎之；嗟歎之不足，故不知手之舞之，足之蹈之也。」注云：「長言之，引其聲也。嗟歎，和續之也。」此經略同彼說。定本云「長言之不足，故嗟歎之」，與此不同。彼先云長言，此先云嗟歎者，嗟歎之與長言，爲一事也。故《虞書》曰「歌永言」，注云「歌又所以長言詩之意」。歎息爲一聲以和其言，彼記而云嗟歎在長言之後，此先云嗟歎乃云永歌，各言其一，故不同也。然則在心爲志，出口爲言，誦言爲詩，詠聲爲歌，播於八音謂之爲樂，皆始末之異名耳。

情發於聲，聲成文謂之音。發猶見也。聲謂宮商角徵羽也。聲成文者，宮商上下相應。○徵，陟里反。應，應對之應，下註同。【疏】情發至之音。○正義曰：情發於聲，謂人哀樂之情發見於言語之聲。於時雖言清濁，未有宮商之調，唯是聲耳。至於作詩之時，則次序清濁，節奏高下，使五聲爲曲，似五色成文，即是爲音。此音被諸絃管，乃名爲樂。雖在人音，亦謂之樂。一人之身則能如此，據其成文之響，即謂之音。則此聲成文謂之音，原夫作樂之始，樂寫人音，人音有小大高下之殊，樂器有宮徵商羽之異，依人音而制樂，託樂器以寫人，是樂本效人，非人效樂。但樂既成，則人之作詩先須成樂之文，乃成爲詩，故始入樂。是樂據故樂可觀而知，人詩皆可聽而知。時則先須樂而情見於聲，故神瞽有以知其趣也。聽其言而知其政善惡，賢者則取彼素絲織爲綺縠。樂而曉盛衰，情或文惡而賢者別彼素絲，織爲綺縠。材薄或文惡而質邪，可識若夫取彼素絲織爲綺縠，或色美而貫者，皆不可取。《樂記》曰：「其哀心感者，其聲噍以殺；其樂心感者，其聲嘽以緩。」是其有聲以曉之也。於樂也，季札見歌唐，曰：「思深哉！其有陶唐氏之遺民乎！」是感入樂心也。

之出聲皆得其情也。不若徒取辭賦，不達音聲，則身爲桀紂之行，口出堯舜之辭，不可得而知也。故王者之風，堯舜之化，汝墳、楚茨之篇，其辭大同，或爲刺，或爲美，皆由樂聲以曉之也。○正義曰：《春官·大師》云「以六律爲之音」，是聲必有五聲，五聲之名，以五聲配五方，宮在中央，角在東方，商在西方，徵在南方，羽在北方。宮爲君，商爲臣，角爲民，徵爲事，羽爲物。宮爲土，土居中央，總四方，君之象也。其數八十一，三分去一以生徵，徵數五十四，三分益一以生商，商數七十二，三分去一以生羽，羽數四十八，三分益一以生角，角數六十四。是五聲之數也。聲相應，謂之音。《樂記》云「聲相應故生變，變成方謂之音」，注云「雜比曰音，單出曰聲」，是雜比乃成音，音成乃謂之樂也。魏文侯問於子夏曰：「吾端冕而聽古樂，則唯恐臥；聽鄭衛之音，則不知倦。」子夏對曰：「今夫古樂，進旅退旅，和正以廣。今夫新樂，進俯退俯，姦聲以濫，溺而不止。」是古樂新樂之異也。

治世之音安以樂，其政和；亂世之音怨以怒，其政乖；亡國之音哀以思，其民困。○治，直吏反。樂音洛。思，息嗣反。【疏】治世至民困。○正義曰：此言治世之音，謂政教和順，民心安樂，故其作樂之音亦安以樂，由其政和也。亂世之政教與民心乖戾，民怨其政教所以忿怒，故其作樂之音亦怨以怒，由其政乖也。亡國之民困苦，故哀以思，其民困也。《樂記》云「其哀心感者，其聲噍以殺；其樂心感者，其聲嘽以緩；其喜心感者，其聲發以散；其怒心感者，其聲粗以厲」，是其音隨政而變也。其亡國之音，若《桑中》之篇，刺民相奔，亡國由民之困也。

之音，樂記所云鄭衛之音，亂世之音也；桑間濮上之音，亡國之音也。其政散，其民流，誣上行私而不可止也。

故正得失，動天地，感鬼神，莫近於詩。正得失，從政之善惡也。○正義曰：上言播詩於音，音從政變，政之善惡皆在於詩，故又言詩之功德也。由詩爲樂章，人君用之，上感天地鬼神，下正人倫教化，故莫近於詩也。

先王以是經夫婦，成孝敬，厚人倫，美教化，移風俗。先王，斯王也。○正義曰：上言詩有功德，此言用詩之事。經，常也。夫婦之道，生民之本，王化之端。此二者，道之大者，故以此始。上言孝敬，下言人倫。夫婦離則孝敬闕，夫婦正則孝敬成。孝以事親，敬以事長，可移於君。美教化，移風俗，皆由詩而成也。

此教化也移風俗者地理志云民有剛柔緩急音聲不同繫水土之風氣故謂之風好惡取舍動靜隨君上之情欲故謂之俗則風爲本俗爲末皆謂民情好惡也緩急繫水土之氣急則失於躁緩則失於慢王者爲政當移之使緩急調和剛柔得中也隨君上之情則君有善惡民並從之有風俗傷敗者王者爲政當易之使善故地理志又云孔子曰移風易俗莫善於樂言聖王在上統理人倫必移其本而易其末然後王教成是其事也此皆用詩爲之故云先王以是以用也言先王用詩之道爲此五事也案王制云廣谷大川異制民生其閒者異俗脩其教不易其俗此云易俗彼言不易者彼謂五方之民戎夷殊俗言語不通器械異制王者就而撫之不復易其器械同其言音故言不易其俗與此異也此序言詩能易俗孝經言樂能移風俗者詩是樂之心樂爲詩之聲故詩樂同其功也然則詩樂相將無詩則無樂周存六代之樂豈有黃帝之詩有樂而無詩何能移風易俗斯不然矣原夫樂之初也始於人心出於口歌聖人作八音之器以文之然後謂之爲音謂之爲樂樂雖逐詩爲曲倣詩爲音曲有清濁次第之序音有宮商相應之節其法既成其音可久是以昔日之詩雖絕昔日之樂常存樂本由詩而生所以樂能移俗歌其聲謂之樂誦其言謂之詩聲言不同故異時別教王制稱春教樂夏教詩經解稱溫柔敦厚詩教也廣博易良樂教也由其事異故異教也此之謂詩樂據五帝以還詩樂相將故有詩則有樂若上皇之世人性醇厚徒有嬉戲之樂未有歌詠之詩

故詩有六義焉。一曰風。二曰賦。三曰比。四曰興。五曰雅。六曰頌。

比必履反興虛應反沈許甑反頌音訟〔疏〕故詩至六曰頌。正義曰上言詩功既大明非一義能周故又言詩有六義大師上文未有詩字不得徑云六義故言六詩各自爲文其實一也彼註云風言賢聖治道之遺化賦之言鋪直鋪陳今之政教善惡比見今之失不敢斥言取比類以言之興見今之美嫌於媚諛取善事以喻勸之雅正也言今之正者以爲後世法頌之言誦也容也誦今之德廣以美之是解六義之名也彼雖各解其名以詩有正變故互見其意風云賢聖之遺化謂變風也雅云言今之正以爲後世法謂正雅也其實正風亦言當時之風化變雅亦是賢聖之遺法也頌訓爲容止云誦今之德廣以美之不解容之義謂天子美有形容下云美盛德之形容是其事也賦云鋪陳今之政教善惡其言通正變兼美刺也比云見今之失取比類以言之謂刺詩之比也興云見今之美取善事以勸之謂美詩之興也其實美刺俱有比興者也鄭必以風言賢聖之遺化舉變風者以唐有堯之遺風故於風言賢聖之遺化賦者直陳其事無所避諱故得失俱言比者比託於物不敢正言似有所畏懼故云見今之失取比類以言之興者興起志意讚揚之辭故云見今之美以喻勸之雅既以齊正爲名故云以爲後世法鄭之所註其意如此詩皆用之於樂言之者無罪賦則直陳其事於比興云不敢斥言嫌於媚諛者據其辭不指斥若有嫌懼之意其實作文之體理自當然非有所嫌懼也六義次第如此者以詩之四始以風爲先故曰風風之所用以賦比興爲之辭故於風之下即次賦比興然後次以雅頌雅頌亦以賦比興爲之既見賦比興於風之下明雅頌亦同之鄭以賦之言鋪也鋪陳善惡則詩文直陳其事不譬喻者皆賦辭也鄭司農云比者比方於物諸言如者皆比辭也司農又云興者託事於物則興者起也取譬引類起發己心詩文諸舉草木鳥獸以見意者皆興辭也賦比興如此次者言事之道直陳爲正故詩經多賦在比興之先比之與興雖同是附託外物比顯而興隱當先顯後隱故比居興先也毛傳特言興也爲其理隱故也風雅頌者皆是施政之名也上云風風也教也風以動之教以化之是風爲政名也下云雅者正也政有小大故有小雅焉有大雅焉是雅爲政名也周頌譜云頌之言容天子之德光被四表格于上下此之謂容是頌爲政名也人君以政化下臣下感政作詩故還取政教之名以爲作詩之目風雅頌同爲政稱而事有積漸教化之道必先諷動之物情既悟然後教化使之齊正言其風動之初則名之曰風指其齊正之後則名之曰雅風俗既齊然後德能容物故功成乃謂之頌先風後雅頌爲此次故也一國之事爲風天下之事爲雅者以諸侯列土樹疆風俗各異故唐有堯之遺風魏有儉約之化由隨風設教故名之爲風天子則威加四海齊正萬方政教所施皆能齊正故名之爲雅風雅之詩緣政而作政既不同詩亦異體故七月之篇備有風雅頌駉頌序云史克作是頌明作者本意自定爲風體非采得之後始定體也詩體既異其聲亦殊公羊傳曰十一而稅頌聲作史記稱微子過殷墟而作雅聲譜云師摯之始關雎之亂早失風聲矣樂記云人不能無亂先王恥其亂故制雅頌之聲以道之是其各自別聲也詩各有體體各有聲大師聽聲得情知其本意周南爲王者之風召南爲諸侯之風是聽聲而知之也然則風雅頌者詩篇之異體賦比興者詩文之異辭耳大小不同而得並爲六義者賦比興是詩之所用風雅頌是詩之成形用彼三事成此三事是故同稱爲義非別有篇卷也鄭志張逸問何詩近於比賦興答曰比賦興吳札觀詩已不歌也孔子錄詩已合風雅頌中難復摘別篇中義多興逸見風雅頌有分段以爲比賦興亦有分設謂有全篇爲比全篇爲興欲鄭指摘言之鄭以比賦興者直是文辞之異非篇卷之別故遠言從本來不別之意言吳札觀詩已不歌明其先無別體不可歌也孔子錄詩已合風雅頌中明其先無別體不可分也元來合而不分今日難復摘別也言篇中義多興者以毛傳於諸篇之中每言興也以興在篇中明比賦亦在篇中故以興顯比賦也若然比賦興元來不分則唯有風雅頌三詩而已藝論云至周分爲六詩者據周禮六詩之文而言之耳非謂篇卷也或以爲鄭云孔子已合於風雅頌中則孔子以前未合之時比賦興別爲篇卷若然則離其章句析其文辭樂不可歌文不可誦且風雅頌以比賦興爲體若比賦興別爲篇卷則無風雅頌矣是比賦興之義有詩則有之唐虞之世治致昇平周於太平之世無諸侯之風則唐虞之世必無風也雅雖王者之政乃是太平前事以堯舜之聖黎民時雍亦似無雅於六義之中唯應有頌耳夏在制禮之後不復而稱目諫或當有雅夏氏之衰昆吾作霸諸侯彊盛或當有風但篇章泯滅無以言之藝論云唐虞始造其初至周分爲六詩據周禮成文而言之詩之六義非起於周也

上以風化下。下以風刺上。主文而譎諫。言之者無罪。聞之者足以戒。故曰風。

風化風刺皆謂譬喩不斥言也主文主與樂之宮商相應也譎諫詠歌依違不直諫。下以風福鳳反注風刺同刺本又作刺七賜反譎古穴反詐也故曰風福鳳反又如字〔疏〕上以至曰風。正義曰臣下作詩所以諫君君又用之教化故又言上下皆用此上六義之意在上人君用此六義風動教化在下人臣用此六義以風喻箴刺君上其作詩也本心主意使合於宮商相應之文播之於樂而依違譎諫不直言君之過失故言之者無罪人君不怒其作主而罪戮之聞之者足以自戒人君自知其過而悔之感而不切微動若風言出而過改猶風行而草偃故曰風上言風風也教也向下以申風義此云故曰風向上而結彼文使首尾相應解盡風義此六義之下而解名風之意則六義皆名爲風以風是政教之初六義風居其首故六義揔名爲風六義隨事生稱耳若此辭揔上六義則有正變而云主文譎諫唯說刺詩者以詩之作皆爲正邪防失雖論功誦德莫不匡正人君故主說作詩之意耳詩皆人臣作之以諫君然後人君用之以化下此先云上以風化下者以其教從君來上下俱用故先尊後卑襄十六年左傳稱齊人伐魯求救於晉晉人不許穆叔見中行獻子賦圻父獻子曰偃知罪矣穆叔賦而晉人不得怨之是言之者無罪也獻子服罪是聞之者足以戒也俗本戒上有自字者誤定本直云足以戒也。箋風化至直諫。正義曰風者若風之動物故謂之譬喻不斥言也人君教民自得指斥但用詩教民播之於樂故亦不斥言也上言聲成文此言主文知作詩者主意令詩文與樂之宮商相應也如上所說先爲詩歌樂逐詩爲曲則是宮商之辭學詩文而爲之此言作詩之文主應於宮商者初作樂者準詩而爲聲聲既成形須依聲而作詩故後之作詩者皆主應於樂文也譎者權詐之名託之樂歌依違而諫亦權詐之義故謂之譎諫

至于王道衰。禮義廢。政教失。國異政。家殊俗。而變風變雅作矣。

〔疏〕至于至雅作矣。正義曰詩之風雅有正有變故又言變之意至于王道衰禮義廢而不行政教施之失所逐使諸侯國國異政下民家家殊俗詩人見善則美見惡則刺之而變風變雅作矣至于者從盛而至于衰相承首尾之言也禮義言廢者典法仍存但廢而不行耳政教言失者非無政教但施之失理耳由施之失理故使國國異政家家殊俗皆是道衰之事故云道衰以冠之禮義者政教之本故先禮義而後政教定本禮義廢俗本有作儀字者非也此家謂天下民家孝經云非家至而日見之也亦謂天下民家非大夫稱家也民隨君上之欲故稱俗若大夫之家不得謂之俗也變風變雅必王道衰乃作者夫天下有道則庶人不譏治平累世則美刺不興何則未識不善則不知善爲善未見不惡則不知惡爲惡太平則無所更美道絕則無所復譏人情之當理也故初變惡俗則民歌之風雅正經是也始得太平則民頌之周頌諸篇是也若其王綱絕紐禮義消亡民皆逃死政盡紛亂易稱天地閉賢人隱於此時也雖有智者無復譏刺成王太平之後其美不異於前故頌聲止也陳靈公淫亂之後其惡不復可言故變風息也班固云成康沒而頌聲寢王澤竭而詩不作此之謂也然則變風變雅之作皆王道始衰政教初失尚可匡而革之追而復之故執彼舊章繩此新失覬望自悔其心更遵正道所以變詩作也以其變改正法故謂之變焉季札見歌小雅曰美哉思而不貳怨而不言其周德之衰乎猶有先王之遺民是由王澤未竭民尚知禮以禮救世作此變詩故變詩王道衰乃作也譜云夷身失禮懿始受譖則周道之衰自夷懿始矣變雅始於厲王無夷懿之雅者蓋孔子錄而不得或有而不足錄也昭十二年左傳稱祭公謀父作祈招之詩以諫穆王衛頃齊哀之時而有變風明時作變雅但不錄之耳王道衰諸侯有變風王道盛諸侯無正風者王道明盛政出一人太平非諸侯之力不得有正風王道既衰政出諸侯善惡在於己身不由天子之命惡則民怨善則民喜故各從其國有美刺之變風也

國史明乎得失之迹。傷人倫之廢。哀刑政之苛。吟詠情性。以風其上。

苛本亦作苛音何苛虐也吟疑今反動聲曰吟風其上福鳳反告古毒反。

〔疏〕國史至上。○正義曰上既言變詩之作此又說作變之由言國之史官皆博聞強識之士明曉於人君得失善惡之迹禮義廢則人倫亂政教失則法令酷國史傷此人倫之廢棄哀此刑政之苛虐哀傷之志鬱積於內乃吟詠己之情性以風刺其上覬其改惡為善所以作變詩也國史者周官大史小史外史御史之等皆是也此承變風變雅之下則兼據天子諸侯之史矣得失之迹者人君既往之所行也明曉得失之迹哀傷而詠情性者詩人也非史官也民勞常武公卿之作也黃鳥碩人國人之風然則凡是臣民皆得風刺不必要其國史所為此文特言國史者鄭荅張逸云國史采衆詩時明其好惡令瞽矇歌之其無作主皆國史主之令可歌如此言是由國史掌書故託文史也苟能制作文章亦可謂之為史不必要作史官駉云史克作是頌史官自有作詩者矣不盡是史官為之也言明其好惡令瞽矇歌之是國史選取善者始付樂官也言其無作主國史主之嫌其作者無名國史不主之耳其有作主亦國史主之耳人倫之廢即上禮義廢也刑政之苛即上政教失也動聲曰吟長言曰詠作詩必歌故言吟詠情性也○

達於事變。而懷其舊俗者也。故變風發乎情。止乎禮義。發乎情。民之性也。止乎禮義。先王之澤也。

〔疏〕達於至之澤○正義曰此又言王道既衰所以能作變詩之意作詩者皆曉達於世事之變易而私懷其舊時之風俗見時世政事變易舊章即作詩以舊法誠之欲使之合於禮義故變風之詩皆發於民情止於禮義言各出民之情性而皆合於禮義也又重說發情止禮之意發乎情者民之性言其民性不同故各言其志也止乎禮義者先王之澤言俱被先王遺澤故得皆止禮義也展轉申明作詩之意達於事變者若唐有帝堯殺禮救危之化後世習之失之於儉不中禮陳有大姬好巫歌舞之風後世習之失之於遊蕩無度是其風俗改變時人曉達之也懷其舊俗者若齊有太公之風衛有康叔之化其遺法仍在詩人懷挾之也詩人既見時世之事變改舊時之俗故依準舊法而作詩戒之雖俱準舊法而詩體不同或陳古政治或指世淫荒雖復屬意不同俱懷匡救之意故各發情性而皆止禮義也此亦兼論變雅獨言變風者上已變風變雅雙舉其文此從省而略之也先王之澤謂先王有德澤而流及於後世詩人得其餘化故能懷其舊俗也鄭荅張逸云舊俗者若晉有堯之遺風先王之澤衛有康叔之烈如此言則康叔當云先公而云先王者以變雅有先王之澤變風有先公之澤故季札見歌齊曰表東海者其太公乎見歌小雅曰猶有先王之遺民是其風稟先公雅稟先王也上舉變風下言先王風雅互相見也上言國史作詩此言民之性明作詩皆在民意非獨國史能為亦是互見也作詩止於禮義則應言皆合禮而變風所陳多說姦淫之狀者男淫女奔傷化敗俗詩人所陳者皆亂狀淫形時政之疾病也所言者皆忠規切諫救世之鍼藥也尚書之三風十愆疾病也詩人之四始六義救藥也若夫疾病尚輕有可生之道則醫之治也用心銳扁鵲之療太子知其必可生也疾病已重有將死之勢則醫之治也用心緩秦和之視平公知其不可為也詩人救世亦猶是矣典刑未亡覬可追改則箴規之意切鶴鳴沔水殷勤而責王也淫風大行莫之能救則匡諫之志微溱洧桑中所以咨嗟歎息而閔世陳鄭之俗亡形已成詩人庶已箴規必不變改且復賦己之志哀歎而已不敢望其存是謂匡諫之志微故季札見歌陳曰國無主其能久乎見歌鄭曰美哉其細已甚民弗堪也是其先亡乎美者美詩人之情言不有先王之訓孰能若此先亡者見其匡諫意微知其國將亡滅也○

是以一國之事。繫一人之本。謂之風。言天下之事。形四方之風。謂之雅。

〔疏〕是以至之雅○正義曰序說正變之道以風雅與頌區域不同故又辨三者體異之意是以者承上生下之辭言詩人作詩其用心如此一國之政事善惡皆繫屬於一人之本意如此而作詩者謂之風言道天下之政事發見四方之風俗如是而作詩者謂之雅言風雅之別其大意如此也一人者作詩之人其作詩者道己一人之心耳要所言一人心乃是一國之心詩人覽一國之意以為己心故一國之事繫此一人使言之也但所言者直是諸侯之政行風化於一國故謂之風以其狹故也言天下之事亦謂一人言之詩人總天下之心四方風俗以為己意而詠歌王政故作詩道說天下之事發見四方之風所言者乃是天子之政施齊正於天下故謂之雅以其廣故也風之與雅各是一人所為風言一國之事繫一人雅亦天下之事繫一人雅言天下之事謂一人言天下之事風亦一人言一國之事序者逆順立文互言之耳故志張逸問嘗聞一人作詩何謂荅曰作詩者一人而已其取義者一國之事變雅則譏王政得失閔風俗之哀所憂者廣發於一人之本身如此言風雅之作皆是一人之言耳一人美則一國皆美之一人刺則天下皆刺之谷風黃鳥妻怨其夫未必一國之妻皆怨夫耳北門北山下怨其上未必一朝之臣皆怨上也但舉其夫婦離絕則知風俗敗矣言己獨勞從事則知政教偏矣莫不取衆之意以為己辭一人言之一國皆說假使聖哲之君功齊區宇設有一人獨言其惡如弁隨務光之羞見殷湯伯夷叔齊之恥事周武海內之心不同之也無道之主惡加萬民設有一人獨稱其善如張竦之美王莽蔡邑之惜董卓天下之意不與之也必是言當舉世之心動合一國之意然後得為風雅載在樂章不然則國史不錄其文也此言謂之風雅理兼正變天下無道政出諸侯而變雅亦稱雅者當作變雅之時王政仍被邦國大學曰堯舜率天下以仁而民從之桀紂率天下以暴而民從之是善政惡政皆能正人所以幽厲之詩亦名為雅及平王東遷政遂微弱其政纔行境內是以變為風焉

雅者、正也。言王政之所由廢興也。政有小大。故有小雅焉。有大雅焉。

〔疏〕雅者至雅焉○正義曰上已解風名故又解雅名雅者訓為正也由天子以政教齊正天下故民述天子之政還以齊正為名王之齊正天下得其道則述其美雅之正經及宣王之美詩是也若王之齊正天下失其理則刺其惡幽厲小雅是也詩之所陳皆是正天下大法文武用詩之道則興幽厲不用詩道則廢此雅詩者言說王政所用廢興以其廢興故有美刺也又解有二雅之意王者政教有小大詩人述之亦有小大故有小雅焉有大雅焉小雅所陳有飲食賓客賞勞羣臣燕賜以懷諸侯征伐以強中國樂得賢者養育人材於天子之政皆小事也大雅所陳受命作周代殷繼伐荷先王之福祿尊祖考以配天醉酒飽德能官用士澤被昆蟲仁及草木於天子之政皆大事也詩人歌其大事制為大體述其小事制為小體體有大小故分為二焉風見優劣之差故周南先於召南雅見積漸之義故小雅先於大雅此其所以異也詩體既異樂音亦殊國風之音各從水土之氣述其當國之歌而作之雅頌之音則王者偏覽天下之志總合四方之風而制之樂記所謂先王制雅頌之聲以道之是其事也詩體既定樂音既成則後之作者各從舊俗變風之詩各是其國之音季札觀之而各知其國由其音異故也小雅音體亦然正經述大政為大雅述小政為小雅有小雅大雅之聲王政既衰變雅兼作取大雅之音歌其政事之變者謂之變大雅取小雅之音歌其政事之變者謂之變小雅故變雅之美刺皆由音體有小大不復由政事之大小也風述諸侯之政非無小大但化止一國不足分別頌則功成乃作歸美報神皆是大事無復別體故不分為二風二頌也定本王政所由廢興俗本王政下有之字誤也

頌者、美盛德之形容。以其成功。告於神明者也。

〔疏〕頌者至神明者○正義曰上解風雅之名風雅之體訖此又解頌名頌體上文因變風變雅作矣即說風雅之體故言謂之風謂之雅以結上文此上未有頌作之言文無所結故云頌者美盛德之形容明訓頌為容解頌名也以其成功告於神明此解頌體也上言雅者正也此亦當云頌者容也以雅已備文此亦從可知故略之也易稱聖人擬諸形容象其物宜則形容者謂形狀容貌也作頌者美盛德之形容則天子政教有形容也可美之形容正謂道教周備也故頌譜云天子之德光被四表格于上下無不覆燾無不持載此之謂容其意出於此也成功者營造之功畢也天之所營在於命聖聖之所營在於任賢賢之所營在於養民民安而財豐眾和而事節如是則司牧之功畢矣干戈既戢夷狄來賓嘉瑞悉臻遠邇咸服羣生盡遂其性萬物各得其所即是成功之驗也萬物本於天人本於祖天之所命者牧民也祖之所命者成業也民安業就須告神使知雖社稷山川四嶽河海皆以民為主欲民安樂故作詩歌其功偏告神明所以報神恩也王政有興廢未嘗不祭羣神但政未太平則神無恩力故太平德洽始報神功頌詩直述祭祀之狀不言得神之力但美其祭祀是報德可知此解頌者唯周頌耳其商魯之頌則異於是矣商頌雖是祭祀之歌祭其先王之廟述其生時之功正是死後頌德非以成功告神其體異於周頌也魯頌主詠僖公功德纔如變風之美者耳又與商頌異也頌者美詩之名王者不陳魯詩魯人不得作風以其得用天子之禮故借天子美詩之名改稱為頌非周頌之流也孔子以其同有頌名故取備三頌耳置之商頌前者以魯是周宗親同姓故使之先前代也

是謂四始。詩之至也。始者王道興衰之所由

〔疏〕是謂四始詩之至也○正義曰四始者鄭荅張逸云風也小雅也大雅也頌也此四者人君行之則為興廢之則為衰又箋云始者王道興衰之所由然則此四者是人君興廢之始故謂之四始也詩之至者詩理至極盡於此也序說詩理既盡故言此以終之案詩緯汎歷樞云大明在亥水始也四牡在寅木始也嘉魚在巳火始也鴻鴈在申金始也與此不同者緯文因金木水火有四始之義以詩文託之又鄭作六藝論引春秋緯演孔圖云詩含五際六情者鄭以汎歷樞云午亥之際為革命卯酉之際為改正辰在天門出入候聽卯天保也酉祈父也午采芑也亥大明也然則亥為革命一際也亥又為天門出入候聽二際也卯為陰陽交際三際也午為陽謝陰興四際也酉為陰盛陽微五際也其六情者則春秋云喜怒哀樂好惡是也詩既含此五際六情故鄭於六藝論言之

然則關雎麟趾之化。王者之風。故繫之周公。南、言化自北而南也。鵲巢騶虞之德。諸侯之風也。先王之所以教。故繫之召公。自從也從北而南謂其化從岐周被

江漢之域也先王斥大王王季○麟音吕辛反趾音止騶本亦作騶音側畱反召本亦作邵同音上照反後召南召公皆同岐音其宜反山名或音祇被音皮寄反大王音泰【疏】然則關雎麟趾之化王者之風故繫之周公至繫之召公正義曰序因關雎是風化之始遂因而申之廣論詩義詩理既盡然後乃說周南召南然者然上語則者則下事因前起後之勢也然則關雎麟趾之化是王者之風文王之所以教民也王者必聖周公聖人故繫之周公不直名為周而連言南者言此文王之化自北土而行於南方故也鵲巢騶虞之德是諸侯之風先王大王王季所以教化民也諸侯必賢召公賢人故繫之召公不復言南意與周南同也周南言化召南言德者變文耳上亦云關雎后妃之德是其通也諸侯之風言先王之所以教王者之風不言文王之所以教者二南皆文王之化不嫌非文王也但文王所行兼行先王之道感文王之化為周南感先王之化為召南不言先王之教無以知其然故特著之也此實文王之詩而繫之二公者志張逸問王者之風王者當在雅在風何荅曰文王以諸侯而有王者之化述其本宜為風逸以文王稱王則詩當在雅故問之鄭以此詩所述述文王為諸侯時事以有王者之化故稱王者之風於時實是諸侯詩人不為作雅文王三分有二之化故稱王者之風是其風者王業基本此述服事殷時王業基本之事故云述其本宜為風也化霑一國謂之為風道被四方乃名為雅文王纔得六州未能天下統一雖則大於諸侯正是諸侯之大者耳此二南之人猶以諸侯待之為作風詩不作雅體體實是風不得謂之為雅文王末年身實稱王又不可以國風之詩繫之王身名無所繫詩不可棄因二公為王行化是故繫之二公天子嫁女於諸侯使諸侯為之主亦此義也其鹿鳴文王詩人本以天子待之作雅非基本之事故不為風也若然作王者之風必感聖人之化已知文王之聖應知終必為王不為作雅而作風者詩者志也各言其志文王於時未稱王號或為作雅或為作風人志不同故也○箋自從至王季○正義曰釋詁云從自也反覆相訓是自得為從也文王之國在於岐周東北近於紂都西北迫於戎狄故其風化南行也漢廣序云美化行乎江漢之域是從岐周被江漢之域也太王始有王迹周之追謚上至太王而已故知先王斥太王王季

周南召南。正始之道。王化之基。【疏】周南至之基○正義曰既言繫之周召又摠舉二南要義周南召南二十五篇之詩皆是正其初始之大道王業風化之基本也高以下為基遠以近為始文王正其家而後及其國是正其始也化南土以成王業是王化之基也季札見歌周南召南曰始基之矣猶未也服虔云未有雅頌之成功亦謂二南為王化基始序意出于彼文也

是以關雎樂得淑女以配君子。愛在進賢。不淫其色。哀窈窕。思賢才。而無傷善之心焉。是關雎之義也。哀蓋字之誤也當為衷衷謂中心恕之無傷善之心謂好逑也○淑常六反善也哀前儒並如字論語云哀而不傷是也鄭氏改作衷竹隆反窈烏了反窕徒了反毛云窈窕幽閑也王肅云善心曰窈善容曰窕恕音庶本又作念好呼報反逑音求【疏】是以至之義也○正義曰上既摠言二南又說關雎篇義覆述上后妃之德由言二南皆是正始之道先美家內之化是以關雎之篇說后妃心之所樂樂得此賢善之女以配己之君子心之所憂憂在進舉賢女不自淫恣其色又哀傷處窈窕幽閒之女未得升進思得賢才之人與之共事君子勞神苦思而無傷害善道之心此是關雎詩篇之義也毛意當然定本是關雎之義俗本是下有以者誤也鄭以哀為衷言后妃衷心念恕在窈窕幽閒之善女思使此女有賢才之行欲令宮內和協而無傷害善人之心餘與毛同婦人謂夫為君子上下之通名樂得淑女以配君子言求美德善女使為夫嬪御與之共事文王五章皆是也女有美色男子悅之故經傳之文通謂女人為色淫者過也過其度量謂之為淫男過愛女謂淫女色女過求寵是自淫其色此言不淫其色者謂后妃不淫恣己身之色其者其后妃也此婦德無厭志不可滿凡有情欲莫不妬忌唯后妃之心憂在進賢賢人不進以為己憂不縱恣己色以求專寵此生民之難事而后妃之性能然所以歌美之也毛以為哀窈窕之人與后妃同德者也后妃以己則能配君子彼獨幽處未升故哀念之也既哀窈窕之未升又思賢才之良質欲進舉之也哀窈窕還是樂得淑女也思賢才還是憂在進賢也殷勤而說之也指斥詩文則憂在進賢下三章是也不淫其色首章上二句是也此詩之作主美后妃進賢所以能進賢者由不淫其色故先言不淫其色序論作者之意主在進賢故先云進賢所以經序倒也鄭解哀字為異其經亦與毛同故箋哀蓋至好逑○正義曰以后妃之求賢女直思念之耳無哀傷之事在其閒也經云鍾鼓樂之琴瑟友之哀樂不同不得有悲哀也故云蓋字之誤箋所易字多矣皆註云當為某字此在詩初故云蓋為疑辭以下皆倣此衷與忠字異而義同於文中心為忠如心為恕故云恕之謂念恕此窈窕之女思使有賢才言不忌勝己而害賢也無傷善之心謂不用傷害善人經稱衆妾有逑怨欲令窈窕之女和諧不用使之相傷害故云謂好逑也論語云關雎樂而不淫哀而不傷卽此序之義也論語註云哀世夫婦不得此人不為滅傷其愛此以哀為衷彼仍以哀為義者鄭荅劉炎云論語註人閒行久義或宜然故不復定以遺後說是鄭以為疑故兩解之也必知毛異於鄭者以此詩出於毛氏字與三家異者動以百數此序是毛置篇端若毛知其誤自當改之何須仍作哀字也毛無破字之理故知從哀之義毛既以哀為義則以下義勢皆異於鄭思賢才謂思賢才之善女也無傷善之心言其能使善道全也庸人好賢則志有懈倦中道而廢則善心傷后妃能寤寐而思之反側而憂之不得不已未嘗懈倦是其善道必全無傷缺之心然則毛意無傷善之心當謂三章是也王肅云哀窈窕之不得思賢才之良質無傷善之心焉若苟慕其色則善心傷也

關關雎鳩。在河之洲。興也關關和聲也雎鳩王雎也鳥摯而有別水中可居者曰洲后妃說樂君子之德無不和諧又不淫其色慎固幽深若關雎之有別焉然後可以風化天下夫婦有別則父子親父子親則君臣敬君臣敬則朝廷正朝廷正則王化成箋云摯之言至也謂王雎之鳥雌雄情意至然而有別○雎七胥反鳩九尤反鳥之有至別者洲音州興虛應反沈許甑反案興是譬諭之名意有不盡故題曰興他皆放此摯本亦作鷙音至別彼竭反下同說音悅樂音洛諧戶皆反朝直遙反廷徒佞反

窈窕淑女。君子好逑。窈窕幽閒也淑善逑匹也言后妃有關雎之德是幽閒貞專之善女宜為君子之好匹箋云怨耦曰仇言后妃之德和諧則幽閒處深宮貞專之善女能為君子和好衆妾之怨者言皆化后妃之德不嫉妬謂三夫人以下○好毛如字鄭呼報反兔罝詩放此逑音求毛云匹也本亦作仇音同鄭云怨耦曰仇閒音閑下同耦五口反能為于偽反嫉音疾徐音自後皆同妬丁路反以色曰妬【疏】關關至好逑○正義曰毛以為關關然聲音和美者是雎鳩也此雎鳩之鳥雖雌雄情至猶能自別退在河中之洲不乘匹而相隨也以興情至性行和諧者是后妃也后妃雖說樂君子猶能不淫其色退在深宮之中不褻瀆而相慢也后妃既有是德又不妬忌思得淑女以配君子故窈窕然處幽閒貞專之善女宜為君子之好匹也以后妃不妬忌可共以事夫故言宜也○鄭唯下二句為異言幽閒之善女謂三夫人九嬪既化后妃亦不妬忌故為君子文王和好衆妾之怨耦者使皆說樂也○傳關關至王化成○正義曰釋詁云關關雍雍音聲和也是關關為和聲也雎鳩王雎也釋鳥文郭璞曰鵰類也今江東呼之為鶚好在江邊沚中亦食魚陸機疏云雎鳩大小如鳩深目目上骨露幽州人謂之鷲而揚雄許愼皆曰白鷢似鷹尾上白定本云鳥摯而有別謂鳥中雌雄情意至厚而猶能有別故以興后妃說樂君子情深猶能不淫其色傳為摯字實取至義故箋云摯之言至王雎之鳥雄雌情意至然而有別所以申成毛傳也俗本云雎鳩王雎之鳥者誤也水中可居者曰洲釋水文也李巡曰四方皆有水中央獨可居釋水又曰小洲曰渚小渚曰沚小沚曰坻江有渚傳曰渚小洲也蒹葭傳谷風箋並云小渚曰沚皆依爾雅為說也采蘩傳曰沚渚凫鷖傳曰渚沚互言以曉人也蒹葭傳文云坻小渚也不言小沚者沚渚大小異名耳坻亦小於渚故舉渚以言之和諧者心中和悅志意諧適每事皆然故云無不和諧又解以在河之洲為喻之意言后妃雖悅樂君子不淫其色能謹愼貞固居在幽閒深宮之內不妄淫褻君子若雎鳩之有別故以與焉后妃之德能如是然後可以風化天下使夫婦有別夫婦有別則性純子孝故能父子親也孝子為臣必忠故父子親則君臣敬君臣既敬則朝廷自然嚴正朝廷既正則天下無犯非禮故王化得成也○傳窈窕至好匹○正義曰窈窕者謂淑女所居之宮形狀窈窕然故箋言幽閒深宮是也傳知然者以其淑女已為善稱則窈窕宜為居處故云幽閒言其幽深而閒靜也揚雄云善心為窈善容為窕者非也逑匹釋詁文孫炎云相求之匹詩本作逑爾雅多作仇字異音義同也又曰后妃有關雎之德是幽閒貞專之善女宜為君子之好匹者美后妃有思賢之心故說賢女宜求之狀摠言宜求為君子好匹則摠謂百二十人矣○箋不嫉至以下○正義曰下箋三夫人九嬪以下此亶云三夫人以下然則九嬪以下摠謂衆妾三夫人以下唯兼九嬪耳以其淑女和好衆妾據尊者故唯指九嬪以上也求菜論皆樂后妃之事故兼言九嬪以下摠百二十人也若然此衆妾謂世婦女御也周禮註云世婦女御不言數者君子不苟於色有婦德者充之無則闕所以得有怨者以其職卑德小不能無怨故淑女和好之見后妃和諧能化羣下雖有小怨和好從化亦所以明后妃之德也此言百二十人者周南王者之風以天子之數擬之非其時卽然也何者文王為諸侯早矣豈先無嬪妾一人皆須后妃求之且百二十人之數周禮始置鄭於檀弓差之帝嚳立四妃帝堯因焉舜不告而娶不立正妃夏增以九女為十二人殷則增以二十七人為三十九人至周增以八十一人為百二十人當殷之時唯三十九人況文王為諸侯世子豈有百二十人也○

參差荇菜。左右流之。荇接余也流求也后妃有關雎之德乃能共荇菜備庶物以事宗廟也箋云左右助也言后妃將共荇菜之葅必有助而求之者言三夫人九嬪以下皆樂后妃之事○參初金反差初宜反又初佳反荇衡猛反本亦作莕沈有並反左右王申毛如字鄭上音佐下音佑接余音餘本或作菨荼非共音恭本或作供下共荇菜並同葅阻魚反字又作菹嬪鼻申反內官名樂音洛又音岳

窈窕淑女。寤寐求之。寤覺

寐寢也箋云言后妃覺寐則常求此賢女欲與之共己職也○寤五路反寐莫利反覺音教○〔疏〕參差至求之○毛以爲后妃性既和諧堪居后職當共荇菜以事宗廟后妃言此參差然不齊之荇菜須嬪妾左右佐助而求之由此之故思求淑女窈窕然幽閒貞專之善女后妃寤寐之時常求之也○鄭以爲夫人九嬪既不妬忌世婦女御又無怨爭上下說樂同化后妃故於后妃將共參差之荇菜以事宗廟之時則嬪御之等皆競佐助后妃而求之言皆樂后妃之事既言樂助后妃然後倒本其事后妃今日所以得佐助者由此幽閒之善女未得之時后妃於覺寐之中常求之欲與之共己職事故得之也○傳荇接至宗廟○正義曰釋草云荇接余其葉荇陸機疏云接余白莖葉紫赤色正員徑寸餘浮在水上根在水底與水深淺等大如釵股上青下白鬻其白莖以苦酒浸之肥美可案酒是也定本荇接余也俗本荇下有菜字衍也流求釋言文也所以論求荇事以美后妃者以德不和諧不當神明則不能事宗廟今后妃和諧有關雎之德乃能共荇菜備庶物以事宗廟也案天官醢人陳四豆之實無荇菜者以殷祀詩詠時事故有之言備庶物者以荇菜亦庶物之一不謂今后妃盡備庶物也禮記祭統曰水草之菹陸產之醢小物備矣三牲之俎八簋之實美物備矣昆蟲之異草木之實陰陽之物備矣凡天之所生地之所長苟可薦者莫不咸在示盡物也是祭必備庶物也此經序無言祭事知事宗廟者以言左右流之助后妃求荇菜若非祭菜后不親采采蘩言夫人奉祭明此亦祭也○箋左右至之事○正義曰左右助也釋詁文此章未得荇菜故助而求之既得故四章論采之采之既得故卒章言擇之皆是淑女助后妃故每云左右此章始求謂未當祭時故云將共荇菜四章琴瑟友之卒章鍾鼓樂之皆謂祭時故箋云共荇菜之時也此云助而求之謂未祭時亦贊助也故天官九嬪職云凡祭祀贊后薦徹豆籩世婦職云祭之日涖陳女宮之具凡內羞之物女御職曰凡祭祀贊世婦天官序官註云夫人之於后猶三公之於王坐而論婦禮無官職之事明祭時皆在故下章論祭時皆有淑女之文明贊助可知也此九嬪以下兼世婦女御也言皆樂后妃之事者明既化其德又樂其事見后妃德盛感深也事者荇菜之事也事爲勞務尚能樂之況於其德乎

求之不得。寤寐思服。

服思之也箋云服事也求賢女而不得覺寐則思己職事當誰與共之乎

悠哉悠哉。輾轉反側。

悠思也箋云思之哉思之哉言己誠思之臥而不周曰輾○悠音由輾本亦作展哲善反呂忱從車展鄭云不周曰輾注本或作臥而不周者剩二字也〔疏〕求之至反側○毛以爲后妃求此賢女之不得則覺寐之中服膺念慮而思之又言后妃誠思此淑女哉誠思此淑女哉其思之時則輾轉而復反側思念之極深也○鄭唯以服爲事求賢女而不得覺寐則思己職事當誰與共之餘同也○傳服思之也○正義曰王肅云服膺思念之箋以釋詁文服事也本求淑女爲己職事故易之也○箋臥而不周曰輾○正義曰書傳曰帝猶反側晨興則反側亦臥而不正也反側既爲一則輾轉亦爲一俱爲臥而不周矣箋獨以輾爲不周者辨其難明不嫌與轉異也澤陂云輾轉伏枕伏枕據身伏而不周則輾轉同爲不周明矣反側猶反覆輾轉猶婉轉俱是迴動大同小異故何人斯箋反側輾轉是也

參差荇菜。左右采之。

箋云言后妃既得荇菜必有助而采之者

窈窕淑女。琴瑟友之。

宜以琴瑟友樂之箋云同志爲友言賢女之助后妃共荇菜其情意乃與琴瑟之志同共荇菜之時樂必作○〔疏〕參差至友之○毛以爲后妃本已求淑女之意言既求得參差之荇菜須左右佐助而采之故所以求淑女也故思念此處窈窕然幽閒之善女若來則琴瑟友而樂之思設樂以待之親之至也○鄭以爲后妃化咸羣下既求得之又樂助采之言參差之荇菜求之既得諸嬪御之等皆樂左右助而采之既化后妃莫不和親故當共荇菜之時作此琴瑟之樂樂此窈窕之淑女其情性之和上下相親與琴瑟之音宮商相應無異若與琴瑟爲友然共心同志故云琴瑟友之○傳宜以琴瑟友樂之○正義曰此稱后妃之意后妃言己思此淑女若來己宜以琴瑟友而樂之言友者親之如友下傳曰德盛者宜有鍾鼓之樂與此章互言也明淑女若來琴瑟鍾鼓並有故此傳并云友樂之亦逆取下章之意也以樂有二等相分以著義琴瑟樂之細者先言之見其和親鍾鼓樂之大者故卒章言之顯其德盛毛氏於序不破哀字則此詩所言思求淑女而未得也若得則設琴瑟鍾鼓以樂此淑女故孫毓述毛云思淑女之未得以禮樂友樂之是思之而未致樂爲淑女設也知非祭時設樂者若在祭時則樂爲祭設何言德盛設女德不盛豈祭無樂乎又琴瑟樂神何言友樂也豈得以祭時之樂友樂淑女乎以此知毛意思淑女未得假設之辭也○箋同志爲友○正義曰人之朋友執志協同今淑女來之雍穆如琴瑟之聲和二者志同似於人友故曰同志爲友琴瑟與鍾鼓同爲祭時但此章言采之故以琴瑟爲友以韻之卒章云芼故以鍾鼓爲樂以韻之俱祭時所用而分爲二等耳此箋樂必作兼下鍾鼓也下箋琴瑟在堂亦取此云琴瑟友之言淑女以琴瑟爲友下云鍾鼓樂之共荇菜之事爲鍾鼓樂淑女二文不同者因事異而變其文以琴瑟相和似人情志故以友言之鍾鼓鏗宏非情志可此故以樂言之見祭時淑女情志之和而因聽祭樂也

參差荇菜。左右芼之。

芼擇也箋云后妃既得荇菜必有助而擇之者○芼毛報反○〔疏〕傳芼擇也○正義曰釋言云芼搴也孫炎曰皆擇菜也某氏曰搴猶拔也郭璞曰拔取菜也以搴是拔之義史記云斬將搴旗謂拔取敵人之旗也芼訓爲拔而此云芼之故知拔菜而擇之也○

窈窕淑女。鍾鼓樂之。

德盛者宜有鍾鼓之樂箋云琴瑟在堂鍾鼓在庭言共荇菜之時上下之樂皆作盛其禮也○樂之音洛又音岳或云協韻宜五教反○〔疏〕箋琴瑟至其禮○正義曰知琴瑟在堂鍾鼓在庭者皐陶謨云琴瑟以詠祖考來格乃云下管鼗鼓明琴瑟在上鼗鼓在下大射禮頌鍾在西階之西笙鍾在東階之東是鍾鼓在庭也此詩美后妃能化淑女共樂其事既得荇菜以祭宗廟上下樂作盛此淑女所共之禮也樂雖主神因共荇菜歸美淑女耳○

關雎五章章四句。故言三章一章章四句二章章八句。

五章是鄭所分故言以下是毛公本意後放此○〔疏〕自古而有篇章之名與詩禮俱興也故那序曰得商頌十二篇東山序曰一章言其完是也句則古者謂之爲言論語云詩三百一言以蔽之曰思無邪則以思無邪一句爲一言左氏曰臣之業在揚之水卒章之四言謂第四句不敢告人也及趙簡子稱子大叔遺我以九言皆以一句爲一言也秦漢以來衆儒各爲訓詁乃有句稱論語註云此我行其野之句是也句必聯字而言句者局也聯字分疆所以局言者也章者明也總義包體所以明情者也篇者徧也言出情鋪事明而徧者也然字之所用或全取以制義關關雎鳩之類也或假辭以爲助者乎而只且之類也句者聯字以爲言則一字不制也以詩者申志一字則言蹇而不會故詩之見句少不減二即祈父肇禋之類也三字者綏萬邦婁豐年之類也四字者關關雎鳩窈窕淑女之類也五字者誰謂雀無角何以穿我屋之類也六字者昔者先王受命有如召公之臣之類也七字者如彼築室於道謀尚之以瓊華乎而之類也八字者十月蟋蟀入我牀下我不敢效我友自逸是也其外更不見九字十字者摯虞流別論云詩有九言者洞酌彼行潦挹彼注茲是也徧檢諸本皆云洞酌三章章五句則以爲二句也顏延之云詩體本無九言者將由聲度闡緩不協金石仲治之言未可據也句字之數四言爲多唯以三三七八者將由言以申情唯變所適揺之樂器俱得成文故也詩之大體必須依韻其有乘者古人之韻不協耳之兮矣也之類本取以爲辭雖在句中不以爲義故處末者皆字上爲韻之者左右流之寤寐求之之類也兮者其實七兮迨其吉兮之類也矣者顏之厚矣出自口矣之類也也者何其處也必有與也之類也乎者俟我于著乎而伐檀且漣猗之篇此等皆字上爲韻不爲義也然人志各異作詩不同必須聲韻諧和曲應金石亦有即將助句之字以當聲韻之體者則彼人是哉子曰何其不思其反反是不思亦已焉哉是究是圖亶其然乎其虛其徐既亟只且之類是也章者積句所爲不限句數也以其作者陳事須有多少章總一義必須意盡而成故也累句爲章則一句不可二句得爲之盧令及魚麗之下三章是也其三句則麟趾甘棠騶虞之類是也其多者載芟三十一句閟宮之三章三十八句自外不過也篇之大小隨章多少風雅之中少猶兩章以上即騶虞渭陽之類是也多則十六以下正月桑柔之類是也唯周頌三十一篇及那烈祖玄鳥皆一章者以其風雅敘人事刺過論功志在匡救一章不盡重章以申殷勤故風雅之篇無一章者頌者太平德洽之歌述成功以告神直言寫志不必殷勤故一章而已魯頌不一章者魯頌美僖公之事非告神之歌此則論功頌德之詩亦殷勤而重章也雖云盛德所同魯頌實不及制故頌體不一也高宗一人而玄鳥一章長發殷武重章者或詩人之意所作不同或以武丁之德上不及成湯下又喻於魯僖論其至者同於太平之歌述其祖者同於論功之頌明成功有大小其篇詠有優劣采立章之法不常厥體或重章共述一事采蘋之類或一事疊爲數章甘棠之類或初同而末異東山之類或首異而末同漢廣之類或事說而更申既醉之類或章重而事別鴟鴞之類何草不黃隨時而改色文王有聲因事而變文采采芣苢一章而再言賓之初筵三章而一發或篇有數章章句衆寡不等章有數句句字多少不同皆由各言其情故體無恒式也東山序云一章二章三章四章不謂末章爲卒章及左傳曰七月之卒章又揚之水卒章者東山分別章意從一而總於四故不言卒章也左傳言卒章者卒終也言終篇之章言卒者對首也終篇爲卒章則初篇爲首章矣故鄭注禮記云緇衣之首章是也若然言卒者對首也則武唯一章而左傳曰作武其卒章曰耆定爾功者以耆定爾功是章之卒句故也大司樂注云騶虞樂章名在召南之卒章者正謂其卒篇謂之章者乘上騶虞爲樂章故言在召南之卒章也定本章句在篇後六藝論云未有若今傳訓章句明爲傳訓以來始辨章句或毛氏卽題或在其後人未能審也○

毛詩注疏校勘記

附釋音毛詩注疏卷第一（一之一）　閩本明監本毛本無附釋音三字又一之一下無一字案閩本以下仍附刻釋文獨刪其題非也十行本於每卷之下自一之一至二十之四凡七十皆標其數考正義原書分四十卷自正義序及唐書新舊志宋著錄各家悉同其分二十卷者經注本也合併時取正義散入經注本之中而四十卷之舊遂不復存亦無由知其七十卷之何所本也閩本以下輒刪一二等字其刪之未盡者僅閩本一二處而已非也餘同此

阮元撰盧宣旬摘錄

唐國子祭酒上護軍曲阜縣開國子孔穎達奉勑撰　閩本明監本毛本移此在前正義序下而於此題云毛詩國風漢鄭氏箋唐孔穎達疏非也案毛詩國風鄭氏箋具題在周南關雎詁訓傳第一之下不容複出於上也其一之二以後十行本每卷題毛詩國風鄭氏箋孔穎達號小雅大雅周頌商頌魯頌亦然閩本衍漢字唐字明監本毛本又誤倒其次序唯此孔穎達下脫等字當補

詁訓傳　唐石經小字本相臺本同案此正義本也正義云今定本作故釋文本作故云舊本多作故今或作詁考漢書藝文志作故與釋文引舊本及樊孫等爾雅本皆爲釋故合當以釋文本定本爲長正義原書與經注別行後來合併實始於南宋紹興間三山黃唐所編彙此本又在其後事載左傳考文其所用經注本非正義之經注也故經注與正義時有相牴牾者而考以集注本定本俗本釋文本唐石經本亦未有全然相合者也乃彼時行世別有此本耳茲條列其同異所自出俾各有考焉

瓠葉捨番番之狀　閩本明監本毛本同案此不誤浦鏜云幡幡誤番番非也正義引詩或不盡據本文如出其東門引白旆英英以說英字而本詩作央可證

趙人毛長傳詩　閩本明監本毛本同案此不誤浦鏜云萇誤長非也釋文序錄云一云名長通志堂本作萇者誤詳後考證困學紀聞引作長云今後漢書作萇亦其證也

不以數次爲無筭也　閩本明監本毛本數作不案不字是也

典籍出於人滅各專間命氏　〔補〕毛本人滅作人間專間作專門案所改是也

詁訓毛自題之　明監本毛本訓下有傳字閩本剜入案所補是也

○關雎

后妃之德也　閩本明監本毛本於此節及後節用之邦國焉下皆有注小字本相臺本無考文古本同案山井鼎云皆釋文混入於注是也十行本附釋音與注文疏文皆雙行小字唯釋文首加圓圍爲別耳故重刻者致誤也又明監本注單行小字側書閩本毛本別爲中等字皆非其舊

所以風天下　唐石經小字本相臺本同案正義云定本所以風天下俗本風下有化字誤也考文古本有采正義考顏師古爲太宗定五經謂之定本非孔穎達等作正義之本也俗本謂當時通行之本亦非卽作正義者兼不專指一本故禮義廢下云俗本有作儀者野有死麕序下云或有俗本以天下大亂以下同爲鄭注者誤是也由此推之則正義本之大槩可見矣定本出於顏師古見舊新二唐書太宗紀顏籀傳封氏聞見記貞觀政要等書段玉裁所考得也

當天子教諸侯教大夫　閩本明監本毛本重諸侯二字案所補非也此謂鄉大夫亦天子敎之

風風也　唐石經小字本相臺本同案釋文云徐上如字下福鳳反崔靈恩集注本下卽作諷字考正義標起止云風風是正義本不作諷正義下文又云風訓諷也者風諷古今字凡經注古字正義每易爲今字而說之其爲例如此也今往往有合併時依經注誤改者矣

發猶見也　閩本明監本毛本首有箋字小字本相臺本無考文古本同案山井鼎云箋云二字鄭申毛傳所以別之也毛不注序無可辨嫌故序注本應無箋字後世諸本不知而妄加非亦甚矣其詳見於正義釋文是也凡序注之首十行本悉無箋字閩本以下乃誤加耳餘同此

謂宮商角祉羽也　小字本相臺本祉作徵閩本明監本毛本亦同案考正義釋文皆作徵此祉字當是宋經注本避當時諱字耳

謨摩舊法　〔補〕毛本謨摩作模準

而民思憂　閩本明監本毛本思憂誤剛毅案浦鏜校此下用樂記補數十字皆非也考正義引羣籍有引其意不全用其文不可依本書改竄者此類是矣

故正得失　唐石經小字本相臺本同案釋文云正本又作政正義云此正得失與雅者正也正始之道本或作政皆誤耳今定本皆作正字正義本之同於定本者此類是也凡正義既著其所從又兼載異本或與定本同或與俗本同也

莫近於詩節　〔補〕案此節釋音厚音后本或作序非八字當在下

史記稱微子過殷墟　閩本明監本毛本同案此不誤浦鏜云尚書大傳云微子史記世家作箕子非也此正義自涉大傳耳非由字誤黍離正義引作箕子如鄭志問甘棠正義兩引譜下作趙商本篇下作張逸也

聞之者足以戒　唐石經小字本相臺本同案正義云俗本戒上有自字者誤定本直云足以戒也文選載此序有自字卽俗本也考文古本有采正義

皆用此上六義之意　閩本明監本毛本同案十行本上至之剜添者一字○補上字宜衍

八君不怒其作主　明監本作誤非閩本毛本不誤案作主謂作詩之主也後正義引鄭荅張逸云其無作主皆國史主之此用彼文

國史明乎得失之迹　〔補〕案此節釋音告古毒反四字當在下第四節告於神明者也下

若唐有帝堯殺禮救危之化　閩本明監本毛本同案浦鏜云厄誤危以唐譜考之浦校是也

要所言一人心　閩本明監本毛本人下有之字案所補是也

言王政之所由廢興也　唐石經小字本相臺本同案正義云定本王政所由廢興俗本王政下有之字誤也是有之字者出於俗本凡斥云誤者意所不從其於定本亦然

代殷繼伐　明監本毛本誤作伐殷繼代閩本不誤案代殷用皇矣序文繼伐用文王有聲序文

所以報神恩也　閩本明監本毛本同案十行本以至也剜添者一字○補神字宜衍

大雅也頌也此四者人君行之　閩本明監本毛本同案十行本大至之剜添者三字是此四者三字衍也

則春秋云　閩本明監本毛本同案此不誤浦鏜云春秋下當脫左氏傳三字非也凡引其書之支屬卽稱其大名如易緯單稱易書序單稱書古人之通例不可枚舉者也

愛在進賢　〔補〕毛本愛作憂案憂字是也

興也　閩本明監本毛本首有傳字小字本相臺本無考文古本同案山井鼎云後人加也是也十行本悉無此字閩本以下乃誤加耳餘同此

若關雎之有別焉　小字本同閩本明監本毛本亦同相臺本關雎作雎鳩案關雎是也下傳云有關雎之德可證相臺本因正義云若雎鳩之有別因改此傳考正義凡自爲文每不必盡與注相應不當據改也考文古本作雎鳩采正義而誤

箋云　閩本明監本毛本於箋字外以黑圍之小字本相臺本所無也考文古本同案山井鼎云箋云二字鄭氏之舊所以別毛氏傳也而後世諸本加黑圍者亦失古意矣是也十行本凡箋字及正義中傳箋字悉不如此閩本以下誤耳考其致誤之由乃因正義標起止有傳字箋字遂於注首加傳字復割裂注中箋字配之不知此正義自爲文以作別識耳非注如此也明刻單注別本更有并箋下云字去之者尤爲誤甚餘同此

怨耦曰仇　小字本相臺本同案釋文云好逑音求毛云匹也本亦作仇音同鄭云怨耦曰仇是釋文本經傳作逑箋作仇也正義本箋字未有明文當亦與釋文本同臧琳經義雜記云箋既不云逑當爲仇則說異而字同其說非也凡箋於經字以爲假借者多不言讀爲而顯其爲假借有二例焉一則仍用經字但於訓詁中顯之如容兮遂兮箋遂瑞也以遂爲璲之假借价人維藩箋价甲也以价爲介之假借是其類也一則於訓釋中竟改其字以顯之如此經之逑箋則曰怨耦曰仇以逑爲仇之假借及湜湜其止箋之小渚曰沚山有橋松箋之橋松在山上可以樂飢箋之可飲以療飢皆其類也二者皆不言讀爲也於訓釋中竟改其字者人每不得其例今隨條說之以去其癥結其仍用經字但於訓詁中顯之者人所易曉不悉說焉臧琳又以爲偏考毛詩兔罝無衣皇矣等逑匹之逑

皆作仇此經作逑出後人私改亦非也凡毛氏詩經中之字例不盡一如或用害或用曷而同訓何或用肩或用豣而同訓獸三歲其類衆矣他經用仇此經用逑不嫌同訓不可據彼改此說文逑下云又曰怨匹曰逑正說逑爲怨匹字之假借其釋文所載本亦作仇者是依箋改經出之於下意所不從章懷注後漢書李善注文選雖經引用要卽所謂以破引之實非毛氏詩舊文也

后妃雖說樂君子 明監本毛本雖誤能閩本不誤案說當作悅下文作悅可證也注作說正義作悅說悅古今字易而說之也例見前餘同此

郭璞曰 閩本明監本毛本同案璞當作樸樸字景純取純樸相應字當從本正義多作璞或樸改作朴朴卽樸之俗字○案段玉裁云樸素字古作樸樸者素也胎也是以金玉之礦古皆作樸而璞乃俗字郭名當本作樸或譌璞非或譌朴亦非朴者木皮也非命名之意此條舊在曾風候人篇今依先見例錄此

陸機疏云 毛本機誤璣閩本明監本不誤案考隋書經籍志作機釋文序錄同唯資暇集有當從玉旁之說宋代著錄元恪書者多采之毛本因此改作璣其實與士衡同姓名耳古人所有不當改也餘同此釋文亦或誤今正

而揚雄許慎 閩本明監本揚作楊毛本作揚案子雲姓本從木宋以來或誤從才閩本明監本是也餘同此

其葉苻 閩本明監本毛本同案浦鏜云苻誤符以爾雅考之浦挍是也

鷖其白莖 閩本明監本毛本同案浦鏜云鷖誤鷖者凡陸疏鷖字皆當作鷖乃形近之譌浦挍是也

卧而不周曰輾 小字本相臺本同案此正義本也釋文云鄭云不周曰輾注本或作卧而不周者剩二字也案釋文與正義迥非一本玆著其文字之異其但偏旁不同而正義本已載釋文亦作又作或作者不復悉出

鍾鼓樂之 唐石經小字本相臺本同閩本同明監本毛本鍾作鐘案鍾字是也五經文字云今經典或通用鍾爲樂器是其證餘同此

一章章四句 補 案一章下例不重章字次章字誤衍

與詩禮俱興也 閩本明監本毛本同案禮當作體形近之譌

婁豐年之類也 閩本明監本毛本婁誤屢

摯虞流外論云 閩本明監本毛本同案山井鼎云外當作別是也

詩禮本無九言者 補 毛本禮作體案體字是也

仲洽之言 閩本同明監本毛本洽作治案山井鼎云治當作洽是也

乎者俟我于著乎而 閩本明監本毛本同案乎者當作著此句稱著與下句稱伐檀對文也誤分爲二字又改立爲乎

其篇詠有優劣采 補 毛本采作乎

采采若苢 補 若當作芣

附釋音毛詩注疏卷第一（一之二）

毛詩國風　鄭氏箋　孔穎達疏

葛覃。后妃之本也。后妃在父母家。則志在於女功之事。躬儉節用。服澣濯之衣。尊敬師傅。則可以歸安父母。化天下以婦道也。躬儉節用由於師傅之教而後言尊敬師傅者欲見其性亦自然可以歸安父母言嫁而得意猶不忘孝○覃本亦作蕈徒南反延也澣本又作浣戶管反濯直角反見賢遍反傅夫附反

［疏］葛覃三章章六句至以婦道○正義曰作葛覃詩者言后妃之本性也謂貞專節儉自有性也敘又申說之后妃先在父母之家則已專志於女功之事復能身自儉約謹節財用服此澣濯之衣而尊敬師傅在家本有此性出嫁脩而不改婦禮無愆當於夫氏則可以歸問安否於父母化天下以爲婦之道也定本后妃在父母家無之字化天下以婦道無成字有者衍也先言后妃在父母家者欲明尊敬師傅皆后妃在家時事說其爲本之意言在父母之家者首章是也志在女功之事者二章治葛以爲絺綌是也躬儉節用服澣濯之衣者卒章汗私澣衣是也澣濯卽是節儉分爲二者見由躬儉節用故能服此澣濯之衣也尊敬師傅卒章上三句言告師氏是也可以歸安父母者卽卒章下一句歸寧父母是也化天下以婦道則因事生義於經無所當也經言汗私澣衣在言歸之下則是在夫家之事也敘言躬儉節用謂在父母之家者見其在家已然出嫁不改也○箋躬儉至忘孝○正義曰箋知躬儉節用由於師傅之教者以經汗私澣衣在言告師氏之下故也歸寧父母乃是實事而言可以者能如此乃可以耳若不當夫氏雖歸安父母而得尚憂今既當夫氏仍得歸安父母言其嫁而得夫之意猶不忘孝故也

葛之覃兮。施于中谷。維葉萋萋。興也覃延也葛所以爲絺綌女功之事煩辱者施移也中谷谷中也萋萋茂盛貌箋云葛者婦人之所有事也此因葛之性以興焉興者葛延蔓於谷中喻女在父母之家形體浸浸日長大也葉萋萋然喻其容色美盛也○施毛以豉反鄭如字下同萋七兮反蔓音萬浸子鴆反長丁丈反

黃鳥于飛。集于灌木。其鳴喈喈。黃鳥摶黍也灌木藂木也喈喈和聲之遠聞也箋云葛延蔓之時則摶黍飛鳴亦因以興焉飛集藂木興女有嫁于君子之道和聲之遠聞興女有才美之稱達於遠方○灌古亂反喈音皆摶徒端反鳥名也叢才公反俗作蔂一本作最作外反聞音問又如字下同稱尺證反

［疏］葛之至喈喈○正義曰言葛之漸長稍稍延蔓兮而移於谷中非直枝幹漸長維葉則萋萋然茂盛以興后妃之生浸浸日大而長於父母之家非直形體日大其容色又美盛當此葛延蔓之時有黃鳥往飛集於叢木之上其鳴之聲喈喈然遠聞以興后妃形體既大宜往歸嫁於君子之家其才美之稱亦達於遠方也○傳葛所至盛貌○正義曰傳既云興也復言葛所以爲絺綌者以下章說后妃治葛不爲興欲見此章因事爲興故箋申之云葛者婦人之所有事此因葛之性以興焉是也采葛傳亦云葛所以爲絺綌彼不爲因興亦言之者彼對蕭爲祭祀文爲瘵疾故也施移也言引蔓移去其根也中谷谷中倒其言者古人之語皆然詩文多此類也此言萋萋取未成之時喻女之少壯故云茂盛貌下章指采用之時故以莫莫爲成就貌也○箋葛延至美盛○正義曰以谷中是葛生之處故以谷中喻父母之家枝莖猶形體故以葉比容色也王肅云葛生於此延蔓於彼猶女之當外成也案下句黃鳥于飛喻女當嫁若此句亦喻外成於文爲重毛意必不然○傳黃鳥至遠聞○正義曰釋鳥云皇黃鳥舍人曰皇名黃鳥郭璞曰俗呼黃離留亦名摶黍陸機疏云黃鳥黃鸝留也或謂之黃栗留幽州人謂之黃鶯一名倉庚一名商庚一名鶖黃一名楚雀齊人謂之摶黍當甚熟時來在桑間故里語曰黃栗留看我麥黃甚熟亦是應節趨時之鳥也此自以下諸言黃鳥倉庚皆是也釋木云灌木叢木又云木族生爲灌孫炎曰族叢也是灌爲叢木也○箋葛延至遠方○正義曰知葛當延蔓之時摶黍飛鳴亦因以興者以前葛之生長是爲因興則此亦宜然也言摶黍往飛集於灌木之時其鳴恒喈喈然其鳴喈喈然在集于灌木之下欲明揔上于飛至集終始恒鳴以喻后妃在家與出嫁常有聲稱達於遠方也大明曰大邦有子文王嘉止是先有才美之稱也飛集灌木鳥實往焉女嫁君子時實未嫁故言之道言雖有出嫁之理猶未也君子是夫之大名故詩於婦人稱夫多言君子也女子之名不出於閫才美之稱得達遠方者其名繫於父兄故大雅云大邦有子是也

葛之覃兮。施于中谷。維葉莫莫。莫莫成就之貌箋云成就者其可采用之時○莫美博反

是刈是濩。爲絺爲綌。服之無斁。濩煮之也精曰絺麤曰綌斁厭也古者王后織玄紞公侯夫人紘綖卿之內子大帶大夫命婦成祭服士妻朝服庶士以下各衣其夫箋云服整也女在父母之家未知將所適故習之以絺綌煩辱之事乃能整治之無厭倦是其性貞專○艾本亦作刈魚廢反韓詩云刈取也濩胡郭反韓詩云濩瀹也音羊灼反絺恥知反葛之精者曰絺綌去逆反數本亦作斁音亦斁於豔反本亦作厭紞都覽反紘織五采如縮狀用縣瑱也紘獲耕反綖音延冕上覆也朝直遙反下同本亦作庶人衣於既反

［疏］葛之至無斁○正義曰言葛之漸延蔓兮而移在於谷中生長不已其葉則莫莫然既成就已可采用故后妃於是刈取之於是濩煮之煮治已訖后妃乃緝績之爲絺爲綌服之無厭言后妃在父母家之時志無厭倦是后妃之性貞專也○傳濩煮至之時○正義曰釋訓云是刈是濩濩煮之也之孫炎曰煮葛以爲絺綌以煮之於濩故曰濩煮非訓濩爲煮曲禮云爲天子削瓜巾以絺爲國君者華之巾以綌是二巾上絺下綌皆貴絺而賤綌明絺精而綌麤故云精曰絺麤曰綌斁厭釋詁文彼斁作射音義同○傳古者至其夫○正義曰此皆魯語敬姜之言也紞縣瑱者五色則天子之統也者纓之無緌從下而上者而青紘此諸侯當以青爲紘有笄者屈組爲紘垂爲飾無笄者纓而結其絛故云冕上覆論語注云績麻三十升以爲冕夏官弁師註云延冕上覆玄表纁裏也內子卿之適妻也僖二十四年左傳趙姬請以叔隗爲內子是也大帶者玉藻所云雜帶君朱綠大夫玄華華黃也以素爲帶飾之外以玄內以黃也大夫命婦成祭服者大夫助祭之服玄冕受之於君故大宗伯再命受服是也妻所成者自祭之服少牢之禮朝服玄冠緇布衣素裳韋昭云祭服玄衣纁裳謂作玄冕之服非也士妻朝服者作朝於君服亦玄冠緇衣素裳也庶士以下各衣其夫庶士謂庶人在官者故祭法曰官師一廟庶士庶人無廟註云官師中士下

士庶士府史之屬庶士與朝服異文則亦府史之屬韋昭云下士庶士非也此庶士下至庶人其妻各衣其夫則夫之所服妻悉爲之也彼文云公侯之夫人加之以紘綖也則夫之統又爲紘綖也則士之妻加之以朝服則爲祭服又爲朝服皆下兼上也貴者所爲少賤者所爲多故庶士以下夫衣悉爲之傳引此者以王后庶人之妻皆有所作后妃在父母之家未知將所適雖葛之煩辱亦治之也定本云王后織玄紞公侯夫人紘綖卿之內子大帶俗本王后下有親字紘綖大帶上有織字皆衍也。○箋服整至貞專。○正義曰服整釋言文也以女在父母之家未知將何所適不知爲作王后爲作士妻故習之以絺綌勞辱之事尚能整治之無厭倦是其性貞專

言告師氏。言告言歸。

言我也師女師也古者女師教以婦德婦言婦容婦功祖廟未毀教于公宮三月祖廟既毀教于宗室婦人謂嫁曰歸箋云我告師氏者我見教告于女師也教告我以適人之道重言我者尊重師教也公宮宗室於族人皆爲貴。謂嫁曰歸本亦無曰字此依公羊傳文重言直用反

薄汙我私。薄澣我衣。

汙煩也私燕服也婦人有副褘盛飾以朝事舅姑接見于宗廟進見于君子其餘則私也。○箋云煩煩撋之用功深澣謂濯之耳衣謂褘衣以下至褖衣。○汙音烏副如字婦人首飾之上褘音煇王后六服一曰褘衣接見賢遍反下見於君子同撋諸詮之音而專反何胤沈重皆而純反阮孝緒字略云煩撋猶捼莎也捼音奴禾反莎音素禾反褖吐亂反六服之最下者

害澣害否。歸寧父母。

害何也私服宜澣公服宜否寧安也父母在則有時歸寧耳箋云我之衣服今者何所當見澣乎何所當否乎言常自潔清以事君子。○害戶葛反下同否方九反清如字沈音淨

【疏】言告至父母。○毛以爲上下二我我其身中我我其師后妃言我身本見教告於師氏我師氏告我以歸嫁人之道欲令我躬儉節用不務鮮華故今曰薄欲煩撋我之私服薄欲澣濯我之褻衣然我之衣服有公有私議量而言我之衣服何者當見澣乎私服宜澣之何者當不澣乎公服宜否既以愛師教誨澣衣節儉復以時歸寧父母。○鄭下三句爲異言師氏告我欲令節儉故己今薄欲煩撋其私服薄欲澣濯其公衣所以公服私服並澣之者卽云同是我之衣服知何所當見澣乎何所當見否乎私服公衣皆悉澣之由己常自潔清以事君子故也衣裳既澣身復潔清故當以時歸寧父母耳。○傳言我至曰歸。○正義曰言我釋詁文女師者教女之師以婦人爲之昏礼云姆纚笄綃衣在其右注云姆婦人五十無子出而不復嫁能以婦道教人者若今時乳母矣鄭知女師之母必是無子而出者以女巳出嫁母尚隨之又襄三十年公羊傳曰宋災伯姬存焉傳至母未至逮火而死若非出而不嫁何以得隨女在夫家若非無子而出犯其餘六出之道則身自無禮何能教人故知然也母既如此傳亦宜然。○南山箋云姜與姪娣及傳姆同處襄公不宜往雙之則傳亦婦人也何休云選老大夫爲傳大夫妻爲母禮重男女之別大夫不宜教女子大夫之妻當從夫氏不當隨女而適人事無所出其言非也此師教女之人內則云大夫以上立師慈保三母者謂子之初生保養教視男女並有三母此女師教以婦德婦言婦容婦功皆昏義文也彼注云婦德貞順婦言辭令婦容婉娩婦功絲枲天官九嬪職注亦然二注皆以婉娩爲婦容內則注云婉謂言語也娩之言媚也媚謂容貌也分婉娩爲二者且欲以內則之文充四德若不分婉爲言語則無辭令之事且婉謂婉順得爲言語之婉順亦爲容貌之婉媚故分之也既有其德順辭以出之容貌以事人女功而就業故如此次也

祖廟未毀教於公宮三月祖廟既毀教於宗室昏禮文也彼注云祖廟女高祖爲君者之廟以有緦麻之親就尊者之宮教之三月祖廟未毀與天子諸侯共高祖者則在天子諸侯女宮中教之三月知在女宮者以莊元年公羊傳曰羣公子之舍則以卑矣是諸侯之女有別宮矣明五屬之內女就教可知彼注又云宗室大宗子之家則大宗者繼別爲大宗百世不遷者其族雖五屬外與之同承別子者皆臨嫁三月就宗子女官教成之知宗子亦有女宮者內則云命士以上父子皆異宮則女子亦別宮故曲禮曰非有大故不入其門是也若宗子未爲命士亦在宗子之家耳傳引此者以言女師教歸嫁之道故引此以證所教之處此后妃莘國之長女而引族人之事者取彼成文且明諸侯之女嫁前三月亦教之也女子自少及長常皆教習故內則云女子十年不出傳姆教之但嫁前三月特就尊者之宮教成之耳婦人謂嫁曰歸隱二年公羊傳文定本歸上無曰字。○傳汙煩至則私。○正義曰汙澣相對則汙亦澣名以衣汙垢者澣而用功深故因以汙爲澣私服之名耳言汙煩者謂澣垢衣者用功煩多亦以煩爲澣名故箋云煩煩撋之用功深是也但毛以公服不澣唯澣私衣故一事分爲二句上句言汙見用功深也下句言澣見其捴名亦爲澣又上句言私見其燕褻下句言衣見其捴名亦爲衣故王肅述毛答之云煩撋澣濯其私衣是也言私燕服謂六服之外常著之服則有汙垢故須澣公服則無垢汙矣故下傳云私服宜澣公服宜否也副者首服之尊褘衣六服之首王后之上服故言婦人有副褘盛飾既舉服之尊者然後歷陳其事言此皆是公衣不謂諸事皆服褘衣也毛之六服所施不明內司服注鄭云褘衣從王祭先王褕翟祭先公闕翟祭羣小祀鞠衣以告桑展衣以禮見王及賓客褖衣以御于王不言朝舅姑之服今傳既云婦人有副褘盛飾卽云以朝事舅姑則以褘衣朝舅姑矣知者以特牲云士妻祭用纚笄綃衣而士昏禮云纚笄綃衣見於舅姑是朝舅姑助祭其服同也王后褘衣以祭先王明朝事舅姑亦服之矣檀弓曰婦人不飾不敢見舅姑將有四方之賓來褻衣何爲陳於斯似朝舅姑與見四方賓同服展衣者彼以大夫之妻賓客有尊於舅姑者王后則賓客無與舅姑敵者朝事舅姑得申上服也王后而得有舅者因姑以協句且詩者設言耳文王稱王之時太姒老矣不必有父母可歸寧何但無舅姑也接見于宗廟謂以助祭用褘衣也進見于君子義與鄭同朝于王則展衣以御于王則褖衣二者同名爲進見也云其餘則私明自展褖以上爲公衣矣但舉終始以言之明褕翟闕翟鞠衣亦在可知也或以進見君子文承副褘之下則皆以副褘也其餘則私謂褕翟以下知不然者以其臣朝君不過朝服助祭乃用冕后不宜用祭服以朝王若其餘則私謂褕翟以下則褕翟當澣君子偕老傳曰褕翟闕翟羽飾衣也以羽飾衣何由可澣又傳言私燕服若褕翟闕翟乃助祭之衣不得爲燕褻之服也以此知毛言進見于君子非副褘也上舉褘衣之名下言展褖之事明六服皆爲公衣其餘則爲私也六服之外唯有纚笄綃衣耳。○箋煩煩至褖衣。○正義曰鄭以私謂燕服衣謂公衣故云衣謂褘衣以下至褖衣以明六服非私也言煩煩撋之用功深澣謂濯之言其用功淺也此以公對私爲深淺耳若據澣中又有深淺澣深於漱故內則注云手曰漱足曰澣以內則冠帶言漱衣裳言澣故漱又淺於澣散而言之皆通以此經言汙序捴之云澣濯之衣此六服明手濯不足澣也曲禮曰諸母不漱裳裳乃褻服宜煩撋之而言澣是皆通稱也。○傳父母至歸寧。○正義曰此謂諸侯夫人及王后之法春秋莊二十七年杞伯姬來左傳曰凡諸侯之女歸寧曰來是父母在得歸寧也父母既沒則使卿寧於兄弟襄十二年左傳曰楚司馬子庚聘于秦爲夫人寧禮也是父母沒不得歸寧也泉水有義不得往載馳許人不嘉皆爲此也若卿大夫之妻父母雖沒猶得歸寧喪服傳曰爲昆弟之爲父後者何以亦期也婦人雖在外必有歸宗言父母雖沒有時來歸故不降爲父後者謂大夫以下也故鄭志荅趙商曰婦人有歸宗謂自其家之爲宗者大夫稱家言大夫如此耳夫人王后則不然也天子諸侯位高恐其專恣淫亂故父母既沒禁其歸寧大夫以下位卑畏威故許之耳。○箋我之至君子。○正義曰以言害澣害否明其無所偏否故知公私皆澣常自潔清也若如傳言私服宜否則經之害澣害否乃是問辭下無捴結殆非文勢也豈詩人設問待毛傳荅以足之哉且上言汙私澣衣衣私別文明其異也私爲私服明衣是公衣衣澣私汙無不澣之事故知公私皆澣所以不從傳也若然三狄之服刻繒爲形而畫以五色所以得澣者言公服有澣者耳不必六服皆澣也三狄不可澣鞠展褖純色之衣得澣之也

葛覃三章章六句

卷耳。后妃之志也。又當輔佐君子。求賢審官。知臣下之勤勞。內有進賢之志。而無險詖私謁之心。朝夕思念。至於憂勤也。

謁請也。○卷耳卷勉反苓耳也廣雅云枲耳也郭云亦曰胡枲江南呼常枲草木疏云幽州人謂之爵耳詖彼寄反妄加人以罪也崔云險詖不正也苓音零

【疏】卷耳四章章四句至憂勤。○正義曰作卷耳詩者言后妃之志也后妃非直憂在進賢躬率婦道又當輔佐君子其志欲令君子求賢德之人審置於官位復知臣下出使之勤勞欲令君子賞勞之內有進賢人之志唯有德是用而無險詖不正私請用其親戚之心又朝夕思此欲此君子官賢人乃至於憂思而成勤此是后妃之志也言又者繫前之辭雖則異篇而同是一人之事故言又爲亞次也輔佐君子捴辭也求賢審官至於憂勤皆是輔佐君子之事君子所專后妃志意如然故云后妃之志也險詖者情實不正譽惡爲善之辭也私謁者婦人有寵多私薦親戚故屬于以豔妻方煽七子在朝成湯謝過婦謁盛與險詖私謁是婦人之常態聖人猶恐不免后妃能無此心故美之也至於憂勤勤爲勞心憂深不已至於勞勤后妃之篤志也至於憂勤卽首章上二句是也求賢審官卽首章下二句是也經敘倒者敘見后妃求賢而憂勤故先言求賢經主美后妃之志能爲此憂勤故先言其憂也。○

采采卷耳。不盈頃筐。

憂者之興也采采事采之也卷耳苓耳也頃筐畚屬易盈之器也箋云器之易盈而不盈者志在輔佐君子憂思深也。○頃音傾筐起狂反韓詩云頃筐欹筐也畚音本何休云草器也說文同易以豉反下同思息吏反下憂思同。○

嗟我懷人。寘彼周行。

懷思寘置行列也思君子官賢人置周之列位箋云周之列位謂朝廷臣也。○寘之豉反行戶康反註下同朝直遙反。○

【疏】采采至周行。○正義曰言有人事采此卷耳之菜不能滿此頃筐頃筐易盈之器而不能滿者由此人志有所念憂思不在於此故也此采菜之人憂念之深矣以興后妃志在輔佐君子欲其官賢賞勞朝夕思念至於憂勤其憂思深遠亦如采菜之人也此后妃之憂爲何事言后妃嗟呼而歎我思君子官賢人欲令君子置此賢人於彼周之列位以爲朝廷臣也我者后妃自我也下箋云我我使臣我我君此不解者以詩

主美后妃故不特言也言彼者后妃主求賢人爲此故以周
行爲彼也。傳憂者至之器。正義曰不云興也而云憂者
之興明有異於餘興也餘興言采菜卽取采菜喻言生長卽
以生長喻此言采菜而取憂爲興故特言憂者之興言興取
其憂而已不取其采菜也言事采之者言勤事采此菜也此
與芣苢俱言采采彼傳云非一辭與此不同者此取憂爲與
言勤事采菜尙不盈筐言其憂之極故云事采之彼以婦人
樂有子明其采者衆故云非一辭其實采采之義同故鄭志
苔張逸云事謂事事一一用意之事芣苢亦然雖說異義則
同是也然則此謂一人之身念采非一彼芣苢謂采人衆多
非一故鄭云義則同也卷耳苓耳釋草文郭璞曰廣雅云枲
耳亦云胡枲江東呼常枲或曰苓耳形似鼠耳叢生似盤陸
機疏云葉青白色似胡荽白華細莖蔓生可煮爲茹滑而少
味四月中生子如婦人耳中璫今或謂之耳璫幽州人謂之
爵耳是也言頃筐畚屬者說文云畚草器所以盛種此頃筐
可盛菜故言畚屬以曉人也言易盈之器者明此器易盈自
有所憂不能盈耳解以不盈爲喻之意也。箋周之至廷臣
正義曰知者以其言周行是周之列位周是后妃之朝故知
官人是朝廷臣也襄十五年傳引詩曰嗟我懷人寘彼周行
能官人也王及公侯伯子男采衞大夫各居其列所謂周行
也彼非朝廷臣亦言周行者傳證楚能官人引詩斷章故不與此同

陟彼崔嵬。我馬虺隤。

陟升也崔嵬土山之戴石者虺隤病也箋云我我使臣也臣以兵役之事行出離其列位身勤勞於山險而馬又病
君子宜知其然。崔徂回反嵬五回反虺呼回反徐呼懷反
說文作瘣隤徒回反徐徒壞反爾雅同孫炎云馬退不能升
之病也說文作頹使色吏反下同離力智反

我姑酌彼金罍。維以不永懷。

姑且也人君黃金罍永長也箋云我我君也臣出使功成而
反君且當設饗燕之禮與之飲酒以勞之我則以是不復長
憂思也言且者君賞功臣或多於此。姑如字說文作夃音
同云秦以市買多得爲夃罍盧回反酒罇也韓詩云天子以
玉飾諸侯大夫皆以黃金飾士以梓禮記云夏曰山罍其形
似壺容一斛刻而畫之爲雲雷之形勞力到反不復扶富反

〔疏〕陟彼至永懷。正義曰后妃言升彼崔嵬山巔之上者
我使臣也我使臣以兵役之事行出離其列位在於山
險身已勤苦矣其馬又虺隤而病我之君子當宜知其然若
其還也我君子且酌彼金罍之酒饗燕以勞之我則維以此
之故不復長憂思矣我所以憂思恐君子不知之耳君子知
之故不復憂也。傳崔嵬至隤病。正義曰釋山云石戴土
謂之崔嵬孫炎曰石山上有土者又云土戴石爲砠孫炎曰
土山上有石者此及下傳云石山戴土曰砠與爾雅正反者
或傳寫誤也釋詁云虺隤玄黃病也孫炎曰虺隤馬罷不能
升高之病玄黃馬更黃色之病然則虺隤者病之狀玄黃者
病之變色二章互言之也。箋我我至其然。正義曰序云
知臣下之勤勞故知使臣也定本云我我臣也無使字言勤
勞故知兵役之事事莫勞於兵役故擧其尤苦而言之其實
聘使之勞亦閔念之四牡之篇是其事也言君子宜知其然
謂未還宜知之還則宜賞之故上句欲君子知其勞下句欲
君子加其賞也。傳人君黃金罍。正義曰此無文也故異
義罍制韓詩說金罍大夫器也天子以玉諸侯大夫皆以金
士以梓毛詩說金罍酒器也諸臣之所酢人君以黃金飾尊
大一碩金飾龜目蓋刻爲雲雷之象謹案韓詩說天子以玉
經無明文謂之罍者取象雲雷博施如人君下及諸臣又司
尊彝云皆有罍諸侯之所酢注云罍亦刻而畫之爲山雲之
形言刻畫則用木矣故礼圖依制度云刻木爲之韓詩說言
士以梓士無飾言其木體則以上同用梓而加飾耳毛說言
大一碩礼圖亦云大一斛則大小之制尊卑同也雖尊卑飾
異皆得畫雲雷之形以其名罍取於雲雷故也毛詩說諸臣
之所酢與周礼文同則人君黃金罍謂天子也周南王者之
風故皆以天子之事言焉。箋我我至於此。正義曰以后
妃有其志耳事不敢專故知所勞臣者君也言臣出使功成
而反者聘義云使者聘而誤主君不親饗明功不成不勞之
也將率之敗非徒無賞亦自有罪故知功成而反也設饗燕
之礼者以經云金罍兕觥皆陳酒事與臣飲酒唯饗燕耳言
且者君賞功臣或多於此言或當更有賞賜非徒饗燕而已
僖三十三年郤缺獲白狄子受一命之服宣十五
年荀林父滅潞晉侯賜以千室之邑是其多也

陟彼高岡。我馬玄黃。我姑酌彼兕觥。維以不永傷。

山脊曰岡玄馬
病則黃兕觥角爵也傷思也箋云此章爲意不盡申殷勤也
觥罰爵也饗燕所以有之者礼自立司正之後旅醻必有醉
而失礼者罰之亦所以爲樂。岡古康反兕字又作兕徐履
反爾雅云兕似牛觥古橫反以兕角爲之字又作觵韓詩云
容五升礼圖云容七升爲意于僞反殷
勤並如字俗本下並加心非也樂音洛

〔疏〕傳山脊至角爵。正義曰釋山
云山脊岡孫炎曰長山之脊也釋獸云兕似牛郭璞曰一角
青色重千斤者以其言兕必以兕角爲之觥者爵稱也爵揔
名故云角爵也。箋此章至爲樂。正義曰詩本畜志發憤
情寄於辭故有意不盡重章以申殷勤詩之初始有此故解
之傳云兕觥角爵言其體此言觥罰爵解其用言兕表用角
言觥顯其罰二者相接也異義韓詩說一升曰爵爵盡也足
也二升曰觚觚寡也飲當寡少三升曰觶觶適也飲當自適
也四升曰角角觸也不能自適觸罪過也五升曰散散訕也
飲不自節爲人謗訕揔名曰爵其實曰觴觴者餉也觥亦五
升所以罰不敬觥廓也所以著明之貌君子有過廓然著明
非所以餉不得名觴詩毛說觥大七升許愼謹案觥罰有過
一飲而盡七升爲過多由此言之則觥是觚觶角散之外別
有此器故礼器曰宗廟之祭貴者獻以爵賤者獻以散尊者
舉觶卑者舉角特牲二爵二觚四觶一角一散不言觥之所
用是正禮無觥不在五爵之例禮圖云觥大七升以兕角爲
之先師說云刻木爲之形似兕角蓋無兕者用木也知觥必
以罰者地官閭胥掌其比觥撻罰之事注云觥撻者失禮之
罰也觥用酒其爵以兕角爲之春官小胥職亦云觥其不敬
者是以觥罰人之義也故桑扈絲衣皆云兕觥其觩明爲罰
而不犯矣饗燕之禮有兕觥者以饗燕之礼立司正之後旅
醻無算必有醉而失礼者以觥罰之亦所以爲樂也然則此
后妃志使君勞臣宜是賢者不應失禮而用觥者禮法饗燕
須設之耳不謂即以罰人也知饗有觥者七月云朋酒斯饗
稱彼兕觥成十四年左傳衞侯饗苦成叔甯惠子引詩云
兕觥其觩旨酒思柔故知饗有觥也饗以訓恭儉不應醉而
用觥者饗禮之初示敬故酒清而不敢飲肉乾而不敢食其
末亦如燕法鄉飲酒大夫之饗礼亦有旅醻無算爵則饗末
亦有旅醻恐其失禮故用觥也知燕亦有觥者昭元年左傳
鄭人燕趙孟穆叔子皮及曹大夫興拜舉兕爵是燕有兕觥
也鄉飲酒禮無觥者說行礼不言其有過之事故也又知用
觥在立司正之後者燕礼立射人爲司正之後乃云北面命
大夫君曰以我安卿大夫皆對曰諾敢不安又曰賓反入及
卿大夫皆脫屨升就席公以賓及卿大夫皆坐乃安又司正
升受命君曰無不醉賓及卿大夫皆興對曰諾敢不醉以此
言之立司正之後君命安賓又升堂皆坐命之
無不醉於此以後恐其失礼故知宜有觥也

陟彼砠矣。我馬瘏矣。我僕痡矣。云何吁矣。

石山戴土曰砠瘏病也痡亦病也吁憂也
箋云此章言臣既勤勞於外僕馬皆病而今云何乎其亦憂
矣深閔之辭。砠本亦作岨同七餘反瘏音塗本又作屠非
痡音敷又普烏反本又作鋪同吁香
于反痡病也一本作痡亦病也者非

〔疏〕傳瘏病痡亦病也。正義曰釋詁云
痡瘏病也孫炎曰痡人疲不能行之病瘏馬疲不能進之病也

卷耳四章章四句

樛木。后妃逮下也。言能逮下而無嫉妬之心焉。

后妃能和諧衆妾不嫉妬其容貌恒以善言逮下而安之。
樛居虯反木下曲曰樛字林九稠反馬融韓詩本並作朻音
同字林已周反說文以朻爲木高逮徒帝反
之心焉崔集註本此序有鄭注檢衆本並無

〔疏〕樛木三章章四句至之心焉。正義曰作樛木詩者言后妃能以恩義接及其下
衆妾使俱以進御於王也后妃所以能恩意逮下者而無嫉
妬之心焉定本焉作也逮下者三章章首二句是也
既能逮下則樂其君子安之福祿是由於逮下故也

南有樛木。葛藟纍之。

興也南南土也木下曲曰樛南土之葛藟茂盛箋云木枝以下垂之故故葛也
藟也得纍而蔓之而上下俱盛興者喻后妃能以意下逮衆
妾使得其次序則衆妾上附事之而礼義亦俱盛南土謂荊
揚之域。藟本亦作虆力軌反似葛之草木疏云一名巨荒
似燕薁亦連蔓葉似艾白色其子赤可食纍力追反纏繞也
本又作纍上附時掌反

〔疏〕傳南南土至茂盛。正義曰諸言南山者皆據其國內故傳云周南山曹南山也今
此樛木言南不必己國何者以興必取象以興后妃上下之
盛宜取木之盛者木盛莫如南土故言南土也下曲曰樛者
釋木文藟與葛異亦葛之類也陸機云藟一名巨瓜似燕薁
亦延蔓生葉艾白色其子赤亦可食酢而不美是也。箋木
枝至之域。正義曰箋知取上下俱盛者以下云樂只君子
據后妃與衆妾則此經非直與下逮而已又與其上下相與
有礼義可以樂君子故知取上下俱盛以喻后妃能以恩意
下逮衆妾令之次敘進御使得其所則衆妾上親附而事之
尊卑有敘礼義亦俱盛也又解傳言南土之處謂荊州揚州
之域知者禹貢淮海惟揚州厥木惟喬厥草惟夭是揚州草
木美茂也又周官正南曰荊州又曰東南曰揚州二州境界
接連故皆有江漢俱宜稻麥則生草木大同又荊州在正南
此言南土故以爲荊揚也此南與下南有喬木同彼喬木與
厥木惟喬亦同據荊揚矣彼注不言從此可知若然下傳南
方之木美喬而上竦則非葛藟所能延言樛木
者木種非一皆以地勢之美或下垂或上竦也

樂只君子。福履綏之。

履祿綏安也箋云妃妾以礼義相與和又能以礼樂樂其君子使爲福祿所安。只之氏反猶
是也綏之音雖樂
樂上音岳下音洛

〔疏〕箋后妃至所安。正義曰定木云妃
妾以礼義相與不作后妃字於義是
也言又能以礼樂樂其君子者妃妾相與既有礼義又以此
礼義施於君子所以言又也所以得樂君子者以內和而家
治則天下化之四方感德樂事文王而此爲福祿所安也南
山有臺箋云只之言是則此只亦爲是此箋云樂其君子猶
言樂是君子矣祭統曰福者富也大順之顯名孝經援神契
云祿者錄也取上所以敬錄接下下所以謹錄事上堯典曰
天祿永終及此以樂君子皆謂保王位爲福祿天保云降遐
遐福天下普蒙則下民遇善時亦曰福祿故正月云民今之

無祿是福祿之言無定分矣福履將之毛以爲福祿所大鄭以爲福祿之所扶助○南有樛木。葛藟荒之。樂只君子。福履將之。荒奄將大也箋云此章申殷勤之意將猶扶助也南有樛木。葛藟縈之。樂只君子。福履成之。縈旋也成就也○縈本又作縈烏營反說文作藥

樛木三章章四句

螽斯。后妃子孫衆多也。言若螽斯不妬忌。則子孫衆多也。忌有所諱惡於人○螽音終爾雅作蜤音同惡烏路反〔疏〕螽斯三章章四句至衆多○正義曰此不妬忌得子孫衆多者以其不妬忌則嬪妾俱進所生亦后妃之子孫故得衆多也思齊云大姒嗣徽音則百斯男傳云大姒十子衆妾則宜百子是也三章皆言后妃不妬忌子孫衆多既言其多因說其美言仁厚戒愼和集耳○箋忌有至於人○正義曰忌者人有勝己己則諱其不如惡其勝己故曰有所諱惡於人德是也此唯釋忌於義未盡故小星箋云以色曰妬以行曰忌故僖十年左傳說晉侯其言多忌是忌不謂色也嫉者色行俱有又取怨悋之名則又甚於妬忌也故此與樛木同論后妃前云無嫉妬之心此云不妬忌是爲太同也又小星云無妬忌之行樛木云無嫉妬之心則嫉亦大同心之與行別外內之稱行爲心使表裏一也本以色曰妬以行曰忌但後之作者妬亦兼行故云妬賢嫉能○螽斯羽。詵詵兮。螽斯蚣蝑也詵詵衆多也箋云凡物有陰陽情慾者無不妬忌維蚣蝑不耳各得受氣而生子故能詵詵然衆多后妃之德能如是則宜然○詵所巾反說文作辯音同蚣粟容反字林作蚣先凶反郭璞先工反許愼思弓反蝑粟居反許愼呂沈並先呂反郭璞才與反案一名斯螽七月詩云斯螽動股是也揚雄許愼皆云春黍草木疏云幽州謂之春箕蝗類也長而青長股股鳴者也郭璞注方言云江東呼爲蚝蜢音竹帛反蜢音猛慾音欲諸詮之音論不耳本或作不然宜爾子孫。振振兮。振振仁厚也箋云后妃之德寬容不嫉妬則宜女之子孫使其無不仁厚○振音眞女音汝〔疏〕螽斯至振振兮○正義曰螽斯之蟲不妬忌故諸蚣蝑皆共交接各各受氣而生子故螽斯之羽詵詵然衆多以興后妃之身不妬忌故令衆妾皆共進御各得受氣而生子故后妃子孫亦衆多也非直子多則又宜汝之子孫使之振振兮無不仁厚也此以螽斯之多喻后妃之子而言羽者螽斯羽蟲故舉羽以言多也○傳螽斯蚣蝑○正義曰此言螽斯七月云斯螽文雖顚倒其實一也故釋蟲云蜤螽蚣蝑舍人曰今所謂春黍也陸機疏云幽州人謂之春箕春箕即春黍蝗類也長而青長角長股股鳴者也或謂似蝗而小班黑其股似瑇瑁又五月中以兩股相切作聲聞數十步是也此實興也傳不言興者鄭志荅張逸云若此無人事實興也文義自解故不言之凡說不解者耳衆篇皆然是由其可解故傳不言興也傳言興也箋言興者喻言傳所興者欲以喻此事也興喻名異而實同或與傳興同而義異亦云興者喻摽有梅之類也亦有興也不言興者或鄭不爲興若厭浥行露之類或便文徑喻若綠衣之類或同興箋略不言喻者若邶風習習谷風之類也或疊傳之文若葛覃箋云興焉之類是也然有興也不必要有興者而有興者必有興也亦有毛不言興自言興者若四月箋云興人爲惡有漸是也或興喻並不言直云猶亦若者雖大局有準而應機無定鄭云喻者喻猶曉也取事比方以曉人故謂之爲喻也○箋凡物至宜然○正義曰昭十年左傳曰凡有血氣皆有爭心是有情慾者無不妬也序云若螽斯不妬忌則知唯蚣蝑不耳○傳振振仁厚○正義曰言宜爾子孫明子孫皆化后妃能寬容故爲仁厚卽寬仁之義也麟趾殷其靁傳曰振振信厚者以麟趾序云雖衰世之公子皆信厚殷其靁其妻勸夫以義臣成君事亦信故皆以爲信厚也○箋后妃至仁厚○正義曰此止說后妃不妬衆妾得生子衆多而言孫者協句且孫則子所生生子衆則孫亦多矣此言后妃子孫仁厚然而有管蔡作亂者此詩人盛論之據其仁厚者多耳螽斯羽。薨薨兮。宜爾子孫。繩繩兮。薨薨衆多也繩繩戒愼也○薨呼弘反螽斯羽。揖揖兮。宜爾子孫。蟄蟄兮。揖揖會聚也蟄蟄和集也○揖子入側立二反蟄尺十反徐又直立反

螽斯三章章四句

桃夭。后妃之所致也。不妬忌。則男女以正。婚姻以時。國無鰥民也。老而無妻曰鰥○桃夭於驕反桃木名說文作枖云木少盛貌鰥本亦作鰥古頑反〔疏〕桃夭三章章四句至鰥民○正義曰作桃夭詩者后妃之所致也后妃內脩其化贊助君子致使天下有禮昏娶不失其時故曰致也由后妃不妬忌則令天下男女以正年不過限昏姻以時行不踰月故周南之國皆無鰥獨之民焉皆后妃之所致也此雖文王化使之然亦由后妃內贊之致故因上螽斯后妃不妬忌後言其所致也且言致從家至國亦自近致遠之辭也男女以正三章上二句是也昏姻以時下二句是也國無鰥民焉申述所致之美於經無所當也○箋老而至曰鰥○正義曰劉熙釋名云無妻曰鰥者愁悒不寐目恒鰥鰥然故其字從魚魚目不閉也無夫曰寡寡踝也單獨之名鰥或作矜同蓋古今字異王制曰老而無妻謂之矜老而無夫謂之寡則鰥寡年老不復嫁娶之名也孝經注云丈夫六十無妻曰鰥婦人五十無夫曰寡也知如此爲限者以內則云妾雖老年未滿五十必與五日之御則婦人五十不復御明不復嫁矣故知稱寡以此斷也士昏禮註云姆婦人年五十出而無子者亦出於此也本三十男二十女爲昏婦人五十不嫁男子六十不復娶爲鰥寡之限也巷伯傳曰吾聞男女不六十不間居謂婦人也內則曰唯及七十同藏無間謂男子也此其差也白虎通云鰥之言鰥鰥無所親則寡者少也言少四對耳故鴻鴈傳偏喪曰寡此其對側也婦人無稱鰥之文其男子亦稱寡襄二十八年傳曰崔杼生成及彊而寡故爾雅云無夫無婦並謂之寡丈夫曰索婦人曰釐又許愼曰楚人謂寡婦爲霜並其異名也鰥寡之名以老爲稱其有不得及時爲室家者亦同名焉卽此無鰥民謂年不過時過則謂之鰥故舜年三十不娶書曰有鰥在下曰虞舜唐傳孔子曰舜父頑母嚚不見室家之端故謂之鰥是三十不娶稱鰥也又何草不黃云何人不矜尚從軍未老不早還見室家亦謂之矜易大過九二老夫得其女妻無不利九五老婦得其士夫旡咎旡譽彼鄭注云以丈夫年過娶二十之女老婦年過嫁於三十之男皆得其子彼言老若容男六十婦五十猶得嫁娶者禮宗子雖七十無主婦是年過可以改娶則婦人五十或可以更嫁者言鰥寡據其不得嫁娶者耳傳言崔杼爲寡則有子亦稱寡鰥寡據其因者多是無子故王制及周禮皆云天民之窮而無所告者傳以標之夭夭言其少壯宜其室家爲不踰時則上句言其年盛下句言嫁娶得時也但傳說昏嫁年月於此不著標有梅卒章傳曰三十之男二十之女不待禮會而行之謂期盡之法則男女以正謂男未三十女未二十也此三章皆言女得以年盛時行則女自十五至十九也女年既盛則男亦盛矣自二十至二十九也東門之楊傳曰男女失時不逮秋冬則秋冬嫁娶正時也言宜其室家無踰時則三章皆爲秋冬時矣鄭以三十之男二十之女仲春之月爲昏是禮之正法則三章皆上二句言婦人以年盛時行謂二十也下句言年時俱當謂行嫁又得仲春之正時也○桃之夭夭。灼灼其華。興也桃有華之盛者夭夭其少壯也灼灼華之盛也箋云興者喻時婦人皆得以年盛時行也○少詩照反之子于歸。宜其室家。之子嫁子也于往也宜以有室家無踰時者箋云宜者謂男女年時俱當○當丁浪反〔疏〕桃之至室家○毛以爲少壯之桃夭夭然復有灼灼然此桃之盛華以興有十五至十九少壯之女亦夭夭然復有灼灼之美色正於秋冬行嫁然是此行嫁之子往歸嫁於夫正得善時宜其爲室家矣○鄭唯據年月不同又宜者謂年時俱善爲異○傳桃有華之盛者○正義曰夭夭言桃之少灼灼言華之盛桃或少而未華或華而不少此詩夭夭灼灼並言之則是少而有華者故辨之言桃有華之盛者由桃少故華盛以喻女少而色盛也○箋時婦至時行○正義曰此言年盛時謂以年盛二十之時非時月之時下云宜其室家乃據時月耳○箋宜者至俱當○正義曰易傳者以既說女年之盛又言之子于歸後言宜其室家則揔上之辭故以爲年時俱當○桃之夭夭。有蕡其實。蕡實貌非但有華色又有婦德○蕡浮雲反之子于歸。宜其家室。家室猶室家也桃之夭夭。其葉蓁蓁。蓁蓁至盛貌有色有德形體至盛也○蓁側巾反之子于歸。宜其家人。一家之人盡以爲宜箋云家人猶室家也○盡津忍反或如字他皆放此〔疏〕箋家人猶室家○正義曰易傳者以其與上相類同有宜其之文明據宜其爲夫婦據其年盛得時之美不宜橫爲一家之人桓十八年左傳曰女有家男有室室家謂夫婦也此云家人家猶夫也猶婦也以異章而變文耳故云家人猶室家也

桃夭三章章四句

毛詩注疏挍勘記（一之二）　阮元撰盧宣旬摘錄

○葛覃

葛覃三章章六句至以婦道　閩本明監本毛本同案正義本章句在篇前故標起止如此唯關雎獨不然於全書相反當是南宋合併時所移也合併所用經注本章句在篇後釋文唐石經小字本相臺本皆然與關雎正義所云定本合與正義本不合餘同此

喻其容色美盛也　小字本相臺本無也字閩本明監本毛本有案此也字當衍

灌木藂木也　小字本相臺本同考文古本同閩本明監本毛本藂作叢案正義作叢釋文叢才公反俗作藂一本作冣作外反段玉裁云當作冣冣積也從冖從取才句反古書冣字多誤爲最字從曰是以顏黃門說周

氏劉氏讀徂會徂會二反釋文亦云一本作最作外反也今考皇矣傳云灌木叢生也當以釋文正義本爲長

謂之黃鸝 毛本鸝誤鸎閩本明監本不誤案段玉裁云廣韻鸎鳥羽文也鸝黃鸝二字有別爾雅疏卽取此字正作鸝

看我麥黃甚熟亦 閩本明監本毛本同案亦當作不與上句留字韻○按艸木蟲魚疏正作不

濩煮之也 小字本相臺本同案釋文濩下云煮也無之字考釋文之例無毛云鄭云者或用已意增損注文如下傳精曰絺釋文絺下云葛之精者曰絺皆其類也但此傳毛用爾雅文之字不當去考文古本無采釋文

以煮之於濩 閩本明監本毛本同案此不誤浦鏜云當作鑊非也考爾雅作是又是鑊鑊煮之也皆用正字此皆用假借爾雅釋文鑊又作濩同

纚之無緌 閩本同明監本毛本緌作綏案緌字是也考鄭周禮注云士冠禮及玉藻冠緌之字故書亦多作綏者是冠緌字誤爲綏久矣鄭定用緌字唐時不應更用綏也

婦人謂嫁曰歸 小字本相臺本同案正義云定本歸上無曰字釋文云本亦無曰字此依公羊傳文考此卽楚人謂乳穀謂虎於菟之類毛傳文古故其語亦如此當以定本爲長其鄭箋則有曰字見江有汜南山

害何也 小字本相臺本同閩本明監本毛本害誤曷案段玉裁云此謂害爲曷之假借傳例如此

傳亦宜然○南山箋云姜與姪娣 閩本明監本毛本同案然下浦鏜云誤衍○姜上浦鏜云脫文字是也

此后妃莘國之長女 閩本明監本毛本莘誤幷

故王肅述毛合之云 閩本明監本毛本合誤答

若如傳言私服宜否 閩本明監本毛本服下有宜澣公服四字案所補是也

○卷耳

言后妃嗟呼而歎也 閩本明監本毛本呼作吁案所改是

君賞功臣 小字本相臺本同考文古本同閩本同明監本毛本君誤若案閩本明監本毛本正義中亦誤若

衞侯饗苦成叔 閩本明監本毛本不重成字案此蓋以苦成爲邑成爲諡前人亦多言郤犫諡成者其左氏傳舊解與

云何吁矣 唐石經小字本相臺本同案爾雅注詩曰云何盱矣邢疏云卷耳及都人士文也郭所稱未必爲毛氏詩邢氏不辨此經作吁而引之非也考釋文不經此作吁而都人士及何人斯作盱者盱爲正字吁爲假借經中用字例不畫一也例見前

痛亦病也 小字本相臺本同案釋文云痛病也一本作痛亦病也者非正義本標起止有亦字考傳文不嫌於瘏病也之下更云痛病也當以釋文本爲長

○樛木

后妃能和諧衆妾不嫉妬其容貌恒以善言逮下而安之 小字本相臺本同案此二十二字非鄭注也釋文云崔集注本此序有鄭注檢衆本並無是釋文本無此注也序云言能逮下正義云言后妃能以恩意接及其下衆妾而此注以序中言字爲善言於正義無文是正義本亦無此注也且以言爲善言既不出於經亦不更見箋中必非鄭注審矣各本乃沿崔集注之誤當據釋文正義正之

謂荆楊之域 小字本相臺本楊作揚閩本明監本毛本亦作揚案正義字皆作揚考春秋元命包以爲地多赤楊引見於建康實錄是字本從木也其李巡爾雅注劉熙釋名皆以輕揚爲義唐人遂但用從才字然則鄭箋應本作楊字釋文正義二本應俱作揚字餘同此

似葛之草木疏云 補 毛本之作類案釋文云似葛之草也是草字宜重毛本亦非

一名巨瓜 閩本明監本毛本瓜作苽案皆誤也當作荒易釋文齊民要術可證

今之次敘進御 閩本明監本毛本同案注作序正義作敘序敘古今字易而說之也例見前考文古本注亦作敘是用正義以改注由不悉正義之例故也

降邇遐福 閩本同明監本毛本邇作爾案爾字是也

○螽斯

德是也 閩本明監本毛本同案此不誤浦鏜云德是二字當衍文非也德者對色而言與下文以行曰忌意同讀當三字爲一句也

維蚣蝑不耳 小字本相臺本同案釋文云不耳本或作不然正義云則知唯蚣蝑不耳是正義本作耳不字當上聲讀考文古本耳作爾考他箋所用耳字多誤爲爾而正義中仍有未誤者考文古本遂不知耳爾二字有別混而一之

則又宜汝之子孫 閩本明監本毛本同案注作女正義作汝女汝古今字易而說之也例見前考文古本注女亦作汝非餘同此

肱鳴者也 閩本同明監本毛本肱作股案股字是也鄭考工記梓人注云股鳴蚣蝑動股屬

其股似瑇瑁又 閩本明監本毛本同案又當作叉形近之譌

若褖衣之類 閩本明監本褖誤緣毛本誤綠案褖衣見鄭綠衣序注正義用彼文

則知唯蚣蝑不耳 閩本明監本毛本同案注作維正義作唯維唯古今字易而說之也例見前餘同此考文古本注維亦作唯采正義而誤東山序其唯東山乎用唯字者序字亦不與經注同也

○桃夭

婚姻以時 小字本同閩本明監本毛本同唐石經相臺本作昏案昏婚古今字序用昏字唐石經相臺本是也正義每易爲婚字而說之今正義此作昏者亦後改也餘同此其引士昏禮及行露匏有苦葉昏時等仍用昏者非此例

襄二十八年 閩本明監本毛本同案浦鏜云七誤八以左傳考之浦校是也

故爾雅云無夫無婦 閩本明監本毛本同案爾當作小小雅者今在孔叢第十一此其廣名文也狼跋文王正義皆云膚美小雅廣訓文是其證浦鏜云爾雅上脫小字非也唐人如李善文選注之類多稱小雅漢書志云小雅一篇誤本乃作小爾雅耳

无咎无譽 閩本明監本毛本二无字誤無案引易文舊多作无其非易文聞亦作无則當時寫書人以无爲無之別體也餘同此

雖七十無主婦 閩本明監本毛本同案浦鏜云脫一無字以禮記考之浦校是也

與者踰時婦人 閩本明監本毛本同小字本相臺本踰作喻考文古本同案喻字是也山井鼎云諸本皆誤但據注疏本而言耳

謂年時俱善爲異 閩本明監本毛本同案善當作當考正義上下文可證

家猶夫也猶婦也 閩本明監本毛本同案猶婦上當脫入字

附釋音毛詩注疏卷第一（一之三）

毛詩國風　鄭氏箋　孔穎達疏

兎罝，后妃之化也。關雎之化行，則莫不好德，賢人衆多也。菟罝菟又作兎他故反罝音子斜反說文子余反好呼報反〔疏〕兎罝三章章四句至衆多○正義曰作兎罝詩者言后妃之化也言由后妃關雎之化行則天下之人莫不好德是故賢人衆多由賢人多故兎罝之人猶能恭敬是后妃之化行也經三章皆言賢人衆多之事也經直陳兎罝之人賢而云多者箋云罝兎之人鄙賤之事猶能恭敬則是賢人衆多是舉微以見著也桃夭言后妃之所致此言后妃之化茉苢言后妃之美此三章所美如一而設文不同者以桃夭承螽斯之後螽斯以前皆后妃身事桃夭則論天下昏姻得時爲自近及遠之辭故云所致也此兎罝又承其後已在致限故變言之化明后妃化之使然也茉苢以后妃事終故總言之美其實三者義通皆是化美所以致也又上言不妬忌此言關雎之化行不同者以桃夭說昏姻男女故言不妬忌此說賢人衆多以關雎求賢之事故言關雎之化行茉苢則婦人樂有子故云和平序者隨義立文其實總上五篇致此三篇

肅肅兎罝，椓之丁丁。肅肅敬也兎罝兎罟也丁丁椓杙聲也箋云罝兎之人鄙賤之事猶能恭敬則是賢者衆多也○椓陟角反丁陟耕反罟音古罔也杙本又作弋羊職反郭羊北反爾雅云樴謂之杙李巡云橛也樴音特橛音其月反

赳赳武夫，公侯干城。赳赳武貌干扞也箋云干也城也皆以禦難也此罝兎之人賢者也有武力可任爲將帥之德諸侯可任以國守扞城其民折衝禦難於未然○赳居黝反爾雅云勇也干如字孫炎注云干楯所以自蔽扞也舊戶旦反沈音幹扞戶旦反禦魚呂反難乃旦反下同任音壬將子匠反帥色類反沈所愧反可任而鳩反後不音者放此守手又反折之役反衝昌容反〔疏〕肅肅兎罝椓之丁丁赳赳至干城○毛以爲肅肅然恭敬之人乃爲兎作罝身自椓杙其椓杙之聲丁丁然雖爲鄙賤之事甚能恭敬此人非直能自肅敬又是赳赳然威武之夫可以爲公侯之扞城言可以蕃屏公侯爲之防固也○鄭唯干城爲異言此兎罝之人有赳赳然威武之德公侯可任以國守令扞城其民使之折衝禦難於未然也謂公侯使之與民作扞城也○傳肅肅至杙聲○正義曰肅肅敬也釋訓文此美其賢人衆多故爲敬小星云肅肅宵征故傳曰肅肅疾貌鴇羽鴇鴈說鳥飛文連其羽故傳曰肅肅羽聲也黍苗說宮室箋云肅肅嚴正之貌各隨文勢也釋器云兎罟謂之罝李巡曰兎自作徑路張罝捕之也釋宮云樴謂之杙李巡云杙謂橜也此丁丁連椓之故知椓杙聲故伐木傳亦云丁丁伐木聲○傳干扞也○正義曰釋言文孫炎曰干盾自蔽扞也下傳曰可以制斷公侯之腹心是公侯以爲腹心則好仇者公侯自以爲好匹干城者公侯自以爲扞城言以武夫自固爲扞蔽如盾爲防守如城然○箋干也至未然○正義曰箋以此武夫爲扞城其民易傳者以其赳赳武夫論有武任明爲民扞城可以禦難也言未然者謂未有來侵者則折其衝禦其難也若使和好則此武夫亦能和好之故二章云公侯好仇

肅肅兎罝，施于中逵。逵九達之道○施如字逵求龜反杜預注春秋云塗方九軌〔疏〕傳逵九達之道○正義曰釋宮云一達謂之道路二達謂之岐旁郭氏云岐道旁出三達謂之劇旁孫炎云旁出岐多故曰劇四達謂之衢郭氏云交道四出五達謂之康孫炎云康樂也交會樂道也六達謂之莊孫氏云莊盛也道煩盛七達謂之劇驂孫氏云三道交復有一歧出者八達謂之崇期郭氏云四道交出九達謂之逵郭璞云四道交出復有旁通者莊二十八年左傳楚伐鄭入自純門及逵市杜預云逵並九軌案周禮經塗九軌不名曰逵杜意蓋以鄭之城內不應有九出之道故以爲並九軌於爾雅則不合也

赳赳武夫，公侯好仇。箋云怨耦曰仇此兎罝之人敵國有來侵伐者可使和好之亦言賢也〔疏〕赳赳至好仇○毛以爲赳赳然有威武之夫有文有武能匹耦於公侯之志爲公侯之好匹此雖無傳以毛仇皆爲匹鄭唯好仇爲異

肅肅兎罝，施于中林。中林林中○施如字沈以豉反

赳赳武夫，公侯腹心。可以制斷公侯之腹心箋云此罝兎之人於行攻伐可用爲策謀之臣使之慮事亦言賢也○斷丁亂反〔疏〕公侯腹心○毛以爲兎罝之人有文有武可以爲腹心之臣言公侯有腹心之謀事能制斷其是非○鄭以爲此罝兎之人賢者若公侯行攻伐時可使之爲腹心之計謀慮前事○傳可以至腹心○正義曰解武夫可爲腹心之意由能制斷公侯之腹心以能制治己之腹心臣之倚用如己腹心○箋此罝至言賢○正義曰箋以首章爲禦難謂難未至而預禦之二章爲和好怨耦謂已被侵伐使和好之也皆是用兵之事故知此腹心者謂行攻伐又可以爲策謀之臣使之慮無也慮無者宜十二年左傳文也謀慮不意之事也今所無不意有此即令謀之出其奇策也言用策謀明自往攻伐非和好兩軍與二章異也

兎罝三章，章四句

茉苢，后妃之美也。和平則婦人樂有子矣。天下和政教平也○茉苢音浮苢本亦作苡音以韓詩云直曰車前瞿曰茉苢郭璞云江東呼爲蝦蟇衣草木疏云幽州人謂之牛舌又名當道其子治婦人生難本草云一名牛遺一名勝舄山海經及周書王會皆云茉苢木也實似李食之宜子出於西戎衛氏傳及許慎並同此王肅亦同王基已有駮難也舄音昔〔疏〕茉苢三章章四句至有子○正義曰若天下亂離兵役不息則我躬不閱於此之時豈思子也今天下和平於是婦人始樂有子矣經三章皆樂有子之事也定本和平上無天下二字據箋則有者誠也○箋天下和政教平○正義曰文王三分天下有其二言天下者以其稱王王必以天下之辭故騶虞序曰天下純被文王之化是也文王平六州武王平天下事實平定唯不得言太平耳太平者王道大成圖瑞畢至故曰太平雖武王之時亦非太平也故論語曰武盡美矣未盡善也注云謂未致太平是也武王雖未太平平定天下四海貢職比於文王之世亦得假稱太平故魚麗傳魚藻箋皆云武王太平此於周公之時其實未太平也太平又名隆平隆平者亦據頌聲既作盛德之隆故嘉魚既醉維天之命序及詩譜皆言太平惟鄭康誥注云隆平已至中候序云帝舜隆平此要政治時和乃得稱也此三章皆再起采采之文明時婦人樂有子者衆故頻言采采見其采者多也六者互而相須首章言采之有之采者始往之辭有者已藏之稱摠其終始也二章言采時之狀或摋拾之或捋取之卒章言所成之處或袺之或襭之首章采之據初往至則摋之捋之既得則袺之襭之歸則有藏之於首章先言有之者欲急明婦人樂采而有子故與采之爲對所以摠終始也六者本各見其一因相首尾以承其次耳摋捋事殊袺襭用別明非一人而爲此六事而已

采采茉苢，薄言采之。采采非一辭也茉苢馬舄馬舄車前也宜懷任焉薄辭也采取也箋云薄言我薄也〔疏〕傳茉苢馬舄○正義曰釋草文也郭璞曰今車前草大葉長穗好生道邊江東呼爲蝦蟆衣陸機疏云馬舄一名車前一名當道喜在牛跡中生故曰車前當道也今藥中車前子是也幽州人謂之牛舌草可鬻作茹大滑其子治婦人難產王肅引周書王會云茉苢如李出於西戎王基駁云王會所記雜物奇獸皆四夷遠國各齎土地異物以爲貢贄非周南婦人所得采是茉苢爲馬舄之草非西戎之木也言宜懷任者即陸機疏云所治難產是也○箋薄言我薄也○正義曰毛傳言薄辭故申之言我薄也我訓經言也薄還存其字是爲辭也言我薄者我薄欲如此於義無取故爲語辭傳於薄汙我私不釋者就此衆也時邁云薄言震之箋云薄猶甫也甫始也有客曰薄言追之箋云王始言餞送之以薄爲始者以時邁下句云莫不震疊明上句薄言震之爲始動以威也有客前云以縶其馬欲留微子下云薄言追之是時將行王始言餞送之詩之薄言多矣唯此二者以薄爲始餘皆爲辭也○

采采茉苢，薄言有之。有藏之也

采采茉苢，薄言掇之。掇拾也○掇都奪反一音知劣反拾音十

采采茉苢，薄言捋之。捋取也○捋力活反

采采茉苢，薄言袺之。袺執衽也○袺音結衽入錦反又而鴆反衣際也

采采茉苢，薄言襭之。扱衽曰襭○襭戶結反一本作擷同扱初治反〔疏〕傳袺執至曰襭○正義曰釋器云執衽謂之袺孫炎曰持衣上衽又云扱衽謂之襭李巡曰扱衣上衽於帶衽者裳之下也置袺謂手執之而不扱襭則扱於帶中矣

茉苢三章，章四句

漢廣，德廣所及也。文王之道被于南國，美化行乎江漢之域，無思犯禮，求而不可得也。紂時淫風徧於天下維江漢之域先受文王之教化○漢廣漢水名也尚書云嶓冢導漾水東流爲漢被皮義反紂直九反殷王也徧遍見反〔疏〕漢廣三章章八句至不可得○正義曰作漢廣詩者言德廣所及也言文王之道初致桃夭茉苢之化今被於南國美化行於江漢之域故男無思犯禮女求而不可得此由德廣所及然也此與桃夭皆文王之化后妃所贊於此言文王者因經陳江漢指言其處爲遠辭遂變后妃而言文王爲遠近積漸之義敍於此既言德廣汝墳亦廣可知故直云道化行耳此既言美化下篇不嫌不美故直言文王之化不言美也言南國則六州猶羔羊序云召南之國也彼言召南此不言周南者以天子事廣故直言南彼論諸侯故止言召南之國此無思犯禮求而不可得摠序三章之義也○箋紂時至教化○正義曰言先者以其餘三州未被文王之化故以江漢之域爲先被也定本先被作先受因經序有江漢之文故言之耳其實六州共被文王之化非江漢獨先也

南有喬木，不可休息。漢有游女，不可求思。興也南方之木美喬上竦也思辭也漢上游女無求思者箋云不可者本

有可道也木以高其枝葉之故故人不得就而止息也興者喻賢女雖出游流水之上人無欲求犯禮者亦由貞絜使之然○喬本亦作橋渠驕反徐又紀橋反休息並如字古本皆爾本或作休思此以意改爾竦粟勇反流水本或作漢水○

漢之廣矣。不可泳思。江之永矣。不可方思。潛行爲泳永長方泭也箋云漢也江也其欲渡之者必有潛行乘泭之道今以廣長之故故不可也又喻女之貞絜犯禮而往將不至也○泳音詠泭芳于反本亦作濟又作桴或作柎並同沈旋音附方言云泭謂之䈬䈬謂之筏筏秦晉通語也孫炎注爾雅云方木置水爲柎栰也郭璞云水中䈬筏也又云木曰䈬竹曰筏小筏曰泭䈬音皮佳反柎筏同音伐樊光爾雅本作柎

〔疏〕南有至方思○正義曰木所以庇廕本有可息之道今南方有喬木以上竦之故不可就而止息以興女以定情本有可求之時今漢上有游女以貞絜之故不可犯禮而求是爲木以高其枝葉人無休息者女由持其絜清人無求思者此言游女尚不可求則在室無敢犯禮可知也出者猶能爲貞處者自然尤絜又言水所以濟物本有泳思方思之道今漢之廣潤矣江之永長矣不可潛行乘泭以求濟以興女皆貞絜矣不可犯禮而求思然則方泳以渡江漢雖往而不可濟喻犯禮以思貞女雖求而將不至是爲女皆貞絜求而不可得故男子無思犯禮也定本遊女作游○傳思辭至思者○正義曰以泳思方思之等皆不取思爲義故爲辭也經求思之文在游女之下傳解喬木之下先言思辭然後始言漢上疑經休息之字作休思也何則詩之大體韻在辭上疑休求字爲韻二字俱作思但未見如此之本不敢輒改耳內則云女子居內深宮固門此漢上有游女者內則言闇寺守之則貴家之女也庶人之女則執筐行饁不得在室故有出游之事既言不可求明人無求者定本喬上竦無木字○箋不可至之然○正義曰箋知此爲本有可道者以此皆據男子之辭若恒不可則不應發不可之辭故云本有可道也此箋與下陵互也此直言不可者木有可道撿解經不可之文遂略木有可息之道箋下言渡江漢有潛行乘泭之道不釋不可之文是其互也然本淫風大行之時女有可求今被文王之化游女皆絜此云絜者本未必已淫興者取其一象木可就蔭水可方泳猶女有可求今木以枝高不可休息水以廣長不可求渡不得要言木本小時可息水本一勺可渡也言木以高其枝葉解傳言上竦也言女雖出游漢水之上者對不出不游者言無求犯禮者謂男子無思犯禮由女貞絜使之然也所以女先貞而男始息者以姦淫之事皆男唱而女和由禁嚴於女法緩於男故男見女不可犯方始息其邪意召南之篇女既貞信尚有彊暴之男是也○傳潛行至方泭○正義曰潛行爲泳釋水文郭璞曰水底行也晏子春秋曰潛行逆流百步順流七里永長釋詁文方泭釋言文孫炎曰方水中爲泭筏也論語曰乘桴浮於海注云桴編竹木曰栰小曰桴是也○箋漢也至不至○正義曰此江漢之深不可乘泭而渡谷風云就其深矣方之舟者雖深不長於江漢故也言將不至者雖求之女守禮將不肯至也

翹翹錯薪。言刈其楚。翹翹薪貌錯雜也箋云楚雜薪之中尤翹翹者我欲刈取之以喻衆女皆貞絜我又欲取其尤高絜者○翹祁遙反沈其堯反尤高絜者一本無絜字

之子于歸。言秣其馬。秣養也六尺以上曰馬箋云之子是子也謙不敢斥其適己於是子之嫁我願秣其馬致禮餼示有意焉○秣莫葛反說文云食馬穀也上時掌反下文同餼虛氣反牲腥曰餼

〔疏〕翹翹至其馬○正義曰翹翹然而高者乃是雜薪此薪雖皆高我欲刈其楚所以然者以楚在雜薪之中尤翹翹而高故也以興貞絜者乃是衆女此衆女雖皆貞絜我欲取其尤貞絜者又言是其尤絜者之子若往歸嫁我欲以粟秣養其馬乘之以致禮餼示己有意欲求之下四句同前○傳翹翹薪貌○正義曰翹翹高貌傳言薪貌者明薪之貌翹翹然若直云高貌恐施於楚最高者此翹翹連言錯薪故爲薪貌鴟鴞云予室翹翹卽云風雨所漂搖故傳曰翹翹危也莊二十二年左傳引逸詩曰翹翹車乘卽云招我以弓明其遠故服虔云翹翹遠貌○箋楚雜至絜者○正義曰薪木稱故月令云收秩薪柴注云大者可析謂之薪下章蔞草亦云薪者因此通其文楚亦木名故學記注以楚爲荆王風鄭風並云不流束楚皆是也言楚在雜薪之中尤翹翹言尤明雜薪亦翹翹也○箋之子至意焉釋訓云之子是子也李巡曰之子者論五方之言是子也然則之爲語助人言之子者猶云是此子也桃夭傳云嫁子彼說嫁事爲嫁者之子此則貞絜者之子東山之子言其妻白華之子斥幽王各隨其事而名之言謙不敢斥其適己謂云往嫁若斥適己當言來嫁所以桃夭鵲巢東山不爲謙者不自言己說他女嫁故不爲謙也言致禮餼者昏禮下達納采用鴈問名納吉皆如之納徵用玄纁束帛儷皮是士禮也媒氏云純帛無過五兩謂庶人禮也欲致禮謂此也餼謂牲也昏禮不見用牲文鄭以時事言之或亦宜有也言示有意者前已執謙不敢斥言其適己言養馬是欲致禮餼示有意求之但謙不斥耳

漢之廣矣。不可泳思。江之永矣。不可方思。翹翹錯薪。言刈其蔞。蔞草中之翹翹然○蔞力俱反馬云蔞蒿也郭云似艾音力侯反

〔疏〕傳蔞草中之翹翹然○正義曰傳以上楚是木此蔞是草故言草中之翹翹然釋草云購蔏蔞舍人曰購一名蔏蔞郭云蔏蔞蔞蒿也生下田初生可啖江東用羹魚也陸機疏云其葉似艾白色長數寸高丈餘好生水邊及澤中正月根牙生旁莖正白生食之香而脆美其葉又可蒸爲茹是也

之子于歸。言秣其駒。五尺以上曰駒

〔疏〕傳五尺以上曰駒○正義曰廋人云八尺以上爲龍七尺以上爲騋六尺以上爲馬故上傳曰六尺以上曰馬此駒以次差之故知五尺以上也五尺以上卽六尺以下故株林箋云六尺以下曰駒是也輈人注國馬謂種戎齊道高八尺田馬高七尺駑馬高六尺卽廋人三等龍騋馬是也何休注公羊云七尺以上曰龍不合周禮也

漢之廣矣。不可泳思。江之永矣。不可方思。

漢廣三章章八句

汝墳。道化行也。文王之化。行乎汝墳之國。婦人能閔其君子。猶勉之以正也。言此婦人被文王之化厚事其君子○汝墳符云反常武傳云墳涯也能閔密謹反傷念也一本有婦人二字被皮義反

〔疏〕汝墳三章章四句至以正○正義曰作汝墳詩者言道化行也文王之化行於汝墳之國婦人能閔念其君子猶復勸勉之以正義不可逃亡爲文王道德之化行也知此道非言道之道者以諸敘言道者皆爲言不爲道耳上云德廣所及先德後道事之次也言汝墳之國以汝墳之厓表國所在猶江漢之域非國名也閔者情所憂念勉者勸之盡誠欲見情雖憂念猶能勸勉故先閔而後勉也臣奉君命不敢憚勞雖則勤苦無所逃避是臣之正道故曰勉之以正也閔其君子首章二章是也勉之以正卒章是也定本能閔上無婦人二字

遵彼汝墳。伐其條枚。遵循也汝水名也墳大防也枝曰條榦曰枚箋云伐薪於汝水之側非婦人之事以言己之君子賢者而處勤勞之職亦非其事○枚妹迴反榦也

未見君子。惄如調飢。惄飢意也調朝也箋云惄思也未見君子之時如朝飢之思食○惄本又作愵乃歷反韓詩作溺音同調張留反又作輖音同

〔疏〕遵彼至調飢○正義曰言大夫之妻身自循彼汝水大防之側伐其條枚枝榦之薪以爲己伐薪汝水之側非婦人之事因閔己之君子賢者而處勤勞之職亦非其事也既閔其勞遂思念其事言己未見君子之時我之思君子惄然如朝飢之思食也○傳汝水至曰枚○正義曰釋水云汝爲墳傳曰濟汝故知是水名也墳大防釋丘文李巡曰墳謂厓岸狀如墳墓名大防也故常武傳曰墳厓大司徒注云水厓曰墳則此墳謂汝水之側厓岸大防也若然釋水云水自河出爲灉江爲沱別爲小水之名又云江有沱河有灉汝有濆李巡曰江河汝旁有肥美之地名郭璞曰詩云遵彼汝墳則郭意以此汝墳爲濆汝所分之處有美地因謂之濆箋傳不然者以彼濆從水此墳從土且伐薪宜於厓岸大防之上不宜在濆汝之間故也枝曰條榦曰枚無文也以枚非木則條亦非木明是枝榦相對爲名耳枝者木大不可伐其榦取條而已枚細者可以全伐之也周禮有銜枚氏注云枚狀如著是其小也終南云有條有梅文與梅連則條亦木名也故傳曰條槄與此異也下章言條肄肄餘也斬而復生是爲餘也如今蘖生者亦非木名也襄二十九年左傳曰晉國不恤宗周之闕而夏肄是屏又曰杞夏餘也是肄爲復生之餘○箋伐薪至其事○正義曰知婦人自伐薪者以序云婦人能閔其君子則閔其君子者是汝墳之國婦人也經言遵彼汝墳故知婦人自伐薪也大夫之妻尊爲命婦而伐薪者由世亂時勞君子不在猶非其宜故云非婦人之事婦人之事深宮固門紡績織紝之謂也不賢而勞是其常故以賢者處勤爲非其事也○傳惄飢意箋惄思○正義曰釋詁云惄思也舍人曰惄志而不得之思也釋言云惄飢也李巡曰惄宿不食之飢也然則惄之爲訓本爲思耳但飢之思食意又惄然故又以爲飢惄是飢之意非飢之狀故傳言飢意箋以爲思義相接成也此連調飢爲文故傳以爲飢意小弁云惄焉如擣無飢事故箋直訓爲思也此以思食比思夫故箋又云如朝飢之思食

遵彼汝墳。伐其條肄。肄餘也斬而復生曰肄○肄以自反沈云徐音以世反非復扶冨反

既見君子。不我遐棄。既已遐遠也箋云己見君子君子反也于己反得見之知其不遠棄我而死亡於思則愈故下章而勉之○思如字又息嗣反

〔疏〕既見君子不我遐棄○正義曰不我遐棄猶云不遐棄我古之人語多倒詩之此類衆矣婦人以君子處勤勞之職恐避役死亡今思之覬君子事訖得反我既得見君子卽知不遠棄我而死亡我於思則愈未見恐其逃亡既見知其不死故憂思愈也○箋已見至勉之○正義曰言不遠棄我我者婦人自謂也若君子死亡已不復得見爲遠棄我今不死亡已得見之爲不遠棄我也然君子或不堪其苦避役死亡或自思公義不避勞役不由於婦人然婦人閔夫之辟據婦人而言耳鄭知不直遠棄己而去知爲王事死亡者以閔其勤勞豈爲棄己而憂也下章云父母孔邇是勉勸之辭由此畏其死亡故下章勉之定本箋之下云己見君子君子反也於己反得見之俗本多不然

魴魚頳尾。王室如燬。頳赤也魚勞則尾赤燬火也箋云君子仕於亂世其顏色瘦病如魚勞則尾赤所以然者畏王室之酷烈是時紂存○魴符方反頳勑貞反說文作䞓又作赬並同燬音毀齊人謂火曰燬郭璞又音貨字書作㷄音毀說文同一音火尾反或云楚人名曰燥齊人曰燬吳人曰㷄此方俗訛語也瘦色救反酷苦毒反○雖則如燬。父母孔邇。孔甚邇近也箋云辟此勤勞之處或時得罪父母甚近當念之以免於害不能爲疏遠者計也○辟此一本作辟此處昌慮反爲疎于僞反疎亦作疏○[疏]魴魚至孔邇○正義曰婦人言魴魚勞則尾赤以興君子苦則容悴君子所以然者由畏王室之酷烈猛熾如火故也既言君子之勤苦卽勉之言今王室之酷烈雖則如火當勉力從役無得逃避若其避之或時得罪父母甚近當自思念以免於害無得死亡罪及父母所謂勉之以正也○傳頳赤至燬火○正義曰釋器云再染謂之頳郭云頳淺赤也魴魚之尾不赤故知勞則尾赤哀十七年左傳曰如魚頳尾衡流而彷徉鄭氏云魚肥則尾赤以喻蒯聵淫縱不同者此自魴魚尾本不赤赤故爲勞也鄭以爲彼言彷徉爲魚肥不指魚名猶自有肥而尾赤者服氏亦爲魚勞燬火釋言文也李巡曰燬一名火孫炎曰方言有輕重故謂火爲燬也○箋君子至紂存○正義曰言君子仕於亂世不斥大夫士王肅云當紂之時大夫行役王基云汝墳之大夫久而不歸樂詳馬昭孔晁孫毓等皆云大夫則箋云仕於亂世是爲大夫矣若庶人之妻杕杜言我心傷悲伯兮則云甘心首疾憂思昔在於情性豈有勸以德義恐其死亡若是乎序稱勉之以正則非庶人之妻言賢者不宜勤勞則又非爲士周南召南述本大同而殷其靁召南之大夫遠行從政其妻勸以義此引父母之甚近傷王室之酷烈閔之則恐其死亡勉之則勸其盡節比之於殷其靁志遠而義高大夫妻於是明矣雖王者之風見感文王之化但時實紂存文王率諸侯以事殷故汝墳之國大夫猶爲殷紂所役若稱王以後則不復事紂六州文王所統不爲紂役也箋以二南文王之事其哀惡之事舉紂以明之上漢廣云求而不可得本有可得之時言紂時淫風大行此云王室如燬言是時紂存行露云衰亂之俗微言紂末之時野有死麕云惡無禮言紂時之世麟趾有衰世之公子不言紂時法有詳略承此可知也

汝墳三章章四句

麟之趾。關雎之應也。關雎之化行。則天下無犯非禮。雖衰世之公子。皆信厚如麟趾之時也。關雎之時以麟爲應後世雖衰猶存關雎之化者君之宗族猶尚振振然有似麟應之時無以過也○麟之趾呂辛反瑞獸也草木疏云麕身牛尾馬足黃色員蹄一角角端有肉音中鍾呂行中規矩王者至仁則出服虔注左傳云視明禮脩則麒麟至麕音俱倫反序本或直云麟趾無之字止本亦作趾兩通之應應對之應序注及下傳應禮同[疏]麟之趾三章章三句至之時○正義曰此麟趾處末者有關雎之應也由后妃關雎之化行則令天下無犯非禮天下既不犯禮故今雖衰世之公子皆能信厚如古致麟之時信厚無以過也關雎之化謂螽斯以前天下無犯非禮桃夭以後也雖衰世之公子皆信厚如麟趾之時此篇三章是也此篇處末見相終始故歷序前篇以爲此次既因有麟名見若致然編之處末以法成功也此篇本意直美公子信厚似古致麟之時不爲有關雎而應之大師編之以象應敘者述以示法耳不然此豈一人作詩而得相顧以爲終始也又使天下無犯非禮乃致公子信厚是公子難化於天下豈其然乎明是編之以爲示法耳○箋關雎至以過○正義曰箋欲明時不致麟信厚似之故云關雎之時以麟爲應謂古者太平行關雎之化至極之時以麟爲瑞後世雖衰謂紂時有文王之教猶存關雎之化能使君之宗族振振然信厚如麟應之時無以過也信厚如麟時實不致麟故張逸問麟趾義云關雎之化則天下無犯非禮雖衰世之公子皆信厚其信厚如麟趾之時箋云喻今公子亦信厚與禮相應有似於麟唯於此二者時關雎之化致信厚未致麟答曰衰世者謂當文王與紂之時而周之盛德關雎化行之時公子化之皆信厚與禮合古太平致麟之時不能過也由此言之不致明矣鄭言古太平致麟之時者案中候握河紀云帝軒題象麒麟在圃又唐傳云堯時麒麟在郊藪又孔叢云唐虞之世麟鳳遊於田由此言之黃帝堯舜致麟矣然感應宜同所以俱行關雎之化而致否異者亦時勢之運殊古太平時行關雎之化至極能盡人之情能盡物之性太平化洽故以致麟文王之時殷紂尚存道未盡行四靈之瑞不能悉至序云衰世之公子明由衰故不致也成康之時天下太平亦應致麟但無文證無以言之孔子之時所以致麟者自爲制作之應非化洽所致不可以難此也三章皆以麟爲喻先言麟之趾次定次角者麟是走獸以足而至故先言趾因從下而上次見其顊次見其角也同姓疎於同祖而先言姓者取其與定爲韻故先言之

麟之趾。振振公子。興也趾足也麟信而應禮以足至者也振振信厚也箋云興者喻今公子亦信厚與禮相應有似於麟○振音眞相應音鷹當也于嗟麟兮。于嗟歎辭[疏]麟之至麟兮○正義曰言古者麟之趾猶今之振振公子也麟之爲獸屬信而應禮以喻今公子亦振振然信厚與禮相應言公子信厚似於麟獸也卽歎而美之故于嗟乎歎今公子信厚如麟兮言似古致麟之時今雖時不致麟而信與之等反覆嗟歎所以深美之也○傳麟信至信厚○正義曰傳解四靈多矣獨以麟爲興意以麟於五常屬信爲瑞則應禮故以喻公子信厚而與禮相應也此直以麟比公子耳而必言趾者以麟是行獸以足而至故言麟之趾也言信而應禮則與左氏說同以爲脩母致子也哀十四年左傳服虔注云視明禮脩而麟至思睿信立白虎擾言從乂成則神龜在沼聽聰知正而名山出龍貌恭體仁則鳳皇來儀騶虞傳云有至信之德則應之是與左傳說同也說者又云人臣則脩母致子應以昭二十九年左傳云水官不脩則龍不至故也人君則當方來應是以駁異義云玄之聞也洪範五事一曰言於五行屬金孔子時周道衰於是作春秋以見志其言可從故天應以金獸之瑞是其義也箋公子信厚與禮相應有似於麟申述傳文亦以麟爲信獸駁異義以爲西方毛蟲更爲別說○傳于嗟歎辭○正義曰此承上信厚歎信厚也故射義注云于嗟乎騶虞歎仁人也明此歎信厚可知○

麟之定。振振公姓。定題也公姓公同姓○定都佞反字書作顁音同題徒兮反郭璞注爾雅顁也本作頗誤于嗟麟兮。[疏]傳定題○正義曰釋言文郭璞曰因額也傳或作顚釋畜云的顙白顚顚亦顙也故因此而誤定本作題○傳公姓公同姓○正義曰言同姓疎於同祖上云公子爲最親下云公族傳云公族公同祖則謂與公同高祖有廟屬之親此同姓則五服以外故大傳云五世袒免殺同姓是也大傳注又云外高祖爲庶姓是同高祖爲一節也此有公子公族公姓對例爲然案杕杜云不如我同父又曰不如我同姓傳曰同姓同祖此同姓同祖爲異彼爲一者以彼上云同父卽云同姓同父之外次同祖更無異稱故爲一也且皆對他人異姓不限遠近直舉祖父之同爲親耳襄十二年左傳曰同姓於宗廟同宗於祖廟同族於禰廟又曰魯爲諸姬臨於周廟謂同姓於文王爲宗廟也邢凡蔣茅胙祭臨於周公之廟是同宗於祖廟也同族謂五服之內彼自以五服之外遠近爲宗姓與此又異此皆君新非異國也要皆同姓以對異姓異姓最爲疎也

麟之角。振振公族。麟角所以表其德也公族公同祖也箋云麟角之末有肉示有武而不用○示有武一本示作象于嗟麟兮。[疏]傳麟角箋至不用○正義曰有角示有武有肉示不用有武而不用是其德也箋申說傳文也釋獸云麟麕身牛尾一角京房易傳曰麟麕身牛尾馬蹄有五彩腹下黃高丈二陸機疏麟麕身牛尾馬足黃色員蹄一角角端有肉音中鍾呂行中規矩遊必擇地詳而後處不履生蟲不踐生草不羣居不侶行不入陷穽不罹羅網王者至仁則出今并州界有麟大小如鹿非瑞應麟也故司馬相如賦曰射麋腳麟謂此麟也○

麟之趾三章章三句

周南之國十一篇三十六章百五十九句

召南鵲巢詁訓傳第二

鵲巢。夫人之德也。國君積行累功。以致爵位。夫人起家而居有之。德如鳲鳩。乃可以配焉。起家而居有之謂嫁於諸侯也夫人有均壹之德如鳲鳩然而後可配國君○鵲七略反字林作䧿[illegible]

維鵲有巢。維鳩居之。[illegible]

之子于歸。百兩御之。[illegible]

與夫人亦有均一之德故可以配國君又本其所起之事是子有鳲鳩之德其往嫁之時則夫家以百兩之車往迎之言夫人有德禮迎其備○傳鳲鳩秸鞠○正義曰序云德如鳲鳩也釋鳥云鳲鳩秸鞠郭氏曰今布穀也江東呼穫穀埤倉云鵲鶵方言云戴勝謝氏云布穀類也諸說皆未詳布穀者近得之○箋鵲之至燕寢○正義曰推度災曰鵲以復至之月始作室家鳲鳩因成事天性如此也復於消息十一月卦故知冬至加功也月令十二月鵲始巢則季冬猶未成也故云至春乃成也此與月令不同者大率記國中之候不能不有早晚詩緯主以釋此故依而說焉此以巢比爵位則鳲鳩居巢猶夫人居爵位然有爵者必居其室不謂以室比巢燕寢夫人所居故云室者燕寢下傳言旋歸謂反燕寢亦是也○傳百兩至百乘○正義曰書序云武王戎車三百兩皆以一乘爲一兩謂之兩者風俗通以爲車有兩輪馬有四匹故車稱兩馬稱匹言諸侯之女嫁於諸侯送迎皆百乘者探解下章將之明此諸侯之禮嫁女於諸侯故迎之百乘諸侯之女故送亦百乘若大夫之女雖爲夫人其送不得百乘各由其家之所有爲禮也此夫人斥大姒也大明云纘女維莘莘國長女實是諸侯之子故得百乘將之○箋家人至盛○正義曰此申說傳送迎百乘之事家人謂父母家人也左傳曰凡公女嫁於敵國姊妹則上卿送之公子則下卿送之於大國雖公子亦上卿送之言大姒自莘適周必上卿送之良人謂夫也昏禮曰衽良席在東注云婦人稱夫曰良人孟子曰吾將瞯良人之所之小戎曰厭厭良人皆婦人之稱夫也綢繆傳曰良人美室者以其文對粲者是三女故良人爲美室也百乘象百官者昏禮人倫之本以象國君有百官之盛諸侯禮亡官屬不可盡知唯王制云三卿五大夫二十七士是舉全數故云百官也士昏禮從車二乘其天子與大夫送迎則無文以言夫人之嫁自乘家車故鄭箴膏肓引士昏禮曰主人爵弁纁裳從車二乘婦車亦如之有供則士妻始嫁乘夫家之車也又引此詩乃云此國君之禮夫人自乘其家之車也然宣五年齊高固及子叔姬來反馬何彼襛矣美王姬之車故鄭箴膏肓又云禮雖散亡以詩義論之天子以至大夫皆有留車反馬之禮故泉水云還車言邁箋云還車者嫁時乘來今思乘以歸是其義也知夫人自乘家車也言迎之者夫自以其車迎之送之則其家以車送之故知壻車在百兩迎之中婦車在百兩將之中明矣

維鵲有巢，維鳩方之。方有之也○方有之也一本無之字

之子于歸，百兩將之。將送也○將如字沈七羊反

維鵲有巢，維鳩盈之。盈滿也箋云滿者言衆媵姪娣之多○媵音孕又繩證反國君夫人有左右媵姪待結反字林丈一反兄女曰姪謂吾姑者吾謂之姪娣徒帝反女弟也

之子于歸，百兩成之。能成百兩之禮也箋云是子有鳲鳩之德宜配國君故以百兩之禮送迎成之

【疏】箋滿者至之多○正義曰公羊傳曰諸侯一娶九女二國往媵之以姪娣從凡有八人是其多也又曰姪者何兄之子娣者何女弟也○傳能成百兩之禮○正義曰傳言夫人有鳲鳩之德故能成此百兩迎之禮箋以迓爲迎夫人將之謂送夫人成之謂成夫人故易以百兩之禮送迎成之

鵲巢三章章四句

采蘩，夫人不失職也。夫人可以奉祭祀，則不失職矣。奉祭祀者采蘩之事也不失職者夙夜在公也○蘩音煩本亦作繁孫炎云白蒿

于以采蘩，于沼于沚。蘩皤蒿也于於沼池沚渚也公侯夫人執蘩菜以助祭神饗德與信不求備焉沼沚谿澗之草猶可以薦王后則荇菜也箋云于以猶言往以也執蘩菜者以豆薦蘩菹○沼之紹反沚音止皤薄波反白也蒿好羔反谿苦兮反杜預云澗也

于以用之，公侯之事。之事祭事也箋云言夫人於君祭祀而薦此豆也

【疏】于以至之事○正義曰言夫人往何處采此蘩菜乎於沼池於沚渚之傍采之也既采之爲菹夫人往何處用之乎於公侯之宮祭事夫人當薦之也此章言其采取故卒章論其祭事○傳蘩皤蒿○正義曰釋草文孫炎曰白蒿也然則非水菜此言沼沚者謂於其傍采之也下于澗之中亦謂於曲內非水中也○傳公侯至荇菜○正義曰言執蘩菜以助祭者以采之本爲祭用既言公侯夫人執蘩菹嫌王后尊不可親事故因明王后則親執荇菜也言不求備者據詩舉荇菜非其備者其實祭則備物故關雎傳云備庶物以事宗廟是也左傳曰苟有明德澗谿沼沚之毛可薦於鬼神彼言芼此傳言草皆菜也○箋于以至蘩菹○正義曰經有三于傳訓爲於不辨上下箋明下二于爲於上于爲往故疊經以訓之言往足矣兼言往以者嫌于以共訓爲往故明之又言以豆薦蘩菹者醢人云四豆之實皆有菹菹在豆故知以豆薦蘩菹也特牲云主婦設兩敦黍稷于菹南西上及兩鉶鉶芼設于豆南南陳即主婦亦設羹矣知蘩不爲羹者祭統云夫人薦豆九嬪職云贊后薦徹豆籩即王后夫人以豆爲重故關雎箋云后妃供荇菜之菹亦不爲羹采蘋知爲羹者以教成之祭牲用魚芼之以蘋藻故知爲羹且使季女設之不以薦事爲重與此異也○傳之事祭事○正義曰序云可以奉祭祀故知祭事祭必於宗廟故下云宮互見其義也

于以采蘩，于澗之中。山夾水曰澗○澗古晏反夾古洽反一音古協反

于以用之，公侯之宮。宮廟也

被之僮僮，夙夜在公。被首飾也僮僮竦敬也夙早也箋云公事也早夜在事謂視濯溉饎爨之事禮記主婦髲鬄○被皮寄反注及下同僮音同蚤音早本多作早下同濯直角反溉古愛反饎昌志反酒食也爨七亂反髲皮寄反鄭音髲本亦作鬄徒帝反劉昌宗吐歷反沈湯帝反鄭注少牢禮云古者或剔賤者刑人之髮以被婦人之紒因以名焉春秋以爲呂姜髢是也紒音計

被之祁祁，薄言還歸。祁祁舒遲也去事有儀也箋云言我也祭事畢夫人釋祭服而去髲髢其威儀祁祁然而安舒無罷倦之失我還歸者自廟反其燕寢○祁巨私反罷音皮本或作疲

【疏】被之至還歸○正義曰言夫人首服被髲鬄之飾僮僮然甚竦敬乎何時爲此竦敬謂先祭之時早夜在事當視濯溉饎爨之時甚竦敬矣至於祭畢釋祭服又首服被鬄之飾祁祁然有威儀何時爲此威儀乎謂祭事既畢夫人云薄欲還歸反其燕寢之時明有威儀矣○傳被首飾○正義曰被者首服之名在首故曰首飾箋引少牢之文云主婦髲鬄與此被一也案少牢作被裼注云被裼讀爲髲鬄古者或剔賤者刑者之髮以被婦人之紒爲飾因名髲鬄焉此周禮所謂次也又追師掌爲副編次注云次第髮長短爲之所謂髲鬄即與次一也知者特牲云主婦纚笄少牢云被錫纚笄笄上有次而已故知是周禮之次也此言被與髲鬄之文同故知被是少牢之髲鬄同物而異名耳少牢注讀被錫爲髲鬄者以剔是翦髮之名直云被錫於用髮之理未見故讀爲髲鬄鬄剔髮以被首也少牢既正其讀故此及追師引經之言髮鬄也定本作髮鬄與俗本不同少牢云主婦衣侈袂注云衣綃衣而侈其袂耳侈者蓋半士妻之袂以益之衣三尺三寸袪尺八寸此夫人首服與之同其衣即異何者夫人於其國與王后同展衣以見君祿衣御序於君此雖非正祭亦爲祭事宜與見君相似故祿衣士視壺濯猶爵弁則此夫人視濯溉蓋展衣否則祿衣也知非祭服者郊特牲曰王皮弁以聽祭報又曰祭之日王被衮以象天王非正祭不服衮夫人非正祭不服狄衣明矣且狄首服副非被所當配耳故下箋云夫人祭畢釋祭服而去是也少牢注侈綃衣之袂追師注引少牢衣侈袂以爲侈祿衣之袂不同者鄭以特牲禮士妻綃衣大夫妻言侈袂對士而言故侈綃衣之袂以無明文故追師之注更別立說見士祭玄端其妻綃衣大夫祭朝服其妻亦宜與士異故爲侈祿衣之袂也知非助祭自祭爲異者以助祭申上服卿妻鞠衣大夫妻展衣不得侈祿衣之袂此主婦髮鬄在少牢之經箋云禮記曰者誤也○傳僮僮竦敬○正義曰知僮僮不爲被服者以下祁祁據夫人之安舒故此爲竦懼而恭敬也○箋早夜至之事○正義曰早謂祭日之晨夜謂祭祀之先夕之期也先夙後夜便文耳夜在事謂先夕視濯溉早在事謂朝視饎爨在事者存在於此視濯溉饎爨之事所謂不失其職也鄭何知非當祭之日自早至夜而以爲視濯者以被之祁祁薄言還歸據祭畢即此被之僮僮爲祭前矣若爲自夙至夜則文兼祭末下不宜復言祭末之事故鄭引髮鬄與被爲一非祭時所服解在公爲視濯非正祭之時也經言夙夜在公知是視濯溉饎爨者諸侯之祭禮亡正以言夙夜是祭前之事案特牲夕陳鼎於門外宗人升自西階視壺濯及籩豆即此所云夜也又云夙興主婦親視饎爨於西堂下即此所云夙也以其夙夜之事同故約之以爲濯溉饎爨之事也特牲言濯不言溉注云濯溉也即濯溉一也鄭并言耳特牲宗人視濯非主婦此引之者諸侯與士不必盡同以凡夙夜文王夫人故約彼夙夜所爲之事以明之不約少牢者以少牢先夕無事所以下人君祭之日朝乃饔人溉鼎廩人溉甑無主婦所視無饎爨之文故鄭不約之士妻得與夫人同者士卑不嫌也此諸侯禮故夫人視濯天子則大宗伯視滌濯王后不視矣○傳祁祁至有儀○正義曰言去事有儀者謂祭畢去其事之時有威儀故箋云祭畢釋祭服而去是去事也髮鬄其威儀祁祁然而安舒是有儀也定本云祭事畢夫人釋祭服而髮鬄無去字知祭畢釋祭服者以其文言被與上同若祭服即副矣故知祭畢皆釋祭服矣○箋我還至燕寢○正義曰言此者以廟寢同宮嫌不得言歸故明之燕寢夫人常居之處

采蘩三章章四句

毛詩注疏校勘記（一之三）　阮元撰盧宣旬摘錄

○兔罝

有武力可任爲將帥之德　小字本相臺本同案盧文弨云釋文無可字非也釋文上出任爲下出可任其任爲上有可字與否不能知也考文古本乃無可字耳

此兔罝之人敵國有來侵伐者　小字本相臺本兔罝作罝兔案罝兔是也箋三章皆云此罝兔之人不應一章獨倒序正義云箋云罝兔之人首章正義云言此罝兔之人卒章正義云鄭以爲此罝兔

之人皆順箋文也其云故兔罝之人又經直陳兔罝之人賢又毛以爲兔罝之人者不主說箋故順經文也閩本明監本毛本於正義中盡改爲兔罝之人失之甚矣考文古本首章箋作此兔罝之人閩本明監本毛本此章及下章箋作此兔罝之人皆誤

使之慮事　閩本同小字本相臺本事作無明監本毛本亦作無考文古本同山井鼎云一本作事考疏作無爲是是也

○芣苢

卒章言所成之處　閩本明監本毛本同案浦鏜云成當盛字誤是也

宜懷任焉　小字本相臺本同閩本明監本毛本任誤妊案妊身字作任者假借也又見閟宮箋漢書外戚傳云任身十四月迺生亦可證不知者改之耳閩本明監本毛本正義中亦誤妊

可鬻作茹　〔補〕案陸疏鬻皆作鬻下凡引陸疏作鬻皆誤

袺執衽也　毛本誤以釋文衣際也三字入注明監本以上皆不誤

薄言襭之　唐石經小字本相臺本同案釋文云擷一本作襭同正義標起止云傳袺執至曰襭卽一作本也考文古本作擷采釋文考說文衣部襭擷文重實一字耳考文古本采釋文兼及字畫之異如兕作兕觥作觵之類并取諸文一作又作或作本如亨本又作烹之類此皆非有異字故亦不復悉出

○漢廣

先受文王之教化　小字本相臺本同案此定本也正義本作先被考序云文王之道被于南國當以正義本爲長

不可休息　唐石經小字本相臺本同案釋文云舊本皆爾本或休思此以意改耳正義云詩之大體韻在辭上疑休求字爲韻二字俱作思但未見如此之本不敢輒改耳正義之說是也此爲字之誤惠棟九經古義以爲思息通非

漢有游女　小字本相臺本同唐石經缺案此正義本也定本游作遊以出遊字從辵泳游字從氵爲區別也考游古文作遊隸變作遊說文云旗流者正訓也出游泳游皆假借經出游之字多作遊或亦作游非有區別當以正義本爲長

喻賢女雖出游流水之上　小字本相臺本同案釋文云流水本或作漢水正義本今無可考

方泭也　小字本相臺本同案釋文云泭或作柎樊光爾雅本作柎考文古本作柎采釋文或作本○按依說文作泭是

定本遊女作游　閩本明監本毛本同案十行本遊至游剜添者一字是女字衍也此當云定本游作遊正義說經傳箋字皆作游是其本作游特著定本作遊之不同上游下遊誤互易其字

編竹木曰柎　明監本毛本曰上有大字閩本剜入是也

方之舟者　明監本毛本舟下有之字閩本剜入是也

我又欲取其九高槷者　小字本相臺本同案釋文云一本無槷字正義標起止云至槷者是正義本有考此箋九高者說以楚爲喻之意也不應有槷字當以一本爲長

至意焉釋訓云　明監本毛本焉下有。又有正義曰三字閩本剜入是也

○汝墳

釋水云汝爲墳　閩本明監本毛本同案浦鏜云墳當依爾雅作濆下詩云遵彼汝墳同是也○按說文曰濆水厓墳者基也

○漸而復生曰肄　〔補〕毛本漸作蔪案蔪字是也

已見君子君子反也于已反得見之　小字本同閩本明監本毛本亦同相臺本于作於案於字是也正義作於此箋皆定本也正義云俗本多不然今無可考

故下章而勉之　小字本相臺本同閩本同明監本剜去而字毛本無案因正義云故下章勉之遂誤刪不知正義自爲文每不盡與注相應也考文古本亦無而字采正義而誤

辟此勤勞之處　小字本相臺本同案釋文辟此一本作辭此正義本是辟字

無得逃避若其避之　閩本明監本毛本同案注作辟正義作避辟避古今字易而說之也例見前餘同此

憂思昔在於情性　閩本明監本同毛本昔作皆案皆字是也

○麟之趾

麟之趾關雎之應也　唐石經小字本相臺本同案釋文云序本或直云麟止無之字考正義云此麟趾處末者是正義本無之字標起止云麟之趾三章衍也○〔補〕案或直云麟止止字此誤作趾

故于嗟乎歎今公子　閩本明監本毛本同案于當作吁于吁古今字注作于正義作吁易字之例如此不知者乃改之擊鼓權輿正義亦誤吁正義不誤

言從乂成　閩本明監本毛本又作乂案皆誤也當作義此句說脩義毋下句則神龜在沼說致智子與洪範從作乂初不相涉但當時俗字或以乂爲義耳禮運正義亦誤作乂

貌恭躳仁　閩本明監本躳作體毛本誤作禮案體字是也躳卽當時俗字

爾雅頌也　補釋文校助通志堂本同盧本頌作額案所改是也

此皆君新　〔補〕毛本新作親案親字是也上下文皆可證

○鵲巢

冬至架之　小字本相臺本同案此釋文本也釋文云架之音嫁俗本或作加功考正義本當作加功正義云故知冬至加功也是其證定本當亦作加功故正義不言有異也定本出於顏師古其匡謬正俗有論此一條云始起冬至加功力爲巢也是其證顏又引劉昌宗周續等音加爲架而駮其不應言架功其說誤也劉周二本皆作加之故音架而以橫架爲義與釋文作架之者實一本也自不作功字不得以架功駁之當以釋文本爲長

而有均壹之德　閩本明監本毛本同小字本相臺本壹作一案壹字是也均壹字當作壹一二字乃作一經中所用有互通者假借也注及正義自爲文則皆用本字矣序下注及正義皆不作一可證也此正義中又有作一字者乃寫者取省所亂餘同此

送御皆百乘　小字本相臺本同案釋文送御五嫁反一本作迎正義本是御字考經御之釋文云王肅魚據反云待也其述毛此傳自不當仍云送御則一本或出於王肅也

婦車亦如之有供　閩本明監本毛本同案浦鏜云裧誤供以士昏禮考之浦校是也

言迓之者　閩本明監本毛本同案箋及經傳皆作御此作迓御迓古今字易而說之也例見前標起止仍云至御之可證也釋文御之本亦作訝又作迓同非正義本

方有之也　小字本相臺本同案釋文云方有之也一本無之字正義本今無可考段玉裁云一本誤傳當云方之方有之也下傳當云成之能成百兩之禮也皆引經附傳時所刪

○采蘩

苟有明德　閩本明監本毛本同案浦鏜云信誤德是也采蘋正義引作信

彼言芼　閩本明監本同毛本芼作毛案毛字是也

于蒩南西上　閩本明監本毛本同案浦鏜云組誤蒩以特牲考之浦校是也

主婦髲鬄　小字本相臺本同案此定本也正義本鬄作髢釋文云鬄本亦作髢徒帝反劉昌宗吐歷反段玉裁云考此字當作鬄五經文字云鬄聽亦反見詩風注謂此也劉音吐歷反可見其字作鬄說文鬄鬀髮也鄭少牢注古者或剔賤者刑者之髮以剔解鬄所謂詁訓之法也其徒帝反者鬄與髢爲一字說文五經文字與鬄字皆別見卽髲也不得重在髲下定本正義本釋文本皆誤所當正也鄭少牢及追師二注本皆與此注同作鬄今少牢亦一誤而爲鬄追師亦再誤而爲髢也

夫人釋祭服而去髲鬄　小字本相臺本同案此正義本也定本無去字正義於去字斷句定本刪去字本於髲鬄斷句也惠棟云當依定本刪去字

又首服被髲之釋　閩本明監本毛本同案浦鏜云釋當飾字誤是也

案少牢作被錫注云被裼　閩本明監本毛本同案裼當作錫形近之譌

少牢云被錫纚笄　閩本明監本毛本錫誤裼案少牢作錫正義所引正作錫字明監本毛本因上文譌作裼并盡改其未譌者誤甚下同

文王夫人是也　閩本明監本毛本同案浦鏜云王當主字誤

而髲鬄無去字　明監本毛本髢誤鬄閩本不誤案此述定本當用髢不用鬄

附釋音毛詩注疏卷第一（一之四）

毛詩國風　鄭氏箋　孔穎達疏

草蟲，大夫妻能以禮自防也。○蟲直忠反，本或作虫，非也。虫音許鬼反。草木疏云一名負蠜，大小長短如蝗而青也。〔疏〕草蟲三章章七句至自防。○正義曰：作草蟲詩者，言大夫妻能以禮自防也。經言在室則夫唱乃隨，既嫁則憂不當其禮，皆是以禮自防之事。

喓喓草蟲，趯趯阜螽。興也。喓喓，聲也。草蟲，常羊也。趯趯，躍也。阜螽，蠜也。卿大夫之妻待禮而行，隨從君子。箋云：草蟲鳴，阜螽躍而從之，異種同類，猶男女嘉時以禮相求呼。○喓於遙反。趯託歷反。阜音婦。螽音終。李巡云：蝗子也。草木疏云：今人謂蝗子爲螽。躍音藥。蠜音煩。種章勇反。

未見君子，憂心忡忡。忡忡猶衝衝也。婦人雖適人，有歸宗之義。箋云：未見君子者，謂在塗時也。在塗而憂，憂不當君子，無以寧父母，故心衝衝然。是其不自絕於其族之情。○忡敕中反。當丁浪反，下同。

亦既見止，亦既覯止，我心則降。止，辭也。覯，遇。降，下也。箋云：既見，謂已同牢而食也。既覯，謂已昏也。始者憂於不當，今君子待已以禮，庶自此可以寧父母，故心下也。易曰：男女覯精，萬物化生。○覯古豆反。降戶江反。〔疏〕喓喓至則降。○正義曰：言喓喓然鳴而相呼者，草蟲也。趯趯然躍而從之者，阜螽也。以興以禮求女者，大夫；隨從君子者，其妻也。此阜螽乃待草蟲鳴而後從之，而與相隨也。以興大夫之妻必待大夫呼已而後從之，與俱去也。既已隨從君子，行嫁在塗，未見君子之時，父母憂已，恐其見棄，已亦恐不當君子，無以寧父母之意，故憂心衝衝然。亦既見君子，與之同牢而食，亦既遇君子，與之臥息於寢，知其待已以禮，庶可以安父母，故我心之憂卽降下也。○傳草蟲至螽蠜。○正義曰：釋蟲云：草蟲，負蠜。郭璞曰：常羊也。陸機云：小大長短如蝗也，奇音，青色，好在茅草中。釋蟲又云：阜螽，蠜。李巡曰：蝗子也。陸機云：今人謂蝗子爲螽子，兖州人謂之螣。許慎云：蝗，螽也。蔡邕云：螽，蝗也。明一物。定本云阜螽蠜，依爾雅云，則俗本云蠜螽者，衍字也。○箋草蟲至求呼。○正義曰：言異種同類者，以爾雅別文而釋，故知異種。今聞聲而相從，故知同類也。以其種類大同，故聞其聲跳躍而相從，猶男女嘉時以禮相求呼也。嘉時者，謂嘉善之時，鄭爲仲春之月也。以此善時相求呼，不爲草蟲而記時也。出車箋云：草蟲鳴，晚秋之時。○傳婦人至之義。○正義曰：婦人雖適人，若不當夫氏，爲夫所出，還來歸宗，謂被出也。○箋未見至塗時。○正義曰：知者，以上文說待禮而行，隨從君子，則已去父母之家矣。下文亦既見止，謂同牢而食，則已至夫家矣。此未見之文居其中，故知在塗時也。此章首已論行嫁之事，故下采蕨、采薇皆爲在塗所見。文在未見之前，尚爲在塗，則未見之言在塗明矣。案昏義云壻親受之於父母，則在家已見矣。今在塗言未見者，謂不見君子接待之禮而心憂，非謂未見其面目而已。○箋憂不至之情。正義曰：知憂不當君子者，以未見而心憂，既見卽心下，故知憂不當君子也。又知憂無以寧父母者，此大夫之妻能以禮自防者也，必不苟求親愛。斯干曰：無父母貽罹。明父母以見棄爲憂，已緣父母之心，憂不當君子，無以寧父母也。又申說傳歸宗之義，憂不當夫意，慮反宗族，是其不自絕於族親之情也。○箋既見至化生。○正義曰：知既見謂同牢而食者，以文在既覯之上。案昏禮，婦至，主人揖婦以入，席于奧，卽陳同牢之饌，三飯卒食，乃云御衽席於奧，媵衽良席在東，皆有枕，北趾，主人入，親脫婦纓，燭出。注云：昏禮畢，將臥息。是先同牢，後與夫相遇也。遇與夫爲禮也，卽見非直空見也，故知據同牢而食，亦與夫爲禮也。言既覯謂已昏者，謂已經一昏，得君子遇接之故也。所以既見、既覯竝言，乃云我心卽降者，以同牢初見君子，待已顏色之和，已雖少慰，君子之心尚未可知，至於既遇，情親，知君子之於已厚，庶幾從此以往稍得夫意，其可以寧父母，故心下。二者相因，故竝言之。謂之遇者，男女精氣相覯遇，故引易以明之。所引者，下繫文也。彼注云：覯，合也。男女以陰陽合其精氣。以覯爲合，此云遇者，言精氣亦是相遇也。

陟彼南山，言采其蕨。南山，周南山也。蕨，鱉也。箋云：言，我也。我采者，在塗而見采鱉，采者得其所欲得，猶已今之行者欲得禮以自喻也。○蕨居月反。草木疏云：周秦曰蕨，齊魯曰虌。鼈卑滅反，本又作鱉。俗云其初生似鼈脚，故名焉。〔疏〕陟彼至其蕨。○毛以爲言有人升彼南山之上，云我欲采其鱉菜，然此采鱉者欲得此鱉，以興已在塗路之上，欲歸於夫家，然我今歸嫁，亦欲得夫待已以禮也。已嫁之欲禮，似采菜之人欲得鱉。○鄭唯以在塗之時因見采鱉爲異耳。毛以秋冬爲正昏，不得有在塗因見之義故也。○傳南山至蕨鱉。○正義曰：序云大夫妻能以禮自防，在羔羊之致前，則朝廷之妻。大夫不越境迎女，婦人自所見，明在周也，故云周南山。知非名地者，周摠百里，雖名地亦屬周，不分別采地之周名也。蕨鱉，釋草文。舍人曰：蕨一名鱉。郭璞曰：初生無葉可食。○箋言我至采鱉。○正義曰：此婦人歸嫁，必不自采鱉，故以在塗見之因興。知者，以大夫之妻待禮而嫁，明及仲春采蕨之時故也。

未見君子，憂心惙惙。惙惙，憂也。○惙張劣反。

亦既見止，亦既覯止，我心則說。說，服也。○說音悅，註同。

陟彼南山，言采其薇。薇，菜也。○薇音微，草也，亦可食。〔疏〕傳薇菜。○正義曰：陸機云：山菜也，莖葉皆似小豆，蔓生，其味亦如小豆藿，可作羹，亦可生食，今官園種之，以供宗廟祭祀。定本云薇草也。

未見君子，我心傷悲。嫁女之家不息火三日，思相離也。箋云：維父母思己，故己亦傷悲。○離力智反。〔疏〕傳嫁女至相離。○正義曰：解所以傷悲之意，由父母思己，故己悲耳。曾子問曰：嫁女之家，三夜不息燭，思相離。注云：親骨肉是爲思與女相離也。

亦既見止，亦既覯止，我心則夷。夷，平也。

草蟲三章，章七句

采蘋，大夫妻能循法度也。能循法度，則可以承先祖共祭祀矣。女子十年不出，姆教婉娩聽從，執麻枲，治絲繭，織紝組紃，學女事以共衣服，觀於祭祀，納酒漿籩豆菹醢，禮相助奠。十有五而笄，二十而嫁。此言能循法度者，今既嫁爲大夫妻，能循其爲女之時所學所觀之事以爲法度。○蘋符申反。韓詩云：沈者曰蘋，浮者曰藻。共音恭，本或作供，注同。姆莫豆反，字林亡甫反，云女師也。鄭云：婦人五十無子，出不復嫁，以婦道教人，若今時乳母也。婉怨遠反。娩音晚。枲絲似反。繭古顯反，本亦作蠒。紝女金反，何如鴆反。繒帛之屬。組音祖，綫也。紃音旬，條也。漿子詳反。醢音海。相息亮反。笄古兮反。〔疏〕采蘋三章章四句至祭祀矣。○正義曰：作采蘋詩者，言大夫妻能循法度也。謂爲女之時所學所觀之法度，今既嫁爲大夫妻，能循之以爲法度也。言既能循法度，卽可以承事夫之先祖，供奉夫家祭祀矣。此謂已嫁爲大夫妻，能循其爲女時事也。經所陳在父母之家作教成之祭，經、序轉互相明也。○箋云子至法度。○正義曰：從二十而嫁以上，皆內則文也。言女子十年不出者，對男子十年出就外傳也。內則注云：婉謂言語也。娩之言媚也，媚謂容貌也。則婉謂婦言，娩謂婦容。聽從者，聽受順從於人，所謂婦德也。執麻枲者，執治緝績之事。枲，麻也。釋草云：枲，麻。孫炎曰：麻一名枲是也。治絲繭者，繭則繅之，絲則絡之。織紝組紃者，紝也，組也，紃也，三者皆織之。服虔注左傳曰：織紝，治繒帛者。則紝謂繒帛也。內則注云：紃，條也。組亦條之類，大同小異耳。學女事者，謂治葛縫線之事，皆學之，所以供衣服，是謂婦功也。此已上謂女所學四德之事。又觀於父母之家祭祀之事，納酒漿籩豆菹醢之禮。酒漿及籩豆皆連上納文，當薦獻之節納以進尸。虞夏傳曰：納以教成。鄭云：謂薦獻時。引此納酒漿以下證之。鄭知納謂薦獻者，內則云納酒漿，與納以教成文同。菹醢以薦，酒漿以獻，納者進名，故知薦獻之時也。獻無漿而言之者，所以協句也。籩豆菹醢，菹醢在豆，籩之盛脯羞，皆薦所用也。籩不言所盛，文不備耳。少牢、特牲皆先薦後獻，故鄭亦云薦獻時。此先酒後菹醢者，便文言之。禮相助奠者，言非直觀薦獻，又觀祭祀之相佐助奠設器物也。觀之皆爲婦當知之。此上謂所觀之事也。十五許嫁故笄，未許嫁二十而笄，二十而嫁，歸於夫家也。鄭引此者，序言能循法度之，明先有法度，今更循之，故引此是先有法度之事，乃言所循之時，故疊序云能循法度者，爲今嫁爲大夫妻，能循其爲女之時所學所觀之事以爲法度也。此女之四德，十年以後傳姆當教，至於先嫁三月又重教之。此引內則論十年之後，下箋引昏義論三月之前，皆是爲女之時法度，二注乃具也。鄭知經非正祭者，以昏義教成之祭言芼之以蘋藻，此亦言蘋藻，故知爲教成祭也。定本云姆教婉娩，勸禮本亦然。今俗云傳姆教之，誤也。又十有五而笄上無女子二字，有者亦非。

于以采蘋？南澗之濱。于以采藻？于彼行潦。蘋，大萍也。濱，涯也。藻，聚藻也。行潦，流潦也。箋云：古者婦人先嫁三月，祖廟未毀，教于公宮；祖廟既毀，教于宗室。教以婦德、婦言、婦容、婦功。教成之祭，牲用魚，芼用蘋藻，所以成婦順也。此祭，女所出祖也。法度莫大於四教，是又祭以成之，故舉以言焉。蘋之言賓也，藻之言澡也。婦人之行尚柔順，自絜清，故取名以爲戒。○濱音賓，涯也。藻音早，水菜也。潦音老。萍本又作蓱，薄經反，一本作苹，音平。涯本亦作厓，五佳反。先蘇遍反。芼莫報反，沈音毛。澡音早。行下孟反。清如字，又音淨。

于以盛之？維筐及筥。于以湘之？維錡及釜。方曰筐，圓曰筥。湘，亨也。錡，釜屬，有足曰錡，無足曰釜。箋云：亨蘋藻者，於魚湆之中，是鉶羹之芼。○盛音成。筐音匡。筥居呂反。湘息良反。錡其綺反，三足釜也，玉篇宜綺反。釜符甫反。亨本又作烹，同普更反，煮也。湆去急反，汁也。鉶本或作鉶，音形。鄭云：三足兩耳，有蓋，和羹之器。羹音庚，劉昌宗音，儀禮音衡。

于以奠之？宗室牖下。奠，置也。宗室，大宗之廟也。大夫士祭於宗廟，奠於牖下。箋云：牖下，戶牖閒之前。祭不於室中者，凡昏事，於女禮設几筵於戶外，此其義也與？宗子主此祭，維君使有司爲之。○牖音酉。下如字，協韻則音戶，後皆放此。與音餘。

誰其尸之？有齊季女。尸，主。齊，敬。季，少也。蘋藻，薄物也。澗潦，至質也。筐筥錡釜，陋器也。少女，微主也。古之將嫁女者，必先禮之於宗室，牲用魚，芼之以蘋藻。箋云：主設羹者季女，則非禮也。女將行，父禮之而俟迎者，蓋母薦之，無祭事也。祭事主婦設羹，教成之祭更使

季女者成其婦禮也季女不主魚魚俎實男子設之其粢盛蓋以黍稷。齊本亦作齋同側皆反少詩照反下同迎宜敬反俎側所反粢音資本或作齍。【疏】于以采蘋至季女。正義曰三章勢連須通解之也大夫之妻將行嫁欲爲敎成之祭言往何處采此蘋菜於彼南澗之厓采之往何處采此藻菜於彼流潦之中采之南澗言濱行潦言彼互言也既得此菜往何器盛之維筐及筥盛之既盛此菜而還往何器亨煮之維錡及釜之中煮之也既煮之爲羹往何處置設之於宗子之室戶外牖下設之當設置之時使誰主之有齊莊之德少女主設之。傳蘋大至流潦。正義曰釋草云苹蓱其大者蘋舍人曰苹一名蓱郭璞曰今水上浮蓱也江東謂之薸音瓢左傳曰蘋蘩薀藻之菜薀聚也故言藻聚藻陸機云藻水草也生水底有二種其一種葉如雞蘇莖大如箸長四五尺其一種莖大如釵股葉如蓬蒿謂之聚藻然則藻聚生故謂之聚藻也行者道也說文云潦雨水也然則行潦道路之上流行之水。箋古者至爲戒。正義曰成婦順於上皆昏義文引之者以此經陳敎成之祭以昏義亦爲敎成之祭故引之欲明敎之早晚及其處所故先言先嫁三月祖廟未毀敎於公宮祖廟既毀敎於宗室既言其處又說所敎之事故言敎以婦德婦言婦容婦功既敎之三月成則設祭故言敎成之祭牲用魚芼之以蘋藻爲此祭所以成婦順也事次皆爲敎成之祭故具引之必先嫁三月更敎之以四德以法度之大就尊者之宮敎之三月一時天氣變女德大成也敎之在宮祭乃在廟也知此祭祭女所出祖者以其言祖廟既毀明未毀祭其廟也與天子諸侯同高祖祭高祖廟同曾祖祭曾祖則祖廟故昏義注云祖廟女所出之祖也宗室宗子之家也然則大宗之家百世皆往宗子尊不過卿大夫立三廟二廟而已雖同曾高無廟可祭則五屬之外同告於壇故昏義注云若其祖廟已毀則爲壇而告焉是也以魚爲牲者鄭云魚爲俎實蘋藻爲羹菜祭無牲牢告事耳非正祭也又解此大夫妻能循法度獨言敎成之祭者以法度莫大於四敎四德既就是又祭以成之法度之大者故詩人舉以言焉又解祭不以餘菜獨以蘋藻者蘋之言賓賓服也欲使婦人柔順服從藻之言澡澡浴也欲使婦人自絜清故云婦人之行尚柔順自絜清故取名以爲戒左傳曰女贄不過榛栗棗脩以告虔言以告虔取早起戰栗脩治法度虔敬之義也則此亦取名爲戒明矣昏義注云魚蘋藻皆水物陰類者義得兩通。傳方曰筐至曰釜。正義曰此皆爾雅無文傳以當時驗之以錡與釜連文故知釜屬說文曰江淮之閒謂釜曰錡定本有足曰錡下更無傳俗本錡下又云無足曰釜。箋亨蘋至之芼。正義曰少牢禮用羊豕也經無上利執羊俎下利執豕俎下乃云上佐食羞兩鉶取一羊鉶於房中下佐食又取一豕鉶於房中皆芼注云芼菜也羊用苦豕用薇皆有滑牲體在俎下乃設羊鉶豕鉶云皆芼煮於所亨之湆始盛之鉶器也故特牲注云鉶肉味之有菜和者今敎成之祭牲魚芼之以蘋藻則魚體亦在俎蘋藻亨於魚湆之中矣故鄭云魚爲俎實蘋藻爲羹菜以準少牢之禮故知在鉶中爲鉶羹之芼知非大羹盛在鐙者以大羹不和貴其質也此有菜和不得爲大羹矣魯頌曰毛炰胾羹傳曰羹大羹鉶羹也以經單言羹故得兼二也特牲禮云設大羹湆於醢北注云大羹湆煮肉汁則湆汁也。傳宗室至牖下。正義曰傳以昏義云敎於宗室是大宗之家此言牖下又非於壇故知是大宗之廟宗子有廟則亦爲大夫士矣言大夫士祭於宗室謂祖廟已毀或非君同姓故祭大宗之家也知非宗子之女自祭家廟者經言于以奠之宗室牖下若宗子之女自祭家廟何須言於宗室乎定本集注皆云大夫士祭於宗廟不作室字。箋牖下至爲之。正義曰箋知牖下戶牖間之前者以其正祭在奧西南隅不直繼牖言之今此云牖下故爲戶牖間之前戶西牖東去牖近故云牖下又解正祭在室此所以不於室中者以其凡昏事皆爲於女行禮設几筵於戶外取外成之義今敎成之祭於戶外設奠此外成之義與是語助也昏禮云納采主人筵於戶西西上右几問名納吉納徵請期皆如初昏禮又云主人筵於戶西西上右几是其禮皆戶外設几筵也知宗子主此祭者以其就宗子家明告神宗子所主引昏義兼言天子諸侯故又解其言唯君使有司爲之知者以敎成之祭告事而已無牲牢君尊明使有司爲之。傳少女至蘋藻。正義曰季者少也以將嫁故以少言之未必伯仲處小也襄二十八年左傳濟澤之阿行潦之蘋藻賓諸宗室季蘭尸之敬也隱三年左傳曰苟有明信澗谿沼沚之毛蘋蘩薀藻之菜筐筥錡釜之器潢汙行潦之水可薦於鬼神可羞於王公風有采蘩采蘋雅有行葦洞酌昭忠信也二者皆取此篇之義以爲說故傳歷言之又言古之將嫁女者必先礼之於宗室者毛意以礼女與敎成之祭爲一事也言古之將嫁女者必先礼之於大宗之室以俟迎者其牲用魚芼之以蘋藻即所設敎成之祭也以此篇說敎成之祭事終故於此摠之毛意以敎成之祭與礼女爲一者蓋見昏礼記將嫁女之日父醴女而俟迎者更不見有敎成之祭故謂與礼女爲一也父醴女以醴酒礼之今毛傳作礼儀之礼者司儀注云上於下曰礼故聘礼用醴酒礼賓作礼儀之礼定本礼作醴。箋主設至黍稷。正義曰自無祭事以上難毛之辭也言父礼女無祭事不得有羹今經陳采蘋藻爲羹使季女尸之主設羹者季女則非礼女也案昏礼女將行嫁父醴女而俟迎者其時蓋母薦之更無祭事不得有羹矣今經陳季女設羹正得爲敎成之祭不得爲礼女傳以敎成之祭與礼女爲一是毛氏之誤故非之也蓋母薦之者以士昏礼云饗婦姑薦鄭注云舅獻爵姑薦脯醢舅饗婦既姑薦明父礼女母薦之可知故昏礼記父醴女注云父醴之於房中南面蓋母薦焉重昏礼是也以無正文故云蓋知醴之於房中者以母在房外故知父礼之在房中也正祭之礼主婦設羹此敎成之祭更使季女設羹者以三月已來敎之以法度今爲此祭所以敎成其婦礼故使季女自設其羹也祭礼主婦設羹謂特牲云主婦入及兩鉶芼設於豆南是也少牢無主婦設羹之事此宗子或爲大夫其妻不必設羹要非此祭不得使季女設羹因特牲有主婦設羹之義故據以言之又解不言魚者季女不主魚魚俎實男子設之故經不言焉知俎實男子設之者以特牲少牢俎皆男子主之故也又魚菜不可空祭必有其饌而食事不見故因約之其粢盛蓋以黍稷耳知者以特牲少牢止用黍稷此不得過也或不用稷故兼言之王肅以爲此篇所陳皆是大夫妻助夫氏之祭采蘋藻以爲菹設之於奧奧即牖下又解毛傳礼之宗室謂敎之以礼於宗室本之季女取微主也其毛傳所云牲用魚芼之以蘋藻亦謂敎成之祭非經文之蘋藻也自云述毛非傳旨也何則傳稱古之將嫁女者必先礼之於宗室既言礼之即云牲用魚芼之以蘋藻是魚與蘋藻爲礼之物若礼之爲以礼敎之則牲用魚芼之以蘋藻何所施乎明毛以礼女與敎成之祭爲一魚爲所用之牲矣而云以礼敎之非傳意也又上傳云宗室大宗之廟大夫士祭於宗室若非敎成之祭則大夫之妻自祭夫氏何故云大宗之廟大夫豈皆爲宗子也且大夫之妻助大夫之祭則無士矣傳何爲兼言大夫士祭於宗室乎又經典未有以奧爲牖下者矣據傳礼之宗室與大夫士祭於宗室文同毛之以蘋藻與經采蘋采藻文協是毛實以此篇所陳爲敎成之祭矣孫毓以王爲長謬矣

采蘋三章章四句

甘棠美召伯也召伯之敎明於南國。召伯姬姓名奭食采於召作上公爲二伯後封于燕此美其爲伯之功故言伯云。甘棠草木疏云今棠棃召時照反奭音釋召康公名也燕世家云與周同姓孔安國及鄭皆云爾皇甫謐云文王之庶子案左傳富辰言文之昭十六國無燕也未知士安之言何所依據燕烏賢反國名在周礼幽州之域今涿郡薊縣是也。【疏】甘棠三章章三句至南國。正義曰謂武王之時召公爲西伯行政於南土決訟於小棠之下其敎著明於南國愛結於民心故作是詩以美之經三章皆言國人愛召伯而敬其樹是爲美之也諸風雅正經皆不言美此云美召伯者二南文王之風唯不得言美文王耳召伯臣子故可言美也葛覃言后妃之美謂說后妃之美行非美后妃也皇矣言美周不斥文王也至於變詩美刺各於其時故善者言美惡者言刺豳亦變風故有美周公。箋召伯至伯云。正義曰燕世家云召伯奭與周同姓是姬姓名奭也皇甫謐以爲文王庶子未知何所據也言作上公爲二伯故云召伯典命職云上公九命爲伯然則二伯即上公故言作上公爲二伯也食采文王時爲伯武王時故樂記曰武王伐紂五成而分陜周公左召公右是也食采爲伯與時連言者以經召與伯並言故連解之後封於燕者世家云武王滅紂封召公於北燕是也必歷言其官者解經唯言召伯之意不舉餘言獨稱召伯者美其爲伯之功故言伯云故鄭志張逸以行露箋云當文王與紂之時謂此甘棠之詩亦文王時事故問之云詩傳及樂記武王即位乃分周公左召公右爲二伯文王之時不審召公何得爲伯荅曰甘棠之詩召伯自明誰云文王與紂之時乎是鄭以此篇所陳巡民決訟皆是武王伐紂之後爲伯時事鄭知然者以經云召伯即此詩召公爲伯時作也序言召伯文與經同明所美亦是爲伯時也若文王時與周公共行王化有美即歸之於王行露直言召伯聽訟不言美也詩人何得感文王之化而曲美召公哉武王之時召公爲王官之伯故得美之不得繫之於王因詩繫召公故錄之在召南論卷則摠歸文王指篇即專美召伯也爲伯分陜當云西國言南者以篇在召南爲正耳

蔽芾甘棠勿翦勿伐召伯所茇。蔽芾小貌甘棠杜也翦去伐擊也箋云茇草舍也召伯聽男女之訟不重煩勞百姓止舍小棠之下而聽斷焉國人被其德說其化思其人敬其樹。蔽必袂反徐方四反又方計反沈又音必芾非貴反徐方蓋反翦子踐反韓詩作箋初簡反茇蒲曷反徐又扶蓋反說文作废去羌呂反斷丁亂反被皮寄反說音悅。【疏】蔽芾至所茇。正義曰國人見召伯止舍棠下決男女之訟今雖身去尚敬其樹言蔽芾然之小甘棠勿得翦去勿得伐擊由此樹召伯所嘗舍於其下故也。傳蔽芾至草舍。正義曰此比於大木爲小故其下可息我行其野云蔽芾其樗箋云樗之蔽芾始生謂樗葉之始生形亦小也釋木云杜甘棠郭璞曰今之杜棃又曰杜赤棠白者棠舍人曰杜赤色名赤棠白者亦名棠然則其白者爲棠其赤者爲杜杕杜傳曰杜赤棠是也茇草舍者周礼仲夏敎茇舍注云茇舍草止也軍有草止之法然則茇者草也草中止舍故云茇舍載馳傳曰草行曰跋以其對涉是水行故以跋爲草行且跋字從足與此異也。箋召伯至其樹。正義曰定本集注於注內並無箋云知聽男女訟者以此舍於棠下明有決斷若餘國政不必於棠下斷之故大車刺周大夫言古者大夫出聽男女之訟明王朝之官有出聽男女獄訟之理也且下行

露亦召伯聽男女之訟以此類之亦男女之訟可知武王時猶未刑措寧能無男女之訟蔽芾甘棠。勿翦勿敗。召伯所憩。憩息也。敗必邁反又如字憩本又作愒起例反徐許罽反蔽芾甘棠。勿翦勿拜。召伯所說。說舍也。箋云拜之言拔也。說本或作稅又作脫同始銳反舍也拔蒲八反

甘棠三章章三句

行露。召伯聽訟也。衰亂之俗微。貞信之教興。彊暴之男不能侵陵貞女也。衰亂之俗微貞信之教興者此殷之末世周之盛德當文王與紂之時〔疏〕行露三章一章三句二章章六句至貞女。○正義曰作行露詩者言召伯聽斷男女室家之訟也由文王之時被化日久衰亂之俗已微貞信之教乃興是故彊暴之男不能侵陵貞女也男雖侵陵貞女不從是以貞女被訟而召伯聽斷之鄭志張逸問行露召伯聽訟察民之意化耳何訟乎荅曰實訟之辭也民被化久矣故能有訟問者見貞信之教興怪不當有訟故云察民之意而化之何使至於訟乎荅曰此篇實是訟之辭也由時民被化日久貞女不從男女故相與訟如是民被化日久所以得有彊暴者紂俗難革故也言彊暴者謂彊行無禮而陵暴於人經三章下二章陳男女對訟之辭首章言所以有訟由女不從男亦是聽訟之事也。箋衰亂至之時。○正義曰殷之末世故有衰亂之俗周之盛德故有貞信之教指其人當文王與紂之時也易曰易之興也當殷之末世周之盛德邪當文王與紂之事也此其文也

厭浥行露。豈不夙夜。謂行多露。興也厭浥濕意也行道也豈不言有是也箋云夙早也厭浥然濕道中始有露謂二月中嫁取時也言我豈不知當早夜成昏禮與謂道中之露大多故不行耳今彊暴之男以此多露之時禮不足而彊來不度時之可否故云然周禮仲春之月令會男女之無夫家者行事必以昏昕。厭於葉反徐於十反又於立反沈又於占反浥本又作挹同於及反又於脅反莫本又作暮同忙故反又亡博反小星詩同與音餘大音泰舊吐賀反彊其丈反下強委同沈其常反度待洛反否方九反令力政反後不音者放此昏昕許巾反至禮用昕親迎用昏〔疏〕厭浥至多露。○毛以為厭浥然而濕道中有露之時行人豈不欲早夜而行也有是可以早夜而行之道所以不行者以為道中之露多懼早夜之濡已故不行耳以興彊暴之男今來求已我豈不欲與汝為室家乎有是欲與汝為室家之道所以不為者室家之禮不足懼違禮之汙身故不為耳似行人之懼露喻貞女之畏禮。○鄭以為昏用仲春之月多露之時而來謂三月四月之中既失時而禮不足故貞女不從○傳豈不言有是。○正義曰傳解詩人之言豈不欲夙夜即是有夙夜之意故云豈不言有是也。○箋道中至昏昕。○正義曰知始有露二月中者以二月八月春秋分陰陽中也禮九月霜始降八月仍有露也則二月始有露矣詩云蒹葭蒼蒼白露為霜是草既成露為霜則二月草始生霜為露可知野有蔓草箋云仲春草始生霜為露是也此述女之辭言汝以二月道中始有露之時以禮而來我豈不知早夜而與汝成昏禮與今我謂道中之露大多故不行從汝耳言多露者謂三月四月也汝彊暴之男不以禮來雖二月來亦不可矣女因過時假多露以拒耳知禮不足而彊來者下云室家不足明禮亦不足以女不從故以彊來也引周禮者地官媒氏職云仲春之月令會男女又曰司男女之無夫家者而會之彼無夫家與令會男女文不相連此并引之者周禮云令會男女謂初昏者也司男女之無夫家者而會之謂矜寡者也以二者不同故別其文其實初昏及矜寡皆是男女之無夫家者此及野有蔓草箋云周禮者引其事不全用其文故并無夫家者引之是男無家女無夫男女相對男得夫女稱家以男女所以成家周禮云夫家之眾寡是也此引周禮者辨女合男以始有露之時來之意由此始有露會無夫家者故也行事必以昏昕儀禮文也彼注云用昕使者用昏壻也有苦葉箋云納采至請期用昕明其女也親迎用昏明是壻也經言夙即昕也夜即昏也經所以夙夜兼言者此彊暴之男以多露之時禮不足而彊來則是先未行禮今以俱來雖則一時當使女致其禮以昕壻親迎以昏今行多露失時也禮不足而來彊暴故貞女拒之云汝若仲春以禮而來我豈不旦受爾禮夕受爾迎何故不度時之可否今始來乎既不受其禮亦不受其迎故夙夜兼言之

誰謂雀無角。何以穿我屋。誰謂女無家。何以速我獄。不思物變而推其類雀之穿屋似有角者速召獄埆也箋云女彊暴之男變異也人皆謂雀之穿屋似有角彊暴之男召我而獄似有室家之道於我也物有似而不同雀之穿屋不以角乃以咮今彊暴之男召我而獄不以室家之道於我乃以侵陵物與事有似而非者士師所當審也○穿本亦作穿音川女音汝下皆同獄音玉埆音角又戶角反盧植云相質殼爭訟者也崔云埆者埆正之義一云獄名咮本亦作噣張救反何都豆反鳥口也

雖速我獄。室家不足。昏禮純帛不過五兩箋云幣可備也室家不足謂媒妁之言不和六禮之來彊委之○紂帛側基反依字糸旁才後人遂以才為屯因作純字兩音諒媒音梅謀也妁時酌反又音酌廣雅云妁酌也〔疏〕誰謂至不足。○正義曰此彊暴之男侵陵貞女女不肯從為男所訟故貞女與對此陳其辭也言人誰謂雀無角乎以其雀若無角何以得穿我屋乎以雀之穿屋似有角故謂雀之有角以言人誰謂汝於我無室家乎以其汝若於我無室家何以故召我而獄也見召我而獄似有室家之道於我故謂我無室家之道然事有相似而不同雀之穿屋不以角乃以咮穿我而獄不以室家之道於我乃以侵陵穿屋之物速獄之事二者皆有似而實非士師今日當審察之何者此彊暴之男雖召我來至與我埆實其情而室家之道不足己終不從之○傳不思至獄埆○正義曰不思物變彊暴之人見屋之穿而推其[illegible]有角所以謂雀有角者見雀之穿屋[illegible]角故也下[illegible]糟之穿而推其類可謂鼠有牙明此[illegible]穿屋室而[illegible]可謂雀有角此是不思物變之人獄[illegible]鄭異義駁[illegible]埆也因證於埆核之處周禮之圓土[illegible]獄者核實[illegible]召阜陶造獄謂此也既四證赤定獄[illegible]決繫之於[illegible]謂圓士亦為獄此章言獄下章言訟[illegible]職云兩造[illegible]兩劑禁民獄對文則獄訟異也故彼[illegible]訟謂以財[illegible]者獄謂相告以罪名是其對例也散[illegible]也此詩亦[illegible]之異重章變其文耳故序云聽訟以[illegible]○箋物與[illegible]○正義曰物謂雀穿屋事謂速我獄[illegible]皆有似也[illegible]用角速獄似有室家也而非者穿乃[illegible]獄乃僂陵[illegible]審察之此召伯謂之士師者以其聽訟之[illegible]以獄宮言[illegible]注云士察也主審察獄訟之事者其職[illegible]察獄訟之[illegible]司寇鄭以士師有察獄之事因言士師所當察非召[illegible]士師也大車云古者大夫出聽男女之訟則王朝之官皆得出外聽訟不必要為士師矣且士師司寇之屬佐成司寇者也寧召伯公卿所當為乎○傳昏禮至五兩○正義曰此媒氏文也引之者解經言不足之意以禮言純帛不過五兩多不過之則少有所降耳明雖少不為不足之說足者謂事不和同彊暴之謂故箋申傳意乘其文而為之說云幣可備也室家不足謂媒妁之言不和六禮之來彊委之是非謂幣不足也媒氏注云純實緇字也古緇以才為聲納幣用緇婦人陰也凡於娶禮必用其類五兩十端也必言兩者欲得其配合之名十者象五行十日相成也士大夫乃以玄纁束帛天子加以穀圭諸侯加以大璋雜記曰納幣一束束五兩兩五尋注云十箇為束貴成數兩兩合其卷是謂五兩八尺曰尋每一兩五尋則每卷二丈合為四十尺今謂之匹猶匹耦之云與則純亦緇也傳取媒氏以故合其字定本作紂字此五兩庶人禮也士昏禮用玄纁束帛注云用玄纁者象陰陽備也然則庶人卑故直取陰類而已大夫用幣無文準士昏而言玉人曰穀圭天子以娉女大璋諸侯以娉女是天子諸侯加圭璋之文也○箋幣可至委之○正義曰知不為幣不足者以男速女而獄之若幣不備不得訟也以訟拒之明女不從男子彊委其禮然後訟之言女賢與不肯受已之禮而不從已故知幣可備而云不足明媒妁之言不和各有其稱女所不從男子彊來故云媒妁不由媒妁知此來彊委之者以是其室家不足野有死麕箋云劫脅以成昏有媒妁者以此相明無媒但有死麕耳以野有死麕與以亂世民貧思麕肉為禮明其使媒妁知不和而致訟此不同也言媒者說文云媒謀也謀合二姓妁酌也斟酌二姓六禮之來彊委之者謂以鴈幣女雖不受彊留委置之故左傳昭元年云徐吾犯之妹美公孫楚娉之矣公孫黑又使彊委禽焉是也此貞女不從明亦以六禮之來彊委之也六禮者納采至親迎女既不受可彊委之納采之鴈則女不告名無所卜無問名納吉之禮納徵之幣可彊委之不和則不得請期不從不得親迎言六禮之來彊委者以方為昏必行六禮故以六禮言之其實時所委者無六禮也不過鴈以納采幣以納徵耳女為父母所嫁媒妁和否不由於已而經皆陳女與男訟之辭者以文王之教女皆貞信非禮不動故能拒彊暴之男與之爭訟詩人假其事而為之辭耳

誰謂鼠無牙。何以穿我墉。誰謂女無家。何以速我訟。墉牆也視牆之穿推其類可謂鼠有牙。○墉音容訟如字徐取韻音才容反〔疏〕傳墉牆。○正義曰釋宮云牆謂之墉李巡曰謂垣牆也郊特牲曰君南鄉於北墉下注云社內北牆是也亦為城王制注云小城曰墉皇矣云以伐崇墉義得兩通也

雖速我訟。亦不女從。不從終不棄禮而隨此彊暴之男

行露三章一章三句二章章六句

羔羊。鵲巢之功致也。召南之國化文王之政。在位皆節儉正直。德如羔羊也。鵲巢之君積行累功以致此羔羊之化在位卿大夫競相切化皆如此羔羊之人。○行下孟反〔疏〕羔羊三章章四句至羔羊。○正義曰作羔羊詩者言鵲巢之功所致也召南之國化文王之政故在位之卿大夫皆居身節儉為行正直德如羔羊然大夫有德由君之功是鵲巢之功所致也定本致上無所字言南者摠謂六州也以篇在召南故連言召耳云德如羔羊者麟趾序云如麟趾之時騶虞序

云仁如騶虞皆如其經則此德如羔羊亦如經中之羔羊也經陳大夫爲裘用羔羊之皮此云德如羔羊者詩人因事託意見在位者裘得其制德稱其服故說羔羊之裘以明在位之德被達其意故云如羔羊焉不然則衣服多矣何以獨言羔羊裘宗伯注云羔取其羣而不失其類士相見注云羔取其羣而不黨公羊傳何休云羔取其贄之不鳴殺之不號乳必跪而受之死義生禮者此羔羊之德也然則今大夫亦能羣不失類行不阿黨死義生禮故皆節儉正直是德如羔羊也毛以儉素由於心服制形於外章首二句言裘得其制是節儉也無私存於情得失表於行下二句言行可蹤迹是正直也鄭以退食爲節儉自公爲正直羔裘言德能稱之委蛇者自得之貌皆亦節儉正直之事也經先言羔羊以服乃行事故先說其皮序後言羔羊舉其成功乃可以化物各自爲文勢之便也○箋鵲巢至之人○正義曰以篇首有鵲巢以比國君故云鵲巢之君也上言積行累功以致爵位則化及南國亦積行累功而致之故言積行累功以釋鵲巢之功所致之意言由國君積行累功以化天下故天下化之皆如羔羊以致此羔羊之化也知在位是卿大夫者以經陳羔裘卿大夫之服故傳曰大夫羔裘以居是也言競相切化謂競相切磋以善化皆如羔羊之人謂人德如羔羊也

羔羊之皮。素絲五紽。小曰羔大曰羊素白也紽數也古者素絲以英裘不失其制大夫羔裘以居。○它本又作他同徒何反它數也本或作紽數所具反後不音者同英沈音映又如字

退食自公。委蛇委蛇。公公門也委蛇行可從迹也箋云退食謂減膳也自從也從於公謂正直順於事也委蛇委曲自得之貌節儉而順心志定故可自得也○委於危反蛇本又作虵同音移讀此兩句當云委蛇委蛇沈讀作委委虵虵韓詩作逶迤云公正貌行下孟反崔如字從迹足容反字亦作蹤迹又作跡

【疏】羔裘至委蛇○毛以爲召南大夫皆正直節儉言用羔羊之皮以爲裘縫殺得制素絲爲英飾其紽數有五既外服羔羊之裘內有羔羊之德故退朝而食從公門入私門布德施行皆委蛇然動而有法可使人蹤迹而效之言其行服相稱內外得宜此章言羔羊之皮卒章言羔羊之縫互見其用皮爲裘縫殺得制也○鄭唯下二句爲異言大夫減退膳食順從於事心志自得委蛇然○傳小曰羔至以居○正義曰小羔大羊對文爲異此說大夫之裘宜直言羔而已兼言羊者以羔亦是羊故連言以協句傳以羔羊竝言故以大小釋之此言紽數下言總數謂紽總之數有五非訓紽總爲數也二章傳云緎縫者釋訓云緎羔羊之縫孫炎曰緎之爲界緎然則縫合羔羊皮爲裘縫即皮之界緎因名裘縫云緎五緎既爲縫則五紽五總亦爲縫也視之見其五故皆云五焉傳於首章先言紽數者以經云五紽先解五之意故紽數有五也首章既解其數故二章解其體言緎縫也且因爾雅之文爾雅獨解緎者蓋舉中言之二章既解其體恐人以爲紽自數也緎自縫也故於卒章又言總數有五以明緎數亦五緎言縫則紽總亦縫可知傳互言也古者素絲所以得英裘者織素絲爲組紃以英飾裘之縫中清人傳曰矛有英飾閟宮傳云朱英爲飾則此英亦爲飾可知素絲爲飾維組紃耳若爲線則所以縫裘非飾也故干旄曰素絲組之傳曰總以素絲而成組也紃亦組之類則素絲可以爲組紃矣既云素絲即云五紽五緎是裘縫明矣又明素絲爲組紃而施於縫中故下雜記注云紃施諸縫若今之絛是有組紃而施於縫中之驗傳知素絲不爲線而得爲飾者若線則凡衣皆用非可美故素絲以英裘非線也言大夫羔裘以居者由大夫服之以居故詩人見而稱之也謂居於朝廷非居於家不服也論語曰狐貉之厚以居注云在家所以接賓客則在家不服羔裘矣論語注又云緇衣羔裘諸侯視朝之服卿大夫朝服亦羔裘唯豹袪與君異耳明此爲朝服之裘非居家也○傳公公至從迹○正義曰傳以言退者自朝之辭故知公謂公門少儀云朝廷曰退是也行可蹤迹者謂出言立行有始有終可蹤迹倣效也○箋退食至之貌○正義曰減膳食者大夫常膳日特豚朝月少牢今爲節儉減之也王肅云自減膳食聖人有逼下之譏孫毓云自非天災無減膳之制所以得減膳食者以序云節儉明其減於常禮經言退食是減膳可知禮者苦人之奢其中法若車服之文物祭祀之犧牲不可逼下是故此論羔裘美其得制至於奉養已食容得減退故趙盾食魚飧公孫弘脫粟之飯前史以爲美談經云自公鄭訓自爲從從公爲事故云從於公謂正直順於事也委曲自得者心志既定舉無不中神氣自若事事皆然故云委蛇委曲自得之貌也定本退謂減膳更無食字

羔羊之革。素絲五緎。革猶皮也緎縫也○緎徐音域又于域反孫炎云緎緎縫之界域緎縫爾雅云緎羔裘之縫也音符用反一本作緎猶縫也則當音符龍反

【疏】傳革猶皮○正義曰對文則皮革異故掌皮云秋斂皮冬斂革異時斂之明其別也許氏說文曰獸皮治去其毛曰革革更也對文言之異散文則皮革通司裘曰大喪飾皮車謂革輅也去毛得稱皮明是有毛得稱革故攻皮之工有函鮑韗韋裘是皮革通言也此以爲裘明非去毛故云革猶皮也依月令孟冬始裘天子祭天則大裘而冕故司服云王祀昊天上帝則服大裘而冕祀五帝亦如之鄭注大裘黑羔裘是也其五冕之裘亦同黑羔裘知者司裘云掌爲大裘以供王祀天之服更不別言衮冕已下之裘明六冕與爵弁同用黑羔裘若天子視朝及諸侯朝天子皆以狐白裘知者以玉藻云君衣狐白裘錦衣以裼之又秦詩曰君子至止錦衣狐裘以裘象衣色皮弁服白布衣故也其卿大夫在朝及聘問亦衣狐白裘知者玉藻云士不衣狐白故也其裼蓋用素衣知者以鄭注玉藻云非諸侯則不用素錦爲裼故也士則麛裘青豻褎以狐白之外唯麛裘素也其諸侯視朝及卿大夫等同用黑羔裘以玉藻云羔裘緇衣以裼之又鄭注論語云緇衣羔裘諸侯視朝之服是也若諸侯視朝君臣用麑裘知者鄭注論語云素衣麑裘諸侯視朝之服其臣則青豻褎衣爲裼若兵事既用韎韋之衣則用黃衣狐裘及貍裘象衣色故也又襄四年傳云臧之狐裘敗我於狐駘又定九年傳云晳幘而衣貍製是也若天子以下田獵則羔裘緇衣以裼之知者司服云凡田冠弁服注云冠弁委貌則諸侯朝服故也其天子諸侯燕居同服玄端則亦同服羔裘矣凡裘人君則用全其臣則褎飾爲異故唐詩云羔裘豹袪鄭云卿大夫之服是也若崔靈恩等以天子諸侯朝祭之服先著明衣又加中衣又加裘裘外又加裼衣裼之上方加朝祭之服其二劉等則以玉藻云君衣狐白裘錦衣以裼之又云以帛裏布非禮也鄭注云冕服中衣用素朝服中衣用布若皮弁服之下即次錦衣爲裼便是以帛裏布故知中衣在裼衣之上明矣又以司服職云王祀昊天上帝則服大裘而冕以下冕不復云裘司裘職云掌爲大裘以供王祀天之服亦不別言衮冕以下之裘明六冕與爵弁同用大裘之羔裘矣案玉藻云君子狐青裘豹褎玄綃衣以裼之注云君子大夫士狐青裘蓋玄衣之裘然衮冕與衣玄知不用狐青裘者以司裘職云季秋獻功裘以待頒賜注云功裘人功微麤謂狐青麛裘之屬鄭以功裘以待頒賜大夫士明非冕服之裘矣

委蛇委蛇。自公退食。箋云自公退食猶退食自公

羔羊之縫。素絲五總。縫言縫殺之大小得其制總數也○縫符龍反注同注縫殺之字又音符用反總子公反殺所界反徐所例反

委蛇委蛇。退食自公。

羔羊三章章四句

殷其靁。勸以義也。召南之大夫遠行從政。不遑寧處。其室家能閔其勤勞。勸以義也。召南大夫召伯之屬遠行謂使出邦畿○殷音隱下同靁亦作雷力回反勸以義也本或無以字下句始有遑本或作偟音黃暇也使所吏反

【疏】殷其靁三章章六句至勸以義○正義曰作殷其靁詩者言大夫之妻勸夫以爲臣之義召南之大夫遠行從政施王命於天下不得遑暇而安處其室家見其如此能閔念其夫之勤勞而勸以爲臣之義言雖勞而未可得歸是勸以義之事也定本能閔其勤無勞字召南之大夫遠行從政經三章章首二句是也不遑寧處其室家閔其勤勞次二句是也詩本美其勸以義即具陳所勸之由故先言從政勤勞室家之事爲勸以義而施經序皆得其次○箋召南至之屬○正義曰此解大夫即是王朝之臣而謂之召南者以其是召伯之屬故言召南之大夫也文王未稱王召伯爲諸侯之臣其下不得有大夫此言召南大夫則是文王都豐召伯受采之後也言召伯之屬者召伯爲王者之卿士周禮六卿其下皆有大夫各屬其卿故云之屬左傳曰伯與之大夫瑕禽亦此之類也知非六州諸侯之大夫者以序云遠行從政遠行出境之辭經云殷其靁以喻號令則此遠出封畿行號令者也若六州大夫不得有出境行令之事知非聘問者聘問結好非殷靁之取喻有時而歸非室家所當閔念言遠行從政無期以反室家閔之明是召伯之屬從行化於南國也時未爲伯箋因行露之序從後言之耳

殷其靁。在南山之陽。殷靁聲也山南曰陽靁出地奮震驚百里山出雲雨以潤天下箋云靁以喻號令於南山之陽又喻其在外也召南大夫以王命施號令於四方猶靁殷殷然發聲於山之陽

何斯違斯。莫敢或遑。何此君子也斯此違去遑暇也箋云何乎此君子適居此復去此轉行遠從事於王所命之方無敢或閒暇時閔其勤勞○復符福反閒音閑

振振君子。歸哉歸哉。振振信厚也箋云大夫信厚之君子爲君使功未成歸哉歸哉勸以爲臣之義未得歸也○振音真爲君于僞反或如字使所吏反或如字

【疏】殷其至歸哉○正義曰言殷殷然靁聲在南山之陽以喻君子行號令在彼遠方之國既言君子行王政於遠方故因而閔之云何乎我此君子既行王命於彼遠方謂適居此一處今復乃去此更轉遠於餘方而無敢或閒暇之時何爲勤勞如此既閔念之又因勸之言振振然信厚之君子今爲君出使功未成可得歸哉勸以爲臣之義未得歸也○傳殷靁至天下○正義曰此靁比號令則雨靁之聲故云山出雲雨以潤天下雲漢傳曰隆隆而雷非雨靁也箋云雨靁之聲尚殷殷然是也靁出地奮豫卦象辭也彼注云奮動也靁動於地上而萬物豫也震驚百里震卦彖辭也注云震爲靁靁動物之氣也靁之發聲猶人君出政教以動國中之人故謂之震驚之言警戒也靁發聲百里古者諸侯之象諸侯之出教令警戒其國疆之內是其義也此二卦皆有靁事義相接故并引之以證靁喻號令之義也靁之發聲止聞百里文王之化非唯一國直取喻號令耳山出雲雨者公羊傳曰觸

石而出膚寸而合不崇朝而雨天下者其唯泰山乎是山出雲雨之事。○傳何此君子至箋復去此。○正義曰傳言何此君子解何字何爲我此君子至乃然此非經中之斯故傳先言何此君子乃訓斯爲此箋何乎此君子亦謂傳中何此君子亦非經中之斯言適居此經中何斯之此言我君子行於遠方適居此處今乃復去離此轉向餘國去此者經中違斯之此也集注有箋云定本於此無箋云誤也

殷其靁。在南山之側。亦在其陰與左右也

疏傳亦在至左右。○正義曰上陽直云山南此云側不復爲山南三方皆是陰謂山北左謂東右謂西也

何斯違斯。莫敢遑息。息止也

振振君子。歸哉歸哉。

殷其靁。在南山之下。或在其下箋云下謂山足

何斯違斯。莫或遑處。處居也。○處尺煮反

振振君子。歸哉歸哉。

殷其靁三章章六句

毛詩注疏挍勘記（一之四）　阮元撰盧宣旬摘錄

○草蟲

還來歸宗謂被出也　閩本明監本毛本謂上衍有此之義故已所以憂歸宗十一字

蕨鼈也　相臺本鼈作鱉閩本明監本毛本同小字本作鼈案釋文鼈本又作鱉小字本依釋文又作也釋文舊或誤今正

言我也我采者　小字本相臺本同案此與雄雉箋爾女也女衆君子之屬爲一例與卷耳箋我我君也我使臣也之屬不相同因蒙上句不煩更出也考文古本作言我也我我采者也仍更出我字非箋例也其雄雉箋作爾女也女女衆君子亦非餘同此

在塗而見采鼈采者得其所欲得　閩本明監本毛本同小字本相臺本下采字作菜案菜字非也考文古本亦作菜山井鼎云屬上讀考正義標起止云言我至采鼈是正義本作采讀以采者得其所欲得七字爲一句采譌爲菜并改其讀失之矣

○采蘋

此祭女所出祖也　閩本明監本毛本同小字本相臺本重祭字考文古本同案重者是也正義云知此祭祭女所出祖者可證

無足曰釜　小字本相臺本同案正義標起止云傳方曰筐至曰釜又云定本有足曰錡下更無傳俗本有錡下又有無足曰釜是正義本與俗本同也此傳錡釜屬有足曰錡互文見意不更言無足曰釜矣當以定本爲長

大夫士祭於宗廟　小字本相臺本同案正義云言大夫士祭於宗室又云定本集注大夫士祭於宗廟不作室字考下傳云必先禮之於宗室是大宗之廟但稱宗室不稱宗廟也當以正義本爲長

則非禮也　小字本相臺本同案惠棟於禮下添女字非也箋說傳必先禮之之禮不更言禮女其爲禮女自明矣正義云則非禮女也乃正義自爲文不可據以改箋凡正義自爲文其於注有足成亦有檃栝皆取詞旨通暢不必盡與注相應

祭事主婦設羹　閩本明監本毛本同小字本相臺本事作禮考文古本同案禮字是也正義可證

江東謂之薸音瓢　閩本明監本毛本同案音瓢二字當旁行細字正義於自作音者例如此也○今按音瓢二字亦是郭注郭注不特經內字爲音卽自注內難識之字亦多爲音凡古本注內云音某者俗本多刪之或刪之而僅有存者詳見爾雅挍勘記舊於此云正義自作音非也

主婦人及兩鉶鉶芼　閩本明監本毛本同案浦鏜云衍人字以特牲考之浦挍是也

○甘棠

今棠黎　補黎當作棃

何所慫據　補慫當作憑

箋云茇草舍也　小字本相臺本同閩本同明監本毛本箋云在茇草舍也下案正義標起止云傳蔽芾至草舍箋召伯至其樹明監本毛本依此所改也考文古本同亦采正義又正義云定本集注於注內並無箋云是其本自茇草舍也至敬其樹凡四十一字皆爲傳也段玉裁以定本集注爲是

召伯所憩　唐石經小字本相臺本同案惠棟云說文無憩字當作愒今考釋文云憩本又作愒小雅菀柳大雅民勞經皆作愒憩但愒之俗字耳釋文舊有誤今訂正

○行露

箋云夙早也　小字本相臺本同案釋文此箋有夜莫二字云小星箋同今考此及小星箋各本皆無夜莫二字與釋文本不同也下箋云我豈不知當早夜成昏禮與小星箋云或早或夜皆不言莫當以無者爲長我將昊天有成命箋亦但云早夜毋呢烝民箋有夜莫者皆釋文本耳盧文弨欲依蜀石經補此非也考文古本有夜莫也采釋文○按舊挍非也依說文夕莫也莫者日且冥也夜舍也天下休舍也古夕與莫不同義夜與莫不同義莫謂日冥夜則該日冥至將旦言之是以穀梁春秋辛卯昔恒星不見夜中星隕如雨昔卽夕字此夕與夜分別之證也然對文則別散文則莫亦爲夜鄭云夜莫也者散文之義也別之也曷爲別之嫌讀者謂此夜爲終夜也箋有夜莫二字者是

禮不足而彊來　小字本相臺本同案正義云禮不足而來彊暴是正義本此彊來及下彊委皆當與序彊暴字同讀作巨良反釋文云而強其丈反下強委同五經文字云彊強並巨良反云云又其兩反則皆用下字釋文與正義不同也考下箋強委之乃左昭元年傳文當以釋文本爲長考文古本下彊委之作強采釋文

人皆謂雀之穿屋似有角　小字本相臺本同閩本明監本毛本亦同案考文古本下有者字云宋板同誤以傳文似有角者爲箋文也

純帛不過五兩　小字本相臺本同案此正義本也正義云此媒氏文也又云媒氏注純實緇字也古緇以才爲聲又云則純帛亦緇也傳取媒氏以故合其字定本作紂字書合其字者媒氏作純傳亦作純於字爲合也考媒氏純字至鄭始正其讀是此傳舊但作純當以正義本爲長釋文紂側基反依字糸旁才後人遂以才爲屯因作純字與定本同也考文古本作純采正義釋文閩本明監本毛本作紂亦依定本改耳

天子以娉女　閩本明監本毛本娉誤聘下同

○羔羊

羔取其贄之不鳴　閩本明監本毛本同案浦鏜云執誤贄以公羊注考之浦挍是也

退食謂減膳也　小字本相臺本同案正義云定本退謂減膳更無食字考文古本膳下有食字采正義

孫炎曰緎之爲界緎　閩本明監本毛本云誤爲

維組紃耳　補維當作唯閩本明監本毛本並誤

行可蹤迹者　閩本明監本毛本同案傳作從正義作蹤從蹤古今字易而說之也例見前標起止仍云至從迹可證也釋文從字亦作蹤非是義本

唯麑裘素也　閩本明監本毛本麑誤麛案山井鼎云上麛字同今本考此上依玉藻字下依論語字故不同也鄭玉藻注引論語亦作麛麛是正字麑是假借魚麗傳不麛本或作麑同

若諸侯視朝君臣用麑裘　閩本明監本毛本同案浦鏜云朔誤朝下素衣麑裘諸侯視朝之服同是也終南正義可證

然衮冕與衣元知不用狐青裘者　閩本明監本毛本同案十行本衣至青剜添者一字是知字衍也

○殷其靁

勸以義也　唐石經小字本相臺本同案釋文云本或無以字下句始有考正義本云勸夫以爲臣之義下句正義云而勸以爲臣之義是其本此句當亦有以字

故先言從政勤勞室家之事　閩本明監本毛本同案此不誤浦鏜云室家當王家謗非也勤勞句絕室家之事別爲句與下連文

非雨靁也箋云　閩本明監本毛本同案箋云二字當在非雨靁也之上不知者誤移於下耳

附釋音毛詩注疏卷第一（一之五）

毛詩國風　鄭氏箋　孔穎達疏

摽有梅，男女及時也。召南之國，被文王之化，男女得以及時也。摽，婢小反，徐符表反。梅，木名也。韓詩作楳，說文楳亦梅字。男女及時也，本或作得以及時者，從下而誤。被，皮寄反。〔疏〕「摽有梅」三章，章四句至「及時」。○正義曰：作摽有梅詩者，言男女及時也。召南之國被文王之化，故男女皆得以及時。謂紂時俗衰政亂，男女喪其配耦，嫁娶多不以時，今被文王之化，故男女皆得以及時。俗本「男女」下有「得以」二字者，誤也。毛以卒章云「三十」之男、二十之女爲蕃育法，二章爲男年二十八九、女年十八九，首章謂男年二十六七、女年十六七，以梅落喻男女年衰，則未落宜據男年二十五、女年十五矣。則毛以上二章陳年盛正昏之時，卒章蕃育法，雖在期盡，亦是及時。東門之楊傳云「不逮秋冬」，則毛意以秋冬皆得成昏。孫卿曰「霜降逆女，冰泮殺止」。霜降九月也，冰泮正月也。孫卿，毛氏之師，明毛亦然。以九月至正月皆可爲昏也。又家語曰「霜降而婦功成，嫁娶者行焉。冰泮農業起，昏禮殺於此」。又云「冬合男女，春班爵位」。邶詩曰「士如歸妻，迨冰未泮」，是其事也。其周禮言仲春，夏小正言二月者，皆爲期盡蕃育之法。禮記云「二十曰弱冠」，又曰「冠成人之道，成人乃可爲人父矣」。喪服傳曰「十九至十六爲長殤」，禮子不殤父，明男二十爲初娶之端。又禮記曰「女子十五許嫁而笄」，以十五爲成人，許嫁不爲殤，明女十五爲初昏之端矣。王肅述毛曰：「前賢有言，丈夫二十不敢不有室，女子十五不敢不事人。」譙周亦云。是故男自二十以及三十，女自十五以至二十，皆得以嫁娶，先是則速，後是則晚矣。凡人嫁娶或以賢淑，或以方類，豈但年數而已。此皆取說於毛氏矣。然則男自二十九、女自十五以至十九，皆爲盛年，其昏自季秋至於孟春，惟其所用，不限其月。若男三十、女二十，爲期盡蕃育，雖仲春猶可行，卽此卒章是也。又男女之昏爲賢淑與方類，但男年二十以後、女年十五以後，隨任所當嘉好則成，不必要以十五六女配二十一二男也。雖二十女配二十之男，三十之男配十五之女，亦可也。傳言三十之男、二十之女，據其並期盡者，依周禮文爲正。鄭據周禮仲春爲昏，是其正，此序云男女得以及時，言及者，汲汲之辭，故三章皆爲蕃育之法，非仲春也。上二章陳及夏行嫁，卒章言夏晚大衰，不復得嫁，待明年仲春，亦是及時也。以梅實喻時之盛衰，不以喻年。若梅實未落，十分皆在，喻時未有衰，卽仲春之月是也。此經所不陳，既以仲春之月爲正，去之彌遠則時益衰，近則衰少，衰少則似梅落少，衰多則似梅落多，時不可爲昏則似梅落盡。首章其實七兮，謂在樹者七，梅落仍少，以喻衰猶少，謂孟夏也。以去春近，仍爲善時，故下句言迨其吉兮，欲及其善時也。二章言其實三兮，謂在者唯三，梅落益多，謂仲夏也。過此則不復可嫁，故云迨其今兮，今急辭，恐其過此，故急也。又卒章頃筐塈之，謂梅十分皆落，梅實既盡，喻去春光遠，善亦盡矣，謂季夏也。不可復昏，待至明年仲春，故下句云迨其謂之。箋云女年二十而無嫁端，則有勤望之憂，明年仲春不待以禮會之時，禮雖不備，相奔不禁，由季夏時盡，故至明年也。季春亦非正時，箋不以首章當之者，以四月五月與春接連，猶可以嫁。三月則可以嫁明矣。六月則爲晚，此篇三章宜一章興一月，故以首章爲初夏，二章爲向晚，此得以及時宜舉末以言之，故不以爲季春也。所以於五月得爲昏，至六月則不可者，以四月五月去春未一時，故可強嫁，故季夏去春遠矣，故不得爲昏。知待至明年春者，周禮媒氏仲春之月奔者不禁，故知明年得行也。鄭以仲春爲昏月，故行露、野有蔓草皆引周禮仲春之月令會男女之無夫家者，又夏小正二月綏多女士，下云有女懷春，故以仲春爲昏月也。此首章箋云女年二十，則依周禮、書傳、穀梁、禮記皆言男三十而娶，女二十而嫁，故不從毛傳。且女子十五，正言許嫁，不言卽嫁也。越語曰：女子十七不嫁，丈夫二十不娶，父母有罪。越王謂欲報吳之故，特下此令，又若女年皆十五而嫁，越王欲速爲昏，何由乃下十七之期乎？又諸經傳所以皆云三十二十，都不言正嫁娶之年，而皆爲期盡也。孫卿、家語未可據信，故據周禮三十之男、二十之女，昏用仲春也。案異義：人君年幾而娶？今大戴禮說男子三十而娶，女子二十而嫁，天子已下及庶人同禮。又左傳說人君十五生子，禮，三十而娶，庶人禮也。謹案：舜生三十不娶，謂之鰥。禮，文王世子曰：文王十五生武王，武王有兄伯邑考，故知人君早昏，所以重繼嗣。鄭玄不駮，明知天子諸侯十二而冠，冠而生子，大夫以下明從庶人法也。行露之篇，女以多露拒男，此四月五月而云猶可嫁者，鄭志荅張逸云：行露以正言也，摽有梅以蕃育人民，然則行露爲不從男，故以禮拒之，此爲有故不及正時，許之所以蕃育人民故也。綢繆首章三星在天，箋云三月之末四月之中；二章三星在隅，箋云四月之末五月之中；卒章三星在戶，箋云五月之末六月之中，與此三章之喻大同。彼云不得其時，此云及時者，此文王之化，有故不得以仲春者，許之所以蕃育人民，彼正時不行，故爲違禮，事同意異，故美刺有殊。

摽有梅，其實七兮。興也。摽，落也。盛極則隋落者梅也，尚在樹者七。箋云：興者，梅實尚餘七未落，喻始衰也。謂女二十，春盛而不嫁，至夏則衰。○隋，迨果反，又徒火反。**求我庶士，迨其吉兮。**吉，善也。箋云：我，我當嫁者。庶，眾。迨，及也。求女之當嫁者之眾士，宜及其善時。善時謂年二十，雖夏未大衰。○迨音待，韓詩云顧也。〔疏〕「摽有」至「吉兮」。○毛以爲隋落者是有梅，此梅雖落，其實十分之中尚在樹者七，其三始落，是梅始衰，興女年十六七，亦女年始衰，求女之當嫁者之眾士，宜及其此善時以爲昏，比十五爲衰，對十八九故爲善，此同興男女，年舉女年則男年可知矣。○鄭以梅落興時衰爲異，言隋落者是有梅，此梅雖落，其實十分之中尚七未落，已三分落矣，而在者眾，以興漸衰者善時，此時雖衰，其十分之中尚七分未衰，唯三分衰耳，而善者猶多，謂孟夏之月，初承春後，仍爲善時，求我當嫁者之眾士，宜及孟夏善時以承昏事。○箋「梅實」至「始衰」。○正義曰：箋知不以梅記時者，以序云男女得以及時，而經有三章，宜一章喻一月，若爲記時，則梅已有落，不久則盡，其實七兮與頃筐塈之正同一月，非本歷陳及時之意，故爲喻也。○箋「我我當嫁者」。○正義曰：言此者，以女被文王之化，貞信之教興，必不自呼其夫令及時之取己，鄭恐有女自我之嫌，故辨之，言我者，詩人我此女之當嫁者，亦非女自我。

摽有梅，其實三兮。在者三也。箋云：此夏鄉晚，梅之隋落差多，在者餘三耳。○鄉，本亦作嚮，又作向，同，許亮反。差，初賣反。**求我庶士，迨其今兮。**今，急辭也。

摽有梅，頃筐塈之。塈，取也。箋云：頃筐取之，謂夏已晚，頃筐取之於地。○頃音傾。塈，許器反。**求我庶士，迨其謂之。**不待備禮也。三十之男，二十之女，禮未備則不待禮會而行之者，所以蕃育民人也。箋云：謂，勤也。女年二十而無嫁端，則有勤望之憂。不待禮會而行之者，謂明年仲春，不待以禮會之也。時禮雖不備，相奔不禁。○蕃音煩。禁，居鴆反，一音金。〔疏〕「摽有」至「謂之」。○毛以爲隋落者是有梅，此梅落盡，故以頃筐取之，以興女年二十顏色甚衰，而用蕃育之禮以取之，求我當嫁者之眾士，宜及其此時而謂之，以成昏。謂者，以言謂女而取之，不待備禮。○鄭以隋落者是梅，此梅落，故頃筐取之於地，以興漸衰者善時，此善時已盡，故待至明年仲春以時，已過不可復昏故也。求我當嫁者之眾士，宜及明年仲春，女勤望之時。謂女年二十而不嫁，至明年仲春則有勤望之憂，宜及此時取之。○傳「不待」至「民人」。○正義曰：傳先言不待備禮者，解謂之之意，所以得謂之而成昏者，由不待備禮故也。又解不待備禮之意，言三十之男，二十之女，禮雖未備，年期既滿，則不待待禮會而行之，所以蕃育民人也。謂多得成昏，令其有子，所以蕃息生育人民，使之眾多。○箋「不待」至「不禁」。○正義曰：傳意三十之男，二十之女，其年仲春，卽不待禮會而行之，故鄭易之，言不待禮會而行之，謂明年仲春，如不待禮會之也。又稱不待禮者，禮雖不備，相奔不禁，卽周禮仲春之月，令會男女，於是時也，相奔者不禁是也。

摽有梅三章，章四句

小星，惠及下也。夫人無妬忌之行，惠及賤妾，進御於君，知其命有貴賤，能盡其心矣。以色曰妬，以行曰忌。命謂禮命貴賤。○行，下孟反，注同。盡，津忍反，後放此。〔疏〕「小星」二章，章五句至「其心矣」。○正義曰：作小星詩者，言夫人以恩惠及其下賤妾也。由夫人無妬忌之行，能以恩惠及賤妾，令得進御於君，故賤妾亦自知其禮命與夫人貴賤不同，能盡其心以事夫人焉。言夫人惠及賤妾使進御於君，經二章上二句是也。眾妾自知卑賤，故抱衾而往，御不當夕，下三句是也。既荷恩惠，故能盡心述夫人惠下之美，於經無所當也。此賤妾對夫人而言，則揔指眾妾，媵與姪娣皆爲賤妾也。曲禮下云公侯有妾，謂在九女之外，若內司服女御，注以衣服進者，彼暫時之事，不得次序進御，明不在此賤妾之中。○箋「命謂」至「貴賤」。○正義曰：命謂禮命貴賤。貴者夫人，禮命與君同，故稱曰小君；眾妾則賤，故喪服注云：貴者視卿，賤者視大夫也。妾之貴者，夫人之姪娣也，卽喪服所謂貴臣賤妾也。左氏言以夫人之姪娣爲繼室，明其貴也。何休云：夫人無子立右媵之子，右媵無子立左媵之子，以二媵爲貴，與禮不合，故韓奕箋獨言姪娣，舉其貴者，是姪娣貴於媵之義。

嘒彼小星，三五在東。嘒，微貌。小星，眾無名者。三，心。五，噣。四時更見。箋云：眾無名之星，隨心、噣在天，猶諸妾隨夫人以次序進御於君也。心在東方三月時也，噣在東方正月時也，如是終歲列宿更見。○嘒，呼惠反。噣，張救反，又都豆反，爾雅云：噣謂之柳。更音庚，下同。見，賢遍反，下同。宿音秀。**肅肅宵征，夙夜在公。寔命不同。**肅肅，疾貌。宵，夜。征，行。寔，是也。命不得同於列位也。箋云：夙，早也。謂諸妾肅肅然夜行，或早或夜，在於君所，以次序進御者，是其禮命之數不同也。凡妾御於君，不當夕。○寔，時職反，韓詩作實，云有也。〔疏〕「嘒彼」至「不同」。○正義曰：言嘒然微者，彼小星，此星雖微，亦隨三星之心、五星之噣，以次列在天，見於東方，以興禮雖卑者，是彼賤妾，雖卑亦隨夫人以次序進御於君所，由夫人不妬忌，惠及故也。眾妾自知已賤，不敢同於夫人，故肅肅然夜行，或早或夜在於君所，夜來早往，或夜往而早來，不敢當夕，是禮命之數不得同於夫人故也。○傳「嘒彼」至「更見」。○正義曰：此言小星，故爲微貌。雲漢傳曰：嘒，星貌者，以宣王仰視不止，小星故直言星貌，兼大星皆在也。嘒之爲貌，不甚大明，比於

日月爲小故大星小星皆得爲小貌知三爲星者下章云維參與昴昴不五星則五非下章之昴也五既非昴則三亦非參列宿之大房心參伐三既非參而心亦三星故知三謂心也綢繆傳曰三星參也者以其剌昏姻不得其時舉正時以剌之冬日之昏在天在戶雖參爲然故知非心也三星在罶皆爲心心實三星而傳不明說蓋從此爲心以其心稱三爲正故此稱三以對參也箋則三皆爲心以其心實三星而列宿之尊故元命苞曰心爲天王公羊又云心爲大辰故言三星此及綢繆苕之華皆云心也知五是噣者元命苞云柳五星釋天云咮謂之柳天文志曰柳謂鳥咮則咮者柳星也以其爲鳥星之口故謂之咮心東方之宿柳南方之宿著明者故以比夫人也言四時更見者見連言在東恐其俱時在東故云四時之中更迭見之○箋眾無至更見○正義曰經言在東箋云在天者在東據初見之方此不取所見之方爲義直取星之在天似婦人之進於夫故變言在天綢繆言三星在天傳曰見於東方者彼取記候須所在之方爲義故變言在東經取其韻注說其義故皆反其經也又心在東方三月時咮在東方正月時是不同時見也二者同在春見但異月耳云四時者如是終歲列宿更見因明二十八宿更迭而見不止於心咮也○傳命不得同於列位○正義曰雖同事於君夫人貴而妾賤禮命之數不得同於行列等位○箋諸妾至當夕○正義曰書傳曰古者后夫人將侍君前息燭後舉獨於房中釋朝服襲燕服然後入御於君雞鳴大師奏雞鳴於階下然後夫人鳴佩玉於房中告去由此言之夫人往來舒而有儀諸妾則肅肅然夜而疾行是其異也言或早或夜在於君所者謂諸妾夜晚始往及早來也亦異於夫人也或以爲早謂夜初妾有貴賤往有早晚知不然者以其詩言夙夜者皆記昏爲夜晨初爲早未有以初昏爲夙者又序云知其命有貴賤與此寔命不同一也明此亦不同於夫人非妾中自不同也言凡妾御於君不當夕者解所以夜晚乃往之意由妾御於君不當夕故也內則云妻不在妾御莫敢當夕注云避女君之御日與此不同者彼妻不在妾不往御此自往御之時不敢當夕而往文取於彼義隨所證亦斷章之義也

嘒彼小星。維參與昴。

參伐也昴畱也箋云此言眾無名之星亦隨伐畱在天○參所林反星名也一名伐昴音卯徐又音茅一名畱二星皆西方宿也畱如字又音柳下同〔疏〕傳參伐昴畱○正義曰天文志云參白虎宿三星直下有三星旒曰伐其外四星左右肩股也則參實三星故綢繆傳曰三星參也以伐與參連體參爲列宿統名之若同一宿然但伐亦爲大星與參互見皆得相統故周禮熊旂六旒以象伐注云伐屬白虎宿與參連體而六星言六旒以象伐明伐得統參也是以演孔圖云參以斬伐公羊傳曰伐爲大辰皆互舉相見之文也故言參伐也見同體之義元命苞云昴六星昴之爲言畱言物成就繫畱是也彼昴畱爲一則參伐明亦爲一也

肅肅宵征。抱衾與裯。寔命不猶。

衾被也裯禪被也猶若也箋云裯牀帳也諸妾夜行抱衾與牀帳待進御之次序不若亦言尊卑異也○衾起金反裯直畱反徐云鄭音直俱反帳張仗反〔疏〕傳衾被裯禪被○正義曰葛生曰錦衾爛兮是衾爲臥物故知爲被也今名曰被古者曰衾論語謂之寢衣也以衾既是被裯亦宜爲臥物故爲禪被也○箋裯牀帳○正義曰鄭以衾既爲被不宜復云禪被也漢世名帳爲裯蓋因於古故以爲牀帳鄭志張逸問此箋不知何以易傳又諸妾抱帳進御於君有常寢何其碎荅曰今人名帳爲裯雖古無名被爲裯諸妾何必人抱一帳施者因之如今漢抱帳也是鄭之改傳之意云施者因之內則注云諸侯取九女姪娣兩兩而御則三日也次兩媵則四日也次夫人連夜則五日也是五日之中一夜夫人四夜媵妾夫人御後之夜則次御者抱衾而往其後三夜御者因之不復抱也四夜既滿其來者又抱之而還以後夜夫人所專不須帳也所施帳者爲二人共侍於君有須在帳者妾往必二人俱往不然不須帳故天子九嬪以下九人一夜明九人更迭而往來矣其御望前先卑望後先尊宜二媵下姪娣畢次二媵次夫人下姪娣次夫人望後乃反之則望前最賤妾抱帳往貴者抱之還望後貴者抱之往賤者抱之還帳爲諸妾而有異於夫人也

小星二章章五句

江有汜。美媵也。勤而無怨。嫡能悔過也。文王之時。江沱之閒。有嫡不以其媵備數。媵遇勞而無怨。嫡亦自悔也。

勤者以己宜媵而不得心望之○汜音祀江水名媵音孕又繩證反古者諸侯娶夫人則同姓二國媵之嫡都狄反正夫人也下同沱徒何反江水之別也篇內同〔疏〕江有汜三章章五句至自悔○正義曰作江有汜詩者言美媵也美其勤而不怨謂宜爲媵而不得行心雖勤勞而不怨於嫡故嫡亦能自悔過謂悔其不與俱行也當文王之時江沱之閒有嫡不以其媵備妾御之數媵遇憂思之勞而無所怨而嫡有所思亦能自悔過也此本爲美媵之不怨因言嫡之能自悔故美媵而後兼嫡也嫡謂妻也媵謂妾也謂之媵者以其從嫡以送爲名故士昏禮注云媵送也古者女嫁必姪娣從謂之媵也士昏禮云雖無娣媵先言姪若無娣猶先媵是士有姪娣但不必備耳喪大記大夫撫姪娣是大夫有姪娣矣公羊傳曰諸侯一取九女二國媵之所從皆名媵獨言二國者異國主爲媵故特名之其實雖夫人姪娣亦爲媵也此言嫡媵不指其諸侯大夫及士庶雖文得兼施若夫人宜與小星同言夫人此直云有嫡似大夫以下但無文以明之媵之行否所由嫡者嫡尊專妬抑之而不得行後思之而悔也勤勞一也勤者心企望之望之而不得所以成勞故云遇勞也不以其媵備數經三章次二句是也嫡亦自悔皆卒句是也首章一句爲下而設遇勞不怨經無所當稱美媵之本心耳

江有汜。

興也決復入爲汜箋云興者喻江水大汜水小然而竝流似嫡媵宜俱行○決古穴反又音穴復扶福反竝白猛反又步頂反

之子歸。不我以。不我以。其後也悔。

嫡能自悔也箋云之子是子也是子謂嫡也婦人謂嫁曰歸以猶與也〔疏〕江有至也悔○正義曰江水大似嫡汜水小似媵言江之有汜得竝流以興嫡之有媵宜俱行言是子嫡妻往歸之時不共我以俱行由不以我俱去故其後也悔○傳決復入爲汜正義曰釋水文也此毛解汜之狀其興與鄭同知毛不以與夫人初過而後悔者以後悔之文下章自見故不解

江有渚。

渚小洲也水岐成渚箋云江水流而渚畱是嫡與己異心使已獨畱不行○渚諸呂反韓詩云一溢一否曰渚渚小洲也本或無此注水岐如字何音其宜反又音祇

之子歸。不我與。不我與。其後也處。

處止也箋云嫡悔過自止

江有沱。

沱江之別者箋云岷山道江東別爲沱○岷本又作㟭武巾反山名在蜀道徒報反本亦作導下篇注同

之子歸。不我過。不我過。其嘯也歌。

箋云嘯蹙口而出聲嫡有所思而爲之既覺自悔而歌歌者言其悔過以自解說也○過音戈下文同嘯蕭叫反沈蕭妙反蹙子六反本亦作蹴解革買反又閑買反說始拙反又音悅

江有汜三章章五句

野有死麕。惡無禮也。天下大亂。彊暴相陵。遂成淫風。被文王之化。雖當亂世。猶惡無禮也。

無禮者爲不由媒妁鴈幣不至劫脅以成昏謂紂之世○麕本亦作麏又作麇俱倫反麕獸名也草木疏云麏麞也青州人謂之麏惡烏路反下同被皮寄反劫脅上居業反下許業反〔疏〕野有死麕三章二章章四句一章三句至惡無禮○正義曰作野有死麕詩者言惡無禮謂當紂之世天下大亂彊暴相陵遂成淫風之俗被文王之化雖當亂世其貞女猶惡其無禮經三章皆惡無禮之辭也○箋無禮至紂之世○正義曰經言吉士誘之女思媒氏導之故知不由媒妁也思其麕肉爲禮故知鴈幣不至也欲令舒而脫脫兮故知劫脅以成昏也箋反經爲說而先媒後幣與經倒者便文見昏禮先媒經主惡無禮故先思所持之物也或有俗本以天下大亂以下同爲鄭注者誤定本集注皆不然

野有死麕。白茅包之。

郊外曰野包裹也凶荒則殺禮猶有以將之野有死麕羣田之獲而分其肉白茅取絜清也箋云亂世之民貧而彊暴之男多行無禮故貞女之情欲令人以白茅裹束野中田者所分麕肉爲禮而來○包逋茅反裹音果殺所戒反徐所例反清如字沈音淨令力呈反

有女懷春。吉士誘之。

懷思也春不暇待秋也誘道也箋云有貞女思仲春以禮與男會吉士使媒人道成之疾時無禮而言然○誘音酉〔疏〕野有至誘之○毛以爲皆惡無禮之辭也言凶荒則殺禮猶須禮以將之故貞女欲男於野田中有死麕之肉以白茅裹之爲禮而來也既欲其禮又欲其及時故有貞女思開春以禮與男會不欲過時也又欲令此吉士先使媒人導成之不欲無媒妁而自行也○鄭雖懷春爲異言思仲春正昏之時以禮與男會也餘與毛同言春據成昏之時吉士誘之乃於納采之先在春前矣但以昏時爲重故先言懷春也此詩所陳皆是女之所欲計有女懷春之文應最在上但昏禮主於交接春是合昏之時故以女懷配春爲句見春是所思之主其實裹束麕肉亦是女之所思故箋云貞女之情欲令以白茅裹束死麕肉爲禮而來是也○傳凶荒至絜清○正義曰解以死麕之意昏禮五禮用鴈唯納徵用幣無麕鹿之肉言死麕者凶荒則殺禮謂減殺其禮不如豐年也禮雖殺猶須有物以將行之故欲得用麕肉也此由世亂民貧故思以麕肉當鴈幣也故有狐序曰古者凶荒則殺禮多昏司徒以荒政十有二聚萬民十日多昏鄭司農云多昏不備禮而昏娶者多是也傳文解野中所以有死麕者由羣聚於田獵之中獲而分得其肉續人注云齊人謂麕爲獐則麕是獐也必以白茅包之者由取其絜清也易曰藉用白茅无咎傳曰爾貢包茅不入王祭不供無以縮酒以供祭祀明其絜清○傳春不暇待秋正義曰傳以秋冬爲正昏此云春者此女年二十期已盡不暇待秋也此思開春欲其以禮來若仲春則不待禮會而行之無爲思麕肉矣此女惡其無禮恐其過晚故舉春而言其實往歲之秋冬亦可以爲昏矣釋詁云誘進也曲禮注進客謂導之明進導一也故以誘爲導也○箋有貞至言然正義曰箋以仲春爲昏時故知貞女思仲春之月以禮與男

會也言吉士誘之者女欲令吉士使媒人導達成昏禮也疾時無媒故言然也言懷春自思及時與男會也言誘之自吉士遣媒也非謂仲春之月始思遣媒何者女十五許嫁已遣媒以納采二十仲春始親迎故知非仲春月始思媒也吉士者善士也述女稱男之意故以善士言之士如歸妻求我庶士皆非女所稱故不言吉卷阿云用吉士謂朝廷之士有善德故稱吉士也

林有樸樕。野有死鹿。白茅純束。

樸樕小木也野有死鹿廣物也純束猶包之也箋云樸樕之中及野有死鹿皆可以白茅包裹束以爲禮廣可用之物非獨麕也純讀如屯○樸蒲木反又音僕樕音速純徒本反沈云鄭徒尊反屯舊徒本反沈徒尊反云屯聚也

有女如玉。

德如玉也箋云如玉者取其堅而絜白

疏　林有至如玉○正義曰言凶荒殺禮非直麕肉可用貞女又欲男子於林中有樸樕小木之處及野之中有羣田所分死鹿之肉以白茅純束而裹之以爲禮而來也由有貞女堅而絜白德如玉然故惡此無禮欲有以將之○傳樸樕小木○正義曰釋木云樸樕心某氏曰樸樕斛樕也有心能濕江河間以作柱孫炎曰樸樕一名心是樸樕爲木名也言小木者以林有此木故言小木也林有樸樕謂林中有樸樕之木也故箋云樸樕之中及野有死鹿不言林者則林與樸樕爲一也知不別者以樸樕木名若一木不得有死鹿若木衆即是林矣不得別與樸樕竝言也且下云有死鹿言有足得蒙林林下之有不爲鹿施明是林中有樸樕之處也樸樕與林不別正月箋云林中大木之處此小木得爲林者謂林中有此小木非小木獨爲林也此宜云林中小木之處○箋純讀如屯○正義曰純讀爲屯者以純非束之義讀爲屯取肉而裹束之故傳云純束猶包之○箋如玉至絜白○正義曰此皆比白玉故言堅而絜白弁師云五采玉則非一色獨以白玉比之者比其堅而絜白不可汙以無禮小戎箋云玉有五德不云堅而絜白者以男子百行不可止貞絜故也

舒而脫脫兮。

舒徐也脫脫舒遲也箋云貞女欲吉士以禮來脫脫然舒也又疾時無禮彊暴之男相劫脅○脫勑外反注同

無感我帨兮。

感動也帨佩巾也箋云奔走失節動其佩飾○感如字又胡坎反帨始銳反沈始悅反

無使尨也吠。

尨狗也非禮相陵則狗吠○尨美邦反吠符廢反

疏　舒而至也吠○正義曰此貞女思以禮來惡其劫脅言吉士當以禮而來其威儀舒遲而脫脫兮無動我之佩巾兮又無令狗也吠但以禮來我則從之疾時劫脅成昏不得安舒奔走失節動其佩巾其使尨也吠已所以惡之是謂惡無禮也○傳脫脫舒遲○正義曰脫脫舒遲之貌不言貌者畧之采蘩傳曰僮僮竦敬祁祁舒遲亦畧而不言貌定本脫脫舒貌有貌字與俗本異○傳帨佩巾○正義曰內則云子事父母婦事舅姑皆云左佩紛帨注云帨拭物之巾又曰女子設帨於門右然則帨者是巾爲拭物名之曰帨紛帨自佩之故曰佩巾○傳尨狗至狗吠○正義曰尨狗釋畜文李巡曰尨一名狗非禮相陵主不迎客則有狗吠此女願其禮來不用驚狗故鄭志荅張逸云正行昏禮不得有狗吠是也

野有死麕三章二章四句一章三句

何彼襛矣。美王姬也。雖則王姬。亦下嫁於諸侯。車服不繫其夫。下王后一等。猶執婦道以成肅雝之德也。

下王后一等謂車乘厭翟勒面繢總服則褕翟○襛如容反韓詩作茙茙音戎說文云衣厚貌王姬音基王姬武王女姬周姓也杜預云王姬以上爲尊雝王姬一本作雝則王姬車音居他皆放此釋名云古者曰車聲如居所以居人也今日車音尺奢反云舍也韋昭曰古皆音尺奢反從漢以來始有居音繫本或作繼下王退嫁反注同厭於葉反翟庭歷反厭翟王后五路之第二者也翟雉也次其羽相迫故曰厭也繪本又作繢戶妹反畫文也總作孔反褕翟音遙翟或作狄王后六服之第二也

疏　何彼襛矣三章章四句至之德○正義曰作何彼襛矣詩者美王姬也以其雖則王姬天子之女亦下嫁於諸侯其所乘之車所衣之服皆不繫其夫爲尊卑下王后一等而已其尊如是猶能執持婦道以成肅雝之德不以己尊而慢人此王姬之美即經云曷不肅雝王姬之車是也定本雝無則王字此詩主美肅雝之德因言顏色之美以善道相求之事敘者本其作意畧不言耳王姬者王女而姓姬春秋築王姬之館于外杜預云不稱字以王爲尊是也言雖則王姬亦下嫁於諸侯者以諸侯之女嫁於諸侯是其常令雖則王姬之尊亦下嫁於諸侯亦謂諸侯主也然上無二王王姬必當嫁於諸侯言雖則者欲美其能執婦道故言雖則爲屈尊之辭言下嫁於諸侯雖嫁於王者之後亦是也禮記注云周女因魯嫁卒服之如內女天子爲之無服嫁於王者之後乃服之則王姬嫁於王者之後似非下嫁言王姬必下嫁者必二王之後逼天三統自行正朔有與天子敵義其實列土諸侯不得純敵天子亦爲下嫁也因姑姊妹女子有恩二王後有敵義故服之非實敵也若二王之後嫁女於諸侯爵雖尊非下嫁也故魯之孝惠娶於商及宋人來媵皆無異於諸侯也然得行禮樂雅祭爲然也此王姬體王之尊故下王后一等不繫天之尊卑唯二王後之夫人得與王后同亦降一等不繫於夫也此時齊侯子未爲諸侯若爲諸侯其夫人車服自當下王后一等要本王姬車服不爲繫於夫也天子尊無二上故其女可下王后一等若諸侯之女下嫁則各從夫之爵不得下其母一等也何休云天子嫁女於諸侯備姪娣如諸侯之禮義不可以天子之尊絕人繼嗣之路皇甫謐云武王五男二女元女妻胡公王姬宜爲媵今何得適齊侯之子何休事無所出未可據信也或以尊故命同族爲媵○箋下王后至褕翟○正義曰王后五路重翟爲上厭翟次之六服褘衣爲上褕翟次之今言下王后一等故知車乘厭翟服則褕翟也巾車職云王后之五路重翟錫面朱總厭翟勒面繢總安車彫面鷖總皆有容蓋注云重翟重翟雉之羽也厭翟次其羽使相迫也勒面謂以如玉龍勒之韋爲當面飾也彫者畫之不龍其章安車坐乘車凡婦人車皆坐乘鄭司農云錫馬面錫也鷖總者青黑色以繒爲之總著馬勒直兩耳與兩鑣容謂襜車山東謂之裳幃或曰潼容玄謂朱總繢總其施之如鷖總車衡輨亦宜有焉繢畫文也蓋如今小車蓋也皆有容有蓋則重翟厭翟謂蔽也重翟後從王祭祀所乘厭翟后從王賓饗諸侯所乘安車無蔽後朝見於王所乘謂去飾也詩國風碩人曰翟蔽以朝謂諸侯夫人始來乘翟蔽之車以朝見於君以盛之也此翟蔽蓋厭翟也然則王后始來乘重翟矣巾車又云翟車貝面組總有握輦車組輓有翣羽蓋注云翟車以出桑輦宮中所乘此王后五等車所用也其諸侯之夫人始嫁及常乘之車則無文說者各爲其見崔靈恩以爲二王之後夫人各乘本國先王之上車魯之夫人乘重翟知者以魯夫人服褘衣與王后同故知車亦同也其同姓異姓侯伯夫人皆乘厭翟子男夫人乘翟車所用助祭饗賓朝見各依差次其初嫁之時侯伯以下夫人所乘車皆上攝一等知者以士妻乘墨車上攝大夫之車故也崔又一解云諸侯夫人初嫁不得上攝以其逼王后故也卿大夫之妻得上攝一等案鄭注巾車引詩翟茀以朝謂厭翟也衛是侯爵故厭翟崔氏後解與鄭注同既不上攝鄭注巾車云乘翟茀之車以盛之者以乘祭祀之車故言盛也二劉以五等諸侯夫人初嫁皆乘厭翟與鄭不合其三公之妻與子男同其孤妻夏篆卿妻夏縵大夫墨車士乘棧車初嫁皆上攝一等始嫁其嫁之衣皆以祭服加以纁袡約士昏禮女次純衣纁袡故也其諸侯夫人用自祭之服卿大夫之妻用助祭之服此序以經有王姬之車故因言車服謂嫁時之車服耳若其在國則繫於其夫各從其爵也

何彼襛矣。唐棣之華。

興也襛猶戎戎也唐棣移也箋云何乎彼戎戎者乃移之華興者喻王姬顏色之美盛○棣徒帝反字林大內反華如字移音移一音是兮反郭璞云今白移也似白楊江東呼夫移

曷不肅雝。王姬之車。

肅敬雝和箋云曷何之往也何不敬和乎王姬往乘車也言其嫁時始乘車則已敬和○車協韻尺奢反又音居或云古讀華爲敷與居爲韻後放此

疏　何彼至之車○正義曰何乎彼戎戎者乃唐棣之華以興王姬之顏色亦如此華然王姬非直顏色之美又能執持婦道何事不敬和乎王姬往乘車時則已敬和矣以其尊而適卑恐有傲慢今初乘車時已能敬和則每事皆敬和矣○傳襛猶戎戎○正義曰以戎戎者華形貌故重言之猶柏舟以汎爲汎汎之○義言戎戎者毛以華狀物色言之不必有文○傳唐棣移○正義曰釋木文舍人曰唐棣一名移郭璞曰今白移也似白楊江東呼夫移○箋何不至敬和○正義曰詩美王姬肅雝非云何事不敬和乎言事事皆敬和王姬始乘車則已敬和後至齊侯之家自然敬和故樂記云肅肅敬也雝雝和也夫敬與和何事不行也

何彼襛矣。華如桃李。平王之孫。齊侯之子。

平正也武王女文王孫適齊侯之子箋云華如桃李者與王姬與齊侯之子顏色俱盛正王者德能正天下之王

疏　何彼至之子○正義曰言何乎彼戎戎者其華之色如桃李華也以興王姬顏色之盛與齊侯之子誰能有此顏色者是平王之孫與齊侯之子耳上章言唐棣之華此章不言木名直言華如桃李則唐棣之華如桃李之華也以王姬顏色如齊侯之子顏色故舉二木也箋云華如桃李者與王姬與齊侯之子顏色俱盛是以華比華然後爲興○傳平正也箋正者德能正天下之王○正義曰此文王也文者謚之正名也稱之則隨德不一故以德能正天下則稱平王鄭志張逸問箋云德能正天下之王然則不必要文王也荅曰德能平正天下則稱平故以號文王焉又大誥注受命曰寧王承平曰平王故君奭云割申勸寧王之德是文王也又洛誥云平來毖殷乃命寧即云予以秬鬯二卣曰明禋文王騂牛一武王騂牛一則乃命寧兼文武矣故注云周公謂文王爲寧王成王亦謂武王爲寧王此一名二人兼之武王亦受命故亦稱寧王理亦得稱平但無文耳

其釣維何。維絲伊緡。

伊維緡綸也箋云釣者以此有求於彼何以爲之乎以絲之爲綸則是善釣也以言王姬與齊侯之子以善道相求○緡亡貧反綸音倫繩也

疏　其釣至之孫○正義曰其釣魚之法維何以爲乎維以絲爲繩則是善釣以與其娶妻之法亦何以爲之乎維以禮爲之則是善娶者以此有求於彼執絲綸以求魚娶者以己有求於人用善道而相呼誰能以善道相求呼者乃齊侯之子求平王之孫上章主美王姬適齊侯

之子故先言平王之孫此章主說齊侯之子以善道求王姬故先言齊侯之子。○傳緡綸。○正義曰釋言文孫炎曰皆繩名也故采綠箋云綸釣繳抑又云言緡之絲傳曰緡被者以荏染柔木宜被之以弦故云緡被謂被絲爲弦也綸禮記云王言如絲其出如綸謂嗇夫所佩與此別

何彼襛矣三章章四句

騶虞。鵲巢之應也。鵲巢之化行。人倫既正。朝廷既治。天下純被文王之化。則庶類蕃殖。蒐田以時。仁如騶虞。則王道成也。應者應德自遠而至。○騶側畱反周書王會草木疏竝同又云尾長於身不履生草尚書大傳云尾倍於身應應對之應注皆同朝直遙反治直吏反被皮寄反蕃音煩多也蒐所畱反春獵爲蒐田獵也杜預云蒐索擇取不孕者也穀梁傳云四時之田春曰田夏曰苗秋曰蒐冬曰狩〔疏〕騶虞二章章三句至道成○正義曰以騶虞處末者見鵲巢之應也言鵲巢之化行則人倫夫婦既已得正朝廷既治天下純被文王之化則庶類皆蕃息而殖長故國君蒐田以時其仁恩之心不忍盡殺如騶虞然則王道成矣鵲巢之化謂國君之化行於天下也人倫既正謂夫人均一不失其職是也朝廷既治謂以禮自防聽訟決事是也天下純被文王之化謂羔羊以下也此處騶虞於末以爲鵲巢之應以故歷序鵲巢以下然後言騶虞當篇之義由文王之化被於天下也故得庶類蕃殖即豝豵是也國君蒐田以時即章首一句是也仁如騶虞下二句是也言王道成者以此篇處末故揔之言天下純被文王之化庶類又蒙其澤仁心能如騶虞則王化之道成矣所謂周南召南王化之基也○箋應者至而至○正義曰敘解德爲應之意故箋解應者應國君之德若自遠而至然非實至也

彼茁者葭。茁出也葭蘆也箋云記蘆始出者著春田之早晚○茁側劣側刷二反葭音加蘆音盧草也著張慮反後不音者放此 壹發五豝。豕牝曰豝虞人翼五豝以待公之發箋云君射一發而翼五豬者戰禽獸之命必戰之者仁心之至○發如字徐音廢豝百加反牝頻忍反徐扶死反射食亦反 于嗟乎騶虞。騶虞義獸也白虎黑文不食生物有至信之德則應之箋云于嗟者美之也〔疏〕彼茁至騶虞○正義曰言彼茁茁然出而始生者葭草也國君於此草生之時出田獵壹發而射五豝者五豝唯壹發者不忍盡殺仁心如是故于嗟乎歎之歎國君仁心如騶虞騶虞義獸不食生物有仁心國君亦有仁心故比之○傳茁出葭蘆○正義曰謂草生茁茁然出故云茁茁也非訓爲出葭蘆釋草文李巡曰葦初生○傳豕牝至之發○正義曰豕牝曰豝釋獸文又解君射一發而翼五豝者由虞人翼驅五豝以待公之發矢故也多士云敢翼殷命注云翼驅也則此翼亦爲驅也知有驅之者吉日云漆沮之從天子之所傳曰驅禽而至天子之所又曰悉率左右以燕天子傳曰驅禽之左右以安待天子之射又易曰王用三驅失前禽也故知田獵有使人驅禽之義知虞人驅之者以田獵則虞人之事故山虞云若大田獵則萊山田之野澤虞云若大田獵則萊澤野天子田獵使虞人則諸侯亦然故駟驖箋云奉是時牡者謂虞人田僕云設驅逆之車則僕人設車虞人乘之以驅禽也言驅逆則驅之逆之皆爲驅也○箋君射至之至○正義曰解云君止一發必翼五豝者戰禽獸之命必云戰之

者不忍盡殺令五豝止一發中則殺一而已亦不盡殺之猶如戰然故云戰禽獸之命也而必云戰之者仁心之至不忍盡殺故也○傳騶虞至應之○正義曰白虎西方毛蟲故云義獸鄭志張逸問傳曰白虎黑文又禮記曰樂官備何謂曰白虎黑文周史王會云備者取其一發五豝言多賢也射注及荅志皆喻得賢多引詩斷章也言不食生物者解其仁心故序云仁如騶虞云有至信之德則應之者騶虞之爲瑞應至信之德也陸機云騶虞白虎黑文尾長於驅不食生物不履生草應信而至者也

彼茁者蓬。蓬草名也○蓬蒲東反 壹發五豵。曰豵箋云豕生三曰豵○豵子公反徐又在容反字又作豵同 于嗟乎騶虞。〔疏〕傳歲

豵○正義曰傳以七月云言私其豵獻豣於公大司馬云大獸公之小獸私之豵言私明其小故彼亦云一歲曰豵獻於公明其大故彼與還傳皆云三歲曰豣伐檀傳曰三歲曰特蓋異獸別名故三歲者有二名也大司馬職注云一歲爲豵二歲爲豝三歲爲特四歲爲肩五歲爲愼其說與毛或同或不知所據○箋豕生三曰豵○正義曰箋以豵者豕生子常多故別其少者鄭志張逸問豕生三曰豵不知母之數非大小之名故釋獸云豕生三豵二師一特郭璞曰也豚也荅曰豚也過三以往猶謂之豵以自三以上更無也故知過三亦爲豵一解雖生數之名大小皆得名之言其豵謂小時此國君蒐田所射未必小也釋獸麕鹿皆云有力者羼則有懸特謂豕生一名獻豣從兩肩爲麕麕鹿絕有力者非三歲矣肩羼字雖異音實同也

騶虞二章章三句

召南之國十四篇四十章百七十七句

毛詩注疏校勘記（一之五）

阮元撰盧宣旬摘錄

○摽有梅

男女及時也 唐石經小字本相臺本同案釋文云本或作得以及時者從下而誤正義云俗本男女下有得以二字者誤也亦謂此句非謂下句也

冰泮殺止 閩本明監本毛本同案此不誤浦鏜云內誤止非也考周禮疏載王肅引此亦作止又云韓詩傳亦曰古者霜降送女冰泮殺止是荀卿本作止楊倞所注作內而連下文十日一御爲解其說非是不當據以改正義所引也東門之楊正義引亦作止

冰泮農業起 閩本明監本毛本同案此不誤浦鏜云桑誤業非也考東門之楊正義引正作業又周禮疏載王肅引亦作業與今家語不同不當據改也

然則男自二十九 閩本明監本同毛作自二十以及一然則男下剜添九案所補是也此二十複出而脫耳浦鏜云至誤及也

衰少則梅落少 閩本明監本同毛本則下有似字案所補是也

喻去春光遠 補 毛本光作尤

故季夏去春遠矣 閩本明監本毛本同案浦鏜云故疑至字誤是也

二月綏多女士 閩本明監本毛本女士誤士女案山井鼎云檢夏小正宋板爲是也士冠禮媒氏兩疏引皆作士女所見本不同耳

禮文王世子曰 閩本明監本毛本同案此不誤浦鏜云六字衍從昏義疏挍非也昏義疏引之不備耳異義所據大戴禮文王世子篇也幽譜及大明正義皆有明文可證

與者梅實尚餘七未落喻始衰也 小字本相臺本同案螽斯正義引摽有梅云興者喻乃隱括此箋而非箋成文也考文古本者下有喻字采螽斯正義而誤

所以蕃育民人也 小字本相臺本同閩本明監本毛本民人誤人民案正義標起止云至民人云所以蕃育民人也皆可證其序下及後正義作人民者即自爲文故不與注相應

此梅落故頃筐取之於地 明監本毛本落下有蓋字閩本剜入案所補是也

如不待禮 補 毛本如作始案始字是也

○小星

即喪服所謂貴臣賤妾也 閩本明監本毛本同案浦鏜云貴妾誤賤妾是也

以與禮雖卑者 閩本明監本毛本雖作命案所改是也

知三爲星者 閩本明監本毛本同案浦鏜云心誤星是

前息燭後舉獨 閩本明監本毛本獨作燭案所改是也

抱衾與裯 小字本相臺本同唐石經初刻稠後改裯案初刻誤也

抱衾與牀帳 閩本明監本毛本同小字本相臺本衾作被考文古本同案被字是也箋承傳衾被也之文非取經衾字

次夫人連夜 補 毛本連作專案專字是也下以後夜夫人所專可證

○江有汜

言姪若無姪娣猶先媵 閩本明監本毛本同案此當作言若或無娣猶先姪媵用鄭士昏禮注也

然而並流 小字本相臺本同考文古本同閩本明監本毛本而誤得案正義云言江之有汜得並流此正義自爲文不當據改

渚小洲也 小字本相臺本同案釋文云本或無此注考關雎正義云江有汜傳曰渚小洲也是正義本有

水岐成渚 小字本相臺本同案岐當作枝釋文枝如字何音其宜反又音祇考此讀如字者是也水枝謂水之分流如木之分枝耳穆天子傳所謂枝詩讀爲其宜反又音祇義亦無大異不當遂作岐字○按江賦曰因岐

成渚字作岐亦同

○野有死麕

白茅包之 唐石經小字本相臺本同案釋文云苞逋茆反段玉裁詩經小學云苞苴字皆從艸曲禮注云苞苴褭魚肉或以葦或以茅木瓜箋云以果實相遺者必苞苴之引書厥苞橘柚今書作包譌今考木瓜正義引此經作苞是正義本當亦是苞字與釋文本同此正義作包者南宋合併時依經注本改之也

先使媒人導成之 閩本明監本毛本導誤道案注作道正義作導道導古今字易而說之也例見前釋文誘下云導也亦是改用今字非釋文本毛傳作導也考文古本傳作導采正義釋文而誤

皆可以白茅包裹束以爲禮 閩本明監本毛本同小字本相臺本無包字考文古本同案無者是也

玉有五德 閩本明監本毛本同案十行本玉有五剜添者一字

脫脫舒遲也 小字本相臺本同案此正義本也標起止云傳脫脫舒遲是其證正義又云定本脫脫舒貌有貌字與俗本異釋文脫脫下亦云舒貌皆不與正義本同考文古本作舒遲貌也采正義釋文合而一之也又云宋板同者誤

○何彼襛矣

雖則王姬 唐石經小字本相臺本同案此正義本也正義云定本雖王姬無則字釋文云雖則王姬一本作雖則王姬釋文本與定本同○按雖則王姬亦下嫁於諸侯十字爲一句或以王姬句絕則語病矣

謂以如玉龍勒之韋 閩本明監本毛本同案浦鏜云王誤玉以巾車注考之浦挍是也

始嫁其嫁之衣 閩本明監本毛本作其始嫁之衣案所改是也十行本此行剜添者一字因行末衍下嫁字故也其字錯在下亦誤

箋正者 閩本明監本毛本正誤王案正下當脫王字

又洛誥云平來毖殷乃命寧 〔補〕各本注疏及尚書平皆作伻案羣經音辨引洛誥平來以圖正作平字唐石經作伻伻衞包所改今本釋文作伻陳鄂所改集韻拼使也或作伻古作平伻尚書平秩馬融本作苹曰使也周禮齋官車僕萃車故書作平十行本蓋出于善本故此猶存其古

以絲之爲綸 閩本明監本毛本同小字本相臺本之爲作爲之考文古本同案爲之是也

○騶虞

虞人翼五豝 小字本相臺本同案山井鼎云古本翼字後人旁記異本作驅不知據何本今考此采正義云則此翼亦爲驅也之解而爲之耳非有本也

故云茁茁也 閩本明監本毛本同案下茁字浦鏜云出誤是也

多士云敢翼殷命 閩本明監本毛本同案此不誤浦鏜云翼今書作弋非也考尚書馬本作翼見釋文鄭王本作翼見正義即此正義所引也

射注 〔補〕毛本射下有義字

尾長於軀 〔補〕毛本軀作軀案軀字是也

應信而至者也 閩本明監本毛本同案此不誤浦鏜云德誤信非也陸機即用毛說謂信爲母義爲子也應者脩而致之

獻豜從兩肩爲麢 閩本明監本毛本同案麢當作麛下云肩麛字雖異音實同也可證

附釋音毛詩注疏卷第二（二之一）

邶柏舟詁訓傳第三

○陸曰鄭云邶鄘衞者殷紂畿內地名屬古冀州自紂城而北曰邶南曰鄘東曰衞衞在汲郡朝歌縣時康叔正封于衞其末子孫稍并兼彼二國混其地而名之作者各有所傷從其本國而異之故有邶鄘衞之詩王肅同從此訖豳七月十二國並變風也邶蒲對反本又作鄁字林方代反柏音百字又作栢

毛詩國風　鄭氏箋　孔穎達疏

邶鄘衞譜

邶鄘衞者商紂畿內方千里之地○正義曰地理志云河內本殷之舊都周既滅殷分其畿內爲三國詩風邶鄘衞是也如志之言故知畿內以畿內故知方千里也○其封域在禹貢冀州大行之東○正義曰案禹貢大行屬冀州地理志云大行在河內山陽縣西北以詩言楚丘桑中淇水漕浚皆在山東故皆云在大行之東大行屬河內○河內即紂都而西不踰大行者蓋其都近西也○北踰衡漳○正義曰鄭注禹貢云衡漳者漳水橫流地理志云漳水在上黨沾縣大黽谷東北至安平阜城入河以漳水自上黨而過鄴城之北南距紂都五百餘里耳故知踰之○東及兗州桑土之野○正義曰禹貢兗州云桑土既蠶注云其地尤宜蠶桑因以名之今濮水之上地有桑間者僖三十一年衞遷于帝丘杜預云帝丘今東郡濮陽縣也濮陽在濮水之北是有桑土明矣○周武王伐紂以其京師封紂子武庚爲殷後正義曰此皆史記衞世家文○庶殷頑民被紂化日久未可以建諸侯乃三分其地置三監使管叔蔡叔霍叔尹而教之正義曰地理志云邶以封紂子武庚鄘管叔尹之衞蔡叔尹之以監殷民謂之三監則三監者武庚爲其一無霍叔矣王肅服虔皆依志爲說鄭不然者以書傳曰武王殺紂立武庚繼公子祿父使管叔蔡叔監祿父祿父及三監叛言使管蔡監祿父祿父不自監也言祿父及三監叛則祿父也外更有三人爲監祿父非一監矣古文尚書蔡仲之命曰惟周公位家宰正百工羣叔流言乃致辟管叔于商囚蔡叔于郭鄰降霍叔于庶人三年不齒則以管蔡霍三叔爲三監明矣孫毓亦云三監當有霍叔鄭義爲長然則書敘唯言伐管叔蔡叔不言霍叔者鄭云蓋赦之也王制使大夫監於方伯之國國三人謂使大夫三人監州長也此爲殷民難化且使監之武庚又非方伯不與王制同也史記云武王爲武庚未集恐其有賊心乃令弟管叔蔡叔傅相之三分其地置三監則三叔各監一國不知所監之國爲誰也地理志雖云管叔尹鄘蔡叔尹衞以武庚在三監之中未可據信則管蔡所監不足明矣故鄭不指言之監者且令監之非所封也封卽管蔡霍是也○自紂城而北謂之邶南謂之鄘東謂之衞○正義曰此無文也以詩人之作自歌土風驗其水土之名知其國之所在衞曰送子涉淇至于頓丘頓丘今爲郡名在朝歌紂都之東也紂都河北而鄘曰在彼中河鄘境在南明矣都既近西明不分國故以爲邶在北三國之境地相連接故邶曰亦流于淇鄘曰送我乎淇之上矣衞曰瞻彼淇奧是以三國皆言淇也戴公東徙渡河野處漕邑則漕地在鄘也而邶曰土國城漕國人所築之城也思須與漕衞女所經之邑也河水瀰瀰宣公作臺之處也此詩人本述其事作爲自歌其土也王肅服虔以爲鄘在紂都之西孫毓云據鄘風定之方中楚上之歌鄘在紂都之南相證自明而城以西無驗其城之西迫於西山南附洛邑檀伯之封溫原樊州皆爲列國鄘風所興

不出于此鄭義爲長○武王既喪管叔及其羣弟見周公將攝政乃流言於國曰公將不利於孺子○正義曰此皆金縢之文唯見周公將攝政一句非耳彼注云管國名叔字周公兄武王弟封於管羣弟蔡叔霍叔武王崩周公免喪欲居攝小人不知天命而非之故流公將不利於孺子之言於京師孺子謂成王也知管叔周公之兄者孟子文也○周公避之居東都二年秋大熟未穫有雷電疾風之異乃後成王悅而迎之反而遂居攝○正義曰知者準的金縢之文如鄭注金縢周公初出成王年十三避居二年成王年十四秋大熟遭雷風成王迎而反之是成王年十五避居三年云二年者不數初出之年故也○三監導武庚叛○正義曰書序云武王崩三監及淮夷叛注云周公還攝政懼誅因開導淮夷與俱叛居攝一年之時繫之武王崩者其惡之初自崩始也又書傳曰使管叔蔡叔監祿父武王死成王幼管蔡疑周公而流言奄君蒲姑謂祿父曰武王既死矣成王尚幼矣周公見疑矣此百世之時也請舉事然後祿父及三監叛奄君導之祿父遂與三監叛則三監亦導之矣故左傳曰管蔡啓商惎間王室是也○成王既黜殷命殺武庚復伐三監○正義曰成王既黜殷命殺武庚書序文也彼注云黜殷命謂誅武庚是也既殺武庚復伐三監爲異時伐者以書序黜殷命伐管蔡別文言之明非一時也殺武庚伐三監皆在攝政二年故書傳曰二年克殷注云誅管蔡及祿父等也○更於此三國建諸侯以殷餘民封康叔於衛使爲之長○正義曰以未可建諸侯故置三監今既伐三監明於此建諸侯矣書序曰成王既伐管叔蔡叔以殷餘民封康叔作康誥攝政二年伐管蔡四年建侯於衛則伐管蔡封康叔異年而書序連言之者注云言伐管蔡者爲因其國也王肅康誥注云康國名在千里之畿內既滅管蔡更封爲衛侯鄭無明說義或當然或者康論也言爲之長者以周公建國不過五百里明不以千里之地盡封康叔故知更建諸侯也妹邦於諸國屬鄘酒誥命康叔云明大命于妹邦注云妹邦者紂都所處其民尤化紂嗜酒今祿父見誅康叔爲其連屬之監是康叔并監鄘也又季札見歌邶鄘衛言康叔武公之德如是故知爲之長○後世子孫稍并彼二國混而名之○正義曰以康叔不得二國故知後世子孫也頃公之惡邶人刺之則頃公以前已兼邶其鄘或亦然矣周自昭王以後政教陵遲諸侯或強弱相陵故得兼彼二國混一其境同名曰衛也此殷畿千里不必邶鄘之地止建二國也或多建國數漸并於衛不必一時滅之故云稍并兼也地理志云武王崩三監叛周公誅之盡以其地封弟康叔號曰孟侯遷邶鄘之民於洛邑故邶鄘衛三國之詩相與同風如志之言則康叔初即兼彼二國非子孫矣服虔依以爲說鄭不然者以周之大國不過五百里王畿千里康叔與之同反過周公非其制也○七世至頃侯當周夷王時衛國政衰變風始作○正義曰衛世家云康叔卒子康伯立卒子孝伯立卒子嗣伯立卒子㨗伯立卒子靖伯立卒子貞伯立卒子頃侯立除頃侯故七世也又曰頃侯厚賂周夷王夷王命爲衛侯故知當夷王時此鄭數君世諸國不同齊陳并數有詩之君此及曹不數頃公共公又不數及魯則并數此皆隨便而言不爲例也故作者各有所傳從其國本而異之爲邶鄘衛之詩焉○正義曰綠衣日月終風燕燕柏舟河廣泉水竹竿述夫人衛女之事而得分屬三國者如此譜說定是三國之人所作非夫人衛女自作矣泉水竹竿俱述思歸之女而分在異國明是二國之人作矣女在他國衛人得爲作詩者蓋大夫聘問往來見其思歸之狀而爲之作歌也唯載馳一篇序云許穆夫人作也左傳曰許穆夫人賦載馳列女傳稱夫人所親作或是自作之也若許穆夫人所作

而得入鄘風者蓋以於時國在鄘地故使其詩屬鄘也木瓜美齊猗嗟刺魯各從所作之風不入所述之國許穆夫人之詩得在衛國者以夫人身是衛女辭爲衛發故使其詩歸衛也宋襄之母則身已歸宋非復宋婦其詩不必親作故在衛焉并邶鄘分爲三國鄭并十邑不分之者以鄭在西都十邑之中無鄭名又皆國小土風不興不似邶鄘之地大與衛同又先有衛名故分之也雖分從邶鄘其實衛也故序每篇言衛明是衛詩猶唐實是晉故序亦每篇言晉也其秦仲陳佗皆以字配國當謚號之稱舜爲國名而施也君異國之君必以國配謚恐與其君相亂若河廣宋襄木瓜齊桓猗差魯莊公之輩是也三國如此次者以君世之首在前者爲先故世家頃侯卒子釐侯立四十二年卒子共伯餘立爲君共伯弟和襲攻共伯於墓上共伯自殺衛人立和爲衛侯是爲武公以頃公三國詩之最先故邶在前也鄘柏舟與淇奧雖同是武公之詩共姜守義事在武公政美入相之前故鄘次之衛爲後也凡編詩以君世爲次此三國當其君之時或作或否其有詩者各於其國以君世爲次也世家曰武公即位修康叔政百姓和集五十年卒子莊公楊立二十三年卒太子完立是爲桓公二年弟州吁驕奢桓公黜之十六年州吁襲殺桓公而自立九月殺州吁于濮迎桓公子晉於邢而立之是爲宣公十九年卒太子朔立是爲惠公四年奔齊立公子黔牟黔牟立八年惠公復入三十三年卒子懿公赤立九年爲狄所滅立昭伯頑之子申爲戴公元年卒立弟燬是爲文公此其君次也序者或以事明主或言其謚或終始備言或與初見未義相發明要在理著而已若一君止一篇者明言號謚多則文有詳略邶柏舟云頃公之時則頃公詩也綠衣莊姜傷已妾上僭當莊公時則莊公詩也詩述莊姜而作故序不言莊公也燕燕云莊姜送歸妾也妾非夫人所當出出不當夫人送今云送歸妾明子死乃送之是州吁詩也日月終風擊鼓序皆云州吁凱風從上明之皆自州吁詩也雄雉匏有苦葉序言宣公舉其始新臺二子乘舟復言宣公詩其終則谷風式微旄丘簡兮泉水北門北風靜女在其閒皆宣公詩也鄘柏舟云共伯蚤死其妻守義明武公時作則武公詩也牆有茨公子頑通於君母君母則惠公母則惠公詩也鶉之奔奔云宣姜亦是惠公之母則君子偕老桑中在其間亦皆惠公詩也定之方中蝃蝀相鼠千旄序皆云文公文公詩可知載馳序云懿公爲狄人所滅露於漕邑則戴公詩也在文公下者後人不能盡得其次第爛於下耳衛淇奧云美武公則武公詩矣考槃碩人序皆云莊公則莊公詩也氓云宣公之時則宣公詩也竹竿從上言之亦宣公詩也芄蘭刺惠公則惠公詩也河廣云宋襄公母歸于衛母雖父所出而文繫於襄公明襄公即位乃作襄公以魯僖十年即位二十一年卒終始當衛文公則文公詩矣伯兮云爲王前驅有狐序云衛之男女失時皆不言謚在河廣木瓜之間則似文公詩矣但文公惠公之時無從王征伐之事惟桓五年秋蔡人衛人陳人從王伐鄭當宣公時則伯兮宣公詩也伯兮既爲宣公詩則有狐亦非文公詩也文公滅而復興詩無刺者不得有男女失時之歌則有狐亦宣公詩也與伯兮俱爛於此本在芃蘭之上序者於氓舉宣公以明下故不復言宣公耳推此則換爛在作序之後故舉上明下若本第於此則伯兮宜言謚以辨嫌不宜越芃蘭河廣而蒙氓詩之序也木瓜云齊桓公救而封之則文公詩也故鄭於左方中皆以此知之也然鄭於其君之下云某篇某作者準其時之事而言其作未必即此君之世作也何則文王之詩有在成王時作者是不必其時即作也春秋之義未踰年不成君而州吁以春弒君九月死於濮不成君而得有詩者以其已在君位百姓蒙其

惡故得作詩以刺之也柏舟共姜自誓不爲共伯詩者以共伯已死其妻守義當武公之時非共伯政教之所及所以爲武公詩也諸變詩一君有數篇者大率以事之先後爲次故衛宣公先燕於夷姜後納伋妻邶詩先匏有苦葉後次新臺是以事先後爲次也舉此而言則其餘皆以事次也牆有茨鶉之奔奔皆刺宣姜其篇不次而使桑中間之則編篇之意或以事義相類或以先後相次序注無其明說難以言之

柏舟。言仁而不遇也。衛頃公之時。仁人不遇。小人在側。不遇者君不受已之志也君近小人則賢者見侵害○柏木名頃音傾近附近之近【疏】柏舟五章章六句○不遇至侵害○正義曰箋以仁人不遇嫌其不得進仕故言不遇者君不受已之志以言亦汎其流明與小人並列也言不能奮飛是在位不忍去也穀梁傳曰遇者何志相得是不得君志亦爲不遇也二章云薄言往愬逢彼之怒是君不受已之志也四章云覯閔既多受侮不少是賢者見侵害也

汎彼柏舟。亦汎其流。興也汎汎流貌柏木所以宜爲舟也亦汎汎其流不以濟度也箋云舟載渡物者今不用而與物汎汎然俱流水中興者喻仁人之不見用而與羣小人並列亦猶是也○汎敷劒反汎流貌本或作汎汎流貌者此從王肅注加○**耿耿不寐。如有隱憂。**耿耿猶儆儆也隱痛也箋云仁人既不遇憂在見侵害○耿古幸反儆音景**微我無酒。以敖以遊。**非我無酒可以敖遊忘憂也○敖本亦作遨五羔反【疏】汎彼至以遊○正義曰言汎然而流者是彼柏木之舟此柏木之舟宜用濟渡今而不用亦汎汎然其與衆物俱流水中而已以與在列位者是彼仁德之人此仁德之人宜用輔佐今乃不用亦與衆小人並列於朝而已仁人既與小人並列恐其害於已故夜儆儆然不能寐如人有痛疾之憂言憂之甚也非我無酒可以敖遊而忘此憂但此憂之深非敖遊可釋也○汎流至濟渡○正義曰竹竿云檜楫松舟菁菁者莪云汎汎楊舟則松楊皆可爲舟言柏木所以宜爲舟者解以舟喻仁人之意言柏木所以宜爲舟猶仁人所以宜爲官非謂餘木不宜也○

我心匪鑒。不可以茹。鑒所以察形也茹度也箋云鑒之察形但知方圓白黑不能度其眞僞我心非如是鑒我於衆人之善惡外內心度知之○監本又作鑒甲暫反鏡也茹如預反徐音如庶反度待洛反下同**亦有兄弟。不可以據。**據依也箋云兄弟至親當相據依言亦有不相據依以爲是者希耳責之以兄弟之道謂同姓臣也**薄言往愬。逢彼之怒。**彼彼兄弟○愬蘇路反怒協韻乃路反○【疏】我心至之怒○正義曰仁人不遇故自稱已德宜所親用言我心非如鑒然不可以茹也我心則可以茹何者鑒之察形但能知外之方圓白黑不能度知內之善惡眞僞我心則可以度知內之善惡非徒如鑒然言能照察物者莫明於心鑒今已德踰之又與君同姓當相據依天下時亦有兄弟不可以據依者猶尚希耳庶君應不然何由亦不可以據乎我既有德又與君至親而不遇我薄往君所愬之反逢彼君之恚怒不受已志也○箋責之至姓臣○正義曰此責君而言兄弟者此仁人與君同姓故以兄弟之道責之言兄弟者正謂君與已爲兄弟也故逢彼之怒傳曰彼彼兄弟正謂逢遇君之怒以君爲兄弟也

我心匪石。不可轉也。我心匪席。不可卷也。石雖

堅尚可轉席雖平尚可卷箋云言己心志堅平過於石席○卷眷勉反注同○**威儀棣棣，不可選也。**君子望之儼然可畏禮容俯仰各有威儀耳棣棣富而閑習也物有其容不可數也箋云稱已威儀如此者言己德備而不遇所以慍也○棣本或作逮同徒帝反又音代選雪兗反選也儼魚檢反本或作嚴音同數色主反○【疏】我心至可選○正義曰仁人既不遇故又陳己德以怨於君言我心非如石然石雖堅尚可轉我心堅不可轉也我心又非如席然席雖平尚可卷我心平不可卷也非有心志堅平過於石席又有儼然之威俯仰之儀棣棣然富備其容狀不可具數內外之稱其德如此今不見用故已所以怨○傳君子至可數○正義曰此言君子望之儼然可畏解經之威也禮容俯仰各有宜耳解經之儀也論語曰君子正其衣冠尊其瞻視儼然人望而畏之左傳曰有威而可畏謂之威有儀而可象謂之儀是也言威儀棣棣然富備而閑曉貫習爲之又解不可選者物各有其容遵時制宜不可數昭九年左傳曰服以旌禮禮以行事事有其物物有其容是也○

憂心悄悄，慍于羣小。慍怒也悄悄憂貌箋云羣小衆小人在君側者○悄七小反慍憂運反○**覯閔既多，受侮不少。**閔病也○遘古豆反本或作覯侮音武徐又音茂○**靜言思之，寤辟有摽。**靜安也辟拊心也摽拊心貌箋云言我也○辟本又作擗避亦反摽符小反拊音撫【疏】憂心至有摽○正義曰言仁人憂心悄悄然而怨此羣小人在於君側者也又小人見困病於我既多又我受小人侵侮不少故怨之也既不勝小人所侵害故我於夜中安靜而思念之則寤覺之中拊心而摽然言怨此小人之極也覯閔既多受侮不少言覯自彼加我之辭言受從己受彼之稱耳○傳摽拊心貌○正義曰辟既爲拊心卽云有摽故知摽拊心貌謂拊心之時其手摽然

日居月諸，胡迭而微。箋云日君象也月臣象也微謂虧傷也君道當常明如日而月有虧盈今君失道而任小人大臣專恣則日如月然○迭待結反韓詩作臷音同云臷常也○**心之憂矣，如匪澣衣。**如衣之不澣矣箋云衣之不澣則憒辱無照察○澣戶管反憒古對反○**靜言思之，不能奮飛。**不能如鳥奮翼而飛去箋云臣不遇於君猶不忍去厚之至也【疏】日居至奮飛○正義曰日當常明月卽有虧今日何爲與月更迭而虧傷乎猶君何爲與臣更迭而屈伸乎日實無虧傷但以日比君假以言之耳君既失道小人縱恣仁人不遇故心之憂矣如不澣之衣衣不澣憒辱無照察似己之憂煩憒無容樂仁人憂不自勝言我安靜而思君惡如是意欲逃亡但以君臣之故不能如鳥奮翼而飛去鳥能擇木故取譬焉○箋日居至月然○正義曰禮器曰大明生於東月生於西陰陽之分夫婦之位也則日月喩夫婦也孝經讖曰兄日姊日月又喩兄姊以其陰陽之象故隨尊卑爲喩居諸者語助也故日月傳曰日乎月乎不言居諸也檀弓云何居我未之前聞也注云居語助也左傳曰皋陶庭堅不祀忽諸服虔云諸辭是居諸皆不爲義也微謂虧傷者禮運云三五而盈三五而闕注云一盈一闕屈伸之義是也十月之交云彼月而微此日而微箋云微謂不明也以爲日月之食知此微非食者以經責日云何迭而微是日不當微也若食則日月同有何責云胡迭而微故知謂虧傷也彼十月之交陳食事故微謂食與此別○箋臣不至之至○正義曰此仁人以兄弟之道責君則同姓之臣故思厚之至不忍去也以箴膏肓云楚鬻拳同姓有不去之恩論語註云箕子比干不忍去皆是同姓之臣有親屬之恩君雖無道不忍去之也然君臣義合道終不行雖同姓有去之理故微子去之與箕子比干同稱三仁明同姓之臣有得去之道也

柏舟五章，章六句。

綠衣，衛莊姜傷己也。妾上僭，夫人失位，而作是詩也。綠當爲褖故作褖轉作綠字之誤也莊姜莊公夫人齊女姓姜氏妾上僭者謂公子州吁之母母嬖而州吁驕○綠毛如字綠東方之間色也鄭改作褖吐亂反篇內各同妾上時掌反注上僭皆同僭子念反吁況于反嬖補計反謚法云賤而得愛曰嬖嬖卑也媟也○【疏】綠衣四章章四句至是詩○正義曰作綠衣詩者言衛莊姜傷己也由賤妾爲君所嬖而上僭夫人失位而幽微傷己不被寵遇是故而作是詩也四章皆傷辭此言而作是詩及故作是詩皆序作詩之由不必卽其人自作也故淸人序云危國亡師之本故作是詩非高克自作也雲漢云百姓見憂故作是詩非百姓作之也若新臺云國人惡之而作是詩碩人云國人憂之而作是詩卽是國人作之各因其勢言之非一端不得爲例也○箋綠當至呼驕○正義曰必知綠誤而褖是者此綠衣與內司服綠衣字同內司服掌王后之六服五服不言色唯綠衣言色明其誤也內司服注引雜記曰夫人復稅衣褕翟又喪大記曰士妻以褖衣言褖衣者甚衆字或作稅此綠衣者實作褖衣也以此言之內司服無綠衣而禮記有之則褖衣是正也彼綠衣宜爲褖衣故此褖衣亦爲褖衣也詩者詠歌宜因其所有之服而言之不宜舉實無之綠衣以爲喩故知當作褖也隱三年左傳曰衞莊公娶於齊東宮得臣之妹曰莊姜是齊女姓姜氏也又曰公子州吁嬖人之子也州吁之母嬖也又曰有寵而好兵石碏諫曰寵而不驕鮮矣是州吁驕也定本妾上僭者謂公子州吁之母也母嬖而州吁驕

綠兮衣兮，綠衣黃裏。興也綠間色黃正色箋云褖兮衣兮者言褖衣自有禮制也諸侯夫人祭服之下鞠衣爲上展衣次之褖衣次之次之者衆妾亦以貴賤之等服之鞠衣黃展衣白褖衣黑皆以素紗爲裏今褖衣反以黃爲裏非其禮制也故以喩妾上僭○裏音里間間厠之間鞠居六反言如麴塵之色王后之服四曰鞠衣色黃也展知彥反字亦作襢音同王后之服五曰襢衣毛氏云融皆云色赤鄭云色白紗音沙

心之憂矣，曷維其已。憂雖欲自止何時能止也【疏】綠兮至其已○毛以間色之綠不當爲衣猶不正之妾不宜嬖寵今綠兮乃爲衣兮間色之綠今爲衣而見正色之黃反爲裏而隱以興今妾兮乃蒙寵兮不正之妾今蒙寵而顯正嫡夫人反見疏而微綠衣以邪干正猶妾以賤陵貴夫人既見疏遠故心之憂矣何時其可以止也○鄭以爲婦人之服有褖衣今見妾上僭因以褖衣失制喩嫡妾之亂言褖兮衣兮褖衣自有禮制當以素紗爲裏今褖衣反以黃爲裏非其制也以喩賤兮妾兮賤妾自有定分當以謙恭爲事今賤妾反以驕僭爲事亦非其宜妾之不可陵尊猶衣之不可亂制汝賤妾何爲上僭乎餘同○傳綠間色黃正色○正義曰綠蒼黃之間色黃中央之正色故云綠間色黃正色言間正者見衣正色不當用間故玉藻云衣正色裳間色王肅云夫人正嫡而幽微妾不正而尊顯是也○箋褖兮至上僭○正義曰褖衣黃裏爲非制明褖兮衣兮言其自有禮制也禮制者素紗爲裏是也又言諸侯夫人祭服以下至褖衣黑者解以褖衣爲喩之意由諸侯之妾有褖衣故假失制以喩僭也內司服掌王后之六服褘衣褕翟闕翟鞠衣展衣褖衣素紗注云后從王祭先王則服褘衣祀先公則服褕翟祭羣小祀則服闕翟后以三翟爲祭服夫人於其國衣服與王后同亦三翟爲祭服衆妾不得服之故鞠衣以下衆妾以貴賤之等服之也內司服又曰辨外內命婦之服鞠衣展衣褖衣素紗注云內命婦之服鞠衣九嬪也展衣世婦也褖衣女御也鄭以經稱命婦之服王之三夫人與諸侯夫人名同則不在命婦之中矣故注云三夫人其闕翟以下乎自九嬪以下三等故爲此次也夫人於其國與王后同明鞠衣以下衆妾各以其等服之可知也此服既有三則衆妾亦分爲三等蓋夫人下姪娣鞠衣二媵展衣其餘褖衣也知鞠衣黃展衣白褖衣黑者以士冠禮陳服於房中爵弁服皮弁服玄端及士喪禮陳襲事於房中爵弁服皮弁服褖衣以褖衣當玄端玄端黑則褖衣亦黑也故內服注以男子之褖衣黑則知婦人之褖衣亦黑也又子羔之襲褖衣纁袡袡用纁則衣用黑明矣褖衣既黑以四方之色逆而差之則展衣白鞠衣黃可知皆以素紗爲裏者以周禮六服之外別言素紗明皆以素紗爲裏也今褖衣反以黃爲裏非其制故以喩妾上僭也然則鞠衣展衣亦不得以黃爲裏獨舉褖衣者詩人意所偶言無義例也○

綠兮衣兮，綠衣黃裳。上曰衣下曰裳箋云婦人之服不殊衣裳上下同色今衣黑而裳黃喩亂嫡妾之禮○嫡本亦作適同丁歷反【疏】綠衣黃裳○毛以爲間色之綠今爲衣而在上正色之黃反爲裳而處下以興不正之妾今蒙寵而尊正嫡夫人反見疏而卑前以表裏興幽顯則此以上下喩尊卑雖嫡妾之位不易而莊公禮遇有薄厚也鄭以婦人之服不殊裳褖衣當以黑爲裳今反以黃爲裳非其制以喩賤妾當以謙恭爲事今反上僭爲事亦非其宜○箋婦人至同色○正義曰言不殊裳者謂衣裳連則色同故云上下同色也定本集注皆云不殊衣裳喪服云女子子在室爲父布總箭笄髽衰三年直言衰不言裳則裳與衰連故注云不言裳者婦人之服不殊裳是也知非吉凶異者士昏禮云女次純衣及禮記子羔之襲褖衣纁袡爲一稱諸襲婦服皆不言裳是吉服亦不殊裳也若男子朝服則緇衣素裳喪服則斬衰素裳吉凶皆殊衣裳也

心之憂矣，曷維其亡。箋云亡之言忘也○

綠兮絲兮，女所治兮。綠末也絲本也箋云女女妾上僭者先染絲後製衣皆女之所治爲也而女反亂之亦喩亂嫡妾之禮責以本末之行禮大夫以上衣織故本於絲也○女崔云毛如字鄭音汝行下孟反下同以上時掌反衣織於既反下音志

我思古人，俾無訧兮。俾使訧過也箋云古人謂制禮者我思此人定尊卑使人無過差之行心善之也○俾卑爾反抗必履反訧音尤本或作尤差初責反又初佳反○【疏】綠兮至訧兮○毛以爲言綠兮而由於絲兮此女人之所治以興使妾兮而承於嫡兮此莊公之所治由絲以爲綠卽綠爲末絲爲本猶承嫡而使妾則妾爲卑而嫡爲尊公定尊卑不可亂猶女治絲本末不可易今公何爲而使妾上僭而令尊卑亂乎莊姜既見公不能定尊卑使己微而妾顯故云我思古之君子妻妾有序自使其行無過差者以莊公不能然故思之○鄭言爲褖衣兮當先染絲而後製衣是汝婦人之所爲兮汝何故亂之先製衣而後染使失制度也以興嫡在先而尊貴妾在後而卑賤是汝妾之所爲汝何故亂令妾在先而尊嫡在後而卑是亂嫡妾之禮失本末之行莊姜既見此妾上僭違於禮制故我思古制禮之人定尊卑使人無過差之行者禮令下不僭上故思之○傳綠末絲本○正義曰

織綠而爲繒染之以成綠故云綠末絲本以喻妾卑嫡尊也上章言其反幽顯此章責公亂尊卑。箋女妾至於絲。正義曰以此詩傷妾之僭已故知汝妾之上僭者大夫以上衣織故知此先染絲後製衣染絲製衣是婦人之事故言汝所治爲也此衣非上僭之妾所自治但衣者婦人所作假言衣之失製以喻妾之上僭耳故汝上僭之妾言汝反亂之喻亂嫡妾之禮也云亂嫡妾之禮責之以本末之行本末者以先染絲爲本後製衣爲末大意與毛同但毛以染綠爲末箋以製衣爲末耳箋亦以本喻嫡以末喻妾故云亂嫡妾之禮責之以本末之行又解本絲之意由大夫以上衣織故本之知者玉藻云士不衣織士不得明大夫以上得也染人掌染絲帛染絲謂衣織者也

絺兮綌兮。淒其以風。淒寒風也箋云絺綌所以當暑今以待寒喻其失所也。○淒七西反 我思古人實獲我心。古之君子實得我之心也箋云古之聖人制禮者使夫婦有道妻妾貴賤各有次序【疏】絺兮至我心。○毛以爲絺兮綌兮當服之以暑時今用之於淒其以風之月非其宜也以興嫡兮妾兮當節之以禮今使之驕其然以亂之亦非其宜也言絺綌不以當暑猶嫡妾不以其禮故莊姜云我思古之君子定尊卑實得我之心。○鄭以爲言絺兮綌兮不當暑今以待淒然寒風失其所以興賤兮妾兮所以守職今以上僭於尊位亦失其所故思古之人制禮使妻妾貴賤有次序令妾不得上僭者實得我之心也。○傳淒寒風。○正義曰四月云秋日淒淒寒涼之名也此連云以風故云寒風也。○傳古之君子。○正義曰傳以章首二句皆責莊公不能定其嫡妾之禮故以爲思古之君子謂能定尊卑使妻妾次序者也。○箋古之聖人制禮者。○正義曰箋以上二句皆責妾之上僭故以爲思古之聖人制禮者使貴賤有序則妾不得上僭故思之

綠衣四章章四句

燕燕。衛莊姜送歸妾也。莊姜無子陳女戴媯生子名完莊姜以爲己子莊公薨完立而州吁殺之戴媯於是大歸莊姜遠送之于野作詩見己志。○燕於見反戴媯居危反戴謚也媯陳姓也完字又作皃俗音九郎反衛桓公也殺如字又申志反見賢遍反。【疏】燕燕四章章六句至歸妾。○正義曰作燕燕詩者言衛莊姜送歸妾也謂戴媯大歸莊姜送之經所陳皆訣別之後述其送之事也。○箋莊姜至己志。○正義曰隱三年左傳曰衛莊公娶于齊東宮得臣之妹曰莊姜美而無子又娶于陳曰厲媯生孝伯早死其娣戴媯生桓公莊姜以爲己子四年春州吁殺桓公經書弒其君完是莊姜無子完立州吁殺之之事也由其子見殺故戴媯於是大歸莊姜養其子與之相善故越禮遠送於野作此詩以見己志也知歸是大歸戴媯者經云先君之思則莊公薨矣桓公之時母不當輒歸雖歸非莊姜所當送歸明桓公死後其母見子之殺故歸莊姜養其子同傷桓公之死故泣涕而送之也大歸者不反之辭故文十八年夫人姜氏歸于齊左傳曰大歸也以歸寧者有時而反此即歸不復來故謂之大歸也衛世家云莊公娶齊女爲夫人而無子又娶陳女爲夫人生子早死陳女女娣亦幸於莊公而生子完完母死莊公命夫人齊女子之立爲太子禮諸侯不再娶且莊姜仍在左傳唯言又娶於陳不言爲夫人世家云又娶陳女爲夫人非也左傳唯言戴媯生桓公莊姜養之以爲己子不言其死云完母死亦非也然傳言又娶者蓋謂媵也左傳曰同姓媵之異姓則否此陳其得媵莊姜者春秋之世不能如禮

燕燕于飛。差池其羽。燕燕鳦也燕之于飛必差池其羽箋云差池其羽謂張舒其尾翼興戴媯將歸顧視其衣服。○差楚佳反又楚宜反池如字鳦音乙本又作乙郭烏拔反。之子于歸。遠送于野。之子去者也歸歸宗也遠送過禮于於也郊外曰野箋云婦人之禮送迎不出門今我送是子乃至于野者舒己憤盡己情。○野如字協韻羊汝反沈云協句宜音時預反後放此憤符粉反 瞻望弗及。泣涕如雨。瞻視也。○涕他禮反徐又音弟【疏】燕燕至如雨。○正義曰燕燕往飛之時必舒張其尾翼以興戴媯將歸之時亦顧視其衣服既視其衣服從此而去是此去之子往歸於國我莊姜遠送之至於郊外之野既至於野與之訣別己留而彼去稍稍更遠瞻望之不復能及故念之泣涕如雨然也上二句謂其將行次二句言已在路下二句言既訣之後。○傳燕燕鳦。○正義曰釋鳥巂周燕燕鳦孫炎曰別三名舍人曰巂周名燕燕又名鳦郭璞曰一名玄鳥齊人呼鳦此燕即今之燕也古人重言之漢書童謠云燕燕尾涎涎是也鳦乙字異音義同郭氏一音烏拔反。○箋差池至衣服。○正義曰差池者往飛之貌故云舒張其尾翼翼也而兼言尾者以飛時尾亦舒張故也鳥有羽猶人有衣服故知以羽之差池喻顧視衣服既飛而有上下故以頡之頏之喻出入前却既上下而有音聲故以上下其音喻言語大小取管連頻各以其次。○箋婦人送迎不出門。○正義曰僖二十二年左傳文。○

燕燕于飛。頡之頏之。飛而上曰頡飛而下曰頏。箋云頡頏興戴媯將歸出入前却。○頡戶結反頏戶郎反上時掌反篇內皆同【疏】傳飛而至曰頏。○正義曰此及下傳上音下音皆無文以經言往飛之時頡之頏之明頡頏非一也故知上曰頡下曰頏下經言下上其音音無上下唯飛有上下耳知飛而上音曰上音飛而下音曰下音也。○ 之子于歸。遠于將之。將行也箋云將亦送也 瞻望弗及。佇立以泣。佇立久立也。○佇直呂反

燕燕于飛。下上其音。飛而上曰上音飛而下曰下音。箋云下上其音興戴媯將歸言語感激聲有小大。○激經歷反 之子于歸。遠送于南。陳在衛南。○南如字沈云協句宜乃林反今謂古人韻緩不煩改字 瞻望弗及。實勞我心。○實是也本亦作寔

仲氏任只。其心塞淵。仲戴媯字也任大塞瘞淵深也箋云任者以恩相親信也周禮六行孝友睦婣任恤。○任入林反沈云鄭而鴆反塞瘞於例反崔集注本作實行下孟反下篇同 終溫且惠。淑慎其身。惠順也箋云溫謂顏色和也淑善也 先君之思。以勗寡人。勗勉也箋云戴媯思先君莊公之故故將歸猶勸勉寡人以禮義寡人莊姜自謂也。○勗凶玉反徐又況目反【疏】仲氏至寡人。○正義曰莊姜既送戴媯而思其德行及其言語乃稱其字言仲氏有大德行也其心誠實而深遠也又終當顏色溫和且能恭順善自謹慎其身內外之德既如此又於將歸之時思先君之故勸勉寡人以禮義也。○鄭唯任字爲異言仲氏有任之德能以恩相親信也。○傳仲戴至任大。○正義曰婦人不以名行今稱仲氏明是其字禮記男女異長注云各自爲伯季故婦人稱仲氏也任大釋詁文也定本任大之下云塞瘞也俗本塞實也。○箋任者至任恤。○正義曰箋以此二句說戴媯之操行故知爲任恤言其能以恩相親信也故引六行之任以證之周禮注云善於父母爲孝善於兄弟爲友睦親於九族婣親於外親任信於友道恤振於憂貧。○箋戴媯至禮義。○正義曰以勸勉之故知是禮義也坊記引此詩注以爲夫人定姜之詩不同者鄭志答炅模云爲記注時就盧君先師亦然後乃得毛公傳記古書義又且然記注已行不復改之

燕燕四章章六句

日月。衛莊姜傷己也。遭州吁之難。傷己不見荅於先君。以至困窮之詩也。○難乃旦反以至困窮之詩也舊本皆爾俗本或作以至困窮而作是詩也誤【疏】日月四章章六句至困窮。○正義曰俗本作以致困窮之詩者誤也

日居月諸。照臨下土。日乎月乎照臨之也箋云日月喻國君與夫人也當同德齊意以治國者常道也 乃如之人兮。逝不古處。逝逮古故也箋云之人是人也謂莊公也其所以接及我者不以故處甚違其初時。○處昌慮反又昌呂反 胡能有定。寧不我顧。胡何定止也箋云寧猶曾也君之行如是何能有所定乎曾不顧念我之言是其所以不能定完也。○顧本又作顧如字徐音古此亦協韻也後放此。○【疏】日居至我顧。○正義曰言日乎以照晝月乎以照夜故得同曜齊明而照臨下土以興國君也夫人也國君視外治夫人視內政當亦同德齊意以治理國事如此是其常道今乃如是人莊公其所接及我夫人不以古時恩意處遇之是不與之同德齊意失月配日之義也公於夫婦尚不得所於衆事亦何能有所定乎曾不顧念我之言而已無能有所定也。○傳逝逮。○正義曰釋言文也又曰逮及也故箋云其所以接及我者下章傳云不及我以相好皆爲及也顧下章傳亦宜倒讀云不及我以故處也雖倒義與鄭同但鄭順經文故倒與傳異耳。○箋是其至定完。○正義曰此本傷君不荅於己言夫婦之道尚是於衆事何能有所定乎然則莊公是不能定事之人鄭引如不能定事之驗謂莊公不能定完者隱三年左傳曰公子州吁有寵而好兵公不禁石碏諫曰將立州吁乃定之矣若猶末也階之爲禍是公有欲立州吁之意故杜預云完雖爲莊姜子然太子之位未定是完不爲太子也左傳唯言莊姜以爲己子不言爲太子而世家云命夫人齊女子之立爲太子非也。○

日居月諸。下土是冒。冒覆也箋云覆猶照臨也 乃如之人兮。逝不相好。不及我以相好箋云其所以接及我者不以相好之恩情甚於己薄也。○好呼報反注同王崔申毛如字 胡能有定。寧不我報。盡婦道而不得報。○

日居月諸。出自東方。日始月盛皆出東方箋云自從也言夫人當盛之時與君同位 乃如之人兮。德音無良。音聲良善也箋云無善恩意之聲語於我也。○語魚據反 胡能有定。俾也可忘。箋云俾使也君之行如此何能有所定使是無良可忘也【疏】日居至可忘。○正義曰言日乎月乎日之始照月之盛望皆出東方言月盛之時有與日同以興國君也夫人也國君之平常夫人之隆盛皆秉其國事夫人之盛時亦當與君同如此是其常今乃如之人莊公會無良善之德音以處語夫人是疏遠己不與之同位失月配日之義君之行如是何能有所定使是無良之行可

忘也○傳日始至東方○正義曰日月雖分照晝夜而日恒明月則有盈有闕不常盛盛則與日皆出東方猶君與夫人雖各聽內外而君恒伸夫人有屈有伸伸則與君同居尊位故箋云夫人當盛之時與君同位○箋無善至于我○正義曰如箋所云則當倒讀云無良德音謂無善恩意之音聲處語我夫人也

日居月諸，東方自出。父兮母兮，畜我不卒。箋云畜養卒終也父兮母兮者言己尊之如父又親之如母乃反養遇我不終也○**胡能有定，報我不述。**述循也箋云不循不循禮也○述本亦作術

日月四章章六句

終風，衛莊姜傷己也。遭州吁之暴，見侮慢而不能正也。正猶止也〔疏〕終風四章章四句至不能正○正義曰暴與難一也遭困窮是厄難之事故上篇言難見侮慢是暴戾之事故此篇言暴此經皆是暴戾見侮慢之事

終風且暴，顧我則笑。興也終日風為終風暴疾也笑侮之也箋云既竟日風矣而又暴疾興者喻州吁之為不善如終風之無休止而其間又有甚惡其在莊姜之旁視莊姜則反笑之是無敬心之甚○終風韓詩云西風也○**謔浪笑敖，**言戲謔不敬○謔許約反浪力葬反韓詩云起也笑本又作咲俗字也悉妙反敖五報反**中心是悼。**箋云悼者傷其如是然而已不能得而止之○〔疏〕終風至是悼○正義曰言天既終日風且其間有暴疾以興州吁既不善而其間又有甚惡在我莊姜之傍顧視我則反笑之又戲謔調笑而敖慢己莊姜無如之何中心以是悼傷傷其不能止之○傳暴疾○正義曰釋天云日出而風為暴孫炎曰陰雲不興而大風暴起然則為風之暴疾故云疾也○傳言戲謔不敬○正義曰釋詁云謔浪笑敖戲謔也舍人曰謔戲謔也浪意明也笑心樂也敖意舒也戲笑邪戲也謔笑之貌也郭璞曰謂調戲也此連云笑敖故為不敬淇奧云善戲謔兮明非不敬也○

終風且霾，霾雨土也○霾亡皆反徐又莫戒反雨于付反風而雨土為霾**惠然肯來。**言時有順心也箋云肯可也有順心然後可以來至我旁不欲見其戲謔○肯來如字古協思韻多音梨他皆放此**莫往莫來，悠悠我思。**人無子道以來事己己亦不得以母道往加之箋云我思其如是心悠悠然○我思如字〔疏〕終風至我思○正義曰毛以為天既終日風且又有暴甚雨土之時以興州吁常為不善又有甚惡恚怒之時州吁之暴既如是又不肯數見莊姜時有順心然後肯來雖來復侮慢之與上互也州吁既然則無子道以來事己是莫來也由此己不得以母道往加之是莫往也今既莫往莫來母子恩絕悠悠然我心思之言思其如是則悠悠然也○鄭惟惠然肯來為異以上云顧我則笑是其來無順心明莊姜不欲其來且州吁之暴非有順心肯來也故以為若有順心則可來我傍既無順心不欲見其來而戲謔也○傳霾雨土○正義曰釋天云風而雨土為霾孫炎曰大風揚塵土從上下也○傳人無至加之○正義曰以本由子不事己己乃不得以母道往加之故先解莫來後解莫往經先言莫往者蓋取便文也○

終風且曀，不日有曀。陰而風曰曀箋云有又也既竟日風且復曀不見日矣而又曀者喻州吁闇亂甚也○曀於計反復扶富反○**寤言不寐，願言則嚏。**嚏跲也箋云言我願思也嚏讀當為不敢嚏咳之嚏我其憂悼而不能寐汝思我心如是我則嚏也今俗人嚏云人道我此古之遺語也○疐本又作嚏又作疐舊竹利反又丁四反又豬吏反或竹季反劫也鄭作嚏音都麗反劫也居業反本又作跲音同又渠業反孫毓同崔云毛訓疐為劫今俗人云欠欠劫劫是也不作劫字人體倦則伸志倦則劫案音巨據反玉篇云劫欠張口也咳開愛反○〔疏〕終風至則嚏○毛以為天既終日風且復陰而曀不見日光矣而又曀以興州吁既常不善且復怒而甚不見喜悅矣而又甚州吁既暴如是矣莊姜言我寤覺而不能寐願以母道往加之我則嚏跲而不行○鄭唯下一句為異具在箋○傳陰而風曰曀○正義曰釋天文孫炎曰雲風曀日光○箋既竟至亂甚○正義曰此州吁暴益甚故見其漸也言且曀者且陰往曀日其陰尚薄不見日則曰曀也復云曀則陰雲益甚天氣彌闇故云喻州吁之闇亂甚也以且曀己喻其闇又曀彌益其闇故云甚也○傳嚏跲○正義曰王肅云願以母道往加之則嚏跲而不行跲與劫音義同也定本集注並同○箋嚏讀至遺語○正義曰內則云子在父母之所不敢嗞噫嚏咳此讀如之也言汝思我心如是解經之願也言我則嚏解經言則嚏也稱俗人云者以俗之所傳有驗於事可以取之左傳每引諺曰詩稱人亦有言是古有用俗之驗

曀曀其陰，如常陰曀曀然**虺虺其靁。**暴若震靁之聲虺虺然○**寤言不寐，願言則懷。**懷傷也箋云懷安也女思我心如是我則安也○女音汝下同後可以意求之疑者更出虺虛鬼反〔疏〕曀曀至則懷○毛以為天既曀曀然其常陰又虺虺然其震雷也以興州吁之暴如是故莊姜言我夜覺常不寐願以母道往加之我則傷心○鄭唯下句為異言汝州吁思我心如是我則安○傳如常陰曀曀然○正義曰上終風且曀且其間有曀時不常陰此重言曀曀連云其陰故云常陰也言曀復曀則陰曀之甚也爾雅云陰而風為曀則此曀亦有風但前風有不陰故曀連終風此則常陰故直云曀有風可知也○傳暴若至虺然○正義曰雨雷則殷殷然此喻州吁之暴故以為震雷奮擊之聲虺虺然十月之交曰爗爗震電皆此類也

終風四章章四句

擊鼓，怨州吁也。衛州吁用兵暴亂，使公孫文仲將而平陳與宋。國人怨其勇而無禮也。將者將兵以伐鄭也平成也將伐鄭先告陳與宋以成其伐事春秋傳曰宋殤公之即位也公子馮出奔鄭鄭人欲納之及衛州吁立將修先君之怨於鄭而求寵於諸侯以和其民使告於宋曰君若伐鄭以除君害君為主敝邑以賦與陳蔡從則衛國之願也宋人許之於是陳蔡方睦於衛故宋公陳侯蔡人衛人伐鄭是也伐鄭在魯隱四年○將子亮反注將者同殤音傷馮本亦作憑同皮冰反蔡從才用反下陳蔡從同〔疏〕擊鼓五章章四句至無禮○正義曰作擊鼓詩者怨州吁也由衛州吁用兵暴亂乃使其大夫公孫文仲為將而興兵伐鄭又欲成其伐事先告陳及宋與之俱行故國人怨其勇而無禮怨與刺皆自下怨上之辭怨者情所恚恨刺者責其愆咎大同小異耳故論語注云怨謂刺上政譴云刺怨相尋是也言用兵暴亂者阻兵而安忍暴虐而禍亂也古者謂戰器為兵左傳曰鄭伯朝於楚楚子賜之金曰無以鑄兵兵者人所執因號人亦曰兵左傳曰敗鄭徒兵此箋云將者將兵是也然則此序云用兵者謂用人兵也經云踊躍用兵謂兵器也國人怨其勇而無禮經五章皆陳兵役之怨辭○箋將者至隱四年○正義曰知將兵伐鄭者州吁以隱四年春弒君至九月被殺其中唯夏秋再有伐鄭之事此言州吁用兵暴亂是伐鄭可知其時無伐陳宋之事而經序云平陳與宋傳有告宋使除君害之事陳侯又從之伐鄭故訓平為成也告陳與宋成其伐事也春秋曰以下皆隱四年左傳文也引之以證州吁有伐鄭先告陳之事也末言在魯隱四年者以州吁立不終此年唯有此伐鄭之事上直引傳曰其年不明故又詳之也宋殤公之即位[illegible]

擊鼓其鏜，踊躍用兵。鏜然擊鼓聲也使眾皆踊躍用兵也箋云此用兵謂治兵時○鏜吐當反**土國城漕，我獨南行。**漕衛邑也箋云此言眾民皆勞苦也或役土功於國或脩理漕城而我獨見使從軍南行伐鄭是尤勞苦之甚○漕音曹〔疏〕擊鼓至南行○正義曰言州吁[illegible]以

從孫子仲，平陳與宋。孫子仲謂公孫文仲也平陳於宋箋云子仲字也平陳於宋謂使告宋曰君為主邑以賦與陳蔡從○**不我以歸，憂心有忡。**憂心忡忡然箋云以猶與也與我南行不與我歸期兵凶事懼不得歸豫憂之○忡勑忠反〔疏〕從孫至有忡○正義曰國人從軍之士云我獨南行從孫

子仲成伐事於陳與宋成伐事者先告陳使從於宋與之俱行也當往之時不於與我以告歸期不知早晚得還故我憂心忡忡然豫憂不得歸也○傳孫子至文仲○正義曰經敘國人之辭既言從於文不得言公孫也箋云子仲字仲長幼之稱故知是字則文是謚也國人所言時未死不言謚序從後言之故以謚配字也○傳憂心忡忡然○正義曰傳重言忡忡者以忡為憂之意宜重言之出車云憂心忡忡是也○箋與我至豫憂之○正義曰采薇云曰歸曰歸歲亦莫止是與之歸期也故云兵凶事懼不得歸豫憂之解言不得歸期之意也言兵凶事者戰有必死之志故云凶也**爰居爰處。爰喪其馬。**有不還者有亡其馬者箋云爰於也不還謂死也傷也病也今於何居乎於何處乎於何喪其馬乎○喪息浪反注同**于以求之。于林之下。**山木曰林箋云于於也求不還者及亡其馬者當於山林之下軍行必依山林求其故處近得之○處昌慮反近附近之近【疏】爰居至之下○正義曰從軍之士懼不得歸言我等從軍或有死者病者有亡其馬者則於何居乎於何處乎於何喪其馬乎若我家人於後求我往於何處求之當於山林之下以軍行必依山林死傷病亡當在其下故令家人於林下求之也○傳有不至馬者○正義曰此解從軍之人所以言爰居爰處者由恐有不還者也言爰喪其馬者恐有亡其馬者故也○箋不還至馬乎○正義曰古者兵車十乘甲士三人步卒七十二人則死傷及病兼步卒亡其馬唯甲士耳○箋軍行至得之正義曰以軍行為所取給易必依險阻故於山林也是以肆師云祭兵于山川注云蓋軍之所依止也求其故處謂求其所依止之處近於得之○**死生契闊。與子成說。**契闊勤苦也說數也箋云從軍之士與其伍約死也生也相與處勤苦之中我與子成相說愛之恩志有相存救也○契本亦作挈同苦結反闊苦活反韓詩云約束也說音悅數色主反**執子之手。與子偕老。**偕俱也箋云執其手與之約誓示信也言俱老者庶幾俱免於難○偕音皆與之約如字又於妙反下同一本作與之約誓難乃旦反【疏】死生至偕老○毛以為從軍之士與其伍約云我今死也生也共處契闊勤苦之中親莫是過當與子危難相救成其軍伍之數勿得相背使非理死亡也於是執子之手殷勤約誓庶幾與子俱得保命以至於老不在軍陳而死王肅云言國人室家之志欲相與從生死契闊勤苦而不相離相與成男女之數相扶持俱老此似述毛非毛旨也卒章傳曰不與我生活言與是軍伍相約之辭則此為軍伍相約非室家之謂也○鄭唯成說為異言我與汝共受勤苦之中皆相說愛故當與子成此相悅愛之恩志在相救餘同○傳契闊勤苦○正義曰此敘士眾之辭連云死生明為從軍勤苦之義則契闊勤苦之狀○箋從軍至伍約○正義曰大司馬云五人為伍謂與其伍中之人約束也軍法有兩卒師旅其約亦可相及獨言伍者以執手相約必與親近故昭二十一年左傳曰不死伍乘軍之大刑也是同伍相救故舉以言之**于嗟闊兮。不我活兮。**不與我生活也箋云州吁阻兵安忍阻兵無眾安忍無親眾叛親離軍士棄其約離散相遠故吁嗟歎之闊兮女不與我相救活傷之○遠于萬反**于嗟洵兮。不我信兮。**洵遠信極也箋云歎其棄約不與我相親信亦傷之○洵呼縣反本或作詢誤也詢音荀韓詩作夐夐亦遠也信毛音申案信即古伸字也鄭如字【疏】于嗟至信兮○毛以為既臨伐鄭軍士棄約而乖散故其在軍之人歎而傷之云于嗟乎此軍伍之人今日與我乖闊兮不與我相存救而生活兮又重言之云于嗟乎此軍伍之人與我相疏遠兮不與我相存救使性命得申極兮乖闊疏遠及性命不得申極與不得生活兮一也下句配上句耳○鄭唯信兮為異言從軍之人與我疏遠不復與我相親信由不親信故不與已相救活義相接成也○箋州吁至傷之○正義曰隱四年左傳曰夫州吁阻兵而安忍阻兵無眾安忍無親眾叛親離難以濟矣杜預云恃兵則民殘民殘則眾叛安忍則刑過刑過則親離然則以州吁恃兵安忍故眾叛親離由是軍士棄其約散而相遠是以在軍之人傷其不相救活也時州吁不自行言州吁阻兵安忍者以伐鄭之謀州吁之由州吁暴虐民不得用故眾叛親離棄其約束不必要州吁自行乃致此也案左傳伐鄭圍其東門五日而還則不戰矣而軍士離散者以其民不得用雖未對敵亦有離心故有闊兮洵兮之歎也○傳信極○正義曰信古伸字故易曰引而信之伸即終極之義故云信極也

擊鼓五章章四句

毛詩注疏校勘記（二之一）

阮元撰盧宣旬摘錄

邶鄘衛譜

在上黨沾縣大黽谷 閩本明監本毛本沾誤沽案盧文弨云在當作出是也

則祿父也外 【補】毛本也作已案已字是也

頓丘今為郡名 閩本明監本毛本同案浦鏜云郡名當縣名引證唐志是也

成王尚幼矣 閩本明監本毛本同案此不誤浦鏜云成原文作今非也考段玉裁謂成王生時之稱乃今文家之說見酒誥釋文然則書傳當本是成字破斧正義引書傳成王幼亦可證

子孝伯立 閩本明監本毛本同案浦鏜云孝誤考是也

則身已歸宋 【補】宋當作衛

舜為國名而施也 閩本明監本同毛本舜作非案所改是也

五十年卒 閩本明監本毛本同案十下浦鏜云脫五字是也鄘柏舟正義所引有

迎桓公子晉於邢 閩本明監本毛本同案浦鏜云弟誤子是也

惠公復入三十三年卒 閩本明監本毛本同案下三字浦鏜云一誤考史記是也

二十一年卒 閩本明監本毛本同案浦鏜云依年表當作二十三年是也

故鄭於左方中 閩本明監本毛本左誤定案山井鼎云譜疏比比有之恐鄭所著書名也其說非是左方者即譜之篇名君世也以旁行斜上而列於左方故正義謂之為左方非鄭別有所著書以左方為名也考正義原書備鄭譜於卷首其篇名君世在左方悉如鄭之舊故得指而言之今左方無之者南宋合併時所去耳

先蒸於夷姜 閩本同明監本同毛本蒸作烝案所改是也

○柏舟

汎汎流貌 小字本相臺本同案此當衍一汎字正義云言泛然而流者標起止云汎流是正義本不重泛字釋文云汎流貌本或作汎汎流貌者此從王肅注加各本皆誤當依正義釋文正之

今不用而與物汎汎然 閩本明監本毛本與下衍眾字小字本無十行本初刻無後剜添相臺本有眾字無而字案箋上云舟載渡物者下云今不用而與物汎汎然二物字相承不應有眾字正義云亦汎汎然其與眾物俱流水中而已乃正義自為文不可據添岳氏沿革例云閒有難曉解者以疏中字微足其義謂此類也然其所足要未有當者

各有威儀耳 小字本相臺本同案威儀二字當作宜考正義云此言君子望之儼然可畏解經之威也禮容俯仰各有宜耳解經之儀也是正義本作各有宜耳也傳以畏解威以宜解儀所謂詁訓之法不知者改宜字作威儀於是此傳既威儀二字分解者而威字乃互見儀字解中矣毛氏以宜解儀之詁訓遂不復可見失之甚者也當依正義所述毛傳改正之○按舊挍非也左傳威儀有分解處而大意不分毛傳皆有威儀正用左傳北宮文子言君臣父子兄弟內外大小皆有威儀也之文正義改作各有宜非也上文儼然可畏非專釋威說文義字下曰己之威儀也不專以儀釋義必連威言之凡有似分而合者如規矩亦不可分說文巨下云規巨也可證

慍怒也 小字本相臺本同案釋文慍下云怒也是釋文本此傳作怒也正義云言仁人憂心悄悄然而怨此羣小人在於君側者也正義本怒字當是怨字繇傳云慍恚正義云說文慍怨也恚怒也有怨必怒之所引說文作慍怨也亦其一證

孝經識曰兄日姊 閩本明監本毛本同案姊下當有月字

日月又喻兄姊 明監本毛本無日字閩本剜去案此六字為一句刪去日字改讀月字屬上誤也

○綠衣

妾上僭者謂公子州吁之母母嬖而州吁驕 小字本相臺本同案此即定本也正義云是公子州吁之母母嬖也又云是州吁驕也定本妾上僭者謂公子州吁之母也母嬖而州吁驕唯多一也字耳正義本當不重母字以嬖上屬讀為句與定本不同考文一本有也字采正義

故內服注以男子之褖衣黑 閩本明監本毛本同案內下浦鏜云脫司字是也

不殊衣裳 小字本相臺本同案此定本集注也正義本無衣字考不殊裳鄭喪服注文此正義引以為說然喪服注意但說裳此箋意兼說衣裳故其文不同當以定本集注為長

先染絲後製衣 閩本明監本毛本同小字本相臺本製作制案制字是也正義云當先染絲而後製衣以下盡作製字者製古今字正義易制為製而說之其例見前幷正義本箋作製字也當由不知者以正義改之

箋耳

鄭以爲言絺兮綌兮不當暑　明監本毛本不下衍以字閩本剜入案不當作本形近之譌耳補以字者非

○燕燕

陳女女娣　閩本明監本毛本同案此不誤浦鏜云弟誤娣非也正義所引世家字如此耳

箋云差池其羽　小字本相臺本同案考文古本差池其羽上有于往也三字考正義經三于字上二于爲往下一于爲於傳但在遠送過禮下著于於也一訓因之于于歸于往也桃夭已有傳而于飛所以興于歸其同爲往自可知也箋意亦如此正義上本桃夭傳而訓爲往耳非箋有于往也一訓也考文古本采正義而誤

此燕卽今之燕也　閩本明監本毛本同案此燕下浦鏜云脫一燕字是也爾雅疏卽取此正重燕字

尾涏涏是也　閩本明監本毛本同案涏當作涎形近之譌○按漢書及諸韻書皆作涎以韻言則霆電亦音之轉

往飛之之貌　明監本毛本不重之字閩本剜去案上之字乃時字之誤正義上下文可證輒刪者非也

聲有小大　小字本相臺本同閩本明監本毛本小大作大小誤也案上正義云故以上下共音喻言語大小者以自爲文故與經下上箋小大皆倒也不當據改又雄雉箋亦作小大可證

實勞我心　相臺本下有實是也乃釋文誤遺○耳餘本皆不誤考文古本有非也

塞瘞　小字本相臺本同案正義云定本任大之下云塞瘞也俗本塞實也正義本從俗本故云其心誠實而深遠也不更說瘞字釋文云瘞崔集注本作實考定之方中塞字無傳而箋云塞充實也常武箋云自實滿本此傳也當以集注正義本爲長定本釋文本作瘞者卽說文之瘱字○段玉裁云瘞者幽薶也與充實義正同非有二訓也謂卽心部瘱字非是瘱者靜也義同

孝友睦婣任恤　小字本同閩本明監本相臺本婣作姻毛本同案姻字是也此箋用漢時今字與周禮經古字不同也相臺本毛本所改皆非是

記古書義又且然　閩本明監本毛本同案浦鏜云旣誤記考南陔正義是也且當作宜南陔正義引作當

○日月

以至困窮之詩也　唐石經小字本相臺本同案此釋文本也正義云俗本作以致困窮之詩者誤也釋文云以至困窮之詩也舊本皆爾俗本或作以至困窮而作是詩也誤正義釋文所說相反正義本標起止云至困窮與各本不同今無可考考文古本作以至困窮之故作是詩也采釋文或作本而有誤

言日乎以照晝　閩本明監本毛本乎下有日字案所補是也

不循不循禮也　小字本相臺本同考文古本同閩本明監本毛本上循字作述案山井鼎云箋申毛傳作循似是考凡鄭箋皆箋傳而非箋經循字是矣

○終風

在我莊姜之傍　閩本明監本毛本同案注作旁正義作傍旁傍古今字易而說之也例見前餘同此

中心是以悼傷　閩本明監本毛本悼作悼案所改是也

浪意明也　閩本明監本毛本明誤萌案爾雅疏卽取此正作明○按此當作萌爲是舍人意浪讀爲蒼筤竹之筤易正義曰竹初生之時色蒼筤取其春生之美也凡意蕊心花初生時似此故舍人曰浪意萌也作明者誤韓詩云起也正是意萌之訓謂如波之起也

願言則嚏　唐石經小字本相臺本同案釋文云疐本又作嚏又作疐舊竹利反又丁四反又豬吏反或竹季反劫也鄭作嚏音都麗反段玉裁云毛作疐跲也鄭云疐讀爲不敢嚏咳之嚏此鄭改字唐石經以下經傳皆從口是用鄭廢毛嚏不得訓跲明矣今考正義本傳是跲也則其經當是疐字釋文疐卽嚏之變體狼跋釋文疐本又作疐可證也與說文止部之疐迴不相涉若經字作止部之疐鄭不得讀爲嚏釋文亦不當作竹利等反矣經義雜記云案釋文知崔靈恩集注作疐陸氏從之正義則從王肅作疐釋文云一作疐者卽王本也其說非是由誤讀釋文爲從止之疐所致也

嚏跲也　小字本相臺本同案嚏當作疐又此正義本也正義云王肅云願以母道往加之則嚏劫而不行跲與劫音義同也定本集注並同釋文云劫也本又作跲孫毓同崔云毛訓疐爲欬今俗人云欠欠欬欬是也不作劫字人體倦則伸志倦則欬今考此傳本與狼跋同王肅孫毓作劫崔靈恩作欬皆非是當以正義本爲長

終風至則嚏　閩本明監本毛本同案此標起止及下云我則嚏跲而不行又標起止云傳嚏跲又云嚏劫而不行凡四嚏字皆當作疐正義舊是疐字不知者以箋嚏字亂之耳

寤言不寐　小字本相臺本同唐石經初刻寐言不寤後改同今本案初刻非也

則吁爲首　閩本明監本同毛本則作州案州字是也

兵車十乘　〔補〕案下文甲士三人步卒七十二人此十乘是一乘之譌

故吁嗟歎之　小字本相臺本同閩本明監本毛本亦同案吁當作于騶虞振兩箋皆作于是其證也

附釋音毛詩注疏卷第二（二之二）

毛詩國風　鄭氏箋　孔穎達疏

凱風。美孝子也。衛之淫風流行。雖有七子之母。猶不能安其室。故美七子能盡其孝道。以慰其母心而成其志爾。不安其室欲去嫁也成其志者成言孝子自責之意○凱開在反　疏　凱風四章章四句至志爾○正義曰作凱風詩者美孝子也當時衛之淫風流行雖有七子之母猶不能安其夫室而欲去嫁故美七子能自盡其孝順之道以安慰其母之心作此詩而成其孝子自責之志也此與孝子之美以惡母之欲嫁故云雖有七子之母猶不能安其室則無子者不能安室可知也此敘其自責之由經皆自責之辭將欲自責先說母勞苦故首章二章上二句皆言母氏之養己以下自責耳俗本作以成其志以字誤也定本而成其志○箋不安至之意○正義曰以序云不安其室不言已嫁則仍在室但心不安耳故知欲去嫁也此母欲有嫁之志孝子自責己無令人不得安母之心母遂不嫁故美孝子能慰其母心也以美其能慰母心故知成其志者成言孝子自責之意也

凱風自南。吹彼棘心。興也南風謂之凱風樂夏之長養者箋云興者以凱風喻寬仁之母棘猶七子也○棘居力反俗作棘樂音洛或一音岳長丁丈反下皆同

棘心夭夭。母氏劬勞。夭夭盛貌劬勞病苦也箋云夭夭以喻七子少長母養之病苦也○夭於驕反劬其俱反少詩照反　疏　凱風至劬勞○正義曰言凱樂之風從南長養之方而來吹彼棘木之心故棘心夭夭然得盛長以興寬仁之母以己慈愛之情養我七子之身故七子皆得少長然以棘木之難長者凱風吹而漸大猶七子亦難養者慈母養之以成長我母氏實亦劬勞病苦也○傳南風至長養○正義曰南風謂之凱風釋天文李巡曰南風長養萬物萬物喜樂故曰凱風凱樂也傳以風性樂養萬物又從南方而來故云樂夏之長養也又言棘難長養者言母性寬仁似凱風已難長養似棘故箋云凱風喻寬仁之母棘猶七子也

凱風自南。吹彼棘薪。棘薪其成就者

母氏聖善。我無令人。聖叡也箋云叡作聖令善也母乃有叡知之善德我七子無善人能報之者故母不安我室欲去嫁也○叡悅歲反下同知音智本亦作智　疏　凱風至令人○正義曰言凱風樂夏之風從南長養之方而來吹彼棘木使得成薪以興寬仁之母能以己慈愛之情養我七子皆得長成然風吹難養之棘以成就猶母長養七子以成人則我之母氏有叡智之善德但我七子無善人之行以報之故母不安而欲嫁也○傳棘薪其成就者○正義曰上章言棘心夭夭是棘之初生風長之也此不言之狀而言棘薪則棘長已成薪矣月令注云大者可析謂之薪是薪者木成就○傳聖叡○正義曰聖者通智之名故言叡也箋申說所以得爲叡之意故引洪範以證之由叡作聖故得爲叡也洪範云思曰叡注云叡通於政事又曰叡作聖注云君思叡則臣賢智是也然則彼叡謂君也聖謂臣也所以得爲一者以彼五行各以事類相感由君叡而致臣聖則叡聖義同此母氏聖善人之齊聖皆以明智言之非必要如周孔也

爰有寒泉。在浚之下。浚衛邑也在浚之下言有益於浚箋云爰曰也曰有

寒泉者在浚之下浸潤之使浚之民逸樂以興七子不能如也。浚音峻浸子鴆反樂音洛

有子七人，母氏勞苦。

疏 爰有至勞苦。正義曰此孝子自責無益於母使母不安也言爰有寒泉在浚邑之下以喻七子在母之前寒泉有益於浚浸潤浚民使得逸樂以興七子無益於母不能事母使母勞苦乃寒泉之不如又自責云母無子者容可勞苦今乃有子七人而使母氏勞苦思欲去嫁是其七子之咎也母欲嫁者本為淫風流行但七子不可斥言母淫故言母為勞苦而思嫁也上章言母氏劬勞謂少長七子實劬勞也此言母氏勞苦謂母今日勞苦而思嫁與上不同也。傳浚衛邑。正義曰干旄云在浚之都傳曰下邑曰都是衛邑也。箋爰曰至不能如。正義曰爰曰釋詁文知不以寒泉與母之長養已而云喻七子不能如者以上棘薪為喻則子已成長矣此及下章皆云有子七人則以寒泉黃鳥喻七子可知也

睍睆黃鳥，載好其音。

睍睆好貌箋云睍睆以興顏色說也好其音者興其辭令順也以言七子不能如也。睍胡顯反睆華板反說音悅下篇註同

有子七人，莫慰母心。

慰安也 疏 睍睆至母心。正義曰言黃鳥有睍睆之容貌則又和好其音聲以興孝子當和其顏色順其辭令也今有子七人皆莫能慰母之心使有去嫁之志言母之欲嫁由顏色不悅辭令不順故也自責言黃鳥之不如也。箋睍睆至令順。正義曰興必以類睍睆是好貌故興顏色也音聲猶言語故興辭令也論語曰色難注云和顏悅色是為難也又內則云父母之所下氣怡聲是孝子當和顏色順辭令也

凱風四章章四句

雄雉，刺衛宣公也。淫亂不恤國事，軍旅數起，大夫久役，男女怨曠，國人患之而作是詩。

淫亂者荒放於妻妾烝於夷姜之等國人久處軍役之事故男多曠女多怨也男曠而苦其事女怨而望其君子。刺俗作刺同七賜反詩內多此音更不重出恤本亦作卹數色角反烝之升反

疏 雄雉四章章四句至是詩。正義曰男既從役於外女則在家思之故云男女怨曠上二章男曠之辭下二章女怨之辭。箋淫亂至君子。正義曰淫謂色欲過度亂謂犯悖人倫故言荒放於妻妾以解淫也烝於夷姜以解亂也大司馬職曰外內亂鳥獸行則滅之注引王霸記曰悖人倫外內無以異于禽獸然則宣公由上烝父妾悖亂人倫故謂之亂也君子偕老桑中皆云淫亂者謂宣公上烝夷姜下納宣姜公子頑通於君母故皆為亂也南山刺襄公鳥獸之行淫於其妹不言淫亂者言鳥獸之行則亂可知文勢不可言亂於其妹故言淫耳若非其匹配與疏遠私通者直謂之淫故澤陂云靈公君臣淫於其國株林云淫於夏姬不言亂是也言荒放者放恣情欲荒廢政事故雞鳴云荒淫怠慢五子之歌云內作色荒外作禽荒是也言烝者服虔云上淫曰烝則烝進也自進上而與之淫也左傳曰文姜如齊齊侯通焉服虔云傍淫曰通言傍者非其妻妾傍與之淫上下通名也牆有茨云公子頑通於君母左傳曰孔悝之母與其豎渾良夫通皆上淫也齊莊公通於崔杼之妻蔡景侯為大子般娶於楚通焉皆下淫也以此知通者總名故服虔又云凡淫曰通是也又宣公三年傳曰文公報鄭子之妃服虔曰鄭子文公叔父子儀也報復也淫親屬之妻曰報漢律淫季父之妻曰報則與亂為類亦鳥獸之行也宣公納伋之妻亦是淫亂箋於此不言者是時宣公或未納之也故匏有苦葉譏雉鳴求其牡夫人為夷姜則此亦為夷姜明矣由國人久處軍役之事故男多曠女多怨也序直云男女怨曠知男曠女怨者以書傳云外無曠夫內無怨女故謂男為曠女為怨曠空也謂空無室家故苦其事書傳曠夫謂未有室家者此男雖有室家久從軍役過時不歸與無異猶何草不黃云何人不矜也此相對故為男曠女怨散則通言也故采綠刺怨曠經無男子則總謂婦人也大司徒云以陰禮教親則民不怨怨者男女俱兼是其通也此男女怨曠不違於禮故舉以刺宣公采綠婦人不但憂思而已乃欲從君子於外非禮故并刺婦人也

雄雉于飛，泄泄其羽。

興也雄雉見雌雉飛而鼓其翼泄泄然箋云興者喻宣公整其衣服而起奮訊其形貌志在婦人而已不恤國之政事。泄移世反訊音信又音峻字又作迅同

我之懷矣，自詒伊阻。

詒遺伊維阻難也箋云懷安也伊當作繄繄猶是也君之行如是我安其朝而不去今從軍旅久役不得歸此自遺以是患難。貽本亦作詒以之反遺維季反沈羊類反難乃旦反下同繄烏兮反行下孟反下君之行同朝直遙反

疏 雄雉至伊阻。正義曰毛言雄雉往飛向雌雉之時則泄泄然鼓動其羽翼以興宣公往起就婦人之時則奮訊其衣服言志在婦人而已不恤國之政事也又數起軍旅使大夫久役大夫傷本見君之行如是志在婦人之時即應去之我之安其朝而不去矣今見使從軍久不得歸自遺此患難也既處患難自悔以怨君伊訓為維毛為語助也鄭唯以伊字為異義勢同也。箋伊當至患難。正義曰箋以宣二年左傳趙宣子曰嗚呼我之懷矣自詒伊慼小明云自詒伊慼為義既同明伊有義為繄者故此及蒹葭東山白駒各以伊為繄小明不易者以伊為慼之文與傳正同為繄可知此云自詒伊阻小明云心之憂矣宣子所引並與此不同者杜預云逸詩也故文與此異

雄雉于飛，下上其音。

箋云下上其音興宣公小大其聲怡悅婦人。上時掌反

展矣君子，實勞我心。

展誠也箋云誠矣君子愬於君子也君之行如是實使我心勞矣君若不然則我無軍役之事

疏 雄雉至我心。正義曰言雄雉飛之時下上其音聲以怡悅雌雉以興宣公小大其言語心怡悅婦人宣公既志在婦人不恤政事大夫憂之故以君行訴於君子言君之誠如是志在婦人矣君子聞君行如此實所以病勞我心也此大夫身既從役乃追傷君行者以君若不然則無今日之役故也

瞻彼日月，悠悠我思。

瞻視也箋云日月之行迭往迭來今君子獨久行役而不來使我心悠悠然思之女怨之辭。女怨如字下女怨同

道之云遠，曷云能來。

箋云曷何也何時能來望之也

疏 瞻彼至能來。正義曰大夫久役其妻思之言我視彼日月之行迭往迭來今君子獨行役而不來故悠悠然我心思之道路之遙亦云遠矣我之君子何時可云能來使我望之也

百爾君子，不知德行。

箋云爾女也女眾君子我不知人之德行何如者可謂為德行事君或有所留女怨故問此焉。行下孟反下注皆同

不忮不求，何用不臧。

忮害臧善也箋云我君子之行不疾害不求備於一人其行何用為不善而君獨遠使之在外不得來歸亦女怨之辭。忮之豉反字書云很也韋昭音洎臧子郎反

疏 百爾至不臧。正義曰婦人念夫心不能已見大夫或有在朝者而已君子從征故問之云汝為眾之君子我不知人何者謂為德行若言我夫無德而從征也則我之君子不疾害人又不求備於一人其行如是何用為不善而君獨使之在外乎

雄雉四章章四句

匏有苦葉，刺衛宣公也。公與夫人並為淫亂。

夫人謂夷姜

疏 匏有苦葉四章章四句至淫亂。正義曰並為淫亂亦應刺夫人獨言宣公者以詩者主為規諫君故舉君言之其實亦刺夫人也故經首章三章責公不依禮以娶二章卒章責夫人犯禮求公是並刺之。箋夫人謂夷姜。正義曰知非宣姜者以宣姜本適伋子但為公所要故有魚網離鴻之刺此責夫人云雉鳴求其牡非宣姜之所為明是夷姜求宣公故云並為淫亂

匏有苦葉，濟有深涉。

興也匏謂之瓠瓠葉苦不可食也濟渡也由膝以上為涉箋云瓠葉苦而渡處深謂八月之時陰陽交會始可以為昏禮納采問名。匏音薄交反瓠戶故反上時掌反下皆同處昌慮反

深則厲，淺則揭。

以衣涉水為厲謂由帶以上也揭褰衣也遭時制宜如遇水深則厲淺則揭矣男女之際安可以無禮義將無以自濟也箋云既以深淺記時因以水深淺喻男女之才性賢與不肖及長幼也各順其人之宜為之求妃耦。厲力滯反韓詩云至心曰厲說文作砅云履石渡水也音力智反又音例則揭苦例反褰衣渡水也揭揭衣並苦例反下同一云下揭字音起列反一本作揭褰衣長張丈反為之于僞反求妃音配本亦作配下同

疏 匏有至則揭。正義曰毛以為匏有苦葉不可食濟有深涉不可渡以興禮有禁法不可越又云若過深水則厲淺水則褰衣過水隨宜期之必渡以興用禮當隨豐儉之異若時豐則禮隆時儉則禮殺遭時制宜不可無禮若其無禮將無以自濟故雖貧儉尚不可廢禮君何為不以正禮娶夫人而與夷姜淫亂乎。鄭以為匏葉先不苦今有苦葉濟處先不深今有深涉此匏葉苦渡處深謂當八月之中時陰陽交會之月可為昏禮之始行納采問名之禮也行納采之法如過水深則厲淺則揭各隨深淺之宜以興男女相配男賢則娶賢女男愚則娶愚女各順長幼之序以求昏君何不八月行納采之禮取列國之女與之相配而反犯禮而烝於夷姜乎。傳匏謂至可食。正義曰陸機云匏葉少時可為羹又可淹煑極美故詩曰幡幡瓠葉采之烹之今河南及揚州人恒食之八月中堅強不可食故云苦葉瓠匏一也故云謂之瓠言葉苦不可食似禮禁不可越也傳以二事為一與詩有此例多矣涉言深不可渡似葉之苦不可食外傳魯語曰諸侯伐秦及涇不濟叔向見叔孫穆子穆子曰豹之業及匏有苦葉矣叔向曰苦葉不材於人供濟而已韋昭注云不材於人言不可食供濟而已佩匏可以渡水也彼云取匏供濟與此傳不同者賦詩斷章也。傳由膝以上為涉後傳以衣涉水為厲謂由帶以上揭褰衣。正義曰今定本如此釋水云濟有深涉深則厲淺則揭揭者褰衣也以衣涉水為厲由膝以上為涉由帶以上為厲孫炎曰揭衣褰裳也衣涉濡褌也爾雅既引此詩因揭在下自人體以上釋之故先揭次涉次厲也傳依此經先後故引爾雅不次耳然傳不引爾雅由膝以下為揭者略耳涉者渡水之名非深淺之限故易曰利涉大川謂乘舟也褰裳涉溱謂膝下也深淺者各有所對谷風云就其淺矣泳之游之言泳則深於厲矣但對方之舟之則為淺耳此深涉不可渡則深於厲矣言深者對揭之之淺耳爾雅以深淺無限故引詩以由帶以上由膝以下釋之明過此不可厲深淺異於餘文也揭者褰衣止得由膝以下若以上則褰衣不得渡當須以

衣涉爲厲也見水不設入可以衣渡故言由帶以上其實以由膝以上亦爲厲因文有三等故曰由膝以上爲涉傳因爾雅成文而言之耳非解此經之深涉也鄭注論語及服注左傳皆云由膝以上爲厲者以揭衣褰衣止由膝以下明膝以上至由帶以上揔名厲也鄭以此深涉謂深於先時則隨先時深淺至八月水長深於本故云深涉涉亦非深淺之名旣以深淺記時故又假水深淺以喩下深字亦不與深涉同也○箋瓠葉至問名○正義曰二至寒暑極二分溫涼中春分則陰往陽來秋分則陰來陽往故言八月之時陰陽交會也以昏禮者令會男女命其事必順其時故昏禮目錄云必以昏時者取陽往陰來之義然則二月陰陽交會禮云令會男女則八月亦陰陽交會可以納采問名明矣以此月則匏葉苦渡處深爲記八月之時也故下章雝雝鳴鴈旭日始旦陳納采之禮此記其時下言其用義相接也納采者昏禮之始親迎者昏禮之終故皆用陰陽交會之月昏禮納采用鴈賓旣致命降出賓者出請賓執雁請問名則納采問名同日行事矣故此納采問名連言之也其納吉納徵無常時月問名以後請期以前皆可也請期在親迎之前亦無常月當近親迎乃行故下箋云歸妻謂請期氷未散正月中以前也二月可以爲昏禮以二月當成昏則正月中當請期故云迨氷未泮則氷之未散皆可爲之以言及故云正月中非謂唯正月可行此禮女年十五已得受納采至二十始親迎然則女未二十納采之禮雖仲春亦得行之不必要八月也何者仲春亦陰陽交會之月尚得親迎何爲不可納采乎此云八月之時得行納采非謂納采之禮必用八月也○傳遭時至自濟正義曰此以貧賤責尊貴之辭言遭所遇之時而制其所宜隨時而用禮如遇水之必渡也男女之際謂昏姻之始故禮記大傳曰異姓主名治際會注云名謂母與婦之名際會謂昏禮交接之會是也言遭時制宜不可無禮況昏姻人道之始安可以無禮義乎禮者人所以立身行禮乃可度世雖無禮將無以自濟言公之無禮必遇禍患也○箋旣以至妃耦正義曰箋解上爲記時此爲喩意上旣以深涉記時此因以深淺爲喩則上非喩此非記時也男女才性賢與不肖者若大明云天作之合傳曰賢女妃聖人得禮之宜言長幼者禮女年十五得許嫁男年長於女十年則女十五男二十五女二十男三十各以長幼相敵以才性長幼而相求是各順其人之宜爲之求妃耦

有瀰濟盈。有鷕雉鳴。

瀰深水也盈滿也深水人之所難也鷕雌雉聲也衛夫人有淫佚之志授人以色假人以辭不顧禮義之難至使宣公有淫昏之行箋云有瀰濟盈謂過於厲喩犯禮深也○瀰彌爾反鷕以小反沈耀皎反雌雉聲或一音戶子反說文以水反字林于水反難乃旦反下同洪音逸行下孟反

濟盈不濡軌。雉鳴求其牡。

濡漬也由輈以上爲軌違禮義不由其道猶雉鳴而求其牡矣飛曰雌雄走曰牝牡箋云渡深水者必濡其軌言不濡者喩夫人犯禮而不自知雉鳴反求其牡喩夫人所求非所求○濡而朱反軌舊龜美反謂車轊頭也依傳意直音犯案說文云軌車轍也從車九聲龜美反軌車軾前也從車凡聲音犯車轊頭所謂軌也相亂故具論之牡茂后反軔竹留反車轅也【疏】有瀰至其牡○正義曰言有瀰然深水者人所畏難今有人濟此盈滿之水不避其難以興有儉然禮義者人所防閑今夫人犯防閑之禮不顧其難又言夫人犯禮猶有鷕雉鳴也有鷕然求其妃耦之聲者雌雉之鳴以興有求爲淫亂之辭者是夫人之聲此以辭色媚悅於公是不顧禮義之難又言夫人犯禮旣深而不自知言濟盈者必濡其軌今言不濡軌是濟者不自知以興淫亂者必違禮義今云不違禮是夫人不自知夫人違禮淫亂不由其道猶雉鳴求其牡也今雌雉鳴也乃鳴求其走獸之牡非其道以興夷姜母也乃媚悅爲子之公并所求也夫人非所當求而求之是犯禮不自知也○傳瀰深至之行○正義曰下言雉求其牡則非雄雉故知鷕雌雉聲也又小弁云雉之朝雖尚求其雌則雄雉之鳴曰雊也言衛夫人有淫佚之志授人以色假人以辭解有鷕雉鳴也不顧禮義之難解有瀰濟盈也致使公有淫昏之行解所以責夫人之意也以經上句喩夫人不顧禮義之難卽下句言其事故傳反而覆之也言授人以色假人以辭謂以顏色言辭怡悅於人令人啓發其心使有淫佚之志雌雉之鳴以假人以辭并言授人以色者以爲辭必怡悅顏色故連言之○箋有瀰至禮深○正義曰前厲衣可渡非人所難以深不可渡而入濟之故知過於厲以喩犯禮深○傳由輈至牝牡○正義曰說文云軌車轍也軌車軾前也然則軾前謂之軌也非軌也但軌聲九軌聲凡於文易爲誤寫者亂之也少儀云祭左右軌範乃飲注云周禮大馭祭兩軹祭軌乃飲軌與軹於車同謂轊頭也軌與範聲同謂軾前也輈人云軌前十尺而策半之鄭司農云軌謂軾前也書或作軌玄謂軌是軌法也謂與下三面之材輢軾之所樹持車正者大馭云祭兩軹祭軌乃飲注云古書軹爲軒軌爲範杜子春云文當如此又云軹當作軹軹謂兩轊範當爲軌軌車軾前鄭不易之是依杜子春軌爲正也然則諸言軾前皆謂軌也小戎傳曰陰揜軌也箋揜軌在軾前垂輈上文亦作軌非軌也軌自車轍耳中庸云車同軌匠人云經途九軌注云軌謂轍廣是也說文又云軹輪小穿也轊車軸端也考功記注鄭司農云軹轊也又云軹小穿也玄謂軹轂末也然則轂末軸端共在一處而有軹轊二名亦非軌也少儀注云軌與軹於車同謂轊頭者以少儀與大馭之文事同而字異以範當大馭之軌軌當大馭之軹故並其文而解其義不復言其字誤耳其實少儀軌字誤當爲軹也此經皆上句責夫人之犯禮下句言犯禮之事故傳釋之言違禮義不由其道猶雌雉鳴求牡也違禮義者卽濟盈也不由其道者猶雉鳴求其牡也釋鳥云鳥之雌雄不可別者以翼右掩左雄左掩右雌是飛曰雌雄也釋獸云麋牡麐牝麌是走曰牝牡也此其定例耳若散則通故書曰牝雞之晨傳曰獲其雄狐是也鄭志荅張逸云雌雉求牡非其耦故喩宣公與夫人言夫人與公非其耦故以飛雌求走牡爲喩傳所以并解之也

雝雝鳴鴈。旭日始旦。

雝雝鴈聲和也納采用鴈旭日始出謂大昕之時箋云鴈者隨陽而處似婦人從夫故昏禮用焉自納采至請期用昕親迎用昏○旭許玉反徐又許袁反說文讀若好字林呼老反昕許巾反請音情又七井反下同迎魚敬反

士如歸妻。迨冰未泮。

迨及泮散也箋云歸妻使之來歸於己謂請期也冰未散正月中以前也二月可以昏矣○迨音殆泮普半反【疏】雝雝至未泮○毛以爲宣公淫亂不娶夫人故陳正禮以責之言此雝雝然聲和之鳴鴈當於旭然日始旦之時以行納采之禮旣行納采之等禮成又須及時迎之言士如使妻來歸於己當及冰之未散正月以前迎之君何故不用正禮及時而娶乃烝父妻乎○鄭唯下二句及冰未散請期爲異○傳雝雝至之時○正義曰鴈生執之以行禮故言鴈聲舜典云二生注云謂羔鴈也言納采者謂始相采擇舉其始其實六禮唯納徵用幣餘皆用鴈也親迎雖用鴈非昕時則此鴈不兼親迎前經謂納采下經謂親迎揔終始其餘可知也旭者明著之名故爲爲日出昕者明也日未出已名爲昕生至日出益明故言大昕也禮記注大昕謂朔日者以言大昕之朝奉種浴於川若非朔日恒日出皆可無爲特言大昕之朝故知朔日與此不同○箋鴈者至用昏○正義曰此皆陰陽並言禹貢注云陽鳥鴻鴈之屬隨陽氣南北不言陰者以其彭蠡之澤近南恒暖鴻鴈之屬避寒隨陽而往居之故經云陽鳥攸居注釋其名曰陽鳥之意故不言陰耳定本木鴈隨陽無陰字又言納采至請期用昕親迎用昏者因此旭日用鴈非從納采而已雖納徵不用鴈亦用昕此揔言其禮耳下歸妻謂請期則鄭於此文不兼親迎日用昕者君子行禮貴其始親迎用昏鄭云取陽往陰來之義然男女之家或有遠近其近者卽夜而至於夫家遠者則宜昏受其女明發而行其入蓋亦以昏時也儀禮士昏禮執燭而往婦家其夜卽至夫氏蓋同城郭者也○箋歸妻至昏矣○正義曰以冰未散未二月非親迎之時故爲使之來歸於己謂請期也以正月尚有魚上負冰故知冰未散正月中以前也所以正月以前請期者二月可以爲昏故也正月冰未散而二月令孟春云東風解凍出車云雪載塗謂陸地也其冰必二月乃散故溱洧箋云仲春之時冰始散其水渙渙然是也

招招舟子。人涉卬否。

招招號召之貌舟子舟人主濟渡者卬我也箋云舟人之子號名當渡者猶媒人之會男女無夫家者使之爲妃匹人皆從之而渡我獨否○招照遙反王逸云以手曰招以言曰召韓詩云招招聲也卬五郎反我也本或作仰音同號戶羔反

人涉卬否。卬須我友。

人皆涉我友未至我獨待之而不涉以言室家之道非得所適貞女不行非得禮義昏姻不成【疏】招招至我友○正義曰言招招然號名當渡者是舟人之子人見號名皆從渡而我獨否所以人皆涉我獨否者由我待我友我友未至故不渡耳以興招招然欲會合當嫁者是爲媒之人女見會合餘皆從嫁而我貞女獨否者由我待我匹我匹未得故不嫁耳此則非得所適貞女不行非得禮義昏姻不成耳夫人何以不由禮而與公淫乎○傳招招號名之貌○正義曰號名必手招之故云之貌是以王逸云以手曰招以口曰召是也

匏有苦葉四章章四句

谷風。刺夫婦失道也。衛人化其上。淫於新昏而棄其舊室。夫婦離絕。國俗傷敗焉。

新昏者新所與爲昏禮○谷古木反【疏】谷風六章章八句至敗焉○正義曰作谷風詩者刺夫婦失其相與之道以至於離絕言衛人由化效其上故淫於新昏而棄其舊室是夫婦離絕致令國俗傷敗焉此指刺夫接其婦不以禮是夫婦失道非謂夫婦並刺也其婦旣與夫絕乃陳夫之棄已見遇非道淫於新昏之事六章皆是

習習谷風。以陰以雨。

興也習習和舒貌東風謂之谷風陰陽和而谷風至夫婦和則室家成室家成而繼嗣生

黽勉同心。不宜有怒。

言黽勉者思與君子同心也箋云所以黽勉者以爲見譴怒者非夫婦之宜○黽勉本亦作僶莫尹反黽勉猶勉勉也譴遣戰反

采葑采菲。無以下體。

葑須也菲芴也下體根莖也箋云此二菜者蔓菁與葍之類也皆上下可食然而其根有美時有惡時采之者不可以根惡時并棄其葉喩夫婦以禮義合顏色相親亦不可以顏色衰棄其相與之禮○葑孚容反徐音豐字書作蘴孚容反草木疏云蕪菁也郭璞云今菘菜也案江南有菘江北有蔓菁相似而異菘音嵩菲妃鬼反芴音勿爾雅云菲芴又云菲息菜郭以菲芴爲

土瓜解息菜云似蕪菁華紫赤色可食莖可耕反蔓音萬本又作蕪音無菁音精又子零反葍音福本又作富葍爾雅色白可食并華根反又如字**德音莫違，及爾同死。**莫無及與也夫婦之言無相違者則可與女長相與處至死顏色斯須之有。疏「習習」至「同死」。正義曰：習習然和舒之谷風，以陰以雨而潤澤行，百物生矣，以興夫婦和而室家成，即繼嗣生矣。言己黽勉然勉力思與君子同心，以為夫婦之道，不宜有譴怒。猶采葑采菲之菜者，無以下體根莖之惡并棄其葉，以興為室家之法，無以其妻顏色之衰棄其德。何者？夫婦之法，要道德之音無相違，即可與爾君子俱至於死，何必顏色斯須之有乎？我之君子何故以顏色衰而棄我乎？○傳「東風」至「嗣生」。正義曰：東風謂之谷風，釋天文也。孫炎曰：谷之言穀，穀，生也。谷風者，生長之風。陰陽不和，即風雨無節，故陰陽和乃谷風至，此以興夫婦，明取陰陽和也。雨澤行，恩愛成而繼嗣生也。○傳「葑須」至「根莖」。正義曰：釋草云：須，葑蓯。孫炎曰：須，一名葑蓯。坊記注云：葑，蔓菁也。陳宋之間謂之葑。陸機云：葑，蕪菁，幽州人或謂之芥。方言云：蘴、蕘，蕪菁也。陳楚謂之蘴，齊魯謂之蕘，關之東西謂之蕪菁，趙魏之部謂之大芥。蘴與葑字雖異，音實同。即葑也，須也，蕪菁也，蔓菁也，葑蓯也，蕘也，芥也，七者一物也。釋草又云：菲，芴。又云：菲，蒠菜。郭璞曰：菲草生下濕地，似蕪菁，華紫赤色，可食。陸機云：菲似葍，莖麤，葉厚而長有毛，三月中蒸鬻為茹，滑美可作羹，幽州人謂之芴，爾雅謂之蒠菜，今河內人謂之宿菜。一物也。○箋「此二」至「之禮」。正義曰：二菜者，蔓菁與葍之類也。坊記引此詩證君子不盡利於人，故注云：無以其根美則并取之，與此異也。

行道遲遲，中心有違。遲遲，舒行貌。違，離也。箋云：違，徘徊也。行於道路之人，至將於別，尚舒行，其心徘徊然。喻君子於己不能如也。

不遠伊邇，薄送我畿。畿，門內也。箋云：邇，近也。言君子與己訣別，不能遠，維近耳，送我裁於門內，無恩之甚。○畿音祈，又音機。韓詩云：畿，下也。裁，本或作纔，同。

誰謂荼苦？其甘如薺。荼，苦菜也。箋云：荼誠苦矣，而君子於己之苦毒又甚於荼，比方之，荼則甘如薺。○荼音徒。薺，徐音齊，又才禮反。

宴爾新昏，如兄如弟。宴，安也。○宴，本又作燕，於見反。疏「行道」至「如弟」。正義曰：言行於道路之人，至將離別，尚舒行，其心猶徘徊然，而君子於己不能如也。又言己見薄之甚，不遠送我，維近耳，薄送我裁於門內，無恩之甚。又說己之苦毒，言人誰謂荼苦，以君子遇我之苦毒比之，荼即其甘如薺。君子猶可得新昏，故又言安汝之新昏，其恩如兄如弟，比己猶苦毒，以兄弟之恩為恩意，故見棄也。○傳「畿，門內」。正義曰：以言畿者期限之名，故周禮九畿及王畿千里，皆期限之義，故楚茨傳曰畿期也。經云不遠，言至有限之處，故知是門內也。

涇以渭濁，湜湜其沚。涇渭相入而清濁異。箋云：小渚曰沚。涇水以有渭，故見渭濁。湜湜，持正貌，喻君子得新昏，故謂己惡也。己之持正守初，如沚然不動搖。此絕去所經見，因取以自喻焉。○涇音經。濁水本如此，不謂清水也。湜音殖，說文云：水清見底。沚音止。

宴爾新昏，不我屑以。屑，絜也。箋云：以，用也。言君子不復絜用我當室家。○屑，素節反。

毋逝我梁，毋發我笱。逝，之也。梁，魚梁。笱，所以捕魚也。箋云：毋者，諭禁新昏也。女毋之我家，取我為室家之道。○笱，古口反，捕魚器。韓詩云：發，亂也。

我躬不閱，遑恤我後。閱，容也。箋云：躬，身。遑，暇。恤，憂也。我身尚不能自容，何暇憂我後所生子孫也。○閱音悅。疏「涇以」至「我後」。正義曰：婦人既言君子苦己，又本己見薄之由。言涇水以有渭，故人見其濁，以興舊室以有新昏，故君子見己惡。涇水雖濁，未有彰見，由涇渭水相入而清濁異，言己顏色雖衰，未至醜惡，由新昏見比，故君子惡己。己雖為君子所惡，尚湜湜然持正守初，其狀如沚然不動搖，己所以絜，而不可用。為君子所惡，事由新昏。故本其禁新昏之言，汝無之我家，取我為室家之事，無發我之笱，以取我魚。人之家有魚梁，魚笱，以禁新昏之人也。既禁新昏，又追傷己事。我身尚不能自容，何暇憂我後所生子孫乎？○傳「涇渭」至「清濁異」。正義曰：禹貢云「涇屬渭汭」，注云：涇水、渭水發源皆幾二千里，然而涇小渭大，屬於渭而入於河。又引地理志云：涇水出今安定涇陽西开頭山，東南至京兆陽陵入渭。是涇水入渭也。言相入者，以涇入渭而清濁異，故相入言之。○箋「涇水以有渭，故見渭濁」。正義曰：此婦人以涇比己，以渭比新昏，言涇水以有渭，故見其濁，猶婦人之見言新昏相比為君子所惡也。涇水言以渭，故云故見渭濁，以舊至與新昏相入，故謂涇濁也。以涇水故見渭濁，故知涇濁渭清也。先說涇之濁由渭也，鄭言涇水之言以有渭故見渭濁也。涇水，濁比己，猶婦人言以有新昏，故見己惡。又言婦人之心故先言涇水以有渭，故信此而鄭何也？涇濁渭清，然則涇之水因以有渭，故見其清濁，不復更說其意，以涇比己，以渭比新昏，相入君子之言也。涇之水言以有渭，故見渭之濁，以喻己以新昏，故見己之惡也。鄭志張逸問：何言絕去？答曰：衛在東河，涇在西河，故知絕去，不復還意。以涇在衛境之外，詩人作詩，自比已志，所經見以為喻也。絕去者，言其婦人得黜其意，其事卜也。言此詩所述，以下是庶人之事，故信此婦人既絕去，以涇為喻，以作詩之致，此詩之意，言其事蓋從送者言其邦國嫁娶，故是庶人得出聘而絕境之外，此以上事則聘大夫越境送之也。既不越國，明矣。○傳「梁，魚梁」。正義曰：絜者飾也，謂不絜飾而用之。○傳「逝之」至「捕魚」。正義曰：絜者士得外娶，即庶人得以婚嫁也。正義曰：梁者為魚梁，水中之梁也。傳曰：石絕水為梁。云筍者，捕魚之器，即鶴梁在梁也。梁之梁也，傳在梁。梁水中之梁也，有狐在梁。云在梁，梁之彼淇梁。傳曰：石絕水曰梁。云筍者，在梁魚，然後虞人入澤梁。注云：梁，絕水取魚者。白華亦有鶖在梁，及云鴛鴦在梁，皆非橋梁，故以為捕魚之堰也。還之處，即曲梁表記云：鶖在梁，敷水人注云：梁者為梁。梁注云：梁，絕水。魚者白華表注云：鴛鴦在梁，梁以所以為絕。此云鵜在梁，梁自在水中，以為取魚之處。而今在魚梁澤中，以其有所居水中。敵人所以為梁，孝水堰者，以其善居泥中，司農云：梁，水堰也。魚梁明矣。其制則有空，以時敷為堰，鄭司農云：梁，水堰。空中其空，其水之所以承其空，以為堰者，堰中央承空之處，而為關空，其制則作承其空，然則梁水不絕之處，梁者為堰者水，以笱承其空。然則水不堰木，空中承之處以笱。故云：笱所以捕魚也。笱者，以竹為之。然則梁水堰，空絕水者，謂兩邊之堰也。月令孟冬云：謹關梁，皆謂橋也。以此其梁，絕水，亦謂明云：造舟為梁，皆因以石絕水為梁，取石之處亦云絕水。堰也，月令孟冬則謹關梁，則以土石為梁，蓋因山絕水之處亦謂橋梁非取魚之梁。

絕水，故月令注云：梁，橫橋是也。箋毋者諭禁新昏。正義曰：以毋禁辭，說文云：毋，禁。此婦人無禁我家。毋為禁辭，云毋，禁也。云：毋之我家，取我為家之事。云我家，是我家也。云：以毋禁新昏者諭禁，令勿之我家。知非禁新昏者，以其毋為禁之辭，夫所生之子孫，故恐身死之後，其子孫有被放逐。明孫也。遑，暇也。時未必有孫，言之者，本其身後之事。箋云：以身之後，所生子孫，更憂之。正義曰：以此婦人去，故知婦人憂其所生子孫也。舟，船也。舟，音周。此言方也。云：方，泭也。句耳。小舟云大。傳以為匪易其事之易，同意而異文。

就其深矣，方之舟之。就其淺矣，泳之游之。舟，船也。箋云：方，泭也。言深淺者，喻君子之家事無難易，吾皆為之。○泭，芳于反。泳音詠。游音由，本亦作遊。

何有何亡？黽勉求之。有謂富也，亡謂貧也。箋云：君子何所有乎？何所亡乎？吾其黽勉勤力為求之，有求多，亡求有。

凡民有喪，匍匐救之。箋云：匍匐，言盡力也。凡於民有凶禍之事，鄰里尚盡力往救之，況我於君子家之事難易乎，固當黽勉。以疏喻親也。○喪，如字，又息浪反。匍音蒲，又音扶。匐，蒲北反，又音服。疏「就其」至「救之」。正義曰：婦人既怨君子棄己，反追說己本勤勞之事。言如人之渡水，若就其深矣，則方之舟之；若就其淺矣，則泳之游之。以興己之於君子之家事，若值其難也，則勤之勞之，隨事難易期於必成。君子之家所有事也，其易也，則易之；其難也，則亦勤之，期於必成，己於其家事有何所有？何所亡？其黽勉力而求之。言求之者，以其家事有所亡，則勉力求之。期於成就，君子之家有何所富乎？有何所貧乎？吾皆勉力求之。己非直於君子之家，又盡力於鄰里，其有喪，又於鄰里之事，己尚盡力救之，況於君子家乎？故盡力以救之。○傳「有謂」至「謂貧」。正義曰：以有亡者，故知有為富，亡為貧。○箋「君子」至「求有」。正義曰：有，富也；亡，貧也。富者，財業之多；貧者，財業之少。求其有也，以貧之故則不問其財業，宜於其事，以求多，亡求有。正義曰：舟，船也。亡也求有也。郭注以為小筏曰泭。箋云方泭者，論語云：乘桴浮于海。注云：桴，編竹木，大曰筏，小曰桴。是也。○舟，船古今之異名也。易曰：刳木為舟，剡木為楫。即今之船也。案爾雅云：舫，泭也。郭注以為竹木之筏，中國謂之泭，今之筏。方云大川，乘之渡水。釋水云：庶人乘泭。庶人，以竹木為小筏，此有比方是也。○箋「匍匐」至「救之」。正義曰：言匍匐者，以其盡力救之，故知匍匐盡力也。以其往救之，喪禍之事，是救之凶事，故言有凶禍之事也。箋以凡民為鄰里，言己之勤力如是。凡民有凶禍之事，鄰里尚往救之，匍匐往救之，不必要手行也。此謂盡力往救之，故取名焉。凡民有凶禍之事，鄰里者，以其救之，不問親疏，故知鄰里也。

不我能慉，反以我為讎。慉，養也。箋云：慉，驕也。君子不能以恩驕樂我，反憎惡我。○慉，許六反。讎，市由反。

既阻我德，賈用不售。阻，難也。箋云：既難却我，隱蔽我之善，我脩婦道而事之，覬其察己，猶見疏外，如賣物之不售。○阻，莊呂反。賈音古，市也。售，市救反。

昔育恐育鞫，及爾顛覆。育，長。鞫，窮也。箋云：昔幼稚之時，恐至長老窮匱，故與女顛覆，盡力於眾事，難易無所辟。○鞫，九六反，窮也。覆，芳服反，注同。長，張丈反，下皆同。辟音避，本亦作避。

既生既育，比予于毒。箋云：生謂財業也。育謂長老也。既生既育，比予于毒。疏「不我」至「于毒」。正義曰：言君子不能以恩驕樂我，反以我為讎。毛以為夫不能以恩養我，反以我為讎。既難却我，隱蔽我之善德，而猶見疏外，似賣物之不售。又追說己本勤勞之事，我昔日幼稚之時，恐至長老窮匱，故與汝顛覆，盡力於家事難易，無所辟避。今日既生財業矣，又既長老矣，汝反比我于毒。

汝何爲覦我如蟲之毒螫乎言惡己至甚不我能慉當倒之云不能慉我鄭唯不我能慉爲異○傳慉養箋慉驕至惡我○正義曰偏檢諸本皆云慉養孫毓引傳云慉興非也爾雅不訓慉爲驕由養之以至於驕故箋訓爲驕驕者至恩之辭讎者至怨之稱君子遇己至薄怨切至痛故舉至愛以駁至惡○箋昔育至所辟○正義曰以育得兩說故釋言爲稚釋詁爲長以經有二育故辨之云昔育者育稚也以下云既生謂財業又以黽勉匍匐類之故顚覆爲盡力若黍離云閔周室之顚覆抑云顚覆厥德各隨其義不與此同○箋生謂財業○正義曰以上云昔年稚恐窮以生對窮故爲財業以財由人而生之故大學曰生財有大道生之者衆食之者寡是也

我有旨蓄。亦以御冬。旨美御禦也箋云蓄聚美菜者以禦冬月乏無時也○蓄本亦作畜勑六反御魚據反下同禦也徐魚舉反一本下句即作禦字**宴爾新昏。以我御窮。**箋云君子亦但以我御窮苦之時至於富貴則棄我如旨蓄**有洸有潰。既詒我肄。**洸洸武也潰潰怒也肄勞也箋云詒遺也君子洸洸然潰潰然無溫潤之色而盡遺我以勞苦之事欲窮困我○洸音光潰戶對反韓詩云潰潰不善之貌詒音怡肄以世反徐以自反爾雅作勩以世反遺唯季反下同**不念昔者。伊余來塈。**塈息也箋云君子忘舊不念往昔年稚我始來之時安息我○塈許器反【疏】我有至來塈○正義曰婦人怨其惡己得新昏而見棄故稱人言我有美菜蓄之亦以禦冬月乏無之時猶君子安樂汝之新昏本亦但以我禦窮苦之時而已然窮苦取我至於富貴而見棄似冬月蓄菜至於春夏則見遺也君子既欲棄己故有洸洸然威武之容有潰潰然恚怒之色於我又盡遺我以勞苦之事不復念昔者我幼稚始來之時安息我也由無恩如此所以見出故追而怨之亦以禦冬言亦者因亦己之禦窮伊辭也○箋君子至旨蓄○正義曰上經與此互相見以舊至比旨蓄新昏以比新菜此云宴爾新昏則上宜云得爾新菜上言我有旨蓄此宜云爾有舊室得新菜而棄旨蓄猶得新昏而棄己又言己爲之生有財業故云至於富貴也已言爲致富耳言貴者協句也○傳肄勞○正義曰釋詁文爾雅或作勩孫炎曰習事之勞也

谷風六章章八句

式微。黎侯寓于衛。其臣勸以歸也。寓寄也黎侯爲狄人所逐棄其國而寄於衛衛處之以二邑因安之可以歸而不歸故其臣勸之○黎力兮反國名杜預云在上黨壺關縣寓于音遇于又作乎【疏】式微二章章四句至勸以歸○正義曰此經二章皆臣勸以歸之辭此及旄丘皆陳黎臣之辭而在邶風者蓋邶人述其意而作亦所以刺衛君也○箋黎侯至勸之○正義曰以旄丘之敘故知爲狄人所逐以經云中露泥中知處之以二邑勸之云胡不歸知可以歸而不歸此被狄所逐而云寄者若春秋出奔之君所在亦曰寄故左傳曰齊以郲寄衛侯是也喪服傳曰寄公者何失地之君也謂削地盡者與此別

式微式微。胡不歸。式用也箋云式微式微者微乎微者也君何不歸乎禁君留止於此之辭式發聲也**微君之故。胡爲乎中露。**微無也中露衛邑也箋云我若無君何爲處此乎臣又極諫之辭【疏】式微至中露○毛以爲黎之臣子責君久居於衛言君用在此而益微用此而益微君何不歸乎我等若無君在此之故何爲久處於此中露鄭以式爲發聲言微乎微者言君今在此皆甚至微君何不歸乎餘同○傳式用○正義曰釋言文左傳曰榮成伯賦式微服虔云言君用中國之道微亦以式爲用此勸君歸國以爲君用中國之道微未若君用在此微爲密也○箋式微至發聲○正義曰式微式微者微乎微者也釋訓文郭璞曰言至微也以君被逐既微又見卑賤是至微也不取式爲義故云發聲也○傳中露衛邑○正義曰以寄於衛所處之下又責其不來迎我君明非衛都故知中露泥中皆衛邑也○箋我若至之辭○正義曰主憂臣勞主辱臣死固當不憚淹恤今言我若無君何爲處此自言己勞以勸君歸是極諫之辭

式微式微。胡不歸。微君之躬。胡爲乎泥中。泥中衛邑也

式微二章章四句

旄丘。責衛伯也。狄人迫逐黎侯。黎侯寓于衛。衛不能脩方伯連率之職。黎之臣子以責於衛也。衛康叔之封爵稱侯今曰伯者時爲州伯也周之制使伯佐牧春秋傳曰五侯九伯侯爲牧也○旄丘音毛丘或作古北字前高後下曰旄丘字林作堥云堥丘也亡周反又音毛山部又有嵍字亦云嵍丘亡付反又音旄率所類反禮記云十國以爲連連有率佐牧州牧之牧【疏】旄丘四章章四句至於衛○正義曰作旄丘詩者責衛伯也所以責之者以狄人迫逐黎侯故黎侯出奔來寄於衛以衛爲州伯當脩連率之職以救於己故奔之今衛侯不能脩方伯連率之職不救於己故黎侯之臣子以此言責衛而作此詩也狄者北夷之號此不斥其國宣十五年左傳伯宗數赤狄路氏之罪云奪黎氏地三也服虔曰黎侯之國此詩之作責衛宣公之公以魯桓二年卒至魯宣十五年百有餘歲即此時雖爲狄所逐後更復其國至宣公之世乃赤狄奪其地耳與此不同彼奪地是赤狄此唯言狄人迫逐不必是赤狄也言方伯連率者王制云五國以爲屬屬有長十國以爲連連有帥三十國以爲卒卒有正二百一十國以爲州州有伯注云凡長皆因賢侯爲之殷之州長曰伯虞夏及周皆曰牧又曰千里之外設方伯公羊傳曰上無明天子下無賢方伯方伯皆謂州長則此方伯亦州長矣周謂之牧而云方伯者以一州之中爲長故云方伯若牧下二伯不得云方伯也連率者即十國以爲連連有帥是也不言屬卒者舉其中也王制雖殷法周之諸侯之數與殷同明亦十國爲連此詩周事有連率之文左傳曰晉侯享公公請屬鄭是周亦有連屬此宣公爲二伯非方伯又非連率而責不能脩之者以連帥屬方伯若諸侯有被侵伐者使其連屬救之宣公爲州伯佐方伯今黎侯來奔之不使連率救己是不能脩方伯連率之職也此敘其責衛伯之由經皆責衛之辭也經言叔伯則責衛臣矣言責衛伯者以衛爲方伯故責其諸臣之廢事由君之不使亦是責衛伯也○箋衛康至爲牧○正義曰此解言衛伯之意故云衛康叔之封爵稱侯今曰伯者時爲州伯也周之制使伯佐牧是州牧伯佐之是州伯也知者以春秋傳曰五侯九伯是侯爲牧伯佐之也宣公爲侯爵見於春秋明矣今而本之康叔者以諸侯之爵皆因始封之君故本康叔也顧命云乃同召太保奭畢公衛侯是爵稱侯也案世家自康叔至貞伯不稱侯頃侯賂夷王始爲侯又平王命武公爲公不恒以康叔言康叔之封者以康叔之後自爲時王所黜頃侯因康叔本侯故賂夷王而復之命武公爲公謂爲三公爵仍侯也此云責衛伯何以知宣公非州牧爲方伯而以爲牧下二伯者以周之州長曰牧以長一方言之得謂之方伯未有謂之州伯者此若是牧當言責衛牧今言責衛伯明非牧也故知爲二伯言周之制使伯佐牧者以左傳所論周世之事前代必不然知指言周也此方伯連率皆是諸侯之身相爲長耳王制云使大夫監於方伯之國國三人注云使佐方伯領諸侯者謂天子命人爲方伯國內大夫監之非此牧伯之類王制雖是殷法於周亦當然故燕禮注云言諸公者容牧有三監是鄭言周之牧國亦有三監也一解云蓋牧國在先王之墟有舊法者聖王因而不改周之牧國則無三監矣太宰職云建其牧立其監注云監謂公侯伯子男各監一國又非牧下三監也所引春秋傳曰僖四年管仲對楚辭也曰昔召康公命我先君太公五侯九伯汝實征之以夾輔周室服虔云五侯公侯伯子男九伯九州之長太公爲王官之伯掌司馬職以九伐之法征討邦國故得征之鄭不然者以司馬征伐由王命乃行不得云汝實征之且夾輔者左右之辭也故因漢張逸受春秋異讀鄭云五侯侯爲州牧也九伯伯爲州伯也一州一牧二伯佐之太公爲王官之伯二人共分陝而治自陝以東當四侯半一侯不可分故言五侯九伯則九人若主五等諸侯九州之伯是天子何異乎云夾輔之有也知侯爲牧伯者周禮上公九命作伯則東西大伯上公爲之八命作牧非上公也公下唯侯耳且傳當言五牧而云五侯明牧於外曰侯是牧本侯爵故曲禮下云九州之長入天子之國曰牧於外曰侯是牧本侯爵也侯既爲牧其佐自然伯矣此衛侯爵而爲伯者鄭志荅張逸去實當用伯而侯德適任之何嫌不可命人位以德古亦然也以此言則宣公德適任伯故爲伯下泉序云思明王賢伯經云四國有王郇伯勞之傳曰郇伯郇侯箋云文王之子爲州伯則郇侯侯爵而有賢德亦爲伯者蓋其時多賢故郇侯亦爲伯爲伯言其正法耳亦有侯爲伯伯爲牧者故周禮八命作牧注云謂侯伯有功德者加命得專征伐謂侯與伯皆得爲牧也是以雜問志云五侯九伯選州中諸侯以爲牧以二伯爲之佐此正法也若一州之中無賢侯選伯之賢者以爲牧是也

旄丘之葛兮。何誕之節兮。興也前高後下曰旄丘諸侯以國相連屬憂患相及如葛之蔓延相連及也誕闊也箋云土氣緩則葛生闊節興者喻此時衛伯不恤其職故其臣於君事亦疏廢也○蔓延以戰反又音延**叔兮伯兮。何多日也。**日月以逝而不我憂箋云叔伯字也呼衛之諸臣叔與伯與女期迎我君而復之可來而不來女日數何其多也先叔後伯臣之命不以齒【疏】旄丘至多日也○毛以爲言旄丘之葛兮何爲闊之節兮以當蔓延相及以興方伯之國兮何爲使之連屬兮亦當憂患相及今衛伯何爲不使連屬救己而同其憂患乎又責其諸臣久不憂己言叔兮伯兮我處衛邑己久汝當早迎我而復之何故多日而不憂我哉○鄭以爲言旄丘之葛兮何由誕之節兮由旄丘之土其氣和緩故其葛之生長皆闊節以興衛伯之臣兮何由廢其事兮由衛伯不恤其職故其臣於君事亦疏廢臣既廢事故責之云叔兮伯兮汝所期來迎我君而復之可來而不來何其多日數也○傳前高至誕闊○正義曰釋丘云前高旄丘李巡云謂前高後卑下以前高後必卑下故傳亦言後下傳以序云責衛不脩方伯連率之職故以旄丘之葛闊節延蔓相及猶諸侯之國連屬憂患相及所以爲喻也又解言誕節者誕闊也謂葛節之閒長闊故得異葛延蔓而相連也○箋土氣至疏廢○正義曰箋以自此而下皆責諸臣將由疏廢而責之

故以此土氣和緩生物能殖故葛生闊節以喻君政解緩不恤其職故臣亦疏廢一君不恤職臣廢其事是以不能脩方伯連率之職也凡興者取一邊相似耳不須以美地喻惡君爲難也。傳日月至我憂。正義曰傳以黎臣責衛稱已來之久言日月以往矣而衛之諸臣不憂我故責之云何多日而不憂我。箋叔伯至以齒。正義曰鄭以呼爲叔伯是責諸臣之辭以黎侯奔衛必至卽求復矣衛且處之二邑許將迎而復之卒違其言故責衛之諸臣汝期來迎我君而復之可來而不來汝之日數何其多也臣之爵命自有高下不以年齒長幼定尊卑也故先叔後伯

何其處也。必有與也。言與仁義也箋云我君何以處於此乎必以衛有仁義之道故也責衛今不行仁義何其久也。必有以也。必以有功德箋云我君何以久留於此乎必以衛有功德故也又責衛今不務功德也〔疏〕何其至有以也。正義曰黎之臣子既責衛之諸臣故又本已之情而責之言我何其久處於此也必以衛有仁義之道與我何其久留於此也必以衛有功德與我故也汝今何爲不行仁義不務功德而迎我復之乎。傳言與仁義又曰必以有功德。正義曰此言必有與下言必有以二者別設其文故分爲仁義與功德言仁義者謂迎已復國是有仁恩且爲義事已得復國由衛之功是衛之德則仁義功德一也據其心爲仁義據其事爲功德心先發而事後見故先言仁義後言功德也言與言以者互文以者自已於彼之辭與者從彼於我之稱已望彼以事與已唯仁義功德耳故傳此言與仁義不云必由與自彼來下云必以有功德是自已情故云必也

狐裘蒙戎。匪車不東。大夫狐蒼裘蒙戎以言亂也不東言不來東也箋云刺衛諸臣形貌蒙戎然但爲昏亂之行女非有戎車乎何不來東迎我君而復之黎國在衛西今所寓在衛東。蒙如字徐武邦反戎如字徐而容反蒙戎亂貌案徐此音是依左傳讀作尨若而行下孟反下同叔兮伯兮。靡所與同。無救患恤同也箋云衛之諸臣行如是不與諸伯之臣同言其非之特甚〔疏〕狐裘至與同。毛以爲黎之臣子責衛諸臣服此狐裘其形貌蒙戎然但爲昏亂之行而不務行仁義也豈非有戎車乎何爲不來東迎我君而復之乎言實有戎車不肯迎已故又責之言叔兮伯兮爾無救患恤同之心迎我也。鄭唯下二句爲異。傳大夫至來東。正義曰以責衛諸臣不當及士故傳云大夫也玉藻云君子狐青裘豹褎玄綃衣以裼之青蒼色同與此一也大夫息民之服有黃衣狐裘又狐貉之厚以居在家之服傳以此刺其徒服其服明非蜡祭與在家之服知爲狐蒼裘也蒼裘所施禮無明文唯玉藻注云蓋玄衣之裘禮無玄衣之名鄭見玄綃衣以裼之因言蓋玄衣之裘兼無明說蓋大夫士玄端之裘也大夫士玄端裳雖異也皆玄裳象衣色故皆用狐青是以玉藻注云君子大夫士衣此傳亦云大夫當是大夫玄端之裘也以蒙戎者亂之貌故云蒙戎以言亂也左傳曰士蔿賦詩云狐裘蒙戎杜預云蒙戎亂貌以此傳爲說不東者言不來東迎我也故箋申之云黎國在衛西今所寓在衛東者杜預云黎侯國上黨壺關縣有黎亭是在衛之西也

瑣兮尾兮。流離之子。瑣尾少好之貌流離鳥也少好長醜始而愉樂終以微弱箋云衛之諸臣初有小善終無成功似流離也。瑣依字作瑣素果反流音留本又作鶹離如字爾雅云鳥少美而長醜爲鶹鷅草木疏云梟也關西謂之流離大則食其母少詩照反下同長張丈反愉以朱反樂音洛叔兮伯兮。褎如充耳。褎盛服也充耳盛飾也大夫褎然有尊盛之服而不能稱也箋云充耳塞耳也言衛之諸臣顏色褎然如見塞耳無聞知也人之耳聾恒多笑而已。褎本亦作裦由救反又在秀反鄭笑貌稱尺證反聾魯工反〔疏〕瑣兮至充耳。毛以爲黎之臣子責衛諸臣言瑣兮而少尾兮而好者乃流離之子也此流離之子少而美好長卽醜惡以興衛之諸臣始而愉樂終以微弱言無德自將不能常爲樂也故又責之言叔兮伯兮汝徒衣褎然之盛服汝有充耳之盛飾而無德以稱之也。鄭以爲衛之諸臣初許迎黎侯而復之終而不能故責之言流離之子少而美好長卽醜惡以興衛之臣子初有小善終無成功言初許迎我終不能復之故又疾而言之叔兮伯兮汝顏色褎然如似塞其耳無所聞知也恨其不納已故深責之。傳瑣尾至微弱。正義曰瑣者小貌尾者好貌故并言小好之貌釋訓云瑣瑣小也釋鳥云鳥少美長醜爲鶹鷅陸機云流離梟也自關西謂梟爲流離其子適長大還食其母故張奐云鶹鷅食母許慎云梟不孝鳥是也流與鶹蓋古今之字爾雅離或作栗傳以上三章皆責衛不納已之辭故以此章爲黎之臣惡衛之諸臣言汝等今好而苟且爲樂不圖納我爾無德以治國家終必微弱也定本偷樂作愉樂

旄丘四章章四句

毛詩注疏挍勘記（二之二）

阮元撰盧宣旬摘錄

○凱風

而成其志爾　唐石經小字本相臺本同案正義云俗本作以成其志以字誤也定本而成其志考文古本作以采正義

樂夏之長養者　〔補〕長養下當更有棘難長養四字下正義云又言棘難長養者可證又段玉裁云棘下當有心字棘心棘之初生者故難長養下章云棘薪則其成就者矣語勢正相對也

有叡智之善德　閩本明監本毛本同案注作知正義作智知智古今字易而說之也例見前釋文知本亦作智非正義本餘同此

○雄雉

而作是詩　小字本相臺本同唐石經初刻無此四字後改有案有者是也正義標起止云至是詩可證。按據標起止爲證乃是正義所據本耳他本之有不同者不必皆正義取據也全書以此例之

我之懷矣自詒伊慼　閩本明監本毛本同案伊當作繄正義引此傳之繄及小明之伊以明鄭所以易伊爲繄也作伊則與下小明無別不知者所改耳

箋云日月之行　閩本明監本毛本同小字本相臺本日上有視字案有者是也正義云言我視彼日月之行卽本箋爲說也考文古本有我視二字采正義而有誤

事君或有所留　閩本明監本毛本同小字本相臺本事作而案而字是也

忮之豉反　〔補〕釋文豉作跂通志堂本盧本跂作豉案豉字是也小字本所附是豉字。○釋文挍勘記案釋文凡忮字皆云之豉反作跂亦是譌字雖寘韻有跂字去智切而不爲忮之反語

○匏有苦葉

由膝以上爲涉　小字本相臺本同案正義標起止同云今定本如此是舊本不如此今無可考釋文以上時掌反下皆同謂由帶以上由軸以上也其與定本同異亦無可考

以衣涉水爲厲謂由帶以上也　小字本相臺本同案正義標起止同云今定本如此是舊本不如此今無可考段玉裁云定本出於小顏恐屬凡改當作以衣涉水爲厲由帶以上爲厲爾雅不爲一訓毛並存之

賓者出請　〔補〕毛本賓者作擯者案擯字是也

行禮乃可度世難無禮將無以自濟　閩本缺難無二字明監本毛本誤不行案此讀當於難字斷句無字下屬明監本毛本以意補非也

傳曰賢女妃聖人　閩本明監本毛本同案浦鏜云箋誤傳是也此自正義誤以箋爲傳耳非字誤也

濟盈不濡軌　小字本同相臺本軌作軓閩本明監本毛本同唐石經作軌案釋文云軌舊龜美反謂車轊頭也依傳意宜音犯案說文云軌車轍也從車九聲龜美反軓車軾前也從車凡聲音犯車轊頭所謂軓也相亂故具論之軓是釋文本字作軌但以爲宜作音犯字正義云說文云軌車轍也軓車軾前也然則軾前謂之軓也非軌也但軌聲九軓聲凡於文易爲誤寫者亂之也是正義本字亦作軌但以爲寫者亂之故不從軌而從軓以爲說由此考之唐石經以前經字未有直作軓者也戴震毛鄭詩考正依韻定從軌字段玉裁同詳見下相臺本依釋文小字本及此十行本皆然其作軓者卽軓字非軌字乃當時俗體也釋文軓字舊譌今正詳後考證

由輈以上爲軌　小字本同相臺本作軓見上餘同案段玉裁云古者輿之下兩輈之間方空處謂之軌高誘注呂氏春秋云兩輪閒曰軌以此以廣狹言之凡言度餘以軌謂此毛傳曰由輈以下爲軌此以高下言之凡言濡軌滅軌謂此穀梁傳曰車軌塵謂以軌之高廣節塵之高廣中庸車同軌亦謂車制高廣不差軌轍亦云轍者過也其中通也近人專以在地之迹謂之軌轍古經不可解矣不云由輿以下者水深至於輿下軸上之輈則必入輿故不以輿下之輈爲高下之節喻禮義之不可過也自下譌爲上乃議改軌爲軓釋文舊龜美反則唐以前本不誤也今考釋文本已誤作上讀時掌反見前由膝句以上字音中

必濡其軌今言不濡軌　閩本明監本毛本二軌字作軓案此二字皆當作軌正義從軓字以爲說故自爲文直改云軓也

今雌雉鳴也　閩本明監本毛本同案浦鏜云鳴當鳥誤是也

以假人以辭　閩本明監本毛本上以字作似案似是也

軓車軾前也閩本明監本毛本軌作軓案所改是也以下軓字同者不更出

祭左右軌范乃飲閩本明監本毛本軌作軓案所改非也下軌與軓又少儀注云軌與軓又軌當大馭之軓及此几四字皆當作軓閩本以下一例改爲軓失之又下其實少儀軓字一處閩本明監本作軓是毛本作軓非

書或爲軌元謂軌是軌法也閩本明監本毛本三字皆作軌案此當作書或爲軓元謂軓是軓法也各本皆誤今周禮注下軓字亦作軓依段玉裁漢讀考訂

謂與下三面之材閩本明監本毛本同案浦鏜云輿誤與以周禮注考之是也

考功記注閩本明監本毛本同案浦鏜云工誤功是也

鴈者隨陽而處小字本相臺本同案此定本也正義云定本云鴈隨陽無陰字是正義本有陰字作鴈者陰隨陽而處考箋下云似婦人之從夫正義云此皆陰陽並言謂下句並言婦人與夫上句宜並言陰隨陽也當以正義本爲長

故爲爲日出閩本明監本毛本故誤大爲誤昕案此當作故爲日始出

日未出已名爲昕生閩本明監本毛本同案生當作矣形近之譌

定本木鴈隨陽閩本明監本毛本同案木當作云形近之譌

○谷風

趙魏之部閩本明監本毛本同案浦鏜云郊誤部考方言是也

箋云徘徊也閩本明監本毛本同小字本相臺本云下有違字考文古本同案有者是也

言君子與已訣別小字本同閩本明監本毛本亦同相臺本訣作決案釋文云訣本或作決相臺本依改以爲決正訣俗也考訣字說文在新附而文選注引通俗文已有之可不煩改相臺本非也

送我裁於門內小字本相臺本同案釋文云裁於門內一本作裁至於門又一本作裁至於門內正義本今無可考山井鼎云古本一本於上補至字不知據何本者即采釋文

宴爾新昏唐石經小字本相臺本同案釋文云宴爾本又作燕考文一本作燕下同采釋文又作本

湜湜其沚唐石經小字本相臺本同案釋文云其沚者止正義本未有明文說文水部湜下引詩曰湜湜其止段玉裁云毛作止鄭作沚今考鄭箋但義從沚耳其經字不作沚也釋文唐石經及各本皆誤見下

小渚曰沚小字本相臺本同案此鄭以經止字爲沚字之假借不云讀爲而於訓釋中直改其字以顯之也例見關雎怨耦曰仇下此實漢代注經之常例而後來往往有依注改經者此經釋文本已誤矣經義雜記云以止爲沚起於北宋又云此因經誤作沚又於箋首增小渚曰沚四字於釋文加其沚音止四字其說皆非也關雎正義引此箋小渚曰沚安得以爲增乎因不得箋改字之例而誤也今訂正

故見渭濁小字本相臺本同案釋文云舊本如此一本渭作謂後人改耳考此箋云故見謂濁下云故謂已惡也二謂字義同正義云涇水言以有渭故人見謂已濁猶婦人之言以有新昏故君子見謂已惡也見謂濁言人見謂已涇之濁是正義本亦作謂當以一本爲長又云定本涇水以有渭故見其濁此定本之誤正義所不從而毛居正六經正誤反以爲是失之矣考文古本作其采正義一本作見其清濁則更誤正義見謂字凡四下二謂字譌作渭今改而正之見下

毋發我笱唐石經小字本相臺本同案釋文以無發我笱作音考正義引角弓箋及說文毋字爲說是正義本作毋也考唐石經小弁經作無乃是經中用字不畫一當以正義本爲長○按以儀禮古文作無今文作毋例之毛詩多古文則作無是也正義本作毋未是

諭禁新昏也小字本同閩本明監本同相臺本諭作喻毛本同案喻字是也正義云是喻禁新昏無乃之我家也上文又云以興禁新昏汝無之我家喻即興也諭字形近之譌耳考文一本采此而改上文喻皆作諭其餘亦二字不別誤

言人無之我魚梁閩本明監本毛本同案經作毋注同正義作無毋無古今字易而說之也例見前餘同此○按謂無毋古今字可也謂毋無古今字不可

東南至京兆陵陽閩本明監本毛本同案浦鏜云陽陵字誤倒考漢志是也

此以涇濁喻舊至閩本明監本毛本至作室案室字是也六經正誤引作室

見渭濁言人見渭已涇之濁閩本明監本毛本同案浦鏜云謂並誤渭是也六經正誤引作謂

象有姧之者禁令勿姧明監本毛本姧誤姦閩本不誤案說文毋下作姧是也五經文字毋下作姦非姧犯也○按段玉裁云依說文厶者姦也姦者厶也毋下云从女有姦之者大禹謨正義引不誤若姧訓犯婬也與姦義有別

況我於君子家之事難易乎小字本相臺本同閩本明監本毛本家之作之家案所改是也考文古本作家事之一本亦作家之事

何所貧無乎閩本明監本毛本同案經傳箋皆作亡正義作無亡無古今字易而說之也例見前

注云舟謂集板如今自閩本明監本毛本同案自當作船易注本如此故正義引以說今日船也王應麟輯鄭易即采此其誤亦同

憘養也小字本相臺本同案正義云徧檢諸本皆云憘養孫毓引傳云憘興也釋文云毛興也鄭驕也王肅養也說文起也據此則養也是王肅本也段玉裁云說文起即興正義從養非

賈用不售小字本相臺本同唐石經售字磨改案錢大昕唐石經考異云蓋本作讎段玉裁云讎正字售俗字史記漢書尚多用讎今考釋文售布救反是釋文本作售石經磨改所從也

昔育恐育鞫唐石經小字本相臺本同閩本明監本毛本亦同案詩經小學云顧寧人曰唐石經自采芑節南山蓼莪之刈並作鞫今但公劉瞻卬二詩從之餘多俗作鞫段玉裁案采芑節南山蓼莪其字皆當作鞫今考經中用字例不畫一其用踘鞫字者假借也仍以唐石經爲正又案此經蜀石經無下育字誤也以傳箋正義考之皆當有蜀石經之不可信每類此

又盡道我以勞苦之事〔補〕道字上箋文作遺形近之譌也

以舊至比旨蓄〔補〕至當作室此與上以涇濁喻舊至誤同

○式微

齊以邾寄衞侯〔補〕案左傳邾當作郲

○旄丘

或作古北字〔補〕案釋文挍勘通志堂本同盧本北作丠案六經正誤云丘或作古丠字作北誤是也集韻十八尤載丠北丠㐀四形可證盧文弨所改者誤

州牧之牧〔補〕毛本作州牧之佐案佐字是也

宣公以魯桓二年卒閩本明監本毛本同案二上浦鏜云脫十字是也

是天子何異乎云夾輔之有也閩本明監本毛本同案浦鏜云乎當何字誤是也

則東西大伯〔補〕監本毛本大伯作二伯案二字是也

如葛之蔓延相連及也相臺本同閩本明監本毛本亦同小字本延作莚案釋文蔓莚以戰反又音延小字本依釋文也考毛葛覃野有蔓艸葛生傳延字皆不從艸此傳當同鄭葛覃箋及旱麓箋亦然釋文延字皆無音唯此有是其本此延字誤加艸也此正義有三延字皆不從艸是正義本作延延字是矣考文古本作莚采釋文又考蔓字亦當衍葛覃傳云覃延也葛生傳云葛生延而蒙楚皆單言延野有蔓草傳釋蔓云延也是蔓即延故不重言也鄭箋有延蔓而蔓在延下芄蘭箋今本有蔓莚依釋文是後人輒加然則此傳亦後人輒加也正義三言延蔓乃自爲文凡單注言延及單言蔓者正義皆得重言延蔓而說之

以當蔓延相及閩本明監本毛本同案此當作延蔓誤倒之耳下文二延蔓可證

讀作尨若而〔補〕案尨若而當尨茸字之譌

狐裘蒙戎杜預云蒙戎亂貌閩本明監本毛本同案此不誤浦鏜云傳作尨茸非也凡正義引羣籍有順經注爲文不與本書同者此類是矣當各仍其舊

上黨壺關縣有黎亭明監本毛本壺作壹案壺字是也

始而愉樂小字本相臺本同案此定本也正義云定本偷樂作愉樂上文云言汝等今好而苟且爲樂以苟且訓偷其正義本作偷也又上文云以興衞之諸臣始而偷樂今作愉者誤釋文愉以朱反與定本同此傳偷樂與微弱對文愉樂主言好不取苟且爲義正義本非是

本亦作裒〔補〕案釋文挍勘裒當作褎六經正誤云亦作褎中从由或作褎从臼从曰誤羣經音辨衣部云褎盛服也集韻四十九宥載褎褎二形云或从由皆可證也

附釋音毛詩注疏卷第二（二之三）

毛詩國風　鄭氏箋　孔穎達疏

簡兮。刺不用賢也。衛之賢者仕於伶官。皆可以承事王者也。伶官樂官也伶氏世掌樂官而善焉故後世多號樂官爲伶官。簡居限反字從竹或作蕑是草名非也泠音零字從水亦作伶

【疏】簡兮三章章六句至王者。正義曰作簡兮詩者刺不能用賢也衛之賢者仕於伶官之賤職其德皆可以承事王者堪爲王臣故刺之伶官者樂官之摠名經言公庭方舞即此仕於伶官在舞職者也周禮掌舞之官有舞師籥師旄人韎師也舞師云凡野舞則皆教之不教國子下傳曰教國子弟則非舞師也籥師掌教國子舞羽吹籥則不教萬舞經言公庭万舞則非籥師也旄人韎師皆教夷樂非萬舞又不教國子且夷狄之樂諸侯所無非賢者所得爲也唯大司樂云以樂教國子樂師云以教國子小舞其用人則大司樂中大夫二人樂師下大夫四人上士八人下士十有六人此乃天子之官也諸侯之禮亡其官屬不可得而知燕禮注云樂正于天子爲樂師也則諸侯有樂正之屬乎首章傳曰非但在四方親在宗廟公庭二章傳曰祭有畀韗胞翟閽寺者惠下之道礼記云翟者樂吏之賤者也則此賢者身在舞位在賤吏之列必非樂正也又刺衛不用賢而箋云擇人擇人則君所置用又非府史也若府史則官長所自辟除非君所擇也祭統曰尸飲九以散爵獻士下言祭之末乃賜之一爵又非士也蓋爲樂正之屬祭廟教國子皆在舞位則爲舞人也若周官旄人舞者衆寡無數韎師舞者十有六人之類也周官司樂樂師其下無舞人此蓋諸侯官而有之然則此非府史而言樂吏者以賤故以吏言之故韗胞閽寺悉非府史皆以吏言之也言皆可以者見不用者非一或在其餘賤職故言皆也時周室卑微非能用賢而言可以承事王者見碩人德大堪爲王臣而衛不用非要周室所能任也仕於伶官首章是也二章言多才多藝卒章言宜爲王臣是可以承事王者之事也。箋伶官至爲伶官。正義曰左傳鍾儀對晉侯曰伶人也使與之琴操南音周語曰周景王鑄成伶人告龢魯語云伶蕭詠歌及鹿鳴之三此云仕於伶官以伶氏世掌樂官而善焉故後世多號樂官爲伶官呂氏春秋及律歷志云黃帝使伶倫氏自大夏之西崐崘之陰取竹斷兩節間而吹之爲黃鍾之宮周語景王鑄無射而問於伶州鳩是伶氏世掌樂官

簡兮簡兮。方將萬舞。簡大也方四方也將行也以干羽爲萬舞用之宗廟山川故言於四方箋云簡擇將且也擇兮擇兮者爲且祭祀當萬舞也萬舞干羽也。爲于僞反

日之方中。在前上處。教國子弟以日中爲期箋云在前上處者在前列上頭也周礼大胥掌學士之版以待致諸子春入學舍采合舞。胥思徐反版音板舍音釋下篇舍軷同采音菜

碩人俁俁。公庭萬舞。碩人大德也俁俁容貌大也萬舞非但在四方親在宗廟公庭。俁疑矩反韓詩作扈扈云美貌

【疏】簡兮至萬舞。毛以爲言衛不用賢有大德之人兮大德之人兮祭山川之時乃使之於四方行在萬舞之位又至於日之方中教國子弟習樂之時又使之在舞位之前行而處上頭親爲舞事以教之此賢者既有大德復容貌美大俁俁然而君又使之在宗廟公庭親爲萬舞是大失其所也。鄭以爲衛君擇人兮擇人兮爲且祭祀之時使之當爲萬舞又日之方中仲春之時使之在前列上頭而教國子弟習樂爲此賤事不當用賢而使大德之人容貌俁俁然者於祭祀之時親在宗廟公庭而萬舞言擇大德之人使爲樂吏是不用賢也。傳以干羽至四方。正義曰萬舞名也謂之万者何休云象武王以萬人定天下民樂之故名之耳商頌曰萬舞有奕殷亦以武定天下蓋象湯之伐桀也何休指解周舞故以武王言之万舞之名未必始自武王也以萬者舞之摠名干戚與羽籥皆是故云以干羽爲万舞以祭山川宗廟宜干羽並有故云用之宗廟山川由山川在外故云於四方解所以言四方之意也周禮舞師教羽舞帥而舞四方之祭祀教兵舞帥而舞山川之祭祀則山川與四方別此言山川而云四方者以周礼言天子法四方爲四望故注云四方之祭祀謂四望也大司樂注云四望謂五嶽四鎮四瀆然則除此以外乃是山川也故山川與四方別舞諸侯之祭山川其在封內則祭之非其地則不祭無嶽瀆之異唯祭山川而已故以山川對宗廟在內爲四方也此傳干羽爲萬舞宗廟山川同用之而樂師注云宗廟以人山川以干皆非羽舞宗廟山川又不同此得同者天子之禮大故可爲之節文別祀別舞諸侯唯有時王之樂禮數少其舞可以同也。箋簡擇至干舞。正義曰以下云公言錫爵當祭未則公庭萬舞是祭時此方論擇人爲萬舞故爲且祭祀也傳亦以此推之故用之宗廟山川爲祭也知萬舞爲干舞不兼羽籥者以春秋云萬人去籥別文公羊傳曰籥者何籥舞萬者何干舞言干則有戚矣礼記云朱干玉戚冕而舞大武言籥則有羽矣籥師曰教國子舞羽吹籥羽籥相配之物則羽爲籥舞不得爲万也以干戚武事故以萬言之羽籥文事故指體言籥耳是以文王世子云春夏學干戈秋冬學羽籥注云干戈萬舞象武也羽籥籥舞象文也是干羽之異也且此萬舞并兼羽籥則碩人故能籥舞也下二章論碩人之才藝無爲後言左手執籥右手秉翟也明此言干戚舞下說羽籥舞也以此知萬舞唯干無羽也孫毓亦云萬舞干戚也羽舞翟之舞也傳以干羽爲萬舞失之矣。傳教國至爲期。正義曰知教國子弟者以言在前上處在前列上頭唯教者爲然祭祀之礼旦明而行事非至日之方中始在前上處也此既爲樂官明其所教者國子也國子謂諸侯大夫士之適子言弟容諸侯之庶子於適子爲弟故王制云王太子王子羣后之太子卿大夫元士之適子彼雖天子之法推此諸侯亦有庶子在國學故言國子弟也傳言日中爲期則謂一日之中非春秋日夜中也若春秋言不當爲期也故王肅云教國子弟以日中爲期欲其徧至是也。箋在前至合舞。正義曰公羊傳曰諸侯四佾則舞者爲四列使此碩人居前列上頭所以教國子諸子學舞者令法於己也周禮者皆春官大胥職文也彼注云學士謂卿大夫諸子學舞者版籍也大胥主此版籍以待當召聚學舞者卿大夫之諸子則案此籍以召之又云春入學者註云春始以學士入學宮而學之合舞等其進退使應節奏月令仲春之月命樂正習舞入學者必釋菜以礼先師謂蘋藻之屬也此賢者非爲大胥也引此者以證此日之方中即彼春入學是矣謂二月日夜中也尚書云日中星鳥左傳曰馬日中而出皆與此同也。傳碩人至公庭。正義曰碩者美大之稱故諸言碩人者傳皆以爲大德唯白華碩人傳不訓此及考槃傳意類之則亦爲大德也故王肅云碩人謂申后此刺不用賢則箋意亦以碩人爲大德其餘則隨義而釋不與此同故白華碩人爲妖大之人謂褒姒也碩既爲大德故俁俁爲容貌大也上亦教國子此直云非但在四方不竝言教國子者以在前上處文無舞故據万舞言也

有力如虎。執轡如組。組織組也武力比於虎可以御亂御衆有文章言能治衆動於近成於遠也箋云碩人有御亂御衆之德可任爲王臣。轡悲位反組音祖任音壬

左手執籥。右手秉翟。籥六孔翟翟羽也箋云碩人多才多藝又能籥舞言文武道備。籥餘若反以竹爲之長三尺執之以舞鄭注礼云三孔郭璞同云形似笛而小廣雅云七孔翟亭歷反

赫如渥赭。公言錫爵。赫赤貌渥厚漬也祭有畀煇胞翟閽寺者惠下之道見惠不過一散箋云碩人容色赫然如厚傅丹君徒賜其一爵而已不知其賢而進用之散受五升

【疏】有力至錫爵。正義曰言碩人既有武力比如虎可以能御亂矣又有文德能治民如御馬之執轡使之有文章如織組矣以御者執轡於此使馬騁於彼織組者摠紕於此而成文於彼皆動於近成於遠以與碩人能治衆施化於己而有文章在民亦動於近成於遠矣碩人既有御衆御亂之德又有多才多藝之伎能左手執管籥右手秉翟羽而舞復能爲文舞矣且其顏色赫然而赤如厚漬之丹赭德能容貌若是而君不用至於祭祀之末公唯言賜一爵而已是不用賢人也。傳組織至於遠。正義曰以義取動近成遠故知爲織組非直如組也武力比於虎故可以御亂也御治也謂有侵伐之亂武力可以治之定本作御字又言御衆有文章者御衆似執轡有文章似織組又云言能治衆動於近成於遠者又摠解御衆有文章之事也以執轡及於如組與治衆三者皆動於近成於遠也此治民似執轡執轡又似織組轉相如故經直云執轡如組以揄御衆有文章也大叔于田云執轡如組謂段之能御車以御車似織組知此不然者以彼說段之田獵之伎故知爲實御此碩大堪爲王臣言有力如虎是武也故知執轡如組比其文德不宜但爲御矣。傳籥六孔翟翟羽。正義曰釋樂云大籥謂之産郭璞曰籥如笛三孔而短小廣雅云七孔鄭於周禮笙師及少儀明堂位注皆云籥如笛三孔此傳云六孔與鄭不同蓋以無正文故不復改傳翟翟羽謂雉之羽也故異義公羊說樂萬舞以鴻羽取其勁輕一舉千里詩毛說萬以翟羽韓詩說以夷狄大鳥羽謹案詩云右手秉翟爾雅說翟鳥名雉屬也知翟羽舞也。箋碩人至道備。正義曰籥雖吹器舞時與羽並執故得舞名是以賓之初筵云籥舞笙鼓公羊傳曰籥者何籥舞是也首章云公庭萬舞是能武舞今又說其籥舞是又能爲文舞也碩人有多才多藝又能爲此籥舞言文武備也言其能而已非謂碩人實爲之也何者此章主美其文德不論其在職之事。傳渥厚至一散。正義曰渥者浸潤之名故信南山曰益之以霡霂既優既渥是也故此及終南皆云渥厚漬也言漬之久厚則有光澤故以與顏色之潤是以終南箋云如厚漬之丹言赤而澤是也定本渥厚也無漬字祭有畀煇胞翟閽寺者惠下之道皆祭統文彼又云畀之爲言與也能以其餘畀於下也煇者甲吏之賤者胞者肉吏之賤者翟者樂吏之賤者閽者守門之賤者注云煇周禮作韗蓋謂磔皮革之官周禮韗人爲鼓鮑人爲甲禮記是諸侯兼官故韗爲甲吏也胞即周禮庖人故注云庖之言苞也裹肉曰苞苴其職供王之膳羞是肉吏是也其官次於韗人周禮韗人亡庖人中士四人下士八人閽人王宮每門四人寺人王之正內五人以庖人類之則皆非府史不在獻又非士庖人於天子爲士於諸侯故亦非士引之證此碩人亦樂吏故於祭末乃是賜也知此亦是樂吏者以經云錫爵若士則尸飲九而獻之不得既祭乃賜之故知在惠下之中經云爵傳言散者禮器云禮有以小爲貴者貴者獻以爵賤者獻以散祭統云尸飲九以散爵獻士士猶以散獻爵賤無過散故知不過一散散謂之爵爵摠名也

山有榛。

隰有苓。榛木名。下濕曰隰。苓大苦。箋云榛也苓也生各得其所以言碩人處非其位。○榛本亦作蓁同側巾反子可食苓音零本草云甘草

云誰之思。西方美人。箋云我誰思乎思周室之賢者以其宜薦碩人與在王位。○與音預或如字

彼美人兮。西方之人兮。乃宜在王室。箋云彼美人謂碩人也【疏】山有至人兮。○正義曰山之有榛木隰之有苓草各得其所以興衛之有碩人而在賤職可謂處非其位乃榛苓之不如碩人既不寵用故令我云誰思之乎思西方周室之美人若得彼美人當薦此碩人使在王朝也彼美好之碩人兮乃宜在王朝為西方之人兮但無人薦之耳。○傳榛木名苓大苦。○正義曰陸機云栗屬其子小似柹子表皮黑味如栗是也榛字或作蓁蓋一木也釋草云蘦大苦孫炎曰本草云蘦今甘草是也蔓延生葉似荷青黃其莖赤有節節有枝相當或云蘦似地黃。○箋彼美人謂碩人。○正義曰上言西方之美人謂周室之賢人以薦此碩人故知彼美人謂碩人西方之人謂宜為西方之人故傳曰乃宜在王位言宜在王朝之位為王臣也

簡兮三章章六句

泉水。衛女思歸也。嫁於諸侯。父母終。思歸寧而不得。故作是詩以自見也。以自見者見己志也國君夫人父母在則歸寧沒則使大夫寧於兄弟衛女之思歸雖非禮思之至也。○見賢遍反上同思之至一本思作恩【疏】泉水四章章六句至以自見。○正義曰此時宣公之世宣父莊兄桓此言父母已終未知何君之女也言嫁於諸侯必為夫人亦不知所適何國蓋時簡札不記故序不斥言也四章皆思歸寧之事。○箋衛女至之至。○正義曰以之衛女思歸雖非禮而思之至極也君子善其思故錄之也定本作思字

毖彼泉水。亦流于淇。興也泉水始出毖然流也淇水名也箋云泉水流而入淇猶婦人出嫁於異國。○毖悲位反韓詩作祕說文作聉云直視也淇音其

有懷于衛。靡日不思。箋云懷至靡無也以言我有所至念於衛我無日不思也所至念者謂諸姬諸姑伯姊

孌彼諸姬。聊與之謀。孌好貌諸姬同姓之女聊願也箋云聊且略之辭諸姬者未嫁之女我且欲略與之謀婦人之禮觀其志意親親之恩也。○孌力轉反下篇同【疏】毖彼至之謀。○毛以為毖彼然而流者是泉水亦流入於淇水以興行嫁者是我婦人我婦人亦嫁於異國故我有所至念於衛無一日而不思念之也我所思念者念孌然彼諸姬未嫁之女願欲與之謀婦人之禮。○鄭唯以聊為且欲略與之謀為異餘同。○傳泉水始出毖然流。○正義曰以此連云之水知為始出毖然流也是以衡門傳亦云泌泉水也言亦流于淇者以本敍衛女之情故言亦亦己也。○箋懷至至伯姊。○正義曰以下云靡日不思此懷不宜後為思故以為至念於衛以下文言之知至念者諸姬伯姊。○箋聊且至之恩。○正義曰言且者意不盡故言略之辭以言諸姬是未嫁之辭又嚮衛所見宜據未嫁者傳言同姓之女亦謂未嫁也言諸姬容兄弟之女及五服之親故言同姓以廣之所以先言諸姬後姑姊者便文互見以諸姬揔辞又早欲與謀婦人之禮也姑姊尊故云問明亦與謀婦人之禮此衛女思歸但當思見諸姬而已思與謀婦禮觀其志意是親親之恩也

出宿于泲。飲餞于禰。泲地名祖而舍軷飲酒於其側曰餞重始有事於道也禰地名箋云泲禰者所嫁國適衛之道所經故思宿餞。○泲子禮反餞音踐徐又才箭反送行飲酒也禰乃禮反地名韓詩作坭音同軷蒲末反道祭也

女子有行。遠父母兄弟。箋云行道也婦人有出嫁之道遠於親親故禮緣人情使得歸寧。○遠于萬反注同

問我諸姑。遂及伯姊。父之姊妹稱姑先生曰姊箋云寧則又問姑及姊親其類也先姑後姊尊姑也【疏】出宿至伯姊。○正義曰衛女思歸言我思欲出宿於泲先飲餞於禰而出宿以嚮衛國而以父母既沒不得歸寧故言女子生而有適人之道遠於父母兄弟之親故禮緣人情使得歸寧今何為不聽我乎我之嚮衛為覲問諸姑遂及伯姊而已豈為犯禮也哉而止我也。○傳泲地至禰地名。○正義曰言祖而舍軷飲酒於其側者謂為祖道之祭當釋酒脯於軷舍軷即釋軷也於時送者遂飲酒於祖側曰餞餞送也所以為祖祭者重已方始有事於道故祭道之神也聘禮記曰出祖釋軷祭酒脯乃飲酒於其側注云祖始也既受聘享之禮行出國門止陳車騎釋酒脯之奠於軷為行始詩傳曰軷道祭謂祭道路之神春秋傳曰軷涉山川然則軷山行道之名也道路以阻險為難是以委土為山或伏牲其上使者為軷祭酒脯祈告卿大夫處者於是餞之飲酒於其側禮畢乘車轢之而遂行舍於近郊矣其牲犬羊可也大馭掌馭玉輅及犯軷遂驅之註云封土為山象以菩芻棘柏為神主既祭之以車轢之而去喻無險難也以此言之軷者本山行之名以祭道路之神求無險難故取名焉知出國而為之者以聘禮烝民韓奕皆言出祖則不在國內以祖為行道之始則不得至郊故知在國門外也以軷者軷壤之名與中霤行神之位同知委土為山言或伏牲其上者據天子諸侯有牲卿大夫用酒脯而已犬人云伏瘞亦如之明天子以犬伏於軷上羊人無伏祭之事則天子不用羊詩云取羝以軷謂諸侯也故云其有牲則犬羊耳謂天子以犬諸侯以羊尊卑異禮也以大馭云犯軷即云遂驅之故知禮畢乘車轢之也以聘禮上文既受聘享之禮云遂行舍於郊故知轢之而遂行舍於郊也卿大夫之聘出國則釋軷聘禮於家又釋幣於行注云告將行也行者之先其古人之名未聞天子諸侯有常祀在冬大夫三祀曰門曰行曰厲士喪禮有毀宗躐行出于大門則行神之位在廟門外西方今時民春秋祭祀有行神古之遺禮是在家釋幣告將行出國門用酒脯以祈告故二處不同也月令冬其祀行注依中霤之禮云行在廟門外之西為軷壤厚二寸廣五尺輪四尺有主有尸用特牲是天子諸侯常祀在冬與軷異也軷祭則天子諸侯卿大夫皆於國外為之大馭云犯軷詩云取羝以軷聘禮云釋軷是也又名祖聘禮及詩云出祖是也又名道曾子問云道而出是也以其為犯軷祭道路之神為行道之始故一祭而三名也皆先軷而飲餞乃後出宿此先言出宿者見飲餞為出宿而設故先言以致其意韓奕云韓侯出祖出宿于屠既祖即當出宿故彼箋云祖於國外畢乃出宿者示行不留於是也欲先明祖必出宿故皆先言出宿後言飲餞也聘禮遂行舍於郊則此出宿當在郊而傳云泲地名不言郊者與下傳互也下干云所適國郊則此泲亦在郊也此泲云地名則干亦地名矣正以聘禮遂行舍於郊則此衛女思宿焉明亦在郊也干泲思宿焉傳以為在郊則言禰思餞焉差近在國外耳計宿餞當各在一處而已而此云泲禰下云干言別地者下箋云干言猶泲禰未聞遠近同異要是衛女所嫁國適衛之道所經見所思之耳下傳或兼云干言所適國郊者一郊不得二地宿餞不得同處言衍字耳定本集注皆云干所適國郊。○箋婦人至歸寧。○正義曰此與蝃蝀竹竿文同而義異者以此篇不得歸寧而自傷故為由遠親親而望歸寧蝃蝀刺其淫奔故為禮自得嫁何為淫奔竹竿以不見荅思而能以禮故為出嫁為常不可違禮詩者各本其意故為義不同。○傳父之至曰姊。○正義曰釋親文孫炎曰姑之言古尊老之名也然則姑姊尊長則當已嫁父母既沒當不得歸所以得問之者諸侯之女有嫁於卿大夫者去歸則見之。○箋寧則至尊姑。○正義曰以上章思與諸姬謀今復問姑及姊故言又也不問兄弟宗族而問姑及姊由親其類也

出宿于干。飲餞于言。干言所適國郊也箋云干言猶泲禰未聞遠近同異

載脂載舝。還車言邁。脂舝其車以還我行也箋云言還車者嫁時乘來今思乘以歸。○舝胡瞎反車軸頭金也還音旋此字例同音更不重出

遄臻于衛。不瑕有害。遄疾臻至瑕遠也箋云瑕猶過也害何也我還車疾至於衛而返於行無過差有何不可而止我。○遄市專反瑕音遐害毛如字鄭音曷行下孟反差初懈反又初加反卷末注同【疏】出宿至有害。○毛以為我思欲出宿於干先飲餞於言而歸衛國耳則為我脂車則為我設舝而還迴其車我則乘之以行而欲疾至衛不得為違禮遠義之害何故不使我歸寧乎傳以瑕為遠王肅云言願疾至於衛不遠禮義之害是也。○鄭唯不瑕有害為異。○傳脂舝至我行。○正義曰古者車不駕則脫其舝故車舝云間關車之舝兮傳曰間關設舝貌是也今將行既脂其車又設其舝故云脂舝其車云還者本乘來今欲乘以還故箋云言還車者嫁時乘來今思乘以歸

我思肥泉。茲之永歎。所出同所歸異為肥泉箋云茲此也自衛而來所渡水故思此而長歎。○肥字或作淝音同【疏】傳所出同所歸異為肥泉。○正義曰釋水云泉歸異出同流肥。○箋自衛至渡水。○正義曰以下須漕是衛邑故知此肥泉是衛水也

思須與漕。我心悠悠。須漕衛邑也箋云自衛而來所經邑故又思之。○漕音曹【疏】傳須漕衛。○正義曰鄘云以廬於漕漕是衛邑須與漕連明亦衛邑

駕言出遊。以寫我憂。寫除也箋云既不得歸寧且欲乘車出遊以除我憂【疏】箋既不至我憂。○正義曰以此不得歸寧而出遊不過出國故言且出遊竹竿不見荅故以出遊為歸是以彼箋云適異國而不見荅其除此憂維有歸耳

泉水四章章六句

北門。刺仕不得志也。言衛之忠臣不得其志爾。不得其志者君不知己志而遇困苦【疏】北門三章章七句至志爾。○正義曰謂衛君之闇不知士有才能不與厚祿使之困苦不得其志故刺之也經三章皆不得志之事也言士者有德行之稱其仕為官尊卑不明也

出自北門。憂心殷殷。興也北門背明鄉陰箋云自從也興者喻己仕於闇君猶行而出北門心為之憂殷殷然。○殷本又作慇同於巾反沈於文反又音隱爾雅云憂也背蒲對反鄉本又作嚮同許亮反為于偽反

終窶且貧。莫知我艱。窶者無禮也貧者困於財箋云艱難也君於己祿薄終不足以為禮又近困於財無知己以此為難者言君既然矣諸臣亦如之。○窶其矩反無禮也爾雅云貧也案謂貧無可為禮

已焉

哉。天實爲之，謂之何哉。箋云謂勤也詩人事君無二志故自決歸之於天我勤身以事君何哉忠之至〔疏〕出自至何出哉○正義曰衛之忠臣不得其志言人出自北門者背明鄉陰而行猶已仕於亂世鄉於闇君而仕由君之闇已則爲之憂心殷殷然所以憂者以君於已祿薄使已終當窶陋無財爲禮又且貧困無資充用而衆臣又莫知我貧窶之艱難者君於已雖祿薄已又不忍去之止得守此貧困故自決云已焉哉我之困苦天實爲之使我遭此君我止當勤以事之知復奈何哉○傳北門背明鄉陰○正義曰本取人鄉陰以似已仕闇君故以出自北門爲喻傳以鄉陰者必背明耳不取背明爲義何者此人既仕闇君雖困不去非恨本不擇君故知不以背明爲喻也○傳窶者至於財○正義曰釋言云窶貧也則貧窶爲一也傳此經云終窶且貧爲二事之辭故爲窶與貧別窶謂無財可以爲禮故言窶者無禮貧謂無財可以自給故言貧者困於財是以箋云祿薄終不足以爲禮是終窶也又近困於財是且貧也言近者已所資給故言近對以之爲禮者爲遠也無財謂之貧此二者皆無財之事故爾雅貧窶通也終窶且貧言君於已祿薄是君既然矣莫知我艱摠謂人無知已是諸臣亦如之以須祿由君故怨已貧窶祿薄不由諸臣故但恨其不知已也○箋詩人至之至○正義曰此詩人敘仕者之意故謂之詩人事君不知已而不去是無二志也已困苦應去而不去是終當貧困故言已焉哉是自決也此實由君言天實爲之是歸之於天也君臣義合道不行則去今君於已薄矣猶云勤身以事之知復何哉無去心是忠之至也

王事適我，政事一埤益我。適之埤厚也箋云國有王命役使之事則不以之彼必來之我有賦稅之事則減彼一而以益我言君政偏己兼其苦○埤避支反偏音篇

我入自外，室人交徧謫我。謫責也箋云我從外而入在室之人更迭遍來責我使已去也言室人亦不知已志○偏古遍字注及下同凡偏字從行偏字從人後皆放此謫直革反玉篇知革反更音庚迭待結反〔疏〕王事至謫我○正義曰此仕者言君既昏闇非直使已貧窶又若國有王命役使之事則不以之彼必來之我使已勞於行役若有賦稅之事則減彼一而厚益我使已困於資財君既政偏已兼其苦而我入自外而歸則室家之人更迭而偏來責我言君既政偏爾何不去此忠臣不忍去而室人不知以責已外爲君所困內爲家人不知故下又自決歸天○傳埤厚○正義曰謂減彼一以厚益已使已厚出賦稅之事是也○箋國有至其苦○正義曰政事云一埤益我有可減一則爲賦稅之事政事是賦稅則王事是役使可知役使之事不之彼而之我使我勞而彼逸賦稅之事減彼一而益我使彼少而我多此王事不必天子事直以戰伐行役皆王家之事猶鴇羽云王事靡盬於時甚亂非王命之事也○箋從至已志○正義曰禮君臣有合離之義令遭困窮而室人責之故知使之去也此士雖困志不去君而家人使之去是不知已志上言諸臣莫知我艱故云室人亦不知已志

已焉哉，天實爲之，謂之何哉。王事敦我，政事一埤遺我。敦厚遺加也箋云敦猶投擲也○敦毛如字韓詩云敦迫鄭都回反投擿也遺唯季反擿皇釋反與擲同本或作擿非〔疏〕傳敦厚箋敦猶投擲○正義曰箋以役事與之無所爲厚也且上云適我此亦宜爲之已之義故易傳以爲投擲於已也

我入自外，室人交徧摧我。摧沮也箋云摧者刺譏之言○摧徂回反或作催音同韓詩作讙音千隹反子隹二反就也沮在呂反何音阻〔疏〕傳摧沮箋摧者刺譏之言○正義曰毛以爲室人更責則乖沮已志定本集注皆云摧沮也箋以上章類之言謫已者是室人責已故以摧爲刺譏已也

已焉哉，天實爲之，謂之何哉。

北門三章，章七句。

北風，刺虐也。衛國並爲威虐，百姓不親，莫不相攜持而去焉。○攜戶圭反〔疏〕北風三章章六句至去焉○正義曰作北風詩者刺虐也言衛國君臣並爲威虐使國民百姓不親附之莫不相攜持而去之歸於有道也此主刺君虐故首章二章上二句皆獨言君政酷暴卒章上二句乃君臣並言也三章次二句皆言攜持去之下二句言去之意也

北風其涼，雨雪其雱。興也北風寒涼之風雱盛貌箋云寒涼之風病害萬物興者喻君政教酷暴使民散亂○涼音良雨于付反又如字下同雱普康反酷苦毒反

惠而好我，攜手同行。惠愛行道也箋云性仁愛而又好我者與我相攜持同道而去疾時政也○好呼報反下及注同行音衡

其虛其邪，既亟只且。虛虛也亟急也箋云邪讀如徐言今在位之人其故威儀虛徐寬仁者今皆以爲急刻之行矣所以當去以此也〔疏〕北風至只且○正義曰言天既爲北風其寒涼矣又加之雨雪其雱然而盛由涼風盛雪病害萬物以興君政酷暴病害百姓也百姓既見病害莫不散亂故皆云彼有性仁愛而又好我者我與此人攜手同道而去欲以共歸有德[illegible]臣雖先日其實虛其舒徐威儀謙退者今莫不盡爲急刻之行故已所以去之既盡也只且語助也○箋寒涼至散亂○正義曰風雪並喻君虐而箋獨言涼風者以風非所害物但北風寒涼故害萬物與常風異是以興君政酷暴也而雪害物不言可知○性仁至而去○正義曰以經攜手之文承惠好之下則與此惠而好我者相攜手也○傳虛虛箋邪讀如徐○正義曰釋訓云其虛其徐威儀容止也孫炎曰虛徐威儀謙退也然則虛徐者謙虛閑徐之義故箋云威儀虛徐寬仁者也但傳質詁訓疊經文耳非訓虛爲徐此作其邪爾雅作其徐字雖異音實同故箋云邪讀如徐

北風其喈，雨雪其霏。喈疾貌霏甚貌○喈音皆霏芳非反

惠而好我，攜手同歸。歸有德也

其虛其邪，既亟只且。莫赤匪狐，莫黑匪烏。狐赤烏黑莫能別也箋云赤則狐也黑則烏也猶今君臣相承爲惡如一○別彼竭反〔疏〕莫赤至匪烏○正義曰衛之百姓疾其時政以狐之類皆赤烏之類皆黑人莫能分別赤以爲非狐黑以爲非烏者由狐赤烏黑其類相似人莫能別其同異以興今君臣爲惡如一似狐烏相類人以莫能別其同異言君臣又同之已所以攜持而去之○傳狐赤至能別○正義曰狐色皆赤烏色皆黑以喻衛之君臣皆惡也人於赤狐之羣莫能別其赤而非狐者言皆是狐於黑烏之羣莫能別其黑而非烏者言皆是烏以喻於衛君臣莫能別其非惡者言皆爲惡故箋云猶今之君臣相承爲惡如一也故序云並爲威虐經云莫赤莫黑揔辭故知並刺君臣以上下皆惡故云相承也

惠而好我，攜手同車。攜手就車

其虛其邪，既亟只且。

北風三章，章六句。

靜女，刺時也。衛君無道，夫人無德。以君及夫人無道德故陳靜女遺我以彤管之法德如是可以易之爲人君之配○遺唯季反下同〔疏〕靜女三章章四句至無德○正義曰道德一也異其文耳經三章皆是陳靜女之美欲以易今夫人也庶輔贊於君使之有道也此直思得靜女以易夫人非謂陳古也故經云俟我貽我皆非陳古之辭也

靜女其姝，俟我於城隅。靜貞靜也女德貞靜而有法度乃可說也姝美色也俟待也城隅以言高而不可踰箋云女德貞靜然後可畜美色然後可安又能服從待禮而動自防如城隅故可愛之○姝赤朱反說文作妷云好也說音悅篇末注同

愛而不見，搔首踟躕。言志往而行正○箋云志往謂踟躕行正謂愛之而不往見○搔蘇刀反踟直知反躕直誅反〔疏〕靜女至踟躕○正義曰言有貞靜之女其美色姝然又能從君子待禮而後動自防如城隅然高而不可踰有德如是故我愛之欲爲人君之配心既愛之而不得見故搔其首而踟躕然○傳女德至可踰○正義曰言女德貞靜乃可說也我於城隅是有法度也女德如是故可悅愛故下云愛而不見是也[illegible]周禮王城高七雉隅九雉是隅高於常處也○女德至可愛○正義曰箋解本舉女德之意[illegible]

靜女其孌，貽我彤管。既有靜德又有美色又能遺我以古人之法可以配人君也古者后夫人必有女史彤管之法史不記過其罪殺之后妃羣妾以禮御於君所女史書其日月授之以環以進退之生子月辰則以金環退之當御者以銀環進之著于左手既御著于右手事無大小記以成法箋云彤管筆赤管也○貽本又作詒音怡遺也下同下句協韻亦音以志反彤徒冬反下同筆管著知略反

彤管有煒，說懌女美。煒赤貌彤管以赤心正人也箋云說懌當作說釋赤管煒煒然女史以之說釋妃妾之德美之○煒于鬼反說本又作悅毛上音悅下音亦鄭說音始悅反懌作釋始亦反〔疏〕[illegible]

事故具言女史之法也周禮女史八人注云女史女奴曉書者其職云掌王后之禮職掌內治之貳以詔后治內政逆內宮書內令凡后之事以禮從夫人女史亦如之故此總云后夫人必有女史彤管之法也女史若有不記妃妾之過其罪則殺之謂殺此女史凡后妃羣妾以禮次序御於君所之時使女史書其日月使知某日某當御某日當次某也授之以環以進退之者即下句是也生子月辰謂將生子之月故內則妻將生子及月辰居側室是也此以月辰將產爲文實有娠即宜退之故生民箋云於是遂有身而肅戒不復御是也內則月辰所居側室者爲將產異其處非謂始不御也當御以銀環進之著於左手既御乃著於右手金環不言著略之此妃妾進御煩碎之事而令女史書之者事無大小記以成法也此是女史之法靜女遺我者謂遺我不違女史之法使妃妾德美也此似有成文未聞所出定本集注云女吏皆作女史○傳彤管以赤心正人○正義曰必以赤者欲使女史以赤心正人謂赤心事夫人而正妃妾之次序也○箋說懌至美之○正義曰以女史執此赤管而書記妃妾進退日月所次序使不違失宜爲書說而陳釋之成此妃妾之德美故美之也

自牧歸荑。洵美且異。牧田官也荑茅之始生也本之於荑取其有始有終箋云洵信也茅絜白之物也自牧田歸荑其信美而異者可以供祭祀猶貞女在窈窕之處媒氏達之可以配人君○牧州牧之牧徐音目荑徒兮反洵本亦作詢音荀共音恭窈鳥了反窕徒了反處昌慮反

匪女之爲美。美人之貽。非爲荑徒說美色而已美其人能遺我法則箋云遺我者遺我以賢妃也○爲于僞反注同或如字〔疏〕自牧至之貽○毛以爲詩人既愛靜女而不能見思有人歸之言我欲令有人自牧田之所歸我以荑信美好而且又異者我則供之以爲祭祀之用進之於君以興我則願有人自深宮之所歸我以貞信之女信美好而又異者我則進之爲人君之妃又言我所用此女爲人君之妃者由此女之美我非徒悅其美色又美此女人之能遺我彤管之法故欲易之以配人君○鄭唯下二句爲異言若有人能遺我貞靜之女我則非此女之爲美言不美此女乃美此人之遺於我者愛而不見冀於得之故有人遺之則美其所遺之人也○傳荑茅至有終○正義曰傳以荑則可以供祭祀之用荑者茅之始生未可供用而本之於荑者欲取興女有始有終故舉茅生之名也言始爲荑終爲茅可以供祭祀以喻始爲女能貞靜終爲婦有法則可以配人君○箋茅絜至人君○正義曰箋解以茅喻之意以茅絜白之物信美而異於衆草故可以供祭祀喻靜女有德異於衆女可以配人君故言洵美且異也言供祭祀之用者祭祀之時以茅縮酒左傳曰爾貢包茅不入王祭不供無以縮酒是也定本集注云信美而異者○箋遺我至賢妃○正義曰箋以上自牧歸荑欲人貽己以美女此言非女之爲美美人之貽則非美其女美貽己之人也故易之以爲遺我以賢妃也

靜女三章章四句

新臺。刺衞宣公也。納伋之妻。作新臺于河上而要之。國人惡之。而作是詩也。伋宣公之世子○新臺脩舊曰新爾雅云四方而高曰臺孔安國云之高曰臺伋音急宣公世子名要於遙反惡烏路反〔疏〕新臺三章章四句至是詩○正義曰此詩伋妻蓋自齊始來未至於衞而公聞其美恐不從已故使人於河上爲新臺待其至於河而因臺所以要之耳若已至國則不須河上要之矣

新臺有泚。河水瀰瀰。泚鮮明貌瀰瀰盛貌水所以絜汙穢反于河上而爲淫昬之行○泚音此徐又七禮反鮮明貌說文作玼云新色鮮也瀰莫爾反徐又莫啟反水盛也說文云水滿也汙音烏行下孟反篇註同

燕婉之求。籧篨不鮮。燕安婉順也籧篨不能俯者箋云鮮善也伋之妻齊女來嫁於衞其心本求燕婉之人謂伋也反得籧篨不善謂宣公也籧篨口柔常觀人顏色而爲之辭故不能俯也○燕於典反又於見反安也婉迂阮反徐於管反籧音渠篨音儲鮮斯踐反王少也依鄭音仙○〔疏〕新臺至不鮮○毛以爲衞人惡公納伋之妻故言所要之處云公新作高臺有泚然鮮明在於河水瀰瀰之處而要齊女以爲淫昬也水者所以絜汙穢反於河上作臺而爲淫昬之行是失其所也又言齊女來嫁本燕婉之人是求欲以配伋乃今爲所要反得籧篨佞媚之行不少者之宣公是非所求也○鄭唯不鮮爲異○傳此鮮至之行○正義曰此與下傳互也臺泚言鮮明下言高峻見臺體高峻而其狀鮮明也河瀰言盛貌下言平地見河在平地而波流盛也以公作臺要齊女故須言臺又言河水者表作臺之處也言水流之盛者言水之盛流當以絜汙穢而公反於其上爲淫昬故惡之也○傳籧篨不能俯者○正義曰籧篨戚施本人疾之名故晉語云籧篨不可使俯戚施不可使仰是也但人口柔者必仰面觀人之顏色而爲辭似籧篨不能俯之人因名口柔者爲籧篨面柔者必低首下人媚以容色似戚施之人因名面柔者爲戚施故箋云籧篨口柔常觀人顏色而爲之辭故不能俯戚施面柔下人以色故不能仰也時宣公爲此二者故惡而比之非宣公實有二病故箋申傳意以爲口柔面柔也籧篨口柔戚施面柔釋訓文李巡曰籧篨巧言好辭以口饒人是謂口柔戚施和顏悅色以誘人是謂面柔也

新臺有洒。河水浼浼。洒高峻也浼浼平地也○洒七罪反韓詩作漼音同云鮮貌浼每罪反韓詩作浘浘音尾云盛貌

燕婉之求。籧篨不殄。殄絕也箋云殄當作腆腆善也殄毛徒典反鄭改作腆吐典反〔疏〕傳殄絕○正義曰釋詁文言齊女反得籧篨之行而不絕者謂行之不止常然推此則首章鮮爲少傳不言耳故王肅亦爲少也○殄當作腆腆善○正義曰箋云籧篨口柔當不能俯言少與不絕非類也故以上章鮮爲善讀此殄爲腆腆與殄古今字之異故儀禮注云腆古文字作殄是也

魚網之設。鴻則離之。言所得非所求也箋云設魚網者宜得魚鴻乃鳥也反離焉猶齊女以禮來求世子而得宣公

燕婉之求。得此戚施。戚施不能仰者箋云戚施面柔下人以色故不能仰也○戚千歷反下遐嫁反

新臺三章章四句

二子乘舟。思伋壽也。衞宣公之二子。爭相爲死。國人傷而思之。作是詩也。○爲于僞反〔疏〕二子乘舟二章章四句至是詩○正義曰作二子乘舟詩者思伋壽也衞宣公之二子伋與壽爭相爲死故國人哀傷而思念之而作是二子乘舟之詩也二子爭相爲死即首章二句是也國人傷而思之下二句是也

二子乘舟。汎汎其景。二子伋壽也宣公爲伋取於齊女而美公奪之生壽及朔朔與其母愬伋於公公令伋之齊使賊先待於隘而殺之壽知之以告伋使去之伋曰君命也不可以逃壽竊其節而先往賊殺之伋至曰君命殺我壽有何罪賊又殺之國人傷其涉危遂往如乘舟而無所薄汎汎然迅疾而不礙也○汎芳劍反景如字或音影愬蘇路反令力征反隘於賣反駛疾所吏反本或無駛字一本作迅疾

願言思子。中心養養。願每也養養然憂不知所定箋云願念也念我思此二子心爲之憂養養然〔疏〕二子至養養○毛以爲二子伋壽爭相爲死赴死似歸不顧其生如乘舟之無所薄觀之汎汎然見其影之去往而不礙猶二子則爭死遂往而亦不礙也故我國人傷之每有所言思此二子則中心爲之憂養養然不知所定○鄭唯以願言思子爲念我思此二子爲異○傳二子至不礙○正義曰以序云思伋壽故知此二子伋壽也傳因言二子爭死之由其言與桓十六年左傳小異大同也此言愬伋於公傳言構伋子服虔云構會其過惡亦是愬之也此言先待於隘傳言使盜待諸莘服虔云莘衞東地則莘與隘一處也此言君命不可逃也壽竊其節而先往傳言壽子告之使行不可曰棄父之命惡用子矣有無父之國則可也及行飲以酒壽子載其旌以先此文不足亦當如傳飲以酒也旌節不同蓋載旌旗以爲節信也衞世家所說與左傳略同云壽盜其白旄而先言白旄者或以白旄爲旌節也言國人傷其涉危遂往者解經以乘舟爲喻之意以二子遂往不愛其死如乘舟無所薄汎汎然迅疾而不礙無所薄猶涉危也謂涉渡危難而取死下言其影以其影謂舟影觀其去而見其影義取其遂往不還故卒章云其逝傳曰逝往謂舟汎汎然其形往影形可見故言往也

二子乘舟。汎汎其逝。逝往也

願言思子。不瑕有害。言二子之不遠害箋云瑕猶過也我思念此二子之事於行無過差有何不可而不去也○害毛如字鄭音曷何也遠于萬反〔疏〕二子至有害○正義曰下二句毛鄭別○箋我念至不去○正義曰此國人思念之至故追言其本何爲不去而取死深閔之之辭也

二子乘舟二章章四句

邶國十九篇七十一章三百六十三句

毛詩注疏校勘記（二之三）

阮元撰盧宣旬摘錄

○簡兮

仕於伶官　小字本同閩本明監本毛本同唐石經伶作泠相臺本同案釋文云泠官音零字從水樂官也字亦作伶正義標起止云箋伶官至伶官其上下文伶字盡同此箋言泠氏世掌樂官正義引伶倫氏伶州鳩以爲說考左昭二十年泠州鳩釋文云泠字亦作伶漢書志泠綸及人表泠淪又呂覽同皆用從水字廣韻泠又姓此序及箋當本作泠其作伶者俗字耳正義亦當本是泠字或後人改之也五經文字云泠樂官或作伶訛亦其證

伶人告縣　閩本明監本毛本同案浦鏜云和誤縣考國語是也

萬舞干羽也　閩本明監本毛本同小字本相臺本羽作舞考文古本同案羽字誤也以干羽爲萬舞是毛義萬舞爲干舞籥舞爲羽舞鄭所易也正義有明文又標起止云箋簡擇至干舞亦可證不知者乃順上傳改此箋耳

可以御亂 小字本相臺本同案正義云御治也謂有侵伐之亂武力可以治之定本作御字如其所言非爲異本當有誤也今無可考意必求之或定本御非禦

渥厚漬也 小字本相臺本同案此正義本也云定本渥厚也無漬字考釋文渥下云厚也亦無漬字故下不爲漬字作音釋文本與定本同也

祭有畀韗胞翟閽寺者 閩本明監本毛本韗誤煇案序下正義兩韗字可證依此正義本傳當作韗字釋文云煇字亦作韗者是也其引祭統乃順彼文作煇耳

其子小似柹子 閩本明監本毛本同案浦鏜云橡誤柹是也○按一本作似杼子杼卽狙公賦芧字之或體非機杼也杼誤而爲柹耳芧卽橡也

○泉水

思之至也 小字本相臺本同案正義云雖非禮而思之至極也君子善其思故錄之也定本作思字如其所言非爲異本當有誤也釋文云一本思作思或定本如此但未有明文明監本毛本作定本作思字用釋文改耳

以之衞女思歸〔補〕毛本之作此

無日不思也 小字本相臺本同閩本明監本毛本無上衍我字十行本初刻無後剜添考正義云故我有所至念於衞無一日而不思念之也是箋本無我字剜添者非也

然則較山行道之名也 閩本明監本毛本同案浦鏜云道衍字以聘禮注考之是也

士喪禮有毀宗躐行 閩本明監本毛本同案浦鏜云士行字以聘禮記注考之是也

我還車疾於衞而返 小字本同相臺本疾下有至字閩本明監本毛本同十行本初刻無後剜添案無者是也此箋而返二字卽申傳至字之意若疾下有至字則而返二字無所施矣相臺本非也

○北門

刺仕不得志也 唐石經小字本相臺本同案正義云不知士有才能又云言士者有德行之稱其仕爲官尊卑不明也是正義本仕當作士字

出自至何出哉〔補〕案經文出哉出字衍

摧沮也 小字本相臺本同案正義云則乖沮己志定本集注皆云摧沮也標起止云傳摧沮如其所言非爲異本當有誤也今無可考意必求之或定本集注作摧阻也

故以爲摧爲刺譏已也 閩本明監本毛本同案浦鏜云爲摧當摧我誤是也

○北風

虛虛也 小字本相臺本同案此釋文本也釋文云虛虛也一本作虛徐也正義云但傳質詁訓疊經文耳非訓虛爲徐是正義本當是虛徐也與釋文一本同標起止云傳虛虛或合併經注正義時所改也段玉裁云經文作

邪鄭始易爲徐毛意虛邪如管子之志無虛邪耳虛虛也者謂此上虛字卽空虛字也正義本非○按古之訓詁有此一例如易大傳比者比也剝者剝也蒙者蒙也說文亦云巳者巳也經傳不可枚數或疑毛傳內無此因舉要之襋之傳曰要褸也毛公時安得有褸字褸本作要謂此要非人要領之要乃衣裳之要也正與此虛虛也一例古者虛本訓上虛因之訓空虛嫌其義之不可定也故釋之曰此上虛字其義則空虛也如易蒙者蒙也謂此蒙艸名之字其義則訓蒙覆也

○靜女

言志往而行正 小字本同閩本明監本毛本亦同相臺本正作止考文古本同案正字是也終風箋云正猶止也言正足包止義不必與往字對文相臺本非也

定本集注云女吏皆作女史 閩本明監本毛本同案此云字當衍

其信美而異者 小字本相臺本同案正義說箋云信美而異於衆草又云定本集注云信美而異者是正義本不與定本集注同也但未有明文今無可考考文一本美作善未見所出

非爲黃徒說美色而已 小字本相臺本黃作其閩本明監本毛本亦同案其者其經女字也唯十行本作黃是誤字

○新臺

之高曰臺〔補〕毛本之作上非也當是士字之譌

○二子乘舟

汎汎然迅疾而不礙也 小字本相臺本同案正義云汎汎然迅疾而不礙釋文云駛疾所吏反本或無駛字一本作迅疾正義本與一本同

見其影之去往而不礙 閩本明監本毛本同案經作景正義作影景影古今字易而說之也例見前餘同此

不瑕有害 小字本相臺本同唐石經初刻遐後改瑕案初刻非也此經瑕字毛遠也以瑕爲遐之假借鄭則如字讀之故易爲過也泉水經同其釋文可證也汝墳天保南山有臺等經用遐字卽不畫一之例

附釋音毛詩注疏卷第三〔三之二〕

鄘柏舟詁訓傳第四 ○陸曰鄘音容鄭云紂都以南曰鄘王云王城以西曰鄘也

毛詩國風　　鄭氏箋　　孔穎達疏

柏舟。共姜自誓也。衞世子共伯蚤死。其妻守義。父母欲奪而嫁之。誓而弗許。故作是詩以絕之。

共伯僖侯之世子○共音恭下同姜居羊反共姜共伯之妻也婦人從夫謚姜姓也蚤音早僖許其反史記作釐曹大家音僖〔疏〕柏舟二章章七句至以絕之○正義曰作柏舟詩者言其共姜自誓也所以自誓者衞世子共伯蚤死其妻共姜守義不嫁其父母欲奪其意而嫁之故與父母誓而不許更嫁故作是柏舟之詩以絕止父母奪已之意此誓云已至死無他心與鄭伯誓母云不及黃泉無相見皆豫爲來事之約卽盟之類也言衞世子者依世家共伯之死時釐侯已葬入釐侯羨自殺則未成君故繫之父在之辭言世子以別於衆子曾子問曰君薨而世子生之類也春秋公羊之說云存稱世子君薨稱子某既葬稱子左氏之義既葬稱君與此不同此詩便文說事非史策屬辭之例也言共伯者共謚伯字以未成君故不稱爵言早死者謂早死不得爲君不必年幼也世家武公和篡共伯而立五十五年卒楚語曰昔衞武公年九十有五矣猶箴儆于國則未必有死年九十五以後也則武公卽位四十一二以上共伯是其兄則又長矣其妻蓋少猶可以嫁喪服傳曰夫死妻穉子幼子無大功之親妻得與之適人是於禮得嫁但不如不嫁爲善故云守義禮記云一與之齊終身不改故夫死不嫁是夫妻之義也此敘其自誓之由也自誓卽下云至死矢靡他是也但上四句見已所以不嫁之由下二句乃追恨父母奪已之意○箋共伯僖侯之世子○正義曰史記僖字皆作釐列女傳曰曹大家云釐音僖則古今字異而音同也

汎彼柏舟。在彼中河。 興也中河河中箋云舟在河中猶婦人之在夫家是其常處○汎芳劒反處昌慮反

髧彼兩髦。實維我儀。 髧兩髦之貌髦者髮至眉子事父母之飾儀匹也箋云兩髦之人謂共伯也實是我之匹故我不嫁也禮世子昧爽而朝亦櫛纚笄總拂髦冠緌纓○髧本又作优徒坎反髦音毛說文作髳音同禮子生三月翦髮爲鬌長大作髦以象之鬌音丁果反昧莫背反朝直遙反櫛側乙反纚色蟹反又色綺反總子孔反緌汝誰反

之死矢靡它。 矢誓靡無之至也至已之死信無它心○它音他

母也天只。不諒人只。 諒信也母也天也尚不信我天謂父也○只音紙諒本亦作諒力尚反○〔疏〕汎彼至人只○正義曰言汎汎然者彼柏木之舟在彼中河是其常處以興婦人在夫家亦是其常處今我既在夫家矣又髧然著彼兩髦之人共伯實維是我之匹耦言其同德齊意矣其人雖死我終不嫁而父母欲奪已志故與之誓言已至死誓無變嫁之心母也父也何謂尚不信我也而欲嫁我哉○傳髦者至之飾○正義曰既夕禮云既殯主人脫髦注云兒生三月翦髮爲鬌男角女羈否則男左女右長大猶爲之飾存之謂之髦所以順父母幼小之心至此尸柩不見喪無飾可以去之髦之形象未聞內則注云髦者用髮爲之象幼時鬌其制未聞髮至眉亦無文故鄭云其制未聞內則云子事父母總拂髦是子事父母之飾也言兩者以象幼時鬌則

知髻以挾囟故兩髦也喪大記云小斂主人脫髦注云士既殯而脫髦此云小斂蓋諸侯禮也士之既殯諸侯之小斂於死者俱三日也則脫髦諸侯小斂而脫之此共伯之死時僖侯已葬去髦久矣仍云兩髦者追本父母在之飾故箋引世子昧爽而朝明君在時事也髦者事父母之飾也若父母有先死者於死三日脫之服闋又著之若二親並沒則因去之矣玉藻云親沒不髦是也○箋兩髦至緌纓○正義曰以共伯已死不忍斥言故以兩髦言之也世子昧爽平旦而朝君初亦如是櫛髦乃櫛纚笄內則注云纚所以韜髮者也笄今之簪則著纚乃以簪約之又著總又拂髦而著之故內則注云拂髦振去塵而著之既著髦乃加冠又著緌纓然後朝君也禮世子之記曰朝夕至于寢門外朝即昧爽也又內則云由命士以上父子皆異宮昧爽而朝世子亦是命士以上故知昧爽也文王之為世子雞初鳴而衣服至於寢門外者鄭玄云文王之為世子也非禮之制故不與常世子同也內則云子事父母雞初鳴端韠紳注云端玄端士服也庶人以深衣然則命士以下亦於雞鳴之時朝者命士以下當勉力從事因早起而適父母之所不主為朝也異宮者則敬多故內則注云異宮崇敬是也但文王之為世子加隆焉故雞初鳴而至寢門耳內則云子事父母雞初鳴咸盥漱櫛纚笄總拂髦冠緌纓端韠紳搢笏謂命士以上父子異宮昧爽而朝更不言衣服之異則纚笄以下同故云亦櫛纚笄總拂髦冠緌纓也禮記文王世子云親疾世子親齊玄冠而養蓋亦衣不端矣不并引端韠紳搢笏者以證經之兩髦故盡首服而已士冠禮曰皮弁笄爵弁笄注云有笄者屈組為紘無笄者纓而結其條然則此冠言緌纓則無笄矣上言纚笄者為纚而著笄也問喪曰親始死雞斯注云雞斯當為笄纚是著纚必須笄也○傳天謂父○正義曰序云父母欲奪而嫁之故知天謂父也先母後天者取其韻句耳

汎彼柏舟。在彼河側。髧彼兩髦。實維我特。特匹也。○特如字韓詩作直云相當值也之死矢靡慝。慝邪也。○慝他得反邪似嗟反母也天只。不諒人只。

柏舟二章章七句

牆有茨。衛人刺其上也。公子頑通乎君母。國人疾之而不可道也。宣公卒惠公幼其庶兄頑烝於惠公之母生子五人齊子戴公文公宋桓夫人許穆夫人○牆在良反茨徐資反頑五鰥反宣公庶子昭伯名也烝之升反載馳序注同〔疏〕牆有茨三章章六句至不可道○正義曰此注刺君故以宣姜繫於君謂之君母鶉之奔奔則主刺宣姜與頑亦所以惡公之不防閑詩人主意異也○箋宣公至夫人○正義曰左傳閔二年曰初惠公之即位也少齊人使昭伯烝於宣姜不可強之生齊子戴公文公宋桓夫人許穆夫人服虔云昭伯衛宣公之長庶伋之兄宣姜宣公夫人惠公之母是其事也

牆有茨。不可埽也。興也。牆所以防非常。茨蒺藜也。欲埽去之反傷牆也。箋云國君以禮防制一國今其宮內有淫昏之行者猶牆之生蒺藜○蒺音疾藜音梨去上呂反下同行下孟反中冓之言。不可道也。中冓內冓也箋云內冓之言謂宮中所冓成頑與夫人淫昏之語○冓本又作遘古候反韓詩云中冓中夜謂淫僻之言也所可道也。言之醜也。於君醜也〔疏〕牆有至醜也○正義曰言人以牆防禁一家之非常今上有蒺藜之草不可埽而去之欲埽去之反傷牆而毀家以興國君以禮防制一國之非法今宮中有淫昏之行不可滅而除之欲除而滅之反違禮而害國夫人既淫昏矣宮中所冓成此頑與夫人淫昏之語其惡不可道所可道言之於君醜也君本何以不防閑其母至今有此淫昏○傳中冓內冓箋內冓至之語○正義曰媒氏云凡男女之陰訟聽之于勝國之社注云陰訟爭中冓之事以觸法者勝國亡國也亡國之社掩其上而棧其下使無所通就之以聽陰訟之情明不當宣露即引此詩以證之是其冓合淫昏之事其惡不可道也○

牆有茨。不可襄也。襄除也。中冓之言。不可詳也。詳審也○詳如字韓詩作揚揚猶道也所可詳也。言之長也。長惡長也

牆有茨。不可束也。束而去之。中冓之言。不可讀也。讀抽也箋云抽猶出也○〔疏〕傳讀抽箋抽猶出○正義曰上云不可詳則此為讀誦於義亦通必以為抽者以讀誦非宣露之義傳訓為抽箋申抽為出也所可讀也。言之辱也。辱辱君也

牆有茨三章章六句

君子偕老。刺衛夫人也。夫人淫亂。失事君子之道。故陳人君之德。服飾之盛。宜與君子偕老也。夫人宣公夫人惠公之母也人君小君也或者小字誤作人耳○偕音皆〔疏〕君子偕老三章首章七句二章九句卒章八句至偕老○正義曰作君子偕老詩者刺衛夫人也以夫人淫亂失事君子之道也毛以為由夫人失事君子之道故陳別有小君內有貞順之德外有服飾之盛德稱其服宜與君子偕老者刺今夫人有淫佚之行不能與君子偕老偕老者謂能守義貞絜以事君子君子雖死志行不變與君子俱至於老也經陳行步之容髮膚之貌言德美盛飾之事能與君子偕老者乃然故發首言君子偕老以為一篇之揔目序則反之見內有其德外稱其服然後能與君子偕老各自為勢所以倒也鄭以為由夫人失事君子之道故陳此夫人既有舉動之德服飾之盛宜應與君子俱至於老反為淫佚之行而不能與君子偕老故刺之此人君之德謂宣姜服飾之盛行止有儀不謂內有其德也○箋夫人至誤作人○正義曰以上篇公子頑通乎君母母是宣姜故知此亦為宣公夫人惠公之母也以言刺夫人故知人君為小君以夫妻一體婦人從夫之爵故同名曰人君碩人傳曰人君以朱纓鏕亦謂夫人也夫人雖理得稱人君而經傳無謂夫人為人君者故箋疑之云或者小字誤作人耳俗本亦有無此一句者定本有之

君子偕老。副笄六珈。能與君子俱老乃宜居尊位服盛服也副者后夫人之首飾編髮為之笄衡笄也珈笄飾之最盛者所以別尊卑箋云珈之言加也副既笄而加飾如今步搖上飾古之制所有未聞○副芳富反珈音加編蒲典反或必仙反別彼列反搖餘昭反委委佗佗。如山如河。委委者行可委曲蹤迹也佗佗者德平易也山無不容河無不潤○委於危反注同佗待何反註同韓詩云德之美貌行下孟反舊如字委曲如字易以豉反象服是宜。象服尊者所以為飾箋云象服者謂揄翟闕翟也人君之象服則舜所云予欲觀古人之象日月星辰之屬○揄音遙字又作褕狄本亦作翟王后第[illegible]子之不淑。云如之何。[illegible]〔疏〕委委[illegible]

[illegible]玼兮玼兮。其之翟也。[illegible]

仙 **鬒髮如雲。不屑髢也。**鬒黑髮也如雲言美長也屑絜也箋云髢髲也不絜者不用髲爲善○鬒眞忍反說文云髮稠也服虔註左傳云髮美爲鬒屑蘇節反髢徒帝反髲皮寄反○**玉之瑱也。象之揥也。**瑱塞耳也揥所以摘髮也○瑱吐殿反充耳也揥勑帝反摘也摘他狄反本亦作擿音同本又作擿又作讁並非讁音丁革反擿音直戟反○**揚且之晳也。**揚眉上廣晳白晳○且七也反徐子餘反下同晳星歷反**胡然而天也。胡然而帝也。**尊之如天審諦如帝箋云胡何也帝五帝也何由然女見尊敬如天帝乎非由衣服之盛顏色之莊與反爲淫昏之行○諦音帝莊如字本又作壯側亮反與音餘〔疏〕玼兮至如帝○毛以爲夫人能與君子偕老者故宜服此玼兮玼兮其鮮盛之翟衣也又其鬒髮如雲言其美長不用髲而自絜美也又以玉爲之瑱也又以象骨爲之揥也又其眉上揚廣且其面之色又白晳既服飾如此其德又稱之其見尊敬如天帝何由然見尊敬如天乎由其瑱實如天何由然見尊敬如帝乎由其審諦如帝故能與君子偕老今夫人何故淫亂而不瑱實不審諦使不可尊敬乎○鄭以指據宣姜今爲淫亂故責之言夫人何由見尊敬如天乎何由見尊敬如帝乎非由衣服之盛顏色之莊與既由衣服顏色以見尊敬何故反爲淫昏之行乎○傳褕翟至飾衣○正義曰傳以翟雉名也今衣名曰翟故謂以羽飾衣猶右手秉翟卽執眞翟羽鄭注周禮三翟皆刻繒爲翟雉之形而彩畫之以爲飾不用眞羽孫毓云自古衣飾山龍華蟲藻火粉米及周禮六服無言以羽飾衣者羽施於旌旄蓋則可施於衣裳則否蓋附人身動則卷舒非可以羽飾故也鄭義爲長○傳鬒黑至美長○正義曰昭二十八年左傳云有仍氏生女鬒黑而甚美光可以鑒名曰玄妻服虔云髮美爲鬒詩云鬒髮如雲其言美長而黑以髮美故名玄妻是鬒爲黑髮也○箋髢髲至爲善○正義曰髢一名髲故云髢髲也說文云髲益髮也言己髮少聚他人髮益之哀十七年左傳曰衛莊公見己氏之妻髮美使髡之以爲呂姜髢是也不絜髢者言婦人鬒美不用他髮爲髮而自絜美故云不用髮爲善○傳瑱塞至摘髮○正義曰既夕記云瑱塞耳充耳是也或曰充耳淇奧云充耳琇瑩是也以象骨搔首因以爲飾名之揥故云所以摘髮葛屨云佩其象揥是也○傳尊之至如帝○正義曰傳互言之言尊之如天明德如天也言審諦如帝則亦尊之如帝故經再云胡然也運斗樞云帝之言諦夫人審諦似帝德故云如帝則如天亦然元命包云天之言瑱則此蓋亦爲瑱取其瑱實也毛不明說天帝同別不可知也二者皆取名以見德也此章論祭服言其德當神明故尊之以比天帝卒章論事君子見賓客之服故以美女言之是以內司服注引詩國風曰玼兮玼兮其之翟也下云胡然而天也胡然而帝也言其德當神明又曰瑳兮瑳兮其之展也下云展如之人兮邦之媛也言其行配君子二者之義與禮合矣鄭雖非擧善駿惡其以類根配與傳同也○箋帝五帝至之行○正義曰天帝名雖別而一體也以此別設其文爲有帝王之嫌故云帝五帝謂五精之帝也春秋文燿勾曰倉帝其名靈威仰赤帝其名赤熛怒黃帝其名含樞紐白帝其名白招拒黑帝其名汁光紀是也此責夫人之辭故言何由然而見尊敬如天帝乎非由衣服之盛顏色之莊與是覆上以責之此云反爲淫昏之行卒章箋云淫昏亂國者以下經云邦之媛也因有邦文故言亂國○**瑳兮瑳兮。其之展也。蒙彼縐絺。是紲袢也。**禮有展衣者以丹縠爲衣蒙覆也絺之靡者爲縐是當暑袢延之服也箋云后妃六服之次展衣宜白縐絺絺之蹙蹙者展衣夏則裏衣縐絺此以禮見於君及賓客之盛服也展衣字誤禮記作襢衣○瑳七我反說文云玉色鮮白展涉戰反註展衣皆同沈張輦反縐側救反靡也絺勑之反紲息列反袢符袁反縠戶木反延以戰反又如字蹙子六反衣於既反著也下裏衣同裏如字舊音吏見賢遍反於君子一本無子字襢陟戰反**子之清揚。揚且之顏也。**清視清明也揚廣揚而顏角豐滿○**展如之人兮。邦之媛也。**展誠也美女爲媛箋云媛者邦人所依倚以爲媛助也疾宣姜有此盛服而以淫昏亂國故云然○媛于眷反韓詩作援援取也倚於綺反○〔疏〕瑳兮至媛也○毛以爲言夫人能與君子偕老者故服此瑳兮瑳兮其鮮盛之展衣以覆彼縐絺之上縐絺是當暑紲去袢延烝熱之服也子之夫人非直服飾之盛又目視清明而眉上平廣且顏角豐滿而德以稱之誠如是德服相稱之人宜配君子故爲一國之美女兮令夫人何爲淫亂失事君子之道而不爲美女之行乎○鄭以言宣姜服飾容貌如是故一邦之人依倚以爲媛助何故反爲淫昏之行而亂國乎○傳禮有至之服○正義曰言衣服之內有名展衣者其衣以丹縠爲之以文與縐絺相連嫌以絺爲之故辨其所用也絺者以葛爲之精曰絺麤曰綌其精尤細靡者縐也言細而縷縐故箋申之云縐絺絺之蹙蹙者言是當暑袢延之服者謂縐絺是紲袢之服展衣則非是也紲袢者去熱之名故言袢延之服袢延是熱之氣也此傳言展用丹縠餘五服傳無其說丹縠亦不知所出而孫毓推之以爲褘衣赤褕翟青闕翟黑鞠衣黃展衣赤祿衣黑鞠名與麴同雖毛亦當色黃祿衣與男子之祿衣名同則亦宜黑然則六服逆依方色義或如毓所言以婦人尚華飾亦爲色之著因而右行以爲次故褘衣赤褕翟青闕翟黑次鞠衣鞠衣宜白以爲凝於凶服故越取黃而展衣同赤因西方闕其色故祿衣越青而同黑也二章傳曰褕翟闕翟羽飾衣則褘衣亦羽飾衣褘衣以翬鳥羽褕翟以搖鳥羽闕翟次褕翟則亦用搖羽矣但飾之有闕少耳○箋后妃至禮衣○正義曰箋不同傳故云后妃六服之次展衣宜白言宜者無明文周禮之註差之以爲然也內司服掌王后之六服褘衣褕翟闕翟鞠衣展衣祿衣鄭司農云展衣白鞠衣黃祿衣黑玄謂鞠衣黃桑服也色如麴塵象桑葉始生月令三月薦鞠衣于先帝告桑事也祿者實祿衣也男子之祿衣黑則是亦黑也六服備於此矣以下推次其色則闕翟赤褕翟青褘衣玄是鄭以天地四方之色差次六服之文以士冠禮爵弁服皮弁服之下有玄端無祿衣士喪禮爵弁服皮弁服之下有祿衣無玄端則祿衣當玄端玄端當黑則祿亦黑矣以男子之祿衣黑知婦人之祿衣亦黑祿衣上有展衣鄭司農云展衣白上又有鞠衣以色如麴塵故取名焉是鞠衣黃也三服之色以見矣是從下依行運逆而爲次唯三翟之色不明故云以下推次其色闕翟赤褕翟青褘衣玄也又解展衣之裏不恒以絺而云蒙彼縐絺者衣展衣者夏則裏之以縐絺作者因擧時事而言之故云是紲袢也定本云展衣夏則裏衣縐絺俗本多云冬衣展衣蓋誤也又解展衣所用云此以禮見於君及賓客之盛服玉藻云一命襢衣喪大記曰世婦以襢衣是禮記作襢衣也定本云禮記作襢無衣字司服注以展爲聲誤從襢爲正以衣服之字宜從衣故也○傳清視至廣揚○正義曰以目視清明因名爲清故此云清視清明也揚者眉上之美名因名眉目曰揚故猗嗟云美目揚兮傳曰好目揚眉是也既名眉爲揚目爲清明因謂眉之上眉之下皆曰揚目之上目之下皆曰清故上傳曰揚眉上廣此及猗嗟傳云揚廣揚是眉上爲揚野有蔓草傳曰清揚眉目之間是眉之下爲揚目之上爲清猗嗟傳又曰目下爲清是目之下亦爲清也釋訓云猗嗟名兮目上爲名郭云眉眼之間是目上又爲之名也猗嗟名兮既爲目上故知美目清兮清爲目下○傳美女爲媛○正義曰釋訓文孫炎曰君子之援助然則由有美可以援助君子故云美女爲媛箋以爲責非夫人之辭當取援助爲義故云邦人所依倚以爲援助因顏色依爲美女故知邦人依之爲援助是擧其外責其爲內之不稱故說各殊也

君子偕老三章一章七句一章九句一章八句

桑中。刺奔也。衞之公室淫亂。男女相奔。至于世族在位。相竊妻妾。期於幽遠。政散民流而不可止。衞之公室淫亂謂宣惠之世男女相奔不待媒氏以禮會之也世族在位取姜氏弋氏庸氏者也竊盜也幽遠謂桑中之野○竊千節反弋羊識反〔疏〕桑中三章章七句至不可止○正義曰作桑中詩者刺男女淫怨而相奔也由衞之公室淫亂之所化是故又使國中男女相奔不待禮會而行之雖至於世族在位爲官者相竊其妻妾而期於幽遠之處而與之行淫時既如此卽政教荒散世俗流移淫亂成風而不可止故刺之也定本云而不可止止下有然字此男女相奔謂民庶男女世族在位者謂今卿大夫世其官族而在職位者相竊妻妾謂私竊而與之淫故云期於幽遠非爲夫婦也此經三章上二句惡衞之淫亂之主下五句言相竊妻妾期我於桑中是期於幽遠此敘其淫亂之由經陳其淫之辭言公室淫亂國中男女相奔者見衞之淫風公室所化故經先言衞都淫亂國中男女相奔及世族相竊妻妾俱是相奔之事故序總云刺奔經陳世族相奔明民庶相奔明矣經言孟姜之等爲世族之妻而兼言妾者以妻尚竊之況於妾乎故連言以協句耳謂之竊者蔽其夫而私相奸若竊盜人物不使其主知之然既上下淫亂有同亡國故序云政散民流而不可止是以樂記曰桑間濮上之音亡國之音也其政散其民流誣上行私而不可止是也○箋衞之至之野○正義曰此惠公之時兼云宣公者以其言由公惑淫亂至於政散民流則由化者遠矣此直言公室淫亂不指其人而宣公亦淫亂故并言之也序言相竊妻妾經陳相思之辭則孟姜之輩與世族爲妻也故知世族在位取姜氏弋氏庸氏矣

爰采唐矣。沬之鄉矣。爰於也唐蒙菜名沬衞邑箋云於何采唐必沬之鄉猶言欲爲淫亂者必之衞之都惡衞爲淫亂之主○沬音妹惡烏路反○**云誰之思。美孟姜矣。**姜姓也言世族在位有是惡行箋云淫亂之人誰思乎乃思美孟姜孟姜列國之長女而思與淫亂疾世族在位有是惡行也○行下孟反箋同列國之女一本作列國之長女長音丁丈反**期我乎桑中。要我乎上宮。送我乎淇之上矣。**桑中上宮所期之地淇水名也箋云此思孟姜之愛厚己也與我期於桑中而要見我於上宮其送我則於淇水之上○要於遙反注下同淇音其衞水也○〔疏〕爰采至上矣○正義曰人欲采唐者於何采唐乎必之沬之鄉矣以與人欲淫亂者於何處淫亂乎必之衞之都言沬鄉唐

所生衞都淫所主故也又言衞之淫亂甚矣故雖世族在位之人相竊妻妾與之期於幽遠而行淫乃云我誰思乎乃思美好之孟姜與之爲淫亂所以思孟姜者以孟姜愛厚於我與我期往於桑中之野要見我於上宮之地又送我於淇水之上愛厚於我如此故思之也世族在位猶尚如此致使淫風大行民流政散故陳其辭以刺之○傳唐蒙菜名○正義曰釋草云唐蒙女蘿女蘿菟絲舍人曰唐蒙名女蘿女蘿又名菟絲孫炎曰別三名郭璞曰別四名則唐與蒙或并或別故三四異也以經直言唐而傳言唐蒙也類弁傳曰女蘿菟絲松蘿也則又名松蘿矣釋草又云蒙王女孫炎曰蒙唐也一名菟絲一名王女則通松蘿王女爲六名○傳沬衞邑○正義曰酒誥註云沬邦紂之都所處也於詩國屬鄘故其風有沬之鄉則沬之北沬之東朝歌也然則沬爲紂都故言沬邦後三分殷畿則紂都屬鄘譜云自紂城而南據其大率故猶云之北之東明紂城北與東猶有屬鄘者今鄘并於衞故言衞邑紂都朝歌明朝歌即沬也○箋於何至之主○正義曰殷武傳曰鄉所也則此沬之鄉以爲沬之所矣沬邑名則采唐不於邑中但惣言於其所耳不斥其方下云之北之東則指其所在采之處矣言衞之都所謂國所在也時衞之淫風流行偏於境內獨言都者淫風所行相習成俗公室所在都尤甚焉故舉都爲主國外承化淫亦可知言淫亂主者猶左傳云武王數紂之罪以告諸侯曰紂爲天下逋逃主然言淫在其都而君不禁似若爲之主然故言惡衞爲淫亂之主○箋淫亂至惡行○正義曰知孟姜列國之長女者以衞朝貴族無姓姜者故爲列國列國姜姓齊許申呂之屬不斥其國未知誰國之女也臣無境外之交得取列國女者春秋之世因聘逆妻故得取焉言孟故知長女下孟孟弋孟庸以孟類之蓋亦列國之長女但當時列國姓庸弋者無文以言之○傳桑中至之地○正義曰經桑中言期上宮言要傳并言所期者見設期而相要一也

爰采麥矣。沬之北矣。云誰之思。美孟弋矣。弋姓也○期我乎桑中。要我乎上宮。送我乎淇之上矣。

爰采葑矣。沬之東矣。箋云葑蔓菁○葑孚容反菁音精又子形反○云誰之思。美孟庸矣。庸姓也○期我乎桑中。要我乎上宮。送我乎淇之上矣。

桑中三章章七句

鶉之奔奔。刺衞宣姜也。衞人以爲宣姜鶉鵲之不若也。刺宣姜者刺其與公子頑爲淫亂行不如禽鳥○鶉音純鵲鵲鳥南反行下孟反下皆同〔疏〕鶉之奔奔二章章四句至不若○正義曰二章皆上二句刺宣姜下二句責公不防閑也頑與宣姜共爲此惡而獨爲刺宣姜者以宣姜衞之小君當母儀一國而與子淫尤爲不可故作者意有所主非謂頑不當刺也今人之無良我以爲兄亦是惡頑之辭

鶉之奔奔。鵲之彊彊。鶉則奔奔鵲則彊彊然箋云奔奔彊彊言其居有常匹飛則相隨之貌刺宣姜與頑非匹偶○彊音姜韓詩云奔奔彊彊乘匹之貌人之無良。我以爲兄。良善也兄謂君之兄箋云人之行無一善者我君反以爲兄君謂惠公○〔疏〕鶉之至爲兄○正義曰言鶉則鶉自相隨奔奔然鵲則鵲自相隨彊彊然各有常匹不亂其類今宣姜爲母頑則爲子而與之淫亂失其常匹曾鶉鵲之不如矣又惡頑言人行無一善者我君反以爲兄而不禁之也惡頑而責惠公之辭○箋奔奔至匹耦○正義曰序云鶉鵲之不若則以奔奔彊彊爲相匹之善故爲居有常匹定本集註皆云居有常匹則爲俱者誤也表記引此證君命逆則臣有逆命故註云彊彊奔奔爭鬭惡貌也

鵲之彊彊。鶉之奔奔。人之無良。我以爲君。君國小君箋云小君謂宣姜○〔疏〕傳君國小君○正義曰夫人對君稱小君以夫妻一體言之亦得曰君襄九年左傳筮穆姜曰君其出乎是也

鶉之奔奔二章章四句

定之方中。美衞文公也。衞爲狄所滅。東徙渡河。野處漕邑。齊桓公攘戎狄而封之。文公徙居楚丘。始建城市而營宮室。得其時制。百姓說之。國家殷富焉。春秋閔公二年冬狄人入衞衞懿公及狄人戰于熒澤而敗宋桓公迎衞之遺民渡河立戴公以廬於漕戴公立一年而卒魯僖公二年齊桓公城楚丘而封衞於是文公立而建國焉○定丁佞反下同定星名爾雅云營室謂之定孫炎云定正也衞爲狄所滅一本作狄人本或作衞懿公爲狄所滅非也漕音曹攘如羊反說音悅熒迴丁反廬力居反〔疏〕定之方中三章章七句至富焉○正義曰作定之方中詩者美衞文公也衞國爲狄人所滅君爲狄人所殺城爲狄人所入其有遺餘之民東徙渡河暴露野次處於漕邑齊桓公攘去戎狄而更封之立文公焉文公乃徙居楚丘之邑始建城使民得安處始建市使民得交易而營造宮室既得其時節又得其制度百姓喜而悅之民既富饒官亦充足致使國家殷實而富盛焉故百姓所以美之言封者衞國已滅非謂其有若新造之然故云封也言徙居楚丘即二章升墟望楚卜吉終臧是也而營宮室者而首章作于楚宮作于楚室是營宮室也建成市經無其事因徙居而始築城立市故連言之毛則定之方中揆之以日皆爲得其制既得其制則得時可知鄭則定之方中得其時揆之以日爲得其制既營室得其時樹木爲豫備雨止而命駕辭說于桑田故百姓說之匪直也人秉心塞淵是悅之辭也國家殷富則駛北三千是也序先言徙居楚丘者先言所徙之處乃於其處而營宮室爲事之次而經主美宮室得其時制乃追本將徙觀望之事故與序倒也國家殷富在文公未年故左傳曰元年革車三十乘季年乃三百乘明其駛北三千亦末年之事也此詩蓋末年始作或卒後爲之○箋春秋至國焉○正義曰此序惣說衞事故直云城衞不必斥懿公載馳見懿公死而戴公立夫人之唁戴公時故言懿公爲狄人所滅實滅也而木瓜序云衞國有狄人之敗者敗滅一也但此見滅文公滅而復與載馳見國滅而唁見故言滅木瓜見國敗而救之故言敗是文勢之便也閔二年左傳曰狄人伐衞衞懿公好鶴鶴有乘軒者將戰國人受甲者皆曰使鶴鶴實有祿位余焉能戰公與石祈子玦與甯莊子矢使守曰以此贊國擇利而爲之與夫人繡衣曰聽於二子渠孔御戎子伯爲右黃夷前驅孔嬰齊殿及狄人戰于熒澤衞師敗績遂滅衞是爲狄所滅之事傳言滅經書入者賈逵云不與夷狄得志於中國杜預云君死國散經不書滅者狄不能赴衞之君臣皆盡無復文告齊桓爲之告諸侯言狄已去言衞之存故但以入爲文是春秋書入之意也詩則據實而言以時君死民散故云滅耳言東徙渡河則戰在河北也禹貢豫州滎波既豬注云沇水溢出河爲澤今塞爲平地滎陽民猶謂其處爲滎澤其在縣東春秋魯閔公二年衞侯及狄人戰于滎澤此其地也如禹貢之注則當在河南時衞都河北狄來伐而禦之既敗而渡河在河北明矣故杜預云此滎澤當在河北但沇水發源河北入于河乃溢爲滎則沇水所溢被河南北故河北亦有滎澤但在河南多耳故指其豬水大處則在豫州此戰於滎則在其北畔相連猶一物故云此其地也左傳又曰及敗宋桓公逆諸河霄濟衞之遺民男女七百有三十人益之以共滕之民爲五千人立戴公以廬於漕是宋桓迎衞之遺民渡河立戴公廬於漕之事杜預云廬舍也言國都亡滅且舍於此也此渡河處漕戴公時也傳雖言戴公之立不言其卒而世家云戴公申元年卒復立其弟文公二十五年文公卒案經僖二十五年衞侯燬卒則戴公之立其年即卒故云一年然則狄以十二月入衞懿公死其月戴公立而卒又文公立故閔二年傳說衞文公衣大布之衣大帛之冠服虔云戴公卒在於此年杜預云衞文公以此年冬立是也戴公立未踰年而成君稱諡者以衞既滅而立不繫於先君故臣子成其喪而爲之諡而爲之諡者與繫世者異也又言僖二年齊桓城楚丘而封衞者春秋僖二年春王正月城楚丘左傳曰諸侯城楚丘而封衞是也引證齊桓公攘戎狄而封之木瓜序云救而封之與此一也左傳無攘戎狄救衞之事此言攘戎狄者以衞爲狄所滅民尚畏狄閔二年傳曰齊侯使公子無虧帥車三百乘以戍漕至僖二年又帥諸侯城楚丘於是戎狄避之不復侵衞是亦攘救之事不必要與狄戰故樂緯稽耀嘉云狄人與衞戰桓公不救於其敗也然後救之宋均註云救謂使公子無虧戍之公羊傳曰以城楚丘爲力能救之則救之可也是戍漕城楚丘並是救之之事也滅衞者狄也兼言戎者戎狄同類協句而言之序自攘戎狄而封之以上惣說衞事不指其君故爲狄所滅懿公時也野處漕邑戴公時也攘戎狄而封之文公時也自文公徙居楚丘以下指說文公建國營室得其制所以美之故箋云於是文公立而建國焉

定之方中。作于楚宮。定營室也方中昏正四方楚宮楚丘之宮也仲梁子曰初立楚宮也箋云楚宮謂宗廟也定星昏中而正於是可以營制宮室故謂之營室定昏中而正謂小雪時其體與東壁連正四方○揆之以日。作于楚室。揆度也度日出日入以知東西南視定北準極以正南北室猶宮也箋云楚室居室也君子將營宮室宗廟爲先廄庫爲次居室爲後○揆葵癸反度待洛反下同視字又作眂音同廄居又反○樹之榛栗。椅桐梓漆。爰伐琴瑟。椅梓屬箋云爰曰也樹此六木於宮者曰其長大可伐以爲琴瑟言豫備也○榛側巾反椅於宜反草木疏云梓實桐皮曰椅也梓音子漆音七長丁丈反○〔疏〕定之至琴瑟○毛以爲言定星之昏正四方而中取則視之以正其南因準極以正其北作爲楚丘之宮也度之以日影度日出之影與日入之影以知東西以作爲楚丘之室也東西南北皆既正方乃爲宮室別言宮室異其文耳既爲宮室乃樹之以榛栗椅桐梓漆六木於其宮中曰此木長大可伐之以爲琴瑟言公非直營室得其制又能樹木爲豫備故美之○鄭以爲文公於定星之昏正四方而中之時謂夏之十月以此時而作爲楚丘之宮廟又度之以日影而營表其位正其東西南北而作楚丘之居室宮與室俱於定星中而爲之同度日影

而正之各於其文互舉一事耳餘同○傳楚宮至立楚宮○正義曰鄭志張逸問楚宮今何地仲梁子何時人荅曰楚丘在濟河間疑在今東郡界今仲梁子先師魯人當六國時在毛公前然衞本河北至懿公滅乃東徙渡河野處漕邑則在河南矣又此二章升漕墟望楚丘楚丘與漕不甚相遠亦河南明矣故疑在東郡界中杜預云楚丘濟陰成武縣西南屬濟陰郡猶在濟北故云濟河間也但漢之郡境已不同鄭疑在東郡杜云濟陰也毛公魯人而春秋時魯有仲梁懷為毛所引故言魯人當六國時蓋承師說而然○箋定星至四方正義曰傳雖不以方中為記時亦以定為營室方中為昏正四方而箋以為記時故因解其名定為營室及其方中之意釋天云營室謂之定孫炎曰定正也天下作宮室者皆以營室中為正此言定星昏中而正四方於是可以營制宮室故謂之營室是取爾雅為說也然則毛不取記時而名營室者為視其星而正南北以營宮室故謂之營室又云定星昏而正中謂小雪時小雪者十月之中氣十二月皆有節氣有中氣十月立冬節小雪中於此時定星昏而正中也又解中得方者由其體與東壁相成故得正四方以於列宿室與壁別星故指室云其體又壁居南則在室東故因名東壁釋天云娵觜之口營室東壁也孫炎曰娵觜之口鄭則口開方營室東壁四方似口故因名云是也此定之方中小雪時則在周十二月矣春秋正月城楚丘穀梁傳曰不言城衞衞未遷則諸侯先為之城其城文公乃於其中營宮室也建城在正月則作室亦正月矣而云得時者左傳曰凡土功水昏正而栽日至而畢則冬至以前皆為土功之時以歷校之僖二年閏餘十七則閏在正月之後正月之初未冬至故為得時也箋言定星中小雪時舉其常期耳非謂作其楚宮即當十月也如此則小雪以後方興土功而禮記云君子既蜡不興功者謂不復興農功而非土功也月令仲秋云是月也可以築城郭建都邑者秦法與周異仲冬云命有司曰土事無作亦與左傳同然則左傳所云乃是正禮而召誥於三月之下營洛邑之事於周之三月起土功不依禮之常時者鄭志荅趙商云傳所言者謂庸時也周召之作洛邑因欲觀衆殷樂之與否則由欲觀民之意故不依常時也○傳度日至南北○正義曰此度曰出日入謂度其影也故公劉傳曰考於日影是也其術則匠人云水地以縣置槷以縣視以影為規識日出之影與日入之影晝參諸日中之影夜考之極星以正朝夕注云於四角立植而縣以水望其高下高下既定乃為位而平地於所平之地中央樹八尺之臬以縣正之視之以其影將以正四方也日出日入之影其端則東西正也又為規以識之者為其難審也自日出而畫其影端以至日入既則為規測影兩端之內規之規之交乃其審也度兩交之間中屈之以指臬則南北正也日中之影最短者也極星謂北辰也是揆日瞻星以正東西南北之事也如匠人注度日出日入之影不假於視定視極而東西南北皆知之此傳度日出入以知東西視定極以正南北者考工之文止言以正朝夕無正南北之語故規影之下別言考之極星是視極乃南北正矣但鄭因屈橫度之繩即可以知南北故細言之與此不為乖也唯傳言南視定者鄭意不然何者以匠人云晝參諸日中之影不言以定星參之經傳未有以定星正南北者故上箋以定為記時異於傳也傳以視定為正南北則四句同言得制非記時也○傳室猶宮○正義曰釋宮云宮謂之室室謂之宮郭璞曰皆所以通古今之異語明同實而兩名故云室猶宮也○箋楚室至為後○正義曰釋宮以宮室為一謂通而言之其對文則異故上箋楚宮謂廟此楚室謂居室別其文以明二者不同也故引曲禮曰君子將營宮室宗廟為

先廄庫為次居室為後明制有先有後別設其文也縣與斯干皆述先作宗廟後營居室也○傳椅梓屬○正義曰釋木云椅梓也舍人曰梓一名椅郭璞曰即楸也湛露曰其桐其椅桐椅既為類而梓一名椅故以椅桐為梓屬言梓屬則椅梓別而釋木椅梓為一者陸機云梓者楸之踈理白色而生子者為梓梓實桐皮曰椅則大類同而小別也箋云樹此六木於宮中明其別也定本椅梓屬無桐字於理是也

升彼虛矣。以望楚矣。望楚與堂。景山與京。

虛漕虛也楚丘有堂邑者景山大山京高丘也箋云自河以東夾於濟水文公將徙登漕之虛以望楚丘觀其旁邑及其丘山審其高下所依倚乃後建國焉慎之至也○虛起居反本或作墟夾居洽反濟節禮反倚於綺反

降觀于桑。

地勢宜蠶可以居民

卜云其吉。終然允臧。

龜曰卜允信臧善也建國必卜之故建邦能命龜田能施命作器能銘使能造命升高能賦師旅能誓山川能說喪紀能誄祭祀能語君子能此九者可謂有德音可以為大夫○使所吏反能說如字鄭志問曰山川能說何謂也荅曰兩讀或言說說者說其形勢也或曰述述者述其故事也述讀如遂事不諫之遂偈本又作謂又作誄皆力水反說文云讄禱也累功德以求福也誄諡也為卿大夫一本無卿字○

【疏】升彼至允臧正義曰此追本欲遷之由言文公將徙先升彼漕邑之墟矣以望楚丘之地矣又望其傍堂邑及景山與京丘言其有山林之饒高丘之阻可以居處又下漕墟而往觀於其處之桑既形勢得宜蠶桑又茂美可以居民矣人事既從乃命龜卜之云從其吉矣終然信善非直當今而已乃由地勢美而卜又吉故文公徙居楚丘而建國焉○傳虛漕至高丘○正義曰知墟漕墟者以文公自漕而徙楚丘故知升漕墟蓋地有故墟高可登之以望猶僖二十八年左傳稱晉侯登有莘之墟也升墟而并望楚堂明其相近故言楚丘有堂邑楚丘本亦邑也但今以為都故以堂繫楚丘而言之釋詁云景大也故知景山為大山京與山相對故為高丘釋丘云絕高為之京郭璞曰人力所作也又云非人為之丘郭璞曰地自然生則丘者自然而有京者人力所為形則相類故云京高丘也公劉箋云絕高為之京與此一也皇矣傳曰京大阜也以與我陵我阿相接類之故為大阜○箋自河至濟水○正義曰箋解楚丘所在故云自河以東夾於濟水言楚丘在其間禹貢云道沇水東流為濟入于河溢為滎又出于陶丘北又東至于菏又東北會于汶是濟自河北而南入於河又出而東楚丘在於其間西有河東有濟故云夾於濟水也○傳龜曰卜至大夫○正義曰大卜曰國大遷大師則貞龜是建國必卜之緜云爰契我龜是也大遷必卜而筮人掌九筮一曰筮更注云更謂筮遷都邑也鄭志荅趙商云此都邑此於國為小故筮之然則都邑則用筮國都則卜也此卜云終吉而僖三十一年又遷于帝丘而言終善者卜所以決疑衞為狄人所滅國人分散文公徙居楚丘興復祖業國家殷富吉莫如之後自東以時事不便而遷何害終然允臧也傳因引建邦能命龜證建國必卜之遂言田能施命以下本有成文連引之耳建邦能命龜者命龜以遷取吉之意若少牢史述曰假爾大筮有常孝孫某來日丁亥用薦歲事于皇祖伯某以某妃配某氏尚饗士喪卜日哀子某卜葬其父某甫考降無有近悔如此之類也建邦亦言某事以命龜但辭亡也田能施命者謂於田獵而能施教命以設誓若士師職云三曰禁用諸田役注云禁則軍禮曰無于車無自後射其類也大司馬職云斬牲以左右狗陳曰不用命者斬之是也田所以習戰故施命以戒衆也作器能銘者謂既作器能為其銘若栗氏為量其銘曰時文思索允臻其極嘉量既成以觀四國永啓厥後茲器維則是也大戴禮說武王盤盂几杖皆有銘此其存者也銘者名也所以因其器名而書以為戒也使能造命者謂隨前事應機造其辭命以對若屈完之對齊侯國佐之對晉師君無常辭也升高能賦者謂升高有所見能為詩賦其形狀鋪陳其事勢也師旅能誓者謂將帥能誓戒之若鐵之戰趙鞅誓軍之類山川能說者謂行過山川能說其形勢而陳述其狀也鄭志張逸問傳曰山川能說何謂荅曰兩讀或云說者說其形勢或云述者述其古事則鄭為兩讀以義俱通故也喪紀能誄者謂於喪紀之事能累列其行為文辭以作諡若子囊之誄楚恭之類故曾子問注云誄累也累列生時行迹以作諡是也祭祀能語者謂於祭祀能祝告鬼神而為言語若荀偃禱河蒯聵禱祖之類是也君子由能此上九者故可為九德乃可以列為大夫定本集注皆云可謂有德音與俗本不同獨言可以為大夫者以大夫事人者當賢著德盛乃得位極人臣大夫臣之最尊故責其九能天子諸侯嗣世為君不可盡責其能此九者

靈雨既零。命彼倌人。星言夙駕。說于桑田。

零落也倌人主駕者箋云靈善也星雨止星見夙早也文公於雨下命主駕者雨止為我晨早駕欲往為辭說于桑田教民稼穡務農急也○倌音官徐古患反說文云小臣也星言韓詩云星精也說毛始銳反舍也鄭如字辭說見賢遍反為于偽反○

匪直也人。

非徒庸君

秉心塞淵。

秉操也箋云塞充實也淵深也○操七刀反

騋牝三千。

馬七尺以上曰騋騋馬與牝馬也箋云國馬之制天子十有二閑馬六種三千四百五十六匹邦國六閑馬四種千二百九十六匹衞之先君兼邶鄘而有之而馬數過禮制今文公滅而復興徙而能冨馬有三千雖非禮制國人美之○騋牝上音來馬六尺已上也下頻忍反徐扶死反上時掌反種章勇反下同過禮一本作過禮制復符冨反○

【疏】靈雨至三千○正義曰此章說政治之美言文公於善雨既落之時命彼倌人云汝於雨止星見當為我早駕當乘之往辭說於桑田之野以教民之稼穡言文公既愛民務農如此則非直庸庸之人故秉操其心能誠實且復深遠是善人也既政行德實故能與國以致殷冨騋馬與牝馬乃有三千可美之極也○傳倌人主駕者○正義曰以命之使駕故知主駕者諸侯之禮亡未聞倌人為何官也○傳馬七尺至牝馬○正義曰七尺曰騋廋人文也定本云六尺恐誤也此三千言其摠數國馬供用牝牡俱有或七尺六尺舉騋牝以互見故言騋馬與牝馬也知非直牝而七尺有三千者以諸侯之牝三千巳多明不得獨牝有三千廋人職注云國馬謂種馬戎馬齊馬道馬高八尺田馬七尺駑馬六尺此天子國馬有三等則諸侯國馬之制不一等明不獨七尺也乘車兵車及田車高下各有度則諸侯亦齊道高八尺田馬高七尺駑馬高六尺獨言騋馬者舉中言之○箋國馬至美之○正義曰言國馬謂君之家馬也其兵賦則左傳曰元年革車三十乘季年乃三百乘是也天子十有二閑馬六種邦國六閑馬四種皆校人文也其天子三千四百五十六匹諸侯千二百九十六匹皆推校人而計之校人又曰凡頒良馬而養乘之乘馬一師四圉三乘為皁皁一趣馬三皁為繫繫一馭夫六繫為廄廄一僕夫六廄成校校有左右駑馬三良馬之數註云二耦為乘自乘至廄其數二百一十六匹易乾為馬此應乾之策也至校變言成者明六馬各一廄而王馬小備也校有左右則良馬一種者四百三十二匹五種合二千一百六十匹駑馬三之則為千

二百九十六匹五良一駑凡三千四百五十六匹然後王馬大備由此言之六廄成校校有左右則爲十二廄卽是十二閑故鄭又云每廄爲一閑明廄別一處各有閑衞故又變廄言閑也以一乘四匹三乘爲皁皁則十二匹三皁爲繫繫則三十六匹六繫成廄以六乘三十六則二百一十六匹故云自乘至廄其數二百一十六匹應乾之策謂變者爲揲蓍用四四九三十六謂一爻之數純乾六爻故二百一十六也以校有左右故倍二百一十六爲四百三十二駑馬三之又三乘此四百三十二爲千二百九十六匹此天子之制雖駑馬數言三良亦以三駑之數共廄爲一閑諸侯言六閑馬四種則不種爲二閑明因三駑之數而分爲三閑與上三種各一閑而六閑皆二百一十六匹以六乘之故諸侯千二百九十六匹也是以校人又云大夫四閑馬二種鄭因諸侯不種爲二閑亦分駑馬爲三故注云諸侯有齊馬道馬田馬大夫有田馬各一閑其駑皆分爲三是也故鄭志趙商問曰校人職天子十有二閑馬六種爲三千四百五十六匹邦國六閑馬四種爲二千五百九十二匹家四閑馬二種爲千七百二十八匹商案大夫食縣何由能供此馬司馬法論之一甸之田方八里有戎馬四匹長轂一乘今大夫采四甸一甸之稅以給王其餘三甸裁有十二匹今就校人職相覺甚矣荅曰邦國六閑馬四種其數適當千二百九十六匹家四閑馬二種又當八百六十四今子何術計之乎此馬皆國君之制非民之賦司馬法甸有戎馬四匹長轂一乘此謂民出軍賦無與於天子國馬之數是鄭計諸侯大夫之明數也趙商因校有左右謂二廄爲一閑故其數皆倍而誤鄭以十二廄卽十二閑數諸侯大夫閑數駑與良同故云子以何術計之鄭以諸侯之馬千二百九十六匹而此亦諸侯之國馬有三千過制明非始文公所從遠矣故本之先君言由衞之先君兼邶鄘而有之謂有此邶鄘之富而馬數過禮制故今文公過制也然則三千之數違禮者也而校人注引詩云騋牝三千王馬之大數者以三千與王馬數近相當故因言之其實此數非王馬之數也

定之方中三章章七句

毛詩注疏校勘記三之二　阮元撰盧宣旬摘錄

○柏舟

故作是詩以絕之　小字本相臺本同唐石經初刻之下有也字後磨去考文古本有案古本非據唐石經但其本每多也字而偶合

卽下云至死矢靡他是也　閩本明監本毛本同案經傳作它正義作他它他古今字易而說之也例見前此不誤浦鏜云之誤至非也傳之至也至己之死信無它心正義取此

蓋亦衣不端矣　閩本明監本毛本同案浦鏜云不當元誤是也

之死矢靡慝　小字本相臺本同案盧文弨云唐石經初刻慝作匿誤後改從今本考傳慝邪也釋文慝他得反皆可證也

○牆有茨

此注刺君　閩本明監本毛本注作註案皆誤也浦鏜云註當主字誤是也

茨蒺藜也　小字本同閩本明監本毛本同相臺本藜作蔾案蔾字是也釋文蔾音棃正義今上有蒺蔾之草皆可證

君本何以不防閑其母　閩本明監本毛本本誤奈

○君子偕老

行可委曲蹤迹也　小字本相臺本同考文古本同閩本明監本毛本蹤誤縱案此傳當作從與羔羊傳字同釋文委委下云行可委曲蹤迹也乃易爲今字耳非釋文本此傳作蹤也羔羊傳釋文云從字亦作蹤可證

何謂不善乎　閩本明監本毛本同小字本相臺本何作可案可字是也正義云可謂不善云如之何乎又云可謂不善言其善也是其證

緌祭服有衡笄　閩本明監本毛本同案此不誤浦鏜云衍笄字非也陳啓源毛詩稽古編云衡笄本周禮天官追師文傳引其成語耳非合衡笄爲一物也衡垂於當耳笄橫於頭上彼注云王后之衡笄皆以玉爲之緌祭服有衡垂於副之兩旁當耳其下以紞懸瑱笄卷髮者是衡笄本二物也孔疏引之乃云緌祭服有衡笄垂於副之兩旁云云於衡下增一笄字而不引笄卷髮者是以釋衡者釋笄矣今考陳此說是也陳又云案大雅追琢其章疏引追師注衡下無笄字安知此疏非傳寫之誤其說非也此笄字是正義增之故不備引笄卷髮者所以傳合傳文也下云編次則無衡笄亦可證不得以大雅正義例之

以玉珈於笄爲飾　閩本明監本毛本同案珈當作加下云珈之以言加者是也

李巡曰寬容之美也　閩本明監本毛本同案浦鏜云皆誤寬是也爾雅疏卽取此正作皆

玼兮玼兮　唐石經小字本相臺本同案釋文云玼音此引沈云毛及呂沈並作玼解王肅云顏色衣服鮮明貌本或作瑳此是後文瑳兮王肅注好美衣服絜白之貌若與此同不容重出今檢王肅本後不釋不如沈所言也然舊本皆前作玼後作瑳字段玉裁云玼一作瑳後人乃分別二章三章今考陸氏之意不以沈爲然但舊本皆爾故不定爲一字正義本標起止玼兮至如帝後章瑳兮至媛也與釋文本同周禮內司服釋文云玼音此劉倉我反本亦作瑳與下瑳字同倉我反此玼瑳一字之證

其之翟也　唐石經小字本相臺本同案釋文揄字又作褕狄本亦作翟狄在揄下明是傳字非經字也經字無作狄者考文古本經傳皆作狄采釋文而有誤

揚且之皙也　小字本同閩本同明監本毛本皙誤晳唐石經相臺本作皙案皙字是也五經文字云皙相承多從日非說文皙人色白也从白析聲皆在白部可證釋文當亦本作皙今誤

由其塡實如天　閩本明監本毛本塡誤瑱案塡字是也下瑱實及言瑱爲瑱凡四字並同

其以類根配　閩本明監本毛本根作相案所改是也

此以禮見於君　小字本相臺本同案釋文云於君子一本無子字正義云又解展衣所用云此以禮見於君及賓客之盛服是正義本無子字也考鄭內司服注云展衣以禮見王及賓客之服此諸侯夫人故變文言君與葛覃傳見於君子對朝事舅姑者不同或因經首君子字而誤衍當以一本爲長考文古本有子字采釋文

揚廣揚而顏角豐滿　小字本相臺本同案段玉裁云傳本作揚且之顏者廣揚而顏角豐滿自引經附傳而傳之複舉經文者往往刪去故此傳割裂而不可通今考正義標起止云傳揚至廣揚是其本已如此讀以揚字逗廣揚句絕也卷首鄭氏箋下正義云未審此詩引經附傳是誰爲之可知毛爲詁訓與經別行者正義所不見也

以爲媛助也　小字本同閩本明監本毛本同相臺本媛作援考文古本同案援字是也正義引爾雅孫炎注云君子之援助然是其證也以援解媛所謂詁訓之法亦見說文媛字下

褖者實褖衣也　閩本明監本毛本同案褖者當作緣衣者見緣衣序下正義今周禮注作褖亦誤也

中喪禮爵弁服皮弁服之下　閩本明監本毛本同案浦鏜云土誤中是也

因名眉目曰揚　閩本明監本毛本同案浦鏜云目疑衍字是也

旣名眉爲揚目爲清明　閩本明監本毛本同案浦鏜云明疑衍字是也

此及猗嗟傳云揚廣　閩本明監本毛本同案廣下浦鏜云脫揚字是也

因顏色依爲美女　閩本明監本毛本同案依當作已此說箋意謂卽使不言媛而顏色已爲美女故媛當爲援助也

○桑中

刺男女淫怨而相奔也　閩本明監本毛本同案浦鏜云亂誤怨是也

期我於桑中　閩本明監本毛本同案十行本期我於剜添者一字是我字衍也此但說期不取我字

以其言由公惑淫亂　閩本明監本毛本同案浦鏜云室誤惑是也

釋草又云蒙王女　閩本明監本毛本又誤文王誤玉下二王女同案今爾雅作玉者亦誤

下孟口口孟弋孟庸　閩本明監本毛本作下孟弋孟庸案此十行闕本二字閩本以下輒改者非

○鶉之奔奔

言其居有常匹　小字本同閩本明監本毛本同相臺本脫其字案正義云定本集注皆云居有常匹則爲俱者誤也此與定本集注同

刺宣姜與頑非匹偶　小字本相臺本同閩本明監本毛本偶作耦案所改是也正義標起止云至匹耦凡箋匹耦字皆從耒正義亦然偶字誤餘同此

○定之方中

衛爲狄所滅　唐石經小字本相臺本同案釋文云衛爲狄所滅本或作狄人一本作衛懿公爲狄所滅非也正義云是爲狄所滅之事又云故爲狄所滅懿公時也皆指序而言是正義本與釋文同其自爲文則多言狄人非其本有人字也考序於此及載馳木瓜凡三言狄人文例宜同當以有者爲長考文古本作衛懿公爲狄人所滅采釋文而合兩本爲一

戰于熒澤而敗　小字本相臺本同閩本明監本毛本熒作滎案釋文熒迴丁反考周禮左傳與此同字皆作熒唯尚書釋文作滎熒字誤也此正義當本亦是熒字今作滎者或合併以後改之耳餘同此

建成市　〔補〕案成當作城

故直云城衛　〔補〕案城當作滅卽序衛爲狄所滅也形近之譌

其在縣東　閩本明監本毛本同案誧鏜云在其誤倒是也

宋桓公逆諸河霄濟　閩本明監本毛本同案誧鏜云宵誤霄是也考沿革例載杜昭二十一年注霄從公故字與此同皆形近之譌

作于楚宮　唐石經小字本相臺本同案正義云作爲楚丘之宮也下句同考此乃正義說經之義耳非其本經字作爲也序下正義云而首章作于楚宮作于楚室可證詩經小學云案喪大記注云爲或作于聲之誤也李善文選注引作爲楚宮作爲楚室所謂以破引之考文古本作爲采正義

其體與東壁連　相臺本同小字本壁作辟閩本明監本毛本壁誤壁案辟字是也釋文辟音壁正義云由其體與東壁相成辟壁古今字易而說之也例如此耳非正義本作壁也考壁字古作辟左傳辟司徒是其證爾雅釋文云辟本又作壁此星有人居之角象宜爲壁其說非也考文古本作壁采正義而誤閩本以下正義中壁皆誤壁○按周禮注辟宿字亦作辟古多用辟

而作楚丘之居室　閩本明監本毛本同案作下脫爲字上文可證

疑在今東郡界今　閩本明監本毛本下今字作中案所改是也

北言定星　〔補〕案北當作此形近之譌

娵觜之口鄭則口開方　閩本明監本毛本同案鄭當作歎因別體俗字鄭作鄭歎作敥而譌左襄卅年正義引作娵觜之歎脫口字非也孫炎娵觜之口四字複舉經文也下云人歎則口開方營室東辟四方似人之開口故名娵觜之口

水昏正而裁　閩本明監本毛本同案裁當作栽形近之譌

終然允臧　唐石經小字本相臺本同考文古本同閩本明監本毛本然誤焉案正義云終然信善又云何害終然允臧也皆可證明監本毛本正義中下然字亦誤焉

可謂有德音　小字本相臺本同案此定本集注也正義云君子由能此上九者故可爲九德乃可以列爲大夫定本集注皆云可謂有德音與俗本不同依此則正義本不如此也但未有明文今無可考意必求之或當是可爲九德．

先升彼漕邑之墟矣　閩本明監本毛本同案經注皆作虛正義作墟虛墟古今字易而說之也例見前標起止云傳虛漕可證釋文虛本或作墟非正義本

又出於陶丘北　閩本明監本毛本又作東案所改是也曹譜正義引作東

可謂有德言　閩本明監本毛本言作音案所改是也

馬七尺以上曰騋　小字本相臺本同閩本明監本毛本亦同案釋文以上時掌反沿革例云諸本皆是馬七尺曰騋唯余仁仲本有以上二字以釋文考之舊有是也考正義云七尺曰騋庾人文也定本云六尺恐誤也此槼栝傳及周禮耳諸本乃誤從之刪

今就校人職相覺甚矣　閩本明監本毛本今誤令案當作異見周禮校人疏山井鼎云覺恐較誤非也盧文弨云覺卽較字是也詳見其鍾山札記

附釋音毛詩注疏卷第三（三之二）

毛詩國風　鄭氏箋　孔頴達疏

蝃蝀。止奔也。衛文公能以道化其民，淫奔之恥。國人不齒也。不齒者不與相長稚。○蝃蝀上丁計反，下都動反，爾雅作螮蝀，音同。長丁丈反。〔疏〕蝃蝀三章章四句至不齒。○正義曰：作蝃蝀詩者，言能止當時之淫奔。衛文公以道化其民，使皆知禮法，以淫奔者爲恥，其有淫之恥者，國人皆能惡之，不與之爲齒列相長稚，故人皆恥之而自止也。

蝃蝀在東，莫之敢指。蝃蝀，虹也。夫婦過禮則虹氣盛，君子見戒而懼諱之，莫之敢指。箋云：虹，天氣之戒，尚無敢指者，況淫奔之女，誰敢視之。○虹音洪，一音絳。女子有行，遠父母兄弟。箋云：行，道也。婦人生而有適人之道，何憂於不嫁而爲淫奔之過乎？惡之甚。○遠于萬反，下同。惡烏路反，下惡之皆同。〔疏〕蝃蝀至兄弟。○正義曰：此惡淫奔之辭也。言虹氣見於東方，爲夫婦過禮之戒，君子之人尚莫之敢指而視之，況今淫奔之女，見爲過惡，我誰敢視之也。既惡淫奔之女，因即就而責之，言女子有適人之道，當自遠其父母兄弟，於理當嫁，何憂於不嫁而爲淫奔之過惡乎？○傳蝃蝀至敢指。○正義曰：釋天云：螮蝀謂之雩。蝃蝀，虹也。郭璞曰：俗名爲美人。音義云：虹雙出，色鮮盛者爲雄，雄曰虹；闇者爲雌，雌曰蜺。此與爾雅字小異，音實同。是爲虹也。序云止奔，而經云莫之敢指，是虹爲淫戒，故言夫婦過禮則虹氣盛也。夫婦過禮，謂不以道妄淫行夫婦之事也。月令孟冬虹藏不見，則十月以前當自有虹，言由夫婦過禮者，以天垂象，因事以見戒，且由過禮而氣更盛，不謂凡平無虹也。以天見戒，故君子見而懼諱，自戒懼諱惡此由淫過所致，不敢指而視之，若指而視之，則似慢天之戒，不以淫爲懼諱然，故莫之敢指也。

朝隮于西，崇朝其雨。隮，升。崇，終也。從旦至食時爲終朝。箋云：朝有升氣於西方，終其朝則雨，氣應自然，以言婦人生而有適人之道，亦性自然。○隮子西反，徐又子細反。鄭注周禮云隮虹。應，應對之應。女子有行，遠兄弟父母。〔疏〕朝隮至父母。○正義曰：言朝有升氣於西方，終朝其必有雨，有隮氣必有雨者，是氣應自然，以興女子生則必當嫁，亦性自然矣。故又責之言：女子生有適人之道，遠其兄弟父母，何患於不嫁而爲淫奔乎？○傳從旦至終朝。○正義曰：以朝者早旦之名，故爾雅山東曰朝陽。今言終朝，故至食時矣。左傳曰：子文治兵，終朝而畢；子玉終日而畢。是終朝非竟日也。○箋朝有至自然。○正義曰：視祲注云：隮，虹也。詩云朝隮于西，則隮亦虹也。言升氣者，以隮，升也，由升氣所爲，故號虹爲隮。鄭司農亦云：隮者，升氣是也。上蝃蝀，虹也，色青赤，因雲而見；此言雨徵，則與彼同也。視祲掌十煇之法，以觀妖祥。注云：煇謂日光氣也。則隮亦日之光氣矣。蝃蝀亦日光氣，但日在東則虹見西方，日在西方虹見東方，無在日傍之時。鄭注周禮見隮與此同，故引以證，非謂此爲妖祥也。

乃如之人也，懷昏姻也。乃如是淫奔之人也。箋云：懷，思也。乃如是之人，思昏姻之事乎？言其淫奔之過惡之大。大無信也，不知命也。不待命也。箋云：淫奔之女，大無貞絜之信，又不知昏姻當待父母之命，惡之也。○大音泰，註同。

蝃蝀三章章四句

相鼠。刺無禮也。衛文公能正其羣臣而刺在位承先君之化無禮儀也。○相息亮反篇內同〔疏〕相鼠三章章四句至禮儀。正義曰作相鼠詩者刺無禮也由衛文公能正其羣臣使有禮儀故刺其在位有承先君之化無禮儀者由文公能化之使有禮而刺其無禮者所以美文公也凱風美孝子而反以刺君此刺無禮而反以美君作者之本意然也在位無禮儀文公不黜之者以其承先君之化弊風未革身無大罪不可廢之故也

相鼠有皮。人而無儀。相視也無禮儀者雖居尊位猶爲闇昧之行箋云儀威儀也視鼠有皮雖處高顯之處偷食苟得不知廉恥亦與人無威儀者同。行下孟反之處昌慮反。

人而無儀。不死何爲。箋云人以有威儀爲貴今反無之傷化敗俗不如其死無所害也。〔疏〕相鼠至何爲。正義曰文公能正其羣臣而在位猶有無禮者故刺之視鼠有皮猶人之無儀何則人有皮鼠亦有皮鼠猶無儀故可恥也人無禮儀何異於鼠乎人以有威儀爲貴人而無儀則傷化敗俗此人不死何爲若死則無害也。○箋視鼠至者同。正義曰大夫雖居尊位爲闇昧之行無禮儀而可惡猶鼠處高顯之居偷食苟得不知廉恥鼠無廉恥與人無禮儀者同故喻焉以傳曰雖居尊位故箋言雖處高顯之居以對之

相鼠有齒。人而無止。止所止息也。箋云止容止。孝經曰容止可觀。無止。韓詩止節無禮節也。

人而無止。不死何俟。俟待也。

相鼠有體。體支體也。〔疏〕傳體支體。正義曰上云有皮有齒已指體言之明此言體非偏體也故爲支體。

人而無禮。人而無禮。胡不遄死。遄速也。遄市專反

相鼠三章章四句

干旄。美好善也。衛文公臣子多好善。賢者樂告以善道也。賢者時處士也。○旄音毛好呼報反篇內同〔疏〕干旄三章章六句至善道。正義曰作干旄詩者美好善也衛文公臣子多好善故處士賢者樂告之以善道也毛以爲此敘其由臣子多好善故賢者樂告以善道經三章皆陳賢者樂告以善道之事鄭以三章皆上四句言文公臣子建旄乘馬數往見賢者於浚邑是好善見其好善下二句言賢者樂告以善道也。箋賢者時處士。正義曰以臣子好善賢者告之則賢者非臣子故云處士也士者男子之大稱言處者處家未仕爲官鄉飲酒註云處士賢者鄉大夫賓之以獻於君是未仕也

孑孑干旄。在浚之郊。孑孑干旄之貌注旄於干首大夫之旃也浚衛邑古者臣有大功世其官邑郊外曰野箋云周禮孤卿建旃大夫建物首皆注旄焉時有建此旄來至浚之郊卿大夫好善也。孑居熱反又居列反浚蘇俊反旃之然反通帛爲旃。

素絲紕之。良馬四之。紕所以織組也總紕於此成文於彼願以素絲紕組之法御四馬也箋云素絲者以爲縷以縫紕旌旗之旒縿或以維持之浚郊之賢者既識卿大夫建旄而來又識其乘善馬四之者見之數也。紕毛符至反鄭毗移反組音祖旒音留縿所銜反何沈相沾反

彼姝者子。何以畀之。姝順貌畀予也箋云時賢者既說此卿大夫有忠順之德又欲以善道與之心誠愛厚之至。姝赤朱反畀必寐反與也注予同說音悅〔疏〕孑孑至畀之。毛以爲衛之臣子好善故賢者樂告之以善道言建孑孑然之干旄而食邑在於浚之郊此好善者我願告之以素絲紕組之法而御善馬四轡之數以此法而治民也織組者總紕於此成文於彼猶如御者執轡於此馬騁於彼以喻治民立化於己而德加於民使之得所有文章也賢者願以此道告之賢者既願告以御衆之德又美此臣之好善言彼姝然忠順者之子知復更何以予之言雖有所告意猶未盡也。鄭以爲浚郊處士言衛之卿大夫建此孑孑然之干旄來在浚之郊以素絲爲縷縫紕此旌旗之旒縿又以維持之而乘善馬乃四見於己也故賢者有善道樂以告之云彼姝然忠順之子好善如是我有何善道以予之言心誠愛之情無所恡。○傳孑孑至曰野。正義曰謂之干旄者以注旄於干首故釋天云注旄首曰旌李巡曰旄牛尾著干首孫炎曰析五采羽注旄上也其下亦有旒縿郭璞曰載旄於竿頭如今之幢亦有旒也如是則干之首有旄有羽也故周禮序官夏采註云夏采夏翟羽色禹貢徐州貢夏翟之羽有虞氏以爲綏後世或無故染鳥羽象而用之謂之夏采其職注云綏以旄牛尾爲之綴於幢上所謂注旄於干首者也言大夫之旃者以經言干旄唯言干首有旄不言旒縿明此言干旄者乃是大夫之旃也周禮孤卿建旃衛侯無孤當是卿也大夫者總名故春秋書諸侯之卿皆曰大夫是也天子以下建旃之者干首皆注旄獨以爲卿之建旃者以臣多好善當據貴者爲言故知是卿旃也以大夫得言在浚之郊則此臣子食邑於浚也所以得食邑者由古者臣有大功世其官邑故左傳曰官有世功則有官族邑亦如之是有大功之臣得世官邑也有功世邑則宜爲卿故舉旃言之三章皆言在浚則所論是一人皆卿也二章言干旟傳曰鳥隼曰旟於周禮則州里之所建若卿而得建旟者大司馬職曰百官載旟注云百官卿大夫也載旟者以其屬衛王也凡旌旗有軍衆者畫異物然則平常建旃出軍則建旟是卿有建旟之時旟亦有旄二章互文也言旃則有旒縿言旟則亦有旃矣卒章言干旌傳曰析羽爲旌於周禮則遊車之所載卿而得建旌者鄉射記注云旌總名也爾雅云注旄首曰旌則干旌干旄一也既設旒縿有旃旟之稱未設旒縿空有析羽謂之旌卿建旌者設旒縿而載之遊車則空載析羽無旒縿也釋地云郊外謂之牧牧外謂之野此言郊外曰野略爾雅之文以言在浚之郊明所食邑在郊外也下言在浚之都在浚之城言於郊爲都邑相兼一也。○箋周禮至好善。正義曰孤卿建旃大夫建物司常文也又曰通帛爲旃雜帛爲物注云凡九旗之帛皆用絳則通帛大赤也雜帛以白爲飾絳之側也知首皆注旄者以夏采王崩以綏復魄綏有旄牛尾也注云王祀四郊乘玉輅建太常今以之復去其旒異於此亦因先王有徒綏是太常之干有旄也又出車云設此旃矣建彼旄矣此亦云干旄是九旗之干皆有旄矣故知旃物首皆注旄焉以序言多好善故卿大夫兼言之。○傳紕所至四馬。正義曰以二章言組卒章言織故於此總解之言紕所以織組也以織組總紕於此成文於彼似御執轡於此馬騁於彼故願以素絲紕組之法御四馬也言願以者稱賢者之意欲告文公臣子以此道故言願以也言總紕於此成文於彼者家語文也。○箋素絲至之數。正義曰以前云干旄說旌旗而此云素絲紕之故知以素絲爲線縷所以縫紕旌旗之旒縿也縿謂繫於旌旗之體旒謂縿末之垂者須以縷縫之使相連釋天云纁帛縿郭璞曰衆旒所著孫炎曰爲旒于縿是也或以維持者謂旒之垂數非一故以縷相綴連之服氏云六人維王之太常注云維之以縷王旌十二旒兩兩以縷綴連之傍三人持之禮天子旌曳地諸侯旂九旒釋天又曰練旒九維以縷孫炎曰維持以縷不欲其曳地然則諸侯以下旒數少而且短維之以否未可知也經直言紕之不言其所用故言或爲疑辭前經言干旄是浚郊之賢者識卿大夫建旄而來此又云良馬是又識其乘善馬也四之者四見之數也

孑孑干旟。在浚之都。鳥隼曰旟下邑曰都箋云周禮州里建旟謂州長之屬。○旟音餘隼荀尹反長張丈反。〔疏〕箋周禮至之屬。正義曰箋以爲賢者見時臣子實建旟而來此爲州長非卿大夫若卿大夫則將兵乃建旟非賢者所當見也周禮州長中大夫天子之州長也鄉射目錄云州長射於州序之禮經曰釋獲者執鹿中一記云士則鹿中是諸侯之州長士也言之屬者見鄉遂官非一司常云師都建旗州里建旟縣鄙建旐注云師都六鄉六遂大夫也州里縣鄙鄉遂之官互約言之如鄭之意則以鄉遂同建旗鄉之下有州州爲第二黨爲第三族爲第四閭爲第五比爲第六其遂之下有縣縣爲第二鄙爲第三酇爲第四里爲第五鄰爲第六今云州里建旟則六鄉內州長黨正及六遂內酇長里宰鄰長等五人同建旟也又云縣鄙建旐謂六遂內縣正鄙師及六鄉內族師閭胥比長等五人同建旐故鄭云互約言也諸侯之鄉亦大夫故鄉飲酒目錄云諸侯之鄉大夫三年賓賢能之禮是鄉爲大夫則遂亦大夫也其縣與州長班同則亦士也黨鄙在州縣之下或亦爲士酇族以下卑則皆非士矣上章朝臣言卿大夫則此名亦有大夫兼鄉遂與州縣也卿大夫以下及不命之士等職位雖卑皆問善道其可互約別圖於後

鄉旗　州旟　黨旟　族旐　閭旐　比旐

遂旗　縣旐　鄙旐　酇旟　里旟　鄰旟

素絲組之。良馬五之。總以素絲而成組也驂馬五轡。箋云以素絲縷縫組於旌旗以爲之飾五之者亦爲五見之也。○總子孔反驂七南反〔疏〕傳驂馬五轡。正義曰凡馬士駕二既夕禮云公賵以兩馬是也大夫以上駕四四馬則八轡矣驂馬五轡者御車之法驂馬內轡納於觖唯執其外轡耳驂馬馬執一轡服馬則二轡俱執之所謂六轡在手也此經有四之五之六之以御馬喻治民馬多益難御故先少而後多傳稱漸多之由爲說從內而出外上章四之謂服馬之四轡此章加一驂馬益一轡故言五之也下章又加一驂更益一轡故六之也據上四之爲服馬此加一驂乃有五故言五轡也王肅云古者一轅之車駕三馬則五轡其大夫皆一轅車夏后氏駕兩謂之麗殷益以一騑謂之驂周人又益一騑謂之駟本從一驂而來亦謂之驂經言驂則三馬之名又孔晁云作者歷言三王之法此似述傳非毛言也何則馬以引重左右當均一轅車以兩馬爲服傍以一馬驂之則偏而不調非人情也株林曰乘我乘駒傳曰大夫乘駒則毛以大夫亦駕四也且殷之制亦駕四故王基云商頌曰約軝錯衡八鸞鏘鏘是則殷駕四不駕三也又異義天子駕數易孟京春秋公羊說天子駕六毛詩說天子至大夫同駕四士駕二詩云四牡彭彭武王所乘龍旂承祀六轡耳耳魯僖所乘四牡騑騑周道委遲大夫所乘謹案禮王度記曰天子駕六諸侯與卿同駕四大夫駕三士駕二庶人駕一說與易春秋同玄之聞也周禮校人掌王馬之政凡頒良馬而養乘之乘馬一師四圉四馬爲乘此一圉者養一馬而一師監之也尚書顧命諸侯入應門皆布乘黃朱言獻四黃馬朱鬣也既實周天子駕六校人則何不以馬與圉以六爲數顧命諸侯何以不獻六馬王度記曰大夫駕三經傳無所言是自古無駕三之制也。○箋以素至之飾。正義曰前云孑孑干旟言旌旗之狀此云素絲組之爲旌旗之飾可知周禮九旒皆不言組飾釋天說龍旂云

飾以組而此鄉大夫卿遂之官亦有組則九旂皆以組爲飾故郭璞曰用綦組飾旒之邊是也彼姝者子。何以予之。孑孑干旌。在浚之城。析羽爲旌城都城也○析星歷反素絲祝之。良馬六之。祝織也四馬六轡箋云祝當作屬屬著也六之者亦謂六見之也○祝毛之六反鄭之蜀反著直略反沈知略反。彼姝者子。何以告之。

干旄三章章六句

載馳。許穆夫人作也。閔其宗國顛覆。自傷不能救也。衛懿公爲狄人所滅。國人分散。露於漕邑。許穆夫人閔衛之亡。傷許之小。力不能救。思歸唁其兄。又義不得。故賦是詩也。滅者懿公死也君死於位曰滅露於漕邑者謂戴公也懿公死國人分散宋桓公迎衛之遺民渡河處之於漕邑而立戴公焉戴公與許穆夫人俱公子頑烝於宣姜所生也男子先生曰兄○閔一本作愍密謹反唁音彥弔失國曰唁【疏】載馳五章首章六句二章三章四句四章六句卒章八句至是詩○正義曰此載馳詩者許穆夫人所作也閔念其宗族之國見滅自傷不能救之言由衛懿公爲狄人所滅國人分散故立戴公暴露而舍於漕邑宗國敗滅君民播遷是以許穆夫人閔念衛國之亡傷己許國之小而力弱不能救故且欲歸國而唁其兄但在禮諸侯夫人父母終唯得使大夫問於兄弟有義不得歸是以許人尤之故賦是載馳之詩而見己志也定本集注皆云又義不得則爲有字者非也上云許穆夫人作又云故賦是詩作賦一也以作詩所以鋪陳其志故作詩名曰賦左傳曰許穆夫人賦載馳是也此思歸唁其兄首章是也又義不得二章以下是也此實五章故左傳叔孫豹鄭子家賦載馳之四章四猶未卒明其五也然彼賦載馳義取控引大國今控于大邦乃在卒章言賦四章者杜預云并賦四章以下賦詩雖意有所主欲爲首引之勢并上章而賦之也左傳服虔注載馳五章屬鄘風許夫人閔衛滅戴公失國欲馳驅而唁之故作以自痛國小力不能救在禮婦人父母既没不得寧兄弟於是許人不嘉故賦二章以喻思不遠也許人尤之遂賦三章以卒章非許人不聽遂賦四章言我遂往無我有尤也服氏既云載馳五章下歷說唯有四章者服虔意以傳稱四章義取控於大國此卒章乃是傳之所謂四章也因以差次章數以當之首章論歸唁之事摠其所思之意下四章爲許人所尤而作之置首章於外以下別數爲四章下言許大夫不嘉故賦二章謂除首章而更有二章即此二章三章是也凡詩之作首尾接連未有除去首章更爲次弟者也服氏此言無所案據正以傳有四章之言故爲此釋不如杜氏并賦之說也○滅者至曰滅○正義曰君死於位曰滅公羊傳文也春秋之例滅有二義若國被兵寇敵人入而有之其君雖存而出奔國家多喪滅則謂之滅故左傳曰凡勝國曰滅齊滅譚譚子奔莒狄滅溫溫子奔衛之類是也若本國雖存君與敵戰而死亦謂之滅故云君死於位曰滅即昭二十三年胡子髡沈子逞滅之類是也載馳載驅。歸唁衛侯。載辭也弔失國曰唁箋云載之言則也衛侯戴公也○駈字亦作驅如字協韻亦音丘○驅馬悠悠。言至于漕。悠悠遠貌漕衛東邑箋云夫人願御者驅馬悠悠乎我欲至于漕○大夫跋涉。我心則憂。草行曰跋水行曰涉箋云跋涉者衛大夫來告難於許時○跋涉蒲末反韓詩云不由蹊遂而涉曰跋涉難乃且反【疏】載馳至則憂○正義曰夫人言已欲驅馳而往歸於宗國以弔唁衛侯故願御者馳馬悠悠然而遠行我欲疾至於漕邑我所以思願如是者以衛大夫跋涉而告難於我我心則憂閔其云傷不能救故且驅馳而唁之鄭唯載之言則爲異餘同○傳弔失國曰唁○正義曰昭二十五年公孫於齊次於陽州齊侯唁公於野井穀梁傳曰弔失國曰唁唁公不得入於魯是也此據失國言之若對弔死曰弔則弔生曰唁何人斯云不入唁我左傳曰齊人獲臧堅齊侯使夙沙衛唁之服虔云弔生曰唁以生見獲故唁之也○傳草行曰跋○正義曰左傳云跋涉山川則跋者山行之名也言草行者跋本行草之名故傳曰反首茇舍以行山必有草故山行亦曰跋既不我嘉。不能旋反。不能旋反我思也箋云既盡嘉善也言許人盡不善我欲歸唁兄○視爾不臧。我思不遠。不能遠衛也箋云爾女女許人也臧善也視女不施善道救衛○臧子郎反遠于萬反注同協句如字【疏】既不至不遠○正義曰夫人既欲歸唁而許大夫不聽故責之云汝許人盡不善我欲歸唁其兄然不能旋反我心中之思使不思歸也既不得去而又責之言我視汝許大夫不施善道以救衛由此故我思不遠於衛恒欲歸唁之爾既不能救何以止我也既不我嘉。不能旋濟。濟止也○視爾不臧。我思不閟。閟閉也○閟悲位反徐又方冀反○陟彼阿丘。言采其蝱。偏高曰阿丘蝱貝母也升至偏高之丘采其蝱者將以療疾箋云升丘采貝母猶婦人之適異國欲得力助安宗國也○蝱音盲藥名也療力照反女子善懷。亦各有行。行道也箋云善猶多也懷思也女子之多思者有道猶升丘采其蝱也許人尤之。衆穉且狂。尤過也是乃衆幼穉且狂進取一槩之義箋云許人許大夫也過之者過夫人之欲歸唁其兄○尤本亦作訧音同穉本又作稚直吏反槩古愛反【疏】陟彼至且狂○正義曰夫人既爲許人所止而不得歸故說己歸意以非之言有人升彼阿丘之上言欲采其蝱者欲得其蝱以療疾猶婦人適於異國亦欲得力助以安宗國然我言力助宗國似采蝱療疾是我女子之多思亦各有道理也既不能救思得暫歸許人守禮尤我言此許人之尤過者是乃衆童穉無知且狂狷之人也雅守一槩之義不知我宗國今人敗滅不與常同何爲以常禮止我也○傳偏高至貝母○正義曰偏高阿丘釋丘文李巡曰謂丘邊高蝱貝母釋草文陸機疏云蝱今藥草貝母也其葉如栝樓而細小其子在根下如芋子正白四方連累相著有分解是也○箋善猶至采蝱○正義曰夫人思衛爲許所尤方宜開釋許人不宜自稱善思故許人尤之明嫌其多思故云善猶多也此多思有道自夫人之意言猶升丘采蝱者以經云亦各有行亦各不一之辭明采蝱與己俱有道理故云亦各也然則此與上互相明上言采蝱療疾猶己欲力助宗國此言己思有理則采蝱亦有理矣○傳是乃至之義○正義曰論語云狂者進取注云狂者進取仰法古例不顧時俗是進取一槩之義一槩者一端不曉變通以常礼爲防不聽婦唁是童蒙而狂也○箋許人許大夫○正義曰下云大夫君子故許人爲許大夫上章視爾不臧箋云爾汝汝許人大夫亦由此也大夫而曰人者衆辭下箋云君子國中賢者此獨云大夫者以言衆穉且狂是責大夫之辭故不及國中賢者下以己情恕而告之不必唯對國中大夫故兼言賢者焉我行其野。芃芃其麥。願行衛之野麥芃芃然方盛長箋云麥芃芃者言未收刈民將困也○芃薄紅反徐又符雄反長張丈反控于大邦。誰因誰極。控引極至也箋云今衛侯之欲求援引之力助於大國之諸侯亦誰因乎由誰至乎閔之故欲歸問之○控苦貢反引夷忍反又夷刃反援于眷反又音袁沈于萬反大夫君子。無我有尤。箋云君子國中賢者無我有尤無過我也百爾所思。不如我所之。不如我所思之篤厚也箋云爾女女衆大夫君子也【疏】我行至所之○正義曰夫人冀得歸唁說己往意我所以歸唁於衛者我比欲行衛之野觀其芃芃然方盛之麥時未收刈明民困苦閔其國民故欲往行之又欲問衛求援引之力助於大國之諸侯亦由誰因乎由誰至乎我之歸唁爲此而已爾許之大夫及國中君子無以我爲有過而不聽問爾之過我由不思念於衛汝百衆大夫君子縱有所思念於衛不如我所思之篤厚也由情不及己故不聽我去耳○箋欲求至誰至乎○正義曰此時宋桓公迎衛之遺民立戴公是夫人所知不須問矣又於時十二月也草木已枯野無生麥而云問所控引言欲觀麥者夫人志在唁兄思歸訪問非是全不知也又思欲嚮衛得於三月四月民飢麥盛之時出行其野不謂當今十二月也故鄭志荅趙商云狄人入衛其時明然戴公廬漕及城楚丘二者是還復其國也許夫人傷宗國之滅又閔其民欲歸行其野視其麥是時之憂思乃引日月而不得歸責以冬夏與誰因誰極未通於許夫人之意是也

載馳五章一章六句二章四句一章六句一章八句

鄘國十篇三十章百七十六句

衛淇奧詁訓傳第五　○鄭王俱云紂都之東也

毛詩國風　鄭氏箋　孔穎達疏

淇奧。美武公之德也。有文章。又能聽其規諫。以禮自防。故能入相于周。美而作是詩也。○淇奧上音其下音於六反一音烏報反淇水名奧隈也草木疏云奧亦水名相息亮反【疏】淇奧三章章九句至是詩○正義曰作淇奧詩者美武公之德也既有文章又能聽臣友之規諫以禮法自防閑故能入相於周爲卿士由此故美之而作是詩也汚水箋云規者正圓之器也司諫注云以義正君曰規然則方圓者度之準禮義者德之則正圓以規使依度猶正君以禮使入德故謂之規諫諫干也干君之意而告之卒章傳曰重較卿士之車則入相爲卿士也賓之初筵云武公既入而作是詩也則武公當幽王之時已爲卿士矣又世家云武公將兵佐周平戎甚有功平王命爲公則平王之初未命爲公亦爲卿士矣此云入相于周不斥其時之王或幽或平未可知也若平王則爲公而云卿士而卿爲典事公其兼官故顧命注公兼官以六卿爲正次是也言美武公之德摠敘三章之義也有文章即有斐君子是也聽其規諫以禮自防即切

磋琢磨金錫圭璧是也入相於周卽充耳會弁猗重較兮是也其餘皆是武公之德從可知也序先言聽諫自防乃言入相於周者以先說在國之德乃言入相經亦先言其德盛聽諫後陳卿士之車服爲事次也諸言美者美所施之政教此則論質美德盛學問自修乃言美其身之德故敘者異其文也案世家云武公以其賂賂士以襲攻共伯而殺兄篡國得爲美者美其逆取順守德流於民故美之齊桓晉文皆篡弒而立終建大功亦皆類也。

瞻彼淇奧。綠竹猗猗。興也奧隈也綠王芻也竹篇竹也猗猗美盛貌武公質美德盛有康叔之餘烈。綠竹並如字爾雅作菉音同韓詩[illegible]反云薄篇筑也石經同猗於宜反隈烏迴反孫炎云水曲中也芻初俱反郭璞云今呼白脚莎莎音蘇禾反一云卽菉蓐草也蓐音辱藎竹本亦作扁四善反又音篇郭四殄反一音布典反竹音如字又勑六反韓詩作筑音同郭云似小藜赤莖節好生道旁可食又殺蟲草木䟽云有草似竹高五六尺淇水側人謂之菉竹也之烈一本作之餘烈

有匪君子。如切如磋。如琢如磨。匪文章貌治骨曰切象曰磋玉曰琢石曰磨道其學而成也聽其規諫以自脩如玉石之見琢磨也。匪本又作斐同芳尾反下同韓詩作邲美貌也磋七何反琢陟角反磨本又作摩莫何反

瑟兮僩兮。赫兮咺兮。瑟矜莊貌僩寬大也赫有明德赫赫然咺威儀容止宣著也。僩遐板反韓詩云美貌說文云武貌赫呼白反咺況晚反韓詩作宣宣顯也

有匪君子。終不可諼兮。諼忘也。諼音況元反又音況遠反〔疏〕瞻彼至諼兮。正義曰視彼淇水隈曲之內則有王芻與萹竹猗猗然美盛以興視彼衞朝之上則有武公質美德盛然則王芻萹竹所以美盛者由得淇水浸潤之故武公所以德盛者由得康叔之餘烈故又言此有斐然文章之君子謂武公能學問聽諫以禮自脩而成其德美如骨之見切如象之見磋如玉之見琢如石之見磨以成其寶器而又能瑟兮顏色矜莊僩兮容裕寬大赫兮明德外見咺兮威儀宣著有斐然文章之君子盛德之至如此故民稱之終不可以忘兮。傳奧隈至餘烈。正義曰隩隈釋丘文孫炎曰隈水曲中也又云厓內爲隩李巡曰厓內近水爲隩是也陸機云淇奧二水名以毛云隩隈爲誤此非也爾雅所以訓此而云隩隈明非毛誤釋草云菉王芻舍人曰菉一爲王芻某氏曰菉鹿蓐也又曰竹萹蓄李巡曰一物二名郭璞曰似小藜赤莖節好生道傍可食此作竹篇竹字異音同故孫炎某氏皆引此詩明其同也陸機云綠竹一草名其莖葉似竹青綠色高數尺今淇隩傍生此人謂此爲綠竹此說亦非也詩有終朝采綠則綠與竹別草故傳依爾雅以爲王芻與篇竹異也二章綠竹青青傳云茂盛卒章綠竹如簀傳云積也言茂盛似如積聚亦爲美盛也又云有康叔之餘烈者烈業也美武公之質美德盛有康叔之餘業卽謂以淇水比康叔以隩內比衞朝以綠竹美盛比武公質美德盛也。傳匪文章至琢磨。正義曰論語云斐然成章序曰有文章故斐爲文章貌也釋器云骨謂之切象謂之磋玉謂之琢石謂之磨孫炎曰治器之名則此謂治器加功而成之名也故論語注云切磋琢磨以成寶器是也此其對例耳白圭之玷尚可磨則玉亦得稱磨也故下箋云圭璧亦琢磨傳既云切磋琢磨之用乃云道其學而成也指解切磋之喩也又言而能聽其規諫以禮自脩飾如玉石之見琢磨則唯解琢磨無切磋矣此經文相似傳必知分爲別喩者以釋訓云如切如磋道學也郭璞曰骨象須切磋而爲器人須學問以成德又云如琢如磨自脩也郭璞曰玉石之被琢磨猶人自脩飾也禮記大學文同爾雅是其別喩可知。傳瑟矜莊至宣著。正義曰此四者皆言內有其德外見於貌大同而小異也瑟矜莊是外貌莊嚴也僩寬大是內心寬裕赫有明德赫然是內有其德故發見於外也咺威儀宣著皆言外有其儀明內有其德故釋訓與大學皆云瑟兮僩兮恂慄也赫兮咺兮威儀也以瑟僩者自矜持之事故云恂慄也言其嚴峻戰慄也赫咺者容儀發揚之言故言威儀也其實皆是威儀之事但其文互見故分之

瞻彼淇奧。綠竹青青。青青茂盛貌。青子丁反本或作菁音同

有匪君子。充耳琇瑩。會弁如星。充耳謂之瑱琇瑩美石也天子玉瑱諸侯以石弁皮弁所以會髮箋云會謂弁之縫中飾之以玉皪皪而處狀似星也天子之朝服皮弁以日視朝。琇音秀沈又音誘說文作琇云石之次玉者弋久反瑩音榮徐又音營又音瑩磨之瑩會古外反注同鄭注周禮則如字說文作髖弁皮變反瑱天見反縫符用反皪本又作礫音歷又音洛朝直遙反下及下篇同〔疏〕有匪至如星。毛以爲有斐然文章之君子謂武公其充耳以琇瑩之石爲之會髮之弁文駁如星言有其德而稱其服故宜入王朝而爲卿相也。鄭說在箋。傳天子至會髮。正義曰案冬官玉人職云天子用全上公用龍侯用瓚伯用將鄭注云公侯四玉一石伯子男三玉二石由此言之此傳云諸侯以石謂玉石雜也禮記云周弁殷哻夏收言收者所以收髮則此言會者所以會髮可知。箋會謂至視朝。正義曰弁師云王之皮弁會五采玉璂注云會縫中也皮弁之縫中每貫結五采玉十二以爲飾謂之綦詩云會弁如星又曰其弁伊綦是也此云武公所服非爵弁是皮弁也皮弁而言會與弁師皮弁之會同故云謂弁之縫中也弁師上云王之皮弁會五采玉璂又曰諸侯及孤卿大夫之皮弁各以其等爲之注云皮弁則侯伯璂飾七子男璂飾五玉亦三采武公本畿外諸侯入相於周自以本爵爲等則玉用三采而璂飾七故云飾之以玉皪皪而處狀似星若非外土諸侯事王朝者則卿璂飾六大夫璂飾四及諸侯孤卿大夫各依命數並玉用二采其韋弁飾與皮弁同此皮弁天子視朝之服王藻云天子皮弁以日視朝是也在朝君臣同服故言天子之朝也諸侯亦皮弁以視朝以序云入相於周故爲在王朝之服

瑟兮僩兮。赫兮咺兮。有匪君子。終不可諼兮。瞻彼淇奧。綠竹如簀。簀積也。簀音責

有匪君子。如金如錫。如圭如璧。金錫鍊而精圭璧性有質箋云圭璧亦琢磨四者亦道其學而成也

寬兮綽兮。猗重較兮。寬能容衆綽緩也重較卿士之車箋云綽兮謂仁於施舍。綽昌若反猗於綺反依也重直恭反注同較古岳反車兩傍上出軾也施如字又詩豉反又式氏反

善戲謔兮。不爲虐兮。寬緩弘大雖則戲謔不爲虐矣箋云君子之德有張有弛故不常矜莊而時戲謔。謔香略反弛本亦作施同式氏反〔疏〕有匪至虐兮。正義曰言有匪然文章之君子謂武公器德已成練精如金錫道業既就琢磨如圭璧又性寬容兮而情綽緩兮既外脩飾而內寬弘入相爲卿士倚此重較之車兮實稱其德也又能善戲謔兮而不爲虐兮言其張弛得中也。傳金錫至有質。正義曰此與首章互文首章論其學問聽諫之時言如器未成之初須琢磨此論道德既成之時故言如圭璧已成之器傳以金錫言其質故釋之言此已練而精圭璧舉已成之器故本之言性有質亦互文也言金錫有其質練之故益精圭璧有其實琢磨乃成器故箋云圭璧亦琢磨四者亦道其學而成之。傳重較卿士之車。正義曰序云入相於周而此云猗重較兮故云卿士之車輿人注云較兩輢上出軾者則此較謂車兩傍今謂之平較案大車子男入爲大夫得乘子男車服則此重較謂侯伯之車也但周禮無重較單較之文。箋綽兮謂仁於施舍。正義曰有仁心於施恩惠舍勞役左傳曰喜有施舍是也俗本作人字者誤定本作仁

淇奧三章章九句

考槃。刺莊公也。不能繼先公之業。使賢者退而窮處。窮猶終也。槃薄寒反〔疏〕考槃三章章四句至窮處。正義曰作考槃詩者刺莊公也刺其不能纘其先君武公之業脩德任賢乃使賢者退而終處於澗阿故刺之言先君者雖今君之先以通於遠要則不承繼者皆指其父故晨風云忘穆公之業又曰棄先君之舊臣先君謂穆公也此刺不能繼先君之業謂武公也經三章皆是也。箋窮猶終。正義曰不以澗阿爲窮處者以經皆賢者怨君之辭而言成樂在澗成其樂之所在是終處之義故以爲終也

考槃在澗。碩人之寬。考成槃樂也山夾水曰澗箋云碩大也有窮處成樂在於此澗者形貌大人而寬然有虛乏之色。澗古晏反韓詩作干云墝埆之處也樂音洛下同夾古洽反

獨寐寤言。永矢弗諼。箋云寤覺永長矢誓諼忘也在澗獨寐覺而獨言長自誓以不忘君之惡志在窮處故云然。覺交孝反又如字〔疏〕考槃至弗諼。正義曰此篇毛傳所說不明但諸言碩人者傳皆以爲大德之人卒章碩人之軸傳訓軸爲進則是大德之人進於道義也推此而言則寬邁之義皆不得與箋同矣王肅之說皆述毛傳其注云窮處山澗之間而能成其樂者以大人寬博之德故雖在山澗獨寐而覺獨言先王之道長自誓不敢忘也美君子執德弘信道篤也歌所以詠志長以道自誓不敢過差其言或得傳古今依之以爲毛說鄭以爲成樂在於澗中而不仕者是形貌大人寬然而有虛乏之色既不爲君用飢乏退處故獨寐而覺則言長自誓不忘君之惡莊公不用賢者反使至飢困故刺之。傳山夾水曰澗。正義曰釋山文也傳以澗爲窮處下文阿陸亦爲窮處矣故釋地云大陸曰阜大阜曰陵大陵曰阿而下傳曰曲陵曰阿以阿有曲者於隱遯爲宜。釋地又云高平曰陸大陸曰阜則陸與阜類亦可以隱居也。箋成樂至之色。正義曰此經言考槃文連[illegible]謂終處也[illegible]云形貌大人不以寬爲寬德者以卒章言軸爲病反以類此故知爲虛乏之色也。箋不論其有德之事者以怨君不用賢有德可知故不言也。箋在澗至云然。正義曰賢者志欲終處於此澗而不仕君朝故云然若其更有仕心則不復自誓矣

考槃在阿。碩人之薖。曲陵曰阿薖寬大貌箋云薖饑意。薖苦禾反韓詩作[illegible]美貌

獨寐寤歌。永矢弗過。箋云弗過者不復入君之朝也。過古禾反注同崔古臥反復符又反下同

考槃在陸。碩人之軸。軸進也箋云軸病也。軸毛音迪鄭直六反〔疏〕傳軸進箋軸病。正義曰傳軸爲

迪釋詁云迪進也箋以與陸爲韻宜讀爲逐釋詁云逐病逐與輔蓋古今字異

獨寐寤宿。永矢弗告。無所告語也箋云不復告君以善道。語魚據反

考槃三章章四句

碩人。閔莊姜也。莊公惑於嬖妾。使驕上僭。莊姜賢而不荅。終以無子。國人閔而憂之。嬖補惠反上時掌反僭作念反。〔疏〕碩人四章章七句至憂之。正義曰嬖妾謂州吁之母惑者謂心所嬖愛使情迷惑故夫人雖賢不被荅偶經四章皆陳莊姜宜荅而君不親幸是爲國人閔而憂之

碩人其頎。衣錦褧衣。頎長貌錦文衣也夫人德盛而尊嫁則錦衣加褧襜箋云頎大也言莊姜儀表長麗俊好頎頎然褧襌也國君夫人翟衣而嫁今衣錦者在塗之所服也尚之以襌衣爲其文之大著。頎其機反衣錦於旣反注夫人衣翟今衣錦同褧苦迥反徐又孔頴反說文作檾枲屬也襜昌占反徐本又作絞古卯反下同襌音丹爲于僞反大音泰下大子同舊音勑賀反。

齊侯之子。衞侯之妻。東宮之妹。邢侯之姨。譚公維私。東宮齊大子也女子後生曰妹妻之姊妹曰姨姊妹之夫曰私箋云陳此者言莊姜容貌既美兄弟皆正大。邢音形姬姓國譚徒南反國名〔疏〕碩人至維私。毛以爲有大德之人其貌頎頎然長美衣此文錦之服而上加以褧襜之襌衣在塗服之以來嫁者乃是齊侯之子嫁爲衞侯之妻又是東宮太子之妹嫡夫人所生爲邢侯之姨而譚公又是其私容貌既美父母兄弟正大如此君何爲不荅之也。鄭以碩人爲形貌碩大爲異。傳頎長至褧襜。正義曰猗嗟云頎而長兮孔世家云頎然而長故爲長貌下箋云敖敖猶頎頎也與此相類故亦爲長貌以類宜重言故箋云頎頎然也王制云錦文珠玉書傳云衣文錦故知錦文衣也以碩爲大德錦衣爲在塗之服故云夫人德盛而尊嫁則錦衣經言衣錦褧衣上衣謂衣著下衣爲衣服丰云衣錦褧衣對裳錦褧裳裳非著名故箋云裳用錦與此異也襜亦襌而在上故云加之以褧襜。箋莊姜至大著。正義曰言莊姜儀容表狀乃長大而佳麗又佼壯美好頎頎然也玉藻云襌爲絅故知褧襌衣也又解國君夫人當翟衣而嫁今言錦衣非翟衣則是在塗之所服也錦衣所以加褧者爲其文之大著也故中庸云衣錦尚絅惡其文之大著是也此夫人錦衣爲在塗之服丰云錦衣錦裳庶人之妻嫁時之服非爲在塗與夫人異也士昏禮云女次紒衣纁袡士禮故不用錦衣庶人之妻得與夫人同者賤不嫌也。傳東宮至曰私。正義曰太子居東宮因以東宮表太子故左傳曰娶於東宮得臣之妹服虔云得臣齊太子名居東宮是也繫太子言之明與同母見夫人所生之貴故箋云兄弟皆正大經無弟而言弟者協句也釋親云男子謂女子先生爲姊後生爲妹妻之姊妹同出爲姨女子謂姊妹之夫爲私孫炎曰同出俱已嫁也私無正親之言然則謂吾姨者我謂之私邢侯譚公皆莊姜姊妹之夫互言之耳春秋譚子奔莒則譚子爵言公者蓋依臣子之稱便文耳

手如柔荑。如荑之新生。荑徒奚反〔疏〕傳如荑之新生。正義曰以荑所以柔新生故也若久則不柔故知新生也

膚如凝脂。如脂之凝〔疏〕傳如脂之凝。正義曰以脂有凝有釋散文則膏脂皆摠名對例卽內則注所云脂肥凝者釋者曰膏釋器云冰脂也孫炎曰膏凝曰脂是也

領如蝤蠐。領頸也蝤蠐蝎蟲也。蝤似脩反徐音曹蠐本亦作蠐又作齊同音齊沈又音茨爾雅云蟦蠐螬蝤蠐蝎郭云蠐螬在糞土中蝎在木中蝎桑蠹是也蟦音肥分反蠹音妒蝎也音曷或音葛〔疏〕傳領頸至蝎蟲。正義曰領一名頸故禮記曰其頸五寸又名項士冠禮云緇布冠頍項是也釋蟲云蟦蠐螬蝤蠐蝎孫炎曰蠐螬謂之蟦蠐關東謂之蝤蠐梁益之間謂之蝎又曰蝎蛣蜛孫炎曰蝎木蟲也又曰蝎桑蠹孫炎曰卽蛣蜛也然則蟦也蠐螬也蝤蠐也蛣蜛也桑蠹也蝎也一蟲而六名也以在木中白而長故以比頸今定本云蝤蠐蝎也無蟲字與爾雅合。

齒如瓠犀。瓠犀瓠瓣。瓠戶故反犀音西瓣補遍反又蒲莧反沈又蒲閑反。〔疏〕傳瓠犀瓠瓣。正義曰釋草云瓠棲瓣也今定本亦然孫炎曰棲瓠中瓣也棲與犀字異音同

螓首蛾眉。螓首顙廣而方箋云螓謂蜻蜻也。螓音秦蛾我波反顙蘇黨反蜻郭徐子盈反沈又慈性反方頭有文王肅云如蟬而小。〔疏〕箋螓謂蜻蜻。正義曰釋蟲云蚻蜻蜻舍人曰小蟬也青青者某氏曰鳴蚻蚻者孫炎曰方言云有文者謂之螓郭氏曰如蟬而小有文是也此蟲額廣而且方此經手膚領齒舉全物以比之故言如螓首蛾眉則指其體之所似故不言如也

巧笑倩兮。倩好口輔。倩本亦作蒨七薦反韓詩云蒼白色〔疏〕傳倩好口輔。正義曰以言巧笑之狀故知好口輔也左傳曰輔車相依服虔云輔上頷車也與牙相依則是牙外之皮膚頰下之別名也故易云咸其輔頰舌明輔近頰也而非頰也笑之貌美在於口輔故連言之也。

美目盼兮。盼白黑分箋云此章說莊姜容貌之美所宜親幸。盼敷莧反徐又膚諫反韓詩云黑色也字林云美目也匹間反又匹莧反

碩人敖敖。說于農郊。敖敖長貌農郊近郊箋云敖敖猶頎頎也說當作襚禮春秋之襚讀皆宜同衣服曰襚今俗語然此言莊姜始來更正衣服于衞近郊。敖五刀反說本或作稅毛始銳反舍也鄭作襚音遂

四牡有驕。朱幩鑣鑣。翟茀以朝。驕壯貌幩飾也人君以朱纏鑣扇汗且以爲飾鑣鑣盛貌翟翟車也夫人以翟羽飾車茀蔽也箋云此又言莊姜自近郊既正衣服乘是車馬以入君之朝皆用嫡夫人之正禮今而不荅。驕起橋反幩孚云反又符云反說文云馬纏鑣扇汗也鑣表驕反馬銜外鐵也一名扇汗又曰排沫爾雅云鑣謂之钀钀音魚列反沫音末茀音弗朝直遙反注皆同適丁歷反本亦作嫡。

大夫夙退。無使君勞。大夫未退君聽朝於路寢夫人聽內事於正寢大夫退然後罷箋云莊姜始來時衞諸大夫朝夕者皆早退無使君之勞倦者以君夫人新爲妃耦宜親親之故也。夙退韓詩退罷也案禮記云朝廷曰退妃曰配〔疏〕碩人至君勞。毛以爲言有大德之人敖敖然其形貌長美其初來嫁則說舍於衞之近郊而整其車飾則乘四壯之馬驕驕然壯健以朱飾其鑣則鑣鑣然而盛美又以翟羽爲車之蔽其車馬之飾如此乃乘之以入君之朝既入朝而諸大夫聽朝者皆爲早退以君與夫人新爲妃耦宜相親幸無使君之勞倦此言莊姜容貌之美皆用嫡夫人之正禮君何爲不荅之乎。鄭以爲形貌大人而佼好長麗敖敖然欲至於國舍其在塗之服而更正衣服於近郊乃馳車馬以入國餘同。傳農郊近郊。正義曰以下云翟茀以朝明此在國近郊毛於詩皆不破字明此說爲舍孫毓述毛云說之爲舍常訓也。箋說當至近郊。正義曰類前章衣錦褧衣謂在塗之服明至近郊更正翟衣而入國故爲襚不言聲之誤從可知士喪禮云兄弟不以襚進雜記云襚者曰寡君使某襚此禮之襚春秋文九年秦人來歸僖公成風之襚隱元年公羊傳曰衣被曰襚穀梁傳曰衣衾曰襚也此春秋之襚也謂之於賵與禮及春秋之襚讀皆同也禮與春秋之襚謂之衣服曰襚賵死者故何休云襚猶遺也以衣服可以遺人因謂衣服爲襚雖遺吉之衣服亦謂爲襚今俗語猶然以禮文施於死者故引俗語以證之傳云衣被衣衾此云衣服者以夫人所更正而服之不必爲衾也故云服服摠名也前衣錦褧衣在塗之服則此爲夫人所嫁之服所嫁之服褕翟之等也以近郊服之而入國故爲更正衣服於衞近郊又下言夫人車馬之飾明此爲正其所著之正服也。傳幩飾至茀蔽。正義曰以言朱幩朱爲飾之物故幩爲飾又解朱所飾之狀故言人君以朱纏鑣扇汗且因以爲馬之飾此纏鑣之鑣自解飾之所施非經中之鑣也故又云鑣鑣盛貌言既以朱飾其鑣而四牡之馬鑣鑣而盛非謂唯鑣之盛清人云駟介麃麃傳曰盛貌與此同也車之所以有翟者夫人以翟羽飾車茀車蔽也婦人乘車不露見車之前後設障以自隱蔽謂之茀因以翟羽爲之飾巾車注引詩乃云此翟茀蓋厭翟也厭翟次其羽使相迫也重翟厭翟謂蔽是也。傳大夫至然後罷。正義曰釋大夫所以早退之意而兼言夫人者以君聽外治夫人聽內職事與君皆同大夫退然後罷故連言之玉藻云君日出而視朝退適路寢聽政使人視大夫大夫退然後適小寢釋服適小寢卽是罷也又昏義曰天子聽外治后聽內職夫人之於國與后同故知聽內事於正寢雞鳴箋云蟲飛薨薨所以當起者卿大夫朝者且罷歸則似早退由君者以國之政事君與大夫之所謀若君早朝事早畢若晚朝事晚畢故云卿大夫且罷歸是早晚由君也君出視朝事畢乃之路寢以待大夫之所諮決事之多少大夫所主故使人視大夫大夫退然後罷明非由於大夫要事畢否大夫。

河水洋洋。北流活活。施罛濊濊。鱣鮪發發。葭菼揭揭。庶姜孽孽。庶士有朅。洋洋盛大也活活流也罛魚罟濊施之水中鱣鯉也鮪鮥也發發盛貌葭蘆菼薍也揭揭長也孽孽盛飾庶士齊大夫送女者朅武壯貌箋云庶姜謂姪娣此章言齊地廣饒士女佼好禮儀之備而君何爲不荅夫人。洋音羊徐又音祥活古闊反又如字罛音孤濊呼活反馬云大魚網目大豁豁也韓詩云流貌說文云凝流也鱣陟連反大魚口在頷下長二三丈江南呼黃魚與鯉全異鮪于軌反似鱣大者名王鮪小者曰叔鮪沈云江淮間曰叔伊洛曰鮪海濱曰鮥發補末反馬云魚著罔尾發發然韓詩作鱍葭音加菼他覽反玉篇通敢反揭其謁反徐居謁反孽魚竭反徐五謁反韓詩作輵牛過反長貌朅丘列反徐起謁反韓詩作桀云健也罛音孤罟音古鮥音洛蘆音盧薍五患反江東呼之烏蓲蓲音丘。〔疏〕傳罛魚罟至送女者。正義曰釋器云魚罟謂之罛李巡曰魚罟捕魚具也鱣鯉鮪鮥謂魚有二名釋魚有鯉鱣舍人曰鯉一名鱣郭璞曰鯉今赤鯉魚也鱣大魚似鱏而短鼻口在領下體有邪行甲無鱗肉黃大者長二三丈今江東呼爲黃魚郎是也釋魚又有鰋鮎孫炎曰鰋一名鮎郭璞曰今鰋額白魚鮎別名鯷江東通呼鮎爲鯕舍人以鱣鯉爲一魚孫以鰋鮎爲一魚郭璞以四者各爲一魚陸機云鱣鮪出江海三月中從河下頭來上鱣身形似龍銳頭口在頷下背上腹下皆有甲縱廣四五尺今於盟津東石磧上釣取之大者千餘斤可烝爲臛又可爲鮓魚子可爲醬鮪魚形似鱣而青黑頭小

而尖似鐵兜鍪口亦在頷下其甲可以摩薑大者不過七八尺益州人謂之鱣鮪大者爲王鮪小者爲鮛鮪一名鮥肉色白味不如鱣也今東萊遼東人謂之尉魚或謂之仲明仲明者樂浪尉也溺死海中化爲此魚如陸之言又以今語驗之則鯉鮪鱣鮥皆異魚也故郭璞曰先儒及毛詩訓傳皆謂此魚有兩名今此魚種類形狀有殊無緣強合之爲一物是郭謂毛傳爲誤也葭蘆菼薍釋草文李巡曰分別葦類之異名郭璞曰蘆葦也薍似葦而小如李巡云蘆薍共爲一草如郭云則蘆薍別草大車傳曰菼鵻也蘆之初生則毛意以葭菼爲一草也陸機云薍或謂之荻至秋堅成則謂之萑其初生三月中其心挺出其下本大如箸上銳而細揚州人謂之馬尾以今語驗之則蘆薍別草也桓三年左傳曰凡公女嫁於敵國公子則下卿送之於時齊衞敵國莊姜齊侯之子則送者下卿也大夫卿之揔名士者男子之大稱故云庶士齊大夫送女者○箋庶姜至廣饒○正義曰此爲莊姜不見荅而言則非直國中之女故爲姪娣二者非一故稱衆也齊所以得有河者左傳曰賜我先君之履西至於河是河在齊西北流也衞境亦有河知此是齊地者以庶姜庶士類之知不據衞之河也

碩人四章章七句

毛詩注疏校勘記(三之二)

阮元撰盧宣旬摘錄

○相鼠

而刺在位承先君之化　小字本相臺本同唐石經承上有不字案唐石經誤也正義云故刺其在位有承先君之化無禮儀又云以其承先君之化弊風未革不當有不字

孝經曰容止可觀　閩本明監本毛本此下有注小字本相臺本無考文古本同案山井鼎云此亦釋文混入於注者也考十行本下脫圓圈山井鼎所云宋版上下相連者即此故閩本以下致誤也

韓詩止節　〔補〕毛本作則雖居尊

○干旄

有虞氏以爲綏　閩本明監本毛本同案綏當作緌又緌以旄牛尾爲之同下文皆不誤可證

天子以下建旍之者　閩本同明監本毛本之誤施案此之字當在建字上誤錯於此下又獨以爲卿之建旍者可證

去其旄異於此　閩本明監本毛本此作生案所改是也

服氏云六人維王之大常　閩本明監本毛本同案服上浦鏜云脫節字是也

則此名亦有大夫　閩本明監本毛本同案名當作各形近之譌

亦爲五見之也　小字本相臺本爲作謂閩本明監本毛本同案謂字是也考文一本爲謂複出者誤

互之閒也　閩本明監本毛本同案浦鏜云元誤互是也

○載馳

又義不得　唐石經小字本相臺本同案正義云定本集注皆云又義不得則爲有字者非也上文云有義不得歸正義本當是有字也下文云又義不得二章以下者既從定本集注即改而說之也

爾女女許人也　小字本相臺本同案考文古本作爾汝也汝汝許人也考此與草蟲雄雉等箋同例不當增加其字詳見上又注女字正義作汝乃易古字爲今字之例不當并注而改爲汝是其采正義之誤也以後盡同

猶升丘采其蝱也　閩本明監本毛本同小字本相臺本無其字案無者是也

今人敗滅　閩本明監本毛本同案人當作之形近之譌

二章四句　唐石經小字本相臺本作二章章四句案重者是也閩本明監本毛本亦誤不重

鄘國十篇三十章百七十六句　閩本明監本毛本此下別起爲卷題毛詩注疏卷第三云云誤也案山井鼎云宋板不分卷是也

○淇奧

司諫注云以義正君曰規　閩本明監本毛本同案規當作諫上引沔水箋已說規引此說諫也

而云卿士而　閩本明監本毛本下而字作者案所改是也

竹篇竹也　閩本明監本毛本同小字本相臺本篇作萹案萹字是也正義不誤釋文綠竹下云竹萹竹也又萹竹本又作萹考爾雅說文及其餘字書無作篇者閩本以下正義中盡誤篇釋文亦有誤者今訂正

如切如磋　唐石經同小字本相臺本磋作瑳案此正義中字皆作磋釋文磋七何反爾雅釋文同考五經文字磋治也在石部瑳玉色鮮在玉部是唐人有以此字從石與瑳兮瑳兮字別者說文有瑳無磋磋本瑳之俗字耳此經及傳并小雅谷風大雅卷阿桑柔箋皆當本是瑳字周禮禮記二釋文亦作瑳

又言此有斐然文章之君子　閩本明監本毛本同案經傳作匪正義作斐匪斐古今字易而說之也例見前釋文匪本又作斐同非正義本也標起止云傳匪文章可證

陸機云淇奧二水名　閩本明監本毛本奧作隩案隩字非也陸機不與傳意同無取爾雅隩字釋文云草木疏云奧亦水名可證也正義又引今淇奧傍生此亦當作奧誤作隩耳

會弁如星　唐石經小字本相臺本同案釋文云會古外反注同鄭注周禮則如字說文作鱠案說文鱠下引詩鱠弁如星許君稱詩當是毛氏而今毛詩不作鱠者鄭箋之本不與許同也凡說文與鄭箋本異者多矣見於釋文者如迨說文作瘽我姑說文作𠧟所茇說文作废姝說文作姁之屬皆與此同例悉不更出

弁皮弁所以會髮　小字本相臺本同段玉裁周禮漢讀考云疑有錯誤釋弁不當先於會一疑也據正義鄭箋乃有皮弁字毛不言皮弁二疑也云皮弁可以會髮以經釋文會弁似涉皮傳三疑也當云鱠所以會髮無弁皮弁三字爲許叔重所本今考段說是也但釋文正義皆不作鱠鄭箋本毛詩或亦用會字傳云所以會髮是毛以爲骨擿之可會髮者與說文所解合而會爲鱠之假借鄭則仍如字讀之而以弁之縫中易傳也然則此傳作會所以會髮義可通

若非外士諸侯事王朝者　閩本明監本毛本同案浦鏜云事當仕字誤也

又相於周　〔補〕又當作人形近之譌

金錫練而精　小字本相臺本同閩本明監本毛本同案練字是也此借練爲鍊正義亦皆作練可證其不易爲鍊而說之者即以練爲正字不以鍊爲古今字也考文古本作練采正義閩本以下正義中練字盡改爲鍊誤也

倚重較兮　唐石經小字本相臺本倚作猗閩本明監本毛本同案猗字是也釋文猗於綺反正義云而此云猗重較兮序下正義云猗重較兮是也皆其證此經猗倚假借在作傳箋時人共通曉故不更說車攻兩驂不猗同節南山有實其猗傳猗滿也箋云猗倚也因易傳故說之亦是謂猗倚假借也其此正義云倚此重較之車兮者易猗字爲倚字而說之正義於古今字例如此與上下文直引經文者不同例也考文古本作倚采正義而誤經義雜記引曲禮正義荀子楊注文選李注皆作倚疑從犬者譌其記非也又據釋文正義石經說文繫傳羣經音辨以爲唐人雖多引作人旁未若從犬者九爲信而可徵得之矣凡昔人引書或改或不改非有成例用之資證則可若以爲典要則其失多矣

○考槃

使賢者退而窮處　小字本相臺本同唐石經處下有也字考文古本有亦偶合

適飢意　小字本相臺本同閩本明監本毛本飢誤饑案五經文字云饑飢上穀不熟下餓也經典或借用下字依此則飢字從未有借爲饑者明監本毛本誤甚餘同此

○碩人

國人閔而憂之　小字本相臺本同案盧文弨云唐石經下有故作是詩也五字刓缺猶可辨今考正義標起止云至憂之是正義本當無此五字

不被荅偶　閩本明監本毛本偶誤遇案此荅偶二字出白華箋彼文偶作耦耦偶字同偶者人意相存偶也見儀禮禮記注即匪風箋之人偶還箋之揖耦不知者改爲遇誤甚

碩人其頎　唐石經小字本相臺本同案經義雜記云玉篇頁部引作碩人頎頎據鄭箋知詩頎字本重文六朝時猶未誤其說非也考經文一字傳箋疊字者多矣如明星有爛箋云明星尚爛爛然等是也玉篇乃依箋疊字耳非六朝時經有作碩人頎頎之本也釋文云其頎其機反正義云有大德之人其貌頎頎然長美皆經文作其頎之證

國君夫人翟衣而嫁今衣錦者　小字本相臺本同閩本明監本毛本同案翟衣當作

衣翟釋文經衣錦下云注夫人衣翟今衣錦同是釋文本作衣翟也正義云當翟衣而嫁今言錦衣非翟衣乃正義自爲文但說注意耳不取與注相應也其箋當亦是衣翟不知者用正義文改注文考文古本夫人下衣錦下共有衣字采正義釋文又誤合之也

孔世家云　閩本明監本毛本同案孔下浦鏜云脫子字是也

女次紂衣纁袡　閩本明監本毛本同案紂當作純因改純帛字遂并此而誤

蝤蠐蝎蟲也　小字本相臺本同案此正義本也標起止云蝤蠐蝎又云今定本云蝤蠐蝎也無蟲字與爾雅合釋文蝎也音曷當以定本釋文本爲長

故禮記云其頸五寸　閩本明監本毛本同案浦鏜云依投壺文當七寸誤是也

瓠犀瓠瓣　小字本相臺本同案正義云釋草云瓠棲瓣也今定本亦然謂無下瓠字也釋文瓠瓣補遍反亦有當以定本爲長

舍人曰小蟬也青青者　閩本明監本毛本同案此不誤浦鏜云蜻蜻誤青青非也以青青釋蜻蜻所謂詁訓之法

美目盼兮　小字本相臺本同閩本明監本同唐石經盼作盻毛本同案盼字是也

朱幩鑣鑣　唐石經小字本相臺本同案釋文鑣表驕反馬銜外鐵也一名扇汗又曰排沫爾雅云鑣謂之钀考傳云幩飾也人君以朱纏鑣扇汗且以爲飾鑣鑣盛貌正義云此纏鑣之鑣自解飾之所施非經中之鑣也故又云鑣鑣盛貌釋文誤以傳鑣解係鑣鑣下段玉裁云玉篇引詩朱幩儦儦載驅作儦儦考廣雅云鑣鑣盛也說文引詩朱幩鑣鑣然則此經假借鑣爲儦也

麃麃傳曰盛貌與此同也　閩本明監本毛本同案浦鏜云盛傳作武是也與此同者謂清人之麃麃與此鑣鑣字同非謂傳同訓盛也不知者改之耳

旦罷歸　閩本明監本毛本同案浦鏜云且誤旦下同是也

要事畢否大夫　閩本明監本毛本大夫上有在字案所補是也

鱣鮪發發　小字本相臺本同唐石經初刻撥後改發案初刻非也考釋文云發發補末反盛貌馬云魚著罔尾發發然是初刻依馬義而改用撥字也舊唐書譏石經字體乖師法此類是也

則非曰國中之女　閩本明監本毛本同案浦鏜云曰當目字誤是也

附釋音毛詩注疏卷第三（三之三）

毛詩國風　鄭氏箋　孔穎達疏

▲氓，刺時也。宣公之時，禮義消亡，淫風大行，男女無別，遂相奔誘。華落色衰，復相棄背。或乃困而▲自悔，喪其妃耦，故序其事以風焉。美反正，刺淫泆也。氓莫耕反民也韓詩云美貌別彼列反華戶花反或音花復扶又反背音佩喪息浪反妃音配風福鳳反泆音逸〔疏〕氓六章章十句至淫泆。○正義曰言男女無別者若外言不入於閫內言不出於閫是有別也今交見往來是無別也奔誘者謂男子誘之婦人奔之也華落色衰一也言顏色之衰如華之落也或乃困而自悔者言當時皆相誘色衰乃相棄其中或有困而自悔喪其妃耦者故敘此自悔之事以風刺其時焉美者美此婦人反正自悔所以刺當時之淫泆也復相棄背以上總言當時一國之事或乃困而自悔以下敘此經所陳者是困而自悔之辭也上二章說女初奔男之事下四章言困而自悔也言既遂矣至於暴矣是其困也躬自悼矣盡亦已焉哉是自悔也

氓之蚩蚩，抱布貿絲。氓民也蚩蚩者敦厚之貌布幣也箋云幣者所以貿買物也季春始蠶孟夏賣絲。○蚩尺之反貿莫豆反匪來貿絲，來即我謀。箋云匪非即就也此民非來買絲但來就我欲與我謀爲室家也。送子涉淇，至于頓丘。丘一成爲頓丘箋云子者男子之通稱言民誘己己乃送之涉淇水至此頓丘定室家之謀且爲會期。○頓都寸反稱尺證反匪我愆期，子無良媒。愆過也箋云良善也非我以欲過子之期子無善媒來告期時。○愆起虔反字又作諐。將子無怒，秋以爲期。將願也箋云將請也民欲爲近期故語之曰請子無怒秋以與子爲期。○將七羊反語魚據反〔疏〕氓之至爲期。○毛以爲此婦人言已見誘之時有一民之善蚩蚩然顏色敦厚抱布而來云當買絲此民於時本心非爲來買絲但來就我欲謀爲室家之道以買絲爲辭以來誘己我時爲男子所誘即送此子涉淇水至於頓丘之地與之定謀且爲會期男子欲即於夏中以爲期已即謂之非我欲得過子之期但子無善媒來告其期時以將爲近恐難可會故願子無怒於我與子秋以爲期。○鄭唯以將爲請爲異其以時對面與之言宜爲請。○傳氓民至布幣。○正義曰氓民之一名對文則異故遂人注云變民言氓異外內也甿猶懵懵無知貌是其別也其實通故下箋云言民誘已是也論語及靈臺註皆云民者冥也此婦人見棄乃追本男子誘已之時已所未識故以悠悠天下之民言之不取於冥與無知既求謀已與之相識故以男子之通稱言之送子涉淇將子無怒是也既因有廉恥之心以君子所近而託號之以望復關是也以婦人號夫爲君子是其常稱故傳曰復關君子之所近又因男子告已云爾卜爾筮已亦荅之云以爾車來也三章言士女者時賢者所言非男女相謂也士者亦男子之大號因賢者所言故四章言士貳其行也以蚩蚩言民之狀故云敦厚貌謂顏色敦厚已所以悅之外府注云布泉也其藏曰泉其行曰布取名於水泉其流行無不徧檀弓註云古者謂錢爲泉布所以通布貨財泉亦爲布也不知此布非泉而言幣者以言抱之則宜爲幣泉則不宜抱之也載師鄭司農云里布者布參印書廣二寸長二尺以爲幣貿易物引詩云抱布貿絲抱此布也司農之言事無所出故鄭易之云罰以一里二十五家之泉也此布幣謂絲麻布帛之布幣者布帛之名故鹿鳴云實幣帛筐篚是也。○箋季春至賣絲。○正義曰月令季春云后妃齊戒以勸蠶事是季春始蠶孟夏云蠶事既畢分繭稱絲是孟夏有絲賣之也欲明此婦人見誘之時節故言賣絲之早晚以男子既欲爲近期女子請之至秋明近期不過夏末則賣絲是孟夏也。○傳丘一成爲頓丘。○正義曰釋丘云丘一成爲敦丘再成爲陶丘三成爲崑崙丘孫炎曰形如覆敦敦器似盂郭璞曰成猶重也周禮曰爲壇三成又云如覆敦者敦丘孫炎曰丘一成之形象也郭璞曰敦盂也音頓與此字異音同。○箋子者至會期。○正義曰子者有德之名此男子非能有德直以子者男子之通稱故謂之爲子也上云來即我謀男就女與之謀也今此送之故知至此頓丘定室家之謀又下云匪我愆期則男子於此與之設期也故知且爲會期言且者兼二事也

乘彼垝垣，以望復關。垝毀也復關君子所近也箋云前既與民以秋爲期期至故登毀垣鄉其所近而望之猶有廉恥之心故因復關以託號民云此時始秋也。○垝俱毀反垣音袁近附近之近鄉許亮反本又作嚮。〔疏〕傳復關君子所近。○正義曰復關者非人之名號而婦人望之故知君子所近之地箋又申之猶有廉恥之心故因其近復關以託號此民故下云不見復關既見復關皆號此民爲復關又知此時始秋者上云秋以爲期下四章桑之落矣爲季秋三章桑之未落爲仲秋故知此時始秋也不見復關，泣涕漣漣。言其有一心乎君子故能自悔箋云用心專者怨必深。○漣音連泣貌。既見復關，載笑載言。箋云則笑則言喜之甚。爾卜爾筮，體無咎言。龜曰卜蓍曰筮體兆卦之體箋云爾女也復關既見此婦人告之曰我卜女筮女宜爲室家矣兆卦之繇無凶咎之辭言其皆吉又誘定之。○筮市制反體如字卦兆之體也韓詩作履履幸也咎其九反著音尸繇直又反卦兆之辭也。〔疏〕傳體兆卦之體箋兆卦至定之。○正義曰傳以經卜筮並言故兼云兆卦之體謂龜兆筮卦也左傳云其繇曰一薰一蕕十年尚猶有臭是龜之繇易曰困于石據于蒺藜是卦之繇也二者皆有繇辭此男子實不卜筮而言皆吉無凶咎者又誘以定之前因貿絲以誘之今復言卜筮以誘之故言又也。以爾車來，以我賄遷。賄財遷徙也箋云女女復關也信其卜筮皆吉故荅之曰徑以女車來迎我我以所有財遷徙就女也。○賄呼罪反徑經定反

桑之未落，其葉沃若。于嗟鳩兮，無食桑葚。于嗟女兮，無與士耽。桑女功之所起沃若猶沃沃然鳩鶻鳩也食桑葚過則醉而傷其性耽樂也女與士耽則傷禮義箋云桑之未落謂其時仲秋也於是時國之賢者刺此婦人見誘故于嗟而戒之鳩以非時食葚猶女子嫁不以禮耽非禮之樂。○沃如字徐於縛反葚本又作椹音甚桑實也耽都南反鶻音骨樂音洛下同士之耽兮，猶可說也。女之耽兮，不可說也。箋云說解也士有百行可以功過相除至於婦人無外事維以貞信爲節。○行下孟反。〔疏〕桑之至不可說。○毛以爲桑之未落之時其葉則沃沃然盛以興已色未衰之時其貌亦灼灼然美君子則好樂於已已與之耽樂時賢者見

已爲夫所寵非禮耽樂故吁嗟而戒已言吁嗟鳩兮無食桑椹猶吁嗟女兮無與士耽然鳩食桑椹過時則醉而傷其性女與士耽過度則淫而傷禮義然耽雖士女所同而女思於男故言士之耽兮尚可解說女之耽兮則不可解說已時爲夫所寵不聽其言今見棄背乃思而自悔○鄭以爲男子既秋來見已已使之取車男子既去當桑之未落其葉沃若仲秋之時國之賢者刺已見誘故言吁嗟鳩兮無得非時食椹吁嗟女兮無得非禮與士耽士之耽兮尚可解說女之耽兮則不可解說已時不用其言至季秋乘車而從之故今思而自悔○傳桑女至禮義○正義曰言桑者女功之所起故此女取桑落與未落以興已色之盛衰毛氏之說詩未有爲記時者明此以爲興也言鳩鶻鳩者釋鳥云鶻鳩鶻鵃某氏曰春秋云鶻鳩氏司事春來冬去孫炎曰一名鳴鳩月令云鳴鳩拂其羽郭璞曰似山鵲而小短尾青黑色多聲宛彼鳴鳩亦此鳩也陸機云班鳩也爾雅鳩類非一知此是鶻鳩者以鶻鳩冬始去今秋見之以爲喻故知非餘鳩也鳩食椹過時者謂食之過多故醉而傷其性經直言無食桑椹而云過時者以與士耽相對耽者過禮之樂則如食桑椹過時矣女與士耽以過禮故爲傷禮義則時賢者戒女之過禮謂已爲君子所寵過度不謂非禮之嫁爲耽也○箋桑之至之樂○正義曰以上章初秋云以爾車來始令男子取車下章季秋云漸車帷裳謂始適夫家則桑之未落爲仲秋明矣言士女則非自相謂之辭故知國之賢者刺其見誘而戒之其時仲秋則無椹賢者禁鳩食之由當時無也假有而食之爲非時以非時之食椹以與非禮之行嫁故云耽非禮之樂鄭志張逸問箋云耽非禮之樂小雅云和樂且耽何謂也荅曰禮樂者五聲八音之謂也小雅亦言過禮之盛和樂過禮之言也燕樂嘉賓過厚賢也不以禮耽者非禮之名故此禁女爲之小雅○箋士有至爲節○正義曰上有大功則掩小過故云可以功過相除齊桓晉文皆殺親戚篡國而立終能建立高勳於周世是以功除過也○桑之落矣。其黃而隕。自我徂爾。三歲食貧。淇水湯湯。漸車帷裳。隕惰也湯湯水盛貌帷裳婦人之車也箋云桑之落矣謂其時季秋也復關以此時車來迎已徂往也我自是往之女家女家乏穀食已三歲貧矣言此者明已之悔不以女今貧故也幃裳童容也我乃渡深水至漸車童容猶冒此難而往又明已專心於女○隕韻謹反湯音傷漸子廉反註同漬也湿也帷位悲反隋字又作墮唐果反冒音墨難乃旦反○女也不爽。士貳其行。爽差也箋云我心於女故無差貳而復關之行有二意○行下孟反註同士也罔極。二三其德。極中也○〔疏〕桑之至其德○毛以爲桑之落矣之時其葉黃而隕墜以興婦人年之老矣之時其色衰而彫落時君子則棄已使無自以託故追說見薄之漸言自我往爾男子之家三歲之後貧於衣食而見困苦已不得其志悔已本爲所誘涉湯湯之淇水而漸車之帷裳而往今乃見棄所以自悔也既追悔本之見誘而又怨之言我心於汝男子也不爲差貳而士何謂二三其行於已也士也行無中正故二三其德及年老而棄已所以怨也○鄭以爲婦人言已本桑之落矣其黃而隕之時當季秋之月我往之爾家自我往汝家時已聞汝家三歲以來乏於穀食已貧矣我不以汝貧之故猶涉此湯湯之淇水漸車之帷裳冒難而來言已專心於汝如是今而見棄所以悔也餘同○傳帷裳婦人之車○正義曰傳以大夫之車立乘有蓋無幃裳此言帷裳

者婦人之車故也傳於上章以桑爲女功所起爲興此桑落黃隕亦與也其黃而隕既興顏色之衰則食貧在已衰之後言自我徂爾三歲食貧謂至夫家三歲之後始貧乏於衣食漸不得志乃追悔本冒漸車之難而來也故王肅曰言其色黃而隕墜也婦人不慎其行至於色衰無以自託我往之汝家從華落色衰以來三歲食貧矣貧者乏食飢而不充喻不得志也○箋桑之至於女○正義曰月令季秋草木黃落故知桑之落矣其黃而隕其時季秋也上使以爾車來不見其迎之事此言漸車涉水是始往夫家也故知復關以此時車來迎已也此始嚮夫家已言自我徂爾三歲食貧故以爲自我往之汝家之時汝家乏穀食已三歲貧矣我猶渡水而來此婦人但當悔其來耳而言穀食先貧者於時君子家貧恩意之情不遇已漸薄已遭困苦所以悔言已先知此貧而來明已之悔不以汝今貧之故直以二三其德恩意疏薄故耳幃裳一名童容故巾車云重翟厭翟安車皆有容蓋鄭司農云容謂襜車山東謂之裳幃或曰童容以幃障車之傍如裳以爲容飾故或謂之幃裳或謂之童容其上有蓋四傍垂而下謂之襜故雜記曰其輤有裧注云裧謂鼈甲邊緣是也然則童容與襜別司農云謂襜車者以有童容上必有襜故謂之爲襜車也此唯婦人之車飾爲然故士昏禮云婦車亦如之有襜是也幃裳在傍渡水則濕言已雖知汝貧猶尚冒此深水漸車之難而來明已專心於汝故責復關有二意也○三歲爲婦。靡室勞矣。箋云靡無也無居室之勞言不以婦事見困苦有舅姑曰婦○夙興夜寐。靡有朝矣。箋云無有朝者常早起夜臥非一朝然言已亦不解惰○解音懈○言既遂矣。至于暴矣。箋云言我也遂猶久也我既久矣謂三歲之後見遇浸薄乃至見酷暴○浸子鴆反兄弟不知。咥其笑矣。咥咥然笑箋云兄弟在家不知我之見酷暴若其知之則咥咥然笑我○咥許意反又音熙笑也又一音許四反說文云大笑也虛記反又大結反靜言思之。躬自悼矣。悼傷也箋云靜安躬身也我安思君子之遇已無終則身自哀傷○〔疏〕三歲至悼矣○正義曰婦人追說已初至夫家三歲爲婦之時顏色未衰爲夫所愛無室家之勞謂夫不以室家婦事以勞於已時夫雖如此已猶不恃寵自安常自早起夜臥無有一朝一夕而自解惰我已三歲之後在夫家久矣漸之見疏薄乃至於酷暴矣我兄弟不知我之見遇如此若其知之則咥咥然其笑我矣我既本爲夫所誘遇已不終安靜而思之身自哀傷矣○箋有舅姑曰婦○正義曰公羊傳曰稱婦有姑之辭傳以國君無父故云有姑其實婦亦對舅故士昏禮云贊見婦於舅姑是也及爾偕老。老使我怨。箋云及與也我欲與女俱至於老老乎汝反薄我使我怨也○淇則有岸。隰則有泮。泮坡也箋云泮讀爲畔畔涯也言淇與隰皆有厓岸以自拱持今君子放恣心意曾無所拘制○泮音判坡本亦作陂北皮反澤陂詩傳云障也呂忱北髮反云陂阪也亦所以爲隰之限域也本或作破字未詳觀王述意似作破拱俱勇反本又作共音同○總角之宴。言笑晏晏。信誓旦旦。總角結髮也晏晏和柔也信誓旦旦然箋云我爲童女未笄結髮宴然之時女與我言笑晏晏然而和柔我其以信相誓旦旦耳言其懇惻款誠○宴如字本或作丱者非旦說文作悬悬懇起很反惻本亦作悬楚力反○不思其反。箋云反復也今老而使我怨曾不念復其前言反

是不思。亦已焉哉。箋云已焉哉謂此不可奈何死生自決之辭○〔疏〕及爾至已焉哉○正義曰言男子本謂已云與汝爲夫婦俱至於老不相棄背何謂今我既老反薄我使我怨何不念其前言也然淇則有岸隰則有泮以自拱持今君子反薄而棄己放恣心意曾無所拘制言淇隰之不如本我總角之宴然幼穉之時君子與己言笑晏晏然和柔而相親與己爲信誓許偕至於老者旦旦然懇惻款誠如是及今老而使我怨是曾不思念復其前言而棄薄我我反復是君子不思前言之事則我而已焉哉無可奈何○箋我欲至我怨○正義曰以下云不思其反責其不念前言則男子之初與婦人有期約矣則此及爾偕老男子之辭故箋述之云我欲與汝俱至於老老乎汝反薄我使我怨也言反薄我明及爾偕老男子之言也老者以華落色衰爲老未必大老也○傳泮坡箋泮讀至拘制○正義曰以隰者下濕猶如澤故以泮爲陂澤陂傳云陂澤障是也箋以泮不訓爲陂故讀爲畔以申傳也但毛氏於詩無易字者故箋易之其義猶不異於傳也畔者水厓之名以經云有岸有泮明君子之無也故云今君子放恣心意曾無所拘制則非君子○傳總角至旦旦然○正義曰甫田云總角丱兮未幾見兮突而弁兮是男子總角未冠則婦人總角未笄也故箋云我爲童女未笄內則亦云男女未冠笄者總角衿纓以無笄直結其髮聚之爲兩角故內則注云收髮結之甫田傳云總角聚兩髦也釋訓云晏晏柔也故此云晏晏和柔又曰晏晏旦旦悔爽忒也謂此婦人恨夫差貳其心變本言信故言此晏晏旦旦而自悔解言此之意非訓此字也定本云旦旦猶怛怛○箋我爲至款誠○正義曰箋言結髮宴然之時解經總角之宴經有作丱者因甫田總角丱兮而誤也定本作宴傳直云信誓旦旦然不解旦旦之義故箋申之言旦旦者言懇惻爲信誓以盡已款誠也○箋曾不復念其前言○正義曰今定本云曾不念復其前言俗本多誤復其前言者謂前要誓之言守而不忘使可反復今乃違棄是不思念復其前言也

氓六章章十句

竹竿。衛女思歸也。適異國而不見荅。思而能以禮者也。

○籊籊竹竿。以釣于淇。興也籊籊長而殺也釣以得魚如婦人待禮以成爲室家○籊他歷反釣音弔殺色界反豈不爾思。遠莫致之。箋云我豈不思與君子爲室家乎君子疏遠已已無由致此道○遠如字又于萬反注同〔疏〕籊籊至致之○正義曰籊籊然長而殺之竹竿以釣於淇必得魚乃成爲善釣以興婦人嫁於夫必得禮乃成爲室家今君子不以禮荅已已豈不思與爾君子爲室家乎但君子疏遠於已已無由致此室家之道耳

泉源在左。淇水在右。泉源小水之源淇水大水也箋云小水有流入大水之道猶婦人有嫁於君子之禮今水相與爲左右而已亦以喻已不見荅〔疏〕傳泉源至大水○正義曰泉源者泉水初出故云小水之源淇則衛地之川故知大水箋申說之言小水有流入大水合爲二之道猶婦人於君子有相親幸之禮今淇水與泉源左右而已不相入猶君子與已異處不相親故以喻已之不見荅○女子有行。遠兄弟父母。箋云行道也女子有道當嫁耳不以不荅而違婦禮○遠于萬反淇水在右。泉源在左。巧笑之瑳。佩玉

之儺。瑳巧笑貌儺行有節度箋云已雖不見荅猶不惡君子美其容貌與禮儀也。瑳七可反沈又七何反儺乃可反說文云行有節也惡烏路反**淇水滺滺。檜楫松舟。**滺滺流貌檜柏葉松身楫所以櫂舟也舟楫相配得水而行男女相配得禮而備箋云此傷己今不得夫婦之禮。滺本亦作悠音由檜古活反又古會反本名楫本又作檝子葉反徐音集方言云楫謂之橈或謂之櫂釋名云楫捷也撥水舟行捷疾也橈音饒櫂直教反。〔疏〕傳檜柏葉至而備。正義曰釋木云檜柏葉松身書作栝字禹貢云杶榦栝柏注云柏葉松身曰栝與此一也言楫所以櫂舟以喻女所以配男此不荅之詩以舟楫喻男女故反而爲興言舟楫相配得水而行男女相配得禮而備**駕言出遊。以寫我憂。**出遊思鄉衞之道箋云適異國而不見荅其除此憂雖有歸耳。鄉本又作嚮同許亮反〔疏〕傳出遊思鄉衞之道。正義曰今定本思作斯或誤

竹竿四章章四句

芄蘭。刺惠公也。驕而無禮。大夫刺之。惠公以幼童即位自謂有才能而驕慢於大臣但習威儀不知爲政以禮。芄音丸本亦作丸芄蘭草名〔疏〕芄蘭二章章六句至刺之。正義曰毛以爲君子當柔潤温良自謂無知今而不然是爲驕慢故二章章首一句及第四句是也下二句言有威儀是無禮也次二句言佩觽佩韘明雖幼而行成人之事不當驕是鄭以爲幼而行成人之事當任用大臣不當驕慢上四句是也無之亦下二句是也。箋惠公至以禮。正義曰經言童子則惠公時仍幼童童者未成人之稱年十九以下皆是也閔二年左傳曰初惠公之即位也少杜預云蓋年十五六杜氏以傳言初衞宣公烝於夷姜生伋子爲之娶於齊而美公娶之生壽及朔言爲之娶於齊則宣公已即位也宣公以隱四年冬立假令五年即娶齊女至桓十二年見經凡十九年而朔尚有兄壽則宣公即位三四年始生惠公也故疑爲十五六也且此自謂有才能則非身幼也經云能不我知是自謂有才能刺之而言容璲之美故知但習威儀不知爲政以禮

芄蘭之支。興也芄蘭草也君子之德當柔潤温良箋云芄蘭柔弱恒蔓延於地有所依緣則起興者喻幼穉之君任用大臣乃能成其政。恒蔓於地蔓音萬本或作蔓延於地者後人輒加耳。**童子佩觽。**觽所以解結成人之佩也人君治成人之事雖童子猶佩觽早成其德。佩蒲對反依字從人或玉傍作者非觽許規反解結之器**雖則佩觽。能不我知。**不自謂無知以驕慢人也箋云此幼稚之君雖佩觽與其才能實不如我衆臣之所知爲也惠公自謂有才能而驕慢所以見刺。與音餘下佩韘與同**容兮遂兮。垂帶悸兮。**容儀可觀佩玉遂遂然垂其紳帶悸悸然有節度箋云容容刀也遂瑞也言惠公佩容刀與瑞及垂紳帶三尺則悸悸然行止有節度然其德不稱服。悸其季反韓詩作萃垂貌紳音身稱尺證反。〔疏〕芄蘭至悸兮。毛以爲言芄蘭之支性柔弱阿儺以興君子之德當柔潤温良今君之德何以不温柔而爲驕慢以君今雖童子而佩成人之觽則當治成人之事當須温柔何以爲今雖則佩觽而才能不自謂我無知以驕慢人君非直驕慢又不知爲政當以禮而徒善其外飾使容儀可觀兮佩玉璲璲兮垂其紳帶悸悸兮而內德不稱無禮以行之。鄭以爲言芄蘭之支以柔弱恒延蔓於地有所依緣則起以興幼稚之君以幼時恒闇昧於政有所任用乃能成其德教君今幼弱何以不任用大臣君雖童子佩成人之觽則當治成人之事君雖則佩觽欲治成人之事其才能實不如我衆臣之所知何故不任大臣而爲驕慢矣不知爲政以禮徒善其威儀佩容刀與瑞玉及垂紳帶使行止有節度悸悸今而內無德以稱之。傳芄蘭至温良。正義曰釋草云雚芄蘭郭璞曰蔓生斷之有白汁可啖陸機疏云一名蘿摩幽州人謂之雀瓢以此草支葉柔弱序刺君驕慢故以喻君子之德當柔潤温良。箋芄蘭至其政。正義曰以此大夫刺之而下云能不我知則刺其驕慢自專故易傳取其有所依緣以與幼稚當須任用大臣也。傳觽所以至其德。正義曰內則云子事父母左佩小觽右佩大觽下别云男女未冠幷者故知成人之佩內則注云觽貌如錐以象骨爲之是可以解結也又解童子而得佩成人之佩者由人君治成人之事故使得佩以早成其德故也尚書注云人君十二而冠佩爲成人則似十二以上要人君雖未十二亦治成人之事不必至冠也此解觽以成人自當佩之不必國君爲父母在乃服也下章韘亦佩時有之舉以言焉不必國君常佩。傳不自謂無知。正義曰傳以此直責君驕慢言君於才能不肯自謂我無知。箋此幼至見刺。正義曰箋以此大夫刺之云能不我知則大夫自我也以君才能不如我所知因解其見刺之意由自謂有才能而驕慢大臣故刺之。傳容儀至節度。正義曰傳以此三者皆言兮故各爲其狀孝經曰容止可觀大東云鞙鞙佩璲璲本所佩之物因爲其貌故言佩玉璲璲然帶之垂者唯有紳耳故知垂其紳帶也悸悸然有節度摠三者之辭。箋容刀至不稱服。正義曰箋以容及璲與帶相類則皆指體言也故爲容刀與瑞知紳帶垂三尺者禮記玉藻云紳長制三尺是也行止有節度亦摠三者之辭也定本云然其德不稱服。

芄蘭之葉。箋云葉猶支也**童子佩韘。**韘玦也能射御則佩韘。箋云韘之言沓所以彄沓手指。韘失涉反玦本又作決音同沓徒苔反彄苦侯反。〔疏〕傳韘玦。箋韘之言沓。正義曰傳云玦者以禮及詩言決拾車攻傳曰決鉤弦也繕人注云玦挾矢時所以持弦飾也著右手巨指引士喪禮曰玦用正王棘若擇棘則天子用象骨爲之著右臂大指以鉤弦闓體大射士喪注皆然以士用棘故推以上用骨大射注諸侯亦用象骨以大夫用骨不必用象彼注云鉤弦與車攻傳同則一也拾一名遂以韋爲之著於左臂所以遂弦與玦别鄭以禮無以韘爲玦者故易之爲沓士喪禮曰纊極二注云極猶放弦也以沓指放弦令不挈也生者以朱韋爲之而三死用纊又二明不用也知生用朱韋而三者大射云朱極三注云以朱韋爲之食指將指無名指小指短不用此是彄沓手指也車攻云決拾旣佽箋云手指相比次亦謂巨指旣著玦左臂加拾右手指又著沓而相比次也。**雖則佩韘。能不我甲。**甲狎也箋云此君雖佩韘與其才能實不如我衆臣之所狎習。甲如字爾雅同徐胡甲反韓詩作狎狎戶甲反。**容兮遂兮。垂帶悸兮。**

芄蘭二章章六句

河廣。宋襄公母歸于衞。思而不止。故作是詩也。宋桓公夫人衞文公之妹生襄公而出襄公即位夫人思宋義不可往故作詩以自止。〔疏〕河廣二章章四句至是詩。正義曰作河廣詩者宋襄公母本爲夫所出而歸於衞及襄公即位思欲嚮宋而不能止以義不可往故作河廣之詩以自止也序言所思之意經二章皆言義不得往之事。箋宋桓至自止。正義曰左傳云公子頑烝於宣姜生文公及宋桓夫人故知文公之妹襄公桓公之子故知襄公之母今定本無襄公之母四字然子無出母之道故知當桓公之時生襄公而出今繫之襄公言母歸者明思而不止當襄公時故云襄公即位夫人思宋也所以義不得往者以夫人爲先君所出其子承父之重與祖爲一體母出與廟絕不可以私反故義不得也大戴禮及家語皆云婦有七出不順父母出爲逆無子出爲絕人世淫佚出爲其亂族疾妬出爲其亂家有惡疾出爲其不可供粢盛多口出爲其離親盜竊出爲其反義有三不去有所取無所歸不去更三年喪不去前貧後富貴不去於今令犯七出雖在三不去之中若不順父母與淫無子亦出雖古亦應然以其終不可絕嗣與勃德故也諸侯之夫人雖無子不出以嬪妾既多不爲絕嗣故易同人注云天子諸侯后夫人[illegible]無子多矣皆不出若犯餘六出則去故雜記有出夫人禮又春秋杞伯姬來婦及此宋桓夫人皆是也王后犯出則廢之而已皆不出非徒無子故易鼎卦注云嫁於天子雖失禮無出道遠之而已以天子天下爲家其后無所出故也。**誰謂河廣。一葦杭之。**杭渡也箋云誰謂河水廣與一葦加之則可以渡之喻狹也今我之不渡直自不往耳非爲其廣。葦韋鬼反杭戶郎反與音餘下遠與同狹音洽爲于偽反〔疏〕箋一葦至喻狹。正義曰言一葦者謂一束也可以浮之水上而渡若桴栰然非一根葦也此假有渡者之辭非喻夫人之嚮宋渡河也何者此文公之時衞已在河南自衞適宋不渡河。**誰謂宋遠。跂予望之。**箋云予我也誰謂宋國遠與我跂足則可以望見之亦喻近也今我之不往直以義不往耳非爲其遠。跂丘跂反〔疏〕箋誰謂至喻近。正義曰宋去衞甚遠故杜預云宋今梁國睢陽縣也言跂足可見是喻近也言亦者以喻宋近亦猶喻河狹故俱言亦定本無亦字義亦通**誰謂河廣。曾不容刀。**箋云不容刀亦喻狹小船曰刀。刀如字字書作舠說文作䑠並音刀。〔疏〕箋小船曰刀。正義曰上言一葦桴栰之小此刀宜爲舟船之小故云小船曰刀說文作䑠䑠小船也字異音同劉熙釋名云二百斛以上曰艇三百斛曰刀江南所謂短而廣安不傾危者也。**誰謂宋遠。曾不崇朝。**箋云崇終也行不終朝亦喻近

河廣二章章四句

伯兮。刺時也。言君子行役。爲王前驅。過時而不反焉。衞宣公之時蔡人衞人陳人從王伐鄭伯也爲王前驅久故家人思之。爲于偽反又如字注下爲王並同從王伐鄭讀者或連下伯也爲句者非〔疏〕伯兮四章章四句至不反。正義曰此言過時者謂三月一時。穀梁傳伐不踰時故何草不黃箋云古者師出不踰時所以厚民之性是也此敘婦人所思之由經所思之辭皆由行役過時之所致敘言爲王前驅雖辭出於陳敘四章皆非指一句也。箋衞宣至思之。正義曰蔡人衞人陳人從王伐鄭者秋桓五年經也時當宣公故云衞宣公之時服虔云王伐鄭時陳亂無君則三國皆大夫也故稱人公羊傳曰其言從王伐鄭何從王正也鄭若臨碩引公羊之文言諸侯不得專征伐有從天子及伯者之禮然則宣公從王爲得其正以兵屬

王節度不由於衛君而以過時刺宣公者諸侯從王雖正其時天子微弱不能使衛侯從已而宣公自使從之據其君子過時不反實宣公之由故主責之宣公而云刺時者也○

伯兮朅兮。邦之桀兮。伯州伯也朅武貌桀特立也箋云伯君子字也桀英桀言賢也○朅丘列反桀其列反○〔疏〕傳伯州伯至特立○正義曰言爲王前驅則非賤者今言伯兮故知爲州伯謂州里之伯若牧下州伯則諸侯也非衛人所得爲諸侯之州長也謂之伯者伯長也內則云州史獻諸州伯州伯命藏諸州府也彼州伯對閭史閭府亦謂州里之伯傑者俊秀之名人莫能及故云特立○箋伯君子字○正義曰伯仲叔季長幼之字而婦人所稱云伯也宜呼其字不當言其官也此在前驅而執兵則有勇力爲車右當亦有官但不必州長爲之朅爲武貌則傑爲有德故云英傑傑亦特立與傳一也

伯也執殳。爲王前驅。殳長丈二而無刃箋云兵車六等軫也戈也人也殳也車戟也酋矛也皆以四尺爲差○殳市朱反長如字又直亮反軫本亦作輣之忍反酋在由反發聲矛音謀〔疏〕傳殳長丈二而無刃○正義曰考工記云殳長尋有四尺尋八尺又加四尺是丈二也冶氏爲戈戟之刃不言殳刃是無刃也○箋兵車至爲差○正義曰因殳是兵車之所有故歷言六等之差考工記曰兵車六等之數車軫四尺謂之一等戈柲六尺有六寸既建而迆崇於軫四尺謂之二等人長八尺崇於戈四尺謂之三等殳長尋有四尺崇於人四尺謂之四等車戟常崇於殳四尺謂之五等酋矛常有四尺崇於戟四尺謂之六等是也彼注云戈殳戟矛皆插車輢此云執之者在車當插用則執之此云據用以言也又廬人先言戈殳車戟酋矛夷矛之長短乃云攻國之兵又云六建既備車不反覆注云六建五兵與人也則六建於六等不數軫而數夷矛不引之者因六等自軫歷數人殳以上爲差之備故引之六等者自地以上數之其等差有六故注云法易之三才六畫非六建也建者建於車上非車上所建也凡兵車皆有六建故廬人先言戈殳車戟酋矛夷矛乃云攻國之兵又云六建既備六建在車明矣但記者因酋矛夷矛同爲矛稱故自軫至矛爲六等象三材之六畫故不數夷矛其實六建與六等一也若自戈以上數爲六等則人於六建不處其中故鄭云車有天地之象人在其中焉明爲由此故自軫數之以戈軫爲地材人殳爲人材矛戟爲天材人處地上故在殳下如此則得其象矣或以爲凡兵車則六建前驅則六等知不然者以考工記兵車六等之數鄭云此所謂兵車也明兵車皆然非獨前驅也前驅在車之右其當有勇力以用五兵不得無夷矛也司兵云掌五兵鄭司農云五兵者戈殳戟酋矛夷矛又曰軍事建車之五兵註云車之五兵司農所云者是也步卒之五兵則無夷矛而有弓矢則前驅非步卒必有夷矛明矣知步卒五兵與在車不同者司右云凡國之勇力之士能用五兵者屬焉注云勇力之士屬焉者選右當於中司馬法云弓矢殳矛戈戟相助凡五兵長以衛短短以救長以司兵云建車之五兵則步卒五兵與車兵異矣夷矛長非步卒所宜用故以司馬法五兵弓矢殳矛戈戟當之車之五兵云建與六建文同故以司農所云戈殳戟酋矛夷矛當之勇力之士屬司右選右當於中則仍是步卒未爲右也故以步卒五兵解之步卒無夷矛數弓矢爲五兵在車則六建除人即五兵以弓矢不在建中故不數也其實兵車皆有弓矢故司弓矢云唐大利車戰野戰枉矢絜矢用諸守城車戰又櫝弓注云射者在左又左傳曰前驅歂犬射而殺之是皆有弓矢也○

自伯之東。〔疏〕自伯之東○正義曰此時從王伐鄭鄭在衛之西南而言東者時蔡衛陳三國從王伐鄭則兵至京師乃東行伐鄭也上云爲王前驅即云自伯之東明從王爲前驅而東行故據以言之非謂鄭在衛東○

首如飛蓬。婦人夫不在無容飾 豈無膏沐。誰適爲容。適主也○適都歷反註同爲于僞反或如字○

其雨其雨。杲杲出日。杲杲然日復出矣箋云人言其雨其雨而杲杲然日復出猶我言伯且來伯且來則復不來○杲古老反出如字沈推類反復扶又反下同○

願言思伯。甘心首疾。甘厭也箋云願念也我念思伯心不能已如人心嗜欲所貪口味不能絕也我憂思以生首疾○厭於豔反下同嗜市志反憂思息嗣反〔疏〕願言思伯甘心首疾○毛於二子乘舟傳曰願每也則此願亦爲每言我每有所言則思念於伯思之厭足於心由此故生首疾○傳甘厭○正義曰謂思之不已乃厭足於心用是生首疾也凡人飲食口甘遂至於厭足故云甘厭也○箋如人至不能絕○正義曰箋以甘心者思之不能已如口味之甘故左傳云請受而甘心焉始欲取以甘心則甘心未得爲厭故云我念思伯心不能已如人心嗜欲甘口不能絕甘與子同夢義亦然○

焉得諼草。言樹之背。諼草令人忘憂背北堂也箋云憂以生疾恐將危身欲忘之○爲於虔反諼本又作萱況爰反說文作藼云令人忘憂也或作蕿背音佩沈又如字令力呈反忘亡向反又如字○

願言思伯。使我心痗。痗病也○痗音每又音悔〔疏〕焉得至心痗○毛以爲君子既過時不反已思之至甚既生首疾恐以危身故言我憂如此何處得一忘憂之草我樹之於北堂之上冀觀之以忘憂伯也既久而不來每有所言思此伯也使我心病○鄭以願爲念爲異○傳諼草至北堂○正義曰諼訓爲忘非草名故傳本其意言焉得諼草謂欲得令人善忘憂之草不謂諼爲草名故釋訓云諼忘也孫氏引詩云焉得諼草是諼非草名也背者鄉北之義故知在北堂婦人欲樹草於堂上冀數見之明非遠地也婦人所常處者堂也故知北堂士昏禮云婦洗在北堂有司徹云致爵于主婦主婦北堂注皆云北堂房半以北爲北堂堂者房室所居之地揔謂之堂房半以北爲北堂房半以南爲南堂也昏禮注云洗南北直室東西東西直房戶與隅間謂在房室之內也此欲樹草蓋在房室之北堂者揔名房外內背名爲堂也

伯兮四章章四句

有狐。刺時也。衛之男女失時。喪其妃耦焉。古者國有凶荒。則殺禮而多昏。會男女之無夫家者。所以育人民也。育生長也○狐音胡喪息浪反下注同妃音配下注同殺所戒反又所例反所以育人民也本或作蕃育者非長張丈反〔疏〕有狐三章章四句至人民○正義曰作有狐詩者刺時也以時君不教民隨時殺禮爲昏至使衛之男女失年盛之時爲昏而喪失其妃耦不得早爲室家故刺之以古者國有凶荒則減殺其禮隨時而多昏會男女之無夫家者使爲夫婦所以蕃育人民刺今不然男女失時謂失男女年盛之時不得早爲室家至今人而無匹是喪其妃耦非先爲妃而相棄也與氓序文同而義異大司徒曰以荒政十有二聚萬民十曰多昏注云荒凶年也多昏不備禮而娶昏者多也是凶荒多昏之禮也序意言古者有此禮故刺衛不爲之而使男女失時非謂以此詩爲陳古也故經皆陳喪其妃耦不得匹行思爲夫婦之辭○

有狐綏綏。在彼淇梁。興也綏綏匹行貌石絕水曰梁○綏音雖 心之憂矣。之子無裳。之子無室家者在下曰裳所以配衣也箋云之子是子也時婦人喪其妃耦寡而憂是子無裳無爲作裳者欲與爲室家○無爲于僞反〔疏〕有狐至無裳○正義曰有狐綏綏然匹行在彼淇水之梁而得其所以興今衛之男女皆喪妃耦不得匹行乃狐之不如故婦人言心之憂矣是子無室家已思欲與之爲室家裳之配衣猶女之配男故假言之子無裳已欲與爲作裳以喻己欲與之爲室家○傳綏綏匹行貌○正義曰序云喪其妃耦而言故知綏綏是匹行之貌○傳之子至配衣○正義曰以此稱婦人之辭言之子無裳則謂男子爲之子也故言之子無室家者直指言無裳則因事見義以喻己當配夫故云裳所以配衣二章傳曰帶所以申束衣則傳皆以衣喻夫以裳帶喻妻宜配之也故箋云是子無裳欲與爲室家之道申說傳裳所以配衣之義

有狐綏綏。在彼淇厲。厲深可厲之者○厲力滯反○ 心之憂矣。之子無帶。帶所以申束衣

有狐綏綏。在彼淇側。心之憂矣。之子無服。言無室家若人無衣服○

有狐三章章四句

木瓜。美齊桓公也。衛國有狄人之敗。出處于漕。齊桓公救而封之。遺之車馬器服焉。衛人思之。欲厚報之。而作是詩也。○瓜古花反遺唯季反下注同〔疏〕木瓜三章章四句至是詩○正義曰有狄之敗懿公時也至戴公爲宋桓公迎而立之出處於漕後即爲齊公子無虧所救戴公卒文公立齊桓公又城楚丘以封之則戴也文也皆爲齊所救而封之也下揔言遺之車馬器服則二公皆爲齊所遺左傳齊侯使公子無虧帥車三百乘以戍漕歸公乘馬祭服五稱牛羊豕雞狗皆三百與門材歸夫人魚軒重錦三十兩是遺戴公也外傳齊語曰衛人出處於漕桓公城楚丘以封之其畜散而死三月齊桓公與之繫馬三百是遺文公也繫馬繫於廄之馬言遺其善者也器服謂門材與祭服傳不言車文不備此不言羊豕雞狗舉其重者言欲厚報之則時實不能報也心所欲耳經三章皆欲報之辭

投我以木瓜。報之以瓊琚。木瓜楙木也可食之木瓊玉之美者琚佩玉名○瓊求營反說文云赤玉也琚音居徐又音渠楙音茂字亦作茂爾雅云楙木瓜也 匪報也。永以爲好也。箋云匪非也我非敢以瓊琚爲報木瓜之惠欲令齊長以爲玩好結己國之恩也○爲好呼報反篇內同〔疏〕投我至爲好○正義曰以衛人得齊桓之大功思厚報之而不能乃假小事以言設使齊投我以木瓜我則報之而不能乃假以瓊琚我猶非敢以此瓊琚報齊之木瓜欲令齊長以爲玩好結我以恩情而已今國家敗滅出處於漕齊桓救而封我如此大功知何以報之○傳木瓜至玉名○正義曰釋木云楙木瓜以下木桃木李皆可食之木則此木瓜亦美木可食故郭璞云實如小瓜酸可食是也以言瓊琚琚是玉名則瓊非玉名故云瓊玉之美者言瓊是玉之美名非玉名也聘義注云瑜玉之美者亦謂玉中有美處謂之瑜瑜非玉名也有女同車

云佩玉瓊琚故知琚佩玉名此言琚佩玉名下傳云瓊瑤美石瓊玖玉名三者互也琚言佩玉名瑤玖亦佩玉名瑤言美石玖言玉名明此三者皆玉石雜也故丘中有麻傳云玖石次玉是玖非全玉也。投我以木桃。報之以瓊瑤。瓊瑤美玉。瑤音遙說文云美石。匪報也。永以爲好也。投我以木李。報之以瓊玖。瓊玖玉名。玖音久書云玉黑色。匪報也。永以爲好也。孔子曰吾於木瓜見苞苴之禮行。箋云以果實相遺者必苞苴之尚書曰厥苞橘柚。苴子餘反橘均栗反柚餘救反。

[疏]傳孔子至禮行。正義曰孔叢云孔子讀詩自二南至於小雅喟然嘆曰吾於二南見周道之所成於柏舟見匹夫執志之不易於淇奧見學之可以爲君子於考槃見遯世之士而無悶於世於木瓜見苞苴之禮行於緇衣見好賢之至是也傳於篇末乃言之者以孔叢所言總論一篇之事故篇終言之小弁之引孟子亦然。箋以果至橘柚。正義曰箋解於木瓜所以得見苞苴之禮者凡以果實相遺者必苞苴之此投人以木瓜木李必苞苴而往故見苞苴之禮行知果實必苞之者尚書曰厥苞橘柚橘柚在苞明果實皆苞之曲禮注云苞苴裹魚肉不言苞果實者注舉重而略之此苞之所通曲禮註云或以葦或以茅故既夕禮云葦苞二野有死麕白茅苞之是或葦或茅也

木瓜三章章四句

衛國十篇三十四章二百四句

毛詩注疏挍勘記（三之三）　阮元撰盧宣旬摘錄

○氓

氓刺時也　小字本相臺本同閩本明監本毛本亦同唐石經氓作甿案釋文云氓莫耕反民也正義云氓六章唐石經作甿者避民字諱而改之耳猶避世字諱改泄作洩也傳氓民也說文氓下同是毛詩此經作氓之證甿字取諸周禮遂人耳周禮釋文致甿亡耕反又五經文字田部甿莫鄧反又音盲者亦周禮字。按周禮亦本作氓唐人改甿

刺淫泆也　唐石經小字本相臺本同閩本明監本毛本亦同案釋文佚音逸正義標起止云至淫泆是釋文本正義本皆作佚唐石經改作泆者非也閩本以下正義中亦皆誤泆餘同此

蚩蚩者敦厚之貌　閩本明監本毛本同小字本相臺本無者字案有者衍也

非我以欲過子之期　閩本明監本毛本同小字本相臺本以作心案以字誤也考文古本以心複出亦誤

變民言也　閩本明監本毛本同案也當作甿載芟正義引作甿可證

甿猶懵　閩本明監本毛本甿誤氓案正義引羣籍可依其本書之字不順經注者此類是也或於下言字異音義同或不言者省耳皆不可據經注及正義上下文改之。按白帖引周禮作氓凡詩禮作甿者唐時最俗本耳孔沖遠所據周禮故作氓也

郭璞云敦盂也音頓　閩本明監本毛本同案音頓二字當旁行細字正義於自作音者例如此。按音頓二字亦景純語今俗本爾雅刪之

我以所有財遷徙就女也　閩本明監本毛本同小字本相臺本遷作賄案賄字是也

無食桑葚　唐石經小字本相臺本同案此釋文本也釋文云葚本又作椹音甚考正義本是椹字見下五經文字云椹詩或體以爲桑葚字亦其證泮水經作黮即用字不畫一之例

言呼嗟鳩兮無食桑椹　明監本毛本椹誤葚案正義椹字凡八見十行本皆從木閩本亦然是正義本作椹也此借椹爲葚而正義不易爲葚文而說之者即以椹爲正字不以椹爲葚古今字也考文及補遺皆不載亦如郭忠恕佩觿謂桑葚字不當用鈇椹字耳凡山井鼎物觀以爲誤者則不載其例如是

而女思於男　閩本明監本毛本同案浦鏜云思當異字誤是也

隕惰也　小字本相臺本惰作隋閩本明監本毛本亦同案惰是誤字考文古本隋作墜采正義其葉黃而隕墜而誤也黃而隕墜正義取王肅述毛語爲說耳非傳作墜

幃裳童容也　小字本同閩本明監本毛本同相臺本幃作帷考文古本同案帷字是也經傳皆是帷字箋當同小字本傳亦作幃皆誤正義於箋引周禮注而說之則用幃字順彼文耳不當據改其說經傳自作帷標起止云傳帷裳

泮坡也　相臺本同閩本明監本毛本同小字本坡作陂案釋文云坡本亦作陂考正義云故以泮爲陂澤陂傳云陂澤障是也箋以泮不訓爲陂是其本作陂標起止云傳泮陂當誤也

總角之宴　唐石經小字本相臺本同案釋文云之宴如字本或作丱者非正義云經有作丱者因甫田總角丱兮而誤也定本作宴考羔裘傳宴鮮盛貌此義當與彼同釋文正義皆不從或本是也。按鄭羔裘作晏鮮盛貌非宴字也宴不得訓鮮盛

信誓旦旦然　小字本相臺本同案正義標起止云至旦旦然又云定本云旦旦猶怛怛考釋文云旦旦說文作悬悬說文心部怛下重文云悬或从心在旦下詩曰信誓悬悬是許本毛詩經字作悬也鄭箋之本字與許異經字爲旦作旦傳同而旦即悬之假借故箋云言其懇惻款誠字爲旦義仍爲悬實與許未嘗不合也定本改悬用怛又以爲傳始有此字乃去傳然字而以猶怛怛附益之皆誤之甚者也考文古本作信誓旦旦然猶怛怛也一本作旦旦猶怛怛然無信誓二字皆采正義而又皆誤

我其以信相誓旦旦耳　小字本相臺本同案段玉裁云耳當作爾其說是也傳云旦旦然箋云旦旦爾然爾一也考文古本作爾因二字不別而偶合

曾不念復其前言　相臺本同小字本念復作復念案正義標起止箋曾不復念其前言云今定本曾不念復其前言俗本多誤

則我而已焉哉　閩本明監本毛本而作亦案所改是也

注云故髮結之也　閩本明監本同毛本故作收案收字是也

變本言信　閩本明監本毛本同案言當作忘形近之譌

○竹竿

遠兄弟父母　唐石經小字本同閩本明監本同相臺本作遠父母兄弟毛本初刻遠兄弟父母後改從相臺本案相臺本誤也釋文以遠兄二字作音可證段玉裁云從唐石經今本誤則非韻見六書音均表

○芄蘭

合爲二之道　（通）毛本二作一案一字是也

無之亦下二句是也　閩本明監本毛本同案浦鏜云之當禮誤非也此無字是刺之誤

刺之而言容璲之美　閩本明監本毛本同案經作遂傳箋同正義作璲遂璲古今字易而說之也例見前

君子之德　閩本明監本毛本同小字本相臺本之作以案以字非也正義云以與君子之德當柔潤溫良今君之德何以不溫柔又云故以喻君子之德當柔潤溫良皆其證

芄蘭柔弱恒蔓延於地　小字本相臺本同案此延字衍也釋文云恒蔓於地本或作恒蔓莚於地者後人輒加耳考正義云恒延蔓於地乃自爲文以延蔓說蔓非其本箋有延字也延在蔓上亦其證矣各本皆誤當正之

然其德不稱服　小字本相臺本同案此定本也正義云定本云然其德不稱服正義說傳云而內德不稱說箋云而內無德以稱之是與定本不同也但未有明文今無可考意必求之或當是而內德不稱考文古本服作副下有也字未見所出

玦用正玉棘若擇棘　閩本明監本毛本同案浦鏜云王誤玉擇誤擇以儀禮考之浦挍是也

○河廣

前貧後富貴　閩本明監本毛本同案貧下浦鏜云脫賤字以大戴禮及家語考之浦挍是也

杞伯姬來婦　（通）婦當作歸

亦喻近也　小字本相臺本同案此正義本也正義云定本無亦字義亦通考下箋云行不終朝亦喻近乃亦此箋非此箋亦上喻狹當以定本爲長

○伯兮

至不反　閩本明監本毛本同案反下當有焉字唐石經以下各本皆有此字也

則傑爲有德故云英傑閩本明監本毛本同案經作桀注同正義作傑桀傑古今字易而說之也例見前

戈祕六尺有六寸閩本明監本毛本同案浦鏜云祕誤祕是也

諼草令人忘憂小字本相臺本同案此當作諼草令人善忘故箋云憂以生疾恐將危身欲忘之傳不言憂箋以憂申之也若傳已云忘憂則生疾危身人所共曉何煩更箋乎釋文云令人力呈反善忘亡向反又如字爾雅釋文引詩云焉得萲草毛傳云萲草令人善忘是釋文本小誤也正義說傳云諼訓爲忘非草名故傳本其意言焉得諼草謂欲得令人善忘憂之草此正義本忘上有善字之證其仍云忘憂者以鄭說爲毛說凡正義以爲毛鄭不異者其自爲文每如此非傳有憂字也正義本當亦不誤釋文諼下云說文作藼云令人忘憂也皆所以著其異耳不知者反據之并取正義自爲文者以改此傳失之甚矣各本皆誤當正之考文古本作善忘憂采釋文正義仍誤存憂字

洗南北直室東西閩本明監本毛本同案浦鏜云隅誤西以士昏禮記注考之是也

背名爲堂也閩本明監本毛本背作皆案所改是也

○有狐

所以育人民也唐石經小字本相臺本同案正義標起止云至人民又云所以蕃育人民釋文云所以育民人也本或作蕃育者非正義云所以蕃育人民其本當有蕃字但未有明文耳人民以作民人爲是出其東門序云民人思保其室家焉蓼莪序云民人勞苦標有梅傳亦作民人此序當同釋文有誤作人民者今正詳後考證考文古本作民人采標有梅傳

厲深可厲之者小字本相臺本者作旁閩本明監本毛本亦同案旁字是也者是誤字考文一本作傍此誤采他正義所易之今字耳

○木瓜

其畜散而死三月閩本明監本毛本死作無案今齊語作其畜散而無育浦鏜云育誤分爲三月二字是也

瓊玉之美者琚佩玉名小字本相臺本同案釋文琚下云佩玉名正義云琚是玉名又云有女同車云佩玉瓊琚故知琚佩玉名段玉裁云此傳石誤爲名久矣佩玉石者佩玉納閒之石也雜佩謂之佩玉有琚瑀以納閒琚瑀皆美石也鄭風正義釋文皆引說文琚佩玉名名亦石之誤瓊爲玉之美者故引伸凡石之美者皆謂之瓊

結己國之恩也小字本相臺本同案釋文云結己國以爲恩也一本作結己國之恩也正義本無可考考文古本作以爲采釋文

酸可食是也閩本明監本毛本酸誤酢案此依今爾雅注改耳

下傳云瓊瑤美石瓊玖玉名三者互也閩本明監本毛本同案名當作石考正義下文云琚言佩玉名瑤言美石玖言玉石明此三者皆玉石雜也故丘中有麻傳云玖石次玉則玖全玉也據此則正義本唯琚佩玉名作名其瓊瑤美石瓊玖玉石皆作石故云三者互也互謂玉名美石玉美石相互也若是瓊玖玉名則與瓊琚佩玉名同與瓊瑤美石別而三者不復互矣亦不當引傳石玖次玉而說之也今正義瓊瑤美石不誤而瓊玖玉石及玖言玉石二石字皆誤爲名所當正也

瓊瑤美玉小字本相臺本同案釋文瑤下云美玉也說文云美石正義作美石見上段玉裁云正義是也說文琨珉瑤皆石之美者玉爵瑤爵爲等差在周禮禮記

瓊玖玉名小字本相臺本同案釋文玖下云玉名字書云玉黑色段玉裁云此玉石之誤王風傳玖石次玉者說文玖石次玉黑色者玉石見揚雄蜀都賦漢書西域傳師古曰玉石石之似玉者也今考正義本作玉石見上

二百四句▲小字本同閩本明監本毛本同唐石經相臺本四作三案四字誤

附釋音毛詩注疏卷第四（四之二）

王黍離詁訓傳第六

陸曰王國者周室東都王城畿內之地在豫州今之洛陽是也幽王滅平王東遷政遂微弱詩不能復雅下列稱風以王當國猶春秋稱王人

毛詩國風

鄭氏箋　孔穎達疏

王城譜

王城者周東都王城畿內方六百里之地。○正義曰車攻序云復會諸侯於東都謂王城也周以鎬京爲西都故謂王城爲東都王城即洛邑漢書地理志云初洛邑與宗周通封畿東西長南北短短長相覆千里韋昭云通在二封之地共千里也臣瓚按西周方八百里八八六十四爲方百里者六十四東周方六百里六六三十六爲方百里者三十六二都方百里者百方千里也秦譜云横有西周畿內八百里之地是鄭以西都爲八百東都爲六百其言與瓚同也鄭志趙商問定四年左傳曰曹爲伯甸言爵爲伯服在甸案曹國實今定陶去王城六七百里甸服在二服去王城一千五百里亦復不合敢問其故答曰東都之畿方六百里半之三百里定陶去王城八百里有餘豈六七百也除畿內三百里又侯五百里定陶在外何謂之不合以子魚言爲伯甸本其始封而在甸服明東都六百初則然矣西都初則亦八百相通可知周禮每言王畿千里者制禮設法據方圓而言其實地形不可如圖也蓋以西都先王所居東都貢賦所均不可竝爲二畿故通數之共爲千里。○其封域在禹貢豫州太華外方之閒。○正義曰禹貢云荆河惟豫州注云州界自荆山而至于河而王城在河南洛北是屬豫州也太華即華山也外方即嵩高也地理志華山在京兆華陰縣南外方在潁川嵩高縣則東都之域○西距太華東至於外方故之閒。○北得河陽漸冀州之南。○正義曰僖二十五年左傳云稱襄王賜晉文公陽樊溫原之田晉於是始啓南陽杜預云在晉山南河北故曰南陽是未賜晉時爲周之畿內故知北得河陽夏官職方氏云河內曰冀州知河北之地漸冀南境也。○始武王作邑於鎬京謂之宗周是爲西都。○正義曰文王有聲云宅是鎬京武王成之是武王作邑於鎬京也正月云赫赫宗周謂鎬京也後平王居洛邑亦謂洛邑爲宗周祭統云即宮于宗周謂洛邑也以洛邑爲東都故謂鎬京爲西都。○周公攝政五年成王在豐欲宅洛邑使召公先相宅既成謂之王城是爲東都今河南是也。○正義曰洛誥云周公曰予惟乙卯朝至于洛師我乃卜澗水東瀍水西惟洛食我又卜瀍水東亦惟洛食注云我以乙卯日至於洛邑之衆觀召公所卜之處皆可長久居民使服田相食瀍水東既成名曰成周今洛陽縣是也召公所卜處名曰王城今河南縣是也則成周洛邑同年營矣書傳云周公攝政五年營成周則知此二邑皆五年營之也成王在豐欲宅洛邑使召公先相宅書序文彼注云欲擇土中建王國使召公在前視所居者王與周公將自後往也武王已都鎬京成王尚云在豐者豐有文王廟將行就告之故召誥云王朝步自周則至于豐注云於此從鎬京行至於豐就告文王廟是也此王城於漢時爲河南縣也。○召公既相宅周公往營成周今洛陽是也。○正義曰召公既相宅周公往營成周亦書序文也地理志河南郡有洛陽縣周公遷殷頑民是爲成周是也。○成王居洛邑遷殷頑民於成周復還歸處西都。○正義曰洛誥云戊辰王在新邑烝是成王居洛邑也書序云成周既成遷殷頑民注云此皆士也周謂之頑民民無知之稱是殷頑民於成周也周本紀云太史公曰學者皆稱周伐紂居洛邑其實不然

武王營之成王使召公卜居之遷九鼎焉而周復都豐鎬是成王復還歸西都至於夷厲政教尤衰十一世幽王嬖褒姒生伯服廢申后太子宜咎奔申○正義曰周本紀云懿王立王室遂衰郊特牲曰覲禮不下堂而見諸侯下堂而見諸侯自夷王始昭二十六年左傳曰至於厲王王心戾虐萬民弗忍居王於彘是王室之衰始於懿王至於夷厲政教尤衰也十一世者以言武王作邑因據武王數之周本紀云武王崩子成王誦立崩子康王釗立崩子昭王瑕立崩子穆王滿立崩子共王繄扈立崩子懿王囏立崩共王弟孝王辟方立崩子夷王燮立崩子厲王胡立崩子宣王靜立崩子幽王宮湦立自武王至幽王凡十二王除孝王是十一世也本紀又云幽王三年嬖褒姒生伯服幽王欲廢太子太子母申侯女而爲后幽王得褒姒愛之欲廢申后并去太子用褒姒爲后以其子伯服爲太子鄭語云王嬖褒姒使至於爲后而生伯服王欲殺太子以成伯服必求之申是申后見廢太子奔申王欲於申求之故韋昭云太子時奔申也○申侯與犬戎攻宗周殺幽王於戲○正義曰周本紀云幽王之廢后去太子也申侯怒乃與繒西夷犬戎共攻幽王幽王舉烽火徵兵兵莫至遂殺幽王驪山下虜褒姒盡取周賂而去魯語里革對成公云幽王滅於戲孔晁曰戲西周地名史記云驪山國語言於戲則是驪山之下有地名戲皇甫謐云今京兆新豐東二十里戲亭是也潘岳西征賦述幽王之亂滅云軍敗戲水之上身死驪山之北則戲亦水名韋昭云戲山名非也○晉文侯鄭武公迎宜咎于申而立之是爲平王以亂故徙居東都王城○正義曰鄭語云晉文侯於是乎定天子隱六年左傳稱周桓公言於王曰我周之東遷晉鄭焉依地理志幽王敗桓公死其子武公與平王東遷周本紀云於是諸侯乃即申侯而共立故幽王太子宜咎是爲平王地理志云幽王滛褒姒滅宗周子平王東居洛邑鄭所據之文也○於是王室之尊與諸侯無異其詩不能復雅故貶之謂之王國之變風○正義曰於時王室雖衰天命未改春秋王人之微猶尊矣言與諸侯無異者以其王爵雖在政教纔行於畿內化之所及與諸侯相似故言無異也詩者緣政而作風雅繫政廣狹故王爵雖尊猶以政狹入風此風雅之作本自有體猶而云貶之謂之風者言作爲雅頌貶之而作風非謂采得其詩乃貶之也鄭志張逸問平王微弱其詩不能復雅厲王流於彘幽王滅於戲在雅何荅曰幽厲無道酷虐於民以強暴至於流滅豈如平王微弱政在諸侯威令不加於百姓乎其意言幽厲以酷虐之政被於諸侯故爲雅平桓則政教不及畿外故爲風也言王國變風者謂以王當國故服虔云尊之猶稱王猶春秋之王人稱王而列於諸侯之上在風則卑矣已此列國當言周而言王則尊之故題王以當國而敘以實應故每言閔周也周本紀云平王卽位五十一年崩太子泄父早死立其子林是爲桓王二十三年崩子莊王佗立十五年崩維此三王有詩耳黍離序云閔周室之顛覆言鎬京毀滅則平王時也君子行役及揚之水葛藟皆序云平王是平王詩矣君子陽陽中谷有蓷居中從可知兔爰序云桓王則本在葛藟之下但簡札換處失其次耳兔爰既言桓王舉上以明下明采葛大車從可知矣采葛箋云桓王之時政事不明明大車亦桓王詩也丘中有麻序云莊王不明卽莊王詩明矣故鄭於左方中以此而知皇甫謐云平王時王室微弱詩人怨而爲刺今王風自黍離至中谷有蓷五篇是也桓王失信禮義陵遲男女淫奔讒僞並作九族不親故詩人刺之今王風自兔爰至大車四篇是也如謐此言以葛藟爲桓王之詩今葛藟序云平王則謐言非也定本葛藟序云刺桓王謬也王詩次在鄭上譜退豳下者欲近雅頌與王世相次故也

黍離。閔宗周也。周大夫行役至于宗周。過故宗廟宮室。盡爲禾黍。閔周室之顛覆。彷徨不忍去。而作是詩也。宗周鎬京也謂之西周周王城也謂之東周幽王之亂而宗周滅平王東遷政遂微弱下列於諸侯其詩不能復雅而同於國風焉○離如字說文作䅻過古臥反又古禾反覆芳服反彷蒲皇反徨音皇鎬胡老反復扶又反而同於國風焉崔集注本此下更有猶尊之故稱王也今詩本皆無

【疏】黍離三章章十句至是詩　正義曰作黍離詩者言閔宗周也周之大夫行從征役至於宗周鎬京過歷故時宗廟宮室其地民皆墾耕盡爲禾黍以先王宮室忽爲平田於是大夫閔傷周室之顛墜覆敗彷徨省視不忍速去而作黍離之詩以閔之也言過故宗廟則是有所適因過舊墟非故詣宗周也周室顛覆正謂幽王之亂王室覆滅致使東遷洛邑喪其舊都雖作在平王之時而志恨幽王之敗但主傷宮室生黍稷非是追刺幽王故爲平王詩耳又宗周喪滅非平王之咎故不刺平王也彷徨不忍去敘其作詩之意未必卽在宗周而作也言宗周宮室盡爲禾黍章首上二句是也閔周顛覆彷徨不忍去三章下八句是也言周大夫行役至於宗周敘其所傷之由於經無所當也○箋宗周至風焉○正義曰鄭先爲箋而復作譜故此箋與譜大同周語云幽王三年西周三川皆震是鎬京謂之西周也卽知王城謂之東周也論語孔子曰如有用我者吾其爲東周乎注云據時東周則謂成周爲東周者以敬王去王城而遷於成周自是以後謂王城爲西周成周爲東周故昭二十二年王子猛入于王城公羊傳曰王城者何西周也二十六年天王入于成周公羊傳曰成周者何東周也孔子設言之時在敬王居成周之後且意取周公之教頑民故知其爲東周據時成周也此在敬王之前王城與鎬京相對故言王城謂之東周也周本紀云平王東徙洛邑避戎寇平王之時周室微弱諸侯以強并弱齊楚秦晉始大政由方伯是平王東遷政遂微弱論語註云平王東遷政始微弱者始者從下本上之辭遂者從上嚮下之稱彼言十世希不失矣據末而本初故言始也此言天子當爲雅從是作風據盛以及衰故言遂也下列於諸侯謂化之所及纔行境內政教不加於諸侯與諸侯齊其列位故其詩不能復更作大雅小雅而與諸侯同爲國風焉○

彼黍離離。彼稷之苗。彼彼宗廟宮室箋云宗廟宮室毀壞而其地盡爲禾黍我以黍離離時至稷則尚苗**行邁靡靡。中心搖搖。**邁行也靡靡猶遲遲也搖搖憂無所愬箋云行道也道行猶行道也○搖音遙愬蘇路反**知我者謂我心憂。**箋云知我者知我之情**不知我者謂我何求。**箋云謂我何求怪我久畱不去**悠悠蒼天。此何人哉。**悠悠遠意蒼天以體言之尊而君之則稱皇天元氣廣大則稱昊天仁覆閔下則稱旻天自上降鑒則稱上天據遠視之蒼蒼然則稱蒼天箋云遠乎蒼天仰愬欲其察己言也此亡國之君何等人哉疾之甚○蒼天本亦作倉采郎反爾雅云春爲蒼天莊子云天之蒼蒼其正色邪昊胡老反夏爲昊天旻密巾反閔也秋爲旻天○

【疏】彼黍至人哉○正義曰鎬京宮室毀壞其地盡爲禾黍大夫行役見而傷之言彼宗廟宮室之地有黍離離而秀彼宗廟宮室之地又有稷之苗矣大夫見之在道而行不忍速去遲遲然而安舒中心憂思搖搖然而無所告訴大夫乃言人有知我之情者則謂我爲心憂不知我之情者乃謂我之何求乎見我久畱不去謂我有何所求索知我者希無所告語乃訴之於天悠悠而遠者彼蒼蒼之上天此亡國之君是何等人哉而使宗廟丘墟至此也疾之太甚故云此何人哉○傳彼彼宗廟宮室○正義曰序云宗廟宮室盡爲禾黍故知彼黍彼稷是宗廟宮室之地黍與稷也作者言彼黍彼稷正謂黍稷爲彼耳傳言彼宗廟宮室者言彼宗廟宮室之地有此黍稷也○箋宗廟至尚苗○正義曰言毀壞者以傳文質略嫌宗廟尚存階庭生禾黍故辨之湛露傳曰離離垂然則黍離離亦謂秀而垂也黍言離離稷言苗則是黍秀稷未秀故云我以黍離離時至稷則尚苗苗謂禾未秀出車云黍稷方華則二物大時相類但以稷比黍黍差爲稙故黍秀而稷苗也詩人以黍秀時至稷則尚苗六月時也未得還歸遂至於稷之穗七月時也又至於稷之實八月時也是故三章歷道其所更見稷則穗實改易黍則常云離離欲記其初至故不變黍文大夫役當有期而反但事尚未周了故也○傳邁行至所愬○正義曰邁行釋言文靡靡行舒之意故言猶遲遲也釋訓云遲遲徐也戰國策云楚威王謂蘇秦曰寡人心搖搖然如懸旌而無所薄然則搖搖是心憂無所附著之意故爲憂思無所愬也○箋行道也道行猶行道○正義曰今定本文當如此傳訓經之邁以爲行箋又訓經之行以爲道嫌相涉故又釋之云道行猶行道也○傳悠悠至蒼天○正義曰釋詁云悠遠也故知悠悠遠意釋天云穹蒼蒼天李巡曰古詩人質仰視天形穹隆而高其色蒼蒼故曰穹蒼是蒼天以體言之也皇君也故尊而君之則稱皇天昊大貌故言其混元之氣昊昊廣大則稱昊天旻閔也言其以仁慈之恩覆閔在下則稱旻天從上而下視萬物則稱上天據人遠而視之其色蒼蒼然則稱蒼天然以經傳言天其號不一故因蒼天而總釋之當有成文不知出何書釋天云春爲蒼天夏爲昊天秋爲旻天冬爲上天李巡曰春萬物始生其色蒼蒼故曰蒼天夏萬物盛壯其氣昊大故曰昊天秋萬物成熟皆有文章故曰旻天冬陰氣在上萬物伏藏故曰上天郭璞曰旻猶愍也愍萬物凋落冬時無事在上臨下而已如爾雅釋天以四時異名此傳言天各用所宜爲稱鄭君和合二說故異義天號今尚書歐陽說春曰昊天夏曰蒼天秋曰旻天冬曰上天爾雅亦云古尚書說與毛同謹案尚書堯典羲和以昊天揔勑以四時故知昊天不獨春也左傳夏四月孔丘卒稱曰旻天不弔非秋也玄之聞也爾雅者孔子門人所作以釋六藝之言蓋不誤也春氣博施故以廣大言之夏氣高明故以遠人言之秋氣或生或殺故以閔下言之冬氣閉藏而清察故以監下言之皇天者至尊之號也六藝之中諸稱天者以情所求之耳非必於其時稱之浩浩昊天求天之博施蒼天蒼天求天之高明旻天不弔求天之生殺當得其宜上天同雲求天之所爲當順其時也此之求天猶人之說事各從其主耳若察於是則堯命羲和欽若昊天孔丘卒旻天不弔無可怪耳是鄭君和合二說之事也爾雅春爲蒼天夏爲昊天歐陽說春爲昊天夏爲蒼天鄭既言爾雅不誤當從爾雅而又從歐陽之說以春昊夏蒼者鄭爾雅與孫郭本異故許慎既載今尚書說卽言爾雅亦云明見爾雅與歐陽說同雖蒼昊有春夏之殊則未知孰是要二物理相符合故鄭和而釋之○箋此亡國至之甚○正義曰正月云赫赫宗周褒姒滅之亡國之君者幽王也史記宋世家云箕子朝周過殷故墟城壞生黍箕子傷之乃作麥秀之詩以歌之其詩曰麥秀漸漸兮禾黍油油兮彼狡童兮不我好兮所謂狡童者紂也過殷墟而傷紂明此亦傷幽王但不是生[illegible]王故不爲雅耳何等人猶言何物人大夫非爲不知而言何物人疾之甚也○

彼黍離離。彼稷

之穗。穗，秀也。詩人自黍離離見稷之穗，故歷道其所更見。○穗音遂。更音庚。行邁靡靡。中心如醉。醉於憂也。知我者謂我心憂。不知我者謂我何求。悠悠蒼天。此何人哉。彼黍離離。彼稷之實。自黍離離見稷之實。行邁靡靡。中心如噎。噎，憂不能息也。知我者謂我心憂。不知我者謂我何求。悠悠蒼天。此何人哉。【疏】傳「噎憂不能息」。○正義曰：噎者，咽喉蔽塞之名，而言中心如噎，故知憂深不能喘息，如噎之然。

黍離三章章十句

君子于役，刺平王也。君子行役無期度，大夫思其危難以風焉。難，乃旦反。下同。風，福鳳反。注同。【疏】「君子于役」二章，章八句至「風焉」。○正義曰：大夫思其危難，謂在家之大夫思君子僚友在外之危難。君子行役無期度，二章上六句是也；思其危難，下二句是也。

君子于役。不知其期。曷至哉。箋云：曷，何也。君子往行役，我不知其反期，何時當來至哉。思之甚。○曷音寒末反。雞棲于塒。日之夕矣。羊牛下來。鑿牆而棲曰塒。箋云：雞之將棲，日則夕矣，羊牛從下牧地而來。言畜產出入尚使有期節，至於行役者乃反不也。○棲音西。時如字，本亦作塒，音同。爾雅同。玉篇時理反。鑿牆以棲雞。鑿，在各反。畜，許又反。君子于役。如之何勿思。箋云：行役多危難，我誠思之。○難，乃旦反。【疏】傳「鑿牆而棲曰塒」。○正義曰：釋宮文也。又云：雞棲於杙為桀。李巡曰：別雞所棲之名。寒鄉鑿牆為雞作棲曰塒。君子于役。不日不月。曷其有佸。佸，會也。箋云：行役反無日月，何時而有來會期。○佸，戶括反。說文口活反。韓詩至也。雞棲于桀。日之夕矣。羊牛下括。雞棲于杙為桀。括，至也。○括，古活反。弋本亦作杙，羊職反，或音羊特反。君子于役。苟無飢渴。箋云：苟，且也。且得無飢渴，憂其飢渴也。○

君子于役二章章八句

君子陽陽，閔周也。君子遭亂，相招為祿仕，全身遠害而已。祿仕者，苟得祿而已，不求道行。○遠，于萬反。【疏】「君子陽陽」二章，章四句至「而已」。○正義曰：作君子陽陽之詩者，閔周也。君子之人遭此亂世，皆畏懼罪辜，招呼為祿仕，冀安全己身，遠離禍害，已不復更求道行，故作詩以閔傷之。此敘其招呼之由，二章皆言其相呼之事。○箋「祿仕」至「道行」。○正義曰：君子仕於朝廷，欲求行己之道，非為祿食而仕。今言祿仕，則是止為求祿，故知是苟得祿而已，不求道行也。君子陽陽。左執簧。右招我由房。陽陽，無所用其心也。簧，笙也。由，用也。國君有房中之樂。箋云：由，從也。君子祿仕在樂官，左手持笙，右手招我，欲使我從之於房中，俱在樂官也。我者，君子之友自謂也。時在位有官職也。○簧音皇。樂音洛。其樂只且。箋云：君子遭亂，道不行，其且樂此而已。○且，子徐反，又作且，七也反。注且樂和樂及下章同。

【疏】君子至只且。○毛以為君子祿仕賤職，招呼其友。此君子之友陳其呼己之事，言有君子之人陽陽然無所用心，在於樂官之位，左手執其笙簧，右手招我，用此房中樂官之位。言時世衰亂，道教不行，其且相與樂此而已。○鄭唯以由為從為異，餘同。○傳「陽陽」至「之樂」。○正義曰：言無所用心者，史記稱晏子御擁大蓋，策四馬，意氣陽陽甚自得，則陽陽是得志之貌。賢者在賤職而亦意氣陽陽，是其無所用心，故不憂。下傳云陶陶和樂，亦是無所用心，故和樂也。簧者，笙管之中金薄鍱也。春官笙師注鄭司農云：笙十三簧。笙必有簧，故以簧表笙。傳以笙簧一器，故云簧，笙也。月令仲夏調竽笙竾簧，則簧似別器者，彼於竽笙竾三器之下而別言簧者，欲見三器皆有簧，簧非別器也。若然，三器皆有簧，何知此非竽竾，而必以為笙者，以笙師備言樂器有笙簧，鹿鳴云吹笙鼓簧，言吹笙則鼓簧，是簧之所用本施於笙，言笙可以見簧，言簧可以見笙，故知簧即笙，非竽竾也。此執笙招友，欲令在房，則其人作樂在房內矣，故知國君有房中之樂。此實天子而言國君者，以諸侯亦有此樂，舉國君以明天子。譜云：路寢之常樂，風之正經。天子以周南，諸侯以召南，是天子諸侯皆有房中之樂也。○箋「由從」至「官職」。○正義曰：釋詁云：由，從，自也。俱訓為自，是由得為從。以招人必欲其從己，故易傳也。此君子之友說君子招己，故言我，君子之友自謂也。此人於時在位有官職，故君子得招之。鄭志張逸問：何知在位有官職？又男子焉得在房？荅曰：房中而招人，豈遠乎？故知可招者當在位也。招之者樂官有祿而無言責，苟免時耳。路寢房中可用男子，是說男子得在房招友之事也。斯干箋云：宗廟及路寢制如明堂，則天子路寢有五室，無左右房矣。言路寢房中可用男子者，此路寢之樂，謂路寢之下小寢之內作之，非於正寢作樂也。何則？玉藻云：君日出而視朝，退適路寢聽政，使人視大夫，大夫退，然後適小寢釋服。是路寢以聽政，小寢以燕息。路寢非燕息之所也。下箋云：欲使從之於燕舞之位，以燕言之，明不在路寢也。樂實不在路寢，而譜云路寢之樂者，云路寢房中者，以小寢是路寢之下室，繫路寢言之。天官宮人掌六寢之脩。注云：六寢者，路寢一，小寢五。是小寢繫於路寢之事也。天子小寢如諸侯之路寢，故得有左右房。君子陶陶。左執翿。右招我由敖。陶陶，和樂貌。翿，纛也，翳也。箋云：陶陶猶陽陽也。翳，舞者所持，謂羽舞也。君子左手持羽，右手招我，欲使我從之於燕舞之位，亦俱在樂官也。○陶音遙。翿，徒刀反。敖，五刀反，遊也。纛，徒報反，沈徒老反，俗作纛。翳，於計反。燕本又作宴，於見反。其樂只且。【疏】傳「翿纛也，翳也」。○正義曰：釋言云：翿，纛也。李巡曰：翿，舞者所持纛也。孫炎曰：纛，舞者所持羽也。又云：纛，翳也。郭璞云：所持以自蔽翳也。然則翿訓為纛，纛也，纛所以為翳，故傳并引之。

君子陽陽二章章四句

揚之水，刺平王也。不撫其民，而遠屯戍于母家。周人怨思焉。怨平王恩澤不行於民，而久令屯戍不得歸，思其鄉里之處者。言周人者，時諸侯亦有使人戍焉。平王母家申國，在陳、鄭之南，迫近彊楚，王室微弱，而數見侵伐，王是以戍之。○揚如字，或作楊木之字，非。屯，徒門反。戍，東遇反，守也。韓詩云舍。思如字，沈息嗣反。令，力呈反。近，附近之近，或如字。數音朔。【疏】「揚之水」三章，章六句至「思焉」。○正義曰：不撫其民，三章首二句是也。屯戍母家，次二句是也。思者，下二句是也。此三者皆是所怨之思，俱出民心，故以怨配思而揔之。○箋「怨平王」至「戍之」。○正義曰：此刺平王，不嫌非是周人，而特言周人者，時諸侯亦有使人戍焉，故言周人以別之。諸侯之戍亦由於王，諸侯之人所以不怨者，時王政不加於諸侯，諸侯自使戍耳。假有所怨，自怨其君，故周人獨怨王也。車舝、白華之序亦云周人，但其詩在雅，天下為一，此則下同列國，故須辨之。杜預云：申，今南陽宛縣是也。在陳、鄭之南，後竟為楚所滅。故知迫近彊楚，數見侵伐，是以戍之。○揚之水。不流束薪。興也。揚，激揚也。箋云：激揚之水至湍迅，而不能流移束薪。興者，喻平王政教煩急，而恩澤之令不行於下民。○薪音新。激，經歷反。湍，吐端反。迅音信，又蘇俊反。彼其之子。不與我戍申。戍，守也。申，姜姓之國，平王之舅。箋云：之子，是子也。彼其是子獨處鄉里，不與我來守申，是思之之言也。其，或作記，或作己，讀聲相似。○其音記，詩內皆放此，或作已，亦同。懷哉懷哉。曷月予還歸哉。箋云：懷，安也。思鄉里處者，故曰今亦安不哉，安不哉。何月我得歸還見之哉。思之甚。【疏】揚之水至歸哉。○毛以為激揚之水，豈不能流移一束之薪乎？言能流移之。以興王者之尊，豈不能施行恩澤於下民乎？言其能施行之。今平王不撫下民，自不為耳，非不能也。王既不撫下民，又復政教煩僻。彼其之子在家，不與我共戍申國，使我獨行，偏當勞苦。自我之來，日月已久，此在家者今日安否哉，安否哉。何月得還歸見之哉。羨其得在家，思願早歸見之，久不得歸，所以為怨。鄭唯上二句為異，餘同。○傳「興也，揚，激揚」。○正義曰：激揚，謂水急激而飛揚，波流疾之意也。此傳不言興，而鄭風亦云揚之水，不流束楚，與此同。傳曰：激揚之水，可謂不能流漂束楚乎？則此亦不與鄭同，明別為興。○箋「懷安」至「之甚」。○正義曰：釋詁云：懷，安，止也。俱訓為止，是懷得為安。此承不與我戍申之下，故知思鄉里處者之安否也。役人所思，當思其家，但既怨王政不均，羨其在家處者，雖託辭於處者，願早歸而見之，其實所思之甚，在於父母妻子耳。揚之水。不流束楚。楚，木也。彼其之子。不與我戍甫。甫，諸姜也。懷哉懷哉。曷月予還歸哉。【疏】傳「甫諸姜」。○正義曰：尚書有呂刑之篇，禮記引之，皆作甫刑。孔安國云：呂侯後為甫侯。周語云：祚四岳為侯伯，賜姓曰姜，氏曰有呂。又曰：申、呂雖衰，齊、許猶在。是申與甫、許同為姜姓，故傳言甫，諸姜，許，諸姜，皆為姓與申同也。平王母家申國，所戍唯應戍申，不戍甫、許也。言甫、許者，以其同出四岳，俱為姜姓，既重章以變文，因借甫、許以言申，其實不戍甫、許也。六國時，秦、趙皆伯益之後，同為嬴姓，史記、漢書多謂秦為趙，亦此類也。○揚之水。不流束蒲。蒲，草也。箋云：蒲，蒲柳。○蒲如字。孫毓云：蒲草之聲不與戍許相協，箋義為長。今則二蒲之音未詳其異耳。彼其之子。不與我戍許。許，諸姜也。懷哉懷哉。曷月予還歸哉。【疏】箋「蒲，蒲柳」。○正義曰：以首章言薪，下言楚，則蒲楚是薪之木名，不宜為草，故易傳以蒲為柳。陸機疏云：蒲柳有兩種，皮正青者曰小楊，其一種皮紅者曰大楊。其葉皆長廣於柳葉，皆可以為箭幹，故春秋傳曰董澤之蒲，可勝既乎。今又以為箕鑵之楊也。

揚之水三章章六句

中谷有蓷，閔周也。夫婦日以衰薄，凶年饑饉，室

家相棄爾。蓷吐雷反韓詩云茺蔚也廣雅又名益母飢本或作饑居疑反穀不熟饉音覲蔬不熟

〔疏〕中谷有蓷三章章六句至棄爾。正義曰作中谷有蓷詩者言閔周也平王之時民人夫婦之恩日日益以衰薄雖薄未至棄絶遭遇凶年饑饉遂室家相離棄耳夫婦之重逢遇凶年薄而相棄是其風俗衰敗故作此詩以閔之夫婦日以衰薄三章章首二句是也凶年饑饉室家相棄下四句是也夫婦衰薄以凶年相棄假陸草遇水而傷以喻夫恩薄厚蓷之傷於水始則濕中則脩久而乾猶夫之於婦初已衰稍而薄久而甚甚乃至於相棄婦既見棄先舉其重然後倒本其初故章首二句先言乾次言脩後言濕見夫之遇已用凶年深淺為薄厚也下四句言婦既被棄怨恨以漸而甚初而嘆次而歗後而泣既嘆而後乃歗艱難亦輕於不淑何嗟及矣是決絶之語故以為篇終雖或逆或順各有次也。

中谷有蓷。暵其乾矣。興也蓷鵻也暵菸貌陸草生於谷中傷於水。箋云興者喻人居平安之世猶鵻之生於陸自然也遇衰亂凶年猶鵻之生谷中得水則病將死。暵呼但反徐音漢說文云水濡而乾也字作鸛又作灘皆他安反鵻音隹爾雅又作萑音同菸於據反何音於說文云鬱也廣雅云臭也

有女仳離。嘅其嘆矣。仳別也。箋云有女遇凶年而見棄與其君子別離嘅然而嘆傷己見棄其恩薄。仳匹指反徐符鄙反又敷姊反字林父几扶罪二反嘅口愛反嘆本亦作歎吐丹反協韻也

嘅其嘆矣。遇人之艱難矣。艱亦難也。箋云所以嘅然而嘆者自傷遇君子之窮厄。

〔疏〕中谷至難矣。正義曰言谷中之有蓷草為水浸之暵然其乾燥矣以喻凶年之有婦人其夫遇之恩情甚衰薄矣蓷草宜生高陸之地今乃生於谷中為谷水浸之故乾燥而將死喻婦人宜居平安之世今乃居於凶年為其夫薄之故情踈而將絶恩既踈薄至分離矣有女與夫別離嘅然其長嘆矣所以長嘆者自傷逢遇人之艱難於己矣人者斥其夫艱難謂無恩情而困苦之。傳蓷鵻至於水。正義曰釋草云萑蓷李巡曰臭穢草也郭璞曰今茺蔚也葉似萑方莖白華華生節間又名益母陸機疏云舊說及魏博士濟陰周元明皆云菴藺是也韓詩及三蒼說悉云益母故曾子見益母而感案本草云益母茺蔚也一名益母故劉歆曰蓷臭穢臭穢即茺蔚也說文云暵燥也易曰燥萬物者莫熯乎火說文云菸矮也然則由菸死而至於乾燥以暵為菸也釋水云水注川曰谿注谿曰谷谷是水之所注蓷處其中而乾故知以陸草傷水為喻。○傳仳別。○正義曰以仳與離共文故知當為別義也

中谷有蓷。暵其脩矣。脩且乾也。脩如字本或作蓨音同

有女仳離。條其歗矣。條條然歗也。歗籀文嘯字本又作嘯

條其歗矣。遇人之不淑矣。箋云淑善也君子於己不善也

中谷有蓷。暵其濕矣。鵻遇水則濕。箋云鵻之傷於水始則濕中而脩久而乾有似君子於已之恩徒用凶年深淺為厚薄。○徒如字徒空也沈云當作從

有女仳離。啜其泣矣。啜泣貌。啜張劣反

啜其泣矣。何嗟及矣。箋云及與也泣者傷其君子棄已嗟乎將復何與為室家乎此其有餘厚於君子也。○復扶又反

〔疏〕箋鵻之薄厚。正義曰以水之浸草當先濕後乾今詩立文先乾後濕故知喻君子於已有薄厚從其甚而本之也但君子於已自薄因遭凶年益甚故云徒用凶年深淺為薄厚徒空也言其意自薄已空假凶年為辭也。箋及與至君子。正義曰及與釋詁文嗟乎復何與為室家乎其意言舍此君子則無所與此其有餘厚於君子定本作餘俗本作殊非也

中谷有蓷三章章六句

兔爰。閔周也。桓王失信。諸侯背叛。構怨連禍。王師傷敗。君子不樂其生焉。不樂其生者寐不欲覺之謂也。背音佩樂沈音岳又音洛注同覺古孝反又如字下同

〔疏〕兔爰三章章七句至生焉。正義曰作兔爰詩者閔周也桓王失信於諸侯諸侯背叛之王與諸侯交構怨惡連結殃禍乃興師出伐諸侯諸侯禦之與之交戰於是王師傷敗國危役賦不息使君子之人皆不樂其生焉故作此詩以閔傷之也隱三年左傳曰鄭武公莊公為平王卿士王貳於虢鄭伯怨王王曰無之故周鄭交質王子狐為質於鄭鄭公子忽為質於周及平王崩周人將畀虢公政四月鄭祭足帥師取溫之麥秋又取成周之粟周鄭交惡君子曰信不由中質無益也是桓王失信之事也桓五年左傳曰王奪鄭伯政鄭伯不朝是諸侯背也傳又曰秋王以諸侯伐鄭王為中軍虢公林父將右軍蔡人衛人屬焉周公黑肩將左軍陳人屬焉鄭伯禦之曼伯為右拒祭仲足為左拒原繁高渠彌以中軍奉公為魚麗之陳戰於繻葛蔡衛陳皆奔王卒亂鄭師合以攻之王卒大敗祝聃射王中肩是王師傷敗之事也傳稱射王中肩自是矢傷王身此言師敗止謂軍敗耳據谷風序云國俗傷敗止言俗敗則知此云傷敗亦止言師敗非謂王身傷也序云君子不樂其生之由三章下五句皆言不樂其生之事章首二句言王政有緩有急君子亦為此而不樂序不言畧之也

有兔爰爰。雉離于羅。興也爰爰緩意鳥網為羅言為政有緩有急用心之不均。箋云有緩者有所聽縱也有急者有所躁蹙也。○躁七刀反本亦作操沈七感反今作躁與定本異與箋義合蹙子六反本亦作戚七歷反

我生之初。尚無為。尚無成人為也。箋云尚庶幾也言我幼稚之時庶幾於無所為謂軍役之事也

我生之後。逢此百罹。尚寐無吪。罹憂吪動也。箋云我長大之後乃遇此軍役之多憂今但庶幾於寐不欲見動無所樂生之甚。○罹本又作離力知反吪本亦作訛五戈反長張丈反大音代賀反

〔疏〕有兔至無吪。正義曰言有兔無所拘制爰爰然而緩有雉離於羅網之中而急此二者緩急之不均以喻王之為政有所聽縱者則緩有所躁蹙者則急此言王為政用心之不均也故君子本而傷之言我生初幼稚之時庶幾無此成人之所為言其冀無征役之事也今我生之後年已長大乃逢此軍役之百憂既不能殺身庶幾服寐而無動耳言不樂其生也。○傳爰爰至不均。○正義曰釋訓云爰爰緩也釋器云鳥罟謂之羅李巡曰鳥飛張網以羅之此經兔言緩則雉為急矣雉言在羅則兔無拘制矣舉一緩一急之物故知喻政有緩急用心之不均也。箋有所躁蹙者定本作操義並得通。○箋尚庶幾至之事。○正義曰釋言云庶幾尚也是尚得為庶幾也幾云庶幸也幾覬也是庶幾者幸覬之意也以傳云尚無成人為也成人之所為正謂軍役之事申述傳意。○傳罹憂吪動。○正義曰皆釋詁文

有兔爰爰。雉離于罦。罦覆車也。罦音浮郭云今之翻車大網也覆芳服反車赤奢反

我生之初。尚無造。造為也

我生之後。逢此百憂。尚寐無覺。〔疏〕傳罦覆車。正義曰下傳罿罬與此一也釋器云繴謂之罿罿罬也罬謂之罦罦覆車也孫炎曰覆車網可以掩兔者也一物五名方言異也郭璞曰今之翻車也有兩轅中施罥以捕鳥展轉相解廣異語也

有兔爰爰。雉離于罿。罿罬也。○罿昌鍾反韓詩云施羅於車上曰罿字林上凶反罬張劣反郭徐姜雪姜穴反爾雅云罬謂之罦罦覆車也。

我生之初。尚無庸。庸用也。箋云庸勞也

我生之後。逢此百凶。尚寐無聰。聰聞也。箋云百凶者王構怨連禍之凶

兔爰三章章七句

葛藟。王族刺平王也。周室道衰。棄其九族焉。九族者據己上至高祖下及玄孫之親。○藟力軌反藟似葛廣雅云藟藤也刺桓王本亦作刺平王按詩譜是平王詩皇甫士安以為桓王之詩崔集注本亦作桓王。

〔疏〕葛藟三章章六句至族焉。正義曰棄其九族者不復以族食族燕之禮敘而親睦之故王之族人作此詩以刺王也此敘其刺王之由經皆陳族人怨王之辭定本云刺桓王義雖通不合鄭譜。○箋九族至之親。○正義曰此古尚書說鄭取用之異義九族今戴禮尚書歐陽說云九族乃異姓有親屬者父族四五屬之內為一族父女昆弟適人者與其子為一族己女昆弟適人者與其子為一族己之子適人者與其子為一族母族三母之父姓為一族母之母姓為一族母女昆弟適人者為一族妻族二妻之父姓為一族妻之母姓為一族古尚書說九族者上從高祖下至玄孫凡九皆為同姓謹案禮緦麻三月以上恩之所及禮為妻父母有服明在九族不得但施於同姓玄之聞也婦人歸宗女子雖適人字猶繫姓明不與父兄為異族其子則然昏禮請期辭曰惟是三族之不虞欲及今三族未有不億度之事而迎婦也如此所云則三族當有異姓異姓其服皆緦麻緦麻之服不禁嫁女娶妻是為異姓不在族中明矣周禮小宗伯掌三族之別喪服小記說族之義曰親親以三為五以五為九以此言之知高祖至玄孫昭然察矣是鄭以古說長宜從之事也古尚書說云高祖至玄孫凡九不言之親此言之親欲見同出高祖者當皆親之此言棄其九族正謂棄其同出高祖者非棄高祖之身

緜緜葛藟。在河之滸。興也緜緜長不絶之貌水厓曰滸。箋云葛也藟也生於河之厓得其潤澤以長大而不絶興者喻王之同姓得王之恩施以生長其子孫。○滸呼五反長張丈反下同涯本亦作厓魚佳反施始豉反下同

終遠兄弟。謂他人父。兄弟之道已相遠矣。箋云兄弟猶言族親也王寡於恩施今已遠棄族親矣是我謂他人為己父族人尚親親之辭。○遠于萬反又如字注下皆同

謂他人父。亦莫我顧。箋云謂他人為己父無恩於我亦無顧眷我之意。

〔疏〕緜緜至我顧。○正義曰緜緜然枝葉長而不絶者乃是葛藟之草所以得然者由其在河之滸得河之潤故也以與子孫長而昌盛者乃是王族之人所以得然者由其與王同姓得王之恩故也王族宜得王之恩施猶葛藟宜得河之潤澤王何故棄遺我宗族之人乎王終是遠於兄弟無復恩施於我是我謂他人為己父也謂他人為己父則無恩於我亦無肯於我有顧戀之意言王無恩於己與他人為父同責王無父之恩也。○傳

水厓曰涘。正義曰釋水云涘水厓李巡曰涘水邊地名厓也。緜緜葛藟。在河之涘。涘厓也。涘音俟厓也。終遠兄弟。謂他人母。王又無母恩。謂他人母。亦莫我有。箋云有識有也。〔疏〕傳涘厓。正義曰釋丘云涘爲厓李巡曰涘一名厓郭璞曰謂水邊也。箋王又無母恩。正義曰又者亞前之辭上言謂他人父責王無父恩也此言謂他人母責王又無母恩也然則下章謂他人昆責王無兄恩也定本及諸本又作后義亦通。

緜緜葛藟。在河之漘。漘水隒也。漘順春反爾雅云夷上洒下水漘旁從水郭云涯上平坦而下水深爲漘不發聲也隒魚檢反何音檢爾雅云重甗隒郭云形似累兩重甑上大下小李巡云隒阪也詩本又作水旁兼者字書音呂恬理染二反廣雅云溓清也與此義乖。終遠兄弟。謂他人昆。昆兄也。謂他人昆。亦莫我聞。箋云不與我相聞命也。〔疏〕傳漘水隒。正義曰釋丘云夷上洒下不漘李巡曰夷上平上洒下陗下故名漘孫炎曰平上陗下故名曰漘不行者蓋衍字郭璞曰厓上平坦而下水深者爲漘不發聲也此在河之漘即彼漘也釋山云重甗隒孫炎曰山基有重岸也隒是山岸漘是水岸故云水隒。傳昆兄。正義曰釋親文。

葛藟三章章六句

采葛。懼讒也。桓王之時政事不明臣無大小使出者則爲讒人所毀故懼之。○使所吏反下竝同〔疏〕采葛三章章三句至讒也。○正義曰三章如此次者既以葛蕭艾爲喻因以月秋歲爲韻積日成月積月成時積時成歲欲先少而後多故以月秋歲爲次也臣之懼讒於小事大事其憂等耳未必小事之憂則如月急事之憂則如歲設文各從其韻不由事大憂深也年有四時時皆三月三秋謂九月也設言三春三夏其義亦同作者取其韻耳

彼采葛兮。一日不見。如三月兮。興也葛所以爲絺綌也事雖小一日不見於君憂懼於讒矣箋云興者以采葛喻臣以小事使出。〔疏〕彼采至月兮。○正義曰彼采葛草以爲絺綌兮以興臣有使出而爲小事兮其事雖小憂懼於讒一日不得見君如三月不見君兮日久情疏爲懼益甚故以多時況少時也。傳葛所至讒矣。○正義曰言所以爲絺綌者以其所采疑作當暑之服比於祭祀療疾乃緩而且小故以喻小事使出也大事容或多過小事當無愆咎但桓王信讒之故其事唯小一日不見於君已憂懼於讒矣

彼采蕭兮。一日不見。如三秋兮。蕭所以共祭祀箋云彼采蕭者喻臣以大事使出。○共音恭。〔疏〕傳蕭所以共祭祀。○正義曰釋草云蕭荻李巡曰荻一名蕭陸機云今人所謂荻蒿者是也或云牛尾蒿似白蒿白葉莖麤科生多者數十莖可作燭有香氣故祭祀以脂爇之爲香許愼以爲艾蒿非也郊特牲云既奠然後爇蕭合馨香王氏云取蕭祭脂是蕭所以供祭祀也成十三年左傳曰國之大事在祀與戎故以祭祀所須者喻大事使出

彼采艾兮。一日不見。如三歲兮。艾所以療疾箋云彼采艾者喻臣以急事使出。○艾五蓋反

采葛三章章三句

大車。刺周大夫也。禮義陵遲。男女淫奔。故陳古以刺今。大夫不能聽男女之訟焉。〔疏〕大車三章章四句至訟焉。○正義曰經三章皆陳古者大夫善於聽訟之事也陵遲猶陂陀言禮義廢壞之意也男女淫奔謂男淫而女奔之也檀弓曰合葬非古也自周公以來未之有改然則周法始合葬也經稱死則同穴則所陳古者陳周公以來賢大夫。

大車檻檻。毳衣如菼。大車大夫之車檻檻車行聲也毳衣大夫之服菼鵻也蘆之初生者也天子大夫四命其出封五命如子男之服乘其大車檻檻然服毳冕以決訟箋云菼薍也古者天子大夫服毳冕以巡行邦國而決男女之訟則是子男入爲大夫者毳衣之屬衣繢而裳繡皆有五色焉其青者如鵻。○檻胡覽反毳尺銳反冕名菼吐敢反鵻本亦作萑音隹蘆力吳反薍五患反行下孟反繢胡妹反。

豈不爾思。畏子不敢。畏子大夫之政終不敢箋云此二句者古之欲淫奔者之辭我豈不思與女以爲無禮與畏子大夫來聽訟將罪我故不敢也子者稱所尊敬之辭。○礼與音餘。〔疏〕大車至不敢。○正義曰言古者大夫乘大車而行其聲檻檻然身服毳冕之衣其有青色者如菼草之色。▲然乘大車服毳冕巡行邦國決男女之訟於時男女莫不畏之有女欲奔者謂男子云我豈不於汝思爲無禮之交與畏子大夫之政必將罪我故不敢也古之大夫使民畏之若此今之大夫不能然故陳古以刺之也。○傳大車至決訟。○正義曰以序云陳古大夫故知大車是大夫之車春官巾車職云革路以封四衛四衛四方諸侯守衛者謂蠻服以內又云大夫乘墨車然則王朝大夫於禮當乘墨車以大夫出封如子男之服則車亦得乘諸侯之車此大車蓋革路也檻檻聲之狀故爲車行聲陳古大夫而云毳衣故知毳衣大夫之服也菼鵻釋言文郭璞曰菼草色如鵻在青白之間傳以經云如菼以衣冠比菼色故先解菼色又解草言菼是蘆之初生釋草云葭蘆菼薍孫炎郭璞皆以蘆薍爲二草李巡舍人樊光以蘆薍爲一草此傳菼爲蘆之初生則意同李巡之輩以蘆菼爲一也春官司服曰子男之服自毳冕而下卿大夫之服自玄冕而下則大夫不服毳冕傳又解其得服之意天子大夫四命其出封五命如子男之服故得服毳冕也春官典命職曰王之三公八命其卿六命其大夫四命及其出封皆加一等鄭解周禮出封謂出於畿內封爲諸侯加一等褒有德也謂大夫爲子男卿爲侯伯其命加於王朝一等耳非謂使出封畿外即加命也今傳言大夫四命出封五命則毛意以周禮出封謂出於封畿非封爲諸侯也尊王命而重其使出於封畿即得加命反於朝廷還服其本此陳古者大夫出封聽訟故得如子男之衣服乘其大車檻檻然服毳冕以決訟也此時王政纔行境內而已周人刺其大夫不能聽境內之訟無復出封之事但作者陳出封之事以刺之耳。○箋菼薍至如鵻。○正義曰菼薍釋草文以傳解菼色未辨草名故取爾雅以定之鄭以周禮出封謂爲諸侯乃加一等出封行使則不得然此詩陳古天子大夫服毳冕以決訟則是其人於禮自得服之緣此服之貴賤準其官之尊卑解得服之所由故云則是子男入爲大夫者也王朝之卿大夫出封於畿外褒有德加一等使卿爲侯伯大夫爲子男其諸侯入於王朝爲卿大夫者以其本爵仍存直以入仕爲榮耳不復更加其命數故侯伯入爲卿子男入爲大夫諸侯之數眾王朝之官少或亦侯伯爲大夫非唯子男耳隱十一年左傳曰滕侯曰我周之卜正顧命孔安國注云齊侯呂伋爲天子虎賁氏是侯伯入爲大夫者也以其本爵先尊服其於國之服故鄭志荅趙商云諸侯入爲卿大夫與在朝仕者異各依本國如其命數是由尊諸侯使之以其命此陳子男爲大夫仍得服毳冕也又解毳衣之色所以得如菼者以毳衣之屬衣則畫繪爲之裳則刺繡爲文由皆有五色其青者則如鵻故得如菼色言毳衣之屬者自毳以上當有袞冕鷩冕與毳冕之服其衣皆用繢也若絺冕則衣刺粉米唯用繡玄冕則衣無文不復用繡明毳衣之屬正謂袞鷩耳知衣繢裳繡者考工記言畫繢之事則繢謂畫之也皋陶謨云予欲觀古人之象日月星辰山龍華蟲作會宗彝藻火粉米黼黻絺繡於華蟲以上言作繢明畫爲繢文宗彝以下言絺繡明是絺繡文但王者相變禮制不同周法火與宗彝亦畫而爲衣不復在裳故鄭於司服引尚書以校之周禮考之而立說云古者天子冕服十二章至周而以日月星辰畫於旌旗而冕服九章登龍於山登火於宗彝九章初一曰龍次二曰山次三曰華蟲次四曰火次五曰宗彝皆畫以爲繢次六曰藻次七曰粉米次八曰黼次九曰黻皆絺以爲繡則袞之衣五章裳四章凡九也鷩畫以雉謂華蟲也其衣三章裳四章凡七也毳畫虎蜼謂宗彝也其衣三章裳二章凡五也絺刺粉米無畫也其衣一章裳二章凡三也玄者衣無文裳刺黻而已是以謂之玄焉如鄭此言是毳以上則衣用繢絺冕則衣亦繡也知繡皆有五色者考工記曰畫繢之事雜五色又曰五色備謂之繡是繢繡皆五色其青者如鵻其赤者如頳故二章各舉其一耳傳以菼爲鵻箋以菼爲薍似如易傳又言其青者如鵻復似從傳張逸疑而問之鄭荅云鵻鳥青非草名薍亦青故其青者如鵻。

大車啍啍。毳衣如璊。啍啍重遲之貌璊赬也。○啍他敦反徐又徒孫反璊音門說文作璊云以毳爲罽也解此璊云玉赬色也禾之赤苗謂之虋玉色如之。赬勑貞反赤也。

豈不爾思。畏子不奔。〔疏〕傳啍啍至璊赬。○正義曰啍啍行之貌故爲重遲上言行之聲此言行之貌互相見也釋器云一染謂之縓再染謂之赬郭璞云淺赤也說文云璊玉赬色也赤色故以璊爲赬

穀則異室。死則同穴。謂予不信。有如皦日。穀生皦白也生在於室則外內異死則神合同爲一也箋云穴謂冢壙中也此章言古之大夫聽訟之政非但不敢淫奔乃使夫婦之禮有別今之大夫不能然反謂我言不信我言之信如白日也刺其闇於古禮。○皦本又作皎古了反壙苦晃反別彼列反〔疏〕穀則至皦日。○正義曰言古之大夫聽政也非徒不敢淫奔又令室家有禮使夫之與婦生則異室而居死則同穴而葬男女之別如此汝今時大夫若謂我此言爲不信乎我言之信有如皦然之白日言其明而可信也刺今大夫闇於古禮而不信此言也。傳穀生至爲一。○正義曰穀生釋言文皦者明白之貌故爲白也內則曰禮始於謹夫婦宮室辨外內男不入女不出是禮也生在於室則外內異死所以得同穴者死則神合同而爲一故得同穴也祭統曰鋪筵設同几春官司几筵注云周禮雖合葬及同時在殯皆異几體實不同祭於廟中同几精氣合也是既葬之後神合爲一神合故可以同穴也

大車三章章四句

丘中有麻。思賢也。莊王不明。賢人放逐。國人思之而作是詩也。思之者思其來已得見之。〔疏〕丘中有麻三章章四句至是詩。○正義曰

毛以爲放逐者本在位有功今去而思之鄭以爲去治賤事所在有功故思之意雖小異三章俱是思賢之事○箋思之至見之○正義曰箋以爲施施爲見已之貌來食謂已得食之故以思之爲思其來已得見之毛以來食爲子國復來我乃得食則思其更來在朝非徒思見而已其意與鄭小異子國是子嗟之父俱是賢人不應同時見逐若同時見逐當先思子國不應先思其子今首章先言子嗟二章乃言子國然則賢人放逐止謂子嗟耳但作者既思子嗟又美其弈世有德遂言及子國耳故首章傳曰麻麥草木乃彼子嗟之所治是言麥亦子嗟所治非子國之功也二章箋言子國使丘中有麥著其世賢言著其世賢則是引父以顯子其意非思子國也卒章言彼留之子亦謂子嗟耳○

丘中有麻。彼留子嗟。留大夫氏子嗟字也丘中墝埆之處盡有麻麥草木乃彼子嗟之所治箋云子嗟放逐於朝去治卑賤之職而有功所在則治理所以爲賢○墝本亦作墽苦交反埆苦角反又音學本或作遠此從孫義而誤耳**彼留子嗟。將其來施施。**施施難進之意箋云施施舒行伺閒獨來見已之貌○將王申毛如字鄭七良反下同施如字伺音司閒音閑又如字○〔疏〕丘中至施施○毛以爲子嗟在朝有功今而放逐在外國人覩其業而思之言丘中墝埆之處所以得有麻者乃留氏子嗟之所治也由子嗟教民農業使得有之今放逐於外國人思之乃遙述其行彼留氏之子嗟其將來之時施施然甚難進而易退其肯來乎言不肯復來所以思之特甚○鄭以爲子嗟放逐於朝去治卑賤之職言丘中墝埆之處今日所以有麻者彼留氏之子嗟往治之耳故云所在則治理信是賢人國人之意願得彼留氏之子嗟其將欲來舒行施施然伺候閒暇獨來見已閔其放逐愛其德義冀來見已與之盡懽○傳留大至所治○正義曰賢人放逐明爲大夫而去下云彼留之子與易稱顏氏之子其文相類故知劉氏大夫氏也子者有德之稱古人以子爲字與嗟連文故知字也釋丘云非人力爲之丘丘是地之高者在丘之中故云墝埆之處墝埆謂地之瘠薄者也傳探下章而解之故言麻麥草木也木卽下章李也兼言草以足句乃彼子嗟之所治謂子嗟未去之日敎民治之也定本云丘中墝埆達盡有麻麥草木與俗本不同也○箋子嗟至爲賢○正義曰箋以有麻之下卽云彼留子嗟則是子嗟今日所居有麻麥也且丘中是隱遁之處故易傳以爲去治卑賤之職而有功孝經云居家理故治可移於官子嗟在朝則能助敎行政隱遁則能使墝埆生物所在則治理是其所以爲賢也○傳施施難進之意○正義曰傳亦以施施爲舒行由賢者難進故來則舒行言其本性爲然恐將不復更來故思之也○箋施施至之貌○正義曰箋以思之欲使更來不宜言其難進且言其將者是冀其復來故易傳以爲伺候閒暇獨來見已之貌此章欲其獨來見已下章冀得設食以待之亦事之次也○**丘中有麥。彼留子國。**子國子嗟父箋云言子國使丘中有麥著其世賢○**彼留子國。將其來食。**子國復來我乃得食箋云言其將來食庶其親己已得厚待之○食如字一云鄭音嗣復扶又反○〔疏〕傳子國子嗟父○正義曰毛時書籍猶多或有所據未詳毛氏何以知之○箋言子至世賢○正義曰箋以丘中有麻是子嗟去往治之而此章言子國亦能使丘中有麥是顯著其世賢言其父亦是治理之人耳非子國實使丘中有麥也○傳子國至得食○正義曰傳言以子國教民稼穡能使年歲豐穰及其放逐下民思之乏於飲食故言子國其將來我乃得有食耳○箋言其至待之○正義曰準上章思者欲令子國見已言其獨來就我飲食庶其親已來至己家已得厚禮以待之思賢之至欲飲食之也○**丘中有李。彼留之子。**箋云丘中而有李又留氏之子所治**彼留之子。貽我佩玖。**玖石次玉者言能遺我美寶箋云留氏之子於思者則朋友之子庶其敬己而遺己也○貽音怡玖音久說文紀又反云石之次玉黑色者遺唯季反下同○〔疏〕傳玖石至美寶○正義曰玖是佩玉之名故以美寶言之美寶猶美道傳言以爲作者思而不能見乃陳其昔日之功言彼留氏之子有能遺我以美道謂在朝所施之政教○箋留氏至遺已○正義曰箋亦以佩玖喻美道所異者正謂今日冀望其來敬已而遺已耳非是昔日所遺上章欲其見已已得食之言已之待留氏此章留氏之子遺我以美道欲留氏之子教已是思者與留氏情親故云留氏之子於思者則朋友之子正謂朋友之身非與其父爲朋友孔子謂子路賊夫人之子亦此類也

丘中有麻三章章四句

王國十篇二十八章百六十二句

毛詩注疏挍勘記四之二

阮元撰盧宣旬摘錄

王城譜

是殷頑民於成周也　明監本毛本是下有遷字閩本剜入案所補是也

至於夷厲〔補〕至上當有圈

遂殺幽王麗山下　閩本明監本毛本同案此不誤浦鏜云驪誤麗非也考漢書匈奴傳攻殺幽王于麗山之下亦作麗正義所引周本紀當如此大小雅譜正義引同采菽正義引作驪當是後改

而其立故幽王太子宜咎〔補〕毛本其作共

此風雅之作本自有體猶　閩本明監本毛本同案體字句絕猶字當在貶之而作風上卽由字也浦鏜挍移猶字入而云句中改作獨非也又山井鼎考文云宋板此作也屬上其實不然當是剜也凡十行本脩改非一考文所載不誤者俱從之唯誤者出焉

言作爲雅頌貶之而作風　閩本明監本毛本同案此當作言當爲作雅猶貶之而作風譜所謂其詩不能復雅也黍離箋同又正義云此言天子當爲雅從是作風云云亦其證與頌全不相涉也猶字錯在上皆當正之

○黍離

而司於國風焉　各本此下更無注案釋文云崔集注此下更有猶尊之故稱王也今詩本皆無正義標起止云至風焉是正義本亦無詩譜謂之王城譜則王字謂東周之國崔集注妄譌九字非鄭意

故爲憂思無所愬也　閩本明監本毛本同案愬當作訴正義作訴上文可證傳作愬標起止可證愬訴古今字正義所易也此一字不知者改耳餘同此

古詩人質　閩本明監本毛本同案詩當作時桑柔正義引作時可證今爾雅疏亦誤爲詩

○君子于役

君子于往行役　閩本明監本毛本同小字本相臺本無于字考文古本同案有者衍

羊牛從下牧地而來　閩本相臺本同明監本毛本同小字本羊牛倒案倒者誤也二章經文別本亦或倒但唐石經以下至毛本皆不誤故不更出凡各本皆不誤唯別本乃誤者如何彼穠矣不可畏也求爾新特家伯維宰如彼泉流爰其適歸以篤于周祜降予卿士及此羊牛下括并胡然厲矣假樂君子天降滔德彼徂矣既右饗之等皆不更出因經注本及注疏本固未嘗誤不煩正也

○君子陽陽

翿纛也翳也　小字本相臺本同閩本明監本毛本亦同案正義標起止如此考文古本翳上有纛字考正義引爾雅翿纛也又引纛翳也然後說之云故傳并引之正說傳用爾雅而去其一纛字之意考文古本反用添傳失之甚矣○按纛从毒正字也纛从毒俗字也說見五經文字爾雅釋文

○中谷有蓷

葉似萑　閩本明監本毛本同案浦鏜云萑誤萑考爾雅注是也

華注節間〔補〕注當作生

皆云菴蔄是也　明監本毛本蔄誤閭案菴蔄見司馬相如賦漢書作菴閭史記作菴蔄

說文云菸緌也　閩本明監本同毛本緌作蔫案皆誤也浦鏜云婑是也

徒用凶年深淺爲厚薄　小字本同閩本明監本毛本同相臺本厚薄作薄厚案薄厚是也正義中薄厚字凡四見又標起止云至薄厚皆其證閩本以下并標起止亦改而倒之誤甚

箋雖之薄厚〔補〕雖之下當有至字

○兎爰

國危役賦不息　閩本明監本毛本同案危當作內以六字爲一句

秋又取成周之粟　閩本明監本毛本同粟傳作禾

是諸侯背也　明監本毛本同背下有叛字閩本剜入案所補是也

序云君子不樂其生之由　閩本明監本毛本同案云當作言形近之譌

有急者有所躁蹙也　小字本相臺本同案此正義本也正義云箋有所躁蹙者定本作操蹙義並得通釋文云操七刀反本亦作懆沈七感反蹙子六反本亦作戚七歷反此箋取莊三十年公羊傳文今彼文作操蹙鄭考工記注云齊人有名疾爲戚者春秋傳曰蓋操之爲已戚矣此箋當亦本是操戚其或作躁蹙者卽操戚之別體皆上讀七刀反下讀子六反正義所謂義並得通也若本又作懆讀爲七感反下讀爲七歷反則誤作慘慽二

字之音失之矣沈重非也又見江漢箋

庶幾服寀而無動耳〔補〕毛本服作於

易云庶幸也幾覬也閩本明監本毛本同案云當作注形近之譌

造僞也閩本明監本毛本同小字本相臺本僞作爲考文古本同案爲字是也○按古爲僞通用如人之爲言亦作人之僞言左傳爲多訓僞

○葛藟

王族刺平王也唐石經小字本相臺本同案正義云定本云刺桓王義雖通不合鄭譜釋文云刺桓王本亦作刺平王案詩譜是平王詩皇甫士安以爲桓王之詩崔集注本亦作桓王譜下正義云今葛藟序云平王則謚言非也定本葛藟序云刺桓王誤也考此是集注定本釋文本皆誤以皇甫謐所改入毛鄭詩

亦無顧眷我之意相臺本同閩本明監本毛本同小字本顧眷作眷顧案眷顧是也又見碩鼠箋

王又無母恩小字本相臺本同案釋文云王又無母恩也一本作王后正義云定本及諸本又作后義亦通考此文當屬箋今脫去句首箋云二字遂屬之傳非也正義標起止云箋王又無母恩是其證且又者繫前之辭所以又上箋無恩於我也傳未有無恩之文安得云又哉各本皆誤當依正義正之定本及諸本作王后者九誤此但刺王不刺后若分首章父爲王二章母爲后則三章昆之所指不應不見於傳箋也正義云義亦通非是

滑水溓也小字本相臺本溓作㡘閩本明監本毛本亦同案此非釋文所云詩本又作水旁兼者也乃釋文溓清也誤涉耳正義標起止以下及各本皆作㡘可證

不行者蓋衍字閩本明監本毛本同案浦鏜云行衍字是也爾雅疏即取此正無行字

○采葛

釋草云蕭荻閩本明監本毛本同案浦鏜云萩誤荻下同考爾雅釋文浦挍是也餘同此

王氏云取蕭祭脂閩本明監本毛本同案王氏當作生民形近之譌蓼蕭正義可證

○大車

菼騅也蘆之初生者也小字本相臺本同案釋文蘆力吳反正義云此傳菼爲蘆之初生則意同李巡之輩以蘆薍爲一也戴震云蘆字訛當爲萑菼蘆乃萑葦二物未秀之名溷爲一者非說文菼萑之初生可證毛傳轉寫之失見毛鄭詩考正

如菼草之色○然閩本明監本毛本同案○當衍

毳畫虎雉閩本明監本毛本同案浦鏜云蜼誤雉是也

周禮雖今彝〔補〕毛本今作合案合字是也

○丘中有麻

丘中墝埆之處盡有麻麥草木小字本相臺本同案此正義本也正義云定本云丘中墝埆遠盡有麻麥草木與俗本不同也釋文云埆本或作遠此從孫義而誤耳是定本遠字亦從孫義但又埆遠複出無之處爲異

將其來施施唐石經小字本相臺本同案釋文云施施如字正義標起止云丘中至施施考顏氏家訓引傳及箋云韓詩亦重爲施施河北毛詩皆云施施江南舊本悉單爲施俗遂是之恐有少誤然則今毛詩釋文正義及各本皆作施施者或由顏說定之也經義雜記以爲經文一字傳箋重文引邶谷風有洸有潰傳洸洸武也潰潰怒也箋君子洸洸然潰潰然無溫潤之色等證之其說是也

附釋音毛詩注疏卷第四（四之二）

鄭緇衣詁訓傳第七

○陸曰鄭者國名周宣王母弟桓公友所封也其地詩譜云宗周圻內咸林之地今京兆鄭縣是其都也漢書地理志云京兆鄭縣周宣王弟鄭桓公邑是也至桓公之子武公滑突隨平王東遷遂滅虢鄶而居之即史伯所云十邑之地右洛左濟前華後河食溱洧焉今河南新鄭是也在滎陽宛陵縣西南○

毛詩國風　鄭氏箋　孔穎達疏

鄭譜

初宣王封母弟友於宗周畿內咸林之地是爲鄭桓公今京兆鄭縣是其都也○正義曰漢書地理志云本周宣王母弟友爲周司徒食采於宗周畿內是爲鄭桓公鄭據此爲說也春秋之例母弟稱弟繫兄爲尊以異於其餘公子僖二十四年左傳曰鄭有厲宣之親以厲王之子而兼云宣王明是其母弟也服虔杜預皆云母弟鄭世家云宣王庶弟皇甫謐亦云庶弟又史記年表云鄭桓公友宣王母弟世家年表同出馬遷而自乖異是無明文可據也地理志云京兆鄭縣周宣王母弟鄭桓公邑是桓公封京兆鄭縣故云京兆鄭縣是其都也其地一曰咸林故曰咸林之地不先言鄭國所在而本宣王封母弟者以鄭因虢鄶之地而國之而鄶亦有詩既譜鄶事然後譜鄭故先言有鄭之由而後說得鄶之事▲又云爲幽王大司徒甚得周衆與東土之人問於史伯曰王室多故余懼及焉其何所可以逃死○正義曰自此以下盡可以少固皆鄭語文謂得西周之衆與東土河洛之人心也多故謂多難懼禍難及已也史伯曰其濟洛河潁之間乎是其子男之國虢鄶爲大虢叔恃勢鄶仲恃險皆有驕侈怠慢之心加之以貪冒君若以周難之故寄帑與賄不敢不許是驕而貪必將背君君以成周之衆奉辭罰罪無不克矣○正義曰謂濟西洛東河南潁北是四水之間其子男之國有十惟虢鄶爲大叔仲皆當時二國之君字也勢謂地勢阻固險謂境多阨塞若克二邑鄔蔽補丹依疇歷華君之土也脩典刑以守之惟是可以少固○正義曰八國皆在四水之間與虢鄶爲鄰若克虢鄶二邑則其餘八邑自然可滅爲君之土也脩典法以守之惟有是處可以少固餘方不可入也虢鄶實國而言邑者以國邑相對爲異散則國亦爲邑殷武云商邑翼翼左傳每言弊邑者皆公侯之國而稱邑也○桓公從之言然之後三年幽王爲犬戎所殺桓公死之其子武公與晉文侯定平王於東都王城○正義曰鄭語又云公悅乃東寄帑與賄虢鄶受之是桓公從之也鄭語云幽王八年桓公爲司徒鄭世家云桓公爲司徒一歲問太史伯曰王室多故余安逃死是爲司徒一年乃問也問史伯在九年至十一年而幽王被殺是言然之後三年也世家又云犬戎殺幽王并殺桓公鄭人立其子掘突是爲武公地理志云幽王敗桓公死其子武公與平王東遷是其事也卒取史伯所云十邑之地右洛左濟前華後河食溱洧焉今河南新鄭是也正義曰此謂武公卒取之知者以史伯之言皆信而有徵隱元年左傳曰制巖邑也虢叔死焉桓十一年公羊傳曰先鄭伯有善於鄶公者通乎夫人以取其國鄭見處虢鄶之地明是武公滅虢鄶則其餘八邑亦武公取之可知故云卒取十邑之地案鄭世家史伯云虢鄶之君貪而好利百姓不附今公爲司徒民皆愛公公誠請居之虢鄶之君見公方用事輕分公地公誠居虢鄶民皆公之民也桓公臣善於是卒言於王東其民於洛東而虢鄶果獻十邑竟國之如世家則桓公皆自取十邑而云死後武公取者馬遷見國語有史伯爲桓公謀取十邑之文不知桓身未得故傳會爲此說耳外傳云

皆子男之國虢鄶爲大則八邑各爲其國非虢鄶之地無由得獻之桓公也明馬遷之說謬耳桓公雖未得虢鄶既寄帑賄臣民亦從而寄焉故昭十六年左傳子產曰昔我先君桓公與商人皆出自周庸次比耦以艾殺此地斬之蓬蒿藜藋而共處之是桓公寄帑之時商人亦從而寄至武公遂取而與居之也史伯言子男之國虢鄶爲大設令十邑皆方百里開方除之尚三百有餘鄭當侯爵而爲伯者周禮五等封疆言大法耳其土地不可一如其制度春秋之敍鄭伯在邢侯之上曹伯在許男之下是不可以爵之尊卑計其地之大小也右洛左濟前華後河食溱洧焉亦鄭語文也韋昭云華華國也食謂居其土而食其水也鄶譜云居溱洧之地此云食溱洧焉則鄭都在鄶地故服虔云鄭東鄭古鄶國之地是鄭雖處其地不居其都僖三十三年左傳稱文夫人葬公子瑕於鄶城之下服虔云鄶城故鄶國之墟杜預云鄶國在滎陽密縣東北新鄭在滎陽宛陵縣西南是鄭非鄶都故別有鄶城也若然昭十七年左傳曰鄭祝融之墟鄭譜亦云則鄶鄭同地而云鄭非鄶都者正以鄭國別有鄶城決知鄭國之都非鄶也但二城不甚相遠故於鄶言祝融之墟見鄭因國其地言其境界所及非謂鄭居鄶都也鄶在東周畿外之國隱元年穀梁傳曰寰內諸侯不正其外交然則畿內之國非正南面國之君政教稟於天子善惡歸於其上無假風諫不當有詩鄶國見有變風不在畿內明矣鄭因虢鄶之國自然亦爲畿外鄭發墨守云桓公國在宗周畿內武公遷居東周畿內者以鄭於西周本在畿內西都之地盡以賜秦明武公初遷亦在東周畿內故歷言之也及并十邑鬱成大國盟會列於諸侯灼然在畿外故緇衣傳曰諸侯入爲天子卿士是畿外之君稱入也鄭雖非畿內不過侯服昭十三年左傳曰鄭伯男也賈逵以爲鄭伯爵在男畿鄭距王城三百餘里而得在男畿者鄭志荅趙商云此鄭伯男者非男畿乃謂子男也先鄭之於王城爲在畿內之諸侯雖爵爲侯伯周之舊俗皆食子男之地故云鄭伯男也是鄭意與賈說異武公又作卿士國人宜之鄭之變風又作○正義曰緇衣序云父子並爲周司徒則桓公之死武公即代爲司徒故得輔平王以東遷是先爲卿士後并十邑但鄭先說得國之由故云又作卿士其實作卿士在并十邑之前也序又云善於其職國人宜之故美其德是國人宜之而作變風也對上鄶風已作故云又作案左傳及鄭世家武公生莊公莊公娶鄧曼生太子忽是爲昭公又娶宋雍氏女生公子突是爲厲公又生公子亹公子儀春秋桓十一年夏五月莊公卒而昭公立其年九月昭公奔衞而厲公立桓十五年夏厲公奔蔡六月昭公入桓十七年高渠彌弒昭公而立子亹十八年齊人殺子亹鄭人立公子儀莊十四年傅瑕殺子儀而納厲公厲公前立四年而出奔至此而復入至莊二十一年卒前後再在位凡十一年厲公卒子文公踕立四十五年卒此其君世之次也詩緇衣序云美武公則武公詩也將仲子叔于田大叔于田序皆云刺莊公而清人之下有羔裘遵大路女曰雞鳴遵大路序云莊公失道則此三篇通上將仲等六篇皆莊公詩也有女同車山有扶蘇蘀兮狡童及揚之水皆云刺忽則褰裳丰東門之墠風雨子衿在其間皆爲昭公詩也忽於桓十一年以太子而承正統雖未踰年要君於其國有女同車序云至於見逐則爲被逐而作是忽前立時事也山有扶蘇蘀兮狡童刺忽所美非賢權臣擅命忽之前立時月既淺則此三篇蓋後立時事也褰裳思見正言突篡國之事是突前篡之箋國人欲以鄭國正之春秋之義君雖篡弒而立已列於會則成爲君案突以桓十一年篡十二年公會鄭伯盟于武父自是以後頻列於會則成爲鄭君國人不應思大國之見正褰裳宜是初田事也丰東門之墠風雨子衿直云刺亂世耳不指君事或當突篡之時或當忽入之後其時難知要是忽爲其主雖當突前篡時亦宜繫忽故序於揚之水又言忽以明之揚之水言無忠臣良士終以死亡經云終鮮兄弟則兄弟已爭是後立之事出其東門序云公子五爭野有蔓草序云民窮於兵革溱洧序云兵革不息三篇相類皆三公子既爭之後事也公子五爭突最在後得之則此三篇厲公詩也清人刺文公文公詩也鄭於左方中皆以此而知文公厲公之子清人當處卷末由爛脫失次厠於莊公詩內所以得錯亂者鄭荅趙商云詩本無文字後人不能盡得其弟錄者直錄其義而已如志之言則作序乃始雜亂故羔裘之序從上大叔于田爲莊公之詩也

緇衣。美武公也。父子並爲周司徒。善於其職。國人宜之。故美其德。以明有國善善之功焉。

父謂武公父桓公也司徒之職掌十二教善善者治之有功也鄭國之人皆謂桓公武公居司徒之官正得其宜○緇側基反〔疏〕緇衣三章章四句至功焉○正義曰作緇衣詩者美武公也武公之與桓公父子皆爲周司徒之卿而善於其職鄭國之人咸宜之謂武公爲卿正得其宜諸侯有德乃能入仕王朝武公既爲鄭國之君又復入作司徒已是其善又能善其職此乃有國者善中之善故作此詩美其武公之德以明有邦國者善善之功焉經三章皆是國人宜之美其德之辭也以明有國善善之功焉敍其作詩之意於經無所當也○箋父謂至其宜○正義曰以桓公已作司徒武公又復爲之子能繼父是其美德故兼言父子所以盛美武公周禮大司徒職曰因民常而施十有二教焉一曰以祀禮教敬則民不苟二曰以陽禮教讓則民不爭三曰以陰禮教親則民不怨四曰以樂教和則民不乖五曰以儀辨等則民不越六曰以俗教安則民不愉七曰以刑教中則民不暴八曰以誓教恤則民不怠九曰以度教節則民知足十曰以世事教能則民不失職十有一曰以賢制爵則民愼德十有二曰以庸制祿則民興功是司徒職掌十二教也祀禮謂祭祀之禮教之恭敬則民不苟且陽禮謂鄉射飲酒之禮教之謙讓則民不爭鬪陰禮謂男女昏姻之禮教之相親則民不怨曠樂謂五聲八音之樂教之和睦則民不乖戾儀謂君南面臣北面父坐子伏之屬辨其等級則民不踰越俗謂土地所生習教之安存則民不愉惰刑謂刑罰教之中正則民不殘暴誓謂戒勑教之相憂則民不懈怠度謂宮室衣服之制教之節制則民知止足世事謂士農工商之事教之各能其事則民不失業以賢之大小制其爵之尊卑則民皆謹愼其德相勸爲善以功之多少制其祿之數量則民皆興立功效自求多福司徒之職所掌多矣此十二事是教民之大者故舉以言焉此與淇奧國人美君有德能仕王朝是其一國之事故爲風蘇公之刺暴公吉甫之美申伯同寮之相刺美乃所以刺美時王故爲雅作者主意有異故所繫不同

緇衣之宜兮。敝予又改爲兮。

緇黑色卿士聽朝之正服也改更也有德君子宜世居卿士之位焉箋云緇衣者居私朝之服也天子之朝服皮弁服也○敝本又作弊符世反朝直遙反下同○

適子之館兮。還予授子之粲兮。

適之館舍粲餐也諸侯入爲天子卿士受采祿箋云卿士所之館在天子宮如今之諸廬也自館還在采地之都我則設餐以授之愛之欲飲食之○館古亂反粲七旦反飧也飧蘇尊反廬力於反飲於鴆反食音嗣○〔疏〕緇衣至粲兮○毛以爲武公作卿士服緇衣國人美之言武公於此緇衣之宜服之兮言其德稱其服也此衣若敝我願王家又復改而爲之兮願其常居其位常服此服也卿士於王宮有館舍於畿內有采祿言武公去鄭國入王朝之適子卿士之館舍兮自朝而還我願王家授子武公以采祿兮欲使常朝於王常食采祿也采祿王之所授衣服王之所賜而言予爲子授者其意願王爲然非民所能改受之也○鄭以爲國人愛美武公緇衣若弊我願爲君改作兮自館而還我願授君以飲食兮愛之願得作衣服與之飲食也鄭以授之以食爲民授之則改作衣服亦民爲之也○傳緇黑至之位○正義曰考工記言染法三入爲纁五入爲緅七入爲緇注云染纁者三入而成又再染以黑乃成緇是緇爲黑色此緇衣卽士冠禮所云主人玄冠朝服緇帶素韠是也諸侯與其臣服之以日視朝故禮通謂此服爲朝服美武公善爲司徒而經云緇衣周緇衣卿士所服也而天子與其臣皮弁以日視朝則卿士旦朝於王服皮弁不服緇衣故知是卿士聽朝之正服謂既朝於王退適治事之館釋皮弁而服以聽其所朝之政也言緇衣之宜謂德稱其服宜衣此衣敝則更願王爲之令常衣此服以武公繼世爲卿並皆宜之故言有德君子宜世居卿士之位焉○箋緇衣至弁服○正義曰退適治事之處爲私也對在天子之庭爲公此私朝在天子宮內卽下句適子之館兮是也舜典云闢四門者注云卿士之職使爲已出政教於天下言四門者亦因卿士之私朝在國門魯有東門襄仲宋有桐門右師是後之取法於前也彼言私朝者在國門謂卿大夫夕治家事私家之朝耳與此不同何則玉藻說視朝之禮曰君既視朝退適路寢使人視大夫大夫退然後適小寢釋服君使入視其事盡然後休息則知國之政教事在居所斷之不得歸適國門私朝明國門私朝非君朝矣論語冉子退朝注云朝於季氏之私朝亦謂私家之朝與此異也玉藻云天子皮弁以日視朝是天子之朝服皮弁故退適諸曹服緇衣也定本云天子之朝朝服皮弁服○傳適之至采祿○正義曰釋詁云之適往也故適得爲之館者人所止舍故爲舍也粲餐釋言文郭璞曰今河北人呼食爲粲謂餐食也諸侯入爲天子卿士受采祿解其授粲之意采謂田邑采取財稅祿謂賜之以穀二者皆天子與之以供飲食故謂之授子粲也○箋卿士至飲食○正義曰考工記說王宮之制內有九室九嬪居之外有九室九卿朝焉注云內路寢之裏外路寢之表九室如今朝堂諸曹治事之處也六卿三孤爲九卿彼言諸曹治事處此言諸盧正謂天子宮內卿士各立曹司有盧舍以治事也言適子之館則有所從而適也言還授子粲則還有所至也既爲天子卿士不可還歸鄭國明是從采邑而適公館從公館而反采邑故云還在采地之都我則設餐以授之傳言受采祿者以采祿解粲義也箋言還在采地之都者自謂迴還所至國人授粲之處其意與傳不同雖在采地之都願授之食其授之者謂鄭國之人非采地之人何則此詩是鄭人美君非采地之人美之且食采之主非邑民常君善惡繫於天子不得曲美鄭國君也鄭國之人所以能遠就采地授之食者言愛之願飲食之耳非卽實與之食也易傳者以言予者鄭人自授之食非言天子與之祿也飲食雖云小事聖人以之爲禮伐柯言王迎周公言我覲之子籩豆有踐奉迎聖人猶願以飲食故小民愛君願飲食之○

緇衣之好兮。敝予又改造兮。

好猶宜也箋云造爲也○〔疏〕箋造爲○正義曰釋言文

適子之館兮。還予授子之粲兮。緇衣之蓆兮。敝予又改作兮。

蓆大也箋云作

爲也。薦音席韓詩云儲也說文云廣多〔疏〕傳薦大○正義曰釋詁文言服緇衣大得其宜也○適子之館兮。還予授子之粲兮。

緇衣三章章四句

將仲子。刺莊公也。不勝其母以害其弟。弟叔失道而公弗制。祭仲諫而公弗聽。小不忍以致大亂焉。莊公之母謂武姜生莊公及弟叔段段好勇而無禮公不早爲之所而使驕慢。○將七羊反下及注皆同。勝音升祭側界反後放此聽吐丁反好呼報反〔疏〕將仲三章章八句至大亂焉○正義曰作將仲子詩者刺莊公也公有弟名段字叔其母愛之令莊公處之大都莊公不能勝止其母遂處段於大都至使驕而作亂終以害其親弟是莊公之過也此叔於未亂之前失爲弟之道而公不禁制令之奢僭有臣祭仲者諫公令早爲之所而公不聽用於事之小不忍治之以致大亂國焉故刺之經三章皆陳拒諫之辭豈敢愛之畏我父母是小不忍也後乃與師伐之是致大亂大也○箋莊公至驕慢○正義曰此事見於左傳隱元年傳曰鄭武公娶於申曰武姜生莊公及共叔段莊公寤生驚姜氏故名曰寤生遂惡之愛共叔段欲立之亟請於武公公不許及莊公即位爲之請制公曰制巖邑也虢叔死焉他邑唯命請京使居之謂之京城大叔祭仲曰都城過百雉國之害也今京不度非制也君將不堪公曰姜氏欲之焉辟害對曰姜氏何厭之有不如早爲之所無使滋蔓蔓難圖也蔓草猶不可除況君之寵弟乎公曰多行不義必自斃子姑待之既而大叔命西鄙北鄙貳於己公子呂曰國不堪二君將若之何欲與大叔臣請事之若不與則請除之公曰無庸將自及大叔又收貳以爲己邑至於廩延子封曰可矣厚將得衆公曰不義不暱厚將崩大叔完聚繕甲兵具卒乘將襲鄭夫人將啟之公聞其期曰可矣命子封帥車二百乘以伐京京叛大叔段段入於鄢公伐諸鄢大叔出奔共是謂共城大叔是段驕慢作亂之事也大叔于田序曰叔多才而好勇是段勇而無禮也

將仲子兮。無踰我里。無折我樹杞。將請也仲子祭仲也踰越里居也二十五家爲里杞木名也折言傷害也箋云祭仲驟諫莊公不能用其言故言請固距之無踰我里喻言無干我親戚也無折我樹杞喻言無傷害我兄弟也仲初諫曰君將與之臣請事之君若不與臣請除之。○折之舌反下同相音起驟仕救反服虔曰數也君若與之一本若作將○豈敢愛之。畏我父母。箋云段將爲害我豈敢愛之而不誅與以父母之故故不爲也○段將此一將字如字與音餘仲可懷也。父母之言。亦可畏也。箋云懷私曰懷言仲子之言可私懷也我迫於父母有言不得從也〔疏〕將仲子至可畏○正義曰祭仲數諫莊公莊公不能用之反請於仲子兮汝當無踰越我居之里垣無損折我所樹之杞木以喻無干犯我之親戚無傷害我之兄弟段將爲害我豈敢愛之而不誅與但畏我父母也以父母愛段若誅之恐傷父母之心故不忍也仲子之言可私懷也雖然父母之言亦可畏也言莊公以小不忍至於大亂故陳其拒諫之辭以刺之○傳里居至木名○正義曰里者民之所居故爲居也地官遂人云五家爲鄰五鄰爲里是二十五家爲里也無踰我里謂無踰越我里居之垣牆但里者人所居之名故以所居表牆耳四牡傳云杞枸檵此直云木名則與彼別也陸機疏云杞柳屬也生水傍樹如柳葉麤而白色理微赤故今人以爲車轂今共北淇水傍魯國泰山汶水邊純杞也○箋祭仲至除之○正義曰哀二十年左傳云吳公子慶忌驟諫吳王服虔云驟數也箋言驟諫出於彼文序不言驟而箋言驟者若非數諫不應固請故知驟諫也以里垣之內始有樹木故以里喻親戚樹喻兄弟既言驟諫以爲其諫非一故言初諫曰以爲數諫之意案左傳此言乃是公子呂辭今箋以爲祭仲諫者詩陳請祭仲不請公子呂矣則祭仲之諫多於公子呂矣而公子呂請除大叔爲諫之切莫切於此祭仲正可數諫耳其辭亦不是過仲當亦有此言故引之以爲祭仲諫○箋懷私至得從○正義曰晉語稱公子重耳安於齊姜氏勸之行云懷與安實敗名病大事鄭詩云仲可懷也引此爲懷私之義故以懷爲私以父母愛段不用害之故畏迫父母有言不得從也於時其父雖亡遺言尚存與母連言之也

將仲子兮。無踰我牆。無折我樹桑。牆垣也桑木之衆也○垣音袁豈敢愛之。畏我諸兄。諸兄公族仲可懷也。諸兄之言。亦可畏也。

將仲子兮。無踰我園。無折我樹檀。園所以樹木也檀彊韌之木○檀徒丹反木名彊其良反一音居良反忍本亦作刃同而愼反依字木旁作刃今此假借也沈云糸旁作刃爲是案糸旁刃音女巾反離騷云紉秋蘭以爲佩是也〔疏〕傳園所至之木○正義曰大宰職云園圃毓草木園者圃之蕃故其內可以種木也檀材可以爲車故云彊韌之木陸機疏云檀木皮正青滑澤與繫迷相似又似駁馬駁馬梓榆故里語曰斫檀不諦得繫迷繫迷尚可得駁馬繫迷一名挈榼故齊人諺曰上山斫檀挈榼先殫○豈敢愛之。畏人之多言。仲可懷也。人之多言。亦可畏也。

將仲子三章章八句

叔于田。刺莊公也。叔處于京。繕甲治兵。以出于田。國人說而歸之。繕之言善也甲鎧也○繕市戰反善也說音悅鎧苦愛反〔疏〕叔于田三章章五句至歸之○正義曰世本云杼作甲宋仲子云少康子名杼也經典皆謂之甲後世乃名爲鎧箋以今曉古○

叔于田。巷無居人。叔大叔段也田取禽也巷里塗也箋云叔往田國人注心于叔似如無人處○巷學絳反大音泰後大叔皆放此豈無居人。不如叔也。洵美且仁。箋云洵信也言叔信美好而又仁○洵蘇遵反〔疏〕叔于至且仁○正義曰此皆悅叔之辭時人言叔之往田獵也里巷之內全似無復居人豈可實無居人乎有居人矣但不如叔也信美好而且有仁德國人注心於叔悅之若此而公不知禁故刺之○傳叔大至里塗○正義曰左傳及下篇皆謂之大叔故傳辨之以明與大叔一人其字曰叔以寵私過度時呼爲大叔傳以謂之京城大叔是由寵而異其號也此言叔于田下言大叔于田作者意殊無他義也田者獵之別名以取禽於田因名曰田故云田取禽也丰曰俟我乎巷謂待我於門外知巷是里內之途道也○箋洵信至又仁○正義曰洵信釋詁文仁是行之美名叔乃作亂之賊謂之信美好而又仁者言國人悅之辭非實仁也。

叔于狩。巷無飲酒。冬獵曰狩箋云飲酒謂燕飲也○狩手又反獵力輒反○豈無飲酒。不如叔也。洵美且好。〔疏〕傳冬獵曰狩○正義曰釋天文○李巡曰圍守取之無所擇也○

叔適野。巷無服馬。箋云適之也郊外曰野服馬猶乘馬也○豈無服馬。不如叔也。洵美且武。箋云武有武節〔疏〕箋郊外至乘馬○正義曰釋地云郊外謂之牧牧外謂之野是野在郊外也易稱服牛乘馬俱是駕用之義故云服馬猶乘馬夾轅兩馬謂之服馬何知此非夾轅之馬而云猶乘馬者以上章言無居人無飲酒皆是人事而言此不宜獨言無馬知正謂叔既往田巷無乘馬之人耳○箋武有武節○正義曰文武者人之伎能今言美且武悅其爲武則合武之要故云有武節言其不妄爲武○

叔于田三章章五句

大叔于田。刺莊公也。叔多才而好勇。不義而得衆也。○而勇本或作而好勇好衍字〔疏〕大叔于田三章章十句至得衆○正義曰叔負才恃衆必爲亂階而公不知禁故刺之經陳其善射御之等是多才也襢裼暴虎是好勇也火烈具擧是得衆也

大叔于田。乘乘馬。叔之從公田也○叔于田本或作大叔于田者誤乘乘上如字下繩證反後句例爾執轡如組。兩驂如舞。驂之與服和諧中節箋云如組者如織組之爲也在旁曰驂○組音祖中竹仲反叔在藪。火烈具擧。藪澤禽之府也烈列具倶也箋云列人持火倶擧言衆同心○藪素口反韓詩云禽獸居之曰藪○襢裼暴虎。獻于公所。襢裼肉袒也暴虎空手以搏之箋云獻于公所進於君也○襢本又作袒音但裼素歷反搏音博○將叔無狃。戒其傷女。狃習也箋云狃復也請叔無復者愛也○將七羊反請也毋音無本亦作無狃女九反復符又反下同○〔疏〕大叔至傷女○毛以爲大叔往田獵之時乘駕一乘之馬叔馬既良叔之御人又善執持馬轡於彼御者執轡於手馬騁於道如織組之爲其兩驂之馬與兩服馬和諧如人舞者之中於樂節也大叔乘馬從公田獵叔之在於藪澤也火有行列倶時擧之言得衆之心故同時擧火叔於是襢去裼衣空手搏虎執之而獻於公之處所公見其如是恐其更然謂之曰請叔無習此事戒愼之若復爲之其必傷汝矣言大叔得衆之心好勇如此必將爲亂而公不禁故刺之○鄭唯以狃爲復餘同○傳叔之從公田○正義曰下云襢裼暴虎獻于公所明公亦與之倶田故知從公田也○傳驂之至中節○正義曰此經止云兩驂不言兩服知驂與服和諧中節者以下二章於此二句皆說兩服兩驂則知此經所云亦揔驂服但馬之中節亦由御善以其篇之首先云御者之良既言執轡如組不可更言兩服理則有之故知如舞之言兼言服亦中節也此二句言叔之所乘馬良御善耳非大叔親自御之下言又良御忌乃云叔身善御○傳藪澤至具倶○正義曰地官序澤虞云每大澤大藪小澤小藪注云澤水所鍾水希曰藪然則藪非一而此云藪澤者以藪澤倶是曠野之地但有水無水異其名耳地官藪澤共立澤虞掌之夏官職方氏每州云其澤藪曰某明某是一也

釋地說十藪云鄭有圃田此言在藪蓋在圃田也此言府者貨之所藏謂之府藪澤亦禽獸之所藏故云禽之府爛熟謂之烈火烈嫌爲火猛此無取爛義故轉烈爲列言火有行列也火有行列由布列人使持之故箋申之云列人持火此爲宵田故持火炤之具備卽偕俱之義故爲俱也○傳襢裼至搏之○正義曰襢裼肉袒釋訓文李巡曰襢裼脫衣見體曰肉袒孫炎曰袒去裼衣釋訓又云暴虎徒搏也舍人曰無兵空手搏之○傳狃習○正義曰釋言云狃復也孫炎曰狃伏前事復爲也復亦貫習之意故傳以狃爲習也箋以爾雅正訓故以爲復

叔于田。乘乘黃。四馬皆黃**兩服上襄。兩驂鴈行。**箋云兩服中央夾轅者襄駕也上駕者言爲眾馬之最良也鴈行者言與中服相次序○上襄竝如字行戸郎反夾古洽反○**叔在藪。火烈具揚。**揚揚光也**叔善射忌。又良御忌。**忌辭也箋云良亦善也忌讀如彼已之子之已○忌注作已同音記下皆同○**抑磬控忌。抑縱送忌。**騁馬曰磬止馬曰控發矢曰縱從禽曰送○磬苦定反控口貢反騁敕領反○【疏】叔于至送忌○正義曰言叔之往田也乘一乘之黃馬在內兩服者馬之上駕也在外兩驂與服馬如鴈之行相次序也叔乘此四馬從公田獵叔之在於藪澤也火有行列俱時揚之叔有多才既善射矣又善御矣抑者此叔能磬騁馬矣又能控止馬矣言欲疾則走欲止則往抑者此叔能縱矢以射禽矣又能縱送以逐禽矣言發則能中逐則能及是叔之善御善射也叔既得眾多才如是必將爲亂而公不禁故刺之○箋兩服至次序○正義曰小戎云騏騮是中騧驪是驂驂中對文則驂在外外者爲驂則知內者爲服故言兩服中央夾轅者也襄駕釋言文馬之上者謂之上駕故知上駕者言眾馬之最上也曲禮注云鴈行者與之並差退此四馬同駕其兩服則齊首兩驂與服馬鴈行其首不齊故左傳云如驂之有靳○傳揚揚光○正義曰言舉火而揚其光耳非訓揚爲光也○傳騁馬至曰送○正義曰此無正文以文承射御之下申說射御之事馬之進退唯騁止而已故知騁馬曰磬止馬曰控今止馬猶謂之控是古遺語也縱謂放縱故知發矢送謂逐後故知從禽○

叔于田。乘乘鴇。驪白雜毛曰鴇○鴇音保依字作駂驪力馳反**兩服齊首。**馬首齊也**兩驂如手。**進止如御者之手箋云如人左右手之相佐助也○**叔在藪。火烈具阜。**阜盛也**叔馬慢忌。叔發罕忌。**慢遲罕希也箋云田事且畢則其馬行遲發矢希○嫚本又作慢莫晏反**抑釋掤忌。抑鬯弓忌。**掤所以覆矢鬯弓弢弓箋云射者蓋矢弢弓言田事畢○掤音氷所以覆矢也馬云櫝丸蓋也杜預云櫝丸箭筩也鬯敕亮反弢吐刀反【疏】叔于至弓忌○毛以爲叔往田獵之時乘一乘之鴇馬其內兩服則齊其頭首其外兩驂進止如御者之手乘此車馬從公田獵叔之在於藪也火有行列其光俱盛及田之將罷叔之馬既遲矣叔發矢又希矣及其田畢抑者叔釋掤以覆矢矣抑者叔執鬯以弢弓矣既美叔之多才遂終說其田之事○鄭唯如手如人手相助爲異餘同○傳驪白雜毛曰鴇○正義曰釋畜文郭璞曰今呼之爲烏驄○傳慢遲罕希○正義曰以惰慢者必遲緩故慢爲遲也釋詁云希罕也是罕爲希也○傳掤所至弢弓○正義曰昭二十五年左傳云公徒執冰而踞字雖異音義同服虔云冰櫝丸蓋杜預云或說櫝丸是箭筩其蓋可以取飲先儒相傳掤爲覆矢之物且下句言鬯弓明上句言覆矢可知矣故云掤所以覆矢鬯者盛弓之器鬯弓謂弢弓而納之鬯中故云鬯弓弢弓謂藏之也

大叔于田三章章十句

清人。刺文公也。高克好利而不顧其君。文公惡而欲遠之不能。使高克將兵而禦狄于竟。陳其師旅。翱翔河上。久而不召。眾散而歸。高克奔陳。公子素惡高克進之不以禮。文公退之不以道。危國亡師之本。故作是詩也。好利不顧其君注心於利也禦狄于竟時狄侵衛○克一本作尅好呼報反注同惡烏路反下同遠于萬反將子亮反御魚呂反注同翱五羔反○【疏】清人三章章四句至是詩○正義曰作清人詩者刺文公也文公之時臣有高克者志好財利見利則爲而不顧其君文公惡其如是而欲遠離之而君弱臣強又不能以理廢退適值有狄侵衛鄭與衛鄰國恐其來侵文公乃使高克將兵禦狄於竟狄人雖去高克未還乃陳其師旅翱翔於河上日月經久而文公不召軍眾自散而歸高克懼而奔陳文公有臣鄭之公子名素者惡此高克進之事君不以礼也又惡此文公退之逐臣不以道高克若擁兵作亂則是危國若將眾出奔則是亡師公子素謂文公爲此乃是危國亡師之本故作是清人之詩以刺之經三章唯言陳其師旅翱翔河上之事耳序則具說翱翔所由作詩之意二句以外皆於經無所當也○箋好利至侵衛○正義曰春秋閔公二年冬十二月狄入衛鄭棄其師左傳曰鄭人惡高克使帥師次於河上久而不召師潰而歸高克奔陳鄭人爲之賦清人是於時有狄侵衛也衛在河北鄭在河南恐其渡河侵鄭故使高克將兵於河上禦之春秋經書入衛而箋言侵者狄人初實侵衛衛人與戰而敗後遂入之此據其初侵故言侵也案襄十九年晉侯使士匄侵齊聞齊侯卒乃還左傳稱爲礼也公羊傳亦云大夫以君命出進退在大夫然則高克禮當自還不須待召而文公不召久留河上者其戰伐進退自由將帥若罷兵還國必須君命故不召不得歸也傳善士匄不伐喪耳其得反國亦當晉侯有命故善之○

清人在彭。駟介旁旁。清邑也彭衛之河上鄭之郊也介甲也箋云清者高克所帥眾之邑也駟四馬也○介音界旁補彭反王云彊也駟四馬也一本駟介四馬也**二矛重英。河上乎翱翔。**重英矛有英飾也箋云二矛酋矛夷矛也各有畫飾○矛莫侯反方言云矛吳揚江淮南楚五湖之間謂之鍦鍦音蛇或謂之鋋鋋音蟬或謂之鏦鏦音錯江反其柄謂之矜矜郭音巨巾反重直龍反注下同英如字沈於耕反酋在由反【疏】清人至翱翔○正義曰言高克所率清邑之人今在於彭地狄人以去無所防禦高克乃使四馬被馳驅敖遊旁旁然不息其車之上建二種之矛重有英飾河水之上於是翱翔言其不復有事可召之使還而文公不召故刺之○傳清邑至介甲○正義曰序言高克將兵則清人是所將之人故知清是鄭邑言禦狄于竟明在鄭衛境上言翱翔河上是營軍近河而衛境亦至河南故云衛之河上鄭之郊也郊謂二國郊境非近郊遠郊也碩鼠云適彼樂郊亦揔謂境爲郊也下言消軸傳皆以爲河上之地蓋久不得歸師有遷移三地亦應不甚相遠故俱於河上介是甲之別名故云介甲也北山傳云旁旁然不得已則此言旁旁亦爲不得已之義與下麃麃爲武貌陶陶爲驅馳之貌互相見也○傳重英矛有英飾○正義曰重英與二矛共文明是矛飾魯頌說矛之飾謂之朱英則以朱染爲英飾二矛長短不同其飾重累故謂之重英也○箋二矛至畫飾○正義曰考工記云酋矛常有四尺夷矛三尋注云八尺曰尋倍尋曰常酋夷長短名也酋近夷長也是矛有二等也記又云攻國之兵用短守國之兵用長此禦狄于境是守國之兵長宜有夷矛故知二矛爲酋矛夷矛魯頌以矛與重弓共文弓無二等直是一弓而重之則知二矛亦一矛而有二故彼箋云二矛重弓備折壞直是酋矛有二無夷矛也經言重英嫌一矛有重飾故云各有畫飾言其各自有飾並建而重累

清人在消。駟介麃麃。消河上地也麃麃武貌○麃表驕反**二矛重喬。河上乎逍遙。**重喬累荷也箋云喬矛矜近上及室題所以縣毛羽○喬毛音橋鄭居橋反雉名韓詩作鷮逍本又作消遙本又作搖荷舊音何謂刻矛頭爲荷葉相重累也沈胡可反謂兩矛之飾相負荷也矜字又作楑同巨巾反沈文居陵反近附近之近題音啼題頭也室劒削名也方言云劒削自河而北燕趙之間謂之室此言室謂矛頭受刃處也削音笑縣音玄○【疏】傳重喬累荷○正義曰釋詁云喬高也重喬猶如重英以矛建於車上五兵之最高者也而二矛同高其高復有等級故謂之重高傳解稱高之意故言累荷候人傳曰荷揭也謂此二矛刃有高下重累而相負揭○箋喬矛至毛羽○正義曰衿謂矛柄也室謂矛之銎孔襄十年左傳云舞師題以旌夏杜預云題識也以大旌表識其行列然題者表識之言箋申說累荷之意言喬者矛之柄近於上頭及矛之銎室之下當有物以題識之其題識者所以懸毛羽也二矛於其上頭皆懸毛羽以題識之似如重累相負荷然故謂之累荷也經傳不言矛有毛羽鄭以時事言之猶今之鷮毛猜也

清人在軸。駟介陶陶。軸河上地也陶陶驅馳之貌○軸音逐地名陶徒報反○**左旋右抽。中軍作好。**左旋講兵右抽抽矢以射居軍中爲容好箋云左左人謂御者右車右也中軍爲將也高克之爲將久不得歸日使其御者習旋車車右抽刃自居中央爲軍之容好而已兵車之法將居鼓下故御者在左○抽敕由反說文作㩻他牢反云抽刃以習擊刺也好呼報反注同將子亮反下同【疏】左旋右抽中軍作好○毛以爲高克閒暇無爲逍遙河上乃左迴旋其師右手抽矢以射高克居軍之中以爲一軍之容好言可召而不召故刺之○鄭以高克使御人在車左者習迴旋其車勇士在右者習抽刃擊刺高克自居中央爲軍之容好指謂一車之上事也○傳左旋至容好○正義曰毛以爲左右中揔謂一軍之事左旋以講習兵事在軍之人皆右手抽矢而射高克爲將將在軍中以此左旋右抽矢爲軍之容好言其無事故逍遙也必左旋者少儀云軍尚左注云右陽也陽主生將軍有廟勝之策左將軍爲上貴不敗績然則此亦以左爲陽故爲左旋○箋左人至在左○正義曰箋以左右爲相敵之言傳以左爲軍之左旋右爲人之右手於事不類故易傳以爲一車之事左謂御者在車左右謂勇力之士在車右中謂將居車中也車是御之所主也故習旋迴之事右主持兵故抽刃擊刺之亦是習之也高克自居車中以此一車所爲之事爲軍之容好成二年左傳說晉之伐齊云郤克將中軍解張御鄭丘緩爲右郤克傷於矢流血及屨未絕鼓音曰余病矣張侯曰

自始合而矢貫余手及肘余折以御左輪朱殷豈敢言病張侯即解張也郤克傷矢言未絶鼓音是郤克爲將在鼓下也張侯傷手而血染左輪是御者在左也此謂將之所乘車耳若士卒兵車則閟宫箋所云兵車之法左人持弓右人持矛中人御車不在左也此二箋皆言兵車之法則平常乘車不然矣曲禮曰乘君之乘車不敢曠左注云君存惡空其位則人君平常皆在車左御者在中央故月令說耕籍之義云天子親載耒耜措之於參保介之御間保介謂車右也置耒耜於車右御者之間御者在中與兵車異也將居鼓下雖人君親將其禮亦然夏官大僕職云凡軍旅田役贊王鼓注云王通鼓佐擊其餘面是天子親鼓也成二年左傳云齊侯伐我北鄙圍龍齊侯親鼓之是爲將乃然故云將居鼓下

清人三章章四句

毛詩注疏挍勘記（四之二）

阮元撰盧宣旬摘錄

鄭譜

又云爲幽王大司徒 閩本明監本毛本同案此不誤浦鏜云衍云字非也譜以上說京兆鄭縣以下說河南新鄭故以又云爲更端之辭山井鼎考文載永懷堂板又云作桓公出於臆改其板自是俗書無足論者盧文弨亦取改此文失之矣

桓公臣善 閩本明監本毛本同案山井鼎云史記臣作曰是也

斬之蓬蒿藜藋 閩本明監本毛本同案浦鏜云藋誤翟是也

子文公踶立 閩本明監本毛本同案此不誤浦鏜云踶傳作捷是也此據世家

是寔前篹之箋 閩本明監本毛本箋作初案皆非也當作事上下文可證

宜是初田事也 閩本明監本毛本同毛本田作年案皆非也田當作日形近之譌

○緇衣

粲餐也 小字本相臺本同案釋文云飧蘇尊反在粲字後諸盧字前是釋文本餐作飧正義云粲餐釋言文考爾雅與此傳意同皆謂粲爲餐假借釋文本誤

在天子宫 小字本相臺本宫上有之字明監本毛本同閩本剜入考文一本同案有者是也

而言予爲子授者 閩本明監本毛本同案浦鏜云予譌子是也

非民所能改受之也 閩本明監本毛本同案浦鏜云授譌受是也

又再染以黑乃成緇 閩本明監本毛本同案乃上浦鏜云脱則爲緅又復再染以黑九字考周禮注是也此以黑複出而脱去

此緇衣卿士冠禮所云 閩本明監本毛本同案浦鏜云卽誤卿是也

周緇衣卿士所服也 閩本明監本毛本周作則案所改非也周當作明形近之譌

○將仲子

是致大亂大也〔補〕毛本下大字作國案國字是也

君將與之 小字本相臺本同案釋文云君若與之一本若作將正義本今無可考

四牡傳云杞枸繼 閩本明監本毛本同案考彼傳及爾雅皆是檵字此繼字當誤

矣則祭仲之諫 閩本明監本毛本同案浦鏜云矣或然字之誤屬下是也

實敗名病大事 閩本明監本毛本同案敗名二字當衍此引晉語實病大事或記左傳敗名於傍遂誤入皇皇者華正義引實病大事不誤

園所以樹木也 小字本相臺本同閩本明監本同毛本樹誤種案正義云故其內可以種木也是自爲文不當據以改傳

檀彊韌之木 閩本明監本毛本同小字本相臺本韌作忍案釋文云忍本亦作刃同而愼反依字韋旁刃此今假借也考采薇箋堅忍白華抑箋柔忍皇皇者華傳調忍字皆作忍周禮土訓考工記二釋文亦可證是此傳本作忍字因正義自用韌字不知者乃取以改也又考文古本作韌采釋文所載沈重說及采薇畋作緦白華采所易今字作韌皆非也舊釋文韋字誤今正見後考證

木旁作刃〔補〕木當作韋

故云彊韌之木 閩本明監本毛本同案傳作忍正義作韌忍韌古今字易而說之也例見前餘同此

駮馬梓檎 閩本明監本毛本檎作楡案楡字是也晨風正義引作楡

○大叔于田

叔多才而好勇 唐石經小字本相臺本同案此正義本也釋文云本或作而好勇好衍字正義云襢裼暴虎是好勇也下文云好勇如此是與或作本同

大叔于田 唐石經小字本相臺本同案此正義本也釋文云叔于田本或作大叔于田者誤正義標起止云大叔至傷女下文云毛以爲大叔往田獵之時又上篇正義云此言叔于田下言大叔于田作者意殊是與或作本同此詩三章共十言叔不應一句獨言大叔或名篇自異詩文則同如唐風杕杜有杕之杜二篇之比其首句有大字者援序入經耳當以釋文本爲長

將叔無狃 唐石經小字本相臺本同案釋文云毋本亦作無正義本今無可考

然則藪非一 閩本明監本毛本同案則當作澤上下文可證

孫炎曰狃伏前事 閩本明監本毛本同案浦鏜云忕誤伏是也

欲止則往 閩本明監本毛本同案浦鏜云住誤往是也

乘一乘之鴇馬 閩本明監本毛本上乘字誤乗鴇誤鴇案經傳皆作鴇正義作鴇鴇古今字易而說之也例見前標起止

○清人

禦狄于竟 閩本明監本毛本竟作境下言禦狄于境同案所改是也序作竟正義作境下文皆可證竟境古今字易而說之也考文古本序亦作境誤采正義所易之今字

駟四馬也 小字本相臺本同案釋文云一本駟介四馬也考文古本有介字采釋文一本此箋但說駟耳其介甲也已在傳矣一本誤。按毛傳文茵虎皮也謂文茵之文乃是虎皮也荷華扶渠也謂荷華之荷乃是扶渠也傳之例本如此後人有刪改遂至不畫一

使四馬被駈敖遊 明監本毛本被下有甲字閩本剜入案所補是也

中軍爲將也 閩本明監本毛本同小字本相臺本爲作謂考文古本同案謂字是也釋文以謂將作音可證

注云右陽也 閩本明監本毛本同案浦鏜云左誤右是也

附釋音毛詩注疏卷第四（四之三）

羔裘。刺朝也。言古之君子以風其朝焉。言猶道也鄭自莊公而賢者陵遲朝無忠正之臣故刺之○裘字或作求朝直遙反下及注同風福鳳反〔疏〕羔裘三章章四句至朝焉○正義曰作羔裘詩者刺朝也以莊公之朝無正直之臣故作此詩道古之在朝君子有德有力故以風刺其今朝廷之人焉經之所陳皆古之君子之事也此主刺朝廷之臣朝無賢臣是君之不明亦所以刺君也○箋言猶至刺之○正義曰言謂口道說諸序之言字義多爲道就此一釋餘皆從之下篇之序猶言莊公則此莊公詩也故言莊公以明之以桓武之世朝多賢者陵遲自莊公爲始故言自也

羔裘如濡。洵直且侯。如濡潤澤也洵均侯君也箋云緇衣羔裘諸侯之朝服也言古朝廷之臣皆忠直且君也君者言正其衣冠尊其瞻視儼然人望而畏之○濡音儒洵徐音荀又音旬侯韓詩云侯美也

彼其之子。舍命不渝。渝變也箋云舍猶處也之子是子也是子處命不變謂守死善道見危授命之等○舍音赦王云受也沈書者反渝以朱反○〔疏〕羔裘至不渝○正義曰言古之君子在朝廷之上服羔皮爲裘其色潤澤如濡濕之然身服此服德能稱之其性行均直且有人君之度也彼服羔裘之是子其自處性命躬行善道至死不變刺今朝廷無此人○傳如濡至侯君○正義曰如似濡濕故言潤澤謂皮毛光色潤澤也洵均釋言文侯君釋詁文定本濡潤澤也無如字○箋緇衣至畏之○正義曰經云羔裘知緇衣者玉藻云羔裘緇衣以裼之論語云緇衣羔裘是羔裘必緇衣也士冠禮云主人玄冠朝服緇帶素韠注云衣不言色者衣與冠同也是緇衣爲朝服也玉藻云諸侯朝服以日視朝故知緇衣羔裘是諸侯之朝服也以臣在朝廷服此羔裘故舉以言是皆均直且君言其有人君之度孔子稱雍也可使南面亦美其堪爲人君與此同也正其衣冠以下論語文○傳渝變○正義曰釋言文○箋舍猶至之等○正義曰舍息是安處之義故知舍猶處也之子是子也釋訓文

羔裘豹飾。孔武有力。豹飾緣以豹皮也孔甚也○緣悅絹反○

彼其之子。邦之司直。司主也○〔疏〕羔裘至司直○正義曰言古之君子服羔皮爲裘以豹皮爲袖飾者其人甚武勇且有力可禦亂也彼服羔裘之是子一邦之人主以爲直刺今無此人○傳豹飾至孔甚○正義曰唐風云羔裘豹祛羔裘豹袖然則緣以豹皮謂之爲祛袖也禮君用純物臣下之故袖飾異皮孔甚釋言文

羔裘晏兮。三英粲兮。晏鮮盛貌三英三德也箋云三德剛克柔克正直也粲衆意○晏於諫反粲采諫反

彼其之子。邦之彥兮。彥士之美稱○稱尺證反〔疏〕羔裘至彥兮○正義曰言古之君子服羔皮爲裘其色晏然而鮮盛兮其人有三種英俊之德粲然而衆多兮彼服羔裘之是子一邦之人以爲彥士兮刺今無此人○箋三德至衆意○正義曰英俊秀之名言有三種之英故傳以爲三德洪範云三德一曰正直二曰剛克三曰柔克注云正直中平之人克能也剛能柔能謂寬猛相濟以成治立功剛則彊柔則弱此陷於滅亡之道非能也然則正直者謂不剛不柔每事得中也剛克者雖剛而能以柔濟之柔克者雖柔而能以剛濟之故三者各爲一德洪範先言正直此引之而與彼倒者以經有正直无剛柔故先言剛柔意明剛能柔能亦爲德故也洪範之言謂人性不同各有一德此言三英粲兮亦謂朝夕賢臣具此三德非一人而備有三德也地官師氏以三德教國子至德敏德孝德彼乃德之大者教國子使知之耳非朝廷之人所能有故知此三德是洪範之三德周語稱三女爲粲是粲爲衆意○傳彥士之美稱○正義曰釋訓云美士爲彥舍人曰國有美士爲人所言道

羔裘三章章四句

遵大路。思君子也。莊公失道。君子去之。國人思望焉。

○遵大路兮。摻執子之祛兮。遵循路道摻擥祛袂也箋云思望君子於道中見之則欲擥持其袂而留之○摻所覽反徐所斬反祛起居反又起據反袂也擥音覽袂面世反○

無我惡兮。不寁故也。寁速也箋云子無惡我擥持子之袂我乃以莊公不速於先君之道使我然○惡烏路反注同寁市坎反故也一本作故兮後好也亦爾〔疏〕遵大至故也○正義曰國人思望君子假說得見之狀言己循彼大路之上兮若見此君子之人我則攬執君子之衣祛兮君子若忿我留之我則謂之云無得於我之處怨惡我留兮我乃以莊公不速於先君之道故也言莊公之意不速於先君之道不愛君子令子去之我以此固留子○傳遵循至祛袂○正義曰遵循釋詁文地官遂人云澮上有道川上有路對文則有廣狹之異散則道路通也以摻字從手又與執共文故爲攬也說文摻字山音反聲訓爲斂也操字喿此遥反聲訓爲奉也二者義皆小異喪服云袂屬幅祛尺二寸則袂是祛之本祛爲袂之末唐羔裘傳云祛袂末則袂祛不同此云祛袂者以祛袂俱是衣袖本末別耳故舉類以曉人唐風取本末爲義故言袂末○傳寁速○正義曰釋詁文舍人曰寁意之速○

遵大路兮。摻執子之手兮。箋云言執手者思望之甚

無我魗兮。不寁好也。魗棄也箋云魗亦惡也好猶善也子無惡我我乃以莊公不速於善道使我然○魗本亦作歠又作㲉市由反或云鄭音爲醜好如字鄭云善也或呼報反○〔疏〕傳魗棄○正義曰魗與醜古今字醜惡可棄之物故傳以爲棄言子無得棄遺我箋準上章故云魗亦惡意小異耳

遵大路二章章四句

女曰雞鳴。刺不說德也。陳古義以刺今。不說德而好色也。德謂士大夫賓客有德者○說音悅下同好呼報反〔疏〕女曰雞鳴三章章六句至好色○正義曰作女曰雞鳴詩者刺不說德也以莊公之時朝廷之士不悅有德之君子故作此詩陳古之賢士好德不好色之義以刺今之朝廷之人有不悅賓客有德而愛好美色者也經之所陳皆是古士之義好德不好色之事以時人好色不好德故首章先言古人不好美色下章乃言愛好有德但主爲不悅有德而作故序指言刺不悅德也定本云古義無士字理亦通○箋德謂至德也○正義曰經陳愛好賓客思贈問之故知德謂士大夫賓客有德者士大夫君子之摠辭未必爵爲大夫士也下箋云士大夫以君命出使者義亦然月出指刺好色經無好德之事此則經陳好德文異於彼故於此箋辨其德之所在也

女曰雞鳴。士曰昧旦。箋云此夫婦相警覺以夙興言不畱色也○昧音妹警音景○

子興視夜。明星有爛。言小星已不見也箋云明星尚爛爛然早於別色時○爛力旦反見賢遍反又如字蚤音早本亦作早別色彼列反

將翱將翔。弋鳧與鴈。閒於政事則翱翔習射箋云弋繳射也言無事則往弋射鳧鴈以待賓客爲燕具○弋羊職反鳧音符閒音閑繁音灼本亦作繳○〔疏〕女曰至與鴈○正義曰言古之賢士不畱於色夫妻同寢相戒夙興其女曰雞鳴矣而妻起士曰巳昧旦矣而夫起夫起即子興也此子於是同與而視夜之早晚明星尚有爛然早於別色之時早朝於君君事又早終閒暇無事將翱將翔以學習射事弋射鳧之與鴈以待賓客爲飲酒之羞古士好德不好色如此而今人不好有德唯悅美色故刺之○箋此夫至畱色○正義曰士女相對與語故以夫妻釋之士者男子之大號下傳言閒於政事習射待賓客則所陳古士是謂古朝廷大夫士也雞鳴女起之常節昧旦士自起之常節皆是自言起節非相告語而云相警覺者見賢思齊君子恒性既以時起而起此亦不敢淹畱即是相警之義也各以時起是不爲色而畱也○箋明星至色時○正義曰玉藻說朝之禮云羣臣別色始入以別色之時當入公門故起又早於別色時○箋弋繳至燕具○正義曰夏官司弓矢矰矢茀矢用諸弋射注云結繳於矢謂之矰矰高也茀矢象焉茀之言刜也二者皆可以弋飛鳥刜羅之也然則繳射謂以繩繫矢而射也說文云繳謂生絲爲繩下云宜言飲酒故知以待賓客爲燕飲之具也

弋言加之。與子宜之。宜肴也箋云言我也子謂賓客也所弋之鳧鴈我以爲加豆之實與君子共肴也○殽音爻本亦作肴○

宜言飲酒。與子偕老。箋云宜乎我燕樂賓客而飲酒與之俱至老親愛之言也○偕音皆樂音洛下同○

琴瑟在御。莫不靜好。君子無故不徹琴瑟賓主和樂無不安好〔疏〕弋言至靜好○正義曰此又申上弋射之事弋取鳧鴈我欲爲加豆之實而用之與子賓客作肴羞之饌共食之宜乎我以燕樂賓客而飲酒與子賓客俱至於老言相親之極沒身不衰也於飲酒之時琴瑟之樂在於侍御有肴有酒又以琴瑟樂之則賓主和樂又莫不安好者古之賢士親愛有德之賓客如是刺今不然○傳宜肴○正義曰釋言文李巡曰宜飲酒之肴○箋言我至共肴也○正義曰言我釋詁文與之飲酒相親故知子謂賓客故以所射之鳧鴈爲加豆之實與君子共肴之若然曲禮云凡進食之禮左肴右胾食居人之左羹居人之右膾炙處外醓醬處內蔥渫處末酒漿處右注云此大夫士與賓客燕食之禮其禮食則宜倣公食大夫禮云又案公食大夫禮皆無用鳧鴈之文此得用鳧鴈者公食大夫自是食禮此則飲酒彼以正禮而食此以相好私燕其饌不得同也曲禮所陳燕食之饌與禮食巳自不同明知燕飲之肴又當異於食法故用鴈爲加豆也牲牢之外別有此肴故謂之加也箋宜乎者謂閒暇無事宜與賓客燕與上宜肴別也○傳君子至安好○正義曰解其在御之意由無故不徹故飲則有之曲禮云大夫無故不徹懸士無故不徹琴瑟注云故謂災患喪病傳意出於彼文此古士兼有大夫當云不徹懸而唯言琴瑟者證經之琴瑟有樂懸者亦有琴瑟故也

知子之來之。雜佩以贈之。雜佩者珩璜琚瑀衡牙之類箋云贈送也我若知子之必來我則豫儲雜佩去則以送子也與異國賓客燕時雖無此物猶言之以致其厚意其若有之固將行之士大夫以君命出使主國之臣必以燕禮樂之助君之歡○珩音衡佩上玉也璜音黃半璧曰璜琚音居佩玉名瑀

音禹石次玉也衡昌容反牀如牙儲直居反使所吏反○

知子之順之。雜佩以問之。

問遺也○箋云順謂與已和順○遺尹季反

知子之好之。雜佩以報之。

箋云好謂與己同好○好呼報反注同○〔疏〕知子至報之○正義曰古者之賢士與異國賓客燕飲相親設辭以愧謝之我若知子之今日必來之我當豫儲雜佩去則以贈送之若知子之與我和順之當豫儲雜佩去則以問遺之若知子之與我和好之當豫儲雜佩去則以報荅之正爲不知予之來愧無此物親愛有德之甚言此以致厚意刺今不然○傳雜佩至之類○正義曰說文云珩佩上玉也璜半璧也琚佩玉名也瑀玖石次玉也玉藻云佩玉有衝牙注云居中央以前後觸也則衝牙亦玉爲之其狀如牙以衝突前後也玉藻說佩有黝珩列女傳稱阿谷之女佩璜而澣下云佩玉瓊琚丘中有麻云貽我佩玖則琚玖與瑀皆是石次玉玖是佩則瑀亦佩也故云雜佩珩璜琚瑀衝牙之類玉藻又云天子佩白玉諸侯佩山玄玉大夫佩水蒼玉世子佩瑜玉士佩瓀玟玉則佩玉之名未盡於此故言之類以包之天官玉府云共王之服玉佩玉珠玉注引詩傳曰佩玉上有葱珩下有雙璜衝牙蠙珠以納其間下傳亦云佩有琚玖所以納間謂納衆玉與珩上下之間○箋贈送至之歡○正義曰上章與賓客飲酒箋不言異國於此言異國者上章燕卽是此客俱辭不言來客非異國至此章言來送之與別故以異國稱之燕禮者諸侯燕聘問之賓與己之羣臣其禮同此朝廷之士與賓客燕樂同國異國其義亦同此篇所陳非古士獨說外來賓客但上章不言外來賓客有國内賓客此章非是異國耳又稱臣無境外之交所以得與異國賓客燕者士大夫以君命出使他國主國之臣必以燕禮樂之助主君之歡心故得與之燕也聘禮云公於賓一食再饗大夫於賓一饗一食不言燕者以燕非大禮故不言之食饗猶尚有之明當燕樂之矣○傳問遺○正義曰曲禮云凡以苞苴簞笥問人者哀二十六年左傳云衞侯使以弓問子貢皆遺人物謂之問故云問遺也問之者卽出己之意施遺前人報之者彼能好我報其恩惠贈之者以物與之送之與別其實一也所從言之異耳

女曰雞鳴三章章六句

有女同車。刺忽也。鄭人刺忽之不昏于齊。太子忽嘗有功于齊。齊侯請妻之。齊女賢而不取。卒以無大國之助。至於見逐。故國人刺之。

忽鄭莊公世子祭仲逐之而立突○太子音泰妻七計反以女適人曰妻取如字又促句反下注同〔疏〕有女同車二章章六句至刺之○正義曰作有女同車詩者刺忽也鄭人刺忽之不婚於齊對齊爲文故言鄭人旣摠敍經意又申說之此太子忽嘗有功於齊齊侯喜得其功請以女妻之此齊女賢而忽不娶由其不與齊爲婚卒以無大國之助至於見逐棄國出奔故國人刺之忽宜娶齊女與之同車而忽不娶故經二章皆假言鄭忽實娶齊女與之同車之事以刺之桓六年傳曰北戎侵齊齊侯使乞師於鄭鄭太子忽帥師救齊六月大敗戎師獲其二帥大良少良甲首三百以獻於齊是太子忽嘗有功於齊也傳又云公之未婚於齊也齊侯欲以文姜妻鄭太子忽太子忽辭人問其故太子曰人各有耦齊大非吾耦也詩云自求多福在我而已大國何爲君子曰善自爲謀及其敗戎師也齊侯又請妻之固辭人問其故太子曰無事於齊吾猶不敢今以君命奔齊之急而受室以歸是以師婚也人其謂我何遂辭諸鄭伯如左傳文齊侯前欲以文姜妻忽後復欲以他女妻忽再請之此言齊女賢而忽不娶不娶謂復請妻者非文姜也鄭志張逸問曰此序云齊女賢經云德音不忘文姜內淫適人殺夫幾亡魯國故齊有雄狐之刺魯有敝笱之賦何德音之有乎荅曰當時佳耳後乃有過或者早嫁不至於此作者據時而言故序達經意如鄭此荅則以爲此詩刺忽不娶文姜案此序言忽有功於齊齊侯請妻之則請妻在有功之後齊女賢而忽不娶其文又在其下明是在後妻者也安得以爲文姜乎又桓十一年左傳曰鄭昭公之敗北戎也齊人將妻之昭公辭祭仲曰必娶之君多內寵子無大援將不立弗從夏鄭莊公卒秋昭公出奔衞傳亦以出奔之年追說不婚於齊與詩刺其意同也張逸以文姜爲問鄭隨時荅之此箋不言文姜鄭志未爲定解也若然前欲以文姜妻之後欲以他女妻之他女必幼於文姜而經謂之孟姜者詩人以忽不娶言其身有賢行大國長女刺忽應娶不娶何必實賢實長也桑中刺奔相竊妻妾言孟姜孟庸孟弋責其大國長女爲此姦淫其行可恥惡耳何必三姓之女皆處長也此忽實不同車假言同車以刺之足明齊女未必實賢實長假言其賢長以美之不可執文以害意也此陳同車之禮欲忽娶爲正妻也案隱八年左傳云鄭公子忽如陳逆婦嬀則是已娶正妻矣齊侯所以得請妻之者春秋之世不必如禮或者陳嬀已死忽將改娶二者無文以明之此請妻之時在莊公之世不爲莊公詩者不娶齊女出自忽意及其在位無援國人乃追刺之序言嘗有功於齊明是忽爲君後追刺前事非莊公之時故不爲莊公詩也傳稱忽不娶文姜君子謂之善自爲謀則是善忽矣此詩刺之者傳言善自爲謀言其謀不及國故再發傳以言忽之無援非善之也○箋忽鄭至立突○正義曰經書鄭世子忽是爲莊公子也桓十一年左傳曰祭仲有寵於莊公爲公娶鄧曼生昭公故祭仲立之宋雍氏女於鄭莊公曰雍姞生厲公雍氏宗有寵於宋莊公故誘祭仲而執之曰不立突將死亦執厲公而求賂爲祭仲與宋人盟以厲公歸而立之九月丁亥昭公奔衞己亥厲公立是祭仲逐之而立突也○

有女同車。顏如舜華。

親迎同車也舜木槿也箋云鄭人刺忽不取齊女親迎與之同車故稱同車之禮齊女之美○同車讀與何彼襛矣詩同舜尸順反華讀亦與召南同下篇放此迎魚敬反下同槿音謹

將翶將翔。佩玉瓊琚。

佩有琚玖所以納閒

彼美孟姜。洵美且都。

孟姜齊之長女都閑也箋云洵信也言孟姜信美好且閑習婦禮○洵恤句反〔疏〕有女至且都○正義曰鄭人刺忽不娶齊女假言忽實娶之與之同車言有女與鄭忽同車此女之美其顏色如舜木之華然其將翶將翔之時所佩之玉是瓊琚之玉言其玉聲和諧行步中節也又歎美之言彼美好之孟姜信美好而又且閑習於婦禮如此之美而忽不娶使無大國之助故刺之○傳親迎至木槿○正義曰士昬禮云壻揖婦出門乃云壻御婦車授綏是親迎之禮與婦同車也釋草云椴木槿櫬木槿樊光曰別二名也其樹如李其華朝生暮落與草同氣故在草中陸機疏云舜一名木槿一名櫬一名曰椴齊魯之間謂之王蒸今朝生暮落者是也五月始華故月令仲夏木槿榮○傳都閑○正義曰都者美好閑習之言故爲閑也司馬相如上林賦云妖冶閑都亦以都爲閑也

有女同行。顏如舜英。

行行道也英猶華也箋云女始乘車壻御輪三周御者代壻○壻音細字書作壻○

將翶將翔。佩玉將將。

將將鳴玉而後行○將將七羊反玉佩聲

彼美孟姜。德音不忘。

箋云不忘者後世傳其道德也○傳直專反○〔疏〕箋女始至代壻○正義曰昏義文也御者代壻即先道而行故引之以證同道之義○傳將將鳴玉而後行○正義曰此解將將之意將動而玉已鳴故於將翶將翔之時已言佩玉鏘鏘也上章言玉名此章言玉聲互相足○

有女同車二章章六句

山有扶蘇。刺忽也。所美非美然。

言忽所美之人實非美人○蘇如字徐又音蘇〔疏〕山有扶蘇二章章四句至美然○正義曰毛以二章皆言用臣不得其宜鄭以上章言用之失所下章言養之失所箋傳意雖小異皆是所美非美人之事定本云所美非美然與俗本不同

山有扶蘇。隰有荷華。

興也扶蘇扶胥小木也荷華扶渠也其華菡萏言高下大小各得其宜也箋云興者扶胥之木生于山喻忽置不正之人于上位也荷華生于隰喻忽置有美德者于下位此言其用臣顛倒失其所也○胥音疏又相如反菡本作歛又作莟戶感反萏本又作欲又作萏度感反菡萏荷華也未開曰菡萏已發曰芙蕖傎本亦作顛都田反倒都老反

不見子都。乃見狂且。

子都世之美好者也狂狂人也且辭也箋云人之好美色不往覩子都乃反往覩狂醜之人以興忽好善不任用賢者反任用小人其意同○狂求匡反且子餘反注同好美色呼報反下同睹都杜反本亦作覩〔疏〕山有至狂且○毛以爲山上有扶蘇之木隰中有荷華之草木生於山草生於隰高下各得其宜以喻君子在上小人在下亦是其宜今忽置小人於上位置君子於下位是山隰之不如也忽之所愛皆是小人我適忽之朝上觀其君臣不見有美好之子閑習禮法者乃唯見狂醜之昭公耳言臣無賢者君又狂醜故以刺之鄭以高山喻上位下隰喻下位言山上有扶蘇之小木隰中有荷華之茂草小木之處高山茂草之生下隰喻忽置不正之人於上位置美德之人於下位言忽用臣顛倒失其所也忽之所以然者由不識善惡之故有人自言愛好美色不往見子都之美好閑習者乃往見狂醜之人喻忽之好善不任用賢者反任用小人所美非矣故刺之○傳扶蘇至其宜○正義曰毛以下章山有喬松是木則扶蘇是木可知而釋木無文傳言扶胥小木者毛當有以知之未詳其所出也荷扶蕖其華菡萏釋草文又云其實蓮其根藕其中的的中薏李巡曰皆分別蓮華實莖葉之名的蓮實薏中心苦者也扶胥山木宜生於高山荷華水草宜生於下隰言高下大小各得其宜反以喻不宜言忽使小人在上君子在下亦爲不宜也○箋興者至其所○正義曰箋以扶蘇是木之小者荷華是草之茂者今舉山有小木隰有茂草爲喻則以山喻上位隰喻下位小木喻小人茂草喻美德故易傳喻忽置不正之人於上位置美德於下位○傳子都至且辭○正義曰都謂美好而閑習於禮法故云子都世之美好者也狂者狂愚之人下傳以狡童爲昭公則此亦謂昭公也狡童皆以爲義嫌且亦爲義故云且辭○醜人之至意同正義曰箋以子都謂美麗閑習者也都是美好則狂是醜惡舉其見好醜爲言則是假外事爲喻非朝廷之上有好醜也故知此以人之好美色不往覩美乃往覩惡與忽之好善不任賢者反用小人其意與好色者同○

山有喬松。隰有游龍。

松木也龍紅草也箋云游龍猶放縱也喬松在山上喻忽無恩澤於大臣也紅草放縱枝葉於隰中喻忽聽恣小臣此又言養臣顛倒失其所也橋本亦作喬毛作橋

其驕反王云高也鄭作槁苦老反枯槁也

不見子充。乃見狡童。子充良人也狡童昭公也箋云人之好忠良之人不往覩子充乃反往覩狡童狡童有貌而無實○狡古卯反〔疏〕山有至狡童○毛以爲山上有喬高之松木隰中有放縱之龍草木生於山草生於隰高下得其宜以喻君子在上小人在下亦是其宜令忽置小人於上位置君子於下位是山隰之不如也忽之所愛皆是小人我適忽之朝上觀其君臣不見有美好之子充實忠良者乃唯見此壯狡童昏之昭公言臣無忠良君又昏愚故刺之鄭以爲山上有枯槁之松木隰中有放縱之龍草松木雖生高山而柯條枯槁龍草雖生於下隰而枝葉放縱喻忽之養臣君子在於上位則不加恩澤小人在於下位則祿賜豐厚言忽養臣顚倒失其所也忽之所以然者由不識善惡之故有人自言愛好忠良不往見子之充實之善人乃往見狡好之童穉有貌無實者以喻忽之好善不任用賢者反任用小人故刺之○傳松木至紅草○正義曰傳以喬松共文嫌爲一木故云松木以明喬非木也釋草云紅龍古其大者蘬舍人曰紅名龍古其大者名蘬是龍紅一草而列名故云龍紅草也陸機疏云一名馬蓼葉大而赤白色生水澤中高丈餘據上章之傳正取高下得宜爲喻不取喬游爲義○箋游龍至其所○正義曰此章直名龍耳而言游龍知謂枝葉放縱也箋以作者若取山木隰草爲喻則當指言松龍而巳不應言橋游也今松言槁而龍云游明取槁游爲義山上之木言枯槁隰中之草言放縱明槁松喻無恩於大臣游龍喻聽恣於小臣言養臣顚倒失其所也孫毓難鄭云箋言用臣顚倒置不正於上位上位大臣也置有美德於下位下位小臣也則其養之又無恩於所寵而聽恣於所薄乎以箋爲自相違戾斯不然矣忽之羣臣非二人而巳用臣則不正者在上有美德者在下養臣則薄於大臣厚於小臣此二者俱爲不可故二章各舉以刺忽○傳子充至昭公○正義曰充者實也言其性行充塞良善之人故爲良人下篇刺昭公而言彼狡童兮是斥昭公故以狡童爲昭公也○箋人之至無實○正義曰充是誠實故以忠良言之充爲性行誠實則知狡童是有貌無實者也狡童謂狡好之童非有指斥定名也下篇刺昭公之身此篇刺昭公之所美非美養臣失宜不以狡童爲昭公故易傳以爲人之好忠良不覩子充而覩狡童以喻昭公之好善不愛賢人而愛小人也孫毓云此狡狡好之狡謂有貌無實者也云刺昭公而謂狡童爲昭公於義雖通下篇言昭公有狂狡之志未可用也箋義爲長

山有扶蘇二章章四句

蘀兮。刺忽也。君弱臣强。不倡而和也。不倡而和君臣各失其禮不相倡和○蘀他洛反倡昌亮反本又作唱注下同和胡卧反注下同○

蘀兮蘀兮。風其吹女。興也蘀槁也人臣待君倡而後和箋云槁謂木葉也木葉槁待風乃落興者風喻號令也喻君有政教臣乃行之言此者刺今不然○槁苦老反○

叔兮伯兮。倡予和女。叔伯言羣臣長幼也君倡臣和也箋云叔伯羣臣相謂也羣臣無其君而行自以强弱相服女倡矣我則將和之言此者刺其自專也叔伯兄弟之稱○長張丈反稱尺證反〔疏〕蘀兮至和女○毛以爲落葉謂之蘀詩人謂此蘀兮蘀兮汝雖將墜於地必待風其吹女然後乃落以興謂此臣兮臣兮汝雖職當行政必待君言倡發然後乃和汝鄭之諸臣何故不待君倡而後和又以君意責羣臣汝等叔兮伯兮羣臣長幼之等倡者當是我君和者當汝臣汝何不待我君倡而和乎○鄭下二句與毛異具在箋○傳蘀槁至後和○正義曰七月云十月隕蘀傳云蘀落也然則落葉謂之蘀此云蘀槁者謂枯槁乃落故箋云槁謂木葉是也木葉雖槁待風吹而後落故以喻人臣待君倡而後和也○傳叔伯至臣和○正義曰士冠禮爲冠者作字云伯某甫仲叔季唯其所當則叔伯是長幼之異字故云叔伯言羣臣長幼也謂揔呼羣臣爲叔伯也言君倡臣和解經倡予和汝言倡者當是我君和者當是汝臣○箋叔伯至之稱○正義曰箋以叔伯長幼之稱予汝相對之語故以爲叔伯羣臣相謂也桓二年左傳稱宋督有無君之心言有君不以爲君雖有若無忽之諸臣亦然故云無其君而行自以强弱相服故弱者謂强者汝倡矣我則和之刺其專恣而不和君也箋又自明已意以叔伯兄弟相謂之稱則知此經爲羣臣相謂之辭故易傳也

蘀兮蘀兮。風其漂女。漂猶吹也○漂匹遙反本亦作飄

叔兮伯兮。倡予要女。要成也○要於遙反注同

蘀兮二章章四句

狡童。刺忽也。不能與賢人圖事。權臣擅命也。權臣擅命祭仲專也○擅善戰反〔疏〕狡童二章章四句○箋權臣至仲專○正義曰權者稱也所以銓量輕重大臣專國之政輕重由之是之謂權臣也擅命謂專擅國之教命有所號令自以己意行之不復諮白於君鄭忽之臣有如此者唯祭仲耳桓十一年左傳稱祭仲爲公娶鄧曼生昭公故祭仲立之是忽之前立祭仲專政也其年宋人誘祭仲而執之使立突祭仲逐忽立突又專突之政故十五年傳稱祭仲專鄭伯患之使其壻雍糾殺之祭仲殺雍糾厲公奔蔡祭仲又迎昭公而復立是忽之復立祭仲又專此當是忽復立時事也○

彼狡童兮。不與我言兮。昭公有壯狡之志箋云不與我言者賢者欲與忽圖國之政事而忽不能受之故云然○

維子之故。使我不能餐兮。憂懼不遑餐也○餐七丹反遑音皇暇也〔疏〕彼狡至餐兮○正義曰賢人欲與忽圖事而忽不能受忽雖年長而有壯狡之志童心未改故謂之爲狡童言彼狡好之幼童兮不與我賢人言說國事兮維子昭公不與我言之故至令權臣擅命國將危亡使我憂之不能餐食兮憂懼不暇餐言已憂之甚也○傳昭公至之志○正義曰解呼昭公爲狡童之意以昭公雖則年長而有幼壯狡好作童子之時之志故謂之狡童襄三十一年左傳稱魯昭公年十九矣猶有童心亦此類也○

彼狡童兮。不與我食兮。不與賢人共食祿○

維子之故。使我不能息兮。憂不能息也

狡童二章章四句

褰裳。思見正也。狂童恣行。國人思大國之正己也。狂童恣行謂突與忽爭國更出更入而無大國正之○褰起連反本或作騫非說文云褰袴也恣資利反行下孟反注下同更音庚〔疏〕褰裳二章章五句至正己○正義曰作褰裳詩者言思見正也所以思見正者見者自彼加己之辭以國內有狂悖幼童之人恣極惡行身是庶子而與正適爭國禍亂不已無可奈何是故鄭國之人思得大國之正己欲大國以兵征鄭正其爭者之是非欲令去突而定忽也經二章皆上四句思大國正已下句言狂童恣行序以由狂童恣行故思大國正已經先述思大國之言乃陳所思之意故復言狂童之狂所以經序倒也○箋狂童至正之○正義曰忽是莊公世子於禮宜立非詩人所當疾故知狂童恣行謂突也忽以桓十一年繼世而立其年九月經書突歸於鄭鄭忽出奔衛是突入而忽出也桓十五年經書鄭伯突出奔蔡鄭世子忽復歸於鄭是忽入而突出也故云與忽更出更入於時諸侯信其爭競而無大國之正者故思之也此箋言更出更入而無大國正之則是忽復立之時思大國也忽之復立突已出奔仍思大國正己者突以桓十五年奔蔡其年九月鄭伯突入於櫟櫟是鄭之大都突入據之與忽爭國忽以微弱不能誅逐去突諸侯又無助忽者故國人思大國之正已也

子惠思我。褰裳涉溱。惠愛也溱水名也箋云子者斥大國之正卿子若愛而思我我國有突篡國之事而可征而正之我則揭衣渡溱水往告難也○溱側巾反篡初患反揭欺例反又起列反難乃旦反○

子不我思。豈無他人。箋云言他人者先鄉齊晉宋衛後之荊楚○鄉香亮反本亦作向○

狂童之狂也且。狂行童昏所化也箋云狂童之人日爲狂行故使我言此也○且子餘反下同〔疏〕子惠至也且○正義曰鄭人以突篡國無若之何思得大國正之乃設言以語大國正卿曰子大國之卿若愛而思我知我國有突篡國之事有心欲征而正之我則褰衣裳涉溱水往告難於子矣若子大國之卿不於我鄭國有所思念我豈無他國疏遠之人可告此乎又言所以告急之意我國有狂悖幼童之人日日益爲此狂行也是爲狂不止故所思大國正之○傳惠愛至水名○正義曰惠愛釋詁文溱洧鄭國之水自鄭而適他國當涉之也○箋子者至告難○正義曰序言思大國之正己則意欲告者將告大國之正卿謂卿之長者執一國之政出師征伐事必由之故知子者斥大國之正卿也宛丘云子之湯兮山有樞云子有衣裳子皆斥君可知此子不斥大國之君者鄰國之君爵位尊事鄭人所告不宜徑告於君國之政教正卿所主且云子惠思我平等相告之辭故知子者必是大國正卿又下云子不我思豈無他人則他人與此子者正可有親疏之異而尊卑同也謂他國者爲人爲士非斥國君則知子者亦非國君矣他人他士是他國之卿明知子者亦大國之卿也若然論語及左傳說陳恆弒其君孔子告於哀公請討之公曰告夫三子孔子曰以吾從大夫之後不敢不告公曰告夫三子彼述孔子之意以爲君使之告臣非禮也此所以不告其君而告臣者彼孔子是國內之人勸君行義不可則止哀公不能自專其事反令孔子[illegible]臣故孔子以爲不可此則鄭國之人欲告他國不敢徑告其君故當告其大臣使之致達於君與彼不同溱洧大水未必褰裳可渡示以告難之疾意耳○箋言他至荊楚○正義曰言子不我思乃告他人是先告近鄭後告遠國齊晉宋是諸夏大國與鄭境接連楚則遠在荊州是南東大國故箋舉以爲言見子與他人之異有其實大國非獨齊晉他人非獨荊楚也定本云先嚮齊晉宋衛後之荊楚也義亦通若然案春秋突以桓十五年入于鄭之櫟邑其年冬經書公會宋公衛侯陳侯于褰伐鄭十六年四月公會宋公衛侯陳侯蔡侯伐鄭左傳稱謀納厲公也則是其諸侯皆助突矣而云告齊晉宋衛者此述鄭人告難之意耳非言諸侯皆助忽故言子不我思豈無他人是爲諸國不思正已故有遠告他人之志若當時大國皆不助突自然征而正之鄭人無所可思由宋衛蔡魯助突爲篡故思大國正已耳○傳狂行

童昏所化。正義曰：此狂童斥突也。狂童謂狂頑之童稚。狂童之狂也且，言其日益爲狂，故傳解其益狂之意。言突以狂行童昏，其所風化於人，人又從之，徒衆漸多，所以益爲狂行，作亂不已，故鄭人思欲告急也。狂行謂篡其國，是疏狂之行。童昏謂年在幼童，昏闇無知。鄭突時年實長，以其志似童幼，故以童名之。

子惠思我，褰裳涉洧。洧，水名也。洧，于軌反。子不我思，豈無他士。士，事也。箋云：他士猶他人也。大國之卿當天子之上士。狂童之狂也且。〔疏〕箋他士至上士。正義曰：傳言士，事也，以其堪任於事謂之爲士，故箋之云他士猶他人，正謂遠國之卿也。所以謂爲士者，大國之卿當天子之上士，故呼卿爲士也。春官典命云：王之三公八命，其卿六命，其大夫四命。以大夫既四命，則上士當三命也。故注云：王之上士三命，中士再命，下士一命。又云：公之孤四命，其卿三命，侯伯之卿亦如之。是大國之卿亦三命，當天子之上士也。曲禮曰：列國之大夫入天子之國曰某士。襄二十六年左傳曰：晉韓宣子聘于周，王使請事，對曰：晉士起將歸時事於宰旅。是由命與王之士同，故稱士也。

褰裳二章，章五句。

毛詩注疏挍勘記（四之三）　阮元撰　盧宣旬摘錄

附釋音毛詩注疏卷第四 〔補〕下行當題毛詩國風鄭氏箋孔穎達疏，此卷誤脫。

○羔裘

如濡潤澤也 小字本、相臺本同。案此正義本也。正義云：定本濡潤澤也，無如字。釋文以如濡作音，亦有如字。此傳潤澤，正謂裘之潤澤，所以得如濡，非訓濡爲潤澤也。正義所說是矣，定本失之也。皇皇者華箋云如濡鮮澤也，亦其證。○按裘不得云潤，乃如潤耳。潤澤正是濡訓，定本是也。

○遵大路

亦謂朝夕賢臣 〔補〕夕當作多。

不寁故也 唐石經、小字本、相臺本同。案釋文云：故也，一本作故今，後好也亦爾。考正義云：我乃以莊公不速於先君之道故也。標起止云：遵大至故也。是正義本作也。

寁市坎反 〔補〕案釋文挍勘，市當作帀。

說文摻字山音反聲 閩本、明監本、毛本字下有參字。案所補是也。山音反三字當雙行細書，即爲參字作音也。閩本、明監本、毛本山誤此。

操字桑此遙反聲 閩本、明監本、毛本同。案此遙反三字當雙行細書，即爲桑字作音也。此桑聲與上參聲皆二字連文。

○女曰雞鳴

陳古意以刺今 唐石經、小字本、相臺本同。案正義云：陳古之賢士好德不好色之義。又云：定本云古義，無士字。是正義本有士字也。

箋德謂至德也 閩本、明監本、毛本也作者。案所改是也。

璜圭璧也 〔補〕說文圭作半。案半字是也。

佩玉有衡牙 〔補〕禮記衡作衝。

諸侯佩山元玉 明監本、毛本同。閩本諸作公。案此公字用禮記文改也。

此章非是異國耳 閩本、明監本、毛本非作必。案所改非也。非當作自。

○有女同車

而忽不娶 閩本、明監本、毛本同。案序作取，正義作娶。取、娶古今字，易而說之也，例見前。考文古本序作娶，誤采此。爲忽字亦誤采此也。下箋鄭人刺忽不取齊女，小字本、相臺本、十行本皆不誤，閩本以下亦誤爲娶。餘同此。

曰雍始是也 閩本、明監本、毛本同。案浦鏜云：姞誤始。考左傳云……
曰雍始是也 閩本、明監本、毛本同。案浦鏜云：姑誤始。考左傳。

佩有琚瑀所以納閒 小字本、相臺本同。案女曰雞鳴正義引此傳瑀作玖，見上考。女曰雞鳴傳云雜佩珩璜琚瑀衝牙之類，正義說之，於字皆引說文，而證其爲佩，則衡牙及珩引玉藻，璜引列女傳，琚引此經。唯瑀獨無所證，故先引說文瑀玖石次玉，後引丘中有麻云貽我佩玖，而云然則琚與瑀皆是石次玉，玖是佩，則琚亦佩也。若此傳作瑀，則傳自有明證，不當舍之而借玖爲譬況矣。作玖者是也。

字書作埴 〔補〕釋文挍勘埴作墤，墤是壞之別體。小字本作埴，乃字有壞而改之。

後世傳其道德也 小字本、相臺本其道作道其，考文古本同。案道字在其上者是也。釋文以傳道作音可證。閩本、明監本、毛本亦誤在下，又脫也字。

此解鏘鏘之意 閩本、明監本、毛本同。案傳及經皆作將將，正義作鏘鏘，易古字爲今字而說之也，例見前庭燎。正義作將將，當是不知者依經注改之耳。

○山有扶蘇

所美非美然 唐石經、小字本、相臺本同。案正義云：皆是所美非美人之事。定本所美非美然，與俗本不同。是正義然字當是人字。標起止云：至美然。後改也。

扶蘇扶胥小木也 小字本、相臺本同。案釋文山有扶蘇下云：扶蘇，扶胥木也。今考正義本亦然，無小字也。正義云：毛以爲山上有扶蘇之木。又云：毛以下章云山有喬松，是木，則扶蘇是木可知。又云：扶胥，山木，宜生於高山。皆不言小木。至說鄭乃始云小木，又云箋以扶蘇是木之小者，較然有別可證。唯云傳言扶胥小木者，毛當有以知之，有一小字，乃後人用經注本之有小字者誤添之耳。段玉裁云：毛云高下大小各得其宜，高下謂山隰，大謂扶蘇松，小謂荷龍，正言以刺忽，與鄭異。鄭乃互易其大小耳。呂覽及漢書司馬相如、劉向、揚雄傳，枚乘七發，許氏說文皆謂扶疏爲大木。許氏扶作枎。古疏、胥、蘇通用。

荷華扶渠也其華菡萏 小字本、相臺本同。案荷下華字衍也。傳分說經荷華二字，用爾雅文，不應華字又錯見荷字解中。正義云：荷，扶渠，其華菡萏。標草文正無荷下華字，是其本不誤。○按非誤衍也，說見鄭風清人。

菡本又作欲又作萏 〔補〕釋文挍勘云：盧本欲作歆，下萏字作萏，云：歆舊作欲，據澤陂音義改；萏舊作萏，據爾雅音義改。案所改是也。集韻四十八感載藺萏窞歆四形可證。

所美非矣 閩本、明監本、毛本矣作美。案所改是也。下文云此篇刺昭公之所美非美，養臣失宜，是其證。

扶蕖其其華菡萏 〔補〕衍一其字。

醜人之至意同 〔補〕毛本醜作箋。案箋字是也。

山有喬松 唐石經、小字本、相臺本喬作橋，閩本、明監本、毛本亦同。案橋字是也。釋文橋本亦作喬，毛作橋，其驕反，王云高也；鄭作槁，苦老反，枯槁也。考正義本是橋字。此經毛作橋，以爲喬之假借；鄭亦作橋，與毛同，但以爲槁之假借，是其異耳。釋文云毛作某、鄭作某，所謂某者，指傳箋之義，不以指經字之形，毛鄭不容有異也。箋云橋松在山上，以爲假借，不云讀爲，直於訓釋中改其字也，箋例每如此。其釋文本亦作喬者，乃依毛義改爲正字耳，非毛鄭詩舊文也。考文古本作喬，采釋文亦作本。

傳以喬松共文 閩本、明監本、毛本喬作橋，下以明喬非木也，不取喬游爲義同。案喬字是也。凡正義說傳者例用喬，十行本皆未誤，此用毛義易字，非正義本經作喬也。

此章直名龍耳 閩本、明監本、毛本同。案浦鏜云：草誤章。是也。

不應言橋游也今松言槁 閩本、明監本同，毛本槁作橋，下明槁松喻無恩於大臣，明監本、毛本皆作橋。案槁字是也。凡正義說箋者例用槁，十行本多未誤，唯不應言槁游也一字誤作橋耳。

下篇言昭公有狂狡之志 閩本、明監本、毛本同。案狂當作壯，形近之譌。

○蘀兮

和者當汝臣也 閩本、明監本、毛本當下有是字。案所補是。

○褰裳

復思於鄭 〔補〕思當作歸。

先鄉齊晉宋衛後之荊楚 小字本、相臺本同。案此定本也。正義云：齊晉本是諸夏大國，與鄭境接連；楚則遠在荊州，是南夷大國。下文云：其實大國非獨齊晉，他人非獨荊楚也。定本云先鄉齊晉宋衛後之荊楚也，義亦通。是正義本當無宋衛二字。今正義作齊晉宋衛諸夏大國者，誤。下文又云而云告齊晉宋衛者，此承定本之下，因引春秋經有宋公衛侯，遂并說義亦通耳，與上文不同。

可知此子不斥大國之君 閩本、明監本、毛本同。案浦鏜云：可當何字誤。是也。

齊晉宋是諸夏大國 閩本、明監本、毛本是作衛。案此非也。宋當作本，詳見上。

見子與他人之異有 〔補〕毛本有作耳。

附釋音毛詩注疏卷第四（四之四）

毛詩國風　鄭氏箋　孔穎達疏

丰。刺亂也。婚姻之道缺。陽倡而陰不和。男行而女不隨。婚姻之道謂嫁取之禮○丰芳凶反面貌豐滿也方言作妦缺丘悅反倡昌亮反和胡卧反○〔疏〕丰四章二章章三句二章章四句至不隨○正義曰陽倡陰和男行女隨一事耳以夫婦之道是陰陽之義故相配言之經陳女悔之辭上二章悔已前不送男下二章欲其更來迎已皆是男行女不隨之事也○箋婚姻至之禮○正義曰男以昏時迎女女因男而來嫁謂女適夫家娶謂男往娶女論其男女之身謂之嫁娶指其好合之際謂之婚姻嫁娶婚姻其事是一故云婚姻之道謂嫁娶之禮也若指男女之身則男以昏時取婦婦因男而來婚姻之名本生於此若以婦黨壻黨相對爲稱則釋親所云壻之父爲姻婦之父爲婚婦之黨爲婚兄弟壻之黨爲姻兄弟是婦黨稱婚壻黨稱姻也對文則有異散則可以通我行其野箋云新特謂外婚謂婦爲婚也隱元年左傳說葬之月數云士踰月外姻至非獨謂壻家也○

子之丰兮。俟我乎巷兮。丰豐滿也巷門外也箋云子謂親迎者我我將嫁者有親迎我者面貌丰丰然豐滿善人也出門而待我於巷中○迎魚敬反下親迎同

悔予不送兮。時有違而不至者箋云悔乎我不送是子而去也時不送則爲異人之色後不得耦而思之○爲于僞反〔疏〕子之至送兮○正義曰鄭國衰亂婚姻禮廢有男親迎而女不從後乃追悔此陳其辭也言往日有男子之顏色丰然豐滿是善人兮來迎我出門而待我於巷中兮予當時別爲他人不肯共去今日悔恨我本不送是子兮所爲留者亦不得爲耦由此故悔也○傳丰豐至門外○正義曰丰者面色丰然故爲豐滿也叔于田傳云巷里塗此言門外者以迎婦自門而出故繫門言之其實巷是門外之道與里塗一也○

子之昌兮。俟我乎堂兮。昌盛壯貌箋云堂當爲棖棖門梱上木近邊者○堂如字門堂也鄭改作棖直庚反梱本作閫苦本反近附近之近○

悔予不將兮。將行也箋云將亦送也○〔疏〕子之至將兮○毛以爲女悔前事言有男子之容貌昌然盛壯兮來就迎我待我於堂上兮我別爲他人不肯共去今日悔我本不共是子行去兮○鄭以堂爲棖將爲送爲異餘同○傳昌盛壯貌○正義曰此傳不解堂之義王肅云升于堂以俟孫毓云礼門側之堂謂之塾謂出俟於塾前詩人陳此句故言堂耳毛無易字之理必知其不與鄭同案此篇所陳庶人之事人君之礼尊故於門設塾庶人不必有塾不得待之於門堂也著云俟我於著文與著庭爲類是待之堂室非門之堂也士昏禮主人揖賓入于廟主人升堂西面賓升堂北面奠鴈再拜稽首降出婦從降自西階是則士礼受女於廟堂庶人雖無廟亦當受女於寢堂故以王爲毛說○箋堂當至邊者○正義曰箋以著篇言堂文在著庭之下可得爲廟之堂此篇上言於巷此言於堂巷之與堂相去懸遠非爲文次故轉堂爲棖棖是門梱上豎木近門之兩邊者也釋宮云柣謂之閾棖謂之楔孫炎曰柣門限也李巡曰棖謂梱上兩傍木上言待於門外此言待之於門事之次故易爲棖也

衣錦褧衣。裳錦褧裳。衣錦褧裳嫁者之服箋云褧禪也蓋以禪縠爲之中衣裳用錦而上加禪縠焉爲其文之大著也庶人之妻嫁服也士妻紂衣纁袡○衣錦如字或一音於記反下章放此褧衣苦迥反下如字禪音丹縠戶木反爲其于僞反大音泰舊勅賀反紂側基反本或作純又作緇並同纁許云反袡如鹽反○

叔兮伯兮。駕予與行。叔伯迎己者箋云言此者以前之悔今則叔也伯也來迎己者從之志又易也○易以豉反〔疏〕衣錦至與行○正義曰此女失其配耦悔前不行自說衣服之備望夫更來迎已言已衣則用錦爲之其上復有禪衣矣裳亦用錦爲之其上復有禪裳矣言已衣裳備足可以行嫁乃呼彼迎者之字云叔兮伯兮若後駕車而來我則與之行矣悔前不送故求則從之○傳衣錦至之服○正義曰知者以此詩是婦人追悔之辭從男陳行嫁之事云已有此服故知是嫁者之服也而得服之不殊裳而經衣裳異文者以其衣裳別名詩須韻句故別言之耳其實婦人之服衣裳連俱用錦皆有褧下章倒其文故傳衣錦褧裳互言之○箋褧禪至纁袡○正義曰玉藻云禪爲絅絅與褧音義同是褧爲禪衣裳所用書傳無文而婦人之服尚輕細且欲露錦文必不用厚繒矣故云蓋以禪縠爲之禪衣在外而錦衣在中故言中衣裳用錦而上加禪縠焉爲中庸引此詩乃云爲其文之大著也故箋依用之傳直言嫁者之服故又申之云庶人之妻嫁服若士妻則紂衣纁袡士昏礼云女次紂衣纁袡立於房中南面注云次首飾也紂衣絲衣女從者畢袗玄則此亦玄矣袡亦緣也袡之言任也以纁緣其衣象陰氣上任也凡婦人之服不常施袡之衣盛昏禮爲此服耳是士妻嫁時服紂衣纁袡也○傳叔伯迎己者○正義曰欲其駕車而來故斥迎已者也迎已者一人而已叔伯並言之者此作者設爲女悔之辭非知此女之夫實字叔伯託而言之耳箋言志又易者以不得配耦志又變易於前故叔伯來則從之也○

裳錦褧裳。衣錦褧衣。叔兮伯兮。駕予與歸。

丰四章二章章三句二章章四句

東門之墠。刺亂也。男女有不待禮而相奔者也。○墠音善依字當作墠此序舊無注而崔集注本有鄭注云時亂故不得待禮而行〔疏〕東門之墠二章章四句至奔者也○正義曰經二章皆女奔男之事也上篇以禮親迎女尚違而不至此復得有不待禮而相奔者私自姦通則越禮相就志留他色則依禮不行二者俱是淫風故各曰爲刺也

東門之墠。茹藘在阪。東門城東門也墠除地町町者茹藘茅蒐也男女之際近而易則如東門之墠遠而難則茹藘在阪箋云城東門之外有墠墠邊有阪茅蒐生焉茅蒐之爲難淺矣易越而出此女欲奔男之辭○茹音如後篇同藘力於反茹藘茅蒐蒨草也後篇阪音反又符板反町吐鼎反又徒冷反茅貌交反○

其室則邇。其人甚遠。邇近也得禮則近不得禮則遠箋云其室則近謂所欲奔男之家望其來迎己而不來則爲遠〔疏〕東門至甚遠○毛以爲東門之壇除地町町其踐履則易茹藘在阪則爲礙阻其登陟則難言之行者踐東門之壇則易登茹藘在阪則難越以興爲婚姻者得禮則易不得禮則難婚姻之際非禮不可若得禮其室則近人得相從易可爲婚姻若不得禮則室雖相近其人甚遠不可爲婚矣是男女之交不可無禮今鄭國之女有不待禮而奔男者故舉之以刺當時之淫亂也○鄭以爲女欲奔男之辭東門之外有壇壇之邊有阪茹藘之草生於阪上女言東門之外有壇茹藘在於阪上其爲禁難淺矣言其易越而出興己是未嫁之女父兄之禁難亦淺矣言其易可以奔男止自男不來迎己耳又言己所欲奔之男其室去此則近爲不來迎己雖近難見其人甚遠不可得從也欲使此男迎己己則從之是不待禮而相奔故刺之○傳東門至在阪○正義曰出其東門有女如雲是國門之外見女也東門之池可以漚麻是國門之外有池也則知諸言東門皆爲城門故云東門城東門也襄二十八年左傳云子產相鄭伯以如楚舍不爲壇外僕言曰昔先大夫相先君適四國未嘗不爲壇今子草舍無乃不可乎上言舍不爲壇下言今子草舍明知壇者除地去草矣故云壇除地町町者也偏檢諸本字皆作壇左傳亦作壇其禮記尚書言壇墠者皆封土者謂之壇除地者謂之墠壇墠字異而作此壇字讀音曰墠蓋古字得通用也今定本作墠茹藘茅蒐釋草文李巡曰茅蒐一名茜可以染絳陸機疏云一名地血齊人謂之茜徐州人謂之牛蔓然則今之蒨草是也男女之際者謂婚姻之禮是男女交際之事禮記大傳云異姓主名治際會亦謂婚禮交際之會也以壇阪者各自爲喻壇是平地又除治阪是高阜又草生焉人欲踐之則有難易以喻婚姻之道有禮無禮之難易故云男女之際近而易則如東門之壇遠而難則如茹藘在阪也阪云遠而難則壇當云近而易不言而易可知而省文也壇阪可以喻難耳無遠近之象而云近遠者以壇繫東門言之則在東門外阪不言所在則遠於東門矣且下句言則邇甚遠故傳顧下經以遠近解之下傳云得禮則近不得禮則遠還與此傳文相成爲始終之說○箋城東至之辭○正義曰箋以下章栗與有踐家室連文以此章壇與茹藘在阪連文則是同在一處不宜分之爲二故易傳以爲壇邊有阪栗在室內得作一興共爲女辭阪是難登之物茅蒐延蔓之草生於阪上行者之所以小難但爲難淺矣易越而出以自喻已家禁難亦淺矣易以奔男是女欲奔男令迎己之辭也若然阪有茹藘可爲小難壇乃除地非爲阻難而亦言之者物以高下相形欲見阪之難登故先言壇之易踐以形見阪爲難耳不取易爲義也○傳邇近至則遠○正義曰邇近釋詁文室與人相對則室謂宅人居室內而云近人遠此刺女不待禮故知以爲近室

東門之栗。有踐家室。栗行上栗也踐淺也箋云栗而在淺家室之內言易竊取栗人所啗食而甘者故女以自喻也○行上並如字行道也左傳云斬行栗啗徒覽反本又作噉亦作啖並同者常志反

豈不爾思。子不我即。即就也箋云我豈不思望女乎女不就迎我而俱去耳○〔疏〕東門至我即○毛以爲東門之外有栗樹生於路上無人守護其欲取之則爲易有物在淺室家之內雖在淺室有主守之其欲取之則難以與爲婚者得禮則易不得禮則難婚姻之際不可無禮故貞女謂男子云我豈不於汝思爲室家乎但子不以禮就我我無由從子貞女之行非禮不動今鄭國之女何以不待禮而奔乎故刺之○鄭以爲女乎男迎己之辭言東門之外栗樹有淺陋家室之內生之栗在淺家易可竊取喻已在父母之家亦易竊取正以栗爲興者栗有美味人所啗食而甘之言己有美色亦男所親愛而悅之故女以自喻女又謂男曰我豈可不於汝思望之乎誠思汝矣但子不於我來就迎之故我無由得往耳女當待禮從男今欲男就迎即去故刺之○傳栗行至踐淺○正義曰傳以栗在東門之外不處園圃之間則是表道樹也故云栗行上栗行謂道也襄九年左傳云趙武魏絳斬行栗杜預云行栗表道樹踐淺釋言文此經傳無明解準上章亦宜以難易爲喻故同上爲說也○

東門之墠二章章四句

風雨。思君子也。亂世則思君子。不改其度焉。○風雨淒淒。雞鳴喈喈。興也風且雨淒淒然雞猶守時而鳴喈喈然箋云興者喻君子雖居亂世不變改其節度○淒七西反喈音皆既見君子。云胡不夷。胡何夷說也箋云思而見之云何而心不說○說音悅下同○〔疏〕風雨至不夷○正義曰言風雨且雨寒涼淒淒然雞以守時而鳴音聲喈喈然此雞雖逢風雨不變其鳴喻君子雖居亂世不改其節今日時世無復有此人若既得見此不改其度之君子云何而得不悅言其必大悅也○傳風且至喈喈然○正義曰四月云秋日淒淒寒涼之意言雨氣寒也二章瀟瀟謂雨下急疾瀟瀟然與淒淒意異故下傳云瀟瀟暴疾喈喈膠膠則俱是鳴辭故云猶喈喈也○傳胡何夷說○正義曰胡之爲何書傳通訓夷悅釋言文定本無胡何二字風雨瀟瀟。雞鳴膠膠。瀟瀟暴疾也膠膠猶喈喈也○瀟音蕭膠音交既見君子。云胡不瘳。瘳愈也○瘳勑留反風雨如晦。雞鳴不已。晦昏也箋云已止也雞不爲如晦而止不鳴○不爲于僞反○既見君子。云胡不喜。

風雨三章章四句

子衿。刺學校廢也。亂世則學校不脩焉。鄭國謂學爲校言可以校正道藝○衿音金本亦作襟徐音琴世亂本或以世字在下者誤校力孝反注及下注同注傳云鄭人遊於鄉校是也公孫弘云夏曰校沈音教○〔疏〕子衿三章章四句至不脩焉○正義曰鄭國衰亂不脩學校學者分散或去或留故陳其留者恨責去者之辭以刺學校之廢也經三章皆陳留者責去者之辭也定本云刺學廢也無校字○箋鄭國至道藝○正義曰襄三十一年左傳云鄭人游於鄉校然明謂子產毀鄉校是鄭國謂學爲校校是學之別名故序連言之又稱其名校之意言於其中可以校正道藝故曰校也此序非鄭人言之箋見左傳有鄭人稱校之言故引以爲證耳非謂鄭國獨稱校也漢書公孫弘奏云三代之道鄉里有敎夏曰校殷曰庠周曰序是古亦名學爲校也禮人君立大學小學言學校廢者謂鄭國之人廢於學問耳非謂廢毀學宮也○青青子衿。悠悠我心。青衿青領也學子之所服箋云學子而俱在學校之中己留彼去故隨而思之耳禮父母在衣純以青○青如字學子以青爲衣領緣衿也或作菁音非純章允反又之閏反縱我不往。子寧不嗣音。嗣習也古者敎以詩樂誦之歌之絃之舞之箋云嗣續也女曾不傳聲問我以恩責其忘己○嗣如字韓詩作詒詒寄也曾不寄問也傳聲直專反〔疏〕青青至嗣音○毛以爲鄭國學校不脩學人散去其留者思之言青青之色者是彼學子之衣衿也此青衿之子棄學而去悠悠乎我心思而不見又從而責之縱使我不往彼見子子寧得不來學習音樂乎責其廢業去學也○鄭唯下句爲異言汝何曾不嗣續音聲傳問於我責其遺忘己也○傳青衿青領○正義曰釋器云衣皆謂之襟李巡曰衣皆衣領之襟孫炎曰襟交領也衿與襟音義同衿是領之別名故云青衿青領也衿領一物色雖一青而重言青青者古人之後言也下言青青子佩正謂青組綬耳都人士狐裘黃黃謂裘色黃耳非有二事而重文也箋云父母在衣純以青是由所思之人父母在故言青衿若無父母則素衿深衣云具父母衣純以青孤子衣純以素是無父母者用素○傳嗣習至舞之○正義曰所以責其不習者古者敎學子以詩樂誦之謂背文闇誦之歌之謂引聲長詠之絃之謂以琴瑟播之舞之謂以手足舞之學樂學詩皆是音聲之事故責其不來習音王制云樂正崇四術立四教春秋敎以禮樂冬夏敎以詩書文王世子云春誦夏絃太師詔之注云誦謂歌樂也絃謂以絲播詩是學詩學樂皆絃誦歌舞之○箋嗣續至忘己○正義曰箋以下章云子寧不來責其不來見己不言來者有所學則此云不嗣音不宜爲習樂故易傳言留者責去者子曾不傳續音聲存問我以恩責其忘己言與彼有恩故責其斷絕○青青子佩。悠悠我思。佩佩玉也士佩瓀珉而青組綬○碝本又作瓀如兗反珉亡巾反組音祖綬音受○縱我不往。子寧不來。不來者言不一來也〔疏〕○傳佩佩玉至組綬正義曰玉藻云古之君子必佩玉君子於玉比德焉故知子佩爲佩玉也禮不佩青玉而云青青子佩者佩玉以組綬帶之士佩瓀珉而青組綬故云青青謂組綬也案玉藻士佩瓀玟而縕組綬此云青組綬者蓋毛讀禮記作青字其本與鄭異也學子非士而傳以士言之以學子得依士禮故也○傳不來者言不一來○正義曰準上傳則毛意以爲責其不一來習業鄭雖無箋當謂不來見己耳挑兮達兮。在城闕兮。挑達往來相見貌乘城而見闕箋云國亂人廢學業但好登高見於城闕以候望爲樂○挑他羔反又勑彫反說文作岦達他末反說文云達不相遇也好呼報反樂音洛一日不見。如三月兮。言禮樂不可一日而廢箋云君子之學以文會友以友輔仁獨學而無友則孤陋而寡聞故思之甚〔疏〕挑兮至月兮○毛以爲學人廢業候望爲樂故留者責之云汝何故棄學而去挑兮達兮乍往乍來在於城之闕兮禮樂之道不學則廢一日不見此禮樂則如三月不見兮何爲廢學而遊觀○鄭以下二句爲異言一日不與汝相見如三月不見兮言己思之甚也○傳挑達至見闕○正義曰城闕雖非居止之處明其乍往乍來故知挑達爲往來貌釋宮云觀謂之闕孫炎曰宮門雙闕舊章懸焉使民觀之因謂之觀如爾雅之文則闕是人君宮門非城之所有且宮門觀闕不宜乘之候望此言在城闕兮謂城之上別有高闕非宮闕也乘城見於闕者乘猶登也故箋申之登高見於城闕以候望爲樂○箋君子至之甚○正義曰君子以文會友以友輔仁論語文獨學而無友則孤陋而寡聞學記文由其須友以如此故思之甚

子衿三章章四句

揚之水。閔無臣也。君子閔忽之無忠臣良士。終以死亡。而作是詩也。〔疏〕揚之水二章章六句至是詩○正義曰經二章皆閔忽無臣之辭忠臣良士一也言其事君則爲忠臣指其德行則爲良士所從言之異耳終以死亡謂忽爲其臣高渠彌所弒也作詩之時忽實未死序以由無忠臣意以此死故閔之有女同車序云卒以無大國之助至於見逐意亦與此同○揚之水。不流束楚。揚激揚也激揚之水可謂不能流漂束楚乎箋云激揚之水喻忽政教亂促不流束楚言其政不行於臣下○漂匹妙反終鮮兄弟。維予與女。箋云鮮寡也忽兄弟爭國親戚相疑後竟寡於兄弟之恩獨我與女有耳作此詩者同姓臣也○鮮息淺反注下同無信人之言。人實迋女。迋誑也○迋求往反○徐又居望反誑九況反○〔疏〕揚之水至迋女○毛以爲激揚之水可謂不能流漂一束之楚乎言能流漂之以興忠臣良士豈不能誅除逆亂之臣乎言能誅除之今忽既不能誅除逆亂又復兄弟爭國親戚相疑終竟寡於兄弟之恩唯我與汝二人而已忽既無賢臣多被欺誑故又誡之汝無信他人之言彼他人之言實欺誑於汝臣皆誑之將至亡滅故閔之鄭唯上二句別義具箋○箋激揚至臣下○正義曰箋言激揚之水是水之迅疾言不流束楚實不能流故以喻忽政教亂促不行臣下由政令不行於臣下故無忠臣良士與之同心與下勢相連接同爲閔無臣之事毛興雖不明以王及唐揚之水皆興故爲此解揚之水。不流束薪。終鮮兄弟。維予二人。二人同心也箋云二人者我身與女忽○無信人之言。人實不信。

揚之水二章章六句

出其東門。閔亂也。公子五爭。兵革不息。男女相棄。民人思保其室家焉。公子五爭者謂突再也忽子亹子儀各一也○爭爭鬭之爭注同亹亡匪反又音尾莊公子○〔疏〕出其東門二章章六句至室家焉○正義曰作出其東門詩者閔亂也以忽立之後公子五度爭國兵革不得休息下民窮困男女相棄民人迫於兵革室家相離思得保其室家也兵謂弓矢干戈之屬革謂甲冑之屬以皮革爲之保者安守之義男以女爲室女以男爲家若散則通民人分散乖離故思得保有室家正謂保有其妻以妻爲室家經二章皆陳男思保妻之辭是思保室家也其公子五爭兵革不息敘其相棄之由於經無所當也俗本云五公子爭謀也○箋公子至各一○正義曰桓十一年左傳云祭仲爲公娶鄧曼生昭公故祭仲立之宋雍氏女於鄭莊公生厲公故宋人誘祭仲而執之曰不立突將死祭仲與宋人盟以厲公歸而立之秋九月昭公奔衛己亥厲公立是一爭也十五年傳曰祭仲專鄭伯患之使其婿雍糾殺之雍姬知之以告祭仲祭仲殺雍糾厲公出奔蔡六月乙亥鄭世子忽復歸于鄭是二爭也十七年傳曰初鄭伯將以高渠彌爲卿昭公惡之固諫不聽昭公立懼其殺己也弒昭公而立公子亹是三爭也十八年傳曰齊侯師于首止子亹會之高渠彌相七月齊人殺子亹而轘高渠彌祭仲逆鄭子于陳而立之服虔云鄭子昭公弟子儀也是四爭也莊十四年傳曰鄭厲公自櫟侵鄭及大陵獲傅瑕傅瑕曰苟舍我吾請納君與之盟而舍之六月傅瑕殺鄭子而納厲公是五爭也忽亦再爲鄭君前以太子嗣立不爲爭篡故唯數後爲五爭也○出其東門。有女如雲。如雲衆多也箋云有女謂諸見棄者也如雲者如其從風東西南北心無有定雖則如雲。匪我思存。思不存乎相救急箋云匪非也此如雲者皆非我思所存也○思如字注及下皆同沈息嗣反毛音如字鄭息嗣反縞衣綦巾。聊樂我員。縞衣白色男服也綦巾蒼艾色女服也願室家得相樂也箋云縞衣綦巾所爲作者之妻服也時亦棄之迫兵

革之難不能相畜心不忍絕故言且留樂我貟此思保其室家窮困不得有其妻而以衣巾言之恩不忍斥之綦綦文也○縞古老反又古報反綦巨基反樂音洛注並同一音岳或云箋留樂又音岳貟音云本亦作云韓詩作魂魂神也爲于僞反難乃旦反〔疏〕出其至我貟○毛以爲鄭國民人不能保其室家男女相棄故詩人閔之言我出其鄭城東門之外有女被棄者衆多如雲然女旣被棄莫不困苦詩人閔之無可奈何言雖則衆多如雲非我思慮所能存救以其衆多不可救拯唯願使昔日夫妻更自相得故言彼服縞衣之男子服綦巾之女人是舊時夫妻願其還自配合則可以樂我心云耳詩人閔其相棄故願其相得則樂云貟古今字助句辭也○鄭以爲國人廹於兵革男女相棄心不忍絕眷戀不已詩人述其意而陳其辭也言鄭國之人有棄其妻自言出其東門之外見有女被棄者如雲之從風東西無定此女被棄心亦無定如雲然此女雖則如雲非我思慮之所存在以其非己之妻故心不存焉彼被棄衆女之中有着縞素之衣綦色之巾者是我之妻今亦絕去且得少時留住則以喜樂我云民人思保室家情又若此廹於兵革不能相畜故所以閔之○傳思不存乎相救急○正義曰言其見棄旣多困急者衆非己一人所以救恤故其思不得存乎相救急○傳縞衣至相樂○正義曰廣雅云縞細繒也戰國策云彊弩之餘不能穿魯縞然則縞是薄繒不染故色白也顧命云四人綦弁注云青黑曰綦說文云綦蒼艾色也然則綦者青色之小別顧命爲弁色故以爲青黑此爲衣巾故爲蒼艾色蒼卽青也艾謂青而微白爲艾草之色也知縞衣男服綦巾女服者以作者旣言非我思存故願其自相配合故知一衣一巾有男有女先男後女文之次也傳以聊爲願故云願室家得相樂室家卽縞衣綦巾之男女也○箋縞衣至綦文○正義曰箋以序稱民人思保其室家言夫思保妻也經稱有女如雲是男言有女也經序皆據男爲文則縞衣綦巾是男之所言不得分爲男女二服衣巾旣共爲女服則此章所言皆是夫自言妻非他人言之故首尾皆易傳則詩人爲詩雖舉一國之事但其辭有爲而發故言縞衣綦巾所爲作者之妻服也己謂詩人自己旣相棄又願且留是心不忍絕也訓聊爲且故言且留可以樂我云也箋亦以綦爲青色但綦是文章之色非染繒之色故云綦綦文謂巾上爲此蒼文非全用蒼色爲巾也

出其闉闍，有女如荼。闉曲城也闍城臺也荼英荼也言皆喪服也箋云闍讀當如彼都人士之都謂國外曲城之中市里也荼茅秀物之輕者飛行無常○闉音因闍鄭音都孫炎云積土如水渚所以望氣祥也徐止奢反又音蛇荼音徒秀本或作莠音同劉昌宗周禮音秀音酉○雖則如荼，匪我思且。箋云匪我思且猶非我思存也○且音徂爾雅云存也舊子徐反○縞衣茹藘，聊可與娛。茹藘茅蒐之染女服也娛樂也箋云茅蒐染巾也聊可與娛且可留與我爲樂心欲留之言也○娛本亦作虞〔疏〕出其至與娛○毛以爲詩人言我出其鄭國曲城門臺之外見有女被棄者衆多皆着喪服色白如荼然雖則衆多如荼非我思所存救以其衆多不可救恤惟願昔日夫妻更自相得彼服縞衣之男子服茹藘之女人是其舊夫妻也願其還得配合可令相與娛樂閔其相棄故願其相樂○鄭以爲國人有棄其妻者自言出其曲城都邑市里之外見有女被棄者如荼飛揚無所常定此女被棄心亦無定如荼然此女雖則如荼非是我之所思以非己妻故不思之其中有著縞素之衣茹藘染巾者是我之妻令亦絕去且得少時留住可與之娛樂也情深如此而不能相畜故閔之○傳闉曲至喪服○正義曰上言出其東門此文亦言出其闉闍字皆從門則知亦是人所從出之處釋宮云闍謂之臺是闍爲臺也出謂出城則闍是城上之臺謂當門臺也闍既是城之門臺則知闉是門外之城卽今之門外曲城是也故云闉曲城也闍城臺說文云闉闍城曲重門謂爲曲城釋草有荼苦菜又有荼委葉邶風誰謂荼苦卽苦菜也周頌以薅荼蓼卽委葉也鄭於地官掌荼注及旣夕注與此箋皆云荼茅秀然則此言如荼乃是茅草秀出之穗非彼二種荼草也言荼英荼者六月云白旆英英是白貌茅之秀者其穗色白言女皆喪服色如荼然吳語說吳王夫差於黃池之會陳兵以魯晉萬人爲方陳皆白常白旗素甲白羽之矰望之如荼韋昭云荼茅秀亦以白色爲如荼與此傳意同女見棄所以喪服者王肅云見棄又遭兵革之禍故皆喪服也○箋闍讀至無常○正義曰以爾雅謂臺爲闍不在城門之上此言出其不得爲出臺之中故轉爲彼都人士之都都者人所聚會之處故知謂國外曲城中之市里也以詩說女服言綦巾茹藘則非盡喪服不得爲其色如荼故易傳以荼飛行無常與上章相類爲義也○

出其東門二章章六句

野有蔓草，思遇時也。君之澤不下流，民窮於兵革，男女失時，思不期而會焉。不期而會謂不相與期而自俱會○蔓音萬○〔疏〕野有蔓草二章章六句至會焉○正義曰作野有蔓草詩者言思得逢遇男女合會之時由君之恩德潤澤不流及於下又征伐不休國內之民皆窮困於兵革之事男女失其時節不得早相配耦思得不與期約而相會遇焉是下民窮困之至故述其事以刺時也男女失時謂失年盛之時非謂婚之時月也毛以爲君之潤澤不下流下章首二句是也思不期而會下四句是也鄭以經皆是思不期而會之辭言君之潤澤不流下敘男女失時之意於經無所當也

野有蔓草，零露漙兮。興也野四郊之外蔓延也漙漙然盛多也箋云零落也蔓草而有露謂仲春之時草始生霜爲露也周禮仲春之月令會男女之無夫家者○漙本亦作團徒端反有美一人，清揚婉兮。邂逅相遇，適我願兮。清揚眉目之間婉然美也邂逅不期而會適其時願○婉於阮反邂戶懈反逅本亦作遘胡豆反○〔疏〕野有至願兮○毛以爲郊外野中有蔓延之草草之所以能延蔓者由天有隕落之露漙漙然露潤之兮以興民所以得蕃息者由君有恩澤之化養育之兮今君之恩澤不流於下男女失時不得婚娶故於時之民乃思得有美好之一人其清揚眉目之間婉然而美兮不設期約邂逅得與相遇適我心之所願兮由不得早婚故思相逢遇是君政使然故陳以刺君○鄭以蔓草零露記時爲異餘同○傳野四至盛多○正義曰釋地云郊外謂之牧牧外謂之野是野在四郊之外此唯解文不言興意王肅云草之所以能延被盛露也民之所以能蕃息蒙君澤也○箋零落至夫家○正義曰靈作零字故爲落也仲春仲秋俱是晝夜等溫涼中九月霜始降仲秋仍有露則知正月猶有霜二月始有露故云蔓草生而有露謂仲春時也所引周禮地官媒氏有其事取其意不全取文與彼小異鄭以仲春爲媒月故引以證此爲記時言民思此時而會者爲此時是婚月故也

野有蔓草，零露瀼瀼。瀼瀼盛貌○瀼如羊反徐又乃剛反有美一人，婉如清揚。邂逅相遇，與子皆臧。臧善也

野有蔓草二章章六句

溱洧，刺亂也。兵革不息，男女相棄，淫風大行，莫之能救焉。救猶止也亂者士與合會溱洧之上○溱洧側巾反下于軌反說文溱作潧云潧水出鄭溱水出桂陽也

溱與洧，方渙渙兮。溱洧鄭兩水名渙渙春水盛也箋云仲春之時冰以釋水則渙渙然○渙呼亂反韓詩作洹洹音丸說文作汍汍音父弓反○士與女，方秉蕑兮。蕑蘭也箋云男女相棄各無匹偶感春氣並出託采芬香之草而爲淫泆之行○蕑古顏反字從艸韓詩云蓮也若作竹下是簡策之字泆音逸行下孟反女曰觀乎。士曰既且。箋云女曰觀乎欲與士觀於寬閒之處既已也士曰已觀矣未從之也○且音徂往也徐子胥反下章放此閒音閑處昌慮反且往觀乎。洧之外，洵訏且樂。訏大也箋云洵信也女情急故勸男使往觀於洧之外言其土地信寬大又樂也於是男則往也○洵息旬反韓詩作恂訏況于反韓詩作盱云恂盱樂貌也樂音洛注下同維士與女，伊其相謔。贈之以勺藥。勺藥香草箋云伊因也士與女往觀因相與戲謔行夫婦之事其別則送女以勺藥結恩情也〔疏〕溱與洧至勺藥○正義曰鄭國淫風大行述其爲淫之事言溱水與洧水春冰旣泮方欲渙渙然流盛兮於此之時有士與女方適野田執芳香之蘭草兮旣感春氣託采香草期於田野共爲淫泆士旣與女相見女謂士曰觀於寬閒之處乎意願與男俱行士曰已觀乎止其欲觀之事未從女言女情急又勸男云且復更往觀乎我聞洧水之外信寬大而且樂可相與觀之士於是從之維士與女因卽其相與戲謔行夫婦之事及其別也士愛此女贈送之以勺藥之草結其恩情以爲信約男女當以禮相配今淫泆如是故陳之以刺亂○傳蕑蘭○正義曰陸機疏云蕑卽蘭香草也春秋傳曰刈蘭而卒楚辭云紉秋蘭孔子曰蘭當爲王者香草皆是也其莖葉似藥草澤蘭廣而長節節中赤高四五尺漢諸池苑及許昌宮中皆種之可著粉中藏衣著書中辟白魚○傳訏大○正義曰釋詁文○箋洵信至則往○正義曰洵信釋詁文以士曰既且是男荅女也且往觀乎與上女曰觀乎文勢相副故以女勸男辭言其寬且樂於是男則往也下句是男往之事○傳勺藥香草○正義曰陸機疏云今藥草勺藥無香氣非是也未審今何草○箋伊因○正義曰因觀寬閒遂爲戲謔故以伊爲因也○

溱與洧，瀏其清矣。瀏深貌○瀏音留說文流清也力尤反○士與女，殷其盈矣。殷衆也○女曰觀乎。士曰既且。且往觀乎。洧之外，洵訏且樂。維士與女，伊其將謔，贈之以勺藥。箋云將大也○

溱洧二章章十二句

鄭國二十一篇五十三章二百八十三句

毛詩注疏校勘記（四之四）　阮元撰盧宣旬摘錄

○丰

謂之婚姻　閩本明監本毛本婚誤昏下同案此正義十行本唯昏時士昏禮昏字不從女是也其序注標起止皆作婚則婚者正義所易字

之黨爲姻兄弟　閩本明監本毛本之上有婿字案所補是也

悔予不將兮　小字本相臺本同案予字唐石經磨改其初刻字不可知矣

士妻紂衣纁袡　小字本相臺本同案此釋文本也釋文云紂側基反本或作純又作緇考士昏禮釋文本誤也唯本或作純不誤經云女次純衣注云純衣絲衣是純如字讀訓爲絲鄭未嘗破爲紂也儀禮緇字甚多皆作緇無作紂者經爲純字更審矣紂字在周禮媒氏注非此經之字也正義引士昏禮并注是其本當不誤今亦盡作紂用釋文改注又云注改正義也考文古本作緇采釋文又作本

○東門之墠

而相奔者也　各本此序無注釋文云此序舊無注崔集注本有鄭注云時亂故不得待禮而行考正義當亦無此注實非鄭注也集注誤耳

故名曰爲刺也　閩本明監本毛本同案名曰當作各自形近之譌

東門之墠　唐石經小字本相臺本同案此定本也正義云徧檢諸本字皆作壇又云讀音曰墠蓋古字得通用也今定本作墠釋文云壇音善依字當作墠考此是釋文正義經字皆作壇注同唐石經以下依定本作墠

男女之際近而易　小字本相臺本同閩本明監本毛本同案正義云阪云遠而難則壇當云近而易不言而易可知而省文也是傳本無而易二字釋文於下易越始云以豉反下同當是亦無此二字也各本皆衍

則茹藘在阪　閩本明監本毛本同相臺本則下有如字考文古本同小字本作以案有如字者是也

壇坂可以喻難耳　閩本明監本毛本難下有易字案所補是也

故知以禮爲送近　補毛本送作遠案遠字是也

女乎男迎已之辭　補乎當作呼

○風雨

胡何夷說也　小字本相臺本同案正義云定本無胡何二字考文古本無采正義

言風雨且雨　補毛本作風而且雨

○子衿

言可以校正道藝　小字本相臺本同案釋文上云學校戶孝反下云以校正音教是學校字當從木挍正字當從才五經文字手部云校經典及釋文或以爲比挍字案字書無文此挍字卽張參所云也各本挍正字從木誤毛本學校字亦從才更誤正義中字同此釋文有誤挍作校者今正詳後考證

鄭國衰亂不脩校　閩本明監本毛本校上有學字案所補是也

衣皆謂之襟李巡曰衣皆　閩本明監本毛本同案浦鏜云眥誤皆考爾雅是也段玉裁云作皆不誤皆猶交也衣皆謂衣領衣之交處也此當是李巡本獨得之他本作眥不可解乃字之誤耳

士佩瓀珉　小字本相臺本同案釋文作瑌云本又作瓀如兖反考玉藻釋文云瓀而兖反徐又作瑌同說文五經文字瑌字皆在石部其作瓀者後變而從玉耳凡耎聲之字多誤從需聲見廣韻廿八獮輭字下故又作本如此

○揚之水

被他人之言　閩本明監本毛本被作彼案所改是也

○出其東門

而轅高渠彌　閩本明監本毛本同案浦鏜云轘誤轅是也

如其從風　閩本明監本毛本同小字本相臺本其作雲案雲字是也

聊樂我員　唐石經小字本相臺本同案釋文云員本亦作云正義云云則可以樂我心云耳下文云云員音云本亦作云正義云云則可以樂我心云耳下文云云員古今字助句辭也是正義本作員以員爲古字云爲今字故易員爲云而說之自著其例如此也凡易字者依是求之而例可得矣又商頌景員維河箋員古文云亦可證

縞衣綦巾所爲作者之妻服也　小字本相臺本同案此所字上當有已字正義當本云故言縞衣綦巾已所爲作者之妻服也已謂詩人自已今正義脫去所上已字耳不然此箋更無已字其已謂詩人自已者安所指乎考文古本有已字采正義而得之者也

有棄其妻　閩本明監本妻下有者字案所補是也

荼芛秀　小字本同岳本秀作莠釋文云秀音同劉昌宗周禮音莠音酉考正義本是秀字鴟鴞正義引此箋作秀旣夕釋文用荼下云芛莠地官釋文芛莠下云毛詩注作秀是字本不與二禮注同或作本正依二禮改耳考文古本作莠采釋文○按段玉裁云莠者魏晉以下俗字也謂依二禮改是非

說文云闉闍城曲重門　閩本明監本毛本同案此不誤浦鏜云曲說文作內非也說文本作曲今說文誤耳九經字樣云闉城曲重門也可證

卽萎菜也　閩本明監本毛本菜作葉案所改是也

出其東門二章　小字本相臺本同唐石經初刻無其字後改同今本案初刻誤也序有可證

○野有蔓草

下章首二句是也　閩本明監本毛本同案浦鏜云二誤下是也

零露漙兮　唐石經小字本相臺本同案正義云零作靈字故爲落也詩經小學云案此則經本作靈露箋作靈落也假靈爲零字依說文則是假靈爲霝考文古本漙作團采釋文也釋文云漙本亦作團徒端反團團然盛多也匡謬正俗所云詩古文有作水旁專者亦有單作專者後人輒改之爲團字讀爲團圓之團者卽謂此

清揚眉目之間婉然美也　小字本相臺本同案經義雜記云此傳當云清揚婉兮眉目之間婉然美也下八字作一句讀以清爲目之美以揚爲眉上之美以婉爲清揚之美婉婉然今傳中無婉兮字是嫌於訓清揚爲眉目之閒矣此以經合傳時所刪

有蔓延之草　閩本明監本毛本同案蔓延當倒下文可證

露潤之兮　補毛本露作需

鄭以仲春爲媒月　閩本明監本毛本同案浦鏜云婚誤媒是也

野有蔓草三章　唐石經小字本相臺本三作二案二字是也閩本明監本毛本亦誤作三今正

○溱洧

士與女會溱洧之上　小字本相臺本與下有女字明監本毛本同閩本剜入案此脫也

士曰已觀乎　閩本明監本毛本同案浦鏜云乎當矣字誤是也

鄭國二十一篇　小字本相臺本同唐石經磨改廿一篇其初刻上爲二十其下不能知矣

附釋音毛詩注疏卷第五（五之一）

齊雞鳴詁訓傳第八

陸曰齊者太師呂望所封之國也其地少昊爽鳩氏之墟在禹貢青州岱嶺之陰濰淄之野都營丘之側禮記云太公封於營丘是也

毛詩國風　鄭氏箋　孔穎達疏

齊譜

齊者古少皡之世爽鳩氏之墟。正義曰昭二十年左傳云齊侯飲酒樂公曰古而無死其樂如何晏子對曰昔爽鳩氏始居此地季萴因之有逢伯陵因之蒲姑氏因之而後太公因之古若無死爽鳩氏之樂非君所願也以爽鳩始居齊地故云爽鳩氏之墟舉其始居者略季萴蒲姑之時不言之也又昭十七年左傳郯子曰我高祖少皡摯之立也鳳鳥適至故紀於鳥爲鳥師而鳥名祝鳩氏司徒也爽鳩氏司寇也杜預云爽鳩鷹也鷙故爲司寇主盜賊以此知爽鳩氏當少皡之世少皡以鳥名官其言爽鳩猶周之司寇故爽鳩是其官耳其人之名氏則未聞也。周武王伐紂封太師呂望於齊是謂齊太公地方百里都營丘。正義曰齊世家云太公望呂尚者東海上人也其先祖世爲四岳佐禹平水土甚有功虞夏之際封於呂或封於申姓姜氏尚其後苗裔也從其封姓故曰呂尚西伯獵遇太公於渭之陽與語大悅曰自吾先君太公曰當有聖人適周周興子眞是耶吾太公望子久矣故號之曰太公望載與俱歸而立爲大師文王崩武王伐紂師尚父堪君多難於是武王平商而王天下封師尚父於齊都營丘是武王封太公都營丘之事也太公封地方百里者鄭約而知之以王制云公侯方百里伯七十里子男五十里有五等之爵則非殷制其言千七百七十三國又非夏制是武王時也故注云周武王初定天下更立五等之爵增以子男而猶因殷之地是武王之時大國百里太公以元勳明知太公封齊爲大國百里可知也水所營繞故曰營丘釋丘云水出其左營丘孫炎曰今齊之營丘淄水過其南及東是也以丘臨水謂之臨淄與營丘一地也故漢書地理志云齊郡臨淄縣師尚父所封也應劭曰齊獻公自營丘徙此臣瓚按臨淄卽營丘也今齊之城內有丘卽營丘也如瓚之言臨淄營丘卽是一地應劭言獻公自營丘徙臨淄是劭之謬也當云自薄姑徙臨淄耳齊世家云哀公之弟胡公始徙都薄姑而周夷王之時哀公之同母少弟山殺胡公而立是爲獻公因徙薄姑都治臨淄據此則齊唯胡公一世居薄姑耳以後復都臨淄也烝民云仲山甫徂齊傳曰古者諸侯逼臨則王者遷其邑而定其居蓋去薄姑遷於臨淄以爲宣王之時始遷臨淄與世家異者史記之文事多疏略夷王之時哀公弟山殺胡公而自立後九年而卒自武公九年厲王之奔止自胡公之所殺爲十八年而本紀云厲王三十七年出奔計十九年不及夷王之末則遷說自違也如此則所言獻公之遷臨淄未可信也毛公在馬遷之前其言當有準據故不與馬遷同也○周公致太平敷定九畿復夏禹之舊制。正義曰皐陶謨云弼成五服至于五千禹貢五百里甸服百里賦納總二百里納銍三百里納秸服四百里納粟五百里納米五百里侯服百里采二百里男邦三百里諸侯五百里綏服三百里揆文教二百里奮武衛五百里要服三百里夷二百里蔡五百里荒服三百里蠻二百里流分此五服者堯之舊制也五服距面至二千五百里四面相距而其方五千里禹既敷土廣而弼之故爲殽數居其間今以弼成而王於五千里四面相距乃萬里焉大司馬職曰乃以九畿之籍施邦國之政職方千里曰國畿其外方五百里曰

侯畿又其外方五百里曰甸畿又其外方五百里曰男畿又其外方五百里曰采畿又其外方五百里曰衛畿又其外方五百里曰蠻畿又其外方五百里曰夷畿又其外方五百里曰鎮畿又其外方五百里曰蕃畿注云畿猶限也自王城以外五千里爲疆有分限者九則四面相距其方萬里此周公致太平制禮所定故云敷土言其復夏禹之舊制弼成五服實是堯時以夏禹所定故云禹制也王者相因禮有損益雖名前後變易而疆域則同故禹貢注云甸服此周爲王畿其弼當侯服在千里之內侯服爲甸服其弼當男服在二千里之內綏服於周爲采服其弼當衛服在三千里之內要服於周爲蠻服其弼當夷服在四千里之內荒服於周爲鎮服其弼當蕃服在五千里之內王者禮法相變周服之制故鄭解禹事而巳周禮擬之成王周公封東至海南至穆陵齊雖侯爵以大功同上公封也且齊武王時地方百里未得薄姑至周公成王時薄姑氏與四國作亂成王滅之以封師尚父是齊於成王之世乃得薄姑之地若然臨淄薄姑非一邑也齊之所封在於臨淄而晏子云薄姑因之者以齊之封疆并得薄姑之地舉其國境所及明共處齊地薄姑者是諸侯之號其人居齊地因號其所居之地爲薄姑氏後與四國作亂謂管蔡商奄則奄外更有薄姑非奄君之名而尚書傳云奄君薄姑故注云或疑爲薄姑齊地非奄君名也○成王用周公之法制廣大邦國之境而齊受上公之地更方五百里其封域東至于海西至于河南至于穆陵北至于无棣○正義曰按大司徒職制諸侯之封疆公五百里齊雖侯爵以大功而作太師當與上公地等故知取上公地也其東至於海以下僖四年左傳管仲之言也在禹貢青州岱山之陰濰淄之野○正義曰禹貢云海岱惟青州注云州界自海西至岱又曰濰淄其道注云濰淄兩水名地理志云濰水出今琅耶箕屋山淄水出泰山萊蕪縣原山然則青州在海岱之間濰淄卽青州之水也又地理志云臨淄海岱之間一都會也桓十六年公羊傳曰衛胡越在岱陰齊居山之陰也都臨淄禹貢濰淄共文明其相近故云濰淄之野○其子丁公嗣位於王官○正義曰昭十二年左傳楚靈王曰昔我先王熊繹與呂彶王孫牟燮父禽父並事康王又顧命云命仲桓南宮毛俾爰齊侯呂彶以二干戈虎賁百人逆子釗于南門之外成王之崩職掌虎賁又事康王明爲王官也但未知何官耳以太公爲王官之伯丁公又在王朝故云嗣位謂嗣王官之位耳不必嗣爲太師也孔安國顧命注云彶爲天子虎賁氏謂當時爲之耳亦未終於此官也○後五世哀公政衰荒淫怠慢紀侯譖之於周懿王使烹焉齊人變風始作○正義曰齊世家云大公卒子丁公彶立卒子乙公得立卒子癸公慈母立卒子哀公不辰立是爲五世至哀公也莊四年公羊傳齊哀公烹於周紀侯譖之世家亦云紀侯譖之周烹哀公二文皆言周烹之耳不言懿王也徐廣以爲周夷王烹之鄭知是懿王者以世家既言烹哀公乃云而立其弟靜是爲胡公當周夷王時哀公之同母少弟山殺胡公而自立是爲獻公則夷王之時山殺胡公則胡公之立在夷王前矣受譖烹人則是衰闇之主夷王上有孝王書傳之文不言孝王者有大罪去國周本紀云懿王立王室遂衰自懿王爲始明懿王受譖烹矣且本紀稱懿王之時詩人作刺得不以懿王之時雞鳴詩作而言懿王時乎是以知烹之者懿王也然則胡公以懿王時立歷孝王至夷王之時而被殺以王世不長而齊君壽考故得一君當三王也諡法曰保民耆艾曰胡則知胡公爲君歷年久矣以此益明非是夷王烹哀公也世家又云獻公子卒子武公壽立卒子厲公無忌立卒子文公赤立卒子成公說立卒子莊公購立卒子釐公祿父立卒太子諸兒立是爲襄公

此其君世之久也詩雞鳴序云刺哀公荒淫[illegible]哀公好田獵則皆哀公詩也著東方之日東[illegible]云刺而不舉號諡則舉上明下亦爲哀公詩[illegible]令載驅四篇皆云刺襄公則襄公詩也弊笱[illegible]魯莊公皆由襄公姪妹而作亦襄公詩也故[illegible]以此而知也自哀公至於襄公其間有八世[illegible]爲哀公荒淫留色怠慢朝政晏起內朝羣臣[illegible]之歌蟲飛月光之辭交能侵夜失節之漏而[illegible]何怠慢之有也何憎之戒也自哀至襄其間[illegible]指刺何公耳斯不然矣子夏親承聖旨齊之[illegible]若有刺責餘君作敘無容不恐何得闕其所[illegible]人留色雞鳴作歌刺哀公怠慢非性然也人[illegible]然夫人不能警戒切以月光之歌摯壺氏廢[illegible]倒之詠各隨所失作詩刺之故日不能晨夜[illegible]若此復何所疑且衡門誘僖公愿而無立古[illegible]必耽淫於色而東門之池刺其君之淫昏斯[illegible]者乎況此前後不同所失各異何獨怪之耳[illegible]左傳魯爲季札歌齊曰美哉此詩皆云刺從[illegible]鳴有思賢妃之事東方未明雖刺無節向能[illegible]懷其舊俗故有箴規故季札美其聲非謂詩[illegible]

雞鳴。思賢妃也。哀公荒淫怠慢。故陳賢妃貞女夙夜警戒相成之道焉。居領反本又作敬音同　妃芳非反　慢武諫反

三章章四句至道焉○正義曰作雞鳴詩者[illegible]思之者以哀公荒淫女色怠慢朝政此由內[illegible]戒故也君子見其如此故作此詩陳古之賢[illegible]戒於去以相成益之道焉二章章首上二句[illegible]禮下二句述諸侯夫人之言卒章皆陳夫人[illegible]淫故夫人興戒君子使不留色怠慢故陳夫[illegible]使不脩於政事皆陳與夫相警相成之事[illegible]其政事淫於女色由淫而荒故言荒淫也[illegible]其配夫則爲賢妃指其行事則爲貞女所[illegible]者以夫妻爲耦義在交益妻能成夫則妻[illegible]言之車韋思得賢女乃思得其人以配王[illegible]直思其相成之道不言思得其人作者之[illegible]

雞既鳴矣。朝既盈矣。雞鳴而夫人作朝盈[illegible]朝盈夫人也君也可[illegible]直遙反下皆同

匪雞則鳴。蒼蠅之聲。蒼蠅之[illegible]聲爲雞鳴則起早於常禮敬也○蠅餘仍反○

【疏】雞鳴思賢妃[illegible]正義曰以哀[illegible]妃之助故陳賢妃貞女警戒其夫之辭言[illegible]宿至於將旦之時乃言曰雞既爲鳴聲矣[illegible]矣言雞鳴道己可起之節言朝盈道君可[illegible]而起欲令君以朝盈而起也作者又言夫[illegible]時非是雞實則鳴乃是蒼蠅之聲耳夫人[illegible]其聲而卽起是早於常禮恭敬過度而哀[illegible]不戒令起故刺之○傳雞鳴至君作○正[illegible]二句之意以雞鳴而夫人可起朝盈而君[illegible]與君可以起之常禮故言之以戒君也若[illegible]起於朝盈之時夫人不在君所而得言朝[illegible]鳴之後未我而朝盈朝盈與雞鳴時節相[illegible]盈故夫人於雞鳴之時并云朝盈耳非是[illegible]告君也朝盈謂羣臣辨色始入滿於朝上[illegible]○正義曰常禮以雞實鳴而起令夫人之[illegible]

恒恐傷晚故以蠅聲爲雞鳴則起早於常禮是夫人之敬也書傳說夫人御於君所之禮云太師奏雞鳴於階下夫人鳴玉佩於房中告去則雞鳴以告當待太師告之然此夫人自聽雞鳴者彼言告御之正法有司當以時告君此說夫人相警戒不必待告方起故自聽之也上句雞鳴朝盈并言之此經不重述朝盈者欲見夫人之敬止須述謬聽雞鳴耳不須重述朝盈也何則夫人以雞鳴而知朝盈朝盈非謬聽不假言之○

東方明矣。朝既昌矣。

東方明則夫人纚笄而朝朝已昌盛則君聽朝箋云東方明朝既昌亦夫人也君也可以朝之常禮君日出而視朝○纚色蟹反何霜綺反○

匪東方則明。月出之光。

見月出之光以爲東方明箋云夫人以月光爲東方明則朝亦敬也【疏】東方至之光○正義曰上言夫人早起此又言其早朝夫人言東方既已明矣朝上既已盛矣言東方已明道已可朝之節言朝既昌矣道君可朝之節已以東方明而朝欲令君以朝昌盛而朝也作者又言夫人言東方明矣之時非是東方則實已明乃是月出之光耳夫人以月出之光爲東方明見其明而卽朝是早於常禮恭敬過度今哀公怠慢晚朝而夫人不戒故刺之○傳東方至聽朝○正義曰此經二句亦陳夫人之辭東方明故夫人朝君朝既昌君可聽朝上章夫人因已以雞鳴而起卽言朝盈以戒君此夫人因起以東方明時朝君卽言朝既昌以戒君故亦并言此二句也士昏禮注纚縚髮纚廣充幅長六尺笄今時簪傳言夫人纚笄而朝首服纚笄以朝君案禮特牲饋食及士昏禮皆云纚笄綃衣注云綃綺屬此衣染之以黑其繒本名曰綃則首服纚笄必以綃衣配之此以纚笄朝君則當身服綃衣也天官內司服鄭注差次服之所用鞠衣黃桑之所服展衣以禮見王及賓客之服褖衣御於王之服又追師掌王后之首服爲副編次注云副所以覆首服之以從王祭祀編編列髮爲之服之以告桑次次第髮長短爲之服之以見王王后之燕居亦纚笄總而已凡諸侯夫人於其國衣服與王后同如鄭此言則夫人以禮見君當服展衣御於君當復褖衣皆首服次燕居乃服纚笄耳此傳言纚笄而朝者展衣以見君褖衣以御君鄭以周禮六服差次所用爲此說耳非有經典明文列女傳魯師氏之母齊姜戒其女云平且纚笄而朝則有君臣之嚴莊二十四年公羊傳何休注其言與列女傳亦同然則古之書傳有言夫人纚笄而朝君者毛當有所依據而言未必與鄭同也或以爲夫人纚笄而朝謂聽治內政案列女傳稱纚笄而朝則有君臣之嚴謂朝於夫非自聽朝也此傳亦云纚笄而朝文與彼同安得聽內政乎官內之政蓋應寡耳君於外政尚日出而朝夫人何當先君之朝而聽內政且東方始明君時初起衆妾皆當朝君夫人有何可治而以東方既明便卽聽之傳又言朝已昌盛則君聽朝於君言聽朝夫人言而朝足知纚笄而朝君矣上章言朝既盈矣謂朝已有人君可以起此言朝既昌矣謂盛於盈時羣臣畢集故君可以聽朝朝昌謂日出時也故箋云君日出而視朝玉藻文○

蟲飛薨薨。甘與子同夢。

古之夫人配其君子亦不忘其敬箋云蟲飛薨薨東方且明之時我猶樂與子卧而同夢言親愛之無已○薨呼弘反妃音配本亦作配樂音岳又五教反○

會且歸矣。無庶予子憎。

會會於朝也卿大夫朝會於君朝聽政夕歸治其家事無庶予子憎無見惡於夫人箋云庶衆也蟲飛薨薨所以當起者卿大夫朝者且罷歸故也無使衆臣以我故憎惡於子戒之也○且七也反沈子餘反朝會此一朝如字音張遙反惡烏路反下同於夫音符或依字讀者非【疏】蟲飛至子憎○正義曰上言欲君早起此又述其欲早起之意夫人告君云東方欲明蟲飛薨薨之時我甘樂與君卧而同夢心非願欲早起也所以必欲令君早起朝者以卿大夫會聚我君之朝且欲得早罷歸矣無使衆臣以我之故於子之身加憎惡也子謂君也君若與我同卧不早聽朝則事不速訖罷朝必晚衆臣憎君是由我故故欲令君早起無使見惡於夫人刺今不能然今定本作與子憎據鄭云我我是子之訓則作與者非也○傳古之至其敬○正義曰以恭敬之事施於疏遠其於至親可以無敬夫人樂與同夢相親之甚猶尚早起早朝雖親不敢忘敬故云古之夫人配其君子情雖至親亦不忘敬刺今夫人得與君子相配則忘敬晚興也以親而猶敬故言亦亦疏遠也○箋蟲飛至無已○正義曰大戴禮羽蟲三百六十鳳凰爲之長則鳥亦稱蟲此蟲飛薨薨未必唯小蟲也以將曉而飛是東方且欲明之時卽上雞鳴時也○傳會會至夫人○正義曰言會言歸則是會於朝歸於家故知謂卿大夫於朝且之時會於君朝聽政於夕晚之時歸治其家事成十二年左傳曰世之治也百官承事朝而不夕是於夕而不治公事故歸治家事也云無見惡於夫人夫人謂卿大夫卿大夫欲早罷歸不得早罷則憎惡君是見惡於卿大夫也○箋云庶衆○正義曰釋詁文

雞鳴三章章四句

還。刺荒也。哀公好田獵。從禽獸而無厭。國人化之。遂成風俗。習於田獵謂之賢。閑於馳逐謂之好焉。

荒謂政事廢亂○還音旋韓詩作嫙嫙好貌好呼報反厭於豔反又於占反本或作饜音同止也好蒿縞反○【疏】還三章章四句至好焉○正義曰作還詩者刺荒也所以刺之者以哀公好田獵從逐禽獸而無厭是在上既好下亦化之遂成其國之風俗其有慣習於田獵之事者則謂之爲賢閑於馳逐之事者則謂之爲好君上以善田獵爲賢好則下民皆慕之政事荒廢化之使然故作此詩以刺之經三章皆士大夫相荅之辭是遂成風俗謂之賢好之事○

子之還兮。遭我乎峱之閒兮。

還便捷之貌峱山名箋云子也我也皆士大夫也俱出田獵而相遭也○峱乃刀反說文云峱山在齊崔集注本作嶩便捷本亦作便旋

並驅從兩肩兮。揖我謂我儇兮。

從逐也獸三歲曰肩儇利也箋云並併也子也我也併驅而逐禽獸子則揖耦我謂我儇譽之也譽之者以報前言還也○驅本又作驅曲具反注下同肩如字說文云三歲豕肩相及者本亦作豣音同又音牽揖一入反儇許全反韓詩作嫙音權好貌併步項反下文同譽音餘下同【疏】子之至儇兮○正義曰國人以君好田獵相化成俗士大夫在田相逢歸說其事此陳其辭也我本在田語子曰子之便捷還然兮當爾之時遭值我於峱山之閒兮於是子卽與我並行驅馬逐兩肩獸兮子又揖耦我謂我甚儇利兮聚說田事以爲戲樂而荒廢政事故刺之○傳還便至山名○正義曰此還與下茂好昌盛皆是相譽之辭以其善於田獵故知還是輕便捷速之貌也獵之所在非山則澤下言之陽此言之閒則是山之南山則故知峱山名○箋子也至相遭○正義曰以報荅相譽則尊卑平等非國君也然馳車逐獸又非庶人故知子也我也皆士大夫出田相遭也○傳從逐至儇利○正義曰大司馬云大獸公之小禽私之七月云言私其豵獻豣于公則肩是大獸故言三歲曰肩儇利言其便利馳逐○

子之茂兮。遭我乎峱之道兮。

茂美也○

並驅從兩牡兮。揖我謂我好兮。

箋云譽之言好者以報前言茂也○牡茂后反

子之昌兮。遭我乎峱之陽兮。

昌盛也箋云昌佼好貌○佼古卯反本又作姣

並驅從兩狼兮。揖我謂我臧兮。

狼獸名臧善也【疏】傳狼獸名臧善○正義曰釋獸云狼牡貛牝狼其子獥絕有力迅舍人曰狼牡名貛牝名狼其子名獥絕有力者名迅孫炎曰迅疾也陸機疏云其鳴能小能大善爲小兒啼聲以誘人去數十步其猛捷者雖善用兵者不能免也其膏可煎和其皮可爲裘故禮記狼臅膏又曰君之右虎裘厥左狼裘是也臧善釋詁文

還三章章四句

著。刺時也。時不親迎也。

時不親迎故陳親迎之禮以刺之○著直居反又直據反又音於詩內協句宜音直據反迎魚敬反注同【疏】著三章章三句至親迎○正義曰作著詩者刺時也所以刺之者以時不親迎故陳親迎之禮以刺之也毛以爲首章言士親迎二章言卿大夫親迎卒章言人君親迎俱是受女於堂出而至庭至著各舉其一以相互見鄭以爲三章共述人臣親迎之禮雖所據有異俱是陳親迎之禮以刺今之不親迎也

俟我於著乎而。充耳以素乎而。

俟待也門屏之閒曰著素象瑱箋云我嫁者自謂也待我於著謂從君子而出至於著君子揖之時也我視君子則以素爲充耳謂所以懸瑱者或名爲紞織之人君五色臣則三色而已此言素者目所先見而云○

尚之以瓊華乎而。

瓊華美石士之服也箋云尚猶飾也飾之以瓊華者謂懸紞之末所謂瑱也人君以玉爲之瓊華石色似瓊也○【疏】俟我至乎而○毛以爲士親迎夫既受婦於堂導之而出妻見其夫衣冠之飾此陳其辭也妻言君子待我於門內之著乎而我見君子塞耳之瑱以素象爲之乎而又見其身之所佩飾之以瓊華之石乎而言士親迎妻見其服飾今不親迎故舉以刺之也○鄭以爲揔言人臣親迎其妻見其冠飾君子待我於著之時我見君子充耳以素絲爲之其末飾之以瓊華之石言用素絲爲紞以懸瑱華之石爲瑱也○傳俟待至象瑱○正義曰俟待釋詁文釋宮云門屏之閒謂之宁李巡曰門屏之閒謂正門內兩塾閒名宁孫炎曰門內屏外人君視朝所宁立處也著與宁音義同楚語稱曰公子張驟諫靈王王病之曰子復語不穀雖不能用吾置之於耳對曰賴君之用也故言子不然巴浦之犀犛兕象其可盡乎其又以繩爲瑱韋昭云瑱所以塞耳言四獸之牙角可以爲瑱是象可以爲瑱此言充耳以素可以充耳而色素者唯象骨耳故知素是象瑱毛以此章陳士蓋士以象爲瑱也○箋我嫁至而云○正義曰此說親迎之事而言待我則是夫之待妻故知我是嫁者自謂也士婚禮壻親迎至於女嫁主人揖入賓執鴈從至於廟門揖入三揖至於階三讓主人升西面賓升北面奠鴈再拜稽首降出婦從降自西階主人不降送是受女於堂導之以出故此婦從君子而出至著君子揖之下箋亦云揖我於庭不言揖我於堂者婚禮女立于房中南面壻於堂上待之拜受卽降禮於堂上無揖故不言之婚禮止言以從不言在庭著揖之箋知揖之者言待我明其住待之也下婚禮婦至夫家主人揖婦以入及寢門揖入至夫家引入之時每門而揖明

女家引出之時亦每而揖故知至著君子揖之之時也我視君子則以素爲充耳所謂懸瑱言懸瑱之纓用素非爲瑱耳桓二年左傳云衡紞紘綖是懸瑱之纓故云或名爲紞魯語敬姜云王后親織玄紞織線爲之即今之條纓必用雜絲線爲之故言織之人君五色臣則三色直言人君與臣不辨尊卑之異蓋天子諸侯皆五色卿大夫士皆三色其色無文正以人君位尊備物當具五色臣則下之宜降以兩且此詩刺不親迎宜陳人臣親迎之事經有素青黃三色故爲臣則三色又解三色而獨言素者以其素色分明目所先見故先言之壻受女於堂從堂而後至庭至著目所先見當在堂見素而以素配著爲章者取其韻故耳或庭先見青堂先見黃以爲章次王肅云王后織玄紞天子之玄紞一玄而已何云具五色乎王基理之云紞今之條豈有一色之條色不雜不成爲條王后織玄紞者舉夫色尊者言之耳義或當然○傳瓊華至之服○正義曰瓊是玉之美名華謂色有光華此石似瓊玉之色故云美石士之服者蓋謂衣服之飾謂爲佩也玉藻云士佩瓀珉玉此云石者以石色似玉故禮通貴賤皆以玉言之毛以士賤直言美石故下章乃言似玉王肅云以美石飾象瑱案瑱之所用其物小耳不應以石飾象其爲一物王氏之說未必得傳旨也瓊華瓊瑩瓊英其文相類傳以此章爲士服二章爲卿大夫之服卒章爲人君之服者以序言時不親迎則於貴賤皆不親迎此宜歷陳尊卑不親迎之事故以每章爲一人耳非以瓊華瓊瑩瓊英之文而知其異人也但陳尊卑不親迎之事以大夫居位尊於士其不當美於士服故言似玉耳其實三者皆美石也○箋尚猶至似瓊也○正義曰尚謂尊尚此物所爲飾也上言充耳以素謂紞用素也此言飾之瓊華是就紞而加飾故言謂懸紞之末所謂瑱也君子偕老說夫人之服而云玉之瑱兮故知人君以玉爲瑱君乃用玉臣則不可而瓊是玉名嫌臣亦用玉故辨之云瓊華美石色似瓊者也非用瓊爲瑱也箋既言人君以玉即云瓊華美石二章箋云石色似瓊似瑩皆以爲似則鄭意三章同說人臣親迎非人君也上箋唯言臣則三色不辨臣之尊卑蓋三章揔言卿大夫士也以其言於著於庭於堂正是待有先後不宜分爲異人故爲揔述人臣親迎之注孫毓云案禮之名充耳是塞耳即所謂瑱懸當耳故謂之塞耳懸之者別謂之紞不得謂之充耳猶瑱不得名之爲紞也故曰玉之瑱兮夫設纓以爲冠不得謂冠是纓之飾結組以懸佩不可謂佩所以飾組今獨以瑱爲紞之飾諺於名而失於實非作者之意以毛王爲長斯不然矣言充耳者固當謂瑱爲充耳非謂紞也但經言充耳以素素絲懸之非即以素爲充耳也既言充耳以素未言充耳之體又言飾之以瓊華正謂以瓊華作充耳人臣服之以爲飾非言以瓊華飾紞何當引冠纓組佩以爲難乎經言飾之必有所飾若云不得以瓊華飾紞則瓊華又何所飾哉即如王肅之言以美石飾象瑱象骨賤於美石謂之何飾象何也下傳以青爲青玉黃爲黃玉又當以石飾玉乎以經之文勢既言充耳以素即云飾之以瓊華明以瓊華爲充耳懸之以素絲故易傳以素絲爲紞瓊華爲瑱也

俟我於庭乎而。充耳以青乎而。青青玉箋云待我於庭謂揖我於庭時青紞之青○

尚之以瓊瑩乎而。瓊瑩石似玉卿大夫之服也箋云石色似瓊似瑩也〔疏〕傳青青玉○正義曰傳意充耳以青謂以青玉爲瑱故云青謂青玉此章說卿大夫之事下章說人君之事考工記玉人云天子用金則公侯以下皆玉石雜言青玉黃玉亦謂玉石雜也○

俟我於堂乎而。充耳以黃乎而。黃黃玉箋云黃紞之黃○

尚之以瓊英乎而。瓊英美石似玉者人君之服也箋云瓊英猶瓊華也〔疏〕箋瓊英猶瓊華○正義曰釋草云木謂之華草謂之榮榮而不實者謂之英然則英是華之別名故言瓊英猶瓊華二章瓊瑩俱玉石名也故云似瓊似瑩英華是玉光色故不言似英似華耳今定本云瓊英猶瓊華瓊瑩兼言瓊瑩者蓋衍字也○

著三章章三句

東方之日。刺衰也。君臣失道。男女淫奔。不能以禮化也。○衰色追反本或作刺襄公非也南山已下始是襄公之詩〔疏〕東方之日二章章五句至禮化○正義曰作東方之日詩者刺衰也哀公君臣失道至使男女淫奔謂男女不待以禮配合君臣皆失其道不能以禮化之是其時政之衰故刺之也毛以爲陳君臣盛明化民以禮之事以刺當時之衰鄭則指陳當時君臣不能化民以禮雖屬意異皆以章首一句東方之日爲君失道東方之月爲臣失道下四句爲男女淫奔不能以禮化之事○

東方之日兮。彼姝者子。在我室兮。興也日出東方人君明盛無不照察也姝者初昏之貌箋云言東方之日者愬之乎耳有姝姝美好之子來在我室欲與我爲室家我無如之何也日在東方其明未融興者喻君不明○姝赤朱反○

在我室兮。履我即兮。履禮也箋云即就也在我室者以禮來我則就之與之去也言今者之子不以禮來也○〔疏〕東方至即兮○毛以爲東方之日兮猶言明盛之君兮日出東方無不鑒照喻君德明盛無不察理此明德之君能以禮化民民皆依禮嫁娶故其時之女言彼姝然美好之子來在我之室兮此子在我室兮由其以禮而來故我往就之兮言古人之君明盛刺今之昏闇言婚姻之正禮以刺今之淫奔也○鄭以爲當時男女淫奔假爲女拒男之辭以刺時之衰亂有女以男逼已乃訴之言東方之日兮以喻告不明之君兮由君不明致此強暴今有彼姝然美好之子來在我之室兮欲與我爲室家我無奈之何又言己不從之意此子在我室兮若以禮而來我則欲就之兮今不以禮來故不得從之不能以禮化民至使男淫女訴故刺之○傳日出至之貌○正義曰日出東方漸以明盛照臨下土故以喻人君明盛無不照察謂明照下民察理其事使之不敢淫奔彼姝者女言其就女親迎之事故以姝爲初婚之貌與箋云美好亦同王肅云言人君之明盛刺今之昏闇○箋東方至不明○正義曰箋以序言君臣失道不言陳善刺惡則是當時實事也不宜爲明盛之君故易傳以東方之日者比君於日以情訴之也日之明盛在於正南又解不以南方之日爲興者以日在東方其明未融故舉東方之日以喻君之不明也昭五年左傳云日上其中明而未融其當旦乎服虔云融高也案既醉昭明有融傳云融長也謂日高其光照長遠日之旦明未高故以喻君不明也若然男女淫奔男倡女和何以得有拒男之女而訴於君者詩人假言女之拒男以見男之強暴明其無所告訴終亦共爲非禮以此見國人之淫奔耳未必有女終能守禮訴男者也○傳履禮○正義曰釋言文上喻人君明盛此必不與鄭同王肅云言古婚姻之正禮刺今之淫奔

東方之月兮。彼姝者子。在我闥兮。月盛於東方君明於上若日也臣察於下若月也闥門內也箋云月以興臣月在東方亦言不明○闥他達反韓詩云門屏之間曰闥○〔疏〕傳月盛至門○正義曰以序言君臣失道則君臣並責故知以月盛東方喻臣明察也云闥門內者以上章在我室兮謂來入其家又闥字從門故知門內也

在我闥兮。履我發兮。發行也箋云以禮來則我行而與之去○〔疏〕傳發行○正義曰以行必發足而去故以發爲行也

東方之日二章章五句

東方未明。刺無節也。朝廷興居無節。號令不時。挈壺氏不能掌其職焉。○號令猶召呼也挈壺氏掌漏刻者○朝直遙反注皆同挈苦結反又音結壺音胡挈壺氏掌漏刻之官○〔疏〕東方未明三章章四句至職焉○正義曰作東方未明詩者刺無節也所以刺之者哀公之時朝廷起居或早或晚而無常節度號令召呼不以其時人君置挈壺氏之官使主掌漏刻以昏明告君今朝廷無節由挈壺氏不能掌其職事焉故刺君之無節且言置挈壺氏之官不得其人也朝廷是君臣之摠辭此則非斥言其君也興起也居安坐也言君之坐起無時節也由起居無節故號令不時即經上二章是也挈壺氏不能掌其職卒章是也○箋號令至刻者○正義曰以經言自公召之故云號令猶召呼也挈壺氏於天子爲司馬之屬其官士也故夏官序云挈壺氏下士六人注云挈讀如挈髮之挈壺盛水器也世主挈壺水以爲漏然則挈壺者懸繫之名刻謂置箭壺內刻以爲節而浮之水上令水漏而刻下以記晝夜昏明之度數也以序言不能掌其職焉故舉其所掌之事也○

東方未明。顛倒衣裳。上曰衣下曰裳箋云挈壺氏失漏刻之節東方未明而以爲明故羣臣促遽顛倒衣裳羣臣之朝別色始入○倒都老反遽其慮反別彼列反

顛之倒之。自公召之。箋云自從也羣臣顛倒衣裳而朝人又從君所來而召之漏刻失節君又早興〔疏〕東方至召之○正義曰言朝廷起居無節度於東方未明之時羣臣皆顛倒衣裳而著之方始倒之顛之著衣未往已有使者從君而來召之起之早晚禮有常法而今漏刻失節促遽若此故謂之○傳上曰衣下曰裳○正義曰此其相對定稱散則通名曰衣曲禮曰兩手摳衣去齊尺注云齊謂裳下緝也是裳亦稱衣也傳言此解其顛倒之意以裳爲衣今上者在下是爲顛倒也○箋挈壺至始入○正義曰解時實未明而顛倒衣裳之意以挈壺氏失漏刻之節每於東方未明而爲已明告君使之早起羣臣當以失晚復恐後期故於東方未明之時意促惶遽不暇整理衣服故顛倒著衣裳而朝君此則失於侵早故言朝之正法羣臣別色始入東方未明當起也別色始入玉藻文○箋羣臣至早興○正義曰羣臣顛倒衣裳方欲朝君人已從君所來召之是君已先起矣故言君又早興臣起已太早君興又早於臣也

東方未晞。顛倒裳衣。晞明之始升○〔疏〕傳晞明之始升○正義曰晞是日之光氣湛露云匪陽不晞謂見日之光而物乾故以晞爲乾蒹葭云白露未晞言露在朝且未見日氣故亦爲乾義此言東方未明無取於乾故言明之始升謂將旦之時日之光氣始升與上未明爲一事也

倒之顛之。自公令之。令告也○

折柳樊圃。狂夫瞿瞿。柳柔脆之木樊藩也圃菜園也折柳以爲藩圃無益於禁矣瞿瞿無守之貌古者有挈壺氏以水火分日夜以告時於朝箋云柳木之不可以爲藩猶是狂夫不任挈壺氏之事○折之舌反圃音

布又音補樹菜蔬曰圃瞿俱具反脆七歲反藩方元反。不能辰夜。不夙則莫。辰時夙早莫晚也箋云此言不任其事者恒失節數也。莫音暮。〔疏〕折柳至則莫。正義曰此言折柳木以爲藩菜果之圃則柳木桑脆無益於圃之禁以喻用狂夫以爲挈壺之官則狂夫瞿瞿然不任於官之職由不任其事恒失節度不能時節此夜之漏刻不太早則太晚常失其宜故令起居無節以君任非其人故刺之。傳柳柔至於朝。正義曰言柳柔脆之木者欲取無益於禁故以柔脆解之樊藩也釋言文孫炎曰樊圃之藩也郭璞曰謂藩籬也種菜之地謂之圃其外藩籬謂之圃故云圃菜圃也太宰九職二曰園圃毓草木注云樹果蓏曰圃園其藩也是圃內可以種菜又可以樹果蓏其外列藩籬以爲樊柳是柔脆之物以手折而爲藩無益於禁以喻狂夫不任挈壺之職也蟋蟀云良士瞿瞿瞿爲良士貌故傳云瞿瞿然顧禮義此言狂夫瞿瞿謂狂愚之夫故言瞿瞿無守之貌爲精神不立志無所守故不任居官也序云挈壺氏不能掌其職則狂夫爲挈壺氏矣故又解其瞿瞿之意古者有挈壺氏以水火分日夜謂以水爲漏夜則以火照之冬則冰凍不下又當置火於傍故用水用火準晝夜共爲百刻分其數以爲日夜以告時節於朝職掌如此而今此狂夫瞿瞿然志無所守分日夜則參差不齊告時節則早晚失度故責之也挈壺氏職曰凡喪懸壺以代哭皆以水火守之分以日夜及冬則以火爨鼎水而沸之而沃之注云代更也禮未大斂代哭以水守壺者爲沃漏也以火守壺者夜則視刻數也分以日夜者異晝夜漏也漏刻之箭晝夜共百刻冬夏之間則有長短焉太史立成法有四十八箭是其分日夜之亭言冬夏之間有長短者案乾象歷及諸歷法與今大史所候皆云冬至則晝四十五夜五十五夏至則晝六十五夜三十五春秋分則晝五十五半夜四十四半從春分至於夏至晝漸長增九刻半從夏至至於秋分所減亦如之從秋分至於冬至晝漸短減十刻半從冬至至於春分所加亦如之又於每氣之間加減刻數有多有少其事在於歷術以其算數有多有少不可通而爲率故太史之官立爲法定作四十入箭以一年有二十四氣每一氣之間又分爲二通率七日強半而易一箭故周年而用箭四十八也歷言晝夜者以昏明爲限馬融王肅注尚書以爲日永則晝漏六十刻夜漏四十刻日短則晝漏四十刻夜漏六十刻日中宵中則晝夜各五十刻者以尚書有日出日入之語遂以日見爲限尚書緯謂刻爲商鄭作士昏禮目錄云日入三商爲昏舉全數以言耳其實日見之前日入之後距昏明各有二刻半減晝五刻以裨夜故於歷法皆多校五刻也鄭於堯典注云日中宵中者日見之漏與不見者齊也日永者日見之漏五十五刻日不見之漏四十五刻又與馬王不同者鄭言日中宵中者其漏齊則可矣其言日永日短之數則與歷甚錯馬融言晝漏六十夜漏四十減晝以裨夜矣鄭意謂其未減又減晝五刻以增之是鄭之妄說耳漏刻之數見在史官古今歷者莫不符合鄭君獨有此異不可強爲之辭案挈壺之職唯言分以日夜不言告時於朝春官雞人云凡國事爲期則告之時注云象雞知時然則告時於朝乃是雞人此言挈壺告時者以序云與居無節挈壺氏不能掌其職明是挈壺告之失時故令朝廷無節也蓋天子備官挈壺掌漏雞人告時諸侯兼官不立雞人故挈壺告也庭燎箋云王有雞人之官是鄭意以爲唯王者有雞人諸侯則無也。傳辰時夙早莫晚。正義曰釋訓云不辰不時也是辰爲時也夙早釋注文暮與早對故爲晚。

東方未明三章章四句

毛詩注疏校勘記（五之一）　阮元撰盧宣旬摘錄

齊譜

季蒯因之　閩本明監本毛本同案山井鼎云蒯當作萴物觀云宋板下季蒯作季萴是也

其先祖世爲四岳　閩本明監本毛本同案浦鏜云嘗誤世是也崧高正義引作嘗是其證

師尚父堪君多難　閩本毛本同明監本堪作甚案皆誤也考文王正義引作謀計居多此當與彼同

止自胡公之所殺　閩本明監本毛本同案盧文弨云止自當作上距是也

故云敷土　閩本明監本毛本同案土當作定此說譜敷定九畿

甸服此周爲王畿　閩本明監本毛本同案此當作比形近之譌

成王周公封東至海　閩本明監本毛本同案浦鏜云至非奄君名也疑在下成王節疏內錯誤在此是也當以此成王起接管仲之言也下凡移百九十三字

在禹貢青州　閩本明監本毛本同案山井鼎云在禹上當有圈是也

與呂伋王孫牟　閩本明監本毛本伋作汲案此誤改也十行本此字作伋以下引顧命齊世家則作汲各順其文耳

不言孝王者有大罪去國　閩本明監本毛本同案此當作不言孝王身有大罪于國皆形近之譌譜序正義無身字于國作惡彼文多不與此同也

詩人作到　閩本明監本毛本同案山井鼎云到當作刺是也

昭暫若此　閩本明監本毛本同案山井鼎云暫恐晢誤

○雞鳴

故夫人與戒君子　閩本明監本毛本同案故當作無

故陳人君早朝　閩本明監本毛本同案人君當作夫人見第二章正義

皆陳與夫相警相成之事也　閩本明監本毛本同案陳當作是以上正義各本譌舛不可讀今訂正

當復祿衣　〔補〕毛本復作服

○還

併驅而逐禽獸　閩本明監本毛本同小字本相臺本禽作二案二字是也禽字誤

則是山之南山則　〔補〕毛本下則字作側

牡名驪牝狼也　閩本明監本毛本牝下有名字案所補是

○著

謂所以懸瑱者　閩本明監本毛本同小字本相臺本懸作縣案縣字是也釋文云以縣音元下文正義本當亦是縣字其自爲文乃用懸字縣懸古今易字而說之也不知者乃以正義所易改箋

人君以玉爲之　閩本明監本毛本同小字本相臺本爲下有之字考文古本同案有者是也

楚語稱曰公子張　閩本明監本毛本同案曰當作白形近之譌

其又以繩爲瑱　閩本明監本毛本同案此不誤浦鏜云規誤繩非也繩當訓爲戒今韋昭注作規不與正義所引本同也

士婚禮壻親迎　閩本明監本毛本婚作昏案所改是也餘同此

至於女嫁　〔補〕毛本嫁作家

而云玉之瑱兮　閩本明監本毛本同案此不誤下孫毓引同浦鏜云也誤兮非也說文瑱下引玉之瑱兮可證案段玉裁云古尚書周易無也字毛詩周官始見各書所用也字本兮字之假借是也

天子用金　閩本明監本毛本同案浦鏜云全誤金是也

○東方之日

有姝姝美好之子　小字本同相臺本亦同考文古本亦同閩本明監本毛本姝姝作姝然案此當是有姝姝然美好之子靜女正義所引可證也今此正義兩言姝然其毛以爲下一姝然不誤以傳本不重此字也其鄭以爲下本是與箋文同作姝姝然因上有姝然遂誤脫之也閩本以下用以改箋非也各本亦脫去然字

傳月盛至門　閩本明監本毛本同案門下當有內字

○東方未明

東方未明三章　閩本明監本毛本脫未明二字

挈讀如挈髮之挈　閩本明監本毛本同案下二挈字浦鏜云絜誤挈考周禮注是也

東方未明當起也　閩本明監本毛本同案當上脫去一未字

不能辰夜　各本皆同案考文古本辰作晨誤也考此可見古本之多誤

瞿爲良士貌　閩本明監本毛本同案瞿當作䀠

夙早釋注文　閩本明監本毛本同案山井鼎云注當作詁是也

附釋音毛詩注疏卷第五（五之二）

毛詩國風　鄭氏箋　孔穎達疏

南山。刺襄公也。鳥獸之行。淫乎其妹。大夫遇是惡。作詩而去之。

襄公之妹魯桓公夫人文姜也襄公素與淫通及嫁公謫之公與夫人如齊夫人愬之襄公襄公使公子彭生乘公而搚殺之夫人久留於齊莊公即位後乃來猶復會齊侯于禚于祝丘又如齊師齊大夫見襄公行惡如是作詩以刺之又非魯桓公不能禁制夫人而去之○之行下孟反謫直革反責也又張革反乘繩證反一本作彭生乘公乘則依字讀搚於革反說文云拉也公羊傳云拉公幹而殺之沈又烏詣反拉音郎荅反後扶又反下皆同禚音灼地名行惡下孟反下之行皆同○〔疏〕南山四章章六句至去之○正義曰作南山詩者刺襄公也以襄公爲鳥獸之行鳥獸淫不避親襄公行如之乃淫於己之親妹人行之惡莫甚於此齊國大夫遂遇君有如是之惡故作詩以刺君其人恥事無道之主既作此詩遂弃而去之此妹既嫁於魯襄公猶尚淫之亦猶魯桓不禁使之至齊故作者既刺襄公又非魯桓經上二章刺襄公淫乎其妹下章責魯桓縱恣文姜序以主刺襄公故不言魯桓大夫遇是惡作詩而去之言作詩之意以見君惡之甚於經無所當也○箋襄公至去之○正義曰以弊笱猗嗟之序知襄公所淫之妹文姜是也桓十八年左傳云公與夫人姜氏如齊齊侯通焉公謫之以告夏四月丙子享公使公子彭生乘公公薨於車莊元年公羊傳云夫人譖公於齊侯公曰同非吾子齊侯之子也齊侯怒與之飲酒於其出焉使公子彭生送之於其乘焉拉幹而殺之是公謫文姜彭生搚殺公之事也春秋經桓三年秋公子翬如齊逆女九月夫人姜氏至自齊是文姜以桓三年歸魯也左傳於桓十八年如齊之下始云齊侯通焉箋知素與淫通者以姧淫之事生於聚居不宜既嫁始然故知未嫁之前素與淫通也且桓六年九月經書丁卯子同生卽莊公也猗嗟序稱人以莊公爲齊侯之子公羊傳稱桓公云同非吾子明非如齊之後始與齊侯通也但左傳爲謫公張本故於如齊之下始言齊侯通耳公羊拉幹而殺之史記稱使公子彭生抱魯桓公上車搚其脇公死於車搚與拉音義同彼皆言拉殺此言搚殺者說文云搚捉也何休云拉折聲正謂手捉其脇而折拉然爲聲此指言殺狀故言搚也夫人以桓十八年與公如齊經書公之喪至自齊傳不言文姜來歸莊元年傳云不書卽位文姜出故也莊公卽位之時猶在齊未來故言夫人久留於齊莊公卽位後乃來也其來年月三傳無文莊元年經書三月夫人遜于齊公羊傳云夫人固在齊矣其言遜何念母也正月以存君念母以首事何休及賈逵服虔皆以爲桓公之喪至是年三月朞而小祥公憂思少殺念及於母以其罪重不可以反之故書遜于齊耳其實先在於齊本未歸也至二年夫人會齊侯於禚是從魯往之則於會之前已反魯矣服虔云蓋魯桓公之喪從齊來公以母出之故不恐卽位文姜於時感公意而來既至爲魯人所尤故三月又遜於齊謂文姜來而後去非先在齊二者說雖不同皆是莊公卽位之後乃來也杜預創爲其說前儒盡不然也鄭於喪服小記之注引公羊正月存親之事則亦同於賈服至二年乃歸也春秋經莊二年夫人姜氏會齊侯於禚四年夫人姜氏享齊侯於祝丘五年夫人姜氏如齊師是夫人復會齊侯如齊師也以言齊侯淫於其妹終說其淫之事若然按經莊七年春夫人姜氏會齊侯於防冬夫人姜氏會齊侯於穀亦是淫事此不言者略舉其先三會以包其後二會也以左傳於會禚之下書姧也於會防之正言齊志也杜預以爲意出於夫人則云書姧意出於齊侯則云齊志傳舉二端其餘皆從之則祝丘與如齊師姧由從夫人防穀姧發於齊侯鄭意或亦當然今此箋又以經有非魯桓之事而序不言之據夫人發文故申其意言大夫見襄公行惡如是作詩以刺之又非魯桓公不能禁制文姜言詩經有此二意也而云去之者疊序去之文謂弃齊而去

南山崔崔。雄狐綏綏。

興也南山齊南山也崔崔高大也國君尊嚴如南山崔崔然雄狐相隨綏綏然無別失陰陽之匹箋云雄狐行求匹耦於南山之上形貌綏綏然興者喻襄公居人君之尊而爲淫泆之行其威儀可恥惡如狐○崔子雖反又音佳別彼列反泆音逸下同惡烏路反又如字○

魯道有蕩。齊子由歸。

蕩平易也齊子文姜也箋云婦人謂嫁曰歸言文姜既以禮從此道嫁于魯侯也○蕩徒黨反徐勑黨反易夷鼓反

既曰歸止。曷又懷止。

懷思也箋云懷來也言文姜既曰嫁于魯侯矣何復來爲乎非其來也○〔疏〕南山至懷止○毛以爲南山雄狐各自爲喻言南山高大崔崔然以喻國君之位尊高如山也雄狐相隨綏綏然雄當配雌理亦當然也今二雄無別失陰陽之匹以喻夫當配妻今襄公兄與妹淫亦失陰陽之匹以襄公居尊位而失匹配故舉淫事以責之言魯之道路有蕩然平易齊侯之子女文姜用此道而歸嫁於魯既曰歸於魯止自有夫矣襄公何爲復思之止而與之會爲此淫乎○鄭以爲狐在山上爲喻言南山高大崔崔然有雄狐在此山上以求配耦形貌綏綏然其狀可恥惡也喻說在箋既言公淫可惡又責文姜會公言魯之道路有蕩然而平易齊子文姜從此道而歸於魯既曰歸於魯止當專意事夫何爲又復來止責文姜之來會襄公也○傳南山至之匹○正義曰詩人自歌土風山川不出其境故云南山齊南山也南山形貌高大崔崔然故知喻國君之位尊嚴言其高大如南山也綏綏是匹行之貌今言雄狐相隨綏綏然明是二雄狐相匹故云雄狐綏綏然是二狐俱雄無有別異失陰陽之匹以喻兄與妹淫亦失陰陽之匹也今定本云失陰陽之正義亦通也檢此傳文無狐在山上之意則各自爲喻異於鄭也對文則飛曰雌雄走曰牝牡散則可以相通牧誓曰牝雞之晨飛得稱牝明走得稱雄僖十五年左傳稱秦伯伐晉筮之遇蠱其繇曰獲其雄狐亦謂牡爲雄與此同也○箋雄狐至如狐○正義曰箋以南山雄狐文勢相連則是狐在山上不宜別以爲喻又狐必雄雌相從無二雄相隨之理故以爲狐求匹耦於南山之上喻襄公淫泆於人君之位其可恥惡如狐貌以狐比之有狐之傳以綏綏匹行之貌則此言綏綏亦匹行之貌言求匹耦者正謂無雌相隨是求匹耦也在高顯之處使人見之是謂可惡也○傳蕩平至文姜○正義曰以其說道路之貌故以蕩爲平易言地平而易無險難也文姜齊女故謂之齊子傳於詩由多訓爲用此當言用此道以歸魯也○傳懷思○正義曰釋詁文王肅云文姜既嫁於魯適人矣何爲復思與之會而淫乎○箋懷來至其來○正義曰懷來釋言文以歸止謂文姜歸則懷止亦謂文姜懷不宜謂襄公思故易傳以爲非責文姜之來也

葛屨五兩。冠綏雙止。

葛屨服之賤者冠綏服之尊者箋云葛屨五兩喻文姜與姪娣及傳姆同處冠綏喻襄公也五人爲奇而襄公往從而雙之冠屨不宜同處猶襄公文姜不宜爲夫婦之道○屨九具反兩王肅如字沈音亮綏如誰反傳姆上音付下音茂處昌慮反下同奇居宜反

魯道有蕩。齊子庸止。

庸用也

既曰庸止。曷又從止。

箋云此言文姜既用此道嫁於魯侯襄公何復送而從之爲淫泆之行○〔疏〕葛屨至從止○正義曰屨以兩隻爲具五爲數之奇言葛屨服之賤雖有五兩其數雖奇以冠綏往配而雙止則非其宜以喻文姜是襄公之妹雖與姪娣傳姆有五人矣其數雖奇以襄公往配而雙之亦非其宜襄公兄也文姜妹也兄妹相配是非其宜既云不宜相配又責非理爲淫魯之道路有蕩然平易齊子文姜用此道以歸魯止既曰用此道以歸魯止彼自有夫襄公何爲復從雙止責其復從文姜爲淫泆之行○傳葛屨至尊者○正義曰賤宜對貴尊當對卑在身之服上尊下卑葛屨服之於足葛又物之賤者故以賤言之冠綏服之於首是服之最尊所用之物貴故以尊言之亦合其貴賤尊卑互相見也○箋葛屨至之道○正義曰屨必兩隻相配故以一兩爲一物綏必屬之於冠故冠綏共爲一同葛屨言五冠綏言雙由是五爲奇故欲雙之使耦也奇天數矣獨舉五而言明五必有象故以喻文姜與姪娣傳姆五人俱是婦人不宜以襄公往雙之云其一數奇以經有五兩故以五人解之莊十九年公羊傳曰諸侯一娶九女二國往媵之以姪娣從姪者何兄之子也娣者何女弟也是諸侯夫人有姪有娣也襄三十年公羊傳曰宋災伯姬存焉有司請出伯姬曰吾聞之婦人夜出不見傳姆不下堂傳至姆未至逮火而死是諸侯夫人有傳姆也士昏禮云姆在其右注云姆婦人年五十無子出而不復嫁能以婦道教人者若今時乳母矣士妻之姆如此則諸侯夫人其姆亦當然也內則云女子十年不出傳姆教之執麻枲治絲繭則傳是姆類亦當以婦人老者爲之矣何休云選老大夫爲傳大夫妻爲姆以男子爲傳書傳未有云焉且大夫之妻當自處家無由從女而嫁使夫人動輒待之何休之言非禮意也冠屨貴賤不宜同處由襄公與文姜兄之與妹不宜爲夫婦之道又襄公止復文姜耳傳不言淫其姪娣又傳姆老人非襄公之類而云襄公雙之者正以姪娣傳姆與文姜同是婦人聚居一處襄公乃以男子厠人其中不宜與妹相耦作者指言其不宜雙文姜耳非謂襄公於五人皆淫之○箋此言至之行○正義曰上言曷又懷止箋謂責文姜之來此言曷又從止以爲責襄公從之者以懷止與歸止文連歸是文姜歸魯故知懷是文姜來齊此與庸止文連庸是用道而往則從是逐後從之故知責襄公從之言以意從送與之爲淫耳非謂從之至魯也

蓺麻如之何。衡從其畝。

蓺樹也衡獵之從獵之種之然後得麻箋云樹麻者必先耕治其田然後樹之以言人君取妻必先議於父母○蓺魚世反本或作藝技藝字耳衡音橫注同亦作橫字又一音如字衡卽訓爲橫韓詩云東西耕曰橫從足容反注同韓詩作由云南北耕曰由

取妻如之何。必告父母。

必告父母廟箋云取妻之禮議於生者卜於死者此之謂告○取七喻反注下皆同

既曰告止。曷又鞫止。

鞫窮也箋云鞫盈也魯侯女既告父母而取何復盈從令至于齊乎又非魯桓○鞫居六反令力呈反下同〔疏〕蓺麻至鞫止○毛以爲種麻之法如之何乎必横縱獵其田畝種之然後得麻以興娶妻之法如之何乎必告廟啓其父母娶之然後得妻魯桓既曰告廟而娶得之止宜以婦道禁之何爲又使窮極邪意而至齊乎止責魯桓不禁制文姜鄭唯以鞫爲盈爲異餘同○傳蓺樹至得麻○正義曰此云蓺麻后稷生民云蓺之荏菽大司徒云教稼穡樹蓺則樹蓺皆種之別名故云蓺猶樹也

在田逐禽謂之獵，則獵是行步踐履之名。衡，古橫字也。衡獵之，縱獵之，謂既耕而東西踐躡摩之也。古者推耒耜而耕，不宜縱橫耕田，且書傳未有謂耕爲獵者，故知是摩獵之也。今定本云重之然後得麻，義雖得通，不如爲種字也。○箋「取妻」至「謂告」。○正義曰：傳以經云「必告父母」，嫌其唯告生者，故云「必告父母之廟」。箋又嫌其唯告於廟，故云「議於生者，卜於死者」，以足之。婚有納吉之禮，卜而得吉，使告女家，是娶妻必卜之。士冠禮云「筮於廟門」，明卜亦在廟也。曲禮云「男女非有行媒，不相知名，故齊戒以告鬼神」。昭元年左傳說楚公子圍將娶妻於鄭，其辭云「圍布几筵，告於莊共之廟而來」，是娶妻自有告廟之法，而箋必以爲卜者，以納吉爲六禮之一，故舉卜言之。案婚禮納采之禮云「主人筵於戶西」，注云「主人，女父也。筵爲神布席也。將以先祖之遺體許人，故受其禮於廟也」。其後諸禮皆轉以相似，則禮法皆告廟矣。女家尚每事告廟，則夫家將行六禮，皆告於廟，非徒一卜而已，明以卜爲大事，故特言之。○傳「鞫，窮」。○正義曰：釋言文。傳意當謂魯桓縱恣文姜，使窮極邪意也。○箋「鞫盈」至「魯桓」。○正義曰：釋詁文。箋以此責魯桓之辭，不宜唯言文姜之窮極邪意，故易傳以爲盈，責魯桓之盈縱文姜，不禁制之。

析薪如之何？匪斧不克。克，能也。箋云：此言析薪必待斧乃能也。○析，星歷反。

取妻如之何？匪媒不得。箋云：此言取妻必待媒乃得也。

既曰得止，曷又極止？極，至也。箋云：女既以媒得之矣，何不禁制，而恣極其邪意，令至齊乎？又非魯桓。

【疏】「析薪」至「極止」。○正義曰：言析薪之法如之何乎？非用斧不能斫之。以興娶妻之法如之何乎？非使媒不能得之。魯桓既曰使媒得之止，宜以婦道禁之，何爲窮極邪意而至齊止？又責魯桓不禁制文姜也。○傳「極，至」。○正義曰：釋詁文。箋言「恣極邪意，令至齊」者，申說極爲至之義。恣解義之言，非經中極也。

南山四章，章六句。

甫田，大夫刺襄公也。無禮義而求大功，不脩德而求諸侯，志大心勞，所以求者非其道也。

【疏】「甫田三章，章四句」至「其道」。○正義曰：甫田詩者，齊之大夫所作，以刺襄公也。所以刺之者，以襄公身無禮義而求已有大功，不能自脩其德而求諸侯從已。有義而後功立，惟德可以來人。今襄公無禮義、無德，諸侯必不從之，其志望大，徒使心勞，而公之所求者非其道也。大夫以公求非其道，故作詩以刺之。求大功與求諸侯一也，若諸侯從之，則大功克立，所從言之異耳。求大功者，欲求爲霸主也。天子衰，諸侯興，故曰霸。中侯霸免注云：「霸，猶把也，把天子之事。」於時王室微弱，諸侯無主，齊是大國，故欲求之。鄭以國語云「齊莊、僖於是乎小伯」，韋昭曰「小伯，主諸侯盟會」。襄即莊孫僖子，以父祖已作盟會之長，可以爲霸業之基，又自以國大民衆，負恃強力，故欲求爲霸也。至其弟桓公，即求而得之，是齊國可以爲霸，但襄公無德而不可求耳。上二章刺其求大功，卒章刺其不能脩德，皆言其所求非道之事。「勞心忉忉」，是志大心勞。

無田甫田，維莠驕驕。興也。甫，大也。大田過度而無人功，終不能獲。箋云：興者，喻人君欲立功致治，必勤身脩德，積小以成高大。○莠，羊九反。無田，音佃，下同。治，直吏反。

無思遠人，勞心忉忉。忉忉，憂勞也。言無德而求諸侯，徒勞其心忉忉耳。○忉，音刀。

【疏】「無田」至「忉忉」。○正義曰：上田謂墾耕，下田謂土地。以襄公所求非道，故設辭以戒之。言人治田，無得田此大田，若大田過度，力不充給，田必無穢，維有莠草驕驕然。以喻公無霸德，思念遠人，若思彼遠人，德不致物，人必不至，維勞其心忉忉然。言人之欲種田求穀，必準功治田，穀乃可獲。喻人君欲立功致治，必勤身脩德，功乃可立。無德而求諸侯，徒勞其心也。責襄公之妄求諸侯也。○傳「甫田」至「能獲」。○正義曰：「甫，大」，釋詁文。言「無田甫田」，猶多方云「宅爾宅，田爾田」。今人謂佃食，古之遺語也。禁人言「無田甫田」，猶下句云「無思遠人」。「無田」與「無思」相對爲喻。周禮授民田，上地家百畝，中地家二百畝，下地家三百畝，謂其人力堪治，故禮以此爲度。過度，謂過此數而廣治田也。○傳「忉忉，憂勞」。○正義曰：釋訓云「忉忉，憂也」，以言勞心，故云憂勞也。

無田甫田，維莠桀桀。桀桀，猶驕驕也。○桀，居竭反，徐又居謁反。

無思遠人，勞心怛怛。怛怛，猶忉忉也。○怛，旦末反。

婉兮孌兮，總角丱兮。未幾見兮，突而弁兮。婉孌，少好貌。總角，聚兩髦也。丱，幼穉也。弁，冠也。箋云：人君內善其身，外修其德，居無幾何，可以立功，猶是婉孌之童子，少自脩飾，丱然而稚，見之無幾何，突耳加冠爲成人也。○婉，於阮反。孌，力轉反。總，本又作揔，子孔反。丱，古患反。幾，居豈反，注同。見兮，一本作見之。突，吐活反，注同。方言云：凡卒相見謂之突，吐訥反。弁，皮眷反。髦，音毛。少，詩照反。

【疏】「婉兮」至「弁兮」。○正義曰：言有童子婉然而少，孌然而好兮，總聚其髮以爲兩角，丱然兮，幼稚如此。與別未經幾時而更見之，突然已加冠弁爲成人兮。言童子少自脩飾，未幾時而卽得成人。以喻人君能善身修德，未幾時而可以立功。今君不修其德，欲求有功，故刺之。○傳「婉孌」至「弁冠」。○正義曰：候人傳曰「婉，少貌。孌，好貌」。此并訓之，故言少好貌。內則云「男女未冠笄者，總角衿纓」。冠所以覆髮，未冠則總角，故知總角聚兩髦，言總聚其髦以爲兩角也。丱兮與總角共文，故爲幼稚。周禮掌冠冕者，其職謂之弁師，則弁者冠之大號，故爲弁冠也。士冠禮及冠義記士之冠云：始加緇布冠，次加皮弁，次加爵弁，三加而後字之，成人之道也。然則士有三加冠，此言「突若弁兮」，指言童子成人加冠而已，不主斥其一冠也。若，猶耳也，故箋言「突耳加冠爲成人」。猶嗟「頎若」言若者，皆然耳之義，古人語之異耳。定本云「突而弁兮」，不作若字。

甫田三章，章四句。

盧令，刺荒也。襄公好田獵畢弋，而不脩民事，百姓苦之，故陳古以風焉。畢，噣也。弋，繳射也。○令，音零，下同。好，呼報反。風，福鳳反。噣，直角反，本亦作濁。畢，星名。何音犢。繳，音灼。

【疏】「盧令三章，章二句」至「風焉」。○正義曰：作盧令詩者，刺荒也。所以刺之者，以襄公性好田獵，用畢以掩兔，用弋以射鴈，好此遊田逐禽，而不脩治民之事，國內百姓皆患苦之，故作是詩，陳古者田獵之事，以風刺襄公焉。經三章皆言有德之君順時田獵，與百姓共樂之事。○箋「畢噣，弋繳射」。○正義曰：釋天云「噣謂之畢」。李巡曰：「噣，陰氣獨起，陽氣必止，故曰畢。畢，止也。」孫炎曰：「掩兔之畢，或謂之噣，因名星云。」郭璞曰：「掩兔之畢，或呼爲噣，因星形以名之。」月令注云：「網小而柄長謂之畢。」然則此器形似畢星。孫謂以網名畢，郭謂以畢名網，郭說是也。用繩繫矢而射鳥，謂之繳射也。

盧令令，其人美且仁。盧，田犬。令令，纓環聲。言人君能有美德，盡其仁愛，百姓欣而奉之，愛而樂之。順時遊田，與百姓共其樂，同其獲，故百姓聞而說之，其聲令令然。○纓，於盈反，又於政反。樂，音洛，下同。說，音悅。

【疏】「盧令」至「且仁」。○正義曰：言古者有德之君，順時田獵，與百姓共樂同獲，百姓聞而悅之，言吾君之盧犬，其環鈴鈴然爲聲。又美其君，言吾君其爲人也，美好且有仁恩。言古者賢君田獵，百姓愛之，刺今君田獵，則百姓苦之。○傳「盧田」至「令令然」。○正義曰：犬有田犬、守犬。戰國策云：「韓國盧，天下之駿犬也。東郭逡，海內之狡兔。韓盧逐東郭逡，山三越，岡五兔，極於前，犬疲於後，俱爲田父之所獲。」是盧爲田犬也。此言鈴鈴，下言環鋂，鈴鈴卽是環鋂聲之狀。環在犬之領下，如人之冠纓然，故云纓環聲也。「言人君有美德」以下，言百姓所以悅君之意。孟子謂梁惠王曰：「今王田獵於此，百姓聞王車馬之音，見羽旄之美，舉疾首蹙頞而相告曰：『吾王好田獵，夫何使我至於此極也？父子不相見，兄弟妻子離散。』此無他，不與民同樂也。今王田獵於此，百姓聞王車馬之音，見羽旄之美，舉欣欣然有喜色而相告曰：『吾王庶幾無疾病與？何能田獵也？』此無他，與民同樂也。」則百姓悅之也。今定本云「喻人君能有美德」，「喻」字誤也。

盧重環，其人美且鬈。重環，子母環也。○重，直龍反，下同。鬈，好貌。箋云：鬈讀當爲權。權，勇壯也。○鬈，音權。說文云：髮好貌。

【疏】箋「鬈讀」至「勇壯」。○正義曰：箋以諸言且者，皆辭兼二事，若鬈是好貌，則與美是一也。且仁、且偲，既美而復有仁才，則且鬈不得爲好貌，故易之。巧言云「無拳無勇」，其文相連，是鬈爲勇也。以君能盡其仁愛，與百姓同樂，故美其且仁；以君身有勇壯，能捕取猛獸，故美其且鬈；以君善於射御，多有才能，故美其且偲。皆是獵時之事，故歷言之。大叔于田敍云「叔多才而好勇」，亦謂獵時有才勇也。

盧重鋂，鋂，一環貫二也。○鋂，音梅。其人美且偲。偲，才也。箋云：才，多才也。○偲，七才反。說文云：強也。

【疏】傳「鋂，一環貫二」。○正義曰：上言重環，謂環相重，故知謂子母環，謂大環貫一小環也。重鋂與重環別，則與子母之環文當異，故知一環貫二，謂一大環貫二小環也。說文亦云：「鋂，環也。一環貫二。」

盧令三章，章二句。

敝笱，刺文姜也。齊人惡魯桓公微弱，不能防閑文姜，使至淫亂，爲二國患焉。○敝笱，婢世反，徐符滅反，本又作弊。弊，敗也。笱，音古口反，取魚器也。惡，烏路反。

【疏】「敝笱三章，章四句」至「患焉」。○正義曰：作敝笱詩者，刺文姜也。所以刺之者，文姜是魯桓夫人，齊人惡魯桓公爲夫微弱，不能防閑文姜，使至於齊，與兄淫亂，爲二國之患焉，故刺之也。文姜淫亂，由魯桓微弱使然。經三章皆是惡魯桓以刺文姜之辭。夏官虎賁氏云「舍則守王閑」，注云：「舍，王出所止宿處也。閑，梐枑也。」天官掌舍「掌王之會同之舍，設梐枑再重」，杜子春云：「梐枑，謂行馬。」玄謂行馬再重者，以周衛有外內列。周衛防守之物名之曰閑，則閑亦防禁之名，故此及猗嗟之序，皆防閑並言之也。齊則襄公通妹，魯則夫人外淫，桓公見殺於齊，襄公惡名不滅，是爲二國患也。文姜既嫁於魯，齊人不當刺之，由其兄與妹淫，齊人惡君而復惡文姜，亦所以刺君，故編之爲襄公詩也。

敝笱在梁，其魚魴鰥。興也。鰥，大魚。箋云：鰥，魚子也。魴也，鰥也，魚之易制者，然而敝敗之笱不能制。興者，喻魯桓微弱，不能防閑文姜，終其初時之婉順。○魴，音房。鰥，毛古頑反，鄭古魂反。易，夷豉反。

齊

子歸止。其從如雲。如雲言盛也箋云其從姪娣之屬言文姜初嫁于魯桓之時其從者之心意如雲然雲之行順風耳後知魯桓微弱文姜遂淫恣從者亦隨之爲惡○從才用反注下皆同【疏】敝笱至如雲○毛以爲笱者捕魚之器弊敗之笱在於魚梁其魚乃是魴鰥之大魚非弊敗之笱所能制以喩微弱之君爲其夫婿其妻乃是強盛之齊女非微弱之夫所能制刺魯桓之微弱不能制文姜也又言文姜難制之意齊子文姜初歸於魯國止其從者庶姜庶士其數衆多如雲然以此強盛故魯桓不能禁也○鄭以爲弊敗之笱在於魚梁其魚乃是魴鰥之小魚魴鰥自是魚之易制者但笱以弊敗不能制以喩文姜是婦人之易制者但由魯桓以微弱不能制由其不制文姜故令從者亦惡齊子文姜初歸於魯國止其從者之心如雲然雲行順風東西從者隨嫡善惡由文姜淫泆故從者亦淫○傳鰥大魚○正義曰孔叢子云衛人釣於河得鰥魚焉其大盈車子思問曰如何得之對曰吾下釣垂一魴之餌鰥過而不視又以豚之半鰥則呑矣子思歎曰魚貪餌以死士貪祿以亡是鰥爲大魚也傳以鰥爲大魚則以大爲喩王肅言魯桓之不能制文姜若弊笱之不能制大魚也○箋鰥魚至婉順○正義曰鰥魚子釋魚文李巡曰凡魚之子揔名鯤也鯤鰥字異蓋古字通用或鄭本作鯤也魯語云宣公夏濫於泗淵里革斷其罟而弃之曰魚禁鯤鮞鳥翼鷇卵蕃庶物也是亦以鰥爲魚子也毛以鰥爲大魚鄭以鰥爲魚子而與魴相配則魴之爲魚中魚也故可以爲大亦可以爲小陸機疏云魴今伊洛濟潁魴魚也廣而薄肥恬而少力細鱗魚之美者遼東梁水魴特肥而厚尤美於中國魴故其鄉語曰居就糧梁水魴是也箋以一鰥若大魚則強笱亦不能制不當以弊敗爲喩且魴鯤非極大之魚與鰥不類故易傳以爲小魚易制喩文姜易制但魯桓微弱不能防閑文姜使終其初時之婉順文姜素與兄淫而云初時婉順者在齊雖則先淫至魯必將改矣但知桓公微弱後復更爲淫耳○傳如雲言盛○正義曰傳以如雲言盛謂其從者多強盛而難制孫毓云齊爲大國初嫁寵妹庶姜庶士盛如雲兩故妹來自由桓公不能禁制言從者之盛傳意當然文姜歸魯之日襄公未爲君言寵妹則非也○箋其從至爲惡○正義曰姪娣之外更當有侍御賤妾故云其從姪娣之屬箋以作詩者主刺文姜之惡而言其從如雲明以文姜惡甚疾其敗損族類故易傳以爲從者亦隨文姜爲惡

敝笱在梁。其魚魴鱮。魴鱮大魚箋云鱮似魴而弱鱗○鱮象呂反廣雅云鰱也音連【疏】箋鱮似魴而弱鱗○正義曰陸機疏云鱮似魴厚而頭大魚之不美者故里語曰網魚得鱮不如啗茹其頭尤大而肥者徐州人謂之鰱或謂之鱅幽州人謂之鴞鴞或謂之胡鱅

齊子歸止。其從如雨。如雨言多也箋云如雨言無常天下之則下天不下則止以言姪娣之善惡亦文姜所使止【疏】箋如雨至使止○正義曰姪娣之善惡亦文姜所使今定本云所使出於義是也

敝笱在梁。其魚唯唯。唯唯出入不制箋云唯唯行相隨順之貌【疏】傳唯唯出入不制○正義曰上二章言魚名此章言魚貌今其上下相充也唯唯正是魚行相隨之貌耳傳以弊笱不能制大魚故云出入不制箋以爲小魚故行相隨順之貌各從其義故爲辭異耳其於唯唯義亦同也○唯唯維癸反沈養水反韓詩作遺遺言不能制也

齊子歸止。其從如水。水喩衆也箋云水之性可停可行亦言姪娣之善惡在文姜也

敝笱三章章四句

載驅。齊人刺襄公也。無禮義。故盛其車服。疾驅▲於通道大都。與文姜淫播其惡於萬民焉。故猶端也○驅欺具反又如字下皆同本亦作駈播波佐反【疏】載驅四章章四句至民焉○正義曰載驅詩者齊人所作以刺襄公也刺之者襄公身無禮義之故乃盛飾其所乘之車與所衣之服疾行驅馳於通達之道廣大之都與其妹文姜淫通播揚其惡於萬民焉使萬民盡知情無慙恥故刺之也國人刺君乃是常事諸序未有舉國之名言其民刺君此獨云齊人刺襄公者以文姜魯之夫人襄公往入魯境以其齊魯交錯須言齊以辨嫌無禮義盛其車服者首章次句與次章上二句是也疾驅首章上句是也於通道大都下二章上二句是也經因駐車而言車飾故先言載驅序以美其車服然後驅之且欲見其驅車所往之處故令疾驅與通道大都爲句而後言之經有車馬之飾而已無盛服之事既美其車明亦美其服故協句言之四章下二句皆言文姜來會齊侯是與文姜淫之事大都通道人皆見之是播其惡於萬民也○箋故猶端○正義曰諸言故者多是因上文以生下事此故乃與上爲句非生下之辭是以箋特釋之無禮義故猶言無禮義端端謂頭緒也論語叩其兩端謂動發本末兩頭也標有梅箋云女年二十而無嫁端爲無嫁之頭緒此亦謂無禮義之頭緒也故盛服而與妹淫通也

載驅薄薄。簟茀朱鞹。▲薄薄疾驅聲也簟方文席也車之蔽曰茀諸侯之路車有朱革之質而羽飾箋云此車襄公乃乘焉而來與文姜會○薄普各反徐扶各反茀音弗鞹苦郭反革也

魯道有蕩。齊子發夕。發夕自夕發至旦箋云襄公既無禮義乃疾驅其乘車以入魯竟魯之道路平易文姜發夕由之往會焉會無慙恥之色○發韓詩云發旦也其乘繩證反或音繩竟音境本亦作境易夷豉反下樂易同【疏】載驅至發夕○正義曰言襄公將與妹淫則驅馳其馬使之疾行其車之聲薄薄然用方文竹簟以爲車蔽又有朱色之革爲車之飾公乘此車馬往就文姜魯之道路有蕩然平易齊子文姜乃由此道發夕至旦來與公會公與妹淫會無愧色故刺之○傳薄薄至羽飾○正義曰薄薄車聲狀序言疾駈故云疾驅駈與驅音義同皆謂駈馬疾行也斯干說鋪席燕樂之事云下莞上簟簟字從竹用竹爲席其文必方故云方文席也車之蔽曰茀謂車之後戶也說文云鞹革也獸皮治去毛曰革鞹是革之別名此說齊君之車而云朱鞹故云諸侯之路車有朱革之質而羽飾謂以皮革爲本質其上又以翟羽爲之飾也釋器云輿革前謂之鞎後謂之茀李巡曰輿革前謂輿前以革爲車飾曰鞎茀車後戶名也郭璞曰鞎以韋靶車軾也茀以韋靶後戶也又云竹前謂之禦後謂之蔽李巡曰竹前謂編竹當車前以擁蔽名之曰禦禦止也孫炎曰禦以簟爲車飾也郭璞曰蔽以簟衣後戶也如爾雅之文車前後之飾皆有革有簟故此說車飾云簟茀朱鞹也彼文革飾後戶謂之蔽則茀蔽異矣此言車之蔽曰茀茀蔽爲一者彼因革與竹別而異其文耳其實革竹同飾後戶俱爲車之蔽塞故此傳茀蔽通言之春官巾車掌王后之車輅有重翟厭翟碩人說衞侯夫人云翟茀以朝是婦人之車有翟羽飾矣經傳不言諸侯路車有翟飾者今傳言羽飾必當有所案據不知出何書也○傳發夕至至旦○正義曰此言發夕謂夕時發行故爲發夕至旦小宛云明發不寐謂此至明之開發未嘗寢寐故爲發夕至明所以立文不同皆爲夕發至旦○箋襄公至之色○正義曰知入魯境者以下言汶水湯湯則會在汶側齊在魯北水北曰陽僖元年左傳稱公賜季友汶陽之田當齊襄公之時汶水之北尚是魯地故知襄公乘車入魯境也於魯道之下卽言發夕是則夜行在道言其疾趨齊侯之意故言文姜發夕而往會焉兄則盛飾而往妹則疾行會之是其無慙恥之色

四驪濟濟。垂轡瀰瀰。四驪言物色盛也濟濟美貌垂轡轡之垂者瀰瀰衆也箋云此又刺襄公乘是四驪而來徒爲淫亂之行○驪力馳反濟子禮反注同爾爾本亦作瀰同乃禮反徒一本作從兩通行下孟反

魯道有蕩。齊子豈弟。言文姜於是樂易然箋云此豈弟猶言發夕也豈讀當爲闓弟古文尚書以弟爲圛圛明也○豈開改反樂也弟如字或音待易反樂音洛闓音開圛音亦【疏】四驪至豈弟○毛以爲襄公將與妹淫乘其一駟之馬皆是鐵驪之色其馬濟濟然而美又四馬垂其六轡瀰瀰然而衆爲此盛飾往就文姜魯之道路有蕩然平易齊子文姜於是樂易然來與兄會會無慙色故刺之○鄭唯愷悌爲異言文姜開明而往會之餘同○傳四驪言物色盛也○正義曰夏官校人云凡軍事物馬而須之注云物馬齊其力言四言驪道其物色俱盛也○箋此豈至明也○正義曰箋以爲齊子愷悌文在魯道之下則愷悌爲在道之事若是其心樂易非獨在道爲然且上云發夕此當爲發夕之類故云此愷悌猶發夕言與其餘愷悌不同也愷悌之義與發夕不類故讀愷爲闓易稱闓物成務說文云闓開也古文尚書卽今鄭注尚書是也無以悌爲圛之字唯洪範稽疑論卜兆有五曰圛注云圛者色澤光明蓋古文作悌今文作圛賈逵以今文校之定以爲圛故鄭依賈氏所奏從定爲圛於古文則爲悌故云古文尚書以悌爲圛圛明也上言發夕謂初夜卽行此言闓明謂侵明而行與上古文相通也釋言云愷悌發也舍人李巡孫炎郭璞皆云闓明發行郭璞又引此詩云齊子愷悌是闓亦爲行之義也今定本云此愷悌發也猶言發夕又云悌古文尚書以爲圛更無悌字義並得通

汶水湯湯。行人彭彭。湯湯大貌彭彭多貌箋云汶水之上蓋有都焉襄公與文姜時所會○汶音問水名湯失章反彭必旁反【疏】箋汶水至所會○正義曰序言疾驅於通道大都行人彭彭是爲通道汶水湯湯傍有大都可知若其不然不應輒言汶水故云汶水之上蓋有都焉襄公與文姜時所會處也此襄公入於魯境往會文姜若是魯桓尚存不應公然如此此篇所陳蓋是莊公時事亦不知大都爲何邑故箋不言之

魯道有蕩。齊子翺翔。翺翔猶彷徉也○彷音旁徉音羊

汶水滔滔。行人儦儦。滔滔流貌儦儦衆貌○滔吐刀反儦表驕反說文云行貌

魯道有蕩。齊子遊敖。

載驅四章章四句

猗嗟。刺魯莊公也。齊人傷魯莊公有威儀技藝。然而不能以禮防閑其母。失子之道。人以爲齊侯之子焉。○猗於宜反字或作猗技其綺反【疏】猗嗟三章章六句至子焉○正義曰見其母與齊淫謂爲齊侯種胄是其可恥之甚故齊人作此詩以刺之也禮婦人夫死從子子當防母姦淫莊公不能防禁是失爲

人子之道經言猗嗟是歎傷之言也言其形貌之長面目之美善於趨步是有威儀也言其善舞善射是有技藝也言展我甥兮拒時人以爲齊侯之子也以其齊人所作故繫之於齊襄公注之故爲襄公之詩也

猗嗟昌兮。頎而長兮。猗嗟歎辭昌盛也頎長貌箋云昌佼好貌。頎音祈佼古卯反本又作姣 抑若揚兮。抑美色揚廣揚。○抑於力反 美目揚兮。好目揚眉 巧趨蹌兮。射則臧兮。蹌巧趨貌箋云臧善也。○趨本又作趨七須反又七遇反蹌七羊反

【疏】猗嗟至臧兮○正義曰齊人傷魯莊公猗嗟此莊公之貌甚昌盛兮其形狀頎然而長好兮然而美者其額上揚廣兮又有美目揚其眉兮巧爲趨步其舉動蹌然兮射則大善兮威儀技藝其美如此而不能防閑其母使之淫亂是其可嗟傷也○傳猗嗟至長貌○正義曰猗是心內不平嗟是口之喑咀皆傷歎之聲故爲歎辭若猶然也此言頎若長兮史記孔子世家稱孔子說文王之狀云黯然而黑頎然而長是之爲長貌也今定本云頎而長兮而與若義並通也○箋昌佼好貌○正義曰傳昌爲盛不言爲其貌故申足之云佼好貌○傳抑美色揚廣揚○正義曰揚是額之別名抑爲揚之貌故知抑爲美色額貴闊故言揚廣揚○傳好目揚眉○正義曰美目揚兮目揚俱美傳欲辨揚是眉故省其文言好目揚眉既言目揚皆好又傳解揚爲眉蓋以眉毛揚起故名眉爲揚○傳蹌巧趨貌○正義曰曲禮云士蹌蹌今與趨連文故知蹌巧趨貌曲禮注又云行而張足曰趨趨今之吏步則趨疾行也禮有徐趨疾趨爲之有巧有拙故美其巧趨蹌兮

猗嗟名兮。美目清兮。目上爲名目下爲清 儀既成兮。終日射侯。不出正兮。展我甥兮。二尺曰正外孫曰甥箋云成猶備也正所以射於侯中者天子五正諸侯三正大夫二正士一正外皆居其侯中參分之一焉展誠也姊妹之子曰甥容貌技藝如此誠我齊之甥言誠者拒時人言齊侯之子○射食亦反注所此射每射同正音征注同○畫射五采曰正參七南反又音三

【疏】猗嗟至甥兮○正義曰齊人傷魯莊公猗嗟此莊公目上之名甚平博兮又有美目及目下之清亦美兮威儀容貌既備足兮又善於爲射終日射侯其矢不出正之內兮此又誠是我齊之外甥兮威儀技藝如此又實是齊之外甥不能使母不淫令人以爲齊侯之子是其可嗟傷也○傳目上至爲清○正義曰釋訓云猗嗟名兮目上爲名孫炎云目上平博郭璞曰眉眼之間爾雅既釋如此清又與目共文名既目上則清爲目下○傳二尺至曰甥○正義曰正者侯中所射之處經典雖多言正鵠其正之廣狹則無文鄭於周禮考之以爲大射則張皮侯而設鵠賓射則張布侯而畫正正大如鵠三分侯廣而正居一焉侯身長一丈八尺者正方六尺侯身一丈四尺者正方四尺六寸大半寸侯身一丈者正方三尺三寸少半寸正以綵畫爲之其外之廣雖則不同其內皆方二尺尾於正鵠之事唯此言二尺曰正耳既無明說可以同之鄭焉鄭言正之內方二尺者亦更無明文蓋應顯此傳耳姊妹之子名之曰甥傳言外孫曰甥者王肅云據外祖以言也謂不指襄公之身揔據齊國爲信外孫得稱甥者案左傳云以肥之得備竊甥孫就云姊妹之子曰甥謂吾舅者吾謂之甥此爾雅之明義未學者之所及豈毛公之博物王氏之通識而當亂於此哉抑者以襄公雖舅而鳥獸其行犯親亂類使時人皆以爲齊侯之子故絕其相名之倫更本於外祖以言也凡異族之親皆稱甥然此是毛傳之言不應代詩人爲絕其相名之倫孫就之言非也

○箋正所至之子○正義曰夏官射人以射法治射義王以六耦射三侯樂以騶虞九節五正諸侯以四耦射二侯樂以貍首七節三正孤卿大夫以三耦射一侯樂以采蘋五節二正士以三耦射豻侯樂以采蘩五節二正是天子以下所射之正數也彼文大夫士同射二正今定本云大夫二正士一正誤耳外皆居其侯中三分之一者其外畔準侯廣狹各居其侯三分之一其內皆方二尺故彼注云九節七節五節者奏樂以爲射節之差三侯者五正三正二正之侯也二侯者三正二正之侯也一侯者二正而已畫五正之侯中朱次白次蒼次黃玄居外三正者損玄黃二正者去白蒼而畫以朱綠其外之廣皆居侯中三分之一鄭言中二尺是中央之以采方二尺以外準其采之多少正之廣狹均布之以至於外畔也言居侯三分之一侯之廣狹則有三等不同五正之侯則方一丈八尺三正之侯方一丈四尺二正之侯則方一丈知者以大射之鵠賓射之正雖其侯正鵠不同侯道遠近一也儀禮大射禮者諸侯射禮經曰司馬命量人量侯道以貍步大侯九十糝七十豻五十鄉射記記射之侯云侯道五十弓則大射所云九十七十五十皆謂弓也諸侯大射三侯之道既有九十七十五十則王射亦張三侯其道之數亦當然故射人注云量侯道者以弓爲度九節者九十弓七節者七十弓五節者五十弓弓之下制長六尺是侯道遠近有三等不同也鄉射記又云弓二寸以爲侯中侯中謂侯身也鄉射之侯既弓取二寸則餘侯亦當然天官司裘注說大射之侯引鄉射記曰弓二寸以爲侯中則九十弓者侯中廣丈八尺七十弓者侯中廣丈四尺五十弓者侯中廣一丈大射既然則賓射亦爾考工記云梓人爲侯廣與崇方三分其廣而鵠居一焉司衣掌大射之禮云設其鵠射人治賓射之儀則云五正三正二正有正者無鵠者无正則正與鵠大小同矣故射人注云鵠乃用皮其大如正鵠居侯中三分之一則知正亦在侯三分之一各準其侯之廣狹而畫之耳謂之正者射人注云正之言正也射者內志正則能中大射注云正者正也亦鳥名齊魯之間名題肩爲正正鳥之捷黠者射之難中以中爲儁故射取名焉大射鵠賓射正此言不出正兮據賓射爲文也展誠釋詁文姊妹之子爲甥釋親文上說容貌技藝下言展我甥兮縱令无技藝亦是其甥但作者既美其身業技藝又言實是其甥傷不防閑其母而令人以爲齊侯之子故言誠我齊之外甥爲齊之甥信不虛矣而云誠實是者拒時人言是齊侯之子耳

猗嗟孌兮。孌壯好貌 清揚婉兮。婉好眉目也 舞則選兮。射則貫兮。選齊貫中也箋云選者謂於倫等最上貫習也。○選雪戀反貫毛古亂反鄭古患反中張仲反 四矢反兮。以禦亂兮。四矢乘矢箋云反復也禮射三而止每射四矢皆得其故處此之謂復射必四矢者象其能禦四方之亂也○反如字韓詩作變變易禦魚呂反乘繩證反處昌慮反

【疏】猗嗟至亂兮○毛以爲齊人傷魯莊公猗嗟此莊公容貌孌然而好兮其清揚眉目之閒婉然而美兮其舞則齊於樂節兮其射則中於正鵠兮非徒能中而已每番重射四矢皆反復其故處兮善射如此足以捍禦四方之亂兮威儀技藝如此而不能防閑其母故刺之○鄭唯舞則選兮二句爲異言舞則倫等之中上選兮其射即貫習爲之兮餘同○傳選齊貫中○正義曰傳以選爲齊訓未聞當謂其善舞齊於樂節也貫謂穿侯故爲中也○箋選者至貫習○正義曰箋以美其善舞當謂舞能勝人故易傳以爲倫等之中上選也貫習釋詁文○傳四矢乘矢○正義曰乘車必駕四馬因印謂四馬爲乘大射鄉射皆以四矢爲乘矢故傳依用之○箋禮射至之亂○正義曰大射皆三番射訖止而不復射是禮射三而止也必三而止者案儀禮大射初使三耦射之而未釋獲射訖取矢以後君與卿大夫等射釋獲欲不中者託君與卿大夫等又射取中於樂節注云君子之於事也始取苟能中課有功終用成法教化之漸也然則初射惟三耦其後兩番君始與卿大夫等射此言禮射三而止通三耦等爲言射法三而止而云終日射侯者美其久射而常中非禮射終一日也每射四矢皆復故處言常中正鵠也又解射禮必用四矢者象其能禦四方之亂故詩人以莊公四矢皆中即云以禦亂兮美莊公善射言其堪禦亂也內則云男子生以桑弧蓬矢六射天地四方注云天地四方男子所有事彼於初生之時以上下四方男子皆當有事故用六矢以示意射禮則象能禦亂上下無亂不後須象之故也

猗嗟三章章六句

齊國十一篇二十四章百四十三句

毛詩注疏挍勘記（五之二）

阮元撰盧宣旬摘錄

○南山

公謫之　閩本明監本毛本同小字本謫作適相臺本作適案謫字是也釋文云謫直革反是箋字作謫也左傳作謫正義引同順彼文耳十行本因改餘字皆作謫誤也相臺本作適更誤適是古假借字非箋所用五經文字云謫經典或從適又借適字爲之乃包舉左傳詩北門禮記昏義等而言之者也○按漢人不必不用假借字謫而漢書及漢人所著可證舊挍非也

襄公使公子彭生乘公　小字本相臺本同案釋文云彭生乘繩證反一本作彭生乘公乘則依字讀正義本今無可考段玉裁云左傳古本當是使公子彭生乘爲句公薨於車爲句俗本增一公字耳乘讀同車也

下章責魯桓　明監本毛本章上有二字閩本剜入案挑補是也

以姧淫之事　閩本明監本毛本姧作姦下同案五經文字云姦俗作姧訛正義多有之當是傳寫作俗體耳

於會昉之正也　閩本明監本毛本同案浦鏜云下誤正是

五人爲奇　小字本相臺本同案釋文云人奇居宜反是其本無爲字也正義本今無可考但無者是也正義本當亦無其各本是淺人誤添耳

奇天數矣獨舉五而言　閩本明監本毛本同案天當作大形近之譌也奇大數矣者謂奇之數不止於五也

不宜以襄公往雙之云其數奇　閩本明監本毛本同案云當作六形近之譌也六其數奇者謂從五人而六之則五人失其數奇也此正義各本譌舛不可讀今訂正○按此必有脫誤或作耦其奇數

又襄公止復文姜耳　閩本明監本毛本同案浦鏜云從誤復是也

又非魯桓　小字本相臺本同閩本明監本毛本同案此又字衍也下章箋始云又非魯桓又者又此箋也

正義於此章云責魯桓於下章云又責魯桓一無一有極爲明晰

○甫田

言無德而求諸侯　閩本明監本毛本同小字本相臺本言上有箋云考文古本有亦同案有者是也

總角丱兮　小字本相臺本同閩本明監本毛本同唐石經丱作卝案各本皆誤唐石經是也見五經文字卝部

未幾見兮　唐石經小字本相臺本同案釋文云見兮一本作見之考釋文一本是誤本也詩之大體韻在辭上者其韻下助句之字必同此章四句句末悉是兮字不得此句獨爲之字也所以致誤之由當以箋云見之無幾何故耳其實此箋之字不出於經也正義云未經幾時而更見之未亦當有兮字見之字取於箋兮字順經文正義每如此今脫去耳未可卽謂正義本作之字也韻下助字之同由漢廣思字推之則作正義者必知之矣不容誤也㞐正義引作兮考文古本作之采釋文

突而弁兮　唐石經小字本相臺本同案正義云此言突若弁兮又云若猶耳也故箋言突耳加冠爲成人猗嗟頎若言若者皆然耳之義古人語之異耳定本云突而弁兮不作若字考釋文以突而作音與定本同猗嗟正義云義通故㞐正義引作而依定本也○按箋作突爾猶突然也俗本作耳乃大誤凡云爾者猶言如此也

○盧令

孟子謂梁惠王曰　閩本明監本毛本同案謂字當衍

忺忺然有喜色　閩本明監本毛本忺忺作欣欣案所改非也當是本作忺忺不與今孟子同故誤如此

鬈讀當爲權權勇壯也　小字本相臺本同案詩經小學云五經文字權字注云從手作權古拳握字可知鄭箋從手不從木與說文引國語捲勇小雅拳勇字同今字書佚此字僅存於張參之書吳都賦覽將帥之權勇善曰毛詩無拳無勇拳與攉同俗刻文選譌誤不可讀

○敝笱

弊敗之笱　閩本明監本毛本同案經注作敝正義作弊敝弊古今字易而說之也例見前考此知緇衣正義敝字亦皆本是弊字今但存緇衣若弊一弊字餘字作敝後人依經注改之而未盡也

鰥魚子釋魚文　閩本明監本毛本同案鰥當作鯤下引李巡注可證又下云鯤鰥字異亦可證

或鄭本作鯤也　閩本明監本毛本同案鯤當作鰥鄭之爾雅作鰥字也此與上鯤魚子鯤或鯤鰥互易而誤如此

魚禁鯤鱬　閩本明監本毛本同案鱬當作鱬卽鮞之別體字今國語作鮞此從重而者亦如陑作隭輀作轜也

亦文姜所使止　小字本相臺本同案正義云亦文姜所使今定本云所使出於義是也標起止云至使止此箋當是定本有止字正義本無耳出是止字之譌標起止當是後改也

今其上下相充也　閩本明監本毛本同案浦鏜云今當令字誤是也

義亦同也　閩本明監本毛本此下尙有十九字同案山井鼎云釋文混在疏中當改正也是也

○載驅

疾驅於通道大都　唐石經小字本相臺本同案下正義云序言疾駈故云疾驅駈與驅音義同考釋文云載驅本亦作駈薄薄下云疾駈聲也又鄘載馳釋文云駈字亦作驅如字協韻亦音丘是唐時凡經序驅字皆有作駈之本而正義本此一字作駈故特說之也五經文字云驅作駈訛依字書言之正義自爲文亦用驅十行本閒或作駈乃寫書人以爲別體取其省非正義所用

簟茀朱鞹　唐石經小字本相臺本同案五經文字云鞹此說文論語及釋文並作鞟今此釋文正作鞟正義引說文或其本作鞹而唐石經以下所從出也韓奕釋文亦作鞹

簟方文蓆也　閩本明監本毛本同小字本相臺本蓆作席案席字是也蓆大也在緇衣非此之用但俗體有加草者耳

輿革前謂之鞎　閩本明監本毛本同案浦鏜云鞎誤艱下同是也

彼文革飾後戶謂之蔽　閩本明監本毛本同案盧文弨云當云革飾後戶謂之茀竹飾後戶謂之蔽脫七字是也上文可證複出而誤耳

與上古文相通也　閩本明監本毛本同案古當作句形近之譌

○猗嗟

頎而長兮　唐石經小字本相臺本同案正義云若猶然也此言頎若長兮又定本云頎而長兮而與若義並通也釋文以頎而作音與定本同

然而美者其額上揚廣兮　閩本明監本毛本同案然上浦鏜云脫抑字是也

嗟是口之喑咀　閩本明監本毛本同案咀當作啞形近之譌喑啞見史記淮陰侯列傳索隱亦作噁見集解

趨今之吏步　閩本明監本毛本吏作捷是也

尾於正鵠之事　〔補〕毛本尾作毛

未學者之所及　閩本明監本毛本同案浦鏜云未當末字誤也

以射法治射義　閩本明監本毛本同案浦鏜云儀誤義是也

司衣掌大射之禮云　閩本明監本毛本同案浦鏜云裘誤衣是也

有正者無鵠者無正　閩本明監本毛本同案浦鏜云無鵠下當脫有鵠二字是也

附釋音毛詩注疏卷第五〔五之三〕

魏葛屨詁訓傳第九

陸曰案魏世家及左氏傳云姬姓國也詩譜云周以封同姓其地虞舜夏禹所都之域地在古冀州雷首之北析城之西南枕河曲北涉汾水

毛詩國風　鄭氏箋　孔穎達疏

魏譜　魏者虞舜夏禹所都之地。○正義曰地理志云河東郡有河北縣詩魏國也晉獻公滅之封大夫畢萬皇甫謐云舜所營都或云蒲坂即河東縣是也禹受禪都平陽或安邑皆屬河東五子之歌怨太康失邦其歌云惟彼陶唐有此冀方今失厥道乃底滅亡左傳引其文服虔云堯居冀州虞夏因之不遷居不易民其陶唐虞夏之都大率相近不出河東之界故書責太康亡失然則魏都河北蒲坂故安邑皆偪近之故云魏者舜禹所都之地謂境內有其都耳魏不居其墟也○在禹貢冀州雷首之北析城之西○正義曰禹貢云壺口雷首至于太岳底柱析城至于王屋地理志云雷首在蒲坂南析城在濩澤西南皆在河東界內是其屬冀州也○周以封同姓焉○正義曰襄二十九年左傳曰虞虢焦滑霍楊韓魏皆姬姓是與周同姓也魏世家絕不知所封爲誰故言周以封同姓予其封域南枕河曲北涉汾水○正義曰地理志云魏國姬姓也在晉之南河曲故其詩曰彼汾一曲寘諸河之干兮是南枕河曲也汾沮洳曰彼汾沮洳言采其莫刺君采其菜於汾明其境踰汾矣故知北涉汾水昔舜耕於歷山陶於河濱○正義曰尙書傳文也彼注云歷山在河東是舜耕之處在魏境也言陶於河濱則在河北之濱蓋以歷山相近同爲魏地故連言之皇甫謐云陶於河濱即禹貢所謂陶丘今濟陰定陶之西南陶丘亭是也言河濱明近河不宜在濟陰謐之言謬耳○禹菲飲食而致孝乎鬼神惡衣服而致美乎黻冕卑宮室而盡力乎溝洫此一帝一王儉約之化於時猶存及今魏君嗇且褊急不務廣脩德於民教以義方○正義曰教以義方隱三年左傳石碏辭也感舜禹之化則應皆儉約而碩鼠伐檀又以刺君貪鄙者雖遺風尙在人性不同不能使貪者皆儉因葛屨等刺儉者多又其詩在先故言儉約之化耳晉有唐之遺風詩稱唐國此有舜禹舊化其詩不稱虞夏者晉初唐叔封爲唐侯又能憂深思遠有堯之遺風故謂之唐魏初無虞夏之名虞夏又非諸侯之國徒感儉約之化嗇且褊急故譜本於舜禹耳無義言虞夏也堯舜道同而感有深淺者時君政異故也○其與秦晉鄰國日見侵削國人憂之○正義曰魏國西接於秦北鄰於晉桓四年左傳曰秦師圍魏是秦數伐之終爲晉所滅明晉亦侵之○當周平桓之世魏之變風始作○正義曰周自幽王以上諸侯未敢專征平桓之後以強凌弱今云日見侵削明是諸侯專恣故以爲平桓之時變風始作○至春秋魯閔公元年晉獻公竟滅之以其地賜大夫畢萬自爾而後晉有魏氏○正義曰鄭言此者見閔公已前魏國尙存故平桓之世得作詩也魏無世家而鄭於左方中云葛屨至十畝之間爲一君伐檀碩鼠爲一君知者以上五篇刺儉下二篇刺貪其事相反故分爲異君或父祖或子孫不可知凡案襄二十九年左傳魯爲季札歌魏曰美哉大而婉儉而易行以德輔此則爲明主止此詩並刺君而季札美之者美其有儉約之餘風而無德以將之失於太儉故詩人刺之

葛屨。刺褊也。魏地陿隘。其民機巧趨利。其君儉

嗇褊急。而無德以將之。儉嗇而無德是其所以見侵削。○屨俱具反褊必淺反阸音洽本或作狹依字應作陝阸於懈反巧如字徐苦孝反趨七須反徐七喻反嗇音色。○疏葛屨二章上章六句下章五句至將之。○正義曰作葛屨詩者刺褊也所以刺之者魏之土地既以阸隘故其民機心巧僞以趨於利其君又儉嗇且褊急而無德教以將撫之令魏俗彌趨於利故刺之也言魏地阸隘者若地廣民稀則情不趨利地阸民稠耕稼無所衣食不給機巧易生人君不知其非反覆儉嗇褊急德教不加於民所以日見侵削故舉其民俗君情以刺之機巧趨利者章上四句是也儉嗇言愛物褊急言性躁二者大同故直云刺褊卒章下二句是也上章下二句下章上三句皆申說未三月之婦不可縫裳亦是趨利之士也。○箋儉嗇至侵削。○正義曰以下園有桃及陟岵序皆云國小而迫日以侵削故箋探下章而言其刺之意。○

糾糾葛屨。可以履霜。糾糾猶繚繚也夏葛屨冬皮屨葛屨非所以履霜箋云葛屨賤皮屨貴魏俗至冬猶謂葛屨可以履霜利其賤也。○糾吉黝反沈居酉反繚音了沈音遼。摻摻女手。可以縫裳。摻摻猶纖纖也婦人三月廟見然後執婦功箋云言女手者未三月未成爲婦裳男子之下服賤又未可使縫魏俗使未三月婦縫裳者利其事也。○摻所銜反又所感反徐又息廉反說文作攕山廉反云好手貌纖息廉反見賢遍反。○要之襋之。好人服之。要褸也襋領也好人好女手之人箋云服整也褸也領也在上好人尚可使整治之謂屬著之。○要於遙反襋紀力反屬音燭著直略反。疏糾糾至服之。○正義曰魏俗趨利言糾糾然夏日所服之葛屨魏俗利其賤至冬日猶謂之可以履寒霜摻摻然未成婦之女手魏俗利其士新來嫁猶謂之可以縫衣裳又深譏魏俗言褸之也領之也在上之衣尊好人可使整治之裳乃服之褸者亦使女手縫之是其趨利之甚。○傳糾糾至履霜。○正義曰糾糾爲葛屨之狀當爲稀疏之貌故云猶繚繚也士冠禮云屨夏用葛冬皮屨可也士喪禮云夏葛屨冬白屨註云冬皮屨變言白者明夏時用葛亦白也是衣服之宜當夏葛屨冬皮屨也月令季秋霜始降則履霜自秋始言冬者以履霜爲寒而言冬爲寒甚故傳據儀禮而舉冬以言之也凡屨冬皮夏葛則無用絲之時而少儀云國家靡敝君子不履絲屨者謂皮屨以絲爲飾也天官屨人說屨舄之飾有絇繶純是屨用絲爲飾夏日之有葛屨猶絺綌所以當暑特爲便於時耳非行禮之服若行禮之服雖夏猶當用皮鄭於周禮注及志言朝祭屨舄各從其裳之色明其不用葛也。○傳摻摻至婦功。○正義曰摻摻爲女手之狀則爲纖細之貌故云猶纖纖說文云纖好手古詩云纖纖出素手是也下云宛然左辟是已入夫家既入夫家仍云女手明是未成婦也曾子問云三月而廟見稱來婦又云女未廟見而死歸葬於女氏之黨示未成婦也則知既廟見者爲成婦矣既成爲婦則當家士盡爲此譏使之縫裳明是未可縫裳故云三月廟見然後執婦功三月廟見謂無舅姑者婦入三月乃見於舅姑之廟若有舅姑則士婚禮所云質明贊婦見於舅姑不待三月也雖於昏之明日即見舅姑也亦三月乃助祭行故易歸妹注及鄭箴膏肓皆引士昏禮云婦入三月而後祭行則然則雖見舅姑猶未祭行亦未成婦也雖待三月其祭婚則當夕成矣士昏禮云其夕衽席於奧良席在東皆有枕北趾主人入親脫婦纓燭出注云婚禮畢將卧息又駁異義云昏禮之暮枕席相連是其當夕成昏也。○箋言女至其事。○正義曰以婦人之服不殊裳故知所言裳者指男子之下服也曲禮曰諸母不漱裳唯舉裳不漱則衣可漱明裳爲賤。○傳要褸至之人。○正義曰士喪禮云褸者左執領右執要又曰襋者以褶必有裳執衣如初注云帛爲褶無絮雖復與禪同有裳乃成稱然則襋服有衣有裳而左右執之則左執衣領右執裳要此要謂裳要字宜從衣故云要褸也要是裳褸則襋爲衣領說文亦云襋衣領也二者於衣於裳各在其上且又功少故好人可使整治屬著之上云女手此云好人故云好人女手之人今定本云好人好女手之人者義亦通

好人提提。宛然左辟。佩其象揥。提提安諦也宛辟貌婦至門夫揖而入不敢當尊宛然而左辟象揥所以爲飾箋云婦新至慎於威儀如是使之非禮。○提徒兮反宛於阮反辟音避注同一音婢亦反揥勑帝反諦音帝。○維是褊心。是以爲刺。箋云魏俗所以然者是君心褊急無德教使之耳我是以刺之。疏好人至爲刺。○正義曰言好人初至容貌安詳審諦提提然至門之時其夫揖之不敢當夫之揖宛然而左辟之又佩其象骨之揥以爲飾敬慎威儀如是何故使之縫裳魏俗所以然者維是魏君褊心無德教使然我是以爲此刺也。○傳提提至爲飾。○正義曰釋訓云提提安也孫炎曰提提行步之安也言安諦謂行步安舒而審諦也士昏礼云婦至主人揖婦以入及寢門揖入是婦至門夫揖而入也此好人不敢當夫之尊故宛然而左還辟之不敢當主故就客位。○箋魏俗至刺之。○正義曰如此箋則魏俗之趨利由君也序云魏地陿隘其民機巧趨利則似魏俗先然與此反者魏俗趨利實由地陿使然人君當知其不可而以政反之今君乃儉嗇且褊急而無德教至使民俗益復趨利故刺之。

葛屨二章一章六句一章五句

汾沮洳。刺儉也。其君儉以能勤。刺不得禮也。汾沮洳汾音扶云反沮音子預反洳音如預反其君子一本無子字。○疏汾沮洳三章章六句至得禮。○正義曰作汾沮洳詩者刺儉也其君好儉而能勤躬自采菜刺其不得禮也。○

彼汾沮洳。言采其莫。汾水也沮洳其漸洳者莫菜也箋云言我也於彼汾水漸洳之中我采其莫以爲菜是儉以能勤。○莫音暮漸如字又接廉反。彼其之子。美無度。箋云之子是子也是子之德美無有度言不可尺寸。美無度。殊異乎公路。路車也箋云是子之德美信無度矣雖然其采莫之士則非公路之禮也公路主君之軒車庶子爲之晉趙盾爲軒車之族是也。○軒本作旄音毛盾徒本反。疏彼汾至公路。○正義曰由魏君儉以能勤於彼汾水漸洳之中我魏君親往采其莫以爲菜是儉而能勤也彼其采莫之子能勤儉如是其美信無限度矣非尺寸可量也美雖無度其采莫之士殊異於公路賤官尚不爲之君何故親采莫乎刺其不得禮也。○傳汾水至莫菜。○正義曰汾是水名沮洳潤澤之處故爲漸洳莫菜者陸機疏云莫莖大如箸赤節節一葉似柳葉厚而長有毛刺今人繅以取繭緒其味酢而滑始生可以爲羹又可生食五方通謂之酸迷冀州人謂之乾絳河汾之間謂之莫案王肅孫毓皆以爲大夫采菜其集注序云君子儉以能勤案今定本及諸本序直云其君義亦得通。○箋之子至尺寸。○正義曰之子是子釋訓文宛丘云游蕩無度賓之初筵云飲酒無度皆謂無節度也此不得爲美無節度故爲無復度限言不可以尺寸量也。○箋是子至是也。○正義曰公路與公行一也以其主君路車謂之公路主兵車之行列者則謂之公行正是一官也宣二年左傳云晉成公立乃宦卿之適以爲公族又宦其餘子亦爲餘子其庶子爲公行趙盾請以括爲公族公許之冬趙盾爲旄車之族是其事也趙盾自以爲庶子讓公族而爲公行言爲旄車之族明公行掌旄車服虔云旄車戎車之倅杜預云公行之官是也其公族則適子爲之掌君宗族成十八年左傳曰晉荀會欒黶韓無忌爲公族大夫使訓卿之子弟恭儉孝悌是公族主君之同姓故下箋云公族主君同姓昭穆是也傳有公族餘子公行此有公路公行公族知公路非餘子者餘子自掌餘子之政不掌公車不得謂之公路明公路即公行變文以韻句耳此公族公行諸侯之官故魏晉有之天子則巾車掌王之五路車僕掌戎車之倅周禮六官皆無公族公行之官是天子諸侯異禮也。○

彼汾一方。言采其桑。箋云采桑親蠶事也。彼其之子。美如英。萬人爲英。美如英。殊異乎公行。公行從公之行也箋云從公之行者主君兵車之行列。○行戶郎反注同。疏傳萬人爲英。○正義曰禮運注云英俊選之尤者則英是賢才絕異之稱此傳及尹文子皆萬人爲英大戴禮辨名記云千人爲英異人之說殊也。

彼汾一曲。言采其藚。藚水舃也。○藚音續一名牛脣說文音其或反舃音昔。○疏傳藚水舃。○正義曰釋草云藚牛脣李巡曰別二名郭璞引毛詩傳曰水舃也如續斷寸寸有節拔之可復陸機疏云今澤舃也其葉如車前草大其味亦相似徐州廣陵人食之。彼其之子。美如玉。美如玉。殊異乎公族。公族公屬箋云公族主君同姓昭穆也。○昭紹遙反說文作佋。

汾沮洳三章章六句

園有桃。刺時也。大夫憂其君國小而迫而儉以嗇。不能用其民。而無德教。日以侵削。故作是詩也。疏園有桃二章章十二句至是詩。○正義曰儉嗇不用其民章首二句是也大夫憂之下十句是也由無德教數被攻伐故連言國小而迫日以侵削於經無所當也。

園有桃。其實之殽。興也園有桃其實之殽園有民得其力。○箋云魏君薄公稅省國用不取於民食園桃而已不施德教民無以戰其侵削之由由是也。○殽本又作肴音爻省色領反。○心之憂矣。我歌且謠。曲合樂曰歌徒歌曰謠。○箋云我心憂君之行如此故歌謠以寫我憂矣。○謠音遙行下孟反下文行國同。○不我知者。謂我士也驕。箋云士事也不知我所爲歌謠之意者反謂我於君事驕逸故。○所爲于僞反下所爲皆同。○彼人是哉。子曰何其。夫人謂我欲何爲乎。○箋云彼人謂君也曰於也不知我所爲憂者既非責我又曰君儉而嗇所行是其道哉子於此憂之何乎。○何其音基下章同夫人音符何爲如字。○心之憂矣。其誰知之。箋云知是則衆臣無知我憂所爲也。其誰知之。蓋亦勿思。箋云無知我憂所爲者則宜無復思念之以自止也衆不信我或時謂我謗君使我得罪也。○疏園有

至勿思。毛以爲園有桃得其實爲之殽，以興國有民得其力爲君用。今魏君不用民力，又不施德教，使國日以侵削，故其大夫憂之，言己心之憂矣，我遂歌而且謠，以寫中心之憂。不知我者見我無故歌謠，謂我於君事也驕逸，然故彼人又言云：君之行是哉，子之歌謠欲何其爲乎？彼人既不知我而責我矣，而我心之憂矣，其誰能知之？既無知我者，或謗我使我得罪，其有誰能知之？我蓋欲亦自止，勿復思念之。彼人正謂不知我者，曰其並爲辭。○鄭以爲園有桃，魏君取其實爲之殽，不與異，又以彼人爲君，曰爲於言不知我者，謂我於君事驕逸，又言從君之行儉而嗇，是其道哉。子於此憂之何，餘同。○箋「魏君至由是」。○正義曰：魏君薄於公稅，乃是人君之美事，而刺之者，公家稅民有常，不得過度。故孟子曰：欲輕之於堯舜大貉小貉，欲重之於堯舜大桀小桀。十一而稅，下富上尊，是稅三不得薄也。鄭志答張逸亦云：稅法有常，不得薄。今魏君不取於民，唯食園桃而已，非徒薄於十，故刺之。中庸云時使薄斂，左傳稱晉悼公薄賦斂，所以復霸，皆薄爲美，以當時莫不厚稅，故美其薄賦斂耳。魯哀公曰：二，吾猶不足，是當時皆重斂也。易傳者以云其實之殽，明食桃爲殽，即是儉嗇之事。○傳「曲合至曰謠」。○正義曰：釋樂云：徒歌謂之謠。孫炎曰：聲消搖也。此文歌謠相對，謠既徒歌，則歌不徒矣，故云曲合樂曰歌。樂即琴瑟。行葦傳曰：歌者合於琴瑟也。歌謠對文，如此散則歌爲揔名。論語云：子與人歌。檀弓稱孔子歌曰泰山其頽乎之類，未必合樂也。○傳「夫人謂我欲何爲乎」。○正義曰：夫人即經之彼人也。今定本云彼人，不云夫人，義亦通也。何爲即經之何其也。彼人謂我何爲者，言彼不知我者之人謂我歌謠無所爲也。箋以上已云不知我者，此無爲更斥彼人，故以爲彼人斥君也。曰於，釋詁文。

園有棘，其實之食。棘，棗也。○棘，紀力反，從兩朿，俗作棘。同。**心之憂矣，聊以行國。**箋云：聊，且略之辭也。聊出行於國中，觀民事以寫憂。**不我知者，謂我士也罔極。**極，中也。箋云：見我聊出行於國中，謂我於君事無中正。**彼人是哉，子曰何其。心之憂矣，其誰知之？其誰知之？蓋亦勿思。**

園有桃二章，章十二句▲

陟岵，孝子行役，思念父母也。國迫而數侵削，役乎大國，父母兄弟離散，而作是詩也。役乎大國者，爲大國所徵發。○岵音戶。此傳及解屺共爾雅不同，王肅依爾雅。教音期。侵削，本或作侵削者，誤。【疏】「陟岵」三章，章六句，至是詩。○正義曰：首章望父，二章望母，卒章望兄，敘言其思念之由，經陳思念之事。經無弟而序言之者，經以父母與兄己所尊敬，故思其戒，其實弟亦離散，故序言之以協句。今定本云國迫而數侵削，義亦通也。○箋「役乎至徵發」。○正義曰：箋以文承數見侵削，嫌爲從役以拒大國，故辨之云爲大國所徵發也。知者，以言役乎大國，則爲大國所役，猶司寇亡役諸司空，則爲司空所役，明是大國徵發之。

陟彼岵兮，瞻望父兮。山無草木曰岵。箋云：孝子行役，思其父之戒，乃登彼岵山以遙瞻望其父所在之處。○處，昌慮反。**父曰：嗟！予子行役，夙夜無已。**箋云：予，我。夙，早。夜，莫也。無已，無解倦。○莫音暮。解音介。**上愼旃哉，猶來無止。**旃，之。猶，可也。父尚義。箋云：止者，謂在軍事作部列時。○旃，之然反。【疏】「陟彼」至「无止」。○正義曰：孝子在役之時，以親戚離散而思念之，言己登彼岵山之上兮，瞻望我父所在之處兮。我本欲行之時，而父教戒我曰：嗟，汝我子也，汝從軍行役，在道之時，當早起夜寐，無得已止。又言若至軍中，在部列之上，當愼之哉，可來乃來，無止軍事而來。若止軍事，當有刑誅，故深戒之。○傳「山无草木曰岵」。○正義曰：釋山云：多草木，岵；無草木，屺。傳言无草木曰岵，下云有草木曰屺，與爾雅正反，當是轉寫誤也。定本亦然。○傳「旃之至尚義」。○正義曰：此旃與采苓舍旃旃皆爲之，足何故訓爲之？猶可，釋言文。父尚義者，解孝子所以稱父戒己之意，由父之於子尚義，故戒之。二章傳曰母尚恩，卒章傳曰兄尚親，皆於章末言之，但明見戒之意，以其恩義親故也。文十八年左傳曰：舜舉八元，使布五教於四方，父義，母慈，兄友，弟恭，子孝。恩即慈也，親則友也。○箋「上者至列時」。○正義曰：上言行役是在道之辭也，此變言上，又云可來乃來，明在軍上爲部分行列時也。曲禮曰：左右有局，各司其局。注云：局，部分也。謂軍中各有所部，爲行列之分，與此一也。

陟彼屺兮，瞻望母兮。山有草木曰屺。箋云：此又思母之戒而登屺山而望之也。○屺音起。**母曰：嗟！予季行役，夙夜無寐。**季，少子也。無寐，无耆寐也。○少，詩照反。耆，常志反。**上愼旃哉，猶來無棄。**母尚恩也。

陟彼岡兮，瞻望兄兮。兄曰：嗟！予弟行役，夙夜必偕。偕，俱也。**上愼旃哉，猶來無死。**兄尚親也。

陟岵三章，章六句

十畝之間，刺時也。言其國削小，民無所居焉。○畝，莫后反，古作晦，俗作畝，皆同。【疏】「十畝之間」二章，章三句，至居焉。○正義曰：經二章皆言十畝一夫之分，不能百畝，是爲削小，無所居，謂土田陿隘，不足耕墾以居生，非謂無居宅也。

十畝之間兮，桑者閑閑兮。閑閑然，男女無別往來之貌。箋云：古者一夫百畝，今十畝之間，往來者閑閑然，削小之甚。○閑音閑，本亦作閒。別，彼列反。**行與子還兮。**或行來者，或來還者。○還本亦作旋。【疏】「十畝」至「還兮」。○正義曰：魏地陿隘，一夫不能百畝，今纔在十畝之間，采桑者閑閑然，或男或女，共在其間，往來無別也。又敘其往者之辭，乃相謂曰：行與子俱還兮。雖則異家，得往來俱行，是其削小之甚也。○傳「閑閑至之貌」。○正義曰：此言之間，則一家之入共采桑於其間，地陿隘，無所相避，故言男女無別，閑閑然爲往來之貌。此章既言之間，故下章言之外，地傍徑路，行非一家，故言泄泄，爲多人之貌。○箋「古者至之甚」。○正義曰：王制云：制農田百畝。地官遂人云：夫一廛，田百畝。司馬法曰：畝百爲夫，是一夫百畝也。此言其正法耳。周禮上地家百畝，中地家二百畝，下地家三百畝。又云遂上地有萊五十畝，其廢易相通，皆二百畝也。孟子曰：五畝之宅，樹之以桑，則野田不樹桑。漢書食貨志云：田中不得有樹，用妨五穀。此十畝之中言有桑者，孟子及漢志言其大法耳，民之所便，雖田亦樹桑，故上云「彼汾一方，言采其桑」。古者侵其地而虜其民，此得地陿民稠者，以民有畏寇而內入，故地陿也。一夫百畝，今此十畝，相卒十倍，魏雖削小，未必即然，舉十畝以喻其陿隘耳。○傳「或行來者或來還者」。○正義曰：云還兮相呼而共歸，下云逝兮相呼而共往，傳探下章之意，故云或行來者，或來還者。見往來相須，故揔解之。

十畝之外兮，桑者泄泄兮。泄泄，多人之貌。○泄，以世反。**行與子逝兮。**箋云：逝，逮也。○逮，徒賚反，又徒帝反。

十畝之間二章，章三句

伐檀，刺貪也。在位貪鄙，無功而受祿，君子不得進仕爾。○檀，徒丹反，木名。【疏】「伐檀」三章，章九句，至仕爾。○正義曰：在位貪鄙者，經三章皆次四句是也。君子不得進仕者，首章三句是也。經序倒者，序見由在位貪鄙，令君子不得仕，如其次以述之；經先言君子不仕，乃責在位之貪鄙，故章卒二句皆言君子不素飡，以責小人之貪，是終始相結也。此言在位，則刺臣，明是君貪而臣効之，雖責臣，亦所以刺君也。

坎坎伐檀兮，寘之河之干兮，河水清且漣猗。坎坎，伐檀聲。寘，置也。干，厓也。風行水成文曰漣。伐檀以俟世用，若俟河水清且漣。箋云：是謂君子之人不得進仕也。○坎，苦感反。寘，之豉反。漣，力纏反。猗，於宜反，本亦作漪，同。**不稼不穡，胡取禾三百廛兮？不狩不獵，胡瞻爾庭有縣貆兮？**種之曰稼，斂之曰穡。一夫之居曰廛。貆，獸名。箋云：是謂在位貪鄙，無功而受祿也。冬獵曰狩，宵田曰獵。胡，何也。貉子曰貆。○廛，本亦作壥，又作厘，直連反。古者一夫田百畝，別受都邑五畝之地居之，故孟子五畝之宅，宅是也。縣音玄，下皆同。貆，本亦作狟，音桓，徐郭音暄，貉子也。宵音消，夜也。貉，戶各反，依字作貈。**彼君子兮，不素餐兮！**素，空也。箋云：彼君子者，斥伐檀之人，仕有功乃肯受祿。○餐，七丹反，說文作餐，云或從水。字林云：呑食也。沈音孫。【疏】「坎坎」至「餐兮」。○正義曰：言君子之人不得進仕，坎坎然身自斬伐檀木，置之於河之厓，欲以爲輪輻之用。此伐檀之人既不見用，必待明君乃仕，若得河水澄清且有波漣猗然也。君子不進，由在位貪鄙，故責在位之人云：汝不親稼種，不親斂穡，何爲取禾三百夫之田穀兮？汝不自冬狩，不自夜獵，何爲視汝之庭，則有所懸者是貆獸兮？汝何爲無功而妄受此也？彼伐檀之君子，終不肯而空餐兮，汝何以無功而受祿，使賢者不進也。○傳「坎坎至且漣」。○正義曰：下章云側，下云涯，則是厓之故，云干，厓也。易漸卦：鴻漸於干。注云：干，謂大水之傍，故停水處，與此同也。風行吹水而成文者曰漣，此云漣猗，下云直猗、淪猗。漣、直、淪，論水波而異，猗，徑辭也。釋水云：河水清且瀾猗，大波爲瀾，小波爲淪，直波爲徑。李巡云：分別水大小曲直之名。郭璞曰：瀾，言換瀾也。淪，言藴淪也。徑，言徑涏也。漣瀾雖異而義同。此詩漣淪舉其名，直波不言徑而言直者，水韻故也。下二章言伐輻、伐輪，彼此伐檀爲車之輪輻，非待此水之清大始用之，而經於河則之，下即言河水清，故解其猶此人不得進仕，伐檀隱君，以干可仕之世，若待河水清且置猶然也。河水性獨清，則難待，猶似闇主常多，明君稀出。既云置檀河厓，因即以河爲喻。襄八年左傳云：俟河之清，人壽幾何。易緯云：王者太平，嘉瑞之將出，則河水先清。是河水稀清，故以喻明君稀出也。○傳「種之至獸名」。○正義曰：以稼穡相對，皆先稼後穡，故知種之曰稼，斂之曰穡。若散則相通，大田云：曾孫之稼，非唯種之也。湯誓曰：舍我穡事，非唯斂之也。一夫之居曰廛，謂一夫之田百畝也。地官遂人云：夫一廛，田百畝。司

農云廛居也揚子云有田一廛謂百畝之居與此傳同也地官載師云市廛之征鄭司農云廛市中空地未有肆城中空地未有宅者也玄謂廛者若今云邑居里矣廛民居之區域也里居也以廛里任國中而遂人授民田夫一廛田百畝是廛不謂民之邑居在都城者與則鄭謂廛爲民之邑居不爲一夫之田者以廛者民居之名夫田與居宅同名爲廛但周礼言夫一廛復言田百畝百畝既是夫田故以廛爲居宅即爲孟子云五畝之宅是也以載師連市言之故準遂人以廛爲邑居此言胡取禾三百廛取禾宜於田中故從傳一夫之居不易之釋獸云貈子貆郭璞曰其雌者名㹢㹢乃刀反今江東通呼貉爲㹢貐○箋是謂至曰貆○正義曰釋天云冬獵爲狩宵田爲獠李巡曰冬圍守而取禽故郭璞曰獠猶燎也今之夜獵載鑪照者也江東亦呼獵爲獠管子曰獠獵畢弋是獠爲獵之別名經云不狩不獵則狩與獵別故以獵爲宵田此對文耳散則獵通於晝夜狩兼於四時若周禮云大田獵王制云佐車止則百姓田獵不必皆宵田也中候云秦伯出狩駟驖云從公于狩未必皆冬獵也釋天又云火田爲狩孫炎曰放火燒草守其下風是狩非獨冬獵之名也○坎坎伐輻兮寘之河之側兮河水清且直猗輻檀輻也側猶匡也直直波也○輻音福不稼不穡胡取禾三百億兮不狩不獵胡瞻爾庭有縣特兮萬萬曰億獸三歲曰特箋云十萬曰億三百億禾秉之數彼君子兮不素食兮【疏】傳萬萬至曰特○正義曰萬萬曰億今數然也傳以時事言之故今九章筭術皆以萬萬爲億獸三歲曰特毛氏當有所據不知出何書○箋十萬至之數○正義曰箋以詩書古人之言故今古數言之知古億十萬者以田方百里於今數爲九百萬畝而王制云方百里爲田九十億畝是億爲十萬也故彼注云億今十萬是以今曉古也楚語云百姓千品萬官億醜皆以數相十是億十萬也詩內諸言億者毛鄭各從其家故楚茨箋傳與此同三百億與三百廛三百囷相類若爲釜斛之數則大多不類故爲禾秉之數秉把也謂刈禾之把數聘礼注云秉謂刈禾盈把是也坎坎伐輪兮寘之河之漘兮河水清且淪猗檀可以爲輪漘厓也小風水成文轉如輪也○輪音倫漘順倫反本亦作脣淪音倫韓詩云順流而風曰淪淪文貌不稼不穡胡取禾三百囷兮不狩不獵胡瞻爾庭有縣鶉兮圓者爲囷鶉鳥也○囷丘倫反圓倉鶉音純○【疏】傳圓者爲囷鶉鳥○正義曰月令修囷倉方者爲倉故圓者爲囷考工記匠人注云囷圓倉是也釋鳥云鶉鶉其雄鶛牝庳李巡曰別雄雌異方之言鶉一名鷯郭璞曰鶉鵪之屬也○彼君子兮不素飧兮熟食曰飧箋云飧讀如魚飧之飧○飧素門反字林云水澆飯也○【疏】傳熟食曰飧○正義曰傳意以飧爲饔飧之飧客始至之大禮其食熟致之故云熟食曰飧秋官掌客云公飧五牢侯伯飧四牢子男飧三牢卿飧二牢大夫飧一牢士飧少牢注云公侯伯子男飧皆飪一牢則卿大夫亦有飪故曰爲熟食也○箋飧讀如魚飧之飧○正義曰宣六年公羊傳曰晉靈公使勇士將殺趙盾入其門則無人焉上其堂則無人焉俯而窺之方食魚飧是其事也鄭以爲魚飧食則非傳所云熟食也說文云飧水澆飯也從夕食言人旦則食飯飯不可停故夕則食飧是飧爲飯之別名易傳者鄭志荅張逸云礼飧饔大多非可素不得與不素飧相配故易之也

伐檀三章章九句

碩鼠刺重斂也國人刺其君重斂蠶食於民不脩其政貪而畏人若大鼠也碩音石斂呂驗反下同【疏】碩鼠三章章八句至大鼠○正義曰蠶食者蠶之食桑漸漸以食使桑盡也猶君重斂漸漸以稅使民困也言貪而畏人若大鼠然解本以碩鼠爲喻之意取其貪且畏人故序因倒述其事經三章皆上二句言重斂次二句言不脩其政由君重斂不脩其政故下四句言將棄君而去也○碩鼠碩鼠無食我黍三歲貫女莫我肯顧貫事也箋云碩大也大鼠大鼠者斥其君也女無復食我黍疾其稅斂之多也我事女三歲矣曾無教令恩德來顧眷我又疾其不修政也古者三年大比民或於是徙○貫古亂反徐音官復扶又反稅始銳反比毗志反逝將去女適彼樂土箋云逝往也往矣將去女與之訣別之辭樂土有德之國○樂音洛注下同土如字他古反沈徒古反訣古穴反○樂土樂土爰得我所箋云爰曰也○【疏】碩鼠至得我所○正義曰國人疾其君重斂畏人比之碩鼠言碩鼠碩鼠無食我黍猶言國君國君無重斂我財君非直重斂於我又不脩其政我三歲以來事汝矣曾無於我之處肯以教令恩德眷顧我也君既如是與之訣別言往矣將去汝之彼樂土有德之國我所以之彼樂土者以此樂土若往則曰得我所宜故也言往將去汝者謂我往之他國將去汝國也○傳貫事○正義曰釋詁文○箋碩大至是徙○正義曰碩大釋詁文釋獸於鼠屬有鼫鼠孫炎曰五技鼠郭璞曰大鼠頭似兔尾有毛青黃色好在田中食粟豆關西呼鼩音瞿鼠舍人樊光同引此詩以碩鼠爲彼五技之鼠也許愼云碩鼠五技能飛不能上屋能游不能渡谷能緣不能窮木能走不能先人能穴不能覆身此之謂五技陸機疏云今河東有大鼠能人立交前兩脚於頸上跳舞善鳴食人禾苗人逐則走入樹空中亦有五技或謂之雀鼠其形大故序云大鼠也魏國今河北縣是也言其方物宜謂此鼠非鼫鼠也按此經作碩鼠訓之爲大不作鼫鼠之字其義或如陸言也序云貪而畏人若大鼠然故知大鼠爲斥君亦是興喻之義也箋又以此民居魏蓋應久矣正言三歲貫汝者以古者三歲大比民或於是遷徙故以三歲言之地官小司徒及鄉大夫職皆云三年則大比言比者謂大校比其民之數而定其版籍明於此時民或得從地官比長職曰徙於國中及郊則從而授之注云徙謂不便其居也或國中之民出徙郊或郊民入徙國中皆從而付所處之吏是大比之際民得徙矣○碩鼠碩鼠無食我麥三歲貫女莫我肯德箋云不肯施德於我逝將去女適彼樂國樂國樂國爰得我直直得其直道箋云直猶正也○碩鼠碩鼠無食我苗苗嘉穀也【疏】傳苗嘉穀○正義曰黍麥指穀實言之是鼠之所食苗之莖葉以非鼠能食之故云嘉穀謂穀實也穀生於苗故言苗以韻句三歲貫女莫我肯勞箋云不肯勞來我○勞如字又力報反注同徠本亦作來同力代反逝將去女適彼樂郊箋云郊外曰郊樂郊樂郊誰之永號號呼也箋云之往也永歌也樂郊之地誰獨當往而歌號者言皆喜說無憂苦○咏本亦作永同音詠號戶毛反注同呼火故反說音悅【疏】誰之永號○正義曰言彼有德之樂郊誰往而獨長歌號呼言往釋皆歌號喜樂得所故我欲往也○箋之往至永歌○正義曰之往釋詁文永是長之訓也以永號共文傳云號呼是歌之呼樂記及關雎箋皆云永歌之舜典云聲依永故以永爲歌歌必長言之故也

碩鼠三章章八句

毛詩注疏挍勘記（五之三）　　阮元撰盧宣旬摘錄

魏譜

故言周以封同姓子　閩本明監本毛本同案子當作云形近之譌

其封域　〔補〕案其上當○

寘諸河之干兮　閩本明監本毛本同案此不與今地理志同

昔舜陶於河濱　〔補〕案昔上當○

不可知凡　閩本明監本毛本同案浦鏜云凡當作也字誤是也

止此詩並刺君　閩本明監本毛本止作也案皆誤也止當作但字之壞耳

○葛屨

而無德以將之　小字本相臺本同唐石經初刻之下有也字後磨去

反覆儉嗇褊急　閩本明監本毛本同案浦鏜云覆當復字誤是也

機巧趨利者章上四句是也　閩本明監本毛本同案者當作首形近之譌

亦是趨利之士也　閩本明監本毛本士作事案所改是也篇內同

故箋採下章　閩本明監本毛本同案浦鏜云採當探字誤是也

要襋也　段玉裁云古本當作要要也謂此要字即衣之要也衣之要見於喪服士喪禮玉藻深衣諸篇字無作襋者以本字爲訓此易傳蒙者蒙也比者比也剝者剝也說文已已也北風傳虛虛也之例淺人不能通故北風與此二傳皆妄改

襋領也　小字本相臺本同案領上當有衣字釋文襋下云衣領也正義云要是裳襋則襋爲衣領說文亦云襋衣領也考此可見釋文正義二本此傳皆有衣字正義亦者即亦傳也說文襋下引詩此句是正用傳文傳上云要襋也以上經已見裳字故不復言裳襋也此傳云襋衣領也以經更無衣字故須言衣以顯之也各本脫衣字失傳旨矣當正之○案裳襋領皆統於衣不得分襋屬裳領屬衣正義云襋爲裳襋此語陋甚是未考儀禮禮記衣服之制

國家廢幣　閩本明監本毛本同案幣當作弊形近之譌

雖復與禪同　閩本明監本毛本同案浦鏜云複誤復考儀禮釋文浦挍是也

則襯爲衣領 閩本明監本毛本同案襯當作襮

○汾沮洳

雖然其采莫之士 小字本相臺本士作事閩本明監本毛本同案事字是也士乃誤字其誤與葛屨正義內同當時寫書人往往以士代事此絕不可通閩本以下閒仍之亦誤

○園有桃

興也園有桃其實之殽 閩本明監本毛本同小字本相臺本殽作食案食字是也此傳以食解殽非複舉經文正義說箋云明食桃爲殽正用傳

不我知者 唐石經小字本同相臺本作不知我者閩本明監本毛本同案相臺本非也箋倒經作不知我者正義依之耳不可據以改經下章同

箋云知是 閩本明監本毛本同小字本相臺本知作如考文古本同案如字是也

以自止也 小字本相臺本同考文古本同閩本明監本毛本止誤正十行本初刻止後剜改作正案止字是也正義云蓋欲亦自止勿復思念之可證

又言從君之行儉而嗇 閩本明監本毛本同案浦鏜云從當彼字誤是也

是稅三不得薄也 閩本明監本毛本同案三當作一

非徒薄於十 閩本明監本毛本同案十當作一

○陟岵

國迫而數侵削 唐石經小字本相臺本同案此定本也正義云今定本云國迫而數侵削義亦通也下云箋以文承數見侵削是正義本數下有見字考釋文云國迫而數侵削本或作國小而迫數見侵削者誤正義本當即或作本也葛屨序正義云以下園有桃及陟岵序皆云國小而迫日以侵削乃引此就園有桃序耳考文古本作國小迫而數見侵削采釋文但誤倒而迫二字

猶司寇亡役諸司空 閩本明監本毛本同案亡當作云形近之譌

止者謂在軍事作部列時 小字本相臺本同閩本同明監本毛本止作上案上字是也正義云若至軍中在部列之上又說箋云此變言上又云明在軍上爲部分行列時也標起止云箋上者皆可證山井鼎云按疏作上爲是

○十畝之間

桑者閑閑兮 唐石經小字本相臺本同案釋文云閑閑音閑本亦作閑正義標起止云傳閑閑正義本與釋文亦作本同

又云遂上地有萊五十畝 閩本明監本毛本同案浦鏜云萊譌菜是也

○伐檀

徑言徑涎也 閩本明監本毛本同案涎當作侹形近之譌爾雅釋文可證

揚子云有田一廛 閩本明監本毛本同案浦鏜云雲誤云非也此語出揚子自序

其雌者名貆貆乃刀反 毛本貆誤獾閩本明監本不誤案爾雅釋文云貆字又作貛同是作獾者誤

今江東通呼貉爲𧲝狭 閩本明監本毛本同案浦鏜云狭獀誤狭狭引證爾雅釋文狭烏郎反獀山吏反是也

獸三歲曰特 小字本相臺本同案正義云獸三歲曰特毛氏當有所據不知出何書盧文弨云齊傳曰三歲曰肩豳傳曰三歲曰豜矣則此傳三當作四廣雅之所本也段玉裁云鄭司農注周禮云三歲爲特四歲爲肩與毛互異肩豜同字耳今考騶虞正義引此傳亦作三歲云蓋異獸別名故三歲者有二名也

故今古數言之 閩本明監本毛本同案今當作令形近之譌

入其門則無人焉 閩本明監本毛本同案此公羊本作入其門則無人門焉者何休注可證正義所引亦然不知者誤去下門者二字耳今公羊焉字誤在門字下更非

鄭以爲魚食飧 閩本明監本毛本同案食當作飧之二字

不得與不素飧相配 閩本明監本毛本同案浦鏜云飧當餐字誤是也

○碩鼠

曾無教令恩德來顧眷我 小字本相臺本同案依正義當作眷顧各本皆誤倒也

關西呼鼩音瞿鼠 閩本明監本毛本同案呼至瞿十行本剜添者一字必音瞿本字初刻旁行細書而兩字相竝後改入正文故如此耳山井鼎云鼠字當在鼩下非也爾雅釋文作鼩將畧反引沈旋作鼩音求于反此同沈也○按音瞿三字郭語也非疏家語

及卿大夫職也 閩本明監本毛本同案浦鏜云鄉誤卿是也

誰之永號 唐石經小字本相臺本同案釋文云咏本亦作永同音詠歌也正義本是永字此箋云永歌也乃讀永爲咏不改其字者以爲假借也正義本爲長釋文本作咏當是因箋并改經字考文古本作詠采釋文耳

言往釋皆歌號 閩本明監本毛本同十行本釋字剜案此誤也釋當作矣首章正義云言往矣將去汝往矣二字本箋此亦同物觀考文補遺所載作者就彼所見本而言也

樂記及關雎矣 閩本明監本毛本同十行本矣字剜案此誤也矣當作序十行本欲剜上文往矣之矣誤入於此山井鼎云宋板磨滅就彼所見本而言也

魏國七篇十八章百二十八句 十行本脫此一行各本皆有

附釋音毛詩注疏卷第六 （六之二）

唐蟋蟀詁訓傳第十

陸曰唐者周成王之母弟叔虞所封也其地帝堯夏禹所都之墟漢曰太原郡在古冀州太行恒山之西太原太岳之野其南有晉水叔虞之子燮父因改爲晉侯至六世孫僖侯名司徒習堯儉約遺化而不能以禮節之今詩本其風俗故云唐也

毛詩國風　鄭氏箋　孔穎達疏

唐譜

唐者帝堯舊都之地今曰太原晉陽是堯始居此後乃遷河東平陽○正義曰以序云有堯之遺風則堯都之也漢書地理志云太原晉陽縣故詩唐國晉水所出東入汾是漢時爲太原晉陽也史記晉世家云唐在河汾之東方百里言百里則堯爲諸侯所居故云堯始居此地理志河東郡平陽縣應劭云堯都也則是堯爲天子乃都平陽故云後遷河東平陽也皇甫謐云堯爲天子都平陽禹受舜禪都平陽或於安邑或於晉陽則夏都亦在晉境故定四年左傳云命以唐誥而封於夏虛是也此不言有夏都者因序云有堯之遺風故指述堯事而已論語注云未知六百里者晉與衛與則晉初六百里矣而世家云百里者言古唐國之大耳非謂晉初唯方百里也○成王封母弟叔虞於堯之故墟曰唐侯南有晉水至子燮改爲晉侯○正義曰昭十五年左傳稱周景王謂晉籍談曰叔父唐叔成王之母弟也晉世家云成王與叔虞戲削桐葉爲珪以與叔虞曰以此封君史佚因言請擇日立叔虞成王曰吾與之戲耳史佚曰天子無戲言言則史書之於是封叔虞於唐是成王封母弟於堯之故墟也地名晉陽是也南有晉水地理志云唐有晉水叔虞子燮爲晉侯是燮以晉水改爲晉侯蓋時王命使改之也皇甫謐云堯始封於唐今中山唐縣是也後徙晉陽及爲天子都平陽於詩爲唐國則唐國爲平陽也漢書音義臣瓚案唐今河東永安是也去晉四百里又云堯居唐東於彘十里應劭曰順帝改彘曰永安則瓚以唐國爲永安此二說詩之唐國不在晉陽燮何須改爲晉侯明唐正晉陽是也○其封域在禹貢冀州太行恒山之西太原大岳之野○正義曰地理志云太行在河內山陽縣西北恒山在故縣上曲陽西北以太行恒山皆在河北故屬冀州晉之東境迫此二山故云之西禹貢云既修太原至于岳陽鄭注云岳陽縣太岳之南於地理志太原今以爲郡名太岳在河東故縣彘東名霍太山河東太原皆晉境所及故云太原太岳之野○至曾孫成侯南徙居曲沃近平陽焉○正義曰案晉世家云唐叔生晉侯燮燮生武侯寧族族生成侯服人地理志云河東郡聞喜縣故曲沃也晉成侯自晉陽徙此是鄭所據之文也○昔堯之末洪水九年下民其咨萬國不粒於時殺禮以救艱厄其流乃被於今○正義曰堯典云帝曰咨四岳湯湯洪水方割下民其咨又稱使鯀治水九載績用弗成皐陶謨云禹曰洪水滔天予乘四載隨山刊木既稷播奏庶艱食鮮食烝民乃粒以禹既治水萬國乃粒是未治水之時萬國不粒也禮稱凶荒殺禮明堯於九年之內殺禮以救艱厄故儉嗇其流乃被於今謂作詩時也○當周公召公共和之時成侯曾孫僖侯甚嗇愛物儉不中禮國人閔之唐之變風始作○正義曰案晉世家云成侯生厲侯福福生靖侯宜臼臼生僖侯司徒是僖侯乃成侯曾孫也世家又云靖侯十七年厲王出奔于彘大臣行政故云共和十八年靖侯卒則僖侯元年當共和二年也故知當共和之時○其孫穆侯又徙於絳云○正義曰案晉世家云僖侯生獻侯籍籍生穆侯費王是也知徙於絳者以

成侯從居曲沃則曲沃爲晉都矣至昭公之時分曲沃以封桓叔則正都不在曲沃明昭公已前已徙絳矣知穆侯徙者蓋相傳爲然地理志云河東絳縣晉武公自曲沃徙此者以桓叔別封曲沃武公既并晉國徙就晉都故云自曲沃徙此耳非謂武公始都絳也然則穆侯以後晉恒都絳而隱五年左傳云曲沃莊伯伐翼翼侯奔隨又謂之爲翼者杜預云翼晉舊都在平陽絳邑縣東穆侯徙絳昭侯以下又徙於翼及武公并晉又都絳也莊二十六年左傳稱晉獻公命士蔿城絳以深其宮明是武公徙絳也晉世家云獻公使士蔿盡殺諸公子而城聚都之命曰絳案左傳云晉士蔿使羣公子盡殺游氏之族乃城聚而處之冬晉侯圍聚盡殺羣公子則城聚以處羣公子非晉都也世家言命聚曰絳非也世家又云穆侯卒弟殤叔立四年爲穆侯太子仇所殺仇立是爲文侯三十五年卒昭侯立元年封其叔父成師于曲沃七年爲大臣潘父所殺子孝侯立十五年爲曲沃莊伯所殺子鄂侯郤立六年當魯隱五年卒子哀侯光立九年爲曲沃武公所虜子小子侯立四年爲曲沃武公誘而殺之哀侯弟緡立爲晉侯二十八年曲沃武公伐晉侯緡滅之周僖王命曲沃武公爲晉君武公已卽位三十七年矣又二年卒子獻公詭諸立二十六年卒此其君次也案隱五年左傳曲沃莊伯伐翼翼侯奔隨秋王命虢公伐曲沃而立哀侯于翼六年傳曰翼九宗五正頃父之子嘉父逆晉侯于隨納諸鄂晉人謂之鄂侯則哀侯之立鄂侯未卒世家言卒非也其詩則蟋蟀刺僖公爲僖公詩也山有樞揚之水椒聊鴇羽序言昭公則昭公詩也綢繆杕杜羔裘在其間從可知也無衣有杕之杜則皆刺武公則武公詩也葛生采苓刺獻公則獻公詩也鄭於左方中皆以此而知案鄭詩出其東門序云公子五爭五公子爭突最處後知出其東門爲厲公之詩鴇羽序云昭公之後大亂五世小子侯處五世之末鴇羽不爲小子侯詩者以昭公肇爲亂階五世不息君子從役昭公所爲雖復後世始作而主刺昭公故序云昭公之後明其刺昭公也出其東門由兵革不息而男女相棄民人思保其室家乃是當時之事故爲厲公之詩但序本爲亂之由故言公子五爭耳此實晉也而題之曰唐故序每篇言晉鴇羽杕杜既言刺時於文不可言晉從上明之可知也

蟋蟀。刺晉僖公也。儉不中禮。故作是詩以閔之。欲其及時以禮自虞樂也。此晉也而謂之唐。本其風俗。憂深思遠。儉而用禮。乃有堯之遺風焉。

憂深思遠謂宛其死矣百歲之後之類也○蟋蟀上音悉下所律反說文蟀作𧍧僖公許其反史記作釐侯中丁仲反樂音洛下皆同思息嗣反注同○【疏】蟋蟀三章章八句至風焉○正義曰作蟋蟀詩者刺晉僖公也由僖公太儉偪下不中禮度故作是蟋蟀之詩以閔傷之欲其及歲暮閑暇之時以禮自娛樂也以其太儉故欲其自樂樂失於盈又恐過禮欲令節之以禮故云以禮自娛樂也欲其及時者三章上四句是也以禮自娛樂者下四句是也既序一篇之義又序名晉爲唐之意此實晉也而謂之唐者太師察其詩之音旨本其國之風俗見其所憂之事深所思之事遠儉約而能用禮有唐堯之遺風故名之曰唐也故季札見歌唐曰思深哉其有陶唐氏之遺風乎不然何其憂之遠也是憂深思遠之事情見於詩詩爲樂章樂音之中有堯之風俗也○箋憂深至之類○正義曰此二文計及死後之事是其憂念深思慮遠也言之類者憂深思遠之事非獨在此二文以其二事顯見故引當之耳其實諸篇皆有深遠之志羔裘箋云民之厚如此亦唐之遺風亦以其事顯見故言之耳

蟋蟀在堂。歲聿其莫。今我不樂。日月其除。蟋蟀蛬也九月在堂聿遂除去也箋云我我僖公也蛬在堂歲時之候是時農功畢君可以自樂矣今不自樂日月且過去不復暇爲之謂十二月當復命農計耦耕事○聿允橘反莫音暮除直慮反注同蛬俱勇反沈又九共反趨織也一名蜻蛚復扶又反 無已大康。職思其居。已甚康樂職主也箋云君雖當自樂亦無甚大樂欲其用禮爲節也又當主思於所居之事謂國中政令○大音泰徐勑佐反下同居義如字協韻音據 好樂無荒。良士瞿瞿。荒大也瞿瞿然顧禮義也箋云荒廢亂也良善也君之好義不當至於廢亂政事當如善士瞿瞿然顧禮義也○好呼報反下同瞿俱具反【疏】蟋蟀至瞿瞿○毛以爲僖公儉不中禮詩人戒之欲令及時自樂言九月之時蟋蟀之蟲在於室堂之上矣是歲晚之候歲遂其將欲晚矣此時農功已畢人君可以自樂今我君僖公不於此時自樂日月其將過去農事又起不得閑暇而爲之君何不及時自樂乎既勸君自樂又恐其過禮君今雖當自樂又須用禮爲節無甚太樂當主思其所居之事當以禮樂自居無得忽忘之也又戒僖公君若好樂無得太好之當如善士瞿瞿然顧於禮義勿使踰越於禮也○鄭唯其居謂國中政令荒謂廢亂政事爲異餘同○傳蟋蟀至除去○正義曰蟋蟀蛬釋蟲文李巡曰蛬一名蟋蟀蟋蟀蜻蛚也郭璞曰今趨織也陸機疏云蟋蟀似蝗而小正黑有光澤如漆有角翅一名蛬一名蜻蛚楚人謂之王孫幽州人謂之趨織里語曰趨織鳴嬾婦驚是也七月之篇說蟋蟀之事云九月在戶傳云九月在堂堂者室之基也戶內戶外揔名爲堂禮運曰醴醆在戶粢醍在堂對文言之則堂與戶別散則近戶之地亦名堂也故禮言升堂者皆謂從階至戶也此言在堂謂在室戶之外與戶相近是九月可知時當九月則歲未爲暮而言歲聿其暮者言其過此月後則歲遂將暮耳謂十月以後爲歲暮也此月未爲暮也采薇云曰歸曰歸歲亦暮止其下章云曰歸曰歸歲亦陽止十月爲陽明暮止亦十月也小明云歲聿云暮采蕭穫菽采穫是九月之事也云歲聿云暮其意與此同也歲實未暮而云聿暮故知聿爲遂遂者從始適末之言也除者棄去之名故爲去也○箋我我至耕事○正義曰勸君使之自樂故知我我僖公也七月箋云言此者著將寒有漸蟋蟀記將寒之候此言歲時之候者七月下文論備寒之事故爲寒來之候此云歲聿其暮故云歲時之候月令季冬云告民出五穀命農計耦耕脩耒耜具田器注云大寒氣過農事將起是十二月以後不暇復爲樂也禮國君無故不徹懸必須農功之隙乃作樂者場功未畢勸課農桑雖不徹鍾鼓有時擊奏未得大設燕飲適意娛樂也七月云九月肅霜十月滌場朋酒斯饗言幽君閑於政事乃饗羣臣是十月爲自樂之時也○傳已甚康樂職主○正義曰已訓止也物甚則止故已爲甚也康樂職主皆釋詁文傳不解其居之義二章其外傳以外爲禮樂之外則其居謂以禮樂自居則職思其外謂常思禮樂無使越於禮樂之外也職思其憂傳曰憂可憂謂踰越禮樂至於荒淫則可憂也故王肅云其居主思以禮樂自居也其外言思無越於禮樂也其憂言荒則憂也○箋君雖至政令○正義曰以序言欲其以禮自娛樂故知欲其用禮爲節也樂記曰禮主其減樂主其盈禮減而進以進爲文樂盈而反以反爲文注云禮主其減人所倦樂主其盈人所歡進謂自勉强反謂自抑止是禮須勤力行之惟恐倦怠樂者令人歡樂惟恐奢放詩人既勸自樂又恐過度故戒之使用禮也箋以上句言無已大康已是禮樂自居復云職思其居不宜更處禮樂居謂居處也二章言外謂居處之外則其居謂所居之處故易傳以爲主思所居之事謂國中政令也其居既是國中則知其外謂國外至四境也四境之外則有鄰國故其憂爲鄰國侵伐之憂詩人戒君所思思其自近及遠故從內而外也○傳荒大至禮義○正義曰荒爲廣遠之言故爲大也釋訓云瞿瞿休休儉也李巡曰皆良士顧禮節之儉也此傳云顧禮義下傳云休休樂道之心皆謂治身儉約故能樂道顧禮也○箋荒廢至禮義○正義曰宛丘序云淫荒昏亂還及盧令序云刺荒也荒者皆謂廢亂政事故易傳以荒爲廢亂也良善釋詁文○

蟋蟀在堂。歲聿其逝。今我不樂。日月其邁。邁行也。無已大康。職思其外。外禮樂之外箋云外謂國外至四境○禮樂此一樂字音岳 好樂無荒。良士蹶蹶。蹶蹶動而敏於事。○蹶俱衛反【疏】傳蹶蹶至於事○正義曰釋詁云蹶蹶動也釋訓云蹶蹶敏也○

蟋蟀在堂。役車其休。箋云庶人乘役車役車休農功畢無事也【疏】箋庶人至無事○正義曰庶人乘役車春官巾車文也彼注云役車方箱可載任器以供役然則收納禾稼亦用此車故役車休息是農功畢無事也酒誥云肇牽車牛遠服賈用孝養厥父母則庶人之車冬月亦行而云休者據其農功既終載運事畢故言休耳不言冬月不行也○今我不樂。日月其慆。慆過也。慆吐刀反 無已大康。職思其憂。憂可憂也箋云憂者謂鄰國侵伐之憂○好樂無荒。良士休休。休休樂道之心

蟋蟀三章章八句

山有樞。刺晉昭公也。不能脩道以正其國。有財不能用。有鍾鼓不能以自樂。有朝廷不能洒埽。政荒民散。將以危亡。四鄰謀取其國家而不知。國人作詩以刺之也。樞本或作蓲烏侯反昭公左傳及史記作昭侯樂音洛下及注同朝直遥反廷徒佞反洒所懈反沈所寄反下同埽蘇報反本又作掃下同【疏】山有樞三章章八句至刺之○正義曰有財不能用者三章章首二句是也此二句總言昭公不能用財耳其經之所陳言昭公有衣裳車馬鍾鼓酒食不用之是分別說其不能用財之事也有鍾鼓不能以自樂者二章云子有鍾鼓弗鼓弗考是也有朝廷不能洒埽者二章云子有廷內弗洒弗埽是也經先言廷內序先言鍾鼓者廷內人君治政之處其事大鍾鼓者娛樂已身其事小經責昭公先重後輕故先言廷內序既言有財不能用鍾鼓亦貨財之事故因卽先言之衣裳車馬亦是有財序獨言鍾鼓者據娛樂之大者言之也經先言衣裳後車馬者衣裳附於身車馬則差遠故先言衣裳也四鄰謀取其國家者三章下二句是也四鄰卽桓叔謀伐晉是也故下篇刺昭公皆言沃所并沃雖一國卽四鄰之一故以四鄰言之○

山有樞。隰有榆。興也樞荎也國君有財貨而不能用如山隰不能自用其財○榆以朱反荎田節反沈又直黎反○

子有衣裳。弗曳弗婁。子有車馬。弗馳弗驅。婁亦曳也。○曳以世反。婁力俱反。馬云：牽也。宛其死矣。他人是愉。宛，死貌。愉，樂也。箋云：愉讀曰偷。偷，取也。○宛於阮反，本亦作苑。愉，毛以朱反，鄭作偷，他侯反。【疏】「山有」至「是愉」。○毛以愉為樂。○鄭以愉為取，言他人將取之。餘同。○傳「樞荎」。○正義曰：釋木文。郭璞曰：今之刺榆也。○傳「婁亦曳」。○正義曰：曳者，衣裳在身，行必曳之。婁與曳連，則同為一事。走馬謂之馳，策馬謂之驅，驅馳俱是乘車之事，則曳婁俱是著衣之事，故云婁亦曳也。○傳「愉樂」。○正義曰：釋詁文。○箋「愉讀」至「偷取」。○正義曰：以下云是保，謂得而居之，入室謂居而有之，故易傳以愉為偷，言偷盜取之。

山有栲。隰有杻。栲，山樗。杻，檍也。○栲音考。杻女九反。樗勑書反，又他胡反。檍於力反。【疏】傳「栲山樗杻檍」。○正義曰：皆釋木文。舍人曰：栲名山樗，杻名檍。郭璞曰：栲似樗，色小而白，生山中，因名云，亦類漆樹。俗語曰：櫄樗栲漆，相似如一。陸機疏云：山樗與下田樗略無異，葉似差狹耳。吳人以其葉為茗。方俗無名此為栲者，似誤也。今所云為栲者，葉如櫟木，皮厚數寸，可為車輻，或謂之栲櫟。許慎正以栲讀為糗，今人言栲，失其聲耳。杻，檍也。葉似杏而尖，白色，皮正赤，為木多曲少直，枝葉茂好。二月中，葉疏，華如練而細，蘂正白，蓋樹。今官園種之，正名曰萬歲。既取名於億万，其葉又好，故種之。共汲山下人或謂之牛筋，或謂之檍，材可為弓弩幹也。

子有廷內。弗洒弗埽。子有鐘鼓。弗鼓弗考。洒，灑也。考，擊也。○廷音庭，又徒佞反。鼓如字，本或作鼙，非。灑，色蟹反，又所綺反。宛其死矣。他人是保。保，安也。箋云：保，居也。【疏】傳「洒灑」「考擊」。○正義曰：洒謂以水灑地而埽之，故轉為灑。灑是散水之名也。今定本云弗鼓弗考，注云考擊也，無亦字，義並通也。○傳「保安」。箋「保居」。○正義曰：二者皆爾雅無文，傳箋各以義言之。上云他人是愉，謂得已樂以為樂；此云他人是保，謂得已之安以為安，故傳訓保為安也。箋以下云他人入室，則是居而有之，故易傳以保為居。

山有漆。隰有栗。子有酒食。何不日鼓瑟。君子無故，琴瑟不離於側。○漆音七，木名。離，力智反。且以喜樂。且以永日。永，引也。宛其死矣。他人入室。【疏】「子有」至「永日」。○正義曰：責昭公言子既有酒食矣，何不日日鼓瑟？有飲食之，且得以喜樂已身，且可以永長此日。何故弗為乎？言永日者，人而無事則長日難度，若飲食作樂，則忘憂愁，可以永長此日。鄭云以永今朝，意亦與此同也。○傳「君子至於側」。○正義曰：曲禮下云：君無故玉不去身，大夫無故不徹縣，士無故不徹琴瑟。注云：憂樂不相干也。故謂災患喪病，彼量其所有節級立文。此言君子，總謂大夫士以上也。以經云日鼓瑟，則是日日用之，故言不離於其側。定本云君子琴瑟不離於側，少無故二字，恐非也。

山有樞三章，章八句

揚之水，刺晉昭公也。昭公分國以封沃，沃盛彊，昭公微弱，國人將叛而歸沃焉。封沃者，封叔父桓叔于沃也。沃，曲沃，晉之邑也。○沃烏毒反。【疏】揚之水三章，二章章六句，一章四句。至「沃焉」。○正義曰：作揚之水詩者，刺晉昭公也。昭公分其國地以封沃國，謂封叔父桓叔於曲沃之邑也。桓叔有德，沃是大都，沃國日以盛彊，昭公國既削小，身又無德，其國日以微弱，故晉國之人皆將叛而歸於沃國焉。昭公分國，封沃已為不可，國人將叛，又不能撫之也，故刺之。此刺昭公。經皆陳桓叔之德者，由昭公無德而微弱，桓叔有德而盛彊，國人叛從桓叔，昭公之國危矣，而昭公不知，故陳桓叔有德，民樂從之，所以刺昭公也。○箋「封沃」至「之邑」。○正義曰封沃者，使專有之，別為沃國，不復屬晉，故云以封沃也。桓二年左傳云：初，晉穆侯之夫人姜氏以條之役生太子，命之曰仇。其弟以千畝之戰生，命曰成師。師服曰：異哉，君之名子也。嘉耦曰妃，怨耦曰仇，古之命也。今君命太子曰仇，弟曰成師，始兆亂矣，兄其替乎？惠之二十四年，晉始亂，故封桓叔於曲沃。師服曰：吾聞國家之立也，本大而未小，是以能固。故天子建國，諸侯立家。今晉，甸侯也，而建國，本既弱矣，其能久乎？惠之三十年，晉潘父弑昭侯而納桓叔，不克。是封桓叔於沃之惠也。此邑本名曲沃，序單言沃，則既封之後謂之沃國，故云沃曲沃也。地理志云：河東聞喜縣，故曲沃也。武帝元鼎六年行過，更名。應劭曰：武帝於此聞南越破，改曰聞喜。

揚之水。白石鑿鑿。興也。鑿鑿然，鮮明貌。箋云：激揚之水激流湍疾，洗去垢濁，使白石鑿鑿然。興者，喻桓叔盛彊，除民所惡，民得以有禮義也。○鑿，子洛反。激，[illegible]歷反。湍，吐端反。洗，蘇禮反，又蘇典反。去，羌呂反。垢，古口反。惡，烏路反，又如字。素衣朱襮。從子于沃。襮，領也。諸侯繡黼丹朱中衣。沃，曲沃也。箋云：繡當為綃。綃黼丹朱中衣，中衣以綃黼為領，丹朱為純也。國人欲進此服，去從桓叔。○襮音博，字林方沃反。繡音秀，衆家申毛並依字，下文同。鄭改為宵。黼音甫。宵音消，本作綃。純，眞允反，又眞順反。既見君子。云何不樂。箋云：君子謂桓叔。○樂音洛。【疏】「揚之水」至「不樂」。○正義曰：言激揚之水，波流湍疾，行於石上，洗去石之垢積，使白石鑿鑿然而鮮明。以興桓叔之德政教寬明，行於民上，去民之疾惡，使沃國之民皆得有禮義也。桓叔既有善政，國日以盛彊，晉國之民皆欲叛而從之，以素為衣，丹朱為綃黼為領，此諸侯之中衣也。國人欲得造制此素衣朱襮之服，進之以從子桓叔于沃國也。國人惟欲歸于沃，惟恐不見桓叔，皆云：我既得見此君子桓叔，則云何乎而得不樂？言實樂也。桓叔之得民心如是，民將叛而從之，而昭公不知，刺之。○傳「襮領」至「曲沃」。○正義曰：釋器云：黼領謂之襮。孫曰：繡刺黼文以襮領。是襮為領也。郊特牲云：繡黼丹朱中大夫之僭禮也。大夫服之則為僭，知諸侯當服之也。中衣朝服祭服之裏衣也。其制如深衣，故禮記深衣目錄云：深連衣裳而純之以綠者，有表則謂之中衣。大夫以上祭服衣用素，詩云素衣朱襮。玉藻云：以帛裏布，非禮也。士祭以服中衣以布，明矣。是言中衣之制與深衣同也。其異者，中之袖小長耳。玉藻云：中衣繼揜尺。注云：中衣繼袂揜一尺，衣綠而已。是中衣之袖長也。言大夫祭服中衣用素者，謂祭耳。其助祭，則士服爵弁之服，以綠為衣，則士以上助祭服中衣皆用素也。少牢饋食之禮，是大夫自祭家廟，其服朝服。朝服以布為之，則中衣亦用布矣。而深衣目錄云：大祭服中衣用素者，謂大國之孤也。雜記云：大夫冕而祭于弁而祭于已。注云：弁而祭於己，唯孤耳。弁謂爵弁，爵弁是衣。明中衣亦用素。用素則同，不必以繡黼為領。繡黼唯諸乃得服之耳。晉封桓叔於沃，別為諸侯之國，故晉人欲以侯之服往從之。桓叔雖受封於晉，正是晉自封之，非天子命，天子不賜以爵。晉是諸侯，不得以爵賜諸侯。桓叔莊伯以字配諡。蓋雖君其國，未有爵命。左傳每云曲沃伯，或可稱伯也。傳不注序，故於此解沃為曲沃也。○箋「繡當」至「桓叔」。○正義曰：[illegible]

揚之水。白石皓皓。皓皓，潔白也。○皓，胡老反。素衣朱繡。從子于鵠。繡，黼也。鵠，曲沃邑也。○鵠，戶毒反。【疏】[illegible]叔於曲沃，非獨一邑而已，其都在曲沃，其旁更有邑，故云鵠，曲沃邑也。既見君子。云何其憂。言無憂也。

揚之水。白石粼粼。粼粼，清澈也。○粼，本又作磷，同，力新反，或力刃反。[illegible]誤作撽。我聞有命。不敢以告人。聞曲沃有善政命，不敢以告人。箋云：不敢以告人而去者，畏昭公謂己動民心。

揚之水三章，二章章六句，一章四句

椒聊，刺晉昭公也。君子見沃之盛彊，能脩其政，知其蕃衍盛大，子孫將有晉國焉。【疏】[illegible]

椒聊之實。蕃衍盈升。[illegible]

彼其之子。碩大無朋。[illegible]

椒聊且。遠條且。[illegible]

益長遠以與桓叔之德彌益廣博桓叔子孫既多德益廣博必將并有晉國而昭公不知故刺之聊且皆助語也○傳椒聊椒○正義曰釋木云檓大椒郭璞曰今椒樹叢生實大者名為檓陸機疏曰椒聊聊語助也椒樹似茱萸有針刺葉堅而滑澤蜀人作茶吳人作茗皆合煮其葉以為香今成皐諸山間有椒謂之竹葉椒其樹亦如蜀椒少毒熱不中合藥也可著飲食中又用烝雞豚最佳香東海諸島亦有椒樹枝葉皆相似子長而不圓甚香其味似橘皮島上獐鹿食此椒葉其肉自然作椒橘香○箋椒之性至以盛○正義曰言性芬香喻美德故下句椒之氣日益長遠喻桓叔德彌廣博是取香氣為喻也言一捄之實者捄謂椒之房裹實者也釋木云椒檓醜菉李巡曰檓茱萸也椒茱萸皆有房故曰捄捄實也郭璞曰菉蓃子聚生成房是椒之房裹名為捄也知蕃衍滿升謂一捄之實者若論一樹則不啻一升纔據一實又不足滿升且詩取蕃多為喻不言一實之大故知謂一捄之實也驗今椒實一裹之內唯有一實時有二實者少耳今言一捄滿升假多為喻非實事也王肅云種一實蕃衍滿一升若種一實則成一樹非徒一升而已不得以種一實為喻也○傳朋比○正義曰朋黨也比謂阿比朋亦比之義故以朋為比也○箋之予至朋黨○正義曰以碩下有大不宜復訓為大故以碩為壯佼貌大謂大德無朋者無朋比之行故知謂平均無其朋黨也孫毓云桓叔阻邑不臣以孽傾宗與潘父比至殺昭公而求入焉能均平而不朋黨乎斯不然矣此言桓叔能修國政撫民平均望桓叔之美刺昭公之惡耳不得以傾宗阻邑為桓叔罪也即如毓言桓叔罪多矣詩人何得稱其碩太且篤能修其政乎自桓叔別封於沃自是鄉國相陵安得責其不臣○傳條長○正義曰尚書稱厥木惟條謂木枝長故以條為長也

椒聊之實。蕃衍盈匊。兩手曰匊○匊本又作掬九六反 彼其之子。碩大且篤。篤厚也

〔疏〕傳篤厚○正義曰釋詁文

椒聊且。遠條且。言聲之遠聞也

椒聊二章章六句

毛詩注疏校勘記(六之一)　　阮元撰盧宣旬摘錄

唐譜

以此封君　閩本明監本毛本同案浦鏜云若誤君是也

是也南有晉水　閩本明監本毛本同案也當作地壞去土傍耳

恒山在故縣上曲陽西北　閩本明監本毛本同案縣當作郡

湯湯洪水方害　閩本明監本毛本同案此不誤浦鏜云割誤害非也此不與今尚書同耳古害割同字思文正義引作割或後人改之○按此以詁訓字代其本字非所見尚書有異本也

既稷播奏庶艱食鮮食　閩本明監本毛本同案浦鏜云暨誤既是也

王命虢父伐曲沃　閩本明監本毛本同案盧文弨云左氏父作公是也鴇羽正義引正作公此誤

頊父之子嘉父　閩本明監本毛本頊誤須

○蟋蟀

以禮自娛樂也　閩本明監本毛本同案序作虞正義作娛虞娛古今字易而說之也例見前考文古本於出其東門經改娛為虞采此

君之好義　閩本明監本毛本同小字本相臺本義作樂考文古本同案樂字是也

黑語曰　〔補〕毛本黑作里案里字是也

○山有樞

山有樞　唐石經小字本相臺本同案釋文云樞本或作蓲烏侯反荎也爾雅釋木藲荎釋文藲烏侯反詩云山有樞是也本或作蓲同考漢石經魯詩殘碑作蓲說文艸部蓲下云草也不以為藲荎字是毛氏詩作樞也爾雅加艸於首所以別戶樞字耳漢書地理志山樞亦然其實毛詩不作蓲釋文或作本非也亦不作藲故說文艸部木部皆無藲字也

華如練而細　閩本明監本毛本同案此不誤浦鏜云楝誤練非也練即楝字耳○按疏家不用假借字作楝是

藥正白蓋樹　閩本明監本毛本同案此不誤浦鏜云蓋下脫此字非也蓋樹二字為一句言華之盛多揜蓋其樹也

弗洒弗埽　唐石經小字本相臺本同閩本同明監本毛本埽作掃案埽字是也

弗鼓弗考　唐石經小字本相臺本同案正義云今定本云弗鼓弗考注云考擊也無亦字義並通也釋文云弗鼓如字本或作擊非正義本與或作本同

考擊也　小字本相臺本同案此定本也正義本考下有亦字亦者亦經弗擊也見上標起止云傳洒灑考擊當脫亦字或後人誤去之也

何不日日鼓瑟有飲食之　閩本明監本毛本有作而案所改非也有當作自形近之譌

○揚之水

沃盛強　閩本明監本毛本同唐石經小字本相臺本強作彊案彊字是也彊雖可通用強而正義本用彊字今正義中閒有強字者寫書人省而亂之耳餘同此

激流湍疾　小字本同閩本明監本毛本同相臺本激作波考文古本同案波字是也正義云激揚之水波流湍疾是其證

於此綃上刺為繡文　閩本明監本毛本同案繡當作黼

白石皓皓　小字本相臺本同唐石經初刻同後磨改作晧案晧字是也說文白部無皓字是晧字本從日也廣韻三十二晧亦無皓字釋文當本作晧今誤見後考證

白石粼粼　唐石經小字本相臺本同閩本明監本毛本粼誤鄰案今釋文亦有誤者詳後考證

○椒聊

碩謂壯貌佼好也　小字本相臺本同閩本明監本毛本同案段玉裁云正義云故以碩為壯佼貌是正義本作壯佼貌壯佼二字疑鄭本用月令文而後人亂之壯佼又見萇楚箋

條長也　小字本相臺本同案正義云尚書稱厥木惟條謂木枝長故以條為長也其說非也此傳以長訓條乃謂條為脩之假借古字條脩相通如漢書脩侯之比考箋云椒之氣日益遠長是此經遠條二字皆以氣言之不以枝言之也下章同考文古本改經二條字皆作脩乃依長也之訓而為之耳非有所本此經自正義及唐石經以下各本皆作條也

彼已是子謂桓叔　閩本明監本毛本已誤其案此正義以已說其耳故與經字不同考文古本經其作已采此而誤又謂衍字也彼已是子桓叔六字為一句正義文例如此猶日月正義云今乃如是人莊公之類

得美廣大　閩本同明監本毛本得作德案所改是也

郭璞曰菉蓃子　閩本明監本毛本菉誤茱案浦鏜云萸誤蓃從爾雅音義按蓃所留反是也

碩大且篤　唐石經小字本相臺本同閩本明監本毛本碩誤實

言聲之遠聞也　小字本相臺本同案段玉裁云聲當作馨此欲以馨訓條也今考此章條與上章同皆訓長為脩字之假借非有異也不宜更為之訓此傳言聲之遠聞也乃篇末捴發一篇之傳謂此椒聊詩乃言桓叔聲之遠聞也篇末捴發傳毛氏每有此例如采蘋木瓜之屬是矣此傳毛當有所案據自作正義時已無文以言之後遂專繫諸第二章遠條且一句而疑其有所不可通也○按說文云馨香之遠聞也正與此合蓋上章作脩此章作條後人亂之耳條取芬芳條暢之義

附釋音毛詩注疏卷第六（六之二）

毛詩國風　鄭氏箋　孔穎達疏

綢繆。刺晉亂也。國亂則婚姻不得其時焉。不得其時謂不及仲春之月。○綢繆上直留反下亡侯反〔疏〕綢繆三章章六句至時焉○正義曰毛以爲不得初冬冬末開春之時故陳婚姻之正時以刺之鄭以爲不得仲春之正時四月五月乃成婚故直舉失時之事以刺之毛以爲婚之月自季秋盡於孟春皆可以成婚三十之男二十之女乃得以仲春行嫁自是以外餘月皆不得爲婚也今此晉國之亂婚姻失於正時三章皆舉婚姻正時以刺之三星者參也首章言在天謂始見東方十月之時故王肅述毛云三星在天謂十月也在天既據十月二章在隅謂在東南隅又在十月之後也謂十一月十二月也卒章在戶言參星正中直戶謂正月中也故月令孟春之月昏參中是參星直戶在正月中也此三章者皆婚姻之正時晉國婚姻失此三者之時故三章各舉一時以刺之毛以季秋之月亦是爲婚之時今此篇不陳季秋之月者以不得其時謂失於過晚作者據其失晚追陳正時故近舉十月已來不復遠言季秋也鄭以爲婚姻之禮必在仲春過涉後月則爲不可今晉國之亂婚姻皆後於仲春之月賢者見其失時指天候以責娶者三星者心也一名火星凡嫁娶者以二月之昏火星未見之時爲之首章言在天謂昏而火星始見東方三月之末四月之中也二章言在隅又晚於在天謂四月之末五月之中也卒章言在戶又晚於在隅謂五月之末六月之中故月令季夏之日昏火中是六月之中心星直戶也此三者皆晚矣失仲春之月三章歷言其失以刺之○

綢繆束薪。三星在天。興也綢繆猶纏綿也三星參也在天謂始見東方也男女待禮而成若薪芻待人事而後束也三星在天可以嫁娶矣箋云三星謂心星也心有尊卑夫婦父子之象又爲二月之合宿故嫁娶者以爲候焉昏而火星不見嫁娶之時也今我束薪於野乃見其在天則三月之末四月之中見於東方矣故云不得其時○參所金反見賢遍反下不見見於東同芻楚俱反說文云芻刈草也象苞束草之形宿音秀

今夕何夕。見此良人。良人美室也箋云今夕何夕者言此夕何月之夕乎而女以見良人言非其時〔疏〕綢繆至良人○毛以爲綢繆猶纏綿束薪之貌言在田野之中必纏綿束之乃得成爲家用以興女在父母之家必以禮娶之乃得成爲室家薪芻待人事而束猶室家待禮而成也室家既須以禮當及善時爲婚三星在天始見東方於禮可以婚矣以時晉國大亂婚姻失時故無妻之男思詠嫁娶之夕而欲見此美室言今此三星在天之夕是何月之夕而得見此良人美其時之善思得其時也思而不得乃自咨嗟言子兮子兮當如此良人何如何猶奈何言三星在天之月不得見此良人當奈之何乎言不可奈何矣○鄭以爲嫁娶者當用仲春之月心星未見之時今晉國大亂婚姻皆不得其月賢者見而責之賢者言已纏綿束薪於野及夜而歸見三星見於東方已在天矣至家而見初爲婚者因責之云今夕是何月之夕而汝見此良人言晚矣失其時不可以爲婚也子兮子兮汝當如此良人何言娶者後陰陽交會之月失婚姻爲禮之時是損良人之善當如之何乎言其損良人不可奈何也由晉國之亂今失正時故舉其事而刺之○傳綢繆至嫁娶矣○正義曰以綢繆自束薪之狀故云猶纏綿也參有三星故言三星參也漢書天文志云參白虎宿三星是也二章在隅卒章在戶是從始見爲說逆而推之故知在天謂始見東方也詩言婚姻之事先舉束薪之狀故知以人事喻待禮也毛以秋冬爲婚時故云三星在天可以嫁娶王肅云謂十月也○箋三星至其時○正義曰孝經援神契云心三星中獨明是心亦三星也天文志云心爲明堂也大星天王前後星子屬然則心之三星有大小大者爲天王小者爲子屬則大者尊小者卑大者象夫父小者象子婦故云心有尊卑夫婦父子之象也二月日體在戌而斗柄建卯初昏之時心星在於卯上二月之昏合於本位故稱合宿心星又是二月之合宿故嫁娶者以爲候焉謂候其將出之時行此嫁娶之禮也昏而火星不見嫁娶之時謂仲春之月嫁娶之正時也箋以下經四句是賢者責娶人之辭知綢繆束薪爲賢者自束其薪不爲興也今我束薪於野乃見其在天謂負薪至家之時見在天未必束薪之時已在天也因以束薪而歸故言之也昭十七年左傳曰火出於夏爲三月於商爲四月於周爲五月小星箋云心在東方三月時則心星始見在三月矣此箋云三月之末四月之中者正以三月至於六月則有四月此詩雖有三章而卒章言在戶謂正中直戶必是六月昏也逆而差之則二章當五月首章當四月四月火見已久不得謂之始見以詩人始作捴舉天象不必章舉一月鄭差次之使四月共當三章故每章之箋皆舉兩月也成婚之時當以火星未見今已見在天是不得其時也凡取星辰爲候多取昏且中爲義此獨取心星未出爲候者以火者天之大辰星有夫婦之象此星若見則爲失時故取將見爲候夏官司爟云季春出火民咸從之季秋納火民亦如之鄭司農云三月昏時心星見於辰上使民出火九月黃昏心星伏於戌上使民納火又哀十二年左傳云火伏而後蟄者畢此取將見爲候彼取已伏爲候其意同也此篇三章與摽有梅三章箋據時節其理大同彼文王之化有故不以仲春者至夏尚使行嫁所以蕃育人民故歌而美之此則晉國之亂不能及時至使晚於常月故陳而刺之本意不同美刺有異也○傳良人美室○正義曰小戎云厭厭良人妻謂夫爲良人知此美室者以下云見此粲者粲是三女故知良人爲美室良訓爲善故稱美也傳以三星在天爲昏之正時則此二句是國人不得及時思詠善時得見良人之辭也王肅云婚姻不得其時故思詠嫁娶之夕而欲見此美室也○箋今夕至其時○正義曰箋以仲春爲婚月三星在天後於仲春故以此二句爲責娶者之辭也說苑稱鄂君與越人同舟越人擁楫而歌曰今夕何夕兮得與搴舟永流今日何日兮得與王子同舟如彼歌意則嘉美此夕與箋意異者彼意或出於此但引詩斷章不必如本也

子兮子兮。如此良人何。子兮者嗟茲也箋云子兮子兮者斥嫁取者○子取後陰陽交會之月當如此良人何○後戶豆反○〔疏〕傳子兮者嗟茲也○正義曰傳意以上句爲思詠嫁娶之夕欲得見良人則此句嗟歎已身不得見良人也子兮子兮自嗟歎也茲此也嗟歎此身不得見良人言已無奈此良人何○箋子兮子兮至人何○正義曰箋以此句亦是責娶者之辭故云子兮子兮斥娶者以其良人爲妻當以良時迎之今子之娶後於陰陽交會之月則損良人之善故云當如此良人何責其損良人也○

綢繆束芻。三星在隅。隅東南隅也箋云心星在隅謂四月之末五月之中

今夕何夕。見此邂逅。邂逅解說之貌○邂本亦作解戶懈反一音戶佳反覯本又作逅同胡豆反一音戶冓反邂覯解說也韓詩云邂覯不固之貌解音蟹說音悅

子兮子兮。如此邂逅何。

綢繆束楚。三星在戶。參星正月中直戶也箋云心星在戶謂之五月之末六月之中○直音值又如字○

今夕何夕。見此粲者。三女爲粲大夫一妻二妾○粲采旦反字林作㛑○〔疏〕傳三女至二妾○正義曰周語云密康公遊於涇有三女奔之其母曰必致之王女三爲粲粲美物也汝則小醜何以堪之然粲者衆女之美稱也曲禮下云大夫不名姪娣大夫有妻有妾有一妻二妾也此刺婚姻失時當是民之婚姻而以大夫之法爲辭者此時貴者亦婚姻失時故王肅云言在位者亦不能及禮也

子兮子兮。如此粲者何。

綢繆三章章六句

杕杜。刺時也。君不能親其宗族。骨肉離散。獨居而無兄弟。將爲沃所并爾。○杕杜徒細反本或作夷狄字非也下篇同并必政反〔疏〕杕杜二章章九句至并爾○正義曰不親宗族者章首二句是也獨居而無兄弟者次三句是也下四句戒異姓之人令輔君爲治亦是不親宗族之言故序略之

有杕之杜。其葉湑湑。興也杕特皃杜赤棠也湑湑枝葉不相比也○湑私敘反比毗志反下文及注同○

獨行踽踽。豈無他人。不如我同父。踽踽無所親也箋云他人謂異姓也言昭公遠其宗族獨行於國中踽踽然此豈無異姓之臣乎顧恩不如同姓親親也○踽俱乎反遠于萬反○

嗟行之人。胡不比焉。箋云君所與行之人謂異姓卿大夫也比輔也此人女何不輔君爲政令

人無兄弟。胡不佽焉。佽助也箋云異姓卿大夫女見君無兄弟之親親者何不相推佽而助之○佽七利反○〔疏〕有杕至佽焉○正義曰言有杕然特生之杜其葉湑湑然而盛但柯條稀疏不相比次以興晉君疏其宗族不與相親猶似杜之枝葉不相比次然也君既不與兄弟相親至使骨肉離散君乃獨行於國內踽踽然無所親聽者也豈無他人異姓之臣乎顧其恩親不如我同父之人耳君既不親同姓之人與之爲治則異姓之臣又不背盡忠輔君將爲沃國所并故又戒之云嗟乎汝君所與共行之人謂異姓卿大夫之等汝何不輔君爲政令焉又謂異姓之臣汝既見君無兄弟之親何不推佽而助之焉同姓之臣既已見疏不得輔君猶冀他人輔之得使不滅故戒異姓之人使助君也○傳杕特至相比○正義曰釋木云杜赤棠白者棠樊光云赤者爲杜白者爲棠陸機疏云赤棠與白棠同耳但子有赤白美惡子白色爲白棠甘棠也少酢滑美赤棠子澀而酢無味俗語云澀如杜是也赤棠木理韌亦可以作弓幹是也裳裳者華亦云其葉湑兮則湑湑與菁菁皆茂盛之貌傳於此云湑湑枝葉不相比下章言菁菁葉盛互相明耳言葉雖茂盛而枝條稀疏以喻宗族雖彊不相親聽也箋以此刺不親宗族不宜以盛爲喻故下章易傳以菁菁爲稀少之貌此章直取不相比次爲喻不取葉盛爲喻菁菁實是茂盛而得爲稀少貌者以葉密則同爲一色由稀少故見其枝以菁菁者莪菁菁爲莪之茂貌則知鄭意亦以菁菁湑湑爲茂貌但不取葉爲興耳○箋君所至政令○正義曰言嗟行之人是嗟歎此所行之人也君既疏其宗族宗族不與君行故知君所與行之人謂異姓卿大夫也比輔釋詁文彼輔作俌亦是輔之義也○傳

佽助○正義曰佽古次字欲使相推以次第助之耳非訓佽爲助也**有杕之杜。其葉菁菁。**菁菁葉盛也箋云菁菁希少之貌○菁本又作青同子零反○**獨行睘睘。豈無他人。不如我同姓。**睘睘無所依也同姓同祖也○睘本亦作煢又作㷀求營反○【疏】傳睘睘至同祖○正義曰睘睘踽踽皆與獨行共文故知是無所依無所親暱之貌上言親此言依義亦同變其文耳以上云同父故知同姓爲同祖也**嗟行之人。胡不比焉。人無兄弟。胡不佽焉。**

杕杜二章章九句

羔裘。刺時也。晉人刺其在位不恤其民也。恤憂也○鄭本亦作恤荀律反【疏】羔裘二章章四句至其民○正義曰刺其在位不恤其民者謂刺朝廷卿大夫也以在位之臣輔君爲政當助君憂民而懷惡於民不憂其民不與相親比故刺之經二章皆刺在位懷惡不恤下民之辭俗本或其下有君衍字定本無君字是也○**羔裘豹袪。自我人居居。**袪袂也本末不同在位與民異心自用也居居懷惡不相親比之貌箋云羔裘豹袪在位卿大夫之服也其役使我之民人其意居居然有悖惡之心不恤我之困苦○袪起居反又丘據反袂末也居如字又音據比毗志反悖補對反○**豈無他人。維子之故。**箋云此民卿大夫采邑之民也故云豈無他人可歸往者乎我不去者乃念子故舊之人【疏】羔裘至之故○正義曰在位之臣服羔裘豹袪晉人因其服擧以爲喻言以羔皮爲裘豹皮爲袪裘袪異皮本末不同以興民欲在上憂己在上疾惡其民是上下之意亦不同也在位之心既與民異其用使我之衆人居居然有悖惡之色不與我民相親不憂我之困苦也卿大夫於民如此民見君子無憂民今欲去之言我豈無他人賢者可歸往之乎維子之故舊恩好不忍去耳作者是卿大夫采邑之民故言己與在位故舊恩好○傳袪袪至之貌○正義曰玉藻說深衣之制云袂可以回肘注云二尺二寸之節又曰袪尺二寸注云袂口也然則袂與袪別此以袪袂爲一者袂是袖之大名袪是袖頭之小稱其通皆爲袂以深衣云袂之長短反屈之及肘是通袪皆爲袂故以爲袪袂也以裘身爲本裘袂爲末其皮既異是本末不同喻在位與民異心也直以裘之本末喻在位與民耳不以在位與民爲本末也此解直云袪袂定本云袪袂末與禮合釋詁云由用也自由也展轉相訓是自爲用也釋訓云居居究究惡也李巡曰居居不狎習之惡孫炎曰究究窮極人之惡此言懷惡而不與民相親是不狎習也用民力而不憂其困是窮極人也○箋羔裘至困苦○正義曰鄭風羔裘言古之君子以風其朝焉經稱羔裘豹飾孔武有力是知在位之臣服此豹袖之羔裘也傳亦解興喻之義箋又解所以用裘興意以在位身服此裘故取其裘爲興召南羔裘亦以大夫身服此羔裘卽言其人有羔羊之德與此同也有悖惡之色不恤我之困苦申明傳懷惡不比之意○箋此民至之人○正義曰箋以民與大夫尊卑縣隔不應得有故亂舊恩好而此云維子之好故解之是此卿大夫采邑之民以卿大夫世食采邑在位者幼少未仕之時與此民相親相愛故稱好也作詩者雖是采邑之民所恨乃是一國之事何則采邑之民與故舊尚不存恤其餘非其故舊不恤明矣序云在位不恤其民謂在位之臣莫不盡然非獨食采邑之主偏苦其邑豈無他人可歸往者指謂他國可往非欲去此采邑適彼采邑也故王肅云我豈無他國可歸乎維念子與我有故舊也與鄭同○**羔裘豹褎。自我人究究。**褎猶袪也究究猶居居也○褎徐究反本又作褏同究九又反爾雅云居居究究惡也**豈無他人。維子之好。**箋云我不去而歸往他人者乃念子而愛好之也民之厚如此亦唐之遺風○好呼報反注同【疏】箋我不至遺風○正義曰北風刺虐則云攜手同行碩鼠刺貪則云適彼樂國皆欲奮飛而去無顧戀之心此則念其恩好不忍歸他人之國其情篤厚如此亦是唐之遺風言猶有帝堯遺化故風俗淳也

羔裘二章章四句

鴇羽。刺時也。昭公之後。大亂五世。君子下從征役。不得養其父母而作是詩也。大亂五世者昭公孝侯鄂侯哀侯小子侯○鴇音保似鴈而大無後指政役音征篇內注同養羊亮反鄂五各反○【疏】鴇羽二章章七句至是詩○正義曰言君子下從征役者君子之人當居平安之處不有征役之勞今乃退與無知之人共從征役故言下也定本作下從征役經三章皆上二句言君子從征役之苦下五句恨不得供養父母之辭○箋大亂至子侯○正義曰案左傳桓二年稱魯惠公三十年晉潘父弒昭侯而納桓叔不克晉人立孝侯惠之四十五年曲沃莊伯伐翼弒孝侯翼人立其弟鄂侯隱五年傳稱曲沃莊伯伐翼翼侯奔隨秋王命虢公伐曲沃而立哀侯于翼隱六年傳稱翼人逆晉侯于隨納諸鄂晉人謂之鄂侯桓二年傳鄂侯生哀侯哀侯侵陘庭之田陘庭南鄙啓曲沃伐翼桓三年曲沃武公伐翼逐翼侯于汾隰夜獲之桓七年傳冬曲沃伯誘晉小子侯殺之八年春滅翼是大亂五世之事案桓八年傳云冬王命虢仲立晉哀侯之弟緡于晉則小子侯之後復有緡爲晉君此大亂五世不數緡者以此言昭公之後則是昭公之詩自昭公數之至小子而滿五故數不及緡也此言大亂五世則亂後始作但亂從昭起追刺昭公故爲昭公詩也**肅肅鴇羽。集于苞栩。**興也肅肅鴇羽聲也集止苞稹栩杼也鴇之性不樹止箋云興者喻君子當居安平之處今下從征役其爲危苦如鴇之樹止然稹者根相迫迮梱致也○苞補交反栩況羽反稹本又作縝之忍反何之人反沈音田又音振廣雅云槪也杼食汝反徐治與反處昌慮反迮側百反梱口本反致直置反下同**王事靡盬。不能蓺稷黍。父母何怙。**盬不攻緻也怙恃也箋云蓺樹也我迫王事無不攻致故盡力爲既則罷倦不能播種五穀今我父母將何怙乎○盬音古蓺魚世反怙音戶罷音皮**悠悠蒼天。曷其有所。**箋云曷何也何時我得其所哉【疏】肅肅至有所○正義曰言肅肅之爲聲者是鴇鳥之羽飛而集于苞栩之上以興君子之人乃下從於征役之事然鴇之性不樹止今乃集于苞栩之上極爲危苦喻君子之人當居平安之處今乃下從征役亦甚爲危苦君子之人既從王事此王家之事無不攻緻故盡力爲之既則罷倦雖得還家不復能種蓺黍稷既無黍稷我之父母當爲何所依怙乎乃告於天云悠悠乎遠者蒼蒼之上天何時乎使我得其所免此征役復平常人乎人窮則反本困則告天此時征役未止故訴天告怨也○傳肅肅至樹止○正義曰苞稹釋言文孫炎曰物叢生曰苞齊人名曰稹郭璞曰今人呼物叢緻者爲稹箋云稹者根相迫迮梱緻貌亦謂叢生也栩杼釋木文郭璞曰柞樹也陸機疏云今柞櫟也徐州人謂櫟爲杼或謂之爲栩其子爲皁或言皁斗其殼爲汁可以染皁今京洛及河內多言杼汁謂櫟爲杼五方通語也鴇鳥連蹄性不樹止樹止則爲苦故以喻君子從征役爲危苦也○傳盬不至怙恃○正義曰盬與蠱字異義同昭元年左傳云於文皿蟲爲蠱穀之飛亦爲蠱杜預云皿器受蟲害者爲蠱穀久積則變爲飛蟲名曰蠱然則蟲害器敗穀者皆謂之蠱是盬爲不攻牢不堅緻之意也此云盬不攻緻四牡傳云盬不堅固其義同也定本緻皆作致蓼莪云無父何怙無母何恃恃怙義同言父母當何恃食故下言何食何嘗與此相接成也○箋蓺樹至怙乎○正義曰何知不爲身在役所不得營農而云王事盡力雖歸既則罷倦不能播種者以經不云不得而云不能明是筋力疲極雖歸而不能也**肅肅鴇翼。集于苞棘。王事靡盬。不能蓺黍稷。父母何食。悠悠蒼天。曷其有極。**箋云極已也○**肅肅鴇行。集于苞桑。**行翮也○行戶郎反注同翮戶草反爾雅云羽本謂之翮【疏】傳行翮也○正義曰以上言羽翼明行亦羽翼以鳥翮之毛有行列故稱行也**王事靡盬。不能蓺稻粱。父母何嘗。悠悠蒼天。曷其有常。**

鴇羽三章章七句

無衣。刺晉武公也。武公始并晉國。其大夫爲之請命乎天子之使。而作是詩也。天子之使是時使來者○并卑政反下注同爲于僞反使所吏反注同○【疏】無衣二章章三句至是詩○正義曰作無衣詩者美晉武公也所以美之者晉昭公封叔父成師於曲沃號爲桓叔桓叔生莊伯莊伯生武公繼世爲曲沃之君常與晉之正適戰爭不息及今武公始滅晉而有之其大夫爲之請王賜命於天子之使而作是無衣之詩以美之其大夫者武公之下大夫也曲沃之大夫美其能并晉國故爲之請命此序其請命之事經二章皆請命之辭○箋天子至來者○正義曰不言請命於天子而云請命於天子之使故云是時使來使以他事適晉大夫就使求之欲得此使告王令王賜以命服也案左傳桓八年王使立緡於晉至莊十六年乃云王使虢公命曲沃伯爲晉侯不言滅晉之事晉世家云哀侯二年曲沃莊伯卒晉侯緡立二十八年曲沃武公伐晉侯緡滅之盡以其寶器賂周僖王僖王命曲沃武公爲晉君列爲諸侯於是盡并晉地而有之曲沃武公已卽位三十七年矣計緡以桓八年立至莊十六年乃得二十八年然則虢公命晉侯之年始并晉也虢公未命晉之前有使適晉晉大夫就之請命其使名號書傳無文也或以爲使卽虢公當來賜命之時大夫就之請命斯不然矣傳稱王使虢公命曲沃伯爲晉侯則虢公適晉之時齎命服來賜大夫不假請之豈虢寧使適晉藏其命服待請而與之哉若虢公於賜命之前別來適晉則非所知耳若當時以命賜之卽命晉之時不須請也故箋直言使來不知何使**豈曰無衣七兮。**侯伯之禮七命冕服七章箋云我豈無是七章之衣乎晉舊有之非新命之服**不如子之衣。安且吉兮。**諸侯不命於天子則不成爲君箋云武公初并晉國心未自安故以得命服爲安○【疏】豈曰至吉兮○正義曰此皆請命之辭晉大夫美武公能并晉國而未得命服故爲之請於天

子之使曰我晉國之中豈曰無此衣之七章兮晉舊有之矣但不如天子之衣我若得之則心安而且又吉兮天子命諸侯必賜之以服故請其衣就天子之使請天子之衣故云子之衣也諸侯不命於天子則不成爲國君武公并晉心不自安故得王命服則安且吉兮○傳侯伯至七章○正義曰此解指言七兮之意晉唐叔之封爵稱侯侯伯之禮冕服七章故請七章之衣春官典命云侯伯七命其國家宮室車旗衣服禮儀皆以七爲節秋官大行人云諸侯之禮執信圭七寸冕服七章是七命七章之衣案春官巾車云金路鉤樊纓九就建大旂以賓同姓以封注云同姓以封謂王子母弟率以功德出封雖爲侯伯其衣服猶如上公若魯衛之屬然則唐叔是王之母弟車服猶如上公上公之服九章此大夫不請九章之服而請七章者王子母弟車服得如上公無正文正以周之建國唯二王之後稱公其餘雖大皆侯伯也彼云同姓以封必是封爲侯伯侯伯以七爲節而金路樊纓九就則知王子母弟初出封者車服猶如上公故得以九爲節如上公者唯王子母弟一身若唐叔耳其後世子孫自依爵命之數故請七章之衣也○傳諸侯至爲君○正義曰此解得衣乃安之意諸侯者天子之所建不受命於天子則不成爲君故不得衣則不安也必請衣者文元年天王使毛伯來錫公命公羊傳曰錫者何賜也命者何加我服也是王命諸侯必皆以衣賜之故請衣也案大宗伯云王命諸侯則儐莊元年穀梁傳云禮有受命無來錫命錫命非正也然則諸侯當往就天子受命此在國請之者天子賜諸侯之命其禮亡案春秋之世魯文公成公晉惠公齊靈公皆是天子遣使賜命左傳不譏之則王賜諸侯之命有召而賜之者有遣使賜之者穀梁之言非禮意也此武公以孽奪宗故心不自安得命乃安也及世家稱武公厚賂周僖王僖王乃賜之命是於法武公不當賜之美之者其臣之意美之耳○

豈曰無衣六兮。天子之卿六命車旗衣服以六爲節箋云變七言六者謙也不敢必當侯伯得受六命之服列於天子之卿猶愈乎不○〔疏〕傳天至爲節○正義曰典命云王之三公八命其卿六命其國家宮室車旗衣服禮儀亦如之是毛所據之文也云車旗者蓋謂卿從車六乘旌旗六旒衣服者指謂冠弁也飾則六玉冠則六辟積夏官射人云三公執璧與子男同也則其服亦毳冕矣三公既毳冕則孤卿服絺冕大夫服玄冕則司服注云絺冕衣一章裳二章玄冕衣無文裳刺黻而已然則絺冕之服止有三章而此云六爲節不得爲卿六章之衣故毛鄭並不云章或者司服之注自說天子之服隆殺之差其臣自當依命數也○箋變七至愈乎不○正義曰傳正解六兮爲天子之卿服不解晉人請六章之服意故箋申之今晉實侯爵之國非天子之卿所以請六章衣者謙不敢必當侯伯之禮故求得受六命之服次列於天子之卿猶愈乎不愈猶勝也言已若得六章之衣猶勝不也上箋解七章之衣言晉舊有之此不言晉舊有之者晉國舊無此衣不得言舊有也檢晉之先君見經傳者燮父事康王文侯輔平王有爲天子卿者但侯伯入爲卿士依其本國之命不服六章之衣故鄭荅趙商云諸侯入爲卿大夫與在朝仕者異各依本國如其命數是其不降本國之服六章也鄭知然者以大車陳古之天子大夫行決男女之訟經云毳衣如菼則是子男入爲大夫得服毳冕故知入仕王朝者各依本國之命晉之先世不得有六章之衣實無六章之衣而云豈曰無衣六者從上章之文飾辞以請命耳非實有也○

不如子之衣。安且燠兮。燠暖也○奥本又作燠於六反煖奴緩反〔疏〕傳燠煖也○正義曰釋言文

無衣二章章三句

有杕之杜。刺晉武也。武公寡特。兼其宗族。而不求賢以自輔焉。○宗族本亦作宗矣〔疏〕有杕之杜二章章六句至輔焉○正義曰言寡特者言武公專任已身不與賢人圖事孤寡特立也兼其宗族者昭侯以下爲君於晉國者是武公之宗族武公兼有之也武公初兼宗國宜須求賢而不求賢者故刺之經二章皆責君不求賢人之事也

有杕之杜。生于道左。興也道左之陽人所宜休息也箋云道左道東也日之熱恒在日中之後道東之杜人所宜休息也今人不休息者以其特生陰寡也興者喻武公初兼其宗族不求賢者與之在位君子不歸似乎特生之杜然○陰於鴆反又如字本亦作蔭同○

彼君子兮。噬肯適我。噬逮也箋云肯可適之也彼君子之人至於此國皆可求之我君所君子之人義之與比其不來者君不求之○噬市世反韓詩作逝逝及也比毗志反

中心好之。曷飲食之。箋云曷何也言中心誠好之何但飲食之當盡禮極歡以待之○好呼報反下同飲於鴆反下文同食音嗣下同○〔疏〕有杕至食之○正義曰言有杕然特生之杜生於道路之左人所宜休息今日所以人不休息者由其孤特獨生陰涼寡薄故也以興武公一國之君人所宜往仕今日所以人不往仕者由其孤特爲君不求賢者故也因教武公求賢之法彼君子之人兮但能來逮於我國者皆可使之適我君之所何則君子之人義之與比故求則得之令不求者由君之不求之耳君欲求之當如之何君當忠心誠實好之何但飲食而已當盡禮極歡以待之則賢者自至矣○箋道左至杜然○正義曰王制云道路男子由右婦人由左言左右據南鄉西鄉爲正在陰爲右在陽爲左故傳言道左之陽箋以爲道東也物積而後始極既極而後方衰從旦積煖故日中之後乃極熱從昏積涼故半夜之後始極寒計一歲之日分乃爲陰陽當以仲冬極寒仲夏極暑而六月始大暑季冬乃大寒亦此意○傳噬逮○正義曰釋言文逮又別訓爲至故箋云君子之人至於此國訓此逮爲至也○箋肯可適之○正義曰肯可釋言文釋詁云之適往也故適得爲之

有杕之杜。生于道周。周曲也○周韓詩作右〔疏〕傳周曲○正義曰言道周遵之故爲曲也

彼君子兮。噬肯來遊。遊觀也○觀古亂反

中心好之。曷飲食之。

有杕之杜二章章六句

葛生。刺晉獻公也。好攻戰。則國人多喪矣。喪棄亡也夫從征役棄亡不反則其妻居家而怨思○好呼報反攻音貢又如字喪息浪反注同又如字思息嗣反或如字○〔疏〕葛生五章章四句至喪矣○正義曰數攻他國數與敵戰其國人或死行陳或見囚虜是以國人多喪其妻獨處於室故陳妻怨之辞以刺君也經五章皆妻怨之辞獻公以莊十八年立僖九年卒案左傳莊二十八年傳稱晉伐驪戎驪戎男女以驪姬閔元年傳曰晉侯作二軍以滅耿滅霍滅魏二年傳云晉侯使太子申生伐東山皋落氏僖二年晉師滅下陽五年傳曰八月晉侯圍上陽冬滅虢又執虞公八年傳稱晉里克敗狄于采桑見於傳者已如此是其好攻戰也○

葛生蒙楚。蘞蔓于野。興也葛生延而蒙楚蘞生蔓於野喻婦人外成於他家○蘞音廉又力恬反又力儉反徐又力劍反草木疏云似栝樓葉盛而細子正黑如燕薁不可食

予美亡此。誰與獨處。箋云予我亡無也言我所美之人無於此謂其君子也吾誰與居乎獨處家耳從軍未還未知死生其今無於此○〔疏〕葛生至獨處○正義曰此二句互文而同與葛言生則蘞亦生蘞言蔓則葛亦蔓葛言蒙則蘞亦蒙蘞言于野則葛亦當言于野言葛生於此延蔓而蒙於楚木蘞亦生於此延蔓而蒙於野中以興婦人生於父母當外成於夫家既外成于夫家則當與夫偕老今我所美之人身無於此我誰與居乎獨處家耳由獻公好戰令其夫亡故婦人怨之也○傳葛生至他家○正義曰此二者皆是蔓草發此蒙彼故以喻婦人外成他家也陸機疏云蘞似栝樓葉盛而細其子正黑如燕薁不可食也幽州人謂之烏服其莖葉煮以哺牛除熱

葛生蒙棘。蘞蔓于域。域營域也

予美亡此。誰與獨息。息止也

角枕粲兮。錦衾爛兮。齊則角枕錦衾禮夫不在斂枕篋衾席韣而藏之箋云夫雖不在不失其祭也攝主主婦猶自齊而行事○齊側皆反本亦作齊下同篋口牒反韣本亦作獨又作櫝徒木反

予美亡此。誰與獨旦。箋云旦明也我君子無於此吾誰與齊乎獨自潔明〔疏〕角枕至獨旦○正義曰婦人夫既不在獨齊而行祭當齊之時出夫之衾枕觀物思夫言此角枕粲然而鮮明兮錦衾爛然而色美兮雖有枕衾無人服用故怨言我所美之人身無於此當與誰齊乎獨自取潔明耳○傳齊則至藏之○正義曰傳以婦人怨夫不在而言角枕錦衾則是夫之衾枕也夫之衾枕非妻得服用且若得服用則終常見之又不得見其衾枕始恨獨旦知此衾枕是有故乃設非常服也家人之大事不過祭祀故知枕衾齊乃用之故云齊則角枕錦衾夫在之時用此以齊今夫既不在妻將齋祭其身既齊因出夫之齊服故觀之而思夫也傳又自明已意以禮夫不在斂枕篋衾席韣而藏之此無故不出夫衾枕明是齊時所用是以齊則出角枕錦衾也內則云夫不在斂枕篋簟席韣而藏之此傳引彼變簟爲衾順經衾文○箋夫雖至行事○正義曰祭統云夫祭也者必夫婦親之是祭祀之禮必夫妻共奉其事箋嫌夫不在則妻不祭故辨之云夫雖不在其祭也使人攝代爲主雖他人代夫爲主主婦猶自齊而行事是故因己之齊出夫之衾枕非用夫衾枕以自齊也故王肅云見夫齊物感以增思是也○

夏之日。冬之夜。言長也箋云思者於晝夜之長時尤甚故極之以盡情○

百歲之後。歸于其居。箋云居墳墓也言此者婦人專一義之至情之盡○墳扶云反

冬之夜。夏之日。百歲之後。歸于其室。室猶居也箋云室猶冢壙○壙音曠

葛生五章章四句

采苓。刺晉獻公也。獻公好聽讒焉。○苓力丁反即甘草葉似地黃好呼報反〔疏〕采苓三章章八句至讒焉○正義曰以獻公好聽用讒之言或見貶退賢者或進用惡人故刺之經三章皆上二句刺君用讒下六句教君止讒皆是好聽讒之事

采苓采苓。首陽之巔。

興也苓大苦也首陽山名也采苓細事也首陽幽辟也細事喻小行也幽辟喻無徵也箋云采苓采苓者言采苓之人衆多非一也皆云采此苓於首陽山之上首陽山之上信有苓矣然而今之采者未必於此山然而人必信之興者喻事有似而非○辟匹亦反下同行下孟反 人之爲言。苟亦無信。舍旃舍旃。苟亦無然。苟誠也箋云苟且也爲言謂爲人爲善言以稱薦之欲使見進用也旃之言焉也舍之焉舍之焉謂誘訕人欲使見貶退也此二者且無信受之且無荅然○爲言于僞反或如字下文皆同本或作僞字非舍音捨下同旃之然反爲言謂爲人並于僞反若經文依字讀則此上爲字亦依字訕所諫反 人之爲言。胡得焉。箋云人以此言來不信受之不荅然之從後察之或時見罪何所得 疏○采苓至得焉毛以爲言人采苓采苓於何處采之於首陽之巔采之以興獻公問細小之行於何處求之於小人之身求之采苓者細小之事以喻君求細小之行也首陽者幽辟之山喻小人是無徵驗之人也言獻公多問小行於小人言語無徵之人故所以讒言興也因教君止讒之法人之詐僞之言有妄相稱薦欲令君進用之者君誠亦勿得信之若有言人罪過令君舍之舍之者誠亦無得荅然君但能如此不受僞言則人之僞言者復何所得焉既無所得自然讒止也人之僞言與舍旃舍旃文互相見上云人之僞言則舍旃舍旃者亦是人之僞言也舍旃者謂誘訕人欲使見貶退則人之僞言謂稱薦人欲使見進用是互相明王肅諸本皆作爲言定本作僞言○鄭以采苓采苓者皆言我采此苓於首陽之巔然首陽之巔信有苓矣然而今人采之者未必於首陽而人必信之以其事有似也事雖似而實非以興天下之事亦有似之而實非者君何得聞人之讒而輒信之乎下六句唯以苟爲且餘同○傳苓大至無徵○正義曰苓大苦釋草文首陽之山在河東蒲坂縣南采苓者取草而已故爲細事首陽在河曲之內故爲幽辟細事喻小行謂小小之事幽辟喻無徵謂言無徵驗幽隱辟側非顯見之處故以喻小人言無徵驗也讒言之起由君暱近小人故責君數問小事於小人所以致讒言也箋易之者鄭荅張逸云篇義云好聽讒當似是而非者故易之○ 采苦采苦。首陽之下。苦苦菜也 疏傳苦苦菜○正義曰此荼也陸機云苦菜生山田及澤中得霜恬脆而美所謂菫荼如飴內則云濡豚包苦用苦菜是也 人之爲言。苟亦無與。舍旃舍旃。苟亦無然。無與勿用也 人之爲言。胡得焉。采葑采葑。首陽之東。葑菜名也○葑孚容反 人之爲言。苟亦無從。舍旃舍旃。苟亦無然。人之爲言。胡得焉。

采苓三章章八句

唐國十二篇三十三章二百三句

毛詩注疏校勘記（六之二）　阮元撰盧宣旬摘錄

○綢繆

季夏之日 〔補〕日當作月

若薪蒭待人事 小字本相臺本蒭作芻閩本明監本毛本亦同案芻字是也釋文正義皆可證唯十行本作蒭乃沿經注本俗體字耳

斥嫁取者 小字本相臺本同案嫁衍字也此但刺取者不刺嫁者故下文云予取後陰陽交會之月也正義亦可證

謂之五月之末 閩本明監本毛本同小字本相臺本謂下無之字考文古本同案無者是也

○杕杜

有杕之杜 唐石經小字本相臺本同案釋文云杕本或作夷狄字非也考此六朝時河北本也其江南本木傍施大不誤見顏氏家訓

杕特貌 閩本明監本毛本同小字本相臺本特下有生字案此十行本無者是也釋文杕杜注云特貌顏氏家訓引江南本傳亦無生字正義云言有杕然特生之杜者是自爲文取下有杕之杜篇箋文爲說耳非此傳有生字也考彼箋乃本彼經生于道左而言之則此傳不應有明矣考文古本有采正義○按說文杕木特貌正本毛傳

滑滑枝葉不相比也 小字本相臺本同閩本明監本毛本亦同案比下當有次字此傳比次郎取經胡不比焉胡不佽焉之文也釋文滑滑下云不相比次也是其本有次字正義云傳於此云滑滑枝葉不相比標起止云至相比或因經注本無次字而誤去之耳其餘仍多言比次也考文古本次字采釋文

以菁菁爲稀少之貌 閩本明監本毛本同案下箋作希此正義作稀希稀古今字易而說之也例見前

○羔裘

袪袂也 小字本相臺本同案釋文袪下云袂末也正義云此解直云袪袂定本云袪袂末與禮合釋文本與定本同下傳云本末不同正義云以裘身爲本裘袂爲末是也無取於袂爲本袪爲袂末當以正義本爲長見段玉裁毛詩詁訓傳注

又曰袂尺二寸 閩本明監本毛本同案浦鏜云袪誤袂是也又下袂口也不誤浦并改之則非

傳亦解興喻之義 〔補〕案亦當作已

不應得有故亂舊恩好 閩本明監本毛本同案浦鏜云亂疑衍字是也上文兩言故舊恩好可證

○鴇羽

君子下從征役 唐石經小字本相臺本同案正義云言下從征役言又云定本作下從征役如其所言不爲有異堂有異也釋文云政役音征篇內注同或定本作政字也考周禮小宰聽政役以比居注云政謂賦也凡其字或作正或作征以多言宜從征如孟子交征利云此序字與彼同考文古本作政采釋文

稹者根相迫迮梱致也 小字本同閩本明監本毛本同相臺本梱作捆案捆字非也梱者梱字之借又釋文云致直置反下同正義云定本緻皆作致是正義本此箋及下傳箋攻致皆作緻也考說文糸部本無緻字徐氏新附有之鄭考工記注云稹致也亦不從糸當以釋文定本爲長下傳攻致閩本以下作緻依正義改耳以後致字同此

其穀爲汁 閩本明監本毛本同案浦鏜云斗誤汁是也下多言枓汁誤同

曷其有常 唐石經以下各本同唯相臺原刻各有其誤

○無衣

刺晉武公也 閩本明監本毛本同唐石經小字本相臺本刺作美考文古本同案正義云美晉武公也所以美之者又云而作是無衣之詩以美之又云美其能并晉國作美者是也上文譜正義云無衣有杕之杜則皆刺武公者誤

豈號奉使適晉 閩本明監本毛本豈下有公字案所補是也

心未自安 小字本相臺本同閩本明監本同考文古本同毛本未作不案心未自安者承上箋謂七章之衣晉舊有之矣但未自安耳正義云心不自安乃自爲之不當依以改箋

安且燠兮 唐石經小字本相臺本同案釋文云奧本又作燠正義標起止云傳燠煖也是正義本作燠小明經作奧經中用字不畫一之例考文古本作奧采釋文

○有杕之杜

皆可求之我君所 閩本明監本毛本同小字本相臺本求作來案來字是也正義云皆可使之適我君之所此來之之義也

君當忠心誠實好之 閩本明監本毛本忠作中案所改是也

○葛生

域營域也 閩本明監本毛本同小字本相臺本營作塋案此十行本營字是也營卽塋之借字耳

故極之以盡情 小字本相臺本極下有言字閩本明監本毛本同考文古本無極字案此十行本無言字者是也小大雅譜云要於極賢聖之情是其證

○采苓

人之爲言 唐石經小字本相臺本同案此釋文本也正義云人之詐譌之言又下文盡作僞言是其證又云王肅諸本作爲言定本作僞言此引定本以證其同也釋文云爲言于僞反或如字下文皆同本或作僞字非考沔水民之訛言箋云訛僞也言時不令小人好詐僞爲交易之言正月人之訛言箋云訛僞也人以僞言相陷入其訛言卽此經之爲言也古爲僞訛三字皆聲類所近用作假借用作詁訓其理一也作爲則當讀作僞耳箋不云讀作者其於假借例有如此者也正義本定本乃依正字釋文讀于僞反及如字又云本或作僞字非其說皆未諦考文古本作僞下文注同皆采正義○按鄭箋云謂爲人爲善言上爲字去聲下爲字平聲讀之然則經文爲字不當作僞爲者作也造也王風傳云造爲也

爲言謂爲人爲善言 小字本相臺本同案釋文云爲言謂爲人並于僞反若經文依字讀則此上爲字亦依字正義本經作僞言此箋當亦作僞言下二爲字雖無明文但以經推之當是作爲人僞善言其爲人讀于僞反僞善言卽復舉經字也

附釋音毛詩注疏卷第六（六之三）

秦車鄰詁訓傳第十一

陸曰秦者隴西谷名也在雍州鳥鼠山之東北昔臯陶之子伯翳佐禹治水有功舜命作虞賜姓曰嬴其末孫非子爲周孝王養馬於汧渭之間封爲附庸邑于秦谷及非子之曾孫秦仲周宣王又命爲大夫仲之孫襄公討西戎救周周室東遷以岐豐之地賜之始列爲諸侯春秋時稱秦伯崔云秦在虞夏商爲諸侯至周爲附庸

毛詩國風　鄭氏箋　孔穎達疏

秦譜

秦者隴西谷名於禹貢近雍州鳥鼠之山○正義曰漢書地理志云秦今隴西秦亭秦谷是也於禹貢鳥鼠之山在雍州也鳥鼠與秦今俱在隴西故云近鳥鼠之山也爾雅云鳥鼠同穴其鳥爲鵌其鼠爲鼵是鳥鼠共處一山以爲名既有鳥鼠之山又別有同穴之山禹貢王肅注云鳥鼠同穴皆山名是也○堯時有伯翳者實臯陶之子佐禹治水水土既平舜命作虞官掌上下草木鳥獸賜姓曰嬴○正義曰鄭語云嬴伯翳之後地理志云嬴伯益之後則伯翳伯益聲轉字異猶一人也地理志又云秦之先曰伯益助禹治水爲舜虞官養草木鳥獸賜姓嬴氏秦本紀云秦之先帝顓項之苗裔孫曰女脩女脩織玄鳥隕卵女脩吞之生子大業大業娶少典之子曰女華女華生太費太費與禹平水土又佐舜調馴鳥獸鳥獸多馴服是爲伯翳舜賜姓嬴氏是治水賜姓之事也如本紀之言則益又名太費太費之父名大業列女傳曰臯子生五歲而佐禹曹大家注云臯子臯陶之子伯益也然則臯陶大業一人也且秦是伯益之後而中侯苗典云臯陶之苗爲秦秦出伯益明是臯陶之子也先言伯翳然後上本臯陶者以舜賜伯翳爲嬴姓不賜臯陶秦爲嬴姓始自伯翳故以伯翳爲首也虞書稱舜曰疇若予上下草木鳥獸僉曰益哉帝曰俞益汝作朕虞是舜命作虞官也歷夏商興衰亦世有人焉○正義曰本紀又云太費生子二人一曰太廉實鳥谷氏二曰若木實費氏其玄孫曰費昌子孫或在中國或在夷狄費昌當夏桀之時去夏歸商爲湯御以敗桀太廉玄孫曰孟戲中衍帝大戊使爲御而妻之自大戊以下中衍之後遂世有功以佐殷國故嬴姓多顯遂爲諸侯其玄孫曰中潏在西戎保西垂生蜚廉蜚廉生惡來惡來有力蜚廉善走父子俱以材力事紂是世有人焉○周孝王使其末孫非子養馬於汧渭之間孝王爲伯翳能知禽獸之言子孫不絕故封非子爲附庸邑之於秦谷○正義曰本紀又云惡來有子曰女妨女妨生旁臯旁臯生大几大几生大雒大雒生非子非子居犬丘好馬及畜善養息之犬丘人言之周孝王孝王召使主馬于汧渭之間馬大蕃息孝王欲以爲大雒適嗣申侯之女爲大雒之妻生子成爲適於是孝王曰昔伯翳爲舜主畜畜多息故有土今其後世亦爲朕息馬朕其分土爲附庸邑之秦使復續嬴氏祀號曰秦嬴亦不廢申侯之女子爲大雒適者是孝王使養馬封之事也言將以非子爲大雒之嗣則適中潏以來世保西垂常有國土非子分其國地別爲附庸也本紀直云伯翳爲舜主畜不云能知禽獸之言地理志稱孝王云昔伯益知禽獸是知其言語也僖二十九年左傳說介葛盧聞牛鳴而知其音賈逵云伯益曉是術蔡雍云伯翳綵聲於語鳥葛盧辯音於鳴牛是伯翳知禽獸之言也○至曾孫秦仲宣王又命作大夫始有車馬禮樂侍御之好國人美之秦之變風始作○正義曰本紀又云秦嬴生秦侯立十年卒生公伯立三年卒生秦仲是仲爲非子曾孫也又云秦仲立三年周厲王無道西戎滅犬丘大雒之族周宣王即位乃以秦仲爲大夫誅西戎是宣王又命作大夫也王制云子男五十里不能五十里者附於諸侯曰附庸周禮男國百里則附庸又無百里矣邾滕紀莒之等以其國小蔑而不錄其詩而錄秦仲附庸之風者鄭語云桓公問於史伯曰姜嬴其孰興對曰國大而有德者近興秦仲齊侯姜嬴之雋也且大其將興乎言秦仲國大將興是其土地廣寬雖未得爵命而大於邾莒詩者緣政而作故附庸而得有詩也且秦於襄公之後國大而錄其詩因秦仲先巳有詩故并錄之耳案年表秦仲以宣王六年卒計桓公問史伯之時乃在幽王九年所以仍言秦仲者秦仲之後遂爲大國以秦仲有德故繫而言之秦仲以字配國者附庸未得爵命無謚可稱春秋附庸君例稱名褒之則書字秦仲又作宣王大夫史策之文正當書字故稱字體國以美之也○秦仲之孫襄公平王之初興兵討西戎以救周平王東遷王城乃以岐豐之地賜之始列爲諸侯○正義曰本紀稱秦仲生莊公莊公生襄公又云犬戎殺幽王襄公將兵救周戰甚有功周避戎難東徙洛邑襄公以兵送周平王平王討襄公爲諸侯賜之岐山以西之地封爵之襄公於是始國與諸侯通使聘享之禮是平王之初救周賜地之事也襄公始爲諸侯莊公巳稱公者蓋追謚之也○遂橫有周西都宗周畿內八百里之地○正義曰地理志初洛邑與宗周通封畿東西長而南北短短長相覆爲千里則周之二都相接爲畿其地東西橫長西都方八百里也本紀云賜襄公岐以西之地襄公生文公於是文公遂收周餘民有之地至岐岐以東獻之周如本紀之言則襄公所得自岐以西如以鄭言橫有西都八百里之地則是全得西畿言與本紀異者案終南之山在岐之東南大夫之戒襄公巳引終南爲喻則襄公亦得岐東非唯自岐以西也即如本紀之言文公收周餘民又獻岐東於周則秦之東境終不過岐而春秋之時秦境東至於河襄公巳後更無功德之君復是何世得之也明襄公救周即得之矣本紀之言不可信也○其封域東至迆山在荊岐終南惇物之野○正義曰迆謂靡迆境界廣被之意於禹貢無迆山鄭據時山之名案秦境所及而言之禹貢雍州云荊岐既旅終南惇物則此山省屬雍州秦居其傍故云之野也不言西至獨言東至者以秦居隴西東拓土境上已云近鳥鼠之山不須便言其西故直言東至而已鄭既云變風作而又言此者以襄公之時又能取周地與秦仲時異故復說其得地之由境界所在○至玄孫德公又徙於雍云○正義曰案本紀襄公生文公文公生靖公靖公生寧公寧公生武公武公卒立其弟德公是德公爲襄公玄孫也本紀又言秦仲自中潏已後世保西垂至大雒生非子非子別居於犬丘厲王時西戎滅大雒之族秦仲之子莊公伐西戎破之并得大雒之地爲西垂大夫文公元年居西垂宮三年冬獵至汧渭之會曰昔周邑我先秦嬴於此後卒爲諸侯乃卜居之占曰吉即營邑之寧公二年徙居平陽德公元年初居雍城徐廣云犬丘今槐里縣也平陽今鄜縣平陽亭是也雍今扶風雍縣也如本紀之言則大雒之族世居西垂非子封爲附庸別居槐里及莊公伐戎并得大雒之地即就大雒舊居西垂也至文公還居非子舊墟在汧渭之間即槐里是也寧公徙平陽至德公乃徙雍鄭獨言德公徙雍者以德公之後常居雍故特言之僖十三年左傳云秦輸粟于晉自雍及絳昭元年左傳云秦后子享晉侯自雍及絳是秦自德公已後常雍也本或作穆公徙雍者誤耳何則穆公者德公之子於襄公爲玄孫之子非玄孫也又中侯覬期注秦本在隴西襄公玄孫德公始徙雍是鄭依本紀以爲德公徙雍非穆公也本紀又云德公立二年卒子宣公立十二年卒弟成公立四年卒弟穆公任好立三十九年卒子罃代立是爲康公此其君次也其詩則車鄰美秦仲爲秦仲詩也駟鐵小戎蒹葭終南序皆云襄公是襄公詩也黃鳥刺繆公是繆公詩也晨風渭陽權輿序皆云康公是康公詩也無衣在其中明亦康公詩矣故鄭於左方中皆以此而知也襄二十九年左傳季札見歌秦曰美哉此之謂夏聲服虔云秦仲始有車馬禮樂之好侍御之臣戎車四牡田狩之事其孫襄公列爲秦伯故蒹葭蒼蒼之歌終南之詩追錄先人車鄰駟驖小戎之歌與諸夏同風故曰夏聲如服之意以駟驖小戎爲秦仲之詩與序正違其言非也言夏聲者杜預云秦本在西戎汧隴之西秦仲始有車馬禮樂去戎狄之音而有諸夏之聲故謂之夏聲耳不由在諸夏追錄故稱夏也

車鄰。美秦仲也。秦仲始大有車馬禮樂侍御之好焉。鄰本亦作隣又作轔栗人反始大絕句或連下句非○【疏】車鄰三章一章四句二章章六句至好焉○正義曰作車鄰詩者美秦仲也秦仲之國始大又有車馬禮樂侍御之好焉故美之也言秦仲始大者秦自非子以來世爲附庸其國仍小至今秦仲而國土大矣由國始大而得有此車馬禮樂故言始大以冠之有車馬者首章上二句是也侍御者下二句是也二章卒章言鼓瑟鼓簧竝論樂事用樂必有禮是禮樂也經先寺人後鼓瑟序先禮樂後侍御者經以車馬行於道路國人最先見之故先言車馬欲見秦仲先令寺人故次言寺人既見秦仲始見其禮樂故後言鼓瑟二章傳曰又見其禮樂是從外而入以次見之序以車馬附於身經又在先故先陳之禮樂又重於侍御故先禮樂而後侍御此三者皆是君之容好故云之好焉必知斷始大爲句者以駟鐵序云始命謂始命爲諸侯也即知此始大謂國土始大也若連下爲文即車馬禮樂多少有度不得言大有也王肅云秦爲附庸世處西戎秦仲將德爲宣王大夫遂誅西戎是以始大鄭語云秦仲齊侯姜嬴之雋且大其將興乎韋昭注引詩序曰秦仲始大是先儒斷始大爲句

有車鄰鄰。有馬白顛。鄰鄰衆車聲也白顛的顙也○顛都田反的丁歷反顙桑黨反

未見君子。寺人之令。寺人內小臣也箋云欲見國君者必先令寺人使傳告之時秦仲又始有此臣○寺如字又音侍本亦作侍字寺人奄人令力呈反注同又力政反沈力丁反韓詩作伶云使伶傳直專反【疏】有車至之令○正義曰此美秦初有車馬侍御之好言秦仲有車衆多其聲鄰鄰然有馬衆多其中有白顛之馬車馬既多又有侍御之臣未見君子秦仲之時若欲見之必先有寺人之官令請之使寺人傳告秦仲然後人得見之○傳鄰鄰至的顙○正義曰車有副貳明非一車故以鄰鄰爲衆車之聲車既衆多則馬亦多矣故於馬見其毛色而巳不復言衆多也釋畜云馬的顙白顛舍人曰的白也顙額也額有白毛今之戴星馬也○傳寺人內小臣○正義曰天官序官云內小臣奄上士四人寺人王之正內五人則天子之官內小臣與寺人別官也燕禮諸侯之禮也經云獻左右正與內小臣是諸侯之官有內小臣也左傳齊有寺人貂晉有寺人披是諸侯之官有寺人也然則寺人與內小臣別官矣此云寺人內小臣者解寺人官之尊卑及所掌之意言寺人是在內細小之臣非謂寺人即是內小臣之官也內小臣之官與寺人之官猶自別矣若然巷伯箋云巷伯內小臣奄官上士四人與寺人之官相近彼言巷伯內小臣巷伯即是內小臣之官此傳言寺人內小臣而知寺人非內小臣之官者毛鄭異人言非一概正以天子諸侯之官內小臣與寺人皆別明傳意

不以寺人爲內小臣之官也巷伯所以知即是內小臣者以寺人作詩而篇名巷伯明巷伯非寺人序言巷伯奄官則巷伯與寺人之官同掌內事相近明矣巷者宮中道名也伯者長也主宮巷之官最長者唯有內小臣耳故知巷伯即是內小臣之官也。箋欲見至此臣。正義曰附庸雖未爵命自君其國猶若諸侯故言欲見國君使寺人傳告之樂寺人以美秦仲者明仲又始有此臣也案夏官小臣掌王之命天官寺人掌王之內人及女宮之戒令然則天子之官自有小臣主王命寺人主內令不主王命矣燕禮云小臣戒與者則諸侯之官有小臣亦應小臣傳君命此說國君之禮使寺人傳命者天子備官故外內異職諸侯兼官外內共掌之也僖五年左傳說晉獻公使寺人披伐公子重耳於蒲昭十年傳說宋平公之喪使寺人柳熾炭于位則諸侯寺人傳達君命是禮之常也。

阪有漆。隰有栗。興也。陂者曰阪下濕曰隰箋云興者喻秦仲之君臣所有各得其宜。阪音反又扶板反陂彼寄反又普羅反又彼皮反**既見君子。並坐鼓瑟。**又見其礼樂焉箋云既見既見秦仲也並坐鼓瑟君臣以閒暇燕飲相安樂也。閒音閑樂音洛下文並同。**今者不樂。逝者其耋。**耋老也八十曰耋箋云今者不於此君之朝自樂謂仕焉而去仕他國其徒自使老言將後寵祿也。耋田結反一音天節反朝直遙反後胡豆反又如字。

疏 阪有至其耋。正義曰言阪上有漆木隰中有栗木各得其宜以興秦仲之朝上有賢君下有賢臣上下各得其宜既見此君子秦仲其君臣閒暇無爲燕飲相樂並坐而鼓瑟也既見其善政則願仕焉我今者不於此君之朝仕而自樂若更之他國者其徒自使老言將後於寵祿無有得樂之時美秦仲之賢故人皆欲願仕也。傳陂者至曰隰。正義曰釋地云下濕曰隰李巡曰下濕謂土地窊下常沮洳名爲隰也又云陂者曰阪下者曰隰李巡曰陂者謂高峯山陂下者謂下濕之地隰濕也。箋既見至安樂。正義曰由其君明臣賢政清事簡故皆並坐而觀鼓瑟作樂必飲酒故云燕飲相安樂檀弓稱工尹商陽止其御曰朝不坐燕不與注云朝燕於寢大夫坐於上士立於下彼言正法耳秦仲君臣安樂或士亦與焉故作者羨之而願仕也。傳耋老也八十曰耋。正義曰耋老釋言文孫炎曰耋者色如生鐵易離卦云大耋之嗟注云年踰七十僖九年左傳曰伯舅耋老服虔云七十曰耋此言八十曰耋者耋有七十八十無正文也以仕者七十致事仕者慮己之耋欲得早致事故以爲八十也。箋今者至寵祿。正義曰作者羨其閒暇欲得自樂故知樂者謂仕焉逝訓爲往故知逝者謂去仕他國今得明君之朝不仕而去是其徒自使老言將後寵祿謂年歲晚莫不堪仕進在寵祿之後也

阪有桑。隰有楊。既見君子。並坐鼓簧。簧笙也。簧音黃**今者不樂。逝者其亡。**亡喪棄也

車鄰三章，一章四句，二章章六句

駟驖。美襄公也。始命有田狩之事。園囿之樂焉。始命命爲諸侯也秦始附庸也。驖田結反又吐結反驖驪馬也始命絕句囿音又沈又尤菊反樂音洛

疏 駟驖三章章四句至樂焉。正義曰作駟驖詩者美襄公也秦自非子以來世爲附庸未得王命今襄公始受王命爲諸侯有遊田狩獵之事園囿之樂焉故美之也諸侯之君乃得順時遊田治兵習武取禽祭廟附庸未成諸侯其禮則闕故今襄公始命爲諸侯乃得有此田狩之事故云始命也田狩之事三章皆是也言園囿之樂者還是田狩之事於園囿皆有此樂故云園囿之樂焉獵則就於囿中上二章於囿中調習則在園中下章園中事也有蕃曰園有牆曰囿園囿大同蕃牆異耳囿者域養禽獸之處其制諸侯四十里處在於郊靈臺云王在靈囿鄭駁異義引之云三靈辟廱在郊明矣孟子對齊宣王云臣聞郊關之內有囿方四十里是在郊也園者種菜殖果之處因在其內調習車馬言遊於北園蓋近在國北地官載師云以場圃任園地明其去國近也。箋始命至附庸。正義曰本紀云平王封襄公爲諸侯賜之岐西之地然則始命之爲諸侯謂平王之世又解言始命之意秦始爲附庸謂非子至於襄公莊公常爲附庸今始得命故言始也本或秦下有仲衍字定本直云秦始附庸也。

駟驖孔阜。六轡在手。驖驪阜大也箋云四馬六轡六轡在手言馬之良也。阜符有反驪力知反。**公之媚子。從公于狩。**能以道媚於上下者冬獵曰狩箋云媚於上下謂使君臣和合也此人從公往狩言襄公親賢也。媚眉冀反

疏 駟驖至于狩。正義曰言襄公乘一乘駟驖色之馬甚肥大也馬既肥大而又良善御人執其六轡在手而已不須控制之也公乘此良馬與賢人共獵公之臣有能媚於上下之子從公而往田狩公又能親賢如是故國人美之。傳驖驪阜大。正義曰檀弓云夏后氏尚黑戎事乘驪則驪黑色驖者言其色黑如驖故爲驪也說馬之壯大而云孔阜故知阜爲大也。箋四馬至之良。正義曰每馬有二轡四馬當八轡矣諸文皆言六轡者以驂馬內轡納之於觖故在手者唯六轡耳聘禮云賓覿總乘馬注云總八轡牽之贊者謂步牽馬故八轡皆在手也大叔于田言六轡如手謂馬之進退如御者之手故爲御之良此言六轡在手謂在手而已不假控制故爲馬之良也。傳能以至曰狩。正義曰媚訓愛也能使君愛臣令上媚下又使臣愛君令下媚上能以己道愛於上下故箋申之云謂使君臣上下和合言此一人之身能使他人上下和合也卷阿云媚于天子媚于庶人謂吉士之身媚上媚下知此亦不是己身能上媚下媚者以其特言公之媚子從公于狩明是大賢之人能和合他人使之相愛非徒己身能愛人而已文王四友予曰有疏附能使疏者親附是其和合他人則其爲賢也謂之媚子者王肅云卿大夫稱子冬獵曰狩釋言文

奉時辰牡。辰牡孔碩。時是辰時也冬獻狼夏獻麋春秋獻鹿豕羣獸箋云奉是時牡者謂虞人也時牡甚肥大言禽獸得其所。麋亡悲反。**公曰左之。舍拔則獲。**拔矢末也箋云左之者從禽之左射之也拔括也舍拔則獲言公善射。舍音捨拔蒲末反射食亦反括苦活反善射音社

疏 奉時至則獲。正義曰言襄公田獵之時虞人奉是時節之牡獸謂驅以待公射之此時節之牡獸甚肥大矣公戒御者曰從左而逐之公乃親自射之舍放矢括則獲得其獸言公之善射。傳時是至羣獸。正義曰時是釋詁文釋訓云不辰不時也是辰爲時也冬獻狼以下皆天官獸人文所異者彼言獸物此言羣獸耳彼注云狼膏聚麋膏散聚則溫散則涼以救時之苦也獸物凡獸皆可獻及狐狸也然則獸之供食各有時節故謂之時牡。箋奉是至其所。正義曰地官山虞云若大田獵則萊山田之野及弊田植虞旗于中以致禽然則田獵是虞人所掌必是虞人驅禽故知奉是時牡謂虞人也案獸人所獻之獸以供膳傳引獸人所獻以證虞人奉之者以下句言舍拔則獲此是獵時之事故知是虞人奉之也獸人獻時節之獸以供膳故虞人亦驅時節之獸以待射。虞人無[illegible]以解時牡耳。傳拔矢末。正義[illegible]獸故以拔爲矢末以鏃爲首故拔[illegible]正義曰王制云佐車止則百姓田[illegible]不以從左驅禽謂之佐車者彼驅[illegible]非君所乘此公曰左之是公命御[illegible]之左而射之也此是君所乘田車[illegible]左禮之常法必言公曰左之者公[illegible]傳以拔爲矢末不辯爲拔之虞故[illegible]與子路論矢之事云括而羽之鏃[illegible]是謂矢末爲括也既言公曰則是公自舍之故云公善射也

遊于北園。四馬既閑。閑習也箋云公所以田則克獲者乃遊[illegible]之時時則已習其四種之馬。種[illegible]**輶車鸞鑣。載獫歇驕。**輶輕也獫歇驕田犬也[illegible]云輕車驅逆之車也置[illegible]也始田犬者謂達其搏噬始成之[illegible]也。輶由九反又音由鸞盧端反[illegible]音力劒反歇本又作猲許謁反說[illegible]同許喬反輕遣政反又如字下同[illegible]于反乘繩證反搏音博舊音付

疏 遊于至歇驕[illegible]之前調習車[illegible]時四種之馬既已閑習之矣於是[illegible]以試之既調和矣又始試習獫與[illegible]事遊于北園已試調習故今狩於[illegible]習。正義曰釋詁文。箋公所至[illegible]辨六馬之屬種馬戎馬齊馬道馬[illegible]侯四種鄭以隆殺差之諸侯之馬[illegible]調習田馬而已而云四種之馬皆[illegible]戰諸馬皆須調習故作者因田馬[illegible]傳輶輕至歇驕。正義曰輶輕釋[illegible]歇驕皆田犬非守犬也故辨之長[illegible]巡曰分別犬喙長短之名。箋輕[illegible]田僕掌設驅逆之車注云驅驅禽[illegible]出圍然則田僕掌田而設驅逆之[illegible]也若君所乘者則謂之田車不宜[illegible]明是車驅之而犬獲之故知是驅[illegible]工記云乘車之輪崇六尺有六寸[illegible]也言置鸞於鑣異於乘車謂異於[illegible]王藻經解之注皆云鸞在衡和在[illegible]鑣則鑾在於鑣故異於乘車也鑾[illegible]引韓詩內傳曰鸞在衡和在軾又[illegible]說同故鄭依用之蓼蕭傳曰在軾[illegible]異義戴禮戴毛氏二說謹案云經[illegible]亦不駮商頌烈祖箋云鸞在鑣以[illegible]爲兩解釋詁云哉始也哉載義同[illegible]搏也則搏者殺獸之名哀十二年[illegible]也則噬謂齧也此小犬初成始解[illegible]云遊于北園知此遊北園時習也

駟驖三章章四句

小戎。美襄公也。備其兵甲，以討西戎。西戎方彊。而征伐不休。國人則矜其車甲。婦人能閔其君

子焉。矜，夸大也。國人夸大其車甲之盛，有樂之意也。婦人能閔其君子，思義之至也。作者敘外內之志，所以美君政敎之功。閔其君子思義之至也。○夸，苦花反。樂音洛，又音岳。○[疏]「小戎」三章，章十句。○正義曰：作小戎詩者，美襄公也。襄公能備具其兵甲，以征伐不休，國人應苦其勞，婦人應多怨曠。襄公能說以使之，國人忘其軍旅之苦，則矜夸其車甲之盛；婦人無怨曠之志，則能閔念其君子，皆公使之得所，故序外內之情以美之。三章皆上六句是矜其車甲，下四句是閔其君子。○箋「矜夸大」。○正義曰：僖九年公羊傳曰：「葵丘之會，桓公震而矜之，叛者九國。矜者何？猶曰莫若我也。」是矜為夸大也。

小戎俴收，五楘梁輈。小戎，兵車也。俴，淺。收，軫也。五，五束也。楘，歷錄也。梁輈，輈上句衡也。一輈五束，束有歷錄。箋云：此羣臣之兵車，故曰小戎。○俴，錢淺反。楘音木，本又作鞪。輈，陟留反。歷錄，曲轅上束也。句，古侯反。

游環脅驅，陰靷鋈續。游環，靷環也。游在背上，所以禦出也。脅驅，慎駕具，所以止入也。陰，揜軓也。靷，所以引也。鋈，白金也。續，續靷也。箋云：游環在背上，無常處，貫驂之外轡，以禁其出。脅驅者，著服馬之外脅，以止驂之入。揜軓在軾前垂輈上。鋈續，白金飾續靷之環。○軓音犯。鋈音沃，舊音惡。續，義如字，徐辭屨反。靷，沈云：舊本皆作靳。靳者，無常處，游在驂馬背上，以驂馬外轡貫之，以止驂之出。禁，居鴆反。慎，或作順，義亦兩通。揜，於檢反。處，昌慮反。著，直略反，又丁略反。

文茵暢轂，駕我騏馵。文茵，虎皮也。暢轂，長轂也。騏，騏文也。左足白曰馵。箋云：此上六句者，國人所矜。○茵音因，以虎皮為茵，茵，車席也。暢，勑亮反。轂，古木反。騏音其。馵，之樹反。

言念君子，溫其如玉。箋云：念君子之性，溫然如玉，玉有五德。

在其板屋，亂我心曲。西戎板屋。箋云：心曲，心之委曲也。憂則心亂也。此上四句者，婦人所用閔其君。

[疏]「小戎」至「心曲」。○正義曰：國人夸兵車之善，云我襄公羣臣小戎之兵車，既淺其收軫，五束之歷錄者在梁輈矣，當服馬之外脅，則有脅驅以止驂之入；驂馬之外轡，則有游環以止驂之出；又有陰板之揜軓，又有皮靷以白金飾其相續之處，又有虎皮文章之茵，暢長之轂，其車又駕我騏文之馬、左足白之馵馬，其馬其車備具如此，是以伐西戎何有不克者乎。又婦人閔其君子，云我念君子之性，溫然如玉，乃遠在其西戎板屋之中，令我思之而亂我心中委曲之事也。○傳「小戎」至「歷錄」。○正義曰：兵車之車，小大應同，而謂之小戎者，六月云「元戎十乘，以先啟行」，元，大也，先啟行之車謂之大戎，從後行者在元戎之後，故箋申之云：此羣臣之兵車，故曰小戎，言羣臣在元戎之後故也。俴，淺。收者，以此軫者所以收斂所載，故名收焉。言五楘梁輈，五楘是輈上之飾，故以五為五束，言以皮革五處束之。其束之處，因以為文章，歷錄然。歷錄者，謂所束之處文章之貌也。梁輈者，輈上曲句衡者也。輈從軫以前稍曲而上，至衡則居衡之上而向下句之，衡則橫居輈下，如屋之梁然，故謂之梁輈也。考工記云：「國馬之輈深四尺有七寸。」注云：兵車乘車軹崇三尺有三寸，加軫與轐七寸，并此輈深，則衡高八尺七寸也。除馬之高，則餘七寸為衡頸之間也。是輈在衡上，故頸間七寸也。又解五是五道束之，楘則歷錄之稱，而謂之五楘者，以一輈之上有五束，每束皆有文章歷錄，故謂之五楘也。此言俴收，下言暢轂，皆謂兵車也。兵車言淺軫長轂者，對大車平地載任之車為淺為長也。考工記云：「兵車六尺有六寸之輪，椁其漆內而中詘之，以為之轂長。」注云：「六尺六寸之輪，漆內六尺四寸，是為轂長三尺二寸。」鄭司農云：「椁者，度兩漆之內相距之尺寸也。」是兵車轂長三尺二寸也。考工記又說：「車人為車，柯長三尺，大車轂長半柯。」是大車之轂一尺五寸也。又說兵車云：「參分車廣，去一以為隧。」注云：「兵車之隧四尺四寸。」鄭司農云：「隧謂車輿深也。」又說大車云：「牝服二柯，有參分柯之二。」注云：「大車，平地載任之車，牝服長八尺，謂較也。」是大車之軫深八尺，兵車之軫深四尺四寸，是兵車淺軫也。[illegible]玄謂讀如邃宇之邃。[illegible]○傳「游環」至「續靷」。○正義曰：[illegible]大叔于田云「兩服齊首，兩驂如手」。[illegible]亂我心曲，則是君子秦伐戎，戎在西，其妻在家思之，板屋之言，故知板屋謂西戎板屋，念想君子伐得而居之也。

四牡孔阜，六轡在手。騏駵是中，騧驪是驂。黃馬黑喙曰騧。箋云：赤身黑鬣曰駵。中，中服也。驂，兩騑也。○駵音留。騧，古花反。驪，力知反。騑，芳非反。

龍盾之合，鋈以觼軜。龍盾，畫龍其盾也。合，合而載之。軜，驂內轡也。箋云：鋈以觼軜，軜之觼以白金為飾也。軜繫於軾前。○盾，順允反，徐又音允。觼，古穴反。軜音納。

言念君子，溫其在邑。在敵邑也。

方何為期？胡然我念之。箋云：方，今以何時為還期乎？何以了然不來，言望之也。

[疏]「四牡」至「念之」。○正義曰：此國人夸其馬，云四牡之馬甚肥大也。馬既肥大，而又良善，御人執其六轡在手而已，不假控制之也。騏馬駵馬是其中服，騧馬驪馬是其外驂。其車上所載，畫龍之盾，合而載之，又以白金為觼，以繫軜也。婦人念其君子，云：我念君子，其體性溫然，今乃在於敵邑，方今以何時為還期乎？何為了然不來，使我念之也。[illegible]

俴駟孔羣，厹矛鋈錞。蒙伐有苑，俴駟，四介馬也。孔，甚也。厹，三隅矛也。錞，鐏也。蒙，討羽也。伐，中干也。苑，文貌。箋云：俴，淺也。謂以薄金為介之札。介，甲也。[illegible]○厹音求。錞，徒對反。鐏，徂困反。[illegible]

虎韔鏤膺。虎，虎皮也。韔，弓室也。膺，馬帶也。箋云：鏤膺，有刻金飾也。○韔，勑亮反。鏤，魯豆反。

交韔二弓，竹閉緄縢。交韔，交二弓於韔中也。閉，紲。緄，繩。縢，約也。箋云：竹閉，以竹為之[illegible]。○緄，古本反。縢，直登反。

言念君子，載寢載興。厭厭良人，秩秩德音。箋云：此既閔其君子寢起之勞，又思其性與德。○厭，於鹽反。秩秩，有知也。[疏]「俴駟」至「德音」。○正義曰：此國人夸兵甲之善，言我有淺薄金甲以被四馬，甚調和，[illegible]

則有與之勞我此君子體性厭厭然安靜之善人秩秩然有哲知其德音遠聞如此善人今乃又供軍役故閔念之○傳俴駟至文貌○正義曰俴訓爲淺駟是四馬是用淺薄之金以爲駟馬之甲故知淺駟四介馬也成二年左傳說齊侯與晉戰云不介馬而馳之是戰馬皆被甲也孔甚釋言文厹矛三隅矛刃有三角蓋相傳爲然也曲禮曰進戈者前其鐏後其刃進矛戟者前其鐓是矛之下端當有鐓也彼注云銳底曰鐏取其鐏地平底曰鐓取其鐓地則鐓鐏異物言鐓鐏者取類相明非訓爲鐏也上言龍盾是畫龍於盾則知蒙伐是畫物於伐故以蒙爲討羽謂畫雜鳥之羽以爲盾飾也夏官司兵掌五盾各辨其等以待軍事注云五盾干櫓之屬其名未盡聞也言辨其等則盾有大小襄十年左傳說狄虒彌建大車之輪而蒙之以甲以爲櫓櫓是大盾故以伐爲中干干伐皆盾之別名也蒙爲雜色知苑是文貌○箋俴淺至厖伐○正義曰箋申明俴駟爲四介馬之意以馬無深淺之量而謂之俴駟正謂以淺薄之金爲甲之札金厚則重知其薄也金甲堅剛則苦其不和故美其能甚羣言和調也物不和則不得羣聚故以和爲羣也左傳及旄丘言狐裘蒙茸皆厖蒙同音周礼用牲用王言厖者皆謂雜色故轉蒙爲厖明厖是雜羽畫雜羽之文於伐故曰厖伐傳以蒙爲討箋轉討爲厖皆以義言之無正訓也○傳虎虎至縢約○正義曰下句云交韔二弓則虎韔是盛弓之物故知虎是虎皮韔爲弓室也弟子職曰執箕膺揭則膺是胷也鏤膺謂膺上有鏤明是以金飾帶故知膺是馬帶若今之婁胷也春官巾車說五路之飾皆有樊纓注云樊讀如盤帶之聲謂今馬大帶也彼謂在腹之帶與膺異也交二弓於韔中謂顚倒安置之旣夕記說明器之弓云有柲注云柲弓檠也弛則縛之於弓裏備損傷也以竹爲之引詩云竹閉緄縢然則竹閉一名柲也言閉紲者說文云紲繫也謂置弓柲裏以繩紲之因名柲爲紲考工記弓人注云紲弓柲也角長則送矢不疾若見紲於柲矣是紲爲繫名也所紲之事則緄縢是也故云緄繩縢約謂以繩約弓然後內之韔中也○箋鏤膺有刻金飾○正義曰釋器說治器之名云金謂之鏤故知鏤膺有刻金之飾巾車云金路樊纓九就同姓以封則其車尊夫此謂兵車之飾得有金飾膺者周礼玉路金路者以金玉飾車故以金玉爲名不由膺以金玉飾也故彼注云玉路金路象路其樊及纓皆以五采罽飾之革路樊纓以條絲飾之不言馬帶用金玉象爲飾也此兵車馬帶用力尤多故用金爲膺飾取其堅牢金者銅鐵皆是不必要黃金也且詩言金路皆云鉤膺不作鏤膺知此鏤膺非金路也○傳厭厭至有知○正義曰釋訓云厭厭安也秩秩知也

小戎三章章十句

毛詩注疏挍勘記（六之三）

阮元撰盧宣旬摘錄

秦譜

僉曰益哉 毛本僉誤禽閩本明監本不誤段玉裁云禽乃禹之誤古文尚書作禹詳見尚書撰異

賓鳥谷氏 閩本明監本毛本同案此不誤浦鏜云俗誤谷非也當是正義所見秦本紀如此

有子曰女妨 閩本明監本毛本同案此不誤浦鏜云防誤妨非也漢書人表作女妨當是正義所見秦本紀亦如此

大几生大雒 閩本明監本毛本同案此不誤浦鏜云駱誤雒非也人表作大雒當是正義所見秦本紀亦如此

騶之變風始作 閩本明監本毛本同案此不誤浦鏜云秦誤騶非也案譜於其餘每稱國於此易秦言騶者以其言秦則嫌似秦之政衰而變風始作也衛譜云衛國政衰變風始作餘國從上而同可知也唯鄭首緇衣亦不易其文者對上檜而言又作故耳

平王討襄公爲諸侯 補 毛本討作封案封字是也

不須便言其西 閩本明監本毛本便作復案皆非也此更字之誤

車鄰駟驖小戎之歌 閩本明監本毛本驖作鐵案鐵字是也餘同此詳本篇山井鼎云上文駟鐵同今本非也者誤

○車鄰

此美秦初有車馬侍御之好 閩本明監本毛本秦下有仲字案所補是也

○駟驖

駟驖美襄公也 小字本相臺本同唐石經初刻鐵後改驖經駟驖孔阜同案釋文云駟驖田結反又吐結反驖驪馬也考說文驖馬赤黑色从馬戴聲詩曰四驖孔阜是毛氏詩作驖釋文本與許合也正義本當是鐵字鐵爲驖之借如鴇爲鴇之借而石經初刻依之上諧正義及騶虞車攻吉日等正義多引作鐵是其證此篇經注正義十行本盡作驖必合併時人以經注改正義字故即正義所云鐵者言其色黑如鐵者亦盡改爲驖而不可逼矣閩本明監本與十行本同毛本依諸正義改爲鐵

秦始附庸也 小字本相臺本同案正義云本或秦下有仲衍字定本直云秦始附庸也考文一本作秦仲始爲附庸也采正義而又有誤

於園於囿皆有此樂 毛本二於字誤于閩本明監本不誤案凡正義所有于字或順經順注及引他書而順彼文也其自爲文則例用於字互相錯亂者皆非餘同此

冬獵曰狩釋言文 閩本明監本毛本同案浦鏜云天誤言是也

異義戴禮戴毛氏二說 閩本明監本毛本同案浦鏜云上戴字當載字之誤是也

國狗之醫 閩本明監本毛本同案浦鏜云瘈誤醫是也

○小戎

本又作楘革 補 釋文挍勘通志堂本盧本鞏作鞪小字本所附同是鞏當作鞪楘革二字又鞪字之譌

游環靷環也 小字本相臺本同案此正義本也正義云游環者以環貫靷游在背上故謂之靷環也釋文云靳環居靚反本又作靷沈云舊本皆作靳靳者言無常處游在驂馬背上以驂馬外轡貫之以止驂之出左傳云如驂之有靳居釁反無取於靷也戴震段玉裁皆以釋文本爲長正義本誤與下箋靷之環字相亂非也又云定本作靷環如其所言不爲有異當是定本作靳環

陰揜軓也 小字本同相臺本軓作軌閩本明監本毛本作軌案軓字是也

騏騏文也 小字本相臺本同案當作騏綦文也正義云色之青黑者名爲綦馬名爲騏知其色作綦文考此則正義本作騏綦文也以綦解騏詁訓之法也釋文云騏馬騏文也以曹鳲鳩釋文云之當亦綦之誤○段玉裁云騏騏文也尸鳩傳同駒傳亦曰蒼騏曰騏此皆以騏釋騏下騏即綦字綦者蒼艾色見出其東門傳矣說文所本也而此等字皆不作綦者毛時習用騏字謂蒼艾色爲綦色故尚書騏弁曹風其弁伊騏皆謂蒼艾色也此等傳以騏釋騏正如北風傳以虛釋虛葛屨傳以要釋要正是一例謂此馬名騏者以其騏文也詁訓之學必於古今字求之縞衣綦巾周人古字騏文騏弁漢人今字鄭風作綦曹風作騏字不必畫一也

五楘是轅上之飾 閩本明監本毛本同案十行本上之飾剜添者一字是誤衍之字也

今驂馬之引 閩本明監本毛本同案當作令驂馬引之此正義以引說靷也

兩軛又馬頸者 閩本明監本毛本同案浦鏜云邊又誤軛又以左傳釋文正義所引考之浦挍是也

所以蔭荃也 閩本明監本毛本同案浦鏜云笭誤荃以釋名考之浦挍是也

鋈沃也治白金也 閩本明監本同毛本治作冶案所改是

左足白曰馵 閩本明監本毛本左誤右案十行本足白曰剜添者一字是誤衍足字也

沈文又云 閩本明監本毛本同案沈當作彼形近之譌

何以然了不來 小字本相臺本同考文古本同閩本明監本同毛本然了二字倒案倒者非也讀當於何以然斷句正義云何爲了然不來乃誤耳明監本毛本又依之改也段玉裁云明馬應龍刋經注本亦作然了

騂馬白腹騵 閩本明監本毛本騵上衍曰字案此無曰字亦與爾雅合也而山井鼎未載

蒙庬也 小字本同閩本明監本毛本同相臺本庬作龍案龍字誤改也正義標起止云至庬伐釋文庬伐莫江反○按依說文則龍者正字庬者假借字相臺本不誤

取其鐏地 閩本明監本毛本同案此不誤下取其鐓地同浦鏜云也字並誤地非也正義所引曲禮注自如此今本作也誤耳山井鼎禮記考文可證

弟子職曰執箕膺揭 明監本毛本箕誤其閩本不誤案山井鼎云揭恐揭誤當與曲禮疏併考是也今考管子作楪鄭注曲禮引此文正義本作揭釋文本作葉又少儀云執箕膺揭士冠禮面葉注古文葉爲揭士昏禮同是楪葉揭三字古通用也揭字誤儀禮注亦有誤作揭者○按段玉裁云揭乃擖之誤擖乃擖之誤凡箕之底栖之盛物者皆曰葉或作楪譌作楪葉亦謂之擖古字枼聲與葛聲相互亦鬣或作鬌膹或作膭之類也

讀如盤帶之鞶 補 案盤當作鞶

附釋音毛詩注疏卷第六（六之四）

毛詩國風　鄭氏箋　孔穎達疏

蒹葭。刺襄公也。未能用周禮。將無以固其國焉。秦處周之舊土其人被周之德教日久矣今襄公新爲諸侯未習周之禮法故國人未服焉○蒹葭上古恬反下音加被皮寄反〔疏〕蒹葭三章章八句至國焉○正義曰作蒹葭詩者刺襄公也襄公新得周地其民被周之德教日久今襄公未能用周禮以教之禮者爲國之本未能用周禮將無以固其國焉故刺之也經三章皆言治國須禮之事

蒹葭蒼蒼。白露爲霜。興也蒹薕葭蘆也蒼蒼盛也白露凝戾爲霜然後歲事成國家待禮然後興箋云蒹葭在衆草之中蒼蒼然彊盛至白露凝戾爲霜則成而黃興者喻衆民之不從襄公政令者得周禮以教之則服○薕音廉所謂伊人。在水一方。伊維也一方難至矣箋云伊當作繄繄猶是也所謂是知周禮之賢人乃在大水之一邊假喻以言遠○繄於奚反遡洄從之。道阻且長。逆流而上曰遡洄逆禮則莫能以至也箋云此言不以敬順往求之則不能得見○遡蘇路反洄音回上時掌反遡游從之。宛在水中央。順流而涉曰遡游順禮求濟道來迎之箋云宛坐見貌以敬順求之則近耳易得見也○宛紆阮反本亦作苑易以豉反〔疏〕蒹葭至中央○毛以爲蒹葭之草蒼蒼然雖盛未堪家用必待白露凝戾爲霜然後堅實中用歲事得成以興秦國之民雖衆而未順德敎必待周禮以敎之然後服從上命國乃得興今襄公未能用周禮其國未得興也由未能用周禮故未得人服也所謂維是得人之道乃遠在大水一邊大水喻禮樂言得人之道乃在禮樂之一邊既以水喻禮樂禮樂之傍有得人之道因從水內求之若逆流遡洄而往從之則道險阻且長遠不可得至言逆禮以治國則無得人道終不可至若順流遡游而往從之則宛然在於水之中央言順禮治國則得人之道自來迎己正近在禮樂之內然則非禮必不得人得人必能固國君何以不求用周禮乎○鄭以爲蒹葭在衆草之中蒼蒼然彊盛雖似不可雕傷至白露凝戾爲霜則成而爲黃矣以興衆民之彊者不從襄公敎令雖似不可屈服若得周禮以敎則衆民自然服矣欲求周禮當得知周禮之人所謂是知周禮之人在於何處在大水之一邊假喻以言遠既言此人在水一邊因以水行爲喻若遡洄逆流而從之則道阻且長終不可見言不以敬順往求之則此人不可得之若遡游順流而從之則此人宛然在水中央易得見言以敬順求之則此人易得何則賢者難進而易退故不以敬順求之則不可得欲令襄公敬順求知禮之賢人以敎其國也○傳蒹葭至後興○正義曰蒹薕葭蘆釋草文郭璞曰蒹似萑而細高數尺蘆葦也陸機疏云蒹水草也堅實牛食之令牛肥彊青徐州人謂之薕兖州遼東通語也祭義說養蠶之法云風戾以食之注云使露氣燥乃食蠶然則戾爲燥之義下章未晞謂露未乾爲霜然則露凝爲霜亦如乾燥然故云凝戾爲霜探下章之意以爲說也八月白露節秋分八月中九月寒露節霜降九月中白露凝戾爲霜然後歲事成謂八月九月葭成葦可以爲曲簿充歲事也七月云八月萑葦則八月葦已成此云白露爲霜然後歲事成者以其霜降草乃成畢霜爲言耳其實白露初降已任用矣此以霜降物成喻得禮則國興下章未晞未已言其未爲霜則物不成喻未得禮則國不興此詩主刺未能用周禮故先言得禮則興後言無禮不興所以倒也○箋蒹葭至則服○正義曰箋以序云未能用周禮將無以固其國當謂民未服從國未能固故易傳用周禮敎民則服○傳伊維至難至○正義曰伊維釋詁文傳以詩刺未能用周禮則未得人心則所謂維是得人之道也下傳以遡洄喻逆禮遡游喻順禮言水內有得人之道在大水一方喻其遠而難至言得人之道在禮樂之傍須用禮樂以求之故下句言從水內以求所求之物喻用禮以求得人之道故王肅云維得人之道乃在水之一方一方難至矣水以喻禮樂能用禮則至於道也○箋伊當至言遠○正義曰箋以上句言用周禮敎民則民服此經當是勸君求賢人使之周禮故易傳以所謂伊人所謂是知周禮之賢人在大水一邊假喻以言遠故下句逆流順流喻敬順皆迹求賢之事一邊水傍下云在湄在涘是其居水傍也○傳逆流至以至○正義曰釋水云逆流而上曰遡洄順流而下曰遡游孫炎曰逆渡者逆流也順渡者順流也然則逆順流皆謂渡水有逆順故下傳曰順流而涉見其是人渡水也此謂得人之道在於水邊逆流則道阻且長言其不可得至故喻逆禮則莫能以至言不得人之道不可至上言得人之道在水一方下句言水中央則是人行未渡水禮自來水內故言順禮未濟道來迎之未濟謂未渡水也以其用水爲喻故以未濟言之箋以伊人爲知禮之人故易傳以爲求賢之事○傳順禮未濟道來迎之○正義曰定本未濟作求濟義亦通也

蒹葭萋萋。白露未晞。萋萋猶蒼蒼也晞乾也箋云未晞未爲霜○淒本亦作萋七奚反晞音希〔疏〕傳晞乾○正義曰湛露云匪陽不晞言見日則乾故知晞爲乾也彼言露晞謂露盡乾此篇上章言白露爲霜則此言未晞謂未乾爲霜與彼異故箋云未晞未爲霜也所謂伊人。在水之湄。湄水隒也○湄音眉隒魚檢反又音檢〔疏〕傳湄水隒○正義曰釋水云水草交爲湄謂水草交際之處水之岸也釋山云重甗隒隒是山岸湄是水岸故云水隒遡洄從之。道阻且躋。躋升也箋云升者言其難至如升阪○躋本又作隮子西反遡游從之。宛在水中坻。坻小渚也○坻直尸反〔疏〕傳坻小渚○正義曰釋水云小洲曰渚小渚曰沚小沚曰坻然則坻是小沚言小渚者渚沚皆水中之地小大異也以渚易知故繫渚言之

蒹葭采采。白露未已。采采猶萋萋也未已猶未止也所謂伊人。在水之涘。涘厓也○涘音俟遡洄從之。道阻且右。右出其右也箋云右者言其迂迴也○迂音于〔疏〕傳右出其右○正義曰此說道路艱難而云且右故知右謂出其右也若正與相當行則易到今乃出其右是難至也箋云右言其迂迴出其左亦迂迴言右取其與涘沚爲韻遡游從之。宛在水中沚。小渚曰沚○沚音止

蒹葭三章章八句

終南。戒襄公也。能取周地。始爲諸侯受顯服。大夫美之。故作是詩以戒勸之。〔疏〕終南二章章六句至勸之○正義曰美之者美以功德受顯服戒勸之者戒令脩德無倦勸其務立功業也既見受得顯服恐其惰於爲政故戒之而美之戒勸之者章首二句是也美之者下四句是也常武美宣王有常德因以爲戒彼先美後戒此先戒後美者常武美宣王因以爲戒此主戒襄公因戒言其美主意不同故序異也

終南何有。有條有梅。興也終南周之名山中南也條稻梅柟也宜以戒不宜也箋云問何有者意以爲名山高大宜有茂木也興者喻人君有盛德乃宜有顯服猶山之木有大小也此之謂戒勸○條本又作樤音同稻吐刀反山榎也柟如鹽反沈云孫炎稱荊州曰柟揚州曰梅重實揚州人不聞名柟君子至止。錦衣狐裘。錦衣采色也狐裘朝廷之服箋云至止者受命服於天子而來也諸侯狐裘錦衣以裼之○朝直遙反裼星歷反顏如渥丹。其君也哉。箋云渥厚漬也顏色如厚漬之丹言赤而澤也其君也哉儀貌尊嚴也○渥於角反渟漬丹如字韓詩作沰音撻各反沰赭也渟之純反又如字本亦作厚字漬辭賜反〔疏〕終南至也哉○正義曰彼終南大山之上何所有乎乃有條有梅之木以興彼盛德人君之身何所有乎乃宜有榮顯之服然山以高大之故宜有茂木人君以盛德之故有顯服若無盛德則不宜矣君當務崇明德無使不宜言其宜以戒其不宜也既戒令脩德又陳其美之勸誘之君子襄公自王朝至止之時何所得乎受得錦衣狐裘而來既受得顯服德亦稱之其顏色容貌赫然如厚漬之丹其儀貌尊嚴如是其得人君之度也哉○傳終南至不宜也○正義曰地理志稱扶風武功縣東有大山古文以爲終南其山高大是爲周地之名山也昭四年左傳曰荊山中南九州之險是此一名中南也釋木云稻山榎李巡曰山榎一名稻也孫炎曰詩云有條有梅條稻也郭璞曰今之山楸也梅柟釋木云孫炎曰荊州曰梅楊州曰柟郭璞曰似杏實酢陸機疏云稻今山楸也亦如下田楸耳皮葉白色亦白材理好宜爲車板能濕又可爲棺木宜陽共北山多有之梅樹皮葉似豫樟豫樟葉大如牛耳一頭尖赤心華赤黃子青不可食柟葉大可三四葉一蘩木理細緻於豫樟子赤者材堅子白者材脆江南及新城上庸蜀皆多樟柟終南山與上庸新城通故亦有柟也○傳錦衣至之服○正義曰錦者雜采爲文故云采衣也狐裘朝廷之服謂狐白裘也白狐皮爲裘其上加錦衣以爲裼其上又加皮弁服也玉藻云君衣狐白裘錦衣以裼之注云君衣狐白毛之裘則以素錦爲衣覆之使可裼也袒而有衣曰裼必覆之者裘褻也詩云衣錦褧衣裳錦褧裳然則錦衣復有上衣明矣天子狐白之上衣皮弁服與凡裼衣象裘色也是鄭以錦衣之上有皮弁服也正以錦文大著上有衣衣象裘裘是狐白則上服亦白皮弁服以白布爲之衣衣之白者唯皮弁服耳故言天子狐白之上衣皮弁服與明諸侯狐白亦皮弁服以無正文故言與爲疑之辭也玉藻又云錦衣狐裘諸侯之服也此箋云諸侯狐裘錦衣以裼之引玉藻爲說以明爲裘之裼衣非裼上之正服也若然鄭於方記注云在朝君臣同服士冠禮注云諸侯與其臣皮弁以視朔朝服以日視朝論語云素衣麑裘云素衣諸侯視朔之服聘禮云公側授宰玉裼降立注引論語曰素衣麑裘皮弁時或素衣其裘同可知也然則諸侯在國視朔及受鄰國之聘其皮弁服皆服麑裘不服狐白此言狐裘爲朝廷之服者謂諸侯在天子之朝廷服此服耳其歸在國則不服之曾子問云孔子曰天子賜諸侯冕弁服於太廟歸設奠服賜服然則諸侯受天子之賜歸則服之以告廟而已於後不復服之知視朔受聘服麑裘此美其受賜而歸故言錦衣狐裘耳

終南何有。有紀有堂。紀基也堂畢道平如堂也箋云畢也堂也亦高大之山所

宜有也。畢，終南山之道名，邊如堂之牆然。○紀，如字，本亦作屺，沈音起。〔疏〕傳紀基至如堂。○正義曰：案集注本作屺，定本作紀。以下文有堂，故以為基，謂山基也。釋丘云：畢，堂牆。李巡曰：堂牆名崖似堂牆曰畢。郭璞曰：今終南山道名畢，其邊若堂之牆。以終南之山見有此堂，知是畢道之側，其崖如堂也。定本又云畢道平如堂。據經文有基有堂，使是二物，今箋唯云畢也堂也，止釋經之有堂一事者，以基亦是堂，因解傳畢道如堂，遂不復云基。君子至止，黻衣繡裳。黑與青謂之黻，五色備謂之繡。○黻音弗。〔疏〕傳黑與至之繡。○正義曰：考工記繢人文也。鄭於周禮之注差次章色，黻皆在裳，言黻衣者，衣大名，與繡裳異其文耳。佩玉將將，壽考不亡。○將，七羊反。

終南二章，章六句。

黄鳥，哀三良也。國人刺穆公以人從死，而作是詩也。三良，三善臣也，謂奄息、仲行、鍼虎也。從死，自殺以從死。○行，戶郎反，下皆同。鍼，其廉反，徐又音針。從死，上才容反。〔疏〕黄鳥三章，章十二句。○箋三良至從死。○正義曰：文六年左傳云：秦伯任好卒，以子車氏之三子奄息、仲行、鍼虎為殉，皆秦之良也。國人哀之，為之賦黄鳥。服虔云：子車，秦大夫氏也。殺人以葬，琁環其左右曰殉。又秦本紀云：穆公卒，葬於雍，從死者百七十人。然則死者多矣，主傷善人，故言哀三良也。殺人以殉葬，當是後有為之，此不刺康公而刺穆公者，是穆公命從己死，此臣自殺從之，非後主之過，故箋辯之云：從死，自殺以從死。

交交黄鳥，止于棘。興也。交交，小貌。黄鳥以時往來得其所，人以壽命終亦得其所。箋云：黄鳥止于棘，以求安己也。此棘若不安則移，興者，喻臣之事君亦然。今穆公使臣從死，刺其不得黄鳥止于棘之本意。誰從穆公？子車奄息。子車，氏。奄息，名。箋云：言誰從穆公者，傷之。維此奄息，百夫之特。乃特百夫之德。箋云：百夫之中最雄俊也。臨其穴，惴惴其慄。慄慄，懼也。箋云：穴，謂塚壙中也。秦人哀傷此奄息之死，臨視其壙，皆為之悼慄。○惴，之瑞反。慄音栗。壙，苦晃反。彼蒼者天，殲我良人。殲，盡。良，善也。箋云：言彼蒼者天，愬之。○殲，子廉反，徐又息廉反。愬，蘇路反。如可贖兮，人百其身。箋云：如此奄息之死，可以他人贖之者，人皆百其身。謂一身百死猶為之，惜善人之甚。○贖，食燭反，又音樹。〔疏〕交交至其身。○毛以為交交然而小者，是黄鳥也。黄鳥飛而往來，止於棘木之上，得其所。以興人以壽命終，亦得其所。今穆公使良臣從死，是不得其所也。有誰從穆公死乎？有子車氏名奄息者從穆公死也。此奄息何等人哉？乃是百夫之中特立雄俊者也。今從穆公而死，秦人悉哀傷之，臨其壙穴之上，皆惴惴然恐懼，而其心悼慄，乃愬之於天：彼蒼蒼者是在上之天，今穆公盡殺我善人也。如使此人可以他人贖代之兮，我國人皆百死其身以贖之。愛惜良臣，寧一人百死代之。○鄭以為交交然之黄鳥止於棘木，以求安，棘若不安則移去，以興臣仕於君，以求行道，若不行則移去。言臣有去留之道，不得生死從君。今穆公以臣從死，失仕於君之本意。餘同。○傳交交至其所。○正義曰：黄鳥，小鳥也，故以交交為小貌。桑扈箋云：交交猶佼佼，飛而往來貌。則此亦當然，故云往來得其所，是交交為往來狀也。以此哀三良不得其所，故以鳥止得所喻人命終得所。○箋黄鳥至本意。○正義曰：箋以鳥之集木，似臣之仕君，故易傳也。以鳥止木喻臣仕君，故言不得黄鳥止於棘之本意，正謂不得臣仕於君之本意也。言其若得鳥止之意，知有去留之道，則不當使之從死。○傳子車氏奄息名。○正義曰：左傳作子輿，輿、車字異義同。傳以奄息為名，仲行亦為名，箋以仲行為字者，以伯仲叔季為字之常，故知仲行是字也。然則鍼虎亦名矣。或名或字，取其韻耳。○傳乃特百夫之德。○正義曰：言百夫之德莫及此人，此人在百夫之中乃孤特秀立，故箋申之云：百夫之中最雄俊也。○傳惴惴懼。○正義曰：釋訓文。

交交黄鳥，止于桑。誰從穆公？子車仲行。箋云：仲行，字也。維此仲行，百夫之防。防，比也。箋云：防猶當也。言此一人當百夫。○防，徐云毛音方，鄭音房。臨其穴，惴惴其慄。彼蒼者天，殲我良人。如可贖兮，人百其身。

交交黄鳥，止于楚。誰從穆公？子車鍼虎。維此鍼虎，百夫之禦。禦，當也。○禦，魚呂反，注同。臨其穴，惴惴其慄。彼蒼者天，殲我良人。如可贖兮，人百其身。

黄鳥三章，章十二句。

晨風，刺康公也。忘穆公之業，始棄其賢臣焉。○

鴥彼晨風，鬱彼北林。興也。鴥，疾飛貌。晨風，鸇也。鬱，積也。北林，林名也。先君招賢人，賢人往之，駃疾如晨風之飛入北林。箋云：先君謂穆公。○鴥說又作鴥，尹橘反，疾飛貌，字林于叔反。鸇，字又作鸇，之然反，草木疏云：似鷂，青色。說文止仙反。駃，字林尸先反，駃，所吏反。未見君子，憂心欽欽。思望之，心中欽欽然。箋云：言穆公始未見賢者之時，思望而憂之。如何如何，忘我實多。今則忘之矣。箋云：此以穆公之意責康公，如何如何乎，女忘我之事實多。〔疏〕鴥疾至實多。○正義曰：鴥然而疾飛者，彼晨風之鳥也。鬱積而茂盛者，彼北林之木也。北林由鬱茂之故，故晨風飛疾而入之。以興疾歸於秦朝者，是彼賢人；能招者，是彼穆公。穆公由能招賢之故，故賢者疾往而歸之。本穆公招賢人之時，如何乎？穆公未見君子之時，思望之，其憂在心，欽欽然，唯恐不見，故賢者樂往。今康公乃棄其賢臣，故以穆公之意責之云：汝康公如何乎？忘我之功業實大多也。○傳鴥疾至北林。○正義曰：鴥者，鳥飛之狀，故為疾貌。晨風，鸇，釋鳥文。舍人曰：晨風一名鸇。鸇，摯鳥也。郭璞曰：鷂屬。陸機疏云：鸇似鷂，青黃色，燕頷勾喙，嚮風搖翅，乃因風飛急疾，擊鳩鴿燕雀食之。鬱者，林木積聚之貌，故云鬱積也。北林者，據作者所見有此林也。以下句說思賢之狀，故此喻賢人從穆公也。

山有苞櫟，隰有六駮。櫟，木也。駮如馬，倨牙，食虎豹。箋云：山之櫟，隰之駮，皆其所宜有也。以言賢者亦國家所宜有之。○櫟，盧狄反。駮，邦角反，獸名。草木疏云：駮馬，木名，梓榆也。倨音據。〔疏〕傳櫟木至虎豹。○正義曰：釋木云：櫟，其實梂。孫炎曰：櫟實，梂也。有梂彙自裹也。陸機疏云：秦人謂柞櫟為櫟，河內人謂木蓼為櫟，椒榝之屬也。其子房生為梂，木蓼子亦房生，故說者或曰柞櫟，或曰木蓼。機以為此秦詩也，宜從其方土之言，柞櫟是也。釋畜云：駮如馬，倨牙，食虎豹。郭璞引山海經云：有獸名駮，如白馬黑尾，倨牙，音如鼓，食虎豹。然則此獸名駮而已，言六駮者，王肅云：言六，據所見而言也。倨牙者，蓋謂其牙倨曲也。言山有木，隰有獸，喻國君宜有賢也。陸機疏云：駮馬，梓榆也，其樹皮青白駮犖，遙視似駮馬，故謂之駮馬。下章云山有苞棣，隰有樹檖，皆山隰之木相配，不宜云獸。此言非無理也，但箋傳不然。未見君子，憂心靡樂。如何如何，忘我實多。○樂音洛。

山有苞棣，隰有樹檖。棣，唐棣也。檖，赤羅也。○棣音悌。檖音遂，或作遂。〔疏〕傳棣唐至赤羅。○正義曰：釋木有唐棣、常棣，傳必以為唐棣，未詳聞也。釋木云：檖，赤羅。郭璞云：今楊檖也，實似梨而小，酢可食。陸機疏云：檖一名赤羅，一名山梨，今人謂之楊檖，實如梨但小耳。一名鹿梨，一名鼠梨，今人亦種之，極有脆美者，亦如梨之美者。未見君子，憂心如醉。如何如何，忘我實多。

晨風三章，章六句。

無衣，刺用兵也。秦人刺其君好攻戰，亟用兵，而不與民同欲焉。○好，呼報反，下注同。攻，古弄反，又如字，下注同。亟，欺冀反。〔疏〕無衣三章，章五句至欲焉。○正義曰：康公以文七年立，十八年卒。案春秋文七年，晉人、秦人戰于令狐；十年，秦伯伐晉；十二年，晉人、秦人戰于河曲；十六年，楚人、秦人滅庸。見於經傳者已如是，是其好攻戰也。葛生刺好攻戰，序云刺獻公，此亦刺好攻戰，不云刺康公，而云刺用兵者，葛生以君好戰，故國人多喪，指刺獻公，然後追本其事。此指刺用兵，序順經意，故云刺用兵也。不與民同欲，章首二句是也。好攻戰者，下三句是也。經序倒者，經刺君不與民同欲，與民同怨，故先言不同欲，而後言好攻戰。序本其怨之所由，由好攻戰而不與民同欲，故民怨，各自為次，所以倒也。

豈曰無衣？與子同袍。興也。袍，襺也。上與百姓同欲，則百姓樂致其死。箋云：此責康公之言也。君豈嘗曰女無衣，我與女共袍乎？言不與民同欲。○袍，抱毛反。襺，古顯反，本亦作繭。王于興師，脩我戈矛，與子同仇。戈長六尺六寸，矛長二丈。天下有道，則禮樂征伐自天子出。仇，匹也。箋云：于，於也。怨耦曰仇。君不與我同欲，而於王興師，則云脩我戈矛，與子同仇，往伐之。刺其好攻戰。○仇音求。長，直亮反，又如字，下同。〔疏〕豈曰至同仇。○毛以為古之朋友相謂云：我豈曰子無衣乎？我欲與子同袍。朋友同欲如是，故朋友成其恩好。以興明君能與百姓樂致其死。至於王家於是興師之時，百姓皆自相謂：脩我戈矛，與子同為仇匹而往征之。由上與百姓同欲，故百姓樂從征伐。今康公不與百姓同欲，非王興師，而自好攻戰，故百姓怨也。○鄭以為康公平常之時，豈肯言曰：汝百姓無衣乎？吾與子同袍。終不肯言此也。及於王法於是興師之時，則曰：脩治我之戈矛，與子百姓同往伐此怨耦之仇敵。不與百姓同欲，而唯同怨，故刺之。○傳袍襺至其死。○正義曰：袍，襺，釋言文。玉藻云：纊為襺，縕為袍。注云：衣有著之異名也。縕謂今纊及舊絮也。然則純著新緜名為襺，雜用舊絮名為袍。雖著有異名，其制度是一，故云袍襺也。傳既以此為興，又言上與百姓同欲，則百姓樂致其死，則此經所言朋友相與同袍，以興上與百姓同欲，故王肅云：豈謂子無衣乎？樂有是袍，與子為朋友同共弊之，以興上與百姓同欲，則百姓樂致其死，如朋友樂同衣袍也。○箋此責至同欲。○正義曰：易傳者

以此刺康公不與民同欲而經言子我是述康公之意謂民自稱爲我然則士卒衆矣人君不可皆與同衣而責君不與已共袍者以仁者在上恤民飢寒知其有無救其困乏故假同袍以爲辭耳非百姓皆欲望君與之共袍也○傳戈長至仇匹○正義曰戈長六尺六寸考工記廬人文也記又云酋矛常有四尺注云八尺曰尋倍尋曰常有四尺是矛長二丈也矛謂酋矛也夷矛則三尋長二丈四尺矣記又云攻國之兵用短守國之兵用長此言興師以伐人國知二丈之矛非夷矛也又解稱王于興師之意由天下有道禮樂征伐自天子出諸侯不得專輒用兵疾君不由王命自好攻戰故言王也王肅云疾其好攻戰不由王命故思王興師是也仇匹釋詁文○箋于至攻戰○正義曰于於釋詁文怨耦曰仇桓二年左傳文易傳者以上二句假爲康公之言則此亦康公之言陳其號令之辭刺其好攻戰也案此時當周頃王匡王天子之命不行於諸侯檢左傳於時天子未嘗出師又不見康公從王征伐且從王出征乃是爲臣之義而刺其好攻戰者箋言王於興師謂於王法興師今是康公自興之王不興師也以出師征伐是王者之法故以王爲言耳猶北門言王事敦我鴇羽云王事靡盬皆非天子之事亦稱王事

豈曰無衣。與子同澤。澤潤澤也箋云襗褻衣近汙垢○澤如字說文作襗云袴也褻仙列反近附近之近汙音烏又汙穢之汙垢古口反【疏】傳澤潤澤○正義曰衣服之煖於身猶甘雨之潤於物故言與子同澤正謂同袍裳是共潤澤也箋以上袍下裳則此亦衣名故易傳爲襗說文云襗袴也是其褻衣近汙垢也襗是袍類故論語注云褻衣袍襗也

王于興師。脩我矛戟。與子偕作。作起也箋云戟車戟常也【疏】箋戟車戟常○正義曰車戟常考工記廬人文常長丈六

豈曰無衣。與子同裳。王于興師。脩我甲兵。與子偕行。行往也

無衣三章章五句

渭陽。康公念母也。康公之母。晉獻公之女。文公遭麗姬之難。未反。而秦姬卒。穆公納文公。康公時爲大子。贈送文公于渭之陽。念母之不見也。我見舅氏。如母存焉。及其卽位。思而作是詩也。

○渭陽音謂水名水北曰陽麗本又作驪同力馳反難乃旦反大音泰【疏】渭陽二章章四句至是詩○正義曰作渭陽詩者言康公念母也康公思其母自作此詩秦康公之母是晉獻公之女文公者獻公之子康公之舅獻公嬖麗姬譖文公獻公欲殺之文公遭此麗姬之難奔未得反國而康公母秦姬已卒及穆公納文公爲晉君於是康公爲太子贈送文公至于渭水之陽思念母之不見舅歸也康公見其舅氏如似母之存焉於是之時思慕深極及其卽位爲君思本送舅時事而作是渭陽之詩述己送舅念母之事也案左傳莊二十八年傳晉獻公烝於齊姜生秦穆夫人及太子申生又娶二女於戎大戎狐姬生重耳小戎子生夷吾是康公之母爲文公異母姊也僖四年傳稱麗姬譖申生申生自殺又譖二公子曰皆知之重耳奔蒲夷吾奔屈僖五年傳稱晉侯使寺人披伐蒲重耳奔翟是文公遭麗姬之難也僖十五年秦穆公獲晉侯以歸尚有夫人爲之請至二十四年穆公納文公然則秦姬之卒在僖十五年之後二十四年以前未知何年卒也以秦國夫人而其姓爲姬故謂之秦姬案齊姜麗姬皆以姓繫所生之國此秦姬以姓繫於所嫁之國者外國者婦人不以名行以姓爲字故或繫於父或繫於夫事得兩施也秦姬生存之時欲使文公反國康公見舅得反憶母宿心故念母之不見見舅如母存也謂舅爲氏者以舅之與甥氏姓必異故書傳通謂爲舅氏秦康公以文七年卽位文公時亦卒矣追念送時之事作此詩耳經二章皆陳贈送舅氏之事悠悠我思念母也因送舅氏而念母爲念母而作詩故序主言念母也

我送舅氏。曰至渭陽。母之昆弟曰舅箋云渭水名也秦是時都雝至渭陽者蓋東行送舅氏於咸陽之地○雝於用反縣名今屬扶風

何以贈之。路車乘黃。贈送也乘黃四馬也○乘繩證反注同【疏】傳母之昆弟曰舅○正義曰釋親文孫炎曰舅之言舊尊長之稱○箋渭水至之地○正義曰雝在渭南水北曰陽晉在秦東行必渡渭今言至於渭陽故云蓋東行送舅氏於咸陽之地地理志云右扶風渭城縣故咸陽也其地在渭水之北

我送舅氏。悠悠我思。何以贈之。瓊瑰玉佩。瓊瑰石而次玉○思息嗣反瑰古回反【疏】傳瓊瑰至次玉○正義曰瓊者玉之美名非玉名也瑰是美石之名也以佩玉之制唯天子用純諸侯以下則玉石雜用此贈晉侯故知瓊瑰是美石次玉成十七年左傳稱聲伯夢涉洹或與己瓊瑰食之泣而爲瓊瑰盈其懷懼不敢占後三年而言之至莫而卒服虔云聲伯惡瓊瑰贈死之物故畏而不言然則瓊瑰是贈死之玉康公以贈舅者玉之所用無生死之異喪禮飯含用玉聲伯惡見食之故惡之耳

渭陽二章章四句

權輿。刺康公也。忘先君之舊臣。與賢者有始而無終也。權輿始也○權輿音餘【疏】權輿二章章五句至無終○正義曰作權輿詩者刺康公也康公遺忘其先君穆公之舊臣不加禮餼與賢者交接有始而無終初時殷勤後則疏薄故刺之經二章皆言禮待賢者有始無終之事

於我乎。夏屋渠渠。夏大也箋云屋具也渠渠猶勤勤也言君始於我厚設禮食大具以食我其意勤勤然○夏胡雅反屋如字具也食我音嗣注篇內同

今也每食無餘。箋云此言君今遇我薄其食我纔足耳

于嗟乎。不承權輿。承繼也權輿始也【疏】於我至權輿○正義曰此述賢人之意責康公之辭言康公始者於我賢人乎重設饌食禮物大具其意勤勤然於我甚厚也至於今日也禮意疏薄設饌校少使我每食纔足無復盈餘也于嗟乎此君之行不能承繼其始以其行無終始故于嗟歎之○傳夏大○正義曰釋詁文○箋屋具至勤勤然○正義曰屋具釋言文渠渠猶勤勤言設食既具意又勤勤也案崔駰七依說宮室之美云夏屋渠渠王肅云屋則立之於先君食則受之於今君故居大屋而食無餘義似可通鄭不然者詩刺有始無終上言於我乎謂始時也下言今也謂其終時也始則大具今終則無餘猶下章始則四簋今則不飽皆說飲食之事不得言屋宅也若先君爲立大屋今君每食無餘則康公本自無始何責其無終也且爾雅屋具正訓以此故知謂禮物大具○傳承繼也權輿始○正義曰承其後是繼嗣故以承爲繼權輿始釋詁文

於我乎。每食四簋。四簋黍稷稻粱○簋音軌內方外圓曰簋以盛黍稷外方內圓曰簠用貯稻粱皆容一斗二升【疏】傳四簋至稻粱○正義曰考工記云旊人爲簋其實一觳豆實三而成觳昭三年左傳云四升爲豆然則簋是瓦器容斗二升也易損卦二簋可用亨注云離爲日日體圓巽爲木木器圓簋象則簋亦以木爲之也地官舍人注云方曰簠圓曰簋簋則簠簋之制其形異也案公食大夫禮云宰夫設黍稷六簋又云宰夫授公粱公設之宰夫膳稻于粱西注云膳猶進也進稻粱者以簠秋官掌客注云簠稻粱器也簋黍稷器也然則稻粱當在簠而云四簋黍稷稻粱者以詩言每食四簋稱君禮物大具則宜每器一物不應以黍稷二物分爲四簋以公食大夫禮有稻有粱知此四簋之內兼有稻粱公食大夫之禮是主國之君與聘客禮食備設器物故稻粱在簠此言每食則是平常燕食器物不具故稻粱在簋公食大夫黍稷六簋猶有稻粱此唯四簋者亦燕食差於禮食也

今也每食不飽。于嗟乎。不承權輿。

權輿二章章五句

秦國十篇二十七章百八十一句

毛詩注疏挍勘記〔六之四〕　阮元撰盧宣旬摘錄

○蒹葭

順禮求濟　小字本相臺本同案此定本也正義云定本未濟作求濟義亦通也標起止云傳順禮未濟又上文皆可證

可以爲曲簿　毛本同閩本明監本簿作薄案薄字是也簿見廣韻宋時或用此字其說文方言廣雅等皆用薄字今廣雅亦誤簿此當與司

使之周禮　明監本毛本之誤知閩本不誤案周當作用形近之譌

故下句逆流順流喻敬順　明監本毛本順下更有不敬順三字閩本剜入案所補非也此隱括箋意故略去不敬順耳不必加三字以分配逆流也

蒹葭萋萋　閩本明監本毛本同唐石經小字本相臺本萋萋作淒淒案釋文云萋萋本亦作淒正義本今無可考

未已猶未止也　小字本相臺本同案段玉裁云此猶字衍

○終南

以戒勸之　小字本相臺本同唐石經初刻之下有也字後磨去閩本明監本毛本亦無

錦衣采色也　小字本相臺本同案正義云錦者雜采爲文故云采衣也是正義本色當作衣考文古本作衣乃采正義耳

渥厚漬也小字本相臺本同案此正義本也正義云赫然如厚漬之丹釋文渥丹下云淳漬也又云淳之純反又如字本或作厚是正義本與或作同考文古本作淳采釋文

孫炎稱荆州曰柟揚州曰梅〔補〕釋文校勘云影宋本缺通志堂本盧本如此案段玉裁云疏引孫炎曰荆州曰梅揚州曰柟當依之乙是也爾雅疏亦可證

人君以盛德之故有顯服閩本明監本毛本故下有宜字案所補是也

又陳其美之〔補〕毛本之作以案所改是也

有大山古文以爲終南閩本明監本毛本同案大下浦鏜云脫壹字是也

梅柟釋木云閩本明監本毛本同案浦鏜云文誤云是也

梅樹皮葉似豫樟豫樟葉大如牛耳閩本明監本毛本同案盧文弨云豫樟不應複爾雅疏無其說誤也陸疏自此下皆說豫樟因毛詩更無豫樟故就梅下說之至相葉大可三四葉一葉以下乃更說梅也爾雅疏誤

鄭於方記注云閩本明監本毛本同案浦鏜云坊誤方是也

有紀有堂唐石經缺小字本相臺本同案釋文紀字云本亦作屺正義云集注本作屺定本作紀標起止云傳紀基是正義本與定本同屺是山有草木字集注當誤

堂畢道平如堂也小字本相臺本同案此定本也正義云定本又云畢道平如堂下文云因解傳畢道如堂是正義本此傳當無平字段玉裁云定本非也此自兩崖言之故爾雅云畢堂牆若平如堂則自道言之矣

箋云畢也堂也小字本相臺本同案段玉裁云畢也當作基也考正義云今箋唯云畢也堂也止釋經之有堂一事者云云是正義本已誤遂爲之遷就其說非

○黃鳥

當是後有爲之閩本同明監本毛本有作主案所改非也有當作君形近之譌

慄慄懼也閩本明監本毛本同小字本相臺本慄慄作惴惴考文古本同案惴惴是也

以求行道若不行也閩本明監本毛本重道字案所補是

○晨風

鴥彼晨風閩本明監本毛本同小字本相臺本鴥作鴪唐石經作鴪案鴪字是也釋文尹橘反采芑經同沔水經不誤

駃疾如晨風之飛入北林閩本明監本毛本同相臺本駃作駛小字本作駛案駛字是也考此字說文在新附中而廣雅已有之皆作駛玉篇廣韻皆作駛釋文此及二子乘舟同乃失去一畫耳

○無衣

我與女共袍乎閩本明監本毛本同小字本相臺本共作同考文古本同案同字是也

以興明君能與百姓樂致其死閩本明監本毛本百姓下更有同欲故百姓五字案所補是也

襗褻衣近汙垢相臺本同閩本明監本毛本同小字本襗作澤案澤字是也釋文云澤如字毛澤潤澤也鄭褻衣也說文作襗云袴也可作毛鄭義異而經字則同之證正義云故易傳爲襗乃依鄭義易字以曉人非謂經傳字作澤箋字作襗也相臺本依之改箋者誤

○渭陽

外國者婦人不以名行閩本明監本毛本同案浦鏜云外國者三字疑衍是也

聲伯惡見食之〔補〕毛本惡作夢

附釋音毛詩注疏卷第七（七之一）

陳宛丘詁訓傳第十二

陸曰陳者胡公嬀滿之所封也其先虞舜之胄有虞遏父者爲周陶正武王賴其器用與其神明之後故妻以元女其子滿乃封於陳以備三恪其地宓犧之墟在古豫州之界宛丘之側

毛詩國風　鄭氏箋　孔穎達疏

陳譜

陳者大皞虙戲氏之墟。正義曰昭十七年左傳梓慎曰陳者大皞之墟也漢書地理志云淮陽古陳國舜後胡公所封也大皞又號虙戲故連言之虙戲卽伏犧字異音義同也。帝舜之胄有虞閼父者爲周武王陶正武王賴其利器用與其神明之後封其子嬀滿於陳都於宛丘之側是曰陳胡公以備三恪妻以元女太姬。正義曰襄二十五年左傳稱子産曰昔虞閼父爲周陶正以服事我先王我先王賴其利器用與其神明之後庸以元女大姬配胡公而封諸陳以備三恪是鄭所據之文也傳言爲周陶正知武王者樂記云武王克殷未及下車封帝舜之後於陳則胡公是武王封之大姬又武王之女故知是武王也世家云陳胡公滿者虞舜之後也昔舜爲庶人居於嬀汭其後因姓嬀氏舜既傳禹天下舜子商均爲封國夏后之時或失或續至周武王克殷乃復求舜後得滿封之於陳以奉舜祀是爲胡公是胡公姓嬀名滿也昭八年左傳史趙云胡公不淫故周賜之姓使祀虞帝則胡公姓嬀武王所賜陳世家以爲胡公之前已姓嬀者非也哀元年左傳稱夏后氏少康逃奔有虞虞思於是妻之以二姚虞思在胡公之前仍爲姚姓明是胡公始姓嬀耳何知胡公非閼父之身而知是其子者以傳言虞閼父以虞爲號不爲陳也以元女大姬配胡公不言配閼父明胡公非閼父也故杜預亦云胡公閼父之子不封閼父而封其子者蓋當時閼父已喪故也恪者敬也王者敬先代封其後鄭駮異義云三恪尊於諸侯卑於二王之後則杞宋以外別有三恪謂黃帝堯舜之後也唯杜預云周封夏殷二王後又封舜後謂之恪并二王之後爲三國其禮轉降示敬而已故三恪以爲陳與杞宋共爲三案樂記云武王未及下車封黃帝之後於薊封帝堯之後於祝封帝舜之後於陳下車乃封夏后氏之後於杞投殷之後於宋則陳與薊祝共爲三恪杞宋別爲二王之後矣。其封域在禹貢豫州之東其地廣平無名山大澤西望外方東不及明猪。正義曰禹貢豫州云導菏澤被盟猪又曰熊耳外方至于陪尾注云屬豫州然則外方明猪皆豫州之地案地理志外方卽嵩高山也明猪在梁國睢陽縣東北檢鄭居檜地在外方屬鄭宋都睢陽在明猪西南明猪屬宋也故檜譜云在豫州外方之北商譜稱宋西及豫州明猪之野是陳境不及外方明猪故無名山大澤明猪猶屬豫州陳在明猪之西則是豫州境內明猪尚書作盟猪卽左傳稱孟諸之麋爾雅云宋有孟諸是也但聲訛字變耳。大姬無子好巫覡禱祈鬼神歌舞之樂民俗化而爲之。正義曰地理志云周武王封嬀滿于陳是爲胡公妻以元女大姬婦人尊貴好祭祀用巫故其俗好巫鬼者也詩稱擊鼓於宛丘之上婆娑於枌栩之下是有大姬歌舞之遺風也志又云婦人尊貴好祭祀不言無子鄭知無子者以其好巫好祭明爲無子禱求故言無子若大姬無子而左傳子産云我周之自出杜預曰陳周之出者蓋大姬於後生子以禱而得子故爾信巫覡也楚語云在女曰巫在男曰覡巫是以憖名故漢書唯言好巫。五世至幽公當厲王時政衰

大夫淫荒所爲無度國人傷而刺之陳之變風作矣。正義曰世家云胡公卒子申公犀侯立卒弟相公皋羊立卒申公子突立是爲孝公卒子愼公圉戎立卒子幽公寧立除相公一及餘父子相生爲五世也世家又云幽公十二年周厲王奔于彘是當周厲王時也宛丘刺幽公淫荒昏亂是政衰也東門之枌云子仲之子婆娑其下傳曰子仲陳大夫氏是大夫淫荒也此二篇皆刺幽公故云國人傷而刺之也世家又云幽公卒子僖公孝立卒子武公靈立卒子夷公說立卒弟平公燮立卒子文公圉立卒長子桓公鮑立三十八年卒弟佗其母蔡女故蔡人爲佗殺五父及桓公大子免而立佗是爲厲公厲公娶蔡女數如蔡淫七年大子免之三弟長者名躍中曰林少曰杵臼共令蔡人誘厲公以好女與蔡人共殺厲公而立躍是爲利公利公者桓公子也利公立五月卒立中弟林是爲莊公七年卒立少弟杵臼是爲宣公四十五年卒子款立是爲穆公十六年卒子共公朔立十八年卒子靈公平國立此世家所言君次也案春秋桓五年春正月甲戌己丑陳侯鮑卒左傳曰再赴也於是陳亂文公子佗殺大子免而代之則是佗自殺免非蔡人爲佗殺免也桓六年經云蔡人殺陳佗莊二十二年傳曰陳厲公蔡出也故蔡人殺五父而立之經云蔡人殺陳佗傳言蔡人殺五父則五父與佗一人不得云爲佗殺五父也六年殺佗十二年陳侯躍卒則厲公卽是躍躍既爲厲公則無復利公矣馬遷既謬以益爲厲公又妄稱躍爲利公檢春秋世次不得有利公也遷益見公羊傳云陳佗淫於蔡人蔡人殺之因傳會爲說云誘以好女而殺之案蔡人殺佗在桓六年世家言佗死而躍立五月而卒然則躍亦以桓六年卒矣而春秋之經躍卒在桓十二年距佗之死非徒五月皆史記之謬也其詩宛丘東門之枌序云幽公爲幽公詩也衡門云誘僖公東門之池東門之楊從上明之亦僖公詩也墓門刺陳佗陳佗詩也防有鵲巢云宣公月出亦從上明之亦爲宣公詩也株林澤陂序云靈公爲靈公詩也鄭於左方中皆以此而知也

宛丘。刺幽公也。淫荒昏亂。游蕩無度焉。○宛丘怨阮反

爾雅云宛中宛丘郭云中央隆高。〔疏〕宛丘三章章四句至無度焉○正義曰淫荒謂耽於女色昏亂謂廢其政事游蕩無度謂出入不時聲樂不倦游戲放蕩無復節度也游蕩自是翺翔戲樂非獨淫於婦人但好聲好色俱是荒廢故以淫荒總之毛以此序所言是幽公之惡經之所陳是大夫之事由君身爲此惡化之使然故舉大夫之惡以刺君鄭以經之所陳卽是幽公之惡經序相符也首章言其信有淫情威儀無法是淫荒也下二章言其擊鼓持羽冬夏不息是無度無度者謂無復時節度量賓之初筵序云飲酒無度與此同○

子之湯兮。宛丘之上兮。子大夫也湯蕩也四方高中央下曰宛丘箋云子者斥幽公也游蕩無所不爲○湯他郎反舊他浪反

洵有情兮。而無望兮。洵信也箋云此君信有淫荒之情其威儀無可觀望而則傚○洵音荀傚戶敎反

〔疏〕子之至望兮○毛以爲子大夫之游蕩兮在於彼宛丘之上兮此人信有淫荒之情兮其威儀無可觀望兮大夫當朝夕恪勤助君治國而游蕩高丘荒廢政事此由幽公化之使然故舉之以刺幽公也○鄭以爲子者斥幽公爲異其義則同○傳子大至宛丘○正義曰傳以下篇說大夫淫亂此與相類則亦是大夫但大夫稱子是其常稱故以子爲大夫序云游蕩經言湯兮故知湯爲蕩也釋丘云宛中宛丘言其中央宛宛然是爲四方高中央下也郭璞曰宛丘謂中央隆峻狀如一丘矣爲丘之宛中中央高峻與此傳正反案爾雅上文備說丘形有左高右高前高後高若此宛丘中央隆峻言中央高矣何以變言宛中明毛傳是也故李巡孫炎皆云中央下取此傳爲說○箋子者至不爲○正義曰箋以下篇刺大夫淫荒序云疾亂此序主刺幽公則經之所陳皆幽公之事不宜以爲大夫隱四年公羊傳公子翬謂隱公曰百姓安子諸侯說子則諸侯之臣亦呼君曰子山有樞云子有衣裳子有車馬子者斥昭公明此子止斥幽公故易傳也云無所不爲言其戲樂之事幽公事事皆爲也○傳洵信○正義曰釋詁文

坎其擊鼓。宛丘之下。坎坎擊鼓聲○坎苦感反 無冬無夏。值其鷺羽。值持也鷺鳥之羽可以爲翳箋云翳舞者所持以指麾○

〔疏〕坎其至鷺羽○毛以爲坎坎然爲聲者其是大夫擊鼓之聲在於宛丘之下無問冬無問夏常持其鷺鳥羽翳身而舞也鼓舞戲樂當有時節今幽公化之大夫游蕩無復節度故舉以刺公也○鄭以刺幽公爲異其文義同○傳值持至爲翳○正義曰鷺羽執持之物故以值爲持鷺鳥之羽可以爲舞者之翳故持之也釋鳥云鷺春鉏郭璞曰白鷺也頭翅背上皆有長翰毛今江東人取以爲睫攡名之曰白鷺縗陸機云鷺水鳥也好而潔白故謂之白鳥齊魯之間謂之春鉏遼東樂浪吳楊人皆謂之白鷺青腳高尺七八寸尾如鷹尾喙長三寸頭上有毛十數枚長尺餘毵毵然與衆毛異好欲取魚時則弭之今吳人亦養焉楚威王時有朱鷺合沓飛翔而來舞則復有赤者舊鼓吹朱鷺曲是也然則鳥名白鷺赤者少耳此舞所持持其白羽也

坎其擊缶。宛丘之道。盎謂之缶○缶方有反盎本亦作瓮烏浪反

〔疏〕傳盎謂之缶○正義曰釋器文孫炎曰缶瓦器郭璞曰盎盆也此云擊缶則缶是樂器易離卦九三不鼓缶而歌則大耋之嗟注云艮爻也位近丑丑上值弁星弁星似缶詩云坎其擊缶則樂器亦有缶又史記藺相如使秦王鼓缶是樂器爲缶也案坎卦六四有樽酒簋式用缶注云爻辰在丑丑上值斗可以斟之象斗上有建星建星之形似簋式副也建星上有弁星弁星之形又如缶天子大臣以王命出會諸侯主國尊於簋副設玄酒以缶則缶又是酒器也比卦初六爻有孚盈缶注云爻辰在未上值東井井之水人所汲用缶缶汲器襄九年宋災左傳曰具綆缶備水器則缶是汲水之器然則缶是瓦器可以節樂若今擊甌又可以盛水盛酒卽今之瓦盆也

無冬無夏。值其鷺翿。翿翳也○翿音導又音陶

〔疏〕傳翿翳○正義曰釋言文郭璞曰舞者所以自蔽翳彼翿作纛音義同

宛丘三章章四句

東門之枌。疾亂也。幽公淫荒。風化之所行。男女棄其舊業。亟會於道路。歌舞於市井爾。○枌符云反亟欺冀反○

〔疏〕東門之枌三章章四句至井爾○正義曰男棄其業子仲之子是也女棄其業不績其麻是也會於道路者首章上二句是也歌舞於市井者婆娑是也經先言歌舞之處然後責其棄業序以棄業而後敖游故先言棄業所以經序倒也此實歌舞於市而謂之市井者白虎通云因井爲市故曰市井應劭通俗云市恃也養贍老少恃以不匱也俗說市井謂至市者當於井上洗濯其物香潔及自嚴飾乃到市也謹案古者二十畝爲一井因爲市交易故稱市井然則由木井田之中交易爲市故國都之市亦因名市井案祇制九夫爲井應劭二十畝爲井者劭依漢書食貨志一井八家家有私田百畝公田十畝餘二十畝以爲井竈盧舍一撮其交易之處在盧舍故言二十畝耳因井爲市或如劭言三章皆述淫亂之事首章獨言男婆娑於枌栩之下下二章上二句言女子候善明之日從男子於會處下二句陳男女相說之辭明歌舞之處皆男女相從故男女互見之○

東門之枌。宛丘之栩。枌白榆也栩杼也國之交會男女之所聚○栩況浦反杼常與反說文丈與反

〔疏〕傳枌白至所聚○正義曰釋木云榆白枌孫炎曰榆白者名枌郭璞曰枌榆先生葉卻著莢皮色白是枌爲白榆也栩杼釋木文序云亟會於道路知此二木是國之道路交會男女所聚之處也

子仲之子。婆娑其下。子仲陳大夫氏婆娑舞也箋云之子男子也○婆步波反說文作嫛音同娑桑何反

〔疏〕傳子仲至舞也○正義曰知子仲是陳大夫氏者以其風俗之敗自上行之今此所刺宜在位之人若是庶人不足顯其名氏此云子仲之子猶云彼留之子此舉人氏姓言之明子仲是大夫之氏也云祇孫以王父字爲氏此人上祖必有字子仲者故氏子仲也云婆娑舞也釋訓文李巡曰婆娑盤辟舞也孫炎曰舞者之容婆娑然○箋之子男子○正義曰序云男子棄業則經之所陳有男有女下云績麻是女知此之子是男子也定本云之子是子也

穀旦于差。南方之原。穀善也原大夫氏箋云旦明于曰差擇也朝日善明曰相擇矣以南方原氏之女可以爲上處○旦鄭音旦本亦作且王七也反苟且也徐子餘反差鄭初佳反王音嗟韓詩作嗟徐七何反沈云毛意不作嗟案毛無改字宜從鄭讀曰相音越下曰往往矣同

不績其麻。市也婆娑。箋云績麻者婦人之事也疾其今不爲○

〔疏〕穀旦至婆娑○正義曰言陳國男女棄其事業候良辰美景而歌舞淫泆見朝日善明無陰雲風雨則曰可以相擇而行樂矣彼南方之原氏有美女國中之最上處可以從之也男既如是彼原氏之女卽不復績麻於市也與男子聚會婆娑而舞是其可疾之甚○傳穀善也原大夫氏○正義曰穀善釋詁文也○春秋莊二十七年季友如陳葬原仲是陳有大夫姓原氏也○箋旦明至上處○正義曰旦謂早朝故爲明也釋詁云于曰也於也故于得爲曰差擇釋詁文佚游戲樂不宜風昏故見朝日善明乃云相擇刺其以美景廢業故舉之也發意相擇則是男子擇女故知南方原氏之女可以爲上處上處者言是一國最上之處也

穀旦于逝。越以鬷邁。逝往鬷數邁行也箋云越於鬷揔也朝旦善明曰往矣謂之所會處也於是以揔行欲男女合行○鬷子公反處昌慮反

視爾如荍。貽我握椒。荍芘芣也椒芬香也箋云男女交會而相說曰我視女之顏色美如芘芣之華然女乃遺我一握之椒交情好也此本淫亂之所由○荍祁饒反郭云荊葵也芘音毗又芳耳反芣音浮又芳九反說音悅遺唯季反好呼報反○

〔疏〕穀旦至握椒○毛以爲陳之女人見美景而說曰朝日善明曰可以往之所會之處矣女人卽棄其事業假有績者於是以麻總而行至於會所要見男子男子乃陳往日相好之事語女人云我往者一語汝云我視汝顏色之美如荍之華然見我汝則遺我以一握之椒棄其事業作如此淫荒故疾之也○鄭唯以鬷爲揔言於是男女揔集合行爲此淫亂餘同○傳逝往至邁行○正義曰逝往釋詁文邁行釋言文鬷謂麻縷每數一升而用繩紀之故鬷爲數王肅云鬷數績麻之縷也

○箋越於至合行○正義曰越於釋詁文商頌稱鬷假無言爲揔集之意則此亦當然故以鬷爲揔謂男女揔集而合行也上章于差謂男言擇女此言于逝謂女往從男故云曰往矣謂之所會之處謂女適與男期會之處也○傳荍芘芣椒芬香○正義曰荍芘芣釋草文舍人曰荍一名蚍衃郭璞曰今荊葵也似葵紫色謝氏云小草多華少葉葉又翹起陸機疏云芘芣一名荊葵似蕪菁華紫綠色可食微苦是也椒之實芬香故以相遺也定本云椒芳物○箋男女至所由○正義曰言相說者男說女而言其色美女說男而遺之以椒交相說愛故言相也知此二句皆是男辭者言我視爾顏色之美如芘芣之華若是女辭不得言男子色美如華也思其往日相愛今復會爲淫亂詩人言此者本其淫亂化之所由耳

東門之枌三章章四句

衡門誘僖公也愿而無立志故作是詩以誘掖其君也誘進也掖扶持也○衡門如字衡橫也沈云此古文橫字誘音酉○愿音願謹也掖音亦【疏】衡門三章章四句至其君○正義曰作衡門詩者誘僖公也以僖公懿愿而無自立之志故國人作是衡門之詩以誘導扶持其君誘使自強行道令興國致理也經三章皆誘之辭○箋誘進也掖扶持○正義曰誘進釋詁文云掖臂也僖二十五年左傳云二礼從國子巡城持以赴外殺之謂持其臂而投之城外也此言誘掖者誘謂在前導之掖謂在傍扶之故以掖爲扶持也定本作扶持

衡門之下可以棲遲衡門橫木爲門言淺陋也棲遲遊息也箋云賢者不以衡門之淺陋則不遊息於其下以喻人君不可以國小則不興治致政化泌之洋洋可以樂飢泌泉水也洋洋廣大也樂飢可以樂道忘飢箋云飢者不足於食也泌水之流洋洋然飢者見之可飲以療飢以喻人君慇愿任用賢臣則政教成亦猶是也○泌悲位反洋音羊樂本又作療毛音洛鄭力召反沈云舊皆作樂字晚詩本有作疒下樂以形聲言之殊非其義療字當從疒下作療案說文云療治也療或療字也則毛止作樂鄭本作療下注放此慇苦角反【疏】衡門至樂飢○毛以爲雖淺陋衡門之下猶可以棲遲游息以興雖地狹小國之中猶可以興治致政然賢者不以衡門之淺陋則不游息於其下以喻人君不可以國小則不興治致政君何以不興治致政乎觀泌水之流洋洋廣大君可以樂道忘飢何則泌者泉水涓流不已乃至廣大況人君寧不進德積小成大樂道忘飢乎此是誘掖之辭○鄭以下二句言泌水之流廣大洋洋然飢者可飲之以療飢以興有大德賢者人君可任之以成德教誘君以任賢臣餘同○傳衡門至遊息○正義曰考工記玉人注云衡古文橫假借字也然則衡橫義同故知衡門橫木爲門門之深者有阿塾堂宇此唯橫木爲之言其淺也釋詁云棲遲息也舍人曰棲遲行步之息也○傳泌泉至忘飢○正義曰邶國有毖彼泉水知泌爲泉水王肅云洋洋泌水可以樂道忘飢巍巍南面可以樂治忘亂孫毓難肅云既巍巍矣又安得亂此言臨水歎逝可以樂道忘飢是咸激立志慷慨之喻猶孔子曰發憤忘食不知老之將至云爾案此傳云泌者泉水又云洋洋廣大則不可以逝川喻年老故今爲別解案今定本作樂飢觀此傳亦作樂則毛讀與鄭異○箋飢者至猶是○正義曰箋以經言泌之洋洋可以療飢則是以水治飢不宜視水爲義且下章勸君用賢故易傳以爲喻任用賢臣則政教成也飲水可以療渴耳而云療飢者飢久則爲渴得水則亦小療故言飢以爲韻○

豈其食魚必河之魴豈其取妻必齊之姜箋云此言何必河之魴然後可食取其口美而已何必大國之女然後可妻亦取貞順而已以喻君任臣何必聖人亦取忠孝而已齊姜姓○魴音房取音娶下文同豈其食魚必河之鯉豈其取妻必宋之子箋云宋子姓○【疏】箋齊姜姓宋子姓○正義曰齊者伯夷之後伯夷主四岳之職周語作四岳賜姓曰姜宋者殷之苗裔契之後也殷本紀云舜封契於商賜姓曰子是齊姜姓宋子姓也

衡門三章章四句

東門之池刺時也疾其君之淫昏而思賢女以配君子也孔安國云停水曰池○【疏】東門之池三章章四句至君子○正義曰此實刺君而云刺時者由君所化使時世皆淫故言刺時以廣之欲以配君而謂之君子者妻謂夫爲君子上下通稱據賢女爲文故稱以配君子經三章皆思得賢女之事疾其君之淫昏序其思賢女之意耳於經無所當也

東門之池可以漚麻興也池城池也漚柔也箋云於池中柔麻使可緝績作衣服興者喻賢女能柔順君子成其德教○漚烏豆反緝七立反西州人謂績爲緝○彼美淑姬可與晤歌晤遇也箋云晤猶對也言淑姬賢女君子宜與對歌相切化也○淑音叔本亦作俶善也晤五故反【疏】東門至晤歌○正義曰東門之外有池水此水可以漚柔麻草使可緝績以作衣服以興貞賢之善女此女可以柔順君子使可脩政以成德教既已思得賢女又述彼之賢女言彼美善之賢姬實可與君對偶而歌也以君淫昏故思得賢女配之與之對偶而歌冀其切化使君爲善○傳池城池漚柔○正義曰以池繫門言之則此池近在門外諸詩言東門皆是城門故以池爲城池考工記慌氏以涗水漚其絲注云漚漸也楚人曰漚齊人曰涹烏禾反然則漚是漸漬之名此云漚柔者謂漸漬使之柔韌也○傳晤遇○正義曰釋言云遇偶也然則傳以晤爲遇亦爲對偶之義故王肅云可以與相遇歌樂室家之事意亦與鄭同○箋晤猶至切化○正義曰所以欲使對歌者以歌詩陳善惡之事以感戒人君君子得此賢女宜與之對歌相感切相風化以爲善故思之美女而謂之姬者以黃帝姓姬炎帝姓姜二姓之後子孫昌盛其家之女美者尤多遂以姬姜爲婦人之美稱成九年左傳引逸詩云雖有姬姜無棄憔悴是以姬姜爲婦人美稱也○

東門之池可以漚紵彼美淑姬可與晤語○紵直呂反字又作苧○【疏】漚紵○正義曰陸機疏云紵亦麻也科生數十莖宿根在地中至春自生不歲種也荊楊之間一歲三收今官園種之歲再刈刈便生剝之以鐵若竹挾之表厚皮自脫但得其裏韌如筋者謂之徽紵今南越紵布皆用此麻○

東門之池可以漚菅彼美淑姬可與晤言言道也○菅古顏反茅已漚爲菅○【疏】漚菅○正義曰釋草云白華野菅郭璞曰茅屬白華箋云人刈白華於野已漚之名之爲菅然則菅者已漚之名未漚則但名爲茅也陸機疏云菅似茅而滑澤無毛根下五寸中有白粉者柔韌宜爲索漚乃尤善矣

東門之池三章章四句

東門之楊刺時也昏姻失時男女多違親迎女猶有不至者也○迎魚敬反下注同【疏】東門之楊二章章四句至至者○正義曰毛以昏姻失時者失秋冬之時鄭以爲失仲春之時言親迎女猶不至明不親迎者相違衆矣故舉不至者以刺當時之淫亂也言相違者正謂女違男使昏姻之禮不成是男女之意相違耳非謂男亦違女也經二章皆上二句言昏姻失時下二句言親迎而女不至也○

東門之楊其葉牂牂興也牂牂然盛貌言男女失時不逮秋冬箋云楊葉牂牂三月中也興者喻時晚也失仲春之月○牂子桑反昏以爲期明星煌煌期而不至也箋云親迎之禮以昏時女留他色不肯時行乃至大星煌煌然○煌音皇○【疏】東門至煌煌○毛以爲作者以楊葉初生興昏之正時楊葉長大興晚於正時故言東門之楊其葉已牂牂然而大矣楊葉已大不復見其初生之時以興歲之時月已至於春夏矣時節已晚不復及其秋冬之時又復淫風大行女留他色不從男子親迎者用昏時以爲期今女不肯時行至於明星煌煌然而夜已極深而竟不至禮當及時配合女當隨夫而行至使昏姻失時男女相違如是故舉以刺時也○鄭以失時謂在仲春之後爲異其義則同○傳牂牂至秋冬○正義曰此刺昏姻失時而舉楊葉爲喻則是以楊葉初生喻正時楊葉已盛喻過時毛以秋冬爲昏之正時故云男女失時不逮秋冬也秋冬爲昏無正文也邶風云士如歸妻迨冰未泮知迎妻之禮當在冰泮之前荀卿書云霜降逆女冰泮殺止霜降九月也冰泮二月也然則荀卿之意自九月至於正月於禮皆可爲昏荀在焚書之前必當有所憑據毛公親事荀卿故亦以爲秋冬家語云群生閉藏爲陰而爲化育之始故聖人以合男女窮天數也霜降而婦功成嫁娶者行焉冰泮而農業起昏禮殺於此又云冬合男女春班爵位家語出自孔家毛氏或見其事故依用焉地官媒氏云仲春之月令會男女於是時也奔者不禁唯謂三十之男二十之女所以蕃育人民特令以仲春會耳其男未三十女未二十者皆用秋冬不得用仲春也○箋楊葉至之月○正義曰箋亦以楊葉之盛與晚失正時也鄭言楊葉牂牂三月中者自言葉盛之月不以楊葉爲記時也董仲舒曰聖人以男女陰陽其道同類觀天道嚮秋冬而陰氣來嚮春夏而陰氣去故古人霜降始逆女冰泮而殺止與陰俱近而陽遠也鄭以昏姻之月唯在仲春故以喻晚失仲春之月鄭不見家語不信荀卿以周禮指言仲春之月令會男女故以仲春爲昏月其邶風所云自謂及冰泮行請期禮耳非以冰之未泮已親迎也毛鄭別自憑據以爲定解詩內諸言昏月皆各從其家○傳期而不至○正義曰序言親迎而女猶有不至者則是終竟不至非夜深乃至也言明星煌煌者男子待女至此時不至然後始罷故作者舉其待女不得之時非謂此時至也傳嫌此時女至故辨之云期而不至言期以昏時至此時猶不至也○箋親迎至煌煌○然正義曰士昏禮執燭前馬是親迎之禮以昏也用昏者取陽往陰來之義女不從夫必爲異人之色故云女留他色不肯時行乃至大星煌煌然亦言至此時不至○

東門之楊其葉肺肺肺肺猶牂牂也○肺普貝反又蒲貝反○昏以爲期明星晢晢晢晢猶煌煌也○晢之世反

東門之楊二章章四句

墓門，刺陳佗也。陳佗無良師傅，以至於不義，惡加於萬民焉。不義者謂弒君而自立。○它本亦作佗，同，徒多反。五父也。史記以爲厲公。殺音試，本又作弒，同。〔疏〕墓門二章，章六句，至民焉。○正義曰：陳佗身行不義，惡加萬民。定本直云民，無萬字。由其師傅不良，故至於此。既立爲君，此師傅猶在，陳佗乃用其言，必將至誅絕，故作此詩以刺佗，欲其去惡傳而就良師也。經二章皆是戒佗令去其惡師之辭。○箋不義至自立。○正義曰：不義之大，莫大弒君也。春秋桓五年正月甲戌己丑，陳侯鮑卒。左傳云：再赴也。於是陳亂，文公子佗殺大子免而代之。公疾病而亂作，國人分散，故再赴。是陳佗殺君自立之事也。如傳文，則陳佗所殺大子免，而謂之弒君者，以免爲大子，其父卒，免當代父爲君，陳佗殺之而取國，故以君言之。序言無良師傅以至於不義，則佗於弒君之前先有此惡師也。經云夫也不良，國人知之，知而不已，誰昔之然矣，欲令佗誅退惡師，則弒君之後惡師仍在。何則？詩者民之歌詠，必加於民，民始怨刺。陳佗未立爲君，則身爲公子，爵止大夫，雖則惡師，非民所恨。今作詩刺之，明是自立之後也。戒之令去惡師，明是惡師未去也。

墓門有棘，斧以斯之。興也。墓門，墓道之門。斯，析也。幽間希行，用生此棘薪，維斧可以開析之。箋云：興者，喻陳佗由不覩賢師良傅之訓道，至陷於誅絕之罪。○斯，所宜反，又如字，又音梳。鄭注尚書云：斯，析也。爾雅云：斯，侈，離也。孫炎云：斯，析之離。讀者如字。析，星歷反。閒音閑。睹，都魯反，又作覩。夫也不良，國人知之。夫，傅相也。箋云：良，善也。陳佗之師傅不善，羣臣皆知之，言其罪惡著也。○相，息亮反。知而不已，誰昔然矣。昔，久也。箋云：已猶去也。誰昔，昔也。國人皆知其有罪惡而不誅退，終致禍難也。自古昔之時常然。○去，羌呂反。難，乃旦反。〔疏〕墓門至然矣。○正義曰：言墓道之門幽閒，由希覩人行之跡，故有此棘。此棘既生，必得斧乃可以開析而去之。以興陳佗之身不明，由希覩良師之教，故有此惡。此惡既成，必得明師乃可以訓道而善之。非得明師，惡終不改，必至誅絕，故又戒之云：汝之師傳不善，國內之人皆知之矣，何以不退去之乎？欲其退惡傳，就良師也。○傳墓門至析之。○正義曰：春官墓大夫職注云：墓，冢塋之地，孝子所思慕之處。然則塋域謂之墓，墓入有門，故云墓門。墓道之門。釋言云：斯，離也。孫炎曰：斯，析之離。是斯爲析義也。○箋興者至之罪。○正義曰：箋以傳釋經文不解興意，故述興意以申傳也。弒君之賊，於法當誅其身，絕其祀，故云陷於誅絕之罪。○傳夫傅相。○正義曰：序云無良師傅，故知夫也不良正謂師傅不良也。郊特牲云：夫也者，以知帥人者也。注云：夫之言丈夫也。夫或爲傅。言或爲傅者，正謂此。訓夫爲傅也。師傅當以輔相人君，故云傅相。○傳昔久。○正義曰：傳稱古曰在昔，昔是久遠之事，故爲久也。○箋已猶至常然。○正義曰：誰昔，昔也，釋訓文。郭璞曰：誰，發語辭。與傳昔久同也。今定本爲誰昔，昔也，合爾雅。俗爲誰疑辭也。

墓門有梅，有鴞萃止。梅，柟也。鴞，惡聲之鳥也。萃，集也。箋云：梅之樹善惡自有，徒以鴞集其上而鳴，人則惡之，性因惡矣。以喻陳佗之性本未必惡，師傅惡而陳佗從之而惡。○鴞，戶驕反。萃，徂醉反。柟，冉鹽反。則惡，烏路反。夫也不良，歌以訊之。訊，告也。箋云：歌謂作此詩也。既作，又使工歌之，是謂之告。○訊，又作誶，音信，徐息悴反。告也。韓詩訊，諫也。訊予不顧，顛倒思予。箋云：予，我也。歌以告之，汝不顧念我言，至於破滅顛倒之急，乃思我之言，言其晚也。〔疏〕墓門至思予。○正義曰：言墓道之門有此梅樹，此梅善惡自耳，本未必惡，徒有鴞鳥來集於其上而鳴，此鴞聲惡，梅亦從而惡矣。以興陳佗之身有此體性，此性善惡自然，本未必惡，正由有惡師來教之，此師既惡，陳佗亦從而惡也。佗師既惡而不能退去，故又戒之：汝之師傅也不善，故我歌是詩以告之。我既告汝，汝得我言而不顧念之，至於顛倒之急，然後則乃思我之言耳。至急乃思，則無及於事。今何以不用我言乎？○傳梅柟至萃集。○正義曰：梅柟，釋木文。鴞，惡聲之鳥，一名鵩，與梟一名鴟。瞻卬云：爲梟爲鴟是也。俗說以爲鴞即土梟，非也。陸機疏云：鴞大如班鳩，綠色，惡聲之鳥也。入人家凶，賈誼所賦鵩鳥是也。其肉甚美，可爲羹臛，又可爲炙。漢供御物，各隨其時，唯鴞冬夏尚施之，以其美故也。○傳訊告也。○正義曰：釋詁文。箋以歌告之有口告之嫌，故辨之云：歌謂作此詩，使工歌之，以告君，是謂之告。○

墓門二章，章六句。

防有鵲巢，憂讒賊也。宣公多信讒，君子憂懼焉。〔疏〕防有鵲巢二章，章四句，至懼焉。○正義曰：憂讒賊者，謂作者憂讒人，謂爲讒以賊害於人也。經二章皆上二句言宣公致讒之由，下二句言己憂讒之事。

防有鵲巢，邛有旨苕。興也。防，邑也。邛，丘也。苕，草也。箋云：防之有鵲巢，邛之有美苕，處勢自然。興者，喻宣公信多言之人，故致此讒人。○邛，其恭反。苕，徒彫反。誰侜予美？心焉忉忉。侜張，誑也。箋云：誰，誰讒人也。女衆讒人，誰侜張誑欺我所美之人乎？使我心忉忉然。所美謂宣公也。○侜，陟留反，說文云：有廱蔽也。予美，韓詩作娓，音尾，娓，美也。忉，都勞反，憂也。誑，九況反。〔疏〕防有至忉忉。○正義曰：言防邑之中有鵲鳥之巢，邛丘之上有美苕之草，處勢自然，以興宣公之朝有讒言之人，亦處勢自然。何則？防多樹木，故鵲鳥往巢焉；邛丘地美，故旨苕生焉。以言宣公信讒，故讒人集焉。公既信此讒言，君子懼己得罪，告語衆讒人輩：汝等是誰，誰誑欺我所美之人宣公乎？而使我心忉忉然而憂之。○傳防邑邛丘苕草。○正義曰：以鵲之爲鳥，畏人而近人，非邑有樹木則鵲不應巢焉，故知防是邑也。土之高處草生尤美，故邛爲丘。邶風稱旄丘有葛，鄘風稱阿丘有蝱，是美草多生於高丘也。苕之華傳云：苕，陵苕。此直云苕草，彼陵苕之草好生下溼，此則生於高丘，與彼異也。陸機疏云：苕，苕饒也。幽州人謂之翹饒。蔓生，莖如勞豆而細，葉似蒺蔾而青，其莖葉綠色，可生食，如小豆藿也。○傳侜張誑。○正義曰：釋訓文。郭璞曰：幻惑欺誑人者。○箋誰讒至宣公。○正義曰：言誰侜予美者，是就衆讒人之內告問是誰爲之，故云誰誰讒人也。臣之事君，欲君美好，不欲使讒人誑之，故謂君爲所美之人。○

中唐有甓，邛有旨鷊。中，中庭也。唐，堂塗也。甓，瓴甋也。鷊，綬草也。○甓，薄歷反。鷊，五歷反。令音零，字書作瓴。適，都歷反，字書作甋。綬音受。〔疏〕傳中中至綬草。○正義曰：以唐是門內之路，故知中是中庭。釋宮云：廟中路謂之唐，堂塗謂之陳。李巡曰：唐，廟中路名。孫炎引詩云：中唐有甓。堂塗，堂下至門之徑也。然則唐之與陳，廟庭之異名耳，其實一也，故云唐，堂塗也。釋宮又云：瓴甋謂之甓。李巡曰：瓴甋，一名甓。郭璞曰：甗甎也。今江東呼爲瓴甓。鷊，綬，釋草文。郭璞曰：小草有雜色似綬也。陸機疏云：鷊五色，作綬文，故曰綬草。○誰侜予美？心焉惕惕。惕惕猶忉忉也。

防有鵲巢二章，章四句。

月出，刺好色也。在位不好德而說美色焉。○好，呼報反，序同。說音悅，澤陂詩同。〔疏〕月出三章，章四句，至色焉。○正義曰：人於德色不得並時好之，心既好色，則不復好德，故經之所陳，唯言好色而已。序言不好德者，以見作詩之意耳，於經無所當也。經三章皆言在位好色之事。

月出皎兮，興也。皎，月光也。箋云：興者，喻婦人有美色之白皙。○皦，古了反，本又作皎。皙，星歷反。佼人僚兮。舒窈糾兮。僚，好貌。舒，遲也。窈糾，舒之姿也。○佼字又作姣，古卯反。方言云：自關而東河濟之間凡好謂之姣。僚，本亦作嫽，同，音了。窈，烏了反，又於表反。糾，其趙反，又其小反，一音其了反，說文音已小反，又居酉反。勞心悄兮。悄，憂也。箋云：思而不見則憂。○悄，七小反。〔疏〕月出至悄兮。○正義曰：言月之初出，其光皎然而白兮，以興婦人白皙，其色亦皎然而白兮。非徒面色白皙，又是佼好之人，其形貌僚然而好兮，行止舒遲，姿容又窈糾然而美兮。思之既甚而不能見之，勤勞我心悄然而憂悶兮。在位如是，故陳其事以刺之。○傳皎月光。○正義曰：大車云：有如皦日，則皦亦日光，言月光者，皦是日光之名，耳以其與月出共文，故爲月光。○傳僚好至之姿。○正義曰：皎兮喻面色皎然，謂其形貌。僚爲好貌，謂其形貌好，言色美身復美也。舒者，遲緩之言。婦人行步貴在舒緩，言舒時窈糾兮，故知窈糾是舒遲之姿容。○傳悄憂。○正義曰：釋訓云：悄悄，慍也，故爲憂。

月出皓兮，佼人懰兮。舒懮受兮。勞心慅兮。月出照兮，佼人燎兮。舒夭紹兮。勞心慘兮。○皓，胡老反。劉，本又作懰，力久反，好貌。埤蒼作嬼，嬼，妖也。懮，於久反，舒貌。慅，七老反，憂也。燎，力召反，又力弔反。夭，於表反。慘，七感反，憂也。

月出三章，章四句。

株林，刺靈公也。淫乎夏姬，驅馳而往，朝夕不休息焉。夏姬，陳大夫妻，夏徵舒之母，鄭女也。徵舒字子南，夫字御叔。○株，陟朱反。株林，夏氏邑也。夏，戶雅反，注下同。御，魚呂反，又如字。〔疏〕株林二章，章四句，至息焉。○正義曰：作株林詩者，刺靈公也。以靈公淫於夏氏之母，姬姓之女，疾驅其車馬，馳走而往，或早朝而至，或晏夕而至，不見其休息之時，故刺之也。經二章皆言靈公往淫夏姬朝夕不息之事。○說于株野是夕至也，朝食于株是朝至也。○箋夏姬至御叔。○正義曰：宣九年左傳稱陳靈公與孔寧儀行父通於夏姬。十年經云：陳夏徵舒弒其君平國。傳曰：陳靈公與孔寧儀行父飲酒於夏氏，公謂行父曰：徵舒似汝。對曰：亦似君。徵舒病之，公出自其廄，射而殺之。昭二十八年左傳叔向之母論夏姬云：是鄭穆公少妃姚子之子，子貉之妹也。子貉早死，而天鍾美於是。楚語云：昔陳公子夏爲御叔娶於鄭穆公女，生子南，子南之母亂陳而亡之。是言夏姬所出及夫子名字。

胡爲乎株林？從夏南。株林，夏氏邑也。夏南，夏徵舒也。箋云：陳人責靈公：君何爲之株林，從夏氏子南之母，爲淫泆之行。○泆音逸。行，下孟反。○匪適株林，從夏南。箋云：匪，非也。言我非之株林，從夏氏子南之母，爲淫泆之行，自之他耳。觝拒之辭。○觝，都禮反。〔疏〕胡爲至夏南。○正義曰：株林者，夏氏之邑。靈公數往彼邑，淫於夏姬。國人責之云：君何爲於彼株林之邑，從夏氏子南之母，爲淫泆兮？靈公爲

人所責觝拒之云我非是適彼株林之邑從夏氏子南之母兮我別自適之他處耳一國之君如此淫泆故刺之定本無兮字○傳株林至徵舒○正義曰靈公適彼株林從夏南故知株林是夏氏之邑邑在國外夏姬在邑故適邑而從夏姬也徵舒祖字子夏故爲夏氏徵舒字子南以氏配字謂之夏南楚殺徵舒左傳謂之戮夏南是知夏南卽徵舒也實從夏南之母言從夏南者婦人夫死從子夏南爲其家主故以夏南言之○箋匪非至之辭○正義曰以文辭反覆若似對荅前人故假爲觝拒之辭非是面爭王肅云言非欲適株林從夏南之母反覆言之疾之也孫毓以王爲長

駕我乘馬。說于株野。乘我乘駒。朝食于株。大夫乘駒。箋云我國人我君也君親乘君乘馬乘君乘駒變易車乘以至株林或說舍焉或朝食焉又責之也馬六尺以下曰駒○【疏】駕我至于株○正義曰此又責君數往林邑言君何爲駕我君之一乘之馬朝夕而說舍於株林之野何故得乘我君之一乘之駒早朝而食於株林之邑乎言公朝夕往來淫泆不息可惡之甚故刺之也○傳大夫乘駒○正義曰皇皇者華說大夫出使經云我馬維駒是大夫之制禮當乘駒也此傳質略王肅云陳大夫孔寧儀行父與君淫於夏氏然則王意以爲乘我駒者謂孔儀從君適株故作者并舉以惡君也傳意或當然○

株林二章章四句

澤陂。刺時也。言靈公君臣淫於其國。男女相說。憂思感傷焉。君臣淫於國謂與孔寧儀行父也感傷謂涕泗滂沱○陂彼皮反思息嗣反父音甫涕他弟反自目曰涕泗音四自鼻曰泗滂普光反沱徒何反下文同【疏】澤陂三章章六句至傷焉○正義曰作澤陂詩者刺時也由靈公與孔寧儀行父等君臣竝淫於其國之內共通夏姬國人效之男女遞相悅愛爲此淫泆毛以爲男女相悅爲此無禮故君子惡之憂思感傷焉憂思時世之淫亂感傷女人之無禮也男女相悅者章首上二句是也感傷者次二句是也憂思者下二句是也言靈公君臣淫於其國者本其男女相悅之由由化效君上故言之耳於經無所當也經先感傷序先憂思者經以章首二句既言男女之美好因傷女而爲惡行傷而不已故至於憂思事之次也序以感傷憂思爲事既同取其語便故先言憂思也鄭以爲由靈公君臣淫於其國故國人淫泆男女相悅聚會則共相悅愛別離則憂思感傷言其相思之極也男女相悅者章首上二句是也憂思者次二句是也感傷者下二句是也毛於傷如之何下傳曰傷無禮則是君子傷此有美一人之無禮也傷如之何既傷有美一人之無禮寤寐無爲二句又在其下是爲憂思感傷時世之淫亂也此君子所傷傷此有美一人而有美一人又承蒲荷之下則蒲荷二物共喻一女上二句皆是男悅女之辭也經文止舉其男悅女明女亦悅男不然則不得共爲淫矣故序言男女相悅以明之三章大意皆同首章言荷指芙蕖之莖卒章言菡萏指芙蕖之華二者皆取其之美以喻女色但變文以取韻耳二章言蘭者蘭是芬香之草喻女有善聞此淫泆之女必無善聲聞但悅者之意言其善耳鄭以爲首章上二句同姓之中有男悅女女悅男是其男女相悅也次二句言離別之後不能相見念之而爲憂思也既憂不能相見故下二句感傷而淚下首章言荷喻女之容體二章言蓮喻女之言信卒章言菡萏以喻女之色美

彼澤之陂。有蒲與荷。興也陂澤障也荷芙蕖也箋云蒲柔滑之物芙蕖之莖曰荷生而佼大興者蒲以喻所說男之性荷以喻所說女之容體也正以陂中二物興者喻淫風由同姓生○荷音何障章亮反夫音符本亦作芙下同渠其居反本亦作蕖莖幸耕反佼古卯反○

有美一人。傷如之何。傷無禮也箋云傷思也我思此美人當如之何而得見之

寤寐無爲。涕泗滂沱。自目曰涕自鼻曰泗箋云寤覺也○覺音教○【疏】彼澤至滂沱○毛以爲彼澤之陂障之中有蒲與荷之二草蒲之爲草甚柔弱荷之爲葉極美好以興陳國之中有男悅女云汝體之柔弱如蒲然顏色之美如荷然男女淫泆相悅如此君子見其淫亂乃感傷之彼男所悅者有美好之一人美好如是不能自防以禮不以禮可傷乎知可如之何既不可奈何乃憂思時世之淫亂寤寐之中更無所爲念此風俗傷敗目涕鼻泗一時俱下滂沱然也鄭以爲彼澤之陂障之中有蒲與荷之二草以喻同姓之中有男與女之二人蒲之草甚柔滑荷之莖極佼好女悅男云汝之體性滑利如蒲然男悅女云汝之形容佼大如荷然聚會之時相悅如是及其分離則憂思相憶男憶女云有美好之一人我思之而不能見當如之何乎既不能見益復感傷覺寢之中更無所爲念此美女涕泗滂沱然淫風如此故舉以刺時也○傳陂澤障荷芙蕖○正義曰澤障謂澤畔障水之岸以陂內有此二物故舉陂畔言之二物非生於陂上也釋草云荷芙蕖其莖茄其葉蕸其本蔤其華菡萏其實蓮其根藕其中的的中薏李巡曰皆分別蓮莖葉華實之名菡萏蓮華也的蓮實也薏中心也郭璞曰蔤莖下白蒻在泥中者今江東人呼荷華爲芙蓉北方人便以藕爲荷亦以蓮爲荷蜀人以藕爲茄或用其母爲華名或用根子爲母葉號此皆名相錯習俗傳誤失其正體者也陸機疏云蓮青皮裏白子爲的的中有青爲薏味甚苦故里語云苦如薏是也傳正解荷爲芙蕖不言興意以下傳云傷無禮者傷有美一人則此有蒲與荷共喻美人之貌蒲草柔滑荷有紅華喻必以象當以蒲喻女之容體以華喻女之顏色當如下章言菡萏而此云荷者以荷是此草大名故取荷爲韻○箋蒲柔至姓生○正義曰如爾雅則芙蕖之莖曰茄此言荷者意欲取莖爲喻亦以荷爲大名故言荷耳樊光注爾雅引詩有蒲與茄然則詩本有作茄字者也箋以序云男女相悅則經中當有相悅之言以蒲喻所悅男之性女悅男言男之心性和柔似蒲也荷以喻所悅女之容體男悅女之形體佼大如荷也正以陂中二物興者淫風由同姓生二物共在一陂猶男女同在一姓○箋傷思至見之○正義曰傷思釋言文以濂洧桑中亦刺淫泆舉其事而惡自見其文皆無哀傷之言此何獨傷其無禮至於涕泗滂沱輾轉伏枕也故易傳以爲思美人不得見之而憂傷也孫毓以箋義爲長○正義曰經傳言隕涕出涕皆謂淚出於目泗既非涕亦涕之類明其泗出於鼻也○

彼澤之陂。有蒲與蕑。蕑蘭也箋云蕑當作蓮蓮芙蕖實也蓮以喻女之言信○蕑毛古顏反鄭改作蓮練田反【疏】傳蕑蘭○正義曰以濂洧秉蕑爲執蘭則知此蕑亦爲蘭也蘭是芬香之草蓋喻女有聲聞○箋蕑當至言信○正義曰以上下皆言蒲荷則此章亦當爲荷不宜別據他草且蘭是陸草非澤中之物故知蘭當作蓮蓮是荷實故喻女言信實

有美一人。碩大且卷。卷好貌○卷本又作睠同其員反○

寤寐無爲。中心悁悁。悁悁猶悒悒也○悁烏玄反【疏】傳悁悁猶悒悒○正義曰俗本多無之○

彼澤之陂。有蒲菡萏。菡萏荷華也箋云華以喻女之顏色○菡本又作莟又作欿戶感反萏本又作萏大感反

有美一人。碩大且儼。儼矜莊貌

寤寐無爲。輾轉伏枕。輾張輦反本又作展

澤陂三章章六句

陳國十篇二十六章百二十四句

毛詩注疏挍勘記（七之一）　阮元撰盧宣旬摘錄

陳譜

東不及明音孟豬　閩本明監本毛本同案此正義自爲音旁行細書之未誤入正文者以此推之而例可知矣○按未可以一例百且在句中者容或有此例如此音孟及遵大路之山音反是也在句末者則文理可讀亦不盡同此例

在外方屬鄭　閩本明監本毛本同案此當作在外方之北外方屬鄭因外方複出而脫去四字下引檜譜云在豫州外方之北其證也

卒子武公靈立卒子夷公說立　閩本明監本毛本同案十行本上卒至下公剜添者二字

弟平公爕立　閩本明監本毛本同案此不誤浦鏜云燮誤爕非也正義所引世家自如此

○宛丘

中英隆高　〔補〕毛本英作央案央字是也

狀如一丘矣　閩本明監本毛本同案依爾雅注一上當有負字

今江東人取以爲睫攡　閩本明監本毛本同案此不誤浦鏜云攡誤攡非也爾雅注本作攡今釋文誤爲攡耳廣韻十一暮鷺字下引亦作睫攡可證又五支接攡白帽接籬卽睫攡

注云艮爻也位近丑　閩本明監本毛本同案此不誤浦鏜改位近丑作爻辰在丑非也王伯厚輯鄭易卽采此正同

主國鏄於筵　閩本明監本毛本同案此不誤浦鏜云楸誤於從玉海校非也禮器正義引亦作於玉海作楸者當是誤涉禮器下文

○東門之枌

應劭通俗云　閩本明監本毛本同案通俗浦鏜云當作風俗通是也

序云男子棄業　閩本明監本毛本同案浦鏜云女誤子是也

下曰往往矣同　〔補〕案往字不當重

釋詁文也○春秋莊二十七年　〔補〕案○當衍

朝旦善明曰往矣閩本明監本毛本同小字本相臺本旦作日考文一本同案日字是也上章箋及正義中皆可證

貽我握椒明監本握誤楃各本皆不誤

交情好也相臺本同閩本明監本毛本同小字本情作博案小字本誤也釋文以情好作音可證○按交博好猶云互相討好博字必古本之僅遺者舊挍非

○衡門

掖扶持也小字本相臺本同案正義標起止云掖扶持下云故以掖爲扶持也定本作扶持如其所言不爲異本當有誤今無可考釋文掖下云扶持也與正義本同

云掖臂也閩本明監本毛本同案云上浦鏜云脫說文又掖下浦鏜云脫持是也

持以赴外殺之閩本明監本毛本同案浦鏜云掖誤持考左傳是也

可以樂飢小字本相臺本同唐石經初刻同後加疒作𤻲案唐石經考異云用鄭義也考釋文云樂本又作𤻲毛音洛鄭力名反沈云舊皆作樂字晚詩本有作疒下樂以形聲言之殊非其義療字當從疒下尞案說文云𤻲治也療或𤻲字也則毛本止作樂鄭本作𤻲注放此正義云案今定本作樂飢觀此傳亦作樂則毛讀與鄭異是正義本即作𤻲也標起止云至樂飢或後改沈云舊皆作樂字是也陸意不從沈而不云檢舊本不如沈言則作樂審矣釋文又作本正義唐石經後刻作𤻲皆沈所謂晚本也沈但當如正義所云觀此傳亦作樂以證毛氏詩是樂字不當誤論形聲以致陸驗然陸云毛本作樂鄭本作𤻲斯不然矣鄭非於毛外別有本但可易傳義耳不容經字先巳異也鄭本亦必作樂陸欲調停晚本失之考文古本作𤻲采正義釋文也釋文晚字或誤今正

可飲以𤻲飢閩本明監本毛本同小字本相臺本𤻲作療考文古本同案正義本作𤻲療𤻲一字見上此箋不云樂讀爲𤻲者以樂爲𤻲之假借而於訓釋中改其字以顯之也晚本乃因此改經耳唯傳中樂道字不容改近盧文弨遂以樂飢可以樂道忘飢一句屬之王肅而義删之矣其誤實由於晚本或之且不得鄭箋改字之例故也

取其口美而已小字本同閩本明監本毛本同相臺本口美倒案美口是也

周語作四岳閩本明監本毛本同案浦鏜云祚誤作是也

○東門之池

以配君子也閩本明監本毛本下有注小字本相臺本無考文古本無案山井鼎云此亦釋文混入注也是也

彼美淑姬唐石經小字本相臺本同案釋文云叔姬音叔本亦作淑善也正義云言彼美善之賢姬是正義本作淑釋文音叔或誤今正

考工記慌氏閩本明監本毛本慌誤㡃案山井鼎云作㡃爲是是也凡巾傍之字寫者多以小旁亂之

齊人曰淒烏禾反閩本明監本毛本同案烏禾反三字當傍行細書正義於自爲音者例如此也○按不然

可以漚菅小字本相臺本同唐石經初刻與後改以案初刻誤也

○東門之楊

羣生閉藏爲陰閩本明監本毛本同案浦鏜云乎誤爲考家語浦校是也

歎天道嚮秋冬而陰氣來閩本明監本毛本同案歎當作觀形近之譌浦鏜云歎字衍文見繁露循天之道篇非也爲校繁露者所去耳

與陰俱近而陽遠也閩本明監本毛本同案此不誤浦鏜云原文作內與陰居近而陽遠也非也居卽俱字誤上文云泳泮而殺止故傍記內字爲止字之異耳後遂誤入正文也當依此正之

○墓門

陳佗乃用其言閩本明監本毛本乃作仍案所改是也

昔久也小字本相臺本同案正義云昔是久遠之事故爲久也段玉裁云夕誤作久誰夕猶今人言不記是何日也記云疇昔之夜疇誰正同

誰昔昔也小字本相臺本同案正義云釋訓文又云今定本爲誰昔昔也合爾雅俗爲誰疑辭也正義本定本同是也俗誤

善惡自有閩本明監本毛本同小字本相臺本有作耳案有字誤也正義云此梅善惡自耳可證但與下此性善惡自然爲對文依義當作爾考文古本作爾一本作耳二字混也

性因惡矣閩本明監本毛本同小字本相臺本性作樹考文古本同案樹字是也正義云梅亦從而惡矣可證

歌以訊之唐石經小字本相臺本同案正義標起止云傳訊告也釋文云訊本又作誶音信徐息悴反告也詩經小學云誶訊義別誶多譌作訊如爾雅誶告也釋文云本作訊音信說文引國語誶申胥今國語作訊詩歌以誶止誶予不顧傳誶告也莫皆用誶箋誶告也正用釋詁文而釋文誤作訊以音信爲正王逸楚詞注引誶予不顧廣韻六至誶下引歌以誶止可正其誤毛鄭詩考正云止譌作之

訊諫也〔通〕釋文挍勘記通志堂本盧本同案六經正誤云訊諫也作諫誤說文諫數諫也从言从束七賜反諫促也从言从約束之束音速依此是宋監本釋文作訊諫也从言从束中有一小畫郎東字唐人例如此毛居正以爲東字非是小字本所附作諫誤多一畫當由不識諫者誤改耳

與梟一名鴟閩本明監本毛本同案此當作與梟異梟一名鴟因復出梟字而脫也爾雅梟鴟疏卽取此誤改爲一名梟一名鴟當是所見本已脫而未察此正義之旨也

唯鴟冬夏尙施之閩本明監本毛本同案浦鏜云常誤尙考爾雅疏是也

○防有鵲巢

箋誰譸至宜公閩本明監本毛本同案譸當作誰

甓瓴甋也相臺本同閩本明監本毛本同小字本瓴甋作令適案小字本是也釋文云令字書作瓴適字書作甋又甓下云令適也爾雅釋文云詩傳作令適是其證也正義本當亦作令適引爾雅乃順彼文作瓴甋耳相臺本及此依以改傳者誤

○月出

月出皓兮小字本相臺本同唐石經皓作皓案皓字是也

勞心慘兮唐石經小字本相臺本同案釋文慘七感反此無正義其本未有明文以白華洌之當亦作慘毛鄭詩考正云蓋懆字轉寫譌爲慘耳毛晃陳第顧炎武諸人論之詳矣

埤蒼作嬼嬼妖也〔補〕釋文挍勘通志堂本盧本同小字本所附亦是嬼字考原本作嬼嬼妖二字連文相如賦所謂妖冶嫺都也

○株林

公謂行父曰閩本明監本毛本同案十行本行父曰剜添者一字是本無曰字後依左傳加而衍也

從夏南小字本相臺本同唐石經南下有旁添姬字下句同案惠棟云南與林協韻不容闌入姬字依疏當云從夏南兮今考正義云定本無兮字

乘我乘駒唐石經小字本相臺本同案此正義本也正義云何故得乘我君之一乘之駒又標起止云傳大夫乘駒釋文云乘驕音駒沈云或作駒字是後人改之皇皇者華篇內司考汝墳傳云五尺以上曰駒正義云五尺以上郎六尺以下故株林箋云六尺以下曰駒也毛於此及皇皇者華皆更不爲驕字作傳當皆是駒字未必後人改之說文驕下引我馬爲驕凡說文所引不同多不可強合○按沈重說是也其詳見段玉裁說文解字注

○澤陂

男悅女之形體閩本明監本毛本悅下有女言二字案所補是也

傷思釋言文也閩本明監本毛本同案浦鏜云詁誤言是也

孫毓以箋義爲長○正義曰閩本明監本毛本同案○下浦鏜云當脫傳自目至曰泗六字及○是也

卷本又作睠〔補〕釋文挍勘通志堂本盧本睠作婘小字本所附亦是睠字考睠字非也博雅云婘好也本此詩

附釋音毛詩注疏卷第七(七之二)

檜羔裘詁訓傳第十三○陸曰檜本又作鄶古外反檜者高辛氏之火正祝融之後妘姓之國也其封域在古豫州外方之北滎波之南居溱洧之間祝融之故墟是子男之國後爲鄭武所并焉王云周武王封之於濟洛河潁之間爲檜子

毛詩國風　鄭氏箋　孔穎達疏

檜譜

檜者古高辛氏火正祝融之墟○正義曰昭十七年左傳梓愼云鄭祝融之墟也鄭滅檜而處之故知檜是祝融之墟楚世家云高陽生稱稱生卷章卷章生重黎爲高辛氏之火正能光融天下帝嚳命曰祝融爲高辛氏火正也若然楚語稱顓頊命南正重司天以屬神命火正黎司地以屬民則黎爲火正高陽時也言高辛者以重黎是顓頊命之歷及高辛仍爲此職故二文不同也黎實祝融重爲南正而楚世家同以重黎爲祝融馬遷謬也尚書鄭志荅趙商云火當爲北則黎爲北正也韋昭亦以火當爲北北陰位以五行官有火正祝融則火官之號若天地之官據陰陽之位對南正爲文則爲北正是黎一人居二官也鄭順外傳之文故云火正耳檜國在禹貢豫州外方之北滎波之南居溱洧之間○正義曰禹貢云熊耳外方注云屬豫州檜即鄭地外方在鄭之南界故檜居其北也禹貢豫州云滎波既猪注云沇水溢出所爲澤也今塞爲平地滎陽民猶謂其處爲滎澤在汴縣東滎澤滎波一澤名也滎澤近在河側檜國遠在河南杜預云檜城在滎陽密縣東北是在滎陽之南也鄭處檜地而國有溱洧是檜居溱洧之間○祝融氏名黎其後八姓唯妘姓檜者處其地焉○正義曰鄭語云祝融其後八姓己姓昆吾蘇顧溫董也董姓鬷夷豢龍也彭姓彭祖豕韋諸稽也禿姓舟人也妘姓鄔檜路偪陽也曹姓鄒莒也斟姓無後也通楚爲羋姓是八姓也姓雖同出祝融皆不處其墟唯妘姓檜者處其地焉以妘姓之中又有鄔路偪陽故指檜以別之楚世家云共工氏作亂帝嚳使重黎誅之而不盡帝乃以庚寅日誅重黎而以其弟吳回爲重黎後復居火正爲祝融吳回生陸終陸終生子六人四曰會人案世本會人即檜之祖也故韋昭服虔皆云檜是陸終第四子求言後然則八姓乃是黎弟吳回之後鄭語云以八姓爲黎後者以吳回繫黎之後復居黎職故本之黎也且黎有大功後世當興故伯據黎言耳楚世家言以吳回爲重黎似是官號而云名黎者昭二十九年左傳云少皞氏有子曰重顓頊氏有子曰黎重黎皆是其名而史記以重黎爲一人又言以吳回爲重黎皆是謬耳鄭以檜是祝融之後復居祝融之墟故具言出其後處其地之事○周夷王厲王之時檜公不務政事而好絜衣服大夫去之於是檜之變風始作○正義曰案鄭語史伯於幽王之世爲桓公謀滅虢檜至平王之初武公滅之則幽王以前檜國仍在史伯云檜仲恃險則仲是檜君之字檜之世家既絕作序者不言檜仲則羔裘之作在檜仲之前不知其幾世也幽王上有宣王宣王任賢使能周室中興不得有周道滅而令匪風思周道也故知檜風之作非宣王之時也宣王之前有夷厲二王是衰亂之王考其時事理得相當故爲周王夷厲之時檜無世家詩止四篇事頗相類或在一君時作故鄭於左方中不復分之襄二十九年左傳魯爲季札歌詩云自檜以下無譏焉言季札聞此二國之歌不復譏論以其國小故也季札不譏風俗無以言焉故鄭不言檜之風俗○其國北鄰於虢○正義曰地理志河南滎陽縣應劭云故虢國也然則虢在滎陽檜在密縣北是其國北鄰於虢也地理志河南有成皐縣故虎牢也一曰制隱元年左傳曰制岩邑也虢叔死焉然則虢國當在成皐而又以滎陽爲虢國者傳言虢叔恃制與滎陽相近在虢之境內故恃之耳不言其都在制也譜於諸國皆不言比鄰此獨言比鄰於虢者以鄭滅虢檜而處之先譜檜而接說鄭故特著此句爲史伯之言張本也此與檜鄰者謂東虢耳猶自別於西虢杜預云西虢在弘農陝縣東南東虢今滎陽其東虢鄭武公滅之西虢則晉獻公滅之○

羔裘。大夫以道去其君也。國小而迫。君不用道。好絜其衣服。逍遙遊燕。而不能自強於政治。故作是詩也。○以道去其君者三諫不從待放於郊得玦乃去好呼報反下注同治直吏反下注同玦古穴反○【疏】羔裘三章章四句至是詩○正義曰作羔裘詩者言大夫以道去其君也謂檜之大夫見君有不可之行乃盡忠以諫諫而不從即待放於郊得玦乃去此是以道理去君也由檜既小而迫於大國君不能用人君之道以理其國家而徒好脩絜其衣服逍遙遊戲而燕樂而不能用心自強於政治之事大夫見其如是故諫之而不從故去之臣之將去待放於郊當待放之時思君之惡而作是羔裘之詩言己去之意也序言以道去其君既已舍君而去經云豈不汝思其意猶尚思君明已棄君而去待放未絕之時作此詩也大夫去君必是諫而不從詩之所陳即諫君之意首章二章上二句言君變易衣服以翱翔逍遙卒章上二句言其裘色之美是其好絜遊宴不強政治也三章下二句皆言思君失道爲之憂悼是以道去君之事也以詩爲去君而作故序先言以道去君也○箋以道至乃去○正義曰言以道去君則大夫正法有去君之道春秋莊二十四年戎侵曹曹羈出奔陳公羊傳曰曹無大夫何以書賢也何賢乎曹羈戎將侵曹曹羈諫曰戎衆而無義請君勿自敵也曹伯曰不可三諫不從遂去之故君子以爲得君臣之義也曲禮下云爲人臣之禮不顯諫三諫不聽於禮得去也喪服齊衰三月章曰爲舊君傳曰大夫以道去君而猶未絕春秋宣元年晉放其大夫胥甲父于衞公羊傳曰近正也其爲近正奈何古者大夫已去三年待放君放之非也大夫待放正也是三諫不從有待放之禮宣二年穀梁傳稱趙盾諫靈公公不聽出亾至於郊趙盾諫之出至郊而舍明大夫待放在於郊也得玦乃去者謂君與之決別任其去然後去也荀卿書云聘士以圭復士以璧召人以瑗絕人以玦反絕以環范甯穀梁注君賜之環則還賜之玦則往用荀卿之言以爲說則君與之決別之時或當賜之以玦也曲禮云大夫去國踰境爲壇位嚮國而哭三月而復服此箋云待放於郊禮記言踰境公羊傳言待放三年禮記言三月者禮記所言謂既得玦之後行此禮而後去非待放時也首章言狐裘以朝謂視路門外之朝也二章云狐裘在堂謂在路寢之堂也視朝之服即服之於路寢不更易服玉藻云君朝服以日視朝於內朝退適路寢聽政聽政服視朝之服是在朝在堂同服羔裘今檜君變易衣服用狐裘在朝因用狐裘在堂故首章言在朝二章言在堂上二章唯言變易常禮未言好絜之事故卒章言羔裘之美如脂膏之色羔裘既美則狐裘亦美可知故不復說狐裘之美○

羔裘逍遙。狐裘以朝。羔裘以遊燕狐裘以適朝箋云諸侯之朝服緇衣羔裘大蜡而息民則有黃衣狐裘今以朝服燕祭服朝是其好絜衣服也先言燕後言朝見君之志不能自強於政治○朝直遙反注同下篇注亦同蜡仕詐反祭名也見賢遍反○豈不爾思。勞心忉忉。國無政令使我心勞箋云爾女也三諫不從待放而去思君如是心忉忉然。忉音刀。【疏】羔裘至忉忉○正義曰言檜君好絜衣服不脩政事羔裘是適朝之常服今服之以逍遙狐裘是息民之祭服今服之以在朝言其志好鮮絜變易常服也好絜如是大夫諫而不聽待放於郊思君之惡言我豈不於爾思乎我誠思之君之惡如是使我心忉忉然而憂也逍遙遊燕之事輕視朝聽政之事重今先言燕後言朝者見君不能自強於政治唯好逍遙忽於聽政故後言朝也○箋諸侯至政治○正義曰玉藻云諸侯朝服以日視朝於內朝是諸侯視朝之服名曰朝服也士冠禮云主人玄冠朝服緇帶素韠注云玄冠委貌朝服者十五升布衣而素裳不言色者衣與冠同色是朝服衣色玄卽緇色之小別論語說孔子之服云緇衣羔裘玉藻亦云羔裘緇衣以裼之是羔裘裼用緇衣明其上正服亦緇色也論語又曰羔裘玄冠不以弔是羔裘所用配玄冠羔裘之上必用緇布衣爲裼裼衣之上正服亦是緇色又與玄冠相配明是朝服可知故云諸侯之朝服緇衣羔裘也人君以歲事成孰搜索羣神而報祭之謂之大蜡又臘祭先祖五祀因令民得大飲農事休息謂之息民於大蜡之後作息民之祭其時則有黃衣狐裘也大蜡之祭與息民異也息民用黃衣狐裘大蜡則皮弁素服二者不同矣以其大蜡之後始作息民之祭息民大蜡同月其事相次故連言之耳知者郊特牲云蜡也者索也歲十二月合聚萬物而索饗之也皮弁素服而祭素服以送終也葛帶榛杖喪殺也是大蜡之祭用素服也郊特牲既說蜡祭其下又云黃衣黃冠而祭息田夫也注云祭謂既蜡臘先祖五祀也於是勞農以休息之是息民之祭用黃衣也論語說孔子之服云黃衣狐裘玉藻云狐裘黃衣以裼之以此知大蜡息民則有黃衣狐裘也案玉藻云君衣狐白裘錦衣以裼之又曰錦衣狐裘諸侯之服然則諸侯有狐白裘矣又曰君子狐青裘豹褎玄綃衣以裼之則禮又有狐青裘矣此經直云狐裘何知非狐白狐青而必知是黃衣狐裘者以諸侯之服狐白裘唯在天子之朝耳在國視朝之服則素衣麑裘無狐白裘矣若檜君用狐白以朝則違禮僭上非徒好絜而已序不應直云好絜以此知非狐白也玉藻言君子狐青裘者注云君子大夫士也天官司裘云季秋獻功裘以待頒賜注云功裘人功微麤謂狐青麑裘之屬然則狐青乃是人功麤惡之裘檜君好絜必不服之矣孔子仕魯朝論語說孔子之服緇衣羔裘與黃衣狐裘其文相對明此羔裘狐裘亦是緇衣黃衣之裘故知羔裘是視朝之服狐裘是息民祭服也檜君志在遊燕祭服尊於朝服既用祭服以朝又用朝服以燕是其好絜衣服也逍遙翱翔是遊戲燕樂故言燕耳非謂行燕禮與羣臣燕也禮記云燕朝服於寢若依法設燕則服羔裘可矣今用以遊燕故大夫刺之遊燕之服於禮無文不過用玄端深衣而已必不得用朝服故刺其服羔裘也事有大小今朝事重燕事輕作者先言燕後言朝見君之志不能自強於政治故也○箋爾女至忉忉然○正義曰序云以道去其君則此臣己棄君去若其已得玦之後則於君臣義絕不應復思故知此是三諫不從待放而去之時思君而心勞也○

羔裘翱翔。狐裘在堂。堂公堂也箋云翱翔猶逍遙也豈不爾思。我心憂傷。【疏】傳堂公堂○正義曰七月云躋彼公堂謂飲酒於學故傳以公堂爲學校此云公堂與彼異也何則此刺不能自強於政治則在朝在堂皆是政治之事上言以朝

謂日出視朝此云在堂謂正寢之堂人君日出視朝乃退適路寢以聽大夫所治之政二者於禮同服羔裘今檜君皆用狐裘故二章各舉其一○

羔裘如膏。日出有曜。

日出照曜然後見其如膏○膏古報反曜羊照反○

豈不爾思。中心是悼。

悼動也箋云悼猶哀傷也【疏】羔裘至是悼○正義曰上言變易衣裘此言裘色鮮美檜君所服羔裘衣色潤澤如脂膏然日出有光照曜之時觀其裘色如脂膏也君既好絜如是大夫諫而不用將欲去之乃言豈不於爾思乎我誠思之思君之惡如是中心於是悼傷之○傳悼動○正義曰哀悼者心神震動故爲動也與箋哀傷同

羔裘三章章四句

素冠。刺不能三年也。

喪禮子爲父父卒爲母皆三年時人恩薄禮廢不能行也○爲于僞反下同○【疏】素冠三章章三句○箋喪禮至能行○正義曰喪服子爲父斬衰三年父卒爲母齊衰三年此言不能三年不言齊斬之異故兩舉以充之喪禮諸侯爲天子父爲長子妻爲夫妾爲君皆三年此箋獨言父母者以詩人所責當責其尊親至極而不能從禮耳故知主爲父母父母尚不能三年其餘亦不能三年可知矣首章傳曰素冠練冠禮三年之喪十三月而練則此練冠是十三月而練服也二章傳曰素冠故素衣則素衣與冠同時亦既練之衣是上二章同思既練之人卒章庶見素韠案喪服斬衰有衰裳絰帶而已不言其韠檀弓說既練之服云練衣黃裏縓緣要絰繩屨角瑱鹿裘亦不言有韠則喪服始終皆無韠矣禮大祥祭服朝服縞冠朝服之制緇衣素裳禮韠從裳色素韠是大祥祭服之韠然則毛意亦以卒章思大祥之人也作者以時人皆不能行三年之喪故從初嚮末而思之有不到大祥者故上二章思既練之人皆不能三年故卒章思祥祭之人事之次也鄭以首章思見既祥之後素縞之冠下二章思見祥祭之服素冠於韠以時人不能行三年之喪先思長遠之服故先思祥後卻思祥時也

庶見素冠兮。棘人欒欒兮。

庶幸也素冠練冠也棘急也欒欒瘠貌箋云喪禮既祥祭而縞冠素紕時人皆解緩無三年之恩於其父母而廢其喪禮故覬幸一見素冠急於哀感之人形貌欒欒然腴瘠也○欒力端反瘠情昔反縞古老反紕婢移反解佳賣反覬音冀腴本亦作瘦所救反

勞心慱慱兮。

慱慱憂勞也箋云勞心者憂不得見○慱徒端反【疏】庶見至慱慱兮○毛以爲時人不能行三年之喪亦有練後即除服者故君子言已幸望得見服既練之素冠兮用情急於哀感之人其形貌欒欒然腴瘠者兮今無此人可見使我勤勞其心慱慱然而憂之兮○鄭以素冠爲既祥素紕之冠思見既祥之人其文義則同○傳庶幸至瘠貌○正義曰庶幸釋言文傳以刺不行喪禮而思見素冠則素冠是喪服之冠也若練前已無此冠則是本不爲服不得云不能三年若在大祥之後則三年已終於禮自除非所當刺今作者思見素冠則知此素冠者是既練之後大祥之前冠也素白也此冠練在使熟其色益白是以謂之素焉實是祥前之冠而謂之練冠者以喪禮至朞而練至祥乃除練後常服此冠故爲練冠也棘急也釋言文彼棘作悈音義同身服喪服情急哀感者其人必腴故以欒欒爲腴瘠之貌定本毛無腴字○箋喪禮至腴瘠○正義曰鄭以練冠者練布爲之而經傳之言素者皆謂白縞未有以布爲素者則知素冠非練也且時人不行三年之喪當先思長遠之服何得先思其近乃思其遠又不能三年者當謂三年將終少月日耳若全不見練冠便是朞即釋服三年之喪縗行其半違禮甚矣何止刺於不能行三年也故易傳以素冠爲既祥之冠玉藻曰縞冠素紕既祥之冠也注云紕緣邊也既祥祭而服之也是喪禮既祥而縞冠素紕也閒傳注云黑經白緯曰縞其冠用縞以素爲紕故謂之素冠也時人皆解情舒緩廢於喪禮故作者覬幸見此素冠哀感之人形貌腴瘠王肅亦以素冠爲大祥之冠孫毓以箋說爲長○傳慱慱憂勞○正義曰釋訓文

庶見素衣兮。

素冠故素衣也箋云除成喪者其祭也朝服縞冠朝服緇衣素裳然則此言素衣者謂素裳也

我心傷悲兮。聊與子同歸兮。

願見有禮之人與之同歸箋云聊猶且也且與子同歸欲之其家觀其居處【疏】庶見至歸兮○毛以爲作者言已幸得見既練之素衣兮今無可見使我心傷悲兮若得見之願與子同歸於家兮言欲與共歸已家○鄭以爲幸得見祥祭之素衣兮今無可見使我心傷悲兮若得見之且欲與子同歸於子之家兮以其身既能得禮則居處亦應有法故欲與歸彼家而觀其居處○傳素冠故素衣○正義曰以冠衣當上下相稱冠既練則衣亦練故云素冠故素衣謂既練之後服此白布喪服○箋除成至素裳○正義曰箋亦以素非布故以易傳也除成喪者其祭也朝服縞冠喪服小記文彼注云成成人也縞冠未純吉是祥祭當服朝服士冠禮云主人玄冠朝服緇帶素韠韠從裳色故大祥之祭其服以素爲裳此言素衣者謂素裳也裳而言衣衣是大名曲禮云兩手摳衣謂摳裳緝也是裳得稱衣故取衣爲韻喪服小記唯據諸侯若天子除喪則無文亦當服皮弁服○傳願見至同歸○正義曰傳訓聊爲願同歸謂同歸已家然則下章言與子如一欲與之爲行如一亦與鄭異○箋聊猶至居處○正義曰箋以庶見其人則是欲觀彼行不宜共歸已家故易傳以爲同歸彼人之家觀其居處

庶見素韠兮。

箋云祥祭朝服素韠者韠從裳色○韠音畢

我心蘊結兮。聊與子如一兮。

子夏三年之喪畢見於夫子援琴而絃衎衎而樂作而曰先王制禮不敢不及夫子曰君子也閔子騫三年之喪畢見於夫子援琴而絃切切而哀作而曰先王制禮不敢過也夫子曰君子也子路曰敢問何謂也夫子曰子夏哀已盡能引而致之於禮故曰君子也閔子騫哀未盡能自制以禮故曰君子也夫三年之喪賢者之所輕不肖者之所勉箋云聊與子如一且欲與之居處觀其行也○蘊紆粉反夏戶雅反下同見賢遍反下同援音袁下同衎苦旦反樂音洛夫音符其行下孟反【疏】庶見至一兮○毛以爲作者言已幸望見祥祭之素韠兮今無可見使我心憂愁如蘊結兮若有此人我則願與子行如一兮愛其人欲同其行也○鄭唯下一句言且與子共處如一兮欲與之聚居而觀其所行餘同○傳子夏至所勉○正義曰傳以此篇既終摠三章之義舉此二人之行者言三年之喪是聖人中制使賢與不肖共爲此行時不能三年故刺之肖似也不有所似謂愚人也檀弓云子夏既除喪而見予之琴和之而不和彈之而不成聲作而曰哀未忘也先王制禮而弗敢過彼說子夏之行與此正反一人不得並爲此行二者必有一誤或當父母異時鄭以毛公當有所憑據故不正其是非○箋聊與至其行○正義曰箋以作詩之人莫非賢者不須羨彼有禮願與如一故以爲且欲與之居處如一觀其行也

素冠三章章三句

隰有萇楚。疾恣也。國人疾其君之淫恣。而思無情慾者也。

恣謂狡獪戲不以禮也○萇楚丈羊反萇楚銚弋也本草云一名羊腸一名羊桃恣姿利反狡古卯反獪古快反本亦作猶古外反【疏】隰有萇楚三章章四句至慾者○正義曰作隰有萇楚詩者主疾恣也檜國之人疾其君之淫邪恣極其情意而不爲君人之度故思樂見無情慾者定本直云疾其君之恣無淫字經三章皆是思其無情慾之事

隰有萇楚。猗儺其枝。

興也萇楚銚弋也猗儺柔順也箋云銚弋之性始生正直及其長大則其枝猗儺而柔順不妄尋蔓草木興者喻人少而端愨則長大無情慾○猗於可反儺乃可反銚音遙長張丈反下同蔓音萬少詩照反下同

夭之沃沃。樂子之無知。

夭少也沃沃壯佼也箋云知匹也疾君之恣故於人年少沃沃之時樂其無如匹之意○夭於驕反沃烏毒反樂音洛注下皆同如音配【疏】隰有至無知○正義曰此國人疾君淫恣情慾思得無情慾之人言隰中有萇楚之草始生正直及其長大其猗儺然枝條柔弱不妄尋蔓草木以興人於少小之時能正直端愨雖長大亦不妄淫恣情慾故我今日於人夭夭然少壯沃沃壯佼之時樂得今是子之無配匹之意若少小無配匹之意則長大不恣其情慾疾君淫恣故思此人○傳萇楚銚弋○正義曰釋草文舍人曰萇楚一名銚弋本草云銚弋名羊桃郭璞曰今羊桃也或曰鬼桃葉似桃華白子如小麥亦似桃陸機疏云今羊桃是也葉長而狹華紫赤色其枝莖弱過一尺引蔓於草上今人以爲汲灌重而善沒不如楊柳也近下根刀切其皮著熱灰中脫之可韜筆管○箋銚弋至情慾○正義曰妄者謂非理相加蔓在傍之草木是爲妄也不妄者謂不尋蔓之也言銚弋從小至長不妄尋蔓草木少而端愨則長大無情慾者此謂十五六之時也已有所知性頗可識無情慾者則猶端正謹愨則雖至長大亦無情慾知此少而端愨非初生時者幼小之時則凡人皆無情慾論語云人之生也直注云始生之性皆正直初生幼小之時悉皆正直人性皆同無可羨樂以此故知年少者謂十五六時也○傳夭少沃沃壯佼○正義曰此桃之夭夭謂之少則知此夭夭人之少故云夭少也言其少壯而佼好也○箋知匹至之意○正義曰知匹釋詁文下云無家無室故知此宜爲匹也

隰有萇楚。猗儺其華。夭之沃沃。樂子之無家。

箋云無家謂無夫婦室家之道【疏】箋無家至之道○正義曰桓十八年左傳曰男有室女有家謂男處妻之室女安夫之家夫婦二人共爲家室故謂夫婦家室之道爲室家也

隰有萇楚。猗儺其實。夭之沃沃。樂子之無室。

隰有萇楚三章章四句

匪風。思周道也。國小政亂。憂及禍難。而思周道焉。

【疏】匪風三章章四句至道焉○正義曰作匪風詩者言思周道也以其檜國既小政教又亂君子之人憂其將及禍難而思周道焉若使周道明盛必無喪亡之憂故思之上二章言周道之滅念之而怛傷下章思得賢人輔周興道皆是思周道之事

匪風發兮。匪車偈兮。

發發飄風非有道之風偈偈疾驅非有道之車

○偈起竭反疾也驅王遇反又如字**顧瞻周道。中心怛兮。**怛傷也下國之亂周道滅也箋云周道周之政令也迴首曰顧○怛兮都達反慘怛也〔疏〕匪風至怛兮○正義曰此詩周道既滅風爲之變俗爲之改言今日之風非有道之風發發兮大暴疾今日之車非有道之車偈偈然大輕嘌由周道廢滅故風車失常此周道在於前世既已往過今迴顧視此周道見其廢滅使我心中怛然而傷之兮此風車失常非獨檜國但檜人傷之而作此詩耳○傳發發至之車○正義曰蓼莪云飄風發發下云匪風飄兮知發發爲飄風偈偈輕舉之貌故爲疾驅傷周道之滅而云匪車匪風故知非有道之風非有道之車車者人所乘駕也時世無道人無節度可得隨時改易風乃天地之氣亦爲無道變者尚書洪範咎徵言政教之失能感動上天十月之交稱爗爗震電爲不善之徵是世無道則風雷變易○傳怛傷至道滅○正義曰怛者驚痛之言故爲傷也言顧瞻周道則周道已過迴首顧之故知於時下國之亂而周道滅下國謂諸侯對天子爲下國周道周之政令棄而不行是廢滅也定本無怛傷之訓**匪風飄兮。匪車嘌兮。**迴風爲飄嘌嘌無節度也○飄符遙反又必遙反嘌本又作票匹遙反**顧瞻周道。中心弔兮。**弔傷也〔疏〕傳迴風至節度○正義曰迴風爲飄釋天文李巡曰迴風旋風也一曰飄風別二名此章言風名上章言發發謂飄風行疾是一風也上章言疾車此言無節度車之遲速當有鸞和之節由疾故無節亦與上同**誰能亨魚。溉之釜鬵。**溉滌也鬵釜屬亨魚煩則碎治民煩則散知亨魚則知治民矣箋云誰能者言人偶能割亨者○亨普耕反注同煮也溉本又作摡古愛反釜符甫反鬵音尋又音岑說文云大釜也一曰鼎大上小下若甑曰鬵音才今反滌徒歷反**誰將西歸。懷之好音。**周道在乎西懷歸也箋云誰將者亦言人偶能輔周道治民者也檜在周之東故言西歸有能西仕於周者我則懷之以好音謂周之舊政令〔疏〕誰能至好音○正義曰此見周道既滅思得有人輔之言誰能亨魚者乎有能亨魚者我則溉滌而與之釜鬵以興誰能西歸輔周治民者乎有能輔周治民者我則歸之以周舊政令之好音恨當時之人無輔周者亨魚煩則碎治民煩則散亨魚類於治民故以亨魚爲喻溉者滌器之名溉之釜鬵欲歸與亨者之意歸之好音欲備具好音之意釜鬵言溉亦歸與之而好音言歸亦備具之而互相曉○傳溉滌至治民○正義曰大宗伯云祀大神則視滌濯少牢禮祭之日雍人溉鼎廩人溉甑是溉滌皆洗器之名故云溉滌也釋器云䰛謂之鬵鬵鉹也孫炎曰關東謂甑爲鬵涼州謂甑爲鉹郭璞引詩云溉之釜鬵然則鬵是甑非釜類亨魚用釜不用甑雙舉者以其俱是食器故連言耳亨魚治民俱不欲煩知亨魚之道則知治民之道言治民貴安靜○箋誰能至亨者○正義曰人偶者謂以人意尊偶之也論語注人偶同位人偶之辭禮注云人偶相與爲禮儀皆同也亨魚小伎誰或不能而云誰能者人偶此能割亨者尊貴之若言人皆不能故云誰能也○傳周道至懷歸○正義曰此詩謂思周道欲得有人西歸則是將歸於周解其言西之意於時檜在滎陽周都豐鎬周在於西故言西也釋言云懷來也來亦歸之義故得爲歸也○箋誰將至政令○正義曰上以亨魚爲喻故知西歸者欲令人之輔周治民也若能仕周則當自知政令詩人欲歸之以好音者愛其人欲瞻之耳非謂彼不知也

匪風三章章四句

檜國四篇十二章四十五句

毛詩注疏挍勘記（七之二）　阮元撰盧宣旬摘錄

檜譜

檜國在禹貢豫州　閩本明監本毛本同案此不誤浦鏜云檜衍字非也嫌國是祝融國故複舉檜而言之○補案檜上當有○

在汴縣東　閩本明監本毛本同案浦鏜云其誤汴是也

昆吾蘇顧溫莒也　閩本明監本毛本同案依國語莒作董

妘姓鄢　閩本明監本毛本同案此不誤浦鏜云鄢國語作鄔非也今國語誤耳潛夫論亦作鄢可證

地理志　毛本理誤里閩本明監本不誤下同

皆不言北鄰　閩本明監本毛本同案北當作其形近之譌

○羔裘

三諫不聽於禮得去也　閩本明監本毛本同案不聽下浦鏜云當有則去之是三諫不聽是也此不聽複出而脫

復士以璧　閩本明監本毛本同案此不誤浦鏜云問誤復見荀子大略篇非也此不與楊倞注本同耳

在國視朝之服則素衣麑裘　閩本明監本毛本同案朝當作朔

○素冠

素冠於韠　閩本明監本毛本同案浦鏜云冠於疑裳與誤是也

形貌欒欒然腰瘠也　相臺本同閩本明監本毛本同小字本腰瘠作瘠瘦案小字本誤倒也釋文腰本亦作瘦正義作腰

此冠練在使熟是也　閩本明監本毛本同案浦鏜云布誤在

我心蘊結兮　小字本相臺本同唐石經初刻蘊後改蘊案說文蘊積也从艸温聲正義釋文作蘊者卽蘊之俗字耳

○隰有萇楚

國人疾其君之淫恣　唐石經缺小字本相臺本同案此正義本也定本無淫字唐石經計其字亦當有

於人夭夭然少壯沃沃壯佼之時　閩本明監本毛本同案上壯字衍沃沃下脫然字此讀於少字略逗

隰有萇楚三章　小字本相臺本同唐石經無隰有二字案有者是也序可證

○匪風

怛傷也　小字本相臺本同案此正義本也正義云定本無怛傷之訓考釋文怛兮下云慘怛也是釋文本亦無此傳

偈偈然大輕嘌　閩本明監本毛本同案然當作兮上文發發兮大暴疾與此對文皆經中兮字也

亦歸與之而　閩本明監本毛本同案此不誤下亦備具之而同浦鏜云兩而字當衍文非也讀以而字斷句而詞也浦誤於之字斷句耳

謂以人思尊偶之也　閩本明監本毛本同案思當作意聘禮疏以人意相存偶也尊偶存偶與中庸正義之相親偶表記正義之相愛偶頑人正義之荅偶皆一也下文云尊貴之

附釋音毛詩注疏卷第七（七之三）

曹蜉蝣詁訓傳第十四

○陸曰曹者武王之弟叔振鐸所封之國也爵爲伯其封域在兗州陶丘之北荷澤之野今濟陰定陶是也

毛詩國風　鄭氏箋　孔穎達疏

曹譜　曹者禹貢兗州陶丘之北地名○正義曰禹貢云濟河惟兗州王肅云東南據濟西北距河不言距濟而云據者則州境東南踰濟水也禹貢又云導沇水東流爲濟入于河溢爲滎東出于陶丘北漢書地理志云濟陰定陶縣故曹國周武王弟叔振鐸所封禹貢陶丘在西南陶丘亭是也言丘在曹之西南則曹在丘之東北止言北者舉其大望所在耳雖在濟南猶屬兗州故言兗州地名也○周武王既定天下封弟叔振鐸於曹今曰濟陰定陶是也○正義曰曹世家云曹叔振鐸者周武王母弟也武王克殷封叔振鐸於曹地理志云濟陰定陶詩風曹國是鄭所引之文也曹都雖在濟陰其地則踰濟北春秋僖三十一年取濟西田左傳曰濟西田分曹地也案禹貢濟自陶丘之北又東至于荷又東北會于汶曹在汶南濟東據魯而言是濟西是曹地在濟北也其封域在雷夏荷澤之野○正義曰禹貢兗州云雷夏既澤又云導荷澤被孟猪案地理志雷夏澤在濟陰成陽縣西北荷澤在濟陰定陶縣東二澤同屬濟陰濟陰曹都所在是曹之封域在二澤○昔堯嘗遊成陽死而葬焉舜漁於雷澤民俗始化其遺風重厚多君子務稼穡薄衣食以致畜積○正義曰此皆地理志文志又云濟陰成陽縣有堯冢既有堯冢是死而葬焉由堯舜二帝嘗經遊處故民俗化而效之其遺風多君子也將言後世驕侈故先云其民俗畜積也○夾於魯衛之間又寡於患難末時富而無教乃更驕侈○正義曰魯在其東南衛在其西北魯衛雖大於曹非如齊秦晉楚自專征伐畏懼霸主不敢侵曹由此所以寡於患難又言其改變堯舜之化而驕侈無復重厚之風也蜉蝣序云刺奢也昭公無法以自守好奢而任小人是富而無教驕侈之事也言末時者正謂周王惠襄之間作詩之時鄰國非獨魯衛而已舉魯衛以協句略餘國而不言也曹之後世雖爲宋所滅宋亦不數伐曹故得寡於患難十一世當周惠王時政衰昭公好奢而任小人曹之變風始作○正義曰曹世家云叔振鐸卒子太伯脾立卒子仲君平立卒子宮伯侯立卒子孝伯雲立卒子夷伯喜立卒弟幽伯強立九年弟蘇殺幽伯代立是爲戴伯三十年卒子惠伯兕立三十六年卒子碩甫立其弟武攻之代立是爲繆公三年卒子桓公終生立五十五年卒子莊公射姑立三十一年卒子釐公夷立九年卒子昭公班立九年卒子共公襄立此其君次也自叔振鐸至昭公凡十五君以碩甫不成爲君幽伯戴伯二人又不數叔振鐸始封之君故十一世昭公以魯閔公元年卽位僖七年卒周惠王以莊十八年卽位僖八年崩是當周惠王時也其詩蜉蝣序云昭公昭公詩也候人下泉序云共公鳲鳩在其間亦共公詩也鄭於左方中皆以此而知

蜉蝣，刺奢也。昭公國小而迫，無法以自守，好奢而任小人，將無所依焉。○蜉蝣上音浮下音由渠畧也國小一本作昭公國小而迫案鄭譜云昭公好奢而任小人曹之變風始作此詩箋云喻昭公之朝是蜉蝣爲昭公詩也譜又云蜉蝣至下泉四篇共公時作今諸本此序多無昭公字崔集注本有未詳其正也〔疏〕蜉蝣三章章四句至依焉○正義曰作蜉蝣詩者刺奢也昭公之國既小而迫脅於大國之間又無治國之法以自保守好爲奢侈而任用小人國家危亡無日君將無所依焉故君子憂而刺之也好奢而任小人者三章上二句是也將無所依下二句是也三章皆刺好奢又互相見首章言衣裳楚楚見其鮮明二章言采采見其衆多卒章言麻衣見其衣體卒章麻衣是諸侯夕時所服則首章是朝時所服及其餘衣服也二章言衆多見其上下之服皆衆多也首章言蜉蝣之羽二章言之翼言有羽翼而已不言其美卒章乃言其色美亦互以爲興也

蜉蝣之羽，衣裳楚楚。興也蜉蝣渠略也朝生夕死猶有羽翼以自脩飾楚楚鮮明貌箋云興者喻昭公之朝其羣臣皆小人也徒整飾其衣裳不知國之將迫脅君臣死亡無日如渠略然○楚楚如字說文作𪓐𪓐云會五綵鮮色也渠本或作蟝音同其居反略本或作蛒音同沈云二字並不施虫是也下朝直遙反下皆同一讀下朝夕字張遙反○**心之憂矣，於我歸處。**箋云歸依歸君當於何依歸乎言有危亡之難將無所就往○難乃旦反〔疏〕蜉蝣至歸處○正義曰言蜉蝣之蟲有此羽翼以興昭公君臣有此衣裳楚楚也蜉蝣之小蟲朝生夕死不知已之性命死亡在近有此羽翼以自脩飾以興昭公之朝廷皆小人不知國將迫脅死亡無日猶整飾此衣裳以自修絜君任小人又奢如是故將滅亡詩人之言我心緒爲之憂矣此國若亡於我君之身當何所歸處乎○傳蜉蝣至明貌○正義曰釋蟲云蜉蝣渠略舍人曰蜉蝣一名渠略南陽以東曰蜉蝣梁宋之間曰渠略孫炎曰夏小正云蜉蝣渠略也朝生而暮死郭璞曰似蛣蜣身狹而長有角黃黑色叢生糞土中朝生暮死猪好啖之陸機疏云蜉蝣方土語也通謂之渠略似甲蟲有角大如指長三四寸甲下有翅能飛夏月陰雨時地中出今人燒炙噉之美如蟬也樊光謂之糞中蝎蟲隨陰雨時爲之朝生而夕死定本亦云渠畧俗本作渠螻者誤也○箋興者至渠略○正義曰以序云任小人故云其羣臣皆小人耳其實此言衣裳楚楚亦刺昭公之身非獨刺小人也何則卒章麻衣謂諸侯之身夕服深衣則知此章衣裳亦有君之衣裳以蜉蝣朝生夕死故知喻國將迫脅死亡無日○

蜉蝣之翼，采采衣服。采采衆多也○〔疏〕傳采采衆多○正義曰以卷耳芣苢言采采者衆多非一之辭知此采采亦爲衆多楚楚於衣裳之下是爲衣裳之貌今采采在衣服之上故知言多有衣服非衣裳之貌也**心之憂矣，於我歸息。**息止也○**蜉蝣掘閱，麻衣如雪。**掘閱容閱也如雪言鮮絜箋云掘閱掘地解謂其始生時也以解閱喻君臣朝夕變易衣服也麻衣深衣諸侯之朝朝服朝夕則深衣也○掘求勿反閱音悅解音蟹下同**心之憂矣，於我歸說。**箋云說猶舍息也○說音稅協韻如字○〔疏〕蜉蝣至歸說○正義曰蜉蝣之蟲初掘地而出皆鮮閱以興昭公羣臣皆麻衣鮮絜如雪也蜉蝣之蟲朝生夕死掘地而出甚鮮閱後又生其羽翼爲此脩飾以興昭公君臣不知死亡無日亦朝夕變易衣服而爲脩飾也君既任小人又好奢如是故君子憂之言我心爲之憂矣此國若亡於我君之身當何所歸依而說舍乎言小人不足依恃也○傳掘閱至鮮絜○正義曰此蟲土裏化生閱者悅懌之意掘閱者言其掘地而出形容鮮閱也麻衣者白布衣如雪言甚鮮絜也○箋掘地至深衣○正義曰定本云掘地解閱謂開解而容閱義亦通也上言羽翼謂其成蟲之後此掘閱舉其始生之時蟲以朝夕容貌不同故知喻君臣朝夕變易衣服也言麻衣則此衣純用布也衣裳卽布而色白如雪者謂深衣爲然故知麻衣是深衣也鄭又自明己意所以知麻是布深衣者以諸侯之朝夕則深衣故也王藻說諸侯之禮云夕深衣祭牢肉是諸侯之服夕深衣也深衣布衣升數無文也雜記云朝服十五升然則深衣之布亦十五升矣故間傳云大祥素縞麻衣注云麻衣十五升布深衣也純用布無采飾是鄭以深衣之布爲十五升也彼是大祥之服故云無采飾耳而記深衣之篇說深衣之制云孤子衣純以素非孤子者皆不用素純此諸侯夕服當用十五升布深衣而純以采也以其衣用布故稱麻耳案喪服記公子爲其母麻衣縓緣注云麻衣者小功布深衣引詩云麻衣如雪若深衣用十五升布爲之彼注以麻衣爲小功布者以大功章云公之庶昆弟爲其母言公之昆弟則父卒矣父卒爲母大功父在之時雖不在五服之例其縷麤細宜降大功一等用小功布深衣引此者證麻衣是布深衣耳不謂此言麻衣其縷亦如小功布也

蜉蝣三章，章四句。

候人，刺近小人也。共公遠君子而好近小人焉。○候人官名近附近之近下同共音恭下篇同遠于万反下注同好呼報反○〔疏〕候人四章章四句至人焉○正義曰首章上二句言其遠君子以下皆近小人也此詩主刺君近小人以君子宜用而被遠小人應疏而御近故經先言遠君子也

彼候人兮，何戈與祋。候人道路送賓客者何揭祋殳也言賢者之官不過候人箋云是謂遠君子也○何何可反又音何祋都外反又都律反揭音竭又其謁反殳市朱反○**彼其之子，三百赤芾。**彼彼曹朝也芾韠也一命緼芾黝珩再命赤芾黝珩三命赤芾葱珩大夫以上赤芾乘軒箋云之子是子也佩赤芾者三百人○其音記下皆同芾音弗祭服謂之芾沈又甫味反朝直遙反下在朝同緼音溫何烏本反赤黃之色黝於糾反黑色珩音衡以上時掌反○〔疏〕彼候至赤芾○正義曰言其公疏遠君子曹之君子正爲彼候迎賓客之人兮荷揭戈與祋在於道路之上言賢者之官不過候人是遠君子也又親近小人彼曹朝上之子三百人皆服赤芾是其近小人也諸侯之制大夫五人今有三百赤芾愛小人過度也○傳候人至候人○正義曰夏官序云候人上士六人下士十有二人史六人徒百有二十人注云候人迎賓客之來者彼天子之官候人是上士下士則諸侯之候人亦應是士此說賢者爲候人乃身荷戈祋謂作候人之徒屬非候人之官長也天子候人之徒百二十人諸侯候人之徒數必少於天子賢者之身充此徒中之一員耳其職云候人各掌其方之道治與其禁令以設候人注云禁令備姦寇也以設候人者選士卒以爲之引此詩云彼候人兮何戈與殳言以設候人是其徒亦名爲候人也鄭言選士卒爲之卽引此詩明知此詩所陳是彼候人之士卒者若居候人之職則是官爲上士不宜身荷戈祋不得刺遠君子以此知賢者所爲非候人之官長也其職又云若有方治則帥而致于朝及歸送之于境注云方治其方來治國事者也春秋傳曰晉欒盈過周王使候人出諸轘轅是其送之也官以候迎爲名有四方來者則致之於朝歸則送之於境以是知候人是道路送迎賓客者案秋官環人掌送迎邦國之賓客以路節達諸四方又掌訝掌待賓客有賓客至逆於境爲前驅而入及歸送亦如之若候人主送迎賓客而環人掌訝又掌送迎賓客者環人掌執節導引使門關無禁掌訝以祇送迎諮

贊進止候人則荷戈兵防衞奸寇雖復同是送迎而職掌不同故異官也戈役須人擔揭故以荷爲揭也考工記廬人云戈秘六尺有六寸殳長尋有四尺戈殳俱是短兵相類故也且役字從殳故知役爲殳也說文云役殳也不刺遠君子而畢候人是作者之意言賢者之官不過候人也賢者所作候人乃是候人之士卒言官者以賢人宜爲大官今在官任使雅爲候人故以官言之○傳彼彼至乘軒○正義曰桓二年左傳云衮冕黻斑則芾是配冕之服易困卦九五困于赤芾知用享祀則芾服祭祀所用也士冠禮陳服皮弁素韠玄端爵韠則韠之所用不施於祭服矣玉藻說韠之制云下廣二尺上廣一尺長三尺其頸五寸肩革帶博二寸書傳更不見芾之別制明芾之形制亦同於韠但尊祭服異其名耳言芾韠者以其形制大同故舉類以曉人其禮別言之則祭服謂之芾他服謂之韠二者不同也一命緼芾黝珩再命赤芾黝珩三命赤芾蔥珩皆玉藻文彼注云玄冕爵弁服之韠尊祭服異其名耳韍之言蔽也緼赤黃之間色所謂韍也珩珮玉之珩也黑謂之黝青謂之蔥周禮公侯伯之卿三命下大夫再命上士一命然則曹爲伯爵大夫再命是大夫以上皆服赤芾於法又得乘軒故連言之定十三年左傳云齊侯斂諸大夫之軒哀十五年傳稱衞太子謂渾良夫曰苟使我入國服冕乘軒是大夫乘軒也閔二年傳稱齊桓公遺衞夫人以魚軒以夫人乘軒則諸侯亦乘軒故云大夫以上也傳因赤芾遂言乘軒者僖十八年左傳稱晉文公入曹數之以其不用僖負羈而乘軒者三百人也且曰獻狀杜預云軒大夫之車也言其無德而居位者多故責其功狀彼正當共公之時與此三百文同故傳因言乘軒以爲共公近小人之狀

維鵜在梁。不濡其翼。鵜洿澤鳥也梁水中之梁鵜在梁可謂不濡其翼乎箋云鵜在梁當濡其翼而不濡者非其常也以喻小人在朝亦非其常○鵜徒低反洿音烏一音火故反

彼其之子。不稱其服。箋云不稱者言德薄而服尊○稱尺證反注同

【疏】維鵜至其服○毛以爲維鵜鳥在梁可謂不濡其翼乎言必濡其翼以興小人之在朝可謂不亂其政乎言必亂其政彼其曹朝之子謂卿大夫等其人無德不能稱其尊服言其終必亂國也鄭上二句別義具箋○傳鵜洿至翼乎○正義曰鵜洿澤釋鳥文舍人曰鵜一名洿澤郭璞曰今之鵜鶘也好羣飛入水食魚故名洿澤俗呼之爲淘河陸機疏云鵜水鳥形如鶚而極大喙長尺餘直而廣口中正赤領下胡大如數升囊若小澤中有魚便羣共杼水滿其胡而棄之令水竭盡魚陸地乃共食之故曰淘河以鵜是食魚之鳥故知梁是水中之梁謂魚梁也○箋鵜在至其常○正義曰箋以經言不濡其翼是怪其不濡故知言非其常以喻小人在朝亦非其常

維鵜在梁。不濡其咮。咮喙也○咮陟救反徐又都豆反喙虛穢反又尺稅反又陟角反鳥口也

彼其之子。不遂其媾。媾厚也箋云遂猶久也不久其厚言終將薄於君也○媾古豆反○

【疏】傳媾厚○正義曰重昏媾者以情必深厚故媾爲厚也○

薈兮蔚兮。南山朝隮。薈蔚雲興貌南山曹南山也隮升雲也箋云薈蔚之小雲朝升於南山不能爲大雨以喻小人雖見任於君終不能成其德教

婉兮孌兮。季女斯飢。婉少貌孌好貌季人之少子也女民之弱者○箋云天無大雨則歲不熟而幼弱者飢猶國之無政令則下民困病矣○

【疏】○薈兮至斯飢○正義曰薈兮蔚兮之小雲在南山而朝升不能興爲大雨以興小人在上位而見任不能成其德教此接勢爲諭天者無大雨則歲穀不熟婉兮而少孌兮而好季子少女幼弱者斯必飢矣以諭德教不成國無政令則其民將困病矣刺君近小人而病下民也○傳薈蔚至升雲○正義曰言南山朝隮則有物從山上升也必是雲矣故知薈兮蔚兮皆是雲興之貌詩人之作自歌士風故云南山曹南山也隮升釋詁文定本及集注皆云隮升雲也○箋薈蔚至德教○正義曰以經唯言雲興不言雨降故知薈蔚雲興若是小雲之興也○傳婉少至弱者○正義曰以季女謂少女幼子故以婉爲少貌孌爲好貌齊甫田亦云婉兮孌兮而下句云總角丱兮丱是幼稚故傳以婉孌並爲少好貌野有蔓草云淸揚婉兮思以爲妻則非復幼稚故以婉爲美貌采蘋云有齊季女謂大夫之妻車舝云思孌季女逝兮欲取以配王皆不得有男在其間故以季女爲少女此言斯飢當謂幼者並飢非獨少女而已故以季女爲人之少子女子皆觀經爲訓故不同也伯仲叔季則季處其少女此於男則男強女弱不堪久飢故詩言少女耳定本云季人之少子女民之弱者○箋天無至困病○正義曰箋以此經輒言斯飢文無致飢之狀而上句取不雨爲諭是因不雨爲興故知此言歲穀不熟則幼弱者飢國無政令則民困病今定本直云歲不熟無穀字

候人四章，章四句

鳲鳩。刺不壹也。在位無君子。用心之不壹也。鳲音尸本亦作尸

【疏】鳲鳩四章章六句至不壹○正義曰經云正是四國正是國人皆謂諸侯之身能爲人長則知此云在位無君子者正謂在人君之位無君子之人也在位之人既用心不壹故經四章皆美用心均壹之人舉善以駮時之惡首章其子七兮言生子之數下章云在梅在棘言其所在之樹見鳲鳩均壹養之得長大而處他木也鳲鳩常言在桑其子每章異木言子自飛去母常不移也○

鳲鳩在桑。其子七兮。興也鳲鳩秸鞠也鳲鳩之養其子朝從上下莫從下上平均如一箋云興者諭人君之德當均一於下也以刺今在位之人不如鳲鳩○秸居入反又音吉鞠居六反莫音暮下上時掌反○

淑人君子。其儀一兮。箋云淑善儀義也善人君子其執義當如一也

其儀一兮。心如結兮。言執義一則用心固

【疏】鳲鳩至結兮○正義曰言有鳲鳩之鳥在於桑木之上爲巢而其子有七兮鳲鳩養之能平均用心如壹以興人君之德養其國人亦當平均如壹彼善人君子在民上其執義均平用心如壹既壹兮其心堅固不變如裹結之兮言善人君子能如此均壹刺曹君用心不均也○傳鳲鳩至如一○正義曰鳲鳩秸鞠釋鳥文鳲鳩之養七子也旦從上而下莫從下而上其於子也平均如壹蓋相傳爲然無正文○箋淑善至如一○正義曰淑善釋詁文此美其用心均壹在心不在威儀以儀義理通故轉儀爲義言善人君子執公義之心均平如壹○傳言執義一則用心固○正義曰如結者謂如心不散如物之裹結故言執義壹則用心固也素冠云我心蘊結又爲憂愁不散如裹結與此同○

鳲鳩在桑。其子在梅。飛在梅也

淑人君子。其帶伊絲。其帶伊絲。其弁伊騏。騏騏文也弁皮弁也箋云其帶伊絲謂大帶也大帶用素絲有雜色飾焉騏當作璂以玉爲之言此帶弁者刺不稱其服○弁皮彥反騏音其綦文也說文作璂云弁飾也往往置玉也或亦作璂音其稱尺證反

【疏】鳲鳩至伊騏○毛以爲言鳲鳩之鳥在桑其子飛去在梅以其平均養之故得長大而飛去以興人君之德亦能均壹養民養民得成就而安樂彼善人君子執義如壹者其[illegible]絲爲之其弁維作騏之文也舉其帶弁言德稱其服[illegible]之刺曹君不稱其服使民惡之○鄭唯其弁伊騏言[illegible]璂以玉爲之餘同○傳騏騏文弁皮弁○正義曰馬[illegible]色者謂之騏此字從馬則謂弁色如騏馬之文也春[illegible]凡兵事韋弁服視朝皮弁服凡田冠弁服几弔事弁[illegible]弁類多矣知此是皮弁者以其韋弁以卽戎冠弁以[illegible]經又是弔凶之事非諸侯常服也且不得與絲帶相[illegible]弁是諸侯視朝之常服又朝天子亦服之作者美其[illegible]民畢其常服知是皮弁○箋其帶至其服○正義曰[illegible]大帶之制云天子素帶朱裏終辟諸侯素帶終辟大夫素帶辟垂士練帶率下辟是大夫以上大帶用素故知其[illegible]謂大帶用素絲故言絲也玉藻又云雜帶君朱綠大夫玄華士緇辟是其有雜色飾焉夏官弁師云王之皮弁會五采玉璂注云會逢中也璂結也皮弁之逢中每貫結五朱[illegible]飾謂之綦引此詩云其弁伊綦又云諸侯及孤卿大[illegible]弁各以其等爲之注云皮弁侯伯綦飾七子男綦飾[illegible]采如彼周禮之文諸侯皮弁有綦玉之飾此云其弁[illegible]騏當作璂以玉爲之以此故易傳也孫毓云皮弁之[illegible]璂而無綦文綦文非所以飾弁箋義爲長若然顧命[illegible]騏弁執戈注云青黑曰騏不破騏字爲玉綦者以顧[illegible]於四人騏弁之下每云一人冕身服冕則是大夫也[illegible]騏弁之上云二人爵弁執惠身服爵弁則是士也於[illegible]下次云騏弁明亦是士弁執師之文上云孤卿大夫之[illegible]以其等爲之不言士之皮弁則士之皮弁無璂飾矣[illegible]注云士之皮弁之會無結飾以士之皮弁無玉璂飾[illegible]命士之騏弁正是弁作青黑色非璂玉之皮弁矣禮[illegible]之弁而顧命有之者以新王卽位特設此服使士服[illegible]執兵衞王綦常服也此言諸侯常服故知騏當作其[illegible]君子而言此帶弁者以善人能稱其服刺今不稱其[illegible]

鳲鳩在桑。其子在棘。淑人君子。其儀不[illegible]忒他得反

【疏】傳忒疑○正義曰釋言文執義如一無疑貳之心○

其儀不忒。正是四國。正長也箋云執義不疑則可爲四國之長言任爲侯伯○長張丈反下同任音王○

【疏】箋執義[illegible]○正義曰傳言正長釋訓文非爲州牧不得爲四國[illegible]任爲侯伯也僖元年左傳曰凡侯伯救患分災其[illegible]諸侯之長侯伯也○

鳲鳩在桑。其子在榛。淑人君子。正是國人。胡不萬年。箋云正長也能長人則人欲其壽考○榛側巾反木名也又仕巾反字林云木叢生也字林榛木之字從辛木云似梓實如小栗音壯巾反○

鳲鳩四章，章六句

下泉。思治也。曹人疾共公侵刻下民。不得其所。憂而思明王賢伯也。思治直吏反刻音克○

【疏】下泉四章章四句至賢伯○正義曰此謂思上世明王賢伯治平之時若有明王賢[illegible]督察諸侯共公不敢暴虐故思之也上三章皆上二[illegible]公侵刻下民下二句言思古明王卒章思古賢伯上[illegible]共公侵刻而思古明王能紀理諸侯使之不得侵刻[illegible]

賢伯勞來諸侯則明王亦能勞來諸侯互相見

冽彼下泉，浸彼苞稂。興也。冽，寒也。下泉，泉下流也。苞，本也。稂，童梁，非溉草，得水而病也。箋云：興者，喻共公之施政教，徒困病其民。稂當作涼，涼草，蕭蓍之屬。○冽音列，寖本作浸，子鴆反。稂音郎，徐又音良。溉，古愛反。蓍音尸。**愾我寤嘆，念彼周京。**箋云：愾，嘆息之意。寤，覺也。念周京者，思其先王之明者。○愾，苦愛反，嘆息也。說文云：大息也，音火既反。覺音教。○〔疏〕冽彼至周京○正義曰：冽然而寒者，彼下流之泉，浸彼苞稂之草。稂非灌溉之草，得水則病，以喻共公之政教甚酷虐於民。下民不堪侵刻，遭之亦困病。民既困病，思古明王，愾然我寢寐之中覺而嘆息，念彼周室京師之明王。言時有明王，則無此困病也。○鄭唯稂草有異，其文義則同。○傳冽寒至而病○正義曰：七月云「二之日栗冽」，字從水，是遇寒之意，故為寒也。釋水云：「沃泉縣出。縣出，下出也。」李巡曰：「水泉從上溜下出。」此言下泉，謂泉下流，是爾雅之沃泉也。易稱「繫於苞桑」，謂桑本也。泉之所浸，必浸其根本，故以苞為本。稂，童梁，釋草文。舍人曰：「稂，一名童梁。」郭璞曰：「莠類也。」陸機疏云：「禾秀為穗而不成，崩嶷然，謂之童梁。今人謂之宿田翁，或謂宿田也。」甫田云：「不稂不莠。」外傳曰：「馬不過稂莠。」皆是也。此稂是禾之秀而不實者，故非灌溉之草，得水而病。○箋興者至之屬○正義曰：以序云侵刻下民，故喻困病下民也。箋以苞稂則是童梁，為禾中別物，作者當言浸禾，不應獨舉浸稂。且下章蕭蓍皆是野草，此不宜獨為禾中之草，故易傳以為稂當作涼。涼草，蕭蓍之屬。釋草不見草名涼者，未知鄭何所據。○箋愾嘆至明者○正義曰：祭義說祭之事云：「周旋出戶，愾然而聞乎嘆息之聲。」是愾為嘆息之意也。序云思明王，故知念周京是思先王之明者。周京與京師一也，因異章而變文耳。周京者，周室所居之京師也；京周者，京師所治之周室也。桓九年公羊傳云：「京師者何？天子之居也。京者何？大也。師者何？眾也。天子之居，必以大眾言之。」是說天子之都名為京師也。○

冽彼下泉，浸彼苞蕭。蕭，蒿也。○蒿，好刀反。**愾我寤嘆，念彼京周。**

冽彼下泉，浸彼苞蓍。蓍，草也。○**愾我寤嘆，念彼京師。**

芃芃黍苗，陰雨膏之。芃芃，美貌。○芃，薄工反，又薄雄反。膏，古報反。○**四國有王，郇伯勞之。**郇伯，郇侯也。諸侯有事，二伯述職。箋云：有王，謂朝聘於天子也。郇侯，文王之子，為州伯，有治諸侯之功。○〔疏〕芃芃至勞之○正義曰：言芃芃然盛者，黍之苗也。此苗所以得盛者，由上天以陰雨膏澤之故也。以興四方之國有從王之事，所以得治者，由有郇國之侯為伯，以恩德勞來之故也。今無賢伯，致曹國之不治，故思之。○鄭唯說伯有異，其文義則同。○傳郇伯至述職○正義曰：以經言郇伯，嫌是伯爵，故言郇伯，郇侯也。知郇為侯爵者，定四年左傳祝鮀說文王之子，唯言曹為伯，明自曹以外，其爵皆尊於伯，故知爵為侯也。諸侯有事，二伯述職，謂東西大伯分主一方，各自述省其所職之諸侯者。昭五年左傳云：「小有述職，大有巡功。」服虔云：「諸侯適天子曰述職，謂六年一會王官之伯，命事考績，述職之事也。」○箋有王至之功○正義曰：莊二十三年左傳曰：「諸侯有王，王有巡守。」巡守是天子巡省諸侯，則知有王是諸侯朝聘天子，思古明王賢伯也。言諸侯朝聘天子者，若上有明王，下有賢伯，則諸侯以時朝聘，善惡則有黜陟之義。大司馬掌九伐之法，正邦國，賊賢害民則伐之。爾時諸侯必不敢暴虐。今由無明王賢伯，不復朝聘，共公侵刻下民，無所畏憚，故思治世有朝聘之時也。僖二十四年左傳說富辰稱畢

原酆郇文之昭也，知郇伯是文王之子也。時為州伯，有治諸侯之功，謂為牧下二伯，治其當州諸侯也。易傳者，以經傳考之，武王成王之時，東西大伯唯有周公召公、大公畢公為之，無郇侯者，知為牧下二伯也。

下泉四章，章四句。

曹國四篇，十五章，六十八句。

毛詩注疏挍勘記〔七之三〕　阮元撰盧宣旬摘錄

曹譜

被孟豬　閩本明監本毛本同。案孟當作盟。陳譜作明豬，正義云：明豬，尚書作盟豬，即左傳稱孟諸之麋，爾雅云宋有孟諸是也。但聲訛字變耳。是正義所引尚書作盟之證。

曹之後世　閩本明監本毛本曹上誤衍一○。案毛鄭詩考正亦誤以此下共廿一字為鄭君語。

十一世當周惠王時　閩本明監本毛本同。案浦鏜云上脫○，是也。

子官伯侯立也　閩本明監本毛本同。案浦鏜云宮誤官，是也。

幽伯藏伯二人又不數　閩本明監本毛本同。案盧文弨云：前陳譜疏云除相公一及，此人字亦當作及。父子曰世，兄弟曰及，是也。考鄘衞譜正義云又不數及，商頌譜正義云除二及，皆可證。

○蜉蝣

昭公國小而迫　唐石經小字本相臺本同。案釋文云：國小而迫，一本作昭公國小而迫。案鄭譜云昭公好奢而任小人，曹之變風始作。此詩箋云喻昭公之朝，是蜉蝣為昭公詩也。譜又云蜉蝣至下泉四篇共公時作，今諸本此序多無昭公字，崔集注本有，未詳其正也。今考集注是也。譜正義云：蜉蝣序云昭公，昭公詩也；候人下泉序云共公，鳲鳩在其閒，亦共公詩也。鄭於左方中皆以此而知。是正義所見鄭譜左方中不云蜉蝣至下泉四篇共公時作，釋文所見乃誤本，因是而去此序昭公字耳。

掘閱掘地解　小字本相臺本解下有閱字，閩本明監本毛本亦有。案十行本脫也。又此定本也，正義云：初掘地而出，皆解閱。又云：定本云掘地解閱。釋文解閱音蟹，下同，與定本同也。

掘地而出者鮮閱　〔補〕毛本同。案鮮當作解，下鮮閱並同。

蜉蝣三章章四句　〔補〕各本皆另提一行，此誤在疏下。

○候人

而好近小人焉　小字本相臺本同。唐石經初刻無好字，後改有。案釋文以而好作音，是其本有好字；正義云以下皆近小人也，此詩主刺君近小人，當是其本無好字，初刻出於此。

候人道路送賓客者　小字本相臺本同，考文一本同。閩本明監本毛本送下有迎字。案正義云以是知候人是道路送迎賓客者，依正義當有此字。

荷揭戈與祋　閩本明監本毛本同。案經注作何，正義作荷，何荷古今字，易而說之也，例見前。考文古本經作荷，誤采所易之今字。釋文何戈，何可反，又音河。

不刺遠君子而舉候人　閩本明監本毛本同。案不當作本，形近之譌。

知用享祀　閩本明監本毛本同。案此不誤。浦鏜云利誤知，祭誤享，非也。正義所引易自如此，祭祀本或作享祀，見易釋文。

所謂鞁也　閩本明監本毛本同。案浦鏜云韍誤鞁，以玉藻注考之，浦挍是也。

下大夫再命上士一命　閩本明監本毛本同。案此不誤。浦鏜云二其字，一譌下，一譌上，非也。盧文弨云不必拘本文，是也。

遺衞夫人以魚軒　閩本明監本毛本同。案浦鏜云遺誤遺，是也。

僖十八年左傳　閩本明監本毛本同。案十上浦鏜云脫二字，是也。

形如鶚而極大　閩本明監本毛本鶚誤鶚。案此因十行本別體俗字作鶚而然。

季人之少子也女民之弱者　小字本相臺本同。案正義云定本云季人之少子女民之弱者，其正義本未有明文，今無可考。正義云伯仲叔季則季處其少，女比於男則男彊女弱，又標起止云至弱者，其自為文者不可據，意必求之，當云季少子女弱者，又季少子見陟岵傳也。

則下民困病矣　閩本明監本毛本同。小字本相臺本無矣字。案無者是也，標起止云至困病，可證。

天者無大雨　閩本明監本毛本同。案者當作若，因剜改而與下互譌也。

故知薈蔚雲興若　閩本明監本毛本同。案若當作者，因剜改而與上互譌。

○鳲鳩

其儀一兮　唐石經小字本相臺本同。案此一字是壹之假借，騶虞經壹發五豝，又以壹字為一之假借。此序中不壹字凡二見，唐石經以下各本同用正字也。序用字不與經同，如采薇之昆、雲漢之裁，皆可見。傳箋亦作一，標起止可證。正義易而說之，乃皆用壹字。

言執義一則用心固　小字本相臺本同。案段玉裁云：上箋儀義也，善人君子其執義當如一也；下箋執義不疑，此言執義一，文句相承，上當脫箋云二字。今考標起止作傳，是正義本已誤。

用心如壹既如壹兮其心堅固不變　閩本明監本毛本同。案十行本用心至其心剜添者三字，此當作用心既如壹兮其堅固不變，剜添如壹及心字，皆誤。

刺曹君用心不均也　閩本明監本毛本刺誤既知二字。案此十行本始剜者譌一字為二字。山井鼎云宋板作刺，最是，彼所見刺字重剜而又正之也。十行本屢經剜改者如此。

謂如不以散　閩本明監本毛本同。案當作謂固不可散。

騏騏文也　小字本相臺本同案當作騏綦文也釋文伊騏下云騏綦文也正義云馬之靑黑色者謂之騏此字從馬則謂弁色如騏馬之文也此與小戎正義詳略互見耳如者如騏馬之綦文也又正義下引孫毓云皮弁之飾有玉璂而無綦文綦文非所以飾弁箋義爲長是此傳釋文正義孫毓評皆是騏綦文也今各本皆誤標起止傳騏騏文亦當是後改釋文綦字舊或誤纂今正詳後考證○按說詳小戎

騏當作璂　小字本相臺本同案釋文云作璂音其是釋文本字如此段玉裁云周禮作璂鄭易爲綦鄭箋詩孔疏詩皆依綦字今考正義本箋亦是璂字見下與釋文本同當是用此字以別於傳綦文也其引周禮而說之用彼注作綦

言皮爲之璂　閩本明監本毛本同案爲當作弁

會逢中也　閩本明監本毛本同案浦鏜云縫誤隆下同是也

玉用采　閩本明監本毛本同案用下浦鏜云脫三字是也

綦常服也　閩本明監本毛本同案綦上當有玉字因上句末王字形近而脫去也

故知騏當作綦　閩本明監本毛本同案綦當作璂上文云鄭唯其帶伊騏言皮弁之璂又云知騏當作璂此二璂字據箋言之可證也

正是也　閩本明監本毛本同小字本相臺本是作長考文古本同案長字是也釋文正義皆可證

傳言正長釋訓文　閩本明監本毛本同案訓當作詁

其非禮也　閩本明監本毛本同案浦鏜云討罪誤其非是也鴻鴈正義引作討罪魯頌譜正義引同

○下泉

洌彼下泉　唐石經小字本同相臺本洌作洌閩本明監本毛本同案釋文洌音列寒也唐石經本此正義云字從冰相臺本所據改也東京賦李善注引此作洌詩經小學云字從仌列聲又見大東

稂童粱　小字本相臺本粱作梁閩本明監本毛本同案粱字誤也爾雅作梁此釋文及大田亦或誤見六經正誤

洌彼至周京　閩本明監本毛本洌作洌下同案所改是也

浸彼苞稂之草　明監本毛本草下衍也字閩本剜入

字從水　閩本明監本毛本水作冰案所改是也大東正義可證

必浸其根本　閩本明監本毛本同案稂當作根形近之譌

甫田云不稂不莠　閩本明監本毛本同案浦鏜云大誤甫是也爾雅正義卽取此正作大

附釋音毛詩注疏卷第八（八之一）

豳七月詁訓傳第十五

○陸曰豳者戎狄之地名也夏道衰后稷之曾孫公劉自邰而出居爲其封域在雍州岐山之北原隰之野於漢屬右扶風郇邑周公遭流言之難居東都思公劉大王爲豳公憂勞民事以此敘己志而作七月鴟鴞之詩成王悟而迎之以致太平故大師述其詩爲豳國之風焉

毛詩國風　鄭氏箋　孔穎達疏

豳譜

豳者后稷之曾孫也公劉者自邰而出所徙戎狄之地名今屬右扶風栒邑○正義曰周本紀云后稷卒

子不窋立卒子鞠陶立卒子公劉立是公劉爲后稷之曾孫也生民云卽有邰家室本紀云舜封后稷于邰公劉因封不改故知公劉自邰而出也公劉之篇說公劉爲狄迫逐而徙居經云度其夕陽豳居允荒本紀稱公劉在戎狄閒知豳是戎狄之地名也漢書地理志云右扶風郇邑縣有豳鄉詩公劉所邑是漢時屬扶風郇邑也言自邰而出者杜預云豳在新平漆縣東北邰今始平武功縣所治斄城是也邰近而豳遠從內出外故言出○公劉以夏后大康時失其官守竄於此地猶修后稷之業勤恤愛民民咸歸之而國成焉○正義曰國語云昔我先世后稷以服事虞夏及夏之衰弃稷弗務我先王不窋用失其官而自竄於戎狄之間韋昭云豳西近戎北近狄周本紀亦云不窋奔戎狄之間此云公劉竄於此地者案此公劉之篇說公劉遷豳事皆詳悉自邰徙豳必從公劉始矣蓋不窋之時已竄豳地尚往來邰國至公劉而盡以邰民遷之也本紀云公劉卒子慶節立國於豳是也定國於豳自公劉始也韋昭注國語以爲不窋當大康之時公劉乃不窋之孫不應亦當大康之世而此云公劉以大康時失官守者周語止云夏之衰也不言始衰之主書序云大康失邦則夏后之衰自大康爲始故繫大康言之其實公劉適豳不當大康之世鄭據外傳之文取不窋之事以爲說耳本紀云公劉雖在戎狄間復修后稷之業民賴其慶百姓懷之周道之興自此始也又公劉之篇具述公劉居豳愛民之事是民歸之而成國也其封域在禹貢雍州岐山之北原隰之野○正義曰禹貢雍州云荊岐旣旅原隰厎績是岐山原隰屬雍州也大王始入居岐之陽明豳在岐山之北公劉之篇說公劉居豳度其原隰以治田是豳居原隰之野○至商之末世大王又避戎狄之難而入處於岐陽民又歸之○正義曰詩緜傳及書傳略說皆有其事○公劉之出大王之入雖有其異由有事難之故皆能守后稷之教不失其德○正義曰本紀云公劉復修后稷之業古公復修后稷公劉之業是皆能守后稷之教不失其德也旱麓序云周之先祖世修后稷公劉之業而鄭獨言公劉大王者以周公之作七月主意於此二人故特言之○成王之時周公避流言之難出居東都二年○正義曰金縢云武王旣喪管叔及其羣弟流言於國曰公將不利於孺子周公乃告二公曰我之弗辟無以告我先王周公居東二年則罪人斯得是周公避流言之難出居東都二年也金縢直云居東不言東都周公避居固當不出畿內自然在東都於時實未爲都而云都據後營洛而言之耳周公在東實出入三年言二年順金縢之成文思公劉大王居豳之職憂念民事至苦之功以比序已志○正義曰此釋作七月之意也以公劉遭夏人之亂大王有戎狄之難或出或入其居豳之時教民以蠶農爲務使衣食充足憂念民事有至苦之功由其積德勤民子孫卒成王業周公旣出居東都恐王業毀壞亦憂念民事庶成周道其意與公劉大王之志同不得自言已身憂國之心矣無以發明己志故作七月之詩仰陳公劉大王以比已身序己志知周公之作七月其意必如此者以序云周公遭變故陳先公風化之所由致王業之艱難言遭變是遭流言乃作也襄二十九年左傳季札見歌豳曰美哉樂而不淫其周公之東乎明在東都作之也七月之詩非刺成王非美成王無故說先公之風化陳王業之艱難則是思念先公用以比序已志也本詩周公所作大師題之曰豳明其然矣而先公在豳凡經十世知唯念公劉大王者以公劉初居豳之主大王終去豳之君俱是先公之後皆有事難之故周公身遭事難追念處豳先君明是念其後者故知周公所念念此二人若然大王旣遭事難能守后稷之教乃在居岐之後周公思居豳之事知其亦念大王者緜篇說大王之德云民之初生自土沮漆言居豳之時得民之意民戀其德故與俱遷明知思念豳事其意亦及大王也鄭於上句言周公居東二年此句說其作詩之意欲明七月之作在此二年之中因尚書有二年之文故言之年非謂居東二年始作七月也何則序云周公遭變卽作不應坐度二年方始爲詩七月之作當是初出之年也○後成王迎之反之攝政致大平其出入也一德不回純似於公劉大王之所爲大師大述其志主意於豳公之事敢別其詩以爲豳國變風焉○正義曰金縢云惟朕小子其新逆是成王迎而反之代成王治國政而致大平其出居東都也其入攝王政也常守事一之德不有回邪純似公劉大王之所爲也周公作詩之時有自比二人之意及其終得攝王政其事又純似之此詩用於樂官當立題目太師於是大述周公之志以此七月詩主意於豳公之事故別其詩不合在周之風雅而以爲豳國之變風焉此乃遠論豳公爲諸侯之政周公陳之欲以比序已志不美王業之本不得入周名之正風也又非刺美成王不得入成王之正雅周公王卿鄉士不得專名一國進退旣無所繫因其上陳豳公故爲豳之變風若所陳本非豳事無由得繫於豳周公事若不似於理亦不可繫此詩追述豳公事又相似故繫之爲宜也春官籥章云吹籥以歌豳詩則周制之前已繫豳矣謂之變者以其變風變雅各述時之善惡七月陳豳公之政東山以下主述周公之德正是變詩美者故亦謂之變風公劉亦陳豳事不繫豳者召康公陳公劉以戒成王猶召穆公陳文王以傷大壞主者意爲雅不得列爲風也鴟鴞以下不陳豳事亦繫豳者以七月是周公之事旣爲豳風鴟鴞以下亦是周公之事尊周公使專一國故并爲豳風故鄭志張逸問豳七月專詠周公之德宜在雅令在風何荅曰以周公專爲一國上冠先公之業亦爲優矣所以在風下次於雅前在於雅分周公不得專之逸言詠周公之德者據鴟鴞以下發問也鄭言上冠先公之業謂以七月冠諸篇也以先公之業冠周公之詩故周公之德繫先公之業於是周公爲優矣次之風後雅前者言周公德高於諸侯事同於王政處諸國之後不與諸國爲倫次之小雅之前言其近堪爲雅使周公專有此善也此豳詩七篇七月鴟鴞是出居時作其餘多在入攝政後鄭以爲周公避居之初是武王崩後三年成王年十三也居東二年罪人斯得成王年十四也迎周公反而居攝成王年十五也七年致政成王年二十一也故金縢注云文王十五生武王九十七而終終時武王八十三矣於文王受命爲七年後六年伐紂後二年有疾疾瘳後二年崩崩時年九十三矣周公以武王崩後三年出五年秋反而居攝四年作康誥五年作召誥七年作洛誥伐紂至此十六年也作康誥時成王年十八洛誥時年二十一也卽政時年二十二也然則成王以文王終明年生也是鄭辨武王崩及周公出入之事知然者案大戴禮文王世子篇

云文王十三生伯邑考十五生武王則武王之年少於文王十四歲文王世子云文王九十七而終武王九十三而終武王既少文王十四歲文王九十七而崩知武王於時年八十三也書傳云文王受命七年而崩是文王崩時受命七年尚書序云十有一年武王伐殷作泰誓案經泰誓上篇說武王觀兵時事是受命十一年泰誓下篇云還歸二年而後伐紂是伐紂之時受命十三年也文王崩至十三年始伐紂是崩後六年也金滕云武王既克商二年王有疾弗豫是伐紂後二年有疾從文王之崩至武王有疾積八年矣文王崩時武王已八十三矣至此則九十一也武王九十三而崩故知瘳後二年崩也知周公以武王崩後三年出者禮君薨百官總己而聽政於冢宰三年定四年左氏云周公爲太宰以右王室周公既爲太宰武王初崩撚攝王政自是常事管蔡不應流言成王不應致疑明是三年喪畢周公不授王政故流言耳按周書武王以十二月崩則崩後一年十二月朞而練二年十二月祥而祭除崩後三年管蔡乃流言也金滕云管叔及其羣弟乃流言於國周公乃告二公曰我之不辟無以告我先王是周公於流言之年避位而出是武王崩後三年也金滕又云周公居東二年罪人斯得注云罪人周公之屬與知攝者周公出皆奔二年盡爲成王所得言三年者并數出年是崩後四年也又曰於後公乃爲詩注云於二年後也上既言二年又別言於後明是二年之後也又曰秋大熟未穫注云秋謂周公出二年之後明年秋也此秋文承於後之下於後既是二年之後明此秋是二年之後謂居東二年武王崩後五年也金滕云秋大熟未穫之下卽云惟朕小子其新逆是周公卽以其年反也周公將攝出避流言今成王自新迎之明其反卽居攝武王崩後五年卽是攝政之元年書傳稱周公攝政四年建侯衛五年營成周七年致政成王言建侯衛是封衛侯康誥論封衛之事是四年作康誥也召誥論營洛邑成周之事是五年作召誥也洛誥論致政成王之事是七年作洛誥也鄭言作康誥時成王年十八作洛誥時二十一然則成王以文王終明年生所以知者書傳略說云天子太子年十八曰孟侯孟侯者於四方諸來朝迎於郊注云孟迎也按康誥經云王若曰孟侯則封康叔之時成王年十八書傳言周公攝政四年建侯衛據孟侯之文知攝政四年成王年十八又攝政七年成王年二十一也逆而推之則知成王於攝政元年年十五周公出年年十三武王崩年年十歲計文王崩後十年武王始崩自然文王崩之明年生成王也由此而驗之故知成王年十三之時周公初出居東二年十四之時罪人斯得十五年之時反而居攝也此譜言居東二年思公劉太王以比序已志則七月之作在出居二年之中不知其作之在何年當在鴟鴞之前鴟鴞之作則在居東三年金滕云居東二年罪人斯得于後公乃爲詩以貽王名之曰鴟鴞既言二年別言於後既與罪人斯得別年則上文居東二年并初出之年爲二年作詩之時爲三年是周公居東三年成王十五年之時作鴟鴞也伐柯序云刺朝廷之不知言刺朝廷則是刺羣臣不刺成王宜在雷雨大風之後啓金滕之前知者若在雷風之前則王與羣臣悉皆未悟不得獨刺羣臣若啓金滕之後則羣臣亦悟無所復刺故伐柯箋云成王既得雷雨大風之變故迎周公而朝廷羣臣猶惑於管蔡之言不知周公之聖德疑於成王迎之是以刺之是鄭以伐柯爲既得雷雨之後金滕之前作也九罭序與伐柯序同刺朝廷之不知首章言王欲迎周公二章以下說迎之事當是周公既反而作也書傳稱周公居攝一年救亂二年克殷三年踐奄多方云惟五月丁亥王來自奄注云奄國在淮夷之傍周公居攝之時亦叛王與周公征之三年滅之自此

而來歸然則周公之歸在攝政三年東山勞歸士之時經云自我不見于今三年明周公以秋反而居攝其年則東征三年而後歸既歸乃大夫美之作東山也若然周公以秋反而卽東征必是秋冬遣兵而東山經云倉庚于飛熠燿其羽箋云倉庚仲春而鳴嫁娶之候也歸士始行之時新合昏禮秋冬行而云新合昏者周公悅勞歸士言其新昏也非是六軍之事皆新昏設令發兵之前一二年爲昏猶是新昏不必以起兵之月始爲昏也破斧經稱東征則是征時之事其作必是東山之前未知定是何年狼跋序云美周公也美不失其聖經云公孫碩膚言周公遜遁去位避成功也案書序云召公爲保周公爲師相成王爲左右周公致政之後畱爲大師是狼跋之作在致政之後也計此七篇之作七月在先鴟鴞次之今鴟鴞次於七月得其序矣伐柯九罭與鴟鴞同年東山之作在破斧之後當於鴟鴞之下次伐柯九罭破斧東山然後終以狼跋今皆顚倒不次者張融以爲簡札誤編或者次詩不以作之先後鄭所不說未可明言毛氏之意傳訓不明唯鴟鴞傳曰寧亡二子不可毀我周室二子謂管蔡以爲鴟鴞之詩爲管蔡而作然則毛解金滕之文其意皆異於鄭金滕云武王既喪管叔及其羣弟流言於國周公乃告二公曰我之不辟無以告我先王周公居東二年罪人斯得于後公乃爲詩以貽王名之曰鴟鴞毛以鴟鴞爲管蔡而作則罪人斯得爲得管蔡周公居東爲東征也居東二年既爲征伐則我之不辟當訓辟爲法謂以法誅之如是則毛氏之說周公無避居之事矣但不知毛意以周公攝政爲是喪中卽攝爲在除喪之後此不明耳王肅之說祖述毛氏傳意或如肅言王肅金滕注云文王十五而生武王九十七而終時受命九年武王八十三矣十三年伐紂明年有疾時年八十八矣九十三而崩以冬十二月其明年稱元年周公攝政遭流言作大誥而東征二年克殷殺管蔡三年而歸制禮作樂出入四年至六年而成七年營洛邑作康誥召誥洛誥致政成王然則文王崩之年成王己三歲武王八十而後有成王武王崩時成王己十三周公攝政七年致政成王年二十肅意所以然者以家語武王崩時成王年十三又古文尚書武成篇云我文考文王克成厥勳誕膺天命以撫方夏推九年大統未集孔安國據此文以爲文王受命九年而崩其後劉歆班固賈逵皆亦同之肅雖不見古文以其先儒之言必有所出本從先儒以爲文王受命九年而崩依大戴禮武王之年少文王十四歲故亦同鄭爲文王崩時武王年八十三也受命九年武王八十三故至十三年伐紂武王八十七也金滕云武王既克殷二年有疾者并數伐紂之年與疾年共爲二年故云伐紂明年有疾時武王八十八也禮記云武王九十三而終是爲伐紂後六年而崩也金滕云武王既喪卽云管蔡流言周公居東則是武王崩之後管蔡卽流言周公卽東征也又書序云武王崩三監及淮夷叛周公相成王將黜殷命作大誥言武王崩三監叛明武王崩後卽叛周公卽征可知故以爲武王崩之明年稱元年周公攝政遭流言作大誥而東征也金滕云居東二年罪人斯得故知二年而克殷殺管叔也東山序云周公東征三年而歸明堂位稱周公踐天子之位六年制禮作樂故知三年歸制禮作樂至六年而成也東征實三年金滕言二年者肅於彼注云或曰詩序三年而歸此言居東二年其錯何也曰書言其罪人斯得之年詩言其歸之年也知營洛邑作康誥召誥皆在七年者以召誥說營洛邑之事洛誥說致政成王治於新邑之事明此二篇同是致政之年作也康誥經云惟三月哉生魄周公初基作新大邑於東國洛亦言洛邑之事明與召誥同時故知三篇皆七年作也肅又云然則文王崩之年成王己三歲致政時

年二十所以知者以周公居攝七年而致政明是二十成人故致之耳致政之時成王年二十逆而推之攝政元年年十四武王崩年年十三文王先武王十年而崩是文王崩之年成王己三歲也由此而驗之則武王崩之明年成王年十四其年周公攝政管蔡流言周公東征之作七月也所以作七月者王肅之意以爲周公以公劉太王能憂念民事成此王業今管蔡流言將絕王室故陳豳公之德言己攝政之意必是攝政元年作此七月左傳季札見歌豳曰其周公之東乎則至東居乃作也居東二年既得管蔡乃作鴟鴞三年而歸大夫美之而作東山也大夫既美周公來歸喜見天下平定又追惡四國之破毀禮義追刺成王之不迎周公而作破斧伐柯九罭也伐柯序云刺朝廷之不知王肅云朝廷斥成王也肅又云或曰東山既歸之詩而朝廷不知猶在下何曰同時之作破斧惡四國而其辭曰周公東征四國是皇猶追而刺之所以極美周公是肅意以破斧伐柯九罭作在東山之後故編東山於前也狼跋美周公遠則四國流言近則成王不知進退有難而不失其聖當是三年歸後天下太平然後美其不失其聖耳最在後作故以爲終此則王肅義耳未知傳意必然以否其讖緯史傳言文王受命七年而崩又言周公攝政四年建侯衛五年營成周及大子十八稱孟侯此等皆肅所不信

七月。陳王業也。周公遭變故。陳后稷先公風化之所由。致王業之艱難也。

周公遭變者管蔡流言辟居東都○王業于況反又如字下同

【疏】七月八章章十一句至艱難○正義曰作七月詩者陳先公之風化是王家之基業也毛以爲周公遭管蔡流言之變舉兵而東伐之憂此王業之將壞故陳后稷及居豳地之先公其風化之所由緣致此王業之艱難之事先公遭難乃能勤行風化己令遭難亦欲勤修德教所以陳此先公之事將以比序己志經八章皆陳先公風化之事此詩主意於豳之事則所陳者處豳地之先公公劉大王之等耳不陳后稷之教今輙言后稷者以先公脩行后稷之教故以后稷冠之艱亦難也但古人之語字重耳無遜亦云不知稼穡之艱難與此同也鄭以爲周公遭流言之變避居東都非征伐耳其文義則同○箋周公至東都○正義曰變者改常之名周公欲攝管蔡毀之是於攝事變改也金滕云管叔及其羣弟流言於國曰公將不利於孺子周公乃告二公曰我之不辟我無以告我先王卽云居東二年是其避流言居東都也流謂水流造作虛語使人傳之如水之流然故謂之流言彼注云管國名叔字封於管羣弟蔡叔霍叔武王崩周公免喪服意欲攝政小人不知天命而非之故流公將不利於孺子之言於京師孺子成王也我今不避孺子而去我先王以謙謙爲德我反有欲位之謗無怨於我先王言愧無辟也居東者出處東國待罪以須君之察己是說避居之意也周公避居東都史傳更無其事古者避辟扶亦反譬辭皆同作辟字而借聲爲義鄭讀辟爲避故爲此說案鴟鴞之傳言寧亡二子則毛無避居之義故毛讀辟爲辟此八章皆是周公陳先公在豳教民周備使衣食充足寒暑及時民奉上教知其早晚各自勸勉以勤事業故同我婦子饁彼南畝及嗟我婦子曰爲改歲此述民之志非序先公號令之辭首章陳以衣食爲急餘章廣而成之計民之所用食急於衣宜先耕田之事但耕種收斂終年始畢每事及時然後能穫則一年之飢非時日之用衣則不然唯是寒月所須又當及時營作故蠶月條桑八月載績若此月不作則寒時無

衣事之齊否在此一月偏急於衣故首章上六句先陳人以衣褐爲急三之日以下五句陳人以穀食爲急故陳人耕饁之事人之爲衣絲帛爲先故二章言女功之始養蠶之事一章之中而再言春日者此章先言執筐養蠶因論女心傷悲感物但傷悲在蠶生之初陳之於求桑之下顛倒不順故更本春日采繁記傷悲之節所以再言春日也衣之所用非絲即麻春旣養蠶秋當緝績絲帛染爲玄黃乃堪衣用故三章又陳女功自始至成也三章旣言絲麻衣服女功之正故四章陳女功助取皮爲裘以助布帛冬月衣裳雖具又當入室避寒故五章言將寒有漸閉塞宮室女功衣服之事旣終矣乃説男女飲食之事黍稷麻麥男功之正故六章先陳男功之助七章言男功之正首章已言耕田之事故此章唯説收斂之事所以成首章也衣食已具卒章乃言備暑藏冰飲酒相樂皆是先公憂民之風教周公陳之以比序已志言己之憂民憂國心亦然也民之大命在溫與飽八章所陳皆論衣服飲食首章爲其揔要餘章廣而成之首章上六句言寒當須衣故二章三章説養蠶緝績衣服之事以充之首章下五句言耕稼飲食之始故七章説治場納穀稼稸終事以充之論衣則舉須衣之時論食不言須食之時者衣必寒時所須故可舉寒爲戒食則無一日而不須不可言須食之時諸衣言裳避寒之事則引物記候言飲食耕田之事則不記時候皆此意也卒章説饗飲之祀獨言九月肅霜者饗飲之祀必農隙乃爲故言肅霜滌場以見農功之畢若其餘飲食則不得記時故六章七章無記時之事絲麻布帛衣服之常故蠶績爲女功之正皮裘則其助四章箋云時寒宜助女功言取皮爲裘助女絲麻之功也黍稷菽麥飲食之常故禾稼爲男功之正菜果則其助六章箋以鬱薁及葵棗助男功又云瓜瓠之畜助養農夫言取瓜瓠葵棗助男稼穡之功也女功之助在四章男功之助在六章者二章三章是女功之正故四章爲女功之助七章是男功之正故六章爲男功之助欲令男女之功正助各自相近者也女功之正及秋而止其助在成一冬之月事在正後故在正後也男功之正冬初乃止男功之助在於夏秋事在正前故在正前也又養蠶時節易過恐失其時般勤言之故二章三章皆言養蠶之事耕稼者一年之事非時月之功民必趨時不假深戒首章己言其始七章略言其終不復説其芟耨芸耕之事故男功之正少女功之正多也絲麻之外唯有皮裘可衣者少黍稷以外果瓜之屬可食者多故男功之助多女功之助少也女功助在正後故五章女功助下言女功畢男功正在助後故七章男功正下言男功畢男功正後猶有茅索之事女功正後不言有事孟子稱冬至之後女子相從夜績則冬亦有績麻但言不備耳先公之教急於衣食四章之末説田獵習戒卒章之初説藏冰禦暑非衣食之事而言之者廣述先公祀教具備也閒於政事然後饗燕卒章説飲酒之事得其次也毛鄭注雖小有異文意則同

七月流火。九月授衣。火大火也流下也九月霜始降婦功成可以授冬衣矣箋云大火者寒暑之候也火星中而寒暑退故將言寒先著火所在

一之日觱發。二之日栗烈。無衣無褐。何以卒歲。一之日十之餘也一之日周正月也觱發風寒也二之日殷正月也栗烈寒氣也箋云褐毛布也卒終也此二正之月人之貴者無衣賤者無褐將何以終歲乎是故八月則當績也○觱音必說文作畢發音如字栗烈並如字說文作颲颲褐音曷

三之日于耜。四之日舉趾。同我婦子。饁彼南畝。田畯至喜。三之日夏正月也豳土晚寒于耜始脩耒耜也四之日周四月也民無不舉足而耕矣饁饋也田畯田大夫也箋云同猶俱也喜讀爲饎饎酒食也耕者之婦子俱以饟來至於南畝之中其見田大夫又爲設酒食焉言勸其事又愛其吏也此章陳人以衣食爲急餘章廣而成之○耜音似饁炎輒反野饋也字林于劫反畯音俊喜王申毛如字鄭作饎尺志反下同夏戶雅反下染夏夏小正同晚寒如字謂晚節而氣寒也饋其愧反饟式亮反又爲于僞反

【疏】七月至至喜○毛以爲周公云先公教民周備民奉上命於七月之中有西流者是火之星也知是將寒之漸至九月之中云可以相授以冬衣矣九月之中若不授冬衣則一之日有觱發之寒風二之日有栗烈之寒氣此二日者大寒之時人之貴者無衣賤者無褐何以終其歲乎故至八月則當績也又豳人從君之教三之日於是始脩耒耜四之日悉皆舉足而耕俱時我耕者之婦子奉饋食餉彼南畝之中耕作者田畯來至見其勤農事則歡喜也豳公憂念民事教之若此周公言己憂民亦與之同故陳之也○鄭唯田畯至喜言田畯來至農夫爲設酒食爲異餘同○傳火大火至冬衣矣○正義曰春秋昭十七年有星孛於大辰公羊傳曰大辰者何大火也哀十二年左傳曰火伏而後蟄者畢今火猶西流司歷過也謂火下爲流故云流下言六月昏見而中則流下也可以授冬衣者謂衣成而授之○箋大火至所在○正義曰昭三年左傳張趯曰火星中而寒暑退服虔云火大火心也季冬十二月平旦正中在南方大寒季夏六月黃昏火星中大暑退是火爲寒暑之候事也知此兩月昏旦火星中者月令季夏昏火星中六月旣昏中以衡反之故十二月旦而中也若然六月之昏火星始中堯典云日永星火以正仲夏注云司馬之職治南岳之事得則夏氣和夏至之氣昏火星中所以五月得火星中者鄭志孫皓問月令季夏火星中前受東方之體盡以爲火星季夏中心也不知夏至中星名答曰日永星火此謂大火也大火次名東方之次有壽星大火析木三者大火爲中故尚書云舉中以言爲又每三十度有奇非特一宿者也季夏中火猶謂指心火也如此言中則日永星火謂大火之次非心星也堯典四時言中星者春夏交舉其次言星鳥星火秋冬舉其宿言星虛星昴故注云星鳥鶉火之方星火大火之屬虛玄武中虛宿也昴白虎中宿也其東方南方皆三次鶉火大火居其中西方北方俱七宿虛星昴星居其中每時總舉一方故指中宿與次而互言之耳其實仲夏之月大火之次亦未中也是鄭以日永星火大火之次與此火之心星別○傳一之至寒氣○正義曰一之日二之日猶言一月之日二月之日故傳辯之言一之日者乃是十分之餘謂數從一起而終於十更有餘月還以一二紀之也旣解一二之意又復指斥其一之日周之正月也謂建子之月也二之日者殷之正月謂建丑之月也下傳曰三之日夏之正月謂建寅之月也正朔三而改之旣言三正事終更復從周爲説故言四之日周之四月即是夏之二月建卯之月也此篇説文自立一體從夏之十一月至夏之二月皆以數配日而言之從夏之四月至於十月皆以數配月而稱之唯夏之三月特異常例下云春日遲遲蠶月條桑皆是建辰之月而或日或月不以數配參差不同者蓋以日月相對日陽月陰陽則生物陰則成物建子之月純陰己過陽氣初動物以牙蘖將生故以日稱之建巳之月純陽用事陰氣己萌物有秀實成者故以月稱之夏之三月當陰陽之中處生成之際物生己極不可以同前不得言五之日物旣未成不可以類後不得稱三月故日月並言而不以數配見其異於上下四章箋云物成自秀萋始明以物成故稱月也稱月者由其物成知稱日由其物生也若然一之日二之日言十之餘則可矣而三之日四之日者乃是正月二月十數之初始不以爲一二而謂之三四者作者理有不通辝無所寄若云一月二月則羣生物未成更言一之二之則與前無別以其俱是陽月物皆未成故因乘上數謂之三四明其氣相類也春秋元命包曰周人以十一月爲正殷人以十二月爲正夏人以十三月爲正建寅之月乃是十月之初亦乘上以爲十三與此同也四月云冬日烈烈飄風發發以發是風故知烈是氣故以觱發爲寒風栗烈爲寒氣仲冬之月待風乃寒季冬之月無風亦寒故異其文○箋褐毛至當績○正義曰毛布用毛爲布今夷狄作褐皆織毛爲之賤者所服卒終釋詁文言此二正之月大寒之時無衣無褐不可終歲是故八月則當績衣絲蠶爲重箋不云蠶月則當蠶而言八月則當績者以此章先言流火則是己見火流於時蠶事已過唯績可以當之且下章蠶事別言流火故不以蠶事屬此○傳三之日至大夫○正義曰于訓於三之日於是始脩耒耜月令季冬命農計耦耕事脩耒耜具田器孟春天子躬耕帝籍然則脩治耒耜當季冬之月舉足而耕當以孟春之月者今言豳人以正月脩耒耜二月始耕故云豳土晚寒鄭志荅張逸云晚溫亦晚寒是寒晚溫亦晚故脩耒耜始耕皆校中國一月也易鼎卦注云無事曰趾陳設曰足對文則爲小異散則趾足通名訓趾爲足耕以足推故云無不舉足而耕無不者言其人人皆然也饁饋釋詁文孫炎曰饁野之餉釋言云畯農夫也孫炎曰農夫田官也郭璞曰今之嗇夫是也然則此官選俊人主田謂之田畯典農之大夫謂之農夫以王者九重農事知其爵爲大夫也案鄭注周禮載師云六遂餘地自三百以外天子使大夫治之或於田農之時特命之主其田農之事以周禮無田畯正職故直云田畯大夫春官籥章掌擊土鼓以樂田畯鄭司農云田畯古之先教田之官者但彼説祈年之祭知其祭先教者傳不解至喜之義但毛無破字之理不得以爲酒食當謂田畯來至見勤勞故喜樂耳○箋喜讀至成之○正義曰箋以田畯至喜文承饁彼之下若是喜樂其事便是喜其餉食非復悅其勤勞何當於饁彼之下而説田畯喜乎饎旣是食明喜亦是食故知喜讀爲饎饎酒食釋訓文李巡曰得酒食則喜歡也孫號云小民耕農妻子相饁雖有冀缺如賓之敬大夫儀然銜命巡司何爲辱身就耕民公姬壟畝草間共飲食乎鄙亦甚矣而改易經字殆非作者之本旨斯不然矣飲食之事祀之所重大夫之勸迎周公籩豆有踐鄭人之愛國君欲授之以煩何獨田畯之尊不可爲之設食也説其爲設酒食言民愛其吏耳何必大夫皆仰田間食乎

七月流火。九月授衣。箋云將言女功之始故又本作此

春日載陽。有鳴倉庚。女執懿筐。遵彼微行。爰求柔桑。倉庚離黃也懿筐深筐也微行牆下徑也五畝之宅樹之以桑箋云載之言則也陽溫也溫而倉庚又鳴可蠶之候也柔桑稺桑也蠶始生宜稺桑○離本又作鵹鸝同力知反稺直吏反本亦作稚

春日遲遲。采蘩祁祁。女心傷悲。殆及公子同歸。遲遲舒緩也蘩白蒿也所以生蠶祁祁衆多也傷悲感事苦也春女悲秋士悲感其物化也殆始及與也豳公子躬率其民同時出同時歸也箋云春女感陽氣而思男秋士感陰氣而思女是其物化所以悲也悲則始有與公子同歸之志欲嫁焉女感事苦而生此志是謂豳風○祁巨之反一音上之反殆音待

【疏】七月至同歸○毛以爲七月之中有流下者火星也民知將寒之候九月之中則可以授

冬衣矣又本其趍時養蠶春日則以溫矣又有鳴者是倉庚之鳥也於此之時女人執持深筐循彼微細之徑道於是求柔稺之桑以養新生之蠶因言養蠶之時女有傷悲之志更本之言春日遲遲然而舒緩采蘩以生蠶者祁祁然而衆多於是之時女子之心感蠶事之勞苦又感時物之變化皆傷悲思男有欲嫁之志時豳公之子躬率其民共適田野此女人等始與此公子同時而來歸於家○鄭唯下句異言始與豳公之子同有歸嫁之志餘同○傳倉庚至以桑○正義曰倉庚一名離黃即葛覃黃鳥是也懿者深遂之言故知懿筐深筐行訓爲道也步道謂之徑微行爲牆下徑五畝之宅樹之以桑孟子文引之者自明牆下之意○傳遲遲至時歸○正義曰遲遲者日長而暄之意故爲舒緩計春秋漏刻多少正等而秋言悽悽春言遲遲者陰陽之氣感人不同張衡西京賦云人在陽則舒在陰則慘然則人遇春暄則四體舒泰春覺晝景之稍長謂日行遲緩故以遲遲言之及遇秋景四體褊躁不見日行急促唯覺寒氣襲人故以悽悽言之悽悽是涼遲遲非暄二者觀文似同本意實異也釋草云蘩皤蒿孫炎曰白蒿也傳於采蘩云皤蒿也此云白蒿變文以曉人也今定本云皤蒿也白蒿所以生蠶今人猶用之傷悲感事苦感養蠶之事苦既感事苦又感陽氣故傳明其二感之意春則女悲秋則士悲感其萬物之化故所以悲也因有女悲遂解男悲言男女之志同而傷悲之節異也釋詁云胎始也說者皆以爲生始然則胎殆義同故爲始也及與釋詁文諸侯之子稱公子言與公子同歸則公子時亦適野故豳公之子身率其民也王肅云豳君既備其政又親使公子躬率其民同時歸也○箋春女至豳風○正義曰箋又申傳傷悲之意女是陰也男是陽也秋冬爲陰春物得陽而生女則有陰而無陽春女感陽氣而思男春夏爲陽秋物得陰而成男則有陽而無陰故秋士感陰氣而思女是由其萬物變化故所以思見之而悲也婦人謂嫁爲歸經於傷悲之下即言與公子同歸是說女之思嫁不得爲公子率民故易傳以言悲則始有與公子同歸之志欲得嫁焉雖貴賤有異感氣則同故與公子同有歸嫁之意雖感陽氣使然亦是感蠶事之苦而生此志申傳感二事之意也莊元年公羊傳說築王姬之館云於羣公子之舍則以卑矣是諸侯之女稱公子也此章所言是謂豳國之風詩也此言是豳風六章云是謂豳雅卒章云是謂豳頌者春官籥章云仲春晝擊土鼓吹豳詩以迎暑仲秋夜迎寒氣亦如之凡國祈年於田祖吹豳雅擊土鼓以樂田畯國祭蜡則吹豳頌以息老物以周禮用爲樂章詩中必有其事此詩題曰豳風明此篇之中當具有風雅頌也別言豳雅豳頌則豳詩者是豳風可知故籥章注云此風也而言詩詩摠名也是有豳風也且七月爲國風之詩自然豳詩是風矣既知此篇兼有雅頌則當以類辨之風者諸侯之政教凡繫水土之風氣故謂之風此章女心傷悲乃是民之風俗故知是謂豳風也雅者正也王者設教以正民作酒養老是人君之美政故知穫稻爲酒是豳雅也頌者美盛德之形容成功之事男女之功俱畢無復飢寒之憂置酒稱慶是功成之事故知朋酒斯饗萬壽無疆是謂豳頌也籥章之注與此小殊彼注云豳詩謂七月也七月言寒暑之事迎氣歌之歌其類言寒暑之事則首章流火觱發之類是也又云豳雅者亦七月也七月又有于耜舉趾饁彼南畝之事是亦歌其類也則亦以首章爲豳雅也又云豳頌者亦七月也七月又有穫稻釀酒躋彼公堂稱彼兕觥萬壽無疆之事是亦歌其類也兼以穫稻釀酒亦爲豳頌皆與此異者彼又觀籥章之文而爲說也以其歌豳詩以迎寒迎暑故取寒暑之事以當之吹豳雅以樂田畯故取耕田之事以當之吹豳頌以息老

物故取養老之事以當之就彼爲說故作兩解也諸詩未有一篇之內備有風雅頌而此篇獨有三體者周召陳王化之基未有雅頌成功故爲風也鹿鳴陳燕勞伐事之事文王陳祖考天命之美雖是天子之政未得功成道洽故爲雅天下太平成功告神然後謂之爲頌然則始爲風中爲雅成爲頌言其自始至成別故爲三體周公陳豳公之教亦自始至成述其政教之始則爲豳風述其政教之中則爲豳雅述其政教之成則爲豳頌故今一篇之內備有風雅頌也言此豳公之教能使王業成功故也

七月流火。八月萑葦。薍爲萑葭爲葦豫畜萑葦可以爲曲也箋云將言女功自始至成故亦又本於此○萑戶官反葦韋鬼反薍五患反葭音加畜本又作蓄同勅六反下同**蠶月條桑。取彼斧斨。以伐遠揚。猗彼女桑。**斨方銎也遠枝遠也揚條揚也角而束之曰猗女桑荑桑也箋云條桑枝落采其葉也女桑少枝長條不枝落者束而采之○條徒彫反注條桑同又如字沈暢遙反斨七羊反猗於綺反徐於宜反銎曲容反說文云斧空也荑徒兮反**七月鳴鵙。八月載績。載玄載黃。我朱孔陽。爲公子裳。**鵙伯勞也載績絲事畢而麻事起矣玄黑而有赤也朱深纁也陽明也祭服玄衣纁裳箋云伯勞鳴將寒之候也五月則鳴豳地晚寒鳥物之候從其氣焉凡染者春暴練夏纁玄秋染夏爲公子裳厚於其所貴者說也○鵙圭覓反字林工役反纁許云反暴蒲卜反染如琰反

【疏】七月至子裳○正義曰言七月流下者火星也民知將寒之候八月萑葦既成豫畜之以擬蠶用於養蠶之月條其桑而采之謂斬條於地就地采之也猗束彼女桑而采之謂柔稺之桑不枝落者以繩猗束而采之也言民受先公之教能勤蠶事也蠶事既畢又須績麻七月中有鳴者是鵙之鳥也是將寒之候八月之中民始績麻民又染繒則染爲玄則染爲黃云我朱之色甚明好矣以此朱爲公子之裳也績麻爲布民自衣之玄黃之色施於祭服朱則爲公子裳皆是衣服之事雜互言之也○傳薍爲至爲曲○正義曰釋草云菼薍樊光云菼初生葸息理反騂色海濱曰薍郭璞曰似葦而小又云葭華舍人曰葭一名華樊光引詩云彼茁者葭郭璞曰即今蘆也又云葭蘆郭璞曰葦也然則此二草初生者爲菼長大爲薍成則名爲萑初生爲葭長大爲蘆成則名爲葦小大之異名故云薍爲萑葭爲葦此對文耳散則通矣兼葭云白露爲霜之時猶名葭行葦云敦彼行葦夏時已名葦也月令季春說養蠶之事云具曲植筐筥注云曲薄也植槌也薄用萑葦爲之下句言蠶事則萑葦爲蠶之用故云豫畜萑葦可以爲曲也○箋將言至於此○正義曰養蠶女功之始衣服女功之成上章止言蠶生之事故箋云女功之始此章并說爲裳故云自始至成也○傳斨方至荑桑○正義曰破斧傳云隋銎曰斧方銎曰斨然則斨即斧也唯銎孔異耳故云斨方銎也此蓋相傳爲然無正文也劉熙釋名曰斨戕也所伐皆戕毀也言遠枝遠者謂長枝去人遙也揚條揚者也謂長條揚起者皆手所不及故枝落之而采取其葉襄十四年左傳云譬如捕鹿晉人角之諸戎掎之然猗角皆遞截束縛之名也故云角而束之曰猗女是人之弱者故知女桑柔桑言柔弱之桑其條雖長不假枝落故束縛而采也集注及定本皆云女桑荑桑取周易枯楊生荑之義荑是葉之新生者○傳鵙伯至纁裳○正義曰鵙伯勞釋鳥文李巡曰伯勞一名鵙樊光曰春秋云少皞氏以鳥名官伯趙氏司至伯趙鵙也以夏至來冬至去郭璞曰似鶻鵰而大陳思王惡鳥論云伯勞以五月鳴應陰氣之動陽氣爲仁養陰爲殺殘賊伯勞蓋賊害之鳥也其聲鵙鵙故以其音名云陳風云不績其麻績緝麻之名八月絲事畢而麻事起故始績也玄黑而有赤謂色有赤黑雜者考工記鍾氏說染法云三入爲纁五入爲緅七入爲緇注云染纁者三入而成又再染以黑則爲緅緅今禮記作爵言如爵弁色也又復再染以黑乃成緇矣凡玄色者在緅緇之間其六入者與染法互入數禮無明文故鄭約之以爲六入謂三入赤三入黑是黑而有赤也士冠禮云爵弁服纁裳注云凡染絳一入謂之縓再入謂之赬三入謂之纁朱則四入矣以上染朱入數書傳無文故約之以爲四入也三則爲纁四入乃成朱色深於纁故云朱深纁也陰陽相對則陰闇而陽明矣朱色無陰陽之義故以陽爲明謂朱爲光明也易下繫云黃帝堯舜垂衣裳蓋取諸乾坤注云乾爲天坤爲地天色玄地色黃故玄以爲衣黃以爲裳象天在上地在下土託位於南方南方故云用纁是祭服用玄衣纁裳之義染色多矣而特擧玄黃故傳解其意由祭服尊故也○箋伯勞至者說○正義曰五月陰氣動而伯勞鳴是將寒之候也月令仲夏鵙始鳴是中國正氣五月則鳴今豳地晚寒鳥初鳴之候從其鄉土之氣焉故至七月鳴始鳴也此篇箋傳三云晚寒上言于耜擧趾下云載績武功唯校中國一月此獨校兩月者豳處西北遠於諸華寒氣之來大率晚耳未必皆與中國常校一月何則蠶月條桑八月其穫七月食瓜八月剝棗九月肅霜十月滌場如此之類皆與中國同也既云同於中國不得齊校一月自然有大晚者得校兩月也王肅云蟬及鵙皆以五月始鳴今云七月其義不通也古五字如七肅之此說理亦可通但不知經文實誤不耳豳地大率晚寒箋傳略擧三事又以月令校之豳地之寒晚於中國者非徒此三事而已月令仲春之月倉庚鳴此云蠶月始鳴月令季秋草木黃落此云十月隕蘀月令季秋令民云寒氣摠至其皆入室此云曰爲改歲入此室處月令季秋天子嘗稻此云十月穫稻月令仲秋云天子嘗麻此云九月叔苴月令季冬命取冰此云三之日納于凌陰皆是晚寒所致箋傳不說者已擧三事其餘後可知也上云三之日于耜言晚寒者猶寒氣晚至故耕田晚也七月鳴鵙言晚寒者謂溫氣晚則鵙鳴晚也上傳言晚寒則此箋當言晚溫而亦言晚寒者鄭荅張逸云晚寒亦晚溫其意言寒來既晚故順上傳擧晚寒以明晚溫耳孫毓以爲寒鄉率早寒北方是也熱鄉乃晚寒南方是也毛傳言晚寒者豳土寒多雖晚猶寒非謂寒來晚也毓之此言似欲有理但案經上下言九月肅霜與中國氣同穫稻乃晚於中國非是寒來早也明是寒來晚故溫亦晚也凡染春暴練夏纁玄秋染夏天官染人文彼注云暴練練其素而暴之纁玄者可以染此色玄纁者天地之色以爲祭服石染當及盛暑熱潤浸湛研之三月而後可用考工記鍾氏則染纁術也染玄則史傳闕矣染夏者染五色謂之夏者其色以夏翟爲飾夏翟毛羽五色皆備成章染者擬以爲深淺之度是以放而取名引此者證經載玄載黃謂以夏日染之非八月染也實在夏而文承八月之下者以養蠶績麻是造衣之始故先言之染色作裳是爲衣之終故後言之言蠶績所得民亦自衣而特言公子裳厚重於其貴者故特說之以下于貉不言爲民之裘而狐狸云爲公子裘亦是厚於貴者與此同

四月秀葽。五月鳴蜩。八月其穫。十月隕蘀。不榮而實曰秀葽葽草也蜩螗也穫禾可穫也隕墜蘀落也箋云夏小正四月王萯秀葽其是乎秀葽也鳴蜩也穫禾也隕蘀也四者皆物成而將寒之候物成自秀葽始○葽於遙反蜩徒彫反穫戶郭反下同隕于敏反蘀音託螗音唐墜直類反萯音婦

一

之日于貉。取彼狐貍。爲公子裘。于貉謂取狐貍皮也狐貉之厚以居孟冬天子始裘。箋云于貉往搏貉以自爲裘也狐貍以共尊者言此者時寒宜助女功。貉戶各反獸名貍力之反獸名搏音博舊音付自爲于僞反二之日其同。載纘武功。言私其豵。獻豜于公。纘繼功事也豕一歲曰豵三歲曰豜大獸公之小獸私之箋云其同者君臣及民因習兵俱出田也不用仲冬亦豳地晚寒也豕生三曰豵。纘子管反豵子公反豜古牽反又音牽。疏四月至于公○正義曰四月秀者葽之草也五月鳴者蜩之蟲也八月其禾可穫刈也十月木葉皆隕落也此四物漸而成終落則將寒之候時既漸寒至大寒之月當取皮爲裘以助女功一之日往捕貉取皮庶人自以爲裘又取狐與貍之皮爲公子之裘絲麻不足以禦寒故爲皮裘以助之既言捕貉取狐因說田獵之事至二之日之時君臣及其民俱出田獵則繼續武事年常習之使不忘戰也我在軍之士私取小豵獻大豜於公戰鬬不可以不習四時而習之兵事不可以空設田獵蒐狩以閑之故因習兵而俱出田獵也美先公禮教備矣○傳不榮至蘀落○正義曰釋草云華榮也木謂之華草謂之榮不榮而實者謂之秀榮而不實者謂之英李巡曰分別異名以曉人則彼以英秀對文故以英爲不實秀爲不榮出車云黍稷方華生民說黍稷云實發實秀黍稷秀有華亦稱秀也言其秀實知葽是草也釋蟲云蜩蜋蜩螗蜩舍人云皆蟬方言曰楚謂蟬爲蜩宋衞謂之螗蜩陳鄭謂之蜋蜩秦晉謂之蟬是蜩蟬一物方俗異名耳釋蟲又云蜺寒蜩郭璞曰寒螿也似蟬而小靑赤引月令云寒蟬鳴與此鳴蜩不同春夏小正云五月蜻蜩鳴七月寒蟬鳴是其異也八月其穫者唯有禾耳故知其穫謂禾可穫也隕墜釋詁文○箋小正至葽始○正義曰夏小正者大戴禮之篇名也葽之爲草書傳無文四月已秀物之鮮矣故疑王蕡正與葽爲一言葽其是乎爲疑之辭也月令孟夏王瓜生注云今曰王蕡生夏小正云王蕡秀未聞孰是鄭以四月生者自是王瓜今月令與夏小正皆作王蕡而生秀字異必有誤者故云未知孰是本草云蕡生田中葉刺人有實七月采陰乾云七月采之又非四月已秀是葽以否未能審之物之成熟莫先葽草故云物成自秀葽始微見言月之意由有物成故也○傳于貉至始裘○正義曰于謂往也于貉言往不言取狐貍言取不言往皆是往捕之而取其皮故傳言于貉謂取狐貍皮并明取之意也狐貉之厚以居論語文言其毛厚服之居於家也孟冬天子始裘月令文言自此之後臣民亦服裘也引二文者證取皮爲裘之義孟冬已裘而仲冬始捕獸者爲來年用之天官掌皮秋斂皮冬斂革春獻之注云皮革踰歲乾冬乃可用獻之以入司裘是其事也孟冬始裘而司裘仲秋獻良裘季秋獻功裘者豫之以待王時服用須賜故也○箋于貉至女功○正義曰以經狐貍以下爲公子裘耳明于貉是民自用爲裘也禮無貉裘之文唯孔子服狐貉裘以居明貉裘賤故也定九年左傳稱齊大夫東郭書衣貍製服虔云貍製貍裘也禮言狐裘多矣知狐貍以供尊者言此時寒宜助女功以布帛爲正女功皮裘爲助女功非謂男助女也○傳纘繼至私之○正義曰纘繼功事皆釋詁文豵入私豜入公則豜大豵小言其一歲三歲蓋相傳爲然無正文也大獸公之小獸私之大司馬職文彼云小禽私之禽獸得通因經言獸故言獸也○箋其同至曰豵○正義曰大司馬云仲春教振旅遂以蒐田仲夏教茇舍遂以苗田仲秋教治兵遂以獮田仲冬教大閱遂以狩田是皆因習兵而田獵也禮云仲冬此言二之日卽是季冬也不用仲冬者豳地晚寒故習兵晚也四時皆習兵而獨說冬獵者以取皮在冬且大閱禮備故也豕生三曰豵釋獸文箋既易傳不以豵爲一歲之名則豜亦非三歲之稱釋獸釋鹿與麕皆云絕有力麉箋意蓋以麉爲鹿麕有力者也

五月斯螽動股。六月莎雞振羽。七月在野。八月在宇。九月在戶。十月蟋蟀入我牀下。斯螽蚣蝑也莎雞羽成而振訊之箋云自七月在野至十月入我牀下皆謂蟋蟀也言此三物之如此著將寒有漸非卒來也。螽音終莎音沙徐又素和反沈云舊多作莎今作沙音素何反宇四垂爲宇韓詩云宇屋霤也蟋音悉蟀所律反蚣相容反又相工反蝑相魚反又相呂反訊音信本又作迅同卒寸忽反

穹窒熏鼠。塞向墐戶。穹窮窒塞也向北出牖也墐塗也庶人蓽戶箋云爲此四者以備寒○穹起弓反窒珍悉反徐得悉反熏許云反塞向如字北出牖也韓詩云北向窗也墐音覲牖音酉蓽音必

嗟我婦子。曰爲改歲。入此室處。箋云曰爲改歲者歲終而一之日觱發二之日栗烈當避寒氣而入所穹窒墐戶之室而居之至此而女功止○曰爲上音越下音于僞反一讀上而實反下如字漢書作聿爲 疏 五月至室處○正義曰言五月之時斯螽之蟲搖動其股六月之中莎雞之蟲振訊其羽蟋蟀之蟲六月居壁中至七月則在野田之中八月在堂宇之下九月則在室戶之內至於十月則蟋蟀之蟲入於我之牀下此皆將寒漸故三蟲應節而變蟲既近人大寒將至故穹塞其室之孔穴熏鼠令出其窟塞北出之嚮墐塗荊竹所織之戶使令室無隙孔寒氣不入豳人又告妻子言已穹窒墐戶之意嗟乎我之婦與子我所以爲此者曰爲改歲之後觱發栗烈大寒之時當入此室而居處以避寒故爲此也○傳斯螽至訊之○正義曰斯螽蚣蝑釋蟲文又云螒天雞樊光曰謂小蟲黑身赤頭一名莎雞李巡曰一名酸雞郭璞曰一名莎雞又曰樗雞陸機疏曰莎雞如蝗而班色毛翅數重其翅正赤或謂之天雞六月中飛而振羽索索作聲幽州人謂之蒲錯是也○箋七月至卒來○正義曰以入我牀下是自外而入在野在宇在戶從遠而至於近故知皆謂蟋蟀也退蟋蟀之文在十月之下者以人之牀下非蟲所當入故以蟲名附十月之下所以婉其文也戶宇言在牀下言入者以牀在其上故變稱入也月令季夏云蟋蟀居壁是從壁內出在野○傳穹窮至蓽戶○正義曰窒塞釋言文以窒是塞故穹爲窮言窮盡塞其窟穴也士虞禮云祝啓牖嚮注云嚮牖一名也明堂位注云嚮牖屬此爲寒之備不塞南窓故云北出牖也備寒而云墐戶明是用泥塗之故以墐爲塗也所以須塗者庶人蓽戶儒行注云蓽戶以荊竹織門以其荊竹通風故泥之也○箋曰爲至功止○正義曰月令云孟冬命有司閉塞而成冬此經穹窒墐戶文在十月之下亦當以十月塞塗之矣云曰爲改歲者以仲冬陽氣始萌可以爲年之始故改正朔者以建子爲正歲亦莫止謂十月爲莫是過十月則改歲乃大寒故言改歲之後方始入室若揔言一歲之事則寒暑一周乃爲終歲寒氣未過是爲未終故上言無衣無褐不得終歲謂度寒至春二者意小異也言入室者夏秋以來亦在此室欲言避寒之意故云入此室耳非是別有室也從養蠶而至此時一歲之女功止故告婦子令之入室避寒也

六月食鬱及薁。七月亨葵及菽。八月剝棗。十月穫稻。爲此春酒。以介眉壽。鬱棣屬薁蘡薁也剝擊也春酒凍醪也眉壽豪眉也箋云介助也既以鬱下及棗助男功又穫稻而釀酒以助其養老之具是謂豳雅○薁於六反亨普庚反菽音叔本亦作叔藿也剝普卜反注同介音界棣大計反蘡於盈反或於耕反凍丁貢反醪老刀反釀女亮反

七月食瓜。八月斷壺。九月叔苴。采荼薪樗。食我農夫。壺瓠也叔拾也苴麻子也樗惡木也箋云瓜瓠之畜麻實之糝乾荼之菜惡木之薪亦所以助男養農夫之具○瓜古花反字或加艸非苴七餘反荼音徒樗勑書反又他胡反食音嗣瓠戶故反拾音十糝素感反 疏 六月至農夫○正義曰此鬱薁言食則葵菽及棗皆食之也但鬱薁生可食故以食言之葵菽當亨煑乃食棗當剝擊取之各從所宜而言之其實皆是食也穫稻作酒云以介眉壽主爲助養老人則農夫不得飲之其鬱薁葵棗瓜瓠農夫老人皆得食之其荼樗云食我農夫則老人不食之矣○傳鬱棣至豪眉○正義曰鬱棣屬者是唐棣之類屬也劉稹毛詩義問云其樹高五六尺其實大如李正赤食之甜本草云鬱一名雀李一名車下李一名棣生高山川谷或平田中五月時實言一名棣則與棣相類故云棣屬薁蘡者亦是鬱類而小別耳晉宮閣銘云華林園中有車下李三百一十四株薁李一株車下李即鬱薁李即薁二者相類而同時熟故言鬱薁也棗須樹擊之所以剝爲擊也春酒凍醪者醪是酒之別名此酒凍時釀之故稱凍醪天官酒正辨三酒之物云一曰事酒二曰昔酒三曰清酒注云事酒今之醳酒也昔酒今之酋久白酒所謂舊醳者也清酒今之中山冬釀接夏而成者然則春酒即彼三酒之中清酒也人年老者必有豪毛秀出者故知眉謂豪眉也○箋介助至豳雅○正義曰釋詁云介右也右助也展轉相訓是介爲助也鬱下及棗揔助男功穫稻爲酒唯助養老故辨之以黍稷菽麥爲正男功果實菜茹爲助男功非是女助男也○箋壺瓠至惡木○正義曰以壺與食瓜連文則是可食之物故知壺爲瓠謂甘瓠可食就蔓斷取而食之說文云叔拾也亦爲叔伯之字喪服注云苴麻之有實者然則叔苴謂拾取麻實以供食也樗唯堪爲薪故云惡木此經食瓜則斷瓠拾麻亦食之也荼以爲菜樗以爲薪各從所宜而立文耳下章納穀有麻在男功之正此說男功之助言叔苴者以麻九月初熟拾取以供羹菜其在田收穫者猶納倉以供常食也

九月築場圃。春夏爲圃秋冬爲場箋云場圃同地自物生之時耕治之以種菜茹至物盡成熟築堅以爲場○場直羊反下同本又作塲塲依字失陽反今亦宜直羊反圃布古反一音布茹如豫反

十月納禾稼。黍稷重穋。禾麻菽麥。後熟曰重先熟曰穋箋云納內也治於場而內之囷倉也○重直容反注同先種後熟曰重又作種音同說文云禾邊作重是重穋之字禾邊作童是穜穋之字今人亂之已久穋音六本又作稑音同說文云稑或從翏後種先熟曰稑囷丘倫反

嗟我農夫。我稼既同。上入執宮功。入爲上出爲下箋云既同言已聚也可以上入都邑之宅治宮中之事矣於是時男之野功畢○上時掌反注同

晝爾于茅。宵爾索綯。宵夜綯絞也箋云爾女也女當晝日往取茅歸夜作絞索以待時用○索素落反綯徒刀反絞古卯反

亟其乘屋。其始播百穀。乘升也箋云亟急乘治也七月定星將中急當治野廬之屋其始播百穀謂祈來年百穀于公社○亟紀力反定都佞反 疏 九月至百穀○毛以爲此章說農夫作事之終

故言九月之時築場於圃之中以治穀也十月之中納禾稼之所收穫者黍稷重穋禾麻菽麥之等納之於囷倉之中粟旣納倉則農事畢了民嗟予我農夫之等我之稼穡旣己積聚矣野中無事可以上入都邑之宅執治於宮中之事宮中所治當是何事卽相謂云晝日爾當往取茅草夜中爾當作索綯以待明年蠶用也汝又當急其升上野廬之屋而脩治之以待耘耔之時所以止息也公又其始爲民播種百穀之故而祈祭社稷田事不久故豫脩廬舍美農人趍時也○鄭唯以乘爲治謂急治野屋爲異餘同○傳春夏至爲場○正義曰地官載師云場圃任園地注云圃樹果蓏之屬季秋於中爲場樊圃謂之圃然則圃者外畔藩籬之名其內之地種樹菜果則謂之圃蹂踐禾稼則謂之場故春夏爲圃秋冬爲場東山云町畽鹿場是謂蹂踐之名箋云種菜茹者烝民云柔亦不茹茹者咀嚼之名以爲茶之別稱故書傳謂茶爲茹○傳後熟至曰穋○正義曰後熟者先種之先熟者後種之故天官內宰鄭司農云先種後熟謂之重後種先熟謂之穋相傳爲然無正文也○箋納內至囷倉○正義曰宅在都田在野上言場此言納故知納是治於場而內於倉也苗生旣秀謂之禾種殖諸穀名爲稼禾稼者苗幹之名此言納禾稼謂納於場但旣言治於場遂內於倉下句唯言旣同不見納倉之事故箋連言之耳禾稼禾麻再言禾者以禾是大名也徒黍稷重穋四種而已其餘稻秫苽粱之輩皆名爲禾麻與菽麥則無禾稱故於麻麥之上更言禾字以總諸禾也此文所不見者明其皆納之也○箋旣同至功畢○正義曰旣納囷倉已是聚矣言治宮中之事則是訓功爲事經當云執宮公本或公在宮上謨耳今定本云執宮功不爲公字於是男之野功畢宮內之事則未畢故入之執於宮功○傳綯絞○正義曰釋言文李巡曰綯繩之絞也○傳乘升○正義曰乘車是升其上其乘屋亦升其上故爲升也○箋亟急至公社○正義曰亟急釋言文以民治屋不應直言升上而已故易傳以乘爲治下句言其始播百穀則乘屋亦爲田事且上云塞向墐戶是都邑之屋故知此所治屋者民治野廬之屋也播種百穀乃是明年之事今於十月之中則是預有所營與播種者爲始與穀爲始不過祈祭社稷故知其始播百穀祈來年百穀於公社治屋者民自治之祭社者則公爲之祭非祭也所以二句得相成者以民所以治屋者見公家祭社爲祈來年播種百穀故民亦治屋爲來年鋤耘而止舍月令孟冬天子乃祈來年於天宗大割祠于公社及門閭臘先祖五祀注云此周禮所謂蜡也天宗謂日月星辰大割大殺羣牲割之臘謂以田獵所得禽祭五祀謂門戶中霤竈行或言祈年或言大割牲或言臘互文是十月之時爲民祈來年百穀也月令天子之事故云祈於天宗此陳豳公之政指言公社以諸侯之事不得祭天故也

二之日鑿冰沖沖。三之日納于凌陰。四之日其蚤，獻羔祭韭。

冰盛水腹則命取冰於山林沖沖鑿冰之意凌陰冰室也箋云古者日在北陸而藏冰西陸朝覿而出之祭司寒而藏之獻羔而啓之其出之也朝之祿位賓食喪祭於是乎用之月令仲春天子乃獻羔開冰先薦寢廟周禮凌人之職夏頒冰掌事秋刷上章備寒故此章備暑后稷先公禮教備也○鑿在洛反沖直弓反聲也凌力證反又音陵說文作媵音凌蚤音早韭音九字或加艸非複音福覿徒歷反祭司寒本或作祭寒朝之直遙反刷所劣反爾雅云清也三蒼云埽也

九月肅霜。十月滌場。朋酒斯饗。曰殺羔羊。

肅縮也霜降而收縮萬物滌場功畢入也兩樽曰朋饗者鄉人以狗大夫加以羔羊箋云十月民事男女俱畢無飢寒之憂國君閒於政事而饗羣臣○滌直歷反埽也曰音越或人實反非縮所六反閒音閑

躋彼公堂。稱彼兕觥。萬壽無疆。

公堂學校也觥所以誓衆也疆竟也箋云於饗而正齒位故因時而誓焉飲酒旣樂欲大壽無竟是謂豳頌○躋子兮反升也兕徐履反本或作兕觥虢彭反本亦作觵疆居良反或音注爲境非校戶教反樂音洛

［疏］二之日至無疆○毛以爲豳公教民二之日之時使人鑿冰沖沖然三之日之時納于凌陰之中四之日其早朝獻黑羔於神祭用韭菜而開之所以禦暑言先公之教寒暑有備也又九月之時收縮萬物者是露爲霜也十月之中埽其場上粟麥盡皆畢矣於是設兩樽之朋酒斯爲飲酒之饗禮其牲用犬若有大夫來至則相命曰當殺羔羊尊大夫故特爲殺羊乃升彼公堂序學之上舉彼兕觥之爵以誓告衆人使無違於禮於是民慶豳公使得萬年之壽無有疆境之時美先公禮教周備爲民所慶賀也鄭以爲朋酒斯饗民事畢國君閒暇設朋輩之尊酒斯饗勞羣臣作大飲之禮曰殺羔羊以爲殽羞羣臣皆升彼公堂之上有司乃舉彼兕觥以誓羣臣使無犯禮者羣臣於是慶君使君萬壽無疆餘同○傳冰盛至冰室○正義曰月令季冬冰方盛水澤腹堅命取而藏之注云腹堅厚也此月日在北陸冰堅厚之時昭四年左傳說藏冰之事云深山窮谷於是乎取之是於冰厚之時命取冰也左傳言取冰於山耳此兼言林者以山林曰林故連言之冲冲非貌非聲故云鑿冰之意納於凌陰是藏冰之處故知爲冰室也案天官凌人云正歲十有二月令斬冰三其凌注云凌冰室也三之者爲消釋度也杜子春云三其凌者三倍其冰此言凌陰始得爲凌室彼直言凌此亦得爲凌室者凌冰一物旣云斬冰而又云三其凌則是斬冰三倍多於凌室之所容故知三其凌者謂凌室不然單言凌者止得爲冰體不得爲冰室也凌人十二月斬冰卽以其月納之此言三之日納于凌陰四之日卽出之藏之旣晚出之又早者鄭荅孫皓云豳土晚寒故可夏正月納冰夏二月仲春大蔟用事陽氣出始溫故祀應開冰先薦寢廟言由寒晚得晚納冰依祀須早開故也月令孟春律中大蔟二月律中夾鍾言二月大蔟用事者以太蔟爲律夾鍾爲呂呂者助律宣氣律統其功故雖至二月猶云大蔟用事○箋古者至教備○正義曰自於是乎用之以上皆昭四年左傳文彼說藏冰之事其末云七月之卒章藏冰之道與此同故其引之釋天云北陸虛也西陸昴也孫炎曰陸中也北方之宿虛爲中也西方之宿昴爲中然則日在北陸謂日體在北方之中宿是建丑之月夏之十二月也劉歆三統歷術十二月小寒節日在女八度大寒中日在危一度是大寒前一日日猶在虛於此之時可藏冰也西陸朝覿而出之謂日行已過於昴星在日之後早朝出現也三統術四月立夏節日在畢十二度星去日半次然後見是立夏之日日去昴星之界已十二度昴星得朝見也於此之時可出冰也祭司寒而藏之還謂建丑之月祭主寒之神而藏此冰也獻羔而啓之謂建卯之月獻羔以祭主寒之神開此冰也二月開冰公始用之未賜臣也至於夏初其出之也朝之祿位賓食喪祭於是乎普用之乃是頒賜臣下也服虔云祿位謂大夫以上賓客食喪有祭祭祀是其普用之事也服虔以西陸朝覿而出之謂二月日在婁四度春分之中奎始晨見東方蟄蟲出矣故以是時出之給賓客喪祭之用服說如此知鄭不與同者以鄭荅孫皓云西陸朝覿謂四月立夏之時周禮曰夏班冰是也是鄭以西陸朝覿謂四月與服異也鄭意所以然者以西陸爲昴爾雅正文西陸朝覿當爲昴星朝見不得爲奎星見也故知出之爲四月賜非二月初開也傳下句別言祭司寒而藏之獻羔而啓之乃謂十二月始藏之二月初開之耳傳言祭寒而藏之不言司寒箋引彼文加司字者彼文上句云以享司寒下句重述其事略其司字箋以經有藏冰獻羔二事故略引下句以當之不引上句故取上句之意加司字以足之服虔云司寒司陰之神玄冥也將藏冰致寒氣故祀其神鄭意或亦然也箋又引其出之以下者解此藏冰之意言爲此頒冰故藏之也傳文其出之也在司寒之上此引之到者以其不證經文故退令在下月令仲春天子乃獻羔開冰先薦寢廟月令文也彼作鮮羔注云鮮當爲獻此已破之證經獻羔之事在二月也祭韭者蓋以時韭新出故用之王制云庶人春薦韭亦以新物故薦之也周禮凌人之職班冰掌事秋刷天官凌人文彼注云暑氣盛王以冰頒賜則主爲之刷清也秋涼冰不用可以清除其室也案傳以啓之下云火出而畢賦又云火出於夏爲三月則是三月須冰周禮言夏頒冰者凡言時事摠舉天象不可必以其月也以三月火始見四月則立夏時相接連冰以暑乃賜之故當在於四月是火出之後故傳以火出言之上章蠶績裳裘是備寒之事故此章又說藏冰是備暑之事言后稷先公禮教備也以序言后稷故兼言也○傳肅縮至羔羊○正義曰肅音近縮故爲縮也霜降收縮萬物言物乾而縮聚也月令季春行冬令則草木皆肅注云肅謂枝葉縮栗亦謂縮聚乾燥之意也洗器謂之滌則是淨義故爲埽也在場之功畢已入倉故滌埽其場朋者輩類之言此言朋酒則酒有兩樽故言兩樽曰朋埽場是農人之事則斯饗是民自飲酒故言饗者鄉人飲酒以狗爲牲大夫與爲則加以羔羊言曰殺羔羊是鄉人見大夫而始發此言故稱曰也鄉人飲酒而謂之饗者鄉飲酒禮尊事重故以饗言之譜說用樂之事云饗賓或上取鄉飲酒注云鄉飲酒升歌小雅禮盛者進取是鄉飲酒之禮得稱饗也此鄉人用狗殺羊謂黨正飲酒地官黨正職曰國索鬼神而祭祀以禮屬民而飲酒於序以正齒位一命齒於鄉里再命齒於父族三命不齒注云正齒位者爲民三時務農將闕於禮至此農隙而教之尊長養老見孝悌之道也鄉人雖爲鄉大夫必來觀禮是鄉人飲酒有大夫與之也鄉飲酒禮自是三年賓賢能之禮而黨正飲酒之禮亦與之同鄉飲酒經云尊兩壺於房戶之間有玄酒是用兩樽也記云其牲狗注云狗取擇人是鄉人以狗也王制云大夫無故不殺羊是行禮飲酒有故得用羊故云大夫加以羔羊也此賓黨正飲酒正有一黨之人傳言鄉人者以黨飲酒亦名鄉飲酒故也鄉飲酒義注云黨正飲酒而謂之鄉者州黨鄉之屬或則鄉之所居州黨鄉大夫親爲主人是解黨正飲酒得稱鄉人之意也○箋十月至羣臣○正義曰箋以下云躋彼公堂是升君之堂萬壽無疆是慶君之辭又鄉飲酒之禮用狗不用羊故易傳以爲斯饗謂國君間於政事而饗羣臣也月令孟冬云是月也大飲烝注云十月農功畢天子諸侯與羣臣飲酒於大學以正齒位謂之大飲別之於燕其禮云烝謂特牲體謂爲俎引此詩十月滌場以下云是豳頌大飲之詩是鄭以天子諸侯自有大饗羣臣之禮故不爲鄉飲酒也言別於燕禮小於大飲燕禮上設六樽此言朋酒者設尊之法每兩尊並設故云朋耳非謂國君大飲唯兩尊也燕禮云司宮尊於東楹之西兩方壺公尊瓦大夫尊兩圓壺是尊皆兩兩對設之也案燕禮記云其牲狗此大飲大於燕禮故用羊也○傳公堂至疆竟○正義曰傳以朋酒斯饗爲黨正飲酒之禮案黨正屬民而飲酒于序則公堂學校謂黨之序學也謂之公堂者以公法爲學故稱公耳天官酒正云凡爲公酒者注云謂鄉射飲酒以公事作酒者是鄉人之尊得稱公

也兕觥者罰爵此無過可罰而云稱彼故知舉之以誓戒衆人使之不違禮疆是境之別名言年壽長遠無疆畔也定本竟作境箋於饗至豳頌○正義曰箋以斯饗爲國君大飲之禮以正齒位故因是時而誓焉使羣臣知長幼之序令之不犯禮也月令注云天子諸侯與羣臣飲酒於大學以正齒位謂之大飲則此公堂謂之大學也知在大學亦正齒位者以國君大飲與黨正飲酒皆農隙而爲俱教孝悌之道黨之於庠學知國君於大學黨正飲酒爲正齒位知國君飲酒亦正齒位也

七月八章章十一句

毛詩注疏校勘記（八之一）　阮元撰盧宣旬摘錄

豳譜

以此敘己志 補案此當作比正義以比序己志又以比己身序己志皆可證

后稷之曾孫也公劉者 閩本明監本毛本同案浦鏜云曰誤也是也

由其積德勤民 閩本明監本勤誤愛毛本作亶誤山井鼎云乃改之互換其處是也

俱是先公之俊 閩本明監本毛本俊誤後下明是念其俊者同閩本監本毛本俱改則

後成王迎之反之 閩本明監本毛本同案上之字浦鏜云而誤是也正義云是成王迎而反之可證

主意於豳公之事 毛本主誤王閩本明監本不誤案山井鼎云王當作主物觀補遺不載據宋板皆失之

主意於豳公之事 閩本明監本毛本同案十行本損以字計之應少一字改刻補損而誤也

十有一年武王伐殷 閩本明監本毛本一作三案文王正義作一可證此改刻補損而誤

於四方諸來朝 明監本毛本諸下有侯字閩本無案有者是也采薇正義引有

故迎周公 閩本明監本毛本同案浦鏜云欲誤故是也

非是六軍之事 補毛本事作士按士字是也

必然以否 明監本毛本以誤與閩本不誤案以否正義中常語而不知乃改之

○七月

無怨於我先王 補閩本明監本毛本同案怨於當作以告

古者避辟扶亦反譬僻 閩本明監本毛本同案扶亦反三字當旁行細書正義自爲音例如此考此正義所言知采芣正義必當易辟爲僻今盡作辟者後人依注改也此類多矣○按自爲音未必雙行小字

故毛讀辟爲辟 明監本毛本下辟字誤避閩本不誤案此卽上扶亦反字

諸衣言裳避寒之事 補案衣言二字當倒

其助在成一冬之月 閩本明監本毛本同案此當作其助在成冬一之日冬一字誤倒日誤月

二之日栗烈 唐石經小字本相臺本同案此釋文本也釋文云栗烈並如字下泉大東正義皆引作二之日栗冽云字從冰此正義云有栗冽之寒氣以下皆作烈猶引白旆英英而本詩作央央也又五經文字仌部有凓字是栗亦有從仌者今考毛氏詩多假借字當以釋文云如字者爲長四月箋云烈烈猶栗烈也亦其證○按詩經小學全書考栗烈當爲凓冽其說甚詳今坊閒所行乃刪本耳

觱發風寒也 小字本相臺本同案正義云有觱發之寒風又云故以觱發爲寒風考說文云滭風寒也用此傳正義下云仲冬之月待風乃寒則作風寒者是也有觱發之寒風自爲文而倒之也其故以觱發爲風寒不當倒乃後來所改也釋文觱發下云寒也有誤詳後考證考文古本作寒風采正義而誤

正中在南方大寒 明監本毛本寒下有退字閩本剜入案所補是也

吳志孫晧問 閩本明監本毛本同案吳當作鄭困學紀聞嘗正其誤是當時本已作吳矣

前受東方之體 閩本明監本毛本同案體當作禮形近之譌禮卽謂月令也

又復指斥其一之日 閩本明監本毛本日下有者字案所補是也

此篇說文 閩本明監本毛本同案浦鏜云說當設字誤是也

衣絲蠶爲重 補閩本明監本毛本衣下有事字案十行本損今以字計之應少一字改刻補損而誤也

當季冬之月 閩本明監本毛本當下有以字閩本剜入案所補是也

當以孟春之月者 閩本明監本毛本同案浦鏜云者當衍字是也

自三百以外 閩本明監本毛本百下有里字毛本三作二案所補所改皆是也

故宜云田畯大夫 閩本明監本毛本畯下有田字案所補是也釋文畯下云田大夫也

故又本作此 閩本明監本毛本同小字本相臺本作於考文古本於字亦同案於字是也

鹿鳴陳燕勞伐事之事 閩本明監本毛本伐事作羣臣案此誤改也伐事當作戍士伐戍形近之譌十行本士事不別也通鹿鳴以下言之不專指鹿鳴一篇下文王亦然

八月萑葦 小字本相臺本同唐石經初刻萑後改萑案萑字是也五經文字云萑戶官反從卝下萑今經或相承隸省草作萑正謂此也釋文萑戶官反○按說文有萑有萑萑者葦之類也从艸萑聲萑者鳥名从卝从隹今人萑葦字蓋用萑雀字爲叚借非用萑艸字也萑艸字从艸佳聲音追

猗彼女桑 唐石經小字本相臺本同案釋文云猗彼於綺反徐於宜反正義云襄十四年左傳云譬如捕鹿晉

人角之諸戎掎之然掎角皆遮截束縛之名也故云角而束之曰掎考此是說傳角字之義又以爲猗之言掎也故并說之非正義本經傳皆作掎也末曰掎仍當作猗乃不知者改之耳或因正義中字譌遂并疑此經當作掎者非也正義上文云猗束彼女桑而采之又云以繩猗束而采之也皆作猗不作掎掎字在小弁經正義不引亦其證

條桑枝落采其葉也 閩本明監本同毛本落下剜添之字小字本相臺本有考文古本同案有者是也釋文條下云枝落也不備取耳與葛覃濩煑也正同

七月鳴鵙 小字本相臺本同明監本毛本同唐石經鵙作鶪案唐石經是也五經文字云鶪伯勞也與說文合可證也

又云葭華舍人曰葭一名華 閩本明監本毛本同案二華字皆當作葦今爾雅自石經以下各本皆作華者字之誤也此正義所引本不誤故下文云成則名爲葦也不知者乃改之文選注引亦不誤

白露爲霜之時猶名葭 閩本明監本毛本同案盧文弨云白露爲霜當重非也讀以霜字斷句之時二字下屬之時者是時也

具曲植筐筥 閩本明監本毛本同案浦鏜云筥筐字誤倒是也

傳斨方至荑桑 閩本明監本毛本同案荑當作柔

集注及定本皆云女桑柔桑 閩本明監本毛本同案柔當作荑

言如爵弁色也 閩本明監本毛本同案弁當作頭

土記位於南方 閩本明監本記作寄毛本剜改記案皆誤也當作託周禮染人疏可證

其餘後可知也 閩本明監本毛本同案浦鏜云後當從字誤是也

當及盛暑熱潤 閩本明監本毛本同案浦鏜云熱誤熟是也

四八月染也 補案四當作非

十月隕蘀 小字本相臺本同唐石經初刻殞後改隕案初刻誤也

于貉往搏貉 小字本相臺本同案此釋文本也釋文云搏音博舊音付車攻篇公劉釋文同又無羊釋文云搏音博亦作捕音步考正義云一之日往捕貉取皮又云皆是往捕之而取其皮是正義本作捕字都人士正義引于貉往捕貉亦其證如周禮小司徒注伺捕小司寇注司搏也○按搏捕古今字此正箋作搏正義易字而說之也

釋蟲又云蜆寒蝸 閩本明監本蝸作蜩毛本誤作蟬案山井鼎云爾雅作蜩是也

皮革踰歲乾冬乃可用 閩本明監本毛本同案浦鏜云久誤冬考掌皮注浦挍是也

箋七月至卒來 閩本明監本毛本箋下有自字案所補是也

既以鬱下及薁　小字本相臺本同考文古本同閩本明監本毛本下作薁案下者謂薁葵也改作薁者誤正義云鬱下及薁總助男功可證

劉稹毛詩義問云　閩本明監本毛本同案惠棟云劉公幹毛詩義問十卷稹當作楨

晉宮閣銘云華林園中　閩本明監本毛本園作圃案所改非也園即園字當是正義依彼文引之也不得以字書不載而改去

褱須樹擊之　閩本明監本毛本樹上有就字案此誤補也樹當作掛即擣字見集韻又列女傳手自掛即漢書之手自擣也今本亦有誤為樹者皆因不識此字○按此殊附會剝棗即今之撲棗也剝讀為撲觀釋文自明撲者扑之俗扑者攴之變正義樹字當是撲之誤

必有豪毛秀出者　毛本豪誤毫閩本明監本不誤案考文古本因此并改箋作毫失之甚矣

場圃同地自物生之時　小字本同閩本明監本毛本同相臺本自作耳考文古本同案耳字是也上屬斷句

上入執宮功　小字本相臺本同唐石經執下有旁添於字案旁添誤也又此定本也正義云經當云執於宮公本或公在宮上誤耳今定本云執宮功不為公字考此傳箋皆無公字之訓箋云執宮中之事與上載纘武功傳功事也相承當以定本為長正義於字是自為文傍添者誤取之

七月定星將中　閩本明監本毛本同小字本相臺本七作十考文古本同案十字是也

場圃在園地也　閩本明監本毛本同案浦鏜云任誤在是

東山云町畽鹿場　明監本毛本畽誤疃閩本不誤案彼經唐石經以下皆作疃

則是訓功為事　閩本明監本毛本同案功當作公下故入之執於宮功同

祭非祭也　閩本明監本毛本非下有民字案皆誤也當作非民祭也十行本衍上祭字脫民字閩本以下補仍衍上祭字

冰盛水腹　相臺本同閩本明監本毛本同小字本腹作複案釋文云複音福正義云月令季冬冰方盛水澤腹堅腹厚也爾雅文鄭彼注用之正義本當是腹字月令釋文云腹本又作複此釋文或作腹詳後考證考文一本作複采自月令釋文耳

祭司寒而藏之　小字本相臺本同案釋文云祭司寒本或作祭寒正義云加司字以足之其所說最得左傳及此箋之意或作本誤依傳刪失之矣

滌場功畢入也　閩本明監本毛本同小字本相臺本滌下有埽也二字考文古本同案有者是也釋文正義皆可證

饗者鄉人以狗　小字本相臺本同案盧文弨云饗者下脫鄉人飲酒正義有說文同今考正義中所云飲酒皆推傳意如此非正義本傳中有鄉人飲酒四字而今脫去也正義云傳以朋酒斯饗為黨正飲酒之禮又云箋以斯饗為國君大飲之禮二者皆推其意傳之無飲酒猶箋之無大飲其明證矣說文自解饗字從鄉之義非取此傳成文也不當補○按段玉裁云細讀正義知本作饗者鄉人飲酒也鄉人以狗大夫加以羔羊因兩鄉人復而奪落數字古書類然且如上文傳埽也既依正義補入矣何此止義確可據者獨不可依乎若云箋中無大飲字豈正義文不得略有參差乎段云是也

疆竟也　小字本相臺本同案釋文疆下云竟也或音注為境者非正義云疆是境之別名即釋文所云音竟為境者故上文易為境字而說之云無有疆境之時也又云定本竟作境考楚茨及甫田箋意當以正義音境為長考文古本作境采正義

此亦得為淩室者　閩本明監本毛本同案此當作而

賓客食喪有祭祀　閩本明監本毛本同案此當作賓客食享喪浴祭祀每二字為一句所以解賓食喪祭四事也

給賓客喪祭之用　閩本明監本毛本同案客當作食此字之誤耳考文古本因此改箋食亦作客失之矣

此引之到者　閩本明監本毛本到作倒案所改是也正義俱用倒字此壞耳

鄉人雖為鄉大夫　閩本明監本毛本同案盧文弨云鄉當作卿是也

其禮云　閩本明監本毛本同案云字當作亡形近之譌也今月令注不誤山井鼎依彼文是也

烝謂特牲體謂為俎　閩本明監本毛本同案此當作烝謂折牲體升為俎折字升字譌而烝不可讀今月令注烝作燕特作有無體下謂亦皆誤耳山井鼎依彼文非也又云宋板特作有其實不然當是剜也

言別於燕禮小於大飲　閩本明監本毛本同案盧文弨云燕禮當重是也

公尊瓦大夫尊兩圜壺　閩本明監本毛本同案浦鏜云士誤夫以儀禮考之是也大字斷句

附釋音毛詩注疏卷第八（八之二）

毛詩國風　鄭氏箋　孔穎達疏

鴟鴞。周公救亂也。成王未知周公之志。公乃為詩以遺王。名之曰鴟鴞焉。未知周公之志者未知其欲攝政之意○鴟鴞上尺之反下吁嬌反鴟鴞鳥也遺唯季反本亦作貽此從尚書本也〔疏〕鴟鴞四章章五句至鴟鴞焉○正義曰此鴟鴞詩者周公所以救亂也毛以為武王既崩周公攝政管蔡流言以毀周公又導武庚與淮夷叛而作亂將危周室周公東征而滅之以救周室之亂也於是之時成王仍惑管蔡之言未知周公之志疑其將篡心益不悅故公乃作詩言不得不誅管蔡之意以貽遺成王名之曰鴟鴞焉經四章皆言不得不誅管蔡之意鄭以為武王崩後三年周公將欲攝政管蔡流言周公乃避之出居於東都周公之屬黨與知將攝政者見公之出亦皆奔亡至明年乃為成王所得此臣無罪而成王罪之罰殺無辜是為國之亂政故周公作詩救止成王之亂於時成王未知周公有攝政成周道之志多罪其屬黨故公乃為詩言諸臣先祖有功不宜誅絕之意以怡悅王心名之曰鴟鴞焉四章皆言不宜誅殺屬臣之意定本貽作遺字則不得為怡悅也○箋未知至之意○正義曰金縢云武王既喪管叔及其羣弟乃流言於國曰公將不利於孺子周公乃告二公曰我之弗辟無以告我先王周公居東二年罪人斯得於後公乃為詩以貽王名之曰鴟鴞注云罪人周公之屬黨與知居攝者周公出皆奔今二年盡為成王所得怡悅也周公傷其屬黨無罪將死恐其刑濫又破其家而不取正言故作鴟鴞之詩以貽王今豳風鴟鴞也鄭讀辟為避以居東為避居於時周公未攝故以未知周公之志者謂未知其欲攝政之意訓怡為悅言周公作此詩欲以救諸臣悅王意也毛雖不注此序不解尚書而首章傳云寧亡二子不可毀我周室則此詩為誅管蔡而作之此詩為誅管蔡則罪人斯得謂得管蔡也周公居東為出征我之不辟欲以法誅管蔡既誅管蔡然後作詩不得復名為貽悅王心當訓貽為遺謂作此詩遺成王也公劉序云而獻是詩此云遺者獻者臣奉於尊之辭遺者流傳致達之稱彼召公作詩奉以戒成王此周公自述己意欲使遺傳至王非奉獻之故與彼異也

鴟鴞鴟鴞。既取我子。無毀我室。興也鴟鴞鸋鴂也無能毀我室者攻堅之故也寧亡二子不可以毀我周室箋云重言鴟鴞者將述其意之所欲言丁寧之也室猶巢也鴟鴞言已取我子者幸無毀我巢我巢積日累功作之甚苦故愛惜之也時周公竟武王之喪欲攝政成周道致大平之功管叔蔡叔等流言云公將不利於孺子成王不知其意而多罪其屬黨與者喻此諸臣乃世臣之子孫其父祖以勤勞有此官位土地今若誅殺之無絕其位奪其土地王意欲誚公此之由然○鸋乃丁反郭音甯鴂音決鸋鴂似黃雀而小俗呼之巧婦重直用反大平音泰孺本又作孺如注反誚在笑反

恩斯勤斯。鬻子之閔斯。恩愛鬻稚閔病也稚子成王也箋云鴟鴞之意殷勤於此稚子當哀閔之此取鴟鴞子者言稚子也以喻諸臣之先臣亦殷勤於此成王亦宜哀閔之○鬻由六反徐居六反一云賣也〔疏〕鴟鴞至閔斯○毛以為周公既誅管蔡王意不悅故作詩以遺王假言人取鴟鴞子者言鴟鴞鴟鴞其意如何乎其言人已取我子我意寧亡此子無能畱此子以毀我巢室以其巢室

積日累功作之攻堅故也以興周公之意如何乎其意言寧亡管蔡無能留管蔡以毀我周室以其周室自后稷以來世脩德教有此王基篤厚堅固故也又言管蔡罪重不得不誅之意周公言已甚愛此甚惜此二子但爲我稚子成王之病以此之故不得不誅之也鄭以爲成王將誅周公之屬臣周公爲之詩言鴟鴞之意如何乎言人既取我子幸無毀我室以其積日累功作之甚苦故愛惜之不欲見其毀損以喻成王若誅此諸臣幸無絕其官位奪其土地以其父祖勤勞乃得有此故愛惜之不欲見其絕奪又言當此幼稚之子來取我子之時其鴟鴞之意殷勤於此稚子稚子當哀閔之不欲毀其巢以喻言屬臣之先臣亦殷勤於此成王成王亦宜哀閔之不欲絕其官位土地此周公之意實請屬臣之身但不敢正言其事故以官位土地爲辭耳閔下斯字箋傳皆爲辭耳○傳鴟鴞至周室○正義曰鴟鴞鸋鴂釋鳥文舍人曰鴟鴞一名鸋鴂也方言云自關而東謂桑飛曰鸋鴂陸機疏云鴟鴞似黃雀而小其喙尖如錐取茅莠爲窠以麻紩之如刺襪然縣著樹枝或一房或二房幽州人謂之鸋鴂或曰巧婦或曰女匠關東謂之工雀或謂之過贏關西謂之桑飛或謂之襪雀或曰巧女無能毀我室者謂鴟鴞之意唯能亡此子無能畱此子以毀我室此鴟鴞非不愛子正謂重其巢室也傳以此詩爲管蔡而作故云寧亡二子不可以毀我周室於時殺管叔而放蔡叔故言寧亡二子○箋重言至由然○正義曰人居謂之室鳥居謂之巢故云室猶巢也周公竟武王之喪謂崩後三年除喪服也成王不知其意多罪其屬黨卽金縢云罪人斯得是也此實無罪謂之罪人者金縢注云謂之罪人史書成王意也罪其屬黨言將罪之箋又言若誅殺之明時實未加罪也以興爲取象鴟鴞之子宜喻屬臣之身故以室喻官位土地也金縢於名之曰鴟鴞之下云王亦未敢誚公是有誚公之意但未敢言耳故云王意欲誚公此之由然其言由此詩也金縢注云成王非周公意未解今又爲罪人言欲讓之推其恩親故未敢欲誚公之意作此詩欲以怡悅王心致使王意欲誚公乃是更益王之而言以怡王者成王謂公將篡故罪其屬臣公若實有篡心不敢爲臣諸請今作詩與王言其屬臣無罪則知公不爲害事亦可明未悟故欲誚公既悟自當喜悅冀王之悟故作此詩是公意欲以怡悅王也王肅云案經傳內外周公之黨具存成王無所誅殺橫造此言其非一也設有所誅不救其無罪之死而請其官位土地綏其大而急其細其非二也設已有誅不得云無罪其非三也馬昭云公黨已誅請之無及故但言請子孫土地斯不然矣案鄭注金縢云傷於屬臣無罪將死箋云若誅殺之則鄭意以屬臣雖爲王得罪猶未加刑馬昭之言非鄭旨也公以王怒猶盛未敢正言假以官位土地爲辭實欲冀存其人非是綏大急細棄人求土鄭之此意亦何過也○傳恩愛至成王○正義曰有恩必相愛故以恩爲愛釋言云鬻稚也郭璞曰鞠一作毓是鬻爲稚也閔病釋詁文言鬻子之病則謂管蔡作亂病此鬻子故知鬻子成王也王肅云勤惜也周公非不愛惜此二子以其病此成王則傳意亦當以勤爲惜○箋鴟鴞至閔之○正義曰箋亦以此經爲興恩之言殷也以鴟鴞之意殷勤於稚子喻諸臣之先臣亦殷勤於成王假言鴟鴞之意愛惜巢室亦假言諸臣之先臣愛惜土地皆假爲之辭非實有言也箋云言取鴟鴞子者惜稚子也則稚子謂巢下之民金縢注云鬻子斥成王斥者經解喻尊猶言昊天斥王也

迨天之未陰雨。徹彼桑土。綢繆牖戶。

迨及徹剝也桑土桑根也箋云綢繆猶纏綿也此鴟鴞自說作巢至苦如是以喻諸臣之先臣亦及文武未定天下積日累功以固定此官位與土地○迨音待徐又勑改反土音杜注同小雅同韓詩作杜義同方言云東齊謂根曰杜字林作螙桑皮也音同綢繆上直畱反下莫侯反

今女下民。或敢侮予。

箋云我至苦矣今女我巢下之民寧有敢侮慢欲毀之者乎意欲恚怒之以喻諸臣之先臣固定此官位土地亦不欲見其絕奪○恚於季反

【疏】迨天至侮予○毛以爲自說作巢至苦言已及天之未陰雨之時剝彼桑根以纏綿其牖戶乃得成此室巢以喻先公先王亦世脩其德積其勤勞乃得成其王業致此王功甚難若是今汝下民管蔡之屬何由或敢侮慢我周室而作亂乎故不得不誅之○鄭以爲鴟鴞及天之未陰雨之時剝彼桑根以纏綿其牖戶乃得有此室巢以喻諸臣之先臣及文武未定天下之時亦積日累功乃得定此官位土地鴟鴞以勤勞之故惜此室巢今巢下之民寧或敢侮慢我欲毀我巢室乎不欲見其毀損意欲恚怒之以喻諸臣之先臣甚惜此官位土地汝成王意何得絕我官位奪我土地乎不欲見其絕奪意欲怨恨之言鴟鴞之惜室巢猶先臣之惜官位土地鴟鴞欲恚怒巢下之人喻先臣亦有恨於成王王勿得誅絕之也○傳迨及至桑根○正義曰迨及釋言文徹卽剝脫之義故爲剝也取彼桑土用爲鳥巢明是桑根在土剝取其皮故知桑土卽桑根也王肅云鴟鴞及天之未陰雨剝取彼桑根以纏綿其戶牖以興周室積累之艱苦也下經無傳但毛以此詩爲管蔡而作必不得同鄭爲興王肅下經注云今者今周公時言先王致此大功至艱難而其下民敢侵侮我周道謂管蔡之屬不可不遏絕以全周室傳意或然○箋我至至絕奪○正義曰箋以此爲諸臣設請故亦爲興巢下之民將毀其室故竟欲恚怒之此是臣請於君而欲恚怒者鴟鴞之恚怒喻先臣之怨恨耳非恚怒王也

予手拮据。予所捋荼。予所蓄租。予口卒瘏。

拮据撠挶也荼萑苕也租爲瘏病也手病口病故能免乎大鳥之難箋云此言作之至苦故能攻堅人不得取其子○拮音吉又音結据音居韓詩云口足爲事曰拮据捋力活反荼音徒畜勑六反本亦作蓄租子胡反又作祖如字韓詩云積也瘏本又作屠音徒撠京劇反本亦作戟挶俱局反說文云持也萑音丸苕音條難乃旦反

曰予未有室家。

謂我未有室家箋云我作之至苦如是者曰我未有室家之故

【疏】予手至室家○毛以爲鴟鴞言已作巢之苦予手撠挶其草予所捋者是荼之草也其室巢所用者皆是予之所蓄爲予手口盡病乃得成此室巢用免大鳥之難喻周之先王亦勤勞經營乃得成此王業用免侵毀之患哉先王爲此室家勤苦若是管蔡之輩無道之人輕侮稚子弱寡王室乃爲言曰我此稚子未有室家欲侵毀之故不可不誅殺也○鄭以爲鴟鴞手口盡病以勤勞之故攻堅之故人不得取其子假有取其子仍不得毀其室巢以喻諸臣之先臣以勤勞之故經營之故王不得殺其子孫假使殺其子孫仍不得奪其官位土地鴟鴞又言已所以勤勞爲此室巢者曰予未有室家故勞力爲此是以今甚惜之喻屬臣之先臣所以勤勞爲此功業者亦由未有官位土地故勤力得此是以今甚惜之王若殺此諸臣不得奪其官位土地也○傳拮据至之難○正義曰說文云撠持撠挶謂以手爪挶持草也七月傳云薍爲萑此爲萑苕謂薍之秀穗也出其東門箋云荼茅秀然則茅薍之秀其物相類故皆名荼也租訓始也物之初始必有爲之故云租爲也瘏病釋詁文經言予口卒瘏直是口病而已而傳兼言手病者以經予手拮据言手予所捋荼不言手則是用口也予所蓄租文承二者之下則手口並兼之上既言手而口文未見故又言予口卒瘏言口病明手亦病也且卒瘏謂盡病若唯口病不得言盡故知手口俱病鴟鴞小鳥爲巢以自防故知求免大鳥之難也○傳謂我未有室家○正義曰傳以曰者稱它人言曰則此句說彼作亂之意曰予未有室家管蔡意謂我稚子未有室家之道故輕侮之上章疾其輕侮故此章言其輕侮之意也曰者陳其管蔡之言予者還周公自我也王肅云我爲室家之道至勤苦而無道之人弱我稚子易我王室謂我未有室家之道

予羽譙譙。予尾翛翛。

譙譙殺也翛翛敝也箋云手口既病羽尾又殺敝言已勞苦甚○譙本或作燋同在消反翛素彫反注同殺色界反又所例反下同

予室翹翹。風雨所漂搖。予維音嘵嘵。

翹翹危也嘵嘵懼也箋云巢之翹翹而危以其所託枝條弱也以喻今我子孫不肖故使我家道危也風雨喻成王也音嘵嘵然恐懼告愬之意○翹祁消反漂匹遙反嘵呼堯反愬音素

【疏】予羽至嘵嘵○毛以爲鴟鴞言作巢之苦予羽譙譙然而殺予尾消消而敝手口既病羽尾殺敝乃有此室巢以喻先王勤脩德業勞神竭力得成此王業鴟鴞又言室巢雖成以所託枝條弱故予室今翹翹然而危又爲風雨之所漂搖此巢將毀予是以維音之嘵嘵然而恐懼以喻王業雖成今成王幼弱而爲凶人所振蕩周室將毀故周公言已亦嘵嘵然而危懼由管蔡作亂使憂懼若此故不得不誅之意也○鄭殺敝盡同但所喻者別喻屬臣勤勞有此官位土地今子孫不肖使我家道危也又爲成王所漂搖將誅絕之我先臣是以恐懼而告急也予維音嘵嘵嘵嘵喻告訴之意也○傳譙譙殺消消敝○正義曰此無正文也以此言鳥之羽尾疲勞之狀故知爲殺敝也定本消消作翛翛也○傳翹翹危嘵嘵懼○正義曰皆釋訓文王肅云言盡力勞病以成攻堅之巢而爲風雨所漂搖則鳴音嘵嘵然而懼以言我周累世積德以成篤固之國而爲凶人所振蕩則已亦嘵嘵而懼

鴟鴞四章章五句

東山。周公東征也。周公東征。三年而歸。勞歸士大夫美之。故作是詩也。一章言其完也。二章言其思也。三章言其室家之望女也。四章樂男女之得及時也。君子之於人。序其情而閔其勞。所以說也。說以使民。民忘其死。其唯東山乎。

成王既得金縢之書親迎周公周公歸攝政三監及淮夷叛周公乃東伐之三年而後歸耳分別章意者周公於是志伸美而辭之○歸勞力報反思息嗣反女音汝樂音洛說音悅下同滕徒登反別彼列反伸音身

【疏】東山四章章十二句至東山乎○正義曰作東山詩者言周公東征也周公攝政元年東征三監淮夷之等於三年而歸勞此征歸之士莫不喜悅大夫美之而作是東山之詩經四章雖皆是勞辭而每章分別意異又歷序之一章言其完也謂歸士不與敵戰身體完全經云勿士行枚言無戰陳之事是其完也二章言其思也謂歸士在外妻思之也經說果贏等乃令人憂思是其思也三章言其室家之望女也謂歸士未反室家思望經說洒埽穹室以待征人是室家之望女也四章樂男女得以及時也謂

歸士將行新合昏禮經言倉庚于飛說其成婦之事是得其及時也周公之勞歸士所以殷勤如此者君子之於人謂役使人民序其民之情意而閔其勞苦之役所以喜悅此民也民有勞苦唯恐民上不知今序其情閔其勤勞則民皆喜悅忘其勞苦古人所謂悅以使民民忘其死者其唯此東山之詩乎言唯此東山之詩可以當忘其死之言也三年而歸雖出於經此三年之文而擬序四章非獨序彼一句也序所歷言不序章首四句皆同不得於一章說之序其情而閔其勞其意足以兼之矣歸士者從軍士卒周公親征與將率同苦以士卒微賤勞意尤深故意主美勞歸士不言勞將率也悅以使民民忘其死是周易兌卦彖辭文古之舊語此東山堪當之故云其唯東山乎○箋成王至詳之○正義曰金滕云天大雷電以風王與大夫盡弁以啟金滕之書王執書以泣曰今天動威以彰周公之德惟朕小子其新迎注云新迎改先時之心更自新以迎周公於東與之歸尊任之言自新而迎明是成王親迎之書序云武王崩三監及淮夷叛周公相成王將黜殷命作大誥注云三監管叔蔡叔霍叔三人爲武庚監於殷國者也前流言於國公將不利於成王周公還攝政懼誅因遂其惡開道淮夷與之俱叛此以居攝二年之時繫之武王崩者其惡之初自崩始也是三監淮夷叛周公東伐之事也攝政元年即東征至三年而歸耳書序注云其攝二年時者謂叛時在二年非三年始東征也時實周公獨行言相成王者彼注云誅之者周公意也而言相成王者自迎周公而來蔽已解矣意以成王蔽解故言相成王耳非與成王俱來也破斧云周公東征四國是皇傳曰四國管蔡商奄也此言商奄者據書序之成文耳此序獨分別章意者周公於是志意伸本勞歸士之情丁寧委曲子夏美之而詳其事故分別章意而序之也**我徂東山。慆慆不歸。我來自東。零雨其濛。**慆慆言久也濛雨貌箋云此四句者序歸士之情也我往之東山既久勞矣歸又道遇雨濛濛然是尤苦也○慆徒刀反又吐刀反濛莫紅反**我東曰歸。我心西悲。**○公族有辟公親素服不舉樂爲之變如其倫之喪箋云我在東山常曰歸也我心則念西而悲○爲于僞反**制彼裳衣。勿士行枚。**士事枚微也箋云勿猶無也女制彼裳衣而來謂兵服也亦初無行陳銜枚之事言前定也春秋傳曰善用兵者不陳○士行毛音衡鄭音銜王戶剛反枚莫杯反鄭注周禮云枚如著橫銜之於口爲繣絜於項中無行戶剛反陳直震反又下同**蜎蜎者蠋。烝在桑野。**蜎蜎蠋貌桑蟲也烝寘也箋云蠋蜎蜎然特行久處桑野有似勞苦者古者聲寘塡塵同也○蜎烏玄反蠋音蜀烝之承反寘音田又音珍一音陳字書云塞也大千反從穴下眞寘塡塵依字皆是田音又音珍亦音塵鄭云古聲同案陳完奔齊以國爲氏而史記謂之田氏是古田陳聲同**敦彼獨宿。亦在車下。**箋云敦敦然獨宿於車下此誠有勞苦之心○敦都回反注同【疏】我徂至車下○毛以爲周公言我往之東山征伐四國慆慆然久不得歸既得歸矣我來自東方之時道上乃遇零落之雨其濛濛然汝在軍之士久不得歸又遇雨落勞苦之甚周公既序歸士之情又復自言己意我在東方言曰歸之時我心則念西而悲何則管蔡有罪不得不誅誅殺兄弟慙見父母之廟故心念西而益悲傷又言歸士久勞在外幸得完全汝雖制彼兵服裳衣而來得無事而歸次勞在軍無事於行陳銜枚言敵皆前定未嘗銜枚與戰也又言雖無戰陳實甚勞苦蜎蜎然者桑中之蠋蟲常久在桑野之

中似有勞苦以興敦敦然彼獨宿之軍士亦常在車下而宿甚爲勞苦述其勤勞閔念之定本云勿士行枚無銜字箋云初無行陳銜枚之事定本是也○鄭唯我東曰歸二句言我軍士在東久不得歸常言曰歸而不得歸我心則念西而悲言歸士思家而悲餘同○箋此四至尤苦○正義曰此篇皆言序歸士之情而獨云此四句者以此四句意皆同故特言之卒章之箋又云凡先著此四句皆爲序歸士之情者以序分別章意嫌此四句意不同故言凡先著此四句明四章意皆同也○傳公族至之喪○正義曰幾法也謂以法得死罪文王世子云公族有死罪則磬於甸人公素服不舉樂爲之變如其倫之喪無服親異之注云不於市朝者隱之也甸人掌田野之官縣而縊殺之曰磬素服於凶事爲吉於吉事爲凶非喪服也倫謂親疏之比也不往弔爲位哭之而已是其事也傳言此者解周公西悲之意以公族雖有死罪猶是骨肉之親非徒已心自悲先神亦將悲之是將欲言歸則念西而悲也○箋我在至而悲○正義曰箋以此爲勞歸士之辭不宜言己意故易傳以爲此二句亦序歸士之情我軍士在東山常曰歸言三年之內常思歸也軍士家室在西故知念西而悲孫毓云殺管叔在二年臨刑之時素服不舉至於歸時踰年已久無緣西行而後始悲箋說爲長○傳枚微○正義曰枚微者其物微細也大司馬陳大閱之禮教戰法云遂鼓銜枚而進注云枚如著銜之有繣結項中軍法止語爲相疑惑是枚爲細物也○箋勿猶至不陳○正義曰此言東征之事故知制彼裳衣謂兵服也初無猶本無言雖是征伐本無行陳銜枚之事言豫前自定不假戰鬬而服之也若前敵自定當應速耳而三年始歸者以其叛國既多須圍守以服之故引春秋傳者莊八年穀梁傳曰善爲國者不師善師者不陳善陳者不戰善戰者不死此箋言善用兵者不陳常武箋云善戰者不陳皆與彼異盡鄭以義言之○傳蜎蜎至烝寘○正義曰釋蟲云蚅烏蠋樊光引此詩郭璞曰大蟲如指似蠶韓子云虫似蠋言在桑野知是桑蟲烝寘釋言文彼作塵○箋蠋至塵同○正義曰蠋在桑野是其常處實非勞苦故云似有勞苦軍士獨宿車下則實有勞苦故下箋云誠有勞苦以不實喻實者取其在桑野在車下其事相類故也傳訓烝寘也故轉寘爲久而釋詁云塵久也乃作塵字故箋辨之古者寘塡塵三字音同可假借而用之故也**我徂東山。慆慆不歸。我來自東。零雨其濛。果臝之實。亦施于宇。伊威在室。蠨蛸在戶。町畽鹿場。熠燿宵行。**果臝栝樓也伊威委黍也蠨蛸長踦也町畽鹿迹也熠燿燐也燐螢火也箋云此五物者家無人則然令人感思○臝力果反施羊豉反伊威並如字或傍加虫者後人增耳室本或作堂誤也蠨音蕭說文作蟰音夙蛸所交反郭音蕭町他典反或他頂反字又作圢音同畽本又作疃他短反字又作墥熠以執反燿以照反括古活反沈委音於爲反委黍鼠婦也本或並作虫邊踦起宜反今詩義長踦長脚蜘蛛又巨綺反又其宜反居綺反燐洛刃反字又作燐螢惠丁反令力呈反思息嗣反**不可畏也。伊可懷也。**箋云伊當作繄繄猶是也懷思也室中久無人故有此五物是不足可畏乃可爲憂思○翳於奚反又作繄【疏】傳果臝至螢火○正義曰釋草云果臝之實括樓李巡曰括樓子名也孫炎曰齊人謂之天瓜本草云括樓如瓜葉形兩兩相值蔓延青黑色六月華七月實如瓜辨是也伊威委黍蠨蛸長踦釋蟲文舍人曰伊威名委黍蠨蛸名長踦郭璞曰舊說伊威鼠婦之別名長踦小蜘蛛

長脚者俗呼爲喜子說文云委黍鼠婦也陸機疏云伊威一名委黍一名鼠婦在壁根下甕底土中生似白魚者是也蠨蛸長踦一名長脚荊州河內人謂之喜母此蟲來著人衣當有親客至有喜也幽州人謂之親客亦如蜘蛛爲羅網居之是也鹿場者場是踐地之處故知町畽是鹿之跡也熠燿者螢火之蟲飛而有光之貌故云熠燿燐也又解燐體云燐螢火也釋蟲云螢火即炤舍人云螢火即夜飛有火蟲也本草螢火一名夜光一名熠燿案諸文皆不言螢火爲燐淮南子云久血爲燐許愼云謂兵死之血爲鬼火然則燐者鬼火之名非螢火也陳思王螢火論曰詩云熠燿宵行章句以爲鬼火或謂之燐未爲得也天陰沈數雨在於秋日螢火夜飛之時也故云宵行然腐草木得溼而光亦有明驗衆說並爲螢火近得實矣然則毛以螢火爲燐非也**我徂東山。慆慆不歸。我來自東。零雨其濛。鸛鳴于垤。婦歎于室。洒埽穹窒。我征聿至。**垤螘塚也將陰雨則穴處先知之矣鸛好水長鳴而喜也箋云鸛水鳥也將陰雨則鳴行者於陰雨尤苦婦念之則歎於室也穹窮窒塞洒灑埽拚也穹窒鼠穴也而我君子行役述其日月今且至矣言婦望也○鸛本又作雚古玩反垤田節反洒所懈反沈所寄反埽素報反螘本亦作蛾又作蟻魚綺反好呼報反拚甫問反**有敦瓜苦。烝在栗薪。**敦猶專專也烝衆也言我心苦事又苦也箋云此又言婦人思其君子之居處專專如瓜之繫綴焉瓜之辦有苦者以喻其心苦也烝塵栗析也言君子又久見使析薪於事尤苦也古者聲栗裂同也○敦徒丹反注同栗毛如字鄭音列韓詩作蓼力菊反衆新也專徒端反下同綴張衛反辦盧遍反又白莧反說文云瓜中實也沈薄閑反**自我不見。于今三年。**【疏】鸛鳴至三年○毛以爲上四句說歸士之情次四句說其妻思望之也思而不至閔其勞苦言有專專然繫綴於蔓者瓜也而其辦甚苦既繫苦於蔓似如勞苦而其辦又苦以喻君子繫屬於軍是事苦也又憂軍事是心又苦也其苦如何衆軍士皆在析薪之役是其苦也君子既有此苦已久不得見之自我不見君子以來於今三年矣所以思之甚也鄭以烝爲久言君子久在析薪之役餘同○傳垤螘至而喜○正義曰釋蟲云蚍蜉大螘小者螘舍人曰蚍蜉即大螘也小者即名螘也然則螘是小蚍蜉也此蟲穴處輂土爲塚以避溼鸛鳥鳴於其上故知垤是螘塚也將欲陰雨水泉上潤故穴處者先知之是螘避溼而上塚鸛是好水之鳥知天將雨故長鳴而喜也陸機疏云鸛鸛雀也似鴻而大長頸赤喙白身黑尾翅樹上作巢大如車輪卵如三升杯望見人按其子令伏徑舍去一名負釜一名黑尻一名背竈一名皁裙又尾其巢一傍爲池含水滿之取魚置池中稍稍以食其雛若殺其子則一村致旱災○傳敦猶至又苦○正義曰敦是瓜之繫蔓之貌故轉爲專言瓜繫於蔓專專然也烝衆釋詁文以瓜之苦喻君子心內苦繫於蔓又似苦以喻君子繫於軍是事苦故言心苦事又苦即析薪是也○箋此又至裂同○正義曰此申傳心苦事又苦之意也以軍之苦在久不在衆故易傳以烝爲塵訓之爲久析薪是分裂之義不應作栗故辨之云古者聲栗裂同故得借栗爲裂不是字誤故不云誤也**我徂東山。慆慆不歸。我來自東。零雨其濛。**箋云凡先著此四句者皆爲序歸士之情○爲于僞反**倉庚于飛。熠燿其羽。**箋云倉庚仲春而鳴嫁取之候也熠燿其羽羽鮮明也歸士始

行之時新合昏禮今還故極序其情以樂之○樂音洛下同之子于歸。皇駁其馬。黃白曰皇駵白曰駁○箋云之子于歸謂始嫁時也皇駁其馬車服盛也○駁邦角反親結其縭。九十其儀。縭婦人之褘也母戒女施衿結帨九十其儀言多儀也箋云女嫁父母既戒之庶母又申之九十其儀喻丁寧之多○褘許韋反衿繫佩帶其鴆反帨始銳反其新孔嘉。其舊如之何。言久長之道也箋云嘉善也其新來時甚善至今則久矣不知其如何也又極序其情樂而戲之

【疏】倉庚至之何○毛以為歸士始行之時新合昏禮序其男女及時以戲樂之言倉庚之鳥往飛之時熠燿其羽甚鮮明也以興歸士之妻初昏之時其衣服甚鮮明也是子往歸嫁之時所乘者皇其馬駁其馬言其車服盛也其母親自結其衣之縭九種十種其威儀多也言其嫁既及時而又威儀具足本其新來時則甚善矣但不知其久時復如之何言本時甚好不知在後當然以否所以戲樂歸士之情也○鄭以倉庚為記時言歸士之妻於倉庚于飛熠燿其羽之時而是子往歸嫁其新孔嘉謂本初日其新來之時則甚善不見已三年今其久矣不知今日如之何序其自東來歸未到家之時言以戲樂之餘同○箋倉庚至樂之○正義曰鄭以仲春為昏月月令仲春倉庚以序云樂男女得以及時故知作者以倉庚鳴為嫁娶之候歸士始行之時以仲春新合昏禮也毛以秋冬為昏此義必異於鄭宜以倉庚為興王肅云倉庚羽翼鮮明以喻嫁者之盛飾是也然則不言及時者舉其嫁之得禮明亦及時可知也○傳黃白至曰駁○正義曰釋畜文舍人曰駵赤色名曰駁也黃白色名曰皇也孫炎引此詩餘皆不解駵白之義案黃白曰皇謂馬色有黃處有白處則駵白曰駁謂馬色有駵處有白處舍人言駵馬名白馬非也孫炎曰駵赤色也○傳縭婦至多儀○正義曰釋器云婦人之褘謂之縭縭緌也孫炎曰褘帨巾也郭璞曰卽今之香纓也褘邪交絡帶繫於體因名為褘緌繫也此女子既嫁之所著示繫屬於人義見禮記詩云親結其縭謂母送女重結其所繫著以申解之說者以褘為帨巾失之也母戒女禮施衿結帨士昏禮文彼注云帨佩巾也不解衿之形象內則云婦事舅姑衿纓綦屨注云衿猶結也婦人有衿纓示有繫屬也然則衿謂纓也衿先不在身故言施衿帨則先以佩訖故結之而已傳引結帨證此結縭則如孫炎之說亦以縭為帨巾其意異於郭也內則云男女未冠笄者總角衿纓皆佩容臭郭以縭為香纓云義見禮記謂此也案昏禮言結帨此言結縭則縭當是帨非香纓也且未冠笄者佩容臭又不是示繫屬也郭言非矣數從一而至於十則數之小成舉九與十言其多威儀也○箋女嫁至之多○正義曰士昏禮云父送女命之曰戒之敬之夙夜無違命母施衿結帨曰勉之敬之夙夜無違宮事庶母及門內申之以父母之命命之曰敬恭聽宗爾父母之言夙夜無愆是戒之申之之事也引此者解母必親結之意言九又言十者喻其威儀丁寧之多也斯干傳曰婦人質無威儀此言多威儀者婦人無男子之禮揖讓周旋之儀耳其舉動威儀則多也○傳言久長之道○正義曰舊訓為久也言久長之道理未知善惡所以戲之○箋嘉善至戲之○正義曰箋以此序歸士之情當樂以當時之事不宜言久長之道故易傳以為新來時甚善至今則久矣不知其如何以戲樂此歸士也

東山四章章十二句

毛詩注疏挍勘記（八之二）

阮元撰盧宣旬摘錄

○鴟鴞

公乃為詩以遺王　唐石經小字本相臺本同案釋文云遺唯季反本亦作貽此從尚書本也正義云定本貽作遺字則不得為怡也考正義引金縢注怡悅也是鄭讀尚書貽為怡也此序注義既與彼同則貽字亦不為有異當以正義本為長

而不取正言　閩本明監本毛本取作敢案所改是也首章正義云但不敢正言其事可證

不得復名為貽悅王心　閩本明監本毛本同案貽當作怡上文可證

無絕其位　小字本相臺本同考文古本同閩本明監本毛本位上有官字案無者是也當是蒙上而省

此取鴟鴞子者言稚子也　小字本同閩本明監本毛本同相臺本言作指案指字是也

或謂之過羸　閩本明監本毛本同案盧文弨改羸為嬴依方言廣雅耳非也羸卽嬴字爾雅疏卽取此正作羸

欲諸公之意作此詩　明監本毛本欲上有是字閩本剜入案此誤補也欲諸當作鄭謂

罪猶未加刑　閩本明監本毛本同案罪當作實

釋言云鬻稚也　閩本明監本毛本同案浦鏜云鞫誤鬻是也

箋云言取鴟鴞子者　閩本明監本毛本同案言當作此

惜稚子也　閩本明監本毛本同案惜當作指

汝成王意何得絕我官位　閩本明監本毛本同案意當作竟與下互誤也

故竟欲恚怒之　毛本竟誤以閩本明監本作意案意是也此作竟乃與上互誤也

予所蓄租　唐石經小字本相臺本同案釋文云租子胡反本又作祖如字為也正義云祖訓始也物之初始必有為之故云祖為也段玉裁云正義正同又作本也今釋文正義祖皆譌租當正釋文見後考證

予尾翛翛　小字本相臺本同唐石經翛翛作翛翛案釋文翛翛素彫反注同考此經相傳有作翛作翛二本也沿革例云監蜀越本皆作翛翛以疏為據與國本及建寧諸本皆作翛翛以釋文為據也又引疏云定本作翛翛今正義誤見下又正義云予尾消消而敝乃正義所易之字如易令令為鈴鈴易遂遂為遯遯非其本經傳作消消也以定本作翛翛推之正義本當作翛翛矣標起止當是後改段玉裁云集韻光堯石經作翛翛

鄭殺弊盡　同閩本明監本毛本弊作敝案此誤改也正義是弊字與縕衣敝笥正同此唯一字尚存其舊而上下多作敝矣閩本以下又并改之凡正義所易之字往往改去今有不可追而正之者

作翛翛也　閩本明監本毛本同案翛翛當作翛翛見沿革例

○東山

說其成婦之事　閩本明監本毛本婦作昏案婦當作婚

惟朕小子其新迎注云新迎　毛本上新字誤親閩本明監本不誤案二迎字皆當作逆譜正義引作逆可證

為武夷監於殷國者也　〔補〕案夷當作庚形近之譌

此言商奄者　明監本毛本此下有不字閩本剜入案所補非也言當作無耳

勿士行枚　唐石經小字本相臺本同案釋文云勿士行毛音衡鄭音衡王戶剛反正義云定本云勿士行枚無衡字箋云初無行陳衡枚之事定本是也考釋文云鄭音衡者謂箋之衡枚即經之行枚鄭以行為衡之假借不云讀為宜於訓釋中改其字以顯之箋例每如此釋文得之其箋之行陳是說衡枚所用非經中之行如殷其靁傳箋之此非經中之斯菁菁者莪傳箋之載非經中之載其比也故釋又云無行戶剛反明非經中之行也正義定本讀經讀箋皆爾絕無異說正義所云定本勿士行枚無衡字者必當時或本經於勿士行枚之閒更有衡字故也若但為行者衡二字互異止得云不作衡字不得云無衡字箋云以下乃正義自引箋以證謂箋中衡枚即經中行枚其閒更無衡字如雞鳴正義在定本下自引箋以證予字也非箋云以下載定本之箋經義雜記欲改此經作衡及去箋行陳字皆於釋文正義未得其理又釋文云云王戶剛反乃難箋衡字於箋行陳則迴不相涉也太平御覽引作衡以破引之也○按舊按本殊誤鄭箋行陣衡枚之事以釋經之行枚猶傳以乘道忘飢釋經之忘飢也此何容疑惑而必云鄭讀行為衡乎行古音如杭衡从行金聲絕不在古人讀如讀若讀為讀曰之例皆必古音相近而後得有讀如讀若讀為讀曰也此釋文云鄭音衡者自是陸氏之誤

枚如著　〔補〕案周禮著作箸此著字誤也明監本毛本不誤

為繣絜於項中　〔補〕明監本毛本絜作結按周禮亦是結字絜字誤也

蜎蜎蠋貌桑蟲也　閩本明監本毛本同小字本相臺本桑上有蠋字考文古本同案有者是也

烝寘也　相臺本同閩本同考文一本同小字本寘作寘明監本毛本同案寘字是也釋文云從穴下眞餘同此

道上乃遇零落之雨　閩本明監本毛本同案物觀云宋板乃作又其實不然當是誤舉下一行字也

正義曰幾法也　閩本明監本毛本同案山井鼎云幾恐辟字是也

韓子云虫似蠋　閩本明監本毛本虫作蟲案虫當作蠶因別體俗字蠶作蚕蟲作虫而轉輾致誤也

果臝栝樓也　相臺本同閩本明監本毛本同小字本栝作括案括字是也釋文果臝下云括樓又括樓古活反十行本正義中皆作括樓可證閩本以下正義中亦誤爾雅作栝樓說文作苦蔞皆不與此同考文古本作括摟采說文而并改樓從才非

燐螢火也小字本相臺本同案釋文螢火惠丁反正義云案諸文皆不言螢火為燐又云然則毛以螢火為燐非也段玉裁云螢火與列子天瑞淮南氾論說林二訓說文博物志皆合謂鬼火熒熒者也後人誤以釋蟲之熒火即炤當之又改其字從虫其誤蓋始於陳思王也思王引韓詩章句鬼火或謂之燐然則毛韓無異其說是也陳思王螢火論載正義此不更具錄

故知町畽是鹿之跡也閩本明監本毛本畽作疃案畽字是也見上

瓜之辨有苦者小字本相臺本辨作瓣閩本明監本毛本同案瓣字是也釋文瓣下引說文云瓜中實也可證十行本正義中亦作辨明監本毛本作瓣所改是也

又尼其巢一傍為池閩本明監本毛本同案尼當作穴形近之譌山井鼎云尼宋板作泥其實不然當是剜也○按巢中何得作穴作泥是也

月令仲春倉庚閩本明監本毛本同案庚下浦鏜云脫鳴字是也

驪赤色名曰駁也閩本明監本毛本同案曰當作白舍人讀爾雅以驪字斷句也

舍人言驪馬名白馬非也閩本明監本毛本同案白馬當作白駁舍人讀爾雅白駁二字為一句也此正義譌舛不可讀今訂正

以申解之閩本明監本毛本同案浦鏜云戒誤解以爾雅疏考之浦按是也

且未冠笄者佩容臭明監本毛本者下衍未冠笄者四字閩本不誤案此上脫下衍乃寫書人自覺其誤而未及改正者山井鼎物觀不載失之矣

附釋音毛詩注疏卷第八（八之三）

毛詩國風　鄭氏箋　孔穎達疏

破斧。美周公也。周大夫以惡四國焉。惡四國者惡其流言毀周公也○惡烏路反注同〔疏〕破斧三章章六句至國焉○正義曰三章上二句惡四國下四句美周公經序倒者經以由四國之惡而周公征之故先言四國之惡後言周公之德序以此詩之作主美周公故先言美周公也○箋惡四至周公○正義曰案金縢流言者管叔及其羣弟耳今并言惡四國流言毀周公者書傳曰武王殺紂繼公子祿父及管蔡流言奄君薄姑謂祿父曰武王已死成王幼周公見疑矣此百世之時也請舉事然後祿父及三監叛管蔡流言商奄卽叛是同毀周公故并言之地理志云成王時薄姑氏與四國作亂則薄姑非奄君之名而云奄君薄姑者彼注云玄疑薄姑齊地名非奄君名是鄭不從也

既破我斧。又缺我斨。隋銎曰斧斧斨民之用也禮義國家之用也箋云四國流言既破毀我周公又損傷我成王以此二者為大罪○斨七羊反說文云方銎斧也隋徒禾反何湯果反孔形狹而長也銎曲容反

周公東征。四國是皇。四國管蔡商奄也皇匡也箋云周公既反攝政東伐此四國誅其君罪正其民人而已

哀我人斯。亦孔之將。將大也箋云此言周公之哀我民人其德亦甚大也〔疏〕既破至之將○毛以為斧斨者生民之所用以喻禮義者亦國家之所用有人既破我家之斧又缺我家之斨損其斧斨是廢其家用其人是為大罪以喻四國之君廢其禮義壞其國用其君是為大罪不得不誅故周公於是東征之周公所以東征者是止誅其四國之君正是四國之民主為四國之民被誘作亂周公不以為罪而正之此周公哀矜於我之民人其德亦甚大故美之○鄭以為有人既破我之斧又缺我之斨此二者是為大罪以與四國流言既破毀我周公之道又損傷我成王此二者亦是為大罪故周公東征之餘同○傳隋銎至之用○正義曰如傳此言則以破缺斧斨喻四國破毀禮義故王肅云今四國乃盡破其用故孫毓云猶甘誓說言毀壞其三正耳然則經言我斧我斨乃是家之斧斨為他所破此四國自破禮義興他破斧不類而云我者此禮義天子所制此四國破天子禮義故云我孫毓云王者立制其諸侯受制於天子故言我傳意或然也○箋四國至大罪○正義曰箋以此詩美周公惡四國則是惡毀周公耳不宜遠言其人破毀禮義故易傳以為破毀周公損傷成王孫毓云周公不失其聖成王本為賢君四國叛逆安能破周公損成王乎斯不然矣當管蔡流言之後商奄叛逆之初王與周公莫之相信於時周室迫近危亡其為毀損莫此之大何謂不能毀損若不能毀損自可不須征之誅此四國復何為也且詩人疾其惡心故言缺破豈待殺害王身然後為損傷也○傳四國至皇匡○正義曰書序云成王既黜殷命成王既伐淮夷遂踐奄皆東征時事故四國是管蔡商奄知不數淮夷者以淮夷是淮水之上東方之夷耳此言四國謂諸夏之國故知不數之也書序皆云成王伐之此言周公東征者鄭以書序注凡此伐諸叛國皆周公謀之成王臨事乃往事畢則歸後至時復行然鄭意以為伐時成王在焉故稱成王鄭以為周公避居東都成王迎而反之攝政然後東征於時成王已信周公故可每事一往毛無避居之義則東征之時成王猶有疑心不親誚周公而書序言成王者以周公攝政耳成王則為主君統臣功故言成王此則專美周公據論實事故言周公東征也釋言云皇匡正也傳以皇為匡箋又轉為正○箋周公至而已○正義曰此四國之君據書傳祿父管叔皆見殺蔡叔以車七乘徒七十人止言徒之多少不知放之何處書序云成王既踐奄將遷其君於薄姑注云踐讀曰翦翦滅也奄既滅矣其君佞人不可復故欲徙之於齊地使服於大國是奄君遷於齊也書傳云遂踐奄踐之者籍之也籍之謂殺其身執其家瀦其宮如此則言奄君見殺與序不同書傳非也

既破我斧。又缺我錡。鑿屬曰錡○錡巨宜反字或作奇音同鑿屬也韓詩云木屬

周公東征。四國是吪。吪化也○訛五戈反又作吪

哀我人斯。亦孔之嘉。箋云嘉善也〔疏〕傳鑿屬曰錡○正義曰此與下傳云木屬曰銶皆未見其文亦不審其狀也○傳吪化也正義曰釋言文

既破我斧。又缺我銶。木屬曰銶○銶音求徐又音虯韓詩云鑿屬也一解云今之獨頭斧

周公東征。四國是遒。遒固也箋云遒斂也○遒在羞反徐又在幽反

哀我人斯。亦孔之休。休美也○休虛虯反〔疏〕傳遒固○正義曰遒訓為聚亦堅固之義故為固也言使四國之民心堅固也箋以為之不安故易之釋詁云遒斂聚也彼遒作揫音義同是遒得為斂言四國之民於是斂聚不流散也

破斧三章章六句

伐柯。美周公也。周大夫刺朝廷之不知也。成王既得雷雨大風之變欲迎周公而朝廷羣臣猶惑於管蔡之言不知周公之聖德疑於王迎之禮是以刺之○柯古何反朝直遙反注及下篇同〔疏〕伐柯二章章四句至不知○正義曰作伐柯詩者美周公也毛以為周公攝政東征四國既定仍在東土已作鴟鴞之後未得雷風之前羣臣皆知周公有成就周道之志而成王猶未知之故周大夫作詩美周公以刺朝廷之不知即經二章皆刺成王不知周公之辭鄭以為周公避居東都三年之秋得雷風之後啟金縢之前王意稍悟欲迎周公而朝廷大夫猶有不知周公之志故周大夫作此詩以美周公刺彼朝廷大夫之不知也經二章皆言王當以禮迎周公刺彼羣臣不知之也○箋成王至刺之○正義曰箋知此篇作在得雷風之後者若在雷風之前則王亦未悟若有所當刺於王何以獨刺朝廷若啟金縢之後則羣臣盡悟無可刺故知是既得雷雨大風之變欲迎周公而朝廷猶有疑志所以刺之也論語云其在朝廷祭義言孝悌達於朝廷皆斥君朝謂之朝廷則知此言朝廷亦是成王之朝所刺必有其人故知刺朝廷羣臣之中有不知周公之聖者也毛氏雖不注序推鴟鴞之傳必無避居之事周公初即攝政羣臣無有不知必不得同鄭刺羣臣也羣臣皆信周公唯有成王疑耳狼跋序云近則王不知此刺朝廷不知當亦刺成王不知王肅云朝廷斥成王孫毓云疑周公者成王也明周公者羣臣也書曰史與百執事對曰信噫公命我勿敢言二公下至百執事皆明周公如此復誰刺乎且夫朝廷人君所專未有稱羣臣為朝廷者漢魏稱人主或云國家或言朝廷古今同也曷以不言刺成王刺成王當在雅此詩主美周公故在幽風是以略言刺朝廷傳意或然雖刺成王與箋意異其所刺者亦在作鴟鴞之後得雷風之前何則作鴟鴞之時周公親自喻王王猶不悟大夫故應刺之若得

雷風之後王意已漸開悟大夫不當刺王明所刺亦在雷風之前王肅以爲既作東山又追作此詩以刺王不知毛意然否

伐柯如何。匪斧不克。 柯斧柄也禮義者亦治國之柄箋云克能也伐柯之道唯斧乃能之此以類求其類也以喻成王欲迎周公當使賢者先往。柄彼病反

取妻如何。匪媒不得。 媒所以用禮也治國不能用禮則不安箋云媒者能通二姓之言定人室家之道以喻王欲迎周公當先使曉王與周公之意者又先往。取七喻反本亦作娶

〔疏〕伐柯至不得。毛以爲柯者爲家之器用禮者治國之所用言欲伐柯以爲家用當如何乎非斧則不能以興欲取禮以治國者當如之何乎非周公則不能言斧能伐柯得柯以爲家用喻周公能行禮得禮以治國能執治國之禮者唯周公耳又言取妻如之何非媒則不得以興治國如之何非禮則不安以媒氏能用禮故使媒則得妻以喻周公能用禮故任周公則國治刺王不知周公而不任之也。鄭以爲伐柯之道非斧則不能唯斧乃能之言以類求其類喻王欲迎周公非賢不可往當使賢者先往亦以類求其類取妻如之何非媒不得以媒能通二姓之言定人室家之道故使媒則得之以喻王欲迎周公當使曉王與周公之意者先往以其能通二人之意故宜先使之言王當迎周公以刺朝廷之不知也。傳柯斧至之柄。正義曰考工記車人云柯長三尺博三寸厚一寸有半五分其長以其一爲之首注云首六寸謂闕頭斧也柯其柄也是斧柄大小之度斧喻周公柄喻禮義斧能伐得柯喻周公能得禮柯所以供家用猶禮可以供國用故云禮義者治國之柄是以柯喻禮則知斧喻周公雖以斧喻周公斧不能自伐得柯必人執之是人與斧共喻周公也人執斧能伐柯既伐得柯人又執柯以營家用喻周公能得禮既能得禮周公又能執禮以治國以此美周公也王肅云能執治國家之斧柄其唯周公乎是喻周公能執禮也。箋克能至先往。正義曰克能釋言文箋以下云我覯之子謂得見周公則二章皆勸迎周公之事故易傳言以類求其類喻使賢者先往也。傳媒所至不安。正義曰傳以下文籩豆有踐籩豆禮器則此亦禮事故傳以上經與此皆喻禮也正以媒爲興者媒所以用禮喻周公能用禮取妻不以媒則不能得妻喻治國不用禮則不能安國言周公能用禮以安而王不知故刺之。箋媒者至先往。正義曰箋以媒者通傳二姓之言勸迎周公而以媒爲喻故易傳言當使曉王與周公之意者先往孫毓云周公之思歸患成王之未悟耳王出郊而天雨反風禾則盡起精誠感天而況於人乎何須賢者之先往也周公至聖見能未形非如讎敵尚相阻疑何須問人重相曉喻乎鄭爲此說者以爲此詩之作在雷風之後王實未迎周公致使朝臣尚惑假言迎意刺彼未知言王以周公之聖欲其速反尚使賢者先行令人傳通其意說周公宜還見疑者可刺耳非謂周公有疑須相曉喻也

伐柯伐柯。其則不遠。 以其所願乎上交乎下以其所願乎下事乎上不遠求也箋云則法也伐柯者必用柯其大小長短近取法於柯所謂不遠求也王欲迎周公使還其道亦不遠人心足以知之

我覯之子。籩豆有踐。 踐行列貌箋云覯見也之子是子也斥周公也王欲迎周公當以饗燕之饌行至則歡樂以說之。覯古豆反踐賤淺反行戶郎反饌士戀反樂音洛說音悅

〔疏〕伐柯至有踐。毛以爲伐柯之法其則不遠喻治國之法其道亦不遠何者執柯以伐柯比而視之舊柯短則如其短舊柯長則如其長其法不在遠也以喻交接之法願於上交於下願於下事於上其道亦不遠也言有禮君子恕以治國近取諸己不須遠求能知是者唯周公耳我若得見是子周公觀其以禮治國則復籩禮器有踐然行列而次序矣禮事弘多不可徧舉言其籩豆有列見禮法大行也。鄭以爲伐柯伐柯者其法則不遠舊柯足以法之以喻王欲迎周公使還其道亦不遠人心足以知之言衆人之心皆知公須還也我王欲見是子周公當以饗燕之饌籩豆有踐然行列以待之言王宜厚待周公刺彼不知者也。傳以其至遠求。正義曰此伐柯之不遠求還近取法於柯以喻交人之道不遠求還近取法於己故解求之義以其所願於上接已則以所願之事交於在己下者以其所願於下之事已則以所願之事事於已之上者此皆近取諸己所謂不遠求詩意言此者以有禮君子能以身恕物言周公能爲此也王肅云言有禮君子恕施而行所以治人則不遠。箋柯至知之。正義曰箋以爲勸迎周公之辭故易傳言不遠者人心足以知之中庸引此二句乃云執柯以伐柯睨而視之猶以爲遠詩言其則不遠彼言猶以爲遠者以作者言其不遠明有嫌遠之意故言猶以爲遠。傳踐行列貌。正義曰以籩豆之器必行列陳之故以踐爲行列貌毛以爲此詩刺王不知周公皆不言王迎之事必不得如鄭以籩豆之饌迎周公也上句說恕以行禮則此當爲任用有禮之人則得禮事陳設籩豆是行禮之器宜籩豆有踐謂見其行禮也故王肅云我所見之子能以禮治國踐行列之貌籩豆行禮之物也傳意或然。箋覯見至說之。正義曰覯見釋詁文飲食之事聖人以之爲禮今勸迎周公而言陳列籩豆是令王以此籩豆與周公饗燕

伐柯二章章四句

九罭。美周公也。周大夫刺朝廷之不知也。 罭本亦作罭于逼反

〔疏〕九罭四章章首章四句下三章章三句至不知。正義曰作九罭詩者美周公也周大夫以刺朝廷之不知也此序與伐柯盡同則毛亦以爲刺成王也周公既攝政而東征至三年罪人盡得但成王惑於流言不悅周公所爲周公且止東方以待成王之召成王未悟不欲迎之故周大夫作此詩以刺王經四章皆言周公不宜在東是刺王之事鄭以爲周公避居東都三年成王既得雷雨大風之變欲迎周公而朝廷羣臣猶有惑於管蔡之言不知周公之志者及啟金縢之書成王親迎周公反而居攝周大夫乃作此詩美周公追刺往前朝廷羣臣之不知也此詩當作在歸攝政之後首章言周公不宜居東王當以衮衣禮迎之所陳是未迎時事也二章三章陳往迎周公之時告曉東人之辭卒章陳東都之人欲留周公是公反後之事既反之後朝廷无容不知序云美周公者則四章皆是也其言刺朝廷之不知者唯首章耳

九罭之魚鱒魴。 興也九罭緵罟小魚之網也鱒魴大魚也箋云設九罭之罟乃後得鱒魴之魚言取物各有器也興者喻王欲迎周公之來當有其禮。鱒才損反沈又音撰魴音房緵子弄反又子公反字又作緵罟音古今江南呼緵罟爲百囊網也

我覯之子。衮衣繡裳。 所以見周公也衮衣卷龍也箋云王迎周公當以上公之服往見之。衮古本反六冕之第二者也畫爲九章天子畫升龍於衣上公但畫降龍字或作卷音同卷冕反

〔疏〕九罭至繡裳。毛以爲九罭之中魚乃是鱒也魴也鱒魴是大魚處九罭之小網非其宜以興周公是聖人處東方之小邑亦非其宜王何以不早迎之乎我成王若見是子周公當以衮衣繡裳往見之刺王不知欲使王重禮見之鄭以爲設九罭之網得鱒魴之魚言取物各有其器以喻用尊重之大禮迎周公之大人是擬人各有其倫尊重之禮正謂上公之服王若見是子周公當以衮衣繡裳往迎之。傳九罭至大魚。正義曰釋器云緵罟謂之九罭九罭魚網也孫炎曰九罭謂魚之所入有九囊也郭朴曰緵今之百囊網也釋魚有鱒魴樊光引此詩郭朴曰鱒似鞸子赤眼者江東人呼魴魚爲鯿陸機注云鱒似鞸而鱗細於鞸赤眼然則百囊之網非小網而言得小魚之罟者以其緵促網目能得小魚不謂網身小也驗今鱒魴非是大魚言大魚者以其雖非九罭密網此魚亦將不漏故言大耳非大於餘魚也傳以爲大者欲取大小爲喻王肅云以與下土小國不宜久留聖人傳意或然。箋設九至其禮。正義曰箋解網之與魚大小不異於傳但不取大小爲喻耳以下句衮衣繡裳是禮之上服知此句當喻以禮往迎故易傳以取物各有其器喻迎周公當有禮。傳所以至卷龍。正義曰傳解詩言衮衣繡裳者是所以見公之服也畫龍於衣謂之衮故云衮衣卷龍

鴻飛遵渚。 鴻不宜循渚也箋云鴻大鳥也不宜與鳧鷖之屬飛而循渚以喻周公今與凡人處東都之邑失其所也。鳧音符鷖烏兮反又作鷖

公歸無所。於女信處。 周公未得禮也再宿曰信箋云信誠也時東都之人欲周公留不去故曉之云公西歸而無所居則可就女誠處是東都也今公當歸復其位不得留也

〔疏〕鴻飛至信處。毛以鴻者大鳥飛而循渚非其宜以喻周公聖人久留東方亦非其宜王何以不迎之乎又告東方之人云我周公未得王迎之禮歸則無其住所故於汝東方信宿而處耳終不久留於此告東方之人云公不久留刺王不早迎。鄭以爲鴻者大鳥不宜與鳧鷖之屬飛而循渚以喻周公聖人不宜與凡人之輩共處東都及成王既悟親迎周公而東都之人欲周公即留於此故曉之曰公西歸若無所居則可於汝之所誠處耳今公歸則復位汝不得留之美周公所在見愛知東人願留之。傳鴻不宜循渚。正義曰言不宜循渚者喻周公不宜處東毛無避居之義則是東征四國之後留住於東方不知其住所也王肅云以其周公大聖有定命之功不宜久處下土而不見禮迎箋爲喻亦同但以爲辟居處東故云與凡人耳。傳周公至曰信。正義曰言周公未得王迎之禮也再宿曰信莊三年左傳文公未有所歸之時故於汝信處處汝下國周公居東歷年而曰信者言聖人不宜失其所也再宿於外猶以爲久故以近辭言之也。箋信誠至得留。正義曰釋詁云誠信也是信得爲誠也以卒章言無以公西歸是東人留之辭故知此是告曉之辭既以告曉東人公既西歸不得遙信故易傳以信爲誠言公西歸而無所居則誠處是東都也此章已陳告曉東人之辭卒章始陳東人留公之辭此詩美周公不宜處東既言不宜處東因論告曉東人之事既言告曉東人須見東人之意故卒章乃陳東人之辭

鴻飛遵陸。 陸非鴻所宜止

公歸不復。於女信宿。 宿猶處也

〔疏〕公歸不復。正義曰箋以爲避居則不復當謂不得復位毛以此章東征則周公攝位久矣不得以不復位爲言也當訓復爲反王肅云未得所以反之道傳意或然

是以有衮衣兮。無以我公歸兮。 無與公歸之道也箋云是東都也東都之人欲周公留之爲君故云是以有衮衣謂成王所齎來衮衣願其封周公於此以衮衣命留之無以公西歸

無使我心悲兮。 箋云周公西歸而東都之人心悲恩德之愛至深也

〔疏〕是以

至心悲兮○毛以爲首章言王見周公當以衮衣見之此章言王有衮衣而不迎周公故大夫刺之言王是以有此衮衣兮但無以我公歸之道兮王意不悟故云無以歸道又言王當早迎周公無使我羣臣念周公而心悲兮○鄭以爲此是東都之人欲留周公之辭言王是以存此衮衣兮王令齎来願卽封周公於此無以我公西歸兮若以公歸我則思之王無使我思公而心悲兮○傳無與公歸之道○正義曰周公在東必待王迎乃歸成王未肯迎之故無與我公歸之道謂成王不與歸也○箋是東至西歸○正義曰箋以爲王欲迎周公而羣臣或有不知周公之志者故刺之雖臣不知而王必迎公不得言無與公歸之道故易傳以爲東都之人欲留周公之辭首章云迎周公歸當以上公之服往見之於時成王實以上公服往故東都之人卽願上以此衣封周公也○箋周公至至深○正義曰東都之人言已將悲故知是心悲念公也傳以爲刺王不知則心悲謂羣臣悲故王肅云公久不歸則我心悲是大夫作者言已悲也此經直言心悲本或心下有西衍字與東山相涉而誤耳定本無西字

九罭四章一章四句三章章三句

狼跋。美周公也。周公攝政。遠則四國流言。近則王不知。周大夫美其不失其聖也。不失其聖者聞流言不惑王不知不怨終立其志成周之王功致大平復成王之位又爲之大師終始無愆聖德著焉○狼跋音郎獸名也跋音卜末反又蒲末反字或作拔同王功于況反大平音泰下大師大平同愆起然反〔疏〕狼跋二章章四句至其聖○正義曰作狼跋詩者美周公也毛以爲周公攝政之時其遠則四國流言誇毀周公言將不利於孺子其近則成王不知其心謂周公實欲篡奪已位周公進退有難如此卒誅除四國成就周道使天下大平而聖著明故周大夫作此詩美其進退有難而能不失其聖也經二章皆言進退有難之事美其不失聖者本其美周公之意耳於經無所當也鄭以周公將攝政時遠則四國流言而周公不惑不息攝政之心近則成王不知而周公不怨不生忿懟之意卒得遂其心志成就周道是進有難也及致政成王之後欲老而自退成王又留爲大師令輔弼左右是退有難也如此進退有難而聖德著明終無愆過故周大夫美其不失其聖也經二章皆云進退有難之事德音不瑕是不失聖也序稱流言與王不知唯說進有難也不言退有難者不失其聖之中可以兼之矣○箋不失至著焉○正義曰序言不失其聖是總美周公之言故箋具述周公進退有難能使聖德著明之意以充之箋以流言與王不知是一時之事不宜分爲進退經云公孫碩膚則是遜位之後故以流言與王不知爲進有難也既遜而留爲大師是退有難也以此二者皆違周公之志是故俱名爲難進退有難爲終始無愆所以美其不失其聖也毛不注序必知異於鄭者傳以公孫爲成王則此經所陳無周公遜位之事不得以留爲大師當退有難也傳言進退有難須兩事充之明四國流言爲進有難王不知爲退有難能誅除四國攝政成功正是不失聖也

狼跋其胡。載疐其尾。興也跋躐疐跲也老狼有胡進則躐其胡退則跲其尾進退有難然而不失其猛箋云興者喻周公進則躐其胡猶始欲攝政四國流言辟之而居東都也退則跲其尾謂後復成王之位而老成王又留之其如是聖德無玷缺○疐本又作疐丁四反又陟値反躐力輒反跲其劫反又居業反難乃旦反玷丁簟反

公孫碩膚。赤舄几几。公孫成王也豳公之孫也碩大膚美也赤舄人君之盛屨也几几絇貌箋云公周公也孫讀當如公孫于齊之孫孫之言孫遁也周公攝政七年致大平復成王之位孫遁辟此成公之大美欲老成王又留之以爲大師屨赤舄几几然○孫毛如字鄭音遜舄音昔屨俱具反絇其俱反遁徙遜反〔疏〕狼跋至几几○毛以爲狼之老者則頷下垂胡狼進前則躐其胡卻退則跲其尾是進退有難然猶不失其猛能殺傷禽獸以喻周公攝政之時遠則四國流言近則王不知其志進退有難然猶不失其聖能成就周道所以進退有難而攝此政者欲待公孫成王長大有大美之德能履赤舄几几然盛服以行禮然後授之故也○鄭以爲老狼進則躐其胡退則跲其尾進退有難不失其猛喻周公將欲攝政遭四國流言歸政成王王復留爲大師進退有難能不失其聖又美周公不失其聖之事言周公既致大平乃遜遁避此成功之大美復留在王朝爲大師之官履其赤舄其舄之飾几几然美其聖德故說其衣服也○傳跋躐其猛○正義曰跋躐疐跲釋言文李巡曰跋前行曰躐跲卻頓曰疐也說文云跋顚丁千反跲躓竹二反躓卽疐也然則跋與疐皆是顚倒之類以跋爲躐者謂跋其胡而倒頓耳老狼有胡謂頷垂胡進則躐其胡謂躐胡而前倒也退則跲其尾謂卻頓而倒於尾上也跋胡言狼疐尾亦是狼也文不可重故以疐代之下章不倒其文明跋上宜有載所以互相見也序言周公遠近有難不失其聖德故知此經說狼進退有難而不失猛○箋興者至玷缺○正義曰箋以下言公孫則遜位之後故以進則躐胡喻將欲攝政退則跲尾喻成王留之耳周公人臣以進爲攝政退爲致政取象皆爲安故易傳也○傳公孫至絇貌○正義曰傳以雅稱曾孫皆是成王以其是豳公之孫也碩大釋詁文膚美小雅廣訓文天官屨人掌王之服屨爲赤舄黑舄注云王吉服有九舄有三等赤舄爲上冕服之舄下有白舄黑舄然則赤舄是最上故云人君之盛屨也屨人注云服屨者著服各有屨也複下曰舄單下曰屨古之人言屨以通於複今世言屨以通於單俗易語反然則屨舄對文有異散則相通故傳以屨言之士冠禮云玄端黑屨青絇繶純爵弁纁屨黑絇繶純純博寸注云絇之言拘以爲行戒狀如刃衣鼻在屨頭繶縫中紃也屨順裳色爵弁之屨以黑爲飾爵弁尊其屨飾以繢次云几几絇貌謂舄頭飾之貌以爵弁祭服之尊飾之如繢次屨色纁而絇用黑則冕服之舄必如繢次舄之色赤則絇赤黑也王肅云言周公所以進退有難者以俟王之長大有大美之德能服盛服以行禮也○箋周公至几几然○正義曰箋以上言公歸皆謂周公故以此公爲周公古之遜字借孫爲之春秋昭二十五年經言公孫於齊春秋之例內諱奔謂之遜言昭公遜遁而去此周公亦遜遁去位故讀如彼文遜遁釋言文孫炎曰遁逃去也周公攝政七年遜遁避成功之大美尚書洛誥有其事書序云召公爲保周公爲師相成王爲左右召公不說周公作君奭是成王留之爲大師也上公九命得服衮冕故屨赤舄孫毓云詩書名例未有稱天子爲公孫者成王之去豳公又已遠矣又此篇美周公不美成王何言成王之大美乎公宜爲周公箋義爲長

狼疐其尾。載跋其胡。公孫碩膚。德音不瑕。瑕過也箋云不瑕言不可疵瑕也○疵才斯反〔疏〕傳瑕過○正義曰瑕者玉之病玉之有瑕猶人之有過故以瑕爲過箋言無可疵瑕者亦是玉病言周公終始皆善爲無疵瑕也

狼跋二章章四句

豳國七篇二十七章二百三句

毛詩注疏挍勘記（八之三）　阮元撰盧宣旬摘錄

○破斧

隋銎曰斧　小字本相臺本同案考文古本下有方銎曰斨四字非也此與七月傳斨方銎也互文見義七月正義云破斧傳云隋銎曰斧方銎曰斨然則斨卽斧也各本皆同其實誤也當作然則方銎曰斨斨卽斧也因方銎曰斨與所引破斧傳云隋銎曰斧有似對文乃誤屬然則二字於斨卽斧也之首耳此經又缺我斨釋文斨下云說文云方銎斧也浦鏜校彼正義以爲觀音義則傳本無此四字非脫也其說當矣特未悟彼正義亦本不引此傳方銎曰斨也考文古本正采彼正義而致誤

傳吪化也正義曰　閩本明監本毛本正上有○案所補非也也當作○耳

箋以爲之不安　閩本明監本毛本同案浦鏜云之疑衍是也

○伐柯

當先使曉王與周公之意者又先往　小字本相臺本同案又者又上箋先往也正義云當使曉王與周公之意者先往乃㮣栝箋文非箋如此明刻單注別本有改又爲以者誤甚

見能未形　閩本明監本毛本同案浦鏜云見能字當誤倒是也

何須問人　閩本明監本毛本同案問當作用形近之譌

則復籩禮器　閩本明監本毛本籩下有豆字案復籩當作籩豆

以其所願於上接巳　〔補〕案下文接巳上當有之字

箋柯至知之　〔補〕柯上當有伐字

○九罭

鱒魴大魚也　小字本相臺本同案釋文鱒下云大魚也正義云傳以爲大者欲取大小爲喻王肅云以下土小國不宜久留聖人傳意或然今考此傳當本無大字或加之以駮鄭與敝笱同魴亦衍字也釋文獨於鱒下云大魚也是其本無魴字

六冕之第二者也　〔補〕釋文挍勘盧本者作章案云今改正所改是也

釋魚有鱒魴　閩本明監本毛本同案鱒魴盧文弨云當作鮅鱒是也

陸機注云　閩本明監本毛本同案浦鏜云疏誤注是也

欲周公留之爲君　閩本明監本毛本同小字本相臺本之爲作爲之考文一本同案爲之是也

無使我心悲兮　唐石經小字本相臺本同案正義云本或心下有西衍字與東山相涉而誤耳定本無西

字考文一本有采正義

箋是東至西歸　閩本同明監本毛本東作以案皆誤也當作是

九罭四章　明監本毛本章誤句唐石經以下各本不誤

○狼跋

乃遜遁避此成功之大美　閩本明監本毛本同案經注作孫正義作遜孫遜古今字易而說之也例見前正義云古之遜字借孫爲之則固自言其例矣考文古本箋作遜誤采正義也避亦易字見汝墳

說文云跋躐丁千反跆躓竹二反　閩本明監本毛本同案丁千反竹二反六字當旁行細書正義於自爲音者例如此○按卽自爲音不定有此例況丁千反竹二反乃引說文音隱乎唐人所引說文反語皆本音隱

故以臺代之　(補)案臺當作載下文明跋上宜有載可證

爵弁纁黑絇繶純　閩本明監本毛本同案纁下浦鏜云脫屨字考士冠禮浦挍是也

狀如刀衣　閩本明監本毛本同案浦鏜云刀誤刃考士冠禮注浦挍是也

則絇赤黑也　閩本明監本毛本同案盧文弨云赤當作亦是也

故屨赤舃　閩本明監本毛本同案浦鏜云屢誤屨是也

附釋音毛詩注疏卷第九（九之二）

鹿鳴之什詁訓傳第十六

○陸曰什音十什者若五等之君有詩各繫其國舉周南卽題關雎至於王者施教統有四海歌詠之作非止一人篇數既多故以十篇編爲一卷名之爲什

毛詩小雅

○陸曰從鹿鳴至菁菁者莪凡二十二篇皆正小雅六篇亡今唯十六篇從此至魚麗十篇是文武之小雅先其文王以治內後其武王以治外宴勞嘉賓親睦九族事非隆重故爲小雅皆聖人之迹故謂之正

鄭氏箋　孔穎達疏

小大雅譜

小雅大雅者周室居西都豐鎬之時詩也。正義曰以此二雅正有文武成變有厲宣幽六王皆居在鎬豐之地故曰豐鎬之時詩也知者文王有聲云作邑於豐是文王居豐也又曰考卜維王宅是鎬京維龜正之武王成之是武王居鎬也太史公曰成王卜居洛邑定九鼎焉而周復都豐鎬外傳曰杜伯射宣王於鎬魚藻序云王居鎬京是幽王以上皆居鎬也世本云懿王徙於犬丘地里志云京兆槐里縣周曰犬丘懿王都之京兆郡故長安縣也皇甫謐云鎬在長安南二十里然則犬丘與鎬相近有離宮在焉懿王暫居之非遷都也鄭必須言周室居豐鎬者以國風皆題諸國之名知其國土所在雅亦須顯其號并知天子所居之處也采薇出車以天子之命命將率則文王時未稱王也則二雅各有未稱王時作者未稱王時則在岐周矣而繫之豐者以其爲雅詩者卽述天子之政文王居豐乃稱王縱使在岐周時作亦繫之於豐也厲王流于彘王爵仍存鎬京尚在故亦揔云豐鎬焉雅題不曰周者以雅與國風絶豳又無異代相涉故不言周也○始祖后稷由神氣而生有播種之功於民公劉至于大王王季歷及千載越異代而别世載其功業爲天下所歸○正義曰案周本紀云公劉后稷之曾孫大王公劉九世之孫后稷在唐虞之時公劉當夏大康之時此至大王王季歷夏商之世漢書律歷志云夏凡四百四十年殷凡六百二十九年則餘一千矣故曰歷千載越異代也言后稷至於大王則公劉在其間矣而别言公劉者以周之先公皆能修后稷之業公劉大王其中賢俊者故歷言之所以追說后稷公劉大王者言周德積基所由也○文王受命武王遂定天下盛德之隆大雅之初起自文王至于文王有聲據盛隆而推原天命上述祖考之美○正義曰自文王至文王有聲凡十篇文王大明緜棫樸思齊皇矣靈臺七篇序皆云文王旱麓一篇居中從可知凡八篇文王大雅也下武文王有聲二篇序皆言武王則武王大雅也以文武道同故鄭連言之雅有小大二體而體亦由事而定故文王以受命爲盛大雅以盛爲王故其篇先盛隆文王言受命作周大明言天復命武王是盛隆之事故以文王爲首大明次之也文王所以得受天命由祖考之業故又次緜也言文王之興本由大王也文王既因祖業得四臣之力卽是能官其人故次棫樸也既言任臣之力又述受祖之美故次旱麓也旱麓直論樂易於民施化而已非盛事故在棫樸之下既言受祖之業又述其母之賢而得成爲聖故次思齊也文王既聖世脩其德天使之代殷故次皇矣既聖能代德及鳥獸故次靈臺緜與旱麓皇矣皆述大王王季之德是上述祖考者鄭以文王據受命盛隆逆而本之於祖父取緜篇之意故其餘不盡論也繼武王之詩下武序云繼文也明以上文王事下武則武王繼之既能繼其伐功故次文王有聲序云繼伐也言文王伐崇武王繼之以伐紂也案大明文王之詩而經陳武王之事文王有聲武王之詩而經陳文王之事其勢正同而詩主相反者由作者之意殊也文王經云王之藎臣無念爾祖以戒成王也大明云篤生武王言武王之謚則二篇成王時作也緜云文王蹶厥生思齊云文王之母皇矣云帝謂文王三篇皆言文王之謚則皆文王崩後作之棫樸云濟濟辟王靈臺云王在靈沼皆言王則稱王之後作也唯旱麓不言謚又不言王或未稱王之前作也但經無謚者或當其生存之時或在其崩後不可定也下武不言武王之謚成王時作文王有聲云武王烝哉言其謚則其崩後作也○小雅自鹿鳴至於魚麗先其文所以治內後其武所以治外○正義曰此又解小雅比篇之意采薇云文王之時西有昆夷之患北有玁狁之難以天子之命命將率歌采薇以遣之出車以勞還杕杜以勤歸則采薇等篇皆文王之詩天保以上自然是文王詩也魚麗序文武竝言則魚麗武王詩也鹿鳴至天保六篇言燕勞羣臣朋友是文事也采薇三篇言命將出征皆是武事故魚麗序曰文武以天保以上治內采薇以下治外既以治內爲先君爲元首臣爲股肱君能懇誠以樂下臣能盡忠以事上此爲政之尤急故以鹿鳴燕羣臣嘉賓之事爲首也羣臣在國則燕之使還則勞之故次四牡勞使臣之來也使臣還則君勞之去當遣之故次皇皇者華言遣使臣也使臣之聘出卽遣之反乃勞之則遣先勞後矣此所以先勞後遣者人之勞役苦於上所不知則已勞而怨有勞而見知則雖勞而不怨其事重故先之也且使臣往反固非其一四牡所勞不必是皇皇者華所遣之使二篇之作又不必一人故以輕重爲先後也君臣既洽鄰國又睦乃可以和燕宗族故次常棣燕兄弟也兄弟既和又及朋友故亦伐木燕朋友故舊也君既能燕勞臣下臣亦歸美以報之故次天保言下報上也內事既治則當命將征伐以禦夷狄之患故次采薇遣戍役遣則欲其同心還則别其貴賤先出車以勞將率後杕杜以勞還役也文王之詩既終武王之事繼之以文王治內外有成功故武王因之得萬物盛多所以次魚麗也萬物既多人得養其父母故次南陔孝子相戒以養也孝子非徒能養其親身又清潔故次白華言孝子之潔白也萬物盛多人民忠孝則致時和年豐故次華黍歲豐宜黍稷也思齊說文王之敎先兄弟後家邦此詩之次先羣臣後兄弟者彼說施法之事先齊其家後化於外自近及遠之義此卽爲國之政固當先國事後族人故使燕羣臣在先也又鹿鳴等三篇皆燕勞臣子爲政之大務後世常歌之故鄉飲酒燕禮皆歌此三篇四牡傳曰文王率諸侯撫叛國而朝聘於紂故歌文王之道爲後世法是其事重可法故樂常歌之推此則樂歌周南召南及大雅皆歌其首三篇書傳多云升歌清廟是事重爲常歌故以爲諸篇之首也此文王小雅其事多在稱王之前案書傳文王受命四年伐昆夷采薇爲伐昆夷而作事在受命四年也出車杕杜役反而勞之出車經曰春日遲遲薄言還歸在受命五年而反也則采薇三篇事在稱王前矣鹿鳴燕羣臣嘉賓嘉賓之文容有鄰國之聘客也明亦未稱王也四牡云周道倭遲傳曰岐周之道尚在岐周未遷亦是未稱王也皇皇者華君遣使臣是聘問鄰國也若稱王之後與諸侯禮異不得爲鄰國相聘之法則亦未稱王也此三篇之事或在采薇之前其作之時節次弟不可得而知也稱王之前作亦可矣伐木云陳饋八簋爲天子制天保云論祠烝嘗于公先王追王改祭之禮定是稱王之後無文王之謚或當時卽作或崩後爲之未可定也檢文武大雅經每言文武之謚多在武王成王時作也小雅唯有稱王後事曾無言其謚者又所論多稱王以前之事知不先作爲小雅後作爲大雅者以六詩之作各有其體詠由歌政而典體亦因政

而異主政有巨細詩有大小不在其作之先後也此篇尚不以作之先後爲次況小大反以作之先後爲異乎且就檢其事亦不然矣緜有伐昆夷之事而在大雅采薇亦伐昆夷之事而在小雅緜云虞芮質厥成事在稱王之初天保云禴祠烝嘗事在稱王之後天保在小雅緜在大雅明不以作之先後分屬二雅可知也但作者各有所擬述大政爲大雅之體述小政爲小雅之體體以政與名以體定體既不同雅有大小大師審其所述察其異體然後分而別之自王澤竭而詩息暴秦起而樂亡去聖久遠無所傳授雖髣髴其大校不可以言宣也詩次先小雅此鄭先論大雅者詩見事漸故先小後大鄭以大雅述盛隆之事故先言焉○此二雅逆順之次要於極賢聖之情著天道之助如此而已矣○正義曰由祖考積基之美致令受命而王今大雅先陳受命後述祖考從下而上是逆也爲政之法當以近及遠今小雅先內後外是順也二雅逆順雖異其致一也皆要在於極盡先祖賢聖之情著明天道符命之助而已矣公劉大王王季是賢也卽緜與旱麓等詩是也文王武王聖也卽述文武詩是也天道助者卽周雖舊邦其命維新之屬是也又大雅生民及卷阿小雅南有嘉魚下及菁菁者莪周公成王之時詩也○正義曰知大雅自生民者以生民序云文武之功起於后稷故推以配天焉明是文武後人見文武功之所起故推以配天也文武後人唯周公成王耳孝經云昔者周公郊祀后稷以配天故知生民爲周公成王之詩生民既然至卷阿皆是可知知小雅自南有嘉魚者以六月序廣陳小雅之廢自華黍以上皆言缺由庚以下不言缺明其詩異主也魚麗之序云文武華黍言與上同明以上武王詩由庚以下周公成王詩也南有嘉魚云太平蓼蕭云澤及四海語其時事爲周公成王明矣序者蓋亦以其事著明故不言其號謚焉由庚既爲周公成王之詩則南有嘉魚至菁菁者莪從可知也故云下及菁菁者莪皆周公成王之時詩也以周公攝王事政統於成王故竝舉之也由庚在嘉魚前矣不云自由庚者據見在而言之鄭所以不數亡者以毛公下由庚以就崇丘若言自由庚則不包南有嘉魚故不得言也既不得以由庚爲成王詩首則華黍不得爲武王詩末故上說文武之詩不言至華黍也其比篇如此次者大雅之次以后稷祖考之先文武功之所起人本於祖故生民爲先言尊祖也既后稷有功世篤忠厚故次行葦言忠厚也既能忠厚化以及物令天下醉飽故次既醉言太平也既得太平又能久持不失故次凫鷖言能持盈守成也凫鷖止言祭神無持盈之事而序以承太平之後因言太平之君子能持盈守成則神祗祖考安樂之矣是傳會其事以爲篇次之意也推此明其餘皆有次比之義既能持盈不失事可嘉美故次假樂嘉成王也既嘉之又恐其怠慢故公劉泂酌卷阿戒成王也召公以成王初涖政恐不留意於治民之事故先言公劉厚於民以戒之既戒以民事欲其忠信故次泂酌也既有忠信須求賢自輔故次卷阿也詩人之作自有次第故其卒章曰矢詩不多維以遂歌是也小雅之次以承文武政平之後繼體之君調陰陽有萬物由庚萬物得由其道南有嘉魚樂與賢也崇丘萬物得極其高大也南山有臺樂得賢者由儀萬物之所生各得其宜此五篇樂與萬物得所更相互見明得賢所以養物也既萬物得宜又能周及海外故次蓼蕭也言萬物得所四海蒙澤天下無事可以飲燕諸侯褒賜有功故次湛露彤弓也既見因饗燕而賜之故先燕後賜也既有功蒙賞唯才是用爲天下之所歌樂故次菁菁者莪也其次如此其作之時節則難明也生民云推后稷配天是周公制禮之時則攝政六年後作也行葦云曾孫維主周公攝政之時成王爲孺子養老之事周公

所爲行葦言成王爲主則在卽政之後也既醉告太平凫鷖守成周公攝政三年則致太平既已太平則有成功可守作必在攝政三年之後不可定指其時也假樂嘉成王有顯顯令德官人安民則亦卽政之後矣公劉泂酌卷阿同是召公之戒公劉云成王將涖政則歌在行葦假樂之前也既醉凫鷖指論太平守成亦不廢在生民之前也大雅之作既有先後則小雅亦當然也小雅之中皆無成王之言又無卽政之事其作多在攝政之時不可定其年月也襄二十九年左傳爲吳季札歌小雅服虔云自鹿鳴至菁菁者莪道文武脩小政定大亂致太平樂且有儀是爲正小雅皇甫謐亦云詩人歌武王之德今小雅自魚麗至菁菁者莪七篇是也則服虔與皇甫謐以小雅無成王之詩也左傳又曰爲之歌大雅服虔云陳文王之德武王之功自文王以下至凫鷖是爲正大雅則服虔又以生民行葦既醉凫鷖爲武王詩也案武王伐紂未幾而崩不得有天下太平澤及四海之事蓼蕭既醉之輩皆言太平之事安得爲武王詩乎卽小雅皆武王之詩六月之序何當廢缺異文也生民推后稷配天行葦曾孫維主書傳配天皆謂周公之詩曾孫皆斥成王不得爲武王詩矣華黍由庚本相連此毛氏分序致其篇端使華黍就上由庚退下則毛意亦以由庚以下爲成王之詩也不然亡詩六篇自可聚在一處何須分之也服虔之誤違詩之文失毛之旨故鄭所以不然也○傳曰文王基之武王鑿之周公內之謂其道同終始相成比而合之故大雅十八篇小雅十六爲正經○正義曰此傳以作室爲喻也言周國之興譬如爲室文王始造其基武王鑿其榱棟周公內而架之乃成爲室猶言文王受命武王因之得伐紂定天下周公致太平制禮作樂以成之故中侯曰昌受命發行誅旦弘道是其終始相成故比合其詩大雅十八篇小雅十六篇爲正經凡書非正經者謂之傳未知此傳在何書也○其用於樂國君以小雅天子以大雅然而饗賓或上取燕或下就○正義曰以詩者樂章既說二雅爲之正經因言用樂之事饗者雖亦播於樂或無筭之節所用或隨事類而歌又在制禮之後樂不常用故鄭於變雅下不言所用焉知國君以小雅天子以大雅者以鄉飲酒云乃合樂關雎鵲巢則不言鄉樂燕禮云遂歌鄉樂周南關雎召南鵲巢燕諸侯之禮謂周南召南爲鄉樂鄉飲酒大夫之禮直云合樂大夫稱鄉得不以用之鄉飲酒是鄉可知故不云鄉也由此言之則知風爲鄉樂矣左傳晉爲穆叔文王鹿鳴別歌之大雅爲一等小雅爲一等風既定爲鄉樂差次之而上明小雅爲諸侯之樂大雅爲天子之樂矣且鄉飲酒鄉大夫賓賢能之禮也言賓用敵禮是平等之事合己樂而上歌小雅爲用諸侯樂然則諸侯以小雅爲己樂而穆叔云文王兩君相見之樂歌則兩君亦敵明歌大雅爲用天子樂故知諸侯以小雅天子以大雅矣鄉射之禮云乃合樂周南召南等注云不歌不笙不間志在射略於樂不略合樂者風鄉樂也不可略其正大射諸侯之禮所歌者明亦諸侯之正樂也其經曰乃歌鹿鳴三終乃下管新宮三終亦不笙不間又不言合明亦略樂不略其正是小雅爲諸侯之樂於是明矣自然大雅爲天子之樂可知若然小雅之爲天子之政所以諸侯得用之者以詩本緣政而作臣無慶賞威刑之政故不得有詩而詩爲樂章善惡所以爲勸戒尤美者可以爲典法故雖無詩者今得進而用之所以風化天下故曰用之鄉人焉用之邦國焉因其節文使之有等風爲夫婦之道生民之本王政所重欲天下徧化之故風爲鄉樂風本諸侯之詩鄉人所用故諸侯進用小雅諸侯既用小雅自然天子用大雅矣故鄉飲酒燕禮注云鄉樂者風也小雅爲諸侯之樂大雅頌爲天子之樂是也彼注頌亦爲天子之樂此不言

頌者此因風與二雅爲尊卑等級以見其差降故其言不及頌耳國君以小雅天子以大雅舉其正所當用者然而至於饗賓或上取燕或下就天子不純以大雅諸侯不純以小雅故下鄭分別說之何者天子饗元侯歌肆夏合文王諸侯歌文王合鹿鳴諸侯於鄰國之君與天子於諸侯同○正義曰鄭既言有上取下就之義因自問而釋之故云何者以發端也知歌合如此者左傳曰穆叔如晉晉侯饗之金奏肆夏之三不拜工歌文王之三又不拜歌鹿鳴之三三拜韓獻子使行人子員問之對曰肆夏天子所以饗元侯也使臣弗敢與聞文王兩君相見之樂也使臣不敢及鹿鳴君所以嘉寡君也敢不拜嘉又魯語曰金奏肆夏繁遏渠天子所以饗元侯也工歌文王大明緜則兩君相見之樂也臣以爲肆業及之故不敢拜今伶簫詠歌及鹿鳴之三君之所以貺使臣敢不拜貺由此二傳論之天子食元侯歌肆夏也則非元侯者不得歌之肆夏頌之族類也下唯有大雅故知於諸侯歌文王已傳文又言文王兩君相見之樂是諸侯於鄰國之君亦歌文王與天子於諸侯同也鄉飲酒燕禮合樂皆降於升歌歌鹿鳴合鄉樂則知歌文王者當合鹿鳴歌肆夏者當合文王也故鄭於此差納而知之傳言金奏肆夏此云歌者凡樂之初作皆擊金奏之春官鐘師以鐘鼓奏九夏論語云始作翕如也鄭云始作謂金奏晉爲穆叔發初歌肆夏故云金奏也言金奏者始作未必先擊鐘以奏之左傳曰歌鐘二肆是歌必以金奏之言金奏肆夏亦歌之文王鹿鳴因上有金奏之文不須復云金奏故值云歌其實文王鹿鳴亦金奏肆夏亦工歌互言之故知歌肆夏也此歌在堂上故郊特牲曰歌者在上貴人聲也其合樂則在堂下故儀禮注云合樂謂歌樂與衆聲俱作明在堂下衆聲也由在堂下輕故降升歌一等元侯者元長也謂諸侯之長杜預云元侯牧伯也牧伯與上公則爲大國故儀禮注云天子與大國之君燕升歌頌合大雅以肆夏頌之族類故以頌言之牧伯爲元侯則其餘侯伯爲次國子男爲小國非元侯也故捴謂之諸侯故用樂與兩君相見之樂同儀禮注云兩君相見歌大雅合小雅天子與次國小國之君燕亦如之於次國與小國與參諸侯同也此先陳天子於諸侯以諸侯於鄰國亦如之彼據傳之正文先言兩君相見以天子於次國小國亦如之故與此倒也天子於諸侯捴次國小國爲一等諸侯相於與天子於諸侯文同則亦捴次國小國爲一等則次國相於小國於次國於小國皆是諸侯於鄰國之君同歌文王合鹿鳴也仲尼燕居云大饗有四焉兩君相見升歌清廟下管象彼兩君元侯相於法也天子於元侯與諸侯不同則元侯相於與諸侯亦異也諸侯相於與天子於諸侯同則元侯相見亦與天子於元侯同不歌四夏避天子也以此明之則言諸侯於鄰國之君無元侯可知也其元侯於次國小國亦當與諸侯於鄰國同也天子以大雅而饗元侯歌四夏國君以小雅於鄰國歌文王是饗賓或上取也○天子諸侯燕羣臣乃聘問之賓皆歌鹿鳴合鄉樂○正義曰燕禮者諸侯燕其羣臣及聘問之賓之禮也經曰若與四方之賓燕言若以辨異則以燕己羣臣爲文而兼四方之賓也其禮歌鹿鳴合鄉樂也諸侯以小雅取燕羣臣及聘問之賓而合鄉樂天子以大雅取燕羣臣及聘問之賓歌小雅合鄉樂是皆爲下就也推此則天子於諸侯合鹿鳴亦在下就之中矣若然前云饗賓或上取上既言天子饗元侯歌四夏於元侯雖則下之諸侯於鄰國之君與天子於諸侯同歌文王者皆謂饗矣饗賓當上取而言有下就者以饗賓之中天子於元侯歌四夏諸侯相於歌文王皆爲上取據多言之故鄭屬上取於饗其實饗中以兼下就合鹿鳴是也言或上取者天子於元侯合文王於諸侯歌文王諸侯

於鄰國合鹿鳴皆是已樂非上取故言或見其不盡上取也言燕或下就者諸侯燕羣臣及聘問之賓歌鹿鳴是已樂非下就故亦言或案儀禮注云頌爲天子之樂則天子自當用頌矣而謂饗元侯爲天子上取者詩爲樂王者盡用之但鄭從風爲鄉樂以上差之使大雅爲天子之樂耳故不得不以四夏爲上取也此鄭直以差等爲說耳不可以已所得用則爲已樂也何者元侯相饗歌頌與天子於元侯同諸侯相於與天子於諸侯同諸侯燕羣臣及聘問之賓交與天子燕羣臣及聘問之賓同則風雅頌皆爲諸侯所用矣豈得皆謂之爲諸侯之樂乎明鄭以等差言之可知矣既以等差定之使天子定用大雅諸侯定用小雅非此者皆謂之上取下就儀禮之注盡論詩爲樂章之意既以風爲鄉樂小雅爲諸侯之樂而大雅之後仍有頌在故因言大雅頌爲天子之樂欲明雅頌盡爲樂章所以與此異也必知天子亦有上取者以此諸文先定言國君天子之用樂卽云有上取下就之事明上取下就亦宜同矣燕禮注云合鄉樂者禮輕者逮下諸侯燕臣子合鄉樂爲下就明天子於諸侯合鹿鳴者亦是下就也諸侯於鄰國之君歌大雅爲上取則知天子於元侯歌四夏亦上取也若然天子諸侯皆有上取下就自由尊卑之差而云饗或上取燕或下就似上取下就以饗燕爲別者以穆叔曰肆夏天子所以饗元侯禮記曰大饗有四焉兩君相見之禮儀禮燕禮是諸侯燕羣臣賓客之禮因此成文故天子諸侯於國君皆云饗於臣皆云燕所以見尊卑之禮異臣與國君別其等使上取以饗爲文其實國君與臣饗燕皆有何者周禮掌客職曰上公三饗三燕是天子於諸侯饗燕俱有也鹿鳴天子小雅而序曰燕羣臣嘉賓也既飲食之箋云飲之而有幣酬卽饗所用是天子於羣臣饗燕皆有也左傳曰晉侯使士會平王室定王饗之又曰晉士文伯如周王與文伯燕是天子於聘問之賓饗燕俱有也秋官司儀職曰凡諸公相爲賓致饗食左傳曰公與晉侯燕於河上是諸侯相於饗燕俱有也左傳曰穆叔如晉晉侯饗之聘禮曰公於賓再饗一燕是諸侯於聘問之賓饗燕俱有也左傳曰季文子如宋致女復命公饗之燕禮燕已之臣子是諸侯自於羣臣饗燕俱有也國君與臣竝有饗燕而鄭異其文見尊卑之禮殊爲上取下就之例耳此因尊卑異其文則其用樂也由尊卑爲差不由饗燕爲異此饗燕之文互見耳則饗燕用樂同也且燕禮燕鄰國聘問之賓歌鹿鳴晉侯饗穆叔歌鹿鳴之三三拜是其用樂同文也故儀禮注引穆叔之辞乃云然則諸侯相與燕升歌大雅合小雅天子與次國小國之君燕亦如之與大國之君燕升歌頌合大雅所言用樂與此饗同是天子諸侯於國君饗燕同樂之事也若然用樂自以尊卑爲差等不由事有輕重而升降鄉飲酒燕禮竝注云鄉飲酒升歌小雅禮盛者可以進取燕合鄉樂禮者可以逮下似爲禮有輕重故上取下就與此不同者彼以燕禮諸侯之禮鄉飲酒大夫之禮工歌鹿鳴合鄉樂故鄭解其尊卑不同用樂得同之意因言由禮盛可以進取禮輕可以逮下所以用樂得同彼言解燕禮與鄉飲酒禮異樂同之意其實不由饗燕有輕重也此用樂之差謂升歌合樂爲例其舞則燕禮云若舞則酌是諸侯於臣得用頌與此異也又郊特牲曰大夫之奏肆夏自趙文子始注云僭諸侯明諸侯得奏肆夏故郊特牲又曰賓入門而奏肆夏示易以敬注云賓朝聘者也又大射燕禮納賓皆云及庭奏肆夏及周禮注杜子春云賓來奏納夏之等皆謂賓始入及庭未行禮之時與升歌合樂別也此其著略大校見在書籍禮樂崩壞不可得詳

○正義曰饗燕用樂皆推禮傳而知事不詳悉是其著明質略其大校見在於書籍也其餘笙間嘗舞之詩無以言焉由禮樂崩壞不可得詳審也故儀禮注天子約諸侯於國君燕用樂之下云其笙間之篇未詳聞是也案鄉飲酒及燕禮升歌小雅其笙間之篇亦小雅則此笙間之篇宜與所用升歌同而云未詳聞者以其雖知同在小雅大雅仍不知是何篇故曰笙間之篇未得詳聞也大雅民勞小雅六月之後皆謂之變雅美惡各以其時亦顯善懲過正之次也

○正義曰民勞六月之後其詩皆王道衰乃作非制禮所用故謂之變雅也其詩兼有美刺皆當其時善者美之惡者刺之故云美惡各以其時也又以正詩錄善事所以垂法後代變既美惡不純亦兼釆之者爲善則顯之令自強不息爲惡則刺之使懲惡而不爲亦足以勸戒是正經之次故錄之也大雅言民勞小雅言六月之後則大雅盡召旻小雅盡何草不黃皆爲變也其中則有厲宣幽三王之詩皆當王號謚自顯唯厲王小雅謚號不明故鄭於下別論之如是則大雅民勞至桑柔五篇序皆云厲王通小雅十月之交雨無正小旻小宛四篇皆厲王時詩也又大雅雲漢至常武六篇小雅自六月盡無羊十四篇序皆言宣王則宣王詩也又大雅瞻卬召旻二篇序言幽王小雅自節南山下盡何草不黃去十月之交等四篇餘四十篇唯何人斯大東無將大車小明都人士縣蠻六篇不言幽王在幽王詩中皆幽王詩也本紀曰厲王卽位三十年好利近榮夷公大夫芮良夫諫厲王不聽卒以榮公爲卿士使用事焉王行暴虐國人謗王召公諫曰民不堪命王怒得衛巫使監謗者以告則殺之三十四年王益嚴虐國人不敢言道路以目王告召公曰吾能弭謗矣召公又諫不聽於是國人不敢出言三年乃相與叛襲厲王厲王出奔于彘周召二相行政號曰共和十四年厲王崩於彘如遷此言厲王積惡有漸三十年而甚三十四年益虐又三年而出奔三十七年乃流彘也板曰善人載尸箋云厲王虐而弭謗蕩箋云厲王弭謗穆公不敢斥言王之惡則流彘前專也桑柔芮良夫所作云貪人敗類則與所諫榮夷公專利事同三十年後事雨無正云周宗既滅靡所止戾則是流彘之後此其可驗者也楚語云衛武公九十五矣作懿以自誓韋略云懿令抑詩則作在平王之時然檢抑詩經皆指刺王荒耽仍未失政又言哲人之愚亦維斯戾則其事在流彘之前弭謗時也韋略之言未必可信也民勞召穆公諫王令息京師之民十月之交言后黨事權有權可專有民可役則事在流彘前也小旻戒王無淪胥以敗小宛誨王無忝爾所生皆敎王爲善以導民其事亦在流彘前矣則厲王小雅雨無正一篇事在大雅之後其餘不可詳矣厲王大雅事類大同所次之意蓋以王者所以牧民今反勞苦故先民勞民之所以勞者由王政反常綱紀廢次故次板蕩王惡甚焉而抑刺王之荒耽桑柔責貪人敗善皆爲惡之次故又次焉小雅十月之交以譏自上天小人專恣惡莫甚焉故以爲先由惡之甚致覆滅宗周無所安定故次雨無正也小旻刺王謀之不臧小宛傷天命之將去論怨嗟小故爲次爲小旻箋云所刺列於十月之交雨無正爲小故曰小旻此鄭解篇次之意也前檢小宛謂事在雨無正之先今而處流彘之後者以詩之大體雖事有在先或作在後故大雅文武之詩多在成王時作論功頌德之詩可列於後追述其美則刺過譏失之篇亦後世尙刺其惡本紀又曰宣王卽位二相輔之脩政法文武成康之遺風諸侯復歸宗周三十九年戰于千畝王師敗績於姜氏之戎四十六年宣王崩如遷此言則宣王自三十九年以前無他過惡唯敗於千畝爲始衰耳而小雅有箴規誨刺其事有漸矣則王衰亦有漸矣皇甫謚云三十年伐魯諸侯從此而不睦蓋周衰自此而漸也大局宣王之美詩多是三十年前事箴規之篇當在三十年之後王德漸衰亦容美刺竝作不可以限斷也其大雅六篇小雅自六月至鴻鴈及斯干無羊七篇皆宣王德盛時作其事多在初年以王承衰亂之弊百事草創任賢使能征伐安集初則當然亦不可定其年月也自庭燎盡我行其野是王德衰乃作多在三十九年之後而三十九年以前諸侯不睦各不朝宗沔水之等或亦作也而三十九年之後則王政大衰刺詩焉常故宜多也祈父傳曰宣王之末司馬職廢姜戎爲敗推此則其餘亦多敗後事也其詩之次大雅以宣王承亂遇災而懼憂民之本故先雲漢也王既憂百姓天下復乎五嶽生佐故次嵩高也神生賢哲王能任用又錫命之故次烝民韓奕也既能錫命賢哲任用其力可以征討不服以立武事故次江漢常武也此則先憂百姓次用臣以征伐爲次而小雅與之反以蠻荊玁狁南北交侵急須出兵以匡中國故先六月采芑也雖俱征伐以六月見侵之急又先采芑以夷狄既平當脩車甲大會諸侯因蒐狩故次車攻吉日以田獵征伐之類故使次焉以田獵選車徒會諸侯又盛於從禽接下故又使車攻先吉日也是以車攻序曰宣王能內脩政事外攘夷狄復文武之境土脩車馬備器械復會諸侯於東都言非徒外攘夷狄又復會諸侯於東都是序此篇之意也既言征伐事終外無兵寇可以安集萬民故次鴻鴈也然宣王承衰亂之後民先逃散豈得不早安集而待田獵之暇也明初卽安集之得其力用乃平四方耳詩不以事之先後爲次也宣王中興賢君末而德衰衰有其漸故次庭燎美其能勤因以箴之箴之不改則規正之規而不變則敎誨之誨而不從則刺責之故次沔水鶴鳴祈父也以爲王惡漸大故責正稍深此沔水鶴鳴其作不必在祈父之前但次之以見其漸耳王既廢其官則賢人逃去故次白駒也賢人既去則知禮教不行則室家相棄故次黃鳥我行其野也宣王中興之君不能終始皆善錄者雖兼惡以示戒勸亦貴成人之美故終以斯干考室無羊考牧若言終始之善見仁者之過亦不甚也斯干說造立宮室寢廟生男女明其始時之事無羊類之當爲同時可知今反在箴刺之下見宣王終始之善明矣本紀又曰幽王三年嬖褒姒生子伯服竟廢后及子而以褒姒爲后伯服爲太子國人皆怨故申侯與繒西夷犬戎共攻幽王殺王麗山之下遷止言竟廢后去太子不言廢去之年月皇甫謚云三年褒人以褒姒自贖時卽與虢石父比而譖申后太子尹氏及祭公導王爲非八年竟以石父之譖廢申后逐太子九年王廢高明而近讒憑使虢公專任於外褒姒固寵於內王室始騷謚言與遷事相終始則幽王之惡自三年之後爲漸八年九年則其極故鄭語云九年王室始騷十一年而被殺也幽王大雅瞻卬曰哲婦傾城褒姒亂政之事也召旻云蹙國百里王道衰弱之極也序皆云大壞當在八年之後也正月云赫赫宗周褒姒滅之車舝序云褒姒嫉妒小弁言太子之放逐白華言申后之廢黜魚藻箋云幽王惑於褒姒萬物失其性此五篇經注皆有惑褒姒黜申后之事則多在八年之後也其餘則無文可明大局是惡盛之時八年之後者蓋多矣大雅之次先瞻卬後召旻者武王數紂之罪云牝雞之晨惟家之索而瞻卬疾婦有長舌維厲之階故處先也王婦言是用政事荒亂致朝無賢臣土境日戚故召旻以閔天下無如召公之臣也其小雅節南山以下至何草不黃其次篇之義蓋以類相聚故楚茨信南山甫田大田皆陳古以刺今其餘次義既無明文不可臆說此三王變雅善者不純爲大雅惡者不純爲小雅則雅詩自有體之大小不在於善惡多少也關雎序曰雅者正也政有小大故有小雅焉有大雅焉此爲隨政善惡爲美刺之形容以正物也所正之形容有小大所以爲二雅矣故上以盛隆爲大雅政治爲小雅是其形容各有區域而善者之體大略既殊惡者之中

非無別矣詳觀其歎美審察其譏刺大雅則宏遠而疏朗弘大體以明責小雅則躁急而局促多憂傷而怨誹司馬遷以良史之才所坐非罪及其刊述墳典辭多慷慨班固曰迹其所以自傷悼小雅巷伯之倫也夫唯大雅既明且哲以保其身難矣哉又淮南子曰國風好色而不淫小雅怨誹而不亂是古之道又以二雅爲異區也幽王小雅四十四而大雅惟二自大體者少也厲王大雅有五而小雅唯四自小體者少是小大不相由也推此而論則二雅撥諸其形容象其物宜作者之初自定其體作既有體唯達者識之則容得有小雅無大雅有大雅無小雅者矣諸儒以厲王無小雅準此故也但文武成王正經也厲宣幽王變雅也小大之體時俱有作故采者竝存以示二體本自小大異區非徒以意中分也或說變雅美詩則政大入大雅政小入小雅刺詩則惡大入小雅惡小入大雅考之經文殊無其驗何則小旻小宛正責厲王謀猶回適不用善道其惡固小於板云下民卒癉善人載尸蕩云斂怨以爲德綱紀之大壞也瞻卬云亂生婦人罪罟不收召旻云實靖夷我邦日蹙國百里其惡固當大於鼓鍾作樂不與德比采綠婦人思夫怨曠也又宣王安集天下之民征樂四夷之寇其功豈徒比於封一元舅之申伯賜一朝覲之韓侯哉此類多矣略擧一二足明不以善惡之大小矣○問者曰常棣閔管蔡之失道何故列於文王之詩曰閔之閔之者閔其失兄弟相承順之道至於被誅若在成王周公之詩則是彰其罪非閔之故爲隱推而上之因文王有親兄弟之義○正義曰此鄭自問而釋之也周公雖內傷管蔡之不睦而作親兄弟之詩外若自然須親不欲顯管蔡之有罪緣周公此志有隱忍之情若在成王詩中則學者之知由管蔡而作是彰明其罪非爲閔之由此故爲隱推進而上之文王之詩因以見文王有親兄弟之義也若云文王能親兄弟與之燕飲而作此詩似本不由於管蔡然也周公聖人大義滅親言爲隱者亦因此以示聖人之法何者以管蔡之罪不得不誅偏於大義而誅之耳以同氣之親實懷閔傷由此而爲之隱也而序云閔管蔡之失道者以其周公之情欲爲之隱故編次者進而上之是以隱其事序者敘其作之所由不得不言也武王之詩又無論燕之事若常棣間之則上下非類而文王之詩上有鹿鳴燕羣臣下有伐木燕朋友故舊廁於其間與之爲類因以爲文王燕兄弟之詩言文王有親兄弟之義以爲樂歌非謂文王獨能親兄弟其餘聖人不能也如此請說則鄭定以常棣之作在武王既崩爲周公成王時作王肅亦以爲然故魚麗序下王傳曰常棣之作在武王既崩周公誅管蔡之後而在文武治內之篇何也夫刑于寡妻至于兄弟以御于家邦此文王之行也閔管蔡之失道陳兄弟之恩義故內之於文武之正雅以成燕羣臣燕兄弟燕朋友之樂歌焉是與鄭同也鄭志之說則異於此者答趙商云於文武時兄弟失道有不和協之意故作詩以感切之至成王之時二叔流言作亂罪乃當誅悔將何及未可定此篇爲成王時作趙商據魚麗之序以發問則於時鄭未爲譜故說不定也言未可定此篇爲成王時則意欲從之而未決後爲此譜則決定其說爲成王時也○又問曰小雅之臣何也獨無刺厲王曰有焉十月之交雨無正小旻小宛之詩是也漢興之初師移其第耳○正義曰詩皆臣下所作故云小雅之臣也知漢興始移者若孔子所移當顯而示義不應改厲爲幽此既厲王之詩錄而序焉而處不依次明爲序之後乃移之故云漢興之初也十月之交箋云詁訓傳時移其篇第因改之耳則所云師者卽毛公也自孔子以至漢興傳詩者衆矣獨言毛公移之者以其毛公之前未有篇句詁訓無緣輒得移改也毛既作詁訓刊定先後事必由之故獨云毛公也

師所以然者六月之詩自說多陳小雅正經廢缺之事而下句言小雅盡廢則四夷交侵中國微矣則謂六月者宣王北伐之詩當承菁菁者莪後故下此四篇使次正月之詩也亂甚焉既移文改其目義順上下刺幽王亦過矣○正義曰言亂甚者謂正月幽王之時禍亂甚極其四篇詩亦厲王亂惡故次正月之下以惡相從也言刺幽王亦過矣者謂寄四篇於幽王詩中又改厲爲幽有言幽王亦有厲王過惡故也六月之序所以多陳正經廢缺者以聖賢垂法因事寄意厲王暴虐傾覆宗周廢先王之典刑致四夷之侵削今先王起衰亂討四夷序者意其然所以詳其事若云厲王廢小雅之道以致交侵宣王修小雅之道以興中國見用舍存於政興廢於人也若然序者示法其意深矣毛公必移之者以宣王征伐四夷興復小雅而不繼小雅正經之後頗爲不次故移之見小雅廢而更興中國衰而復盛亦大儒所以示法也據此六月之序若其上本無厲王四篇之詩則六月自承正經之美無爲陳其廢缺矣明於其中躡衰亂之王故也是以鄭於十月之交箋檢而屬焉○鹿鳴之什○正義曰周禮小司徒職云五人爲伍五人謂之伍則十人謂之什也故左傳曰以什共車必克然則什伍者部別聚居之名風及商魯頌以當國爲別詩少可以同卷而雅頌篇數既多不可混併故分具積篇每十爲卷卽以卷首之篇爲什長卷中之篇皆統焉言鹿鳴至魚麗凡十篇其總名之是鹿鳴之什者宛辞言四牡之篇等皆鹿鳴之什中也故樂師注云徹者歌雍雍在周頌臣工之什言雍篇在臣工之什中是卷首之篇爲什長以統餘篇之目也南陔下箋云毛公推改什首遂通耳此下非孔子之舊則什首之目孔子所定也以孔子論詩雅頌各得其所明於時有所刊定篇卷之目是孔子可知故鄭云以下非孔子之舊則以上是孔子舊矣知以非者以南陔等六篇子夏爲序當孔子之時未亡宜次在什中今亡詩之下乃云有其義而亡其辞置之什外不在數中明非孔子之舊矣本十月之交等四篇在六月之上則孔子什首南陔復爲第二彤弓爲第三鴻鴈爲第四節南山爲第五北山爲第六桑扈爲第七都人士爲第八以下適十篇通及大雅與頌皆其舊也蕩及閔予小子皆十一篇者以本取十篇爲卷一篇不足爲別卷故附於下卷之末亦歸餘於終之義毛公推改什首魚藻十四篇亦同爲卷取法於大雅與頌也若然則鴻鴈之什乃仍孔子之舊言非者以毛公闕其亡者以見在爲數志在推改而鴻鴈偶與舊合非毛意故存之也必知今之什首毛公推改者以毛公前世大儒自作詁訓篇端之序毛所分置十月之交毛所移第故知什首亦毛所推改也言以下非孔子之舊則似之什始自孔子所爲然孔子以前詩篇之數更多於今昔者無紙皆用簡札必不可數十之篇共爲一卷明亦分別可知既分爲卷固當以十爲別巳有之什也但孔子論詩省去煩重更以在者爲什故云孔子之舊不必孔子以前無之什也爲此之什者以其篇數積多故分每十爲卷則不滿十者無之什矣今魯頌四篇商頌五篇皆不滿十無之什也或有者承此雅頌之什之後而誤耳何者商魯非周詩循國風之類以國爲別假令過十以上亦不合分況不滿十篇明無所用於之什也

毛詩注疏挍勘記（九之一）　阮元撰盧宣旬摘錄

小大雅譜

而別世載其功業　閩本明監本毛本同案別當作列形近之譌

大雅以盛爲王　閩本明監本毛本同案浦鏜云王疑主字誤是也

不言武王之謚成王時作　閩本明監本毛本同案成當作武形近之譌

此又解小雅比篇之意　閩本明監本毛本比誤此下比篇尚不以作之先後爲次同

可王之事繼之　閩本明監本毛本同案浦鏜云可當武字誤是也

又大雅生民及卷阿　閩本明監本同毛本及上剜添下字案所補是也

此五篇樂與萬物得所　閩本明監本毛本同案樂與下當脫賢與二字

小雅十六爲正經　閩本明監本毛本六下有篇字案所補非也

譬如爲室　〔補〕毛本譬作譬

天子食元侯　閩本明監本毛本同案浦鏜云食當饗字譌是也

言金奏者始作未　閩本明監本毛本同案浦鏜云未當樂字譌是也

小國於次國於小國　閩本明監本毛本同案盧文弨讀小國上屬其下改小國相於次國非也此當八字一句謂小國之於次國及小國之於小國也小國在次國下故不得言相於若倒小國相於在上則無以說次國矣

則元侯相見　閩本明監本毛本同案見當作於上下文可證

燕羣臣乃聘問之賓　閩本明監本毛本同案山井鼎云乃恐及誤是也

於元侯雖　閩本明監本毛本同案雖當作饗讀四字一句

文與天子燕羣臣　閩本明監本毛本同案浦鏜云又誤文是也

自由尊用之差　閩本明監本毛本同案浦鏜云卑誤用是也

箋云飲之而有幣酬卽饗所用　閩本明監本毛本同案此不誤酬下浦鏜依彼箋添十二字非也饗專係飲彼正義有明文不得兼引食

禮者可以逮下　閩本明監本毛本禮下有輕字案所補是也

鄉飲酒大夫之禮　閩本明監本毛本同案十行本鄉至大剜添者一字

作懿以自誓　閩本明監本毛本誓作警案山井鼎云國語作儆作誓爲非是也抑正義引作儆

事在大雅之後　閩本明監本毛本同案大雅當作流彘上下文可證

綱紀廢次　〔補〕毛本次作缺按缺字是也形近之譌

論怨嗟小　閩本明監本毛本同案浦鏜云怨嗟當惡差之誤是也

王師敗績於羌氏之戎　閩本明監本毛本羌作姜案所改是也下羌戎爲敗亦當作姜

是序此篇之意也　閩本明監本毛本同案此當作比形近之譌

何也獨無刺厲王閩本明監本毛本同案浦鏜云以誤也是也

今先王起衰亂閩本明監本毛本同案先當作宣下文可證

興廢於人也閩本明監本毛本廢下有存字案所補是也

咨者無紙閩本明監本毛本同案山井鼎云咨恐昔字非也咨當作古出車正義云古者無紙可證

皆用簡札閩本明監本毛本札誤禮案因十行本以礼爲禮之別體而誤改也

附釋音毛詩注疏卷第九（九之二）

毛詩小雅　鄭氏箋　孔穎達疏

鹿鳴。燕羣臣嘉賓也。既飲食之。又實幣帛筐篚。以將其厚意。然後忠臣嘉賓得盡其心矣。飲之而有幣酬幣也食之而有幣侑幣也。飲於鴆反注同食音嗣注同筐丘房反篚音匪侑音又

【疏】鹿鳴三章章八句至心矣。正義曰作鹿鳴詩者燕羣臣嘉賓也言人君之於羣臣嘉賓既設饗以飲之陳饌以食之又實幣帛於筐篚而酬侑之以行其厚意然後忠臣嘉賓佩荷恩德皆得盡其忠誠之心以事上焉明上隆下報君臣盡誠所以爲政之美也言羣臣嘉賓者羣臣君所饗燕則謂之賓序發首云燕羣臣則此詩爲燕羣臣而作經無羣臣之文然則序之羣臣則經之嘉賓一矣故羣臣嘉賓並言之明羣臣亦爲嘉賓也案燕禮云大夫爲賓則賓唯一人而已而云羣臣皆爲嘉賓者燕禮於客之內立一人爲賓使宰夫爲主與之對行禮耳其實君設酒殽羣臣皆在君爲之主羣臣揔爲賓之燕禮云若與四方之賓燕則迎之于大門內四方之賓唯迎之爲異其燕皆與臣同則此嘉賓之中容四方之賓矣故鄉飲酒燕禮注云鹿鳴者君與臣下及四方之賓燕講道脩德之樂歌是也知序之嘉賓不唯指四方之賓者以此詩爲燕羣臣而作經序同云嘉賓不得不爲羣臣則序之嘉賓亦爲羣臣明矣且序云盡心傳曰竭力是己之臣子可知燕禮者使反有功與羣臣樂之之禮文王之與臣也本自隆恩不必由使出有功乃燕之也言既飲食之則饗食並有獨言燕羣臣者以食禮無酒樂饗以訓恭儉非於臣子忻樂之義經言式燕以敖和樂且耽此詩主於忻樂故敘以燕因之而後兼言饗食也既飲食之章首二句是也實幣帛筐篚以將其厚意承筐是將是也忠臣嘉賓得盡其心者序者因言君有恩惠可以得臣之心揔美燕樂之事於經無所當也序上言羣臣後言忠臣者見臣蒙燕賜乃能盡忠故變文以見義○箋飲之至侑幣○正義曰此解飲食而有幣帛之意言飲有酬賓送酒之幣食有侑賓勸飽之幣故皆有幣也飲食必酬侑之者案公食大夫禮賓三飯之後云公受宰夫束帛以侑注云束帛十端帛也侑猶勸也主國君以爲食賓殷勤之意未至復發幣以勸之欲其深安賓也是禮食用幣之意也饗禮云準此亦爲安賓而酬之焉案聘禮云若不親食使大夫朝服致之以侑幣注云君不親食謂有疾病及他故必致之者不廢其禮又曰致饗以酬幣亦如之是親食有侑幣不親食則以侑幣致之然則不親饗以酬幣致之明親饗有酬幣矣故知飲之而有幣謂酬幣也鄭必知飲爲饗者以飲食連文若飲食爲一則食禮不主於飲若飲爲燕禮不宜文在食上且饗食相對之物有食不宜無饗郊特牲云饗養陽氣故饗禘有樂是饗有飲故知此飲謂饗也彤弓箋云大飲賓曰饗大行人注云饗謂設盛禮以飲賓聘禮注云饗謂享大牢以飲賓皆以飲爲饗禮也其幣所用公食大夫用束帛以侑其酬幣則無文故聘禮注云酬幣饗禮酬賓勸酒之幣所用未聞也禮幣用束帛乘馬亦不是過是饗所用幣無正文也禮幣用束帛乘馬謂聘享之幣聘享止用束帛乘馬而已侑幣又用束帛故云亦不是過言諸侯於大夫酬幣不過是也其天子酬諸侯及諸侯自相酬仍不必用束帛乘馬故聘禮注又引禮器曰琥璜爵蓋天子酬諸侯也必疑琥璜爲天子酬諸侯之幣者以琥璜非爵名而云爵明以送爵也食禮無爵可送則琥璜饗酬所用也謂饗時酬賓以琥璜將幣耳小行人合六幣琥以繡璜以黼則天子酬諸侯以黼繡而琥璜將之既天子饗諸侯之酬幣與諸侯異則食禮天子侑諸侯其幣不必束帛無文以言之此唯言饗食之幣不言燕幣燕禮亦當有焉但今燕禮唯有好貨無幣故文不顯言之

呦呦鹿鳴。食野之苹。興也苹蓱也鹿得蓱呦呦然鳴而相呼懇誠發乎中以興嘉樂賓客當有懇誠相招呼以成禮也箋云苹藾蕭。○呦音幽苹音平蓱本又作萍薄丁反江東謂之藨藨音瓢扶遙反懇苦很反樂音岳又音洛藾音賴。

我有嘉賓。鼓瑟吹笙。

吹笙鼓簧。承筐是將。簧笙也吹笙而鼓簧矣筐篚屬所以行幣帛也箋云承猶奉也書曰篚厥玄黃。○簧音黃

人之好我。示我周行。周至行道也箋云示當作寘寘置也周行周之列位也好猶善也人有以德善我者我則置之於周之列位言己維賢是用。○好呼報反注同示毛如字鄭作寘之豉反行毛如字鄭胡郎反

【疏】呦呦至周行。○毛以爲呦呦然爲聲者乃是鹿鳴所以爲此聲者鳴而相呼食野中之苹草言鹿既得苹草有懇篤誠實之心發於中相呼而共食以興文王既有酒食亦有懇篤誠實之心發於中召其臣下而共行饗燕之禮以致之王既有懇誠以召臣下臣下被召莫不皆來我有嘉善之賓則爲之鼓其瑟而吹其笙吹笙之時鼓其笙中之簧以樂之又奉筐篚盛幣帛於是而行與之由此燕食以享之瑟琴以樂之幣帛以將之故嘉賓皆愛好我以敬賓如是乃輸誠矣示我以先王至美之道也鄭唯下二句爲異言己所以召臣燕食琴瑟笙幣帛愛厚之者由已臣下之賢所宜燕饗所以然者以本已用官之法要須人之以德善我者我則置之於我周之列位非善不用維賢是與故臣下皆賢己由是當享食之○傳鹿得至成禮也○正義曰懇誠發乎中者以鹿無外貌矯飾之情得草相呼出自中心是其懇誠也必取懇誠爲興者人君富有一國位絶羣下禮有饗燕之道公法不得不設忠誠嘉樂實爲至少故取懇誠以爲喻言嘉樂賓客當有懇誠相招呼以成禮言人君嘉善愛樂其賓客而爲設酒食亦當如鹿有懇誠自相招呼其臣子以成饗食燕飲之禮焉以鹿呼同類猶君呼臣子也定本成禮作盛禮也或以爲兩鹿相呼喻兩臣相招謂羣臣相呼以成君禮斯不然矣此詩主美君懇誠於臣非美臣相於懇誠也若君有酒食臣自相呼財非己費何懇誠之有故鄭駮異義解此詩之意云君有酒食欲與羣臣嘉賓燕樂之如鹿得苹草以爲美食呦呦然鳴相呼以款誠之意盡於此耳據此是君召臣明矣○箋苹藾蕭○正義曰釋草文郭璞曰今藾蒿也初生亦可食陸機疏云葉青白色莖似箸而輕脆始生香可生食又可烝食是也易傳者爾雅云苹蓱其大者爲蘋是水中之草召南采蘋云于以采蘋南澗之濱者也非鹿所食故不從之○傳筐篚至幣帛○正義曰序云以將其厚意則將爲行厚意此云行幣帛與賓卽主人行厚意於賓之義也○箋書曰厥篚玄黃○正義曰箋以筐篚得盛幣帛之意也今禹貢止有厥篚玄纁之文而鄭禹貢注引胤征曰篚厥玄黃則此所引亦爲胤征文鄭誤也當在古文武成篇矣鄭不見古文而引張霸尚書故不同耳○傳周至行道○正義曰王肅述毛云謂羣臣嘉賓也夫飲食以享之琴笙以樂之幣帛以將之則能好愛我好愛我則示我以至美之道矣○箋示當至是用○正義曰中庸云治國其如示諸掌注云示讀如寘之河干之寘寘置也是示寘聲相近故誤爲示也言以德善我者謂賢人有德以德能輔君使之遷善是以德施善於我我則置之於周之列位言己維賢是用不問

其親疏朝無不賢之臣故所饗燕而樂之也易傳者以其上下皆曰嘉賓此獨言人明有異也又大東卷耳並有周行之文皆爲周之列位此不得異且下云視民不恌乃作視字此則爲示明其不同古者寘示同讀故改從寘也且此篇聖君賢臣講道之樂觀其垂法道教弘深非直燕曰詁言而已明是據今嘉賓本其賢德由其先有善德置之於官祿此皆賢所以燕饗此章本其賢二章言其法上下相副於義爲長故易傳也

呦呦鹿鳴。食野之蒿。蒿菣也○蒿呼毛反菣去刃反字又作䓲同本或作牡菣牡衍字耳

我有嘉賓。德音孔昭。視民不恌。君子是則是傚。恌愉也是則是傚言可法傚也箋云德音先王道德之教也孔甚昭明也視古示字也飲酒之禮於旅也語嘉賓之語先王德教甚明可以示天下之民使之不愉於禮義是乃君子所法傚言其賢也○視音示恌他彫反傚胡教反愉他侯反又音踰

我有旨酒。嘉賓式燕以敖。敖遊也

【疏】我有至以敖○正義曰言文王有酒殽以召臣下臣下既來我有嘉賓既共燕樂至於旅酬之時語先王道德之音甚明以此嘉賓所語示民民皆象之不愉薄於禮義又此賓之德音不但可示民而已是乃君子於是法則之於是傚傚之嘉賓之賢如是故我有旨美之酒與此嘉賓用之燕飲以敖遊也○傳蒿菣○正義曰釋草文孫炎曰荊楚之間謂蒿爲菣郭璞曰今人呼爲青蒿香中炙啖者爲菣陸機云蒿青蒿也荊豫之間汝南汝陰皆云菣也本或云牡菣者牡衍字牡菣乃是蔚非蒿也與蓼莪傳相涉而誤耳○箋視古至甚明○正義曰古之字以目示物以物示人同作視字後世而作字異目視物與示傍見示人物作單示字由是經傳之中視與示字多相雜亂此云視民不恌謂以先王之德音示下民當作小示字而作視字是其與古今字異義殊故鄭辨之視古示字也言古作示字正作此視辨古字之異於今也禮記云幼子常視無誑注云視今之示字也言古視字之義正與今之示字同言今之字異於古也士昏禮曰視諸衿鞶注云示之以衿鞶者皆誡戒使識之也視乃正字今文作示俗誤行之言示之以衿鞶亦宜作示而古文儀禮作視字於今文視作示字鄭以見示字合於今世示人物之字恐人以爲示是視非故辨之云視乃正字而今文視作示者俗所誤行俗以見今世示人物爲此示字因改視爲示而非古之正文故云誤也飲酒之禮於旅也語者鄉射記曰古者於旅也語注云言禮成樂備乃可以言語先王禮樂之道疾今人慢於禮樂之盛言語無節是飲酒之禮至旅酬之禮而語先王之道也言嘉賓於旅之節語先王之德教甚明可以示天下之民使不愉薄禮義愉音史說文愉爲薄也昭十年左傳引此詩服虔亦云示民不愉薄是也定本作愉者然鄉飲酒禮注皆云嘉賓旣來示我以善道又樂嘉賓有孔昭之明德可則傚也以德音自賓之明德非先王之德教及示我善道不與上箋同者以注禮時未爲詩箋故同舊說以周行爲至道至注詩後更爲别解其德音孔昭據此論燕宜爲旅時語古也故爲先王道德之音其賓能語先王之德音卽是賓有孔昭之明德何者非孔昭之明德者不能語先王德教使之甚明也

呦呦鹿鳴。食野之芩。芩草也○芩其今反說文云蒿也又其炎反

我有嘉賓。鼓瑟鼓琴。鼓瑟鼓琴。和樂且湛。湛樂之久○和樂音洛注下皆同湛都南反字又作耽○

我有旨酒。以燕樂嘉賓之心。燕安也夫不能致其樂則不能得其志不能得其志則嘉賓不能竭其力○夫不音符○

【疏】傳芩草○正義曰陸機云莖如釵股葉如竹蔓生澤中下地鹹處爲草真實牛馬亦喜食之

鹿鳴三章章八句

四牡。勞使臣之來也。有功而見知則說矣。文王爲西伯之時三分天下有其二以服事殷使臣以王事往來於其職於其來也陳其功苦以歌樂之○四牡茂后反勞力報反篇末注同使所吏反注皆同說音悅樂音洛

【疏】四牡三章章五句至說矣○正義曰作四牡詩者謂文王爲西伯之時令其臣以王事出使於其所職之國事畢來歸而王勞來之也言凡臣之出使唯恐其君不知已功耳今臣使反有功而爲王所見知則其臣忻悅矣故文王所述其功苦以勞之而悅其心焉此經五章皆勞辭也其有功見知則悅矣揔述勞意於經無所當也

四牡騑騑。周道倭遲。騑騑行不止之貌周道岐周之道也倭遲歷遠之貌文王率諸侯撫叛國而朝聘乎紂故周公作樂以歌文王之道爲後世法○騑芳非反倭本又作委於危反遲韓詩作倭夷朝直遥反○

豈不懷歸。王事靡盬。我心傷悲。盬不堅固也思歸者私恩也靡盬者公義也傷悲者情思也箋云無私恩非孝子也無公義非忠臣也君子不以私害公不以家事辭王事○盬音古思息嗣反○

【疏】四牡至傷悲○正義曰此使臣既還文王勞之言汝使臣本乘四牡之馬騑騑然行而不止在於岐周之道倭遲然歷此長遠之路甚疲勞矣使臣當爾之時其言曰我豈不思歸乎以王家之事無不堅固我當從役以堅固之故義不得廢我心念思父母而傷悲我知汝之如是也○傳騑騑至世法○正義曰以此勞使臣之辭明愍其勞苦故以騑騑爲行不止之貌少儀曰車馬之容騑騑翼翼雖行不止不廢其容騑騑也又二章傳曰嘽嘽喘息之貌卒章傳曰駸駸驟貌皆稱其疲苦以勞之故傳曰馬勞則喘息是也知周道爲岐周之道者以時未稱王仍在於岐故也又解文王所以使臣者文王率諸侯撫叛國而使之朝聘於紂是故使臣於諸侯也言使臣於諸侯者正所以率撫之也左傳曰文王率殷之叛國以事紂是率諸侯使朝聘之事也文王率諸侯使朝聘耳非謂令此使臣自聘紂或以經云王事謂此使臣聘紂而反知不然者以此經序無聘紂之事傳言率諸侯朝聘於紂不言自遣人聘也若其自遣人聘安得連朝言之豈勞使臣之聘而言身自朝也又序下箋云使臣以王事往來於其職是使臣行於所職之國非適天子之都也言王事者以行役使出是王者常事卽非適王職也故鴇羽杕杜皆言王事靡盬非聘天子之事不得以王事之文便謂天子矣言周公作樂歌文王之道爲後世法者謂今鄉飲酒燕禮皆歌鹿鳴四牡皇皇者華此禮是周公所制法後世常歌是爲歌文王之道爲後世法定本云作樂以文王之道無周公歌三字然鹿鳴皇皇者華皆歌之獨於此言者舉中以明上下○傳思歸至王事○正義曰傳以靡盬爲公義故以思歸爲私恩以我心傷悲出自其情故曰情思情思卽私恩主謂念憶父母下章云不遑啓處將父母是也箋以傳言未備故贊之云無私恩非孝子無公義非忠臣故鄭鄉飲酒燕禮注皆云采其勤苦王事念將父母懷歸傷悲忠孝之至是也思歸而不歸者以君子不以私害公故又引公羊傳不以家事辭王事以證之焉集注及定本皆無箋云兩字又定本思恩作私恩○

四牡騑騑。嘽嘽駱馬。嘽嘽喘息之貌馬勞則喘息白馬黑鬣曰駱○嘽他丹反駱音洛喘川兗反鬣本又作鬛力輒反本又作髦音毛○

豈不懷歸。王事靡盬。不遑啓處。遑暇啓跪處居也臣受命舍幣于禰乃行○跪求毀反郭巨几反沈堪彼反舍音釋禰乃禮反

【疏】傳臣受至乃行○正義曰案聘禮云命使者使者辭君不許乃退厥明賓朝服釋幣于禰注云告爲君使也又曰釋幣于行遂受命遂行注引曲禮曰凡爲君使已受命君言不宿於家是臣出使舍幣乃行之事也如聘禮既釋幣於禰於行乃云遂受命在釋幣之後此云臣受命舍幣於禰似受命在釋幣前者此云受命謂聘禮命使者使者辭君不許受此被遣將使之命其事在釋幣前也聘禮及云遂受命者謂受君言語聘彼之意與此臣受命者別也引此者證不遑啓處言臣受命卽行是不遑啓處也

翩翩者鵻。載飛載下。集于苞栩。鵻夫不也箋云夫不鳥之慤謹者人皆愛之可以不勞猶則飛則下止於栩木喻人雖無事其可獲安乎感厲之○翩音篇鵻音隹本又作隹栩況甫反夫方于反字又作鳺同不方浮反又如字字又作鳩同草木疏云夫不一名浮鳩慤起角反○

王事靡盬。不遑將父。將養也○養以尚反下注同一音如字○

【疏】翩翩至將父○正義曰文王以使臣勞苦因勸厲之言翩翩然者鵻之鳥也此鳥其性慤謹人皆愛之可以不勞猶則飛而後則下始得集於苞栩之木言先飛而後獲所集以諭人亦當先勞而後得所安汝使臣雖則勞苦得奉使成功名揚身達亦先勞而後息寧可辭乎汝從勞役其言曰王家之事無不堅固我堅固王事所以不暇在家以養父母○傳鵻夫不○正義曰釋鳥云鵻其夫不舍人曰鵻名其夫不李巡曰夫不一名鵻今楚鳩也某氏引春秋云祝鳩氏司徒祝鳩鵻夫不者故爲司徒郭璞曰今鵓鳩也○箋夫不至苞栩○正義曰言慤謹者卽宜不勞是也故人愛之言可以不勞者以惡鳥勞苦固是其常慤謹之鳥宜不爲勞尚則飛而乃有所集是無不勞而安者故曰人雖無事其可獲安乎鳥飛自然之性言勞者喻取一邊耳

翩翩者鵻。載飛載止。集于苞杞。杞枸檵也○杞音起枸音苟本亦作苟同檵音計○

王事靡盬。不遑將母。駕彼四駱。載驟駸駸。駸駸驟貌○驟助救反又仕救反駸楚金反字林云馬行疾也七林反○

豈不懷歸。是用作歌。將母來諗。諗念也父兼尊親之道母至親而尊不至箋云諗告也君勞使臣述時其情女曰我豈不思歸乎誠思歸也故作此詩之歌以養父母之志來告於君也人之思恒思親者再言將母亦其情也○諗音審○

【疏】豈不至來諗○毛以爲汝使臣在塗之時其情皆曰我豈不思歸乎我由汝誠有思歸是用作此詩之歌以勞汝知汝以養母之志而來念猶言念來養母故王述曰是用作歌以勞汝乃來念養母也○鄭以箋備○傳諗念至不至○正義曰諗念釋言文孝經曰資於事父以事君而敬同資於事父以事母而愛同兼之者父也敬爲尊愛爲親是父兼尊親之道又曰母取其愛表記曰母親而不尊是母至親而尊不至也稱此者解再言將母意以父雖至親猶兼至尊則恩不至故表記曰父尊而不親母以尊少則恩意偏多故再言之○箋諗告至其情○正義曰左傳辛伯諗周桓公是以言告周桓公故知諗爲告也言故作此詩之歌以養母之志來告於君者言使臣勞苦思親謂君不知欲陳此言來告君使知也實欲陳

言云是用作此詩之歌者以此實意所欲言君勞而述之後遂爲歌據今詩歌以本之故謂其所欲言爲作歌也凡詩述序人言以爲歌詩本其言皆曰歌下云歌采薇以遣之此序箋云陳其功苦以歌樂之皆當時直言非歌也後爲詩人歌故云歌耳又申傳尊親之意言人之思恒思親者尊之慈恩實親多於父文王述使臣之意再言將母亦其臣情之所欲故再言之也易傳者首章云豈不懷歸王事靡盬我心傷悲文遠我心是述使臣之辭矣類此而推則是用作歌將以來諗亦序使臣之意既序使臣之意明是用作歌爲使臣作此詩之歌其來諗不得不爲告也猶君子作歌維以告哀是作歌所以來告不得爲念也然臣有勞苦患上不知今君勞使臣言汝曰豈不思歸作歌來告是明巳知其功探情以勞之所以爲悅序曰有功而見知則悅矣此之謂也

四牡五章章五句

皇皇者華。君遣使臣也。送之以禮樂。言遠而有光華也。言臣出使能揚君之美延其譽於四方則爲不辱命也○使所吏反注下並同○不辱命一本作不辱君命

【疏】皇皇者華五章章四句至光華○正義曰作皇皇者華詩者言君遣使臣也君遣使臣之時送之以禮樂教以若將不及驅馳而行於忠信之人咨訪於五善言臣出使當揚君之美使遠而有光華焉送之以禮樂卽首章下二句盡卒章是也此謙虛訪善直爲禮耳而并言樂者以禮樂相將既能有禮敏達則能心和樂易故兼言焉言遠而有光華卽首章上二句是也經序倒者經以君遣使臣主勑使有光華所以得光華者當驅馳訪善故爲此次也序以君本送之以禮樂欲使之遠有光華爲文之勢故與經不同也知遠而有光華亦是君所戒辭者以首曰皇皇者華而云君遣使臣則知此辭亦君所勑遣也且一篇之詩獨二句非君遣之辭於文不體也文王之臣非不能奉命有光華但此聖君之詩垂示典法君能戒遣使臣所以臣無辱命主美君遣明是君之所勑非說臣之自能矣

皇皇者華。于彼原隰。皇皇猶煌煌也高平曰原下濕曰隰忠臣奉使能光君命無遠無近如華不以高下易其色箋云無遠無近維所之則然○煌音皇又音晃○

駪駪征夫。每懷靡及。駪駪衆多之貌征夫行人也每雖懷和也箋云春秋外傳曰懷私爲每懷也和當爲私衆行夫既受君命當速行每人懷其私相稽留則於事將無所及○駪所巾反○

【疏】皇皇至靡及○正義曰此述文王勑使臣之辭言煌煌然而光明者是草木之華於彼原之與隰皆煌煌而光明不以高下而易其色以言臣之出使當光顯其君常不辱命於彼遐之與邇皆使光揚不以遠近而易其志也汝駪駪衆多之行夫受命當遠行每人懷其私以相稽留則於事無所及矣既不稽留恐無所及故當遠行驅馳訪善也○傳皇皇猶煌煌○正義曰東門之楊曰明星煌煌此猶彼也以華色煌煌爲宜故猶之○傳每雖懷和○正義曰本皆如此此既以每爲雖懷爲和而章傳云雖有中和當自謂無所及王肅以爲下傳所言覆說此也故述毛云使臣之行必有上介衆介雖多內懷中和之道猶自以無所及是以驅馳而咨諏之○箋春秋至所及○正義曰鄭之此說亦述毛也但其意與王肅異耳案魯語穆叔云皇皇者華君教使臣曰每懷靡及臣聞之曰懷私爲每懷是外傳以爲懷私故鄭引其文因正其誤云和當爲私爲和誤也鄭必當爲私者晉語姜氏勸重耳之辭曰駪駪征夫每懷靡及夙夜征行不遑啓處猶懼不及況其縱欲懷安將何及乎西方之書有之云懷與安實病大事鄭詩曰仲可懷也鄭詩之旨吾從之矣觀此晉語之文及鄭詩之意皆以懷爲私懷之義明魯語所亦當爲懷私不得爲和也鄭所以引外傳而破之者以毛傳云懷和是用外傳爲義故引而破之言毛氏亦爲私也如鄭此意則傳本無每雖二字若每爲雖縱使變和爲私亦不得與毛同也此既改傳和當爲私下後解傳中和爲忠信爲之終始立說明其不異毛也蓋鄭所據者本無每雖後人以下傳有雖有中和之言下篇每有良朋之下有每雖之訓因而加之也定本亦有每雖又傳以駪駪爲衆多征夫爲行人故箋申之言衆行夫既受命當須速行若每人各懷其私意以相稽留則於事將無所及言其將廢失君命後於事機也此實使臣謂之行夫者猶春秋以使者爲行人也君遣使一人而已而云衆行夫者使與上介衆介揔戒勑之非一故言衆也案聘禮謂使者受命於君唯上介立於其左接聞命衆介則不與此得揔勑之者彼受命者所聘之意或國之密事唯使與上介受之故衆介不與聞命王君遣使臣臨塗戒勑雖衆介亦在也如是則烝民亦云征夫捷捷每懷靡及箋爲仲山甫戒之與此不同者彼非君遣使臣之歌述美仲山甫之德觀其文勢故與此異耳

我馬維駒。六轡如濡。箋云如濡言鮮澤也○駒音俱本亦作驕濡如朱反

載馳載驅。周爰咨諏。忠信爲周訪問於善爲咨咨事爲諏箋云爰於也大夫出使馳驅而行見忠信之賢人則於是訪問求善道也○咨本亦作諮諏子須反爾雅云謀也說文云聚謀也○

【疏】我馬至咨諏○正義曰此文王教使臣曰我使臣出使所乘之馬維是駒矣所御六轡如汙物之被洗濯濡澤甚鮮澤矣汝當乘是車飾自謂無及則驅馳速行求忠信之賢人咨訪其諏事焉○傳忠信至爲諏○正義曰三章傳云咨事之難易爲謀四章傳曰咨禮義所宜爲度卒章傳曰親戚之謀爲詢此皆出於外傳也左傳曰訪問於善爲咨杜預曰問善道也咨親爲詢杜預曰問親戚之義也咨禮爲度杜預曰問禮宜也咨事爲諏杜預曰問政事也咨難爲謀杜預曰問患難也唯難一事杜爲患難毛爲難易不同然患難之事亦須訪其難易理亦不異餘皆與傳同毛據彼傳因以義增而明之其忠信爲周一句魯語文也魯語無訪問於善一句又云咨才爲諏咨事爲謀與左傳異韋昭以爲字誤改從左傳曰才當爲事又曰事當爲難是也餘與左傳同此四者諏謀度詢俱訪於周而必爲此次者以咨是訪名所訪者事故先咨諏事有難易故次咨謀既有難易當訪禮法所宜故次咨度所宜之內當有親疏故次咨詢因此附會其文爲先後耳

我馬維騏。六轡如絲。言調忍也○騏音其忍音刃○

載馳載驅。周爰咨謀。咨事之難易爲謀○易以豉反

我馬維駱。六轡沃若。載馳載驅。周爰咨度。咨禮義所宜爲度○沃烏毒反沈又於縛反度待洛反注同

我馬維駰。六轡既均。陰白雜毛曰駰均調也○駰音因○

載馳載驅。周爰咨詢。親戚之謀爲詢兼此五者雖有中和當自謂無所及成於六德也箋云中和謂忠信也五者咨也諏也謀也度也詢也雖得此於忠信之賢人猶當云已將無所及於事則成六德言愼其事○詢音荀諮親爲詢

【疏】傳兼此至六德○正義曰左傳云臣獲五善是也魯語曰重之以六德是傳之所據○箋中和至其事○正義曰此箋以毛傳不明贊成其說經云周傳言中和中和周之訓也諏謀度皆咨周而得之則周之中和爲己之有故言雖有中和當自謂無所及者卽上每懷靡及是也以君勑使臣云若每人懷私則於事無所及故當自謂無所及以勑此篇終故傳於是結之然而外傳云忠信爲周不言中和故鄭申言之傳云中和正謂忠信也然則毛傳不言忠信而云中和者中庸曰喜怒哀樂之未發謂之中發而皆中節謂之和則中和者兼心塞淵出言允當之謂也然於文中心爲忠人言爲信是忠信中和事理相類故毛以忠信爲中和鄭據成文轉之爲忠信也知五者咨也諏也謀也度也詢也者以左傳穆叔先解此五事乃曰臣獲五善故知此爲五者也言雖得此於忠信之人者皆於周咨爲故云得之咨出於己非出於彼同云得者由遇彼賢所以得訪故亦爲得之於忠信也雖得此五者猶當云已無所及於事則成六德言愼其事也韋昭云六德謂諏也謀也度也詢也咨也周也案周者彼賢之質不當以周備數也傳云自謂無所及成於六德箋申傳說言猶當云已將無所及於事則成六德然則箋傳之意以自謂無所及於事是謙虛謹愼以之爲一通彼五者爲六德不與韋昭同也鄭之此說贊成毛義故鄭志張逸問此箋云中和謂忠信每懷靡及箋云懷私爲每懷和當爲私而此言忠信愚意似乖也荅曰非也此周之忠信也已有五德復問忠信之賢人問意以傳言雖有中和自謂無所及謂出於每懷靡及而來箋以破和爲私則無復有中和之事今又言中和故怪而問之鄭荅曰非也謂此中和非上每懷也此自是周忠信也言中和者義出於周不出於每懷也由此言之則張逸亦不知箋轉和以申毛意謂鄭破和而非傳故有此問鄭荅曰非是鄭不易毛也但毛傳質略事之久遠未知鄭之此說上當毛意以否要以觀其荅意及茲意必當然也王肅以毛傳云雖有中和者卽上每雖懷和是也孫毓亦以爲然故其評曰按此篇毛傳上下說自相申成下章傳云雖有中和當自謂無所及卽是上章謂每懷靡及每雖懷和之義也箋既易之於前爲說於下云中和謂忠信自是周之訓也何得以釋中和乎上下錯戾不可得通傳義爲長偏檢書傳不見訓懷爲和假使訓懷爲和中字猶無所出外傳言懷者上下文勢皆作私懷之義則鄭氏之言實有所據而今詩本皆有每雖則王肅之說又非無理鄭王並是大儒俱云述傳未知誰得其旨故兼載申說之焉

皇皇者華五章章四句

常棣。燕兄弟也。閔管蔡之失道。故作常棣焉。周公弔二叔之不咸而使兄弟之恩疏召公爲作此詩而歌之以親之○常棣大計反宇林大內反召上照反爲作于僞反○

【疏】常棣八章章四句至棣焉○正義曰作常棣詩者言燕兄弟也謂王者以兄弟至親宜加恩惠以時燕而樂之周公述其事而作此詩焉兄弟者共父之親推而廣之同姓宗族皆是也故經云兄弟既具和樂且孺則遠及九族宗親非獨燕同姓兄弟也序又說所以作此燕兄弟之詩者周公閔傷管叔蔡叔失兄弟相承順之道不能和睦以亂王室至於被誅使已兄弟之恩疏恐天下見在上既然皆疏兄弟故作此常棣之詩言兄弟不可不親以敦天下之俗焉此序序其由管蔡而作詩意直言兄弟至親須加燕飫以示王者之法不論管蔡之事以管蔡已缺不須論之且所以爲隱也此經八章上四句言兄弟光顯急難相須五章言安寧之日始求朋友以明兄弟之重至此上論兄弟由親所以燕之六章始說燕飫卽充此云燕兄弟也燕飫禮異飫以非常事燕主歡心故言燕以兼飫卒章言室家相宜由於燕好取其首尾

咸和也○箋周公至親之○正義曰此解所以作常棣之意兵誅之致令兄弟之恩疏恐其天下見其如此亦疏兄弟故作常棣之詩以親之至厲王之時棄其宗族又使兄弟之恩疏召穆公又重述此詩而歌之以親之外傳云周文公之詩曰兄弟鬩于牆外禦其侮則此詩自周公作也但穆公歌之耳故鄭答趙商云凡賦詩者或造篇或誦古指此名穆公所作誦古之詩也言名穆公事因左氏所論而引之也左傳曰王怒將以狄伐鄭富辰諫曰不可臣聞大上以德撫民其次親親以相及也昔周公弔二叔之不咸故封建親戚以蕃屏周召穆公思周德之不類故糾合宗族于成周而作詩曰常棣之華鄂不韡韡凡今之人莫如兄弟是其事也言弔者傷也一言雖異其意同也此序言閔管蔡之失道箋言周公弔二叔之不咸是也作常棣之詩周公之所作也○融之言三辟之興皆在叔世鄭志張逸問曰此箋云周公弔二叔而左傳云夏有亂政而作禹刑商有亂政而作湯刑周有亂政而作九刑三辟之興皆叔世也彼言叔世者周仲文盡漢世儒者以為二叔宜為夏殷之末世也又得為管蔡故問之鄭答云此二叔宜為管蔡周公之所弔也此序言管蔡失道故作常棣之意也

常棣之華，鄂不韡韡。興也常棣棣也鄂猶鄂鄂然言外發也韡韡光明也箋云承華者曰鄂不當作拊拊鄂足也鄂足得華之光明則韡韡然盛興者喻弟以敬事兄兄以榮覆弟恩義之顯亦韡韡然○鄂五各反不毛如字鄭改作拊方于反又方九反韡韋鬼反拊音附

凡今之人，莫如兄弟。聞常棣之言為今也箋云人之恩親無如兄弟之最厚○**疏**常棣至兄弟○毛以為常棣之華鄂然外發何以光明之時豈不韡韡乎言其實韡韡而光明也兄弟和睦則強盛而有光輝豈不強盛乎言實強盛也以此韡韡之盛莫如兄弟之相親言兄弟相親則致榮顯也鄭以為華下有鄂鄂下有拊言常棣之華與鄂相承覆故得韡韡然光明也由華以覆鄂鄂以承華華鄂相承覆故得韡韡然而光明以喻兄弟相承覆亦得榮顯故言凡今之人恩親莫如兄弟之最厚也○傳常棣棣○正義曰常棣棣釋木文也舍人曰常棣一名棣郭璞曰今關西有棣樹子如櫻桃可食是也與此唐棣異木故爾雅別釋鄂猶鄂鄂然言外發也以韡韡為光明之貌故言鄂鄂然外發其光明也與此一華故云光明以下言韡韡光明之意也○箋承華至韡韡然○正義曰以文承華下故知當為鄂足也又古聲不拊同作拊音相近故誤為不也既以鄂足得華之光明也以喻弟以敬事兄兄以榮覆弟以其相承覆則其恩義之顯亦韡韡然也

死喪之威，兄弟孔懷。威畏懷思也箋云死喪可畏怖之事維兄弟之親甚相思念○**原隰裒矣，兄弟求矣。**裒聚也求矣言求兄弟也箋云原也隰也以相與聚居之故故能定高下之名猶兄弟相求故能立榮顯之名○裒蒲侯反○**疏**死喪至求矣○正義曰言死喪之可畏怖之事維兄弟之親甚相思念人之恩有死喪之時維兄弟乃相思念以相親故也原隰之義故以原隰相與聚居之故不得為原隰之名猶兄弟相求故能立榮名也○傳裒聚○正義曰以下言原隰之名故相與聚居也釋詁云裒聚也裒多之也見其聚多而為名

脊令在原，兄弟急難。脊令雝渠也飛則鳴行則搖不能自舍耳急難言兄弟之相救於急難箋云雝渠水鳥而今在原失其常處則飛則鳴求其類天性也猶兄弟之於急難○脊井益反令音零本亦作鶺鴒同雝音邕渠本亦作鶪同雝於容反渠其居反○**每有良朋，況也永歎。**況茲也永長也箋云當急難之時雖有善同門來茲對之長歎而已○況音兄本又作兄注同茲音慈歎吐丹反又吐旦反○**疏**脊令至永歎○正義曰言脊令之鳥在於高原失其常處則飛鳴以求其類以喻兄弟當急難之時亦相求救也當急難之時雖有善同門來茲對之長歎而已不能相救言兄弟之切至也○傳脊令至急難○正義曰釋鳥云鵰鴒雝渠郭璞曰雀屬也飛則鳴行則搖言不能自舍以相救也在原失處與兄弟急難相似故以喻焉此則經文是也是鳴以求其類以兄弟之急難相救也而不能自舍以喻兄弟急難於急難而已者以其知不相救故言不能自舍以其於急難之中亦不能自舍也

兄弟鬩于牆，外禦其務。鬩很也箋云禦禁務侮也兄弟雖內鬩而外禦侮也○鬩許歷反很胡懇反禦魚呂反務如字爾雅作侮○**每有良朋，烝也無戎。**烝填戎相也箋云當急難之時古聲填寘塵同○塵音陳又音田寘如字又作填音亦同

疏兄弟至無戎○正義曰言兄弟之親雖內相鬩很於牆內若有他人來侵侮之則同心禦之是也雖有善同門來久也終無相助之者言朋友之不如兄弟○傳鬩很○正義曰釋言文也孫炎曰相怨恨也○箋務侮○正義曰務侮聲相近爾雅釋言云務侮也故傳以為侮○傳烝填戎相○正義曰烝填釋詁文又曰填久也故箋申之云古聲填寘塵同○箋兄弟至無戎○正義曰言兄弟雖有小忿不廢懿親若他人侵侮則同心禦之至於朋友雖有善同門終無相助者○箋言久也○正義曰以此言久故知當為塵塵久也

喪亂既平，既安且寧。雖有兄弟，不如友生。兄弟尚恩怡怡然朋友以義切切然箋云平猶正也安寧之時以禮義相琢磨則友生急○**疏**喪亂至友生○正義曰傳言兄弟無戎言兄弟之恩者安寧之時以禮義相琢磨則兄弟不如友生故曰不如友生也○傳兄弟至切切○正義曰論語云朋友切切偲偲兄弟怡怡是朋友以義切切然兄弟尚恩怡怡然也

儐爾籩豆，飲酒之飫。儐陳飫私也不脫屨升堂謂之飫箋云私者圖非常之事若議大疑於堂則有飫禮焉聽朝為公○儐音賓飫於據反又於慮反屨九具反○**兄弟既具，和樂且孺。**九族會曰和孺屬也王與親戚燕則尚毛箋云九族從己上至高祖下及玄孫之親屬者以昭穆相次序○樂音洛孺如字又如喻反○**疏**儐爾至且孺○正義曰言王之燕兄弟陳爾籩豆飲酒之飫以私恩相親兄弟既具則和樂而相親屬言宗族和樂也○傳儐陳至之飫○正義曰釋詁云儐陳也又云飫私也以燕私之事故云私也周語曰王公立飫則有房烝親戚燕則有殽烝是燕饗之別也不脫屨升堂謂之飫者禮記及左傳皆云脫屨升坐此言不脫屨升堂是以別也○箋私者至為公○正義曰以立飫為正則飫有公私之別故言私者圖非常之事若議大疑於堂則有飫禮焉聽朝為公也○傳九族至尚毛○正義曰以言兄弟既具和樂且孺是九族會聚之事故曰九族會曰和也孺屬也釋言文王與族人燕則以毛髮別長幼文王世子云公與族燕則異姓為賓膳宰為主人公與父兄齒族食世降一等是尚齒也燕禮則以爵不以齒此燕同姓諸侯以毛髮為序○箋九族至相次序○正義曰以九族之親尊卑不同故言以昭穆相次序也

妻子好合，如鼓瑟琴。箋云好合志意合也合者如鼓瑟琴之聲相應和也○好呼報反

呼報反應對之應和胡臥反。**兄弟既翕。和樂且湛。**翕合也。翕許急反湛荅南反又作耽韓詩云樂之甚也〔疏〕妻子至且湛。正義曰上章並陳飲燕之禮此又論內外之歡也王與族人燕於堂上則后與宗婦燕於房中王之族人見王燕其宗族知王親之皆倣王親親與其妻子自相和好志意合和如鼓瑟琴相應和於時兄弟既會聚矣其族人非直內和妻子及九族和好忻樂而且湛又以盡歡也。箋王與至房中。正義曰此解天子自燕宗族兄弟所以得致妻子好合之意以其王與族人燕則宗婦內宗之屬亦從后於房中而燕故有妻子也宗婦者謂同宗卿大夫之妻也內宗者同宗之內女嫁於卿大夫者春秋莊二十四年夫人姜氏入大夫宗婦覿用幣謂之宗婦明是宗族之婦也故賈杜皆云宗婦同姓大夫之婦襄二年傳曰葬齊姜齊侯使諸姜宗婦來會葬諸姜謂齊同姓之女宗婦謂齊同姓之婦是同姓大夫之婦名爲宗婦也周禮春官序官云內宗凡內女之有爵者注云內女王同姓之女謂之內宗有爵其嫁於大夫及士者是王同姓之女名爲內宗也天子燕宗族之禮亡所以知王與族人燕則宗婦內宗從后者湛露曰厭厭夜飲不醉無歸傳曰夜飲私燕也宗子將有事族人者入侍不醉而出是不親也醉而不出是渫宗也箋云天子燕諸侯之禮亡此假宗子與族人燕爲說耳然則天子燕同姓諸侯之禮猶宗子燕族人則天子燕宗族兄弟爲朝廷臣者如宗子於族人可知案特牲饋食禮祭末乃曰徹庶羞設於西序下注云爲將餞去之庶羞主爲尸非神饌也尚書傳曰宗室有事族人皆侍終日大宗已侍於賓奠然後燕私燕私者何也已而與族人飲也此徹庶羞置西序下者爲將以燕飲與然則自尸祝至於兄弟之庶羞宗子與族人燕飲於堂內賓宗婦之庶羞主婦以燕飲於房也鄭以彼特牲是宗子之祭禮族人及族婦皆助故經云宗婦執兩籩宗婦贊豆是宗婦及族人俱助宗子之祭及至末族人既爲宗子所燕明宗婦亦主婦燕之可知也且上文庶羞尸祝兄弟之等男子有庶羞宗婦及內賓婦人亦有庶羞今直云徹庶羞明二者俱徹二者俱燕也故云祝至於兄弟之庶羞宗子以與族人燕飲於堂內賓宗婦之庶羞主婦以與燕飲於房中也曲禮曰男女不雜坐謂男子在堂上女子在房故族人在堂室婦在房也宗婦得與於燕明內宗亦與其中可知宗子之禮既然故知天子燕族人之禮亦然故云王與族人燕則宗婦內宗之屬亦從后於房中此證妻子止當言宗婦并言內宗者內宗宗婦之類因言之此后燕及妻而連言子者此說族人室家和好其子長者從王在堂孩稚或從母亦在兼言焉。**宜爾家室。樂爾妻帑。**帑子也箋云族人和則得保樂其家中之大小。帑依字吐蕩反經典通爲妻孥字今讀音孥也。**是究是圖。亶其然乎。**究深圖謀亶信也箋云女深謀之信其如是。亶都但反〔疏〕宜爾至然乎。正義曰王親宗族而與之燕族人化王莫不和睦則宗族同心人無侵侮然後宜汝之室家保樂汝之妻子矣若族人不和忿鬩自起外見侵侮內不相救則不能保其大小家室危焉汝於是深思之於是善謀之信其然者否乎既宗族須和若是不可不親焉王所以燕之也。傳孥子。正義曰上云妻子好合子卽此帑也左傳曰秦伯歸其帑書曰予則帑戮汝皆是子也。

常棣八章章四句

毛詩注疏挍勘記（九之二）　阮元撰盧宣旬摘錄

〇鹿鳴

講道脩德之樂歌是也　閩本明監本毛本同案浦鏜云政誤德以儀禮注考之是也

故敘以燕因之　閩本明監本毛本同案盧文弨云因疑目是也

饗謂享大牢以飲賓　閩本明監本毛本同案浦鏜云亨誤享考儀禮注是也伐木正義引作亨

吹笙而鼓簧矣　小字本相臺本同案段玉裁云宋書樂志引吹笙則簧鼓矣君子陽陽疏言吹笙則鼓簧今考此引者以意言之耳傳本是而字考文古本無而字誤

書曰篚厥元黃　小字本相臺本同案篚厥二字當倒毛居正六經正誤云篚厥元黃作厥篚元黃誤興國及建本皆作篚厥其說非也正義標起止云箋書曰厥篚元黃是正義本如此也故下文云今禹貢止有厥篚元纁之文而鄭禹貢注引允征曰篚厥元黃則此所引亦爲允征文正因此箋作厥篚與禹貢相涉故言今止有以明黃字之非彼文也若作篚厥但當引彼注不煩言此矣

示當作寘　小字本相臺本寘作窴閩本明監本毛本同案釋文示下云鄭作窴六經正誤所載作窴十行本正義中皆作寘考此寘字從宀者在說文新附卷耳伐檀經各本皆作寘段玉裁曰卽窴之譌文是也而自唐時卽有分別從宀者訓置從穴者爲東山常棣箋字訓久者矣

瑟琴以樂之　閩本明監本毛本琴作笙案所改是也此正義用王肅述毛也見下

琴瑟笙幣帛愛厚之者　閩本明監本毛本無琴字案所刪是也

琴笙以樂之　閩本明監本毛本琴作瑟案所改是也

恌愉也　小字本相臺本同案釋文云愉他侯反又音踰正義云愉音臾說文訓爲薄也又云定本作偷如其所言不爲有異應是定本作偷依爾雅改耳當以釋文正義本爲長

今人呼爲青蒿香中炙啖者爲菣　閩本明監本毛本同案呼下爲字衍也今爾雅注無此讀以上十二字爲一句

目視物與示傍見　閩本明監本毛本同案與當作爲因別體俗字與作与而致譌也

說文酬爲薄也　閩本明監本毛本同案浦鏜云訓誤酬是也

定本作愉者然　閩本明監本毛本同案愉當作偷見上者當作若屬然字別爲句

〇四牡

箋云無私恩　小字本相臺本同案正義云集注及定本皆無箋云兩字是自此盡辭王事並屬傳也段玉裁云是也

又定本思恩作私恩　閩本明監本毛本同案此當云又定本私恩作思恩誤互易其字也正義本作私恩上文可證

字又作鳺〔補〕毛本鳺作鵻

鵻名其夫不　閩本明監本毛本同案山井鼎云爾雅疏無其字今考彼疏引云鵻一名夫不

祝鳩鵻夫不者故爲司徒　閩本明監本毛本同案者當作孝爾雅疏卽采此正作孝而今本亦誤爲者

今鵓鳩也　閩本明監本毛本同案浦鏜云鵻誤鵓是也釋文引草木疏云夫不一名浮鳩浮卽鵓字也

述時其情　小字本相臺本時作序閩本明監本毛本作敘案序字是也

後爲詩人歌故云歌耳　閩本明監本毛本同案人當作入形近之譌

〇皇皇者華

每雖懷和也　小字本相臺本同案正義云本皆如此又云如鄭此意則傳本無每雖二字又云蓋鄭所據者本無每雖後人以下傳有雖有中和之言下篇每有良朋之下有每雖之訓因而加之也定本亦有每雖又云而今詩本皆有每雖則王肅之說又非無理云云經義雜記以爲王肅私加是也○按舊校非也毛於此云每雖懷和也未章傳曰雖有中和當自謂無所及卽蒙此傳而言以釋經文每懷靡及也傳自作和箋乃易和爲私字未可牽合句云每雖二字爲後人所加非也鄭云中和謂忠信也是鄭謂中和卽經之用絕非毛意毛以用也咨也諏也謀也度也詢也爲六德皆在雖有中和之外

懷私爲每懷也　小字本相臺本同案此引國語私當如彼文作和韋昭云後鄭司農云和當爲私卽據下箋也正義云故鄭引其文因正其誤云和當爲私爲和誤也考此則正其誤在下此當仍作和矣正義中臣聞之曰懷私爲每懷是外傳以爲懷私末章正義中箋云懷私爲每懷皆和字之誤亦見經義雜記

明魯語所亦當爲懷私　閩本明監本毛本所下有云字案所補是也

我馬維駒　唐石經小字本相臺本同案釋文云駒音俱本亦作驕正義云維是駒矣是其本作駒與株林同已見彼下

則於是訪問　閩本明監本毛本同小字本相臺本是作之案之字是也

箋以破和爲私　閩本明監本毛本同案浦鏜云以疑已字誤是也

〇常棣

上四句言兄弟光顯　閩本明監本毛本同案浦鏜云章誤句是也

以爲二叔宜爲夏之末　明監本毛本之上有殷字閩本剜入案所補是也

卽傳言云二叔可知　閩本明監本毛本同案言字當衍

鄂不韡韡　唐石經小字本相臺本同案釋文云鄂五各反詩經小學云鄂字從卩今考唐石經以下各本及釋文皆從卩作地名之鄂疑此經乃依聲託事也說文卩部無鄂韡下引此詩作萼出後人所改艸部亦無萼字李善長笛賦注引字林鄂直言也鄂字當始於漢而周禮禮記注用之○按古或有从卩之鄂說文或有遺漏之字

不當作柎　小字本相臺本同閩本明監本毛本亦同案釋文不下云鄭改作附又不柎同下云柎本亦作跗前注同考說文木部云柎闌足也山海經員葉而白柎集韻十虞亦作柎皆從木而羣經音辨載此字在手部則當時釋文字已從手也

與此唐棣異木　閩本明監本毛本同案浦鏜云與此當誤倒是也

管蔡之事以次　毛本同閩本明監本次誤是案皆非也以次當作已缺以已多相亂者次缺形近之譌序下正義云以管蔡已缺卽用此述毛語也當據彼正之

言兄弟人恩至厚　閩本明監本毛本人作之案所改非也人恩見鄭表記注

則當求以相眈　閩本明監本毛本同案眈當作助形近之譌

況也永歎　閩本明監本毛本同小字本相臺本歎作嘆唐石經亦作嘆案釋文作歎十行本依之改也又唐石經況字後改案釋文云況也或作兄非也段玉裁云此桑柔召旻及今文尚書毋兄曰則兄曰正同作兄是作況非

每有雖也　小字本同閩本明監本毛本同相臺本無有字案相臺本誤也每有雖也箋用釋訓文皇皇者華正義云下篇每有良朋之下有每雖之訓乃檃栝此箋不當據之卌也下箋云雖有善同門來雖卽每有也雖下之有非經中之有亦般其靈傳箋此字之比考文古本作每有雖有也更誤○按舊校非也無有字為是箋正用皇皇者華傳

茲對也唯長嘆而已　閩本明監本毛本同案此不誤浦鏜云之誤也非也凡正義於說經必順其文此順經云況也耳下經烝也正義云雖久也亦順經可證○按對字非經中所有則舊說亦非浦云也當作之為是正義用箋語耳

外禦其務　唐石經小字本相臺本同案此定本也釋文外禦魚呂反與定本同正義云定本經御作禦訓為禁集注亦然是正義本經作御字

箋云禦禁　小字本相臺本同案禦禁定本也見上正義云俗本以傳禦為御爾雅無訓疑俗本誤也此正義當有誤詳下段玉裁云此傳御禦務侮也兄弟雖內鬩而外禦侮也本國語爾雅各本誤衍箋云非也定本改御禦為禦禁不知御禦見於谷風傳矣正義疑爾雅有禦禁而無御禦不知爾雅御禦禁三字互訓

亦有朋者也　閩本明監本毛本同案朋者當作同志形近之譌耳

俗本以傳禦為御　閩本明監本毛本同案此當作俗本以傳為御禦誤倒禦字於為字上也

兄弟尚恩怡怡然　小字本相臺本同案此定本也正義云兄弟之多則尚恩其聚集則熙熙然正義本作熙熙也詳下

朋友以義切切然　小字本相臺本同案此釋文本也釋文云切切然定本作切切偲偲然正義云朋友之交則以義其聚集切切節節然又云論語云朋友切切偲偲兄弟怡怡注云切切勸競貌怡怡謙順貌此熙熙當彼怡怡節節當彼偲偲定本熙熙作怡怡節節作偲偲依論語則俗本誤考此當是毛所據論語自作熙熙節節耳定本乃改之以合於其時行世之論語非也切切節節然又見伐木正義

飫非公朝私飫飲酒也　閩本明監本毛本同案浦鏜云下飫字衍從爾雅疏挍是也此誤衍耳見下

周語有王公立飫　閩本明監本毛本同案十行本語至立剜添者一字考此當是因上句衍飫而脫去一字後就而補之仍未去其衍字也

至意合也　閩本明監本毛本同小字本相臺本至作志案志字是也

族人者入侍　閩本明監本毛本同案者當作皆形近之譌

族人皆侍終曰　閩本明監本毛本同案浦鏜云曰誤日以特牲注考之是也

燕私者何也已而與族人飲也　閩本明監本毛本同案此不誤已上浦鏜云脫祭字又云衍下也字從儀禮經傳通解挍非也通解多以意增刪不可據也

故族人在堂室婦在房也　閩本明監本毛本同案浦鏜云宗誤室是也

宜爾家室　小字本相臺本同考文古本同唐石經家室作室家閩本明監本毛本同案作室者是也禮記引同以家帑圖乎為韻唐石經可據也正義云然後宜汝之室家亦其證

今讀音孥也　【補】釋文挍勘記云通志堂本盧本奴子二字并作孥云孥字舊誤分為奴子兩字今改正案所改謬甚音奴者對上吐蕩反而言也子也者載傳也奴字句絕子也別為句今注疏本并作孥尤誤小字本相臺本所附皆但云帑音奴二本之例傳箋文不複出然則其讀釋文尚未失句逗也

附釋音毛詩注疏卷第九（九之三）

毛詩小雅　鄭氏箋　孔穎達疏

伐木。燕朋友故舊也。自天子至于庶人。未有不須友以成者。親親以睦。友賢不棄。不遺故舊。則民德歸厚矣。【疏】伐木六章章六句至厚矣○正義曰作伐木詩者燕朋友故舊也又言所燕之由自天子至於庶人未有不須友以成者王者既能內親其親以使和睦又能外友其賢而不棄不遺忘久故之恩舊而燕樂之以此化民於上民則效之於下則民德皆歸於惇厚不澆薄矣朋是同門之稱友為同志之名故舊卽昔之朋友也然則朋友新故通名故舊唯施久遠此云朋友可以兼故舊而並言之者此說文王新故皆燕故異其文友賢不棄燕朋友也不遺故舊是燕故舊也舊則不可更釋新交則非賢不友故變朋友云友賢也燕故舊卽二章卒章上二句是也燕朋友卽二章諸父諸舅卒章兄弟無遠是也經序倒者經以主美文王不遺故舊為重故先言之而後言父舅无兄弟見父舅亦有故舊也序以經雜主燕故舊而故舊亦朋友故先言朋友以見揔名而又別言故舊以明其為二事天子至于庶人未有不須友以成者卽序首章之事因文王求友而廣言貴賤也經以由須朋友而燕之故先論求友之由序則以詩本主燕所以倒也二章卒章所陳皆為燕食說王不得不名父舅又於兄弟陳王之恩皆是燕朋友故舊也經兼陳食祀而序不言亦舉其歡心足以兼之其親以舊下因說王者立法且明次篇之義親親以睦指上常棣燕兄弟也友賢不棄不遺故舊卽此篇是也常棣雖周公作既內之於治內之篇故為此次以示法是此篇皆有義意

伐木丁丁。鳥鳴嚶嚶。興也丁丁伐木聲也嚶嚶驚懼也箋云丁丁嚶嚶相切直也言昔日未居位在農之時與友生於山巖伐木為勤苦之事猶以道德相切正也嚶嚶兩鳥聲也其鳴之志似於有友道然故連言之○丁丁陟耕反嚶於耕反 出自幽谷。遷于喬木。幽深喬高也箋云遷徙也謂鄉時之鳥出從深谷今移處高木○喬其驕反鄉本又作嚮同許亮反 嚶其鳴矣。求其友聲。君子雖遷於高位不可以忘其朋友箋云嚶其鳴矣遷處高木者求其友聲求其尚在深谷者其相得則復鳴嚶嚶然○復扶又反 相彼鳥矣。猶求友聲。矧伊人矣。不求友生。矧況也箋云相視也鳥尚知居高木呼其友況是人乎可不求之○相息亮反矧尸忍反 神之聽之。終和且平。箋云以可否相增減曰和平齊等也此言心誠求之神若聽之使得如志則友終相與和而齊功也【疏】伐木至且平○毛以為有人伐木於山阪之中丁丁然為聲鳥聞之嚶嚶然而驚懼以興朋友二人相切磋設言辭以規其友切切節節然其友聞之亦自勉勵猶鳥聞伐木之聲然也鳥既驚懼乃飛出從深谷之中遷於高木之上以喻朋友既自勉勵乃得遷升於高位之上鳥既遷高木之上又嚶嚶然其為鳴矣作求其友之聲以諭君子雖遷高位而亦求其故友所以求之者視彼鳥之無知猶尚作求其友之聲況人之有知矣焉得不求其友生乎君子為此而求友也既居高位而不忘故友為神明之所聽祐之則朋友終久必志意和且功業平鄭以為此章遠本文王幼少之時

結友之事言文王昔日未居位之時與友生伐木於山阪丁丁然爲聲也於時雖處勤勞猶以道德相切直時有兩鳥在傍嚶嚶然而鳴此鳥之鳴似朋友之相切故連言之此鳥乃出從深谷之中遷於高木之上又復嚶嚶然爲其鳴矣作求其友之聲然視彼鳥矣猶作其求友之聲況是人何得不求其友生乎故文王所以求友生也大意與毛同唯不與爲異耳○傳丁丁至驚懼○正義曰此丁丁文連伐木故知伐木聲下云出自幽谷遷于喬木則木是其鳥驚懼而飛遷矣故知嚶嚶然驚懼言此鳥爲驚懼而鳴耳嚶嚶非驚懼之聲也故下云嚶其鳴矣不復驚懼鳴亦嚶是也然釋訓云丁丁嚶嚶相切直也傳意以此伐木鳥鳴喩相切直之事今傳解詩經之文耳爾雅徑訓與喩之義釋訓云顯顯卬卬君之德也藹藹萋萋臣盡力也皆徑釋其義不釋詩文王肅亦云鳥聞伐木驚而相命嚶嚶然故曰丁丁嚶嚶相切直以與朋友切切節節其言得傳旨也言相切直者謂切磋相正直也○箋丁丁至連言之○正義曰箋全引釋訓之文具解丁丁嚶嚶之義與傳同也故下卽云嚶嚶兩鳥聲丁丁亦是伐木聲也故郭璞曰丁丁斫木聲嚶嚶兩鳥鳴但正伐木鳥鳴時有此相切直之義故揔言丁丁嚶嚶爲相切直言未居位謂未居諸侯之位在於農畝時山巖者以下云伐木于阪故知山傍巖崖之處故云山巖也箋必以爲文王身與友生伐木者以爾雅云丁丁嚶嚶相切直自此以下陳鳥鳴求友無相切直之義則伐木之時相切直也而下二章釃酒文連伐木是酒爲伐木而設卽伐木之人是朋友矣朋友既親伐木明文王與之俱行故知親在農禮記注士之子食祿不免農則大夫以上子免農矣時文王爲諸侯世子而在農者案史記周本紀大王曰我世當有興者其在昌乎則文王在太王之時年已長大是諸侯世子之子耳太王初遷於岐民稀國小地又險險而多樹木或當親自伐木所以勸率下民不可以禮論也言嚶嚶兩鳥者以相切直若一鳥不得有相切故郭璞曰嚶嚶兩鳥鳴以喩朋友切磋相正是以義勢便爲兩鳥其實一鳥之鳴亦嚶嚶也故知嚶其鳴矣是一鳥也又解鳥鳴與伐木文連之意以文王相切直之時此兩鳥共鳴亦似朋友之相切磋及其遷處高木嚶鳴相求又似朋友之相求故下觀之以爲喩此鳴之志似於有朋友之道故連言之葛覃因以黃鳥爲興亦此類也

伐木許許。釃酒有藇。許許柿貌以筐曰釃以藪曰湑藇美貌箋云此言前者伐木許許之人今則有酒而釃之本其故也○許沈呼古反釃徐所宜反又所餘反葛洪所寄反謂以筐盪酒盪音鹿藇音敘又羊汝反柿孚廢反又側几反藪素口反曰湑思敘反**既有肥羜。以速諸父。**羜未成羊也天子謂同姓諸侯諸侯謂同姓大夫皆曰父異姓則稱舅國君友其賢臣大夫士友其宗族之仁者箋云速召也有酒有羜今以召族人飮酒○羜直呂反**寧適不來。微我弗顧。**微無也箋云寧召之適自不來無使言我不顧念也**於粲洒埽。陳饋八簋。**粲鮮明貌圓曰簋天子八簋箋云粲然已灑擽矣陳其黍稷矣謂爲食禮○於如字舊音烏粲采旦反洒所懈反徐所寄反埽素報反饋其位反簋居偉反灑所蟹反又所懈反擽本又作拚甫問反食音嗣**既有肥牡。以速諸舅。寧適不來。微我有咎。**咎過也

【疏】伐木至有咎○毛以爲伐木其柿許許然故鳥驚而飛去以喩朋友之相勵故德進而業脩也此所與切磋之故舊今以筐釃其酒有藇然而美與之燕飮焉王非直燕其故舊又既有肥羜之羊以召朋友諸父而燕之俱有羊酒各擧其一也王意又殷勤諸父兄弟必盡召之王言曰寧召之適自不來則已無得不召之使言我不顧念之而懷怨也於是粲然洒埽其室庭陳飮食之饋黍稷之等有八簋也既有肥羜之牡以召諸舅而食之寧召之適自不來則止無使懷怨令我有咎過焉言王厚其朋友故舊爲設燕食兼有焉○鄭以嚮時與文王伐木許許之人文王有酒而飮之本其昔日之事也餘同○傳許許至曰湑○正義曰以許許非聲之狀故爲柹貌上言丁丁之聲下言於阪之處互以相通明在阪伐之爲聲而有柹也以筐曰釃以藪曰湑者筐竹器也藪草也漉酒者或用筐或用草於今猶然毛氏蓋相傳爲說因釃言湑逆解下文用草者用茅也傳僖四年左傳曰爾貢苞茅不入王祭不供無以縮酒是也○傳羜未至仁者○正義曰釋畜云未成羊曰羜郭璞曰今俗呼五月羔爲羜是也傳以經稱諸父舅序云燕朋友故舊則此父舅是文王之朋友也禮天子謂同姓諸侯諸侯謂同姓大夫皆曰父異姓則稱舅故曰諸父諸舅也禮記注云稱之以父與舅親親之辭也覲禮說天子呼諸侯之義曰同姓大國則曰伯父其異姓則曰伯舅同姓小國則曰叔父異姓則曰叔舅是天子稱諸侯也左傳隱公謂臧僖伯曰叔父有憾於寡人鄭厲公謂原繁曰願與伯父圖之禮記衛孔悝之鼎銘云公曰叔舅是諸侯稱大夫父舅之文也諸侯則國有大小之殊大夫唯以長幼爲異故服虔左傳注云諸侯稱同姓大夫長曰伯父少曰叔父是也然則諸侯謂異姓大夫長者亦當爲伯舅但經傳無其事耳公羊傳曰王者之後稱公大國稱侯皆千乘小國稱伯子男左傳曰在禮卿不會公侯會伯子男可也分五等爲二節皆以公侯爲上等伯子男爲下等明大邦謂公侯小邦謂伯子男其稱牧伯則異曲禮曰五官之長曰伯是職方天子同姓謂之伯父異姓謂之伯舅東西二伯又曰九州之長入天子之國曰牧天子同姓謂之叔父異姓謂之叔舅禮記注云牧尊於大國之君而謂之叔父避二伯也亦以此爲尊禮或損之而益謂此類也言由避二伯故稱叔因以別異大邦之君亦以損其稱而更益其尊故云損之而益也齊太公爲王官之伯左傳云王使劉定公賜齊侯命曰昔伯舅太公佐我先王是稱太公爲伯舅也及齊桓公與霸功王又以二伯之禮命之僖九年傳曰王使宰孔賜齊侯胙曰使孔賜伯舅胙是也周公亦是分陝之伯而魯頌云王曰叔父者以其實成王叔父以本親言之也其晉文公亦有霸功而王策命辝云王曰叔父者齊桓晉文雖俱有霸功天子賜命皆本其祖太公受二伯命故還以二伯之禮賜桓公唐叔本受州牧之命故還以州牧之禮命文公故唐叔文公但稱叔父左傳周景王謂籍談曰叔父唐叔是唐叔亦受州牧之禮而稱叔父也僖二十四年傳王出適鄭使來告難曰敢告叔父謂魯爲叔父成二年傳王告鞏朔曰今叔父克遂有功于齊謂晉爲叔父也昭七年王使追命衛襄公曰叔父陟恪在我先王之左右是謂衛爲叔父也是晉與魯衛王皆呼之爲叔父昭九年王使詹桓伯辝於晉曰伯父惠公歸自秦又謂晉侯爲伯父由此觀之魯衛爲大國而稱叔父晉國之中伯叔俱稱不同者以魯雖周公之後周公位冢宰爲東伯而周公之國故擊繫伯禽左傳曰燮父禽父王孫牟並事康王三國俱以令德作王卿明兼州牧矣燮父唐叔之子王孫牟康叔之子康叔稱叔父是爲州牧尚書酒誥命康叔之辝曰明大命於妹邦鄭云康叔爲連屬之監則康叔後或爲州牧燮父王孫牟或各繼其父爲州牧也伯禽作費誓專征徐戎爲方伯可知三國並爲大國王室之親又皆二伯之後尊而異之所以皆稱叔父焉晉又稱伯父者以晉既大國世作盟主故燮稱伯父耳尚書文侯之命王曰父義和平王得文侯來輔周之勳尤親之而直稱父也天子稱朝廷公卿則無文蓋有爵者自依諸侯之例無爵者亦應以此長幼稱伯父叔父大夫以下位卑其稱父舅以否無文以明之此傳以及下經父舅兼有解天子所呼父舅之文以諸侯於大夫猶天子於諸侯同有父舅之名故連釋之焉既此篇燕朋友而呼父舅是父舅爲天子朋友事自明矣因天子有交友之義已釋諸侯亦有父舅故亦因解國君友其賢臣并及大夫友其宗族之仁者云仁賢者明尊卑之交非賢不友故也定本無宗字○箋有酒至飮酒○正義曰此有酒有羜召族人飮之蓋是燕禮非饗也何者聘禮注云饗謂亨大牢以飮賓也今此唯肥羜而已是非饗禮明矣今燕禮者是諸侯燕其羣臣及賓客之禮禮記云其牲狗不用羊豕此云有肥羜者天子之禮異於諸侯也宣十六年左傳曰王饗有體薦燕有折俎公當饗卿當燕王室之禮是天子燕饗之禮異於諸侯牲亦不同也○箋陳其至食禮○正義曰儀禮特牲少牢聘禮公食之等皆以簋盛黍稷則八簋是黍稷之器也故云陳其黍稷謂爲食禮案周官掌客職五等諸侯簋皆十二又公食大夫禮上大夫六簋此天子云八簋者據待族人設食之禮其掌客所云謂殽饔餼之大禮公食大夫是諸侯食大夫之禮若曰食特牲者二簋少牢者四簋故玉藻云少牢五俎四簋然則太牢者六簋上肥羜釃酒爲燕禮此是食禮互陳之也知是食禮者燕禮主於飮酒無飯食則此簋盛黍稷是食禮可知周禮地官舂人云凡饗供食米則饗禮有黍稷矣但饗主於飮不主於食此經不言酒殽獨陳八簋假令與上釃酒并爲一事亦不得爲饗禮何者饗亨太牢以飮賓不得用未成羊羜也但於肥羜之下既言以速諸父又別言於粲洒埽以速諸舅明二者又爲一禮上句爲燕下句爲食燕言諸父食言諸舅互文以相通也推此此明以兼有饗矣但文不見饗耳

伐木于阪。釃酒有衍。衍美貌箋云此言伐木于阪亦本之也○**籩豆有踐。兄弟無遠。**箋云踐陳列貌兄弟父之黨母之黨**民之失德。乾餱以愆。**餱食也箋云失德謂見謗訕也民尚以乾餱之食獲愆過於人況天子之饌反可以恨兄弟乎故不當遠之○餱音侯爾雅云餱餱食也愆起虔反訕所諫反饌士戀反遠于萬反亦如字○**有酒湑我。無酒酤我。**湑茜之也酤一宿酒也箋云酤買也此族人陳王之恩也王有酒則泲茜之王無酒酤買之要欲厚於族人○湑本又作醑思敘反酤毛音戶說文同鄭音顧又音沽茜所六反與左傳縮酒同義謂以茅泲之而去其糟也字從艸泲子禮反○**坎坎鼓我。蹲蹲舞我。**蹲蹲舞貌箋云爲我擊鼓坎坎然爲我興舞蹲蹲然謂以樂樂已○坎如字說文作竷音同云舞曲也蹲七旬反本或作墫同爾雅云喜也說文云士舞也從士尊爲于僞反下同樂樂上音岳下音洛**迨我暇矣。飮此湑矣。**箋云迨及也此又述王意也王曰及我今之閒暇共飮此湑酒欲其無不醉之意○迨音待閒音閑

【疏】伐木至湑矣○毛以爲伐木於阪以驚鳥喩朋友切磋以成道也由朋友相成如此故今以筐釃其酒衍然而美以燕之既有酒矣又籩豆有踐然行列而陳之矣兄弟親戚無有疏遠皆使召之而與之燕也王又自言已不可不召族人之意下民之失德見謗訕者以何故乎正由乾餱之食不分於人以獲愆過乾餱之食尙以獲愆況天子之饌可不召親戚令之恨乎故盡召而燕之族人陳王之恩言王有酒則湑泲之以飮我王無酒則卒造一宿之酤酒以與我於時坎坎然擊鼓以娛我蹲蹲然興舞以樂我是王恩甚厚矣王又謂族

人曰汝族人今日正及我閒暇矣共汝飲此消酒矣言已卒有閒暇而爲此飲其意欲令族人以不醉是王之恩厚也○鄭以伐木於阪亦本之酤買爲異餘同○箋兄弟父至母之黨○正義曰以上言諸父爲父黨則諸舅爲母黨此言兄弟父舅二文故知父黨母黨也禮有同姓異姓庶姓同姓揔上王之同宗是父之黨也異姓王舅之親庶姓與王無親者天子於諸侯非同姓皆曰舅不由有親無親則舅文又以兼庶姓矣其中容有舅甥之親故通言母之黨也父黨母黨得同曰兄弟者兄弟是相親之辭因推而廣之異姓亦得言之故稱親云父之黨爲宗族母與妻之黨爲兄弟是母黨爲兄弟之文也此不言妻黨者以舅是母黨之稱故特言母耳其實妻黨亦曰兄弟釋親又曰妻之父爲婚兄弟壻之父爲姻兄弟是也兄弟必兼言母黨者以甥舅之親與同姓等故頻并諸公刺王不能燕樂同姓而經曰豈伊異人兄弟甥舅是也若然兄弟揔辭而下箋獨言族人陳王之恩者以兄弟雖父黨兼言母黨而父黨爲正故下特云族人也此燕朋友故舊非燕族人據族人爲朋友者互說耳舉族可以兼異姓及庶姓矣○箋反可以恨兄弟乎○正義曰定恨作限恐非也○傳酤一宿酒○正義曰毛以爲言無酒明是卒爲之故云一宿酒蓋於時有之箋以經傳無名一宿酒爲酤者既有一宿之酒不得謂之無酒論語云酤酒市脯不食是古買酒爲酤酒故易之爲酤買也○箋爲我至樂已○正義曰兄弟陳王之厚已使人爲之鼓舞言爲我者以樂由已而故作也禮記天子食三老五更於大學冕而揔干親在舞位知此非王自舞者食三老五更重禮示敬故王親舞之此與故舊燕樂不當王親舞也若言王身親舞豈亦親擊鼓乎以此知使人爲之

伐木六章章六句

天保。下報上也。君能下下以成其政。臣能歸美以報其上焉。下下謂鹿鳴至伐木皆君所以下臣也臣亦宜歸美於王以崇君之尊而福祿之以荅其歌○下下俱戶嫁反注下及下臣同〔疏〕天保六章章六句至上焉○正義曰作天保詩者言下報上也謂臣下作詩歌君之美言天保神祐福祿所鍾君雖實然由臣所詠是臣下歸美以報其上序又申之言君能下其臣下燕饗遺勞謂鹿鳴至伐木之歌以成其國之政教故臣亦宜歸美於君作天保之歌以報荅其上焉然詩者志也各自吟詠六篇之作非是一人而已此爲荅上篇之歌者但聖人示法義取相成此鹿鳴至伐木於前此篇繼之於後以著義非此故荅上篇也何則上五篇非一人所作又作彼者不與此計議何相報之有鄭云亦宜者示法耳非故報也此篇六章皆言王受多福是歸美之事○

天保定爾。亦孔之固。固堅也箋云保安爾女也女王也天之安定女亦甚堅固

俾爾單厚。何福不除。俾使單信也或曰單厚也除開也箋云單盡也天使女盡厚天下之民何福而不開皆開出以予之○俾必以反單毛都但反鄭音丹除治慮反注同○

俾爾多益。以莫不庶。庶衆也箋云莫無也使女每物益多以是故無不衆也○〔疏〕天保至不庶○毛於單字自作兩解以爲作者見時人物得所生業日隆歌而稱之以告王言天之安定汝王位亦甚堅固矣何者天使汝誠信愛厚天下臣民即知何等福不開出與之天又使汝天下每物皆多有所益以是之故物無不衆多也每物衆多是安定汝王位甚堅固也毛又云單厚者天使汝以厚德厚天下耳○鄭以爲盡厚天下爲異餘同言亦孔之固亦語辭猶不亦宜乎○箋云使至予之○正義曰此章言福謂王得福也下章乃言臣民受天祿耳王能愛厚下民德當天意然後天降之福但王能布德亦天爲之故云天使汝盡厚天下之民何福而不開言何廣辭故云皆開出予之言開者若有閉藏畜積今開出之然此云開出予之據天授與王下言受天百祿據臣受天祿亦相通也○

天保定爾。俾爾戩穀。罄無不宜。受天百祿。戩福穀祿罄盡也箋云天使女所福祿之人謂羣臣也其舉事盡得其宜受天之多祿○戩子淺反

降爾遐福。維日不足。箋云遐遠也天又下予女以廣遠之福使天下薄蒙之汲汲然如日且不足也○汲已及反○〔疏〕天保至不足○正義曰言天安定汝之王位故使汝所福祿之人朝廷羣臣等盡無有不宜其舉事皆得其所而受天百祿羣臣之外天又下與汝廣遠之福及天下之民汲汲而欲下之維恐日不足言天之使汝臣民俱受天福是安定汝也羣臣受王爵位故謂羣臣爲汝所授福祿之人○

天保定爾。以莫不興。箋云興盛也無不盛者使萬物皆盛草木暢茂禽獸碩大

如山如阜。如岡如陵。言廣厚也高平曰陸大陸曰阜大阜曰陵箋云此言其福祿委積高大也

如川之方至。以莫不增。箋云川之方至謂其水縱長之時也萬物之收皆增多也○縱足用反長張丈反○〔疏〕傳高平至曰陵○正義曰釋地文李巡曰高平謂土地豐正名爲陸土地獨高大名曰阜最大名爲陵○箋此言至高大○正義曰言所委聚所累積而高大也地官遺人注云少曰委多曰積積者以遺人當米粟者有限言三十里有委五十里有積對例故爲少多耳此則無例也○

吉蠲爲饎。是用孝享。吉善蠲絜也饎酒食也享獻也箋云謂將祭祀也○蠲古玄反舊音堅饎尺志反享許丈反○

禴祠烝嘗。于公先王。春曰祠夏曰禴秋曰嘗冬曰烝公事也箋云公先公謂后稷至諸盩○禴本又作礿餘若反祠嗣絲反烝之丞反盩直留反周大王父名

君曰卜爾。萬壽無疆。君先君也尸所以象神卜予也箋云君曰卜爾者尸嘏主人傳神辭也○疆居良反嘏古雅反傳直專反〔疏〕吉蠲至無疆○毛以王既爲天安定民事已成乃善絜爲酒食之饎是用致孝敬之心而獻之所獻者將以爲禴祠烝嘗之祭往事其先王由王齊敬絜誠神歆降福先君之尸嘏予主人曰予爾萬年之壽無有疆畔境界言民神相悅所以能受多福也○鄭以公爲先公言爲此禴祠烝嘗之祭於先公先王之廟也餘同○箋謂將祭祀○正義曰以下文始云禴祠烝嘗故知將祭祀致其意○傳春曰至曰烝○正義曰釋天文孫炎曰祠之言食礿新菜可汋嘗嘗新穀烝進品物也若以四時當云祠禴嘗烝詩以便文故不依先後此皆周禮文自殷以上則禴禘嘗烝王制文也至周公則去夏禘之名以春禴當之更名春曰祠故禘祫志云王制記先王之法度宗廟之祭春曰禴夏曰禘秋曰嘗冬曰烝祫爲大祭於夏於秋於冬周公制禮乃改夏爲禴禘又爲大祭祭義注云周以禘爲殷祭更名春曰祠是祠禴嘗烝之名周公制禮之所改也若然文王之詩所以已得有制禮所改之名者然王者因革與世而遷事雖制禮大定要以所改有漸易曰不如西鄰之禴祭鄭注爲夏祭之名則文王時已改言周公者據制禮大定言之耳公事釋詁文○箋公先至諸盩○正義曰毛以上雖言獻之未是祭時故以公爲事舉先王公從可知也鄭以孝享以致其意文王之祭實及先公故以爲先公也經於公上不言先者以先王在公後王尚言先則公爲先可知故省文以宛句也先公謂后稷至諸盩俗本皆然定本云諸盩至不窋疑定本誤中庸注云先公組紺以上至后稷也司服注云先公不窋至諸盩天作箋云諸盩至不窋所以同是先公而注異者以周之所追太王以下其太王之前皆爲先公而后稷周之始祖其爲先公書傳分明故或通數之或不數之此箋后稷至諸盩中庸注組紺以上至后稷也組紺即諸盩大王父也一上一下同數后稷也司服注不窋至諸盩天作箋諸盩至不窋亦一上一下不數后稷皆取便通無義例也何者以此及天作俱爲祭詩同有先王先公義同而注異無例明矣此歌文王之事又別時祭之名文王時祭所及先公不過組紺亞圉后稷而已言后稷至諸盩者傳以公爲事箋易之爲先公因廣舉先公之數以明易傳之意不謂公時祭盡及先公也○傳先君至象神○正義曰以經陳祭事故君爲先君也言曰卜爾是語辭故知尸也而稱君者尸所以象神由象先君之神傳先君之意以致福故箋申之云君曰卜爾者尸嘏主人傳神辭也即少牢云皇尸命工祝承致多福無疆于汝孝孫之等是傳神辭嘏主人也尸神象郊特牲文

神之弔矣。詒爾多福。弔至詒遺也箋云神至者宗廟致敬鬼神著矣此之謂也○弔都歷反詒以之反遺唯季反○

民之質矣。日用飲食。質成也箋云成平也民事平以禮飲食相燕樂而已○燕樂音洛○

羣黎百姓。徧爲爾德。百姓百官族姓也箋云黎衆也羣衆百姓徧爲女之德言則而象之○徧音遍〔疏〕神之至爾德○正義曰此承上厚人事神之後反而本之言王已致神之來至矣遺汝王以多福又使民之事平矣日用相與飲食爲樂其羣衆百姓之臣徧皆爲汝之德言法效之汝既人定事治羣下樂德是爲天安定王業使君聖臣賢上下皆善也

如月之恆。如日之升。恆弦升出也言俱進也箋云月上弦而就盈日始出而就明○恆本亦作縆同古鄧反沈古恆反○

如南山之壽。不騫不崩。騫虧也○騫起虔反

如松柏之茂。無不爾或承。箋云或之言有也如松柏之枝葉常茂盛青青相承無衰落也〔疏〕如月至或承○正義曰上章天安王位此章說堅固之狀言王德位日隆有進無退如日月之上弦稍就盈滿如日之出稍益明盛王既德位如是天定其基業長久且又堅固如南山之壽不騫虧不崩壞故常得隆盛如松柏之木枝葉恆茂無不於爾有承如松柏之葉新故相承代常無彫落猶王子孫世嗣相承恆無衰也○箋月上至就明○正義曰弦有上下知上弦者以對如日之升是益進之義故知上弦矣日月在朔交會俱右行於天日遲月疾從朔而分至三日月去日已當二次始死魄而出漸漸遠日而月光稍長八日九日大率月體正半昏而中似弓之張而弦直謂上弦也後漸進至十五十六日月體滿與日正相當謂之望云體滿而相望也從此後漸虧至二十三日二十四日亦正半在謂之下弦於後亦漸虧至晦而盡也以取漸進之義故言上弦不云望集本定本縆字作恆

天保六章章六句

采薇。遣戍役也。文王之時。西有昆夷之患。北有玁狁之難。以天子之命。命將率。遣戍役。以守衛

中國。故歌采薇以遣之。出車以勞還。杕杜以勤歸也。文王爲西伯服事殷之時也昆夷西戎也天子殷王也戍守也西伯以殷王之命命其屬爲將率將戍役禦西戎及北狄之難歌采薇以遣之杕杜勤歸者以其勤勞之故於其歸歌杕杜以休息之○薇音微昆本又作混古門反玁本或作獫音險狁音允本亦作允難乃旦反注皆同將率子高反下所類反本亦作帥同注及後篇將率皆同勞力報反後篇勞還皆同杕大計反

【疏】采薇六章章八句至勤歸○正義曰作采薇詩者遣戍役也戍守謂遣守衛中國之役人文王之時西方有昆夷之患北方有玁狁之難來侵犯中國文王乃以天子殷王之命命其屬爲將率遣屯戍之役人北攘玁狁西伐西戎以防守扞衛中國故歌此采薇以遣之及其還也歌出車以勞將帥之還歌杕杜以勤戍役之歸是故作此三篇之詩也昆夷言患玁狁言難患難一也變其文耳患難者謂與中國爲難非獨周也故卽變云守衛中國明中國皆被其患不獨守衛周國而已此與出車五言玁狁唯一云西戎序先言昆夷者以昆夷侵周爲患之切故先言之玁狁大於西戎出師主伐玁狁故戎務戍役以玁狁爲主而略於西戎也言命將帥遣戍役者將無常人臨事命卿士爲之故云命也其戍役則名民而遣之不待加命故云遣也命將帥所以率戍役而序言遣戍役者以將帥者與君共同憂務其戍役則身處卑賤非有憂國之情不免君命而行耳文王爲愧之情深殷勤於戍役簡略將帥故此篇之作遣戍役爲主上三章遣戍役之辭四章五章以論將帥之行爲率領戍役而言也卒章揔序往反六章皆爲遣戍役也以主遣戍役故經先戍役後言將帥其實將帥尊故序先言命將帥後言遣戍役言歌采薇以遣之者正謂述其所遣之辭以作詩後人歌因謂本所遣之辭爲歌也出車以勞還杜以勤歸不言歌者蒙上歌文也勤勞一也勞者陳其功勞勤者陳其勤苦但變文耳還與歸一也還謂自役而反歸據嚮家之辭但所從言之異耳出車序云勞還帥杕杜序云勞還役俱言還並云勞明還歸義同勤勞不異也此序并言出車杕杜者以三篇同是一事共相首尾故因其遣而言其歸所以省文也○箋文王至息之○正義曰西方曰戎夷是揔名此序云昆夷之患出車云薄伐西戎明其一也故知昆夷西戎也文王於時事殷王也君非其屬無由命之故知以文王之命命其屬爲將帥其屬謂南仲出車經稱赫赫南仲玁狁于襄又曰赫赫南仲薄伐西戎則南仲一出并禦西戎及北狄之難也皇甫謐帝王世紀曰文王受命四年周正月丙子朔昆夷氏侵周一日三至周之東門文王閉門脩德而不與戰昆夷進來不與戰明退卽伐之也尚書傳四年伐犬夷注云犬夷昆夷也四年伐之南仲一行并平二寇下箋云玁狁大故以爲始以爲終以書傳不言四年伐玁狁而言伐犬夷作者之意偶言耳以天子之命命將帥則伐犬夷者紂命之矣書序云殷始咎周注云紂聞文王斷虞芮之訟又三伐皆勝始畏惡之拘於羑里紂命之使伐勝而惡之者紂以戎狄交侵須加防禦文王請伐便卽命之但往克敵功德益高人望將移故畏惡之耳上三章同遣戍役以薇爲行期而言作止采止剛止三者不同則行非一輩故首章箋云先輩可以行言先對後之辭則二章爲中輩三章爲後輩矣二章傳曰采始生也兵若一輩而遣則不得剛采別章若異輩而行不應以三章爲三輩則毛意采亦中輩言始生者對剛爲生之久采謂初生耳若對作止之采在作後矣與鄭脆脆同也莊二十九年左傳曰凡馬日中而出謂春分也出車曰我出我車于彼牧矣出車就馬於牧地則是春分後也中氣所在雖無常定大抵在月中旬也中旬之後始出車就馬則首章二月下旬遣二章三月上旬遣三章三月中旬遣矣故卒章言昔我往矣楊柳依依是爲二月之末三月之中事也

采薇采薇。薇亦作止。薇菜作生也箋云西伯將遣戍役先與之期以采薇之時今薇生矣先輩可以行也重言采薇者丁寧行期也○重直用反下重敘同○曰歸曰歸。歲亦莫止。箋云莫晚也曰女何時歸乎亦歲晚之時乃得歸也又丁寧歸期定其心也○莫音暮本或作暮協韻武博反靡室靡家。玁狁之故。不遑啓居。玁狁之故。玁狁北狄也箋云北狄今匈奴也靡無遑暇啓跪也古者師出不踰時今薇菜生而行歲晚乃得歸使女無室家夫婦之道不暇跪居者有玁狁之難故曉之也○

【疏】采薇至之故○正義曰文王將以出伐豫戒戍役期云采薇之時兵當出也王至期時乃遣戍役而告之曰我本期以采薇之時今薇亦生止是本期已至汝先輩可以行矣既遣其行告之歸期曰何時歸曰何時歸必至歲亦莫止之時乃得歸言歸必將晚所以使汝無室無家不得夫婦之道聚居止者正由玁狁之故又不得閑暇而跪處者亦由玁狁之故序其中情告之是故使之懷恩而怒寇也○箋西伯至行期○正義曰知先與之期皆以此辭遣時之言也以薇亦作止報采薇采薇是先有此言也故知先與之期重言采薇者是丁寧行期也必先言期者以道遠敵強還歸必晚故豫告行期令之裝束也月令云仲春之月無作大事孟秋乃命將帥不待孟秋而仲春遣兵者以患難既偪不暇待秋故也○箋莫晚至其心○正義曰集本定本暮作莫古字通用也必告以歲晚之時乃得歸者緣行者欲知之且古者師出不踰時今從仲春涉冬若不豫告恐一時望還故丁寧歸期定其心也既師出不踰時而文王過之者聖人觀敵強弱臨事制宜撫巡以道雖久不困高宗之伐鬼方周公之征四國皆三年乃歸文王之於此行歲暮始反人無怨言故載以爲法然若出車曰春日遲遲薄言旋歸則此戍役以明年之春始得歸矣期云歲暮暮實未歸文王若實不知則無以爲聖知而不告則無以爲信且將帥受命而行不容違犯法度安得棄君之戒致令淹久者玁狁昆夷二方大敵將使一勞久逸暫費永久寧文王知事未卒平役不早反故致此遠期息彼近望歲暮言歸已期久矣焉可更延期約復至後年但寇既未平不可守茲小謀將帥亦當請命而留非是故違期限聖人者窮理盡神顯仁藏用若使將來之事豫以告人則日者卜視之流安得謂之聖也○

采薇采薇。薇亦柔止。柔始生也箋云柔謂脆脕之時○脆七歲反脕音問或作早晚字非也○曰歸曰歸。心亦憂止。箋云憂止者憂其歸期將晚憂心烈烈。載飢載渴。箋云烈烈憂貌則飢則渴言其苦也我戍未定。靡使歸聘。聘問也箋云定止也我方守於北狄未得止息無所使歸問言所以憂○靡使如字本又作靡所○

【疏】采薇至歸聘○正義曰王遣戍役戒之云我本期以采薇之時遣汝今薇亦始生柔脆矣汝中輩可以行矣曰歸曰歸汝所歸期會至歲暮汝心亦憂其晚矣然始得歸汝所以憂心烈烈然者以道路之中則有飢則有渴勞苦甚矣汝又言我方戍於北狄未得止定無人使歸問家安否所以憂也序其憂勞亦知其意也○箋柔謂至脆脕之時○正義曰定本作脆脕之時○傳聘問○正義曰聘問俱是謂問安否之義散則通對則別故綿箋云小聘問以卿大夫殊其文故爲大小耳○

采薇采薇。薇亦剛止。少而剛也箋云剛謂少堅忍時曰歸曰歸。歲亦陽止。陽歷陽月也箋云十月爲陽時坤用事嫌於無陽故以名此月爲陽○坤本亦作巛困魂反○王事靡盬。不遑啓處。箋云盬不堅固也處猶居也○憂心孔疚。我行不來。疚病來至也箋云我戍役自我也來猶反也據家曰來○疚久又反

【疏】傳陽歷陽月○正義曰毛以陽爲十月解名爲陽月之意以十一月爲始陰消陽息復卦用事至四月純乾用事五月受之以姤陽消陰息至九月而剝仍一陽在至十月而陽盡爲坤則從十一月至九月凡十有一月已經歷此有陽之月而至坤爲十月故云歷陽月以類上暮止則不得歷過十月明義爲然○箋十月至爲陽○正義曰鄭以傳言涉歷陽月不據十月故從爾雅釋天云十月爲陽本所以名十月爲陽者時純坤用事而嫌於無陽故名此月爲陽也定本無爲陽二字直云故以名此月焉知爲嫌者君子愛陽而惡陰故以陽名之實陰陽而得陽名者以分陰分陽迭用柔剛十二月之消息見其用事耳其實陰陽恒有詩緯曰陽生酉仲陰生戌仲是十月中兼有陰陽也四月秀葽靡草死豈無陰乎明陰陽常兼有也易文言曰陰疑於陽必戰爲其嫌於無陽故稱陽焉鄭云嫌讀如羣公慊之慊古書篆作立心與水相近讀者失之故作溓溓雜也陰謂此上六也陽謂今消息用事乾也上六爲蛇得乾氣雜似龍知此不與彼說同者彼說坤卦自以上六爻辰在巳爲義已至四月故消息爲乾非十月也且文言慊於無陽爲心邊兼鄭從水邊兼初無嫌字知與此異孫炎卽是鄭玄之徒其注爾雅與郭璞皆云嫌於無陽故名之爲陽是也○

彼爾維何。維常之華。爾華盛貌常常棣也箋云此言彼爾者乃常棣之華以興將率車馬服飾之盛○爾乃禮反注同說文作薾○彼路斯何。君子之車。箋云斯此也君子謂將率戎車既駕。四牡業業。業業然壯也○業如字又魚及反或五盍反豈敢定居。一月三捷。捷勝也箋云定止也將率之志往至所征之地不敢止而居處自安也往則庶乎一月之中三有勝功謂侵也伐也戰也○三息覽反又如字

【疏】彼爾至三捷○正義曰戍役之行隨從將帥故將帥之車言彼爾然而盛者何木之華乎維常棣之華以喻彼路車者斯何人之車乎維君子之車常棣之華色美以喻君子車飾盛也爾是華貌路是車名貌不可言故以車名爲華貌也君子既有此美盛之戎車駕之以行戎車既駕矣四牡之馬業業然而壯健將帥乘此以行至於所征之地豈敢安定其居乎庶幾於一月之中三有勝功是其所以勞也○箋君子謂將率○正義曰以其乘路車而稱君子故知謂將帥將帥則命卿南仲雖爲元帥時未稱王無二公亦不過命卿也卿車得稱路者左傳鄭子蟜卒赴于晉晉請王追賜之以大路以行禮也又叔孫豹聘于王王賜之大路是卿車得稱路也故鄭箴膏肓云卿以上所乘車皆曰大路詩云彼路斯何君子之車此大夫之車稱路也王制卿爲大夫是鄭以此詩將帥爲文王之命大夫故引王制以明之○箋三有至戰也○正義曰此侵伐戰三傳之說皆異左傳有鍾鼓曰伐無曰侵皆陳曰戰穀梁拘人民驅牛馬曰侵斬樹木壞宮室曰伐公羊稱觕者侵精者伐是也周禮大司馬職曰賊賢害仁則伐之負固不服則侵之注引春秋傳曰精者曰伐又曰有鍾鼓曰伐則伐者兵入其境鳴鍾鼓以往所以聲其罪侵者兵加其境而已用兵淺者然則鄭參用三傳之文也周禮九伐相對故

侵爲用兵淺者其實侵名但無鍾鼓耳雖深入亦謂之侵故僖四年諸侯侵蔡蔡潰遂伐楚是深入名侵也伐名施於重入境雖淺亦名伐故經云莒人伐我東鄙及齊侯伐我北鄙纔伐界上是淺亦稱伐也侵伐則主國之師未起直入境而行之若主國出而禦之則曰戰故左傳皆陳曰戰此言庶乎一月之中三有勝功者謂侵伐戰於三事之內望有勝功非謂三者之中惟有一勝功耳此侵伐戰用師之大名故略舉之非如春秋用兵之例三者之外仍有故取襲克圍滅入之名。**駕彼四牡。四牡騤騤。君子所依。小人所腓。**騤騤彊也腓辟也箋云腓當作芘此言戎車者將率之所依乘戍役之所芘倚。○騤求龜反腓符非反鄭必寐反倚其綺反舊於蟻反。**四牡翼翼。象弭魚服。**翼翼閑也象弭弓反末也所以解紒也魚服魚皮也箋云弭弓反末彆者以象骨爲之以助御者解轡紒宜滑也服矢服也○弭彌氏反紒音計又音結本又作紛芳云反彆說文方血反又邊之入聲埤蒼云弓末反戾也**豈不日戒。玁狁孔棘。**箋云戒警勑軍事也孔甚棘急也言君子小人豈不日相警戒乎誠曰相警戒也玁狁之難甚急豫述其苦以勸之○日戒音越又人栗反警音景〔疏〕駕彼至孔棘○毛以爲王遣戍役言其所從將帥駕彼四牡之馬以行其四牡之馬騤騤然甚壯健故將帥君子之所依乘戍役小人之所避患言小人倚此將帥車以避前敵來戰之患也往至所征之地則又習戰備其兵車所駕四牡之馬翼翼然閑習其弓則以象骨爲之弭其矢則以魚皮爲服軍既閑習器械又備於時君子小人豈不日相警戒乎誠相警戒以玁狁之難甚急是故汝等勞苦豫述以勸之○鄭唯以戎車戍役之所庇倚爲異餘同○傳腓辟○正義曰傳文質畧王述之云所以避患也鄭以君子所依依戎車也小人所腓亦當腓戎車安得更有避患義故易之爲庇言戍役之所庇倚謂依廕也文七年左傳云公室者公室之所庇廕是也○傳象弭至魚皮○正義曰釋器云弓有緣者謂之弓孫炎曰緣謂繫束而漆之又曰無緣者謂之弭孫炎曰不以繫束骨飾兩頭者也然則弭者弓稍之名以象骨爲之是弓之末弭弛之則反曲故云象弭爲弓反末也繩索有結用以解之故曰所以解紒也紒與結義同魚服以魚皮爲矢服故云魚服魚皮左傳曰歸夫人魚軒服虔云魚獸名則魚皮又可以飾車也陸機疏曰魚服魚獸之皮也魚獸似猪東海有之其皮背上班文腹下純青今以爲可弓鞬步义者也其皮雖乾燥以爲弓鞬矢服經年海水潮及天將雨其毛皆起水潮還及天晴其毛復如故雖在數千里外可以知海水之潮自相感也○箋弭弓至矢服○正義曰此申說傳義也說文云彆方結反云弓戾也言象弭謂弓反末彆戾之處以象骨爲之也傳云解紒不知解何繩之紒故申之助御者解轡紒也兵車三人同載左人持弓中人御車各專其事尙書左不攻於左汝不能恭命御非其馬之正汝不恭命是職司別矣而言助御解轡紒者御人自當佩角不待射者解結弭之用骨自是弓之所宜亦不爲解轡而設但巧者作器因物取用以弓必須骨故用滑象若轡或有紒可以助解之耳非專爲代御者解紒設此象弭也夏官司弓人職曰仲秋獻矢服注云服盛矢器也以獸皮爲之是矢器謂之服也。**昔我往矣。楊柳依依。今我來思。雨雪霏霏。**楊柳蒲柳也霏霏甚也箋云我來戍止而謂始反時也上三章言戍役次二章言將率之行故此章重序其往反之時極言其苦以說之○昔韓詩云昔始也雨于付反霏芳非反說音悅。**行道遲遲。載渴載飢。**遲遲長遠也箋云行反在於道路猶飢渴言至苦也**我心傷悲。莫知我哀。**君子能盡人之情故人忘其死〔疏〕昔我至我哀○正義曰此遣戍役豫敘得還之日揔述往反之辭汝戍守役等至歲暮還反之時當云昔出家往矣之時楊柳依依然今我來思事得還返又遇雨雪霏霏然既許歲晚而歸故豫言來將遇雨雪也於時行在長遠之道遲遲然則渴則有飢得不云我心甚傷悲矣莫有知我之哀者述其勞苦言已知其情所以悅之使民忘其勞也○箋我來戍役止而謂始反時○正義曰定本無役字其理是也

采薇六章章八句

毛詩注疏校勘記（九之三）　阮元撰盧宣旬摘錄

○伐木

而後言父舅先兄弟　閩本明監本毛本先誤及案此當重父舅二字別以父舅先兄弟五字爲一句

是此篇皆有義意　閩本明監本毛本同案此當作比形近之譌

傳意以此伐木鳥鳴　閩本明監本毛本同案傳當作彼彼者彼爾雅也

具解丁丁嚶嚶之義　閩本明監本毛本同案具當作其形近之譌

伐木許許　小字本相臺本同唐石經初刻滸滸後去水旁案正義云其柿許許然下文同釋文云許許呼古反是其本皆作許不從水後漢書朱穆傳顏氏家訓書證引作滸滸即沈所云呼古反是也讀許爲滸遂破爲滸而引之凡羣書引詩文多不同者往往類此非毛氏詩別有作滸之本唐石經初刻誤所謂字體乖師法也

許許柿貌　閩本明監本毛本同小字本相臺本柿作柿案柿字是也五經文字云柿芳吠反見詩注謂此也說文柿削木札樸也從木朮聲十行本正義中皆作柿不誤閩本以下皆誤爲柿釋文云柿孚廢反又側几反上一音是也下一音即宜從朿非也因又并誤大字爲柿詳後考證

此言許者伐木許許之人　小字本同閩本明監本毛本同相臺本言下許字作前考文古本同案前字是也正義云鄭以禦時與文王伐木許許之人以禦時解前者也

今以召族之飲酒　閩本明監本毛本同小字本相臺本之作人考文一本同案人字是也

以許許非聲之狀　閩本明監本毛本同案之當作非七月正義云沖沖非貌非聲是其比也

東西二伯　閩本明監本毛本同案此不誤浦鏜云非記文疑衍非也正義說以上記文是東西二伯以下記文乃州牧之伯所以曉人也但伯下當脫是也二字因此脫而下文乃衍禮記二字矣

禮記注云牧尊於大國之君　閩本明監本毛本同案浦鏜云禮記二字當衍是也

昔伯舅大公佐我先王　閩本明監本毛本同案佐當作佑左傳作右

而周公之國故擊繫伯禽　閩本明監本毛本同案之上當脫不字擊衍字也凡一脫一衍多是寫書人自覺其誤而如此後遂忘更正耳山井鼎云擊作事當是剜也

王曰父義和也　閩本明監本毛本同案浦鏜云義誤義是

上大夫六篇也　閩本明監本毛本同案浦鏜云八誤六是

欲令族人以不醉　閩本明監本毛本同案浦鏜云以當無字誤是也

此言兄弟父舅二文　閩本明監本毛本同案浦鏜云兄弟下當脫揔上二字是也

同姓揔上王之同宗　閩本明監本毛本同案浦鏜云揔上二字當衍文是也

正義曰定恨作限　閩本明監本毛本同案定下當有本字

伐木六章章六句　唐石經小字本相臺本同閩本明監本毛本同案序下標起止云伐木六章章六句正義又云燕故舊即二章卒章上二句是也燕朋友即二章諸父諸舅卒章兄弟無遠是也與標起止不合當是正義本自作三章章十二句經注本作六章章六句者其誤始於唐石經也合併經注正義時又誤改標起止耳

○天保

此鹿鳴至伐木於前　閩本明監本毛本同案此當作比

生業日隆　閩本明監本毛本生誤王

即知何等福不開出與之　閩本明監本毛本同案箋作予正義作與予與古今字易而說之也例見前正義又云故云皆開出予之此云開出予之仍作予複舉箋而順其文不同此例考文古本改箋亦作與誤采此所易之今字

大陵曰阜　小字本相臺本陵作陸閩本明監本毛本同案陸字是也

多曰積積者　閩本明監本毛本同案下積字當作異謂此箋以委積皆爲多似與彼注分委積爲多少者異盧文弨云其上當有脫文浦鏜云積及下當粟米者有限凡七字疑衍皆非

先君之尸嘏予主人曰　閩本明監本毛本予誤于

要以所改有漸　閩本明監本毛本同案浦鏜云亦誤以是也盧文弨云爾雅疏作亦

故省文以宛句也　閩本明監本毛本同案宛當作婉

言法效之　閩本明監本毛本效誤効案効即效譌俗字也餘同此

如月之恒　唐石經小字本相臺本同案正義云集注定本縆作恒是正義本作縆字也釋文云恒本亦作縆恒縆字同考工記恒角而短注鄭司農云恒讀爲裻縆之縆縆亦同見廣韻考此經字說文二部引詩曰如月之恒當以集注定本爲長

如日月之上弦　閩本明監本毛本同案浦鏜云日當衍字是也

如日之出　閩本明監本毛本同案出上當有始字因上文衍日而此脫也

月去日巳當二次 閩本明監本毛本同案二當作一三十度十六分度之七為一次月去日十二度十九分度之七計三日去合朔二日月去日二十四度十四分近一次故曰己當一次

集本定本 閩本明監本毛本同案浦鏜云集本當集注之誤後並同是也

○采薇

章六句 閩本明監本毛本同案浦鏜云八誤六是也

歌出車以勞將帥之還 閩本明監本毛本同案序作率正義作帥率帥古今字易而說之也例見前餘同此釋文云率本亦作帥非正義本也正義上文複舉序云命其屬為將率仍作率是其證○案舊挍非也

文王為愧之情深也 閩本明監本毛本愧作恤案所改是也

後八歌因謂本所遣之辭為歌也 閩本明監本毛本同案八當作入

故知以文王之命 閩本同明監本毛本之命誤倒案十行本知以文剜添者一字是文字衍也序云以天子之命可證言王者順上云事殷王也

周正月丙子愬 閩本明監本毛本同案浦鏜云愬當朔字誤是也緜正義引無此字

歲亦莫止 唐石經小字本相臺本同案正義云集注定本暮作莫古字通用也釋文云莫本或作暮依此或東方未明蟋蟀小明雲漢經諸莫字正義本皆作暮但未有明文不可意必求之也

今薇菜生而行 閩本明監本毛本同小字本相臺本無菜字考文古本同案無者是也

歲亦莫止之時 閩本明監本毛本同案莫當作暮下標起止箋莫晚同

然若出車曰 閩本明監本毛本同案然若二字當倒

蹔費永久寧 閩本明監本毛本同案浦鏜云久字當衍是也

謂脆脕之時 毛本脕誤晚明監本以上皆不誤案釋文云脕音問或作早晚字非也毛本偶合其誤五經文字肉部云脆脕見詩注謂此也內則注作娩又作免皆同正義云定本作脆脕之時當以正義釋文本為長

靡使歸聘 唐石經小字本相臺本同案釋文云本又作靡所考正義云無人使歸問家安否是正義本作使字又作本因箋無所使歸問而誤耳

然始得歸汝所以憂心烈烈然者 閩本明監本毛本脫始得歸三字

故綿箋云小聘問 閩本明監本毛本綿誤歸案問上浦鏜云當脫曰字是也

故以名此月為陽 小字本相臺本同案此正義本也正義云定本無為陽二字直云故以名此月焉當以定本為長

實陰陽而得陽名者 閩本明監本毛本同案上陽字當作月

為其嫌於無陽 閩本明監本毛本同案嫌當作慊下正義云且文言慊於無陽為心邊兼可證又無字當衍

故稱陽焉 閩本明監本同案陽當作龍

鄭云嫌讀如羣公慊之慊 閩本明監本毛本同案嫌當作慊二慊字皆當作溓下正義云鄭從水邊兼初無嫌字可證○按羣公溓即今公羊傳之羣公廩也作廩者非古本

讀者失之故作溓 閩本明監本毛本同案溓當作慊

且文言慊於無陽 閩本明監本毛本同案無字當衍

故將帥之車言 閩本明監本毛本同案言字當在將字上錯在車下

賊賢害仁則伐之 閩本明監本毛本同案浦鏜云民誤仁是也祈父正義引作民

仍有故取襲克圍滅入之名 閩本同明監本毛本入誤人案山井鼎云故恐攻誤是也

腓辟也 小字本相臺本同案正義作避釋文腓下云毛云避也皆易字之例

所以解紒也 小字本相臺本同案正義云紒與結義同釋文云紒音計又音結本又作紛芳云反段玉裁云說文弭下作紒以紒為長

宜滑也 小字本相臺本同考文古本同閩本明監本毛本滑作骨十行本初刻滑剜改骨案滑字是也

豈不日戒 小字本相臺本同閩本明監本毛本同唐石經初刻曰後改日案釋文云曰音越又人栗反上一音是也下一音字即宜作日非也箋意是曰字

豈不日相警戒乎 小字本相臺本同閩本明監本毛本同案日當作曰正義中同

左傳云公室者 閩本明監本毛本同案山井鼎云室作族為是是也

今以為可弓鞬步叉者也 閩本明監本毛本同案浦鏜云可衍字是也

說文云彎方結反云弓戾也 閩本明監本毛本同案十行本反云弓剜添者一字是云字衍也方結反三字旁行細書正義自為音例如此不知者以之入正文乃誤加云字○按此引說文音隱語非自為音

以弓必須骨故用滑象 閩本明監本毛本同案此當作以弓必須滑故用象骨誤倒錯之也

夏官司弓人職曰 閩本明監本毛本同案浦鏜云矢誤人是也

戍止而謂始反時也 小字本相臺本同案正義標起止作戍役止云定本無役字於理是也

事得還返 閩本明監本毛本同案注作反此正義作返亦是易而說之以反返為古今字也上正義多作反當是為後人依注改耳

則渴則有飢也 閩本明監本毛本渴上有有字案所補是

附釋音毛詩注疏卷第九（九之四）

毛詩小雅　鄭氏箋　孔穎達疏

出車。勞還率也。遣將率及戍役同歌同時欲其同心也反而勞之異歌異日殊尊卑也禮記曰賜君子小人不同日此其義也○出車如字沈尺遂反勞力報反還音旋

〔疏〕出車六章章八句○正義曰作出車詩勞還帥也謂文王所遣伐玁狁西戎之將帥以四年春行五年春反於其反也述其行事之苦以慰勞之六章皆勞辭也○箋遣將至其義○正義曰箋解遣唯一篇而勞有二篇之意故曰遣將帥及戍役同歌同時欲其同心也同歌謂其共歌采薇也同時謂將帥與戍役俱行雖三章三輩別行每行將帥同發也三輩各有將此獨言南仲者以元帥故歸功焉反而勞之異歌謂出車與杕杜之歌不一時是異歌異日也必異日者殊尊卑故也玉藻云賜君子與小人不同日與此協故曰此其義也此將帥有功而還本其初出以勞之首章言四年春將欲遣軍出車就馬命之為將仍在國未行也二章言就馬於牧地設旌旐既已受命臨事而懽是二月三月之事也從是而行先伐玁狁三章言往朔方營築壘壁既以春末而行當以夏初到朔方也既至朔方將設經畧五月猶尚停息六月乃始出壘四章言黍稷方華出伐玁狁玁狁既服因伐西戎至春凍始釋又從西戎而反於朔方慮有驚急復且停住也以六月出伐玁狁當至秋末始平乃移兵西戎五章言晚秋之時西方諸侯嚮望南仲也至於五年之春二方大定乃始還師卒章言其迴歸其事次也唯四章因言自壘而出即說自西而反五章乃更述在西方之事為小到耳

我出我車。于彼牧矣。出車就馬於牧地箋云上我我殷王也下我將率自謂也西伯以天子之命出我戎車於所牧之地將使我出征伐○牧音目

自天子所。謂我來矣。箋云自從也有人從王所來謂我來矣謂以王命召已將使為將率也先出戎車乃召將率將率尊也

召彼僕夫。謂之載矣。王事多難。維其棘矣。僕夫御夫也箋云棘急也王命召已即召御夫使裝載物而往王之事多難其召我必急欲疾趍之此序其忠敬也○難乃旦反注及下皆同裝側良反本又作莊○

〔疏〕我出至棘矣○正義曰文王述將帥之辭言汝將帥云王今既以我天子之命出我將帥之戎車于彼郊牧之地而就馬矣乃從天子之所以王命召已謂我來為將帥矣我得王命即自召彼僕御之夫謂之今使裝載而往矣所以不待受命即使裝載者以王家之士多危難其召我必急矣不可緩以待命欲疾趍之也以王命不辭即召僕夫忠也知自急難欲疾趍之敬也序其忠敬以慰勞之○傳出車至牧地○正義曰以言于彼牧矣故知出車就之下章云于彼郊矣則牧地在郊故地官載師職曰牧田任遠郊之地是也馬已在牧而得出車就之者雖大數在牧仍有在廄供用者故月令季春乃合累牛騰馬遊牡於牧注云累繫在廄者是也廄有馬可令引車以就牧不即以在廄之馬駕戎車者以戎車自有戎馬齊力尚強在廄不必征馬故不用焉○箋上我至自謂○正義曰此本將帥之辭以勞之則我車馬為將帥之所乘故知下我將帥自謂也以天子之命召已故知出車者亦天子之命故上我我殷王也時出車未命將帥云我車者以出車本為將帥出車纔訖王即命已為將則將帥之車為已所乘復從後本之故云我車也○傳僕夫御夫也○正義曰周禮戎僕掌御戎車注云師出

王乘以自將也御夫掌御貳車從車注云貳車象路之副從車戎路之副是僕夫與御夫別矣而言僕夫御夫者以此云維其載矣言裝載物是從車之事故爲御夫其實此僕夫亦有戎僕何者在牧戎車將帥所乘豈更有異人御之哉則戎僕也故下章僕夫況瘁箋云憂其馬之不正是正御亦在焉以戎車及副各自有御不得一人兼之則文當並有或卿兼官其長者爲戎僕小者爲御夫矣○

我出我車，于彼郊矣。設此旐矣，建彼旄矣。龜蛇曰旐旄干旄箋云設旐者屬之於干旄而建之戎車將帥既受命行乃乘馬牧地在遠郊○旐音兆旄音毛屬音燭致也

彼旟旐斯，胡不旆旆。鳥隼曰旟旆旆旒垂貌○旟音餘旆蒲貝反隼息允反旒音畱

憂心悄悄，僕夫況瘁。箋云況茲也將率既受命行而憂臨事而懼也御夫則茲益憔悴憂其馬之不正○悄七小反瘁似醉反本亦作萃依注作悴音同憔慈遙反憂其馬之不正一本作之不正也一本作馬之政○

[疏]我出至況瘁○正義曰王勞將帥本其所言云王本以我天子之命出我將帥之戎車於彼郊牧就馬矣既命我爲將帥我受命當行卽就於郊牧之車設此旐而屬之於旄之上于矣以屬旐於旄乃建立彼旄於戎車之上矣旐在地已屬之於干旄言建旐則亦同建之也既建而後行在道之時彼旟旐斯隨車而行何有不旆旆者乎言皆旆旆然垂也時既受命行汝將帥則憂心悄悄然臨事而懼僕夫憂馬不正亦然滋益憔悴矣言其勞苦示知其情也言此此旐彼旄者凡兩事者一言彼一言此便文耳于彼新田于此菑畝皆此類也○傳龜蛇曰旐○正義曰此及下傳云鳥隼曰旟交龍爲旂皆周禮司常文也雜互陳之則軍之諸帥有建之者矣大司馬序云凡制軍萬二千五百人爲軍軍將皆命卿二千五百人爲師師帥皆中大夫五百人爲旅旅帥皆下大夫百人爲卒卒長皆上士二十五人爲兩兩司馬皆中士五人爲伍伍皆有長此言勞還帥自伍長以上皆在焉鄭於大司馬職注云凡旌旗有軍衆者畫異物無者帛而已則伍長以上皆軍衆所建畫異物矣其職曰王載大常諸侯載旂軍吏載旗郊野載旐百官載旟注云軍吏諸軍帥也郊謂鄉遂之州長縣正以下野謂公邑大夫建旐者以其將羨卒百官卿大夫以其屬衞王彼據因田教戰王親在焉今南仲爲將專行若以文王承殷王之命則南仲比軍吏而已不過載熊虎之旗但時未制禮文王以諸侯而有王者之化此錄入雅當爲天子法則南仲一人或建旂下云旂旐央央旂蓋南仲所建也以下或載旐或載旟故此經所陳唯旂旐旟三物而已軍吏載旗則此行必有載旗者經所不陳文不具耳○傳旆旆旒垂貌○正義曰定本云旆旆旒垂貌多一旆字又箋云憂其馬之不正定本正作政又無不字義並通

王命南仲，往城于方。出車彭彭，旂旐央央。王殷王也南仲文王之屬方朔方近獫狁之國也彭彭四馬貌交龍爲旂央央鮮明也箋云王使南仲爲將率往築城于朔方爲軍壘以禦北狄之難○央本亦作英同於京反又於良反近附近之近下近西戎同壘力軌反○

天子命我，城彼朔方。

赫赫南仲，玁狁于襄。朔方北方也赫赫盛貌襄除也箋云此我我戍役也戍役築壘而美其將率自此出征也○襄如字本或作攘如羊反○[疏]王命至于襄○正義曰此又本而勞之言文王命以殷王之命命南仲往城築於彼朔方故南仲所以在朔方而築於也其往築之時出駕其車四馬彭彭然其所建旂旐鮮明央央然而至於朔方也南仲爲將帥得人歡心故稱戍役當築壘之時云天子命我城築軍壘於朔方之地欲令赫赫顯盛之南仲從此征獫狁於是而平除之能爲戍役所美所以可嘉也○傳朔方近獫狁之國○正義曰下云城彼朔方故知方是北方近獫狁之國朔方地名云國者以國表地非國名但北方大名皆言朔方堯典云宅朔方爾雅云朔北方也皆其廣號此直云方卽朔方也○箋云往築至軍壘○正義曰知爲築壘者以軍之所處而城之唯有壘耳曲禮云四郊多壘注云壘軍壁也言城是築之別名春秋築都邑皆謂之城左傳曰邑曰築都曰城是也春秋別大小之例故城築異文散則城築通故此築軍壘亦謂之城也○

昔我往矣，黍稷方華。今我來思，雨雪載塗。王事多難，不遑啓居。塗凍釋也箋云黍稷方華朔方之地六月時也以此時始出壘征伐獫狁因伐西戎至春凍始釋而來反其間非有休息○雨雪于付反又如字

豈不懷歸？畏此簡書。簡書戒命也隣國有急以簡書相告則奔命救之○[疏]昔我至簡書○正義曰此因築壘從壘敘將帥之辭言將帥○云正月已還至壘乃云昔我從此壘出征伐獫狁矣時黍稷方欲生華六月之中也今我自西戎還到此壘時以天降雨雪則爲塗泥正月之中也從六月以去至於今而來以王家之事多危難其間不得閒暇不遑處也雖則到此尚不得還我豈不思歸乎誠思歸也所以不得歸者畏此簡書奔命相救故不得還耳汝既如此誠爲勞苦○箋黍稷至休息○正義曰月令孟秋云農乃登穀則中國黍稷亦六月華矣言黍稷方華朔方之地六月時者明此爲朔方之地發言耳非謂中國不華然也知以此時出壘征伐獫狁者上云城彼朔方獫狁于襄此卽云昔我往矣是出壘之辭故知始出壘伐獫狁也既伐獫狁而下章言薄伐西戎故知因伐西戎也言雨雪載塗雪落而釋爲塗泥是春凍始釋也卒章倉庚鳴卉木茂方始還歸則此時未歸而云今我來思故知來反朔方之壘也且云畏此簡書明是未歸之辭言不遑啓居故知其間非有休息也○傳簡書至救之○正義曰古者無紙有事書之於簡謂之簡書以相戒命之救急故云戒命知隣國有難以簡書相告之者閔元年左傳引此詩乃云簡書同惡相恤之謂也言同惡於彼共相憂念故奔命相救得彼告則奔赴其命救之成七年左傳曰子重奔命是也

喓喓草蟲，趯趯阜螽。箋云草蟲鳴阜螽躍而從之天性也喻近西戎之諸侯聞南仲既征獫狁將伐西戎之命則跳躍而鄉望之如阜螽之聞草蟲鳴焉草蟲鳴晚秋之時也此以其時所見而興之○喓於遙反趯吐歷反螽音終躍音藥鄉許亮反或作鄉音同興許膺反○

未見君子，憂心忡忡。既見君子，我心則降。箋云君子斥南仲也降下也○忡勑中反降戶江反又如字注下皆同○

赫赫南仲，薄伐西戎。[疏]喓喓至西戎○正義曰南仲以平獫狁將移伐西戎是晚秋之時也其近西戎之諸侯聞南仲之伐皆喜時有草蟲鳴故因興之焉言喓喓然爲聲而鳴者草蟲也聞此草蟲之鳴趯趯然跳躍而從之者阜螽也以喻赫赫然有德而盛者南仲也聞其南仲之將往鄉望而美之者近西戎之諸侯也言阜螽之從草蟲天性然也西方諸侯之美南仲事勢然也故諸侯未見君子南仲之時憂心忡忡然以西戎爲患恐王師不至故憂也既見君子南仲我心之憂則下矣因卽美之此赫赫顯盛之南仲遂薄往伐西戎而平之○箋草蟲鳴晚秋之時○正義曰知者以凍釋而反朔方則以冬日平西戎也此南仲往之時爲諸侯嚮望明在冬前矣黍稷方華始伐獫狁明以秋日平之既平獫狁方始伐西戎故知以晚秋之時因有草蟲而爲興耳冬則蟲死不得過於晚秋也

春日遲遲，卉木萋萋。倉庚喈喈，采蘩祁祁。執訊獲醜，薄言還歸。卉草也訊辭也箋云訊言醜衆也伐西戎以凍釋時反朔方之壘息戍役至此時而歸京師稱美時物以及其事喜而詳之也執其可言問所獲之衆以歸者當獻之也○卉許貴反萋七西反喈音皆蘩音煩祁巨移反訊音信

赫赫南仲，玁狁于夷。夷平也箋云平者平之於王也此時亦伐西戎獨言平獫狁者獫狁大故以爲始以爲終[疏]春日至于夷○正義曰此序其歸來之事陳戍役之辭言季春之日遲遲然陽氣舒緩之時草之與木已萋萋然茂美倉庚喈喈然和鳴其在野已有采蘩菜之人祁祁然衆多我將帥正以此時生執戎狄之囚可言問者及所獲之衆以此而來我薄言還歸於京師以獻之也說其事終又美其功大言赫赫顯盛之南仲伐獫狁而平之於王是將帥成功故勞之也○傳訊辭箋訊言至詳之○正義曰訊言釋言文傳云訊辭者謂其有所知識可與之爲言辭與箋同也但箋正取爾雅之文非易傳也上雨雪載塗到朔方之壘息戍役此言還歸自朔方而歸故至此時而歸京師時未稱王而言京師者以在雅天子之事故也言稱美時物及事喜而詳之者春日時也卉木倉庚物也采蘩事也并以四者記時是戍役喜其得歸詳之時物也故言喜而詳之又云赫赫南仲則非將帥自言也薄言還歸則是序行者之辭非文王出意故此章陳戍役之辭也七月之篇言春日者檢上下爲三月采蘩爲蠶生所用則此時物及事皆三月也

出車六章章八句

杕杜，勞還役也。役戍役也

有杕之杜，有睆其實。興也睆實貌杕杜猶得其時蕃滋役夫勞苦不得盡其天性

王事靡盬，繼嗣我日。箋云嗣續也王事無不堅固我行役續嗣其日言常勞苦無休息

日月陽止，女心傷止，征夫遑止。箋云十月爲陽遑暇也婦人思望其君子陽月之時已憂傷矣征夫如今已閒暇且歸也而尚不得歸故序其男女之情以說之陽月而思望之者以初時云歲亦莫止○閒音閑說音悅莫音暮本亦作暮[疏]有杕至遑止○正義曰文王勞還役言汝等在外妻皆思汝言有杕然特生之杜猶得其時有睆然其實蕃滋得所我君子獨行役勞苦不得安於室家以盡天性而生子孫乃杕杜之不如所以然者由王之事理皆當無不攻緻使我君子行役繼續我所行之日朝行明去不得休息至於此日月陽止十月之時爾室家婦人之心憂傷矣以爲征夫而今已閒暇且應歸矣而尚不歸所以憂傷

有杕之杜，其葉萋萋。王事靡盬，我心傷悲。箋云傷悲者念其君子於今勞苦

卉木萋止，女心悲止，征夫歸止。室家踰時則思○思息嗣反又如字○[疏]傳室家踰時則思○正義曰傳以卉木萋止則時未黃落猶憂愁也前期云歲亦暮止未至歸期而女心悲者以室家之情踰時則思也

陟彼北山，言采其杞。王事靡盬，憂我父母。箋云杞非常菜也而升北山采之託有事以望君子○杞

音起檀車幝幝。四牡痯痯。征夫不遠。檀車役車也幝幝敝貌痯痯罷貌箋云不遠者言其來喻路近○檀徒丹反幝尺善反又勑丹反說文云車敝也從巾單韓詩作緣音同痯古緩反敝婢世反罷音皮〔疏〕陟彼至不遠○正義曰言汝戍役之妻思爾而不得故升彼北山之上我采其杞木之菜杞木本非食菜而升北山以采之者是記有事以望汝也以汝勞苦故言王事無不堅固以君子勞苦堅故之由是使我憂之父母實夫也謂之父母也已尊之又親之也又言我君子所乘檀木之役車今幝幝然弊所乘四牡之馬今痯痯然疲征夫之來不遠當應至也如何許時不至使已念之○箋杞非至君子○正義曰此類上下皆陳婦人思夫之事故爲託采以望君子不與北山同也以下章期逝不至上章我心傷悲類則憂我父母謂夫爲父母也日月云父兮母兮畜我不卒莊姜稱莊公爲父母與此同也○傳檀車役車○正義曰此戍役之妻說君子所乘役車也以檀木爲車伐檀曰坎坎伐檀兮又曰伐輪伐輻是檀可爲車之輪輻又大明云檀車煌煌武王之戎車是檀之所施於車廣矣則役夫以從征之故其甲士三人所乘之車而備四馬故曰四牡非庶人尋常得乘四馬也○匪載匪來。憂心孔疚。箋云匪非疚病也君子至期不裝載意不爲來我念之憂心甚病○疚居又反期逝不至。而多爲恤。逝往恤憂也遠行不必如期室家之情以期望之○卜筮偕止。會言近止。征夫邇止。卜之筮之會人占之邇近也箋云偕俱會合也或卜之或筮之俱占之合言於繇爲近征夫如今近耳○繇直又反〔疏〕匪載至邇止○毛以爲文王勞戍役言汝之室家云我君子歸期已至今非裝載乎其意非爲來乎何爲使我念之憂心以至於甚病所以然者汝室家言本與我期已往過矣於今由不來至而使我念之多爲憂以致病矣汝室家既憂或卜之或筮之其卜筮俱會聚人占之其言近止既占云近則征夫如今且近止應到不遠矣汝室家念汝如是也○鄭唯卜之筮之俱占之合言於繇爲異餘同○傳會人占之○正義曰傳以會之言是會聚人占之義卽與士冠禮筮日士喪禮筮宅旅占同故爲會人占之箋以上句言偕止者俱占之若不爲占則文皆空設偕既爲占則會當爲合故易之爲合言於繇謂合言於兆卦之繇也

杕杜四章章七句

魚麗。美萬物盛多能備禮也。文武以天保以上治內。采薇以下治外。始於憂勤。終於逸樂。故美萬物盛多。可以告於神明矣。內謂諸夏也外謂夷狄也告於神明者於祭祀而歌之○麗力馳反下同上時掌反逸本或作佚樂音洛夏戶雅反〔疏〕魚麗六章上三章章四句下三章章二句至神明矣○正義曰作魚麗詩者美當時萬物盛多能備禮也謂武王之時天下萬物草木盛多鳥獸五穀魚鱉皆得所盛大而衆多故能備禮也禮以財爲用須則有之是能備禮也又說所以得萬物盛多者文王武王以天保以上六篇燕樂之事以治內之諸夏以采薇以下三篇征伐之事治外之夷狄文王以此九篇治其內外是始於憂勤也今武王承於文王治平之後內外無事是終於逸樂由其逸樂萬物滋生故此篇承上九篇美萬物盛多可以告於神明也文武並有者以此篇武王詩之始而武王因文王之業欲見文治內外而憂勤武承其後而逸樂由是萬物盛多能備禮也可以告於神明極美之言可致頌之意於經無所當也○箋內謂王歌之○正義曰以采薇等三篇征伐是治夷狄故云內謂諸夏外謂夷狄僖二十五年左傳云德以柔中國刑以威四夷詩亦見此法也言於祭祀歌之者言時已太平可以作頌頌者告神明之歌云可以告其成功之狀陳於祭祀之事以歌作其詩以告神明也時雖太平猶非政洽頌聲未興未可以告神明但美而欲許之故云可以

魚麗于罶。鱨鯊。麗歷也罶曲梁也寡婦之笱也鱨楊也鯊鮀也太平而後微物眾多取之有時用之有道則物莫不多矣古者不風不暴不行火草木不折不操斧斤不入山林豺祭獸然後殺獺祭魚然後漁鷹隼擊然後罻羅設是以天子不合圍諸侯不掩羣大夫不麛不卵士不隱塞庶人不數罟罟必四寸然後入澤梁故山不童澤不竭鳥獸魚鼈皆得其所然○罶音柳鱨音常草木疏云今江東呼黃鱨魚尾微黃大者長尺七八寸許鯊音沙亦作魦今吹沙小魚也體圓而有黑點文舍人云鯊石鮀也鮀待何反大平音泰暴蒲卜反不操草刀反一本作不折不芟定本芟作操豺仕皆反獺勑鐯反又佗末反漁音魚一本作獻同取魚也罻音畏麛亡兮反本或作麑同卵魯短反隱如字本又作偃亦如字塞蘇代反又新勤反數七欲反又所角反陳氏云數細也罟音古○君子有酒。旨且多。箋云酒美而此魚又多也○有酒旨絕句且多此二字爲句後章放此異此讀則非〔疏〕魚麗至且多○正義曰言武王之時萬物般盛時捕魚者施笱於水中則魚麗歷於罶者是鱨鯊之大魚非直有此大魚又君子有酒矣其魚酒如何酒既旨美且魚復衆多魚酒多矣如是是萬物盛多能備禮也○傳罶曲至所然○正義曰釋訓云凡曲者爲罶是罶曲梁也釋器曰嫠婦之笱謂之罶是寡婦之笱也釋訓注郭璞引詩傳曰罶曲梁也凡以薄取魚者名爲罶也釋器注孫炎曰罶曲梁其功易故謂之寡婦之笱然則曲簿也以簿爲魚笱其功易故號之寡婦笱耳非寡婦所作也鱨楊者魚有二名釋魚無文陸機疏云鱨一名黃頰魚是也似燕頭魚身形厚而長大頰骨正黃魚之大而有力解飛者徐州人謂之楊黃頰通語也鯊鮀釋魚文郭璞曰今吹沙也陸機疏云魚狹而小常張口吹沙故曰吹沙此寡婦笱而得鱨鯊之大魚是衆多也魚所以衆多傳因推而廣之云大平而後微物衆多見此詩舉魚多明此義也微物尚衆多況其著者微物所以衆多由取之以時用之有道不妄天殺使得生養則物莫不多矣古者不風不暴不行火言風暴然後行火也風暴者謂氣寒其風疾其風疾卽北風謂之涼風北風箋云寒涼之風病害萬物是也北風冬風之總名自十月始則暴風謂十月也故王制云昆蟲未蟄不以火田羅氏云蜡則作羅襦鄭云謂建亥之月今俗放火張羅其遺教是十月也草木不折不芟斤斧不入山林言草木折芟斤斧乃入山林也草木折芟謂寒霜之勁暴風又甚草木枝折葉隕謂之折芟月令季秋草木黃落則十月風暴當折芟矣言芟者蓋葉落而盡似芟之定本芟作操又云斧斤入山林無不誤字也然則十月而斤斧入山林月令季秋伐薪爲炭者炭以時用所伐者少耳故未芟折可伐之也豺祭獸然後殺者言豺殺獸聚而祭其先然後可田獵取獸也月令季秋豺祭獸戮禽雖九月始十月猶祭也故夏小正云十月豺祭獸拔神契云獸蟄伏豺食禽皆據十月是以羅氏注云建亥之月豺既祭獸可施羅網圍取禽獸是也獺祭魚然後漁亦謂獺聚其魚以祭先然後可捕魚耳援神契曰獸蟄伏獺祭魚亦十月也王制曰獺祭魚然後虞人入澤梁與此一也月令孟春獺祭魚則獺亦有二時祭魚此類上文爲孟冬矣鷹隼擊然後罻羅設鷹及隼行威擊殺衆鳥然後設羅以田也案夏小正五月鳩化爲鷹月令季夏鷹乃學習孟秋鷹乃祭鳥則一鷹也仲春化爲鳩其變從五月始至八月當全爲鷹與仲春相對故司裘云仲秋王乃行羽物注云此羽物小鳥鶉雀之屬鷹所擊者仲秋鳩化爲鷹順其始殺而大班賜羽物王制亦云鳩化爲鷹而罻羅設故據此似八月也但鳩化爲鷹得在八月言罻羅設則非八月之事鄭云順其始殺則鷹八月始擊十月乃甚又文與隼連共豺獺相對爲十月事也言罻羅設者說文云罻捕鳥網則是羅之別名蓋其細密者也自此以上是取之以時也既言取之以時又說取之節度天子不合圍言天子雖田獵不得圍之使迺恐盡物也大司馬云仲春鼓遂圍禁則四時皆圍但不麛耳諸侯言不掩羣大夫言不麛不卵各舉其力之所能以禁之耳其實通皆不得故魯語云獸長麛䴠鳥翼鷇卵王制直言不麛不卵不殺胎不殀夭示人禁取麛卵是尊卑皆禁也但急於春夏綏於秋冬差可爲恐盡物以長養之故也若時有所須如春薦韭卵秋膳犢麛之屬得取而用正不得故田獵以取之下曲禮云國君春田不圍澤大夫不掩羣士不麛不卵與此異者此自天子而下彼自諸侯而下各爲等級所以不同亦推此知各禁其所能耳國君直言春由不圍澤不言夏者以夏長養之時彌不得從可知也雖秋冬不得圍之自然不得迺也士不隱塞者爲梁止可爲防於兩邊不得當中皆隱塞亦爲盡物也庶人不揔罟謂罟目不得揔之使小言使小魚不得過也集本揔作緵依爾雅定本作數不義俱通也罟目必四寸然後始得入澤梁耳由其如此故山不童澤不竭者若童子未冠者也山無草木若童子未冠然草木之屬不妄斬伐則山不童也萑蒲之類取之以道然則澤不竭也如是則鳥獸魚鼈各得其所然也是微物衆多然者語助○此皆似有成文但典籍散亡不知其出耳○箋酒美至又多○正義曰此言且多文承有酒之下則似酒多而以爲魚多者以此篇下三章還覆上三章也首章言旨且多四章云物其多矣二章云多且旨五章云物其旨矣三章言旨且有卒章云物其有矣下章皆疊上章句末之字謂之爲物若酒則人之所爲非自然之物以此知且多且旨且有皆是魚也

魚麗于罶。魴鱧。鱧鮦也○鱧音禮鮦直冢反君子有酒。多且旨。箋云酒多而此魚又美也〔疏〕傳鱧鮦○正義曰釋魚云鱧鯇舍人曰鱧名鯇郭璞曰鱧鮦徧檢諸本或作鱧鮦或作鱧鯇若作鮦似與郭璞正同若作鯇又與舍人不異或有本作鱧鱺者定本鱧鮦鮦與鱺音同

魚麗于罶。鰋鯉。鰋鮎也○鰋音偃郭云今偃額白魚鮎乃兼反江東呼鮎爲鮧鮧音啼又在私反毛及前儒皆以鮎釋鰋鱧爲鯇鱧爲鯉唯郭注爾雅是六魚之名今目驗毛解與世不協或恐古今名異逐世移耳君子有酒。旨且有。箋云酒美而此魚又有〔疏〕傳鰋鮎○正義曰釋魚有鰋鮎郭璞曰鰋今鰋額白魚也鮎別名鯷孫炎以爲鰋鮎一魚鱧鯇一魚郭璞以爲鰋鮎鱧鮦四者各爲一魚傳文質略未知從誰

物其多矣。維其嘉矣。箋云魚既多又善物其旨矣。維其偕矣。箋云魚既美又齊等物其有矣。維其時矣。箋云魚既有又得其時

魚麗六章三章章四句三章章二句

南陔。孝子相戒以養也。○陔古哀反養餘尚反白華。孝子之絜白也。華黍。時和歲豐宜黍稷也。〔疏〕南陔至黍稷○正義曰此三篇既亡其辭其名曰南陔白華華黍之由必是詩有此字不可以意言也

有其義而亡其辭。此三篇者鄉飲酒燕禮用焉曰笙入立于縣中奏南陔白華華黍是也孔子論詩雅頌各得其所時俱在耳篇第當在於此遭戰國及秦之世而亡之其義則與衆篇之義合編故存至毛公爲詁訓傳乃分衆篇之義各置於其篇端云又闕其亡者以見在爲數故推改什首遂通耳而下非孔子之舊○此三篇蓋武王之時周公制禮用爲樂章吹笙以播其曲孔子刪定在三百一十一篇內遭戰國及秦而亡子夏序詩篇義合編故詩雖亡而義猶在也毛氏訓傳各引序冠其篇首故序存而詩亡縣音玄編必先反見賢遍反○〔疏〕存其義而亡其辭○正義曰此二句毛氏著之也言有其詩篇之義而亡其詩辭故置其篇義於本次後別著此語記之焉○箋云三篇至之舊○正義曰鄭見三篇亡其詩辭乃推其所用亡之早晚與三篇者鄉飲酒及燕禮二處皆用焉何者是用之也曰笙入立于縣中奏南陔白華華黍是用之也此雖總言鄉飲酒燕禮用焉其言笙入立于縣中直燕禮文耳鄉飲酒則云笙入堂下鼓南北面歌南陔白華華黍是文不同也鄭據一而言之耳孔子歸魯論其詩今雅頌各得其所此三篇時俱在耳篇之次第當在於此知者以子夏得爲立序則時未亡以六月序知次在此處也孔子之時尚在漢氏之初已亡故知戰國及秦之世而亡之也戰國謂六國韓魏燕趙齊楚用兵力戰故號戰國六國之滅皆秦幷之始皇三十四年而燔詩書故以爲遭此而亡之又解爲亡而義得存者其義則以衆篇之義合編故得存也至毛公爲詁訓傳乃分別衆篇之義各置於其篇亡此三篇之序無詩可屬故連聚置於此也旣言毛公分之則此詩未亡之時什當通數爲今在什外者毛公又闕其亡者以見在爲數推改什篇之首遂通盡小雅云耳是以亡者不在數中從此而下非孔子之舊矣言以下非則止鹿鳴一篇是也此云有其義而鄉飲酒之禮注皆云今亡其義未聞鄭志荅炅模云爲記注時就盧君耳先師亦然後乃得毛公傳旣古書義又當然記注已行不復改之是注禮之時未見此序故云義未聞也彼注又云後世衰微幽厲尤甚禮樂之書稍廢棄以爲孔子之前六篇已亡亦爲不見此序故也案儀禮鄭注解闕雖鵲巢鹿鳴四牡之等皆取詩序爲義而云未見毛傳者注述大事更須研精得毛傳之後大誤者追而正之可知者不復改定故也據六月之序由庚本第在華黍之下其義不備論於此而與崇丘同處者以其是成王之詩故下從其類

鹿鳴之什十篇五十五章三百一十五句

毛詩注疏挍勘記（九之四）　阮元撰盧宣旬摘錄

○出車

作出車詩　閩本明監本毛本同案詩下浦鏜云脫者字是也

乃始還帥　閩本明監本毛本同案帥當作師形近之譌

爲小到耳　閩本同明監本毛本到作別案當作倒正義例用倒也

戎僕掌御戎車　閩本明監本毛本同案戎當作貳因別體字貳作弍形近而譌也

以此云維其載矣　閩本明監本毛本同案浦鏜云謂之誤維其是也

或卿兼官　閩本明監本毛本同案卿當作卽形近之譌

將帥既受命行乃乘馬　閩本明監本毛本同小字本相臺本帥作率馬作焉案率字焉字是也

旆旆旐垂貌　小字本相臺本同案此正義本也標起止云傳旆旆旐垂貌是其證正義下云定本旆旆旐垂貌如其所言不爲有異當作定本云旆旆旐垂貌上旆旆經文也下旆旐垂貌謂繼旐曰旆者也故下云多一旆字也釋文以旆垂作音或與正義本同與定本不同各本正義皆誤

僕夫況瘁　唐石經小字本相臺本同案正義標起止云至況瘁釋文云況瘁本亦作萃依注作悴考此當是經本作萃故於訓釋中竟改其字箋之例也釋又云依注作悴似乎未晰也四月釋文盡瘁本又作萃下篇同亦其證

憂其馬之不正　小字本相臺本同案正義云憂其馬之不正定本正作政又無不字釋文云憂其馬之不正一本作之不正也一本作馬之政考憂其馬之政謂憂非其馬之政也段玉裁云用甘誓文是也當以定本爲長

滋益憔悴矣　閩本明監本毛本同案箋作茲正義作滋茲滋古今字易而說之也例見前

傳龜蛇曰旐○　明監本毛本脫○閩本不脫

故南仲所以在朔方而築於也　閩本明監本毛本於誤城案此築於者經之城于

其所建於旐　閩本明監本毛本同案浦鏜云旐誤旗是也

欲今赫赫　〔補〕毛本今作令案令字是也

○杕杜

有睆其實　唐石經相臺本同小字本睆作睆案釋文云字從日或作目邊又見大東經睆彼牽牛字同

女心傷止　唐石經小字本相臺本同閩本明監本女誤汝毛本初刻同後改女

有睍然其實　閩本明監本毛本睍作睆案所改是也

謂之父母也已尊之　閩本明監本毛本同案也當作由讀下屬

○魚麗

終於逸樂　唐石經小字本相臺本同案正義云是終於逸樂釋文云逸本或作佚考文古本作佚采釋文

文武並有者　〔補〕閩本明監本毛本同案有當言字之譌

鱨楊也　小字本相臺本楊作揚閩本明監本毛本同案小字本十行本是也正義中同釋文鱨下云揚也

草木不折不操斧斤不入山林　小字本相臺本同案各本皆誤正義云草木不折不芟斤斧不入山林下云定本芟作操又云斧斤入山林則無不字釋文云一本作草木不折不芟定本芟作操考此今誤合兩本爲一當是經注本始依定本作不操斧斤下無不字後不知者以正義本不字竄入遂不可通定本以不操下屬正義本以不芟上屬相臺本每四字爲一句亦非此當從正義本以定本爲誤者最得之也

士不隱塞　小字本相臺本同案釋文云不隱如字本又作偃亦如字正義云士不隱塞者爲梁止可爲防於兩邊不得當中皆隱塞是正義本作隱其本又作偃者卽今之堰字周禮獻人注水偃谷風正義引作水堰

庶人不數罟　小字本相臺本同案此定本也正義云庶人不揔罟者謂罟目不得揔之使小又云集注揔作緵依爾雅定本作數義俱通也釋文以不數作音與定本同考九罭傳作緵罟釋文云字又作總是緵總同字揔又總之別體當以正義本爲長

然則曲簿也以簿爲魚笱　閩本明監本毛本二簿字皆作薄案上引爾雅注作薄字是也

無不誤字也　閩本明監本毛本同案浦鏜云誤字二字當倒是也

然則十月而斤斧入山林　閩本明監本毛本斤斧誤倒案正義本傳作斤斧十行本不誤不知者以定本改之非也

不得圍之使迊　閩本作迊俗字也明監本毛本作匝正字也

但不麛耳　〔補〕閩本明監本毛本同案麛當作匝

獸長麛夭　閩本明監本毛本夭誤麌案夭卽麌字之假借不知者以今國語改之○按改麌是也

鳥翼殼卵　閩本明監本毛本殼誤轂案殼當是轂之假借

三章則似酒多也　閩本明監本毛本似下衍酒美二字案三章二字亦衍涉下文而誤也

鱧鮦也　小字本相臺本同案釋文云鮦直冢反鱧下云鮦也正義云偏檢諸本或作鱧鯉或作鱧鯇又云或有本作鱧鯇者定本鱧鮦鮦與鱅音同考此正義引舍人曰鱧名鯇下正義引孫炎爲鱧鯇一魚釋文鮎下云毛及前儒鱧爲鯇是傳正取爾雅爲解注爾雅者舊無異說作鯇爲是作鮦者乃依郭注爾雅所改謂鱧鯇各爲一魚也作鯇者依說文鯇鱧也所改皆非傳意

又與舍人不異　閩本明監本毛本不誤有案爾雅疏卽取此正作不

郭璞以爲鱺鮎鱧鮦四者　閩本明監本毛本同案鮦當作鯇

○南陔白華華黍

鼓南北面　閩本明監本毛本同案浦鏜云磬誤鼓考鄉飲酒禮是也

又解爲亡而義得存者　閩本明監本毛本同案爲當作篇形近之譌

各置於其篇亡　閩本明監本毛本同案亡當作端卽衍舉注文也

則止鹿鳴一篇是也　閩本明監本毛本同案篇當作什

而鄉飲酒之禮注　閩本明監本毛本同案浦鏜云之當燕字誤是也

禮樂之書稍廢棄　閩本明監本毛本同案稍下浦鏜云脫一稍字以鄉飲酒燕禮二注考之浦挍是也

附釋音毛詩注疏卷第十（十之一）

南有嘉魚之什詁訓傳第十七 陸曰自此至菁菁者莪六篇幷亡篇三是成王周公之小雅成王有雅名公有雅德二人協佐以致太平故亦並爲正也

毛詩小雅　鄭氏箋　孔穎達疏

南有嘉魚。樂與賢也。太平君子至誠。樂與賢者共之也。樂得賢者與共立於朝相燕樂也〇樂與音洛又音樂徐五教反序交同太平音泰後太平皆同朝直遥反下註同燕樂音洛下註皆同〔疏〕南有嘉魚四章章四句至共之〇正義曰作南有嘉魚之詩者言樂與賢也當周公成王太平之時君子之人已在位有職祿皆有至誠篤實之心樂與在野有賢德者共立於朝而有之願俱得祿位共相燕樂是樂與賢也經四章皆是樂與賢者之事

南有嘉魚。烝然罩罩。江漢之間魚所產也罩罩篧也箋云烝塵也塵然猶言久如也言南方水中有善魚人將久如而俱罩之遲之也喻天下有賢者在位之人將久如而竝求致之於朝亦遲之也遲之者謂至誠也〇烝之丞反王衆也罩張教反徐又都學反字林竹卓反云捕魚器也篧助角反郭云捕魚籠也沈音穫又音護說其形非罩也遲直冀反下同〇

君子有酒。嘉賓式燕以樂。箋云君子斥時在位者也式用也用酒與賢者燕飲而樂也〇樂音洛協句五教反得賢致酒歡情怡暢故樂〔疏〕南有至樂〇正義曰言南方江漢之間有善魚人將久如俱往罩而罩此善魚者人之所欲已自將罩以求之則思遲此魚皆欲得之矣以興在野天下之處有賢者時在朝君子久如竝各樂而求之有至誠之心思遲此賢者欲置之於朝猶罩者之願魚也君子既至誠如此遂得賢者共立於朝君子之家有酒矣在野賢者嘉善之賓既至用此酒與之燕飲以復歡樂耳心遲其來至即嘉樂是至誠樂與賢也〇傳江漢至篧也〇正義曰言南知江漢間者以言善魚南方魚之善者莫善於江漢之間且言善魚者謂大而衆多多大之魚必在大水南方大水雖江漢耳必取善魚者以喻賢者之有善德也此實興不云興也傳文略三章一云興也舉中明此上下足知魚雖皆興也釋器云篧謂之罩李巡曰篧編細竹以爲罩捕魚也孫炎曰今楚篧也郭璞曰今魚罩然則罩以竹爲之無竹則以荆故謂之楚篧重云罩罩者非一也〇箋烝塵至至誠〇正義曰烝塵釋言文釋詁云塵久也鄭欲烝爲久故言烝塵也又云塵然猶言久然爲如也不言烝爲衆者以此罩魚喻求賢久如欲往罩之是欲魚之甚以興君子久如欲求賢爲思遲之極若以爲衆止見求魚之多無關思遲之義則於至誠之事不顯故云遲之謂至誠也重言罩罩衆自明矣不假復言衆也故云人將俱往是衆可知喻天下有賢在位之人久如竝求之斯即在朝之君子衆皆求賢其竝與俱皆出經重罩而求也〇箋君子斥時在位者〇正義曰鳧鷖與此序皆云太平之君子彼注云君子謂成王與此不同者以彼序云能持盈守成則神祇祖考安樂之矣故經陳祭天地宗廟是太平之君子爲百神之主非王不然故知君子謂成王此序云樂與賢者共之言與言共是等夷之稱非人君之辭故知斥在位者也且人君求賢至誠不足以爲美矣人臣事君多在專利以文仲之賢尚稱竊位知賢不姤自古所稀假有舉薦或事不獲已至誠者寡今太平君子至誠樂賢故所以爲美耳下章箋曰君子下其臣故賢者歸往之似斥成王者此言君子博闕朝廷公卿孝經唯士言爭友大夫以上則有爭臣是公卿之於下民有臣之道且人之進賢唯善所在公叔文子升家臣以公所樂之賢或是己之私屬故箋言臣以通之王肅孫毓亦以爲在位朝廷之求賢則毛亦不斥成王明矣

南有嘉魚。烝然汕汕。汕汕樔也箋云樔者今之撩罟也〇汕所諫反樔也說文云魚遊水貌樔側交反字或作罺同撩力弔反又力條反沈旋力到反〇〔疏〕傳汕汕樔〇正義曰釋器云樔謂之汕李巡曰汕以薄魚也孫炎曰今之撩罟皆以今曉古

君子有酒。嘉賓式燕以衎。衎樂也〇衎苦旦反

南有樛木。甘瓠纍之。興也纍蔓也箋云君子下其臣故賢者歸往也〇樛居虯反瓠音護纍力追反本亦作蘽同下遐嫁反〇

君子有酒。嘉賓式燕綏之。箋云綏安也與嘉賓燕飲而安之鄉飲酒曰賓以我安〇〔疏〕南有至綏之〇正義曰言南方有樛然下垂之木甘瓠之草得上而纍蔓之以興在位有下下之君子故在野賢者得往而歸就之言君子之下下猶樛木之下垂賢者所以往矣又在位君子之家有酒矣在野賢者嘉善之賓既來則用此酒燕飲而安之〇箋鄉飲酒曰賓以我安〇正義曰案鄉飲酒燕飲而安之無以我安之文燕禮司正洗觶南面奠于中庭升東楹之東受命西階上北面命卿大夫君曰以我安卿大夫皆對曰諾敢不安則此文在燕禮矣言鄉飲酒者誤也定本亦誤以南陔與由庚之箋皆鄉飲酒燕禮連言之故學者加鄉飲酒於上後人知其不合兩引故略去燕禮焉今本猶有言燕禮者〇

翩翩者鵻。烝然來思。鵻壹宿之鳥箋云壹宿者壹意於其所宿之木也喻賢者有專壹之意於我我將久如而來遲之也〇翩音篇鵻音隹本亦作隹〇

君子有酒。嘉賓式燕又思。箋云又復也以其壹意欲復與燕加厚之〇復扶又反下同〇〔疏〕翩翩至又思〇正義曰上章云君子思遲賢人此章言賢者願往翩翩而飛者是鵻鳥也此鳥由壹意於其所宿之木故久如欲來所以翩翩而飛來集於木也以喻在野之賢者有專壹之意我君子亦久如願來今來在於我君子之朝言君子求之至故賢者意能專壹也在位君子之家有酒矣與此在野賢者嘉善之賓既來用此酒與之燕又燕也思皆爲辭燕又燕頻與之燕言親之甚也〇箋壹宿至遲之〇正義曰毛言壹宿義徵故申之云壹宿者一意於其所宿之木也夫擇木之鳥慤謹故將宿於木專壹其心故特以鵻鳥爲喻以鳥之擇木喻賢者有專壹之意於我此我謂君子也將久如而來遲之者賢者遲君子物類相感所以相思遲之也定本式燕又思下有箋云又復也以其壹意欲復與燕加厚之也俗本多無此語

南有嘉魚四章章四句

南山有臺。樂得賢也。得賢則能爲邦家立太平之基矣。人君得賢則其德廣大堅固如南山之有基趾〇爲如字又于僞反

南山有臺。北山有萊。興也臺夫須也萊草也箋云興者山之有草木以自覆蓋成其高大喻人君有賢臣以自尊顯〇萊音來夫音符〇樂只君子。邦家之基。樂只君子。萬壽無期。基本也箋云只之言是也人君既得賢者置之於位又尊敬以禮樂樂之則能爲國家之本得壽考之福〇樂樂上音岳下音洛〔疏〕南山至無期〇正義曰言南山所以得高峻者以南山之上有臺北山之上有萊以有草木而自覆蓋故能成其高大以喻人君所以能令天下太平以人君所任之官有德所治之職有能以有賢臣各治其事故能致太平言山以草木高大君以賢臣尊顯賢德之人光益若是故我人君以禮樂樂是有德之君子置之於位而尊用之令人君得爲邦家太平之基以禮樂樂是有德君子又使我國家得万壽之福無有期竟所以禮樂之也〇傳臺夫須萊草〇正義曰臺夫須釋草文舍人曰臺一名夫須陸機疏云舊說夫須莎草也可爲蓑笠都人士云臺笠緇撮傳云臺所以禦雨是也十月之交曰田卒汙萊又周禮云萊五十畝萊爲草之總名非有別草名之爲萊陸機疏云萊草名其葉可食今兗州人烝以爲茹謂之萊烝以上下類之皆指草木之名其義或當然矣此山有草木成其高大而車舝箋云析其柞薪爲蔽岡之高者以興喻者各有所取若欲覩其山形一草木便爲蔽障之物若欲顯其高大草木則是禆益之言不一端矣〇

南山有桑。北山有楊。樂只君子。邦家之光。樂只君子。萬壽無疆。箋云光明也政教明有榮曜〇疆居良反

南山有杞。北山有李。樂只君子。民之父母。樂只君子。德音不已。箋云已止也不止者言長見稱頌也杞音起草木疏云其樹如樗一名狗骨

南山有栲。北山有杻。栲山樗杻檍也〇栲音考杻女九反樗勑居反檍音憶

樂只君子。遐不眉壽。樂只君子。德音是茂。眉壽秀眉也箋云遐遠也遠不眉壽者言其近眉壽也茂盛也

南山有枸。北山有楰。枸枳枸楰鼠梓〇俱甫反楰音庾楸屬枳諸氏反〇〔疏〕傳枸枳至鼠梓〇正義曰枸釋木無文宋玉賦曰枳枸來巢則枸木多枝而曲所以來巢也陸機疏云枸樹高大似白楊有子著枝端大如指長數寸噉之甘美如飴八月熟今官園種之謂之木蜜楰鼠梓釋木文李巡曰鼠梓一名楰郭璞曰楸屬也陸機疏曰其樹葉木理如楸山楸之異者今人謂之苦楸是也〇

樂只君子。遐不黃耇。樂只君子。保艾爾後。黃黃髮也耇老壽也艾養保安也〇耇音苟艾五蓋反沈音刈〔疏〕傳黃黃髮耇老〇正義曰釋詁云黃髮耇老壽也舍人曰黃髮老人髮白復黃也孫炎曰耇面凍梨色如浮垢

南山有臺五章章六句

由庚。萬物得由其道也。崇丘。萬物得極其高大也。由儀。萬物之生各得其宜也。有其義而亡其辭。此三篇者鄉飲酒燕禮亦用焉曰乃閒歌魚麗笙由庚歌南有嘉魚笙崇丘歌南山有臺笙由儀亦遭世亂而亡之燕禮又有升歌鹿鳴下管新宮新宮亦詩篇名也辭義皆亡無以知其篇第之處〇此三篇義與南陔等同依六月序由庚在南有嘉魚前崇丘在南山有臺前今同在此者以其俱亡使相從耳閒古莧反〔疏〕由庚萬物至其辭〇

正義曰有其義而亡其辭亦毛氏所著於後行別記之。箋此三篇至之處。正義曰此鄭亦本其所用所亡之事也此三篇鄉飲酒燕禮亦用焉亦者亦南陔等也卽言其事之用曰乃間歌魚麗笙由庚歌南有嘉魚笙崇丘歌南山有臺笙由儀鄉飲酒燕禮二篇俱有此辭也言間歌者堂上與堂下遞歌不比篇而間取之笙者在笙中吹之所以亡者亦遭亂而亡亦如南陔等遭戰國及秦之亂而失之也因此亡詩事終更述燕禮又有升歌鹿鳴下管新宮亦詩篇名也以對鹿鳴而入管用故知詩篇名也辭義皆亡今無以知其篇第所在之意也篇第所在皆當言處云之意者以無意義可推尋而知故云意也案魚麗武王詩之而與嘉魚間歌南陔等三篇亦武王詩也乃在堂下笙歌也是武王之詩得下管用之也新宮制禮所用必在禮前而作不知武王詩也成王詩也此箋因亡詩事終而言之耳不謂當在成王詩中故曰無以知其篇第之意也案禮射義諸侯以狸首爲節以彼類之當在召南但召南無亡詩之比故鄭於譜言辭義皆亡者對六篇有義無辭新宮幷義亦無故言皆亡不謂已爲亡序與經俱亡若子夏爲之作序何由辭及目篇幷六月連序並無存者以此知孔子錄而不得子夏不爲之序也左傳昭二十五年宋公享昭子賦新宮計孔子時年三十餘矣所以錄不得者詩之逸亡必有積漸當孔子之時道衰樂廢自宋公賦新宮至孔子定詩三十餘年其間足得亡之也聖人雖無所不知不得以意錄之也。

蓼蕭。澤及四海也。九夷八狄七戎六蠻謂之四海國在九州之外雖有大者爵不過子虞書曰州十有二師外薄四海咸建五長○蓼音六薄音博諸本作外敷注音芳夫反四海海者晦也地險言其去中國險遠稟政教昬昧也長張丈反

【疏】蓼蕭四章章六句至四海○正義曰作蓼蕭詩者謂時王者恩澤被及四海之國也使四海無侵伐之憂得風雨之節書傳稱越常氏之譯曰吾受命吾國黃老曰久矣天之無烈風淫雨意中國有聖人遠往朝之是澤及四海之事經四章皆上二句是澤及四海由其澤及故其君來朝王燕樂之亦是澤及之事故序總其目焉經所陳是四海君蒙其澤而序漫言四海者作序以四海諸侯朝王而得燕慶故本其在國蒙澤說其朝見光寵序以王者恩及其君不可遺其臣見其通及上下故直言四海之廣之○箋九夷至五長○正義曰九夷八狄七戎六蠻謂之四海釋地文李巡曰九夷在東方八狄在北方七戎在西方六蠻在南方孫炎曰海之言晦晦闇於禮儀也雖師謀我應注皆與此同職方氏及布憲注亦引爾雅云九夷八蠻六戎五狄謂之四海數既不同而俱云爾雅則爾雅本有兩文今李巡所注謂之四海之下更三句云八蠻在南方六戎在西方五狄在北方此三句雖李巡有之孫炎郭璞諸本皆無也李巡與鄭同時鄭讀爾雅蓋與巡同故或取上文或取下文也爾雅本有二文者由王所服國數不同故異文耳亦不知九夷八狄七戎六蠻正據何時也此及中侯直言四海不列其數故引上文解之職方列其國數唯五戎六狄與爾雅六戎五狄上下不同餘則相似故據下文也布憲則秋官承夏官之下故同於職方焉周禮注據爾雅下文八蠻六戎五狄當四海者以明堂位陳周公朝於明堂之時其數與之等是周時之驗故據之焉明堂位與職方不同者鄭志荅趙商云戎狄之數或五或六兩文異耳爾雅雖有與周皆兩數耳無別國之名不甚明故不定之也是鄭疑兩文必有一誤但無國數可明故不敢定之耳四海之於王者世一見耳此經說四海來朝應是攝政六年時事當與明堂位同直以謾言四海故取爾雅上句謂之四海之文充之其實此當八蠻六戎五狄也國在九州之外者明四海不屬九州其州長所不須故周禮曰九州之外謂之蕃國世一見是也若然下文蠻荆謂荆州之蠻堯典曰流共工于幽州注云幽州北裔則四海亦有在九州之內者矣言外者以大凡化內非州牧所領則謂之四海之國其境所居不妨在九州之內禹貢萬里大界盡以九州目之故得有荆州之蠻及幽州爲北裔也曲禮曰其在東夷北狄西戎南蠻雖大曰子是雖有大者爵不過子也大者曰子小者曰男而已左傳曰驩戎男是也君殷爵三等無子男則四夷之君爲伯爵也而書序曰武王勝殷巢伯來朝注云東伯南方諸侯世一見者以武王卽位來朝是九州外爲伯又虞書曰州有十二師外薄四海咸建五長明四海是九州之外也何者既言州十有二師是九州之內立師也又曰外薄四海咸建五長是四海在九州之外矣所引者皐陶謨文也檢鄭所注尚書經作外薄今定本作外敷恐非也彼注云九州州立十二人爲諸侯之師以佐其牧外則五國立長使各守其職此建五長卽下曲禮所謂子故彼注云子謂九州之外長也天子亦選其諸侯之賢者以爲之子子猶牧是也案彼上云弼成五服至于五千鄭以爲禹治水輔成五服土方萬里以七千里內爲九州七七四十九千里者之方四十九以其一爲畿內餘四十八八州分之各得方千里者六計一州方百里之國二百七十里之國四百五十里之國八百計一州有一千四百國以二百國爲名山大川不封之地餘有一千二百國以百國立一師故州有十二師鄭又云八州九千六百國又四百國在畿內以子男備其數是鄭計充禹會諸侯于塗山執玉帛者萬國之文

蓼彼蕭斯。零露湑兮。興也蓼長大貌蕭蒿也湑湑然蕭上露貌箋云興者蕭香物之微者喻四海之諸侯亦國君之賤者露者天所以潤萬物喻王者恩澤不爲遠國則不及也○湑息敘反長如字又張丈反爲于僞反

既見君子。我心寫兮。輸寫其心也箋云既見君子者遠國之君朝見於天子也我心寫者舒其情意無留恨也

燕笑語兮。是以有譽處兮。箋云天子與之燕而笑語則遠國之君各得其所是以稱揚德美使聲譽常處天子

【疏】蓼彼至處兮○正義曰言蓼然長大者彼蕭斯也此蕭所以得長大者由天以善露潤之使其上露湑湑然盛兮以故得其長大耳以興得所者彼四夷之君此四夷之君所以得所者由王以恩澤及之使其恩澤豐多故令其得所耳然此蕭是香物之微者天不以其微而不潤也喻四海諸侯乃國君之賤者王不以其賤而不及也遠國既蒙王澤乃來朝見自言已既得朝見君子之王者我心則舒寫盡兮無復留恨在國恐不得見今來得見則意盡也朝之後王又與之燕飲而笑語兮感王之恩皆稱揚王之德美是以使王得有聲譽又常處天子之位兮言爲天子所保不憂危亡也○傳蕭蒿至露貌○正義曰釋草云蕭荻也李巡曰荻一名蕭郭璞曰卽蒿也下章瀼瀼泥泥皆重言故此以爲湑湑也湑湑露在物之狀故爲蕭上露貌○箋蕭香至賤者○正義曰生民曰取蕭祭脂郊特牲曰爇蕭合馨香是蕭爲香物也雖香而是物之微者以喻四海諸侯亦是國君之賤者

蓼彼蕭斯。零露瀼瀼。瀼瀼露蕃貌○瀼如羊反徐又乃剛反蕃音煩

既見君子。爲龍爲光。龍寵也箋云爲寵爲光言天子恩澤光耀被及己也○被皮寄反

其德不爽。壽考不忘。爽差也

【疏】既見至不忘○正義曰言遠國之君蒙王恩澤今皆來朝既得見君子之王者爲君所寵遇爲君所光榮得其恩意又燕見笑語使四海稱頌之不忘也

蓼彼蕭斯。零露泥泥。泥泥霑濡也○泥乃禮反

既見君子。孔燕豈弟。豈樂弟易也箋云孔甚燕安也○豈開在反本亦作愷下同後豈弟放此弟如字本亦作悌音同後皆放此樂音洛下篇同易夷豉反○

宜兄宜弟。令德壽豈。爲兄亦宜爲弟亦宜

【疏】既見至壽豈○正義曰遠國之君既朝見君子爲君子所接遇故皆甚安而情又喜樂以怡易也君子既接遠國得所而又燕見以盡其歡是君子爲人之能宜爲人兄宜爲人弟隨其所爲皆得其宜故能有善德之譽壽凱樂之福也

蓼彼蕭斯。零露濃濃。濃濃厚貌○濃奴同反又女龍反

既見君子。鞗革忡忡。和鸞雝雝。萬福攸同。鞗轡也革轡首也忡忡垂飾貌在軾曰和在鑣曰鸞箋云此說天子之車飾者諸侯燕見天子天子必乘車迎于門是以云然攸所也○鞗徒彫反忡直弓反徐音同又音勑弓反軾音式鑣彼苗反○

【疏】既見至攸同○正義曰言遠國之君既見君子之王者又蒙垂意燕見於己說其燕見之車飾君子所乘燕見之車鞗皮以爲轡首之革垂之沖沖然其在軾之和鈴與衡鑣之八鸞其聲雝雝然乘是車服屈己之尊降接卑賤恩遇若是是王爲其主得所故宜爲萬福之所同皆得歸聚之○傳鞗轡至曰鸞○正義曰釋器云轡首謂之革郭璞曰轡靶勒也然則馬轡所靶之外有餘而垂者謂之革鞗皮爲之故云鞗革轡首垂也鞗革卽言沖沖故知垂飾貌在軾曰和和亦鈴也以其與鸞相應和故載見曰和鈴央央是也在鑣曰鸞謂鸞鈴置於馬之鑣郭璞曰鑣馬勒傍鐵也言置鈴於馬口之兩傍此無文也故鄭不從之禮記注云鸞在衡駟鐵箋云置鸞於鑣異於乘車是鄭以乘車之鸞不在鑣知此天子所乘以迎賓則亦乘車也鸞不當在鑣矣此箋不易之者以駟鐵已明之此從可知也○箋此說至然○正義曰既見君子卽言鞗革沖沖和鸞雝雝是見君子車上有此飾故知說天子之車飾也解所以得見天子車飾者以諸侯燕見天子必以車迎於門是以云然此既見天子之言爲朝見之後則燕見之皆是見君子之事故蒙上既見之文也知燕見迎諸侯者以王雖覲禮不下堂而見諸侯耳其朝宗當迎之故秋官大行人說車迎之法賓主步數彼六服諸侯尚有車迎則四夷之君車迎可知燕主歡心不可不接既然迎接不得無車故燕禮云若四方之賓公迎之于大門內是燕有迎法也以雅首章言燕笑語兮是燕時事故知此見車飾亦是燕時事案大行人上公九命貳車九乘介九人禮九牢朝位賓主之開九十步立當車軹擯者五人侯伯以七爲節立當前侯擯者四人子男以五爲節立當車衡擯者三人注云王立當軫又鄭注下曲禮以春夏受贊於朝受享於廟以生氣文也秋冬一受之於廟殺氣質也鄭又以覲禮不出迎諸侯則冬遇亦不迎然則秋冬燕見亦無出迎之法也

蓼蕭四章章六句

湛露。天子燕諸侯也。燕謂與之燕飲酒也諸侯朝覲會同天子與之燕所以示慈惠○湛直減反

【疏】湛露至諸侯○正義曰作湛露詩者天子燕諸侯也諸侯來朝天子與之燕飲美其事而歌之經雖分別同姓庶姓二王之後皆是天子燕諸侯之事也蓼蕭序云天子此及彤弓獨言天子者此及彤弓燕賜諸侯之身既

言諸侯不得不言天子以對之蓼蕭序不言諸侯文無所對故不言天子也四章雖皆說天子燕諸侯之事而皆首章見天子於諸侯之義下三章見諸侯於天子之事首章言王燕諸侯雖至於夜留與飲燕無問同姓異姓皆不醉不歸是天子恩厚之義也下三章乃分別說之二章言同姓則成夜飲之禮非同姓讓之則止三章言庶姓卒章言二王之後不得成其夜飲故云善德善儀言其不至於醉也首章直言湛湛露斯不指所在之物揔下章云草木也故下章各言草木以充之以同姓一類故廣舉豐草庶姓非一族之人喻以異類之木二王之後同爲天子所尊譬之同類之木各取其所象也豐草杞棘言露在桐椅不言露在承上露在可知天子燕諸侯之義備於此矣不言異姓與三恪者兄弟甥舅禮不同要夜飲之義非宗不可則異姓從庶姓禮也三恪卑於二代其亦在異姓中

湛湛露斯。匪陽不晞。興也。湛湛，露茂盛貌。陽，日也。晞，乾也。露雖湛湛然，見陽則乾。箋云：興者，露之在物湛湛然，使物柯葉低垂，喻諸侯受燕爵，其義有似醉之貌。諸侯旅酬之則猶然，唯天子賜爵則貌變，肅敬承命，有似露見日而晞也。○晞音希。○

厭厭夜飲。不醉無歸。厭厭，安也。夜飲，私燕也。宗子將有事，則族人皆侍。不醉而出，是不親也；醉而不出，是渫宗也。箋云：天子燕諸侯之禮亡，此假宗子與族人燕爲說爾。族人猶羣臣也。其醉不出，不醉出，猶諸侯之儀也。飲酒至夜，猶云不醉無歸，此天子於諸侯之儀。燕飲之禮，宵則兩階及庭門皆設大燭焉。○厭，於鹽反，韓詩作愔愔，和悅之貌。渫，息列反。

〔疏〕湛湛至無歸○正義曰：湛湛然在物上者，露斯也。此物得露而湛湛然，柯葉低垂，非見日之陽則不得乾而舒放也。以興諸侯受王燕飲而皃裦然，威儀縱弛，非天子之賜爵則不承命而嚴肅也。是王燕諸侯，恩厚至於厭厭安閒之夜，尚與燕飲，其意殷勤以留賓客，言不至於醉不得歸也。○傳湛湛至陽日○正義曰：此在物而湛湛，是盛也。與王隆厚於諸侯，故以盛爲喻。以陽爲乾物，故知日也。○箋露之至而晞○正義曰：露之所露必在草木，此言所在，以揔下文，故箋亦順經直言在物。物正謂下章豐草、杞棘也。柯謂枝也。露在於葉，則合柯亦低，故言柯葉低垂。草木通然，非木柯而草葉也。此燕諸侯之詩，露比王燕。諸侯物得露而低，猶諸侯得酒而醉，故喻諸侯受燕爵，其威儀有似醉之貌也。其醉必在燕末，諸侯旅酬則然，以舉行旅酬燕末之事，故以露見日而乾，喻諸侯有承命之事。燕之，天子有命維賜爵耳，故言維天子賜爵則貌變，肅敬承命，有似露見日而乾也。○傳夜飲至渫宗○正義曰：楚茨云「備言燕私」，傳曰「燕而盡其私恩」，明夜飲者亦君留而盡私恩之義，故言燕私也，解夜飲之意。言宗子將有事，族人皆入侍，宗子或與之圖事，則當飲之酒。若宗子不飲之酒，使不醉而出，是不親族人也；若族人飲宗子酒至醉，仍不出，是渫慢宗子也。言此者，明宗子之義，族人雖醉，尚留之飲；族人之義，雖不至醉，亦當辭出，不得盡宗子之意。是主法自當留賓，賓則可以辭主去。天子於諸侯，義亦當然。書傳曰：「既侍其宗，然後得燕。燕私者何？而與族人飲。」飲而不醉是不親，醉而不出是不敬，與此傳同。毛、伏俱大儒，當各有所據而言也。○箋天子至大燭焉○正義曰：申毛之意，言傳所稱宗子飲族人之事者，以天子燕諸侯之禮亡，此假宗子與族人燕爲說耳。以天子比宗子，族人比羣臣，是假託之也。族人至醉而有出、有不出之二塗，猶諸侯至醉亦當辭出，若不辭出，是渫慢王也。是以諸侯皆當辭出，但王得其辭，異姓則聽之出，同姓則留之飲也。又解燕飲當以晝，所以淫飲至夜猶云不醉無歸者，此天子於諸侯之義，言天子與諸侯爲主，雖終日而未盡歡，故留之夜飲，使至於必醉也。燕飲之禮，宵則兩階及庭門皆設大燭，是燕必至夜，故欲留之夜飲也。燕禮曰：「宵則庶子執燭於阼階上，甸人執大燭於庭，閽人爲燭於門外。」是兩階、門、庭皆有燭也。彼兩階與門言執燭，唯庭言大燭，此云皆設大燭者，因彼有大燭，揔而言之。

湛湛露斯。在彼豐草。厭厭夜飲。在宗載考。豐，茂也。夜飲必於宗室。箋云：豐草喻同姓諸侯也。載之言則也。考，成也。夜飲之禮，在宗室同姓諸侯則成之，於庶姓其讓之則止。昔者陳敬仲飲桓公酒而樂，桓公命以火繼之。敬仲曰：「臣卜其晝，未卜其夜。」於是乃止。此之謂不成也。○飲桓，於鴆反。

〔疏〕湛湛至載考○正義曰：湛湛然者，彼露斯也。此露在彼豐草之上，豐草得露則湛湛然柯葉低垂，以興王之燕飲於彼同姓諸侯，此同姓諸侯得王燕飲，則威儀寬縱也。王與歡酬，至於厭厭安閑之夜，留之私飲，雖則辭讓，以其宗室之故，則留之而成飲，不許其讓，以崇親厚焉。○箋夜飲至不成○正義曰：鄭以經言載考，言則成，對有不成者。既天子欲留之而有不成者，明是賓讓之也。故言夜飲之禮在宗室，同姓諸侯則成之，於庶姓讓之則止也。獨言庶姓，除同姓皆耳，故以庶姓揔之。昔者陳敬仲飲桓公酒，至於是止，莊二十二年左傳有其事，引之以證異姓不得成夜飲之義，故云此之謂不成也。飲桓公酒者，桓公至敬仲之家，而敬仲飲之酒也。故鄭志荅張逸云：「時桓公館敬仲，若哀公館孔子之類。」杜預亦云：「桓公賢敬仲之故，幸賢人之家。」是也。言卜晝不卜夜者，服虔云：「臣享君必卜，示敬慎也。」此燕諸侯，王爲之主；彼桓公飲酒，敬仲爲主，而得證此者，君適其臣，君爲主人，其進退在君所裁，敬仲之辭與諸侯之讓同，故得爲證也。

湛湛露斯。在彼杞棘。顯允君子。莫不令德。箋云：杞也、棘也，異類，喻庶姓諸侯也。令，善也。無不善其德，言飲酒不至於醉。

〔疏〕湛湛至令德○正義曰：湛湛然者，露斯。此露在此杞棘之木，此杞棘之木得露則湛湛然柯葉低垂，以興王之燕飲在彼庶姓之諸侯，此庶姓諸侯得王燕飲，皆威儀寬縱也。此庶姓明信之君子，雖得王之燕禮，飲酒不至於醉，莫不皆善其德，使之無過差。

其桐其椅。其實離離。豈弟君子。莫不令儀。離離，垂也。箋云：桐也、椅也，同類而異名，喻二王之後也。其實離離，喻其薦俎禮物多於諸侯也。飲酒不至於醉，徒善其威儀而已，謂陔節也。○椅，於宜反，木名也。陔，古哀反，字亦作祴，音同，戒也。

〔疏〕其桐至令儀○正義曰：其桐也、其椅也，言二樹當秋成之時，其子實離離然垂而蕃多，以興其杞也、其宋也，二君於王燕之時，其薦俎衆多，而於王爲客，加其厚恩故也。此二王之後，樂易之君子，雖得王之燕禮，飲酒不至於醉，莫不善其威儀，令可觀望也。○箋其實至陔節○正義曰：以此變言在其實，當燕之時，唯酒與薦俎，酒則樽不屬[illegible]俎耳。昭二十五年，宋樂大心曰：「我於周爲[illegible]」尊與諸侯殊絕，故知薦俎禮物多於諸侯[illegible]諸侯無不醉之理，故燕飲賓醉乃出，是燕[illegible]章善威儀，皆云不至醉者，言其蘊藉自[illegible]因酒空善外儀，故云徒善其威儀而已。又[illegible]節當奏陔夏之節，猶善威儀，以其美人必[illegible]之節也。燕禮：賓醉，北面坐取其薦脯以降[illegible]以賜鍾人於門內霤，遂出。是也。天子燕諸[illegible]禮以況之。二王之[illegible]奏陔夏。

湛露四章，章四句。

彤弓。天子錫有功諸侯也。諸侯敵王所愾而獻其功，王饗禮之，於是賜彤弓一，彤矢百，玈弓矢千。凡諸侯賜弓矢，然後專征伐。○彤，徒冬反。彤弓，赤弓也。愾，苦愛反，很也。杜預云：很，怒也。說文作𢜼，火既反，云：怒戰也。玈音盧，黑弓也。本或作旅，字訛。

〔疏〕彤弓三章章六句至諸侯○正義曰：作彤弓詩者，天子賜有功諸侯。諸侯有征伐之功，王以弓矢賜之也。經三章，上二句言諸侯受王彤弓，是賜之事；下四句言王設樂饗醻而行饗，亦是賜之事，故云錫以兼之。○箋諸侯至征伐○正義曰：自「諸侯敵王所愾」盡「玈弓矢千」，除「饗禮」一句以外，皆文四年左傳甯武子辭也。「諸侯賜弓矢，然後專征伐」，禮記王制文也。引左傳者，解有功賜之由；王賜諸侯，非在弓矢而已，獨言彤弓者，以弓矢爲重，故又引王制以明之。言「敵王所愾」者，敵，當也；愾，恨也。謂夷狄戎蠻不用王命，王心恨之，命諸侯有德者使征之。諸侯於是以王命興師，以討王之所恨者，爲之敵而伐之。既勝，而獻其所獲之功於王，王親受之，又設饗禮禮之，於是賜之弓矢也。獻功者，伐四夷而勝則獻之；其伐中國，雖勝不獻。故莊三十一年左傳曰：「凡諸侯有四夷之功，則獻於王，以警於夷；中國則否。」是中國之功不獻捷也。其獻唯四夷之功乃獻之，其賜有功則賜之，不須要四夷之功始賜之也。晉文侯夾輔周室，平王東遷洛邑，無伐四夷之功，王亦賜之弓矢，尚書文侯之命是其事也。經先言受，功後說享；鄭先言享禮之，乃言賜弓矢者，襄二十六年左傳曰：「將賞則加膳，加膳則飫賜。」將欲賞人，尚加殺膳，況弓矢之賜，賞之大者，爲得無其禮也。爲賜以設饗而賜之，故鄭先言饗也。其饗之日，先受弓矢之賜，後受獻醻之禮也。且王以賜弓爲重，故經先言賜弓，後言饗之事也。若僖二十八年左傳說晉文公敗楚於城濮，獻功於王，王饗醴，命晉侯宥，下乃言策命晉侯爲侯伯，賜之以弓矢，似先饗後賜者，彼饗醴命宥，別行饗禮，非賜日之饗也。故丁未獻俘，己酉設享，是先饗禮以勞其功，它日乃賜之弓矢，更加策命，其賜之日別行饗禮，則此經所云，是與彼饗別也。莊十八年，虢公、晉侯朝王，王饗醴，命之宥；僖二十五年，晉侯朝王，王饗醴，命之宥，於時不賜，特行饗醴。以此知城濮之言饗禮者，非賜日之饗，賜之日實行饗禮。而左傳甯武子云「以覺報宴」者，杜預云：「歌彤弓者，以明報功宴樂。」非謂賜時設饗禮宥。武子所言，及晉文侯、文公所受，皆并有玈弓，此詩獨言彤弓者，以二文皆先彤後玈，彤少玈多，舉重可以包輕，故直言彤弓也。有弓則有矢，言弓則矢可知，故亦不言矢也。傳文直云「玈弓矢千」，定本亦然，故服虔云「矢千則弓十」，是本無「十玈」二字矣，俗本有者誤也。首章爲揔目，下二章分而迆之，以相成也。毛以藏之者，爲藏之於其家，以示子孫，先囊[illegible]之事乃致其意而言之，非愛之時也，好之、喜之，由樂而賜之，故貺之事爲揔也。饗之是大禮之名，右之、醻之是饗時之事，亦饗爲揔也。鄭亦首章爲揔，但藏載於車也，卽是受時之事爲異耳。

彤弓弨兮。受言藏之。彤弓，朱弓也，以講德習射。弨，弛貌。言，我也。箋云：言者，謂王策命也。王賜朱弓，必策其功以命之，受出藏之，乃反入也。○弨，尺昭反，說文云：弓反也。字林充小反。弛，式氏反。

我有嘉賓。中心貺之。貺，賜也。箋云：貺者，欲加恩惠也。王意殷勤於賓，故歌序之。

鐘鼓既設。一朝饗之。箋云：大飲賓曰饗。一朝，猶早朝。○飲，於鴆反。○

〔疏〕彤弓至饗之○毛以爲諸侯受天子所賜彤弓赤之弓弨然而弛，既天子以此賜我，我則於王受之矣。既受之，我當於家藏之，以示子孫不忘大功也。於時王既賜諸侯以弓，又饗禮禮之。我有嘉善之賓，中心至誠而貺賜之。

以鐘鼓既爲之設一旦早朝大設禮而饗之鄭以敎王之意言我彤赤之弓弨然弛兮以賜諸侯則受策命之言與此賜之弓出而藏之乃反之入也餘同○傳彤弓至言我○正義曰彤赤故言朱弓周禮無彤弓之名言講德習射則彤弓周禮當唐弓大弓也夏官司弓矢有六弓王弧夾庾唐大鄭云六者弓異體之名也往體寡來體多曰王弧往體多來體寡曰夾庾往體來體若一曰唐大經曰唐弓以授學射者使者勞者鄭云學射者弓用中後習強弱則易也使者勞者弓亦用中遠近可也勞者勤勞王事若晉文侯文公受王弓矢之賜也如是則鄭以此彤弓及兹弓於周禮爲唐大故言勞者受得之後則以學射故云以講德習射也但唐大者是其體強弱之名此彤兹者爲弓色之異稱爲弓者皆漆之以禦霜露漆之爲色赤之而已彤既是赤則知兹者爲黑也色以赤者周之所尚故賜弓赤一而黑十以赤爲重耳爲其體同異未聞正以有功者受彤弓彤弓之賜周禮唐弓大弓以授勞者此傳言彤弓以講德習射周禮唐弓大弓以授學射者此彤弓必當唐大二者之中有之耳其必當唐大亦未能審兹弓與彤弓俱賜勞者蓋亦當唐大乎服虔云兹弓以射甲革椹質則以兹弓當周禮之弧安得賜兹弓多彤弓少則體不得過之而以彤爲學射當唐大合七成規兹弓爲王弧合九成規準之周禮非其差也周禮又有八矢弓弩各四其弓之矢有枉殺矰恒而恒矢云用諸散射鄭云散射謂禮射及習射與此講德習射事同則彤矢兹矢當周禮恒矢也弨弛貌說文云弨弓反謂弛之而體反也此言弨弛貌則受弓矢者皆定體之弓弛而賜之至於凡平敵體自出臨時之宜故曲禮有張弓尚筋弛弓尚角弓定體未定體之事不與此同傳訓言爲我不解藏義王肅云我藏之以示子孫也○箋言者至反入○正義曰鄭以此歌本敘王意故云有嘉賓既敘王意不得諸侯言我受藏之也晉文公受弓矢之賜傳稱王命尹氏及王子虎內史叔興父策命晉侯爲侯伯此與彼同宜有策命故知言者謂王命策也王賜朱弓必策其功以命之左傳策命晉侯之文是其事也此直言藏之則受出藏之乃反入者以傳說晉文公既從命云受策以出出入三覲故知之○箋王意至序之○正義曰箋以言王中心以貺之是中心誠實非飾貌矯情是殷勤於賓也由王如此故復作詩歌而敘之解此彤弓之意以王中心之實故歌之以示法耳○箋大飲至早朝○正義曰饗者烹大牢以飲賓是禮之大者故曰大飲賓曰饗謂以大禮飲賓獻如命數設牲俎豆盛於食燕周語曰王饗有體薦燕有折俎公當享卿當燕是其禮盛也言一朝者言王殷勤於賓早朝而即行禮故云一朝猶早朝以燕如至夜饗則如其獻數禮成而罷故以朝言之昭元年左傳云鄭饗趙孟禮終乃燕是享不終日也○

彤弓弨兮。受言載之。載以歸也箋云出載之車也○**我有嘉賓。中心喜之。**喜樂也○樂音洛○**鐘鼓既設。一朝右之。**右勸也箋云右之者主人獻之賓受爵奠于薦右既祭俎乃席末坐卒爵之謂也○右毛音又鄭如字薦右也卒遵律反本或作啐者誤也啐音七內反

【疏】傳右勸○正義曰下章言醻醻賓之前止有獻賓初獻未得名爲勸則勸者非以酒勸賓謂設享禮勸其功也故成二年左傳曰王親受而勞之所以懲不敬勸有功是也此勸既非勸酒故卒章醻亦不得醻酒傳醻報言爲享以報其功故左傳曰以覺報宴是也○箋右之至之謂○正義曰案燕禮云主人筵前獻賓賓西階上拜筵前受爵反位膳宰薦脯醢賓升筵膳宰設折俎賓坐左執爵右祭脯醢奠爵於薦右興取肺坐絕祭嚌之興加於俎坐捝手執爵遂祭酒於席末坐啐酒此鄭略其事故言之謂右之者卽此燕禮所言奠於薦右之謂也彼啐酒卽此卒爵卽酒也鄭以下言醻之爲醻賓故此右之爲當獻賓既獻賓賓受而奠之於薦右是言之可以明主之獻賓故作者舉以表之

彤弓弨兮。受言櫜之。櫜韜也○櫜古刀反韜本又作弢吐刀反弓衣也**我有嘉賓。中心好之。**好說也○好呼報反說音悅**鐘鼓既設。一朝醻之。**醻報也箋云飲酒之禮主人獻賓賓酢主人主人又飲而酌賓謂之醻醻猶厚也勸也○醻本又作酬市由反酢才洛反

【疏】箋飲酒至厚勸○正義曰案燕禮賓既受獻西階上北面坐卒爵賓以虛爵降賓坐取觚奠於篚下盥洗卒盥揖升酌以酢主人於西階上主人北面拜受又曰遂卒爵是主人獻賓賓酢主人也又曰主人盥洗升媵觚於賓酌散西階上坐奠爵拜賓賓降筵北面荅拜主人坐祭遂飲又曰主人酌膳賓西階上拜受爵於筵前反位主人拜送爵賓升席坐祭酒遂奠於薦東是主人又飲而酌賓曰醻也其鄉飲酒亦然彼注醻勸酒與此厚勸一也瓠葉傳曰醻導飲主人又飲以導賓而醻之此傳訓醻爲報是傳意醻之不施於飲酒明矣故王肅云醻報功也

彤弓三章章六句

菁菁者莪。樂育材也。君子能長育人材。則天下喜樂之矣。樂育材者歌樂人君教學國人秀士選士俊士造士進士養之以漸至於官之○菁菁者莪上子丁反下五何反長張丈反下注並同樂音洛下並注同選雪戀反○

【疏】菁菁者莪四章章四句至樂之矣○正義曰作菁菁者莪詩者樂育材也言君子之爲人君能教學而長育其國人使有材而成秀進之士至於官爵之君能如此則爲天下喜樂之矣故作詩以美之經四章言長養成就賜之官爵皆是育材之事也南有嘉魚言樂與賢也南山有臺云樂得賢者彼謂在位及人君於時樂求賢者本在上之心非下人所樂此則下人所樂樂君之能育材與彼別又經言喜樂者謂被人君所育者以被育有材得官爵而喜又序言喜樂之者他人見之如是而喜樂之非獨被育者也作者述天下之情而作歌耳○箋樂育至官之○正義曰箋解樂育材者樂養之以至於材故言教學之漸至於官爵也王制云與立小學大學乃言若有循教者鄉人子弟卿大夫餘子皆入學九年大成名曰秀士又曰命鄉論秀士升之司徒曰選士司徒論選士之秀者升之於大學曰俊士升於司徒者不征於鄉升於大學者不征於司徒曰造士又曰大樂正論造士之秀者以告於王而升諸司馬曰進士注云進士可進受爵祿又曰司馬辨論官材論進士之賢者以告於王而定其論論定然後官之任官然後爵之如是從鄉人中教之爲秀士是教學之從秀士漸至於進士是養之以漸也進士論材任官而又爵之是至於官爵之也其養成爲此五士是長育人材也進士是材之大成故官爵以進士爲主但人材有限官有尊卑其進士以下學已大成超踰倫輩亦可隨材任之不必要至進士始官之也卒章箋云文亦用武亦用於人之材無所廢是秀士以上皆可爲官也定本無進士二字誤也

菁菁者莪。在彼中阿。興也菁菁盛貌莪蘿蒿也中阿阿中也大陵曰阿君子能長育人材如阿之長莪菁菁然箋云長育之者既教學之又不征役也○**既見君子。樂且有儀。**箋云既見君子者官爵之而得見也見則心既喜樂又以禮儀見接

【疏】菁菁至有儀○正義曰言菁菁然茂盛者蘿蒿也此蘿蒿所以得茂盛者由生在阿中得阿之長養故茂盛以興德盛者是學士也此學士所以致德盛者由升在彼學中得君之長育故使德盛人君既能長育人材教學之又能官而用之故此學士既見君子則心喜樂且又有禮儀見接也又君子能養材與官又接之以禮故下所以歌之也言此養莪者以沚則有水之潤阿陵有所居之勢草得於中而長遂故言長也○傳莪蘿蒿○正義曰釋草云莪蘿蒿也舍人曰莪一名蘿郭璞曰今莪蒿也陸機疏云莪蒿也一名蘿蒿也生澤田漸洳之處葉似邪蒿而細科生三月中莖可生食又可蒸香美味頗似蔞蒿是也○箋官爵至見接○正義曰以下云賜我百朋得祿之事故此樂者爲得官而樂也既樂爲官爵之又云且有儀且兼事之辭故爲君子以禮儀接已也

菁菁者莪。在彼中沚。中沚沚中也○沚音止○**既見君子。我心則喜。**喜樂也**菁菁者莪。在彼中陵。**中陵陵中也○**既見君子。錫我百朋。**箋云古者貨貝五貝爲朋賜我百朋得祿多言得意也

【疏】箋古者至得意○正義曰言賜我是入已之辭故爲得祿也言古者貨貝言古者寶此貝爲貨也五貝者漢書食貨志以爲大貝壯貝么貝小貝不成貝爲五也言爲朋者爲小貝以上四種各二貝爲一朋而不成者不爲朋鄭因經廣解之言有五種之貝貝中以相與爲朋非揔五貝爲一朋也故志曰大貝四寸八分以上直錢二百一十六文二貝爲朋壯貝三寸六分以上直錢五十文二貝爲朋么貝二寸四分以上直錢三十文二貝爲朋小貝一寸二分以上直錢十文二貝爲朋不成貝寸二分漏度不得爲朋率枚直錢三文是也以志所言王莽時事王莽多舉古事而行五貝故知古者貨貝焉

汎汎楊舟。載沉載浮。楊木爲舟載沉亦浮載浮亦浮箋云舟者沉物亦載浮物亦載喻人君用士文亦用武亦用於人之材無所廢○汎汎芳劒反○**既見君子。我心則休。**箋云休者休休然○休虛虯反美也

【疏】汎汎至則休○正義曰言汎汎然楊木之舟則載其沉物則載其浮物俱浮水上以興當時君子用其文者又用其武者俱致在朝言君子於人唯才是用故既見君子而得官爵我心則休休然而美載飛載止及載震載育之類箋傳皆以載爲則然此載亦爲則言則載沉物則載浮物也傳言載沉亦浮箋云沉物亦載則以載解義非經中之載也

菁菁者莪四章章四句

毛詩注疏校勘記（十之二）　阮元撰盧宣旬摘錄

○南有嘉魚

大平君子　閩本明監本毛本同唐石經小字本相臺本平下有者字案有者是也下正義云鳧鷖與此序皆云大平之君子可證

欲置之於朝　閩本明監本毛本置作致案所改是也

又云塵然猶言久然爲如也　閩本明監本毛本同案久下當脫如塵爲久凡四字以久字複出而誤也

上見求魚之多　閩本明監本毛本上作止案所改是也

彼注云君子謂成王　閩本明監本毛本同案浦鏜云斥誤謂是也正義下云則毛亦不斥成王明矣是本引此作斥也

升家臣以公　閩本明監本毛本以作於案所改非也正義所引自如此

李巡曰汕以薄魚也　閩本明監本毛本魚也作汕魚案爾雅疏引作汕以薄汕魚也此當汕也並有各脫其一

鄉飲酒曰賓以我安　小字本相臺本同案正義云則此文當在燕禮矣言鄉飲酒者誤也定本亦誤以南陔與由庚之箋皆鄉飲酒燕禮連言之故學者加鄉飲酒於上後人知其不合爾引故略去燕禮焉今本猶有言燕禮者此正義據當時或本猶有鄉飲酒燕禮連言者而定其誤如此也今無其本矣

案鄉飲酒燕飲而安之　閩本明監本毛本同案浦鏜云下五字當衍文是也此寫者涉上文而誤

有專壹之意我君子　閩本明監本毛本同案我上當有於字

夫擇木之鳥慤謹　閩本明監本毛本同案此當作雛夫不之鳥慤謹用四牡傳箋之文也

○南山有臺

保艾爾後　唐石經小字本相臺本同案段玉裁云依傳保安也似經文當作艾保今考釋文以保艾作音是釋文本與唐石經以下正同正義本未有明文今無可考

○由庚崇丘由儀

各得其宜也　唐石經小字本相臺本同案九經古義云宜束晳補亡詩引作儀李善注云毛萇詩傳儀宜也此當作儀非也此序以宜說儀與由庚序以道說庚崇丘序以高說崇以大說丘爲例正同束晳改作儀失序意矣不當反據之也凡他書援引之異不可信者視諸此毛不注序無此傳明甚李善取烝民我義圖之之傳破而引之耳

無以知其篇第之處　小字本相臺本同案正義云篇第所在皆當言處云之意者以無意義可推尋而知故云意也各本作處者皆誤段玉裁云正義作意是也

故鄭於譜言　閩本明監本毛本同案譜當作此

○蓼蕭

外薄四海　小字本相臺本同案釋文云外薄音博諸本作外敷注音芳夫反正義云檢鄭所注尚書經作外薄今定本作外敷恐非也

書傳稱越常氏之譯曰　閩本明監本毛本常作裳案所改非也周頌譜及臣工二正義所引皆作常依說文常是裳之正字

雒師謀我應注　閩本明監本毛本雒誤雒案文王正義引皆作雒

州有十二師　閩本明監本毛本同案有十當作十有正義下云既言州十有二師可證下引注云州立十二人又云故州有十二師者皆非經成文也山井鼎云宋板作十有誤舉下行耳

舒其情意　小字本相臺本同考文古本同閩本明監本毛本舒誤輸

彼四夷之君此四夷之君所以得所者　閩本明監本毛本同案之至四十行本剜添者一字

我心則舒寫盡兮　閩本明監本毛本舒作輸案所改非也此用箋

言爲天子所保　閩本明監本毛本同案浦鏜云子疑下字誤是也

雖香而是物之微者　閩本明監本毛本同案而至微十行本剜添者一字

豈樂弟易也　小字本相臺本同案釋文以樂也作音當是其本較今各本皆每多也字考文古本有采釋文

鞗革忡忡　相臺本同唐石經小字本作沖沖閩本明監本毛本同案沖沖是也十行本正義中字仍作沖沖釋文同皆可證

鞗轡也革轡首也　小字本相臺本同案段玉裁云傳鞗轡首飾也革轡首也此謂革即勒字古文省攸革古金石文字皆作攸勒或作鋚勒說文鋚轡首銅也然則鋚以飾轡首傳云垂飾貌正謂鋚也韓奕鞃以爲鞹淺以爲幦鋚以飾勒金以飾軛四事一例載見云攸革有鶬鶬謂金飾采芑箋云攸革轡首垂也皆可證各本作轡也係淺人刪首飾二字攸作鞗亦淺人爲之又詳詩經小學今考正義云鞗皮以爲轡標起止云傳鞗轡也釋文鞗下云轡也五經文字革部云鞗轡也見詩是唐時本已與今各本同

立當前侯　閩本明監本毛本同案此不誤浦鏜云疾誤侯非也周禮本是侯字唐石經以下皆譌爲疾唯此及論語鄉黨疏所引不誤詳見禮說九經古義周禮漢讀考

○湛露

蓼蕭序云天子　閩本明監本毛本同案序下浦鏜云脫不字是也

其義有似醉之貌　閩本明監本毛本同小字本相臺本義作儀案儀字是也正義云其威儀有似醉之貌也可證

夜飲私燕也　小字本相臺本同案正義云故言燕私也引楚茨尚書大傳燕私以說之是此誤倒常棣正義引此亦誤

猶諸侯之儀也　小字本相臺本同案儀當作義即正義所云族人之義也下箋此天子於諸侯之儀亦當作義即正義所謂宗子之義也皆無取於威儀又正義屢云天子於諸侯之義亦可證

燕私者何而與族人飲　閩本明監本毛本同案而上當有已字常棣正義引有

於是乃止　小字本相臺本同案正義云於是止是其本無乃字

以此變言在其實　閩本明監本毛本同案言在二字盧文弨云當乙是也

○彤弓

自諸侯敵王所愾　毛本愾誤鎎閩本明監本不誤○按鎎或鎎之誤說文引左傳作鎎

後說享　閩本明監本毛本享作饗案所改是也下同

正以有功者受彤弓彤弓之賜　閩本明監本毛本正誤王案下彤字當作玈

安得賜旅弓多彤弓少　閩本明監本毛本同案安得當作案傳形近之譌

坐絕祭齊之也　閩本明監本毛本同案浦鏜云嚌誤齊是也

是言之可以明主之獻賓　閩本明監本毛本同案浦鏜云言當右字誤是也

○菁菁者莪

升之司徒曰選官　閩本明監本毛本同案山井鼎云官當作士是也物觀補遺云宋板官作士當是剜也

蘿蒿也此蘿蒿也此蘿蒿　閩本明監本毛本不重也此蘿蒿四字案所改是也此複衍

菜似邪蒿而細　閩本明監本毛本似誤以毛本菜作葉案葉字是也

不成貝寸二分　閩本明監本毛本同案貝下當依漢志補不盈二字

載沈亦沈　小字本相臺本同案下沈字當作浮正義云則載其沈物則載其浮物俱浮水上又云傳言載沈亦浮皆可證也考文古本作浮采正義

附釋音毛詩注疏卷第十（十之二）

毛詩小雅　鄭氏箋　孔穎達疏

六月。宣王北伐也。從此至無羊十四篇是宣王之變小雅 鹿鳴廢則和樂缺矣。樂音洛篇末注同缺苦悅反 四牡廢則君臣缺矣。皇皇者華廢則忠信缺矣。常棣廢則兄弟缺矣。伐木廢則朋友缺矣。天保廢則福祿缺矣。采薇廢則征伐缺矣。出車廢則功力缺矣。杕杜廢則師衆缺矣。魚麗廢則法度缺矣。南陔廢則孝友缺矣。白華廢則廉恥缺矣。華黍廢則蓄積缺矣。蓄勑六反 由庚廢則陰陽失其道理矣。南有嘉魚廢則賢者不安。下不得其所矣。崇丘廢則萬物不遂矣。南山有臺廢則爲國之基隊矣。隊直類反 由儀廢則萬物失其道理矣。蓼蕭廢則恩澤乖矣。湛露廢則萬國離矣。彤弓廢則諸夏衰矣。夏戶雅反 菁菁者莪廢則無禮儀矣。小雅盡廢則四夷交侵。中國微矣。六月言周室微而復興美宣王之北伐也

【疏】六月六章章八句盡中國微矣○正義曰此經六章皆在北伐之事序又廣之言宣王所以北伐者由於前厲王小雅盡廢致令四夷交侵以故洮救所廢之事焉鹿鳴言和樂且耽故廢則和樂缺矣以下廢缺其義易明不復須釋由庚以下不言缺者敍者因文起義明與上詩別主見缺者爲剛君父之義不言缺者爲柔臣子之義以文武道同故俱言缺周公成王則臣子也故變文焉由儀言萬物之生各得其宜故廢則萬物失其道理矣此與由庚全同由庚言陰陽此言萬物者由庚言由陰陽得理萬物得其道由儀則指其萬物生得其宜本之於陰陽所以異也此二十二篇小雅之正經王者行之所以養中國而威四夷今盡廢事不行則王政衰壞中國不守四方夷狄來侵之中夏之國微弱矣言北狄所以來侵者爲廢小雅故也厲王廢之而微弱宣王能禦之而復興故博而詳之而因明小雅不可不崇以示法也此篇北伐下篇南征蠻狄之侵則有之矣其戎夷則小雅無其事厲王之末天下大壞明其四夷俱侵也江漢命召公平淮夷明是厲王之時淮夷亦侵也雅無戎侵之事蓋作者所以不言耳假使無戎侵亦得言四夷矣定本此序注云言周室微而復興美宣王之北伐也案集本及諸本並無此注首章傳曰日月爲常周禮王建太常二章傳曰出征以佐其爲天子是自於已之辭觀此則毛意此篇王自出也卒章傳曰使文武之臣征伐與孝友之臣處內言與似共留不去之辭者王肅云宣王親伐玁狁出鎬京而還使吉甫追伐追逐乃至於太原如肅意宣王先歸於京師吉甫還時王已處內故言與孝友之臣處內也肅以鎬爲鎬京未必是毛之意其言宣王先歸或得傳旨不然不得載常簡閱遣將獨行也則毛意上四章說王自親行下二章說王還之後遣吉甫行也故三章再言薄伐上謂王伐之下謂吉甫伐之也鄭以爲獨遣吉甫王不自行王基卽鄭之徒也云六月使吉甫采芑命方叔江漢命召公雖常武宣王親自征耳孔晁云王親自征耳孔晁王肅之徒也言六月王親行常武王不親行故常武曰王命卿士南仲太祖太師皇父非王親征也又曰王奮厥武王旅嘽嘽皆統於王師也又王曰還歸將士稱王命而歸耳非親征也案出車文王不親而經專美南仲此篇亦專美吉甫若將師之從王而行則君統臣功安得言不及王而專歸美於下若王自親征飲至大賞則從軍之士莫不在焉何由吉甫一人獨多受祉故鄭以此篇爲王不親行也常武言王旅容可統之於王云赫赫業業有嚴天子說天子之容復何統乎又遣將誓師可稱王意經言王曰還歸事在既克之後事平理自當還在軍將所專制何當假稱王命始還師也以此知常武親征爲得其實孫毓亦以此篇王不自行鄭說爲長

六月棲棲。戎車既飭。四牡騤騤。載是常服。棲棲簡閱貌飭正也日月爲常服戎服也箋云記六月者盛夏出兵明其急也戎車革輅之等也其等有五戎車之常服韋弁服也○棲音西飭音勑依字從力偹飾之字從巾不同也今人食邊作务以爲偹飾之字借作勑音非騤求龜反閱音悅

玁狁孔熾。我是用急。熾盛也箋云此序吉甫之意也北狄來侵甚熾故王以是急遣我○熾尺志反

王于出征。以匡王國。箋云于曰匡正也王曰今女出征玁狁以正王國之封畿

【疏】六月至王國○毛以爲正當盛夏六月之時王以北狄侵急乃自征而禦之簡選閱擇其中車馬士衆棲棲然其所簡練戎車既皆飭正矣戎車所駕之四牡又騤騤然強盛王乃載是日月之常建之於車及兵戎之服以此而伐玁狁也王所以六月簡閱出兵者由玁狁之冦來侵甚熾我王是用之故須急行也王於是出行征伐以匡正王之國也鄭以爲吉甫受命六月北征卽閱士衆棲棲然所簡戎車既齊正矣所乘四馬皆強壯騤騤然乃載是常從戎韋弁之服以出征也吉甫意云所以六月行者以北狄來侵甚盛我王是用遣我之急也王曰今女出征玁狁以正王國之封畿我故盛夏而行也○傳棲棲至戎服○正義曰以棲棲非六月之狀故爲簡閱貌也日月爲常春官司常文謂之王旌畫日月也服戎服也卽以韋弁服但分爲二事故與鄭異○箋六月至服○正義曰以征伐之詩多矣未有顯言月者此獨言之故云記六月者盛夏出兵明其急也春官巾車掌王之五路革路以卽戎故知戎車革路之等也春官車僕掌戎路之倅廣車之倅闕車之倅屏車之倅輕車之倅注云此五者皆兵車所設五戎也戎路王在軍所乘廣車橫陣之車闕車所用補闕之車也屏車所用對敵自蔽隱之車也輕車所用馳敵致師之車也是其等有五也吉甫用所乘兵車亦革路在軍所乘與王同但不知備五戎以否鄭因事解之不必備五也言戎車之常服韋弁服者以上言戎車既飭卽載是常服是則戎車載之故云戎車之常服也言載之者以戎服當戰陳之時乃服之在道未服之司服云凡兵事韋弁服注云韋弁以韎韋爲弁又以爲衣春秋晉郤至衣韎韋之跗注是也周禮云韋弁皮弁服皆素裳白舄又雜問志云韎韋之不注不讀如幅注屬也幅有屬者以淺赤韋爲弁又以爲衣而素裳白舄也知淺赤者以詩言韎韐有奭以韎韐茅蒐染之而奭爲赤貌若不淺則絳故知淺赤也聘禮君使卿韋弁歸饔餼注云韋弁韎韐之弁其服蓋韎布以爲衣而素裳不韎皮爲衣者以卿之歸饔餼當用皮弁以權事之宜而用韋弁故彼注云兵服也而服之者皮韋同類也取相近耳以皮弁衣故彼韋弁衣用赤布也以皮韋同類故孝經注曰田獵戰伐冠皮弁援神契云皮弁素積軍旅也皆以皮弁統韋言之若分別言之戰伐用韋不用皮也此所載者據將帥服耳其餘軍士之服下章言既成我服是也通皆韋皮故坊記注云唯在軍同服耳知者僖五年左傳曰均服振振取虢之旂是同也禮在朝及齊祭君臣有同服多矣鄭獨言在軍者爲僕右無也以君各以時服僕在恒朝服至在軍則同故言唯耳不謂通於他事○箋于曰至封畿○正義曰鄭以王不自親征吉甫述王之辭故言王曰毛氏於詩言于者多爲於爲往所以爲王自征耳言王國者以率土之濱莫非王臣要服之內是王國之封畿也

比物四驪。閑之維則。物毛物也則法也言先教戰然後用師○比毗志反齊同也

維此六月。既成我服。我服既成。于三十里。師行三十里箋云王既成我戎服將遣之戒之曰日行三十里可以舍息

王于出征。以佐天子。出征以佐其爲天子也箋云王曰今女出征伐以佐助我天子之事禦北狄也

【疏】比物至天子○毛以爲宣王之征所簡車馬者乃比同力之物四驪之馬此四驪之馬先以閑習之維有法則矣所以今用之維此六月之時既成我軍士之戎服我軍士戎服既成於是師行日三十里耳王於是出行征伐玁狁成已爲天子之大功也○鄭唯以吉甫獨行王于爲曰爲異餘同○傳物毛至用師○正義曰夏官校人云凡大事祭祀朝覲會同毛馬而頒之凡軍事物馬而頒之注云毛馬齊其色物馬齊其力是毛物之文也傳以直言物則難解故連言毛物以曉人也然則比物者比同力之物戎車齊力尚強不取同色而言四驪者雖以齊力爲主亦不厭其同色也故曰駟驪彭彭又曰乘其四騏田獵齊足而曰四黃既駕是皆同色也無同色者乃取異毛耳騏騮是中騧驪是驂是也以言閑之是以先閑習故知先教戰而後用師也書傳曰征伐必因蒐狩以閑之閑之者何貫之貫之者何習之是也○傳師行三十里○正義曰此述宣王之征是師行之事美事明得禮故諸軍法皆以三十里爲限漢書律歷志計武王之行亦準此也

四牡脩廣。其大有顒。脩長廣大也顒大貌○顒玉容反說文云大頭也

薄伐玁狁。以奏膚公。奏爲膚大公功也

有嚴有翼。共武之服。嚴威嚴也翼敬也箋云服事也言今師之羣帥有威嚴者有恭敬者而共典是兵事言文武之人備○嚴如字共鄭如字注下同王徐音恭帥所類反下將帥同後篇放此

共武之服。以定王國。箋云定安也

【疏】四牡至王國○毛以爲王所將戎車所駕之四牡形容脩長而又廣大其大之貌則有顒然以此之強薄伐玁狁之國以爲天子之大功也非直車馬之強又有威嚴之將恭敬之臣而共典掌是兵武之事其嚴者威敵厲衆敬者撫和上下既有此文武之臣共掌兵事以此而往故當克勝而安定王國也鄭唯據吉甫爲異

玁狁匪茹。整居焦穫。侵鎬及方。至于涇陽。焦穫周地接于玁狁者箋云匪非茹度也鎬也方也皆北方地名言玁狁之來侵非其所當度爲也乃自整齊而處周之焦穫來侵至涇水之北言其大恣也○茹如豫反徐音如穫音護爾雅十藪周有焦護鎬胡老反王云京師度徒洛反下同

織文鳥章。白旆央央。鳥章錯革鳥爲章也白旆

繼旐者也央央鮮明貌箋云織徽織也鳥章鳥隼之文章將帥以下衣皆著焉○織音志又尺志反注同白茷本又作旆蒲貝反繼旐曰茷左傳云蒨茷是也一曰旆與茷古今字殊央音英或於良反下篇同徽音輝將子亮反下大將同後篇將帥放此著知署反**元戎十乘。以先啓行。**元大也夏后氏曰鉤車先正也殷曰寅車先疾也周曰元戎先良也箋云鉤鞶行曲直有正也寅進也二者及元戎皆可以先前啓突敵陳之前行其制之同異未聞○乘繩證反行戶郎反注前行同夏戶雅反鉤古侯反股音古今經注作鞶無股字以先蘇薦反陳直覲反〔疏〕玁狁至啓行○毛以為王師已行數狄之罪故陳其放恣言玁狁之所侵者非其意所當度乃整齊而處我周之焦穫之地又侵鎬及北方之地至於涇水之北侵及近地尤為大甚故以當合征之而將帥以下皆有徽織之象其文有鳥隼之章以帛為行旆央央然鮮明皆有致死之備以行也又有戎車十乘以在軍先欲以啓突敵陳之前行由玁狁之恣而用伐之鄭唯據吉甫為異○傳焦至玁狁○正義曰釋地云周有焦穫郭璞曰今扶風池陽縣瓠中是也其澤藪在瓠中而藪外猶焦穫所以接于玁狁也孫炎曰周岐周也以焦穫繼岐周言之則於鎬京為西北矣以北狄言之故為北方耳○箋匪非至大恣○正義曰以北狄所侵故知鎬也方也皆北方地名也整齊而處之者言其居周之地無所畏僤也鎬方雖在焦穫之下不必先焦穫乃侵鎬方據在北方在焦穫之東北若在焦穫之內不得為長遠也水北曰陽故言涇水之北涇去京師為近故言大恣毛不解鎬方之文而出車傳曰朔方近玁狁之國鎬方文連則傳意鎬亦北方地也王肅以為鎬京故王基駁曰據下章云來歸自鎬我行永久言吉甫自鎬來歸猶春秋公至自晉公至自楚亦從晉楚歸來也故知嚮日千里之鎬猶以為遠鎬去京師千里長安洛陽代為帝都而濟陰有長安鄉漢有洛陽縣此皆與京師同名者也孫毓亦以箋義為長○傳鳥章至旐者○正義曰釋天云錯革鳥曰旟孫炎曰錯置也革急也畫急疾之鳥於縿也鄭志荅張逸亦云畫急疾之鳥隼是也故箋云鳥隼之文章正知隼者以司常云鳥隼為旟釋天云繼旐曰旆故云白茷繼旐者也茷與旆古今字也故定四年左傳曰蒨茷旃旌亦旆也以其繼旐垂之因以為狀故曰胡不旆旆此旟而言旐者散則通名○箋織徽至著焉○正義曰言徽織者以其在軍為徽號之織史記漢書謂之旗幟幟與織字雖異音實同也傳云革鳥為解不明故云鳥隼之文章將帥以下衣皆著焉謂此織文鳥章白茷央央也以絳為縿畫為鳥隼又絳為旒書名於末以為徽織知者司常掌九旗之物名各有屬注云物名者所畫異物則異名也屬謂徽織也大傳謂之徽號今城門僕射所被及亭長著絳衣皆其舊象也又曰皆畫其象焉官府各象其事州里各象其名家各象其號注云事名號織所以顯別衆官樹之於位朝者各就焉覲禮曰公侯伯子男皆就其旂而立此其類也或謂之事或謂之名或謂之號異外內也三者旌旗之細也喪禮曰為銘各以其物亡則以緇長半幅赬末長終幅廣三寸書名於末此蓋其制也徽織之書則云某某之事某某之名某某之號今大閱禮象而為之兵凶事若有死事者亦當以相別也由此言之則徽織者其制亦如所建旌旗而畫之其象但小耳故鄭云則旗之細以皆著於衣理不宜長以無長短之制故引士喪長半幅以證之士喪注云半幅一尺絳幅二尺除去絳直是銘長三尺也故士喪禮竹杠長三尺置于宇西階上鄭云此蓋其制以死之銘旌即生之徽織鄭引士喪禮以證自王以下旌旒雖有等差其徽織疑同長三尺以同著於衣不宜差降則此徽織亦縿長一尺畫鳥隼旐長二尺書名於末九旗之物皆用絳則此亦絳也言白旆者謂絳帛猶通帛為旆亦是絳也言各畫其象者以其徽雖短之令小皆本之建旗故司常云大喪供銘旌注云王則太常也又引士喪禮為銘各以其物是自王以下徽織皆畫其所當建也此獨言鳥章者周禮軍行百官建旟舉百官者所以統其餘也言將帥以下者大司馬曰仲夏教茇舍辨號名之用帥以門名注云號名者徽織所以相別也在國以表朝位在軍又象其制而為之被之以備死事帥謂軍將至五長是將帥以下自五長以上不見士卒其有無不明蓋亦各有之矣司常云官府各象其事謂百官以職從王者象其所建旌旂畫之謂之為事州里各象其名者謂州長至比長象其所建之旌旂謂之為名家各象其號者謂卿大夫采地之臣象其所建之旌旂謂之為號此雖有三案大司馬仲夏辨號名之用帥以門名縣鄙各以其名家以號名卿以州名野以邑名百官各象其事雖有六與司常事名號三者不殊但司馬細別言之耳帥以門名者帥謂六軍之將皆命鄉當所治國門以在門所建之旌旂為徽織之此帥從伍長以上但以鄉統名焉事則司常官府各象其事是也縣鄙各以其名者謂六遂縣正以下至鄰長鄉以州名者謂州長至比長野以邑名者謂六遂以外公邑大夫此三者即司常所云州里各象其名也家以號名者即司常云家象其號也百官各象其事者即司常云官府各象其事也○傳夏后至先良○正義曰夏后氏曰鉤車殷曰寅車周曰元戎司馬法文也先疾先良傳因名以解之○箋鉤鉤鞶至未聞○正義曰箋以毛因而增解遂解其名以明義春官巾車職曰金路鉤樊纓注云鉤讀如婁領之鉤樊讀如鞶帶之鞶謂今馬大帶是也鉤鞶之文定本鉤鞶作鉤般此實在馬駕乃設之巾車以為車飾故得車取名焉鄭兼言鞶者并舉其類以曉人猶上傳云物毛物也周禮革路無鉤此特設鉤故以名車也此車備設鉤鞶其行曲直有正故云先正也或即鄭云曲直有正蓋謂此車行鉤曲般旋曲直有正不必為馬飾也寅進也此車能進取遠道故云先疾也其元戎者傳已訓元為大故鄭不復解之言大車之善者故云先良也無文論其形故云同異未聞**戎車既安。如輊如軒。四牡既佶。既佶且閑。**輊摯佶正也箋云戎車之安從後視之如摯從前視之如軒然後適調也佶佶壯健之貌○輊竹二反佶其乙反又其吉反摯音至**薄伐玁狁。至于大原。**言逐出之而已○大音泰**文武吉甫。萬邦為憲。**吉甫尹吉甫也有文有武憲法也箋云吉甫此時大將也〔疏〕戎車至為憲○毛以為王征玁狁既出鎬方玁狁退王身還反而使吉甫逐之故此章更敍車馬之盛言兵戎之車既安正矣從後視之如輊從前視之如軒是適調矣其所駕四牡之馬既正大矣且須復閑習吉甫以此薄伐玁狁敵不敢當遂追奔逐北至于大原之地王師所以得勝者以有文德武功之臣尹吉甫其才略可為萬國之法受命逐狄王委任焉故北狄遠去也○鄭以為元戎吉甫獨行以佶為壯健為異餘同○傳言逐出之而已○正義曰不言與戰經云至于大原是宣王德盛兵強玁狁奔走不敢與戰吉甫直逐出之而已采芑出車皆言執訊獲醜此無其事明其不戰也莊三十年齊人伐山戎公羊傳曰此蓋戰也何以不言戰春秋敵者言戰桓公之與戎狄驅之耳何休曰時齊桓公力但可驅逐之而已義與此同**吉甫燕喜。既多受祉。**祉福也箋云吉甫既伐玁狁而歸天子以燕禮樂之則歡喜矣又多受賞賜也**來歸自鎬。我行永久。**

飲御諸友。炰鱉膾鯉。御進也箋云御侍也王以吉甫遠從鎬地來又日月長久今飲之酒使其諸友恩舊者侍之又加其珍美之饌所以極勸也○飲於鴆反注同鱉卑滅反膾古外反鯉音里**侯誰在矣。張仲孝友。**侯維也張仲賢臣也善父母為孝善兄弟為友使文武之臣征伐與孝友之臣處內箋云張仲吉甫之友其性孝友〔疏〕吉甫至孝友毛以為吉甫逐出玁狁遠出中國有功而歸王以燕禮樂之則歡喜既多受賞賜之福也王所以燕賜之者以其來歸自鎬其處逈遠我吉甫之行日月長久矣故令王飲之酒進其宿在家諸同志之友與俱飲以盡其歡又加之以炰鱉膾鯉珍美之饌燕賜厚矣其所進諸友之中維復誰在其中間矣有張仲其性孝友在焉言吉甫之賢有此善友因顯所任得人外則使文武之臣征伐內則與孝友之臣處內亦所以為美也○鄭唯吉甫元帥專征又以御為侍言飲酒則有侍者諸友舊恩之人以此為異餘同○箋御侍至勸之○正義曰鄭以諸友侍之為尊崇之意其義勝進故易傳也言加珍美之饌者以燕禮其牲狗天子之燕不過有牢壯魚鱉非常膳故云加之○箋張仲至孝友○正義曰箋以侯誰在矣是問吉甫諸友之辭故知張仲吉甫之友也爾雅李巡注云張姓仲字其人孝故稱孝友

六月六章章八句

采芑。宣王南征也。芑音起徐又求己反〔疏〕采芑四章章十二句至南征○正義曰謂宣王命方叔南征蠻荊之國止言伐此云征便辭耳無義例也言伐者以彼有罪伐而討之猶執斧以伐木言征者己伐而正其罪故或并言征伐其義一也**薄言采芑。于彼新田。于此菑畝。**興也芑菜也田一歲曰菑二歲曰新田三歲曰畬宣王能新美天下之士然後用之箋云興者新美之喻和治其家養育其身也士軍士也○菑側其反郭云反草曰菑畬音餘**方叔涖止。其車三千。師干之試。**方叔卿士也受命而為將也涖臨師衆干扞試用也箋云方叔臨視此戎車三千乘其士卒皆有佐師扞敵之用爾司馬法兵車一乘甲士三人步卒七十二人宣王承亂羨卒盡起○莅本又作涖音利又音類沈力二反扞胡且反乘繩證反下一乘同卒子忽反下皆同羡延面反餘也又徐薦反**方叔率止。乘其四騏。四騏翼翼。**箋云率者率此戎車士卒而行也翼翼壯健貌**路車有奭。簟茀魚服。鉤膺鞗革。**奭赤貌鉤膺樊纓也箋云茀之言蔽也車之蔽飾象席文也魚服矢服也鞗革轡首垂也○奭許力反茀音弗鞗音條樊步干反馬大帶也〔疏〕薄言至鞗革○正義言人須芑為菜我薄采此芑於何處乎當於彼新田於此菑畝之中以新田菑畝謂已和耕其田生長其芑必肥美可食故於此采之也以興須人為軍士我薄取人於何處乎當於彼蒙教於此被育之家以蒙教被育己和治其家養育其身士必勇武可用故於彼取之也既於新美被養處召得軍士而大將方叔臨視之其車衆之多中有三千乘矣其士皆有佐師扞敵之用是取之得人也大將方叔率之以行乃自乘其四騏之馬此四騏之馬翼翼然甚壯健矣又此所駕路車有奭然而赤其車以方文竹簞之席為之蔽飾其上所載有魚皮為矢服之器其馬婁領有鉤在膺有樊纓之飾又以鞗皮為轡首之革而垂

之方叔既率士眾乘是車馬往征之。○傳采芑至用之。○正義曰：陸機疏云：采芑似苦菜也，莖青白色，摘其葉，白汁出，肥可生食，亦可烝爲茹。青州人謂之芑。西河鴈門芑尤美，胡人戀之，不出塞是也。○一歲曰菑，二歲曰新田，三歲曰畬，釋地文。菑者災也，畬和柔之意，故孫炎曰：菑，始災殺其草木也。新田，新成柔田也。畬，和也，田舒緩也。郭璞曰：今江東呼初耕地反草爲菑是也。臣工傳及易注皆與此同。雖坊記注云二歲曰畬，三歲曰新田，坊記引易之文，其注理不異，當是轉寫誤也。田耕二歲，新成柔田，采必於新田者，新美其菜，然後采之，故以喻宣王新美天下之士，然後用之也。箋解菜之新田，耕其田士所以得其新美者，正謂和治其家，救其飢乏，養育其身，不妄征役也。二歲曰新田，可言美。菑始一歲，亦言於此菑畝者，菑對未耕亦爲新也。且菑殺草之名，雖二歲之後，耕而殺草，亦名爲菑也。鄭謂織菑南畝，爲耕田是柔田之耕亦爲菑也。于此菑畝，文在新田之下，未必一歲之田也。○箋宣王至盡起。○正義曰：天子六軍千乘，今三千乘，則十八軍矣。所以然者，宣王承厲王之亂，荊蠻內侵，眾少則不足以敵之，故羨卒盡起，而有此三千也。地官小司徒職曰：上地家七人，可任者家三人；中地家六人，可任者二家五人；下地家五人，可任者家二人。以其餘爲羨，雖田與追寇竭作。起軍之法，家出一人，故鄉爲一軍。雖田獵與追寇皆盡行耳。令以敵強與追寇無異，故羨卒盡起。羨，餘也。以一人爲正卒，其餘爲羨卒也。若然，彼三等之家通而率之，家有二人半耳。縱令盡起，雖二千五百乘。所以得有三千者，蓋出六遂以足之也。且言家二人三人者，舉其大率言耳。人有死生，數有改易，六鄉之內，不必常有千乘，況羨卒豈能正滿二千五百也。當是於時出軍之數有三千耳，或出於公邑，不必皆鄉遂也。○傳奭赤至樊纓。○正義曰：瞻彼洛矣云「韎韐有奭」，彼茅蒐染爲奭，故知赤貌也。言鉤膺樊纓者，以此言鉤是金路，故引金路之事以說之。在膺之飾雖有樊纓，故云鉤樊纓也。巾車注云：鉤，婁頷之鉤也。金路無錫有鉤，亦以金爲之，是鉤用金在頷之飾也。彼注又曰：樊讀如鞶帶之鞶，謂今馬大帶。纓，今馬鞅。金路其樊及纓，以五采罽飾之而九成，是帶鞅在膺，故言膺以表之也。巾車金路同姓以封也。今方叔所乘者，或方叔爲同姓也。又下云方叔元老，則方叔五官之長，是上公也。上公雖非同姓，或亦得乘金路矣。不乘革路者，以革路臨戰所乘，此時受命率車，未至戰時，故不言戎車也。

薄言采芑。于彼新田。于此中鄉。鄉，所也。箋云：中鄉，美地名。

方叔涖止。其車三千。旂旐央央。箋云：交龍爲旂，龜蛇爲旐。此言軍眾將帥之車皆備。

方叔率止。約軧錯衡。八鸞瑲瑲。軧，長轂之軧也，朱而約之。錯衡，文衡也。瑲瑲，聲也。○軧，祁支反。廣雅云：轂篆。錯，如字，沈七故反。瑲，本亦作鎗，七羊反，徐七羮反。

服其命服。朱芾斯皇。有瑲葱珩。朱芾，黃朱芾也。皇，猶煌煌也。瑲，珩聲也。葱，蒼也。三命葱珩。言周室之強，車服之美也。言其強美，斯劣矣。箋云：命服者，命爲將，受王命之服也。天子之服，韋弁服，朱衣裳也。○芾，本又作茀，或作紱，皆音弗，下篇赤芾同。創本又作瑲，亦作鎗，同，皆七羊反。珩音衡。煌音皇，又音晃。朱衣裳，本或作朱衣纁裳，纁衍也。

【疏】方叔至葱珩。○正義曰：言方叔爲將，既率戎車，將率而行，乃乘金車，以朱纏約其轂之軧，錯置交玉於車之上衡。車行動，其四馬八鸞之聲瑲瑲然。其身則服其受王命之服，黃朱之芾，於此煌煌然鮮美，又有瑲瑲然之聲所佩蒼玉之珩。以此車服之美而往征伐也。○傳軧長至文衡。○正義曰：說文云：軧，長轂也。則轂謂之軧。考工記說兵車乘車，其轂長於田車，是爲長轂也。言朱而約之，謂以朱色纏束車轂以爲飾。輪人云：容轂必直，陳篆必正。注云：容者，治轂爲之形容也。篆，轂約也。蓋以皮纏之而上加以朱漆也。知約以朱者，以上言鉤膺，是陳金路之事也。金路以金爲飾，轂色宜與金同，且言路車有奭，奭是赤貌，故知約必用朱也。知錯衡必爲文衡者，錯者，雜也，雜物在衡，是有文飾，其飾之物，注無云焉，不知何所用也。○傳朱芾至斯劣矣。○正義曰：以言斯皇，故知黃朱也。斯干傳曰：天子純朱，諸侯黃朱。皆朱芾，據天子之服言之也。於諸侯之服，則謂之朱芾耳。玉藻云：一命縕韍幽珩，再命赤韍幽珩，三命赤韍葱珩。是據諸侯而言也。彼云又累一命至三命而止，而云葱珩，則三命以上皆葱珩也。故云三命葱珩，明至九命皆葱珩，非謂方叔唯三命也。此上三章皆云其車三千，言周室之強；路車朱芾，言車服之美也。必言其強美者，斯劣弱矣。老子曰：國家昏亂有忠臣，六親不和有孝慈。明名生於不足。詩人所以盛矜於強美者，斯爲宣王承亂劣弱矣，而言之也。○箋命服至衣裳。○正義曰：鄭解服其命服之節，言此命服者，今方叔爲受王命之服也。言受王命之時，王以此服命之，故方叔服之而受命也。知者，春官司服云：凡兵事，韋弁服。注云：韋弁，以韎韋爲弁，又以爲衣裳，是朱之淺者，故得以朱表之。周禮志云：韎韋弁素裳。此連言朱裳者，以經云朱芾，芾從裳色，故知裳亦朱也。不用戎服素裳者，以其命將，非在軍，不可純如之也。亦變爲美，故雜以祭服之飾焉。此本或云天子之服韋弁服朱衣纁裳者，誤，定本亦無纁字。

鴥彼飛隼。其飛戾天。亦集爰止。戾，至也。箋云：隼，急疾之鳥也。飛乃至天，喻士卒勁勇，能深攻入敵也。爰，於也。亦集於其所止，喻士卒須命乃行也。○鴥，唯必反。

方叔涖止。其車三千。師干之試。箋云：三稱此者，重師也。

方叔率止。鉦人伐鼓。陳師鞠旅。伐，擊也。鉦以靜之，鼓以動之。鞠，告也。箋云：鉦也，鼓也，各有人焉。言鉦人伐鼓，互言爾。二千五百人爲師，五百人爲旅。○此言將戰之曰，陳列其師旅，誓告之也。陳師告旅，亦互言之。○鉦音征，說文云：鐃也。又云：鐲也。鞠，居六反。將戰，此如字，餘並子匠反。

顯允方叔。伐鼓淵淵。振旅闐闐。淵淵，鼓聲也。入曰振旅，復長幼也。箋云：伐鼓淵淵，謂戰時進士眾也。至戰止將歸，又振旅伐鼓闐闐然。振，猶止也。旅，眾也。春秋傳曰：出曰治兵，入曰振旅，其禮一也。

【疏】鴥彼至闐闐。○正義曰：鴥然而疾者，彼飛隼之鳥也。其飛乃高至天，雖能高飛，亦集其所止之處，不妄飛，以興彼勇武之眾，其勇能深入於敵，雖則勇勁，亦稟於將帥之命，不妄動也。以此勁勇之征伐，故方叔臨視之，行其車之眾，有三千乘，皆有佐師扞敵之用。方叔既臨視，乃率之以行也。未戰之前，則陳閱軍士，則有鉦人擊鉦以靜之，鼓人伐鼓以動之。至於臨陳欲戰，乃陳師陳旅，誓而告之，以賞罰使之用命。明信之方叔，既誓師眾，當戰之時，身自伐鼓，率眾以作其氣，淵淵然。爲眾用力，遂敗蠻荊。及至戰止將歸，又斂陳振旅，伐鼓闐闐然。由將能如此，所以克勝也。○箋隼急疾之鳥。○正義曰：釋鳥云：鷹隼醜，其飛也翬。舍人曰：謂隼鷂之屬，翬翬其飛疾羽聲也。郭璞云：鼓翅翬翬然疾。是急疾之鳥也。說文曰：隼，鷙鳥也。陸機疏云：隼，鶉屬也。齊人謂之擊征，或謂之題肩，或謂之雀鷹，春化爲布穀者是也。定本士卒勁勇作至勇。○傳鉦以至動之。○正義曰：周禮有錞、鐲、鐃、鐸，無鉦也。說文云：鉦，鐃也。似鈴，柄中上下通。然則鉦即鐃也。鼓人云：以金鐃止鼓。大司馬云：鳴鐃且卻，聞鉦而止。是鉦以靜之。大司馬又曰：鼓人三鼓，車徒皆作，聞鼓而起。是鼓以動之也。說文又曰：鐲，鉦也。鐃也。則鐲鐃相類，俱得以鉦名之，故鼓人注云：鐲，鉦也，形如小鐘。是鐲亦名鉦也。鐲似小鐘，鐃似鈴，是有大小之異耳。俱得名鉦，但鐲以節鼓，非靜之義，故知鉦以靜之，指謂鐃也。凡軍進退皆鼓動鉦止，非臨陳獨然，依文在陳師鞠旅之上，是未戰時事也。○箋春秋至禮一。○正義曰：古者春教振旅，秋教治兵，以戎是大事，又三年一教。隱五年左傳曰：三年而治兵，入而振旅。是也。征伐之時，出軍至對陳，用治兵禮；戰止至還歸，用振旅法。名異而禮同也。以此出當用之，故以脩治兵事爲名；入則休息，故以整眾爲名。其治兵振旅之名，周禮、左傳、穀梁、爾雅皆同。雖公羊以治兵爲祠兵，其禮治兵則幼賤在前，振旅則尊老在前。釋天云：出爲治兵，尚威武也；入爲振旅，反尊卑也。孫炎曰：出則幼賤在前，貴勇力也；入則尊老在前，復常法也。故此傳云入曰振旅，復長幼，是反爲尊卑也。此引春秋傳者，莊八年公羊文也。公羊爲祠兵。此言出曰治兵者，諸文皆作治兵，明彼爲誤，故經改其文而引之。必引此文者，取其禮一也。以淵淵、闐闐俱是鼓聲，淵淵謂戰時眾進，闐闐謂戰止將歸，而伐鼓之上不言治兵，振旅之下不言伐鼓，是二句自相互也。所以得互相發見，正由其禮一也。故引此傳以證之。長幼出入先後不同，而云禮一者，謂擊鼓動眾，坐作進退如一也。

蠢爾蠻荊。大邦爲讎。蠢，動也。蠻荊，荊州之蠻也。箋云：大邦，列國之大也。○蠢，天允反。爾雅：不遜也。

方叔元老。克壯其猶。元，大也。五官之長，出於諸侯，曰天子之老。壯，大。猶，道也。箋云：猶，謀也。謀，兵謀也。

方叔率止。執訊獲醜。箋云：方叔率其士眾，執將可言問所獲敵人之眾以還歸也。○訊音信。

戎車嘽嘽。嘽嘽焞焞。如霆如雷。嘽嘽，眾也。焞焞，盛也。箋云：言戎車既眾盛，其威又如雷霆。言雖久在外，無罷勞也。○嘽，吐丹反，徐音也。焞，吐雷反，又他屯反，本又作啍，同。霆音廷，徐音挺，又音定。罷音皮。

顯允方叔。征伐玁狁。蠻荊來威。箋云：方叔先與吉甫征伐玁狁，今特往伐蠻荊，皆使來服於宣王之威，美其功之多也。

【疏】蠢爾至來威。○正義曰：上章未言所伐之國，故於此本之，言我所伐者，乃蠢蠢爾不遜之蠻荊，不遜王命，侵伐鄰國，動爲寇害，與大邦爲讎怨。列國之大，尚到讎怨，其傍小國侵害多矣。故我方叔天子之大老，能光大其軍謀之道以討之。既得克勝，方叔乃率其士眾，執其可言問所獲敵人之眾，以還歸也。方叔士眾所乘戎車，嘽嘽然眾，焞焞然盛，如霆之發，如雷之聲，可畏。言方叔善於用眾，雖久不勞也。如此明信之方叔，其功大矣。昔日共吉甫已征玁狁之國，今又特往征伐蠻荊，皆使之來服於宣王之威，言其每有大功也。毛爲猶道，鄭以爲猶謀也，軍之道亦謀也。○傳蠢動。○正義曰：釋詁文也。釋訓云：蠢，不遜也。郭璞曰：蠢動爲惡，不謙遜也。○傳五官至之老。○正義曰：曲禮下文也。引之者，以證其稱老之意。然則是時方叔爲五官之伯，故稱。上傳云方叔卿士，元老皆兼官也。以軍將皆命卿，故言卿士；爲元帥，故以上公兼之。

采芑四章，章十二句。

毛詩注疏校勘記（十之二）　阮元撰盧宣旬摘錄

○六月

宣王北伐也　閩本明監本毛本此下有注小字本相臺本無考文古本同案山井鼎云釋文混入注者是也

則爲國之基隊矣 小字本相臺本同，閩本明監本毛本亦同。唐石經隊作墜，案釋文云隊直類反，小字本以下之所出也。考文古本作墜，偶與唐石經合。○按：說文有隊無墜，墜者隊之俗字也。

六月言周室微而復興美宣王之北伐也 小字本相臺本同，案此定本也。正義本無，又正義云案集注及諸本並無此注，是當以正義本爲長，各本皆沿定本之誤。

盡中國微矣 閩本明監本毛本盡誤王

皆在北伐之事 閩本明監本毛本在誤是

明與上詩別王 〔補〕閩本明監本毛本同，案王當作主

此與由庚全同 閩本明監本毛本庚作儀，案庚當作庚，形近之譌

若將師之從王而行 閩本明監本毛本同，案浦鏜云帥誤師，是也

我是用急 唐石經小字本相臺本同，案毛鄭詩考正云急字於韻不合，段玉裁云鹽鐵論引急作戒，謝靈運撰征賦用作棘，皆協。今作急者，後人用其義改其字耳，詳詩經小學。

所設五戎也 閩本明監本毛本同，案浦鏜云謂誤設，以車僕注考之，浦挍是也

又以爲衣 閩本明監本毛本同，案此不誤，衣下浦鏜云脫裳字，非也。兵事素裳，下文引鄭志可證，今周禮注衍裳字耳，采芑正義引亦衍

周禮云韋弁皮弁服 閩本明監本毛本同，案云當作志，采芑正義引周禮志云韋韋弁素裳是其證，又引見周禮屨人疏

注云韋弁韎韐之弁 閩本明監本毛本同，案浦鏜云韋誤韐，考聘禮注是也

爲僕右無也 閩本明監本毛本同，案無當作服

于三十里 小字本相臺本同，唐石經三十作卅，案傳箋正義皆云三十，詩經小學云唐石經卅維物終卅里皆同，蓋唐人仍讀爲三十是也，凡唐石經章句中廿字卅字皆同此

織文鳥章 唐石經小字本相臺本同，案釋文以徽織作音，正義標起止云箋織徽，下皆同。詩經小學云：毛無傳，蓋讀與禹貢厥篚織文同，鄭易爲徽識，則當作識文。今考此鄭以織爲識之假借，仍用經字，但於訓詁中顯之者也，故亦不言讀爲，例見前怨耦曰仇下。周禮司常疏兩引作識，所謂以破引之也

白旆央央 唐石經小字本相臺本同，案此釋文又作本也。釋文本作白茷，正義本作帛茷，周禮司常疏及出其東門正義引作白，與釋文本同也。公羊宣十二年疏載孫炎爾雅注引作帛，則正義本之所同也。詩經小學云作帛爲善。又央央，孫炎注及出其東門正義皆引作英英，考正義云央央然鮮明，釋文云央央音英，當是字作央讀從英也

織徽織也 小字本相臺本同，閩本同，明監本毛本徽作徵，案徽字是也。釋文正義皆作徽，考左傳揚徽、禮記徽號、鄭司常注及此箋皆用徽字者，假借也。說文作徽者，正字也。明監本毛本所改非是，正義中字同

箋云鉤鞶 閩本明監本毛本同，小字本相臺本重鉤字，考文古本同，案重者是也。正義標起止云箋鉤鉤鞶可證。釋文本鞶作股，云音古，正義云定本鉤鞶作鉤般，又云蓋謂此車行鉤曲般旋。考箋云行曲直有正也，乃取曲鉤直股爲義，般與股形相近也。爾雅釋文載李巡注鉤股云水曲如鉤折如人股，孫炎郭璞本作般，注云盤桓者，誤，當以釋文本爲長

石爲大甚 閩本明監本毛本石作實，案所改非也，石當作忞

以帛爲行旆 閩本明監本毛本同，案經注作茷，正義作旆，易而說之也。正義下文云古今字也，例見前，下同

故知嚮日千里之鎬 閩本明監本毛本同，案知嚮日，盧文弨云劉向日是也，此在漢書陳湯傳

漢有洛陽縣 閩本明監本毛本同，案惠棟云漢下當有中字，陽字衍，是也

牢幅一尺絳幅二尺 閩本明監本毛本同，案浦鏜云半誤牢，終誤絳，是也

除去絳直是銘長三尺也 閩本同，明監本毛本絳作降，案皆誤也，當作縿

帥謂軍將至五長 〔補〕閩本明監本毛本同，案五當作伍，下同

此唯有王 〔補〕閩本明監本毛本同，案王當作三

但以卿統名焉事 閩本明監本毛本同，案焉當作爲，形近之譌

箋鉤鉤鞶至未聞 閩本明監本毛本不重鉤字，案此誤刪也

鉤讀如婁頷之鉤 閩本明監本毛本同，案浦鏜云讀如二字衍，是也，采芑韓奕正義引無

是也鉤鞶之文 閩本明監本毛本同，案當作是鉤鞶之文也，誤倒

故云同異未制聞 閩本明監本毛本未制作制未，案所改是也

所以極勸也 閩本明監本毛本同，小字本相臺本勸下有之字，案有者是也

○**采芑**

謂已和耕其用 〔補〕毛本同，閩本明監本用作田，案田字是也

箋解菜之新田 閩本明監本毛本同，案浦鏜云采誤菜，是也

約軧錯衡 閩本明監本毛本同，唐石經小字本相臺本軧作軝，案軝字是也，釋文五經文字可證，餘同此。○按：軝，說文从車氏聲，凡氏聲與氐聲古分別最嚴

有瑲葱珩 唐石經小字本相臺本同，案釋文云有創本又作瑲，亦作鎗，同。正義本是瑲字，考文古本作創，采釋文

錯置文王於車之上衡 閩本明監本毛本文王誤其文，案山井鼎云宋板王作彩，當是剗也，彩字是，韓奕正義作采

彼云又累一命 閩本明監本毛本同，案彼云又當作又彼文

又以爲衣裳 閩本明監本毛本同，案裳字衍也，六月正義引無，閩本監本以誤似

則陳閱軍士 閩本明監本毛本則作而，案所改是也

故經改其文而引之 閩本明監本毛本同，案經當作徑，形近之譌

蠢爾蠻荊 唐石經小字本相臺本同，案段玉裁云：漢書韋賢傳引荊蠻來威，案毛云荊州之蠻也，然則毛詩固作荊蠻，傳寫倒之也，晉語後漢書李膺傳文選王仲宣誄皆可證，見詩經小學。今考正義云宜王承厲王之亂荊蠻內侵，是正義本作荊蠻，下文皆作蠻荊，後人依經注本倒之，而有未盡也

執將可言問 小字本相臺本同，考文古本同，閩本明監本毛本將作其，案將字是也。出車箋作其，此不必與彼同，正義亦作其，乃自爲文，不盡與注相應也

元老皆兼官也 閩本明監本毛本同，案皆當作者，形近之譌

附釋音毛詩注疏卷第十（十之三）

毛詩小雅　鄭氏箋　孔穎達疏

車攻。宣王復古也。宣王能內脩政事。外攘夷狄。復文武之境土。脩車馬。備器械。復會諸侯於東都。因田獵而選車徒焉。東都王城也。○攘如羊反除也卻也竟音境械戶戒反三蒼云械摠名也說文云無所盛曰械復會扶又反選宣兖反數也沈思戀反下同〔疏〕車攻八章章四句至車徒焉○正義曰以詩敘有義故序者每乘上篇而詳之言內脩政事外攘夷狄者由內事脩治故能外平強寇卽上二篇南征北伐是也不言蠻言夷者摠名也既攘去夷狄卽是復竟土是爲復古也案王制注云以爲武王因殷之地中國三千海隅五千至周公成王斥大九州之界乃中國七千海隅萬里彼注者據文而言耳其實武王與成王之時土境不甚相遠也何則武王崩後王室流言四國皆叛不暇外討三監既定卽爲大平制禮便云大界以此知其境土廣狹不得相懸也王制據其初伐紂言耳武王之末境應稍大言復文武之境土以文武周之先王舉以言之此當復成康之時也何則文王未得天下其境與武王不同而配武言之明爲先王而言也成初武末土境畧同故舉文武而言大界王制之法據禮爲正耳不然豈周公數年攝政能使三倍大於武王宣王攘去夷狄仍小成王三倍且宣王中興明君美其復古北諸成康纔四分之一則展也大成徒虛言耳若宣王復古始廣三千則厲王之末當城壞壓境以文逆意理在不然故知復古復成康之時以文武先生舉而言之耳言脩車馬卽首章二章上二句是也言備器械攻戰之具三章建旐設旄之類是也復會諸侯於東都四章是也言復者對上篇爲復猶卷耳言又也因田獵卽六章七章是也而選車徒卽三章上二句是也經先言選徒序先言田獵者選徒然後東行故經先言之序以選徒本爲田獵故言因田獵選車徒也言因者以會爲主因會而獵也王者能使諸侯朝會是事之美者故以會諸侯爲主焉上三章先致其意首章致會同之意二章三章致田獵之意故云駕言搏獸皆致意之辭未實行也四章言既至東都諸侯來會五章言田罷之後射餘獲之禽六章七章言田獵之事卒章摠歎美之也班餘獲射在田獲之後而先田言之者以射是諸侯羣臣之事因上章諸侯來會而卽說之令臣事自相次也

我車既攻。我馬既同。攻堅同齊也宗廟齊毫尚純也戎事齊力尚強也田獵齊足尚疾也○豪戶刀反依字作毫也

四牡龐龐。駕言徂東。龐龐充實也東洛邑也○龐鹿同反徐扶公反〔疏〕我車至徂東○正義曰宣王言我會同之戎車既堅緻矣我戎馬既齊力矣四牡之馬龐龐然充實矣當爲我駕我當乘之以往東都與諸侯行會同也○傳宗廟至尚疾○正義曰宗廟齊毫戎事齊力田獵齊足釋畜文也尚純尚強尚疾是毛以義增解之也齊其毫毛尚純色齊其馬力尚強壯齊其馬足尚迅疾也引之者證經既同爲齊力之義因連引宗廟田獵之全文李巡曰祭於宗廟當加謹敬取其同色也某氏曰戎事謂兵革戰伐之事當齊其力以載干戈之屬舍人曰田獵取牲於苑囿之中追飛逐走取其疾而已

田車既好。四牡孔阜。東有甫草。駕言行狩。甫大也田者大芟草以爲防或舍其中褐纏旃以爲門裘纏質以爲槸間容握驅而入擊則不得入左者左右者之右然後焚而射焉天子發然後諸侯發諸侯發然後大夫士發天子發抗大綏諸侯發抗小綏獻禽於其下故戰不出頃田不出防不逐奔走古之道也箋云甫草者甫田之草也鄭有甫田○甫毛如字大也鄭音補謂圃田鄭藪也芟魚廢反褐音曷槸魚列反何魚子反門中闑聲音計劉兆注穀梁云繼也本又作擊音同或古歷反之左者之左一本無上之字下句亦然射食亦反抗苦浪反舉也綏本亦作綏而佳反下同頃苦穎反甫田舊音補十藪鄭有圃田下同毛依字甫大也〔疏〕田車至行狩○毛以爲宣王言我田獵之車既善好四牡之馬又甚盛大東都之界有廣大之草可以就而田獵焉當爲我駕此車馬我將乘之而往狩獵於彼言既會諸侯又與田也鄭唯以東有甫草爲圃田之草爲異耳○傳甫大至之道○正義曰以田法芟草爲防是廣大之處故訓甫爲大也謂寬大之地有草可芟故言甫草也因而廣言田獵之法次在大草之意田獵者必大芟殺野草以爲防限作田獵之場擬殺圍之處或復止舍其中謂未田之前誓士戒眾故教示戰法當在其間止舍也其防之廣狹無文既爲防院當設周衞而立門焉乃以織毛褐布纏通帛旃之竿以爲門門之兩傍其門蓋南開並爲二門用四旃四褐也又以裘纏椹質以爲門中之闑闑車軾之裏兩邊約車輪者其門之廣狹兩軸頭去旃竿之間各容一握握人四指爲四寸是門廣於軸八寸也入此門當馳走而入不得徐也以教戰試其能否故令驅焉若驅之其軸頭擊著門傍旃竿則不得入也所以罰不一也以天子六軍分爲左右雖同舍防內令三軍各在一方取左右相應其屬左者之左門屬右者之右門不得越離部位以此故有二門也此屬夏苗之田也周禮仲夏教茇舍鄭云茇舍草止也軍有草止之法此苗田卽草止明茇草止其中焉或舍其中也以教戰卽軍禮同故言軍有草止之法仲夏舉草舍之法田禮皆當然也故仲冬教大閱云前期羣吏戒眾庶脩戰法虞人萊所田之野爲表百步則一爲三表又五十步爲一表田之日司馬建旗于後表之中羣吏以旗物鼓鐸鐲鐃各帥其民而致質明弊旗誅後至者乃陳車徒如戰之陳注云萊芟除可陳之處表所以識正行列也四表積二百五十步左右之廣當容三軍步數未聞鄭云芟除可陳之處是芟草爲教戰之所傳言田者大芟草以爲防則芟草爲田獵之處明先獵以教戰合圍又在間焉二者同處也鄭以爲最南一表以北百步爲二表又北百步爲三表又北五十步爲四表謂之後表是四表二百五十步也以下有以旌爲左右和之門故言左右之廣當容三軍但步數未聞耳彼又曰以旌爲左右和之門羣吏各帥其車徒以敘和出左右注云軍門曰和今謂之壘門立兩旌以爲之敘和出用次第出和門也彼旌卽此旃也彼言敘和出此言驅而入不同者此據質明時初入和門既入同在後表之中將以教戰也既誓從後表前至第二表一弊其旗車徒皆坐又從第二表至前第三又然又從前第三至最前卻教振旅至後表禮畢當從是以出田故敘和出左右與此終始各舉其一故不同也計立旌爲門當在教戰之前周而以旌爲左右和之門文在教戰下者以教戰之時直言建旌後表之中不說入門之事故不言立門教畢以敘和出因其將出而言立門故文在下其實戰之前門已先設也教戰既畢士卒出和乃分地爲屯既陳車驅車卒奔驅禽內之於防然後焚燒此防草在其中而射之天子先發然後諸侯發然後大夫士發發謂發矢射之也其天子發則先抗舉其大綏諸侯發則舉其小綏必舉此綏爲表天子諸侯殺之時因獻其禽於其下也故戰不出所期之頃田不出所芟之防不逐奔走謂出於頃防者不逐之古之道也抗綏謂既射舉之因置虞旗於其中受而致禽焉受禽獵止則弊之故王制曰天子殺則下大綏諸侯殺則下小綏注云下謂弊之是殺禽已訖田止而弊綏也各舉終始之一故與此不同也此等似有成文未知其事所出昭八年穀梁傳曰芟蘭以爲防以葛覆質爲槸與此不同鄭志荅張逸云戰有頃數不能盡其多少猶今戰場者不出其頃界田者不出其防也王制云昆蟲未蟄不以火田則用火田獵唯在冬耳此言焚而射之自焚所芟之草非放火田獵四時皆焚之也故地官山虞澤虞皆云大田萊山田之野言大田則天子四時之田皆然矣既萊其地明悉焚之此時王仍未至本都非正田之時毛因大草廣言獵法不謂此時卽然也○箋甫草至甫田○正義曰以下云搏獸于敖敖地名則甫草亦是地名不宜爲大故易之爲圃田之草且東都之地自有圃田故引爾雅以證之鄭有圃田釋地文也郭璞曰今滎陽中牟縣西圃田澤是也職方曰河南曰豫州其澤藪曰圃田宣王之時未有鄭國圃田在東都畿內故宣王得往田焉

之子于苗。選徒囂囂。之子有司也夏獵曰苗囂囂聲也維數車徒者爲有聲也箋云于曰也○囂五刀反或許驕反數所主反

建旐設旄。搏獸于敖。敖地名箋云獸田獵搏獸也敖鄭地今近滎陽○搏音博舊音付近附近之近〔疏〕之子至于敖○毛言宣王欲嚮東都之時其是子羣吏之有司於是爲將夏田之苗選數車徒不爲譁嘩唯數者有聲囂囂然言時官人皆能其事也既選車徒王言當建立旐於車而設旄牛尾於旐之首與旐同建我當乘之往搏取禽獸於敖地也○鄭以于爲曰則之子斥宣王爲異耳○傳之子至有聲○正義曰大司馬仲夏教茇舍如振旅之陳羣吏選車徒謂數擇之也此時事與彼同則有司謂羣吏有事者大司馬之屬矣傳以此子爲有司下文之子亦非王身當謂凡從王者非獨司馬官屬也夏獵曰苗則此時宣王爲夏田也上云駕言行狩者是獵之摠名但冬獵大於三時故狩爲冬獵各耳非宣王發意嚮東許歷冬夏也下云有聞無聲則在軍不得讙譁而云囂囂之聲故知唯數者爲有聲○箋于曰○正義曰傳之訓于爲於爲往無爲曰者箋以爲曰則與傳不同言之子曰則是命事之辭之子當斥宣王不得爲有司也下云之子于征亦謂宣王行也但不訓于字則于征當爲往征矣

駕彼四牡。四牡奕奕。言諸侯來會也

赤芾金舄。會同有繹。諸侯赤芾金舄舄達屨也時見曰會殷見曰同繹陳也箋云金舄黃朱色也○舄音昔繹音亦見賢遍反下同〔疏〕駕彼至有繹○正義曰言宣王之至東都四方諸侯駕彼四牡之馬而來其四牡之馬則奕奕然閑習既朝見於王而服赤芾金舄之飾與王行會同之禮者有陳于會同之位言各以爵之尊卑陳列於其位次者○傳諸侯至曰同○正義曰言諸侯赤芾對天子當朱芾也言金舄達屨者天官屨人注云舄有三等赤舄爲上冕服之舄下有白舄黑舄此云金舄者卽禮之赤舄也故箋云金舄黃朱色加金爲飾故謂之金舄白舄黑舄猶有在其上者爲尊未達其赤舄則所尊莫是過故云達屨言是屨之最上達者也此舄也而曰屨屨通名以舄是祭服尊卑異之耳故上人兼掌屨舄是屨爲通名也時見曰會殷見曰同大宗伯文也定本云殷頫曰同誤也注云時見者無常期諸侯有不服者王將有征伐之事則既朝覲王爲壇於國外合諸侯而命事焉殷眾也十二歲王如不巡狩則六服盡朝朝禮既畢王爲壇合諸侯以命政焉如是則會同其禮各別不得並行之矣但此時王與諸侯會東都非十二年之事言同者以會同對

文則別散則義通會者交會同者同聚理既是一故論語及此連言之決拾既佽。弓矢既調。決鉤弦也拾遂也佽利也箋云佽謂手指相佽比也調謂弓强弱與矢輕重相得。○決本又作決或作抉同古穴反佽音次說文子利反云便利也比毗志反射夫既同。助我舉柴。柴積也箋云既同已射同復將射之位也雖不中必助中者舉積禽也○柴子智反又才寄反說文作𢊁士賣反中丁仲反下中者同【疏】決拾至舉柴○正義曰此章言諸侯從王田罷賜射餘獲之事也言時諸侯所有決之與拾既與手指相比次而和利矣弓之與矢既强弱相得而調適矣既田畢王以餘獲之禽賜之則以此射而取之此射夫皆已射一番若中得禽者既同復將射之位欲更射以求禽也若以射之而不中者則又助我中者舉積禽此文承諸侯之下射夫即諸侯也其大夫亦在獲射之中則此可以兼焉諸侯而謂之射夫者夫男子之摠名○箋佽謂至相得○正義曰鄭以佽爲利其義不明故申而成之決著於右手大指所以鉤弦開體遂著於左臂所以遂弦手指相比次而後射得和利故毛云佽利謂相次然後射利非訓佽爲利也言調謂弓强弱與矢輕重相得者弓體有强弱各其力之所便又弓矢之各有安危調之使相得○箋既同至積禽○正義曰田無射禮雖既田乃有班餘獲射在於澤宮言同復將射之位在澤宮之位也以言助我舉積是不得利者助他人也故射雖不中必助中者舉積禽矣鄉射禮云禮射不主皮不勝者降即此是也此謂士大夫以上有禮射者庶人則以主皮當禮射故鄉大夫以五物詢衆庶三曰主皮是也四黃既駕。兩驂不猗。言御者之良也○猗於寄反又於綺反不失其馳。舍矢如破。言習於射御法也箋云御者之良得舒疾之中射者之工矢發則中如椎破物也○舍音捨椎直追反【疏】四黃至如破○正義曰王既會諸侯乃與之田言王乘四黃之馬既駕矣兩驂之馬不相依猗御者節御此馬令不失其馳騁之法故令射者舍放其矢則如椎破物能中而駃也言御良射善所以美之○箋言御者之良○正義曰駟驖云六轡在手箋云言馬之良此云御良者雖馬御相須而設文有意彼云在手主說馬良不用御者之力故言在手而已此云驂不相猗乃御者使之然故云御良各觀其文而爲說也蕭蕭馬鳴。悠悠旆旌。言不諠譁也○讙音歡又音暄譁音花徒御不驚。大庖不盈。徒輦也御御馬也不驚驚也不盈盈也一曰乾豆二曰賓客三曰充君之庖故自左膘而射之達于右腢爲上殺射右耳本次之射左髀達于右䯚爲下殺面傷不獻踐毛不獻不成禽不獻禽雖多擇取三十焉其餘以與大夫士以習射於澤宮田雖得禽射不中不得取禽田雖不得禽射中則得取禽古者以辭讓取不以勇力取○箋云不驚驚也不盈盈也反其言美之也射右耳本當爲達三十者每禽三十也○庖薄茅反膘頻小反又扶了反王蒼云小腹兩邊肉也說文云脅後髀前肉也本亦作髀蒲禮反或又作髀射食亦反下射左髀同腢本亦作髃音愚又五厚反謂肩前也說文同郭音偶謂肩前兩間骨何依注公羊自左膘射之達於右腢中心死疾鮮潔也又五回五公二反射右耳食亦反髀本又作髀方爾反又薄禮反謂股外䯚餘繞反又胡了反謂水䐓也字書無此字一本作䯚音羊紹反又羊招反呂忱于小反本或作膘踐子淺反【疏】蕭蕭至不盈○正義曰言王之田獵非直射之良御善又軍旅齊肅雖聞蕭蕭然馬鳴之聲見悠悠然旆旌之狀無敢有諠譁者徒行輓輦者與車上御馬者豈不警戒乎言以相警戒也君之大庖所獲之禽不充滿乎言充滿也○傳徒輦至力取○正義曰諸徒皆爲徒行此獨以爲輦者釋訓云徒御不驚輦者也爾雅特釋此文故依而爲說地官鄉師云大軍旅會同治其輦注云輦人輓行所以載任器也止以爲蕃營司馬法輦有一斧一斤一鑿一梩周輦加二板二築夏后氏二十人而輦殷十八人而輦周十五人而輦是會田獵人輓輦以徒行也徒既爲輦者故御爲御馬者也以此美宣王之歌故知不驚不盈聲而疊之故箋反其言美之此爲美之深者也鄭於此申毛者反鄂不韡韡不從毛說以上未有此比故於是言之明以後此類皆然矣傳又因經大庖不盈廣言殺獸充庖之事一曰乾豆謂第一上殺者乾足以爲豆實供宗廟也二曰賓客謂第二殺者別之以待賓客也三曰充君之庖謂第三下殺者取之以充實君之庖廚也君尊宗廟敬賓客故先人而後已取其下也又分別殺之三等自左膘而射之達過於肩腢爲上殺以其貫心死疾肉最絜美故以爲乾豆也射右耳本箋云射當爲達亦自左射之達右耳本而死者爲次殺以其遠心死稍遲肉已微惡故以爲賓客也不言自左者蒙上文可知射左股髀而達過於右脅腢爲下殺以其中脅死最遲肉又益惡充君之庖也凡射獸皆逐後從左廂而射之達於右腢言射左髀則上殺達於右腢當自左脅也次殺右耳本當自左肩腢也不言自左舉下殺之射左髀可推而知也王制及公羊穀梁皆云充君之庖無廚字鄭云庖今之廚則傳本亦無廚字廚衍字也定本亦無廚字箋知射當爲達者以射必自左不得從右而射且與上下不類故知當爲達也面傷不獻者謂當面射之踐毛不獻謂在傍而逆射之二者皆爲逆射不獻者嫌誅降之義不成禽不獻者惡其害幼少此不能使獵者無之自君所不取以示教法耳禽雖多擇取三十焉鄭云三十者每禽三十也君之獵不宜諸種止取三十故以爲每禽焉則宗廟賓客君庖各十也其餘每禽三十之外以與卿大夫士習射澤宮所以班餘獲射也不言諸侯諸侯不常在卿大夫尚得與射諸侯在射可知也以大獸公之非復已物君賜使射故非中不取言御者田獵所取用勇力今射者祀樂所取用辟讓也此當有成文書傳穀梁傳與此畧同之子于征。有聞無聲。有善聞而無諠譁之聲箋云晉人伐鄭陳成子救之舍於柳舒之上去穀七里穀人不知可謂有聞無聲○聞音問注同本亦作問允矣君子。展也大成。箋云允信展誠也大成謂致太平也【疏】之子至大成○毛以爲是從王往行羣臣有善聞而率其所部無諠譁之聲王能使所從若是信矣君子宜王誠實也其功大成言太平也○鄭以之子斥宣王爲異耳○箋晉人至無聲○正義曰事在哀二十七年左傳曰晉荀瑤伐鄭次于桐丘鄭駟弘請救于齊陳成子救鄭及留舒違穀七里穀人不知是其事也留柳不同蓋所據書異穀本齊邑而引之者證無聲也

車攻八章章四句

吉日。美宣王田也。能慎微接下。無不自盡。以奉其上焉。【疏】吉日四章章六句至其上焉○正義曰作吉日詩者美宣王田獵也以宣王能慎於微事又以恩意接及羣下王之田獵能如是則羣下無不自盡誠心以奉事其君上焉由王如此故美之也慎微即首章上二句是也接下卒章下二句是也四章皆論田獵言田足以摠之時述此慎微接下二事者以天子之務一日萬幾尚留意於馬祖之神爲之祈禱能謹慎於微細也人君遊田或意在適樂今王求禽獸唯以給賓是恩隆於羣下也二者人君之美事故時言之也下無不自盡以奉其上事述宣王接下之義於經無所當也

吉日維戊。既伯既禱。維戊順類乘牡也伯馬祖也重物慎微將用馬力必先爲之禱其祖禱禱獲也箋云戊剛日也故乘牡爲順類也○禱丁老反馬祭也說文作禂爲之于偽反田車既好。四牡孔阜。升彼大阜。從其羣醜。箋云醜衆也田而升大阜從禽獸之羣衆也【疏】吉日至羣醜○正義曰言王於先以吉善之日維戊也於馬祖之伯既祭之求禱矣以田獵當用馬力故爲之禱祖求其馬之强健也田獵之車既善好四牡之馬甚盛大王乃乘之升彼大陵阜之上從逐其羣衆之禽獸言車牢馬健故得歷險從禽是由禱之故也○傳維戊至禱獲○正義曰馬國之大用王者重之故夏官校人春祭馬祖夏祭先牧秋祭馬社冬祭馬步注云馬祖天駟也先牧始養馬者馬社始乘馬者馬步神爲災害馬者既四時各有所爲祭之馬祖祭之在春其常也而將用馬力則又用彼禮以禱之祭必用戊者日有剛柔猶馬有牝牡將乘牡馬故禱用剛日故云維戊順其剛之類而乘牡馬知伯馬祖者釋天云既伯既禱馬祭也爲馬而祭故知馬祖謂之伯伯者長也馬祖始是長也鄭云馬祖天駟釋天云天駟房也孫炎曰龍爲天馬故房四星謂之天駟鄭亦引孝經說曰房爲龍馬是也言重物慎微者重其馬之爲物慎其祭之微者將用馬力必先爲之禱其祖是謹慎其微細也言禱獲者爲田而禱馬祖求馬强健則能馳逐獸而獲之吉日庚午。既差我馬。外事以剛日差擇也獸之所同。麀鹿麌麌。鹿牝曰麀麌麌衆多也箋云同猶聚也麕牝曰麌麌復麌言多也○麀音憂麌愚甫反說文作噳云麋鹿羣口相聚也麕本又作麇俱倫反復扶又反漆沮之從。天子之所。漆沮之水麀鹿所生也從漆沮驅禽而致天子之所○沮七徐反【疏】吉日至之所○毛以爲王以吉善之日庚午也既簡擇我田獵之馬擇取强者王乘以田也至於田所而又有禽獸其獸之所同聚者則麀之與鹿麌麌然衆多遂以驅逆之車驅之於漆沮之傍從彼以至天子之所以獵有期處故驅禽從之也上言乘車升大阜下言獸在中原此云驅之漆沮皆見獸之所在驅逐之事以相發明也鄭唯以麌爲獸名爲異耳○傳外事至差擇○正義曰外事以剛日曲禮文也言此者上章順剛之類故言維戊擇馬不取順類亦用庚爲剛日故解之由擇馬是外事故也莊二十九年左傳曰凡馬日中而出日中而入則秋分以至春分馬在廄矣擇馬不必在廄得爲外事者馬雖在廄擇則謂試善惡必在國外故也禮記注外事內事皆謂祭事此擇馬非祭而得引此文者彼雖主祭事其非祭事亦以內外而用剛柔故斷章引之也庚則用外必用午日蓋於辰午爲馬故也差擇釋詁文○傳鹿牝至衆多○正義曰釋獸云鹿牡麚牝麀是鹿牝曰麀也麌麌衆多與韓奕同則傳本作麌字○箋麕牝至言多○正義曰釋獸云麕牡麌牝麌是麕牡曰麌也郭璞引詩曰麀鹿麌麌鄭康成解即謂此也但重言耳音義曰麕或作麕或作麇是爲麇牡曰麌也由麋之相類又承鹿牡之下本或作牝牝者誤也釋獸又云麋牡麕牝麌下箋云祁當作麌麌麇牝是也必易傳者以言獸之所同明獸類非一故知其所言者皆獸名其下祁孔有傳訓祁爲大直云其大甚有不言獸名不知大者何物且釋獸有麌之名故易傳而從爾雅也注爾雅者其氏亦引詩云瞻彼中原其麌

孔有與鄭同下箋云祁當作麎此麎不破字則鄭本亦作麎也

瞻彼中原。其祁孔有。祁大也箋云祁當作麎麎麋牝也中原之野甚有之。祁毛巨私反又止之反鄭改作麎音辰郭音脈何止尸反沈市尸反麋亡悲反

儦儦俟俟。或羣或友。趨則儦儦行則俟俟獸三曰羣二曰友。儦本作麃又作爊表嬌反趨也廣雅云行也俟音士行也徐音矣

悉率左右。以燕天子。驅禽之左右以安待天子箋云率循也悉驅禽順其左右之宜以安待王之射也。射食亦反〔疏〕瞻彼至天子。毛以爲視彼中原之野其諸禽獸大而甚有謂形大而多也故儦儦然有趨者俟俟然有行者其趨行或三三爲羣或二二爲友是其甚有也既而趨逆之車驅而至於彼防虞人乃悉驅之循其左右之宜以安待天子之射也。鄭以爲視彼中原之野其麎牝之獸甚有言中原甚有麎。餘同。傳趨則至二曰友。正義曰上言多有諸獸此宜說其行容。獸行多則疾當先言其趨故以趨則儦儦行則俟俟周語曰獸三爲羣故二曰友友親於羣其數宜少易損卦六三云一人行則得其友獸亦當然故二曰友。三曰羣謂自三以上皆稱羣不必要三也。傳驅禽至天子。正義曰此言安待天子謂已入防中乃虞人驅之故騶虞傳曰虞人翼五豝以待公之發駟鐵箋云奉是時牡謂虞人與此待同也言驅禽之左右者以禽必在左射之或令左驅令右皆使天子得其左廂之便以其未明故箋又申之云循其左右之宜以安待王之射

既張我弓。既挾我矢。發彼小豝。殪此大兕。殪壹發而死言能中微而制大也箋云豕牡曰豝。挾子洽反又子協反又戶頰反豝音巴殪於計反兕徐履反本又作兕中張仲反

以御賓客。且以酌醴。饗醴天子之飲酒也箋云御賓客者給賓客之御也賓客謂諸侯也酌醴酌而飲羣臣以爲俎實也〔疏〕既張至酌醴。正義曰虞人既驅禽待天子故言既已張我天子所射之弓既挾我天子所射發之矢發而中彼小豝亦又殪此大兕也既殺得羣獸以給御諸侯之賓客且以酌醴與羣臣飲時爲俎實也。傳殪壹至制大。正義曰釋詁云殪死也發矢射之卽殪是壹發而死也又解小豝大兕俱是發矢殺之但小者射中必死苦於不能射中大者射則易中雖不能卽死小豝云發言發則中之大兕言殪言射着卽死異其文者言中微而制大。傳饗醴至飲酒。正義曰醴不可專飲天子之於羣臣不徙設醴而已此言酌醴者左傳天子饗諸侯每云饗醴命之宥是饗有醴者天子飲酒之故舉醴言之也。箋御賓至俎實。正義曰御者給與充用之辭故知御賓客者給賓客之御也知賓客謂諸侯者天子之所賓客者雖諸侯耳故周禮六服之內其君爲大賓其臣爲大客是也彼對文則君爲大賓故臣爲大客若散則賓亦客也故此賓客并言之此箋舉尊言耳其臣來及從君則王亦以此給之也言酌而醴羣臣以爲俎實者以言且以酌醴是當時且用之辭則得禽卽與羣臣飲酒故知以爲俎實也若乾之爲脯漬之爲醢則在籩豆矣不得言俎實也

吉日四章章六句

南有嘉魚之什十篇四十六章二百七十二句

毛詩注疏挍勘記（十之三）　阮元撰盧宣旬摘錄

○車攻

案王制注云　閩本明監本毛本同案浦鏜云云當衍字是也

宗廟齊毫　小字本相臺本同考文古本同閩本明監本毛本毫作豪案釋文云依字作毫也考說文無毫字卽豪字之俗耳正義作毫乃易字而說之當以釋文本作豪爲長

東有甫草　小字本相臺本同唐石經甫字上磨去案唐石經考異云甫先作莆後改是也考釋文正義皆作甫傳云甫大也此亦字體爭師法之一經義雜記以爲原刻作圃改從鄭箋者誤也又水經注王逸楚詞注引作圃乃韓詩後漢書注文選注皆云韓詩也

大芟草以爲防　閩本明監本毛本同小字本相臺本芟作艾案釋文本作艾音魚廢反正義本作芟字是也考正義引大司馬注芟除穀梁傳芟蘭而說之芟字是也今穀梁亦作艾者誤

擊則不得入　小字本相臺本同考文古本同閩本明監本毛本擊作擊案釋文云擊音計本又作擊音同或古歷反正義本與釋文又作本同當是讀爲古歷反也

左者左右者之右　小字本相臺本作左者之左閩本明監本毛本同案有之字是也釋文云之左者之左一本無上之字下句亦然正義云其屬左者之左門屬右者之右門與一本同

鄭有甫田　小字本相臺本同閩本明監本毛本甫作圃案釋文云甫草毛如字大也鄭音補謂圃田鄭藪也又甫田舊音晡十藪鄭有圃田下同下同者卽此甫田字正義云爲甫田之草乃易字而說之耳不當改箋明監本毛本誤大徐本說文藪下豫州甫田今誤依小徐改爲圃田

既爲防院　閩本明監本毛本院作限案所改是也

以爲門之兩傍其門　閩本明監本毛本同案十行本門至門剜添者一字

閒車軌之裏　閩本明監本毛本軌作軹案皆誤也當作軌謂兩輪閒也

又北百步爲一表　閩本明監本毛本同案一當作三

又從前第三至最前退卻　閩本明監本毛本同案十行本第至卻剜添者一字

既陳車驅車卒奔　閩本明監本毛本同案浦鏜云驅下誤衍車字是也

非故火田獵　〔補〕閩本明監本毛本同案故當作旅形近之譌

箋甫草至甫田　閩本明監本毛本下甫字誤圃案箋作甫正義作圃者以甫圃爲古今字易而說之也例見前此標起止不當易山井鼎云宋板作莆因宋板磨滅而足之者誤加艸耳

河南曰豫州其澤藪曰圃田　閩本明監本毛本同案十行本豫至曰剜添者一字

維數車徒　小字本相臺本同閩本明監本毛本同案釋文以唯數作音是其本維作唯

搏獸于敖　唐石經小字本相臺本同案九經古義云水經注引云薄狩于敖東京賦同段玉裁云薄狩後漢書安帝紀注及初學記所引皆可證薄辭也箋釋狩以搏獸者上文言苗毛謂夏獵則不當復舉冬獵之名且上章之行狩疏謂是獵之總名則此狩字當爲實事以別於上章亦見詩經小學

獸田獵搏獸也　小字本相臺本同案惠棟云上獸字亦當爲狩考文古本作狩因覺其不詞而改之耳

今近滎陽　小字本相臺本同閩本明監本毛本同案滎當作熒六經正誤云作熒誤其說非也後人多依之改熒爲滎詳見沿革例中

殷見曰同　小字本相臺本同案正義云定本云殷頫曰同誤也釋文時見下云賢遍反下同其本與正義本同也

赤舄爲上　閩本明監本毛本赤誤金

不相依猗　閩本明監本毛本猗誤倚下驂不相猗毛本不誤

蕭蕭馬鳴　唐石經小字本相臺本同案經義雜記以爲經本作肅云唐石經原刻作肅肅馬鳴後卽於肅肅上改爲蕭蕭非也石經並非改刻其所云經本作蕭者全未有據誤之甚者也

徒御不驚　唐石經小字本相臺本同案段玉裁云經文作警傳箋正義皆甚明考文古本作警采正義。按李善文選注引

三曰充君之庖　小字本相臺本同案此定本也正義本庖下有廚字正義云衍字也是也

自左膘而射之　小字本相臺本同案釋文云本亦作髀又云或又作髃者皆誤

達于右腢　小字本相臺本同案段玉裁云五經文字作髃是也釋文正義皆作腢乃轉寫之譌釋文云一本作髃髃卽是髃字耳又云本或作膘考髃髃二字皆文所不載釋文亦云字書無髃字此傳當以本或作膘者爲長何休公羊桓四年注乃用髃字其義本不與此傳同也

鄭於此申毛者反鄂不韡韡　閩本明監本毛本同案十行本者至不剜添者一字

翦毛不獻　閩本明監本毛本同案傳作踐釋文踐子淺反正義作翦踐翦古今字易而說之也例見前

○吉日

時述此慎微接下二事者　閩本明監本毛本同案浦鏜云時當特字誤是也。〔補〕案下故時言之也時亦當作特

麕牝曰麌　小字本相臺本牝作牡閩本明監本毛本同案牡字是也釋文云麌牡下音茂正義云是麕牡曰麌也又云是爲麕牡曰麌也又云本或作麕牝者誤也皆可證經義雜記據玉篇廣韻麌下誤作牝而以爲鄭箋所用爾雅與郭不同其說非也又引羣經音辨亦誤字耳考文古本作牡采正義

而致天子之所　小字本同閩本明監本毛本同相臺本致作至案作至字是也正義云從彼以致天子之所騶虞正義引可作至皆可證

麌麌衆多〔補〕毛本麜作麌案傳箋作麜誤也

箋麕牝至言多　閩本明監本毛本牝作牡案牡字是也

麕牡麌牝麜　毛本同閩本明監本麜作麎案麎字是也

郭璞引詩曰麀鹿麌麜　毛本同閩本明監本麜作麎案皆誤也浦鏜云麌字誤是也

又承麀牡之下　閩本明監本毛本同案牡當作牝

且釋獸有麌之名　閩本明監本毛本同案浦鏜云麜誤麌是也

既挾我矢　小字本相臺本同唐石經初刻又後改既案初刻誤也正義可證

天子飲酒之　閩本明監本毛本同案酒之二字當倒

二百七十二句　小字本相臺本同唐石經磨改其初刻不能知矣

附釋音毛詩注疏卷第十一（十一之一）

鴻鴈之什詁訓傳第十八

毛詩小雅　鄭氏箋　孔穎達疏

鴻鴈。美宣王也。萬民離散。不安其居。而能勞來還定安集之。至于矜寡。無不得其所焉。宣王承厲王衰亂之敝而起興復先王之道以安集衆民爲始也書曰天將有立父母民之有政有居宣王之爲是務。勞力報反來力代反矜本又作鰥同古頑反徐又棘冰反篇內矜寡同老無妻曰矜老無夫曰寡〔疏〕鴻鴈三章章六句至其所焉。正義曰作鴻鴈詩者美宣王也由厲王衰亂萬民分離逃散皆不安止其居處今宣王始立能遣侯伯卿士之使皆就而勞來今還歸本宅安止安慰而集聚之使復其居業爲築宮室又至於矜寡孤獨皆賞賜賙贍無不得其所者由是故美之也勞來者來勤也義與勞同皆謂設辭以閔之言萬民離散不安其居卒章上二句是也而能勞來首章次二句是也止於矜寡無不得其所者首章下二句是也其餘皆說安集之事序總言焉經序參差者敍述其次第當然經主說安集爲始。先陳宣王殷勤於民然後本其未集各爲節文之勢故不同也。箋宣王至是務。正義曰由宣王承厲王衰亂之弊故民有離散以承此亂而起興復先王之道以安集衆民爲始也衣物破壞謂之弊此亂天下使萬民離散猶衣之爲弊故然雲漢云承厲王之烈者彼美宣王遇災而懼災非厲王所致故不言弊此離散由厲王故言弊也烝民序曰周室中興是興復先王之道知以安集衆民爲始者以宣王撥亂而起明其王先撫散民不得民未安居先行餘政故知以安集爲始也書曰天將有立父母民之有政有居今泰誓文言天將有立聖德者爲天下父母民之得有善政有安居彼武王將欲伐紂民喜其將有安居是民之所欲安居爲重也宣王之爲是務言宣王之所爲安集萬民是以民之父母爲務意同武王所以爲美

鴻鴈于飛。肅肅其羽。興也大曰鴻小曰鴈肅肅羽聲也箋云鴻鴈知辟陰陽寒暑興者喻民知去無道就有道。肅所六反本或作翻同之子于征。劬勞于野。之子侯伯卿士也劬勞病苦也箋云侯伯卿士謂諸侯之伯與天子卿士也是時民既離散邦國有壞滅者侯伯久不述職王使廢於存省諸侯於是始復之故美焉。劬其俱反注及下文同韓詩云數也使所吏反爰及矜人。哀此鰥寡。矜憐也老無妻曰鰥偏喪曰寡箋云爰曰也王之意不徒使此爲諸侯之事與安集萬民而已王曰當及此可憐之人謂貧窮者欲令賙餼之鰥寡則哀之其孤獨者收斂之使有所依附。矜棘冰反喪息浪反令力呈反賙音周救也餼許氣反〔疏〕鴻鴈至鰥寡。正義曰言鴻鴈避所惡就所欲往往飛之時肅肅其羽爲聲也以興萬民去所惡就有道而歸往之時其心喜樂也此萬民所以有可就者以時王遣使是子侯伯卿士於是巡行其邦國勞來天下之民病苦於外野故萬民得歸之此侯伯卿士既安集萬民又稱王命已曰不但安民而已亦當及此可憐之人貧窮者令賙餼焉又哀此無妻之鰥夫偏喪之寡婦當收斂之使有所依附也王命已已當行焉。傳大曰鴻至寒暑。正義曰鴻鴈俱是水鳥故連言之其形鴻大而鴈小嫌其同鳥雄雌之異故傳辨之云大曰鴻小曰鴈也知避陰陽寒暑者春則避陽暑而北秋則避陰寒而南故並言之此以所避興民避惡既有所避自然歸善故箋云喻民知去無道就有道離散不得所是無道明君安集之是有道也言去無道之離散就有道之安集所與一事耳不謂以厲王無道去之宣王有道就之何則民離散者豈能逃出中國遠避厲王也。箋侯伯至美焉。正義曰傳既以之子爲侯伯卿士故箋又解傳言侯伯卿士謂諸侯之伯與天子之卿士也毛知之子爲侯伯卿士者以此勞來之詩也王使勞來於天下唯侯伯與卿士耳故僖元年左傳曰凡侯伯救患分災討罪禮也是侯伯自於州內有罪者則征討之災患則分救之此安集萬民亦救患之義且州之內侯伯所主明王當遣焉故知有侯伯也又周禮王之所以撫邦國諸侯者歲徧存三歲徧覜五歲徧省注云歲者巡守之明歲以爲始自五歲之後遂聞歲徧省此天子於諸侯所命卿士也春秋之時天子每使卿聘魯故知有卿士也諸侯之伯者長也諸侯之職長謂之侯伯卽州牧是也故左傳杜注云侯伯州長也列於王卽曰牧於諸侯則謂之侯伯一官而有三名也傳以之子是王所使之人舉侯伯卿士而言耳其實王官之伯亦有時述職天子之大夫亦使於諸侯故下泉傳曰諸侯有事則二伯述職春秋之世每有大夫聘魯是皆得爲王使也是時民既離散邦國壞滅知者以百堵皆作非直民居邦國城邑亦築作之故言邦國壞滅也所以離散壞滅者侯伯久不述職王使廢於存省諸侯故合然也今宣王於是始遣侯伯述職卿士存省復先王之法故美之言述職者述修其所掌之職事上下通名故譜曰武王巡狩述職昭五年左傳曰小有述職謂諸侯於天子也又烝民曰仲山甫出祖傳曰言述職也仲山甫卿士也亦言述職是其通矣卿士言王使者以在王朝故以王使言之其實侯伯亦王所遣揔名皆王使但存省不使侯伯耳。箋可憐之人至有所依附。正義曰以下則言可憐明此可憐之人是貧窮也以貧窮無財宜賙餼之賙謂與之財餼謂賜之食也知可憐之人非孤獨者以孤獨與鰥寡爲類同在哀此之中故言鰥寡則哀之其孤獨者收歛之使有所依附也男鰥女寡皆身孤獨故言其孤獨以此無父之孤無子之獨亦宜哀焉王制云四者天民之窮而無告者也皆有常餼是四者同也言有常餼則鰥寡亦賙餼之言收歛之者對貧窮自有親眷不須收歛鰥寡則既收歛之又賙餼之但哀其無所告故箋別言之

鴻鴈于飛。集于中澤。中澤澤中也箋云鴻鴈之性安居澤中今飛又集于澤中猶民去其居而離散今見還定安集之子于垣。百堵皆作。一丈爲版五版爲堵箋云侯伯卿士又於壞滅之國徵民起屋舍築牆壁百堵同時而起言趨事也春秋傳曰五版爲堵五堵爲雉雉長三丈則版六尺。垣音袁堵丁古反雖則劬勞。其究安宅。究窮也箋云此勸萬民之辭女今雖病勞終有安居。究居又反〔疏〕鴻鴈至安宅。正義曰言鴻鴈性好居澤今往飛而集於澤中得其志也以興萬民亦情樂處家今還歸而止於家中亦得其欲也萬民得以安處者其是子侯伯卿士又於壞滅之國徵民起築垣墻令百堵俱起由是得還定也又言侯伯卿士勸已萬民曰築作興造雖則今劬勞其於久得安居欲使不憚勞也民喜王使之勸已故陳辭而美之。傳一丈至爲堵。正義曰板堵之數經無其事毛氏以義言耳五板爲堵自是公羊傳又公羊在毛氏之後非其所據五板爲堵謂累五板也板廣二尺故周禮說一堵之墻長丈高一丈是板廣二尺也。箋春秋至六尺。正義曰傳以一丈爲板鄭欲易之故引傳文而證板之長短春秋傳曰五板爲

堵五堵爲雉定十二年公羊傳文也公羊雖非正典其言傳諸先達故鄭據之以破毛也言五堵爲雉謂接五堵成一雉旣引其文約出其義故云雉長三丈則板六尺也雉長三丈經亦無文古周禮說雉高一丈長三丈韓詩說八尺爲板五板爲堵五堵爲雉何休注云公羊取韓詩傳云堵四十尺雉二百尺以板長八尺接五板而爲堵接五堵而爲雉也二說不同故鄭駁異義辯之云左氏傳說鄭莊公弟段居京城祭仲曰都城過百雉國之害也先王之制大都不過三國之一中五之一小九之一今京不度非制也古之雉制書傳各不得其詳今以左氏說鄭伯之域方五里積千五百步也大都三國之一則五百步也五百步爲百雉則知雉五步五步於度長三丈則雉長三丈也雉之度量於是定可知矣是鄭計雉一所據之文也王愆期注公羊云諸儒皆以爲雉長三丈堵長一丈疑五誤當爲三期如是大通諸儒雖與鄭板六尺不合耳

鴻鴈于飛。哀鳴嗸嗸。未得所安集則嗸嗸然。箋云此之子所未至者。嗸本又作嗷五刀反聲也

維此哲人。謂我劬勞。箋云此哲人謂知王之意及之子之事者我之子自我也

維彼愚人。謂我宣驕。宣示也。箋云謂我役作衆民爲驕奢

鴻鴈三章章六句

庭燎。美宣王也。因以箴之。諸侯將朝宣王以夜未央之時問夜早晚美者美其能自勤以政事因以箴者王有雞人之官凡國事爲期則告之以時王不正其官而問夜早晚。○燎力照反徐又力燒反鄭云在地曰燎執之曰燭又云樹之門外曰大燭於內曰庭燎皆是照衆爲明箴之金反諫誨之辭朝直遙反下皆同

疏 庭燎三章章五句至箴之○正義曰因以箴之者言王雖可美猶有所失此失須治若病之須箴三章皆美其勤於政事譏其不正其官是美而因箴之事也宣王旣在變詩此言美而箴之以下規誨爲衰失之漸而首則六月采芑末則斯干無羊蓋不言美者敘以示法見宣王中興置斯干無羊於末見終善以隱之詩承刺後不可復言其美故去美以示意旣未不言美故首亦去美令始終相準且見宣王賢君其詩可以箴正故終始不言美其問則各從其實也以此王勤政事而不正其官美大過小得中有失故美而因箴之汾沮洳則惡大善小失中有得故刺而因美焉所以相反也○傳諸侯至早晚○正義曰王有雞人之官凡國事爲期則雞人告有司以其朝之時節有司當以告王不須問今王問之由王不正其官而問夜早晚非度之宜所以箴之也凡國事爲期則告之以時周禮雞人職文也注云象雞知時告其有司主事者也鄭知一言之內兼有箴美者以其篇更無箴刺之文夜如何其是問夜之辭天子備官任使而親問時節非王者之法故知此卽箴也卒章是朝之正時知不得時而美失時而箴者三章同云夜如何其是王之失得一也不得以時而爲美矣且依時而朝未足爲美明美者美其勤於親問問之則非禮故知此卽爲箴也

夜如何其。箋云此宣王以諸侯將朝夜起曰夜如何其問早晚之辭。○其音基辭也

夜未央。庭燎之光。君子至止。鸞聲將將。央旦也庭燎大燭君子謂諸侯也將將鸞鑣聲也箋云夜未央猶言夜未渠央也而於庭設大燭使諸侯早來朝聞鸞聲將將然。○央於良反說文云久也已也王逸注楚辭云央盡也將七羊反本或作鏘注同且七也反又子徐反又音且經本作且鑣表驕反又必苗反渠其據反

疏 夜如至將將。○正義曰宣王以諸侯將朝遂夜起問左右曰夜如何其其語辭言夜今早晚如何乎王問之時夜猶未渠央矣而已見庭燎之光言於時卽是庭設大燭以待諸侯其君子諸侯以庭燎已設皆來至止人聞其鸞聲將將然王勤政事誠可美矣而不正其官失人君之道故箴之○傳央旦至大燭○正義曰未央者前限未到之辭故箋云夜未央猶言夜未渠央也故漢有未央宮詩有樂未央傳言央旦者旦是夜屆之限言夜未央者謂夜未至旦非謂訓央爲旦故王肅云央旦未旦夜半是也二章夜未艾艾久也毛意艾取名於耆艾艾者是年之久從幼至艾爲年久似從昬至旦爲夜久昬似幼旦似艾言夜未於久亦是未至於旦未艾與未央其意同也但下章言晨則三章設文有漸未央先於未艾也此夜未旦者作者言王問夜之時節耳非對王之辭也若對王未央王應更寢何當設燭以迎賓以此知非對辭也庭燎者樹之於庭燎之爲明是燭之大者故云庭燎大燭也秋官司烜云邦之大事供墳燭庭燎注云樹於門外曰大燭門內曰庭燎不同者以彼燭燎別文則設非一處庭燎以庭名之明在門內故以大燭爲門外以文對故異之耳其散則通也郊特牲曰庭燎之百由齊桓公始也注云僭天子也庭燎之差公蓋五十侯伯子男皆三十是天子庭燎用百古制未得而聞要以物百枚并而纏束之今則用松葦竹灌以脂膏也

夜如何其。夜未艾。庭燎晣晣。君子至止。鸞聲噦噦。艾久也晣晣明也噦噦徐行有節也箋云芟末曰艾以言夜先雞鳴時。○艾毛五蓋反鄭音刈晣本又作晢之世反噦呼會反徐又呼惠反芟所銜反先蘇薦反

疏 箋芟末至雞鳴時。○正義曰箋以傳云艾取老之義其理不安故易之何者以一夜始譬一世從昬至旦猶從生至死耳不得以老爲旦也若以夜未久則是初昬之辭時已雞鳴左右不得謂之未久也故易之以芟爲喻一物之全是猶一夜也以刈芟初猶初昬也芟竟猶旦也是芟者以昬初爲本以過爲末所以成芟之名言未成芟猶初未至於旦故言先雞鳴時也朝禮群臣別色始入在雞鳴之後此未至朝節故知先雞鳴時也未芟先於雞鳴則未央又在其前故王肅以爲夜半雖鄭亦當然矣

夜如何其。夜鄉晨。庭燎有煇。君子至止。言觀其旂。煇光也箋云晨明也上二章聞鸞聲爾今夜鄉明我見其旂是朝之時也朝禮別色始入。○鄉許亮反字又作嚮煇音暉別彼列反旂音祈

庭燎三章章五句

沔水。規宣王也。規者正圓之器也規主仁恩也以恩親正君曰規春秋傳曰近臣盡規。○沔緜善反徐莫顯反

疏 沔水三章二章章八句一章六句。○正義曰作沔水詩者規宣王也圓者周匝之物以比人行周備物有不圓匝者規之使成圓人行有不周者規之使周備是匡諫之名刺者責其爲惡言宣王政教多善小有不備今欲規之使備故言規之不言刺也經云諸侯不朝天子妄相侵伐又讒言將起王不禁之欲王治諸侯察讒佞皆規王使爲善也○箋規者至盡規○正義曰正物之器不獨規也規以正圓矩以正方繩正曲直權正輕重皆可以比諫君獨言規者以主仁恩以恩親正君曰規規之使圓則外無廉隅猶人之爲恩貌不嚴肅故五行規主東方是主仁恩也衆援神契云春執規夏持衡秋執矩冬持權所引春秋傳者外傳周語文也言君之近臣當盡誠以規君亦取恩親之義

沔彼流水。朝宗于海。興也沔水流滿也水猶有所朝宗箋云興者水流而入海小就大也喻諸侯朝天子亦猶是也諸侯春見天子曰朝夏見曰宗。○朝直遙反注皆同見賢遍反下文同

鴥彼飛隼。載飛載止。箋云載之言則也言隼欲飛則飛欲止則止喻諸侯之自驕恣欲朝不朝自由無所在心也。○鴥惟必反隼息尹反

嗟我兄弟。邦人諸友。莫肯念亂。誰無父母。邦人諸友謂諸侯也兄弟同姓臣也京師者諸侯之父母也箋云我我王也莫無也我同姓異姓之諸侯女自恣聽不朝無肯念此於禮法爲亂者女誰無父母乎言皆生於父母也臣之道資於事父以事君

疏 沔彼至父母。○正義曰沔然而滿者彼流水也此水之流當朝宗而入於海小就大也以喻強盛者是彼諸侯也此諸侯亦當朝宗天子臣事君也何爲今更不然鴥然而疾者彼飛隼其意欲飛則飛欲止則止自由無所異也以喻彼諸侯欲朝則朝欲否則否自恣無所懼也故責之嗟乎我王兄弟同姓之國反爲邦之人異姓諸侯此同姓異姓汝皆我王之諸友何爲自恣不朝無肯念此於禮法爲亂者若然則誰無父母乎何者人皆生於父母臣之道資於事父以事君故京師者諸侯之父母何爲不以事父母之道事京師也諸侯自恣如是王不能禁所以規王也○傳水猶有所朝宗○正義曰云猶者以水無情猶義有朝宗況人而可無朝宗乎朝宗者本諸侯於天子之禮故箋引大宗伯云春見天子曰朝夏見曰宗臣之朝君猶水之趍海故以水流入海爲朝宗也禹貢亦云江漢朝宗於海彼注云以著人臣之禮見江漢吳楚有道後服無道先強故以著義以水入海多矣獨於江漢言朝宗故云著義也大宗伯注云朝朝也欲其來之早宗尊也欲其尊王皆以人事名之水無此情故云著義也○傳邦人至父母○正義曰尚書云我友邦冢君是天子謂諸侯爲友也邦人有國之辭故知諸友謂諸侯也此經嗟我下適兄弟邦人並責之諸友之文足以容同姓但以同姓爲親故先責兄弟兄弟是同姓則邦人諸友爲異姓故箋云我同姓異姓諸侯摠責之也言京師者諸侯之父母以責不朝於京師故以京師爲父母也箋申解名京師爲父母之意言皆生於父母臣之道資於事父以事君本其恩親以責之故名京師爲父母箋云自恣不朝集注及定本恣下有聽字

沔彼流水。其流湯湯。言放縱無所入也箋云湯湯波流盛貌喻諸侯奢僭旣不朝天子復不事侯伯。○湯失羊反復扶又反

鴥彼飛隼。載飛載揚。言無所定止也箋云則飛揚喻諸侯出兵妄相侵伐

念彼不蹟。載起載行。心之憂矣。不可弭忘。不蹟不循道也弭止也箋云彼諸侯也諸侯不循法度妄興師出兵我念之憂不能忘也。○蹟井亦反弭彌氏反下同

疏 沔彼至弭忘。○正義曰沔然而滿者彼流水也此水之流湯湯然波流漫溢無所入旣不注於海復不入大川以興盛者彼諸侯也此諸侯奢僭故恣無所事旣不朝天子又不事侯伯鴥然而疾飛者彼飛隼則已飛而不息則又加之以揚妄相擊害以興彼自恣之諸侯則已不朝天子則又加以出兵妄相侵伐故我念彼不循道之諸侯爲此則起則行妄出兵之事者心爲之憂矣不可止而忘之○傳言放縱無所入○正義曰言水放散縱長無所入猶諸侯奢泰放恣無所臣事也無所者是廣辭非徒不入於海又不注大川以喻諸侯亦然故箋申之云旣不朝天子復不事侯伯以傳無所入之言知有侯伯之義故下箋亦云王與侯伯不當察之緣此

有侯伯故也。定本云放衍無所入，集注云放恣。**鴥彼飛隼，率彼中陵。**箋云：率，循也。隼之性待鳥雀而食，飛循陵阜者是其常也，喻諸侯之守職順法度者亦是其常也。**民之訛言，寧莫之懲。**懲，止也。箋云：訛，偽也。言時不令，小人好詐偽，為交易之言使見怨咎，安然無禁止。○好，呼報反。**我友敬矣，讒言其興。**疾王不能察讒也。箋云：我，我天子也。友謂諸侯也。言諸侯有敬其職、順其法度者，讒人猶興其言以毀惡之，王又不察。○惡，烏路反。【疏】鴥彼至其興○正義曰：鴥然而疾者，是彼飛隼之鳥，自往之飛，是其常，言諸侯之守職順法度者亦是其常也。諸侯之不守法，非直由其自恣，然亦由當時不令之小人為詐偽之言，使人見怨咎者，安然莫之肯禁止，故致讒言。我諸侯之友有恭敬其職事者矣，讒人之言其又興起以毀惡之。此篇主責諸侯之自恣，而因疾王不察讒，令諸侯益不守法，刺上欲規王令禁察之。○箋好詐至怨咎○正義曰：詐偽易之言者，謂以善言為惡，以惡言為善，交而換易其辭，鬬亂二家，使相怨咎也。

沔水三章，二章章八句，一章六句

鶴鳴，誨宣王也。誨，教也。教宣王求賢人之未仕者。【疏】鶴鳴二章章九句○正義曰：上言規，此言誨者，規謂正其已失，誨謂教所未知。彼諸侯事恣，是已然之事，故謂之規；此求賢者，未是已失，直以意教，故謂之誨。

鶴鳴于九皐，聲聞于野。興也。皐，澤也。言身隱而名著也。箋云：皐，澤中水溢出所為坎，自外數至九，喻深遠也。鶴在中鳴焉，而野聞其鳴聲。興者，喻賢者雖隱居，人咸知之。○皐音高。韓詩云：九皐，九折之澤。聞音問，下同。數，色主反。**魚潛在淵，或在于渚。**良魚在淵，小魚在渚。箋云：此言魚之性，寒則逃於淵，溫則見於渚，喻賢者世亂則隱，治平則出，在時君也。○見，賢遍反。治，直吏反。**樂彼之園，爰有樹檀，其下維蘀。**何樂於彼園之觀乎？蘀，落也。尚有樹檀而下其蘀。箋云：之，往。爰，曰也。言所以之彼園而觀者，人曰有樹檀，檀下有蘀，此猶朝廷之尚賢者而下小人，是以往也。○樂音洛，沈又五孝反，注及下同。朝，直遙反，下同。蘀音託。檀音壇。爰音袁。**它山之石，可以為錯。**錯，石也，可以琢玉。舉賢用滯，則可以治國。箋云：它山喻異國。○錯，七落反。說文作厝，云厲石也。字林同，千故反。琢，涉角反。【疏】鶴鳴至為錯○毛以為鶴鳴於九皐之中，其聲聞於外方之野，以興賢者雖隱於幽遠之處，其名聞於朝廷。野鶴處九皐，人皆聞之，以興賢人雖隱，人咸知之。以此賢者，王何以不求而置之於朝廷乎？朝以必求之者，此隱者雖隱，人咸知之。魚則能入深淵而在渚，良魚則能逃處於深淵，以興人有能深隱者，或出於世者。小人不能自隱而處世，君子則能逃遯而隱居。逃遯之人多是賢者，故令王求之。王若置賢人於朝，則人言云：我何以樂彼之園而欲往觀之乎？曰以上有善樹之檀，而其下維有惡木之蘀，故我所以樂觀焉。其下以興何以欲往觀王之朝乎？以王朝上有德善之人，其下以小人為下，故樂觀之。王得賢則為人樂觀其朝如此，何以不求之？非但在朝人所親，又它山遠國之石，取而得之，可以為錯物之用，興異國沈滯之賢，任而官之，可以為理國之政。國家得賢臣輔以成治，猶寶玉得石錯琢以成器，故須求之也。王者雖以天下為家，畿外亦得為異國也。○鄭唯次二句為異，餘同。○箋皐澤至鳴聲○正義曰：鄭以一鳥不鳴九澤，而云九皐者，然則明深九坎也。澤者水之所鍾，故知澤中水溢出所為坎，自外數至九，於時澤有然者，故作者舉之以喻深遠也。鶴者善鳴之鳥，故於澤中鳴而野聞其鳴聲。陸機疏云：鶴形狀大如鵝，長腳，青翼，高三尺餘，赤頂赤目，喙長四寸餘，多純白，亦有蒼色者。今人謂之赤頰。常夜半鳴，故淮南子云：雞知將旦，鶴知夜半。其鳴高亮，聞八九里。雌者聲差下。今吳人園中及士大夫家皆養之。○傳良魚至在渚○正義曰：毛以潛淵喻隱者，不云大魚而云良魚者，以其喻善人，故變文稱良也。○箋此言至則出○正義曰：此文復云魚在渚，或潛在淵。魚既一而在二處，以魚之出沒喻賢者之進退，於理為密，且教宣王求賢，止言賢則出，須言賢者之來否，不當橫陳小人，故易傳也。

鶴鳴于九皐，聲聞于天。箋云：天，高遠也。**魚在于渚，或潛在淵。**箋云：時寒則魚去渚，逃於淵。**樂彼之園，爰有樹檀，其下維穀。**穀，惡木也。○穀，工木反。說文云：穀，楮也，從木𣪊聲，非從禾也。【疏】傳穀惡木○正義曰：以上章上檀下蘀，類之，故知其上善下惡，故知穀惡木也。陸機疏云：幽州人謂之穀桑，荊揚人謂之穀，中州人謂之楮。殷中宗時桑穀共生是也。今江南人績其皮以為布，又擣以為紙，謂之穀皮紙，絜白光澤，其裏甚好。其葉初生，可以為茹。**它山之石，可以攻玉。**攻，錯也。

鶴鳴二章章九句

祈父，刺宣王也。刺其用祈父不得其人也。官非其人則職廢。祈父之職，掌六軍之事，有九伐之法。祈、圻、畿同。○祈，巨衣反。父音甫，下同。【疏】祈父三章章四句○正義曰：經三章皆勇力之士責祈父之辭，以刺王也。○箋祈父至畿同○正義曰：下傳以祈父為司馬，故言其所掌之事。大司馬序云：王六軍。是掌六軍之事也。其職曰：掌九伐之法，以正邦國。馮弱犯寡則眚之，賊賢害民則伐之，暴內陵外則壇之，野荒民散則削之，負固不服則侵之，賊殺其親則正之，放弒其君則殘之，犯令陵政則杜之，外內亂、鳥獸行則滅之。是有九伐之法也。由其軍征伐之事，故有苦樂之愬。言其所掌也。此職掌封圻兵甲，當作畿字，今作圻者，解之古者祈、圻、畿同字，得通用，故此作祈，尚書作圻，故曰祈父也。或作壽，按孔注尚書直留反。鄭古疇字。

祈父，予王之爪牙。祈父，司馬也，職掌封圻之兵甲。箋云：此勇力之士責司馬之辭也。我乃王之爪牙，爪牙之士當為王閑守之衛。**胡轉予于恤，靡所止居？**恤，憂也。宜予王之爪牙，汝何移我於憂，使我無所止居乎？謂見使從軍，與羌戎戰於千畝而敗之時也。六軍之士出自六鄉，法不取於王之爪牙之士。【疏】祈父至止居○正義曰：時人以宣王之時，勇力之士呼司馬之官曰祈父，我是王之爪牙之士，所職有常，不應遷易，汝何為移我於所憂之地，使我無所止居乎？由宣王不明，使人不稱，故陳之以刺王。○箋此司馬掌封畿之兵甲，故以職號之，故曰祈父。以傳未明，更申其說。此父書曰若疇圻父謂司馬也。言古亦謂司馬為祈父，故引之。若疇圻父，酒誥之文也。彼注云：順本作若疇。與鄭義不合，謀也。又解祈父為爪牙所責之意。司馬掌祿士，故司士屬焉，是爵祿由司馬。主爪牙之士又有司士，其職曰：以德詔爵，以功詔祿。王制曰：司馬辨論官材，論進士之賢者，以告於王，而定其論。論定然後官之，任官然後爵之，位定然後祿之。司馬告於王，因言其進退之處，然後祿之，故怨皆是司馬所掌。以此故責之。司右職曰：凡國之勇力之士能用五兵者屬焉。注云：勇力之士屬焉，選右當於中。虎賁之士即勇力之士也。引之者，證言王之爪牙即勇力之士也。周禮王之子弟屬焉。記周本紀云：宣王即位四十六年而崩。毛知此當姜戎敗之時者，以宣王之末年，有千畝之敗，自恤為有危憂之事。美宣王命程伯休父為大司馬，蓋休父已卒。○正義曰：鳥用爪以防衛，獸用牙以防衛，士以鳥獸為喻也。知爪牙之士當為王閑守之衛者，以其言爪牙，是勇力之士也。當轉於憂者，有勇力而不是當轉於憂也。守衛者，司右正言勇力屬焉，不言使之守衛，下大僕以文之，則其職有云大喪。而彼以卒二人，其官則虎賁氏掌先後王而趨以卒伍，軍旅會同亦如之，舍則守王閑，王在國則守王宮，國有大故則守王門。是虎賁之徒既為王宿衛，王出則從，是虎賁之徒士不在其間。若車右則為之右，非從征之則為步卒，故恨之也。傳云虎賁之士亦不言其官屬，大明云不在宿衛者，以守衛之士雖無常職，然從軍不為其官。故恨移我於憂也。國語云宣王不籍千畝，虢文公諫而不聽。三十九年，戰于千畝，王師敗績于姜氏之戎。是千畝之戰也。宣王不籍千畝，則千畝是籍田之名也。戰于千畝者，不必在籍田之中，或然也。大夫使各帥其鄉之眾，五家為比，五比為閭，四閭為族，五族為黨，五黨為州，五州為鄉。軍一旅，又曰凡起徒役，毋過家一人。是出自六鄉也。又解此爪牙之士所以不應從征者，以六軍之士出自六鄉，法不取於王之爪牙之士也。

祈父，予王之爪士。士，事也。**胡轉予于恤，靡所底止。**底，至也。○底，之履反。**祈父，亶不聰。**亶，誠也。○亶，都旦反。**胡轉予于恤，有母之尸饔。**尸，陳也。熟食曰饔。箋云：己從軍，而母為父

陳饌飲食之具自傷不得供養也○供九用反養羊亮反【疏】祈父至尸饔○正義曰上恨身無所居此恨不得供養責之曰祈父汝誠是不聰慧之人汝若聰慧何爲移我於憂危之地令我不得居家供養使我所有尊母令之陳熟食以奉父乎○傳熟食曰饔○正義曰對例則飪爲熟散則通此云尸是陳之辭明熟食故可陳也○箋已從至供養○正義曰千畝之戰王之郊內勝負不至多時而恨其不得代母爲父陳食者時王室既衰戰則恐敗恨其轉已故舉此以刺不得爲多歷時日而恨也許氏異義引此詩曰有母之尸饔謂陳饔以祭志養不及親彼爲論饔飧生死不爭此文故不駮之其義當如此箋非爲祭也

祈父三章章四句

白駒。大夫刺宣王也。刺其不能留賢也○白駒馬五尺以上曰駒

皎皎白駒。食我場苗。縶之維之。以永今朝。宣王之末不能用賢賢者有乘白駒而去者縶絆維繫也箋云永久也願此去者乘其白駒而來使食我場中之苗我則絆之繫之以永今朝愛之欲留之○皎古了反絜白也場直良反縶陟立反徐丁立反絆音半繫足曰絆所謂伊人。於焉逍遙。箋云伊當作繄繄猶是也所謂是乘白駒而去之賢人今於何遊息乎思之甚也○焉於虔反又如字下同○繄烏兮反【疏】白駒四章章四句皎皎至逍遙○正義曰宣王之末不能用賢有賢人乘皎皎然白駒而去者我願其乘此白駒而來食我場中之苗我則縶絆之維持之謂絆縶其馬留其人以久今日之朝既思而不來又述而言曰所謂是乘白駒而去之賢人今於何處逍遙遊息乎不知所適言思見之甚也以久今朝者得賢人與之言話則今日可長久猶山有樞云且以永日也○傳宣王至縶絆○正義曰以宣王之行初善後惡烝民序云任賢使能周室中興明是初時事此刺不能留賢故知宣王之末也僖二十八年左傳曰韅靷鞅靽杜預云在後曰靽則縶之謂絆其足維之謂繫靽也○箋食我場中之苗○正義曰言食苗藿則夏時矣七月注云春夏爲圃秋冬爲場場人注云場築地爲墠季秋除圃中爲之此宜云圃而言場者以場圃同地耳對則四時異名散則繫其本地雖夏亦名場也

皎皎白駒。食我場藿。縶之維之。以永今夕。藿猶苗也夕猶朝也○藿火郭反所謂伊人。於焉嘉客。

皎皎白駒。賁然來思。賁飾也箋云願其來而得見之易卦曰山下有火賁賁黃白色也○賁彼義反徐音奔毛鄭全用易爲釋爾公爾侯。逸豫無期。爾公爾侯邪何爲逸樂無期以反也○樂音洛慎爾優游。勉爾遁思。慎誠也箋云誠女優游使待時也勉女遁思度已終不得見自訣之辭○遯字又作遂徒遜反徐徒損反度待洛反下音紀訣音決【疏】皎皎至遁思○正義曰言有賢人乘皎皎然白駒而去者其服賁然而有盛飾已願其來思而得見之也既願而來即責之公侯之尊可得逸豫若非公侯無逸豫之理爾豈是公也爾豈是侯也何爲亦逸豫無期以反乎思而不來設言與之訣汝誠在外優遊之事勉力行汝遁思之志勿使不終也極而與之自訣之辭也此來思遁思二思皆語助不爲義也○傳賁飾箋易卦至白色○正義曰賁飾易序卦文山下有火賁易象文也賁卦離下艮上艮爲山離爲火故言山下有火以火照山之石故黃白色也其卦名曰賁者鄭云離爲日日天文也艮爲石地文也天文在下地文在上天地之文交相而成賁賁然是也此賁賁必爲賢者之貌箋傳不言貌此思賢者當以車服表之皎皎爲馬之貌賁不宜爲人之貌蓋謂其衣服之飾也

皎皎白駒。在彼空谷。空大也生芻一束。其人如玉。箋云此戒之也女行所舍主人之餼雖薄要就賢人其德如玉然○芻楚俱反毋金玉爾音。而有遐心。箋云毋愛女聲音而有遠我之心以恩責之也○毋音無本亦作無毋字與父母之字不同宜詳之他皆倣此【疏】皎皎至遐心○正義曰言有乘皎皎然白駒而去之賢人今在彼大谷之中矣思而不見設言形之汝於彼所至主人禮餼待汝雖薄止有其生芻一束耳當得其人如玉者而就之不可以貪餼而棄賢也又言我思汝甚矣汝雖不來當傳書信毋得金玉汝之音聲於我謂自愛音聲貴如金玉不以遺問我而有疏遠我之心已與之有恩恐遂疏已故以恩責之冀音信不絕○傳空大○正義曰以谷中容人隱焉其空必大故云空大非訓空爲大桑柔云有空大谷是空谷大也此云在彼空谷則知其所適上云於焉逍遙及於焉嘉客爲不知所適之辭者以思之不得故言不知所在此以賢者隱居必當潛處山谷故舉以爲言空谷非一猶未是知其所在也○箋毋愛女聲音○正義曰定本集注皆然

白駒四章章六句

黃鳥。刺宣王也。刺其以陰禮教親而不至聯兄弟之不固○聯音連【疏】黃鳥三章章七句○箋刺其至不固○正義曰箋解婦人自爲夫所出而以刺王之由刺其以陰禮教男女之親而不至篤聯結其兄弟夫婦之道不能堅固令使夫婦相棄是王之失教故舉以刺之也大司徒十有二教其三曰以陰禮教親則民不怨又曰以本俗六安萬民其三曰聯兄弟是鄭所引之文也言不至不固鄭以義增之彼注云陰禮謂男女之禮昏姻以時男不曠女不然是也謂之陰者以男女夫婦寢席之上陰私之事故謂之陰禮秋官士師云凡男女之陰訟聽之於勝國之社是謂男女之事爲陰也彼注又云聯猶合也兄弟謂昏姻嫁娶是謂夫婦爲兄弟也夫婦而謂之兄弟者刻傳曰執禮而行兄弟之道何休亦云圖安危可否兄弟之義故比之也

黃鳥黃鳥。無集于穀。無啄我粟。興也黃鳥宜集木啄粟者喻天下室家不以其道而相去是失其性○啄陟角反此邦之人。不我肯穀。穀善也箋云不肯以善道與我言旋言歸。復我邦族。宣王之末天下室家離散妃匹相去有不以禮者箋云言我復反也○匹妃音配【疏】黃鳥至邦族○正義日言人有禁語云黃鳥黃鳥無集於我之穀木無啄於我之粟然黃鳥宜集木啄粟今而禁之是失其性喻婦人述男子禁已云婦人無居我之室無得啄我之食然婦人之在夫家宜居室啄食今夫禁已是失其夫婦之所宜也婦人見其如此知必棄已即與之訣別而去之曰此邦國之人已於我若此則不我肯以善相與是不肯以善道與我也故我今迴旋我今還歸復反我邦國宗族矣言此邦之人復我邦族者言夫與已不善居異所耳不必即他邦也

黃鳥黃鳥。無集于桑。無啄我粱。此邦之人。不可與明。不可與明夫婦之道箋云明當爲盟盟信也言旋言歸。復我諸兄。婦人有歸宗之義箋云宗謂宗子也【疏】不可至諸兄○毛以爲婦人既被夫棄已言此邦國之人不可與明夫婦之道今我迴旋我還歸復反我宗族之兄家也○鄭唯不可與盟爲異○傳不可至之道○正義曰夫婦之道以義居者也當同居共食今而禁之闇昧於三綱之道苟欲出之不知婦人非七出不得去是不可與明夫婦之道也○箋明當爲盟盟信○正義曰易傳者以下云不可與處言其夫不可與共處也此云不可與明亦當云其夫不可與共盟也若是明夫婦之道其曰明與否夫獨爲之非婦所當共故知字誤當作盟也曲禮下曰約信曰誓涖牲曰盟盟是信之誓之事故云盟信也禮諸侯有相背違者盟以信之而不信之人既盟復背此婦爲夫所薄意欲盟而固之以其無信終必棄已故云不可與盟也○傳婦人有歸宗之義○正義曰傳言於此言歸宗者以婦人所尊者其兄也因此諸兄之文故言歸宗喪服爲昆弟之爲父後者傳曰何以朞也婦人雖在外必有歸宗曰小宗故服朞也此以諸兄爲宗之文也彼所言歸宗唯謂大夫以下其妻父母沒有歸寧於宗要被出還家亦爲歸宗故準彼而言也箋恐謂宗是大宗故云謂宗子亦謂宗兄也

黃鳥黃鳥。無集于栩。無啄我黍。此邦之人。不可與處。處居也○栩況甫反言旋言歸。復我諸父。諸父猶諸兄也

黃鳥三章章七句

毛詩注疏挍勘記（十一之二）　阮元撰盧宣旬摘錄

○鴻鴈

鴻鴈美宣王也　毛本鴈誤雁明監本以上不誤餘同此

今還歸本宅安止　閩本明監本毛本同案安當作定

明其王先據散民　閩本明監本毛本其誤宣案王當作止形近之譌

箋云鴻鴈知避陰陽寒暑　小字本相臺本同案正義云故傳辨之云大曰鴻小曰鴈也知避陰陽寒暑者云故箋云喻民知去無道就有道標起止云傳大曰鴻至寒暑是正義本鴻鴈知避陰陽寒暑八字在傳箋云二字在其下也

明君安集之　閩本明監本毛本同案十行本明君安剜添者一字

傳既以之子爲侯伯卿士　閩本明監本毛本同案十行本既至爲剜添者一字

何休注云公羊　閩本明監本毛本同案浦鏜云誤衍云字

○庭燎

美宣王也因以箴之　小字本相臺本同唐石經初刻作美宣王因以箴也後改同今本案正義標起止云至箴之釋文以箴之作音初刻誤也

央且也　小字本相臺本同案此正義本也標起止云傳央且釋文云且七也反又子徐反又音旦段玉裁云且薦也凡物薦之則有二層未且猶言未漸進也與未艾向晨爲次第若作旦字與向晨不別矣釋文且字或誤旦

今正詳後考證

供蕡燭庭燎 閩本明監本蕡誤墳毛本不誤

以一夜始譬一世 閩本明監本毛本始誤如

○沔水

規圭仁恩也 小字本相臺本同考文古本同閩本明監本毛本圭誤王

無所在心也 小字本相臺本同考文古本在字亦同閩本明監本毛本在作懼案在字是也正義云無所懼也乃正義自爲文不當依以改箋

女自恣聽不朝 小字本相臺本同案正義云箋云自恣不朝集注及定本恣下有聽字此正義本是也有者衍

言放縱無所入也 小字本相臺本同案正義云定本云放衍無所入集注云放恣標起止云傳言放縱無所入考文古本縱作恣采正義

此篇主責諸侯之自恣 毛本主誤王閩本明監本不誤

二章章八句 小字本相臺本同唐石經二章字磨改其初刻不可知也

○鶴鳴

尚有樹檀而下其蘀 小字本同閩本明監本毛本同相臺本有作其案有字是也此鄭經爰有之有也正義云曰以上有善樹之檀亦其證

它山之石 唐石經小字本相臺本同考文古本同閩本明監本毛本它誤他下章同案釋文云它古他字考此字與鄭柏舟漸漸之石經同餘經或作他用字不盡一之例也正義應易爲他十行本正義中作它乃以經字改之耳

其名聞於朝之閒 明監本毛本朝下有廷字閩本剜入案所補是也

以與人有能深隱者 閩本明監本毛本深下衍於字案十行本入至深剜添者一字是深字亦衍也

非但在朝爲人所親 閩本明監本毛本同案浦鏜云親當觀字誤是也

其下維穀 唐石經相臺本同小字本穀作榖閩本同明監本毛本榖誤穀餘同此

幽州人爲之穀桑 閩本明監本毛本爲作謂案所改是也

○祈父

正義曰經二章 閩本明監本毛本同案浦鏜云三誤二是也

執而治其正殺之 閩本明監本毛本其下有罪字案所補非也正當作罪

犯令陵政則之杜塞 閩本明監本毛本作則杜之杜塞案十行本令至下塞字剜添者三字當是但有則杜之耳十行本塞杜塞三字衍杜之誤倒閩本以下亦衍杜塞二字

則滅之□□□誅滅去之 閩本明監本毛本之下誤不空案依大司馬注考之空處當是悖人倫三字也○補今依挍補正

書曰若疇圻父 小字本相臺本同案此定本也正義云酒誥文也彼注云順壽萬民之圻父又云定本作若疇與鄭義不合誤也釋文云若疇此古疇字本又作壽按孔注尚書直留反馬鄭音受考此箋是鄭自用其讀而引之正義本爲長

羌戎爲敗 小字本相臺本同閩本明監本毛本亦同案正義引周語云王師敗績於姜氏之戎考韋注以爲西方之種四嶽後是羌字當作姜周本紀文同集解亦引韋注皆可證

若疇圻父 閩本明監本毛本同案疇當作壽下若疇圻父同

是未有姜戎之敗也 閩本明監本毛本未誤末

然然則爲王閑守〔補〕案然然誤重宜衍一字

靡所底止 唐石經小字本相臺本同閩本明監本毛本底作厎案釋文厎之履反至也

○白駒

大夫刺宣王也 小字本相臺本同唐石經初刻幽後改宣案初刻誤也

以永今朝 閩本明監本毛本同小字本相臺本永作久考文古本同案久字是也正義云以久今朝者可證

白駒四章章四句 閩本明監本毛本同案浦鏜云六誤四是也

所謂是乘白駒而去之賢人今於何處 閩本明監本毛本同案十行本人至何剜添者一字

散則繼其本地 閩本明監本毛本同案繼當作槩

艮爲石地文也 閩本明監本毛本誤重石字

此賁賁必爲賢者之貌 閩本明監本毛本誤脫一賁字

毋愛女聲音 小字本相臺本同案正義云定本集注皆然是當時本或不如此也但未有明文今無可考考文古本女下有之字以正義自爲文者添耳

猶未是知其所在也 閩本明監本毛本脫是字

○黃鳥

列傳曰執禮而行兄弟之道 閩本明監本毛本同案列下浦鏜云脫女字是也在毋儀魯師氏毋傳中今本失此篇雞鳴正義亦引此傳是其證

喻天下室家不以其道而相去是失其性 小字本相臺本同案此傳十六字是箋喻上當有箋云與者四字因省字複出而誤脫也章末傳云宣王之末室家離散妃匹相去有不以禮者不應上已有此傳又箋例言喻見螽斯正義各本皆誤今正之

附釋音毛詩注疏卷第十一（十一之二）

毛詩小雅　鄭氏箋　孔穎達疏

我行其野。刺宣王也。刺其不正嫁取之數而有荒政多淫昏之俗〔疏〕我行其野三章章六句。箋刺其至之俗。正義曰凡嫁娶之禮天子諸侯一娶不改其大夫以下其妻或死或出容得更娶非此亦不得更娶此爲嫁娶之數謂禮數也昭三年左傳子大叔謂梁丙張趯說朝聘之禮張趯曰善哉吾得聞此數是謂禮爲數也今宣王之末妻无犯七出之罪无故棄之更婚王不能禁是不能正其嫁娶之數大司徒曰以荒政十有二聚萬民十日多昏注曰荒凶年也鄭司農云多昏不備禮而娶昏者多也彼謂國家凶荒民貧不能備禮乃寬之使不備禮物而民多得昏今宣王之時非是凶年亦不備禮多昏豈年而有此俗故刺王也經云求爾新特言其不以禮來不肯媵是當時不備禮而昏也詩所述者一人而已但作者揔一國之事而爲辭故知此不以禮昏成風俗也

我行其野。蔽芾其樗。昏姻之故。言就爾居。樗惡木也箋云樗之蔽芾始生謂仲春之時嫁取之月婦之父壻之父相謂昏姻言我也我乃以此二父之命故我就女居我豈其无禮來乎責之也○蔽必制反徐又方四反芾方味反樗勑書反　爾不我畜。復我邦家。畜養也箋云宣王之末男女失道以求外昏棄其舊姻而相怨〔疏〕我行至邦家○毛以爲有人言我行適於野采可食之菜唯得蔽芾然樗之惡木以興婦人言我嫁他族以求夫唯得无行不信之惡夫既得惡夫遇已不善乃責之言我以我父之昏爾父之姻二父勑命之故我就爾而居處爲室家耳我豈无禮而來乎而惡我也爾既不我畜養今當復反我之邦家矣與之自訣之辭鄭唯上二句記時爲異餘同○傳樗惡木○正義曰七月云采荼薪樗唯取薪薪惡木也毛以秋冬爲昏不得有記時之事王肅云行遇惡木言已適人遇惡夫也○箋樗之至責之○正義曰樗是木也言蔽芾始生謂葉在枝條始生非木根始生於地也仲春草木可采故言仲春之時嫁娶之月矣婦之父壻之父相謂爲昏姻釋親文也此及二章並言昏姻故言二父之命卒章止有姻唯據壻之父耳故言汝不思汝老父之命

我行其野。言采其蓫。昏姻之故。言就爾宿。蓫惡菜也箋云蓫牛蘈也亦仲春時生可采也○蓫勑六反本又作蓄藬本又作蘈徒雷反　爾不我畜。言歸斯復。復反也〔疏〕箋遂生蘈○正義曰此釋草無文陸機疏云今人謂之羊蹄定本作牛蘈

我行其野。言采其葍。不思舊姻。求爾新特。葍惡菜也新特外昏也箋云葍也亦仲春時生可采也壻之父曰姻我采葍之時以禮來嫁女女不思女老父之命而棄我而求女新外昏特來之女責之也不以禮嫁必無肯媵之○葍音福葍音富女並音汝媵音孕又繩證反　成不以富。亦祇以異。祇適也箋云女不以禮爲室家成事不足以得富也女亦適以此自異於人道言可惡也○祇音支惡烏路反〔疏〕不思至以異○正義曰取妻者受父之命故今引以責之言父本命汝以我爲妻汝何不思憶舊時老父之命反棄我而求汝新外昏特來之女也汝如是不以禮爲室家誠不以是而得富亦適可以此異於人耳人悉偕老汝獨相棄是異於人也○傳葍惡

菜新特外昏。○正義曰：陸機疏云：葍一名葍，幽州人謂之燕葍，其根正白，可著熱灰中溫噉之，飢荒之歲可蒸以禦飢。昏姻對文則男婚女姻，散則通，故外來之婦爲外昏也。○箋「不以至媵之」。○正義曰：此解新特之義。特謂獨來夫家，由不以禮嫁，必無人肯媵送之，故獨來也。禮，大夫乃一妻二妾，是有姪娣爲媵。士庶人則不能備矣。此詩所述，下及庶人，本自無媵，而云無肯媵者，釋言云：「媵，送也。」妾送嫡而行，故謂妾爲媵。媵之名不專施妾，凡送女適人者，男女皆謂之媵。僖五年左傳晉人滅虞，執其大夫井伯，以媵秦穆姬。史傳稱伊尹有莘氏之媵氏之媵臣，是送女者雖男亦名媵也。此不以禮嫁，其父母之家男子婦女皆無肯媵之，故獨來耳，非謂當有姪娣媵也。

我行其野三章，章六句

斯干，宣王考室也。考，成也。德行國冨，人民殷衆，而皆佼好，骨肉和親，宣王於是築宮廟羣寢，既成而釁之，歌斯干之詩以落之，此之謂成室。宗廟成則又祭祀先祖。○佼，古卯反。釁，許靳反。落如字，始也，或作樂，非。

【疏】「斯干」九章，首章七句，二章、三章、四章、五章五句，六章七句，七章五句，八章、卒章章七句。○正義曰：作斯干詩者，宣王考室也。考，成也。宣王既德行民冨，天下和親，乃築廟寢，成而與羣臣安燕而樂之，此之謂成室也。人之所居曰室，宮寢稱室，是其正也。但君子將營宮室，宗廟爲先，故鄭以爲亦脩宗廟。室是揔稱，言室足以兼之。毛傳不言廟，王肅云：宣王脩先祖宮室，儉而得禮。孫毓云：此宣王考室之詩，無作宗廟之言。孫、王並云述毛，則毛意此篇不言廟也。築室必先脩廟，但作者言不及耳。經雖皆是考室之事，正指其文，則「乃安斯寢」是也。故箋云：「寢既成，乃鋪席與羣臣安燕爲歡以樂之。」是考室之事也。宣王中興賢君，其所以作者，非欲崇飾奢侈，妨害民務，國冨民豐，乃造之耳。故首章言天下親冨，二章乃作之，三章言作之攻堅，四章言得其形制，五章言庭室寬明，六章乃言考之也。既考之後，居而寢宿，下至九章，言其夢得吉祥，生育男女，貴爲王公，慶流後裔，因考室而得，然故考室可以兼之也。○箋「考成至先祖」。○正義曰：「考，成」，釋詁文。「德行」者，即「秩秩斯干」是也。「國冨」者，「幽幽南山」是也。「人民殷衆而皆佼好」，次二句是也。「骨肉和親」，即下三句是也。宣王承亂離之後，先務冨民，民冨情親，乃使之築宮廟羣寢。築作既成，其廟則神將休焉，則而以禮釁塗之；其寢則王將居焉，設盛食燕羣臣，歌斯干之詩以歡樂之，此之謂成室也。言成者，非直築成而巳，通謂國冨民和，樂共作力以成其事。廟則既爲釁禮，使神得安焉；室則既爲歡燕，使人得處焉。人神各有攸處，然後謂之爲成，故言「此之謂成室」以結之。說文云：「釁，血祭也。」賈逵云：「殺而以血塗鼓，謂之釁鼓。」則釁者，以血塗之名。雜記下曰：「成廟則釁之，其禮：雍人拭羊，舉羊升屋，自中屋南面，刲羊，血流於前，乃降。」是釁廟禮也。昭四年左傳：叔孫爲孟丙作鐘，饗大夫以落之。服虔云：「釁以豭豚爲落。」則又一名落，蓋謂以血蕘之也。雜記云：「路寢成則考之而不釁。」注云：「設盛食以落之。」卽引檀弓晉獻文子成室，諸大夫發焉，是樂之事。下箋亦云「安燕爲歡以樂之」，是成據經，「乃安斯寢」是考室之事，而於經無釁廟之云。鄭云「而釁之」者，鄭以「似續妣祖」爲築宮廟，廟成必當釁，室尚燕樂，明廟釁可知也。雜記之文，廟成則釁，寢成則考。此序言考室，箋得兼云釁廟者，此考之名，取義甚廣，乃國冨民殷，居室安樂，皆是考義，猶無羊云考牧，非獨據一燕食而巳，故知考室之言可以通釁廟也。言歌斯干之詩以樂之者，歌謂作此詩也。宣王成室之時，與羣臣燕樂，詩人述其事以作歌，謂作此詩。斯干所歌，皆是當時樂事，故云歌斯干之詩以樂之，非謂當樂之時巳有斯干可歌也。本或作「樂以釁」，又名落。定本、集注皆作「落」，未知孰是。云「宗廟成則又祭先祖」，敘君子攸躋之言。箋以躋謂升廟祭祀，故又言此以敘之。

秩秩斯干，幽幽南山。興也。秩秩，流行也。干，澗也。幽幽，深遠也。箋云：興者，喻宣王之德如澗水之源，秩秩流出，無極巳也。國以饒冨，民取足焉，如於深山。○秩，直乙反。澗，音諫。

如竹苞矣，如松茂矣。苞，本也。箋云：言時民殷衆，如竹之本生矣；其佼好，又如松柏之暢茂矣。

兄及弟矣，式相好矣，無相猶矣。猶，道也。箋云：猶當作瘉。瘉，病也。言時人骨肉用是相愛好，無相詬病也。○好，呼報反。猶，毛如字，鄭改作瘉，羊主反。詬，呼豆反。

【疏】「秩秩」至「猶矣」。○毛以爲秩秩然出無極巳者，此澗水之流也，以興施無有窮者，此宣王之德也。言王德之無窮，猶澗水流之不竭。幽幽然深遠，材物豐積者，南山也，以興貨殖盈足者，王國也。王貨物豐殖，民用饒足，亦似深山之有材也。民既豐冨，得以生長，故其民衆多，如竹之叢生，根本之衆矣。其長大又佼好，如松木之葉，常冬夏暢茂，無衰落矣。其兄與弟矣，用能相好樂矣，無相責以道矣。○鄭唯無相詬病爲異，餘同。○傳「干，澗」。○正義曰：釋山云：「夾水曰澗。」不訓干爲澗，正以秩秩宜爲流貌，斯干共秩秩連文，與南山相對，故知干爲澗也。漸卦鄭注云：「干，謂大水之傍，故停水處。」者彼以鴻之所居，故爲舊停水處，與此異也。○箋「國以至深山」。○正義曰：言宣王國冨，民又饒足，取則有之，如於山之取材，故以喻焉。言國冨者，國以民爲體，正謂民間饒足，非聚財於官，民取官材也。○箋「言時民至茂矣」。○正義曰：以竹言苞，而松言茂，明各取一喻。以竹筍叢生而本穊，松葉隆冬而不彫，故以爲喻。其實竹葉亦冬青。禮器曰：「如竹箭之有筠，如松栢之有心。故貫四時而不改柯易葉。」是也。○傳「猶，道」。○正義曰：釋詁文。○箋「猶當」至「詬病」。○正義曰：箋以相猶與相好對文，言無相猶矣，當謂無相惡之事。若相責以道，未是傷義賊恩，雖無此事，未足多善，不當舉以爲詠也。角弓曰：「不令兄弟，交相爲瘉。」則相病是兄弟之惡事。猶、瘉聲相近，故知字誤也。言詬罵相病害也。

似續妣祖，似，嗣也。箋云：似讀如巳午之巳。巳續妣祖者，謂巳成其宮廟也。妣，先妣姜嫄也。祖，先祖也。○似，毛如字。妣，必履反。嫄，本或作原，音同。

築室百堵，西南其戶。西鄉戶，南鄉戶也。箋云：此築室者，謂築燕寢也。百堵，百堵一時起也。天子之寢，有左右房，西其戶者，異於一房者之室戶也。又云南其戶者，宗廟及路寢，制如明堂，每室四戶，是室一南戶爾。○鄉，本又作嚮，同，許亮反，下同。

爰居爰處，爰笑爰語。箋云：爰，於也。於是居，於是處，於是笑，於是語。言諸寢之中皆可安樂。○樂，音洛。

【疏】「似續」至「爰語」。○毛以爲言王既能使國冨和親，則又嗣續先祖先妣之功，故築其居室，百堵皆起，或西其戶，或南其戶，言路寢羣室皆作之也。作之既成，乃於是居，於是處，於是笑，於是語焉。先妣後祖者，取會韻也。又以下有男女安寢之事，故兼云先妣。○鄭以爲宣王既以於國門之左，在巳之地，繼續立先妣姜嫄、先祖后稷以下之廟，然後乃宮內築燕寢之室，百堵同時起之，比一房之室爲西其戶，比宗廟路寢是室爲南其戶，於是燕寢之中居處笑語焉。燕寢言築及百堵之戶，則宗廟與明堂路寢亦築而同時，有戶制可知。宗廟言所立之地，則燕寢亦有其處，各舉義韻以言耳。○箋「似讀」至「先祖」。○正義曰：箋以似、續同義，不須重文，故似讀爲巳午之巳。巳與午比辰，故連言之。直讀爲巳，不云字誤，則古者似、巳字同。「於穆不巳」，師徒異讀，是字同之驗也。周禮左宗廟，在雉門外之左，門當午地，則廟當巳地也。謂既在巳地而續立其妣祖之廟，然後營宮室，故云「謂巳成其宮廟也」。君子將營宮室，宗廟爲先，故知巳成其宮廟，乃築室也。知妣是先妣姜嫄者，以特牲、少牢祭祀之禮，皆以其妃配夫而食，無特立妣之廟者。春官大司樂職：「舞大濩以享先妣，舞大武以享先祖。」妣先於祖，用樂別祭，則周之先妣有不繫於夫而特立廟矣。閟宮、生民說姜嫄生后稷以配天，爲周之王業，則周之先妣特立廟者，唯姜嫄耳。此妣文亦在祖上，故知是姜嫄也。祖，先祖，不斥號諡，則后稷、文、武兼親廟亦在其中。司樂七廟同用樂，言先祖以揔之，明先祖之文兼通諸廟也。○傳「西」至「鄉戶」。正義曰：傳不言此爲路寢之制，則此據天子之宮，其室非一，在北者南戶，在東者西戶耳。推此，有東嚮戶、北嚮戶，故孫毓云：「猶南東其畝。」○箋「此」至「戶」。正義曰：以上爲立廟，故此爲居室。然似續妣祖之言，文中不容路寢，則築室百堵，路寢亦宜在焉。獨言此築室謂築燕寢者，路寢作與燕寢同時，而制與宗廟相類，此西南其戶，非路寢之制，故特言燕寢。其路寢文雖不載，亦作之可知。言天子之寢有左右房者，以天子之燕寢卽諸侯之路寢，禮，諸侯之制也有夾室。又士喪禮小斂，婦人鬈於室，而喪大記諸侯之禮云小斂，婦人鬈帶麻於房中。以士喪男子括髮在房，婦人鬈於室，无西房故也。士喪禮婦人鬈於室，在男子之西，則諸侯之禮婦人鬈於房，亦在男子之西，是有西房矣。有西房自然有東房，是諸侯路寢有左右房也。天子路寢既制如明堂，自然燕寢之制當如諸侯路寢，故知天子之燕寢有左右房也。既有左右，則室當在中，故西其戶者，異於一房之室戶也。大夫以下無西房，唯有一東房，故室戶偏東，與房相近。此戶正中，比之爲西其戶矣。知大夫以下止一房者，以鄉飲酒義云「尊於房戶之間，賓主共之」，由無西房，故以房與室戶之間爲中也。但大夫禮直言房，不言東西房，是房無所對故也。若然，特牲云「豆籩鉶在東房」者，鄭注云：「謂房中之東，當夾北。」非對西戶也。鄉飲酒記云「薦出自左房」，鄉射記云「出自東房」者，以記人以房居東在左，因言之。記非經，無義例也。又解南其戶者，宗廟及路寢制如明堂，每室四戶，是燕寢之室獨一南戶耳，故言西其戶也。知宗廟及路寢制如明堂者，明堂位曰：「太廟，天子明堂。」又月令說明堂而季夏云「天子居明堂太廟」，以明堂制與廟同，故以太廟同名其中室，是宗廟制如明堂也。又宗廟象生時之居室，是似路寢矣，故路寢亦制如明堂也。又匠人云：「夏后氏世室，殷人重屋，周人明堂。」注云：「世室，宗廟也。重屋者，王宮正室，若大寢也。明堂者，明政教之堂也。」此三者不同，而三代各舉其一，是欲互以相通，故鄭云「此三者或舉宗廟，或舉王寢，或舉明堂，互言之以明其同制」，是宗廟及路寢制如明堂也。彼三者並陳，此言如明堂者，以周制舉明堂爲文，故以宗廟及路寢制如之也。彼文說世室曰「五室四傍兩夾窗」，注云「窗助戶爲明也，每室四戶八窗」，以言四傍，是四方傍開。又云兩夾窗，是一戶兩窗夾之，以此知每室四戶也。宣王都在鎬京，此考室當是西都宮室。顧命說成王崩，陳器物於路寢，云「胤之舞衣、大貝、鼖鼓在西房，兌之戈、和之弓、垂之竹矢在東房」。若路寢制如明堂，則五室皆在四角與中央，而得左右房者，鄭志荅趙商云：「成王崩之時，在西都。文王遷豐，作靈臺、辟廱而巳，其餘猶諸侯制度。故喪禮設衣物之處，寢有夾室與東西房也。周公攝政，致太平，制禮作樂，乃立明堂於王城。」如鄭此言，則西都宗廟路寢依先王制，不似明堂。此言如明堂者，鄭志荅張逸云：「周公制禮，土中洛誥『王入太室裸』是也。顧命成王崩於鎬京，承先王宮室耳。宣王承亂，未必如周公之制。」以此二荅言之，則鄭意以文王未作明堂，其廟寢如諸侯制度。乃周公制禮，建國土中，以洛邑爲正都，其明堂廟寢，天子制度皆在王城爲之。其鎬京則別都耳，正

先王之宮室尚新周公不復改作故成王之崩有二房之位由承先王之室故耳及厲王之亂宮室毀壞先王作者無復可因宣王別更脩造自然依天子之法不復作諸侯之制故知宣王雖在西都其宗廟路寢皆制如明堂不復如諸侯也若然明堂周公所制武王時未有也樂記說武王祀乎明堂者彼注云文王之廟爲明堂制知者以武王既伐紂爲天子文王已稱王武王不得以諸侯之制爲父廟故知爲明堂制也○箋於是至安樂○正義曰居處義同以寢非一散言之耳此文雖承燕寢之下理亦兼有路寢周禮注云王路寢一小寢五下及后六宮此文亦可兼之故云諸寢之中皆可安樂

約之閣閣。椓之橐橐。約束也閣閣猶歷歷也橐橐用力也箋云約謂縮板也椓謂搯土也○閣音各椓陟角反橐音託本或作柝縮所六反搯呂忱丈牛反沈呂菊反說文音勑周反引也從手留聲○

風雨攸除。鳥鼠攸去。君子攸芋。芋大也箋云芋當作幠幠覆也寢廟既成其牆屋弘殺則風雨之所除也其堅致則鳥鼠之所去也其堂室相稱則君子之所覆蓋○除直慮反去也芋毛香于反鄭火吳反或作吁殺所界反致直置反本亦作緻同稱尺證反【疏】約之至攸芋○毛以爲王本作羣寢之時以繩約縮之繩在板上歷歷然均謂繩均板直則牆端正也既投土於板以杵椓築之皆橐橐然用力勤力而築則墻牢固也至若王寢既成其牆屋弘殺則風雨之所除其築作堅緻則鳥鼠之所去君子於是居中所以自光大也○鄭以爲摠宮廟羣寢下句君子之所覆蓋爲異○箋約謂搯土○正義曰緜云縮板以載是鄭所據也縮約皆謂以繩纏束之若今之牆祗也此椓之橐橐猶緜云築之登登故傳皆以爲用力如椓杙之椓正謂以杵築之也言椓謂搯土者取壞土投之板中搯使平均然後椓之也搯者以手平物之名故字從手○傳芋大○正義曰孫毓云宮室既成君子處之所以爲自光大○箋芋當至覆蓋○正義曰芋當作幠讀如亂如此幠以聲相近故誤耳幠覆也鄭以義言之爾雅無此訓也以下攸躋爲君子所升攸寧爲君子所安則知此爲君子所覆故云其堂室相稱則君子之所覆蓋故反以類上去鳥鼠除風雨文勢同也

如跂斯翼。如人之跂竦翼爾跂音企竦粟勇反○**如矢斯棘。如鳥斯革。**棘稜廉也革翼也箋云棘戟也如人挾弓矢戟其肘如鳥夏暑希革張其翼時○棘居力反韓詩作朸朸隅也旅郎反革如字韓詩作翺云翅也稜力登反挾子洽反又子協反又音協肘張九反**如翬斯飛。君子攸躋。**躋升也箋云伊洛而南素質五色皆備成章曰翬此章四如者皆謂廉隅之正形貌之顯也翬者鳥之奇異者也故以成之焉此章主於宗廟君子所升祭祀之時○翬音輝雉名說文云大飛也躋子西反【疏】如跂至攸躋○毛以爲言宮室之制如人跂足竦此臂翼然如矢之鍬有此稜廉然如鳥之舒此革翼然如翬之此奮飛然宮室如此之美君子所以升處也矢鳥翬指形言之如跂不言人者義取於跂言跂則人可知也又人手似鳥翼以爲韻言跂翼則如人弭手直立以喻屋壁之土下正直也言如矢稜廉以喻四隅廉正也其斯革斯飛言簷阿之勢似鳥飛也翼言其體飛象其勢各取喻也○鄭以此章論宗廟如矢斯棘如人挾弓矢戟其肘亦喻之稜廉君子攸躋言升祭爲異耳○傳棘稜廉○正義曰言稜廉則指矢鍬之角爲棘焉蓋古有此名○箋棘戟至翼時○正義曰古語謂棘爲戟故明堂位曰越棘大弓隱十一年左傳曰子都拔棘皆戟也言如人挾弓矢戟其肘者謂射者左手弸弓而右手彎之則戟其肘謂右手之肘亦喻室之外廉隅也如鳥夏暑希革張其翼者堯典曰仲夏鳥獸希革注云夏時鳥獸毛疏皮見則言革者謂夏暑毛希皮革露見於此之時必舒其羽翼故不言翼而言革解其言革之本意○傳躋升○正義曰釋詁文孫毓云君子之所升處○箋伊洛至之時○正義曰伊洛而南素質五色皆備成章曰翬釋鳥文李巡曰素質五采備具文章鮮明雉白質五色爲文鳥如此色者希故云鳥之奇異者故以成之解比象既多最後言翬意也下云君子攸寧是寢息其中此言攸躋則是君子升下登上之辭王所尊者唯宗廟耳故知此章主宗廟言祭祀之時下章主寢室言燕息之時

殖殖其庭。有覺其楹。殖殖言平正也有覺言高大也箋云覺直也○殖市力反**噲噲其正。噦噦其冥。**正長也冥幼也箋云噲噲猶快快也正晝也噦噦猶煟煟也冥夜也言居之晝日則快快然夜則煟煟然皆寬明之貌○噲音快正音政噦呼會反冥毛莫形反鄭莫定反長王丁丈反崔直良反幼王如字本或作窈崔音杳煟音謂呂忱云火光貌**君子攸寧。**箋云此章主於寢君子所安燕息之時○【疏】殖殖至攸寧○毛以爲殖殖然平正者其宮寢之前庭也有覺然高大者其宮寢之楹柱也言宮寢庭既平正楹又高大宣王之所與翔列聚集於此者皆是讓德有禮之士噲噲然寬博其羣臣之長者噦噦然閑習其羣臣之幼者長幼有禮君子所以安也○鄭以爲言寢室殖殖然其庭平正有調直者其楹柱庭平也直處所寬明快快然其晝日居之也煟煟然其夜冥居之也院寬室明晝夜俱快君子之所安息也○傳有覺言高大○箋覺直○正義曰覺之爲訓爲大爲直故禮記注云覺大也直也傳以屋之爲美在於高大箋以柱之爲善貴於調直故異訓也○傳正長冥幼○正義曰正長釋詁文冥幼釋言文王肅云宣王之臣長者寬博噲噲然少者閑習噦噦然夫其所與翔於平正之庭列於高大之楹皆少長讓德有禮之士所以安也傳意或然而本或作冥幼者爾雅亦或作窈孫炎曰冥深闇之窈也某氏曰詩云噦噦其冥爲冥窈於義實安但於正長之義不允故據王注爲毛說冥所以得爲幼者郭璞曰幼穉者冥昧也○箋噲噲至之貌○正義曰箋以此說宮室之形狀庭楹之平直不得有長幼之義故以正爲晝冥爲夜快快煟煟爲室宮寬明之貌

下莞上簟。乃安斯寢。箋云莞小蒲之席也竹葦曰簟寢既成乃鋪席與羣臣安燕爲歡以落之○莞音官徐又九完反草叢生水中莖圓江南以爲席形似小蒲而實非也鋪普吳反又音敷樂音洛本亦作落○**乃寢乃興。乃占我夢。**言善之應人也箋云興夙興也有善夢則占之○應應對之應**吉夢維何。維熊維羆。維虺維蛇。**箋云熊羆之獸虺蛇之蟲此四者夢之吉祥也○熊回弓反羆彼宜反虺許鬼反蛇市奢反○【疏】下莞至維蛇○正義曰宣王命人下鋪莞蒲上施簟席乃與羣臣安燕爲歡樂於此寢室之中歡樂已訖乃於其中寢寐焉至晨乃興起焉於寐時有夢乃占我所夢之事其吉夢維何事乎維夢見熊羆與虺蛇耳言乃占我夢者王自言已夢命人占之下云大人占之乃是他人爲王占夢也言吉夢者當時未有吉凶據後占之爲吉故探言焉此乃安斯寢之下無傳毛氏爲燕以否未可明也○箋莞小蒲至落之○正義曰釋草云莞苻蘺某氏曰本草云白蒲一名苻蘺楚謂之莞蒲郭璞曰今西方人呼蒲爲莞蒲今江東謂之苻蘺西方亦名蒲用爲席言小蒲者以莞蒲一草之名而司几筵有莞筵蒲筵則有大小爲席精麤故得爲兩種席也知莞用小蒲者以司几筵設席皆麤者在下美者在上其職云諸侯祭祀之席蒲筵續純加莞席紛純以莞加蒲明莞細而用小蒲故知莞小蒲之席也竹葦曰簟者以常鋪在上宜用堅物故知竹簟也且詩每云簟茀用爲車蔽是竹簟可知以此考室之詩室之初成當有燕樂故爲寢室既成鋪席與羣臣安燕爲歡以樂之也定本作落此下莞上簟雖是與羣臣燕樂之席其室內寢臥衽席亦當然也士喪禮者士禮也云下莞上簟衽如初則平常皆莞簟也其寢臥之席自天子以下宜莞簟同○傳言善之應人○正義曰夢者應人之物善惡皆然此據下文言吉夢故云善之應人也故占夢云獻吉夢於王又曰乃舍萌于四方以贈惡夢是夢有善惡也○箋熊羆至吉祥○正義曰以熊羆四足而毛謂之獸虺蛇無足之物故謂之蟲也生男女之徵故四者夢之吉祥釋獸云羆如熊黃白文舍人曰羆如熊色黃白也郭璞曰似熊而長頭高腳猛憨多力能拔樹木關西呼曰貑羆釋魚云蝮虺博三寸首大如擘舍人曰蝮一名虺江淮以南曰蝮江淮以北曰虺孫炎曰江淮以南謂虺爲蝮廣三寸頭如拇指有牙最毒郭璞曰此自一種蛇人自名爲蝮虺今蛇細頸大頭色如文綬文間有毛似猪鬣鼻上有鍼大者長七八尺一名反鼻如虺類足以明此自一種蛇如郭意此蛇人自名蝮虺非南北之異蛇實是蟲以有鱗故在釋魚且魚亦蟲之屬也○

大人占之。維熊維羆。男子之祥。維虺維蛇。女子之祥。箋云大人占之謂以聖人占夢之法占之也熊羆在山陽之祥也故爲生男虺蛇穴處陰之祥也故爲生女○大音泰後大人同○【疏】箋大人至生女○正義曰以占夢之官中士耳而言大人占之明其法天人所爲故云聖人占夢之法占之聖人有法解則占之故左傳文公之夢子犯占之簡子之夢問諸史墨不必要占夢之官乃得占也此及無羊皆云大人占之則占夢者聖人之法正月云召彼故老訊之占夢譏之者以王不尚道德專信徵祥侮慢故老故刺之不謂夢不當占也熊羆大獸是山獸亦居澤在穴故韓奕云川澤訏訏有熊有羆秋官穴氏注云熊羆之屬冬藏者也燒其所食之物於穴外以誘出之是也

乃生男子。載寢之牀。載衣之裳。載弄之璋。半珪曰璋裳下之飾也璋臣之職也箋云男子生而臥於牀尊之也裳晝日衣也衣以裳者明當主於外事也玩以璋者欲其比德焉正以璋者明成之有漸○衣於既反注衣以裳下衣之裼同璋音章○**其泣喤喤。朱芾斯皇。室家君王。**箋云皇猶煌煌也芾者天子純朱諸侯黃朱室家一家之內宣王將生之子或且爲諸侯或且爲天子皆將佩朱芾煌煌然○喤音橫華彭反沈又呼彭反聲也芾音弗煌音皇○【疏】乃生至君王○毛以爲王前夢熊羆果有劾驗乃生男子矣生訖則寢臥之於牀尊之又則衣著之以裳玩弄之以璋也裳明習爲卑下璋見劾奉臣職時已其泣聲太煌煌然至其長大皆佩朱芾於此煌煌然由王家室之內或爲諸侯之君或爲天子之王故皆佩朱芾也○鄭唯裳爲主外事璋比德之有漸餘同○傳半圭至之職○正義曰知璋半圭者典瑞云四圭有邸以祀天兩圭有邸以祀地圭璧以祀日月璋邸射以祀山川從上而下遞滅其半故知半圭曰璋裳下之飾易文言文也裳爲下飾以璋配裳故知見臣之職也宣王子孫當爲君而言臣下者王肅云言元生而貴之也明欲爲君父當先知爲臣子也璋而得爲臣職者王肅云羣臣之從王行祀者奉璋又棫樸曰奉璋峨峨髦士攸宜是也○箋男子至有漸○正義曰箋

以下章與此相對以下女子寢之地明男子生而臥之牀尊之也以下載衣之裼裼是夜臥之衣故云裳晝日衣也一晝一夜明明取內外爲義故知男子衣以裳明當主外事女子衣以裼明當主內事也女子弄之瓦瓦紡塼也以女子之所有事明玩以璋者亦男子之所有事君子於玉比德焉故知以璋欲其比德也玉不用圭而以璋者明成人之有漸璋是圭之半故言漸也下句乃言其泣喤喤則此所陳皆在孩幼祇記鄭注云人始生在地男子已寢之牀又非始生也蓋聖人因事記義子之初生暫行此祇不知生經幾日而爲之也何則女子不可恒寢於地竟無裳男子亦不容無褓且甫言其泣則未能自弄璋明暫時示男女之別耳○箋芾者至黃朱○正義曰箋以經言室家君王則有諸侯與天子而同言朱芾故云天子純朱諸侯黃朱也芾從裳色祭時服纁裳故芾用朱赤但芾所以明尊卑雖同色而有差降乾鑿度以爲天子之朝朱芾諸侯之朝赤芾朱深於赤故困卦注云朱深云赤是矣此論諸侯則王子或封畿內或以功德外封皆爲諸侯也而文同朱芾明對文則朱赤深淺有異散之則皆謂之朱故天子純朱明其深也諸侯黃朱明其淺也舉其大色皆得爲朱芾也○

乃生女子。載寢之地。載衣之裼。載弄之瓦。裼褓也瓦紡塼也箋云臥於地卑之也褓夜衣也明當主於內事紡塼習其一有所事也○裼他計反韓詩作禘音同褓音保齊人名小兒被爲褓紡芳罔反塼音專本又作專○

無非無儀。唯酒食是議。無父母詒罹。婦人質無威儀也罹憂也箋云儀善也婦人無所專於家事有非非婦人也有善亦非婦人也婦人之事惟議酒食爾無遺父母之憂○詒本又作貽以之反遺也罹本又作離力馳反遺唯季反

【疏】乃生女至詒罹○毛以爲前夢虺蛇今乃生女子矣生訖則寢臥之於地以卑之則又衣著之以褓衣則玩弄之以紡塼習其所有事也此女子至其長大爲行謹慎無所非法質少文飾又無威儀唯酒食於是乃謀議之無於父母而遺之以憂也若婦祇不謹爲夫所出是遺父母以憂言能恭謹不遺父母憂也○鄭唯以儀爲善爲異餘同○傳裼褓也瓦紡塼○正義曰書傳說成王之幼云在褓褓縛兒被也故箋以爲夜衣以璋是全器則瓦非瓦礫而已故云瓦紡塼婦人所用瓦唯紡塼而已故知也毛以裳爲下飾則褓不必主內事侯苞云示之方也明褓制方令女子方正事人之義○傳婦人質無威儀○正義曰以婦人少所交接故云質無威儀謂無如丈夫折旋揖讓棣棣之多其婦容之儀則有之矣故東山曰九十其儀言多儀也○箋儀善至婦人○正義曰儀善釋詁文也言有非有善皆非婦人之事者婦人從人者也家事統於尊善惡非婦人之所有耳不謂婦人之行無善惡也

斯干九章四章章七句五章章五句

無羊。宣王考牧也。厲王之時牧人之職廢宣王始興而復之至此而成謂復先王牛羊之數

【疏】無羊四章章八句○正義曰作無羊詩者言宣王考牧也謂宣王之時牧人稱職牛羊復先王之數牧事有成故言考牧也經四章言牛羊得所牧人善牧又以吉夢獻王國家將有休慶皆考牧之事也○箋厲王至之數○正義曰此美其新成則往前嘗廢故本厲王之時今宣王始興而復之選牧官得人牛羊蕃息至此而牧事成功故謂之考牧又解成者正謂復先王牛羊之數也言至此而成者初立牧官數未即復至此作詩之時而成也王者牛羊之數經典無文亦應有其大數今言考牧故知復之也周禮有牧人下士六人府一人史二人徒六十人又有牛人羊人犬人雞人唯無豕人鄭以爲豕屬司空冬官亡故不見夏官又有牧師主養馬此宣王所考則應六畜皆備此獨言牧人者牧人注云牧人養牲於野田者其職曰掌牧六牲而阜蕃其物則六畜皆牧人主養其餘牛人羊人之徒各掌其事以供官之所須則取於牧人非放牧者也羊人職曰若牧人無牲則受布於司馬買牲而供之是取於牧人之事也唯馬是國之大用特立牧師圉人使別掌之則蓋擬駕用者屬牧師令生息者屬牧人故牧人有六牲鄭云六牲謂牛馬羊豕犬雞是牧人亦養馬也此詩主美放牧之事經有牧人乃夢故唯言牧人也牧人六畜皆牧此詩唯言牛羊者經稱爾牲則具以祭祀爲重馬則祭之所用者少豕犬雞則此牛羊爲卑故特舉牛羊以爲美也○

誰謂爾無羊。三百維羣。誰謂爾無牛。九十其犉。黃牛黑脣曰犉箋云爾女也女宣王也宣王復古之牧法汲汲於其數故歌此詩以解之也誰謂女無羊今乃三百頭爲一羣誰謂女無牛今乃犉者九十頭言其多矣足如古也○犉本又作犉而純反○

爾羊來思。其角濈濈。聚其角而息濈濈然箋云言此者美畜產得其所○濈本又作濈亦作戢莊立反畜許又反○

爾牛來思。其耳濕濕。呞而動其耳濕濕然○濕始立反又尸立反又處立反呞本又作齝亦作齡丑之反一音初之反郭注爾雅云食已復出嚼之也今江東呼齡爲齝音漏洩也

【疏】傳黃牛黑脣曰犉○正義曰釋畜云黑脣曰犉傳言黃牛者以言黑脣明不與深色同而牛之黃者衆故知是黃牛也某氏亦曰黃牛黑脣曰犉○箋女宣王至如古○正義曰以誰謂是發問之辭三百維羣九十其犉是報荅之語故知宣王汲汲於其數詩人歌此以解之也羊三百頭爲羣故一羣有三百不知其羣之有多少也犉者九十頭直知犉者有九十亦不知其不犉者之數也以一羣三百直犉者九十則羊多牛衆故云足如古之法也○

或降于阿。或飲于池。或寢或訛。訛動也箋云言此者美其無所驚畏也○訛五戈反又五何反韓詩作譌譌覺也

爾牧來思。何蓑何笠。或負其餱。何揭也蓑所以備雨笠所以禦暑箋云言此者美牧人寒暑飲食有備○何何可反又音河下及注同蓑素戈反草衣也笠音立餱音侯揭音竭又其謁反○

三十維物。爾牲則具。異毛色者三十也箋云牛羊之色異者三十則女之祭祀索則有之○索色白反○

【疏】傳蓑所以至禦暑○正義曰蓑唯備雨之物笠則元以禦暑兼可禦雨故良耜傳曰笠所以禦暑雨也既夕禮亦有蓑笠注俱以爲禦雨不以笠禦暑者以彼蓑笠同槀車所載槀車潦車也爲雨而設故不同也○傳異毛色者三十○正義曰經言三十維物則每色之物皆有三十謂青赤黃白黑毛色別異者各三十也祭祀之牲當用五方之色故箋云汝之祭祀索則有之○

爾牧來思。以薪以蒸。以雌以雄。箋云此言牧人有餘力則取薪蒸搏禽獸以來歸也麤曰薪細曰蒸○蒸之丞反搏音博下同亦作捕音步○

爾羊來思。矜矜兢兢。不騫不崩。矜矜兢兢以言堅彊也騫虧也崩羣疾也○兢其冰反騫起虔反○

麾之以肱。畢來既升。肱臂也升升入牢也箋云此言擾馴從人意也○麾毀皮反肱古弘反馴音巡又常遵反

【疏】傳騫虧○正義曰定本亦然集注虧作曜

牧人乃夢。衆維魚矣。旐維旟矣。箋云牧人乃夢見人衆相與捕魚又夢見旐與旟占夢之官得而獻之於宣王將以占國事也○旐音兆旟音餘○

大人占之。衆維魚矣。實維豐年。陰陽和則魚衆多矣箋云魚者庶人之所以養也今人衆相與捕魚則是歲熟相供養之祥也易中孚卦曰豚魚吉○養羊亮反下同供九用反○

旐維旟矣。室家溱溱。溱溱衆也旐旟所以聚衆也箋云溱溱子孫衆多也○溱側巾反○

【疏】牧人至溱溱○正義曰牧人所牧既服乃復爲王與夢夢見衆人維相與捕魚矣又夢見旐維旟矣牧人既爲此夢以告占夢之官占夢之官又獻之於王王乃令以大夫占夢之法占之夢見衆維魚矣者實維豐年是歲熟相供養之祥夢見旐維旟矣者室家溱溱是男女衆多之象歲熟民滋是國之休慶也○箋牧人至國事○正義曰知者以下云大人占之是王使占之明有所由得達於王夢事夢官所掌明本牧人既作此夢不知吉凶以問占夢之官占夢知其爲國之祥故獻之也占夢職曰歲終獻吉夢於王王拜受之彼所獻者謂天下臣民有爲國夢者其官得而獻之非占夢之官身自夢也故知此以占夢之官得而獻之所夢是年豐歲熟民衆之祥故知以占國事○傳陰陽至衆夢○正義曰以魚麗之義言之太平而萬物盛多故知陰陽和經言衆維魚矣乃謂捕魚者多傳云魚多者言由魚多故補者衆解人共捕之意○箋魚者至豚魚吉○正義曰魚者庶民之所以養者以庶民不得殺犬豕維捕魚以食之是所以養也歲穀不熟則無以相養會衆人相與捕魚則是歲熟相供養之祥引易中孚卦曰豚魚吉者孟子曰七十者可以食雞豚豚魚俱是養老之物故引之以證魚可供養也彼注云三辰在亥亥爲豕爻失正故變而從小名言豚耳四辰在丑丑爲鼈蟹鼈蟹魚之微者爻得正故變而從大名言魚耳三體兌兌爲澤四上值天淵二五皆坎爻坎爲水二侵澤則豚利五亦以水灌淵則魚利豚以魚以喻小民也而爲明君賢臣恩意所供養故吉如彼注意以豚魚喻小民與此乖者以彖云豚魚吉信及豚魚則澤及民觀彖爲說此則斷章取義故不同也○

無羊四章章八句

鴻鴈之什十篇三十二章二百三十句

毛詩注疏挍勘記（十一之二）　阮元撰盧宣旬摘錄

○我行其野

以荒政十有二娶萬民　閩本明監本毛本同案浦鏜云聚誤娶是也

言采其蓫　唐石經小字本相臺本同案釋文云蓫本又作蓄正義本是蓫字

蓫牛蘈也　小字本相臺本同案正義標起止云蓫牛蘈又云定本作牛蘈釋文云藬本又作蘈考今爾雅云藬牛蘈故正義云此釋草無文其實藬蘈一字耳蘈爲古今字亦一也鄭所據爾雅當是蓫牛蘈今爾雅有誤

我采葍之時　小字本相臺本同閩本明監本毛本葍誤蕾

成不以富　唐石經小字本相臺本同閩本明監本毛本亦同考文古本成作誠案誠字非也乃依論語改之耳

山井鼎云宋板同者誤

亦祇以異 小字本相臺本同閩本明監本毛本同唐石經祇作衹案六經正誤云作衹誤段玉裁云衹適也凡此訓唐人皆從衣从氏作衹見五經文字唐石經廣韻集韻宋以後俗本多作祇非古也至各體从氏則尤繆極矣

誠不以是而得富 閩本明監本毛本同案誠當作成事二字正義卽用箋文也

可著熱灰中溫敢之 補毛本敢作噉案噉字是也

有莘氏之媵氏之媵臣 閩本明監本毛本無下氏之媵三字案所刪是也

〇斯干

歌斯干之詩以落之 小字本相臺本同案釋文云落之如字始也或作樂非正義云歌斯干之詩以歡樂之又云本或作落以釁又名落定本集注皆作落未知孰是下箋爲歡以落之釋文云以樂音洛本又作落正義云定本作落考正義本皆作樂皆釋爲歡樂定本皆作落則皆釋爲釁也釋文本上作落下作樂是以此落爲始下樂仍爲歡樂也

則又祭祀先祖 閩本明監本毛本同小字本相臺本無祀字考文古本同案無者是也正義可證

則而以禮釁塗之也 閩本明監本毛本無而字案所刪是

而於經無釁廟之云 補案云當作文

本或作樂 閩本明監本毛本同案樂當作落

似讀如巳午之巳 小字本相臺本同案正義云故讀爲巳午之巳又云直讀爲巳是正義本如字作爲

比宗廟路寢是室爲南其戶 補毛本是作之案上文比之室則此是字誤也

傳西至鄉戶〇正義曰 閩本明監本毛本同案十行本西至曰剜添者二字當是至及〇也

箋此至戶正義曰 閩本同毛本此下有箋字戶下有爾字及〇明監本所剜入也

禮諸侯之制也有夾室 閩本明監本毛本同案也當作聘

故言西其戶也 閩本明監本毛本同案浦鏜云西當南字誤是也

寢者夾室與東西房也 閩本明監本毛本同案浦鏜云者當有字誤是也

周公制禮土中 閩本明監本同毛本禮下剜入建國二字案所補非也

下又后六宮 閩本明監本毛本同案又當作云

其堅致 閩本明監本毛本同小字本相臺本致作緻案正義本作緻定本作致見鴇羽又釋文云致本亦作緻同考文古本作緻采正義釋文

所以自光大 補案天當作大下正義云所以爲自光大可證毛本正作大

鄭以爲揔宮廟羣寢 毛本脫揔字宮下衍宗字閩本明監本不誤

箋納謂摍土 補毛本謂下有至字案所補是也

故云其堂堂相稱 閩本明監本毛本不重堂字案下堂字乃室字之誤輒刪者非也

如鳥夏暑又布革張其翼者 閩本明監本毛本布作希案所改非也又布當作希誤分爲二字耳

韓詩作翰 補釋文挍勘通志堂本翰作勒盧本作翰案翰字是也小字本所附正作翰段玉裁云王氏詩考作翰廣雅翰翼也本此

冥幼也 小字本相臺本同案釋文云幼王如字本或作窈崔音杳正義云冥幼釋言文又云而本或作冥窈者爾雅亦或作窈又云爲冥窈於義實安但於正義之義不允考上傳云正長也正義云釋詁文釋文云王丁丈反崔直良反是依崔讀卽無不允當以或作本爲長

處所寬明快快然 閩本明監本毛本無一快字案上快字乃矣字之誤輒刪者非也

而本或作冥幼者 閩本明監本毛本同案浦鏜云幼當窈字誤是也

爲室宮寬明之貌 補毛本室宮作宮室案所易是也

與羣臣安燕爲歡以落之 小字本相臺本同閩本明監本同考文古本亦同毛本落作樂案毛本依釋文改也

徐又九完反 補釋文挍勘通志堂本盧本完作還案小字本所附亦是完字盧文弨云還似宋人避桓嫌名改是也

毛氏爲燕以否 閩本明監本毛本以誤與

箋莞小蒲至落之 閩本明監本毛本同案落當作樂下文云定本作落可證此合併以後依經注本所改耳

如莞席紛純也 閩本明監本毛本同案浦鏜云加誤如是也

色如文綬文文閒有毛 閩本明監本毛本誤不重文字案綬上文字當作艾爾雅疏郎取此皆不誤

鼻上有釺 補毛本釺作針

明其法天人所爲 閩本明監本毛本同案浦鏜云大誤天是也

正以璋者 補毛本同案正當作玉下正義玉不用珪而以璋可證

時巳其泣聲太煌煌然 補毛本太煌煌作大喤喤案所改是也

故困封注云 閩本明監本毛本困誤丙案山井鼎云封恐卦誤是也

朱深云赤是矣 閩本明監本毛本同段玉裁云云當作于形近之譌王伯厚鄭易考所引不誤

載衣之裼 毛本裼誤禓明監本以上皆不誤

瓦紡塼也 相臺本同小字本塼作摶案正義標起止云瓦紡塼釋文云塼本又作專考說文土部無塼字當以又作本爲長小字本作摶乃形近之譌古專摶雖通用但非此之證

習其一有所事也 小字本同閩本明監本毛本同相臺本作習其所有事也考文古本同案正義云習其所有事也相臺本考文古本皆依之改耳段玉裁云當作一所有事一同壹一所有事謂壹於所有事也以壹訓專此詁訓之法

無父母詒罹 唐石經小字本相臺本同案釋文云詒本又作貽罹本又作離正義標起止云至詒罹考文古本作貽采釋文離罹古今字也

〇無羊

今乃犉者九十頭 毛本十誤千明監本以上皆不誤

明不與深色同 閩本明監本毛本同案深當作身頁邦正義作身是其證

黑毛色者三十也 閩本明監本毛本同小字本相臺本黑作異考文古本案異字是也

索則有之 小字本相臺本同閩本同考文古本同明監本毛本索誤素

搏禽獸以來歸也 小字本相臺本同案釋文云搏禽音博下同亦作捕音步下箋相與捕魚正義云維相與捕魚矣是正義本此亦當作捕釋文本下箋亦作搏今各本此依釋文下依正義非是考文古本作捕采正義及釋文亦作本也

鶩鷈也 小字本相臺本同案正義云定本亦然集注鷈作曜段玉裁云曜考工記作燿讀爲哨頃小也毛釋此別於天保言山

牧人所牧既服 閩本明監本毛本服誤眼

王乃令以大夫占夢之法占之 補毛本夫作人案人字是也

故知此以占夢之官得而獻之 閩本明監本毛本無以字案十行本此以占剜添者一字是以字衍也

附釋音毛詩注疏卷第十二（十二之一）

節南山之什詁訓傳第十九

陸曰從此至何草不黃凡四十四篇前儒申毛皆以爲幽王之變小雅鄭以十月之交以下四篇是厲王之變小雅漢興之初師移其篇次毛爲詁訓因改其第焉

毛詩小雅　鄭氏箋　孔穎達疏

節南山。家父刺幽王也。家父字周大夫也。節在切反又如字又音截下及注同高峻貌韓詩云視也父音甫注及下同【疏】節南山十章上六章章八句下四章章四句至幽王○正義曰家父吉甫詩辭自有名字其餘有名者他書傳記有之左傳引桑柔謂之周芮良夫之詩是也故敘得據之而言其不言者皆不知也或云大夫者止知是大夫所作不得姓名故不言也須及風頌正經唯公劉等三篇言召康公以外皆不言作者姓名外傳謂棠棣爲周文公之詩思文爲周文公之頌則二篇周公作也外傳尚得言之敘者不容不知蓋以正詩天下同心歌詠故例不言耳公劉三篇言戒成王戒須有主不得天下共戒故特見召康公耳又諸言姓名爵謚者皆是王朝公卿大夫緜蠻謂士爲微臣不言姓名蓋以士位卑微名不足錄也推此則太子之傳及寺人譚大夫不言姓名亦爲微也又變風唯七月鴟鴞言周公所作其餘皆無作者姓名亦以諸侯之大夫位比天子之士官位亦微故皆無見姓名者也唯魯人作頌非常特詳其事言行父請周史克作頌耳不然豈變風十有二國其詩百有餘篇作者不知一人也○箋家父字周大夫○正義曰卒章傳巳云家父周大夫但不言家父是字此辨其字因言其官所以國傳重也知字是大夫者以春秋之例天子大夫則稱字桓七年天王使家父來求車以字見經文與此同故知此字亦是大夫也桓十五年上距幽王之卒七十五歲此詩不知作之早晚若幽王之初則八十五年矣韋昭以爲平王時作此言不廢作在平桓之世而上刺幽王但古人以父爲字或累世同之宋大夫有孔父者其父正考父其子木金父此家氏或父子同字父未必是一人也雲漢序云仍叔箋引桓五年仍叔之子來聘春秋時趙氏世稱孟智氏世稱伯仍氏或亦世字叔也自桓五年上距宣王之卒七十六歲若當初年則百二十年矣引之以證仍叔是周大夫耳未必是一人也瞻仰箋亦引隱七年天王使凡伯來聘自隱七年上距幽王之卒五十六歲凡國伯爵爲君皆然亦不知其人之同異也但知板與瞻仰俱是凡伯所作二者必是別人何則板巳言老夫灌灌匪我言耄則不得下及幽王時矣瞻仰之箋引春秋亦證凡伯爲天子大夫耳此三文皆年月長遠並應別人故箋不言是也其意不以爲一人矣故板不引春秋至瞻仰而引之及此不引春秋皆注有詳畧無義例也

節彼南山。維石巖巖。興也節高峻貌巖巖積石貌箋云興者喻三公之位人所尊嚴○巖如字本或作嚴音同

赫赫師尹。民具爾瞻。憂心如惔。不敢戲談。赫赫顯盛貌師大師周之三公也尹尹氏爲大師具俱瞻視惔燔也箋云此言尹氏女居三公之位天下之民俱視女之所爲皆憂心如火灼爛之矣又畏女之威不敢相戲而言語疾其貪暴脅下以刑辟也○赫許百反惔徒藍反又音炎韓詩作炎字書作焱說文作炎字才廉反小熱也大音泰下皆同燔音煩脅許業反本又作脇

國既卒斬。何用不監。卒盡斬斷監視也箋云天下之諸侯曰相侵伐其國已盡絕滅女何用爲職不監察之○卒子律反監古銜反注同韓詩云領也斷都緩反【疏】節彼至不監○正義曰節然高峻者彼南山也山既高峻維石巖巖然故四方皆遠望而見之以興赫赫然顯盛者彼太師之尹氏也尹氏爲太師既顯盛處位尊貴故下民俱仰汝而瞻之汝既爲天下所瞻宜當行德以副之今天下見汝之所爲皆憂心如被火之燔灼然畏汝之威不敢相戲而談語是失於具瞻矣又天下諸侯之國曰相侵伐其國已盡絕滅矣汝何用爲職而不監察之國見絕滅罪汝之由也然節與巖巖一也言節先舉形之高大乃言維石巖巖見其視之貌狀言民具爾瞻雖與維石巖巖相對而巖巖無視汝之文具瞻少尊嚴之狀互相發見故箋云喻三公之位人所尊嚴則巖巖然有瞻之狀因赫赫已有尊之義而具瞻爲下視所以便而五集注及定本皆作高巖○傳師太師○正義曰尚書周官云太師太傅太保茲惟三公故知太師周之三公也下云尹氏太師是尹氏爲太師也孝經注以爲冢宰之屬者以此刺其專恣是三公用事者明兼冢宰以統羣職○箋此言至刑辟○正義曰此民具爾瞻一句上與維石巖巖相對爲興又與憂心如惔爲發端由瞻見其惡所以憂心故知視汝之所爲皆憂心也如惔之字說文作炎訓爲小熱也灼炙燒也爛火熟也皆火燒之事故云如火灼爛之矣不敢者畏辭既憂復畏故言又畏汝之威不敢相戲而談語也疾其貪暴脅下以刑辟故言其有二事也疾其貪暴所以憂心脅下以刑辟故不敢戲談所以不敢者畏其威耳故知不敢明是脅下以刑辟之罪也不敢戲爲刑罪明所憂者刑罰之成貪暴可知○箋天下至察之○正義曰國者諸侯之辭卒斬盡滅之稱故云天下諸侯日相侵伐其國巳盡絕滅矣汝何用爲職者責之言汝爲三公更何所主唯諸侯耳何以不監察之而令相伐也如是則尹氏又爲王官之伯分主東西得專征專殺故言何用爲職也雨無正云斬伐四國箋云天下諸侯於是更相侵伐謂厲王時也沔水箋云諸侯出兵妄相侵伐謂宣王時也則諸侯征伐久矣而論語注以爲平王東遷諸侯始專征伐者幽厲雖殘虐無道尚能治諸侯但明不燭下致使擅相伐滅故詩人舉以爲刺至於平王微弱不能禁制諸侯專行征伐無所顧忌故論語之注以征伐自諸侯出從平王爲始也言卒斬者甚言之耳若實盡滅則誰滅之乎

節彼南山。有實其猗。實滿猗長也箋云猗倚也言南山既能高峻又以草木平滿其旁倚之畎谷使之齊均也○猗於宜反倚於綺反下同畎本亦作甽古犬反

赫赫師尹。不平謂何。箋云責三公之不均平不如山之爲也謂何猶云何也

天方薦瘥。喪亂弘多。薦重瘥病弘大也箋云天氣方今又重以疫病長幼相亂而死喪甚大多也○薦徂殿反注及下篇注同瘥才何反重直用反下同疫音役本又作疚勑覲反長張丈反

民言無嘉。憯莫懲嗟。憯曾也箋云懲止也天下之民皆以災害相弔唁無一嘉慶之言曾無以恩德止之者嗟乎柰何○噌本或作憯士感反唁音彥服虔云弔生曰唁【疏】節彼至懲嗟○毛以爲節然而高峻者彼南山也既高峻矣而又滿之使平均者以其草木之長茂也以興赫赫然而盛者彼太師之官也太師既尊盛矣而有益之使平均者以用衆士之智能也刺尹氏專已不肯用人以至於不平故又責師尹汝居位爲政不平欲云何乎以汝不平天應以災下民非直畏汝刑辟天氣方今又重下以疫病使民之死喪禍亂甚大多也由此喪凶下民之言無一嘉慶者皆是相弔之辭汝尹氏及時在位曾無以恩德止此喪亂者嗟乎可柰何既無止之禍災未歇故嗟而閔之赫赫師尹一句上與節彼南山相對爲興又與下不平謂何爲發端言山之能均平反刺尹氏之不平○鄭唯有實其猗爲異言山既高峻有以草木平滿其傍倚之甽谷使之齊均以興尹氏既爲尊顯亦當以政教養育其天下民庶使之齊均當如山之所爲爲異餘同○傳猗長○正義曰以荼竹猗猗是草木長茂之貌故爲長也王肅云南山高峻而有實之使平均者以其草木之長茂也師尹尊顯而有益之使平均者以用衆士之智能刺今專已不肯用人以至於不平也傳意或然○箋猗倚至齊均○正義曰箋以言有實其猗是猗爲山之所實之處故以爲倚言山傍而倚近山者也山傍近山唯甽谷耳能實甽唯草木也故知以草木平滿其傍之甽谷使之齊均也山高以比三公甽谷以比下民言山能以草木實甽谷反喻三公不能以政教均下民也草木之生而云山者山出雲雨能生草木故也言平滿者謂山俱以雨露潤之均平而生皆徧滿其中故言齊均也匠人注云墮中曰甽說文云甽小流也言水小不能自通須人甽引之則甽是墮中小水之名因此而山谷通水之處亦名爲甽禹貢曰羽甽夏翟鄭注云羽山之谷是也定本云又以草土平滿其傍倚之山以木爲土恐非○傳薦重瘥病○正義曰薦與荐文異義同釋言云荐再也再是重之義也瘥病釋詁文○箋天氣至大多○正義曰此喪亂連文喪者死亡之名云亂則爲未死是疫病也故云天氣方今又重以疫病長幼相亂言長之與幼皆得疫病相交亂不少因此以致死故云死喪甚大多也喪與亂相將由亂以致喪故鄭分解之言重者尹氏既脅下以刑辟上天又加之災禍是重也○箋天下至柰何○正義曰文承死喪之下而云無嘉故知以災害相弔唁無一嘉慶之言弔謂弔死唁謂唁生故服虔云弔生曰唁皆是相痛傷之名也死而相弔自是其常而以刺尹氏者以災害死喪皆政教所致焉以政失而致則政善亦消但在位之臣無行善者故責之曾無恩德止之者曾無者廣辭言在位皆然非獨尹氏也嗟乎者歎辭民皆死亡非徒嗟歎故爲作者嗟之無可柰何

尹氏大師。維周之氏。秉國之均。四方是維。天子是毗。俾民不迷。氏本均平毗厚也箋云氏當作桎鎋之桎毗輔也言尹氏作大師之官爲周之桎鎋持國政之平維制四方上輔天子下教化天下使民無迷惑之憂言任至重○氏丁禮反徐云鄭音都履反毗婢尸反王作埤埤厚也卑本又作裨同必爾反後皆放此桎之實反又丁履反礙也本有作手旁至者誤也鎋字又作轄胡瞎反

不弔昊天。不宜空我師。弔至空窮也箋云至猶善也不善乎昊天愬之也不宜使此人居尊官困窮我之衆民也○弔如字又丁歷反下同昊胡老反空苦貢反注同愬蘇路反本亦作訴下同【疏】尹氏至我師○毛以爲見天災及民故歸咎執政責之云尹氏汝今爲太師之官維是周之根本之臣秉持國之正平居權衡之任四方之事是汝之所維制天子之身是汝之所崇厚言汝職維持四方尊崇天子其尊重如此施行教化當使下民無迷惑之憂何爲專行虛政以脅下也尹氏政既不善訴之於天言尹氏爲政實不善乎昊天不宜使此人居位以窮困我天下之衆民○鄭唯氏爲桎鎋毗爲輔爲異餘同○傳氏本至毗厚○正義曰毛讀從邸若四圭爲邸故爲本言是根本之臣也以毗爲毗益故爲厚亦由輔弼使之厚義與鄭同但言輔天子於辭爲便故易之○箋氏當至之桎○正義曰孝經鈞命決云孝道者萬世之桎鎋說文云桎車鎋也則桎是鎋之別名耳以鎋能制車喻大臣能制國故以大師之官爲周之桎鎋也

易傳者以天子爲周之本謂臣爲本則於義不允故易之**弗躬弗親。庶民弗信。弗問弗仕。勿罔君子。**庶民之言不可信勿罔上而行也箋云仕察也勿當作末此言王之政不躬而親之則恩澤不信於衆民矣不問而察之則下民末罔其上矣○勿毛如字鄭音末**式夷式已。無小人殆。**式用夷平也用平則已無以小人之言至於危殆也箋云殆近也爲政當用平正之人用能紀理其事也無小人近○已毛音以鄭音紀近附近之近又如字下同**瑣瑣姻亞。則無膴仕。**瑣瑣小貌兩壻相謂曰亞膴厚也箋云壻之父曰姻瑣瑣昏姻妻黨之小人無厚任用之置之大位重其祿也○瑣素火反本或作璅非也璅音早亞於嫁反膴音武【疏】弗躬至膴仕○毛以爲尹氏不可任欲令王親爲政故責王言王爲政由不躬爲之不親行之故天下庶民之言不可信也又責下民言王爲政雖不監問之不察理之必天下之民勿得欺罔其上之君子也又教王息此民之欺罔言王但用平正之人爲官則下民欺罔之心用自消止矣王必須用賢人無用小人之言以至於危殆言小人不可任用也又戒之云非但疏外小人不可用雖瑣瑣然昏姻親亞之小人則當無得厚任以事置之大位重其祿食言親而不賢亦不可任也疾時親黨亂政故戒之躬與親一也問與察一也但累文以丁寧之書躬親明有施爲言問察明亦躬親直以彼不可信由於不親雖不察問不得欺罔各隨事而爲文耳○鄭以爲尹氏旣不可委任王若政教不躬不親行之則庶民不信於王之恩澤以尹氏之虐謂王所爲故不信也若民俗不問不察觀之則民皆末罔其上之君子王非直親須問察又當用平正之人用已身親理政事之人無得用小人而親問之餘同○傳庶民至而行○正義曰君民之所以相信者由君親行政民親受教故得相信也令王不親爲政委任小人施政於民不以實告故庶民之言亦不可信也勿者禁人之辭旣言民不可信因責民之欺罔故云勿得罔上而行上卽經之君子也○箋勿當至上矣○正義曰箋以此篇主刺仕上非責民之辭故知勿當爲末也知躬親爲恩澤者以王身所爲而行於衆民唯恩澤耳且上章疾尹氏貪暴以致災故知躬親爲恩澤也易傳者以疾尹氏使王親之明欲令王施政教以及下不宜言其不可信也且言庶民不信於王其文自明不當橫加不可故易之言末罔其上者謂若不問察則明不獨下下之善惡上所不知下民知上不知則末詈欺罔其上而不畏之言躬親施其恩澤問察亦須躬親互相明也○箋殆近至人近○正義曰易傳者以上文欲王躬親爲政則宜爲已身之已不宜爲巳止也下文戒王勿厚任親戚欲令用賢去惡宜爲勿近小人不當遠言小人之行慾至危殆故易之也無小人之近猶言無近小人○傳瑣瑣至曰亞○正義曰釋訓云瑣瑣小也舍人曰瑣瑣計謀媥淺之貌是小貌也兩壻相謂爲亞釋親文劉熙釋名云兩壻相謂曰亞者言每一人取姊一人取妹相亞次也又並來女氏則姊夫在前妹夫在後亦相亞也○箋壻之至其祿○正義曰女子子之夫爲壻壻之父爲姻釋親文幽王前取申后而黜之未必用其親戚褒娰褒人所獻未必爲親戚可任幽王昵淫女色寵之者多女寵必私多謁請小人則婦言是用姻亞者或其餘嬪妾之家不必專是二后之親也但據夫而言妻爲正稱故鄭捴言妻黨之小人其中亦容妾黨也言無厚任之卽置之大位重其祿是也如此則幽王厚於昏姻矣而角弓云兄弟昏姻無胥遠矣者以王者志不及遠唯同類相愛昏姻諂佞者進用故此戒之賢德者疏遠故彼刺之詩者志也各有以發之

昊天不傭。降此鞫訩。昊天不惠。降此大戾。傭均鞫盈訩訟也箋云盈猶多也戾乖也昊天乎師氏爲政不均乃下此多訟之俗又爲不和順之行乃下此乖爭之化病時民傚爲之愬之於天○傭勑龍反韓詩作庸庸易也鞫九六反訩音凶戾音麗行下孟反爭爭鬭之爭下皆同傚下教反**君子如屆。俾民心闋。君子如夷。惡怒是違。**屆極闋息夷易違去也箋云屆至也君子斥在位者如行至誠之道則民鞫訩之心息如行平易之政則民乖爭之情去言民之失由於上可反復也○屆音戒闋苦穴反易以豉反下同復音服本又作覆芳服反【疏】昊天至是違○正義曰此又本尹氏之惡訴之云昊天乎卽由尹氏爲政不均乃下此多訟之俗昊天乎尹氏之行又不和順乃下此大乖爭之化無民之所不爲皆化於上也民旣化上上爲惡亦當效上爲惡亦當化上爲善汝在位君子如行至誠之道使民多訟之心息汝在位君子如行平易之政使民惡怒之情去言易可反復何不行化以反之○傳傭均鞫盈箋盈猶至於天○正義曰傭均訩訟釋言文鞫盈釋詁文盈者必多故箋轉之云盈猶多也由不惠而降戾乖故知非疾也在上不均故下亦不均至於多獄訟也在上不順故下亦不和至於乖爭也此皆民効爲之自上而下故言降也獄訟至於公乖爭出於私二者亦相類訟則貴無訟偏惡其多爭則小猶可怨猶恨其大故經言鞫訩大戾○箋屆至至反覆○正義曰釋詁云屆極至也俱得爲至故箋併訓之不言極猶至也此詩雖主疾尹氏爲惡而在位亦然旣言尹氏傷化敗俗明其欲令在位者反之故知君子斥在位者知鞫訩心息者以文承上經事相充配下云惡怒是乖爭故知心息是鞫訩也言民心不言鞫訩言惡怒不言民心互相明也爲惡乖則已成可息而去之是可反復也**不弔昊天。亂靡有定。式月斯生。俾民不寧。憂心如酲。誰秉國成。**病酒曰酲成平也箋云弔至也至猶善也定止式用也不善乎昊天天下之亂無肯止之者用月此生言月益甚也使民不得安我今憂之如病酒之酲矣觀此君臣誰能持國之平乎言無有也○酲音呈**不自爲政。卒勞百姓。**箋云卒終也昊天不自出政教則終窮苦百姓欲使昊天出圖書有所授命民乃得安【疏】不弔至百姓○正義曰此章箋具而下二句毛氏無傳則不必如鄭欲天出圖書授命也蓋言王身不自爲政教終勞苦我百姓王肅云言政不由王出也○傳病酒曰酲○正義曰說文云酲病酒也醉而覺言旣醉得覺而以酒爲病故云病酒也○箋昊天至得安○正義曰知責昊天而不自出政教者四章五章以君臣之惡訴之天也又曰亂靡有定言君臣不能定亂也又曰誰秉國成言君臣不能持國平也君臣巳言並不能乃云不自爲政是今昊天之辭且此章發首云不弔昊天未言不自爲政明是欲使天自不爲政也故云欲使昊天出圖書有所授命也以王者將興天必命之若湯武也圖書者卽中候說堯舜及周公所授河圖洛書是也彼所授者非旣受乃王皆先王乃受之與此不同者此所受若湯得黑鳥文王得丹書之類皆先有名錄故舉圖書以言之王肅以爲祇人臣不顯諫諫猶不顯況欲使天更授命詩皆獻之於君以爲箴規包藏禍心臣子大罪況公言之乎王基理之曰臣子不顯諫者謂君父失德尚微先將順風脩若乃暴亂將至危殆當披露下情伏死而諫爲待風議而巳哉是以西伯戡黎祖伊奔告於王曰天巳訖我殷命古之賢者切諫如此幽

王無道將滅京周百姓怨王欲天有授命此文陳下民疾怨之言曲以感寤此正與祖伊諫皆同義忠臣殷勤之何謂非人臣宜言哉肅不識尚書祖伊之言而怪家父邪**駕彼四牡。四牡項領。**項大也箋云四牡者人君所乘駕今但養大其領不肯爲用諭大臣自恣王不能使也○爲于僞反又如字**我瞻四方。蹙蹙靡所騁。**騁極也箋云蹙蹙縮小之貌我視四方土地日見侵削於夷狄蹙蹙然雖欲馳騁無所之也○蹙子六反王七歷反騁勑領反日而乙反縮所六反【疏】駕彼至所騁○正義曰言當所乘駕者彼四牡也今四牡但養大其領不肯爲用以與王所任使者彼大臣也今大臣專己自恣不爲王使也臣旣自恣莫肯憂國故夷狄侵削日更益甚云我視四方土地蹙蹙然至使令我無所馳騁之地以臣不任職以致土地侵削故責之也○傳項大○箋養大至能使○正義曰以領巳是項文不宜重故以項爲大箋以爲養大其領申傳說也馬雖大項由人駕馭言不肯爲用者以馬當用之今養而不駕是爲自恣也○傳騁極○箋馳騁無所之○正義曰箋言馳騁無所極至是與傳同但傳文畧耳**方茂爾惡。相爾矛矣。**茂勉也箋云相視也方爭訟自勉於惡之時則視女矛矣言欲戰鬭相殺傷矣○相息亮反注同矛亡侯反戈矛也**旣夷旣懌。如相醻矣。**懌服也箋云夷說也言大臣之乖爭本無大讎其巳相和順而說懌則如賓主飲酒相醻酢也○懌音亦醻市由反又作酬說音悅下同巳音以酢音昨【疏】方茂至醻矣○正義曰此說大臣無常言大臣方爭訟勉力成汝相與爲惡之時則各自視汝之戈矛欲用此矛以相殺傷也旣巳和悅旣以懌服則如賓主之飲酒者相酬酢矣言相惡旣深和解又疾皆是無常小人故使政教亂也箋本無大讎集本云大辨是爭義亦得通也**昊天不平。我王不寧。不懲其心。覆怨其正。**正長也箋云昊天乎師尹爲政不平使我王不得安寧女不懲止女之邪心而反怨憎其正也○覆芳服反長張丈反邪似嗟反【疏】昊天至其正毛以爲尹氏爲惡訴之於天言昊天乎師尹爲政不平致使我王不得安寧汝師尹不懲止其心乃反邪僻妄行故下民皆怨其君長由師尹行惡而致民怨也○鄭唯下句爲異餘同○傳正長○正義曰釋詁文此傳甚略王肅述之曰覆猶背也師尹不定其心邪僻妄行故下民皆怨其長今據爲毛說**家父作誦。以究王訩。**家父大夫也箋云究窮也大夫家父作此詩而爲王誦也以窮極王之政所以致多訟之本意○爲于僞反父音甫**式訛爾心。以畜萬邦。**箋云訛化畜養也○訛五戈反畜許六反【疏】家父至萬邦○正義曰作詩刺王而自稱字者詩人之情其道不一或微加諷諭或指斥愆咎或隱匿姓名或自顯官字期於申寫下情冀上改悟而巳此家父盡忠竭誠不憚誅罰故自載字焉寺人孟子亦此類也

節南山十章六章章八句四章章四句

正月。大夫刺幽王也。○正音政**正月繁霜。我心憂傷。**正月夏之四月繁多也箋云夏之四月建巳之月純陽用事而霜多急恒寒若之異傷害萬物故心爲之憂傷○繁扶袁反夏胡雅反下同巳音似爲于僞反**民之訛言。亦孔之將。**將大也箋云訛僞也人以

僞言相陷入使王行酷暴之刑致此災異故言亦甚大也。酷苦毒反

念我獨兮。憂心京京。哀我小心。癙憂以痒。

京京憂不去也癙痒皆病也箋云念我獨兮者言我獨憂此政也。癙音鼠字林癙音恕痒音羊

〔疏〕正月十三章上八章章八句下五章章六句。正月至以痒。正義曰時大夫賢者覩天災以傷政教故言正陽之月而有繁多之霜是由王急酷之異以致傷害萬物故我心爲之憂傷也有霜由於王急王急由於訛言則此民之訛言爲害亦甚大矣害既如此念我獨憂此政今憂在於心京京然不能去哀憐我之小心所遇痛憂此事以至於身病也憂之者以王信訛言百姓遭害故所以憂也。傳正月夏之四月。正義曰以大夫所憂則非常霜之月若建寅正月則固有霜矣不足憂也昭十七年夏六月甲戌朔日有食之左傳曰祝史請所用幣平子禦之曰止也唯正月朔慝未作日有食之於是乎有伐鼓用幣其餘則否太史曰在此月也經書六月傳言正月太史謂之正月在此月是周之六月爲正月也周六月是夏之四月故知正月夏之四月也謂之正月者以乾用事正純陽之月傳稱慝未作謂未有陰氣故此箋云純陽用事也若然易稽覽圖云正陽者從二月至四月陽氣用事時也獨以爲四月者彼以卦之六爻至二月大壯用事陽爻過半故謂之正陽與此異也。箋憂之至憂傷。正義曰急恒寒若洪範咎徵文也彼注云急促也若順也五事不得則咎氣而順之言由君急促太酷致常寒之氣來順之故多霜也反常謂之異時不當有霜而有霜是異也四月之時草木已大故言傷害萬物也鄭騐異義與洪範五行傳皆云非常曰異害物曰災則此傷害萬物宜爲災而云異者災異對則別散則通故莊二十五年左傳曰凡天災有幣無牲彼爲日食之異而言災也此以非時而降謂之異據其害物文謂之災下箋云致此災異是義通故言之異。箋人以至甚大。正義曰此承繁霜之下故知甚大謂以訛言致霜爲大也小人以訛言相陷王不能察其真僞因發大怒而行此酷暴之刑由此急酷故天順以寒氣而使盛夏多霜是霜由訛言所致也

父母生我。胡俾我瘉。不自我先。不自我後。

父母謂文武也我我天下瘉病也箋云自從也天使父母生我何故不長遂我而使我遭此暴虐之政而病此何不出我之前居我之後窮苦之情苟欲免身。○瘉音庾長張丈反下正長伯長者皆同

好言自口。莠言自口。

莠醜也箋云自從也此疾訛言之人善言從女口出惡言亦從女口出女口一爾善也惡也同出其中謂其可賤。○莠餘九反

憂心愈愈。是以有侮。

愈愈憂懼也箋云我心憂政如是是與訛言者殊塗故用是見侵侮也〔疏〕父母至有侮。○毛以爲文武爲民之父母而令天生我天下之民令何爲不令天長育我而使我遭此暴虐之政以致病也又此病我之先不從我之後而今適當我身乎訴之文武也此暴虐之政由訛言所致故疾此訛言之人云有美好之言從汝口出有醜惡之言亦從汝口出汝口一耳而善惡固出其口甚可憎賤也大夫既見王政酷暴憂心愈愈然與此訛言者殊塗爲訛言者所疾是以有此見侵侮於已也。○鄭唯以爲訴天使父母生我我謂大夫作詩者爲異餘同。○傳父母至天下。○正義曰以文武受命爲明王作萬民父母故尚書曰天將有立民父母謂天子作民父母民窮則宜告之又以父母爲文武也文武爲天下父母故我我天下作者舉天下之心爲之悠刺不專爲已故謂天下爲我也。○箋天使至免身。○正義曰上言念我獨兮因此而告天是先訴已身未及論天下也文王雖受命之王年世已久遇今時之虐政訴上世之哲氏非人情也故知訴天使父母生我也上章言王急酷故此病遭暴之政而病也以所願不宜願免之而已乃云不自我先不自我後忠恕者已所不欲勿施於人況以虐政推於先後非父祖則子孫是窮苦之情苟欲免身

憂心惸惸。念我無祿。

惸惸憂意也箋云無祿者言不得天祿自傷值今生也。○惸本又作煢其營反一云獨也篇末同

民之無辜。并其臣僕。

古者有罪不入於刑則役之圜土以爲臣僕箋云辜罪也人之尊卑有十等僕第九臺第十言王既刑殺無罪并及其家之賤者不止於所罪而已書曰越茲麗刑并制。○并必正反注并制同圜土音圓圜土獄也

哀我人斯。于何從祿。

箋云斯此于於也哀乎今我民人見遇如此當於何從得天祿免於是難。○難乃旦反下同

瞻烏爰止。于誰之屋。

富人之屋烏所集也箋云視烏集於富人之屋以言今民亦當求明君而歸之〔疏〕憂心至之屋。○毛以爲詩人言我憂在於心惸惸然我所以憂者念我天下之人無天祿謂不得明君遭此虐政也又言無祿之事民之無罪辜者亦并罪之以其身爲臣僕言動掛網羅民不聊生也哀乎可哀憐者今我民人見遇如此於何所從而得天祿乎是無祿世此視烏於所止當止於誰之屋乎以與視我民人所歸亦當歸於誰之君乎烏集於富人之屋以求食喻民當歸於明德之君以求天祿也言民無所歸以見惡之甚也。○鄭以爲作者言憂心惸惸然念我身之無天祿自傷值今生也又言無祿之事民之無辜罪者身既得罪并其家之臣僕亦罪之哀乎今我天下之民見遇於此於何從而得天祿乎餘同上章。毛以我爲天下則皆爲天下悠辭也鄭以我爲已身念我無祿自念無祿也於何從祿乃言天下皆無祿耳祿名本出於居官食廩得祿者是福慶之事故謂福祐爲祿雖民無福亦謂之無祿也。○傳古者至臣僕。○正義曰此解名罪人爲臣僕之意也古者據時而道前代之言正謂作詩時也古有肉刑而罪有等級重者入於肉刑輕者役於圜土謂晝則役之夜是入圜土以圜土表罪之輕者也非在圜土而役當役之時爲臣僕之事故號之爲臣僕以表其罪名非謂恒名臣僕也此有罪者當然今無罪亦令與有罪同役故言并也王肅云今之王者好陷入人罪無辜下至於臣僕言用刑趣重傳意當然也役之圜土周禮有其事大司寇職曰以圜土聚教罷民凡害人者置之圜土而施職事焉以明刑恥之其能改者反於中國不齒三年司圜職曰凡害人者弗使冠飾而加明刑焉任之以事而收教之能改者上罪三年而舍中罪二年而舍下罪一年而舍其不能改而出圜土者殺雖出三年不齒是不入於刑役圜土之事也雖不入於刑而罪有輕重周禮分爲二等其已害人者則如此未害人者則役諸司空重罪唯一朞而已其坐作之數具在司寇此圜土罪人罪未定之時縛於外朝而與公卿議之議定乃從其罪故易坎卦上六係用徽纆寘于叢棘三歲不得凶鄭云上乘陽有邪惡之罪故縛以徽纆置於叢棘而使公卿以下議之是也。○箋人之至并制。○正義曰箋以言并其臣僕是身既得罪復罪及臣僕故云并也言人之尊卑有十等者昭七年左傳曰人有十等故王臣公公臣大夫大夫臣士士臣皁皁臣輿輿臣隸隸臣僚僚臣僕僕臣臺是十等僕第九臺第十連言臺者以顯僕爲賤也臣亦賤稱僖十七年左傳晉惠公卜男爲人臣女爲人妾孝經曰不敢失於臣妾妾是賤者之定名臣則事人之稱無定名也故十等以相次臣謂得役使者爲臣也并其臣僕謂其私家之臣故云主既刑殺無罪乃并及其家之賤者不止於所罪而已無罪知彼刑殺者尚及其家之賤者明以重罪加之故知刑殺也引書曰呂刑文也彼注云越於也茲此也麗施也於此施刑并制其無罪者則彼苗民淫虐殺戮無辜不但刑有罪亦并制無罪與此并義同故引之以爲證也易傳者以臣僕非罪人之名經言并其臣僕不言以爲臣僕其幽王暴虐乃殺戮無辜豈但不至於罪以爲臣僕而已故易之

瞻彼中林。侯薪侯蒸。

中林林中也薪蒸言似而非箋云侯維也林中大木之處而維有薪蒸爾喻朝廷宜有賢者而但聚小人。○蒸之丞反處昌慮反下之處同朝直遙反下皆同

民今方殆。視天夢夢。

王者爲亂夢夢然箋云方且也民今且危亡視王者所爲反夢夢然而亂無統理安人之意。○夢莫紅反亂也沈莫滕反韓詩云惡貌也

既克有定。靡人弗勝。

勝乘也箋云王既能有所定尚復事之小者爾無人而不勝言凡人所定皆勝王也。○勝毛音升鄭尸證反復扶又反篇末同

有皇上帝。伊誰云憎。

皇君也箋云伊讀當爲緊緊猶是也有君上帝者以情告天也使王暴虐如是憎惡誰乎欲天指害其所憎而已。○緊烏兮反惡烏路反

〔疏〕瞻彼至云憎。○毛以爲視彼林中謂其當有大木而維有薪維有蒸在林則似大木而非大木也以興視彼朝上謂其當有賢者而唯有小人此小人之在朝則似賢人而非賢也由朝聚小人而無善政令方且危亡矣民將危亡王當安撫之今視王之所爲反夢夢然而昏亂無統理安民之意也王非徒昏亂又志在殘虐既謂能有所定者無事於人而不欲乘陵之言所定者皆是陵人之事爲殘虐也王暴如此以情訴天云有君上帝使王暴虐如此維誰憎惡乎欲天指害之。○鄭以上二句小別具說在箋又以靡人不勝謂人皆勝王又以伊爲是爲異餘同。○傳薪蒸言似而非。○正義曰無羊云爾牧來思以薪以蒸則薪蒸柴樵之名言視林中生長之木而言侯薪侯蒸者言於中有爲薪蒸之木見其小也林者大木所處今小木在焉似大木而非喻小人在朝似賢人而非故云言似而非也。○傳王者至夢然。○正義曰釋訓云夢夢亂也上天無昏亂之事故知天斥王也。○傳勝乘。○正義曰此傳甚略王述之云王既有所定皆乘陵人之事言殘虐也今據爲毛說孫毓云小人好爲小善矜能自臧以爲大功其所成就細碎小事凡人所勝而過者反以驕人是詩所刺幽王也若乘陵殘虐之事動則有惡豈得名之爲克有定乎箋義爲長

謂山蓋卑。爲岡爲陵。

在位非君子乃小人也箋云此喻爲君子賢者之道人尚謂之卑況爲凡庸小人之行。○卑本又作痺同音婢又必支反行下孟反

民之訛言。寧莫之懲。

箋云小人在位曾無欲止衆民之爲僞言相陷害也

召彼故老。訊之占夢。

故老召之訊問也箋云君臣在朝侮慢元老召之不問政事但問占夢不尚道德而信徵祥之甚。○訊本又作訊音信

具曰予聖。誰知烏之雌雄。

君臣俱自謂聖也箋云時君臣賢愚適同如烏雌雄相似誰能別異之乎。○別彼列反

〔疏〕謂山至雌雄。○正義曰謂之爲山者人意蓋猶以爲卑況爲岡爲陵乎今所見非高山乃岡陵也以興行君子之道者人意尚謂之爲淺況爲小人之行乎今在位非君子乃小人也王既任小人今民之訛僞之言相陷害者在位之臣曾無欲以德止之者既不能施德以止訛言而愛好鄙碎而共信徵祥召彼無老宿舊有德者但問之占夢之事言其不尚道德

侮慢長老也又君臣並不自知俱曰我身大聖唯各自矜而賢愚無別譬之於烏誰能知其雌雄者**謂天蓋高。不敢不局。謂地蓋厚。不敢不蹐。維號斯言。有倫有脊。**局曲也蹐累足也倫道脊理也箋云局蹐者天高而有雷霆地厚而有陷淪也此民疾苦王政上下皆可畏怖之言也維民號呼而發此言皆有道理所以至然者非徒苟妄為誣辭○局本又作跼其欲反蹐井亦反徐音積說文小步也號音豪注同霆音庭又音挺淪音倫又倫峻反怖普故反號呼好路反誣音無**哀今之人。胡為虺蜴。**蜴螈也箋云虺蜴之性見人則走哀哉今之人何為如是傷時政也○虺暉鬼反蜴星歷反字又作蜥螈音元【疏】謂天至虺蜴○正義曰時人疾苦王政歌詠其事作者以其有理故取而善之時有人言謂此上天蓋實高矣而有雷霆擊人不敢不曲其脊以敬之以喻已恐觸王之忌諱也謂此下地蓋實厚矣而有陷溺殺人不敢不累其足以畏之以喻已恐陷在位之羅網也言上下可畏如天地然此人心疾王政不敢指斥假天地以比之作者善其言故云維我號呼而發此言實有道理言王政實可畏此辭非虛也既上下可畏民皆避之故言哀哉今之人何故而為虺蜴也虺蜴之性見人則走民聞王政莫不逃避故言為虺蜴也○傳局曲蹐累足○正義曰天在上身戴天而曲者曲身也足所以履地故知蹐累足說文云蹐小步也王述之曰言天高已不敢不曲身危行恐上觸忌諱也地厚已不敢不累足懼陷於在位之羅網也○箋局蹐至陷淪○正義曰箋以不敢者畏辭明有可畏故言天高而有雷霆地厚而有陷淪也淪沒也謂地震則有陷沒者○傳蜴螈○正義曰釋魚云蠑螈蜥蜴蜥蜴蝘蜓蝘蜓守宮也李巡曰蠑螈一名蜥蜴蜥蜴名蝘蜓蝘蜓名守宮孫炎曰別四名也陸機疏云虺蜴一名蠑螈蜴也或謂之蛇醫如蜥蜴青綠色大如指形狀可惡如陸意蜥蜴與蠑形狀相類水陸異名耳**瞻彼阪田。有菀其特。**言朝廷曾無桀臣箋云阪田崎嶇墝埆之處而有菀然茂特之苗喻賢者在閒辟隱居之時○阪音反又扶版反菀音鬱徐又於阮反崎起宜反嶇丘俱反墝苦交反埆戶角反又苦角反又音角閒音閑辟婢亦反**天之抗我。如不我克。**抗動也箋云我我特苗也天以風雨動搖我如將不勝我謂其迅疾也○抗五忽反徐又音月迅音峻○**彼求我則。如不我得。**箋云彼彼王也王之始徵求我如恐不得我言其禮命之繁多**執我仇仇。亦不我力。**仇仇猶謷謷也箋云王既得我執留我其禮待我謷謷然亦不問我在位之功力言其有貪賢之名無用賢之實○謷本又作慭五報反沈五刀反【疏】瞻彼至我力○正義曰王政所以為民疾苦由不能用賢視彼阪田墝埆之地有菀然其茂特之苗以興視彼空谷仄陋之處有傑然其秀異之賢然天之以風雨動搖我特苗如將不我特苗之能勝言風雨之迅疾也以喻被王之以禮命以徵召我賢者如恐不我賢者之能得言禮命之繁多也及其得我則空執留我其禮待我謷謷然亦不問我在位之功力言小人貴名賤實不能用賢故政教所以亂也○傳言朝至桀臣○正義曰毛以詩意取菀苗此賢者不舉原隰之苗而言阪田者反明朝廷曾無英傑之臣○傳仇仇猶謷謷○正義曰以釋訓云仇仇敖敖傲也義同故猶之郭璞曰皆傲慢賢者定本無猶字**心之憂矣。如或結之。今茲之正。胡然厲矣。**厲惡也箋云茲此正長也

心憂如有結之者憂今此之君臣何一然為惡如是**燎之方揚。寧或滅之。**滅之以水也箋云火田為燎燎之方盛之時炎熾熛怒寧有能滅息之者言無有也以無有喻有之者為甚也○燎力詔反徐力燒反熾尺志反熛必遙反**赫赫宗周。褒姒威之。**宗周鎬京也褒國也姒姓也威滅也有褒國之女幽王惑焉而以為后詩人知其必滅周也○褒補毛反姒音似鄭云字也威呼說反齊人語也字林武劣反說文云從火戌聲火死於戌陽氣至戌而盡本或作滅鎬胡老反【疏】心之至威之○正義曰詩人見朝無賢者言我心之憂矣如有結之者言憂不離心如物之纏結也所以憂者今此之君臣何為人之長何一然為惡如是矣言君臣俱惡無所差別也君臣惡極國將滅亡言燎火方盛揚之時炎熾熛怒寧有能滅息之者以喻宗周方隆盛之時王業深固寧有能滅亡之者言此二者以喻盛不可滅亡也然此燎雖熾盛而水能滅之則水為甚矣以興周國雖盛終將褒姒滅之則褒姒惡甚矣此二文互相發明見難之而能所以為甚也故傳曰滅之者以水以反之於時宗周未滅詩人明得失之迹見微知著以褒姒淫妒知其必滅周也**終其永懷。又窘陰雨。**窘困也箋云窘仍也終王之所行其長可憂傷矣又將仍憂於陰雨陰雨喻君有泥陷之難○窘求殞反字林巨畏反泥乃計反○**其車既載。乃棄爾輔。**大車重載又棄其輔箋云以車之載物喻王之任國事也棄輔喻遠賢也○遠于萬反**載輸爾載。將伯助予。**將請伯長也箋云輸墮也棄女車輔則墮女之載乃請長者見助以言國危而求賢者已晚矣○爾載才再反注及下同將七羊反注皆同墮許規反本又作墯待果反【疏】終其永至助予○毛以為此及下章皆以商人之載大車展轉為喻言王之為惡無心變改若終王之所行其長可哀傷矣王行既可哀傷又將至於傾危猶商人之涉路既有疲勞又將困於陰雨商人之遇陰雨則有泥陷之難王行之至傾危必有滅亡之憂故以譬之商人慮有陰雨宜用輔以佐車今其車既載重矣乃棄爾之車輔反令車載溺也以喻王政慮有傾危宜用賢以治國今其既有大政矣乃棄汝之賢人反令國政亂也車既棄輔又遇陰雨則隤敗汝之車載既隤敗然後請長者助我則晚矣以喻國既棄賢又遇傾危則滅亡汝之國國家既滅矣然後求賢人佐已則亦晚矣王何不及其未敗用賢自輔乎○鄭唯以窘為仍憂於陰雨為異餘同○傳大車至其輔○正義曰考工記車人為車有大車鄭以為平地載任之車駕牛車也尚書云肇牽車牛遠服賈用是大車駕牛車也此以商事為喻而云既載故知是大車也又為車不言作輔此云乃棄爾輔則輔是可解脫之物蓋如今人縛杖於輻以防輔車也○箋輸墮○正義曰隱六年鄭人來輸平公羊傳曰輸平猶隤成何言隤成敗其成昭四年左傳曰寡君將隤幣焉服虔云隤輸也是訓輸為隤壞之義子路將隤三都是也定本隤作墮**無棄爾輔。員于爾輻。**員益也○員音云輻方六反**屢顧爾僕。不輸爾載。**箋云屢數也僕將車者也顧猶視也念也○婁力注反又作屢數音朔下同**終踰絕險。曾是不意。**箋云女不棄車之輔數顧女僕終是用踰度陷絕之險女不曾以是為意乎以商事喻治國也【疏】無棄至不意○正義曰此連上章以商事為喻但反之教王求賢耳言此商人載大車當無棄爾之車輔益於爾之輪轉以喻王之治天下當無棄爾之賢佐益於爾之

國事也商人既不棄輔又數顧念爾將車之僕汝能若是輔車輻僕能勤御則得不隤敗爾之車載以喻王既不棄又善禮遇爾執政之相王能如此用賢益於國家相能幹則得不傾覆爾之王業商人留輔顧僕之故終用踰度陷之險汝商人何得曾不以是輔僕為意乎喻王用賢禮相故終用是得濟免禍害之難汝何得曾不以是賢相為意教王之用賢敬臣也箋雖不言以僕喻相但輔益輻以賢國則僕將車自然似相執政也終踰絕險報上又窘陰雨陰雨為終久及難之事故鄭以窘為仍**魚在于沼。亦匪克樂。潛雖伏矣。亦孔之炤。**沼池也箋云池魚之所樂而非能樂其潛伏淵又不足以逃甚炤炤易見以喻時賢者在廷道不行無所樂退而窮處又無所止也○沼之紹反樂音洛注同炤音灼之若反易見夷豉反下如字又賢遍反**心慘慘。念國之為虐。**慘慘猶戚戚也○慘七感反戚千歷反【疏】魚至虐○正義曰上章教王求賢而王不能用故此章言賢者得其所魚在於沼池之中為人所驚駭不得逸遊亦非能樂退而潛處雖伏於深淵之下亦甚於炤炤然易見不足避網罟之害莫知所逃也以興賢者在於朝廷之上為時陷害不得行道意非能有樂退而隱居雖遁於山林之中其姓名不聞徹不足以遇苛虐之政莫知所於已為之憂而中慘慘然念國之為虐也言王政暴虐賢人困厄已所以憂也**彼有旨酒。又有嘉殽。**言禮物備也箋云彼彼尹氏大師也○殽本又作肴戶交反○**洽比其鄰。昏姻孔云。**鄰近云旋也是言王者不能親親以及遠箋云云猶友也尹氏富與兄弟相親友為朋黨也○比毗志反云本又作音同**念我獨兮。憂心慇慇。**慇慇然痛也箋云此賢者特自傷也○慇音殷又於反○【疏】彼有至慇慇○毛以為言幽王彼有旨酒矣又有善之殽矣禮物甚備足矣唯知以此禮物協和親其鄰近之左右與妻黨之昏姻甚相與周旋而已不能及人也王既不能及遠人國家將有危亡故念我獨憂王此兮憂心慇慇然痛也○鄭以為時權臣奢富親戚相黨故彼尹氏有旨酒又有嘉殽會比其鄰近兄弟及昏姻甚相親友為朋黨也彼小人如此念我無祿而孤獨兮憂心慇然孤特自傷耳○箋彼彼尹氏大師○正義曰此與上篇一人所作而以彼為尹氏者以尹氏官為太師上篇刺其政則幽王之臣奢富朋黨者唯尹氏耳故知彼尹氏也○傳言王至及遠○正義曰傳解昏姻相親乃是美事而以制者言幽王雅知親比鄰近昏姻而已不能以此親親之而及於遠人故王肅云言王但以和比其鄰近左右與昏姻其親友而已不能親親以及遠**佌佌彼有屋。蔌蔌方有穀。**佌佌小也蔌蔌陋也箋云穀祿也此言小人富而窶陋將貴也○佌音此說作俶音從蔌音速方穀木或作方有穀非也窶其矩反一音盧**民今之無祿。天夭是椓。**君夭之在位椓之箋云民於今而無祿者天以薦瘥夭殺是王者之政又復椓被之言遇害甚也○夭於兆反又於反災也椓陟角反○**哿矣富人。哀此惸獨。**哿可獨單也箋云言王政如是富人可惸獨將困也○哿哥我反○【疏】佌佌至惸獨○毛以為佌佌然之小彼巳有室屋之富矣其蔌蔌窶陋者有爵祿之貴矣王者厚斂重賦寵貴小人故使得如此也此下民今日之无天祿而王夭害之在位又椓譖之是其

之甚也王政如此雖天下普遭其害可矣富人猶有財貨以供之哀哉此單獨之民窮而無告爲上天將致困病故甚可哀也○鄭雅天天是椓爲異餘同○傳君天之在位椓之○正義曰毛以天斥王者故爲君天之天既爲君故椓爲在位也○箋民以至害甚○正義曰箋以夭是夭殺之辭宜夭之所爲故云夭以薦瘥夭殺之夭既爲夭則椓爲王者故云王者又椓破之謂農時而役厚斂其財人以財盡猶椓使破壞然椓如椓杙之椓謂打之也○

正月十三章八章章八句五章章六句

毛詩注疏挍勘記（十二之二）　阮元撰盧宣旬摘錄

○節南山

頌及風頌正經　闓本明監本毛本同案下頌字浦鏜云當雅誤是也

爲周文公之頌則二篇　闓本明監本毛本同案十行本公至篇剜添者一字

所以國傳重也　闓本明監本毛本同案當作箋

桓七年天王使家父來求車　闓本明監本毛本同案浦鏜云十五誤七是也正義下文可證

此言不廢作在平桓之世　闓本明監本毛本同案言當作詩

維石巖巖　唐石經小字本相臺本同案釋文云巖巖如字本或作嚴音同正義本是巖字考巖字是也傳云巖巖積石貌箋云喻三公之位人所尊嚴箋以嚴說巖者詁訓之法也經義雜記以爲經本作嚴不得箋意又以爲正義本釋文本皆作嚴九失其實又引羣經音辨不知賈昌朝所載卽釋文或作本耳

憂心如惔　唐石經小字本相臺本同案正義云如惔之字說文作炎釋文云惔徒藍反又音炎燔也韓詩作炎字書作燚說文作炎字五經文字心部云惔見小雅考釋文云字書作燚故轉寫而爲惔詩經小學云毛詩本作如炎或同韓詩作如炎不知何人始作如惔惔憂也豈憂心如憂乎又於說文惔下妄加詩曰憂心如惔今考說文惔下當是引詩曰憂心如炎以解惔字從炎之意不知者誤改爲惔耳

不敢相戲而言語　小字本相臺本同闓本明監本毛本亦同案正義云不敢相戲而談語又云故言又畏汝之威不敢相戲而談語也是言當作談考文古本作談采諸正義也

斬斷監視也　小字本相臺本同案釋文以斷也作音是其本斷下有也字考文古本有

小熱也　〔補〕釋文挍勘記通志堂本同盧本熱作爇云爇舊作熱據說文改案所改是也

具瞻少酋嚴之狀　〔補〕毛本酋作尊案尊字是也

訓爲小熟也　闓本明監本毛本同案浦鏜云爇誤熟是也

明所憂者刑罰之成　闓本明監本毛本同案浦鏜云成疑威字譌是也

又以草木平滿其旁倚之畎谷　小字本相臺本同案此正義本也正義云有以草木平滿其傍倚之甽谷又云故知以草木平滿其傍之甽谷正義中餘甽字同甽畎一字也釋文云山畎本亦作甽是甽谷釋文本作山畎也正義又云定本云又以草土平滿其傍倚之山以木爲土恐非考定本山下當是亦有畎字與釋文本同正義不備引耳

薦重瘥病　小字本相臺本同案釋文以重也作音是其本重下有也字考文古本有

節彼事懲嗟　〔補〕毛本事作至案所改是也

能實甽唯草木也　闓本明監本毛本同案浦堂云甽下當脫谷字是也

故責之曾無恩德止之者　闓本明監本毛本同案責下之字當作云

俾民不迷　唐石經小字本相臺本同案釋文云卑本又作俾同後皆放此正義本今無可考

氏當作桎鎋之桎　小字本相臺本同案釋文云桎之實反又丁履反礙也本或手旁至者誤也段玉裁云當是抵字誤桎是也別體字抵作挃與桎字形近

秉持國之正平　闓本明監本毛本之正誤政之

若四圭爲邸也　闓本明監本毛本同案浦鏜云有誤爲是

說文云桎車鎋也　闓本明監本毛本同案浦鏜云今說文無是也考正義所引說文如第綱摻浪等字皆與說文不合當是正義自誤以他書爲說文耳非字有譌也

勿當作末　小字本相臺本同考文古本同闓本明監本毛本末作未下及正義中同案末字是也此箋末罔卽漢書谷永傳之末殺正義云末略欺罔也

式夷式已　唐石經小字本相臺本同案釋文云式已毛音以鄭音紀正義云易傳者以上文欲王躬親爲政則宜爲已身之已不宜爲已止也段玉裁云傳云用平則已無以小人之言至於危殆也作一句讀未必毛音以也

用能紀理其事也　闓本明監本毛本同小字本相臺本也作者考文古本同案者字是也考此箋以紀說已乃詁訓之法考文古本改紀爲已者不得箋意盧文弨從之非也

瑣瑣姻亞　唐石經小字本相臺本同案釋文云瑣素火反小也本或作璅非也璅音早考文古本作璅采釋文而誤也旄丘釋文云璅兮依字作瑣亦其證

必天下之民　〔補〕闓本明監本毛本同案必當作汝形近之譌

夷易違去也　小字本相臺本同案釋文以易也作音是其本易下有也字考文古本有

無民之所不爲皆化於上也　闓本明監本毛本無字在之下案皆誤也當云民之所爲無不皆化於上也

民既化上上爲惡亦當效上爲惡亦當化上爲善　闓本明監本毛本下亦字上有上爲善三字案所補非也此當云民既化上爲惡亦當化上爲善複衍上爲惡亦當效上七字寫者之誤也

是今昊天之辭　闓本明監本同毛本今作令案所改是也

此正與祖伊諫皆同義忠臣殷勤之　闓本明監本毛本作此正與祖伊諫皆同忠臣殷勤之義案皆同當作同皆

慼慼然至俠　闓本明監本毛本俠作狹案所改是也

集本云大辯是爭　闓本明監本毛本同案浦鏜云大辯下疑脫辯字是也本當作注見前

冀上改悞而已　闓本明監本毛本悞作悟案所改是也

○正月

是由王急酷之異　闓本明監本毛本異誤刑

則非常霜之月　闓本明監本毛本常誤當

夏七月甲戌朔　闓本明監本毛本同案浦鏜云六誤七是也

正純陽之月傳稱慝未作　闓本明監本毛本同案十行本之至稱剜添者一字

致常寒之氣來順之　闓本明監本毛本常誤恆

女口一爾　小字本相臺本同闓本明監本毛本亦同案爾當作耳正義云女口一耳是其證

憂心愈愈　毛本心誤憂明監本以上皆不誤

又此病我之先　闓本明監本毛本病下有不從二字案所補是也

文王雖受命之王　闓本明監本毛本同案文下王字當作武與下互換

訴上世之哲氏　闓本明監本毛本氏作民案皆誤也民當作王與上武字互換而又有譌也

故此病遭暴之政而病也　闓本明監本毛本暴下有虐字案所補是也上病字衍

則役之圜土　小字本相臺本同闓本明監本毛本亦同案六經正誤云作圓誤與國建本皆作圜周禮作圜是也釋文云圜音圓

視烏集於富人之室　闓本明監本毛本同小字本相臺本室作屋考文古本同案室字誤也

是無祿世　闓本明監本毛本世作由案所改非也世當作也形近之譌

輕者役於圜土　闓本明監本毛本圜作圓下同案所改非也注作圜正義作圓圜圓古今字易而說之也例見前

弗受冠飾　闓本明監本毛本同案浦鏜云使誤受以周禮注考之浦挍是也

無罪知彼刑殺者　闓本明監本毛本同案浦鏜云彼疑被字譌是也

伊讀當爲緊　小字本相臺本同案釋文以作緊作音是其本爲字作也正義本今無可考

王迷之云王既有所定　闓本明監本毛本脫王字迷之作述之案述字是也

故老召之　闓本明監本毛本同小字本相臺本召之作元老考文古本同案召之誤也

人意盡猶以爲卑〔補〕毛本盡作盡

召彼無老宿舊有德者閩本明監本毛本無作故案皆誤也無當作元因別體字無作无而譌也

不敢不局唐石經小字本相臺本同案釋文云局本又作跼正義標起止云傳局曲又云箋局蹐是其本作局考文古本作跼采釋文

胡爲虺蜴唐石經小字本相臺本同案釋文云蜴星歷反字又作蜥段玉裁云說文無蜴字蓋蜴卽蜴之或體也詳詩經小學

故言今之人可故而爲虺蜴也〔補〕毛本可作何案何字是也

一名蠑螈蜴也閩本明監本毛本同案盧文弨於蜴上補水字是也下文云水陸異名耳可證

以喻被王之以禮命〔補〕毛本被作彼

毛以詩意取菀苗此賢者閩本明監本毛本同案浦鏜云比誤此是也

褒姒烕之唐石經小字本相臺本同案釋文云烕本或作滅考傳云烕滅也說文烕下引此詩是字本作烕或作本非也他書多引作滅非毛氏詩正字

終是用踰度陷絕之險小字本同閩本明監本毛本同相臺本是用作用是考文古本同案相臺本是也此誤倒

女不會以是爲意乎閩本明監本毛本同小字本相臺本不會作曾不案曾不是也

汝能若是則輔車輻閩本明監本毛本同案車當作益

但輔益輻以賢益國閩本明監本毛本同案以當作似

莫知所於閩本明監本毛本於作逃案於字是也此承上於朝廷於山林而言

言尹氏富與兄弟相親友閩本明監本毛本同小字本相臺本與上有獨字考文引古本亦同案有者是也

會比其隣近兄弟及昏姻毛本同閩本明監本會誤合

蔌蔌方有穀唐石經小字本相臺本同案釋文云方穀本或作方有穀非也正義云方有爵祿之貴矣是其本與或作同戴震毛鄭詩考正云當從釋文爲正

天夭是椓唐石經小字本相臺本同案後漢書蔡邕傳天夭作夭夭是譌字蜀石經亦誤天爲夭見詩經小學中

富人已可小字本相臺本同考文古本同閩本明監本毛本已誤猶

箋民以至害甚閩本明監本毛本以作於案所改是也

附釋音毛詩注疏卷第十二（十二之二）

毛詩小雅　鄭氏箋　孔穎達疏

十月之交。大夫刺幽王也。當爲刺厲王作詁訓傳時移其篇第因改之耳節刺師尹不平亂靡有定此篇譏皇父擅恣日月告凶正月惡褒姒滅周此篇疾豔妻煽方處又幽王時司徒乃鄭桓公友非此篇之所云番也是以知然。刺幽王毛如字鄭改爲刺厲王從此至小宛四篇皆然節在結反父音甫後皇父皆同惡烏路反番方袁反徐甫言反本或作潘音同韓詩作繁下同。〔疏〕十月八章章八句。正義曰毛以爲刺幽王鄭以爲刺厲王經八章皆刺王之辭此下及小宛序皆刺幽王鄭以爲本刺厲王毛氏移之事既久遠不審實然以否縱其實然毛既移其篇第改厲爲幽卽以爲幽王說之故下傳曰豔妻褒姒是爲幽王之事則四篇皆如之今各從其家而爲之義不復強爲與奪。箋當爲刺厲王至是以知然。正義曰鄭以此篇本六月之上爲刺厲王詩毛氏移之於此改厲爲幽今本其舊而爲之說故云當爲刺厲王也作詁訓傳者毛公也毛公漢初時人故譜云漢興之初師移其第作詁訓傳時是漢初也其改之意已具於譜鄭既言當爲厲王又自檢其證節刺師尹不平亂靡有定此篇譏曰皇父擅恣日月告凶事國家之權任天下之責不得並時而有二入彼是幽王知此非幽王也正月惡褒姒滅周此篇疾豔妻煽方處敵夫曰妻王無二后褒姒是幽王所嬖豔妻非幽王之后鄭語云幽王八年桓公爲司徒此篇云番維司徒一官不得二入爲之故又云幽王時司徒乃鄭桓公友爲之非此篇之所云番是以知之言由此知幽當爲厲也毛以豔妻爲褒姒美色曰豔則褒姒豔妻爲一鄭必爲別人者以詩論天子之后非如曲說邪淫不當以色名之中候曰剡者配姬以放賢剡豔古今字耳以剡對姬剡爲其姓以此知非褒姒也鄭桓公幽王八年始爲司徒知非代番爲之者以番爲司徒在桓公方盛之時則豔既爲后番始爲司徒也鄭語說桓公既爲司徒方問史伯史伯乃說褒姒之事其末云竟以爲后則桓公初爲司徒褒姒仍未爲后以此知桓公不得與番相代也凡例別嫌明疑以本文爲主故鄭先以詩上下校之後乃言鄭桓公也中候擿雒貳曰昌受符厲倡孽期十之世權在相又曰剡者配姬以放賢山崩水潰納小人家伯周主異載震既言昌受符爲王命之始卽云期十之世自文數之至厲王除文王爲十世也剡與家伯與此篇事同山崩水潰卽此篇百川沸騰山冢崒崩是也如此中候之文亦可以明此爲厲主但緯候之書人或不信故鄭不引之鄭檢此篇爲厲王其理欲明而知下三篇亦當爲刺厲王者以序皆言大夫其文大體相類十月之交雨無正卒章說已留彼去念友之意全同小旻小宛卒章說怖畏罪辜恐懼之心如一似一人之作故以爲當刺厲王也王肅皇甫謐以爲四篇正刺幽王孫毓疑而不能決其評曰毛公大儒明於詁訓篇義誠自刺厲王無緣橫移其第改爲幽王鄭君之言亦不虛耳是以或疑無以斷爲竊以褒姒龍齔之妖所生褒人養而獻之無有私黨皇父以下七子之親而令在位若此之盛也又尚書緯說豔妻謂厲王之婦不斥褒姒又雨無正有周宗既滅靡所止戾之言若是幽王既爲犬戎所殺則無所刺若王尚存不得謂之既滅下句言正大夫離居莫之我勩莫肯夙夜莫肯朝夕庶曰式臧覆出爲惡之言鄭箋皆謂厲王流于彘之後於義爲安是其言雖不能決而其意謂鄭爲長也若如鄭言毛詩爲毛公所移四篇容可在此今韓詩亦在此者詩體本是歌誦口相傳授遭秦滅學之後衆儒不知其次齊韓之徒以詩經而爲章句與毛異耳非有壁中舊本可得憑據或見毛次於此故同之焉不然韓詩次第不知誰爲之。

十月之交。朔月辛卯。日有食之。亦孔之醜。之交日月之交會醜惡也箋云周之十月夏之八月也八月朔日日月交會而日食陰侵陽臣侵君之象日辰之義日爲君辰爲臣辛金也卯木也又以卯侵辛故甚惡也。夏戶雅反彼月而微。此日而微。月臣道日君道箋云微謂不明也彼月則有微今此日反微非其常爲異尤大也。今此下民。亦孔之哀。箋云君臣失道災害將起故下民亦甚可哀。〔疏〕十月至之哀。毛以爲幽王之時正在周之十月夏之八月日月之交會朔月辛卯之日以此時而日有食之此其爲異亦甚之惡也何則日食者月掩之也月食日爲陰侵陽臣侵君之象其日又是辛卯辛是金卯是木金常勝木今木反侵金亦臣侵君之象臣侵君逆之大者一食而有二象故爲亦甚惡也所以爲甚惡者日君道也月臣道也君當制臣似月應食臣不當侵君似日不應食故言彼月而容有被食不明今此日而反被食不明以日被月食似君被臣侵非其常事故爲異尤大也異既如此災害將生災害一起天下衆毒故今此下民亦甚可哀傷矣。鄭唯厲王時爲異。傳之交日月之交會。正義曰交者日月行相逮及交而會聚故云交會也日月交會謂朔日也此言十月之交卽云朔月辛卯朔月卽是之交爲事也古歷緯及周髀皆言周天三百六十五度四分度之一日月皆右行於天日日行一度月日行十三度十九分度之七而月行疾日行遲二十九日有餘而月行天一周追及於日而與之會是會之交也每月皆交會而月或在日道表或在日道裏故不食其食要於交會又月與日同道乃食也。箋周之至甚惡。正義曰詩之言月皆據夏時而知此周十月夏八月者推度災曰十月之交氣之相交周十月夏之八月緯雖不可盡信其言主以釋此故據之以爲周十月焉日月交會而日食陰侵陽臣侵君之象以日食者月食之也故何休曰不言月食之者其形不可得而覩故疑言日有食之月食日是陰侵陽也下傳曰月臣道日君道是臣侵君之象日辰之義者月合其日甲乙是從甲至癸爲日也左傳曰辰在子卯又曰辰在申是從子至亥爲辰也雖十日甲剛乙柔其中有五剛五柔要十日皆爲幹故日爲君也而十二辰亦子陽丑陰其中有六陽六陰以對十日皆爲支故辰爲臣言此者解詩本言辛卯日食之意日食陰侵陽而以辛卯日卯比臣辛比君是爲卯侵辛也辛日以辰侵日而日爲金辰爲木金應勝木反侵金是五行相逆猶君臣顛倒故言亦甚惡也案此朔月辛卯自是所食之月知取金木爲義者推度災曰及其食也君弱臣強故天垂象以見徵辛者正秋之王氣卯者正春之臣位日爲君辰爲臣八月之日交卯食辛矣辛之爲君幼弱而不明卯之爲臣秉權而爲政故辛之言新陰氣盛而陽微生其君幼弱而任卯臣也以此故交故知取卯侵辛爲義加緯之意以辛王在秋八月用事卯位在春秋當休廢思臣以休廢之時能侵當王之君是陰盛陽微之象緯意又取剛柔爲義以辛是柔日又辛之言新言微陽新用事也卯位正春強臣之象故云君幼弱臣秉權以權臣陵弱君故爲醜也此箋直言卯侵辛不言君弱臣強者陰陽之事容有多塗故舉金木爲正餘畧之也昭二十一年秋正月壬午朔日有食之以午食壬似卯侵辛傳言不爲災者彼爲夏之五月午當用事壬應休廢又壬爲剛日非是弱君故與此不同也若然此八月卽秋分之時也左傳曰二至二分日有食之不爲

災日月之行分同道也至相過也其他月即爲災此亦分月而云孔醜者然日者太陽之精至尊之物不宜有所侵侵之則爲異但聖賢因事設教以爲等級耳左傳曰唯正月朔慝未作日有食之於是乎有用幣於社伐鼓於朝其餘則否是以日食之中分爲差降也以正月爲夏之四月純陽用事而日又爲陽於時最盛尤不宜爲陰所侵故爲最重而特用鼓幣也其他月則非正陽故爲差輕也至於二至二分固有分至之名宜若同道相過有可食之理故爲尤輕也計古今之天度數一也日月之食本無常時故麻象爲日月交會之術大率以百七十三日有奇爲限而日月行天各自有道雖至朔相逢而道有表裏若月先在裏依限而食者多若月先在表雖依限而食者少杜預見其參差乃云日月動物雖行度有大量不能不少有盈縮故有雖交會而不食者或有頻交而食者唯正陽之月君子忌之是日月食無常時非分至之月必相食也正以二分晝夜等有類同道二至長短極似相過因名示義非實然也以日體一也食之輕重假理示義其實日食皆爲異奈故鄭駮異義引此詩云彼月而食則維其常此日而食于何不臧則非常爲異明謂此爲非常明春秋爲示義也若人君改過修善雖正陽之月禍亦可消若長惡遂非雖分至之月亦將有咎安得二至二分獨不爲災也昭七年四月甲辰朔日有食之是春分之月傳稱魯衛惡之衛大魯小云衛地如魯地於是有災魯實受之大咎其衛君乎魯將上卿其年八月衛侯惡卒十一月季孫宿卒此分月日食有災之驗也且日之有食象臣之侵君若云日有可食之時則君有可殺之節理豈然乎以此知雖在分至非無災咎故此食在夏之八月云爲異尤大也然日月之食於筭可推而知則是雖數自當然而云爲異者人君者位貴居尊恐其志移心易聖人假之靈神作爲鑒戒耳夫以昭昭大明照臨下土忽爾滅亡俾晝作夜其爲怪異莫斯之甚故有伐鼓用幣之儀既膳去樂之數皆所以重天變警人君者也而天道深遠有時而驗或亦人之禍釁偶與相逢故聖人得因其變常假爲勤戒使智達之士識先聖之深情中下之主信妖祥以自懼但神道可以助教而不可以爲教神之則惑衆去之則害宜故其言若有若無其事若信若不信期於大通而已矣經典之文不明言咎惡而公家董仲舒何休及劉歆等以爲發無不應是知言徵祥之義未倍勸沮之方杜預論之當矣日月之食大率可推步而知亦有不依交限而食者襄二十四年秋七月甲子朔日有食之既八月癸巳朔日有食之於法筭前月之日食既則後月不得食而春秋有之又此經云日月告凶不用其行箋云行道度也不用之者謂相干犯則此依交限以否未可知也古之麻書亡矣今世有周歷魯麻者蓋漢初爲之其交無遲疾盈縮考日食之法而其上年月已往參差是以漢世通儒未有以歷考此辛卯日食者而王基獨云以麻考此辛卯日食者而王基獨云以麻校之自共和以來當幽王世無周十月夏八月辛卯交會欲以此會爲共和之前其在共和之前則信矣而校之則無術說者或據世以定義矣○箋微謂至其常○正義曰下章云彼月而食此日而食與此微同則不明謂日月被食而不明也謂之徵者取君微弱之義下云彼月而食則維其常月食爲常則日食爲非常故云此日反徵非其常也周禮春官大司樂云日月食令去樂秋官庭氏有救日月之弓矢昏義云陰事不修諸見於天月爲之食漢書天文志曰凡日食修德月食脩刑如此則月食相類而云常者義取君可無理殺臣臣不有以犯君故以日食爲重耳不謂月食非異也○

日月告凶，不用其行。四國無政，不用其良。箋云告凶告天下以凶亡之徵也行道度也不用之者謂相干犯也四方之國無政治者由天子不用善人也○治直吏反○

彼月而食，則維其常。此日而食，于何不臧。箋云臧善也○

〔疏〕日月至不臧○毛以爲幽王時所以日有食之者日月告天下以王有凶亡之徵故不用其常道度所以橫相干犯也又所以有凶亡之徵者以今四方之國無政者由天子不用其善人故也由王不用善凶亡將至故告之也又言日食爲大惡之事彼月而食雖象非理殺臣猶則是其常道今此日而反食於何不善乎猶言一何不善爲不善之大是凶亡之徵也昭七年左傳晉侯問於士文伯曰詩所謂此日而食于何不臧何也對曰不善政之謂也國無政不用善則自取讁於日月之災故政不可不慎是也○鄭唯厲王時爲異

爗爗震電，不寧不令。爗爗震電貌震雷也箋云雷電過常天下不安政教不善之徵○爗于輙反○

百川沸騰，山冢崒崩。沸出騰乘也山頂曰冢箋云崒者崔嵬百川沸出相乘陵者由貴小人也山頂崔嵬者崩君道壞也○沸甫味反崒舊子恤反徐子綏反宜依爾雅音徂恤反本亦作崪頂丁冷反崔徂回反爾雅作厜才規反嵬五回反爾雅作巖五規反

高岸爲谷，深谷爲陵。言易位也箋云易位者君子居下小人處上之謂也○處昌呂反○

哀今之人，胡憯莫懲。箋云憯曾懲止也變異如此禍亂方至哀哉今在位之人何曾無以道德止之○憯七感反亦作慘

〔疏〕爗爗至莫懲○毛以爲幽王時不但日食又爗爗然有震雷之電其聲駭過常令使天下不安止由王政教不善之徵所致也又當時天下有百川之水皆溢出而相乘水流趨下小人之象今溢出由貴小人在上也又時山之冢頂高峯之上崒然崔嵬者皆崩落山高在上君之象今崩落是君道壞也於時又高大之岸陷爲深谷岸應處上今陷而在下由君子居下故也又深下之谷進出爲陵谷應處下今進而上由小人處上故也變異如此禍亂方至哀哉今在位之人何曾無肯行道德消止此異者但尚德省刑退不肯進君子則此異止矣此所陳皆當時實事震電既言不寧不令由所致有象在下致皆有象矣故箋皆以象解之推度災曰百川沸騰衆陰進山冢崒崩人無仰高岸爲谷賢者退深谷爲陵小臨郎是也○鄭唯厲王時爲異○傳山頂曰冢至箋乘陵○正義曰釋山云山頂冢孫炎曰謂山巔也又云崒者厜子規反䂾語規反郭璞曰謂山峯頭巉岩者意或作嵯峩此經作崒箋作崔嵬者雖子則爾雅小異義實同也徐邈以崒子恤反則當訓爲盡於時雖大變異不應天下山頂盡皆崩也故鄭依爾雅爲說百川沸出相乘陵者謂泉陰盛也水泉溢時泉川多然故舉百成數也周語曰幽王三年西周三川皆震伯陽父曰周將亡矣昔伊洛竭而夏亡河竭而商亡今周若二代之季其川源必塞必竭夫國必依山川山崩川竭亡國之徵是歲三川竭此言百川沸騰與彼三川震不同也何者此有沸出相乘水盛漫溢而已非震之類也彼幽王之時云若二代之季若厲王時已百川皆震不當違比二代之末以此知沸騰非震也彼云三川震此云百川沸又知此詩非幽王時也鄭以爲當刺厲王於義實安

皇父卿士，番維司徒，家伯維宰，仲允膳夫，聚子內史，蹶維趣馬，楀維師氏，豔妻煽方處。豔妻褒姒美色曰豔煽熾也箋云皇父家伯仲允皆字番聚蹶楀皆氏厲王淫於色七子皆用后嬖寵方熾之時並處位言妻黨盛女謁行之甚也敵夫曰妻司徒之職掌天下土地之圖人民之數冢宰掌建邦之六典皆卿也膳夫上士也掌王之飲食膳羞內史中大夫也掌爵祿廢置殺生予奪之法趣馬中士也掌王馬之政師氏亦中大夫也掌司朝得失之事六人之中雖官有尊卑權寵相連朋黨於朝是以疾焉皇父則爲之端首兼擅羣職故但目以卿士云○聚側留反蹶俱衛反趣七走反注同趣馬官名楀音矩弓禹反豔餘贍反鄭云豔妻厲王后煽音扇說文作偏云熾盛也處一本作熾尺志反盛也嬖必計反朝直遙反下同擅市戰反

〔疏〕皇父至方處○毛以爲當刺幽王時皇父爲卿士之官謂卿之有事兼擅羣職也其番氏維爲司徒之卿家伯維爲冢宰之卿仲允爲膳夫聚氏之子爲內史蹶氏維爲趣馬楀氏維爲師氏之官此七人於豔妻有寵熾盛方甚之時並處位由褒姒有寵私請於王使此七人朋黨於朝言王政所以亂也褒姒有親黨者以褒國所養以爲本親故有此族黨又此文不言是其婚戚或可謟佞於事爲之朋黨不必盡是甥舅之親○鄭以爲厲王時豔爲后爲異○箋皇父至士云○正義曰皇父及伯仲是字之義故知皇父家伯仲允皆字蓋與后同姓剡也其番聚蹶楀單言以聚子以子配之若曾子閔子然故知皆氏蓋后氏之外親也春秋緯說湯遭大旱以六事謝過其一云女謁行與謁請也謂婦人有寵謂用親戚而使其言得行今七人並處大位言妻黨強盛女謁行之甚也曲禮云天子之妻曰后此不言后而言妻以其敵夫故言妻也妻之言齊齊於夫也雖天子之尊其妻亦與夫敵也自司徒之職至得失之事其言皆出於周禮知是卿大夫士者皆序官之文所掌皆在其職之文因此以寵相連故詳其官之尊卑及所掌之事焉序官大司徒卿一人冢宰卿一人故云皆卿也六典者謂治典教典禮典政典刑典事典也序官趣馬下士一人此言中士者誤也定本亦誤彼言掌贊正良馬卽正馬之政也師氏云掌國中失之事雖中爲中禮亦是得義故杜子春云中當爲得以義引之故爲得也司朝卽是國也此云家伯維宰周禮有太宰卿小宰卿大夫宰夫下大夫鄭司農宰夫注云詩人曰家伯維宰謂此宰夫也王肅以此宰爲小宰鄭以爲冢宰者以宰夫等經傳之中未有單稱宰處家宰之單稱宰猶宰猶司徒以下不稱大故序官云太宰小宰不言家是冢者大處以對小故天官注云百官摠焉謂之冢列職於王則稱大以小司徒小宗伯不得單稱司徒宗伯要以小配之是小宰亦不得單稱宰也今此宰夫既是其佐對司徒內史等六官是列職之事五者皆是一官之長宰不當獨爲太宰之佐以此知家伯維宰是冢宰也趣馬下士膳夫上士耳得與司徒冢宰同列於詩者鄭解其意六人之中雖官有尊卑而此六人權寵相連共朋黨於朝是以疾焉然官高者勢大勢大者黨甚放此大率以官高爲先而有不欲者使文以取韻也又解發首先言皇父不言官名之意皇父則爲此六子之端首兼擅曰宰職故但以卿士云言兼擅者於六卿之外更爲之都官摠統六官之事兼雜爲名故謂之卿士

抑此皇父，豈曰不時。胡爲我作，不卽我謀。徹我牆屋，田卒汙萊。時是也下則汙高則萊箋云抑之言噫噫是皇父疾而呼之女豈曰我所爲不是乎言其不自知惡也女何爲役作我不先就與我謀使我得遷徙乃反徹毀我牆屋令我不得趨農田卒爲汙萊乎此皇父所築邑人之怨辭○抑如字辭也徐音噫韓詩云意也汙音烏注同萊音來噫於其反下同令力呈反趣七住反本又作趨七俱反

曰予不戕，禮則然矣。箋云戕殘也言皇父既不自知不是反云我不殘敗

女田業禮下供上役其道當然言文過也○戕在良反王作臧臧善也孫毓評以鄭爲改字共音恭本亦作供〔疏〕抑此至然矣○毛以爲小人自矜謂舉無不當皇父以親寵封於畿內既封即築都邑令邑人居之先毀牆屋而後令遷邑人廢其家業故述其情以責之言噫是皇父汝所舉事豈肯曰我所爲不是乎言其不自知皆謂已爲是也汝何爲使我役作築邑之曰不先就與我謀告我遷期使豫治田事徑即徹毀我牆屋令我築邑廢我農業使我田之高下知爲汙萊乎而皇父非但不自知耳反曰我不殘敗汝田業也今汝徹牆廢田供事我者於禮則當然矣言禮法下供上役故也皇父奢殘自恣反云禮法當然歌而惡之鄭以厲王時爲異○傳下則汙高則萊○正義曰汙者池停水之名故禮記曰汙其宮而豬焉是也萊者草穢之名楚茨云田萊多荒是也下田可以種稻無稻則爲池高田可以種禾無禾則生草故下則汙高則萊

皇父孔聖。作都于向。擇三有事。亶侯多藏。皇父甚自謂聖向邑也擇三有事有司國之三卿信維貪淫多藏之人也箋云專權足已自比聖人作都立三卿皆取聚斂之臣言不知厭也禮畿內諸侯二卿○向式亮反下及注同亶都但反信也藏才浪反注同厭於鹽反

不憖遺一老。俾守我王。箋云憖者心不欲自彊之辭也言盡將舊在位之人與之皆去無留衞王○憖魚覲反爾雅云願也強也且也韓詩云閒也強其丈反

擇有車馬。以居徂向。箋云又擇民之富有車馬者以往居于向也○〔疏〕皇父至徂向○毛以爲皇父非徒困苦邑人又矜貪無厭言皇父不自知甚自謂已聖而作都于向之時則擇立三有事之卿信維是貪淫多藏之人擇此貪人爲卿欲使聚斂歸已其發向邑之時盡將舊在位之人與之俱去不肯愁然強欲遺留一老使之守衞我王又擇民之富有車馬者令往居向邑上章言其築邑此章言其往時○鄭唯厲王時爲異○箋專權至二卿○正義曰箋解自謂聖意以由專權而爲知足於已自以高官厚祿謂已智能得之以爲天下莫若已自比聖人是自謂聖人也以三有事文承作都故爲立三卿多藏者言其多藏財貨故言皆取聚斂之臣用使之聚斂是不知厭也禮畿內諸侯二卿者太宰云乃施則於都鄙而建其長立其兩設其伍注云兩謂兩卿伍謂伍大夫言都鄙是畿內故王制注云見畿內之國二卿是也其伍大夫與畿外同言此者明皇父當二卿今立三有事是自同畿外增一卿以比列國也又取多藏者是不知厭也則不知厭亦兼解三卿意也知皇父封不在畿外者以刺之云擇三有事明其不應三而三故知是畿內也左傳說桓王與鄭十二邑向在其中杜預云河內軹縣西有地名向上則向在東都之畿內也○箋愁者至衞王○正義曰說文云愁肯從心也言初時心所不欲後始勉強而肯從故云心不欲自強之辭一老是舊在位故言盡將舊在位之人與去皇父所屬之臣自然當從言舊在位蓋王官列職皇父欲矜刑勢盡將往向故言無留衞王其至向亦當反但去時盡將之耳定本及集本云愁者心不欲強之辭也○箋又擇至于向○正義曰知擇民者以朝臣不遺一老則盡行矣且朝臣皆有車馬無所可擇民之富有者以往居於向民有定屬何得擇而往者皇父擅恣強偪將之所以刺其貪也○

黽勉從事。不敢告勞。箋云詩人賢者見時如是自勉以從王事雖勞不敢自謂勞畏刑罰也○黽民允反本又作偪同○

無罪無辜。讒口囂囂。箋云囂囂眾多貌時人非有辜罪其被讒口見椓譖囂囂然○囂五刀反韓詩作嗸嗸○

下民之孽。匪降自天。噂沓背憎。職競由人。噂猶噂噂沓猶沓沓職主也箋云孽妖孽謂相爲災害也下民有此言非從天墮也噂噂沓沓相對談語背則相憎逐爲此者由主人也○孽魚列反噂子損反說文作僔云聚也嗒本又作沓同徒荅反背蒲妹反注同墮徒火反○〔疏〕黽勉至由人○毛以爲幽王之臣擅恣若此故詩人言黽勉然自勉以從王事雖勞不敢告勞苦於上也所以然者以時無罪無辜尚彼讒口所譖囂囂然已畏刑罰故不敢告也在上既信讒言下民競相讒譖言使下民之有妖孽相與爲災害者非降從天墮也今下民皆噂噂沓沓相對談語背去則相憎疾眾人皆主意競逐爲此行者主由人耳由在位信讒故民皆競爲此以相災害非從天墮也○鄭以厲王時爲異○箋孽妖至由人○正義曰妖孽者上天降災之名天以讒佞相害亦如天之妖災謂民之災害爲妖孽故云孽謂相爲災害也尚書云天作孽猶可違自作孽不可逭亦謂人自害爲孽與此同也天孽從天而來此則人自爲之故云下民有此言非從天墮也憎言背者則噂沓爲未背時故云噂噂沓沓相對談語也則背憎爲相椓譖矣逐者猶人走相追逐唯恐不先言其競爲之甚也○

悠悠我里。亦孔之痗。悠悠憂也里居也痗病也箋云里居也悠悠乎我居今之世亦甚困病○里如字本或作瘇後人改也痗莫背反又音悔本又作悔

四方有羨。我獨居憂。羨餘也箋云四方之人盡有饒餘我獨居此而憂○羨徐箭反

民莫不逸。我獨不敢休。箋云逸逸豫也

天命不徹。我不敢傚我友自逸。徹道也親屬之臣心不能已箋云不道者言王不循天之政教○傚戶教反○〔疏〕悠悠至自逸○毛以爲詩人見王政之惡如此故言悠悠乎可憂也爲此而病亦甚困病矣今四方之民盡有饒餘我獨居此而憂又民莫不得優遊自逸我獨不敢休息以王之教命不循昊天之道臣有離散去者我不敢傚我友自放逸而去也其友與王無親故舍王而去已則王之親屬故不敢傚之○鄭以爲厲王時言悠悠乎我居今之世亦甚困病爲異餘同

十月八章章八句

雨無正。大夫刺幽王也。雨。自上下者也。眾多如雨。而非所以爲政也。亦當爲刺厲王王之所下教令甚多而無正也○正音政〔疏〕雨無正七章上二章章十句次二章章八句下三章章六句至爲政○正義曰經無此雨無正之字作者爲之立名敘又說名篇及所刺之意雨是自上下者也雨從上而下於地猶教令從王而下於民而王之教令眾多如雨然事皆苛虐情不恤民而非所以爲政教之道故作此詩以刺之既成而名之曰雨無正也經七章皆刺王之辭鄭以爲刺厲王爲異

浩浩昊天。不駿其德。降喪饑饉。斬伐四國。駿長也穀不熟曰饑蔬不熟曰饉箋云此言王不能繼長昊天之德至使昊天下此死喪饑饉之災而天下諸侯於是更相侵伐○浩古老反又胡老反昊胡老反駿音峻饉其靳反更古衡反○

旻天疾威。弗慮弗圖。箋云慮圖皆謀也王既不駿昊天之德今昊天又疾其政以刑罰威恐天下而不慮不圖○旻密巾反本有作昊天者非也恐起勇反○

舍彼有罪。既伏其辜。若此無罪。淪胥以鋪。舍除淪率也箋云胥相鋪徧也言王使此無罪者見牽率相引而徧得罪也○舍音赦一音捨淪胥上音倫下息魚反鋪普烏反徧也王云病也徧音遍下同〔疏〕浩浩至以鋪○毛以爲詩人告幽王言浩浩然廣大之昊天以王不能繼長其德承順行之故下死喪饑饉之災由此致斬伐絕滅四方之國也王既不能繼長昊天之德而昊天又疾王以刑罰之政威恐天下其災又將重於死喪饑饉欲害及王身以不慮謀之弗曾圖計之若圖謀之當正刑罰以禦天變反舍彼有罪既伏其辜者而不戮若此無罪之人王枉濫之使牽率相引而徧得罪由王酷暴天所以疾王何以不改之乎○鄭唯刺厲王爲異○傳穀不至曰饉○正義曰釋天文李巡曰五穀不熟曰饑可食之萊皆不熟爲饉郭璞曰凡草木可食者通名爲蔬三十四年穀梁傳曰一穀不升謂之嗛二穀不升謂之饑三穀不升謂之饉四穀不升謂之康五穀不升謂之大饑又謂之大侵彼以五穀熟之多少立差等之名其實五者皆是饑也三穀不升於民之困蓋與蔬不熟同故俱名爲饉也○箋此言至侵伐○正義曰王者繼天理物當奉天施化是長天德也政不順天殘害下民是不能繼長昊天之德尚書稱政之動天有如影響王既不能繼長天德故昊天震怒下此死喪饑饉之災謂害萬民也饑饉既至則人懷苟且故天下諸侯於是更相侵伐由災而使然故云於是也○箋慮至不圖○正義曰再言不謀者丁寧欲王深思之也上有昊天明此亦昊天定本皆作昊天俗本作旻天誤也○傳舍除○正義曰欲故舍其人即除其罪過故以舍爲除也○

周宗既滅。靡所止戾。戾定也箋云周宗鎬京也是時諸侯不朝王民不堪命王流于彘無所安定也○彘直例反

正大夫離居。莫知我勩。勩勞也箋云正長也長官之大夫於王流于彘而皆散處無復知我民之見罷勞也○勩夷世反又音曳長張丈反下同復符富反罷音皮○

三事大夫。莫肯夙夜。邦君諸侯。莫肯朝夕。箋云王流在外三公及諸侯隨王而行者皆無君臣之禮不肯晨夜朝暮省王也○朝直遙反舊張遙反

庶曰式臧。覆出爲惡。覆反也箋云人見王之失所庶幾其自改悔而用善人反出教令復爲惡也○覆芳服反〔疏〕周宗至爲惡○毛以爲周室爲天下所宗今可宗之道謂先王之法既以滅亡矣其道既滅國亦將亡無所止而安定也以此無法故我之賢友長官大夫奔散而去與我離居我雖勞無知我之勞者又三事大夫無肯早起夜卧以勤國事者國君之諸侯無肯朝夕在公而敬事王者法度既滅君臣解體以將滅亡我庶幾曰王今國危如此當政用善人而王反出爲惡政以害天下言其惡所以當亡也○鄭以爲厲王既爲昊天所疾故今宗周鎬京既已破滅王出京師無所止而安定也餘箋備○傳戾定○正義曰此傳質畧王述之曰周室爲天下所宗其道已滅將無所止定毛以刺幽王理必異於鄭當如王說○箋周宗至于彘○正義曰周宗宗周也皆言周爲天下所宗文雖異而義同故言周宗鎬京也本紀稱暴虐國人謗王召公諫曰民不堪命王怒殺謗者諸侯不朝於是國人莫敢出言三十七年乃相與叛襲厲王王出奔彘是王流于彘之事也本紀又云召公周公二相行政號曰共和則鎬京滅者以王不在焉故韋昭云彘地漢時爲縣屬河東今永安是也杜預云平陽永安縣東北有彘城晉時郡分而縣移故安漢時不同○傳勩勞○正義曰詁文王述之曰長官

大夫我之賢友奔走竄伏與我離居我勞病莫之知也故下
章思之欲遷還於王都。箋長官至罷勞。正義曰大夫而
言長官者大夫是公卿之總名皆佐王治民者也王既奔亡
臣亦散處無復知民人之勞者王流之後二公行政民有勞
苦不由於王而以刺厲王者此言大夫離居及莫肯夙夜是
王即奔時民有勞苦皆是王之過故刺王也。箋王流至省
王。正義曰鄭言三公者以經三事大夫爲三公也卿則當
有六人孤則無主事故知三事大夫唯三公耳公雖無職而
地官云二卿則公一人鄭亦云外與六卿之事職所不說三
皆有事故云三事也謂之大夫者大夫之成名可以上
通公卿春秋傳曰王命委於三吏謂三公也三公倘謂之吏
況大夫乎王見以三事爲三公大夫謂其屬案上文正大夫
爲一人三事大夫不得分爲二也且其文對邦君諸侯若三
公下私屬大夫則不得特通於王不且責其莫肯夙夜也其
意亦謂此爲三公也

如何昊天。辟言不信。如彼行邁。則靡所臻。辟法也箋云如何乎昊天痛而愬之也爲陳法度之言不信之也我之言不見信如行而無所至也

凡百君子。各敬爾身。胡不相畏。不畏于天。箋云凡百君子謂衆在位者各敬慎女之身正君臣之礼何爲上下不相畏乎上下不相畏是不畏于天〔疏〕箋上下至于天正義曰天道設教以卑承尊若下不事上是不畏天道○

戎成不退。飢成不遂。曾我暬御。憯憯日瘁。戎兵遂安也暬御侍御也瘁病也箋云兵成而不退謂王見流于彘無御止之者飢成而不安
謂王在彘乏於飲食之蓄無輸粟歸餼者此二者曾但侍御
左右小臣憯憯憂之大臣無念之者○退徐音退本又作退
暬思列反憯千感反瘁徂醉反餼許氣反曾在登反畜勑六反

凡百君子。莫肯用訊。聽言則荅。譖言則退。以言進退人也箋云訊告也衆在位者無肯用此相告語言不憂王之事
也荅猶距也有可聽用之言則共以辭距而違之有譖毀之
言則共爲排退之羣臣並爲不忠惡直醜正○訊音信徐息
悴反又音碎排步皆反惡烏路反〔疏〕戎成至則退○毛以爲幽王政亂朝危將致兵寇言兵寇已成而不能禦
而退之天下之衆飢困已成而不能禦而退之天下之衆飢
困已成而不能恤而安之會我待御之小臣知天下之危殆
憯憯然日以憂病其凡衆在位之君子雖知其危無肯用此
事以告王者而王又好信淺近愛用讒佞若有道聽非法之
言聞則應荅而受之若有譖毀之言云此人不可任則用其
言而罪退之言以讒言進退人也王政如此是所以將危亡也
○鄭以厲王在鎬民叛襲王兵害已成而不肯爲王禦止而
敗退之者故令王流於彘矣王既在彘之於飲食之蓄飢困
已成而天下無肯輸粟歸王而安飽之者故令王困於食矣
此二者曾我待御左右之小臣憯憯然憂之而日瘁耳王無
於兵戎乏於飲食此乃臣所急憂而汝凡衆在位之君子無
肯用此以相告語者唯共聚爲不忠惡直醜正有可聽用之
言則以爲非各進來共以辭距而違之令其言不得用也若
小人有爲譖毀之言則以爲是各相共排退而去不荅難之
令小人得進譖於王王既暴虐臣又不忠所以至於危亡爲
此也○箋兵成至歸餼○正義曰以王在彘之後不復有兵
知兵成是在鎬時事故云謂見流於彘無禦止之者即本紀
云民叛襲王是也王若在鎬理無乏食知飢成是在彘時事
故云王在彘乏於飲食之蓄無輸粟歸餼者蓄謂蓄積不必
朝夕之食故言之蓄輸粟歸餼皆左傳有此言餼謂牲牢也

○箋有可至醜正○正義曰聽言對譖言故爲有可聽用也
桑柔對誦言故爲道聽之淺者荅猶對也受之與距皆是以
言荅之但此是刺詩可聽之言必不荅受故知荅猶距也共
以辭距而違之使不見聽用也則荅者是以辭距之明退者
是不荅也故云共爲排退言其徒侶自排而退無距難之者
令使譖言得用也見善則距逆見惡則贊成是羣臣並爲不
忠惡忠直而醜貞正也惡直
醜正昭二十八年左傳文○

哀哉不能言。匪舌是出。維躬是瘁。哀賢人不得言不得出是舌也箋云瘁病也不能言言之拙也言非可出於舌其身旋見困病

○出尺遂反音毳○**哿矣能言。巧言如流。俾躬處休。**哿可矣可矣世所謂
能言也巧言從俗如水轉流箋云巧猶善也謂以事類風切
剴微之言如水之流忽然而過故不悖逆使身居安休休然
亂世之言順說爲上○休虛虯反注同風福鳳反剴古愛反
又古哀反一音祈悖補對反謥五故反本亦作逆說音悅○
〔疏〕哀哉至處休○毛以爲幽王信讒賢者不能從俗不敢發言故云可哀傷哉不能言之賢者意雖欲言言則悖
物其欲言者當今非我此舌是所可出若出是舌維其身是
病言小人惡直將其害之可矣若世之所謂能言者以巧善
爲言從順於俗如水之轉流理正辭順無所悖逆小人之所
不忌使身得居安休休然言世雖讒勝賢有巧拙亦有能免
之者見亂世欲其順說○鄭以厲王時爲異○箋不能至困
病○正義曰以下能言者云巧言如流明不能言者爲拙矣
言之忤人其禍必速言出則禍入故云旋見困病○箋巧猶
至剴微○正義曰人雖正直性有巧拙表記云辭欲巧是正
言亦欲巧但人有不能耳知非佞巧者若邪佞之巧則自得
志非徒所可矣傳云從俗如轉流言從俗明亦謂賢人與鄭
同也剴微之者書傳注云剴切說文云剴摩也謂摩切其傍不斥言

維曰于仕。孔棘且殆。云不可使。得罪于天子。亦云可使。怨及朋友。于往
也箋云棘急也不可使者不正不從也可使者雖不正從也
居今衰亂之世云往仕乎甚急迮且危以此二者
也○笮本又作迮側格反〔疏〕維曰至朋友○毛以爲幽王之時賢者在朝進退多難我今所言維曰往仕乎往仕
自是其理但居今之世往仕則甚急迮且危殆矣何者仕在
君朝則當從君命王既邪淫動皆不可我若執正守義不從
上命則天子云我不可使我將得罪於天子我若阿諛順旨
亦既從天子云此人可使我則怨及於朋友朋友之道相切以
善今從君爲惡故朋友怨之以此二事可使與不可使進退
不可故往仕則急危也○鄭唯厲王時爲異○箋不可至二
者也○正義曰以可使與不可使皆君論臣之辭謂稱已意
爲可使不稱已意爲不可使也箋解賢人之意正使者君有
不正我從之君則以我爲不可使也可使者君
雖不正我亦從之如是則君以我爲可使也○

謂爾遷于王都。曰予未有室家。賢者不肯遷于王都也箋云王流于彘正大夫離居同姓之臣從王
思其友而呼之謂曰女今可遷居王都謂彘
也其友辭之云我未有室家於王都可居也

鼠思泣血。無言不疾。無聲曰泣血無所言而不見疾也箋云鼠憂也既辭之以無室家爲其意恨又患不能距止之故云
我憂思泣血欲遷王都見女今我無一言而不道疾者言已
方困於病故未能也○思息嗣反注憂思同爲于僞反距本
又作蚷音巨○

昔爾出居。誰從作爾室。遭亂世義不得去思其友而不肯反者也
箋云往始離居之時誰隨爲女作室女猶
自作之爾今反以無室家距我恨之辭〔疏〕謂爾至爾室○毛以爲幽
王驕亂大夫有去離朝廷者其友在朝思而呼之謂曰爾可
遷居于王都欲見其還朝也去者不肯曰予于王都未有室
家心疾王政託以無室家爲辭也其友以其距已又責之云
我所以憂恐泣血欲汝還者以孤特在朝無所出言而不爲
小人所見憎疾故思汝耳何爲拒我云無室家乎昔爾從王
都出居於郊外之時誰復從汝作汝室也本汝自作之耳汝
今若還王都亦可自作室家何當以無室爲辭也○鄭以爲
厲王已流於彘即謂彘爲王都同姓大夫從王其友不從故
呼之謂曰爾可遷居王都其友辭曰予未有室家既不從又
恐其恨故云我試憂思泣血欲遷王都見汝所以不得往者
今我無一言而不道已疾由已有疾逢人則言方困於病故
未能遷耳大夫知其虛又責之云昔爾出居誰從作爾室也
上下四句據文與毛同但屬意別耳○傳無聲至見疾○正
義曰說文云哭哀聲也泣無聲出涕則無聲謂之泣矣連
言血者以涙出於目猶血出於體故以涙比血禮記曰子皐
執親之喪泣血三年注云無聲而血出是也無所言而不見
疾見者自彼加已之辭是詩人已不言已以爲無人所疾也知非其友
言在朝疾已者若爲在朝疾已不須以爲無室爲辭又未仕而
逆慮人疾非順荅也
故以詩人自言也

雨無正七章二章章十句二章章八句三章章六句

小旻。大夫刺幽王也。所刺列於十月之交雨無正爲小曰小旻亦當爲刺厲王○旻武
巾反〔疏〕小旻六章上三章章八句下三章章七句
小旻明有所對也故言小旻也十月之交言日月告凶權臣亂
此篇之事爲小故曰小旻也十月之交雨無正言宗周壞滅
政雨無正言宗周壞滅君臣散離皆是事之大者此篇唯刺
謀事邪僻不任賢者是其事小於上篇故以小旻爲名
比類不同也毛氏雖屬幽其人名篇之意或亦然之旻
之立名也

旻天疾威。敷于下土。旻閔也敷布也箋云旻天之德疾王者以刑罰威恐萬民其政教乃布於下土
天下徧知○敷芳夫反
撫扶反徧音遍

謀猶回遹。何日斯沮。回邪遹辟沮壞也箋云猶道沮止也
今此王謀爲政之道回辟不循旻天之德己甚矣
何日此惡將止○辟匹亦反下同沮在呂反下同七句同

謀臧不從。不臧覆用。我視謀猶。亦孔之卭。臧善也卭病也箋云謀之善者不從其不善者反用之我視王謀爲政之道亦甚病天下
○卭其凶反〔疏〕旻天至之卭○毛以爲王既爲天所疾政教當順天之德今王謀爲政之道回辟不循旻天之德已甚矣何日此惡將止
義無多異正以行惡宜爲休止故易傳也說文云恔快也

潝潝訿訿。亦孔之哀。潝潝然患其上訿訿然思不稱乎上箋云臣不事君亂之階也甚可哀也

○潝許急反訿音紫爾雅云潝潝訿訿莫供職也韓詩云不善之貌稱其尺證反一本作稱乎**謀之其臧。則具是違。謀之不臧。則具是依。我視謀猶。伊于胡厎。**箋云于往厎至也謀之善者俱背違之其不善者依就之我視今君臣之謀道往行之將何所至乎言必至於亂○厎之履反背音佩【疏】潝潝至胡厎○毛以爲幽王時小人在位皆潝潝然自作威福患苦其上又訿訿然競營私利不思稱於上臣行如此亦甚可哀傷也王不用善臣又棄職事君臣並皆昏亂故云謀之其有不善者則君臣俱於是共背違之謀之其有不善者則君臣俱於是共就依之我視今君臣所謀之道唯如往行之人將何所至乎行無所至猶謀無所成是言必至於亂也○鄭以厲王時爲異○傳潝潝至乎上○正義曰釋訓云潝潝訿訿莫供職也李巡曰君闇蔽臣子莫親其職郭璞曰賢者陵替姦黨熾盛背公恤私曠職事也皆言其大旨耳彼不解潝潝訿訿之文潝潝爲小人之勢是作威福也訿訿者自營之狀是求私利也自作威福競營私利是不供君職也此傳亦唯爾雅文徑解其意患其上者專權爭勢與上爲患不思稱上者背公營私不思欲稱上之意亦是不供職之事**我龜既厭。不我告猶。**猶道也箋云猶圖也卜筮數而瀆龜龜靈厭之不復告其所圖之吉凶言雖得兆占繇不中○厭於豔反注同數音朔復扶又反繇音胄中丁仲反**謀夫孔多。是用不集。**集就也箋云謀事者衆而非賢者是非相奪莫適可從故所爲不成○適音的**發言盈庭。誰敢執其咎。**謀人之國國危則死之古之道也箋云謀事者衆訩訩滿庭而無敢決當是非事若不成誰云已當其咎責者言小人爭知而讓過○訩音凶當丁浪反**如匪行邁謀。是用不得于道。**箋云匪非也君臣之謀事如此與不行而坐圖遠近是於道路無進於跬步何以異乎○跬缺氏反舉足曰跬【疏】我龜至于道○毛以爲言小人不尚德而好灼龜求吉請問過度渫瀆神靈我龜既厭繁數不肯於我告其吉凶之道也又王之朝上謀夫甚多而非賢者是非不決是用爲謀者不得成也發言則訩訩滿庭而無肯決當是非事若不成誰敢執其咎責乎以初無決當敗則相推故謀無所成也其君臣之謀事如此似欲行之人非於道止而但坐謀遠近是用不得於道里何以異乎謀而不行則於道不進言而無決則於事不成之○鄭爲刺厲王言問之龜不告所圖之吉凶以本問龜爲有所圖謀故不從吉凶之道也○箋卜筮至不中○正義曰禮龜曰卜蓍曰筮而此龜并言筮者以卜筮相將之物故并言以協句易曰初筮告再三瀆瀆則不告彼論弟子問師以筮言之是數問則慢瀆故至筮龜靈也此言數者謂小人好卜數問不是一事而至三四也龜靈厭之不復告其所圖之吉凶雖得兆及占之於繇則其言皆不中言吉不必吉凶不必凶是不告也定本云雖得兆無吉字俗本有吉字衍也兆者龜之疊坼繇者卜之文辭古有其書左傳每云其繇曰者是也○傳謀人至之道○正義曰解所以有咎之意小人取不若人爭爲已智故謀則發言盈庭若要之決則國危當死彼智不知及慮有死責故不能決正無敢執咎以歸已者左傳說楚伐鄭鄭六卿三欲從楚三欲待晉子駟曰請從楚騑也受其咎是敢執之也○箋無進於跬步○正義曰鄉射注云矢幹長三尺與跬相應則半步也爾雅亦云一舉足謂之跬**哀哉爲猶。匪先民是程。匪大猶是經。維邇言是聽。維邇言是爭。**古曰在昔昔曰先民程法經常猶道邇近也爭爲近言箋云哀哉今之君臣謀事不用古人之法不猶大道之常而徒聽順近言之同者爭言之異者言見動軔則泥陷不至於遠也○軔音刃礙車木也字林如戰反泥乃麗反**如彼築室于道謀。是用不潰于成。**潰遂也箋云如當路築室得人而與之謀所爲路人之意不同故不得遂成也○潰戶對反【疏】哀哉至于成○毛以爲可哀哉今幽王君用爲政教之道非用古人是爲法非用大道是爲常徒維淺近之言而同者於是聽用之言而異者於是爭辨之言發意鄙近無期遠大也如彼築室於道者得人而與之謀其所爲而路人之意不同是用此室不得遂於是而成也言淺近之人不可謀道猶路人不可謀室故比之○鄭以刺厲王哀哉今君臣之爲謀事也餘同○傳古曰在昔昔曰先民○正義曰國語文也據今人而道古人謂之在昔據昔而又道其先民民者人之大名其實是賢聖者也○箋不用古至於遠○正義曰先民斥人故知古人之法也古人之法是先王成事已行者也大道之常謂禮樂典法古今所通者也同是今言而云是聽是爭故知聽其同者爭其異者楚辭云朝發軔於蒼梧王逸曰軔支輪木也說文云軔礙車木也動軔者謂去木動輪而發行也論語云致遠恐泥鄭云則泥意出於彼也**國雖靡止。或聖或否。民雖靡膴。或哲或謀。或肅或艾。**靡止言小也人有通聖者有不能者亦有明哲者有聰謀者艾治也有恭肅者有治理者箋云靡無止禮膴法也言天下諸侯今雖無禮其心性猶有通聖者有賢者民雖無法其心性猶有知者有謀者有肅者有艾者王何不擇焉置之於位而任之爲治乎書曰睿作聖明作哲聰作謀恭作肅從作乂詩人之意欲王敬用五事以明天道故云然○否方九反徐音鄙膴王火吳反大也徐云鄭音謨又音武沈音無韓詩作靡膴猶無幾何艾音刈治直吏反下皆同有知音智**如彼泉流。無淪胥以敗。**箋云淪率也王之爲政者如原泉之流行則清無相牽率爲惡以自濁敗【疏】國雖至以敗○毛以爲告幽王今日民下之國雖爲狹小其民或有通聖者或有不能者民雖無法其性亦或有明哲者或有聰謀者或有恭肅者或有理治者王何不用焉致之於位而何用小人乎所以令王用此聖哲者以王爲政當如彼泉之流行則清擁則濁也無相牽率爲惡以自濁敗若任小人則王政敗故欲王用賢哲也○鄭以告厲王今天下國家之諸侯雖無禮其心性有通聖有賢者餘同○傳靡止至理者○正義曰以靡止猶言狹小無所居止故爲小也言小者見雖小尚有之義以爲勸戒經言或聖傳兼言人有通聖此通者通知衆事故稱聖人然通事有多少則聖中有等級者勸王用聖則當時有之直是通知事者未必即是大聖故兼言通以辨嫌也有不能者止謂不能爲聖耳猶是賢也故箋云有賢者即此傳言不能一也以勸王用之不應言全無所知或否爲不聖而賢也亦有明哲者其上特言亦者以其文隔民雖靡膴與或否連故言亦也傳以自聖及乂皆是民有故於聖上哲上言亦明其通謂民也定本及集本聖上無人字靡止言國靡膴言民爲文勢互相通耳別無義也鄭訓膴音摸爲法王肅讀爲膴喜吳反膴大也無大有人言少也國雖小民雖少猶有此六事未審毛意如何今同之鄭說○箋止禮至云然○正義曰以相鼠云人而無止孝經曰容止可視是止爲禮也又以民國相對王之用臣不止於民故知國謂諸侯上舉諸侯下言庶民於中唯賢則任也於國言聖賢於民言哲謀肅乂以聖賢此四事爲優故屬之諸侯耳其實互相明也國言禮民言法一也言雖無禮法者禮法大行之日則比屋可封賢人衆多今雖無禮法於中猶有此五以五事人性行之能故皆言其心性焉旣陳此言明教人任之爲治也毛五事皆準尙書爲說故箋引書曰以所引從作乂以上皆洪範文也彼注云皆謂政所致君則臣賢智也君視明則臣昭哲也君聽聰則臣進謀也恭則臣禮肅也君言從則臣職乂是也彼先言恭次從睿與此不次者彼五事貌言視聽思爲次注云此數本明人相見之次也以人先須貌嚴而後出言言從而後及聰聽思睿是人之明見在前故如彼次此則用優劣等故聖哲爲先乃謀次之謀慮出必肅恭在貌故肅次乂者治理之名乃是人之佞能貴行賤能故最在下順經故倒彼書文也然睿明聰恭從是君德也聖哲謀肅臣事也所以得相將者鄭云政所致是以類相應故雖之事可以相通也敬用五事亦洪範文也五事者即彼曰恭言曰從視曰明聽曰聰思曰睿是也此五事本諸而來舉此五者教王擇爲是欲令王敬用五事以明天云然也此并或否爲六言五事者賢是聖中之別與聖故也○箋王之至濁敗○正義曰此云無淪胥以敗明爲清不至濁敗也抑文全與此同不言清者以彼承皇天弗尚之下取虛竭將亡爲義故不須言清濁**不敢暴虎。不敢馮河。人知其一。莫知其他。**馮陵也徒涉曰馮河徒搏曰暴虎一非也他不敬小人之危殆也箋云人皆知暴虎馮河立至之害而無知當畏愼小人能危亡也○馮符冰反搏音博【疏】傳馮陵至危殆○正義曰釋訓云馮河徒涉也李巡曰無舟而渡水曰徒涉則空涉水陵波而渡故以馮爲陵也一非也者言唯知此暴虎馮河一事非而不知其他事也以下說恐懼之事故知他者不敬小人之危殆也惡直國正故不敬則危**戰戰兢兢。**戰戰恐也兢兢戒也**如臨深淵。**恐隊也**如履薄冰。**恐陷也

小旻六章三章章八句三章章七句

毛詩注疏校勘記（十二之二）

阮元撰盧宣旬摘錄

○十月之交

節刺師尹不平　相臺本同考文古本同小字本節下有南山二字閩本明監本毛本節下有彼字案皆衍也釋文以節刺作音正義亦云節刺師尹不平

此篇譏曰皇父擅恣　閩本明監本毛本同案曰當作由形近之譌

事國家之權　閩本明監本毛本事作專案所改是也

中候擿雒貳曰　閩本明監本毛本同案貳當作戒形近之譌周頌譜正義引擿雒戒可證

昌受符厲倡嬖　閩本明監本毛本嬖誤嫛案嫛即嬖之別體

其理欲明　閩本明監本毛本同案欲當作故形近之譌

小旻小苑卒章　閩本明監本毛本苑作宛案所改非也考小苑釋文本作苑通志堂改作宛

朔月辛卯　毛本月誤日明監本以上皆不誤

朔月卽是之交爲事也　閩本明監本毛本同案事當作會

推度災曰　閩本明監本毛本同案浦鏜云日誤曰下同是也

金應勝木反侵金　閩本明監本毛本同案浦鏜云勝木下當脫木字是也

自是所食之月　閩本明監本毛本同案浦鏜云日誤月是也

生其君幼弱而任卯臣也　閩本明監本毛本同案生當作主

秋正月壬午朔　閩本明監本毛本同案山井鼎云正當作七是也

云衞地如魯地　閩本明監本毛本同案山井鼎云云恐去誤是也

而公家董仲舒何休　閩本明監本毛本同案此不誤浦鏜云公家侯考非也公家謂公羊家耳

八月癸巳朔月有食之　補案朔無月食考春秋經月作日是月字誤也

而王基獨云以厤考此辛卯日食者而王基獨云以厤校之　閩本明監本毛本作而王基獨云以厤校之中更無考此辛卯日食者而王基獨云以厤十四字案此十行本複衍

說者或據世以定義矣　閩本明監本毛本矣上有謬字案此十行本因上文衍十四字而義字下有脫耳輒補非也

臣不有以犯君　閩本明監本毛本有作可案所改是也

山冢崒崩　唐石經小字本相臺本同案此釋文本也釋文云崒舊子恤反徐子綏反鄭云崔嵬也宜依爾雅音徂恤反本亦作卒考正義本是卒字正義云崒者厓巖又云此經作卒箋作崔嵬者雖字與爾雅小異義實同也徐邈以卒子恤反則當訓爲盡於時雖大變異不應天下山頂盡皆崩也故鄭依爾雅爲說今正義中卒皆譌作崒而不可通矣卒崒古字同用箋云卒者崔嵬訓卒爲崒而不改其字也漸漸之石傳箋正義可證當以正義本爲長漢書劉向作卒是魯詩亦作卒也

胡憯莫懲　唐石經小字本相臺本同案釋文云憯亦作慘考此與節南山憯莫懲嗟二憯字皆卽爾雅之朁字亦作本誤

皆溢出而相乗　補毛本乗作乘案所改是也

深谷爲陵小臨卽是也　閩本明監本毛本臨下有大字案所補非也卽當作節耳

雖子則爾雅小異　補案子當作字則字不誤毛本並改則爲與非是

楀維師氏　小字本相臺本同閩本明監本毛本亦同唐石經初刻㨉後改楀案五經文字木部云楀氏也見詩小雅楀字是也從木從才字多相亂顏師古漢書人表注云萬讀曰楀集韻九麌亦作㨉皆與唐石經初刻同

豔妻煽方處　唐石經小字本相臺本同案釋文云處一本作熾考傳箋一本誤也又此以處與馬爲韻

謂用親戚　閩本明監本毛本同案謂當作謁

小宰卿大夫　閩本明監本毛本同案山井鼎云卿恐中誤是也

冢宰之單稱宰　閩本明監本毛本同案之當作乃

兼擅曰宰職　閩本明監本毛本同案山井鼎云曰宰恐羣字誤非也此唯宰爲羣字誤耳其曰字當作目乃下句錯入此者也

故但以卿士云　閩本明監本毛本同案但下浦鏜云脫目字是也錯在上句又誤作曰

曰予不戕　唐石經小字本相臺本同案釋文云戕在良反殘也王本作臧臧善也孫毓評以鄭爲改字惠棟云王肅改字反謗康成是也

慭者心不欲自彊之辭也　小字本相臺本同案正義云定本及集注云慭者心不欲强之辭也較正義本少自字釋文云强之其丈反考勉强字唐人例用强作彊者後人亂之耳

無所可擇民之富有者　閩本明監本毛本同案浦鏜云擇下當脫故知擇三字是也此擇字複出而致誤

噂沓背憎　小字本相臺本同唐石經初刻蹲後改噂案初刻誤也又此正義本也釋文云誻本又作沓考文古本作誻采釋文

下民有此言　小字本相臺本同閩本明監本毛本亦同案段玉裁云言當作害是也

非從天墮也　閩本明監本毛本同小字本相臺本墮作隋案隋字是也釋文云隋徒火反正義中字作墮者隋墮古今字易而說之耳

由主人也　小字本同閩本明監本毛本同相臺本由主作主由考文古本主由亦同案主由是也

下民競相譖匿　閩本明監本毛本同案浦鏜云匿疑慝字誤是也

天以讒佞相害　閩本明監本毛本同案天當作人

天孽從天而來　閩本明監本毛本同案山井鼎云宋板上天作天天當是剜也

里居也痗病也　相臺本同閩本明監本毛本同小字本居作病案小字本是也釋文我里下云如字毛病也鄭居也本或作瘇後人改也正義云爲此而病亦甚困病矣上病說里下病說痗也考文古本作里痗皆病也采正義釋文而爲之

十月八章　唐石經同閩本明監本毛本同小字本相臺本十月下有之交二字案有者是也序有可證

○雨無正

旻天疾威　小字本同閩本明監本毛本同唐石經相臺本旻作昊案此釋文本也釋文云旻天疾威密巾反本有作昊天者非也正義云上有昊天明此亦昊天定本皆作旻天誤也沿革例云俗本皆作旻天今從疏及諸善本考此箋云王既不駿昊天之德今昊天又疾其政以刑罰威恐天下是鄭自作昊此詩凡三言昊天浩浩昊天昊天疾威如何昊天是也不應其一作旻乃涉小旻而誤耳毛鄭詩考正云孔說爲得是矣經義雜記云此當從釋文作旻者誤

三十四年穀梁傳曰　閩本明監本毛本同案浦鏜云二誤三上脫襄字是也

故安漢時不同　閩本明監本毛本同案安當作校形近之譌

正義曰詁文　明監本毛本詁上有釋字閩本剜入案所補是也

二卿則公一人　閩本明監本毛本同案浦鏜云鄉誤卿是也下外與六鄉之事同

王見以三事爲三公　閩本明監本毛本同案見當作肅

曾我暬御　小字本相臺本同閩本明監本毛本同唐石經暬作暬案唐石經是也此字從埶聲五經文字云暬與褻同見詩小雅說文云暬日狎習相慢也皆誤從執

憯憯日瘁　小字本相臺本同唐石經憯憯作慘慘案釋文云憯憯千感反正義云憯憯然日以憂病是釋文正義本皆作憯憯不知唐石經出何本也

莫肯用訊　唐石經小字本相臺本同案毛鄭詩考正云訊乃誶字轉寫之譌誶告訊問聲義不相通借是也

無肯用此相告語　閩本明監本毛本同小字本相臺本語下有者字考文古本同案有者是也

飢困已成而不能禦而退之天下之衆飢困已成而不能恤而安之　閩本明監本毛本作飢困已成而不能恤而安之無禦而退之天下之衆飢困已成而不能十五字案此十行本複衍

哿可矣　閩本明監本毛本同小字本相臺本矣作也考文古本同案矣字誤也

故不悖逆　小字本同閩本明監本毛本同相臺本逆作遻案釋文云遻五故反本亦作逆正義云無所悖逆考此悖遻卽韓非所謂拂悟字異義同當以釋文本爲長考文古本作遻采釋文

使身居安休休然　小字本相臺本同考文古本同閩本明監本毛本居作舌十行本初刻居後改舌案舌字誤也正義云使身得居安休休然可證

將其害之　閩本明監本毛本同案浦鏜云其當共字誤是也

非徒所可矣　閩本明監本毛本所誤聽案山井鼎云所恐所誤俗字不可從非也所可矣指傳所云可矣卽經之哿矣也

維曰予仕　閩本明監本毛本同唐石經小字本相臺本予作于考文古本同案予字誤也

正使者君有不正我從之　閩本明監本毛本上正作不可二字我下有不字案所改

是也

本又作蚷〔補〕釋文校勘通志堂本盧本作岠非也案乃岠字之譌

女猶自作之爾　小字本相臺本同閩本明監本毛本亦同案爾當作耳正義云本汝自作之耳是其證考文古本作耳爾采正義而誤山井鼎云爾字屬下讀不知經言爾箋必言女無仍言爾者也

故云我試憂思泣血　閩本明監本毛本同案浦鏜云試疑誠字誤是也

○小旻

此篇咨刺謀事邪僻　閩本明監本毛本僻作辟下同案此誤改也下傳云回邪通辟釋文作僻乃轉寫之誤辟僻古今字正義易而說之也例見前

訿訿然思不稱乎上　小字本相臺本同考文古本同閩本明監本毛本乎作其案釋文云稱其一本作稱乎正義標起止云至乎上是正義本作乎考文古本作乎其上采釋文而誤十行本標起止不誤明監本毛本亦改爲其非也正義云不思稱於上又云不思稱上者背公營私不思欲稱上之意段玉裁云正義誤倒思不二字

伊于胡底　唐石經相臺本同小字本底作底閩本明監本毛本同

故云謀之其有不善者　閩本明監本毛本無不字案所刪是也

此傳亦唯爾雅文　閩本明監本毛本同案唯當作準形近之譌

占繇不中　小字本同閩本明監本毛本同相臺本繇作繇案六經正誤云古繇不中作繇誤考說文玉篇卜部皆無繇字釋文亦但作繇左傳同廣韻云繇卦兆辭也郭忠恕佩觿朏分繇繇爲二字毛居正取其說反以繇爲誤非也氓箋卜兆之繇杕杜箋合言於繇爲近皆同

非於道止　閩本明監本毛本同案浦鏜云止疑上字誤是也

是用不得於道里　毛本里誤理閩本明監本不誤

故至筮龜靈也　閩本明監本毛本同案浦鏜云至筮疑云瀆誤是也

小人取不若人　閩本明監本毛本同案浦鏜云取當恥字誤是也

爾雅亦云　閩本明監本毛本同案爾當作小

爭言之異者　閩本明監本毛本同小字本相臺本爭下有近字考文古本同案有者是也

可哀哉今幽王君用　閩本明監本毛本同案用當作臣

從作乂　小字本相臺本同閩本明監本亦同毛本乂作艾案艾字非也經作艾鄭引尚書乂而說之以艾爲乂之假借也依經改爲艾失箋意矣

王之爲政者如原泉之流　閩本明監本毛本同小字本相臺本者作當考文古本同案山井鼎云屬下讀是也

今日民下之國　閩本明監本毛本同案民當作天

故於聖上哲上言亦　閩本明監本毛本同案聖上二字當衍

聖上無人字　閩本明監本毛本同案聖字上當脫有通二字者因上衍而下脫也此正義譌舛今正之

王肅讀爲膴喜吳反膴大也　閩本明監本毛本膴作幠案所改是也喜吳反三字當旁行細字○按舊按非引王肅語則愈知不然

孝經曰容止可視〔補〕毛本視作觀案孝經本是觀字視字誤也

以聖賢此四事爲優　閩本明監本毛本同案此當作比

君視明則臣昭哲　毛本明誤民閩本明監本不誤案哲當作晢形近之譌

徒博曰暴虎　閩本明監本毛本同小字本相臺本博作搏考文古本同案博字誤也

惡直國正　閩本明監本毛本同案浦鏜云醜誤國是也

恐隊也　相臺本同小字本隊作墜閩本明監本毛本同案釋文云隊本又作墜下篇同

附釋音毛詩注疏卷第十二（十二之三）

毛詩小雅　鄭氏箋　孔穎達疏

小宛。大夫刺宣王也。亦當爲刺厲王○宛於阮反○〔疏〕小宛六章章六句○正義曰毛以作小宛詩者大夫刺幽王也政教爲小故曰小宛是小貌刺宣王政教狹小宛然經云宛彼鳴鳩不言名曰小宛者王才智卑小似小鳥然傳曰小鳥是也○鄭刺厲王爲異

宛彼鳴鳩。翰飛戾天。興也宛小貌鳴鳩鶻鵰翰高戾至也行小人之道責高明之功終不可得○翰胡旦反鶻音骨鵰陟交反何音彫字林作鵃云骨鵃小種鳩也草木疏云鳴鳩班鳩也我心憂傷。念昔先人。先人文武也○明發不寐。有懷二人。明發發夕至明〔疏〕宛彼至二人○毛以爲言宛然翅小者是彼鳴鳩之鳥也而欲使之高飛至天必不可得也興王才智小者幽王身也而欲使之行化致治亦不可得也王既才智褊小將顛覆祖業故我心爲之憂傷追念在昔之先人文王武王也以文武創業垂統有此天下今將亡滅故憂之也又言憂念之狀我從夕至明開發以來不能寢寐有所思者唯此文武二人將喪其業故思念之甚○鄭唯刺厲王爲異○傳宛小至可得○正義曰以鳩是小鳥又篇名小宛故知宛爲小定本及集本皆云鳴鳩鶻鵰也○傳先人文武○正義曰知者以王無德而念其先人又云有懷二人則所念二人而已周之先世二人有聖德定天位者唯文武爲然明以文武有天下今慮其亡滅故念之也○傳明發發夕至明○正義曰夜地而闇至旦而明明地開發故謂之明發也人之道夜則當寐言明發以來不寐以此故知從夕至旦常不寐也

人之齊聖。飲酒溫克。齊正克勝也箋云中正通知之人飲酒雖醉猶能溫藉自持以勝○溫王如字柔也鄭於運反藴藉也藉在夜反又慈夜反彼昏不知。壹醉日富。醉而日富矣箋云童昏無知之人飲酒一醉自謂日益富夸淫自恣以財驕人各敬爾儀。天命不又。又復也箋云今女君臣各敬愼威儀天命所去不復來也○復扶又反下同○〔疏〕箋中正至以勝○正義曰中正謂齊通智謂聖聖者通也大司徒注云聖通而先識是也此經與下相對齊爲中正則童昏者邪僻而不正以聖對不知是聖者通智也藴藉者定本及箋作溫字舒瑗云苞裹曰藴謂蘊藉自持含容之義經中作溫者蓋古字通用內則說子事父母云柔色以溫之鄭亦以溫爲藉義

中原有菽。庶民采之。中原原中也菽藿也力采者則得之箋云藿生原中非有主也以喻王位無常家也勤於德者則得之○菽音叔藿火郭反○螟蛉有子。蜾蠃負之。螟蛉桑蟲也蜾蠃蒲盧也負持也箋云蒲盧取桑蟲之子負持而去煦嫗養之以成其子喻有萬民不能治則能治者將得之○螟亡丁反蛉音零俗謂之桑蟃一名戎女蟃音萬蜾音果蠃力果反郎細腰蜂俗呼蠮螉是也蠮於髻反螉音翁煦況甫反又況具反嫗紆甫反又紆具反鄭注禮記云以氣曰煦以體曰嫗○教誨爾子。式穀似之。箋云式用穀善也今有教誨女之萬民用善道者亦似蒲盧言將得而子也○〔疏〕中原至似之○毛以爲既言天命將去故告幽王以王位無常言原田之中有菽藿衆民能力采之者則得食之以興域中之有王位有德能勤治之者則得處之

藿生原中非有主在城中非有常也所以爲無常者桑蟲之子萬民用善道則王位民之矣言此蒲盧養取桑蟲之子以爲己子喻王者何以不修己爾德以固有德者教誨萬民而言己民者王位無常也王者何不修故德以固位乎實教取萬民而言己子者王正義曰箋以萬民爲有德者之子大豆也故亦言菽此經言菽傳言藿以藿爲菽葉耳皆言采藿以言茂公食大夫禮注云藿豆葉也○傳螟蛉至負持○正義曰皆釋蟲文郭璞曰蒲盧似蜂而小腰蠮螉也俗呼爲螟蛉桑蟲也俗謂之桑蟃亦呼爲戎女郭璞曰蒲盧即細腰蜂也俗呼蠮螉螟蛉者桑蟲之青而小或在草萊上蜾蠃負之於木空中七日而化爲其子似步屈其色青而細小或在草萊上蜾蠃取桑蟲負之於木空中七日而化爲其子腰取桑蟲之子○箋正義曰中庸云政也者蒲盧也樂記注云以似日媼以氣日煦謂負而以體煖之以氣煦之而令變爲己子有此螟蛉非不能養子而喻王之子也有萬民不能治則能治者將得之言王有取之則不能自治然則天下將有取之也之言令不能自治則將有所取之以爲令不能自舍也言王當以此言故飛則鳴者也○箋云題之爲言視也睇也傳注同本亦作鴒音令字或作鴒視彼題鵠令下作大計反零音捨睇大計反視也音題之爲言視睇者謂此鳥也箋云我王也日此行謂日視朝也而月所以此行謂月視朝也亦無時止息也也正君反下同○政事○疏故題至所生○毛以爲既幽王言出行謂日視朝也月行謂月視朔之時亦當自勤於政事○鄭唯以林反他以爲朝乙直遙反下同○政事○疏題彼至所生○毛以爲既幽王言念林鳴以翼求其食及其飛也又鳴而以之時況人尚朝夕不息之行必日視朝也又自生以此事爲大勤也以此事肯飛鳴以自況行有所爲須自求其飛鳴朝勤也又自生以此事肯月也朝之時也亦自勤勞又飛鳴以有所觀行也故刺王使之朔月也故言王當視朝政事無忝禮月也朝之時無有所奉行也之使其交王朝朔之政當以父祖之事爲己任之故也○鄭以如如父已祖題鄭以爲鳴則飛鳴之鳥也以喩王當早起夜卧行之此王之所大以義鳴而行鳴鄭以爲飛曲鄭以爲說亦如之也○正義曰翼宜早起夜卧以義同○傳題視至所生○正義曰題視而爲下則鳴之時飛鳴之鳥也○箋以此以勤勉己○正義曰箋以此所行事爲喻故又須政不可止不敢鳴故也不能鳴不敢飛不能飛以上言亦言視也故喩也爲不止息非不言飛鳴息者以取飛以喩已其行事也肯不息也又下也飛鳴而不止息之時也故言故云以取之也事我王當以爲無息亦以爲之行而不息爲○正義曰箋與我至王朝以及我王於政先王所生以日我月之故者以行王視朝月之○言先王之所爲朝於一國之朔我朔王朝而歸月先所以之則有所生謂先王以朝言月下之先王所爲以故是爲令我王我王及我王以王所及先王之所以生亦以王朝月之事也先王所以自勤而不息也之使無所不息也鄭又解其解令我王所以必須視朝朔者以此行事先王之所以勤也故以王之所生言之也

交交桑扈，率場啄粟。（交交小貌。桑扈，竊脂也。言上爲亂政而求下之治，終不可得也。○扈音戶。場，直良反。啄，陟角反。竊音切。）箋云：竊脂肉食，今無肉而循場啄粟，失其天性，不能以自活。

哀我填寡，宜岸宜獄。握粟出卜，自何能穀。（填，盡。岸，訟也。箋云：仍得曰宜。自，從。穀，生也。可哀哉，我窮盡寡財之人，仍有獄訟之事，無可以自救，但持粟行卜，求其勝負，從何能得生。○填，徒典反。韓詩作疹，疹，苦也。岸，如字。韓詩作犴，音同，云鄉亭之繫曰犴，朝廷曰獄。）

疏：傳自求至能穀。○箋：天性自求生活，當應肉食，今以無肉與王者欲以此求治國，終不可得。無善教施布，以此亂政，必不能以治之。失其常性，循場啄粟而食之，鳥也。

（以上上欄疏文，因字小，據原版順序錄入。）

既亂可哀哉，我窮盡寡財之人，被繫禁在上，謂之宜有此訟，宜有此獄，在位不矜愍之，身無以自救，但手握其粟出卜，問其勝負，有可哀哉我窮，不在位而能生活乎，是可哀也。○鄭唯其刺厲王爲異。○傳：桑扈竊脂。○正義曰：釋鳥文。郭璞曰：俗謂之青雀，觜曲，食肉，好盜脂膏，因名云。○箋仍得至可哀。○正義曰：桑扈竊脂，不食粟，而啄粟，不可得生活，以喻王者以肉食爲宜，亂政而求治，不可得也。以得至無從得活，故可哀也。○箋之在上以爲此實有罪，宜其當然，由其仍得，故曰宜也。之財者，以貧窮寡財，以此衰亂之世，有政苛虐，民多罹其獄訟也。○問得勝負，必無從得活，故可哀也。

集于木。（恐隊也。）**惴惴小心，如臨于谷。**（恐隕也。）**溫溫恭人，**（溫溫，和柔貌。）**如**

戰戰兢兢，如履薄冰。（箋云：衰亂之世，賢人君子雖無罪，猶恐懼。○惴，之瑞反。隊，直類反。隕，于敏反。）

小宛六章，章六句。

小弁，刺幽王也。大子之傅作焉。（疏：小弁八章，章八句至作焉。○正義曰：太子，謂宜咎也。幽王信褒姒之讒，放逐宜咎，其傅親訓太子，知其無罪，閔其見逐，故作此詩以刺王。經八章皆是太子之言，故序傳之意述而言之。太子不可作詩以刺父，自傅意述而作也。箋云：太子之傅作焉，此述太子之言。太子，其傅是作焉者，故變文以云義也。○小弁，刺幽王也。弁彼鷽斯，卑居之小鳥，而樂故曰小弁。）

弁彼鷽斯，歸飛提提。（弁，樂也。鷽，卑居。卑居，雅烏也。提提，群貌。箋云：樂乎彼雅烏，出食在野甚飽，群飛而歸提提然。興者，喻凡人之父子兄弟，出入宮庭，相與飲食，亦提提然樂。傷今太子獨不。○弁，步干反，下同。鷽音豫，本或作鸒。提，是移反。卑音匹。雅，烏鴉反。本或作鴉。居音居，一音據。）

民莫不穀，我獨于罹。（箋云：穀，養也。罹，憂也。凡人皆養其父，太子獨見逐，被憂，云我獨于罹也。○罹，力知反。）

何辜于天，我罪伊何。（舜之怨慕，日號泣于旻天于父母。○泣，音立。旻，亡巾反。）

心之憂矣，云如之何。（疏：弁彼至之何。○正義曰：樂乎彼鷽斯之鳥，出食於野，飽而歸，群飛提提然，此鳥之歸而飲食也。以興凡民之父子兄弟出入宮庭，相與飲食，亦提提然樂也。今天下民人莫不以父養，我太子獨于罹而見逐，是爲憂也。我太子何所罪於天，我罪伊何，是太子問之，其傷已甚。故心之憂矣，云如之何。○傳弁樂至雅烏。○正義曰：弁樂，釋詁文。鷽，卑居；卑居，雅烏，釋鳥文。郭璞曰：雅烏小而多群，腹下白，江東呼爲鵯烏。是也。○箋樂乎至罹也。○正義曰：以鷽斯是鳥名，斯者語辭，猶蓼彼蕭斯、菀彼柳斯，傳或有斯者，衍字。定本無斯字。以經言飛，而本集有其出食，故言出食在野，以下云我獨于罹，是有所傷也。知人父子，言與飲食也，是以喻凡人當爲與言傷今太子獨失所也。）

我心憂傷，惄焉如擣。假寐永歎，維憂用老。心之憂矣，疢如疾首。（惄，思也。擣，心疾也。箋云：不脫冠衣而寐曰假寐。疢，猶病也。○惄，乃歷反。擣，丁老反。本或作𢷎，同。韓詩作疛，除又反。義同。疢，勑觀反。）

疏：我心至疾首。○正義曰：言太子放逐之後，由此困苦，我心之憂而傷悲，惄然如有疾病，心如擣也。又假寐而長歎，維此憂恨之至，用之以老矣。心之憂矣，其病如疾首。○傳：惄思，擣心疾。○正義曰：惄思，釋詁文。擣心疾，以擣爲物之擣，心疾如被擣，故云擣心疾也。

踧踧周道，鞫爲茂草。（踧踧，平易也。周道，周室之通道。鞫，窮也。箋云：此喻幽王信褒姒之讒，亂其德政，使不通於四方。○踧，徒歷反。鞫，九六反。易，以豉反。）

疏：踧踧至茂草。○正義曰：踧踧然平易者周室之通道也，今窮而盡爲茂草。以喻王政之道，王當任賢，今乃塞絕於茂草，是不可行也。以與此喻王信褒姒之讒，亂其德政，使不通於四方也。○箋此喻至四方。○正義曰：此箋意言周道以喻王政，王政以賢人成之，此喻王者之政，猶若行路之人，雖欲之四方，而無其道，故茂草喻褒姒之讒，亂其德政也。

（以上疏文。）

維桑與梓，必恭敬止。（父之所樹，己尚不敢不恭敬。○梓音子，木名。）

靡瞻匪父，靡依匪母。不屬于毛，不罹于裏。（毛在外陽，以言父；裏在內陰，以言母。箋云：此言人無不瞻仰其父取法則者，無不依恃其母以長大者。今我獨不得父皮膚之氣乎，獨不處母之胞胎乎，何曾無恩於我。○屬音燭。罹，力知反。胞音包。胎，他來反。）

天之生我，我辰安在。（辰，時也。箋云：我生所值之辰，安所在乎，謂六物之吉凶。○長，丁丈反。）

疏：維桑至安在。○正義曰：凡人父之所樹者，維桑與梓，見之必加恭敬之，況父身乎。我今於父無所不瞻仰，於母無所不依恃。以理而言，人之所仰瞻者無不是父，所依恃者無不是母，今我於父母，豈不連屬於父之毛乎，豈不離歷於母之裏乎，何由獨不得父母之恩。天之生我，我所遭遇之辰安所在乎，何由遇此凶時也。○傳：毛在至以言母。○正義曰：以言父母之恩，故陽在外，陰在內，毛在外，裏在內，以此言之，故知其然也。言於父毛、母裏者，謂父母之氣體也。箋人皆假毛表之氣，故言屬父；皆假裏之體，故言離歷母。子者父母而生，屬父，離母，言凡人毛生於父、裏生於母也。傳於子屬天，離其相連之義。

小與鄭異其意則大同也孫毓謂傳爲長而云母斥褒姒褒姒乃是太子之讎寧復望其依恃之恩又太子豈離歷褒姒而生也而言不離哉毓之所言非傳旨也○箋不處母之胞胎乎○正義曰此太子爲父所放耳非母放之而幷言母也以人皆得父母之恩故連言之其意不怨申后也○箋此言至吉凶○正義曰言我生所值之辰安所在乎則本初生之辰有所值故知謂六物也昭七年左傳晉侯謂伯瑕曰何謂六物對曰歲時日月星辰是謂也服虔以爲歲星之神也左行於地十二歲而一周時四時也日十日也月十二月也星二十八宿也辰十二辰也是爲六物也

菀彼柳斯。鳴蜩嘒嘒。有漼者淵。萑葦淠淠。蜩蟬也嘒嘒聲也漼深貌淠淠衆也箋云柳木茂盛則多蟬淵深而旁生萑葦言大者之旁無所不容○菀音鬱蜩音條嘒呼惠反淠徐孚計反又匹計反○譬彼舟流。不知所屆。箋云屆至也言今大子不爲王及后所容而見放逐狀如舟之流行無制之者不知終所至也○譬本亦作辟匹致反下同屆音戒心之憂矣。不遑假寐。箋云遑暇也○疏菀彼至假寐○正義曰言有菀然而茂者彼柳木也此柳由茂故上有鳴蟬其聲嘒嘒然有漼然而深者彼淵水也此淵由深故傍萑葦其衆淠淠然柳木茂而多蟬淵水深而生萑葦是大者之傍無所不容猶王揔四海之富據天下之廣宜容太子而不能容之以至使放逐譬彼舟之流行而無維制之者不知終當所至以此故我心之憂矣不得閒暇而假寐言憂之深也○箋大者至不容○正義曰定本無旁所二字○箋言今至所至○正義曰於時申后廢黜非復能容太子言不爲王及后所容者因上聯父依母之文連言之耳太子奔申則是有所至矣言無所至者棄儲君之重而逃竄舅家非太子所當至故也

鹿斯之奔。維足伎伎。雉之朝雊。尚求其雌。伎伎舒貌謂鹿之奔走其足伎伎然舒也箋云雊雉鳴也尚猶也鹿之奔走其勢宜疾而足伎伎然舒留其羣也雉之鳴猶知求其雌今大子之放棄其妃匹不得與之去又鳥獸之不如○伎本亦作跂其宜反雊古豆反妃音配○譬彼壞木。疾用無枝。壞瘣也謂傷病也箋云大子放逐而不得生子猶內傷病之木內有疾故無枝也○壞胡罪反又如字說文作瘣云病也一曰腫旁出也又音回○瘣胡罪反木瘤腫也爾雅云瘣木苻婁郭云瘣傴僂腫無枝條也心之憂矣。寧莫之知。箋云寧猶曾也○疏鹿斯至之知○正義曰此鹿斯與鷽斯柳斯皆辭也言鹿之奔走其勢宜疾今乃維足伎伎然安舒而稽留以待其牝鹿而俱走也雄雉之於朝旦雊然而鳴猶爲求其雌雉而並飛也鹿雉猶得偶以俱遊今太子之見放逐棄其妃匹不得俱去是鳥獸之不如譬彼內傷病之木以內疾之故是用無枝也猶太子無匹之故不得生子故我心之憂矣曾無知之者○箋雊雉至不如○正義曰高宗肜日雉升鼎耳而雊說文云雊雄雉鳴也雉鳴而句其頸故字從隹句此雉言雌鹿不言牝鹿者足遲爲待之之勢走故以遲相待鳥飛疾故以鳴相呼皆互見也言又鳥獸之不如者前不如蟬葦今不如鳥獸故言又也○傳壞瘣謂傷病○正義曰釋木云瘣木苻婁某氏曰詩云譬彼瘣木疾用無枝苻婁尫傴內疾瘣磊故疾用無枝郭璞曰謂木病尫傴瘻腫無枝條者舍人曰苻婁屬下句獨爲異也○相彼投兔。尚或先之。行有死人。尚或墐之。墐路冢也箋云相視

投掩行道也視彼人將掩兔尚有先驅走之者道中有死人尚有覆掩之成其墐者言此所不知其心不忍○相息亮反兔他故反先蘇薦反墐音覲說文作殣云道中死人人所覆也敺起俱反又作驅同君子秉心。維其忍之。箋云君子斥幽王也秉執也言王之執心不如彼二人○心之憂矣。涕既隕之。隕隊也○涕音替隕音蘊隊直類反疏傳墐路冢至箋不忍○正義曰墐者埋藏之名耳此言行有死人是於路傍故曰路冢左傳曰道墐相望是也言此不知者謂不與走獸死人有相知其心不忍耳君子信讒。如或醻之。箋云醻旅醻也如醻之者謂受而行之○醻市由反君子不惠。不舒究之。箋云惠愛究謀也王不愛太子故聞讒言則放之不舒謀也○伐木掎矣。析薪扡矣。伐木者掎其巔析薪者隨其理○箋云掎其巔者不欲妄踣之扡謂觀其理也必隨其理者不欲妄挫折之以言今王之遇大子不如伐木析薪也○掎寄彼反扡勑氏反又宅買反徐又直是反踣蒲北反挫子卧反○舍彼有罪。予之佗矣。佗加也箋云予我也舍褒姒讒言之罪而妄加我大子○舍音捨注同又音赦佗吐賀反注同疏君子至佗矣○正義曰言君子幽王信褒姒之讒曾不思審得即用之如有人以酒相醻得即飲之此王所以然者君子幽王心不愛太子之故由此聞讒即逐不肯安舒而謀慮之伐木尚掎其木之巔矣不欲妄踣之析薪尚杝其薪之理矣不欲妄析之彼人尚不欲妄損析薪木今王非理而害太子其意乃不如彼伐木析薪之人舍彼有罪之褒姒於我太子之加罪矣言太子無罪王妄加之○箋醻旅醻○正義曰酬酢皆作酬此作醻者古字得通用也酬有二等既酢而酬賓者賓奠之不舉謂之奠酬至三爵之後乃舉嚮者所奠之爵以行之於後交錯相酬名曰旅酬謂衆相酬也此喻得讒即受而行之故知是旅酬非奠酬也○傳伐木至其理○正義曰伐木而言掎是畏木倒而掎之明掎其巔矣掎者倚也謂以物倚其巔峯也析薪而言扡明隨其理杝者施也言觀其裂而漸相施及故箋云觀其理是也○傳佗加○正義曰此佗謂佗人也言舍有罪而以罪與佗人是從此而往加也故曰佗加也○莫高匪山。莫浚匪泉。浚深也箋云山高矣人登其巔泉深矣人入其淵以言人無所不至雖逃避之猶有默存者焉○浚蘇俊反默本亦作嘿亡北反○君子無易由言。耳屬于垣。箋云由用也王無輕用讒人之言人將有屬耳於壁而聽之者知王有所受之知王心不正也○易夷豉反屬音燭注同垣音袁無逝我梁。無發我笱。箋云逝之也之人梁發人笱此必有盜魚之罪以言褒姒淫色來嬖於王盜我大子母子之寵○笱音苟我躬不閱。遑恤我後。念父孝也高子曰小弁小人之詩也孟子曰何以言之曰怨乎孟子曰固哉夫高叟之爲詩也有越人於此關弓而射之我則談笑而道之無他疏之也兄弟關弓而射我則垂涕泣而道之無他戚之也然則小弁之怨親親也親親仁也固哉夫高叟之爲詩曰凱風何以不怨曰凱風親之過小者也小弁親之過大者也親之過大而不怨是愈疏也親之過小而怨是不可磯也愈疏不孝也不可磯亦不孝也孔子曰舜其至孝矣五十而慕箋云念父孝也大子念王將受讒言不止我死之後懼復有被讒者無如之何故自決云我身尚不能自容何暇乃憂我死之後也○閱音悅容也叟

素口反關烏環反下同本亦作彎射食亦反下同夫音符磯居依反又古愛反一音祈復扶又反○疏莫高至我後○正義曰王既信讒而加罪於大子仍有殺太子之心謂人不知故告之言莫有極高者非是山也言山最極高莫有極深者非是泉也言泉最極深然山雖高矣人能登其巔泉雖深矣人能入其淵是亦無所不至也人既無所不至難以匿其情矣王今實有殺太子之心而謂人不覺人猶有然而存於心知王之欲殺太子也如此則君子幽王無輕易用讒人之言將有耳屬而聽之於垣壁者知王受人之讒言也王之所愛褒姒也故禁之言人無得逝之我魚梁無得發開我魚笱若之我梁發我笱是欲盜我所捕之魚此必有盜魚之罪以言褒姒亦無得輒之我王宮無得求取我王愛若之王宮取王愛爲盜我母子之寵必有盜寵之怨也褒姒既盜寵行讒太子於先念已既已被讒恐死之後懼更有被讒者無如之何旋即自決云我身尚不能自容何暇憂我死之以後乎○箋山高至者焉○正義曰箋顧下云無易由言是禁王受讒畏人知之辭故爲窮高極深入所升入無所不至以喻知王之隱情也王雖避逃受讒之名猶有默心存念知王之情但不言耳然天高於山海深於泉而不言者據人所可履踐之處而言也○傳念父至而慕○正義曰言無暇憂恤是先有其志念固而不暇耳先有志者即念父也念者恐其將受讒今無如之何故自決也高子曰以下皆孟子文也而怨父危疑之理先達已有是非之論以此篇終故引之以明義也按彼公孫丑稱高子之言以問孟子非高子自與孟子對言也趙岐曰高子齊人也怨者怨親之過故謂之小人也固哉言其固陋也高子年老於孟子故謂之高叟重言固哉高叟之爲詩傷其不達詩意之甚也凱風親之過小者以言莫慰母心母心不悅故親之過小也小弁則王欲殺太子是親之過大也愈益也而過大矣而孝子不怨以越人過其親是益疏也故曰不孝磯激也過小耳而孝子感激輒怨其親亦不孝也孔子曰以舜年五十而患慕其親不殆稱曰孝之至孝之不可以已也孔子之善舜如高子譏小弁爲不達詩之意也皆孟子與其弟子公孫丑相荅問不言公孫丑者取其意而畧之也

小弁八章章八句

巧言刺幽王也。大夫傷於讒。故作是詩也。悠悠昊天。曰父母且。無罪無辜。亂如此憮。悠悠思也憮大也箋云憮敖也我憂思乎昊天愬王也始者言其且爲民之父母今乃刑殺無罪無辜之人爲亂如此甚敖慢無法度也○且徐七餘反協句應爾觀箋意宜七也反憮火吳反下同思息嗣反下同傲五報反下同本又作敖愬音素昊天已威。予慎無罪。昊天大憮。予慎無辜。威畏慎誠也箋云已泰皆言甚也昊天乎王甚可畏王甚敖慢我誠無罪而罪我○大音泰本或作泰徐勑佐反○疏悠悠至無辜○毛以爲大夫傷讒而本之故言悠悠然我心憂思乎昊天訴之也王之始者言曰我當且爲民之父母也自許欲行善政今乃刑殺其無罪無辜者之衆人王政之亂如此甚大也昊天乎王甚可畏我誠無罪而罪我是可畏也昊天乎王甚虐大我誠無辜而辜我是虐大也○鄭唯言王爲亂如此甚傲慢無法度乃昊天乎王甚傲慢爲異耳皆以且爲辭○傳憮大○正義曰釋詁文禮內嚮亦謂之憮○箋憮敖至法度○正義曰憮敖釋言文傳者以下言已威爲甚可畏而泰憮言甚大非類

故爲傲慢下既爲傲此亦爲傲也幽王之惡始終一也始者言其身且爲民之父母者無道之君皆自謂所爲者是道非知其不可而爲之也放其初即位皆許爲善但行不副言故詩人述其初辭以責之**亂之初生。僭始既涵。**僭數涵容也箋云僭不信也既盡涵同也王之初生亂萌羣臣之言不信與信盡同之不別也○僭毛側蔭反鄭子念反涵毛音含鄭音咸韓詩作減減少也數音朔下同不別彼列反**亂之又生。君子信讒。**箋云君子斥在位者也在位者信讒人之言是復亂之所生○**君子如怒。亂庶遄沮。**遄疾沮止也箋云君子見讒人如怒責之則此亂庶幾可疾止也○遄市專反沮辭呂反**君子如祉。亂庶遄已。**祉福也箋云福者福賢者謂爵祿之也如此則亂亦庶幾可疾止也○祉音恥已音以○【疏】亂之至遄已○毛以爲上既言王之亂又本亂之所由言亂之初所以生者讒人數緣事始自入盡得容受其言知王不察真僞遂以漸進讒也亂之又復所生益大者在位朝臣君子信讒言也王既不察故讒言得自容入臣又信之故讒言遂與所以枉殺無辜致此大亂也又言政令雖亂可反覆君子在位之人見讒人之言如怒責之則此亂庶幾可疾止君子在位之人見有德賢者如福祿之則此亂亦庶幾可疾止君子何不怒讒而福賢以止亂乎○鄭唯以僭爲不信涵爲同言信與不信同之不別故讒言遂生餘同○傳僭數涵容○正義曰王肅云言亂之初生讒人數緣事始自入盡得容其讒言有漸也○箋僭不信至不別○正義曰此亂之初生是本其所由故言初生亂萌以人之行讒當有所因君能明察是非則僞辭不入讒言無由進也正由明不獨下於羣臣之言信與不信盡同之不別讒人得自是生心以進讒害賢遂使王殺戮無辜是生亂也以信與不信混同不別於致讒爲宜故易傳也○箋君子至所生○正義曰何知君子非幽王而以爲在位者以上言初生已本王矣君子若還斥王不宜言又以此知非王也讒人之能害善乃是王者信之而責在位信讒者以讒人能使王刑殺無罪必朝有黨援若在位骨鯁之臣固執不信則讒者之言亦不行矣王之罪人必詢諸朝廷王既容之在位又信之所以成此亂在位謂大臣也下文言令怒讒言福賢人令其行立威福明是臣之貴者洪範稱臣不得作福作威言令怒讒福賢者欲令之告王行之不令其專制**君子屢盟。亂是用長。**凡國有疑會同則用盟而相要也箋云屢數也盟之所以數者由世衰亂多相背違時見曰會殷見曰同非此時而盟謂之數○屢本又作婁力住反長丁丈反又直良反要於遙反數音朔背音佩見賢遍反下同○**君子信盜。亂是用暴。**盜逃也箋云盜謂小人也春秋傳曰賤者窮諸盜○**盜言孔甘。亂是用餤。**餤進也○餤沈旋音談徐音鹽**匪其止共。維王之邛。**箋云邛病也小人好爲讒佞既不共其職事又爲王作病○共音恭本又作恭邛其恭反好呼報反其者恭本亦作供又爲于僞反【疏】君子至之邛○正義曰上既言亂之生此又言亂之長言在位君子之人數數相與要盟其亂是用之故而滋長也在位君子之人又信是凶盜之讒人之言其亂是用之故而暴甚也所以益甚者此險盜之人其言甚甘使人信之而不已其亂用是之故而日益進也此小人好爲讒佞者非於其職廢此供奉而已又維與王之爲病害也食之甘者使人嗜之而不厭言之美者使人聽之而不倦故以美言爲甘也○傳凡國至相要○正義曰言此

者解屢意非此時而盟即爲屢也言凡國有疑謂於諸侯羣臣有疑不相協則在會同之上用盟祀告盟而相要束司盟職曰凡邦國有疑會同則掌其盟約之載及其禮儀北面詔明神是也定本及集本皆云用盟而不相要謂若會同則用盟若無疑事則不會同而不相要用盟屬上爲句義亦通也○傳盜逃○正義曰文十八年左傳曰竊賄爲盜則盜者竊物之名毛解名曰盜意也風俗通亦云盜逃也言其晝伏夜奔逃避人也○箋盜謂至諸盜○正義曰箋以詩刺讒非刺盜賊解其言盜之意以爲盜竊者必小人讒者亦小人因以盜名之故云盜謂小人引春秋傳以證之所引者公羊傳文弒君者曷爲或稱名氏或不稱名氏大夫弒君稱名氏賤者窮諸人何休曰賤謂士也士正自當稱人又曰大夫自相殺稱人賤者窮諸盜何休曰降大夫稱人降士使稱盜者所以別死刑輕重也傳言窮者盡也弒君則盡於稱人殺大夫則盡於稱盜言盡此以下更無稱也小人賤者盡於盜知盜是惡名故引以證盜爲小人也公羊傳立等級者言其正例耳其餘文異者皆有褒貶事具於傳也○**奕奕寢廟。君子作之。秩秩大猷。聖人莫之。他人有心。予忖度之。躍躍毚兔。遇犬獲之。**奕奕大貌秩秩進知也莫謀也毚兔狡兔也箋云此四事者言各有所能也因己能忖度讒人之心故列道之爾猷道也大道治國之禮法遇犬犬之馴者謂田犬也○奕音亦秩音帙莫如字又作漠同一本作謨按爾雅漠謨同訓謀莫協韻爲勝忖本又作寸同七損反度待洛反注皆同躍他歷反毚士咸反遇犬如字世讀作愚非也知音智狡古卯反馴音旬又音脣○【疏】奕奕至獲之○正義曰讒人爲讒自謂深密此言已能知之言奕奕然高大之寢廟君子之人所能制作之秩秩然者進智之大道聖德之人能謀立之彼他人而有讒佞之心義能忖度而知之躍躍然者跳疾之狡兔遇値犬則能獲得之○傳毚兔至狡兔○正義曰蒼頡解詁云毚大兔也大兔必狡猾又謂之狡兔戰國策曰東郭逡者海內之狡兔是也○箋此四事至田犬○正義曰此四事以尊卑爲先後大猷雖是常法不如宗廟爲尊故寢廟在大猷之先兔乃走獸故在他人之後連言寢廟者周禮注云前曰廟後曰寢則廟寢一物先寢後廟便文耳此自工匠所造而言君子者閟宮曰新廟奕奕奚斯所作彼奚斯君子也以教護課程必君子監之乃得依法制也大道治國禮法聖人謀之若周公之制禮樂也遇犬者言兔逢過犬則彼獲耳遇非犬名故王肅云言其雖騰躍逃隱其迹或適與犬遇而見獲是也以能獲兔知是犬之馴擾者謂田犬也犬有守犬田犬故辨之○**荏染柔木。君子樹之。往來行言。心焉數之。**荏染柔意也柔木椅桐梓漆也箋云此言君子樹善木如人心思數善言而出之善言者往亦可行來亦可行於彼亦可於已亦可是之謂行也○荏而甚反染音冉數所主反注同椅於宜反梓漆上音子下音七○**蛇蛇碩言。出自口矣。**蛇蛇淺意也箋云碩大也大言者言不顧其行徒從口出非由心也○蛇以支反行下孟反○**巧言如簧。顏之厚矣。**箋云顏之厚者出言虛僞而不知慚於人○簧音黃【疏】荏染至厚矣○正義曰言荏染柔忍之木君子之人所樹之也言君子樹木必身簡擇取善木然後樹之喻往來可行之言亦君子口所出之也言君子出言必心焉思數知善而後出之小人則不然蛇蛇然淺意之大言徒出自口矣都不由於心得言即言必不思數也巧爲言語結構虛

辭速相待合如笙中之簧聲相應和見人不知慙愧其顏面之容甚厚矣君子樹之不言擇木心焉數之不言出口雖相對而文互也○傳柔木椅桐梓漆○正義曰定之方中云樹之榛栗椅桐梓漆言文公所樹是君子樹之故引彼文以解柔木也不言榛栗從可知**彼何人斯。居河之麋。**水草交謂之麋箋云何人者斥讒人也賤而惡之故曰何人○麋本又作湄音眉惡烏路反○**無拳無勇。職爲亂階。**拳力也箋云言無力勇者謂易誅除也職主也此人主爲亂作階言亂由之來也○拳音權徐已袁反易夷豉反○**既微且尰。爾勇伊何。**骭瘍爲微腫足爲尰箋云此人居下濕之地故生微腫之疾人憎惡之故言女勇伊何何所能也○尰市勇反骭戶諫反腳脛也瘍音羊本亦作傷音同創也腫諸勇反**爲猶將多。爾居徒幾何。**箋云猶謀將大也女作讒佞之謀大多女所與居之衆幾何人素能然乎○幾居豈反注同大音泰又如字傃音素【疏】彼何人至幾何○正義曰疾讒佞之人謂之何人言彼何人斯居在於河之麋際既無拳力又無勁勇亦易誅除耳而敢主爲此亂之階梯也此人既腳骭有微之疾而足附且有尰之疾爾假有勇伊何能爲況復無之而汝敢爲此惡汝作爲讒佞之謀大多汝所與聚居之徒衆幾何許人而能爲此怪其言多且巧疑其衆教之也○傳水草交謂之麋○正義曰釋水文○箋何人至曰何人○正義曰言何人者不識而問之辭此既讒已不是不識而曰何人者賤而惡之作不識之辭故曰何人下篇疾暴公之侶謂之何人斥其姓名爲大切亦作不識之辭以疾之○傳骭瘍至爲尰○正義曰皆釋訓文也彼引此既微且尰然後爲此辭以釋之孫炎曰皆水濕之疾也郭璞曰骭腳脛也瘍瘡也然則膝脛之下有瘡腫是涉水所爲故箋亦云○此人居下濕之地故生微尰之疾居河之麋是居下濕也○

巧言六章章八句

何人斯。蘇公刺暴公也。暴公爲卿士而譖蘇公焉。故蘇公作是詩以絕之。暴也蘇也皆畿內國名○【疏】何人斯八章章六句至絕之○正義曰何人斯者蘇公所作以刺暴公也暴公爲王卿士而於王所讒譖蘇公令使獲譴焉故蘇公作是何人斯之詩以絕之言暴公不復與交也按此經無絕暴公之事唯首章下二句云伊誰云從誰暴之云亦非絕之言但解何人之意言已以爲暴公之所言是暴公譖已事彰無所致疑此句是絕之辭也經八章皆言暴公之侶疑其讒已而未察故作詩以窮之不欲與之相絕疑者未絕則不疑者絕可知疑暴公之侶窮極其情欲與之絕明暴公絕矣故序云刺暴公而絕之也刺暴公而得爲王詩者以王信暴公之讒而罪已刺暴公亦所以刺王也○箋暴也至名○正義曰蘇忿生之後成十一年左傳曰昔周克商使諸侯撫封蘇忿生以溫爲司寇則蘇國在溫杜預曰今河內溫縣是蘇在東都之畿內也春秋之世爲公者多是畿內諸侯徧檢書傳未聞畿外有暴國今暴公爲卿士明畿內故曰皆畿內國名春秋時蘇稱子此云公者子蓋子爵而爲三公也暴公爲卿士而亦稱公當卿士兼公官也又暴公爲卿士而譖蘇公則蘇公爲卿士以否未可知但何人爲暴公之侶云二人從行則亦卿士也故王肅云二人俱爲王卿相隨而行下云及爾如貫鄭云俱爲王臣蘇公亦爲卿士矣**彼何人斯。其心孔艱。胡逝我梁。不**

入我門。箋云孔甚艱難逝之也梁魚梁也在蘇國之門外彼何人乎謂與暴公俱見於王者也其持心甚難知言其性堅固似不妄也暴公譖己之時女與之乎今過我國何故近之我梁而不入見我乎疑其與之而未察斥其姓名爲大切故言何人○與音豫下疑其與之女與於譖皆同大音泰○伊誰云從。誰暴之云。云言也箋云譖我者是言從誰生乎乃暴公之所言也由己情而本之以解何人意○己音紀〔疏〕彼何人至之云○正義曰言彼何人乎與暴公俱見王之人此其持心甚難知也迹同譖已貌似不妄故難知也又言已疑之狀而暴公譖我之時汝應與之汝若不與故今過我國何故之我梁而不入我門以見我乎得不由譖我意慙而不得來也猶冀其不然欲與和好乃開解之曰令譖我者維誰之所云從而出乎維乃暴公之所云耳言爾應不與當與我和親也伊字毛皆爲維鄭皆爲是則此亦當以此爲異○箋梁魚至不妄○正義曰以之梁而不入門故知其梁近在國門之外也下云維暴之云則何人非暴公矣刺暴公而責何人謂與暴公俱見王者也若不與暴公俱見王蘇公不當疑之也疑之而云其心難知故著其心性堅固似非虛妄之人若非此人性自虛妄貌又可疑則譖已必矣非難知也○箋由已情至句人意○正義曰心疑何人譖已猶尚冀其不然故既設疑言復開解之初疑何人與暴同譖旋卽復言維暴獨云一疑一舍非他人教示皆出已之情耳故云由已情而本之開解何人之意若何人實不共譖欲使不復猜已還與和親二人從行。誰爲此禍。胡逝我梁。不入唁我。箋云二人者謂暴公與其侶也女相隨而行見王誰作我是禍乎時蘇公以得譴讓也女卽不爲何故近之我梁而不入弔唁我乎○唁音彥見賢遍反譴遣戰反女音汝下注同始者不如。今云不我可。箋云女始者於我甚厚不如今日也今日云我所行有何不可者乎何更於已薄也○日而乙反已音紀〔疏〕二人至我可○正義曰言暴公與其侶二人相從而行以見王誰作我此禍而令王譴讓我乎汝從暴公行者若不與暴公譖我何故近之我魚梁而不入門弔唁我也汝始者能於我甚厚不如今日汝今云何不以我爲可言我有何行不可於汝而更於我薄而不弔唁乎知已被譴而不唁疑其譴已而內慙○箋二人至唁我乎○正義曰以上言維暴之云則暴是其一明二之者謂暴與其侶侶卽何人也疑其與蘇同情故并而誰之以見意耳禮弔生曰唁既言人爲禍而責人不唁知蘇公已得譴讓也謂以咎譴而責讓之也今蘇公被罪之後而在國見何人之其梁陳是不奪其國明是譴責而已未加刑殺也言唁者雖不奪國以被罪當弔之曰唁不必失國也彼何人斯。胡逝我陳。我聞其聲。不見其身。陳堂塗也箋云堂塗者公館之堂塗也女卽不爲何故近之我館庭使我得聞女之音聲不得覩女之身乎○睹丁古反本又作覩不愧于人。不畏于天。箋云女今不入唁我何所愧畏乎皆疑之未察之辭○媿九位反或作愧〔疏〕彼何至于天○正義曰又研窮何人言彼何人乎汝若不譖我何故近之我館舍之庭使我得聞其音聲不得覩見其身乎得不譖我乎意慙而不來見我也汝不來見我而不弔唁我是不慙愧於人又不畏懼於天也天有尊卑之道人有往來之節使吉有賀慶凶有弔唁所以敬天道示慙愧故不相弔唁爲不愧人不畏天也○傳陳堂塗○正義曰釋宮云堂塗謂之陳孫炎曰堂下至門之徑○箋堂塗者公館之堂塗○正義

曰禮有公館私館公館者公家築爲別館以舍客也上云不入我門則不得入所居之宮故知逝陳者至公館之塗也以館者所以舍客故雖不見主得至其陳○彼何人斯。其爲飄風。胡不自北。胡不自南。胡逝我梁。祇攪我心。飄風暴起之風攪亂也箋云祇適也何人乎女行來而去疾如飄風不欲入見我何不乃從我國之南不則乃從我國之北何近之我梁適亂我之心使我疑女○飄避遙反疾風也沈又方消反祇音支攪交卯反○〔疏〕疾如飄風○正義曰以其徑來而徑去知爲疾也非在道急速故下章言其安行○爾之安行。亦不遑舍。爾之亟行。遑脂爾車。壹者之來。云何其盱。箋云遑暇亟疾盱病也女可安行乎則何不暇舍息乎女當疾行乎則又何暇脂女車乎極其情求其意終不得一者之來見我於女亦何病乎○亟紀力反脂音支盱况于反○〔疏〕爾之至其盱○毛於下章以祇爲病言使我病是使蘇公之病則此盱亦爲蘇公之病也既數過其國而不入故又極其情以疑之我止欲言汝安舒而行乎亦不見汝開暇而舍息止欲言汝之急疾而行乎汝又間暇而脂汝之車汝往而不入見我所以疑也且若不譖我則一者之來見王以後云何使我有罪譴之病乎亦以我得病在汝見王之後所以久疑也毛以此云何其盱與下俾我祇也互文皆言云何而使我有罪病也○鄭以盱爲何人病爲異餘同○箋一者至何病○正義曰箋以上章責其不來見已下章言入與不入則一者之來當爲來見蘇公不得爲見王也且蘇公之所疑者以不見何人故言一者之來見我於汝亦何病也是欲見以解疑之辭此本之於何人爲不病下反之已爲得安是章次相成也爾還而入。我心易也。還而不入。否難知也。壹者之來。俾我祇也。易說祇病也箋云還行反也否不通也祇安也女行反入見我我則解說也反又不入見我則我與女情不通女與於譖我與否復難知也一者之來見我我則知之是使我心安也○易夷豉反注同韓詩作施施善也否方九反下同鄭符鄙反俾必爾反祇祈支反一云鄭止支反說音悅下同解音蟹與音豫復扶又反下章同○伯氏吹壎。仲氏吹篪。土曰壎竹曰篪箋云伯仲喻兄弟也我與女恩如兄弟其相應和如壎篪以言俱爲王臣宜相親愛○壎况袁反篪音池應應對之應和胡臥反○及爾如貫。諒不我知。出此三物。以詛爾斯。三物豕犬雞也民不相信則盟詛之君以豕臣以犬民以雞箋云及與諒信也我與女俱爲王臣其相比次如物之在繩索之貫也今女心誠信而我不知且共出此三物以詛女之此事爲其情之難知已又不欲長怨故設之以此言○貫古亂反諒音亮詛側助反以禍福之言相要曰詛比毗志反索素洛反爲其于僞反長如字又張丈反〔疏〕伯氏至爾斯○正義曰既窮之而不得其情已不欲長怨欲與之詛而和諧故言有伯氏之兄吹壎又仲氏之弟吹篪以和之其情相親其聲相應和矣言我與汝何人其恩亦當如伯仲之爲兄弟其情志亦當如壎篪之相應和不當有怨惡也何者我與汝俱爲王臣其相比次如物之在繩索之貫宜應和相親何由汝之誠信而不使我知而令我疑也若實不譖者則當共出豕犬雞之三物以詛盟爾之此事使讒否有決令我不疑當還與汝相親不欲長怨故也○傳土曰壎竹曰篪○正義曰土曰壎漢書律

歷志文也周禮小師職作塤古今字異耳注云塤燒土爲之大如鴈卵鄭司農云塤六孔釋樂云大塤謂之嘂音叫孫炎曰音大如叫呼也郭璞曰塤燒土爲之大如鵝子銳上平底形似稱錘六孔小者如雞子釋樂又云大篪謂之沂李巡曰大篪其聲非一也郭璞曰篪以竹爲之長尺四寸圍三寸一孔上出徑三分橫吹之小者尺二寸卽引廣雅云八孔小師注鄭司農云篪七孔蓋不數其上出者故七也世本云暴辛公作塤蘇成公作篪譙周古史考云古有塤篪尚矣周幽王時暴辛公善塤蘇成公善篪記者因以爲作謬矣世本之謬信如周言其云蘇公暴公所善亦未知所出蘇暴並公卿不當自言於樂之小器以相親也又此窮極何人何人非暴公也故鄭以爲喻王肅亦云我與汝同寮長幼之官如篪壎之相和與鄭同也○傳三物至以雞○正義曰隱十一年左傳曰鄭伯使卒出豭行出犬雞以詛射潁考叔者豭郎豕也並言詛而俱用三故知此三物豕犬雞也又解所以有詛者民不相信則盟詛之言古者有此禮故欲與之詛也司盟曰盟萬民之犯命者明其不信者是不相信有盟詛之法也彼不信自在詛下而兼言盟者以詛是盟之細故連言之也定本民不相信則詛之無盟字犯命者盟之不信者詛之是盟大而詛小也盟詛雖大小爲異皆殺牲歃血告誓明神後若背違令神加其禍使民畏而不敢犯故民不相信爲此禮以信之此傳言民者據周禮之文耳其實人君亦有詛法襄十一年左傳言季武子將作三軍盟諸僖閎詛諸五父之衢定六年既丞陽虎及三桓盟於周社盟國人於亳社詛諸五父之衢是人君與羣臣有詛法也此何人與蘇公同爲王臣蘇公與之詛則諸相疑亦應有詛法但春秋之世無其事耳詛之所用一牲而已非三物並用而言出此三物以三物皆是詛之所用摠而言之故傳辨其等級云君以豕臣以犬民以雞則鄭伯使卒出豭行出犬雞所得三物並用者特考叔爲子都所射鄭伯不誅子都而使諸軍詛之百人爲卒出一豭詛之二十五人爲行或出犬或出雞以詛之每處亦止用一牲非一處而用三物也如此傳君乃得用豕彼百人卽得用豭者於時鄭伯使之詛故得用君牲也以行之人數少於卒自爲等級耳此豕犬雞詛所用也若盟皆用牛哀十五年左傳說衛太子蒯瞶與伯姬輿豭以盟孔悝者時太子未立不敢從人君之祝故鄭異義駮云詩說及鄭伯使卒及行所出皆謂詛耳小於盟也周禮戎右職云若盟則以玉敦辟盟遂役之贊牛耳桃茢哀十七年左傳曰孟武伯問於高柴曰諸侯盟誰執牛耳然盟者人君用牛伯姬盟孔悝以豭下人君牲是盟用牛也此謂大事正禮所當用者耳若臨時假用其祝者不必有牲故左傳孟任割臂以盟莊公華元入楚師登子反之牀子反懼而與之盟皆無牲也爲鬼爲蜮。則不可得。有靦面目。視人罔極。蜮短狐也靦姡也箋云使女爲鬼爲蜮也則女誠不可得見也姡然有面目女乃人也人相視無有極時終必與女相見○蜮音或沈又音域狀如鼈三足一名射工俗呼之水弩在水中含沙射人一云射人影○靦土典反姡戶刮反面靦也作此好歌。以極反側。反側不正直也箋云好猶善也反側輾轉也作八章之歌求女之情女之情反側極於是也○已音以古字本作以○〔疏〕爲鬼至反側○正義曰研窮而不得其情於是怒而責之言汝若爲鬼也爲蜮也則誠不可得而見不須與我爲詛今汝有靦面目乃是人也瞻視於人無有極已時我必將與汝相見汝寧不披寫汝情不與我盟詛乎以疑爾譖我之故我作此八章之善歌窮極爾反側之情冀得其實也○傳蜮短狐靦姡○正義曰洪範五行傳云

蜮如鼈三足生於南越南越婦人多淫故其地多蜮淫女或亂之氣所生也陸機疏云一名射影江淮水皆有之人在岸上影見水中投人影則殺之故曰射影南人將入水先以瓦石投水中令水濁然後入或曰含沙射人皮肌其瘡如疥是也靦姡釋言文孫炎曰靦人面姡然說文云靦面見人姡面靦也然則靦與姡皆面見人之貌也○傳反側不正直○正義曰洪範云無反無側王道正直則知側是不正直也反側者翻覆之義故箋以為輾轉申傳不正直之義其意與傳同

何人斯八章章六句

巷伯。刺幽王也。寺人傷於讒。故作是詩也。巷伯奄官寺人內小臣也奄官上士四人掌王后之命於宮中為近故謂之巷伯與寺人之官相近讒人譖寺人寺人又傷其將及巷伯故以名篇○巷伯官名也寺如字又音侍奄於檢反宮本或將此注為序文者近附近之近下近嫌同○〔疏〕巷伯七章上四章章四句次章五句次章八句卒章六句至奄官○正義曰此經無巷伯之字而名篇曰巷伯故序解之云巷伯奄官言奄人為此官也官下有兮衍字定本無巷伯奄官四字於理是也以俗本多有故解之○箋巷伯至名篇○正義曰巷伯是內官也其官用奄上士四人為之其職掌王后之命天官序官云小臣奄上士四人注云奄稱士異其賢其職云掌王后之命是也又解內小臣而謂之巷伯者以其此官於宮中為近故謂之巷伯也釋宮云宮中巷謂之壼孫炎曰巷舍間道也王肅曰今後宮稱永巷是宮內道名也伯長也主宮內道官之長人主於羣臣貴者親近賤者疏遠主宮內者皆奄人奄人之中此官最近人主故謂之巷伯也巷伯是內小臣者以周禮無巷伯之官奄雖小臣為長主巷之伯唯內小臣耳故知是也蓋其官名內小臣時人以其職號之稱為巷伯也與寺人官相近者寺人亦奄人其職曰掌王之內人及女宮之戒令同掌宮內是相近也寺人自傷讒作詩輒名篇為巷伯以其官與巷伯相近讒人譖寺人寺人又傷其將及巷伯故以巷伯名篇以所掌既同故恐相連及也

萋兮斐兮。成是貝錦。興也萋斐文章相錯也貝錦錦文也箋云錦文者文如餘泉餘蚔之貝文也興者喻讒人集作已過以成於罪猶女工之集采色以成錦文○萋七西反斐孚匪反本或作菲餘蚔直基反貝黃白文曰餘蚔

彼譖人者。亦已大甚。箋云大甚者謂使已得重罪也○大音泰注同徐勑佐反〔疏〕萋兮至大甚○正義曰女工集彼衆采而織之使萋然兮斐然兮令文章相錯以成是貝文以為其錦也以興讒人集已諸過而構之令過惡相積故成是愆狀以為已罪也實無罪而讒之使得重刑故傷之云彼讒譖人者亦已復為大甚言非徒譴讓小辜乃至極刑重罪是為太甚○傳萋斐至錦文○正義曰論語云斐然成章是斐為文章之貌萋與斐同類而云成錦故為文章相錯也錦而連貝故知為貝之文○箋錦文至貝文○正義曰解錦文稱貝者其文如餘泉餘蚔之貝文也釋魚說貝文狀云餘蚔黃白文餘泉文舍人曰水中蟲也李巡曰餘蚔貝甲黃為質白為文彩餘泉貝甲以白為質黃為文彩陸機疏云貝水介蟲也龜鼈之屬其文彩之異大小之殊甚衆古者貨貝是也餘蚔黃為質以白為文餘泉白為質黃為文又有紫貝其白質如玉紫點為文皆可列相當其貝大者當有至一尺六七寸者今九眞交阯以為杯盤寶物也

哆兮侈兮。成是南箕。哆大貌南箕箕星也侈之言是必有因也斯人自謂辟嫌之不審也昔者顏叔子獨處于室鄰之釐婦又獨處于室夜暴風雨至而室壞婦人趨而至顏叔子納之而使執燭放乎旦而蒸盡縮屋而繼之自以為辟嫌之不審矣若其審者宜若魯人然魯人有男子獨處于室鄰之釐婦又獨處于室夜暴風雨至而室壞婦人趨而託之男子閉戶而不納婦人自牖與之言曰子何為不納我乎男子曰吾聞之也男子不六十不間居今子幼吾亦幼不可以納子婦人曰子何不若柳下惠然嫗不逮門之女國人不稱其亂男子曰柳下惠固可吾固不可吾將以吾不可學柳下惠之可孔子曰欲學柳下惠者未有似於是也箋云箕星哆然踵狹而舌廣今讒人之因寺人之近嫌而成言其罪猶因箕星之哆而侈大之○哆昌者反說文云張口也玉篇尺紙反又昌可反侈尺是反又式是反辟音避下同釐力之反寡婦也依字作嫠放甫往反蒸之升反縮所六反又作摍同間間廁之間又音閑嫗紆甫反又紆具反本或作煦況甫反踵章勇反足根也狹音洽

彼譖人者。誰適與謀。箋云適往也誰往就女謀乎怪其言多且巧○適如字王徐皆都歷反下同○〔疏〕哆兮至與謀○正義曰既言讒人集成已罪又言罪有所因言有星初本相去哆然寬大為踵兮其又侈之更益而大為舌兮乃成是南箕之星言箕之所成以由踵已哆又侈之而為舌故也以興讒人因寺人初有小嫌疑為始兮其又構之更增而其為終兮乃成其刑罪之禍言禍之所以成者亦因始有嫌又構之而為終故也言已避嫌不審使人因之亦已之所以悔也因有小嫌陷已如此彼讒譖人者誰往與謀乎何多而能巧也○傳哆大至於是○正義曰哆者言其寬大哆哆然故為大貌二十八宿有箕星無南箕故云南箕即箕星也箕四星二為踵二為舌若使踵本太狹言雖小寬不足以為箕由踵之二星已哆然而大舌又益太故所以成為箕也箕言哆兮踵狹而舌廣者踵對舌為狹耳其實踵之二星已寬大故為哆兮也侈者因物而大之名禮於衣袂半而益一謂之侈袂星因物益大而名之為侈也侈之言必有因者由踵巳大故舌得侈之而為箕[illegible]作詩之人自謂避嫌之不審由事有嫌疑故讒者得因之而為罪也言顏叔子及魯人避嫌審與不審之事以比之顏叔子納鄰之釐婦雖執燭繼薪人不可以家到戶說姧否難明是不審也放乎旦猶至於旦也蒸是薪之細者摍謂抽也言燭又言薪則初執燭次然薪薪盡乃抽取屋草以繼之也先言放乎旦已之為揔目言其然火以至且乃更覆說薪盡抽屋之事其實蒸盡摍屋是未且時也吾聞男女不六十不間居者謂禮男女年不滿六十則男子在堂女子在房不得間雜在一處而居若六十則間居也此六十據婦人言耳男子則七十內則唯及七十同藏無間是也必男子七十女六十同居者以陰陽道衰故無嫌也言今子幼吾亦幼者止謂未老耳非稱也柳下惠固可者言柳下惠貞絜之名素已彰者固當如是可於吾身為此則不可也汝婦人之意將以吾之不可使學柳下惠可者言已不得學也孔子曰欲學柳下惠可者未有能似於是者言魯人如此為行取高與柳下惠相似此言當有成文不知所出家語畧有其事其言與此小異又無顏叔子之事非所引也傳言此者證避嫌之事耳此寺人奄者也非能身有姧淫其所嫌者不必卽是男女是非之事○箋踵狹而舌廣○正義曰定本踵作踵其義俱通

緝緝翩翩。謀欲譖人。緝緝口舌聲翩翩往來貌○緝七立反說文作咠云咠語也又子立反翩音篇字又作扁

愼爾言也。謂爾不信。箋云愼誠也女誠心而後言王將謂女不信而不受欲其誠者惡其不誠也○惡烏路反〔疏〕緝緝至不信○正義曰上言謀多而巧此言為謀之狀言口舌緝緝然往來翩翩然相與謀欲為讒譖之言以害人自相計議唯恐不成相教當誠汝之心而後言也若言不誠實則所言不巧王將謂汝言為不信而不受也故須誠實言之○

捷捷幡幡。謀欲譖言。捷捷猶緝緝也幡幡猶翩翩也○捷如字又音妾幡芳煩反○

豈不爾受。既其女遷。遷去也箋云遷之言訕也王倉卒豈將不受女言乎已則亦將復訕誹女○訕所諫反又所姧反卒寸忽反誹方味反○〔疏〕捷捷至汝遷○毛以為讒人相戒言汝若不誠汝之心而言之王於倉卒之間豈不為汝受之但已受之後知汝言不誠實王心或將舍汝而更遷去也○鄭以遷為訕言主將訕謗汝以遷去為理否女故易之

驕人好好。勞人草草。好好喜也草草勞心也箋云好好者喜讒言之人也草草者憂將妄得罪也○

蒼天蒼天。視彼驕人。矜此勞人。〔疏〕驕人至勞人○正義曰言讒人謀能功密為王信用彼式則驕逸也得罪則憂勞彼驕人好好然而喜我勞人草草然而憂故仰告蒼天蒼天何不視察彼人之虛妄而矜哀此勞人○

彼譖人者。誰適與謀。取彼譖人。投畀豺虎。投棄也○畀必二反下同豺士皆反字或作犲

豺虎不食。投畀有北。北方寒涼而不毛○

有北不受。投畀有昊。昊昊天也箋云付與昊天制其罪也〔疏〕彼譖至有昊○正義曰豺虎若不肯食當擲予有北太陰之鄉使凍殺之若有北不肯受則當擲予昊天自制其罪以物皆天之所生天無推避之理故止於昊天也豺虎之食人寒鄉之凍物非有所擇言不食不受者惡之甚也故禮記緇衣曰惡惡如巷伯言欲其死亡之甚○傳北方至不毛○正義曰以北方太陰之氣寒涼而無土毛不生草木寒凍不可居處故棄於彼欲凍殺之昭七年左傳曰食土之毛地官載師曰宅不毛皆謂草木也

楊園之道。猗于畝丘。楊園園名猗加也畝丘丘名箋云欲之楊園之道當先歷畝丘以言此讒人欲譖大臣故從近小者始○猗於綺反徐於宜反

寺人孟子。作為此詩。凡百君子。敬而聽之。寺人而曰孟子者罪已定矣而將踐刑作此詩也箋云寺人王之正內五人作起也孟子起而為此詩欲使衆在位者慎而知之既言寺人復自著孟子者自傷將去此官也○作為此詩一本云作為作詩〔疏〕楊園至聽之○正義曰寺人以身既得罪恐更濫及善人故戒時在位令使自慎言人欲往之楊園之道當先加歷於畝丘而乃後於楊園也以興讒人欲行譖大臣之法亦當毀害於小臣而訖乃後至於大臣也讒人立意如此故我寺人之中字曰孟子者起發為小人之更讒而作巷伯之詩使凡百汝衆在位之君子者當敬慎而聽察之知我之無罪而被讒讒人不已而敬慎也此言凡百則恐徧及在位而獨以巷伯名篇者以職與巷伯相近巷伯是其官長故特憂之當云作賦詩定本云作為此詩又定本箋有作起也作為也三訓自與經相乖非也○傳楊園至丘名○正義曰釋丘云如畝畝丘李巡曰謂丘如田畝曰畝丘也孫炎曰方百步也以畝丘丘名故知楊園亦園名也於時王都之側蓋有此園丘詩人見之而為辭也○傳寺人至此○正義曰毛解言已定之意也知罪已定者若不定則不應疾讒人如此之甚也以罪定故知將踐刑也由踐刑而作此詩知自言孟子以殊於餘寺人不被讒者也○箋寺人至此官○正義曰寺人王之正內五人天官序官

文也彼注云寺人之言侍也正內路寢也則五人當在路寢侍王之側也箋言此者明寺人非一也毛解自云孟子之意箋又解自言寺人之意由自傷將去此官故舉官言之○

巷伯七章四章章四句一章五句一章八句一章六句

節南山之什十篇七十九章五百五十二句

毛詩注疏挍勘記（十二之三）　阮元撰盧宣旬摘錄

○小宛

大夫刺宣王也　閩本明監本毛本同唐石經小字本相臺本宣作幽考文古本同案宣字誤也正義中同

鳴鳩鶻鵰　小字本相臺本同案正義云定本及集注皆云鳴鳩鶻鵰也如其所言不爲有異正義本未有明文今無可考意必求之或當鵰作鵃也釋文云鵰字林作鵃

行小人之道　閩本明監本毛本人下有之字小字本相臺本無十行本初刻無後剜添案初刻是也

猶能温藉自持以勝　小字本相臺本同案此定本也正義云蘊藉者定本及箋作温字釋文以温藉作音與定本同温克下云鄭蘊藉也乃改用今字耳

醉而日富矣　閩本明監本毛本同小字本相臺本而日作日而案日而是也段玉裁云謂當日醉之日頓自富矣與箋小別

蜾蠃負之　唐石經小字本同閩本明監本毛本亦同相臺本蠃作𧓍案𧓍乃誤字

或在草萊上　閩本明監本毛本同案此不誤浦鏜云萊誤萊非也爾雅疏卽取此正作萊

不有止息　小字本同閩本明監本毛本同相臺本有作肯案有字是也正義云無有止息之時可證下文兩云無肯息時也乃自爲文耳相臺本依之改者非

謂月視朝也　閩本明監本毛本同小字本相臺本朝作朔考文古本同案朝字誤也

毋忝爾所生　小字本同閩本明監本毛本同唐石經相臺本毋作無案釋文云毋音無正義本無明文今無可考白駒釋文云毋金音無本亦作無他皆放此

欲使言與羣臣行之　閩本明監本毛本同案浦鏜云言疑王字誤是也

世必無從得活　閩本明監本毛本同案世當作此

○小弁

故變文以云義也　閩本明監本毛本同案山井鼎云宋板云作示示字是也但其實不然當是剜也

鸒卑居　小字本相臺本同案正義云鸒卑居釋鳥文也又云傳或有斯者衍字定本無斯字標起止云傳鸒卑居釋文鸒斯下云鸒斯卑居也又云一云斯語辭是其本傳當有斯字考文古本有采正義釋文

提提羣貌　小字本相臺本同案正義云羣下或有飛亦衍字定本集注並無飛字標起止云至羣貌釋文提提下云羣飛貌是其本傳有飛字考文古本有采正義釋文

我大子獨不然　小字本相臺本同案然字衍也上箋云今大子獨不正義云集注定本皆無然字俗本不下有然衍字此當與彼同

日以憂也　相臺本同小字本日作曰閩本明監本毛本同案曰字是也

大子言曰我憂之也大子言曰我憂之也　閩本明監本毛本不重大子言曰我憂之也案所刪是也此八字複衍

而類菀鳥部　閩本明監本毛本菀作苑案所改非也菀卽苑字

本集本並無飛字　閩本明監本同毛本本上剜添定字案所補是也

當文爲輿　閩本明監本毛本文誤又

乎我之父母也　閩本明監本毛本同案浦鏜云乎當作于是也

鞫爲茂草　唐石經小字本相臺本同考文古本同閩本明監本毛本鞫誤鞠案釋文鞫通志堂本亦誤鞠影宋本不誤

不罹于裏　小字本相臺本同閩本明監本毛本亦同唐石經罹作離案正義云不離歷於母乎又云離者謂所離歷考小明漸漸之石皆經言離則正義言離歷卽魚麗正義所云麗歷傳云麗歷也是離麗古字同用聲類至近也罹字卽非此義各本皆誤當依唐石經正之

裏其內險　各本其皆作在案傳本是在字其誤也

萑葦淠淠　小字本相臺本同唐石經萑初刻雚案初刻誤與七月同

析薪扡矣　小字本相臺本同閩本明監本毛本亦同唐石經扡作杝案惠棟云玉篇在木部是也五經文字木部云杝又音楥見詩小雅卽謂此字也釋文杝與唐石經同或誤扡今正詳後考證十行本正義中字不誤

不欲妄挫析之　毛本同小字本相臺本析作折閩本明監本毛本同案折字是也釋文以挫折作音可證

關弓而射之　閩本明監本毛本同小字本相臺本之作我案我字是也下作我角弓正義引孟子同

人猶有然而存諸心（補）　案下猶有默心存念知王之情此然字當默字之譌

念固而不暇耳　閩本明監本毛本同案浦鏜云念固疑今因之誤是也

孔子曰以舜年五十　閩本明監本毛本同案浦鏜云曰字衍是也

如高子譏小弁　閩本明監本毛本同案如當作知

○巧言

亂如此幠　唐石經小字本相臺本同閩本明監本毛本幠作憮下經及傳及正義皆同案憮字誤也詳詩經小學釋文幠與唐石經同或誤憮今正見後考證

昊天大幠　相臺本同閩本明監本毛本同唐石經小字本大作泰案釋文云大音泰本或作泰正義云而泰幠言甚大是其本作泰字沿革例云蜀本越本興國本皆作泰幠余仁仲及建大字本作大此以釋文爲據也今亦從釋文不知兩本之各有所據

甚傲慢無法度　閩本明監本傲誤敖案箋作敖正義作傲敖傲古今字易而說之也例見前標起止仍云箋幠敖可證也釋文幠傲本又作敖與正義本不同考文古本箋作傲采釋文

乃昊天乎王甚傲慢　閩本明監本毛本同案乃當作及形近之譌

傳者以下言已威　閩本明監本毛本同案傳上當脫易字

而泰幠言其大（補）　閩本明監本毛本同案其字當作甚形近之譌

放其初卽位　閩本明監本毛本放作故案所改非也放卽昉字

僭始既涵　唐石經小字本相臺本同案詩經小學云傳僭數也蓋以爲譖字是也

若無疑事則不會同　閩本明監本毛本同案十行本若至不剜添者一字

義能忖度而知之（補）　毛本義作我案我字是也上箋云己能忖度讒人之心可證

傳讒兔至狡兔　閩本明監本毛本同案讒當作毚至當衍字

則彼獲耳　閩本明監本毛本同案浦鏜云彼當被字誤是也

豻瘍爲微　小字本相臺本同案釋文云瘍本亦作傷正義本是瘍字

素能然乎　小字本相臺本素作傃考文古本同閩本明監本毛本作素十行本初刻傃後改素案素字誤也釋文云傃音素可證

故箋亦云此人　閩本明監本毛本云下有○案山井鼎云宋板云此相接有圈非也

○何人斯

以絕之　小字本相臺本同閩本明監本毛本亦同唐石經作而絕之也考正義云故序專云刺暴公而絕之也唐石經是也

誰暴之云　閩本明監本毛本同唐石經小字本相臺本誰作雖考文古本同案誰字誤也序下正義同

云何其盱　小字本相臺本同唐石經無其字旁添之案正義標起止云至其盱又云毛以此云何其盱釋文以其盱作音是正義本釋文本皆有其字唐石經未知出何本也

一者之來見我　閩本明監本毛本同小字本相臺本一作壹下箋小字本作一案正義中皆作一則作一是也作壹者依經改耳山井鼎云宋板一作壹疏及下注同其實不然皆其誤也

於女亦何病乎 閩本明監本毛本同小字本相臺本乎作也小字本無亦字案無者是也有者用正義自爲文添耳

與下俾我祇也元文 閩本明監本毛本同案浦鏜云互誤元是也

俾我祇也 唐石經小字本相臺本同閩本明監本毛本祇誤祇案唐石經此與祇適也字別釋文云祇祈支反毛病也鄭安也一云鄭上支反段玉裁云傳病也者謂祇卽疷之假借說文疷病不啻也箋安也者謂祇卽禔之假借說文禔安也

易說祇病也 小字本相臺本同案釋文以說也作音是其本說下有也字考文古本有

女與於諸我與否 小字本相臺本同閩本明監本毛本亦同案段玉裁云此否字當作不與經文否字無干是也

大塤謂之嘂音叫 閩本明監本毛本同案音叫二字當旁行細書正義自爲音者倒如此也

銳上平氏 閩本明監本毛本氏作底所改是也

釋樂文云 閩本明監本毛本同案浦鏜云又誤文是也

明其不信者 閩本明監本毛本同案浦鏜云詛誤明是也

然盟者人君用牛 閩本明監本毛本同案此不誤浦鏜云然下疑脫則字非也古言然卽今言然則也正義文本如此十月之交正義云然日者大陽之精等可證也

蜮短狐也 小字本相臺本同案段玉裁云弧作狐誤是也釋文蜮下云短狐也正義云蜮短狐今說文本蜮下皆誤漢書五行志注作弧不誤

淫女或亂之氣所生也 閩本明監本毛本同案此不誤浦鏜云惑誤或非也古或惑同用當是五行傳本用或字

姡面靦也 閩本明監本毛本同案此不誤浦鏜云醜誤靦非也爾雅疏卽取此正作靦是正義自如此下文云然則靦與姡皆面見人之貌也可證

則知側是不正直也 閩本明監本毛本同案側上浦鏜云脫反字是也

○巷伯

巷伯奄官 小字本相臺本同案此釋文本也釋文云巷伯奄官本或將此注爲序文正義標起止云至奄官又云故序解之云巷伯奄官又云官下有兮衍字定本無巷伯奄字四字於理是也以俗本多有故解之是正義本此四字爲序文也車鄰正義云序言巷伯奄官亦其證考鄭此注云巷伯內小臣也奄官上士四人掌王后之命正據此序之文而釋之也是鄭自有正義以定本爲是者誤當以正義本爲長段玉裁云周禮序官疏引甚明兮也古書通用周禮疏引作也是也唐石經序中無此四字依釋文定本

寺人內小臣也奄官上士四人 小字本相臺本同案正義標起止云箋巷伯至名篇考車鄰正義云巷伯箋云巷伯內小臣奄官上士四人是正義本作巷伯內小臣也作寺人者非寺人與內小臣異官說詳彼正義此序正義本有巷伯奄官釋文本以爲注正在此文之上未知其此文較正義本仍同與否今無所考段玉裁云官字衍

餘泉文 閩本明監本毛本同案泉下浦鏜云脫白黃二字是也

黃爲文又有紫貝 閩本明監本又誤文毛本文又誤又文紫作紫案紫字是也

皆可列相當 閩本明監本同毛本可作行案行字是也

當有至至一尺六七寸者 閩本明監本同毛本當作常上至字作徑案所改是也

哆兮侈兮 唐石經小字本相臺本同案此經釋文本正義本皆如此說文鉹下有一曰詩云侈兮哆兮見段玉裁說文訂今考說文或別有誤經義雜記欲依之以倒此經者非也其謂王伯厚詩考所載崔靈恩集注爲作僞不可據誠然

縮屋而繼之 小字本同閩本明監本毛本亦同相臺本縮作樎案正義云樎謂抽也正義云縮又作樎同樎是摍之譌字摍字見於說文廣雅皆從手訓引也武梁左石室畫像載此事字作摍摍縮字同韋昭周語注亦訓縮爲引考文古本作樎采釋文而誤

男子不六十不閒居 小字本相臺本同案正義云吾聞男女不六十不閒居者是其本子作女考文古本作女采正義

嫗不逮門之女 小字本相臺本同案釋文云嫗本或作煦正義本未有明文今無可考小宛箋有煦嫗正義引樂記注以體曰嫗以氣曰煦此傳意亦謂以體煖之作嫗者是不逮門者段玉裁云不及入門門如城門之類荀卿云與後門者同衣也

記言讒人集成已罪 閩本明監本毛本同案浦鏜云記當既字誤是也

言雖小寬 閩本明監本毛本同案浦鏜云言當舌字誤是也

星因物益大 閩本明監本毛本同案浦鏜云星當是字誤是也

暗作詩之人 閩本明監本毛本同案晤當作斯此說傳斯人也

素已彰者 閩本明監本毛本同案浦鏜云者當著字誤是也

定本蹱作踵 閩本明監本毛本同定本蹱作踵案依此則正義本是蹱字今正義字皆作踵後改也釋文作踵與定本同

爲理否女 閩本明監本同毛本女作安案否女當作不安

彼戎則驕逸也得罪則憂勞 閩本明監本毛本戎作誠也下有我字案戎卽我字之誤又錯在上句耳

作爲此詩 唐石經小字本相臺本同案此釋文本也釋文云作爲此詩一本云作爲作詩考正義本是作爲作詩與一本同正義云起發爲小人之更議而作巷伯之詩順經文作爲作詩四字次敘而說之極爲明晰此二本之異在第三字正義是作釋文是此不同耳故正義本箋並有作起也作爲也二訓以經有二作字而各釋之也正義又云定本云作爲此詩又定本箋有作起也作爲也二訓自與經相乖非也所謂乖者經字既是此矣不復有二作而箋訓有之是其乖也正義之意據其箋有二訓證其經一止一作之失耳不謂不當有二訓也今各本皆但有作起也一訓必是因其經與注相乖不可通而去之合併者不知檢照又令正義與經注相乖而不可通是其轉輾之失也考文古本作起也下有爲作也三字采正義而不得其解乃誤倒之

當云作賦詩 閩本明監本毛本同案賦字當衍正義云當云作詩謂其本經是作詩也舉之以訂下定本經此詩之非

自與經相乖 閩本明監本毛本同案十行本經至乖剜添者一字

傳寺人至此 (補)毛本同案此下當有詩字

附釋音毛詩注疏卷第十三（十三之一）

谷風之什詁訓傳第二十

毛詩小雅　鄭氏箋　孔穎達疏

谷風。刺幽王也。天下俗薄。朋友道絶焉。〔疏〕谷風三章章六句至道絶焉。正義曰作谷風詩者刺幽王也以人雖父生師教須朋友以成然則朋友之交乃是人行之大者幽王之時風俗澆薄窮達相棄無復恩情使朋友之道絶焉言天下無復有朋友之道也此由王政使然故以刺之經三章皆言朋友相棄之事漢書地理志云凡民稟五常之性而有剛柔綏急音聲不同繫水土之風氣故謂之風好惡取捨動靜無常隨君上之情欲故謂之俗是解風俗之事也風與俗對則小别散則義通蟋蟀云堯之遺風乃是民感君政其實亦是俗也此俗由君政所爲故言舊俗言舊俗者亦謂之政定四年左傳曰啓以夏政商政謂夏商舊俗也言風俗者謂中國民情禮法可與民變化者也孝經云移風易俗關雎序云移風俗皆變惡爲善邶谷風序云國俗傷敗焉此云天下俗薄皆謂變善爲惡是得與民變革也若其夷夏異宜山川殊制民之器物言語及所行禮法各是其身所欲亦謂之俗也如此者則聖王因其所宜不強變革王制曰廣谷大川異制民生其間者異俗又曰脩其教不易其俗地官土均云禮俗喪紀皆以地美惡爲輕重之法而行之誦訓掌道方慝以知地俗皆是不改之此言其大法耳乃箕子之處朝鮮大伯之在勾吳皆能教之禮儀使同中國是有可改者也但有不可改者不強改之耳。

習習谷風。維風及雨。興也風雨相感朋友相須箋云習習和調之貌東風謂之谷風興者風而有雨則潤澤行喻朋友同志則恩愛成。谷音穀。將恐將懼。維予與女。箋云將且也恐懼喻遭厄難勤苦之事也當此之時獨我與女爾謂同其憂務。恐丘勇反。注下同。女音汝。厄本又作阨於革反。難乃旦反。將安將樂。女轉棄予。言朋友趨利窮達相棄。箋云朋友無大故則不相遺棄今女以志達而安樂棄恩忘舊薄之甚。○樂音洛。注下皆同。〔疏〕習習至棄予。正義曰言習習然和調生長之谷風也維此生長之谷風能及於膏潤澤陰雨以行其潤澤由風雨相感故潤澤德行以興良朋相親於善友以成其恩愛由朋友相須故恩得成朋友恩愛相須若是事有窮達不可相棄何爲且恐且懼當遭苦厄之時維我與汝獨受此難纔得且安且樂志達之時汝何更棄我乎不念恩愛之時也○箋東風至潤澤行○正義曰東風謂之谷風釋天文風類多矣正取谷風爲喻者谷風生長之風取其朋友相長益故也此據風爲文故云風而有雨則潤澤行潤澤是雨之事但雨得風乃行則潤澤亦由風故易曰潤之以風雨是風雨共爲潤澤○傳言朋友至相棄○正義曰言彼朋友志趨於利不顧終始葛屨序曰其民機巧趨利是也已窮彼達是窮達相棄也○箋朋友至之甚○正義曰朋友無大故不相棄論語文也引之者證朋友得相怨之意大故謂惡逆之事苟無大故義不相棄今彼已得志申達居處安樂而棄往日之恩忘昔時之故舊是風俗薄之甚也以序言俗薄故於此明之○

習習谷風。維風及頹。頹風之焚輪者也風薄相扶而上喻朋友相須而成。頹徒雷反。上時掌反。將恐將懼。寘予于懷。箋云寘置也置我於懷言至親已也。寘之豉反。將安將樂。棄予如遺。箋云如遺者如人行道遺忘物忽然不省存也。〔疏〕習習至如遺。正義曰言習習然和調者生長之谷風也維生長之谷風能及於焚輪謂之頹使之旋轉而升是風薄相扶而上也以興良朋能佐於善友使之道德益進是朋友相率而成也德既由友而成則窮達不可相棄故言何爲汝本且恐且懼苦厄之時則置我於懷至相親愛矣今汝得且安且樂志達之後反更棄我如人遺忘於物忽然不省無心念我也○傳頹風至而成○正義曰釋天云焚輪謂之頹扶搖謂之焱李巡曰焚輪暴風從上來降謂之頹頹下也扶搖暴風從下升上故曰焱焱上也孫炎曰迴風從上下曰頹迴風從下上曰焱然則頹者風從上而下之名迴風從上而下力薄不能更升谷風與相遇二風并力乃相扶而上以喻朋友二人同心乃相率而成也彼迴風從上下谷風未與相扶謂之爲頹若谷風既與相扶而上則於爾雅爲焱不復爲頹也詩言頹據其未與相扶之名耳

習習谷風。維山崔嵬。無草不死。無木不萎。崔嵬山巔也雖盛夏萬物茂壯草木無有不死葉萎枝者。箋云此言東風生長之風也山巔之上草木猶及之然而盛夏養萬物之時草木枝葉猶有萎槁者以喻朋友雖以恩相養亦安能不時有小訟乎。○崔徂回反。嵬五回反又作峞。萎於危反。長張丈反。下同。槁苦老反。忘我大德。思我小怨。箋云大德切瑳以道相成之謂也。○瑳七河反。〔疏〕習習至小怨。○正義曰言習習然和調者生長之谷風也谷風猶善能生長之故維山崔嵬之上草木皆能生長之以興良朋由善能切磋之故其友身之道德亦能成就之道德相由而成窮達不宜相棄然草木之生長雖至於盛夏之月萬物茂壯無能使草不有死者無能使木不有萎者以時不齊實小有萎死者也以興道德之進益雖至於成就之功百事通曉無能使色不有忿者無能使辭不有訟者以大義不虧實小而有忿訟也然小萎無虧於夏長小怨無損於交好汝何爲忘我切磋之大德反思我言訟之小怨而棄我乎○傳雖盛至萎枝者○正義曰以四時春生夏長物之盛莫過夏時故云雖盛夏萬物茂壯也以其大時不齊不能無死者故月令仲夏靡草死故曰死生分是草木無能不有枝葉萎槁者定本及集注木云草木無有不死葉萎枝者○箋此言至小訟乎○正義曰維山崔嵬之文上承谷風之下而下與草木相連明是風吹山巔之上使生草木也平地沃衍之土宜生草木山巔之上則非草木所宜風尚吹之使生故云猶及之也以難長而風及喻朋友相養之深也然而盛夏養萬物之時草木枝葉猶萎槁者以爲平地之草木非止山巔也養則言其難者故云山巔猶及之萎死則言其茂者故言盛夏以暢之云猶有萎槁者爲不宜萎槁是不據山巔明矣若然東風爲谷風實取生長之義要風以四方爲名非以四時立稱則夏之東風猶爲谷風也春則草木初生未及暢茂其有萎死則唯其常詩人不應舉以爲喻故知言草木萎槁謂夏時也木大或一枝枯故言萎也草小或連根死故言死也

谷風三章章六句

蓼莪。刺幽王也。民人勞苦。孝子不得終養爾。不得終養者二親病亡之時時在役所不得見也。○蓼莪上音六下五河反。養餘亮反。注除鞠養也穀養也二字餘並同。〔疏〕蓼莪六章上下各二章章四句中二章章八句至終養爾。○正義曰民人勞苦致令孝子不得於父母終亡之時而侍養之民人勞苦五章卒章上二句是也不得終養卒章卒句是也其餘皆是孝子怨不得終養之辭○箋不得至得見○正義曰經言銜恤靡至是親没之辭序言不得終養繼於勞苦之下是勞苦不見父母也故言不得終養者二親病亡之時時在役所不得見之也終是亡之稱亡連言病者以亡必用病言終可以兼之親病將亡不得扶侍左右孝子之恨最在此時故連言之

蓼蓼者莪。匪莪伊蒿。興也蓼蓼長大貌箋云莪已蓼蓼長大貌視之以爲非莪故謂之蒿興者喻憂思雖在役中心不精識其事。○蒿呼毛反。長張丈反。下皆同。思息嗣反。哀哀父母。生我劬勞。箋云哀哀者恨不得終養父母報其生長己之苦。〔疏〕蓼蓼至劬勞。○正義曰言蓼蓼然長大者正是莪也而不精審視之以爲非莪反謂之維蒿以興有形器之方可識者正以此物也而我精識視之以爲非此物反謂之是彼物也以己二親今且病亡身在役中不得侍養精神昏亂故視物不察也既不得終養又追而爲恨言可哀之又可哀我父母也其生長我也其病勞矣今不見其亡所以深恨○箋莪已至其事○正義曰視莪以爲非莪亦是作者身視故云我視之是作者自我也但作者憂思之深每事皆不精識故舉視莪爲蒿以喻衆事皆然故喻憂思雖在役中心不精識其事謂衆事不精識非獨莪也

蓼蓼者莪。匪莪伊蔚。蔚牡菣也。○蔚音尉。菣去刃反。哀哀父母。生我勞瘁。箋云瘁病也。○瘁似醉反。〔疏〕傳蔚牡菣。○正義曰釋草文舍人曰蔚一名牡菣某氏曰江河間曰菣陸機疏云牡蒿也三月始生七月華華似胡麻華而紫赤八月爲角角似小豆角銳而長一名馬薪蒿

缾之罄矣。維罍之恥。缾小而罍大罄盡也箋云缾小而盡罍大而盈言爲罍恥者刺王不使富分貧衆恤寡。○缾蒲丁反。罄苦定反。罍音雷。鮮民之生。不如死之久矣。鮮寡也箋云此言供養日寡矣而我尚不得終養恨之言也。○鮮息淺反。供九用反。無父何怙。無母何恃。出則銜恤。入則靡至。箋云恤憂靡無也孝子之心怙恃父母依依然以爲不可斯須無也出門則思之而憂旋入門又不見如入無所至。○怙音戶。韓詩云怙賴也侍恃負也。〔疏〕缾之至靡至。○正義曰罍器大缾器小酌酒者當多酌罍少酌缾不使小缾先竭今缾之既盡矣而罍尚盈滿是爲酌罍者之恥也以興民有富而多丁貧而寡弱治民者當多役富少役貧不使貧者先困今貧者既困矣而富者尚饒裕是王之恥也今王不以爲恥偏困貧民我不得供養故因此以恨言寡矣民之生也言生而得養其日尚寡況我尚不得終養是可恨之甚如此我不如死之已久也所以然者以無父何所依怙無母何所倚恃已無父母出門則以中心銜憂旋來入門則堂宇空曠不復覩見如行田野無所有至是其所以悲恨也○箋缾小至恤寡○正義曰釋器云小罍謂之坎孫炎曰酒罇也郭璞曰罍形似壺大者受一斛是罍大缾小言缾盡矣對罍盈言爲罍恥者是爲主罍者之恥餉酌者也以罍大似富衆缾小似貧寡然罍缾並列俱以酌之則當多酌罍而少酌缾以至於俱盡是均也猶上之賦役以富貧並對俱以役之則當多役富而少役貧以至於俱堪亦爲均也今缾盡而罍盈盈者滿也是全不酌之辭猶偏役貧寡而富衆不行故言恥者刺王不使富分貧衆恤寡也謂不使富者分貧者之役衆者憂寡者之勞而共之也言缾罄則罍盈矣罍既無情之物終不以自盈爲

恥故知是爲罍者恥以喻王恥也。○箋孝子至所至。○正義曰作詩之日已反於家故言出入之事入門無見又似非殯是已卒哭之後也入門上堂不見概焉廟時實爲甚三年之外孝子之情亦然但此以三年內耳

父兮生我。母兮鞠我。拊我畜我。長我育我。顧我復我。出入腹我。鞠養腹厚也箋云父兮生我者本其氣也畜起也育覆育也顧旋視也復反覆也腹懷抱也○拊音撫畜喜郁反顧音故覆芳福反

欲報之德。昊天罔極。箋云之猶是也我欲報父母是德昊天乎我心無極

〔疏〕父兮至罔極。○毛以爲此言父母生養之恩己思報之言父兮本施氣以生我母兮以懷任以養我又拊循我起止我長遂我覆育我顧視我反覆我其出入門戶之時常愛厚我是生我劬勞也我今欲報父母是勞苦之德昊天乎心無已也常所憶念無有已時故言己痛切之情以告於天。○鄭以腹爲懷抱爲異。○傳腹厚。○正義曰釋詁文。○箋父兮至懷抱。○正義曰上章揔言父母此分父母而說之故云父兮生我者本其氣也以鞠己爲養畜我承拊我之後明起止而畜愛之故爲起也言覆育者謂其寒暑或身體傴之覆近而愛育焉旋視謂去之而反顧也復反也故爲反覆謂小者就所養之處迴轉反覆之也腹我謂置之於腹故爲懷抱以父母厚己非獨出入之時故易傳也

南山烈烈。飄風發發。烈烈然至難也發發疾貌箋云民人自苦見役視南山則烈烈然飄風發發然寒且疾也。○飄避遙反後篇同本又作票

民莫不穀。我獨何害。箋云穀養也言民皆得養其父母我獨何故覩此寒苦之害

〔疏〕南山至何害。○正義曰孝子言己在役之苦我本從役苦於南山値時寒甚視南山則烈烈然愴其至役之勞苦而情以爲至難也又遇飄風發發然寒而且暴疾也於時天下之民豈不皆得養其父母者我獨何故覩此寒苦之甚害而不得養父母乎此何害與下不卒互也。○箋言民至之害。○正義曰何害者皆以己刺彼故言他得孝養己獨寒苦此則怨者之常辭且虐君者役賦不平非無閑豫之人故作者言己偏苦得稱民莫不穀也

南山律律。飄風弗弗。律律猶烈烈也弗弗猶發發也

民莫不穀。我獨不卒。箋云卒終也我獨不得終養父母重自哀傷也。○卒子恤反重直用反

蓼莪六章四章章四句二章章八句

大東。刺亂也。東國困於役而傷於財。譚大夫作是詩以告病焉。譚國在東故其大夫尤苦征役之事也魯莊公十年齊師滅譚。○譚徒南反國名

〔疏〕大東七章章八句至告病焉。○正義曰作大東之詩者刺亂也時東方之國偏於賦役而損傷於民財此譚之大夫作是大東之詩告於王言己國之病困焉困民財役以至於病是爲亂也言亂者政役失理之謂揔七章之言皆是也言困於役者對則貨財謂之賦功力謂之役案此經文及傳箋皆刺賦斂重薄無怨力役之事故哀我憚人箋云哀其民人之勞苦亦不欲使周之賦斂則亦可息也是欲息其賦斂非力役也但王數徵賦須轉餫餫輸之勞即是役也四章云職勞不來下箋云東人勞苦而不見謂勤言送轉輸而不蒙勞來是因於役之事也經則主怨財盡故唯言賦重斂則兼言民勞故云困役由送衰財以致役故先言之從首章以盡三章皆是困役財之事四章以下言周衰政偏衆官斂職由此已國所以賦重故言之以刺周亂也言病者雖七章皆是若指事而言則哀我憚人亦可息也是所苦之辭也言東國者譚大夫以譚國在東而見偏役故經云小東大東敘亦順之而言東國焉不指譚而言東者譚大夫雖自爲己怨而王政大經偏東非譚獨然故言東以廣之譚大夫者以別於王朝也普天之下莫非王臣必別之者以此主陳譚國之偏苦勞役西人優逸是有彼此之辭故須辨之明爲譚而作故也若汎論世事則不須分別小明大夫悔仕於亂彼牧伯大夫不言其國是也。○箋譚國至滅譚。○正義曰解譚大夫而序言東國之意也莊十年齊師滅譚是春秋經也傳曰齊侯之出也過譚譚不禮焉及其入也諸侯皆賀譚又不至是以齊師滅之引此者證其在京師之事也。○

有饛簋飧。有捄棘匕。興也饛滿簋貌飧熟食謂黍稷也捄長貌匕所以載鼎實棘赤心也箋云飧者客始至主人所致之禮也凡飧饔餼以其爵等爲之牢禮之數陳興者喻古者天子施予之恩於天下厚○饛音蒙簋音軌飧音孫捄音虯又其牛反下章同匕必履反饔於恭反施始豉反

周道如砥。其直如矢。如砥貢賦平均也如矢賞罰不偏也○砥之履反○

君子所履。小人所視。箋云此言古者天子之恩厚也君子皆法效而履行之其如砥矢之平小人又皆視之共之無怨。○共音恭本又作恭。

睠言顧之。潸焉出涕。睠反顧也潸涕下貌箋云言我也此二事者在乎前世過而去矣我從今顧視之爲之出涕傷今不如古。○睠音卷本又作眷潸所姦反說文作潸云涕流貌山晏反出如字徐尺遂反涕音體爲于僞反

〔疏〕有饛至出涕。○正義曰言有饛然滿者簋中黍稷之飧也有捄然長者棘木載肉之匕也客始至主人以簋盛飧以匕載肉而待之是主人供承之惠於賓客厚也以興古者天子施予之恩於天下厚也非直與恩厚又法制齊均周之貢賦之道其均如砥石然周之賞罰之制其直如箭矢然是所行之政皆平而不曲也以天子崇其施予之厚故其時君子皆共法傚所以履而行之以周道布其砥矢之平直時小人皆共承奉所以視而供之既君子履其厚小人視其平是上下相和舉世安樂今此二者於前世已過而去睠然迴反我從今世徒反顧而視之終不可値由此潸焉爲之出涕傷今不如古所以見偏役也。○傳饛滿至赤心。○正義曰簋以盛飧饛爲其狀故知饛滿簋貌也主人供賓客有禾有米此以盛於簋故知熟食也又禮之通例皆簋盛稻粱簋盛黍稷故知謂黍稷也捄爲匕之狀故知長貌雜記云匕用桑長三尺是也鼎實煑肉也煑肉必實之於鼎必載之者以古之祭禮亨食必體解其肉之胖既大故須以匕載之載謂出之於鼎升之於俎也雜記注亦言匕所以載牲體牲體即鼎實也言棘赤心者以棘木赤心言於祭祀賓容皆赤心盡誠也吉禮用棘雜記言用桑者謂喪祭也待賓客之匕禮當用棘傳言赤心解本用棘之意未必取赤心爲喻。○箋飧者至天下厚。○正義曰箋飧之所用故言客始至主人所致之禮也知者聘禮賓初至大夫帥至於館宰夫朝服設飧是也必先設之者以其初至權致小禮彼注云食不備禮曰飧對饔餼之大爲不備司儀注云小禮曰飧大禮曰饔餼是也言凡飧餼以其爵等爲之牢禮之數陳者掌客文也案大行人及掌客云上公飧五牢饔餼九牢侯伯飧四牢饔餼七牢子男飧三牢饔餼五牢諸侯之朝必以臣從彼爲凡介行人宰史設文故注云凡大行人宰使衆臣從賓者也行人主禮宰主具史主書皆有饔餼尊其君以及其臣以其爵等爲之牢禮之數陳者爵卿也則飧二牢饔餼五牢爵大夫也則飧大牢饔餼三牢爵士也則飧少牢饔餼大牢此降小禮豐大禮也以命數則參差難等略於臣用爵而已是爵等爲之牢禮之數陳也陳者依此數陳列以與之言此證飧之所用是供客之禮也知喻古者天子施予之恩於天下厚者以下云周道如砥言周平安之世睠言顧之傷其不見往古故知此以主人待客之隆喻古者施予之厚也以東國困役而刺王則與天下同怨故知喻天下古之天子正謂周之聖王下言周道明所思不出於周也○傳如砥至不偏○正義曰砥謂礪之石禹貢曰礪砥砮丹以砥石能磨物使平故比貢賦均也矢則幹必直故比賞罰不偏也砥言周道則其直亦周道也如矢言其直則如砥言其平互相通也知砥比貢賦矢比賞罰者以王道所行雖此事耳此爲貢賦之偏以發言故先以砥比貢賦取均平之義貢賦之外雖賞罰耳故以矢比之傳因有二文而分之耳其實貢賦賞罰皆平皆直理亦兼通故下箋云砥矢之道獨爲貢賦而砥矢並言是得兼通故也此篇怨政偏斂重無言賞罰之事傳言之者以言周道爲事廣所可平直者卽貢賦賞罰耳故因而盡言以暢之且粲粲衣服鞙鞙佩遂是鑑賞所及亦是賞罰不平也○箋此言至無怨○正義曰此言君子小人在位與民庶相對君子則行其道小人則供其役此上四句有二事明君子履其恩厚而法傚之小人視其平直而供承之以履視不同先上二事故箋分以當之也言君子所履者明己今賦斂之偏亦由時在位貪亂不履先王之道不能佐君以致於偏故五章以下刺其空官發徵與此相首尾

小東大東。杼柚其空。空盡也箋云小也大也謂賦斂之多少也小亦於東大亦於東言其政偏失砥矢之道也譚無他貨維絲麻爾今盡杼柚不作也。○杼直呂反說文云盛緯器柚音逐本又作軸斂力豔反後同。○

糾糾葛屨。可以履霜。佻佻公子。行彼周行。佻佻獨行貌公子譚公子也箋云葛屨夏屨也周行周之列位也言時財貨盡雖公子衣屨不能順時乃夏之葛屨今以履霜送轉餫因見使行周之列位者而發幣焉言雖困乏猶不得止。○糾居黝反屨九具反佻徒彫反徐又徒了反沈又徒高反韓詩作嬥嬥往來貌下並音挑本或作窕非也周行戶郎反注周行下載施之行并注同餫音運。○

既往既來。使我心疚。箋云既盡疚病也言譚人自虛竭餫送而往周人則空盡受之曾無反幣復禮之惠是使我心傷病也。○疚音救。○

〔疏〕小東至心疚。○正義曰譚大夫既思古無及乃言今幽王政偏重斂於己小亦於東大亦於東前所賦斂者唯出杼柚今既輸送杼柚從其上之物皆已盡焉由此財盡衣屨不備糾糾然夏日之葛屨公子以貧乏故謂其可以履冬日之霜寒也佻佻然獨行者我譚國之公子也因送轉餫又見使行而彼周之列位而發幣焉雖則困乏猶不止也公子之困如此又我譚人自盡空竭送餫而往周人則空盡受之虛空而來會無反幣復禮之惠由是所以使我心傷病焉。○箋小也至不作。○正義曰知譚無他貨唯有絲麻者以杼柚之有維絲麻耳說文云杼持緯者也。○箋雖公子至不得止。○正義曰上言杼柚其空是譚國財盡履霜之下卽云公子是公子服此葛屨而履霜也下云既往既來仍是轉輸之事故知公子獨行爲送轉餫至京師又因見使之行周列位而發幣焉謂適有司而納其轉餫之幣列位則是有司也隱七年左傳曰初戎朝於周發幣於公卿杜預云朝而發幣於公卿如今計獻詣公府卿寺彼因朝而有貢獻之物發幣於公卿與此公子發幣同但此轉餫不因行聘也以葛屨爲履霜仍彼行役言困乏猶不得止也。○箋會無反

幣後祀之惠，是使我心傷悲焉。○正義曰：聘禮云「無行則重賄反幣」，謂以幣反報來者，故知此責王無反幣者也。以怨其盡受，明當有報也。中庸曰「厚往而薄來，所以懷諸侯也」，是有報矣。天子報諸侯之禮，雖以春秋之世，諸侯之事霸主與天子同也。齊桓公知諸侯之歸己也，故使輕其幣而重其禮，諸侯之使垂橐而入，稇載而歸，言其空而來，重而歸也，則天子亦當有報，故此其所以怨之。

有洌氿泉，無浸穫薪。契契寤歎，哀我憚人。洌，寒意也。側出曰氿泉。穫，艾也。契契，憂苦也。憚，勞也。箋云：穫，落木名也。既伐而折之以為薪，不欲使氿泉浸之，浸之則將濕腐不中用也。今譚大夫契契憂苦而寤歎，哀其民人之勞苦者，亦猶是也。○洌音列。氿音軌，字又作晷。浸，子鴆反，徐又于鴆反，廣也，字又作寖。穫，戶郭反，毛刈也，鄭落木名也，字則宜作木傍。契，苦計反，徐苦結反。憚，丁佐反，徐又音但，下同，字亦作癉。腐音輔。

薪是穫薪，尚可載也。哀我憚人，亦可息也。載，載乎意也。箋云：薪是穫薪者，析是穫薪也。尚，庶幾也。庶幾析是穫薪，可載而歸，蓄之以為家用。哀我勞人，亦可休息，養之以待國事。○蓄，勑六反。

【疏】有洌至息也。○毛以為有洌然寒氣之氿泉，無得浸我所穫之薪。以興周室暴虐者，無得困病我譚國之民。若浸之則薪濕腐而不中用，以其民困病，則不堪國事也。又言以薪為喻，我不欲使氿泉浸之，不欲使王政困之。我勞苦之人，亦可念之，在情當休息而養之，以待國事。又以薪樵今既困於賦斂，寧不止而可憐之，所以家人以為之所也。○鄭以穫為落木之名，大夫言：我之勞苦，不欲以氿泉浸穫薪，而薪不中用，猶不欲王者以賦斂困我譚人。王者之愛譚人，可為休息，皆言周王之薪，庶幾可載而歸，是周王之於民人，亦可休息養之，尚可載也。○傳洌寒至穫艾。○正義曰：七月云「二之日栗烈」，是洌為寒氣也。釋水云：「氿泉穴出。穴出，仄出也。」是側出曰氿泉。箋細者以泉為比，故云出穴。穫，艾也，毛以穫為刈也，同釋詁文。○箋穫落至國事。○正義曰：釋木云：「穫，落。」郭璞曰：「可以為杯器素。」以其木名，故知穫薪為薪之穫者也。陸機疏云：今柳檜也，其材理全白無赤心者為白檜，直理易破，可為犢車輻，又可為矛戟柄，皆讀如穫，不讀如木。

東人之子，職勞不來。西人之子，粲粲衣服。東人，譚人也。來，勤也。西人，京師人也。粲粲，鮮盛貌。箋云：職，主也。東人勞苦而不見謂勤；京師人衣服鮮絜而逸豫。言王政偏甚也。自此章以下，言周道衰，其不言政偏，則言眾官廢職如是而已。○來，王如字，又音賚，注同。

舟人之子，熊羆是裘。舟人，舟楫之人。熊羆是裘，言富也。箋云：舟當作周，裘當作求，聲相近故也。周人之子，謂周世臣之子孫，退在賤官，使搏熊羆，在冥氏、穴氏之職。○搏音博。冥，莫歷反。

私人之子，百僚是試。私人，私家人也。是試，用於百官也。箋云：此言周衰，群小得志。○僚，力彫反，字又作寮。

【疏】東人至是試。○毛以為東人之子，譚人也，主為勞苦，盡財以供王賦，而曾不見勤。京師之子，則粲粲然鮮盛而衣服也。是王政之偏甚也。又言周道衰，眾官廢職，舟楫之人，富而為熊羆之裘；私家之人，用於百官之位，是群小得志也。○鄭以為東人，譚人也。主為勞苦之事，而不見謂勤。西人，京師之人，衣服鮮盛也。言王政偏甚也。又言周衰，周人之子，謂世臣之子孫，退在賤官，使為搏熊羆之事；私家之人，則用於百官之位也。○傳東人至鮮盛。○正義曰：以譚在東方，故知東人為譚人。以其下云西人，對東為西，故知京師人也。來，勤，釋詁文。粲粲，鮮盛，故以為衣服之貌。○箋職主至而已。○正義曰：以職主解職勞，主為勞苦之事也。言東人勞苦而不見謂勤，京師之人衣服鮮絜而逸豫，是王政偏甚也。自此以下，言周道衰，眾官廢職，其不言政偏，則言眾官廢職如是而已。

或以其酒，不以其漿。或醉於酒，或不得漿。箋云：此言王之政偏，於東方之人無所恩惠，於京師之人則有酒漿之饋也。

鞙鞙佩璲，不以其長。鞙鞙，玉貌。璲，瑞也。箋云：佩璲者，以瑞玉為佩，佩之鞙鞙然。居其官職，非其才之長也，徒美其佩，而無其德，刺其素餐。○鞙，胡犬反，又胡卷反。璲音遂。

維天有漢，監亦有光。漢，天河也。有光而無所明。箋云：監，視也。喻王閣置官司，而無督察之實。○監，古銜反，又古暫反。

跂彼織女，終日七襄。跂，隅貌。襄，反也。箋云：從旦至莫七辰，辰一移，因謂之七襄。○跂，丘豉反，又丘氏反。襄，反也。

【疏】或以至七襄。○正義曰：言王政偏，或有以其酒醉之者，或有不以其漿與之者，謂京師之人則有酒，東方之人則無漿也。又言王官之人，鞙鞙然而佩其璲，不以其才之長，但美其佩而無其德，是其素餐也。維天之上有河漢，視之則亦有光，而無所明；喻王之官司，雖列在位，而無督察之實也。跂然而隅者彼織女之星，終日七辰而移，空有織名，而不能反報成章，亦如王官之人，有名而無其實。○傳鞙鞙至璲瑞。○正義曰：以其言佩璲，故知鞙鞙為玉貌。璲，瑞，釋器文。郭璞曰：璲者，玉瑞也。○箋佩璲至素餐。○正義曰：以璲是瑞玉之名，言佩璲，則以瑞玉為佩也。佩之鞙鞙然，言其美也。居其官職，非其才之長也，徒美其佩，而無其德，是刺其素餐也。

鞙鞙刺素餐也。○傳漢天河。○正義曰：某氏云：河圖括地象云河精上為天漢。楊泉物理論云：星者，元氣之英也；漢，水之精也。氣發而升，精華上浮，宛轉隨流，名之曰天河，一曰雲漢。大雅云「倬彼雲漢」，是也。雖則有光，不能照物，故知有光而無所明也。以為喻者，以下諸星，皆取有名無實，則以其光之小也，故取而為喻。○箋監視至之實。○正義曰：監，視，釋詁文。○傳跂隅至襄反。○正義曰：跂者，隅貌。孫炎曰：織女三星，跂然如隅。襄，反，釋言文。○箋從旦至七襄。○正義曰：天有十二次，日月所止舍，所謂辰也。從旦至莫七辰，辰一移，因謂之七襄也。

雖則七襄，不成報章。不能反報成章也。箋云：織女有織名爾，駕則有西無東，不如人織，相反報成文章。○報，反也。

睆彼牽牛，不以服箱。睆，明星貌。河鼓謂之牽牛。服，牝服也。箱，大車之箱也。箋云：以，用也。牽牛不可用於牝服之箱。○睆，華板反。箱，息羊反。

東有啟明，西有長庚。日旦出謂明星為啟明，日既入謂明星為長庚。庚，續也。箋云：啟明、長庚皆有助日之名，而無實光也。

有捄天畢，載施之行。捄，畢貌。畢所以掩兔也，何嘗見其可用乎？箋云：祭器有畢者，所以助載鼎實。今天畢則施於行列而已。○捄音求。

【疏】雖則至之行。○正義曰：言雖則終日七移，而不能成反報之文章也。言睆然而明者彼牽牛之星，不可以用之於牝服之箱也。東有啟明之星，西有長庚之星，皆有助日之名，而無實光也。有捄然而長者彼天畢之星，則空載施之於行列而已，不可用以掩兔也。此皆有名無實，喻王之官司，亦有名無實也。○箋織女至文章。○正義曰：織女三星，其形如隅，駕則有西無東，言其移之次序也。不如人之織，相反報而成文章也。○傳睆明至之箱。○正義曰：睆者，明星之貌。釋天云：河鼓謂之牽牛。孫炎曰：河鼓之旗十二星，在牽牛北也。或名為河鼓，亦名為牽牛。服，牝服者，考工記曰：大車之轅，牝服二柯，又參分柯之二。注云：牝服長八尺，謂較也。則牝服為較，箱為大車之箱也。○傳日旦至庚續。○正義曰：啟明、長庚，皆太白也。以其日旦出於東方，有啟日之明，故謂之啟明；日既入，在西方，有續日之長，故謂之長庚。庚，續，釋詁文。

畢貌亦言畢之長也鴛鴦曰畢之羅之月令禁羅網畢翳無出國門是田器有畢也此畢象畢星為之而施網焉故言所以掩兔也○箋祭器至鼎實○正義曰特牲饋食禮曰宗人執畢是祭器有畢也彼注云畢狀如叉蓋為其似畢星取名焉主人親舉宗人則執畢導之是所以助載鼎實也掩兔祭器之畢俱象畢星為之必易傳者孫毓云祭器之畢狀如畢星名象所出也畢弋之畢又取象焉而因施網於其上雖可兩通箋義為長○

維南有箕。不可以簸揚。維北有斗。不可以挹酒漿。挹斞也○簸波我反徐又府佐反斗都口反沈作主挹音揖斞矩于反廣雅云酌也本又作斞

維南有箕。載翕其舌。維北有斗。西柄之揭。翕如也箋云翕猶引也引舌者謂上星相近○翕許急反柄彼病反揭居竭反徐起謁反

〔疏〕維南至之揭○正義曰言維此天上其南則有箕星不可以簸揚米粟維此天上其北則有斗星不可以挹斞其酒漿所以不可以簸挹者維南有箕則徒翕置其舌而已維北有斗亦徒西其柄之揭然耳何嘗而有可用乎亦猶王之官司虛列而無所用也此挹下言酒漿則簸揚下宜言米粟作者取文便而不言之耳又西柄之揭與載翕其舌文不類者以箕斗之形成於柄舌又簸之須舌猶挹之須柄各隨其義故不同也言南箕北斗者案二十八宿連四方為名者唯箕斗井壁四星而已壁者室之外院箕在南則壁在室東故稱東壁鄭稱參傍有玉井則井星在參東故稱東井推此則箕斗並在南方之時箕在南而斗在北故言南箕北斗也以箕斗是人之用器故令相對為名其名之定雖單亦通故巷伯謂箕為南箕為此也○傳翕合○正義曰言含者以天星衆也此獨為箕者由此星合聚相接其舌也○箋翕猶引至相近○正義曰鄭以為箕星踵狹而舌廣而言合於天文不便故言翕猶引也引其舌者謂上星近也言箕之上星相去近故為踵因引之使相遠而為舌也

大東七章章八句

四月。大夫刺幽王也。在位貪殘。下國構禍。怨亂並興焉。

〔疏〕四月八章章四句至興焉○正義曰四月詩者大夫所作以刺幽王也以幽王之時在位之臣皆貪暴而殘虐下國之諸侯又構成其禍亂結怨於天下由此致怨恨禍亂並興起焉是幽王惡化之所致故刺之也經云廢為殘賊是在位貪殘也我日構禍是下國構禍也民莫不穀是怨亂也亂離瘼矣是亂事也言怨亂並興者王政殘虐諸侯構禍是亂也亂既未弭則民怨不息政亂民怨同時而起故云並興也經八章皆民怨刺王之辭此篇毛傳其義不明王肅之說自云述毛於六月徂暑之下注云詩人以夏四月行役至六月暑往未得反已闕一時之祭後當復闕二時也先祖匪人之下又云征役過時曠廢其祭祀我先祖獨非人乎王者何為忍不憂恤我使我不得脩子道案此經序無論大夫行役祭祀之事據檢毛傳又無此意縱如所說理亦不通故孫毓難之曰凡從役踰年乃怨雖文王之師猶采薇而行歲暮乃歸小雅美之不以為譏又行役之人固不得親祭而攝者脩之未為有闕豈有四月從役六月未歸數月之間未過古者出師之期而以刺幽王亡國之君乎非徒如毓此言首章始廢一祭已恨王者忍已復闕二時彌應多怨何由秋日冬日之下更無先祖之言豈廢闕多時反不恨也以此王氏之言非得毛意孫以為如適之徂皆訓為往今言往暑猶言適暑耳雖四月為夏六月乃之適盛暑非言往而退也詩人之興言治少亂多皆積而後盛盛而後衰衰而後亂周自太王王季王業始起猶維夏也及成康之世而後致太平猶徂暑也暑往則寒來故秋日繼之冬日又繼之善惡之踰各從其義毓自云述毛此言亦非毛旨何則傳云暑盛而往矣是既盛而後往也毓言方往之暑不得與毛同矣毓之所說義亦不通案經及序無陳古之事太王成康之語其意何以知然又以四月為周基六月為尤盛則秋日為當誰也直云秋日繼之冬日又繼之不辨其世之所當何哉若言成康之後幽王之前則其間雖有衰者未足皆為殘虐何故以涼風踰其病害百卉乎若言亦比幽王則已懸積世當陳其漸何故幽王頻此二時中間獨爾闕絕也又毓言以為有漸則幽王既比於冬不得更同秋日不宜為幽王何傷先世之亂離哉如是則王孫之言皆不可據為毛義也今使附之鄭說唯一徂字異耳計秋日之寒未知冬時反言百卉具腓以譬萬民困病其踰有甚於冬則三者別踰不相積累以四時之中尤可慘酷者莫過於冬日故以比王身自言上之所行不論病民之狀以冬時草木收藏而無可比下故獨言王惡也二章以涼風之害百草踰王政之病下民首章言王惡之有漸嚴寒毒暑皆是可患各自為興不相因也其與之日月先後為章次耳

四月維夏。六月徂暑。徂往也六月火星中暑盛而往矣箋云徂猶始也四月立夏矣至六月乃始盛暑興人為惡亦有漸非一朝一夕○構古侯反

先祖匪人。胡寧忍予。箋云匪非也寧猶曾也我先祖非人乎人則當知患難何為曾使我當此難世乎○難乃旦反

〔疏〕四月至忍予○毛以為言四月維始立夏矣未甚暑至六月乃極暑矣既極然後往過其暑矣以往表其極言四月已漸暑至六月乃暑極以興王初卽位雖為惡政矣未甚酷至于今乃極酷也自卽位以漸酷至今乃酷甚也四惡如此故大夫仰而訴之我先祖非人乎先祖若人當知患難何曾施思於我當此亂世乎以王惡之甚故訴其先祖也○鄭以徂為始六月始暑踰王乃始酷餘同○傳徂往至往矣○正義曰徂往釋詁文也月令季夏六月昏大火中是六月火星中也火星中而暑退暑盛而往矣是取暑盛為義踰王惡盛也由盛故有往是以往表其盛無取於往義也傳言暑盛而往矣其意出於左傳昭三年傳曰譬如火焉火中寒暑乃退此其極也能無退乎彼以極退故此以理反之故言往而明極也故知不取往為義也○箋云徂猶至一夕○正義曰鄭以大夫已遭王惡倒本其漸王惡無已退之時不似寒暑之更代故以始言之徂訓為往今言徂始者義出於往也言往者因此往彼之辭往到卽是其始暑自四月往至於六月為始也以毛言徂往涉於過義故更以義言訓之為始東山云我徂東山下言我來自東則我徂東山為到東山是徂為始義也漢書律麻志云四月立夏節小滿中故言四月立夏矣至六月乃始盛暑也以興人為惡有漸非一朝一夕是暑以踰其惡之極也不與下秋冬相繼也○箋云我先至亂世○正義曰人困則反本窮則告親故言我先祖非人出悖慢之言明怨恨之甚猶正月之篇怨父母生已不自先後也○

秋日淒淒。百卉具腓。淒淒涼風也卉草也腓病也箋云具猶皆也涼風用事而衆草皆病興貪殘之政行而萬民困病○淒本亦作棲七西反卉許貴反腓房非反韓詩云變也

亂離瘼矣。爰其適歸。離憂瘼病適之也箋云爰曰也今政亂國將有憂病者矣曰此禍其所之歸乎言憂病之禍必自之歸為亂○瘼音莫○

〔疏〕秋日至適歸○正義曰言嚴秋之日淒淒然有寒涼之風由此寒涼之風用事於時故使百草皆被凋殘以致傷病以興幽王之惡有貪殘之政由此貪殘之政行於天下故萬民皆見殘害以遭困病此是王政之亂王政既亂則國將有憂病矣曰此憂病之禍其何所歸之乎言此憂病之禍必歸之於國家滅亂也○箋今政至為亂○正義曰經中亂字承上經之事是政亂也亂憂病三者連文明非共為一事故分之也政亂已損害於民則民不堪命將以危國故言國將有憂病者也謂可憂之病滅亡之事也又言憂病之禍必自之歸於亂者謂之於滅亡之亂流哉滅戲之類非疊上文也宣十二年左傳引此詩乃云歸於怙亂者也是之歸於亂也

冬日烈烈。飄風發發。箋云烈烈猶栗烈也發發疾貌言王為酷虐慘毒之政如冬日之烈烈矣其亟急行於天下如飄風之疾也○亟紀力反

民莫不穀。我獨何害。箋云穀養也民莫不得養其父母者我獨何故觀此寒苦之害○養其餘亮反

〔疏〕箋我獨至之害○正義曰上以寒風踰王行慘毒之政則言禍害者正謂毒政之害也言寒苦之害者遭虐政之苦猶遇風寒之苦因上文以寒踰故言寒也

山有嘉卉。侯栗侯梅。箋云嘉善侯維也山有美善之草生於梅栗之下人取其實蹂踐而害之令不得蕃茂踰上多賦斂冨人財盡而弱民與受困窮○蹂如久反廣雅云顧也令力呈反蕃音煩與音預

廢為殘賊。莫知其尤。廢忕也箋云尤過也言在位者貪殘為民之害無自知其行之過者言大於惡○廢如字一音發忕時世反下同又一本作廢大也此是王肅義行下孟反下之行同○

〔疏〕山有至其尤○正義曰言山有此美善之草矣其生也維在栗維在梅之下人往取其梅栗之實則蹂踐害此美草使不得蕃茂以興國中有此貧弱之民矣其居也維在冨人之傍上多冨斂冨人財盡則又并賦此貧民使之不得生育俱受困窮由此在位之人慣習為此殘賊之行以害於民莫有自知其所行為過惡者故令民皆病○傳廢忕○正義曰說文云忕習也恒為惡行是慣習之義定本廢訓為太與鄭不同○

相彼泉水。載清載濁。箋云相視也我視彼泉水之流一則清一則濁刺諸侯並為惡曾無一善○相息亮反注同○

我日構禍。曷云能穀。構成曷逮也箋云構猶合集也曷之言何也穀善也言諸侯日作禍亂之行何者可謂能善○曷舊何葛反一云毛安葛反○

〔疏〕相彼至能穀○毛以為我視彼泉水之流尚有一泉則清一泉則濁我視彼諸侯之行何為一皆為惡曾無為善乃泉水之不如也所以然者我此諸侯日日構成其禍亂之行逮何時能為善言其日益禍亂不能遠於善時○鄭以下二句為異言我諸侯日日合集其惡作為禍亂之行何者可謂其善言其皆無所善不如泉水有清者也○傳曷逮○正義曰釋言文

滔滔江漢。南國之紀。滔滔大水貌其神足以綱紀一方箋云江也漢也南國之大水紀理衆川使不壅滯踰吳楚之君能長理旁側小國使得其所○滔吐刀反長張丈反○

盡瘁以仕。寧莫我有。箋云瘁病仕事也今王盡病其封畿之內以兵役之事使羣臣有土地曾無自保有者皆懼於危亡也吳楚舊名貪殘今周之政乃反不如○瘁本又作萃似醉反下篇同○

〔疏〕傳滔滔至一方○正義曰滔滔大水貌與吳楚強盛言神者以國主山川所在之國當祀其神魯語曰禹會羣神於會稽以諸侯主祭其神故言神也則此言其神足以綱紀一方是明所事其神之國將有綱紀其意

亦喻江漢之傍國，故言一方也。○箋「江漢」至「其所」。○正義曰：紀理衆川使不壅滯者，謂衆川有所注入江漢，能統引之，不使其水壅過滯塞，常時通流也。知喻吳楚之君者，以舉江漢爲喻，而彼南國之紀，則以喻江漢所在之國能相紀理，故喻吳楚矣。吳楚之意出於經之南國也。若然，上章言諸侯並惡，會無一善，今稱吳楚能理小國。又幽王時吳楚微弱，未爲盟主，所以能長理傍國爲之綱紀者，上言諸侯並惡，謂中國諸侯耳。漸漸之石序曰「戎狄叛之，荆舒不至」，是幽王之時荆已叛矣。亦既有背叛王命，固當自相君長，是大能字小，紀理傍國明矣。南方險遠，世有強國。商頌云「達彼殷武，奮伐荆楚」，是殷之中年楚已嘗叛。鄭語史伯謂桓公曰「姜嬴荆芊，實與諸姬相干也」，南有荆蠻，不可以入。是幽王之時楚已強矣。於時未必有吳，以吳亦夷之強者，與楚相配言耳。公羊傳曰：吳楚之君不書葬。是吳楚相近，故連言之。○箋「今王」至「不如」。○正義曰：封畿之內，謂中國所及之境，故六月箋云「今汝出征，以正王國之封畿」，彼謂逐玁狁正中國也。此疾王之惡而言盡病，故爲盡病封畿之內，以兵役之事，謂以兵甲之事勞役之，使不得安寧，故羣臣諸侯有土地者無敢自保有之，皆懼於危亡也。以禹貢唐虞之時已云「江漢朝宗于海」，言朝宗以示臣義，故注以爲荆楚之域，國無道則先強，有道則後服也。殷王武丁已伐荆楚，是舊貪殘也。

匪鶉匪鳶，翰飛戾天。匪鱣匪鮪，潛逃于淵。鶉，鵰也。鵰、鳶，貪殘之鳥也。大魚能逃處淵。箋云：翰，高。戾，至。鱣，鯉也。言鵰、鳶之高飛，鯉、鮪之處淵，性自然也。非鵰、鳶能高飛，非鱣、鮪能處淵，皆驚駭辟害爾。喻民性安土重遷，今而逃走，亦畏亂政故也。○鶉，徒丸反，字或作鷻。鳶，以專反，鴟也。鱣，張連反。鮪，于軌反。鵰，音彫。

［疏］「匪鶉」至「于淵」。○毛以爲鵰也、鳶也，貪殘之鳥，乃高飛至天。今在位非鵰非鳶也，何故貪殘驕暴如鳥之高飛至天也？鱣也、鮪也，長大之魚，乃潛逃於淵。今賢者非鱣非鮪也，何爲隱遁避亂，如魚之潛逃於淵也？是貪殘居位，不可得而治；大德潛遁，不可得而用，所以大亂而不振也。○鄭以爲王政亂虐，下民逃散，言若鶉若鳶，可能高飛至天；非鱣鮪之小魚，亦潛逃於淵。性非能然，爲驚駭避害故也。以興民不欲逃走而逃者，性非能然而然者，爲驚擾畏亂政故也。○傳「鶉鵰」至「處淵」。○正義曰：說文云：「鶉，鵰也。」從敦而爲聲，字異於鶉也。鵰之大者又名鶚。孟康漢書音義曰：「鶚，大鵰也。」說文又云：「鳶，鷙鳥也。」鶉鳥皆殺害小鳥，故云「貪殘之鳥」，以喻在位貪殘也。大魚能逃於淵，喻賢者隱遁也，故王肅云：「以言在位非鵰鳶也，何則貪殘驕暴，高飛至天？時賢非鱣鮪也，何爲潛逃以避亂？」孫毓云：「貪殘之人而居高位，不可得而治；賢人大德而處潛遁，不可得而用。上下皆失其所，是以大亂而不振。」皆述毛說也。○箋「喻民」至「政故」。○正義曰：箋以上章言王政之亂，病害下民，下章言民不得所，不如草木，則此亦宜言民之困病，故以爲喻民逃走畏亂政也。

山有蕨薇，隰有杞桋。杞，枸檵也。桋，赤棟也。箋云：此言草木尚各得其所，人反不得其所，傷之也。○蕨，居月反。桋，本亦作荑，音夷。枸，音苟。檵，音計。棟，所革反，郭霜狄反。

君子作歌，維以告哀。箋云：告哀，言勞病而愬之。

［疏］「山有」至「告哀」。○正義曰：言山之有蕨薇之菜，隰之有杞桋之木，是菜生於山，木生於隰，所生皆得其所，以興人生處於安樂，以得其所。今我天下之民，遇此殘亂，驚擾失性，草木之不如也。由此君子作此八章之歌詩，以告訴於主及在位，言天下之民可哀憫之也。作者自言君子，以非君子不能作詩故也。○傳「桋，赤棟」。○正義曰：釋木文。又曰：「白者棟。」舍人曰：「桋名赤棟也。」某氏曰：「白色爲棟，其色雖異，爲名同。」江河間棟可作轂。郭璞曰：「赤棟樹葉細而岐銳，皮理錯戾，好叢生山中，中爲車輞。白棟葉員而岐，爲木大也。」

四月八章，章四句

北山，大夫刺幽王也。役使不均，已勞於從事而不得養其父母焉。使，如字。已，音紀，下注喻已同。養，餘亮反。

［疏］北山六章，三章章六句，三章章四句，至「父母焉」。○正義曰：經六章皆怨役使不均之辭。若指文，則「大夫不均，我從事獨賢」是役使不均也。「朝夕從事」是已勞於從事也。「憂我父母」是由不得養其父母，所以憂之也。經、序倒者，作者恨勞而不得供養，故言「憂我父母」。序以由不均而致此怨，故先言役使不均也。

陟彼北山，言采其杞。箋云：言，我也。登山而采杞，非可食之物，喻已行役不得其事。○杞，音起。

偕偕士子，朝夕從事。偕偕，強壯貌。士子，有王事者也。箋云：朝夕從事，言不得休止。○偕，音皆，徐音諧。說文云：強也。

王事靡盬，憂我父母。箋云：靡，無也。盬，不堅固也。王事無不堅固，故我當盡力勤勞於役，久不得歸，父母思已而憂。○盬，音古。

［疏］「陟彼」至「父母」。○正義曰：言有人登彼北山之上者，云我采其杞菜之葉也。此杞葉非可食之物，而登山以采之，非宜矣。以興大夫循彼長遠之路者，云我從其勞苦之役也。此勞役非賢者之職，而循路以從之，非其事矣。所以行役不得其事者，時王之意，以已爲偕偕然而強壯，今爲王事之子，以朝繼夕，從於王役之事，常不得休止。王家之事無不堅固，使已勞以堅固之。今使憂及於我父母，由久不得歸，故父母思已而憂也。

溥天之下，莫非王土。率土之濱，莫非王臣。溥，大。率，循。濱，涯也。箋云：此言王之土地廣矣，王之臣又衆矣，何求而不得，何使而不行。○溥，音普。濱，音賓。涯，魚佳反，字又作崖。

大夫不均，我從事獨賢。賢，勞也。箋云：王不均大夫之使，而專以我有賢才之故，獨使我從事於役，自苦之辭。

［疏］傳「溥大」至「濱涯」。○正義曰：「溥，大」，釋詁文。釋水云：「滸，水涯。」孫炎曰：「涯，水邊。」說文云：「浦，水濱。」廣雅云：「浦，涯。」然則滸、濱、涯、浦，皆水畔之地，同物而異名也。詩意言民之所居，民居不盡近水，而以濱爲言者，古先聖人謂中國爲九州者，以水中可居曰洲，言民居之外皆有水也。鄒子曰：「中國名赤縣，赤縣之內自有九州，禹之序九州是也。其外有瀛海環之。」是地之四畔皆至水也。是四畔近水之處，言率土之濱，舉其四方所至之內，見其廣也。作者言王道之衰，傷境界之削，則云「蹙國百里」、「蹙蹙靡所騁」，恨其有人衆而不使，卿以廣大言之，所怨情異，故設辭不同。王不均大夫之使，不過朝廷，而普及天下者，明其衆也。○傳「賢，勞」。○正義曰：以此大夫怨已勞於事，故以賢爲勞。箋以賢字自道，故易傳言王事以我有賢才之故乎？何故獨使我也？王肅難云：王以已有賢才之故，而自苦自怨，非大臣之節，斯不然矣。此大夫怨王偏役於已，非王實知其賢也。王若實知其賢，則當任以尊官，不應勞以苦役。此從事獨賢，猶下云「嘉我未老，鮮我方將」，恨而問王之辭，非王實知其賢也。

四牡彭彭，王事傍傍。彭彭然不得息，傍傍然不得已。○傍，布彭反。得已，音以。

嘉我未老，鮮我方將。將，壯也。箋云：嘉、鮮，皆善也。王善我年未老乎？善我方壯乎？何獨久使我也？○鮮，息淺反。沈云：鄭音仙。

旅力方剛，經營四方。旅，衆也。箋云：王謂此事衆之氣力方盛乎？何乃勞苦使之經營四方？

或燕燕居息，燕燕，安息貌。或盡瘁事國。盡力勞病以從事國。或息偃在牀，或不已于行。箋云：不已，猶不止也。

或不知叫號，或慘慘劬勞。叫呼號召也。○叫，本又作嘂，古弔反。號，戶報反，協韻戶刀反。慘，七感反，字又作懆。

或棲遲偃仰，或王事鞅掌。鞅掌，失容也。箋云：鞅，猶何也。掌，謂捧之也。負何捧持以趨走，言促遽也。○棲，音西。卬，音仰，本又作仰。鞅，於兩反。何，戶可反，又音荷。捧，芳勇反。

或湛樂飲酒，或慘慘畏咎。箋云：咎，猶罪過也。○湛，都南反。樂，音洛。咎，其九反。

或出入風議，或靡事不爲。箋云：風，猶放也。○風，音諷。議，如字，協句音宜。

［疏］「或燕」至「不爲」。○正義曰：三章勢接，須通解之，皆具說在注。或不知叫號者，居家用逸，不知上有徵發呼召者。出入風議，謂閒暇無事，出入放恣，議量時政者。或勤者，無事不爲。定本集注並作「議」，俗本作「儀議」者，誤也。○傳「鞅掌，失容」。○正義曰：傳以鞅掌爲煩勞之狀，故云失容。言事煩鞅掌然，不暇以爲容儀也。今俗語以職煩爲鞅掌，其言出於此傳也。故鄭以鞅掌爲事煩之狀，故以鞅爲負荷，以掌爲捧持，以手而掌執物，是捧持之負荷捧持以趨走，亦是失容，但本意與傳異耳。

北山六章，三章章六句，三章章四句

無將大車，大夫悔將小人也。周大夫悔將小人。幽王之時，小人衆多，賢者與之從事，反見譖害，自悔與小人並。

［疏］「無將大車」三章章四句至「小人也」。○正義曰：作無將大車詩者，謂時大夫將小人也。進小人使有職位，不堪其任，愆負及己，故悔之也。人後致病累，可爲鑒戒，以示將來，亦所以刺王也。若然，此大夫作詩，則足明時政昏昧，朝多小人。而悔者，以知人則哲，堯尚難之；孔子以聖人之雋，尚改觀於宰我；子文以諸侯之良，猶未知於子玉，況大夫去聖，能無悔乎？經三章，皆悔辭也。

無將大車，祇自塵兮。大車，小人之所將也。箋云：將，猶扶進也。祇，適也。鄙事者，賤者之所爲也，君子爲之，不堪其勞，以喻大夫而進舉小人，適自作憂累，故悔之。○祇，音支。累，劣僞反，篇末同。本或作辱。

無思百憂，祇自疧兮。疧，病也。箋云：百憂者，衆小事之憂也。進舉小人，使得居位，不任其職，愆負及己，故自病也。○疧，都禮反。愆，起連反。任，音壬。

［疏］「無將」至「自疧」。○正義曰：言君子之將此大車，適自塵蔽於己，以興大夫之扶進小人，適自作憂累於己之故。又戒後人：無思百憂，若思此衆小事之憂，適自病害於己。○傳「大車」至「所將」。○正義曰：冬官車人爲車，有大車，鄭云：「大車，平地載任之車。」則此是也。其車駕牛，故酒誥曰「肇牽車牛，遠服賈」，用是小人之所將也。○箋「將猶扶進」。○正義曰：言將猶扶進者，以大車須人傍而扶之，是爲扶進，比小人而進導之也。大車須比小人，言無扶進小人也。

無將大車，維塵冥冥。冥冥，蔽人目明，令無所見也。箋云：猶進舉小人，蔽傷己之功德也。○冥，莫庭反，又莫迥反。令，力呈反。

無思百憂，不出于熲。熲，光也。箋云：思衆小事以爲憂，使人蔽闇，不得出於光明之道。○熲，

古適反沈又古頃反無將大車。維塵雝兮。箋云雝猶蔽也○雝於勇反字又作壅又於用反無思百憂。祇自重兮。箋云重猶累也○重直龍反又直用反

無將大車三章章四句

小明。大夫悔仕於亂世也。名篇曰小明者言幽王日小其明損其政事以至於亂○〔疏〕小明五章上三章章十二句下二章章六句至亂世○正義曰小明詩者牧伯大夫所作自悔仕於亂世謂大夫仕於亂世使於遠方令已勞苦故悔也首章箋云詩人牧伯之大夫使述其四方之事然則牧伯大夫使述其四方之事是常令而悔仕者以牧伯大夫雖行使是常而均其勞逸有期而反今幽王之亂役則偏苦行則過時也故我事孔庶箋云王政不均臣事不同是偏苦也歲聿云莫箋云乃至歲晚尚不得歸是過時也偏當勞役歷日長久故所以悔也經五章皆悔仕之辭雖摠爲悔仕而發但所悔有意故首章言載離寒暑以日月長久是悔仕箋因其篇初故言遭亂世勞苦而悔仕三章言其自詒伊戚是憂恨之語故箋云悔仕之辭其實皆悔辭也

明明上天。照臨下土。箋云明明上天喻王者當光明如日之中也照臨下土喻王者當察理天下之事也據時幽王不能然故舉以刺之○我征徂西。至于艽野。二月初吉。載離寒暑。艽野遠荒之地初吉朔日也箋云征行徂往也我行往之西方至於遠荒之地乃以二月朔日始行至今則更夏暑冬寒矣尚未得歸詩人牧伯之大夫使述其方之事遭亂世勞苦而悔仕○艽音求更音庚○心之憂矣。其毒大苦。箋云憂之甚心中如有藥毒也○大音泰念彼共人。涕零如雨。箋云共人靖共爾位以待賢者之君○共音恭注下皆同豈不懷歸。畏此罪罟。罟網也箋云懷思也我誠思歸畏此刑罪羅網我故不敢歸爾○罟音古〔疏〕明明至罪罟○正義曰言明明之上天日中之時能以其光照臨下土之國使無幽不燭品物咸亨也以喻上者處尊之極當以其明察理於天下之事然無屈不伸以逸得所也今幽王不能然闇於照察勞逸不均令已獨遠使言我行往之西方至于艽野遠荒之地其路長遠矣以二月初吉之日始行至于今則離歷其冬寒夏暑矣尚不得歸其淹久如此故我心中之爲憂愁矣其憂之甚則如毒藥之大苦然由仕於亂世以致如此故困苦而悔之念彼明德供具賢者爵位之人君欲往仕之而不見涕淚零落如雨然雖時無此人恨本不隱處以待之也又言己勞苦之狀我豈不思歸乎我誠思歸但畏此王以刑罪羅網我我恐罹其羅網而得罪故不敢歸耳○箋明明至以刺之○正義曰言照臨故知有日月之明察惟日中乃然故云王者光明當如日中之照也昭五年左傳曰日上其中易豐卦彖曰王宜日中以王明之光照臨天下如日中之時是也必責王令明如天日者以王者繼天理物當與日同故易曰大人與日月合其明是也○傳艽野至朔日○正義曰野是遠稱艽蓋地名言其歷日長久明當至於遠處故言遠荒之地爾雅四海之外遠地謂之四荒言在四方荒昏之國也此言荒者因彼荒是遠地故言荒爲遠辭非即彼之四荒也何則牧伯之大夫行其所部而已不得越四海而至四荒也言荒者若微子云吾家耄遜于荒謂在外野而已此言二月朔而始行下章鄭以四月而至假令還以朔到尚六十日也以日行五十準之則三千里矣州之遠境容有三千但述職之行有所過歷不知定日幾里也以言初而又吉故知朔日也君子舉事尚早故以朔爲吉周禮正月之吉亦朔日也○箋詩人牧伯之大夫○正義曰知者以言我征徂西至于艽野是遠行巡歷之辭又曰我事孔庶是行而有事非征役之言是述事明矣述事者唯牧伯耳故知是牧伯之下大夫也若然王者之存省諸侯亦使大夫行也知此非天子存省諸侯使大夫者以王使之存省上承王命不適諸侯奉使有主至則當還不應云我事孔庶歲莫不歸故不以爲王之大夫也牧伯部領一州大率二百一十國其事繁多可以言孔庶也前事未了後又委之可以言政事愈蹙也如此則爲牧伯之大夫於事爲宜故也且牧伯之大夫不在王之朝廷令而爲王所苦所以於悔切耳然則牧伯大夫自仕於牧非王所用而言悔仕者此之勞役由王所爲故曰幽王不能徵是者王而使已多勞故怨王而悔仕也言牧伯者以牧一州之方伯謂之牧伯然單言之直牧耳此言述職之大夫則容牧下二伯之大夫不必專侯牧之伯一人而已○箋共人至之君○正義曰下云靖共爾位與此共人文同此大夫悔仕於亂世則思不亂而明德者仕之故爲以待賢者之君也若然此大夫所恨恨幽王之惡偏被天下土無二王不得更有天子然則靖共爾位之君當世之所無矣而云念之者此大夫自悔本應坐待明君不當事於朝廷今仕而遇亂追念昔時言我本應待彼共人無故冒此亂世而溺需耳非謂當時有賢君可念也下章靖共爾位正直是與勸友使聽天任命不汲汲求仕於時亦無明君可令友往仕之正勸待之耳此所念者亦念其當待之非當時有可念也

昔我往矣。日月方除。曷云其還。歲聿云莫。除陳生新也箋云四月爲除昔我往至於艽野以四月自謂其時將即歸何言其還乃至歲晚尚不得歸○除直慮反如字若依爾雅則宜餘舒二音莫音暮注及下同念我獨兮。我事孔庶。心之憂矣。憚我不暇。憚勞也箋云孔甚庶衆也我事獨甚衆勞我不暇皆言王政不均臣事不同也○憚丁佐反徐又音但亦作癉同念彼共人。睠睠懷顧。箋云睠睠有往仕之志也○睠音眷豈不懷歸。畏此譴怒。〔疏〕昔我至譴怒○毛以爲大夫言昔我初往向艽野之時矣日月方欲除陳生新二月之中也於我初發即云何時云其得旋歸乎望得早歸也今乃歲月遂云已暮矣而尚不得歸其時朝廷大夫多得閑逸念我獨憂衆事分我事甚繁衆也由此心之憂愁矣以事多勞我不得有閑暇之時憂苦如此悔仕於亂故念彼靖共爾位之人聽睠然情懷反顧欲往仕之恨不隱以待而遭此勞也既遭此苦豈不思歸乎我誠思歸畏此譴怒而不敢歸耳○鄭唯方除爲異言往至於艽野之時四月中也於時而望旋反餘同○傳除除陳生新○正義曰上云二月初吉謂始行之時故言除陳生新二月也下章云日月方奧傳曰燠即春溫亦謂二月○箋四月至不得歸○正義曰四月爲除釋天文今爾雅除作余李巡曰四月萬物皆生枝葉故曰余余舒也孫炎曰物之枝葉敷舒然則鄭引爾雅當同李巡等除余字雖異音實同也方除之下即云曷云其還是至即望歸故云至于艽野以四月自謂其時將即歸也言歲聿云莫是未歸之辭若歲莫得歸不須發此言矣故云乃至歲晚尚不歸也凡言往矣似是始行之辭此得爲往到艽野者往者從此適彼之辭在此言之爲始行據彼言之爲往到自歲聿云莫以下皆是在彼之辭故謂初到彼地爲往矣易傳者以行之思歸當至所往之處乃可還不應發始已望歸也又下章云日月方奧文與此同洪範庶徵曰燠曰寒爲冬則燠爲夏矣若毛以方燠爲二月之初則接於正月之末時尚有霜不可云燠且爾雅稱四月爲除故據以易傳也

昔我往矣。日月方奧。奧煖也○譴棄戰反怒乃路反奧於六反煖音暄又奴緩反○曷云其還。政事愈蹙。歲聿云莫。采蕭穫菽。蹙促也箋云愈猶益也何言其還乃至於政事更益促急歲晚乃至采蕭穫菽尚不得歸○蹙子六反穫戶郭反菽音叔心之憂矣。自詒伊戚。戚憂也箋云詒遺也我冒亂世而仕自遺此憂悔仕之辭○遺唯季反下同冒莫報反又亡北反○念彼共人。興言出宿。箋云興起也夜臥起宿於外憂不能宿於內也豈不懷歸。畏此反覆。箋云反覆謂不以正罪見罪○覆芳福反注同

嗟爾君子。無恒安處。箋云恒常也嗟女君子謂其友未仕者也人之居無常安之處謂當安安而能遷孔子曰鳥則擇木○處昌慮反靖共爾位。正直是與。神之聽之。式穀以女。靖謀也正直爲正能正人之曲曰直箋云共具式用穀善也有明君謀具女之爵位其志在於與正直之人爲治神明若祐而聽之其用善人則必用女是使聽天乎命不汲汲求仕之辭言女位者位無常主賢人則是○治直吏反祐音又本或作右又作佑並同〔疏〕嗟爾至以女○正義曰大夫既自悔仕亂又戒朋友恐其仕不擇時還同已悔故嗟歎而深戒之嗟乎汝有德未仕之君子人之居無常安之處謂不要以仕官爲安汝但安以待命勿汲汲求仕當自有明君謀具汝之爵位其志在於正直之人於是與之爲治者此明君能得如是爲神明之所聽祐其用善人必當用汝矣神明以今亂世而仕也言神之聽之者明君志善人直故爲神明聽祐而用善人其善則國治是神明祐之與○箋嗟女至擇木○正義曰以此大夫悔而戒之下言式穀以汝是知未仕者無常安之處謂隱之與仕所安無常也安而能遷者無明君當安此潛遁之安居若有明君而能遷往仕之是出處須時無常安也必待時而遷者孔子曰鳥則擇木猶臣之擇君遷也故須安此之安擇君遷也安安而能遷曲禮文也孔子曰鳥則擇木哀十一年左傳文○傳靖謀至曰直○正義曰靖謀釋詁文也襄七年左傳公族穆子引此詩乃云正直爲正正曲爲直此傳解正直取彼文也彼杜預注云正爲正正己之心正人之曲曰直也取此爲說論語曰舉直錯諸枉能使枉者直是直能正人之曲也○箋是使至則是○正義曰人之窮達在於上天貴賤生死命皆是定故子夏云死生有命富貴在天是上天之命定於冥兆非可以智力求非可以進取得稱君子樂天知命爲此也大夫身遭困厄悔於進仕勸友脩德以待君此詩是令其友聽天之處分任命之窮達不汲汲求仕之辭也又爵位是君所設官非其物而此詩謂之爾位故又解言汝位者以位無常主賢人則是也其友賢者有此位分故謂之汝位也○嗟爾君子。無恒安息。息猶處也靖共爾位。好是正直。神之聽之。介爾景福。介景皆大也箋云好猶與也介助也神明聽之則將助女以大福謂遭是明君道施行也

小明五章三章章十二句二章章六句

毛詩注疏挍勘記（十三之一） 阮元撰盧宣旬摘錄

〇谷風

能及於膏潤澤陰雨 閩本明監本毛本同案澤當作之

故潤澤德行 〔補〕閩本明監本毛本德作得案得字是也

扶搖謂之猋 閩本明監本毛本同案浦鏜云猋誤猋下同是也

草木無有不死葉萎枝者 小字本相臺本同案此定本集注本也正義云定本及集注本云草木無有不死葉萎枝者其正義本未有明文今無可考正義釋經云無能使草不有死者無能使木不有萎者釋傳云是草木無能不有死葉萎槁者意必求之或當無有不作無能不有也考文古本作不有采正義

大德切瑳 小字本相臺本同閩本明監本毛本瑳誤磋案正義作磋瑳磋古今字易而說之之例也不當依以改箋

〇蓼莪

貌視之以爲非莪 小字本同閩本明監本毛本同相臺本貌作我考文古本我字亦同案我字是也正義云故云我視之是作者自我也可證

故謂之蒿 小字本同閩本明監本毛本同相臺本故作反案反字是也正義云反謂之爲蒿又云反謂之是彼物也是其證

民之一生也言生而得養 閩本明監本毛本同案十行本之至生剜添者一字

是蠱大如餅也 閩本明監本毛本同案浦鏜云如當於字誤是也

拊我畜我 唐石經小字本相臺本同案詩經小學云戴震云畜當爲慉說文慉起也此箋慉起也明是易畜爲慉今考釋文云畜喜郁反正義云畜我承拊我之後明起止而畜愛之是釋文正義二本經皆是畜字箋畜起也仍用經字以畜爲慉之假借而於訓釋中顯之者也例見前

愴其至役之勞苦 閩本明監本毛本同案至當作在形近之譌

〇大東

斂則兼言民勞 閩本明監本毛本同案浦鏜云斂當敘字誤是也

由送衰財以致役 閩本明監本毛本同案送衰當作哀送

證其在京師之事也 閩本明監本毛本同案事當作東

君子皆法效而履行之 相臺本同閩本明監本毛本同小字本效作倣案正義云皆共法倣又云而法倣之是其本作倣字

雜記法 〔補〕閩本明監本毛本同案法當作注形近之譌

言凡飧餼 閩本明監本毛本同案飧下當有饔字

故注云凡大行人宰使 閩本明監本毛本使作史案所改是也浦鏜云介誤大

杼柚其空 唐石經小字本相臺本同案釋文云柚本又作軸考柚即軸之假借方言云木作謂之柚五經文字木部云柚楯柚也又杼柚字見詩

維絲麻爾 小字本相臺本同案爾當作耳正義云維絲麻耳考文古本作耳采正義

糾糾葛屨 毛本屨誤履明監本以上皆不誤

是使我心傷悲焉 閩本同明監本毛本悲作病焉作也案所改病字是也字非正義上文云由是所以使我心傷病焉可證正義本是焉字今各本作也字與正義本不同

正義曰聘礼云無行則重〇賄反幣 〔補〕案〇衍也

垂橐而入 閩本明監本毛本同案此不誤浦鏜云橐誤囊非也今國語作囊乃誤字耳韋昭注云橐囊也囊橐散文則通昭元年有垂橐而入橐非此之用也相涉而致誤

有洌氿泉 唐石經小字本相臺本同閩本明監本毛本洌作冽案釋文冽音列寒意也正義云故字從冰明監本毛本依之改也詩經小學云字從仌列聲

無浸穫薪 唐石經小字本相臺本同案釋文云穫戶郭反毛刈也鄭落木名也字則宜作木旁正義云穫落釋木文文在釋木故爲木名考此經毛如字鄭以穫爲樓之假借仍用經字而但於訓釋中顯之者也例與遂瑞也价申也之屬同詳見前爾雅釋文樓下引詩云無浸樓薪是依鄭義破其字而引之非此經有作樓之本也

既伐而折之以爲薪 閩本明監本毛本同小字本相臺本折作析案析字是也

令譚大夫契憂苦而寤歎 閩本明監本毛本同小字本相臺本重契字考文古本同案重者是也

蓄之以爲家用 小字本相臺本同案正義云又言薪畜是穫刈之薪者釋文云畜勑六反畜蓄二字以鴟鴞甫田等釋文考之經注中皆有錯互者當各依其舊

有洌至可息 閩本明監本毛本洌作冽下同案所改是也

以荊楚之類 閩本明監本毛本同案以當作似

穫落釋木文 閩本明監本毛本同案穫當作樓正義引爾雅本是樓字不云字異義同者省耳

郭璞曰穫音穫 閩本明監本毛本同案上穫當作樓下音穫二字當旁行細字正義自爲音例如此〇案舊挍非也此郭璞自爲音耳

舟人舟楫之人 小字本相臺本同閩本明監本毛本亦同案釋文云檝字又作楫正義本未有明文正義云致舟檝之人之子者當亦是以楫檝爲古今字而易之未必與釋文本同也

使搏熊羆 小字本相臺本同案此釋文本也釋文云搏音博正義云明遣賤人求捕熊羆是其本搏作捕

快其不賦稅 閩本明監本毛本同案山井鼎云宋板快作泱其實不然當是剜也

杕杜以勤歸 毛本歸誤婦閩本明監本不誤山井鼎考文所載勤作動譌字也

東人言王勞苦 閩本明監本毛本同案浦鏜云主誤王是也

刺其素餐 相臺本同閩本同小字本餐作飧明監本毛本同案正義云釋訓云皋皋鞙鞙刺素餐也某氏曰鞙鞙無德而佩故刺素餐也考爾雅是食字食字與上下文爲韻鄭據彼文及正義所引亦當作食今作餐者轉寫之誤耳召旻正義引釋訓作食引某氏曰無德而空食祿也亦可證

從旦莫七辰一移 閩本明監本毛本同小字本相臺本旦下有至字重辰字考文古本同案有至字辰字者是也

跂說文作歧 〔補〕釋文挍勘記通志堂本同盧本歧改跂云跂舊譌歧今改正案跂字是也

更音東 〔補〕案東當作庚形近之譌小明釋文更音庚可證毛本所附不誤

天漢此知不以無水用爲義者 閩本明監本毛本同案浦鏜云天漢此知當知此天漢誤是也

睆彼牽牛 唐石經相臺本同小字本睆作睆案釋文云睆華板反考杕杜釋文云字從白或作目邊是小字本本睆當睆之誤也廣韻睆明星即此經字

河鼓謂之牽牛 小字本相臺本同考文古本同閩本明監本毛本河作何案釋文云何胡可反又音河是釋文本作何也正義引爾雅及李巡孫炎注字盡作河是正義本作河也其郭璞注爾雅字作何讀爲荷正義不引以其字不合也唐石經爾雅初刻何後磨刻作河此正義十行本唯標起止一字剜爲何彼此互改皆誤也

今曰明星 閩本明監本毛本同案史記天官書索隱今作命下今日太白同命字是也

彼注云畢狀如又 閩本明監本毛本同案浦鏜云叉誤又是也

翕如也 閩本明監本毛本同小字本相臺本如作合考文古本同案如字誤也

〇四月

是怨亂也 閩本明監本毛本同案浦鏜云亂當辭字譌是也

何故幽王頓此二時 閩本明監本毛本同案浦鏜云此當比字誤是也

未知冬時 閩本明監本毛本同案浦鏜云知當如字誤是也

何爲曾使我當此難世乎 小字本同閩本明監本毛本同相臺本難作亂考文古本同案亂字是也正義云當此亂世乎可證

四惡如此 閩本同明監本毛本四作曰案山井鼎云曰恐王誤非也浦鏜云疑肆誤是也寫者以四爲肆之別體字而致誤耳大小雅譜肆夏作四夏是其證也

何曾施恩於我 閩本明監本毛本同案山井鼎云左傳疏恩作恐見於文公十三年傳是也此即經之恐字

百卉具腓 唐石經小字本相臺本同案李善注謝靈運戲馬臺詩引毛詩作痱考釋文云腓房非反病也韓詩云變也不言其字有異是毛詩經亦作腓但傳訓爲病以爲痱之假借字

必自之歸爲亂　小字本相臺本同閩本明監本毛本亦同案正義云必之歸於國家滅亂也又云是之歸於亂也是爲當作於

其何所歸之乎　閩本明監本毛本同案歸之當作之歸下必歸之於國家滅亂也同

廢爲殘賊　小字本相臺本同唐石經初刻癈後磨改廢

廢忕也　小字本相臺本同案釋文忕時世反下文一本作廢大也此是王肅義正義云定本廢訓爲大與鄭不同標起止云傳廢忕定本當是依王肅申毛也

言大於惡　閩本明監本毛本同小字本相臺本大作忕考文古本同案忕字是也列女傳引詩云廢爲殘賊言忕於惡可證六經正誤云釋文忕作忕誤

上多冨斂　〔補〕毛本冨作賦案賦字是也

定本廢訓爲太　閩本明監本毛本同案太當作大

伐視彼泉水之流　〔補〕案伐當我字之譌毛本正作我

匪鶉匪鳶　唐石經小字本相臺本同案釋文云鶉徒丸反鵰也字或作鷻正義云說文云鶉鵰也從敦而爲聲字異於鶉也標起止云匪鶉又云傳鶉鵰考此是正義釋文二字皆作鶉字鶉卽鶉字之省耳

言若鶉若鳶　閩本明監本毛本同案此不誤言下浦鏜云脫非字非也主說他鳥箋所謂非鵰鳶者也

非鱣鮪之小魚　閩本明監本毛本同案此不誤浦鏜云大誤小非也主說他魚箋所謂非鱣鮪者也此經中四匪字箋以爲魚鳥之非鵰鳶鱣鮪者與傳以爲入非鵰鳶鱣鮪不同故正義文如此浦所改失箋及正義之意也

說文云鶉鵰也　閩本明監本毛本同案浦鏜云說文作鷻是也正義下文可證

說文又云鳶鷙鳥也　閩本明監本毛本同案浦鏜云鳶說文作鳶是也

鶉鳥皆殺害小鳥　閩本明監本毛本同案上鳥字浦鏜云鳶誤是也

尙各得其所　閩本明監本毛本同小字本相臺本尙作生案生字是也

葉細而岐說也　〔補〕案說當銳字之譌爾雅注正作銳毛本銳字不誤依爾雅注刪也字非

中爲車網　〔補〕案網當作輞爾雅注作輞毛本不誤

○北山

其有瀛海環之　閩本明監本毛本同案其下浦鏜云脫外字是也

鞅猶可也　相臺本同閩本明監本毛本同小字本無也字案無者脫也

或勸者無事不爲者　閩本明監本毛本同案山井鼎云宋板者作若其實不然當是剜也

○無將大車

賢者與之從事反見譖害自悔與小人並　小字本相臺本同案此十六字非鄭注也考下箋云不任其職愆負及己此正義亦云不堪其任愆負及已絕無反見譖害之事使有此注正義自不容不爲之解其當無此注明甚且此大夫作詩則賢者也若有此注則鄭已明言賢者正義不待推作詩而後定其賢者矣是正義本決無此注也今各本皆誤

祇自疧兮　小字本相臺本同唐石經疧作疷案釋文云疷兮都禮反白華釋文云疷徐都禮反又祈支反是此依徐讀也考疷字見於爾雅說文玉篇廣韻五經文字皆從氏不從氏則徐讀非也段玉裁六書音韻表云一作疷無此字宋劉彝聽改疷以韻塵亦無此字考唐石經正作疷與白華疷字皆甚明畫顧炎武從劉說謂石經乃從諱民減畫之剄非也詳見詩經小學釋文疷通志堂本亦誤爲疷今正詳後考證

言無扶進比小人也　〔補〕毛本同案比當作此

維塵雝兮　唐石經小字本同閩本明監本毛本同相臺本雝作雍案雍字是也九經字樣云爾雅作雍是其證石經考異云經中雍字皆放此釋文云雍字又作壅考文古本作壅采釋文而誤

○小明

令而悔仕者　閩本明監本毛本同案浦鏜云令當今字誤是也

喻王者當察理天下之事　閩本明監本毛本事下衍也字小字本相臺本無十行本初刻無後剜添

以喻上者　〔補〕毛本同案上當作王

月之明察　閩本明監本毛本同案浦鏜云日誤月是也

又下章云四月方奧　閩本明監本毛本同案浦鏜云日誤四是也

奧煖也　小字本相臺本同閩本明監本毛本奧誤燠案此經釋文唐石經皆作奧與無衣經用字不同上正義兩云下章日月方奧可證其正義自爲文則用燠字者以奧燠爲古今字而易之也考文古本經作燠采正義而誤耳

譴棄戰反怒乃路反　〔補〕毛本同案此八字當附上節經文下

是使聽天乎命　閩本明監本毛本同小字本相臺本乎作任考文古本同案任字是也

遷也故須安此之安擇君遷也　閩本明監本毛本同案上遷也二字當衍擇君下當有而能二字

小明五章三章章十二句二章章六句　唐石經小字本相臺本同閩本同明監本脫毛本小明至二章脫

附釋音毛詩注疏卷之十三（十三之二）

毛詩小雅　鄭氏箋　孔穎達疏

鼓鍾。刺幽王也。〔疏〕鼓鍾四章章五句至幽王。○正義曰毛以刺鼓其淫樂以示諸侯鄭以爲作先王正樂於淮水之上毛鄭雖其意不同俱是失所故刺之經四章毛鄭皆上三章是失禮之事卒章陳正禮責之此刺幽王明矣鄭於中候握河注云昭王時鼓鍾之詩所爲作者鄭時未見毛詩依三家爲說也

鼓鍾將將。淮水湯湯。憂心且傷。幽王用樂不與德比會諸侯于淮上鼓其淫樂以示諸侯賢者爲之憂傷箋云爲之憂傷者嘉樂不野合犧象不出門今乃於淮水之上作先王之樂失禮尤甚。○將七羊反湯音傷比毗志反爲于僞反下同犧象素何反皆鐏名王音羲淑人君子。懷允不忘。箋云淑善懷至也古者善人君子其用禮樂各得其宜至信不可忘〔疏〕鼓鍾至不忘毛以爲言幽王會諸侯於淮水之上鼓其淫樂以示之之鼓擊其鍾而聲將將然其傍淮水之流湯湯然於淮上作樂以云諸侯而其樂不與德比故賢者爲之憂結於心且復悲傷傷其失所也故相念古人言古之善人君子其用禮樂得宜者至實信然不忘也至信俱言其實然耳鄭唯以爲正樂爲異其文義則同。○傳幽王至憂傷。○正義曰王者象功成以作樂其意與道德和比今幽王用樂不與德比者正謂鼓其淫樂是也毛直言淫樂不知以何爲淫樂王基曰所謂淫樂者謂鄭衞桑間濮上之音師延所作新聲之屬王肅云几作樂而非所則謂之淫淫過也幽王既用樂不與德比又鼓之於淮上所謂過也桑間濮上亡國之音非徒過而已未知二者誰當毛旨也言會諸侯淮上者以淮遠於京師非王常行之處不應遠適淮上獨自作樂明其有會聚而作之故知會諸侯也。○箋爲之至尤甚。○正義曰犧象不出門嘉樂不野合定十年左傳孔子辭也服虔云犧象饗禮犧尊象尊也嘉樂鍾鼓之樂也引此者以野尚不可今乃於淮水之上作先王之樂失禮尤甚大也與彼文到者以證樂事故先言樂也傳言淫樂箋易之爲先王之樂者以卒章所陳是先王正樂之事舉得正以責王明是王作之失所耳非有他樂也故孫毓云此篇四章之義明皆正聲之和欽欽人樂進之善同音四縣克諧以雅以南既以其正且廣所及以籥不僭又爲和而不僭差皆無淫樂在其間也則未知幽王曷爲作先王之樂於淮水之上耳二者之說箋義爲長如毓此言不信毛爲會諸侯也箋於上下皆不言諸侯或亦以如毓不知何爲如此作故不言也。○

鼓鍾喈喈。淮水湝湝。憂心且悲。喈喈猶將將湝湝猶湯湯悲猶傷也。○喈音皆湝戶皆反淑人君子。其德不回。回邪也。○邪似嗟反

鼓鍾伐鼛。淮有三洲。憂心且妯。鼛大鼓也三洲淮上地妯動也箋云妯之言悼也。○鼛古毛反長丈二尺妯勑留反徐又直留反郭音爾雅盧叔反又音迪。淑人君子。其德不猶。猶若也箋云猶當作瘉瘉病也。○猶如字鄭改作瘉羊主反。〔疏〕鼓鍾至不猶毛以爲幽王會諸侯而示之淫樂鼓擊其鍾伐擊其鼛於淮水有三洲之地由此失所賢者爲之憂結於心且爲之變動容貌也念古之善人君子其用禮樂當得其宜其德不肯若今之幽王失所也鄭以爲幽王作先王正樂擊鍾伐鼛於淮上賢者爲憂心且悼傷思古之善人君子其德不於禮法爲病者類上不忘不回故以猶爲瘉瘉是病名與上相

類角弓云不令兄弟交相爲瘉斯干云兄及弟矣無相猶矣以彼二文知猶瘉相近而誤○傳蘩大淮上地○正義曰蘩卽皐也古今字異耳韗人云皐鼓尋有四尺長丈二是大鼓也三洲蘩淮言之水中可居曰洲故知淮上之地○箋妯之言悼○正義曰以類上傷悲故爲悼也

鼓鍾欽欽。鼓瑟鼓琴。笙磬同音。欽欽言使人樂進也笙磬東方之樂也同音四縣皆同也箋云同音者謂堂上堂下八音克諧○樂音岳縣音玄○**以雅以南。以籥不僭。**爲雅爲南也舞四夷之樂大德廣所及也東夷之樂曰昧南夷之樂曰南西夷之樂曰朱離北夷之樂曰禁以爲籥舞若是爲和而不僭矣箋云雅萬舞也萬也南也籥也三舞不僭言進退之旅也周樂尚武故謂萬舞爲雅雅正也籥舞文樂也○籥以灼反樂器僭七心反沈又子念反又楚林反韎本又作昧音昧又莫戒反禁居蔭反

【疏】鼓鍾至不僭○毛以爲幽王既作淫樂失所故言其正者言善人君子皆鼓擊其鍾則其聲欽欽然人聞而樂進其善又鼓其瑟與琴又擊其堂下東方之笙磬於是四縣之樂皆得和同其音矣琴瑟堂上也笙磬堂下也是上下之樂得所以爲王者之雅樂以爲四方之南樂又以爲羽舞之籥樂如是音磬舒舍節奏得所爲和而不參差此正樂之作也王何爲不如此作之乃鼓其淫樂於淮水之上以示諸侯乎鄭以爲上三章言幽王作正樂於淮水之上先其處故此言其正樂鼓其鍾欽欽然又鼓其瑟與琴吹匏竹之笙與玉石之磬於是堂上之琴瑟與堂下之磬鍾皆同其聲音不相奪倫又以爲雅樂之萬舞以爲南樂之夷舞以爲羽籥之翟舞此三者皆不僭差又作不失處故可爲美王今何故於淮水而作之乎○傳欽欽至皆同○正義曰此欽欽亦鍾聲也云使人樂進者以陳先王之正樂正聲之美使人樂心於善樂記說樂之和感動人之善心而已是聞樂而進於善也以鍾在前故先言其狀云欽欽明下琴瑟等亦得所也以鼓瑟鼓琴類之故鼓鍾爲擊鍾也樂器多矣必以鍾爲首而先言之者以作樂必擊鍾左傳謂之金奏是先擊金以奏諸樂也言笙磬東方樂者以東方物生之位故謂其磬爲笙磬也大射樂人宿縣阼階東笙磬西面其南笙鍾其南鑮皆南陳注云笙猶生也東爲陽中萬物以生是東方爲笙磬舉磬則鍾鑮可知矣以笙磬之下卽言同音故知四縣皆同也小胥云王宮縣鄭司農云宮縣四面縣是也以東爲始舉笙磬則四方可知故也○箋同音至克諧○正義曰以上言鍾及琴瑟是琴瑟爲堂上鍾爲堂下故爲笙與磬俱在堂下以配鍾而同音堂下旣同則堂上亦同故云八音克諧八音克諧尚書文言其能相諧和也八音者春官太師云以八音金石土革絲木匏竹注云金鍾也石磬也土塤也革鼓也絲琴瑟也木柷敔也匏笙也竹管也此經言云鍾琴笙磬是金石絲匏四者矣舉此明土革竹木亦和同可知○傳爲雅至僭矣○正義曰以三者舞名故與上異其文詩言其志歌詠其聲舞動其容故舞在後也傳言爲雅爲南者明以爲此舞以籥屬下句故別言之云以爲籥舞明其上皆爲矣若是和者若如也謂此三舞與上琴瑟笙磬節奏齊同如是乃爲和也此三者雖是舞包上琴瑟謂之樂箋周樂尚武故謂萬舞爲雅是以先言雅也南先籥者進之以韻句以上下類之則知南亦舞也以四夷之樂所取者不盡取其樂器唯取舞耳故言舞四夷之樂美大王者德廣能所及故舞之也白虎通云王者制夷狄樂不制夷狄禮何以爲均中國也卽爲夷禮恐夷人不宜隨中國禮也四夷之樂雖爲舞以使中國之人是夷樂唯舞也明堂位曰昧東夷之樂也任南蠻之樂也納夷蠻之樂於大廟言廣魯於天下也是廣所及也魯下天子因在東南用二方耳旄人云舞四夷之樂故此傳廣言四方以明之經獨舉南可以兼也孝經鉤命決云東夷之樂曰昧南夷之樂曰任西夷之樂曰株離北夷之樂曰禁東方之舞助時生也南方助時養也西方助時殺也北方助時藏也然則言昧者物生根也南者物懷任也秋物成而離其根株也冬物藏而禁閉於下故以爲名焉以南訓任故或名任此爲南其實一也定本作朱離其義不合於此言南而得摠四夷者以周之德先致南方故秋官立象胥之職以通譯四夷是言南可以兼四夷也然則舞不立南師而立昧師者以象胥曲以示法昧四夷之始故從其常而先立之也若然虞傳云東岳陽伯之樂舞株離注云株離舞曲名言象物生株離也彼雖中國之舞四岳所獻非四夷之舞要名與此東西反者以先生與成皆有離其根誅之義故兩有其言也以爲籥舞謂吹籥而舞也簡兮曰左手執籥右手秉翟以翟或謂之羽舞也若是爲和而不僭差結上三舞之辭○箋雅萬至文樂○正義曰以干戚而言萬者舉本用兵八衆之大數爲舞以象之故言萬舞也萬卽武舞故云周樂尚武故謂萬舞爲雅以對籥爲文樂也言進退之旅者謂此三舞進退皆旅衆齊一鄭意直據三種之舞進退齊一不包上經琴瑟與毛意異必異毛者以不僭謂行列不有參差故特謂爲舞也故樂記云古樂之發進旅退旅注云言其齊一是爲不僭也○

鼓鍾四章章五句

楚茨。刺幽王也。政煩賦重。田萊多荒。饑饉降喪。民卒流亡。祭祀不饗。故君子思古焉。田萊多荒茨棘不除也饑饉倉庾不盈也降喪神不與福助也

【疏】楚茨六章章十二句至思古焉○正義曰作楚茨詩者刺幽王也以幽王政敎旣煩賦斂又重下民供上廢闕營農故使田萊多荒而民皆饑饉天又降喪病之疫民盡皆流散流散而逃亡祭祀又不爲神所歆饗不與之福故當時君子思古之明王而作此詩意言古之明王能政簡斂輕田疇墾闢年有豐穰時無災厲下民則安土樂業祭祀則鬼神歆饗以明今不然故刺之田廢生草謂之萊自然多荒而并言之者周祀以田易者爲萊若使時無苛政則所廢年滿亦當墾之今乃與不易之田並不藝種故言多荒也旣言降喪而又言流亡者明死者爲天災所殺在者又棄業而逃也降喪流亡由祭祀不饗所致而後言祭祀不饗者欲明喪亡亦由飢饉以見人神相將也經六章皆陳古之善以反明今之惡故箋每事屬之言田萊多荒茨棘不除則首章上四句是也飢饉倉庾不盈首章次四句是也降喪神不與福助首章下四句盡於卒章言古之享祀神錫爾福反明今之不饗神不祐助也政煩賦重則於經無所當而下篇有其事耳此及信南山甫田大田四篇之詩事皆陳古文指田類故序有詳略以祖發明此序反經以言今信南山序據今以本古甫田直言思古略而不陳所由大田言矜寡不能自存又略而不言思古皆文互見大田曰曾孫是若言成王止力役以順民是政不煩也甫田云歲取十千言稅有常法是賦不重明幽王政煩賦重也信南山經云信彼南山維禹甸之畇畇原隰曾孫田之而序云不能脩成王之業以奉禹功是曾孫爲成王矣而甫田大田皆言曾孫則所陳古皆爲成王時也此經無曾孫之言而周之盛王致太平者莫過成王則此思古者思成王也此篇思古明王先成其民而後致力於神故首章言民除草以種黍稷收之而盈倉庾王者得爲酒食獻之宗廟摠言祭祀之事其享妥侑皆主人身之所行也二章言助祭者各供其職爰及執饗有俯仰之容君婦有淸濁之德俎豆肥美獻酬得法以事鬼神鬼神安之報以多福四章言孝子恭敬無愆尸報以福五章祭事旣畢告尸利成卒章言於祭之末與同族燕飲六章共述祭事而其文皆次唯三章獻酬笑語事在祭末當處報辭工祝致告之下文在先者以獻酬是賓客之事因說羣臣助祭而言之耳三章傳曰繹而賓尸及賓客或以爲三章則別陳繹祭之事知不然者以此篇所陳上下有次首章言酒食二章言牛羊三章言俎豆燔炙四章言神嗜飲食共論一祭首尾接連不得輒有繹祭厠之也案三章傳曰燔取膟膋也禮燔燎報陽乃是朝事之節繹祭事尸而已無求陽燔燎之事若傳以三章爲繹祭安得以燔爲膟膋也三章傳又曰豆謂內羞庶羞案有司徹陳羞豆之下注云此皆朝事之豆籩大夫無朝事而用之賓尸然則天子有朝事則此豆當朝事用之矣作者何得捨正祭而不述越言之繹祭之末禮乎又繹祭主於事尸而事神禮簡三章言神保報福與二章正同豈禮簡之謂以此知三章所陳非繹祭矣然則傳言繹而賓尸及賓客者正以經言孔庶其豆旣衆則所用必廣故因分之以爲賓謂繹曰敬尸爲客謂正祭所薦見用豆處廣之意其文不主繹也箋易傳以庶爲胺自然無繹祭之事矣

楚楚者茨。言抽其棘。自昔何爲。我蓺黍稷。楚楚茨棘貌抽除也箋云茨蒺藜也伐除蒺藜與棘自古之人何乃勤苦爲此事乎我將得黍稷焉言古者先生之政以農爲本茨言楚楚棘言抽互辭也○抽勑留反徐直留反蓺魚世反蒺音疾藜音黎一音梨**我黍與與。我稷翼翼。我倉既盈。我庾維億。**露積曰庾萬萬曰億箋云黍與與稷翼翼蕃廡貌陰陽和風雨時則萬物成萬物成則倉庾充滿矣倉言盈庾言億亦互辭喻多也十萬曰億○與音餘注同積如字又子賜反蕃音煩廡音無又音武**以爲酒食。以享以祀。以妥以侑。以介景福。**安安坐也侑勸也箋云享獻介助景大也以黍稷爲酒食獻之以祀先祖旣又迎尸使處神坐而食之爲其嫌不飽祝以主人之辭勸之所以助孝子受大福也○妥湯果反侑音又坐才臥反爲其于僞反

【疏】楚楚至景福○毛以爲彼明王之時有楚楚然者茨棘也我明王之時民皆除去其茨棘焉自古昔之人何爲乃勤苦爲此事乎言我蓺黍與稷也旣種而値陰陽和風雨時萬物蕃盛何所種之黍與與然我所種之稷翼翼然蕃茂盛大皆得成就及秋收而治之我倉之內旣得滿矣我庾之大維積一億也明王乃以黍稷爲酒之與食以獻祀其先祖也謂鬱鬯之酒以灌朝踐酌醴饋熟酌盎以獻比至於尸酳以酢諸臣皆爲用酒也當饋獻又迎尸於室以拜安之乃設食以進爲尸嫌不飽祝以主人之辭侑勸之由祭祀以禮神所歆享故以得大大之福也今王不能然故舉以刺之○鄭唯以介爲助餘同○傳楚楚茨棘貌抽除也○正義曰經言楚楚者茨并言棘者以茨言楚楚須抽之棘言抽明楚楚故箋云互辭也○箋茨蒺至互辭○正義曰茨蒺藜釋草文也郭璞曰布地蔓生細葉子有三角刺是也其古者先王之政以農爲本太宰九職一曰三農生九穀洪範八政一曰食是也○傳露積曰庾○正義曰甫田言曾孫之稼如茨如梁此聚稼也又曰曾孫之庾如坻如京是積粟也下言乃求千斯倉乃求萬斯箱欲以萬箱載稼于倉納庾是庾未入倉矣故曰露積言露地積聚之九章筭術平地委粟是也周語云野有庾積韋昭引唐尚書云十六斗曰庾昭謂此庾露積穀也引詩云曾孫之

庾如坻如京是取此傳爲說也且言野有則非倉之類亦露積之驗也。○箋黍與與至喻多。○正義曰與與翼翼黍稷之狀故言蕃廡貌釋詁云廡茂豐也謂黍稷之苗蕃廡而茂盛故言露積也。箋言爲庾則庾在於空野有可滿之期而言依庾舉億既言萬億爲萬億至多也億一非一億者假令一斛一尺九章算術粟米之法方一尺長二尺七寸是一億之期十五斛而長二百二十七萬五千尺也立方開之五則一尺十五方一斛未有能容此億者也高至於天亦不滿萬億及相通耳在地宜以庾至於天下亦不相五明一尺則一尺高大倉若然豐年則天下所有倉庾亦不滿之萬億及多億明入則盈之倉狀者然以之穀價庾此必倉之數實豐盛然也亦倉而稱多多之大則皆倉穗安以爲坐者安者食也坐勸之食。○箋正義曰以妥妥之義者稍祭以爲妥而爲之後勸之食也稷安坐也。以爲獻稷祭之故。以箋祭與祭又云侑以勸酒亦也釋詁云妥安坐也。不釋文及云酒侑與獻也至報既獻之後安坐亦亦箋所以妥報故福之侑勸名也介助也。○箋故福命祭當大用首黍爲酒云是食非不直黍稷也稷也皆以爲侑祭獻報之也傳也至其而正用大名是稷五齊三酒皆黍稷也又云天子之禮也大月祭其當用黍稷稻梁然則爲酒食者非獨黍稷也又已以上之言黍稷爲萬實。以黍稷爲主耳其稱黍稷者謂其大名故言爲酒食爲言者以當用民所勸也食正以當黍稷爲天下不過其事之大者故以爲黍稷爲言此詩本爲秋冬之祭故特言之其實祭用所得黍稷之所得而以黍稷勸之也經傳非常甸言此以當食勸民以鬯黍稷爲言耳。

濟濟蹌蹌，濟濟蹌蹌，言有容也。箋云有容言威儀敬慎也。**絜爾牛羊，以往烝嘗。或剝或亨，或肆或將。**亨，飪之也。肆，陳。將，齊也。或陳于互，或齊于肉。箋云有解剝其皮者，有煮熟之者，有肆其骨體於俎者，或奉持而進之者。絜音潔，烝之承反，剝邦角反，亨普庚反，注同，飪而甚反，互音戶，齊如字，又子細反，下同。**祝祭于祊，祀事孔明。**祊，門內也。箋云孝子不知神之所在，故使祝博求之平生門內之旁，待賓客之處。祀禮於是甚明。祊，補彭反，說文作鬃，云門內祭先祖所以彷徨也。**先祖是皇，神保是饗。**皇，大。保，安也。箋云皇，暀也。先祖以孝子祀禮甚明之故，精氣歸暀之，其鬼神又安而享其祭祀。暀，于況反，下篇同。**孝孫有慶，報以介福，萬壽**

無疆。箋云慶，賜也。疆，竟也。

【疏】濟濟至無疆。○毛以爲古之明王其助祭之臣大夫士皆濟濟然而敬，蹌蹌然而慎，乃絜爾所用之牛羊，以往爲烝祭、嘗祭之禮，以其祭祀所用職事，或有解剝其牛羊者，或有亨煮之者，或陳其骨體於互者，或肆其肉之齊者，言各有司之事皆得其所。又使祝祭於祊，博求神之所在，祭祀之事甚明矣。先祖以是之故，大也，故精氣歸暀之，其鬼神又安而享之，孝孫之所以得慶賜，故報以大大之福，萬壽無竟也。○鄭唯以互爲肆，皇爲暀爲異。○傳亨飪至于肉。○正義曰亨飪之者，定本飪作熟。云肆陳也，將齊也，而陳之以肉，肉之於互，又齊其肉於俎也。言或陳于互者，謂肆其骨體於俎。於地官牛人云凡祭祀共其牛牲之互與其盆簝以待事。注云互若今屠家縣肉格也。其實陳牲體於互乃後升之於俎，以解剝其牛羊者，謂始殺而剝之，既剝乃亨之，既亨乃肆之，既肆乃將之。此四者皆各隨事而言，其實則相次而爲之耳。○箋有解至進之。○正義曰以肆爲陳，於其事而言之，故知肆其骨體於俎，將爲奉持而進之，以其文承亨下，故以熟言之。宗廟之祭，禮有朝事之時，有饋食之時。朝事則有腥，饋食則有熟。今此是以熟爲解。其實祭之所用，亦有腥有熟，故言亨，故爲煮熟也。言於俎者，其牲體既熟，乃將之以往而升於俎，所謂羞也。言將，將者奉持而進之，謂奉俎而進之。禮有司徹之事。以實俎者，實鼎而進之也。此肆將之文，皆爲進牲之事，故云或奉持而進之。謂佐食載之於俎，而祝與主人奉之也。既奉而言持者，以盛肉之器皆謂之俎，故連言之。○傳祊門內。○正義曰釋宮云閍謂之門。李巡云閍，廟門名。孫炎曰詩云祝祭于祊，祊謂廟門也。彼作閍，此作祊，字異義同。言門內者，謂門內之旁，以外祭于祊也。故鄭駁異義云正祭於廟，而言祊，於祊言祭。○箋孝子至甚明。○正義曰以祊在門內之旁，故言孝子不知神之所在，故使祝博求之於門內待賓客之處。禮器云設祭于堂，爲祊乎外，故曰於彼乎，於此乎。郊特牲云索祭祝于祊，不知神之所在，於彼乎，於此乎，或諸遠人乎。祭于祊，尚曰求諸遠者與。注云廟門曰祊，謂之祊者，以於繹祭名也。是廟門之內也。又郊特牲云祊之於東方，失之矣。注云祊之禮宜於廟門外之西室。又云繹又於其堂，神位在西也。此二者同時而大名曰繹。彼注以繹祭在廟門外之西室，此祊在門內者，彼言明日之繹祭，於外而求之，此言正祭之日，此祝於門內而求之。正祭之禮，祝求之於門內，待賓客之處，是禮之常也。求神於門內之旁，則是待賓客之處也。故云待賓客之處，平生待賓之處，孝子之心不知神之所在，既祭於廟，又求之於門內，故使祝博求之也。言祭于祊者，以其非正祭之處，故言于祊，謂廟門之旁。此以祊爲門內，於廟門之外，故知門內祭之也。

之處。正義曰天子諸侯之禮，則聘禮公食大夫皆行事於廟，其待賓客之處，在廟門之內，云在東方曰賓，此正祭之辰，在門之外。箋云平生待賓客之處，或在廟內，或於廟門之外也。云東此門外當有祊也，故以平生言之。○在西，天子迎賓於大門之內，當祭祀亦猶生存之時，故言待賓客之處也。一異事也，本其生存時平生猶往也，謂所以待賓者以祭之，知其在門內。爲能享孝之變經稱其文耳。箋易傳者，以皇爲暀，神氣既歸，暀之而安享之，是鬼神能享其孝者之往于孫子者也。此故稱宗廟致敬，鬼神享之。言章稱曰神保是格，故知保是神保也。○箋皇暀至享其祭祀。○正義曰言皇者，以先祖之皇，是祖之神，以皇爲暀，論其精氣在乎神者，故言歸暀。

執爨踖踖，爲俎孔碩，或燔或炙。爨，饔爨、廩爨也。踖踖，言爨竈有容也。燔，取膟膋。炙，炙肉也。箋云，燔，燔肉也。炙，肝炙也。皆從獻之俎，其爲之於爨必取肥碩美者。爨，七亂反。踖，七略反，注同。膟，音律。膋，力彫反。肝，音干。饔音雍，廩力甚反。**君婦莫莫，爲豆孔庶，爲賓爲客。**君婦，后也。凡適妻稱君婦，事舅姑之稱也。庶，脩也。箋云，君婦謂后也。莫莫，言清靜而敬至也。豆，謂肉羞、庶羞也。羞，薦也，肉羞美者也。○庶，徐音恕，此謂禮中之羞也。莫，音麥，又亡作反。**獻醻交錯，禮儀卒度，笑語卒獲。**東西爲交，邪行爲錯。度，法度也。獲，得時也。箋云始主人酌賓爲獻，賓既酌主人，主人又自飲酌賓曰醻。至旅而爵交錯以徧。卒，盡也。古者於旅也語。度如字，又徒洛反。醻，市由反。飲，於鴆反。徧音遍。下同。錯，七故反。邪，似嗟反。**神保是格，報以介福，萬壽攸酢。**格，來。酢，報也。

【疏】執爨至攸酢。○毛以爲王者之祭，其執爨之人有容而踖踖然，其所爲之俎甚大，謂以爲之俎孔碩者，或燔之以爲俎，或炙之以爲羞。君婦后也，莫莫然清靜而敬，其所爲之豆甚衆多也，以爲賓客之庶羞也。其爲賓客之時，則獻酬之禮交錯得其宜，其禮儀盡合法度，其笑語盡得其時，如是則神之所安，故來至之，報之以大福，使王得萬壽之報。○鄭以下言皆謂饗燕之禮。上言者皆如此，又以燔爲燔肉，炙爲肝炙，故言其美者，以從獻之俎，有燔有炙，言主人獻尸，以燔從也。言爲俎孔碩，以燔炙，故言取美大者，以獻尸也。○傳爨饔至炙肉。○正義曰特牲云主婦視饎爨于西堂下，注云炊黍稷曰饎，宗婦爲之。此王之祭，有饔爨，有廩爨。少牢禮云雍人概鼎匕俎于雍爨，雍爨在門東南，北上。廩人概甑甗匕與敦于廩爨，廩爨在雍爨之北。是有二爨也。彼注云雍人，掌割亨之事者，爨，竈也。廩人，掌米入之藏者。彼是大夫之禮，天子之禮亦當然。此言執爨，謂執爨之人也。踖踖，爨竈有容者，謂執爨之人敬慎有容也。傳以燔爲取膟膋者，郊特牲云取膟膋燔燎升首，報陽也。是祭祀之禮有膟膋燔之事也。其炙肉者，燔肉爲炙，肝炙從獻。○箋燔燔肉至肥碩。○正義曰特牲禮主人獻尸，賓長以肝從，主婦獻尸，兄弟以燔從。注云燔，炙肉也。是肝炙與燔肉皆從獻之俎，故云皆從獻之俎也。其爲之於爨，必取肥碩美者，言孔碩也。

之在俎也於此言之者以其爲之於爨故就爨文言之以其俎之常者隨體所値此特言孔碩故云必取肉也肝也肥而碩美者也知燔肉炙肝者特牲主人獻尸賓長以肝從主婦獻尸兄弟以燔從彼燔與此燔同則彼肝與此炙同故云炙肝炙也炙既用肝明燔用肉矣故行葦箋亦云燔用肉炙用肝也特牲先言肝此後言炙者便文耳夏官量人云凡祭祀制其從獻脯燔之數量是從獻之文也然燔者火燒之名炙者遠火之稱以難熟者近火易熟者遠之故肝炙而肉燔也生民傳曰傳火曰燔瓠葉傳曰加火曰燔對遠炙者爲近火故云傳火加之留其實亦炙非炮燒之也故量人注云燔從於獻酒之肉特牲云燔炙肉是燔亦炙也且燔亦炙爲爨而貫之以炙于火如今炙肉矣故量人制其數量注云數多少長短若非爨而炙之何有多少長短之數量乎故知燔亦爨而貫炙之易傳者以燔燎報陽祭初之事君親爲之此文承爲俎之下言執爨有容則序助祭之人非君親之也且脯骨燎之於爐此燔炙爲之於爨禮有燔肉炙肝從獻所用以此知非報陽燎薦之事故易之也此爲豆孔庶若正祭則先薦豆然後獻繹祭則先獻後薦知者少牢正祭云主婦薦韭菹醓醢主人乃獻尸案有司徹大夫賓尸禮云主人獻尸乃始云主婦薦韭菹是以鄭注祭義云君獻尸夫人薦豆謂繹曰也○傳莫莫至賓客○正義曰毛以孔庶爲甚衆故云莫莫淸靜而敬至由后能淸靜恭敬又王篤故能爲豆甚多若簡躁不恭則不能也此豆實則菹醢也周禮醢人注云凡醢者必先膊乾其肉乃莝之雜以粱麴及鹽漬以美酒塗置甁中百日則成矣然則爲豆先祭而豫作此本而言之非當祭時也豆內羞庶羞者以言孔庶則非一故爲兼二羞也有司徹云宰夫羞房中之羞于尸侑主人主婦皆右之司士羞庶羞于尸侑主人主婦皆左之注云二羞所以盡歡心房中之羞其籩則糗餌粉餈其豆則酏食糝食庶羞羊臐豕膮皆有胾醢房中之羞內羞也內羞在右陰也庶羞在左陽也是有二羞之事也彼大夫賓尸尚有二羞明天子之正祭有二羞矣天子庶羞百有二十品明內羞亦多矣毛又以豆言甚衆爲過常之辭而云爲賓爲客則所爲有二事也然則非但正祭所用至繹又用之故云繹而賓尸及賓客也言於繹祭可以此賓敬於尸而薦之解爲賓也又今正祭賓用之爲薦是爲客也繹雖在後而尸尊於賓客故先言爲賓也○箋君婦至侈美○正義曰凡適妻稱君婦故妾稱之爲女君也婦有舅姑之稱公羊穀梁傳文也庶侈也釋言文舍人曰庶衆也侈多也孫炎曰庶豐多也云侈然則豐侈亦肥多之義爾雅既有此釋且以爲俎孔碩類之宜爲肉甚肥侈故易傳也天官九嬪職曰贊后薦徹豆籩是后夫人主供籩豆此論天子之事言后足矣兼云夫人者以諸侯夫人於其國與王后同故連言之由后主供籩豆故爲豆實必命有司令取肉物肥侈美者言物者籩豆有非肉者也若棗栗及菹與糗粉之屬不用肉故言肉物也后夫人所主籩豆雖有朝事饋食之籩豆后薦之耳於周禮加籩則內宗薦之內羞庶羞則世婦薦之而此言君婦爲豆爲賓爲客者以后夫人摠主之故也○箋始主人至旅也語○正義曰此特牲少牢咸有其事獻酬據其初故依彼節而言也交錯言其末故云至於旅而爵行錯以徧也古者於旅也語鄉射記文引之者證笑語得時

我孔熯矣。式禮莫愆。工祝致告。徂賚孝孫。熯敬也善其事曰工賚予也箋云我我孝孫也式法莫無愆過徂往也孝孫甚敬矣於禮法無過者祝以此故致神意造主人使受嘏既而以嘏之物往予主人○熯而善反又呼但反賚如字徐音來嘏古嘏反

苾芬孝祀。神嗜飲食。卜爾百福。如幾如式。幾期式法也箋云卜予也苾苾芬芬有馨香矣女之以孝敬享祀也神乃歆嗜女之飲食今予女之百福其來如有期矣多少如有法矣此皆嘏辭之意○苾蒲蔑反一音蒲必反下篇同芬孚云反嗜市志反徐云又巨之反下章同幾音機予羊汝反下同歆喜今反女音汝下同

既齊既稷。既匡既勑。永錫爾極。時萬時億。稷疾勑固也箋云齊減取也稷之言即也永長極中也嘏之禮祝徧取黍稷牢肉魚擩于醢以授尸孝孫前就尸受之天子使宰夫受之以匡祝則釋嘏辭以勑之又曰長賜女以中和之福是萬是億言多無數○齊王申毛如字整齊也鄭音資一音才細反謂分之齊也筐本亦作匡丘方反擩而專反又音芮又而純反何耳誰反醢音海○

【疏】我孔至時億○毛以爲上三章既言孝子助祭之人皆得其禮爲神饗報故此承而結之言我孝子甚能恭敬矣其於祭祀之法與禮儀無過差者孝子既能如此工善之祝以此之故於是致神之意以告主人令之受嘏既而因以所嘏之物往與主人孝孫也神本所以與孝孫嘏福者能苾苾芬芬有馨香乃汝以孝敬享祀故鬼神忻說乃歆嗜汝之飲食今所以與汝百種之福其來早晚如有期節矣其福多少如有法度矣我孝子既能整齊矣既能極疾矣既能誠正矣既能愼固矣於祀之禮無所失是知神永賜汝中和之福於是得萬於是得億言多無數此卽報以介福之事也今王不能然故以刺之鄭唯既齊既稷既筐既勑二句爲異以徂賚孝孫言以嘏之物往予主人也次四句乃本所以嘏之意既齊以下陳爲嘏之禮祭有黍稷牢肉魚祝數中齊減取其物以擩于醢以受尸矣孝子既就尸而受之矣既得乃使宰夫受之以筐矣既得尸令祝釋嘏辭以勑之永錫爾極卽嘏辭之畧也○傳熯敬至賚予○正義曰熯敬釋詁文以工者巧於所能論語曰工欲善其事故云善其事曰工賚予也釋詁文○箋我我孝至主人○正義曰以上章說臣事既然此摠結之故知我我孝孫也特牲少牢薦獻禮終尸皆命祝以嘏於主人故知工祝致告是致神意告主人使受嘏也告之下卽云徂賚孝孫故知以嘏之物往與主人其嘏之物卽下箋云黍稷牢肉是也此及下章再言工祝致告箋以此章祝以神意告主人使受嘏下章祝以主人之意告尸以利成知者此致告之下卽云徂賚孝孫以物予主人明是告之使受嘏也下章乃云工祝致告訖卽云皇尸載起明致孝子之意以告尸也又特牲少牢皆受嘏在前告利成在後以此知之二者皆祝傳其辭故並稱工祝致告○箋苾苾至之意○正義曰以其馨香宜重言故云苾苾芬芬有馨香矣汝以孝敬祭祀曰孝子能盡其誠信致其孝敬故馨香也由飲食馨香故神歆嗜之而予之百福其來如有期矣言須而卽來不遲晚也多少如有法矣謂來必豐足不乏少也嘏辭予主人以福此說得福之事故云皆嘏辭之意言嘏辭之意耳此非嘏辭○傳稷疾也勑固○正義曰王肅云執事已整齊已極疾已誠正已固愼也傳意或然○箋齊減取至勑之○正義曰齊與資古今字異資訓取齊爲減取非訓齊爲減取也以上言嘏之意此言嘏之事參之以特牲少牢而事有似故說爲嘏之禮也其不同者天子與大夫尊卑既殊故祇數有異耳少牢禮曰二佐食各取黍于一敦上佐食兼受搏之以授尸尸執以命祝卒命祝祝受以東北面于戶西以嘏于主人曰既稱嘏辭主人坐奠爵興受黍坐振祭嚌之詩懷之實于左袂挂于季指執爵以興出宰夫以籩受嗇黍主人嘗之納諸內是大夫受嘏之禮也特牲禮曰佐食搏黍授祝祝授尸尸受以菹豆執以親嘏主人主人左執角再拜稽首受復位詩懷之實于左袂挂于季指卒角拜尸荅拜主人出寫嗇于房祝以籩受是士受嘏之禮二禮皆取黍而已特牲注云獨用黍者食之主也又云變黍直言嗇者因事託戒欲其重稼嗇此言徧取黍稷牢肉魚者以齊者是減取諸物故知徧減取也知祝取之者嘏祝祝所主又特牲言佐食博黍授祝祝授尸準此故爲祝也知擩于醢者以醢亦宜在徧取之中而少牢禮云尸取韭菹辯擩于三豆有擩醢之事此既徧取以嘏天子天子當嘗之故知擩于醢以授尸也既以授尸故孝子前就凡受之特牲尸親嘏少牢命祝嘏此言既卽是孝子自就取則亦尸親嘏不嫌與士同也言天子使宰夫受之以筐者以少牢宰夫受之故知此亦宰夫特牲少牢皆受以籩此經云既筐故知受之以筐也以少牢主人受之出以授宰夫此初卽宰夫受之不至於出故言天子使宰夫以爲別異之文也定本注天子宰又受之無使夫兩字祝則釋嘏辭以勑之少牢嘏辭云皇尸命工祝承致多福無疆于汝孝孫來汝孝孫使汝受祿于天宜稼于田眉壽百年勿替引之是一大夫之嘏辭也天子嘏辭無以言之此永錫爾極時萬時億是其辭之略以少牢嘏辭準之知天子嘏辭必多於是彼先設嘏辭乃嘏以黍此先以嘏予之乃釋辭者亦天子之禮大節文之數與大夫異也易傳者以徂賚孝孫是嘏之事也永錫爾極是嘏之辭也則此章唯說受嘏之禮耳不得有執事於其間若不指執事則極疾固愼交無所主故易之以爲受嘏之禮○

禮儀既備。鍾鼓既戒。孝孫徂位。工祝致告。致告告利成也箋云鍾鼓既戒戒諸在廟中者以祭禮畢孝孫往位堂下西面位也祝於是致孝孫之意告尸以利成○祭禮畢禮或作祀○

神具醉止。皇尸載起。鼓鍾送尸。神保聿歸。皇大也箋云具皆也皇君也載之言則也尸節神者也神醉而尸謖送尸而神歸尸出入奏肆夏尸稱君尊之也神安歸者歸於天也○謖所六反起也夏戶雅反

諸宰君婦。廢徹不遲。箋云廢去也尸出而可徹諸宰徹去諸饌君婦籩豆而已不遲以疾爲敬也○廢方吠反徹直列反去起呂反下同

諸父兄弟。備言燕私。燕而盡其私恩箋云祭祀畢歸賓客豆俎同姓則留與之燕所以尊賓客親骨肉也

【疏】禮儀至燕私○正義曰此受嘏之後言祭畢之事故云祭祀之禮儀既畢備矣鍾鼓之音聲既告戒矣謂擊鍾鼓以告戒廟中之人言祭畢也主人孝孫於此之時則往於堂下西面之位工善之祝則從西堂下致孝孫之意告尸言利養之成也於時神皆醉飽矣故皇尸則起而出也尸以節神尸畢而神醉故神醉而尸起也乃鳴鍾鼓以送尸謂奏肆夏也神安而遂歸於天也尸已出矣而諸宰及君婦肅敬於事其徹去俎豆皆不遲矣於是之時賓客歸之俎其諸父兄弟留之使皆備具我當與之燕而盡其私恩也今王不能然故舉以刺之○箋鍾鼓至利成○正義曰以禮儀既畢而擊鍾鼓以戒知戒諸在廟中者告以祭禮畢也祭禮畢卽禮儀既備是也孝孫往位堂下西面位知者以言往而自此適彼之辭而特牲告利成之位云主人出立于戶外西面少牢告利成之位云主人出立于阼階上西面是尊者由稍遠也此云徂位明遠於大夫故知至堂下也特牲少牢皆西面故知天子之位亦西面也既言徂位卽云致告故云於是致孝子之意告尸以利成也少牢主人立於阼階祝立于西階上告利成此孝孫在堂下西面則祝當以西階下告利成也若然特牲告利成卽云尸謖祝前主人降少牢祝告利成卽云祝入尸謖主人降此二者皆祝告主人以利成是致尸意

也此言致孝子之意告尸者以孝子之事尸有尊親及賓客之義命當由尊者出讓當從賓客來祀畢義由於尸非主人所當先發故知彼二禮皆言祝告主人以利成也則天子彌尊備儀盡飾蓋有節文準彼二禮祝告主人則此以祝先致尸意告主人乃更致主人之意以告尸故云告尸以利成也此云皇尸載起卽彼尸謖也但此舉主人之報告則得尸告而可知矣必知然者以彼大夫與士尊卑而俱告主人明亦有告主人矣其告主人則同主人報告則有差彼士祝告主人利成尸卽謖大夫則祝入乃尸謖明天子則祝入又報以利成然後尸乃起準彼為差故知然也言利成者少牢注云利猶養也成畢也孝子之養禮畢○傳皇大也○正義曰箋依釋詁以皇為君稱君尊之少牢亦云皇尸命工祝傳皇為大言尊大之尸亦君義○箋具皆至於天○正義曰言皆醉者所祭羣廟非止一神故也又解神尸相將之意故云尸節神者也郊特牲云尸神象也此尸所陳言神醉而尸謖送尸而神歸是尸與神為節度也神無形故尸象焉特牲少牢注皆依釋言云謖起也又解以鼓鍾送尸由尸出入奏肆夏故也尸出入奏肆夏春官大司樂職文也祭義云樂以迎來哀以送往此鼓鍾送尸者以哀其享否不可知自孝子之心耳其送尸猶自作樂也神者魂鬼之氣郊特牲云魂氣歸於天故言神安歸於天也○箋尸出至為敬○正義曰案特牲少牢禮尸出之後乃饗乃陽厭尋亦徹之故此繫于尸起也而諸宰徹去諸饌君婦籩豆而已者以周禮九嬪云凡祭祀贊后薦徹豆籩知君婦籩豆而已餘饌諸宰徹之也周禮宰夫無徹饌之文膳夫云凡王祭祀賓客則徹王之胙俎注云膳夫親徹胙俎胙俎最尊也其餘則其屬徹之然則徹饌者膳夫也言諸宰者以膳夫是宰之屬官宰膳皆食官之名故繫之宰言諸者宰官膳夫上士二人中士四人下士八人故言諸也祭末嫌其情慢故言以疾為敬○箋祭祀至骨肉○正義曰祭統曰貴者取貴骨賤者取賤骨論語曰祭於公不宿肉特牲少牢皆曰祝執其俎以出是祭祀畢賓客歸之俎也其同姓則皆留之與燕而盡其私恩也特牲云祝命徹胙俎豆籩設于東序下注云胙俎主人之俎設于東序下亦將私燕也是祭末而燕私之事歸之俎所以尊賓客留之燕所以親骨肉也大宗伯云以脤膰之祀親兄弟之國注云脤膰社稷宗廟之肉以賜同姓之國同福祿也春秋定十四年天王使石尚來歸脤同姓得肉者彼謂不助祭者不得與燕故歸之也○

樂具入奏。以綏後祿。爾殽既將。莫怨具慶。綏安也安然後受福祿也將行也箋云燕而祭時之樂復皆入奏以安後日之福祿骨肉歡而君之福祿安女之殽羞已行同姓之臣無有怨者而皆慶君是其歡也○復扶又反

既醉既飽。小大稽首。神嗜飲食。使君壽考。箋云小大猶長幼也同姓之臣燕已醉飽皆再拜稽首曰神乃歆嗜君之飲食使君壽且考此其慶辭○長張丈反

孔惠孔時。維其盡之。子子孫孫。勿替引之。替廢引長也箋云惠順也甚順於禮甚得其時維君德能盡之願子孫勿廢而長行之○替天帝反

〔疏〕樂具至引之○正義曰以上章云備言燕私故此卽陳燕私之事以祭時在廟燕當在寢故言祭時之樂皆復來入於寢而奏之以安其從今以後之福祿言骨肉歡樂然後君之福祿安也其燕之時非直以鼓鍾樂之又爾之殽羞既行之長幼皆徧故同姓之臣莫有嗟怨而皆慶君是其骨肉歡矣於是之時既醉於酒矣既飽於食矣其同姓小大長幼皆再拜稽首而共慶君曰由君明德馨香神乃嗜君飲食使君得壽考之福也祭甚順於禮甚得其時唯君德其能盡此順時之美願君之子孫世世勿廢而長行之欲使長行此禮常得福祿此卽所謂具慶也今王不能然故舉以刺之○箋燕而至其歡○正義曰案前文而言入奏故知祭之樂復皆入也燕祭不得同樂而云皆入者歌詠雖異樂器則同故皆入也後日從今以後之日也宗族不親則公室傾危故骨肉歡而君之福祿安同姓無怨而皆慶是其歡矣神嗜飲食以下是慶辭也○傳替廢引長○正義曰替廢釋言文引長釋詁文釋詁云子子孫孫引無極也舍人曰子孫長行美道引無極也郭璞曰世世昌盛長無窮是勿廢長行之

楚茨六章章十二句

信南山。刺幽王也。不能脩成王之業。疆理天下。以奉禹功。故君子思古焉。〔疏〕信南山六章章六句至思古焉○正義曰作信南山詩者刺幽王也刺其不能脩成王之事業疆界分理天下之田畝使之勤稼以奉行大禹之功故其時君子思古成王焉所以刺之經六章皆陳古而反以刺今言成王能疆理天下以奉禹功而幽王不能脩之經先云禹功乃言曾孫見成王能遠奉禹功今幽王不能述脩成王之業非責幽王令奉禹功也故箋云言成王乃遠脩禹之功今王反不脩其業乎是思古之內直思成王耳而又有所奉故經言禹焉首章言我疆我理是疆理天下也維禹甸之是禹功也以下言雲雨生穀乃稅以祭祀鬼神降福皆由疆理使然故序者略之也

信彼南山。維禹甸之。畇畇原隰。曾孫田之。甸治也畇畇墾辟貌曾孫成王也箋云信乎彼南山之野禹治而丘甸之今原隰墾辟則又成王之所佃言成王乃遠脩禹之功今王反不脩其業乎六十四井為甸甸方八里居一成之中成方十里出兵車一乘以為賦法○甸毛田見反下繩證反畇音勻又作畇蘇遵反又音旬墾辟上苦很反下婢亦反佃音田本亦作田乘繩證反○

我疆我理。疆畫經界也理分地理也

南東其畝。或南或東

〔疏〕信彼至其畝○毛以為信乎彼南山之傍田野得成平田可種殖者維本禹所治之又此地今畇畇然成其墾辟之原隰者由曾孫成王所田之又正我天下經界之疆又分我天下土宜之理而隨事之便使南東其畝成王能疆理天下奉禹之功而幽王不能脩之故以刺焉○鄭唯甸之為丘甸為異餘同○傳甸治至成王○正義曰此及韓奕之傳皆言甸治則訓甸為治不為丘甸之異於鄭也墾辟貌者謂墾耕其地辟除草萊以成柔田也釋訓云畇畇田也注引此畇畇原隰與勻音同也知曾孫是成王者序言成王奉禹之功此言曾孫田禹之地故知曾孫與序成王一人也成王而謂之曾孫者以古者祖有德而宗有功因為之號文武為受命伐紂定天下之基以為祖宗祭法云祖文王而宗武王是也成王繼文武之後為太平之主特異其號故詩經通稱成王為曾孫也不繼於文王不直言孫者蓋周雖文王受命而大王亦有王迹所起見其王業之遠故繼而稱曾孫不言玄孫者玄孫對高祖為定名世數更多則不得稱玄孫矣曾者重也自曾祖以至無窮皆得稱曾孫故維天之命箋云自孫之子而下事先祖皆稱曾孫是為遠辭明周德之隆久故繼大王而不稱玄也毛以此及維天之命言曾孫篤之亦為成王鄭以祀非一人所行雖彼不從之耳○箋信乎至賦法○正義曰言信乎者文通於下言禹治南山成王田之皆信然矣上云南山下云原隰皆南山之傍見禹之所甸成王所脩為一處互其文以相曉也箋云彼南山之野禹治而丘甸之卽云今原隰墾辟則又成王之所田言成王乃遠脩禹之功今王反不脩其業乎言脩禹功而文相因明南山原隰二者為一處成王之脩禹功實天下盡然而獨言南山者作者指一處以表之其意遍及天下也故序言疆理天下下注言上天同雲是非獨南山之傍脩禹功也獨舉原隰以為言者鄭駁異義引此詩以盡三章此詩之意以原隰生主百穀原隰之功於人九大故獨言也甸之為字既訓為治音又為乘以治其地使平成田則訓為治以方十里出兵車一乘故又音為乘也韓奕箋云禹甸之者決除其災使成平田定貢賦於天子是亦以治為義也地官小司徒云四丘為甸注云甸之言乘也讀如中甸之甸稍人云掌令丘乘之政令注云丘乘四丘為甸甸讀與維禹敶之之敶同其訓曰乘由是改云郊特牲云丘乘共粢盛注云甸或謂之乘以其於車賦出長轂一乘是以乘為義也知六十四井為甸者小司徒云四井為邑四邑為丘四丘為甸如數計之丘十六井甸六十四井也知方八里者以孟子云方里為井計之則邑方二里丘方四里甸方八里也又解方八里名為甸之意以其居一成之中成方十里出兵車一乘以為賦法故謂之甸甸乘也十里為成冬官匠人文也知甸居一成之中者以匠人既云十里為成卽云成間廣八尺深八尺謂之洫是當甸在其中傍一里以治洫故彼注云方十里為成成中容一甸甸方八里出田稅緣邊一里治洫是也論語注引司馬法云井十為通通十為成成出革車一乘是據成方十里出車一乘也成元年左傳服注引司馬法云四邑為丘有戎馬一匹牛三頭是曰匹馬丘牛四丘為甸甸六十四井出長轂一乘馬四匹牛十二頭甲士三人步卒七十二人戈橫具備謂之乘馬是據甸方八里出車一乘也二者事得相遍故各據一焉若然成出兵車一乘為七十五人耳而哀元年左傳說夏少康有田一成有眾一旅十里有五百人者計成方十里其地有九百夫之田也授民田有不易一易再易通率二而當一有四百五十人矣其中上地差多則得容五百人也其出兵夫則眾不盡行故一車士卒雖七十五人傳說少康言有眾一旅盡舉大眾故與出賦異也箋以此維禹甸之為丘甸孫毓云禹平治水土以除洪水之災當此之時未及丘甸其田也且井邑丘甸出於周法虞夏之制未有闕焉今以周之法為虞夏之說又謂禹治水土皆丘甸之非其義也然則鄭為禹亦丘甸之者禮運說大道既隱而曰以立田里是則三王之初而有井甸田里之法也論語說禹盡力乎溝洫與匠人井間有洫同也皋陶謨畎澮距川與匠人同間有澮專達於川同也是則丘甸之法禹之所為左傳少康之在虞思有田一成有眾一旅於是則十里為成非周之賦法也禹之治水既平乃任土作貢有何不暇而云未及丘甸之也故鄭以為禹治而丘甸之○傳疆畫至地理○正義曰孟子曰夫仁政必自經界始經界不正井田不均趙歧注云經亦界也然則經界者地畔之名也正謂正其封疆故云畫經界襄四年左傳曰芒芒禹跡畫為九州九州尚畫其界是田之經界須畫之也分地理者分別地所宜之理若孝經注云高田宜黍稷下田宜稻麥是也○傳或南或東○正義曰成二年左傳曰先王疆理天下物土之宜故詩曰我疆我理南東其畝是於土之宜須縱須橫故或南或東也

上天同雲。雨雪雰雰。雰雰雪貌豐年之冬必有積雪○雨于付反雪如字雰芳云反

益之以霡霂。既優既渥。小雨曰霡霂箋云成王之時陰陽和風雨時冬有積雪春而益之以小雨潤澤則饒洽○霡上華反霂音木優說文作瀀音憂渥烏學反

既

霑既足。生我百穀。〔疏〕上天至百穀○正義曰言成王時在上天同起其雲正於冬月雨下此雪雰雰然多而積也至於春日又益之以小雨而霢霂然以接冬澤既已優洽既已饒渥既已沾潤既已豐足是以故得生我之衆穀也今王不能然故舉以刺之言上天同雲明澤之徧也以雲在於天上雨從上下故云上天非有義例○傳豐年至積雪○正義曰謂明年將豐今冬積雪爲宿澤也然則積雪是年之前冬而言豐年之冬必有積雪者以此章言穀之生下章言其成熟舉一年之生成以爲首尾之次非復言歲初歲末限以同年傳達經意故言豐年冬耳○傳小雨霢霂○正義曰釋天文也李巡曰水雪俱下案彼文上有暴雨下云久雨於間無雪事而李巡云俱下妄矣此傳有云小雪者誤今定本云小雨疆埸翼翼。黍稷彧彧。埸畔也翼翼讓畔也彧彧茂盛貌○埸音亦下同彧彧於六反曾孫之穡。以爲酒食。畀我尸賓。壽考萬年。箋云斂稅曰穡畀予也成王以黍稷之稅爲酒食至祭祀齊戒則以賜尸與賓尊尸與賓所以敬神也敬神則得壽考萬年○畀必寐反注同齊側皆反〔疏〕疆埸至萬年○正義曰上既言百穀以生成故此云稅取供祭也言所生百穀之處其農人理之使疆埸之上翼翼然閑暇讓畔今黍稷之苗彧彧然茂盛而成長至秋收刈則曾孫成王之所稅斂而以爲酒之與食也既爲酒食於祭前齊戒之時乃賜我尸之與賓以尊養之尸賓未至祭時而豫賜之酒食爲敬神故也神既爲王所敬故令王得壽考萬年之福也今王不能然故舉以刺之○傳埸畔至盛貌○正義曰以田之疆畔至此而易主名之爲埸翼翼是閑暇之名故舉讓畔之敬以明其田事之理也○上言生我百穀此獨言黍稷者黍稷爲穀之長故特言之也○箋斂至萬年○正義曰上言黍稷彧是天下民田也曾孫之穡文承其下故知稅斂曰穡也賓之與尸祭時所有經云畀我尸賓何知不指謂祭時予之而箋以爲齊戒則以賜尸賓者以此詩陳事而有次序五章卒章始言祭時之事清酒騂牡享于祖考則此未祭而言畀我尸賓明祭前矣又不言享祀而云畀我是賜下之辭故爲祭祀齊戒以賜尸賓也祭義云祭前十日散齊七日致齊三日周禮所謂前期十日是也於齊之時官當與之酒食而箋云賜者以其未祭則尸猶臣道故言賜也經言敬事尸賓而合神降福者以其尊尸與賓卽所敬神也由能敬神則壽考萬年也神與壽考祭時嘏辭與卒章萬壽無疆明其同時也以宿敬於神以及尸賓於後得福故此致其意而逆言之耳中田有廬。疆埸有瓜。是剝是菹。剝瓜爲菹也箋云中田田中也農人作廬焉以便其田事於畔上種瓜瓜成又入其稅天子剝削淹漬以爲菹貴四時之異物○廬力居反剝邦角反菹側居反便毗戰反削思約反淹英鉗反漬子賜反淹也○獻之皇祖。曾孫壽考。受天之祜。箋云皇君祜福也獻瓜菹於先祖者順孝子之心也孝子則獲福○祜音戶〔疏〕箋中田至異物○正義曰古者宅在都邑田於外野農時則出而就田須有廬舍故言中田謂農人於田中作廬以便其田事於田中種穀於畔上種瓜亦所以便地也於畔上種瓜廣謂天下民田瓜成又入其稅民以瓜新熟獻於天子天子得之乃剝削淹漬以爲菹欲以供祭祀貴四時之異物故也徧檢書傳未見天子稅民瓜以供祭祀者故地官場人掌國之場圃而樹之果蓏珍異之物以時斂而藏之凡祭祀共其果蓏瓜瓠之屬郊特牲曰天子樹瓜華不斂藏之種是則天子之瓜自

令有司供之不稅於民此言瓜成入其稅於天子者周禮言其正法瓜不稅民此述成王之時民盡力於農業故畔上種瓜獻諸天子天子得爲菹以祭欲見天子孝於親而下民愛其主反以刺今幽王也箋以對前曾孫之穡爲正稅故云又入其稅耳非謂正法所當稅也○箋獻瓜至獲福○正義曰周禮場人祭祀供其果蓏是祭必有瓜菹矣醢人豆實無瓜菹者主說正豆之實故文不具耳○祭以清酒。從以騂牡。享于祖考。周尚赤也箋云清謂玄酒也酒鬱鬯五齊三酒也祭之禮先以鬱鬯降神然後迎牲享于祖考納亨時○騂息營反字林許營反亨許兩反徐許亮反注及下同鬱雍勿反齊才細反亨普庚反○執其鸞刀。以啓其毛。取其血膋。鸞刀刀有鸞者言割中節也箋云毛以告純也膋脂膏也血以告殺膋以升臭合之黍稷實之於蕭合馨香也○膋音聊中丁仲反臭昌救反〔疏〕祭以至血膋○正義曰此章陳正祭之事古者成王爲祭之時祭神以清與酒清謂玄酒也酒謂鬱鬯與五齊三酒也先以鬱鬯祼而降神乃隨從於後以騂牡之牲迎而入于廟門以獻于祖考之神既納以告神乃合卿大夫執持其鸞鈴之刀以此刀開其牲之皮毛取牲血與脂膏之膟膋而退毛以告純血以告殺膋以升臭合馨香以薦神各有其人皆肅其事今王不能然故刺之○傳周尚赤也○正義曰地官牧人云陽祀用騂牲毛之注以陽祀爲宗廟似由陽祀故用騂此云尚赤者牧人以周尚赤故郊廟用騂爲陽以相對其實由所尚故曰白牡騂公牲三代祭其廟各用其所尚之毛色也○箋清謂至亨時○正義曰禮運說祭之禮云玄酒在室是祭祀有玄酒也春官鬱人掌祼器凡祭祀之祼事和鬱鬯以實彝而陳之彝尊彝四時之祭皆祼用彝是祀祼用鬱鬯也天官酒正云辨五齊之名一曰泛齊二曰醴齊三曰盎齊四曰緹齊五曰沈齊辨三酒之物一曰事酒二曰昔酒三曰清酒酒人掌爲五齊三酒祭祀則供奉之是祭祀有五齊三酒也酒正鄭注云泛者成而滓浮泛泛然如今宜成醪矣醴猶體也成而汁滓相將如今恬酒矣盎猶翁也成而翁翁然蔥白色如今酇白矣緹者成而紅赤如今下酒矣沈者成而滓沈如今造清酒矣齊者每有祭祀以度量節作之也又云事酒酌有事者之酒其酒則今時醳酒也昔酒今之酋久白酒所謂舊醳者也清酒今之中山冬釀接夏而成者是也鄭解五齊三酒之事也此言祭祀以清酒廣言祭用酒事則文當總攝諸酒故箋分而屬之清謂玄酒也酒謂鬱與五齊三酒也玄酒水也故以當清五齊三酒則醲而爲之故以當酒然鬱人注云鬱金香草也則鬱非酒矣亦以爲酒者祭之用鬱煮之以和鬯郊特牲所謂臭鬱合鬯是也鬯人注鬯釀秬爲酒芬香條暢於上下者也然則祼之有鬱和秬鬯而用之故鬱亦爲酒也此言清酒箋既辨之旱麓云清酒既載騂牡既備箋直言祭祀先爲清酒其次擇牲不復曲辨清酒之名者此下有鸞刀謂殺牲祭時則騂牡在其上據迎牲時清酒又在其上明據灌時今經直云清酒恐不兼鬱鬯故箋備解之彼旱麓汎說未是祭時故注與此不同烈祖云既載清酤箋云既載清酒於尊中酌以祼獻以周禮言之祼獻所用則鬱鬯與醴齊也清酤之言亦總諸酒與此同也案三酒之各三曰清酒何知清酒非三酒之清酒者以言祭以清酒則以清酒祭神也三酒卑於五齊非祼獻所用故司尊彝凡六尊之酌鬱齊獻酌醴齊縮酌盎齊涚酌凡酒脩酌鄭注差次之云凡祭酒三酒也四者祼用鬱齊朝用醴齊饋用盎齊諸臣自酢用凡酒然則三酒乃是諸臣之所酢不用之以獻神故知詩之清酒非三酒之清酒也司尊彝又注云唯大事于太廟備五齊三

酒此不必大事言五齊三酒者以獻諸臣所酢必當用酒故因言五齊下又以經先言祭以清酒乃云從以騂特牲曰既灌然後迎牲是先用酒後鬱鬯降神然後迎牲郊特又曰灌用淵泉是以鬱降神也又言享于祖者納亨贊王牲事注云納牲將告殺謂人然則納亨者謂牽牲入廟將殺播于祖考知是納亨時者祭義云君牽夫祖而毛牛尚耳鸞刀以封之此下是納亨時也納亨而謂之獻於祖者贊注云贊助也助君牽牲入告肥具節○正義曰鸞卽鈴也謂刀環有鈴割刀之用而鸞刀之貴貴其義也聲義曰卿大夫鸞刀以封之取膟膋則以至馨香○正義曰經言以啓其毛開毛取血不似取毛箋言毛以告純皮而云啓毛明是取毛用之郊特牲純之道也楚語觀射父云毛以示物純膋者腸間脂也脂釋者曰膏故云楚語文也若不殺則無血故以血告是也膋以升臭謂燒其脂膏升其臭臭之事以此脂膏合之黍稷置之蕭之氣是升臭也知者郊特牲曰取膟曰蕭合黍稷臭陽達於牆屋故既蕭蕭香蒿染以脂合黍稷燒之是合馨皆以此注爲毛傳無箋云兩字是烝是享。苾苾芬芬。祀事孔明。[illegible]先祖是皇。報以介福。萬壽無疆。[illegible]

信南山六章章六句

谷風之什十篇五十四章三百五十六句

毛詩注疏挍勘記（十三之二）　阮元撰盧宣旬摘錄

○鼓鍾

鼓其淫樂以示之之（補）案下之字衍

以云諸侯（補）毛本云作示案示字是也

與彼文到者（補）案到當作倒

傳鼛大淮上地　閩本明監本毛本同案十行本大至地剜添者一字淮當作至

東夷之樂曰昧　小字本相臺本同閩本明監本毛本同案釋文云韎本又作昧正義云然則言昧者物生根也是正義本與釋文又作本同

南夷之樂曰南 小字本相臺本同考文古本同閩本同明監本毛本南作任案南字是也正義云以南訓任故或名任此爲南其實一也可證

西夷之樂曰朱離 小字本相臺本同閩本同明監本毛本朱作株案正義云秋物成而離其根株又云定本作朱離其義不合是作株字者改之以合正義也

如是音磬舒合 補案磬當作聲形近之譌毛本正作聲

此經言云鍾琴笙磬 閩本明監本毛本同案云字當衍琴上當有瑟字

四夷之樂雖爲舞 閩本明監本毛本同案雖當作唯

○楚茨

民盡皆流散流散而逃亡 閩本明監本毛本同案上流散二字當作棄業

田疇懇闢 閩本明監本毛本懇作墾案所改是也毛本闢誤闕

文指田類 閩本明監本毛本同案田當作相大田序正義可證

君婦有清濁之德也 閩本明監本毛本濁作淨案所改是

我蓺黍稷 唐石經小字本相臺本同閩本明監本毛本蓺作藝案藝字非也釋文云我蓺魚世反南山釋文云蓺樹也本或作藝技藝字耳猗嗟釋文云藝技其綺反

我將得黍稷焉 閩本明監本毛本同小字本相臺本得作樹案樹字是也

萬萬曰億 毛本萬誤十明監本以上皆不誤案毛以萬萬爲億伐檀正義有明文

何所種之黍與與然 補毛本何作我案我字是也

依九音草術 補案音草當作章筭形近之譌

以黍稷爲國之主 閩本明監本毛本同案浦鏜云國當穀字誤是也

則當用積田黍稷 補案積當作藉形近之譌毛本作籍

必祭祀所用 閩本明監本毛本同案必上浦鏜云疑脫非字是也

或陳于牙 小字本相臺本同閩本明監本毛本亦同案牙當作㸦㸦卽互之别體碑刻中每見之周禮釋文云互徐音㸦正義中字同

或齊于肉 小字本同閩本明監本毛本同相臺本于作其案其字是也正義標起止云至其肉又云齊其肉者王肅云分齊其肉所當用可證

有解剝其皮者 小字本相臺本同案正義云豚解腥之是解剝其肉也定本集注皆云解剝其皮是正義本作肉字

而享其祭祀 閩本明監本毛本同小字本相臺本享作饗考文古本同案饗字是也

其義濟濟然 補案義當作儀毛本作儀是也

司徒奉司牛馬奉羊 補案司牛二字當倒

報之以大夫之福 補案夫當作大形近之譌毛本正作大

由名有所司故也 閩本明監本毛本同案浦鏜云名當各字誤是也

體其犬豕生羊 補案生當作牛毛本不誤

供其脯脩刑撫 閩本明監本毛本同案浦鏜云膴誤撫考周禮是也

每處求之是祀禮於是甚明也 閩本明監本毛本同案十行本求之是剜添者一字

豆謂肉羞庶羞也 小字本相臺本同閩本明監本毛本肉作內案釋文云內羞如字內羞房中之羞或作肉羞非也正義云豆內羞庶羞者是其本作內不誤也

必取肉物肥腯美者也 閩本明監本毛本同小字本相臺本無者字案正義標起止云箋君婦至腯美是其本無者字段玉裁云有者是

故云傅火加之 閩本明監本毛本同案之當作火

留其實亦炙 閩本明監本毛本留作燔案此當作其實燔亦炙

燔從於獻酒之肉 閩本明監本毛本同案肉下浦鏜云脫炙字考周禮注是也

特牲云燔炙肉 閩本明監本毛本同案云上浦鏜云脫注字是也

數多少長短 閩本明監本毛本同案長上浦鏜云脫量字考周禮注是也

孫炎曰庶豐多也云腯 閩本明監本毛本同案多也二字當倒

加籩則內宗薦之 閩本明監本毛本同案籩上浦鏜云脫豆字以周禮考之是也

造主人使受嘏 閩本明監本毛本同小字本相臺本造作告考文古本同案告字是也

嘏古嘏反 補毛本同案下嘏字乃假字之譌釋文挍勘通志堂本本作假盧本作雅云舊譌今改正案雅字是也小字本所附是雅字

既匡既勑 唐石經小字本相臺本同案釋文云筐本亦作匡考此經毛無傳但以稷疾勑固倒之必不與鄭義同正義依王述毛以說傳云既能誠正矣是其本經字作匡與釋文亦作本同毛氏詩經字自如此也鄭箋本經字亦作匡其云受之以筐者以匡爲筐之假借不云讀爲而於訓釋中竟改其字以顯之也釋文本經字作筐乃依箋所改當以正義本爲長正義云既匡既勑二句爲異又云此經云既筐皆易字之例耳○按說文筐卽匡之或字卽知毛訓正鄭訓器而無異字也

天子使宰夫受之以匡 小字本相臺本匡作筐閩本明監本毛本同考文古本同案筐字是也

又音芮 補釋文挍勘通志堂本盧本芮作苪案苪字是也小字本所附是苪字

以擩于醢以受尸矣 閩本明監本毛本同案受當作授

曰孝子能盡其誠信 閩本明監本毛本同案浦鏜云曰當由字誤是也

率命祝祝受以東 閩本明監本毛本同案山井鼎云率恐卒誤是也

特于季指 補特當作挂形近之譌

故孝子前就凡受之 閩本明監本毛本同案浦鏜云尸誤凡是也

定本注天子宰又受之 閩本明監本毛本同案浦鏜云定本下當脫集字又字當衍文是也

眉壽百年 補閩本明監本毛本同案百當作万形近之譌儀礼少牢嘏辭眉壽萬年万萬古今字耳

勿替以之 閩本明監本毛本以作引案山井鼎云以恐非是也

是一大夫之嘏辭也 補毛本一作亦案所改是也

鼓鍾送尸 唐石經小字本相臺本同案宋書樂志兩引此作鍾鼓送尸考箋云尸出入奏肆夏此經言鼓鍾猶春秋內外傳之言金奏肆夏也變上經鍾鼓既戒亦使不相蒙也當以作鼓鍾者爲是正義云乃鳴鍾鼓以送尸謂奏肆夏也鍾鼓當倒耳○按舊挍非宋書自可據也

神安歸者歸於天也 小字本相臺本同案宋書樂志引歸於天地也考正義云神安而歸於天也又云郊特牲云䰟氣歸於天故言神安歸於天也標起止云至於天是有地字者誤也

歸賓客豆俎 閩本明監本毛本同小字本相臺本豆作之案豆字誤也正義云於是之時賓客歸之俎又云是祭祀畢賓客歸之俎也又云歸之俎所以尊賓客是正義當作賓客歸之俎考文古本客下有之字仍衍豆字

此尸所陳 閩本明監本毛本同案浦鏜云詩誤尸是也

釋詁云子子孫孫也 閩本明監本毛本詁作訓案所改是

○信南山

畇畇原隰 唐石經小字本相臺本同案釋文云畇畇音匀又作眴蘇遵反又音旬正義云釋訓云畇畇田也注引此畇畇原隰與匀音同也是正義本作畇字

則又成王之所佃 小字本相臺本同閩本明監本毛本亦同案釋文云佃本亦作田正義云由曾孫成王所田之又云成王田之皆信然矣又云今原隰墾辟則又成王之所田是其本作田與亦作本同佃非其義乃俗本耳

下注言上天同雲　閩本明監本毛本同案注當作經

讀如中甸之甸　閩本明監本毛本同案此不誤浦鏜云衷誤中非也正義所引自如此今周禮注作衷甸左傳同說文人部引作中佃

丘乘其粢盛　閩本明監本毛本同案浦鏜云共誤其是也

出馬四匹長轂一乘　閩本明監本毛本出下不空案此所空當是馬四匹三字也郊特牲注本無此三字正義以義增之耳依彼注刪非也

皆丘甸之　閩本明監本毛本皆誤比十行本亦比字

與匠人井間有洫同也　閩本明監本毛本同案浦鏜云成誤井是也

疆場翼翼　毛本場誤埸明監本以上皆不誤下同

周禮所諸前期十日　閩本明監本毛本同案浦鏜云謂誤諸是也

受天之祜　唐石經小字本相臺本同閩本明監本毛本祜誤祐

箋云毛以告純也　小字本相臺本同案此正義本也正義標起止云箋毛以至馨香又云定本及集注皆以此注爲毛傳無箋云兩字是自此至合馨香也二十八字皆在傳是也

故曰白牡騂公牲　明監本毛本牡誤牲公誤剛閩本牡字不誤案騂當作周魯頌傳云白牡周公牲正義引彼文也不知者轉輾改之而不可通矣

彝尊彝四時之祭　閩本明監本毛本同案上彝字當作司

郊特又曰　閩本明監本毛本同案特下浦鏜云脫牲字是也

亨于祖考　閩本明監本毛本同案浦鏜云享誤亨是也

報以大夫之福　（補）案夫當作大毛本不誤

附釋音毛詩注疏卷之十四（十四之二）

甫田之什詁訓傳第二十一　孔穎達疏

甫田。刺幽王也。君子傷今而思古焉。刺者刺其倉廩空虛政煩賦重農人失職〔疏〕甫田四章章十句○箋刺者至失職○正義曰經言成王庾稼千倉萬箱是倉廩實反明幽王之時倉廩虛也言適彼南畝耘耔黍稷是農人得職反明幽王之時農人失職也政煩賦重楚茨序文次四篇文勢大同此及下篇箋皆引之言由政煩賦重故農人失其常職也若然賦重則倉應實倉虛則賦應輕而同刺之者以王貪而無藝故賦重用而無節故倉虛由倉虛而賦更重以賦重而民逃散農人失職由政煩賦重所致其倉虛則別有費散不由賦重故箋先言倉廩虛則言政煩賦重也

倬彼甫田。歲取十千。倬明貌甫田謂天下田也十千言多也箋云甫之言丈夫也明乎彼大古之時以丈夫稅田也歲取十千於井田之法則一成之數也九夫爲井井稅一夫其田百畝井十爲通通稅十夫其田千畝通十爲成成方十里成稅百夫其田萬畝欲見其數從井通起故言十千上地穀畝一鍾○倬陟角反韓詩作菿音同云菿卓也甫之言丈夫也直兩反依義丈夫是也本又作大夫一本甫之言夫也又一本甫之言大也大古音泰見賢遍反○我取其陳。食我農人。自古有年。尊者食新農夫食陳箋云倉廩有餘民得賒貰取食之所以紓官之蓄滯亦使民愛存新穀自古者豐年之法如此○食音嗣賒音奢貰音世又食夜反說文云貸也紓音舒何常汝反蓄勑六反今適南畝。或耘或耔。黍稷薿薿。耘除草也耔雝本也箋云今者今成王之法也使農人之南畝治其禾稼功至力盡則薿薿然而茂盛於古言稅法今言治田互辭○耘音芸沈又音運本又作芸音同耔音子沈音茲壅禾根也薿魚起反徐又魚力反○攸介攸止。烝我髦士。烝進髦俊也治田得穀俊士以進箋云介舍也祇使民鋤作耘耔閒暇則於廬舍及所止息之處以道藝相講肆以進其爲俊士之行○介音界王大也烝之承反髦音毛鋤本或作助同仕魚反閒音閑處昌慮反肆以四反字亦作肄同行下孟反〔疏〕倬彼至髦士○毛以爲倬然明大者彼古太平之時天下之大田也一歲之收乃取十千以其天下皆豐故不繫之於夫井不限之於斗斛要言多取田畝之收舉十千多數而已以其大熟如此故詩人云我取其陳者以食農人使一家之內尊老得食其新粟卑稺食其陳粟是爲老壯之別等養之義也自古太平有豐年其時如此故今成王之時亦奉而脩之其萬民適彼南畝之內或耘除草木或擁其根本功至力盡故合黍稷得薿薿然而茂盛收穫既多國用充足所以成大功所以自安止又得進我民人成爲髦俊之士由倉廩實知禮節故豐年多穫髦士所以得進也而幽王不脩之故舉以刺焉鄭唯今適南畝三句同其首尾皆異言倬然明著者彼太古之時於丈夫之所稅田一歲之中於一成之地取十千畝也言賦斂不重倉廩盈實故於時之民見官有餘遂云我從官取其倉廩之陳者而食我農夫之民所以紓官之畜滯亦使民愛存新穀故合國以足用下無困乏自古豐有之年其法如此故今成王之時奉而脩之其萬民適彼南畝之中或耘或耔黍稷薿薿然茂盛其農人所居廬舍及所止息之處閒暇則以道藝相講肆故得進我農人成其爲俊士之行是農人盡力而治田

上依古法而稅斂政省賦輕倉廩以實今王不能然故反以刺之○傳倬明至言多○正義曰以雲漢云倬彼雲漢是明貌也言明者疾今不能言古之明信故云明也齊甫田傳曰甫大也以言大田故謂爲天下田也十千者數之大成舉其成數故云十千言多也王肅云太平之時天下皆豐故不繫之於夫井不限之於斗斛要言多取田畝之收而已孫毓曰凡詩賦之作皆揔舉衆義從多大之辭非如記事立制必詳度量之數甫田猶下篇言大田耳言歲取十千亦猶頌云萬億及秭舉大數且以協句言所在有大田皆有十千之收推而廣之以見天下皆豐此皆申述毛說也○箋甫之至畝一鍾○正義曰以此意言自古有年又云今適南畝一章之內而有古今相對今適南畝言民之治田則歲取十千宜爲官之稅法稅法而言十千爲有限之數則不據天下不可言大不得與齊之甫田同訓故云甫之言丈夫也穀粱傳曰夫猶傳也男子之美稱士冠禮注亦云甫丈夫之美稱甫或作父是爲丈夫也易曰師貞丈人吉言以禮法長於人可倚丈也是夫者有傳相之德而可倚丈謂之丈夫通天下男子之辭喪服曰丈夫婦人是也言明乎彼太古之時者以此詩據幽王之時而思古謂思成王也成王既古矣而云今適南畝以成王之時爲今則古又古於成王是爲太古也案禮記郊特牲與士冠禮皆曰太古冠布齊則緇之下即云牟追夏后氏之道章甫殷道委貌周道然則太古冠布在三代之前故注云唐虞以上曰太古然世代推移後之仰先皆爲古矣古有遠近其言無常故易以文王爲中古禮記以神農爲中古各有所對爲古不同則太古之名亦無定限此言太古古於成王則可未必要唐虞以上也孟子曰欲重之於堯舜大桀小桀輕之於堯舜大貉小貉則什一而稅堯舜已然此論稅法而言大古亦以太古爲唐虞於理雖通但什一而稅三代皆然據今成王所脩不必要本堯舜信南山言成王奉禹之功則此大古蓋亦禹也言丈夫稅田謂於丈夫而稅其田以治田者男子故言於丈夫也歲取十千於井田之法則一成之數者司馬法計之而然也司馬法曰夫三爲屋屋三爲井是九夫爲井也井十爲通通十爲成亦司馬法文孟子云請野九一而助謂九夫之內與公助一夫田有百畝故知井稅一夫其田百畝從此而累計之故知通稅千畝成稅萬畝也又解不言萬畝而稱十千意欲見其數從井通起故言十千明從井稅一夫爲百畝千是通之稅故云十千以見之而不言萬畝也鄭以爲稅法者亦以此十千故耳知此爲田畝者以十千之文連甫田之下明取十千之田故知田畝非釜斛也又解田之所收數言上地穀畝一鍾明時和而收多故稅輕而用足也史記河渠書曰韓使水工鄭國間說秦鑿涇水爲渠並於山東注洛三百餘里渠成而用溉瀉鹵之地四萬餘頃收皆畝一鍾彼瀉鹵之地灌溉之功畝收一鍾明太平陰陽和風雨時上地畝亦收一鍾也昭三年左傳曰齊舊四量豆區釜鍾四升爲豆各自其四以登於釜釜十則鍾是鍾容六斛四斗也漢書食貨志曰一夫治田百畝歲收畝一碩半爲粟百五十碩歲有上中下上孰其收自四中孰自三下孰自倍張晏曰平歲百畝收百五十碩今大孰四倍收六百碩自三百五十碩自倍三百碩彼謂中平之地上孰畝六碩故本太平之上孰上地準闕中爲畝一鍾也孟子曰言三代稅法其實皆什一若井稅一夫是九稅一矣此詩之意刺幽王賦重當陳古稅之輕而言成稅萬畝反得重於什一者孟子言什一據通率而言耳周制有貢有助助者九夫而稅一夫之田貢者什一而貢一夫之穀通之二十夫而稅二夫是爲什中稅一也故冬官匠人注廣引經傳而論之云周制畿內用夏之貢法稅夫無公田邦國用殷之助法制公田不稅夫

貢者自治其所受田貢其税穀助者借民之力以治公田又使收斂焉諸侯謂之徹者通其率以什一爲正孟子云野九夫而税一國中什一是邦國亦異外内之法耳是鄭解通率爲什一之事也又孟子云滕文公使畢戰問井田孟子對曰請野九一而助國中什一使自賦是鄭所引異外内之事也孟子又云方里而井九百畝其中爲公田八家皆私百畝同養公田公事畢然後治私事所以别野人也是説助法井别一夫以八公也言别野人者别野八之法使與國中不同也爾雅云郊外曰野則野人爲郊外也野人爲郊外則國中謂郊内也郊内謂之國中者以近國故繫國言之亦可地在郊内居在國中故也助法既言百畝爲公田則使自賦者明是自治其田貢其税穀也助則九而助一貢知什一而貢一通率爲什一也若然九一而助者爲九中一也國一自賦非什中一者以言九一卽云而助明九中一助中一中言什一乃云使自賦是什一之中使自賦之明非什中賦爲賦也故鄭玄通其率以什一爲正若什一自賦爲什夫而一則不得與九一通率爲什一也且鄭引孟子云野九貢一税一國中什一不言國中什一税一明是國中什一而郊内貢得通率爲什一也如鄭之言邦國亦異外内則諸侯諸侯皆郊外助矣而鄭正言畿内用貢法邦國用助法以爲助對畿助者以諸侯郊内之地少郊外助者多故以邦國爲曰釆注内之貢爲異外當也案王制云千里之内曰旬其外凡所貢云取其美物以物穀税又尚書鄭志説貢簄之義云諸侯不莅之物皆以税若市之隨時物價以當所賦然説外子之事以穀八天子此者成税萬畝是識外助法則詩八天多則廣得云歲取十千貢以天子天下爲家故美其收貨之皆是税舉天下之田若天之天子自可隨其所須變爲唯物子爲明穀市之亦得爲十子所取也史傳説助貢之法矣孟食貨志鄭據其言以什十而徹爲通外内之率理則然矣而食貨志云井方一里是九夫八家共之各受私田百畝公田十畝是爲八百八十畝餘二十畝爲廬舍其言取孟子爲説而失其本旨班固既有此言由是羣儒遂謬何休之注公羊范甯之解穀梁趙岐之注孟子宋均之説樂續咸以爲然皆義異於鄭理不可過何則言井九百畝其中爲公田則中央百畝共爲公田不得家取十畝也又言八家皆私百畝則百畝皆屬公矣何得復以二十畝爲廬舍也言同養公田八家共理公事何得家分十畝自治之也若家取十畝各自治之安得謂之同養也若二十畝爲廬舍則家别二畝半亦入私矣則家别私有百二畝半何得爲八家皆私百畝也此皆諸儒之謬鄭於匡人注云野九夫而税一此箋云井稅一夫其田百畝是鄭意無家别公田十畝及二畝半爲廬舍之事俗以鄭說同於諸儒是又失鄭旨矣此井税一夫是爲定法而禹貢注上上出九夫税下下出一夫税通率九州一井税五夫者以禹貢九州之賦法凡有九等鄭欲品其多少無所比況遂以九井擬之以示税之多少耳非其實税之也何則九州之地不至九倍若第一之州爲三等豈第九州之上者一家受田九百畝中者千八百畝下者二千七百畝斯不然矣若亦以百畝二百畝三百畝爲三等給之以地有薄厚差降其税不可下州九家而共積一夫之税此乃不近人情也明是以九等井税提之耳箋必易毛者以此詩之作剌幽王政傾賦重廢民農業而此章下言治田則此爲税法五言其事以相較明耳且取者自此取彼之辭耳蕆取税爲税斂之正十千卽是期限之數若子孫千億萬億及秭文無指定可爲多大之辭其此文與十千維耦百室盈止周公之東征四國成湯之式於九圖皆是數有限量不得爲揔舉大辭也又參之於司馬之書校之於一成之税其數正允其若合符故不從毛氏也而孫

以我齊明。與我犧羊。以社以方。

傳器實曰齊在器曰盛社后土也方迎四方氣於郊也箋云以絜齊豐盛與我純色之羊秋祭社與四方爲五穀成熟報其功也

我田既臧。農夫之慶。

箋云臧善也我田事已善則慶賜農夫謂大蜡之時勞農以休息之也○蜡仕詐反

琴瑟擊鼓。以御田祖。以祈甘雨。以介我稷黍。以穀我士女。

傳田祖先嗇也穀善也箋云御迎介助穀養也設樂以迎祭先嗇謂郊後始耕也以求甘雨佑助我禾稼我當以養士女也周禮曰凡國祈年于田祖吹豳雅擊土鼓以樂田畯

〔疏〕

報社稷鄭駁異義引大司徒五地之物云此五土地者土生萬物養鳥獸草木之類皆為民利有貢稅之法王者秋祭之以報其功是祭社亦在秋也○箋我田至不遍○正義曰農夫之得慶賜唯勞賜之耳歲事不成則無此勞息故言我田事既善則慶賜農夫也謂大蜡之時勞農以休息之者王者以歲事成熟搜索羣神而報祭之而謂之大蜡又為臘先祖五祀因令黨正屬民飲酒于序以正齒位而勞賜農夫合得極歡大飲是謂休息之知如此者郊特牲曰天子大蜡八蜡也蜡者索也歲十有二月合聚萬物索饗之也是說大蜡之祭也月令孟冬云是月也臘門閭及先祖五祀勞農以休息之是說休息之事也郊特牲蜡祭之下又曰黃衣黃冠而祭息田夫也注云既蜡臘先祖五祀於是勞農以休息之是臘卽次蜡之後與蜡異也郊特牲止云息田夫不謂之臘必知月令之臘祭與特牲息田夫為一者郊特牲說蜡祭之服云皮弁素服以送終葛帶榛杖喪殺也其下別云黃衣黃冠而祭明非蜡也又曰既蜡而收民息已既蜡乃云息民明知息民非蜡息民與月令休息文同故知黃冠而祭為臘祭也是以注云息民與蜡異則黃衣黃冠而祭為臘必也以此知臘在既蜡之後也地官黨正職曰國索鬼神而祭祀則以禮屬民而飲酒于序以正齒位以此知黨正飲酒亦此時也下雜記云子貢觀於蜡曰一國之人皆若狂是恣民大飲也酒誥周公戒康叔禁民飲食民無故不飲酒歡樂令以歲穀豐熟場功畢入而特聽之故謂之慶賜勞息漢世每有國慶而賜民大醻亦此義也臘與息民蜡後為之以其與蜡同月若不為蜡則此事亦廢事皆相將故繫之蜡焉年不順成八蜡不遍郊特牲文引此者解言我田既臧乃云農夫之慶之意也彼注數八蜡云先嗇一也司嗇二也農三也郵表畷四也猫虎五也坊六也水庸七也昆蟲八也此八蜡為其主耳所祭不止於此四方百物皆祭之春官大司樂云凡六樂者一變而致羽物及川澤之示再變而致蠃物及山林之示三變而致鱗物及丘陵之示四變而致毛物及墳衍之示五變而致介物及土示六變而致象物及天神注云此謂大蜡索鬼神而致百物六奏樂而禮畢又大宗伯云疈辜祭四方百物注云謂磔攘及蜡祭是蜡祭四方百物皆祭之○傳田祖至穀善○正義曰郊特牲注云先嗇若神農春官籥章注云田祖始耕田者謂神農是一也以祖者始也始教造田謂之田祖先為稼穡謂之先嗇神其農業謂之神農名殊而實同也以神農始造田謂之田祖而后稷亦有田功又有事於尊可以及卑則祭田祖之時后稷亦食焉后土則五穀所生本云句龍能平之則句龍亦在祭中而籥章云以樂田畯尚及典田之大夫明兼后土后稷矣故大司徒注云田主田神后土及田正之神所依也詩人謂之田祖以句龍為后土后稷為田正而言詩人謂之田祖則田祖之文雖主於神農而祭尊可以兼卑其祭田祖之時后土田正皆在為故鄭搃言詩人謂之田祖也言此田祖其文得兼有后土后稷而司徒言田主則其文不得兼神農何則彼云設其社稷之壇而樹之田主則田主唯社稷不得有神農故鄭唯云后土田正其言不及神農是其意也穀善釋詁文王肅云大得我稷黍以善我男女言倉廩實而知禮節也○箋設樂至田畯○正義曰言設樂者搃琴瑟擊鼓鼓言擊明琴瑟亦擊可知籥章云吹豳雅則有籥吹之此不云籥彼籥章不言琴瑟皆文不備耳知迎先嗇謂郊後始耕者月令孟春天子乃以元日祈穀于上帝注云謂以上辛郊祭天卽引襄七年左傳曰夫郊祀后稷以祈農事是故啟蟄而郊郊而後耕又曰乃擇元辰天子親載耒耜躬耕帝籍注云元辰郊後吉亥是郊後始耕也謂於始耕時而祭之也知者以先嗇人神不宜先天而祭故當郊後也

祈雨又宜早不可以至二月而田祖是始教田者故知是始耕時祭之也云甘雨者以長物則為甘害物則為苦昭四年左傳曰秋無苦雨服虔曰害物之雨民所苦是也雨以甘故故得祐助我禾稼當以養士女也以此事在孟春則事最在後時次於上故以此結章見後當恒然反明此年之春已有此事以與嗣歲亦此義也引周禮者籥章文也彼注云祈年求豐年也豳雅七月也七月有于耜舉趾饁彼南畝之事歌其類也謂之雅以其言男女之正鄭司農云田畯古之先教田者爾雅曰畯農夫也以此言之云吹豳雅謂籥吹之故其職掌土鼓豳籥杜子春云土鼓以瓦為匡以革為兩面可擊也鄭司農云豳籥豳國之地竹玄謂籥豳人吹籥之聲章是也祭田祖而并祭田畯者以神農始造田法典田大夫以其法教民亦是先教田其祭并及之先言祈年于田祖是此祭主祭田祖末言以樂田畯見其次及之故異其文也○**曾孫來止。以其婦子。饁彼南畝。田畯至喜。攘其左右。嘗其旨否。**箋云曾孫謂成王也攘讀當為饟饁饟饋也田畯司嗇今之嗇夫也喜讀為饎饎酒食也成王來止謂出觀農事也親與后世子行使知稼穡之艱難也為農人之在南畝者設饋以勸之司嗇至則又加之以酒食饟其左右從行者成王親為嘗其饋之美否示親之也○饁于輒反畯子峻反本又作峻後篇同喜毛如字鄭為饎尺志反下篇同攘如羊反鄭讀為饟式尚反王如字饋巨愧反從才用反○**禾易長畝。終善且有。**易治也長畝竟畝也○易以豉反徐以赤反**曾孫不怒。農夫克敏。**敏疾也箋云禾治而竟畝成王則無所責怒謂此農夫能自敏也○〔疏〕曾孫至克敏○毛以為成王之時非直為民報祭祈年又曾孫成王亦自來止親循畎畝以勸稼穡也君既勸之於上民又勤之於下農夫務事遂以其婦之與子並來饋饁於彼南畝之中家盡歡樂矣其田畯之官典田大夫既至見其勤勞則喜樂其事矣卽教農夫以閒暇之時攘除田之左右辟其草萊嘗其氣旨土地和美與否也故使禾生易而治理長而次列徧竟畝中終至成善且收而大有曾孫成王見其如此不有恚怒乃謂此農夫其田事既有工能而且敏疾故不怒之以是致黍稷茂盛而年豐矣今王不能然故剌之○鄭以為曾孫成王之來止也則以其己之婦與子謂后與世子出觀農事使知稼穡之艱難也又以飲食而行饋餉彼在南畝之農人設食以勸之使其樂事也田畯之官至又加之酒食之饎以慰其典田之勤也又饟其左右從己之行者以賞其行逆之勞合喜於巡勸不厭也又親為嘗其饋之美否示親而愛之故上下用命農畯勸樂餘同○箋曾孫至親之○正義曰以信南山準之故知曾孫成王也上言饁下言嘗皆飲食之事故攘讀當為饟也釋詁云饁饟饋也舍人曰饟自家之野也此攘字在饁喜之下而先言之者以詩中未有其事故先明之田畯田家在田司主稼穡故謂司嗇漢世亦有此官謂之嗇夫故言今之嗇夫也郊特牲曰蜡之祭也主先嗇而祭司嗇也注云先嗇若神農司嗇若后稷以神農始造其田后稷教民播種此二人有田事之大功者也蜡者為田報祭故知謂此二人稷為人臣教稼亦是田官故謂之司嗇此言田畯乃是當時主稼之人故以司嗇言之與郊特牲名同而實異也饁彼南畝田畯至喜此及大田文與七月正同故亦讀喜為饎饎酒食也此為田事而言曾孫之來故知成王來止謂出觀農事曾孫來止卽言以其婦子明曾孫自以己之婦子故知親與后世子行也王之婦必是后知子唯世子者以將欲傳之國祚明其教戒尤深故知

非餘子也稼穡之艱難尚書無逸周公戒成王之辭也此經曾孫之下而公以其明以下皆曾孫之事故云為農人之在南畝者設饋以勸之謂成王為之設也言司嗇至則又加之以酒食則農人之饋無酒故云加之也其左右之行雖各有粮食王欲其勸農忘苦從行不厭故饟之也王之從者必有公卿大臣親為嘗其饋之美否亦所以親之也此經毛不為傳但毛氏於詩無破字者與鄭不得同王肅云曾孫來止親循畎畝勸稼穡也農夫務事使其婦子並饁饋也田畯之至喜樂其事教農以閒暇攘田之左右除其草萊嘗其氣旨土和美與否也傳意當然王肅又云婦人無閫外之事又帝王乃躬自食農人周則力不供不徧則為惠不普玄說非也孫毓云古者婦人無外事送兄弟不踰閾唯王后親桑以勸蠶事又不隨天子而行成王出勸農事何得將婦兒自隨而云使知稼穡之艱難王后寧復與稼穡事者乎此與豳風同我婦子饁彼南畝田畯至喜之義皆同農人違於其事婦子俱饟也田畯見其勤脩喜樂其事又王者從官自有常餼非獨於南畝之中乃饟左右而親為之嘗又非人君待下之義皆以鄭說為短斯不然矣此刺今思古之詩言古人之所難行以傷今之廢業也首章言輕其稅斂二章為之祈報此章言恩澤深厚卒章言收穫弘多歷觀其次粲然有敘寧當於此甫說農人之家行饁之事又大田卒章上言曾孫下言禋祀並是成王之事不當以農人婦子輒廁其間也且言曾孫來止卽言以其婦子則是曾孫以之也上無農人之文何得為農人婦子乎既言曾孫以其婦子則后之從行於文自見復何所言而云無事也若王后必無外事不當蠶於北郊王基以親蠶決之非無理矣衣食人之所資田蠶竝為急務蠶則后之所專故后當獨行田則王之所勸后從行耳此乃外內之別職司之義而孫毓反言親桑不隨王非其難矣王者憂深思遠以世子者生於深宮之內長於婦人之手故與之俱行知稼穡之艱難欲其重國用而愛黎民保王業而全宗祀也以子所親莫過於母使之俱觀幸勤內相規諫此聖賢明訓可與日月俱縣豳風同我婦子事連於舉跐此云以其婦子文繫於曾孫辭既不同義固當異又安得皆為農人婦子也田畯所喜當喜農人之勤事文在饁彼之下是則喜其饟食非復說其勤勞何有國史吟詠立文若是哉王者從官非無常餼直以同循稼穡共食旨甘與夫秦風所謂與子同袍亦復何異而云非待下之義乎此饋南畝之農人賜田畯以酒食者天子所省固無周徧值其所幸便卽賜之使天下知我王之愛農也則莫不盡力農人之見饟也則人各用心賞一勸百可使海內從風何必每地皆往農人盡賚而云力不供惠不普也王基因於不徧之言而引周語以此為藉田之事謬矣然此詩止說豐年之義無刺廢藉之文箋之上下言不及藉下篇刺矜寡不能自存其文亦同於此豈令矜寡之人就藉田捃拾也又下章庾稼共此接連箋稱古之稅法非為藉田明矣○**曾孫之稼。如茨如梁。曾孫之庾。如坻如京。**茨積也梁車梁也京高丘也箋云稼禾也謂有藁者也茨屋蓋也上古之稅法近者納總遠者納粟米庾露積穀也坻水中之高地也○茨徐私反庾羊主反坻直基反積如字又子賜反下皆同藁古老反總作孔反**乃求千斯倉。乃求萬斯箱。**箋云成王見禾穀之稅委積之多於是求千倉以處之萬車以載之是言年豐收入踰前也○委積如字又於偽反年收手又反又如字**黍稷稻粱。農夫之慶。報以介福。萬壽無疆。**箋云慶賜也年豐則勞賜農夫益厚既有黍稷加以稻粱報者為之求福

助於八蜡之神萬壽無竟也○疆居良反竟如字 疏 曾孫至無疆○毛以爲上言畝此言爲稅之多曾孫成王所稅得禾穀之稼其積聚高大如坻如京車粱也曾孫成王所稅得米粟之庾其唯高大如坻如上京也王既見禾稼之積粟之多於是乃求千倉以處其也乃求萬箱以載其稼以庾其收入踰前故求千倉載置之以慶賞其收穫之多也非直勞而息之又夫慶之謂黨正飲酒加其饌食以稻粱使之得萬爲之求福於八蜡之神而報我農夫以大大之福皆爲語助年之壽無有疆境今幽王不能然故刺之也二斯○鄭唯以介爲助餘同傳茨積至高丘○正義曰墨子稱茅茨不剪謂以茅覆屋以茨爲屋蓋傳言茨積非訓茨爲車積也梁車梁成其梁謂水上橫橋有狹而廣高則月以車梁也禾積積上絕高爲之京是京高上也知故地○比正義曰釋丘云絕高爲之京非人爲之者也高地以庾是平地委粟而與禾稼相對則禾矣有稼云稼穀二種明有穀者此言曾孫之稅有則而禾稼輸爲難故納之也此文秫庾相對而有積穀以運輸爲納故言稅納之物此謂路近者唯納稼穀米箱曰以載稼曰倉以納粟曰庾積穀也是以釋水者曰洲小洲曰渚小渚曰沚小沚曰坻高下之言言禾而內雖在畿內者亦若畿外則爲采取美物畿禾東西中雖當在以其王畿取物近是以當於十倍禾三句言禾稼明周王制畿之內則有薪之有無三百里以是也依其禾稼之稅耳近於邦之納有無百里稱也依禹貢云五百里甸服百里賦納總里納其鍰使入禹貢云百里賦納總二百里納銍里賦其鍰使入禹貢云二百里納銍三百里納秸服四百里粟五百里米者從入之米耳遠以送其輕重之差也既無鍰代周法上之制不知遠近何爲其差也若然於上文稷之賦有多少於周法已之邦國萬國之賦則此制畿於外使諸侯貢也亦以九州之內千里之外周公制法天子之田方千里於外其法則同於王畿內多少郊內亦其封也畿之於四方侯國納亦四千里外亦之不以朝天子也蓋周法其賦里法者四十里謂之郊稅僭其有十一而稅一異此特言蜡之神而得以祭報之以爲粱於辭八明求豐年至疆竟○正義曰特牲少牢之助三章互相成也蜡在息農夫前而後言之者前與而福慶是將來之事故後言之以結篇也定本疆竟字作竟

甫田四章章十句

大田，刺幽王也。言矜寡不能自存焉。

幽王之時政煩賦重而不務農事蟲災害穀風雨不時萬民饑饉矜寡無所取活故時臣思古以刺之○矜古頑反注同字或作鰥○活戶括反 疏 大田四章章八句至存焉○正義曰作大田詩者刺幽王也以無妻爲鰥無夫爲寡其文可以兼之矣獨老疾亦矜寡之類故連言之○箋幽王至刺之○正義曰箋亦以序省略反取經意以明之從首章上三句言成王教民治田百穀茂盛止役順時秀實成好二章

明幽王之時政煩賦重而不務農事也二章下五句言蟲災害穀也三章上四句言雲雨安舒反明幽王之時風雨不時也三章下五句言收刈有餘寡婦穫利是下民豐盈反明幽王之時萬民饑饉矜寡無所取活也詩皆公卿國史所作故云時臣思古以刺之序不言思古者楚茨至文指相類故承上篇而略之也

大田多稼。既種既戒，既備乃事。

種擇其種戒修耒耜也箋云大田謂地肥美可墾耕多爲稼可以授民者也將稼者必先相地之宜而擇其種季冬命民出五種計耦耕事修耒耜具田器此之謂戒是既備矣至孟春土長冒橛陳根可拔而事之○種章勇反注同相息亮反橛其月反墾苦很反

以我覃耜，俶載南畝。

覃利也箋云俶讀爲熾載讀爲菑栗之菑時至民以其利耜熾菑發所受之地趨農急也田一歲曰菑○覃以冉反俶尺叔反載依注音菑側其反栗音列鄭注周禮讀如裂繻之裂

播厥百穀，既庭且碩，曾孫是若。

庭直也箋云碩大也若順也民既熾菑則種其衆穀衆穀生盡條直茂大成王於是則止力役以順民事不奪其時○庭如字 疏 大田至是若○毛以爲大田多稼者王之所授民之地也大田可墾耕多爲稼也其民既擇種矣既修戒具矣既備矣乃於孟春之月以事田而發其地土以我利耜始載事於南方之田畝民既耕耘則種百穀播之以時其苗既生盡條直茂大成王於是則止其力役以順民事不奪其時也○鄭以俶載爲熾菑發地餘同○傳種擇至耒耜○正義曰以既種種謂擇種既戒則當修耒耜以戒田事故知此擇其種修耒耜也○箋大田至事之○正義曰大田謂地肥美可墾耕多爲稼可以授民者也以其地肥美故言大田多稼將稼必先相地之宜而擇其種故下言既種又言季冬命民出五種者月令季冬之月文也又云命農計耦耕事修耒耜具田器是既戒也故曰此之謂戒既備乃事謂至孟春土長冒橛陳根可拔而事之言孟春者月令孟春云天子以元日祈穀於上帝乃擇元辰躬耕帝藉是其事也國語曰農祥晨正日月底於天廟土乃脈發先時九日太史告稷曰自今至於初吉陽氣俱蒸土膏其動是孟春之事也土長冒橛陳根可拔皆周語文也以物本土故云土長冒橛又云陳根可拔耕者則乃拔之此皆於經無所當箋以地事釋之

也傳不解俶載之文以毛不破字必不與鄭同王肅以爲始事於南畝也○箋俶讀至曰菑○正義曰以俶載南畝之文與良耜同故破字爲熾菑以菑者田一歲之名言熾菑者謂以利耜發其田之所受之地以田利耜入地使反草則曰菑菑者反草之名言熾菑發所受之地者以田一歲曰菑故知菑是耕田之名言熾菑發地也郭璞曰今江東呼初耕地反草爲菑是也民所受之地猶其時發之言待時至乃發故言時至發也下云秉畀炎火此云趨農急也箋以經言俶載謂始耕地理故讀而正義曰此言不莠之下言既方既皁則此無害者是言其苗爲穉穉是禾之稚者

既方既皁，既堅既好，不稂不莠。

實未堅者曰皁稂童粱莠似苗也箋云方房也謂孚甲始生而未合時也盡生房矣盡成實矣盡堅熟矣盡齊好矣而無稂莠擇種之善民力又盡專一心以養之故也○皁才老反稂音郎童粱也莠羊久反

去其螟螣，及其蟊賊，無害我田穉。

食心曰螟食葉曰螣食根曰蟊食節曰賊箋云此四蟲者恒害我田中之穉禾○螟莫庭反螣徒得反蟊莫侯反本又作蝥穉直吏反

田祖有神，秉畀炎火。

炎火盛陽也箋云螟螣之屬盛陽氣嬴則生之今明君爲政田祖之神不受此害持之付與炎火使自消亡○畀必利反嬴音盈 疏 既方至炎火○毛以爲成王之時其苗既生房矣既成實矣既堅熟矣既齊好矣無童粱無似苗之莠又去其螟螣及其蟊賊無得使害我田中之穉禾所以得如此者以田祖之神不受此害持之付與炎火使自消亡故也○鄭以螟螣爲盛陽所生餘同○傳實未至似苗○正義曰房是孚甲始生未合時也實皁始結其實未堅時也箋云方房也謂孚甲始生而未合時也孚甲即皮也今之苗秀始生房未合時則房之外甲也生在房中者云實盡生房成實矣盡堅熟矣既生成實者云既皁盡成也房既在甲之外則生房之時房已有甲實未堅時也傳云莠似苗者言其似苗而非苗也稂童粱釋草文

禾所在之名耳蟦與螣蟊與蝥古今字耳郭璞直以蟲食所在爲名而李巡孫炎並因託惡政則災由政起雖食所在爲名而所在之名緣政所致理爲兼通也陸機疏云螟似子方而頭不赤螣蝗也賊似桃李中蠹蟲赤頭身長而細耳或說云蟊螻蛄也食苗根爲人患許愼云吏犯法則生螟乞貸則生螣舊說螟螣蟊賊一種蟲也如言寇賊姦宄內外言之耳故犍爲文學曰此四種蟲皆蝗也實不同故分別釋之○箋此四至去之○正義曰以特言田稃故云恒害我田中之稃禾蟲災之盛種者亦食以稃者偏甚故舉以言之以其由政而然故云明君正已而去之○傳炎火盛陽○正義曰以言炎火恐其是火之實故云盛陽也陽而稱火者以南方爲火炎爲甚之故云盛陽也知非實火者以四者所謂昆蟲得陰而藏得陽而生故箋云盛陽氣贏則生之義無取於火之實故爲盛陽也○箋螟螣至消亡○正義曰解本言炎火之意以螟螣之屬四者盛陽氣贏則生之以得陽而生故陽盛而爲害月令仲夏行春令百螣時起是陽行而生陽盛則蟲起消之則付於所生之本今明君爲政田祖之神不受此害故持之付于炎火使自消亡也田祖所以受者以害由政起今明君爲政害無由作故云田祖不受四蟲之害若政能消之則本無可受而云田祖不受者以田祖主田之神託而言耳

有渰萋萋。興雨祁祁。雨我公田。遂及我私。渰雲興貌萋萋雲行貌祁祁徐也箋云古者陰陽和風雨時其來祁祁然而不暴疾其民之心先公後私令天主雨於公田因及私田爾此言民怙君德蒙其餘惠○渰本又作弇於檢反漢書作黤萋七西反興雨如字本或作興雲非也祁巨移反雨我于付反注內主雨同一本主作注雨如字

彼有不穫稺。此有不斂穧。彼有遺秉。此有滯穗。伊寡婦之利。秉把也箋云成王之時百穀既多種同齊孰收刈促遽力皆不足而有不穫不斂遺秉滯穗故聽矜寡取之以爲利○穫戶郭反斂穧上力檢反下才計反又子計反穧穫也穗音遂把巴馬反矜音鰥

【疏】有渰至之利○正義曰言太平之時有渰然既起萋萋然行者雨之雲也此雲既行乃起其雨澤祁祁然安徐而落不暴疾也民見雲行雨降歸之於君云此雨本主爲雨我公田耳因遂及我之私田雖作者見太平之時民心先公之義要雨無不偏天澤以時故得五穀大成由此民所收刈力皆不足而令彼處有不穫刈之稃禾此處有不收斂之穧束又彼處有遺餘之秉把此處有滯漏之禾穗此皆主不暇取維是寡婦之所利言捃拾取之以自利已今王不能然使矜寡無所資故刺之定本集注穧作積○傳渰雲興貌定本集注云渰陰雲貌○正義曰既言有渰即云興雨雨出於雲故知渰雲興貌雲既興而後行萋萋在渰之下故知雲行貌雲行然後雨落故萋萋之下言興雨也祁祁徐貌謂徐緩而降故箋云不暴疾也經興雨或作興雲誤也定本作興雨○箋成王至爲利○正義曰穧者禾之鋪而未束者秉刈禾之把也聘禮曰四秉曰筥注云此秉謂刈禾盈手之秉筥穧名也若今萊易之間刈稻聚把有名爲筥者即引此詩云彼有遺秉此有不斂穧是也彼注言此秉者以對米秉爲異故掌客注云米禾之秉筥字同數異禾之秉手把耳筥謂一穧然則禾之秉一把耳米之秉十六斛禾之筥四把耳米之筥則五斗是有對故言此以別之王制及書傳皆云矜寡孤獨天民之窮而無告者皆有常餼地官遺人門關之委積以養老孤則官自有餼而須捃拾者以豐年矜寡捃拾足能自活王者恐其不濟或力不堪事乃餼之

曾孫來止。以其婦子。饁彼南畝。田畯至喜。箋云喜讀爲饎饎酒食也成王出觀農事饋食耕者以勸之也司嗇至則又加之以酒食勞倦之爾○饋食音嗣勞力報反○

來方禋祀。以其騂黑。與其黍稷。以享以祀。以介景福。騂牛也黑羊豕也箋云成王之來則又禋祀四方之神祈報焉陽祀用騂牲陰祀用黝牲○禋音因亨許兩反徐又許亮反黝伊糾反黑也○

【疏】曾孫至景福毛以爲曾孫成王之身自來止親循畎畝以觀稼穡也時耕者皆以其婦之與子同饁彼農人於南畝之中田畯之官至喜樂其事以勸慕能勤故得成穫故成王之來乃於四方之神則禋敬而絜祀爲其祀之也以其騂赤之牛黑之羊豕與其黍稷之粢盛用此以獻以祀四方之神爲神歆饗而報以大大之福所以常得年豐令王不能然故刺之○鄭以爲曾孫來止則以其婦之與子出共觀之又設食饁彼南畝之農人以勸之其田畯又加之以酒食勞之故上下樂業穀得以成也曾孫之來則又於四方之神而往禋祀焉所祀者以其牲或赤或黑與其黍稷之粢盛以獻以祀四方之神神饗之而報以祐助與大福○傳騂牛黑羊豕○正義曰毛以諸言騂者皆牛故云騂赤牛也定本集注騂下無赤字是也上篇云以社以方而方社連文則方與社稷同用大牢故以黑爲羊豕通牛爲三牲也且上章言犧羊是方有羊明不特牛故爲太牢年中色而色不同者毛意蓋以此四方既非望祀又非五方之帝故用是牲所以無方色之別○箋成王至黝牲○正義曰此以田事爲主成王出觀民事因即祭祀故云成王之來則又禋祀四方之神祈報焉對出觀爲文也此出觀之祭則祭當在秋祈報並言者言其報以成而祈後年也陽祀用騂牲陰祀用黝牲地官牧人文也彼注云陽祀南郊及宗廟陰祀北郊及社稷非四方之神而引以解此者以毛分騂黑爲三牲鄭以騂黑爲二色故引牧人騂黝以明騂黑爲別方之牲耳非謂四方之祭在陽祀陰祀之中也知方祀各以其方之色牲者大宗伯云青圭禮東方赤璋禮南方白琥禮西方玄璜禮北方皆有牲幣各放其器之色注云以爲禮五天帝人帝而句芒等食焉是五官之神其牲各從其方色則宜五色獨言騂黑者略舉二方以韻句耳故易傳大宗伯職祀天乃稱禋五祀在血祭之中而言禋者此五官之神有配天之時配天則禋祀此祭雖不配天以其嘗爲禋祀故亦以禋言之五祀在血祭之中則用太牢矣故上篇云與我犧羊以社以方是方祭有羊孫毓以爲方用特牲非禮意也

大田四章二章章八句二章章九句

毛詩注疏挍勘記（十四之二）　阮元撰盧宣旬摘錄

○甫田

甫之言丈夫也　小字本相臺本同案此正義本也正義云故云甫之言丈夫也釋文云依義丈夫是也本又作大夫一本甫之言夫也又一本甫之言大也考文一本作大夫采釋文古本作夫丈誤

上地穀畝一鍾　小字本相臺本同閩本同明監本毛本鍾作鐘案鍾字是也正義標起止同正義下文作鍾者自爲文而易字耳閩本皆作鍾非

民得賒貰取食之　小字本相臺本同案正義云賒貸取而食之也又云定本及集注貸皆作貰義或然也釋文云貰音世

今言治田元辭　閩本明監本毛本同小字本相臺本元作互考文古本同案互字是也正義標起止不誤

禮使民鋤作耘耔　小字本相臺本同案釋文云鋤本或作助同仕魚反正義本是鋤字○按周禮耡訓助牀倨切作鋤仕魚切非也

以道藝相講肄　小字本相臺本同案釋文云肄以四反字亦作肄同正義本是肄字

等養之義也　閩本明監本毛本等作孝案此用孫毓評也下文引是孝字

或擁其根本　閩本明監本毛本擁作壅案壅字非也正義引食貨志之附根故易雍爲擁而說之

故令黍稷得薿薿然而茂盛　閩本明監本毛本令誤今

所以紓官之畜滯　閩本明監本毛本畜作蓄後畜積同案畜字是也以大東證之正義用畜爲今字

夫猶傅也　毛本同閩本明監本傅作傳案傳字誤也

可倚丈也　閩本明監本毛本丈作仗案仗乃俗字耳古祇用杖用丈

上孰其收自四　閩本明監本毛本孰誤熟下同

自三百五十頃　閩本明監本毛本同案三下浦鏜云脫四字是也自三者以三乘百五十頃也當得四百五十頃

孟子曰言三代稅法　閩本明監本毛本同案浦鏜云曰當衍字是也

方里而井九百畝　閩本明監本毛本重井字案所補是也

故鄭元通其率　閩本明監本毛本同案元當作互

其若合符　閩本明監本毛本同案其當作共

言農夫食陳　閩本明監本毛本夫作人案所改是也

注云因時施之　閩本明監本毛本同案浦鏜云困誤因是也

此即義取其陳也　閩本明監本毛本同案浦鏜云我誤義是也

因隤其土　閩本明監本毛本隤誤墤

比成壠盡而根深　閩本明監本毛本同案此不誤浦鏜云盛暑二字誤成非也當是正義所引自如此

用日少而畜德多　閩本明監本毛本畜誤蓄案浦鏜云漢志作畜是也

以之其能成五穀之功也　閩本明監本毛本上之字作報案所改是也

於孟冬又月〔補〕又當作之

至前孟春其以琴瑟〔補〕其當作月

共工氏有子曰句龍爲后土又曰后土則社閩本明監本毛本同案十行本共至下后字剜添者四字當是衍又曰后土四字也則者今之郎字下引趙商問后土則社社則后土可證

后土爲社謂輔作社神閩本明監本毛本同案十行本社至社剜添者一字當是衍謂字也輔當作轉下云後轉爲社又云後轉以配社又云后土轉爲社皆其證也

注云社祭也閩本明監本毛本同案山井鼎云也當作地是也

社而祭之故曰閩本明監本毛本同案曰下浦鏜云脫后土社三字從周禮大宗伯疏挍是也

亦可不須由此言閩本明監本毛本同案此不誤須下浦鏜云脫言也二字非也此讀當於言字絕乃七字爲一句

檀弓曰以國亡大縣邑哭於后土閩本明監本毛本同案以字當衍土下當有者字

蜡也蜡者索也閩本明監本毛本同案浦鏜云蜡也下衍一蜡字

禁民飲食閩本明監本毛本同案浦鏜云酒誤食是也

彼云設其社稷之壝閩本明監本毛本同案浦鏜云壝誤壝是也

祁雨又宜早閩本明監本毛本同案祁當作祈

成王則無所責怒小字本相臺本同考文古本同閩本明監本毛本責作恚案正義云不有恚怒不知正義本字作恚或自爲文也輒依以改者非

田畯田家閩本明監本毛本同案家當作官

而公以其閩本明監本毛本同案浦鏜云公當云字誤是也

近者納穗小字本相臺本同考文古本同閩本明監本毛本穗作總案釋文云穗作孔反考此正義總字凡五見應是其本作總與釋文本不同

是言年豐收入踰前也小字本相臺本同案釋文云年收手又反又如字考此箋當本云是收言年收踰前也年下豐字收下入字皆衍年收卽歲取也正義云以其收入踰前乃自爲文耳或因此改箋又并添豐字考文古本倒作豐年但欲使年收連文以爲合於釋文耳

秸又云穎也閩本明監本毛本同案浦鏜云去誤云是也

定本疆境字作竟閩本明監本毛本同案境竟二字當互易七月正義可證

○大田

是既備矣小字本相臺本同案正義云故云是故備矣當是其本作故字

至孟春土長冒橛相臺本同閩本明監本毛本同小字本橛作橛案橛字是也橛者陳稼之根橛在地中者也月令及此釋文皆作橛正義中字同皆可證○按禮記疏云以木橜置地上候之氣至則土冒橜上此云以冬土定故稼橜於地與地平稼字必誤當同月令疏作置非稼橜卽下文陳根也舊挍殊誤今復正之

農書有七家閩本明監本毛本同案浦鏜云九誤七以漢志考之是也

稂童粱也小字本相臺本同閩本同明監本毛本粱作梁案粱字是也見下泉

無害我田稺閩本明監本毛本同小字本相臺本稺作稺唐石經初刻稺後磨改稺案稺字是也釋文云稺田稺音稚下同五經文字云稺稺幼禾也上說文下字林亦爲長稺字載馳衆稺且狂唐石經同作稺者非谷風等箋長稚則多用稚又稺之今字也正義自爲文長稚字亦當用之

盛陽氣嬴則生之小字本同閩本明監本毛本同相臺本嬴作嬴案六經正誤云作嬴誤興國本作嬴相臺本依之改非也釋文云嬴音盈古盈縮字作嬴見於書傳多矣毛居正失考耳

故曰蟘也閩本蟘誤螟明監本毛本蟘作螣案正義下文以蟘與螣爲古今字說此也作螣者誤

蟊與蠿古今字耳閩本明監本毛本同案蠿當作蠹集韻所載如此可證也依此上所引李巡爾雅注是蠹字今作蟊者誤○按蠹今說文蟲部徐鉉曰上象其形非从矛書者多誤徐所云多誤者謂俗多上从矛耳

一穗蟲也閩本明監本同毛本穗作種案所改是也

故持之付于炎火閩本明監本毛本同案于當作與因寫者以于爲與之別體字而又譌爲于也付與是箋所以說經畀字者也正義上文云持于炎火誤同

有渰萋萋唐石經小字本相臺本同案釋文云萋萋七西反正義云萋萋然行者段玉裁云當從說文玉篇廣韻作凄又呂氏春秋務本漢書食貨志後漢左雄傳皆作凄凄見經義雜記考文古本作凄采他書也

興雨祈祈小字本同閩本明監本毛本同唐石經相臺本作祁祁考文古本同案祈祈誤也正義中字同釋文云興雨如字本或作興雲非也正義云經興雨或作興雲誤也定本作興雨考此經本作興雲顏氏家訓始以爲當作興雨釋文正義唐石經皆從其說也段玉裁云說文凄雨雲起也渰雨雲貌雨雲謂欲雨之雲凡大雨之來黑雲起而風生風生而雲行所謂有渰凄凄也已而風定白雲彌天雨隨之下所謂興雲祁祁雨公及私也作興雨於物理經訓皆失之詩經小學說同又呂氏春秋食貨志隸釋無極山碑韓詩外傳皆作興雲見經義雜記又鹽鐵論後漢書左雄傳作興雨當亦是後人以顏說改之耳

渰雲興貌小字本相臺本同案釋文渰下云雲興貌正義云傳渰興雲貌定本集注云渰陰雲貌顏氏家訓引毛傳云渰陰雲貌段玉裁從家訓定本集注考文一本作渰陰雲興貌采正義而誤并二本爲一也

祁祁徐也小字本相臺本同案釋文祁祁下云徐也正義云祁祁徐貌謂徐緩而降段玉裁云家訓有貌考文一本作祈祈徐徐行貌也采正義而有誤

此有不斂穧唐石經小字本相臺本同案正義云定本集注穧作積以釋文正義考之積字非也或積當作穦以齊資得通用而借穦爲穧也

騂牛也小字本相臺本同案正義云故云騂赤牛也定本集注騂下無赤字是也是其本有赤字標起止無當是後改考文古本有采正義

以觀稼穡也閩本明監本毛本同案浦鏜云勸誤觀是也甫田正義可證

目上章言犧羊閩本明監本毛本目誤且案章當作篇

附釋音毛詩注疏卷第十四（十四之二）

毛詩小雅　鄭氏箋　孔穎達疏

瞻彼洛矣。刺幽王也。思古明王。能爵命諸侯。賞善罰惡焉。【疏】瞻彼洛矣三章章六句至罰惡焉○正義曰作瞻彼洛矣詩者刺幽王也以幽王不能爵命賞罰故思古之明王能爵命諸侯賞善罰惡焉以刺今之不能也爵命即賞善之事但爵命之外猶別有賞賜故敘分之經三章皆言爵命賞善之事既能有賞必當有罰故連言罰惡耳於經無所當也此及裳裳者華桑扈鴛鴦亦是思古以刺今但與上四篇文勢不類故敘於起發不同耳上篇每言曾孫則所思爲成王此等不言曾孫不知思何時也故宜云古明王不指斥之

瞻彼洛矣。維水泱泱。興也洛宗周溉浸水也泱泱深廣貌箋云瞻視也我視彼洛水灌溉以時其澤浸潤以成嘉穀興者喻古明王恩澤加於天下爵命賞賜以成賢者○泱於良反溉古愛反浸子鴆反灌古亂反○

君子至止。福祿如茨。箋云君子至止者謂來受爵命者也爵命爲福賞賜爲祿茨屋蓋也如屋蓋喻多也

韎韐有奭。以作六師。韎韐者茅蒐染草也一入曰韎韐所以代韠也天子六軍箋云此諸侯世子也除三年之喪服士服而來未遇爵命之時有征伐之事天子以其賢任爲軍將使代卿士將六軍而出韎韐者茅蒐染也茅蒐韎聲也韎韐祭服之韠合韋爲之其服爵弁服紂衣纁裳也○韎音昧又王界反韐音閤又古洽反奭許力反赤貌茅如字蒐所留反韠音畢任音壬將子匠反下同紂音緇纁許云反○【疏】瞻彼至六師○正義曰言我視彼宗周之洛水矣維此洛水則泱泱然深而廣大能灌溉以時浸潤以成嘉穀以喻我視彼古昔之明王矣維此明王則仁而寬愛能爵賞以理賜命以成賢者是王恩之深厚也故君子諸侯之至止來見於王則王爵命之以福又賞賜之以祿其聚積多大如屋蓋之茨也又言諸侯世子初除父喪服士服來至京師正值有征伐之事王以其賢命代卿士之任服韎韐之韍有奭然而赤以作六師之將其賢如是故得福祿也今王不能爵賞諸侯之賢者故舉以刺之○傳洛宗周溉浸水○正義曰宗周鎬京也夏官職方氏河西曰雍州其浸渭洛是洛爲宗周之浸水也禹貢云漆沮既從孔安國云漆沮一名洛水洛水則漆沮是也與東都伊洛別矣○箋君子至喻多○正義曰上以水喻明王故知至止爲來至明王之所受爵命也凡言福者大慶之辭祿者吉祉之謂善事皆是不必一定以此所思者止於爵命賞賜耳故言爵命爲福賞賜爲祿於此經對文爲然於他書散則通矣福祿非聚積之物而云如茨故云如屋蓋以喻多也○傳韎韐至六軍○正義曰韎韐者衣服之名奭者赤貌傳解言奭之由以其用茅蒐之草染之其草色赤故也一曰韎韐所以代韠者案爾雅云一染謂之縓再染謂之赬三染謂之纁此曰韎韐卽一入曰韎韐是縓也定本云一入曰韎韐是以他服謂之韍祭服則謂之韎韐以此韎韐代他服之韠大夫以上祭服謂之韍士無韍名謂之韎韐士言韎韐亦猶大夫以上之言韍也若然玉藻云一命縕韍黝珩注云侯伯之士一命則士亦名韍矣言韎韐者彼注亦云子男大夫一命則一命縕韍以子男大夫爲文故言韍耳其實士正名韎韐士冠禮爵弁服韎韐不言韍是也天子六軍夏官序文○箋此諸侯至纁裳○正義曰以序言爵命諸侯故知此謂諸侯世子也若在三年喪中則凶服不得有韎韐耳若已爵命則當服諸侯之赤韍不得服士服故知除三年之喪服士服而來也王制云諸侯之世子未賜爵視天子之元士以君其國此又言韎韐故知諸侯世子未賜爵命服士服也若然春官典命云凡諸侯之適子誓於天子攝其君則下其君之禮一等未誓則以皮帛繼子男此以代父君國反服士服者周禮之文謂父在代父行禮故有執圭璧皮帛之禮未誓尚比卿今此雖已除父喪非代父行禮不得復繼於父又不敢自成爲君故服士服也世子雖服士服待之同於正君雜記云君薨太子號稱子待猶君也彼注謂未踰年者尚然況除服後乎待之固如成君何但下一等而已此詩大意皆言諸侯世子受王爵命今服士服故知是未遇爵命又云作六師故知有征伐之事天子以其賢任爲軍將使代卿士將六軍而出也以軍將命卿故知代卿士也天子六軍一卿將一軍言將六軍而出者舉六軍見天子之法其實六軍之中將一軍耳將軍之時猶未得命由是仍服韎韐也春秋之義諸侯踰年卽位天子賜之以命圭則天子遣使就國賜之矣文元年天王使毛伯來錫公命是其事也此言除三年之喪自來受賜命者天子命諸侯之禮亡亦無明文春秋之義言踰年賜命者說者致之非傳辭也春秋之世魯文公晉惠公卽位而賜之魯成公八年乃賜之齊靈公天子將昏於齊始賜之衛襄魯桓則既薨乃賜之是賜命時節無定限也由此而言蓋踰年賜命是其正其不得命則除喪自見天子此是踰年未得命者故自來也傳言韎韐茅蒐染故解之云茅蒐韎韐聲也言古人之道茅蒐其聲如韎韐故名此衣爲韎韐也士冠禮注云韎韐者縕韍而黝珩合韋爲之士染以茅蒐因以名焉今齊人名蒨爲韎韐又駁異義云韎草名齊魯之間言韎韐聲如茅蒐字當作韎陳留人謂之蒨是古人謂蒨爲茅蒐讀茅蒐其聲爲韎韐故云茅蒐韎韐聲也又解代韠之意士朝服謂之韠祭服謂之韎韐駁異義云有韎韐無韠有韠無韎韐是韎韐必代韠也其韎合韋爲之此韎韐是蔽膝之衣耳士冠禮陳服于房中云爵弁服纁裳紂衣緇帶韎韐是韎韐配爵弁服也彼注云爵弁者冕之次也其色赤而微黑如雀頭然其布三十升纁裳淺絳裳也紂衣絲衣朝服皆用布唯冕與爵弁服用絲耳先裳後衣欲令下近緇明衣與帶同色此引之以衣在裳上故先云紂衣耳○

瞻彼洛矣。維水泱泱。君子至止。鞞琫有珌。鞞容刀鞞也琫上飾珌下飾珌下飾也天子玉琫而珧珌諸侯璗琫而璆珌大夫鐐琫而鏐珌士珕琫而珕珌箋云此人世子之賢者也既受爵命賞賜而加賜容刀有飾顯其能制斷○鞞字或作琕補頂反說文云刀室也琫字又作鞛必孔反佩刀削上飾珌字又作琕賓一反佩刀下飾珧音遙以蜃者謂之珧璗徒黨反字又作瑒音同爾雅云黃金謂之鎏璆音虯又巨謬反又舊周反玉也沈舉彪反又與彪反又張晴反鐐音遼爾雅云白金謂之銀其美者謂之鐐徐何盧到反又力弔反本又作璙亦音遼又力小反說文云玉也字書力召反鏐力幽反又力幼反沈又力虯反黃金之美者郭云紫磨金珕力計反說文云蜃屬斷丁亂反○

君子萬年。保其家室。箋云德如是則能長安其家室親家室親安之九族安則無篡殺之禍也○篡初患反殺本亦作弑同音試○【疏】君子至家室○正義曰言明王既有恩澤能爵命諸侯故君子諸侯至止於王之所王既爵命之又加賜以容飾之刀有鞞以盛之其鞞則有琫及其珌之飾賜之以顯其能制斷也君子諸侯爲王所賜之以其德如是則能萬年而長安其家室無危亡之禍矣今王不能爵賞諸侯故刺之○傳鞞至珕珌○正義曰古之言鞞猶今之言鞘內則注遰刀鞞是也以公劉云鞞琫容刀故知鞞容刀鞞也又容者容飾此琫有珌卽容飾也琫上飾於鞞之形飾有上下耳其名爲琫珌之義則未聞公劉傳曰琫上飾鞞下飾者以彼无珌文因琫爲在上之飾下則指鞸之體故言鞞下飾也傳因琫珌歷道尊卑所用似有成文未知出何書也天子諸侯琫珌異物大夫士則同言尊卑之差也天子玉琫玉是物之至貴者也釋器說弓之飾曰以蜃者謂之珧郭璞曰珧似蜯說文云珧蜃甲所以飾物也釋器又云黃金謂之璗其美者謂之鏐白金謂之銀其美者謂之鐐郭璞曰此皆道金銀之別名及其美者也鏐卽紫磨金也說文云公珕蜃而不及於蜃故天子用蜃士用珕也定本及集注皆以諸侯珌璆字從玉又以大夫鏐珌恐非也○

瞻彼洛矣。維水泱泱。君子至止。福祿既同。箋云此人世子之能繼世位者也其爵命賞賜盡與其先君受命者同而已無所加也○

君子萬年。保其家邦。

瞻彼洛矣三章章六句

裳裳者華。刺幽王也。古之仕者世祿。小人在位。則讒諂並進。棄賢者之類。絕功臣之世焉。古者古昔明王時也小人斥今幽王也○諂勅檢反【疏】裳裳者華四章章六句至之世焉○正義曰作裳裳者華詩者刺幽王也以其古之仕於朝者皆得世襲其祿今用小人幽王在於天子之位則有讒佞諂諛之人並進於朝既爲佞以蔽之王又進讒以害賢而王信受之棄去賢者之儕類絕滅功臣之世嗣故時臣思古以刺之也此言古之仕者世祿及文王曰凡周之士不顯亦世皆謂仕官於朝者朝者在官之總名公卿大夫皆是也經言乘其四騭則仕者得乘四馬矣祿士乘兩馬則此詩所言不及士也古者有世祿復有世位世祿者直食其先人之祿而不居其位不賢尚當然子若復賢則居父位矣三章箋云守我先人之祿位并言之見此意也類謂種類世謂繼世棄賢者之類絕功臣之世其理一也由其賢而得有功以舉類而當嗣世義不異矣但指人身而稱賢者據祿位而言功臣耳經四章皆言思見明王以免讒諂並進令已棄絕之事也○箋古者至幽王○正義曰諸言在位者多謂臣在於位此小人在位文對古者明王則在位謂幽王也○

裳裳者華。其葉湑兮。興也裳裳猶堂堂也湑盛貌箋云興者華堂堂於上喻君也葉湑然於下喻臣也明王賢臣以德相承而治道興則讒諂遠矣○湑思敘反治直吏反遠于萬反又如字

我覯之子。我心寫兮。我心寫兮。是以有譽處兮。箋云覯見也之子是子也謂古之明王也言我得見古之明王則我心所憂寫而去矣我心所憂既寫是則君臣相與聲譽常處也○憂者憂讒諂並進○覯古豆反【疏】裳裳至處兮○正義曰詩人遇讒絕世傷今思古言彼堂堂然光明者華也在於上又葉湑然而茂盛兮在於下華葉相與共成榮茂以興顯著者君也在於上美德者臣也佐於下君臣相承共興國治古之明王政治如此我得見古之是子明王則於我心所憂讒諂之事寫除而去兮我心之憂既已寫兮則仕於彼朝君臣相得是以有聲譽之美而處之兮言常處此聲譽之美兮已由讒見絕故憂而思之以刺今也○傳裳裳至盛貌○正義曰以華狀顯見故言猶堂堂也此葉與臣德盛故湑爲盛貌有杕之杜刺不親宗族故傳以湑爲枝葉不相比

也○箋興者至遠矣○正義曰讒諂並進由君受之三章皆言華故以華喻君也華既喻君而復有葉故以喻臣言君之須臣爲輔猶華之須葉以盛故下章無葉以喻無臣也華葉之在於枝高下同耳言華上葉下者因文之上下以喻君臣上下耳○

裳裳者華。芸其黃矣。芸黃盛也箋云華芸然而黃興明王德之盛也不言葉微見無賢臣也○芸音云徐音運見賢遍反 我覯之子。維其有章矣。維其有章矣。是以有慶矣。箋云章禮文也言我得見古之明王雖無賢臣猶能使其政有禮文法度政有禮文法度是則我有慶賜之榮也○〔疏〕裳裳至有慶矣○正義曰既思君臣並賢而不得又思君明而無賢臣者言彼堂堂然光明者華也此華乃芸然而其色黃而盛矣以興顯著者君也此君其德彰而明矣華盛而不言其葉見君明而其臣不賢也我得見是子明王雖無賢臣猶能使其政有禮文法度之章也維其政有禮文法度之章則能進用有德○是以於我有慶賜之榮矣我所以欲得見之也○傳芸黃盛○正義曰芸是黃盛之狀故箋云華芸然而黃也此華亦以黃爲盛謂草木之有黃華者也○苕之華紫赤而繁黃則衰矣與此不同也○箋華芸至賢臣○正義曰頻上章有葉而此無故云而不言葉者微見無賢臣也微謂不明言而理見是其微也

裳裳者華。或黃或白。箋云華或有黃者或有白者興明王之德時有駁而不純○駁邦角反○ 我覯之子。乘其四駱。乘其四駱。六轡沃若。言世祿也箋云我得見明王德之駁者雖無慶譽猶能免於讒諂之害守我先人之祿位乘其四駱之馬六轡沃若然○駱音洛沃若如字徐於縛反○〔疏〕箋華或至不純○正義曰喻取其象既以黃色興明王德純故以異色喻其不純或有黃者或有白者華自有雜色與純者二章各舉以喻非此華本一黃而變白又非白即衰也華一時而黃白雜色以興明王亦一時而善惡不純非先盛而後衰爲不純也故言時有駁而不純者言時有善多而惡少非善惡半也若惡與善等則是闇君不得爲明王矣

左之左之。君子宜之。右之右之。君子有之。左陽道朝祀之事右陰道喪戎之事箋云君子斥其先人也多才多藝有祀於朝有功於國○朝直遙反下及下篇同○ 維其有之。是以似之。似嗣也箋云維我先人有是二德故先王使之世祿子孫嗣之今遇讒諂並進而見絕也〔疏〕左之至似之○正義曰詩人既思明王又陳己所以宜嗣之意也言左之左之左陽道朝祀之事我先人君子則宜而行之右之右之右陰道喪戎之事我先人君子則能有而曉之此二德者我先人維其並能有之是以先王使其子孫嗣之今遇讒見絕故思古明王也左陽道嘉慶之事故言宜之右陰道爲憂凶之事不得言宜故變言有之二者皆君子之所能故下經總言有之明二者皆有也○傳左陽至之事○正義曰以天下之事多矣大總不過吉凶故舉左右以目之左陽道謂嘉慶之事朝者人所樂祀者吉之大故爲陽也右陰道謂憂凶之事喪者人所哀戎者有所殺故爲陰也以能事弘多故皆重言以見衆也

裳裳者華四章章六句

桑扈。刺幽王也。君臣上下。動無禮文焉。動無禮文舉事而不用先王禮法威儀也○桑扈音戶桑扈竊脂鳥也說文扈作雇〔疏〕桑扈四章章四句至禮文焉○正義曰以其時君臣上下升降舉動皆無先王禮法威儀之文焉故陳當有禮文以刺之即上二章上二句是也三章言其君爲百辟所法而受福卒章言臣能燕飲得禮而不傲慢皆是君臣禮文之事故總之此與賓之初筵序皆言君臣上下以君臣即有上下之禮故并言以見義

交交桑扈。有鶯其羽。興也鶯然有文章箋云交交猶佼佼飛往來貌桑扈竊脂也興者竊脂飛而往來有文章人觀視而愛之喻君臣以禮法威儀升降於朝廷則天下亦觀視而仰樂之○鶯於耕反佼交卯反 君子樂胥。受天之祜。胥皆也箋云胥有才知之名也祜福也王者樂臣下有才知文章則賢人在位庶官不曠政和而民安天子之以福祿○胥毛如字鄭徐思敘反祜音戶知音智下同○〔疏〕交交至之祜○毛以爲佼佼然飛而往來者桑扈之鳥也有鶯然其羽之文章故人皆觀視而念愛之以興動而升降者王與羣臣也當有威儀禮法則天下亦觀視而樂仰之君子既有禮文爲下所愛盡得其所故能樂與天下所共是與天下皆樂而得受天之祜福也○鄭唯樂胥爲異具在箋說○箋交交至樂之○正義曰黃鳥小宛傳曰交交小貌此云猶佼佼飛而往來者作者各有所取佼佼實飛而往來之貌也此喻升降舉動故取往來爲義○傳胥皆○正義曰釋詁文孫毓曰與天下皆樂之大者天子四海之內無違命則天子樂矣諸侯四封之內無違命外內無故則諸侯樂矣大夫官府之內無違命者諮謀行於上則大夫樂矣上進以禮退以義則士樂矣庶人耕稼樹藝以養父母刑罰不加於身則庶人樂矣是述毛之義也○箋胥皆至福祿○正義曰周禮每官之下皆有胥徒胥一人則徒十人是胥以才智之故而爲十徒之長又有大胥小胥之官故知胥有才智之名易歸妹以須注亦云須有才智之稱天文有須女屈原之妹名女須鄭志荅泠剛云須才智之稱故屈原之妹以爲名是胥爲才智之士胥須古今字耳

交交桑扈。有鶯其領。領頸也 君子樂胥。萬邦之屏。屏蔽也箋云王者之德樂賢知在位則能爲天下蔽捍四表患難矣蔽捍之者謂蠻夷率服不侵畔○屏卑郢反爲于僞反捍音汗難乃旦反下患難同〔疏〕君子樂胥萬邦之屏○毛以爲言君子王者既有禮文又能樂與天下皆共之能與天下皆樂則爲萬邦之蔽捍天下皆得其樂無復侵伐之憂是爲之蔽捍矣○鄭義具箋○箋王者至不侵畔○正義曰萬邦是中國之辟與中國爲屏蔽明捍四夷可知也故云蠻夷率服不敢內侵外畔是蔽捍也○

之屏之翰。百辟爲憲。翰幹憲法也○箋云辟君也王者之德外能捍蔽四表之患難內能立功立事爲之楨幹則百辟卿士莫不修職而法象之○ 不戢不難。受福不那。戢聚也不戢戢也不難難也那多也不多多也箋云王者位至尊天所子也然而不自斂以先王之法不自難以亡國之戒則其受福祿亦不多也○戢莊立反○〔疏〕之屏至不那○毛以爲言王者之德外能蔽捍四表之患難內能立功立事爲之楨幹則百辟卿士莫不修職而法象之王能如此則天下之民不戢聚而歸之乎言戢聚而歸之也不畏難而順之乎言畏難而順之也民皆順之則爲天所祜其受福豈不多乎言受福多也今王不能然故刺之○鄭以上二句與毛同下二句具在箋○傳翰幹憲法○正義曰釋詁云楨幹也舍人曰楨正也築牆所立兩本也幹所以當牆兩邊障土者也然則言楨幹者皆以築牆爲喻幹是牆之主善政亦民之主也憲法釋詁文○箋辟君至法象之○正義曰辟君釋詁文之屏因上文而轉故亦爲蔽捍四表之患難人君之所施爲唯功事而已故知立功立事爲之楨幹也百辟卿士者以烈文百辟其刑之對四方○其訓之故知爲卿士比諸侯故曰君也○箋王者至不多○正義曰言王位至尊天所子愛解其當自斂難之意斂者收攝之名故言斂以先王之法難者戒懼之辭故知難以亡國之戒不自斂以先王之法即動無禮文也故序箋云動無禮文者舉事而不用先王禮法威儀是先王之法爲禮文也不自難以亡國之戒即不用賢也故首章箋云王者樂臣下有才智文章則賢人在位庶官不曠政和而民安言用賢則民安是棄賢則亡國矣又彼文連言受天之祜彼由樂有賢智則受天之祐此不難以亡國之戒則受福不多是相配成也易傳者以順文理切不假反言故也○

兕觥其觩。旨酒思柔。箋云兕觥罰爵也古之王者與羣臣燕飲上下無失禮者其罰爵徒觩然陳設而已其飲美酒思得柔順中和與共其樂言不憮敖自淫恣也○兕徐履反觥古橫反以兕角爲之觩音虯本或作斛樂音洛憮火吳反敖五報反下文同○ 彼交匪敖。萬福來求。箋云彼彼賢者也居處恭執事敬與人交必以禮則萬福之祿就而求之謂登用爵命加以慶賜〔疏〕箋彼彼賢至慶賜○正義曰以承上經而云彼是指思柔之人故云彼賢者也言交非敖則常恭敬故引論語居處恭執事敬爲不傲慢矣故明王招聘用之故云登用爵命加以慶賜也

桑扈四章章四句

鴛鴦。刺幽王也。思古明王交於萬物有道。自奉養有節焉。交於萬物有道謂順其性取之以時不暴夭也○鴛於袁反鴦於良反〔疏〕鴛鴦四章章四句至節焉○正義曰作鴛鴦詩者刺幽王也以幽王不能然故思古明王交於天下之萬物有道謂順其性取之以時不暴夭其自奉養有節度不奢侈也交於萬物有道即上二章上二句是也自奉養有節即下二章下二句是也○箋交於至有節○正義曰王者制節其用長之使得其相養不暴夭絕其孩幼者

鴛鴦于飛。畢之羅之。興也鴛鴦匹鳥太平之時交於萬物有道取之以時於其飛乃畢掩而羅之箋云匹鳥言其止則相耦飛則爲雙性馴耦也此交萬物之實也而言興者廣其義也獺祭魚而後漁豺祭獸然後田此亦皆其將縱散時也○大音泰 君子萬年。福祿宜之。箋云君子謂明王也交於萬物其德如是則宜壽考受福祿也〔疏〕鴛鴦至宜之○正義曰言明王之時人欲取鴛鴦之鳥必待其長大於其飛乃畢掩而羅之不於幼小而暴夭之獺祭魚然後漁豺祭獸然後田明王交於萬物之德如是則宜萬年之壽福祿宜歸之也今王不能然故刺之○箋匹鳥至縱散○正義曰交於萬物則非止一舉以鳥故云興也言舉一物以興其餘也

解正舉鴛鴦者以鴛鴦匹鳥也相匹耦而擾馴則易得也易得尙以明萬物皆然故言太平之時交於萬物有道取之以時也又言於其飛乃畢掩而羅之此卽取之以時之事也謂小者未能飛待其能飛而後取之釋器云鳥罟謂之羅月令云羅網畢翳注云罔小而柄長謂之畢以畢羅異器故各言之此大東傳曰畢所以掩兔彼雖以兔爲文其實亦可取鳥故此鴛鴦言畢之也羅則張以待鳥畢則執以掩物故言畢掩○箋匹鳥至散時○正義曰申說匹鳥之意止則耦飛則雙一性馴善而相耦則取之易得故詩特舉之鴛鴦卽是萬物之一而傳以爲興故又解之此交於萬物之實而言興者欲廣其義故也箋又止言魚獸二事者以天之生物飛走而已經言鳥又舉魚獸則可以兼諸水陸矣且因王制詩傳之成文也此豺獺祭時魚獸成就皆是魚獸放縱分散之時故於是可取之

鴛鴦在梁。戢其左翼。言休息也箋云梁石絕水之梁戢斂也鴛鴦休息於梁明王之時人不驚駭斂其左翼以右翼掩之自若無恐懼○戢側立反韓詩云捷也捷其噣於左也恐丘勇反○君子萬年。宜其遐福。箋云遐遠也遠猶久也○

乘馬在廄。摧之秣之。摧莝也秣粟也箋云摧今莝字也古者明王所乘之馬繫於廄無事則委之以莝有事乃予之穀言愛國用也以興於其身亦猶然齊而後三舉設盛饌恒日則減焉此之謂有節也○乘馬王徐繩證反四馬也鄭如字下同廄音救摧采臥反芻也秣音末穀馬也芻楚俱反莝采臥反韓詩云委也委紆僞反猶食也與音豫齊側皆反本亦作齋饌仕戀反減古攬反○[疏]箋鴛鴦至恐懼○正義曰言斂其左翼以右翼掩之舉雄者而言耳此舉鳥不恐懼亦廣與其義禮運曰龍以爲畜故魚鮪不淰鳳以爲畜故鳥不獝麟以爲畜故獸不狘是水陸飛走皆可擾馴也白華文與此同但彼言申后見黜故以陰陽相下爲義此興取自安故與此異也○箋摧今至有節○正義曰傳云摧莝者轉古爲今而其言不明故辯之云此摧乃今之莝字也言古者明王所乘之馬繫之於廄者以王馬多矣而此言在廄明是王所乘馬天子之馬而不常與粟言愛國用也序言自奉養非王身上章爲興知此亦興故言以興於其身亦猶然也齋而後三舉設盛饌三舉節是設盛饌也恒日則減焉唯一舉也齋爲有事故三舉恒日無事而一此之謂有節天官膳夫云王日一舉注云殺牲盛饌曰舉又曰王齋則三舉是恒日則減焉因奉養先盛而倒言耳此不言朔月而玉藻云天子之食日少牢朔月太牢明朔必加於恒日不知爲同齋三太牢爲降二太牢也玉藻曰少牢與周禮日一舉不同者鄭志荅趙商云禮記後人所定或以諸侯同天子或以天子與諸侯等所施不同故難據也王制之法與周異者多當以經爲正然則爲記有參差故不同也○君子萬年。福祿艾之。艾養也箋云明王愛國用自奉養之節如此故宜久爲福祿所養也○艾魚蓋反徐又音刈○

乘馬在廄。秣之摧之。君子萬年。福祿綏之。箋云綏安也○綏士果反又如字○

鴛鴦四章章四句

頍弁。諸公刺幽王也。暴戾無親。不能宴樂同姓。親睦九族。孤危將亡。故作是詩也。戾虐也暴虐謂其政教如雨雪也○頍弁缺婢反著弁貌說文云舉頭貌燕樂音洛卒章同燕又作宴爾于付反卒章同[疏]頍弁三章章十二句至是詩○正義曰作頍弁詩者時同姓之諸公刺幽王也以王之政教酷暴而戾虐又無所親不能燕樂其同姓親睦其九族孤特傾危將至喪亡故同姓諸公作是頍弁之詩以刺之爲不能燕樂同姓明諸公是同姓諸公也作詩者一人而已言諸公者以作者在諸公之中稱諸公意以刺之也九族亦同姓見諸公非一容九族之外故言同姓以廣之不能燕樂卽亦不能親睦親睦由於燕樂以經責王不燕樂今不親睦故分而言之耳暴戾無親卽如彼雨雪先集維霰是也不能燕樂同姓親睦九族三章皆上六句是也孤危將亡卒章四句是也其首章二章上六句懼王危亡庶幾諫正亦是將亡之事也經序倒者序逆論其事由暴虐無親故不能燕樂爲事之次經則主爲不能燕樂故先言之○

有頍者弁。實維伊何。興也頍弁貌弁皮弁也箋云實猶是也言幽王服是皮弁之冠是維何爲乎言其宜以宴而弗爲也禮天子諸侯朝服以宴天子之朝皮弁以日視朝○朝直遙反下皆同爾酒既旨。爾殽既嘉。箋云旨嘉皆美也女酒已美矣女殽已美矣何以不用與族人宴也言其知具其禮而弗爲也

豈伊異人。兄弟匪他。箋云此言王當所與宴者豈有異人疏遠者乎皆兄弟與王無他言至親又刺其弗爲也

蔦與女蘿。施于松柏。蔦寄生也女蘿菟絲松蘿也喻諸公非自有尊託王之尊箋云託王之尊者王明則榮王衰則微刺王不親九族孤特自恃不知已之將危亡也○蔦音鳥說文音弔寄生草也爾雅云寓木宛童是也女蘿力多反在草曰兔絲在木曰松蘿又唐蒙施以豉反下同

未見君子。憂心弈弈。既見君子。庶幾說懌。弈弈然無所薄也箋云君子斥幽王也幽王久不與諸公宴諸公未得見幽王之時懼其將危亡已無所依怙故憂而心弈弈然故言我若已得見幽王諫正之則庶幾其變改意解懌也○弈音亦說音悅懌音亦本又作繹怙音戶解音蟹○[疏]有頍至說懌毛以爲有頍然者之皮弁實維伊何乎宜在於首以爲表飾也以興有尊貴者之天王維如何乎宜君於上以正綱紀也爾王之酒既旨美矣爾王之殽既嘉善矣足能具禮何以不用與族人燕乎王所當與燕者豈伊更有異人疏遠者乎皆王宗族兄弟非有他人何不燕而親之令爲輔助我所以欲王之親燕者以蔦與女蘿施于松柏之上非自有根依於松柏之根故松栢存而茂松栢殞而亡是存亡在松栢以興同姓與九族附於王者之側非自有尊託王之尊故王政明而榮王政衰而徵是興衰由于王政所以欲王之明也下四句義具在箋○鄭以爲王服是有頍然者皮弁之冠是維伊欲何爲乎宜當服之以燕而王何以不爲餘同○傳興也至皮弁○正義曰以頍文連弁故爲弁貌弁者冠之大名稱弁者多矣但爵弁則士之祭服韋弁則服以卽戎冠弁則服以從禽非常服也唯皮弁上下通服之故知皮弁也傳興理不明王肅云言無常也與有德者則戴頍然之弁矣下章肅又云言冕其在人之無期也其意以傷王无德將不戴弁孫毓以皮弁非唯王者所服雖陪臣卿大夫皆得服之不足以爲王者廢興之喻以王說爲非案昭九年左傳王使詹桓伯辭於晉曰我在伯父猶衣服之有冠冕僖八年穀梁傳曰弁冕雖舊必加於首周室雖衰必先諸侯然則王者之在上位猶皮弁之在人首故以爲喻也○箋實猶至視朝○正義曰釋詁云寔是也實寔義同故實亦爲是也言是維伊何問其所用之辭則此皮爲燕之服天子皮弁以日視朝玉藻文燕禮者諸侯燕臣子之禮經云燕朝服諸侯用朝服燕則知天子亦自以朝服燕也且此詩責王不燕而舉皮弁是天子燕用皮弁明矣若然王制云周人冕而祭玄衣而養老注云凡養老之服皆其時與羣臣燕之服周人循而兼用之玄衣素裳其冠委貌諸侯以天子之燕服爲朝服如彼注則天子之燕用玄衣此言皮弁者蓋天子燕服有二燕羣臣用玄冠親同姓用皮弁也賓之初筵三章箋云此祭末王與族人燕而經云側弁之俄是燕同姓用皮弁之事也○傳蔦寄至松蘿○正義曰蔦釋草無文寄生者毛以時事言之耳陸機疏云蔦一名寄生葉似當盧子如覆盆子赤黑恬美釋草云唐蒙女蘿女蘿菟絲毛意以菟絲爲松蘿故言松蘿也陸機疏云今菟絲蔓連草上生黃赤如金今合藥菟絲子是也非松蘿松蘿自蔓松上生枝正青與菟絲殊異事或當然○傳弈弈然無所薄○正義曰弈弈憂之狀憂則心遊不定故爲無所薄也下章傳曰怲怲憂盛滿言憂之多○箋君子至解懌○正義曰以王不燕樂而欲見之故知君子爲幽王也此悅懌文與下章有臧相值有臧冀王之善則此亦冀王意悅懌故云庶幾其變改意解懌言當開解而懌悅也

有頍者弁。實維何期。箋云何期猶伊何也期辭也○期本亦作其音基下如字爾酒既旨。爾殽既時。時善也○豈伊異人。兄弟具來。箋云具猶來也

蔦與女蘿。施于松上。未見君子。憂心怲怲。既見君子。庶幾有臧。怲怲憂盛滿也臧善也○怲兵命反

有頍者弁。實維在首。爾酒既旨。爾殽既阜。豈伊異人。兄弟甥舅。箋云阜猶多也謂吾舅者吾謂之甥[疏]箋謂吾舅者吾謂之甥○正義曰釋親文也此諸公而及甥舅以甥舅王之外親皆是緣王興衰故亦欲從王燕之也○

如彼雨雪。先集維霰。霰暴雪也箋云將大雨雪始必微温雪自上下遇温氣而摶謂之霰久而寒勝則大雪矣喻幽王之不親九族亦有漸自微至甚如先霰後大雪○霰蘇薦反消雪也字亦作霓摶徒端反○

死喪無日。無幾相見。樂酒今夕。君子維宴。箋云王政既衰我無所依怙死亡無有日數能復幾何與王相見也且今夕喜樂此酒此乃王之宴禮也刺幽王將喪亡哀之也○喪息浪反幾居豈反注同樂音洛復扶又反○[疏]如彼至維宴○正義曰言王政教暴虐如彼天之雨下大雪其雪必先集聚而摶維爲小霰而後成爲大雪是雪有漸也以興幽王之爲惡亦初爲小惡而成爲大惡亦惡有漸也王漸益惡今則大甚王若覆滅則已亦喪亡我等死與喪亡無有日數復無幾何與王相見永不得王之燕禮矣且自相與善樂此酒於今之夕以王必不燕已故自已酒維當王之燕禮○傳霰暴雪○正義曰以比幽王漸致暴虐且初爲霰者久必暴雪故言暴雪耳非謂霰卽暴雪也○箋將大至大雪○正義曰先集者謂雪集聚也解雪當散下而言集意天將大雨雪其始必微温暖雪自上下逢遇温氣消釋集聚而摶謂之霰積久而雪之寒氣勝此温氣則大雪散下是雪有漸故喻王惡自微至甚如先霰後雪大戴禮曾子云陽之專氣爲霰陰之專氣爲雹盛陽氣之在雨水則温暖爲陰氣薄而脅之不相入則摶爲雹也盛陰之氣在雨水則凝滯而爲雪陽氣薄而脅之不相入則消散而下因水而爲霰是霰由陽氣所薄而爲之故言遇温氣而摶也○

頍弁三章章十二句

車舝。大夫刺幽王也。褒姒嫉妬。無道並進。讒巧敗國。德澤不加於民。周人思得賢女以配君子。故作是詩也。舝胡瞎反車軸頭鐵也嫉音疾又音自妬丁故反敗必邁反又如字下注同【疏】車舝五章章六句至是詩○正義曰作車舝詩者周大夫所作以刺幽王也以當時褒姒在王后之位情性嫉妬由物類相感而小人道長故使無道之輩並進於朝讒佞巧言傾敗國家令王之德澤不加於民使致下民離散周人見其如此乃思得賢女以配君子幽王欲令代去褒姒教幽王改修德教故作是車舝之詩以刺之上言大夫下言周人見大夫所作述衆人之意故也此經五章皆以褒姒嫉妬思得賢女代之言思變季女是褒姒嫉妬也德音來括是民已離散者也令德來教欲王之改修德教是德澤不加於民也故皆反經而序之所以相發明也

間關車之舝兮。思變季女逝兮。興也間關設舝也變美貌季女謂有齊季女也箋云逝往也大夫嫉褒姒之爲惡故嚴車設其舝思得變然美好之少女有齊莊之德者往迎之配幽王代褒姒也既幼而美又齊莊庶其當王意○變力兗反齊側皆反下同少詩照反本亦作季女 匪飢匪渴。德音來括。括會也箋云時讒巧敗國下民離散故大夫汲汲欲迎季女行道雖飢不飢雖渴不渴覬得之而來使我王更脩德教合會離散之人○括本又作佸音括徐古闊反覬音冀 雖無好友。式燕且喜。箋云式用也我得德音而來雖無同好之賢友我猶用是燕飲相慶且喜○好呼報反注下並同○【疏】間關至且喜○正義曰周人惡褒姒嫉妬讒佞在朝欲得賢女以代之故言已欲間關然以設車之舝兮思得變然美好齊莊之少女往迎之兮若有此女可得往迎其於行道雖飢非以爲飢雖渴非以爲渴所以然者覬望此女以令德善音來發教誨於王使施行德澤會合離散之人凡人之喜樂須賢友共之我若迎得此女雖無同好之賢友猶用是得賢女之故燕飲酒相慶而且喜樂疾褒姒之甚思賢女之幼雖無朋友亦將獨喜也○傳間關至有齊季女○正義曰以連言舝兮故知間關設舝貌舝無事則脫行乃設之故言設舝也有齊季女者采蘋經文也以其當爲王后欲代嫉妬明其非直幼少而已是以箋述之云既美好而少又有齊莊之德庶其當王意也

依彼平林。有集維鷸。辰彼碩女。令德來教。依茂木貌平林林木之在平地者也鷸雉也辰時也箋云平林之木茂則耿介之鳥往集焉喻王若有茂美之德則其時賢女來配之與相訓告改脩德教○鷸音驕○ 式燕且譽。好爾無射。箋云爾女女王也射厭也我於碩女來教則用是燕飲酒且稱王之聲譽我愛好王無有厭也○射音亦下同厭於豔反下同【疏】依彼至無射○正義曰既思賢女欲以配王又欲王有美德致此賢女故言依然而茂盛者彼平林之木有往集之者維爲鷸雉也此鷸雉乃耿介之鳥由平林之木茂故往集焉唯有茂美之德者君子之身有來配之者維爲碩女也此碩女有齊莊之德由君子之身美則來配焉是美德能致碩女也如此則王若有茂美之德則其時彼有美大之賢女以令善之德來配於王王與王相訓令王改脩德教我用是之故則燕而飲酒且稱王之聲譽又愛好汝王無有厭倦也○傳依茂至辰時○正義曰依爲林之狀以茂而致雉故知依爲茂木貌也周禮有山林林麓不在平地此云平林故爲林木之在平地也鷸雉釋鳥文以說文云鷸長尾雉走鳴乘轝尾爲防釳著馬頭上陸機疏云鷸微小於翟也走而且鳴曰鷸鷸其尾長肉甚美故林麓山下人語曰四足之美有麃兩足之美有鷸麃者似鹿而小是也此鷸是雉中之別名雉性耿介故箋謂之耿介之鳥士相見注云贄用雉者取其耿介交有時別有倫雉必用死爲其不可生服是耿介也以雉有耿介之性喻碩女有貞專之德碩大也言美大之女○

雖無旨酒。式飲庶幾。雖無嘉殽。式食庶幾。雖無德與女。式歌且舞。箋云諸大夫覬得賢女以配王於是酒雖不美猶用之此燕飲殽雖不美猶食之必皆庶幾於王之變改得輔佐之雖無其德我與女用是歌舞相樂喜之至也○樂音洛【疏】箋諸大至之至○正義曰以言與之是相於非一之辭故言諸大夫也人之飲食必樂其旨嘉今喜而用之故不待旨嘉經再言庶幾其意則同故箋於食之下揔云皆庶幾於王之變改已得輔佐之也說燕樂之事而言無德者以人燕樂欲與賢德者同之若非賢德則燕不樂矣上云雖無好友以已爲主引人從已自他而言故云已無賢友此言無德與汝以彼爲主持已就人自已而言故云已身無德爲謙辭耳○

陟彼高岡。析其柞薪。析其柞薪。其葉湑兮。箋云陟登也登高岡者必析其木以爲薪析其木以爲薪者爲其葉茂盛蔽岡之高也此喻賢女得在王后之位則必辟除嫉妬之女亦爲其蔽君之明○析星歷反柞子洛反湑思敘反茂盛也爲于僞反下亦爲同辟婢亦反又音壁○ 鮮我覯爾。我心寫兮。箋云鮮善覯見也善乎我得見女如是則我心中之憂除去也○鮮息淺反徐音仙覯古候反女音汝行如是下孟反一本無行字【疏】陟彼至寫兮○正義曰言有人登彼高岡之上當必析伐其柞木以爲薪析伐其柞木以爲薪者以此柞木其葉湑湑然茂盛兮爲其蔽岡之高故我伐而去之以興有賢女居彼王后之位則必辟除褒姒以爲賤辟除褒姒以爲賤者以此褒姒其惡衆多爲其蔽王之明故除而去之善乎我得見汝之新昏賢女辟除褒姒如是則我心中之憂寫除而去兮喜之至也○箋登高至之明○正義曰以析者是除去之辭又言湑兮爲茂盛故喻其蔽岡之高以喻取一象欲見其體而不得見之則爲蔽也言爲薪是廢棄不用之辭故辟除嫉妬亦廢棄之也○

高山仰止。景行行止。四牡騑騑。六轡如琴。景大也箋云景明也諸大夫以爲賢女既進則王亦庶幾古人有高德者則慕仰之有明行者則而行之其御羣臣使之有禮如御四馬騑騑然持其教令使之調均亦如六轡緩急有和也○仰止本或作仰之景行下孟反注有明行同牡茂口反騑孚非反調音條和胡卧反○ 覯爾新昏。以慰我心。慰安也箋云我得見女之新昏如是則以慰除我心之憂也新昏謂季女也○慰怨也於願反王申爲怨恨之義韓詩作以慍我心慍恚也本或作慰安也是馬融義馬昭張融論之詳矣○【疏】高山至我心○毛以爲若得賢女在王后之位則諫王使之爲善庶幾於古人有高顯之德如山者則慕而仰之有遠大之行者則法而行之既慕德行善則調御有法如善御者使四牡之馬騑騑行而不息進止有度執其六轡緩急調和如琴瑟之相應也喻王法仰高大善御羣臣使有法成其文章如六轡之御四馬也得賢女則令王如是我所以願見之也我若得見爾之新昏使王改脩也如是則以安慰我心除其憂矣○鄭唯以景爲明爲異餘同○箋景明至有和○正義曰傳云景大釋詁文箋必易之爲明者以行須行之故以爲明見其明白可法明亦大也言高山者以山之高比人德之高故云古人有高德者則慕仰之也且仰是心慕之辭故爲高德[illegible]已見施行之語德則慕仰多行則[illegible]也六轡以御四馬故以喻王御羣臣六轡如琴猶言執轡如組轉相比並以發明其意也四牡傳曰騑騑行不止此亦然也○傳慰安○正義曰傳以慰爲[illegible]安非是異於傳也孫毓載毛傳云慰怨也王肅云新昏謂褒姒也大夫不遇賢女而後徒見褒[illegible]偏檢今本皆爲慰安凱風爲安此[illegible]思賢女無綠末句獨見褒姒爲[illegible]慰安也○

車舝五章章六句

毛詩注疏挍勘記（十四之二）

阮元撰盧宣旬摘録

○瞻彼洛矣

此及裳裳者華　閩監本毛本及誤乃閩本不誤

故宜云古明王　閩本明監本毛本同案浦鏜云宜當直字誤是也

韎韐者茅蒐染草也　小字本相臺本同案草當作韋見下

一曰韎　小字本相臺本同案一下當有入字見下正義云定本云一入曰韎韐此讀當以韎字斷句韐字逗正義讀韎韐二字爲連文者非亦見下

韎韐者茅蒐染也茅蒐韎韐聲也　小字本相臺本同案二韐字當衍見下韋昭晉語注引無二韐字左成十六年正義引亦無正義有二韐字當是其本誤

韎韐祭服之韠合韋爲之　小字本相臺本同案韎字當衍也段玉裁曰韎者韐之色也茅蒐染韋一入曰韎亦見說文及五經文字即一染謂之縓也韠韍也士無韍有韐故云韐所以代韠箋申之云韎者茅蒐染也茅蒐韎聲也韐祭服之韠合韋爲之皆分析韎韐二字別義各本譌舛不可讀茅蒐韎聲者駮異義所云齊魯之閒言韎聲如茅蒐也

紂衣纁裳也　小字本相臺本同案此釋文本也釋文云紂音緇考士冠禮纁裳純衣緇帶注云純衣絲衣也鄭不破爲紂正義引此經及注是其本當不誤今正義中字皆作紂者後人改之也又鄭彼注云先裳後衣者欲令下近緇明衣與帶同色亦經不讀爲紂之明證儀禮釋文此無音不誤也

河西曰雍州也　閩本明監本毛本同案浦鏜云正誤河是

此又言韎韐　閩本明監本毛本同案又當作文

琫上飾珌下飾珌下飾也　閩本同明監本毛本也誤者小字本相臺本不重珌下飾三字考文古本同案有者複衍也段玉裁云鞞刀室也即刀削削音肖削之上刀把其飾曰琫削末之飾曰珌有讀爲又

言有鞞有琫又有珌也公劉傳下曰鞞上曰琫略舉上下之體而已釋名與毛所說各異戴震改此傳云琫上飾鞞下飾珌飾貌非也鞞不可言飾戴說見毛鄭詩考正據釋名也又陳啟源毛詩稽古編說與段玉裁合

諸侯璗琫而璆珌大夫鐐琫而鏐珌小字本相臺本同案正義云天子諸侯琫珌異物大夫士則同尊卑之差也又云定本及集注皆以諸侯珌璆字從玉又以大夫鏐珌恐非也是正義本當作諸侯璗琫而鏐珌大夫鐐琫而鏐珌釋文本與定本集注同段玉裁云此從正義本考說文琫珌天子皆以玉則諸侯皆以金大夫皆以銀士皆以蜃爲有條理說文又云天子玉琫而珧珌

顯其能制斷小字本相臺本同案釋文以能斷作音無制字正義云以顯其能制斷也不知正義本有制字或自爲文也制斷字在冕冒傳當以有者爲是

說文云公珕蜃而不及於蜃故天子用蜃閩本同明監本毛本及誤別案十行本珕至末蜃剜添者三字公珕蜃山井鼎云作珕蜃屬爲倒是是也

○裳裳者華

兮已由讒見絕閩本明監本毛本同案浦鏜云兮疑以字誤屬下爲句是也

此華亦以黃爲盛閩本明監本毛本同案赤當作亦形近之譌

故言時有駁而不純者閩本明監本毛本同案駁當作駮

而見絕也閩本明監本毛本同小字本相臺本見下有棄字無也字考文古本棄字亦同案有者是也

○桑扈

箋胥皆至福祿閩本明監本毛本同案山井鼎云皆作有爲是也

屈原之姊名女須閩本明監本毛本同案姊誤妹下同是也

翰榦小字本相臺本榦作幹閩本明監本毛本同考文古本作榦案榦字是也此箋云爲之楨榦韓奕榦不庭方江漢召公維翰箋皆云楨榦可證此傳本是榦字也幹字說文所無文王文王有聲板崧高傳箋皆當同其正義云爲之楨幹者以榦幹爲古今字易而說之也餘同此釋文翰下云幹也亦是易爲今字耳崧高韓奕以楨榦作音則不用幹字矣爾雅楨翰儀榦也釋文云本又作幹五經文字木部云榦楨榦字○按幹乃俗字之尤者未必作正義者用之直轉寫之譌耳舊挍非是

爲之楨榦也閩本明監本毛本榦作幹案所改是也此當易爲幹上標起止當作榦今誤

言不憮敖自淫恣也小字本同閩本明監本毛本同相臺本憮作幠案幠字是也

爲不傲慢矣閩本明監本毛本傲誤敖案敖傲古今字此正義易而說之也

○鴛鴦

以興於萬物皆耳閩本明監本毛本同案浦鏜云耳字當作爾是也

易得尚以閩本明監本毛本同案浦鏜云下當脫時取二字是也

月令云羅網畢翳閩本明監本毛本同案十行本月令云剜添者一字

摧莝也小字本相臺本同案此正義本也正義云傳云摧莝轉古爲今釋文摧下云芻也又芻也楚俱反是其本莝作芻與正義本不同也考此傳當本云摧芻也與下傳秣粟也相對故箋云摧今莝字所以申摧得訓爲芻之意非傳先已轉古爲今而箋又辨之如正義所云也當以釋文本爲長○按詩經小學言之詳矣傳本作摧挫也箋本作挫今莝字也毛用古字鄭恐人不解故申之後人轉寫譌誤耳莝乃是斬芻芻未斬者不可以飼馬且摧挫音義皆相近

挫今莝字也小字本同閩本同相臺本挫作摧明監本毛本同案摧字是也釋文云摧采臥反讀依此箋也正義標起止云箋摧今○按小字本閩本是也

有事乃予之穀小字本相臺本同案此正義本也正義云而不常與粟易予爲與也釋文云與於音豫是其本予之作與於與正義本不同考文一本予作與采正義釋文而不知其異

箋鴛鴦至恐懼閩本明監本毛本同案浦鏜云至故與此異也百五字當在二章下是也此合併時分屬之如此耳

故與此異也閩本明監本毛本同案浦鏜云此當彼誤是也

序言自奉養非王身閩本明監本毛本同案非當作謂

亦猶然也齊而後三舉設盛饌三舉節是設盛饌也恒日則減焉唯一舉也閩本明監本毛本同案十行本首也至末也剜添者七字浦鏜云節當卽字是也

玉藻曰少牢也閩本明監本毛本同案浦鏜云日譌曰是也

○頍弁

不能宴樂同姓唐石經小字本相臺本同案釋文云燕又作宴以鹿鳴等訂之序字當作燕又作宴者依經君子維宴字改也考文古本作燕采釋文

令不親睦閩本明監本毛本同案浦鏜云令疑今字誤是也

則此皮爲燕之服閩本明監本毛本同案浦鏜云皮下當脫弁字是也

周人循而兼用之閩本明監本毛本同案今禮記循作脩

親同姓用皮弁也閩本明監本毛本同案浦鏜云親疑燕字誤是也

赤黑恬美閩本明監本毛本同案此不誤浦鏜云甜誤恬非也采苦正義引陸機云恬脆而美可證也恬卽甜字周禮注云如今恬酒矣

言當闓解而懌悅也閩本明監本毛本懌悅倒案所改是也

實維何期唐石經小字本相臺本同案釋文云本亦作其音基辭也王如字考此箋云期辭也是以期其爲同字也毛氏詩當是經字本作期故王肅得如字讀之以異於鄭亦作本非也考文古本作斯誤甚

具猶來也閩本明監本毛本同小字本相臺本來作皆考文古本同案來字誤也

吾謂之甥相臺本同閩本明監本毛本同小字本甥下有也字

君子維宴小字本相臺本同考文古本同唐石經初刻燕後改宴案初刻非也正義標起止云至維宴當是其本字作宴上下文云燕者亦易字之例也

且今夕喜樂此酒小字本相臺本同案六經正誤云喜作善誤建本作喜考正義作喜者誤字耳毛居正非考文古本作善采正義

陽之專氣爲霰陰之專氣爲雹閩本明監本毛本同案山井鼎云大戴禮上作霓下作霰是也此轉寫誤倒耳○按正義文不誤且以釋箋遇溫氣而摶謂之霓正相合不當以今之大戴禮相繩也疑今大戴正文誤

盛陽氣之在雨水閩本明監本毛本同案山井鼎云以下文類之氣之當作之氣是也

○車舝

作車舝詩者閩本明監本毛本同案浦鏜云作字當衍文是也

往迎之配幽王閩本明監本毛本同小字本相臺本配上有以字考文古本同案有者是也

合會離散之人小字本相臺本同閩本明監本毛本亦同案正義云會合離散之人當是轉寫倒之耳考文古本作會合采正義而誤

思賢女之幼閩本明監本毛本同案幼當作切其誤因形近而涉上文也

辰彼碩女小字本相臺本同唐石經初刻季後改碩案初刻誤也正義可證

故林麓山下人語曰閩本明監本毛本同案浦鏜云慮誤麓是也

猶用之燕飲閩本明監本毛本之下衍此字小字本相臺本無考文古本無十行本初刻無後剜添

必皆庶幾於王之變改閩本明監本毛本同小字本相臺本必作人案人字是也

善乎我得見女如是小字本相臺本同案此正義本也正義云善乎我得見汝之新昏賢女辭除褒姒之惡如是釋文云行如是一本無行字考文古本有采釋文

高山仰止唐石經小字本相臺本同案釋文云仰止本或作仰之考正義云則仰而慕之下景行行止正義云則法而行之又云故仰之行之異其文也是正義本二止字皆作之○按正義本當是一作之一作止故云異其文舊挍非也

慰安也小字本相臺本同案此傳正義本作慰安也釋文本作慰怨也正義云孫毓載毛傳慰怨也又云徧檢今本皆爲慰安又云定本慰安也釋文云本或作慰安也是馬融義馬昭張融論之詳矣昭融所論今不傳釋文以王申爲怨恨之辭爲據正義則申鄭以難王當以正義本爲長

附釋音毛詩注疏卷第十四（十四之三）

毛詩小雅　鄭氏箋　孔穎達疏

青蠅。大夫刺幽王也。蠅餘仍反 營營青蠅。止于樊。興也營營往來貌樊藩也箋云興者蠅之爲蟲汙白使黑汙黑使白喻佞人變亂善惡也言止于藩欲外之令遠物也○營如字說文作營云小聲也樊音煩藩方元反一本甫煩反汙汙辱之汙烏路反令力成反遠于萬反 豈弟君子。無信讒言。箋云豈弟樂易也○愷開在反悌音弟樂音洛易以豉反〔疏〕營營至讒言○正義曰言彼營營然往來者青蠅之蟲也此蟲汙白使黑汙黑使白乃變亂白黑不可近之當去止於藩籬之上無令在宮室之內也以興彼往來者讒佞之人也詩人喻善使惡喻惡使善以變亂善惡不可親之當棄於荒野之外無令在朝廷之上也讒人爲害如此故樂易之君子謂當今之王者無得信受此讒人之言也○傳樊藩○正義曰釋言文也孫炎曰樊圃之藩然則圃圃藩籬是遠人之物欲令蠅止之故箋云外之令遠物令使遠於近人之物又藩以細木爲之下章棘榛即是爲藩之物故下傳曰榛所以爲藩明棘亦然也此章言藩下章言所用之木互相足也

營營青蠅。止于棘。讒人罔極。交亂四國。箋云極猶已也 營營青蠅。止于榛。榛所以爲藩也○榛士巾反又側巾反 讒人罔極。構我二人。箋云構合也合猶交亂也〔疏〕箋構合合猶交亂○正義曰構者構合兩端令二人彼此相嫌交更惑亂與上章義同故云猶交亂也上言四國此云二人者二人謂人君與見讒之人也讒者每人讒之常構二人構之不已至交亂四國先多而後少故先四國也

青蠅三章章四句

賓之初筵。衞武公刺時也。幽王荒廢。媟近小人。飲酒無度。天下化之。君臣上下。沈湎淫液。武公既入而作是詩也。淫液者飲酒時情態也武公入者入爲王卿士○筵音延媟息列反近附近之近沈如字直林反字或作耽都南反湎莫衍反飲酒齊其色曰湎徐又莫顯反液音亦態他代反〔疏〕賓之初筵五章章十四句至是詩○正義曰賓之初筵詩者衞武公所作以刺時也以幽王政教荒亂而情廢乃媟慢親近小人與之飲酒無有節度令使天下化而效之致天下諸侯君臣上下亦放而行之沈酗於酒湎齊顏色淫液不止遂成風俗衞武公既入爲王之卿士見其如此而作是詩以刺之也定本集注並云飲酒無度俗本作飲食誤也刺時者即幽王之時也以幽王之文見於下故言刺時以目之案著云刺時也時不親迎鄭以爲直刺君身則言時者目其時之君由可以兼見於當時矣此君臣上下文在天下化之之下則是天下諸國之君臣也沈湎淫液即飲酒無度之事舉化者尙沈湎淫液則王朝亦沈湎淫液可知矣言武公既入者言作詩之早晚耳雅者言天下之事形於四方之風譚大夫尙得作詩以刺王則在國亦得作不要待入王朝也沈湎者尙書微子曰用沈酗于酒亂敗厥德于下蕩曰天不湎爾以酒箋云天不同爾顏色以酒酒誥注云齊色曰湎然則沈湎者飲酒過久若沈沒然使湎然俱醉顏色齊同也此經五章毛以上二章陳古燕射之禮次二章言今王燕之失鄭以上二章陳古大射行祭之事次二章言今王祭末之燕俱以上二章陳古以駿今次二章刺當時之荒廢卒章乃言天下化之三章四章言賓屢舞號呶是媟近小人飲酒無度也卒章言凡此飲酒爲天下之辭是天下化也卒章無君臣淫泆之事者此天下化之效上所爲效者尙然君臣可知故經舉天下之民以明其君臣也不醉反恥是使齊醉也其設戒童羖之言出與不出之語並爲沈湎之事也或以爲君臣上下沈湎淫泆倒本幽王之君臣則天下化之宜居於下非文之勢理在不然○箋淫泆至情態○正義曰樂記說樂之避云咏嘆之淫泆之則淫泆遲久之意也小人未醉身有惡態強自收掩及其醉酒則舊時情態皆出莊子說察人之法曰醉之以酒以觀其態是久飲酒則情態出也下箋云至於旅酬小人之態出亦謂久飲態出故舞下知止也定本集注態下皆無出字毛於首章傳曰有燕射之禮二章傳曰主人請射於賓則毛以上二章皆陳古者先行燕禮後爲燕射無祭祀之事也燕禮於旅酬之後云若射則大射正爲司射如鄉射之禮是燕射之法先行燕禮而後射也首章舉酬逸逸以上八句皆說燕事舉酬即旅酬也燕禮旅後乃射故舉酬以下說大侯既抗以下六句爲射事也燕必有樂故二章又重說燕事籥舞笙鼓是燕時之樂若燕樂之義得先祖之神悅故因論樂事遂引而致之言樂既和而奏之可以進樂先祖每事得禮則神降之福至子孫其湛以來六句說燕樂得宜可使明神降福之意燕樂得所則神明福之是不可不以禮燕射故下四句復說射事言賓主相耦入次取弓矢而又射也此兩章皆初論燕後論射而首章言籩豆二章言笙鼓者燕以飲食爲主作樂助其勸耳故先言酒殽而後言聲樂三章四章言今王燕飲初雖重慎後則失儀至於音聲號呶舞不休息卒章言下民化之亦荒於酒皆刺當時沈湎之事鄭以將祭而射謂之大射大射之初先行燕禮首章上八句言射初飲燕之事下六句言大射之事二章言作樂以祭盡章皆說祭時之事三章四章言今王祭末與族人私燕小人爲賓威儀昏亂唯卒章與毛同耳

賓之初筵。左右秩秩。秩秩然肅敬也箋云筵席也左右謂折旋揖讓也秩秩知也先王將祭必射以擇士大射之禮賓初入門登堂即席其趨翔威儀甚審知言不失禮也射禮有三有大射有賓射有燕射○秩直乙反鄭智也折之舌反知音智下同 籩豆有楚。殽核維旅。楚列貌殽豆實也核加籩也旅陳也箋云豆實葅醢也籩實有桃梅之屬凡非穀而食之曰殽○殽核上戶交反下戶革反葅側俱反 酒既和旨。飲酒孔偕。箋云和旨酒調美也孔甚也王之酒已調美衆賓之飲酒又威儀齊一言主人敬其事而衆賓肅愼○偕音皆 鍾鼓既設。舉醻逸逸。逸逸往來次序也箋云鍾鼓於是言既設者將射故縣也○醻市由反縣音玄 大侯既抗。弓矢斯張。大侯君侯也抗舉也有燕射之禮箋云舉者舉鵠而棲之於侯也周禮梓人張皮侯而棲鵠天子諸侯之射皆張三侯故君侯謂之大侯大侯張而弓矢亦張節也將祭而射謂之大射下章言烝衎烈祖其非祭與○抗苦浪反斯張如字鵠戶沃反鵠鵠也說文云即鵠也小而難中又云鵠者覺也直也射者直己志棲音西著也梓音子衎苦旦反祭與音餘本作乎又作也並非 射夫既同。獻爾發功。箋云射夫衆射者也獻猶奏也既比衆耦乃誘射射者乃登射各奏其發矢中的之功○發如字餘音廢比毗志反中丁仲反 發彼有的。以祈爾爵。的質也祈求也箋云發發矢也射者與其耦拾發發矢之時各心競云我以此求爵女爵射爵也射之禮勝者飲不勝所以養病也故論語曰下而飲其爭也君子○勺音的本亦作的同祈音其拾其劫反更也飲於鴆反下同爭爭鬬之爭〔疏〕賓之至爾爵○毛以爲古之將行燕射先爲燕禮燕禮之時其賓之初入門以至於升筵其折旋揖讓隨其左右趨翔威儀甚肅敬而秩秩然而不失禮也其升筵之時則王之籩豆有楚然而陳列之矣又葅醢之殽與有核桃梅維旅而陳之於籩豆之上矣其王之酒既又和調旨美時衆賓之飲酒者威儀甚偕言其齊一而順禮也及其將射鍾鼓既設已改設舉酬之爵逸逸然往來而有次序也既旅之後止飲而行射事君之所射大侯既舉而張之其衆射之弓矢於斯舉侯之時又亦張之矣弓矢既張衆射之夫既同登於堂而在射位遂各呈奏爾之射者發矢中的之功此射者發矢射彼有射與其耦拾發之時則各心競云我發必使中以求不飲汝養病之爵今不能然故舉以刺之○鄭唯行燕至安不飲後而行大射爲異其文義則同○傳秩秩然肅敬○正義曰箋依釋訓云秩秩智也傳言肅敬者以序刺媟慢由有智而能肅敬理亦通也○箋筵席至燕射○正義曰春官司几筵注云筵亦席也鋪陳曰筵藉之曰席然其言之筵席通也左右謂折旋揖讓者以賓與主人爲禮隨其左右之宜其行或方折或迴旋相揖而辭讓也今大射禮諸侯與其臣行禮使宰夫爲主人案其經揖者納賓及庭公降一等揖之公升席賓升自西階主人從之賓右北面再拜賓荅拜主人降洗賓降主人辭降主人取觚洗賓辭洗主人卒洗賓揖升筵前獻賓賓拜受爵於筵前然後賓升筵是賓初入門至即筵以來每折旋揖讓之事也折旋揖讓則或左或右故知左右謂折旋揖讓也射義曰古者諸侯之射也必先行燕禮故此言升筵薦酒行燕禮也射義又曰天子將祭必先習射於澤宮澤者所以擇士也已射於澤宮然後於射宮射中者得與於祭不中者不得與於祭是先王將祭必射以擇士也先於澤宮後於射宮是將祭再爲射禮澤宮言射則未是正射射於射宮乃行大射云公入驚注云此公出而言入者大射於郊鄉射記曰於郊則間中注云於郊謂大射於學則射宮者西郊之學也澤宮之所在則無明文言賓之初筵左右秩秩則從爲賓以至於即筵皆秩秩也以其言廣故云大射之禮賓初入門登堂即席其趨翔威儀甚審智言其不失禮也審智言其安審而有智與毛肅敬同也毛以此篇爲燕射鄭則爲大射因辨禮射之數言已不同之意也故云射禮有三有大射有賓射有燕射大射者將祭擇士於射宮賓射者謂諸侯來朝與之射於朝燕射者因燕賓客即與射於寢此三者其處不同其侯亦別冬官梓人云張皮侯而棲鵠則春以功張五采之侯則遠國屬張獸侯則王以息燕三者別文皮侯即大射也五采之侯賓射也獸侯燕射也不言鄉射者鄉射是州長與其民射於州序之禮天子諸侯無之故不言也○傳楚列至旅陳○正義曰此言籩豆之設故知楚爲陳列貌也此經二句自相充配殽核即籩豆所盛殽則實之於豆核則加之於籩故言殽豆實核加籩也先殽後核不依籩豆次者便其文耳祭祀有加豆籩傳言加籩豆知非加豆籩者以此非祭無取加豆之義而又天官籩人加籩之實蓤芡栗脯非核物且以殽豆實類之知加之於籩非爲籩加之也旅陳釋詁文楚是陳列之貌旅又爲陳者謂陳殽核於籩豆之上也○箋豆實至曰殽○正義曰天官醢人掌四豆之實韭菹醓醢之等皆實之於豆實謂菹醢籩人云饋食之

籩其實棗栗桃乾䕩注云䕩乾梅也內則有桃諸梅諸是其乾者也桃梅有核之物申傳說加籩之義故云籩實有桃梅之屬故稱核也言之屬者以燕之物多非止桃梅故稱屬也既以豆實爲菹醢恐殽名唯施於此故云凡非穀實而食之曰殽明殽是揔名以此文殽核與籩豆相對故分之耳其實核亦爲殽魏風曰園有桃其實之殽是在籩之物亦爲殽也醢人云羞豆之實酏食糝食酏糝皆以稻米爲之則豆實之殽亦有穀實矣言非穀實者穀實謂爲飯食者也今變爲雜用不同穀實之限○箋主人至肅慎○正義曰偕者俱也言其俱相類故言衆賓之飲酒又威儀齊一也言主人敬其事而衆賓肅慎明賓主皆得其宜所以爲美也○傳逸逸往來次序○正義曰燕禮旅酬之後乃云若射此將射而言舉酬行旅也旅者以長幼次序之言故知逸逸往來有次序也燕禮初則云樂人宿懸注云懸鐘磬也國君無故不徹懸言懸者爲燕新之然則於此言鐘鼓既設者亦爲將射改懸也以天子宮懸階間妨射位故改懸以避射也鄉射禮將射乃云樂正命弟子贊工遷樂于下注云當避射位彼琴瑟之樂尚遷之明鐘鼓之懸改之矣○箋鐘鼓至改懸○正義曰大射諸侯之禮云樂人宿懸厥明乃射明天子亦然今至於舉酬始言鐘鼓既設故知將射改懸也大射不言改懸者國君與臣行禮略三面而已不具軒懸東西懸在兩階之外兩階之間有二建鼓耳東近東階西近西階又無鐘鼓不足以妨射不須改也大射注云國君於其羣臣備三面耳無鐘磬有鼓而已其爲諸侯則軒懸是由階間無懸故不改也鄭言諸侯爲諸侯則軒懸明天子於其臣備宮懸將射而改之故於此言既設也○傳大侯至之禮○正義曰傳唯言大侯君侯不言侯之所用梓人云張獸侯則王以息燕是燕射射獸侯則毛意亦當然矣燕射之禮自天子至士皆一侯上下其射之無三侯二侯故鄉射記云天子熊侯白質諸侯麋侯赤質大夫布侯畫以虎豹士布侯畫以鹿豕注云此所謂獸侯也燕射則張之鄉射及賓射當張采侯二正而記此者天子諸侯之燕射各以其鄉射之禮而張此侯是以云焉白質赤質者皆謂采其地不采者曰布也熊麋虎豹鹿豕皆正面畫其頭象於正鵠之處君畫一臣畫二陽奇陰耦之數也燕射射熊虎豹不忘上下相犯射麋鹿豕志在君臣相養也其畫之者皆毛物也又曰凡畫者丹質注云賓射之侯燕射之侯皆畫雲氣於側以爲飾必先以丹采其地丹淺於赤又曰鄉侯中十尺侯道五十弓弓二寸以爲侯中如此則天子燕射唯射一侯耳侯身一丈其中三分居一以白地畫熊於外則丹地畫以雲氣唯此一侯君臣共射而云大侯君侯者以君所射故謂之大傳解言大之意故以君侯釋之非謂與君臣別侯也大射禮云大侯九十弓彼張三侯其九十弓者最高大故云名大侯亦以君之所射故也言有燕射之禮者以上文謂燕此下說射故言禮有燕射之禮故此詩得言之若然燕禮言若射如鄉射之禮案鄉射初則張侯此舉酬之下始言大侯既抗者鄉射之初雖言張侯而以事未至經云不繫左下綱中掩東之至於將射以司正爲司馬乃云司馬命張侯弟子脫束遂繫左下綱是將射始張之故於此言既抗也○箋舉者至祭與○正義曰案大射前射三日司馬命量人巾車張三侯夏官射人云若王大射則以貍步張三侯則天子亦前射三日其侯射人張之矣此將射而言大侯既抗明非始張侯體言舉鵠而棲之於侯中也知者鄭既云周禮梓人張皮侯而棲鵠是鵠在侯復別棲之棲卽舉也彼注云皮侯以皮所飾之侯也其上文云梓人爲侯廣與崇方三分其廣而鵠居一焉注云高廣等謂侯中天子射禮以九爲節侯道九十弓弓二寸以爲侯中高廣等則天子侯中一丈八尺諸侯於

其國亦然鵠所射也以皮爲之各如其侯也居侯中三分之一則此鵠方六尺唯大射以皮飾侯故言張皮侯而棲鵠也天官司裘注亦云以虎熊豹麋之皮飾其側又方制之爲質謂之鵠著於侯中所謂皮侯也又解名曰大侯之意天子諸侯之射皆張三侯故云君侯謂之大侯鄭以此爲大射故云張三侯若燕射則張一侯而已無三侯也射人云王大射張三侯司裘王大射供虎侯熊侯豹侯設鵠天子之射張三侯也大射巾車張三侯是諸侯之射張三侯也司裘又曰諸侯供熊侯豹侯不三侯者注云諸侯謂三公及王子弟封於畿內者是畿內諸侯屈於天子故二侯也謂之侯與鵠者司裘注云謂之侯者天子中之則能服諸侯以下中之則得爲諸侯謂之鵠者取名鳱鵠也鳱鵠小鳥而難中是以中之爲俊也亦取名鵠之言較較者直也射所以直己志也大射注云或曰鵠鳥名也淮南子曰鳱鵠知來然則所云正者正也亦鳥名也齊魯之間名題肩爲正正鵠皆鳥之捷黠者也此因大射之鵠而又解賓射之正故言然也射人注云正之言正也射者內志正則能中焉是取鳥爲名又取正爲義亦猶鵠也既已棲鵠便卽射之故云侯張而弓矢亦張節也解抗侯之下言張弓之意弓可言張而并言矢者矢配弓之物連言之耳既言大射之禮而毛以此爲燕射故破之云將祭而射謂之大射下章言烝衎烈祖其非祭予既烝衎烈祖是爲祭事則此時祭爲大射明矣故難之也鄭異於毛多矣唯采蘋及此難之者出於當時之意耳王肅述毛云幽王飲酒無度故言燕禮之義其奏云言燕樂之義得則能進樂其先祖猶孝經說大夫士之行曰然後能守其宗廟而保其祭祀非唯祭之日然後能保而行之以此故言烝衎非實祭也孫毓以爲燕禮輕祭事重幽王無度無不慢也樂重可以明輕輕不足以明重又錫爾純嘏子孫其湛非燕飲之文所得及也一篇之旨箋義爲長○箋射夫至之功○正義曰大射所以擇士當助祭者莫不在焉既同非一之辭故知射夫衆射者也獻奏皆奉上之言以發矢能中是呈奏己功故以獻爲奏也大射禮選羣臣爲三耦若大夫不足以士充之三耦之外其餘衆士與射者各自取匹謂之衆耦射人說賓射之禮云王以六耦則天子大射亦六耦也故周禮夏官大司馬職云若大射則合諸侯之六耦此其義也射人云諸侯四耦大射唯三耦者賓射對鄰國之君尊故四耦大射與己之臣子卑故降之天子尊無與敵其與射者皆是諸侯來朝及在朝公卿無所差降明矣大射賓射但六耦之外亦當有衆耦矣言既比衆耦乃誓射者衆耦正謂王之六耦之外衆耦也何者大射於司射誓射之下云遂比三耦司射命三耦取弓於次司射升堂誘射既誘射然後三耦登堂射射三耦既射乃云遂比衆耦是比衆耦在誘射之後今此箋云既比衆耦乃誘射射者乃登堂而射各奏其發矢中的之功言比衆耦文在誘射之上誘射之下始云登堂而射故知衆耦非如大射之衆耦也必知然者射以正耦爲主故禮定其尊卑之數其餘衆耦纔厠末而已鄭何當舍其正耦而言及夫乎正以六耦非一故稱衆也言誘射者大射注云誘教也夫子循循然善誘人○傳的質○正義曰毛氏於射侯之事正鵠不明唯猗嗟傳云二尺曰正亦不言正之所施周禮鄭衆馬融注皆云十尺曰侯四尺曰鵠二尺曰正四寸曰質則以爲侯皆一丈鵠及正質於一侯之中爲此等級則亦以此質爲四寸也王肅亦云二尺曰正四寸曰質又引爾雅云射張皮謂之侯侯中者謂之鵠鵠中者謂之正正方二尺也正中謂之槷方六寸也槷則質也舊云方四寸今云方六寸爾雅說之明宜從之此肅意唯改質爲六寸其餘同鄭馬也賈逵周禮注云四尺曰正正五重鵠居其內而方二尺以爲正正大於鵠鵠在正

內雖內外不同亦共在一侯鄭於周禮上下檢之以爲大射之侯其中制皮爲鵠賓射之侯其中采畫爲正正大如鵠皆居侯中三分之一其燕射則射獸侯侯中畫爲獸形卽鄉射記所謂熊侯白質之類矣三射之侯皆不同也射人注說畫正之法云其外之廣居侯中三分之一中言二尺與毛傳二尺曰正同也射義云孔子曰循聲而發發而不失正鵠者其唯賢者乎詩云發彼有的以祈爾爵既言正鵠卽引此的則詩人之意以的爲正鵠之謂也司裘注說皮侯之狀云以虎熊豹麋之皮飾其側又方制之以爲質謂之鵠是鄭意以侯中所射之處爲質也此傳唯言的質也不言質之大小不必同於諸儒四寸六寸也且的者明白之言若廣纔四寸不足以爲明矣蓋亦爲所射處與鄭同也毛以此爲燕射則的者謂熊侯白質者也○箋發發矢至君子○正義曰言射事故知發爲發矢大射禮曰上射既發挾矢而後下射射拾發以將乘矢是射者與其耦拾發也彼注云拾更也將行也然則四矢謂之乘言射者更代發以行此四矢使四矢徧射也上言獻爾發功謂其行射時此又本其發時之心故云發矢之時各心競云我以此求爵汝謂求不飲也射義引此詩卽云祈求也求中以辭爵也酒者所以養老所以養病求中以辟養也注云欲求中之者以求不飲汝爵是矣故此云射之禮勝者飲不勝者所以養病是辭養也大射禮曰司射命設豐司宮士奉豐由西階升坐設於西楹西勝者之弟子洗觶升酌散南面坐奠于豐上司射命三耦及衆射者勝者皆袒決遂執張弓不勝者皆襲脫決拾却左手右加弛弓於其上遂執弣勝者先升堂不勝者進北面坐取豐上之觶興少退立卒觶坐奠於豐下三耦卒飲衆皆繼飲射爵如三耦是飲射爵之禮故論語曰下而飲其爭也君子引此者明祈爾爵爲心中之爭也此飲於西階上言不而飲者謂飲射爵時揖讓而升下意取而飲與爭故引彼交不盡耳射義又曰射者仁之道也射者求正諸己己正而後發發而不中則不怨勝己者反求諸己而已矣是各心爭之事也○

籥舞笙鼓。樂既和奏。烝衎烈祖。以洽百禮。秉籥而舞與笙鼓相應箋云籥管也殷人先求諸陽故祭祀先奏樂滌蕩其聲也烝進衎樂烈美洽合也奏樂和乃進樂其先祖於是又合見天下諸侯所獻之禮○籥余若反衎苦旦反洽戶夾反應應對之應滌徒歷反樂音洛下樂其湛樂喜樂下文曰樂並同

百禮既至。有壬有林。壬大林君也箋云壬任也謂卿大夫也諸侯所獻之禮既陳於庭有卿大夫又有國君言天下徧至得萬國之歡心○徧音遍

錫爾純嘏。子孫其湛。嘏大也箋云純大也嘏謂尸與主人以福也湛樂也王受神之福於尸則王之子孫皆喜樂也○錫音析嘏古雅反湛荅南反

其湛曰樂。各奏爾能。賓載手仇。室人入又。手取也室人主人也主人請射於賓賓許諾自取其匹而射主人亦入于次又射以耦賓也箋云子孫各奏爾能者謂既湛之後各酌獻尸尸酢而卒爵也士之祭禮上嗣舉奠因而酌尸天子則有子孫獻尸之禮文王世子曰其登餕獻受爵則以上嗣是也仇讀曰㪺室人有室中之事者謂佐食也又復也賓手挹酒室人復酌爲加爵○能如字徐奴代反又奴來反仇毛音求匹也鄭讀爲㪺音俱謂挹取酒餕子峻反復扶又反下皆同挹一入反

酌彼康爵。以奏爾時。酒所以安體也時中者也箋云康虛也時謂心所尊者也加爵之間賓與兄弟交錯相醻卒爵者酌之以其所尊亦交錯而已又無次也○中張仲反人無次也一本作又

疏

籥舞至爾時○毛以爲古之行燕禮也作樂以助歡心使人秉籥而舞與吹笙擊鼓音節相應樂既和奏之音聲甚得其所既賓主有禮八音和樂如是則德當神明可以進樂其先有功烈之祖以合其酒食百衆之禮以獻之也祭有酒食聲樂可歆神因言合獻衆禮以是俱是事神之物卽乘而言之此酒食百衆之禮既獻而至於祖時則有祭祀之大禮有孝子之人君可以當於神明爲神所歆祐賜汝孝子以大大之福令子孫其皆耽樂而歡喜也燕樂之和可使神明降福子孫耽樂其此耽者乃曰由燕飲之樂是燕之不可以已也故燕未將射賓則自取其匹耦以共發而居室之主人亦入於次故取弓矢又射以耦賓也賓主射舉而有勝否乃酌彼安禮之養爵以奏進於汝之射中者令以飲其不中而行罰也此皆燕射之正禮疾今不行○鄭以爲既大射擇士與祭故於此言其祭事爲祭之初先秉籥而舞吹笙擊鼓聲音滌蕩節度相應其樂既和而俱奏詔告天地之間進樂功烈之祖以合百國所獻之禮而薦之宗廟百國所獻之禮既至陳於庭又有卿大夫矣有諸侯君矣是天下之偏至得萬國之歡心所以事其先祖也先祖於是饗而祐之錫爾王大報之福令得保其家邦則王之子孫蒙神之福其皆耽而喜樂矣子孫所以其耽者曰由喜樂於神之福是子孫亦當敬事神明於服之後乃各奏見爾子孫奉進之能酌酒而獻尸以事神也子孫既獻於是賓則手自輔挹其酒室中佐食之人又入而酌爲加爵以獻尸也既加爵之後欲使神惠偏行而賓之弟子及已弟子酌彼空虛之爵以進汝之此時心中所尊敬者此皆先王祭祀之禮疾今幽王不能然至於洗酒而無度故舉以剌之○傳秉籥至相應○正義曰簡兮云左手執籥右手秉翟是執籥以舞也相在笙鼓之上明其與之相應樂器多矣燕之所用不止於此作者舉鼓舞而言耳此皆燕時樂也或以此爲節射之樂案射禮主於射略於樂大射云司射命曰不鼓不釋言射不與鼓節相應不釋筭也樂正命大師曰請奏貍首間若一言調其疏數以節射也然則射之樂者擊鼓作歌與射者爲節而已不必大作諸樂此云鼓舞相應非射樂矣且傳意以此樂和奏可以進樂先祖安得捨燕初之盛作而指節射之略者乎以此知不然矣○箋殷人至之禮○正義曰殷人先求諸陽郊特牲文以人死也體魄則降智氣在上祭義曰氣也者神之盛也魄也者鬼之盛也合鬼與神敎之至也衆生必死死必歸土此之謂鬼其氣發揚于上神之著也又曰二端既立報以二禮注云二端既立謂氣也魄也由人死有二者故作樂揚其聲音之號使詔告天地之間合魂氣聞而以降此求諸陽之義陽謂魂氣分散者也又臭鬱合鬯以灌合體聞而以出是求諸陰之義陰謂體魄存在者也祭者皆爲此二者但行之有先後耳故郊特牲曰殷人尚聲臭味未成滌蕩其聲樂三闋然後出迎牲聲音之號所以詔告於天地之間周人尚臭灌用鬯臭鬱合鬯臭陰達於淵泉灌以圭璋用玉氣也既灌然後迎牲致陰氣也凡祭愼諸此魂氣歸于天形魄歸于地故祭求諸陰陽之義也殷人先求諸陽周人先求諸陰注云此其所以先後異也由此言之殷周先後雖異皆行二禮殷人之臭味未成滌蕩其聲則成臭味而作樂臭味成而行祼其相去亦幾也宗廟當九闋殷於樂闋迎牲周既灌迎牲則殷之爲灌不可在迎牲之後當亦三闋之前矣以氣魄不甚相遠求之亦先後耳故知作樂與灌不得相變也昭七年左傳稱人生始化曰魄既生魄陽曰魂則魂魄小異耳禮記注云復招魂復魄是魂魄相將之物也然人死精氣有遺而留者有發而升者相對故留者爲魄發者爲魂聖人制作二禮以求之此詩說祭祀之禮不言酒食唯言樂故解之由殷人先求諸陽故祭祀之

禮先奏樂滌蕩其聲以是之故此詩主言鼓舞而已此武公周之子孫而言殷禮者鄭志荅趙商云衛殷之畿內君子行禮不求變俗祭祀之禮居喪之服哭泣之位皆如其國之法故衛稱殷禮是解武公言殷禮之事也鄭之此荅皆下曲禮文案彼注云重本也謂去先祖之國居他國則是不變本國之俗而荅志以爲不變民之俗者以禮記說大夫士去國之去故知不變父祖之俗至於人君則與民爲政故順民之俗以不變事同故取禮記爲言耳必知人君當不變民俗者以秦襄公居周之故地故蒹葭刺襄公未能用周禮將無以固其國定四年左傳命伯禽以商奄之民命康叔封諸殷墟皆啓以商政皆言因其故也行其舊俗故知武公行殷之禮故舉殷法而言也此因詩文唯言奏樂故解武公之意也其實詩人之作出於本情不必殷人皆言樂周人皆言祼也烈祖言既載淸酤玄鳥云大糦是殷人之作言酒食也執競說武王之祭言鼓鐘管磬是周人之作言聲樂也以此知作者各言其志立文不常箋知以洽百禮合見天下諸侯所獻之禮者以下經云百禮既至是自外而至故知諸侯所獻之禮也○傳壬大林君○正義曰釋詁文毛不解百禮之義載芟文與此同傳曰百禮言多則是君所進祭祀之禮多非諸國之所獻百禮宜爲所薦之酒食穀羞之百種也毛以此詩正論燕樂之和其言遂及先祖皆非實祭之事則百禮既至不得爲諸侯非百國之禮自外至也然則有壬有林皆異於鄭當謂有祭祀之大禮有孝子之人君耳。○箋任至心。○正義曰鄭以此爲實祭既至外來之辭則君爲諸侯之君君爲國君則任是君所任者故爲卿大夫也以百禮既至則禮從外來故云所獻之禮既陳於庭謂九州諸侯採其美物以當邦賦各獻國之所有而陳之王庭也禮器曰大饗其王事與三牲魚腊四海九州之美味也邊豆之薦四時之和氣也注云此饌諸侯所獻則王陳之祭致遠物以助之故知陳天下諸侯獻之禮陳於庭其陳物之外又有卿大夫又有國君也國君之來臣必從焉亦有君不來朝使臣聘者故任林並言先任後林便其文耳必陳此物及卿大夫與國君者見天下偏至得萬國之歡心孝經曰故得萬國之歡心以事其先王是其事也經言百禮而箋云萬國者皆舉大數箋因成文耳○箋嘏謂至喜樂也○正義曰嘏言既與少牢特牲受嘏文同少牢之嘏有辭是皆尸假神意與主人故言尸與主人以福王受神之福於尸也以王之受嘏其辭有勿替引之是福及子孫故喜樂也○傳手取至耦賓○正義曰毛以此爲行燕射之禮故以手爲取言室人以對賓故云室人主人以主自居於室故謂之室人也大射云司射請於公鄉射云司射請於賓則射法立司射以請之非主人自請此云主人請射於賓賓許諸者以詩之所陳畧舉大綱非如記注禮儀曲言節數此捴陳賓主之黨不獨陳主與正賓二人也禮從主人而起故主人請而賓許諾也又射禮耦者有司所比不是賓自取之云賓自取匹者雖配之由於有司其技藝敵與不敵亦強弱素定自相牽引而爲耦也大射司射及三耦等皆云取弓矢於次此云主人亦入於次謂取弓矢也言又射以耦賓者賓爲上射主爲下射故言又射以耦賓也次者大射注云次若今更衣帳張席爲之○箋子孫至加爵○正義曰以此論祭事而云子孫各奏爾能故知謂既耽之後各酌獻尸也尸尊神之象子孫敢獻之是其能也禮獻必有酢故知尸酢而卒爵也以天子祭禮亡約士之祭禮有嗣子舉奠因酌尸天子則有子孫獻尸之禮特牲禮云上嗣舉奠入北面再拜稽首注云上嗣主人將爲後者舉猶飲也使嗣子飲奠者將傳重累之也又曰尸執奠進受復位祭酒啐酒尸舉肝進受肝復位坐食肝卒觶是士之祭禮嗣子舉奠也又曰舉奠洗爵入尸拜

受舉奠拜尸祭酒啐酒奠之舉奠出復位是因酌尸也言奠者謂迎尸之前親酌奠於鉶南嗣子於此乃舉而飲之故言舉奠自是以後因號嗣子爲舉奠也不引少牢禮者少牢無嗣子舉奠之事特牲注云大夫之嗣子無舉奠避諸侯然則士畢故不嫌也特牲酌尸不卒爵又無酢直啐而奠之與此不同引之者以有洗酌入事其節相當故引之又引文王世子者與此相當故云其登餕獻受爵則以上嗣彼據世子之禮正當此事故言是也不直引文王世子而先引士之禮者以文王世子記文言行事之次約士禮準之而後明故并引之彼注云上嗣君之適長子以特牲少牢饋食禮言之受爵謂嗣子舉奠也獻謂舉奠洗爵入也餕謂宗人遺舉奠盥祝命之餕也言登以三者皆登堂行之文逆者便文且令受爵文承上嗣明受之者嗣子也鄭以特牲禮文有次故順而解之與經反也天子有奠舉諸侯有奠角在於饋獻之前至祭未世子乃舉奠也郊特牲云舉斝角詔安尸彼謂陰厭之時設饌於與奠舉餕南迎尸主而入卽席東面尸舉所奠之舉祭之至九獻之後嗣子舉所奠之斝飲而卒爵所謂受爵也既稱爲獻固當有酢而卒爵所以爲異故此云天子則有子孫獻尸之禮以明士禮無也以祭無取於匹故曰仇讀曰辭謂辭挹取酒也室人有室中之事謂佐食者特牲注云佐食賓佐尸食者也謂於賓客之中取人令佐主人爲尸設饌食之人其名之曰佐食特牲佐食一人少牢佐食二人未知天子諸侯當幾人也特牲三獻之後長兄弟洗觚爲加爵又曰衆賓長爲加爵注云大夫三獻而禮成多之者爲加是賓手挹酒室人復酌爲加爵也特牲止有賓長爲加爵不及佐食此言賓與室人俱爲加爵者天子之禮大故佐食亦爲加也案特牲加爵在嗣子舉奠前此賓與室人文在各奏爾能之下者此因子孫其耽先言子孫之事令與上連故賓與室人在其後耳不以酌獻先後爲次也○傳酒至中。○正義曰言酒所以安體者射義曰酒所以養病所以養老是由安體故可以養也上章言以祈汝爵慮其耦與已爵也言以奏爾中謂勝者之黨酌以進中者令以飲彼不中者也各從其所而言之故王肅云奏中者以飲不中者是也大射禮云勝者之弟子洗觶升酌散南面坐奠於豐上是豐上之觶勝者所酌又言養是自勝者往養不勝者之辭故知以奏爾中欲令飲不中者或以投壺云正爵既行請爲勝者立馬三馬既立請慶多馬謂此以奏爾中爲慶勝之爵知不然者大射鄉射皆射訖卽行飲酒之禮以至於終無慶勝之事故也○箋康至次正義曰康虛釋詁文時者謂時而存在乎意故云心所尊者箋又解酌虛爵奏所尊之節故云加爵之間賓與兄弟交錯相酬卒爵言自此以前爵未虛也特牲禮加爵之前賓酬長兄弟加爵之後長兄弟酬賓是加爵之間賓與兄弟交錯其酬也酬賓之下云卒爵者實觶於饌是卒爵也於是以後爵乃虛矣又曰賓弟子及兄弟弟子各酌於其樽中庭北面舉觶於其長是奏所尊之事也故云酌以獻其所尊交錯而已無次序以旅末故知無次序也言交錯而已者謂弟子舉觶之交錯非上交錯其酬也特牲注云弟子後生者也

賓之初筵。溫溫其恭。箋云此復言初筵者既祭王與族人燕之筵也王與族人燕以異姓爲賓溫溫柔和也**其未醉止。威儀反反。曰既醉止。威儀幡幡。舍其坐遷。屢舞僊僊。**反反言重慎也幡幡失威儀也遷徙屢數也僊僊然箋云此言賓初卽筵之時能自敕戒以禮至於旅酬而小人之態出言王既不得君子以爲賓又不得有恒之人所以敗亂天下率如此也○反如字韓詩作阪阪音蒲板反善貌曰既音越下是曰皆同下章放此幡

乎袁反舍音捨坐如字徐才臥反屢力具反注及下同本作婁僊音仙屢數音朔態他代反率音類又所律反

其未醉止。威儀抑抑。曰既醉止。威儀怭怭。是曰既醉。不知其秩。

抑抑慎密也怭怭媟嫚也秩常也○抑於力反怭毗必反又符筆反說文作佖媟嫚也媟媟息列反下音慢【疏】賓之至其秩○毛以為幽王既不能如古之禮故陳其燕之失禮言幽王所與燕賓失禮之事其賓之初入門及登堂升筵矣於時尚溫溫然其貌和柔而恭敬也王飲酒旅前其未醉止之時威儀猶能反反然重慎也至於旅酬之後曰既醉止之時威儀幡幡然失其所矣又舍其本坐遷鄉他處數數起舞僊僊然失所也此賓為王所敬其失如此故武公疾之又重言之云此本旅前其未醉止尚守威儀抑抑然慎密至旅後曰已醉止乃威儀怭怭然而媟嫚至於旅末是曰既醉不自知其常禮言其昏亂禮無次也由此故民皆化之敗亂天下可疾之甚○鄭唯王祭末與族人燕為異其文義則同○箋此與上章雖古今不同而相承為首尾再言賓之初筵故解之云此復言初筵者既祭王與族人燕之筵也卽楚茨所謂諸父兄弟備言燕私是也以文王世子云若公與族人燕則異姓為賓明王亦然彼注云同宗無相賓客之道以是賓必異姓○傳反反至僊僊然○正義曰此言自重而謹慎與下抑抑慎密一也謂慎禮而密靜卽為美之義故假樂傳曰抑抑美也幡幡失威儀亦由媟慢故下傳曰怭怭媟慢也僊僊舞貌也傳直云僊僊者是貌狀之辭下僛僛傞傞俱是貌狀亦宜然矣○箋此言至如此○正義曰鄭以章句相接故因上經言初卽筵之時能自勑戒以禮未醉之前謂獻酢酬之時也既醉謂至於旅酬而小人態出故失威儀也下章無筭爵時故音聲號呶又甚於舍坐是為文次也論語云聖人吾不得而見之得見君子者斯可矣又曰善人吾不得而見之得見有恒者斯可矣故言王既不得君子以為賓又不得有恒之人卒章云凡此飲酒為天下所化是由此賓之失而然故言所以敗亂天下率如此言率者非一之辭

賓既醉止。載號載呶。亂我籩豆。屢舞僛僛。是曰既醉。不知其郵。側弁之俄。屢舞傞傞。

號呶號呼讙呶也僛僛舞不能自正也傞傞不止也箋云郵過側傾也俄傾貌此更言賓既醉而異章者著為無筭爵以後也○號胡毛反注同呶女交反僛起其反注本正或作止按下傞傞是舞不止此宜為正說文云醉舞也郵音尤俄五何反廣雅云衺傞素多反一音倉柯反呼火故反讙呼端反

既醉而出。並受其福。醉而不出。是謂伐德。飲酒孔嘉。維其令儀。

箋云出猶去也孔甚令善也賓醉則出與主人俱有美譽醉至若此是誅伐其德也飲酒而誠得嘉賓則於禮有善威儀武公見王之失禮故以此言箴之○箴之林反【疏】賓既至令儀○正義曰前章言燕初及旅酬之事此述無筭爵之後言爵行無筭賓既醉於酒止於是則號呼則讙呶而唱叫也錯亂我籩豆之行列數起舞僛僛然不能自正也又疾而重言之是此言賓曰既已醉則不自知其過失傾側其弁使之俄然數起舞傞傞然又不能止以此荒醉敗亂天下故武公為言陳作賓之禮若既醉而出則賓與主人並受其得禮之福賓則身為知禮主則用得其人是並受其福也若至於醉而不出是謂誅伐其德醉前無失為有德既醉為慾以喪之是伐其德也戒王若飲酒而誠能得嘉善人之賓與之燕則維其於禮有善儀也王何不擇而賓之乎上言曰既醉止與此是曰既醉曰者斷絕更生事之辭言醉而復益醉也上言僊僊是舞之形貌猶能自正僛僛則不能自正傞傞則非徒不正又不能止為差降也

凡此飲酒。或醉或否。既立之監。或佐之史。彼醉不臧。不醉反恥。

立酒之監佐酒之史箋云凡此者凡此時天下之人也飲酒於有醉者有不醉者則立監使視之又助以史使督酒欲令皆醉也彼醉則已不善人所非惡反復取未醉者恥罰之言此者疾之也○令力呈反惡烏路反

式勿從謂。無俾大怠。匪言勿言。匪由勿語。

箋云式讀曰慝勿猶無也俾使由從也武公見時人多說醉者之狀或以取怨致讎故為設禁醉者有過惡女无就而謂之也當防護之無使顛仆至於怠慢也其所陳說非所當說無為人說之也亦無從而行之也亦無以語人也皆為其聞之將恚怒也○式徐云毛如字又云用也鄭讀作慝他得反惡也大音泰徐勑佐反語魚據反又如字故為于偽反下同顛都田反本作傎仆何音赴一音蒲北反說文云頓也語魚據反恚一瑞反怒也

由醉之言。俾出童羖。

羖羊不童也箋云女從行醉者之言使女出無角之羖羊脅以無然之物使戒深也羖羊之性牝牡有角○出如字徐尺遂反羖音古脅許業反

三爵不識。矧敢多又。

箋云矧況又復也當言我於此醉者飲三爵之不知況能知其多復飲乎三爵者獻也酬也酢也○矧失忍反【疏】凡此至多又○毛以為言王燕失所故天下化之凡此天下之人聚共飲酒初時或有醉者或有不醉者復設法以遍之既立酒之監或復佐之為史令催不醉之人亦使醉也彼醉者則已不善為人所非惡不醉者此監史反恥而罰之是使小大盡醉舉坐皆猶狂也俗既然矣武公無如之何故禁戒時人無令相說言用此醉時勿得從而謂之以言其醉狀又當防護醉者無使顛仆大至怠慢汝之所陳說者非所當言勿為人言而又當自善非得見彼皆然遂從而行之亦勿以彼惡行而語他人以人性諱短聞將恚怒故教之言教之猶恐不從故又脅以重禁汝若從醉者之後言其過失我則使汝出童首無角之羖羊脅其無然之物欲使息也既禁其勿言恐人問之不已又教之云人若問汝彼醉之狀汝當云我於此醉者三爵之時已自不識知況敢能知其多而復欲乎但以此答彼問自息將慎其已然而為之立大法也○鄭唯以式為慝謂見醉者之過惡無就而謂之餘同○傳立酒之監佐酒之史○正義曰毛以經直云立監佐史不知是何監何史贊其不足故言酒也立監是衆所推舉佐史是彼自佐之故立文不同此刺其立酒之監燕禮鄉射並立司正鄉射注云解倦失禮者立司正以監之察儀法也卽引詩云既立之監或佐之史則禮法自當立監此刺者彼則監其失禮此乃督之使醉名同而實異以其俱是監察故鄭於鄉射引此耳○箋式讀曰慝○正義曰以上文未有醉惡之事而云勿從謂之故以式為慝訓之為惡毛不為傳但毛無改字之理必不與鄭同王肅云用其醉時勿從而謂之傳意當然也○箋當言至酢酬○正義曰何知非已自飲之而云彼醉者飲三爵者以問彼之狀宜以彼飲荅之且言矧敢多又是不敢知他之辭故知三爵者亦他飲也禮有獻酢與旅酬及無筭爵旅與無筭不止三爵而已故知三爵是獻也酢也酬也若然禮主人獻賓賓飲而又酢主人主人飲而又酌以酬賓賓則奠之而不舉同賓主皆不飲三爵矣而指獻酢酬為三爵者言於飲三爵禮之時非謂人飲三爵

也

賓之初筵五章章十四句

甫田之什十篇三十九章二百九十六句

毛詩注疏挍勘記（十四之三）　阮元撰盧宣旬摘錄

○青蠅

詩人喻善使惡　閩本明監本毛本詩作讒案所改是也

○賓之初筵

飲酒時情態也　小字本相臺本同案釋文淫液下云飲酒時情態也正義云定本集注態下皆無出字標起止云至情態當是合併時不知正義本有出而刪之耳考二章箋云至於旅酬而小人之態出當以有者為長

卒章無君臣淫泆之事者　閩本明監本毛本泆作佚案所改是也

和旨酒調美也　小字本同閩本明監本毛本同相臺本也作猶考文古本同案猶字是也

下章言烝衎烈祖　小字本相臺本同閩本明監本毛本烈誤列

其非祭與　小字本相臺本同案釋文云其非祭與音餘本作乎又作也並非考正義云其非祭乎是其本作乎標起止云至祭與當是後改

我以此求爵女　小字本相臺本同閩本明監本毛本同案正義云故云發矢之時各心競云以此求汝爵是其本作女爵考文古本有女字采正義但又以句末女字別屬下爵讀非也

公外席賓列自西階　閩本明監本毛本同案外字皆升字之誤山井鼎引儀禮元文公升下有卽字乃正義引不備耳

是將祭再為射禮澤宮言習射則未是正射射於射宮乃行　閩本明監本毛本同案十行本上射至下宮剜添者二字此當云正射於射宮乃行句首仍脫一正字

傳言加籩豆　閩本明監本毛本同案豆字當衍

蔆茨栗脯　閩本明監本毛本同案浦鏜云芡誤茨是也

皆實之於豆實謂葅醢　閩本明監本毛本同案實上浦鏜云當脫豆字是也

不忘上下相犯　閩本明監本毛本同山井鼎云鄉射記註下作不誤也不是今本儀禮譌字耳

正鵠皆鳥之捷黠者也　閩本明監本毛本捷誤棲案山井鼎云黠恐鷙誤是也今大射

注作黜不誤

衆耦正謂王之六耦之外衆耦也　閩本明監本毛本同案浦鏜云六耦下當脫非謂六耦四字是也

又引爾雅云　閩本明監本毛本同案爾當作小此在孔叢小雅廣物

司射命設封　閩本明監本毛本同案山井鼎云大射禮封作豐浦鏜云豐誤封是也正義下文皆作豐

卒爵者酌之以其所尊　小字本相臺本同案當作酌以之其所尊倒者誤正義云故云酌之以獻其所尊以義言之耳考文古本其上有獻字采正義而爲之

又無次也　小字本相臺本同案釋文云人無次也一本作又正義云以旅末故并無次序也當是其本作又而以并釋之也

郊特牲文以人死也　閩本明監本毛本同案也字當在文字下

其相去亦幾也　閩本明監本毛本同案亦當作無

有孝子之人君耳○箋任至心○　閩本明監本毛本同案十行本有至下○剜添者二字此當云箋王任至歡心仍脫二字

採其美物　閩本明監本同毛本採作采案采字是也

故知陳天下諸侯獻之禮陳於庭　閩本明監本毛本同案浦鏜云侯下脫所字是也知下陳字衍

次若今更衣帳張席爲之　閩本明監本毛本同案山井鼎云彼注作次若今時更衣處帳張席爲之非也正義無時字處字引不備耳又今大射注帳張席作張幃席

又曰舉奠洗爵入　閩本明監本毛本同案浦鏜云酌誤爵以特牲考之浦校是也

少牢無嗣子舉奠之事特牲注云大夫之嗣子無舉奠　閩本明監本毛本同案十行本上嗣至下子剜添者二字山井鼎云特牲注無作不無首字浦鏜云首衍字是也

故云其登引餕獻受爵　閩本明監本毛本同案山井鼎云引字應删是也

不直引文王世子　閩本明監本毛本同案十行本引文王剜添者一字此因初刻引字錯入上文而然也但上仍未删耳

以特牲少牢饋食禮言之　閩本明監本毛本同案浦鏜云少牢二字衍是也

注云大夫三獻而禮成　閩本明監本毛本同案夫下浦鏜云脫士字是也

遷徙屢數也　小字本同閩本明監本毛本同相臺本無也字案無者誤也

傲傲舞不能自正　小字本相臺本同案釋文云注本正或作止又云此宜爲正正義本是正字考文古本作止采釋文

彼醉則已不善　小字本相臺本同案六經正誤云彼醉則已不善作己誤此毛居正誤改也箋意已字與下復字相對無取於己之義

匪由勿語　唐石經小字本相臺本同案段玉裁云觀箋亦無從而行之也鄭時經文作勿由勿語詳見詩經小學今考正義云非得見彼皆然遂從而行之是正義本已如此唐石經所自出也

鄭唯以式爲惡是也　閩本明監本毛本同案浦鏜云慝誤惡

附釋音毛詩注疏卷之十五（十五之二）

魚藻之什詁訓傳第二十二

毛詩小雅　鄭氏箋　孔穎達疏

魚藻。刺幽王也。言萬物失其性。王居鎬京。將不能以自樂。故君子思古之武王焉。萬物失其性者王政教衰陰陽不和羣生不得其所也將不能以自樂言必自是有危亡之禍○藻音早鎬胡老反樂音洛篇內唯注八音之樂一字音岳餘並同【疏】魚藻三章章四句至武王焉○正義曰作魚藻詩者刺幽王也言時王政既衰致令天下萬物失其生育之性而不得其所由此王居鎬京將有危亡之禍將不能以自燕樂故詩人君子覩微知著思古之武王焉以武王之時萬物得所能以自樂今萬物失性禍亂將起不以爲憂亦安而自樂故作此魚藻之詩陳武王之樂反以刺之幽王之詩思古多矣皆不陳武王此獨言之者此言將喪鎬京其居鎬京武王爲始刺王將喪其業故特陳武王也既言思古故反經以序之萬物失其性經三章上二句是也王居鎬京將不能以自樂三章下二句是也○箋萬物至之禍○正義曰言萬物所以失其性者由王政既衰以致陰陽不和水旱蟲災死喪疾病害加草木殃及飛走羣衆生長之物悉皆不得其所是萬物失其性也羣生不得其所易乾鑿度文將者未至之辭故云言必自是有危亡之禍謂從是得禍不復更能興也

魚在在藻。有頒其首。頒大首貌魚以依蒲藻爲得其性箋云藻水草也魚之依水草猶人之依明王也明王之時魚何所處乎處於藻既得其性則肥充其首頒然此時人物皆得其所正言魚者以潛逃之類信其著見○頒符云反說文同韓詩云眾貌見賢遍反王在在鎬。豈樂飲酒。箋云豈亦樂也天下平安萬物得其性武王何所處乎處於鎬京樂八音之樂與羣臣飲酒而已今幽王惑於褒姒萬物失其性方有危亡之禍而亦豈樂飲酒於鎬京而無悛心故以此刺焉○豈本亦作愷同苦在反樂也下同悛七全反改也沈又七旬反【疏】魚在至飲酒○正義曰言明王之時魚何所在乎在於藻也然藻者是水中之草乃是魚之常處既得其性故能肥充有頒然其大首也魚之潛逃尚得其性則水陸之物莫不盡然是萬物皆得其所矣既萬物得所天下無事爾時武王何所在乎在於鎬京樂此八音之樂與羣臣飲酒而已今幽王方有危亡之禍將以喪滅鎬京亦豈愷樂飲酒故刺之○傳頒大至其性○正義曰釋詁云墳大也頒與墳字雖異音義同以序言萬物失其性則在藻依蒲爲得性也故探下章而揔之云魚以依蒲藻爲得其性○箋魚之至著見○正義曰物之潛隱莫過魚顯見者莫過人經舉潛逃箋舉著見則萬物盡該之矣故以人類之魚之依水草猶人之依明王變武王言明王者見人之所依取其明也又言人物者物即魚也

魚在在藻。有莘其尾。莘長貌○莘所巾反王在在鎬。飲酒樂豈。魚在在藻。依于其蒲。王在在鎬。有那其居。箋云那安貌天下平安王無四方之虞故其居處那然安也○那乃多反王多也【疏】箋那安至然安○正義曰那然爲安之狀故那安貌也無四方之虞昭四年左傳文

魚藻三章章四句

采菽。刺幽王也。侮慢諸侯。諸侯來朝。不能錫命以禮。數▲徵會之。而無信義。君子見微而思古焉。

幽王徵會諸侯爲合義兵征討有罪既往而無之是於義事不信也君子見其如此知其後必見攻伐將無救也○菽本亦作叔侮亡甫反朝直遙反篇內皆同數色角反音朔爲于僞反

〔疏〕采菽五章章八句至思古焉○正義曰作采菽詩者刺幽王也以幽王侮慢諸侯諸侯來朝不能錫命以禮數徵召而會聚之而無誠信之義事無故召之而無信義後若實有義事將召而不來詩人見其微知其著而思古昔明王焉故作采菽之詩言古之明王能敬待諸侯錫命以禮明以刺幽王也序皆反經爲義侮慢諸侯首章上二句是也不能錫命以禮首章下四句是也其餘皆是錫命之事序捴而略之君子見微而思古敘其作詩之意於經無所當也○箋幽王至無救○正義曰天子之會諸侯必爲四方有不順服者將征討之乃會以爲謀焉不然不會之也今幽王徵會諸侯若爲合會義兵以征討有罪者故諸侯聞其召而皆會既而無此征討之義事是於義事不信故言無信義也以寇徵之而實無寇後實有寇徵將不來君子見其如此其後必見攻伐將無救之事未然而已知之是見微也易曰幾者動之微君子見幾而作是君子皆見微也周本紀曰褒姒不好笑幽王欲其笑萬方故不笑幽王爲烽燧大鼓有寇至則舉烽火諸侯悉至至而無寇褒姒乃大笑幽王欲悅之數舉烽火其後不信益不至幽王之廢申后去太子申侯怒乃與繒西夷犬戎共攻幽王幽王舉烽火徵兵兵莫至遂殺幽王驪山下盡取周賂而去是義事不信見伐無救之事

采菽采菽。筐之筥之。

興也菽所以芼大牢而待君子也羊則苦豕則薇箋云菽大豆也采之者采其葉以爲藿三牲牛羊豕芼以藿王饗賓客有生俎乃用鉶羹故使采之○筐音匡筥音舉芼七報反薇音微藿火郭反鉶音刑羹古衡反

君子來朝。何錫予之。雖無予之。路車乘馬。

君子謂諸侯也箋云賜諸侯以車馬言雖無予之尚以爲薄○乘繩證反下注車乘驂乘皆同

又何予之。玄袞及黼。

玄袞卷龍也白與黑謂之黼箋云及與也玄袞玄衣而畫以卷龍也黼黼黻謂絺衣也諸公之服自袞冕而下侯伯自鷩冕而下子男自毳冕而下王之賜維用有文章者○袞古本反玄袞冕服黼音斧徐又音補卷眷勉反下同本又作袞黻音弗絺知里反本又作黹同雉知反鷩必滅反冕也毳尺銳反

〔疏〕采菽至及黼○毛以爲言古之明王待諸侯使人采此菽藿得菽藿則筐盛之筥盛之以爲牛汁之芼筐筥所以受所采之菜以興牢禮所以待來朝諸侯故於此君子諸侯之來朝也乃云有何物而當錫予之乎於時雖爲無可予之尚與之路車及所乘之駟馬其車之馬之外又以何物予之又以玄衣而畫以袞龍下及絺冕之黼裳言無予之尚得車馬袞黼今王何以反侮慢之曾無錫命之禮乎故刺之○鄭唯以不與爲異其文義則同○傳興也至則薇○正義曰傳既言羊則苦豕則薇則菽不捴芼三牲而言菽所以芼太牢者舉牛之芼則羊豕之苦薇從之可知故云太牢以捴之公食禮云鉶芼牛藿羊苦豕薇皆有滑注云藿豆葉也苦苦荼也滑蓳荁之屬是也王述毛云筐筥受所采之菜牢禮所以待來朝諸侯○箋菽大豆至采之○正義曰以菽各指大豆之體而言采故云采其葉以爲藿言三牲牛羊豕者傳解言大牢之意明舉菽以見三牲牛不獨爲大牢也定本三牲之下無牛羊豕字王饗賓客則有牛俎謂以鼎煮牛取其骨體置之於俎其汁則芼之以藿調以鹹酸乃盛之於鉶謂之鉶羹故言乃用鉶羹也卽公食記鉶芼是也以草菜地之毛故謂之芼地官牛人云凡賓客之事共其牢禮積膳之牛又云饗食賓射共其膳羞之牛注引燕禮腥牢設折俎王之膳羞亦猶此知王饗賓客則有牛俎也彼食亦供牛獨云饗者以饗爲尊且舉饗而食可知矣○箋賜諸侯至爲薄○正義曰諸侯來朝而得車馬之賜是於禮事是矣而言雖無予之是古者明王其意猶以爲薄箋深駮今王薄亦不爲也其雖無予之言通及玄袞及黼爲文但以車服之別故分言之耳觀禮曰天子賜諸侯氏以車服注云賜車者同姓以金路異姓以象路服則袞也鷩也毳也是服同賜之矣○傳玄袞至之黼○正義曰玉藻云龍卷以祭卽卷龍也白與黑謂之黼冬官繢人文○箋玄袞至章者○正義曰傳雖云玄袞卷龍而義未明故申之玄袞者玄衣而畫以袞龍玉藻注云龍袞畫龍於衣卷字或作袞然則以龍首卷然謂之袞龍袞是龍之狀也黼黼黻者引類以明之非黼黻爲一也謂絺衣絺謂刺之言此黼黻絺刺之於衣袞黼之在衣也袞則畫之黼則刺之故言謂絺衣以對袞畫衣故也絺在裳言衣者衣總名也諸公之服自袞冕而下侯伯自鷩冕而下子男自毳冕而下皆春官司服職文引之者明袞黼非一衣君子捴諸侯也故彼注云九章初一曰龍次二曰山次三曰華蟲次四曰火次五曰宗彝皆畫以爲繢次六曰藻次七曰粉米次八曰黼次九曰黻皆絺以爲繡則袞之衣五章裳四章凡九也鷩畫以雉謂華蟲也其衣三章裳四章凡七也毳畫虎蜼謂宗彝也其衣三章裳二章凡五也絺衣粉米無畫也其衣一章裳二章凡三也玄冕者衣無文裳刺黻而已是以謂之玄焉凡冕服皆玄衣纁裳由此言毳冕絺冕其裳皆以黼爲首唯玄冕無文耳言子男自毳冕而下則通及絺冕此黼宜絺冕之裳矣箋言謂絺衣者自取絺繡之義非謂冕名但差失偶同耳裁以爲衣舉袞裳舉黼正是袞冕之服知不然者以經言及則非一之辭又君子來朝非獨上公一人何得獨言袞龍之衣乎故知黼文下及絺冕之裳也賜法下不得兼上而上得兼下則五等所賜下皆及於絺冕矣所以獨言袞黼不及玄冕者鄭卽解之云王之賜服唯用有文章故也案終南美秦襄公之受顯服云黻衣繡裳是得玄冕也又曰錦衣狐裘是得皮弁服也然則天子之賜諸侯無文亦賜之言王賜唯用有文章者解詩人特舉袞黼之意諸侯之得王賜以有文章者爲榮故詩人言王之賜服唯用有文章者言之故其辭不及玄冕此解作者之意耳非謂玄冕以下王不賜之且作者黼亦取與莒馬爲韻也

觱沸檻泉。言采其芹。

觱沸泉出貌檻泉正出也箋云言我也芹菜也可以爲菹亦所用待君子也我使采其水中芹者尚絜清也周禮芹菹鴈醢○觱音必沸音弗檻泉銜覽反徐下斬反爾雅云正出涌出也芹巨斤反菹側魚反清如字一音才性反○

君子來朝。言觀其旂。其旂淠淠。鸞聲嘒嘒。載驂載駟。君子所屆。

淠淠動也嘒嘒中節也箋云屆極也諸侯來朝王使人迎之因觀其衣服車乘之威儀所以爲敬且省禍福也諸侯將朝于王則驂乘乘四馬而往此之服飾君子法制之極也言其尊而王令不尊也○旂巨機反淠匹弊反徐孚蓋反又芳計反嘒呼惠反驂七南反騑馬曰驂駟音四屆音界中丁仲反諸侯將朝于王一本無于字皆以王字絕句一讀諸侯將朝絕句以王字下屬乘乘上音承證反下音繩○

〔疏〕觱沸至所屆○毛以爲觱沸然者是正出之檻泉我明王使人於此水中采其芹菜以爲菹以待諸侯以與富有者是王家之府藏我明王使人於此府中取其財貨以爲車服以賜諸侯其君子諸侯至來朝之時我明王又使人迎之因觀其車服旌旂其此君子車服旌旂則淠淠然動得宜其車馬鸞鈴之聲又嘒嘒然鳴中節至於將朝王於是親自驂騑則乘四馬而往迎之未來則采菽爲菹以待之既來則乃使人在塗迎之既朝王則驂騑而見之是故明王於諸侯其所尊敬法制之極今王何以不尊乎○鄭唯以不與爲異○傳觱沸至正出○正義曰以觱沸連檻泉言之故知泉出貌釋水云檻泉正出正出涌出也李巡曰水泉從下上出曰涌泉此章毛傳與事不明正以上章類之知此必爲興王肅云泉水有芹而人得采焉王者有道而諸侯法焉觀此上下止言王者之待諸侯不美王者與諸侯作法肅輒言之恐非毛旨必欲爲與不知以與車服賞賜故別爲毛說焉○箋芹菜至鴈醢○正義曰上章菽芼美則此芹亦食之故知芹菜可以爲菹亦所以待君子也以菽爲牛之芼言菽是其有牛俎泉是芹所出言泉見其芹絜清不謂非泉卽不絜也周禮芹菹鴈醢者醢人云加豆之實芹菹兔醢箈菹鴈醢是也彼鴈醢與芹菹別文而連引之者因其尚絜清芹鴈俱是水物故連言之○箋諸侯至不尊○正義曰上言采其芹爲我明王則此言觀其旂亦爲我明王故云王使迎之也此陳王尊諸侯既使人迎之又自親迎因見諸侯車服之得禮故言其旂鸞之事與下章相首引是一文而有二意故云因觀其衣服車乘之威儀也此直有車乘而兼云衣服者逆採下章是相互之意明皆因迎而觀之耳言觀則人迎可知案覲禮云至于郊王使人皮弁用璧勞注云郊謂近郊去王城五十里小行人職曰凡諸侯入主則逆勞于畿則郊勞者大行人也書傳略曰天子太子十八曰孟侯孟侯者於四方諸侯來朝迎於郊則小行人迎於畿大行人迎於郊此直云迎理兼於此也又解所以必使迎而觀其威儀者迎之所以爲敬觀之且以省察其禍福也成十四年左傳曰古之爲享食也以觀威儀省禍福也彼雖云饗理可相通故箋據而言之以諸侯至當行朝禮故言將朝於是王則驂乘駟馬而往迎之知驂駟非諸侯之物者以上云言采其芹又曰言觀其旂皆王於諸侯之事既言旂鸞乃云載驂載駟故知非諸侯所乘明王所乘以往也夏官齊僕云朝覲宗遇饗食皆乘金路各以其等爲車送逆之節注云謂王乘車迎賓客上公九十步侯伯七十步子男五十步是也又言此服飾君子法制之極者謂古者明王待君子諸侯法制所爲之至極言其可尊而今王不尊故刺之○

赤芾在股。邪幅在下。彼交匪紓。天子所予。

諸侯赤芾邪幅幅偪也所以自偪束也紓緩也箋云芾大古蔽膝之象也冕服謂之芾其他服謂之韠以韋爲之其制上廣一尺下廣二尺長三尺其頸五寸肩革帶博二寸脛本曰股邪幅如今行縢也偪束其脛自足至膝故曰在下彼與人交接自偪束如此則非有解怠紓緩之心天子以是故賜予之○芾音弗股音古邪似嗟反注同幅音福紓音舒予音與偪彼力反大音泰韠音必廣光曠反下同長值亮反脛胡定反縢徒登反解古賣反

樂只君子。天子命之。樂只君子。福祿申之。

申重也箋云只之言是也古者天子賜諸侯也以禮樂樂之乃後命予之也天子賜之神則以福祿申重之所謂人謀鬼謀也刺今王不然○樂只上音洛下音止重直用反下同樂樂上音岳下音洛

〔疏〕赤芾至申之○正義曰言古之諸侯非直鸞旂有禮又服赤芾在於

股又著邪幅在於股之下而當膝彼古之諸侯與人交接服芾著幅自偪束如此則非有解息舒緩之心天子由是之故所以賜予之車馬衣服也以諸侯偪束如此故又以禮樂樂是君子諸侯天子乃命予之以禮樂樂是君子諸侯則神又以福祿申重之古之王者命賜諸侯如此今王不能然故刺之○傳諸侯至偪束○正義曰以赤芾對朱爲異故云諸侯赤芾也桓二年左傳曰帶裳幅舄內則亦單云偪則此服名偪而已杜鄭皆云今之行縢然則邪纏於足謂之邪幅故傳辨之云邪幅正是偪也名曰偪者所以自偪束也○箋芾太古至予之○正義曰箋本其有芾之由故言太古蔽膝之象易乾鑿度注云古者田漁而食因衣其皮先知蔽前後知蔽後後王易之以布帛而猶存其蔽前者重古道不忘本是亦說芾之元由也繫辭云包犧氏之王天下作結繩而爲網罟以佃以漁則佃漁而食伏犧時也禮運曰飲其血茹其毛衣其羽皮是因衣其皮也以人情而論在前爲形體之褻宜所先蔽故先知蔽前後知蔽後且服芾於前明是重其先蔽而存之也禮運又曰後聖有作治其絲麻以爲布帛繫辭又云黃帝堯舜垂衣裳而天下治則易之以布帛自黃帝以後推此則太古蔽膝伏犧時也後王爲芾象太古之蔽膝故云芾太古蔽膝之象垂衣裳服布帛必始於黃帝其存此象未知起自何代也明堂位曰有虞氏服韍注云舜始作之以尊祭服言始尊祭服異其名未必此時始存象也知冕服謂之芾其他服謂之韠者以士之有爵弁猶大夫以上有冕也士有韎韐猶大夫以上有芾也士冠禮陳服於房中爵弁韎韐皮弁素韠玄端爵韠雜記云士弁而祭於公卽爵弁也士服爵弁以韎韐配之則服冕者以芾配之故知冕服謂之芾士服皮弁玄端皆服韠是他服謂之韠以冕爲主非冕謂之他也韍韠俱是蔽膝之象其制則同俱尊祭服異其名耳古者衣皮此存其象故知以韋爲之故禮記玉藻韠君朱大夫素士爵韋上云韠下摠以韋結之故知以韋上廣一尺下廣二尺長三尺其頸五寸肩革帶博二寸此玉藻文也彼論韠此言韍而引之者明此二者色異而制同也又言脛本曰股此明邪幅在下在股之下古今名異欲以今曉人故云邪幅如今行縢說文云縢緘也名行縢者言行而緘束之故云偪其脛也又解在下之義故云自足至膝故曰在下因在下之文從下而上言之故云自足足卽脚蹠也彼交匪紓文在邪幅下明非紓之義出於邪幅之下故云彼與人交接自偪束如此則非有解息舒緩之心天子以其如此故賜予之言上章所得車服由諸侯非有紓緩故也此芾幅說諸侯服之而來非天子賜以芾幅也天子所賜之服亦必有芾幅隨之要此據諸侯自服爲文非天子所賜故云自偪束如此此芾幅之服禮之所制縱使心實解情亦將服之而以其服幅卽云自偪束者作者欲美其事因其衣服而美之能依禮不失亦是自偪束矣○箋古者至不然○正義曰古者天子之賜諸侯必設饗禮則以禮作樂故云以禮樂樂之乃後命予之卽上車服是也天子既已賜之神則以福祿申重之謂使之君臣同心人安國治此則由神祈祐是神申重之以福祿是神祐之辭故知申之者神也以天子賜之卽人謀神又重之卽鬼謀故言所謂繫辭也祭統曰古者明君爵有德而祿有功必賜爵祿於太廟示不敢專也則賜或在廟故神得福之言古能如是以刺今王不然

維柞之枝。其葉蓬蓬。

蓬蓬盛貌箋云此興也柞之幹猶先祖也枝猶子孫也其葉蓬蓬喻賢才也正以柞爲興者柞之葉新將生故乃落於地以喻繼世以德相承者明也○柞子洛反又音耶木名蓬步公反注同○

樂只君子。殿天子之邦。樂只君子。萬福攸同。

殿鎮也○殿多見反注同鎮陟愼反又音珍本作塡

平平左右。亦是率從。

平平辯治也箋云率循也諸侯之有賢才之德能辯治其連屬之國使得其所則連屬之國亦循順之○平婢延反韓詩作便便云閑雅之貌

【疏】維柞至率從○正義曰言維此柞木幹上之有枝條其生葉蓬蓬然茂盛新將生故乃落之於地以葉相承無衰落以興維此諸侯先祖之有子孫其有才智亦茂盛繼世以德相承無之絕由其諸侯世賢如此是以古之明王以禮樂樂是君子則鎮撫天子之邦萬福所同聚而歸之由古者明王尊重之如此故諸侯之有賢才者乃平平然辯治其連屬左右之國使之得所此連屬之國亦如是相與循順而從之故天下所以安定今諸侯亦有繼世賢才者王不命賜使之辯治相從以安天子之國也故刺之○傳蓬蓬盛貌○正義曰述柞葉而言蓬蓬故知是盛貌毛於此章無異鄭之傳故爲同也○箋此興至者明○正義曰箋以下云樂只君子是上列君子之美下所樂之故知此宜陳君子諸侯之事枝生於幹猶子孫生於先祖故云柞之幹猶先祖枝猶子孫也以陳諸侯可樂之美故以其葉蓬蓬喻賢才木枝莫不生葉正以柞爲興者由柞葉新將生故乃落於地其枝常有葉以前君賢者死後君賢者生落君常有賢也以詩人舉柞葉相代爲興知其意喻繼世以德相承者明也又天保云如松柏之茂無不爾或承彼取葉相承爲義故取柞爲興亦然也○傳殿鎮○正義曰軍行在後曰殿取其鎮重之義故云殿鎮也天子以天下爲家諸侯爲天子守土故樂是諸侯則得鎮安天子之國也○傳平平辯治○正義曰堯典云平章百姓書傳作辨章則平辨義通而古今之異耳故云平平辯治服虔云平平辯治不絕之貌則平平是貌狀也○箋諸侯至循順之○正義曰箋以上云賢才相承故此云諸侯之有賢才之德能辯治連屬之國使得其所也諸侯來朝其連屬者亦至焉至則亦當賞之不唯連屬之長上獨言其賢才者賞以得賢爲貴故特舉賢而言不謂連屬小國至而不賞也襄十一年左傳說晉悼公受魏絳之謀先和戎狄霸功既成以賜魏絳之樂卽引詩云樂只君子殿天子之邦樂只君子萬福攸同便蕃左右亦是率從雖引詩斷章彼以晉悼爲霸長連屬之國與此同也○

汎汎楊舟。紼纚維之。

紼繂也纚緌也明王能維持諸侯也箋云楊木之舟浮於水上汎汎然東西無所定舟人以紼繫其緌以制行之猶諸侯之治民御之以禮法○汎芳劍反紼音弗爾雅云紼繂也繂音律纚力馳反韓詩云筰也筰音才各反緌如誰反○

樂只君子。天子葵之。樂只君子。福祿膍之。

葵揆也膍厚也○葵其維反膍頻尸反韓詩作肶注同

優哉游哉。亦是戾矣。

戾至也箋云戾止也諸侯有盛德者亦優游自安止於是言思不出其位

【疏】汎汎至戾矣○毛以爲汎汎然浮於水上者楊木之舟舟人以紼纚繫而維持之使不得東西也以興居於民上者諸侯之君也明王以禮法約而制禦之使不得違叛也諸侯既不得違叛供職順命故於來朝明王以禮樂樂是君子諸侯天子於是揆度其功德之多少而命賜之以禮樂樂是君子諸侯及以福祿厚賜之明王既以賜祿諸侯優饒之哉遊維之哉明王之德能如此亦如是至美矣古之命賜諸侯所以爲美今王不能然故刺之○鄭云汎汎然浮之於水上者楊木之舟而舟人以紼繫而維持之使有所屬以興國中者諸侯之人而諸侯以禮敎制禦之使有所法中四句與毛同下二句言諸侯既得賜祿故優柔哉遊息哉亦是於自安止矣而思不出其位無復擾叛今王何以不樂賜賢侯令之治人自安反侮慢不信而令之違叛予故刺之○傳紼繂至諸侯○正義曰釋水云紼縭維之紼繂也縭緌也孫炎曰繂大索也李巡曰繂竹爲索所以維持舟者郭璞曰緌繫也孫炎曰舟止繫之於樹木戾竹爲大索然則紼訓爲繂繂是大組縭訓爲緌緌及爲繫正謂舟之止息以組繫而維持之以喻明王能維持諸侯定本及集注以毛云紼弗也與爾雅不同○箋楊木至禮法○正義曰箋亦以下樂只君子明此言諸侯可樂故以舟喻人舟人喻諸侯以紼喻禮法也舟人以紼繫舟而制行之喻人亦得依禮法而行不以舟止爲喻○傳葵揆○正義曰釋言文揆者以天子於諸侯命賜有多少或以恩或以功當須揆度多少而與之○箋戾止至其位○正義曰以承上言諸侯能治人以禮法是有盛德者也自安止是思不出其位故引論語以足之襄二十一年左傳叔向引詩云優哉游哉聊以卒歲下句與此不同則所引逸亡此非也鄭亦約彼優游爲居止自安之義故與毛不同

采菽五章，章八句

角弓。父兄刺幽王也。不親九族而好讒佞。骨肉相怨。故作是詩也。

好呼報反

【疏】○角弓八章章四句至是詩正義曰角弓詩者王之宗族父兄所作以刺幽王也以王不親九族之骨肉而好讒佞之人令骨肉之內自相憎怨使人傚之故父兄作此角弓之詩以刺之也此經八章上二章言王當親九族是爲不親而發言也既不親九族則疏遠賢者自然而好讒佞事勢所宜言於文無所當也骨肉相怨卽三章四章是也由其相怨故五章本其王慢族親宜燕食之事卽亦不親九族之經矣既相怨不親是上敎之失故下三章言其可敎而反之無使爲驕如蠻如髦也

騂騂角弓。翩其反矣。

興也騂騂調利也不善紲檠巧用則翩然而反箋云興者喻王與九族不以恩禮御待之則使之多怨也○騂息營反沈又許營反說文作弲音火全反翩匹然反紲息列反弓鞁也檠音景弓匣也說文云榜也謂輔也

兄弟昏姻。無胥遠矣。

箋云胥相也骨肉之親當相親信無相疏遠相疏遠則以親親之望易以

【疏】騂騂至遠矣○正義曰以王不親九族故先述御待之難言騂騂然調利者角弓此角弓雖則調利當善用之若不善置紲檠而巧用之則翩然而其體反戾矣是用角弓之難也以興和順者宗族也此宗族雖則和順當善待之若不善設食燕而恩御之則亦翩然而其心怨恨矣是待宗族之難也下二句義具在箋○傳騂騂至而反○正義曰騂騂文連角弓卽是角弓之狀也故云調利也既已調利復云翩其反矣不善用之可知故言不善紲檠巧用翩然而則反矣冬官弓人以六材爲弓謂幹角筋膠絲漆也又曰角之中恒當弓之隈杜子春云隈謂弓之淵角之中央與淵相當如彼文弓有用角之處不得卽名角弓此言角弓蓋別有角弓如今北狄所用者於古亦應有之但弓人所不載耳今北狄角弓弛則體反若不紲檠則不復任用也檠者藏弓定體之器謂未成弓時內於檠中此弓已調利而言檠者蓋用弛內於竹閑之中恐損其體亦謂之檠紲卽緄縢也傳言巧用明是既已成弓非未定體也故知檠義爲然不以恩禮御待定本待作侍○箋骨肉至成怨○正義曰骨肉謂族親也以其父祖上世同稟血氣而生如骨肉之相附閉謂之骨肉然則骨肉唯謂同姓耳此經兼言昏姻箋通言骨肉者以昏姻之親與宗族同頍弁云兄弟甥舅連言之是其同也孟子云兄弟

闕弓而射我我則涕泣而道之無他戚之也其親親之也是親親之望易以成怨。**爾之遠矣。民胥然矣。爾之教矣。民胥傚矣。**箋云爾女女幽王也胥皆也言王女不親骨肉則天下之人皆如之見女之教令無善無惡所尚者天下之人皆學之言上之化下不可不慎。傚戶教反【疏】箋爾女至胥皆。正義曰以言人傚之故知汝幽王也上章胥爲相此章胥爲皆者胥相皆並釋詁文也上以王於族親故爲相於之辭此言天下之人非一故爲皆觀文之勢而爲訓也。

此令兄弟。綽綽有裕。不令兄弟。交相爲瘉。綽綽寬也裕饒瘉病也箋云令善也。綽處若反寬大也裕羊樹反瘉羊主反【疏】此令至爲瘉。正義曰上言人隨上化此又申言須化之由以人性有善惡其不善者須化之故言天下若此令善之人於兄弟恩義相與綽綽然有饒裕也其不善之人於兄弟則無恩義唯交更相詬病而已是天下善人少惡人多惡人相病須上化之故欲令王教之。

民之無良。相怨一方。箋云良善也民之意不獲當反責之於身思彼所以然者而恕之無善心之人則徙居一處怨恚之。處昌慮反恚一瑞反。

受爵不讓。至于已斯亡。爵祿不以相讓故怨禍及之比周而黨愈少鄙爭而名愈辱求安而身愈危箋云斯此也。比毗志反鄙爭爭鬬之爭。【疏】民之至斯亡。正義曰上旣言惡人兄弟相病此又申而成之言天下之人無善心也不但於兄弟相病又不能反之於己以情相怨徒然相怨於一方彼非可怨而怨之是小人之愚惑也此言無良之人不但遙則相怨又對面則受其官爵不以相讓由此爲彼所怨至於己身以此而致滅亡是不教之大禍也王何不親宗族以化之乎章首先言人之無良乃云相怨一方并受爵不讓皆是無良之行末言至於己斯亡以此二事而至亡也以人初不善兄弟又於外遙則相怨爵則不讓由此以亡。箋民之至怨恚。正義曰欲解無良之意先言良事以反之言人之善者其意有所不得於彼心則當反而求之於己身思彼所以於我而然者而以情恕之不卽相怨也其無善心之人有不獲於彼則徒居一方而相怨恚徒空也彼不可怨而怨之是空也。傳爵祿至愈危。正義曰由爵不讓彼而爲彼所怨是以禍及於已王制云使以德爵以功則已有功德當自受之而必須讓者以凡稟血氣皆有爭心在上者可量功校能受之者當先人後已故禮設辭讓之法禮記曰爵祿可辭又曰爵位相先文王之朝士讓爲大夫大夫讓爲卿舜命羣官禹讓稷契之類皆先聖典謨有相讓之法也論語注云士辭位不辭祿言爵祿可辭意以辭爵則祿亦辭之可知故弁言之傳又因述不可讓之者爲阿黨比周而望黨援者其黨愈益少也以人與正不與枉故曲比者黨少也爲鄙恥之爭而望榮名者而其名愈益辱也以鄙爭可恥故名辱也苟望求安於已而危他人者而其身愈益危也人各求安則彼以危己故身危也然則求黨求名在於不爭求安在於不安是猶求爵在於讓爵故言此以類之。

老馬反爲駒。不顧其後。已老矣而孩童慢之箋云此喻幽王見老人反侮慢之遇之如幼稚不自顧念後至年老人之遇己亦將然。駒音拘孩本作咳戶才反許慎云小兒笑也稺音稚

如食宜饇。如酌孔取。饇飽也箋云王如食老者則宜令之飽如飲老者則當孔取孔取謂度其所勝多少凡器之孔其量大小不同老者氣力弱故取義焉王有族食族燕之禮。食音嗣注同宜如字本作儀注同韓詩云儀我也。饇於據反徐又於具反取如字沈又音娶令力呈反飲於鴆反度待洛反勝音升量音亮。【疏】老馬至孔取。正義曰此又言王之不恕言老馬反爲駒而用之猶王於老人反爲童而遇之王慢老如是則爲不復自顧其後已至年老人之遇己亦將然是猶王之不恕故天下傚之皆無良相怨也因敎王尊老之宜言王如食老者之食則宜令之飽而已如酌老者之酒則當如孔之有取孔者器中之所受也器之所受有大小滿則止猶老者所勝有多少亦足則停是王於老者當節敬如是今王何以不然而反慢之。傳已老至慢之。正義曰此經舉馬以喻人故言已老矣而孩童慢之說文云咳小兒笑也內則云子生三月父咳而名之謂指其頤下令之笑而爲之名此言咳童慢之亦當然也此詩刺王不親九族所以偏言老者以老是王者所宜貴故祭義曰虞夏殷周天下之盛王也未有遺其年者況其宗族之老人乎故九族不宜慢之。箋王如至之禮。正義曰王如食老者食則令之飽謂有嘉味勸助之也經言酌當酌酒以與人是飲之酒也食則苦其不飽酒則唯恐過度故食言宜饇酒言孔取孔取謂器中空盧受物之處老子所謂埏埴以爲器當其無有器之用也以比於老人所勝氣力多少是如孔之取也言王有族食族燕之禮者解經所以有食酌之事食則族食酌卽族燕矣以食禮無飲燕法無食故如二事也王於宗族大事亦有饗但經所不言食燕可以兼之也大宗伯以飲食之禮親宗族兄弟文王世子曰若公與族人燕則以異姓爲賓膳宰爲主人族食世降一等大傳云綴之以食而弗殊是王有族食族燕之禮也鄭知孔非物所由出言凡器之孔者以物所由出之孔於人飲酒容受之喻不宜又若一禮不可以喻多少故爲凡器之孔老子云孔德之容唯道是從亦謂器之受實爲孔也。

毋敎猱升木。如塗塗附。猱獲屬塗泥附著也箋云毋禁辭猱之性善登木若教使其爲之必也附木桴也塗之性善著若以塗附其著亦必也以喻人之心皆有仁義教之則進

君子有徽猷。小人與屬。徽美也箋云猷道也君子有美道以得聲譽則小人亦樂與之而自連屬焉令無良之人相怨王不教之【疏】毋敎至與屬。毛以爲上言小人傚上之化無良相怨此又言可反之使善王宜敎之言王之不教小人如人之禁彼云無得敎猱之升不若敎之升木則如以塗泥塗物必附著也何者猱之性善登木今敎之使登必能登木矣又喻塗之性善附著以之塗物必著矣以與王自不教小人以仁義者若教小人以仁義則必從矣何者以人性皆有仁義因其性而道之故敎之必從也又言小人所以易教者以君子之人有美道以得聲譽小人則慕樂之美其榮名欲得與之而自連屬也是天下之人皆樂善而棄惡但無人啓教耳王何不教之乎鄭唯以附爲木桴言以塗泥塗木桴則易著餘同。傳猱猨至附著。正義曰猱則猿之輩屬非猨也陸機疏云猱獮猴也楚人謂之沐猴老者爲獿長臂者爲猨猨之白胥者爲獑胡獑胡猨駿捷於獮猴然則猱猨其類大同故樂記注云猴獮猴也是其類故也傳言附著也是訓附爲著故王肅云教猱升木必也如以塗之必著。箋毋禁至則進。正義曰說文云毋止之也從女象有好之者言止其好而稱毋故毋爲禁辭以猱升木類之則附爲有形之物不得爲著故易傳以塗之易著必是物之習者故爲木桴桴謂木表之麤皮也以猱之性善登木泥之性善著物因其所善而教用之故言必也以顧下小人與屬故知喻人心皆有仁義教之則進此章先言人心易敎王不敎之下章乃言其樂善故言毋爲禁止之意言小人之易敎故反辭以體之非禁王不聽教小人孫毓難鄭云若喻人心皆有仁義教之則進何爲禁之而云毋乎是未得立言之意耳

雨雪瀌瀌。見晛曰消。晛日氣也箋云雨雪之盛瀌瀌然至日將出其氣始見人則皆稱曰雨雪今消釋矣喻小人雖多王若欲興善政則天下聞之莫不曰小人今誅滅矣其所以然者人心皆樂善王不啓教之。雨于付反注及下同瀌符嬌反徐符彪反又方苗反雪盛貌見如字下文同韓詩作曣音於見反云曣見日出也晛乃見反曰音越下同韓詩作聿劉向同始見賢遍反又如字

莫肯下遺。式居婁驕。箋云莫無也遺讀曰隨式用也婁斂也今王不以善政啓小人之心則無肯謙虛以禮相卑下先人而後己用此自居處斂其驕慢之過者。下遐嫁反注卑下同又如字遺王申毛如字鄭讀曰隨婁王力住反數也徐云鄭音樓斂也爾雅云裒鳩樓聚也洗力俱反【疏】雨雪至婁驕。毛以爲上言人心易進此言易化之事言天之雨下此雪雖瀌瀌然而盛至於見天晛然之日氣人皆稱之曰此雪今消釋矣以與小人雖皆行此惡之甚至於見王之善政人皆言之曰小人今誅滅矣人惡小人而欲滅之是其心皆好善矣王何不敎之乎必須敎之者以此小人皆爲惡行莫肯自卑下而遺去其惡心者用此之故其與人居處數爲驕慢之行故須化之鄭唯以下二句爲異言小人不爲王所啓敎故莫肯自謙虛以禮相卑下隨從於人者又無用此卑下隨從行自居處婁斂其驕慢之過者由王不敎使然欲王教之也此莫肯之文并統下句爲義。傳晛日氣。正義曰說文云晛日見也此詩之意言雪見之而消消雪者日也序又從日故知晛是日氣也。箋雨雪至敎之。正義曰以曰者人言之辭若日出則雪消不復須言矣明言曰者於日未出而言之故知至日將出其氣始見人則皆稱之曰雪今消釋矣以瀌瀌雪之盛貌故知喻小人之多也以日將出以比王政則王未有政故言王若與善政則天下聞之莫不皆曰小人今誅滅矣以雪比小人日能消雪故喻王誅小人也論語曰子爲政焉用殺而言誅小人者以王與政則天下有賞有罰天下喜王爲善而言小人誅滅見疾惡之情深有樂善之意耳非卽盡誅滅之也此上成猱升木之事欲王之教人故言人心皆樂善王何不啓教之乎。箋遺讀至過者。正義曰箋以遺棄之義不與謙下相類故讀曰隨隨從於人先人後已以相卑下之義也釋詁云婁斂聚也俱訓爲聚則義得通故云婁斂也言用此者用此下隨之行自居處收斂其驕慢之過爲敬順謙恭也此二句毛不爲傳但毛無改字之理又婁之爲數乃常訓也故別爲毛說焉

雨雪浮浮。見晛曰流。浮浮猶瀌瀌也流流而去也

如蠻如髦。我是用憂。蠻南蠻也髦夷髦也箋云今小人之行如夷狄而王不能變化之。我用是爲大憂也髦西夷別名武王伐紂其等有八國從焉。髦舊音毛尋毛鄭之意當與尚書同音莫侯反行下孟反【疏】如蠻至用憂。正義曰言由王不以善政啓小人之心令如南國之荆蠻如西方之我髦行如夷狄王不能變我是用爲大憂之欲令王與善政而不能由此以刺之也。傳蠻南蠻髦夷髦。正義曰爾雅八蠻在南故爲南蠻髦對而言之不在中國故爲夷髦髦雖在西夷揔名也。箋今小至從焉。正義曰言如以比之是小人之行比如夷狄也傳言夷髦不辨其方之所在故云西夷之別名知者正以武王伐紂其等有八國從之其中有髳故知在西方也牧誓曰及庸蜀羌髳微盧彭濮人又曰逖矣西土之人是西方也彼髳此髦音義同也

角弓八章章四句

菀柳。刺幽王也。暴虐無親。而刑罰不中。諸侯皆不欲朝。言王者之不可朝事也。菀音鬱徐於阮反中丁仲反下注不中同朝直遥反篇內同〔疏〕菀柳三章章六句至朝事○正義曰經三章毛鄭雖有小異皆以上二章次二句為暴虐下二句及卒章下二句為刑罰不中其上二章上二句及卒章上四句言王無美德心無所至言王者不可朝事之意摠三章之義也

有菀者柳。不尚息焉。興也菀茂木也箋云尚庶幾也有菀然枝葉茂盛之柳行路之人豈有不庶幾欲就之止息乎興者喻王有盛德則天下皆庶幾願往朝焉憂今不然上帝甚蹈。無自暱焉。蹈動暱近也箋云蹈讀曰悼上帝乎者愬之也今幽王暴虐不可以朝事甚使我心中悼病是以不從而近之釋已所以不朝之意○蹈音悼鄭作悼病也暱女栗反又女筆反徐又乃吉反俾予靖之。後予極焉。靖治極至也箋云靖謀俾使極誅也假使我朝王王留我使我謀政事王信讒不察功考績後反誅放我是言王刑罰不中不可朝事也○俾必爾反本作畀後皆同極毛如字鄭音棘〔疏〕有菀至極焉○毛以為有菀然者枝葉茂盛之柳行路之人見之豈不庶幾就之而息止焉誠欲就之而止息以興有道德茂美之王諸侯見之豈不庶幾往之而朝事今諸侯不往朝王由無美德故也諸侯既不朝王又相戒曰上帝之王甚變動而其心不恒刑罰妄作汝諸侯無得自往親近之若自往親近之必將得罪又恨王者不任已以事言王之有事若使我治之於後則使我更至焉今有事不使我治之動輙加我以罪我所以不欲朝王也○鄭以上二句與毛同言我不欲朝者以王暴逆故訴之于天言上帝乎今幽王行其暴虐不可朝事甚使人心中悼傷我是以無得從而近之由王為惡故已不欲朝也非直暴虐如是刑罰不中假我朝王王留我有政事使我謀之王信讒不察功考績我雖無罪於後必罪我而誅放焉由此我所以不往朝事之也○箋尚庶至不然○正義曰釋言云庶幾尚也以心所念尚即是庶幾義相反覆也以行人之欲息於茂蕰似諸侯之顯朝於有德故以茂喻盛德而願往焉反陳古義以刺今故言憂今不然○傳蹈動暱近○正義曰蹈者踐履之名可以蹈善亦可以蹈惡故為動言王心無恒數變動也故王肅孫毓述毛皆以上帝為斥王矣暱近釋詁文毛於下章瘵焉病也言王者躁動無常行多逆理無得自往近之則為王所病與此互相接也○箋蹈讀至之意○正義曰以上言庶幾朝之下句言無自暱焉是其蹈為惡之狀故讀為悼言使人心中悼病若蹈履則非惡之狀故易傳也言王無美德下訴其不可朝事於理為切故以上帝為天而訴之也序言王者不可朝事故云釋已所以不朝之意○傳靖治極至○正義曰並釋詁文此言王不可朝而云使我治之後我至焉則毛意以為恨王不使已治事故後不至也此恨王不任已事則居以凶危是又恨王使已皆由王之無常有事不任之讒任即加罪是不可朝事○箋靖謀至朝事○正義曰靖謀俾使皆釋詁文極誅釋言文以序云刑罰不中卒章云居以凶矜反以類此則極邁皆罪事故言假使我朝王王留我使謀政事王信讒反誅放我也以凶矜之文與此相類故易傳也

有菀者柳。不尚愒焉。愒息也○愒欺例反徐丘麗反上帝甚蹈。無自瘵焉。瘵病也箋云瘵接也○瘵側界反鄭音際俾予靖之。後予邁焉。箋云邁行也行亦放也春秋傳曰予將行之〔疏〕箋瘵接○正義曰毛依釋詁云瘵病也鄭以上暱類之讀為交際之際故言接也○箋邁行至行之○正義曰邁行釋言文以罪而使之行於外故言行亦放也引傳曰予將行之者昭元年左傳文時鄭之大夫游楚有罪子產將放之子大叔者游楚之宗傳曰將行子南子產咨於大叔大叔曰吉不能亢身焉能亢宗吉若獲戾子將行之何有於諸游是行為放之義故引證之也吉大叔之名子南游楚之子

有鳥高飛。亦傅于天。彼人之心。于何其臻。箋云傅臻皆至也彼人斥幽王也鳥之高飛極至於天耳幽王之心於何所至乎言其轉側無常人不知其所屆○傅音附曷予靖之。居以凶矜。曷害矜危也箋云王何為使我謀之隨而罪我居我以凶危之地謂四裔也○裔延世反〔疏〕有鳥至凶矜○毛以為鳥飛無定之物人心有定之主今鳥有所至人心反無至故以喻之言有鳥高飛謂其終無所至亦至于天而止也今彼人幽王之心于何其所至乎言其心轉側無常人不知其所止乃鳥之不如由此不可朝事也我若朝王王使我治事旋即罪我故恨王云何由使我治之尋復居處我以凶危之地也使即罪之是刑罰不中不可朝事也○鄭唯以靖謀為異餘同○傳曷害○正義曰傳雖曷為害亦訓為何故害辭害否皆為何也○箋王何至四裔○正義曰以誅放類之故知凶危是凶危之地謂四方荒裔遠處即九州之外也文十八年左傳曰投諸四裔以禦螭魅是四裔之文即羽山東裔崇山南裔三危西裔幽州北裔是也九州之外而言幽州者以州界甚遠六服之外仍有地屬之故繫而言焉

菀柳三章章六句

毛詩注疏挍勘記（十五之二）　阮元撰盧宣旬摘錄

○魚藻

有那其居　小字本相臺本同唐石經那字磨改其初刻不可辨或與商頌同見彼下

○采菽

數微會之　小字本相臺本同唐石經數字磨改其初刻不可辨

采其葉以為藿　小字本相臺本同案正義云故云采其葉以為藿釋文以為藿作音段玉裁云藿當是芼

王饗賓客有生俎　閩本明監本毛本同小字本相臺本生作牛考文古本同案生字誤也正義可證

傳解言大牢之意　閩本明監本毛本同案浦鏜云傳解二字當誤倒是也

天子賜諸侯氏以車服　閩本明監本毛本同案浦鏜云諸衍字是也

是服同賜之矣　閩本明監本毛本同案是下當有車字

絺衣粉米　閩本明監本毛本同案浦鏜云刺誤衣是也

裁以為衣舉衮　閩本明監本毛本同案浦鏜云裁當或字誤是也

諸侯將朝于王　小字本相臺本同案釋文云一本無于字皆以王字絕句一讀諸侯將朝絕句以王字下屬考正義云以諸侯王當行朝禮故言將朝於是王則驂乘四馬而往迎之是正義本無于字讀朝字絕句與一讀同也

不知以與車服賞賜　閩本明監本毛本同案浦鏜云知當如字誤是也

上章菽芼美也　閩本明監本毛本同案浦鏜云藻誤美是也

箈菹鴈醢　明監本毛本箈誤落閩本不誤○按康成以前正作落菹

邪幅幅偪也所以自偪束也　小字本相臺本同案正義云故傳辨之云邪幅正是偪也名曰偪者所以自偪束也是其本作邪幅偪也偪所以自偪束也各本皆誤

俱尊祭服是也　閩本明監本毛本同案浦鏜云俱當但字誤

此則由神祈祐　閩本明監本毛本同案浦鏜云祈疑所字譌是也

落君常有賢也　〔補〕毛本落作其案其字是也

優哉游哉　明監本優誤優各本皆不誤

李巡曰韡竹為索　閩本明監本毛本韡誤繂案依此正義引爾雅并注皆當作韡今作繂者乃依此傳改耳

○角弓

騂騂調利也　小字本相臺本同考文古本同閩本明監本毛本利誤和正義中字同釋文騂騂下云調利也本亦或誤今正詳後考證

則以親親之望易以　小字本相臺本閩本明監本毛本皆以下有成怨二字案此十行本誤脫

則翩然而其體反房矣　閩本明監本毛本同案浦鏜云戾誤房是也

翩然而則反矣　閩本明監本毛本同案則字當在翩字上浦鏜云譌在下是也

閉謂之骨肉　閩本明監本毛本同案閉當作因形近之譌

綽綽有裕　毛本裕誤裕明監本以上皆不誤餘同此

至于已斯亡　小字本相臺本同閩本明監本毛本同唐石經已作巳案已字是也音紀正義云至於已身以此而致滅亡可證坊記引此詩鄭彼注云以至亡已是鄭義自作已也已誤作巳經注正義中所在多有考六經正誤則宋時固然唐石經二字無誤者餘同此

此又申而成之　〔補〕案成當戒字之譌毛本正作戒

傳又因述不可讓之意　閩本明監本毛本同案不可下浦鏜云疑脫不字是也

而孩童慢之小字本相臺本同案釋文云孩本作咳戶才反考正義云此言咳童慢之是其本作咳也

如食宜饇唐石經小字本相臺本同案釋文云宜如字本作儀注同正義本是宜字

老子所謂埏埴以爲器閩本明監本毛本同案浦鏜云挻誤埏是也

又若一禮閩本明監本毛本同案浦鏜云禮當孔字誤是也因禮作礼而致譌耳

若敎使其爲之必也小字本明監本毛本同相臺本無之字必下有能字案相臺本誤也沿革例云依疏增一能字考此正義云必能登木矣乃自爲文非其本注有能字也下箋云其注亦必也二必字義同正義引王肅云敎猱升木必也又云因其所善而敎用之故云必也皆可證沿革例讀正義誤耳

無得敎猱之升不若敎之升木【補】案不當作木屬上句讀毛本不誤

猱彌猴也【補】考陸疏彌作獼毛本亦作獼彌字省譌也

故樂記注云獶獼猴也閩本明監本毛本同案獶當作獿正義引經藉有用其本書之字而不復言其字異義同者於所易知例如此也今每有爲人因經注不是其字而改去者此其比矣

必是物之蹬者【補】閩本明監本毛本同案蹬當作澄誤脫水旁

序又從曰閩本明監本毛本同案浦鏜云序當字字誤是也

此上成猱升木之事【補】毛本成作戒案戒字是也

如西方我髦【補】案我當是夷之譌傳髦夷髦也可證

○菀柳

菀茂木也小字本相臺本同案釋文菀柳下云木茂也是其本作木茂正義本今無可考

似諸侯之顯朝於有德閩本明監本同毛本顯作顧案所改是也

箋云瘵接也小字本同閩本明監本毛本同相臺本無瘵字案無者誤也○按箋卽際之假借也不言讀爲際者省文也

春秋傳曰予將行之閩本明監本毛本同小字本相臺本予作子案予字誤也○【補】案正義予將行之者同

子南游楚之子【補】案子當作字毛本同誤

附釋音毛詩注疏卷之十五（十五之二）

毛詩小雅　鄭氏箋　孔穎達疏

都人士。周人刺衣服無常也。古者長民。衣服不貳。從容有常。以齊其民。則民德歸壹。傷今不復見古人也。服謂冠弁衣裳也古者明王時也長民謂凡在民上倡率者也變易無常謂之貳從容謂休燕也休燕猶有常則朝夕明矣壹者專也同也○長張丈反注同貳音二從七容反復扶又反下注同倡率色類反朝夕直遙反【疏】都人士五章章六句至古人○正義曰都人士詩者周人所作刺其時人所著之服無常也以古者在上長率其民所衣之服不變貳雖從容休燕之處其容貌亦有常不但公朝朝夕而已身自行此以齊正其人則下民皆爲一德謂其德如一與上齊同亦衣服不貳從容有常也傷今不復見古之人故作詩反以刺之周人者謂京師畿內之人此及白華獨言周人者蓋敍者知畿內之人所作其人或微不足錄故言周人以便文無義例也不言刺幽王者此凡在人上服皆無常故下民亦不齊一此刺當時之服無常非指刺王身故序不言刺王然風俗不齊亦王者之過卽亦刺王也服謂在體之衣德謂身之所行德服非一在上衣服有常能使下民一德正謂服有常也抑抑威儀維德之隅由德行有常故服不變既觀其服之不貳知其德之齊一不然則德在於心不可知其一否也經五章皆陳古者有德之人衣服不貳不言長民者敍言人德齊一之由故說長民不貳於經無所當也唯傷今不復見古之人是摠敍五章之義民者兼男女故經有士女二事○傳服謂至同也○正義曰冠弁在首衣裳在身皆是體之所服直云衣服刺無常明其兼之也弁者古冠之大號也冠弁摠謂在首者冕弁之類皆在其中也春官司服云凡田冠弁服謂委貌玄冠爲冠弁對其餘弁冕而立名非摠諸冠與此不同也以傷今而思之故知古者明王時也言長民則與民爲長者皆是故謂凡在人上倡率者謂爲官倡導帥領之人卽邑宰鄉遂之官言凡語廣雖上及天子諸侯皆是也衣服衆矣當各以其事服之今云衣服不貳明各於其事不得差貳故云變易無常謂之貳也此從容承衣服不貳之下以對之矣明爲私處舉動故知謂休燕間暇之處宜自放縱猶尙有常則朝夕舉動亦有常明矣此休燕有常直謂進退舉動不失常耳卽經所云其容不改之類非據衣服故箋直云猶有常不言服明其非服也壹者齊一之義故爲專也同也言專爲一行服色齊同也

彼都人士。狐裘黃黃。其容不改。出言有章。彼彼明王也箋云城郭之域曰都古明王時都人之有士行者冬則衣狐裘黃黃然取溫裕而已其動作容貌既有常吐口言語又有法度文章疾今奢淫不自責以過差○出如字士行下孟反下文行歸注操行同衣於既反差初賣反又如字○行歸于周。萬民所望。周忠信也箋云于於也都人之士所行要歸於忠信其餘萬民寡識者咸瞻望而法傚之又疾今不然○望如字協韻音亡○【疏】箋城郭至過差○正義曰都者聚居之處故知城郭之域也定本城作域正舉都邑者以都邑之士近政化有道先被其德無道先化其淫此時奢淫巧僞都邑尤甚故舉古之都邑以駁今之都邑也士者男子行成之大稱敘言則民一德是所陳者人也人而言士故知都人之有士行者非爵爲士也月令孟冬天子始裘故知冬則衣狐裘也以古之衣裘其上必有裼衣故知取其溫裕而已禮記緇衣引此詩彼注云黃衣則狐裘大蜡之服也詩人見而說焉以爲大蜡之裘則是有衣裼矣言取溫裕者以注記之時未詳此詩之意以狐裘黃者實大蜡時息民所服則黃衣故以言焉至此觀經爲解故不與彼同也若然息民之祭服此狐裘則是尊貴之服矣庶人而得服之者彼狐之黃者多黃狐之衣非貴服也息人臘祭服之者於是草木黃落象其時物之色故服之耳郊特牲云野夫黃冠黃冠草服也注云言祭以息民服象其時物之色季秋草木黃落是順時而服非同於常祭其實爲輕又不衣裼故庶人所得衣也若然玉藻云犬羊之裘不裼注云質畧亦庶人無文飾則庶人止服犬羊此衣狐裘者以禮不下庶人其制不可得曲而盡此言狐裘則庶人得衣狐裘明矣礼云犬羊舉一以言之七月云一之日于貉箋云于貉往捕貉以自爲裘是庶人又以貉裘而礼無明文礼之所記不能盡也七月又云取彼狐狸爲公子裘則非公子不得衣狐裘言庶人狐裘者以狐色不等若狐白非君不服狐青及小而美者則可以供公子而庶人避其文故言于貉若黃狐及麤惡者不廢庶人亦服之且孔子云狐貉之厚以居狐連貉言之貉既庶人所服狐亦服之明矣以庶人服犬羊不裼故此狐裘亦不裼取其溫裕而已或以書傳云古者必有命民得乘飾車駢馬衣文錦彼都人士爲命民故異於其餘庶民知不然者此則思古之服則古之都邑之士則當皆然也下言緇撮不異庶人則狐裘黃黃是庶人所當服矣此思古人之善以刺今人之惡故箋摠之云疾今奢淫不自責以過差也以君子既有其服則常其容以出於言而後爲行故經以此爲文次也○箋都人士至今不然○正義曰以經言萬民所望明都人爲人所法傚也知寡識者以明王之時賞不遺才若深識當爲時所用今取法於都人故知寡識者以因前經故言又疾今不然襄十四年左傳引此二句服虔曰逸詩也都人士首章有之禮記注亦言毛氏有之三家則亡今韓詩實無此首章時三家列於學官毛詩不得立故服以爲逸

彼都人士。臺笠緇撮。臺所以禦暑笠所以禦雨也緇撮緇布冠也箋云臺夫須也都人之士以臺皮爲笠緇布爲冠古明王之時儉且節也○臺如字爾雅作薹草名笠音立緇側其反撮七活反夫音符本亦作扶○彼君子女。綢直如髮。密直如髮也箋云彼君子女者謂都人之家女也其情性密緻操行正直如髮之本末無隆殺也○綢直留反密也致直置反本亦作緻隆俗本作降殺所界反又所側反○我不見兮。我心不說。箋云疾時皆奢淫我不復見今士女之然者心思之而憂也○我不見第二章作不見後三章作弗見一本四章同作不字說音悅【疏】彼都至不說○正義曰言彼明王之時都邑之人有士行者以臺草爲笠緇布爲冠以撮持其髮是儉而且節此都人之行如是則爲君子之人矣彼都人君子之家女其情性密緻操行正直如人之頭髮然其本末無隆殺言其性行終始不變也今既不然士女淫慾我今不復得見古之都人士女德行如是兮由此我心不歡說而憂心思古也○傳臺所至布冠○正義曰臺草名可爲笠則一也而傳分之者笠本禦暑故良耜曰其笠伊糾因可以禦雨故傳分之以充二事焉以緇撮爲一知臺笠不二矣○箋以臺至且節○正義曰禹貢有鳥夷卉服彼卉者是草之摠名但鳥夷居下濕而常服之此臺草之一名亦卉也郊特牲曰大羅氏天子之掌鳥獸者諸侯貢屬焉草笠而至尊野服也則草笠野一人之服是賤者也前裘則冬所衣此笠則夏所用各舉其一

而言之以臺皮爲笠緇布爲冠不用美物故云儉言撮是小撮持其髻而已是且節也鄭知取此義者以上言狐裘即述其容貌言行此下不述言行故舉其冠笠以表節儉也案郊特牲云大古冠布齊則緇之冠而敝之可也注云此重古而冠之耳三代改制齊冠不復用布玉藻云始冠緇布冠自諸侯下達冠而敝之可也則此應始冠而敝之今都人以爲常服者士以上冠而敝之庶人則雖得服委貌因而冠之而儉者服緇布故詩人舉而美焉故論語今也純儉注云純當爲緇則緇亦得爲紂帛何知非紂帛爲玄冠而言緇布者以緇雖古布帛兩各但字從才者爲帛從留者爲布此言緇故知非帛且若是帛爲玄冠則有制度不得言撮故士冠礼云緇布冠頍項注云緇布冠無笄者著頍圍髮際結項中隅爲四綴以固冠也項中有緇亦由固頍爲之耳今未冠笄者著卷幘頍象之所生也是緇布冠制小故言撮以此益明非玄冠若然緇布冠制自當小言明王之時儉且節者解不著玄冠而著緇布之意故雖礼制之小亦由儉節而著之傳密直如髮○正義曰傳變綢言密則以綢爲密也綢者綢綴之言故爲密也○箋彼君子至隆殺○正義曰文承於上故以彼君子女謂都人之家女也以密在於心故言情性直見於外故言操行謂所操持之行跡也能始終不虧故言本末無隆殺定本隆作降

彼都人士。充耳琇實。琇美石也箋云言以美石爲瑱瑱塞耳○琇音秀徐又音誘瑱他見反○彼君子女。謂之尹吉。尹正也箋云吉讀爲姞尹氏姞氏周室昏姻之舊姓也人見都人之家女咸謂之尹氏姞氏之女言有礼法○吉毛如字鄭讀爲姞其吉反又其乙反我不見兮。我心菀結。箋云菀猶屈也積也○菀於粉反徐音鬱又於阮反【疏】彼都至菀結○毛以爲言彼明王之時都人之有士行者充耳以琇之美石實其耳是其有節制也彼都人有君子之德其家之女謂之正直而嘉善矣我今不見古之士女德服如是我心爲之菀然槃屈如繩索之爲結矣○鄭唯尹姞爲異餘同○傳琇美石○正義曰淇奥傳曰琇瑩美石說文云琇美石次玉也然琇是美石之名耳而此傳俗本云琇實美石者誤也今定本毛無實字說文直云琇石次玉則實非玉名故王肅云以美石爲瑱塞實其耳義當然也淇奥說武公之服以琇爲充耳此都邑庶人亦用琇者礼天子以純玉諸侯以下則玉石雜衛風自舉石言之其實玉多而石少非全用石也此則庶人無玉用石而已其用之石則與諸侯之同名故俱言琇也○傳尹正○正義曰釋言文王肅云正而吉也易繫辭云吉人之辭寡○箋吉讀至礼法○正義曰言謂之者是指成事而謂之故易傳也尹既是姓則吉亦姓也故讀爲姞美其人而謂之尹姞者以尹氏姞氏周室昏姻之舊姓也知者節南山云尹氏大師常武經曰王謂尹氏昭二十三年尹氏立王子朝是其世爲公卿明與周室爲昏姻也韓奕云爲韓姞相攸言汾王之甥是姞與周室爲昏姻也又宣三年左傳云鄭石癸曰吾聞姬姞耦其子孫必蕃姞吉人也后稷之元妃也言姬姞耦明爲舊姓以此知尹亦有昏姻矣既世貴舊姓昏連於王室家風不替是有禮法矣故見都人之女有礼法者謂之尹姞也孫毓云尹氏姞氏衰世舊姓豈必能賢案篇義思古之人則所言皆斥明王之時不得以衰世爲難矣

彼都人士。垂帶而厲。彼君子女。卷髮如蠆。厲帶之垂者箋云而亦如也而厲如鞶厲也鞶必垂厲以爲飾厲字當作裂蠆蠆蟲也尾末捷然似婦人髮末曲上卷然○帶音帶本亦作帶厲毛如字鄭當作裂音列卷音權注及下同蠆勑邁反又勑界反蠆蟲也通俗文云長尾爲蠆短尾爲蠍蠍音虛伐反鞶薄寒反螫音釋本又作蠚呼莫反捷其言反又音虔漢書音義云舉也又渠偃反一音其蹇反上時掌反我不見兮。言從之邁。箋云言亦我也邁行也我今不見士女此飾心思之欲從之行言己憂悶欲自殺求從古人○【疏】彼都至之邁○毛以爲言彼明王之時都人之有士行者垂其帶之飾而有厲然言其服飾有常也彼都人君子之家女乃曲卷其髮末如蠆之尾言其容儀有法也今之士女皆奢淫不然我今不見古之士女如是儀飾以是故心中思之我欲從之其當自殺以行而求古人言已憂悶不能自勝也鄭唯以垂帶如鞶裂爲異餘同○傳厲帶之垂者○正義曰毛以言垂帶而厲爲絕句之辭則厲是垂帶之貌故以厲爲帶之垂者○箋而亦至卷然○正義曰以言如蠆將外物以比髮曲則而厲亦將外物以比帶垂故云而亦如也以蠆已言如故言亦如也如厲如以厲者謂如桓二年左傳云鞶厲游纓也彼服虔以鞶爲大帶也鄭意則不然內則云男鞶革女鞶絲注云鞶小囊盛帨巾者男用韋女用繒有飾緣之則是鞶裂與詩云垂帶如厲紀子帛名裂繻字雖今異意實同也以鄭彼注言之則鞶是囊之名但有飾緣之垂而下名之爲裂鞶必垂裂以爲飾言帶之垂似之也以紀子帛名裂繻故言厲字當作裂也昭四年左傳曰其父死於路已爲蠆尾言蠆尾有毒也故以爲蠆蟲其末尾捷然似婦人髮末曲上卷然也礼斂髮無髻而有曲者以長者盡皆斂之不使有餘而短者若鬢傍不可斂則因曲以爲飾故不同也定本及集本捷下皆無然字○箋我今至古人○正義曰上言帶髮故言士女此飾也以上章有我心此言從之邁故知心思之彼人已死而欲從之行故知憂悶欲自殺求從古人○

匪伊垂之。帶則有餘。匪伊卷之。髮則有旟。旟揚也箋云伊辭也此言士非故垂此帶也帶於礼自當有餘也女非故卷此髮也髮於礼自當有旟也旟枝旟揚起也○旟音餘揚也我不見兮。云何盱矣。箋云盱病也思之甚云何乎我今已病也○盱喜俱反【疏】匪伊至盱矣○正義曰此承上章之文故匪伊之上闕帶髮之文見於下句以法所當然是於礼有之也礼大帶垂三尺是矣此下二句初直不悅後更菀結故欲自殺而未能所以爲病爲事之次也

都人士五章章六句

采綠。刺怨曠也。幽王之時。多怨曠者也。怨曠者君子行役過時之所由也而刺之者譏其不但憂思而已欲從君子於外非礼也○思息嗣反下皆同【疏】采綠四章章四句至曠者○正義曰謂婦人見夫行役過時不來怨己空曠而無偶也婦人之怨曠非王政而錄之於雅者以怨曠者爲行役過時是王政之失故錄之以刺王也經上二章言其憂思下二章恨本不從君子皆是怨曠之事欲從外則非礼故刺之○箋怨曠至非礼○正義曰婦人思夫情義之重礼所不責故知譏其不但憂思而已欲從君子於外非礼也礼婦人送迎不出門況從夫行役乎雖憂思之情可閔而欲從之語爲非故作者陳其事而是非自見也

終朝采綠。不盈一匊。興也自旦及食時爲終朝兩手曰匊箋云綠王芻也易得之菜也終朝采之而不滿手怨曠之深憂思不專於事○匊弓六反注本或一手曰匊芻楚俱反草也易以豉反予髮曲局。薄言歸沐。局卷也婦人夫不在則不容飾箋云言我也礼婦人在夫家笄象笄今曲卷其髮憂思之甚也有云君子將歸者我則沐以待之○局其玉反卷音權下同又脊勉反沈其言反○【疏】終朝至歸沐○毛以爲言人有終朝采此綠葉而不能滿其一匊此采者由此人志在於他故也以興此婦人終日爲此家務而不能成其一事者此婦人由志念於夫故也故言我之憂思不暇容飾今不洗沐其髮徒曲卷而已是憂思之甚也薄知我君子之將歸我則沐髮以待之今之不沐由無君子故也○鄭唯婦人身自采綠不與爲異餘同○傳興也至曰匊○正義曰毛以婦人不當在外故以爲興終朝者是終竟於朝故至食時也匊物必用兩手故曰兩手曰匊○箋綠至於事○正義曰綠若難得不盈是常今言其不盈故爲易得而不滿是其憂思不專也以田漁之婦則庶人之妻可自親采故不從毛興也○箋礼婦至待之○正義曰解所以曲卷者礼婦人在夫家當笄此象骨之笄今曲卷其法則去其笄而不用是憂思深也此訓言爲我我君子也我則沐以待之此我義勢所加非經言也

終朝采藍。不盈一襜。衣蔽前謂之襜箋云藍染草也○藍盧談反沈力甘反襜尺占反郭璞云今之蔽膝五日爲期。六日不詹。詹至也婦人五日一御箋云婦人過於時乃怨曠五日六日者五月之日六月之日也期至五月而歸今六月猶不至是以憂思○詹音占○【疏】終朝至不詹○毛以上二句與前同下二句言婦人五日一進御於夫言常時以五日爲御之期而望之至六日而不至尚以爲恨今日月長遠能無思乎舉近以踰遠也鄭以上二句爲賦也自與前同下二句言婦人本與夫以五月之日爲還期今六月之日而不至是爲行役過時所以怨曠憂思○傳衣蔽前謂之襜○正義曰釋器文也李巡曰衣蔽前衣蔽膝也○箋藍染草○正義曰以藍可以染青故淮南子云青出於藍月令仲夏無刈藍是可以染之草也○傳婦人五日一御○正義曰內則云妾雖年未滿五十必與五日之御是傳之所據也傳以彼文不辨尊卑則逼及庶人王肅云五日一御大夫以下之制傳意或然也其天子諸侯御之日數則傳無文焉婦人之思夫必過時乃怨曠毛雖云五日一御不必夫行六日便即怨也當是假御之期日以踰過時耳孔晁曰傳因以行役過時刺怨曠也故先序家人之情而以行役者六日不至爲過期之踰非止六日毛意當然也鄭五日之御則不然故內則注云五日一御諸侯制也諸侯取九女姪娣兩兩而御則三日次兩媵則四日次夫人專夜則五日也是鄭以五日爲諸侯制非大夫以下御婦人之日限也其天子則天官九嬪掌婦學之法以教九御注云自九嬪以下九九而御於王凡羣妃御見之法月與后妃其象也卑者宜先尊者宜後女御八十一人當九夕世婦二十七人當三夕九嬪九人當一夕三夫人當一夕后當一夕亦十五日而徧云自望後反之孔子云日者天之明月者地之理陰契制故月上屬爲天使婦從夫故月紀是鄭差後宮之數爲天子御日之文也以御女八十一人而言九御知當九夕以數準之故九嬪以下皆九人當一夕也夫人自然三人當一夕是十五日一徧與望數相當故云然亦者亦望之日數以其相當故因引孔子之言以證之后皆取其盛者故知卑者宜先謂月初也望後則月光盛故知反之是以內則之注亦先始娣從卑者起由準此也諸侯夫人則亦望前先卑望後先尊至望而夫人三進望後亦如之以此推之則大夫一妻二妾三日一御士有妾二日一御庶人多無妾其妻每夜而進之此所以與毛異也○箋婦人至憂思○正義曰箋解婦人所以怨曠之意由過時故也則此過時之言故不爲日數也雖言以日爲喻五日一御非庶人之礼又其喻懸而不惬故易傳云五日六日者五月之日六月之

日是期至五月而歸今六月猶不至是過時所以爲憂思也。

之子于狩。言韔其弓。之子于釣。言綸之繩。箋云之子是子也謂其君子也于往也綸釣繳也君子往狩與我當從之爲之韔弓其往釣與我當從之爲之繩繳今怨曠自恨初行時不然。狩尺救反韔勑亮反弢也沈治亮反本亦作鬯釣音弔綸音倫繳音灼亦作故同與音餘下同爲于僞反下同。【疏】之子至之繩。正義曰婦人既思夫不見悔本不隨之共行云我本應與之俱去若是子之夫往狩與我當與之韔其弓謂射訖與之弛弓納于韔中也是子之夫往釣與我當與之綸之繩謂釣竿之上須繩則已與之作繩今不見而思故悔本不然。箋綸釣繳。正義曰釋言云緍綸也則綸是繩名弋是繫繩於矢而射謂之繳射則釣繳者謂繫於釣竿也經云言綸之繩謂與之作繩此猶今人接經謂之繩經也說文云繳生絲縷也則釣與弋射其繩皆生絲爲之。

其釣維何。維魴及鱮。維魴及鱮。薄言觀者。箋云觀多也此美其君子之有技藝也釣必得魴鱮魴鱮是云其多者耳其衆雜魚乃衆多矣。魴音防鱮音敍觀古玩反注同韓詩作覩技其綺反。【疏】其釣至觀者。正義曰既恨不從君子狩釣故此又說其釣之技上兼有狩此偏言釣者因上釣文在下接而申之耳此不從之行而知其獲多者言本在家之釣非謂役中時也俗本作觀覩誤也定本集注並作多

采綠四章章四句

黍苗。刺幽王也。不能膏潤天下。卿士不能行召伯之職焉。陳宣王之德召伯之功以刺幽王及其羣臣廢此恩澤事業也。膏古報反下同召上照反注及下同。【疏】黍苗五章章四句至之職焉。正義曰作黍苗詩者刺幽王也以幽王不能如陰雨膏澤潤及天下其下卿士又不能行召伯之職以勞來士衆臣之廢職由君失所任故陳召伯之事以刺之也膏潤者以君之恩惠及下似雨澤之潤於物然水之潤物又似脂膏故言膏潤也此敘君臣互交以相見言卿士不能行召伯之職則王不能膏潤天下謂不能如宣王也以經言召伯不言宣王故敘因而互文以見義也此皆反經而敘之首章上二句是宣王之能膏潤也下二句以盡卒章皆召伯之職也言卿士不能行則召伯時爲卿士矣故國語韋昭注云召公康公之後卿士也左傳服虔注云召穆公王卿士是也。經言召伯亦作上公爲二伯以兼卿士耳。箋陳宣至事業。正義曰召伯之爲卿士宣王時也故知陳宣王之德召伯之功以刺幽王及其羣臣廢此恩澤事業也膏潤是恩澤召伯之職是事業故並言焉

芃芃黍苗。陰雨膏之。興也。芃芃長大貌。箋云興者喻天下之民如黍苗然宣王能以恩澤育養之亦如天之有陰雨之潤。芃蒲東反一音扶雄反長張丈反。悠悠南行。召伯勞之。悠悠行貌。箋云宣王之時使召伯營謝邑以定申伯之國將徒南行衆多悠悠然召伯則能勞來勸說以先之。勞力報反注及下篇注同營謝一本作營謝邑將徒役一本作將師旅來音賚說音悅又始說反。【疏】芃芃至勞之。正義曰言芃芃長大者是黍苗也此黍苗所以得長大者天以陰雨之澤膏潤之故也以興宣王之時悅樂者是衆人也此衆人所以得悅樂者由王以恩惠之澤養育之故也以黍苗之仰膏雨猶衆人之仰恩惠是宣王能膏潤天下今王不能然故舉以刺之又其時之人在國則蒙君之恩澤其行又得臣之勞來故言悠悠衆多而南行者是營謝邑之人召伯則又能勞來勸悅以先之言知人之勞苦也今幽王之時人苦而臣不知又刺之。箋宣王至先之。正義曰以嵩高言王命召伯定申伯之宅又曰因是謝人與四章肅肅謝功相當故知此南行謂宣王之時使召伯營謝邑以定申伯之國將徒役南行也此言南行是舉其始去而勞之故言召伯則能勞來勸悅以先之謂閔其勤勞身先其苦也我行既集蓋云歸哉謂事訖而勞之。

我任我輦。我車我牛。我行既集。蓋云歸哉。任者輦者車者牛者。箋云集猶成也蓋猶皆也營謝轉餉之役有負任者有輓輦者有將車者有牽傍牛者其所爲南行之事既成召伯則皆告之云可歸哉刺今王使民行役曾無休止時。任音壬注同輦力展反沈連典反餫音運輓音晚傍薄浪反爲于僞反。【疏】我任至歸哉。正義曰上言南行爲揔此言行中之別從召伯之南行其轉運謂有我負任者我輓輦者我將車者我牽傍牛者我召伯所爲南行之事既成謂營謝畢召伯則皆告之云可歸哉言宣王之時功役有期臣司其職今王役無休止臣廢其事故刺之。傳任者至牛者。正義曰傳言此四者明任輦車牛則各有其人故事別歷言之。箋蓋猶至止時。正義曰蓋者疑辭亦爲發端孝經諸言蓋者皆示不敢專決禮記禮器云蓋道求而未之得也檀弓云蓋有受我而厚之是發端也此詩人指事而述非有可疑事在末句不爲發端而其上歷陳四事故爲皆也下章美召伯營謝之功任輦車牛是轉運所用故營謝邑轉運之役也有負任者謂器物人所負持生民云是任是負文別爲二故箋以任爲抱此一者以相對則任在前負在背此任謂人所提荷隨其所在揔之皆爲任也輦車人輓以行故云輓輦者有將車者此轉運載在則是大車以駕牛者也有牽傍牛者秋官罪隸職云凡封國若家牛助爲牽傍鄭司農云凡封國若家謂建諸侯立大夫家也立謂牛助國以牛助轉徙也罪隸牽傍之在前曰牽在旁曰傍此營謝卽封國也宜使罪隸牽其牛也旣云將車者車中有牛而將之而別云牽傍牛者此牛在轄之外不在轄中故別牽傍之地官牛人云凡軍旅行役共其兵車之牛與其牽傍以載公任器注云牽傍在轄外輓牛也人御之彼雖非封國要牽傍亦在轄外以此知不與將車同也箋以召伯所勞當是勞人故歷言其事以表其名自別人又以罪隸之方參之知牛爲牽傍與車不同也此舉其歸反以刺今使人行役嘗無休止之時下章從此可知故故略焉。

我徒我御。我師我旅。我行既集。蓋云歸處。徒行者御車者師者旅者。箋云步行曰徒召伯營謝邑以兵衆行其士卒有步行者有御兵車者五百人爲旅五旅爲師春秋傳曰諸侯之制君行師從卿行旅從。卒尊忽反一本作士衆從才用反下同。【疏】傳徒行至旅者。正義曰傳亦見四事別而分以言之旅屬於師徒行御車還是師旅之人而經別之者以其所司各異故亦歷言以類上章也釋訓云徒御不驚以徒爲輦者也此上我輦異章故知徒行也。箋召伯至旅從。正義曰此言師旅故云以兵衆行其士卒有徒行者有御車者五百人爲旅五旅爲師夏官序文春秋傳曰君行師從卿行旅從定四年左傳文彼文無諸侯之制一句鄭亦以義言之明天子之卿與諸侯同故有師也彼傳君行師從謂嘉好之事服虔云謂會同杜預云謂朝會此雖作役非征伐故同嘉好之事也。

肅肅謝功。召伯營之。烈烈征師。召伯成之。謝邑也。箋云肅肅嚴正之貌營治也烈烈威武貌征行也美召伯治謝邑則使之嚴正將師旅行則有威武也。

原隰既平。泉流既清。召伯有成。王心則寧。土治曰平水治曰清。箋云召伯營謝邑相其原隰之宜通其水泉之利此功既成宣王之心則安也又刺今王臣無成功而亦心安。治直吏反下同相息亮反。【疏】傳土治至曰清。正義曰此下傳亦然五土有十等獨言原隰者以其最利於人故特言之

黍苗五章章四句

隰桑。刺幽王也。小人在位。君子在野。思見君子。盡心以事之。【疏】隰桑四章章四句至事之。正義曰君子在野經上三章上二句是也小人在位無德於民是亦小人在位之事也思見君子盡心以事之者即上三章下二句及卒章是也。

隰桑有阿。其葉有難。興也。阿然美貌。難然盛貌。有以利人也。箋云隰中之桑枝條阿然長美其葉又茂盛可以庇廕人興者喻時賢人君子不用而野處有覆德也正以隰桑興者反求此義則原上之桑枝葉不有覆養刺時小人在位無德於民。難乃多反庇必利反又彼備反廕於鴆反。既見君子。其樂如何。箋云思在野之君子而得見其在位喜樂無度。樂音洛注下皆同。【疏】隰桑至如何。正義曰言隰中之桑枝條阿然長美其葉則其難然而茂盛其下可以庇廕人往息者得其涼也以興野中君子其身有美德可以覆養人事之者蒙其利也旣隰中之桑盛如此則原上之桑[illegible]以今驗之實然者也

隰桑有阿。其葉有沃。沃柔也。烏酷反。既見君子。云何不樂。隰桑有阿。其葉有幽。幽黑色也。幽於糾反。既見君子。德音孔膠。膠固也。箋云君子在位民附仰之其教令之行甚堅固也。膠音交。心乎愛矣。遐不謂矣。中心藏之。何日忘之。箋云遐遠謂勤藏善也我心愛此君子君子雖遠在野豈能不勤思之乎宜思之也我心善此君子又誠不能忘也孔子曰愛之能勿勞乎忠焉能勿誨乎。臧鄭子郎反王才郎反。【疏】箋孔子至誨乎。正

義曰引論語者彼以中心善之不能無誨此則中心善之故心不能忘其義略同故引以爲驗

隰桑四章章四句

白華。周人刺幽后也。幽王取申女以爲后。又得褒姒而黜申后。故下國化之。以妾爲妻。以孽代宗。而王弗能治。周人爲之作是詩也。申姜姓之國也褒姒褒人所入之女姒其字也是謂幽后孽支庶也宗適子也王不能治已不正故也○華音花取七與反孽魚列反爲于爲反適音的

[疏]白華八章章四句至是詩○正義曰白華詩者周人所作以刺幽王之后也幽王之后褒姒也以幽王初取申女以爲后後得褒姒而黜退申后褒姒妾也王黜申后而立之由此故下國諸侯化而傚之皆以妾爲妻以支庶之孽代本適之宗而幽王弗能治而正之使天下敗亂皆幽后之所致故周人爲之而作白華之詩以刺之也申后之黜幽王所爲而刺褒姒者言刺褒姒則幽王之惡可知以褒姒媚惑以至使申后見黜故詩人陳申后之被疏遠以主刺后姒也帝王世紀云幽王三年納褒姒八年立以爲后則得在三年而黜申后在八年此詩之作在見黜之後經八章皆言王遠申后是得褒姒而黜申后之事也下國化之即五章鼓鐘于宮聲聞于外是也此詩主刺王之遠申后但王爲此行則爲下國所化故經略文以見意序具述其事以明之○箋申姜至正故○正義曰欲明申爲國名故云姜姓之國褒姒褒人所入之女國語史記有其事褒國姒姓言姒其字者婦人因姓爲字也以申褒皆爲王后故辨之云是謂幽后以其被刺明褒姒矣孽者蘗也樹木斬而復生謂之蘗以適子比根幹庶子比支孽故孽支庶也中候曰無易樹子注云樹子適子玉藻云公子曰臣孽注云孽當爲枿文王曰本支百世是適子比樹本庶子比支孽也宗適子者以適子當爲庶子之所宗故稱宗也王以褒姒代申后下國化之正以妾爲妻耳并言以孽代宗者既以妾爲妻母愛者子伯服則妾之所生代適子故連言之鄭語云而嬖是女使至於爲后而生伯服又曰王欲殺太子必求之申是幽王亦以伯服代太子故爲下國所化也天子執生殺之柄所以不能治下國者以已不正故也昭四年左傳椒舉云無瑕者可以戮人是已不正不可以治人也

白華菅兮。白茅束兮。興也白華野菅也已漚爲菅箋云白華於野已漚名之爲菅菅柔忍中用矣而更取白茅收束之茅比於白華爲脆興者喻王取於申申后禮儀備任妃后之事而更納褒姒褒姒爲孽將至滅國○菅音姦漚烏候反柔也忍音刃脆七歲反又音毳任妃后音王一本作任王后

之子之遠。俾我獨兮。箋云之子斥幽王也俾使也王之遠外我不復荅耦我意欲使我獨也老而無子曰獨後褒姒譖申后之子宜咎奔申○遠于願反下注遠善同又如字注及下皆同俾必爾反復扶又反譖側鴆反咎音柩

[疏]白華至獨兮○毛以爲言人刈白華已漚以爲菅又取白茅纏束之兮是二者以絜白相束而成用與婦人有德已納以爲妻兮又用禮道申束之兮是二者以恩禮相與而成嘉禮者即端成絜白之謂今之子幽王遠外我申后不復荅耦我意欲使我獨老而無子兮是不以絜白恩禮相申束使己菅茅之不如也○鄭以爲言人既刈白華已漚爲菅柔韌中用兮何爲更取白茅收束之兮以白茅代白華則脆而不堪用也以興王既聘申女已立爲后禮儀充備兮何爲更納褒姒嬖寵之兮以褒姒代申后則妬而將滅國也寵褒姒以黜申后似取白茅而弃韌菅故以爲喻餘同○傳白華至爲菅○正義曰白華野菅釋草云茅菅白華一名野菅郭璞曰茅屬也此白華亦是茅之類也漚之柔韌異其名謂之爲菅因謂在野未漚者爲野菅也王肅云白茅束白華以興夫婦之道宜以端成絜白相申束然後成室家也傳意或然○箋白華至滅國○正義曰箋以序言得褒姒而黜申后明以菅茅相比故以韌脆爲喻以菅漚之明韌也茅不漚故脆也言取白茅收束之言收束以擬用非以束白華也茅雖比菅爲脆其實茅亦不可用七月云晝爾于茅宵爾索綯是茅可以爲索與者以善惡相比爲喻耳○箋之子至奔申○正義曰以遠是遠申后故之子斥幽王以遠即連言獨故以不復荅耦解之也老而無子曰獨王制文也其後褒姒譖申后之子宜咎宜咎奔申解其獨之意以申后雖有子王用褒姒之讒使之奔申是王欲殺之而使申后無子探王此意故雖有子亦名爲獨也

英英白雲。露彼菅茅。英英白雲貌露亦有雲言天地之氣無微不著無不覆養箋云白雲下露養彼可以爲菅之茅使與白華之菅相亂易猶天下妖氣生褒姒使申后見黜○英如字韓詩作泱泱同

天步艱難。之子不猶。步行猶可也箋云猶圖也天行此艱難之妖久矣王不圖其變之所由爾昔夏之衰有二龍之妖卜藏其漦周厲王發而觀之化爲玄黿童女遇之當宣王時而生女懼而棄之後褒人有獻而入之幽王幽王嬖之是謂褒姒○夏戶雅反漦士其反沫也又尸醫反爾雅云漦盝也盝音鹿黿音元嬖補俤反又必計反

[疏]英英至不猶○毛以爲上既言王不以禮已失菅茅申束之義故因言菅茅之蒙養英英然者是鮮潤之白雲下露潤彼菅之與茅使之得長是天地之氣無微不著無不覆養然天不遺物尚養彼菅茅天何爲獨行艱難於我申后令之子幽王不可於我而見黜退不得覆養是菅茅之不如也○鄭以爲英英之白雲降露潤養彼可以爲菅之白茅使與白華之菅相亂易猶蒼天下妖氣生彼可以爲后之褒姒令與申后相換代也天生褒姒以或周若雲之養茅以亂用則爲天下之妖然其妖本自夏世以至於周時是天行此艱難之妖久矣之子幽王何故不圖其變之所由來而寵之以代后將至於滅國乎○傳英英至覆養○正義曰以英英連白雲故爲白雲貌言露亦有雲者以雨必有雲言亦亦雨也以今觀之有雲則無露無雲乃有露言露亦有雲者露雲氣微不映日月不得如雨之雲耳非無雲也若露濃霧合則清旦爲昏亦是露之雲也霜露所霑是天地之氣故言天地之氣無微不著謂養萌芽以成大無不覆養巨細皆潤之故菅茅恐蒙養也○箋白雲至見黜○正義曰箋以上章言取茅而棄菅喩寵褒姒而黜申后故此章又申之言天養彼可以爲菅之茅使茅與白華相亂易猶天下妖氣生褒姒使申后見黜退以此喩爲切故易傳也○傳步行猶可○正義曰舉足謂之步故爲行也猶可釋言文王肅云天行艱難使下國化之以倡爲不可故也侯苞云天行艱難於我身不我可也如肅之言與上章不類今以侯爲毛說○箋天行至褒姒○正義曰上既以露雲養茅喩天生褒姒褒姒從來爲遠故言天行艱難以結之言天行艱難之妖久矣責王不圖其變之所由也若然天故行妖以滅周則非所能拒而令王圖之者以天時人事理亦相符若人能敬脩德行則可妖變爲祥太戊桑穀即其事也且王興滅實有天期要忠臣烈士不可委之上天默然不諫龍逢比干皆伏死以爭故詩人諷詠亦勸王之諫也昔夏之衰以下之事皆出外傳鄭語曰宣王之時童謠曰檿弧箕服實亡周國於是宣王聞之有夫婦鬻是器王使執而戮之府之小妾生女而非王子也懼而弃之此人也收以奔褒褒人有獄而以爲入天之命此久矣其何爲乎訓語有之曰夏之衰也褒人之神化爲二龍以同于王庭而言曰余褒之二君也夏后卜殺之與去之與止之莫吉卜請其漦而藏之吉乃布幣焉而策告之龍亡而漦在櫝而藏之及殷周莫之發也厲王之末發而觀之漦流於庭不可除王使婦人不幃而譟之化爲玄黿以入于王府府之童妾未既齔而遭之既笄而孕當宣王而生不夫而育故懼而弃之爲弧服者方戮在路夫婦哀其夜號也而取之以逸逃于褒褒人有獄而以爲入于王而嬖是女使至於爲后而生伯服此其文也彼韋昭注曰褒人褒君其處曰同二君二先君也漦龍所沫龍之精氣也厲王之末流彘之歲也褒正幅曰幃譟讙呼也黿或爲蚖蚖蜥蜴也毀齒曰齔未既齔未畢也女七歲而毀齒孕妊身也女十五而笄也由此言之昭以龍非陸地之物故云或爲蚖蜥蜴也以其言未故爲流彘之歲若流彘之後則越去王都不得復觀之矣帝王世紀以爲幽王三年嬖褒姒褒姒年十四若然則宣王立四十六年崩是先幽王之立十一年而生其生在宣王三十六年也厲王流彘之歲爲共和十四年而後宣王立自宣王三十六年上距流彘之歲爲五十年流彘時童妾七歲則生女時母年五十六凡在母腹五十年其母共和九年而笄年十五而孕自孕後尚四十二年而生作爲妖異故不與人道同

滮池北流。浸彼稻田。滮流貌箋云池水之澤浸潤稻田使之生殖喻王無恩意於申后滮池之不如也豐鎬之間水北流○滮符彪皮休二反浸子鴆反字亦作寖殖市力反鎬戶老反

嘯歌傷懷。念彼碩人。箋云碩大也妖大之人謂褒姒也申后見黜褒姒之所爲故憂傷而念之○嘯音嘯本亦作歗妖古卯反本又作姣一音於驕反○

[疏]箋池水至北流○正義曰以浸者蒙潤之言稻又能水之物此刺申后見黜而以此喻之故知池水之澤浸潤稻田使之生殖喻王無恩於申后滮池之水不如也言其北流是目所覩見此詩周人所作則此池是周地之水故云豐鎬之間水北流文王有聲箋云豐在豐水西鎬在豐水東然則豐鎬之間唯豐水耳而謂之池者家語云今池水之大誰知非泉焉召旻曰池之竭矣不云自頻則池者下田畜水之處且言浸者不得在豐水之中則此池在豐水之左右其池亦下引豐以溉灌故言浸彼稻田也池水當得停而亦言北流者以池上引豐水亦北流浸灌既訖又決而入豐亦爲北流鄭直云水北流不指言豐明池亦北流也○箋碩大至念之○正義曰以此嘯傷而思之是念其不當然也又言彼以外之故知謂褒姒褒姒而言大人故言爲妖大之人王肅云碩人謂申后也孫毓云申后廢黜失所故嘯歌傷懷念之而勞心毛既不爲之傳意當與鄭同○

樵彼桑薪。卬烘于煁。卬我烘燎也煁烓竈也桑薪宜以養人者也箋云人之樵取彼桑薪宜以炊饔饎之爨以養食人桑薪之善者也我反以燎於烓竈用炤事物而已喻王始以禮取申后禮儀備今反黜之使爲卑賤之事亦猶是○樵但焦反卬五綱反烘火東反徐又音洪說文巨凶甘凶二反孫炎音恭煁市林反燎音了又力弔力召二反烓音恚又巨弭反郭云三隅竈也說文云行竈也呂沈同音口潁反何康瑩反顧野王口井烏攜二反炊昌垂反注同饔於恭反饎尺志反爨七亂反食音嗣炤音照卑如字下又卑兮反并注同

維彼碩人。實勞我心。

[疏]樵彼至我心○正義曰有人樵取於彼桑木之薪不以炊爨云我用之燎於煁竈炤物而已桑薪之善者宜

以炊爨而養人，今不以炊爨，反燎于煁竈，失其所也。以與幽王聘納彼申國之女，不以爲后，反黜之，使爲卑賤之事而已。申女之有德，宜居王后之位而母養天下，今不以當尊，反黜爲卑賤，非其宜矣。申后之見黜，褒姒之由，故惡褒姒，言彼妖大之人褒姒，由此而廢申后，實勞病我之心。○傳「烘燎」至「彼養人」。○正義曰：「烘，燎」，釋言文。舍人曰：「烘，以火燎也。」釋言又云：「煁，烓也。」舍人曰：「煁，烓竈也。」郭璞曰：「今之三隅竈也。」然則烓者無釜之竈，其上燃火謂之烘，本爲此竈上亦燃火照物，若今之火爐也。以桑薪爲善，比之申后，言宜以上養人，猶申后宜以母養天下也。○箋「人之樵取」至「亦猶是」。○正義曰：少儀云「抱樵」，注云：「未燃則樵者，薪之一名，但諸事皆反其名以名其事。」此樵彼桑薪，猶薪是穫薪也。此以燎煁爲不宜，明其宜炊爨也，故知宜爨饎之爨。爨以養肉，饎以炊飯，雙言之也。養肉亦言炊者，以炊燃火之名，故可以通焉。以爲美食，故可以養人。申毛義也。以桑薪之善，故喻申后之禮儀也。申后爲后，得以養人爲喻者，以后正位於內，則化行於外，天下蒙澤而得其利，是母而養之，故爲喻也。○

鼓鍾于宮，聲聞于外。有諸宮中，必形見於外。箋云：王失禮於外，而下國聞知而化之，王弗能治，如鳴鼓鍾於宮中，而欲外人不聞，亦不可止。○聞音問。見，賢遍反。○念子懆懆，視我邁邁。邁邁，不說也。箋云：此言申后之忠於王也，念之懆懆然，欲諫正之，王反不說於其所言。○懆，七感反，說文七倒反，云「愁不申也」。亦作慘慘。邁如字，韓詩及說文並作怖怖，孚吠反，又孚葛反，又匹代反，韓詩云「意不說好也」，許云「很怒也」。說音悅，下同。○〔疏〕「鼓鍾」至「邁邁」。○正義曰：言有人鼓擊其鍾于宮內，其聲必聞于外，人擊鍾而欲外之不聞，不可得也。以興王既廢黜其后于宮內，其化必流于天下，廢后而使天下之不傚王，亦不可得也。言王之失德，將化流天下，何以廢申后乎？又言申后之忠於王，申后念子幽王之惡，慘慘然欲諫正之，是其可愍，何爲王反視我申后邁邁然不悅其所言乎？○箋「此言」至「所言」。○正義曰：邁邁是不悅之狀，爲王所不悅者，唯申后耳，故以我爲申后，反以相對，故以予爲幽王。慘慘非說順之辭，故知欲諫正王惡，是其忠也。因諫而邁邁，是不悅其所言也。

有鶖在梁，有鶴在林。鶖，禿鶖也。箋云：鶖也，鶴也，皆以魚爲美食者也。鶖之性貪惡，而今在梁；鶴絜白，而反在林。興王養褒姒而餒申后，近惡而遠善。○鶖音秋，鳥名。鶴，呼各反。禿，吐木反。絜音結。餒，奴罪反。近，附近之近。維彼碩人，實勞我心。〔疏〕「有鶖」至「我心」。○正義曰：有禿鶖之鳥，在於魚梁之上；有鳴鶴之鳥，在於林木之中。然鶖也鶴也，皆以魚爲美食。鶖之性貪惡，而今在梁以食魚；鶴之鳥絜白，而反在林中以飢困。以其有褒姒之身在於寵位，有申后之身反在卑微。然褒也申也，皆以后爲尊貴。褒姒性邪佞，今在位而得寵；申后備禮儀，反卑賤而飢餒。言王近惡而遠善，非其宜也。以此維彼妖大之人，實勞亂我之心曲矣。○箋「鶖也」至「遠善」。○正義曰：此舉二鳥以明喻二人。易稱「鳴鶴在陰」，是善鳥也，故喻申后。鶖實惡鳥，以興褒姒。今鶖言梁，鶴言林，是舉鶖在梁得魚，對鶴在林無魚，故知皆以魚爲美食爲喻也。既以食爲喻，故知喻所養，言王養褒姒而餒申后，是近惡而遠善。近者養之，遠則餒之，故又以近遠言之，猶梁林非一處者也。○

鴛鴦在梁，戢其左翼。箋云：戢，斂也。斂左翼者，謂右掩左也。鳥之雌雄不可別者，以翼右掩左雄，左掩右雌，陰陽相下之義也。夫婦之道，亦以禮義相下，以成家道。○別，彼列反。下，遐嫁反，下同。之子無良，二三其德。箋云：良，善也。王無答耦己之善意，而變移其心志，令我怨曠。○令，力成反。〔疏〕「鴛鴦」至「其德」。○正義曰：以王非義黜后，故以義責之。言有鴛鴦之雄鳥，在於魚梁，尚斂其左翼，是左翼斂在右翼之下，爲雄下雌之義，故恩情相好，以成匹耦。以興夫妻聚居，男當有屈下於女，爲陽下陰之義，故能禮義相與，以成家道。今幽王何爲不卑下申后以成夫婦乎？之子幽王，反無荅耦我申后之善意，兼心不一，而二三其行，以爲於德變易其心志，今我申后怨曠，失鴛鴦斂翼相下之義也。○箋「斂左」至「家道」。○正義曰：言斂其左翼，是左翼在下，故知謂右掩左也。「鳥之雌雄不可別者，以翼知之，右掩左雄，左掩右雌」，皆釋鳥文也。以陰陽相下，故似夫婦之道，亦以禮義相下，以成家道也。此經戢其左翼，據雄者而言，喻幽王當下申后耳，故其言不及雌。但鄭因右掩左，而欲辨其雌雄，故并引爾雅而解之。見夫婦皆當相下也。男有下女之禮者，即就而親迎之類是也。周易艮下兌上咸，爲夫婦之卦，其象曰「止而說，男下女」也。

有扁斯石，履之卑兮。扁扁，乘石貌。王乘車履石。箋云：王后出入之禮與王同，其行登車以履石。申后始時亦然，今也黜而卑賤。○扁，邊顯反，又必淺反。○之子之遠，俾我疷兮。疷，病也。箋云：王之遠外我，欲使我困病。○疷，徐都禮反，又祁支反。○〔疏〕「有扁」至「疷兮」。○正義曰：作者以王黜申后，故觀其昔日所乘之石而傷之。言有扁扁然升之以乘車者，此石也。申后嘗履之，今忽然見黜而卑，不復得履之，是其所以可傷也。之子幽王之遠外我申后，欲使我申后困病兮，故傷之。○傳「扁扁」至「履石」。○正義曰：有扁斯石，文連履之，故知扁乘石貌。乘車之時，履此石而上，故謂此石爲乘石。上車履石之貌，扁扁然也。又言王乘車履石者，言乘車之得履石，唯王爲然，今申后履之，是其貴時與王同，故繫王言之。夏官隸僕云：「王行，則洗乘石。」鄭司農云：「乘石，所登上車之石也。」即此詩「有扁斯石，履之卑兮」，謂上車所登石是也。

白華八章，章四句。

毛詩注疏校勘記（十五之二）

阮元撰盧宣旬摘錄

○都人士

無隆殺也　小字本相臺本同。案：正義云「定本隆作降」，釋文云「俗本作降」。

士女淫慾　閩本明監本毛本同。案：慾當作恣。

則草莽野□人之服　閩本明監本毛本不空。案：此當有脫字。

琇美石也　小字本相臺本同。案：正義云「俗本琇實美石者誤也，今定本無實字」。考文古本有，采正義。

我不見兮　唐石經小字本相臺本同。案：釋文云「第二章作不見，後三章作弗見，一本四章同作不字」。考文古本作弗，采釋文，但在「我心菀結」下，未明屬何章也。

我心菀結　唐石經小字本相臺本同，閩本明監本毛本同。案：釋文云「菀，於粉反」。羣經音辨「菀，積也。詩：我心菀結」。正義云「我心爲之菀然盤屈，如繩索之爲結矣」，又云「後更菀結」，標起止云「至菀結」，是其本亦作菀，十行本正義中作菀不誤。菀結即素冠之蘊結，以菀字爲是。考文古本作菀，采釋文、正義。

則與諸侯之同名　閩本明監本毛本同。案：問名當作名同，誤倒也。

○采綠

妾雖年未滿五十　明監本毛本年下衍老字，閩本剜入。案：此正義不備引也。

九嬪九人當一夕三夫人當一夕　閩本明監本毛本同。案：十行本上九至下人剜添者二字，此當云「女御八十一當九夕，世婦二十七當三夕，九嬪當一夕，三夫人當一夕」，正義引鄭注如此，所剜添者皆非。

婦從夫故月紀　明監本毛本同。案：山井鼎云「故恐放誤」，是也。

謂繫於釣竿也　閩本明監本毛本繫下有繩字。案：所補是也。

○黍苗

將徒南行〔補〕　小字本相臺本徒下並有役字。案：釋文云「一本作將師旅」，正義本當是徒役。

營謝轉餫之役　小字本相臺本同。案：釋文云「餫音運，本又作運」。正義云「任輦車牛，是轉運所用，故營謝邑轉運之役也」，是其本作運。依此，大東箋有「轉餫」，其本與此當同，正義中亦是運字，今本後人改也。考文古本作運，采釋文、正義。

以表其名自別人　閩本明監本毛本同。案：浦鏜云「名當各字誤」，是也。下以其所司各異，十行本誤與此同。

又以罪隷之方參之〔補〕　方，各本皆作文。案：文字是也。

故故略焉　閩本明監本毛本不重故字。案：下故字當作箋，輒刪者非。

○隰桑

盡心以事之　小字本相臺本同，唐石經初刻之下有也字，後磨去。考文古本有，偶合也。

言小人在位無德於民　閩本明監本毛本位下有「雖經無所當，而首章箋反求此義，則原上之桑不能然，以刺時小人在位」。案：山井鼎云「宋板脫此廿八字」，非也，此不當有。

枝條其阿然而長美　閩本明監本毛本同。案：其當作甚，形近之譌，下則甚難然，十行本誤同。

阿那是枝葉條垂之狀　閩本明監本毛本同。案：葉當作長，下文可證。

中心藏之　小字本相臺本同，唐石經初刻同，後磨改藏作臧。案：釋文云「藏之，鄭子郎反，善也；王才郎反」，是唐石經依鄭義磨改也。羣經音辨艸部云「藏，善也，鄭康成讀」，宋時釋文舊本不同，賈所見本字或作藏，故云然。考鄭訓善，自當不從艸，而藏字在說文新附，即王義亦未必不仍爲臧，有艸者非也。考文古本作臧，采釋文。

○白華

庶子比支孽　閩本明監本毛本同。案：浦鏜云「孽當作櫱，下支孽同」，是也。

毋愛者子伯服 閩本明監本毛本同案伯服當作抱矣二字此未論伯服也伯服在下不知者所誤改也

任如后之事 小字本相臺本同案釋文云任妃后一本作任王后正義本無可考考文古本作妃后倒誤也

白華野菅釋草云 閩本明監本毛本同案浦鏜云文誤云是也

亦是茅之類也 閩本明監本毛本之作菅案菅字誤也爾雅疏卽取此正作之

其實茅亦不可用 閩本明監本毛本同案亦當作非形近之譌

後褒人有獻 小字本同閩本明監本毛本同相臺本獻作獄考文古本同案獄字是也正義可證

漦龍所沫 閩本明監本毛本所下有吐字案所補是也

妖大之人 小字本相臺本同案此正義本也妖於驕反正義云褒姒而言大人故言爲妖大之人簡兮正義所引亦可證釋文本是姣大之人姣古卯反云本又作妖今各本釋文皆互誤毛居正易之是也此箋文承上箋故言其妖大無取姣義當以正義本爲長

始以禮取申后禮儀備 閩本明監本毛本同小字本相臺本重申后二字考文古本同案有者是也

注云未燃則樵者 閩本明監本毛本燃下有曰樵二字案所補非也此正義不備引

故知宜饔饎之爨 閩本明監本毛本宜下有炊字案所補非也

念子懆懆 唐石經缺小字本相臺本同案釋文云懆懆七感反說文七倒反云愁不申也亦作慘慘正義云慘慘然欲諫正之是正義本作慘慘也考釋文於正月云慘皆云慘慘七感反北山又云字亦作懆月出云慘七感反所以與此詳略互見也五經文字云懆千到反見詩乃依此釋文而定其字當用懆也月出正月抑三篇皆作懆乃得韻考文古本作慘采正義釋文

以其有褒姒之身 閩本明監本毛本同案其當作興形近之譌

鳥之雌雄不可別者 小字本相臺本者誤也案釋文以不別作音是其本無可字正義本未有明文今無可考

以翼知之 閩本明監本毛本同案此不誤浦鏜云知之二字衍非也二字爾雅本無正義所添耳考文古本依以改箋則更誤

其行登車以履石 小字本相臺本以作亦閩本明監本毛本同案亦字是也

今也黜而卑賤 小字本同閩本明監本毛本同相臺本也作見考文古本同案見字是也

俾我疷兮 小字本相臺本同唐石經疷作疧案疧字是也見無將大車

卽此詩有扁斯石 閩本明監本毛本同案卽當作引形近之譌

附釋音毛詩注疏卷第十五（十五之三）

毛詩小雅　鄭氏箋　孔穎達疏

緜蠻。微臣刺亂也。大臣不用仁心。遺忘微賤。不肯飲食教載之。故作是詩也。微臣謂士也古者卿大夫出行士爲末介士之祿薄或困乏於資財則當賙贍之幽王之時國亂禮廢恩薄大不念小尊不恤賤故本其亂而刺之○緜蠻面延反下如字飲食上於鴆反下音嗣篇內皆同注如字介音界賙音周贍市豔反[疏]緜蠻三章八句至是詩○正義曰緜蠻詩者周之微賤之臣所作以刺當時之亂也以時大臣卿大夫等皆不用仁愛之心而多遺棄忽忘微賤之臣至於共行不肯飲食教載之謂在道困乏渴則不與之飲飢則不與之食不教之以事不載之以車大不念小尊不恤賤是國政昏亂所致故作是緜蠻之詩以刺之也言刺亂者不爲已困而私以責人是王法爲失故言亂也大臣不用仁心遺忘微賤敍其爲亂之意於經爲揔指而言之經三章上四句是也不肯飲食教載之爲三章下四句是也由其不然故經所以反而責之不言誨之者以教誨相對則爲二散則相兼故略之以便文○箋微臣至刺之○正義曰以微臣臣之微賤者唯士爲然府史則官長辟除不在臣例大夫則爵尊祿重是爲大臣故知臣謂士也士之作詩亦應多矣此篇獨言微臣者以爲此大臣遺忘微賤而刺之義取於微故言之也又解所以怨大臣遺忘之者以古者卿大夫出行士爲末介以士之祿薄或困乏之資財則當賙贍之以不賙餼爲遺忘也知士爲未介者以爲賓而作介猶爲主而作擯以聘禮及聘義皆言士爲紹擯繼於卿大夫之末爲末擯故知出行作末介也王制說班祿之法下士食九人中士十八人上士三十六人公私雜費有不足故云士之祿薄或困乏於資財也言或容有不困者也大臣不用仁心非王身之過列於王雅而言刺亂故解其所由自幽王之時國亂禮廢以下是也

緜蠻黃鳥。止於丘阿。興也緜蠻小鳥貌丘阿曲阿也鳥止於阿人止於仁箋云止謂飛行所止託也興者小鳥知止於丘之曲阿靜安之處而託息焉喻小臣擇卿大夫有仁厚之德者而依屬焉○處昌慮反○道之云遠。我勞如何。飲之食之。教之誨之。命彼後車。謂之載之。箋云在國依屬於卿大夫之仁者至於爲末介從而行道路遠矣我罷勞則卿大夫之恩宜如何乎渴則予之飲飢則予之食事未至則豫教之臨事則誨之車敗則命後車載之後車倅車也○罷音皮下同倅七對反副車○[疏]緜蠻至載之○正義曰言緜蠻然而小者是黃鳥也此黃鳥飛行則止于丘阜之曲阿安靜之處者而自託息焉以興微賤者小臣也我小臣之動止亦當擇大臣有仁厚愛養之德者而自依屬焉既擇大臣之仁者依屬焉至於大臣聘使則爲末介從之而行其道路之上亦云遠矣我罷勞矣則卿大夫之恩宜如何乎渴則當飲之飢則當食之事未至則教之臨事則誨之車敗則命彼在後之倅車謂之使載之大臣之於小臣其義當然今大臣何爲遺忘已而不肯飲食教載之○傳緜蠻至於仁○正義曰緜蠻文連黃鳥黃鳥小鳥故知緜蠻小貌釋丘云非人爲之丘李巡曰謂非人力所爲自然生爲丘也釋地云大陵曰阿則丘之與阿爲二物矣而以丘阿爲曲阿者以下丘側丘隅類之則丘阿非二物也卷阿云有卷者阿知丘阿是丘之曲中也此爲大臣無仁心而作故知鳥止於阿似人止于仁○箋止謂至屬焉○正義曰鳥必飛而後止故知止謂飛行所止託也以鳥是有畏之物故知取安靜之處而託息焉大學注云鳥知擇岑蔚安閒而止處之與此同也此黃鳥刺大臣不用仁心故知喻小臣當擇卿大夫有仁厚之德者而依屬焉小臣而得擇大臣依之者以臣雖君之所置而貴賤不等小臣當依屬大臣論語云事其大夫之賢者友其士之仁者是以以已情擇而依之也然則此微臣自擇不得人而責之者以已本親之冀其恤已但當時國亂禮廢臣皆不仁已雖擇之猶不免困所以刺上也○箋在國至倅車○正義曰此微臣隨大臣而行言道之云遠是必聘使諸國故爲介從也聘問之介當是君所命遣而得自以已意在國依屬出則從行者或使主所自引或君知其依屬而遣之也言飲之食之教之誨之載之四者語便之當故隨文爲次教誨雖於人無費而無仁心亦不肯也故論語曰愛之能勿勞乎忠焉能勿誨乎是不愛則不誨也教誨一也別言之事有勞至與未至故箋因其文之先後而分以充之云事未至則豫教之臨事則誨之從行遠道不應初卽無車故言車敗則載之以士無倅車故也後車倅車者明後爲副也夏官戎僕掌倅車之政道僕掌貳車之政田僕掌佐車之政是朝祀之副曰貳兵戎之副曰倅田獵之副曰佐此是聘問之事宜與朝祀同名當言貳車言倅者周禮以相對而異名其實貳倅皆副也散則義通故以倅言之

緜蠻黃鳥。止于丘隅。箋云丘隅丘角也豈敢憚行。畏不能趨。箋云憚難也我罷勞車又敗豈敢難徒行乎畏不能及時疾至也○憚徒旦反下同難乃旦反下同飲之食之。教之誨之。命彼後車。謂之載之。

緜蠻黃鳥。止于丘側。箋云丘側丘旁也豈敢憚行。畏不能極。箋云極至也○極如字飲之食之。教之誨之。命彼後車。謂之載之。

緜蠻三章章八句

瓠葉。大夫刺幽王也。上棄禮而不能行。雖有牲牢饔餼。不肯用也。故思古之人。不以微薄廢禮焉。牛羊豕爲牲繫養者曰牢熟曰饔腥曰餼生曰牽不肯用者自養厚而薄於賓客○瓠戶故反牢老刀反雍於恭反字又作饔餼許氣反腥音星○[疏]瓠葉四章章四句至禮焉○正義曰瓠葉詩者周大夫所作以刺幽王也以在上位者棄其養賓之禮而不能行雖有牲牢饔餼之物而不肯用之以行禮故作詩者思古之人不以菹羞微薄而廢其禮焉言古之人賤者尚不以微薄廢禮則當時貴者行之可知由上行其禮以化下反駁今上棄其禮而不行也今在上者尚棄禮不行卑賤者廢之明矣舉輕以見重是作者之深意也經四章皆上二句言菹羞之薄下二句言行禮之事是古之人不以微薄廢禮也○箋云牛羊豕至賓客○正義曰孝經云三牲之養則牲兼三畜故牛羊豕曰牲也公劉曰執豕于牢地官充人掌繫祭祀之牲牷祀五帝則繫於牢芻之三月牢者牲所居之處故繫養者爲牢也天官內外饔皆掌割亨之事亨人掌外內饔之爨亨煮肉之名故熟曰饔餼爲熟則餼非熟矣僖三十三年左傳曰餼牽竭矣餼與

牽相對是牲可牽行則餼是已殺殺又非熟故知腥曰餼謂生肉未煮者也既有饔餼遂因解牽使肉之別名皆盡於此此與牽饔相對故餼爲腥其實餼亦生哀二十四年左傳云晉師乃還餼臧石牛是以生牛賜之也論語及聘禮注云牲生曰餼而不與牽饔相對故爲生也凡言禮者皆與人行事經陳獻酢與賓客爲禮故知不肯用者自養厚而薄於賓客

幡幡瓠葉。采之亨之。君子有酒。酌言嘗之。

幡幡瓠葉貌庶人之菜也箋云亨熟也熟瓠葉者以爲飲酒之菹也此君子謂庶人之有賢行者也其農功畢乃爲酒漿以合朋友習禮講道藝也酒既成先與父兄室人亨瓠葉而飲之所以急和親親也飲食而曰嘗者以其爲之主於賓客之則加之以羞易兌象曰君子以朋友講習○幡孚煩反亨普庚反注同菹莊魚反行下孟反兌徒外反易卦名也訓悅○

【疏】幡幡至嘗之○正義曰幡幡然者是瓠之葉也我君子令人采取之既得而又亨煮之醸以爲飲酒之菹也庶人農功畢君子賢者有酒令人酌此酒我當與父兄室人嘗而飲之所以相親愛也言古者不以微薄而廢禮尚亨瓠葉而用之今乃有牲牢饗餼而不肯用故以刺之也○傳幡幡至之菜○正義曰士禮有特牲豚豕此止言瓠葉與兔首明非有位之人故言庶人之菜七月云八月斷壺卽言食我農夫彼雖瓠體與此爲類明亦農夫之菜故箋申之云庶人有賢行者○箋亨熟至講習○正義曰序云不以微薄廢禮下連君子有酒故知亨熟瓠葉者以爲飲酒之菹知爲菹者以禮飲酒有菹醢故也此美君子行禮而亨庶人之葉故知君子是庶人有賢行者也庶人而能爲酒以行禮者以其農功畢則閑而無事於此之時乃爲酒漿以合會朋友習行禮事講其道藝故也以民在田畝必無容暇故知農功畢而爲之以三時務農將關於禮故爲酒會朋友以講習之此酒爲朋友而醸先言嘗之則未與朋友賓客飲也故知酒既成先與父兄室人亨瓠葉而飲之酒爲朋友所作而與父兄先飲是所以急和親親亦是爲行禮也又解飲酒而曰嘗者以其爲之主於賓客故也以此嘗之言故知爲酒將以會朋友也作酒本爲行禮和親亦是禮事欲見敬重賓客故言嘗以美之以此在獻前又無殺羞明與下章事別故知與父兄室人室人者卽家內之小大皆是也賓客則加之以羞者明重得兼輕此父兄直有菹賓客亦有菹又有兔爲之羞鄉飲酒及燕禮是爲大禮雖有牲殽尚有菹醢明賓雖有羞亦有菹故云加之也引易兌象曰君子以朋友講習者以此與賓客卽朋友也所會朋友必爲講習以易有此言以著義故知此合朋友爲習禮講藝故引以證之講習必非農時故知農功畢意亦出於此文也○

有兔斯首。炮之燔之。君子有酒。酌言獻之。

毛曰炮加火曰燔獻奏也箋云斯白也今俗語斯白之字作鮮齊魯之間聲近斯有兔白首者兔之小者也炮之燔之者將以爲飲酒之羞也飲酒之禮既奏酒於賓乃薦羞每酌言者禮不下庶人庶人依士禮立賓主爲酌名○兔他故反下同斯首毛如字此也鄭作鮮音仙白首也炮本作炰白交反燔音煩近附近之近下遐嫁反

【疏】有兔至獻之○毛以爲古人行禮有兔之斯首謂唯有一兔雖微耳尚并毛而炮之加火而燔之以爲飲酒之羞君子之賢者有酒令酌之我當以此酒奏獻之於賓以行禮也古之人不以微薄廢禮今乃有牲牢而不用故刺之鄭唯斯首謂白頭爲異餘同○傳毛曰至獻奏○正義曰地官封人云毛炮之豚注云爛去其毛而炮之唯肉炮內則炮取豚若將編萑以苴之故去毛炮之此述庶人之禮傳直言毛曰炮當是合毛而炮之未必能如八珍之食去毛炮之也毛無改字之理斯字當訓爲此王肅孫毓述毛云唯有一兔頭耳然案經有炮之燔之臣有炙之則非唯一兔首而已既能有兔不應空用其頭若頭既待賓其肉安在以事量理不近人情蓋詩人之作以首表兔唯有一兔卽是不以微薄廢禮也爲肉至薄明是并毛炮之不可爛矣箋言鮮者毛炮之亦當然也加置於火上是燔燒之故言加火曰燔以獻酒者必奏進於賓故言獻奏也○箋斯白至酌名○正義曰鄭以斯首以見兔小與毛爲異斯爲兔首之色故言斯白也又解斯得爲白之意今俗斯白之字當作鮮以鮮明是絜白之義故也鮮而變爲斯者齊魯之間其語鮮斯聲相近故變而作斯耳宜二年左傳曰于思于思服虔云白頭貌字雖異蓋亦以思聲近鮮故爲白頭也畜獸小則毛悅長則色重故言有兔白首兔之小者明其微薄也炮之燔之者將以爲飲酒之羞羞進也謂既飲酒而進此兔肉於賓也飲酒之禮既奏酒於賓乃薦羞者因此酒羞並有言先後之宜且辨經雖先爲羞進則在後也今禮鄉飲酒燕禮大射皆先進酒乃薦脯醢乃羞庶羞故知然也經言不以微薄廢禮故先述菹羞酒無厚薄之異故後言之四章皆云酌言言我也其意云酌酒我當用之若是禮合當然不應每事言我今每言我則是行用他法故解之言每酌言言者以禮既不下及庶人而爲之制庶人依準士禮立賓主爲酌名以行之故每酌道我與賓相亢爲禮以行獻酢酬之名也不於上章解之者以前直言嘗之無獻酢之名此有獻之故就而言焉然則嘗之亦云酌言者以酒爲賓作嘗亦行禮故亦云酌言也禮不下庶人不制篇卷耳其庶人執鷙庶人見國君走亦往往見於禮焉

有兔斯首。燔之炙之。君子有酒。酌言酢之。

炕火曰炙酢報也箋云報者賓既卒爵洗而酌主人也凡治兔之宜鮮者毛炮之柔者炙之乾者燔之○炙音隻酢才洛反炕苦浪反何沆又苦郎反○

【疏】傳炕火曰炙○正義曰炕擧也謂以物貫之而擧於火上以炙之○箋報者至燔之○正義曰申傳酢報之義故言報者賓既卒爵洗而酌與主人是得主人之獻酌而報之也於一兔之上而經有三種故辨之言凡治兔之所宜若鮮明而新殺者合毛炮之若割截而柔者則臠貫而炙之若今炙肉也乾者謂脯腊則加之火上炙之若今燒乾脾也柔謂殺已多日而未乾也○

有兔斯首。燔之炮之。君子有酒。酌言醻之。

醻道飲也箋云主人既卒酢爵又酌自飲卒爵復酌進賓猶今俗之勸酒○醻市周反道徒報反本亦作導同復扶又反俗之一本作俗人○

【疏】傳醻道飲○正義曰以醻者欲以醻賓而先自飲以導之此擧醻之初其賓飲訖進酒於賓乃謂之醻也○箋主人至勸酒○正義曰傳以醻爲導飲嫌其謂主人自飲爲醻故辨之主人既卒酢爵又酌自飲卒爵復酌以進賓如此乃謂之醻猶今俗人勸酒者俗人亦先自飲而後勸人故云醻之箋皆準鄉飲酒燕禮而爲說也○

瓠葉四章章四句

漸漸之石。下國刺幽王也。戎狄叛之。荊舒不至。乃命將率東征。役久病於外。故作是詩也。

荊謂楚也舒舒鳩舒鄝舒庸之屬役謂士卒也○漸漸士銜反沇時街反亦作巉巉下同翟徒歷反本或作狄叛音畔將率上子亮反下所類反注及後篇將率放此役久病於外一本作役人久病人衍字鄝音了本又作蓼士卒尊忽反下篇士卒同○

【疏】漸漸之石三章章六句至是詩○正義曰漸漸之石詩者下國所作以刺幽王也以幽王無道西戎北狄共違叛之荊楚之羣舒又不來至乃命將率東行征伐之其役人士卒已久而疲病勞苦于外故作是漸漸之石詩以刺之下國諸侯之言對天子爲上故稱下國也言下國者此詩下國之人所作未必卽諸侯之身作之幽王之役人自病而下國作詩刺之者王師出征亦使諸侯從已諸侯之人亦病故刺之也定本集本役下無人字其箋注亦無人字俗本有者誤也毛以戎狄叛之經三章上四句是也荊舒不至下二句是也乃命將率東征役人久病于外副上戎狄叛之荊舒不至之言爲六句之總三方皆有征伐而久病獨言東征者以經有東征之文因言以廣之其實戎狄亦伐之也鄭以戎狄叛之經上二章上二句是也荊舒不至上二章次二句及卒章上四句是也乃命將率東征役人久病於外三章皆下二句是也以詩言命將東征無伐戎狄之事則不伐戎狄也言不至與叛之則明由叛而不至其義一也下篇言四夷交侵師旅竝起用兵不息則戎狄亦當伐之但自此篇不言之耳○箋荊謂至士卒○正義曰以楚居荊州故或以州言之春秋經賈氏訓詁云秦始皇父諱楚而改爲荊州亦以其居荊州故因諱而改之亦有本自作荊者非爲諱也春秋公羊穀梁皆言州不若國賤楚故以荊言之彼自春秋之例其外書傳或州或國自從時便非褒貶也殷武曰維汝荊楚已并言之是楚之稱荊亦已久矣魯頌亦曰荊舒是懲是隨時之名不定也以傳有舒鳩舒鄝舒庸又有舒龍謂之羣舒此直言舒不指一國箋又引舒國不盡故言之屬既言將率別云役人故知謂士卒也

漸漸之石。維其高矣。山川悠遠。維其勞矣。

漸漸山石高峻箋云山石漸漸然高峻不可登而上喻戎狄衆彊而無禮義不可得而伐也山川者荊舒之國所處也其道里長遠邦域又勞勞廣闊言不可卒服○勞如字

武人東征。不皇朝矣。

箋云武人謂將率也皇王也將率受王命東行而征伐役人罷病必不能正荊舒使之朝於王

【疏】漸漸至朝矣○毛以爲此時戎狄已叛將率征之與其士卒伐而不息言戎狄之地有漸漸然險峻之山石維其高大矣又山之與川其間悠悠然路復長遠我等登此高山涉此遠路維其勞苦矣不但伐戎狄而已又其武人將率以役人東征征伐荊舒之國疲於軍役而病不暇脩禮而相朝矣○鄭以漸漸爲漸漸然險峻之山石維其高大不可登而上矣以與戎狄衆彊不可得而伐矣其荊舒所在之國山川其道路悠悠然而長遠維其邦域廣闊又勞勞然矣雖往征之難可卒服武人將率雖爰命東征役人罷病必不能正之使朝於王矣○傳漸漸山石高峻○正義曰以漸漸文連之石爲山石之狀又言維其高矣故知爲高峻貌此傳無異鄭之文正以漸漸乃是上句而於此釋之明以四句爲一事鄭以勞爲遼遼言廣闊之意毛無改字之理必不與鄭同勞矣當爲勞苦故王肅云言遠征戎狄戍役不息乃更漸漸之高石長遠之山川維其勞苦也孫毓云篇義言役人久病於外故經曰山川悠遠維其勞病矣此皆以上四句竝爲征戎狄而言俱是述毛爲說傳意或當然也下篇苕之華序曰西戎東夷交侵中國師旅竝起何草不黃序曰四夷交侵用兵不息此序言戎狄叛之明其亦伐戎狄傳又總而注之則王孫之言非無理矣故據爲毛說若然卒章上四句毛則分之者以豕之與月天地不同故分之則此山川事類故并之○箋山石至卒服○正義曰以漸漸高不可上故喻戎狄彊不可伐也知非戎狄之國高山者以序唯言戎狄叛之不言征伐戎狄則不得歷其國之高山

又荆舒之地山川悠遠而尚伐之不得言戎狄山高不可伐故以喻其衆疆也維其高矣還是漸漸之石高也則知維其勞矣是山川悠遠之勞勞也故曰山川者荆舒之國所處其道里長遠邦域又勞勞廣闊說此者言其不可卒服故下句言不能正之也廣闊遼遼之字當從遼遠之遼而作勞字者以古之字少多相假借詩又口之詠歌不專以竹帛相授音既相近故遂用之此字義自得通故不言當作遼也毛并注四句則是以爲一事箋分爲二者以下云武人東征不皇朝矣必上有難征之事乃可言不能正之不得不言荆舒故知山川悠遠是荆舒之地爲下事發端也不并以四句爲下事之端者以序云戎狄叛之經亦當有其事不得全無所陳故以上二句充之也卒章不分之者以序云命將率東征則荆舒之惡爲甚是詩所主言而下章文勢接連上言涉波下言滂沱俱是水事明其共爲一喻故皆以爲荆舒焉○箋武人至於王○正義曰以序云命將率東征故知武人謂將率也皇王釋言文朝者諸侯見王之辭序云役久病於外明其所將之人罷病不能正之使朝故言將率受王命東行而征伐役人罷病必不能正荆舒使朝於王王肅云武人王之武臣征役者言皆勞病東行征伐東國以困病不暇脩禮而相朝此自王肅之說毛意無以見其爲然正以詩中諸言不皇多爲不暇故存其說代毛耳凡諸侯邦交有相朝之法此將率當是王之公卿不得有相朝之亂且受命出征務服前敵無暇相朝自其常事不當以此爲怨而列於詠歌王氏之義不爲長矣

漸漸之石。維其卒矣。山川悠遠。曷其沒矣。

卒竟沒盡也箋云卒者崔嵬也謂山巔之末也曷何也廣闊之處何時其可盡服○卒毛子卹反鄭在律反崔罪回反嵬五回反本作峞處昌慮反下同

武人東征。不皇出矣。

箋云不能正之令出使聘問於王○

【疏】漸漸至出矣○毛以爲時遠征戎狄戍役罷勞言戎狄之地有漸漸然險峻之山石我等登之維其終竟言當偏歷此石也又山之與川其間悠悠然路復長遠我所登歷何時其可盡偏矣由行不可偏故久病勞苦也不但伐戎狄而已又其武人將率以役人東征疲於軍役而辛苦不暇出而相與爲禮也○鄭以爲漸漸然險峻之山石維其崔嵬然不可登而上矣以與戎狄衆彊不可得而伐矣其荆舒所在之國山川其道里悠悠然而長遠雖往伐之其處廣闊何時其可盡服之矣由此故武人東征之不能正之使出聘問於王矣○傳卒竟沒盡○正義曰釋詁云卒終也終亦竟之義故云卒竟也釋詁又云泯盡也李巡云泯沒之盡泯沒義同故沒爲盡也此經卒沒之義略同而維其曷其文異者維其言已行當竟之曷其憂行不可盡勢相接也○箋卒者至盡服○正義曰箋以上高矣類之則卒亦石之形也故讀爲崒釋山云崒者厜㕒郭璞曰謂山峯頭巉巖者箋云崒者崔嵬謂山巔之末雖音字小異是取爾雅爲說也上章言勞勞廣闊此言不可盡服亦勢相接故上箋云言其不可卒服意取於此○

有豕白蹢。烝涉波矣。

豕豬也蹢蹄也將久雨則豕進涉水波箋云烝衆也豕之性能水又唐突難禁制四蹄皆白曰駭則白蹄其尤躁疾者今離其繒牧之處與衆豕涉入水之波漣矣喻荆舒之人勇悍捷敏其君猶白蹄之豕也乃率民去禮義之安而居亂亡之危賤之故比方於豕○蹢音的都歷反烝之丞反將久雨一本作天將雨能奴代反本又作耐駭戶楷反爾雅說文皆作豥古哀反躁子到反離力智反繒在陵反爾雅豕所寢曰繒方言作櫓從木音同漣音連一本作瀾力安反悍下旦反○

月離于畢。俾滂沱矣。

畢噣也月離陰星則雨箋云將有大雨徵氣先見於天以言荆舒之叛萌漸亦由王出也豕既涉波今又雨使之滂沱疾王甚也○滂普郎反沱徒何反注同噣直角反又音晝本又作濁見賢遍反○

武人東征。不皇他矣。

箋云不能正之令其守職不干王命○它音他

【疏】有豕至他矣○毛以爲此時征伐戎狄役人勞苦而有豕豬之白蹄進而涉入水之波漣之處矣是在地爲將雨之徵也又直月更離歷于畢之陰星在天爲將雨之候以此徵候果致大雨使其水滂沱而盛矣已等役人遇之尤以疲病不但久勞又逢大雨爲甚苦之辭也又王之武人將率以役人東征伐荆舒之國皆以勞病不暇更有他事矣故不得相朝爲禮也○鄭以爲荆舒之人似衆豕其君猶白蹄者豕之性能水又唐突難禁制以荆舒之人性好亂又勇悍難制服言有豕之白蹢者領其衆豕離其繒牧之處涉入於水波漣矣以與荆舒之君率其衆民去其禮義之安居於亂亡之危矣豕性本自能水月復離歷於畢星天又雨之使滂沱矣羣豕既得此水彌唐突而難制以喻荆舒本自好亂王又爲不善之政以加陵之矣荆舒既被此政彌彊梁而難服武人雖則東征不能正之使不爲他矣干犯王命是爲他事言不能正之使不干王命○傳豕豬至水波○正義曰豕豬釋獸文釋詁云烝進也言進涉是訓烝爲進也毛以下經用離於畢爲雨徵類之則此亦雨徵也故云天將大雨則豕進涉波水矣并以二經爲雨徵言役人遇雨之勞苦也○箋烝衆至於豕○正義曰烝衆釋詁文豕之性能水言其自好涉波非雨徵也以唐突難禁制喻荆舒之難制服也釋獸釋豕云四蹢皆白豥孫炎曰蹢蹄也傳已訓蹢爲蹄故箋即以蹄言之經直云白蹢不云豥則白豥亦不知幾蹄白而箋引此者以爾雅主爲釋詩詩中言豕白蹢唯此而已故知本以訓此也馬驚謂之駭則駭者躁疾之言白蹢名之爲駭是躁疾於餘豕故云則白蹄其中尤躁疾者也駭與豥字異義同釋獸於豕之下所寢檜舍人曰豕所寢草名爲檜某氏曰臨淮之謂野豬所寢爲檜李巡曰豬臥處名檜檜是所居之處牧是所食之地故云離其檜牧之處與衆豕涉入水之波漣矣繒與檜音義亦同荆舒之人勇悍捷敏者謂土俗民人勇而剽悍其舉動便捷敏速以其性輕故好叛難禁制也其君猶白蹄之豕言其民猶衆豕也乃率其臣民去禮義之安而居亂亡之危正謂叛也諸侯之朝天子上下相敬是禮義也叛違王命以致征討是以亡也豕者言獸之尤穢今以荆舒比之故賤之比方於豕以其餘與喻立文猶隱此云有豕正是指斥辭有憎疾之旨故知有賤之意○傳月離至則雨○正義曰以畢爲月所離而雨是陰雨之星故謂之陰星月離于畢卽言俾滂沱矣故知月離陰星則雨也洪範曰星有好風星有好雨者卽此畢是也春秋緯說云月離于箕風揚沙則好風者箕也所以箕好風畢好雨者鄭洪範注云風土也爲木妃雨木也爲金妃故星好焉推此而往南宮好陽北宮好燠中宮四季好寒也是由己所克而得其妃從其妃之所好故也鄭知然者以庶徵曰雨曰陽曰燠曰寒曰風而休徵肅時雨若乂時陽若哲時燠若謀時寒若聖時風若此肅乂哲謀聖本之五事則肅由貌也爲木乂由言也爲金哲由視也爲火謀由聽也爲水聖由思也爲土故五行傳以爲貌屬木言屬金視屬火聽屬水思屬土庶徵亦依此貌言視聽思爲次鄭由此故云雨木氣也春而施生故木氣爲雨也陽金氣也秋物成而堅故金氣爲陽也燠火氣也寒水氣也風土氣也凡氣非風不行猶金木水火非土不處故知土氣爲風以此知風土雨木皆從妃所好言好是好樂他辭非已性也此庶徵寒燠卽晦明也加之以陰則爲六氣故五行傳陰屬皇極故曰皇之不極厥罰常陰是也而賈逵服虔因此及春秋緯之文卽以風東方雨西方又云陰中央晦北方明南方唯天陽不變唯晦明所屬爲當餘甚謬矣失之於書傳也○箋將有至王甚○正義曰此與上經相接爲喻言豕性本自能水又加以滂沱之雨是豕彌得性益難禁制以喻荆舒本自好叛加以王之不善是彼彌得志益難威服本言滂沱之喻唯此而已但詩人言大雨更生一意言月離于畢然從天爲大雨是滂沱之雨萌漸由離畢也言王爲不善然後荆舒背叛是叛之萌漸亦由王出也萌者事之初猶物之萌牙漸而成大也豕既涉波今又雨之使滂沱是疾此雨之甚言荆舒自好叛王又使之叛是疾王之甚鄭知然者正以言俾不然言雨足矣何須言使也○箋不能至王命○正義曰他者謂職分之外橫爲餘事棄其所守干犯王命是爲他矣故知不能正之令其守職不干王命卽干王命是他也

漸漸之石三章章六句

苕之華。大夫閔時也。幽王之時。西戎東夷交侵中國。師旅竝起。因之以饑饉。君子閔周室之將亡。傷已逢之。故作是詩也。

師旅竝起者諸侯或出師或出旅以助王距戎與夷也大夫將師出見戎夷之侵周而閔之今當其難自傷近危亡○苕音條徐音韶草名華音花距音巨難乃旦反下之難同近附近之近

【疏】苕之華三章章四句至是詩○正義曰言西戎東夷交侵中國不言南蠻北狄者下篇序曰四夷交侵中國則蠻狄亦侵序於上下相互以明耳言西戎東夷交侵中國師旅竝起卽序首章上二句之事因之以饑饉卒章下二句是也閔周室之將亡卒章上二句是也傷已逢之卽首章下二句是也經序倒者序以由師旅饑饉致周室之亡所以傷之經則因文以弘義逢師旅而已傷乃覆言可傷之事故言因以饑饉於下明其彌是可傷各自爲義次也箋師旅竝至危亡○正義曰以四夷在中國之外從外內侵則緣邊諸侯被侵矣又言師旅竝起者非一之辭明其非獨王室故知諸侯或出師或出旅以助王距戎與夷也周祇制諸侯從王之法云大國三軍次國二軍小國一軍今俱出師旅者周祇言其極耳行則隨時多少不必盡然且於時諸侯衰弱或不能備軍故纔出師旅也知大夫將師出見戎狄之侵周者以序云傷已逢之經云知我如此不如無生若非身自當之不應如此深恨故知身自將師而出見戎狄交侵而發憤閔傷也且上下皆言下國明此亦下國大夫自將其國之師故二章箋云諸侯微弱而王之臣當出見也是於時王臣未出不得逢之也逢之是身見之辭故云今當其難自傷近危亡也

苕之華。芸其黃矣。

興也苕陵苕也將落則黃箋云陵苕之華紫赤而繁興者陵苕之幹喻如京師也其華猶諸夏也故或謂諸夏爲諸華華衰則黃猶諸侯之師旅罷病將敗則京師孤弱○芸音云沈音運夏戶雅反下同罷音皮

心之憂矣。維其傷矣。

箋云傷者謂國日見侵削

【疏】苕之華至傷矣○正義曰陵苕之英華本紫赤而繁多至今亦芸然其色黃而衰矣以興周室之諸夏本兵彊國盛今其師病而微矣陵華衰則將落落則苕幹特立矣諸侯師病則將敗敗則京師孤弱矣以周室之盛忽見如此之衰故我心爲之憂愁矣維其傷病矣傷其見侵削也○傳苕陵至則黃○正義曰釋草云苕陵苕黃華蔈白華茇舍人曰苕陵苕也黃華名蔈白華名茇別華色之名也某氏曰本草云陵苕一名

陵苕陸機疏云一名鼠尾生下濕水中七八月中華紫似今紫草華可染皁煮以沐髮卽黑如釋草之文則苕華本自有黃有白傳言將落則黃是初不黃矣箋云陵苕之華紫赤而繁陸機疏亦言其華紫色蓋就紫色之中有黃紫白紫耳及其將落則全變爲黃以裳裳者華言之則芸爲極黃之貌故將落乃然○箋陵苕至孤弱○正義曰紫赤而繁華衰則黃皆以時事驗知苕之幹喻京師華猶諸夏者以序云交侵中國卽九州之諸夏也師旅竝起是諸侯之師起而助王也華之衞幹如諸夏之衞京師故知幹如京師其華猶諸夏也又解不以葉喻之意以其諸夏本亦名諸華襄四年左傳魏絳諫晉侯曰諸華必叛昭三十年左傳子西諫楚王曰吳周之胄裔也今而始大比於諸華是或謂諸夏爲諸華也謂之夏者夏大也以其中國有禮義之華可嘉大也論語曰不如諸夏之亡是也華黃落則苕幹衰故喻諸夏之師旅罷病將敗則京師孤弱也

苕之華。其葉青青。

華落葉青青然箋云京師以諸夏爲障蔽今陵苕之華衰而葉見青青然喻諸侯微弱而王之臣當出見也○青青子零反注同鄣章亮反見賢遍反下同○

知我如此。不如無生。

箋云我我王也知王之爲政如此則已之生不如不生也自傷逢今世之難憂閔之甚○【疏】苕之至無生○毛以爲上言華將落故於此言已落言陵苕之上黃華今已殞落矣唯有葉青青然獨在耳以興王室之外諸夏今已喪敗矣唯有其臣當出見耳是戎夷之彊侵敗諸夏藩衞既弱周室將亡大夫傷已逢之故言知我王之政如此不能撫和戎夷使諸夏喪敗不如己之本無生也自傷生逢今世○鄭唯以華衰爲異言陵苕之上黃華其色既已衰矣唯其葉見青青然以興周室之外諸夏其師既已罷矣獨王臣當出見華已衰而葉未殞猶諸夏已病而王臣未發明鄣蔽既衰出亦敗矣餘同○傳華落葉青青○正義曰事必有漸物無兩盛上言將落則此已落矣又言其葉明唯葉在耳故言華落葉青青然則毛意以華喻所出之師上章以華喻師病此落喻已敗諸侯既敗則王臣當出天下諸侯衆矣尚不能禦之王兵若出亦當敗矣故上章爲諸侯未敗此爲已敗下所以言亡爲事之漸也宜王之伐蠻狄皆出王室之兵此先諸夏後京師者王者彊盛則命將征討諸侯從之衰弱則諸侯先自禦寇王師大急乃出此則理之常也且此時戎狄從外而侵將內及王室詩人先云諸侯之敗見其危之漸耳○箋京師至出見○正義曰旣言苕之華又言其葉華之映葉猶諸夏之蔽京師故言京師以諸夏爲鄣蔽華衰而葉見故喻諸侯微弱王臣當出也易傳者以經仍云苕之華則華猶未落且華喻諸夏時諸夏未爲皆亡不可以落喻故爲哀耳○箋我我至之甚○正義曰知我非詩人自我而以我爲我王者以逢時多難非己所爲詩人不當自責故知我爲王之政人莫不好生而云己不用生生非己所裁而以生爲恨故知己自傷逢今世也

牂羊墳首。三星在罶。

牂羊牝羊也墳大也罶曲梁也寡婦之笱也牂羊墳首言無是道也三星在罶言不可久也箋云無是道者喻周已衰求其復興不可得也不可久者喻周將亡如心星之光耀見於魚笱之中其去須臾也○牂子桑反墳扶云反罶音柳本又作霤牝頻忍反笱音苟復扶又反

人可以食。鮮可以飽。

治日少而亂日多箋云今者士卒人人於晏早皆可以食矣時饑饉軍興乏少無可以飽之者○鮮息淺反治直吏反【疏】牂羊至以飽○毛以爲諸侯既敗周室將亡今牂羊而責其大首終無是道也以興周哀而求其大興亦無此理也周不復興其亡亦速三星之光耀在於魚罶之中其去斯須不可久也以喻周室之亡期將至欲望其存亦不可久也人於亂世乏食而飢人於治世豐食而飽今亂日多故人可粗得食而治日少故少可以飽○鄭下二句爲異言時師旅既起因之以饑饉故言此士卒之人於晏早可以與之食但時乏少無可以飽之是所以可傷也○傳牂羊至可久○正義曰釋畜云羊牡粉牝牂故知牂羊牝羊也墳大釋詁文牝小羊也首必稱身小羊而責大首必無是道理也星隨天運晝夜一周魚笱之間蹔見心星之光曜須臾卽過故言不可久也○箋無是至須臾○正義曰以此詩主論周衰故知喻求其復興不可得也序言閔周室之將亡故知不可久者喻周將亡其去須臾也○箋今者至飽之者○正義曰鄭以幽王時恆多禍亂曾無治時何得云治日少乎所以易毛

苕之華三章章四句

何草不黃，下國刺幽王也。四夷交侵，中國背叛。用兵不息，視民如禽獸。君子憂之，故作是詩也。

○背音佩【疏】何草不黃四章章四句至是詩○正義曰上言下國後云君子則作者下國君子也君子無尊卑之限國君以下有德者皆是也言四夷交侵中國背叛序其用兵之意於經無所當也用兵不息上二章是也視民如禽獸下二章是也經言虎兕及狐止有獸耳言禽以足句且散則獸亦名禽也

何草不黃。何日不行。

箋云用兵不息軍旅自歲始草生而出至歲晚矣何草而不黃乎言草皆黃也於是之間將率何日不行乎言常行勞苦之甚

何人不將。經營四方。

言萬民無不從役【疏】何草至四方○正義曰言天下之人於草生正月之時從役去時草始生耳今至十月何草而不黃乎言草皆黃矣去草生至於草黃於是之間將率何日而不行乎言常行是勞苦之甚也又言萬民何人而不爲將率所將之以經營四方乎言皆爲將之以經營也是非直將率爲勞萬民又甚苦焉○箋用兵至之甚○正義曰言用兵不息是用之過久何草不黃是見黃而怨若草大始去或欲黃乃行不應見草之黃嗟怨若此明草有生死之期行者覩物而思故云軍旅自歲始草生而出謂正月二月之中也至歲晚矣何草而不黃乎草皆黃矣是九月十月之中也氣則時經寒熱物則華變死生日月長久征行不息是其所以怨也故云於是之間將率何日不行乎是其勞苦之甚也知此句謂將率者以言何日不行明行者有人下云何人不將爲人所將則是士卒也下句既爲士卒知此爲將率也

何草不玄。何人不矜。

箋云玄赤黑色始春之時草牙蘖者將生必玄於此時也兵猶復行無妻曰矜從役者皆過時不得歸故謂之矜○矜古頑反注同蘖魚列反復扶又反

哀我征夫。獨爲匪民。

箋云征夫從役者也古者師出不踰時所以厚民之性也今則草玄至於黃黃至於玄此豈非民乎【疏】何草至匪民○正義曰將率以草黃之時既不得歸又至明年之春言今何草不玄言衆草將生而皆玄之也於此之時何人而不爲矜耳言皆矜也久而不歸失夫婦之道而皆爲矜夫也既久役如此哀我征行之夫豈獨爲非民乎若是民亦當休息何爲使之從役久而不得歸也○箋玄赤至之矜○正義曰鄭於冬官鍾氏注差約之云玄色在緅緇之間其六入者與三入赤三入黑故云玄赤黑色春秋元命苞稽耀嘉皆云夏以十三月爲正物生色黑故知始春之時草牙蘖者將生必玄也釋天云九月爲玄孫炎曰物衰而色玄也詩曰何草不玄與此始春之言不同者爾雅所言月名皆不以草色李巡曰九月萬物畢盡陰氣侵寒其色皆黑是陰而氣寒之黑不由草玄色孫炎之言謬矣無妻曰矜書傳及王制文彼言老宜爲六十之外禮六十不與服戎自六十以下才必皆老但行役過時久不得歸與無妻者同故謂之矜也舜年三十以無室家之端書亦謂之有鰥在下矜與鰥古今字○箋古者至民乎○正義曰隱五年穀梁傳曰古者征伐不踰時是古者王師出不踰時也所以厚愛民之性命恐勞苦故也今草玄至於黃黃又至於玄朞年不歸是爲非民言其不厚之也

匪兕匪虎。率彼曠野。

兕虎野獸也曠空也箋云兕虎比戰士也○兕徐履反

哀我征夫。朝夕不暇。

【疏】匪兕至不暇○正義曰言我此役人若是野獸可常在外今非是兕非是虎何爲久不得歸常循彼空野之中與兕虎禽獸無異乎時既視民如禽獸故哀我此征行之夫朝夕常行而不得閑暇○傳兕虎野獸○正義曰傳言野獸者解本擧此之意以役人不宜在野故言視民如禽獸也許愼云兕野牛其皮堅厚可爲鎧釋獸云兕似牛某氏曰兕牛千斤郭景純云一角青色重千斤是也○箋兕虎比戰士○正義曰序云視民如禽獸則直取在野以比之而下章以狐比有棧之車則比中各自取象故云兕虎比戰士取其猛也

有芃者狐。率彼幽草。有棧之車。行彼周道。

芃小獸貌棧車役車也箋云狐草行草止故以比棧車輦者○芃薄紅反沈又扶東反棧士板反輦者一本作輦車【疏】有芃至周道○正義曰有芃芃然而小者當狐也此狐本是草中之獸故可循彼幽草今我有棧之輦車人輓以行此人本非禽獸何爲行彼周道之上常在外野與狐在幽草同乎故傷之也○傳芃小至役車○正義曰以芃是狐之狀非大獸故言芃小獸貌也此言用兵不息明此車士卒供役之車故云棧車役車○箋狐草至輦者○正義曰以上言率彼曠野而此又云幽草明義取於草以狐草行草止故比輦者亦道行道止故以幽草與周道相對也故周官鄉師云大軍旅會同正治其徒役與其輦輂注云輦人輓行所以載任器止以爲蕃營是行止常依於道似狐之依於草也以循草比人故知比輦者也鄉師注引司馬法曰夏后氏謂輦曰余車殷曰胡奴車周曰輜輦輦一斧一斤一鑿一梩一鋤周輦加二板二築又曰夏后氏二十人而輦殷十八人而輦周十五人而輦是軍行必有輦皆人輓以行也春官巾車王后五路有輦輦載任與此不同亦人輓以行故謂之輦也若然巾之言服車五乘有士乘棧車庶人乘役車注云服車者服事者之車棧車不革輓而漆之役車方箱可載任器以供役以此言之則彼自有棧車何知此非彼者以彼棧車士之所乘以服事非此軍旅徒役所當有以此知非巾車之棧車也若然傳云棧車役車則與彼庶人役車同又知非彼役車者以役車庶人之所乘但庶人賤以供役爲名耳非輦者也卽唐蟋蟀言役車其休是矣彼不以人輓故知不與此同此謂從軍供役之輦車耳有棧是車狀非士所乘之棧名也

何草不黃四章章四句

魚藻之什十四篇六十二章三百二句

毛詩注疏校勘記(十五之三)　阮元撰盧宣旬摘錄

○緜蠻

止於丘阿　閩本明監本毛本同唐石經小字本相臺本於作于案于字是也下二章皆作于可證此因傳作於而改經也靜女著權輿經皆有於字者用字不畫一之例

○瓠葉

掌外內饔之爨亨煮肉之名　閩本同明監本毛本外內誤倒案肉上浦鏜云當脫饔是饔二字是也

故熟曰饔既爲熟　閩本明監本毛本同案浦鏜云饔下當脫一饔字是也

飲食而曰嘗者　閩本明監本毛本同小字本相臺本食作酒考文古本同案酒字是也正義可證

而亨庶人之葉　閩本明監本毛本同案葉當作菜形近之譌

故去毛炮之　閩本明監本同毛本去作云案所改是也

臣有炙之　閩本明監本毛本同案臣當作且形近之譌

猶今俗之勸酒　閩本明監本毛本同小字本相臺本之作人案釋文云俗之一本作俗人正義云猶今俗人勸酒者是其本作人字考文古本俗下有人字采正義釋文而誤合之也

其賓飲訖　閩本明監本毛本同案浦鏜云賓當實字誤

○漸漸之石

役久病於外　唐石經小字本相臺本同考文古本同閩本明監本毛本於誤在案釋文云一本作役人久病人衍字正義本有正義云定本集注役下無人字其箋注亦無人字俗本有者誤也考文一本作役人人病於外更誤

皇王也　相臺本同閩本明監本毛本同小字本王作正考文古本同案正字是也正義云皇王釋言文亦正字之誤

故經曰山川悠遠維其勞病矣　閩本明監本毛本同案病字當衍也因衍此而下有脫故剜添之餘亦多此類

不皇出矣　唐石經以下同考文古本皇作遑案鄭訓皇爲正則經字自作皇王肅以不暇說不皇亦是就皇字而異其義耳不知者乃改經爲遑誤之甚者也

戍役罷勞　毛本同閩本明監本戍作戎案戎字是也

不暇出而相與爲禮也　閩本同明監本毛本也作矣案所改是也

將久雨　小字本相臺本同案此釋文本也釋文云將久雨一本作天將雨考正義但云將雨不云久雨是其本作天將雨與一本同也

四蹄皆白曰駭　按釋文作駭正義則作豥二家之本不同分按其書可了然矣正義以駭說豥文理甚明

今離其繒物之處　小字本相臺本同案釋文繒下云爾雅豕所寢曰繒方言作檜從木正義引爾雅作檜云繒與檜音義同是鄭箋無從木之本也說文木部無檜字爾雅釋文云舊本多作繒帛字是鄭讀爾雅自從糸後乃依方言改從木耳考文古本作檜采釋文正義中之字而未之考也

則白豥亦不知幾蹄白　閩本明監本毛本同案浦鏜云蹢誤豥是也

白蹢名之爲駭　閩本明監本毛本駭誤豥○按此作豥不誤觀上文引釋獸四蹢皆白豥下文駭與豥字異義同可見

某氏曰臨淮之　閩本明監本毛本同案山井鼎云爾雅疏之作人是也

然從天爲大雨　閩本明監本毛本同案浦鏜云從當後字誤是也

○苕之華

下篇序曰西夷　閩本明監本毛本同案浦鏜云四誤西是也

則苕幹特立矣　閩本明監本毛本初刻幹後改榦下同案所改非也幹卽正義今字

以諸夏爲障蔽　小字本相臺本同案釋文云鄣章亮反正義中字同考此字當用鄣見五經文字

三星在罶　唐石經小字本相臺本同案釋文云本又作霤誤字耳考文古本采之非也

○何草不黃

言萬民無不從役　小字本相臺本同案釋文不矜上以數起作音云所角反當在此上各本注皆無之未知其本何屬也於正義無文當是其本無此不與釋文同矣

始春之時草牙孽者　小字本同閩本同相臺本孽作蘖明監本同毛本牙誤芽正義中字同案釋文云牙蘖魚列反孽卽蘖字耳

九月萬物草盡　閩本明監本毛本同案浦鏜云草疑畢字誤是也

故以比棧車輂者　小字本相臺本同案釋文云輂者一本作輂車以正義考之其本作者者字是也一本誤考文古本采而倒之一本采之而去棧車二字皆非也

與其輂輦　閩本明監本毛本同案山井鼎云上輂當輦字音九玉反是也

一梩一鋤　閩本明監本毛本梩誤種

巾之言服車五乘　閩本明監本毛本同案山井鼎云之當作車是也

附釋音毛詩注疏卷第十六(十六之一)

文王之什詁訓傳第二十三

毛詩大雅　陸曰自此以下至卷阿十八篇是文王武王成王周公之正大雅據盛隆之時而推序天命上述祖考之美皆國之大事故爲正大雅焉文王至靈臺八篇是文王之大雅下武至文王有聲二篇是武王之大雅

鄭氏箋　孔穎達疏

文王。文王受命作周也。受命受天命而王天下制立周邦。而王于況反

疏　文王七章章八句。文王至作周。正義曰作文王詩者言文王能受天之命而造立周邦故作此文王之詩以歌述其事也上文王篇名之目下文王指而說其事經五章以上皆是受命作周之事也六章以下爲因戒成王言以殷亡爲鑒用文王爲法言文王之能伐殷其法可則於後亦是受命之事故序言受命作周以揔之。傳受命至周邦。正義曰言受命作周是創初改制非天命則不能然故云受命受天命也周雖舊邦其命維新是立周邦也無逸曰文王受命惟中身厥享國五十年注云中身謂中年受命謂受殷王嗣立之命彼謂文王爲諸侯受天子命也此述文王爲天子故爲受天命也按春秋說題辭云河以通乾出天苞雒以流坤吐地符又易坤靈圖云法地之瑞黃龍中流見於雒注云法地之瑞者洛書也然則河圖由天洛書自地讖緯注說皆言文王受洛書而言天命者以河洛所出當天地之位故託之天地以示法耳其實皆是天命故六藝論云河圖洛書皆天神言語所以教告王者也是圖書皆天所命故文王雖受洛書亦天命也帝王革易天使之然故後世創基之王雖無河洛符瑞皆亦謂之受命以其得有天下是命與之故此亦云受天命而王天下也文王雖未得九州以其稱王故以天下言之文王受命毛無明說鴟鴞之傳謂管蔡爲二子則毛意周公無除喪攝政避居東都罪其屬黨之事其受命之年必不得與鄭同也尚書武成篇曰我文考文王克成厥勳誕膺天命惟九年大統未集孔安國云言諸侯歸之九年而卒故大業未就劉歆作三統歷考上世帝王以爲文王受命九年而崩班固作漢書律歷志載其說於是賈逵馬融王肅韋昭皇甫謚皆悉同之則毛意或當然矣文王九十七而終終時受命九年受命之元年年八十九年其卽諸侯之位巳四十二年矣故帝王世紀云文王卽位四十二年歲在鶉火文王於是更爲受命之元年始稱王矣乃引周書稱文王受命九年惟暮之春在鎬召太子發作文傳九年猶召太子明其七年未崩故諸儒皆以爲九年而崩其伏生司馬遷以爲文王受命七年而崩故尚書周傳云文王受命一年斷虞芮之訟二年伐邾三年伐密須四年伐犬夷五年伐耆六年伐崇七年而崩史記周本紀云西伯陰行善諸侯皆來決平虞芮既讓諸侯閒之曰西伯蓋受命之君也此是受命一年之事又曰明年伐犬夷明年伐密須明年敗耆國明年伐邘明年伐崇侯虎而作豐邑明年西伯崩此雖伐犬夷與伐耆伐邘其年與書傳不次要亦七年崩也鄭不見古文尚書又周書遺失之文難可據信依書傳史記爲說故洛誥注云文王得赤雀武王俯取白魚皆七年是鄭以文王受命爲七年之事中候我應云季秋之月甲子赤雀銜丹書入豐止於昌戶再拜稽首受尚書運期授引河圖曰倉帝之治八百二十歲立戊午蔀注云周文王以戊午蔀二十九年受命易類謀云文王比隆興始霸伐崇作靈臺受赤雀丹書稱王制命示王意注云入戊

午蔀二十九年時，赤雀銜丹書而命之，是鄭意以入戊午蔀二十九年季秋之月甲子，赤雀銜丹書而命之也。鄭知然者，易乾鑿度云「入戊午蔀二十九年，伐崇，作靈臺，改正朔，布王號於天下，受籙應河圖」，注云「受命後五年乃爲此改。猶如也，如前聖王所得河圖之書」。由此而論，既云入戊午蔀二十九年，雖連以伐崇改正之事，云受籙應河圖，則二十九年之文爲受籙而發。受籙者，即謂受丹書王命之籙也。以此知入戊午蔀二十九年即是赤雀所命之年也。先言伐崇作靈臺改正朔布王號於天下，然後始言受籙者，以文王之時所爲大事唯此而已，此由天命而然，故既言受命之年，即言所爲之事，下乃繼以受籙應河圖，此等之事皆由受籙而爲之，故受籙之言與二十九年文不連耳。是類謀亦先言伐崇，然後言受赤雀丹書，亦以伐崇作靈臺是文王大事，由受命而然，故在赤雀之上先言之也。且乾鑿度云「亡殷者紂，黑期火戊，倉精授汝位正」，目注云「火戊，戊午蔀也。午爲火，必言火戊者，木精將王，火爲之相，戊土也，又爲火子，又火使其子爲已塞水，是明倉精絕殷之象也」。是言文王受命在戊午蔀之意。既言入戊午蔀二十九年受籙，復說在戊午之意，明以二十九年爲受命年也。受命之月已是季秋，至明年乃改元。故書序云「惟十有一年，武王伐殷」，注云「十有一年，本文王受命而數之，是年入戊午蔀四十歲矣」，是鄭以受命元年爲入戊午蔀三十年，故改至十年而四十也。又以歷校之，入戊午蔀二十九年，歲在戊午，其年殷九月二十五日得甲子，明年乃改元，則元年歲在己未，至十三年在辛未，其年正月六日得甲子。譜云「以歷校之，文王受命十三年辛未之歲，殷正月六日殺紂」，是得赤雀之命，後年改元之驗也。又中候雒師謀云「唯王既誅崇侯虎，文王在豐，豐人一朝扶老至者八十萬戶」，是受命六年而伐崇居豐也。即云「至磻谿之水，呂尚釣崖，王下趨拜曰：望公七年矣」。所以言七年者，以本丹書命云「雒授金鈐師名呂」，故得命即望之。今受命六年而言望公七年，通得命之年數之，故七。是得命之後明年改元，鄭所參校，於茲明矣。若然，鄭於金縢之注云「文王年十五生武王，又九十七而終，終時武王年八十三矣」。若文王受命七年，武王八十三，至十一年觀兵得魚之時，武王八十七矣，至九十三而終，則通數取魚之年乃得爲七年。鄭云文王得赤鳥，武王俯取魚，皆七年。文王以明年數，武王以其年數者，文王改元須得歲首爲之，武王未及改元，唯須正名號耳。我應說文王之戒武王曰「我終之後，恆稱太子。河洛復告，遵朕稱王」，故太誓說武王升舟稱皇太子，得魚即云俯取，是得告之即須改稱，故不與文王同也。如上所說，受赤雀之命，必是歲在戊午蔀二十九年矣。案乾鑿度云「歷元名握先紀，日甲子，歲甲寅」，又曰「今入天元二百七十五萬九千二百八十歲，昌以西伯受命」，注云「受洛書之命爲天子」。以歷法，其年則入戊午蔀二十四年矣，歲在癸丑，是前校五歲，與上不相當者，其實當云二百八十五歲，以其篇已有入戊午蔀二十九年受籙之言，足以可明，故略其癸數，整言二百八十，而不言五也。知必加五年當戊午蔀二十九年者，依三統歷，七十六歲爲一蔀，二十蔀爲一紀，積一千五百二十歲。凡紀首者，皆歲甲寅，日甲子，即以甲子之日爲初蔀，名甲子蔀一也。備七十六歲，其後年初日次癸卯，即以癸卯爲蔀首，二也。從此以後，壬午爲蔀三也，辛酉蔀四也，庚子蔀五也，己卯蔀六也，戊午蔀七也，丁酉蔀八也，丙子蔀九也，乙卯蔀十也，甲午蔀十一也，癸酉蔀十二也，壬子蔀十三也，辛卯蔀十四也，庚午蔀十五也，己酉蔀十六也，戊子蔀十七也，丁卯蔀十八也，丙午蔀十九也，乙酉蔀二十也。是一紀之數，終而復始，紀還然。今乾鑿度入天元二百七十五萬九千二百八十歲，以一紀之法一千五百二十歲除之，得一千八百一十五紀，餘有四百八十歲，即是入後紀之年。其初年還歲甲寅日甲子，以甲子、癸卯、壬午、辛酉、庚子、己卯等六蔀除之，餘有二十四年，即是入戊午蔀二十四年，更加五年爲二十九年受赤雀之命。若推太歲所在，以六十除積年，其受命之年太歲在戊午。若欲知日之所在，乘積年爲積日，以日行一而六十除之，得日之所在。又案三統之術，魯隱公元年歲在己未，其年前惠公之末年歲在戊午，計文王受命是戊午之年，下至惠公末年，六復戊午，當三百六十年矣。而雒師謀注云「數文王受命至魯公末年，三百六十五歲」，又餘五年者，本唯云三百六十耳，學者多聞周天三百六十五度，因誤而加。偏校諸本，則無五字也。或以爲文王再受天命，入戊午蔀二十四年受洛書，二十九年受丹書，若如此說，於易緯之文上下符合，於中候之注年數又同。必知不然者，以讖緯所言文王之事，最爲詳悉，若赤鳥之外別有洛命，則應有文言之，今未有聞焉，明其無也。所論圖書，莫過中候，而我應及雒師謀皆說文王之事，只言赤雀丹書，不言更有所命。詳檢諸緯，其辭亦然。易通卦驗曰「有人侯牙，倉姬演步，有鳥將顧」，其意言文王得赤鳥而演易也。是類謀曰「受赤雀丹書」。春秋元命苞曰「鳳皇銜丹書於文王之都」。皆言丹書鳥雀而已，曾無斥言別有他命。鄭言洛書，即丹書是也。不然，鄭何處得洛書之言乎？說者雒云再命，既言七年而崩，則亦赤雀命後始改元矣。若二十四年已後受洛書，所以不即改元，而待後命何也？且鄭云受洛書之命爲天子，若前命已爲天子，後命更何所作？既天已使爲天子，猶尚不肯改元，便是傲慢神明，違拒天命，聖人有作，決不然也。又鄭於六藝論極言瑞命之事，云「太平嘉瑞，圖書之出，必龜龍銜負焉，黃帝、堯、舜、周公是其正也。若禹觀河見長人，皐陶於洛見黑公，湯登堯臺見黑鳥，至武王渡河白魚躍，文王赤雀止於戶，秦穆公白雀集於車，是其變也」。文王唯言赤雀，何得更有洛書？且洛書龜負而出，乃是太平正注，於文王之出，安得有之？此其所以大蔽也。然則文王所受，實赤鳥銜書，非洛而出，謂之洛書者，以其河龍圖發，洛龜書感，此爲正也。故圖者謂雖不從河，謂之河圖；書者雖非洛出，謂之洛書，所以統名焉。故元命苞云「鳳皇銜圖，置帝前，黃帝再拜受」；「堯坐中舟，與太尉舜臨觀，鳳皇負圖授」，是不從河者也。坤靈圖云「黃龍中流見於洛」，注云「謂洛書不必皆龜負也」。言河圖龜書，見其正耳。所命文王銜丹書者，我應、是類謀謂之赤雀，元命苞謂之鳳皇，通卦驗謂之爲鳥。鳥者，羽蟲之大名，赤雀，鳳皇之類，神而大之，亦得稱鳳，文雖不同，其實一也。受命六年乃始伐崇，既伐於崇，乃作邑於豐，則受命之時未都豐矣，而我應云「赤雀銜丹書入豐，止於昌戶」，元命苞云「鳳皇銜丹書遊於文王之都」者，鄭作我應序云「文王如豐，將伐崇，受赤鳥」，是當時行往豐地，未都豐也。所居有屋，故稱昌戶。從後言之，謂之文王之都。太誓云「至於王屋」，譜云「周公避居東都」，亦此類也。文王世子稱武王謂文王曰「西方有九國焉，君王其終撫諸」，文王生稱王也。其稱王也，必在受命之後。元命苞云「西伯既得丹書，於是稱王，改正朔，誅崇侯虎」，稱王之文在誅崇之上。是類謀云「稱王制命，示王意」。乾鑿度云「改正朔，布王號於天下」，二文皆承伐崇作靈臺之下，伐崇在六年，則亦六年始稱王也。但彼文以伐崇之等皆是文王大事，故歷言之，其言不必依先後爲次，未可即以爲定。書傳稱二年伐邦，三年伐密須，四年伐犬夷。書序云「殷始咎周」，注云「咎，惡也。紂聞文王斷虞芮之訟，後又三伐皆勝，而始畏惡之，拘於羑里」。又曰「周八乘黎」，注云「乘，勝也。紂得散宜生等所獻寶而釋文王，文王釋而伐黎，明年伐崇」。案殷傳云「西伯得四友獻寶，免於虎口，而克耆」。大傳曰「得三子獻寶，紂釋文王而出，伐黎」。其言既同，則黎、耆一物。是文王伐犬夷之後，乃被囚，得釋乃伐耆也。出車說文王之勞還師云「春日遲遲」，是四年遣役，五年始反，乃勞之。當勞詭被囚，其年得釋，即以歲暮伐耆，故稱五年伐耆也。天無二日，土無二王。若五年以前既已稱王，改正，則反形已露，紂當與之爲敵，非直咎惡而已。若已稱王，顯然背叛，雖紂之愚，非寶能釋也。又書序周人乘黎之下云「祖伊恐，奔告於受，作西伯戡黎」，若已稱王，則愚者亦知其叛，不待祖伊之明始讖之也。且其篇仍云西伯，明時未爲王，是六年稱王爲得其實。故乾鑿度布王號之下注云「受命後五年乃爲改」，此是鄭意以爲六年始王也。但文王自於國內建元久矣，無故更復改元，是有稱王之意，雖則未布行之，亦是稱王之迹，故周本紀云「詩人道西伯蓋受命之年稱王」。皇甫謐亦云「受命元年始稱王矣」。正以改稱元年，故疑其年稱王，斯言非無理矣，但考其行事，必不得元年稱王耳。然則六年稱王，七年則崩，是稱王甚晚。禮記大傳注云「文王稱王早矣」者，以殷紂尚存，雖於年爲晚，而時未可稱，故爲早也。時未可稱而必稱之者，我應云「我稱非早，一人固下」，注云「我稱王非爲早，欲以一人心固臣下」，是早稱之意也。然則伐崇之時未稱王矣，皇矣說伐崇之事而云「是類是禡」，王制云「天子將出征，類乎上帝，禡於所征之地」，然則類者祭天之名，未稱王而得祭天者，文王於伐崇之後尊即稱王，於時天期已至，崇又大敵，雖未稱王，已行王事，故類禡也。文王雖稱王改正，統得行其統內六州而已。禮記大傳曰「牧之野，武王之大事」，改正朔，易服色，謂克紂之後，又復頒布，使天下偏知之，猶未制禮，未是大定，故召誥云「惟二月」、「三月」，注云「當爲一月、二月，不云正月者，蓋待治定制禮，乃正言正月故也」。然則從是以後，始大定矣。文王之得太公，無經典正文，甫其得之年月。雒師謀注云「文王既誅崇侯，乃得呂尚於磻谿之崖」，是伐崇之年得呂尚也。書傳云「散宜生、南宮括、閎夭三子相與學訟於太公，四子遂見西伯於羑里」，是文王被囚之年得太公也。史記齊世家云「西伯政平，及斷虞芮之訟，伐崇、密須、犬夷，大作豐邑，天下三分其二歸周者，太公之謀計居多」，則是斷虞芮之前得太公也。皇甫謐以爲未受命時已得太公。羣言不同，莫能齊一。案左傳稱呂伋爲王舅，則武王之后，大公女也。文王受命六年，武王以八十二矣，不應此時方取正室。且文王爲今年得之，明年即崩，以人情準之，未應便爲武王取其女也。又書傳之美太公，言其翼佐文、武，身有殊勳，世祥太公，以表東海，以其有大功故也。若伐崇之後方始得之，則文王於時基宇已就，太公無所宣其力，亦何功業之有乎？若武王承父舊基，大公因人成事，牧野一戰，賢聖多矣，杖鉞之勞，不足稱述，而使經傳之文褒揚若此？六年始得，深可或矣。齊世家云「呂尚蓋嘗窮困，年老矣，以魚釣于周，西伯出獵得之」。「或曰太公嘗事紂，紂無道，去之，游說諸侯，無所遇，而卒西歸周西伯」。「或曰呂尚隱海濱，周西伯拘羑里，散宜生等知而招尚，曰：吾聞西伯善養老，盍往歸焉」。言呂尚所以事周，雖異，然要之爲文、武師。司馬遷馳騁古今，良亦勤矣，尚不能知其事周所由，安能知得之年月？今雖考校，未能正之。尚書帝命驗曰「自三皇以下，天命未去，饗善使一姓不再命」，然則文王已受赤雀，武王又得白魚者，一姓不再命，謂子孫既衰之後，天不復重命使興耳，非謂創業之君也。文王雖天意與之，而仍未克紂，復命武王使之統一，故再受命焉。○

文王在上。於昭于天。在上，在民上也。於，歎辭。昭，見也。箋云：文王初爲西伯，有功於民，其德著見於天，故天命之以爲王，使君天下也。崩謚曰文。○於音烏，注及下「於緝」并注皆同。見，賢遍反，下「著見」同。著，珍慮反。謚音示。慎也，悉也，生存之行，終始悉錄之以爲謚也。○**周雖舊邦。其命維新。**乃新在文

王也箋云大王聿來胥宇而國於周王迹起矣而未有天命至文王而受命言新者美之也○大音泰後大王皆同○**有周不顯。帝命不時。**有周周也不顯顯也顯光也不時時也時是也箋云周之德不光明乎光明矣天命之不是乎又是矣○**文王陟降。在帝左右。**言文王升接天下接人也箋云在察也文王能觀知天意順其所爲從而行之〔疏〕文王至左右○正義曰言文王初爲西伯在於民上也於呼可歎美哉其時已施行美道有功於民其德昭明著見於天言治民光大天所加美以此故爲天所命周自大王已來居此地周雖是舊國其得天命維爲新國矣以明德而受天命變諸侯而作天子是其改新也天既命文王我有周之德豈不光明乎由有美德能受天命則有周之德爲光明矣天之命我文王豈爲不是乎皇天無親惟德是與當時天下莫若文王則天之所命爲是矣又美文王云文王升則以道接事于天下則以德接治于人常觀察天帝之意隨其左右之宜順其所爲從而行之○傳在上至歎辞○正義曰此言於昭于天是說文王治民有功而明見上天故知在上在於民上也書傳引於穆淸廟乃云於者歎之是於爲歎辞也尚書注云於者鳴聲則於鳴古令字耳○箋文王至曰文○正義曰下言其命維新則此未受命時事故鄭本而言文王初爲西伯未受命之時已有功於民其德著見於天故爲天所命也言初爲西伯以對後爲王揔受命之前爲初非謂爲西伯之初耳以言在上著見于天明治民之功見也故知有功於民其德著見于天言著見者爲天所加美而知之故天命之爲王使爲君於天下至崩而謚之曰文曲礼下曰君天下曰天子檀弓上曰死謚周道也○箋大王至美之○正義曰言大王自豳來相其可居之處而爲國於周大王已來居此地是周雖舊邦也閟宮云寔始翦商是王迹起焉國語言周之興也鸑鷟鳴於岐山雖爲周興之兆而未有書文授之王位是未有天命至文王而受天命以諸侯國名變而爲天子國名是其改新之也言新者美文王能使之新也○傳有周周也時是也○正義曰以周文單故言有以助之烝民曰天監有周時邁曰明昭有周皆同也猶左傳謂濟爲有濟傳疊而解之有周正周也時是釋詁文○箋周之德至是矣○正義曰此言文王德著爲天所命故反其辞以結之言又是者言周德既明天命復是對上句故言又也王肅云天命之是也言時天下莫若文王○傳言文至接人○正義曰人君在人之上在天之下其升降惟天人耳故知言文王升接天下接人謂與之交接天則恭敬承事以接之人則恩礼撫養以接之○箋在察至行之○正義曰此言文王之接天人而云在帝左右明是察天動作而效之言文王觀知天意解在帝也順其所爲從而行之解左右也易稱聖人與天地合其德故順其所爲而效之**亹亹文王。令聞不已。陳錫哉周。侯文王孫子。文王孫子。本支百世。**亹亹勉也哉載侯維也本本宗也支支子也箋云令善哉始侯君也勉勉乎不倦文王之勤用明德也其善聲聞日見稱歌無止時也乃由能敷恩惠之施以受命造始周國故天下君之其子孫適爲天子庶爲諸侯皆百世○亹音尾聞音問注同哉如字毛載也鄭始也左傳作載本又作載同敷音孚施始豉反適音的字或作嫡**凡周之士。不顯亦世。**不世顯德乎士者世祿也箋云凡周之士謂其臣有光明之德者亦得世世在位重其功也○〔疏〕亹亹至亦世○毛以爲亹亹乎勉力勤用明德不倦之文王以勤行之故有善聲譽爲人

所聞日見稱歌不復已止文王能布陳大利以賜子孫於是又載行周道致有天下以此德澤流於後世維文王孫之與子皆受而行之維文王孫之與子不問本宗之子皆得百世相繼言由文王功德深厚故福慶延長也文王之德不但德及子孫而已凡於周爲臣之士豈不有顯德乎言其皆有顯德而亦得繼世食祿言文王德人及朝臣所以常見稱識行復已止也○鄭唯以哉爲始侯爲君爲異言文王能敷陳恩惠之施命德著于天遂受天命而造始周國由此故爲天下之人君其文王孫之與子其本適爲天子支庶爲諸侯皆得百世餘同○傳亹亹至支子○正義曰亹亹勉也釋詁文哉與載古字通用中庸言哉者培之注引上天之載是其通也以其通用故云哉載也釋詁哉維侯也郭璞曰互相訓是侯得爲維也適譬本幹庶譬其枝故言本本宗支支子也王肅云文王能布陳大利以錫子人故能載行周道致有天下維文王孫子受而行之美其及支子孫言文王之功德其大宗與支子相承百世之道○箋云始至百世○正義曰哉始侯君釋詁文也以文王受命創爲天子宜爲造始周國君其子孫故易傳也受天之命本由明德其用明德卽陳錫是也不能敷陳恩惠之施故得受命造周令長世稱誦是用明德而致令聞不已也昭十年左傳曰陳錫載周能施也夫故知去恩惠之賜以施予也宣十五年左傳亦引此詩乃云文王所以造周不是過也是造始周國也旣造周國當子孫嗣之故天下之民君其子孫爲天子庶爲諸侯皆百世也○傳不至世祿○正義曰傳以經言不顯則爲顯也由顯而得世故并及之不世顯德乎其世顯德也謂臣有顯德命子孫世之仕者世祿欲舉輕以明重若子孫復有顯德爵位亦世之仕者世祿孟子文○箋凡周至其功○正義曰以士者男子成名之大號下至諸侯及王朝公卿大夫揔稱亦可以兼士也凡爲揔辞顯爲光明故言謂其臣有光明之德者亦得世世在位以重其功勞故也傳言世祿箋言在位者以言亦世者亦前本支百世也百世謂繼世在位知此亦世世在位也以此知毛言世祿舉輕苞重耳不謂不得世世也文王之時則其功未定不得定之長在卿大夫之位若武王以後則大封羣臣或爲列土諸侯或爲王朝卿佐維爲王朝之臣其大功亦得世之故直言世世在位而不辨其內外也郊特牲及士冠礼云繼世以立諸侯象賢則封爲國君固當世矣其卿大夫有大功乃得世也王制言天子之縣內諸侯祿也注云選賢置之於位其國之祿如諸侯不得世又曰大夫不世爵注云謂縣內及列國諸侯爲天子大夫者不世爵而世祿辞賢也又曰諸侯之大夫不世爵祿也公羊傳曰世卿非礼則卿大夫正法不得世也異義卿得世又公羊穀梁說卿大夫世則權并一姓妨塞賢路專政犯君故經譏尹氏齊氏崔氏也左氏說卿大夫得世祿不得世位父爲大夫死子得食其故采而有賢才則復升父故位故傳曰官有世功則有官族謹案易交位三爲三公二爲卿大夫曰食舊德食舊德謂食父故祿也尚書古我先王暨乃祖乃父胥及逸勤予不敢動用非罰世選爾勞予不絶爾善論語曰興滅國繼絶世國謂諸侯世謂卿大夫詩云凡周之士不顯亦世孟子曰文王之治岐也仕者世祿知周制世祿也此許氏亦以卿大夫世祿爲常雖以世祿爲常而有大功德亦得世位故裳裳者華刺幽王棄賢者之類絶功臣之世鄭箴膏肓云公卿之世立大功德先王之命有所不絶者是大功特命則得世位也白虎通曰諸侯繼世者南面之君體陽而行陽道不絶大夫人臣北面體陰而行陰道有絶故也此託之陰陽之義其實諸侯以大功而封故也卿大夫本以佐君欲令非賢不可所以不世也其得世者又違常法以大功而許之耳**世之不**

顯。厥猶翼翼。思皇多士。生此王國。王國克生。維周之楨。翼翼恭敬思辭也皇天楨幹也箋云猶謀思願也周之臣既世世光明其爲君之謀事忠敬翼翼然又願天多生賢人於此邦此邦能生之則是我周之幹事之臣○楨音貞爲于僞反下天爲此同**濟濟多士。文王以寧。**濟濟多威儀也○濟子禮反後濟濟皆同〔疏〕世之至以寧○毛以爲因上不顯亦世文反而誅之言此世祿之臣豈不光明其德乎言其世世有光明之德故也以有光明之德其爲君之謀事則能翼翼然忠誠而恭敬也所以得有此臣者天以周德至盛欲使羣賢佐之故皇天命多衆之士生之于我周王之國我周王之國能生此賢人收而用之則維是我周家幹事之臣臣能幹事則國以乂安故歎美之此濟濟然多威儀之衆士文王以安寧言文王得賴此臣之力思語辭不爲義鄭以思爲願言此世顯之臣非直謀事恭敬又推誠恕物所及引廣乃思願皇天令其多衆之士生此我王之國得與我周家爲幹事之臣此世顯之人謀則忠敬心則誠信故歎美之云濟濟多士文王以寧濟濟多士還謂世顯之人與思皇多士不同也○傳翼翼至皇天○正義曰釋訓云翼翼恭也敬是恭之類故連言之以此覆述世顯之人不宜更有所思故以思爲辭皇與多士連文能生多士維天乃然皇者天號故皇爲天也王肅云言天思周德王盛故爲生衆士於此周國王國能生此衆美之士維周以之爲楨幹也○箋猶謀至之臣○正義曰猶謀釋詁文以思之爲辭止在句末今句首言之不宜爲辭故易傳以意之所思必情之所願故以思爲願朝廷之士多妬忌賢能故嘉魚美太平之君子樂與賢者共之朝臣之願多賢實爲美事明此思皇多士是世顯之人復思使皇天更生多賢也下濟濟多士卽世顯之人與此多士不同也何者此思皇多士乃是世顯之人思天生之尚未知思得以否假令得之猶是後世之事文王未得賴之以寧也以此知濟濟多士還是世顯之人傳以翼翼爲恭敬而論語曰爲人謀而不忠乎謀者主忠故言忠敬翼翼然也言此邦能生則是生而用之故云則是我周家幹事之臣幹事是已用之語明克生爲用之矣○傳濟濟多威儀○正義曰此多士是上世顯之人則諸侯及公卿大夫此文皆兼之釋訓云濟濟容止也孫炎曰濟濟多士之容止也然則濟濟揔爲在朝之儀故云威儀也曲禮下云大夫濟濟謂行容之貌與此別少儀云朝廷之儀濟濟翔翔與此同矣**穆穆文王。於緝熙敬止。假哉天命。有商孫子。**穆穆美也緝熙光明也假固也箋云穆穆乎文王有天子之容於美乎又能敬其光明之德堅固哉天爲此命之使臣有殷之子孫○緝七入反熙許其反假古雅反固也○**商之孫子。其麗不億。上帝既命。侯于周服。**麗數也盛德不可爲衆也箋云于於也商之孫子其數不徒億多言之也至天已命文王之後乃爲君於周之九服之中言衆之不如德也○麗力計反沈又力知反○〔疏〕穆穆至周服○毛以爲穆穆然而美者文王也既有天子之容矣於呼美哉又能於有光明之德者而敬之其敬光明之德者而甚堅固哉言尊賢愛士心能堅固故天命之使臣有商之孫子而代殷也商之孫子其數至多不徒止於一億而已言其數過億也雖有過億之數以紂爲惡之故至於上帝既命文王之後維歸於周而臣服之明文王德盛之至也○鄭唯以侯爲君言商之孫子爲君於周之九服之中爲異餘同○傳穆穆至假

固○正義曰穆穆美釋詁文又云緝熙光也敬之云學有緝熙于光明故傳連明言之假雖有別訓以言敬事有德而爲天所命宜爲堅固故爲固也○箋穆穆至子孫○正義曰於爲歎美之辭故言於美乎言又能敬其光明之德以文王身有聖德復能敬人故言又也直言光明之德不言止則止爲辭也大學引此詩注云敬其所以自處止緇衣亦引此注云敬其容止者彼各有所證故與此不同也此言緝熙敬止明有緝熙之德者敬之故言敬其光明之德假哉文雖下屬而理結於上故云堅固哉天爲此命之言能敬德堅固故能受天命使臣有商之子孫謂使之爲臣以爲已有卽下云侯服于周是也○傳麗數至爲衆○正義曰以億是數名故知麗爲數也德之小者猶可以衆敵之盛德不可爲衆言德盛則難爲衆故雖多而服周深美亦王言非衆所敵王肅云商之孫子有過億之數天既命文王則維服于周盛德不可爲衆毛於上章訓侯爲維則其意如肅言也○箋商之至如德○正義曰以舉多而服文王故知不徒億也文王所得六州而已殷之同姓未必有歸之者況其子孫乎而云不億者此作在成王之時從後見其歸周本而美之耳非實事也言天既命文王之後乃爲君於周之九服之中言其貴者耳其數既多亦有不爲君者也九服者大司馬大行人千里之畿外每云又其外五百里卽侯甸男采衞要夷鎮蕃是也此亦據在後言之天命文王之時服名未定也其服名自古而有故禹貢有甸侯綏要荒五服皐陶謨所謂弼成五服是也但不知夏殷服名耳

侯服于周○天命靡常○

則見天命之無常也箋云無常者善則就之惡則去之○

殷士膚敏○祼將于京○

厥作祼將○常服黼冔○

殷士殷侯也膚美敏疾也祼灌鬯也周人尚臭將行京大也黼白與黑也冔殷冠也夏后氏曰收周曰冕箋云殷之臣壯美而敏來助周祭其助祭自服殷之服明文王以德不以彊○祼古亂反黼音甫冔況甫反字林作緝又火于反鬯敕亮反夏戶雅反○

王之藎臣○無念爾祖○

藎進也無念念也箋云今王之進用臣當念女祖爲之法王斥成王○藎才刃反爲之法一本作爲之法度

疏 侯服至爾祖○毛以爲商之子孫既衆多今維乃服臣于周以商之族類變爲周臣如是則見天命之無常去惡就善是無常也命既無常故殷之諸臣多士皆有壯美之德見時之疾於周祭宗廟則助其灌鬯之禮而行之於京師言其知命服周之無貳心也因其服周之事而言文王之寬此殷士其爲祼獻行禮之時常服其殷所服黼衣而冔冠也文王若以彊服之則當改其衣冠令之從已令仍服殷冠明其自來歸從文王以德服之不以彊也以既陳文王之盛德因舉以戒成王言之進用臣法可無念汝祖文王乎言當念汝祖文王之法脩德服衆爲天下所歸是進用臣之道○鄭唯上一句言爲君列在九服于周家是天命無常餘同○傳則見至無常○正義曰天之所爲不可得見以紂之惡文王之善致使商之孫子臣服于周如是觀之則見天命之無常也太學引康誥曰惟命不于常道善則得之不善則失之矣箋亦引彼文是無常之事也○傳殷士至曰冕○正義曰此殷士卽前商之孫子服周者故知殷侯也膚美小雅廣訓文敏疾釋詁文王肅云殷士有美德言其見時之疾如早來服周也祼者以鬯酒灌尸故言灌鬯也舉祼言之故取郊特牲文云周人尚臭尚臭者一代之禮文王之時未必已然亦可據後而言也以祼是祭禮當須行之故言將行也天官小宰云凡祭祀贊祼將之事注以將爲送則此言祼將亦宜爲送但祼時送爵亦是行之其言雖異義亦同也京大釋詁文桓九年公羊傳曰京師者何天子之居也京者何大也師者何衆也天子之居必以衆大之辭言之此京亦謂京師故訓爲大也冬官繢人云白與黑謂之黼周冕無繢繢之飾則殷冔亦不以黼爲飾黼自衣服之所有也禮器云冕諸侯九旒注云似夏殷制則殷之諸侯祭服亦九章而下不止於黼而已舉一章而表之耳郊特牲及士冠禮皆云周弁殷冔夏收故知冔殷冠也既以冔爲殷冠更取二代以明之故言夏后氏曰收周曰冕也彼云周弁此云冕者以周自大夫以上祭服皆用冕服故傳以冕言之實冕而謂之弁者周禮弁師注云弁古冠之大號官名弁師職掌五冕故知弁是大名也○箋殷之至以彊○正義曰殷臣壯敏來助周祭祼將是也王肅亦云殷士自殷以其美德來歸周助祭行灌鬯之禮也然宗廟之祭以祼爲主於禮王正祼而后亞祼則祼將主人之事矣而云助行灌者天官小宰凡祭祀贊祼將之事注云又從太宰助王祼謂贊王酌鬱鬯以獻尸言太宰贊王小宰贊太宰是祼將之事有臣助之矣此周人尚臭舉祼將以表祭事見殷士助祭耳不必專助行祼也以祭言已代而服舉其本故云自服殷之服明文王以德不以彊本以德服之而來不以威彊使至行者若爲畏威當改從其周服今服其故服是慕德而來故也武成云大邦畏其力此言不以彊者彼美文王有威可畏耳其實文王化人先以德故言不以彊也此文王之時故殷士仍得服殷之服若制禮之後皆從時王之法唯二王之後服其故服可也○傳藎進無念念也○正義曰藎進釋詁文無念是反而言之故云念也○箋今王至成王○正義曰以承上文王進臣之道而言念之文王實成王之祖故曰斥成王也此美文王之詩當以時王之意稱述先祖之美不應篇末更戒成王而以爲戒成王者以下章云殷之未喪師宜鑒于殷是時已滅舉以爲鑒若文王之時則紂實未亡不得爲戒又卒章云儀刑文王萬邦作孚是欲使後世法文王也下言文王之道可以與後世爲法此云無念爾祖明是上念文王以文王爲祖非成王而誰也戒後世使法文王卽是述文王之美故美文王可以戒成王也傳雖不明意當同鄭

無念爾祖○聿脩厥德○永言配命○自求多福○

聿述永長言我也我長配天命而行爾庶國亦當自求多福箋云長猶常也王既述脩祖德常言當配天命而行則福祿自來○聿于必反○

殷之未喪師○克配上帝○

帝乙已上也箋云師衆也殷自紂父之前未喪天下之時皆能配天而行故不忘也○喪息浪反注同已上時掌反本作以紂直久反○

宜鑒于殷○駿命不易○

駿大也箋云宜以殷王賢愚爲鏡天之大命不可改易○駿音峻又音俊易毛以豉反不易言甚難也鄭音亦言不可改易也下文及後不易維王同○

疏 無念至不易○毛以爲作者戒成王既無不念汝祖文王進臣之法當述而脩行其德王當云長我當爲之者我所配天命而行也又當告庶國云爾庶國亦當自求多福言勤脩德教福自歸之又陳所以我當長配天命而行之者殷自紂父以前未喪失衆心之時其德皆能配上天之命而行由紂不能配天命令臣民叛而歸我我宜鑒鏡于殷觀其王之賢愚以爲已戒何則天之大命不可改易○鄭唯求言配命二句爲異以爲王常言當配天命而行則自求而歸之者多衆之福也○傳聿述至多福○正義曰聿述言我永長皆釋詁文也直言配命知是長配天命者以下云克配上帝故知配配天命也言爾國亦當自求多福者以上章說殷侯助祭還是殷侯念祖自求多福是戒人之辭故知還戒此殷侯衆多故謂之庶國也○箋長猶至自來○正義曰長雖異理通不若常爲便故猶焉以戒成王宜以多福與配天相成故不爲庶國也又言字不訓爲我○傳帝乙已上○正義曰以失衆而卒亡天下者紂也經云未喪故知帝乙以前其間雖行有善惡不喪衆心故能配天以王者爲配在位不失則能配之故酒誥云自成湯至于帝乙罔不成王畏相舉未亡以驗亡者耳其實以前非無惡者故無逸說殷之三宗之後云自時厥後立王生則逸不知稼穡之艱難是有惡者矣○傳駿大○正義曰釋詁文○箋宜以至改易○正義曰鑒鏡也鏡照物知善惡故以殷爲鏡知存亡言天下之大命不可改易者謂天意善者與之惡者去之此命一定終不變改也○

命之不易○無遏爾躬○宜昭義問○有虞殷自天○

遏止義善虞度也箋云宣徧有又也天之大命已不可改易矣當使子孫長行之無終女身則止徧明以禮義問老成人又度殷所以順天之事而施行之○遏於葛反或作謁音同韓詩遏病也義毛音儀鄭如字度待洛反下同徧音遍下同

上天之載○無聲無臭○儀刑文王○萬邦作孚○

載事刑法孚信也箋云天之道難知也耳不聞聲音鼻不聞香臭儀法文王之事則天下咸信而順之○

疏 命之至作孚○毛以爲戒成王言天之大命既不可改易故常須戒懼此事當垂之後世無令止於汝王之身而已欲令後世長行之長行之者常布明其善聲聞於天下又度殷之所以順天言殷王行不順天爲天所去當度此事終當順天也既言行當順天因說天難倣做上天所爲之事無聲音無臭味人耳不聞其音聲鼻不聞其香臭其事其實欲倣無由王欲順之但近法文王之道則與天下萬國作信言王用文王之道則皆信而順之矣○鄭唯宣昭義問爲異以爲汝當徧明以禮義問老成人成德之人餘同○傳遏止義善虞度○正義曰遏止義善釋詁文虞度釋言文○箋有又王行之○正義曰以上已有所行之事下復言之故知宜爲又也湯曰雖無老成人謂老人而有成德者也殷王之能順天者謂成湯與三宗耳前文以賢愚爲戒而不言脩其道以不亡爲配天非皆順天與此意異也此又度其殷王之中賢聖能順天者而行之故可福流於後與其宜鑒不同也此經云自天自從也從又爲順故言順天之事○傳載事刑法孚信也○正義曰以其說天之事故載爲事也刑法孚信釋詁文○箋天之至香臭○正義曰以其令法文王故知爲難知而言也凡言聞者謂耳所知也香臭非聲云鼻不聞其香臭者但以知其氣故借聞名之中庸注云無知其臭氣者聞卽知也

文王七章章八句

毛詩注疏校勘記（十六之一）　阮元撰盧宣旬摘錄

○文王

言文王之能伐殷也　閩本明監本毛本伐作代案所改是

年八十九年其卽諸侯之位　閩本明監本毛本同案浦鏜云下年字當衍文是也

讀九字斷句

二年伐邾　閩本明監本毛本同案邾當作邗下二邗字十行本不誤

易類謀云　毛本同閩本明監本易作是案皆誤也當作易是類謀曰

乃爲此改猶如也 閩本明監本毛本同案猶上當有應字讀以改字斷句

得魚卽云俯取 閩本明監本毛本同案云下浦鏜云脫王字是也

終而復始紀還然 閩本明監本毛本同案此當重紀字紀紀還然者每紀還甲子等二十部比前爲然也浦鏜云紀還然三字疑衍誤甚矣

有人侯牙 閩本明監本毛本同案浦鏜云牙當互字誤與下步顧相叶是也

湯登堯臺見黑鳥 閩本明監本毛本同案此不誤浦鏜云鳥誤鳥非也節南山正義云若湯得黑鳥是其證

故圖者謂 閩本明監本毛本同案此當云故得圖者錯誤耳

其命維新 小字本相臺本同唐石經初刻惟後改維案初刻誤

也者世祿也 閩本明監本毛本同小字本相臺本上也字作士案士字是也正義云仕者世祿易士爲仕而說之耳考文一本采之非也

不問本宗之子皆得百澤相繼 閩本明監本毛本同案浦鏜云支誤之澤當世字誤是也

言文王德人及朝臣 閩本明監本毛本同案人當作又形近之譌

所以常見稱識 閩本明監本毛本同案識當作誦正義下云令長見稱誦是其證也

行復已止也 閩本明監本毛本行作不案所改是也此互易而誤見下

釋詁哉維侯也 閩本明監本毛本哉作文案皆誤也此當作云與下云互易

美其及支子孫 閩本明監本毛本及作本案所改是也

箋云始王百世 閩本明監本毛本云始作令善案所改誤也此云當作哉與上哉互易

不能敷陳恩惠之施 閩本明監本毛本不作以案所改非也此不字當與上行字互易山井鼎云宋板作亦當是剜也

擧輕苞重耳 閩本明監本毛本苞作包案所改是也

故經譏尹氏齊氏崔氏也 閩本明監本毛本同案齊下當衍氏字齊崔氏在春秋經宣十年也王制正義無引不備耳

予不敢動用非罰世選爾勞予不絕爾善 閩本明監本毛本同案此不誤浦鏜云上不字衍掩誤絕皆非也正義引自如此

則是我周之幹事之臣 小字本相臺本同考文古本同閩本明監本毛本之作家案正義云則維是我周家幹事之臣又云故云則是我周家幹事之臣未知其本作家或自爲文也輒改者非

祼將于京 唐石經小字本相臺本同閩本同明監本毛本祼誤裸下同

言之進用臣法 閩本明監本毛本同案言當作王

如早來服周也 閩本明監本毛本如作知案所改是也

故不忘也 閩本明監本毛本同小字本相臺本忘作亡考文古本同案亡字是也

言爾國亦當自求多福者 閩本明監本毛本同案爾下當有庶字

擧未亡以驗亡者耳 閩本明監本毛本同案浦鏜云驗疑駿字誤是也

附釋音毛詩注疏卷第十六（十六之二）

毛詩大雅　鄭氏箋　孔穎達疏

大明。文王有明德。故天復命武王也。二聖相承其明德日以廣大故曰大明○復扶又反

〔疏〕大明入章首章二章四章七章皆六句三章五章六章卒章皆入句至武王○正義曰作大明詩者言文王有明德由其德當上天故天復命武王焉言復更命武王以對前命文王言文王有明德則武王亦有明德互相見也此經入章毛以爲從六章上五句長子維行以上說文王有德能受天命故云有命自天命此文王是文王有明德天命之事也篤生武王以下說武王有明德天復命之故云保祐命爾燮伐大商是武王有明德復受天命之事也但說文王之德則追本其母述武王之功則兼言其佐文王則天生賢配武王則帝所降臨皆是欲崇其美故辭所汎及鄭唯以首章并言文王武王俱有明德故能伐殷與下爲揔目餘同○箋二聖至大明○正義曰以經有明無大故解之也聖人之德終始實同但道加於民化有廣狹文王則纔及六州武王偏被天下論其積漸之功故云日以廣大以其益大故曰大明○

明明在下。赫赫在上。明明察也文王之德明明於下故赫赫然著見於天箋云明明者文王武王施明德于天下其徵應炤哲見於天謂三辰效驗○赫呼伯反恐也應應對之應炤章遙反本或作灼哲之設反見賢遍反

天難忱斯。不易維王。天位殷適。使不挾四方。忱信也紂居天位而殷之正適也挾達也箋云天之意難信矣不可改易者天子也今紂居天位而又殷之正適以其爲惡乃棄絕之使教令不行於四方四方共叛之是天命無常維德是予耳言此者厚美周也○忱市林反適音的注同挾子燮反一作子協反

〔疏〕明明至四方○毛以爲文王施行此明明然光顯之德在於下地其徵應赫赫然著見之驗在於上天由此爲天所祐棄紂命之故反而美之云若是則天之意難信斯不可改易者維王位耳以其身爲天子謂天必歸之更無異意何則紂居天之大位而又殷之正適以其爲惡之故天乃絕而棄之使其教令不通達於四方爲四方所共叛而天命歸文王是爲天命難信也以天之難信而文王能得天之意言此所以厚美周也○鄭於文義大同以此章以下揔爲明明赫赫辭兼武王言二聖皆能然餘同○傳明明至於天○正義曰明明察也釋訓文以此文上下相對謂施德於下能感上天○箋明明至效驗○正義曰以下言紂之政教不達四方爲天下所棄是武王時乃然則此章爲揔自其辭兼文武矣故曰文王武王施明德於天下也以其理當兼之故并言武耳不以兩明赫赫之文分之使有所屬也謂三辰有效驗者周禮春官神仕職曰掌三辰之法注云日月星辰其著位也桓二年左傳曰三辰旂旗昭其明也服虔云三辰日月星也謂之辰者辰時也日以照晝月以照夜星則運行於天民得取其時節故謂之辰也有效驗者謂日月揚光星辰順軌風爾以時寒暑應節乃知君德能動上天民皆見其徵應所以言赫赫在上也○傳忱信至挾達○正義曰忱信釋詁文微子之命及左傳皆謂微子爲帝乙之元子而紂得爲正適者鄭注書序云微子啓紂同母庶兄紂之母本帝乙之妾生啓及衍後立爲后生受德然則以爲后乃生受故爲正適也挾者周迊之義故爲達周禮所謂浹日浹卽今之迊義同也○箋天之至美周○正義曰自古已來無不易之代云不可易

者以諸侯以下廢立由人是其可改易也至於天子之位則非人力之所能變改言不可改易所以見其難難而能改所以美周德也紂爲天子而復言使明是天之使也教令不行自由紂惡而云天使之者天將令殷滅故生茲愚主亦天使之也故云天使見天人相將之義○

摯仲氏任。自彼殷商。來嫁于周。曰嬪于京。摯國任姓之中女也嬪婦京大也王季大王之子文王之父也箋云京周國之地小別名也及與也摯國中女曰大任從殷商之畿內嫁爲婦於周之京配王季而與之共行仁義之德同志意也○摯音至仲字任音壬注同下大任皆放此嬪毗申反中丁仲反下同大任音泰後大任大姒大姜皆同

乃及王季。維德之行。

〔疏〕摯仲至之行○毛以爲既言文王明德爲天所與故本其所由言有摯國之中女其氏姓曰任從彼殷商之畿內來嫁于周邦既配王季爲妻曰能盡婦道於大國乃與王季維於仁義之德共之而行所以同志意○鄭唯爲婦於周京之地爲異餘同○傳摯國至之父○正義曰以文勢累之任姓仲字故知摯爲國也以下言大任婦人稱姓故知任爲姓仲者中也故言之中女此言仲任下言大任者此本其未嫁故詳言其國及姓字下言已嫁以常稱言之禮婦人從夫之謚故頌稱大姒爲文母大任非謚也以其尊加于婦尊而稱之故謂之大姜大任大姒皆稱大明皆尊而稱之唯武王之妻左傳謂之邑姜不稱大蓋避大姜故也嬪婦釋親文下曲禮云生曰妻死曰嬪此生而言嬪者周禮立九嬪之官婦人有德之稱妻死其夫以美號名之故稱嬪也若非夫於妻傍稱女婦有德雖生亦曰嬪故書曰嬪于虞亦是生稱之也京大釋詁文王肅云雖盡其婦道於大國耳述毛爲說也○箋京周至志意○正義曰箋易傳者以言於京是於其處所不得漫言於大王肅以爲大國近不辭矣上篇述文王受命之事而云禩將于京可得以爲京師此王季時爲諸侯之子孫耳追崇其號得謂之王不得即以其居爲京師也孫毓以爲京師又不通矣思齊曰思媚周姜京室之婦此云來嫁于周曰嬪于京下章云命此文王于周于京皆周京並言明俱是地矣周是大名明京是其中小別也當時殷商爲天下大號而言自彼爲有所從來之辭以商對周故知自其畿內也乃及者相與之辭德者揔稱所行者仁義也故言配王季而與行仁義之德同其志意見婦人佐夫故言同耳周本紀云大王曰我世當有興者其在昌乎則王季未爲世子而生昌矣此則從後而言主於王季故其辭若王季爲君之時言也

大任有身。生此文王。大任仲任也身重也箋云重謂懷孕也○重直勇反又直龍反廣雅云有娠也下同孕以證反

維此文王。小心翼翼。昭事上帝。聿懷多福。厥德不回。以受方國。回違也箋云小心翼翼恭愼貌昭明聿述懷思也方國四方來附者此言文王之有德亦由父母也

〔疏〕大任至方國○正義曰大任既嫁於周今有身而懷孕矣至終月而生文王維此文王既生長之後小心而恭愼翼翼然明事上天之道既維恭愼而明事上天述行此道思得多福其德不有所違以此之故受得四方之國來歸附之言文王有德亦由於父母○傳身重○正義曰以身中復有一身故言重箋申之云謂懷孕也易曰婦孕不育是也○箋小心至由父母○正義曰釋訓云翼翼恭也故知恭愼貌人度量欲其心之大謹愼欲其心之小見其終常戒懼出於性然表記引此詩乃云有君民之大德有事君之小心是也言受方國故知四方之國來附之此篇主美文王有明德而上述大任之配王季故解之云此言文王有德亦由父母也

天監在下。有命既集。文王初載。天作之合。在洽之陽。在渭之涘。集就載識合配也洽水也渭水也涘厓也箋云天監視善惡於下其命將有所依就則豫福助之於文王生適有所識則爲之生配於氣勢之處使必有賢才謂生大姒○洽戶夾反一音庚合反案馮翊有郃陽縣應劭云在郃水之陽郃戶荅反渭音謂涘音士妃音配字亦作配下皆同爲于僞反下天爲亦爲同處昌慮反○

〔疏〕傳集就至涘厓○正義曰鳥止謂之集是集爲依就之義故以集爲就也文王初載謂其幼小始有識知故以載爲識也釋詁云妃匹合也妃合對也轉以相訓是合爲妃義也洽與渭連文又水北曰陽渭是水名則洽亦水也釋上云涘爲厓郭璞曰謂水邊也○箋天監至大姒○正義曰於文王有所識則不過二三歲也大戴禮稱文王十三生伯邑考十五生武王發明大姒之小於文王纔一二歲耳若然文王初生已有天命之意皇矣乃眷西顧明是紂惡之後天始視文王與此乖者帝王之命定於寅光唐堯之受河圖昌名巳在其錄明天歸文王在於久矣但作詩之人意各有主皇矣辭爲沮勸作與奪之勢故言見紂之惡乃歸文王此則美文王之聖有賢妃之助故言天將有命爲生大姒所述意異故言天命有早晚耳氣勢之處正謂洽陽渭涘是也名山大川皆有靈氣嵩高曰維嶽降神生甫及申水亦靈物氣與山同詩人述其所居明是美其氣勢故云爲生賢妃於氣勢之處使之必有賢才也思齊云大姒嗣徽音則文王之妻爲大姒也此云天作之合下言文王親迎故知謂生大姒所言居河之渭雖言有徵摭之疾者小人不得其氣勢雖居下濕故生疾耳辭各有意不得同也

文王嘉止。大邦有子。嘉美也箋云文王聞大姒之賢則美之曰大邦有子女可以爲妃乃求昬

大邦有子。俔天之妹。俔磬也箋云既使問名還則卜之又知大姒之賢尊之如天之有女弟○俔牽遍反磬也徐又下顯反文云譬磬也韓詩作磬磬譬也

文定厥祥。言大姒之有文德也祥善也箋云問名之後卜而得吉則文王以禮定其吉祥謂使納幣也

親迎于渭。言賢聖之配也箋云賢美配聖人得其宜故備禮也○迎魚敬反

造舟爲梁。不顯其光。言受命之宜王基乃始於是也天子造舟諸侯維舟大夫方舟士特舟造舟然後可以顯其光輝箋云迎大姒而更爲梁者欲其昭著示後世敬昬禮也不明乎其禮之有光輝美之也天子造舟周制也殷時未有等制○造七報反又七道反毛云天子造舟方言云浮梁也廣雅作艁音同說文艁古造字一音才早反輝音暉

〔疏〕文王至其光○毛以爲此篇主美文王雖王季尚存皆以文王爲主上既言天爲生配此言成昬之禮故言文王既聞大姒之賢則嘉美之曰大邦有子女可求以爲昬姻媒以行納采也既納采問名將加卜之又益知大姒之賢言大邦之有子女言尊敬之磬作是天之妹然言尊重之甚也卜而得吉行納吉之後言大姒之有文德文王則以禮定其卜吉之善祥謂使人納幣則禮成昬定也既納則以請期之後文王親往迎之於渭水之傍造其舟以爲橋梁敬重若此豈不明其禮之有光輝乎言其明也○鄭唯爲文定厥祥一字爲異餘同○箋文王至求昬○正義曰上文言大姒之生此言文王嘉止則文王美大姒矣大邦有子既在嘉止之下是文王美之辭明矣既美其賢謂之可以爲妃故知乃求昬也下箋云既使問名則此求昬謂納采時也案士昬禮納采問名同日行事是其禮相因遣納采即問名也○傳俔磬○正義曰此俔字韓詩文作磬則俔磬義同也說文云俔諭也詩云俔天之妹謂之譬喻即引此詩箋云尊之如天之有女弟與譬喻之言合蓋如今俗語譬喻物云磬作然也○箋既使至女弟○正義曰以此既主文王之事下言親迎于渭是指文王身之親迎則文王嘉止文定厥祥皆謂文王身自美之身自定之也始於聞而美之終以造舟親迎則此章文有倫次揔述昬禮故箋準行六禮之事而結之以嘉止有子承上在渭之涘故爲聞而美之既美其賢自然求昬行納采也下言文定厥祥祥者徵祥之美即卜吉之謂上言納采下言卜吉明此是問名之後還卜得吉兆益尊美之故言文王既使問名還則卜之又知大姒之賢尊之如天之有女弟也釋親云男子謂女子先生爲姊後生爲妹妹即女弟天者無形之物非如人有親族言天妹者繫之於天見尊之耳初嫁必幼故以妹言之易有歸妹之卦亦此意也○傳祥善○正義曰釋詁文○箋問名至納幣○正義曰祥者吉祥之事而言定之是問名之後卜而得吉昬以納幣爲定定此吉祥唯納幣耳故知文王以禮定其吉祥謂納幣也幣由卜吉行之故昬禮謂之納徵注云徵成也是亦爲卜吉而言與此祥意協也春秋莊二十二年冬公如齊納幣不言納徵者禮以著義而爲之立名故謂之納徵春秋君及大夫之行當指其所爲之事故言納幣何休因此言春秋質也此箋上有問名卜而得吉即納吉也定其吉祥爲納幣也下有親迎是四禮見矣無納采與請期者詩人之作舉其大綱非如記注能備言其事上箋云求昬者即是納采也唯請期之文不見耳既親迎明請之可知也六禮納采納吉後徵三禮言納餘不言納者以問名請期親迎皆須復名而後可言其名既復不須以納配之采也吉也徵也三者皆單是夫氏於女之禮故加納見行之於彼也箋以此章言取大姒之事皆文王身爲主孫毓云昬禮不稱主人母在則命之此時事王纔十三四孺子耳王季尚在豈得制定求昬之事如毓之言非無理矣鄭必以文王之娶時實幼少但聖人有作動爲模範此詩歌之大雅以爲正法主於文王之身不復繫之父母耳非謂其時不是父母制之也下所言親迎造舟皆出文王之意故得後世遵之以爲王者之禮若親迎使之然則是王季行王法無所美於文王也親迎造舟既文王所事則嘉止定祥亦是文王身矣復何所嫌而云文王不可哉○傳言賢聖之配○正義曰此解本之親迎意以賢聖宜相配故備禮而親迎之是言親迎亦明大姒之有德故箋申之言賢女配聖人得其宜故備禮也六禮唯親迎爲重迎尚身自親之餘禮行之可知故言備也文王雖人子時事在雅則天子法天子當親迎故異義公羊說天子至庶人娶皆當親迎左氏說王者尊無體敵之義故不親迎鄭駁之云大姒之家在洽之陽在渭之涘文王親迎于渭即天子親迎明矣天子雖至尊其於后猶夫婦也夫婦判合禮同一體所謂無敵豈施於此哉禮記哀公問曰寡人頤有言然冕而親迎不已重乎孔子愀然作色而對曰合二姓之好以繼先聖之後以爲天地宗廟社稷之主君何謂已重乎此言親迎繼先聖之後爲天地宗廟主非天子則誰乎是鄭意以此爲天子之法故引之以明天子當親迎也○傳言受至光輝○正義曰昬禮人倫之本禮始於正夫婦然則周有天下王業之基皆始迎於大姒矣故云文王受命之宜及周家王業之基乃初始於是不可不敬重之故造舟也因解舟尊卑之制天子造舟至特舟皆釋水文李巡曰比其舟而渡曰造舟中央左右相維持曰維舟併兩船曰方舟一舟曰特舟孫炎曰造舟比舟爲梁也維舟連四舟也然則造舟者比船於水加板於上即今之浮橋故杜預云造舟爲

梁則河橋之謂也維舟以下則水上浮而行之但舩有多少爲等差耳禮天子乃得造舟文王欲盛其昏事必極物盡禮用天子之制然後爲榮故云造舟然後顯其光輝解本用造舟之意王肅云造舟爲梁然後可以顯著其光輝明文王之聖德於是可以王也○箋迎大姒至等制○正義曰此美大其事而造舟若禮先有之不應特述明是文王所創制也云迎大姒更爲梁者欲其昭著示後世敬昏禮也不明乎其禮之有光輝言其實明禮之有光輝反其言所以美之也以傳歷言舟之等級故申之云天子造舟周制也殷時未有等制知者若先有等制則下不僭上文王雖欲重昏禮豈得僭天子乎若僭天子爲羿則大於時人主誰肯聽之以此知殷時未有等制文王敬重昏事始作而用之後世以文王所用故制爲天子法耳故王基云自殷以前質略未有造舟之方特差周公制禮因文王敬大姒重初昏行造舟遂即制之以爲天子禮著尊卑之差禮以爲後世法是也

有命自天。命此文王。于周于京。纘女維莘。長子維行。纘繼也莘大姒國也長子長女也維行大任之德焉箋云天爲將命文王君天下於周京之地故亦爲作合使繼大任之女事於莘國莘國之長女大姒則配文王維德之行○纘子管反莘所申反長張丈反注同○

篤生武王。保右命爾。燮伐大商。篤厚右助燮和也箋云天降氣于大姒厚生聖子武王安而助之又遂命之爾使協和伐殷之事協和伐殷之事謂合位三五也○右音祐字亦作佑注同燮蘇接反協戶頰反○

【疏】有命至大商○毛以爲既言迎得大姒此又言其能與文王行德生聖子以克殷也言教命乃從天而來歸將命此文王于彼周國于其京師也則爲生善美之匹使繼先姑大任之女事維在於莘國是莘國處長之子女則以配文王與之維德之行共行仁義於周京以此夫妻聖賢其行德義之故爲天降氣於大姒遂厚生聖子武王言武王得美氣之厚天旣降氣生之亦安保而佑助又遂命汝武王使汝協和其伐大商之事當靖以待時天道協會而後伐之言其伐又爲天助也○鄭唯於彼周京之地爲異餘同○傳纘繼至德焉○正義曰纘繼釋詁文此莘猶上莘也婦人所繫國姓而巳姒是其姓則莘是其國故云莘大姒國也纘女者言能繼行女事故知長子長女喪服注云言子兼男女是也婦之所繼唯繼姑耳繼姑而言維行故知能行大任之德也上章述大任之事云乃及王季維德之行今大姒言大任之德則亦與文王維行矣故箋申之云配文王維德之行是取上章爲說也○箋天爲至之行○正義曰經言有命自天何知不時巳受命而言天爲將命文王者以此申結上章之事有命自天猶有命旣集也纘女維莘猶在渭之涘也下乃言篤生武王是述新娶之事不得爲受命之後故言將命文王也以大姒之德自在於性故本之維莘言在父母之國巳能繼大任之德經之維莘爲纘女所在而言與長子別句而理則下通故又言莘國之長女以明之○傳篤厚右助燮和也○正義曰篤厚燮和皆釋詁文釋詁又云左右助也介尚右也轉而相訓是右爲助也○箋天降至三五○正義曰厚生謂聖性感氣之厚故言天降氣於大姒也聖人雖則有父而聖性受之於天故言天降氣也保右命爾文承厚生之下則安助命之皆是天也故箋於天降氣之下卽連言之安而助之者使之身體康彊國家無虞是安之也多生賢輔年壽九齡是助之也文王之受丹書巳云降德滅殷發誅紂及渡盟津白魚入舟是又遂命之也燮伐大商文在命爾之下則協和伐商之事天命使然故云使和伐殷之事言天所使也又解和伐殷之事正謂合位於三五是也言正合會天道於五位三所而用之歲月日辰星五者各有位謂之五位星日辰在北歲在南月在東居三處故言三所此事在於外傳周語伶州鳩曰昔武王伐殷歲在鶉火月在天駟日在析木之津辰在斗柄星在天黿星與日辰之位皆在北維顓頊之所建也帝嚳受之我姬氏出自天黿及析木者有建星及牽牛焉則我皇妣太姜之姪伯陵之後逢公之所憑神也歲之所在則我有周之分野也月之所在辰馬農祥也我太祖后稷之所經緯也王欲合是五位三所而用之韋昭云五位歲月日辰星也三所逢公所憑神也周分野所在也后稷所經緯也案其文云星與日辰之位皆在北維歲之所在月之所在言五位三所謂五物在三處當以此五在爲三所不得以所字充之若必以所字充之則周之分野不言所也又正合五位則五物皆助若三所唯數逢公則日之與辰不助周矣韋昭之言非也周語唯有此言而古歷廢滅劉歆作三統歷以考之頗有其亥故韋昭王肅等皆據而言焉漢書律歷志曰三統上元至伐紂之歲十四萬二千一百九歲歲在鶉火張十三度故傳曰歲在鶉火師初發以殷十一月戊子日在析木箕七度故傳曰日在析木是夕也月在房五度房爲天駟故傳曰月在天駟後三日得周正月辛卯朔合辰在斗前一度斗柄也故傳曰辰在斗柄明日壬辰辰星始見於癸巳武王始發丙午逮師戊午渡于盟津盟津去周九百里師行三十里故三十一日而渡明日巳未冬至辰星與婺女伏歷建星及牽牛至於婺女天黿之首故傳曰星在天黿是劉歆所考之事也此天之五位所以得助周者以辰星在須女入度日在箕七度日月合辰斗前一度謂在箕十度也此三者皆在東北維此北水木交際又辰星所歷建星及牽牛皆水位顓頊水德而王帝嚳以木受之今周亦木德當受殷水星與日辰在其位當加帝嚳之代顓頊是一助也又天黿一名玄枵齊之分野大姜之祖有逢伯陵者殷之諸侯封之齊地逢公之死其神憑焉我周出於姜姓爲外祖所佐是二助也歲星在張十三度鶉火之次周之分野歲星所在利以伐人是三助也月在房五度房心爲大辰大辰農正而農事起謂之農祥后稷播殖百穀月在農祥之星則月亦佑周是四助也以於伐紂之時有此五物助周武王能上應天意合而用之故謂協和也此五位所在星宿度數自非用筭無以推之又鄭注尚書爲文王受命武王伐紂時日皆用殷歷劉向五紀論載殷歷之法唯有氣朔而巳其推星在天黿則無術焉○

殷商之旅。其會如林。矢于牧野。維予侯興。旅衆也如林言衆而不爲用也矢陳興起也言天下之望周也箋云殷盛合其兵衆陳於商郊之牧野而天乃予諸侯有德者當起爲天子言天去紂周師勝也○

上帝臨女。無貳爾心。言無敢懷貳心也箋云臨視也女女武王也天護視女伐紂必克無有疑心○

【疏】殷商至爾心○毛以爲上既言佑命武王協和伐殷故言伐殷爲天所佑之事殷商之兵衆其會聚之時如林木之盛也此衆雖盛列於牧地之野維欲叛殷而歸我維欲起我而滅殷言皆無爲紂用盡望周勝也非直敵人之意嚮周如此又上天之帝既臨視汝矣其所將之衆皆無敢有懷貳心於汝之心言皆一心樂戰故周所以勝也○鄭唯下三句爲異言殷衆盛天命有歸天乃維予其爲諸侯而有德者當起爲天子言天去紂而興周也天意既欲興周其從武王之人莫不勸樂戒武王言上天之帝護視於汝矣伐紂必克無有疑貳於汝伐紂之心當知其必克無貳心伐之是人又樂戰也伐殷者武王之所欲衆人應難之今衆人不以己勞唯恐武王不戰是勸樂之甚天予人勸所以能克也○傳旅衆至望周○正義曰旅衆釋詁文木聚謂之林如林言其衆多而不爲紂用武成曰甲子昧爽受率其旅若林周本紀云紂聞武王來亦發兵七十萬人拒武王武王使師尚父以大卒馳紂師紂師雖衆皆無戰之心心欲武王亟入紂師皆倒戈以戰以開武王武王馳之紂兵皆崩是衆而不爲用也矢陳釋詁文興起釋言文毛氏於詩予皆爲我無作取予之義上篇侯皆爲維言天下之望周解維予侯興之意王肅云其衆維叛殷我與起而滅殷傳意當然也○箋殷盛至王師勝○正義曰牧誓云至于商郊牧野乃誓書序注云牧野紂南郊地名禮記及詩作坶野古字耳今本又不同此陳師交戰予宜爲授予之義武王於紂乃是諸侯有德者當起爲天子明爲王而行惡者當廢黜是言天意去紂而予周故師勝也土無二王對紂名武王爲諸侯也史記伯夷叔齊諫武王曰以臣弒君可謂仁乎伯夷謂武王爲臣詩人稱之爲侯亦可矣○傳言無敢懷貳心○正義曰言無敢則是軍衆之人不敢也泰誓上曰予有臣三千惟一心故傳以無貳爾心爲衆人無敢懷貳心卽左傳所謂同心同德是也○箋臨視也女女武王也至伐紂必克無有疑心○正義曰臨視釋詁文閟宮云致天之屆于牧之野無貳無虞上帝臨汝彼無貳之文在臨汝之上是戒武王使無貳心此文與彼大同明亦戒武王言伐紂必克無有疑心也伐紂之事本出武王之心詩人反言衆人之勸武王見其勸戰之甚太誓曰師乃鼓譟前歌後舞格於上天下地咸曰孜孜無怠是樂勸武王之事

牧野洋洋。檀車煌煌。駟騵彭彭。洋洋廣也煌煌明也騵馬白腹曰騵言上周下殷也箋云言其戰地寬廣明不用權詐也兵車鮮明馬又強則暇且整○洋音羊檀徒丹反煌音皇騵音原騮音留

維師尚父。時維鷹揚。涼彼武王。師大師也尚父可尚可父鷹揚如鷹之飛揚也涼佐也箋云尚父呂望也尊稱焉鷹鷙鳥也佐武王者爲之上將○涼本亦作諒同力尚反韓詩作亮云相也大音泰鷙之利反將子匠反○

肆伐大商。會朝清明。肆疾也會甲也不崇朝而天下清明箋云肆故今也會合也以天期已至兵甲之強師率之武故今伐殷合兵以清明書牧誓曰時甲子昧爽武王朝至于商郊牧野乃誓○肆音四師所類反亦作率坶音牧本又作牧昧音妹

【疏】牧野至清明○毛以爲上言將戰爲天人所歸此又述戰時之事言所戰之處牧地之野洋洋然甚寬廣大於此廣大之處陳檀木之兵車煌煌然皆鮮明又駕駟騵之牡馬彭彭然皆強盛維有師尚父者是維勇略如鷹之飛揚身爲大將時佐彼武王車馬鮮強將帥勇武以此而疾往伐彼太商會值甲子之朝不終此一朝而伐殺虐紂天下乃大清明無復濁亂之政○鄭唯下二句爲異言天期巳至兵甲之強將帥之武故今往伐此大商會合兵衆以朝旦昧爽清明之時伐之也○傳洋洋至下殷○正義曰洋洋文連牧野述戰地之貌故宜爲廣大煌煌言車之鮮故爲明也騵馬白腹曰騵釋畜文郭璞曰騵赤色黑鬣也檀弓說三代乘馬各從正色而周不純赤明其有義故知白腹爲上周下殷戰爲二代革易故見此義檀弓亦言戎事乘騵明非戎事不然因此武王所乘遂爲一代常法夏殷不下其先代之色時主之意異○箋言其至且整○正義曰詩辭所發理不徒然言戰地寬廣必當有意故知明當時不用權詐也少儀曰軍旅思險隱精以虞是設權必依險阻故寬廣之地不用權詐車之鮮明馬之強盛車固馬肥不慮不克則心不怱遽閑暇於事且齊整也成十六年左傳欒鍼說晉國之勇云好以衆整又曰

好以暇。牧誓注云好整好暇用兵之術是兵法貴閑整也此設武王之師尚父爲佐則牧野之戰不用權詐矣而維師謀說太公受兵鈐之法云踐爾兵革審權矩應詐縱謀出無孔注云踐行也矩法也當親行汝兵革審其權謀之法孔道也應敵之變詐縱已之謀所出無常道善太公知權變者兵法須知彼已當預爲之備所以貴權謀故善太公能審之但武王之伐紂以至聖攻至惡敵無戰心不假權詐以不用權詐故爲美耳若前人德與已同力又相敵當設權以取勝何則與其自敗寧我敗人故僖二十二年宋公及楚人戰于泓左氏以其不用子魚之計至於軍敗身傷所以責襄公也而公羊善之云雖文王之戰亦不是過鄭箴膏肓云刺襄公不度德不量力引老異鄭云襄公大辱師敗於泓徒信不知權譎之謀不足以交鄰國定遠彊也此是譏師敗也公羊不譏遺考異鄭矣是德均力同當權以取勝也其在軍之士則聽將之命不得縱舍前敵曲爲小仁宣二年宋鄭戰于大棘左傳曰狂狡輅鄭人鄭人入于井倒戟而出之獲狂狡君子曰失禮違命宜其爲禽也戎昭果毅以聽之之謂禮殺敵爲果致果爲毅易之戮也何休以爲狂狡近於古道鄭箴膏肓云狂狡臨敵拘於小仁忘在軍之禮議之義合於識是軍士當從上命也雖成湯伐桀尚書云爾不從誓言予則孥戮汝明軍士雖爲至德之師不可違命縱敵也○傳師大師至涼佐○正義曰史記齊世家云大公望呂尚者東海上人西伯出獵得之曰吾太公望子久矣故號之曰太公望載與俱歸立爲大師劉向別錄曰師之尚之父之故曰師尚父父亦男子之美號太誓注云師尚父文王於礚谿所得聖人呂尚立以爲太師號曰尚父尊之其言皆可與尚父義同尊之爲作此號故維師謀云號曰師尚父是也如世家之文則尚本是名號之曰望而維師謀云呂尚鈞厓注云尚名也又曰望公七年尚立變名注云變名爲望蓋因所呼之號遂以爲名以其道可尊尚又取本名爲號也孫子兵法曰周之興也呂牙在殷則牙又是其名字也釋詁云亮介尚右也左右亮也轉以相訓是亮爲佐也亮諒義同○箋佐武王爲之上將○正義曰太誓司馬在前王肅曰司馬太公也司馬非上卿而云上將者周司馬主軍旅之戒命故上將爲司馬也○傳肆疾至清明○正義曰釋言云宛肆也郭璞曰輕宛者好放肆左傳云輕者肆焉是肆爲疾之義故以肆爲疾言伐者見清明之速又解會朝清明爲速疾之意言武王陳師會甲日之朝不終一朝而爲天下清明是其疾也王肅云以甲子昧爽與紂戰不崇朝而殺紂天下乃大清明無復濁亂之政傳云會甲肅言甲子昧爽以述之則傳言會甲長讀爲義謂甲子日之朝非訓會爲甲孫毓云經傳詁訓未有以會爲甲者失毛旨而妄難說耳定本云會甲兵則與會甲子義異○箋肆故至乃誓○正義曰肆故今也釋詁文天期已至即上燮伐大商協和五位咸滅有期也兵甲之彊即上檀車四騵擧車馬則兵甲可知也師率之武即尚父鷹揚是也故今伐殷其合兵以朝旦清明之時言於時殺紂也引牧誓證清明之時是昧爽之義牧誓注亦引此詩交相爲證以明其事同也昧爽者爽明也言其昧之而初明晚則塵昏旦則清故謂朝旦爲清明古詩曰清晨登隴首是清亦古今之通語也易傳曰以會者遇值之辭言會朝清明正是會清明之朝耳詩無甲子之文不當橫爲會甲旦清明與昧爽文協故易之

大明八章四章章六句四章章八句

緜。文王之興。本由大王也。緜彌延反由一本無由字太王也序舊無注本或有注者非。

【疏】緜九章章六句至太王。○正義曰作緜詩者言文王之興本之於太王也太王作王業之本文王得因之以興今見文王之興本其上世之事所以美太王也經九章上七章言太王得人心生王業乃避狄居岐作寢廟門社是本太王下二章乃言文王興之事叙以詩爲文王而○作故先言文王之興而又追而本之各自爲勢故文倒也○

緜緜瓜瓞。民之初生。自土沮漆。興也緜緜不絕貌瓜紹也瓞瓝也民周民也自用土居也沮水漆水也箋云瓜之本實繼先歲之瓜必小狀似瓝故謂之瓞緜緜然若將無長大時興者喻后稷乃帝嚳之胄封於邰其後公劉失職遷于豳居沮漆之地歷世亦緜緜然至大王而德益盛得其民心而生王業故本周之興云于沮漆也○瓜古華反瓞田節反韓詩瓞小瓜也沮七余反漆音七瓝蒲剝反長張丈反嚳苦毒反高辛氏帝也胄直又反邰他來反王于況反亦如字後王業同

古公亶父。陶復陶穴。未有家室。古公豳公也古言久也亶父字或殷以名言質也古公處豳狄人侵之事之以皮幣不得免焉事之以犬馬不得免焉事之以珠玉不得免焉乃屬其耆老而告之曰狄人之所欲吾土地吾聞之君子不以其所養人而害人二三子何患無君去之踰梁山邑乎岐山之下豳人曰仁人之君不可失也從之如歸市陶其土而復之陶其壤而穴之室內曰家未有寢廟亦未敢有家室箋云古公據文王本其祖也諸侯之臣稱君曰公復者復於土上鑿地曰穴皆如陶然本其在豳時也傳自古公處豳而下爲二章發○亶都但反父音甫本亦作甫陶音桃復音福注同累土於地上也說文作覆或殷以名言絕句翟音狄屬音燭岐其宜反壞而丈反鑿在洛反爲二于僞反

【疏】緜緜至家室○正義曰緜緜然不絕者是瓜紹之瓞瓜之本實繼先歲之瓜歲歲相繼恒小於本若將無復長大之時也以喻后稷乃帝嚳天子之胄封爲諸侯後更遷於豳國世世漸微若將無復興盛之時也至於大王其德漸盛得其民心而初始生此王業乃不復爲微此事在何時乎乃用居於沮漆二水之傍巳則然矣居沮漆者復是何人乎乃是我文王之先祖久古之公號爲亶父者於漆沮之傍其爲宅舍繼作陶復陶穴而居之所以然者以其國土未大人衆不多未敢有其家室故且穴復而居之○傳緜緜至漆水○正義曰緜緜微細之辭故云不絕貌也釋草云瓞瓝其紹瓞舍人曰瓞名瓝小瓜也紹繼謂瓞子漢中小瓜曰瓞孫炎曰瓞小瓜子如瓝其本子小紹先歲之瓜曰瓞然則瓜之族類本有二種大者曰瓜小者曰瓞此則其種別也而瓜蔓近本之瓜必小於先歲之大瓜以其小如瓝故謂之瓞瓞是瓝之別名故云瓞瓝也此時在豳言民周民者此民自豳居周復以周爲代號此述周國之興故以周言之釋詁云由從自也由訓爲用故自得爲用也土地人之所居故云土居也言沮水漆水者以水非可居之處見居在沮漆之傍舉水以表土耳禹貢雍州云漆沮既從是漆沮俱爲水也或言漆沮爲二水名漢書地理志云右扶風有漆縣云漆水在其縣西則漆是一水名與沮別矣孔安國云漆沮一名洛水漆沮爲一蓋沮一名洛水孔連言之○箋瓜之至沮漆○正義曰瓜之本實謂瓜蔓近本之實繼先歲之瓜必小其形狀似瓝故謂之瓞其實瓜之與瓞猶種不同也必言本實小者以其言紹近本之實繼先歲之瓜猶長子之繼父故言繼也瓜實近本則小今驗信然近本小雖繼先歲之瓜不能大如先歲之瓜猶若后稷封爲諸侯雖繼帝嚳之後不能如嚳爲天子瓜之相繼者歲歲益小若將無長大之時猶后稷之後世世益微若將無興盛之時瓜以年年相承猶人以世相繼故取喻焉瓜實無長大之時后稷之後則至大王而盛欲言大王之興故言若將無長大之時其實瓜唯益小終亦不能長大也后稷乃帝嚳之胄是嚳爲瓜而稷爲瓞自稷以下祖紺以前皆爲瓞言緜緜不絕則非徒一世故箋歷陳之云封邰遷豳居沮漆之地歷世亦緜緜然是在邰在豳皆緜緜故云歷世也箋言至大王而德益盛擧大王以約之明以前皆是也鄭於生民之箋以姜嫄爲高辛氏之世妃而生后稷經云即有邰家室周本紀云舜封棄於邰號曰后稷是稷爲帝嚳之胄封於邰也公劉云篤公劉于豳斯館是公劉失職遷於豳也失職者謂失稷官之職不復得在王官也周語云昔我先世后稷以服事虞夏及夏之衰也棄稷不務我先生不窋用失其官而自竄于戎狄之間韋昭云不窋失官去夏而遷於豳豳西近戎北近狄周本紀亦云不窋末年夏氏政亂去稷不務不窋以失其官而奔戎狄之閒然則失職遷豳自不窋始矣言公劉遷豳者案公劉之篇說公劉避亂適豳其言甚詳不可得而改而外傳史記皆言不窋奔於戎狄蓋不窋之時已嘗失官逃竄豳地猶尚往來邰國未卽定居於豳公劉者不窋之孫至公劉而盡以邰民遂往居焉故本紀又云公劉雖在戎狄間復修后稷之業務耕種相地宜百姓從而歸保焉公劉卒子慶節立國於豳是定國於豳自公劉始也豳有漆沮之水故言居沮漆之地公劉以下常居沮漆正斷以太王而德益盛者以下言古公亶父故知得民心生王業自太王爲始周之追王上至太王而止亦以初基王業故也太王之基王業在於岐周始盛故閟宮云居岐之陽實始翦商但在岐始盛由未遷巳得民心故云生王業也生者初始之辭故云本周之興自於沮漆也此沮漆謂在豳地但二水東流亦過周地故下傳曰周原沮漆之間是周地亦有漆沮也○傳古公至家室○正義曰以在豳爲公故曰豳公謂之古公言其年世久古後世稱前世曰古公猶云先王先公也太王追號爲王不稱王而稱公者此本其生時之事故言生存之稱也士冠禮爲冠者制字云伯某甫亶亦稱甫故知字也以周制論之甫必是字但時當殷代質文不同故又爲異說或殷以亶甫爲名名終當諱而得言之者以其時質故也中候稷起法云亶甫以字爲號則鄭意定以爲字不從或說也自古公處豳至如歸市皆孟子對滕文公之辭也雖彼云太王居豳此因古公之下卽云處豳爲異耳莊子與呂氏春秋皆云太王亶甫居豳狄人攻之與之珠玉而不肯狄人之求者土地也大王亶甫曰與人之兄居而殺其弟與人之父居而殺其子吾不忍也請免吾乎爲吾臣與狄人臣奚以異也吾聞之不以所養害所養杖策而去人相連而從之遂成國於岐山之下書傳略說云狄人將攻大王亶父召耆老而問焉曰狄人何欲耆老對曰欲得菽粟財貨大王亶甫曰與之每與狄人至不止大王亶甫屬耆老而問焉曰狄人又何欲乎耆老對曰又欲土地大王亶甫曰與之耆老曰吾不爲社稷乎大王亶甫曰社稷所以爲民也不可以所爲民亡民也耆老對曰君縱不爲社稷不爲宗廟乎大王亶甫曰宗廟吾私也不可以私害民遂杖策而去過梁山邑岐山周人東修弁而從之者三千乘一止而成三千戶之邑與此大意皆同此言不得免焉略說云每與之不止呂氏春秋言不受異人別說故不同耳此言犬馬略說言菽粟明國之所有莫不與之故鄭於稷起及易注皆云事之以牛羊明當時亦與之韓奕箋云梁山在馮翊夏陽縣西北鄭於書傳注云岐山在梁山西南然則梁山橫長其東當夏陽縣西北其西當岐山東北自豳適周當踰之也曲禮下曰國君死社稷公羊傳曰國滅君死之正也則諸侯爲人侵伐當以死守之而公劉與大王皆避難遷徙者禮之所言謂國正法公劉大

王則權時之宜論語曰可與適道未可與權公羊傳曰權者反經合義權者稱也稱其輕重度其利害而爲之公劉遭夏人之亂而被迫逐若顧戀彊宇或至滅亡所以避諸夏而入戎狄也大王爲狄人所攻必求土地不得其地攻將不止戰以求勝則人多殺傷故又棄戎狄而適岐陽所以成三分之業建七百之基雖於禮爲非而其義則是此乃賢者達節不可以常禮格之王制稱古者量地以制邑度地以居民地邑民居必參相得故曰無曠土無遊民而公劉大王得擇地而遷及無天子之命諸侯得舉國擅從者王制所云平世大法法不恒定世有盛衰王政既亂威不肅下迫逐良善無所控告戎狄內侵莫之抗禦故不待天子之命可以權宜避之以其政亂故有空土公劉大王得擇地而遷焉且古者有附庸閑田或可先是閑處也既往遷之人居成國後有明主因而聽之也冬官考工記曰有虞氏上陶說文云陶瓦器竈也蓋以陶去其土而爲之故謂之陶也說文云穴土屋也覆地室也則覆之與穴俱土室耳故箋辨之云覆者於地上鑿地曰穴皆如陶然大司徒注云壤亦土也變言耳以萬物自生焉則言土土猶吐也以人所耕而種藝則言壤壤和緩之貌然則土與壤其體雖同壤言和緩則土堅而壤濡九章筭術云穿地四爲壤五爲堅三壤是息土之名覆者地上爲之取土於地復築而堅之故以土言之穴者鑿地爲之土無所用直去其息土而已故以壤言之釋宮云宮謂之室室謂之宮其內謂之家李巡曰謂門以內也郭璞曰今人稱家義出於此是室內曰家也君子將營宮室宗廟爲先古公在豳之時迫於戎狄國小民少未有寢廟故未敢有宮室以是故覆穴而居也公劉始遷於豳比至古公將歷十世公劉云於豳斯館則豳有宮館也略說稱耆老謂大王曰不爲宗廟乎是豳地有寢廟也而此言未有寢廟室家者此以文王在岐而興上本大王初來之事歎美在岐新立故言在豳未有下云作廟翼翼故此言未有寢廟下云俾立室家故此言未有室家以爲立文之勢耳其實在豳之時亦有宮室也七月云入此室處卽豳事也不然豈十世之內常穴居乎但豳近西戎處在山谷其俗多復穴而居故詩人舉而言耳○箋復者至章發○正義曰以此復穴別文大車云死則同穴穴在於地下則知復在地上俱稱爲陶故知皆如陶然下乃言至於岐下故知此本其在豳時也本其在豳則是未遷傳自古公處豳而下說大王遷岐之事者爲下第二章發此傳也然則傳不待二章而豫發之者以此言在豳未有室家爲下居岐作室以開原也大王所以走馬至岐乃爲狄人所逐故逆爲之傳以適暢作者之意焉○

古公亶父。來朝走馬。率西水滸。至于岐下。爰及姜女。聿來胥宇。

率循也滸水厓也姜女大姜也胥相宇居也箋云來朝走馬言其辟惡早且疾也循西水厓沮漆水側也爰於及與聿自也於是與其妃大姜自來相可居者著大姜之賢知也○朝直遙反滸呼五反辟音避亦作避後放此相息亮反知音智

【疏】古公至胥宇○正義曰文王之先久古之公曰亶父者避狄之難其來以早朝之時疾走其馬循西方水厓漆沮之側東行而至於岐山之下於是與其妃姜姓之女曰大姜者自來相土地之可居者言大王既得民心避惡早而且疾又有賢妃之助故能克成王業○傳率循至宇居○正義曰率循胥相皆釋詁文滸水厓釋水文此說古公而及姜女則姜女太王之妃周本紀云大姜生季歷故知姜女是大姜也宇者屋宇所以居人故爲居也○箋來朝至賢知○正義曰大王與衆避狄不應早而疾驅假使淸朝走馬未是善事詩人言之必有其意故知美其避惡早且疾也上言漆沮此言循滸明是循此漆沮之側也爰於及與聿自皆釋詁文遷都自是人君之事輒言爰及姜女明其著大姜之賢智也○

周原膴膴。堇荼如飴。爰始爰謀。爰契我龜。

周原沮漆之間也膴膴美也堇菜也荼苦菜也契開也箋云廣平曰原周之原地在岐山之南膴膴然肥美其所生菜雖有性苦者甘如飴也此地將可居故於是始與豳人之從己者謀謀從又於是契灼其龜而卜之卜之則又從矣○膴音武韓詩同堇音謹案廣雅云堇藋也今三輔之言猶然藋音徒弔反荼音徒飴音移契苦計反本又作挈音苦結反灼之略反

曰止曰時。築室于茲。

箋云時是茲此也卜從則曰可止居於是可作室家於此定民心也

【疏】周原至于茲○正義曰上言來相可居又述所相之處言岐山之南周之原地膴膴然其土地皆肥美也其地所生堇荼之菜雖性本苦今盡甘如飴味然大王見其如此知其可居於是始欲居之於是與豳人從己者謀之人謀既從於是契灼我龜而卜之龜卜又吉大王乃告從己者曰可止居於是可築室於此告之此言所以定民之心今止而不復去也○傳周原至契開○正義曰周原在漆沮之間以時驗而知之述地之良而云膴膴故爲美也荼苦菜釋草文樊光曰苦菜可食也內則曰堇苴粉榆則堇是美菜非苦菜之類釋草又云芨堇草郭璞曰卽烏頭也江東人呼爲堇晉語驪姬將譖申生寘鴆於酒寘堇於肉賈逵曰堇烏頭也然則堇者其烏頭乎箋云性苦者皆甘如飴若是堇苴之堇雖非周原亦自甘矣明堇是烏頭也契開者言契龜而開出其兆非訓契爲開也春官華氏掌共燋契以待卜事注云士喪禮曰楚焞置于燋在龜東楚焞卽契所用灼龜也燋謂炬其存火也士喪禮注云楚荊也然則卜用龜者以楚焞之木燒之於燋炬之火既然執之以灼龜故箋云契灼其龜而卜之既契乃開出其兆故春官卜師掌開龜之四兆注云開謂出其占書也是既契乃開之但傳文質略直言契開耳○箋廣平至從矣○正義曰廣平曰原釋地文閟宮云居岐之陽山南曰陽故知周之原地在岐山之南也上言胥宇是相地之辭今言地之美貌故曰大王以此可居於是始與豳人從己者謀也經云爰始爰謀當有二於如箋之言則始下一爰無所用矣王肅云於是始居之於是先盡人事謀之於衆然則箋云始與豳人從己者謀亦謂於是始欲居於是與之謀但箋文少略耳人謀既從大王於是契其龜而卜又得吉則是人神皆從矣洪範曰汝則有大疑謀及乃心謀及卿士謀及庶人謀及卜筮汝則從龜從筮從卿士從庶人從是之謂大同檢此上下大王自相之知此地將可居是謀及乃心也與從己者謀是謀及卿士庶人也契龜而卜是謀及卜也惟無筮事耳禮將卜先筮之言卜則筮可知故云皆從也○箋卜從至於是○正義曰以文承龜下故云卜從則曰可止居於是如箋之言則上曰爲辭下曰爲於也

迺慰迺止。迺左迺右。迺疆迺理。迺宣迺畝。自西徂東。周爰執事。

慰安爰於也箋云時耕曰宣徂往也民心定乃安隱其居乃左右而處之乃疆理其經界乃時耕其田畝於是從西方而往東之人皆於周執事競出力也豳與周原不能爲西東據至時從水滸言也○疆本亦作壃同居良反注及後放此○

【疏】迺慰至執事○正義曰上告民令止民心既定乃安隱其居乃止定其處乃處之於左乃處之於右言或左或右開地置邑以居民也乃爲之疆埸乃分其地理乃教之時耕乃治其田畝從西方往東之人皆在周原於是執事而競出力言築室耕田無不勸樂也○箋時耕至滸言○正義曰以宣在疆理之下乃畝之上疆理既定乃宜於田畝時耕曰宣宣訓爲徧也發也天時已至令民徧發土地故謂之宣慰止左右文在築室之下明其皆是作邑之事乃左右而處之據公宮在中民居左右故王肅云乃左右開地置邑以居其民與鄭同也疆理是一宣畝亦同但作者以乃間之而足句耳故箋通解之云乃疆理其經界乃時耕其田畝也民性安土重遷離居或有所悔言從西方往東之人皆於周執事競出力明其勸樂於是皆無悔心也豳在周原西北而經言自西便是從其正西而來故辨之云豳與周原不能爲東西據至周之時從水滸而言也鄭志張逸問豳與周原不能爲東西何謂荅曰豳地今爲栒邑縣在廣山北沮水西有涇水從此西南行正東乃得周故言東西云岐山在長安西北四百里豳又有岐山西北四百里如志此言發豳西南而行從沮水之南然後東行以適周也時耕曰宣無他文也鄭以義言之耳○

乃召司空。乃召司徒。俾立室家。

箋云俾使也司空司徒卿官也司空掌營國邑司徒掌徒役之事故召之使立室家之位處○處昌慮反

其繩則直。縮版以載。作廟翼翼。

言不失繩直也乘謂之縮君子將營宮室宗廟爲先廐庫爲次居室爲後箋云繩者營其廣輪方制之正也既正則以索縮其築版上下相承而起廟成則嚴顯翼翼然乘聲之誤當爲繩也○繩如字本或作乘案經作繩傳作乘箋云傳破之乘字後人遂誤改經文縮色六反廐音救廣光浪反索桑洛反

【疏】乃召至翼翼○正義曰民既得安止乃立國家宮室之於是乃召司空之卿令之營度廣輪乃召司徒之卿令之興聚徒役使之立公卿之室家之位處也營度位處以繩正之其繩則方正而直矣依此繩直之處起而築之以繩縮束其板板滿築訖則升下於上以相承載作此宗廟翼翼然而嚴正言能依就準繩牆屋方正也○箋司空至之處○正義曰司空之屬有匠人其職有營國廣狹之度廟社朝市之位是司空掌營國邑也司徒之屬有小司徒其職云凡用衆庶則掌其政教是司徒掌徒役之事也以此二卿各有所掌故召之使立室家之位處也位處者卽匠人所謂左祖右社面朝後市之類是也后稷封邰爲上公孟子稱文王以百里而王則大王之時以殷之大國當立三卿其一蓋司馬平時不召者司馬於營國之事無所掌故也○傳言不至爲後○正義曰傳以繩無不直而云其繩則直者言大王所作宮室不失繩之直也釋器云繩謂之縮孫炎曰繩束築板謂之縮郭璞曰縮者縛束之也然則縮者束物之名用繩束板故謂之縮爾雅復言縮之明縮用繩束之也君子將營宮室以下曲禮文也引之者證先言作廟之意○箋繩者至爲繩○正義曰傳言不失繩直故言用繩之意繩者營其廣輪方制之正言營制之時當用繩也上下相承而起解載義言其相載傳言繩謂之縮出於釋器釋器作繩而傳作乘故爲聲之誤毛公後人寫之誤耳○

捄之陾陾。度之薨薨。築之登登。削屢馮馮。

捄虆也陾陾衆也度居也言百姓之勸勉也登登用力也削牆鍛屢之聲馮馮然箋云捄捊也度猶投也築牆者捊聚壤土盛之以虆而投諸版中○捄音俱呂沈同徐又音鳩陾耳升反又如之反說文云築牆聲也音而度待洛反注同韓詩云塡也薨呼弘反沈呼萌反爾雅云衆也王云亟疾也屢力注反又力朱反注同馮扶冰反注同虆力追反沈力戈反字或作樏或作蔂音同劉熙云盛土籠也鍛丁亂反捊薄侯反爾雅云聚也說文云引取土盛音成○

百堵皆興。鼛鼓弗勝。

皆俱也鼛

大鼓也長一丈二尺或鼛或鼓言勸事樂功也箋云五版爲堵興起也百堵同時起鼛鼓不能止之使休息也凡大鼓之側有小鼓謂之應鞞朔鞞周禮曰以鼛鼓鼓役事○堵丁古反鼛音羔勝音升謂之應應對之應小鼓也鞞薄卑反○

【疏】捄之至弗勝○毛以爲掘土實之於虆謂之捄者衆多陾陾然既取得土送至牆上牆上之人受取而居於板中居之亟疾其聲薨薨然築之者用力登登然牆成削之以牆堅緻土從上下打鍛削之人屢其聲馮馮然其作此牆之時百堵皆同時而起其間欲令之食息擊鼛擊鼓不能勝而止之民皆勸事樂功競欲出力言大王之得人心也○鄭唯以度爲投語異意同○傳捄虆至馮馮然○正義曰說文云捄盛土於器也捄字從手謂以手取土虆者盛土之器言捄虆者謂捄土於虆也取土必多故陾陾爲衆王者度地以居民故度爲居也陾陾薨薨皆是衆多之義舉其衆多言百姓相勸勉者築者用力爲多故云用力登登然上言削下言屢馮馮是聲故知削牆下土打鍛是屢之聲馮馮然也禮謂脯爲鍛脩亦言其椎打之○箋捄捊至板中○正義曰以傳文略故足成之說文云捊引取也故以捄爲捊言捊取壞土盛之以虆仍存虆字與傳不異也薨薨是投土之聲者若以爲居於薨義不強故云度猶投也○傳鼛大至樂功○正義曰冬官鞾人爲皋鼓長尋有四尺八尺曰尋是一丈二尺以其長大故云大鼓也鼓是捴名鼛是鼓之別名今鼛鼓並言則非一物故云或鼛或鼓又解不勝之義言其勸其事樂其功民欲疾作鼓欲令止二者交競鼓不能勝止人使休是其勸樂之甚也○箋五板至役事○正義曰五板爲堵定十二年公羊傳文鼛鼓不能止之使休息申說不勝之義傳以鼛鼓爲二鼓解有二鼓之意凡大鼓之側有小鼓謂之應鞞朔鞞此經鼛是大鼓也鼓謂鞞也禮法當有三鼓故鼛鼓並言之此言勸樂之甚故知鼛鼓爲二餘文則不然若鞞人爲鼛鼓正謂壹鼓耳大射云一建鼓在阼階西應鞞在其東一建鼓在西階之西朔鞞在其北是大鼓之傍有小鼓也箋謂鞞爲小鼓明其不異於傳引周禮者地官鼓人文彼云鼓役事此或云止役事以上有止之文而因設耳定本云鼓役事○

迺立皋門。皋門有伉。迺立應門。應門將將。

王之郭門曰皋門伉高貌王之正門曰應門將將嚴正也美大王作郭門以致皋門作正門以致應門焉箋云諸侯之宮外門曰皋門朝門曰應門內有路門天子之宮加以庫雉○皋音羔伉本又作亢苦浪反韓詩作閌云盛貌將七羊反注同朝直遙反下同○

迺立冢土。戎醜攸行。

冢大戎大醜衆也冢土大社也起大事動大衆必先有事乎社而後出謂之宜美大王之社遂爲大社也箋云大社者出大衆將所告而行也春秋傳曰蜃宜社之肉○

【疏】迺立至攸行○毛以爲大王於是之時乃立其宮之郭門後遂爲天子之皋門此皋門有伉然而高大也乃立其宮之正門後遂爲天子之應門此應門將將然而嚴正也乃立其國諸侯之社後遂爲王之大社立此社者爲動大衆所以告之而行也大王遷得人心制度之美及文王興用之爲天子之法也鄭唯以皋門應門大社自是諸侯正法爲異其文義則同○傳王之至應門○正義曰下傳云冢土大社美大王之社遂爲大社則毛意以大社者天子社名諸侯不得稱大社也冢土非諸侯之社則皋應非諸侯之門故云王之郭門曰皋門王之正門曰應門是諸侯之郭門不得名皋門諸侯之正門不得名應門也大王實非天子而以皋應言之者美大王作郭門以致皋門作正門以致應門言大王本作郭門正門耳在後文王之興以爲皋門應門雖遷都於豐用岐周舊制故云致得爲之也此言以致皋門下云遂爲大社致者自小至大之辭遂者從本嚮末之稱皆言大王所作遂爲文王之法也此時大王實爲諸侯其作門社固爲諸侯之制諸侯之法異於天子文王爲天子之法不得同於大王而云致門遂社者大王門社必不得同於天子但以殷代尚質未必曲有等級文王因其制度增而長之以爲天子之制故云致耳毛所以爲此說者蓋以明堂位云庫門天子皋門雉門天子應門魯以諸侯而作庫雉則諸侯無皋應故以皋應爲王門之名也郭門者宮之外郭之門以應門不言宮明與郭門皆爲宮門也正門謂之應門釋宮文孫炎曰謂朝門也毛以諸侯之門不名皋應與鄭別耳而郭門爲宮之外門正門爲朝門亦與鄭不異也伉者極之義故爲高貌將將敝嚴而嚴正亦互明之皆高而嚴正耳○箋諸侯至庫雉○正義曰鄭以檀弓云魯莊公之喪既葬而經不入庫門春秋定二年雉門及兩觀灾是魯有庫門雉門也明堂位云庫門天子皋門雉門天子應門是則名之曰庫雉制之如皋應魯以周公之故成王特褒之使之制二兼四則其餘諸侯不然矣襄十七年傳宋人稱皋門之晳諸侯有皋門也諸侯法有皋應大王自爲諸侯之制非作天子之門矣故云諸侯之宮外曰皋門朝門曰應門文王世子云至於寢門是內有寢門也明堂位云天子皋門天子應門顧命云二伯率諸侯入應門是天子亦有皋應故爲天子之宮加之以庫雉也家語云衞莊公易朝市孔子曰繹之於庫門之內失之矣則衞有庫門魯以周公立庫而衞亦有庫門者家語言多不經未可據信或以康叔賢亦蒙褒當故也謂應門爲朝門內爲寢門一曰路門以朝位在應門之內路寢在路門之內故繫而名之焉故三朝皋門之內雖有外朝議大疑詢衆庶乃往不常在內故不得朝名其君日出所視與羣臣決事之朝在應門之內故以應門爲朝門也○傳冢大至大社○正義曰冢大戎大醜衆皆釋詁文郊特牲云社所以神地之道也禮運云命降於社之謂殽地是社爲土之神也冢既爲大土爲社是故知冢土大社也起大事動大衆至謂之宜皆釋天文爾雅先引此詩二句然後爲此辭以釋之故傳依用焉孫炎曰大事兵也有事祭也宜求見使祐也此文本解戎醜攸行之意言國家起發軍旅之大事以興動其大衆必先有祭事於此社而後出行其祭之名謂之爲宜以行必須宜祭以告社故言戎醜攸行也成十三年左傳曰國之大事在祀與戎故兵爲大事也春秋昭十五年有事於武宮雜記云有事於上帝皆是祭事故謂祭爲有事以兵凶戰危慮有負敗祭之以求其福宜故謂之宜王制云天子將出宜乎社是也傳以大社者天子社名大王時實諸侯而云乃立冢土以天子之名言之者美此大王之社而遂爲大社言大王立此社文王後取其制以爲天子之社故以冢土言之毛所以爲此說者蓋以祭法云王爲羣姓立社曰大社郊特牲云天子大社必受霜露風雨之氣也以爲大社之名唯施於天子其諸侯不得名大社故也○箋大社至之肉○正義曰鄭以冢土者訓爲大社之義未即名爲大社諸侯雖不可名大社可以言冢土矣以爲乃立冢土正是諸侯之法大社者出大衆將所告而行以出大衆而告之故謂之大社所告而後行故言攸行也春秋傳曰蜃宜社之肉言此者證宜爲祭社之名三傳皆無此文而言傳日衍字也閔二年左傳曰帥師者受命于廟受蜃于社成十三年左傳曰成子受蜃於社不敬案地官掌蜃祭祀共蜃器之蜃注云蜃大蛤也飾祭器之屬鄭司農云蜃可以白器令色白然則器以蜃飾之故謂之蜃言受蜃於社非受空器而巳明器內有肉是以祭社之肉盛之蜃器而賜之故說者皆以蜃爲宜祭於社之肉箋但取其意言左傳所云蜃者是宜社之肉

無曰字也

肆不殄厥慍。亦不隕厥問。柞棫拔矣。行道兌矣。

肆故今也慍恚隕墜也兌成蹊也箋云小聘曰問柞櫟也棫白桵也文王見太王立冢土有用大衆之義故不絕去其恚惡惡人之心亦不廢其聘問鄰國之禮今以柞棫生柯葉之時使大夫將師旅出聘問其行道士衆兌然不有征伐之意○殄田典反慍紆問反隕韻謹反柞子洛反後同棫音域後同王蒼云棫卽柞也字林于目反拔蒲貝反又蒲蓋反下同兌吐外反又徒外反恚一遂反隊直類反蹊音兮櫟音歷桵如誰反後同去羌呂反惡惡上烏路反下如字脫通外反本亦作兌○

混夷駾矣。維其喙矣。

駾突喙困也箋云混夷夷狄國也見文王之使者將士衆過己國則惶怖驚走奔突入此柞棫之中而逃甚困劇也是之謂一年伐混夷太王辟狄文王伐混夷成道興國其志一也○混音昆駾徒對反喙許穢反徐又音尺銳反使所吏反惶怖上音皇下普故反

【疏】肆不至喙矣○正義曰以大王立社有用衆之義故今文王不絕其怨恚惡人之心欲征伐無道也亦不墜其聘問之禮欲親人善鄰也言其威德兼行不忝前業不廢其聘問之使於柞棫之木拔然生柯葉矣以此之時使其師旅行於道路兌然矣言無征伐之心也但所聘之國路近混夷混夷謂將伐巳乃驚走而奔突矣混夷逃怖如是維其困劇矣大王則遷居避狄文王則成懼混夷其跡雖殊而興國則一故連而美之也○傳肆故至成蹊○正義曰肆故今隕墜皆釋詁文說文云慍怨也恚怒也有怨者必怒之故以慍爲恚說文云蹊徑也宣十一年左傳曰牽牛以蹊人之田則蹊者先無行道初爲徑路之名兌是成蹊之貌然文王大夫將師旅而出師行當依大道且其衆既多非徒成蹊而巳傳言成蹊者以混夷之地野曠人稀雖有舊道當有荒穢故因士衆之過得成蹊徑以無征伐之事故行得相隨成徑與鄭同也帝王世紀云文王受命四年周正丙子混夷伐周一日三至周之東門文王閑門脩德而不與戰王肅同其說以申毛義以爲柞棫生柯葉拔然時混夷伐周然則周之正月柞棫未生以爲毛說恐非其旨驗毛傳上下與鄭不殊○箋小聘至之意○正義曰小聘曰問聘禮文也王制注云小聘使大夫大聘使卿彼對文耳散則聘問通此說文王之美其聘將師而行明據大聘言之當是卿并大夫也釋木云櫟其實棣不言櫟是柞陸機疏云周秦人謂柞爲櫟蓋據時人所名而言之棫白桵釋木文郭璞曰桵小木也叢生有刺實如耳璫紫赤可食陸機疏云王蒼說棫卽柞也其材理全白無赤心者爲白桵直理易破可爲櫝車又可爲矛戟矜令人謂之白棫或曰白柘此二說不同未知孰是釋詁云肆故今也故者因上之辭是以知接上冢土爲義大王立冢土有用衆之義用衆欲以伐人故文王不絕去恚惡惡人之心言將伐之也既有所惡當有所好故亦不廢聘問之禮是言叛者伐之服者柔之定四年左傳云嘉好之事君行師從卿行旅從則臣之出聘止應將旅而巳而云師者以其下說混夷畏之則非徒一旅之衆混夷是周之敵歸文王使臣過其傍而聘問遠國明其不敢輕行故師旅並言之○傳駾突喙困○正義曰說文云駾馬疾行貌引詩云混夷駾矣然則馬之疾行卽有奔突之義故云突也喙之爲困則未詳○箋混夷至志一○正義曰乘微云西有混夷之患故知混夷夷狄之國上文行道兌矣是聘者士衆行於道今言混夷奔突故知見文王之使者將士衆過已國則惶怖驚走而奔突也奔突有所歸入之辭上言柞棫之中而逃亡國甚困劇也文王之聘當與鄰國往來而得使混夷怖懼者殷之末世戎狄內侵所聘之道近於混夷夷狄

部落散居素不屯集忽見兵衆謂其伐已故奔入柞棫以逃避之士衆主爲聘行實無征伐之意但大衆聚行亦有武備故曰烈烈征師召伯成之明行有威武故混夷見之而驚也是之謂一年伐混夷者謂書傳之文書傳之注亦引此云混夷駾矣交相引證明其同也書傳云四年伐犬夷此云一年者書傳說文王受命七年之內其一年伐犬夷并謂受命元年也案采薇出車說文王之伐西戎出則命將遣役歸則執訊獲醜非爲一聘問之使懼之而已而得以此爲伐混夷者混夷與周相近數來犯周文王不絕恚惡惡人之心有征伐之志混夷見聘而怖終不臣伏故王受命四年而伐之此因混夷之驚遂言其伐之事不謂此即伐也此文在虞芮質成之上或在受命之前非彼四年之事此詩二章說大王避狄難此章言文王伐混夷故箋申其意云成道興國其志一也大王以國小狄彊戰則民死爲害其民寧棄其地故遷而避之文王所服已廣民衆兵彊足得平彼混夷遏其寇亂故伐而定之皆量時制宜其跡雖異至成周道興邦定國是其志一也故作者伐避俱美此章言混夷畏文王而已未是伐事而言文王伐者以因此而在後伐之故言伐耳○

虞芮質厥成文王蹶厥生。質成也成平也蹶動也虞芮之君相與爭田久而不平乃相謂曰西伯仁人也盍往質焉乃相與朝周入其竟則耕者讓畔行者讓路入其邑男女異路斑白不提挈入其朝士讓爲大夫大夫讓爲卿二國之君感而相謂曰我等小人不可以履君子之庭乃相讓以其所爭田爲閒田而退天下聞之而歸者四十餘國箋云虞芮之質平而文王動其緜緜民初生之道謂廣其德而王業大○芮如銳反蹶俱衛反盍胡臘反竟音景挈苦結反閒音閑○

予曰有疏附。予曰有先後。予曰有奔奏。予曰有禦侮。率下親上曰疏附相道前後曰先後喻德宣譽曰奔奏武臣折衝曰禦侮箋云予我也詩人自我也文王之德所以至然者我念之曰此亦由有疏附先後奔奏禦侮之臣力也疏附使疏者親也奔奏使人歸趨之○先蘇薦反注同後胡豆反注先後同本音奔本亦作奔注同奏如字本亦作走音同注同御魚呂反本又作禦音同侮亡甫反相息亮反道音導本亦作導折之設反衝昌容反○【疏】○虞芮至禦侮○正義曰言文王遵太王之道行善消惡之故而虞芮二國之君有爭訟事來詣文王而得成其和平也虞芮既平歸周益衆文王於是動其太王初生之道言太王始生王業文王增而長之使王業益大也又言文王之德所以至如此者詩人云我思念之曰亦由有疏附之臣我念之曰亦由有先後之臣我念之曰亦由有奔走之臣我念之曰亦由有禦侮之臣也言上承大王之基下得賢臣之助故能克成王業卒有天下○傳質成至餘國○正義曰釋詁云質平成也則三字義同故以質爲成以成爲平言由請文王而得成其和平也蹶動釋詁文自虞芮之君以下當有成文不知出何書也蓋往歸焉家語作盍盍訓何不也此相勸之辭宜爲盍也入其邑謂入城中也男女異路謂如王制云道路男子由右婦人由左注云以爲地道尊右故也斑白謂年老其髮白黑雜也以其年老不自提挈其挈有少者代之也士讓爲大夫大夫讓爲卿爲選大夫爲卿則各以尊爵相讓也家語書傳並有其事與毛傳小異大同由異人別說故也○箋虞芮至業大○正義曰此文王本太王之詩故首尾相屬首章言太王於緜緜之後始得人心而初生王業今言文王動其生故知動於彼初生之道令之使大故云廣其德而王業日益大謂大於大王之時也此直增動大王民之初生耳而連言緜緜者明大王於緜緜之中而初生王業今文王又動之見文王所動大於緜緜後之初生故連言之○傳率下至禦侮○正義曰此以臣有四行故解其名之義疏附者此能率其臣下先與君疏者令之親於君上能使親附故曰疏附也先後者此臣能相導禮儀使依典法在君前後故曰先後也奔走者此臣能曉喻天下之人以王德宣揚王之聲譽使人知令天下皆奔走而歸趨之故曰奔走也故禦侮者有武力之臣能折止敵人之衝突者是能扞禦侵侮故曰禦侮也以此四行偏該羣臣雖有賢聖不過此矣直揔言臣有四行而已不指其臣云某爲疏附某爲禦侮故君奭云惟文王尚克脩和我有夏亦惟有若虢叔有若閎夭有若散宜生有若泰顛有若南宮括注云詩傳說有疏附奔走先後禦侮之人而曰文王有四臣以受命此之謂引此四行以證五臣明非一臣有一行也彼注云不及呂望太師也教文王以大德謙不以自比焉周公謙不自比詩人不當代謙明周召之輩亦在其中所言四行無定人矣書傳說宜生南宮括閎夭三子學訟於太公遂與三子見文王於羑里獻寶以免文王乃云孔子曰文王得四臣吾亦得四友自吾得回也門人加親是非疏附與自吾得賜也遠方之士至是非奔走與自吾得師也前有輝後有光是非先後與自吾得由也惡言不至於門是非禦侮與文王有四臣以免虎口已亦有四友以禦侮如此言則四人人有一行與前說乖者書傳因有四人爲之說耳孔子以已弟子四人擬彼四行其於文王之臣亦不言人爲一行縱彼四人各爲一行此詩所言不獨指彼四人也○箋予我至趨之○正義曰予我釋詁文箋於此獨言詩人自我者此美文王之德而云我所我之事不明故辯之言文王之德所以至然者是也所以得使虞芮感化至於是者我念之由有此四臣之力故也疏附奔走傳甚未明故特申說之

緜九章章六句

毛詩注疏挍勘記（十六之二）　阮元撰盧宣旬摘錄

○大明

故云保祐命爾　閩本明監本毛本祐作佑案祐字是也經注作右正義易作祐右祐古今字下同

其徵應炤晳見於天　小字本相臺本同案釋文云炤本或作灼考炤晳即昭晳灼字非也

不以兩明赫赫之文　閩本明監本毛本上赫作兩案所改是也

周迺之義　閩本明監本毛本迺誤匝下同○按迺㢠皆俗字

摯國任姓之中女也　閩本明監本毛本同小字本相臺本之作仲案之字是也正義云仲者中也故言之中女釋文以之中作音是正義釋文本皆作之段玉裁云此當八字爲一句是也此摯仲氏任一句而發傳以中解經之仲以女解經之氏故錯綜而出之也不得其讀者於國字姓字誤斷句乃改中爲仲以附合於經不知傳若專釋仲即不得在任下也考文古本無中字亦誤

所言居河之湄　閩本明監本毛本同案所當作巧

俔磬也　相臺本同閩本明監本毛本同小字本磬作譬考文古本同案磬字是也釋文俔下云磬也正義標起止云傳俔磬作譬者誤

文云譬譽也　［補］通志堂本盧本文上並有說字案此一行本所附誤脫也六經正誤云今考說文譬喻也作譽誤釋文挍勘云譽是喻非說文譬者諭也則不必畧言譬譽也者譬而譽之者稱美也

賢美配聖人　［補］案美當作女正義可證

至其光○毛以爲　閩本明監本毛本○下有正義曰三字案所補非也

說文云俔諭也　閩本明監本毛本同案諭上浦鏜云脫譬字是也○按說文言部譬者諭也諭者告也則此俔下云諭也已足作正義者所見乃眞古本不當妄補也

維行大任之德焉　閩本明監本毛本同小字本相臺本維作能考文一本同案能字是也正義云故知能行大任之德也是其證

右音祐　［補］釋文挍勘記通志堂本盧本祐誤佑案小字本相臺本十行本所附皆作祐不誤六經正誤所載亦是祐字○按右佑祐皆俗然祐字說文已有

則我皇妣大姜之姪　閩本明監本毛本同案浦鏜云姒誤姪是也

辰星始見於　閩本明監本毛本同案浦鏜云於字衍是也

此北水木交際　閩本明監本毛本同案浦鏜云東誤此是也

禮記及時作坶野　閩本明監本毛本同案山井鼎云時恐詩誤是也

箋臨視也女女武王也至伐紂必克無有疑心　閩本明監本毛本作箋臨視至疑心案所改是也

大誓曰師乃鼓譟　閩本明監本毛本同案鼓下當有鋑字見鄭大司馬注引

會甲也　小字本相臺本同案正義云定本云會甲兵則與會甲子義異九經古義云甲者一也古皆以一爲甲毛公以意說詩故訓會朝爲甲朝又云不崇朝而天下淸明崇朝終朝也或以甲爲甲子或爲甲兵皆非毛意考文古本會下有兵字采正義而倒之耳○按詳段玉裁故訓傳三十卷注中

隱精以虞　閩本明監本毛本同案浦鏜云情誤精是也

鄭箴膏育云　閩本明監本同毛本育作肓案肓字是也下同

不足以交鄰國定遠彊也　閩本明監本交誤郊毛本不誤案浦鏜云彊當作疆是也

其言皆可與尙父義同　閩本明監本毛本同案可與二字當倒可尙父者謂傳之可尙可父也

則傳言會甲長讀爲義　閩本明監本毛本讀誤續案浦鏜云下四字疑衍非也長讀民勞正義可證

其合兵以朝且清明之時 閩本明監本毛本同案浦鏜云旦誤且是也

言其昧之而初明晚則塵昏旦則清 閩本明監本毛本同案十行本其至晚剜添者一字當是衍下塵字而上有脫故補之也

易傳曰 閩本明監本毛本同案浦鏜云曰當者字誤是也

○緜

本由大王也 唐石經小字本相臺本同案釋文云一本無由字正義云本之於大王也又云本其上世之事又云是本大王又云而又追而本之是其本無由字譜及早麓正義皆有本由大王者以義言之耳釋文云序舊無注本或有注者非今各本皆無

自土沮漆 唐石經小字本相臺本同案此釋文本也釋文云沮七余反漆音七毛云沮漆二水名正義云於漆沮之旁又云臨有漆沮之水又云是周地亦有漆沮也又下章云循西方水厓漆沮之側又云上言漆沮此言循滸明是循此漆沮之側也又下章云周原在漆沮之閒以時驗而知之是正義本作漆沮餘亦有作沮漆者後人改之耳六書音均表云從漢書水經注作漆沮

瓜紹也瓞瓝也 小字本相臺本同案段玉裁云傳瓜瓞逗瓜紹也句瓞逗瓝也句此傳之難讀由淺人誤刪瓜瓞二字而以瓜逗紹也句耳

封於郃 小字本相臺本同案釋文以封郃作音是其本無於字也正義云是稷爲帝嚳之胄封於郃也與釋文本不同

古公亶父 唐石經小字本相臺本同案釋文云父本亦作甫正義云號爲亶父者是正義本與釋文同以下多作甫字者以父甫爲古今字易而誤之也

狄人之所欲吾土地 閩本明監本毛本同小字本相臺本欲下有者字地下有也字考文古本同案有者是也

君子不以其所養人而害人 相臺本同閩本明監本毛本同小字本而作者案者字是也

何患無君 閩本明監本毛本同小字本相臺本患下有乎字案有者是也

邑乎岐山之下 相臺本同閩本明監本毛本同小字本乎作于案于字是也

稱君曰公 小字本同閩本明監本毛本同相臺本稱下有其字案有者是也

說文作覆 〔補〕釋文挍勘記通志堂本同盧本覆作復云舊譌覆今從本書正案所改是也

釋訓云 閩本明監本毛本同案浦鏜云詁誤訓是也

我先生不窋 閩本明監本毛本生作王案所改是也

卽云處豳爲異耳 閩本明監本毛本同案處豳當作古公因讀者記處豳於側因誤改正文也

請免吾乎 閩本明監本毛本同案吾當作居浦鏜云莊子作勉居呂氏春秋作勉處是也免卽勉字

吾不爲社稷乎 閩本明監本毛本同案浦鏜云君誤吾是也

而公○劉大王 閩本明監本毛本不空案所改是也

若顧戀彊宇 〔補〕案彊當作疆毛本不誤

說文云陶瓦器竈也 閩本明監本毛本同案陶當作匋

說文云穴土屋也 閩本明監本毛本同案室誤屋是也

覆地室也 閩本明監本毛本地室誤於地案覆當作𥨍下同

故箋辨之云覆者 閩本明監本毛本同案覆當作復

爲堅三 明監本毛本三誤土閩本不誤案引九章在商功術謂堅率三也山井鼎考文所載誤以三字屬下讀

沮漆水側也 小字本相臺本同案詩經小學云晉紀總論李善注引鄭曰漆沮側也今考此章正義漆沮字凡三見是正義本自作漆沮也考文古本作漆沮采正義

至胥宇○正義曰 〔補〕十行本曰字原作言閩本明監本同毛本言作曰案曰字是也今改正

明其著大姜之賢智也 閩本明監本毛本智誤知案智是正義所易今字也

甘如飴也 閩本明監本毛本同小字本相臺本甘上有皆字考文古本同案有者是也

膴音武韓詩同 〔補〕釋文挍勘記通志堂本盧本同案段玉裁云韓詩作腜腜此當有誤腜腜引見魏都賦注

堇荁粉榆 閩本明監本荁作直毛本初刻同後改荁案所改是也下同浦鏜云枌誤粉是也

廼疆廼理 唐石經小字本相臺本同閩本明監本毛本疆誤彊十行本正義中字作彊亦誤餘同此

乃爲之疆場 閩本明監本毛本疆誤壃下同案場當作埸

豳又有岐山西北 閩本明監本毛本同案浦鏜云在譌有是也

乃召司空 小字本相臺本同唐石經乃作廼考文古本同案廼字是也下乃召司徒同標起止云乃召當是後改又見公劉

其繩則直 唐石經小字本相臺本同案釋文云繩本或作乘後人誤改經文是也

箋云傳破之乘字 〔補〕釋文挍勘記通志堂本同盧本之作爲案爲字誤改也此傳破二字誤倒耳當作破傳陸意謂箋之所云乃破傳之乘字也傳未嘗破經爲乘箋又無此云盧文弨全誤

捄捊也 小字本相臺本同閩本明監本毛本捊誤桴下及正義同考文古本下作捊○按說文捊引堅也今本堅作取誤○〔補〕案十行本分作取土二字尢誤又捄音俱呂沈同沈當作忱

以上有止之文而因設耳 閩本明監本毛本同案浦鏜云設當誤字之誤是也

無曰字也 閩本明監本毛本同案山井鼎云恐有脫誤非也此申上文曰衍字也之意

其行道士衆兌然 小字本相臺本同案釋文脫然通外反本亦作兌正義云行於道路兌然矣是其本作兌此箋意以兌爲脫之假借直於訓釋中改用脫字以顯之其不云讀爲者省文之例每如此也當以釋文本爲長

欲親人善鄰也 閩本明監本毛本同案此不誤浦鏜云人當仁誤非也正義所用傳文自如此

王基說棫卽柞也 閩本明監本毛本同案王當作三

可爲犢車 閩本明監本毛本同案浦鏜云犢誤犢是也爾雅疏卽取此車下有輻字此脫

上言柞棫之中而逃亡 閩本明監本毛本同案柞棫下盧文弨云脫拔明入柞棫是也此因柞棫複出而有誤

盍往質焉 小字本相臺本同案此釋文本也釋文云盍胡臘反正義本是盍字云家語作盍盍訓何不也此相勸之辭宜爲盍也考盍盍古同用字耳

斑白不提挈 相臺本同小字本斑作班閩本明監本毛本同案班字是也古多以班爲斑字

予曰有奔奏 唐石經小字本相臺本同案釋文云本音奔本亦作奔注同奏如字本又作走音同注同正義云我念之曰亦由有奔走之臣又云奔走者云云令天下皆奔走而歸趍之故曰奔走也又云書傳說有疏附奔走又云是非奔走與又云疏附奔走是正義本作奔走也依此唐石經以下各本乃上字合正義下字合釋文當卽釋文所云亦作本耳

奏奔禦侮 閩本明監本毛本同小字本相臺本奏奔倒案奔奏是也

蓋往歸焉 閩本明監本毛本同案浦鏜云質誤歸是也

學頌於大公 閩本明監本毛本同案此不誤浦鏜云訟誤頌非也頌讀當爲容卽漢書所云善爲頌者是也字或作訟音同故文王正義引作訟浦意讀訟爲如字誤之甚矣

傳甚未明 閩本明監本毛本同案甚當作意

附釋音毛詩注疏卷第十六（十六之三）

毛詩大雅　鄭氏箋　孔穎達疏

棫樸。文王能官人也。棫雨逼反樸音卜沈又符卜反**芃芃棫樸。薪之槱之。**興也芃芃木盛貌棫白桵也樸枹木也槱積也山木茂盛萬民得而薪之賢人衆多國家得用蕃興箋云白桵相樸屬而生者枝條芃芃然豫斫以爲薪至祭皇天上帝及三辰則聚積以燎之○芃薄紅反槱音酉字亦作槱弋九反云積木燒也枹音茅反蕃音煩屬之欲反斬一本作斫燎力召反**濟濟辟王。左右趣之。**趣趨也箋云辟君也君王謂文王也文王臨祭祀其容濟濟然敬左右之諸臣皆促疾於事謂相助積薪○辟音壁注及下同趣七喻反

【疏】芃芃至趣之○毛以爲芃芃然枝葉茂盛者是彼棫木之樸屬而叢生也我農人得析而薪之又載而積之於家使農人得以濟用與德行俊秀者乃彼賢人之叢集而衆多也我國家得徵而取之又引而置之於朝使國得以蕃興既得賢人置之於位故濟濟然多容儀之君王其擧行政此賢臣皆左右輔助而疾趨之言賢人在官各司其職是其能官人也○鄭以爲芃芃然枝葉茂盛之棫相樸屬而叢生也故使人豫斫而薪之及祭皇天上帝則又聚積而燎之濟濟然其臨祭祀容貌肅敬之君王薪燎以祭之時左右諸臣趨疾而助之言皆助王積薪以供事上帝是其能官人也○傳芃芃至蕃興○正義曰芃芃是棫樸之狀故爲盛貌釋木云樸枹者孫炎曰樸屬叢生謂之枹以此故云樸枹木也伐木析之謂之薪既以爲薪則當積聚槱在薪下故知槱爲積也此詩美其能官人則以木茂喻賢人德盛樸屬喻賢人多薪之似聘取賢人積之似聚置於朝故云山木茂盛萬人得而薪之賢人衆多國家得用蕃興然蕃是在朝之士當以薪濟家用爲喻而文不類是互相足也蕃興者謂蕃殖興盛言國家昌大之意也○箋白桵至燎之○正義曰言樸屬而生者冬官考工記云凡察車之道欲其樸屬而微至注云樸屬猶附著堅固貌也此言樸者亦謂根枝迫迮相附著之貌故以樸屬言之欲取爲薪故言其枝葉茂盛芃芃然薪必乾乃用之故云豫斫月令季冬乃令收秩薪柴以供郊廟及百祀之薪燎則一歲所須槱燎炊爨之薪皆於季冬收之以擬明年之用是豫斫也至祭皇天上帝及三辰則聚積燎之解槱之意也知此爲祭天者以下云奉璋峨峨是祭時之事則此亦祭事槱之與大宗伯槱燎文同故知爲祭天也大宗伯以禋祀祀昊天上帝以實柴祀日月星辰以槱燎祀司中司命風師雨師彼槱燎之文唯施用於司中司命此祭皇天上帝亦言槱之者彼云禋祀實柴槱燎三者皆祭天神之祀俱是燎柴升煙但神有尊卑異其文耳故注云禋之言煙周人尚臭煙氣之臭聞者也三祀皆積柴實牲體焉或有玉帛燔燎而升煙所以報陽也是其禮皆同故得爲槱之也皇天上帝月令文彼注以皇天爲北辰燿魄寶上帝爲五帝則此亦宜然宗伯注昊天上帝冬至於圜丘所祀天皇大帝也昊天上帝猶皇天上帝周祀以爲一而月令分之者以周禮文自相顧司服云王祀昊天上帝則服大裘而冕祀五帝亦如之別言五帝則昊天上帝之中無五帝矣故以爲一月令文無所對宜廣及天帝故分之爲二此亦廣文當同之也春官神仕之職桓二年左傳皆有三辰之文即宗伯所云日月星辰是也此章言祭天之事祭天則大報天而主日配以月可兼及日月而摠言三辰以爲兼及星辰者以其俱在天神皆用柴祭槱文可以兼之故通擧焉此及宗伯月在柴燎之限則月爲天神當以煙祭覲禮云祭天燔柴祭地瘞注云燔柴祭天謂祭日也則祭地瘞者謂祭月也日月而云天地靈之也又以月爲地神而從瘞埋之祭者彼注又云月者大陰之精上爲天使然以天使從天以陰精又從地故以祭月有二禮月之從埋雖此會同告神一事而巳其餘皆從實柴故宗伯定之以爲天神也文王受命稱王必當祭天其祭天之事唯肇禋與是類見於詩其外又中候合符后云文立稷配注云文王受命祭天立稷以配之諸儒皆以爲郊與圜丘異名而實同鄭以圜丘與郊別文王未定天下不宜已祭圜丘所以言稷配蓋郊也何則周公祭禮始禘嚳而郊稷祖文而宗武若文王已具其祀當使誰配之以此知文王之時未具祭天之禮而分皇天上帝爲二者亦以槱文可盡兼天神廣言之耳未必文王已祭天皇大帝也此箋異於傳孫毓云此篇美文王之能官人非稱周地之多賢才也國事莫大於祀神莫大於天必擇俊士與共其禮故擧祭天之事以明官人之義又薪之槱之是燎祭積薪之名非謂萬民皆當槱燎箋義爲長○傳趣趨○正義曰此趣嚮之趣義無所取故轉爲疾趨○箋辟君至積薪○正義曰辟君釋詁文以時紂存嫌不祭天故辨之云君王謂文王也文承上槱之之下故知相助積薪也

濟濟辟王。左右奉璋。半圭曰璋箋云璋璋瓚也祭祀之禮王祼以圭瓚諸臣助之亞祼以璋瓚○璋音章瓚在但反字或作贊祼古亂反**奉璋峨峨。髦士攸宜。**峨峨盛壯也髦俊也箋云士卿士也奉璋之儀峨峨然故今俊士之所宜○峨本又作俄五歌反髦音毛

【疏】濟濟至攸宜○毛以爲文王能任賢爲官助之行祀濟濟然多容儀之君王其行祀之事則左右之臣奉璋而助行之此臣奉璋之時其容儀峨峨然甚盛壯矣乃是俊士所宜爲臣奉璋是其能官人也○鄭以此章說宗廟之祭賢臣取之言濟濟然其臨祭祀敬美之君王其祭之時親執圭瓚以祼其左右之臣奉璋瓚助之而亞祼奉璋亞祼之時容儀峨峨然甚得其宜此奉璋之事俊士之所宜行也宜以助祭是官得其人也○傳半圭曰璋○正義曰傳唯解璋而不言瓚則不以此爲祭矣斯干傳曰璋臣之職則謂臣之行祀當執璋也王肅云羣臣從王行祀之所奉顧命曰太保秉璋以酢肅以臣之執璋於祀無文故引顧命爲諮○箋璋璋至璋瓚○正義曰鄭以亞行祀亦執圭瓚無專以璋者禮圭以進君璋以進夫人則圭當統名不得言璋論語說孔子執圭是其事也冬官玉人云大璋中璋邊璋皆是璋瓚也以璋言之故知璋是璋瓚王肅云○本有圭瓚者以圭爲柄謂之圭瓚未有名璋瓚爲璋者王基駿云郊特牲曰灌以圭璋與此云奉璋峨峨皆有明文故知璋爲璋瓚矣祭之用瓚唯祼爲然故云祭祀之禮王祼以圭瓚諸臣助之亞祼以璋瓚卽祭統云君執圭瓚祼尸大宗伯執璋瓚亞祼是也天官內宰職云大祭祀后祼獻則贊然則亞祼者當是后夫人矣此及祭統言大宗者彼注云容夫人有故攝焉攝代王后一人而已言諸臣者擧一人之事以見諸臣之美耳又天官小宰云凡祭祀贊祼將之事注云文從太宰助王然則大宰助王祼小宰又助之是助行祼事非獨一人故言諸臣小宰注云唯人道宗廟有祼天地大神至尊不祼莫稱焉則此言祼事祭宗廟也箋直言祭祀之禮不言廟以言祼則廟可知祭義說宗廟之祭云孝子慈而趨賓容則濟濟此言濟濟辟王者以孝子當祭志心念親不事儀飾故言慇而趨見其儀少耳其實祭是大事非無儀也清廟箋云周公之祭清廟其禮儀敬且和是有儀矣○傳峨峨至髦俊○正義曰以峨峨是容儀之貌故言盛壯釋訓云峨峨祭也舍人曰峨峨奉璋之祭鄭以此璋爲祭合於爾雅毛不爲祭蓋以行祀貌同於祭髦俊釋言文○箋士卿士○正義曰士者男子之大號以奉璋亞祼是宗伯之卿故言卿士也○

淠彼涇舟。烝徒楫之。淠舟行貌楫櫂也箋云烝衆也淠淠然涇水中之舟順流而行者乃衆徒船人以楫櫂之故也興衆臣之賢者行君政令○淠匹世反沈孚計反涇音經烝之承反楫音接徐音集方言云楫謂之橈或謂之櫂郭注云楫橈頭索也所以縣櫂謂之楫說文云楫舟棹也釋名云在傍撥水曰櫂又謂之楫櫂直教反**周王于邁。六師及之。**天子六軍箋云于往邁行及與也周王往行謂出兵征伐也二千五百人爲師今王與師行者殷末之制未有周禮周禮五師爲軍軍萬二千五百人○

【疏】淠彼至及之○正義曰文王既能官人行其政令言淠淠然順流而行者是涇水之舟船此舟船所以得順流而行者乃由衆徒船人以楫櫂之故也以興隨民而化者是文王之政令也此政令所以得隨民而化者乃由諸臣賢者以力行之故也既有賢臣爲王布政故可以征討有罪周王往行征伐則六師與之而俱進也○傳淠舟行貌楫櫂○正義曰定本及集注皆云舟行則與鄭不異或云舟止者誤也方言楫或謂之櫂則毛以時事名之○箋烝衆至政令○正義曰烝衆釋詁文淠淠爲動之貌故云順流而行以承上章說賢臣之事故爲衆臣之賢者行君政令○傳天子六軍○正義曰聽彼洛矣云以作六師常武云整我六師皆謂六軍爲六師明此六師亦六軍也○箋周王至百人○正義曰師之所行必是征伐故知周王往行謂出兵征伐也二千五百人爲師夏官序文禮天子六軍諸侯大國三軍今周王不以軍而興師行者殷末之制未有周禮故也若如周禮夏官序云五師爲軍軍万二千五百人也詩爲大雅莫非王法造舟爲梁祼將于京皆是天子之禮而此必爲殷末之制者以詩人之作或以後事言之或論當時之實若是當時實事文王未必已備六軍因言師不言軍故爲此解耳鄭之此言未是定說鄭志趨商問此箋引常武整我六師宜王之時又出征伐之事不稱六軍而稱六師不達其意荅曰師者衆之通名故人多云焉欲著其大數則乃言軍耳此正荅常武六師而不申此箋之意是其自排疑也又臨碩并引詩三處六師之文以難周禮鄭釋之云春秋之兵雖累萬之衆皆稱師詩之六師謂六軍之師摠言三文六師皆云六軍是亦以此爲六軍之意也又易師卦注云多以軍爲名次以師爲名少以旅爲名師者擧中之言然則軍之言師乃是常稱不當於此獨設異端又甘誓云乃召六卿注云六卿者六軍之將公劉箋云部后稷上公之封大國三軍大誓注云六軍之兵東行皆在周祀之前鄭自言有六軍三軍之法何故於此獨言殷未當是所注者廣未及改之耳○

倬彼雲漢。爲章于天。倬大也雲漢天河也箋云雲漢之在天其爲文章譬猶天子爲法度于天下○倬陟角反**周王壽考。遐不作人。**遐遠也遠不作人也箋云周王文王也文王是時九十餘矣故云壽考遠不作人者其政變化紂之惡俗近如新作人也

【疏】箋周王至作人○正義曰上已有周王何嫌非文王而於此言謂文王者欲因取文王之名以解壽考故於此言之也受命之時已九十矣六年乃稱王此雖稱王後言不妨迹受命時事故云九十餘矣作人者變舊造新之辭故云變化紂之惡俗近如新作人也

追琢其章。金玉其相。追彫也金曰彫玉曰琢相質也箋云周禮追師掌追衡笄則追亦治玉也相視也猶觀視也追琢玉使成文章諭文王爲政先以心研精合於禮義

然後施之万民視而觀之其好而樂之如觀金玉然言其政可樂也○追對回反注同琢陟角反注同彫都挑反相如字一云鄭息亮反研倪延反好呼報反樂音洛下同○

勉勉我王。綱紀四方。

箋云我王謂文王也以罔罟喻爲政張之爲綱理之爲紀○罟音古〔疏〕追琢至四方○毛以爲上言文王之表章此又說其有文章之事言治寶物爲器所以可彫琢其體以爲文章者以金玉本有其質性故也以喻文王所以可修飾其道以爲聖教者由本心性有睿聖故也心性有睿聖故修飾以成美言文王之有聖德其文如彫琢其質如金玉以此文章教化天下故歎美之言勉勉然勤行善道不倦之我王以此聖德綱紀我四方之民善其能在民上治理天下鄭以爲卑上政教可美之意言工人追琢此玉使其成文章而後用之以興文王研精此政教合於禮義其出民皆貴而愛之好而樂之如金玉之寶其皆視而觀之言其政得其宜民愛之甚餘同○傳追彫至相質○正義曰毛以此經上下相成所追琢者即此金玉故以追爲彫釋器說治器之名云玉謂之琢是玉曰琢也釋器上文云玉謂之彫金謂之鏤刻金不爲彫言金曰彫明金亦可爲彫也以此二句相對章是成文則相是本質故相爲質也王肅云以興文王聖德其文如彫琢矣其質如金玉矣○箋周禮至可樂○正義曰周禮追師掌追衡笄天官追師職文彼注追猶治也王后之衡笄皆以玉爲之唯祭服有衡垂于副之兩傍當耳是衡笄俱首服也以玉爲之而職曰追師故知追爲治玉之名彼注亦引此詩交相爲證也相視釋詁文視者以目覩物從目生名觀者見物看之據彼生稱今言万民之看王政教故又轉爲觀也上言政教之美能變化惡俗故知此述政教可美之事金玉物之貴者故云其好樂之如覩金玉然言政之甚可樂也易傳者以上言作人下言綱紀皆是政教之事則此亦述政教矣聖人體自生知性與道合不當於此輒譬文王美質故易之○箋我王至爲紀○正義曰以我王之文異於上辟王周王故詳之言謂文王也說文云綱網紘也紀別絲也然則綱者網之大繩故盤庚云若網在綱有條而不紊是其事也以舉綱能張網之目故張之爲綱也紀者別理絲縷故理之爲紀以喻爲政有舉大綱赦小過者有理微細窮根源者

棫樸五章章四句

旱麓。受祖也。周之先祖。世脩后稷公劉之業。大王王季。申以百福干祿焉。

旱戸但反麓音鹿本亦作鹿○〔疏〕旱麓六章章四句至干祿焉○正義曰作旱麓詩言文王受其祖之功業也又言其祖功業所以有可受者以此周之先祖能世脩后稷公劉之功業謂大王以前先公皆脩此二君之業以至於大王王季重以得天之百福所求之祿焉文王得受其基業增而廣之以王有天下故作此詩歌大王王季得祿之事也受祖者謂受大王王季巳前也王季者文王之父而并言祖者以卑統於尊故繫之大王也不言文王受祖者此祖功業後世亦蒙之不言文王見其流及後世周之先祖摠謂文王以前世脩后稷公劉之業者后稷上世賢君功業布於天下公劉能脩后稷之業又是先公之中賢後者故特顯其名公劉之前先公脩后稷之業公劉以後之君并脩公劉之業故連言之言周之先祖則大王王季在其中矣而別言大王王季以大王王季道德高於先君獲福多於前世故別起其文見其盛於往前且以結受祖之文明受祖者受大王王季也申者重也今大王福祿益多故言重也以大王言重明前巳得周祿是敘者要約之旨也福祿一也而言百福干祿福言百明祿亦其數多也祿言干明福亦求得之以經有干祿故因取而互之經六章皆言大王王季脩行善道以求神祐是申以百福干祿之事也緜言文王之興本由大王而經有文王之事此言受祖而經皆言祖之得福其言不及文王者詩者志也各言其志故辭不可同生民周公成王之雅也維淸執競時邁思文周公成王之頌也其文皆無周公成王之事以其光揚祖業足爲子孫之美故其辭不復及焉○

瞻彼旱麓。榛楛濟濟。

旱山名也麓山足也濟濟衆多也箋云旱山之足林木茂盛者得山雲雨之潤澤也喻周邦之民獨豐樂者被其君德教○榛側巾反字林云木叢又仕人反楛音戶草木疏云楛木莖似荊而赤其葉如蓍上黨人篾以爲筥箱又屈以爲釵也樂音洛下同被皮爲反○

豈弟君子。干祿豈弟。

干求也言陰陽和山藪殖故君子得以干祿樂易箋云君子謂大王王季以有樂易之德施於民故其求祿亦得樂易○豈弟本亦作愷又作凱苦亥反弟亦作悌徒禮反一音待豈樂也弟易也後豈弟皆同易以豉反下同○〔疏〕瞻彼至豈弟○毛以爲視彼周國旱山之麓其上則有榛楛之木濟濟然茂盛而衆多是由陰陽和以致山藪殖也陰陽調和是君之所感木猶尚然明民亦得其性故樂易然之君子謂大王王季以此人物得所而求福祿其心樂易然喜民之得所也○鄭說在箋○傳旱山至衆多○正義曰以旱文連麓麓爲山足故知旱爲山名知麓是山足者以周禮地官有大林麓中林麓小林麓立林衡之官以掌之與山虞連職若斬木林則受法於山虞長木之處在山知爲山足也濟濟文連榛楛爲木之貌故爲衆多周語韋昭注云榛似栗而大楛木名陸機云楛其形似荊而赤莖似蓍上黨人織以爲牛筥箱器又屈以爲釵故上黨人調曰問婦人欲買赭不謂叢下自有黃土問買釵不謂山中自有楛○箋旱山名至被其君德教○正義曰以下云豈弟君子明是德能養民故爲樂易故以此爲喻民得豐樂被君子德教也○傳干求至樂易○正義曰干求釋言文周語引此一章○乃云夫旱麓之榛楛殖故君子得以樂易干祿焉若夫山林匱竭林麓散亡藪澤肆逸民力凋盡田疇荒蕪資用乏匱君子將險哀之不暇而何樂易之有焉毛依此文以爲義彼韋昭注云王者之德被及榛楛陰陽調草木盛故君子以求祿其心樂易矣用此傳爲說然則此外傳正文而箋易之者以陰陽和山藪殖自然民豐樂矣立君所以牧民美人君之德當以養民爲主不應捨民弗言而唯論草木是必以木既茂盛民亦豐樂外傳引其本經遺其興意毛傳理雖不謬於作意未盡故箋申而備之○箋君子至樂易○正義曰以序言受祖祖文未見故辯之云君子謂大王王季也上言民被其德教是有樂易之德施於民也君子行善善亦應之既施樂易於民故求福亦得樂易樂易謂求則得之其心喜樂簡易也○

瑟彼玉瓚。黃流在中。

玉瓚圭瓚也黃金所以飾流鬯也九命然後錫以秬鬯圭瓚箋云瑟絜鮮貌黃流秬鬯也圭瓚之狀以圭爲柄黃金爲勺青金爲外朱中央矣殷王帝乙之時王季爲西伯以功德受此賜○瑟所乙反又作璱黃金所以流鬯也十本作黃金所以爲飾流鬯也是後人所加秬音巨黑黍也鬯敕亮反以黑黍米擣鬱金草取汁而煮之和釀其酒其氣芬香調暢故謂之秬鬯勺上灼反字或作杓○

豈弟君子。福祿攸降。

箋云攸所降下也○降如字又戶江反注同○〔疏〕瑟彼至攸降○毛以爲上言大王王季有德於民此又言有功受賜言王季爲西伯以有功德之故殷王帝乙賜之以瑟然而絜鮮者乃彼圭玉之瓚而以黃金爲之勺令得流而前注其秬鬯之酒爲金所照又色黃而流在於其中也此有樂易之德之君子以有德之故是福祿所以降下而與之天子賜之圭瓚卽是福祿下也○鄭以黃流謂鬯酒爲異餘同○傳玉瓚至圭瓚○正義曰瓚者器名以圭爲柄圭以玉爲之指其體謂之玉瓚據成器謂之圭瓚故云玉瓚圭瓚也瓚者盛鬯酒之器以黃金爲勺而有鼻口鬯酒從中流出故云黃金所以流鬯以器是黃金照酒亦黃故謂之黃流也定本及集注皆云黃金所以飾流鬯也若有飾字於義易曉則俗本無飾字者誤也九命然後賜以秬鬯圭瓚其意以爲王季九命受此賜也孔叢羊容問子思曰古之帝王中分天下而二公治之謂之二伯周自后稷封爲王者之後至大王王季文王此爲諸侯矣奚得爲西伯乎子思曰吾聞諸子夏曰殷王帝乙之時王季以九命作伯於西受圭瓚秬鬯之賜故文王因之得專征伐此諸侯爲伯猶周召分陝亦以周召之君爲伯乎毛意當如孔叢之言以王季爲東西大伯故以九命言之也○箋瑟絜至此賜○正義曰以瑟爲玉之狀故云絜鮮貌說文云瑟者玉英華相帶如瑟絃或當然江漢曰釐爾圭瓚秬鬯一卣是賜圭瓚必以秬鬯隨之故知黃流卽秬鬯也傳以黃流爲黃金流鬯箋直以秬鬯爲黃流者秬黑黍一秬二米者也秬鬯者釀秬爲酒以鬱金之草和之使之芬香條鬯故謂之秬鬯草名鬱金則黃如金色酒在器流動故謂之黃流易傳者以言黃流在中當謂在瓚之中不謂流出之時而瓚中赤而不黃故知非黃金也以此故具言圭瓚之狀以圭爲柄黃金爲勺青金爲外以朱爲中央矣明酒不得黃也知瓚之形如此者以冬官玉人云大璋中璋九寸邊璋七寸射四寸黃金勺青金外朱中央鼻寸衡四寸注云射琰出者也鼻勺流也凡流皆爲龍口也衡橫字謂勺徑也三璋之勺形如圭瓚故說瓚之狀以璋狀言之知三璋如玉瓚者以彼上文云祼圭尺有二寸有瓚以祀宗廟更不說瓚形明於三璋之制見之故知同也又春官典瑞注引漢禮瓚槃大五升口徑八寸下有槃口徑一尺則瓚如勺爲槃以承之也天子之瓚其柄之圭長尺有二寸其賜諸侯蓋九寸以下此述大王王季之事故云殷王帝乙之時王季爲西伯以功德受此賜鄭不見孔叢之書其言帝乙之時或當別有所據故譜亦然尚書西伯戡黎注云文王爲雍州之伯在西故謂之西伯則以文王爲州牧故楚辭天問云伯昌號袞秉鞭作牧王逸云文王爲雍州牧此王季爲西伯亦當爲雍州牧也大宗伯云八命作牧則王季唯八命不從毛爲九命也八命所以亦得圭瓚之賜者宗伯注云侯伯有功德加命得專征伐於諸侯然則以專征當州之內亦當賜之如上公故王季爲西伯得受圭瓚也鄭駁異義引王制云三公一命袞若有功則加賜袞衣之謂與一曰衣服是也鄭之意以九命之外別加九賜案禮緯含文嘉上列九賜之差下云四方所瞻侯子所望宋均注云九賜者乃四方所共見公侯伯子男所希望由此言之七命皆得賜不在九命者彼謂隨命得賜與九命外頓加九賜別九賜者含文嘉云一曰車馬二曰衣服三曰樂則四曰朱戶五曰納陛六曰虎賁七曰斧鉞八曰弓矢九曰秬鬯宋均注云進退有節行步有度賜之車馬以代其步言成文章行成法則賜以衣服以表其德動作有禮賜之納陛以安其體長於教訓內懷至仁賜以樂則以化其民居處脩理房內不泄賜以朱戶以明其別勇猛勁疾執義堅彊賜以虎賁以備非常亢揚威武志在宿衛賜以斧鉞使得專殺內懷仁德執義不傾賜以弓矢使得專征孝慈父母賜以秬鬯以祀先祖是其九賜之事也○

鳶

飛戾天。魚躍于淵。言上下察也箋云鳶鴟之類鳥之貪惡者也飛而至天喻惡人遠去不爲民害也魚跳躍于淵中喻民喜得所○鳶悅宣反鴟尺尸反○豈弟君子。遐不作人。箋云遐遠也言大王王季之德近於變化使如新作人○【疏】鳶飛至作人○毛以爲大王王季德教明察著於上下其上則鳶鳥得飛至於天以遊翔其下則魚皆跳躍於淵中而喜樂是道被飛潛萬物得所化之明察故也能化及上下故歎美之言樂易之君子大王王季其變化惡俗遠此不新作人言其近新作人也○鄭上二句別具箋○傳言上下察○正義曰中庸引此二句乃云言上下察故傳依用之言能化及飛潛令上下得所使之明察也○箋鳶鴟至得所○正義曰蒼頡解詁以爲鳶卽鴟也名既不同其當小別故云鴟之類也說文云鳶鷙鳥擊小鳥故爲貪殘以貪殘高飛故以喻惡人遠去淵者魚之所處跳躍是得性之事故以喻民喜樂得其所易傳者言鳥之得所當如鴛鴦在梁以不鷙爲義不應以高飛爲義且下云遐不作人是人變惡爲善於喻民爲宜禮記引詩斷章不必如本故易之○

清酒既載。騂牡既備。言年豐畜碩也箋云既載謂已在尊中也祭祀之事先爲清酒其次擇牲故舉二者○騂息營反字林火營反畜香又反以享以祀。以介景福。言祀所以得福也箋云介助景大也○享許丈反徐許亮反介音界後同【疏】清酒至景福○毛以爲大王王季既成民事乃以神事有清絜之酒既載而置之於尊中其赤牡之牲既擇而養之以充備○有此牲酒以獻之於宗廟以祭祀其先祖以得大大之福祿○鄭以介爲助爲異餘同○傳言年豐畜碩○正義曰言酒見其年豐言牲見其畜碩桓六年左傳曰聖王先成於民而後致力於神故奉牲以告曰博碩肥腯謂其畜之碩大蕃滋也奉酒醴以告曰嘉栗旨酒謂其三時不害而民和年豐也此傳取彼意也○箋既載至二者○正義曰既載載之於器故知已在尊中也此既載既備謂將用之時故卽云以享以祀也又解祭祀之用羞物多矣獨舉酒牲者祭祀之事先爲清酒其次擇牲故舉是二者也信南山箋解清酒揔諸鬱鬯玄酒與五齊三酒此清酒與彼不同者觀經立義所以各別前已具解清酒者冬釀接夏而成其餘不盡然要清酒皆豫作有在三月前者故云先爲清酒也地官充人云掌繫祭祀之牲牷祀五帝則繫於牢芻之三月享先王亦如之又祭義云君召牛納而視之擇其毛而卜之吉而後養之是擇牲在祭前三月次爲酒之後也文十三年公羊傳云問公用白牡魯公用騂犅羣公不毛然則大王王季爲殷之諸侯其牲亦應不毛而云騂牲者不毛者不定用一毛而已其牲皆用純色故此祭用純騂也祭義云擇其毛是諸侯用純色也或者此是作者於後據周所尚而言之○傳言祀所以得福○正義曰詩文諸云介福者毛皆以介爲大此亦謂之得大我之福

瑟彼柞棫。民所燎矣。瑟衆貌箋云柞棫之所以茂盛者乃人熂燎除其旁草養治之使無害也○燎力召反又力弔反說文作寮一云此祭天也又云燎放火也字林同寮力召反燎音力小反熂許氣反芟草燒之曰熂何沈盧刈反豈弟君子。神所勞矣。箋云勞勞來猶言佑助○勞力報反○注同來力代反本亦作倈同佑音又○【疏】瑟彼至勞矣○正義曰上言祭以助福此言得福之事言瑟然衆多而茂盛者是彼柞棫之木也此柞棫所以得茂者正以爲民所熂燎而除其傍草矣傍無穢草故木得茂或以興得福者乃彼樂易君子也此君子所以得福者王以爲神所勞來去其患害矣既無患害故多獲福言神之勞來君子猶民之燎柞棫也○

莫莫葛藟。施于條枚。莫莫施貌箋云葛也藟也延蔓於木之枝本而茂盛喻子孫依緣先人之功而起○藟力軌反字又作虆同施以豉反注同枚芒回反蔓音萬豈弟君子。求福不回。箋云不回者不違先祖之道○【疏】莫莫至不回○正義曰上言蒙先祖之福此言脩先祖之德言莫莫然而延蔓者是葛也藟也乃施於木之條枚之上而長也以興依緣者此大王王季也乃依緣巳之先祖之功業而起也大王王季既依緣先祖則述脩其業是此樂易之君子其求福祿不違先祖之正道言其脩先祖之正道以致之是謂之申以百福干祿焉○箋葛也而至起○正義曰序言世脩后稷公劉之業此又以葛藟延蔓爲喻故知喻子孫依緣先人之功而起也此經既言依緣先故知下言不回者是不違先祖之道

旱麓六章章四句

思齊。文王所以聖也。言非但天性德有所由成○齊側皆反本作齋齋莊也下同○【疏】思齊四章章六句至以聖○正義曰作思齊詩者言文王所以得聖由其賢母所生文王自天性當聖聖亦由母大賢故歌詠其母言文王之聖有所以而然也經四章首章言大任德行純備故能生此文王是其所以聖也二章以下言文王德當神明施化家國下民變惡爲善小大皆有所成是其聖之事也○箋言非至由成○正義曰論語云天生知之者上也則聖人稟性自天不由於母以大姒之賢亦生管蔡而云德有所由成歸德於母者以其母實賢遂致歌詠見其歎美之深錄之以爲後法耳○

思齊大任。文王之母。思媚周姜。京室之婦。齊莊媚愛也周姜大姜也京室王室也箋云京周地名也常思莊敬者大任也乃爲文王之母又常思愛大姜之配大王之禮故能爲京室之婦言其德行純備故生聖子也大姜言周大任言京見其謙恭自卑小也○媚美記反後同沈音眉行下孟反見賢遍反大姒嗣徽音。則百斯男。大姒文王之妃也大姒十子衆妾則宜百子也箋云徽美也嗣大任之美音謂續行其善教令○徽許韋反○【疏】思齊至斯男○毛以爲常思齊敬之德不惰慢者大任也大任乃以此德爲文王之母言其德堪與文王爲母也此大任又常能思愛周之大姜配大王之禮而勤行之故能爲京師王室之婦大任以有德之故爲大姒所慕而嗣續行其美教之德音思賢不妬進敍衆妾則能生百數之此男得爲周藩屏之衞也言大任能上慕先姑之所行下爲子婦之所續是其德行純備故生聖子是文王所以聖也○鄭唯以京室爲地名爲異餘同○傳齊莊至王室○正義曰齊莊釋言文宣三年左傳曰蘭有國香人服媚之如是言服蘭則人愛之媚是愛義也周姜爲大任思愛則是婦之念姑知是大姜也京者京師故言京室王室王季未爲天子而言京者以其追號爲王故以京師言之○箋京師周至卑小○正義曰以周京相對故知是地名言思愛大姜明是愛慕其德思其所爲故知思其配大王之禮也能爲京室之婦言盡其婦道於京地無愆過也既能爲婦是德行純備故能生聖子以子聖母賢故知歎美之周京俱是地名而分配有異故大姜言周大任言京見大任謙恭自卑小以明其本志也春秋僖二十八年冬公會晉侯齊侯於溫天王狩於河陽穀梁傳曰會於溫言小諸侯也以河陽言之大天子也亦此類也○傳大姒至百子○正義曰定六年左傳大姒之子唯周公康叔爲相睦也大姒爲周公康叔之母是文王之妃也又解大姒一人而有百男之意以大姒一人有十子不妬忌而進衆妾則宜有百子能有多男爲國之屏翰是婦人之美事故言爲大姒之德也定四年左傳曰武王之母弟八人是通武王與伯邑考爲十子也其名則左傳文云周公爲太宰康叔爲司寇聃季爲司空通武王伯邑考爲五人又曰五叔無官則其餘五者皆字叔又曰曹爲伯甸非尚年也則曹叔振鐸是康叔聃季之兄也又管蔡霍爲三監蔡與衛爭長明其皆母弟也郕於富辰之言在蔡霍之間五叔者其曹與管蔡郕霍乎史記管蔡世家云武王同母兄弟十人母曰大姒文王正妃也其長子曰伯邑考次曰武王發次曰管叔鮮次曰周公旦次曰蔡叔度次曰曹叔振鐸次曰郕叔武次曰霍叔處次曰康叔封次曰聃叔季載其次不必如此其十子之名當然也皇甫謐云文王取大姒生伯邑考武王發次管叔鮮次蔡叔度次郕叔武次霍叔處次周公旦次曹叔振鐸次康叔封次聃叔季載其名與史記皆同其次則異不知謐何所據而別於馬遷也左傳富辰之言曹在衛聃之下不以長幼爲次則其弟無明文以正之

惠于宗公。神罔時怨。神罔時恫。宗公宗神也恫痛也箋云惠順也宗公大臣也文王爲政咨於大臣順而行之故能當於神明神明無是怨恚其所行者無是痛傷其將無有凶禍○恫音通殉音凶本又作凶○刑于寡妻。至于兄弟。以御于家邦。刑法也寡妻適妻也御迎也箋云寡妻寡有之妻言賢也御治也文王以禮法接待其妻至于宗族以此又能爲政治于家邦也書曰乃寡兄勗又曰越乃御事○刑韓詩云刑正也御毛牙嫁反鄭魚據反適丁歷反勗許玉反下同【疏】惠于至家邦○毛以爲文王以母賢身聖能協和神人言文王之德乃能上順於先祖宗廟羣公以安寧百神故神無有是怨恚文王者神無有是痛傷文王者明文王能敬事明神崇其祐助之又能施禮法於寡少之適妻內正人倫以爲化本復行此化至於兄弟親族之內言族親亦化之又以爲法迎治於天下之家國亦令其先正人倫乃和親族其化自內及外徧被天下是文王聖也○鄭以爲文王雖聖能屈己從衆心不自專乃能順於其尊貴之羣公言其諮訪大臣順而行之以此舉事允當於神明故神明無是怨恚其文王所行者神明無是痛傷其文王所爲者言甚蒙神之福無禍災也文王以順從之政而行之先施法於寡有之賢妻言接待其妻以禮法也以此又至於兄弟之宗族亦令接待其妻以爲政教之本以此之故又能爲政治於天下之家邦是其聖之事也○傳宗公至恫痛○正義曰書序云班宗彝中庸云陳其宗器皆謂宗廟爲宗又下頌言神罔則宗公是宗廟先公故云宗神也恫痛釋言文王肅云文王之德能上順祖宗安寧百神無失其道無所怨痛○箋惠順至凶禍○正義曰惠順釋言文宗者尊也尊而爲公故知大臣言順之故知諮於大臣順而行之論語云無使大臣怨乎不以是人君當順大臣也神者聰明正直依人而行人能行善則神明悅悅文王用臣得人任而順之故能當於神明神明無是怨痛則知其後將無凶禍也易傳曰以左傳稱國將興聽於民將亡聽於神聖王先成於民而後致力於神此言文王之聖不應先以順神爲本又於時宗廟有大王王季若論宗廟當以王統之不當言公且經傳未有以宗廟之神爲宗公者也晉語云文王於是乎用四方之賢良其卽位也詢於八虞度於閎夭而謀於南宮諏於蔡原而訪於辛尹重之以周召畢榮意寧百神而

柔和万民故詩曰惠于宗公神罔時恫彼正論文王之事先言諮訪後言安神乃引此詩以證之則惠于宗公是順臣可知故易之彼注賈逵唐固皆云八虞周八士皆在虞官辛甲尹佚蔡公原公也案論語有八士鄭以爲周公相成王時所生則不得爲文王所詢如鄭意則別有八士賢人在虞官矣○傳刑法至御迎○正義曰刑法釋詁文無夫曰寡妻今有夫施法於之明寡非無夫之稱故以爲少適妻唯一故言寡也釋詁云迓迎也但書傳諸御字亦得爲迓故毛讀爲迓訓之爲迎王肅云以迎治天下之國家○箋寡妻至御事○正義曰以上言大姒之賢今言寡妻當是賢之意故以爲寡有之妻言其賢也鄭讀御爲馭以御者制治之名故爲治也易傳者言迎於家邦則於義不通若如王肅之言則是横益治字故鄭讀爲馭訓爲治也以禮法接待其妻明化自近始是正己身以及天下之身正己妻以及天下之妻正己之兄弟以及天下之兄弟天下皆然則無所不治從妻而言至於兄弟爲首尾之次爲以此待妻及兄弟之法又能爲政治於家邦使之皆如已也言家者謂天下之衆家邦者盡境界之所極也引書乃寡兄勗康誥文周公戒康叔謂武王爲寡有之兄也越乃御事大誥文時周公將東征詰於治事之臣也引此二事證寡爲少有御宜爲治也雝雝在宮。肅肅在廟。雝雝和也肅肅敬也箋云宮謂辟廱宮也羣臣助文王養老則尚和助祭於廟則尚敬言得禮之宜○辟必亦反下同廱於容反○不顯亦臨。無射亦保。以顯臨之保安無猒也箋云臨視也保猶居也文王之在辟廱也有賢才之質而不明者亦得觀於禮於六藝無射才者亦得居於位言養善使之積小致高大○射毛音亦猒也鄭食夜反射藝猒於豔反下同一本作保安也射猒也非肆戎疾不殄。烈假不遐。肆故今也戎大也故今大疾害人者不絕之而自絕也烈業假大也箋云厲假皆病也瑕已也文王於辟廱德如此故大疾害人者不絕之而自絕爲厲假之行者不已之而自已言化之深也○烈毛如字鄭作厲力世反又音賴假古雅反瑕音遐遠也鄭古雅反行下孟反下皆同○【疏】雝雝至不瑕○毛以爲文王之德行雝雝然甚能和順在於宮家之宮其容肅肅然能恭敬在於先祖之廟言文王治家以和事神以敬其德如是豈爲不顯乎言其顯也亦以此顯德而臨之於民上文王旣以顯德臨民美其所爲無有厭其德者亦皆安而行之言民安文王之德無厭倦也由人安之如此故今大爲疾害人之行者豈不止絕乎言其止絕也王之功業廣大豈不長遠乎言長遠也以惡人皆消故王業遠大是其聖也○鄭以爲此與下章連上二句先言在宮在廟卒二句又揔結此二事言文王布行善政羣臣化之皆善其羣臣雝雝然尚和順者乃助養老而在辟廱宮也肅肅然尚恭敬者乃助祭在王宗廟也文王之臣養老則和祭祀則敬是得禮之宜矣又言文王之臣所以助養老而和以文王養進之故也文王之在辟廱其羣臣有賢才之質而不明達者亦得臨而觀其禮有德藝之美而無射才者亦得助而居於位是樂人之善養之使成故助養老者皆尚和也文王之在辟廱其德如此天下樂其德而民自化故今大爲疾害於人者不絕之而自絕爲厲惡病害人之行者不已之而自已言感化之深是文王之聖也○箋宮謂至之宜○正義曰鄭以此章次二句皆有二亦其文如一此二文之下言肆肆訓爲故今是緣上事之辭則此再言亦者亦此之事也而別文陳之是行化有二處矣下言行化有二處則此在宮在廟爲下事之揔目廟是祭祀則宮是養老何者祭祀養老是相對之事故樂記云祀乎明堂

以教諸侯之孝食三老五更於太學以教諸侯之悌也注云文王之廟爲明堂制是相對之事也樂記云養老於太學王制說太學天子曰辟廱則辟廱是養老之宮矣故宮謂辟廱宮也又以下言所化之事明此有所化之人故知爲羣臣助者不是文王之身也養老申慈愛之意故尚和祭祀展肅敬之心故尚敬所施各稱其事故言得禮之宜也此詩美文王之聖而言及羣臣者以臣下感化上能敬和則文王之身以和可知故舉輕以明重也○傳以顯至無厭○正義曰言以顯臨之反其言以不顯爲顯則是文王之身以顯道臨民也言安無猒也是民安君德無猒倦也上句言君臨下而下句言民化上自相成也定本云保安射猒也○箋臨視至高大○正義曰臨視釋詁文以自保守者是安居之義故云保猶居也箋以此及下章有二肆之文分爲二事是則然矣而必知此爲在宮下爲在廟者以上文在宮在廟先行禮養老而於祭祀射不中者不得與於祭養老則可容之此不言無射亦保故知在辟廱時也以聖人行禮必擇賢而與之不得有愚劣之人故知不顯是有賢才之質而不明者也人性不同固容多品或內敏而外訥或貌懦志強故有賢才之質而不明者亦得觀於禮於六藝之伎射爲其一人之所有不可皆善於六藝無射才者亦得居於位此人行未周備所以令居位觀禮者文王志在養善使之積小以成高大故也行葦亦養老之詩而曰序賓以賢而以射中多少爲次第此無射才而得居位蓋其位又在少中者之下也且此美文王之養善或當特通許之不必常法觀禮居位一也因人之別而異其文耳此言養善以成高大下云使人器之不求備者因此是養老之事故云養之使成祭非長養之名故言使之如器皆是捨短而取長遺惡而收善義亦一也積小致高大易升卦象辭○傳肆故至假大○正義曰肆故今戎大烈業假大皆釋詁文言大疾害人者不絕之而自絕則亦反其言也○箋厲假至之深○正義曰鄭讀烈假爲厲瘕故云皆病也說文云厲惡疾也或作癘瘕病也是厲瘕皆爲病之義也定本及集注皆云厲疫病也不訓瘕字義不得通瑕已釋詁文以厲瘕不瑕與肆戎疾不殄相配故知厲瘕亦是病人之事殄旣爲絕則瑕當爲已不然則二文不類且傳以烈假不瑕爲業大不遠文辭不次故易之也以文王在辟廱行禮羣臣和睦雖在外遠人亦隨流而化故病害人者不絕之而自絕爲厲瘕之行者不已之而自已言化之深也此謂在野遠人改惡爲善非謂助行禮者改惡行也何則文王之朝豈有病害人者輒得入之而待行禮乃變也○不聞亦式。不諫亦人。言性與天合也箋云式用也文王之祀於宗廟有仁義之行而不聞達者亦用之助祭有孝悌之行而不能諫爭者亦得入言其使人器之不求備也○弟音悌亦作悌諫爭爭鬬之爭也○肆成人有德。小子有造。造爲也箋云成人謂大夫士也小子其弟子也文王在於宗廟德如此故大夫士皆有德子弟皆有所造成○古之人無斁。譽髦斯士。古之人無猒於有名譽之俊士箋云古之人謂聖王明君也口無擇言身無擇行以身化其臣下故令此士皆有名譽於天下成其俊乂之美也○斁毛音亦猒也鄭作擇髦俊也一本此下更有古之人無猒於有譽之俊士也此王肅語令力成反乂音刈○【疏】不聞至斯士○毛以爲言文王之聖德自生知無假學習不聞人之道說亦自合於法不待臣之諫諍亦自入於道言其動應規矩性與天合以此聖德教化下民故今周國之成人者皆有成德其小子未成人者皆有所造爲言長者道德已成幼者有業學習也此成人小子所以得然者以古昔之

聖人有德之君王皆無猒於有名譽髦俊之此士今文王性與古合亦好之無猒故成人小子皆學爲髦俊也○鄭以爲文王之在宗廟其羣臣有仁義之行而不聞達者亦得用之以助祭有孝悌之行而不能諫諍者亦得[illegible]人不求備樂成長也文王之祭宗廟取[illegible]莫不自勵故今巳長而成人者謂其大[illegible]矣小子未成人者謂大夫之子弟亦皆[illegible]矣言成人小子俱得就也所以得然者[illegible]身無所擇謂口無擇言身無擇行也以[illegible]之有名譽而爲髦俊之士此言文王同[illegible]成人小子皆有成德也○傳言性與天[illegible]與天合則是說文王之身式訓爲法也[illegible]合於法無諫者而自入於道也然則唯[illegible]天合若賢智者則須學習不能無過聞[illegible]箋式用至求備○正義曰式用釋言文[illegible]明有不聞之短而有所行之長故知有[illegible]者亦用之也仁義之行行之美者尚能[illegible]聞達者仁義行之於心聞達習之於學[illegible]不長論語子夏說人有四行雖曰未學[illegible]不學而能行仁義也有孝悌之行而不[illegible]長不諫爲短也論語云孝悌而好犯上[illegible]有不能者矣亦得入廟言使人當如器[illegible]具焉上言賢才之賢此言仁義之行者[illegible]施仁之稱事在外內故質行異文此言[illegible]不責其備言其意通容此人使助行禮[illegible]也而孫鯀云文王選士擇賢但當取不[illegible]不能諫諍令之居位助祭其意謂文王之[illegible]難矣鯀謂人行不備不得在朝是欲使文[illegible]求備也○傳造爲○正義曰釋言文有爲[illegible]虛廢也王肅云文王性與道合故周之成[illegible]未成皆有所造爲進於善也○箋成人至[illegible]以此爲助祭所化則成人者助祭之人故[illegible]是後生未成之名故以爲子弟謂大夫之[illegible]祭而化故爲皆有厚德子弟有造成言其[illegible]時已成也○傳古之至俊士○正義曰此[illegible]人則皆謂前世聖君非文王也但文王與[illegible]言文王性與古合○箋古之至之美○正[illegible]則亦謂古昔之人非文王之身也口無擇[illegible]文也箋不言字誤則此經本有作擇者也[illegible]可擇化其臣下亦使之然臣下亦使之然[illegible]擇言自然有名譽成俊士矣

思齊四章章六句故言五章章六句

三章章四句

毛詩注疏校勘記（十六之三）　阮元撰盧宣旬摘錄

○棫樸

樸枹木也　小字本相臺本同案釋文云枹木必茅反正義云釋木云樸枹者孫炎曰樸屬叢生謂之枹以此故云樸枹木也是正義本作枹釋文本作[illegible]爾雅字從手當以釋文本爲長也於經[illegible]謂苞積○按抱者枹之譌文枹者苞之[illegible]言包裹然舊校非

豫斫以爲薪 相臺本同閩本明監本毛本同小字本斫作斬案釋文云斬一本作斫正義云故云豫斫又云是豫斫也是其本作斫

乃命取秩薪柴〔補〕閩本明監本毛本同案取當作收

奉璋峨峨 唐石經小字本相臺本同閩本明監本毛本峨峨作峩峩注及正義中字同案峨峨是也釋文說文爾雅皆可證

王肅云○本有圭瓚者 閩本明監本毛本○誤一案此有餘文耳

大宗伯執璋瓚亞祼是也 閩本明監本毛本同案伯衍字也當在下錯入於此浦鏜云記文無伯字是也

此及祭統言大宗者 閩本明監本毛本宗下有伯字案有者是也十行本錯在上文

舍人曰峨峨奉璋之祭 閩本明監本毛本祭誤貌

淠彼涇舟 唐石經小字本相臺本同毛本同閩本明監本淠誤渒注及正義中字同

未有周禮周禮五師爲軍 小字本相臺本同考文古本亦同閩本明監本毛本誤不重周禮二字

又出征伐之事〔補〕毛本出作此

追彫也 閩本明監本毛本同小字本相臺本彫作雕下同案釋文雕都挑反正義標起止云追彫是二本不同也彫雕古同用字

以罔罟喻爲政 小字本相臺本同考文古本同閩本明監本毛本罔誤網

○旱麓

作旱麓詩 閩本明監本毛本同案浦鏜云詩下當脫者字是也

明前已得周祿下 閩本明監本毛本同案周字當在明字

若斬木林 閩本明監本毛本同案浦鏜云材誤林是也

榛以栗而大 閩本明監本毛本同案浦鏜云似誤以大當小字誤以國語注考之是也

織以爲牛筥箱器 閩本明監本同毛本牛作斗按所改是也

箋旱山名 閩本明監本毛本同案名當作之

周語引此一章○乃云 閩本明監本毛本不空案所改非也○當作下

藪澤肆逸民力周盡 閩本明監本毛本同案浦鏜云既誤逸彫誤周考國語浦挍是也

黃金所以飾流鬯也 小字本相臺本同案釋文云黃金所以流鬯也一本作黃金所以飾流鬯也是後人所加正義云定本及集注皆云黃金所以飾流鬯也若有飾字於義易曉則俗本無飾字者誤也段玉裁亦以有者爲長

說文云瑟者 閩本明監本毛本同案此不誤浦鏜云說文作璱無者字非也考說文引詩止作瑟以證璱字從玉瑟正義所見本不誤故但取其如瑟弦之義而云瑟者者字爲下起文殊無取於璱字也釋文瑟下云字又作璱不云說文作璱是矣○按此說甚誤明明引說文玉部璱字下之語安得云瑟者非璱者之誤耶又云說文引詩止作瑟彼亦未見古本有如此者

秬黑黍一秠二米者也 閩本明監本毛本同案此不誤浦鏜云稃誤秠非也此見鄭周禮鬯人注及荅張逸生民正義有明文浦失考之

行步有度 閩本明監本毛本同案浦鏜云止誤步是也

鄭上二句別具箋 閩本明監本毛本白箋字案山井鼎云井是也餘同此見前

一云此祭天也〔補〕通志堂本盧本此作柴各本所附同案柴字是也釋文按勘山井鼎云一字可刪考今說文及小字本所附正無一字

而除其傍草矣 閩本明監本毛本傍誤旁案傍者正義所易之今字餘多同此

延蔓於木之枚本而茂盛 小字本相臺本枚作枝閩本明監本毛本本誤木案枚本是也枚條也本枚也考文古本本字不誤

此經既言依緣先 閩本明監本毛本先下有祖字案所補是也

○思齊

爲相時也 閩本明監本毛本同案山井鼎云時恐睦誤也

無是痛傷 小字本同閩本毛本同相臺本傷下有其所爲者四字案有者是也沿革例云諸本皆無其所爲者四字唯建大字本有之此相臺本所出也考正義云無是痛傷其文王所爲者與上句正義云無是也怨恚其文王所行者正同是正義本自有此四字諸本於其字複出而脫之耳

其將無有凶禍 小字本相臺本同考文古本同閩本毛本凶作殃案釋文云殃本又作凶正義標起止云至凶禍十行本不誤是正義本作凶也毛本改之以合於釋文非

易傳曰 閩本毛本同案浦鏜云曰當者字誤是也

意寧百神 閩本毛本同案浦鏜云億誤意是也

辛男尹侯 閩本毛本同案男當作甲侯當作佚皆形近之譌韋昭云辛辛甲尹尹佚郎本此賈唐注可證也

官謂辟廱宮也 相臺本同閩本明監本毛本同小字本廱作雝案廱字是也釋文可證

保安無猒也 小字本相臺本猒作厭閩本明監本毛本同案猒字是也釋文云保安無猒也一本作保安也射猒也非正義云言安無猒也云云又云定本云保安射猒也是正義本作安無猒也無上保字考此揔爲經無射亦保一句發傳若分訓射保即不得保在射上當以正義本爲長考文古本作射猒也采正義釋文釋●文非字舊脫今補見後考證

箋云厲假皆病也 小字本相臺本同案此正義本也又正義云鄭讀烈假爲厲瘕故云皆病也又云定本及集注皆云厲疫病也不訓瘕字義不得通釋文云烈毛如字業也鄭作厲力世反又音癩病也假古雅反大也於假字下不云毛大也鄭病也是釋文本不訓瘕字與定本集注同也考此箋當云烈假皆病也下箋爲厲假之行者當作爲厲瘕之行者上仍用經字以爲訓下則竟改其字以顯烈假是厲瘕之假借如噫嘻既昭假爾之箋上仍用經字云假至也下則竟改其字云格于上下也是其例矣隸釋唐公房碑用作厲蠱錢大昕潛研堂金石文跋尾云蠱假聲相近是也此所謂以破引之○按訓病則字當作癘經書癘字多譌厲不可勝正

行此化之事也 閩本明監本毛本同案行此當作亦所

上能敬和 閩本明監本毛本上作尙案所改是也

言安無猒也 閩本明監本毛本同案此不誤浦鏜云也當者字誤非也以正義上云言以顯臨之例之可見矣

以上文在宮在廟先行禮 閩本明監本毛本同案先下當有言字

說文云厲惡疾也 閩本明監本毛本惡誤疫○按今說文壯部癘惡疾也可知上下文皆當作癘矣

小子其弟子也 小字本相臺本同案正義云謂大夫之子弟以下子弟字凡四見是作弟子者倒也考文古本作謂其子弟采正義而幷添謂字非也古句中增多之字往往取於正義此不悉出

古之人無斁 唐石經小字本相臺本同案此箋云口無擇言身無擇行正義云箋不言字誤則此經本有作擇者也故不破之釋文云無斁毛音亦猒也鄭作擇考此字自作斁箋以斁爲擇之假借直於訓釋中竟改其字以顯之其例與可以樂飢箋中竟改爲療既匡既勑箋中竟改爲匡之屬同也釋文所說是矣正義不得其例呂氏讀詩記引董氏曰韓詩作擇經義雜記云此竊取鄭箋是也其讀正義有誤見下

古之人無猒於有名譽之俊士 小字本相臺本同案此正義本也正義標起止云傳古之至俊士其以下云云皆解此文也釋文云斁毛音亦斁也髦俊也一本此下更有古之人無斁於有譽之俊士也此王肅語二本不同觀釋文此下更有之語則其本當有斁猒也髦俊也之傳以古之人以下爲王肅申毛如此當有所據也經義雜記不得其理乃以釋文別爲毛作音爲過又以爲正義釋傳亦無此文未詳今本所出皆非也○按髦俊也見上棫樸傳斁猒也郎見本篇三章傳未必此又出傳傳例簡嚴複者甚少陸氏用王氏之述毛者爲之訓耳其云此下者謂此經文之下舊挍非也

上言賢才之賢 閩本明監本毛本同案下賢字浦鏜云質誤是也

行則施仁之稱 閩本明監本毛本同案仁當作行形近之譌

化其臣下亦使之然臣下亦使之然臣下亦能無擇行擇言 閩本明監本毛本不重臣下亦使之然六字案此十行本復衍

故言五章章六句 閩本明監本毛本同唐石經小字本相臺本章六句上有二章二字考文古本同案有者是也

附釋音毛詩注疏卷第十六（十六之四）

毛詩大雅　鄭氏箋　孔穎達疏

皇矣。美周也。天監代殷莫若周。周世世脩德。莫若文王。監視也天視四方可以代殷王天下者維有周爾世世脩行道德維有文王盛爾○皇矣一本無矣字天監代殷莫若周絕句周世世脩德一讀莫若周世絕句周世世脩德爲一句一本無下一世字義竝通崔集注莫若周也世世脩德王天下往況反下追王當王同〔疏〕皇矣八章章十二句至文王○正義曰作皇矣詩者美周也以天監視善惡於下就諸國之內求可以代殷爲天子者莫若於周言周最可以代殷也周所以善者以天下諸國世世脩德莫有若文王者也故作此詩以美之也定本皇下無矣字莫若周又無於字詩之正經未有言美而此云美者以正詩不嫌不美故不言所美之君此則廣言周國故云美周也此實文王之詩而言美周者周雖至文王而德盛但其君積世行善不獨文王以經有大伯王季之事故言周以廣之也經八章上二章言天去惡與善歸就於周是莫若文王也三章四章言大伯王季有德福流子孫是世世脩德也五章以下皆說文王之事首尾皆述文王於中乃言父祖文不次者本意主美文王代殷故先言之欲見世脩其德故上本父祖於下復言文王所以申成上意故不次耳○箋天視至盛耳○正義曰世世脩行道德周自后稷以來莫不脩德祖紺以上公劉最賢公劉以下則不及公劉至大王王季德父益盛今據文王而言世世脩德則近指文王所因不是遠論上世其世之言唯大王王季耳論語注云周自大王王季文王武王賢聖相承四世是相承不絕唯大王以下大王王季大賢至文王睿聖賢聖相承莫之能及故云唯有文王最盛也湯以孤聖獨興禹則父無令問文王之德不劣禹湯而以承藉父祖始當天意者但周以積世賢聖乃有成功欲見尊祖之心美其世世脩德不必實由之也若然此序言世世脩德莫若文王則是文王既聖之後始當天意經云憎其式廓乃眷西顧又是紂惡之後始就文王昔堯受河圖已有昌名在錄嚳卜四妃豫知稷有天下則周之代殷兆彰上世而此詩所述唯此文王何也帝王神器寶有大期殷之存亡非無定筭但興在聖君滅由愚主應使周興故讖茲睿聖應使殷滅故生此愚主斯則受之於自然定之於冥運天非既生之後方始簡擇比校善惡乃欲迴心但詩人抑揚因事發詠假言天意去惡與善歸美文王以爲世教耳

皇矣上帝。臨下有赫。監觀四方。求民之莫。皇大莫定也箋云臨視也大矣天之視天下赫然甚明殷紂之暴亂乃監察天下之衆國求民之定謂所歸就也

維此二國。其政不獲。維彼四國。爰究爰度。二國殷夏也彼彼有道也四國四方也究謀度居也箋云二國謂今殷紂及崇侯也正長獲得也四國謂密也阮也徂也共也度亦謀也殷崇之君其行暴亂不得於天心密阮徂共之君於是又助之謀言同於惡也○政加字政政教也鄭作正正長也究九又反度待洛反篇內皆同夏戶雅反下文長夏并注同長張丈反篇內皆同共音恭下同行下孟反

上帝耆之。憎其式廓。乃眷西顧。此維與宅。耆老也廓大也憎其用大位行大政顧西土也宅居也箋云耆老也天須假此二國養之至老猶不變改憎其所用爲惡者浸大也乃眷然運視西顧見文王之德而與之居言天意常在文王所○耆巨夷反郭苦霍反又如字本又作廓眷本又作睠又作券竝音卷同假戶嫁反本又作暇浸子鳩反〔疏〕皇矣至此維與宅○毛以爲美大矣此在上之天能照臨於下無幽不燭有赫然而善惡分明也見在下之事知殷紂之虐以民不得定務欲安之乃監視而觀察天下四方之衆國欲擇善而從以求民之所安定也言欲以聖人爲主使安定下民維此夏桀殷紂之二國其政不得於民心言使民不得安定也此桀紂二君政雖不得民心身實居天予之位維四方有道之衆國以天命未改之故於是從之謀於是從之居言皆從紂之惡與之謀爲非道也以此之故在上之天於是疾惡此桀紂之不得民心也又憎其用大位行大政得肆其淫虐殘害下民乃從殷都眷然迴首西顧於岐周之地而見文王天意遂歸於此文王維與之居言天常居文王之所使之爲主以定民也此詩之意主於紂耳以紂惡同桀故配而言之○鄭上四句與毛同言天之視下見此衆紂崇侯二國之君其爲下民之長所行暴亂不得於天心維彼密阮徂共之四國於是亦助之謀慮於是亦助之計度言其同惡相黨共行虐政也此殷崇二國政雖不得天心天猶冀其變改故在上之天養而老之二國遂不知變天乃憎其所用爲惡者漸更浸大乃眷然迴首西顧見此文王之德維與之居處也○傳皇大莫定○正義曰釋詁云皇君也君亦大之義故爲大也莫定釋詁文○箋大矣至歸就○正義曰深美其事故云大矣爲美歎之辭監察天下衆國之中選明君以爲天下之主主明則民定觀其能定民者欲歸就之○傳二國至度居○正義曰敘言天監代殷則二國當論紂事一紂而言二國則是取類而言故以二國爲殷紂夏桀也紂既喪殷桀亦亡夏其惡既等故配而言之猶嵩高之美申伯而及甫侯也二國言此四國言彼此既爲惡則彼當爲善故言彼彼有道也桀紂身爲天子明所從者非法四國故爲四方有道之國也究謀釋詁文以王者度地居民故以度爲居也桀紂身爲天子制天下之命維是有道之國皆服而從之與之謀爲非道故王肅云彼四方之國乃往從之謀往從之居其泰亡家語引此詩乃云紂政失其道而執万乘之勢四方諸侯固猶從之謀度於非道天所惡爲傳意當然也文王三分天下有其二所以得有四方之國從紂謀居者此說紂之初惡文王未與也下云憎其用大位行大政由其諸侯從之故言政位大耳若天下怨叛之後無復大位大政天意何以憎之以此知毛氏之意從之謀謂未叛時也孫毓云天觀衆國之政求可以代殷之人先察王者之後故言商而及夏夏者夏禹之世時爲二王之後者不得追斥桀也桀亡國六百餘年何求於將代殷而惡之乎或以毓言爲毛義斯不然矣天求代殷之人當觀可代之國一姓不再興亡國不再王先察王者之後欲何爲哉武王伐紂封夏后氏之後於杞則殷之末年夏後絕矣天安得而觀之周封夏後於杞殷後於宋國名異於代號然處殷世夏後不必稱夏若毛意必爲夏後則何所案據而謂之夏也此以桀配紂其言指以惡紂不惡桀何須校計年世責其追惡桀也若年世久遠不得復言則甫侯穆王時人何當言以配申也○箋二國至於惡○正義曰箋以此詩陳事上下相成七章云以伐崇墉不言崇罪則罪狀於此見之即不獲是也敘云代殷下言伐崇故知二國謂今紂與崇侯虎也正長釋詁文謂二國之君爲民之長也定九年左傳云得用焉曰獲是獲爲得也五章云密人不恭侵阮徂共也說文王之伐四國謂密阮徂共四國違義見伐則是與紂同謀故知四國謂密阮徂共也度謀釋詁文殷崇之君其行不得於天心四國又助之與謀言其同惡故下章而伐之崇侯乃是人臣而得與紂稱爲二國者紂乃亡國之主可以同之崇侯也何則大誓曰獨夫紂謂紂爲獨夫非復爲天子也書敘云繼公子祿父以祿父爲公子則同紂於國君也平王天命未改黍離列於國風春秋周鄭交質君子謂之二國是紂與崇侯可稱二國也二國四國彼此異文者猶彼有遺秉此有滯穗作者便文无他義也下云密人不恭箋以爲拒義兵而得罪不言與紂同謀此言四國皆助之謀者正以文王舉義密人敢拒亦既拒義不從明其與紂同惡故助之謀焉○傳耆惡至宅居○正義曰耆者老也人皆惡已之老故耆爲惡也王肅云惡桀紂之不德也肅於此仍連桀紂言以桀紂行同自此以上其文皆可兼桀雖文可兼之意不惡桀也廓大釋詁文憎其用大位行大政以四方從之謀居是爲大也以西鄰而顧故知西土謂從殷都而望岐周也天氣淸虛本無首目而云西顧者作者假爲與奪之勢託而言之耳宅居釋言文○箋耆老至王所○正義曰以憎已是惡故耆不爲惡礼稱六十曰耆是耆爲老也須待也天以二國雖惡猶待其改悔而閒暇優緩未即憎惡至老猶不變改上天始憎惡之其所用爲惡者止謂暴虐之政也浸大者其惡漸更益甚也天无形可居假稱意耳故云言天意常在文王所也言須暇者多方云天維五年須夏之子孫注云夏之言暇天覬紂能改故待暇其終至五年欲使復傳子孫五年者文王八年至十三年也彼言須暇謂武王時須暇紂而未殺此則須暇而未惡之其意既同故引以爲說多方及此箋以爲天須暇之戎應云作靈臺緩優暇紂以爲文王須暇之者文王知天未喪殷故不伐紂據人事而爲說亦是文王須暇之也文王之時紂實未滅言其須暇可矣崇侯尋即見伐二國竝言須暇者亦雀命云崇尊首則爲惡久矣受命六年始滅亦是天須暇之此須暇者亦敔教之言因其未滅假以言之耳

作之屏之。其菑其翳。脩之平之。其灌其栵。啟之辟之。其檉其椐。攘之剔之。其檿其柘。木立死曰菑自斃爲翳灌叢生也栵栭也檉河柳也檿山桑也箋云天既顧文王四方之民則大歸往之岐周之地險隘多樹木乃競刊除而自居處言樂就有德之甚○屏必領反除也菑本又作留側吏反又音緇韓詩云反草也翳於計反爾雅云木自斃神蔽者爲翳郭云相覆蔽韓詩作殪云因也因高塡下也神音申灌古亂反栵音例又音列辟嫓亦反沈必亦反檉勑丁反椐羌居反字林紀庶反又音舉攘如羊反剔他歷反檿或作勫又作欄同反糜字林烏簟反嫓本或作欐必世反栭音而舍人注爾雅云江淮之間呼小栗爲栭栗樻去愧反又去軌反何音匱草木疏云節中腫以扶老即今靈壽是也今人以爲馬鞭及杖險於懈反刊苦干反○

帝遷明德。串夷載路。從就文王之德也串習夷常路大也箋云串夷即混夷西戎國名也路應也天意去殷之惡就周之德文王則侵伐混夷以應之○串古患反一本作患或云鄭音患混音昆瘠在昔反詩本皆作瘠孫毓評作應後之解者僉以瘠爲誤應應對之應下應和同

天立厥配。受命既固。配媲也箋云天既顧文王又爲之生賢妃謂大姒也其受命之道已堅固也○〔疏〕作之至既固○毛以爲天既顧文王於是四方之民大歸往之周地險隘多競共刊除以爲田宅其攻作之者其爲屏除之者其爲菑翳木之所也修理之平治之者其爲灌木其爲栵木之處也啟拓之開闢之者其爲檉木其爲椐木之地也攘去之剔翦之者其爲檿木其爲柘木之材也各各刊除材木以自居處

是樂就有德之甚也帝所以從就文王之明德而顧之者以其世世習於常道則得居是大位也天既顧而就之又爲生賢女立之以爲妃令當佐助之內有賢妃之助其受命之道既堅固也言天助自遠非始於今也此作之屏之四等而爲此入文者以其險隘多樹故頻擧木名因此用功之事配之使其義得相通以用功作爲殺木屏去故先言作之屏之殺木之處有其坑坎須修理平治故言修之平之平治其地必開拓使廣故言啟之闢之畔上更有材木須攘除翦剔故言攘之剔之設文雖別意以相通鄭唯串夷載路爲異以天意從就周之明德是天去惡與善文王以天之去惡如是其患中國之混夷文王則侵伐之以應天意以天去惡故已亦伐惡以應之餘同○傳木立至山桑○正義曰釋木云立死畱斃者翳李巡曰以當死害生曰畱斃死也郭璞曰翳樹蔭翳覆地者也然則以立死之木妨他木生長爲木之害故曰畱也自斃者生禾自倒枝葉覆地爲蔭翳故曰翳也爾雅直云斃者傳以其非人斃之故曰自斃釋木又云灌木叢木李巡曰木叢生曰灌木是灌叢生栵栭檉河柳椐樻檿山桑皆釋木文郭璞曰栵樹似槲樕而庳小子如細栗今江東呼爲栵栗陸機疏云葉如榆也木理堅韌而赤可爲車轅某氏云河柳謂河傍赤莖小楊也陸機疏云河傍皮正赤如絳一名兩師枝葉似松孫炎曰積腫節可以作杖陸機疏云節中腫似扶老今人以爲馬鞭及杖弘農共北山甚有之郭璞曰檿桑柘屬材中爲弓冬官考工記云弓人取幹柘爲上檿桑次之○傳徙就至路大○正義曰毛讀患爲串串習夷常路大皆釋詁文王肅曰天於周家善於治國徙就文王明德以其由世習於常道故得居是大位也○箋串夷至應之○正義曰鄭以詩本爲患故不從毛采薇序曰西有混夷之患是患夷者患中國之夷故患夷則混夷也出車云薄伐西戎是混夷爲西戎國名也書傳作畎夷蓋畎混聲相近後世而作字異耳或作犬夷犬卽畎字之省也路之爲應更無正訓鄭以義言之耳正以天就文王明德文王則伐混夷是伐混夷者所以應天意故以路爲應也本或誤作瘠孫毓載箋爲應是本作應也定本亦作應天既去殷之惡文王亦當去惡故伐混夷以應之順帝之則此之謂也此伐混夷則書傳云四年伐畎夷是也文王之伐多矣獨言混夷者作者意所欲言无他義也○傳配媲○正義曰妃字音亦爲配釋詁云妃媲也某氏曰詩云天立厥妃是毛讀配爲妃故爲媲也是爲妻之配夫意與鄭合○箋天既至堅固○正義曰此天立厥配與大明天作之合其文相類故知立其配者爲生賢妃謂大姒也天爲生妃卒得其助妻賢夫聖當於天心則上天之命不復移動故受命之道已堅固也

帝省其山。柞棫斯拔。松柏斯兌。兌易直也箋云省善也天既顧文王乃和其國之風雨使其山樹木茂盛言非徒養其民人而已○省昔井反拔蒲貝反兌徒外反易以豉反下施易同

帝作邦作對。自大伯王季。對配也從大伯之見王季也箋云作爲也天爲邦謂興周國也作配謂爲生明君也是乃自大伯王季時則然矣大伯讓於王季而文王起○大音泰注大伯皆同

維此王季。因心則友。則友其兄。則篤其慶。載錫之光。因親也善兄弟曰友慶善光大也箋云篤厚載始也王季之心親親而又善於宗族又尤善於兄大伯乃厚明其功美始使之顯著也大伯以讓爲功美王季乃能厚明之使傳世稱之亦其德也○著珍慮反傳直專反○

受祿無喪。奄有四方。喪亡奄大也箋云王季以有因心則友之德故世世受福祿至於覆有天下○

【疏】帝省至四方○毛以爲言天顧文王之深乃和其國之風雨善其國內之山使山之所生之木柞棫拔然而枝葉茂盛松柏之樹兌然而材幹易直言天之恩澤乃及其草木非徒養其民人而已既人物蒙養天又爲之興作周邦又爲之生明君以作其配是乃自大伯王季之時已則然矣既上本大伯王季因說王季之德維此王季有因親之心則復有善兄弟之友行言其有親親之心復廣及宗族也則以此友兄弟之行尤友善其兄大伯謂善爲周君稱其讓意是善大伯也由其稱兄之故則天厚與其善則光錫之大位使其子文王王有天下此文王之有天下由王季受此福祿无所喪亡故至其子孫而大有天下之四方也鄭唯下四句爲異言王季尤善於大伯始厚明其大伯之功美始使之讓事顯著言其善於爲君福流後葉令大伯讓功偏得彰顯也以王季有此德之故故能受天福祿无復有喪亡之時至於子孫而覆有天下四方也○傳兌易直○正義曰易直者謂少節目滑易而調直亦言其茂盛也○箋省善○正義曰釋詁文○傳對配至王季○正義曰傳以言周世世脩德須論王季而已令并言大伯故解其意從大伯之見王季謂見其生聖子而讓之故王季得爲君而修德是以本之於大伯也王肅曰大伯見王季之生文王知其天命之必在王季故去而適吳大王沒而不返而後國傳於王季周道大興故本從大伯讓與王季是解見王季之意也釋詁云妃對也則對是相配之義故爲配也○箋作爲至王起○正義曰作爲釋言文興周國謂使之爲天子之邦生明君謂生文王也國當以君治之故言作配此事乃在大伯王季之時已則然矣實至文王乃興而云大伯時者由大伯讓於王季而文王得起是興國生君在大伯之時也○傳因親至光大○正義曰周禮六行其四曰姻注云姻親於外親是因得爲親也善兄弟曰友釋訓文福慶是善事故爲善光是明大故爲大王肅云王季能友稱大伯之讓意則天厚與之善錫文王之大位也○箋篤厚至其德○正義曰篤厚釋詁文又哉始也哉載義同故亦爲始友者善兄弟之名而言善於宗族者以下言則友其兄是友其親兄明上則友之文可以遠及宗族見王季孝友之心廣也言厚明其功美始使之顯著大伯以王季爲賢故讓之若王季不賢則讓功不顯由王季能稱大伯之心見大伯爲知人達命名傳後世由王季德然故言厚明其功美始使之顯著也如箋之言錫爲與義與之卽是使與之故云使也大伯以讓爲功美王季能厚明之使傳之後世共稱誦之此亦其王季之德故說王季之美言其能明大伯也論語稱大伯三以天下讓民无得而稱焉注云三讓之美皆蔽隱不著此言傳世稱之者孔子欲深賢大伯恨世人不知非是舉世皆不知也易傳者以上言大伯此言友兄下卽言此二句明還是其兄之事故易之○傳奄大○正義曰釋言云荒奄也孫炎曰荒大之奄是荒奄俱爲大義故云奄大也奄亦是覆蓋之義故箋以爲覆有天下○

維此王季。帝度其心。貊其德音。其德克明。克明克類。克長克君。心能制義曰度貊靜也箋云德正應和曰貊照臨四方曰明類善也勤施无私曰類教誨不倦曰長賞慶刑威曰君○貊本作貊武伯反左傳作莫音同韓詩同云莫定也施始豉反○

王此大邦。克順克比。慈和偏服曰順擇善而從曰比箋云王君也王季稱王追王也○王如字徐于況反比必里反偏音遍○

比于文王。其德靡悔。經緯天地曰文箋云靡无也王季之德比于文王无有所悔也必比于文王者德以聖人爲匹

既受帝祉。施于孫子。箋云帝天也祉福也施猶易也延也○祉音恥

【疏】維此至孫子○毛以爲既言王季明大伯之功故又言王季之德言維此王季之身爲天帝所祜天帝開度其心令之有揆度之惠也又安靜其德教之善音施之於人則皆應和其德又能有監照之明又能有勤施无私之善又能教誨不倦有爲人師長之德又能賞善刑惡有爲人君上之度既有君人之德故爲君王於此周之大邦其施教令能使國人偏服而順之既爲國人順服則功德有成能擇人之善者從而比之言其德可以比上人也以此王季之德比於經緯天地文德之周王其德无爲人所悔恨者言文王之德不爲人恨而王季可以比之王季賢德之大能比聖人以此之故既受天之祉福延於後之子孫福及於後故文王得受之而起○鄭唯其德靡悔爲異言以王季之德比於文德之王其此王季之德人无有悔以爲不應比之者言王季可與聖人爲匹也餘同此章文次如此者以德皆天之所授先言帝度其心明以下皆蒙帝文也德由心起故先言心能度物心既能度然後能施爲政教故次貊其德音言其政教清靜也爲君所以施政教故先言政能清靜乃論身內之德故後言能明能善其明與善還是德音之事施之於人有照臨之明勤施之善耳必能施而无私可以爲人君長故次克長克君長卽師也學記曰能爲師然後能爲長能爲長然後能爲君故先長後君也既言堪爲人君卽說爲君之事故言王此大邦也既爲大邦之君能使國民順服故次克順也民順德成可以比方上人故次克比也可以比善卽比之文王其德可比文王其澤流及子孫故言帝祉以結之帝祉卽此授以九德令誕生聖人是也重言克明者疊之以足句猶下我陵我泉耳○傳心能至貊靜○正義曰此傳箋及下傳九言曰者皆昭二十八年左傳文彼引一章然後爲此九言以釋之故傳依用焉毛引不盡箋又取以足之此云維此王季彼言唯此文王者經涉亂離師有異讀後人因卽存之不敢追改令王肅注及韓詩亦作文王是異讀之驗心能制義者服虔云心能制事使得其宜言善揆度事也左傳樂記韓詩貊皆作莫釋詁云貊莫定也郭璞曰皆靜定也義俱爲定聲又相近讀非一師故字異也定是靜義故云貊靜杜預云莫然清靜取此傳爲說也○箋德正至曰君○正義曰德正卽德音政教是音聲號令也服虔云在已爲德施行爲音發號施令天下皆應和之言皆莫然而定无讙譁也照臨四方者服虔云孫見安危也類善釋詁文勤施无私者杜預云施而无私物得其所无失類也教誨不倦者服虔云教誨人以善不解倦言善長人以道德也賞慶刑威者以賞慶人以刑威物杜預云作福作威君之道也○傳慈和至曰比○正義曰慈和偏服者服虔云上愛下曰慈和中和也爲上而愛下行之以中和天下偏服從而順之擇善而從之者服虔云比方損益古令之宜而從之杜預曰比方善事使相從二說皆不得以解此何者彼唯說文王不言比方他人故服杜觀傳爲說此以王季比文王當謂擇善而從以比方之也○箋王君至追王○正義曰王君釋詁文王字多矣獨解此者以王季未得稱王其實君其國耳故辨之云王季稱王追王以其追號爲王故作者以王言之○傳經緯天地曰文○正義曰服虔云德能經緯順從天地之道故曰文杜預云經緯相錯故織成文然則言德能順從天地如織者錯經緯以成文故謂之文也左傳說此九事乃云九德不愆作事無悔言其動合衆心不爲人所恨公劉傳曰民無長歎猶文王之無悔也則毛取左傳之意謂文王之德不爲人恨不得與鄭同也○箋王季至爲匹○正義曰箋以上陳王季之德而以比於文王卽云其德靡悔明是王季之

德堪比文王者以比之時人無所悔者必比季於文王者美王季言其德以聖人爲匹也○王

帝謂文王。無然畔援。無然歆羨。誕先登于岸。

無是畔道无是援取无是貪羨岸高位也箋云畔援猶拔扈也誕大登成岸訟也天語文王曰女无如是拔扈者妄出兵也无如是貪羨者侵人土地也欲廣大德美者當先平獄訟正曲直也○援音袁又于願反鄭胡喚反韓詩云畔援武強也歆許金反羨錢面反誕但旦反拔蒲末反下同字或作跋扈音户

密人不恭。敢距大邦。侵阮徂共。

國有密須氏侵阮遂往侵共箋云阮也徂也共也三國犯周而文王伐之密須之人乃敢距其義兵違正道是不直也○阮魚宛反共音恭注同毛云徂往也共國名鄭云徂共皆國名

王赫斯怒。爰整其旅。以按徂旅。以篤于周祜。以對于天下。

旅師按止也旅地名也對遂也箋云赫怒意斯盡也五百人爲旅對荅也文王赫然與其羣臣盡怒曰整其軍旅而出以卻止徂國之兵衆以厚周當王之福以荅天下鄉周之望○赫虎格反斯毛如字此也鄭音賜按安旦反本又作遏安葛反此二字俱訓止也祜音户鄉本又作嚮許亮反下同○

【疏】帝謂至天下○毛以爲既言文王受福流及子孫故自此以下復說文王之事言天帝告謂文王无是叛道而援取人之國邑无是貪求以羨樂人之土地以是之故能大先天下升於高位因此遂說文王之不妄貪求有密國之人乃不恭其職敢拒逆我大國乃侵我周之阮地遂復往侵於共邑抗拒大國侵其邑境是不恭也密人既不恭如此故文王與其羣臣赫然而盡怒於是整齊其師旅以止此密人往旅地之寇密人侵共復往侵旅故興兵以止其寇也所以必伐密者以厚於周之祜福以遂於天下之心天意福周使興而密人侵之故伐密者所以厚周福也民心皆欲伐密而文王從之是整旅所以遂天下心也言文王上應天意下順民心非爲貪羨妄伐密也○鄭以爲天告語文王曰汝无如是拔扈者妄出兵以征伐汝无如是歆羨者苟貪人之土地汝既不可爲此欲廣大汝之德美者當先平於所欲征者之獄訟獄訟者知彼曲汝直然後伐之文王以此不敢妄出征伐而密須之人乃不恭其職敢拒我大國之徵發其所徵者是侵阮徂共三國之義兵也文王欲侵此三國徵兵於密密人拒而不從是故文王於是赫然與其羣臣怒曰當整其軍旅而出以卻止徂國之師旅以此厚於我周家當王之福以此而應荅天下鄉周之望因密人不恭怒而出兵先往伐徂尋亦伐密○傳無是至高位○正義曰一无然之文而傳分爲二无是者以叛是違道援是引取義異故分之爲二鬼神食氣謂之歆故注讀歆爲貪下論征伐則援取貪羨是國邑土地之事也釋丘云重厓曰岸岸是高地故以喻高位○箋叛援至曲直○正義曰以下用兵征伐此則爲下發端當用兵之事不得爲文王之升位也故言叛援猶拔扈拔扈凶橫自恣之貌漢質帝謂梁冀爲拔扈將軍是古今之通語也誕大登成釋詁文小宛云宜岸宜獄相對是岸爲訟也拔扈是淩人之狀故以妄出兵言之歆羨貪欲之言故以侵土地言之凡征伐者當度已之德慮彼之罪觀彼之曲直猶人爭財賄之獄訟君子不伐有辭故欲廣大其德美者當先平獄訟正曲直知彼實曲然後伐之宜十二年左傳曰師直爲壯曲爲老是師行伐人必正曲直也王肅孫毓皆以帝謂文王者詩人言天謂文王有此德非天教語文王以此事也若天爲此辭誰所傳道然則鄭必以爲天語文王者以下云帝謂文王子懷明德是天之自我也帝謂文王詢爾仇方是教人詢謀也爾我對談之辭故知是天之告語若爲天意謂然則文不類也以文王舉必順天故作者致天之意言天謂文王耳豈須有人傳言之哉若是天謂文王有此德復誰告詩人以天意而得知之也帝謂文王必責誰所傳道則上云監觀四方乃脊西顧豈復有人見其舉自迴首之時毛無別解明與鄭同○傳國有至侵共○正義曰以經直云密人故辨之云國有密須氏定四年左傳曰密須之鼓是也○毛以徂爲往故云侵阮遂往侵共以阮共爲周地爲密須所侵故王肅云密須氏姑姓之國也乃不恭其職敢與兵相逆大國侵周地○箋阮也至不直○正義曰箋以上言四國於此宜爲國名下云徂旅則是徂國師衆故以阮徂共三者皆爲國名與密須而四也四國從紂謀度則並非文王之黨而言侵阮徂共不是彼自相侵明爲犯周而文王侵之也拒大邦之下卽言侵阮徂共則侵阮徂共卽是密須拒周之狀故知文王侵此三國徵兵於密密人拒其義兵也密須紂黨所以文王得徵兵者杜預云密須今安定密縣則在文王統內書傳云文王受命三年伐密須則阮徂共又在伐密之前四年伐混夷仍以天子之命命將率則文王伐此三國之時叛殷之形未著密須在其統內故得徵兵也密須之君雖不達天命亦是民之先覺者也疑周將叛殷故拒其徵發皇甫謐云文王問太公吾用兵孰可太公曰密須氏疑於我我可先伐之管叔曰不可其君天下之明君伐之不義太公曰臣聞先王之伐也伐逆不伐順伐險不伐易文王曰善遂侵阮徂共而伐密須密須之人自縛其君而歸文王謐雖採撫舊文傳會爲說要言疑於伐者未爲顯叛文王得徵兵而不從叛始彰耳三國犯周而文王伐之是義兵也密須敢拒義兵違其正道是不直也上言天使文王先平曲直密須不直故文王伐三國而亦伐密須也王肅云無阮徂共三國孔晁云周有阮徂共三國見於何書孫毓云案書傳文王七年五伐有伐密須犬夷黎邪崇未聞有阮徂共三國助紂犯周文王伐之之事皆以爲無此三國故訓徂爲往鄭必以爲皆國名者正以下言徂旅徂有師旅明徂是國故知三國與密須充上四國之文事在此詩卽成文也於時書史散亡安可更責所見張融云晁豈能具數此時諸侯而責徂共非國也魯詩之義以阮徂共皆爲國名是則出於舊說非鄭之創造書傳七年年說一事故其言不及阮徂共耳書傳亦無玁犹采薇稱玁狁之難復文王不伐之乎鄭之所言非無深趣皇甫謐勤於考校亦據而用之○傳旅師至對遂○正義曰釋詁云旅師俱爲衆也對則爲少多之異散則可以相通故云旅師嫌其止出一旅之人故明之也按止釋詁文彼作按定本及集注俱作按於義是也旅地名則毛意以旅爲周地而言徂者上言侵阮遂往侵共蓋自共復往侵旅以文上不見故於此言之言整師以止密人之往旅地則亦止其往阮共互相見也對遂釋言文王肅云密人之來侵也侵阮遂往侵共遂往侵旅故王赫斯怒於是整其師以止徂旅之寇侵阮徂共文次不便不得復說旅故於此而見焉上曰徂共此曰徂旅又爲周王之所禦其密人亦可知也省煩之義詩人之徵意也傳意或然○箋赫怒至之望○正義曰斯盡釋言文以軍出稱師爲通名今指言旅則唯用一旅之人故云五百人爲旅下箋云小出兵明以德不以衆是鄭意出一旅之人也以對爲荅者以天下心皆鄉已舉兵所以荅之謂荅天下鄉周之望於理爲切故不從遂也

依其在京。侵自阮疆。陟我高岡。無矢我陵。我陵我阿。無飲我泉。我泉我池。

京大阜也矢陳也箋云京周地名陟登也矢猶當也大陵曰阿文王但發其依居京地之衆以往侵阮國之疆登其山脊而望阮之兵兵無敢當其陵及阿者又無敢飲食於其泉及池水者小出兵而令驚怖如此此以德攻不以衆也陵泉重言者美之也每言我者據後得而有之而言○疆居良反注同脊井亦反令力成反重直用反

度其鮮原。居岐之陽。在渭之將。萬邦之方。下民之王。

小山別大山曰鮮將側也方則也箋云度謀鮮善也方猶鄉也文王見侵阮而兵不見敵知已德盛而威行可以遷居定天下之心乃始謀居善原廣平之地亦在岐山之南居渭水之側爲万國之所鄉作下民之君後竟徙都於豐○鮮息淺反又音仙別彼列反

【疏】依其至之王○毛以爲上既言興師伐密遂天下之心此又本密人不義來侵周人怨無之意言密人之來也依止其在我周之京丘大阜之傍其侵自阮地之疆爲始乃升我阮地之高岡周人見其如此莫不怒之曰汝密須之人無得陳兵於我周地之陵此乃我文王之陵我文王之阿無得飲食我周地之泉此乃我文王之泉我文王之池言皆非汝之有不得犯之民疾密須如是故文王遂往伐之征密既勝文王於是謀度其鮮山之傍平泉之地此地居岐山之南在渭水之側背山跨水營建國都乃爲万邦之所法則下民之所歸往言其怒以天下爲心其伐與百姓同欲別起都邑爲万民之王○鄭以爲上言怒而出兵此言征伐之事言文王之所徵發不用多兵但取依居其在京地之衆爲一旅之人以此而往侵自阮國之疆爲始既至阮國乃登我所伐得者阮國之高岡以望之阮國之兵衆纔始望之未嘗交戰而此國之兵莫不驚走無敢當我陵無敢當我阿者無敢飲我泉無敢飲我池者因此而往伐徂共密須皆見之矣既兵不見敵者知已德盛威行可以遷徙都邑安定民心乃始謀居於其善原廣平之地居岐山之南在渭水之側爲万國之所鄉作下民之君王○傳京大阜矢陳○正義曰以密人依之而侵周故爲大阜也釋地云大陸曰阜大阜曰陵李巡曰土地獨高大名阜阜最大爲陵然則大阜爲陵不爲京矣言京大阜者釋丘曰絕高爲之京李巡曰丘高大者爲京然則京亦土之高者與大阜同密人之來則云依京周人怒之則云我陵明京陵一物故以大阜言之也矢陳釋詁文王肅云密人乃依阻其京陵來侵自文王阮邑之疆密人升我高岡周人皆怒曰汝无陳於我陵是乃我文王之陵阿也泉池非汝之有勿敢飲食之○箋京周至而言○正義曰以言依其在京卽云侵自阮疆明以依京之人侵阮故知京周地名陟登釋詁文矢實陳義欲言威武之盛敵不敢當以其當侵而陳故言矢猶當也大陵曰阿釋地文周地廣矣獨言依京故知文王但發其依居京地之衆箋以京爲周地小別名則京是周之所都之邑以其兵少故唯發近民也上言徵兵於密須乃似盡國不足今言少發而足所以前徵兵者益以密人疑之故徵兵以嘗之非爲密須兵也始侵其境而卽登岡故知是望其兵衆始見登高而望卽不敢當陵飲泉而驚散走也文王之所伐者混夷歷年始服崇則再駕乃降於此獨得易者蓋有強弱故難易不同○傳小山至方則○正義曰釋山云小山別大山鮮孫炎曰別不相連也渭是水也居必在傍故以將爲側論語云且知方也謂知礼法此則亦法也故以方爲則也○箋度謀至於豐○正義曰度謀鮮善皆釋詁文以其已鄰岐陽不應復言餘山故以鮮爲善也諸言方者皆謂居在他所人鄉望之故云方猶鄉也必知已德盛威行乃遷居者以威若不行則民情未樂遠方不奏則隨宜而可令威德既行歸從益衆非處廣平之地无以容待四方故知民既復從乃還居要所也文王初遷已在岐山故言亦在岐山之陽是去

舊都不遠也周書稱文王在程作程寤程典皇甫謐云文王徙宅於程蓋謂此也箋嫌此卽是豐故云後竟徙都於豐知此非豐者以此居岐之陽豐則岐之東南三百里耳

帝謂文王。予懷明德。不大聲以色。不長夏以革。不識不知。順帝之則。懷歸也不大聲見於色革更也不以長大有所更箋云夏諸夏也天之言云我歸人君有光明之德而不虛廣言語以外作容貌不長諸夏以變更王法者其爲人不識古不知今順天之法而行之者此言天之道尚誠實貴性自然○見賢遍反○

帝謂文王。詢爾仇方。同爾兄弟。以爾鉤援。與爾臨衝。以伐崇墉。仇匹也鉤鉤梯也所以鉤引上城者臨臨車也衝衝車也墉城也箋云詢謀也怨耦曰仇仇方謂旁國諸侯爲暴亂大惡者女當謀征討之以和協女兄弟之國率與之往親親則方志齊心一也當此之時崇侯虎倡紂爲无道罪尤大也○詢音荀鉤古侯反又古侯反援音爰臨如字韓詩作隆衝昌容反說文作轒轒陣車也墉音容梯他兮反○

【疏】帝謂至崇墉○毛以爲天帝告語此文王曰我當歸於明德以文王有明德故天歸之因說文王明德之事不大其音聲以見於顏色而加人不以年長大以有變革於幼時言其天性自然少長若一不待問而自識不由學而自知其所動作常順天之法則以此故天歸之而使伐崇天帝告語此文王曰其伐崇也當詢謀於女匹已之臣以問其伐人之方和同汝之兄弟君臣既合親戚和同乃以汝鉤援之梯與汝臨衝之車以往伐彼崇城言天意歸就文王故文王於是伐崇也○鄭以爲天帝告語文王曰我之所歸歸於人君而有光明之德而不虛廣其言語之音聲以外作容貌之色又不自以長諸夏之國以變更於王法其爲人不記識古事不學知今事常順天之法而行之如此者我當歸之言文王德實能然爲天所歸崇侯反於此道天使文王伐之天帝告語文王曰當詢謀汝怨偶之傍國覿其爲暴亂大惡者而征討之其征之也當和同汝兄弟之國相率與之而往餘同○傳不大至所更○正義曰此傳質略孫毓云不大聲色以加人○毛以言不以長大有所更則以夏爲大王肅云非以幼弱未定長大有所改更言幼而有天性長幼一行也○箋夏諸至自然○正義曰箋以大爲音聲以作色忿人長大淫恣而改其本性此則中人以上皆免之矣不足以美文王下言伐崇討崇之反道則此經當陳人君之正道不得以夏爲大故以夏爲諸夏虛廣言語以外作容貌謂色取人而行違虛名而不實也不長諸夏以變更王法者謂爲諸侯之長自以身居尊位无所畏憚變亂正法也崇侯與文王俱爲紂之上公是長諸侯也詩意言又无此行則崇侯有之矣故天命文王使伐人之道貴其識古知今此不識古不知今爲美者言其意在篤誠動順天法不待知今識古比校乃行耳不謂人不須知古今也言天之道尚誠實貴性自然者明此經所陳皆是誠實自然之事也變更王法者若虢石父導王爲非崇侯虎倡紂爲无道變亂典刑者也而孫毓以創業改制爲難非其難也○傳仇匹至墉城○正義曰仇匹釋詁文鉤援一物正謂梯也以梯倚城相鉤引而上援卽引也箋云鉤鉤梯所以鉤引上城者墨子稱公輸般作雲梯以攻宋蓋此之謂也臨者在上臨下之名衝者從傍衝突之稱故知二車不同兵書有作臨車衝車之法墨子有備衝之篇知臨衝俱是車也說文云城所以盛民也墉城垣也彼細辨其名耳散則墉亦城也○箋怨偶至尤大○正義曰怨偶曰仇左傳云方者居一方之辭故爲傍國之諸侯以當伐之故皆爲暴亂大惡者紂黨多矣所以獨伐崇者當此之時崇侯虎導紂爲無道之事其罪惡尤大故伐之倡紂爲無道我應文注云倡導也

臨衝閑閑。崇墉言言。執訊連連。攸馘安安。是類是禡。是致是附。四方以無侮。閑閑動搖也言言高大也連連徐也攸所也馘獲也不服者殺而獻其左耳曰馘於內曰類於野曰禡致致其社稷羣臣附附其先祖爲之立後尊其尊而親其親箋云言言猶孽孽將壞貌訊言也執所生得者而言問之及獻所馘皆徐徐以禮爲之不尚促速也類也禡也師祭也無侮者文王伐崇而無復敢侮慢周者○訊音信字又作訙又作誶並同馘古獲反字又作聝字林截耳則作耳傍國首則作首傍類如字本或依說文作禷禡馬嫁反搖如字一音羊照反羣神本或作羣臣孽魚列反又五葛反

臨衝茀茀。崇墉仡仡。是伐是肆。是絕是忽。四方以無拂。茀茀彊盛也仡仡猶言言也肆疾也忽滅也箋云伐謂擊刺之肆犯突也春秋傳曰使勇而無剛者肆之拂猶佹也言無復佹戾文王者○茀音弗仡魚乙反韓詩云搖也說文作忔肆音四拂符弗反王違也刺七亦反佹九委反戾也復扶又反

【疏】臨衝至無拂○毛以爲文王之伐崇也兵至則服無所用武其臨衝之車閑閑然動搖而已不用之以攻敵崇城言言然高大如無所毀壞既伐崇服之則執其可言問者連連然舒徐盡其情而不逼迫也所以當馘左耳者安安然不暴疾也文王之於此行非直弔民伐罪又能敬事明神初出兵之時於是爲類祭至所征之地於是爲禡祭既克崇國於是運致其社稷羣神而來更存祭之於是依附其先祖宗廟於國爲之立後文王伐得其罪行得其法四方服其德畏其威是以無敢侮慢文王者也深美其伐重詳其事言文王臨車衝車茀茀然彊盛崇城佗佗然高大於是用師伐之於是合兵疾往於是殄絕之於是討滅之文王德足撫民威足除惡四方服德畏威無敢違拂文王之志者此天所以用文武伐殷也○鄭唯以臨衝攻城言言佗佗爲將壞之貌伐爲擊刺肆爲犯突爲異餘同○傳閑閑至其親○正義曰以閑閑是臨衝之狀車皆僞之而往故爲動搖言言是城之狀故爲高大傳唯云言言高大不說其高大之意王肅云高大言其無所壞傳意或然若城無所壞則是不戰而得有訊馘者美文王以德服崇不至於破國壞城耳於時非無拒者故得有訊馘馘獲釋詁文攸所釋言文玉藻云聽鄉任左故不服者殺而獻其左耳曰馘罪其不聽命服罪故取其耳以計功也釋天云是類是禡師祭也王制云天子將出類乎上帝禡於所征之地言類乎上帝則類祭祭天也祭天而謂之類者尚書夏侯歐陽說以事類祭之在南方就南郊祭之春官肆師注云類禮依郊祀而爲之是用尚書說爲義也禡之所祭其神不明肆師注云禡師祭也祭造軍法者其神蓋蚩尤或曰黃帝是鄭以無明文故疑之而爲二說也如鄭所說類祭在郊此傳言於內曰類者以禡於所征之地則是國境之外類之雖在郊猶是境內以二祭對文故云於內曰類於外曰禡謂境之外內非城內也致附承類禡之下則亦是敬神之事故知致者致其社稷羣神附者附其先祖爲之立後社稷是崇國之所尊先祖是崇國之所親今使神有所享不絕其祀是文王爲之尊其尊而親其親也致者運轉之辭附者依倚之義以社稷於人無親故以致言之先祖則依其子孫故以附言之崇侯有罪當滅其國所以復得致其羣臣爲之立後者益以崇侯虎身有罪耳其先祖當有大功不當絕祀擇其親賢更爲立後使得奉其宗廟存其社稷也言致則文王致之自近非復舊國當小於舊耳○箋言言至周者○正義曰箋以詩美文王以德服崇若臨衝本所不用則不應言之今詩言衝則是用以攻城故知言佗佗皆是將壞之貌碩人言庶姜孽孽是舉我之容故猶孽孽也徐徐以禮爲之不尚促速明有餘力不急急爲之也僖十九年左傳曰文王聞崇亂而伐之軍三旬不降退修教而復伐之因壘而降則似兵合不戰此云壞城執訊者凡所褒美多過其實此言訊馘必當戰矣益知戰不敵然後乃降彼左傳子魚欲勸宋公脩德故隱其戰事而言其降耳傳不言類禡是祭故辨之云師祭名也崇是大敵伐卽克之故無復敢侮慢周者竟文王之世不復伐國是由無侮故也○傳茀茀至忽滅○正義曰此茀茀亦宜猶上閑閑而云彊盛者以茀茀閑閑文不相類則上言車之動此言車之形故不同也肆與大明肆伐大商文同故以肆爲疾既爲疾伐亦不得與鄭同也王肅云至疾乃威有罪則肅意謂伐之疾傳亦或然忽滅者言忽然而滅非訓忽爲滅也○箋伐謂至文王者○正義曰以是伐之文在崇墉之下故伐謂擊之刺之牧誓曰不愆于四伐五伐乃止齊焉是謂擊刺爲伐也肆謂犯突言犯師而衝突之故引春秋傳爲證也案左傳隱九年云使勇而無剛者嘗寇而速去之文十二年左傳云若使輕者肆焉其可其言皆不與此同鄭以輕者與勇而無剛義同故引之而遂謬也

皇矣八章章十二句

毛詩注疏挍勘記（十六之四）

阮元撰盧宣旬摘錄

○皇矣

皇矣美周也天監代殷莫若周周世世脩德莫若文王　唐石經小字本相臺本同案此釋文本也釋文云皇矣一本無矣字莫若周絕句又云一讀莫若周世絕句周世脩德爲一句一本無下一世字義並通崔集注莫若周也世世脩德正義云定本皇下無矣字莫若周又無於字是正義本較多一於字

維有文王盛爾　小字本相臺本同閩本明監本毛本亦同案爾當作耳正義標起止云至盛耳是其證上維有周爾當亦同考文古本皆作耳采正義

殷紂之暴亂　閩本明監本毛本同小字本相臺本殷上有以字考文古本同案有者是也

其政不獲　小字本相臺本同唐石經政作正案釋文云其政如字政政教也鄭作正正長也正義云其政不得於民心是其本亦作政考此箋云正長也乃以政爲正之假借直於訓釋中改其字以顯之而不言讀爲也例詳前唐石經依改經文未是經義雜記云唐石經原刻作正依鄭本也後改爲政依肅本也今考石經但小損耳未嘗改爲政又於此經之傳多所刪改皆非也此傳本全與鄭異義非由王肅之難其度居也則已見緜傳矣乃云毛公無此訓亦知者之一失

二國殷夏也　小字本相臺本同閩本明監本毛本亦同案釋文以謂夏作音是其本當作謂夏殷也正義云故以二國爲殷紂夏桀也不與釋文本同

耆老也廓大也　閩本明監本毛本同小字本相臺本老作惡考文古本同案惡字是也釋文正義皆

可證涉箋文而譌耳

明所從者非法四國　閩本明監本毛本同案法當作徒形近之譌

其秦亡家語引此詩　閩本明監本同毛本秦作泰案皆誤也當作其奏云謂王肅奏也正義凡四引此及賓之初筵生民卷阿是也經義雜記云此三字當爲衍文者失考耳

也說文王之伐四國　閩本明監本毛本同案浦鏜云也當此字之誤屬下讀是也

檉河柳　小字本相臺本閩本明監本毛本皆下有椐樻也十行本無按此脫耳

以扶老　〔補〕釋文挍勘通志堂本同盧本以作似云舊譌以案似字是也扶老木名可以爲杖亦竹名似扶老謂似扶老之木也樻與扶老木又有不同處故言似陸璣疏正作似扶老

串夷載路　唐石經小字本相臺本同案此釋文本也釋文云串夷古患反毛云習也鄭云串夷混夷也一本作患或云鄭音患正義云毛讀患爲串又云鄭以詩本爲患故不從毛采薇序曰西有混夷之患是患夷者患中國之夷故患夷則混夷也是正義本經作患字與釋文所云一本者正同也

路應也　小字本相臺本同案此正義本也釋文云路瘠在昔反詩本皆作瘠孫毓評作應後之解者僉以瘠爲誤正義云路之爲應更無正訓鄭以義言之耳又云本或誤作瘠孫毓載箋爲應是本作應也定本亦作應今考路露古同字如露寢爲路寢華露爲華路之類孟子是率天下而路也音義云丁張並云路與露同凡物之瘠者多露見故箋云路瘠也謂肯削混夷使之瘠也下箋文王則侵伐混夷以應之云應者揔說串夷載路之應乎帝遷明德也非以應專釋路字孫毓乃涉之而誤後之解者反僉以瘠爲誤失之矣

天立厥配　唐石經小字本相臺本同案傳云配媲也正義云妃字音亦爲配釋詁云妃媲也某氏曰詩云天立厥妃是毛讀配如妃故爲媲也是爲妻之配夫意與鄭合考正義之說是也箋云又爲之生賢妃謂大姒也此申毛以配是妃之假借字直於訓釋中改其字以顯之也釋文云厥配本亦作妃音同注同其亦作本非也乃依箋字改經文耳某氏爾雅注當卽所謂以破引之如引其震孔有之比段玉裁云古多用妃少用配妃是正字配是假借字也配者酒色也今人云配合周秦人云妃合嘉耦曰妃非專謂男女也經文本作妃毛以配合解之鄭以后妃解之改妃爲配自是後人所爲○按段說是毛用釋詁妃媲也非讀配爲妃也

栵而檉河柳　閩本明監本毛本同案山井鼎云而恐栭誤是也

一名兩師　閩本明監本毛本同案浦鏜云雨誤兩是也

則光錫之大位　閩本明監本毛本光作兄案皆誤也當作天

維此王季　唐石經小字本相臺本同案正義引昭廿八年左傳而云此云維此王季彼云維此文王者經涉亂離師有異讀後人因卽存之不敢追改今王肅注及韓詩亦作文王是異讀之驗又左傳正義同段玉裁云樂記注云文王之德皆能如此所見詩亦是維此文王然禮注言文王詩箋言王季說自不同詳詩經小學考毛氏詩自是王季王肅申毛作文王者非經義雜記辨之是矣○按鄭注禮記多用韓詩不用毛詩左傳作文王與韓詩合是可以證三家詩之皆有所受之也

貊靜也箋云　小字本相臺本同案正義云此傳箋及下傳九言曰者皆昭廿八年左傳文彼引一章然後爲此九言以釋之故傳依用焉毛引不盡箋又取以足之段玉裁云此章詁訓本左氏係箋自外誤今正衍箋云二字

慈和徧服曰順　小字本相臺本同案釋文以徧復作音是其本服作復以左傳考之復字非也

教誨人以善不解倦　閩本明監本毛本解誤懈案此依服注文而引之也正義自爲文用懈字

畔援猶拔扈也　小字本同相臺本拔作跋閩本明監本毛本同下及正義中字同案釋文云拔字或作跋考拔跋古字通用但釋文不云本或作跋則此箋自用拔字十行本正義中皆作拔是也閩本以下乃誤改耳

按止也　小字本相臺本同案正義云按止釋詁文彼作按定本及集注俱作按於義是也如其所言非爲異本當有誤也今無可考意必求之或正義本字作按釋文云以按本又作遏知正義本必不作遏者以釋詁按遏兩有若作遏卽不得云彼作按也

毛以爲既言文王受福　閩本明監本毛本同案浦鏜云文王當王季誤是也

箋叛援至曲直　閩本明監本毛本叛作畔案所改是也此標起止仍不易字下故言叛援猶拔扈所改非也

是也○毛以徂爲往　閩本明監本毛本同案浦鏜云衍是也

敢與兵相逆大國　閩本明監本毛本同案浦鏜云相當拒字誤是也

要言疑於伐者　閩本明監本毛本同案浦鏜云我誤伐是也上文可證

有伐密須犬夷黎邗崇　明監本毛本邗誤邦閩本不誤○按作邦作邗皆誤當作邘从邑于聲音況于切今本尚書大傳此字亦誤作邗

爲萬國之所鄉　小字本相臺本同閩本明監本毛本鄉誤嚮案嚮乃正義所易之今字釋文鄉周下云本又作嚮下同當非正義本也考文古本悉改作嚮未是

非爲密須兵也　閩本明監本毛本同案密須當作須密此須者用也非密須之須不知者誤倒之

而驚散走也　閩本明監本毛本同案浦鏜云驚下當脫怖字是也

遠方不奏　閩本明監本同毛本奏作湊案所改是也

我歸人君有光明之德　小字本相臺本同考文古本同閩本明監本毛本歸作謂案我歸者予懷也謂字誤

同爾兄弟　唐石經小字本相臺本同案六書音均表云後漢書伏湛傳作同爾弟兄入韻顧炎武說同考正義云和同汝之兄弟又云當和同汝兄弟之國是其本作兄弟或毛氏詩與伏湛傳所引自不同也

親親則方志齊心一也　毛本同閩本明監本方誤萬小字本相臺本方作多一作壹考文古本同案多字壹字是也

當詢謀汝怨偶之傍國　閩本明監本毛本同案偶當作耦下同

以加人○　閩本明監本毛本同案浦鏜云○衍是也

謂色取人而行違　閩本明監本毛本人作仁案所改非也正義引論語自如此○按舊挍非馬融注可按

詩意言又無此行　明監本毛本又作文王二字閩本剜入案所補是也意字當衍

故天命文王使伐人之道貴其識古知今　閩本明監本毛本人之二字互易案所改是也

箋云鉤鉤梯　閩本明監本毛本同案箋當作故

執訊連連　唐石經小字本相臺本同案詩經小學云釋文字又作誶者誤爾雅訊言也說文訊問也正月出車傳采芑及此箋以言辭問訓訊字與誶訓告義別

於野曰禡　小字本相臺本同案正義云故云於內曰類於外曰禡謂境之外內內非城內也此正義專釋傳內字耳於外曰禡當仍是於野曰禡考文古本采之以改傳作外非也

致致其社稷羣臣　小字本相臺本臣作神閩本明監本毛本同案釋文云本或作羣臣正義本是神字作臣者非也羣神多誤作羣臣如魯語鄭大宗伯注皆然

尊其尊而親其親　相臺本同閩本明監本毛本同小字本無而字案有者是也

說文作忔　〔補〕通志堂本同盧本忔作圪云舊譌忔今改正釋文挍勘云案圪字所改未是也圪是隸省字見九經字樣土部陸但如此作小字本所附作扢扢忔皆形近之譌

此天所以用文武代殷也　閩本明監本毛本同案武當作王此詩無武王也

故不服者殺而獻其左耳耳曰馘　閩本明監本毛本不重耳字案所改是也故下當補云字

所以復得致其羣臣　閩本明監本毛本臣作神案所改是也

碩人言庶姜孽孽是舉我之容　閩本明監本毛本同案是上當有敓文因孽孽字有複出者而脫去也舉我當爲壞城之誤

附釋音毛詩注疏卷第十六（十六之五）

毛詩大雅　鄭氏箋　孔穎達疏

靈臺。民始附也。文王受命。而民樂其有靈德。以及鳥獸昆蟲焉。民者冥也其見仁道遲故於是乃附也天子有靈臺者所以觀祲象察氣之妖祥也文王受命而作邑于豐立靈臺春秋傳曰公既視朔遂登觀臺以望而書雲物爲備故也○靈臺杜預注左傳云靈臺在始平鄠縣今屬京兆府所管昆古門反鄭注禮記云明也蟲直弓反本或作虫非冥亡丁反冥冥無知貌字林云幽也又亡定反祲子鴆反陰陽氣相侵漸成祥觀古亂反下觀臺節觀同［疏］靈臺五章章四句至昆蟲焉○正義曰作靈臺詩者言民始附也文王受天之所命而民樂其有神靈之德以及鳥獸昆蟲焉以文王德及昆蟲民歸附之故作此詩以歌其事也經說作臺序言始附則是作臺之時民始附也文王嗣爲西伯三分天下而有其二則爲民所從事應久矣而於作臺之時始言民附者三分有二諸侯之君從文王耳其民從君而來其心未見靈德至於作臺之日民心始知故言始附謂心附之也往前則貌附之耳此言作臺而民始附則其附在受命六年而序追言受命者以民心之附事亦有漸初受命已附至作臺而齊心故繫之受命見附之所由也言民始附首章及二章上二句是也樂其有靈德以及鳥獸昆蟲者二章下二句及三章是也臺圃沼皆言靈是明文王有靈德之義麀鹿獸也白鳥鳥也昆蟲者王制注云昆明也明蟲者得陽而生得陰而藏陰陽卽寒溫也故祭統注云昆蟲溫生寒死之蟲然則諸蟄蟲皆是也此經無昆蟲之事而三章言魚魚亦蟲之別名舉潛物以見陸產故言昆蟲以總之經先言獸序先言鳥者作囿主以養獸故先言之序則從其言便故不同也四章卒章言政教得所合樂詳之亦是靈德之事故序略之也○箋民者至備故○正義曰民者冥也孝經援神契文以其冥冥無知其見仁道遲故於是始附解其晚附之意也又解臺之所用天子有靈臺所以觀祲象察氣之妖祥故也四方而高曰臺以天象在上須登臺望之故作臺以觀天也春官臺祲掌十煇之法以觀妖祥辨吉凶一曰祲二曰象三曰鑴四曰監五曰闇六曰瞢七曰彌八曰敘九曰隮十曰想注云妖祥善惡之徵鄭司農云煇謂日光氣也祲陰陽氣相侵也象者如赤鳥也闇日月食也瞢謂日月瞢瞢無光也敘者雲有次敘如山在日上也玄謂鑴謂日旁氣刺日也監冠珥也彌氣貫日也隮虹也想雜氣有似可形想也此十者皆舉天之異氣視祲之官當在靈臺之上覘之故箋取以爲說十煇而唯言祲象者舉其初二事餘從可知也馮相氏保章氏亦云觀天下之妖祥則在臺觀之獨引視祲之事者以視祲爲官名則是仰觀之主故特取之其實馮相保章之所觀者亦在靈臺也又解文王作臺之處故言文王受命而作邑於豐立靈臺明此靈臺在豐邑之都也含神務曰作邑於豐起靈臺易乾鑿度亦云伐崇作靈臺是靈臺在豐邑之都文也所引春秋傳曰者僖五年左傳文引之證臺是觀氣所用彼云以望而書禮也凡分至啓閉必書雲物爲備故此略引之故與彼小異此靈臺所處在國之西郊諸儒以無正文故其說多異義公羊說天子三諸侯二天子有靈臺以觀天文有時臺以觀四時施化有囿臺觀鳥獸魚鱉諸侯當有時臺囿臺諸侯卑不得觀天文無靈臺皆在國之東南二十五里東南少陽用事萬物著見用二十五里者吉行五十里朝行暮反也韓詩說辟廱者天子之學圓

如璧壅之以水示圓言辟取辟有德不言辟水言辟水言辟廱者取其廱和也所以教天下春射秋饗尊事三老五更在南方七里之內立明堂於中五經之文所藏處蓋以茅草取其絜清也左氏說天子靈臺在太廟之中壅之靈沼謂之辟廱諸侯有觀臺亦在廟中皆以望嘉祥也毛詩說靈臺不足以監視靈者精也神之精明稱靈故稱臺曰靈臺稱囿曰靈囿稱沼曰靈沼謹案公羊傳左氏說皆無明文說各有以無以正之玄之聞也禮記王制天子命之教然後爲學小學在公宮之左大學在郊天子曰辟廱諸侯曰泮宮天子將出征受命於祖受成於學出征執有罪反釋奠於學以訊馘告則太學卽辟廱也詩頌泮水云既作泮宮淮夷攸服矯矯虎臣在泮獻馘淑問如皐陶在泮獻囚此復與辟廱同義之證也大雅靈臺一篇之詩有靈臺有靈囿有靈沼有辟廱其如是也則辟廱及三靈皆同處在郊矣囿也沼也同言靈於臺下爲囿爲沼可知小學在公宮之左大學在西郊王者相變之宜衆家之說各不昭哲雖然於郊差近之耳在廟則遠矣王制與詩其言察察亦足以明之矣如鄭此說靈臺與辟廱同處辟廱卽天子大學也王制言大學在郊乃是殷制其周制則太學在國太學雖在國而辟廱仍在郊何則囿沼魚鳥所萃終不可在國中也辟廱與太學爲一所以得太學移而辟廱不移者以辟廱是學之名耳王制以殷之辟廱與大學爲一故因而說之不必常以太學爲辟廱小學亦可矣周立三代之學虞庠在國之西郊則周以虞庠爲辟廱矣若然魯是周之諸侯於郊不當有學泮宮亦應在國而禮器注云頖宮郊之學也詩所謂泮宮也字或爲郊宮不在國者以其詩言魯侯戾止是行往適之故知在郊蓋魯以周公之故尊之使用殷禮故學在其郊也鄭以靈臺辟廱在西郊則與明堂宗廟皆異處矣案大戴禮盛德篇云明堂者所以明諸侯尊卑也外水名曰辟廱政穆篇云大學明堂之東序也如此文則辟廱明堂同處矣故諸儒多用之盧植禮記注云明堂卽大廟也天子太廟上可以望氣故謂之靈臺中可以序昭穆故謂之太廟圓之以水似辟故謂之辟廱古法皆同一處近世殊異分爲三耳蔡邕月令論云取其宗廟之清貌則曰清廟取其正室之貌則曰太廟取其堂則曰明堂取其四門之學則曰太學取其周水圓如璧則曰辟廱異名而同耳其實一也穎子容春秋釋例云太廟有八名其體一也肅然清靜謂之清廟行禘祫序昭穆謂之太廟告朔行政謂之明堂行饗射養國老謂之辟廱占雲物望氣祥謂之靈臺其四門之學謂之太學其中室謂之太室揔謂之宮賈逵服虔注左傳亦云靈臺在太廟明堂之中此等諸儒皆以廟學明堂靈臺爲一鄭必知皆異處者袁準正論云明堂宗廟太學禮之大物也事義不同各有所爲而世之論者合以爲一體取詩書放逸之文經典相似之語而致之不復考之人情驗之道理失之遠矣夫宗廟之中人所致敬幽隱清靜鬼神所居而使衆學處焉饗射其中人鬼慢黷死生交錯囚俘截耳瘡痍流血以干犯鬼神非其理矣且夫茅茨採椽至質之物建日月乘玉軫以處其中象箸玉杯而食於土簋非其類也如禮記先儒之言明堂之制四面東西八丈南北六丈禮天子七廟左昭右穆又有祖宗不在數中以明堂之制言之昭穆安在若又區別非一體也夫宗廟鬼神之居祭天而於人鬼之室非其處也夫明堂法天之宮非鬼神常處故可以祭天而以其祖配之配其父於天位可也事天而就人鬼則非義也自古帝王必立大小之學以教天下有虞氏謂之上庠下庠夏后氏謂之東序西序殷謂之右學左學周謂之東膠虞庠皆以養老乞言明堂位曰瞽宗殷學也周置師保之官居虎門之側旅則學宮非一處也文王世子春夏學干戈秋冬學羽籥皆於

東序又曰秋學禮冬學書禮在瞽宗書在上庠此周立三代之學也可謂立其學不可謂立其廟然則太學非宗廟也又曰世子齒於學國人觀之宗廟之中非百姓所觀也王制曰周人養國老於東膠不曰辟廱養國老於右學養庶老於左學宗廟之尊不應與小學爲左右也辟廱之制圓之以水圓象天取生長也水潤下取其惠澤也水必有魚鱉取其所以養也是故明堂者大朝諸侯講禮之處宗廟享鬼神歲覲之宮辟廱大射養孤之處大學衆學之居靈臺望氣之觀清廟訓儉之室各有所爲非一體也古有王居明堂之禮月令則其事也天子居其中學士處其內君臣同處死生參並非其義也大射之禮天子張三侯大侯九十步其次七十步其次五十步辟廱處其中今未知辟廱廣狹之數但二九十八加之辟廱則徑三百步也凡有公卿大夫諸侯之賓百官侍從之衆殆非宗廟中所能容也禮天子立五門又非一門之間所能受也明堂以祭鬼神故亦謂之廟明堂太廟者明堂之內太室非宗廟之太廟也於辟廱獻捷者謂鬼神惡之也或謂之學者天下之所學也揔謂之宮大同之名也生人不謂之廟此其所以別也先儒曰春秋人君將行告宗廟反獻於廟王制釋奠於學以訊馘告則太學亦廟也其上句曰小學在公宮之左太學在郊明太學非廟非所以爲證也周人養庶老於虞庠虞庠在國之西郊今王制亦小學近而太學遠其言乖錯非以爲正也穎氏云公既視朔遂登觀臺以其言遂故謂之同處夫遂者遂事之名不必同處也馬融云明堂在南郊就陽位而宗廟在國外非孝子之情也古文稱明堂陰陽者所以法大道順時政非宗廟之謂也融云告朔行政謂之明堂夫告朔行政上下同也未聞諸侯有明堂之稱也順時行政有國皆然未聞諸侯有居明堂者也齊宣王問孟子人皆謂我毀明堂毀諸巳乎孟子曰夫明堂者王者之堂也王欲行王政則勿毀之矣夫宗廟之毀非獨王者也若明堂卽宗廟不得曰夫明堂王者之宗廟也且說諸侯而教毀宗廟爲人君而疑於可毀與否雖復淺丈夫未有是也孟子古之賢大夫而皆子思弟子去聖不遠此其一證也尸子曰昔武王崩成王少周公踐東宮祀明堂假爲天子明堂在左故謂之東宮王者而後有明堂故曰祀明堂假爲天子此又其證也竊以準之此論可以申明鄭意大戴禮遺逸之書文多假託不立學官世無傳者其盛德篇云明堂外水名曰辟廱政穆篇稱太學明堂之東序皆後人所增失於事實故先儒雖立異端亦不據爲說然則明堂非廟而月令云天子居明堂太廟者以明堂是祭神之所故謂之明堂太廟者正謂明堂之太室非宗廟之太廟也明堂位云太廟天子明堂自謂制如明堂非太廟名明堂也廟與明堂不同則靈臺又宜別處故靈臺辟廱皆在郊也

經始靈臺。經之營之。庶民攻之。不日成之。神之精明者稱靈四方而高曰臺經度之也攻作也不日有成也箋云文王應天命度始靈臺之基趾營表其位衆民則築作不設期日而成之言說文王之德勸其事忘已勞也觀臺而曰靈者文王化行似神之精明故以名焉○度待洛反下同應應對之應說音悅［疏］經始至成之○正義曰言文王有德民心附之既徙於豐乃經理而量度初始爲靈臺之基趾也既度其處乃經理之營表之其位既定於是天下衆庶之民則競攻而築作之不設期日而已成之民悅其德自勸其事是民心附之也○傳神之至成○正義曰靈是神之別名對則有精粗之異故辨之云神之精明者稱靈則靈之爲稱就神中精者而名也四方而高曰臺釋宮文經度之謂經理而量度之攻作謂庶民築作之不日有成謂不設期日已成功言民心樂爲之也○箋文王

王以名焉。○正義曰：非天子不得作靈臺，故本之云文王應天命始度靈臺之基址也。營表其位，謂以繩度立表以定其位處也。傳唯解靈之名，不解名臺爲靈之意，故申之。此實觀氣祥之臺，而名曰靈者，以文王之化行似神之精明，故以名焉。以此言文王之臺，故因言文王之化行耳，其實天子之臺皆名曰靈臺。服虔左傳注云：天子曰靈臺，諸侯曰觀臺，是也。若然，書傳說武王渡河言觀臺亞者，彼謂在臺仰觀之人，不得謂其人爲臺，故指實言觀也。僖十五年左傳云：秦伯獲晉侯以歸，乃舍諸靈臺。是諸侯而得有靈臺者，杜預云：在京兆鄠縣，周之故臺也。哀二十五年左傳曰：衞侯爲靈臺於藉圃。言爲，則是新造，其時僭名之也。

經始勿亟，庶民子來。箋云：亟，急也。度始靈臺之基址，非有急成之意，衆民各以子成父事而來攻之。○亟，居力反。

王在靈囿，麀鹿攸伏。囿所以域養禽獸也。天子百里，諸侯四十里。靈囿，言靈道行於囿也。麀，牝也。箋云：攸，所也。文王親至靈囿，視牝鹿所遊伏之處，言愛物也。○囿音又，徐于目反。麀音憂，麀牝。牝，頻刃反。處，昌慮反。

〔疏〕傳「囿所以」至「於囿」。○正義曰：春秋成十八年築鹿囿，昭九年築郎囿，則囿者築牆爲界域，而禽獸在其中，故云囿所以域養禽獸也。天子百里，諸侯四十里，解正禮耳。其文王之囿則七十里，故孟子云：齊宣王問於孟子曰：文王之囿方七十里，有諸？孟子曰：於傳有之。曰：若是其大乎？民猶以爲小也。曰：寡人之囿方四十里，民猶以爲大，何也？是宜王自以爲諸侯而問，故云諸侯四十里。以宜王不舉天子而問，及文王之七十里，則以爲文王非天子之制，明天子不止七十里，故宜爲百里也。又解囿稱靈意，言靈道行於囿也。鄭駁異義云：同言靈者，於臺下爲囿沼，則似因臺爲名，其實亦因相近，靈道偏行，故皆稱靈也。釋獸云：鹿，牡麌，牝麀。是爲鹿牝也。

麀鹿濯濯，白鳥翯翯。濯濯，娛遊也。翯翯，肥澤也。箋云：鳥獸肥盛喜樂，言得其所。○濯，直角反。翯，戶角反，字林云：鳥白肥澤曰翯，下沃反。樂音洛，下文於樂、注喜樂皆同。

〔疏〕傳「濯濯」至「肥澤」。○正義曰：娛樂遊戲，亦由肥澤故也，二者互相足。

王在靈沼，於牣魚躍。沼，池也。靈沼，言靈道行於沼也。牣，滿也。箋云：靈沼之水，魚盈滿其中，皆跳躍，亦言得其所。○沼，之邵反。牣音刃。躍，羊略反。跳，徒彫反。

虡業維樅，賁鼓維鏞。於論鼓鍾，於樂辟廱。植者曰虡，橫者曰栒。業，大版也。樅，崇牙也。賁，大鼓也。鏞，大鐘也。論，思也。水旋丘如璧曰辟廱，以節觀者。箋云：論之言倫也。虡也，栒也，所以懸鐘鼓也。設大版於上，刻畫以爲飾。文王立靈臺，而知民之歸附，作靈囿、靈沼，而知鳥獸之得其所，以爲音聲之道與政通，故合樂以詳之。於得其倫理乎，鼓與鍾也；於喜樂乎，諸在辟廱中者，言感於中和之至。○虡音巨。樅，徐七凶反，又音衝，衝牙也，沈又音子容反。賁，符云反，字亦作鼖。鏞音容。於音烏，鄭如字，下「於樂」、「於論」皆同。論，盧門反，一云鄭音倫，下同。辟音壁，注同。植音恃職反。栒，旬尹反。縣音玄。

〔疏〕「虡業」至「辟廱」。○毛以爲文王既立靈臺，而知民心歸附，作沼囿，而知鳥獸得所，以爲音聲之道與政通，故作樂以詳之，觀已之德行審否。故使人設植者之虡、橫者之栒，上加大版而捷業然，又有崇牙，其飾維樅然。於此虡業之上，懸賁之大鼓，及維鏞之大鐘，然後使人擊之，觀其和否。於是思念鼓鍾，使之和諧。於是作樂在此辟廱宮中，是王之靈道行於人物之驗。○鄭唯下二句別，義俱在箋。○傳「植者」至「節觀者」。○正義曰：釋器云：木謂之虡。孫炎曰：虡，栒之植，所以懸鍾磬也。郭璞曰：懸鍾磬之木，植者名爲虡。然則懸鍾磬者，兩端有植木，其上有橫木。謂直立者爲虡，謂橫牽者爲栒。栒上加之大版，爲之飾。釋器云：大版謂之業。孫炎曰：業所以飾栒，刻板捷業如鋸齒也。其懸鐘磬之處，又以彩色爲大牙，其狀隆然，謂之崇牙。言崇牙之狀樅樅然。有瞽曰：設業設虡，崇牙樹羽。此樅亦文承虡業之下，故知樅即崇牙之貌樅樅然也。賁，大也，故謂大鼓爲賁鼓。冬官韗人云：鼓長八尺，鼓四尺，中圍加三之一，謂鼖鼓。註亦云：大鼓謂之鼖，是也。釋樂云：大鐘謂之鏞。李巡曰：大鐘音聲大。鏞，大也。郭璞曰：亦名鑮也。云水旋丘如璧者，璧體圓而內有孔，此水亦圓而內有地，猶如璧然。土之高者曰丘，此水內之地未必高於水外，正謂水下而地高，故以丘言之。以水繞丘，所以節約觀者，令在外而觀也。定本及集注「鏞，大鍾」之下云「論，思也」，則其義不得同鄭也。○箋「論之」至「之至」。○正義曰：以倫理之字宜爲倫，故曰論之言倫。傳唯言栒虡植橫，不言所用，故申明之，言所以懸鍾鼓也。以經有鍾鼓，故特言之，其實亦有栒虡也。又解上言臺沼，此言作樂之意。文正知民心歸附，鳥獸得所，以爲音聲之道與政通，故大合諸樂以詳之，言欲詳審已德，觀其實允人物之心以否也。此在辟廱合樂，必行養老之禮，但主言樂之得理，不美養老之事，故言不及焉。治世之音安以樂，故在辟廱之內，與聞之者莫不喜樂，是其和之至也。

於論鼓鍾，於樂辟廱。鼉鼓逢逢，矇瞍奏公。鼉，魚屬。逢逢，和也。有眸子而无見曰矇，無眸子曰瞍。公，事也。箋云：凡聲，使瞽矇爲之。○鼉，徒何反，沈又音檀，草木疏云：形似蜥蜴，四足，長丈餘，甲如鎧，皮堅厚，宜冒鼓。逢，薄紅反，埤蒼云：鼓聲也，字作韸，徐音豐。矇音蒙。瞍，依字作叟，蘇口反，亦作瞍，說文云：無目也；字林先么反，云：目有眸無珠子也。眸，莫侯反。

〔疏〕傳「鼉魚」至「公事」。○正義曰：月令季夏命漁師伐蛟取鼉。漁師，取魚之官，故知鼉是魚之類屬也。書傳注云：鼉如蜥蜴，長六七尺。陸機疏云：鼉形似水蜥蜴，四足，長丈餘，生卵大如鵝卵，甲如鎧甲，今合樂鼉魚甲是也，其皮堅，可以冒鼓。月令注亦云：鼉皮可以冒鼓也。美鼓之得理而云逢逢，故知爲和也。矇瞍皆無目之名，就無目之中以爲等級。矇者，言其矇矇然無所見，故知有眸子而無見曰矇，即今之青盲者也。矇有眸子，則瞍當無，故云無眸子曰瞍。其瞽亦有眸子，矇之小別也。故春官瞽矇注，鄭司農云：無目眹謂之瞽，有目眹而無見謂之矇，有目而無眸子謂之瞍。亦與此傳同也。此則對而爲名，其揔則皆謂之瞽。尚書謂舜爲瞽子，外傳云吾非瞽史，周頌有有瞽之篇，周禮有瞽矇之職，是瞽爲揔也。周禮瞽矇二字已是爲官名，故文不及瞍。此言瞍不言瞽，各從文之所便。外傳稱矇誦瞽賦，亦此類也。周禮上瞽、中瞽、下瞽，以智之高下爲等級，不以目爲次第矣。公，事，釋詁文。

靈臺五章，章四句

下武，繼文也。武王有聖德，復受天命，能昭先人之功焉。繼文者，繼文王之王業而成之。昭，明也。○復，扶又反。王業，于況反。

〔疏〕「下武六章章四句」至「功焉」。○正義曰：經六章皆言武王益有明智，配先人之道，成其孝思，繼嗣祖考之迹，皆是繼文，能昭先人之功焉。經云三后在天，王配於京，則武王所繼，自大王、王季皆是矣，而序獨云繼文者，作者以周道積基，故本之於三后，言世有哲王，見積德之深遠，其實美武王能繼，唯在文王也。大王、王季雖脩德創業，爲後世所因，而未有天命，非開基之主，不足使武王聖人繼之。又此篇在文王詩後，故詩言繼文，著其功也，大且見篇之次也。文王已受天命，故言復受，爲亞前之辭。武王之受天命，白魚入舟是也。

下武維周，世有哲王。武，繼也。箋云：下猶後也。哲，知也。後人能繼先祖者，維有周家最大，世世益有明知之王，謂大王、王季、文王稍就盛也。○哲，張列反，本又作悊，又作喆，皆同。知音智，下同。

〔疏〕傳「武繼」。○正義曰：釋詁文。○箋「下猶」至「就盛」。○正義曰：居下世即是在後，故云下猶後也。哲，智，釋言文。言後人能繼祖者，維周家最大，謂大王、王季、文王稍稍就盛者也。王季爲西伯，文王又受命，是稍盛也。不通數武王者，此言哲王，即是下文三后、王配之文，別在於下，故知世有之中不兼武王也。

三后在天，王配于京。三后，大王、王季、文王也。王，武王也。箋云：此三后既沒登遐，精氣在天矣。武王又能配行其道於京，謂鎬京也。○假音遐，已也，本或作遐。

〔疏〕箋「此三后」至「鎬京」。○正義曰：曲禮下云：天子崩，告喪曰天王登遐。註云：登，上也；遐，已也。上已者，若僊去云耳。以三后皆號爲王，故以天子之禮言之。武王居鎬，故知配行其道於京，謂鎬京也。

世德作求。箋云：作，爲。求，終也。武王配行三后之道於鎬京者，以其世世積德，庶爲終成其大功。

〔疏〕箋「作爲」至「大功」。○正義曰：作，爲，釋言；求，終，釋詁文。世積厚德，是當王天下。文王未及誅紂，事未終，武王乃終之，故云終成其大功。

永言配命，成王之孚。箋云：永，長。言，我也。命，猶教令也。孚，信也。此爲武王言也。今長我之配行三后之教令者，欲成我周家王道之信也。王德之道成於信。論語曰：民无信不立。○成王，如字，又于況反。此爲，如字。

〔疏〕箋「命猶」至「不立」。○正義曰：此承王配于京，是配三后，不配天，故以命爲教令。此篇是武王之詩，於此獨云此爲武王言者，餘文是作者以已之心論武王之事，此則獨稱王口自所言，故辨之也。又解欲成王道所爲多矣，獨以信爲言者，由王德之道成之於信，欲使民信王道，然後天下順從，必伐紂功成，然始得耳。以民無信不立，故引論語以證之。

成王之孚，下土之式。式，法也。箋云：王道尚信，則天下以爲法，勤行之。

永言孝思，孝思維則。則其先人也。箋云：長我孝心之所思，所思者其維則三后之所行。子孫以順祖考爲孝。

媚茲一人，應侯順德。一人，天子也。應，當。侯，維也。箋云：媚，愛。茲，此也。可愛乎武王，能當此順德，謂能成其祖考之功也。易曰：君子以順德，積小以高大。

永言孝思，昭哉嗣服。箋云：服，事也。明哉，武王之嗣行祖考之事，謂伐紂定天下。

〔疏〕「媚茲」至「嗣服」。○正義曰：既言武王能法三后之道，故於此歎而美之。可愛乎此一人之武王，所以可愛者，以其能當此順德。祖考欲定天下，武王能順而定之，是能當此順德。又述武王所言而歎美之，言長我孝心之所思者，此事顯明哉。武王實能嗣行祖考之事，伐紂定天下，是能嗣祖考也。○傳「一人」至「侯維」。○正義曰：曲禮下云：天子自稱曰予一人。言其天下之貴，唯一人而已，故謂天子爲一人。應，當，釋詁文。又云：維，侯也。是侯得爲維也。○箋「媚愛」至「高大」。○正義曰：序言繼文，此云順德，故知順德者能成其祖考之德。所引易者，升卦象辭。巽下坤上，故彼注云地中生木，以漸而樹，猶人順德積小以成高大，漸而成。事人亦相類，故引以爲證。定本作慎德，準約此詩上下及易，宜爲順字，又集註亦作順，疑定本誤。○箋「服事」至「天下」。○正義曰：服，事，釋詁文。禮記大傳曰：牧之野，武王之大事。故知嗣行祖考之事，唯謂伐紂定天下也。上言武王未言孝思嗣其，下句云成王之孚，孝思維則，亦是武王自言，此云昭哉嗣服。

是作者美武王之辭所以亦與孝思相連者上云永言孝思是武王自言此又述武王之言歎而美之并此孝思之句亦非武王自言得與嗣服相連也

昭茲來許。繩其祖武。

許進繩戒武迹也箋云茲此來勤也武王能明此勤行進於善道戒慎其祖考所履踐之迹美其終成之○來王如字鄭音賚下篇來孝同

於萬斯年。受天之祜。

箋云祜福也天下樂仰武王之德欲其壽考之言也○祜音戶下同

〔疏〕昭茲至之祜○正義曰既言武王能嗣行祖事又美其爲民所樂仰言武王能明此勤行進於善道戒慎其祖考所行之迹而踐行之猶行善不倦故爲天下樂仰皆欲令武王得於萬年之壽且又多受天之福祿言武王行善之故爲民愛之如此○傳許進至武迹○正義曰以禮法既許而後得進故以許爲進繩戒武迹皆釋訓文○箋茲此至成之○正義曰茲此來勤皆釋詁文戒慎祖考踐履之迹謂謹慎奉行故美其終成之○箋祜福至之言○正義曰祜福釋詁文以萬年受福是祝慶之辭故知武王爲天下所樂仰此是欲其得福之言也

受天之祜。四方來賀。於萬斯年。不遐有佐。

遠夷來佐也箋云武王受此萬年之壽不遠有佐言其輔佐之臣亦宜蒙其餘福也書曰公其以予萬億年亦君臣同福祿也

〔疏〕受天至有佐○毛以爲民欲王受福卽實言其受福之事武王既受得天之祜福故四方諸侯之國皆貢獻慶之又得於此萬年之壽豈不遠有佐助之乎言有遠方夷狄來佐助之也此乘上章之文故先言所受天之祜因則爲遠近之次故先言四方後言遠夷四方謂中國諸侯也○鄭唯以下句爲異言武王得於此萬年之壽不遠其有輔佐之臣言王親近其臣與之同福○傳遠夷來佐○正義曰言不遠有佐是遠有佐遠人佐天子唯夷狄耳故知遠夷來佐之書敘言武王既勝殷西旅獻獒巢伯來朝魯語曰武王克商遂通道於九夷八蠻肅慎來賀是遠夷來佐之事不遐有佐爲遠夷則四方來賀爲諸夏民勞傳曰四方諸夏是也○箋武王至福祿○正義曰箋以不遐有佐順文自通不當反其言故易之武王既有萬年之壽不遠有輔佐之臣共蒙其福其封爲諸侯則與周升降其仕於王朝則繼世在位是其不與遠之引書曰公其以予萬億年者洛誥云成王告周公言公與我身皆得萬億之年既引其文乃申其意言彼亦君臣同福祿故知此亦武王君臣同受福矣

下武六章章四句

文王有聲。繼伐也。武王能廣文王之聲。卒其伐功也。

繼伐者文王伐崇而武王伐紂

〔疏〕文王有聲八章章五句至伐功○正義曰經八章上四章言文王之事下四章言武王繼之是繼伐首章言文王有聲武王則道廣於文王是能廣文王令聞之聲二章言文王伐崇武王則伐紂以定天下是卒其伐功經雖無武王廣聲卒伐之事於理則有故序言亦以轉互相明也上四章言文王有令聞之聲成名之德作豐邑以追孝心同四方而正法度所爲不止於伐崇也下四章言武王君天下服四方定鎬京而成卜兆傳善謀以安後世所爲不止於伐紂唯以繼伐言之者以其所施之事皆伐之功故言繼伐以摠之此篇八章其末俱言烝哉而四章言武王之謚四章言王后皇王作者變其文見其事有異上四章雖同是文王之事而首章二章言文王令聞成民愛命伐罪是文王事之盛者故舉其義謚而稱文王三章言築城大小之事述其所徙之言四章言作豐以王四方施化而爲法度比之前事爲不盛故不舉其謚而變言王后下四章雖同是武王之事五章六章言武王伐紂作邑定居四方歸服於武王之事爲不盛故不舉義謚比文王之事則益大故變言皇王七章言考卜而後居鎬京伐紂以成其占八章言重功業以爲大事傳順謀以安孫子除虐去殘詁訓後世是武王之事盛者故文舉其義謚而言武王文王之事則盛者居前不盛次之武王之事則不盛在先者見武王不盛之事盛於文王之盛者作者比其事之大小而爲之章次也

文王有聲。遹駿有聲。遹求厥寧。遹觀厥成。

箋云遹述駿大求終觀多也文王有令聞之聲者乃述行有令聞之聲之道所致也所述者謂大王王季也又述行終其安民之道又述行多其成民之德言周德之世益盛○遹尹橘反又音述駿音峻觀古亂反註同聞音問本亦作問

文王烝哉。

烝君也箋云君哉者言其誠得人君之道○烝之丞反韓詩云美也

〔疏〕文王至烝哉○正義曰此文王乃有令聞之善聲所以有之者以文王從後仰而述行廣大其大王王季所有令聞之善聲所廣大者謂文王又述行終其大王王季安民之道又述行多其大王王季成民之德以此益盛而大有聲也此文王之德信得人君之道哉○箋遹述至益盛○正義曰遹述釋言文駿大求終觀多釋詁文孔子閒居曰三代之王必先其令聞言有善事可以多聞於外是爲有聲矣故爲有聲是令聞之聲言述行者是述先聞之辭故知謂述大王王季也聲聞則長之使大令爲已有故云遹駿有聲其安民成民則大王王季有此行但其事未終未多令文王則終之多之皆述行其道而增廣之耳○傳烝君○正義曰釋詁文

文王受命。有此武功。既伐于崇。作邑于豐。

箋云武功謂伐四國及崇之功也作邑者徙都于豐以應天命○應應對之應

文王烝哉。

〔疏〕箋武功至天命○正義曰經別言既伐於崇則武功之言非獨伐崇而已受命之後所伐邘者密須混夷之屬皆是也故云武功謂伐四國及崇之功也武功之中既兼伐崇而別言既伐於崇者以其功最大伐最後故特言之爲作邑張本言功成乃作都也言應天者天既命爲天子當立天子之居故言徙都於豐以應天命或以爲於豐得命故徙豐應之然則武王於盟津得命不可徙都入河乃遷都於鎬非得命之地矣

築城伊淢。作豐伊匹。匪棘其欲。遹追來孝。

淢成溝也匹配也箋云方十里曰成淢其溝也廣深各八尺棘急來勤也文王受命而猶不自足築豐邑之城大小適與成偶大於諸侯小於天子之制此非以急成從己之欲欲廣都邑乃述追王季勤孝之行進其業也○淢況域反成間有淢字又作洫韓詩云洫深池亟居力反下亟同或作棘慾音欲本亦作欲廣古曠反深尸鴆反行下孟反

王后烝哉。

后君也箋云變謚言王后者非其盛事不以義謚

〔疏〕築城至烝哉○正義曰上言作邑于豐此述作豐之制言文王與築豐邑之城維如一成之淢淢內之地其方十里文王作此豐邑維與相匹言大小正與成淢相配偶是大於諸侯小於天子之制所以纔得伐崇卽作此邑者非以急從已之欲而廣此都邑乃述追王季勤孝之行思進其業故耳此王之爲人后也誠得人君之道哉○傳淢成溝○正義曰冬官匠人云井間有溝成間有淢溝是摠名故云淢成溝謂十里成間所有溝淢洫音同○箋方十里至其業○正義曰申傳淢爲溝之義故云方十里曰成淢其溝也言每方十里之地其外有此溝謂之爲淢此淢廣八尺深八尺匠人云方十里爲成成間廣八尺深八尺謂之洫是其事也棘急釋言文禮記引此詩作匪革其猶革亦急也文王既已受命當爲天子其意以紂尚在猶不敢自足故築此豐邑之城大小適與賦法十里之成相匹偶是大於諸侯小於天子之制不以急從已之欲欲得廣此都邑乃述追王季勤孝之行以王季勤孝欲早成周道故已早建都邑以進其功業文王所述述大王以來此止言王季者以大王始有王迹勤行其道大王以前未有王迹不得言大王勤孝欲成父功故所追勤孝唯王季也春官典命云上公九命侯伯七命子男五命其國家宮室皆以命數爲節註云國家之所居謂城方也公之城蓋方九里侯伯之城蓋方七里子男之城蓋方五里坊記註云子男之城方五里此二註皆以公城方九里爲差則天子之城十二里矣故此十里爲小於天子也異義駮云鄭伯之城方五里又以侯伯爲五里者鄭兩解故書傳云古者百里之國九里之城七十里之國五里之城五十里之國三里之城註云玄或疑焉周禮匠人營國方九里謂天子之城今大國九里則與之同然則大國七里之城次國五里之城小國三里之城爲近耳或者天子實十二里之城諸侯大國九里次國七里小國五里是鄭兩解之事也以匠人典命俱是正文故不敢執定典命註每言蓋匠人註云立王國若邦國者皆爲疑辭以見二塗之意也○傳后君○正義曰釋詁文箋以作文有體章類宜同今半謚半否故知變之有義以相比校無謚之章其事皆劣故言非其盛事不以義謚謂不以義理而言其謚也謚者行之成名摠一身之美故事盛者稱之不盛者變名耳

王公伊濯。維豐之垣。四方攸同。王后維翰。

濯大翰幹也箋云公事也文王述行大王王季之王業其事益大作邑於豐城之既成又垣之立宮室乃爲天下所同心而歸之王后爲之幹者正其政教定其法度○濯直角反韓詩云美也垣音袁翰戶旦反徐音寒

王后烝哉。

〔疏〕王公至烝哉○正義曰既言築作豐城欲又本之前世言此王述先王之業其事維益大矣卽言大之狀維在豐城之內更築而垣牆之以立宮室而居焉乃爲天下四方之民所共同心而歸之其王君文王維乃爲之楨幹謂爲施法度以行之是王后誠得人君之道哉○傳濯大翰幹○正義曰皆釋詁文○箋文王至法度○正義曰言王事伊大則從小至大非文王之事自爲大也上言遹追來孝此承其下故知是述大王王季之業其事益大上言築城作豐此言維豐之垣則是豐城之內別起垣也故云作邑於豐城之既成又垣之立宮室謂立天子之宮室宮室既定萬姓知有所歸故爲天下所同心而歸之幹者築牆所立之木幹與牆爲法故爲之幹者正其政教定其法度

豐水東注。維禹之績。四方攸同。皇王維辟。

績業皇大也箋云績功辟君也昔堯時洪水而豐水亦汎濫爲害禹治之使入渭東注于河禹之功也文王武王今得作邑於其旁地爲天下所同心而歸大王爲之君乃由禹之功故引美之豐邑在豐水之西鎬京在豐水之東○辟音璧註及下皆同又音婢亦反法也氾芳劒反字亦作汎濫力暫反大王此及下言大者竝如字

皇王烝哉。

箋云變王后言大王者武王之事又益大

〔疏〕豐水至烝哉○正義曰上既言文王之事故武王繼之今豐水之得東流注渭入河者是禹之功業言禹決治之其傍得成平地也今文王得作邑於傍武王既成鎬京故爲天下四方所共同心歸之文王武王維於是爲之君而施化焉此大王誠得人君之道哉○傳績業皇大○正義曰績業釋詁

文又云皇君君亦大之義故爲大○箋績功至之東○正義曰績功辟君亦釋詁文也功業大同耳據其力之所成則謂之功言其澤及於後則謂之業昭元年左傳劉定公見雒汭之水曰美哉禹之功也此亦見豐水而思禹故易傳以績爲功堯典曰湯湯洪水是堯時洪水此言豐水東注由禹之功故知豐水亦汎濫爲之禹治之也汎濫謂汎長溢決平地有水也禹貢曰導渭自鳥鼠同穴東會于豐入于河是豐水入渭東注於河此章言武王之事而幷言文王作邑於其傍者以二邑皆在豐傍舉豐而言可以兼及文王欲連言之帝王世紀云豐鎬皆在長安之西南言豐邑在豐水之西鎬京在豐水之東以時驗而知之○箋變王至益大○正義曰此與下章俱言皇王而下有鎬京之事知此皇王爲武王也同不言謚而王后與皇王異文既人異而辭變故知爲武王之事又益大也此與上章皆言四方攸同而言益大者以文王亦武王故亦以四方言之其實同歸之者少於武王也

鎬京辟廱。自西自東。自南自北。無思不服。武王作邑於鎬京箋云自由也武王於鎬京行辟廱之禮自四方來觀者皆感化其德心無不歸服者皇王烝哉。〔疏〕箋自由至服者○正義曰釋詁云由自也故自得爲由也既言辟廱卽云四方皆服明由在辟廱行禮見其行禮感其德化故無不歸服也辟廱之禮謂養老以教孝悌也

考卜維王。宅是鎬京。維龜正之。武王成之。箋云考猶稽也宅居也稽疑之法必契灼龜而卜之武王卜居是鎬京之地龜則正之謂得吉兆武王遂居之脩三后之德以伐紂定天下成龜兆之占功莫大於此○挈苦計反本又作契或苦結反○武王烝哉。〔疏〕考卜至烝哉○正義曰言稽考其疑灼龜而卜之者維武王所疑而卜者其宅居於是鎬京之地維此所契之龜則出其吉兆以正定之言居此必吉故得天下武王則能成之伐紂以定天下成此龜兆之占是功之大美者此武王誠得人君之道哉○箋考猶至於此○正義曰以洪範有稽疑之言故云考猶稽也宅居釋言文以稽疑之法必契灼其龜而卜之正謂得吉兆龜兆定其吉云此地可居卜兆言吉居之而得天下是成龜兆之占伐去虐紂身卽王位功無大於此者伐紂爲成龜兆之吉定本集注皆云功莫大是也義亦得通禮記引此詩彼註云武王築而成之與此異者引詩斷章多異於本此顧上下之文言武王烝哉是武王之盛事不宜直言其築作而已故以伐紂爲成之

豐水有芑。武王豈不仕。詒厥孫謀。以燕翼子。芑草也仕事燕安翼敬也箋云詒猶傳也孫順也豐水猶以其潤澤生草武王豈不以其功業爲事乎以之爲事故傳其所以順天下之謀以安其敬事之子孫謂使行之也書曰厥考翼其肯曰我有後弗弃基○芑音起詒以之反孫王申毛如字鄭音遜傳直專反下同武王烝哉。上言皇王而變言武王者皇大也始大其業至武王伐紂成之故言武王也〔疏〕豐水至烝哉○正義曰言豐水之傍有芑菜豐水是無情之物猶以潤澤而生菜爲巳事況武王豈不以功業爲事乎言實以功業爲事思得澤及後人故遺傳其所以順天下之謀以安敬事之子孫言武王能得順天下功被來世後人敬其事者則得行之乃安是武王之道令得長世武王誠得爲人君之道哉○傳燕安翼敬○正義曰燕禮所以安賓故燕爲安也翼敬釋詁文○箋詒猶至弃基○正義曰詁訓遺卽流傳之義故詁猶傳也傳其順天下之謀者謂聖人所謀之事行之則必順天下之

心安其敬事之子孫言子孫敬事能遵用其道則得安也必言敬事者若子孫不敬則不能行之不能行則不得安故安敬竝言之引書曰者大誥文彼上文以堂屋耕播爲喻言父爲之於前子不循於後其父則嫌責之此假言其父之辭彼注云其父敬職之人其肯曰我有後子孫不廢弃我基業乎引此明後人須因前基故云傳謀以安彼後證翼爲敬彼言父敬此言子孫明敬事者乃能不弃基故引而反以相明

文王有聲八章章五句

文王之什十篇六十六章四百一十四句

毛詩注疏挍勘記（十六之五）

阮元撰盧宣旬摘錄

○靈臺

而民樂有其神靈之德　閩本明監本毛本同案有其當倒

故其說多異義公羊說　閩本明監本毛本同案義上浦鏜云當脫一異字是也

取辟有德　閩本明監本毛本同案辟當作壁

不言辟水言辟水言辟廱者　閩本明監本毛本不重言辟三字案所刪是也此十行本複衍

說各有以無以正之　閩本明監本毛本脫有以二字案說各有以句絕

圓之以水似辟　閩本明監本毛本辟作壁案所改是也

袁準正論云　毛本準誤准閩本明監本不誤○按舊書準多作准

所以法大道順時政　閩本明監本毛本大作天案所改是也

度始靈臺之基趾　相臺本同閩本明監本毛本同小字本趾作止下同案止字是也止趾古今字正義中字作趾乃易而說之之例不當依以改箋也基止又見抑箋

始度靈臺之基趾也　閩本明監本毛本同案始度當倒

論思也　小字本相臺本同案正義云定本及集注鏞大鐘之下云論思也則其義不得同鄭也釋文云論音盧門反思也一云鄭音倫下同是釋文本亦有段玉裁云論者侖之假借字也說文亼部曰侖思也侖部曰侖理也

義俱在箋　閩本明監本毛本同案浦鏜云具誤俱是也

目有眸〔補〕　釋文挍勘記通志本同盧本眸作眹云今從浦挍案考周禮釋文則浦挍是也

月令季夏　閩本明監本毛本同案十行本有釋文入字錯入季字下誤今改正

漁師取漁之官　閩本同明監本毛本漁作魚案所改是也

今合樂鼉魚甲是也　閩本明監本毛本同案樂當作藥頍弁正義引今合藥兔絲子是也可作陸疏有合藥語之證

無目眹謂之瞽　明監本眹誤盼閩本毛本不誤下同○按正義眹作眹

外傳稱矇誦瞽賦　閩本明監本毛本同案浦鏜云瞍誤瞽以周語考之浦挍是也

○下武

著其功也大　閩本明監本毛本也作之案所改是也

此三后既沒登遐　小字本相臺本同考文古本同閩本明監本毛本遐作假案釋文云假音遐本或作遐正義本是遐字故引禮記亦順經文作遐也作假者依釋文改耳

昭茲來許　唐石經小字本相臺本同案九經古義依東觀漢記引許作御疑作許是傳寫之誤詩經小學云廣雅許進也本此傳則毛詩本作許作御者蓋三家詩

戒慎其祖考所履踐之迹　相臺本同閩本明監本毛本同小字本履踐作踐履案踐履是也正義云戒慎祖考踐履之迹可證

洛誥云　閩本明監本毛本同案浦鏜云文誤云是也

同受福矣　閩本明監本毛本無受字福下有祿字案此當作同受福祿矣

○文王有聲

而四章言武王之謚　閩本明監本毛本同案浦鏜云武王當文武誤是也

文王烝哉　小字本相臺本同唐石經初刻文誤武後改正

邘者密須混夷之屬　明監本毛本邘誤邦閩本不誤○案此邘亦邗之誤詳皇矣

匪棘其欲　唐石經小字本相臺本同案釋文云匪亟或作棘正義云棘急釋言文是其本作棘

申傳減爲溝之義　明監本毛本爲下有成字閩本剜入案所補非也爲當作成字耳

欲又本之前世　閩本明監本毛本同案欲當作故

而豐水亦汎濫爲害　閩本明監本毛本同小字本相臺本汎作氾考文古本同案釋文云氾字亦作汎考說文汎浮貌氾濫也當作氾者爲是也正義中字作汎與亦作本同

故知豐水亦汎濫爲之害　閩本明監本毛本同案浦鏜云害誤之是也

可以兼及文王欲連言之　閩本明監本毛本兼誤并案欲當作故

謂養老以教孝悌也　閩本明監本毛本悌誤弟案悌是正義所用今字

上言皇王　小字本相臺本同閩本首有傳字明監本毛本首有箋字案此當脫箋云二字也上箋變謚而言王后者變王后而言大王者與此箋上言皇王而變言武王者相承而下屬之傳者誤也

言武王能得順天下　閩本明監本毛本同案得當作傳

故云傳謀以安彼後　閩本明監本毛本同案彼當作敬

附釋音毛詩注疏卷第十七（十七之一）

生民之什詁訓傳第二十四　陸曰自生民至卷阿八篇成王周公之正大雅

毛詩大雅　鄭氏箋　孔穎達疏

生民。尊祖也。后稷生於姜嫄。文武之功。起於后稷。故推以配天焉。嫄音原姜姓嫄名有邰氏之女帝嚳元妃后稷母也○【疏】生民八章首章十句二章三章八句四章五章十句六章八句七章十句卒章八句至配天焉○正義曰作生民詩者言尊祖也序又言尊祖之意以后稷生於姜嫄而來其文王受命武王除亂以定天下之功其兆本起由於后稷及周公成王致大平制禮以王功起於后稷故推舉之以配天謂配夏正郊天焉祭天而以祖配祭者天無形象推人道以事之當得人為之主禮記稱萬物本於天人本於祖俱為其本可以相配是故王者皆以祖配天是同祖於天故為尊也祖之定名父之父耳但祖者始也已所從始也自父之父以上皆得稱焉此后稷之於成王乃十七世祖也不言姜嫄生后稷者經稱厥初生民時維姜嫄是據后稷本之姜嫄故序亦順經而為文也言文武之功起於后稷者周語云后稷勤周十五世而興是后稷勤行功業為周室開基也中候稷起註云堯受河圖洛書后稷有名錄苗裔當王是后稷子孫當王名見圖書也文既因之武亦因之故并言文武之功起於后稷也經八章上三章言后稷生之所由顯異之事是后稷生於姜嫄也下五章言后稷長而有功見其得以配天之意其言推以配天結上尊祖之言於經無所當也○

厥初生民。時維姜嫄。生民本后稷也姜姓也后稷之母配高辛氏帝焉箋云厥其初始時是也言周之始祖其生之者是姜嫄也姜姓者炎帝之後有女名嫄當堯之時為高辛氏之世妃本后稷之初生故謂之生民

生民如何。克禋克祀。以弗無子。禋敬弗去也去無子求有子古者必立郊禖焉玄鳥至之日以大牢祠于郊禖天子親往后妃率九嬪御乃禮天子所御帶以弓韣授以弓矢于郊禖之前箋云克能也弗之言祓也姜嫄之生后稷如何乎乃禋祀上帝於郊禖以祓除其無子之疾而得其福也能者言齊肅當神明意也二王之後得用天子之禮○禋音因嬪婢人反韣音獨弓衣祓音拂又音廢下同○齊側皆反本亦作齋篇末齊敬同○

履帝武敏歆。攸介攸止。載震載夙。載生載育。時維后稷。履踐也帝高辛氏之帝也武迹敏疾也從於帝而見于天將事齊敏也歆饗介大也止福祿所止也震動夙早育長也后稷播百穀以利民箋云帝上帝也敏拇也介左右也夙之言肅也祀郊禖之時時則有大神之迹姜嫄履之足不能滿履其拇指之處心體歆歆然其左右所止住如有人道感己者也於是遂有身而肅戒不復御後則生子而養長名之曰弃舜臣堯而舉之是為后稷○敏密謹反歆許金反介音戒震真愼反見賢遍反齊敏側皆反又如字【疏】厥初至后稷○毛以為本其初生此民者誰生之乎是維姜嫄言有女姓姜名嫄生此民也既言姜嫄生民又問民生之狀言姜嫄之生此民如之何以得生之乎乃由姜嫄能禋敬能恭祀於郊禖之神以除去無子之疾故生之也禋祀郊禖之時其夫高辛氏帝率與俱行姜嫄隨帝之後踐履帝迹行事敬而敏疾故為神歆饗神既饗其祭則愛而祐之於是為天神所美大為福祿所依止即得懷任則震動而有身祭則蒙祐獲福之夙早終人道則生之既生之則長養之及成人有德為舜所舉用播種百穀以利益下民維為后稷矣本其初生故謂之生民民則人所不識后稷是顯見之號故言是維后稷以結之○鄭唯履帝以下三句為異其首尾則同言當祀郊禖之時有上帝大神之迹姜嫄因祭見之遂履此帝迹拇指之處而足不能滿時即心體歆歆如有物所在身之左右所止住於身中如有人道精氣之感己者也於是則震動而有身則肅戒不復御餘同○傳生民至帝焉○正義曰此章首言生民即后稷也后稷而謂之民者本其初生而未有貴位生與民同以民言之故云生民本后稷也晉語云黃帝以姬水成炎帝以姜水成成而異德故黃帝為姬炎帝為姜是姜者炎帝之姓故云姜姓也言后稷之母配高辛氏帝謂為帝嚳之妃與嚳相配而生此后稷以后稷為嚳之子也張晏曰高辛所興地名嚳以字為號上古質故也大戴禮帝繫篇帝嚳卜其四妃之子皆有天下上妃有邰氏之女曰姜嫄而生后稷次妃有娀氏之女曰簡狄而生契次妃陳鋒氏之女曰慶都生帝堯下妃娵訾之女曰常儀生摯以堯與契俱為嚳子家語世本其文亦然故毛為此傳及玄鳥之傳司馬遷為五帝本紀皆依用焉其後劉歆班固賈逵馬融服虔王肅皇甫謐等皆以為然然則堯為聖君契為賢弟在位七十載而不能用必待舜乃舉之者聖人顯仁藏用匿迹隱端雖則自知故不委任待衆舉而後用見取人之大法耳若稷契堯之親弟當生在堯立之前此至堯崩百餘歲矣堯崩之後仍為舜所勑用者以其並是上智壽或過人不可以凡人促齡而怪彼永命也若稷契即是嚳子則未嘗隔世左傳之說八元云世濟其美者正以能承父業即稱為世不要歷數世也其緯候之書及春秋命歷序言五帝傳世之事為毛說者皆所不信○箋厥其至生民○正義曰厥其釋言文初始釋詁文周始祖后稷也周以后稷為始祖文王為太祖雍禘太祖謂文王也后稷以初始感生謂之始祖又以祖之尊大亦謂之大祖周語曰我太祖后稷之所經緯是也若文王以受命之大雖得稱太祖不得言始祖也箋必名此經之民為始祖者以人之為人皆有始生之時如此詩言初生欲明自此巳前未有周家種類周之上元始生於此故言周之始祖解其言厥初之意也以炎帝姓姜故知姜嫄是炎帝之後姓姜而以嫄配之故知有女名嫄婦人不以名行此嫄或當是字但五帝時質未必有名字之別故以名言之鄭信讖緯以命歷序云少昊傳八世顓頊傳九世帝嚳傳十世則堯非嚳子稷年又小於堯則姜嫄不得為帝嚳之妃故云當堯之時為高辛氏之世妃謂為其後世子孫之妃也八世短長無定於是時書又散亡未知其為幾世故直以世言之其大戴禮史記諸書皆鄭所不信張融云稷契年稚於堯堯不與嚳並處帝位則稷契焉得為嚳子乎若使稷契必嚳子如史記是堯之兄弟也堯有賢弟七十不用須舜舉之此不然明矣詩之雅頌姜嫄履迹而生為周始祖有娀以玄鳥生商而契為玄王即如毛傳史記之說嚳為稷契之父帝嚳聖夫姜嫄正妃配合生子人之常道則詩何故但數其母不美其父而云赫赫姜嫄其德不回上帝是依是生后稷周曾何殊特立姜嫄之廟乎融之此言蓋得鄭旨但以姜嫄為世妃則於左傳世濟之文復協故易傳不以為高辛之妃也○傳禋敬至之前○正義曰釋詁云禋祭也則禋是祭之名又云禋敬也義得相通且祭必致敬故以禋為敬也大宗伯云禋祀昊天上帝註云禋之言煙周人尚臭煙氣之臭聞者也則鄭以禋者唯祭天之名故書稱禋于六宗鄭皆以為天神經傳之中亦非祭天而稱禋祀者諸儒遂以禋為祭之通名王肅云外傳曰精意以享曰禋禋非燔燎之謂也袁準曰禋者煙氣煙熅也天之體遠不可得就聖人思盡其心而不知所由故因煙氣之上以致其誠故外傳曰精意以享禋此之謂也準又稱難者曰禋于文王何也曰夫名有轉相因者周禮云禋祀上帝辨其本言煙煙之祀也書曰禋于文武者取其辨精意以享也先儒云凡絜祀曰禋若絜祀為禋不且別六宗與山川也凡祭祀無不絜而不可謂皆精然則精意以享宜施燔燎精誠以假煙氣之升以達其誠故也切以準言為然鄭於尚書以文武於明堂配五帝故亦以稱禋是禋名唯施於祭天也傳於此下即說郊禖之祀郊必祭天則毛亦以此禋為祭天其餘書傳言禋者則未知毛意與誰同也弗訓為去心所不欲即當去之故以弗去謂去無子以求有子也經言禋祀未知所祀之神故云古者必立郊禖焉言此祀祀郊禖也知者以婦人無外事不因求子之祭無有出國之理又禋祀以求子唯禖為然故知禋祀是祀禖也既言所祀之神因言其祭之祀自玄鳥至之日以下皆月令文所異者唯彼郊作高耳玄鳥燕也燕至在春分二月之中燕以此時感陽氣來集人堂宇其來主為產乳蕃滋故王者重其初至之日用牛羊豕之太牢祀於郊禖之神蓋祭天而以先禖者配之變禖言禖者神之也其祭之時天子親自身往敬其事故親祭之於時后妃率九嬪從之而往侍御於祭焉天子內官有后也夫人也嬪也世婦也女御也而獨言九嬪者以后是內官之主須后妃率之五等則九嬪居中舉中而言明百二十人皆往也未有孕而往者求其早有孕也內官百二十人周之制也高辛之時未有此數因祀之成文而引之耳於祀之時乃以醴酒禮天子所御謂已祓幸有娠者也使太祝酌酒飲之於郊禖之庭以神之惠光顯之也既飲之酒又帶以弓之韣衣授以弓矢使執之於郊禖之前弓矢者男子之事使之帶弓衣執弓矢冀其所生為男也鄭於月令之註其意則然唯高禖異耳故鄭註云高辛氏之世玄鳥遺鳦卵簡狄吞之而生契後王以為禖官嘉祥而立其祀焉以為由高辛有嘉祥故稱高禖蔡邕月令章句云高禖祀名高猶尊也禖猶媒也吉事先見之象謂之人先毛於此及玄鳥傳皆依作郊禖則讀高為郊下傳云從於帝而見於天則此祭為祭天不祭人先也於郊故謂之郊不由高辛亦不以高為尊也郊天用特牲而此祭天用太牢者以兼祭先禖之神異於常郊故也鄭於此箋亦云禋祀上帝於郊禖則后稷未生之前已有郊禖之祀矣而月令註以為簡狄吞鳦卵生契後王以為嘉祥而立其祀又以契之後王始立此祀二義不同者鄭記王權有此問焦喬荅云先契之時必自有禖氏祓除之祀位在南郊蓋以玄鳥至之日祀之矣然得禋祀乃於上帝也娀簡吞鳦有子之後後王以為媒官嘉祥祀之以配帝謂之高媒毛傳亦云郊禖者以古自有於郊克禋之義又據祀之成文耳祀天而以先禖配之義如后土祀以為社此是鄭沖弟子為說以申鄭義其意言高辛巳前祭天於郊亦以先禖配之謂之郊禖至高辛之世以有吞鳦之事以為禖之嘉祥又以高辛之世禖配此祭故改之而為高禖故此箋從傳為郊祀祀解其高義後王以為媒官嘉祥而立其祀謂立禖以配郊非謂立郊求子始於後王鄭意或當然也如此為說可得合詩祀二誰耳然祀註為高辛之世者謂高辛之後世子孫猶號高辛其時簡狄吞鳦卵生契如此得與稷同時為堯臣耳○箋克能至之祀○正義曰克能釋言文釋詁云祓福也孫炎曰祓除之福周語云祓除其心女巫云祓除釁浴左傳祓社釁鼓檀弓云巫先祓枢皆祓除凶惡之義取去故云弗之言祓也禋祀上帝於郊禖祓除其無子之疾以得其福雖解弗字為異與傳去無子之意亦同也非天子不得祭天此姜嫄是為

高辛氏後世之妃則其夫不爲天子所以得祈郊禖祭天神故解之云二王之後得用天子之礼故也王者存先代所以通天三統使得行其正朔用天子之礼故礼運曰杞之郊也禹宋之郊也契是二王之後得祭天也下言后稷功成乃封之於郃則此時必有國矣未知其國之名所在之地耳○傳履踐至利民○正義曰諸書傳言姜嫄履大迹生稷簡狄呑鳦卵生契者皆毛所不信故以爲高辛氏帝蓋以二章卒章皆言上帝此獨言帝不言上故以爲高辛氏帝也釋訓云履帝武敏武迹也敏拇也傳既依爾雅以武爲迹而不以敏爲拇者毛意蓋謂爾雅不可盡從故也心識速疾謂之敏故訓敏爲疾又解姜嫄得踐帝迹所由以高辛之帝親行禋祀姜嫄從於帝而往見於天故行在後而踐帝之迹從帝見天卽上傳所云后妃率九嬪御是也踐迹者直謂隨後行耳非必以足躡其踐地之處也將事齊敏者將行也謂行祀天之事齊敬而速疾也鬼神食氣謂之歆故以歆爲饗謂祭而神饗之也介大釋詁文福祿所止謂止於姜嫄使之早有子也震動夙早育長皆釋詁文動謂懷任而身動也昭元年左傳曰邑姜方震大叔哀元年左傳曰后緡方震皆謂有身爲震也早者言其得福之早得福乃有身早文應在震上今在下者見有身而始知得福故先震後夙且以爲韻故姜嫄之配高辛亦應久矣未必生稷之歲始來配之若前已禋祀此年始震則是得福晩矣而言早者作者因事而言以所卽有子故繼祈爲早耳又解此人其名曰棄所以謂之后稷者以其身爲稷官能穜百穀以利民故以后稷稱之周本紀云堯舉棄爲農師天下得其利堯典云帝曰弃黎民阻飢汝后稷播時百穀是其利民之事也○箋帝上帝至后稷○正義曰鄭以此及玄鳥是說稷以迹生契以卵生之經文也河圖曰姜嫄履大人迹生后稷中候稷起云蒼耀稷生感迹昌契握云玄鳥翔水遺卵流娀簡呑之生契封商苗興云契之卵生稷之迹乳史記周本紀云姜嫄出野見巨人迹心忻然悅欲踐之踐之而身動如孕者及朞而生棄殷本紀云簡狄行浴見玄鳥墮其卵簡狄取呑之因孕生契是稷以迹生契以卵生之說也又閟宮云赫赫姜嫄其德不回上帝是依言上帝依姜嫄以生后稷故以帝爲上帝且鄭以姜嫄非高辛之妃自然不得以帝爲高辛帝矣此上帝卽蒼帝靈威仰也長發箋云帝黑帝此不言蒼帝者彼以下有玄王故言黑帝此下有上帝故言上帝各隨經勢而爲文也爾雅引此釋之而以敏爲拇指故依用之云敏拇也孫炎曰拇迹大指處釋詁文介右也郭璞曰相佑助也孫炎曰介者相助之義如人之左右手故以介爲左右也傳以夙爲早震後言早於事不次故轉之云夙之言肅自肅戒也以緯候及史記諸文故知祀郊禖之時則有大神之迹姜嫄履之也履神之迹直言武足矣而復言拇是先履其踉之迹又移足以就拇既言大迹明不能滿故云足不能滿履其拇指之處履拇之下而卽言歆故知心體歆歆然意動之狀也左右所止住如有人道感已者謂如人夫妻交接之道檀弓曰寡婦不夜哭注云嫌思人道亦謂此也於是遂有身肅戒不復御解載震載夙也大明曰大任有身是爲震爲有身靜女傳曰生子月辰以金環退之婦人有娠則礼當不御故所以自肅戒也後則生子而長養之解載生載育也周本紀云棄之臨巷寒冰後收養之初欲棄之因名曰棄堯典云帝曰弃是名之曰棄文十八年左傳曰高辛氏有才子八人堯不能舉舜臣堯而舉之使布五教於四方堯典注云舉八元使布五教契在八元中稷亦高辛氏之後自然在八元中矣故知舜臣堯而舉之堯典注又云堯初天官爲稷舜登用之年舉棄爲之故云是爲后稷鄭志趙商問此箋云帝上帝又云當堯之時姜嫄爲高辛氏世妃意以爲非帝嚳之妃史記嚳以姜嫄爲妃是生后稷明文皎然又毛亦云高辛氏帝苟信先籍未覺其偏隱是以敢問易毛之義荅曰卽姜嫄誠帝嚳之妃履大人之迹而歆歆然是非員意矣乃有神氣故意歆歆然天下之事以前驗後其不合者何可悉信是故悉信亦非不信亦非稷稚於堯堯見爲天子高辛與堯並在天子位乎是箋易傳之意也○

誕彌厥月。先生如達。誕大彌終達生也姜嫄之子先生者也箋云達羊子也大矣后稷之在其母終人道十月而生生如達之生言易也○彌面支反達他末反註同說文云小羊也沈云毛如字易以豉反下同

不坼不副。無菑無害。言易也凡人在母母則病生則坼副菑害其母橫逆人道○坼勑宅反副孚逼反說文云分也字林云判也匹亦反菑音災註同○

以赫厥靈。上帝不寧。不康禋祀。居然生子。赫顯也不寧寧也不康康也箋云康寧皆安也姜嫄以赫然顯著之徵其有神靈審矣此乃天帝之氣也心猶不安之又不安徒以禋祀而無人道居默然自生子懼時人不信也

【疏】誕彌至生子○毛以爲上言得福有子此言其生之易言可美大矣姜嫄之孕后稷終其孕之月而生之婦人之生首子其產多難此后稷雖是最先生者其生之易如達之生然羊子以生之易故比之也其生之時不坼割不副裂其母故其母無災殃無患害以此故可美大也天既祐令有身又使之生易是天意以此顯明其有神靈也上天之意豈不降福而安之乎言上天誠降福而安之使母之無病苦子得易生是天安之也姜嫄之身豈不見安於禋祀乎言姜嫄實見安於禋祀所則有子生之又易是爲禋祀所安也由爲禋祀所安故得居處怡然無病而生子也○鄭唯下四句爲異言姜嫄履迹有身其生又易以此赫然顯著之徵其有神靈審也此乃上帝精氣姜嫄心不自安以天人道隔而人生天肎故心不自安也非徒生天之肎心不自安又不安其徒禋祀神明無人道交接居處默然而生此子以無夫而生又懼時人不信當棄而異之使人知其異故下所以棄之也○傳誕大至生者○正義曰誕大釋詁文彌終釋言文達生者言其生易如達羊之生但傳文略耳非訓達爲生也又解言先生之意以人之產子先生者多難此后稷是姜嫄之子最先生者應難而今易故言先生以美之此主言后稷是姜嫄首子而已后稷有同母弟妹以否書亦無文焉○箋達羊至言易○正義曰說文云達小羊也從羊大聲薛琮荅韋昭曰羊子初生達小名羔未成羊曰犴大曰羊長幼之異名以羊子初生之易故以比后稷生之易也大戴禮及春秋元命包皆云人十月而生周本紀云姜嫄踐巨人迹身動如孕者及朞而生子則終一年矣此言終月必終人之常月焉還之言未可信也○傳言易至人道○正義曰經之所言皆說其生之易故云言易也以摠解一經又解易生所以爲美者以凡常之人在母腹則病其生則又坼堛災害其母以横逆人道今后稷之生能無坼堛災害故美之也晉語云文王在母不憂是謂未生爲在母坼堛皆裂也礼記曰爲天子削瓜者堛之是堛爲裂也坼堛災害其母皆謂當產之時閟宮云無災無害彌月不遅亦謂生時無災害故彼箋引此解之明其同也然則此經止言生易不言在母病傳言凡人在母母則病者因其生之易從在母而本之見凡人之生不如后稷所以爲美耳横逆人道謂不由人所生之道也史記楚世家云陸終娶於鬼方氏曰女潰孕三年不乳乃剖其左脇獲三人焉剖其右脇獲三人焉帝王世紀云簡狄剖背生契如此之類是横逆人道也若然契亦大賢剖背而出則坼堛災害不爲惡矣此美其無災害者人之賢愚不由母生之難易要人情皆欲其易不欲其難因見稷之生易言之以爲美耳晉語曰大任震文王不欲其少溲於家牢而得文王不加病焉亦美文王生易與此同矣此言橫逆人道謂人所生之道上箋云終人道者謂人在母腹之道如有人道感已者謂人交接之道人道之言雖同三者皆小別耳○傳赫顯至康也○正義曰以赫是明貌故爲顯也天實降福以安后稷美姜嫄實爲因禋祀所安而經乃言不寧不康故皆反其言也王肅云天以是顯著后稷之神靈降福而安之言姜嫄可謂禋祀所安無疾而生子○箋康寧至不信○正義曰康寧皆安釋詁文箋以此章上四章言后稷之生下章言其弃之此經四句文在既生之後弃之上則是說其弃子之意爲下章張本故易傳也履大迹而有身不由夫而生子是有顯著之徵也既見如此徵驗知其實有神靈故云姜嫄以赫然顯著之徵其有神靈審矣言姜嫄自知此子審是神靈所生也又解上帝不寧之意祀天而見大人迹履之如有感已此感之者乃是天帝之氣人不當其天交接今方與天生子于雖生訖其心猶不安之也上帝不寧者爲生天之肎故不安不康禋祀者懼時人不信故不安也以此故再言不安徒禋祀而無人道空祀神明而無人道交接故居位默然而得生子懼時人不信其然或得疑其犯礼奸淫而有此肎以此又復不安姜嫄既有此事不安欲望衆言故棄之以顯其異使衆人知之也異義詩齊魯韓春秋公羊說聖人皆無父感天而生左氏說聖人皆有父謹索堯典以親九族卽堯母慶都感赤龍而生堯堯安得九族而親之礼讖云唐五廟知不感天而生玄之聞也諸言感生得無父有父則不感生此皆偏見之說也商頌曰天命玄鳥降而生商謂娀簡呑鳦子生契是聖人感見於經之明文劉媼是漢太上皇之妻感赤龍而生高祖是非有父感神而生者也且夫蒲盧之氣嫗煦桑蟲成爲己子況乎天氣因人之精就而神之反不使子賢聖乎是則然矣又何多怪如鄭此言天氣因人之精使之賢聖則天氣不獨生人此姜嫄得無人道而生子者言非一端也彼以古今異說言感生則不得有父有父則不得感生偏執一見理未弘通故鄭引蒲盧爲喻以證有父得感生耳必由父也所引呑鳦生契卽是不由交矣又何怪於后稷也稷契等雖感天氣母實有夫則亦爲有父繼父爲親故稱嚳之胄唐堯之親九族立五廟亦猶此也稷契俱是感生契稷不棄契者人之意異耳或者簡狄雖則呑鳦仍御於夫其心自安故不棄之耳馬融之說此詩則異於是矣故云仍御於夫王肅引馬融曰帝嚳有四妃上妃姜嫄生后稷次妃簡狄生契次妃陳鋒生帝堯次妃娵訾生帝摯摯最長次堯次契下妃三人皆已生子上妃姜嫄未有子故禋祀求子上帝大安其祭祀而與之子任身之月帝嚳崩摯卽位而崩帝堯卽位帝嚳崩後十月而后稷生蓋遺腹子也雖爲天所安然寡居而生子爲衆所疑不可申說姜嫄知后稷之神奇必不可害故欲棄之以著其神因以自明堯亦知其然故聽姜嫄棄之肅以融言爲然又其奏云稷契之興自以積德累功於民事不以大迹與燕卵也且不夫而育乃載籍之所以爲妖宗周之所喪滅其意不信履大迹之事而又不能申棄之意故以爲遺腹子姜嫄避嫌而棄之王基駁之曰凡人有遺體猶不以爲嫌況於帝嚳聖主姜嫄賢妃反當嫌於遺喪之月便犯礼哉人情不然一也就如融言審是帝嚳之子凡聖主賢妃生子未必皆賢聖能爲神明所祐堯有丹朱舜有商均文王有管蔡姜嫄御於帝嚳而有身何以知其特有神奇而置之於寒冰乎假令鳥不覆翼終疑適甚則后稷爲無父之子嚳有淫昏之如姜嫄有汚辱之毀當何以自明哉本欲避嫌嫌又甚焉不然二也又世本云

帝嚳卜其四妃之子皆有天下若如融言任身之月而帝嚳崩姜嫄尚未知有身帝嚳焉得知而卜之苟非其理前郄褻礙義不得通不然三也不夫而育載籍之所以爲妖宗周之所以喪滅誠如肅言神靈尚能令二龍生妖女以滅幽王天帝反當不能以精氣育聖子以與帝王也此適所以明有感生之事非所以爲難肅信二龍實生褒姒不信天帝能生后稷是謂上帝但能作妖不能爲嘉祥長於爲惡短於爲善肅之乖戾此尤甚焉馬昭曰稷奇見於既棄之後未棄之前用何知焉孫毓云天道徵祥古今有之皆依人道而有靈助劉媼之任高祖著有雲龍之惟褒姒之生由於玄黿之妖巨迹之感何獨不然而謂自履其夫帝嚳之迹何足異而神之乃敢棄隘巷寒冰有覆翼之應乎而王傳云知其神奇不可得害以何爲徵也且匹夫凡民遺腹生子古今有之嚳崩之月而當疑爲奸非夫有識者之所能言也鄭說爲長羣賢以鄭爲長長則信矣所言王短短猶未悉何則馬王立說自云述毛其言遺腹寡居必謂得毛深旨案下傳曰天生后稷異之於人欲以顯其靈帝不順天是不明也故承天意而異之於天下是言天異后稷於人帝又承天之意所以棄而異之明示天下安有遺腹寡居之事乎卽由天異而棄之何須要在寡居若以寡居爲嫌何以必知其異若使無異可棄竟當何以自明又上傳云帝高辛氏下傳云帝不順天則帝亦高辛之帝安得謂之堯也五章傳云堯見天因邰而生后稷因之曰堯不名高辛盈知此帝不爲堯也何以堯知其然聽姜嫄棄之且馬王之說姜嫄爲辛之正妃其於帝堯則君母也比之後世則太后也以太后之尊欲棄己子足以自專不假堯命何云聽棄之也又堯爲人兄聽母棄弟縱其安忍之心殺其聖父之旨不慈不孝亦不是過豈有欽明之后用心若此哉若以堯知其神故爲驗異則堯之知稷之甚矣初生以知其神纔長應援之以位何當七十餘載眞之收采自有聖弟不欲明揚眞舜登禱方始樂任雖帝難之豈其若此故知王氏之說進退多尤所言遺腹非毛旨矣其解文義傳意或然故采其釋經之辭遺其寡居之說

誕寘之隘巷。牛羊腓字之。誕大寘置腓辟字愛也天生后稷異之於人欲以顯其靈也帝不順天是不明也故承天意而異之於天下箋云天異之故姜嫄置后稷於牛羊之徑亦所以異之○寘之豉反下同隘於懈反巷戶降反腓符非反避也○

誕寘之平林。會伐平林。牛羊而辟人者理也置之平林又爲人所收取之○

誕寘之寒冰。鳥覆翼之。大鳥來一翼覆之一翼藉之人而收取之又其理也故置之於寒冰○藉在夜反○

鳥乃去矣。后稷呱矣。於是知有天異往取之矣后稷呱呱然而泣○呱音孤泣聲也尚書云啓呱呱而泣是也

〔疏〕誕寘至呱矣○正義曰上言后稷之生此言棄稷之事言可美大矣棄此后稷置之於狹隘巷中牛羊其避而憐愛之嬰兒未有所知當爲牛羊所踐今乃避而愛之故可美大矣以牛羊避人理之常也又置之平林可美大矣又棄此后稷置之平地林木之中會值有人往伐平林伐木之人見而收取之嬰兒之在林野當爲鳥獸所害乃値人收取是可美大矣又以人之取人乃是常理復置之寒冰可美大矣復棄后稷朝旦於寒冰之上有鳥以翼覆以翼藉之鳥非人類而覆藉人是可美大矣既知有神人往收取鳥乃飛去矣后稷遂呱呱然而泣矣此其有神靈之驗也○傳字愛至天下○正義曰易屯卦云女子貞不字十年乃字是字爲愛之義也知天生后稷異之於人者若其不異不應棄之異之於人謂有奇表異相若孔子之河目海口文王之四乳

龍顏之類但書傳不言后稷異狀無得而知之耳言帝嚳若不順天意以顯之則是爲不明則棄之者帝意也以此傳觀之則后稷之生嚳尚存矣不得爲遺腹矣○箋天異至異之○正義曰箋以履迹而得后稷雖與傳禋祀得之不同其於異而顯之意亦一也故棄傳而釋之也天降精氣以生后稷本欲異之故姜嫄置后稷於牛羊之徑亦以異之亦者亦天也○鄭以姜嫄非帝嚳之妃其棄后稷出姜嫄之意故言姜嫄也步道曰徑以經稱隘巷故以徑言之此詩之意欲顯其異而棄之周本紀以爲不祥故棄之謬矣○傳大鳥至藉之○正義曰以翼能覆藉嬰兒故知大鳥也以經翼在覆下則上覆下翼明非一翼耳人體忌寒近氷尤甚既有奇而覆之明亦愛而藉之故知一翼覆之一翼藉之經因鳥有二翼互其文以見此意耳姜嫄以玄鳥至月而禋祀在母十月而生稷其生正當氷月故得棄之氷也○

實覃實訏。覃長訏大

厥聲載路。誕實匍匐。克岐克嶷。以就口食。路大也岐知意也嶷識也箋云實之言適也覃謂始能坐也訏謂張口鳴呼也是時聲音則已大矣能匍匐則岐岐然意有所知也其貌嶷嶷然有所識別也以此至于能就衆人口自食謂六七歲時○覃徒南反本或作譚訏況于反匍音蒲又音符本亦作扶匐蒲北反又音服本亦作服岐其宜反嶷魚極反說文作疑云小兒有知長張丈反或如字別彼列反

蓺之荏菽。荏菽旆旆。禾役穟穟。麻麥幪幪。瓜瓞唪唪。荏菽戎菽也旆旆然長也役列也穟穟苗好美也幪幪然茂盛也唪唪然多實也箋云蓺樹也戎菽大豆也就口食之時則有種殖之志言天性也○蓺魚世反荏而甚反叔或作菽音同郭璞云今胡豆是旆蒲具反穟音遂幪莫孔反瓞田節反唪布孔反徐又薄孔反長如字又張丈反○

〔疏〕實覃至唪唪○毛以爲上既言收取后稷此說其長養之事言后稷實以漸大言差大於呱呱之時也於是之時其口出音聲則已大矣不復如呱呱時而已又歎之言后稷可美大矣實始匍匐之時已能意有所知岐岐然又能貌有所識嶷嶷然以漸有智慧能就人之口取食而啖之纔始能食卽有種殖之志所種蓺之者是荏菽也此荏菽乃旆旆然長大種禾則使有行列其苗則穟穟然美好所種之麻麥則幪幪然茂盛所種之瓜厥其實則唪唪然衆多是其本有天性種則美好於後果爲稷官而天下蒙賴於匍匐之上言誕者爲岐嶷發文美大於匍匐之時能岐嶷也○鄭唯實覃實訏爲異言適始能坐而覃然適始張口而訏然餘同○傳覃長至嶷識○正義曰釋言云覃延也延引是漸長之義故爲長也訏大路大釋詁文以岐嶷言克克是其性智之能故以岐爲有智之意嶷爲有識之貌內有所知乃外能識物故先岐後嶷○箋實之至歲時○正義曰實之實訏爲厥聲載路而言誕實匍匐爲克岐克嶷而設敗實之爲義不指覃訏匍匐之體故云實之言適也適覃訏而聲已大適匍匐而已能岐嶷爲早慧之勢也定本爲實之言是案集註並爲適又以上言呱矣謂其泣之聲下言匍匐指其小之體覃訏之文在其間則亦指小時之實狀故云覃謂始能坐訏謂張口鳴呼儀禮註云禫之言噡噡然安意是則覃亦安意故爲坐也訏音呼字又從言故爲張口鳴呼是時聲音則已大矣謂大於呱呱之時因言張口鳴呼卽說音聲之大且嬰兒既坐而後弄口破坐而後匍匐則智識漸生故於匍匐之下言岐嶷皆爲事之次也所知在於心神故云岐岐然意有所智識別發於耳目故云其貌嶷嶷然有所識別見內外之異也岐嶷皆是其貌故重言之此岐嶷在匍匐之時則其生亦未一年

矣就口食之時則已稍大故云以至於能就衆人口自食謂六七歲時也言至於者從此至彼見其間懸遠之意也后稷以上智之資必當早慧六七歲時不應猶就人食鄭言六七歲者以凡人之事準之耳或以爲就口食者謂爲稷官以成就衆人口食案下箋云就口食之時已有種殖之志言天性也若爲稷官之時始有種殖之志不足言其天性且種殖之志非始居官之日指斥居官不得云口食以此知以就口食正謂就衆人之口自取食矣○傳荏菽至多實○正義曰釋草云戎菽謂之荏菽孫炎曰大豆也此箋亦以爲大豆樊光舍人李巡郭璞皆云今以爲胡豆璞又云春秋齊侯來獻戎捷穀粱傳曰戎菽也管子亦云北伐山戎出冬蔥及戎菽布之天下今之胡豆是也案爾雅戎菽皆爲大豆註穀粱者亦以爲大豆也郭璞等以戎胡俱是夷名故以戎菽爲胡豆也后稷種穀不應捨中國之種而種戎國之豆卽如郭言齊桓之伐山戎始布其豆種則后稷之所種者何時絕其種乎而齊桓復布之祇有戎車不可謂之胡車明戎菽正大豆是也此荏菽重言者以蓺之之文爲下摠目於荏菽配之爲句又分別說其茂之狀故重言之人供役者在於行列禾無在役之義故知役爲列也言其行相當因禾文單故以役配之其旆旆穟穟幪幪皆言生長茂盛之貌因其異文故以長好茂散而承之其實互相通瓜瓞與五穀異苗以其蔓長故不爲葉茂而以唪唪爲多實也定本唪唪多實之上云瓜瓞瓝也案集註等並無此四字○箋蓺樹至天性○正義曰樹者種木之名可爲種殖通稱故云蓺樹也上言以就口食此經接於其下故此所陳卽是就食時事就口食之時已有此種殖之志言其天性也言其天性善於種殖於後果爲稷官周本紀曰棄爲兒時其遊戲好種殖麻麥美卽此是也又曰及爲成人遂好耕農相地之宜宜五穀者稼穡之民皆法之堯聞之舉棄爲農師天下宜其利下章是也○

誕后稷之穡。有相之道。相助也箋云大矣后稷之掌稼穡有見助之道謂若神助之力也○相息亮反註同

茀厥豐草。種之黃茂。實方實苞。實種實褎。實發實秀。實堅實好。實穎實栗。卽有邰家室。茀治也黃嘉穀也茂美也方極畝也苞本也種雜種也褎長也發盡發也不榮而實曰秀穎垂穎也栗其實栗栗然邰姜嫄之國也堯見天因邰而生后稷故國后稷於邰命使事天以顯神順天命耳箋云豐苞亦茂也方齊等也種生不雜也褎枝葉長也發發管時也栗成就也后稷教民除治茂草使種黍稷黍稷生則茂好孰則大成以此成功堯改封於邰就其成國之家室無變更也○茀音拂韓詩作拂拂弗也種支勇反注種雜種種生不雜下嘉種拼注並同褎余秀反穎嘗井反穗也尚書云唐叔得禾異畝同穎是也邰他來反后稷所封國也今在京兆武功縣○

〔疏〕誕后稷至家室○毛以爲既言后稷爲兒時好種田此後言其爲稷官時事也可美大矣后稷之教民稼穡若有神明相助之道言種之必好似有神助故可大也又說其若有神助之狀言后稷之教民種殖乃除治而去其茂盛之草既去其草於此地種之以黃色而茂盛者謂黍稷之穀也於是此穀既生實方正而極於壟畝無空缺之地實根本而盡皆均調無稀概之處謂春生之時也其苗實雍種而肥大實褎褎然而生長謂夏未時也稍至秋初禾又出穗實盡發於管實生粒皆秀更復少時其粒實皆堅成實又齊好實穗重而垂穎實成就而栗栗然以此故收入弘多堯善其功而賜之土字封之於邰就有邰國之家室焉○鄭以方謂苗生齊等苞謂苗之茂盛種

謂田種不雜成功而改封於邰非始有國土唯此爲異其文勢則同。箋大矣至之力。正義曰下言有邰家室言功成之時則此章說爲官時事故云后稷之掌稼穡也助人者唯神耳故知有見助之道謂若神助之力。傳茀治至天命。正義曰茀治釋詁文此說后稷教彼而言種黃則黃色是穀也穀之黃色者唯黍稷耳黍稷穀之善者故云黃嘉穀也以黍稷是民食之主故舉以爲言其實諸種之穀皆種之閟宮言稙稺菽麥尚書稱播殖百穀是所種非獨黃也茂盛則人所美愛故以茂爲美此種之黃茂爲下揔目自此以下皆說嘉穀茂盛故先言黃盛以揔之方者正方之義謂極盡壟畝種無不生地皆方正有苗故以方爲極畝易稱繫于苞桑謂繫之柔本故以苞爲本莊子說木之肥大云雍臃無用故以種爲雍臃謂苗之肥盛也褎者禾長之貌故言長也發者穗生於苗初發苗生也以上言苗之極畝平均則發者非獨一莖發耳故言盡發則褎亦盡長秀穎好栗皆亦盡然舉一以明上下也釋草云華荂榮也木謂之華草謂之榮不榮而實謂之秀榮而不實謂之英是不榮而實曰秀也李巡曰分別異名以曉人然則彼是英秀對文以英爲不實故以秀爲不榮其實黍稷皆先榮後實出車云黍稷方華是嘉穀之秀必有榮也此傳因彼成文而引之耳說文云穎禾末也禹貢定賦遠近之差二百里納銍三百里納秸註云銍斷去稾也秸又去穎則穎是禾穗之挺書序云唐叔得禾異畝同穎謂挺上合也美其禾之成就不當言其有穎而巳故云穎垂穎言其穗重而穎垂也要是穀穗成就之穎故云其實栗栗然桓六年左傳云奉酒醴以告曰嘉栗旨酒服虔云穀之初熟爲栗是栗爲穀熟貌世本云有邰氏女曰姜嫄故知邰是姜嫄之國也傳以此言封之於邰下言祭天之事故解其意云堯見天因邰而生后稷謂使邰國之女生后稷也故國后稷於邰謂封爲邰國之君又特命之使得事天所以顯后稷之神順上天之命故也言國后稷於邰猶文王箋云而國於周后稷以前未有國於此始封之也此邰爲后稷之毋家其國當自有君所以得封后稷者或時君絕滅或遷之他所也。箋豐至變更。正義曰釋詁云苞茂豐也故知豐苞皆爲茂也以經已有茂故言亦也經每實之下皆當字成義直言實本則不知何本且爾雅以苞爲茂故易傳也方是方正故言齊等與傳極畝亦同但齊等據苗均極畝據地滿耳以傳言雍種是肥充之貌禾生雖肥不能至雍種種者繫本初種之稱即大田既種是也故以種爲生不雜謂不稂不莠也傳以褎爲長故申之爲枝葉長也傳以發爲盡發不解發意故云發管時苗之將秀心如竹管穗發中而出故言發管也傳言其實栗栗止言栗栗是實貌不言所以得然故言成就以足之案集註云栗成意也定本以意爲急恐非也就其成國之室家無所變更者謂邰國先有官室后稷就而有之所以美后稷也。鄭以姜嫄之夫先爲二王之後是先有國故言改封其封早晚亦無明文中候握河紀云堯即政七十年受河圖其末云斯封稷契皐陶賜姓號注云或云七十二年斯此封三臣止言封號不道其時即封此言成功蓋治水畢後地平天成之時也稷之功成實在堯世其封於邰必是堯之封矣故此箋及傳皆以爲堯周本紀云禹封棄於邰號曰后稷以后稷之號亦起舜時其言不可信也杜預云邰始平武功縣所治斄城是也。

誕降嘉種。維秬維秠。維穈維芑。

天降嘉種。秬黑黍也。秠一稃二米也。穈赤苗也。芑白苗也。箋云天應堯之顯后稷故爲之下嘉種。秬音巨秠孚鄙反亦黑黍也又孚卑反郭芳婢反穈音門爾雅作虋同郭亡偉反赤粱粟也芑音起徐又巨巳反郭云白粱粟也稃芳于反字書云䵚穄也應應對之應爲于僞反下天爲已同。

恆之秬秠。是穫是畝。恆之穈芑。是任是負。以歸肇祀。

恆徧肇始也始歸郊祀也箋云任猶抱也肇郊之神位也后稷以天爲己下此四穀之故則偏種之成熟則穫而畝計之抱負以歸於郊祀天得祀天者二王之後也。恆古鄧反本又作亘穫戶郭反任音壬注同肇音兆徧音遍下同。

【疏】誕降至肇祀。毛以爲上既言后稷功成受國堯又命使事天此言其祭天之事可美大矣此后稷善能於稼穡上天乃下善穀之種與之使得種以此祭祀天與之穀是可大也其言善種者維是黑黍之秬維是黑黍二米之秠維是赤苗之穈維是白苗之芑后稷既得此善種乃徧種之以秬以秠至熟則於是穫刈之於是畝計之徧種之以穈以芑至熟則於是任抱之於是負檐之以此秬秠穈芑之穀而歸始郊祀於上天也。鄭以后稷先事天以歸郊兆之處而祀天爲異餘同。傳天降至白苗。正義曰降者從上之辭故知降嘉種者是天降嘉種也秬黑黍以下皆釋草文唯彼穈作虋音同耳李巡曰黑黍一名秬郭璞曰秠亦黑黍但中米異耳漢和帝時任城生黑黍或三四實實二米得黍三斛八斗則秬是黑黍之大名秠是黑黍之中有二米者別名之爲秠故此經異其文而爾雅釋之若然秬秠皆黑黍矣而春官鬯人注云釀秬爲酒秬如黑黍一秠二米言如者以黑黍一米者多秬爲正稱二米則秬中之異故言如以明秬有二等也秬有二等則一米亦可爲酒鬯人之注必言二米者以宗廟之祭唯祼爲重二米嘉異之物鬯酒宜當用之故以二米解鬯其實秬是大名故云釀秬爲酒爾雅云秠一稃二米亦人注云一秠二米文不同者鄭志苔張遂云秠即皮其稃亦皮也爾雅重言以曉人然則秠稃古今語之異故鄭引爾雅得以稃爲秠也赤苗白苗者郭璞曰虋今之赤粱粟芑今之白粱粟皆好穀也。箋天應至嘉種。正義曰如此言則功成受封之後始天與之種唯四穀而巳而閟宮云是生后稷降之百穀黍稷重穋稙稺菽麥所降多矣非徒四穀又彼下文乃言奄有下國俾民稼穡則是爲稷官之日巳得此種與此二文不同者天降種者美大后稷以稷之必獲歸功於天非天實下之也作者意異故先後不同此言祭之所用故指陳黍稷閟宮廣言民食故穀多於此孔叢云魏王問子愼曰往者中山之地無故有穀乃云天雨反以亡國何也曰自古及今未聞天下穀與人詩美后稷能大教民種穀以利天下若中山之穀妖怪之事非所謂天降祥也以此而言明非實降之也案集注及定本於此並無箋云。傳恆徧至郊祀。正義曰以言種之廣多故以恆爲偏定本作恆集注皆作亘字肇始釋詁文上言封之於邰是初爲諸侯故云始歸郊祀下云上帝居歆知此祀爲郊也。箋任猶至之後。正義曰以任負異文負在背故任爲抱。鄭以后稷二王之後先得祭天非爲始祭故云肇郊之神位言神位之兆肇宜作兆春官小宗伯云兆五帝於四郊是也商頌箋讀肇爲兆此從略之又云得祀天者二王之後申明肇不爲始之意也

誕我祀如何。或舂或揄。或簸或蹂。釋之叟叟。烝之浮浮。

揄抒臼也或簸糠者或蹂黍者釋淅米也叟叟聲也浮浮氣也箋云蹂之言潤也大矣我后稷之祀天如何乎美而將說其事也舂而抒出之簸之又潤濕之將復舂之趣於鑿也釋之烝之以爲酒及簠簋之實。舂傷容反揄音由又以朱反說文作臼弋紹反簸波我反蹂音柔叟所留反字又作溲濤米聲也爾雅作溞音同郭音騷烝之烝反浮如字爾雅說文並作焞云烝也抒食汝反蒼頡篇云取出也穅音康字亦作康俗米旁作康非淅星歷反說文云汰也汰音太後扶又反鑿子洛反精米也字林作毇云糲米一斛舂爲八斗也子沃反簠音甫簋音軌

載謀載惟。取蕭祭脂。取羝以軷。載燔載烈。

嘗之日涖卜來歲之芟獮之日涖卜來歲之戒社之日涖卜來歲之稼所以興來而繼往也穀熟而謀陳祭而卜矣取蕭合黍稷臭達牆屋先奠而後爇蕭合馨香也羝羊牲羊也軷道祭也傳火曰燔貫之加于火曰烈箋云惟思也烈之言爛也后稷既爲郊祀之酒及其米則諏謀其日思念其祀至其時取蕭草與祭牲之脂爇之於行神之位馨香既聞取羝羊之體以祭神又燔烈其肉爲尸羞焉自此而往郊。羝都禮反字亦作羝軷蒲末反說文云出必告道神爲壇而祭爲軷字林同父末反燔音煩後皆同涖音利又音類芟所衙反獮息淺反奠徒練反爇如悅反馨呼丁反傳音附貫古亂反諏足須反。

以興嗣歲。

興來歲繼往歲也箋云嗣歲今新歲也以先歲之物齊敬犯軷而祀天者將求新歲之豐年也孟春之月令曰乃擇元日祈穀于上帝。

【疏】誕我至嗣歲。毛以爲上言得穀祭天此言將祭之事可美大矣我后稷之祀天其祀如何先以所得秬秠穈芑之粟或使人在臼而舂之或使人就臼而抒之或使人簸揚其糠或使人蹂踐其黍言其各有司存並皆敬疾也既蹂舂得米乃浸之於盆淅而釋之其聲溲溲然言趦疾又炊之於甑爨而烝之其氣浮浮然言升盛也既烝熟乃以爲酒食又於先穀熟之時則巳謀度所謂穀熟而謀則巳思惟其所祭之祀謂陳祭而卜以秋物之成賴郊祀之福故穀熟則謀更郊所以豫備酒食也至祭之日乃取蕭之香蒿與祭牲之脂膏而爇燒之於行神之位使其馨香遠聞又取羝羊之祀以爲犯軷之祭其祭軷也取所祭之肉則傳火而燔之則加火而烈之以爲尸之羞既祭神道乃自此而往於郊以祭天也所以用先歲之物齊敬犯軷而祀天者欲以興起來歲使之繼嗣往歲而恆得豐年故也。鄭以舂揄簸蹂爲事之次蹂之言潤既簸去穅或復以水潤濕之將更舂以趦於鑿載謀載惟謂將祭諏謀其日思念其祀非穀熟巳謀以此爲思又以興嗣歲爲興起新歲餘同。傳揄抒至浮氣。正義曰以揄文在舂下簸上既舂而未簸故知揄爲抒臼謂抒米以出臼也出臼則簸之故或有簸穅者或蹂黍者謂蹂踐其黍然後舂之然則文當在舂揄之上今在下者以蹂亦爲舂而爲之揄簸俱是舂進令與舂相近且退蹂以爲韻也上有穈芑是稷而獨云蹂黍者以祭用黍以爲主故舉黍以言傳每言或者明各有其人俱趦於事不相兼也釋之既在簸之下烝之上故知爲淅米也說文云淅汰米也孟子曰孔子去齊接淅而行謂洮米未炊漉之而去言其疾也釋訓云滫滫淅也烰烰氣也樊光引此詩孫炎曰滫滫淅米聲烰烰炊之氣滫浮與此不同古今字耳傳以洮米則有聲故言溲溲聲烝飯則有氣故言烰浮氣取爾雅之意爲說也。箋蹂之至之實。正義曰以蹂文在或簸之下不應方言蹂黍以水潤米必當蹂之使濕故云蹂之言潤如何乎者問人之辞故云美而將說其事意欲說之故設辞自問上生民如何亦如此也於此乃注彼從可知舂揄之下始云或蹂故知是既舂而粺出之又潤濕之將復舂以趦於鑿也召旻箋云米之率糲十粺九鑿八侍御七九章筭術粟一石爲糲米六斗舂糲一斗爲粺九升又去爲鑿則八升又舂爲侍御則七升言趦於鑿者此承四穀之後一舂一簸始爲糲米又一濕一舂猶未至於鑿故言趦於爲漸到之意也米之細者乃窮於御止言越於鑿者以經傳說祭祀之餒無言用御米者桓二年左傳云黍食不鑿昭其儉也則不儉者有用鑿之處郊天尊於

宗廟其祭或當用之故上言於鑿也桓十四年穀梁傳說宗廟之事夫人親舂楚語云天子禘郊之事王后必自舂其粢諸侯宗廟之事夫人必自舂其盛韋昭云粢盛互文也言舂不過如天子躬耕三推而已故傳言或不斥后夫人也楚語又云天子親舂禘之盛韋昭云率后舂之亦天子親舂也酒與食用此米為之故云釋之烝之以為酒及簠簋之實孫毓云詩之敘事率以其次既簸糠矣而甫以蹂為蹂黍當先蹂乃得舂不得先舂而後蹂也既蹂即釋之烝之是其次箋義為長集注等皆為蹂黍定本為蹂米者誤也○傳嘗之至曰烈○正義曰傳自嘗之日至來歲之稼皆春官肆師職文也言於秋嘗祭宗廟之日則肆師臨卜問其來歲之芟除草木以種田宜之以否於秋獮當獮之日肆師臨卜問其來歲所戒備得無兵寇以否於祭社之日則肆師臨卜問其來歲之所稼種宜之以否以嘗者嘗新穀古之始耕田者芟草以種穀今得新穀芟草之功故於嘗日問芟獮主習兵以戒不虞故獮日問戒社者祭土主稼穡故於社日問稼鄭於彼注其意為然芟稼俱是田事而異日異問者以嘗新穀而本穀初初莫先於芟草故問芟稼種善否土地之事故祭土之日而問稼也社文在嘗獮之下謂秋獮祭社也嘗在孟秋獮社俱在仲秋取禽而後祭社故先獮後社也嘗社是祭神之事耳因而問卜獮乃秋獮不接神明亦言卜來歲者卜者自問吉凶於龜不由嘗社所祭之神但因用其日而問之耳獮為習兵故因兵事所以引此三文者欲見今秋穀熟之時即謀來年郊祭之事似今秋祭社之日豫卜來歲之稼若然必以今秋豫卜來歲者欲令來歲還似今秋是與來繼往之義不云卜郊而言陳祭而卜者以來年郊祭本為祈穀今社日卜來歲之稼即是卜郊之義也陳祭而卜謂陳列嘗社祭之日豫卜來年善否若然此載謀載惟於穀熟已謀則其事在於酒食之前當與上四穀相連不可以他事問之謀惟是思念祭事故下之令與祭事相比也又云蕭合黍稷臭達牆屋既奠而後蓺蕭合馨香皆郊特牲文彼唯馨作亶注云亶當作馨字之誤也蓋毛時未誤故讀彼從此彼言臭陽達於牆屋此無陽於二字引之略耳彼言宗廟之祭此是將郊為軷道之祭事不同而引之者證此用蕭之意蕭香蒿也蓺燒也言宗廟之祭以香蒿合黍稷欲使臭氣通達於牆屋故記酌於尸已負之而後燒此香蒿以合其馨香之氣使神歆饗之故此亦用蕭取其馨香也此言祭脂彼不言脂彼言黍稷此不言黍稷皆文不具耳羝羊牡羊者以祭不用牝故知是牡也釋畜云羊牡羒牝牂郭璞曰羒謂吳羊白羝者也是亦以牡為羝也軷道祭謂祭道神之祭傳火曰燔謂加火燒之商頌曰如火烈烈則烈是火猛之意不可近燒故云貫之加於火上曰烈即今之炙肉也○箋惟思至往郊○正義曰惟思釋詁文又申明遠火為烈之意說文云烈火猛也爛火熟也俱是火熟之意故云烈之言爛也以酒則豫釀而成食則臨祭乃作故云后稷既為郊祀之酒及其米於此仍言其米則上為烝之釋之正為酒耳而箋兼言簠簋之實者以彼文有舂簸之事其為米者非獨為酒而已故兼言簠簋之實簠簋之實必就郊兆作之故此言其米也禮大夫以上將祭必諏謀其日日定乃卜之特牲禮云不諏日明大夫以上諏之矣故云諏謀其日彼注云諏謀也載謀是謀其日則載惟是思其祀故云思念其祀正以特牲有諏之文故易傳不以謀為穀熟而謀取蕭草與祭祀之脂還是羝之脂也以牲為軷祭而設羝宜與軷同文脂則配蕭而用故先言之蓺之於行神之位正謂祭軷之位以軷之所祭即是七祀行神故言行神之位馨香既聞取羝羊之體以祭神者謂取牲體以祭伏於軷上秋官犬人云凡祭祀供犬牲伏瘞亦如之鄭司農云伏謂

伏犬以王車轢之明此用羝亦伏體軷上故言體也犬人伏犬用犬牲此用羝者蓋天子諸侯異禮彼天子用犬此諸侯用羊禮相變也又燔烈其肉為尸羞言又者亦用此羝之肉為之也以七祀之祭皆有尸明軷祭亦有尸其燔炙者事尸之羞故云為尸羞也此后稷為諸侯得有尸則天子軷祭亦有尸依聘禮卿大夫軷祭用酒脯則無尸矣郊之兆位在國外故云自此而往郊也○傳與來歲繼往歲○正義曰此一句非祭所用故分而注之以與者是有所起發之意嗣者繼續之言故知為此祭者欲以追起來歲以繼續往歲使之歲穀恒熟常穫豐年也來歲者據今祭時以未至為來巳過為往耳非要別年也何則堯命后稷郊天未至定用何月要在歲首為之所言來歲正謂此年之秋耳○箋嗣歲至上帝○正義曰箋意定以正月為郊何則正朔三而改自夏而上推之高辛氏當以建寅之月為正故堯典云三帛注云高辛氏之後用黑繒是也王者之後自行其祖正朔后稷高辛氏之胄郊必正月既以正月為郊則嗣歲郊之歲也故云嗣歲今新歲而謂之嗣者使之繼嗣往年猶嗣子之繼父其意微與毛異大理亦同也孟春以下皆月令文也定本云孟春之令曰無月字元日謂善日上辛也祈穀即郊天也引此以證郊祭而云嗣歲之意內郊天主為祈穀故也禮器曰祭祀不祈言祈穀者不可私為已祈▲而穀者所以養民故言祈也

卬盛于豆。于豆于登。其香始升。上帝居歆。胡臭亶時。 卬我也木曰豆瓦曰登豆薦菹醢也登大羹也箋云胡之言何也亶誠也我后稷盛菹醢之屬當于豆者于登者其馨香始上行上帝則安而歆享之何芳臭之誠得其時乎美之也祀天用瓦豆陶器質也○卬五郎反盛音成注同其香一本作馨亶都但反菹莊居反醢音海上時掌反

后稷肇祀。庶無罪悔。以迄于今。 迄至也箋云庶衆也后稷肇祀上帝於郊而天下衆民咸得其所無有罪過也子孫蒙其福以至於今故推以配天焉○迄許乞反

〔疏〕卬盛至于今○毛以為上言將往祭天此言正祭之事我后稷菹醢大羹之屬盛之於豆又盛之於登以此而往薦祭此豆登所盛之物其馨香之氣始上行上帝則安居而歆饗之既為上帝所歆故反言以美之何有芳臭之誠得其時若此者乎言無有若此之最善也帝既饗其祭祀降其福祿又述而美之言后稷受堯之命始為郊祀其福乃流於天下之衆民令皆得其所無有罪過而令人悔恨者子孫蒙其餘福以至於今而賴之今文王得由之而起今既致太平故推之以配天焉○鄭唯以肇祀為郊兆之祀為異餘同○傳卬我至大羹○正義曰卬我釋詁文釋器云木豆謂之豆瓦豆謂之登是木曰豆瓦曰登對文則瓦木異名散則皆名豆故云瓦豆謂之登冬官瓬人掌為瓦器而云豆中懸鄭云懸繩正豆之柄瓦亦名豆也再言於豆者疊之以足句耳經唯言盛於豆傳辨其所盛之物天官醢人掌四豆之實皆有菹醢是豆為薦羞菹醢也公食大夫禮云大羹湆不和實於登是登為大羹湆者肉汁大古之羹也不調以鹽菜以質故以瓦器盛之○箋亶誠至器質○正義曰亶誠釋詁文言盛菹醢之屬者以略不言羹故言之屬以包之祀天而用瓦豆者以陶器質故也郊特牲曰埽地而祭於其質也器用陶匏是也定本集注皆云其馨香始上行俗本作上聞者誤也○傳迄至○正義曰釋詁文上傳肇為始此亦當然○箋庶衆至天焉○正義曰庶衆釋詁文抑云庶無罪悔箋以庶為幸以彼是警戒之辭故為冀幸之義此既為上帝所歆不是始冀無罪故以庶為衆后稷為二王之後一國言耳縱使祭天得所不過福及一國而言天下衆民咸得其所無罪者以祭天而得豐年可以廣及天下且以后稷之教田農天下皆得其利故天下言之

生民八章四章章十句四章章八句

毛詩注疏挍勘記(十七之二)

阮元撰盧宣旬摘錄

○生民

介大也止福祿所止也　小字本相臺本同閩本明監本毛本也作攸案段玉裁云也攸二字皆當有是也

後則生子而養長名之曰棄　閩本明監本毛本同小字本相臺本名之作之名案之名是也讀之字斷句名字下屬正義可證

變禖言禖者　閩本明監本毛本上禖字作祀案山井鼎云諸本皆非作媒似是是也

吉爭先見之象　閩本明監本毛本同案爭盧文弨改為事是也

鄭記王權有此問　閩本明監本毛本同案此不誤浦鏜云記疑志字誤非也考鄭記與鄭志非一書鄭記六卷康成弟子撰鄭志十一卷鄭小同撰並見於隋書經籍志浦失考

弃黎民阻飢　閩本明監本毛本弃誤棄下帝曰棄同飢誤饑按引尚書作弃依彼文也○按唐人多以棄中有世字乃悉改為弃此不畫一者轉寫所致也

釋詁文介右也　閩本明監本毛本同案文當作云

是為震為有身　閩本明監本毛本同案山井鼎云上為恐謂字誤是也

達生也姜嫄之子先生者也　小字本相臺本同案釋文云達毛云生也沈云毛如字正義云達生者言其生易如達羊之生但傳云略耳非訓達為生也又解言先生之意以人之產子先生者多難此后稷是姜嫄之子最先生者應難而今易故言先生以美之段玉裁云蓋是達達生也先生姜嫄之子先生者也達之言沓言重沓而生此與車攻傳舄達履皆假達為沓姜嫄之子首生者乃如重沓而生之易然先釋達而後釋先生如白華傳先釋卬烘而後釋桑薪又見詩經小學

不拆不副　小字本同閩本明監本毛本同唐石經相臺本拆作坼案坼字是也釋文可證又說文土部坼下引此詩作拆者形近之譌正義中十行本尚閒作坼明監本毛本盡改為拆誤甚

說文云達小羊也從羊大聲　閩本明監本毛本同案達當作羍此引羍而不云字異音義同者省耳不知者乃改之

則又拆堛災害其母　閩本明監本毛本同案經注作副正義作堛副堛古今字易而說之也例見前○按舊挍非堛不與副為古今字此乃蒙上文坼从土而轉寫誤耳

因見稷之生由　明監本毛本由誤易閩本不誤上文云謂不由人所生之道也生由謂此

少湲於家牢 閩本明監本毛本同案浦鏜云豕誤家是也

此章上四章 閩本明監本毛本同案下章字當作句

欲望衆言 閩本明監本毛本同案浦鏜云信誤言是也

是聖人感見於經之明文 閩本明監本毛本同案浦鏜云感下當脫生字是也

以證有父得感生耳必由父也 閩本明監本毛本同案浦鏜云耳疑非字誤是也

契稷不棄契者 閩本明監本同毛本上契字作棄案所改是也

因之曰堯不名高辛 閩本明監本毛本同案此當云目之曰堯不名爲帝皆形近之譌也

姜嫄爲辛之正妃 閩本明監本毛本辛上有高字案所改非也爲當作高耳

雖帝難之 閩本明監本毛本同案此不誤浦鏜云雖疑惟字誤非也雖字正義自爲耳據尙書者但帝難之三字耳

實之言適也 小字本相臺本同案此正義本也正義云故云實之言適也又云定本爲實之言是按集注並爲適考此箋當依定本類弁正義云釋詁云實是也實寔義同故實亦爲是也又韓奕箋云實當爲寔此楚茨正義所謂注意趨在義通不爲例者也凡餘經實訓是者視諸此

詽謂張口嗚呼也 小字本相臺本同案沿革例云諸善本皆作嗚余仁仲本作鳴最爲非是今從疏及諸善本作嗚釋文詽下云鄭張口嗚呼也亦淺人改之耳嗚呼古書多作烏呼說文云烏孝鳥也引孔子烏盱呼也取其助气故以爲烏呼

荏菽戎也 閩本明監本同小字本相臺本戎下有菽字考文古本同毛本誤剡入事字案有菽字者是也

穟穟苗好美也 小字本相臺本同閩本明監本毛本同按正義云其苗則穟穟然美好釋文穟穟下云苗美好也是好美當誤倒

幪幪然茂盛也 小字本相臺本同考文古本同閩本明監本毛本茂盛誤倒

敗實之爲義 閩本明監本毛本敗作取案皆誤也當作則形近之譌山井鼎云恐以字誤亦非

詽音呼字又從言 閩本明監本毛本同案音呼二字當旁行細書正義自爲音例如此○按非也

相地之宜宜五穀者 閩本明監本毛本不重宜字案山井鼎云本紀與宋板同

種雜種也 小字本相臺本同案釋文實種下云種雜種正義云莊子說木之肥大云雍腫無用故以種爲雍腫又云傳言雍種是肥充之貌禾生雖肥不能至雍種山井鼎云據疏雜作雍爲是是也釋文涉箋而字譌耳各本依之非也○按釋文本作穰種正義本作雍腫此二本之不同也而陸本爲長穰集也集種者集其善種也猶集

義集大成之集舊挍非也

栗成就也 小字本相臺本同案此正義本也正義云故言成就以足之按集注云栗成意也定本以意爲急恐非也考文古本作急采正義

尙書稱播殖百穀 閩本明監本毛本同案浦鏜云時誤殖是也

秸又云穎 閩本明監本毛本同案云當作去形近之譌甫田正義同

就其成國之室家 閩本明監本毛本同案浦鏜云家室字譌倒是也

禹封棄於部 閩本明監本毛本同案浦鏜云舜誤禹是也

箋云天應堯之顯后稷 小字本相臺本同案此正義本也正義云按集注及定本於此並無箋云考此鄭申毛天降嘉種傳也當以正義本爲長

恆之秬秠 唐石經小字本相臺本同案釋文云恆本又作亙正義云定本作恆集注皆作亙字考恆亙是一字

以歸肇祀 小字本相臺本同閩本明監本毛本同唐石經肇作肈下同案釋文以肈字作音詩經小學云玉篇攴部云肇俗肈字五經文字戈部云肈作肇訛廣韻有肈無肇說文攴部有肇字唐後人妄增入無疑凡古書肇字皆當改作肈今考六經正誤云作肇誤是舊本從戈毛居正始誤改之耳

於是負檐之 閩本明監本毛本同案此不誤浦鏜云擔誤檐非也檐字見商頌注

降之百穀 閩本明監本毛本同案浦鏜云福誤穀考閟宮浦挍是也

故任爲抱○ 閩本明監本毛本同案○當作也

釋之叟叟 唐石經小字本相臺本同案六經正誤云作釋誤說文釋从米从睪漬米也云云今考其說非也毛鄭詩作釋乃古字假借故釋文不以釋字作音正義亦不解釋字說文釋下亦不引此詩毛居正依旁字部改變經文不可承用也

或蹂黍者 小字本相臺本同案正義云集注等皆爲蹂黍定本爲蹂米者誤也考此傳以米與上穅爲對文當以定本爲長

先奠而後爇蕭 閩本明監本毛本同小字本相臺本先作既考文古本同案既字是也

羝羊牡羊也 小字本相臺本同閩本明監本毛本亦同案上羊字衍文也正義云羝羊牡羊者乃自爲文取以添注者誤

貫之加于火曰烈 閩本明監本毛本同小字本相臺本于作於下注當于豆者于登者相臺本作於案於字是也

后稷既爲郊祀之酒 小字本相臺本同閩本同明監本毛本既誤卽

齊敬犯軷而祀天者 小字本同考文古本同相臺本犯作祀閩本明監本毛本同案犯字是也正義中十行本皆作犯不誤

孟春之月令曰 小字本相臺本同案正義云定本云孟春之令曰無月字當以無者爲長

又取羝羊之禮 閩本明監本毛本同案禮當作體下文不誤

以此爲思 閩本明監本毛本同案思當作異

烰烰氣也 閩本明監本毛本同案浦鏜云烝誤氣是也

溞浮與此不同 閩本明監本毛本同案浮當作烰此與下互易

故言烰浮氣 閩本明監本毛本烰作浮案所改是也此與上互易

又去爲鑿 閩本明監本毛本同案浦鏜云春誤去是也

故上言於鑿也 閩本明監本毛本同案上當作止

故因兵事 閩本明監本毛本同案因當作問形近之譌

取蕭草與祭祀之脂 閩本明監本毛本同案山井鼎云箋祀作牲浦鏜云牲誤祀是也

未至定用何月 閩本明監本毛本同案浦鏜云至當知字誤是也

故云嗣歲今新歲新歲而謂之嗣者 閩本明監本毛本誤不重新歲二字

內郊天主爲祈穀故也 閩本明監本毛本同案浦鏜云內當由字誤是也

于豆于登 唐石經小字本同閩本明監本毛本同相臺本登作豋案六經正誤云作登誤登升之字从癶豆豋之字从肉从又云云今考登字此經及爾雅作登儀禮作鐙說文有𢍜字登卽鐙𢍜之古字也釋文不以登字作音正義中字亦皆作登其明證矣𢍜字或作𤮴見集韻皆不載於說文毛鄭詩固未嘗用此字毛居正特臆說耳○按舊挍本所引劉台拱說

其香始升 唐石經小字本相臺本同案釋文云香一本作馨正義本未有明文今無可考

上帝則安而歆享之 小字本相臺本同考文古本同閩本明監本毛本享作饗案饗字是也正義云上帝則安居而歆饗之可證凡歆饗字皆當作饗享祀字皆當作享二字截然有別宋時寫書乃以享爲饗別體字而亂之

不調以鹽采 閩本明監本同毛本采作菜案所改是也

抑云庶無罪悔 閩本明監本毛本同案浦鏜云大誤罪是也

附釋音毛詩注疏卷第十七（十七之二）

毛詩大雅　鄭氏箋　孔穎達疏

行葦。忠厚也。周家忠厚，仁及草木，故能内睦九族，外尊事黄耇，養老乞言，以成其福祿焉。九族自己上至高祖下至玄孫之親也黄黄髮也耇凍梨也乞言從求善言可以爲政者敦史受之○行葦和鬼反行道也葦草也耇音苟爾雅云壽也梨利知反不利方反方言云凍梨老也敦如字本又作惇同【疏】行葦八章章四句至福祿焉○正義曰作行葦詩者言忠誠而篤厚也言周家積世能爲忠誠篤厚之行其仁恩及於草木以草木之微尚加愛惜況在於人愛之必甚以此仁愛之深故能内則親睦九族之親外則尊事其黄髮之耇以祈恭敬養此老人就乞善言所以爲政以成其周之王室之福祿焉此是成王之時則美成王之忠厚矣不言成王王者欲見先世皆然非獨成王故郎言周家以廣之九族是王近親黄耇則及他姓故言内外以別之經八章仁及草木首章是也内睦九族二章盡四章是也尊事黄耇五章盡卒章上二句皆是也以成其福祿卒章下二句是也三王養老必就乞言故序因而及之於經無所當也首章言葦唯有草耳舉草則木可知故序言以足句耳○箋九族至受之○正義曰親睦九族非直其父祖子孫而已故言上至高祖下及玄孫之親見同出高祖五服之内皆親之文王世子云族食世降一等則天子所燕及者非獨五服之内此唯言九族者言其親親以及遠舉九族以見同姓皆親之黄耇皆是老名故云黄黄髮耇凍梨釋詁云黄髮耇老壽也舍人曰黄髮老人髮白復黄也孫炎曰黄髮髮落更生耇面凍梨色以浮垢也方言云燕代北鄙謂耇爲梨郭璞注梨面色似梨也内則云凡養老五帝憲三王又乞言皆有惇史言五帝直養其氣體而法效之三王亦養而法效之又乞善言皆有惇史故知得善言則惇史受之禮有内外小大史無惇史正以待接老人擇史之惇厚者掌之惇非官名也故彼注云惇史史之孝厚者也

敦彼行葦。牛羊勿踐履。方苞方體。維葉泥泥。敦聚貌行道也葦初生泥泥箋云苞茂也體成形也敦敦然道傍之葦牧牛羊者毋使蹸履折傷之草物方茂盛以其終將爲人用故周之先王爲此愛之況於人乎○敦徒端反注同泥乃禮反注同張揖作苨苨云草盛也爲此于僞反注内爲設同【疏】敦彼至泥泥○正義曰言周之先王忠厚之至見敦敦然道傍之葦乃禁牧者爾所牧牛羊勿得踐履折傷之何則此葦方欲茂盛方欲成體維其葉泥泥然少而美好以其將爲人用故愛惜之言其葉少美是愛之意周之先王尚愛草木況於人乎是其忠厚之極也○傳敦聚至泥泥○正義曰周禮以葦好叢生而謂之叢物故言敦聚貌禁其勿踐則生必近路故以行爲道也猶處牛羊所食故知是葉之初生泥泥然○箋體成至人乎○正義曰成形者謂至秋乃成爲葦此時未成故言方以方爲未至之辭葦之初生其名爲葭稍大爲蘆長成乃名爲葦八月萑葦是其事也此禁牛羊勿踐則是春夏時事而言葦者此先王愛其爲人用人之所用在於成葦作者體其意故經以成形名之葦之初生正是牛羊所食而禁之者以牛羊當有牧處且見先王之意愛之耳

戚戚兄弟。莫遠具爾。或肆之筵。或授之几。戚戚内相親也肆陳也或陳言筵者或授几者箋云莫無也具猶俱也爾謂進之也王與族人燕兄弟之親無遠無近俱揖而進之年稚者爲設筵而已老者加之以几○筵以然反席也鋪陳曰筵藉之曰席稚直吏反【疏】戚戚至之几○正義曰言先王有仁恩之故能誠心親戚其親戚之兄弟無遠無近王俱爾而揖進之與之燕樂於時王心實悅鋪設促筵或有陳之筵席者或有授之以几者是王能親其所親也○傳戚戚内相親○正義曰戚戚猶親親然親其所親起於心内故言戚戚内相親也兩相之辭族人固當親王但若王不以親族人則族人亦不親王耳今王能降心則族人必親矣故以相言之肆陳釋詁文○箋莫無至以几○正義曰邇是近義謂揖而進之令自近也燕禮曰公降立于阼階之東南南鄉爾卿卿西面北上爾大夫北面少進注云爾近也移之近之也此經直言莫遠而箋言無遠無近者以作者之句有所局不得是遠也近並言舉遠則近可知矣几者所以安身少不當憑几而經筵几別文故知老者加之以几也

肆筵設席。授几有緝御。設席重席也緝御踧踖之容也箋云緝猶續也御侍也兄弟之老者既爲設重席授几又有相續代而侍者謂敦史也○緝七習反踧子六反踖子亦反重直龍反下同踧子木反踖

或獻或酢。洗爵奠斝。斝爵也夏曰醆殷曰斝周曰爵箋云進酒於客曰獻客答之曰酢主人又洗爵醻客客受而奠之不舉也用殷爵者尊兄弟也○主人酢才洛反斝古雅反又音嫁夏戶雅反醆則簡反字或作琖同又【疏】肆筵至奠斝○毛以爲乘上肆筵授几之文更申其事言正於族人既爲設重席其授几之人尊敬老者則有致敬踧踖之容族人升堂受燕或乃主人進酒而獻之或乃酌而酢荅主人主人卒飲又洗爵醻賓此斝不復舉之王與族燕以異姓爲賓使宰夫爲主人獻酢之禮也○鄭以上二句特爲老者設文既又重設席授之以几復有惇史相續代而侍者○傳設席至之容○正義曰既言肆筵上又設席故知下凳上簟而已春官司几筵注云在下曰筵在上曰席然則言之筵席通矣彼以在下爲鋪陳故在下者稱筵在上者稱席此當與同也以人故以緝御爲致敬踧踖之容傳以授几則肆之文不主於老人當是乘上文與此連言之○箋緝猶至敦史○正義曰緝者連續之故緝猶續也御爲侍於老者之側故御爲侍也上章已云肆筵授几今復設席授几故知此則上章所言者之重席耳鄭異於毛故箋云肆筵設席者皆謂老者之事既言重席則下文云或獻或酢洗爵奠斝者亦爲老者而設也以祭畢燕族人故知異姓者代主人之事也

醓醢以薦。或燔或炙。嘉殽脾臄。或歌或咢。以肉曰醓醢臄函也歌者比於琴瑟也徒擊鼓曰咢箋云薦之禮韭菹則醓醢也燔用肉炙用肝以脾函爲加故謂之嘉○醓他感反肉醬也鄭注儀禮云醓汁也醢呼改反脾婢支反函徒南反又作臄其略反字或作醵咢五洛反又五各反通俗文云口上曰臄口下曰函比毗志反又云吹【疏】醓醢至或咢○正義曰以薦之言進也故王燕族人於時饌以或比外羞爲助歡於其内是能内睦是時王之爲嘉美之也加以琴瑟而歌則或擊鼓而以徒爲咢者謂之嘉○傳以肉至曰咢○正義曰加肉之汁蓋有名曰醓醢用肉爲之以故下言多之汁也○箋薦之至言嘉○正義曰用俗所以紘和之文王述毛作徒擊鼓鷩號也徒相傳云王肅述毛之意

敦弓既堅。四鍭既鈞。舍矢既均。序賓以賢。敦弓畫弓也天子敦弓鍭矢參亭已均中蓺箋云舍矢謂射也周之先王將養老先與羣臣行射以擇其可與者以爲賓也○敦音彫注及下同參七南反下同徐又都雷反射食亦反下同言賓客以賢【疏】敦弓至以賢○毛以爲周之先王將養老先與羣臣行射以擇之故言王之所射敦弓既堅固矣四鍭既均矣舍矢射之又皆均中矣是以射者以賢爲先序賓客之次第

舍矢既均之義言已均中蓺謂所射之質四矢皆均中也案周禮司弓矢鍭矢殺矢用諸近射田獵恒矢痺矢用諸散射鄭注云散射謂禮樂之射此養老即是禮射而用鍭矢者此與賓客私宴不與常射同或云先王用先代法不用周禮○箋舍之至爲賓○正義曰舍釋俱是放義故舍之言釋謂既射放矢也傳言中蓺故又解之云蓺是質即所射之物正鵠之摠名但此說大射當謂鵠也以下章言養老之事而此論射則知射爲養老故云周之先王將養老先與羣臣行射禮以擇其可與者以爲賓禮稱將祭而射謂之大射養老與祭相類而亦射以擇賓則亦爲大射何則射禮有三賓射在朝而射以娛賓燕射因燕而射以爲樂皆無擇士之義樂記云祀於明堂以敎諸侯之孝食三老五更於太學以教諸侯之悌是祭與養老爲相類之事故知此射必大射也王肅以此爲養老燕射案燕射於燕旅酬之後乃爲之不當設文於曾孫維主之上豈先爲燕射而後酌酒也以此知爲毛射之意亦爲大射也○傳言賓至存焉○正義曰言序賓以賢者謂次序爲賓以此擇之而皆賢也然則非賢不得爲賓故言賓客次序皆賢也自孔子射於矍相之圃以下皆射義文彼於圃下云蓋觀者如堵此引之略也矍相地名樹菜蔬曰圃於矍相之地有此圃孔子射於中以聖人行禮故觀射者衆如垣堵之牆焉將射先行飲酒之禮其禮立一人爲司正使主飲酒之事至於將射則變司正爲司馬故言射至於司馬立司馬是將射之始也於此之時使子路執弓矢出圃外以延進射者令欲射也子路延射則子路爲司射矣執弓矢者明其爲射之事也告觀者曰若當爲奔敗軍衆之將謂與人爲將撫御無方致使已軍喪敗或當爲亡國之大夫謂與人爲臣不能匡輔令使其國滅亡及與爲人後謂他人已自有後復往奇而後之則是貪財之人若有此行者不得入其餘無此行者皆入子路言此之後蓋去者半入者半子路所陳三事皆是人之惡行者觀者終不半爲此行但見其言畏其義故去者半耳既已半入於圃又使公罔之裘及序點二人揚觶罰而爲語公罔裘先語於衆曰今射之所取之者惟十年而幼三十而壯於時能行孝悌之行及六十之耆七十之耋尚能好禮不從流失之俗脩飾已身以待其死而不變者可留於此若無此行者不得在此射位此說既訖所入之人於中蓋又去者半而處留者亦半也序點又揚舉此觶以語說於衆曰今射所取唯是好學不厭倦好禮不變耄至八十九十之耄而能勤行稱舉其道不爲亂者若無此行不得在此射位於是皆去蓋僅有存焉鄭於彼注其意爲然傳言此者見在射位如此爲難故先射擇之則賓客皆賢知子路爲司射者以鄉射云司射袒決遂取弓矢於西階乃告請射事今子路執弓矢延射故知爲司射也司射與司馬別而先自言之明子路延射之節立司馬時也主射一人而已故子路獨出延射語說必須二人故罔裘序點相對而言也必揚觶者將以令衆故執爵以自表也二人語意相類而子路之言全與別者子路出圃外延入令衆人皆入就大衆之內簡去惡者故言惡者不入爲威肅之辭其已入圃則是賓客將欲與之同射故使裘點就衆人之中簡取好者是故二人之言皆陳善事前言好禮而已後令好之不變前言者耋好之後言耄亦不亂是先易後難使彌簡彌精故再言之後蓋僅有存焉蓋者謂語辭也子路言惡事其未當云有此行者不入裘點言善事其未當云無此行者不在此位以意在可知故不設此言是作文之常勢也孔子此射蓋爲大夫時也大夫射禮有五大射賓射燕射鄉射主皮之射此射先行飲酒之禮則孔子用鄉射禮何則大射自擇其臣非外人得入賓射與賓爲之無詢衆之義燕射與所燕者射不得有外人觀之且燕在於寢不當處矍相之圃主皮之射則求中而已不在於禮而此射行禮又非主皮射明孔子此射用鄉射禮矣射義上又云古者天子諸侯將射必行燕禮鄉大夫之射必行鄉飲酒之禮其下則說孔子射事明孔子射前飲酒者是鄉飲酒之禮射者即是鄉射也故地官鄉大夫職云三年則興賢者能者以禮賓之厥明獻賢能之書於王退而以鄉射之禮詢衆庶注引孔子射於矍相之圃使序點揚觶而語衆庶之義引證鄉射明孔子用鄉射之禮也○箋序賓至次第○正義曰投壺數筭云某賢於某若干純謂中多者爲賢此射擇之爲賓而云賢明以射中多少爲次故易傳也

敦弓既句。既挾四鍭。天子之弓合九而成規箋云射禮搢三挾一个言已挾四鍭則已徧釋之○句古豆反說文作彀云張弓曰彀挾子協反又子合反个古賀反亦作介偏音遍**四鍭如樹。**言皆中也**序賓以不侮。**言其皆有賢才也箋云不侮者敬也其人敬於禮則射多中

【疏】敦弓至不侮○毛以爲又說擇士爲射之事言王之敦畫之弓既挽其弦而句然既挾此四鍭之矢徧釋之矣其四鍭皆中於質如手就樹之然王既爲此善射以擇賢者爲賓故其次序爲賓者以此擇之故皆不有侮慢者也言爲賓者皆是恭敬之賢人○鄭唯下句爲興言其次序賓以不侮慢多少爲次第餘同○傳天子至成規○正義曰皆冬官弓人文也又云往體寡來體多謂之王弧注云王弓合九而成規弧弓亦然則此敦弓即彼王弧也傳言此者明既句是引滿之時以合九成規此弓體直今言既句明是挽之說文云彀張弓也二賦曰彫弓既彀彀與句字雖異音義同○箋射禮至釋之○正義曰射禮搢三挾一个大射禮然也搢者插也挾謂手挾之射用四矢故插三於帶間挾一以扣絃而射也射禮每挾一个今言挾四鍭故知已徧釋之也案大射禮搢三挾一个謂卿大夫若其君則使人屬矢不親挾也

曾孫維主。酒醴維醹。酌以大斗。以祈黃耇。曾孫成王也醹厚也大斗長三尺也祈報也箋云祈告也今我成王承先王之法度爲主人亦既序賓矣有醇厚之酒醴以大斗酌而嘗之而美故以告黃耇之人徵而養之也飲酒之禮曰告於先生君子可也○醹如主反說文厚酒也字林同音女父反斗字又作枓都口反徐又音主三尺謂大斗之柄也醇音淳

【疏】曾孫至黃耇○毛以爲賓射既中可以助行養老曾孫成王於是承先王之法度維爲主人矣其爲主人酒醴維醹厚矣故今酌之以大斗而獻之以報養黃耇之老人○鄭以此章始告老人下章乃言其養成王養老爲主人酒醴維醹厚酌以大斗而嘗之以告黃耇將養之也○傳曾孫至福○正義曰以信南山經序準之知曾孫爲成王也醽厚謂酒之醇者說文云醽厚酒也大斗長三尺謂其柄也漢禮器制度注勺五升徑六寸長二尺是也此蓋從大器挹之以樽用此勺耳其在樽中不當用如此之長勺也祈訓爲求但從求善言而報養之故以祈爲報也○箋祈告至君子○正義曰祈告釋詁文序言周家忠厚則此篇所陳周之先王與今王皆能親親而敬老也四章以上言親睦九族之事故箋於首章言先王五章以下言養老之事故箋又言先王以明周之先王盡能然也至於此章指言曾孫則是主言成王故云今成王承先王之法度爲主人明先王亦然矣此先王指文王武王以其行天子禮故也若大王王季追王耳未能用天子法上言先王射以擇賓則成王亦然故知即以文王之事接之云亦既序賓矣酌文在所黃耇之上未告黃耇故知酌者酌而嘗之也飲酒之禮曰告於先生君子可也是鄉飲酒之禮賓賢能明日之事也彼注云先生大夫之致仕者不以筋力爲禮於是可以來君子國中有盛德者可召惟所欲引此者證祈爲告義言養老之禮亦當豫告老人矣

黃耇台背。以引以翼。台背大老也引長翼敬也箋云台之言鮐也大老則背有鮐文既告老人及其來也以禮引之以禮翼之在前曰引在旁曰翼○台湯來反徐又音臺爾雅云壽也鮐湯來反魚名一音夷○**壽考維祺。以介景福。**祺吉也箋云介助也養老人而得吉所以助大福也○祺音其介音戒毛大也後皆放此

【疏】黃耇至景福○毛以爲成王之養老人也非止一時而已言此黃耇鮐背之老人成王以立長養事之以此常恭敬之由其尊耇老之人故得壽考維有吉慶以受大大之福○鄭以上言告老人此言養之事黃耇鮐背之老人既告之而來成王乃使人以禮在前導引之以禮在傍贊翼之以此故得壽考維吉以助其受大福○傳台背至翼敬○正義曰釋詁云鮐背耇老壽也舍人曰老人氣衰皮膚消瘠背若鮐魚也爾雅作鮐以其似鮐魚而此經作台故箋中之云台之言鮐也大老則背有鮐文是依爾雅爲說也劉熙釋名云九十曰鮐背背有鮐文或當然也引長翼敬釋詁文○箋在前至曰翼○正義曰引者牽引之義故云在前曰引謂在前相導之翼者如鳥之翼在身之兩傍故云在傍曰翼謂在傍扶持之以此引翼是導引扶持之義則老人於是始求故易傳以上章爲始告此章爲正養○傳祺吉○正義曰釋言文

行葦八章章四句故言七章二章章六句

五章章四句

既醉。大平也。醉酒飽德。人有士君子之行焉。成王祭宗廟旅酬下徧羣臣至于無筭爵故云醉焉乃見十倫之義志意充滿是謂之飽德○大平音泰後大平皆放此行下孟反第四章以下注皆同徧音遍下同見賢遍反

【疏】既醉八章章四句至行焉○正義曰作既醉詩者言太平也謂四方寧靜而無事此則平之大者故謂太平也成王之祭宗廟羣臣助之至於祭末莫不醉足於酒厭飽其德既荷德澤莫不自脩人皆有士君子之行焉能使一朝之臣盡爲君子以此敎民民大安樂故作此詩以歌其事也士者事也言才可以理庶事人行之成名公卿以下揔稱之濟濟多士文王以寧其文兼公卿也君子者言其德可以君上位子下民雖天子亦稱之易乾卦九三君子終日乾乾謂天子是也公卿以下有德者亦稱之言人有德者謂人人皆有德以顯太平之驗經八章首章上二句是醉酒飽德也四章下二句言相攝以威儀五章言君子有孝行是有士君子之行此二事是太平之實故序特言之但醉酒飽德本因祭蒙神福則遠被子孫故作者序言祭而得福祿澤及後世之事非詩所主意故序者略之本或云告太平者此與維天之命敘文相涉故遂誤耳今定本無告字○箋成王至飽德○正義曰以經言祭事故云成王祭宗廟至於旅酬乃以酒次序相酬不遺徵賤下徧於羣臣至於無筭爵爵行無數以此故云醉焉酌酒始於旅酬爵行終於無筭以醉必在祭末故先以無筭結之又從祭初至於祭末乃見十等倫理於是志意充滿如食飽足是以謂之飽德也祭統云大祭有十倫焉見事鬼神之道焉見君臣之義焉見父子之倫焉見貴賤之等焉見親疏之殺焉見爵賞之施焉見夫婦之別焉見政事之均焉見長幼之序焉見上下之際焉此之謂十倫也彼陳目於上文歷

說其事於下文多不可盡載略舉其意以爲筵几依神詔室出於祊爲交神明一也君迎牲而不迎尸爲尸在廟門外疑於臣別嫌而迎是明君臣之義二也孫爲王父尸已北面而事子則爲父尸之故此父子之倫三也尸飲五獻卿尸飲七獻大夫尸飲九獻士與有司是明貴賤四也羣昭羣穆咸在別遠近親疏之序是親疏之殺五也賜爵祿於太廟此施爵賞於六也君在阼夫人在房不相授受酢必易爵此別夫婦爲七也祭末歸俎貴者不重賤者不虛是政事之均八也賜爵昭穆及有司皆以齒是長幼有序九也有畀煇胞狄閽寺君在上而惠下是上下之際十也此十義祭必有之唯賞爵之施或有或無舉其有者而爲十耳若然此十義祭則有之獨言成王之時爲太平事者人有士君子之行自由王化之深實非祭末始然但作者因事見義以祭有飽德之事而臣有士君子之行以爲政由於神化從神感是故因祭祀而美其人有德行以示世之太平耳**既醉以酒。既飽以德。**既者盡其禮終其事箋云禮謂旅醻之屬事謂惠施先後及歸俎之類○施式豉反**君子萬年。介爾景福。**箋云君子斥成王也介助景大也成王女有万年之壽天又助女以大福謂五福也〔疏〕既醉至景福○毛以爲成王之祭宗廟羣臣助之至旅酬而酌酒終無筭爵而皆醉言成王既醉之以酒矣又於祭末見惠施先後歸俎之事差次二者之德志意充滿又是既飽以德矣君子成王德能如此當有万年之壽天又大與汝大福也○鄭唯以介爲助餘同○傳既有至其事○正義曰春秋日食盡者謂之既故解之云既者盡其禮終其事盡禮終事其義一也以經有二事故分之耳○箋禮謂至之類○正義曰以傳辭爲二故亦分而申之傳以禮解酒故云禮旅酬之屬言之屬謂下及無筭爵也傳以事解德故云事謂惠施先後謂尸飲五獻卿尸飲七獻大夫以貴賤爲先後也及歸俎者貴者得貴骨賤者得賤骨貴者先而賤者後言之類見理兼十倫故箋略舉以包通之○箋君子至五福○正義曰何知君子非上醉酒飽德之人而以爲成王者以與万年連文六章七章万年之下以祚胤景命接之故知君子万年宜斥成王也六章万年之下云永錫祚胤卽承之云天被爾祿明永錫者是天錫之也此介爾景福亦在万年之下其文與彼相値明亦大也故云天助汝以大福也此祭宗廟而言天助者以人死魂歸於天雖人鬼所助者皆歸之於天焉少牢嘏辭亦云使汝受祿於天是也福謂五福者洪範云五福一曰壽二曰富三曰康寧四曰攸好德五曰考終命注云康寧人平安也攸好德人皆好有德也考終命考成也終性命謂皆生佼好以至老也此五者皆是善事自天受之故謂之福福者備也備者大順之摠名詩言景福多矣以此篇福事數備於五故就此以明之見諸言景福義皆然也此篇言君子万年是爲壽也天被爾祿是富也室家之壹是康寧也昭明有融是攸好德也高朗令終景命有僕卽考終命也爲下具此五者故箋於是言之明此篇景福之言爲下摠目也**既醉以酒。爾殽既將。**將行也箋云爾女也殽謂牲體也成王之爲羣臣俎實以尊卑差次行之**君子萬年。介爾昭明。**箋云昭光也○〔疏〕既醉至昭明○毛以爲成王之祭宗廟羣臣助之終於無筭爵而皆醉言成王既醉之以酒矣爾王之殽羞牲體既差次而行之禮事終備女君子成王當有万年之壽天又光大汝成王與之以昭明之道謂使之政教常善永作明君也○鄭唯以介爲助餘同○箋殽謂至行之○正義曰歸俎者以牲體實之於俎故又謂俎實以尊卑差次行之者謂貴者得貴骨賤者得賤骨是也

昭明有融。高朗令終。融長朗明也始於饗燕終於享祀箋云有又令善也天既其女以光明之道又使之長有高明之譽而以善名終是其長也○**令終有俶。公尸嘉告。**俶始也公尸天子以卿言諸侯也箋云俶猶厚也既始有善令終又厚之公尸以善言告之謂嘏辭也諸侯有功德者入爲天子卿大夫故云公尸公君也○俶尺叔反嘏古雅反〔疏〕昭明至嘉告○毛以爲天既光大汝成王以昭明之道甚有長也言與之明道未有極已之時以是之故王德高明而有善終禮莫重於祭饗燕是禮之始祭祀是禮之終言王能善於祭也王之善終又有始言王於饗燕之禮亦善爲之由其終始皆善故於祭之時有諸侯之公與王爲先祖之尸始以善告王使受福也由此祭而使羣臣飽德故因述王之祭祀焉○鄭以爲天既助汝王以光明之道不但一時而已又使之長遠也所以爲長者使王有高明之譽而以善名終是其長也既以善名而終又使之篤厚是故公尸以善言告王也○傳融長至享祀○正義曰融長釋詁文釋言文明朗也反覆相訓故朗爲明也此言令終下云有俶則是始終相對下云公尸此論祭事祭統曰禮有五經莫重於祭是以祭祀爲重祀終褻是故謂之終以事神之禮爲終則與人交接者爲始故以饗燕爲始享祀爲終王者先成民而後致力於神故始於饗燕終於享祀○箋有又至其長○正義曰以說一人之事宜爲相亞故以有爲又令善釋詁文天既助汝以光明之道令其無有窮已是又使之長也光明之道自在已身行之於人則有名譽此高朗令終還述有融之言故云有高明之譽而以善名終是其長也易傳者此昭明還承上文而申之未有祭事在其間故易之也○傳俶始至諸侯○正義曰俶始釋詁文天子以卿謂以卿爲尸也卿而謂之公者言此卿之尊比下土諸侯也諸侯稱公故亦謂卿爲公也白虎通引曾子曰王者宗廟以卿爲尸射以公爲耦不以公爲尸避嫌三公尊近天子親稽首拜尸故不以公爲尸然則當時傳記有此說故知宗廟之尸必以卿也卿六命出封則爲侯伯故得以公言之此傳據卿非諸侯者爲說耳若諸侯人爲卿則稱公是常矣○箋俶猶至公君○正義曰箋以此文從介爾昭明以來轉相承述則是終有俶亦是介爾之事俱爲神祐受之於天非言王之祭燕行事始終故不從俶爲始以令終巳是善名故以俶爲厚釋詁文俶作也作事所以厚生故云俶猶厚也言天祐成王既始使以善名終又使厚之見天意殷勤之至也尸告主人唯嘏辭耳故知公尸嘉告謂嘏辭也傳言以卿爲非諸侯者故又言諸侯入爲卿大夫以申足傳說也諸侯有功德者入爲天子之卿大夫謂侯伯爲卿子男爲大夫五等在國臣皆稱之曰公故言公尸也公君釋詁文明國君而稱公非必公爵也比宗廟宜以卿爲尸但因解公而連言大夫耳祭統云夫祭之道孫爲王父尸所使爲尸者於祭者子行也父北面而事之彼說天子諸侯之法則天子諸侯宗廟之祭其尸用同姓也於同姓之中用其適者故祭統注云必取同姓之適知者士虞記云男男尸女女尸必使異姓不使賤者注云異姓婦也尸配尊者必使適也雖虞時男女別尸既祔則夫婦其尸唯此爲異其用適則同也曲禮曰爲人子者不爲尸注云然則尸必丨筮無父者然則尸又用適而無父者也非其宗廟之祭則其尸不必同姓石渠論云周公祭天用太公爲尸是用異姓也白虎通又云周公祭太山用召公爲尸蓋天地山川得用公也**其告維何。籩豆靜嘉。**恒豆之葅水草之和也其醢陸産之物也加豆陸産也其醢水物也籩豆之薦水土之品也不敢用常褻味而貴多品所

以交於神明者言道之徧至也箋云公尸所以善言告之是何故乎乃用籩豆之物絜清而美政平氣和所致故也○褻息列反清如字又才性反**朋友攸攝。攝以威儀。**言相攝佐者以威儀也箋云朋友謂羣臣同志好者也言成王之臣皆有仁孝士君子之行其所以相攝佐威儀之事○好呼報反〔疏〕其告至威儀○正義曰案承上公尸嘉告又問而說之言其此公尸以善言告者維何所爲乎乃由主之所祭籩豆之物絜清而美又其時王之羣臣同志好之朋友皆有士君子之行所以相攝斂而佐助之其所以相攝佐者以威儀之事也由祭饌則絜清而美助者又善於威儀當神之意故公尸以善言告王也○傳恒豆至徧至○正義曰自交於神明以上皆郊特牲文所異者唯彼和下有氣此略之耳既引其文又云言道之徧至以辭其間用水土之意豆謂恒常正祭之豆葅用水草之和氣所生者而爲之若昌本與茆葅也其醢則用陸地所産之物若麋臡之等也朝事爲正故謂之恒其加豆葅用陸産之物若葵葅與豚拍也其醢則用水物若蠃與魚謂饋食之豆以其亞朝事故謂之加此籩豆之薦用水土所生之品者以不敢用尋常褻美之味而貴其多品數故加相及所以交接於神明者言道之徧而至於水土故也彼注云此謂諸侯也天子朝事之豆有昌本麋臡茆葅麇臡饋食之豆有葵葅蠃醢豚拍魚醢其餘則有雜錯云也記言恒豆加豆鄭引朝事饋食則以朝事爲恒饋食爲加取其水陸相配與記同者而證之以恒加相亞宜爲朝事與饋食故不爲饋外之加焉其餘錯雜者於天官醢人云朝事之豆有韭葅青葅非水草也饋食之豆有蠯蚳醢蠯非陸産蚳非水物故言雜錯也此皆言豆而并言籩者籩與豆相配故連言之也此皆天子之禮而引諸侯法者取水土之品是靜加之義故引之其雜錯猶自不同也○箋公尸至致故○正義曰維何者問之辭靜嘉者荅之意言政平氣和因解水陸之物得美之意此經意言其告維何由籩豆靜嘉下云其類維何室家之壺其胤維何天被爾祿更自中說類皆之事文勢雖與此異俱問而自說故同言維何也○箋朋友至之事○正義曰言朋友則非一人論祭事而言攸攝則是羣臣相攝以助之友者同志之名故云朋友謂羣臣同志好者攝者收斂之言各自收斂以相助佐爲威儀之事則祭義所謂濟濟漆漆是也**威儀孔時。君子有孝子。**箋云孔甚也言成王之臣威儀甚得其宜告君子之人有孝子之行**孝子不匱。永錫爾類。**匱竭類善也箋云永長也孝子之行非有竭極之時長以與女之族類謂廣之以教道天下也春秋傳曰穎考叔純孝也施及莊公○匱求位反道音導施以政反〔疏〕威儀至爾類○毛以爲成王之臣既相攝佐以威儀故威儀甚得其適時之中皆爲君子之人皆有孝子之行既有孝子之行又不有竭極之時能以孝道轉相教化則天長賜汝王以善道矣○鄭唯長與汝之族類爲異餘同○箋孔甚至其宜○正義曰孔甚釋言文時謂時節前事而量度之使已舉措合宜故云威儀甚得其宜賓之初筵箋以時爲心所尊敬意亦類於此也○傳匱竭類善○正義曰匱竭俱是盡之義故以匱爲竭類善釋詁文○箋永長至莊公○正義曰永長釋詁文祭義云大孝不匱言博施備物當謂天子諸侯行孝不匱也此孝子不匱承上朋友之文亦謂羣臣行孝與彼異也以言羣臣之孝則知永錫爾類爲長與爾之族類謂轉相教導也各欲其類則可以徧及天下故云謂廣之教導天下近從朝廷而至於天下是其無竭極之時也所引春秋傳者隱元年左傳文彼言穎考叔之孝延及莊公亦使孝以證有孝行者能

轉相教導也純孝者杜預云純猶篤也謂孝之篤厚也○

其類維何。室家之壼。壼廣也箋云壼之言梱也其與女之族類云何乎室家先以相梱致已乃及於天下。壼苦本反鄭梱致也梱苦本反致直置反

君子萬年。永錫祚胤。胤嗣也箋云永長也成王女有万年之壽天又長予女福祚至于子孫。○〔疏〕其類至祚胤。○毛以爲乘上錫王善道故又問而說之天與王以善道者維是云何乎正謂以此善道施於室家之內以此室家之善廣及於天下此所謂長與之也能使善道之爲如此則君子成王及當有万年之壽天又長與汝之福祚至於胤嗣之子孫言天深祐之使福及後世也。○鄭亦乘上問而說之言羣臣以孝行與其族類者維云何乎使至室家之內皆自先相緻恩親乃後及於天下使皆室家相親是謂與族類也餘同。○傳壼廣。○正義曰釋宮云宮中巷謂之壼以宮中巷路之廣故以壼爲廣王肅云其善道施於室家而廣及天下周語單靖公之老送叔向叔向告其老而美單子引此章乃云壼也者廣裕民人之謂也王肅據彼文以述毛傳彼言壼者廣裕民人故以壼爲廣也○箋壼之至天下。○正義曰箋以言室家之壼則壼即是室家之事若言室家之廣則於文不類故易之云壼之言梱以孝行與族類者室家先以相梱逼而密緻言其相親然後以此相親之道與其族類亦使之室家相親故言乃及於天下也毛據外傳爲說外傳正解此文而箋必易之者箋之此意不遵外傳也室家梱緻則可以化天下則是廣裕民人也孝昭告取此箋以解外傳是其不違矣但不訓壼爲廣與毛異耳

其胤維何。天被爾祿。祿福也箋云天予女福祚至于子孫云何乎天覆被女以祿位使祿臨天下。○被皮寄反注同

君子萬年。景命有僕。僕附也箋云成王女既有万年之壽天之大命又附著於女謂使爲政教也。○著直略反下同〔疏〕其胤至有僕。○毛以爲乘上祚胤問而說之其言祚及後胤者維是云何乎正謂天覆被汝以福祿使之長保王位錄臨天下言既得福祿如此君子成王常有万年之壽天之大命有所附著言常歸於汝傳之子孫也。○鄭唯以有爲又餘同。○傳僕附。○正義曰以僕御必附近於人故以僕爲附傳不訓有爲又故知不與鄭同

其僕維何。釐爾女士。釐予也箋云天之大命附著於女云何乎予女以女而有士行者謂生淑媛使爲之妃也。○釐力之反媛于眷反妃音配又芳非反

釐爾女士。從以孫子。從隨也箋云天既予女以女而有士行者又使生賢知之子孫以隨之謂傳世也。○知音智傳直專反〔疏〕其僕至孫子。○正義曰乘上景命有僕問而說之言其大命所附之事維是云何乎乃與汝以女而有士行者使與汝爲配耦既與汝女而有士行者又隨之以生賢智之子孫使之傳世是得天之大命附著也。○傳釐予。○正義曰釋詁云釐予賜也俱訓爲賜故釐得爲予。○箋天之至之妃。○正義曰自六章至此其文有次因孝子之臣化族類以固王室故先言永錫祚胤爲遠之辭但乘其句未而轉之故云其胤維何不言其祚耳其實七章所言天被爾祿景命有僕即祚也此章云釐爾女士從以孫子是胤也六章舉其目因而分說之。○鄭以七章之祚故箋云天覆被汝以祿位天之大命又附著於汝指王言身是解祚也以此章言胤故下箋云使生賢智之子孫以隨之謂傳世指其予孫是解胤也但以理得相因故言其胤維何而以祚荅之見其生賢胤乃可以保國祚故其言相起發也下言釐爾女士從以孫子則孫子是此士女所生故知女士謂女而有士行者文母爲十亂之一是女而有士行者也成王之妃書傳無文其予則康王也昭二十六年左傳曰成王靖四方康王息民則康王亦明王也

既醉八章章四句

鳧鷖。守成也。大平之君子能持盈守成。神祇祖考安樂之也。君子斥成王也言君子者大平之時則皆然非獨成王也。○鳧音符鷖於雞反蒼頡解詁云鷖鷗也一名水鴞祇祁支反樂音洛篇末注同○〔疏〕鳧鷖五章章六句至樂之。○正義曰作鳧鷖詩者言保守成功不使失墜也致大平之君子成王上能執持其盈滿守掌其成功則神祇祖考皆安寧而愛樂之矣故作此詩以歌其事也上篇言太平此篇言守成即守此太平之成功也太師次篇見有此義敘者迷其次意故言太平之君子亦乘上篇而爲勢也王者之馭天下太平是功之所極物極則反或將喪之成之既難守亦不易故所以美其能守之也執而不釋謂之持主而不失謂之守持是手執之守是身護之盈者如器實滿故言持成者如物積聚故言守持守之義亦相通也故易注云持一不惑曰守是守亦持也神祇以人爲主故能守成則神祇祖考安樂之矣神者天神祇者地神祖者則人神也經五章毛以爲皆祭宗廟則是祖考耳而兼言神祇者以推心事神其致一也能事宗廟則亦能事天地因祖考而廣言神祇明其皆安樂之也安者神意自安即來燕來寧來宜來處來宗是也樂者謂愛樂主人饗其祭祀降之福祿即來成來爲來下來崇無有後艱是也其持盈守成言神祇所以得安之意於經無所當也鄭於神祇祖考經皆有之三章祭天地是神祇也卒章七祀亦神之別也二章四方百物四章社稷山川於周禮皆地祇也首章宗廟即祖考也不言鬼而言祖考復其文以足句經序例者序以天地人爲尊畢之次以統其小者經以鳥至爲次故不同也毛於首章傳曰太平則万物衆多則不以鳧鷖所在與祭處也二章傳曰厚爲孝子則是於祖考也卒章傳曰不敢多所則是述孝子之情非尸有尊卑也然則毛以五章皆爲宗廟矣鄭以首章祭宗廟二章祭四方百物三章祭天地四章祭社稷山川卒章祭七祀皆以首章一句言正祭次句以下言燕尸宗廟燕尸以祭之明日其餘皆同曰也如此爲章次者以鳧鷖水鳥居水是常故先言在涇既以水爲主然後從下而漸至於高鳥不常處或出水傍故次在沙而水中高地鳥亦往焉故次在渚水外高地鳥又時往故次在潨山之絕水鳥往最稀故以爲末因以鳥之所在取其象類爲喻故不依尊卑之次焉

鳧鷖在涇。公尸來燕來寧。鳧水鳥也鷖鳧屬太平則万物衆多箋云涇水名也水鳥而居水中猶人爲公尸之在宗廟也故以喻焉祭祀既畢明日又設禮而與尸燕成王之時尸來燕也其心安不以己實臣之故自謙言此者美成王事尸之禮備

爾酒既清。爾殽既馨。公尸燕飲。福祿來成。馨香之遠聞也箋云爾者女成王者女酒殽清美以與公尸燕樂飲酒之故祖考以福祿來成女。○聞音問或如字〔疏〕鳧鷖至來成。○毛以爲成王之時天下太平万物衆多莫不得所其鳧鷖之鳥在於涇水之中得其處也既天下太平成王祭宗廟之神以其明日繹而燕尸此時公尸之來與王燕也其來心則安寧不以己實臣之故而不安由王誠心敬之故也其燕之時爾王酒既清絜矣爾王之殽既馨香矣乃用之以公尸燕樂而飲之則爲神所悅以此致福祿而來成汝孝子是爲神所安樂之也。○鄭唯上句爲異言鳧鷖在涇水之中以與公尸在宗廟之內餘同。○傳鳧水至衆多。○正義曰釋鳥鸍沈鳧某氏曰詩云弋鳧與鴈郭璞曰似鴨而小長尾背上有文今江東亦呼爲鸍陸機疏云大小如鴨青色卑脚短喙水鳥之謹愿者也鷖與鳧俱在涇故知鳧屬蒼頡解詁云鷖鷗也一名水鴞太平則取之以時不妄殺故万物衆多万物多而獨言鳧者舉鳥之得所則餘者皆然可知。○箋涇水至禮備。○正義曰欲言水鳥居中故云涇水名也以凡喻皆取其象故以水鳥之居水中猶人爲公尸之在宗廟故以喻焉此謂正祭故云在宗廟若繹祭之禮則郊特牲注云祊當於廟門之外西室繹又於其堂不專在廟門明在廟爲正祭也言公尸來燕則是祭後燕尸非祭時也燕尸之禮大夫謂之賓尸即用其祭之日今有司徹是其事也天子諸侯則謂之繹以祭之明日春秋宣八年言辛巳有事於太廟壬午猶繹是謂在明日也此公尸來燕是繹祭之事故云祭祀既畢明日又設禮而與公尸燕也其尸以卿大夫爲之於王實爲其臣但孝子以象事之故其心安不以己實臣之故自嫌由王事之盡敬故不嫌也若人遇己薄則不敢自安今言尸之安明王禮之備也

鳧鷖在沙。公尸來燕來宜。沙水旁也宜宜其事也箋云水鳥以居水中爲常今出在水旁喻祭四方百物之尸也其來燕也心自以爲宜亦不以己實臣自嫌也。○

爾酒既多。爾殽既嘉。言酒品齊多而殽備美。○齊才細反

公尸燕飲。福祿來爲。厚爲孝子也箋云爲猶助也助成王也。○爲于僞反注同協句如字〔疏〕鳧鷖至來爲。○毛以爲時既太平鳧鷖之鳥在於水傍之沙而得其所於此之時成王祭其祖考而明日燕尸公尸之來燕也自以其來爲宜其事不以臣故而自嫌言王事尸之禮備也其燕之時爾王之酒既多矣爾王之殽既善矣王用之以與公尸燕樂而飲之故致福祿來而厚爲孝子也。○鄭以鳧鷖在沙喻祭四方百物即以其日燕尸福祿來助成王以此爲異餘同。○傳沙水至其事。○正義曰上言在涇此云在沙則在涇水之傍沙也故云沙水傍易需卦九二需于沙注云沙接水者亦是水傍矣說文云沙水中散石也水少則沙見故字從水少耳因以爲宜故知宜其事也。○箋水鳥至自嫌。○正義曰箋以序言神祇祖考其言偏說諸神則經之所陳盡有之矣非獨祭宗廟而已故以每章各爲一祭而詩之取喻皆以爲象廟中之有神猶涇水之有鳥故以在涇爲喻宗廟今鳥出在水傍猶似神居國外國外之祭雖是四方百物之神矣故云水鳥而居水中爲常今出在水傍喻祭四方百物之尸由四方百物祭在國外故以出水爲喻也大宗伯畐辜祭四方百物言四方則其祭在國之外者各祭其方也言百物則徧祭百種之神也祭在四方其神百種唯蜡祭耳故注云疈畐牲胷也辜磔也疈而磔之謂禜禳及蜡祭也即引郊特牲曰八蜡以記四方年不順成則八蜡不通以謹民財也又曰蜡之祭也主先嗇而祭司嗇也祭百種以報嗇也是八蜡之祭在四方祭百種也言百種者舉成數耳郊特牲曰蜡也者索也歲十二月合聚万物而索饗之注云万物有功加於民者神使爲之故祭以報焉既言百種又言万物是其徧祭天下羣神也而謂之八蜡者以蜡者主於爲田報祭其八者於田功尤多故以爲主耳其祭非徒八神而已其神雖衆摠而祭之郊特牲又曰伊耆氏始爲蜡注又云造者配之蓋諸神共立一尸而以伊耆氏配也曾子問云嘗禘郊社尊無二上注云神雖多猶一一而祭之此得摠祭羣臣者彼據常法故一一祭之蜡

之與祫皆有以而然故為揔祭然蜡以先嗇為主祫以后稷為主亦尊無二上也郊特牲說蜡之辭曰土反其宅水歸其壑昆蟲無作草木歸其澤注云此蜡祭祀辭也若辭同則同處可知是諸神揔祭之事也郊特牲又曰順成之方其蜡乃通則四方方為一祭故謂之四方也此箋言祭四方百物之尸謂正祭時也來燕來宜者謂祭末燕尸也上箋宗廟之祭言明日又設祀而與公尸燕此及下章皆不言明日有事祭義曰周人祭日以朝及闇既言終日有事明其即燕尸矣春官神士職曰以冬日至致天神人鬼以夏日至致地祇物魅注云蓋用祭天地之明日既別有事明其不復燕尸故知燕尸卽以其祭之日也天地尚以其日明其餘諸神亦以其日也故箋於此及下章皆不言明日也其心自以為宜為宜與來寧意同故云亦不以己實臣之故自嫌也○傳言酒至備美○正義曰鄭於周祀差之雖大事於太廟備五齊三酒毛於此義雖為宗廟之祭其大事與時祭不明但言品齊多耳未必五齊三酒皆俱也殽稱既嘉可言美而已矣而傳兼言備者見苟可薦者莫不咸在之義箋以此章為蜡祭則言多者以其神多故也○傳厚為孝子○正義曰言此福祿之來厚為孝子而其意亦與箋同以為助之也但不以為宗廟之祭不得言孝子故變言成王也

鳧鷖在渚。公尸來燕來處。渚沚也處止也箋云水中之有渚猶平地之有丘也喻祭天地之尸也以配至尊之故其來燕似若止得其處○渚之與反沚音止

爾酒既湑。爾殽伊脯。公尸燕飲。福祿來下。箋云湑酒之泲者也天地之尸尊事尊不以褻味泲酒脯而已○湑息汝反泲子禮反字又作醑同

【疏】鳧鷖至來下○毛以為時既大平鳧鷖之鳥來在水中之渚得其常處於此之時成王祭其宗廟而明日燕尸公尸之來燕也其來似若此得其處其燕之時爾王之酒既湑然而泲之爾王之殽維是脯矣王用此酒脯與尸燕樂而飲之為神所饗福祿來下而與之○鄭以鳧鷖在渚喻祭天地之神於丘卽以其日燕尸為異餘同○箋水中至其處○正義曰喻取其象水中高地謂之渚渚之高於水猶丘之高於地故云水中之有渚猶平地之有丘喻祭天地之尸也春官大司樂曰冬日至於地上之圜丘奏樂六變則天神皆降夏日至於澤中之方丘奏樂八變則地祇皆出是祭天地之神皆在丘也天地之祭唯二至在丘耳其夏正郊天與迎氣四郊及兆郊祭地為壇而祭不在丘也此以渚為喻唯喻二至之祭其文不及郊也凡為神象故公尸配至尊上云來寧來宜此言來處義亦同也上言其來心安心安宜據尸意為說此云似若止得其處謂外人觀之彼言其心此據其貌為異耳定本云以若止其處集注云似若止得其處集處是也○箋湑酒至而已○正義曰箋以上言酒多殽美今酒言湑變殽言脯明其因文立義故知天地之尸尊事尊者不敢以褻美之味直以所泲之酒及乾脯而已因此示義舉酒脯為言其實天地之祭更有殽饌也

鳧鷖在潨。公尸來燕來宗。潨水會也宗尊也箋云潨水外之高者也有瘞埋之象喻祭社稷山川之尸其來燕也有尊主人之意○潨在公反說文云小水入大水也徐云鄭音在容反水外之高者也瘞於例反埋亡皆反字亦作薶同

既燕于宗。福祿攸降。公尸燕飲。福祿來崇。崇重也箋云既盡也宗社宗也羣臣下及民盡有祭社之禮而燕飲焉為福祿所下也今王祭社又以尸燕福祿之來乃重厚也天子以下其社神同故云然○降戶江反重直龍反下同○

【疏】鳧鷖至來崇○毛以為時既太平鳧鷖之鳥在於潨水之會得其常處於此之時成王祭宗廟明日而與尸燕公尸之來燕也其來有尊敬孝子之心既來與王燕於宗廟則福祿從此尸所而下與王也於時王與公尸燕樂飲酒故致福祿而來重與王也○鄭以為鳧鷖之鳥在水外之潨喻公尸之居在瘞埋之祭謂祭社稷山川之神至其祭畢而燕尸公尸之來燕也其來有尊主人之意於此天子祭社稷之時羣臣下及眾民盡至而燕飲於其社宗為福祿所下而與之此時天子用酒殽而與公尸燕樂而飲之故致福祿之來乃重而厚也自天子至於庶人同得社之福祿故言重也○傳潨水會宗尊○正義曰潨音如叢則叢是聚義且字從水眾知是水之會聚之處說文云潨小水入於大水也廟以尊重稱宗廟故宗為尊也王肅云言尊敬孝子也○箋潨水至之意○正義曰箋以水會亦在水中與在涇無異不宜別文其義既別則潨非水矣此詩之次從水而次沙次渚則是漸嚮高地此承渚下則亦是地矣渚既是水中高地潨當是水外之高地潨者地高之貌水外之地潨然而高蓋涯涘之中復有偏高之處以為瘞埋之象喻祭社稷山川釋天云祭地曰瘞埋李巡曰祭地以玉埋地中曰瘞埋孫炎曰瘞者翳也既祭翳藏地中然則瘞埋牲者其上以土覆之微高於平地故以潨為喻也爾雅以祭地為瘞埋祭法云瘞埋於泰折祭地也春官司巫凡祭事掌守瘞注云瘞謂若祭地祇有埋牲玉者守之然則瘞埋者唯謂祭地耳此以瘞埋為祭社稷山川者上以渚喻丘其文可以兼天地則此非地之大祇當是地之別神耳大宗伯社稷山川皆在地神之條則其祭亦埋與祭地同也若無大宗伯云以血祭祭社稷五嶽以埋沈祭山林川澤注云不言祭地此皆地祇祭地可知也陰祀自血起貴氣臭也祭山林曰埋川澤曰沈順其性之含藏如彼之注唯山用埋爾社稷與川似不用埋而此言社稷山川皆瘞埋者鄭志張逸問曰以血祭祭五嶽以埋沈祭山川不審五嶽亦嘗埋否答曰五嶽尊祭之從血腥始何嫌不埋如鄭此言祭五嶽有埋明社稷亦埋矣然則川澤曰沈蓋亦沈而復埋何者釋天云祭山曰庪懸不言埋張逸亦引以問而鄭答曰爾雅之文雜非一家之注不可盡據以難周禮雖不可盡據而於校人玉人之注有庪沈之言是鄭意亦以祭山有庪懸之法鄭雖不解庪懸之義要庪懸似非埋也祭山得庪懸而復埋明祭川亦得沈而復埋故以社稷山川皆言埋也李巡以埋為埋玉而禮運云瘞繒帛注云埋牲曰瘞則牲玉幣帛皆埋之也孫炎曰既祭埋之鄭於司巫注云守瘞者以祭祀未畢若有事然祭祀畢則去之矣卽是初卽埋之非祭畢始埋也社稷山川其神不卑於四方百物云有尊主人之意者尸以主人盡禮故尊重之而以己卑之故尊主人也毛意正以為宗廟之祭亦言尊敬孝子○傳崇重○正義曰釋詁文○箋既盡至云然○正義曰以下文云公尸燕飲則此未為燕訖故以既為盡上箋云社稷山川則此章所祭非獨社耳而以宗為社宗者以下言公尸燕飲謂王與尸燕則既燕于宗則非王燕尸矣此非王燕而言盡燕者周悉之辭故知既燕于宗謂羣臣下及民庶因祭而燕也此在社稷山川之章則羣臣所祭之神亦此等神耳但諸侯之於山川在其地則祭之非其地則不祭國君尚然則羣臣民庶必不得祭山川矣臣民得與天子同祭者唯社稷耳故知既燕于宗唯指社宗以社是尊神耳故言社宗猶廟稱宗廟也月令仲春命民社祭法云大夫以下成羣立社郊特牲曰唯為社事單出里是羣臣下及民庶盡有祭社之祀而燕飲焉臣民所祭不必有尸所云燕飲因祭而與其祭之人自燕飲耳郊特牲曰社者神地之道也又曰社祭土而主陰氣天子諸侯下及庶民雖廣狹不等俱土神因言天子祭社其辭遂及於民故文辭重疊異於餘章箋又言天子以下其神社同故云然是解詩人置辭被及民庶之意也公尸燕飲文在臣民之下以民得福君又得福故云來重以民之獲福亦君之福也故於君為重

鳧鷖在亹。公尸來止熏熏。亹山絕水也熏熏和說也箋云亹之言門也燕七祀之尸於門戶之外故以喻其來也不敢當王之燕禮故變言來止熏熏坐不安之意○亹音門熏許云反說文作醺云醉也說音悅

旨酒欣欣。燔炙芬芬。公尸燕飲。無有後艱。欣欣然樂也芬芬香也無有後艱言不敢多祈也箋云艱難也小神之尸卑用美酒有燔炙可用褻味也又不能致福祿但令王自今無有後艱而已○令力呈反

【疏】鳧鷖至後艱○毛以為時既大平鳧鷖之鳥在山絕水之亹得其常處於此之時成王祭其宗廟以明日燕尸公尸之來止燕坐熏熏然其又和說而得其宜於是行旨美之酒欣欣然歡樂薦燔炙之羞芬芬然馨香王用之以與公尸燕而飲之致其無復有後日之艱難孝子之意不敢多祈故變文不言福祿以見之○鄭以鳧鷖之鳥在於絕水之亹喻公尸之居在於王宗廟之門謂祭七祀之神燕其尸於廟門之外也公尸之來止處自以門神卑之故熏然坐而不安於是有旨酒欣欣然美燔炙芬芬然香用之以與公尸燕樂而飲之致其無復有在後之艱厄神卑不敢致福止令無艱而已○傳亹山至和說○正義曰傳以渚者水中地是土當水之流潨者水會之處是土障水令聚今變交言亹非復土也故以為山絕水謂山當水路令水勢絕也所云石絕水曰梁亦此之類蓋石是小石此則大山為異耳以宗廟之尸尊者自得故為熏熏和說也○箋亹之至之意○正義曰箋以上四章隨類取喻已有天地宗廟社稷山川四方百物諸神略欲盡矣其所未見唯七祀耳而上言鳧鷖所在於祭皆有所類唯此山絕水之亹於七祀之祭事無其象則是假取其名以為其義故云亹之言門燕七祀之尸於門戶之外故取此門各以為喻焉祭法曰王為羣姓立七祀曰司命曰中霤曰國門曰國行曰大厲曰戶曰竈是七祀之名也諸侯以下則有降差此言天子之事故云七也案中霤禮唯祭五祀皆先薦於奧祀戶則設主於戶內祀中霤則設主於牖下此二者在戶內也祀門則設主於門左樞在門內也祀竈則設主於陘祀行則設主於軷上竈在廟門外之東行在廟門外之西此二者在門外也尸主當相依附五祀正祭之時戶與中霤在戶之內門在門之內竈行在門之外司命大厲雖無文亦不過廟門之外內也宗廟正祭在奧繹在門況七祀之祭有本在門外者也明其燕尸皆在門之外矣故云於門戶之外也上四章皆以發首一句喻正祭則此鳧鷖在門亦當喻正祭矣各以尸在門故取亹名為喻則首句經喻燕事與上不類者以七祀之祭祭非一處而正祭有在門者燕尸又皆在於門故言門亦可以見正祭也七祀之神神之卑者而來止熏熏文異於上故知其來不敢當王之燕禮故變言來止熏熏是坐不安之意○傳欣欣至多祈○正義曰飲美酒而言欣欣故為樂謂尸之樂也芬芬是香之氣故為香謂燔炙香也二事不類者以人飲酒而後知味食炙而後知香指體而言雖為小異自人而發意亦同也無有後艱守成而已非神加之福見孝子之意不敢多祈也禮稱祭祀不祈則皆亦不祈言不敢多者此非孝子口所自祈言神纔令如此見孝子不敢多祈耳不敢更復望福是所謂能持盈也○箋小神至而已○正義曰七祀神之小者故云小神祭法注云小神祭法注云小神居人間伺察小過作譴告者是也月令孟冬臘先祖五祀聚祭之則周之七祀雖四時別

祭於臓亦聚祭之義也此詩所云未必七神並祭作者於後揔言之耳因其神卑而變其文用美酒有燔炙以其神卑可用褻美之味神又自以爲卑不敢致福主人但令王自今以去無有後難而已

鳧鷖五章章六句

毛詩注疏挍勘記(十七之三)　阮元撰盧宣旬摘錄

○行葦

敦史受之 小字本相臺本同案釋文云敦本又作惇同正義本是惇字

不利方反 補通志堂本盧本不作又方作兮案不字方字誤也

燕伐北鄙 閩本明監本毛本同案山井鼎云爾雅疏伐作代皆非也浦鏜云代誤伐是也

敦敦然道傍之葦 閩本明監本毛本同小字本相臺本傍作旁案旁字是也傍乃正義所易今字

故經以成形名之 閩本明監本毛本同案浦鏜云經疑經字誤是也

或陳言筵者 閩本明監本毛本同小字本相臺本言作設考文古本同案設字是也

王俱爾而揖進之 閩本明監本毛本同案爾當作邇下文皆作邇可證也經注作爾正義作邇爾邇古今字易而說之也例見前

邇鄉面南北上 閩本明監本毛本同案浦鏜云西面誤面南是也

邇大夫北面少進 閩本明監本毛本同案北面當作皆分爲二字而誤也山井鼎云儀禮元文作大夫皆少進正義引略大夫者不備耳

客受而奠之不舉也 相臺本同閩本明監本毛本同小字本無也字

嘉殽脾臄 唐石經小字本相臺本同案正義云定本集注經皆作嘉箋以脾臄爲加故謂之嘉是爲嘉美之加也依此是正義經當作加字考此箋之意以嘉殽之文與脾臄相連明爲一事不與他經單言嘉殽者同故用加殽爲說以加訓嘉者訓詁之法也若經字作加則箋無庸云故謂之嘉矣當以定本集注爲長

徒擊鼓曰咢 小字本相臺本同案釋文云毛云徒歌曰咢正義云王肅述毛作徒擊鼓今定本集注作徒歌者與爾有桃傳相涉誤耳考歌字當爲鼓之誤王肅有擊字與今爾雅文同或毛讀爾雅無

鄭注儀禮云醓汁也 補通志堂本盧本醓汁作醓汁云醓舊作醓考六經正誤云醓海也海字誤潭建本皆作汁興國本作醓案儀禮第八聘禮云其南醓醓屈鄭氏云醓汁也是解醓乃醓之汁也監本誤合醓汁二字爲海字諸本亦各漏一字故不可曉也今考此當作醓汁也爲是小字本所附亦誤作醓汁

又云口吹肉也 補通志堂本盧本吹作裏小字本所附同案今注疏所附裏作次吹當次字形近之誤段玉裁云次是說文谷口上阿也从口上象其理然則非口裏可知口次猶口邊也

是爲嘉美之加也 閩本明監本毛本同案加當作嘉與下互換而誤

服虔通俗文云 閩本明監本毛本同案山井鼎云又恐文誤是也

故謂之嘉 閩本明監本毛本同案嘉當作加與上互換

以擇其可與者 小字本相臺本同案釋文云一本直云可者無與字正義本有

言賓客次第皆賢 閩本明監本毛本同小字本相臺本第作序考文古本同案序字是也

觀者如堵牆 小字本相臺本同案此釋文本也正義云皆射義文彼於圃下云蓋觀者如堵此引之略也是正義本無此一句釋文云觀者古亂反如堵丁古反是釋文本有也此亦合併之未檢照者故經注正義舛互

又使公罔之裘序點揚觶而語曰 小字本相臺本同案此傳曰字上當有公罔之裘揚觶而語八字因複出而脫去也正義云又使公罔之裘序點二人揚觶爵而爲語公罔裘先語於衆曰是其證各本皆誤

耄勤稱道不亂 小字本相臺本同案釋文云勤音其正義云而能勤行稱舉其道是正義如字讀考鄭射義注云旄期或爲旄勤此乃本之異者勤字不得讀爲期釋文所音非也

勤音其 補釋文挍勘記通志堂本盧本同案六經正誤云期音其是宋監本勤字作期也今考此傳正義本是勤字如字讀之釋文本亦是勤字但讀勤爲期故云音其也集韻七之其鈕下有勤字卽本於此其實鄭射義注所云旄期或爲旄勤者期勤各如其字讀之此正義長於釋文也宋監本改勤爲期亦由謂勤不得音其耳但非陸意○按陸本必是本作期音其此與往近王舅本作王迈同

又解四鍭之義 閩本明監本毛本鍭誤鏃案山井鼎云下除金鏃鐵鏃外皆同是也

孫炎曰金鏑 閩本明監本金作者毛本倒之案山井鼎云兩誤是也

以此知爲毛之意亦爲大射也 閩本明監本毛本同案十行本此至之剜刪者一字誤也當作以此知爲大射毛意亦爲大射也

蓋觀者如堵 閩本明監本毛本同案堵下浦鏜云牆字脫是也

而先自言之 閩本明監本毛本同案浦鏜云自疑目字誤是也

鄉大夫之射 閩本明監本毛本同案浦鏜云卿誤鄉是也

說文作㲉 補通志堂本盧本㲉作㱿案㱿字是也

二京賦曰彫弓既彀 閩本明監本毛本同案浦鏜云斯誤既是也又云二當作東非也李善文選注引楊泉物理論曰平子二京是通稱二京矣

先生大夫之致位者 閩本明監本毛本同案浦鏜云仕誤位是也

故得壽耇 補案耇當作考形近之譌毛本正作考

以受大夫之福 補閩本夫作大案大字是也明監本毛本誤人

釋詁文鮐背者老壽人也 補閩本明監本毛本文作云案云字是也浦鏜云人衍字

以爾雅考之浦挍不誤

皮膚涓瘠 閩本明監本毛本同案浦鏜云消誤涓是也爾雅疏引卽取此正作消

則老人於是始求 閩本明監本毛本同案求當作來形近之譌

○既醉

大平也 小字本相臺本同唐石經大上有告字案正義云本或云告大平者此與維天之命敘文相涉故遂誤耳今定本無告字釋文以既醉大平作音是正義本釋文本皆無告字考維天之命在頌故序云告謂以其成功告於神明此既醉在雅序本不云告或作本誤譜正義引既醉告大平卽出於或作本也

在意云滿 閩本明監本同小字本相臺本在作志云作充毛本同案在字云字誤也

既醉八章章四句 補案當衍一章字毛本不誤

此施爵賞於六也 閩本明監本毛本於作爲案所改是也

事謂惠施先後 小字本相臺本同閩本明監本毛本惠施倒案倒者誤也釋文正義皆可證

天既其女以光明之道 小字本相臺本其作助考文古本同閩本明監本毛本其作與案助字是也正義云鄭以爲天既助汝王以光明之道可證

俶終也 閩本同小字本相臺本終作始明監本毛本同案始字是也釋文正義皆可證

祭祀是禮之終 閩本明監本毛本同案浦鏜云享誤祭是也

釋言文明朗也 補案文當作云毛本不誤

釋詁文俶作也 閩本明監本毛本同案浦鏜云文當云字誤是也

恒豆之菹 小字本相臺本同考文古本同閩本明監本毛本菹作俎十行本初刻作菹後剜作俎案剜者誤

乃由主之所祭 閩本明監本毛本主作王案所改是也

恒豆謂恒常正祭之豆 閩本明監本毛本同案十行本正至豆剜添者一字

若贏與魚 閩本明監本毛本同案浦鏜云蠃誤贏下同是也

有韭菹青菹 閩本明監本毛本同案浦鏜云菁誤青是也

故加相及所以交接於神明者 閩本明監本毛本同案相及當作恒豆

是靜加之義 補案加當作嘉毛本不誤

春秋傳曰潁考叔純孝也 小字本同閩本同相臺本潁作穎明監本毛本同案穎字是也廣韻云穎又姓左傳有穎考叔穎卽潁之别體俗字

各欲其類 閩本明監本毛本同案欲當作敎
壼之言梱也 小字本相臺本同考文古本同閩本明監本毛本梱作捆案梱字是也正義中字十行本皆作梱致同又見鴇羽
使至室家之內 閩本明監本毛本同案至當作在
孝昭皆取此箋 閩本明監本毛本同案浦鏜云章誤孝是也
使祿臨天下 小字本同相臺本祿作錄閩本明監本毛本臨誤福案錄字是也以錄解祿是爲訓詁孝經援神契云祿者錄也引見檿木正義錄臨者今文尚書所謂大錄考文古本作莅臨不得其解而臆改之耳
謂使爲政敎也 閩本明監本毛本同小字本相臺本無也字
此章云釐爾女子 〔補〕案子當士字之譌毛本正作士
○鳧鷖
神祇祖考 明監本毛本祇誤祗閩本以上皆不誤
祖者則人神也 閩本明監本毛本同案浦鏜云考誤者是也
經序例者 閩本明監本毛本同案山井鼎云例恐倒誤是也
涇水名也 小字本相臺本同案段玉裁云此篇涇沙渚潨疊一例涇水中也誤作水名也下云水鳥而居水中又云水鳥以居水中爲常承上爲言爾雅直波爲徑釋名作涇涇徑字同謂大水中流徑直孤往之波故云涇水中也詳詩經小學今考正義云欲言水鳥居中故云涇水名也此名字或是後改正義本當未誤
不以已實臣之故自謙 毛本同小字本相臺本謙作嫌閩本明監本同案嫌字是也下箋亦不以已實臣自嫌也不誤
爾者女成王者 閩本明監本毛本同小字本相臺本下者作也考文古本也字同案者字誤
大宗伯畐辜 閩本明監本同毛本畐作疈案所改是也當與下疈而磔之互易見下
故注云疈畐牲胷也 閩本明監本同毛本畐作疈案所改非也畐當作副經作疈古文也注轉爲副而說之所以曉人今周禮注盡作疈者不知者所改也此正義所引自不誤但副壞爲畐又互易其一處遂不可讀今正之
疈而磔之 閩本明監本毛本同案此疈當與上大宗伯畐辜互易副之壞字也見上
謂禁禳及蜡祭也 閩本明監本毛本同案浦鏜云磔誤禁是也
此得摠祭羣臣者 閩本明監本毛本同案浦鏜云神誤臣是也
此蜡祭祀辭也 閩本明監本毛本同案浦鏜云祝誤祀是也
未必五齊三酒皆俱也 閩本明監本毛本同案俱當作供形近之譌

但不以爲宗廟之祭 閩本明監本毛本同案但下當有箋字
集處是也 閩本明監本毛本同案浦鏜云處當注字誤是也
有瘞埋之象 〔補〕案埋當作埋形近之譌釋文可證
故以潨爲喻也 閩本明監本毛本潨誤衆下章正義衆者水會之處亦潨之誤也
若無大宗伯云 閩本明監本毛本同案浦鏜云無當然字譌是也
唯山用埋爾 閩本明監本毛本用誤而案爾當作耳
禰以宗爲祉宗者 閩本明監本同毛本禰作徧案所改是也
其神祉同故云然 閩本明監本毛本同案浦鏜云祉神字誤倒是也
故以喻 閩本明監本毛本同小字本相臺本喻下有焉字考文古本同案有者是也
但令王自今無有後艱而已 小字本同閩本同相臺本艱作難明監本毛本今誤安案難字是也正義云但令王自今以去無有後難而已可證
傳欣欣至多祈幾 閩本明監本毛本幾作也案所改非也此衍字
祭法注云小神祭法注云小神 閩本同明監本毛本無下祭至神六字案所刪是也此複衍
於臘亦聚祭之義也 閩本明監本毛本同案浦鏜云義當衍字是也

附釋音毛詩注疏卷第十七（十七之三）

毛詩大雅　鄭氏箋　孔穎達疏

假樂。嘉成王也。假音暇〔疏〕假樂四章章六句○正義曰作假樂詩者所以嘉美成王也經之所云皆是嘉也正詩例不言美以見爲經之正因訓假爲嘉故轉經以見義且乘上篇爲次以其能守成功故於此嘉美之也

假樂君子。顯顯令德。宜民宜人。受祿于天。假嘉也宜民宜人宜安民宜官人也箋云顯光也天嘉樂成王有光光之善德安民官人皆得其宜以受福祿於天

保右命之。自天申之。申重也箋云成王之官人也羣臣保右而舉之乃後命用之又用天意申勑之如舜之勑伯禹伯夷之屬○右音又助也注同重直用反〔疏〕假樂至申之○正義曰言上天嘉美而愛樂此君子成王也以其有光光然明察之善德宜於民而能安之宜於人而能官之以此能受其福祿於天是天嘉樂之也官人之事王政尤重故又更申說之言王所以能官人者待羣臣相保安素相委知乃自佑助而共舉之成王乃後命用之既用之爲官又用天意申重戒勑之此其所以官人得其宜也○傳假嘉至官人○正義曰假嘉釋詁文民人散雖義通對宜有別皐陶謨云能安民能官人安民則惠黎民懷之其文與此相類故知宜民宜人是宜安民宜官人也○箋顯光至於天○正義曰顯光釋詁文下言受祿于天則嘉樂者是天嘉樂之故云天嘉樂成王有光光之善德光光雖爲摠辭安民官人卽亦善德之事也天不能自治下民立君以治民民得宜則天降之福故云皆得其宜以受福祿於天○傳申重○正義曰釋詁文也○箋成王至之屬○正義曰官人之事王政尤重上文既言宜人故云成王之官人羣臣保佑而舉之保安也佑助也謂能相委知乃相助爲舉成王得其所舉乃命用之又用天意申勑之堯典云舜曰咨四岳有能奮庸熙帝之載使宅百揆僉曰伯禹作司空帝曰俞汝往哉帝曰咨四岳有能典朕三禮僉曰伯夷帝曰俞咨伯汝作秩宗既命羣官其下摠云帝曰咨汝二十有二人欽哉惟時亮天功是舜勑伯禹伯夷之事也僉曰是保佑也俞往是命之也亮天功是用天意申勑之也其事與此相類故云如舜之勑伯禹伯夷之屬彼所命者猶有垂益夔龍之等引之不盡故言之屬以包之

干祿百福。子孫千億。穆穆皇皇。宜君宜王。宜君王天下也箋云干求也十萬曰億天子穆穆諸侯皇皇成王行顯顯之令德求祿得百福其子孫亦勤行而求之得祿千億故或爲諸侯或爲天子言皆相勗以道○且君且王一本且竝作宜字勗香玉反

不愆不忘。率由舊章。箋云愆過率循也成王之令德不過誤不遺失循用舊典之文章謂周公之禮法○愆起連反〔疏〕干祿至舊章○正義曰言成王能行光光之善德宜安民官人以此求天之祿則得百種之福子孫亦勤行善德以求天祿則得千億言其多無數也子孫以勤行得祿之故所以穆穆然皇皇然宜爲諸侯之君宜爲天子之王言其相勉以德上天福之常作人主保其邦國也又言成王所以蒙天之德澤及子孫之者以其有光光善德勤行之不過誤不遺忘志唯循用舊典之文章言能遵用周公祀法故得福流子孫○傳宜君王天下○正義曰君王別文傳并言之者以其俱有宜文故摠而釋之言宜君者宜君天下宜王者宜王天下君則諸侯也亦以天下

言之者以其與此天下之民爲君其國亦在天下之中故同言之。箋干求至以道。正義曰干求釋言文十万曰億古數然也天子穆穆諸侯皇皇下曲禮文也求祿者必行善求之以文承上章故知成王行顯顯令德求祿得百福也知非子孫之數有千億者以此美成王能行善德不美其子孫衆多上言百福是福之衆多故知千億亦福之多數也宜君宜王文承千億之下故箋以勢接之言得祿故或爲諸侯或爲天子明得爲天子諸侯卽是千億之祿也又解得祿之由言皆相勉力行道故福祿降之。箋愆過至禮法。正義曰愆過釋言文率循釋詁文以不愆不忘卽是令德之事故本於上章言成王之令德也循用舊典之文章是用之以治天下也上章言宜民宜人則是王已涖政而遵用舊章事在制禮之後故知是周公之禮法也以其一代大典雖則新制永爲舊章也周禮六官所存者五天地夏秋四官皆以正月之吉懸其所掌之法於象魏使萬民觀之哀三年左傳曰魯災季桓子至御公立于象魏之外命藏象魏曰舊章不可忘是謂周公之制六典之法爲舊章也

威儀抑抑。德音秩秩。無怨無惡。率由羣匹。抑抑美也秩秩有常也箋云抑抑密也秩秩清也成王立朝之威儀致密無所失教令又清明天下皆樂仰之無有怨惡循用羣臣之賢者其行能匹耦已之心。惡烏路反又如字注同朝直遙反緻直致反本或作致行下孟反

受福無疆。四方之綱。疆居良反下篇同〔疏〕威儀至之綱。毛以爲言成王立朝之威儀抑抑然而美也其道德教令之音秩秩然而有常也以此之故爲天下愛樂無有咎怨之者無有憎惡之者又能循用羣臣之匹耦已志者謂臣有賢行能與已爲匹則取其謀慮而依用之以此之故受天之福祿無有疆境常爲天下四方之綱言常爲君王統領天下。鄭以爲正立朝之威儀抑抑然密緻無遺失其教令之德音秩秩然清明無所壅滯故爲天下衆仰餘同。傳抑抑至有常。正義曰抑傳亦抑抑爲密則是密審故所以爲美也釋詁文秩常也故以秩秩爲有常。箋抑抑至之心。正義曰抑抑密秩秩清皆釋訓文以此詩美成王之德下云四方之綱則是爲政之事故知謂立朝之威儀也緻密無失謂舉止詳悉事無非禮教令清明謂下民寧靜無幽不燭有儀可愛有德可慕故天下皆樂仰之其行能匹耦已心者謂舉事允當與已志合也

之綱之紀。燕及朋友。朋友羣臣也箋云成王能爲天下之綱紀謂立法度以理治之也其燕飲常與羣臣非徒樂族人而已。樂音洛〔疏〕傳朋友羣臣。正義曰此美王能官人又言天子燕及故知朋友是羣臣尚書武王曰我友邦冢君亦是稱臣爲朋友也。箋成王至而已。正義曰綱紀者以結綱喻爲政故知謂立法度以理治之言燕及則時復及之非常燕也禮有族食族燕則王燕族人爲常燕臣則有功乃燕是燕臣爲非常今美王恩之隆而云燕及朋友則是以族人之恩及之故云燕飲常與羣臣非徒族人而已

百辟卿士。媚于天子。不解于位。民之攸塈。塈息也箋云百辟畿內諸侯也卿士卿之有事也媚愛也成王以恩意及羣臣羣臣故皆愛之不解於其職位民之所以休息由此也。辟音壁注同媚眉備反注同解佳賣反注同塈許器反〔疏〕傳塈息。正義曰釋詁云呬息也某氏曰詩云民之攸塈郭璞曰今東齊呼息爲呬則塈與呬古今字也。箋百辟至有事。正義曰烈文云百辟其刑之對四方其訓之則百辟非四方故爲畿內諸侯以此百辟卿士文相對故分之爲二烈文唯有百辟無卿士之文則百辟兼卿士矣故彼箋以卿士解百辟明百辟之中可以兼之也月令仲夏雩祀百辟卿士云百辟卿士古者上公以下若句龍后稷之類亦以其文具足故言以下明古之王朝之臣有功於民者皆可以祀之非獨上公意亦與此同也

假樂四章章六句

公劉。召康公戒成王也。成王將涖政。戒以民事。美公劉之厚於民。而獻是詩也。公劉者后稷之曾孫也夏之始衰見追逐遷於豳而有居民之道成王始幼少周公居攝政反歸之成王將涖政召公與周公相成王爲左右召公懼成王尚幼稚不留意於治民之事故作詩美公劉以深戒之也。公劉王云公號劉名也尚書傳云公爵劉名也王基云公劉字也召本亦作邵上照反後皆同涖音利又音類力泊反夏戶雅反下夏人同少時照反相息亮反〔疏〕公劉六章章十句至是詩。正義曰作公劉詩者召康公所作以戒成王武王既崩成王幼弱周公攝政七年而反歸之今成王將欲涖臨其政召公以王年尚幼恐其不能留意於民故戒之以治民之事美往昔公劉之愛厚於民欲王亦如公劉而獻是公劉之詩以戒成王此與洞酌卷阿俱是召公所作而爲此次者厚民之事人君之急務故先作公劉非有道德則不能愛民故又作洞酌言皇天親有德饗有道欲王之脩德行道也君雖有德不能獨治又作卷阿戒王使求賢用士也案卷阿末句云矢詩不多維以遂歌自言作意是摠結之辭則三篇次第元是召公作之先後編者如其意而次之敘亦以其一時之事故於此詩之言成王將涖政而獻是詩明下兩篇亦是將涖政之時俱獻之也獻者卑奏於尊之辭召公臣也故言獻國語曰使公卿至於烈士獻詩是也鴟鴞序云以貽王者周公自達已意欲使遺傳至王非已情所獻見故文與此異也公劉之厚於民經六章皆是也言成王將涖政戒以民事序其作者之意於經無所當。箋公劉至戒之。正義曰周本紀云后稷生不窋不窋生鞠陶鞠陶生公劉是后稷之曾孫也后稷本封於邰非有所迫不應去國適豳公劉有道之君天子不應見逐故知以夏之衰始見迫逐而遷於豳也譜云公劉以夏后太康時失其官守竄於此地則夏之始衰謂太康時也去中國而適戎狄則是不爲天子所助下箋以爲夏人迫逐蓋是王朝之人以時衰政亂疾惡有道故逐之也案譜以公劉當太康之時韋昭之注國語以不窋當太康之時不窋乃公劉之祖不應共當一世夏氏之衰太康爲始太康禹之孫不窋之子計不窋宜當太康公劉應在其後豳譜欲言遷豳之由遠本失官之世不窋以太康之時失稷官至公劉而竄豳其遷豳之時不必當太康也又外傳稱后稷勤周十五世而興周本紀亦以稷至文王爲十五世許廣及夏殷周有千二百歲每世在位皆八十許年乃可充其數耳命之短長古今一也而使十五世君在位皆八十許載子必將老始生不近人情之甚以理而推實據信若使此言必非虛誕則不窋之與公劉彌是不共世太康之後有羿浞之亂比至少康之立幾將百年益太康始衰之時不窋失官少康未立之前而公劉見逐也而有居民之道經之所陳皆是也成王始幼少周公居攝政者鄭以金縢之注差約之以爲武王之崩成王年十歲除喪年十三是其幼少也攝政元年成王年十五及歸之成王年二十一成王將涖政其年二十有二召公與周公相成王爲左右謂作上公爲二伯分陝而治周公右書序云周公爲師召公爲保召公不悅作君奭與此同時也鄭不辨公劉是名是字王肅云公號也劉名也王基云周人以諱事神王者祫百世名公大賢出自姬姓稱揚先祖盛德之君而舉其名不亦遠於禮乎其意以爲公劉必是字也計虞夏之時世代尚質名字之別難得而知世本史記不應皆沒其名而盡書其字以之爲名未必非矣鄭以姜嫄爲名詩人亦得稱之何獨公劉不可言其名也周人自以諱事神於時未有諱法祫祭之及羣公未能重於先妣何當許姜嫄而怪公劉王基雖述鄭未必然也王肅以公爲號猶可焉何則后稷至於大王十有餘世唯三人稱公何故三君特以公號豈餘君不爲公也若爲名單而以公配則古公祖紺者復二名而加公矣

篤公劉。匪居匪康。迺埸迺疆。迺積迺倉。迺裹餱糧。于橐于囊。思輯用光。篤厚也公劉居於邰而遭夏人亂迫逐公劉公劉乃辟中國之難遂平西戎而遷其民邑於豳焉迺埸迺疆言脩其疆埸也迺積迺倉言民事時和國有積倉也小曰橐大曰囊思輯用光言民相與和睦以顯於時也箋云厚乎公劉之爲君也不以所居爲居不以所安爲安邰國乃有疆埸也乃有積委及倉也安安而能遷積而能散爲夏人迫逐已之故不忍鬬其民乃裹糧食於囊橐之中棄其餘而去思在和其民人用光大其道爲今子孫之基。埸音亦裹音果餱音侯食也字或作粻糧本亦作粮音良糇也橐他洛反囊乃郎反說文云無底曰橐有底曰囊輯音集又七立反難乃旦反積子智反委於僞反爲夏于僞反又如字

弓矢斯張。干戈戚揚。爰方啟行。戚斧也揚鉞也張其弓矢秉其干戈戚揚以方開道路去之豳蓋諸侯之從者十有八國焉箋云干盾也戈句孑戟也爰曰也公劉之去邰整其師旅設其兵器告其士卒曰爲女方開道而行明已之遷非爲迫逐之故乃欲全民也。戚七歷反鉞音越從才用反又如字盾字又作楯順允反又音允句音鉤卒尊忽反下餘卒士卒皆同爲于僞反下非爲爲公劉皆同〔疏〕篤公劉至啟行。毛以爲厚於民事乎此公劉也乃能匪以所居爲居匪以所安爲安言不顧已之安居唯以利民爲意又言其不顧安居之事公劉之在邰國乃有畛埸乃有疆界言其有田疇之業乃有委積乃有囷倉言其有穀食之資有田有食深可安居乃以不忍鬬其民人之故遂棄此疆埸積倉乃裹此糧食於此囊橐之中委其餘而去是其不以安居爲安居也公劉所以必爲此事者思使民人相與輯睦不欲戰鬬以殺傷之明此以光顯已德於其時故爲民而不愛物也其發邰國之時弓矢於此張之又秉其干戈戚揚之兵器整其師旅而出乃告其士卒曰我爲汝方開道路而行其民以此之故而徙之至豳是其愛厚於民也王今當念此公劉厚民之事而畱意治之。鄭唯以用光爲光大其道爲子孫之基大意亦與毛同。傳篤厚至於時。正義曰篤厚釋詁文后稷封於邰至公劉而始遷故云公劉居於邰也夏人亂迫逐公劉當太康之後少康之前未能定其年世也以其時當夏世而被逐去國明因王政之亂而有人逐之不知逐者是何人也言公劉乃避中國之難遂平西戎而遷其民邑於豳者言其遷之所由也豳地雖亦與狄鄰而近戎爲多故云遂平西戎平之者謂與之交好得自安居耳公劉不忍鬬民而去不與戎戰爭而平之也豳於漢屬右扶風爲栒邑縣則是中國之地言西戎者雍之西境與戎接連爲夏爲戎隨時變易公劉未居之前則爲戎大王既來之後復爲狄良由地居疆埸故一彼一此也乃埸乃疆謂民各有地言脩其疆埸謂民脩之乃積

乃倉謂官之積倉也此倉積所有出於疆場而來故云言民事時和國有積倉謂稅民而得之也地必民所耕故舉民之疆場欲見公劉不忺故舉官之積倉官倉出於民田故先言疆場也橐囊俱用裹糧而異其文明有小大之別故云小曰橐大曰囊宣二年左傳稱趙盾見靈輒餓食之又爲之簞食與肉寘諸橐以與之橐唯盛食而已是其小也哀六年公羊傳稱陳乞欲立公子陽生盛之巨囊而內可以容人是其大也釋詁云輯和也是思和其民不闕其民即是相與和睦民能和睦則時人顯知君德故云於時也。箋厚乎至之基。正義曰此篇言篤猶生民之言誕以公劉君厚愛其民歎其能厚故每章言篤以冠公劉之上箋云厚乎公劉之爲君揔釋諸章皆云篤公劉之意也居之與安所以爲異者居謂田宅是人之所處止即疆場是也安謂資財是人所利用積倉是也正言邰國乃有委積及倉者美其已聚之物而能散之故其言不及疆場也安安而能遷積而能散曲禮文也言安此之安以愛民故而能遷往他所以自有積聚散而棄之以其意與彼同故引以爲說又申說遷散之意正爲夏人迫逐已之故不忍闕其民愛重民命故棄其安居也既有積倉褁糧食故知棄其餘而去也以名公追而美之以戒成王不述他姑之人唯陳己之父祖以此知應轉用光之言意在感今追昔故易傳以爲光大其道爲今子孫之基。傳戚斧至八國焉。正義曰廣雅云鉞戚斧也則戚揚皆斧鉞之別名傳以戚爲斧以揚爲鉞鉞大而斧小太公六韜云大阿斧重八斤一名天鉞是鉞大於斧也牧誓云武王左杖黃鉞孔安國云黃鉞以黃金飾斧也以其特言黃鉞故云以金飾然則不言黃者未必皆金飾也以弓矢言張是人張之故知干戈戚揚爲人秉之也夏人迫逐則是有兵圍繞爲之阻難故云方開道路而去之豳也蓋諸侯之從者十有八國當是亦爲夏人攷亂爲鄰國所侵以公劉賢君爲可師長故與之俱遷也毛自言益爲疑辭不知出何文也。箋爰曰至全民。正義曰爰曰釋詁文言爲汝開道而行示其無所畏難明已之遷非爲迫逐之故力不能拒乃欲保全其民無令損害故也告之以此使民知遷意也

篤公劉。于胥斯原。既庶既繁。既順迺宣。而無永歎。胥相宣徧也民無長歎猶文王之無悔也箋云于於也廣平曰原厚乎公劉之於相此原地以居民民既衆矣既多矣既順其事矣又乃使之時耕民皆安今之居而無長歎思其舊時也。歎他安反字或作嘆徧音遍相息亮反下相此皆同

陟則在巘。復降在原。何以舟之。維玉及瑤。鞞琫容刀。巘小山別於大山也舟帶也瑤言有美德也下曰鞞上曰琫言德有度數也容刀言有武事也箋云陟升降下也公劉之相此原地也由原而升巘復下在原言反覆之重居民也民亦愛公劉之如是故進玉瑤容刀之佩。巘本又作巘魚輦反又音言又音魚偃反又音彥毛云小山別於大山也與爾雅異復降音服又扶又反注復下同瑤音遙鞞必頂反琫必孔反別彼列反反覆本亦作覆同方福反

〔疏〕篤公劉至容刀。正義曰公劉既至豳國先相地居民厚乎公劉之爲君也於是相此原地以居其民既衆矣既多矣既順其事矣又乃使之徧而時耕其田於是民皆樂業安今之居而無悔恨長歎思其舊時者也又覆說相原之事公劉升則在巘山之上覯其形勢復下而在原察其處所用心反覆重民若是以此之故亦爲民愛其時之民皆云我今有何物而可與公劉帶之維有美玉及瑤并有鞞琫容飾之刀可以爲之佩耳言居民相愛其情若此故能保全家國澤及子孫王豈得不念之而留意治民乎。傳胥相至無悔。正義曰胥相釋詁文宣徧釋言文乃宣之文在既順之下順謂順事則宣謂徧耕意亦與鄭同王肅云徧謂廬井毛意未必然也民無長歎是喜其來還不恨公劉故云猶文王之無悔言文王之德不爲人恨與此同以此傳知彼不與鄭同。箋于於至舊時。正義曰于於釋詁文廣平曰原釋地文李巡曰廣平謂土地寬博而平正也衆多一也丁寧言之耳順其事矣謂順爲生之事築宇之類皆是也乃宣之文與緜乃宣乃畝同故亦以爲時耕也。傳巘小至武事。正義曰小山別於大山者釋山云重甗隒郭璞曰謂山形如累兩甗甗甑山狀似之上大下小因以爲名西京賦曰陵重巘是也與皇矣小山曰鮮義別彼謂大山之傍別有小山也言何以舟之卽說玉瑤容刀玉是所佩之物故知舟是帶也傳解下之所以進上多矣雖言玉瑤容刀者君子所以比德今進之瑤言公劉有美德也瑤是玉之別名舉瑤可以兼玉故不言玉也鞞者刀鞘之名琫者鞘之上飾下不言其飾指鞞之體故云下曰鞞上則有飾可名故云上曰琫桓二年左傳曰袞冕黻珽帶裳幅舄昭其度也藻率鞞琫鞶厲游纓昭其數也夫德儉而有度登降有數此鞞琫在昭數之中以表人之有數故云言有度數意取左傳故并度言之刀所以斷割故云言有武事

篤公劉。逝彼百泉。瞻彼溥原。迺陟南岡。乃覯于京。溥大覯見也箋云逝往瞻視溥廣也山脊曰岡絕高爲之京厚乎公劉之相此原地也往之彼百泉之間視其廣原可居之處乃升其南山之脊乃見其可居者於京謂可營立都邑之處。

京師之野。于時處處。于時廬旅。于時言言。于時語語。是京乃大衆所宜居之也廬寄也直言曰言論難曰語箋云于於時是也京地乃衆民所宜居之野也於是處其所當處者廬舍其賓旅言其所當言語其所當語謂安民館客施教令也。廬力居反論難魯因反下乃旦反館客一本作館舍

〔疏〕篤公劉至語語。正義曰上既相地居民此又說相立都邑言厚乎公劉之爲君也乃往之彼百泉之間就下地而仰望彼廣大之原觀見可居之處也乃又升彼南山岡脊之上乃見其可居而爲都邑者於京之地也此京地乃是大衆所宜居之野故於是處其所當處者於是又爲館舍以寄其賓旅旣立都邑乃宜布號令公劉於是言其所當言語其所當語謂施政教於民也公劉厚民如此王亦當留意治民也。傳溥大覯見。正義曰皆釋詁文王肅云往之彼百泉之地乃視彼大原乃見是京而居之可以避水樂亂也。箋逝往至之處。正義曰逝往瞻視皆釋詁文以原是廣平之地故以溥爲廣其義亦與傳大同也山脊曰岡釋山文絕高爲之京釋丘文彼下即云非人爲之丘京與丘相對且言爲之丘則是人爲之矣孫炎郭璞皆云人力所作而此詩說公劉依京築宮王肅言可以禦亂則京是大丘非人爲矣李巡曰丘之高大者曰京是京有二等若戰勝取尸築爲京觀者則人爲之此言京者則是丘之高大非人爲也相原地而往之百泉之間者上已升巘觀之是登高以臨下此往百泉之間自下而望高且慮下濕故往泉處前既升巘今復陟岡反覆審觀之下言于京斯依故知京是可營立都邑之處。傳是京至曰語。正義曰春秋言京師者謂天子所居公劉非天子不得謂所居爲京師此文連上乃覯于京則此京還是上京也師者衆也故云是京乃大衆所宜居之野以衆必大故言大衆非是京之訓也地官遺人治國野之道以待賓客云十里有廬廬有飲食則廬是居舍之名賓客寄舍其中故云廬寄也衛戴公廬於曹亦謂寄在曹地也直言曰言謂一人自言荅難曰語謂二人相對對文故別耳散則言語通也定本集註皆云論難曰語

篤公劉。于京斯依。蹌蹌濟濟。俾筵俾几。箋云蹌蹌濟濟士大夫之威儀也俾使也厚乎公劉之居於此京依而築宮室其既成也與羣臣士大夫飲酒以樂之羣臣則相使爲公劉設几筵使之升坐。蹌七羊反。

既登乃依。乃造其曹。執豕于牢。酌之用匏。賓已登席坐矣乃依几矣曹羣也執豕于牢新國則殺禮也酌之用匏儉以質也箋云公劉既登堂負扆而立羣臣適其牧羣搏豕於牢中以爲飲酒之殽酌酒以匏爲爵言忠敬也。依毛如字鄭於豈反箋云或扆字造七報反匏步交反殺所戒反搏音博沈又音付

食之飲之。君之宗之。爲之君爲之大宗也箋云宗尊也公劉雖去邰國來遷羣臣從而君之尊之猶在邰也。

〔疏〕篤公劉至宗之。毛以爲上既言處止於京此又言宮室既就饗燕羣臣焉厚乎公劉之爲君也既爲邑於京地於此依之而築宮室宮室既成則饗燕羣臣其威儀蹌蹌之士及濟濟之大夫將來君所公劉則使人爲之設筵使人爲之設几賓來就燕既登席矣乃依几矣公劉乃使人造適其羣牧執其豕於牢中以爲飲酒之殽其飲此酒酌之用匏匏以酌之言其新爲邦國儉而禮合也又說公劉其於羣臣設饌以食之設酒以飲之已身與之爲君與之爲大宗也言公劉之厚於羣臣如此欲成王之法效之。鄭上二句與毛同言公劉築室既成與羣臣飲食以樂之其爲如此蹌蹌濟濟之威儀者謂公劉之朝士大夫者則相使爲公劉設筵相使爲公劉設几欲使公劉升扆而坐也公劉既登堂矣乃負扆而立其羣臣乃造其羣牧執豕於牢以爲飲酒之殽得殽乃飲遂酌之用匏以進於公劉於此之時羣臣之於公劉也獻酒以飲之進食以食之從而君敬之從而尊重之言雖去舊國見尊如本國由愛厚其民故下不失敬欲成王之厚於民以見敬。箋蹌蹌至升坐。正義曰曲禮下云凡行容大夫濟濟士蹌蹌是蹌蹌濟濟大夫士之威儀也俾使釋詁文上京師之野于時處處謂衆民處處此言于京斯依則是公家之事故云公劉之居此京依而築宮室以宮室新成則有落之之禮下執豕用匏是飲酒之事故知既成與羣臣士大夫飲酒以落之也落室之禮則是公家所爲筵几酒豕當是公家之物而云羣臣相使爲公劉設几筵使之升坐者爲禮之物賓出於公但使掌供辦羣臣之職若使心不愛君則苟從而已雖有所掌不必促遽今言羣臣相使見其愛君之意耳。傳賓已至以質。正義曰以上言筵几此言登依則是登筵依几故云賓已登席矣乃依几矣以傳此言則知上筵几者毛意以公劉爲羣臣設之饗燕之禮立一人爲賓對主以行禮揔而言之則非主者皆曰賓此賓卽上蹌蹌濟濟之人宜爲揔矣左傳之說饗禮云設几而不倚此言依几者此文揔言於臣之禮不辨饗燕之異下云飲之食之或亦兼食燕矣故得依几也行葦說燕宗族之禮箋云老者加之以几則羣臣之中當有無几者據有者言之耳周語曰民所曹好漢書每云吾曹者輩類之言故爲羣也饗禮當亭大牢以飲賓此唯用豕者秋官掌客曰凡禮賓客國新殺禮公劉新至豳地殺禮也匏是自然之物故云儉且質也定本云儉以質也燕禮羹定乃納賓此賓升乃執豕者其實執豕在登席之前欲使賓事與殽各自相近故也。箋公劉至忠敬。正義曰釋宮云牖戶之間謂之扆明堂位云天子負斧依南嚮而立此云既登乃依之事與彼同故知是公劉既登堂負扆而立也明堂位注云負之言背也斧依

爲斧文屏風於戶牖之間然則斧者是屏風之名扆則戶牖之間地耳郭璞云扆牕東戶西也禮有斧扆形如屏風畫爲斧文置於扆地因名爲斧扆是也言天子負斧扆則諸侯之扆有斧以否無明文也此公劉負扆而立謂在朝之時其飲則坐於席故上箋云使之升坐謂設几筵擬飲時非負扆時也適其羣牧謂牧豕之羣處也晉語曰大任渡於豕牢即牢是養豕之處故云摶豕於牢中言忠敬者摠解執豕用匏之事備其穀酒酌以進君道公劉之臣忠而且敬也○傳爲之君爲之大宗○正義曰傳以君之宗之其意爲一也板傳曰王者天下之大宗然則此以諸侯爲一國之所尊故云爲之大宗也○箋公劉至在邰○正義曰夷險易情人之恒事國君不能得其社稷乃迯竄遠夷於此之時臣多解體而能見尊如此所以可尚易傳者孫毓云此篇主稱公劉之厚於民列其始遷於豳此章言羣臣之愛敬上下之有禮無饗燕尊賓之事且饗之禮設几而不倚何有賓已登席依几之義又國君不統宗故有大宗小宗安得爲之君復爲之大宗乎箋說爲長

篤公劉。既溥既長。既景迺岡。相其陰陽。觀其流泉。既景乃岡考於日景參之高岡箋云厚乎公劉之居豳也既廣其地之東西又長其南北既以日景定其經界於山之脊觀相其陰陽寒煖所宜流泉浸潤所及皆爲利民富國○相息亮反注同煖況袁反又乃管反浸子鴆反**其軍三單。度其隰原。徹田爲糧。**三單相襲也徹治也箋云邰后稷上公之封大國之制三軍以其餘卒爲羨今公劉遷於豳民始從之丁夫適滿三軍之數單者無羨卒也度其隰與原田之多少徹之使出稅以爲國用什一而稅謂之徹魯哀公曰二吾猶不足如之何其徹也○單音丹度待洛反注及下同羨音錢又音衍下同**度其夕陽。豳居允荒。**山西曰夕陽荒大也箋云允信也夕陽者豳之所處也度其廣輪豳之所處信寬大也○廣古曠反

〔疏〕篤公劉至允荒○毛以爲厚乎公劉之爲君初至於豳既廣其土地之東西既長其境界之南北既以日影定其經界乃復登彼山脊之岡而視其陰陽寒煖所宜又觀其流泉浸潤所及知天氣宜其禾黍地利足以生物乃居處其民焉又其從邰往豳未得安定之時其爲單也分老弱婦女爲三等之陳而單營之初來未有宅舍且居其隰原之地治其豳國之田以爲久住之糧然後始得營室安居乃居其山西夕陽之地此豳國之居信寬大矣美其居民得所闢境廣大欲王法效之也○鄭唯下五句爲異言公劉初至於豳丁夫寡少其軍有三唯單而已無羨卒也量度其隰與原田之多少徹稅其田之所收以爲國之糧度其豳之所處夕陽之地觀其廣輪則豳之所居信寬大矣○傳既景至高岡○正義曰以此句同事別故特解之考於日影卽上既溥既長以日影考之也參之高岡卽下相其觀其是登岡視之先影後岡故稱及也定本影皆爲景字○箋既廣至富國○正義曰既廣既長謂正定疆界故以土地言之公劉自邰往遷豳之時尺土皆非已物故美公劉能廣長之也夏殷之世大國百里雖云廣長亦不是過也日影定其經界者民居田畝或南或東皆須正其方面故以日影定之居山之脊觀其陰陽則觀其山之南北也大名則山南爲陽山北爲陰但廣谷大川有寒有暖寒暖不同所宜則異故相之也流泉所以漑灌故知觀其浸潤所及相寒煖視浸潤欲民擇所宜而種之遂浸潤而耕之皆所以利民富國故公劉殷勤審之也○傳三單相襲徹治○正義曰重衣謂之襲三單相襲者謂三行皆單而相重爲軍也此謂發邰在道及初至之時以未得安居

慮有寇鈔故三重爲軍使強壯在外所以備禦之也嵩高及此傳皆云徹治則訓徹爲治非稅法之通名也言治田爲糧謂既至豳地以爲久住之糧非在道之糧也何則發邰之日尚委棄積倉不假言治田爲道路之糧矣王肅云三單相襲止居則婦女在內老弱次之強壯在外言自有備也徹治也居其民衆於隰與原治其田疇以爲糧是也○箋邰后至其徹○正義曰知后稷上公之封者公羊傳曰王者之後稱公后稷本是二王之後以有大功而改封於邰明爲大國公爵公劉是其曾孫耳故知仍爲大國當作三軍地官小司徒云凡起徒役無過家一人以其餘爲羨羨謂家之副丁也今言其軍三單則是單而無副故知公劉遷豳民始從之其衆未多丁夫適滿三軍之數無復羨卒故稱單也以周禮言之三軍三万七千五百人然則從公劉之遷其家不滿此數故通取羨卒始滿三軍也言度其隰原是度量土地使民耕之也下即云徹田爲糧明是徹取此隰原所收之粟以爲軍國之糧也且徹與孟子百畝而徹文同故知徹之使出稅以爲國用孟子說三代稅法其實皆什一故云什一而稅謂之徹引論語曰明徹是稅法其證爲什一也如孟子之言夏曰貢周曰徹徹乃周之稅法公劉夏時諸侯而言徹者名公以周之世上論公劉遂以周法言之以其俱是什一其名可以相通故也大國三軍亦是周制而謂公劉之時已作三軍者以三代損益事多相因甘誓云大戰于甘乃召六卿王曰嗟六事之人是夏時天子六軍之將亦命卿其法與周同也於時大國亦立三卿則知亦作三軍而周制因之耳夏殷大國百里周則大國五百里大小縣絕而軍數得同者周之軍賦皆出於鄉家出一人故鄉爲一軍諸侯三軍出其三卿而已其餘公邑采地不以爲軍若夏殷之世則通計一國之人以爲軍數故此言丁夫適滿三軍是通一國之人摠計之大國百里爲方一里者万爲田九万夫田有不易一易再易通率二而當一半之得四万五千家以三万七千五百家爲三軍尚餘七千五百舉大數故得爲三軍也次國七十里爲方一里者四千九百爲田四万四千一百夫半之得二万二千五十家二軍當用二萬五千人少二千九百五十人以羨卒充之舉大數亦得爲二軍也以小國五十里爲方一里者二千五百爲田二万二千五百夫半之得一萬一千二百五十家以万二千五百人爲軍少一千二百五十人不滿一軍舉大數亦得爲一軍也如此計之夏殷國地雖狹亦得爲三軍矣易傳者此詩主美公劉之遷首章言去邰二章已言至豳無宜此文方說在道去夏入戎則戎地無寇至豳之日無所用兵三軍相襲復何禦哉且上言乘其積倉裹糧而行至豳無糧必須稅斂徹是稅名糧從田出徹田爲糧稅事明矣故知三單是三軍之無副徹田是徹民而取糧所以不從傳也○傳山西至荒大○正義曰山西曰夕陽釋山文孫炎曰夕乃見日然則陽即日也夕始得陽故名夕陽釋言云荒奄也孫炎曰荒大之奄也則荒奄俱是大義故爲大也皇矣傳以度爲居此章二度傳意皆應爲居王肅云居其夕陽之地豳國之居信廣大也○箋夕陽至寬大○正義曰夕陽者摠言豳人一國之所處也其界在山之西不知是何山也譜云豳在岐山之北書傳說太王去豳踰梁山注云梁山在岐山東北然則豳國之東有大山者其唯梁山乎大司徒注云輪從也馬融云東西爲廣南北爲輪量度其東西南北之所處信寬大矣豳譜所云原隰之野謂此○

篤公劉。于豳斯館。涉渭爲亂。取厲取鍛。館舍也正絕流曰亂鍛石也箋云鍛石所以爲鍛質也厚乎公劉於豳地作此宮室乃使人渡渭水爲舟絕流而南取鍛厲斧斤之石可以利器用伐取材木給築事也○厲本

又作礪鍛本又作碫丁亂反說文云碫厲石字林大喚反材木一本作林木○**止基迺理。爰衆爰有。夾其皇澗。遡其過澗。**皇澗名也遡鄉也過澗名也箋云爰曰也止基作宮室之功止而後疆理其田野校其夫家人數日益多矣器物有足矣皆布居澗水之旁○夾古洽反又古協反澗古晏反遡音素過古禾反注同鄉本又作嚮許亮反文與卷阿篇注同校音教○**止旅乃密。芮鞫之卽。**密安也芮水厓也鞫究也箋云芮之言內也水之內曰隩水之外曰鞫公劉居豳既安軍旅之役止士卒乃安亦就澗水之內外而居脩田事也○芮本又作汭如銳反鞫居六反涯五佳反亦作厓隩於六反又於報反字或作奧○

〔疏〕篤公劉至之卽○正義曰上言量度國境此言安置民居厚乎公劉之爲君也於此豳地令民作此館舍將作之時先使人涉渡於渭乘舟絕水爲亂而過取其礪石取其鍛具所以鍛礪斧斤利其器用伐取材木乃爲宮室言其勸導有法豫事省功也宮室既備民得居處公劉止此官室之基乃疆理民之田畝言其先營民居次理民田又校數夫家人數見其人物衆多公劉乃言曰人民衆多矣器物有足矣又徧觀民宅見其有夾其皇澗而處者謂在澗兩邊也見有遡其過澗而處者謂開門嚮澗也公劉見其布在水傍各服田畝又止其軍旅之役乃安息其士卒令此士卒於彼芮鞫之就也芮水內也鞫水外也謂止其在官之役使就水營田也言公劉之愛民如是王豈得不法效之乎○傳館舍至鍛石○正義曰禮有公館私館館者官室之名爲館所以止舍其中故云舍也正絕流曰亂釋水文孫炎曰直橫渡也然則水以流爲順橫度則絕其流故爲亂俱是渡謂取礪礪既是石則知鍛亦石也○箋鍛石至築事○正義曰鍛者治礪之名非石也傳言鍛石嫌鍛是石名故明之云鍛石所以爲鍛質者質椹也言鍛金之時須山石爲椹質故取之也礪者磨刀鍛之名亦非石名也言取礪者亦取其爲礪之石耳公劉之君民豳地作宮室謂作民宮室非公宮也公宮則上云于京斯依者是也鍛礪所由施於斧斤故知取鍛礪斧斤之石所以利器用也材木由器而取築作用所故云取材木給築事也○傳皇澗至澗名○正義曰以皇過與澗共文故知皆澗名也夾者在其兩傍故知遡者嚮也謂開門嚮之大率民以南門爲正此蓋皇澗縱在兩傍而夾之過澗橫故在北而嚮之王肅云或夾或嚮所以利民也○箋爰曰至之傍○正義曰爰曰者公劉之言也公劉疆理田疇巡行廬井見民多器足而發此言故云曰也作宮室之功止謂民之宮也上云既順乃宜謂初至先及時耕田既耕乃營宮室也上既言耕則民已得地於此復疆之者前來急於趨時未善部分且有後來之衆皆須得田故止宮室之功乃疆理之亦既疆理其田自然須校人數周禮稱夫家者謂男女也校比其國內男女之數而授之田公劉歎其衆故曰益多矣有之爲言與多不類上言礪鍛是民之器物故知有者器物有足矣經陳二澗故云皆布於澗水之傍○傳密安至鞫究○正義曰釋詁文密康靜也康安也轉以相訓是密得爲安芮是水厓之內故云水厓也釋言云鞫究窮也俱訓爲窮故轉鞫爲究此鞫是水厓之名言其曲水窮盡之處也故傳解其名鞫之意○箋芮之至田事○正義曰芮鞫皆是水厓之名鞫是其外則芮是其內故云芮之言內謂厓內隩隈之處故卽引爾雅以釋之釋上云隩隈也厓內爲隩外爲鞫李巡曰厓內近水爲隩其外爲鞫孫炎曰內曲裏也外曲表也是水之內曰隩水之外曰鞫也經言芮不言隈則經爲互也內則芮以明鞫爲外外有鞫名則內亦有汭名以此見其芮爲隩也公劉初

至之時居處未安須有防衛今言止旅則是宮室已安可以自固乃止之故云公劉居豳既安軍旅之役止士卒乃安上言夾澗鄉此芮鞫爲水之內外故知就澗水之內外在居民居主於治田故云脩田事也此以水內爲芮則是厓名非水名也夏官職方氏雍州其川涇汭注云汭在豳地詩大雅公劉曰芮鞫之卽以此芮爲水名者蓋注禮之時未詳詩義故爲別解

公劉六章章十句

洞酌。召康公戒成王也。言皇天親有德。饗有道也。洞音迥。〔疏〕洞酌三章章五句至有道。○正義曰尊者莫過上天猶以道德降靈親饗是王不可以無德故戒王使脩行之天言皇天者以尊稱名之重其事也道德相對則在身爲德施行爲道故中候云皇道帝德爲內外優劣散則通也親饗者謂親愛其人饗其祭祀亦爲相接成也經三章皆上三句言薄物可以薦神是親饗之也下三句言與民爲父母是有道德也

洞酌彼行潦。挹彼注茲。可以餴饎。洞遠也行潦流潦也餴餾也饎酒食也箋云流潦水之薄者也遠酌取之投大器之中又挹之注之於此小器而可以沃酒食之餴者以有忠信之德齊絜之誠以薦之故也春秋傳曰人不易物惟德緊物。○潦音老挹音揖又音邑餴甫云反又作饙字書云一蒸米也饎尺志反字林充之反餾力又反又音留爾雅饙餾稔也孫炎云蒸之曰饙均之曰餾郭云饙熟爲餾齊側皆反本又作齋緊於兮反

豈弟君子。民之父母。樂以強教之易以說安之民皆有父之尊有。母之親○樂音洛易羊豉反說音悅〔疏〕洞酌至父母。○正義曰言使人遠往酌取彼道上流潦之水置之於大器而來待其清澄又可挹彼大器之水注之此小器之中以灌沃米餴以爲饎之酒食以此祭祀則天饗之此薄陋之物皇天所以饗之者以此設祭者是樂易之君子能有道德爲民之父母上天愛其誠信故歆饗之然則爲人君者安可以不行道德而作民父母故言此以戒王○傳洞遠至酒食○正義曰洞遠釋詁文行者道也潦者雨水也行道上雨水流聚故云流潦也釋言云饙餾稔也孫炎曰蒸之曰饙均之曰餾郭璞曰今呼餐音脩飯爲饙饙均熟爲餾說文云饙一蒸米也餾飯氣流也然則蒸米謂之饙饙必餾而熟之故言饙餾非訓饙爲餾饎酒食釋訓文○箋流潦至緊物○正義曰隱三年左傳曰潢汙行潦之水可薦於鬼神可羞於王公雅有行葦洞酌昭忠信也其意以行潦爲薄物由忠信之故而可以祭神箋取彼意爲說故言流潦水之薄者也言投之大器者以言挹彼注茲是從器挹之而注於此器故知遠酌取置之大器挹來乃注於小器蓋以潦水泥濁置之大器以澄之挹小器而用之所以轉經二器也沃酒食之饙謂爲饙之時以此水沃潤之也引春秋傳者僖五年左傳文也服虔注云緊發聲也言黍稷牲玉不易無德薦之則不見饗有德則言饗言物爲有德用也○傳樂以至之親○正義曰皆孔子閒居之文也彼引此詩以爲此言以釋之故傳依用焉樂者人之所愛當自彊以教之易謂性之和悅當以安民故云悅安之一人之云父母故云有父之尊有母之親

洞酌彼行潦。挹彼注茲。可以濯罍。濯滌也罍祭器○罍音雷滌徒厤反

豈弟君子。民之攸歸。〔疏〕傳濯滌罍祭器。○正義曰說文云滌洗也濯浣也則濯滌俱是洗浣之名故云濯滌也特牲注云濯溉也則溉亦是洗名下傳云溉清也謂洗之使清絜皆是洗器之名也春官司尊彝云四時之祭皆有罍是罍爲祭器也卷耳云我姑酌彼金罍則饗燕亦有罍以此論祭事故言祭耳

洞酌彼行潦。挹彼注茲。可以濯溉。溉清也○溉古愛反清才性反又如字

豈弟君子。民之攸塈。箋云塈息也

洞酌三章章五句

毛詩注疏挍勘記（十七之三）　阮元撰盧宣旬摘錄

○假樂

宜君宜王　唐石經小字本相臺本同案釋文云且君且王一本且作宜字正義云君王別文傳并言之者以其俱有宜文故揔而釋之言宜君者宜君天下宜王者宜王天下是正義本作宜字與一本同段玉裁云作宜爲俗本也詳詩經小學

曰舊章不可忘　閩本明監本毛本同案浦鏜云亡誤忘是也

不解于位　唐石經小字本相臺本同案釋文以匪解作音或其本不作匪今通志堂仍作不詳後考證正義本未有明文今無可考考文古本作匪當是依公劉箋中不字經中匪字而爲之耳

詩云民之攸塈　閩本明監本毛本同案塈當作呬見詩經小學○按此古假借字

○公劉

反歸之　閩本明監本毛本同小字本相臺本反作及案反字是也正義云而反歸之可證

以深戒之也　閩本明監本毛本同小字本相臺本無也字

作公劉詩者　閩本明監本毛本同案浦鏜云作字當衍是也

欲使遺傳至王非己情所獻見　閩本明監本毛本同案十行本遺至王剜添者一字此情所當作所奏句末衍見字下衍上脫補而未去者也

去中國而適戎其　閩本明監本毛本同案浦鏜云其當狄字誤是也

不窋之子　閩本明監本毛本不上有公劉二字案此誤補也當云不窋稷子稷字誤作之耳

以理而推實據信　閩本明監本毛本實下有難字案所補是也

及歸之成王年二十一　閩本明監本毛本同案浦鏜云反誤及是也

分陝而治周公右　閩本明監本毛本右誤古案此用樂記文也當作周公左召公右因公字複出而脫去三字

迺埸迺疆　小字本相臺本同閩本明監本同唐石經埸作場毛本同案唐石經誤也釋文云埸音亦可證注及正義中字十行本盡作場亦誤

戈句矛戟也　小字本同閩本明監本毛本同相臺本矛作子考文古本子字亦同案矛字誤也釋文以句子作音可證鄭考工記注廣雅皆作子方言作釨子釨字一耳

欲見公劉不忲　閩本明監本毛本同案浦鏜云怯誤忲是也

囊唯盛食而已　閩本明監本毛本同案浦鏜云槖誤囊是也

以自有積聚而棄之以其意與彼同　閩本明監本毛本同案十行本而至其剜添者一字當衍自上以字也

以此知應輯用光之言　閩本明監本毛本同案應當作思

而無永嘆　唐石經小字本相臺本同案釋文云歎字或作嘆正義中字皆作歎是其本與釋文同考文古本作歎采正義釋文

猶文王之無悔也　相臺本同小字本悔作侮案正義云故云猶文王之無悔言文王之德不爲人恨與此同是其本作悔字段玉裁云謂皇矣末章四方以無侮也譌作無悔非是且其德靡悔毛詩言王季非言文王見詩經小學

陟則在巘　唐石經小字本相臺本同案釋文云巘本又作巘毛云小山別於大山也與爾雅異正義云小山別於大山者釋山云重甗隒郭璞曰謂山形如累兩甗甗甑山狀似之上大下小因以爲名西京賦曰陵重甗是也與皇矣小山曰鮮義別彼謂大山之傍別有小山也依此是正義本亦作巘字與釋文本同故引重甗以釋之也今正義中巘字及標起止云傳巘小當是合併以後改之釋文云與爾雅異者謂爾雅作鮮爲異不以此當重甗隒也其實鮮巘字異義同經中用字例不畫一如逝噬鬯韔墳汾訦尤鄣之屬是其比矣唐石經以下作巘出於又作本

言居民相愛　閩本明監本毛本愛誤土案浦鏜云居疑君之誤是也

雖言玉瑤容刀者　閩本明監本毛本雖誤惟案此當作唯

瑤言公劉有美德也　閩本明監本毛本同案也下脫者字

乃覯于京　小字本相臺本同唐石經乃作迺案此經迺場迺疆迺積迺倉迺裹迺宜迺陟乃覯乃依乃造迺岡迺理乃密凡十三見十行本四字作乃九字作迺小字本相臺本乃密作迺爲異餘同唐石經盡作迺考釋文以迺場迺裹迺覯乃依乃造作音凡五見而三迺二乃則二文錯亂久矣傳中亦迺乃互有箋有乃無迺當是經本作迺傳箋轉爲乃而說之故正義中亦悉用乃字也或遂以注改經耳當從唐石經也山井鼎云古本迺乃二字參差不同是因其錯亂又從而互易之

論難曰語　小字本相臺本同案正義云荅難曰語又云定本集注皆云論難曰語釋文云論魯困反下乃旦反是其本作論字

謂安民館客　小字本相臺本同案釋文云館客一本作館舍正義本未有明文今無可考

且言爲之丘也 閩本明監本毛本同案浦鏜云京誤丘是

飲酒以樂之 閩本明監本毛本同小字本相臺本樂作落考文古本同案正義云則有落之之禮又云落室之禮是其本作落字釋文不爲樂字作音其本或與正義本同合併時所取經注本字作樂與斯干注同不合於此正義也

儉以質也 小字本相臺本同案此定本也正義云故云儉且質也定本云儉以質也是其本作且字

公劉既登堂負扆而立 小字本相臺本同案此箋易傳以依爲扆字之假借不云讀爲直於訓釋中改其字以顯之也釋文云鄭於豈反箋云或爲扆字者言箋意耳非載箋文也○按徑云箋云或扆字似陸所據有此語

羣臣適其牧羣 閩本明監本毛本同小字本相臺本臣下有乃字考文古本乃字同案有者是也

飲食以樂之 閩本明監本毛本樂作落案所改是也食當作酒

但使掌供辨羣臣之職 閩本明監本毛本辨作辦案所改是也然古辨辦無二字俗人分別耳

天子負斧衣南嚮而立 明監本毛本同閩本嚮誤饗案浦鏜云依誤衣是也

適其羣牧 閩本明監本毛本同案浦鏜云牧羣二字誤倒是也

故云搏豕於牢中 閩本明監本毛本同案搏當作捕以七月無羊例之當釋文本作搏正義本作捕也

國君不能得其社稷 閩本明監本毛本同案得當作保形近之譌

既景乃岡考於日景 小字本相臺本同案此定本也正義云定本影皆爲景字是其本二字皆作影考影爲景之俗字論詳顏氏家訓不應用之當以定本爲長

量度其陽與原田之多少 閩本明監本毛本陽作隰案所改是也

其證爲什一也 閩本明監本毛本同案其當作且形近之譌

出其三卿而已 閩本明監本毛本卿作鄉案所改是也

當用二萬五百人 明監本毛本同閩本人作千案百當作千閩本誤改下字餘文多不誤浦鏜所改皆非

取厲取鍛 小字本同閩本同唐石經鍛作鍛相臺本毛本同案鍛字是也釋文云鍛本云作碫丁亂反說文云碫厲石也字林大喚反詩經小學云今本說文誤作碫乎加反此誤與彼同也又說文云厲本又作礪正義本是礪字考文古本作取礪取碫采正義釋文

鍛石也 小字本相臺本同案釋文鍛下云鍛石也段玉裁云傳鍛鍛石也鄭申之云鍛石所以爲鍛質也今本傳中脫鍛字考正義云則知鍛亦石也又云傳言鍛石嫌鍛是石名是其本已無下鍛字

伐取材木 相臺本同閩本明監本毛本同小字本材作林考文古本同案材字是也正義可證釋文云一本作材末

材木一本作林末〔補〕 通志本林末作材末盧本作林木云舊譌材末今改正足利本作林木案所改是也此十行本所附作林末末乃本字之譌小字本所附作林木一本作材木順正文而易之耳山井鼎所云古本材作林者采諸此

校其夫家人數 小字本相臺本同案校當作挍釋文云挍其音教詳青衿

俱是渡謂取礪 閩本明監本毛本同案浦鏜云渭誤謂取礪疑而取之誤是也

公劉之君民豳地作宮室 閩本明監本毛本同案君當作居衍民字作下脫此字

築作用所 閩本明監本毛本同案浦鏜云用所字當誤倒是也

大率民民以南門爲正 閩本明監本毛本不重民字案所刪非也下民字當作居耳

則內亦有汭名 閩本明監本汭作內案此當作芮

上言夾澗嚮 閩本明監本毛本同案澗嚮二字當倒

故知就澗水之內外在居 閩本明監本毛本同案在當作布形近之譌此正義自爲文注作而

未詳詩義故爲別解 閩本明監本毛本爲別解三字誤作也字

○泂酌

下三句 閩本明監本毛本同案浦鏜云二誤三是也

樂以强教之 小字本同閩本明監本毛本同相臺本强作彊案彊字是也當讀平聲正義云當自彊以教之是其證也表記釋文云强其良反徐其兩反依上一音字亦當作彊徐音字乃作强與正義本此傳不同也

民皆有父之尊有母之親 小字本同相臺本母上有有字閩本明監本毛本同十行本初刻無刻改有案無者是也此傳本禮記而略去下有字者以意自足也正義仍依禮記文而說之耳相臺本有乃沿革例所謂以取疏中字微足其義者也當從小字本及十行本初刻也

今呼饙音脩飯爲饙 閩本明監本毛本音誤者案山井鼎云宋板音脩二字白書是也此正義自爲音不入正文也○按此則文義難讀必須分別者

饙均熟爲餾 閩本明監本毛本同案山井鼎云均字衍文非也今爾雅注脫耳

以爲此言以釋之 閩本明監本毛本同案上以字當作而

附釋音毛詩注疏卷第十七（十七之四）

毛詩大雅　鄭氏箋　孔穎達疏

卷阿。召康公戒成王也。言求賢用吉士也。吉猶善也。○卷音權曲也篇內同阿大陵曰阿〔疏〕卷阿十章上六章章五句下四章章六句至吉士○正義曰說文云賢堅也以其人能堅正然後可以爲人臣故字從臣吉者善也吉士亦是賢人但序者別其文以足句亦因經有吉士之文故也經十章皆言求賢用吉士之事○

有卷者阿。飄風自南。興也卷曲也飄風迴風也惡人被德化而消猶飄風之入曲阿也箋云大陵曰阿有大陵卷然而曲迴風從長養之方來入之興者喻王當屈體以得賢者賢者則猥來就之如飄風之入曲阿然其來也爲長養民○票避遙反本亦作飄被皮寄反長張丈反下同猥烏罪反爲于僞反

豈弟君子。來游來歌。以矢其音。矢陳也箋云王能待賢者如是則樂易之君子來就王游而歌以陳出其聲音言其將以樂王也感王之善心也○樂音洛下樂王同易音以豉反後樂易皆放此○〔疏〕有卷至其音○毛以爲有卷然而曲者是大陵之阿也此阿以曲之故使迴旋之飄風從南而入之無不消散以興有美者是大德之化此化以美之故使凶悖之惡人隨政而順之皆得其息止也惡人既消則賢者樂進故此樂易之君子於是來而就王游來而就王歌以陳出其音聲言其將以樂王感王之善○鄭以爲有卷然而曲者之阿則飄風從南長養之方來入之以興王有降屈之意則賢者懷其撫養之德來就之阿以岸曲而來風猶王以體屈而致賢也下三句與毛同○傳卷曲至曲阿○正義曰檀弓稱原壤歌曰執女手之卷然則卷是曲貌也釋天云迴風爲飄李巡曰迴風旋風也風必有道然後得去阿之曲者風無去路故入阿則消善政消惡亦復如此○箋大陵至養民○正義曰大陵曰阿釋地文以此詩勸王求賢求之必當降意下言君子之來此當言王待之狀且舜舉皐陶不仁者遠矣是得賢然後消惡非惡消然後賢來故易傳以曲阿喩王之體屈也屈體者謂降尊就卑接以恩意使賢者感恩而樂來也以飄者風之狀故言猥來以對之猥者多而疾來之意飄風之來非有定所而以自南言之明其取南爲義故知以南是長養之方喩賢者有長養之德故云其來爲長養民也檜風云匪風飄兮何人斯篇云其爲飄風彼皆不言自南故以爲惡此言從長養之方故爲喩善與取一象不得皆同此言賢人疾來故以疾風爲喩○傳矢陳○正義曰釋詁文○箋王能至善心○正義曰以言歌復言音則音爲歌之音聲故云陳出其聲音言其將以樂王也王能爲賢有所樂是感王之善心也以此知上經喩王之屈體矣若其不然止致賢人之來何能使之歌樂乎

伴奐爾游矣。優游爾休矣。伴奐廣大有文章也箋云伴奐自縱弛之意也賢者既來王以才官秩之各任其職女則得伴奐而優自休息也孔子曰無爲而治者其舜也與恭已正南面而已言任賢故逸也○伴音判徐音畔奐音喚徐音換施本又作弛同書氏反任音壬或如鴆反治直吏反下爲治同與音餘共音恭本亦作恭○

豈弟君子。俾爾彌爾性。似先公酋矣。彌終也似嗣也酋終也箋云俾使也樂易之君子來在位乃使女終女之性命無困病之憂嗣先君之功而終成之○酋在由反又子由反又在幽

反〔疏〕伴奐至酋矣○毛以爲言王若能用周道伴然而德廣大奐然而有文章可使賢者於汝王所來游矣則此賢人皆來就王優游然於汝王所休息矣王欲廣大有文章以來致賢人又言賢人益王之意此樂易之君子者若得來在爵位以輔佐王則使汝王得終汝王之性命無困病之憂又嗣其先君之功汝王能終之矣言得賢人則可以保至已之性命又終成先君之功戒王不可不求之也○鄭以上二句言勸王求賢之意若得賢爲官任之以事則伴奐然汝王得自游縱矣又優游矣汝王得休息矣是任賢則逸不可不求餘同○傳伴奐廣大有文章○正義曰傳以伴奐爲廣大文章則是勸王使爲此也來游者謂王能如此則賢人來游故王肅云周道廣大而有文章故君子得以樂易而來游優游而休息傳之此言以二字分而爲義蓋伴爲廣大奐爲文章故孔晁引孔子曰奐乎其有文章伴乎其無涯際是分之也則毛當讀爲伴奐不得如徐音徐音自爲鄭讀也○箋伴奐至故逸○正義曰伴奐之言與優游相類故爲自縱弛之意人情莫不惡勞而好逸迫於不得巳耳任賢可以優游故以此辭勸之求逸在於能官能官在於任職則君得優游故云賢者既來王以才官秩之各任其職汝則伴奐而優游自休息也才官秩之謂論才然後官之居官然後秩之也引孔子之言又解其意言任賢故逸以明召公言此之意亦勸王欲使如舜也王肅奏云周公著書名曰無逸而云自縱弛也不亦違理哉孫毓云忠臣戒君而發章令自縱弛非直方之義斯皆未達勸戒之要旨也何則周公之言無逸者心也召公之言優游者事也心常戰兢無時可逸事若無爲自然逸矣子之燕居申申如也是縱弛之狀無爲而治其舜也與是自逸之事書傳稱成湯之間刑措不用雖欲不逸何所爲乎召公教其求逸勸使任賢此則達者之格言萬世所不易何以爲違理之談非直方之義也周公之戒成王云君子所其無逸即云知稼穡之艱難乃逸亦是教王使求自逸其爲勸戒與此正同孔晁又云一人戒無逸一人勸使縱弛事相反戾乃天之與地何其疏實而妄爭訟也○傳彌終似嗣酋終○正義曰彌終釋言文似先公是繼嗣先君故似爲嗣遒終釋詁文彼遒作酋音義同也○箋樂易至成之○正義曰禮運云政也者君之所以藏身之固也然則賢人在位即行善政可以保全性命無他患禍故云使汝終汝之性命無困病之憂也若使臣無可任每事勞心則是傷年夭命不得終矣成王之所繼嗣者先王也而云先公公是君之別名故云嗣先君之功而終成之謂守其王位成就先君之功也

爾土宇昄章。亦孔之厚矣。昄大也箋云土宇謂居民以土地屋宅也孔甚也女得賢者與之爲治使居宅民大得其法則王恩惠亦甚厚矣勸之使然○昄徐符版反孫炎郭璞方滿反字林方但反又方旦反

豈弟君子。俾爾彌爾性。百神爾主矣。箋云使女爲百神主謂羣神受饗而佐之〔疏〕爾土至主矣○正義曰勸王若得賢者與之爲治使之教民則汝之土地居宅之民大得其禮法文章矣下民蒙其德澤皆荷王者之恩則爲王之恩惠亦甚之厚矣王何以不求之乎此樂易之君子既來在王位以德助汝使汝得終汝之性命百神皆以汝爲主矣言其愛而饗祐之○傳昄大○正義曰釋詁文○箋土宇至使然○正義曰賢者所以養民故以土宇謂居民土地屋宅也以教之故民有所法則王而下得其恩故云王恩惠亦甚厚言甚者王恩已厚臣又益之○箋使女至佐之○正義曰祭法云有天下者祭百神則爲天子者固自爲百神之主矣今言百神爾主謂神意以之爲主不欲使他人主之故謂之羣神受饗而祐助之○

爾受命長矣。茀祿爾康矣。茀小也箋云茀福康安也女得賢者與之承順天地則受久長之命福祿又安女○茀沈云毛音弗徐云鄭音廢一云毛方味反鄭芳沸反○

豈弟君子。俾爾彌爾性。純嘏爾常矣。嘏大也箋云純大也予福曰嘏使女大受神之福以爲常〔疏〕爾受至常矣○毛以爲王得賢者與之承順天地則所受天之性命得久長矣非徒大福之佑助王身其細小之福祿亦於汝而安之矣此樂易之君子既來在王位以德助汝終汝之性命德大天之福於汝爲常矣言能任賢者則福常助之○鄭唯以茀爲福嘏爲嘏辭爲異餘同○傳茀小○正義曰福之大者莫過未年命長巳是大福則茀福宜爲小福故以茀爲小福故以茀爲小言小尚安之則大者可知○箋茀福至安女○正義曰茀之爲福爲小皆無正訓以其與祿共文宜爲福爾上言百神爲主命則天地所授天無悔怒壽命則長故云得賢者與之承順天地則受久長之命既得長命又爲福祿所安謂使之四方無虞常主天下也○傳嘏大○正義曰釋詁文○箋純大至爲常○正義曰純大釋詁文詩之有嘏字者皆是祭祀之事少牢特牲之祀尸嘏主人皆予之以福故云予福曰嘏受福以爲常言其終常得之未嘗闕失也

有馮有翼。有孝有德。以引以翼。有馮有翼道可馮依以爲輔翼也引長翼敬也箋云馮馮几也翼助也有孝斥成王也有德謂羣臣也王之祭祀擇賢者以爲尸尊之豫撰几擇佐食廟中有孝子有羣臣尸之入也使祝贊道之扶翼之尸至設几佐食入助之尸者神象故事之如祖考○馮符冰反注同本又作憑饌士戀反又士轉反具也本亦作撰道又徒報反本亦作導○

豈弟君子。四方爲則。箋云則法也王之臣有是樂易之君子則天下莫不放傚以爲法○放方往反〔疏〕有馮至爲則○毛以爲上章勸王求賢以自益此則指賢人之行以戒王言有善行可以爲憑依者有藝能可以爲輔翼者有至孝可以爲感化者有大德可以爲軌訓者王當以此長尊之以此恒敬之若王得此四等是樂易之君子若來在王位可與四方爲法則矣以此故不可不求之○鄭以爲王所得爲百神之主受大嘏之福者由敬神所致故祭祀則宜擇賢爲尸而尊事之當有豫設所憑之几有豫擇佐食之人而宿戒之也其在廟中當有孝子之主人有德行之羣臣共行祭祀及尸之來至而以禮使祝導引之以禮使祝扶翼之既至神坐共尊而事之以致神福故不可不求賢也餘同○傳有馮至翼敬○正義曰傳以此求賢不言祭故皆以爲賢人之德憑翼是施用之名孝德是成行之稱揔而爲名皆是道也以憑翼義隱故特釋之言道可依憑以爲輔翼則孝之與德亦爲道也憑者可以委杖翼者可以輔助憑重於翼故先憑後翼孝者德之本故亦先孝後德俱是賢人之行分之異名耳引長翼輔皆釋詁文○箋馮馮几至祖考○正義曰顧命云成王憑玉几又曰皇后憑玉几道揚末命是憑施於几故以憑爲憑几皐陶謨曰庶明勵翼又曰予欲左右有民汝翼是翼謂佐助故以翼爲助曲禮下曰內事曰孝王某主人稱孝故知有孝斥成王有孝既是主人則有德宜謂助祭故以有德謂羣臣不解以引以翼從行葦而略之上言百神爾主純嘏爾常皆言神福主人神福由祭祀而來此詩爲求賢而作故知此章說王之祭祀擇賢者以爲尸以尊之故豫撰几擇佐食撰几解有憑擇佐食解有翼以下句乃言以引以翼謂來至導引之則有憑有翼未是尸之來至故爲豫也撰謂供置之與擇相類但几則取而置之故言撰佐食則衆中簡之故言擇耳此本或云豫饌食者誤耳孫毓載箋唯言撰几擇佐食是也定本亦作譔字非也少牢尸未入之前云司宮筵于奧祝設几于筵上特牲尸未入之前云祝筵几於室中東面是豫撰几也少牢云佐食升牢佐食遷昕俎特特牲云宗人遣佐食盥出皆其下始言迎尸是擇佐食亦在尸未至之前故俱言豫也知翼爲佐食者以翼者助也祭禮之有助名者唯佐食耳特牲注云佐食賓佐尸食者佐助也故知翼爲佐食言廟中有孝子有羣臣謂祭時也然則几與佐食亦在廟中用之別言廟中有孝子者几與佐食祭時自在廟中其撰擇之時則在廟外以孝子不迎尸故以廟中爲主設孝德之文於引翼之上見尸未入之前巳有祭事故也言尸之入使祝贊導之扶翼之者行葦箋云在前曰引在傍曰翼此與彼同故以引爲贊導也少牢云祝出迎尸于廟門之外主人降立于阼階東西面祝先入門右尸入門左是祝在前導之也導謂在前則贊謂在後少牢又云祝筵尸尸升自西階入祝從注云由後詔相之曰延延進也特牲亦云至於階祝筵尸尸入升祝先主人從是在後贊之也故此兼言贊焉特牲少牢亦無在尸傍之時而言扶翼之者已有在其前後亦當或在其傍特牲注引禮器詔侑無方是前後左右無常也又言尸至設几佐食助之明上豫設至此用之又解所以令王尊尸如此者尸神象故當事之如祖考

顒顒卬卬。如圭如璋。令聞令望。顒顒溫貌卬卬盛貌箋云令善也王有賢臣與之以禮義相切瑳體貌則顒顒然敬順志氣則卬卬然高朗如玉之圭璋也人聞之則有善聲譽人望之則有善威儀德行相副○顒魚恭反卬五剛反聞音問本亦作問望如字叶韻音亡瑳七何反或作瑳論魯困反行下孟反

豈弟君子。四方爲綱。箋云綱者能張衆目〔疏〕顒顒至爲綱○正義曰上既勸王敬賢又言敬賢之盡意言王者若得賢人與之以禮義相切瑳則能令王體貌顒顒然溫和而敬順其志氣卬卬然充滿而高朗以玉之成器如圭然如璋然有善聲譽爲人所聞知有善威儀爲人所觀望非徒有益於王此樂易之君子能與天下四方爲綱紀王何得不求之乎○傳顒顒至盛貌○正義曰傳亦以爲顒顒爲體貌故爲溫卬卬爲志氣故爲盛其意與箋同○箋令善至相副○正義曰令善釋詁文以圭璋是玉之成器切瑳是治玉之名故云王有賢臣與之以禮義相切瑳也顒顒是覩其形狀故以爲體貌敬順敬順卽溫和也卬卬是見其道逸故以爲志氣高朗高朗卽盛壯也既體貌敬順志氣高朗則可以比玉故如玉之圭璋高朗則行聞於遠故有善聲譽敬順則貌無情容故有善威儀貌善名彰是德行相副也釋詁云顒顒卬卬君之德也孫炎曰顒顒體貌溫順也卬卬志氣高遠也取此箋傳爲說

鳳皇于飛。翽翽其羽。亦集爰止。鳳皇靈鳥仁瑞也雄曰鳳雌曰皇翽翽衆多也箋云翽翽羽聲也亦與衆鳥也爰于也鳳皇往飛翽翽然亦與衆鳥集於所止衆鳥慕鳳皇而來喻賢者所在羣士皆慕而往仕也因時鳳皇至因以喻焉○翽呼會反說文云羽聲也字林云飛聲也口外反瑞垂偽反

藹藹王多吉士。維君子使。媚于天子。藹藹猶濟濟也箋云媚愛也王之朝多善士藹藹然君子在上位者率化之使之親愛天子奉職盡力○藹於害反爾雅云臣盡力也說文作藹藹云臣盡力之美也朝直遙反〔疏〕鳳皇至天子○毛以爲成王之時有鳳皇之瑞召公以爲用賢之所致故陳之以戒王言鳳皇之往飛翽翽然者是其羽翼之聲亦集止於其所宜止之處今所以致此瑞者以其藹藹然

王朝之上多善士也此善士等維君子大賢之所命使率化之使媚愛於天子矣令皆奉職盡力○鄭以爲鳳皇往飛之時翽翽其羽爲聲亦與衆鳥集於所止鳳皇所在衆鳥慕而從之故鳳皇亦與之同止於與賢者來仕之時亦與衆羣士集於君朝賢者所在羣士慕而就之故賢者亦與之同朝得大賢而致羣士猶鳳皇飛而來衆鳥王安得不求之乎其餘同毛○傳鳳皇至衆多○正義曰禮運云麟鳳龜龍謂之四靈皇亦鳳類故俱云靈鳥言此鳥有神靈也言仁瑞者五行傳及左氏說皆云貌恭體仁則鳳皇翔言行仁德而致此瑞毛此意用臣之仁以致南方鳳昭二十九年左傳云水官廢矣故龍不生彼言臣脩水職致東方龍則毛意與左丘氏說同以用臣所致者皆脩母致子應也釋鳥云鶠鳳其雌皇是雄曰鳳雌曰皇也說文云鳳神鳥也天老曰鳳象麟前鹿後蛇頸魚尾龍文龜背燕頷喙五色備舉出於東方君子之國翱翔四海之外過崑崙飲砥柱濯羽弱水暮宿風穴見則天下大安寧字從鳥凡聲鳳飛則羣鳥從以萬數故鳳古作朋字山海經曰丹穴之山有鳥焉其狀如鶴五采而文名曰鳳首文曰德翼文曰順背文曰義膺文曰仁腹文曰信是鳥也飲食自歌自舞見則天下大安寧京房易傳曰鳳皇高丈二漢時鳳皇數至漢書云高五六尺郭璞云小之形未詳翽翽與其羽連文則是羽聲也言衆多者以鳳鳥多故羽聲大皐陶謨云鳳皇來儀注云儀匹言其相乘四中候握河紀云鳳皇巢阿閣讙樹言讙讙在樹是鳳必羣飛白虎通云黃帝之時鳳皇蔽日而至是來必衆多也毛意不言衆鳥則唯是鳳事而言亦者以鳳事自相亦也故王肅云鳳皇雖亦高飛傳天而亦集於所宜止故集止以亦傳天亦集止今能致靈鳥之瑞者以多士也欲其常以求賢用吉士爲務也○箋翽翽至喩焉○正義曰以傳言衆多解爲聲之意故又明之云翽翽羽聲也以此與求賢求賢當此鳳而言亦集則意取於亦故云亦集衆鳥也鳳與衆鳥俱集所止猶賢與羣士俱在王朝衆鳥慕鳳以羣士慕賢故以爲喩明王之朝無人不賢而云慕者以賢有等級言小善之慕大善耳君奭云奇造德不降我則鳴鳥不聞又大平必致四靈故知因時鳳皇至故以喩焉○傳藹藹猶濟濟○正義曰釋訓云藹藹濟濟止也俱爲容止故猶之釋訓又云藹藹萋萋臣盡力也則此爲美容又盡力矣○箋王之至盡力○正義曰以左傳言維命者皆謂受其節度聽其進止此經既云多言吉士卽云維君子使則吉士受此君子之命使也媚于天子文承其下明是君子使此吉士愛天子矣故云君子在上位者率化之謂若公卿之率化大夫士也臣之愛君唯當盡心力奉職事故云奉職盡力意取爾雅爲說也

鳳皇于飛。翽翽其羽。亦傅于天。箋云傅猶戾也○傅音附

藹藹王多吉人。維君子命。媚于庶人。箋云命猶使也善士親愛庶人謂無擾之令不失職○令力呈反下欲令同【疏】箋親愛至失職○正義曰撫擾皆安養之義耕墾原隰以種禾黍治其絲麻以爲布帛皆民之職也愛庶人者清靜爲政不亂在下安養之使不失此職耳

鳳皇鳴矣。于彼高岡。梧桐生矣。于彼朝陽。梧桐柔木也山東曰朝陽梧桐不生山岡太平而後生朝陽箋云鳳皇鳴于山脊之上者居高視下觀可集止喩賢者待禮乃行翔而後集梧桐生者猶明君出也生於朝陽者被溫仁之氣亦君德也鳳皇之性非梧桐不棲非竹實不食○梧音吾被皮寄反棲音西

菶菶萋萋。雝雝喈喈。梧桐盛也鳳皇鳴也臣竭其力則地極其化天下和治則鳳皇樂德箋云菶菶萋萋喩君德盛也雝雝喈喈喩民臣和協○菶布孔反又薄孔反又薄公反萋七西反喈音皆鳳皇鳴也【疏】鳳皇至喈喈○毛以爲上既言鳳皇由吉人所致此又揔而結之以告戒於王言今鳳皇鳴矣於彼高岡之上又梧桐生矣於彼朝陽之地其梧桐之生則菶菶萋萋而茂盛其鳳皇之鳴則雝雝喈喈而和協是太平之實驗矣○鄭以爲鳳皇之將出則先鳴矣於高山之脊居高視下觀可集止見其梧桐生矣於彼山東之朝陽乃往集之以與賢者之將仕也則相時待禮擇可歸就見其明君出矣於彼仁聖之治世乃往仕之梧桐之生則菶菶萋萋而茂盛以與明君亦德盛也鳳皇之鳴也則雝雝喈喈然音聲和協以與民臣亦和協也○傳梧桐至朝陽○正義曰梧桐可以爲琴瑟是柔韌之木故曰柔木釋木云櫬梧郭璞曰今梧桐又曰榮桐木郭璞云則梧桐也然則梧桐一木耳山東曰朝陽釋山文孫炎曰朝先見日也言梧桐不生山岡太平而後生朝陽者山岡與朝陽一也以經有岡故以山言之但梧桐柔脆之木若時未太平地不極化則不生山岡朝陽之地若太平則生山岡之朝陽山頂之東皆早朝見日但是山東之岡脊揔曰朝陽不云鳳鳴處所者以時不太平鳳全不見故不須言鳴之處所○箋鳳皇至不食○正義曰箋以上二章與求賢人故此亦以鳳皇與賢者梧桐自是鳳之所栖不必太平乃有不得爲太平之事因鳳所集故以與明君焉以鳳鳴而言在岡故知居高視下觀可集止言賢者待禮者明君能以禮召人故以喩焉梧桐可使鳳皇集之則大樹非始生矣而言梧桐生者喩明君出也既以梧桐比君不言生於他處而云生於朝陽者以其早見日陽被溫仁之氣溫仁者亦君之德也故以朝陽之梧桐喩之非梧桐不栖非竹實不食莊子文也然莊子所說乃言鵷鶵鵷鶵亦鳳皇非別白虎通云黃帝之時鳳皇蔽日而至止於東園食常竹實栖常梧桐終身不去且諸書傳之論鳳事皆云食竹栖梧箋言此者解經既言鳳皇卽言梧桐之意也○傳梧桐至樂德○正義曰言梧桐盛解菶菶萋萋鳳皇鳴解雝雝喈喈臣竭其力以下更覆解此鳳鳴木盛之意由臣能竭其力以助於君故使地亦極盡其化生之德生此梧桐使之菶菶萋萋也由臣竭其力故使天下和治故使鳳皇樂德而來其鳴雝雝喈喈也知臣竭其力爲二事之揔者以此言太平由臣之力明天下和治亦臣竭力矣萬物草木天之所生言地極其化者以梧桐生在地是地能化之釋訓云藹藹萋萋臣盡力也舍人曰藹藹賢士之貌萋萋梧桐之貌孫炎曰言衆臣竭力則地極其化梧桐盛也是用此傳爲說釋訓又云雝雝喈喈民協服也不爲鳳皇鳴此傳與爾雅異者毛意以爲由萬民物服故鳳聲雝和亦得合爾雅也○箋菶菶至和協○正義曰菶菶萋萋梧桐之貌也箋於上經以梧桐喩明君故以梧桐盛喩君德爾雅言臣盡力與此箋不同者以君有盛德則能使臣盡其心力亦與爾雅合也雝雝喈喈鳳皇之聲上以鳳皇比賢者其鳴似賢者之政教故以鳳皇聲聞於人人聞之而知其雝和以喩政教加被於民民應之而相與和協爾雅言民協服者彼言所喩之意也○

君子之車。既庶且多。君子之馬。既閑且馳。上能錫以車馬行中節馳中法也箋云庶衆閑習也今賢者在位王錫其車衆多矣其馬又閑習於威儀能馳矣大夫有乘馬有貳車○中丁仲反下同乘承證反

矢詩不多。維以遂歌。不多多也明王使公卿獻詩以陳其志遂爲工師之歌焉箋云矢陳也我陳作此詩不復多也欲令遂爲樂歌王日聽之則不損今之成功也○復扶又反○【疏】君子至遂歌○毛以爲成王實能用吉士已致太平但召公欲令守其成功故自言作詩之意言今君子賢者來在王位王賜之車馬其所賜君子之車既衆且又能多矣所賜君子之馬既閑習於威儀且又能馳矣是王能用賢不須規戒今我陳作此詩豈不多乎言其實煩多也正以中心不已恐王惰慢故作此詩遂爲樂人之歌冀常求賢士來爲鑒戒不損今日成功也○鄭唯以不多爲作此詩不復多爲異餘同○傳上能至中法○正義曰言上能賜以車馬謂成王於時已能賜之行中節解既閑也馳中法解且馳也言閑馳者美其中節度合禮法○箋庶衆至貳車○正義曰以經言既是王賜之故云令賢者在此位王賜其車衆多矣庶多一也丁寧以足句耳馳者是馬走之名馬既能走今言且馳明是馳合於法故云其馬又閑習於威儀能馳矣車不獨賜駕必以馬車言衆多則馬亦多矣但馬有御之威儀故別言閑馳以美之馬既別文故衆多者唯言車耳言大夫有乘馬有貳車者解其言多之意以車則人有副貳所賜又非一人故言多也言大夫者自大夫以上皆有此不必專指大夫也禮士無貳車又止得兩馬本或有士者衍字定本云大夫士有乘車貳車非也○傳不多至歌焉○正義曰傳反其言以不多爲多者王既能用賢不復須戒故以作詩爲煩多也又解召公獻詩及言遂歌之意以明王使公卿獻詩以陳其所作之人志意遂爲工師之歌故也國語亦云使公卿至於列士獻詩與此同也春秋之師職掌九德六詩之歌工者樂師之揔名卽大師是也○箋矢陳至成功○正義曰箋以忠臣諫王其言雖多猶恨心之不盡不當自謂已言已爲多也且順文自通不宜反之故易傳以爲作此詩不復多言其意猶以爲少也樂人之歌常在君側故云王日聽之則不損今之成功○

卷阿十章，六章章五句，四章章六句。

民勞。召穆公刺厲王也。厲王成王七世孫也時賦斂重數繇役煩多人民勞苦輕爲奸宄彊陵弱衆暴寡作寇害故穆公以刺之○民勞如字從此至桑柔五篇是厲王變大雅斂力豔反數音朔繇本亦作傜音遙宄音軌本亦作軌【疏】民勞五章章十句○正義曰經五章上四句言民勞之須安次四句言寇虐之當止下二句言王當行善政以安民皆是刺王之事○箋厲王至刺之○正義曰世本及周本紀皆云成王生康王康王生昭王昭王生穆王穆王生恭王恭王生懿王及孝王孝王生夷王夷王生厲王凡九王從成王言之不數成王又不數孝王故七世也左傳服虔注云穆公召康公十六世孫然康公與成王同時穆王與厲王益世而世數不同者生子有早晚壽命有長短故也注述詳略不必有例而商頌列祖箋云中宗殷王大戊也湯之玄孫玄鳥箋云高宗殷王武丁也中宗玄孫之孫是則以詩相繼因而明之此以厲王之詩承成王詩後故本之於成王也其文武成及厲宜幽若王風之平桓莊皆父子相繼中間無隔故不假言之小雅之序無成王之文故六月不以宣王繼成王十月之交推之而知是屬王耳而序文不爲厲宇故就此以明世數也郊特牲云天子失禮自夷王以下注云夷王周康王玄孫之子繫之康王者以記文事雜上無所據文武成康俱爲明王失禮是初衰之始故繫於明王之最末者言之此以天子事皆因有所隔而詳其世數國風雖有隔絕皆不明言詳天子而略諸侯亦尊卑之義也序略言刺王箋明其刺意賦斂重數傜役煩多使民勞苦卽五章皆上四句是也輕爲奸宄以彊陵弱以衆暴寡作爲寇害五章皆次四句是也故穆王以此刺之也五章下

二句皆敎王爲善政以安止之非勞虐之實事故箋略之

民亦勞止。汔可小康。惠此中國。以綏四方。汔危也中國京師也四方諸夏也箋云汔幾也康綏皆安也惠愛也今周民罷勞矣王幾可以小安之乎愛京師之人以安天下京師者諸夏之根本○汔許一反說文巨乞反夏戶雅反下同幾音祈下同罷音皮

無縱詭隨。以謹無良。式遏寇虐。憯不畏明。詭隨詭人之善隨人之惡者以謹無良愼小以懲大也憯曾也箋云謹猶愼也良善式用遏止也王爲政無聽於詭人之善不肯行而隨人之惡者以此勑愼無善之人又用此止爲寇虐曾不畏敬明白之刑罪者疾時有之○詭俱毀反遏於葛反憯七感反本亦作慘

柔遠能邇。以定我王。柔安也箋云能猶伽也邇近也安遠方之國順伽其近者當以此定我國家爲王之功言我者同姓親也○揉音柔本亦作柔能徐云毛如字鄭奴代反伽檢字書未見所出廣雅云如若也均也義音相似而字則異舊音如庶反義亡難見鄭注尚書云能恣也與此不同

【疏】民亦至我王○毛以爲穆公諫王言今周民亦皆疲勞止而又危耳近於喪亡王可以小省賦役而安息之愛此中畿之國京師之人以安天下四方諸夏之國若安此勞民當糾察有罪無得聽縱其詭人之善隨人之惡者以此無阿縱之法故以勑愼其爲無善之人亦用此法以止其爲寇虐之行曾不畏敬明白之刑罰者當用正法刑罰而禁止之令民得無勞也所以令王先愛京師以及四方者以王之政欲安遠方之國當先順伽其近王當行之以此定我周家爲王之功恐其不能安定而喪失之○鄭唯以汔爲幾此民亦皆巳勞止汔幾可以小安之爲異餘同○傳汔危至諸夏○正義曰以汔之下卽云小康明是由危須安故以汔爲危也中國之文與四方相對故知中國謂京師四方謂諸夏若以中國對四夷則諸夏亦爲中國言各有對故不同也○箋汔幾至根本○正義曰傳以汔之爲危旣無正訓又小康者安此勞民直以勞民須安不當更云危也釋詁云幾汔也孫炎曰汔近也郭璞曰謂相摩近反覆相訓是汔得爲幾也昭二十年左傳引此詩杜預云汔期也然則期字雖別皆是近義言其近當如此史記稱漢高祖欲廢太子周昌曰臣口不能言然臣期知其不可陛下雖欲廢太子臣期不奉詔言期者意亦與此同也康綏皆安惠愛皆釋詁文又云愛京師得安四方之意由京師者諸夏之根本故根本旣安枝業亦安京師王之所專王若安之則四方諸侯亦皆效王安之○傳詭隨至憯曾○正義曰詭戾人之善隨從人之惡以其故爲此惡情不可原是故不得聽縱之也此詭隨無良寇虐俱是惡行但惡有大小詭隨小惡無良其次寇虐則大惡也詭隨未爲人害故直云不得縱之無良則爲小惡巳著故謹勑之寇虐則害加於民故遏止之然則三者各自爲罪而云無縱詭隨以謹無良以爲相須之意故傳解之云謹愼其小以懲創其大以無良之惡大於詭隨詭隨者尚無所縱則無良者謹愼矣至於寇虐則不可以謹故別云式遏謂加之大罪也慘曾釋言文爾雅本或作憯曾音義同○箋謹猶至有之○正義曰謹愼俱是勑戒之言故言謹猶愼以傳言愼小故申足之式用釋言文遏止釋詁文此無縱之文爲下揔目無良寇虐蒙之故云又用此止爲寇虐曾不畏敬明白之刑罰者言又用者亦用此無縱之事不畏明白之刑卽以與寇虐爲一故長讀之穆公諫王無縱明實有其人故云疾時有之○傳柔安○正義曰釋詁文○箋能猶至姓親○正義曰尚書無逸云柔遠能邇注以能爲恣則此云伽者與恣同謂順適其意也邇近釋詁文安遠方之國當先順伽其近者卽論語所謂悅近來遠是也此與上文相成能邇謂惠中國柔遠卽綏四方也厲王身爲王矣而云以定我王故知以定我周家爲之功若廣論天下之事雖則異姓可以稱我今指王身而文稱我是共王有周家之辭故云我者同姓親也

民亦勞止。汔可小休。惠此中國。以爲民逑。休定也逑合也箋云休止息也合聚也○逑音求○

無縱詭隨。以謹惛怓。式遏寇虐。無俾民憂。惛怓大亂也箋云惛怓猶讙譁也謂好爭者也俾使也○惛音昏說文作惛云怓也釋文惛亦不憭也怓女交反鄭云猶讙譊也說文云怓亂也讙音歡又許元反譊女交反本又作講音花好呼報反爭爭鬭之爭○

無棄爾勞。以爲王休。休美也箋云勞猶功也無廢女始時勤政事之功以爲女王之美述其始時者誘掖之也○休許虯反掖音亦

【疏】民亦至王休○毛以爲今周民亦皆疲勞止而又危耳近於死亡王可以小安定止息矣當愛此中畿之國以爲諸夏之民使得會聚王若施善救當糾察有罪無得縱此詭人之善隨人之惡者以此勑愼其讙譁爲大惡者又用此無縱之事止其寇虐之善無使有遭此寇虐之憂又誘王言其始時有善勸今終之無棄爾王始時之政事之功以爲王政之美○鄭唯汔幾爲異餘同○傳休定逑合○正義曰釋詁云休息也定止也息亦定之義故以休爲定逑合詁文箋云休之爲定於義雖通而未是正訓故以休爲止息合爲合聚所以申足毛義○傳惛怓大亂○正義曰惛怓者其人好鄙爭惛惛怓怓然故箋以爲猶讙譁謂好爭訟者是其言語爲大聒亂人故云大亂非是爲大禍亂也○傳休美○正義曰釋詁文○箋勞猶至掖之○正義曰勞力然後有功故云勞猶功也知汝勞爲汝始時勤政事之功者以云無棄明其先有而不棄也厲王暴虐初則然矣而述其始有功者誘掖之耳誘掖之言出衛門之序謂誘導而扶掖之以小人貪功聞巳先有善或將勉力故誘之

民亦勞止。汔可小息。惠此京師。以綏四國。息止也○

無縱詭隨。以謹罔極。式遏寇虐。無俾作慝。慝惡也箋云罔無極中也無中所行不得中正○慝吐得反○

敬愼威儀。以近有德。求近德也○近附近之近注同

民亦勞止。汔可小愒。惠此中國。俾民憂泄。愒息泄去也箋云泄猶出也發也○愒起例反徐丘麗反泄以世反又息列反

無縱詭隨。以謹醜厲。式遏寇虐。無俾正敗。醜衆厲危也箋云厲惡也春秋傳曰其父爲厲敗壞也無使先王之正道壞

戎雖小子。而式弘大。戎大也箋云戎猶女也式用也弘猶廣也今王女雖小子自遇而女用事於天下甚廣大也易曰君子出其言善則千里之外應之況其邇者乎出其言不善則千里之外違之況其邇者乎是以此戒之○應應對之應○

【疏】民亦至弘大○毛以爲民亦疲勞止又危耳可以止息之先愛此中國之京師使諸夏之民其憂寫泄而去又當無縱詭隨之人以此勑愼衆爲危殆之行者又用此止其寇虐之害無使王之正道敗壞也所以須然者在王之大位者雖小子而用事甚大大不可不愼故須息勞民而止寇虐也○鄭以汔爲幾厲爲惡戎汝弘廣爲異餘同○傳愒息泄去○正義曰愒息釋詁文云泄漏也然則泄者閉物漏去之名故以爲去箋以爲憂泄者是憂氣在腹而發出故云出也發也其意亦與毛同月令是謂泄天地之氣是發出之義也○傳醜衆厲危○正義曰醜衆釋詁文易之言厲者皆危之義乾九三夕惕若厲之類皆是危也故以爲危醜厲謂衆爲惡行以爲人者也○箋厲惡至道壞○正義曰箋以厲言人之惡當指其惡狀危非惡之名故以厲爲惡秋官司厲注云犯政爲惡曰厲是也所引春秋傳曰襄十七年左傳云衛孫蒯田于曹隧飲馬于重丘毀其瓶重丘人閉門而詢之曰親逐而君爾父爲厲是之不憂而何以田爲以厲爲罵辭明是惡矣故引之以證厲爲惡釋詁云壞毀也敗亦毀損之名故以爲壞言正敗是正者敗故云無使先王之正道壞言寇虐之人能壞先王正道也○傳戎大○正義曰釋詁文王肅云在王者之大位雖小子其用事甚大也○箋戎猶至戎之○正義曰以下巳有大故訓戎爲汝弘復爲大則大文太重故弘猶廣廣亦大之義耳小子無知之稱故抑曰於乎小子未知臧否言雖小子故知自遇如小子居天子之位故用事廣大引易曰盡邇者乎皆上繫辭也出言善否千里之外違之應之是其用事廣大出言不易是以穆公以此言戒之必易傳以戎爲汝者孫毓云戎之爲汝詩人通訓言大雖小子於文不便箋義爲長

民亦勞止。汔可小安。惠此中國。國無有殘。賊義曰殘箋云王愛此京師之人則天下邦國之君不爲殘酷

無縱詭隨。以謹繾綣。式遏寇虐。無俾正反。繾綣反覆也○繾綣上音遣下起阮反字或作卷覆芳服反○

王欲玉女。是用大諫。箋云玉者君子比德焉王乎我欲令女如玉然故作是詩用大諫正女此穆公至忠之言○令力呈反

【疏】傳賊義曰殘○正義曰孟子云賊仁曰賊賊義曰殘言是賊敗仁義之事○傳繾綣反覆○正義曰昭二十五年左傳繾綣從公無通外內則繾綣者牢固相著之意非善惡之辭但施於善則善施於惡則惡耳此云以謹繾綣是人行反覆爲惡固義不捨常爲惡行也

民勞五章章十句

板。凡伯刺厲王也。凡伯周同姓周公之胤也入爲王卿士○板音版○

【疏】板八章章八句○箋凡伯至卿士○正義曰僖二十四年左傳曰凡蔣邢茅胙祭周公之胤也知爲王卿士者以經云我雖異事及爾同寮是爲王官也以其伯爵故宜爲卿士瞻仰凡伯之刺幽王春秋隱七年天王使凡伯來聘世在王朝蓋畿內之國杜預云汲郡共縣東南有凡城共縣於漢屬河內郡蓋在周東都之畿內也

上帝板板。下民卒癉。出話不然。爲猶不遠。板板反也上帝以稱王者也癉病也話善言也猶道也箋云猶謀也王爲政反先王與天之道天下之民盡病其出善言而不行之也此爲謀不能遠圖不知禍之將至○卒子恤反僤本又作癉當但反沈本作癉出如字徐尺遂反話戶快反說文云會合善言也

靡聖管管。不實於亶。管管無所依繫亶誠也箋云王無聖人之法度管管然以心自恣不能用實於誠信之言言行相違也○亶丁旦反行下孟反

猶之未遠。是用大諫。猶圖也箋云王之謀不能圖遠用是故我大諫王也

【疏】上帝至大諫○毛以爲尊比上帝之王者其爲政敎反又反也旣反於先王又反於

天道以此之故天下之民蒙其惡政盡皆困病矣假使王出嘉善話言則不肯是而用行之如此則王之所爲之道不能長遠唯超於淺近不知禍之將至也又王之所爲惡無重聖人之法管管然以心自恣無所依據不能用實於誠信之言既不依聖人之法不實誠信之言以此圖事不能至遠我以王所圖之事未能及遠恐王將有禍難以是之故用大諫正王○鄭唯以猶皆爲謀爲異餘同○傳板板至猶道○正義曰釋訓云板板僻也邪僻即反戾之義故爲反也上帝以稱王者謂假上帝之尊稱之以比王者若實指上天則天無所反故知以斥王也癉病話善言猶道皆釋詁文彼猶作繇義同也○箋猶謀至將至○正義曰猶謀釋詁文以言不遠則無不能深知遠事故易傳以猶爲謀以重言反反則反有二事故云王爲政反先王與天道王者爲政當遵用先王上承天意故知所反有二事反先王與天也以其先違舊章乃失天意故後言天也其出善言不行之謂王自出而不行也小人之言雖不盡善亦知憂其善時復言之但言之易行之難不能行之耳知非他人爲王誠善言王不能行者他人之言則是諫諍之經不得言出也不用他言則是不從變不得言不行也以此知是王自出言不能行之人必深謀遠慮乃能預防患禍王之爲謀不能遠圖是不知禍之將至也○傳管管至亶誠○正義曰以管管與靡聖同文既無聖法故知無所依繫亶誠釋詁文○箋王無至相違○正義曰以無聖而言管管是違法任情故知以心自恣不能用實於誠信之言謂意欲爲善終不能行是於言爲虛故云不能用實於誠信之言有言不行是言行相違也此不實於亶還是上出話不然也下言猶之未遠還是上爲猶不遠也作者反覆重言耳○傳猶圖○正義曰釋言文圖即謀也箋言王之謀者申傳意耳言大諫謂其諫之深自此以下是大遠也

天之方難。無然憲憲。天之方蹶。無然泄泄。

憲憲猶欣欣也蹶動也泄泄猶沓沓也箋云天斥王也王方欲艱難天下之民又方變更先王之道臣乎女無憲憲然無沓沓然爲之制法度達其意以成其惡○憲許建反蹶俱衛反泄徐以世反爾雅云憲憲泄泄制法則也說文作呭云多言也爲于僞反

辭之輯矣。民之洽矣。辭之懌矣。民之莫矣。

輯和洽合懌說莫定也箋云辭辭氣謂政教也王者政教和說順於民則民心合定此戒語時之大臣○輯音集又七入反懌音亦本亦作懌說音悅下同語魚庶反○【疏】天之至莫矣○正義曰王之爲惡侵亂下民則有諂佞之臣助爲惡政此又責以王之尊此於上天故謂王爲天言王之方行暴虐之政以艱難天下之民汝臣等無得如是欣欣然喜樂而勸之王之方欲動變先王之道而行邪僻之政汝臣等無得如是沓沓正隨從而助之戒之使無得爲王制作法度以通達其意使王成惡故又言已之意所以不欲令臣制作法度者以國之安危在於出令王者若出敎令其辭氣之和順矣則下民之心相與合聚矣其辭氣之悅美矣則下民之心皆得安定矣言民合定在於王教故汝臣等不得爲王制虐政以亂下民也○傳憲憲至沓沓○正義曰釋訓云憲憲泄泄制法則也李巡曰皆惡黨爲制法則也孫炎曰厲王方虐諂臣並爲制作法令此直解詩人言此之意而不解其狀故傳解憲憲泄泄之義憲憲猶欣欣喜樂貌也謂見王將爲惡政而喜樂之泄泄猶沓沓競進之意也謂見王將爲惡政競隨從而爲之制法也蹶動釋詁文○箋天斥至其惡○正義曰戒臣不令助之故天斥王非斥上天也方者未至之辭故言方欲謂將爲敎令之時也難是困苦之事故知艱難天下之民動爲變改之事故知變更先王之道以下云及爾同寮故知是責臣之辭達其意者謂君意始發往通達其心與之合和爲作法以成其惡也定本集注皆作達其意俗爲逢者誤也○傳輯和至莫定○正義曰輯和洽合莫定釋詁文又云懌悅樂也俱訓爲樂故以懌爲悅○箋辭辭至大臣○正義曰論語云出辭氣故以此辭爲辭氣也此辭加于下民故知謂政教也知此大臣者以凡伯卿士而云與已同寮且非大臣不得與王制法故知是戒語時之大臣也

我雖異事。及爾同寮。我即爾謀。聽我囂囂。

寮官也囂囂猶警警也箋云及與即就也我雖與爾職事異者乃與女同官俱爲卿士我就女而謀反忠告以善道女反聽我言警警然不肯受○僚字又作寮力彫反囂五刀反警五報反道音導下牖道道民皆同

我言維服。勿以爲笑。先民有言。詢于芻蕘。

芻蕘薪采者箋云服事也我所言乃今之急事女無笑之古之賢者有言有疑事當與薪采者謀之匹夫匹婦或知及之況於我乎○芻初俱反蕘如謠反說文云蕘草薪也知音智又如字

【疏】我雖至芻蕘○正義曰上言戒語大臣而大臣不受此又責之言我雖與汝異其所職之事要乃與汝同其官寮以同官之類當相用其言語我今就汝謀慮告此以善道而汝聽我言反囂囂然不肯受用何也我之所言維是當今急事汝勿以爲非而笑之先世上古之民賢者有善言云我有疑事當詢謀於芻蕘薪采者以樵采之賤者猶當與之謀況我與汝之同寮得棄其言也○傳寮官至警警○正義曰寮官釋詁文言同寮者謂同爲王官文七年左傳荀林父謂先蔑曰同官爲寮吾嘗同寮敢不盡心乎是寮爲同官也囂囂者是不聽之狀釋訓云囂囂傲也謂傲慢其言而不聽之故言猶警警○箋及與至肯受○正義曰及與釋詁文我即爾謀謂往與之謀故知即爲就周禮六官各有所掌故異職而同官也論語說朋友之交云忠告而善道之故知就與之謀是其忠誠之心告之以善道即上章所云勿爲王制法度是也○傳芻蕘薪采者○正義曰言詢于芻蕘謂謀於取芻取蕘之人非謀於草木故云芻蕘薪采者是賤人也說文云薪蕘也蕘即薪也然則芻者飼馬牛之草蕘者供燃火之草蕘是薪耳以薪者亦是采取故連言之○箋服事至我乎○正義曰服事釋詁文知所言是急事者凡伯責其不聽明是事之急切以其惡急故責汝無笑之先民古者古昔之民耳但以其言傳於後世爲人所傚習故知是古之賢者親取薪采則是賤者故云匹夫匹婦或知及之況於我乎中庸云夫婦之愚可以與知焉彼言夫婦即此箋所謂匹夫匹婦也庶人無妾媵唯夫婦相匹故稱匹也

天之方虐。無然謔謔。老夫灌灌。小子蹻蹻。

謔謔然喜樂灌灌猶款款也蹻蹻驕貌箋云今王方爲酷虐之政女無謔謔然以讒慝助之老夫諫女款款然自謂也女反蹻蹻然如小子不聽我言○謔虛虐反灌古亂反蹻其略反樂音洛○

匪我言耄。爾用憂謔。多將熇熇。不可救藥。

八十曰耄熇熇然熾盛也箋云將行也今我言非老耄有失誤乃告女用可憂之事而女反如戲謔多行熇熇慘毒之惡誰能止其禍○耄莫報反熇徐許酷反沈又許各反說文云火熱也

【疏】天之至救藥○正義曰又責大臣言比天之王者方爲酷虐之政將害於民汝等大臣無得如是謔謔然喜其所爲而以讒慝助之我老夫教諫汝其意乃款款然情至意盡何爲汝等而未知幼弱之小子反蹻蹻然自驕恣而不聽用我之言乎汝不用我言豈不以我爲老也非我之言爲老耄有所失誤乃告汝可憂之事汝何爲反用可憂之事以爲戲謔而慢我汝既不用我言反助王爲惡多行慘毒之惡熇熇然使惡加于民不可救止而藥治之言王之爲惡皆大臣之由故責之○傳謔謔至驕貌○正義曰此言謔謔猶上憲憲見王爲惡如喜樂之故爲喜樂也釋訓云灌灌憂無告也解其言灌灌之意耳非解灌灌之義故云猶款款言己至誠款實而告之但彼不受用即是無所告耳釋訓又云蹻蹻驕也孫炎曰謂驕慢之貌○箋今王至我言○正義曰謔謔直是喜樂之貌而云以讒慝助之者釋訓云謔謔謞謞崇讒慝也舍人曰謔謔謞謞皆盛烈貌孫炎曰厲王暴虐大臣謔謔然喜謞謞然盛以與讒惡也是以讒惡助之事也下云匪我言耄則凡伯老矣故云老夫諫汝款款然者是凡伯自謂也小子是幼弱無知之稱以其不可教誨故謂之小子言汝反蹻蹻然如小子不聽我言也○傳八十至熾盛○正義曰八十曰耄曲禮文熇熇是氣熱之氣故爲熾盛也○箋今我至其禍○正義曰老耄老人言多惛忘故云非我言耄有其失誤此爾用憂三字皆言耄之下與謔字共文則是凡伯自言我告汝可憂之事而汝反用此可憂之事而好爲戲謔故箋分之以見此意熇熇是熾盛之貌而言不可救止故知是多行慘酷毒害之惡誰能止其禍如人病甚不可救以藥○

天之方懠。無爲夸毗。威儀卒迷。善人載尸。

懠怒也夸毗體柔人也箋云王方行酷虐之威怒女無夸毗以形體順從之君臣之威儀盡迷亂賢人君子則如尸矣不復言語時厲王虐而弭謗○懠才細反疾怒也夸苦花反復扶又反弭彌耳反止也

民之方殿屎。則莫我敢葵。喪亂蔑資。曾莫惠我師。

殿屎呻吟也蔑無資財也箋云葵揆也民方愁苦而呻吟則忽然有揆度知其然者其遭喪禍又素以賦斂空虛無財貨以共其事窮困如此又曾不肯惠施以賙贍衆民言無恩也○殿都練反郭音坫說文作唸屎許伊反郭音香惟反說文作吚呻音申吟如字本又作唫同度待洛反斂力艷反共音恭本亦作恭施式豉反賙音周贍市艷反○

【疏】天之至我師○正義曰此又責羣臣言比天之王者方欲威怒行酷虐之害汝等無得爲此夸毗足恭前却以體從之君既爲惡臣又從之則上下威儀盡迷亂矣其善人君子則如尸然不復言語矣故今天下之民方欲愁苦而呻吟矣汝君臣忽然則莫有察我民敢能揆度知其情者此民又遭虐政之喪禍重斂之危亂其室空虛無有資財而汝等君臣亦曾莫之有肯惠施我之衆人欲賙贍之者言愁貧並至民困之甚而上無恩恤故以刺之○傳懠怒至柔人○正義曰懠怒釋言文舍人曰懠怒聲也釋訓云夸毗體柔也李巡曰屈已卑身求得於人曰體柔然則夸毗者便僻其足前却爲恭以形體順從之人故云以體柔人○箋君臣至弭謗○正義曰尸謂祭時畏尸以爲神象故終祭而不言賢人君子則如尸不復言語畏政故也時厲王虐而弭謗事見周語弭止也止人之謗已者○傳殿屎呻吟○正義曰釋訓文孫炎曰人愁苦呻吟之聲也○箋葵揆至無恩○正義曰葵揆釋言文民愁苦而呻吟是無所告訴也無有揆度知其然謂君臣並不察民也君行既惡則致天災故民有遭喪禍者政亂則稅民無藝故又責以賦斂也內供喪費外充稅斂故空虛無資財以供其事用也定本集注責以賦斂責字皆作素俗本爲責誤矣素者先也謂先重賦斂故困窮也○

天之牖民。如壎如篪。如璋如圭。如取如攜。

牖道也如壎如篪言相和也如璋如圭言

相合也如取如攜言必從也箋云王之道民以禮義則民和合而從之如此○壎許元反篪音池攜下圭反和如字又胡臥反**攜無曰益。牖民孔易。民之多辟。無自立辟。**辟法也箋云易易也女攜掣民東與西與民皆從女所爲無曰是何益爲道民在已甚易也民之行多爲邪辟者乃女君臣之過無自謂所建爲法也○孔易鄭音亦注易易也上字同又以豉反多辟匹亦反邪也注同立辟婢亦反注同易也以豉反下同摩本又作掣尺製反與並音餘行下孟反邪似嗟反○

【疏】天之至立辟○正義曰自此以上言政惡民困此言可反之使善言天王之導民也如壎然如篪然言民必應君命如壎篪之相和也如璋如圭然言民必同君心如圭璋之相合也又如往取物如手攜物言其必從君化如攜取之隨人君也若然民之從已如手攜之汝王無曰是何益與勿謂如手攜無益王者之導民甚易言上爲善政民必爲善是甚易也汝當行善以化之令民之所行皆多邪僻乃汝君臣之過汝無自謂所建立者爲法當更改行以化民無得行此惡政也○傳牖道至必從○正義曰牖與誘古字通用故以爲導也壎篪俱是樂器其聲相和以喻民之應君故云相和也半圭爲璋合二璋則成圭以喻民合君心故云言相合也取謂物在他處行往取之攜謂物在地上手舉攜之人所攜取必從手而來故云言必從也壎篪圭璋相類之物故言相也取攜謂人攜取物而物名不見與上不類故變言必從而不言相也○傳辟法○正義曰釋詁文○箋易易至爲法○正義曰以韻當爲改易之易故轉之爲難易之易也上有六如獨言攜者以攜者取處末故乘而反之以比攜民之東西

价人維藩。大師維垣。大邦維屏。大宗維翰。价善也藩屏也垣牆也王者天下之大宗翰幹也箋云价甲也被甲之人謂卿士掌軍事者大師三公也大邦成國諸侯也大宗王之同姓之適子也王當用公卿諸侯及宗室之貴者爲藩屏垣幹爲輔弼無疏遠之○价音界說文同鄭作介藩方元反大師音泰注大師同垣音袁翰胡旦反徐音寒被皮寄反適丁歷反下同遠于萬反**懷德維寧。宗子維城。無俾城壞。無獨斯畏。**懷和也箋云斯離也和女德無行酷虐之政以安女國以是爲宗子之城使免於難遂行酷虐則禍及宗子是謂城壞城壞則乖離而女獨居而畏矣宗子謂王之適子○難乃旦反

【疏】价人至斯畏○毛以爲上既令王施法此言立法之事言王當用善人爲官維以爲藩蔽又用大師之大臣維以爲垣牆又用大邦諸侯維以爲屏蔽王又身爲大宗維當施政爲之楨幹又和安汝德以施於民無行酷虐之政維安汝之國矣不但安汝之國亦與汝之宗子維以爲城言其可以蔽身又得蔽子王必常行此德無使宗子之城壞又無得疏遠藩屏之人令王獨居此則王有所畏矣○鄭以爲當用此被甲卿士之人維爲其藩蔽太師三公之大臣維爲垣牆大邦成國之諸侯維爲藩蔽大宗同姓之宗適維爲楨幹皆近而任之令爲王用無得疏遠之下四句同唯訓斯爲離○傳价善至翰幹○正義曰价善釋詁文藩者園圃之離可以屏蔽行者故以藩爲屏也垣者小牆之名故云垣牆亦是屏蔽之義也以太師是三公之官大邦是諸侯之國大宗文在其下則是天子之身故云王者天下之大宗以禮有大宗小宗宗爲其族人所尊故稱宗子天子則天下所尊故謂之大宗也傳以藩垣屏皆防衛之名幹是施法之稱言以善人及三公諸侯鄭蔽寇離天子居內設法而撫安之价人惣言用善則百官皆是故文在大師之上諸侯非王朝之人故退大邦之文於下翰幹釋詁文○箋价甲至遠之○正義曰箋以詩戒王使親其官人不勸王擇人爲官故不從以价爲善也价者甲之別名故以价爲甲以其身被甲故稱甲人若言宗人宰人也被甲之人謂卿士掌軍事者於周禮司馬之卿也以兵甲之事國之所重且舉司馬以明六卿猶言太師以顯三公也尚書周官曰立太師太傅太保茲惟三公是太師爲三公也以言大邦則不兼小國故知爲成國諸侯也太宗伯云五命賜則注云則未成國之名又云七命賜國則伯以上爲成國也襄十四年左傳成國不過半天子之軍周爲六軍諸侯之大者三軍可也明堂位注成國之賦千乘則侯地四百里以上始爲成國其伯未成國也此言大邦成國當亦侯以上也以天子諸侯皆絕其宗名且以上文類之不得爲王之身大者衆多之爵宗者與王同族故知大宗王之同姓世適子也此价人大師大邦大宗皆王宜親愛故擔之云王當用公卿諸侯及宗室之貴者爲藩屏垣幹爲輔弼無疏遠之也文次如此者卿雖卑於公而親掌職事又兵用事重故先公言之大邦非在王朝夫宗未爲官職尊卑次之也箋以公親於卿故便文而先言公耳○傳懷和○正義曰懷之爲訓思也來也止也思止亦和之義故爲和也○箋斯離至適子○正義曰斯離釋言文以上章刺王酷虐故知懷德維寧謂和汝德無行酷虐之政以安汝國也懷德之下卽言宗子維城明以此懷德爲宗子之城宗子王之適子也有天下者皆欲福及長世恐子孫之不安故言以德爲城使免於患難城可以禦寇難故以城喻焉又解城壞之意若其不和汝德遂行酷虐之政則民不堪命禍及宗子是謂城壞宗子之城既壞則羣臣乖離而汝王獨居而有所畏懼矣以是欲王之親輔弼之臣使不乖離固宗子之城使不傾壞則令巳無獨畏之憂也以上言大宗謂同姓之適此言宗子嫌與上同故辨之云宗子謂王之適子也周語曰彘之亂宣王在召公之宮國人圍之召公以其子代宣王是禍及宗子也雨無正曰正大夫離居莫知我勩是君臣乖離也昭二十六年左傳曰至於厲王王心戾虐萬民弗忍居王於彘是獨居而畏也是賢人之言皆有微矣

敬天之怒。無敢戲豫。敬天之渝。無敢馳驅。戲豫逸豫也馳驅自恣也箋云渝變也○渝用朱反**昊天曰明。及爾出王。昊天曰旦。及爾游衍。**王往旦明游行衍溢也箋云及與也昊天在上人仰之皆謂之明常與女出入往來游溢相從視女所行善惡可不慎乎○昊胡老反曰音越下同羨餘戰反溢也一音延善反本或作行

【疏】敬天至游衍○正義曰上既勸王和德以安國故又言當畏敬上天當敬天之威怒以自肅戒無敢忽慢之而戲謔逸豫又當敬天之災變以常戰慄無敢怨之而馳驅自恣也天之變怒所以須敬者以此昊天在上人仰之皆謂之明常與汝出入往來游溢相從終常相隨見人善惡既曰若此不可不敬慎也○傳戲豫至自恣○正義曰戲豫謂戲而逸豫馳驅謂馳驕自恣皆謂非禮而動反道違天如此者則上天罰之故戒王使敬天也孔子迅雷風烈必變注云敬天之怒則天之怒者謂暴風疾雷也周禮大怪異災則去樂徵膳則天之變者謂大怪異災也言上天之道有此變怒之時故常須敬戒非謂當此變怒之時獨禁逸豫自恣也●箋渝變○正義曰釋言文○傳王往至衍溢○正義曰以王與出共文故爲往也既有出往則亦有入來故箋言出入往來此出王游衍還是上戲豫馳驅之事故云游行衍溢亦自恣之意也

板八章章八句

生民之什十篇六十五章四百三十三句

毛詩注疏挍勘記（十七之四）　阮元撰盧宣旬摘錄

○卷阿

王能爲賢有所樂 閩本明監本毛本同案有當作者形近之譌

自縱弛之意也 閩本明監本毛本同小字本相臺本弛作施案施卽弛字也釋文云從本又作縱施本又作弛同正義本是縱弛字

而優自休息也 閩本明監本毛本同小字本相臺本優下有游字考文古本同案有者是也

似先公酋矣 唐石經小字本相臺本同案此釋文本也釋文云酋在由反云云是其證正義云道終釋詁文彼道作酋音義同也是其本作道字標起止云酋終合併以後依經注本所改也郭璞爾雅注引先公爾酋矣或出於三家之毛鄭詩非有爾字也箋云嗣先君之功而終成之此無爾字之明證正義云又嗣其先君之功汝王能終之矣乃自爲文耳如何人斯之五章經中三爾字而正義有六汝字板之三章經中二爾字而正義亦六汝字可以知其例矣凡他書引用不可以爲典要者如此○按正義當本作酋終釋詁文彼酋作道寫者亂之耳舊挍非也

書傳稱成湯之閒 閩本明監本毛本同案浦鏜云湯當康字誤是也

謂居民土地屋宅也以教之故民有所法則王 閩本明監本毛本同案土上浦鏜云脫以字是也王字當衍

德大天之福 閩本明監本毛本福誤性案山井鼎云作得大大之福似是者是也大大正義常語屢見於楚茨以下及賓之初筵旱麓行葦酒等篇

故以茀爲小福故以茀爲小 閩本明監本毛本同案浦鏜云故以茀爲小福六字當衍是也

豫撰几擇佐食 小字本相臺本同案此正義本也正義云此本或云豫饌食者誤耳孫毓載箋雖言撰几擇佐食是也定本亦作饌字非也釋文云饌几士戀反又士轉反具也本亦作撰是釋文與定本同也正義以或本饌下有食字者爲非則固然矣其以定本作饌爲非則誤古用饌食字爲撰具字是爲假借撰字不見於說文當以定本釋文本爲長

佐合入助之 閩本明監本毛本合作食小字本相臺本合入作食案此十行本分食爲二字之誤也仍衍入字者非

引長翼輔皆釋詁文 閩本明監本毛本翼輔誤倒案山井鼎云傳作翼敬無輔訓也其說是也爾雅亦有翼敬無翼輔輔當爲敬涉傳上文而誤

佐食遷肵俎特特牲云閩本明監本毛本不重特字案所刪是也浦鏜云肵誤昕是也

然則凡與佐食閩本明監本毛本同案浦鏜云几誤凡下同是也

少牢又云祝筵尸閩本明監本同毛本初刻同後改筵作延下祝筵尸同案所改是也

尸入升祝先主人從閩本明監本主誤生毛本不誤案山井鼎云入升恐升入之誤以特牲考之其說是也

如圭如璋閩本明監本毛本同唐石經圭作珪小字本相臺本同注同案唐石經是也餘經作圭乃用字不畫一之例此經及正義中字皆作圭當是後人用他經所改考文古本因此每改他經字作珪者亦非○按珪者圭之古文也毛詩不當用古舊挍非

以禮義相切瑳閩本同小字本相臺本瑳作磋明監本毛本同案釋文云磋或作瑳已見淇奧谷風瑳字是也正義當用磋字十行本皆作瑳乃依注改也

人聞之則有善聲譽小字本相臺本同案此正義本也正義云有善聲譽爲人所聞知又云故有善聲譽是其證釋文云聲論魯困反與正義本不同也山井鼎云譽恐論誤是以釋文本改正義本也殊爲失之

鳳皇于飛唐石經小字本相臺本同閩本明監本毛本皇作凰下同案凰俗字不當用於經典

鳳皇靈鳥仁瑞也小字本相臺本同案正義云言此鳥有神靈也又云說文云鳳神鳥也段玉裁云此傳及說文皆當作禮鳥也麟之趾傳言麟信而應禮騶虞傳言騶虞義獸也有至信之德則應之此傳意謂禮而應仁言禮鳥而應仁德之瑞也所謂詩毛說者如此與左氏春秋說同正義本誤○按召南傳當云麟信獸而應禮各本奪獸字

亦與衆鳥也閩本明監本毛本同小字本相臺本與作亦考文古本同案與字誤也

因時鳳皇至因以喻焉小字本同閩本明監本毛本同相臺本下因字作故考文古本同案故字是也

故鳳皇亦與之同止於閩本明監本毛本同案止於當作於止此說經之爰止也

故龍不生閩本明監本毛本同案生下浦鏜云得字脫是也

燕頷喙五色備舉閩本明監本同毛本喙作雞案此欲補雞字而誤改喙字耳二字皆當有爾雅疏卽取此正有可證

字從鳥几聲閩本明監本毛本同案浦鏜云凡誤几是也

飲食自歌自舞閩本明監本毛本同案盧文弨云飲食下有自然二字見南山經是也此復出自字而脫

郭璞云小之形未詳閩本明監本毛本同案浦鏜云小上疑脫大字是也

故集止以亦傳天亦集止閩本明監本毛本同案浦鏜云傳天下當脫傳天以三字是也

故云亦集衆鳥也閩本明監本毛本同案集當作亦

以羣士慕賢閩本明監本毛本同案浦鏜云以當似字誤是也

此經既云多言吉士閩本明監本毛本同案浦鏜云王多誤多言是也

謂無擾之閩本明監本毛本同小字本相臺本無作撫考文古本同案撫字是也

出東曰朝陽閩本明監本毛本同小字本相臺本出作山考文古本同案出字誤也

由萬民物服〔補〕案物當作協形近之譌毛本正作協

欲今遂爲樂歌閩本明監本毛本同小字本相臺本今作令考文古本同案令字是也

以車則人有副貳閩本明監本毛本同案此不誤山井鼎云則恐賜誤非也

春秋之師職掌九德六詩之歌閩本明監本同毛本秋之作官大案所改是也浦鏜云六誤九是也

○民勞

輕爲姧宄閩本同小字本相臺本姧作姦明監本毛本同案姧爲僞字釋文以姧宄作音正義中十行本亦作姧

本亦作傜〔補〕釋文挍勘通志堂本同盧本作傜案集韻四宥云傜使也通作繇可見傜乃後來俗譌字耳

穆王與厲王竝世〔補〕案上王字當作公篇內同毛本不誤

憯不畏明唐石經小字本相臺本同案釋文云憯不七感反本亦作慘曾也正義云憯曾釋言文爾雅本或作慘曾音義同是其本亦作憯字標起止云至憯曾當是後改詩經小學云說文朁曾也從日兟聲詩曰朁不畏明節南山十月之交云雲漢及此憯字皆同音假借是也考釋文十月之交亦作慘以憯作慘猶以訛作詐之誤耳考文古本作摻采釋文而又誤

曾不畏敬明白之刑罪者小字本相臺本同閩本明監本毛本亦同案正義云曾不畏敬明白之刑罰者又云故云又用此止爲寇虐曾不畏敬明白之刑罰者是罪當作罰

當以此定我國家爲王之功小字本相臺本同閩本明監本毛本亦同案正義云以此定我周家爲王之功又云故知以定我周家又云是共王有周家之辭是國當作周考文古本作周采正義

傳以汔之爲危閩本明監本毛本同案傳以當作以傳

正義曰詭戾人之○善閩本明監本毛本無○案所刪是也

爾雅本或作憯曾閩本明監本毛本憯作云案山井鼎云憯恐憯誤是也

尚書無逸云閩本明監本毛本同案浦鏜云舜典誤無逸是也

故知以定我周家爲之功閩本明監本毛本同案山井鼎云爲下當有王字是也

無縱詭隨明監本毛本縱誤蹤以上本皆不誤

惛怓猶讙譁也小字本相臺本同考文古本同閩本明監本毛本脫猶字案此正義本也正義云以此刧愼其讙譁爲大惡者又云故箋以爲猶讙譁是其證也釋文云讀本又作譁此亦取聲音爲訓詁當以釋文本爲長

謂好爭者也閩本明監本毛本同小字本相臺本爭下有訟字考文古本同案有者是也

說文作惛〔補〕釋文挍勘通志堂本惛作昬盧本作怋云今挍改案怋字是也小字本所附正作怋字

釋文惛亦不憭也〔補〕釋文挍勘通志堂本同盧本釋文惛亦四字作又釋惛云案所改非也當作又云惛不憭也與旱麓燎下又云燎放火也同例釋衍字又誤文云誤亦倒在惛下遂不可讀今特訂正

王若施善救〔補〕案救當作政形近之譌毛本正作政

止其寇虐之善閩本明監本毛本同案山井鼎云善恐害字是也

述合詁文明監本毛本詁上有釋字閩本剜入案所補是也

是其言語無大聒亂人〔補〕毛本無作爲案爲字是也

春秋傳曰閩本明監本毛本同小字本相臺本傳作左氏二字案正義云所引春秋傳曰是其本作傳字

厲壞也閩本明監本毛本同小字本相臺本厲作敗考文古本同案厲字誤也

先愛止中國之京師閩本明監本毛本同案山井鼎云止恐此字是也物觀補遺所載云宋板止作此必誤用他章文當之耳

云泄漏也閩本明監本毛本同案浦鏜云一上當有脫字是也

以爲人者也閩本明監本毛本同案山井鼎云爲恐厲誤是也

犯改爲惡曰厲閩本明監本毛本同案浦鏜云攻誤改是也

重上人閉門而詢之毛本同閩本明監本詢作詢案詢字是也

固義不捨閩本明監本毛本同案義當作著形近之譌

○板

不實於亶小字本相臺本同閩本明監本毛本同唐石經於作于案唐石經是也正義云此不實於亶當是易爲今字耳

管管無所依繫閩本明監本毛本同小字本相臺本繫作也考文古本同案也字是也正義云無所依據又云故知無所依繫皆自爲文不當依以改傳○按廣韻作悹悹

則無不能深知遠事　閩本明監本毛本同案浦鏜云無當爲字誤是也

自此以下是大遠也　閩本明監本下誤不毛本不誤案山井鼎云遠恐謙誤是也

辭之懌矣　唐石經小字本相臺本同案釋文云繹本亦作懌正義本是懌字頍弁釋文云懌本又作繹繹懌同字也考文古本作繹采釋文○按古無懌字以繹爲之釋文是也

此於上天　補毛本此作比案比字是也

汝臣等無得如是沓沓正隨從而助之　閩本明監本毛本正作競案皆誤也當作然

及爾同寮　唐石經小字本相臺本同閩本明監本毛本寮作僚案釋文云僚字又作寮正義本是寮字閩本以下依釋文改耳

反忠告以善道　閩本明監本毛本反作及小字本相臺本作欲案欲字是也

告此以善道　閩本明監本毛本同案此當作之下文可證

得棄其言也　閩本明監本毛本得上有不字案所補是也

言曰至誠款實而告之　補閩本明監本毛本同案日當己字之譌

以與讒惡也　閩本明監本毛本惡作慝案所改是也

八十日耄曲禮云　閩本明監本毛本同案浦鏜云云當文字誤是也

夸毗體柔人也　閩本明監本毛本同小字本相臺本體上有以字考文古本同案釋訓云夸毗體柔也無以字

則忽然有揆度知其然者　小字本相臺本同閩本明監本毛本亦同案正義云汝君臣忽然莫有察我民敢能揆度知其情者又云無有揆度知其然是忽然下當有無字考文古本有采正義

又素以賦斂　小字本相臺本同案正義云定本集注責以賦斂責字皆作素俗本爲責誤矣素者先也是正義本作責字

民之多辟　唐石經小字本相臺本同案釋文云多僻匹亦反邪也注同考七月序正義云古避辟譬僻皆同作辟字而借聲爲義是正義本作辟字其正義云皆多邪僻者易爲今字而說之也蕩釋文云辟匹亦反邪也本又作僻注同而於此經獨以僻爲正者以下立辟文連故別之其實毛氏詩經但作辟與下經立辟同字傳云辟法也不更指其何辟猶昔育恐育鞫傳之育長不指言何育也後漢書玉篇文選注引作僻乃以破引之當以正義本爲長考文古本作僻依釋文

廑　補釋文挍勘記通志堂本盧本同案段玉裁云瘽誤廑是也小字本所附正是瘽字乃出於善本此釋文當本作瘽轉譌從广耳小毖篇同

如攜取之隨人君也　閩本明監本毛本同案君當作者形近之譌

以攜者取處末　閩本明監本取作處毛本末作未案山井鼎云此疏恐有誤字是也者取當作文最

大宗王之同姓之適子也　閩本明監本毛本同小字本相臺本下之字作世案世字是也

維爲藩蔽　閩本明監本毛本同案浦鏜云藩當屏字誤是也

君言宗人宰人也　閩本明監本毛本同案浦鏜云君疑若字誤是也

五姓賜則　閩本明監本毛本同案浦鏜云命誤姓

又兵用事重　閩本明監本毛本同案用當作甲形近之譌

及爾游衍　唐石經小字本相臺本同案釋文云游羨餘戰反溢也一音延善反本或作衍正義本是衍字

孔子迅雷風列　閩本明監本毛本列作烈案所改是也

附釋音毛詩注疏卷第十八（十八之二）

蕩之什詁訓傳第二十五

毛詩大雅　鄭氏箋　孔穎達疏

蕩。召穆公傷周室大壞也。厲王無道。天下蕩蕩。無綱紀文章。故作是詩也。○蕩蕩唐黨反召時照反本又作邵卷內召公召作皆同【疏】蕩八章章八句至是詩。○正義曰蕩詩者召穆公所作以傷周室之大壞也以厲王無人君之道行其惡政反亂先王之政致使天下蕩蕩然法度廢滅無復有綱紀文章是周之王室大壞敗也故穆公作是蕩詩以傷之傷者刺外之有餘哀也其恨深於刺也瞻仰召旻皆云刺幽王大壞此不言刺厲王而云傷周室者幽王承宣王之後父善子惡指刺其身此則厲王以前周道未缺一代大法至此壞之故言傷周室大壞此經八章皆是大壞之事首句言蕩蕩爲下之摠目故序亦述首句以爲一篇之義言天下蕩蕩無綱紀文章綱紀文章謂治國法度聖人有作莫不皆是此經所傷傷其盡廢之也

蕩蕩上帝。下民之辟。上帝以託君王也辟君也箋云蕩蕩法度廢壞之貌厲王乃以此居人上爲天下之君言其無可則象之甚。○之辟必亦反注同沈云毛音婢益反疾威上帝。其命多辟。疾病人矣威罪人矣箋云疾病人者重賦斂也威罪人者峻刑法也其政教又多邪辟不由舊章。○辟匹亦反本又作僻注同斂力驗反峻荀閏反本亦作峻邪似嗟反天生烝民。其命匪諶。靡不有初。鮮克有終。諶誠也箋云烝眾鮮寡克能也天之生此眾民其教道之非當以誠信使之忠厚乎今則不然民始皆庶幾於善道後更化於惡俗。○烝之承反諶市林反鮮息淺反注同道音導本亦作導【疏】蕩蕩至有終。○正義曰穆公傷厲王無道壞滅法度言今蕩蕩然廢壞法度者上帝之君王乃以此無法度而爲下民之君也又言王無法度之事重賦斂以疾病人峻刑法以威罪人如此者是上帝之君王又其下政教之命甚多邪僻言其無法度不由舊章也元本天之生此眾民其使人君爲政化之命以教導之非欲使之誠信乎言天欲使之誠信今王以邪僻教之故民皆無復誠信無不有其初心欲庶幾慕善道少能有其終行今皆化從惡俗是遣天生民立教之意故所以傷之也。○傳上帝至辟君。○正義曰上帝者天之別名天無所壞不得與蕩蕩共文故知上帝以託君王言其不敢斥王故託之上帝也板傳曰上帝以稱王者桑柔傳曰昊天斥王然則王稱天稱帝詩之通義而言託者以下章不敢斥言乃假文王咨商明知此亦不斥故變言託耳其實稱帝亦斥王此下諸章皆言文王曰咨此獨不然者欲以蕩蕩之言爲下章摠目且見實非殷商之事故於章首不言文王以起發其意也辟君釋詁文。○箋蕩蕩至之甚。○正義曰蕩蕩是廣平之名非善惡之稱若論語云蕩蕩乎民無能名焉洪範云王道蕩蕩言其無復惡事善事廣平是蕩蕩爲善也此序言蕩蕩無綱紀文章言其除去善事知此蕩蕩是法度廢壞之貌釋訓云蕩蕩僻也孫炎曰蕩蕩法度廢壞之僻取此箋爲說也。○箋疾病至舊章。○正義曰此申說傳意也人以財貨而生財盡則人困病故知疾病人者重賦斂也君以刑法威人法峻則人得罪故知威罪人者峻刑法也君之於人唯此而已故知是此二

事也。峻者，高險之名，謂重其科禁，不可登陟，如山之陵阪然。其政教又多邪僻，不由舊章，不依周公所制典禮、先王所行舊法也。○傳「諶，誠」。○正義曰：釋詁文。○箋「烝衆」至「惡俗」。○正義曰：烝，衆；鮮，寡，皆釋詁文。克，能，釋言文。言天意欲使人君發命教民，當以誠信忠厚。既本天意，又傷今政，言當今之民皆有始無終，是由人君不施忠厚之命，而下邪僻之教，故民化於惡俗，教之使然。以王政不順天，故反覆言之。民始皆庶幾於善道，言民生自有此性，後更化於惡俗，謂君政令之變改。言靡不爲盡然之辭，鮮克爲少有之稱，文不同者，容有君子不改其操，故言鮮以見之。

文王曰：咨，咨汝殷商。曾是彊禦，曾是掊克，曾是在位，曾是在服。咨，嗟也。彊禦，彊梁禦善也。掊克，自伐而好勝人也。服，政事也。箋云：厲王弭謗，穆公朝廷之臣不敢斥言王之惡，故上陳文王咨嗟殷紂以切刺之。女曾任用是惡人，使之處位執職事也。○禦，魚呂反。掊，蒲侯反，聚斂也，徐又甫垢反。好，呼報反。朝，直遥反，下「朝廷」同。

天降滔德，女興是力。天，君。滔，慢也。箋云：厲王施倨慢之化，女羣臣又相與而力爲之，言競於惡。○滔，他刀反，漫也。慢，亡諫反，本亦作慢，又作嫚，下同，一音亡半反。倨，居庶反。○

【疏】「文王」至「是力」。○正義曰：穆公傷王之惡，又不敢斥言者，文王以紂政亂，數嗟嘆之，故穆公假爲之辭以責厲王。言文王恨紂，始言曰：咨咨嗟乎汝殷商之君，汝爲人君，當任用賢者，何曾以是彊梁禦善之人，何曾以是矜掊好勝之人，曾任用二者惡人，使之在位執職事乎？既責其君任非其人，又責此臣助君爲惡，言比天之王者，此倨慢之德化已自惡矣，汝等何爲起是氣力而佐助之，以其同惡相成，故至於大壞，所以傷之也。○傳「咨嗟」至「政事」。○正義曰：咨是歎辭，故言嗟以類之，非訓爲嗟也。彊梁者，任威使氣之貌。禦善者，見善事而抗禦之，是心不嚮善，不從教化之人也。自伐，解掊；好勝，解克。定本倍作掊者，掊即倍也。倍者，不自量度，謂己兼倍於人，而自矜伐。論語云「願無伐善」是也。克者，勝也。已實不能，恥於受屈，意在陵物，必勝而已。如此者謂之克也。釋詁云：「服，事也。」且在服與在位對文，故知服政事。謂非徒備官，又委任之也。○箋「厲王」至「職事」。○正義曰：民勞亦穆公所作，皆斥王惡，此篇獨長弭謗，不斥言者，民勞之詩，況論王惡，欲王惠中國以綏四方，其惡非深，不須假託。蕩則陳王凶暴，將至滅亡，號呼沈湎，俾晝作夜，其言既切，故假文王。至如家父作誦，自著己名，凡伯、芮伯直言不諱者，其人既異，所作有殊。二章箋獨言厲王者，以假託文王咨嗟殷紂，不得不言厲王。六章以下言殷紂者，以小大近喪，顛覆滅亡之事，故指言殷紂。又經之設文，須有足句，四言「曾是」，其義爲一，故箋并言之。汝曾任用是惡人，使之處位執職事也。言曾者，謂何曾如此，今人之語猶然。○傳「天君」「滔慢」。○正義曰：天，君，釋詁文。以言汝興是力，責臣明是人君，非上天也。虐君所下，明是慢人之德，故以滔爲慢也。○箋「厲王」至「於惡」。○正義曰：此箋言厲王，自下單言王，省文也。在身爲德，施行爲化，內外之異耳。相與而力爲之，定本作「相與而力爲之」。

文王曰：咨，咨女殷商。而秉義類，彊禦多懟。流言以對，寇攘式內。對，遂也。箋云：義之言宜也。類，善。式，用也。女執事之臣，宜用善人，反任彊禦衆懟爲惡者，皆流言謗毀賢者。王若問之，則又以對。寇盜攘竊爲姦宄者，而王信之，使用事於內。○懟，直類反。攘，如羊反。宄，音軌。

侯作侯祝，靡屆靡究。作、祝，詛也。屆，極。究，窮也。箋云：侯，維也。王與羣臣乖爭而相疑，曰祝詛，求其凶咎無極已。○作，側慮反，注同，本或作詛。祝，周救反。

【疏】「文王」至「靡究」。○毛以爲文王曰：咨咨嗟汝殷商，汝秉執政事之臣，宜用善人，何爲不用善人，反更信任彊禦衆懟爲惡之人，爲流言以遂成其惡事者，又寇盜攘竊爲姦宄之人，王信任之，使用事於內。小人用事，數相謗毀，遂令君臣乖爭，以致相疑，維爲是詛，維爲是祝，求告鬼神，令加凶咎，無有終極窮已之時。置小人於朝，以祝詛求言，是綱紀廢滅，可傷之甚。○鄭唯流言以對爲異，言此彊禦衆懟爲惡之人，作此流言謗毀賢者，若王問賢人，則以此謗毀而對，使王不得用之，餘同。○傳「對，遂」。○正義曰：釋言文。○箋「義之」至「於內」。○正義曰：凡言義者，允於事宜，故云「義之言宜」。以義爲宜，則而爲汝矣。類，善，釋詁文。式，用，釋言文。衆懟之人，不但很戾而已，又皆流言以謗毀賢者。王問則就此很戾之人問之，故言王又問之，則對以謗毀賢者，此彊禦衆懟爲惡之人。流言謗毀賢者也。此彊禦衆懟之人，非但爲謗毀，又進退賢人，故云王若問賢人，則又以謗言對之，使賢者不得進用也。既用此寇攘之人，信而用之，使事於內，則賢者在外，故云內者，在朝廷之內也。王若對問，則進姦宄之人，後以寇劫取者，有寇盜攘竊之姦宄者。以其內在故也。既言寇攘，以配之，以盜竊配之。○傳「作祝」至「究窮」。○正義曰：作即古詛字。詛與祝別，故各自言侯。傳作爲詛，故言作祝詛也。屆，極；究，窮，皆釋言文。○箋「侯維」至「極已」。○正義曰：釋詁云：「維，侯也。」故侯得爲維。上言用惡人在官，此言詛祝，明是王與羣臣乖爭相疑而祝詛也。靡屆靡究，言其無窮已之時，故知日日爲之也。詛者，盟之細事，用豕犬雞三物告神而要之。祝無用牲之文，蓋口告而祝詛之也。皆是情不相信，聽以明神，君有犯約，使加之凶禍，故云求其凶咎無極已。

文王曰：咨，咨女殷商。女炰烋于中國，斂怨以爲德。炰烋，猶彭亨也。箋云：炰烋，自矜氣健之貌。斂聚羣不逞作怨之人，謂之有德而任用之。○炰，白交反。烋，火交反。亨，許庚反。逞，勑領反。

不明爾德，時無背無側。背無臣，側無人也。箋云：無臣無人，謂賢者不用。

爾德不明，以無陪無卿。無陪貳也，無卿士也。○陪，本又作培，蒲回反。

【疏】「文王」至「無卿」。○正義曰：言文王曰：咨咨汝殷商，汝既官不得人，徒彭亨然自矜莊，以爲氣健，在於中國，斂聚此志意不逞好作怨之人，以爲有德而任用之。由其任用惡人以爲德，故不光明汝王之德也。正出背後無良臣，傍側無賢人也，故又言汝王之德所以不光明者，以其無陪貳大德之公，無幹事明哲之卿故也。王何故聚此小人，使之用事？○箋「炰烋」至「用之」。○正義曰：炰烋，是人之形狀，故言自矜莊氣健之貌，與傳彭亨一也。上章言用惡人在官，下章言傍無賢人，故知斂怨以爲德，謂聚羣不逞作怨之人，謂之爲有德而任用之。羣不逞，襄十年左傳文。逞，快也。謂志意不快，好作怨禍者也。○傳「無陪」至「卿士」。○正義曰：陪貳謂副貳王者，則三公也。卿士謂六卿也。昭三十二年左傳曰：「物有陪貳。天生季氏，以貳魯侯。」諸侯以上卿爲貳，則知天子陪貳唯三公也。冢宰雖亦貳王治事，當從卿士之列也。

文王曰：咨，咨女殷商。天不湎爾以酒，不義從式。義，宜也。箋云：式，法也。天不同女顏色以酒，有沈湎於酒者，是乃過也，不宜從而法行之。○湎，面善反，徐莫顯反。飲酒齊色曰湎。韓詩云：飲酒閉門不出客曰湎。

既愆爾止，靡明靡晦。式號式呼，俾晝作夜。使晝爲夜也。箋云：愆，過也。女既過沈湎矣，又不爲明晦，無有止息也。醉則號呼相傚，用晝日作夜，不視政事。○愆，本又作𠎝，起連反。號，戶刀反，注同。呼，火胡反，又火故反，注同，崔本作謼，或一本作號或呼。卑，必爾反，使也，本亦作俾，後皆同。耽，本或作湛，都南反。不爲，于僞反。

【疏】「文王」至「作夜」。○正義曰：上言任非其人，此言其共從行非度。文王曰：咨咨汝殷商，汝君臣何爲耽荒如是？天不湎然同汝顏色以酒，汝乃自耽此酒，使色同耳。此乃過誤之事，不宜從而法行之。汝沈湎如是，既已愆過於汝之容止，又無明無晦而飲酒不息。及其醉也，用是叫號，用是讙呼，使晝日作夜，不賞視事，此所以大壞。○箋「天不」至「行之」。○正義曰：酒誥注云：「飲酒齊色曰湎。」然則湎者，顏色酒然齊一之辭，故云天不同汝顏色，亦謂湎爲同色也。酒者，人之所爲，非天生之物，聖人用酒，所以祭祀養賢。周公作戒，使德將無醉，是湎然而醉者，人自爲之，非天爲之也。

文王曰：咨，咨女殷商。如蜩如螗，如沸如羹。蜩，蟬也。螗，蝘也。箋云：飲酒號呼之聲，如蜩螗之鳴；其笑語沓沓，又如湯之沸、羹之方熟。○蜩，音條。螗，音唐。沸，方味反。蟬，市延反。字林云：蟪蛄。蝘，音偃，蟬屬也。草木疏云：一名蚵蟟，青徐謂之螇螰，楚人名之蟪蛄，秦燕謂之蛥蚗，或名之蜓蚞，郭云俗呼爲胡蟬，江南謂之螗蛦。沓，徒荅反。

小大近喪，人尚乎由行。言居人上欲用行是道也。箋云：殷紂之時，君臣失道如此，且喪亡矣，時人化之，甚尚欲從而行之，不知其非。○近喪，附近之近，又如字，注同。

內奰于中國，覃及鬼方。奰，怒也。不醉而怒曰奰。鬼方，遠方也。箋云：此言時人忕於惡，雖有不醉猶好怒也。○奰，皮器反，舊音備。覃，徒南反。忕，市制反，又時設反。說文云：習也。好，呼報反。

【疏】「文王」至「鬼方」。○毛以爲文王曰：咨嗟汝殷商，汝君臣飲酒，其號呼如蜩之聲，如螗之鳴，言其讙譁之無次也。其笑語如湯之沸，如羹之熟，言其噂沓無節也。王者所行，無小無大，莫不皆近喪亡。以此行居人之上，於是猶欲下民用行此道也。由君欲民行，故天下化之，惡及上四遠。王初奰然不醉而怒，在於中國，但人皆傚之。此奰然惡行，乃延及中國之外，至於鬼方之遠鄉，言其惡化之廣也。○鄭唯小大近喪，謂君臣失道，近於喪亡，時人化之其甚，猶尚於是欲從而行之，言舉世皆不知其惡也。○傳蜩螗蝘。○正義曰：釋蟲云：「蜩，蜋蜩；螗蜩。」舍人曰：「皆蟬也。」方語不同，三輔以西爲蜩，梁宋以東謂蜩爲蝘，楚地謂之蟪蛄。楚辭云：「蟪蛄鳴兮啾啾。」是也。陸璣疏云：螗，一名蝘蚵，字林蚵或作蟟也，青徐人謂之螇螰。然則螗蜩亦蟬之別名耳。○箋「飲酒」至「方熟」。○正義曰：文承號呼之下，蜩螗多聲之蟲，故知號呼之聲如蜩螗也。沸無食名，故知唯是沸湯。羹熟則停，故知其欲熟。以羹湯非蟬之類，故以比笑語。禮有燕笑語兮，但不得沓沓無節耳。○傳「言居」至「是道」。○正義曰：如傳此言，則以尚爲上，由爲用，言居人上欲用行此道，謂欲使天下民從己之行。○箋「殷紂」至「其非」。○正義曰：以言近喪，紂實喪亡，鬼方殷之諸侯，則其言施於紂世，故云殷紂之時。以覃及鬼方，是化流於遠，故易傳以爲時人化之，甚尚欲從而行之，不知其非。由人傚其非，欲從而行之，不知其非，故惡及遠地，爲文之次也。○傳「奰怒」至「遠方」。○正義曰：西京賦云：「巨靈奰屭，以流河曲。」則奰者，怒而自作氣之貌，故爲怒也。奰怒不由醉，而云不醉而怒者，以其承上醉事，嫌是醉時之怒，故辨之焉。此雖怒時不醉，乃是醉醒而怒，亦由酒醉所致，故既言飲酒無節，即又責其奰怒也。中國是九州，覃及是及遠，故知鬼方遠方，未知何方也。易既濟九三：「高宗伐鬼方，三年乃克。」象曰：「憊也。」言疲憊而後克之。以高宗之賢，用師三年，憊而乃克，明鬼方是遠國也。

文王曰：咨，咨女殷商。

匪上帝不時。殷不用舊。箋云此言紂之亂非其生不得其時乃不用先王之故法之所致

雖無老成人。尚有典刑。箋云老成人謂若伊尹伊陟臣扈之屬雖無此臣猶有常事故法可案用也○扈音戶

曾是莫聽。大命以傾。箋云莫無也朝廷君臣皆任喜怒曾無用典刑治事者以至誅滅〔疏〕文王至以傾○正義曰文王曰咨咨嗟汝殷商汝所以將至滅亡者非為上帝生之使不得其時乃由汝殷紂自不用先王舊故之法所致耳又言其不用舊故之事今時雖無年老成德之人若伊陟之類猶尚有先王常事故法可案而用之汝今君臣皆任喜怒以自專恣曾於是常事故法不肯聽受用之由此汝之大命以致傾覆而誅滅今王何不以紂為戒自改悔乎○箋老成至案用○正義曰以殷不用舊章即以殷臣言之故云老成人謂若伊尹伊陟臣扈之屬於厲王則周召毛畢之倫也君奭曰在昔成湯既受命時則有若伊尹在太甲時則有若保衡在太戊時則有若伊陟臣扈巫咸在祖乙時則有若巫賢在武丁時則有若甘盤注云伊尹名摯湯以為阿衡以尹天下故曰伊尹至太甲改曰保衡則伊尹保衡一人也伊陟伊尹之子據君奭之文從上言之盡臣扈三人以下猶有巫咸巫賢甘盤故言之屬以包之○箋朝廷至誅滅○正義曰以莫為揔辭故知朝廷君臣也不用典刑則是自制威福故云皆任喜怒雲漢云大命近止謂民之性命此言大命以傾亦謂君臣性命故云以至誅滅

文王曰咨。咨女殷商。人亦有言。顛沛之揭。枝葉未有害。本實先撥。顛仆沛拔也揭見根貌箋云揭蹶貌撥猶絕也言大木揭然將蹶枝葉未有折傷其根本實先絕乃相隨俱顛拔喻紂之官職雖俱存紂誅亦皆死○顛都田反沛音貝揭紀竭反撥蒲末反仆蒲北反又音赴拔皮八反又半末反見賢遍反謂樹根露見王如字言可見蹶其厥反沈居衛反一音厥

殷鑒不遠。在夏后之世。箋云此言殷之明鏡不遠也近在夏后之世謂湯誅桀也後武王誅紂今之王者何以不用為戒○夏戶雅反注同〔疏〕文王至之世○正義曰文王曰咨咨嗟汝殷商古之賢哲之人亦有遺言云樹木將欲顛仆傾拔之時其根揭然而見此時枝葉未有折傷之害而根本實先斷絕但根本既絕枝葉亦從而絕以喻王位將欲傾覆喪亡之時而其勢微弱而危此時羣臣未有死亡之害而王身實先誅滅王身既滅羣臣亦隨之而滅汝若不信則殷之所鑒鏡者非遠耳止近在往前夏后之世言桀為成湯所誅紂惡亦當為周人所殺汝何以君臣同惡不用典刑也此意欲令厲王以紂為鑒改脩德教故也○傳顛仆至根貌○正義曰顛是倒頓之名仆是偃僵之義故以顛為仆謂樹倒也沛者忽遠離本之言此論本事故知為拔謂樹拔也揭者蹶倒之意故以為見根貌此顛沛之揭正謂樹將倒拔而已見其根但未絕耳○箋揭蹶至皆死○正義曰傳言見根不辨根之所見故以揭為蹶貌蹶謂倒也樹倒故根見與傳同撥者撥去之去其餘根故云猶絕也揭實已倒故云蹶貌但倒不至地根猶未盡故枝葉未有折傷本實先絕枝葉乃與根相隨俱拔喻紂未滅之前官職雖俱存紂誅則與之皆死也稱人亦有言者牧誓文亦如此注云以古賢之言為驗是苦其不信故引古以為證也

蕩八章章八句

抑。衛武公刺厲王亦以自警也。自警者如彼泉流無淪胥以亡○抑於力反抑密也警居領反〔疏〕抑十二章上三章章八句下九章章十句至自警○正義曰抑詩者衛武公所作以刺厲王也雖志在刺王亦所以自警戒己身以王之為惡將致滅亡羣臣隨之己亦淪陷故箋指而言之○箋自警至以亡○正義曰言無如泉水相率俱亡是則己亦恐亡自警之意故以此句當之楚語云昔衛武公年九十有五矣猶箴儆於國曰自卿以下至於師長苟在朝者無謂我耄而捨我於是乎作懿以自儆韋昭云昭謂懿詩大雅抑之篇也抑讀曰懿毛詩序曰抑衛武公刺厲王亦以自警如昭之言武公年耄始作抑詩案史記衛世家武公者僖侯之子共伯之弟以宣王三十六年即位則厲王之世武公時為諸侯之庶子耳未為國君未有職事善惡無豫於物不應作詩刺王必是後世乃作追刺之耳正經美詩有後王時作以追美前王者則刺詩何獨不可後王時作而追刺前王也詩之作者欲以規諫前代之惡其人已往雖欲盡忠無所裨益後世道刺欲何為哉詩者人之詠歌情之發憤見善欲論其功覩惡思言其失獻之可者以諷諫詠之可以寫情本願申己之心非是必施於諫往者之失誠不可追將來之君庶或能改雖刺前世之惡冀為未然之鑒不必虐君見在始得出辭其人巳逝即當杜口雨無正之篇鄭為流就後事既出居政不由已雖欲箴規亦無所及此篇彼意於義亦同以此知韋氏之言為得其實若然自警者羣臣為惡恐禍及己若前人巳死則非禍所及而箋所以責厲王之臣為武公自警者以人之得失在於朋儕武公雖非厲王之臣亦是朝廷之士論胥以敗無世不然冀望遠彼惡人免其患禍雖文刺前朝實意在當代故誦習此言以自肅警侯包亦云衛武公刺王室亦以自戒行年九十有五猶使臣日誦是詩而不離於其側其意亦取楚語為說與韋昭小異

抑抑威儀。維德之隅。人亦有言。靡哲不愚。抑抑密也隅廉也靡哲不愚國有道則知國無道則愚箋云人密審於威儀抑抑然是其德必嚴正也古之賢者道行心平可外占而知內如宮室之制內有繩直則外有廉隅今王政暴虐賢者皆佯愚不為容貌如不肖然○喆本又作哲亦作悊陟列反智也下同則知音智

庶人之愚。亦職維疾。哲人之愚。亦維斯戾。職主戾罪也箋云庶眾也眾人性無知以愚為主言是其常也賢者而為愚畏懼於罪也〔疏〕抑抑至斯戾○正義曰此時厲王弭謗賢者佯愚言人有此抑抑然密審之威儀維為德之廉隅矣言內有其德則外有此威儀與德為廉隅也若外無威儀則內無德行是為愚人矣古之賢人有言曰無道之世無有一哲人而不為愚者言當時賢哲皆故毀威儀而佯為愚人也若眾庶凡人之為此愚亦主由維有疾病故耳今哲人之為此愚亦維乃畏懼於時之罪戾非性然也由王酷虐濫罰無罪故賢哲之人皆佯為愚病言王虐之甚也○傳抑抑至則愚○正義曰抑抑密釋訓文舍人曰威儀靜密也隅者角也廉者稜也角必有稜故云廉隅集注定本廉下皆無隅字其義是也哲者智也愚者擬也上智下愚不移之定分而云靡哲不愚故解之云國有道則智國無道則愚論語說寧武子之行為然也○箋人密至不自然○正義曰此以屋之外角喻人之外貌由內方而外正故觀外而知內故人能密審於威儀抑抑然是其德必嚴正也縣日其繩則直是內有繩直也斯干曰如矢斯棘○毛以棘為稜廉是外有廉隅也宮室可入內而觀之人則不可忖度而知之故言古之賢者可以外占而知內○傳職主戾罪○正義曰皆釋詁文

無競維人。四方其訓之。有覺德行。四國順之。無競競也訓教覺直也箋云競彊也人君為政無彊於得賢人得賢人則天下教化於其俗有大德行則天下順從其政言在上所以倡道○行下孟反注同倡昌亮反道徒報反本亦作導

訏謨定命。遠猶辰告。訏大謨謀猶道辰時也箋云猶圖也大謀定命謂正月始和布政于邦國都鄙也為天下遠圖庶事而以歲時告施之○訏況于反謨莫蒲反沈云本亦作漠音莫為于偽反篇末今我為以王同

敬慎威儀。維民之則。則法也〔疏〕無競至之則○正義曰[illegible]國都鄙乃縣治象之法於象魏使萬民觀治象挾日而斂之[illegible]

其在于今。興迷亂于政。顛覆厥德。荒湛于酒。箋云今今王也興猶尊尚也王尊尚小人迷亂於政事者以傾敗其功德荒廢其政事又湛樂於酒○覆芳服反下覆謂覆用并同注同湛都南反注及下文同樂音洛下同

女雖湛樂從。弗念厥紹。罔敷求先王。克共明刑。紹繼也共執刑法也箋云罔無也女君臣雖好樂嗜酒而相從不當念繼女之後人將傚女所為無廣索先王之道與能執法度之人乎切責之也○共九勇反注同好呼報反嗜市志反傚戶教反索所責反〔疏〕其在至明刑○正義曰上言用賢人則國家彊此言[illegible]何故無心欲廣索先王之道及能執守明白法度之賢人而汝用之乎責其不用賢者而與小人荒耽○箋興猶至之甚○正義曰典謂舉而用之故為尊尚以覆為傾敗故云傾敗其

功德○傳紹繼至刑法○正義曰皆釋詁文唯彼共作拱耳○

肆皇天弗尚。如彼泉流。無淪胥以亡。淪率也箋云肆故今也胥皆也王為政如是故今皇天不高尚之所謂仍下灾異也王自絶於天如泉水之流稍就虛竭無見率引為惡皆與之以亡戒羣臣不中行者將并誅之○淪音倫

夙興夜寐。洒埽庭內。維民之章。洒灑章表也箋云章文章法度也厲王之時不恤政事故戒羣臣掌事者以此也○洒色解反注同又所寄反埽素報反廷音庭灑色蟹反

脩爾車馬。弓矢戎兵。用戒戎作。用逷蠻方。逷遠也箋云逷當作剔剔治也蠻方蠻畿之外也此時中國微弱故復戒將率之臣以治軍實女當用此備兵事之起用此治九州之外不服者○逷他歷反沈上益反復扶又反將子匠反帥所類反本或作率

【疏】肆皇至蠻方○毛以為上言王之耽亂此又乘而責之言由王耽亂如此故今皇天不高尚王之所為而下此灾異王將自絶於天如彼泉水之流稍稍以就虛竭言今王漸漸將致滅亡也又告語羣臣以自警戒王既為惡汝當行善無相率率為惡皆以滅亡既不聽為惡即教之行善當使早而起晚夜而寐洒埽室庭之內勤行政事維與民之為表憲文章又戒將師之臣當脩治汝征伐之車馬及弓矢與戎兵之器用以此戒備戎兵動作之處當征伐之又用此以驅遠蠻方之來內侵者當逐令遠去使不得來侵○鄭唯用此以治蠻方之外不服者為異餘同○傳淪率○正義曰釋言文○箋肆故至誅之○正義曰肆故今也胥皆也皆釋詁文天道遠人道邇言皇天不高尚王當有其狀故知謂仍下灾異也天之為灾所以譴告王者冀其改悟若欲養成其惡則不復以灾告之今仍有灾異是天未絶於王但王自絶於天如彼泉水之流稍稍就於虛竭也泉之大者則流行無窮小者有時而虛竭故以此王將至於滅亡王既有惡而臣亦同之是相率為惡武公惜其亡而戒之故知戒羣臣不中行者恐將并誅之也及厲王之出周召共和是不與同惡則不誅○傳洒灑章表○正義曰洒埽者以水灑地而埽之故為灑謂洒水濕地也章者在人之上為之表憲故云表也○箋章文至以此○正義曰申傳為表之義以有文章法度故得為民之表也戒之使為民之表章則是戒朝廷大臣非戒洒埽之人令埽地也直以厲王之時不恤政事王綱不振戒之使勤於職事但職事在庭治之故假庭內不埽以見職事不理耳故云戒羣臣掌事者掌事謂六卿也○傳逷遠○正義曰釋詁文○箋當至不服者○正義曰以用戒戎作謂兵戎備之則用逷蠻方謂遠方不服則剔治之故知逷當作剔剔謂治毛髮故為治也周禮九服六服之內為中國七服以外為夷狄而第六者大行人謂之要服職方氏謂之蠻服大司馬謂之蠻畿此經有二義用戒戎作為中國則用剔蠻方為夷狄且蠻方與彼蠻畿同故知蠻方是蠻畿之外也用兵是將帥之事故知戒將師之臣以治軍實也掌主兵事唯司馬耳其出師也則六卿皆為軍將此戒將師摠戒將兵之人不必獨戒司馬也軍實者即車馬弓矢戎兵是也弓矢即戎兵而又言戎兵容戈盾矛戟之類軍之所用皆是隱五年左傳曰歸而飲至以數軍實楚語曰射不過講軍實焉皆謂兵器也言汝當用備兵事之起謂備之於國隨其所須中國起者即用之也用此治九州之外不服者謂治夷鎮蕃三服大行人既列其服朝見之數乃云九州之外世一見是蠻畿以外為九州之外也

質爾人民。謹爾侯度。用戒不虞。質成也不虞非度也箋云侯君也此時萬民失職亦不肯趨公事故又戒卿邑之大夫及邦國之君平女萬民之事慎女為君之法度用備不億度而至之事○非度待洛反下不億度同○

慎爾出話。敬爾威儀。無不柔嘉。話善言也箋云言謂教令也柔安嘉善也○話戶快反○

白圭之玷。尚可磨也。斯言之玷。不可為也。玷缺也箋云斯此也玉之缺尚可磨鑢而平人君政教一失誰能反覆之○玷丁簟反沈丁念反說文作刮鑢音慮同復音服又豐服反本亦作覆

【疏】質爾至可為○正義曰此又戒卿邑大夫及邦國之君言汝等當平治汝民人之政事勑汝為君之法度用此以戒備將來不億度之事謂非常警急當豫防之既戒臣事畢又復諫王當謹慎爾王所出之教令又當恭敬爾在朝之威儀使教令威儀無不安審美善言使之皆安善也又言教令尤須謹慎白玉為圭圭有損缺猶尚可更磨鑢而平若此政教言語之有缺失則遂往而不可改為王者安危在於出令故特宜慎之○傳質成至非度○正義曰釋詁云質平成也則質者平治成就之義故傳以為成箋以為平其意同也釋言云虞度也不度者非意所億度之事也○箋侯君至之事○正義曰侯君釋詁文詩之所戒隨失而言故知此時萬民失職故令質爾民人也不肯趨公事故令謹爾侯度也鄉邑之大夫謂六鄉與公邑亦可以兼六遂與采地也以所戒者廣故知亦及邦國之君也平汝萬民之事即教令是也慎爾為君之法度即威儀是也治民即是為君故文兼鄉邑大夫亦稱君焉不億度而至之事謂非常寇盜君子安不忘危故常豫戒○箋言謂至嘉善○正義曰以此言人君為政之事故知是教令之言此文雖承戒鄉邑邦國之下而與下章無易由言相接以下皆是言王事則此慎話敬威儀是使王身敬慎非戒臣之辭柔安嘉善皆釋詁文○箋王之至覆之○正義曰政教一失誰能反覆謂已往者不可更反論語所謂駟不及舌是也其言改過者謂改將來過耳此經申上慎爾出話之事上文亦言威儀不重述者以言失為重故特殷勤之孝經重述法言亦此類也○

無易由言。無曰苟矣。莫捫朕舌。言不可逝矣。莫無捫持也箋云由於逝往也女無輕易於教令無曰苟且如是今人無持我舌者而自輕恣也教令一往行於下其過誤可得而已之乎○易以豉反注同捫音門○

無言不讎。無德不報。惠于朋友。庶民小子。讎用也箋云惠順也教令之出如賣物物善則其售賈貴物惡則其售賈賤德加於民民則以義報之王又當施順道於諸侯下及庶民之子弟○讎市由反徐云鄭市又反售市又反下同一本作讎此音則與毛同賈加霸反下同

子孫繩繩。萬民靡不承。箋云繩繩戒也王之子孫敬戒行王之教令天下之民不承順之乎言承順也○靡一本作是

【疏】無易至不承○毛以為出言為重又復戒之言王無得輕易於此言語之教令無得言曰我出言苟且如是矣假有不善人無執持我舌而不聽我言者實無人能執王之舌要王苟且出言不可使之往行於天下往則不可復改故特須慎之必須慎者王之所出無有一言而不為人用善惡人皆承而用之無有恩德而下不報荅之言王有善德人必報王故王當施行順道於朋友謂諸侯及卿大夫等下及庶民之子弟小子王皆須以順道教之王若教以順道則民皆行之若王之子孫能繩繩然敬戒而行王之教令則天下之眾民無有不承順而奉行之言皆承順而奉行之勸王使慎教令為下民之法施順道為子孫之基也○鄭唯以讎字為異餘同○傳捫持○正義曰字書以捫為摸摸索其舌是手持之也○箋由於至已之乎○正義曰由於逝往皆釋詁文唯彼由作繇音義同釋詁云朕我也自周以前朕為通言故皐陶曰朕言惠屈原曰朕皇考是也秦始皇既平六國制天子之法號為皇帝自稱曰朕後代遂遵用之宣十二年公羊傳何休注云天子自稱曰朕以漢法言之也不可往明為往不可故云教令一往行於天下其過誤不可得而改也定本無天字又言過誤可得而已之乎定本是也○傳讎用○正義曰相對謂之讎讎者相與用言語故以讎為用○箋教令至子弟○正義曰箋以用非讎之正訓且與報德連文故以為讎報物價釋詁云讎匹也是匹敵相報故應對物價謂之讎其意言王出教令民則從其善惡以荅王也武王謂諸侯云我友邦冢君是朋友謂諸侯亦可以兼羣臣公卿也小子幼稚之稱故為庶民子弟○庶民猶令及之則以上無不及矣○箋繩繩戒○正義曰釋訓文

視爾友君子。輯柔爾顏。不遐有愆。輯和也箋云柔安遐遠也今視女諸侯及卿大夫皆脇肩詔笑以和安女顏色是於正道不遠有罪過乎言其近也○輯徐音集又七入反脇本又作脅香及反又虛劫反沈又於閭反詔勑檢反趙岐注孟子云脇肩竦體也詔笑強笑也近之附近之近一本無之字近則依字讀

相在爾室。尚不愧于屋漏。無曰不顯。莫予云覯。西北隅謂之屋漏覯見也箋云相助顯明也諸侯卿大夫助祭在女宗廟之室尚無肅敬之心不慚媿於屋漏有神見人之為也女無謂是幽昧不明無見我者神見女矣屋小帳也漏隱也禮祭於奧既畢改設饌於西北隅而厞隱之處此祭之末也○相息亮反注同媿俱位反屋如字或云鄭於角反漏魯豆反覯古豆反奧烏報反西北隅謂之奧饌仕眷反厞扶味反隱也沈云許慎几非反

神之格思。不可度思。矧可射思。格至也箋云矧況射厭也神之來至去止不可度知況可於祭末而有厭倦乎○度待洛反注度知同矧尸忍反射音亦

【疏】視爾至射思○正義曰上勸王惠於朋友此言王朋友不思我今視汝王之所友諸侯及卿大夫之君子皆不忠正但脅肩詔笑以和安爾王之顏色以求王愛無能一匡諫王者是於正道不違其有罪過言其近有罪過矣此臣非但詔佞於王又情慢於事其助祭於汝王宗廟之室尚無肅敬之心不慚媿於屋漏祭當盡敬尚無媿心其於諸事怠情明矣因即責此不媿之人汝無得言曰此屋漏幽闇不明之處無有於我神能見之者謂神不見遂為此慢以神之明必見汝矣何則神之初來至思不可度而知去況於祭之所未可得厭倦之思言若能知其去來則可神去乃倦既不見來亦不知其去何得祭末疑去即厭之也○箋今視至其近○正義曰此皆以王為文故爾友為王之友爾顏為王之顏也脅肩詔笑口柔之貌也孟子曰脅肩詔笑病于夏畦趙岐云脅肩竦體詔笑強笑也病極也言其意苦勞極甚於仲夏之月治畦灌園之勤是其事也此正是罪過而言其近者為文之勢耳○傳西北隅謂之屋漏○正義曰釋宮文覯見釋詁文○箋相助至之末○正義曰釋詁云相助慮也俱訓為慮是為助也又云顯光也是顯得為明也上言友君子有過下句責其厭倦則非王之身故知是諸侯及卿大夫助祭之時無肅敬之心也責令勿道神不我見故知其意言神見汝矣天官幕人職掌帷幕幄帟注云幕以布幄帟以繒為之雜記云諸侯行而死於道緇布裳帷素錦以為幄而行皆先言帷幕而後言幄則幄

在帷幕之內帷幕是大帳則幄爲小帳也漏隱釋言文禮之有帷幕皆於野張之以代宮室其官內不張幕也幄則室內亦有之屋漏者室內處所之名可以施小帳而漏隱之處正謂西北隅也言不媿屋漏則屋漏之處有神居之矣故言祭時於屋漏有事之節禮祭於奧中既畢尸去乃改設饌食西北隅扉隱之處此祭末之時事也特牲禮尸謖之後云佐食徹尸薦俎敦設于西北隅几在南扉用筵納一尊佐食闔牖尸降注云扉隱也不知神之所在或者遠人乎尸謖而改饌爲幽闇庶其饗之是其事也若然當闔戶牖則室中無人而云在室不媿屋陋者此羣臣雖情非祭初即倦當有事屋漏之時乃始倦耳因當時屋漏有神而責其不媿非謂助祭之人在屋漏之處言在室者正謂在宗廟中耳爾雅孫炎解屋漏云當室之白日光所漏入非鄭義也案禮記曾子問云殤不備祭何謂陰厭陽厭鄭注云祭成人始設奠於奧是謂陰厭尸既謖之後改饌於西北隅是謂陽厭若宗子爲殤唯有陰厭若庶子適殤宗子適殤唯有陽厭案特牲士禮有陰厭陽厭又此詩不媿于屋漏則天子亦有陽厭以上下言之諸侯亦同唯上大夫無陽厭故儀禮少牢祭末不徹饌於西北隅鄭注云無陽厭者爲大夫當日賓尸故也○傳格至○正義曰釋詁文○箋矧況至倦乎○正義曰矧況釋言文射厭釋詁文凡言況者皆以輕況重此經直言至於尸謖謂神實去矣於此之時乃有惰慢故詩人之意言神來不知其來則尸去神未必去屋漏之處乃有祭事則神猶在矣祭初神實未來尚不敢慢況今祭末神或未去而可有厭倦乎以此故言矧可射思箋申其意故來至去止竝○言之不然經○止有來不須言去也

辟爾爲德。俾臧俾嘉。淑愼爾止。不愆于儀。不僭不賊。鮮不爲則。女爲善則民爲善矣止至也爲人君止於仁爲人臣止於敬爲人子止於孝爲人父止於慈與國人交止於信僭差也箋云辟法也止容止也當審法度女之施德使之爲民臣所善所美又當善愼女之容止不可過差於威儀女所行不信不殘賊者少矣其不爲人所法○譖本亦作僭子念反注及下同鮮息淺反少也

投我以桃。報之以李。箋云此言善往則善來人無行而不得其報也投猶擲也○擲直赤反○

彼童而角。實虹小子。童羊之無角者也而角自用也虹潰也箋云童羊譬皇后也而角者喩與政事有所害也此人實潰亂小子之政禮天子未除喪稱小子○虹戶公反鄭戶江反潰戶對反○〔疏〕辟爾至小子○毛以爲王當法度汝之所爲施行之德則使民善之使臣美之又當善愼汝心之所止使常止仁信不過於汝之威儀令不差貳不殘賊王能如此少矣而不爲人所法則言多爲人所法則人有投擲我以桃者我必報之以李善往則善來無物不報王若以善道施民民必以善事報王也王之所以不善者彼童羊實無角而爲有角自用妄爲觝觸人以喩王后本實無德而爲有德自用橫于政事此人實潰亂我王小子之政使爲不善王何以不遠之乎○鄭唯止爲容止爲異餘同○傳女爲至僭差○正義曰傳解辟爾爲德所以能俾臧俾嘉之意由君爲善則民善之辟爾爲德是汝爲善也俾臧俾嘉是則民善也止者所居之名故爲至至是所至之處也爲人君止於仁至止於信皆大學文也彼既爲此言乃引此詩以證之故傳依用焉此說君事唯當言止於仁耳因彼成文而盡引之譖毀人者是差貳之事故云僭差箋言不信義亦同也○箋止容止○正義曰以經言淑愼爾止不愆于儀卽是愼其容止得威儀不過耳故易傳以止爲容止○箋此言至其報○正義曰以經之文是爲善來則善往而箋反之者逐便而言耳○傳童羊至虹潰○正義曰言童知是羊者童者未冠之名猶畜之無角其文卽云而角明此物之類有有角者有無角者畜之如此者唯羊耳言童而角是無角而爲有角自用也虹潰釋言文○箋童羊至小子○正義曰上文說政事此言而角以潰小子小子是王之稱此人特能潰之則是專恣之人能亂朝政者也人臣則不堪如此此唯王后乃能然故知童羊譬王后也言而角則是用角矣用角觝觸則於物有所害故以喩於政事有所害此人實亂小子之政也定本集注於政事有所害於字皆作喩與其理是也禮天子未除喪稱小子下曲禮文引之以證稱王爲小子之意在喪之稱小子以其未理政事爲無知之辭下言亦聿既耄則厲王非復在喪但欲見王之無知故假在喪之稱以名之民勞云戎雖小子者言王意以小子自遇非臣之稱君故箋不引禮記○

荏染柔木。言緡之絲。溫溫恭人。維德之基。緡被也溫溫寬柔也箋云柔忍之木荏染然人則被之弦以爲弓寬柔之人溫溫然則能爲德之基止言內有其性乃可以有爲德也○荏而甚反染而漸反荏染柔意緡亡巾反共音恭本亦作恭被皮寄反下同忍音刃本亦作○

其維哲人。告之話言。順德之行。其維愚人。覆謂我僭。民各有心。話言古之善言也箋云覆猶反也僭不信也語賢智之人以善言則順行之告愚人反謂我不信民各有心二者意不同○話戶快反說文作詁故言也語魚慮反下音語之同知音智〔疏〕荏染至有心○正義曰上既教王行德此言王不可教有荏染然柔忍之木是維可以爲弓之幹我乃緡被之以絲則有弦而成弓可以爲弓明矣亦猶溫溫然寬柔之人是維可以爲德之基我乃教訓之以學則有能而成德可以爲法矣但人性不同有可教以否若其維賢哲之人告之以善言則順其道德之行而行之若其維愚蔽之人告之以善言則反謂我言不信而拒之是爲民之賢愚各自其有本心言王無本性不可教也○傳緡被至寬柔○正義曰釋言云緡綸也綸則繩之爲別名言緡之絲正謂以絲爲繩被之於木故云緡被不緡爲被釋訓云溫溫柔也故爲寬柔○箋柔忍至爲德○正義曰以荏染猶溫溫柔木猶恭人則言緡之絲與維德之基互相足維德之基猶維弓之幹言緡之絲猶言訓之以學二者資於本性故云內有其性乃可以爲德

於乎小子。未知臧否。匪手攜之。言示之事。匪面命之。言提其耳。箋云臧善也於乎傷王不知善否我非但以手攜挈之親示以其事之是非我非但對面語之親提撕其耳此言以教道之孰不可啟覺○於乎上音烏下音呼凡此二字相連皆放此臧否音鄙注同臧善也否惡也提音啼挈尺世反攜也撕音西

借曰未知。亦既抱子。借假也箋云假令人云王尚幼少未有所知亦以抱子長大矣不幼小也○借子夜反注及下同知如字沈音智下夙知亦同令力呈反少時照反長丁丈反

民之靡盈。誰夙知而莫成。莫晚也箋云萬民之意皆持不滿於王誰早有所知而反晚成與言王之無成本無知故也○莫音慕本亦作慕與音餘〔疏〕於乎至莫成○正義曰此又言王不可教於乎此小子之厲王其心未能識知於善否我非但以手攜挈之我乃親示以其事之是非庶其觀之而悟也我又非但對面命語之我又親提撕其耳庶其志而不忘言己教導之孰而不可啟悟假令有人言曰王尚幼少未有所知亦既抱子矣已爲人父非復幼少也今萬民之意皆持不滿於王謂才智褊小不能滿足其意望王更益才智晚有所成故解其意誰復早有所知而晚成者也明早知則早成晚知則晚成今王晚亦無知是終無所成也○箋萬民至知故○正義曰王爲天下之主德度當滿民心今王無所知則民意不滿故言萬民之意皆持不滿於王嫌王才度之淺近也上言借曰未知冀其長大有失此言人意不滿亦望在後更益是冀王有晚成之意卽又解之誰早有所知而晚有成乎

昊天孔昭。我生靡樂。視爾夢夢。我心慘慘。夢夢亂也慘慘憂不樂也箋云孔甚昭明也昊天乎乃甚明察我生無可樂也視王之意夢夢然我心之憂憂悶慘慘然愬其自恣不用忠臣○樂音洛注同夢莫空反沈莫登反注同慘七感反愬音素後皆同○〔疏〕傳夢夢至不樂○正義曰夢夢亂也釋訓文孫炎曰夢夢昬昬之亂也然則夢夢者言王政昬亂之意也釋訓又云慘慘慍也李巡曰慘慘憂怒之慍然則慘慘者憂慍憔悴之貌故爲憂憂不樂也○箋孔甚至忠臣○正義曰孔甚釋言文釋詁云昭光也故爲明言昊天明察者以其明察庶知己情故以我生訴之也上言其不可教誨下言誨而不入故知訴其自恣不用忠臣○

誨爾諄諄。聽我藐藐。匪用爲教。覆用爲虐。藐藐然不入也箋云我教告王口語諄諄然王聽聆之藐藐然忽略不用我所言爲政令反謂之有妨害於事不受忠言○諄字又作訰之純反又之閏反說文埤蒼竝云告曉之熟藐美角反爾雅云悶也聆音零○〔疏〕傳藐藐然不入○正義曰藐藐者王不聽受之貌是諫者之言不入王心故言其不入也釋訓云藐藐悶也舍人曰憂悶也謂王不受之言者憂悶也○

借曰未知。亦聿既耄。耄老也○耄莫報反〔疏〕傳耄老○正義曰曲禮云八十九十曰耄是耄爲老也箋傳皆不解聿之義爾雅之訓聿爲述也亦爲自也緜箋以聿爲自以此宜從自借曰未知者冀王更有長進詩人解其意言王亦將從此既昬耄矣無有所知昭元年左傳曰所謂老將知而耄及之是耄則無智也○

於乎小子。告爾舊止。聽用我謀。庶無大悔。箋云舊久也止辭也庶幸悔恨也○

天方艱難。曰喪厥國。箋云天以王爲惡如是故出艱難之事謂下災異生兵寇將以滅亡○曰喪上音越下息浪反韓詩作聿喪○

取譬不遠。昊天不忒。回遹其德。俾民大棘。箋云今我爲王取譬喩不及遠也維近耳王當如昊天之德有常不差忒也王反爲無常維邪其行爲貪暴使民之財匱盡而大困急○忒他得反遹于橘反邪似嗟反行下孟反匱求位反〔疏〕於乎至大棘○正義曰自上以來諫王之情已極於此自言諫意以結之於乎可歎傷者小子無知之我王告汝以久故往昔之道止言己所陳皆先世舊章也汝若聽用我之計謀幸望無大罪責而恨者王何故不用之乎天以王爲惡之故方下艱難之事於王謂使之有災異生兵寇其意言曰當欲喪滅其國我之憂王將滅故爲王謀而取譬不爲深遠而難知唯淺近耳王之爲政當如昊天之德寒暑有常不爲差忒王何以不效昊天有常反爲無常而邪僻其德貪暴稅斂而使下民資財皆盡甚大困急我以是故而諫王也○箋天以至滅亡○正義曰以言曰喪厥國是稱天之意故知艱難謂下災異生兵寇也此曰爲辭故韓詩作聿○

抑十二章三章章八句九章章十句

毛詩注疏挍勘記（十八之二） 阮元撰盧宣旬摘錄

○蕩

崚刑法也 小字本相臺本同案此正義本也釋文云駿本亦作崚正義云崚者高險之名是其本作崚字

其政教又多邪辟 小字本相臺本同閩本明監本毛本辟誤僻案僻者正義所易之今字耳

曾是掊克 唐石經小字本相臺本同案釋文云掊克蒲侯反聚斂也又自伐而好勝人也徐又甫垢反正義云自伐解倍好勝解克定本倍作掊掊卽倍也考自伐而好勝人乃傳義正義所論自矣釋文作掊與定本同以爲聚斂則非

自伐解掊 閩本明監本毛本同案掊當作倍

四言曾是 明監本毛本同案閩本自此曾是起至下以言汝與是力是字止并三行爲二行初刻脫一行而剜添也凡閩本初刻誤而剜添是者依十行本所挍補明監本毛本卽不誤矣今多不悉出

日祝詛求其凶咎無極已 小字本相臺本同考文古本同閩本明監本日作且毛本同又已誤也案日字是也正義云故知日爲之也是其證

以祝詛求言 閩本明監本毛本言作信案所改是也

懟謂很戾 閩本明監本毛本很作狼案浦鏜云當很字誤是也

咨女殷商 閩本明監本毛本同案咨字下浦鏜云脫嗟是也

飲酒閉門不出客曰湎 〔補〕通志堂本盧本盧文弨攷證云客宋本作容當從之文選注引韓詩亦作容或有作客者譌也按盧按非是釋文挍勘云閉門不出客者如陳遵投轄井中是也初學記引韓詩日齊顏色均衆寡謂之沈閉門不出謂之湎下句奪客字魏都賦沈湎千日李善引薛君韓詩章句與初學記同而譌奪不可讀賦文沈字誤爲流注客字誤爲容

式號式呼 唐石經小字本相臺本同案釋文云或一本作或號或呼考正義云用是叫號用是讙呼是正義本作式字

女旣過沈湎矣 小字本相臺本同案釋文云耽湎本或作湛都南反正義云汝君臣何爲耽荒如是又云汝乃自耽此酒是正義本亦作耽下文云汝沈湎如是當是後改也上箋云有沈湎於酒者是乃過也釋文不爲作音或其本但作有湎○按漢人浮沈字作湛今本箋作沈乃淺人所改耳經文載沈載浮亦非古本

釋蟲云蜩蜋蜩螗 閩本明監本毛本同案螗下浦鏜云脫蜩字是也

顚仆沛拔也 小字本相臺本同案釋文以仆也作音是其本有也字考文古本有閩本明監本拔誤按毛本不誤

揭見根貌 小字本相臺本同案此正義本也釋文揭下云根見貌又云見貌賢遍反謂樹根露見王如字言可見正義云揭者蹶倒之意故以爲見根貌此顚沛之揭正謂樹將倒拔而已見其根又云傳言見根不辨根之所見標起止云至根貌是正義讀見如字又見在根上與釋文本不同也

○抑

以宣王三十六年卽位 閩本明監本毛本同案浦鏜云三衍字是也

如矢斯棘⊙ 閩本明監本毛本同案浦鏜云衍○是也

女雖湛樂從 小字本相臺本同唐石經樂下旁添克字案添者誤

洒埽庭內 小字本相臺本庭作廷唐石經初刻庭後改廷案釋文云廷音庭唐石經改依釋文也正義中字皆作庭或其本作庭但未有明文今無可考餘經如著斯干小旻有聲等皆作庭

故復戒將率之臣 小字本相臺本同閩本同明監本毛本率作帥案釋文云帥本或作率明監本毛本依之改也考箋每用率字正義每用爲帥字而譌之當以或作本爲長

沈上益反 〔補〕通志堂本同盧本盧文弨考證云宋本作士益當是也案小字本所附亦作士不誤

楚語曰射不過講軍實焉 閩本明監本射誤財毛本不誤案浦鏜云榭誤射非也劉逵注吳都賦引亦作射是其證射古之榭字九經古義論之詳矣

質爾人民 唐石經小字本相臺本同案正義云汝等當平治汝民人之政事又云故令質爾民人也是其本人民作民人郭璞注爾雅引詩質爾民人與正義本正合說苑引告爾民人鹽鐵論引詰爾民人皆卽此經也當是唐石經誤倒如有狐序之比也

鑢音慮同 〔補〕通志堂本盧本無同字案此誤衍也

謂非常驚急 閩本明監本毛本同案浦鏜云驚當警字誤是也

教令一往行於下其過誤可得而已之乎 小字本相臺本同案此定本也正義云教令一往行於天下其過誤不可得而改也定本無天字又言過誤可得而已之乎定本是也考文古本已作改采正義

物善則其售賈貴 小字本相臺本同下同案釋文云則售市又反一本作讎謂讎物價也正義云故以爲讎報物價與一本同考讎卽售也古今字耳釋文正義以爲有分別者非考文古本作讎采釋文正義

萬民靡不承 唐石經小字本相臺本同案釋文云一本靡作是正義云無有不承順而奉行之是其本作靡字段玉裁云依釋文一本與箋合

今視女諸侯及卿大夫 閩本明監本毛本同小字本相臺本女下有之字案有者是也

皆脇肩諂笑 相臺本同小字本諂作讇閩本明監本毛本同案讇字誤也餘同此釋文云脇本又作脅正義本是脇字

言其近也 小字本相臺本同案釋文云近之也附近之近一本無之字近則依字讀正義云此正是畢過而言其近者標起止云至其近是其本與一本同

尙不愧于屋漏 小字本相臺本同明監本毛本同唐石經愧作媿案媿字是也釋文云媿俱位反正義中字皆作媿是其證箋不慚媿於屋漏有神雖毛本譌作愧耳何人斯經用愧字此不盡一之例

而厞隱之處 小字本相臺本同案厞當作厞說文五經文字皆在厂部爾雅不誤此釋文亦誤爲厞詳後考證正義中厞字十行本皆未誤

厞扶味反 〔補〕釋文挍勘記通志堂本同盧本厞作厞案所改是也字書此字皆從厂釋文當本如此作寫者轉譌耳

此言王朋友不思 〔補〕案思當忠字之譌毛本正作忠

相助慮也俱訓爲慮 閩本明監本毛本同案山井鼎云慮當作勴是也清廟及雝二正義引皆作勴可證

不僭不賊 唐石經小字本相臺本同案釋文云不譖本亦作僭子念反差也注及下我譖同正義云譖毁人者是差貳之事故云僭差箋言不信義亦同也是正義本亦作譖字今標起止及其餘僭字皆合併後依經注本所改也考譖僭古通用字此借譖爲僭耳不必如正義所說也巧言云僭始旣涵嗏仰云譖始竟背桑柔云朋友已譖及此不譖我譖箋皆云不信也毛巧言傳云僭數也乃以僭爲譖之假借瞻仰無傳者同彼爲數也桑柔無傳者同此爲差也又那傳云不僭不濫者賞不僭刑不濫也意亦同此爲差鄭不異毛合而觀之可得其證矣桑柔釋文譖本亦作僭瞻仰釋文同

女所行不信不殘賊者 小字本相臺本同考文古本同閩本明監本毛本信誤僭案不字當重僭不信也不不信不僭也脫去一不字遂又誤改信字耳

彼童而角 毛本角誤覺明監本以上皆不誤

童羊譬皇后也 閩本明監本毛本同小字本相臺本皇作王考文古本同案王字是也正義可證

此人實賓亂小子之政 〔補〕案賓當作濱正義可證

故以喻於政事有所害 閩本明監本毛本同案十行本故至於剜添者一字當是云字誤剜作以喻也

忍音刃本亦作○ 〔補〕通志堂本盧本○作刃案刃字是也

告之話言 唐石經小字本相臺本同案段玉裁云當作告之詁話詳下

話言古之善言也 小字本相臺本同案釋文告之話言下云話話言古之善言段玉裁云當作詁古之善言也前愼爾出話傳云話善言也此云詁古之善言也一篇之內依字分訓而相蒙如此釋文云說文作

詁蓋說文稱毛詩告之詁話陸氏所據說文詁字未誤而話字亦已誤爲言矣

語賢智之人閩本明監本毛本同小字本相臺本智作知案知字是也

於呼小子唐石經小字本相臺本呼作乎閩本明監本毛本同案呼字誤也

此言以教道之孰小字本相臺本同閩本明監本毛本孰誤熟正義中字同山井鼎云似屬下句讀者誤

亦以抱子長大矣小字本相臺本同考文古本同閩本明監本毛本以作已案所改是也

不幼小也閩本明監本毛本同小字本相臺本小作少案少字是也

皆持不滿於王閩本明監本毛本不作無誤

冀其長大有失補案失當識字之譌毛本作識

我心慘慘唐石經小字本相臺本同案釋文云慘慘七感反正義云釋訓云慘慘慍也是釋文本正義本皆作慘慘與唐石經同也此以韻求之當作懆懆見白華

匪用爲教唐石經小字本相臺本同閩本明監本毛本用爲誤倒

附釋音毛詩注疏卷第十八（十八之二）

毛詩大雅　鄭氏箋　孔穎達疏

桑柔。芮伯刺厲王也。芮伯畿內諸侯王卿士也字良夫。芮如銳反國名〔疏〕桑柔十六章上八章章八句下八章章六句。箋芮伯至良夫。正義曰書序云巢伯來朝芮伯作旅巢命武王時也顧命同召六卿芮伯在焉成王時也桓九年王使虢仲芮伯伐曲沃桓王時也此又厲王之時世在王朝常爲卿士故知是畿內諸侯爲王卿士也書敘注云芮伯周同姓國在畿內則芮伯姬姓也杜預云芮國在馮翊臨晉縣則在西都之畿內也顧命注芮伯入爲宗伯畿內而言入者入有二義若對畿內則畿外爲入衛武公入相於周是也若對在朝無封爵者則有國者亦爲入畢國亦在畿內顧命注亦云畢公入爲司馬是也文元年左傳引此云周芮良夫之詩曰大風有隧且周書有芮良夫之篇知字良夫也

菀彼桑柔。其下侯旬。捋采其劉。瘼此下民。興也菀茂貌旬言陰均也劉爆爍而希也瘼病也箋云桑之柔濡其葉菀然茂盛謂蠶始生時也人庇陰其下者均得其所及已捋采之則葉爆爍而疏人息其下則病於爆爍興者喻民當被王之恩惠羣臣恣放損王之德。菀音鬱注同又於阮反旬如字又音荀捋力活反注同瘼音莫陰於鴆反本亦作蔭下同爆本又作㩧同音剝下同爍本又作樂或作落同音洛郭盧角反濡而轉反庇必寐反又音祕本亦作芘同被皮寄反

不殄心憂。倉兄填兮。倉喪也兄滋也填久也箋云殄絕也民心之憂無絕已喪亡之道滋久長。倉初亮反注同兄音況注同本亦作況填音塵

倬彼昊天。寧不我矜。昊天斥王者也箋云倬明大貌昊天乃倬然明大而不矜哀下民怨愬之言。倬陟角反〔疏〕菀彼至我矜。毛以爲菀然而茂者彼桑也其葉稚而柔濡故菀然茂盛於此之時人息其下維均得蔭皆無暑熱之患及其捋而采之其枝之葉劉然爆爍而稀疏不復能蔽蔭炎日則病此其下所息之民矣以興王有明德天下之民均得其恩若有羣臣放恣損王之德則困若天下之民矣今厲王之臣皆以放恣損王之害下民故使天下之民不能絕已其心中之憂民所以不絕者以民之喪亡之道滋益久長耳言上行虐政不已是民之亡道益長所以心憂不復絕又告王而愬之倬然而尊大譬彼昊天之王者孩居民上爲民之父母寧不於我而矜哀之何爲忍之而行此喪亡之政乎。鄭唯倬彼昊天爲愬之上天爲異餘同。傳旬言至瘼病。正義曰釋言云旬均也某氏引此詩李巡曰洵徧之均也則旬是均之義故云言蔭均也釋詁云毗劉爆爍也舍人曰毗劉爆爍之意也木枝葉稀疏不均爲爆爍郭璞曰謂樹木葉缺落蔭疏爆爍也劉者葉之稀踈爆爍之意故云爆爍而稀也瘼病釋詁文。箋桑之至之德。正義曰箋以菀彼捋采爲異時之事故以柔濡謂蠶始生時爆爍謂過蠶之後均得其所謂俱蒙蔭覆病於爆爍謂苦於炎熱也捋采是其人采之非蔭先薄故以喻羣臣恣損王非王本惡也然厲王之惡實出本心非必臣能損之初時亦無所善作者以君臣一體助君爲惡故歸咎於臣以刺君耳。傳倉喪至填久。正義曰倉之爲喪其義未聞況訓賜也賜人之物則益滋多故況爲滋也釋言云烝塵也孫炎曰烝物久之塵則塵爲久義古者塵填字同故填得爲久。箋殄絕至久長。正義曰殄絕釋詁文民心之憂憂此喪亡之道有時而遇則民憂可與絕已之期今茲益久長故憂不絕已此喪亡之道正謂君之虐政虐政方行不止是喪亡之道滋益久長也。傳昊天斥王者。正義曰傳以蕩蕩上帝皆斥君王故以此亦斥王者。箋倬明至之言。正義曰箋以倬爲明大之貌此厲王暗亂不得稱倬然彼昊天故易傳以天爲上天此是下民怨訴上天之言

四牡騤騤。旟旐有翩。亂生不夷。靡國不泯。騤騤不息也鳥隼曰旟龜蛇曰旐翩翩在路不息也夷平泯滅也箋云軍旅久出征伐而亂日生不平無國而不見殘滅也言王之用兵不得其所適長寇虐。騤求龜反旟音餘旐音兆翩音篇本亦作偏泯面忍反又名賓反徐又音民隼荀允反適長上丁歷反下丈反

民靡有黎。具禍以燼。黎齊也箋云黎不齊也具猶俱也災餘曰燼言時民無有不齊被兵寇之害者俱遇此禍以爲燼者言害所及廣。黎力奚反盡才刃反本亦作燼同

於乎有哀。國步斯頻。步行頻急也箋云頻猶比也哀哉國家之政行此禍害比比然。比毗志反又如字下同廣雅云頻比也〔疏〕四牡至斯頻。毛以爲上文以喪亂憂心此言可憂之事厲王無道妄行征伐乘四牡之馬騤騤然建旟旐之旌有翩翩然在於道路常不息止王本用兵欲以除亂但伐不得罪而亂日生不復能平之王既不能平之諸侯自相攻伐無有一國而不見殘滅民悉被兵今民或死或生無有能齊一平安者假有存者俱是遭禍災以爲餘滅燼耳言其時民衆死多於生以此故歎而傷之於乎有是可哀痛哉國家行此因急於民之道是可哀痛也。鄭唯以黎爲不齊言其時之民無有不齊被兵寇者又以頻爲比言國家行此禍害比比然言其行之不已也餘同。傳騤騤至泯滅。正義曰騤騤馬行之貌言其常行則是不息也鳥隼曰旟龜蛇曰旐春官司常文翩是旌旗行而舒張之貌故重言翩翩也旌旗止則納之弛中言其行而翩翩是在路不息以與馬事異故再言不息曲禮云在醜夷不爭夷是齊等之言故爲平也釋詁云泯滅盡也俱訓爲盡故泯得爲滅。箋軍旅至寇虐。正義曰四牡旟旐是軍行之物亂生國滅是加兵之辭故知此言軍旅久出征伐也王既不能平亂則偏殘諸國諸侯彊弱相陵小者滅亡大者殘破無國而不見殘滅也言王之用兵不得其所適所以益長寇虐也。傳黎齊。正義曰黎衆也衆民皆然是齊一之義。箋黎不齊至及廣。正義曰箋以黎爲不齊但義勢當然言無有不齊被兵寇加者耳燼是燼燭既然之餘以比兵寇災害民之餘故云災餘曰燼言其時之民得存性命者皆死亡之餘天下之民齊皆如此言其害之所及者廣也。傳步行頻急。正義曰步者人舉足故爲行也事有頻頻而爲者皆急速故爲急也。箋頻猶至比比然。正義曰頻頻正是次比之義故云猶比上言喪亡之道滋益久長此斯頻副減上文故爲行此禍害比比然。傳疑定。正義曰疑音凝凝者安靖之義故爲定也

國步蔑資。天不我將。靡所止疑。云徂何往。疑定也箋云蔑猶輕也將猶養也徂行也國家爲政行此輕蔑民之資用是天不養我也我從兵役無有止息時今復云行當何之往也。蔑音滅疑魚陟反復扶又反下不復考愼同

君子實維。秉心無競。誰生厲階。至今爲梗。競彊厲惡梗病也箋云君子謂諸侯及卿大夫也其執心不彊於善而好以力爭誰始生此禍者乃至今日相梗不止。梗古杏反好呼報反爭爭鬬之爭下同〔疏〕傳梗

病○正義曰言其誰生厲階明是病於此惡故以梗爲病箋云相梗不止亦謂爲病不已耳**憂心慇慇。念我土宇。我生不辰。逢天僤怒。自西徂東。靡所定處。**宇居僤厚也箋云辰時也此士卒從軍久勞苦自傷之言○慇於巾反樊光於謹反爾雅云憂也僤都但反本亦作亶同卒尊忽反**多我覯痻。孔棘我圉。**圉垂也箋云痻病也圉當作禦多矣我之遇困病甚急矣我之禦寇之事○痻武巾反一音昏注同圉魚呂反〔疏〕憂心至我圉○毛以爲上言不知所往此言在役而憂我既不得還歸故皆懷憂其心慇慇然顧念我之鄉土居宅也既不得歸故自傷我之生也不得時節正逢天之厚怒使我從西而往於東無所安定而居處是逢天怒時故遭此勞役也又自歎傷多矣我之所遇之病言遇貧困之病多也甚急矣我之在於邊垂言已守邊之勞甚也○鄭唯圉爲禦寇爲異餘同○傳宇居僤厚○正義曰屋宇所以居人故宇爲居僤亶音相近義亦同釋詁云亶厚也某氏曰詩云俾爾亶厚是僤亶同也○箋此士至之言○正義曰既是士卒自傷則念土宇者自念己之鄉土居宅也王肅云乃念天下居土之不安其意以爲詩人廣念天下傳既無說箋意不然○傳圉垂○正義曰釋詁文舍人曰圉拒邊垂也孫炎曰圉國之四垂也此是行役所傷自傷在邊垂也○箋痻病至之事○正義曰痻字從病而以昏爲聲是昏忽之病箋讀圉爲禦者若守邊垂不得爲無所定處且云我垂於文不足故以爲禦寇之事**爲謀爲毖。亂況斯削。**毖慎也箋云女爲軍旅之謀爲重愼兵事也而亂滋甚於此日見侵削言其所任非賢○毖音祕削相畧反**告爾憂恤。誨爾序爵。誰能執熱。逝不以濯。**濯所以救熱也禮亦所以救亂也箋云恤亦憂也逝猶去也我語女以憂天下之憂教女以次序賢能之爵其爲之當如手持熱物之用濯謂治國之道當用賢者○濯直角反語魚據反**其何能淑。載胥及溺。**箋云淑善胥相及與也女若云此於政事何能善乎則女君臣皆相與陷溺於禍難○難乃旦反下患難同〔疏〕爲謀至及溺○正義曰此以王無賢輔欲發之用賢言觀汝王爲軍旅之謀爲重愼兵事雖心欲重愼而謀慮不長更使亂亡滋甚於此日見侵削皆由所任非賢行之失理故也故今告汝以憂天下之憂誨汝次序賢能之爵但能用賢人則無憂可矣所以然者誰能執火熱之物而去之不以水濯手者乎言以水濯手則可以止熱以興誰能處危亂之國而治之不用賢人行禮者乎以禮任賢則可以止亂汝若謂我此言其於政事何能善乎則汝君臣皆相與陷溺於禍難矣以其拒諫無謀故當至於滅亡○傳毖慎○正義曰釋詁文○箋女爲至非賢○正義曰以承上軍旅之事故知謀爲軍旅之謀慎爲重慎兵事也厲王謀則失機師出多敗爲人所陵故爲亂滋甚日見侵削言其所任非賢也○傳濯所至救亂○正義曰襄三十一年左傳引此詩乃云禮之於政如熱之有濯也濯以救熱何患之有是以濯救熱喻以禮救亂也必賢人乃能行禮故箋云治國之道當用賢以申足傳意也○箋女君至禍難○正義曰王肅以爲如今之政其何能善但君臣相與陷溺而已如此理亦可通箋不然者以此文承上告教之言宜爲不受之勢故以爲假設拒已之辭示之不可之狀以相者非一人之言故以爲君臣俱陷於禍難**如彼遡風。亦孔之僾。民有肅心。荓云不逮。好**

是稼穡。力民代食。遡鄉僾唈荓使也力民代食代無功者食天祿也箋云肅進逮及也今王之爲政見之使人唈然如鄉疾風不能息也王爲政民有進於善道之心當任用之反却退之使不及門但好任用是居家吝嗇於聚斂作力之人令代賢者處位食祿明王之法能治人者食於人不能治人者食於人禮記曰與其有聚斂之臣寧有盜臣聚斂之臣害民盜臣害財○遡音素僾音愛荓字又作迸音普耕反徐補耕反本或作拼同逮音代一音大計反好呼報反注但好同家王申毛音駕謂耕稼也鄭作家謂居家也下句家穡維寶同穡本亦作嗇音色王申毛謂收穡也鄭云吝嗇也尋鄭家嗇二字本皆無禾者下稼穡卒痒始從禾鄉本又作嚮同許亮反下同唈烏合反令力呈反食不能治人者食於人音嗣**稼穡維寶。代食維好。**箋云此言王不尚賢但貴吝嗇之人與愛代食者而已〔疏〕如彼至維好○毛以爲王不任賢政教暴虐此傷而戒之言王之爲政使人見之如彼嚮於疾風之時亦甚可爲之唈然使人傷氣而不能息言王政之虐逆於人心之甚也此由王不任賢故又陳而戒之民有進於善道之心王當任用反却退之使去不得及門而維任小人甚可傷也又教王用人之法當愛好是知稼穡艱難之人有功於民者使之代無功者食天祿如此則王政善矣民心樂之所以然者此知稼穡之事者維爲國之寶也使能者代不能者食祿維使政之好也王何不擇任之乎○鄭唯下四句爲異王既退賢者使不及門但好任是居家吝嗇及聚斂作力之人令代賢者處位食祿又言王愛小人之甚王見此居家吝嗇之人維以爲寶使此作力之人代賢者食祿維以爲好以此故使政亂而民憂○傳僾唈至天祿○正義曰僾唈釋言文孫炎曰心唈也郭璞曰嗚唈短氣也荓使釋詁文夏官司勳云治功曰力則力民謂善人有力功加於民者也故知力民代食謂使代無功者食天祿也祿是君之所授而謂之天者以上天不自治人立官以治之居官乃得食祿是祿亦天之所與故謂之天祿矣力民代食傳既如此則好是稼穡亦異於鄭當謂好是知稼穡艱難之人也論語曰禹稷躬稼而有天下無逸云先知稼穡之艱難乃逸是君上之美事故勸王好之也王肅云當好知稼穡之艱難有功力於民代無功者食天祿是也○箋肅進至害財○正義曰肅進逮及皆釋詁文唈者風唈人氣故云使人不能息息謂喘息論語云屏氣似不息者是也民有肅心是民之善者責王不能用善故知荓云不逮者是使之不得及門也以仕進者得入君門故謂不居位者爲不得及門論語云從我於陳蔡皆不及門者是其事也鄭以文勢荓云不逮是退賢則好是家嗇爲進惡故以家嗇爲居家吝嗇箋不言稼當爲家則所授之本先作家字也孔子曰如有周公之才之美使驕且吝其餘不足觀也已居家吝嗇爲人之惡行不宜好之也聚斂作力之人而用心作力也直言力民不言作力之事而知於聚斂之事作力者論語曰季氏富於周公而求也爲之聚斂而附益之非吾徒也小子鳴鼓而攻之可也是孔子大疾聚斂之臣也禮記云與其有聚斂之臣寧有盜臣是聚斂之臣臣之惡行者也以厲王貪而重賦斂故知所愛力民其爲已作方於民爲君作力於人唯聚斂耳故知力民代食是使聚斂作力之人代賢者食祿也明王之法能治人者食於人謂居官受祿取食於人也不能治人者出於人謂出其賦稅養食賢人也此文孟子有其事言此者解惡人不宜代賢人竊祿之意也所引禮記者大學文也盜者避邑主人有時而竊聚斂則恃公作威徵責不已故與其有聚斂之臣寧有盜臣何者聚斂之臣則害民盜臣則止害財財輕於民斂甚於盜然則聚

斂之臣王政之大害而樂記云君子聽竽笙簫管之聲則思畜聚之臣復思得之者彼謂在官主掌畜積受納輸稅若載師倉人之類非冉求之輩橫斂下民且樂記云畜聚不言聚斂與此異也○箋此言至而已○正義曰重舉此文明是責王之貪好之也傳於上文既異於鄭則此亦不同矣王肅云能知稼穡之事唯國寶也使能者代不能者食祿則政唯好傳意當然**天降喪亂。滅我立王。降此蟊賊。稼穡卒痒。**箋云滅盡也蟊食苗根曰蟊食節曰賊耕種曰稼收斂曰穡卒盡痒病也天下喪亂國家之災以窮盡我王所恃而立者謂蟲孽爲害五穀盡病○蟊莫侯反說文作蟊痒音羊孽魚列反說文作蠥云衣服歌謠草木之怪謂之妖禽獸蟲蝗之怪謂之蠥**哀恫中國。具贅卒荒。靡有旅力。以念穹蒼。**贅屬荒虛也穹蒼蒼天箋云恫痛也哀痛乎中國之人皆見係屬於兵役家家空虛朝廷曾無有同力諫諍念天所爲下此災○恫音通本又作恫贅之芮反又拙稅反穹起弓反朝○直遙反下皆同與音餘下所行者惡與同〔疏〕天降至穹蒼○正義曰言天以王貪酷之政故下此死喪亂國之灾以滅盡我所恃立以爲王者之物謂灾害五穀也又說灾害之事降此蟊賊殘食苗稼之蟲食民所斂種之稼穡莫不盡被病害是滅我立王也既天灾如此以致兵亂可哀痛哉今中國之人俱見繫屬於兵役家家盡皆空虛是深可哀矣何謂汝之朝廷羣臣無有欲衆力一心共諫爭王以念止此穹蒼上天所下之灾者乎○箋滅盡至盡病○正義曰滅盡釋詁云蟲食根曰蟊食節曰賊釋蟲文卒盡痒病亦釋詁文以此經勢相接於滅我立王之下即言蟲灾病穀則知滅我立王者是滅穀也故箋辨之窮盡我王所恃而立者正謂蟲灾爲害五穀盡病以言盡故知總五穀也○傳贅屬至蒼天○正義曰贅猶綴也謂繫綴而屬之長發云爲下國綴旒襄十六年公羊傳曰君若綴旒然是贅綴同也孟子曰太王屬其耆老書傳云贅其耆老是贅爲屬漢書謂男子在婦家爲贅壻亦此義也穹蒼蒼天釋天云李巡曰古時人質仰視天形穹隆而高色蒼蒼然故曰穹蒼是也○箋恫痛至此災○正義曰恫痛釋言文以贅是繫屬故民所繫屬唯兵耳故知繫於兵役家家盡空虛矣言悉從行也旅訓衆也故知靡有旅力責朝廷曾無衆同力諫爭念天所爲下此灾也衆力則非一人所能故總之而云靡有者責其無有發此心者○**維此惠君。民人所瞻。秉心宣猶。考慎其相。**相質也箋云惠順宣偏猶謀慎戒相助也維至德順民之君爲百姓所瞻仰者乃執正心舉事偏謀於衆又考誠其輔相之行然後用之言擇賢之審○相毛如字鄭息亮反偏音遍下同行下孟反下荼毒之行悖逆之行民之行皆同**維彼不順。自獨俾臧。自有肺腸。俾民卒狂。**箋云臧善也彼不施順道之君自多足獨謂賢言其所任之臣皆善人也不復者愼自有肺腸行其心中之所欲乃使民盡迷惑也彼是又不宣猶○肺本又作胇芳廢反〔疏〕維此至卒狂○毛以爲上責王不任賢此言不能任意維此至德順民之君爲百姓民人之所瞻仰者乃執正其心偏謀於衆又稽考誠信用其賢明之有美質者以爲臣維彼不施順道於民之君自獨用己心謂己所任使之臣皆爲善人不復詳考善惡更施順道於民之君自獨用己心謂己所任使之臣皆爲善人不復詳考善惡更求賢人自以己有肺腸行心所欲不謀於衆人任用惡人乃使下民化之盡皆迷惑如狂人是不謀於衆

無可瞻仰也○鄭唯考誠其輔相之行爲異餘同○傳相質○正義曰傳讀相如金玉其相故以爲質謂大賢之人有美質者其考愼之義亦當與箋同○箋惠順至之審○正義曰惠順宜偏釋言文愼誠釋詁文以相爲相導之相故爲助也秉訓爲執猶訓爲謀君之用臣必謀之朝廷故云執正心舉事必謀於衆假使衆雖同舉或言非誠信又當考察誠信其輔相之行知其實善然後用之言其擇賢之審謂順民之君能如此也○箋臧善至宜猶○正義曰臧善釋詁文此經之順猶上惠也上言惠君知此不順者不施順道之君也獨者自以己身獨有才智謂衆人之所不及故云自多足獨謂賢言此人自多其事以己爲足無所假人獨自謂己賢若皇父孔聖是也身實不賢專己自任則迷於是非不知善惡所使實非善人信其諂諛之語郎言所任使之人皆爲善人不如惠君考愼也肺腸五臟之物言之以表其心故云自有肺腸行其心之所欲但所欲不得於道以之行化使之迷惑如狂是又不如惠君宜猶之也言又者對不考愼爲文也上先宜猶而後考愼此反上文而倒者以此二者經文大小不類上云民人所瞻此當有民人不瞻之意此云俾民卒狂上應有使民得理之意文既不同故互相先後臣實不善而謂之爲善是不考愼自行所欲不謀於衆是不宜猶故箋隨文所反而引以譬之故與上文倒也

瞻彼中林。甡甡其鹿。朋友已譖。不胥以穀。甡甡衆多也箋云譖不信也胥相也以猶與也穀善也視彼林中其鹿相輩耦行甡甡然衆多今朝廷羣臣皆相欺皆不相與以善道言其鹿之不如○甡所巾反聲類云聚貌譖子念反本亦作僭相輩一本作相配背音佩卒章同

人亦有言。進退維谷。谷窮也箋云前無明君却迫罪役故窮也○罪役一本作罷役罷音皮

〔疏〕瞻彼至維谷○正義曰此責臣不相信令百姓困窮言視彼中林之處乃見甡甡然衆多者是其羣鹿鹿乃走獸猶以其類相善輩偶而行以喻朝廷羣臣亦當以善相與共處官位何爲今汝羣臣朋友皆以此僭差情不相信不肯相告以善道者是乃鹿之不如也既政惡如此上下有害古之賢人亦有言曰無道之世其民前無明君却迫罪役其進與退維皆困窮此郎今時是也○傳甡甡衆多○正義曰甡郎詵字詵詵羣聚之貌故爲衆多也○箋譖不至不如○正義曰讒僭是僞妄之言故爲不信也胥相釋詁文以猶與者解以穀之義也穀善亦釋詁文事有相對勢有相反言朋友不信不相與善道則鹿之甡甡者爲相親善矣故言鹿相輩類偶匹爲相親善之意羣臣皆相欺背不相與善是則不能甡甡故言鹿之不如○傳谷窮○正義曰谷謂山谷墜谷是窮困之義故云谷窮○箋前無至故窮○正義曰人君是施政之本民心所向故以爲前罪役是既施之後民心所畏故以爲却以此故進退有窮也王肅云進不遇明君退不遇良臣維以窮箋不然者以臣之佐君共成其惡不宜分之爲二故以施政本末爲進退

維此聖人。瞻言百里。維彼愚人。覆狂以喜。瞻言百里遠慮也箋云聖人所視而言者百里言見事遠而王不用有愚闇之人爲王言其事淺且近耳王反迷惑信用之而喜○覆芳服反下及注除覆蔭字皆同狂王居況反鄭求方反爲于僞反

匪言不能。胡斯畏忌。箋云胡之言何也賢者見此事之是非非不能分別皂白言之於王也然不言之何也此畏懼犯顏得罪罰○別彼列反皂在早反

〔疏〕維此至畏忌○正義曰此又言王親愚遠聖而賢者不敢言之維此聖而遍知之人其所觀視而言者乃遠知於百里之事而王不寵用之維彼愚而蔽闇之人其所觀視而言者乃遠不過知於分寸之理今王反迷惑以歡喜用之賢者見王如是實能辯其善惡非是言之不能其實能辯言之而不肯言之者何乎此乃畏懼犯顏得罪故不敢言之刺王寵愛愚人虐而拒諫

維此良人。弗求弗迪。維彼忍心。是顧是復。迪進也箋云良善也國有善人王不求索不進用之有忍爲惡之心者王反顧念而重復之言其忽賢者而愛小人○迪徐徒歷反索音色

〔疏〕傳迪進○正義曰釋詁文○箋國有至小人○正義曰王不求索者謂不肯求訪搜索而覓之假得又不肯進用之故分爲二也顧念謂初郎見顧眷而念愛之既用爲官又復重而昇進之故亦分爲二維顧小人不求進賢者言其忽賢者而愛小人

民之貪亂。寧爲荼毒。箋云貪猶欲也天下之民苦王之政欲其亂亡故安爲苦毒之行相侵暴慍恚使之然○荼音徒慍紆運反

〔疏〕箋貪猶至之然○正義曰貪欲皆是意之所思故云貪猶欲也民性本好安寧今所以貪欲亂亡者以疾苦王者之政欲使天下之亂得喪滅此王也荼苦葉毒者螫蟲荼毒皆惡物故此惡行天下之民苦王之政民欲其亂亡故安然而爲此惡行以相侵暴謂強陵弱衆暴寡也此非民之本性乃由慍恚王者使之然也

大風有隧。有空大谷。隧道也箋云西風謂之大風大風之行有所從而來必從大空谷之中喻賢愚之所行各由其性○大毛如字鄭音泰隧音遂

維此良人。作爲式穀。維彼不順。征以中垢。中垢言闇冥也箋云作起式用征行也賢者在朝則用其善道不順之人則行闇冥受性於天不可變也○垢古口反

〔疏〕大風至中垢○正義曰上言王用惡人此又云惡有本性不可變改言大風所從之來自有其道乃從彼有空大谷而來也以喻賢愚所爲之行亦自有其本乃由彼有稟天性而然由善惡自有本性所行各依其本維此善德順道之人其所起爲之事皆用其善道行昭明之德維彼反道不順之人其所行作之事皆不以其善用闇冥之行是各受天性不可改移刺王用此不移之惡使行政亂民○傳隧道○正義曰隧者道之別名襄二十五年左傳曰當陳隧者井堙木刋謂當陳之道也○箋西風至其性○正義曰西風謂之大風釋天文彼大作泰孫炎曰西風成物物豐泰也以下文說良人與不順之人性行故知喻賢愚各由其性○傳中垢言暗冥○正義曰垢者土處中而有垢土故以中垢言暗冥也

大風有隧。貪人敗類。聽言則對。誦言如醉。類善也箋云類等夷也對荅也貪惡之人見道聽之言則應荅之見誦詩書之言則冥臥如醉居上位而行此人或效之○敗伯邁反注同應應對之應

匪用其良。覆俾我悖。覆反也箋云居上位而不用善反使我爲悖逆之行是形其敗類之驗○悖蒲對反

〔疏〕大風至我悖○毛以爲大風之來也有道以喻貪人之所爲也有性貪人有此惡行敗於善道又言其敗善之事見彼道聽之言則應荅之見誦詩書之言則眠臥如醉居上而爲此行令使下民效之非能聽用其言反使我下民效之爲悖逆之行是以惡行敗善也○鄭雖類爲等夷爲異餘同○傳類善也○正義曰釋詁文○箋類等至傚之○正義曰箋以貪者惡行自然反善不宜言敗善也類者比類故爲等夷謂尊卑齊平朝廷之人禮記注引四皓曰陛下之等夷亦謂尊卑等也聽言與誦言相對誦言是誦習詩書之言則聽言非典法之言故以爲道聽之言郎論語所謂道聽塗說者[illegible]人之識不能鑒遠聞淺近之言合其志意則應荅之見[illegible]書之言非心所解則眠臥如醉樂記魏文侯自言端冕[illegible]古樂唯恐臥史記稱商鞅說秦孝公以帝道孝公睡而[illegible]皆是心所不悟如醉然也民之所爲皆效君上故云居[illegible]而行此人或效之言或者容其不必盡然○箋居上至[illegible]○正義曰居上位而不用善郎上誦言如醉是也由其[illegible]用善茲皆用惡此惡行以教下民令民效之是使我爲[illegible]之行詩人善此事者是以形見其敗類之驗也敗類者[illegible]其朝廷等類此使民爲惡行則非其等類而以此爲敗[illegible]者以善人與惡人爲類善人欲教人爲善令惡人教人爲惡是善者敗也故爲敗驗

嗟爾朋友。予豈不知而作。如彼飛蟲。時亦弋獲。箋云嗟爾[illegible]者親而切[illegible]也而猶女也我豈不知女所行者惡與直知之女所行[illegible]猶鳥飛行自恣東西南北時亦爲弋射者所得言放縱[illegible]所拘制則將遇伺女之間者得誅女也○間如字又音閒

既之陰女。反予來赫。[illegible]也箋云之往也口距人謂之赫我恐女見弋獲既往覆[illegible]謂厥告之以患難也女反赫我出言悖怒不受忠告○[illegible]音蔭覆蔭也王如字謂陰知之赫毛許白反光也與王[illegible]怒同義本亦作嚇鄭許稼反莊子云以梁國嚇我是也[illegible]且反

〔疏〕嗟爾至來赫○正義曰上既言貪人敗善故又[illegible]貪人嗟乎汝朋友謂朝廷臣等我豈不知汝之[illegible]者爲惡與言已知其惡也爲惡不已如彼飄飛之蟲特[illegible]翩之力自恣東西南北有時亦爲弋者所獲言貪人特[illegible]僞之智自恣侵害良善有時亦將爲所誅恐汝見誅云[illegible]善言往覆蔭汝謂告之患難使之改行汝何爲反於我[illegible]然而拒我也言其不受忠告必將誅滅○箋嗟爾至誅[illegible]正義曰此言朋友還是上之貪人貪人非詩人所親而[illegible]朋友者意欲親而切瑳之故以朋友言之經言飛蟲箋[illegible]鳥者爲弋所獲明是飛鳥蟲是鳥之大名故羽蟲三百[illegible]鳳皇爲之長是鳥之稱蟲者也放縱久無所拘制謂侵[illegible]人作惡不已則將有人伺汝之閒暇誅汝謂知其間陰[illegible]其罪告王使誅之也○傳赫炙○正義曰來赫者言其[illegible]之意故轉爲嚇與王赫斯怒義同是張目瞋怒之貌故[illegible]爲口拒人謂之嚇定本集注毛傳云赫炙也王肅云我[illegible]汝行矣乃反來嚇炙我欲有以退止我言者也傳意或本誤也

民之罔極。職涼善背。涼薄也箋云職主[illegible]民之行失其中者主[illegible]政者信用小人互相欺違○涼毛音良鄭音亮下同

爲民不利。如云不克。[illegible]也爲政者害民如恐不得其勝言至酷也○酷口毒反

民之回遹。職競用力。[illegible]競逐也言民之行維邪者主由爲政者逐用彊力相尚故也言民愁困用生多端○邪似嗟反

〔疏〕[illegible]毛以爲上既爲不善政使民俗亦敗言下民之爲此無[illegible]之行主爲偷薄之俗唯善於相欺背之事是由上行惡[illegible]使之然在上行政爲民所不利者如云恐畏不勝其人[illegible]言其盡力爲酷唯恐不勝也上以虐政臨下下則姦巧[illegible]今下民之行皆邪僻矣主爲競逐用力言民皆以力相[illegible]上化然也○鄭以爲民之無中正者由主在上信用小[illegible]工善於相欺背者下二句言民之所以邪僻皆主爲政[illegible]用力唯以强力相尚務勝其民故下民愁苦皆爲邪僻[illegible]同○傳涼薄○正義曰涼者薄之別名莊三十二年左[illegible]虢多涼德謂虢君薄德是涼爲薄也王肅云民之無中[illegible]

爲薄俗善相欺背傳意當然此傳以涼爲薄職謂民所主爲則下云職競職盜皆是民之所主不得與鄭同。箋職主至欺違。正義曰職主諒信皆釋詁文箋以民之爲惡由政不善則所言職者皆主由君政不宜爲民意所主故易傳以諒爲信由爲政者信用小人之工相欺違者以此故下民皆無中正學相欺違也善其事曰工故以工解善。箋競逐至多端。正義曰釋言云競逐強也俱訓爲強故競得爲逐逐用強力相尚者謂有強力能威服下民者則尊尚之以此相尚則在位者皆競爲強故下民愁困用此之故各生多端多端卽邪僻是也。毛以職競用力爲民所主爲則是民主相與競用力爲邪僻也故王肅云令民之爲邪僻乃主相與競用力爲之是也

民之未戾，職盜爲寇。戾定也箋云爲政者主作盜賊爲寇害令民心動搖不安定也。令力呈反**涼曰不可覆，背善詈。**箋云善猶大也我諫止之以信言。女所行者不可反背我而大詈言距己諫之甚。詈力智反**雖曰匪予，既作爾歌。**箋云予我也女雖觝距己言此政非我所爲。我已作女所行之歌女當受之而改悔。觝距都禮反距或作拒。〔疏〕民之至爾歌。毛以爲由上非理化民故下民之心未能安定矣。今民心皆主作盜賊相爲寇害是未得安定矣以民之不定故我以信言諫王曰汝所行者於理不可望王受而用之反背我而大罵詈拒己作此惡事云非己所爲汝雖言曰此惡政非我所爲我知汝實爲之已作汝所爲之歌歌汝之過汝當受而改之。鄭唯上一句爲異餘同。傳戾定。正義曰釋詁云戾定止也俱訓爲止是戾得爲定。毛以職盜爲寇爲民所主行則是民自作盜賊相寇害也

桑柔十六章，八章章八句，八章章六句。

雲漢，仍叔美宣王也。宣王承厲王之烈，內有撥亂之志，遇烖而懼，側身脩行，欲銷去之，天下喜於王化復行，百姓見憂，故作是詩也。仍叔周大夫也春秋魯桓公五年夏天王使仍叔之子來聘。烈餘也。雲漢天河也自此至常武六篇宣王之變大雅。仍而升反撥半末反行下孟反銷音翦去起呂反復扶又反下注復重并篇末注同見憂竝如字徐憂於救反〔疏〕雲漢八章章十句至是詩。正義曰雲漢詩者周大夫仍叔所作以美宣王也以宣王承其父厲王衰亂之餘政內有治亂之志遇此旱災而益憂懼側己身以脩德行欲以善政而銷去之天下之民見其如此喜於王者之化復得施行百姓見王所憂矜故仍叔述民之情作是雲漢之詩以美之也必本之於厲王之烈者爲撥亂張本明宣王悼父之非自力爲善已有撥亂之心志遇災而益憂懼見其憂民之情深也撥亂者以前有衰亂欲治理之哀十四年公羊傳曰撥亂世反諸正莫近於春秋何休云撥猶治也其意言春秋撥亂而作欲治此亂世使反諸正道是撥亂爲治亂也遇災謂旱災卽經旱既太甚是也側者不正之言謂反側也憂不自安故處身反側欲行善政以消去此災也喜於王化復行者厲王之亂王化不行宣王施布王化故喜其復行經稱憂其旱災爲之祈禱卽是王化行也王之憂旱正爲百姓是天下百姓見彼憂矜非百官也宣王遭旱早晚及旱年多少經傳無文皇甫謐以爲宣王元年不藉千畝虢文公諫而不聽天下大旱二年不雨至六年乃雨以爲二年始旱旱積五年謐之此言無所憑據不可依信經八章皆言王之憂旱百姓喜之之事。箋仍叔至烈餘。正義曰仍氏叔字春秋之例天子公卿稱爵大夫則稱字此言仍叔故知大夫也桓五年夏天王使仍叔之子來聘則春秋經也引之者證此仍叔是天子大夫也以史記考之桓之五年上距宣王之崩七十六年至其初則百餘年也未審此詩何時而作爲別人可也何則春秋之世晉之知氏世稱伯趙氏世稱孟仍氏或亦世稱字叔爲別人可也烈餘釋詁文

倬彼雲漢，昭回于天。回轉也箋云雲漢謂天河也昭光也倬然天河水氣也精光轉運於天時旱渴雨故宣王夜仰視天河望其候焉。倬陟角反王云著也說文云著大也渴苦蓋反貪也本又作渴苦葛反篇末同**王曰於乎，何辜今之人。天降喪亂，饑饉薦臻。**薦重臻至也箋云辜罪也王憂旱而嗟歎云何罪與今時天下之人天仍下旱災亡亂之道饑饉之害復重至也。饑音飢又音機饉其靳反薦在見反臻側巾反重直用反下同與音餘下所因與與精誠與殺我與同**靡神不舉。靡愛斯牲。圭璧既卒。寧莫我聽。**箋云靡莫皆無也言王爲旱之故求於羣神無不祭也無所愛於三牲禮神之圭璧又已盡矣曾無聽聆我之精誠而興雲雨。聽依義吐定反協句吐丁反爲于僞反下爲旱同聆音零〔疏〕倬彼至我聽。正義曰於時旱災已甚王憂念下民夜仰視天瞻望雨候見倬然而明大者彼天之雲漢其水氣精光轉運於天未有雨徵王乃言曰於乎可嗟歎我何罪乎我今時之人何罪而爲天所罰乃使上天下此喪亂之災使飢饉之害頻頻重至也何罪故以訴之又言己爲旱之故祈禱明神無有神不求而舉祭之者言其偏祭羣神又無愛於此三牲言其不恡牲物文禮神圭璧既已盡矣言己牲玉不愛精誠又甚何爲諸神曾無於我而見聽聆欲加祐助者而使其旱災若此也。箋雲漢至候焉。正義曰此雲漢與大東天漢爲一故云天河也雲昭光釋詁文河圖括地象云河精上爲天漢是天河水光之精氣也望其候者謂望天之星辰及風雲之氣冀見雨之徵候也惟言望雲漢者以天河水氣與雨爲類視天之水氣傷地之無雨宣王意在天河故作者特言焉。傳薦重臻至。正義曰釋言云荐再也僖十三年左傳曰晉荐饑釋天云乃飢爲荐此薦與荐字異義同故爲重也臻至釋詁文。箋辜罪至重至。正義曰辜罪釋詁文天仍下旱災亂亡之道正謂旱是亂亡之導理也定本集注仍字皆作乃字宣王遭旱非止一年故皇甫謐以爲旱積五年五年之言未知信否要言飢饉薦臻故是連年不熟故云飢饉之害復重至也。箋言王至雲雨。正義曰求於羣神無所不祭卽下經所陳上天下地從郊至宮之類也大司徒以荒政十有二聚萬民其一曰索鬼神注云荒凶年也鄭司農云索鬼神者求廢禮而脩之雲漢之詩所謂靡神不舉靡愛斯牲是也下傳亦云國有凶荒則索鬼神而祭之是遭遇天災必當廣祭羣神神皆用牲祭之故言靡愛斯牲偏祈羣神所祭者廣天地五帝當用特牲其餘諸神或用太牢或用少牢三牲皆用故言無所愛於三牲也祭神又用玉器春官大宗伯以玉作六器以禮天地四方以蒼璧禮天以黃琮禮地以青圭禮東方以赤璋禮南方以白琥禮西方以玄璜禮北方典瑞云四圭有邸以祀天兩圭有邸以祀地裸圭有瓚以祀先王圭璧以祀日月星辰璋邸射以祀山川皆是祭神所用故云禮神之圭璧已盡矣禮神之圭器自有多名言圭璧爲其摠稱以三牲用不可盡故言無愛圭璧少而易竭故言既盡莊二十五年左傳曰凡天災有幣無牲而此云靡愛斯牲者設文之意各有所主彼因日食大水而發此言天之見災異所以譴告人君只欲令改過脩善非爲求人飲食而降此災異於時魯不罪己脩政謂天求飲食而用牲祭之望天不爲災故傳據正禮諸侯當用幣於社以告請上公伐鼓於朝退以自責不宜用牲於社與之飲食故云有幣無牲謂救止天災告社之法不當用牲也至於水旱荐至禱祀羣神以祈福禳過止災者則不得不用牲也何則司徒荒政索鬼神謂祭祀之也若不以牲祭索之何也祭法曰埋少牢於泰昭祭時也禳祈於坎壇祭寒暑也王宮祭日也夜明祭月也幽禜祭星也雩禜祭水旱也注云凡此以下皆祭用少牢寒暑不時或禳之或祈之是說祈禱之祭用牲也又春官太祝掌六祈以同鬼神示類造禬禜攻說注云造類禬禜皆有牲攻說用幣而已是天災祈禱有用牲也歲或水旱皆是上天之爲假祭羣神未必能已聖王制此禮者何哉將以災旱不熟必至於死人君爲之父母不可忍觀窮厄固當責躬罪己求天禱神罄忠誠之心爲百姓請命聖人緣人之情而作爲此禮非言祈禱必能止災也徒以民情可矜不得不爲之禱禱而無雨不得不訴於神耳

旱既大甚，蘊隆蟲蟲。蘊蘊而暑隆隆而雷蟲蟲而熱箋云隆隆而雷非雨雷也雷聲尚殷殷然。大音泰徐他佐反下大甚竝同蘊紆粉反本又作煴紆文反韓詩作鬱同蟲直忠反徐徒冬反爾雅作爞云熏也郭又徒冬反韓詩作烔音徒東反殷於謹反或如字然一本作雨雷之聲當殷殷然**不殄禋祀。自郊徂宮。上下奠瘞，靡神不宗。**上祭天下祭地奠其禮瘞其物宗尊也國有凶荒則索鬼神而祭之。箋云宮宗廟也爲旱故絜禮不絕從郊而至宗廟奠瘞天地之神無不齋肅而尊敬之言徧至也。奠徒薦反瘞於例反埋也索色白反齋側皆反本亦作齊徧音遍**后稷不克，上帝不臨。耗斁下土，寧丁我躬。**丁當也箋云克當作刻識也斁敗也奠瘞羣臣而不得雨是我先祖后稷不識知我之所困與天不視我之精誠與猶以旱耗敗天下爲害曾使當我之身有此乎先后稷後上帝亦從宮之郊。耗呼報反韓詩云惡也斁丁故反說文字林皆作殬〔疏〕旱既至我躬。毛以爲皆述宣王之辭言天雨不降旱勢已太甚矣其暑氣蘊蘊然雷聲隆隆然熱氣爞爞然酷熱如此無復雨意故我勤於請禱不絕其絜敬之祭既祀天於郊又從郊而往至宗廟之宮以次而祭未嘗絕已其祭之禮則上祭天下祭地而天則奠其禮地則瘞其物從此以至於百靈無神而不齋肅尊敬之者言皆尊敬之我精誠如此雨澤不降是先祖后稷不能福祐我也皇天上帝不能臨饗我也若稷能祐我天意臨我則應助我以福何故以此旱災耗敗天下王地之國曾使正當我身有此旱乎。鄭唯不克不臨爲異餘同。傳蘊蘊至而熱。正義曰蘊蘊暑氣附人之氣故云而暑溫字定本作蘊隆隆是雷聲不絕之狀故云而雷爞爞是熱氣蒸人之貌故云而熱以蘊隆貌狀宜重言故復言之也暑熱夫同蘊平常之而熱蟲蟲又甚熱故暑熱與其文釋訓云爞爞薰也郭璞曰旱熱薰炙人也。箋隆隆至殷殷然。正義曰以雷雨相將嫌旱不得有雷故辨之云非雨雷取殷其靁以證之明雷同而事別也。傳上祭至祭之。正義曰以郊爲祭天卽此上也上既爲天下與之對故知是地也奠謂置之於地瘞謂埋之於土禮與物皆謂爲禮事神之物酒食牲玉之屬也天言奠其禮見播其物地言瘞其物亦奠其禮也天地各舉其一互以相通國有凶荒則索鬼神而祭之卽司徒荒政索鬼神是也

言此者解靡神不宗之意○箋宮宗至偏至○正義曰以言祭事而云宮故知宮爲宗廟也祭郊祭廟不以同日爲之而云自郊徂宮爲相因之勢者明其不絕之意也靡神不宗與奠瘞別句則所宗者天地之外其餘百神而箋連其文云奠瘞天地之神無不齊肅而尊敬之以奠瘞即是尊敬之事明其餘羣臣亦奠瘞之無不者廣及之辭言其祭祀偏至也○傳丁當○正義曰釋詁文毛無破字之理必不與鄭同蓋以克爲能王肅云后稷不能福祐我邪上帝不能臨饗我邪天下耗敗當我身邪傳意或然則能與臨非異文者以后稷是己之先祖心必助之但苦其不能耳天則非己之親故云不臨○箋克當至之郊○正義曰以上帝不臨者上帝不視下則后稷不克者當謂后稷不知已故轉克爲刻刻削所以記識故云刻識也洪範云彝倫攸斁斁是毀敗之義故爲敗也不知困苦不視精誠其意亦同正以困苦欲其知精誠欲其見故分屬之耳上云不絕禋祀即云從郊往宮此先言后稷後言上帝與上郊至宮文倒明又見從宮至郊爲不絕之義也

旱既太甚。則不可推。兢兢業業。如霆如雷。周餘黎民。靡有孑遺。推去也兢兢恐也業業危也孑然遺失也箋云黎眾也旱既不可移去天下困於饑饉皆心動意懼兢兢然業業然狀有如雷霆近發於上周之眾民多有死亡者矣今其餘無有孑遺者言又餓病也○推吐雷反注同兢本又作矜居陵反業如字郭五荅反霆音庭又音挺一音徒佞反孑居熱反去起呂反下同恐丘勇反下同

昊天上帝。則不我遺。胡不相畏。先祖于摧。摧至也箋云摧當作嗺嗺嗟也天將遂旱餓殺我與先祖何不助我恐懼使天雨也先祖之神于嗟乎告困之辭○相毛如字鄭息亮反摧在雷反又子雷反鄭作嗺子雷反

【疏】旱既至于摧○毛以爲宣王言旱熱已太甚矣不可令之移去矣天下困於飢饉心動意懼皆兢兢然而恐怖業業然而憂危其危恐也如有霆之鼓於天如有雷之發於上言其恐怖之甚也疑此故周之民多死亡矣其餘不死之眾民無有孑然得遺漏而不餓病者言死亡之餘又皆飢困也昊天上帝如此酷旱則不於我民使有遺留其意將欲盡殺我民也先祖之神見天如此何不助我畏此旱災使天雨也天若不雨民將餓死先祖之神於何所歸而至乎言民盡餓死則神無所歸欲令先祖助己憂也此胡不相畏責先祖不助己則先祖之文宜在胡不之上但下之與于摧共句耳○鄭唯以于摧爲嗟歎告困苦之辭爲異餘同○傳推去至遺失○正義曰推是遠離之辭故爲去也釋訓云兢兢戒也以恐怖而後戒懼故爲戒也業業危釋訓云孑然孤獨之貌言靡有孑遺謂無有孑然得遺漏定本及集注皆云孑然遺失也俗本有無字者誤也○箋黎眾至餓病○正義曰黎眾釋詁文以旱災殺人而言周餘眾民故知餘是死亡之餘既言有餘則是有民存矣而復言靡有孑遺無有孑遺乃是悉盡之言故知無有孑遺謂餓病也其意言死者已死在者又餓無有孑然不餓病者非謂盡死無孑然也○傳摧至○正義曰釋詁文孫毓云我今死亡先祖之神於何所至言將無所歸也今以孫爲毛說○箋摧當至之辭○正義曰箋以先祖于至於辭不安故轉摧爲嗺嗺者咨嗟告困之辭以上言死亡者已死遺餘者復病是天意遂欲餓殺我也解則不我遺之意相訓助也畏是懼也故言何爲不助我恐懼使天雨也責其不助己者責先祖也先言所責之意乃呼之既呼即吁嗟告困故先祖與于嗺共句爲文勢然

旱既太甚。則不可沮。赫赫炎炎。云我無所。大命近止。靡瞻靡顧。沮止也赫赫旱氣也炎炎熱氣也大命近止民近死亡也箋云旱既不可卻止熱氣大盛人皆不堪言我無所庇陰處眾民之命近將死亡天曾無所視無所顧於此國中而哀閔之○沮在呂反炎于廉反本或作惔音同近附近之近芘音祕又必二反本亦作庇蔭於鴆反本亦作廕

羣公先正。則不我助。父母先祖。胡寧忍予。先正百辟卿士也先祖文武爲民父母也箋云百辟卿士雩祀所及者今曾無肯助我憂旱先祖文武又何爲施忍於我不使天雨○辟音璧下同雩音于祭名

【疏】旱既至忍予○正義曰宣王立旱勢既已太甚則不可止卻之矣故使旱之爲勢赫赫然氣盛炎炎然薰熱其時之人不能堪之皆云我欲避之無庇陰處所是旱熱之甚以此之故令多大眾民之命近將死亡言其去死不遠上天何曾無肯瞻察無肯顧念而哀閔之也既言怨天不顧念又復廣訴明神古者有德之羣公及先世之長官百辟卿士之等何曾不於我民助憂此旱令天降雨也其爲民之父母者先祖文王武王如此聖德應能動天何曾施忍於我不使天雨是欲不爲民之父母棄此民故訴之○傳沮止至死亡○正義曰沮者止壞謀慮之言故爲止也赫赫燥熱之狀故爲旱氣釋訓云炎炎薰也郭璞曰旱熱薰炙人是炎炎爲熱氣也命者人所稟受之度死則謂之命盡今言大命近止言期不遠將漸故爲民近死亡大者多眾之辭故箋以爲眾民之命○傳先正至父母○正義曰正者長也先世爲官之長又與羣公相配故知是百辟卿士也凡在民上皆欲爲民父母但他人稱之唯謂受命安民者也於民則爲父母於周則爲先祖故言先祖文武以其爲民父母故稱父母欲見先祖父母爲一故先解先祖必知先祖唯文武者以此詩所訴皆所祭之神周立七廟親廟四非受命立功不足徧訴上章已言后稷明此唯文武耳○箋百辟至天雨○正義曰解其訴先正不助之意由雩祀所及故也月令仲夏乃命百官雩祀百辟卿士有益於民者注云百辟卿士古之上公以下若勾龍后稷之類彼以經無羣公之文故鄭注百辟之文兼羣公矣此則羣公與先正別文故以先正爲卿士以下凡有采地皆稱曰君舉眾言之故謂之百辟鄭唯言百辟卿士雩祀所及不言羣公羣公亦是雩祀所及即月令注云上公是也但乘傳而說又據月令成文故不言羣公耳百辟卿士訴其不助我憂旱先祖文武言施忍於我不使天雨二文不同互以相足

旱既太甚。滌滌山川。旱魃爲虐。如惔如焚。我心憚暑。憂心如薰。滌滌旱氣也山無木川無水魃旱神也惔燎之也憚勞熏灼也箋云憚猶畏也旱既害於山川矣其氣生魃而害益甚草木燋枯如見焚燎然王心又畏難此熱氣如灼爛於火言熱氣至極○滌徒歷反魃蒲末反惔音談說文云炎燎也徐音炎焚本又作樊同扶云反憚毛丁佐反韓詩云苦也鄭徒旦反熏本又作燻許云反燎力皎反又力照反燋子消反難乃旦反

羣公先正。則不我聞。昊天上帝。寧俾我遯。箋云不我聞者忽然不聽我之所言也天曾將使我心遯遯慙愧於天下以無德也○遯本亦作遂徒困反

【疏】旱既至我遯○毛以爲宣王言旱勢已太甚矣其旱氣乃滌滌然害及於山川使山無木川無水也又熱氣積聚生此旱魃之神爲此虐害旱更益甚也今草木燋枯如炎之惔燒如火之焚燎然也我王之心又勞於暑熱之氣憂在於心如爲火所熏灼於已以旱熱之極又告訴明神羣公先正曾不於我有所聞察而告知其精誠邪而不使天雨昊天上帝何曾使我心遯遯慙媿於天下也以無德不能我雨故王心所以慙媿○鄭唯以憚暑爲畏懼此暑爲異餘同○傳滌滌至熏灼○正義曰此皆爲旱而言故知滌滌是旱氣也旱氣之害於山川者故爲山無木川無水蓋以少而不茂非全無也魃字從鬼連旱言之故知旱神神異經曰南方有人長二三尺袒身而目在頂上走行如風名曰魃所見之國大旱赤地千里一名旱母遇者得之投溷中即死旱災消此言旱神蓋是鬼魅之物不必生於南方可以爲人所執獲也焚燎皆火燒之名下有如焚故以惔爲燎也定本經中作如惔如焚憚勞釋詁文毛讀爲憚丁佐反故爲勞也熏灼俱焚炙之義故爲灼也○箋憚猶至至極○正義曰箋以暑熱人之所畏故讀爲憚徒旦反憚猶畏也此與上章同言旱事而先輕後重使稍稍益甚故至於此章言害及山川又生魃鬼爲加增於前故箋言而害益甚上言而害益甚上言云我無所庇是民無所庇此言王心畏憚似見其甚於前也以天子之尊寒暑有備尚云畏難此言熱氣至極也

旱既太甚。黽勉畏去。胡寧瘨我以旱。憯不知其故。箋云瘨病也黽勉急禱請也欲使所尤畏者去所尤畏者魃也天何曾病我以旱曾不知爲政所失而致此害○黽彌忍反又音泯瘨都田反沈又都薦反韓詩作疹恥吝反云重也憯七感反曾也禱丁老反或都報反

祈年孔夙。方社不莫。昊天上帝。則不我虞。敬恭明神。宜無悔怒。悔恨也箋云虞度也我祈豐年甚早祭四方與社又不晚天曾不度知我心肅事明神如是明神宜不恨怒於我我何由當遭此旱也○莫音暮本亦作暮明祀本或作明神怒協韻乃路反度待洛反下同

【疏】箋瘨病至此害○正義曰以瘨字從病類故爲病也黽勉者勉力事神是急於禱請承上章旱魃之下故知所尤畏者魃也水旱之災多由政失故言曾不知爲政所失而致此害○箋我祈至不晚○正義曰月令孟春祈穀于上帝孟冬祈來年於天宗是也祭四方與社即以社以方是也

旱既太甚。散無友紀。鞫哉庶正。疚哉冢宰。趣馬師氏。膳夫左右。歲凶年穀不登則趣馬不秣師氏弛其兵馳道不除祭事不縣膳夫徹膳左右布而不脩大夫不食粱士飲酒不樂箋云人君以羣臣爲友散無其紀者凶年祿餼不足又無賞賜也鞫窮也庶正眾官之長也疚病也窮哉病哉者念此諸臣勤於事而困於食以此言勞倦也○鞫居六反疚音救本或作究又作究同趣七口反趣馬官名秣音末穀馬也說文作餘施式氏反本又作弛同縣音玄餼許氣反長丁丈反下之長同勞力報反

靡人不周。無不能止。周救也無不能止言無止不能也箋云周當作賙王以諸臣困於食人人賙給之權救其急後日乏無不能豫止○賙音周

瞻卬昊天。云如何里。箋云里憂也王愁悶於不雨但仰天曰當如我之憂何○卬音仰本亦作仰下同里如字憂也本亦作瘇爾雅作悝並同王曰瘇病也

【疏】旱既至何里○毛以爲上言訴不得雨此言殺祀救厄宣王言今旱既太甚矣歲凶如此汝羣臣宜且離散無復羣臣朋友之綱紀王者班爵賜祿所以綱紀羣臣今祿餼不足是無綱紀也祿既不足故設辭閔之窮困哉汝眾官之長飢病哉汝冢宰及趣馬師氏膳夫左右之官所以台汝窮困哉汝等諸臣無有一人而不賙救其百姓

困急者謂諸臣之中無有自言不能賙救而止不爲者以此分貧恤寡之故使汝等益困也王見羣臣之困如此乃瞻望而仰視昊天訴之云如之何使我如此憂也欲令天知其憂愁得釋○鄭唯靡人不周言我王於汝衆臣無人不且賙給之以權救其急難雖後日乏無不能豫止而不賙給言王竭其所有欲與羣臣俱困不自留以爲餘糧也餘同○傳歲凶王不樂○正義曰釋天云夏曰歲周曰年孫炎曰四時一終曰歲取歲星行一次也年取穀一熟也然則歲之與年異名而實同歲凶謂此歲凶也年穀不登登成也謂此年之穀不成熟也此即凶年之實故言歲凶爲之自於此之時則趣馬之官不以粟秩養其馬師氏之官施廢其兵而不用所驅馳之大道不使人除治之祭祀之事不懸其樂膳夫之官減徹王之膳食左右之官布列於位不令有所脩造大夫不得食穀米士飲酒之時不得作樂此當先有成文故傳引之以明凶年之禮雖經無其事以類言之其歲凶年穀不登馳道不除祭事不縣大夫不食粱士飲酒不樂下曲禮有其事其餘不知所出也曲禮又有君膳不祭肺馬不食穀與此徹膳不秩意同而文異耳左右君之左右總謂諸臣不脩者無所脩作穀粱傳曰百官布而不制是也歲凶者捴辭而其凶有大小故穀粱傳又曰一穀不升謂之嗛二穀不升謂之飢三穀不升謂之饉四穀不升謂之康五穀不升謂之大侵皆是歲凶也趣馬主馬故言不秩師氏掌使其屬率四夷之隸各以其兵服守王之門外且蹕朝在野外則守列是掌其近王之兵故令施其兵也大司徒荒政其十有二曰除盜賊注云除之者飢饉則盜賊多不可不除則當用兵此言施之者施謂舍力不役之耳其除盜賊之兵不得廢也故春秋僖二十一年旱左傳稱臧文仲慮無道之國因凶加兵勸僖公使脩城郭明凶年盜賊苟預防之彼以春秋之世強弱相陵文仲度時而言勸脩城郭不是凶荒之年必須脩城也馳道不除者曲禮注云爲妨民取蔬食故也穀粱傳大侵之禮亦云道不除四穀不升以上道或仍除之地官均人注云人食二釜之歲猶云旬用一日是小凶之年猶有道路之役也言祭事不懸則有事但不懸樂耳穀粱傳又曰大侵之禮禱而不祀然則此云祭者正謂祈禱之祭不用樂也司徒荒政九曰蕃樂杜子春云蕃謂藏樂器而不作是凶年吉事皆無樂也徹膳者天子日食太牢今減損之也曲禮云君膳不祭肺注云不祭肺則不殺以人君之於凶年介不殺矣而穀粱大侵之禮又云君食不兼味白虎通云五穀不熟故王者爲之不盡味大戴禮云不備牲言不兼不盡不備是猶有牲肉但不備之耳然則鄭云則不殺者謂不如常法日日殺之耳非是常不殺也其非大侵者大戴禮白虎通皆云一穀不升徹鶉鷃二穀不升去鳧鴈三穀不升去兔四穀不升去囿獸是凶有大小所徹不等也大夫不食粱士飲酒不樂亦明皆飲酒而不樂也○箋人君至勞倦○正義曰尚書武王稱我友邦冢君抑云視爾友君子是人君謂羣臣爲友也君臣之義不可廢而云散無綱紀者由祿餼不足又無賞賜皆困於飢不能如常相紀領故謂之散非卽分散去朝也衆官之長者周官三百六十每官各有其長疚病釋詁文經言鞠哉庶正是捴言羣臣又言疚病哉乃歷數其人疚哉之文通及於下冢宰以下亦是庶正故箋捴之云窮哉病哉念此諸臣勤於事而困於食故以此言勞倦之以早則無食乃病故先窮後病重言爲深閔之辭○傳周故至不能○正義曰以救而念之周備故周爲救也無不能止者無爲不能救人而自止故解其意言朝廷之臣悉皆救人無止而不能者王肅云靡人而不周其急也無不能而止者其發倉廩散積聚有分無多分寡無敢有不能而止者言上下同也○箋周當至豫止○正義曰以周救於人其字當從貝故轉爲賙以上言王之於臣祿餼不足則此言當謂王救羣臣不宜爲羣臣救人故易傳以爲王雖不得如常豐年依法祿賜以諸臣困於食故人人亦賙給之權時救其人急若言王盡恩於臣也○箋里憂○正義曰釋詁文彼里作悝音義同

瞻卬昊天。有嘒其星。大夫君子。昭假無贏。大命近止。無棄爾成。嘒衆星貌假至也箋云假升也王仰天見衆星順天而行嘒嘒然意感故謂其卿大夫曰天之光耀升行不休無自贏緩之時今衆民之命近將死亡勉之助我無棄女之成功者若其在職復無幾何以勸之也○嘒呼惠反假音格沈云鄭古雅反贏音盈幾居豈反

何求爲我。以戾庶正。戾定也箋云使女無棄成功者何但求爲我身乎乃欲以安定衆官之長憂其職事○爲于僞反注同

瞻卬昊天。曷惠其寧。箋云曷何也王仰天曰當何時順我之求令我心安乎謂雨之至也得雨則心安○令力呈反

【疏】瞻卬至其寧○毛以爲上閔羣臣同恤此又勸以終之宜王以旱之故遂瞻望仰視於昊天唯見有嘒然光明之衆星以天星炳耀未有雨徵遂感而言曰汝卿大夫之君子所同恤者當昭見其至誠於天下無敢有私贏而不敢散所以然者多大衆人之命皆近於死亡止汝當救以全之無得贏而不救以棄汝之成功言能救而全之則功成也又云令汝必救之者何止求爲我欲存於民困乎乃以安定汝之所居爲此衆官之長以其爲官之長則與君同憂故勸使救民以自安定王既勸羣臣仍憂民困又瞻望仰視昊天訴之云昊天何時當順我所求其令我心得安寧言求而得雨則心安也○鄭以爲王既賙救羣臣又勸其勉力助已王瞻仰昊天見有嘒嘒然其星順天而行無時止息因而意感謂羣臣卿大夫之君子此天之光耀升行至極無自贏緩之時今衆民之命近將死亡汝等亦當法天無贏助我求雨無得解怠棄汝成功言天不應盡殺衆民雨將不久若其得雨卽是功成故勸命勉力餘同○傳嘒衆至假至○正義曰以嘒文連星故爲星貌假至釋詁文王肅云大夫君子公卿大夫也昭其至誠於天下無敢有私贏之而不敢散大夫君子所以無私贏者以民近死亡當賑救之以全汝之成功傳意或然觀此文勢上章或亦不同令以毛無別訓遂作同解○箋假升至勸之○正義曰假升釋詁文以承天星之下宜爲天星光耀升行故易傳也仰天見星卽戒大夫君子故知見衆星順天而行意感也以天星升行不休謂人亦當然因此而勸之言無棄爾爲戒勸之辭故知令勉之助我也又解助已求雨所以得爲成功者以天之生民終無盡殺之理今民命近死若其民當存生復無幾何時必應得雨故以此言勸之○箋使女至職事○正義曰此衆官之長爵位已高體國情深助王憂雨於己職事不能安定今勸令助己亦所以安定其身故云何但求爲我身乎乃欲安定汝衆官之長憂其職事

雲漢八章章十句

毛詩注疏校勘記（十八之二）

阮元撰盧宣旬摘錄

○桑柔

桑之柔需 【補】小字本相臺本需作濡釋文云濡而轉反釋文挍勘云通志堂本盧本同案段玉裁云當是本作偄也今考集韻二十八獮云輭亦作需濡通作耎字本此凡從耎之字多轉而從需故此釋文以而轉反音濡濡字也○按耎需之音分別詳段玉裁說文注

箋云桑之柔需 【補】小字本相臺本需作濡釋文云濡而轉反段玉裁云當是本作偄也

人庇陰其下者 小字本相臺本同案釋文云庇本亦作芘同考芘字是也采薇箋云腓當作芘雲漢箋云言我無所芘蔭而處是鄭自用芘字也

之害下民 【補】閩本明監本毛本同案之當作侵

釋言云旬均也 閩本明監本毛本同案旬當作洵下文引李巡注不誤

今茲益久長 【補】案茲當作滋

頻猶比也 小字本相臺本同考文古本同閩本明監本毛本比作此十行本初刻比剜改此案此字誤也

以比兵窮災害民之餘 【補】閩本明監本毛本同案窮當作寇

比比然○傳疑定 閩本明監本毛本移傳疑定以下至故爲定也二十字於下章中是也

憂心慇慇 唐石經小字本相臺本同案釋文以慇慇作音是其本如此正義云其心殷殷然是其本字作殷考北門經作殷正月經作慇北門釋文云本又作慇同

正義曰瘠字從病 閩本明監本毛本同案浦鏜云病當病字誤也

亂況斯削 唐石經小字本相臺本同案此況字當作兄上經云倉兄塡兮傳兄滋也箋云喪亡之道滋久長此無傳箋云而亂滋甚皆承上也倉兄釋文云本亦作況亦與下互爲詳略耳唐石經上作兄下作況非也

禮亦所以救亂也 閩本明監本毛本同相臺本救誤悲小字本無亦字案無者是也

如彼遡風 小字本相臺本同唐石經初刻遡後改作遡案初刻非也李善注月賦引作愬當是三家異字石經誤用之耳亦所云字體乖師法也

亦孔之僾 毛本孔誤恐明監本以上不誤

好是稼穡 唐石經小字本相臺本同案釋文云家王申毛音駕謂耕稼也鄭作家謂居家也下句家穡惟寶同穡本亦作嗇音色王申毛謂收穡也鄭云吝嗇也尋鄭家穡二字本皆無禾者下稼穡卒痒始從禾正義云箋不言稼當爲家則所授之本先作家字也依此是毛詩本作家當王申毛乃爲稼穡耳正義每取王爲傳說故其本作稼而唐石經以下從之段玉裁云改稼穡者非也見下亦見經義雜記

力民代食代無功者食天祿也 小字本相臺本同案詩經小學云傳云力民代食無功者食天祿也鄭申其意而王肅所見之本誤衍一代字因曲爲之說曰有功力於民代無功者食天祿且改家嗇字從禾而不知代無功食天祿語最無理

不能治人者食於人 閩本同小字本相臺本無於字毛本同明監本初刻有後剜去案無者是也釋文可證

鄭云吝穡也〔補〕通志堂本吝誤名盧本作吝嗇按嗇字是也

不能治人者出於人閩本出作食明監本同剜去於字毛本無案食人是也十行本出於人剜添者一字

明是責王之貢好之也〔補〕毛本貢作貴案貴字是也

滅我立王小字本相臺本同唐石經初刻咸後改滅案初刻誤也

朝廷曾無有同力諫諍小字本相臺本同案釋文朝廷下以者與作音是其本此箋有二字也但其何屬未可考

說文作蟊〔補〕通志堂本盧本蟊作蝥盧文弨考證云古本蟊作蝥是也說文乃作蟊今正文作蟊遂妄改說文案釋文挍勘記云其說誤甚說文蚰部蟊是蟁蟊字非蟊賊字不得云說文乃作蟊也蟊字雖不見說文蟲部蟊字下云蟲食艸根者从蟲象其形其字作蟊轉寫失其形作蟊蟊皆非是

同音通本又作恫〔補〕案同當作侗釋文挍勘云通志堂本盧本侗作恫恫作痌案所改未是當是釋文本此經字作侗與唐石經以下各本不同耳小字本所附上恫下侗乃順正文改易耳

滅盡釋詁云〔補〕案云當作文

穹蒼蒼天釋天云〔補〕案云當作文

故民所盤屬唯兵耳閩本明監本毛本同案浦鏜云故疑衍字是也

愼戒相助也閩本毛本同小字本相臺本戒作誡考文古本同案山井鼎云據下文考誡之語古本似是也正義云愼誡釋詁文亦可證明監本誤作病

言其所任之臣小字本同閩本明監本毛本同相臺本任下有使字案有者非也正義云謂已所任使之臣乃自文耳非其本有使字考文古本有亦采正義之誤也

乃使民盡迷惑也彼是又不宜猶小字本相臺本也彼作如狂閩本明監本毛本同案如狂是也

不復詳考善惡更施順道於民之君自獨用已心謂已所任使之臣皆爲善人不復詳考善惡更求賢人閩本明監本毛本不重施順至惡更三十字案所刪是也此十行本複衍

郤追畀役小字本相臺本同案釋文云一本作罷役正義本是畀字

讒僭是僞妄之言閩本明監本毛本同案僭當作譖抑正義可證

荼苦葉閩本毛本同明監本葉作莱案浦鏜云莱字誤是也

故此惡行〔補〕毛本此作比案比字是也

垢者土處中而有垢土明監本毛本同案此當云垢者土處地中而有垢錯誤耳

則寘臥如醉小字本相臺本同閩本明監本毛本亦同案正義云則眠臥如醉是其本作瞑瞑眠古今字易而說之也考文古本作瞑采正義而爲之

箋類等至傚之明監本毛本傚誤效閩本不誤案正義上下文皆作效者易字也今各本箋皆作效亦誤

詩人善此事者閩本明監本毛本同案浦鏜云善疑言字誤是也

親而切瑳之也閩本同小字本相臺本瑳作磋明監本毛本同案瑳字是也見淇奧十行本正義中字亦作瑳依經注改耳

反予來赫唐石經小字本相臺本同案釋文云赫本亦作嚇考此但當作赫加口傍者依注義以改字耳

赫炙也小字本相臺本同案釋文下云毛許白反炙也正義云故轉爲嚇又云定本集注云毛傳云赫炙也又云俗本誤也是其本與俗本同作赫赫也標起止云傳赫炙乃後改今考此傳當作赫赫也毛意謂此赫盛字郎拒赫字也○按此即北風虛虛也葛屨要要也之例

口距人謂之赫小字本相臺本同案釋文赫下云鄭許嫁反口距人也莊子云以梁國嚇我是也正義云故箋以爲口拒人謂之嚇是其本作嚇考此是申傳赫也之意非箋經中赫字也正義本經作赫傳作赫嚇也箋作謂之嚇可以知其讀矣但其字當本皆作赫

赫毛許白反光也〔補〕通志堂本盧本光作炙小字本相臺本所附亦作光釋文挍勘云考此傳正義本作赫嚇也引定本集注作赫炙也今經注各本皆作炙之所自出也釋文本當是赫光也與定本集注正義本又各不同諸本所附得陸氏之舊其作炙字者經後人以經注本字改之耳

則將有人伺汝之閒暇誅汝閩本明監本毛本同案暇當作得正義讀閒爲閒隙不爲閒暇

諒信也閩本明監本毛本同小字本相臺本諒作涼案涼字是也鄭但易毛訓耳意以爲涼郎諒之假借也未嘗改其字正義云諒信又云以諒爲信乃易字而說之之例依以改箋者非

互相欺違小字本同閩本明監本毛本同相臺本互作工考文古本同案工字是也正義可證

遂用彊力相尚故也閩本明監本毛本同小字本相臺本遂作逐考文古本同案逐字是也

是也○毛以職競用力閩本明監本毛本同案○當衍下章正義○毛以職盜爲寇同明監本毛本不誤

涼曰不可小字本相臺本同唐石經涼作諒案唐石經非也釋文云職涼毛音良薄也鄭音亮信也下同詩經小學云所云下同者郎此涼曰之涼是也正義因此涼字無傳遂取鄭爲毛說而云故我以信言諫王曰云云不知此涼字毛自與上傳同訓爲薄不訓爲信也然其本亦未必竟改經作諒字唐石經乃始上作涼此作諒失之甚矣當依釋文正之

言詎已諫之甚小字本相臺本同考文古本同閩本明監本毛本距作拒案拒字誤也乃正義所易之今字耳

○雲漢

遏烖而懼唐石經小字本相臺本同閩本同考文古本同明監本毛本烖誤災案正義作災者易而說之也

烈餘也閩本明監本毛本此下有注小字本相臺本無考文古本同案山井鼎云此十六字釋文混入於注是也

時旱渴雨小字本相臺本同案釋文云愒苦蓋反貪也本又作渴苦葛反篇末同正義本未有明文今無可考

薦重臻至也小字本相臺本同案釋文以重也作音是其本有也字考文古本有

何罪故以訴之閩本明監本毛本同案何當作無

言其不恡牲物〔補〕毛本恡作悋

其有一曰索鬼神閩本明監本毛本有一例案例者誤也其下當有十字

壇少牢於泰昭〔補〕毛本壇作埋

類造禬禜攻說閩本明監本毛本攻誤政案山井鼎云下政說用幣宋板同誤亦當作攻是也

蘊隆蟲蟲唐石經小字本相臺本同案正義云溫字定本作蘊以小宛正義考之當云蘊字定本作溫正義屬云蘊蘊是其本作蘊之證也釋文云蘊紆粉反本又作熅紆文反依紆文反是讀同烟烟熅熅之熅與作溫又不同

雷聲尚殷殷然小字本相臺本同案釋文云一本作雨雷之聲尚殷殷然正義本未有明文今無可考殷其靁正義引與一本正同或其本當爾

爾雅作爞〔補〕通志堂本同盧本作爞云舊譌從蟲今改正釋文挍勘云小字本所附亦作爞不誤

耗斁下土小字本相臺本同閩本明監本毛本同唐石經耗作秏案秏字是也詳詩小學

奠瘞羣臣而不得雨小字本同考文古本同相臺本臣作神閩本明監本毛本同案神字是也十行本正義中誤同

熱氣爞爞然明監本毛本爞爞誤蟲蟲閩本不誤案以下同唯一處誤爲蟲蟲耳經作蟲蟲正義作爞爞者蟲爞古今字易而說之也例見前

耗敗天下王地之國〔補〕案王當土字之譌毛本正作土

暑熱夫同閩本明監本毛本作不同案夫當作大形近之譌

爞蟲是熱氣蒸人之貌〔補〕案蟲當作爞

蘊平常之熱蟲蟲又甚熱 閩本明監本毛本蟲蟲上衍而字案蟲蟲當作爞爞十行本上句剟去者一字當是因有衍而下句甚下脫於字刪而未補也輒添而字者非

瘞謂埋之於土〔補〕毛本埋作埋

兢兢業業 唐石經小字本相臺本同案釋文云兢兢本又作矜正義云釋訓云兢兢戒也是其本作兢字考文古本作矜采釋文

靡有孑遺 小字本相臺本同唐石經初刻誤子後改孑

孑然遺失也 小字本相臺本同案正義云定本及集注皆云孑然遺失也俗本有無字者誤也考此傳本云無孑然遺失也六字一句讀乃總說靡有孑遺也定本集注非是考文古本采正義有無字而加於遺字上誤甚

狀有如雷霆 閩本明監本毛本同小字本相臺本有如作如有考文古本同案如有是也

疑此故周之民多死亡矣 閩本明監本毛本同案浦鏜云疑當以字誤是也山井鼎云宋板疑作以其實不然當是剜也

無有孑然得遺滌 閩本明監本毛本同案滌當作漏下文謂無有孑然得遺漏是其證山井鼎云宋板滌作漏當是剜也

故爲戒也 閩本明監本毛本同案浦鏜云恐誤戒是也

業業危釋訓云 閩本明監本毛本同案浦鏜云文誤云是也

言我無所庇陰處 閩本明監本毛本同小字本相臺本庇陰作芘蔭下有而字考文古本有案有者是也釋文云芘本亦作庇蔭本亦作廕考桑柔箋當作陰正義當作蔭今正義亦作陰依注改耳

正義曰宣王立〔補〕毛本立作言

如惔如焚 唐石經小字本相臺本同案釋文云如惔音談燎也說文云炎燎也徐音炎正義云定本經中作如惔如焚是正義本經中作如惔如焚也詩經小學云章懷注章帝紀引韓詩如炎如焚作炎爲善說文炎燎也傳云惔燎之也蓋毛亦作炎也上文赫赫炎炎本或作惔是其明證

憂心如薰 唐石經小字本相臺本薰作熏閩本明監本毛本同案十行本注及正義中仍作熏釋文以如熏作音薰字非也考文古本作薰依上正義中引爾雅薰也而爲之耳

焚本又作燓〔補〕通志堂本同盧本燓作焚云舊譌燓案說文燓燒田也據改正釋文挍勘云燓字是也小字本所附是燓字

毛讀爲憚丁佐反 閩本明監本毛本同案丁佐反三字當旁行細書正義自爲音例如此也

故讀爲憚徒旦反 閩本明監本毛本同案徒旦反三字當旁行細書

故箋言而害益甚上言而害益甚上言云我無所 閩本明監本毛本上而字誤爲案此言而害益甚上六字不當重十行本複衍耳閩本以下改而作爲以遷就之者誤

似見其甚於前也 閩本明監本毛本同案浦鏜云似當以字誤是也

敬恭明神 唐石經小字本相臺本同案釋文云明祀本或作明神正義本未有明文今無可考箋云天曾不度知我心肅事明神如是明神宜不恨怒於我則作明神者是也

師氏弛其兵 小字本相臺本弛作弛閩本明監本毛本同正義中同案釋文云施本又作弛同考文古本作施采釋文

人無賞賜也 小字本相臺本同閩本明監本毛本同案正義云又無賞賜是人當作又乃形近之譌又考又上祿餼不足也考文古本作又采正義其云宋板同者必山井鼎誤

所以令汝窮困哉 閩本明監本毛本同案哉當作者

曲禮又有君膳衣祭肺〔補〕毛本衣作不案不字是也

謂之兼〔補〕閩本明監本毛本兼作歉非也案兼當嗛字之譌

天子日食太牢 閩本明監本毛本同案此不誤浦鏜云少誤太非也周禮是太牢與玉藻不同鄭志有此問在鴛鴦正義中浦失考

三穀不升去兇 閩本明監本毛本同案去下浦鏜云脫雉字是也

權時救其人急若 明監本毛本人誤太閩本不誤案若當作苦形近之譌

令我心安乎 小字本相臺本同案釋文以令心作音是其本無我字正義云其令我心得安或自爲文也今無可考

因而意咸 毛本同閩本明監本意誤感案咸當作感此欲改咸字而誤改意字也

汝等亦當去天無贏 閩本明監本毛本去誤法按所改是也

傳嘒衆至假至○正義曰 閩本重假至以下至星貌十四字明監本毛本初刻有後剜去案山井鼎云挍宋板文當相接非有闕誤是也

令以毛無別〔補〕毛本令作今

雲漢八章章十句 各本同案此誤脫今補栞

附釋音毛詩注疏卷第十八（十八之三）

毛詩大雅　鄭氏箋　孔穎達疏

崧高。尹吉甫美宣王也。天下復平。能建國親諸侯。襃賞申伯焉。尹吉甫申伯皆周之卿士也尹官氏申國名○崧息忠反釋名云崧竦也甫本又作父音同後人名字放此復音服又扶又反襃保毛反〔疏〕崧高八章章八句至伯焉○正義曰崧高詩者周之卿士尹吉甫所作以美宣王也以厲王之亂天下不安今宣王興起先王之功使天下復得平定能建立邦國親愛諸侯而襃崇賞賜申國之伯焉以其襃賞得宜故尹吉甫作此崧高之詩以美之也易比卦象曰先王建萬國親諸侯桓二年左傳云天子建國祭法曰天下有王分地建國建國皆謂天子分割土地造立邦國以封人爲諸侯也唯周禮惟王建國鄭以爲建立王國與此異耳此與易皆親建相對封立謂之建賞勞謂之親建謂立其國親謂親其身也襃賞者錫賚之名車馬衣服是襃賞之物也何休云有土加之曰襃無土建國曰封中候考河命曰襃賜羣臣賞爵有分稷契皐陶益土地然則益之土地襃也此申伯國已絕今改而大之擴其新往謝邑是爲初建論其舊有國土亦爲襃崇也天下復平能建國親諸侯雖爲申伯發文要是摠言宣王之美其襃賞申伯乃敘此篇之意經八章皆是襃賞申伯之事其南國是式式是南邦錫爾介圭路車乘馬是襃賞之實也○箋尹吉至國名○正義曰六月言宣王北伐吉甫爲將禮軍將皆命卿也此美申伯云維周之翰明王亦身爲王官故言周之卿士也知非三公必兼六卿故舉卿士言之伊摯尹天下謂之伊尹洪範曰師尹惟日立政云三亳阪尹楚官多以尹爲號左傳稱官有世功則有官族今尹吉甫以尹爲氏明其先嘗爲尹官而因氏焉故云尹官氏外傳有申呂王風云戍申故知申爲國名

崧高維嶽。駿極于天。維嶽降神。生甫及申。崧高貌山大而高曰崧嶽四嶽也東嶽岱南嶽衡西嶽華北嶽恒堯之時姜氏爲四伯掌四嶽之祀述諸侯之職於周則有甫有申有齊有許也駿大極至也嶽降神靈和氣以生申甫之大功箋云降下也四嶽卿士之官掌四時者也因主方嶽巡守之事在堯時姜姓爲之德當嶽神之意而福興其子孫歷虞夏商世有國土周之甫也申也齊也許也皆其苗胄○嶽字亦作嶽魚角反白虎通云嶽者何桷功德也駿音峻守音狩本亦作狩夏戶雅反下同

維申及甫。維周之翰。四國于蕃。四方于宣。翰幹也箋云申申伯也甫甫侯也皆以賢知入爲周之楨幹之臣四國有難則往扞禦之爲之蕃屏四方恩澤不至則往宣暢之甫侯相穆王訓夏贖刑美此俱出四嶽故連言之○翰戶旦反又音寒蕃方元反知音智本或作哲楨音貞難乃旦反扞戶旦反相息亮反贖音樹一音常欲反〔疏〕崧高至于宣○正義曰此方美申伯之見賞本其先祖所由之興言有崧然而高者維是四岳之山其山高大上至于天維此至天之大嶽降其神靈和氣以福祐伯夷之後生此甫國之侯及申國之伯以伯夷常掌其神祀故祐助其後使其國則歷代常存子孫則多有賢智維此申伯及此甫侯維爲周之卿士楨幹之臣若四表之國有所患難則往捍禦之爲之蕃屏四方之處恩澤不至則往宣暢之使霑王化是由神所祐故有此賢智也○傳崧高至大功○正義曰崧者山形竦然故爲高貌劉熙釋名云崧竦也

亦高稱也山大而高曰崧釋山文李巡曰高大曰崧郭璞曰今中岳崧高山蓋依此名是也白虎通云岳者何桷也桷功德也風俗通云嶽桷考功德黜陟也然則以四方方有一山天子巡狩至其下桷考諸侯功德而黜陟之故謂之岳也傳言岳四岳謂四方之岳也又解此岳降神生申甫之意當堯之時有姜氏者為四方王官之伯掌此四岳之祭祀述其岳下諸侯之職德當岳神之意故此岳降神助其子孫使之歷代有國於周之世則有甫有申有齊有許此四國皆姜氏之苗裔也駿大極至釋詁文又解四國而獨言申甫者岳降神靈和氣以生申伯甫侯二人有德能成大功是岳神生申甫之大功故特言申甫也經典羣書多云五岳此傳唯言四岳者以堯之建官而立四伯主四時四方之岳而已不主中岳故堯典每云咨四岳而不言五也周語說伯夷佐禹云共工之從孫四岳佐之又曰祚四岳國命為侯伯皆謂伯夷為四岳此將言伯夷之事故指言四岳也其云五岳者即此四與崧高而五也孝經鉤命決云五岳東岳岱南岳衡西岳華北岳恒中岳崧高是五岳又數崧高之文也故王肅之注尚書服虔之注左傳鄭於大宗伯注皆然春官大司樂云五岳四鎮崩令去樂注云四鎮山之重大者謂楊州之會稽青州之沂山幽州之醫無閭山冀州之霍山五岳岱在兗州衡在荊州華在豫州岳在雍州恒在并州司樂宗伯同是周禮而司樂之注不數崧高者蓋鄭有所案據更見異意也釋山發首云河南華河西岳河東岱河北恒江南衡陳此五山之名不復更言餘山雖不謂此五山為五岳明有為岳之理鄭緣此旨以司樂之文連言四鎮五岳并之正九當九州各取一山以充之而夏官職方氏九州皆云其山鎮曰某山每州日其大者而其文有岳山無崧高爾雅河西岳在五山之例取岳山與岱衡恒華為五岳之數以其餘四者為四鎮令司樂職方自相配足見一州之內最大山者其或崩圮王者當謂之變容岳山得從五岳之祀故傳會爾雅職方之文以見此意非謂五岳定名取岳山也其正名五岳必取崧高宗伯之注是定解也或以為雜問志有云周都豐鎬故以吳岳為西岳周家定以岳山為西岳不數崧高知不然者以宗伯亦是周禮而以華為西岳安得至於司樂即云華非西岳也若必據已所都以定方岳則五岳之名無代不改何則軒居上谷處恒山之西舜居蒲坂在華陰之北豈當據己所在改岳祀乎五岳之名隨時變改則都之所在本無方岳尚書之注何云周處五岳之外乎雖問之志首尾無次此言或有或無不可信也且釋山又云泰山為東岳華山為西岳霍山為南岳恒山為北岳崧高為中岳若五岳之山每代一改爾雅何當定此五者永為岳名乎若然何知此言崧高非中岳而以崧為高貌廣舉四岳者此詩之意言北岳降神祐助姜氏姜氏不主崧高故知崧高維岳謂四岳也傳言四岳之名東岳岱南岳衡爾雅及諸經傳多云泰山為東岳霍山為南岳者皆山有二名也風俗通云泰山山之尊一曰岱宗岱始也宗長也萬物之始陰陽交代故為五岳長王者受命恒封禪之衡山一名霍言萬物霍然大也華變也萬物成變由於西方也恒常也萬物伏北方有常也崧高也言高大也是解衡之與霍泰之與岱皆一山而有二名也若然爾雅云江南衡地理志云衡山在長沙湘南縣張揖廣雅云天柱謂之霍山地理志云天柱在廬江潛縣則在江北矣而云衡霍一山二名者本衡山一名霍山漢武帝移岳神於天柱又名天柱亦為霍故漢魏以來衡霍別耳郭璞爾雅注云霍山今在廬江潛縣西南別名天柱山漢武帝以衡山遼曠移其神於此今其土俗人皆呼之為南岳南岳本自以兩山為名非從近也而學者多以霍山不得為南岳又言從漢武帝始乃名之如此言為

武帝在爾雅前乎斯不然矣竊以璞言為然何則孫炎以霍山為誤當作衡山案書傳虞夏傳及白虎通風俗通廣雅並云霍山為南岳豈諸文皆誤明是衡山一名霍也周語說堯使禹治水四岳佐之帝嘉禹德賜姓曰姒氏曰有夏祚四岳國為侯伯氏曰有呂此一王四伯韋昭云一王謂禹也四伯謂四岳也為四岳伯故稱四伯是當堯之時姜氏為四伯也周語唯云四岳不言名字其名則鄭語所云伯夷能禮於神以佐堯者也言禮於神是掌禮之官舜命羣官使伯夷典禮則伯夷於堯之時巳掌禮也掌禮之官舜時為秩宗於周則宗伯也宗伯掌天神人鬼地祇之禮揔主諸神故掌四岳之祀堯典注云堯之末年庶績多闕羲和之子則死矣於時分四岳置八伯四岳四時之官主方嶽之事然則堯時四岳內典王朝之職如周之六卿外掌諸侯之事如周之牧伯故又述諸侯之職然述職者述其所主之方耳其掌四岳之祀者則四岳皆掌之由掌四岳故獨得四岳之名伯夷所掌偏掌四岳則此詩所言維嶽降神亦揔謂四岳故傳廣以四岳解之明不偏指一山言岳降神靈和氣以生申甫者正謂德當神意山神祐之使有賢子孫耳非言山氣憑人以生之也何則神氣之所憑依不由先祖掌祀與乙卵大跡不相類也○箋降下至苗冑○正義曰降下釋言文傳唯言掌四岳之祀而不辯官之尊卑故云四岳卿士之官又解其名為四岳之意掌四時因主方岳巡守之事故稱岳也立四伯既主四時又主方岳蓋因其時而主其方春官主東夏官主南也身在王朝外治岳事及掌天子巡守之事在堯時姜姓為之謂於四岳之中而為其一為四岳之一而獨得四岳之名者雖同為岳官而又特主岳祀故外傳史記特稱伯夷為四岳由主岳祀故也傳言姜氏箋言姜姓者姜實是姓對則氏姓有異散則以姓配氏春秋稱夫人姜氏是其事也以伯夷主岳而降生申甫故知德當岳神之意而福與其子孫故稱使之世有賢才也周語稱大姜之姪逢伯陵為殷之諸侯史記齊世家云太公望其先祖嘗為四岳佐禹有功虞夏之際封於呂或封於申是歷虞夏商而世有國土也周語云齊許申呂由大姜言此四國是大姜之宗故知皆是苗冑說文云冑胤也禮謂適子為冑子言此四國皆四岳之後或是其枝苗或是其適冑也○箋申申伯至言之○正義曰以下章乘此維申文轉之以為申伯則知申甫並指其人不指其國故云申申伯甫甫侯入為周之楨斡之臣謂為卿士也蕃者障蔽寇難故云有難則往捍禦之宣者播揚王澤故知恩澤不至則往宣暢之雖則自彼所有從我往屏之恩由王而出就彼宣布之有彼此之異也又解此詩主美褒賞申伯而言及甫侯之意由甫侯佐相穆王以王年老耄荒恐其重行刑罰故教訓王行夏時贖罰之刑功加百姓為前世賢臣美此甫侯與申伯上世俱出於四岳故連言之甫侯訓夏贖刑即今尚書呂刑之篇是也訓王不以周刑而用夏者以王者用刑世輕世重而周刑重於夏欲矯穆王之太重故舉夏之輕刑以訓之所謂臣救其惡也尚書作呂刑此作甫侯者孔安國云呂侯後為甫侯詩及禮記作甫尚書與外傳作呂蓋因燔詩書字遂改易後人各從其學不敢定之故也此箋定以甫為甫侯而孔子閒居引此詩注以甫為仲山甫者案外傳稱樊仲山甫則是樊國之君必不得與申伯同為岳神所生注禮之時未詳詩意故耳

亹亹申伯。王纘之事。于邑于謝。南國是式。謝周之南國也箋云亹亹勉也纘繼于往于於法式也亹亹然勉於德不倦之臣有申伯以賢入為王之卿士佐王有功王又欲使繼其故諸侯之事往作邑於謝南方之國皆統理施其法度時改大其邑使為侯伯故云然○亹亡匪反纘祖管反韓詩作踐踐任也

王命召伯。定申伯之宅。登是南邦。世執其功。召伯召公也登成也功事也箋云之往也申伯忠臣不欲離王室故王使召公定其意令往居謝成法度於南邦世世持其政事傳子孫也○離力智反下欲離同令力呈反下皆同傳直傳反

〔疏〕亹亹至其功○正義曰言亹亹然勉力於德行之不倦者申伯也以其行德不倦王使之繼其故諸侯之事令往作邑於謝之地以統理南方之國於是施其法度以治之又以申伯忠臣不欲離背王室當先嘗彼國以安定其心故王乃命召伯先嘗謝邑以定申伯往居之處得使申伯居之以成是法度於南方之邦國世世恒執持其政教之事傳之子孫○傳謝周之南國○正義曰經言南國者謂謝傍諸國解其居謝邑而得南國法之故云謝是周之南國杜預云申國在南陽宛縣是在洛邑之南也○箋亹亹至云然○正義曰亹亹勉也纘繼釋詁文以文勢宜為往邑於謝故上言于為往下于為於以申伯之賢當使南國法之故以式為法言申伯以賢入為王之卿士則申伯先封於申來仕王朝又言王欲使繼其故諸侯之事往作邑於謝者蓋申伯本國近謝今命為州牧故改邑於謝取其便宜若申伯不先為諸侯不得云入為卿士下言我圖爾居莫如南土者言餘處不如汝舊居之南方故還封之於南方言申伯當是伯爵出封於謝當自理其國而已而云南國是式則為一州之牧故知改大其邑不同舊時又解詩入言南國是式之意以其使為侯伯故云然傳元年左傳曰凡侯伯救患分災又二十八年左傳曰王命王子虎策命晉侯為侯伯其策文云王曰叔父用州牧之禮是謂州牧為侯伯此言侯伯亦謂為州牧也旄丘箋云侯為牧此申伯伯爵而得為牧者侯伯七命伯亦得為牧故大宗伯云入命作牧注云謂侯伯有功德者加命得專征伐於諸侯是侯之與伯俱得為牧也且申伯離舊是伯爵令改封之後或進爵為侯史記周本紀云申侯與西戎共攻幽王彼申侯者不過是此申伯子之與孫耳明此時得進為侯箋言改大其邑或亦褒進其爵矣○傳召伯至功事○正義曰以常武之序知召伯是召穆公也登成釋詁文又云績功也轉以相訓是功德為事也○箋之往至子孫○正義曰之往釋詁文封謝侯者當即使其人自定居處不必天子為之築城邑然後遣之此宣王獨先命召公定申伯往居之宅故解其言定之意王以申伯忠臣不欲遠離王室使召伯先繕治其居欲以定申伯之意故言定也定其意者以營築城郭其事既了知已不得不去則鄉國之意定也必使召公往營之者王肅云召公為司空主繕治案黍苗序云卿士不能行召伯之職然則營築城郭召伯所主其事或如肅言

王命申伯。式是南邦。因是謝人。以作爾庸。庸城也箋云庸功也召公既定申伯之居王乃親命之使為法度於南邦今因是故謝邑之人而為國以起女之功勞言尤章顯也

王命召伯。徹申伯土田。徹治也箋云治者正其井牧定其賦稅○牧手又反又如字後放此

王命傅御。遷其私人。御治事之官也私人家臣也箋云傅御者貳王治事謂冢宰也

〔疏〕王命至私人○毛以為王既命召伯令定申伯之居又告申伯以將封之意王乃命諸申伯云我欲使汝為法度於是南方之國今因是故謝邑之人以改作汝之國城也召公於時猶尚未發王又命召伯云汝往謝邑非徒營立申伯之居宅而已又當治理申伯國內土田使之正其井牧定其賦稅也王於是又命傅御於王者治事之臣謂冢宰也令使冢宰遷徙其

申伯之私人謂申伯私家之臣在京師者遷之使從申伯共歸其國也○鄭唯以作爾庸爲異餘同○傳庸城○正義曰傳以下云有俶其城故以庸爲城○箋庸勞至章顯○正義曰庸勞釋詁文以王命申伯當意在顯其功勞不宜直言爲其作城而已故易傳也召公既定申伯之居謂王既命之使定耳其居未是定也下言寢廟既成乃爲定耳王親命之亦謂告語申伯以爲作國之意未是命遣之也下言我圖爾居乃是命遣之辭王朝之臣有大功德乃出封爲國君則封之大國可以起發其功故云以起汝之功勞言尤欲使之彰顯也○箋治者至賦歛○正義曰公劉之箋以徹爲稅名此從傳爲治者以召伯先往治之未卽徹稅故爲治也地官小司徒職曰乃經土地而井牧其田野而令貢賦凡稅歛之事是爲國之法當先正井牧定賦稅故知治其土田指謂此也襄二十五年左傳曰井衍沃牧隰皋舊說以衍沃之地九夫爲井隰皋之地九夫爲牧二牧而當一井鄭於小司徒之注取以爲說云授民田有不易有一易有再易通率二而當一是之謂井牧然則正其井牧者觀其地之肥墝爲等級以授民也定其賦稅者豫制其所出之多少也此時召伯未發但王先命召伯使定申伯之宅卽告申伯使知其意然後以此言更命召伯故再言王命召伯也○傳御治至家臣○正義曰王之所命明是官人訓御爲治故云御治事之官私人者對王朝之臣爲公人家臣爲私屬也有司徹云主人降獻私人注云大夫言私人明不純臣此申伯雖是王之卿士亦是不得純臣故稱私人也王命使遷其私人告令其人使之裝載耳其遷猶與申伯同行也○箋傳御至冢宰○正義曰三公有大傳知此非者以王之所命當有職事三公無職故知非也僖二十八年左傳曰鄭伯傅王是謂輔相王事者爲傳也副貳於王以治國事者唯冢宰爲然故知謂冢宰也

申伯之功。召伯是營。有俶其城。寢廟既成。俶作也箋云申伯居謝之事召公營其位而作城郭及寢廟定其人神所處○俶本又作佚尺叔反**既成藐藐。王錫申伯。四牡蹻蹻。鉤膺濯濯。**藐藐美貌蹻蹻壯貌鉤膺樊纓也濯濯光明也箋云召公營位築之已成以形貌告於王王乃賜申伯爲將遣之○藐亡角反蹻渠略反濯直角反沈士學反樊步丹反爲于僞反

【疏】申伯至濯濯○正義曰此說往營謝邑訖而告王言申伯居謝之事乃召伯於是營其位處於營之處有所作者其是謝邑之城郭也既作其城又作寢廟寢廟既已成矣此既成之形貌藐藐然而美也王知其美將遣申伯乃賜申伯以四牡之馬蹻蹻然而强壯又賜以在首之金鉤在膺之樊纓濯濯然而光明將欲遣之故賜以此物也○傳俶作○正義曰釋詁文○箋申伯至所處○正義曰亦訓功爲事故言居謝之事是營之下乃云有俶是先營而後作之故云營其位而作城郭此有俶之文下通寢廟其既成之文上兼其城明其皆作成也牆垣廡庫無所不爲而獨言寢廟者主言定其人神所處故也寢人所處廟神亦有寢但此宜揔據人神不應獨言廟事故以爲人寢也廟先作而文在寢下不說作之次第從便言也○傳藐藐至光明○正義曰鉤者馬婁頷之鉤是器物之名膺者直是馬之膺前非是器物以鉤類之明言膺者謂膺上有飾故取春官巾車之文以足之謂膺有樊纓也案巾車金路鉤樊纓九就同姓以封申伯異姓而得此賜者以其命爲侯伯故得車如上公

王遣申伯。路車乘馬。我圖爾居。莫如南土。乘馬四馬也箋云王以正禮遣申伯之國故復有車馬之賜因告之曰我謀女之所處無如南土之最善○乘繩證反注同復扶又反下同**錫爾介圭。以作爾寶。**寶瑞也箋云圭長尺二寸謂之介非諸侯之圭故以爲寶諸侯之瑞圭自九寸而下○介音界**往近王舅。南土是保。**近已也申伯宜王之舅也箋云近辭也聲如彼記之子之記保守也安也○近音記

【疏】王遣至是保○毛以爲王於是發遣申伯令使之國故贈送之以大路之車及乘駟之馬因告之曰我謀度汝之所居無如謝邑之最善汝宜往居之又特賜汝以大圭謂桓圭九寸者也以爲汝之執瑞既賜其物又歎而送之往去已此王之舅也當於南方之土於是安居之矣皆命遣之辭○鄭唯介圭謂長尺二寸之圭以作國之珍寶爲異餘同○箋王以至最善○正義曰王者之封諸侯必以車服賜之是禮之正也故云以正禮遣申伯之國故復有車馬上既賜以四牡鉤膺是王之私恩此又以正禮賜之故言復也言無如南土之最善示已厚之意○傳寶瑞○正義曰春官典瑞掌玉瑞玉器注云人執以見曰瑞禮神曰器瑞符信也則瑞謂所執之玉堯典云輯五瑞卽五等諸侯之圭璧也此賜介圭賜申伯令執之言介者大於常圭故王肅云寶瑞也桓圭九寸諸侯圭之大者所以朝天子是也○箋圭長至而下○正義曰釋器云珪大尺二寸謂之介長大一也引之而變其文也長尺二寸則非諸侯所當執又寶者居守之辭非瑞信之語故云非諸侯之圭故以爲寶又言諸侯之瑞圭自九寸明其無尺二寸不得稱介示已所以易傳之意孫毓云特言賜之以作爾明非五等之玉且申伯受侯伯之封當信圭七寸又不得受上公之制九寸桓圭而謂之介箋義爲長○傳近已至之舅○正義曰以命往之國不復得與之相近故轉爲已以爲辭也近得爲已其聲相近故箋申之云如彼己之子也下云王之元舅此則宣王命之故知宣王之舅如鄭意厲王之后曰豔妻而得申伯爲王舅者蓋豔妻無子姜氏生宣王

申伯信邁。王餞于郿。郿地名箋云邁行也申伯之意不欲離王室王告語之復重於是意解而信行餞送行飲酒也時王蓋省岐周故于郿云○餞賤淺反沈祖見反一音賤字林子扇反云送去食也郿亡悲反又亡冀反地名屬扶風今爲縣語魚據反重直用反解音蟹**申伯還南。謝于誠歸。**箋云還南者北就王命于岐周而還反也謝于誠歸誠歸于謝**王命召伯。徹申伯土疆。以峙其粻。式遄其行。**箋云粻糧式用遄速也王使召公治申伯土界之所至峙其糧者令廬市有止宿之委積用是速申伯之行○疆居良反時如字本又作峙直紀反兩通粻音張遄市專反委於僞反積子賜反

【疏】申伯至其行○正義曰申伯初意不欲離王王告語復重心開意解申伯於是信實欲行王乃以酒餞之於郿申伯乃旋反而南行此南方謝國申伯於是誠實歸之矣言其不得顧戀也又言先者申伯未發之時王豫命召伯令治申伯之國土界所至之疆境是以峙具其糧食謂自京至國在道所須令皆預備委積用是以速其申伯之行由在道無所闕乏故得疾至言王厚申伯也俗本峙作時者誤也○傳郿地名○正義曰於漢屬右扶風在鎬京之西也○箋遄行至郿云○正義曰遄行釋言文此言信行則往前心未欲行於時乃信故解其意言王告語復重於是意解而信行也上歷言以作爾庸我圖爾居往近王舅是復重也申在鎬京之東南自鎬適申塗不經郿解其得餞郿之意時宜王蓋省視岐周申伯從王至岐自岐遣之故餞之於郿也江漢箋云岐周周之所起爲其先祖之靈以有先祖之靈故時省之言省者王自須省視非爲申伯故往江漢言于周受命是爲召公故往是以經云于周與此異也○箋還南至于謝○正義曰以言還者迴反之辭故云北就王命於岐周而還反也蓋王先在岐得召公之報知營謝已訖召申伯於鎬至岐周而命之也申伯既受命王餞還歸於謝而後適申故云北就還南也言謝于誠歸正是誠心歸於謝國古人之語多倒故申明之誠歸者決意不疑之辭○箋糧至之行○正義曰粻糧式用釋言文遄速釋詁文治申土界之所至者謂治理申國之四境豫定封疆令申伯至之時不與四鄰爭訟也峙其糧者謂自京至謝所在道路具其糧食使申伯所舍所宿須則有之不乏絕也令廬市有止宿之委積者地官遺人云掌道路之委積凡國野之道十里有廬廬有飲食三十里有宿宿有路室路室有委五十里有市市有候館候館有積注云廬若今野候徒有庌也宿可止宿若今亭有室矣候樓可以觀望者也一市之間有三廬一宿是也此復云王命召伯者召伯營謝也既成遣使報王王知城郭既了又復命以此事蓋遣使命之不必召伯親來而復往也欲速申伯之行唯峙其糧一事耳徹申伯土疆非是速申伯之事於此言之者前命召伯唯使定其居宅治其土田未命之使正其疆界故於是乃命之既命正定其疆界因令具糧以待申伯耳

申伯番番。既入于謝。徒御嘽嘽。番番勇武貌諸侯有大功則賜虎賁徒御嘽嘽徒行者御車者嘽嘽喜樂也箋云申伯之貌有威武番番然其入謝國車徒之行嘽嘽安舒言得禮也禮入國不馳○番音波嘽吐丹反賁音奔樂音洛**周邦咸喜。戎有良翰。**箋云周徧也戎猶女也翰幹也申伯入謝徧邦內皆喜曰女乎有善君也相慶之言○翰協句音寒徧音遍下同**不顯申伯。王之元舅。文武是憲。**不顯申伯顯矣申伯也文武是憲言有文有武也箋云憲表也言爲文武之表式

【疏】申伯至是憲○毛以爲此言申伯至國之事言申伯有勇武之貌番番然謂在路之時有此威貌也既已入於謝邑其徒行者御車者皆嘽嘽然安舒得宜不妄馳驟謝人觀其儀貌知是賢君徧邦之內悉皆喜悅而相慶曰今有大良善幹事之君申伯既受封而爲民所悅如是豈不光顯申伯乎言實光顯矣又歎美申伯此王之長舅文人武人皆於是以爲表憲而法則之也言申伯有文有武可爲人之表式也○鄭唯戎爲汝爲異餘同○傳番番至喜樂○正義曰以番番之文在入謝之上則是在道之容故爲勇武貌箋云威武義亦同也又以申伯爲天子大臣出封下國美國君之貌不應言身之有勇故辨之云諸侯有大功則天子賜之虎賁之士爲之武備故道路觀之則番番然揔言其行從之勇非其身也申伯有大功受州牧之禮故得虎賁之賜徒行御車謂申伯之從也嘽嘽安舒之狀行禮則安舒貌則喜樂與箋相接成也箋云入國不馳曲禮文○箋徧至之言○正義曰周匝是徧之義故爲徧也翰幹釋詁文汝者相於之辭故知是相慶之言以申伯新爲之君故遷相慶賀也毛於戎字皆訓爲大知此亦與鄭不同○傳不顯至有武○正義曰文武是憲謂文人武人以申伯爲表式故解其意言由申伯有文有武故得與文武之人爲表式箋以其略故申成之

申伯之德。柔惠且直。揉此萬邦。聞于四國。箋云揉順也四國猶言四方也○揉本亦作柔汝又反又如字一音柔注同聞音問**吉甫作誦。其詩孔碩。其風肆好。以贈申伯。**吉甫尹吉甫也作是工師

之誦也肆長也贈增也箋云碩大也吉甫爲此誦也言其詩之意甚美大風切申伯又使之長行善道以此贈申伯者送之令以爲樂○風福鳳反注同王如字云音也贈詩之本皆爾鄭王申毛並同崔集注本作贈增也崔云增益申伯之美

【疏】申伯至申伯○正義曰此章以申伯歸謝事終揔歎其美且言作詩之意言申伯之德安順而且正直以此順直之德揉服此萬邦不順之國使之皆順其善聲譽皆聞達於彼四方之國是申伯之德實大美矣令吉甫作是工師之誦其詩之意甚美大矣其風切申伯又使之長行善道故以此詩增長申伯之美言使申伯歌誦此詩見人言已之美更復自強不息以增德行也鄭唯贈送一字別○箋揉順○正義曰易稱揉木爲柔謂屈橈之也有不如意揉之使善是爲順之義言揉萬邦使順善也周無萬國因古有萬國舉大數耳○傳吉甫至贈增○正義曰吉甫尹吉甫毛不注序故於此詳之詩者工師樂人誦之以爲樂曲故云作是工師之誦欲使申伯之樂人常誦習此詩也肆者陳設之言是進長之義故以肆爲長凡贈遺者所以增長前人贈之財使富增於本贈之言使行增於善故云贈增也○箋碩大至爲樂○正義曰碩大釋詁文言風切申伯使之長行善道者言其善事使之自強也其詩之意甚美大者述其善事令更增長是美大也君子之道貴在謙虛而言吉甫作詩自述云甚美者欲使前人聽受其言故美大以入之令以爲樂者命使申伯常歌樂此詩以自規戒也如此言則此詩之作主美申伯而已申伯有德王能建之美申伯亦所以美宣王故爲宣王詩也

崧高八章章八句

烝民。尹吉甫美宣王也。任賢使能。周室中興焉。

【疏】烝民八章章八句至中興焉○正義曰烝民詩者尹吉甫所作以美宣王也以宣王能親任賢德用使能人賢能在官職事修理周室既衰中道復興故美之也任賢使能者任謂委伏之使謂作用之雖大意爲同而細理小別有德謂之賢有伎謂之能故太宰八統三曰進賢四曰使能注云賢有善行者也能多才藝者也是賢能相對爲小別散則皆相通也經八章皆言仲山甫有美德王能任用之是任使賢能也褒賞申伯指斥其人此不言任用山甫者見王所使任非獨一人而已故言賢能以廣之韓奕之序不言錫命韓侯義亦然崧高之序已有建國親諸侯爲之廣大故指言申伯焉由其任賢使能故得周室中興中興之事於經無所當也

天生烝民。有物有則。民之秉彝。好是懿德。烝衆物事則法彝常懿美也箋云秉執也天之生衆民其性有物象謂五行仁義禮智信也其情有所法謂喜怒哀樂好惡也然而民所執持有常道莫不好有美德之人○彝音夷好呼報反注皆同知音智樂音洛惡烏路反

天監有周。昭假于下。保茲天子。生仲山甫。仲山甫樊侯也箋云監視假至也天視周王之政教其光明乃至于下謂及衆民也天安愛此天子宣王故生樊侯仲山甫使佐之言天亦好是懿德也書曰天聰明自我民聰明○假音格注同

【疏】天生至山甫○正義曰言天生其衆民使之心性有事物之象情志有去就之法既稟此靈氣而有所依憑故民之所執持者有常道莫不愛好是美德之人以爲君也民之所好如是天亦從民所好故天乃監視有周之王政教善惡見此周王其政教之光明乃行而施至於下民矣即王有懿德天亦愛之天乃安愛此天子之宣王乃爲之生樊侯仲山甫大賢之人使佐以興之○傳烝衆至懿美○正義曰烝衆則法彝常懿美皆釋詁文凡言萬物則萬事也故以物爲事○箋秉執至之人○正義曰秉執釋詁文以言好是懿德所好出於情性然上言有物有則即是情性之事物者身外之物有象於己則者己之所有法象外物其實是一從內外而異言之耳因經物則異文故箋分性情爲二性爲五性情爲六情以充之五性本於五行六情本於六氣洪範五行水火金木土禮運曰人者天地之心五行之端是人性法五行也昭元年左傳曰六氣曰陰陽風雨晦明也昭二十五年左傳民有好惡喜怒哀樂生于六氣是六情法六氣也孝經援神契曰性者生之質命人所稟受也情者陰之數精內附著生流通也又曰性生於陽以理執情生於陰以繫念是性陽而情陰五行謂仁義禮智信者鄭於禮記之說以爲木行則仁金行則義火行則禮水行則智土行則信是也六情有所法者服虔左傳之注以爲好生於陽惡生於陰喜生於風怒生於雨哀生於晦樂生於明是也此數情有六經傳亦多言六情唯禮運云何謂人情喜怒哀懼愛惡欲七者弗學而能獨言七者云是其正彼依附而異文耳愛即好也欲即樂也懼蓋怒中之別出已情爲怒聞彼怒而懼是怒之與懼外內相依以爲彼此之異故分之爲七大意猶與此同也人之情性共稟於天天不差忒則人亦有常故民所執持有常道莫不好美德之人下句言天見民意好此美德故天亦愛此天子之事此言好美德之人謂好之以爲君也若然物以同聲相應人以同志相親聖明之君乃愛賢臣無道之世惡人得寵古先帝代莫不盡然君既如此則民亦如之惡人當愛惡君矣而云同好美德之人者人之本意皆欲愛善雖則逐臭之夫當時不以爲惡但識鑒不同謂爲善耳未有故知是其惡而愛之者也且民之愛君爲被其政教善則愚民亦知愛善君矣○傳仲山甫樊侯○正義曰言仲山甫是樊國之君爵爲侯而字仲山甫也周語稱樊仲山甫諫宣王是山甫爲樊國之君也韋昭云食菜於樊僖二十五年左傳說晉文公納定襄王王賜之樊邑則樊在東都之畿內也杜預云經傳不見畿內之國稱侯男者天子不以此爵賜畿內也如預之言畿內本無侯爵傳言樊侯不知何所案據○箋監視至聰明○正義曰監視假至釋詁文上句言民好有德之君故以此明至於下爲周之政教光明至於天下正謂宣王政教明也但天子之文見於下句故直言有周耳上言民好有德此言天愛宣王爲生賢佐言天亦好是懿德亦猶民也引書曰者泰誓文也彼注云天之所謂聰明有德者由民也言天所善惡與民同引之者證天從民意也案序云任賢使能周室中興是由有賢臣佐王政始得光明此文乃言由王政教光明天乃爲生賢佐先後不同者宣王之明與山甫之賢皆是上天爲之山甫之年未必不長於宣王非是宣王既明始生山甫得作者見明君而有賢臣爲天愛王之勢非實事也

仲山甫之德。柔嘉維則。令儀令色。小心翼翼。箋云嘉美令善也善威儀善顏色容貌翼翼然恭敬

古訓是式。威儀是力。天子是若。明命使賦。古故訓道若順賦布也箋云故訓先王之遺典也式法也力猶勤也勤威儀者恪居官次不解于位也是順從行其所爲也顯明王之政教使羣臣施布之○道音導解佳賣反本又作懈下文匪解同

【疏】仲山甫至使賦○正義曰上言天生山甫此言生而有德言此仲山甫之德如何乎柔和而美善維可以爲法則又能善其動止之威儀善其容貌之顏色又能慎小其心翼翼然恭敬既性行如是至於爲臣則以古昔先王之訓典於是遵法而行之在朝所爲之威儀於是勤力而勉之以此人隨天子之所行於是從行而順之既天子爲善山甫順之故能顯明王之教命使羣臣施布行之羣臣奉行王命由於山甫故得爲此明君中興周室○傳古故至賦布○正義曰古是舊故之義故以古爲故也訓道釋詁文若順釋言文賦與人物是布散之義故以賦爲布也○箋故訓至布之○正義曰古訓者故舊之道故爲先王之遺典也是力者勤力爲之故云勤威儀者恪居官次謂恒常恭敬居於官之次舍不解怠於其職位也恪居官次襄二十三年左傳云不解于位假樂篇也是順謂從其所爲言君須爲善從君之意以成善事也顯明王之政教使羣臣施布之身爲大臣故得使在下者布行王政也

王命仲山甫。式是百辟。纘戎祖考。王躬是保。戎大也箋云戎猶女也躬身也王曰女施行法度於是百君繼女先祖先父始見命者之功德王身是安使盡心力於王室○辟音壁

出納王命。王之喉舌。賦政于外。四方爰發。喉舌冢宰也箋云出王命者王口所自言承而施之也納王命者時之所宜復於王也其行之也以布政於畿外天下諸侯於是莫不發應○出納並如字納亦作內音同喉音侯應對之應

【疏】王命至爰發○毛以爲王命此仲山甫曰汝可以爲長官施其法度於是天下之百君當繼而光大爾之祖考又奉承汝王之身於是而安寧之仲山甫既受命爲官乃施行職事於是出納王之教命王有所言出而宣之下有所爲納而白之作王之咽喉口舌布其政教於畿外之國政教明美所爲合度四方諸侯被其政令於是皆發舉而應之美其出言而善人皆應和也○鄭唯戎字爲異餘同○箋戎猶至王室○正義曰戎之爲大雖是正訓於理不愜故易以爲汝汝施法度於是百君謂百辟卿士通畿外諸侯下云賦政于外明百辟之言兼畿外矣言繼汝先祖明其先有功先祖有功必是始封之君故云始見命者之功德也言盡心力於王室者發舉由心施行在力令盡心力使爲至忠也○傳喉舌冢宰○正義曰上句云式是百辟與百君爲法則王朝上卿故爲冢宰舜命龍作納言云出納朕命彼特立納言之官以典王命出入即令之納言也與此出納王命者異○箋出王至發應○正義曰以出從於王故爲王口所自言納自外來故爲時之所宜復於王復白也大宰職曰王視治朝則贊聽治注云治朝在路門外羣臣治事之朝王視之則助王平斷焉是出王命也又曰歲終則令百官府各正其治受其會聽其政事而詔王廢置注云平其事來至者之功狀而奏白王是納王命也宰夫掌諸臣之復注云復之言報也反也反報於王謂朝廷奏事是謂奏事爲復也天下諸侯於是莫不發應即易所謂出其言善千里之外應之是也

肅肅王命。仲山甫將之。邦國若否。仲山甫明之。將行也箋云肅肅敬也言王之政教甚嚴敬也仲山甫則能奉行之若順也順否猶臧否謂善惡也○否音鄙惡也注同舊方九反同云不也○

既明且哲。以保其身。夙夜匪解。以事一人。箋云夙早夜莫匪非也一人斥天子○莫音暮

【疏】肅肅至一人○正義曰肅肅然甚可尊嚴而畏敬者是王之教命嚴敬而難行者仲山甫則能奉行之畿外邦國之有善惡順否在遠而難知者仲山甫則能顯明之能內奉王命外治諸侯是其賢之大也既能明曉善惡且又是非辨知以此明哲擇安去危而保全其身不有禍敗又能早起夜

卧非有解倦之時以常尊事此一人之宣王也。**人亦有言。柔則茹之。剛則吐之。**箋云：柔猶濡毳也。剛，堅強也。剛柔之在口，或茹之，或吐之，喻人之於敵彊弱。○茹音汝，又如庶反。廣雅云：食也。濡，如朱反，一音如宛反。毳，昌銳反，本又作脆，七歲反。彊，其良反，下同，或其丈反。**維仲山甫。柔亦不茹。剛亦不吐。不侮矜寡。不畏彊禦。**矜，古頑反。

【疏】人亦至彊禦。○正義曰：上既言明哲勤事，此又言其發舉得中。人亦有俗諺之常言，說人之恒性，莫不柔濡者則茹食之，堅剛者則吐出之，喻見前敵寡弱者則侵侮之，彊盛者則避畏之。言凡人之性莫不皆爾，維有仲山甫則不然，雖柔亦不茹，雖剛亦不吐，不欺侮於鰥寡孤獨之人，不畏懼於彊梁禦善之人。不侮不畏，即是不茹不吐。既言其喻，又言其實以充之。茹者敢食之名，故取菜之入口名爲茹，祀稱茹毛亦其事也。

人亦有言。德輶如毛。民鮮克舉之。我儀圖之。儀，宜也。箋云：輶，輕。儀，匹也。人之言云：德甚輕，然而衆人寡能獨舉之以行者，言政事易耳，而人不能行者，無其志也。我與倫匹圖之，而未能爲也。我，吉甫自我也。○輶，餘久反，又音由。鮮，息淺反。我義，毛如字，宜也；鄭作儀，儀，匹也。易，以豉反。**維仲山甫舉之。愛莫助之。**愛，隱也。箋云：愛，惜也。仲山甫能獨舉此德而行之，惜乎莫能助之者，多仲山甫之德，歸功言耳。**袞職有闕。維仲山甫補之。**有袞冕者，君之上服也。仲山甫補之，善補過也。箋云：袞職者，不敢斥王之言也。王之職有闕，輒能補之者，仲山甫也。○袞，古本反，冕服名。

【疏】人亦至補之。○毛以爲人亦有俗諺之常言：德之在人，此於無德之時，非復益重，其輕如毛。然其輕如毛，行之甚易，要民無其志，寡能舉行之者。我以人之此言實得其宜，乃圖謀之，觀誰能行德，維仲山甫獨能舉此德而行之。其德義深遠而隱，莫有能助行之者，山甫既無人助，獨行之耳。故服袞冕之人職事有所廢闕，維仲山甫能補益之。以此故可任用以致中興。○鄭唯儀爲匹、愛爲惜爲異，餘同。○箋輶輕至自我。○正義曰：輶，輕，釋言文。儀，匹，釋詁文。然則鄭讀爲儀，故以爲匹。以言圖之，當與前人共謀，故易傳也。表記稱仁之爲器也重，其爲道也遠，舉者莫能勝也，行者莫能致也，則德當重矣，而云輕如毛者，若論德所施行，實爲重大，若言在人身體，則於人不重，故爲輕也。言如毛者，舉輕物以喻其輕之甚耳，其實輕於毛也。故中庸引此云：毛猶有倫。是怪其所比爲重也。舉者，提持之言，既以重輕爲喻，故以舉言之，舉謂施行之，故云舉之以行。既引人言，乃云我圖，故知我吉甫自我也。○傳愛隱。○正義曰：釋言文。○箋愛惜至言耳。○正義曰：愛者恡惜之言，故爲惜也。惜其無助，則爲嘆傷之深，故易傳也。宣王之臣賢哲多矣，而云莫能助之，辭爲太甚，故云多山甫之德，歸功言之也。○傳有袞至補過。○正義曰：傳以天子之服其名多矣，而獨言袞職之意，以衣服之中有袞冕者，是人君之上服，故舉袞以表君也。若然，天子以大裘之冕爲尊，故觀禮謂袞冕爲禪冕，而言上服者，以大裘之冕無旒，事天乃服，以示質耳，非與人君行禮之正衣，故以袞爲上也。善補過者，易繫辭文，言善補袞職之人過也。宣二年左傳引此，乃云能補過也。○箋袞職至山甫。○正義曰：袞職實王職也。不言王而言袞，不敢指斥而言，猶律謂天子爲乘輿也。王之職有缺，輒能補之，謂有所不可則諫爭之。○

仲山甫出祖。四牡業業。征夫捷捷。每懷靡及。言述職也。業業，言高大也。捷捷，言樂事也。箋云：祖者，將行犯軷之祭也。懷，私爲每懷。仲山甫犯軷而將行，車馬業業然動，衆行夫捷捷然至。仲山甫則戒之曰：既受君命，當速行，每人懷其私而相稽留，將無所及於事。○捷，在接反。軷，步葛反，道祭也。**四牡彭彭。八鸞鏘鏘。王命仲山甫。城彼東方。**東方，齊也。古者諸侯之居逼隘，則王者遷其邑而定其居，蓋去薄姑而遷於臨菑也。箋云：彭彭，行貌。鏘鏘，鳴聲。以此車馬命仲山甫使行，言其盛也。○將，七羊反，本亦作鏘，同。逼，本亦作偪，彼側反。隘，於懈反。菑，側其反，臨菑，地名。

【疏】仲山甫王東方。○正義曰：既言在內佐王，又說外行述職。言仲山甫既受王命，將欲適齊，出於國門而爲祖道之祭，正陳車騎，而人觀之，見其所乘之駟牡業業然動而高大，所從衆人之行夫捷捷然敏而樂事。於其祖而既餞，仲山甫則戒其從人曰：爾等既受君命，當須速行，若每人懷其私而相稽留，將無所及於事也。既戒，乃乘其駟牡之馬，彭彭然而行，八鸞之聲又鏘鏘然而鳴。所以爲此行者，王命仲山甫以此車馬，令乘之而行，往築城於彼東方之國，謂使之城齊也。○傳言述至樂事。○正義曰：仲山甫爲王之卿士，職當眺省諸侯，言此出行者，述其卿士之職也。業業，動之貌。言高大者，見其高大而動，故業業然。捷捷者，舉動敏疾之貌。行者或苦於役，則舉動遲緩，故言捷捷，以見其勸樂於事也。○箋祖者至於事。○正義曰：以行者既祖，乃即於路，故云將行犯軷而祭也。每懷靡及，在征夫之下，而與皇皇者華文同，故亦依彼取外傳而經破之，云懷私爲每懷。此征夫是山甫從人，故知山甫戒之，恐其無及於事也。皇皇者華傳以懷爲和，箋破和爲私，以申傳意，其義不異於傳，故知此箋之意亦與傳同也。但毛傳省略，彼王肅爲之作說，亦云已與毛同，未知誰得毛旨，此亦當然。王肅云：仲山甫雖有柔和明知之德，猶自謂無及。傳意未必不然也。○傳東方至臨菑。○正義曰：下言徂齊，故知東方齊也。又解王命城齊之意，由古者諸侯之居逼隘，則王者遷其邑而定其居。時齊居逼隘，故王使仲山甫往城而定之也。既言所定，不知定在何處，故云蓋去薄姑而遷於臨菑也。毛時書籍猶多，去聖未遠，雖言蓋爲疑辭，其當有所依約而言也。史記齊世家云：獻公元年，徙薄姑，都治臨菑。計獻公當夷王之時，與此傳不合，遷之言未必實也。○箋彭彭至其盛。○正義曰：承上出祖之後，則是在道之事，故以彭彭爲行貌。馬動則鸞鳴，故言鏘鏘爲鳴聲也。既言車馬，乃云王命，明王以此車馬命山甫使行，以王命所賜而作者，言其貌狀如是，言其車馬之盛。

四牡騤騤。八鸞喈喈。仲山甫徂齊。式遄其歸。騤騤猶彭彭也。喈喈猶鏘鏘也。遄，疾也。言周之望仲山甫也。箋云：望之，故欲其用是疾歸。○騤，求龜反。喈，音皆。**吉甫作誦。穆如清風。仲山甫永懷。以慰其心。**清微之風，化養萬物者也。箋云：穆，和也。吉甫作此工歌之誦，其調和人之性，如清風之養萬物然。仲山甫述職，多所思而勞，故述其美以慰安其心。

【疏】四牡至其心。○正義曰：此言周人欲山甫之速歸，并說己作詩之意。言仲山甫乘王命之四牡，騤騤然壯健，八鸞之聲喈喈然而鳴。仲山甫乘此車馬以往於齊，周人欲山甫用此壯健車馬，疾其在路而早歸也。山甫既行役如此，故我吉甫作是工師之誦，其調和人之情性，如清微之風化養萬物，使之日有長益也。以仲山甫述職，日月長久而多所思，故述其美以慰安其心，欲使之自忘勞也。○傳騤騤至山甫。○正義曰：此所陳者，還是上之車馬，故猶之也。釋詁云：遄，速。即疾也。欲使之速歸者，言山甫有德，周人愛之，不用使久在於外，故云式遄其歸，言周人思望仲山甫也。○傳清微至萬物。○正義曰：解詩而比風之意，以清微之風化養萬物，故以比清美之詩，可以感益於人也。清微者，言其不暴疾也。化養萬物，謂谷風、凱風也。○箋穆和至其心。○正義曰：穆是美之貌，故爲和也。穆下即云如清風，是穆爲清之用，故和爲調和人之性也。

烝民八章，章八句。

毛詩注疏挍勘記（十八之三）

阮元撰盧宣旬摘錄

○崧高

知非三公必兼六卿　閩本明監本毛本同。案浦鏜云：三公下疑脫者以三公四字，是也。

皆以賢知　小字本、相臺本同。案釋文云：知音智，本或作哲。正義本是知字，故易爲智字而說之。

維是四岳之山　閩本明監本毛本同。案岳當作嶽，此寫者以岳爲嶽之別體而改之耳，下同。

王者當謂之變　閩本明監本毛本謂作爲，案所改是也。

言北岳降神　閩本明監本毛本同。案浦鏜云：北當山字誤，是也。

張揖廣推云　閩本明監本毛本同。案浦鏜云：雅誤推，是也。

明不偏指一山　閩本明監本毛本同。案山井鼎云：偏恐徧誤，是也。

是功德爲事　閩本明監本毛本同。案浦鏜云：德當得字誤，是也。

箋云庸功也　小字本、相臺本同。案此釋文本也。釋文庸下云：鄭云功也。可證。正義云：庸，勞，釋詁文。標起止云：箋庸勞。是其本作勞也。

牧手又反又如字　〔補〕通志堂本、盧本同。釋文挍勘云：按牧字不得有手又反之音，蓋大字作井收，與正義本作井牧絕異也。後人用正義改大字耳。井收，謂井田所收也。

二王治事　小字本、相臺本二作貳，閩本明監本毛本同。案此寫者以二爲貳之別體而譌也。

箋治者至賦斂　閩本明監本毛本治者誤徹治，斂作稅。案稅字是也。

俶本又作併　〔補〕釋文挍勘記：通志堂本同，盧本併作倂，云舊譌併。案所改是也。

寢人所處廟神亦有寢　閩本明監本毛本同。案山井鼎云：脫神所處三字，是也。廟下浦

往近王舅　唐石經、小字本、相臺本同。案此正義本也。正義標起止云：傳近已。下云：以命往之國，不復得與之相近，故轉爲已。唐石經之所本也。釋文云：近，音記。六經正誤云：說文作𨒪，今作迈，音記，字譌作近，不敢改其說，是也。釋文當本作近，今亦作近者，後人改之耳。近不得音記。段玉裁云：此借近爲已，詳詩經小學。正義本、唐石經皆誤也。

箋云近辭也　小字本、相臺本同。案此釋文本也。釋文近下云：毛已也，鄭辭也。是其證。正義本未有明文，今無可考。段玉裁云：此傳謂近者已之假借，箋申之曰已辭也，讀如彼記之子之記，見王風、鄭風箋。蓋已、記、忌、近其五字同。已仍作近，誤。

特言賜之以作爾 閩本明監本毛本爾下有實字案所補是也

以峙其粻 小字本相臺本同唐石經損案此正義本也正義云俗本峙作時者誤也釋文云以時如字本又作峙直紀反兩通時卽時字之譌正義之意以爲峙具字不從田故曰誤

贈增也 小字本相臺本同案此正義本也正義云几贈遺者所以增長前人贈之財使富增於本贈之言使行增於善故云贈增也釋文云贈送也詩之本皆爾鄭王申毛並同崔集注本作贈增也崔云增益申伯之美考涓陽傳云贈送也此傳亦然故箋云送之也女日雞鳴韓奕箋皆云贈送也集注本非當以釋文本爲長○按舊挍未確

○烝民

夷常懿美皆釋詁文 閩本明監本毛本夷作彝案所改非也依此當是正義本經是夷字與孟子所引同潛夫論亦引作夷故又破爾雅彝爲夷字也釋文唐石經皆作彝與正義本不同耳閩本以下改去此夷遂不復有知正義本作夷者矣

云是其正 閩本明監本毛本同案浦鏜云云當六字誤是也

襄二十三年左傳云 閩本明監本毛本同案山井鼎云云恐文誤是也

聽其政事而詔王廢置 閩本明監本毛本同案山井鼎云政作致爲是是也

不畏懼於彊梁禦善之 閩本明監本毛本之下有人字案所補是也

茹者敢食之名 閩本明監本毛本同案山井鼎云敢恐敢誤是也

我儀圖之 唐石經小字本相臺本同案釋文云我義毛如字宜也鄭作儀儀匹也正義云儀匹釋詁文然則鄭讀爲儀故以爲匹考此知釋文正義二本字皆作義鄭以義爲儀之假借耳未嘗改爲儀也唐石經乃竟作儀字誤

正陳車騎而人觀之 閩本明監本毛本同案浦鏜云正疑止字誤是也泉水正義作止

而經破之云 閩本明監本毛本同案山井鼎云經恐徑誤是也

如是言其車馬之盛 閩本明監本毛本同案浦鏜云如當知字誤是也

以慰其心 唐石經小字本同閩本明監本毛本同相臺本其誤我

附釋音毛詩注疏卷第十八（十八之四）

毛詩大雅　鄭氏箋　孔穎達疏

韓奕。尹吉甫美宣王也。能錫命諸侯。梁山於韓國之山最高大爲國之鎭所望祀焉故美大其貌奕奕然謂之韓奕也梁山今左馮翊夏陽西北韓姬姓之國也後爲晉所滅故大夫韓氏以爲邑名焉幽王九年王室始騷鄭桓公問於史伯曰周衰其孰興乎對曰武實昭文之功文之祚盡武其嗣乎武王之子應韓不在其晉乎○奕音亦韓姬姓國也梁山奕奕然爲韓國之鎭故曰韓奕翊音翼騷素刀反動也祚徂路反

【疏】韓奕六章章十二句至諸侯○正義曰韓奕詩者尹吉甫所作以美宣王也美其能錫命諸侯謂賞賜韓侯命爲侯伯也不言韓侯者欲見宣王之所錫命非獨一國而已故變言諸侯以廣之錫謂與之以物二章是也命謂授之以政首章是也經序倒者經先言受命以顯其美序先言賜者欲見命亦是賜春秋有來錫公命是命爲賜也三章言公侯得賜而歸四章說其娶妻之事五章言其得妻之田卒章言欲得命歸國施行政事既美其人言汎及之主爲錫命而作故序言錫命以揔之○箋梁山至晉乎○正義曰此經雖有韓奕而文非共句故解其名篇之意也知梁山於韓國之山最高大者以韓後屬晉釋山云梁山晉望也孫炎曰晉國所望祭也晉爲大國尚以爲望明於韓地最高大也夏官職方氏每州皆云其山鎭曰某山是其大者謂之爲鎭故知梁山爲韓國之重鎭也祀諸侯之於山川在其地祭以祈福山必望而祀之故云祈望祀焉經云奕奕梁山是美其貌奕奕然以其韓國之奕故謂其篇爲韓奕也又辨其處云今在左馮翊郡夏陽縣之西北也漢於長安畿內立三郡謂之三輔京兆在中馮翊在東扶風在西外郡之長謂之太守此三輔者謂之京兆尹左馮翊右扶風左右猶外郡之名太守也計此止須言馮翊耳不須言左但漢書稱馮翊扶風之人皆并言左右故鄭亦連言左范曄後漢書始於馮翊扶風之人不言左右耳以前皆并言左右服虔左傳解贊云右扶風賈君是也又辨韓國與滅之由襄二十九年左傳說晉滅諸國云霍揚韓魏皆姬姓也以此知韓是姬姓之國後爲晉所滅也此韓是武王之子故卒章之傳已言韓侯之先祖武王之子故直辨其姬姓也故大夫韓氏以爲邑名焉謂食邑於韓以韓爲氏也桓三年左傳云曲沃武公伐翼韓萬御戎服虔云韓萬晉大夫曲沃桓叔之子莊伯之弟晉爲大夫以韓爲氏也襄昭之間有韓宣子六國之韓王是此韓爲之後也晉之滅韓未知何君之世宣王之時韓爲侯伯武公之世萬已受之蓋晉文侯輔平王爲方伯之時滅之也故韋昭云近宣王時命韓侯爲侯伯其後爲晉所滅以爲邑以賜桓叔之子萬是爲韓萬則其亡在平王時也幽王九年以下皆鄭語文韋昭云騷謂適庶交爭也武武王也文王子孫魯衛是也祚盡謂衰也嗣繼也武王子孫當繼之而興不在者言不在應韓當在晉也引此者證幽王之時韓仍在也彼先言桓公之問史伯之對下言九年王室始騷此引之而與彼文倒者彼文先說史伯之言於後歷陳事驗故始騷之文列之於後此則畧取其意辨其問荅之年故進之於上

奕奕梁山。維禹甸之。有倬其道。韓侯受命。奕奕大也甸治也禹治梁山除水災宜王平大亂命諸侯有倬其道有倬然之道者也受命受命爲侯伯也箋云梁山之野堯時俱遭洪水禹甸之者決除其災使成平田定貢賦於天子周有厲王之亂天下失職今有倬然者明復禹之功者韓侯受王命爲侯伯○甸毛徒遍反鄭繩證反或云鄭亦徒遍反倬陟角反明貌韓詩作晫音義皆同

王親命之。纘戎祖考。無廢朕命。夙夜匪解。虔共爾位。戎大虔固共執也箋云戎猶女也朕我也古之恭字或作共○解音懈共毛九勇反鄭音恭云古恭字

朕命不易。榦不庭方。以佐戎辟。庭直也箋云我之所命者勿改易不行當爲不直違失法度之方作楨榦而正之以佐助女君女君王自謂也○榦古旦反辟音壁君也爲于僞反楨音貞

【疏】奕奕至戎辟○毛以爲此奕奕然高大之梁山其傍之野本遭洪水之灾維爲禹所治之謂決除其災使成平田而貢賦於天子也今居其地復禹之功有倬然著明其道德者韓侯也韓侯以此明德受天子之命爲侯伯也以王身親自命之云汝當紹繼光大其祖考之舊職復爲侯伯以繼先祖無得弃我之教命而不用之其在職也當早起夜臥非有解怠用心堅固執持汝此侯伯之職位我之所命汝者不得改易而不行以此爲楨榦有違道不直之方以此佐助汝大君之天子此是王命辭之畧也○鄭以甸爲丘甸之甸戎爲汝共爲恭敬言繼汝祖考之舊職恭於汝職以助汝君爲異餘同○傳奕奕至侯伯○正義曰以其言山之形而云奕奕故知大也甸者田也治爲平田故云甸治大禹之功功在治水故知治梁山除水灾謂治山傍之地有水之處使成平田也又本韓侯受命之意宣王平大亂謂平定厲王之亂政而命諸侯謂擇諸侯賢者而命之故有倬然之道者韓侯受命爲侯伯也以其命之使榦不庭方又言因以其伯故知爲侯伯謂爲州牧也以其言奄受北國知非東西大伯也言宜王平大亂者本其命諸侯所由耳不以平亂此治水也○箋梁山至侯伯○正義曰以言其甸之施於平地之辭故言之野言梁山者表韓國所在亦猶信彼南山其意在於原隰也言俱遭洪水者堯時洪水非獨梁山之傍梁山與天下俱遭之耳見禹之所治不獨梁山上言禹治梁山下言韓侯受命則維禹甸之言亦爲韓侯而發信南山維禹甸之之下又云有倬其道亦美韓侯復禹之功也禹與成王俱爲天子養民之情既同其功可以相復今韓侯非禹之類而亦言復禹功則所復之事有異於成王故箋辨之禹能決除其災使成平田定其貢賦於天子今韓侯居禹所治之地修理其田供其貢賦於天子禹定其制韓侯奉行以此爲復禹之功也周有厲王之亂天下失職謂諸侯不修臣職不貢賦也今有倬然著明之道復禹之功謂韓侯修臣職奉貢賦也下云介圭入覲卽是著明之事韓侯以此著明故得受命爲侯伯有倬然受命皆是韓侯之事韓侯之文處其中使得上下俱兼也以信南山之箋甸爲丘甸之知此使成平田定貢賦亦是丘甸之也定本集注貢賦上皆無定字○傳戎大虔固共執○正義曰皆釋詁文彼唯共作拱耳傳讀爲拱故爲執也○箋朕我至作共○正義曰朕我釋詁文言古之恭字或作共則爲恭敬之義以爲恭字義強故易傳也○傳庭直○正義曰釋詁文之

四牡奕奕。孔脩且張。韓侯入覲。以其介圭。入覲于王。脩長張大覲見也箋云諸侯秋見天子曰覲韓侯乘長大之四牡奕奕然以時覲於宣王覲於宣王而奉享禮貢國所出之寶善其尊宜王以常職來也書曰黑水西河其貢璆琳琅玕此觀乃受命先言受命者顯其美也○見賢遍反下同黑水西河一本黑上有書曰二字璆其樛反又其休反琳字又作玪音林孔安國云璆

琳美玉也鄭注尚書云璆美玉琳美石琅音郎玕音干琅玕珠也

王錫韓侯。淑旂綏章。簟茀錯衡。玄衮赤舄。鉤膺鏤鍚。鞹鞃淺幭。鞗革金厄。

淑善也交龍爲旂綏大綏也錯衡文衡也鏤鍚有金鏤其鍚也鞹革也鞃軾中也淺虎皮淺毛也幭覆式也厄烏蠋也箋云王爲韓侯以常職來朝享之故故多錫以厚之善旂旂之善色者也綏所引以登車有采章也簟茀漆簟以爲車蔽今之藩也鉤膺樊纓也眉上曰鍚刻金飾之今當盧也鞗革謂轡也以金爲小環往往纏搤之○綏本亦作緌毛如誰反鄭音雖簟徒點反茀音弗錯七各反雜也沈采故反舄音昔鏤鄭音漏鍚音羊鞹苦郭反皮去毛曰鞹鞃苦弘反沈又音泓亦作軾胡肱反又苦三同反幭莫歷反一音蔑本又作懱同鞗音條鞗革謂轡也厄於革反蠋音蜀爾雅作蠋蠋桑蟲也韓子云大如指似蠶沈音於晝字爲于偽反朝亘遥反藩方袁反本作蕃同樊步丹反搤於革反一本作厄

【疏】四牡至金厄○毛以爲上言王命韓侯乃由朝而得命故又本其來朝并言所賜之物言四牡之馬奕奕然其形甚長而且高大韓侯在道乘之將以入而朝覲也既行到京師乃以其所執之大圭入行覲禮而見於王言其朝覲之得禮也王於是錫賚韓侯以美善所畫交龍之旂而建旂之竿其上又有大綏以爲表章以方文漆簟爲車之蔽錯置文采爲車之衡又賜身之所服以玄爲衣而畫以衮龍足之所履則以赤色之舄馬則有金鉤之飾其膺亦有美飾謂樊纓也又以鏤金加於馬面之錫又以皮革鞹於軾中虎皮淺毛幭覆其軾鞗皮爲轡首之革此革之末以金飾之如厄蟲言韓侯有德見命而受此厚賜也○鄭以爲四牡高大者韓侯乘之以入京師行朝覲之禮既畢乃以其國所有寶玉大圭復入而享覲於王言以常職來朝依禮貢獻也又以綏章爲車上所引之綏有采章金厄爲小環纏搤之以此爲異餘同○傳脩長至覲見○正義曰禮稱廣脩皆謂長爲脩故脩爲長也物之小者張之使大若左傳稱張公室謂使公室強大是張爲大之義也諸侯秋見天子曰覲是覲爲見也毛於崧高以介圭爲所執之瑞則此言介圭亦爲瑞也以其介圭入覲於王謂正行覲禮則上句言韓侯入覲其在路之時言其將欲入覲非正覲時也執圭入覲禮之常也而詩入言此者美韓侯之德能稱此命圭至京師而即得見王○箋諸侯至其美○正義曰諸侯秋見天子曰覲大宗伯有其事以朝者四時通名覲則唯是秋禮以非通名故特解之駁異義云朝通名也秋之言覲據時所用禮是鄭意以韓侯秋來見王時行覲禮也下云奄受北國則韓侯是北方諸侯而得秋覲王者諸侯之朝天子四方時節其文不明說周禮者賈逵以爲一方四分之或朝春或覲秋或宗夏或遇冬藩屏之臣不可虛方俱行故分趣四時助祭也馬融以爲在東方者朝春在南方者宗夏在西方者覲秋在北方者遇冬是由經無正文故先儒爲此二說鄭於大宗伯注云六服之內四方以時分來或朝春或宗夏或覲秋或遇冬名殊禮異更遞而徧秋官大行人注云六服以其朝歲四時分來更遞而徧二注並言分來則是從賈之說一方而分爲四時也韓侯雖是北方諸侯其在北方爲西偏蓋於時分之使當秋覲也若然明堂位注云魯在東方朝必以春似東方諸侯皆朝春者正以彼記魯之祭禮云夏礿秋嘗冬烝獨無春祀明爲朝王闕之故云朝必以春魯在東方尤爲東偏蓋亦分之使春朝故嘗闕春祭也箋以經再云入覲故分之爲二韓侯入覲爲行覲禮入覲于王爲行享禮行享而云介圭則圭是爲享之物大行人陳諸侯見王之禮云廟中將幣三享注云享皆束帛加璧庭實惟國所有朝土儀曰奉國地所出重物明臣職也是朝覲之禮既以朝禮見又以享禮見王故再云入覲也言三享者初享以馬若皮其餘以國地所有之物分之爲三以備三享享者獻也貢獻己國所出之寶是諸侯事天子之常禮故又云善其尊宜王以常職來朝解其備言覲享之意也引書曰者禹貢文彼注云球美玉也琳美石也琅玕珠也引此者以西河之地法當貢玉韓在西河之西故以介圭入覲介圭當是奇異之大玉可以爲圭璧也以所實善圭故以圭爲衆寶之稱不必獨獻一圭也案禹貢黑水西河之下云惟雍州注云州界自黑水而東至於西河然則箋本云雍州貢球琳琅玕是矣不言雍州而云黑水西河者以禹貢大州界畧言所王地形不可如圖境界互相侵入且堯與周世州境不同命韓侯言奄受北國則是北方之國非雍州也夏官職方氏正北曰并州韓屬并州矣以韓國實在西河而非雍州故唯得言西河不得言雍州也箋又怪其文倒故解之云此覲乃受命先言受命顯其美以受命爲美事故先言以顯之也○傳淑善至烏蠋○正義曰淑善釋詁文交龍爲旂司常文綏大綏者即王制所謂天子殺下大綏者是也天官夏采注云徐州貢夏翟之羽有虞氏以爲綏後世或無染鳥羽象而用之或以旄牛尾爲之綏於幢上所謂注旆於竿首者然則綏者即交龍旂竿所建與旂共一竿爲貴賤之表章故云綏章王肅云章所以爲表章是也說文云鞹革也獸皮治去其毛曰革是鞹者去毛之皮也軾者兩較之間有橫木可憑者也鞃爲軾中蓋相傳爲然言鞹鞃者蓋以去毛之皮施於軾之中央持車使牢固也幭字禮記作幦周禮作複字異而義同玉藻言羔幦鹿幦春官巾車言犬複豻複皆以有毛之皮爲幦此云淺幭則以淺毛之皮爲幭也獸之淺毛者唯虎耳故知淺是虎皮淺毛者月令其蟲倮注云虎豹之屬恒淺毛是虎爲獸中之最淺毛者也此幭與天官冪人之字異其義亦同彼冪人之官掌以巾布覆器是冪爲覆蓋之名少儀說御車之法云負良綏申之面拖諸幦前授綏而云拖諸幦明在軾上故知覆軾也禮注謂之覆軨軨即軾傍之立木此幭亦覆之故彼此各言其一也厄烏蠋釋蟲文郭璞曰大蟲如指似蠶韓子云蠶似蠋毛以厄爲厄蟲則金厄者以金接轡之端如厄蟲然也○箋王爲至搤之○正義曰旂雖同畫交龍而爲之有惡有善故曰善旂旂之善者以此經所陳其事各別若綏是大綏則共旂一物淑旂可以兼之不應重出其文故易傳以綏爲所引登車者即少儀所謂執君之乘車僕者負良綏注云良綏君綏是也此綏是升車之索當以采絲爲之故云綏章謂有采章也茀者車之蔽簟者席之名言簟茀正是用席爲蔽而知漆簟以爲車蔽者以巾車云王之喪車五乘皆有蔽其一曰木車蒲蔽未有采飾其五曰漆車藩蔽既以漆爲車名明藩亦漆之故注云漆席以爲之此車禪所乘也禪將即吉尚以漆席爲茀明吉車之等漆之也鉤膺樊纓者以膺文連鉤與巾車金路鉤樊纓同故知膺者見膺上有飾即樊纓是也巾車注云鉤婁頷之鉤樊讀如鞶帶之鞶謂令馬大帶纓令馬鞅鉤以金爲之樊及纓皆以五采罽飾之案釋言云氂罽也郭璞云氂音貍舍人曰氂謂毛也罽胡人續羊毛而作然則罽者織毛爲之若今之毛氍毹以衣馬之帶鞅也知五采色者以之爲飾明雖色也風有子之清揚抑若揚兮是揚者人面眉上之名故云眉上曰錫人既如此則馬之鏤錫施鏤於揚之上矣釋器云金謂之鏤故知刻金爲飾若今之當盧巾車注亦云錫馬面當盧刻金爲之所謂鏤錫當盧者當馬之頷盧在眉眼之上所謂鏤錫指此文也案巾車玉路錫樊纓金路鉤樊纓注云金路無錫有鉤計王路非賜臣之物此言鉤膺必金路矣而得有鏤錫者蓋特賜之使得施於金路也釋器云轡首謂之革故知鞗革謂轡也此不言如厄則非此諸外物不得爲蟲故易傳以金爲小環往往纏搤之往往者言其非一二處也

韓侯出祖。出宿于屠。顯父餞之。清酒百壺。

屠地名也顯父有顯德者也箋云祖將去而犯軷也既覲而反國必祖者尊其所往去則如始行焉祖於國外畢乃出宿示行不留於是也顯父周之公卿也餞送之故有酒○屠音徒父音甫本亦作甫注同

其殽維何。炰鼈鮮魚。其蔌維何。維筍及蒲。其贈維何。乘馬路車。

蔌菜殽也筍竹也蒲蒲蒻也箋云炰鼈以火熟之也鮮魚中膾者也筍竹萌也蒲深蒲也贈送也王既使顯父餞之又使送以車馬所以贈厚意也人君之車曰路車所駕之馬曰乘馬○肴戶交反本亦作殽同炰鄭薄交反徐甫九反鼈卑滅反蔌音速筍字或作笋恤尹反乘繩證反注同下百乘亦同蒻音弱膾古外反

籩豆有且。侯氏燕胥。

箋云且多貌胥皆也諸侯在京師未去者於顯父餞之時皆來相與燕其籩豆且然榮其多也○且子餘反又七救反胥思徐反又思呂反

【疏】韓侯至燕胥○正義曰此言韓侯既受賜而將歸在道餞送之事也言韓侯出京師之門爲祖道之祭爲祖告訖將欲出宿于屠地於祖之時王使卿士之顯父以酒餞送之其清美之酒乃多至於百壺言愛韓侯而送酒多也於此餞飲之時其殽饌之物維有何乎乃有以炰之鼈與可膾鮮魚也其蔌菜之物維有何乎維有竹萌之筍及在水深蒲也不但以酒送之王又以物贈之其贈之物維有何乎乃有所乘之四馬與所駕之路車言王以厚意送之也其時所盛脯醢之籩豆有且然而多其在京師未去之諸侯於是飲燕而皆在言其愛樂韓侯俱來餞送之也○傳屠地至德者○正義曰以屠可止宿故知地名又解於時餞者當衆而獨言顯父者以顯父有顯德者故特言之父者丈夫之稱以有顯德故稱顯父廣言有美德者非止一人也○箋祖將至有酒○正義曰始行而爲祖祭者爲尊其往也反則自歸其國非復所尊而亦作祖祭故解之云尊其所往故去則如始行焉言其來爲尊至歸亦謹慎故爲國亦爲祖祭也祖與所宿不是一處故云祖於國外畢乃出宿餞訖然後出宿今出宿之文在餞之上者示行不留於是也故於祖之下即言出宿也諸侯反國爲王臣所送送者唯卿士耳故知顯父周之卿士也送行飲酒曰餞故云餞送之故有酒解其酒多之意也○傳蔌菜至蒲蒻○正義曰蔌者菜茹之總名釋器云菜謂之蔌故云蔌菜殽對肉殽故云菜殽謂爲菹也若乎常蔌亦兼肉故周易鼎卦云鼎折足覆公蔌鄭注以蔌爲八珍所用是也天官醢人加豆之實有深蒲筍菹是菹有筍有蒲也言筍竹蒲蒻亦謂竹萌深蒲但傳文畧耳○箋炰鱉至曰乘馬○正義曰案字書炰毛燒肉也缹烝也服虔通俗文曰[illegible]煑曰缹然則炰與缹別而此及六月云炰鱉者音皆作缹然則炰與缹以火熟之謂烝煑之也新殺謂之鮮魚餒則不任爲膾故云鮮魚中膾者六月云膾鯉此云鮮魚欲取魚字爲韻因言鮮以見新殺也筍竹萌釋草云孫炎曰竹初萌生謂之筍蒲深蒲謂蒲蒻入水深醢人注云深蒲蒲始生水中是也陸機疏云筍竹萌也皆四月生唯巴竹筍八月九月生始出地長數寸鬻以苦酒豉汁浸之可以就酒及食蒲始生取其中心入地蒻大如匕柄正白生噉之甘脆鬻而以苦酒浸之如食筍法是說筍蒲菹之法也贈者以物送人之名故云贈送也於酒殽之下始言其贈維何則是王使人至餞飲之處贈之故曰既使顯父餞之又使送以車馬所以

暇厚意也。采菽及此言乘馬路車，皆以賜諸侯，故知人君之車曰路車，所駕之馬曰乘馬。又巾車五路，止云以封諸侯，不以賜人臣，其卿大夫以下則謂之服車，是人君謂之路車也。箴膏肓引采薇「彼路斯何，君子之車」，大夫亦得爲路車者，以路名施於人君，其散文則卿大夫亦得稱路，故唯於人君卿大夫無乘馬。餞車之下文與其殺之相類，嫌是顯父所贈，故言路車之名，則非顯父之贈，言此以明車馬是王贈之意。○箋「且多至其多」。正義曰：以一百壺，故知且爲多貌。胥皆，釋詁文。言侯氏而不言韓侯，且韓侯一人，不足稱皆，故知侯氏燕胥，諸侯在京師未去者，於是以多爲榮，故來相與燕也。其籩豆且然其多，言作者以多爲榮故也。

韓侯取妻，汾王之甥，蹶父之子。汾，大也。蹶父，卿士也。箋云：汾王，厲王也。厲王流于彘，彘在汾水之上，故時人因以號之，猶言莒郊公、黎比公也。姊妹之子爲甥。王之甥，卿士之子，言尊貴也。○取，七喻反，本亦作娶，下同。汾，符云反。蹶，居衛反。黎比，音毗。

韓侯迎止，于蹶之里。百兩彭彭，八鸞鏘鏘，不顯其光。里，邑也。箋云：于蹶之里，蹶父之里。百兩，百乘也。不顯，顯也。光猶榮也。氣有榮光也。○鏘，七羊反，本亦作鏘。

諸娣從之，祁祁如雲。韓侯顧之，爛其盈門。諸娣，衆妾也。祁祁，徐靚也。如雲，言衆多也。諸侯一取九女，二國媵之。諸娣，衆妾也。顧之，曲顧道義也。箋云：媵者必姪娣從之，獨言娣者，舉其貴者也。爛爛，粲然鮮明且衆多之貌。○祁，巨之反。靚，才性反，又才姓反。娶也，一音子靜反。

【疏】韓侯至盈門。○正義曰：韓侯既受王命，又得娶汾王之甥、卿士蹶父之子爲妻。韓侯往迎之於彼蹶父之里，其車有百兩，彭彭然而行；其馬八鸞之聲鏘鏘然而鳴。韓侯之車馬如此，豈不顯然而有榮光乎？言其實有榮光也。其時衆妾之從韓侯夫人者，祁祁然徐靚而行，衆多如雲。韓侯曲顧道義而迎之，其衆妾爛爛然粲然鮮明，盈滿於蹶父之門。言韓侯之盛也。○箋「汾王至尊貴」。○正義曰：汾王，是天子之號，宜王之前，上言汾王，故知非宜王。周之諸王，唯厲王流於彘，彘在汾水之上，故以爲厲王。言汾王者，猶莒郊公、黎比公也。郊、黎，皆其地名；莒公死葬於郊，黎比公在黎，時人以地號之。昭二十三年左傳稱莒子庚輿虐而好劍，國人患之，乃立郊公，是莒有郊公也。襄三十一年傳稱莒犁比公生去疾及展輿，是有黎比公也。此言汾王之甥，故引之以證汾王亦是以地名王也。王子之甥無其文，正以經稱汾王之甥，蹶父之子，言其尊貴，故知是王之甥，卿士之子也。○傳「祁祁」至「道義」。○正義曰：既言從之，則祁祁是行動之貌，故以爲徐靚也。莊十九年公羊傳曰：媵者何？諸侯娶一國，則二國往媵之，以姪娣從。姪者何？兄之子也。娣者何？弟也。諸侯一聘九女。是一娶九女，二國媵之也。諸娣者，衆妾之名。有娣有媵，娣者，娶女之弟；媵者，二國之女。言諸娣，則衆妾之中，娣爲最貴，故舉娣以言衆妾。箋云「獨言娣者，舉其貴者也」。當曲顧，故云曲顧道義。謂既受女，揖以出門，及升車授綏之時，顧之以道義，引其妻之禮義於是之時，則有曲顧之禮也。定本、集注皆爲曲字，或爲回者，誤也。

蹶父孔武，靡國不到。爲韓姞相攸，莫如韓樂。姞，蹶父姓也。箋云：蹶父甚武健，爲王使於天下國國皆至。爲其女韓侯夫人姞氏視其所居，韓國最樂。○爲，于僞反，注同。姞，其乙反，又其吉反。相，息亮反，注同。樂音洛，下及注「韓樂」同。

【疏】傳「姞，蹶父姓」。○正義曰：以婦人稱姓，今以姞冠韓，故知姞爲蹶父之姓。箋「相攸」。○正義曰：「相，視」，釋詁文。「攸，所」，釋言文。女子之嫁，擇男之賢愚，非一家所能盡知，可男女家長擇於衆士，爲女擇夫，亦擇國也。言「韓國最樂」者，國之樂，女亦相隨而樂，所以爲韓姞相所，故爲女擇其樂國而嫁之。

孔樂韓土，川澤訏訏，魴鱮甫甫，麀鹿噳噳，有熊有羆，有貓有虎。訏訏，大也。甫甫然大也。噳噳然衆也。箋云：甚樂矣，韓之國土也。川澤寬大，衆魚禽獸備有，言饒富也。○訏，況甫反。鱮音序。甫，本亦作「圃」。麀音憂。噳，愚甫反。又作「麌」，同。熊音雄。羆，彼皮反。貓，毛也。本又作苗，音同。爾雅云：虎竊毛曰虦貓。

慶既令居，韓姞燕譽。箋云：慶，善也。蹶父既善韓之國土，使韓姞嫁焉而居之。韓姞則安之，盡其婦道，有顯譽。○令，力呈反。譽音餘，又如字。

溥彼韓城，燕師所完。師，衆也。箋云：溥，大。燕，安也。大矣彼韓國之城，乃古平安時衆民之所築完。○溥音普，下同。燕，於見反，注同。鄭云北燕國。完音桓。

以先祖受命，因時百蠻。王錫韓侯，其追其貊，奄受北國，因以其伯。箋云：韓侯之先祖，武王之子也，因時百蠻，長是蠻服之百國也。其後韓侯，王命之，使爲侯伯，主北方蠻夷之國。今王賜韓侯以追貊之國，使撫柔之，侯伯之事，入其祖之舊職。○貊，莫百反，北方國名也。說文作貉，云：北方豸種。孔子曰：貉之言貊貊惡也。長，張丈反。

實墉實壑，實畝實籍。獻其貔皮，赤豹黃羆。實墉實壑，言高其城，深其壑也。箋云：實當作寔，趙魏之東，實寔同聲。寔，是也。韓侯先祖之國，是時以其所受者，復其舊職，使修其城，是深其壑，是治其田畝，是籍稅。其獻其貔皮赤豹黃羆，北狄之民，本亦作此。○貔，毗夷反，猛獸也。

【疏】箋「溥大」至「完」。○正義曰：溥，大，釋詁文。燕，安也。言大矣彼韓國之城，乃古平安時衆民之所築完。以古之韓國，乃武王之時衆民所築，今王以韓侯之先祖，以其先祖之時，韓國有城，故云今復其故城也。先祖受命，因時百蠻，由時節之百蠻也。言百蠻者，謂蠻服之內，於此九州之外。夷狄之國，周禮職方氏掌天下之圖，辨其邦國，四夷、八蠻、七閩、九貉、五戎、六狄之人民。周禮雖言八蠻，此言百蠻，因舉其大數言之。○箋「韓侯」至「舊職」。○正義曰：以下言王錫韓侯以追貊之國，使爲侯伯，先祖既有此職，故知因以其伯，謂韓之先祖也。言先祖受命者，謂韓之始封之君也。先祖受命，因時百蠻，長是蠻服之百國，以爲之長也。其後子孫，追貊爲蠻服之國，今王使韓侯復其先祖之舊職，以追貊之國賜之，使韓侯爲侯伯，撫安之也。追也貊也，皆北方夷狄之國名。

所逼稍稍東遷者以經傳說貊多是東夷故職方掌四夷九貊鄭志答趙商云九貊卽九夷也又秋官貊隷注云征東北夷所獲是貊者東夷之種而分居於北故於此時貊爲韓侯所統魯頌云淮夷蠻貊莫不率從是於魯僖之時貊近魯也至於漢氏之初其種皆在東北於井州之北無復貊種故辨之獫狁之最強故知爲獫夷所逼定本集注皆作獫狁字○傳實墉至其壑○正義曰墉者城也故云高其城壑卽城下之溝釋言云隍壑也舍人曰隍城池也壑溝也李巡曰隍城池壑也易泰卦上六城復于隍注亦云隍壑也○箋實當至故常○正義曰凡言實者已有其事可後實之今此方說所爲不宜爲實故轉爲寔訓之爲是也趙魏之東實寔同聲鄭以時事驗之也春秋桓六年州公寔來而左傳作實來是由聲同故字有變異也宣十五年公羊傳曰什一而籍是籍爲稅之義也上論韓城既完則實墉實壑非韓之城壑自然是所部諸國之城壑也今言脩之明是往前絕滅今韓侯既復舊職而興繼之也厲王之時斬伐四國韓之所獫又近於此夷明有絕滅者也故美韓侯能築城脩壑治田收斂使如故常也若然州牧擇州中賢者爲之不必繼世爲牧韓之先祖自徵他國當自爲之而得使諸侯絕滅者以夷屬之時天子不明亦無賢伯公羊傳所謂上無明天子下無賢方伯是也○傳貔猛至領之○正義曰釋獸云貔白狐其子穀郭璞曰一名執夷虎豹之屬陸機疏云貔似虎或曰似熊一名執夷一名白狐遼東人謂之白羆赤豹毛赤而文黑謂之赤豹毛白而文黑謂之白豹羆有黃羆有赤羆大於熊其脂如熊白而麤理不如熊白美也貔皮之上言獻其則豹羆亦獻之貔言皮則豹羆亦獻皮也禹貢梁州貢熊羆狐狸是中國之常貢此則北夷自以所有而獻之所謂各以貴寶也

韓奕六章章十二句

江漢。尹吉甫美宣王也。能興衰撥亂。命召公平淮夷。召公召穆公也名虎○江漢二水名【疏】江漢六章章八句至淮夷正義曰江漢詩者尹吉甫所作以美宣王也以宣王承厲王衰亂之後能興起此衰撥治此亂於時淮水之上有夷不服王命其臣召公爲將使將兵而往平定淮夷故美之也淮夷不服是衰亂之事而命將平定是興撥之事也此實平定淮夷耳而言興衰撥亂者見宣王之所興撥非獨淮夷而已故言興撥以廣之經六章皆是命召公平淮夷之事○箋召公召至名虎○正義曰經言召公皆召康公也嫌此亦爲康公故辨之經云王命召虎是名虎也於世本穆公是康公之十六世孫○

江漢浮浮。武夫滔滔。匪安匪遊。淮夷來求。浮浮衆強貌滔滔廣大貌淮夷東國在淮浦而夷行也箋云匪非也江漢之水合而東流浮浮然宣王於是水上命將率遣士衆使循流而下滔滔然其順王命而行非敢斯須自安也非敢斯須遊止也主爲來求淮夷所處據至其境故言來○滔吐刀反浦音普夷行下孟反將子匠反帥所類反或作率循流如字本亦作順流爲于僞反下主爲同竟竟境本亦作境同○

既出我車。既設我旟。匪安匪舒。淮夷來鋪。鋪病也箋云車戎車也鳥隼曰旟兵至竟而期戰地其日出我車建旟又不自安不舒行者主爲來伐討淮夷也據至戰地故又言來○鋪普吳反徐音孚○【疏】江漢至來鋪○正義曰宣王之時淮夷皆叛王於是至江漢之水浮浮然合流衆強之處親自命其將帥勇武之夫滔滔然多而廣大者令之順此東流以行征伐武夫既受王命急趍其事行也非敢斯須自安非敢斯須遊止所以不敢安遊者以己本爲淮夷來求討伐之故也既至淮夷之境克期將戰至於期日此武夫既已自陳出我征伐之戎車既已張設我將帥之旗旟以往對陣戰又非敢自安非敢寬舒所以不敢安舒者以己主爲淮夷而來當討而病之故也言其肅將王命所以克勝也○傳浮浮至夷行○正義曰浮浮實江漢之貌而言衆強者以其合而東流是水之衆而強大也下云武夫洸洸與此滔滔相類傳以洸洸爲武貌則此言滔滔廣大者亦謂武夫之多大故侯苞云衆至大也禹貢導淮自桐柏東入于海其傍之民不盡爲夷故辨之云淮夷東國在淮之匡浦而爲東夷之行者也知在東國者禹貢徐州淮夷蠙珠則淮夷在徐州也春秋時淮夷病杞齊桓公東會於淮以謀之左傳謂之東略是淮夷在東國昭四年楚子會諸侯于申而淮夷爲國號其君之名姓則書傳無文○箋江漢至言來○正義曰禹貢嶓冢導漾水東流爲漢又東爲滄浪之水過三澨至于大別南入于江是至大別之南漢與江合而東流也漢書地理志大別在廬江安豐縣界則江漢合處在揚州之境也下云江漢之滸王命召虎故知宣王於是水上命將帥也并云遣士卒者明武夫之文兼有將帥也宣王不於京師命之而於江漢之上命者蓋別有巡省或親送至彼也言順水流而下者以水東流兵亦東下故云順流而下非乘舟浮水而下也滔滔武夫之貌非水之貌也何則士衆陸行不在於水故言非安非遊不得云水之滔滔也淮在江北相去絕遠夷在淮上兵當適淮而云順流下者命將在江漢之上蓋令廬江左右江自廬江亦東北流故順之而行將至淮夷乃北行衢之也如此則召公伐淮夷當在淮水之南魯僖所伐淮夷應在淮水之北當淮之南北皆有夷也淮夷來求正是來求淮夷古人之語多倒故箋言來求淮夷所處倒其言以曉人也凡言來據自彼至此之辭今命將始往而言來求故解之據至淮夷之境故言來敍武夫之情言已來也○傳鋪病○正義曰釋詁文彼鋪作痛音義同○箋車戎至言來○正義曰鳥隼曰旟春官司常文也上言來求已至淮夷之境此承其下云出車設旟明至境之後出之設之是爲戰而言故云兵至境而期戰地至期日而出車建旟也兵法止則有壘謂從營壘而出陳之也旌旆無事則納之於弢故將戰乃建之也○

江漢湯湯。武夫洸洸。經營四方。告成于王。洸洸武貌箋云召公既受命伐淮夷服之復經營四方之叛國從而伐之克勝則使傳遽告功於王○湯書羊反洸音光又音汪復扶又反傳張戀反以車曰傳遽其據反以馬曰遽鄭注玉藻云以車馬給使○

四方既平。王國庶定。時靡有爭。王心載寧。箋云庶幸時是也載之言則也召公忠臣順於王命此述其志也○爭爭鬬之爭○【疏】江漢至載寧○正義曰上章既言臨戰此又本其命己而言戰勝之事言王初於江漢之水湯湯然流盛之處命此勇武將帥之夫洸洸然武壯者使之征伐今既伐淮夷而克之又以戰勝之威經營於四方之國有不服者則從而伐之每有所克則使傳遽之驛告其成功於宣王也召公既遣人告又自言其事今四方既已平服王國之內幸應安定時既無有叛戾乖爭者我王之心於是則安寧矣言王以四方不服故遣己出伐今王國既定冀王心永安是召公盡忠之言述其志也○箋召公至於王○正義曰上言來至戰地此言經營四方明是既戰而勝乃經營四方之叛國也下云王命召虎式辟四方是王本命之使既克淮夷更討不服也言告成于王是有成而告故知伐之克勝使傳遽告王也玉藻云士曰傳遽之臣注云傳遽以車馬給使者也謂若今時乘驛遞傳而遽疾故謂之傳遽也知非召公親告王者以下章方云于疆于理則是召公未還且王國庶定是未見王之辭也故知使人告也

江漢之滸。王命召虎。式辟四方。徹我疆土。匪疚匪棘。王國來極。召虎召穆公也箋云滸水涯也式法疚病棘急極中也王於江漢之水上命召公使以王法征伐開辟四方治我疆界於天下非可以兵病害之也非可以兵急躁切之也使來於王國受政教之中正而已齊桓公經陳鄭之閒及伐北戎則違此言者○滸音虎沈又音許疆居良反注及下同疚音救王命行伐一本作王法征伐兵操操音七刀反一本無兵字又一本兵操作急躁躁音早報反

于疆于理。至于南海。箋云于往也于於也召公於有叛戾之國則往正其境界脩其分理周行四方至於南海而功大成事終也○分符問反【疏】江漢至南海○正義曰既言淮夷平定此又本其命辭言王在江漢之水厓王親命召虎云汝當以王法開闕四方之國言有叛戾者皆征之使服又當治我疆界之土令之脩理土田使偏達四境其爲之也當優寬以禮所經之處非可以兵病害之所與戰者非可以兵急躁切之但以正道伐之使於我王國來復從受其政教之中正而已召公既受此命已定淮夷復平叛戾之國往正其疆界往脩其分理周行四方至於南海言其功成事終稱王之命也○箋滸水至此言者○正義曰滸水厓釋水文疚病釋詁文棘急釋言文極中釋言文彼棘作械音義同以王法行征伐謂以王者之正法不安殺以爲功不譎詐以求勝也治我疆界於天下謂畫其土境正定其疆界也上言式辟四方則所爲者廣匪疚匪棘其事非一故以爲二事可以兵病害之謂所過之處不得專斂資財使民困病也非可以兵急躁之謂所與對戰不得多所殺傷殘害民命也以病害急躁其言不同明此爲二事矣故引齊桓二事以反之經陳鄭之間取左氏之說是病害之也及伐北戎取公羊之說是急躁之也宣王使行王法齊桓則用霸道霸道劣於王法故違此言僖四年左傳稱桓公率諸侯伐楚楚既與齊盟齊將還師陳轅濤塗謂鄭申侯曰師出於陳鄭之間國必甚病若出於東方觀兵於東夷循海而歸其可也申侯曰善濤塗以告齊侯許之後知其詐而執之其意以齊侯所經之處多有徵發陳鄭二國當其軍道去既過之來又過之則民將困病故欲詐之使出於東方是齊桓之兵病害人也莊三十年齊人伐山戎公羊傳曰齊侯也其稱人何貶曷爲貶子司馬子曰蓋以躁之爲已蹙矣何休云躁迫也已甚也蹙痛也蓋戰迫之而甚痛其意言齊桓殺傷過多甚可痛蹙是齊桓之兵急躁之也鄭言急躁意出於彼本或作慘慼之者誤也定本云非可急躁切之公羊爲躁字則慘非也如彼年世之次先伐山戎後經陳鄭此倒其事者依此疚棘爲次耳○箋于往至事終○正義曰以召公承王命而往治之故以于爲往凡言至于明有從往之辭上言經營四方故知周行四方乃至於南海九州之外謂之四海王於南海則盡天子之境是其功大成由此成功故下章而賜之本或往下有于於二字衍也定本集注皆有于於二字有者是非衍也

王命召虎。來旬來宣。文武受命。召公維翰。旬徧也召公召康公也箋云來勤也旬當作營宣徧也召康公名奭召虎之始祖也王命召虎女勤勞於經營四方勤勞於徧疆理衆國昔文王武王受命召康公爲之楨榦之臣

以正天下爲虎之勤勞故述其祖之功以勸之○來毛如字鄭音賚下同旬毛音巡又音荀鄭作營翰戶旦反又音寒徧音遍下同爽音釋爲于僞反下爲虎爲其同

無曰予小子。召公是似。肇敏戎公。用錫爾祉。似嗣肇謀敏疾戎大公事也箋云戎猶女也女無自減損曰我小子耳女之所爲乃嗣女先祖召康公之功今女之事乃有敏德我用是故將賜女福慶也王爲虎之志大謙故進之云爾○肇音兆韓詩云長也祉音恥福也大謙音泰

〔疏〕王命至爾祉○毛以爲王以召公功成將欲賞之此陳其命之之言王乃命召虎曰汝勤勞於偏服四方勤勞於宣揚王命言其功實大已悉知之因又勸之云昔我先王文王武王受命之時汝之先君召康公維爲楨榦之臣以匡正於天下汝亦當繼康公之業不可憚勞也而召虎之謙退不敢自同先君王又進之云汝無得言曰我小子耳汝之所爲者乃召公之功是嗣言其堪繼康公也今我謀汝敏德大事足繼先君我用是之故當賜汝之福慶也○鄭唯以旬爲營宣爲徧戎爲汝爲異餘同○傳旬徧至康公○正義曰旬徧釋言文彼旬作徇音義同爲既以旬爲徧故則宣不復爲徧當謂宣布王命也召公召康公嫌是召虎故辨之○箋來勤至勸之○正義曰來勤釋詁文宣徧釋言文上章云經營四方告成於王又言于邇于理至於南海則召虎大功在此二事而已今王命召虎稱其功勞則來旬宣當指此二事且宣訓爲徧旬不宜亦訓爲徧旬之與營字相類故知當爲營來旬謂勤勞於經營四方來宣謂勤勞於徧理象國以統上二文也○傳肇謀至公事○正義曰肇謀戎大公事皆釋詁文孔安國論語注云敏行之疾也地官師氏三德有敏德是敏爲識解之疾也

釐爾圭瓚。秬鬯一卣。告于文人。釐賜也秬黑黍也鬯香草也築煮合而鬱之曰鬯卣器也九命錫圭瓚秬鬯文人文德之人也箋云秬鬯黑黍酒也謂之鬯者芬香條鬯也王賜召虎以鬯酒一罇使以祭其宗廟告其先祖諸有德美見記者○釐力之反沈又音賚瓚才旱反秬音巨鬯勑亮反卣音酉又音由中尊也本或作攸

錫山土田。于周受命。自召祖命。諸侯有大功德賜之名山土田附庸箋云周岐周也自用也宣王欲尊顯召虎故如岐周使虎受山川土田之賜命用其祖召康公受封之禮岐周周之所起爲其先祖之靈故就之○錫本或作錫之山川土田附庸者是因魯頌之文妄加也

虎拜稽首。天子萬年。箋云拜稽首者受王命策書也臣受恩無可以報謝者稱言使君壽考而已

〔疏〕釐爾至萬年○正義曰上言用錫爾祉此言賜之之事言王命召虎云今賜汝以圭柄之玉瓚又副以秬米之酒芬香條暢者一卣尊汝當受之以告祭於汝先祖有文德之人王命辭如此於此之時又賜之以山川使得專爲其有又加益以土田令之大於故時也召虎於時往于岐周之地受王此命王乃用召虎之祖康公受命之禮以命之也虎既受命即拜而稽首稱言使天子得万年之壽臣蒙君恩無以報荅故願君長壽而已○傳釐賜至之人○正義曰釐賜釋詁文秬黑黍釋草文禮有鬱鬯者築鬱金之草而煮之以和秬黍之酒使之芬香條鬯故謂之鬱鬯鬯非草名而此傳言鬯草者蓋亦謂鬱爲鬯草何者禮緯有秬鬯之草中候有鬯草生郊皆謂鬱金之草也以其可和秬鬯故謂之鬯草毛言鬯草蓋亦然也言築煮合而鬱之謂築此鬱草又煮之乃與秬鬯之酒合和而鬱積之使氣味相入乃名曰鬯言合而鬱積之非草名如毛此意言秬鬯者必和鬱乃名鬯未和不爲鬯與鄭異也釋器云卣中尊故云卣器也案春官鬱人掌和鬱鬯以實彝而陳之則鬯當在彝而此及尚書左傳皆云秬鬯一卣者當祭之時乃在彝未祭則在卣賜時未祭故卣盛之王制云三公一命衮若有加則賜三公八命復加一命乃始得賜是圭瓚之賜九命乃有故云九命然後賜圭瓚秬鬯也文人謂先祖有文德者故云文德之人○箋秬鬯至見記○正義曰以毛解秬鬯其言不明似必和鬱乃名爲鬯故辨之明黑黍之酒自名爲鬯不待和鬱也春官鬯人注云秬鬯不和鬱者是黑黍之酒卽名鬯也和者以鬯人掌秬鬯鬱人掌和鬱鬯明鬯人所掌未和鬱也故孫毓云鬱是草名今之鬱金煮以和酒者也鬯是酒名以黑黍秬一秠二米作之芬香條鬯故名曰鬯鬯非草名古今書傳香草無稱鬯者箋說爲長賜之鬯酒令之祭祀是使徧祭宗廟特云告于文人故知告諸有德美見記者○傳諸侯至土田○正義曰禮名山大川不以封諸侯有大功德乃得賜之故云諸侯有大功德則賜之名山土田附庸案召本岐山之陽采地之名且爲畿內之國書傳無召穆出封之文則益之土田大於故耳未成爲大國也此經無附庸傳云附庸者以土田卽是附庸定本集注毛傳皆有附庸二字○箋周岐至就之○正義曰時實周世而特言于周受命明非京師以召祖之故地在岐周故知周爲岐周也又解其命不在京師而向岐周之意由宣王欲尊顯召虎故如岐周如往也以虎祖康公在岐周事文武有功而受采地今虎嗣其業功與之等故往岐周命之明其復祖之業所以尊顯之也還用其祖召康公受封之禮明虎之功與康公同也祭統云賜爵祿必於太廟以岐是周之所起爲其有先王之靈謂有別廟在焉故就之也禮宗子去國則以廟從此周既徙都仍得有廟存者宗子去國則所居之處非復已有故以廟從文武雖則去岐岐仍天子之地故因留其廟爲別廟焉

虎拜稽首。對揚王休。作召公考。天子萬壽。明明天子。令聞不已。矢其文德。洽此四國。對遂考成矢施也箋云對荅休美作爲也虎既拜而荅王策命之時稱揚王之德美君臣之言宜相成也王命召虎用召祖命故虎對王亦爲召康公受王命之時對成王命之辭謂如其所言也如其所言者天子萬壽以下是也○休許虯反聞音問施如字爾雅作弛式氏反

〔疏〕虎拜至四國○毛以爲上既受賜今復謝之言虎拜而稽首遂稱揚王之德美乃作其先祖召康公對王命成事之辭曰使天子得萬年之壽又令此明明顯盛之天子其善聲聞長見稱誦不復有已止之時又施布其經緯天地之文德以和洽此天下四方之國使皆蒙德本召公之荅天子其辭如此今宣王以康公受命之法命召虎故虎亦以康公荅王之辭荅宣王也○鄭唯對爲荅爲異餘同○傳對遂至矢弛○正義曰傳以對爲遂者以爲因事之辭言君既命之臣遂稱之矢施也謂施陳文德定本爲弛字非也○箋對荅至下是○正義曰箋以君臣共語宜爲應荅故以對爲荅休美釋詁文作爲釋言文以王命召虎用召祖命故虎亦爲召康公受命之時對成王命之辭謂對王命舊事成辭因而用之謂如其召康公所言天子萬壽以下是也定本集注皆云對成王命之辭

江漢六章章八句

毛詩注疏挍勘記（十八之四）

阮元撰　盧宣旬摘錄

○韓奕

所望祀焉　閩本明監本毛本同小字本相臺本所作祈考文古本同案所字誤也

錫謂與之以物　閩本明監本毛本與作與案所改是也山井鼎云宋板與作賜其實不然當是剜也

三章言公侯得賜而歸　閩本明監本毛本公作諸案皆誤也當作韓

卒章言欲得命歸國　閩本明監本毛本同案山井鼎云宋板欲作其當是剜也其字是

是此韓爲之後也　閩本明監本毛本同案山井鼎云宋板爲作萬當是剜也萬字是

定貢賦於天子　小字本相臺本同案此正義本也正義云定本集注貢賦上皆無定字此箋意謂貢其賦不謂定其貢賦也當以無者爲長

傳庭直○正義曰釋詁文之　〔補〕案之字衍也閩本明監本毛本文下衍也字

琳字又作玪　〔補〕通志堂本盧本玪作玲案玲字非也說文玲玉聲從玉令聲玪玪塾石之次玉者從玉今聲二字顯然分別陸氏引鄭注尚書云美石正與說文玪字義合

鉤膺鏤錫　唐石經小字本相臺本同閩本明監本毛本錫誤鍚餘同此

鞹鞃淺幭　小字本相臺本同唐石經初刻幦後改幭案五經文字集韻二十三錫皆作幦此釋文云幦本又作幭曲禮素幦釋文云本又作幭二幭字當本作幦爲張參丁度所據也○按正字當作幦假借幭字爲之幭从巾蔑聲五經文字體譌舊按非也

厄烏蠋也　小字本相臺本同案此正義本也正義云厄烏蠋釋蟲文釋文金厄下云毛云烏蠋也下云烏蠋音蜀爾雅作蠋又云沈音畫段玉裁云烏蠋軛也小爾雅釋名謂之烏咏古蠋咏通用沈重音畫是也正義牽合釋蟲如風馬牛之不相及陸氏雖誤引爾雅蠋尚未譌爲蠋鄭士喪禮注云今文軛爲厄此可見軛爲正字厄爲假借詳見詩經小學

又茲三同　〔補〕釋文挍勘記通志堂本同盧本作又作茲王同云舊脫作字王誤三今從毛居正改案六經正誤云又作茲王同欠作字王同謂王肅本與此同作三同誤與國本作王同其說最誤此陸說字之或體與王肅如風馬牛之不相及何得謬加附會與國本乃誤字耳上云亦作軔軛此云又茲合而言之故曰三同小字本所附亦作三不誤

善旂旂之善色者也　相臺本同閩本明監本毛本同小字本無也字

又以綏章爲車上所引之綏有采章　閩本明監本毛本同案浦鏜云車上疑倒是也

說文云鞟革也　閩本明監本毛本同案鞟當作鞹上下文可證載驅正義引作鞹

顯父周之公卿也小字本相臺本同案正義云王使卿士之顯父又云送者唯卿士耳故知顯父周之卿士也是公卿當作卿士

又七救反〔補〕釋文挍勘記通志堂本盧本同案相臺本所附救作敘敘字是也有客且七序反是其證小字本所附仍誤救山井鼎云初疑救字敘誤及挍元文亦然者謂通志堂本

笱竹萌釋草云〔補〕毛本云作文案所改是也

鬵以苦酒是閩本明監本毛本同案浦鏜云鬻誤鬵下同

箋箋且多至其多〔補〕案箋箋當衍一字

黎比公也小字本相臺本同案釋文云黎音離又力兮反又作黎正義本是黎字案此見左襄十六年傳今杜預注本作犂釋文云徐力私反一音力兮反犂黎黎皆通用字也

顧之曲顧道義也小字本相臺本同案正義云本或曲爲回者誤也定本集注皆爲曲字釋文云一本作回顧段玉裁云曲顧見白虎通列女傳淮南子注是也六經正誤云顧之猶顧蓋曲誤爲由由又轉爲猶當改作曲以諸本皆誤未有善本可證姑仍其舊依此是宋時監潭撫閩蜀本皆譌作猶字今之宋本因毛居正據正義釋文論之而改正也又云道義者謂引導新婦之儀如此也

韓侯於是迴顧而視之閩本明監本毛本同案迴當作曲正義下文可證

傳音以墳汾音同閩本明監本毛本同案上音字當作意形近之譌

正義曰箋曰汾〔補〕毛本曰作以案以字是也

專以汾王爲大王閩本明監本毛本專誤傳

而言韓侯顯之〔補〕案顯當作顧形近之譌毛本正作顧

及升車授綏之時閩本明監本毛本同案山井鼎云綏恐綏誤是也

當最敵取匹閩本明監本毛本同案此當作當取其敵匹錯誤也

麀鹿噳噳唐石經小字本相臺本同案此釋文本也釋文云噳噳本亦作麌同吉日釋文云麌麌說文作噳唐石經彼經作麌此經作噳本諸釋文也正義本此經亦是麌字與吉日經同卽亦作本也彼正義云麌麌衆多與韓奕同則傳本作麌字又云此麌不破字則鄭本亦作麌也是其誤考吉日傳麌麌衆多箋易之云麕牡曰麌而此傳不復易者以其文同從可知而省也毛詩字本用噳麕牡曰麌亦當假借此字故說文鹿部無麌是其實二經皆當作噳

爲玁狁所逼小字本相臺本同案正義云爲獫夷所逼又云故知爲獫夷所逼定本集注皆作獫狁字釋文云允如字本亦作狁與正義本不同

實畝實藉唐石經小字本同相臺本藉作籍閩本明監本毛本同案正義云定是稅籍又云公羊傳曰什一而籍是籍爲稅之義也是正義本作籍字詳載菱序

所受之國多滅絕閩本明監本毛本同小字本相臺本受作伯考文古本同案伯字是也

又今百蠻追貊〔補〕毛本今作令

邘晉應韓〔補〕明監本毛本邘誤邢案邢當作邘形近之誤

亦時百蠻也其追其貊貊閩本明監本毛本同案亦下當脫因字重貊字衍

獫狁之最彊閩本明監本毛本同案此當作獫夷之最彊脫誤也

韓之所獫又近於北夷閩本明監本毛本同案此當作韓之所部又近於獫夷錯誤也

其子轂閩本明監本毛本同案浦鏜云穀誤轂是也

○江漢

使循流而下小字本相臺本同案釋文云循流如字本亦作順流正義本是順字

據至其境小字本同閩本明監本毛本同相臺本境作竟案竟字是也境是正義所易今字

竟竟境〔補〕通志堂本盧本作竟音境案音字是也

其日出戎車建旗小字本同毛本同相臺本日作曰閩本明監本同考文古本同案曰字是也

而淮夷爲國號閩本明監本毛本同案淮夷下當有與會是淮夷五字因複出而脫也

非可以兵急躁切之也小字本相臺本同案正義云是齊桓之兵急躁之也鄭言急躁意出於彼本或作慘感之者誤也定本云躁切之也公羊爲躁字則慘非也釋文云非可以兵操切之也操音七刀反一本無兵字又一本兵操作急躁躁音早報反考此箋躁切卽王風箋之躁感急字乃兵字之誤不當二字並有正義本無切字讀急躁之連文者非

于於也小字本相臺本同案正義云本或往下有于於二字衍也依此各本有者皆誤

非可以兵急躁切之也閩本明監本毛本同案此切字衍也下文急躁之凡三見此合併以後人用經注本添耳

彼棘作械音義同閩本明監本毛本同案浦鏜云棫誤械是也

故以爲二事可以兵病害之閩本明監本毛本同案事當作非讀下屬上於二字斷句

定本集注皆有于於二字有者是非衍也閩本明監本毛本同案浦鏜云有者是非衍也六字疑誤衍是也皆有當作皆無○按六字係挍書者語

爲旣以句爲徧閩本明監本毛本上爲字作毛案所改是也

錫山土田小字本相臺本同唐石經錫下旁添之字山下旁添川字土田下旁添附庸字案釋文云錫山土田本或作錫之山川土田附庸者是因魯頌之文妄加也又正義云此經無附庸傳云附庸者以土田卽是附庸定本集注毛傳皆有附庸二字依此是傳亦有本無附庸者釋文或本當如此故不云因傳加

和者以鬯人掌秬鬯閩本明監本毛本同案浦鏜云知誤和是也

以黑黍和一秠二米作之閩本明監本毛本同案山井鼎云和恐秬誤是也

矢施也相臺本同閩本明監本毛本同小字本施作弛案釋文云施如字爾雅作弛式氏反正義云矢施也謂施陳文德定本爲弛字非也依此是釋文正義二本皆作施惟定本乃作弛耳孔子閒居引此經皇本作施載釋文其實施弛古今字見周禮小宰等注泮水飫弛貌釋文云施貌式氏反本又作弛同正義中作弛亦可證也

對成王命之辭小字本相臺本同案正義云定本集注皆云對成王命之辭如其所言非爲異本當有誤也正義本未有明文今無可考

傳對遂至矢弛閩本明監本毛本弛作施案所改是也

附釋音毛詩注疏卷第十八（十八之五）

毛詩大雅　鄭氏箋　孔穎達疏

常武。召穆公美宣王也。有常德以立武事。因以為戒然。戒者王舒保作匪紹匪遊徐方繹騷○繹音亦騷素刀反徐音蕭【疏】常武六章章八句至為戒然。○正義曰常武詩者召穆公所作以美宣王也經無常武之字故又解之云美其有常德之故以立此武功征伐之事故名為常武非直美之又因以為戒戒之使常然定本集注皆有然字經六章三章上五句以上言命遣將帥脩戒兵戎無所暴掠民得就業此事可常以為法是有常德也三句以下言征伐徐國使之來庭克翦放命服王威武此事武功成立是立武事也其因以為戒則如箋之所言就常德之中戒使常行之也宣王末年德衰此云有常德者是謂常時所行之德可以為常非言宣王終始有常故因以為戒戒王使之有常也此章王肅述毛以為王不親行王基述鄭為此章王自親行王既親行仍須命元帥以統領六軍故左傳鄢陵之戰楚王雖自親行仍命子反將中軍是也○箋戒者至繹騷○正義曰三事就緒以上命將帥之辭震驚徐方以下是往伐徐國之事唯赫赫業業五句說王之軍行云舒緩而無僻怠自然前敵恐動是用兵之道不假暴疾雖美其實事亦戒使常然故以此言當之

赫赫明明。王命卿士。南仲大祖。大師皇父。整我六師。以脩我戎。赫赫然盛也明明然察也王命南仲於大祖皇甫為大師箋云南仲文王時武臣也顯著乎昭乎察乎宣王之命卿士為大將也乃用其以南仲為大祖者今大師皇父是也使之整齊六軍之衆治其兵甲之事命將必本其祖者因有世功於是尤顯大師者公兼官也○赫火百反字又作嚇大祖音泰下及注大大師大祖皆同將子匠反第一章注同

既敬既戒。惠此南國。箋云敬之言警也警戒六軍之衆以惠淮浦之旁國謂勑以無暴掠為之害也每軍各有將中軍之將尊也○警音景掠音亮【疏】赫赫至南國○毛以為今有赫赫然顯盛明明然昭察者宣王也所以為盛察者以王今命卿士南仲者於王太祖之廟使之為元帥親兵又命為大師之公者皇父使之監撫軍衆既使此二人為將為監乃告之云當整齊我六軍之衆以治我甲兵之事令師嚴器備既已嚴備當恭敬臨之既已恭敬又當戒懼而處之施仁愛之心於此南方淮浦之傍國勿得暴掠為民之害此是王之顯察也鄭以南仲為皇父遠祖止命皇父一人而已言王命卿士以南仲為大祖者太師三公皇父也此人為將以整齊六師又以敬為警言既以警肅之既已戒勑之以此為異餘同○傳赫赫至太師○正義曰釋訓云赫赫迅也孫炎曰赫赫顯著之迅郭璞曰盛疾之貌是赫赫為盛之意也明明察釋訓文舍人曰明明言其明甚孫炎曰明明性理之察也言王命南仲於太祖謂於太祖之廟命南仲也皇父為太師謂命此皇父為太師毛蓋見其文頌故以為二人南仲卿士文在太祖之上是先為卿士今命以為大將太師皇父在太祖之下則於太祖之廟始命以為太師其實皆在太祖之廟並命之故太祖之文處其中也南仲為卿士未知於六官何卿也皇父新為太師未知於舊何官也正以二文不同知皇父新命之耳下章王謂尹氏命程伯休父則此二人亦當尹氏命之矣此言太祖下言尹氏互相足也太師三公之官則是尊於卿士先言王命南仲者以南仲為上將皇父為監以皇父不親兵故特言命南仲王肅云皇父以三公而撫軍也殊南仲於王命親兵也○箋南仲至兼官○正義曰箋以王命卿士以為大將止當命一人為元帥不應並命二人故以為止命皇父而已以出車之篇言之知南仲文王時武臣是今所命者皇父之太祖故本言之命皇父為將必遠本其祖者因其有積世之功尤欲使之彰顯故也上言王命卿士則皇父為卿士矣太師三公之名復言太師皇父一人是公兼官謂三公而兼卿士之官必易傳者孫毓云宣王之大將復字南仲傳無聞焉且古之命將皆於禰廟未有於后稷太祖之廟者又經言南仲太祖明以南仲為太祖非命於太祖之文也昔陳勝舉兵稱項燕命將本祖古今有之箋義為長陳勝舉兵者史記漢書皆有其事十月之交皇父擅恣若為厲王則在此之先若為幽王則在此之後皆相接連與此皇父得為一人或皇氏父字傳世稱之亦未可知也○箋敬之至尊○正義曰箋以戒為戒勑則敬非戒類不宜相配而言故知敬之言警承上六師之下故云警戒六軍之士衆軍之所行多苦暴掠故知施惠南國是使無暴掠為之害也又以天子六軍軍各有將今獨命皇父使整六師惠南國不命餘將故解之雖每軍各有將中軍之將尊故特命之使揔攝諸軍也左傳稱晉作諸軍常以中軍之將為元帥元帥是具尊也諸侯三軍分為左右可得有中軍焉天子六軍而得有中軍者亦當分之為三中與左右各二軍也春秋桓五年蔡人衛人陳人從王伐鄭左傳曰王為中軍虢公林父將右軍周公黑肩將左軍是天子之軍分為左右之事也鄭轉敬言警而毛不為傳則毛不變敬字當以敬為恭敬戒為戒懼使此二將恭敬以臨之戒懼而處之不得與鄭同也

王謂尹氏。命程伯休父。左右陳行。戒我師旅。率彼淮浦。省此徐土。尹氏掌命卿士程伯休父始命為大司馬浦涯也箋云尹氏天子世大夫也率循也王使大夫尹氏策命程伯休父於軍將行治兵之時使其士衆左右陳列而勑戒之使循彼淮浦之旁省視徐國之土地叛逆者軍禮司馬掌其誓戒○陳如字徐直覲反行戶剛反列也浦音普涯也說文云水濱也

不留不處。三事就緒。誅其君弔其民為之立三有事之臣箋云緒業也王又使軍將豫告淮浦徐土之民云不久處於是也女三農之事皆就其業為其驚怖先以言安之○為之于僞反下為其同將子匠反下同【疏】王謂至就緒○毛以為上命將元帥此命司馬王謂其內史大夫尹氏汝當為策書命此程國之伯字休父者謂命之為大司馬之卿也即言所命之意令軍出之時使此司馬令其士衆左右陳力而為行稱王之命戒勑我六軍之師旅往循行淮之浦厓省視此徐之國土有叛逆者從而討之又當預告徐土之人我兵之來也不久留不停處直誅爾叛逆之君為汝立三有事之臣使就其事業當即還師勿驚怖也○鄭唯三事就緒謂三農之事皆就業為異餘同○傳尹氏至浦厓○正義曰以王謂之而使命人故知尹氏掌命卿士即內史也其職曰凡命諸侯及孤卿大夫則策命之是也特云命之知往前未為此官始命之也知為大司馬者以大司馬職云若大師則掌其戒令此言戒我師旅是司馬之事又楚語云重黎氏世敘天地其在周程伯休父其後也當宣王失其官守而為司馬氏韋昭云程國伯爵休父名也失官謂失天地之官而以諸侯為大司馬也案父宜是字而昭以為名未能審之孫炎曰厓水邊也說文云浦水濱也則浦厓一物故云浦也○箋尹氏至誓戒○正義曰此時尹氏當是尹吉甫也下至春秋之世天子大夫每有尹氏見於經傳以此知天子世大夫也吉甫卿士也而云大夫者以吉甫身為卿士其繼世者不必常得為卿而大夫是其號且命臣者內史之事周禮內史中大夫故以大夫言之吉甫卿士而掌命臣者蓋為卿而兼內史也於六軍將行治兵之時軍禮出曰治兵此行治兵之禮然後乃出故行禮之時勑戒師旅也禮軍行司馬掌其誓戒者即其職所云大司掌其戒令是也此經云徐土下云徐方徐國其義一也言其居在一方而有國土耳此徐當謂徐州之地未必即是春秋之世徐子之國何則春秋之世徐國甚小宣王之時非能背叛而使王親征之六軍並出則是強敵者也明非春秋徐國但不知於時之君何姓名耳○傳誅其至之臣○正義曰告之以不留不處是安慰民情之辭故解其意誅其君弔其民由弔愍其民故不久留處而擾亂之立三有事之臣與十月之交擇三有事文同彼傳云三有事國之三卿即此亦為之立三卿也止言立卿不言立君舉其立臣明亦為之立君或擇此君之宗賢者而立之或別封他人無文可以明之○就緒者王肅云就其事業亦當謂民得就業○箋緒至安之○正義曰釋詁云緒業也反覆相訓故緒為業連上命將之事而王實未行故知又使軍將豫告之也以誅君弔民使之就業民之就業唯農事耳故知三事謂三農之事太宰九職一曰三農生九穀注云三農原隰及平地則三農謂此也十月之交云擇三有事是有事者三而擇立之雨無正云三事大夫文連大夫故得以為公卿至於此者言民就農事不宜以為三卿故易傳也

赫赫業業。有嚴天子。王舒保作。匪紹匪遊。徐方繹騷。赫赫然盛也業業然動也嚴然而威舒徐也保安也匪紹匪遊不敢繼以敖遊也繹陳騷動也箋云作行也紹緩也繹當作驛王之軍行其貌赫赫業業然有尊嚴於天子之威謂聞見者莫不憚之王舒安謂軍行三十里亦非解緩也亦非敖遊也徐國傳遽之驛見之知王兵必克馳走以相恐動○嚴毛魚檢反鄭如字紹如字繼也徐云鄭人遙反繹音亦鄭作驛音同謂傳驛也騷如字徐音蕭舒序也一本作舒徐也憚徒旦反解音懈傳張戀反恐丘勇反下同

震驚徐方。如雷如霆。徐方震驚。箋云震動也驛馳走相恐懼以驚動徐國如雷霆之恐怖人然徐國則驚動而將服罪○霆音庭【疏】赫赫至震驚○毛以為上言戒勑將帥此言王軍往行言赫赫然而盛業業然而動有儼然威武而為天子之容者此宣王之軍也以此而往征伐徐國之君乃舒徐而安行不為急疾言其依於軍法日行三十里耳雖於禮舒行又非敢繼之以放遊言其不始而安行未以敖遊繼之謂終常敬戒不惰慢也故徐土之方斥候之使見其如此乃陳說王之此威往告以恐動之其動驚此徐方之國如雷之發聲如霆之奮聲以恐怖人然故使徐方之國聞之則皆動驚而將服罪此事可常以為法故美王能行之○鄭以為王之軍行其儀貌赫赫然有尊嚴於天子之威王既其貌如此出則舒而安行亦非解緩亦非敖遊由此徐方之國傳遽之驛見之知王兵必克馳走以相恐動餘同○傳赫赫至騷動○正義曰赫赫盛貌業業動狀軍行而又見其狀故以業業為動也儼然而有威謂其軍儼然有可畏之貌舒徐也定本云舒序非也釋詁云紹繼也以紹遊其為一句皆是不敢為之故云不敢繼以敖遊以凡人之心莫不初勤後惰況今以安舒為始或當以敖遊繼之而宣王能終始如一故美其不敢繼以敖遊繹陳騷動皆釋詁文○箋作行至恐動○正義曰此說軍已動發故以為行匪紹匪遊各自言匪每者一義不得言繼以敖遊也故讀

之爲紹訓之爲緩言繹騷則騷由此驛故知繹當作傳驛之驛言有嚴天子爲他人所尊嚴故易傳言有嚴天子之威謂聞見者莫不憚之王舒安行嫌其解緩故云亦非敖遊也左傳稱兵交使在其間王將伐徐必使候故云徐國傳遽之驛見之知王兵必克歸以報其國馳走以相恐動

王奮厥武。如震如怒。進厥虎臣。闞如虓虎。鋪敦淮濆。仍執醜虜。

虎之自怒虓然濆涯仍就虜服也箋云進前也敦當作屯醜衆也王奮揚其威武而震雷其聲而勃怒其色前其虎臣之將闞然如虎之怒陳屯其兵於淮水大防之上以臨敵就執其衆之降服者也○如震如怒一本此爾如字皆作而闞呼減反徐火斬反又火敢反一音敢虓火交反虎怒貌鋪普吳反徐音孚陳也韓詩作敷云大也敦王申毛如字厚也韓詩云迫鄭作屯徒門反淮濆符云反鄭大防也仍如字本或作扔音同勃步忽反降戶江反

截彼淮浦。王師之所。

截治也箋云治淮之旁國有罪者就王師而斷之○截才結反斷端亂反

〔疏〕王奮至之所○毛以爲既到淮浦臨陳將戰王乃奮揚其威武其狀如天之震雷其聲如人之勃怒其色言嚴威之可懼也卽進而前其虎臣之將闞然如虓怒之虎令布陳敦厚之陣於淮水濆厓之上就而執其衆所降服之虜既敗其根本又窮其枝葉因復使人治彼淮浦之傍有罪之國皆執而迭之來就王師之所而聽誓言盡得其支黨也○鄭唯以敦爲屯爲異餘同○傳虎之至虜服○正義曰此論武將之威言如虓虎故知虎之自怒虓然釋丘云墳大防李巡曰墳謂厓岸狀如墳墓是墳爲厓也釋詁云仍因也因是就之義也虜者因係之名爲人虜獲是屈服也○進前至服者○正義曰以其臨陣當進而前之故以進爲前也敦訓爲厚於義不協故破之爲屯毛無破字之理必以爲厚宜爲布陳敦厚之陣也醜衆釋詁文言虎臣之將者以虎臣稱臣爲王所特進非廣言士卒故知是將也就執其降服者此篇上下不言其戰則是見敵卽服故就執之

王旅嘽嘽。如飛如翰。如江如漢。如山之苞。如川之流。

嘽嘽然盛也疾如飛摯如翰苞本也箋云嘽嘽閒暇有餘力之貌其行疾自發舉如鳥之飛也翰其中豪俊也江漢以喻盛大也山本以喻不可驚動也川流以喻不可禦也○嘽吐丹反摯音至閒音閑

緜緜翼翼。不測不克。濯征徐國。

緜緜靚也翼翼敬也濯大也箋云王兵安靚且皆敬其勢不可測度不可攻勝既服淮浦矣今又以大征徐國言必勝也○緜如字韓詩作民民同度待洛反徐

〔疏〕王旅至徐國○正義曰上既克定淮浦之國此又進而伐徐言王之師旅雖經淮夷其師之盛嘽嘽然閒暇而有餘力也其行動之疾也如鳥之飛其赴敵之遠也如摯之翰其軍之衆多也如江之廣如漢之大也其固守則不可驚動如山之基本其往戰則不可禦止如川之流逝其行之時緜緜然安靜不行暴掠翼翼然恭敬各司其事其形勢不可測度不可克勝以此嚴威武力將大往而征此徐國言其盛不可當往必克敵也○傳嘽嘽至苞本○正義曰嘽嘽閒暇之貌由軍盛所以嘽嘽然故云盛也疾如飛如鳥飛也摯如翰者摯擊也翰是飛之疾者言其擊物尤疾如鳥之疾飛者翰者疾天飛翰爲一此別言如故爲二事也○箋嘽嘽至可禦○正義曰此皆以傳大畧故申述之鳥飛已是迅疾翰又疾於飛故云翰其中豪俊者若鷹鸇之類摯擊衆鳥者也故傳以爲摯如翰謂其擊戰之時也江漢以比盛大卽漢之廣矣江之永矣軍師之衆其廣長似之也兵法有動有靜靜則不可驚動故以山喻動則不可禦止故以川喻如川之流取流爲喻如江如漢不取其流取其盛大耳○傳緜緜至濯大○正義曰緜緜舒緩之意故爲靜也釋訓云翼翼恭也故爲敬濯大釋詁文○箋王兵至必勝○正義曰以上文說其勇猛而勇猛失於殘害故言安靜且敬以解之兵法應敵出奇故美其不可測度不可攻勝正謂他人不能勝已也上已言截彼淮浦此言濯征徐國是既服淮浦之國今又伐徐也此篇與上篇事別非召穆平淮夷之事然則淮浦之國非淮夷也未知何國以彊弱相懸而云大征故知言必勝也

王猶允塞。徐方既來。

猶謀也箋云猶尚允信也王重兵兵雖臨之尚守信自實滿兵未陳而徐國已來告服所謂善戰者不陳○陳直刃反下同

徐方既同。天子之功。四方既平。徐方來庭。

來王庭也

徐方不回。王曰還歸。

箋云回猶違也還歸振旅也

〔疏〕王猶至還歸○毛以爲王師既盛如此又王之謀慮自信而誠實用兵有常伐得其罪故兵未陳而徐方既已自來告服其罪因此歸功於王徐方來與他國同服於王者是天子之功使之然也又四方既已平定徐方又來在王庭便是天下寔安不須用武徐方先已叛者已不敢違命則無復有事王乃告之曰可以還歸矣是武事既立故述而美之○鄭唯以猶爲尚爲異○傳猶謀○正義曰釋詁文○箋猶尚至不陳○正義曰箋以徐方畏威望軍而服不由計謀所致故易傳以猶爲尚兵法臨敵設權王尚守信自實所以爲美也不言對戰執虜故知兵未陣徐國已來告服善戰者不陳莊八年穀梁傳文○傳來王庭○正義曰言來王庭謂既降服後朝京師而至王庭不必在王軍之庭也

常武六章章八句

瞻卬。凡伯刺幽王大壞也。

凡伯天子大夫也春秋魯隱公七年冬天王使凡伯來聘○卬音仰此及召旻二篇幽王之變大雅也

〔疏〕瞻卬七章上二章章與卒章章十句次三章盡六章章八句至大壞○正義曰幽王承父宣王中興之後以行惡政之故而令周道廢壞故刺之也經七章所陳皆刺大壞之事○箋凡伯至來聘○正義曰凡國伯爵祀侯伯之入王朝則爲卿故板箋以凡伯爲卿士此言大夫者大夫卿之惣稱也所引春秋者隱七年經也引之者證天子之臣有凡伯也凡國伯爵稱世稱之不謂與此必爲一人矣

瞻卬昊天。則不我惠。孔填不寧。降此大厲。

昊天斥王也填久厲惡也箋云惠愛也仰視幽王爲政則不愛我下民甚久矣天下不安王乃下此大惡以敗亂之○昊戶老反填音塵下篇同

邦靡有定。士民其瘵。蟊賊蟊疾。靡有夷屆。罪罟不收。靡有夷瘳。

瘵病夷常也罪罟設罪以爲罟瘳愈也箋云屆極也天下騷擾邦國無有安定者士卒與民皆勞病其爲殘酷痛病於民如蟊賊之害禾稼然爲之無常亦無止息時施刑罪以羅網天下而不收斂爲之亦無常無止息時此自王所下大惡○瘵側界反字林側例反蟊本又作蝥音牟屆音界罟音古瘳勑留反卒尊忽反

〔疏〕瞻卬至夷瘳○正義曰言已瞻望而仰視此昊天王者之爲政曾不於我百姓而施恩愛也若愛百姓當以善政安之今甚久矣天下不安言不安以來已久也王又乃下此大惡之政以敗亂之又說所下大惡之狀王爲虐政天下騷擾邦國無有定安者士卒與民其盡勞病矣其殘酷於民如蟊賊之蟲病害於禾稼然爲此殘酷無有常又無有已止時也其殺害於民則施刑罪以網羅天下一徑施行不復收斂爲此殺害無有常又無瘳愈時也言王降大惡如此故下民所以不安○傳昊天至填久○正義曰以則不我惠謂王不愛民故知昊天斥王卒章昊天與無不克鞏文連固於天位是王之事故知卒章昊天亦斥王也作者既假昊天以斥王其言天事則單言天耳天何以刺天之降網實論天事嫌亦斥王故不言昊以異其文釋詁云塵久也古書填與塵同故以爲久○箋惠愛至亂之○正義曰惠愛釋詁文也言幽王爲政不惠愛我下民正謂降此大厲卽是不愛之驗先言不愛爲目乃覆說不愛之狀甚久矣天下不安來久鄭語稱幽王九年王室始騷此言不安巳久蓋九年巳後也王下此惡以敗亂之言其不安之意也○傳瘵病至瘳愈○正義曰瘵病夷常釋詁文彼夷作彝音義同罟非罪名而云罪罟故知設罪以爲罟謂多立科條使人易犯若設網以待鳥獸是以謂之罟云瘳謂病愈愈亦止也○箋居極至大惡○正義曰居極釋言文極者窮盡之義故又轉爲已已止也邦國是畿外之辭故云天下騷擾謂王以虐政擾動之也以士民連文故云士卒與民士卒卽從軍者也言爲殘酷與施刑罪者殘酷謂加害於民施刑謂布陳科禁雖害民是一所從言之異故重設其文也蟊賊者害禾稼之蟲蟊疾是害禾稼之狀言王之害民如蟲之害稼故比之也箋以蟊賊是損害之實故以殘酷痛疾言之罪罟是張設之言故以施刑罪言之不收者以田設網罟有收斂之期王施刑禁則不復收斂故責其不收也言目王所下大惡者謂條目王惡定本作目俗本爲自誤也

人有土田。女反有之。人有民人。女覆奪之。

箋云此言王削黜諸侯及卿大夫無罪者覆猶反也○覆芳服反服也注及下同

此宜無罪。女反收之。彼宜有罪。女覆說之。

收拘收也說赦也○說音稅注同一音他活反

哲夫成城。哲婦傾城。

哲知也箋云哲謂多謀慮也城猶國也丈夫陽也陽動故多謀慮則成國婦人陰也陰靜故多謀慮乃亂國○知音智王申毛如字喆音哲本亦作哲

〔疏〕人有至傾○正義曰上八句言王之爲惡皆由婦人下二句謂婦人之言不可聽用若謂智多謀慮之丈夫則興成人之城國若爲智多謀慮之婦人則傾敗人之城國婦言是用國必滅亡王何故用婦人之言爲此大惡故疾之也○傳哲知○箋哲謂至亂國○正義曰哲智釋言文智者役心以謀慮故云哲謂多謀慮也國之所在必築城居之作者以城表國箋以其有城居之嫌故云城猶國也箋以丈夫陽陽動故多謀慮則成國婦人陰陰靜故多謀慮則亂國由陰陽不等動靜異故俱多謀慮而成傾有殊也若然謀慮苟當則婦人亦成國任姒是也謀慮理乖雖丈夫亦傾城宰嚭无極是也然則成敗在於是非得失不由動靜而云陰陽不同者於時褒姒用事干預朝政其意言褒姒有智唯欲身求代后子圖奪宗非有益國之謀勸王不使聽用非言婦人有智皆將亂邦也

懿厥哲婦。爲梟爲鴟。

箋云懿有所痛傷之聲也厥其也其幽王也梟鴟聲之鳥喻褒姒之言無善○懿於其反注同沈又如字梟古堯反姒音似

婦有長舌。維厲之階。亂匪降自天。生自婦人。匪教匪誨。時維婦寺。

寺近也箋云長舌喻多言語是王降大厲之階階所由上下也今王之有此亂政非從天

而下但從婦人出耳又非有人教王爲亂語王爲惡者是惟近愛婦人用其言故也○寺徐音侍亦如字近附近之近下近愛近川同上時掌反語魚據反［疏］箋懿有至無善○正義曰懿與噫字雖異音義同金縢云噫公命我勿敢言與此同也噫者心有不平而爲聲故云有所痛傷之聲痛傷褒姒亂國政也厥其釋言文此刺幽王而褒姒是其婦故知其幽王也○傳寺近○正義曰寺即侍也侍御者必近其傍故以寺爲近○箋長舌至言故○正義曰以舌動而爲言故謂多言爲長舌論語云駟不及舌亦謂言爲舌也

鞫人忮忒。譖始竟背。豈曰不極。伊胡爲慝。忮害忒變也箋云鞫窮也譖不信也竟猶終也胡何慝惡也婦人之長舌者多謀慮好窮屈人之語忮害轉化其言無常始於不信終於背違人豈謂其是不得中乎反云維我言何用爲惡不信也○鞫居六反忮之豉反忒他得反譖本又作僭子念反背音佩注同慝他得反好呼報反

如賈三倍。君子是識。婦無公事。休其蠶織。休息也婦人無與外政雖王后猶以蠶織爲事古者天子爲藉千畝冕而朱紘躬秉耒諸侯爲藉百畝冕而青紘躬秉耒以事天地山川社稷先古敬之至也天子諸侯必有公桑蠶室近川而爲之築宮仞有三尺棘牆而外閉之及大昕之朝君皮弁素積卜三宮之夫人世婦之吉者使入蠶于蠶室奉種浴于川桑于公桑風戾以食之歲既單矣世婦卒蠶奉繭以示于君遂獻繭于夫人夫人曰此所以爲君服與遂副褘而受之少牢以禮之及良日后夫人繅三盆手遂布于三宮夫人世婦之吉者使繅遂朱綠之玄黃之以爲黼黻文章服既成矣君服之以祀先王先公敬之至也○箋云識知也賈物而有三倍之利者小人所宜知也君子反知之非其宜也今婦人休其蠶桑織紝之職而與朝廷之事其爲非宜亦猶是也孔子曰君子喻於義小人喻於利○賈音古注同爾雅云市也倍蒲罪反無與音預紘獲耕反耒力對反昕音欣奉芳勇反下同種章勇反戾力計反燥也食音嗣單音丹繭古顯反君服與音餘褘音輝副首飾褘是褘衣少詩照反繅素刀反本亦作繰同盆蒲門反紝女金反而與音預朝直遙反下朝廷同［疏］鞫人至蠶織○正義曰上言長舌之惡更說爲惡之狀此婦人之長舌多謀慮者乃好窮屈人之言語出言則爲人患害且又變化無常所言以不信爲始終竟於後背而違之豈肯自曰我之此言不中正乎反云維我此言何用爲惡惡而不知其非故爲可痛傷也既云出言不善又責其干亂朝政如商賈之求利三倍乃君子之人於是識知之非其宜也汝今婦人之不宜與朝廷公事而休止養蠶織紝干預男子之政亦非宜也○傳忮害忒變○正義曰忮者以心忮格前人爲之患害故以忮爲害也釋言云爽忒也孫炎曰忒變雜不一是忒爲變之義也○箋鞫窮至不信○正義曰鞫窮釋言文譏譖者皆不信之言故以譖爲不信也竟者卒盡之義故云竟猶終也胡何慝惡皆詩之通訓忮人似智好人亂德皆自以爲善此刺褒姒自以爲賢豈謂是不得中乎反云維我言何用爲惡不信自謂所行皆得中疾時人謂之惡不自嫌其不信所以至亡而不改也○傳休息至之至○正義曰休息釋詁文傳解婦人无與外事雖王后之貴猶以蠶織爲事故引禮記以證之自古者天子以下皆祭義文也謂之藉田者天官甸師注云藉之言借也王一耕之而使庶人芸芓終之月令注云借民力所治之然也天子千畝諸侯百畝以事神有多少因而爲之等差也冕者祭服之冠紘謂冕之下而仰屬者止言服冕而冕有等級未知服何冕也夫人受繭服副褘則人君耕

藉或亦用祭服蓋天子以衮冕也諸侯自祭其廟用玄冕耕藉之服不過用玄冕也其紘天子以朱諸侯以青者以朱南方太陽之色故天子用之青東方少陽之色故諸侯用之所以下天子天子藉田在南郊諸侯藉田在東郊亦此意也躬秉耒耜謂親耕之月令孟春天子親載耒耜躬耕帝藉是其事也此文兼有天子諸侯故云以事天地山川社稷先古揔舉諸神以爲言也祭義作先古注云先古先祖定本作先公涉下先公而誤耳既言人君親耕又言王后親蠶見祭祀之禮必夫婦致敬也蠶室必近川者夏官馬質注引蠶云蠶爲龍精然則以龍是水物故近川爲之取其氣勢也築宮謂築蠶宮之院牆也七尺曰仞言仞有三尺則其宮之牆高一丈矣尙書夏傳文與此畧同云築官有三尺者高文誤也故彼注云官當爲宮雉長三丈高一丈度長以長度高以高則蠶宮高一丈禮志曰仞有三尺七尺曰仞彼文直云官有三尺宮下當脫仞字也雉者城牆之度故鄭計雉之數以推之又引禮記以證之復言七尺曰仞是仞有三尺乃充一雉之度明其宮不得高丈三矣彼注或云蠶宮高一丈三尺者衍三尺二字也棘牆謂牆上布棘以禁人之踰越不以禦寇故外閉之大昕之朝者彼注云季春朔日之朝也知者以既卜之下卽言養蠶之事季春始蠶故知是季春也昕者以朝之名言大昕明是朔日之朝也皮弁素積者士冠禮注云皮弁者白鹿皮爲冠象上古也積猶辟也以素爲裳辟蹙其腰中皮弁之衣用布十五升其色象焉是也卜三宮之夫人世婦之吉者謂天子則卜三夫人諸侯則卜世婦也月令注雷養蠶者所卜夫人與世婦是天子之夫人親蠶事也周禮王后六宮言三宮者亦據諸侯言之也故彼注云諸侯夫人三宮半王后也言三宮據諸侯夫人有三宮言三宮之夫人亦容天子三夫人人各居一宮也以文兼天子諸侯故雜互陳之奉種浴於川文承大昕之下則以三月浴之矣天官內宰云仲春詔后率外內命婦始蠶于北郊馬質注云月直大火則浴其種以仲春浴之者蓋二月浴之至將生又浴之故不同也乃風戾以食之者彼注云桑及早涼脆采之風戾之使露氣燥乃可食蠶蠶性惡濕也歲既單矣盡故彼注云歲單謂三月月盡之後也言歲者蠶歲之大功事畢於此也世婦卒蠶獻繭於夫人據諸侯爲說若天子則夫人卒蠶獻於后夏傳注云此諸侯之禮天子則獻繭於后是也於君言示於夫人言獻以繭是夫人之事主獻夫人故夫人受之夫人而云副褘者徒注云副褘王后之服而云夫人記者容二王之後與以記意或然故言與爲疑之辭雖王后受繭其服尊不過亦副褘也少牢以禮之者設少牢之饌以禮遇世婦也彼注云禮之者禮奉繭之世婦也繅三盆手者彼注云三盆手者三淹也凡繅每淹大揔而手振之以出緒也夏傳注云手猶親也言后夫人親以手揔之也言君服之以祀先王先公敬之至也以文兼天子諸侯故先王先公互言之○箋識知至於利○正義曰利之多少其數無常必以三倍爲言者以三是三才之數數之小成故舉以言焉

天何以刺。何神不富。舍爾介狄。維予胥忌。刺責富福狄遠忌怨也箋云介甲也王之爲政既無過惡天何以責王見變異乎神何以不福王而有災害也王不念此而改脩德乃舍女被甲夷狄來侵犯中國者反與我相怨謂其疾怨羣臣叛違也○舍音捨注同介音界狄毛他歷反鄭如字謂夷狄見賢遍反被皮寄反

不弔不祥。威儀不類。人之云亡。邦國殄瘁。類善殄盡瘁病也箋云弔至也王之爲政德不至於天矣不能致徵祥於神矣威儀又不善於朝廷矣賢人皆言奔亡則天下邦國將盡困窮○弔如字又音的瘁似醉反［疏］天何至殄瘁○鄭唯以介狄別解餘皆同○傳刺責至忌怨○正義曰刺譏者皆責之辭故刺爲責也言何神不富則富是神之所加故以富爲福也毛讀狄爲逖故爲遠也則介當訓爲大不得與箋同也忌者相憎怨之言故以忌爲怨也王肅云舍爾大道遠慮反與我賢者怨乎○箋介甲至叛違○正義曰以辭有與奪意爲彼此言維予胥忌是不當怨而怨則舍爾介狄者是當怨而舍之也且幽王荒淫惑亂將至滅亡兵在其頸尙不知悟安能復知大道遠慮又大道遠慮非幽王之所有何云舍汝乎何以者問之辭故云王之政無過惡天何以責王也既問天之刺責又問神不福助亟前爲勢故何在神上天者羣臣之精言天則神可知去天以外而別言神則謂人鬼地祇山川社稷之類也天之所責唯有妖變而已故云見變異若日食星殞山崩川竭之屬也神所不福則是已有禍罰故云有灾害謂水旱蟲螟霜雹疫癘之等也於時已有此等事故責王不改脩德教也不應舍而舍則是己來犯王故知被甲夷狄來侵犯中國者臣若阿諛順旨必不爲王所怨故知反與我相怨謂其疾怨羣臣叛違也以正直不肯從邪故爲王所怨○傳類善殄盡瘁病○正義曰皆釋詁文○箋弔至至困病○正義曰弔至釋詁文此經與上義相配成天刺神不福皆由政惡所致以王之爲政德不至於天故天以刺之不能致徵祥於神故神不福之威儀有不善於朝廷故相與怨忌

天之降罔。維其優矣。人之云亡。心之憂矣。優渥也箋云優寬也天下羅罔以取有罪亦甚寬謂但以災異譴告之不指加罰於其身疾王爲惡之甚賢者奔亡則人心無不憂○渥於角反譴棄戰反

天之降罔。維其幾矣。人之云亡。心之悲矣。幾危也箋云幾近也言災異譴告離人身近愚者不能覺○離力智反［疏］天之至悲矣○毛以爲上既言天刺責王賢人將去此又言其可憂之狀天之所下此災異之羅網維其饒渥而多矣賢人之言皆云已欲亡去我天下之人心爲之憂愁矣又丁寧言之天之所下灾異之羅網維其危險而甚矣賢人之言皆云欲亡去我天下之人其心爲之悲哀矣○鄭唯以優爲寬幾爲近爲異餘同○傳優渥○正義曰以優爲優饒之義故爲渥也信南山云既優既渥是優渥爲豐多之意也○箋優寬至不憂○正義曰以天之降罔是羅網寬廣優饒者寬容之義故易傳以優爲寬天下羅網以取有罪正謂欲取王也不指害其身而微加譴告是其寬也○傳幾危○正義曰釋詁文上言優者謂自天降而多也此言幾者謂至人身而危二者相接成也○箋幾近○正義曰釋詁文上寬者謂微加譴告而不改則禍及其身故離人近二者亦相接成但以忠臣諫君宜稱禍近爲切故易傳也

觱沸檻泉。維其深矣。心之憂矣。寧自今矣。不自我先。不自我後。箋云檻泉正出涌出也觱沸其貌涌泉之源所由者深喻己憂所從來久也惡政不先己不後己怪何故正當之○觱音必沸音弗觱沸泉出貌檻胡覽反徐音下斬反

藐藐昊天。無不克鞏。藐藐大貌鞏固也箋云藐藐美也王者有美德藐藐然無不能自堅固於其位者微箴之也○藐亡角反鞏九勇反箴之林反

無忝皇祖。式救爾後。箋云式用也後謂子孫也［疏］觱沸至爾後○正義曰言觱沸然而涌出者檻泉也此泉瀆涌而出言其所從來維其深遠矣喻天下之人心之憂悲亦所由

來久遠寧從今日矣我之所憂憂此惡政怨恨何故不從我之先何故不從我之後而正當我之身也既言王政之惡故以箴王言人君有美大之德藐藐然可以比於昊天則之無不能堅固於其位者是守位者必由美德也王當美德固之无使辱汝君祖之先王用此美德以救汝後世之子孫使之保守王位无喪邦國也○箋檻泉正出涌出○正義曰釋水文也李巡曰水泉從下上出曰涌泉○傳藐藐至鞏固○正義曰釋詁云藐藐美也言大貌者爲美大之貌也鞏固釋詁文○箋王者至箴之○正義曰下云無忝皇祖則知能固者謂能固其王位也不直言無德則不能民而云有美德者無不能固反言以見意而文不指斥是微箴之也

瞻卬七章三章章十句四章章八句

召旻。凡伯刺幽王大壞也。旻閔也。閔天下無如召公之臣也。旻病也○召旻上時照反下密巾反下同

疏召旻七章上四章章五句下三章章七句至之臣○正義曰召旻詩者周卿士凡伯之所作以刺幽王大壞也又解名篇之義是閔傷當時天下無如文武之世召康公之臣以時無賢臣深可痛傷故以召旻名篇其敘大壞之意經七章皆大壞之事也首章曰旻天疾威卒章云有如召公雖有召旻之字而其文不次作者錯綜以名篇故敘特解經之旻天自由天之閔下以旻爲天名此敘轉爲閔箋訓爲病則與旻天之義其意小乖是借名以見意作者指言旻天爲此故也先王佐命之臣能開闢土地者蓋多矣而獨言召公者作者意所欲言無他義也

旻天疾威。天篤降喪。瘨我饑饉。民卒流亡。箋云天斥王也疾猶急也瘨病也病乎幽王之爲政也急行暴虐之法厚下喪亂之教謂重賦稅也病中國以饑饉令民盡流移○瘨都田反沈又音殄又音田令力呈反一本作令故民

我居圉卒荒。圉垂也箋云荒虛也國中至邊竟以此故盡空虛○圉魚呂反竟音境本亦作境

疏旻天至卒荒○正義曰言此旻天之王者其爲政教乃急疾而行此威虐之法比天之王者又厚下與民喪亂之教而病害我國中以饑饉令國中之民盡流移而散亡以此故令我所居中國至於四境邊陲民皆逃散而盡空虛是王暴虐所致之○箋天斥至流移○正義曰箋以此詩刺王大壞而承以饑饉流亡明是王使之然於文勢非言上天故以天爲斥王旻天亦斥王也故箋即言幽王之爲政急行暴虐之法厚下喪亂之教以幽王文總二事是經之二天皆斥王也小旻云旻天疾威文與此同彼箋云旻天之德疾王者以刑罰威恐萬民則以天爲上天疾爲疾惡而此不然者以此下云天降罪罟承以蟊賊內訌內訌是人自潰亂非上天降之文與下相類故知疾威降喪亦是王自行之非天疾王非天降之也小旻之文連數於下土布政下土是王之所爲明天以是故疾惡於王觀文而說故與此異蕩之疾威與此不同義亦然也急行暴虐之法厚下喪亂之教所以爲異者以二句相連疾與篤爲類則威爲酷刑罰喪爲亂亡賦稅則急者行之必速之辭厚者爲之加重之稱則二者俱急而且重也但以言疾則爲行之理已著言篤直是厚而近爲行之理未彰故又言降以見之因此故下單言天降以配而成句也其實天與旻天俱斥王耳箋又總解暴虐喪亂之事正謂重賦斂病中國以饑饉令盡流移也○傳圉垂○正義曰釋詁文○箋荒虛至空虛○正義曰荒虛釋詁文某氏曰周禮云野荒民散則側之唯某氏之本有荒字耳其諸家爾雅則無之要周禮野荒必是虛之義也居謂城中所居之處圉謂邊境以此故盡空虛以謂虐政故也

天降罪罟。蟊賊內訌。訌潰也箋云訌爭訟相陷入之言也王施刑罪以羅罔天下衆爲殘酷之人雖外以害人又自內爭相讒惡○訌戶工反徐云鄭音工爭爭鬭之爭下同惡烏路反

昏椓靡共。潰潰回遹。實靖夷我邦。椓天椓也潰潰亂也靖謀夷平也箋云昏椓皆奄人也昏其官名也椓椓毀陰者也王遠賢者而近任刑奄之人無肯共其職事者皆潰潰然維邪是行皆謀夷滅王之國○椓丁角反共音恭注皆同潰戶對反遹音聿一音述奄如字本又作閹遠于萬反近附近之近邪似嗟反

疏天降至我邦○正義曰上言王以暴亂病民此又言所病之事今比天之王者下此刑罰羅網之法於天下諸侯之臣又助爲此刑罰殘酷其害於人如蟊賊之害禾稼然又內自潰亂相陷以罪人也又王所親任是刑餘之人此昏奄椓毀之小人無供其職事者皆潰潰然昏亂其行邪僻實謀滅我王之邦國王何故信任之○傳訌潰○正義曰釋言文○箋訌爭至讒惡○正義曰傳訌潰之義以訌字從言故知訌者是爭訟相陷入之言由爭訟相陷故王潰敗故爾雅以訌爲潰訌言內則蟊賊爲外故云衆爲殘酷之人雖外以害人又內相讒惡言惡人所在爲害又自不相親也天降罪罟是王所下之知蟊賊內訌是臣之衆殘酷之人爲之者以訌是相惡之言若亦王所下之不得言其相惡故知臣之佞者助王以殘酷害人又內自相讒惡也○傳椓天至夷平○正義曰傳意亦以椓爲去陰但以正月云天天是椓天謂天殺椓謂椓破天椓文連故并舉其類以曉人潰潰昏亂之意故爲亂也靖謀釋詁文夷平易也俱訓爲易是夷得爲平言平殄而滅之○傳昏椓至王之國○正義曰解名此人爲昏椓之意故云皆奄人也天官閽人注云閽人司昏晨以昏閉者是昏其官名也椓椓毀陰者爲犯淫罪而刑之也書傳曰男女不以禮交者其刑宮秋官司刑注云宮者丈夫則割其勢女子閉於宮中此椓毀其陰卽割勢是也謂之奄者天官酒人注云奄精氣閉藏者引月令其器閎以奄是由割去其勢精氣閉藏故謂之奄人也若然秋官掌戮云墨者使守門閽人之注引掌戮之文則閽人乃是墨者非奄人矣而此箋以昏爲奄者案周禮序官閽人上有內小臣下有寺人內小臣之與寺人皆是奄人爲之閽人與之爲類官閽其閒則亦奄人也閽人云王宮每門四人圄遊亦如之注云圄禁院也遊離宮也然則王宮之與圄遊所守門者其官皆曰閽人是閽之用人非獨奄也掌戮墨者使守門宮者使守內刖者使守圄則墨刖皆亦爲閽非獨宮刑者矣但內門則用奄以守之其外門則用墨耳閽人職曰掌守王宮之中門之禁注云中門於外內爲中天子五門雉門爲中門是雉門以內用奄庫門以外用墨其圄則用刖也官與寺人爲類主以奄者爲名月令仲冬命奄尹審門閭謹房室是門房之守皆以奄爲之故知閽是奄人之官名也奄者防守門閽親近人主凡庸之君闇於善惡以其少小慣習朝夕給使顧訪無猜憚之心恩狎有可悅之色且其人久處宮掖頗曉舊章常近狀第探知主意或乃色和貌厚挾術懷姦或乃捷對敏才飾巧亂實於是邪正並行情貌相越遂能迷罔視聽因惑愚主謂其智足臣時忠能輔國信而使之親而任之國之滅亡多由此作故詩人責王遠賢者而近刑奄之人也原其本心不欲滅國但所謀不當滅國之道也故謂之謀滅王國也

皋皋訿訿。曾不知其玷。皋皋頑不知道也訿訿窳不供事也箋云玷缺也王政已大壞小人在位曾不知大道之缺○皋音羔爾雅云刺素食也訿音紫爾雅云莫供職也玷丁簟反窳音庾裴駰云病也說文云嬾也一本又作衆

兢兢業業。孔填不寧。我位孔貶。貶隊也箋云兢兢戒也業業危也天下之人戒懼危怖甚久矣其不安也我王之位又甚隊矣言見侵侮政教不行後犬戎伐之而周與諸侯無異○業如字一音五荅反貶彼檢反隊直類反又作墜

疏皋皋至孔貶○正義曰上言小人爲謀將滅王國此言其致滅之狀小人在位皋皋然志識頑鈍而不知治道訿訿然在公窳惰而不供職事心頑力惰自以爲宜王政已壞曾不知其大道之玷缺也臣既如此害及天下故今時之人皆兢兢而戒懼業業然而危怖甚久矣天下不安言不安已久矣民既不安其我王之位又甚貶退言其卑微與諸侯無異也○傳皋皋至共事○正義曰釋訓云皋皋瑣瑣刺素食也舍人曰皋皋不治之貌某氏曰無德而空食祿也無德不治而空食祿是頑不知其道也釋訓又云翕翕訿訿莫供職也是訿訿爲窳不供其職也說文云窳嬾也草木皆自豎立唯瓜瓠之屬臥而不起似若嬾人常臥室故字從字音眠

如彼歲旱。草不潰茂。如彼棲苴。潰遂也苴水中浮草也箋云潰茂之潰當作彙彙茂貌王無恩惠於天下天下之人如旱歲之草皆枯槁無潤澤如樹上之棲苴○潰毛戶對反鄭作彙音謂棲音西謂棲息也苴鋤加反槁口老反

我相此邦。無不潰止。箋云潰亂也無不亂者言皆亂也春秋傳曰國亂曰潰邑亂曰叛○相息亮反

疏如彼至潰止○毛以爲言王無恩於民致使下民如彼歲之大旱其草不得申遂而盛茂致使此草如彼水上棲止逐流之浮苴也旱歲之草如水上之苴言其枯槁無潤下民不得王恩亦如是也民不見德禍亂將起詩人閔之言我視此王之邦國無有不亂止言其必將亂也後戎殺王是此言之信○鄭唯以潰爲彙棲苴謂樹上爲異餘同○傳潰遂至浮草○正義曰草之生當遂其生長之性今言以草不潰故以潰爲遂苴是草之枯槁逐水流者故云苴水中之浮草如是則棲爲浮義謂棲息於水上也○箋潰茂至棲苴○正義曰潰茂連文以潰爲遂於義不安故易傳言潰當作彙如易泰卦拔茅以彙之字彙是茂盛之貌也箋不直言潰當作彙而云潰茂之潰當作彙者以下有無不潰止嫌亦爲彙故連茂言之又以棲者居在水上之名謂水上爲棲理亦不悟故以爲如樹上之棲苴苴是草木之枯槁者故在樹未落及已落爲水漂皆稱苴也此經再云如者言民如旱草草又如苴見其枯槁之極喻王無恩之甚也○箋春秋至曰叛○正義曰僖四年公羊傳文也引之者證邦潰爲國亂之意也

維昔之富。不如時。往者富仁賢今也富讒佞箋云富福也時今時也

維今之疚。不如茲。今則病賢也箋云茲此也此者此古昔明王○疚音救病也字或作宊

彼疏斯粺。胡不自替。職兄斯引。彼宜食疏今反食精粺替廢兄茲也引長也箋云疏麤也謂糲米也職主也彼賢者祿薄食麤而此昏椓之黨反食精粺女小人耳何不自廢退使賢者得進乃茲復主長此爲亂之事乎責之也米之率糲十粺九鑿八侍御七○粺皮賣反兄音況下同糲蘭末反沈音賴又音厲復扶又反下同長如字又張丈反率字又作舝音類又音律又所律反鑿子洛反又音昨字林云糲米一斛舂爲八斗音子沃反

疏維昔至斯引○毛以爲邦國之亂由遠賢者而在小人故舉明王之政以並之言維昔明王之所富者不

如今之時言昔時富賢人今時富讒佞也又言今時所以異於昔者維今世之所病者不如此明王言明王富賢人今世則病賢人是其異於昔也由病其賢者故小人得進故又責之言彼宜食疏今乃反食精粺之小人由汝當路以病賢者何不早自廢退使賢者得進乃復主爲滋益此亂之事使更長也言小人用事益使亂長故責之○鄭唯彼疏斯粺爲異餘同○傳彼宜至引長○正義曰以小人爲彼故云彼宜食疏今食精粺言其富小人也替廢釋言文爾雅之訓況爲賜也賜小人之物使之益多故以況爲滋滋又爲益引長釋詁文○箋疏麤至御七○正義曰以疏對粺則麤於粺也麤於粺者唯糲米耳故知謂糲米也職主釋詁文以疏粺文稱彼此則有相形之勢上文責王病賢者富小人則此亦相對不得爲一人故易傳以賢者食麤昏椓之黨食精也職況斯引訓之爲主茲此引長言主爲益此使亂之長故便而倒之云乃茲復主長此爲亂之事責之也言米之率糲十粺九鑿八侍御七者其術在九章粟米之法彼云粟率五十糲米三十粺二十七鑿二十四御二十一言粟五升爲糲米三升以下則米斷細故數益少四種之米皆以三約之得此數也言此明糲麤於粺故爲疏也**池之竭矣。不云自頻。**頻厓也箋云頻當作濱厓猶外也自由也池水之溢由外灌焉今池竭人不言由外無益者與言由之也喻王猶池也政之亂由外無賢臣益之○頻舊云毛如字鄭作濱音賓俱云厓也案張揖字詁云瀕今濱則瀕是古濱字者與音餘**泉之竭矣。不云自中。**泉水從中以益者也箋云泉者中水生則益深水不生則竭喻王猶泉也政之亂又由內無賢妃益之**溥斯害矣。職兄斯弘。不烖我躬。**箋云溥猶徧也今時徧有此內外之害矣乃茲復主大此爲亂之事是不烖王之身乎責王也烖謂見誅伐○溥音普烖音災徧音遍下同〔疏〕池之至我躬○正義曰既言小人在朝又傷王無輔助言人見池水之竭盡矣豈不言云由其外之濱厓無水以益之故也以喻人見王政之喪亂矣豈不言曰由其外之羣臣無賢以佐之故也人見泉水之枯竭矣豈不言曰由其內之地中無水以生之故也以喻人見王政危亂矣豈不言曰由其內之妃后無德以助之故也今王內無賢后外無賢臣溥徧有此內外無賢之害矣而在故小人乃復主益此亂使之更大亂漸益大於久豈得不災害我身乎言其必將害之○箋頻當至益之○正義曰以水厓之濱其字不應作頻故破之也傳作頻者以古多假借或通用故也池者穿地引水家語曰池水之大魚鼈生焉萑葦長焉誰知其非泉也是池由自外引水而爲之故云池水之益由外灌焉上章刺王遠賢故知以池竭喻外無賢臣益之也既以池竭外無益以喻外無賢臣故知下經以泉竭內無益以喻無賢妃也**昔先王受命。有如召公。日辟國百里。今也日蹙國百里。**辟開蹙促也箋云先王受命謂文王武王時也召公召康公也言有如者時賢臣多非獨召公也今今幽王臣○辟音闢蹙子六反**於乎哀哉。維今之人。不尚有舊。**箋云哀哉哀其不高尚賢者尊任有舊德之臣將以喪亡其國○喪息浪反〔疏〕昔先王至有舊○正義曰言日闢日蹙甚言之耳不得一日之間便有百里之校於蹙國之上不言無賢臣者以不尚有舊事見於下故空其文以下句互而知之

召旻七章四章章五句三章章七句

蕩之什十一篇九十二章七百六十九句

毛詩注疏挍勘記（十八之五）　阮元撰盧宣旬摘錄

○常武

因以爲戒然 唐石經小字本相臺本同案正義云定本集注皆有然字是正義本無標起止云至爲戒然當是後添也

既已戒勑之 閩本明監本毛本已誤以案上文既以警肅之以亦當作已

於軍將行治兵之時 小字本相臺本同案考文古本軍上有六字山井鼎云疏疊出此注作於六軍將有六字者似是其說非也此軍將二字連文將子匠反下箋云王又使軍將云云又者又此箋也行治兵者謂行治兵之禮正義有明文三字連文也釋文於上章大將下云子匠反第二章注同亦其證古本所采正義乃誤字耳見下

傳尹氏至浦厓 明監本毛本厓誤涯閩本不誤下同案厓字經注本多從水釋文亦然正義中多作厓當是其本不從水也考厓爲正字涯爲俗字依經注本改正義者非○按正義之例多以今字易古字此等轉寫有譌亂耳

於六軍將行治兵之時者 閩本明監本毛本同案於六當作云於錯誤耳

大司掌其戒令是也 閩本明監本毛本司下有馬字案所補是也

舒徐也 小字本相臺本同案此正義本也正義云舒徐也定本云舒序非也釋文云舒序也一本作舒徐也考舒徐也與野有死麕傳同定本釋文依爾雅耳當以正義本爲長

以驚動徐國 小字本相臺本同考文古本同閩本明監本毛本驚誤震案正義云其動驚此徐方之國又云則皆動驚而將服罪是此箋當作動驚下箋云徐國則驚動而將服罪亦動驚之誤也

如震如怒 唐石經小字本相臺本同案釋文云一本此兩如字皆作而正義云其狀如天之震雷其聲如人之勃怒其色是其本經中字亦作如也考箋云而震雷其聲而勃怒其色鄭意以爲震怒自是實事不假外象轉經如字作而以說之毛氏詩如一而互通鄭但於都人士箋云而亦如也餘多不言者省文耳一本乃依鄭竟改經作而似是實非

緜緜靚也 小字本相臺本同案考文古本靚作靜考靜字與韓奕傳同釋文緜緜下云靚也正義緜緜然安靜者易靚爲靜而說之耳考文古本誤采正義所易之字也韓奕正義字仍作靚不易當是後人改耳○按毛傳於楚茨閟宮皆曰清靜於韓奕常武曰徐靚曰靚毛意靚與靜有別靚有清麗之意上林賦注曰靚糚粉白黛黑也是也

○瞻卬

天王使凡伯來騁 閩本明監本毛本同小字本相臺本騁作聘案騁字誤也正義標起止十行本騁閩本皆不誤明監本毛本亦誤作騁

稱世稱之 閩本明監本毛本同案上稱字浦鏜云當傳之誤是也常武正義云或皇氏父字傳世稱之可證

其爲殘酷痛病於民 小字本同閩本明監本毛本同相臺本病作疾考文古本同案正義云箋以蟊賊是損害之實故以殘酷痛疾言之相臺本考文古本皆依此所改也正義上文云其殘酷於民如蟊賊之蟲病害於禾稼乃用病字則下疾乃誤字耳依之改者非

施刑罪以羅網天下 小字本同閩本明監本毛本同相臺本網作罔案罔字是也下箋天下羅罔不誤網乃正義所易今字

此自王所下大惡 小字本同閩本同相臺本自作目明監本毛本同案目字是也考文古本作因誤甚

梟鴟聲之鳥 小字本相臺本聲上有惡字閩本剜入明監本毛本同案十行本脫也

借民力所治之然也 閩本明監本毛本然作田案所改是也

夏官馬質注引蠶云 明監本毛本云上有書字閩本剜入案所補是也

則天下邦國將盡困窮 閩本明監本毛本同小字本相臺本窮作病考文古本同案病字是也十行本閩本正義中標起止云至困病不誤明監本毛本亦誤改爲窮

天者羣臣之精也 閩本同明監本毛本臣作神案所改是

威沸其貌 小字本相臺本同考文古本同閩本明監本毛本其誤出案釋文威沸下云泉出貌乃檃栝箋意耳不知者取其改箋誤也

瞻卬七章 小字本相臺本同唐石經初刻仰後改卬案雲漢釋文云卬本亦作仰卬仰古今字也考文古本經序皆作仰亦非

○召旻

亡賦稅則急者行之必速之辭 閩本明監本毛本則作也案所改非也此亡當作云耳

而近爲行之理未彰 閩本明監本毛本同案近字當衍

瘉不供事也 小字本相臺本同案釋文云窳音庾裴駰云病也說文云嬾也一本作窳正義云說文云窳嬾也草木皆自豎立唯瓜瓞之屬臥而不起似若嬾人常臥室故字從宀依此是釋文正義二本皆作唐人此字從宀也所引說文今無其文正義所據往往非今十五篇說文如第字之類是也窳字出楊承慶字統草木皆自豎立以下卽取彼文以爲說耳毛傳當本用窳字

故字從字音眠 閩本同明監本毛本字作穴案皆誤也當作宀下音眠二字當旁行細書正義自爲音例如此

今言以草不潰故以潰爲遂 閩本明監本毛本同案故上浦鏜云脫茂字又云上以字當衍皆是也

況茲也 小字本相臺本同閩本明監本毛本同案況當作兄正義中作況乃易字耳考文古本經作況亦非也

乃茲復主長此爲亂之事乎 小字本相臺本同案考文古本茲作滋下章箋同考此及常棣桑柔經傳箋皆當兄茲二字正義中作況滋者皆易字也今常棣唐石經已誤況桑柔傳箋各本皆誤滋此箋考文古本又誤禾正義字改爲滋也又按此等茲字皆當上从艸下从絲省聲艸木多益也滋字从水从艸部之茲益也今人所寫茲滋皆譌字

池水之溢由外灌焉 閩本明監本毛本同小字本相臺本溢作益考文古本益字亦同案益字是也正義中益字各本不誤

而在故小人 閩本明監本毛本故作位案所改非也在故當作任政形近之譌

於久豈得不災害我身乎 閩本明監本毛本同案山井鼎云久恐舊誤其說非也於久二字當衍我下當脫王之二字上衍而下脫耳

昔先王受命有如召公 唐石經小字本相臺本同案此正義本也序下正義云卒章云有如召公是其證也關雎正義云六字者昔者先正云受命有如召公之臣是也所引不與此同如出其東門引白旆英英而本篇乃作央央下泉大東皆引二之日栗冽而本篇仍作烈是其比矣良由撰者既非一人六朝義疏本有各家或復存舊致此歧互耳經義雜記欲依彼正義改此文未爲當也

言曰闕曰威 閩本明監本毛本闕誤辟案闕是正義所易之今字皇矣江漢正義皆可證

附釋音毛詩注疏卷第十九〔十九之一〕

清廟之什詁訓傳第二十六

毛詩周頌　鄭氏箋　孔穎達疏

周頌譜

周頌者周室成功致太平德洽之詩其作在周公攝政成王即位之初○正義曰言致太平德洽即成功之事據天下言之爲太平德洽據王室言之爲功成治定王功既成德流兆庶下民歌其德澤即是頌聲作矣然周自文王受命武王伐紂雖屢有豐年未爲德洽及成王嗣位周公攝政脩文武之德定武王之烈干戈既息嘉瑞畢臻然後爲太平德洽也書敘既黜殷命之後云唐叔得禾異畝同穎王命唐叔歸公於東周公旅天子之命作嘉禾是攝政之初嘉禾生也書傳曰三年踐奄多方曰惟五月丁亥王來自奄自此之後無復征伐易注云行誅之後致太平自三年數也故四年之封康叔因欲營洛以觀民心康誥曰周公初基作新大邑於東國洛四方民大和會是德洽及民之事也故書傳曰周公將作禮樂優游之三年不能作君子恥其言而不見從恥其行而不見隨將大作恐天下莫我知將小作恐不能揚父祖功烈德澤然後營洛以觀天下之心於是四方諸侯率其羣黨各攻位於其庭周公曰示之以力役且猶至況導之以禮樂乎然後敢作禮樂書曰作新大邑于東國洛四方民大和會此之謂也如書傳此言則周公以三年太平卽應作禮樂但爲優游之故至六年乃作其禮樂自優游未作頌聲乃人志所爲制禮之前頌已作矣故周禮太師教六詩六曰頌樂師帥學士歌徹謂歌雍也制禮之時得取頌詩爲樂是制禮之前有頌也制禮之後民俗益和明頌聲乃作可知故揔云其作之時在周公攝政成王即位之初也史傳羣書稱成康之間四十餘年刑措不用則成王終世太平正言卽位之初者以即位之初禮樂新定其詠父祖之功業述時世之和樂宏勳盛事已盡之矣以後無以過此採者不爲復錄且檢周頌事迹皆不過成王之初故斷之以爲限耳不謂其後不得作頌也故曰成康沒而頌聲寢不廢康王之時乃有其頌但今詩所無耳雅不言周頌言周者以別商魯也周蓋孔子所加也何則孔子以前六詩並列故太師教六詩是六詩皆別題也書敘列虞夏商周書各爲一科當代異其弟則詩本亦當代爲別商頌不與周頌相雜爲次弟也周詩雖六義並列要先風雅而後頌也見事相因漸爲商頌不得在周頌之上間廁之也商頌自以配樂當如樂貴者用前賤者用後不可以先伐之頌在後伐之下必是獨行爲一代之法國語曰有正考甫者校商之名頌十二篇於周之太師以那爲首若在周詩之中則天下所共不須獨校於周之太師也明不與周詩同處矣商既不雜於周不須有所分別則知孔子以前未題周也孔子論詩雅頌乃次魯商於下以示三代之法故魯譜云孔子錄其詩之頌同之王者後商譜云孔子錄詩列之以備三頌是商頌者孔子列之於詩末也既有商魯須題周以別之故知孔子加周也頌之言容天子之德光被四表格于上下無不覆燾無不持載此之謂容於是和樂興焉頌聲乃作○正義曰此解名之爲頌之意頌之言容歌成功之容狀也光被四表格于上下堯典文也左傳季札見舞韶籥曰德至矣哉大矣哉如天之無不燾如地之無不載是所據之文也尚書說堯之德也左傳說舜之德也帝王之德當爲優劣此引堯舜之事以言周者聖人示迹不同所過異時故號有帝王爲優劣之稱若乃至誠盡物前聖後聖其歸一也故中庸說孔子之德亦云無不覆燾無不持載明聖人之道同也噫嘻成王既昭假爾書傳說越常之譯曰久矣天之無烈風淫雨中候擿雒戒云曰若稽古周公旦欽惟皇天順踐祚卽攝七年鸞鳳見蓂莢生青龍銜甲玄龜背書是周德光被四表格于上下之事也言頌聲者詩各有聲故公羊傳曰什一而稅頌聲作是也此頌聲由其時之君德洽於民而作則頌聲係於所與之君不係於所歌之主故周頌三十一篇左方中皆以爲周公成王之時也以其雖詠往事顯祖業昭文德述武功皆令歌頌述之以美今時不爲祖父之頌矣但祖父之功由此以顯顯其父祖之功所以頌子孫也故時邁之等盡爲武王之事要歸之頌於周公成王也若然清廟祀文王執競祀武王非文武之頌而那祀成湯烈祖祀中宗玄鳥祀高宗即爲所祀之王頌者頌既治平而與文武雖有盛德時未太平不可爲頌成王致太平乃有頌雖祀文王武王皆歌當時成功告其父祖之神明故周頌祀文王武王者皆非文武之頌也若殷之三王既中興受命本皆太平明生時自有頌聲但商書殘缺無以言焉今死而作頌故係於所歌之王因此而談不廢成王崩後亦有追頌或本不錄今詩無耳祖父未太平而子孫太平頌聲之與係於子孫周頌是也祖父未太平而子孫未太平則所頌之詩係其父祖商頌是也若父祖子孫俱太平作頌於子孫之時論父祖之事者則所係之主由作者本意無定準也頌者述盛德之容王美之名因此後有借其美名因以指所頌者驕頌僖公是也止頌德政之容無復告神之事以位在諸侯不敢輒作雖非告神又非風體故曰季孫行父請命於周而史克作是頌也然魯頌之文尤類小雅比於商頌體制又異明三頌之名雖同其體各別也此周頌所頌之事多在成王即位之前今檢其作之早晚前後亦參差不同案賚序云大封於廟也箋云大封武王伐紂時封諸臣有功者宣十二年左傳昔武王克商而作頌載戢干戈載橐弓矢又作武其三曰鋪時繹思我徂惟求定其六曰綏萬邦屢豐年其文在時遣與般敘武賚桓也而桓說武王伐紂之事時邁與般序言巡守案康王之誥云王若曰庶邦侯甸男衛注云獨舉侯甸男衛四服者周公居攝六年制禮班度量至此積三十年再巡守餘六年侯甸男要服正朝要服國遠既事遣之衛服前冬來以王有疾留之如鄭此言以攝政六年而六服咸在以爲年端則成王卽位後十年乃巡守是爲攝政至成王之初無巡守也明時邁與般武王時也此四篇皆武王時事也閔予小子訪落敬之三篇序云嗣王經稱小子是成王除喪嗣位未改喪中之稱攝政之前事也有客微子來見祖廟箋云成王既黜殷命殺武庚命微子代殷後既受命來朝而見命尚書敘微子之命在誅管蔡之前則微子來見攝政二年之事也凡此八篇事皆在太平之前也雖禘太祖以魯禮言之武王以成王年十歲十二月崩則成王年十三祫於武王之廟年十四禘於羣廟乃年十七攝政三年而祫至五年而禘雖於周禮微而歌之則事在攝政六年之前而攝政五年及成王十四時俱有禘檢其篇中二者無以可明而雖箋云得天下之攝心似五年之事也維天之命太平告文王箋云告太平者居攝五年之末則亦五年之事也明堂位曰昔周公朝諸侯於明堂之位謂在洛邑也孝經曰昔者周公郊祀后稷以配天宗祀文王於明堂以配上帝然則朝諸侯郊祀皆攝政六年所爲而清廟周公既成洛邑朝諸侯率以祀文王焉我將祀文王於明堂思文后稷配天皆六年時事也昊天有成命郊祀天地不指年月而郊祀周公所定思文頌所配之人昊天有成命言感生之帝祈及後世以事相況蓋與思文同時也振鷺二王之後來助祭箋云二王夏殷也其後杞也宋也微子攝政二年始爲殷後獨來見於祖廟杞本先封不當與宋俱

至今二王之後並來助祭則在有客之後也杞宋異服不應並朝蓋亦周公朝諸侯於明堂之時與天下俱至則振鷺亦六年也或者杞宋一國亦得云二王之後如是則其時不可知也酌告成大武亦六年之事故箋云其始成告之而已是也既告當作之以觀其和否有譬始作樂而合於太祖云始作明既告之後合而觀之卽告也合各有禮於廟以樂初成所以合而作之故曰既備乃奏肅雝和鳴亦爲六年時事也朝明堂之時諸侯及二王之後皆未去故云我客戾止永觀厥成以此考之事相符合也周公攝政六年制禮作樂則大武之樂當奏之矣而酌箋云歸政成王乃後祭於宗廟而奏之者以周公之作禮樂主爲成工故據成王而言之不言攝政之時已奏大武則武詩之作其時未可明也載見箋云諸侯始見君王謂見成王也小毖曰予其懲而箋云我其創艾於往時矣皆成王卽位之初也烈文成王卽政檢成王除武王之喪周公未攝之時與周公致政之後二者皆爲卽政若除喪之時事宜與閔予同時而閔予三篇與羣臣謀事稱未堪家多難有求賢自退之志今烈文之篇申勑諸侯卿士以賞罰爲己任亦宜爲歸政之後成王卽位之初也故服虔注左傳亦云烈文成王初卽洛邑諸侯助祭之樂歌是也其維清敍皆得爲武王之事但敍云奏者容周公成王時所奏述其事而爲頌故不可必定也噫嘻曰既昭假爾臣工曰訖用康年豐年曰多黍多稌載芟曰萬億及秭良耜曰其崇如墉潛曰潛有多魚言豐年物多以告神明是論太平後事但不知攝政三年之後定指何年耳天作祀先王先公事與天保于公先王文同以禴祠烝嘗類之是爲時祭執競祀武王說武王生時之功絲衣繹賓尸說繹祭得禮之宜推檢無以知其早晚以祭乃繹是告神之作亦宜其太平之年事也所檢止知其事之早晚而作者當時不必皆爲有事而作先後有事後而先作者不可以事定其作之時也此云頌聲乃作則頌自民之歌諸而外傳引思文時遭皆言周文公之頌所以周公之時還得自頌者以周公攝政歸功成王歌其先人之功事由不涉於已故得自爲風雅此篇既有義理頌亦當有也武王之事不爲頌首不以事之先後必爲次矣雝作於制禮之前而在烈文清廟之後又不以作之先後爲次矣禮記每云升歌清廟然則祭宗廟又盛歌文王之德莫重於清廟故爲周頌之首文王受命爲王者之端武王卽因其業且俱爲聖人令父先於子故頌以文王爲首其事盛者在先所以先清廟也次以維天之命者言文王德與天同溢於後世周公收其道以制法告其廟以太平制之次也文王既道可爲法政致清明故武王象其伐事以制歌樂故又次維清也道既可法諸侯當法而行之故次烈文也道爲諸侯所法可以祭祀先祖故次天作也人本於祖推以配天既祀於廟又當郊天柴望故次昊天有成命我將時邁也雖告祭之歌說武王能持彊道爲神降福故次執競也武王之持強道致牟麥之瑞由后稷之功故次思文也由稷以致牟麥牟麥爲豐年之祥故次臣工也年之所康者因祈穀而致福故次噫嘻也以祈穀大事必有助祭故次振鷺也助祭得禮以致年豐當以報祭故次豐年也既獲年豐天下和樂故合諸樂奏而聽之故次有瞽也既和樂年豐萬物得所信及潛逃故次潛也既樂作魚多可以告神祭祖故次雝也說諸侯助祭之事而諸侯之來朝有祀故次載見也既朝祭得祀則主所愛敬故次有客也以諸侯之來見奏樂以示之使知一代之功德故次武也武武王之大事周之最盛者也但周推文德以先文王則武王爲子道故武詩不在周頌之初故禮記每云升歌清廟下管象象謂武也子道而在堂下示上下之義武詩主歌武王之功而未致太平王崩子幼朝廟謀事羣臣進戒故

次閔予小子訪樂敬之也先朝廟而後諸謀君訪問而臣進戒事之次也臣既進謀君又求助故次小毖也既謀事求助致敬民神春祈秋報故次載芟良耜也社稷雖國之貴神卑於郊宗告祭故次時邁之後以所歌皆民事非先王之盛德故也既年豐民安所以祭祀祭則有明日之繹以致胡考故次絲衣也天下所以年豐壽考本以文王得用師之道武王克定厥家封功臣陟四岳祀河海故次酌桓賚般以爲和樂之終焉周頌告太平之歌所論多告神之事篇多而事相類所次意不似風雅觀其大歸清廟之什陳文武盛德郊宗柴望配祀之大者臣工之什言助祭祈報合樂朝見事劣於清廟閔予之什傷家道之未成創往時之禍難又陳繹告之末祭類禡之小祀比臣工又差劣焉大率周頌之次雖其中有曲而變要以盛者爲先般與時邁同爲巡守般非告祭之文無明昭震疊之威故同時而不次也且社稷以祈報此篇嗣王祿事義相類郊宗由大祀類聚繹禡爲未祭羣分觀此則次有義矣可以禴論難以精悉也禮運曰政也者君之所以藏身也○正義曰以頌者告神之歌由於政平神悅所致故說政從神下歌以報神所以爲頌之意引禮記以證之言藏身者鄭云藏謂輝光於外而形體不見若日月星辰之神言日月星神有光輝形藏於中而不可見猶人君施政教身藏於中而不可害猶日月星辰然○是故夫政必本於天殺以降命○正義曰既言藏身由政又本政所由出言是故乘上文爲勢也以天爲神之尊者故先之本之者卽殺以降命也殺之言效鄭云效天之氣以下教令天有運移之期陰陽之節也若賞以春夏刑以秋冬皆效天也○命降於社之謂殺地○正義曰鄭云謂教令由社下者也社者土地之主土會之法有五地之物生此則教令本下於社是謂效地之宜以下者也教令由社而云效地者以社五土之摠神爲土地圭也大司徒職曰以土會之法辨五地之物生一曰山林宜阜物二曰川澤宜膏物三曰丘陵宜核物四曰墳衍宜莢物五曰原隰宜叢物是地有山川高下物生各有所宜人君當效之亦順合所宜而任之山者不使居川諸者不使居中原之類所效亦多矣以上文因政者君之所以藏身卽云政必本於天既云本天遂從天向下而言故云殺以降命則云降命者自人君降之於民也故鄭云效天之氣以下教令是君下之於民也社廟以下因前文亦政之所本據今教令本之由於社廟則所云降者皆從社廟降於人君也故鄭云教令由社下者由社廟下於人君也隨文勢而互言之皆神降於人君君又降之於民也降於祖廟之謂仁義○正義曰鄭云謂教令由祖下者大傳曰自禰率而上之至於祖遠者輕仁也自祖率而下之至於禰高者重義也是祖廟有仁義降於人君人君法之下於民○降於山川之謂興作○正義曰鄭云謂教令由山川下者山川有草木禽獸可作器物供國事也言山川有材用可以與作器物有此法以降人君人君所效降與作之教令於民也○降於五祀之謂制度○正義曰鄭云謂教令由五祀下者五祀有中霤門戶竈行之神中霤謂室也室及門戶竈行人之動作所由爲皆有制度是五祀有制度以降人君人君所以下於民爲之制度也上棟下宇起自黃帝有室則有門戶矣行是道塗所由竈有爨烹之用則五祀乃人之所爲而云降制度於人君者以五祀雖人所爲要理自當有聖人有以見天下之賾而創爲之既爲其器卽立其神神有制度故可法象猶社祀勾龍廟祭先祖亦人立之而效之降命與此同○又曰祭帝於郊所以定天位祀社於國所以列地利祖廟所以本仁山川所以儐鬼神五祀所以本事○正義曰以上教令皆降於郊社祖廟山川五祀而此又祭之見其爲取法象焉故云所以本仁所以本事也祭

帝於郊謂祭感生之帝容五帝之兆也天之法象多不可指其所本因其天象在土而祭有處所故云定天位也祀社土地之主土地生物人所利用祭之而見有此利於民故云列地利也物雖資天所生其見在地所以將地言之地之爲利也博故言其利不言所本也自祖廟以下不言祭蒙上祭文祖廟有仁有義其仁可以總之五祀本爲制度而制度與舉卽是事也故云本事山川亦有所本因山川爲神不明故云儐鬼神言賓敬山川鬼神而祭之與本仁本事互見敬鬼神而本之○又曰祀行於郊而百神受職焉祀行於社而百貨可極焉祀行於祖廟而孝慈服焉祀行於五祀而正法則焉○正義曰上既言祭羣臣此言祭得所之驗也故鄭云信得其祀則神物與人皆應之百神列宿也百貨金玉之屬如此爲聖王既法象羣神人君誠心事之祀行於神則百神應而受職百貨出而可盡人服於孝慈俗正其法則矣知百神爲列宿者以繫天言之爲天之諸神分宿所主各守所職使不僭濫寒暑節風雨時令萬物茂百穀成也百貨金玉者舉金王言之祭地得所地不愛寶山出器車地生醴泉銀甕丹甑金玉百貨可盡爲人用焉又祖廟得所則民化上知孝於禰禰慈愛子孫而服於君之政教矣五祀得所則制度可法是正法則矣不言山川者上既言儐鬼神則已爲禮行矣故著之○故自郊社祖廟山川五祀義之脩禮之藏也○正義曰以此五者聖王教令所法象祭而事之則神得而事治義理由此以脩飾禮法從之而出見是義與於此禮藏其中故鄭云脩猶飾也藏若其城郭然此言聖王之政法象天地羣神之爲而爲之政政成而神得其所神得其所則事順人和而德洽於神舉矣功大如此可不美報予故人君必絜其牛羊聲其黍稷齊明而薦之歌之舞之所以顯神明昭至德也○正義曰案今周頌郊社祖廟山川之祭自以歲時之常非焉太平而報而鄭云功大如此可不美報者人君是羣神之主故曰有天下者祭百神其祭不待於太平也但太平之時人民和樂謳歌吟詠而作頌者皆人君德政之所致也以人君法神以行政歸功於羣神明太平有所由是故因人君祭其羣神則詩人頌其功德故謂太平之祭爲報功也時邁般桓之祭於時雖未太平以其太平乃歌亦爲報也歌之舞之謂祭神之後詩人歌之非謂當祭之時卽歌舞也故清廟經曰肅雝顯相濟濟多士駿奔在廟皆是既祭之後述祭時之事明非祭時卽歌也但既作之後常用之故書傳說清廟云周公升歌文王之功烈德澤尊在廟中嘗見文王者愀然如復見文王是作後每祭嘗歌之也頌之作也主爲顯神明多由祭祀而爲故頌敍稱祀告澤及朝廟於廟之事亦多矣唯敬之小毖不言廟祀而承謀廟之下亦當於廟進戒廟中求助者然頌雖告神爲主但天下太平歌頌君德亦有非祭祀者臣工有客烈文振鷺及閔予小子小毖之等皆不論神明之事是頌禮不一要是和樂之歌而已不必皆是顯神明也今頌昊天有成命我將思文噫嘻載芟良耜及桓是郊社之歌也其清廟維天之命維清天作執競雝武酌賚之等爲祖廟之祭也其烈文臣工振鷺豐年潛有瞽載見有客閔予小子訪落絲衣之等雖有祖廟之事其頌德又與上異也時邁與般有望祭河岳之事是山川之祭也唯五祀之祭頌無其歌耳頌爲四始之主歌其盛德者也五祀爲制度常事非其盛故無之羣神之中亦有圜丘之天神方澤之地祇五方之帝六宗之祀今頌皆無者以其頌者感今德澤上述祖父郊以祖配故其言及之至於圜丘方澤所配非周之祖不可歌之以美周德五方之帝與六宗同於天神所配之人不異於思文與我將詩人不爲之頌所以今皆無也毛氏之義傳訓不具王肅準擬毛之傳而爲之說則周公攝政成王之事年毛意

或如王肅言也維天之命傳曰成王能厚行之爲成王卽政之後事也成王年十四周公攝政爲元年攝政三年春朝廟閔予小子之篇是也有客亦周公東征三年之後來而始封宜攝政四年之事以王來自奄非攝政時與鄭異不可約之爲三年中也三年除喪明年禘於羣廟則雖爲四年事其餘則錯互不可盡檢或與鄭同

清廟。祀文王也。周公既成洛邑。朝諸侯。率以祀文王焉。

清廟者祭有清明之德者之宮也謂祭文王也天德清明文王象焉故祭之而歌此詩也廟之言貌也死者精神不可得而見但以生時之居立宮室象貌爲之耳成洛邑居攝五年時○廟本又作庿古今字也苗笑反杜預云齋然清淨之稱也雒音洛本亦作洛水名字從水後漢都洛陽以火德爲水剋火故改爲各傍佳朝直遙反【疏】清廟八句至王焉○正義曰清廟詩者祀文王之樂歌也序又申說祀之時節周公攝王之政營邑於洛旣已成此洛邑於是大朝諸侯旣受其朝又率之而至於清廟以祀此文王焉以其祀之得禮詩人歌詠其事而作此清廟之詩後乃用之於樂以爲常歌也周禮四時之祭其祭者春曰祀因春是四時之首故以祀爲通名楚茨經云烝嘗序稱祭祀是秋冬之祭亦以祀目之此祀文王自當在春餘序之稱祀不必皆春祀也以王制之法及鄭志所云殷禮春祠夏禘四時皆無祀名而商頌之序亦稱祀者子夏生於周世因以周法言之那與烈祖皆云烝嘗而序稱爲祀是祀爲通名也案洛誥經序營洛邑者乃是召公所爲而云周公既成洛邑者以周公攝行王事君統臣功故以周公爲主既成洛邑在居攝五年其朝諸侯則在六年明堂位所云周公踐天子之位以治天下六年朝諸侯於明堂卽此時也成洛邑後年始朝諸侯而此繫之成洛邑者以洛邑既成之後朝事莫此之先故繫之也此朝諸侯在明堂之上於時之位五等四夷莫不咸在言率之以祀文王則朝者悉皆助祭序雖文王諸侯其賓亦有四夷但四夷世乃一見助祭非常故略而不言之耳諸侯之朝當依服數而至明堂之位得夷夏非在者以其禮樂初成將頒度量故特使俱至異於常朝也顧命諸侯見王之禮名公率西方諸侯畢公率東方諸侯則率諸侯者皆二伯爲之此言率者謂周公使二伯率之以從周公祀文王也文王之廟雖四時常祀而禮特異於常諸侯皆在祭事最盛詩人述此祭而爲此詩故序備言其事此經所陳皆是祀文王之事其言成洛邑朝諸侯自明祀之時節於經無所當也○箋清廟至年時○正義曰此解文王神之所居稱爲清廟之意以其所祭乃祭有清明之德者之宮故謂之清廟也此所祭者止祭文王之神所以有清廟之德者天德清明文王象焉以文王能象天清明故謂其廟爲清廟樂記曰是故清明象天是天德清明也孔子閒居曰清明在躬注云謂聖人之德亦清明也易稱聖人與天地合其德是文王能象天也賈逵左傳注云肅然清靜謂之清廟鄭不然者以書傳說清廟之義云於穆清廟周公升歌文王之功烈德澤尊在廟中嘗見文王者愀然如復見文王說清廟而言功德則清是功德之名非清靜之義也廟者人所不居雖非文王孰不清靜何獨文王之廟顯清靜之名以此故不從賈氏之說也言祭之而歌此詩者謂公之時詩人述之而作此清廟之詩墓門云歌以訊之箋云歌謂作此詩是也既作之後其祭皆升堂歌之以爲常尚故禮記每云升歌清廟是其事也立宮室象貌而爲之者言死者之宗廟象生時之宮室容貌故冬官匠人所論宗廟及路寢皆制如明堂是死之宗廟猶生之路寢故云象貌爲之由此而言自天子至於卿士得立廟者其制皆如生居之宮室矣案鄭志說顧命成王崩於鎬因先王之宮故有左右房爲諸侯制也是文武之世路寢未如明堂樂記注云文王之廟爲明堂制則文王之廟不類生宮而云象貌爲之者文王以紂尚在武王初定天下其宮室制度未暇爲天子制耳若爲天子之制其寢必與廟同亦是象王生宮也若無祭法注云宗廟者先祖之尊貌也孝經注云宗尊也廟貌也覩雖亡沒事之若生立宮室四時祭之若見鬼神之容貌如此二注象先祖身形貌者以廟類生人之室則想見其容故彼注通言其意耳作廟者爲室不爲形必不得象先祖之面貌矣知成洛邑攝五年時者書序云成王在豐欲宅洛邑使召公先相宅作召誥召公旣相宅周公往營成周使來告卜作洛誥如是則作洛邑與成周同年營之矣書傳說周公攝政五年營成周故知洛邑亦以五年成之也言此者以成洛邑在五年則朝諸侯在六年明此朝諸侯與明堂位所朝爲一事也

於穆清廟。肅雝顯相。

於歎辭也穆美肅敬雝和相助也箋云顯光也見也於乎美哉周公之祭清廟也其禮儀敬且和又諸侯有光明著見之德者來助祭○於音烏注同後發句皆放此以意求之相息亮反注同見賢遍反下著見同【疏】於穆清廟○毛以爲於乎美哉周公之祭清廟也其祭之禮義既內敬於心且外和於色又諸侯有明著之德來助祭也其祭之時又有濟濟然美容儀之衆士亦來助祭於此衆士等皆能執持文王之德無所失墜文王精神已在於天此衆士之行皆能配於在天言其行同文王與之相合也此明著諸侯與威儀衆士長奔走而來在文王之廟後世常然供承不絕則文王之德豈不顯於天豈不承於人所以得然者以文王之德爲人所樂無見厭倦於人斯由人樂之不厭故皆奔走承之○鄭唯以駿奔走二句爲異言諸侯之與多士大奔走而來在文王之廟豈不光明文王之德與言其光明之豈不承順文王之意與言其承順之餘同○傳於歎至相助○正義曰於乎於戲皆古之鳴呼之字故爲歎辭穆美釋詁文書傳云穆者敬之言穆爲敬之美也樂記引詩云肅雝和鳴夫肅肅敬也雍雍和也夫敬與和何事而不行是肅爲敬雍爲和也釋詁云相助勵也俱訓爲勵是相得爲助○箋顯光至助祭○正義曰顯光釋詁文定本集注皆云顯光也見也於義爲是以此祀文王之歌美其祀不美其廟故云周公之祭清廟也其禮儀敬且和者謂周公祭祀能敬和也以肅雝承清廟之下宜爲祭祀之事而顯相之文又在其下明是相者肅雝故屬於周公雖顯相爲諸侯耳知顯相是諸侯者序言朝諸侯率以祀文王於此經當有諸侯之事而下文別言多士多士非諸侯則顯相是諸侯可知於諸侯言相名多士亦爲相矣此箋以肅雝屬周公而書傳云肅雝顯相注云四海敬和明德來助祭以敬和爲諸侯著義得兩通也

濟濟多士。秉文之德。對越在天。

執文德之人也箋云對配越於也濟濟之衆士皆執行文王之德文王精神已在天矣猶配順其素如生存【疏】傳執文德之人○正義曰經云秉文之德謂多士執文王之德故傳申其意言此多士皆是執文德之人也亦與鄭同○箋對配至生存○正義曰釋詁云妃合會對也是對爲配之義越於釋詁文濟濟之衆士謂朝廷之臣也執行文王之德謂被文王之化執而行之不使失墜也言在天則是有物在天而非天此祀文王之事故知在天謂文王精神已在天也文王在天而云多士能配者正謂順其素先之行如其生存之時焉文王與有是德多士今猶行之是與之相配也序言朝諸侯率以祀文王止率諸侯耳多士亦助祭序不言率之者王朝之臣助祭爲常非所當率故不須言也以朝廷之臣親受文王之化故言秉文之德則外臣疏遠言其自有光明亦所以互相通也

駿奔走在廟。不顯不承。無射於人斯。

駿長也顯於天矣見承於人矣不見厭於人矣箋云駿大也諸侯與衆士於周公祭文王俱奔走而來在廟中助祭是不光明文王之德與言其光明之也是不承順文王志意與言其承順之也此文王之德人無厭之○駿音峻下篇同射音亦厭也見厭於豔反下同與音餘下同【疏】傳駿長至於人矣○正義曰駿長釋詁文言長者此奔走在廟非唯一時之事乃百世長然故言長也以文王精神已在於天光顯文王是顯於天也此奔走助祭是承事文王故見承於人也不見厭於人者由文王德美不爲人厭所以諸侯多士奔走助之結上助祭之意也見承於人上或有不字衍字與不見厭相涉爲誤定本集注並無不字○箋駿大至厭之○正義曰駿大釋詁文也以詩人所歌據其見事非是遥探上世不宜以駿爲長此承諸侯多士之下總言奔走則文報上事故云諸侯與衆士於周公祭文王俱奔走而來在廟中助祭以其俱來故訓駿爲大大者多而疾來之意禮記大傳亦云駿奔走注駿疾也疾奔走言勸事也其意與此相接成也又以上言在天者見文王其身雖死其道猶存既言人能配天行故指在天爲義此言奔走在廟主述祭時之事無取於在天故以爲光明文王之德承順文王之意光明文王之德雖亦得爲顯之於天但於文勢直言人所略見不當遠指上天故易傳也此文王之德人無厭之卽是不見厭於人與傳同也

清廟一章八句

維天之命。大平告文王也。

告大平者居攝五年之末也文王受命不卒而崩今天下大平故承其意而告之明六年制禮作樂○維韓詩云維念也大音泰後大平皆放此【疏】維天之命八句○正義曰維天之命詩者大平告文王之樂歌也以文王受命造立周邦未及大平而崩不得制禮作樂今周公攝政繼父之業致得大平將欲作樂制禮其所制作皆是文王之意故以大平之時告於文王謂設祭以告文王之廟言今已大平已將制作詩人述其事而爲此歌焉經陳文王德有餘衍周公收以制禮順文王之意使後世行之是所告之事也○箋告大平至作樂○正義曰樂記云王者功成作樂治定制禮功成治定卽大平之事此經所云我其收之駿惠我文王是制作之意明其將欲制作有此告耳制禮作樂在六年之初故知此告大平五年之末也又解所以必告文王者文王受命不卒而崩卒者終也聖人之受天命必致天下大平制作一代大法乃可謂之終耳文王未終此事而身已崩是其心有遺恨今既天下大平成就文王之志故承其素意而告之冀使文王知之不復懷恨故也文王之不作禮樂者非謂智謀不能制作正以時未大平故不爲耳今於五年之末以大平告之明己欲以六年成就之言六年者爲制作成就之時其始草創當先於此矣明堂位云六年制禮作樂頒度量而天下大服明是制作已就故度量可頒其禮亦應頒之未卽施用洛誥說七年時事周公猶戒成王使舉稱殷禮祀于新邑則是成王卽政始用周禮也武王亦不卒而崩惟告文王者當時亦應並告但以文王是創基之主紂尚未滅遺恨爲深周公之作周禮稱爲文王之意故作者主於文王辭不及武王序亦順經之意指言告文王焉

維天之命。於穆不已。

孟仲子曰大哉天命之無極而美周之禮也箋云命猶道也天之道於乎美哉動而不止行而不已【疏】維天之命○毛以爲言繼

此天所爲之教命於乎美哉動行而不已言天道轉運無極止時也天德之美如此而文王能當於天心又歎文王於乎豈不顯乎此文王之德之大言文王美德之大實光顯也文王德既顯大而亦行之不已與天同功又以此嘉美之道以戒愼我子孫言欲使子孫謹愼行其道文王意既如此我周公其當歛聚之以制典法大順我文王之本意作之若成當使曾孫成王厚行之以爲天下之法周公以此意告文王故作者述而歌之○鄭以純爲純美諡爲盈曾孫適謂後世之王唯此爲異其大意則同○傳孟仲至之禮○正義曰文當如此孟子云齊王以孟子辭病使人問醫來孟仲子對趙岐云孟仲子孟子從昆弟學於孟子者也譜云孟仲子者子思弟子蓋與孟軻共事子思後學於孟軻著書論詩毛氏取以爲說言此詩之意稱天命以述制禮之事者歎大哉天命之無極而嘉美周世之禮也美天道行而不已是歎大天命之極文王能順天而行周禮順文王之意是周之禮法效天爲之故此言文王是美周之禮也定本作美周之禮或作周公之禮者誤也譜云子思論詩於穆不已仲子曰於穆不似此傳雖引仲子之言而文無不似之義蓋取其所說而不從其讀故王肅述毛亦爲不已與鄭同也○箋命猶至不已○正義曰天之教命卽是天道故云命猶道也中庸引此詩乃云蓋曰天之所以爲天也是不已爲天之事故云動而不已行而不止易繫辭云日往則月來暑往則寒來乾卦象曰天行健君子以自強不息是天道不已止之事也

於乎不顯。文王之德之純。假以溢我。我其收之。駿惠我文王。純大假嘉溢愼收聚也箋云純亦不已也溢盈溢之言也於乎不光明與文王之施德教之無倦已美其與天同功也以嘉美之道饒衍與我我其聚歛之以制法度以大順我文王之意謂爲周禮六官之職也書曰考朕昭子刑乃單文祖德○假音暇溢音逸徐云毛音謐愼市震反本或作順案爾雅云毖神溢愼也不作順字王肅及崔申毛並作順解也明與音餘單音丹

曾孫篤之。成王能厚行之也箋云曾猶重也自孫之子而下事先祖皆稱曾孫是言曾孫欲使後王皆厚行之非維今也○厚之也一本作能厚行之也今或作能厚成之也重直龍反

〔疏〕傳純大至收聚○正義曰純大假嘉溢愼皆釋詁文舍人曰溢行之愼某氏曰詩云假以溢我愼也收者歛聚之義故爲聚也○箋純亦至祖德○正義曰中庸引此云於乎不顯文王之德之純蓋曰文王之所以爲文也純亦不已指說此文故箋依用之箋意言純亦不已則不訓爲大當謂德之純美無缺而行之不止息也孝經云滿而不溢是溢爲盈溢之言也易傳者以下句卽云我其收之溢是流散收爲收聚上下相成於理爲密故易之也文王既行不倦已與天同功是其道有饒衍至於滿溢故言以嘉美之道饒衍與我我其聚歛之以制法度謂收聚文王流散之德以制之也其實周公自是聖人作法出於己意但以歸功文王故言收文王之德而爲之耳文王本意欲得制作但以時未可爲是意有所恨今既太平作之是大順我文王之本意也欲指言所作以曉人故言謂爲周禮六官之職卽今之周禮是也禮經三百威儀三千皆是周公所作以儀禮威儀行事禮之末節樂又崩亡無可指據以周禮統之於心是禮之根本故舉以言焉引書曰者洛誥文也書之意言周公告成王云今所承我明子成王所用六典之法者乃盡是配文祖明堂之人文王之德我制之以授子是用文王之德制作之事故引以證此彼注云成我所用明子之法度者乃盡明堂之德明堂者祀五帝太皡之屬爲用其法度也周公制禮六典就其法度而損益用之如彼注直以文祖爲明堂不爲文王者彼上文注云文祖者周曰明堂以稱文王是文王德稱文祖也彼法更自觀經爲說與此引意不同義得兩通故也○傳成王能厚行之○正義曰傳以周公制禮成王行之乃是爲成王而作故以信南山經序準之以曾孫爲成王也厚行之者用意專而隆厚卽假樂所云不愆不忘率由舊章是也○箋曾猶至維今○正義曰箋以告之時禮猶未成不宜偏指一人使之施用一代法當通之後王故知曾孫之王非獨成王也曾猶重也孫之子爲曾孫也孫是其正稱自曾孫已下皆得稱孫哀二年左傳云曾孫蒯聵敢告皇祖文王烈祖康叔是雖歷多世亦稱曾孫也小雅曾孫唯斥成王文各有施不得同也

維天之命一章八句

維清。奏象舞也。象舞象用兵時刺伐之舞武王制焉○刺七亦反

〔疏〕維清五句○正義曰維清詩者奏象舞之歌樂也謂文王時有擊刺之法武王作樂象而爲舞號其樂曰象舞至周公成王之時用而奏之於廟詩人以今大平由彼五伐觀其奏而思其本故述之而爲此歌焉時邁般桓之等皆武王時事成王之世乃頌之此象舞武王所制以爲成王之時奏之成王之時頌之理亦可矣但武王既制此樂其法遂傳於後春秋之世季札見觀樂見舞象是於成王之世猶尚奏之可知頌必大平乃爲明是觀之而作又此詩所述述其作樂所象不言初成新奏以此知奏在成王之世作者見而歌之也經言文王之法可用以成功是制象舞之意○箋象舞至制焉○正義曰此詩經言文王序稱象舞則此樂象文王之事以象武爲名故解其名此之意牧誓曰今日之事不愆于六伐七伐乃止齊焉注云一擊一刺曰一伐是用兵之時有刺有伐此樂象於用兵之時刺伐之事而爲之舞故謂之象武也知者以其言象則是有所法象樂記說文武之樂象武王之伐明此象武象文王之伐知武王制焉者以爲人子者貴其成父之事文王既有大功武王無容不述中庸曰武王周公其達孝矣乎孝者善繼人之志善述人之事明武王有所述矣於周公之時已象伐紂之功作大武之樂不言復象文王之伐制爲別樂故知象舞武王制焉武王未及太平而作此樂一代大典須待大平此象文王之功非爲易代大法故雖未制禮亦得爲之周公大作故別爲武樂耳春官大司樂六代之樂唯舞大武以享先祖此象舞不列於六樂蓋大合諸樂乃爲此舞或祈告所用周禮無之襄二十九年魯爲季札舞之明其有用明矣案彼傳云見舞象箾南籥者服虔曰象文王之樂舞象也箾舞曲名言天下樂削去無道杜預曰箾舞者所執南籥以籥也其言箾爲所執未審何器以箾爲舞曲不知所出要知箾與南籥必是此樂所有也傳直云舞象象下更無舞字則此樂名象而已以其象事爲舞故此文稱象象舞也象舞之樂象文王之事其大武之樂象武王之事二者俱是爲象但序者於此云奏象舞於武之篇不可復言奏象故指其樂名言奏大武耳其實大武之樂亦爲象也故禮記文王世子明堂位祭統皆云升歌清廟下管象象與清廟相對卽俱是詩篇故明堂位注云象謂周頌武也謂武詩爲象明大武之樂亦爲象矣但記文於管之下別云舞大武謂武詩則籥管以吹之武樂則干戚以舞之所以並設其文故鄭并武解其意於文王世子注云象周武王伐紂之樂也以管播其聲又爲之舞於祭統注云管象吹管而舞武象之樂也皆武詩武樂並解之也必知彼象非此篇者以彼三文皆云升歌清廟下管象若是此篇則與清廟俱是文王之事不容一升一下今清廟則升歌象則下管明有父子尊卑之異文王世子於升歌下管之後覆述其意云正君臣之位貴賤之等而上下之義行焉言君臣上下之義明象非文王之事故知下管象者謂武詩但序者避此象名不言象耳

維清緝熙。文王之典。典法也箋云緝熙光明也天下之所以無敗亂之政而清明者乃文王有征伐之法故也文王受命七年五伐也○緝七入反熙許其反

〔疏〕維清緝熙○正義曰詩人既觀太平見象舞乃述其所象之事而歸功於文王言今日所以維皆清靜光明無敗亂之政者乃由在前文王有征伐之法故也其伐早晚爲之乃本受命始爲禋祀昊天之時以行此法而伐紂之枝黨言其祭天乃伐其法重而可遵故至今武王用之伐紂而有成功致得天下清明是此征伐之法維爲周家得天下之吉祥矣故武王述其事而制此舞詩人見其奏而歌之焉此維清緝熙是當時之事作者先言時事然後上本文王又據文王說之而下故其言不次○傳典法○正義曰釋詁云典法常也俱訓爲常故典得爲法○箋緝熙至五伐○正義曰釋詁緝熙皆爲光也但光亦明也故連言之無敗亂之政而清明者雖伐紂之後亦得爲此言要大爲清明必是太平之世此當是周公成王之時見其清明乃上本文王也文王七年五伐卽尚書傳所云二年伐邗三年伐密須四年伐犬夷五年伐耆六年伐崇是也

肇禋。肇始禋祀也箋云文王受命始祭天而枝伐也周禮以禋祀祀昊天上帝○肇音兆禋音因徐又音烟

〔疏〕傳肇始禋祀○正義曰肇始釋詁文又云禋祀祭也是禋祭爲祀○箋文王至上帝○正義曰禋者祭天之名故云文王受命始祭天而枝伐中候我應云枝伐弱勢注云先伐紂之枝黨以弱其勢若崇侯之屬是枝之文也文王祭天必在受命之後未知以何年初祭皇矣說伐崇之事云是類是禡類卽祭天也伐崇之後乃稱王應伐崇之時始祭天耳五伐容有未祭天而已伐者但所伐唯崇爲強言祭天而伐據崇爲說也我應云玄湯伐亂崇孽首王曰於戲斯在伐崇謝告注云斯此也天命此在伐崇侯虎謝百姓且告天是祭天而伐主爲崇也引周禮者大宗伯文引之以證禋爲祭天也文王之時禘郊未備所祭不過感生之帝而已引昊天上帝者取禋祀之成文彼又云祀五帝亦如之雖祭感生帝亦用禋也

迄用有成。維周之禎。迄至禎祥也箋云文王造此征伐之法至今用之而有成功謂伐紂克勝也征伐之法乃周家得天下之吉祥○迄許乞反祺音其爾雅云同徐云本又作禎音貞與崔本同

〔疏〕傳迄至禎祥○正義曰迄至釋詁文祺祥釋言文舍人曰祺福之祥ム氏曰詩云維周之祺定本集注祺字作禎○箋文王至吉祥○正義曰此詩之作在周公成王之時以文王爲古故謂武王爲今自是辭相對耳非言作詩之時爲武王也祥者是徵兆之先見者也文王始造伐法武王用以成功是文王之法爲伐紂徵兆故爲周家得天下之吉祥

維清一章五句

烈文。成王卽政。諸侯助祭也。新王卽政必以朝享之禮祭於祖考告嗣位也○朝直遙反

〔疏〕烈文十三句○正義曰烈文詩者成王卽政諸侯助祭之樂歌也謂周公居攝七年致政成王成王乃以明年歲首卽此爲君之政於是用朝享之禮祭於祖者有諸侯助王之祭既祭因而戒之詩人述其戒辭而爲此歌焉經之所陳皆戒辭也武王崩之明年周公歸政明年俱得爲成王卽政但此篇勅戒諸侯用賞不以爲已

任，非復喪中之辭，故知是致政之後年之事也。臣工序云遣於廟，此不言遣者，彼勑之使在國有事來咨於王，又令及時教民農業，是將遣而戒，故言遣以戒之。此則戒以爲君之法，其辭不爲將遣，故不言遣。箋意於經亦有卿士，序不言者，以諸侯爲重，故舉諸侯以總之。○箋「新王」至「嗣位」。○正義曰：解即政所以有祭，得爲諸侯所助之意。以新王即政，必以朝享之禮祭於祖考廟，告已今繼嗣其位，有此祭，故諸侯助之也。必知用朝享之禮者，以此告事而已，不得用時祭之禮。而周禮四時之閒祀有追享、朝享者，追享者追祭遷廟之主，以事有所禱請，非即政所當用；朝享者朝廟受政，而因祭先祖，以月朔爲之。即春秋文六年閏月不告朔，猶朝於廟。祭法天子親廟與太祖皆月祭之，是其事也。人君即政，必以月正元日，此日於法自當行朝享之禮，故知成王即政用此禮以祭，而有諸侯助之也。新王即政以歲首朔日，則是周正月矣。臣工箋：周之季春，於夏爲孟春，諸侯之朝在周之季春，此於周之孟春得有諸侯在京助王祭者，以新王即政，故特命使朝，或去冬朝者畱得歲初也。鄭於顧命之注，以居攝六年爲年端，則此年未必六服盡來，蓋近者至也。案洛誥說周公致政之事云：「烝至歲，文王騂牛一，武王騂牛一，王命作冊逸祝冊，惟告周公其後。」注云：「歲，成王元年正月朔日也。用二特牛祫祭文王武王於文王廟，使史逸讀所冊祝之書，告神以周公其宜爲後，謂封伯禽也。」彼言正月朔日，與此祭祖告嗣同日事也。此言以朝享之禮，彼言祫祭文武者，此言即政助祭，是王自祭廟告已嗣位；彼祭文武，謂告封周公。此二禮必不得同也。何則？身未受位，不可先以封人，明是二者各自設祭。當是先以朝享之禮徧祭羣廟，以告已嗣位，於祭之末，即勑戒諸侯。事訖，乃更以禮合祭文武於文王之廟，以告封周公也。必知彼與此非一祭者，此即政用朝享之禮，當各就其廟；彼封周公，唯祭文武而已，故知不同也。彼注知合祭文武於文王廟告，以彼經云「文王騂牛一，武王騂牛一」，即云「王命作冊」，是并告二神一處爲祭，卑當就尊，故知在文王廟也。此祭祖者，則偏告羣廟，而箋唯言祖考者，祖考總辭，可以兼諸廟也。

烈文辟公。錫茲祉福。惠我無疆。子孫保之。烈，光也。文王錫之。箋云：惠，愛也。光文百辟卿士及天下諸侯者，天錫之以此祉福也。又長愛之無有期竟，子孫得傳世，安而居之，謂文王武王以純德受命定天位。○辟音壁，注下皆同。祉音恥。疆，居良反。竟也。傳，直專反。【疏】烈文辟公。○毛以爲成王於祭之末，呼諸侯而戒之曰：汝等有是光明文章者，君人之辟公，我先君文王賜汝以此祉福也。言文王造始周國，此等作周藩屏，得爲諸侯之福，乃是文王賜之。文王既賜以此福，又愛我此等諸侯，無有竟已之時，令其子孫得常安之。言文王終常愛之，使得傳世不絕也。既言文王如此，又說武王亦然。我武王伐紂之後，以舊國皆應削滅，而我武王觀汝舊爲君者，誠無大累於汝國，維我武王其就封立之。言武王亦愛諸侯，不復貶退也。我文王武王愛汝先人如此，汝當念此先人之大功，繼續父祖餘胄，序其美之，欲使之循行美政，以繼其先祖也。又爲之陳武王之德：無疆乎，維是得賢人。若得其賢，則國家強矣，四方有不率服者，其可訓導之。不顯乎，維是有德。若能有德，此賢人則身必顯矣，百辟有無所法者，其可師此顯德而法象之。言武王有顯德任賢人，能以訓四方、刑百辟，是武王之道至美矣。於乎，我之前王，則此武王，其道不可忘也。示之以武王之道，欲使法而行之。○鄭以爲助祭者有卿士與諸侯，公辭兼戒之。成王於祭之末，呼之曰：汝有光明文章者，百辟卿士與羣公諸侯等，上天賜我文王以此王天下之祉福，又愛我文王武王，其愛之多無有疆畔，使其子孫常得安而居之，故我今得嗣守其位，制賞罰之柄。汝諸侯等若無大罪惡累及於汝國，維我王家其必寵而益厚之，謂增其爵命，加之土地也。汝卿大夫等若能念此居官大功，勤事不廢，我則使汝繼世在位，得其次序；有殊勳異績，其出於外而居之。汝等當勤力爲善也。又教之爲善之法：汝辟公等，無疆乎，維是得賢人。若得賢人，則國家強矣，四方鄰國知汝任賢，其皆順從之。汝卿士等，不明乎，維是勤其德。若能勤德，則身明顯矣，百辟卿士知汝有德，其皆法則之。此任賢勤德之事，事之美者。於乎，我之前王文王武王能勤行此道之故，人稱誦之不忘，汝等宜法效前王，亦勤行之。○傳「烈光」至「錫之」。○正義曰：「烈，光」，釋詁文。以辟公之下即言賜福，是賜之以福，使得爲此辟公也。文王是周之創業之主，文王造此周國，此等得在周統內列爲諸侯，乃是文王之所錫，故言文王錫之。其實武王封建，亦是武王賜之矣。傳以錫茲祉福爲文王賜諸侯，則惠我無疆亦是文王愛諸侯，子孫保之謂諸侯得繼世也。其文皆無卿士，則辟公謂君人之公，非百辟卿士矣。○箋「惠愛」至「天位」。○正義曰：「惠，愛」，釋詁文也。以月令云百辟是卿士之總稱，下有「爾邦」「百辟」，與此相承，則辟當下百辟，公當下爾邦，故分辟公爲二，即辟公謂卿士及天下諸侯也。此既分辟公爲二，故下兩經亦分爲二，皆上戒諸侯，下戒百辟，與此勢相成也。又以下云「爾邦」謂諸侯爲爾，則此經云我是成王自我，非我諸侯也。故易傳以爲天賜祉福，謂賜文王武王以王天下之福也。愛之無有期竟，謂卜世三十，卜年七百，是長遠無期也。先解經文，後指其事，故云謂文王武王以純德受命定天位也。純德者，純美之德，即上篇所云「之德之純」是也。以文武俱受天命，故連言之。

無封靡于爾邦。維王其崇之。念茲戎功。繼序其皇之。封，大也。靡，累也。崇，立也。戎，大。皇，美也。箋云：崇，厚也。皇，君也。無大累於女國，謂侯治國無罪惡也。王其厚之，增其爵土也。念此大功，勤事不廢，謂卿大夫能守其職，得繼世在位，以其次序。其君之者，謂有大功，王則出而封之。○累，劣僞反，下同。【疏】傳「封大」至「皇美」。○正義曰：定四年左傳云「吳爲封豕長蛇」，封與長爲類，則封豕爲大豕，故封爲大也。靡謂侈靡，奢侈淫靡，是罪累之事，故靡爲累也。釋詁云「崇，高也」，高是立之義，故以崇爲立也。「戎，大」、「皇，美」，皆釋詁文。傳於此篇不言卿士，則此經所陳皆戒諸侯之事。上已言文王賜之，此又言維王立之，封立諸侯始至於武王，則維王立之謂武王也。既陳文武之愛諸侯，乃云念此戎功，則是戒諸侯使念父祖之大功也。諸侯各爲一國之君，不得有次序之義。釋詁云「敘，緒也」，則繼父祖之胄緒也。故王肅云：「武王得天下，因殷諸侯無大累於其國者，就立之。序，繼也。思繼續先人之大功而美之。」○箋「崇厚」至「封之」。○正義曰：以崇訓高也，高是厚義，故爲厚也。「皇，君」，釋詁文。無大累於汝國，爲王者勸誘之辭耳，其實小累亦不可也。若無罪累，則是有功。王者之於諸侯，有功則賞之，故知厚之謂增其爵土也。念此大功，勤事不廢，謂人臣守職，當念立所職之功，奉行不倦也。言大功者，爲之揔目，於大功之中又爲等級，功小者猶得繼世在位，得其次序，謂卿之子爲卿，大夫之子爲大夫，守其祿位，不失舊業也。功尤大者，則其君之，謂出封爲諸侯也。春官典命云：「王之三公八命，其卿六命，其大夫四命，其出封加一等。」是有大功者，王則出而封之。

無競維人。四方其訓之。不顯維德。百辟其刑之。於乎前王不忘。競，彊。訓，道也。前王，武王也。箋云：無疆乎，維得賢人也。得賢人則國家彊矣，故天下諸侯順其所爲也。不勤明其德乎？勤明之也。故卿大夫法其所爲也。於乎，先王文王武王，其於此道，人稱頌之不忘。○道音導。【疏】傳「競彊」至「武王」。○正義曰：「競，彊」，釋言文也。教訓者，所以導誘人，故訓爲道也。成王之前唯武王耳，故知前王武王。傳以此篇皆戒諸侯之辭，此經所言陳武王之事，使諸侯慕之也。○箋「無彊」至「不忘」。○正義曰：得賢國強，則四鄰畏威慕德，故天下諸侯順其所爲，言諸侯得賢人，則其餘諸侯順之。「不顯維德」與上「無競維人」相當，箋云「不明乎，維勤其德，勤其德則身明矣」，欲明其德，必勤行之，故箋從省文，通以爲句耳，其意亦與上同也。人雖同在寮位，有德則尊，故卿大夫能勤明其德者，其餘卿大夫則法其所爲也。文王武王勤行此道，謂行此求賢勤德之事，故人稱誦之不忘也。定本有文王武王，俗本唯有武王，誤也。

烈文一章十三句

天作，祀先王先公也。先王謂大王已下，先公諸盩至不窋。○大音泰，大王、大祖皆同。盩，直留反，又音倜。窋，陟律反。【疏】天作七句。○正義曰：天作詩者，祀先王先公之樂歌也。謂周公成王之時，祭祀先王先公，詩人以今太平，是先祖之力，故因此祭，述其事而作歌焉。祀先王先公，謂四時之祭祠礿嘗烝，但祀是總名，未知在何時也。時祭所及，唯親廟與大祖，於成王之世爲時祭，當自大王以下，上及后稷一人而已。言先公者，唯斥后稷耳。於王既捴稱先王，故亦謂后稷爲先公，令使其文相類。經之所陳，唯有先王之事，而序并言先公者，以詩人因於祭祀而作此歌，近舉王跡所起，其辭不及於后稷。序以祭時實祭后稷，故其言及之。昊天有成命經無地而序言地，般經無海而序言海，亦此類也。○箋「先王」至「不窋」。○正義曰：周公之追王，自大王以下，此序並云王公，故辯之也。諸盩至不窋，於時並爲毀廟，唯祫乃及之。此言祀者，乃是時祭，其祭不及此等先公，而箋言之者，因以先公之言，廣解先公之義，不謂時祭皆及也。時祭先公唯后稷耳，若直言先公謂后稷，嫌此等不爲先公，欲明此皆爲先公，非獨后稷，故除去后稷而指此先公也。或緣鄭此言，謂此篇本爲祫祭。案玄鳥箋云「祀當爲祫」，若鄭以爲祫，亦當破此祀字。今不破祀字，明非祫也。天保云「禴祠烝嘗，于公先王」，彼舉時祭之名，亦兼言公王，此亦時祭，何故不可兼言公王也？彼祭亦不盡及先公，而箋廣解先公，此何故不可廣解先公也？且此詩若是祫祭，作序者言祫於太祖，則辭要理當，何須煩文言先王先公也？以此知所言祀者，正是時祭。

天作高山。大王荒之。作，生。荒，大也。天生萬物於高山，大王行道能安天之所作也。箋云：高山謂岐山也。書曰「道岍及岐，至于荊山」。天生此高山，使興雲雨，以利萬物。大王自豳遷焉，則能尊大之，廣其德澤，居之一年成邑，二年成都，三年五倍其初。○岐，其宜反。道音導。岍，口田反，又口見反。豳，彼貧反。【疏】天作高山。○毛以爲天之生此萬物，在於高山之上，大王居岐，脩其道德，使興雲雨，長大此天所生者，即陰陽和，是其能長大之。下四句又說文王之德，彼萬民居岐邦，築作宮室者，文王則能安之。彼萬民又後往者，由此岐邦之君有佼易之德故也。下一句云由父祖之德若此，令子孫得保天位。前往者文王安之，後往者亦能安之。後往者以岐邦之君有佼易之德，前往者亦然，爲互文也。○鄭上二句別，具在箋，餘同。○傳「作生」至「所作」。○正義曰：作者，造立之言，故爲生也。荒者，寬廣之義，故爲大也。○箋「高山」至「其初」。○正義曰：以文王未徙豐之前，與大王皆在岐，故知高山謂岐山也。以云天生高山，不言天生萬物，故易毛也。引書曰「導岍及岐，至于荊山」，禹貢文。彼言禹所開導，從岍山及岐山，至於荊山，皆舉大山以言，而岐山在

其中引之以證岐山爲高山也祭法稱山林川谷能出風雨僖三十一年公羊傳云觸石而出膚寸而合不崇朝而雨天下者其唯泰山乎是高山能興雲雨而利萬物也大王能尊大之廣其德澤者謂德及草木使之茂殖若旱麓云榛楛濟濟是廣山之德澤也山之德澤旣廣則山之爲神益尊是尊大之也韋昭云大王秋祀之而尊大焉指謂祭之爲大未必然也大王能廣山德澤明其愛民甚矣故民皆從之居之一年成邑二年成都三年五倍其初是由王之有德故致然也自一年成邑以下中候稷起之注亦與此同當有成文不知事何所出周禮四井爲邑四邑爲丘四丘爲甸四甸爲縣四縣爲都左傳曰邑有先君之宗廟曰都無曰邑各自相對爲文耳此都邑不與彼同也邑是居處之名都是衆聚之稱都必大於邑故一年卽成邑二年乃成都也書傳說大王遷岐周民束脩奔而從之者三千乘止而成三千戶之邑謂初遷時也此云一年當謂年終之時其邑當不啻三千但不知其定數耳。鄭注禹貢以爲堯之時土廣五千里禹弼成五服土廣萬里王肅難鄭云禹之時土廣三倍於堯計萬里爲方五千里者四而肅謂三倍則除本而三此云五倍蓋亦除本而五并本爲六也

彼作矣。文王康之。彼徂矣。岐有夷之行。夷易也箋云彼彼萬民也徂往行道也彼萬民居岐邦者皆築作宮室以爲常居文王則能安之後之往者又以岐邦之君有佼易之道故也易曰乾以易知坤以簡能易則易知簡則易從易知則有親易從則有功有親則可久有功則可大可久則賢人之德可大則賢人之業以此訂大王文王之道卓爾與天地合其德○行如字王徐並下孟反夷易羊豉反下徐易曰皆同佼古卯反乾其連反巛苦魂反字亦作坤訂待頂反沈又直丁反說文云評議也譜云參訂時驗謂平比之也字詁云云訂平也

子孫保之。〔疏〕傳夷易○正義曰釋詁文○箋彼彼至其德○正義曰彼徂爲民往則彼作爲民作徂作皆是民事故知彼彼萬民也徂往釋詁文以道者人所行故行爲道也徂謂新往者則作爲前至者此作矣卽緜詩所謂曰止曰時築室於茲故云皆築作宮室以爲常居言常者見其心樂此居不復移轉也後之往者以岐邦之君有佼易之道者謂此君其性佼健和易愛民之情深故歸之也引易曰盡賢人之業皆繫辭文也言乾以佼易故爲知坤以凝簡故爲能人能佼易則其情易知凝簡則其行易從情易知則人親之故易知則有親行易從則功可就故易從則有功人以物不我親不能以久故有親則可久由舉事無功不能以大故有功則可大爲物所親事可長久是爲德有所成故可久則賢人之德樂事有功道可廣大是爲業有所就故可大則賢人之業生人能事德業而已易簡爲之無往不究故彼又云易簡而天下之理得是天地之德易簡而已岐邦之君亦有易簡之行是與天地同功訂者比並之言卓然高遠之稱以此乾坤之義比並大王文王之道則此二王之德卓爾高遠與天地合其德矣若然易簡之義窮天下之精則聖人乃能而云賢人之德賢人之業者王彌云不曰聖人者聖人體無不可以人名而名故易簡之主皆以賢人名之然則以賢是聖之次故寄賢以爲名窮易簡之理盡乾坤之奧必聖人乃能耳文王可以當之大王則未能而並云與天地合德者以大王是亞聖大賢可以比於文王褒美其事故連言之其實大王未能盡此妙也譜云參訂時驗是訂爲比並之言也論語云如有所立卓爾是卓爾爲高遠之稱

天作一章七句

毛詩注疏校勘記（十九之二）

阮元撰盧宣旬摘錄

周頌譜

脩文武之德 閩本明監本毛本同案浦鏜云武當王誤是也

當代異其弟 閩本明監本毛本弟作第案所改是也餘同此

德至矣哉大矣哉 閩本明監本毛本同案浦鏜云下哉字衍是也

但商書殘缺 明監本毛本缺誤闕閩本作缺案缺卽缺之別體俗字耳

其文在時邁與般敘武賚桓也 閩本明監本毛本同案此不誤浦鏜云敘武賚三字疑衍文非也敘卽序般序在下文

至此積三十年 閩本明監本毛本同案此不誤浦鏜云當作十三年誤倒非也此依鄭以顧命在致政後廿八年見尚書正義是上距攝政六年制禮時積三十年也十二年一巡狩故下云再巡守餘六年也浦不考之甚

是成王除沒嗣位 閩本明監本同毛本沒作喪案所改是也

來朝而見命 閩本明監本毛本同案浦鏜云也誤命以彼箋考之是也

或者杞宋一國 毛本一誤二閩本明監本不誤案浦鏜云監本一誤非也杞宋一國者或杞或宋一國也

明既告之後合而觀之卽告也合各有禮於廟 閩本明監本毛本同案也字當在觀之下錯誤耳正義每用爲則告合二字連文告謂酌合謂有瞽故云各

而作者當時不必皆爲有事而作先後 閩本明監本毛本同案讀當作時字爲字斷句下文云故得自爲又云多由祭祀而爲耳可證也下當云有事先而後作誤錯先後二字在下耳

風雅此篇既有義理 閩本明監本毛本同案山井鼎云此篇恐誤是也此當作比形近之譌

武王之事不爲頌首不以事之先後必爲次矣 閩本明監本毛本同案武字當重上武詩也下武諡也正義下文云武王之大事可證也必字衍

雖祭告之歌 閩本明監本毛本同案此不誤山井鼎云雖恐唯誤非也執競既祭告之歌卽當與雍相次而今乃次思文上故曰雖耳浦鏜所改則更誤

訪樂敬之也 閩本明監本毛本同案浦鏜云落誤樂是也

郊宗柴望配禮之大者 閩本明監本毛本同案此不誤浦鏜云配當祀字誤非也配謂思文

且社稷以祈報此篇 閩本明監本毛本同案此當作比

山林宜皇物 閩本明監本同毛本皇作阜案所改是也

君又降之於民也 閩本明監本同毛本也下剜入○案所補是也

而德洽於神與矣 閩本明監本同毛本矣下剜入○案所補是也

○清廟

周公既成洛邑 唐石經小字本相臺本同案釋文雒音洛本亦作洛水名字從水後漢都洛陽以火德爲水尅火故改爲各旁佳正義中字作洛是其本與亦作同唐石經所本也段玉裁云豫州之水自古作雒周禮逸周書職方淮南地形訓之屬皆有其證後漢改之魚豢魏略云爾則魏文帝之失也詳見尚書撰異中當以釋文本爲長考文古本作雒采釋文

雖文王諸侯 也閩本明監本毛本同案浦鏜云主誤王是也

所以有清廟之德者 閩本明監本毛本廟作明案所改是也

謂公之時 閩本明監本同毛本公上剜添周字案所補是也

顯光也見也 小字本相臺本同案釋文云見也賢遍反正義云顯光釋詁文定本集注皆云顯光也見也於義爲是當是正義無見也二字

於穆清廟○ 閩本明監本毛本同案此一○乃每下篇之總正義也合併經注正義乃以隸於首節有注之下爲割裂而失其次經注正義宜各單行於此可見以後盡同

其祭之禮義 閩本明監本毛本同案盧文弨云義當作儀是也

鄭唯以駿奔走二句爲異 閩本明監本毛本同案浦鏜云三誤二是也

名多士亦爲相矣 閩本明監本毛本同案名當作明

如存生存 小字本同閩本上存作在明監本同毛本如誤知相臺本無上存字考文古本無亦同案無者是也

皆是執文德之人也 毛本也上有謂是能執行文王之德之人十一字閩本明監本無案此誤補也

不見厭於矣 小字本相臺本於下有人字閩本明監本毛本同案此十行本誤脫

○維天之命

動而不止行而不已 小字本相臺本同案正義云故云動而不已行而不止又云是天道不已止之事也是其本上已下止今各本互誤

溢愼 小字本相臺本同案釋文云溢愼也市震反或本作順案爾雅毖神溢愼也不作順字王肅及崔申毛皆

作順解也正義本是愼字

成王能厚行之也 小字本相臺本同案此正義本也釋文云成王能厚之也一本作能厚行之也今或作能厚成之也正義本與一本同今考此傳但云能厚之箋始云能厚行之一本有行字者涉箋而衍耳當以釋文本爲長

今所承我明子成王 閩本明監本毛本同案浦鏜云成誤承是也此成爲考作訓

彼法更自觀經爲說 閩本明監本毛本同案浦鏜云法當注字誤是也

一代法當通之後王 閩本明監本毛本同案此當作一代之法當通後王錯之字在下耳

○維清

季札見觀樂見舞象是於成王之世 閩本明監本毛本同案上見字衍是下當有後字

故謂之象武也 閩本明監本毛本武作舞案所改是也上云以象武爲名下云明此象武二武字亦當作舞

樂記說文武之樂 閩本明監本毛本同案浦鏜云文當大誤是也

伐二十九年 閩本明監本毛本伐作成案皆誤也山井鼎云當作襄是也

明其有用明矣 毛本同閩本明監本上明作名案所改非也此明字當作則

南籥以籥也 閩本明監本同毛本籥下剜入舞字案所補是也

故此文稱象象舞也 閩本明監本毛本同案浦鏜云當衍一象字是也

而枝伐也 閩本明監本毛本同小字本相臺本枝作征考文古本同案箋上下言征伐此言枝伐正義於此引中候以說枝伐之義不容并此亦改爲征伐也小字本相臺本自是誤字

維周之禎 小字本相臺本同唐石經初刻楨後改禎案釋文云祺音其祥也爾雅同徐云本又作禎音貞與崔本同正義云定本集注祺字作禎考此傳云祺祥也箋云乃周家得天下之吉祥皆用爾雅祺祥祺吉之文釋文正義二本皆作祺是也其作禎字者非也詩經小學云恐是改易取韻亦見經義雜記唐石經初刻又誤作楨乃涉大雅耳

厶氏曰 閩本明監本毛本厶誤某案厶字出穀梁桓二年傳注正義中惟此一字作厶或舊用此字餘皆作某者爲後改也

○烈文

祭於祖者 諸本者作考是也

用賞不以爲己任 閩本明監本毛本同案不當作罰譜正義可證

無疆乎唯是得賢人 閩本明監本毛本同案浦鏜云彊誤疆下同是也

其出於外而居之 閩本明監本毛本同案浦鏜云君誤居是也

是長遠無期也 閩本明監本毛本同案浦鏜云期下當脫竟字是也

謂侯治國無罪惡也 閩本明監本毛本同小字本相臺本謂下有諸字考文古本同案有者是也

始至於武王 閩本明監本毛本同案至當作立形近之譌

人稱頌之不忘 小字本相臺本同案正義云故人稱誦之不忘也是其本頌作誦字

○天作

能安天之所作也 小字本相臺本同案段玉裁云當作能大天之所作也晉語叔詹曰周頌曰天作高山大王荒之荒大之也大天所作可謂親有天矣箋云大王能尊大之今本云能女天之所作誤今考正義云長大此天所生者又云是其能長大之是正義本此傳作能大天之所作不誤

下徐易曰皆同 補通志堂本同盧本徐作除云舊譌徐從山井鼎挍改釋文挍勘云所改是也

彼萬民居岐邦築作宮室者 閩本明監本毛本同案浦鏜云彼誤被是也

有佼易之德故也 閩本明監本毛本同案德當作道下同

但不知其定數耳○ 閩本明監本毛本脫定字案浦鏜云衍○是也

附釋音毛詩注疏卷第十九（十九之二）

毛詩周頌　鄭氏箋　孔穎達疏

昊天有成命，郊祀天地也。〔疏〕昊天有成命七句○正義曰昊天有成命詩者郊祀天地之樂歌也謂於南郊祀所感之天神於北郊祭神州之地祇也天地神祇佑助周室文武受其靈命王有天下詩人見其郊祀思此二王能受天之命勤行道德故述之而爲此歌焉經之所陳皆言文武施行道德撫民不倦之事也所感天神者周人木德感蒼帝靈威仰而生祭之於南郊神州之神則祭之於北郊此二者雖南北有異祭俱在郊故總言郊祀也案禮祭祀天地非止一事此言郊祀天地不言所祀之神但祭之於郊而天地相對唯有此二神耳何者春官大司樂職曰冬日至於地上之圜丘奏樂六變則天神皆降夏日至於澤中之方丘奏樂八變則地祇皆出注云天神則主北極地祇則主崑崙彼以二至之日祭之於丘不在於郊此言郊祀必非彼也大司樂又曰舞雲門以祀天神舞咸池以祭地祇注云天神謂言五帝王者又各以夏正月祀其所受命之帝於南郊地祇所祭於北郊謂神州之神也地官牧人云陽祀用騂牲毛之陰祀用黝牲毛之注云陽祀祭天於南郊陰祀祭地於北郊此二祀文恒相對此郊祀天地俱言在郊而天地相對故知是所感之帝神州之神也其祀天南郊鄭云夏之正月其祭神州之月則無文此序同言郊祀蓋與郊天同亦夏正月也此經不言地序云地者作者因祭天地而爲此歌王者之有天下乃是天地同助言天可以兼地故辭不及地序知其因此二祭而作故具言之

昊天有成命。二后受之。成王不敢康。夙夜基命宥密。二后文武也基始命信宥寬密寧也箋云昊天天大號也有成命者言周自后稷之生而已有王命也文王武王受其業施行道德成此王功不敢自安逸早夜始順天命不敢解倦行寬仁安靜之政以定天下寬仁所以止苛刻也安靜所以息暴亂也○成王如字徐于況反其音基本亦作基宥音又王功于況反解音懈下同苛音河刻音克〔疏〕昊天有成命○正義曰此篇毛傳皆依國語唯廣固此二字鄭不爲別訓而破以同已則是不異於毛但意不必有感生之帝與鄭小異今既無迹可據皆同之鄭焉言昊天蒼帝有此成就之命謂降生后稷爲將王之兆而經歷多世至於文武二君乃應而受之二君既受此業施行道德以成此王功而不敢暫自安逸常早起夜臥始於信順天命不敢懈倦行其寬仁安靜之政以定天下二君既能如此於乎可歎美也此二君成王之德既光明矣又能篤厚其心而爲之不倦故於其功業終能和而安之以此之故得至於太平是乃昊天之德故因其祭而歌之○傳二后至密寧○正義曰此以大平之歌作在周公成王之世成王之前有成其王功者唯文武耳故知二后文王武王也以二王俱受天命其成周道故連言之自基始以下及下傳皆周語文也周語稱叔向聘於周單靖公與之語說昊天有成命叔向告單子之老曰昊天有成命頌之盛德也卽全引此篇乃云是道成王之德也成王能明文昭定武烈者天道成命者而稱昊天翼其上也二后受之讓於德也成王不敢康敬百姓也夙夜恭也基始也命信也宥寬也密寧也緝明也熙廣也亶厚也肆固也靖和也其始也翼上德讓而敬百姓其中也恭儉信寬帥歸於寧其終也廣厚其心固和之始於德讓中於信寬終於固和故曰成王是全釋此篇之義也古人說詩者因其節文比

義起象理頗溢於經意不必全與本同但檢其大旨不爲乖異故傳采而用焉此詩作在成王之初非是崩後不得稱成之謚所言成王有涉成王之嫌韋昭云謂文武脩己自勤成其王功非謂周成王身也鄭賈唐說皆然是時人有疑是成王身者故辨之也○箋昊天至暴亂○正義曰以此郊天之歌言其所感蒼帝蒼帝非太帝而云昊天昊天與帝名同故解昊天是天之大號故蒼帝亦得稱之也后稷以大迹而生是天之精氣中苗與稱堯受圖書已有稷名在錄言其苗裔當王是周自后稷之生已有王命言其有將王之光也傳訓命爲信既有所信必將順之故言早夜始順天命經中之命已訓爲信其言天命鄭自解義之辭故非經之命也正以言信必所信有信上言天有成命故知所信順者始信順天命也言始者王肅云言其脩德常如始易曰日新之謂盛德義當然也傳以寍爲寧寧又訓爲安也故云行寬仁安靖之政以定天下又解二后行寬安之意寬者體度弘廣性有仁恩已上行既如此則其下效之不復爲苛虐急刻安者緩於御物爲政清靖王上行既如此其下效之不復爲殘暴擾亂此寬仁所以止苛刻安靜所以息暴亂故二后勤行之

於緝熙。單厥心。肆其靖之。 緝明熙廣單厚肆固靖和也箋云廣當爲光固當爲故字之誤也於美乎此成王之德也既光明矣又能厚其心矣爲之不解倦故於其功終能和安之謂夙夜自勤至於天下太平○單都但反注同【疏】箋廣當至之誤也○正義曰箋以外傳之訓與爾雅皆同而釋詁云熙光也肆設也則是聲相涉而字因誤故破之

昊天有成命一章七句

我將。祀文王於明堂也。【疏】我將十句○正義曰我將詩者祀文王於明堂之樂歌也謂祭五帝之於明堂以文王配而祀之以今之大平由此明堂所配之文王故詩人因其配祭述其事而爲此歌焉經陳周公成王法文王之道爲神祐而保之皆是述文王之事也此言祀文王於明堂卽孝經所謂宗祀文王於明堂以配上帝是也文王之配明堂其祀非一此言祀文王於明堂謂大享五帝於明堂也曲禮曰大饗不問卜注云大饗五帝於明堂莫適卜月令季秋是月也大享帝注云言大享者徧祭五帝曲禮曰大饗不問卜謂此也是於明堂有總祭五帝之禮但鄭以月令爲秦世之書秦法自季秋周法不必然矣故雜問志云不審周以何月於月令則季秋正可不審祭月必有大享之禮明堂是祀天之處知大享當在明堂文以孝經言之明堂之祀必以文王爲配故知祀文王於明堂是大享五帝之時也其餘明堂之祀則法小於此矣玉藻注云凡聽朔必以特牲告其帝及神配以文王武王論語注云諸侯告朔以羊則天子特牛焉是告朔之在明堂其祭止用特牛此經言維牛維羊非徒特牲而已故知非告朔之祭也雜問志云四時迎氣於四郊祭帝還於明堂亦如之則四時迎氣亦祀明堂但迎氣於郊已有祭事還至明堂不可不爲禮耳其盛乃在於郊明堂之祭不過與告朔同也何則堯典說巡守之禮云歸格于藝祖用特鄭以藝祖爲文祖猶周之明堂巡守之禮歸其告止用特牲則迎氣之還其祭亦不是過也明亦用特牲矣此之維牛維羊則是祭之大禮故知此祀明堂是大享五帝非迎氣告朔也此經雖有維牛之文不言其牛之色大宗伯云以玉作六器以禮天地四方以蒼璧禮天以黃琮禮地以青圭禮東方以赤璋禮南方以白琥禮西方以玄璜禮北方皆有牲幣各放其器之色注云禮東方以立春謂蒼精之帝禮南方以立夏謂赤精之帝禮西方以立秋謂白精之帝禮北方以立冬謂黑精之帝然則彼稱禮四方者謂四時迎氣牲如其器之色則五帝之牲當用五色矣然則大享五帝雖是施設一祭必周五種之牲國語云禘郊之事則有全烝既惣享五帝明不用一全烝而已論語云敢用玄牡敢昭告于皇皇后帝者彼謂告天之祭故用天色之玄與此別祭法云祖文王而宗武王注云祭五帝之神於明堂曰祖宗則明堂之祀武王亦配之矣此唯言祀文王者詩人雖同祀明堂而作其辭主說文王故序達其意唯言文王耳郊天之祭祭天而以后稷配也昊天有成命指說天之命周辭不及稷思文唯言后稷有德不述天功皆作者之心有異序亦順經爲辭此之類也

我將我享。維羊維牛。維天其右之。 將大享獻也箋云將猶奉也我奉養我享祭之羊牛皆充盛肥腯有天氣之力助言神饗其德而右助之○將如字亨許丈反徐許亮反右音又注及下同本亦作佑肥腯徒忽反說文云羊曰肥豕曰腯【疏】我將我享○毛以爲周公成王之時祀於明堂言我所美大我所獻薦者維是肥羊維是肥牛也以此牛羊所以得肥者維爲上天其佑助之故得無傷病也我周公成王善用法此文王之常道日日用之以謀四方之政維天乃大文王之德既佑助文王於我周公成王之祭又歆饗之也善法文王之常道而得爲天所佑我周公成王而今而後其常早起夜夙畏敬天之威怒於是安之言安行文王之道以爲常法也○鄭上三句唯一將字別次四句云我周公成王則法象行此文王之常道以日日施於天下以治此四方之民維我得受此嘏福於文王此文王既佑助我而歆饗之故所以與我嘏福也餘同○傳將大亨獻○正義曰皆釋詁文○箋將猶至助之○正義曰以將與亨相類當謂致之於神不宜爲大將者送致之義故云猶奉養謂以此牛羊奉養明神也牛羊充盛肥腯有天氣之助有其爲天佑助故無病傷栢六年左傳云奉牲以告曰博碩肥腯謂其民力之普存也謂其畜之碩大蕃滋也謂其不疾瘯蠡也謂其備腯咸有也彼傳言善於治民不妄勞役民之畜產無瘯故祭祀之牲得肥明牛羊肥而無疾是天之力助天之助人唯德是與故云神饗其德而佑助之維天佑之當是佑助於人而巳爲佑助牛羊者以下句乃云既佑饗之則此未是佑人文連牛羊知是佑助牛羊亦是饗人之德故助之也此祀文王於明堂則是祭天矣禮稱郊用特牲祭法云燔柴於泰壇祭天用騂犢則明堂祭天亦當用特牛矣而得有羊者祭天以物莫稱焉貴誠用犢其配之人無莫稱之義自當用太牢也郊特牲云帝牛不吉以爲稷牛是配者與天異饌明其當用太牢此祀有文武爲配於禮得其有羊也夏官羊人云釁積共羊牲注云積積柴以祭天有羊牲者彼釁在積上明所云積柴非祭天當謂槱燎祀司中司命之等有羊也

儀式刑文王之典。日靖四方。伊嘏文王。既右饗之。 儀善刑法典常靖謀也箋云靖治也受福曰嘏我儀則式象法行文王之常道以日施政于天下維受福於文王文王既右而饗之言受而福之○嘏古雅反毛大也【疏】傳儀善至靖謀○正義曰皆釋詁文也刑既爲法則式不復爲法當訓爲用毛於嘏字皆訓爲大此嘏亦爲大也王肅云善用法文王之常道日謀四方維天乃大文王之德既佑助而歆饗之○箋靖治至福之○正義曰靖治釋詁文特牲少牢皆祝以神辭嘏主人而與之福是受福曰嘏儀者威儀式者法式故以儀式爲則象謂則象法行文王之常道也以此能治四方所以蒙佑不宜爲謀之故以靖爲治謂施於天下也既佑助饗之是釋其所以致福之意故云言受而福之謂神受其德故降與之福也

我其夙夜。畏天之威。于時保之。 箋云于於時是也早夜敬天於是得安文王之道

我將一章十句

時邁。巡守告祭柴望也。 巡守告祭者天子巡行邦國至于方岳之下而封禪也書曰歲二月東巡守至于岱宗柴望秩于山川徧于羣神邁行也○巡音旬守手又反本或作狩注同柴士佳反說文字林作柴行下孟反下出行同禪市戰反徧音遍【疏】時邁十五句○正義曰時邁詩者巡守告祭柴望之樂歌也謂武王既定天下而巡行其守土諸侯至于方岳之下乃作告至之祭爲柴望之禮柴祭昊天望祭山川巡守而安和百神乃是王者盛事周公既致太平追念武王之業故述其事而爲此歌焉宣十二年左傳云昔武王克商作頌曰載戢干戈明此篇武王事也國語稱周公之頌曰載戢干戈明此詩周公作也治天下而使之太平者乃是周公爲之得自作頌者於時和樂既興頌聲咸作周公採民之意以追述先王非是自頌其身故得親爲之序不言周公作者頌見天下同心歌詠例皆不言姓名經之所陳皆述巡守告祭之事指文而言時邁其邦是巡守之辭也懷柔百神及河喬嶽是告祭之事柴望祭天經不言天百神以天爲宗其文可以兼之矣○箋巡守至羣神○正義曰此解巡守之名及告祭之意天子封建諸侯以爲邦國令之爲王者守土天子以時往行其邦國至於其方岳之下爲此告祭而又爲封禪禮焉以此故有柴望之事也書曰以下堯典文彼說舜受堯禪卽位之後巡守之事其言柴望與此同故引以證之明此告祭柴望是至方岳而祭也所以爲此巡守之禮者以諸侯爲王者守土專制一國告從令行而王者垂帷端拱深居高視一日二日庶事萬機耳目不達於遠方神明不照於幽僻或將強以陵弱恃衆以侵寡擁遏王命冤不上聞而使遠道細民受枉聖世聖王知其如是故制爲此禮時自巡之大司馬職曰及師大合軍以行禁令以救無辜伐有罪注云師謂巡守若會同是巡守之禮有伐罪正民之事也堯典說巡之禮云協時月正日同律度量衡王制說巡守之禮云命太師陳詩以觀民風命市納賈以觀民之所好惡不敬者君削以地不孝者君黜以爵革制度衣服者爲叛叛者君討有功德於民者加地進律是其事也王者代天理民今既爲天遠行所至不可不告五岳地之貴神今既來至其傍又亦不可無禮是故燔柴以告天望祭山川白虎通云巡守爲祭天何本巡守爲天所告至也王制注亦云柴祭天告至也云望秩者山川之神望其所在以尊卑次秩祭之堯典注云徧以尊卑次秩祭之是也言至於方岳之下者每至其方之岳皆爲告祭之禮非獨東岳而已告祭則四岳皆然其封禪者唯岱宗而巳餘岳不封禪也聚土曰封除地曰禪變墠言禪神之也封禪必因巡守而巡守不必封禪何則雖未太平王者觀民風俗而可以巡守其封禪必太平功成乃告成於天非太平不可也又封禪者每一代唯一封而巳其巡守則唐虞五載一巡守周則十二年一巡守以爲常非直一巡而已此其所以異也封禪之見於經者唯大宗伯云王大封則先告后土以外更無封文也禮器云因名山升中于天而鳳皇降龜龍假雖不言封亦是封禪之事故注云升上也中猶成也謂巡守至於方岳而燔柴祭天告以諸侯之成功而太平陰陽和而致象物是

則功成瑞至然後可以升中明未太平必不可也白虎通云王者易姓而起必升封太山何告之義也始受命之時改制應天天下太平功成封禪以告太平也所以必於太山何萬物交代之處也必於其上何因高告高順其類也故升封者增高也下禪梁甫之山基廣厚也天以高爲尊地以厚爲德增太山之高以報天附梁甫之基以報地明天之所命功成事就有益於天地若高者加高厚者加厚矣是說封禪之義若然巡守不必封禪封禪必待太平則武王之時未封禪矣此詩述武王之事而箋云至方岳之下而封禪者廣解巡守所爲之事言封禪者亦因巡守爲之非言武王得封禪也史記封禪書云齊桓公欲封禪管仲曰古者封泰山禪梁甫者七十二家而夷吾所記者十有二焉乃數十二於周唯言成王封泰山禪社首是武必不封禪其巡守則武王爲之以左傳之文參之此詩是武王巡守矣白虎通曰何以知太平乃巡守以武王不巡守至成王乃巡守其言違詩反傳所說非也徧於羣神一句於堯典乃在上文正月上日受終於文祖之時云類於上帝禋於六宗望於山川徧於羣神於二月巡守之下唯有柴望秩於山川而已不言徧於羣神此一句衍字也定本集注皆有此一句案王制說巡守之禮亦云柴而望祀不言徧羣神也堯典注云羣神丘陵墳衍之屬般序止云四岳河海經唯言隨山喬岳不言墳衍丘陵是必不徧羣神也其以堯典之文上下相校正月所祭之神多於祭岱之時而至岱不禋六宗何知當徧羣神也是由二文相涉後人遂增之耳

時邁其邦。昊天其子之。實右序有周。薄言震之。莫不震疊。懷柔百神。及河喬嶽。允王維后。

邁行震動疊懼懷來柔安喬高也高岳岱宗也箋云薄猶甫也甫始也允信也武王既定天下時出行其邦國謂巡守也天其子愛之右助次序其事謂多生賢知使爲之臣也其兵所征伐甫動之以威則莫不動懼而服者言其威武又見畏也王行巡守其至方岳之下來安羣神望于山川皆以尊卑祭之信哉武王之宜爲君美之也○右音又注同助也疊徒協反柔如字本亦作濡兩通俱訓安也喬音橋嶽本亦作岳同音岳知音智【疏】時邁其邦○正義曰周公以時既大平追述武王之事言武王既定天下以時行其邦國其出也天行雲轉六軍皆從羣臣賢智各司其職於是乃見昊天其於武王子愛之矣實佑助而次序我有周之事謂生賢智之臣使得以爲用是子愛之也其所往之處始欲我武王以軍威動之莫不動懼而服是威又可畏不假用兵也至於方岳之下其來乃爲安寧百神及河與高岳皆次秩祭之武王巡行邦國而使人神得所信乎武王之德如是維宜爲天下之君也於此行也明見天之愛我有周使俊乂之臣用次序在位多生賢哲令之在官是其子愛之效於此明見之也動之以威莫敢不服武王於是則聚其干戈而納之則韜其弓矢而藏之是由往則震懼故不用之也我武王能如此求有美德之士而任用之其功其大美矣故陳其功狀於是大樂而歌之信哉我武王之德能長安之言能安此大樂之美故歌之也○傳邁行至岱宗○正義曰邁行懷來釋言文震動疊懼喬高釋詁文彼疊作慴音義同釋詁云柔安也某氏引詩云懷柔百神定本作柔集注作濡柔是也言高岳岱宗者以巡守之禮必始於東方故以岱宗言之其實理兼四岳般祀四岳是也謂之岱宗者應劭風俗通云岱始也宗長也万物之始陰陽交代故爲五岳長白虎通云岱者言万物相代於東方也○箋薄猶至美之○正義曰芣苢傳云薄辭箋云薄言我薄其云薄欲如此亦是初始之義故轉之爲甫訓甫爲始也允信釋詁文序言巡守故知出行其邦國謂巡守也佑序之文承昊天之下故知亦是昊天助之次序其事下云式序在位故知謂多生賢智使爲之臣也時雖無敵可伐但兵行主伐有罪故云其兵所征伐甫動之以威則莫不動懼而服言其威武又見畏謂不但爲天所愛復爲人所畏故言又也樂記說武王克定天下其兵包以虎皮示不復用則伐紂之後天下卽服至於巡守始言莫不服者以王者之爲巡守慮有不服之處故美其無不服耳非謂時有叛者見兵乃服也又解巡守之行得有動威之意以王行巡守以軍從故也知者以大司馬云及師大合軍以行禁令以救無辜伐有罪又曰若大師則掌其戒令涖釁主及軍器上云及師下云若大師則二者之師不同也大師言釁主及軍器是征伐實事則上云及師非征伐也明大師爲征伐及師爲巡守故及師之下注云師謂王巡守若會同司馬起師合軍以從所以威天下行其政也不言大者未有敵不尚武是巡守之禮當師從也言大合軍猶大司樂言大合樂大合樂者徧作六代之樂則知大合軍者亦六軍皆行也而雜問志云天子巡守禮無六軍之文者鄭意以巡守必有六軍但禮無正文故云無六軍之文耳天子海內之主安不忘危且云救無辜伐有罪安得無六軍也百神者謂天與山川之神神以王爲主祭之則安故云來安羣神謂望於山川堯典云望秩於山川秩者次秩故云皆以尊卑祭之此解百神止云山川而已益明序下之箋無徧於羣神也允王維后惣上事而歎之故云信哉武王之德宜爲君美之也

明昭有周。式序在位。

明矣知未然也昭然不疑也箋云昭見也王巡守而明見天之子有周家也以其有俊乂用次第處位言此者著天其子愛之右序之效也【疏】傳明矣至不疑○正義曰明之與昭俱是見義但以達見遠事謂之爲明其昭者大明之狀故云明矣知未然也昭然不疑言因此巡守知天而今而後常愛周家其事昭然不復爲疑與鄭明見之義同但分而言之耳○箋明見至之效○正義曰昭見釋詁文也以毛意微申使易曉故云王巡守而明見天之子有周正以俊乂之人用次第處位故也此經二句覆上佑序有周故云言此者著天其子愛佑序之效驗也

載戢干戈。載櫜弓矢。

戢聚櫜韜也箋云載之言則也王巡守而天下咸服兵不復用此又著震疊之效也○戢側立反櫜音羔韜吐刀反復扶又反【疏】傳戢聚櫜韜○正義曰戢聚釋詁文櫜者弓衣一名韜故內弓於衣謂之韜弓

我求懿德。肆于時夏。

夏大也箋云懿美肆陳也我武王求有美德之士而任用之故陳其功於是夏而歌之樂歌大者稱夏○肆音四夏戶雅反下注同

允王保之。

箋云允信也信哉武王之德能長保此時夏之美【疏】傳夏大○正義曰釋詁文○箋懿美至稱夏○正義曰懿美釋詁文肆者張設之言故爲陳也言求是自此求彼之辭故知求美德之士而用之謂式序在位是武王求而得之也以言陳之於夏故知夏爲樂名又解名爲夏之意以夏者大也樂歌之大者稱夏也思文箋云夏之屬有九與此意相足言由周禮有九夏知此夏爲樂歌也春官鍾師凡樂事以鍾鼓奏九夏王夏肆夏昭夏納夏章夏齊夏族夏陔夏驚夏注云夏大也樂之大歌有九是九夏之名也彼注引呂叔玉云肆夏繁遏渠皆周頌也肆夏時邁也繁遏執競也渠思文也玄謂以文王鹿鳴言之則九夏皆詩篇名頌之族類也此歌之大者載在樂章樂崩亦從而亡是以頌不能具然則鄭以九夏別有樂歌之篇非頌也但以歌之大者皆稱夏耳

時邁一章十五句

執競。祀武王也。

執競其敬反執持也韓詩云執服也【疏】執競十四句○正義曰執競詩者祀武王之樂歌也謂周公成王之時既致太平祀於武王之廟時人以今得太平由武王所致故因其祀述其功而爲此歌焉經之所陳皆述武王生時之功也

執競武王。無競維烈。不顯成康。上帝是皇。

無競競也烈業也不顯乎其成大功而安之也顯光也皇美也箋云競彊也能持彊道者維有武王耳不彊乎其克商之功業言其彊也不顯乎其成安祖考之道言其又顯也天以是故美之予之福祿○大功本或作天功【疏】執競武王○正義曰言有能持強盛之道者維武王耳此武王豈爲無強乎維克商之功業實爲強也豈不顯乎其成安祖考之道實爲顯也由其既強且顯上天以是之故嘉美之以大福又重述武王強顯得福之事武王用彼成安祖考之道故得受命伐紂同有天下四方之民而斤斤然其爲周家一代明察之君是其顯而得福也又武王之祭宗廟也作鍾鼓之樂其聲和樂喤喤然奏磬管之音其聲合集鏘鏘然合於禮度當於神明故神下與之福衆多而穰穰然下與福豐大而簡簡然於時助祭之人又威儀順習反反然其祭之末此羣臣等既醉於酒矣既飽於德矣於祭之事終始無違故致福祿復來與之言武王受此多福故今得太平是以述而歌之○傳無競至皇美○正義曰無競反其言故爲競也烈業顯光皇美皆釋詁文又曰康安故云成大功而安之大功謂伐紂也安之謂安祖考也武王祖考其心冀成王業未就心皆不安武王既伐紂是成大功安祖考故云成大功而安之其意與鄭同○箋競彊至福祿○正義曰競彊釋言文時是釋詁文武王大業在於伐紂故知維烈是克商之功業也下武云三后在天王配於京永言孝思應侯順德故知成安是成安祖考之道也既強顯之下乃言天美之與之福祿謂使之胄嗣長遠享國不絕也

自彼成康。奄有四方。斤斤其明。

自彼成康用彼成安之道也奄同也斤斤明察也箋云四方謂天下也武王用成安祖考之道故受命伐紂定天下爲周明察之君斤斤如也○斤紀覲反【疏】傳自彼至明察○正義曰訓自爲用故云用彼成安之道奄同釋言文又云奄蓋也鄭於閟宮玄鳥箋皆以奄爲覆覆蓋四方同爲已有與傳不異也釋訓文明明斤斤察也此連其明故云明察

鐘鼓喤喤。磬筦將將。降福穰穰。降福簡簡。威儀反反。既醉既飽。福祿來反。

喤喤和也將將集也穰穰衆也簡簡大也反反難也反復也箋云反反順習之貌武王既定天下祭祖考之廟奏樂而八音克諧神與之福又衆大謂如嘏辭也君臣醉飽禮無違者以重得福祿也○喤華彭反徐音皇又音宏注同筦音管本亦作管同將七羊反注同說文作蹡蹡行貌穰如羊反反如字沈符板反又音販復扶又反重也又音服重直用反【疏】傳喤喤至反復○正義曰喤喤將將俱是聲也故言和與集謂與諸聲相和與諸樂合集也釋訓云喤喤樂也穰穰福也舍人曰喤喤鐘鼓之樂也穰穰衆多之貌也某氏引此詩明穰穰是福豐之貌也簡簡大釋訓文李巡曰簡簡降福之大也箋以反反爲順習之貌傳言反反難者謂順禮閑習自重難也釋言云復反也是反得爲復定本作覆○箋武王至福祿○正義曰箋以文承奄有之下降福是祭祀之事故知

是武王既定天下祭祖考之廟也少牢大夫嘏辭尚云受祿于天宜稼于田天子嘏辭致福固宜衆且大矣故云謂如嘏辭也祭義說祭祀之禮主人愨而趨賓客則濟濟漆漆然則威儀反反是卽祭者之容也既醉既飽文在反反之下故知謂羣神醉飽也祭末旅酬下及羣臣故有醉飽之義卽既醉所云醉酒飽德是也此時祭之末節人多倦而違禮故美其禮無違者以重得福祿卽經之來反也此陳祭之事止應一降福耳但作者於樂音和集之下以言降福於羣臣既醉之下復言福祿每於一事得禮一言獲福欲見善不虛作福必報之爲節文之勢故言福祿復來也祭祀宗廟當有酒食之饌此不言黍稷牲牢雅云聲樂者詩人意之所言無義例也

執競一章十四句

思文。后稷配天也。疏 思文八句○正義曰思文詩者后稷配天之樂歌也周公既已制禮推后稷以配所感之帝祭於南郊既已祀之因述后稷之德可以配天之意而爲此歌焉經皆陳后稷有德可以配天之事國語云周文公之爲頌曰思文后稷克配彼天是此篇周公所自歌與時邁同也后稷之配南郊與文王之配明堂其義一也而此與我將序不同者我將主言文王饗其祭祀不說文王可以配上帝故云祀文王於明堂此篇主說后稷有德可以配天不說后稷饗其祭祀故言后稷配天由經文有異故爲序不同也

思文后稷。克配彼天。立我烝民。莫匪爾極。極中也箋云克能也立當作粒烝衆也周公思先祖有文德者后稷之功能配天昔堯遭洪水黎民阻飢后稷播殖百穀烝民乃粒萬邦作乂天下之人無不於女時得其中者言反其性○烝之丞反粒音立阻莊呂反難也馬融注尚書作祖云始也艾音刈鄭注尚書五蓋反本或作乂音同 疏 思文后稷○毛以爲周公自言我思先祖之有文德者后稷也此后稷有大功德堪能配彼上天昔堯遭洪水后稷播殖百穀存立我天下衆民之命使衆民無不於爾后稷得其中正言民賴后稷復其常性是后稷有大功矣由后稷有穀養民之故天乃遺我武王以所來之牟麥正以牟麥遺我者帝意所命用此后稷養天下之物表記后稷之功欲廣其子孫之國使無疆境於汝今之經界言於此今之經界其內不立封疆是命大有天下牢籠九服也以是之故陳其久常之功於是夏樂而歌之言后稷功爲常久永在歌樂故所以配天功食也○鄭唯以立爲粒率爲循其文義大同○傳極中○正義曰北極以居天之中故謂之極是爲中之義也傳不解立但毛無破字之理必其不與鄭同宜爲存立衆民也○箋克能至其姓○正義曰克能釋言文此立我烝民與尚書烝民乃粒事義正同故破立從粒烝衆釋詁文孝經云昔者周公郊祀后稷以配天是后稷配天周公爲之此詩周公所作故云周公思先祖有文德者后稷有此文德故周公思之非謂徧思先祖后稷獨有文德也堯典云帝曰咨四岳湯湯洪水方割是堯遭洪水也又舜典云帝曰弃黎民俎飢汝后稷播時百穀注云俎讀曰阻阻厄也時讀曰蒔始者洪水時衆民厄於飢汝居稷官種蒔百穀以救活之是黎民阻飢后稷播殖百穀也益稷云禹曰予暨稷播奏庶艱食鮮食烝民乃粒萬邦作乂注云禹復與稷教民種澤物菜蔬難厄之食援以水之衆鱻食謂魚鼈也粒米也乂養也衆民乃復粒食万國作相養之禮是烝民乃粒万邦作乂也

貽我來牟。帝命率育。無此疆爾界。陳常于時夏。牟麥率用也箋云貽遺率循育養也武王渡孟津白魚躍入于舟出涘以燎後五日火流爲烏五至以穀俱來此謂遺我來牟天命以是循存后稷養天下之功而廣大其子孫之國無此封竟於女今之經界乃大有天下也用是故陳其久常之功於是夏而歌之夏之屬有九書說烏以穀俱來云穀紀后稷之德○貽音夷字又作詒同牟並如字字書作麰音同牟字或作麰孟子云麰大麥也廣雅云麰小麥麰大麥也彊居良反竟也介音界大也後放此夏戶雅反注同遺唯季反下同涘音仕燎力召反竟音境本或作境 疏 傳牟麥率用○正義曰孟子云麰麥播種而耰之趙岐注云麰麥大麥也說文云麰周受來牟也一麥二夅象其芒刺之形天所來也釋詁云率由自也由自俱訓爲用故率爲用也○箋貽遺至之德○正義曰貽遺釋言文率循育養釋詁文武王渡孟津至以穀俱來皆尚書文大誓云惟四月太子發上祭於畢下至於孟津之上注云孟津地名又云大子發升舟中流白魚入於王舟王跪取出涘以燎之注云白魚入舟天之瑞也魚無手足象紂無助白者殷正也天意若曰以殷予武王當待無助今尚仁人在位未可伐也得白魚之瑞卽變稱王應天命定號也涘涯也王出於岸上燔魚以祭變禮也又云至於五日有火自上復於下至於王屋流之爲鵰其色赤其聲魄五至以穀俱來注云五日燎後日數王屋所在之舍上流猶變也鵰當爲鴉鴉烏也燎後五日而有火爲烏天報武王以此瑞書說曰烏有孝名武王卒父業故烏瑞臻赤周之正穀記后稷之德又禮說曰武王赤烏穀芒應周尚赤用兵王命曰爲牟天意若曰須暇紂五年乃可誅之武王卽位此時巳三年矣穀蓋牟麥也詩云貽我來牟是鄭所據之文也周自后稷以來得穀瑞者唯彼云以穀俱來此言來牟彼云穀至彼此交相證明其事同也太誓止云白魚不言魚之大小中候合符后云魚長三尺赤文有字題之目下授右注云右助也天告以伐紂之意是其助然則目下有此授右之字也而彼授右之下猶有一百二十餘字乃云王維退寫成以二十字魚文消蓋其鱗甲之上有此字非云下所能容直言出涘以燎不言廻舟蓋在此岸燎也太誓之注不解五至而合符后注云五至猶五來不知爲一日五來爲當異日也言五至以穀則第五至時乃有穀耳彼穀此牟理當爲一故云此謂遺我來牟也又解帝命率育之義天命武王正以是牟麥者循而存記此后稷養天下之功言后稷以穀養天下故命武王以穀存記之也是欲廣大其子孫之國也無此封境於汝今之經界者謂當時經界巳廣大萬里於汝此之內使無封疆是乃大有天下之篇也言無此疆爾界者周公自據當時故云此稱天之意故云爾自汝當時之土境也此與時邁皆周公所作俱云時夏則以此二者爲大功故於樂爲大歌也夏之屬有九卽鍾師九夏是也書說烏以穀具來云穀以記后稷之德者尚書旋機鈴及合符后皆有此文注云稷好農稼今烏銜穀故云記之也

思文一章八句

清廟之什十篇十章九十五句

臣工之什詁訓傳第二十七

臣工。諸侯助祭遣於廟也。疏 臣工十五句○正義曰臣工詩者諸侯助祭遣於廟之樂歌也謂周公成王之時諸侯以禮春朝因助天子之祭事畢將歸天子戒勑而遣之於廟詩人述其事而作此歌焉此諸侯來朝行朝享之禮已終天子饗食燕賜之事又畢唯待祭訖而去故於祭之末因在廟中遣之經陳戒諸侯之臣使助其公事又戒車右令及時勸農天子賓敬諸侯不勑其身戒其臣亦所以戒諸侯是其遣之事也此諸侯助祭是下土諸侯自外來也振鷺有客序皆云來此與烈文不言來者振鷺有客經言有客戾止主陳其來之意故序言來助來見此與烈文王告戒之以事不說其來但因助祭而戒之當言其助而已不須言來也載見述其始見故序亦指言始見不言其來

嗟嗟臣工。敬爾在公。王釐爾成。來咨來茹。嗟嗟勑之也工官也公君也箋云臣謂諸侯也釐理咨謀茹度也諸侯來朝天子有不純臣之義於其將歸故於廟中正君臣之禮勑其諸官卿大夫云敬女在君之事王乃平理女之成功女有事當來謀之來度之於王之朝無自專○釐力之反茹如預反徐音如度待洛反下同朝直遙反下皆同 疏 嗟嗟臣工○正義曰此周公成王於祭之末將還諸侯不直戒其身爲其太斥故戒其卿大夫及車右以警切之將戒先嗟而又嗟重歎以呼之曰我臣之下諸官謂諸侯之卿大夫也汝等皆當敬慎於汝在君之職事汝能如此則我王家當平理汝之成功知其勤惰亦不忘汝勞汝若有大事賞罰當來咨謀計度於我王之廟無得自專欲使諸侯聞之亦敬其事而不自專也又勑其車右以農事亦嗟而又嗟重歎而呼之曰爾從君之保介謂車右衣甲之人也今已是維暮之春矣汝若歸國亦有何所求施於民乎維汝如何於民之新田畬田言汝當祭此民之新田畬田何欲其勸民耕之也所以令汝勸民耕田者何於乎美哉本赤烏所與俱來之牟麥此瑞我周家大受其光明謂得此牟麥之瑞而爲天下所休慶也此光明之事乃見於上帝言爲上帝所聞知也至今用以此瑞之故常有樂歲遂時和年豐耕則必獲是田不可舍汝可命我衆民令之具汝所用錢鏄之田器勤力以事農畝於久必多鍾刈宜以此告勸下民使勤於田事○傳嗟嗟至公君○正義曰嗟嗟歎聲將勑而嗟歎故云嗟嗟勑之非訓爲勑也皐陶謨曰百工惟時天工人其代之皆謂官也故以工爲官公君釋詁文○箋臣謂至自專○正義曰此遣諸侯之歌勑臣之工使敬君事故知臣謂諸侯堯典云允釐爲理之義故爲理也咨謀釋詁文茹度釋言文又解所以謂諸侯爲臣者諸侯來朝天子有不純臣之義於其歸故於廟正其爲臣之禮明天子以主人之義不純臣於諸侯其諸侯之心則當純臣於天子恐彼不知以不純爲常故於廟中稱之爲臣以正臣之禮既正臣禮而君臣分定因以示義見事當上適下勞故勑其下諸官而警切之使之敬其君事有大事來謀於王雖呼其臣而戒之實亦戒諸侯之身也言諸侯朝天子有不純臣之義者以秋官大行人掌大賓之禮與大客之儀注云大賓要服以內諸侯大客謂其孤卿然則天子之於諸侯謂之爲賓賓者敵主之辭是不純臣之義也異義公羊說諸侯不純臣左氏說諸侯者天子蕃衛純臣諱案禮王者所不純臣者謂彼人爲臣皆非己德所及易曰利建侯侯者王所親建純臣也立之聞也賓者敵主人之稱而禮諸侯見天子稱之曰賓不純臣諸侯之明文矣唯鄭據大行人之文以爲不純之謂也以賓客之交明不純臣之義則謂天子與諸侯對爲賓主行禮是爲不純臣君與朝廷之臣行禮饗燕則使人爲主諸侯燕其臣使宰夫爲獻主不與臣對行禮是純臣之也大行人又云九州之外謂之蕃國世一見注云謂其君爲小賓臣爲小客小行人云凡四方之使大客則擯小客則受其幣聽其辭見於夷狄君臣亦稱賓客則四夷諸侯亦不純臣也此則天子於諸侯之義

耳若諸侯於天子皆純臣矣北山云率土之濱莫非王臣臯陶謨云萬邦黎獻共惟帝臣是彼於王者皆純臣也書傳周公謂越常氏之譯曰德澤不加焉則君子不享其質政令不施焉則君子不臣明政令之所及盡爲純臣故此所以正臣之禮也何知不是臣之與工君臣並勑而以爲獨勑其卿大夫者以下勑保介其文不與臣連是獨勑保介則知此亦獨勑其臣不勑其君也且君臣禮絕尊卑不同天子之戒諸侯當正尊卑之禮不可使人臣與君並受其命以此知勑臣之工不勑臣也諸侯之朝天子必有卿與大夫隨之爲介故云勑其諸官卿大夫也秋官司儀云諸公相爲賓及將幣每門止一相及廟唯上相入則諸侯朝天子亦應唯上相入廟耳此得卿大夫及車右俱在廟中受勑者彼謂將幣饗食行禮之時唯上相入耳此諸侯將歸遣之於廟是召入而戒之非致幣之類也敬汝在君之事王乃平理汝之成功謂有大功則賜之車服以寵章之若左傳宣十六年晉侯請於王以黻冕命士會將中軍襄十九年鄭公孫蠆卒范宣子言諸晉侯以其善於伐秦晉侯請於王王追賜之大路以行禮是有功王平理之事也言來謀之度之於王之廟者以其在廟勑之而言來故知來謀於王之廟也且古者大事謀於廟中訪落序云嗣王謀於廟國語云謀之廊廟失之中原是大事必謀於廟也定本集注廊字作廟於義爲是

嗟嗟保介。維莫之春。亦又何求。如何新畬。

田二歲曰新三歲曰畬箋云保介車右也月令孟春天子親載耒耜措之於參保介之御間莫晚也周之季春於夏爲孟春諸侯朝周之春故晚春遣之勑其車右以時事女歸當何求於民將如新田畬田何急其敎農趨時也介甲也車右勇力之士被甲執兵也○莫音暮本或作暮注同畬音餘○耒力對反耜音似措七故反夏戸雅反被皮寄反

【疏】箋保介至執兵○正義曰此所以勑人也以月令準之知保介爲車右故卽引月令以證之盡保介之御間皆月令之文彼說天子耕籍田之禮天子親載耒耜措置之於參乘之人保介之與御者二人間君之車上止有御者與車右二人而巳今言保介與御明保介卽車右也引之者證保介爲車右也又明以農事勑車右之意以諸侯耕籍勸農則此人與之同車而置田器於其間常見勸農之事故勑之也不勑御人偏勑車右者以御其本主於御車不主輔君故專勑車右明其衞君車也言保介之御間者以人君左載御在中央明其遠君措之故繫於車右因御字單言之以便文耒耜不近君而置御右之間者彼注云明巳勸人非農人故也暮晚者古暮字作莫說文云日在茻中爲莫是晚之義也時有三月季爲其晚故以周之季春爲晚春也知非夏之季春者以月令季冬命民修耒耜具田器農書稱孟春耕者急發不得於建辰之月方始勸農故知是夏之孟春也且此諸侯來朝而遣之若是夏之季春非復朝王之月故云諸侯朝周之春以明此爲夏之正月也知諸侯之朝必以夏之正月者明堂位云季夏六月以禘禮祀周公於太廟雜記云七月而禘獻子爲之以六月爲正譏用七月則祭用夏之孟月矣故王制注云祭以首時薦以仲月諸侯時祭用夏之正月王制云諸侯礿則不禘禘則不嘗嘗則不烝烝則不礿注云虞夏之制諸侯歲朝廢一時祭明是朝祭同月故廢之也明堂位云夏礿秋嘗冬烝天子之禮獨不言春祀得不爲朝王而闕之故彼注云魯在東方朝必以春或闕之以此而言明諸侯之朝皆用孟月可知由孟春耕期既逼故勑其車右以其時事卽耕田是也汝歸當何求於民言無所可求於民唯求其勸力於農耳如新田畬田何如猶奈何也當奈此田何唯王意急其敎農以趍時恐時之晚過也更解謂車右與保介之義介甲也車右勇力之士被甲執兵故謂之保介也月令注云保猶衣也勇力之士衣甲執兵此云被彼云衣皆保之義

於皇來牟。將受厥明。明昭上帝。迄用康年。

康樂也箋云將大迄至也於美乎赤烏以牟麥俱來故我周家大受其光明謂爲珍瑞天下所休慶也此瑞乃明見於天至今用之有樂歲五穀豐熟○於音烏注同迄許乞反樂音洛下同見賢遍反

【疏】傳康樂○正義曰釋詁文○箋將大至豐熟○正義曰將大迄至釋詁文於者歎辭皇訓爲美於美乎歎其受麥瑞而得豐年也大受其光明謂爲天下所休慶者由受天瑞而人歸之是其爲所美慶也此瑞乃明見於上天言既爲人知又爲天知美其瑞之著也人知謂天下歸之天知謂今之豐熟此瑞本自天來而云見於天者見天人相因以爲人見天瑞而歸之天見人歸而降福美此周德之賜之豐年至今用之常有樂歲正謂五穀豐熟五穀者五行之穀月令春食麥夏食菽季夏食稷秋食麻冬食黍天官疾醫以五穀養其病注云五穀麻黍稷麥豆是也鄭以五行之穀爲五穀也夏官職方氏豫州其穀宜五種注云五種黍稷菽麥稻不以五行之穀爲五種者以職方辨九州土地生殖之所宜每州不同非五行當穀豫州之界東接青州宜稻麥西接雍州宜黍稷明豫州宜黍稷稻麥也菽則土地多生人所常種明通菽爲五也職方又云幽州宜三種注云黍稷稻宛州宜四種注云黍稷稻麥皆準約所與連接者言之也

命我衆人。庤乃錢鎛。奄觀銍艾。

庤具錢銚鎛鎒銍穫也箋云奄久觀多也教我庶民具女田器終久必多銍艾勸之也○庤持耻反錢子踐反鎛音博奄鄭音淹王徐並如字觀古玩反又如字注同銍珍栗反艾音刈銚七遙反何土堯反沈音遙世本云垂作銚鎒乃豆反或作耨呂氏春秋云耨柄尺此其度也其耨六寸以間稼也高誘注云耨芸田也六寸所以入苗間也字詁云頭長六寸柄長一尺鎒古字也今作耨同穫戸郭反本或作鑊音同釋名云銍穫禾鐵也說文云銍穫禾短鎌也此則銍器可以穫禾故云銍穫也小爾雅云藏穎謂之桎截穎卽穫也

【疏】傳庤具至銍穫○正義曰庤具釋詁文說文云錢銚古田器世本云垂作銚宋仲子注云銚刈也然則銚刈物之器也說文云鎛田器也釋名云鎛鋤類也鎛迫也去草也本云垂作耨釋器云斫斷謂之定李巡曰鋤也郭璞曰鋤屬廣雅云定謂之耨呂氏春秋云耨柄尺此其度也其耨六寸所以間稼也高誘注云耨芸苗也六寸所以入苗間此云鎛耨當是一器但諸文或以爲耨卽鋤或云鋤類古器變易未能審之釋名云銍穫禾鐵也說文曰銍穫禾短鎌也然則銍器可以穫禾故云銍穫也管子云一農之事必有一銍一耨一銚然後成農是三者皆田器○箋奄久觀多○正義曰釋詁文彼奄作淹蓋鄭讀爾雅以淹爲奄故也王肅云奄同也毛於執競之傳以奄爲同言同多銍刈但無傳可據故同之鄭焉

臣工一章十五句

噫嘻。春夏祈穀于上帝也。

祈猶禱也求也月令孟春祈穀于上帝夏則龍見而雩是與○噫嘻噫又作噫同於其反噫音禧禱丁老反又丁報反見賢遍反雩音于與音餘

【疏】噫嘻八句○正義曰噫嘻詩者春夏祈穀於上帝之樂歌也謂周公成王之時春郊夏雩以禱求膏雨而成其穀實爲此祭於上帝詩人述其事而作此歌焉經陳播種耕田之事是重穀爲之祈禱戒民使勸農業故作者因其禱祭而述其農事○箋祈猶至是與○正義曰春官太祝掌六祈之辭以祈福祥求永貞知祈爲禱求謂禱請求天降雨以成穀也此月令孟春祈穀於上帝及左傳夏則龍星見而雩此以二者是春夏祈穀於上帝之事與以孟春祈穀文與此同二者是又是爲穀求雨之祭故以二者爲此祭也龍星見而雩桓五年左傳有其事此引之不言左傳者以月令事在孟春其時月分明故顯言月令左傳之言龍見則時月不明引取其意言夏則非彼成文故不云左傳也言是與者爲若不審之辭亦所以足何也必知雩祭亦是祈穀者月令仲夏大雩帝以祈穀實是雩爲祈穀之明文但雩以龍見爲之當在孟夏之日爲月令者錯至於仲夏失正雩之月故不引之左傳稱凡祀啓蟄而郊龍見而雩郊雩文連事正當此不并引左傳者以也傳無祈穀之文故月令左傳各取其一也郊特牲云郊之祭也大報天而主日書傳曰祀上帝於南郊所以報天德然則郊以報天而云祈穀者以人非神之福不生爲郊祀以報其已往又祈其將來故祈報兩言也天者至尊之物善惡莫不由之故於此一祭可以爲報天可以爲祈穀襄七年左傳曰夫郊祀后稷以祈農事故啓蟄而郊郊而後祈是郊爲祈穀之事也孝經云郊祀后稷以配天宗祀文王於明堂以配上帝止言配天不言祈穀者鄭箴膏盲云孝經主說周公孝以必配天之義本不爲郊祈之禮出是以其言不備月令孟春元日祈穀於上帝是卽郊天也後乃擇元辰天子親載耒耜躬耕帝籍是郊而後耕二者之禮獻子之言合是郊天之與祈穀爲一祭也案禮記大傳注云王者之先祖皆感太微五帝之精以生蒼則靈威仰皆用正歲之正月郊祭之蓋特尊焉孝經曰郊祀后稷以配天配靈威仰也然則夏正郊天祭所感一帝而巳月令注云雩祀五精之帝則雩祭惣祀五帝矣郊雩所祭其神不同此序并云祈穀于上帝者以其所郊之帝亦五帝之一同有五帝之名故一名上帝可以兼之也月令孟春祈穀於上帝之下注云上帝大微五帝者亦謂祈穀所祭也是大微之一不言祈穀惣祀五帝也春官典瑞云四圭有邸以祀天旅上帝注云祀天夏正郊天也上帝五帝所郊亦五帝殊言天者尊異之此不殊之者非周祀相對之例序者省以便文也

噫嘻。成王既昭假爾。率時農夫。播厥百穀。

噫歎也嘻和也成王成是王事也箋云噫嘻有所多大之聲也假至也播猶種也噫嘻乎能成周王之功其德已著至矣謂光被四表格于上下也又能率是主田之吏農夫使民耕田而種百穀也○成王如字又于況反注同假鄭王並音格沈云毛如字彼皮寄反

【疏】噫嘻成王○毛以爲噫嘻然嗟歎而有所戒勑者成是王事之王謂周公成王也此王既巳政敎光明至於天下德既光明顯著如此猶能敬重農事率是典田之官令之敎民耕田而種百穀典田之官既受率約卽告民云我欲得大發汝之私田終於三十里欲使各極其望無不墾耕汝等須大事汝所耕及時趍農十干人維爲配耦恐其失時欲令万夫俱作天下既巳太平尚能重民如此爲之祈神般勤戒勑故美而歌之○鄭唯噫嘻二字與驟字別又三十里爲一部一吏主之實有十千之數具說在箋○傳噫歎至王事○正義曰孔子見顏淵死曰噫天喪予成湯見四面羅者曰嘻盡之矣則噫嘻皆是歎聲爲歎以勑篇傳因其文重分而屬之非訓噫嘻爲歎勑也此噫嘻猶上篇云嗟嗟耳毛亦以上篇重農嗟嗟而勑保介此文類之明亦噫嘻而勑之○箋噫嘻至百穀○正義曰以噫嘻之下方美其成王明至而率時農夫乃在下句則噫嘻之言未是勑戒故以爲有所多大之聲謂作者有所哀多美大而爲聲以歎之故言噫嘻有所多大之聲假至釋

詁文彼假作格音義同言既明至亦是君德著明而有所至故引尚書以當之光被四表格于上下堯典文也注云言堯德光耀及四海之外至於天地所謂大人與天地合其德與日月齊其明彼說堯德而聖人道同周公成王德亦如之故美其能昭假也先言此者人之恒性莫不急於未就情於已成今成王者德既著至而猶尚重農以是而益可美矣故云文能率是主田之吏農夫使民耕田而種百穀謂王者率農夫教下民也知農夫是主田之吏者以文承成王之下則是王者率之若田農之夫非王所親率而釋言云畯農夫也畯即豳風小雅及春官籥師所云田畯者也田畯至典田之官而爾雅謂之農夫故知農夫是主田之吏也

駿發爾私。終三十里。亦服爾耕。十千維耦。私民田也言上欲冨其民而讓於下欲民之大發其私田耳終三十里言各極其望也箋云駿疾也發伐也亦大服事也使民疾耕發其私田竟三十里者一部一吏主之於是民大事耕其私田萬耦同時舉也周禮曰凡治野田夫間有遂遂上有徑十夫有溝溝上有畛百夫有洫洫上有涂千夫有澮澮上有道萬夫有川川上有路計此萬夫之地方三十三里少半里也耜廣五寸二耜為耦一川之間萬夫故有萬耦耕言三十里者舉其成數○浚本亦作駿音峻毛大也鄭云疾也發發伐一本無一發字徑古定反畛之忍反又之人反洫況域反澮古外反廣古曠反

〔疏〕傳私民至其望○正義曰毛以此經皆勑民之言故解其勑意所在皆有公田在民井田之間亦當民所耕發而云駿發爾私者上意欲冨其民而讓於下欲民之大發私田使之耕以取冨故言私而不及公令民知君於已之專則感而樂業故也大田云雨我公田遂及我私是民意之先公也此云駿發爾私言不及公主意之讓下也以彼公私相對知此言私對公訓駿為大故云大發其私田也又解正言三十里意終三十里者各極其望謂人目之望所見極於三十每各極望則徧及天下矣三十以極望為言則十千維耦者以萬為盈數故舉之以言非謂三十里內有十千人也王肅云三十里天地合所之而三十則天下徧此申毛之意也言人目所望三十里而天地合於三十里外不復見之是為極望也○箋駿疾至成數○正義曰釋詁云速疾也駿速也轉以相訓是駿為疾也冬官匠人云一耦之伐伐發地故云發伐也言伐者以耜擊伐此地使之發起也亦大服事釋詁文彼亦作弈音義同箋以播厥百穀是王者率約農夫之言駿發爾私終三十里是農夫教民之言故云使民疾耕發其私田謂農夫使之也終訓竟也正使之竟三十里者王者之立田官每三十里分為一部令一主田之吏主之主田之吏謂農夫是也農夫自勑終已境界故指言三十里也亦服爾耕十千維耦是民從農夫號令之事故云於是民大耕其田萬耦同時舉足而耕也知此三十里為部使一吏主之者以王者率農夫使教民種穀農夫即號令其人令疾發私田終三十里明三十里者此農夫所部之界故知每三十里分為一部使一吏主之公羊傳曰三公者何天子之吏則吏者在官之通稱七月傳云畯田大夫畯即此農夫也三十里而有一吏蓋皆以大夫為之箋又以萬人為耦與三十里大數相應故引周禮以證之所引周禮盡川上有路皆地官遂人文也彼言凡治郊外野人之田一夫之間有通水之遂廣深各二尺也此遂上即有一步徑以通牛馬其十夫有通水之溝廣深各四尺也此溝上即有一徑畛以通大車其百夫有通水之洫廣深各八尺也此洫上即有一大塗以通乘車其千夫有通水之澮廣丈六尺深丈四尺也此澮上即有一通道以容二軌其萬夫有自然之大川此川上即有一廣路以容三軌是周禮以萬夫為限與此十千相當又計此萬夫之地一夫百畝方百步積萬夫方之是廣長各百夫以百百乘是萬也既廣長皆百夫夫有百步三夫為一里則百夫為三十三里餘百步百步即三分里之一為少半里是三十三里又少半里也耜廣五寸二耜為耦冬官匠人文也此一川之間有萬夫故為萬人對耦而耕此萬人受田計之乃三十三里少半里正言三十里者舉其成數也以三十里與十千舉其成數正足相充故鄭首尾為一以易傳也遂人注云十夫二鄰之田百夫一鄭之田千夫二鄙之田萬夫四縣之田遂溝洫澮皆所以通水於川也遂廣深各二尺溝倍遂洫倍溝澮廣二尋深二仞徑畛塗道路皆所以通車徒於國都也徑容牛馬畛容大車塗容一軌道容二軌路容三軌以南畮圖之則遂從溝橫洫從澮橫九澮而川周其外焉是鄭具解五溝五塗之事也以遂人治野田故還據遂中鄰里鄭鄙縣而說之四縣為一部計六遂三十縣為七部猶餘二部蓋與公邑采地共為部也何者遂人於川上有路之下云以達於畿鄭云以至於畿則中雖有都鄙遂人盡主其地是都鄙與遂同制此法明其共為部也地官序縣正每縣下大夫一人鄙師每鄙上士一人鄭長每鄭中士一人里宰每里下士一人鄰長五家則一人計四縣有二十鄙百鄭四百里二千鄰則鄰長以上合有二千五百二十四人矣而云一吏主之者彼謂主民之官與典田者別職其主田之吏一部唯一人也遂人注所言遂溝洫澮廣深之數皆冬官之文也徑畛塗道路所容於匠人差約而為之耳無正文言以南畮圖之遂從溝橫洫從澮橫者以夫間有遂則兩夫俱南畮於畔上有遂故遂從也其遂既從則必注於橫者也故溝橫也百夫方千步除外畔其間則南北者九遂東西者九溝其東西之畔即是洫也從洫必注於橫澮則南北之畔即是澮也萬夫方萬步為方千步者百除外畔其間南北者九洫東西者九澮其四畔則川周之故云川周其外也如是者九則方百里故遂人注又云萬夫者方三十三里少半里九而方一同也此皆設法耳川者自然之物當逐地形而流非於萬夫之外必有大川遠之且川者流水不得方折而匝之也

噫嘻一章八句

毛詩注疏挍勘記（十九之二）

阮元撰盧宣旬摘錄

○昊天有成命

注云天神謂言五帝 閩本明監本毛本同案浦鏜云言衍字是也

早夜始順天命 小字本相臺本同案正義云始於信順天命又云故知所信順者始信順天命也考此箋始信乃經之基命傳所云基始命信也故正義云傳訓命為信既有所信必將順之故言早夜始信順天命經中之命已訓為信其言天命鄭自解義之辭故非經中之命也其順上有信字顯然今各本箋中脫者非也又此正義信字今亦刪去見下

天道成命者而稱昊天 閩本明監本毛本同案上天字浦鏜云夫誤是也

故曰成王 閩本明監本毛本同案此不誤浦鏜云王衍字非也今周語脫王字韋昭注云成成其王命也當成王成其王命也亦誤刪王字

蒼帝非太帝也 閩本明監本毛本同案浦鏜云大誤太是

中苗興稱堯受圖書 閩本明監本毛本同案中下當脫候字盧文弨補之是也生民正義引作稷起注當是鄭據苗興以注稷起耳

故言早夜始順天命 閩本明監本毛本同案中下當脫信字上下文皆可證

所必信有信 閩本明監本毛本同案下信字當作事

王上行既如此 閩本明監本毛本同案王當作已

肆設也〔補〕案設當故字之譌毛本正作故

○我將

謂祭五帝之於明堂 閩本明監本毛本同案浦鏜云之下當脫神字是也

莫適十 閩本明監本同毛本十作卜案所改是也

四時迎氣於四郊祭帝 毛本祭下剜添一字閩本明監本無案此誤補也言帝於文自足南齊書禮志有一字以義添之耳

詩人雖同祀明堂而作 閩本明監本毛本同案浦鏜云同當因字誤是也

維羊維牛 唐石經小字本相臺本同案經義雜記云正義本作維牛維羊周禮羊人疏隋書宇文愷傳引亦如此今考正義其說是也唐石經與正義本不合未詳其所本經注各本箋皆云我奉養我享祭之羊牛與唐石經合當是一本也

維是肥羊維是肥牛也 閩本明監本毛本同案經義雜記云此非孔氏原本原本作維牛維羊前後俱未及盡改是也羊牛字當互換

謂其不疾瘯蠡也 明監本毛本蠡誤瘯閩本不誤○按集韻有瘯字正義以今字易古字耳

左傳祇作蠡

○時邁

徧于羣神 小字本相臺本同案正義云此一句衍字也定本集注皆有此一句云云釋文云徧于音遍段玉裁云司馬彪祭祀志光武封大山刻石文亦有此四字經言秩則包攝徧于羣神在內鄭注云徧以尊卑次秩祭之是也鄭以經文前後詳略互見故引之如此正義非是見尚書撰異中

遠行也 閩本明監本毛本同小字本同相臺本無此三字案山井鼎云古本無後補入考無者是也此釋文邁行也誤入於注而又譌邁作遠遂不可解當是經注各本始附釋文者不加○為隔故也小字本正如此是其驗矣

國語稱周公之頌曰 閩本明監本毛本同案公上浦鏜云脫文字是也

除地曰禪閩本明監本毛本禪作墠案所改是也

而鳳皇降閩本明監本同毛本皇作皇案所改是也

七十三家〔補〕閩本明監本毛本同案三當作二

懷柔百神唐石經小字本相臺本同案正義云釋詁云柔安也某氏引詩云懷柔百神定本作柔集注作濡柔是也釋文云懷柔如字本亦作濡兩通俱訓安也段玉裁云當從集注本作濡見詩經小學

高岳岱宗也閩本明監本毛本同小字本相臺本岳作嶽案嶽字是也十行本經中皆作嶽字注及正義中多作岳字乃以岳爲嶽之別體字而用之以取省也與說文所謂岳爲古文者全不相涉盧文弨經典釋文考證牽合之殊誤

而明見天之子有周閩本明監本毛本同案周下浦鏜云脫家字是也

○執競

祀武王也閩本明監本毛本此下有注小字本相臺本無考文古本同案山井鼎云此亦釋文混入於注是也

其心寘成王業未就閩本明監本毛本同案浦鏜云王業下當脫王業二字是也

釋訓文明明斤斤〔補〕案文當作云

君臣醉飽小字本相臺本同閩本明監本毛本同案正義云此羣臣等既醉於酒矣既飽於德矣又云故知謂羣臣醉飽也祭未旅酬下及羣臣是其本作羣各本作君皆誤考文古本作羣采正義

穰穰衆多之貌也閩本明監本毛本同案貌當作皃

故知謂羣神醉飽也閩本明監本毛本同案山井鼎云神恐臣誤是也

○思文

黎民俎飢閩本明監本毛本俎誤阻

俎讀曰阻閩本明監本毛本俎阻字互誤按此條可證古本尚書十行本最佳處也古文尚書撰異中詳之

無此疆爾界小字本相臺本同唐石經初刻界後磨改介案釋文云界音介大也是釋文本此字作介也考箋無此封竟於女今之經界乃大有天下也云無此封竟於女之經界者說經疆爾也經界之界鄭自解義之辭非經中之介云乃大天下者訓介爲大乃經中之介也正義本亦自不誤故釋文正義初無異說不知者誤認箋中界字爲經中介字乃改經耳此唐石經初刻之誤而各本同之者也李善注魏都賦引薛君云介界也然則韓詩讀介爲界或相涉而亂耳當據釋文本正之考文古本作介采釋文

白魚躍入于舟小字本同閩本明監本毛本同相臺本于作王案相臺本非也正義引大誓白魚入於王舟尚書之文本如此箋以上句有武王故下不更云王耳考文古本于王竝有亦采正義而誤

說文云麰周受來牟也閩本明監本毛本同案麰當作來此引說文來字下文不知者誤改之耳

言無此疆爾界者閩本明監本毛本同案界當作介此因經注本之誤而改正義耳

○臣工

於王之朝無自專小字本相臺本同案此釋文本也釋文上來朝下云直遙反下皆同謂此箋及下箋諸侯朝周之春二朝字也正義云定本集注朝字作廟於義爲是正義本亦是廟字與釋文不同

言汝當祭此民之新田畬田何〔補〕祭當作奈形近之譌毛本正作奈

耕則必獲閩本明監本毛本同案浦鏜云獲當作穫是也

於乃必多銍刈閩本明監本毛本同案浦鏜云終誤於是也

周公謂越常氏之譯曰閩本明監本毛本常誤裳

定本集注廟字作廟閩本明監本毛本上廟作庿案所改非也山井鼎云恐朝字誤是也

曰在茻音莽中爲莫毛本音莽誤口閩本明監本不誤案此正義自爲音之未誤入正文者也

○按此則文理不得不作小字者與前有別

以禘禮記周公於太廟閩本明監本毛本同案山井鼎云記恐祀誤是也

更解謂車右與保介之義閩本明監本毛本同案山井鼎云與恐爲誤是也

麻黍稷麥豆是也鄭以五行之穀閩本明監本毛本同案是也當誤倒是屬下句讀

非五行當穀〔補〕毛本當作常案所改是也

鎛鎒小字本相臺本同案此釋文本也釋文云鎒乃豆反或作槈又引字詁云鎒古字也今作槈同正義云此云鎛槈當是其本作槈

高誘注云耨芸田也〔補〕釋文挍勘記通志堂本同盧本田作苗云苗舊作田今依本書改案此當是陸所引與今本不同改之未是小字本所附亦作田也○按當云所以芸田也俗人往往刪古書所以二字

銍獲鐵也〔補〕通志堂本盧本獲作穫案穫字是也

截穎謂之秷〔補〕通志堂本盧本秷作銍案銍字是也

鎛迫也〔補〕毛本也作地案所改是也

也本云垂作耨閩本明監本同毛本剗也作世案所改是也

○噫嘻

噫嘻唐石經小字本相臺本同案釋文意嘻下云意本又作噫同正義引噫天喪予是其本作噫唐石經以下之所本也其實意卽噫之古字假借耳當以釋文本爲長

當在孟夏之日閩本明監本同毛本日作月案所改是也

夫報天而主日〔補〕閩本明監本毛本同案夫當作大

郊而後祈閩本明監本同毛本祈作耕案所改是也

意歎也〔補〕案此不誤意卽噫之古字假借耳毛本改作噫非

嘻和也小字本同閩本明監本毛本同相臺本和作勑考文古本同案釋文云毛云噫歎也嘻和也是其本作和正義云爲歎以勑之因其文重分而屬之非訓噫嘻爲歎勑也是其本作勑經注本當出於釋文岳氏古本皆依正義改之

及春官籥師閩本明監本毛本官誤宮案浦鏜云章誤師是也

田畯至典田之官閩本明監本毛本同案山井鼎云至恐主誤是也

駿發爾私唐石經小字本相臺本同案釋文云浚本亦作駿音峻毛云大也鄭云疾也正義本是駿字

發伐也小字本相臺本同案釋文云發發伐也一本無一發字正義云冬官匠人云一耦之伐伐發地故云發伐也是正義本與一本同考發伐於聲類爲至近故用爲訓詁無取於疊字也當以正義本爲長○按俗有撥字坒字皆謂耕起土也古衹作發作伐淺人謂土曰伐人發之曰發故增一發字

竟三十里者一部一吏主之於是民大事耕其私田小字本同相臺本者下衍言字閩本明監本此二十字全脫去毛本初刻同後改有案因上文云使民疾耕發其私田複出私田而致誤

方三十三里少半里也小字本相臺本同閩本明監本毛本上三字誤作二考文古本三字不誤但物觀補遺所載但云三十里無下三字則更誤矣

主意之讓下也〔補〕閩本明監本毛本同案主當作上

深丈四尺也閩本明監本毛本同案此不誤浦鏜云六尺誤四尺非也此深二仞七尺曰仞是丈四尺考工匠人鄭遂人注及此正義皆有明文浦不考之甚

以百百乘是萬也閩本明監本毛本下百字作自案所改非也

九塗而川周其外焉閩本明監本毛本同案浦鏜云澮誤塗是也

附釋音毛詩注疏卷第十九（十九之三）

毛詩周頌　鄭氏箋　孔穎達疏

振鷺。二王之後來助祭也。二王夏殷也其後杞也宋也○振鷺上之慎反下音路一名春鉏水鳥也音盧夏戶雅反杞音起〔疏〕振鷺八句○正義曰振鷺詩者二王之後來助祭之樂歌也謂周公成王之時已致大平諸侯助祭二王之後亦在其中能盡禮備儀尊崇王室故詩人述其事而爲此歌焉天子之祭諸侯皆助獨美二王之後來助祭者以先代之後一旦事人自非聖德服之則彼情未適今二王之後助祭得宜是其敬服時王故能盡禮客主之美光益王室所以特歌頌之○箋二王至杞宋○正義曰樂記稱武王伐紂既下車封夏后氏之後於杞投殷之後於宋故知之也史記杞世家云武王克殷求禹之後得東樓公封之於杞以奉夏后氏之祀是杞之初封即爲夏之後矣其殷後則初封武庚於殷墟後以叛而誅之更命微子爲殷後書序云成王既黜殷命殺武庚命微子啓作微子之命是宋爲殷後成王始命之也樂記武王封先代之後已言投殷之後於宋者以微子終爲殷後作記者從後錄之其實武王之時始封於宋宋爲殷後也樂記注云投者舉徙之辭謂微子在殷先有國邑今舉而徙之別封宋國也若然僖六年左傳曰許僖公見楚子於武城許男面縛銜璧大夫衰經士輿櫬楚子問諸逢伯對曰昔武王克殷微子啓如是武王親釋其縛受其璧而祓之焚其櫬禮而命之使復其所史記宋世家亦云周武王克殷微子乃持其祭器造於軍門肉袒面縛左牽羊右把茅膝行而前以告於是武王乃釋微子復其位如故言復位以還爲微子但微國本在紂之畿內既以武庚君於畿內則微子不得復封於微也但微子自囚以見武王武王使復其位正謂解釋其囚使復臣位不是復封微國也以樂記之文知武王初即封微子於宋矣但未知爵之尊卑國之大小耳至成王既殺武庚命爲殷後當爵爲公地方百里至制禮之後當受上公之地更方五百里史記以爲成王之時始封微子於宋與樂記文乖其說非也如樂記之文武王始封夏後於杞而漢書酈食其說漢王曰昔湯伐桀封其後於杞武王伐紂封其後於宋者主言夏殷之滅其後得封耳以伐夏者湯克殷者武故繫而言之其意不言湯即封杞武即封宋也王者所以必立二王之後者以二代之先受命之祖皆聖哲之君故能克成王業功濟天下後世子孫無道喪其國家遂令宗廟絕享非仁者之意也故王者既行天罰封其支子爵爲上公使得行其正朔用其禮樂立祖王之廟郊所感之帝而所以爲尊賢德崇三統明王位非一家之有也故郊特牲曰王者存二代之後猶尊賢也尊賢不過二代書傳曰天子存二王之後與已三所以通天三統立三正鄭駁異義云言所存二王之後者命使郊天以天子禮祭其始祖受命之王自行其正朔服色此之謂通天三統是言王者立二王後之義也

振鷺于飛。于彼西雝。我客戾止。亦有斯容。興也振振羣飛貌鷺白鳥也雝澤也客二王之後箋云白鳥集于西雝之澤言所集得其處也興者喻杞宋之君有絜白之德來助祭於周之廟得禮之宜也其至止亦有此容言威儀之善如鷺然○處昌慮反〔疏〕振鷺于飛○正義曰言有振振然絜白之鷺鳥往飛也其往飛則集止於西雝之澤色絜白之水鳥而集於澤誠得其處也以興有威儀之杞宋往行也其往而行則來助祭於有周之廟美威儀之人臣而助祭王廟亦得其宜也此鷺鳥之色有絜白之容我客杞宋之君其來至止也亦有此絜白之容非但其來助祭有此姿美耳又在於彼國國人皆悅慕之無怨惡之者今來朝周周人皆愛敬之無厭倦之者猶復庶幾於善夙夜行之以此而能長終美譽言其善於終始爲可愛之極也○傳振振至之後○正義曰此鳥名鷺而已振與鷺連即言于飛魯頌之言振振鷺故知振振羣飛貌也言鷺白鳥者以言亦有斯容則義取絜白故云白鳥也以鷺是水鳥明所往爲澤故知雝澤也謂澤名爲雝故箋云西雝之澤也明在作者之西有此澤言其往嚮彼耳無取於西之義也序言二王之後故知客二王之後客者敵主之言諸侯之於天子雖皆有賓客之義但先代之後時王所徧尊敬特謂之客昭二十五年左傳云宋樂大心曰我於周爲客皋陶謨曰虞賓在位此及有瞽皆云我客有客之篇以微子爲客皆以二王之後特稱賓客也○箋白鳥至鷺然○正義曰以此詩美其助祭明以在澤喻在廟取其得所爲義也以鷺鳥之白興客之威儀前云絜白之德即鷺鳥之容也以上言飛往西雝喻其嚮京而朝而其容之美未見故又云亦有斯容明上句興喻之中亦有絜白之義故云杞宋之君有絜白之德也言威儀之善如鷺然正謂絜白是也

在彼無惡。在此無斁。庶幾夙夜。以永終譽。箋云在彼謂居其國無怨惡之者在此謂其來朝人皆愛敬之無厭之者永長也譽聲美也○斁音亦厭也厭於豔反

振鷺一章八句

豐年。秋冬報也。報者謂嘗也烝也○豐芳弓反〔疏〕豐年七句○正義曰豐年詩者秋冬報之樂歌也謂周公成王之時致太平而大豐熟秋冬嘗烝報祭宗廟詩人述其事而爲此歌焉經言年豐而多穫黍稻爲酒醴以進與祖妣是報之事也言烝畀祖妣則是祭於宗廟但作者主美其報故不言祀廟耳不言祈而言報者所以追養繼孝義不祈於父祖至秋冬物成以爲鬼神之助故歸功而稱報亦孝子之情也作者見其然而主意於報故此序特言報耳其時則不然故那與烈祖實爲烝嘗而序稱爲祀以義不取於報故也其天地社稷之神雖則常祭謂之祈報故噫嘻載芟良耜之等與宗廟異也

豐年多黍多稌。亦有高廩。萬億及秭。豐大稌稻也廩所以藏齍盛之穗也數萬至萬曰億數億至億曰秭箋云豐年大有年也亦大也萬億及秭以言穀數多○稌音杜徐敕古反廩徐力錦反又力荏反倉也秭咨履反一本作數韓詩曰陳穀曰秭也齍盛上音資下音成穗音遂數萬色主反下數億同

爲酒爲醴。烝畀祖妣。以洽百禮。降福孔皆。皆徧也箋云烝進畀予也○醴音禮畀必寐反予也注同妣必履反洽胡甲反本或作洽徧音遍予音與〔疏〕豐年多黍○正義曰言今爲鬼神祐助而得大有之豐年多有黍矣多有稻矣既黍稻之多復有高大之廩於中盛五穀矣其廩積之數有萬與億及秭也爲神所祐致豐積如此故以之爲酒以之爲醴而進與先祖先妣以會其百衆之禮謂牲玉幣帛之屬合用以祭故神又下予之福甚周徧矣○傳豐大至曰秭○正義曰豐大釋詁文稌稻釋草文郭璞曰今沛國呼稻爲稌是也言廩所以藏齍盛之穗者器實曰齍在器曰盛齍盛謂飯食也以米粟爲之遠本其初出於禾穗故謂廩之所藏爲齍盛之穗也禹貢百里賦納總即禾稼也二百里銍即穗也禾稼當積而貯之不在倉廩其穗當在廩藏之故言藏齍盛之穗則自穗以往秸及粟米皆在倉廩矣以穗鄰於禾稼嫌不在廩故特舉其穗以下皆可知也又以經言高廩則廩之高大於藏穗爲宜故言穗也此言藏穗則廩唯藏粟也而地官廩人注云藏米曰廩者對則藏米曰廩藏粟曰倉其散即通也彼廩人職掌萬民之食四釜三釜皆是米事故云藏米耳彼注又云廩人舍人倉人司祿官之長是廩爲倉之惣可以兼米粟也明堂位云米廩有虞氏之庠注云魯謂之米廩虞帝令藏齍盛之委焉記言米鄭言委則以廩之所容兼米兼粟也且此言爲酒爲醴以米爲之明亦藏米可知祭祀酒食當用籍田之粟此言廩之所容乃至萬億及秭則是稅民之物而云以爲酒醴者祭祀之禮亦用稅物信南山云曾孫之穡以爲酒食畀我尸賓是用稅物之文也由其亦用稅物故舉廩之多以爲豐年之狀也言數萬至萬曰億數億至億曰秭於今數爲然定本集注皆云數億至萬曰秭毛以億云及秭萬下不云及億嫌爲萬箇數故辨之也知然者以億言及秭則万與億亦宜相累但不可再言及耳○箋豐年大有年○正義曰年之豐熟必大有物豐訓爲大故云豐年大有之年也春秋宣十六年穀梁傳曰五穀大熟爲大有年公羊以爲大豐年是也桓三年經書有年穀梁傳曰五穀皆熟爲有年公羊傳曰僅有年彼春秋之文相對爲例耳他經散文不必然也魯頌曰歲其有年亦當謂大豐年矣○傳皆徧○正義曰偕訓俱也亦徧之義○箋烝進畀予○正義曰皆釋詁文

豐年一章七句

有瞽。始作樂而合乎祖也。王者治定制禮功成作樂合者大合諸樂而奏之○瞽音古無目眹曰瞽眹音直謹反本或作鼓合乎祖也本或作合乎大祖治直吏反〔疏〕有瞽十三句○正義曰有瞽詩者始作樂而合於太祖之樂歌也謂周公攝政六年制禮作樂一代之樂功成而合諸樂器於太祖之廟奏之告神以知善否詩人述其事而爲此歌焉經皆言合諸樂器奏之事也言合於太祖則特告太祖不因祭祀且不告餘廟以樂初成故於最尊之廟奏之耳定本集注直云合於祖無太字此太祖謂文王也○箋王者至奏之○正義曰王者功成作樂治定制禮樂記文也引之者證此時成功故作樂也彼注云功成治定同時耳功主於王業治主於教民然則武王雖已克殷未爲功成故至於太平始功成作樂也大合諸樂而奏之謂合諸樂器一時奏之即經所云鞉磬柷圉簫管之屬是也知不合諸異代樂者以序者序經之所陳止說周之樂器言既備乃奏是諸器備集然後奏之無他代之樂故知非合諸異代樂也

有瞽有瞽。在周之庭。設業設虡。崇牙樹羽。應田縣鼓。鞉磬柷圉。瞽樂官也業大板也所以飾栒爲縣也捷業如鋸齒或曰畫之植者爲虡衡者爲栒崇牙上飾卷然可以縣也樹羽置羽也應小鞞也田大鼓也縣鼓周鼓也鞉鞉鼓也柷木椌也圉楬也箋云瞽矇也以爲樂官者目無所見於音聲審也周禮上瞽四十人中瞽百人下瞽百六十人有視瞭者相之又設縣鼓田當作輔輔小鼓在大鼓旁應鞞之屬也聲轉字誤變而作田○虡音巨應應對之應注同田毛如字鄭作輔音胤縣音玄注皆同鞉字亦作鼗音桃柷尺叔反圉魚呂反栒荀允反鋸音據植時力反又直吏反衡華盲反卷音權又起圓反鞞步兮反椌苦江反楬苦瞎反矇音蒙有目眹而無見也瞭音了視瞭有目人也相息亮反〔疏〕

有瞽有瞽。毛以爲始作大武之樂合於太廟之時有此瞽人有此瞽人其作樂者皆在周之廟庭矣既有瞽人又使人爲之設其橫者之業又設其植者之虡其上刻爲崇牙因樹置五采之羽以爲之飾既有應之小鼓又有田之大鼓其鼓懸之虡業爲懸鼓也又有鞉有磬有柷有圉皆視瞭設之於庭矣既備具乃使瞽人擊而奏之又有吹者編竹之簫併竹之管已備舉作之喤喤然和集其聲此等諸聲皆恭敬和諧而鳴不相奪理先祖之神於是降而聽之於時我客二王之後適來至止與聞此樂其音感之長令多其成功謂感於和樂遂入善道也此樂能感人神爲美之極故述而歌之。鄭唯應田俱爲小鼓爲異餘同文須如此者以樂皆瞽人爲之故先言有瞽有瞽於瞽下言於周之庭則樂皆在庭矣周人初改爲懸故於諸樂先言懸事於虡業言設則柷圉以上皆蒙設文其簫管則執以吹之非所當設於乃奏之下別言備舉助祭之人蓋應多矣獨言我客者以二王之後尊故特言之也。傳瞽樂至圉楬。正義曰周禮瞽矇爲大師之屬職播鞉柷圉簫管弦歌是瞽爲樂官也釋器云大板謂之業是業爲大板也又解業之所用所以飾栒爲懸也懸之橫者爲栒其上加之以業所以飾此栒而爲懸設也其形刻之捷業然如鋸齒故謂之業或曰畫之謂既刻又畫之以無明文故爲兩解業卽栒上之板與栒相配爲一故遍解栒虡之體植者爲虡橫者爲栒也知者以春官典庸器冬官梓人及明堂位檀弓皆言業虡而不言業此及靈臺言虡業而無栒文皆與虡相配栒業互見明一事也名生於體而謂之爲業則是其形捷業宜橫以置懸故知橫者爲栒旣言業所以飾栒則與之爲一據栒定其橫植而業統名焉故不言橫曰業也栒業既橫則虡者自然植矣釋器云木謂之虡郭璞云懸鍾磬之木植者名虡虡既用木則栒亦木爲之也又知崇牙上飾卷然可以爲懸者靈臺云虡業維樅樅卽崇牙上飾卷然可以爲懸者也繫於業而言維明在業上爲之故與此二文以互言業不言栒也虡者立於兩端栒則橫入於虡其栒之上加於大板則著於栒其上刻爲崇牙似鋸齒捷業然故謂之業牙卽業之上齒也故明堂位云夏后氏之龍簨虡殷之崇牙注云橫曰簨飾之以鱗屬以大板爲之謂之業殷又於龍上刻畫之爲重牙以掛懸紘是牙卽業之上齒也以其形卷然得掛繩於上故言可以爲懸也言掛懸紘者紘謂懸之繩也樹羽置羽者置之於栒虡之上角漢禮器制度云爲龍頭及領口銜璧璧下有旄牛尾明堂位於崇牙之下又云周之璧翣注云周人畫繢爲翣載以璧垂五采羽其下樹翣於簨之角上飾彌多是也知應小鞞者釋樂云大鼓謂之鼖小者謂之應是應爲小鼓也大射禮應鞞在建鼓東則爲應和建鼓應鞞共文是爲一器故知應小鞞也應既是小田宜爲大故云田大鼓也明堂位云夏后氏之足鼓殷人楹鼓周人懸鼓是周法鼓始在懸故云懸鼓周鼓解此詩特言懸意也若然大射禮者是周禮也其樂用建鼓建鼓則殷之楹鼓也而大射用之者以彼諸侯射禮畧於樂備三面而巳故無懸鼓也鞉者春官小師注云鞉如鼓而小持其柄搖之傍耳還自擊是也柷木椌圉楬者以樂記有椌楬之文與此柷圉爲一故辨之言木椌者明用木爲之言柷用木則圉亦用木以木可知而畧之大師注木柷敔也是二器皆用木也阜陶謨云合止柷敔注云柷狀如漆筩中有椎合之者投椎於其中而撞之敔狀如伏虎背上刻之所以止鼓謂之止釋樂云所以鼓柷謂之止所以鼓敔謂之籈郭璞云柷如漆筩方二尺四寸深一尺八寸中有椎柄連底挏之令左右擊止者其椎名也敔如伏虎背上有二十七鉏鋙刻以木長尺櫟之籈者其名也此等形狀蓋依漢之大予樂而知之其栒簨圉敔古今字耳。箋瞽矇至作田。正義曰瞽矇相對則目有小異周禮謂其官爲瞽矇故連言之解以瞽矇爲樂官之意以目無所見思絕外物於音聲審故也周禮上瞽四十人中瞽百人下瞽百六十人春官序官文也彼注云命其賢智者以爲太師小師是以才智爲差等不以目狀爲異也又解此無目而可用者有視瞭者相之又使此視瞭設懸鼓因明設業以下皆視瞭設之非瞽自設也春官序於瞽矇之下云視瞭三百人則一瞽一視瞭也注云瞭目明者也其職云掌大師之懸凡樂事相瞽注云大師當懸則爲之相謂扶工是主相瞽又設懸也以經傳皆無田鼓之名而田與應連文皆在懸鼓之上應者應大鼓則田亦應之類大師職云下管播樂器令奏鼓朄注云爲大鼓先引是古有名朄引導鼓故知田當爲朄是應朄之屬也又解誤爲田意朄字以東爲聲聲既轉去東唯有申在申字又誤去其上下故變作田也。

既備乃奏。簫管備舉。喤喤厥聲。肅雝和鳴。先祖是聽。箋云既備者懸也朄也皆畢已也乃奏謂樂作也簫編小竹管如今賣餳者所吹也管如篴併而吹之。喤華盲反又音橫又音皇編薄殄反又必緜反史記音甫連反字林聲類韻集並布干反餳夕清反蜜也又音唐方言云張皇也卽乾餹也音唐篴字又作笛同徒歷反併步頂反【疏】箋簫編至吹之。正義曰釋樂云大簫謂之言小者謂之筊李巡曰大簫聲大者言言也小者聲揚而小故言筊筊小也郭璞曰簫大者編二十三管長尺四寸小者十六管長尺二寸一名籟易通卦驗云簫長尺四寸風俗通云簫參差象鳳翼十管長二尺其言管數長短不同蓋有大小故也要是編小竹管爲之耳如今賣餳者所吹其時賣餳之人吹簫以自表也史記稱伍子胥鼓腹吹簫乞食吳市亦爲自表異也方言云餳謂之張皇或云滑餹凡飴謂之餳關東之通語也然則餳者餹之類也管如笛併而吹之謂並吹兩管也小師注云管如笛形小併兩而吹之今大予樂官有之是也釋樂云大管謂之簥李巡曰聲高大故曰簥簥高也郭璞曰管長尺圍寸併漆之有底賈氏以爲如篪六孔

我客戾止。永觀厥成。箋云我客二王之後也長多其成功謂深感於和樂遂入善道終無愆過。觀古衍反又如字注同多也樂如字或音洛愆去連反

有瞽一章十三句

潛。季冬薦魚。春獻鮪也。冬魚之性定春鮪新來薦獻之者謂於宗廟也。潛在廉反爾雅作涔郭音潛又音岑韓詩云涔魚池小雅作糝時砧反鮪于軌反【疏】潛六句。正義曰潛詩者季冬薦魚春獻鮪之樂歌也謂周公成王太平時季冬薦魚於宗廟至春又獻鮪澤及潛逃魚皆肥美獻之先祖神明降福作者述其事而爲此歌焉經惣言冬春雜陳魚鮪皆是薦獻之事也先言季冬而後言春者冬卽次春故依先後爲文且冬薦魚多故先言之冬言季冬春亦季春也月令季春薦鮪於寢廟天官漁人春獻王鮪注引月令季春之事是薦鮪在季春也不言季者以季春鮪魚新來正月末有鮪言春則季可知且文承季冬之下從而畧之也冬言薦春云獻者皆謂子孫獻進於先祖其義一也經言以享是冬亦爲獻月令季春言薦鮪是冬亦有薦因時異而變文耳冬則衆魚皆可薦故惣稱魚春唯獻鮪而巳故特言鮪。箋冬魚至宗廟。正義曰冬魚之性定者冬月既寒魚不行乃性定而肥充故冬薦之也天官庖人注云魚鴈水涸而性定則十月巳定矣但十月初定季冬始肥取其尤美之時薦之也月令季冬乃命魚師始漁天子親往乃嘗魚先薦寢廟注云此時魚絜美故特薦之白虎通云王者不親取魚以薦廟故親行非此則不可故隱五年公矢漁於棠春秋譏之是也魯語里革云古者大寒降土蟄發水虞於是乎講罛罶取名魚而嘗之廟言大寒降與此季冬同其言土蟄發則孟春也以春魚始動猶乘冬先肥氣序既移故又取以薦然則季冬孟春皆可以薦魚也韋昭以爲薦魚唯在季冬國語云孟春者誤案月令孟春獺祭魚則魚肥而可薦但自禮文不具無其事耳里革稱古以言不當謬也言春鮪新來者陸機云河南鞏縣東北崖上山腹有穴舊說云此穴與江湖通鮪從此穴而來北入河西上龍門入漆沮故張衡云王鮪岫居山穴爲岫謂此穴也然則其來有時以春取而獻之明新來也陸機又云大者爲王鮪小者爲鮛鮪言王鮪謂鮪之大者也序止言薦獻不言所在故言薦獻之者謂於宗廟也

猗與漆沮。潛有多魚。有鱣有鮪。鰷鱨鰋鯉。漆沮岐周之二水也潛糝也。箋云猗與歎美之言也鱣大鯉也鮪鮥也鰷白鰷也鰋鮎也。猗於宜反與音余漆音七沮七余反鱣張連反鰷音條鱨音常鰋音偃鯉音里糝素感反舊詩傳及爾雅本並作米傍參小爾雅云魚之所息謂之橬橬糝也謂積柴水中令魚依之止息因而取之也郭景純因改爾雅從小爾雅作木傍參音霜甚反又疏䐑反又心稟反字林作槑音山沁反義同鮥音洛爾雅云鮥叔鮪鮎乃謙反沈又奴廉反【疏】猗與漆沮。毛以爲可猗嗟而歎美與此漆沮之二水其中有養魚之潛此潛之內乃有多衆之魚有鱣有鮪又有鰷鱨鰋鯉是其多也我太平王者以獻之先祖以之祀宗廟神明饗之以此得大大之福也。鄭唯介爲助餘同。傳漆沮至潛糝。正義曰漆沮自豳歷岐周以至豐鎬以其薦獻所取不宜遠於京邑故不言豳言岐周者鎬京去岐不遠故繫而言之其實此爲潛之處當近京邑釋器云糝謂之涔李巡曰今以木投水中養魚曰涔孫炎曰積柴養魚曰糝郭璞曰今之作糝者聚積柴木於水中魚得寒入其裏藏隱因以薄圍捕取之糝字諸家本作米邊爾雅作木邊積柴之義也然則糝用木不用米當從木爲正也涔潛古今字。箋鱣大至鰋鮎。正義曰鱣鮪巳釋於衛風言白鰷鰋鮎以時驗而言之也釋魚有鰋郭璞曰今鰋額白魚也

以享以祀。以介景福。箋云介助景大也

潛一章六句

雝。禘大祖也。禘大祭也大於四時而小於祫大祖謂文王。禘大計反大音泰祫戶夾反大祭名也。【疏】雝十六句。正義曰雝者禘大祖之樂歌也謂周公成王太平之時禘祭大祖之廟詩人以今之太平由此大祖故因其祭述其事而爲此歌焉經言祭祀文王諸侯來助神明安慶孝子愛子之多福皆是禘文王之事也毛於禘祫其言不明唯閔宮傳曰諸侯夏禘則不礿秋祫則不嘗然則天子亦有禘祫禘祫者皆殷祭蓋亦如鄭三年一祫五年一禘也武王以周十二月崩其明年周公攝政稱元年十二月小祥二年十二月大祥三年二月禫四年春禘蓋此明也若復五年則成王卽政之年頌之大例皆是元年前事此不應獨在五年禘時也鄭以武王十二月崩成王三年二月禫周公避流言而出明年春禘於時周公未反時非太平必不得爲此頌也又明年周公反而居攝是爲元年至三年而祫五年禘常禘當以夏此卽攝政五年之夏禘也然則此禘毛以春鄭以夏又不同。箋禘大至文王。正義曰禘大祭

釋天文嫌祭之最大故又辨之云大於四時而小於祫礼記祭法禘嚳而郊稷禘謂祭天圜丘也大傳曰王者禘其祖之所自出禘謂祭感生之帝於南郊也然則圜丘與郊亦爲禘祭知釋天所云非祭天者以爾雅之文卽云繹又祭繹是宗廟之祭故知禘亦宗廟之禘也但宗廟尚爲大祭則郊丘大祭可知故鄭志云禘大祭天人共之是也若然禘既大祭宜天不是過而得小於祫者以四時之外特爲此祭大於四時故云大祭但此大祭五年再爲一則合聚祭之一則各就其廟故以合祭爲祫就廟爲禘禘尚大祭祫大可知是舉輕以明重故鄭每云五年再殷祭殷大也謂祫禘二者俱爲大祭也礼宜小者稱大者稀而礼緯言三年一祫五年一禘反禘稀而祫數者聖人因事見法以天道三年一閏五年再閏故制礼象之三年一祫五年一禘每於五年之內爲此二礼據其年端數之故言三年五年耳其實禘祫自相距各五年非祫多而禘少也知禘小於祫者春秋文二年大事於大廟公羊傳曰大事者何大祫也毀廟之主陳於大祖未毀廟之主皆升合食於大祖是合祭羣廟之主謂之大事昭十五年有事於武宮左傳曰禘於武公是禘祭一廟謂之有事也祫言大事禘言有事是祫大於禘也知大祖謂文王者以經云假哉皇考又言文武維后是此皇考爲天下之人后明非后稷若是后稷則身非天子不得言維后也大祖謂祖之大者既非后稷明知謂文王也文王雖不得爲始祖可以爲大祖也若此祭文王則於礼當諱而經云克昌厥後者以此詩自是四海之人歌頌之聲本非廟中之事故其辭不爲廟諱反採得之後卽爲經典詩書不諱故无嫌耳烝民云四方爰發亦此類也。

有來雝雝。至止肅肅。相維辟公。天子穆穆。於薦廣牡。相予肆祀。

相助廣大也箋云雝雝和也肅肅敬也有是來時雝雝然既至止而肅肅然者乃助王禘祭百辟與諸侯也天子是時則穆穆然於進大牡之牲百辟與諸侯又助我陳祭祀之饌言得天下之歡心○相息亮反注同辟音璧君也注同於鄭如字王音烏【疏】有來雝雝毛以爲有是從彼本國而來其顏色雝雝然而柔和既至止於此則容貌肅肅然而恭敬助祭事者維爲國君之諸公於是時天子之容則穆穆然而美言助祭者敬和祭者又美賓主各得其宜又指言助祭之事於我天子薦進大牡之牲其時辟公助祭陳其祭祀之饌言得天下之歡心由大祖德及使之然可嘉美哉君考文王其德彼於後世能安定我之孝子故今爲天下所歸是可嘉也皇考徧使之有才智者維天下之人謂皇考行化教之令之有智所以然者由以文德武功維爲之君故也由皇考能徧使民智故孝子得安皇考之德又能安及皇天使無三辰之災而有徵祥之瑞以此爲天所祐故能昌大其後之子孫令長有天下以今禘祭則皇考又安祐我之孝子得年有秀眉之壽光大孝子以繁多之福也我孝子非徒爲皇考所福既見祐助於光明之考亦見祐助於文德之母言武王大姒以皇考之故亦祐助孝子也○鄭唯辟爲卿士公謂諸侯又以介爲助爲與餘同○傳相助廣大○正義曰釋詁云相助勵也俱訓爲勵是相得爲助廣是寬博亦大之義傳於烈文辟公皆斥諸侯無卿士之義則此辟亦非卿士當謂國君諸公也故王肅云來助祭者維國君諸公天子穆穆然以美德爲之王○箋雝雝至歡心○正義曰雝雝和肅肅敬樂記文也和在色敬在心和敬賢者之嘗因未至與文而分之耳其實常雝肅也以序言禘故云助王禘祭孝子當慤而越言穆穆者以孝子於祖父則爲子孫之容若非對神前則可爲穆穆也言於薦大牡之牲舉其祭時所用楚茨所謂絜爾牛羊以往烝嘗或剝或亨之類是助王陳祭祀之饌言其得天下之歡心此言肆祀箋以爲陳祭祀之饌牧誓云商王受昏弃厥肆祀注云肆祀祭名者以祭必肆之故言肆祀尚書指言紂之所弃故知祭名此言所助是其爲肆故不以爲祭名理亦相通也。

假哉皇考。綏予孝子。宣哲維人。文武維后。

假嘉也箋云宣徧也嘉哉皇考斥文王也文王之德乃安我孝子謂受命定其基業也又徧使天下之人有才知以文德武功爲之君故○假音暇徐古雅反哲音哲本亦作哲同徧音遍下同知音智【疏】傳假加○正義曰釋詁文○箋宣徧至君故○正義曰宣徧釋言文釋詁云皇君也此大祖宜爲一代始王故知嘉哉君考斥文王也閔予小子皇考與皇祖相對故知皇考爲武王此則下有烈考爲武王故知皇考爲文王考者成德之名可以通其父祖故也祭法云父曰考祖父曰王考曾祖曰皇考此與閔予小子非曾祖亦云皇考者以其散文取尊君之義故父祖皆得稱之安我孝子言其享有天下故知謂受命定其基業述皇考一人之德而言文武故知謂文德武功卽文王有聲所云文王受命有此武功是文王有文有武也並舉文武者文以教化武以除暴暴止教興故人皆有才智也○

燕及皇天。克昌厥後。綏我眉壽。介以繁祉。

燕安也箋云繁多也文王之德安及皇天謂降瑞應無變異也又能昌大其子孫安助之以考壽與多福祿○克昌如字或云文王名此禘於文王之詩也周人以諱事神不應犯諱當音處亮反應應對之應○【疏】箋繁多至福祿○正義曰昭二十八年左傳曰惡直醜正寔繁有徒是繁爲衆之義故爲多也天之監下作爲徵祥今言皇考之德能安及皇天故知謂降瑞應也以此福慶流及後昆故言又能昌大其子孫子孫既蒙其福令祭而得祀故文王之神安我孝子以壽考予之以福祿上言綏予孝子是皇考綏之今言綏我眉壽亦是皇考綏之以覆成上意也

既右烈考。亦右文母。

烈考武王也文母大姒也箋云烈光也子孫所以得考壽與多福者乃以見右助於光明之考與文德之母歸美焉○右音祐下同助也大姒音泰下音似文王妃【疏】傳烈考至大姒○正義曰以大祖爲文王皇考當之矣而別言烈考故知爲武王卽洛誥所云烈考武王宏朕恭一也彼注以烈爲威此箋以烈爲光者義得兩通故也文母繼文言之雖太似自有文德亦因文王而稱之也此非頌所主而言之者明時得禘之多故歸美焉

雝一章十六句

載見。諸侯始見乎武王廟也。

○見賢遍反下同○【疏】載見十四句○正義曰載見詩者諸侯始見武王廟之樂歌也謂周公居攝七年而歸政成王成王卽政諸侯來朝於是率之以祭武王之廟詩人述其事而爲此歌焉經言諸侯來朝事服有法助祭得福皆爲見廟而言故舉見廟以愬之案經載見辟王謂見成王也又言率見昭考乃是見於武王之廟今序唯言始見於武王廟不言始見成王者以作者美其助祭不美朝王主意於見廟故序特言之但諸侯之來必先朝而後助祭故經始見君王與率見昭考爲首引耳武王之崩至於成王卽政歷年多矣立廟久矣諸侯往前之朝已應嘗經助祭於此乃言始見於武王廟者以成王初卽王位万事改新成王之於此時親爲祭主言諸侯於成王之世始見武王非謂立廟以來諸侯始見也烈文成王卽政諸侯助祭箋以爲朝享之祭則是周之正月朔日也於時始告嗣位不得祭前已受諸侯之朝此詩言既朝成王乃後助祭則與烈文異時也要言始見君王不宜過後淹久蓋以夏之正月來朝卽助春祀之祭也四時之祭偏祭羣廟獨言見武王者作者特言昭考其意主於武王故也○

載見辟王。曰求厥章。龍旂陽陽。和鈴央央。鞗革有鶬。休有烈光。

載始也龍旂陽陽言有文章也和在軾前鈴在旂上鞗革有鶬言有法度也箋云諸侯始見君王謂見成王也曰求其章也求車服礼儀之文章制度也交龍爲旂鞗革轡首也鶬金飾貌休者休然盛壯○辟音璧下同鈴音零左傳云錫鑾和鈴昭其聲也央於良反徐音英鞗音條鶬七羊反本亦作鎗同休許蚪反又許求反注同軾音式○【疏】載見辟王○毛以爲諸侯始來朝而見君王作者美而述之曰此等皆能自求其章謂能內脩諸已自求車服礼儀文章使不失法度以此之故其所建交龍之旂陽陽然而有文章其在軾之和與旂上之鈴央央然而有音聲又以鞗皮爲轡首之革其末以金爲飾有鎗然而美此旂和鈴革如是休然盛壯而有以光是能自求文章故無所不美也既能朝見以礼至於祭時伯又率之以見於明德之考謂令入武王之廟使之助祭以致孝子之事以獻祭祀之礼以光大我王使得秀眉之壽又敘諸侯之意言此孝享介壽之道長我諸侯能安而行之思使我君成王得衆多之福也是光明文章之君公能得礼如是我昭考之神乃安此諸侯以多福使之皆有光明之德以至於大大謂令傳世無窮長爲國君也○鄭以介爲助辟公謂百辟與諸侯俾緝熙于純嘏謂使之皆光明於大嘏之意唯此爲異餘同○傳載始至法度○正義曰釋詁云哉始也哉載義同故亦爲始龍旂者旂上畫爲交龍故知陽陽言有交章和亦鈴也言在軾前相傳爲然無正文也釋天云有鈴曰旂李巡曰以鈴著旂端郭璞曰懸鈴於竿頭畫交龍於旒是鈴在旂上鞗革有鎗鎗爲革之貌言有法度雖在有鎗之下主爲鞗革而言其意亦兼言旂鈴皆有法也○箋諸侯至盛壯○正義曰以辟公文見於下故先言諸侯此詩成王時事故知始見君王謂見成王也曰求其章者將自說其事故言曰以目之作者所稱曰非諸侯自言曰也諸侯謹慎奉法卽是自求其章旂鈴是在車之物故知車服礼儀文章制度也交龍爲旂春官司常文釋器云轡首謂之革故知鞗革轡首也轡用皮革而云有鎗故知鎗爲金飾貌卽韓奕所云鞗革金厄是也休與烈光連文故爲盛壯○

率見昭考。以孝以享。以介眉壽。永言保之。思皇多祜。

昭考武王也享獻也箋云言我皇君也諸侯既以朝礼見於成王至祭時伯又率之見於武王廟使助祭也以致孝子之事以獻祭祀之礼以助考壽之福長我安行此道思成王之多福○祜音戶福也朝直遙反下篇並同○【疏】傳昭考武王享獻○正義曰見武王而言昭考故知爲武王享獻釋詁文○箋言我至多福○正義曰言我皇君皆釋詁文又上謂諸侯見成王卽云率見昭考明是率此諸侯以孝以享是祭祀之事也故知於祭時伯又率之見於武王廟使助祭也以顧命畢公召公爲二伯率諸侯故知此亦伯率之也三言以者皆以諸侯爲此也以致孝子之事孝子卽成王也之事謂祭事諸侯致之謂助行之也以獻祭祀之祀亦是孝子之事但所助非一別言之耳以助壽考之福謂助行其礼使孝子得壽考之福三者相通爲一事也長我安行此道敘諸侯之意此道卽以孝以享以介眉壽之道也長安行之庶當神明之意思使成王之多

福言諸侯之愛成王卽經之思皇也

烈文辟公。綏以多福。俾緝熙于純嘏。

箋云俾使純大也祭有十倫之義成王乃光文百辟與諸侯安之以多福使光明於大嘏之意天子受福曰大嘏辭有福祚之言。卑必爾反本又作俾緝七入反嘏古雅反祚才故反【疏】箋俾使至之言○正義曰俾使純大釋詁文十倫之義者祭統文也彼云夫祭有十倫焉見事鬼神之道焉見君臣之義焉見父子之倫焉見貴賤之等焉見親疏之殺焉見爵賞之施焉見夫婦之別焉見政事之均焉見長幼之序焉見上下之際焉此之謂十倫引之者解其言俾意以祭祀大而難明有十種倫理之義是爲難曉故言使光明之也此光文百辟與諸侯助祭得禮當於神明昭考之神乃安之以多福又使之光明於大嘏之意謂神使之光明之也所以得光明大嘏意者天子受福故曰大嘏嘏辭有福祚之言以諸侯之意思使成王得多福令嘏辭以福予成王是稱滿諸侯之意則諸侯曉解神心故云使之光明之也俾緝熙是神使辟公光明之則綏以多福是神安辟公以多福非謂安孝子也知天子受福曰大嘏者禮運曰天子祭天地諸侯祭社稷祝嘏莫敢易其常是謂大嘏案特牲少牢皆祝以福慶之言告主人謂之嘏故知禮運大嘏是天子受福之事也彼天子與諸侯連文獨言天子者以此天子之事故言天子耳不可謂諸侯不然魯頌曰天錫公純嘏是諸侯亦爲大嘏也此經雖無毛傳但毛於辟公皆不言百辟嘏皆爲大不爲嘏辭則此辟公指謂諸侯純嘏謂大大也。

載見一章十四句

有客。微子來見祖廟也。

成王既黜殷命殺武庚命微子代殷後既受命來朝而見也。○有客二王之後爲客也見賢遍反序注同紬勑律反又作黜同【疏】有客十二句。○正義曰有客詩者微子來見於祖廟之樂歌也謂周公攝政二年殺武庚命微子代爲殷後乃來朝而見於周之祖廟詩人因其來見述其美德而爲此歌焉經之所陳皆說微子之美雖因見廟而歌其意不美在廟故經無廟事爲周太平之歌而述微子之美者言王者所封得人卽爲王者之美故歌之也言見於祖廟必是助祭序不言所祭之名不指所在之廟無得而知之也。○箋成王至而見○正義曰自命微子以上皆書序文彼注云黜殷命謂殺武庚也微采地名微子啓紂同母庶兄也武王投之於宋因命之封爲宋公代殷後承湯祀是也彼言作微子之命所由微子先封於宋但未得爲殷後耳於此時命爲宋公故作此命辭或召來命之或遣使就命史傳無文未可知也要是既受命乃來朝而見也知非此時召來受命見祖廟者以經言亦白其馬敦琢其旅是自國而來之辭若未受命不得已乘白馬明是受命而後乃來與上有瞽振鷺或亦一時事也

有客有客。亦白其馬。有萋有且。敦琢其旅。

殷尚白也亦亦周也萋且敬慎貌箋云有客有客重言之者異之也亦亦武庚也武庚爲二王後乘殷之馬乃叛而誅不肖之甚也今微子代之亦乘殷之馬獨賢而見尊異故言亦駁而美之其來威儀萋萋且且盡心力於其事又選擇衆臣卿大夫之賢者與之朝王言敦琢者以賢美之故玉言之。○萋七西反且七序反敦都回反徐又音彫琢陟角反重直用反肖音笑駁鄭邦角反又音角雜也【疏】有客有客○毛以爲微子來至京師爲周人所愛故述而歌之言我周家今有承先代之客此客亦如我周自乘所尚而自其馬其來則有萋萋然有且且然言能敬慎威儀盡心力於其事也身既如此又敦琢其從行之徒旅言選擇從者如敦琢玉然是從者皆賢故爲周人所愛有客已一宿又一宿有客經一信復一信至已多日可以去矣我周人授之縶絆以絆其馬愛而留之不欲使去也至於將去王始言餞送之左右之臣又從而安樂之謂與之餞燕厚之無已又歎美微子得爲王者之後用其正朔行其禮樂既有大法則矣神明降與之福則又甚易言有德故易福○鄭唯亦白其馬亦武庚爲異餘同○傳殷尚至慎貌○正義曰解言亦白其馬意以殷尚白故也檀弓曰殷人戎事乘翰翰白色馬雖戎事乘之亦以所尚故白言亦白其馬則是一代所尚宜以代相亦故云亦周也萋萋且且承白馬之下則是微子威儀故云敬慎貌○箋有客至言之○正義曰客止一人而重言有客有客是丁寧殊異以尊大之以亦爲辭亦武庚者此自周人而言有客爲彼此之勢則是據周爲辭不宜反以亦已故爲亦武庚也白馬武庚所當乘乃叛而誅之不肖之甚今微子亦乘殷之白馬不應乘而得乘之獨賢而見尊異故丁寧美大之言亦者駁武庚之惡而反以美之此箋申明易傳之意也既言有客見其乘馬則萋且爲來至之貌故云其來也威儀萋萋且且威儀多之狀故復言之威儀出於心而以力行之故言盡心力於其事也旅是從者之衆敦琢治玉之名人而言敦琢故爲選擇明尊其所往故擇卿大夫之賢者與之朝王從亦有士擧卿大夫而士同可知又解人而言敦琢之意以其此人賢故以玉言之謂以治玉之事言擇人也釋器云玉謂之雕又云玉謂之琢是雕琢皆治玉之名敦雕古今字○

有客宿宿。有客信信。言授之縶。以縶其馬。

一宿曰宿再宿曰信欲縶其馬而留之箋云縶絆也周之君臣皆愛微子其所館宿可以去矣而言絆其馬意各殷勤○縶陟立反○絆音半

薄言追之。左右綏之。

箋云追送也於微子去王始言餞送之左右之臣又欲從而安樂之厚之○餞音賤樂音洛○【疏】傳一宿至曰信○正義曰釋訓云有客宿宿再宿也有客信信四宿也彼因文重而信之此傳分而各言之其意同也○箋周之至殷勤○正義曰言其所館宿可以去矣是宿宿信信之後也古之朝聘留停日數不可得而詳易豐卦初九遇其配主雖旬無咎注云初脩禮上朝四以匹敵恩厚待之雖留十日不爲咎正以十日者朝聘之禮止於主國以爲限聘禮畢歸大禮日旬而稍旬之外爲稍久留非常如鄭此言似諸侯之朝鄰國其留以十日爲限案春秋相朝動經時月雖復亂世之法正禮亦應當然又聘禮記曰致饔明日久夫人歸禮既致饔則旬而稍於大禮之後每旬而稍稍供其芻秣亦非一旬卽歸且諸侯朝王必待助祭祭前齋齋猶十日明非一旬而反但鄭以雖旬之言故云十日爲限不必從來至去唯十日也故此唯言可以去矣亦不知於信信之後幾日乃可去也○箋追送至無已○正義曰追謂已發上道逐而送之故以追爲送客以王爲主故知於微子去王始言餞送亦以王意不欲其去故留之以久於是始言餞送之明先不言送故稱始也左右之諸臣又從而安樂之亦猶顯父餞之與之歡燕以安樂其心是厚之無已

既有淫威。降福孔夷。

淫大威則夷易也箋云既有大則謂用殷正朔行其禮樂如天子也神與之福又甚易也言動作而有度○易以豉反下同○【疏】傳淫大威則易○正義曰淫大夷易釋詁文威則釋言文○

有客一章十二句

武。奏大武也。

大武周公作樂所爲舞也○大如字徐音泰注同○【疏】武七句○正義曰武詩者奏大武之樂歌也謂周公攝政六年之時象武王伐紂之事作大武之樂既成而於廟奏之詩人覩其奏而思武功故述其事而作此歌焉經之所陳皆武王生時之功也直言其奏不言其所奏之廟作者雖因奏作歌其意不在於廟故不言廟此與有瞽及酌或是一時之事但作者之意各有主耳○箋大武至爲舞○正義曰以王者功成作樂必待太平明堂位云周公攝政六年制禮作樂故知大武是周公作樂所爲舞也謂之武者禮器云樂也者樂其所自成注云作樂者緣民所樂於己之功然則以武王用武除暴爲天下所樂故謂其樂爲武樂武樂爲一代大事故歷代皆稱大也

於皇武王。無競維烈。允文文王。克開厥後。

烈業也箋云皇君也於乎君哉武王也無彊乎其克商之功業言其彊也信有文德哉武王也能開其子孫之基緒○於音烏注同【疏】於皇武王○毛以爲於乎可美而君哉者武王也此武王可謂無彊乎維其克商之功業言克商之功業實最爲彊也所以能致此業而得爲彊者由於信有文德者之文王以聖德受命能開其後世子孫之基緒故武王繼嗣其迹而受之謂復受天命以伐紂勝此殷家止於殺人之害以致安定汝武王之大功其盛業如此故象而制樂是以美而歌之○鄭下三句爲異言嗣子武王受其業而行之擧兵伐紂勝殷而止其殺人至年老乃定汝之大功言不汲汲誅紂是其功業之盛故作樂象之○傳烈業○正義曰釋詁文○箋皇君至基緒○正義曰皇君釋詁文臣工於皇箋以爲美此爲君者以其迹伐紂之事是爲君之道故也文王能開子孫之基緒謂受命作周七年五伐皆是也

嗣武受之。勝殷遏劉。耆定爾功。

武迹劉殺耆致也箋云遏止耆老也嗣子武王受文王之業擧兵伐殷而勝之以止天下之暴虐而殺人者年老乃定女之此功言不汲汲於誅紂須暇五年○遏於葛反耆毛音指致也鄭巨移反韓詩音同鄭云惡也汲音急【疏】傳武迹至耆致○正義曰武迹釋訓文劉殺釋詁文宣十二年左傳引此云耆定爾功耆昧也其意言致紂於昧故以耆爲致王肅云致定其大功謂誅紂定天下○箋遏止至五年○正義曰遏止釋詁文曲禮六十曰耆耆爲老也既言文王開後卽云嗣武受之其文相承故以爲嗣子武王受文王之業也其勝殷已是殺紂而別言遏劉者則所遏非紂也故以爲止天下暴虐而殺人者言天下爲衆多之辭謂紂時諸官亦化紂暴虐而殺害善人紂身既已被誅此等亦皆貶黜故得止殺人者論語云如有王者必世而後仁謂積世始得去殺此武王繼始伐紂卽得止殺人者論語所云謂令天下盡仁不復刑殺此謂遏止其時枉殺人者非止天下之用刑也年老乃安定汝之功者言武王之意不汲汲於早誅紂也紂惡久矣武王嗣位卽應誅之猶尚冀紂變改須待寬暇積年始誅之文王受命七年而崩武王以八年卽位至十三年乃誅紂是須暇五年也多方云維爾商後王逸厥逸天惟降時喪惟聖罔念作狂惟狂克念作聖天惟五年須暇湯之子孫注云天待暇其終至五年欲使傳子孫五年者文王受命八年至十三年是須暇五年之事也如尚書之言是天須暇紂此箋意以爲武王須暇紂者武王知天未喪故亦順天不伐據人事而言亦是武王須暇之也天生此紂故以誡殷下愚不移非可待變而云克念作聖須暇子孫者設教勸誘之言耳易傳者以其美武王能老乃定功不汲汲於誅紂以爲不得已而取天下是美之深故易之

武一章七句

臣工之什十篇十章一百六句

閔予小子之什詁訓傳第二十八

閔予小子。嗣王朝於廟也。嗣王者謂成王也除武王之喪將始即政朝於廟也。朝直遙反往同。【疏】閔予小子十一句。正義曰閔予小子詩者嗣王朝於廟之樂歌也謂成王嗣父爲王朝於宗廟自言當嗣之意詩人述其事而作此詩歌焉此朝廟早晚毛無其說毛無避居之事此朝廟事武王崩之明年周公即已攝政成王未得朝廟且又無政可謀此欲夙夜敬慎繼續先緒必非居攝之年也王肅以此篇爲周公致政成王嗣位始朝於廟之樂歌毛意或當然也此及小毖四篇俱言嗣王文勢相類則毛意俱爲攝政之後成王嗣位之初有此事詩人當即歌之也鄭以爲成王除武王之喪將始即政則是成王十三周公未居攝於是之時成王朝廟自言敬慎思繼先緒訪落與羣臣共謀敬之則羣臣進戒文相應和事在一時則俱是未攝之前後至太平之時詩人追述其事爲此歌也小毖言懲創往時則是歸政之後元年之事以其居攝之日抗礼世子今始即政周之新王故亦與此爲類稱嗣王也經云於乎皇考下篇羣臣進謀云率時昭考皆以武王爲言計歲首命諸羣廟皆朝此特謀政故在武王廟也此篇王所自言亦是謀政之事但謀者與人之辭故下篇言謀此則獨述王言故稱爲朝且此三篇一時之事以一人之作皆因朝廟而有此事故首篇言朝以冠之。箋嗣王至朝於廟。正義曰以頌皆成王時事故知嗣王謂成王曲礼云內事曰孝王某外事曰嗣王某彼謂祝之所言以告神因其內外而異稱此非告神之辭直以嗣續先王稱嗣王耳古者天子崩百官聽於冢宰世子以三年之內不言政事此嗣王朝廟自謀爲政則是即政之事故知除武王喪將始即政朝於廟也曲礼稱天子在喪曰予小子若已除喪當爲吉稱而經言小子在疚爲喪中辭者以其服雖除去喪日近又序其在喪之事故仍同喪稱言將始即政者始欲即政先朝於廟既朝而即聽政故言將也烈文箋云新王即政必以朝享之礼祭祖考告嗣位然則除喪朝廟亦用朝享之礼祭於廟矣序不言祭者以作者主述王言其意不在於祭故畧而言朝則祭可知。

閔予小子。遭家不造。嬛嬛在疚。閔病造爲疚病也。箋云閔悼傷之言也造猶成也可悼傷乎我小子耳遭武王崩家道未成嬛嬛然孤特在憂病之中。嬛其傾反崔本作煢疚本又作穴音救【疏】閔予小子。毛以爲成王將涖政而朝於廟乃追悼於已過欲自強於未然故感傷而言曰閔病乎我小子也往日遭此家道之不爲言先王既崩家事無人爲之使已孤特嬛嬛然在於憂病之中賴周公代爲家事得致太平今將自爲政故追述其父於乎可歎美者我之君考謂武王也此武王之道長可後世法之能爲孝行常能念此君祖文王上事天下治民以正直之道而行止子行父業是能孝也皇考以念皇祖而能同其德行維我之小子當早起夜卧敬慎而行此祖考之道止言將不敢懈倦也於乎可歎美者我文武之君以道有此德故我當繼其緒業思其所行不敢遺忘也由不敢忘故夙夜行之。鄭以爲周公未攝之前成王因朝廟而感傷言曰可悼傷乎我小子耳今遭此家之不成唯此爲異餘同。傳閔病至歸政。正義曰閔病疚病皆釋詁文造爲釋言文。言毛意若在疚歸政之後則武王崩已多載今言小子在疚遭家不得追述武王初崩之時也言遭家不爲謂家事無人爲之賴周公爲之已得太平將欲躬行故上念父祖追述此事爲下言發端故王肅云病乎我小子乃遭家之不爲言先王崩則家事莫爲徒嬛嬛在憂而病故周公代爲家事以致太平傳意或然。箋閔悼至之中。正義曰閔者哀閔之辭故爲悼傷之言有所造爲終必成就故造猶成也人之所行死則事廢後生當更造立故云家道未成父在則有所依恃無之則己身孤特故云嬛嬛孤特在憂病之中易傳者以閔疚並訓爲病於文太重孫毓云傳以閔爲病以造訓爲雖義不異於辭不便箋說爲長

於乎皇考。永世克孝。念茲皇祖。陟降庭止。庭直也。箋云茲此也陟降上下也於乎我君考武王長世能孝謂能以孝行爲子孫法度使長見行也念此君祖文王上以直道事天下以直道治民信無私枉。上時掌反又如字孝行下孟反【疏】傳庭直。正義曰釋詁文。箋茲此至私。正義曰茲此釋詁文又云陟升也釋言云降下也故以陟降爲上下也武王身爲孝子耳而云長世是其孝之法可後世長行故知謂以孝行爲子孫法度使長見行之也文王身爲王矣無人得在其上故爲上以直道事天爲君所以牧民故爲下以直道治民即與文王所云文王陟降一也以庭止與陟降共文則二者皆用直道故分而屬之直者即不私枉之謂故云言無私枉論語云舉直措諸枉是枉者不直也禮記曰奉三無私是直者無私

維予小子。夙夜敬止。於乎皇王。繼序思不忘。序緒也。箋云夙早敬慎也我小子早夜慎行祖考之道言不敢懈倦也於乎君王歎文王武王也我繼其緒思其所行不忘也。解音懈【疏】傳序緒。正義曰釋詁文以王世相繼如絲之端緒故轉爲緒。箋敬慎至不忘。正義曰敬者必慎故言敬慎也以上有皇考皇祖故云慎行祖考之道上文之意言皇考自念皇祖非成王念之此言繼緒思不忘宜爲繼武王之緒思不忘武王耳而以爲兼念文王者以成王美武王能念文王明成王亦當念之此文處末可以總前祖考故知兼念文王也

閔予小子一章十一句

訪落。嗣王謀於廟也。謀者謀政事也。【疏】訪落十二句。正義曰訪落詩者嗣王謀於廟之樂歌也謂成王既朝廟而與羣臣謀事詩人述之而爲此歌焉

訪予落止。率時昭考。於乎悠哉。朕未有艾。將予就之。繼猶判渙。訪謀落始時是率循悠遠猶道判分渙散也箋云昭明艾數猶圖也成王始即政自以承聖父之業懼不能遵其道德故於廟中與羣臣謀我始即政之事羣臣曰當循是明德之考所施行故荅之以謀曰於乎遠哉我於是未有數言遠不可及也艾扶將我就其典法而行之繼續其業圖我所失分散者收斂之。艾五蓋反徐音刈判普半反渙音奐【疏】訪予落止。毛以爲成王始即王政恐不能繼聖父之業故於廟中與羣臣謀事汝等當謀我始即政之事止羣臣對王曰當循是明德之考令效武王所施而爲之王又謙而荅之曰於乎可嗟嘆也此昭考之道悠然至遠哉我去之絕未有等數言其遠不可及不能循之汝若將我就之使我繼此先人之業則先人之道乃分散而去矣言己之才不足以繼之也維我小子才智淺短未任統理國家衆難成之事所以不能循是昭考也又述昭考之德言武王能繼其父文王以直道施於上下又能上下其家之職事謂治理羣臣使有次序也美矣我之君考武王能以此文王之道自安尊其身是昭考德同文王己不能及欲令羣臣助謀之也。鄭唯繼猶判渙謂繼續其業圖我所失分散者而收斂之未堪家多難謂年幼未堪以此爲異餘同。傳訪謀至渙散。正義曰訪謀落始率循時是悠遠猶道皆釋詁文春秋莊三年紀季以酅入于齊左傳曰紀於是乎始判是判爲分之義也渙然是散之意故爲散也王肅云將予就繼先人之道業乃分散而去言己才不能繼也傳意或然。箋昭明至收斂之。正義曰釋詁云昭光也光即明義故爲明也釋詁云艾歷也歷數也轉以相訓故艾爲數猶圖釋言文此篇所述皆是王言獨知率時昭考一句爲羣臣言者以王方謀於臣不得自言率考且於乎悠哉朕未有艾是報荅率時昭考之言序云謀於廟明此句是臣爲君謀也率時昭考猶曰儀刑文王欲令法效之也就其典法而行之謂就昭考之法也圖我所失分散者謂已不能行分張散失者欲令羣臣圖謀而收斂聚之以助已也易傳者以謀於羣臣當是求臣之助不宜過自謙退言已不堪繼續故易之

維予小子。未堪家多難。箋云多衆也我小子耳未任統理國家衆難成之事必有任賢待年長大之志難成之事謂諸政有業未平者。難如字協韻乃旦反任音壬下二篇注皆同長張丈反【疏】箋多衆至未平者。正義曰多衆釋詁文此未堪家多難文與小毖正同但鄭以此篇在居攝之前小毖在致政之後下箋云謂使周公居攝時與此異者各準時事而爲說故不同也又重解難成之事謂諸政教已有基業未得平平亦成也謂著制禮作樂營洛之等於時未成也此經雖無傳但毛以此篇爲致政之後不得言年幼而未堪也當自謂才智淺短而未堪耳言未者言已得臣之助則堪也之故以無助爲未堪也

紹庭上下。陟降厥家。休矣皇考。以保明其身。箋云紹繼也厥家謂羣臣也繼文王陟降庭止之道上下羣臣之職以次序者美矣我君考武王能以此道尊安其身謂定天下居天子之位。休許虬反【疏】箋紹繼至之位。正義曰紹繼釋詁文以大夫稱家其家謂其羣臣之家故知謂羣臣也上言昭考此言皇考皆斥武王也武王所繼者文王耳故知繼文王陟降庭止之道上篇陟降庭止與此文相協故全引而說之上云念茲皇祖此言紹庭上下文義正同彌似一人之作上下羣臣之職以次序者謂以德詔爵以功詔祿隨才任之不失次序也言尊安其身則以保爲安明爲尊禮運云君者所明注云明猶尊也以此道尊安其身謂用此文王之道以定天下居天子之位是安而且尊也言此者以武王美道如是已欲謀而行之故以此事告羣臣令爲已謀之也

訪落一章十二句

敬之。羣臣進戒嗣王也。敬之一本無之字【疏】敬之十二句。正義曰敬之詩者羣臣進戒嗣王之樂歌也謂成王朝廟與羣臣謀事羣臣因在廟而進戒嗣王詩人述其事而作此歌焉

敬之敬之。天維顯思。命不易哉。無曰高高在上。陟降厥士。日監在茲。顯見士事也箋云顯光監視也羣臣見王謀即政之事故因時

戒之曰敬之哉敬之哉天乃光明去惡與善其命吉凶不變易也無謂天高又高在上遠人而不畏也天上下其事謂轉運日月施其所行日月瞻視近在此也○易鄭音亦王以豉反見賢遍反遠于萬反上時掌反【疏】敬之敬之○毛以爲成王既謀於廟羣臣進而戒之曰王當敬其事而行之敬其事而行之天之臨下乃光明顯見去惡與善其命吉凶不變易哉王無得稱曰此天乃高而又高在上以爲不見人之善惡而不畏天乃升降以行其事謂轉運日月照臨四方日日視人其神近在於此不爲遠也王既承其戒荅之以謙曰維我小子不聰達於此敬之之意言己心不能達將欲以漸學之令日有所成就於月有所可行且欲學作有光明之事於彼光明之人謂賢中之賢乃從之學又大是相克勝之道汝等羣臣當示導我以顯明之德行是王求戒之言也○鄭唯佛時仔肩一句別義具在箋○傳顯見士事○正義曰顯見釋詁文士察也獄官謂之士者言其能察理衆事是士爲事之義也○箋顯光至在此○正義曰顯光監視釋詁文以此承上篇事相首尾故言羣臣見王謀即政之事故因時戒之天乃光明去惡與善謂天道去惡人與善人其事光明不暗昧也其吉凶不可變易謂善則予之吉惡則加之凶此尊一定終不變易言天之可畏也天高又高在上言遠人之意勿以天爲極高謂其不見人之善惡而不畏之言天上下其事謂以日月行於晝夜自上至下照知其事故云轉運日月施其所行日日瞻視其神近在於此故須敬也天神察物不必以日月而知以人事所見擧驗者言之定本注云無謂天高又高在上

維予小子。不聰敬止。日就月將。學有緝熙于光明。佛時仔肩。示我顯德行。小子嗣王也將行也光廣也佛大也仔肩克也箋云緝熙光明也佛輔也時是也仔肩任也羣臣戒成王以敬敬之故承之以謙云我小子耳不聰達於敬之之意日就月行言當習之以積漸也且欲學於有光明之光明者謂賢中之賢也輔佛是任示道我以顯明之德行是時自知未能成文武之功周公始有居攝之志○佛毛符弗反鄭音弼仔音茲毛云仔肩克也此二字共訓鄭亦同毛訓此二字云仔肩任也肩古賢反德行下孟反注同浸子鴆反道音導【疏】傳小子至肩克○正義曰上二篇亦有小子於是始解者擧下以明上釋言云將送也孫炎曰將行之送是將亦行之義故爲行也以光照耀所及廣遠故以光爲廣佛之爲大其義未聞釋詁云肩克也直以肩爲克耳傳言仔肩克也則二字共訓爲克猶權輿之爲始箋亦云仔肩任也雖所訓不同亦二字共義○箋緝熙至之志○正義曰釋詁云緝熙光也故爲光明鄭讀佛爲輔弼之弼時是釋詁文釋詁云肩勝也即堪任之義故爲任也敬之者止謂恭敬其事而已言不聰達者敬雖由已隨事而生事有不知無所施敬言不聰達其意也日就謂學之使每日有成就月將謂至於一月則有可行言當習之以積漸也定本集注漸作浸王身當理政事而言學有光明是王意以己不達於政未能即任其事且欲學作有光明於彼光明之人謂選擇賢中之賢乃從之學以賢者必有光明之德故以光明表賢也身方學之未堪爲政故輔弼是任示導我以顯明之德行欲使輔弼之人示語己也王既謙虛如是是自知未能成文武之功周公於是之時始有居攝之志知者以周公若已居攝則王不得朝廟謀政明於此時未攝政也周公之攝必當有因王自知不堪思任輔弼周公之志宜因此興故於是乃有攝意也若然成王本欲任賢周公因之以攝所以管蔡流言復爲疑惑者成王本欲身自爲主委任賢臣及周公居攝乃代之爲主人臣而代天子曠世之所罕聞成王既幼復爲管蔡所惑故致疑也周公不爲臣輔之必攝其政者若使爲臣奉上每事稟承雖可以盡心而不得行意欲制礼作樂非攝不可故不得已而居之也中庸曰非天子不議礼不制度不考文又曰雖有其德苟无其位不敢作礼樂焉周公之攝王政其意在於此也

敬之一章十二句

毛詩注疏挍勘記（十九之三）

阮元撰盧宣旬摘錄

○振鷺

宋爲殷後也 閩本明監本毛本同案浦鏜云宋當未字誤是也

士輿襯也 閩本明監本毛本同案浦鏜云櫬誤襯下同是也

無厭依之者 閩本明監本依作射毛本初刻同剜改作倦案所改是也

前云絜白之德 閩本明監本同毛本前作所案所改是也

○豐年

數億至億曰秭 小字本相臺本案此正義本也正義云數億至億曰秭於今數爲然定本集注皆云數億至萬曰秭釋文云數億至萬曰秭一本作數億至億曰秭考伐檀楚茨傳億字毛用今數則此傳自亦是今數當以正義本爲長

以洽百禮 唐石經小字本相臺本同案釋文云祫本或作洽案載芟正義云賓之初筵與豐年皆有以洽百禮之文是正義本此作洽與彼二經同也彼二經箋皆云洽合也此無箋者從可知而省祫雖有合義而其字非此之用當以正義本爲長

○有瞽

而合乎祖也 唐石經小字本相臺本同案釋文云而合乎祖也本或作合乎太祖正義云定本集注直云合於祖無太字此大祖謂文王也考雍序云禘太祖也鄭云大祖謂文王若此序先云太祖不容鄭不解之正義以彼注云謂文王者傳合於此非也當以釋文定本集注爲長

告神以知善否 閩本明監本同毛本善作和案所改是也請正義云以觀其和否是其證

或曰畫之 小字本相臺本同案正義云或曰畫之謂既刻又畫之以無明文故爲兩解段玉裁云或曰當作以白字之誤也說文業下云大版也所以飾縣鐘鼓捷業如鋸齒以白畫之象其鉏鋙相承也正用此傳

鞉鞉鼓也 小字本相臺本同考文古本同閩本明監本毛本下鞉字誤小案正義云鞉者春官小師注云鞉如鼓而小言如鼓而小即不得云小鼓矣釋文鞉下云鞉鞉鼓也通志堂本亦誤改作小

職播鞉柷圉 閩本明監本同毛本職下剜添掌字案所補是也

業即栒上之柷 閩本明監本毛本同案浦鏜云板誤柷是也

加於大板 閩本明監本毛本同案於當作施形近之譌

以掛懸紞 閩本明監本毛本紞作統案皆誤也當作紘

言掛懸紘者統謂懸之繩也 閩本明監本毛本紘誤紞案下統字亦紘之誤山井鼎云案禮記注作紘爲是是也

飾鞞多是也 閩本明監本毛本同案山井鼎云禮注鞞作彌是也

夏后氏之足鼓 閩本明監本毛本同案此不誤浦鏜云鼓足誤倒非也足鼓在商頌傳不盡依明堂位耳亦載廣雅

中有推 閩本同明監本毛本推作椎案所改是也下同

所以止鼓之謂止 閩本明監本毛本同案浦鏜云所以鼓之以止樂之誤是也爾雅疏即取此正作所以鼓之以止樂可證

背上有二十七鉏敔刻 閩本明監本毛本同案浦鏜云鋙誤敔考爾雅疏浦校是也

蓋依漢之大予樂而知之 閩本明監本毛本大予誤天子案下正義引小師注云今大予樂官有之不誤東都賦曰正予樂李善注引東觀漢記太予樂是也山井鼎據誤本後漢書欲改爲大子非又見爾雅疏

如今賣餳者所吹也 小字本同毛本同相臺本餳作錫閩本明監本同案餳字是也見六經正誤正義中字同釋文亦誤錫

管如篴 小字本相臺本同案釋文云篴字又作笛正義引小師注云管如笛形小當是其本作笛字故引後注之篴爲笛也

張皇反 [補]通志堂本同盧本反作也云舊譌作反今從宋本案正義引方言云餳謂之張皇是張皇即爲餳之別名也字是也小字本所附亦作反非

餦之類也 閩本明監本毛本餦作餭案所改是也

長多其成功 小字本相臺本同案考文古本上有永長也觀多五字考釋文永觀下云注同當是其本有觀多之訓考文古文采而爲之耳

○潛

謂周公成王太平時 閩本明監本同毛本平下剜入之字案所補是也

乃命魚師始漁 閩本明監本毛本同案浦鏜云漁誤魚是也此與下矢魚互易之誤耳

公矢漁於棠 閩本明監本毛本漁作魚案所改是也此誤與上互易

潛糝也 閩本明監本毛本同小字本相臺本糝作槮案釋文云槮也素感反舊詩傳及爾雅本並米旁參小爾雅云云郭景純因改爾雅從小爾雅作木旁作參音霜甚反又疏廩反正義云槮字諸家本作米爾雅作木旁作積柴之義也然則槮用木不用米當從木爲正也考正義所謂諸家本者即釋文所謂舊詩傳也爾雅釋文亦云爾雅舊文并詩傳並米旁作是謂槮字特郭璞所改不可轉依以改詩傳正義所說非也當以釋文本爲長

橬槮也 [補]釋文校勘記通志堂本同盧本糝作槮云槮字舊譌從米旁今改正案所改是也

傳溙沮至潛椮 閩本明監本毛本椮誤槮案此不知正義本作椮而以釋文槮字改之也

○雝

神明安慶孝子愛子之多福皆是禘文王之事也 閩本明監本慶作愛毛本初刻同後剜去予上愛字案十行本孝王也剜添者二字是慶愛二字皆當衍神明安孝子五字爲一句

蓋此明也 閩本同明監本毛本明作時案所改是也

反探得之後 閩本明監本同毛本反作及案所改是也

和敬賢者之嘗也 閩本同明監本毛本嘗作常案所改是也

嘉哉皇考斥文王也 小字本同閩本明監本毛本同相臺本皇作君案君字是也正義云可嘉美哉君考文王又云故知嘉哉君考斥文王也是其證閩予小子及訪落皆經言皇考箋言君考也

下音似 (補)通志堂本音似作同姒釋文挍勘記云盧本同姒作音似云舊譌下同姒今從宋本正案考此宋本謂十行本所附也小字本相臺本所附亦是音似○按舊挍非也下同姒不誤古姒姓或作似如潛夫論及漢碑可證此當是鄭箋作大似故陸云下同姒宋本所附乃妄改也大明思齊作大姒則不爲音

○載見

鞗革有鶬 唐石經小字本相臺本同案此釋文本也釋文云鶬七羊反本亦作鎗同正義本是鎗字

曰求其章也 小字本同閩本明監本毛本同相臺本也作者考文古本同案者字是也

如是休然盛壯而有以光 閩本明監本毛本以作顯案所改是也

以助考壽之福 小字本相臺本同考文古本同閩本明監本毛本考壽作壽考案正義云以助壽考之福壽考是也雍箋考壽字兩見依彼正義亦壽考之誤

思成王之多福 閩本明監本毛本同小字本相臺本思下有使字考文古本同案有者是也

祝嘏莫敢易其常 閩本明監本毛本同案常下浦鏜云脫古字是也

○有客

駮而美之 相臺本同閩本明監本毛本同小字本駮作駁案駮字乃是倨牙食虎豹之獸本當作駁取馬色不純之意也後人輒用駮字

既致饗則甸而稍 閩本明監本毛本同案浦鏜云甸誤甸是也

箋云既有大則 小字本相臺本同案山井鼎云古本大下補法字不知據何本也今考此采正義云既有大法則矣而爲之耳非有本也

○武

注云非樂者 閩本明監本同毛本非作作案所改是也

須暇湯之子孫 閩本明監本毛本同案浦鏜云湯衍字是也皇矣正義引作須夏之子孫注云夏之言暇此直作暇者以破引之

○閔予小子

計歲首命諸羣廟皆朝 閩本明監本毛本同案浦鏜云命疑合字譌是也

閔悼傷之言也 小字本相臺本同案釋文閔予小子下云鄭云閔傷悼之言正義云可悼傷乎又云故爲悼傷之言標起止云箋閔悼二本不同也

以道有此德 閩本明監本毛本同案道字當在此字下錯誤耳

信無私枉 小字本相臺本同案正義云故云言無私枉是信字當言字之誤也考文古本作言采正義

言不敢懈倦也 相臺本同閩本明監本毛本同小字本懈作解案解字是也

○訪落

嗣王謀於廟也 小字本相臺本同唐石經初刻朝後改廟案初刻誤也

艾扶將我 小字本同閩本明監本毛本同相臺本艾作女案女字是也正義云汝若將我就之可證考文古本作汝采正義

必有任賢待年長大之志 閩本明監本毛本同小字本相臺本必作心案心字是也山井鼎云古本後人旁記云必異本作心

○敬之

敬之羣臣進戒嗣王也 唐石經小字本相臺本同案釋文云一本無之字正義云敬之十二句是其本有

無謂天高又高在上 小字本相臺本同案正義云定本注云無謂天高又高在上如其所言非爲異本當有誤也意必求之或定本仍作高高無又字故正義用注以目之

日月瞻視近在此也 小字本相臺本同閩本明監本毛本同案正義云日月視人其神近在於此又云日日瞻視其神近在於此是月字乃涉上而誤耳今閩本以下并正義中盡改爲日月誤之甚矣考文古本作日采正義

定本注云天謂天高又高在上 閩本明監本毛本同案上天字當作无形近之譌十行本每書無作无當時以爲別體字也

言當習之以積漸也 小字本相臺本同案正義云定本集注漸作浸釋文云浸也子鴆反考文古本作侵山井鼎云侵恐浸誤采釋文正義也

附釋音毛詩注疏卷第十九(十九之四)

毛詩周頌　鄭氏箋　孔穎達疏

小毖。嗣王求助也。 毖慎也天下之事當慎其小小時而不慎後爲禍大故成王求忠臣早輔助已爲政以救患難○毖音祕難乃旦反禍難之難皆同【疏】小毖八句○正義曰小毖詩者嗣王求助之樂歌也謂周公歸政之後成王初始嗣位因祭在廟而求羣臣助已詩人述其事而作此歌焉經言創艾往過戒慎將來是求助之事也毛以上三篇亦爲歸政之後事於訪落言謀於廟則進戒求助亦在廟中與上一時之事鄭以上三篇居攝之前此在歸政之後然而頌之大列皆由神明而興此蓋亦因祭在廟而求助也○箋毖慎至患難○正義曰毖慎釋詁文箋以經文無小字而名曰小毖故解其意此意出於允彼桃蟲翻飛維鳥而來也言早輔助者初嗣王位而卽求之是其早也

予其懲而。毖後患。莫予荓蜂。自求辛螫。 毖慎也荓蜂摩曳也箋云懲艾也始者管叔及其羣弟流言於國成王信之而疑周公至後三監叛而作亂周公以王命舉兵誅之歷年乃已故今周公歸政成王受之而求賢臣以自輔助也曰我其創艾於往時矣畏慎後復有禍難羣臣小人無敢我摩曳謂爲譎詐誑欺不可信也女如是徒自求辛苦毒螫之害耳謂將有刑誅○懲直升反韓詩云苦也荓普經反爾雅作甹音同蜂本又作夆逢反螫音釋韓詩作辛赦赦事也摩尺制反本又作掣曳以制反艾音刈字或作忩下同創初亮反復扶又反譎音決誑九況反【疏】予其懲而○毛以爲成王卽政求助於羣臣告之云我其懲創於往時而謂管蔡誤已以爲創艾故慎彼在後恐更有患難汝等羣臣莫復於我掣曳牽我以入惡道若其如是我必刑誅於汝是汝自求是辛苦毒螫之害耳以管蔡誤已尋被誅戮故自說懲創戒使勿然既言將欲慎患又說當慎其小惡之初始信如彼桃蟲耳爲惡不已於後更大似桃蟲翻然而飛維爲大鳥矣其意言管蔡始則讒毀周公後遂舉兵誅叛逆是積小成大言後有此類當小卽誅之勿使至大又言求助之意以我才智淺薄未任獨當國家多難之事恐我又集止於患難以蓼荼之辛苦然故須汝等助我慎之言又者非徒多難又集辛苦以此之故求人助已也○鄭於下四句文勢大同屬意小異言已所以創於往時者往始之時信以管蔡之讒爲小如彼桃蟲耳故不卽誅之乃叛而作亂爲王室大患如桃蟲翻然而飛維爲大鳥矣於時我年幼少未任統理國家衆難成之事故使周公攝政卽有三監及淮夷作亂使我又曾於辛苦皆由不慎其小以致使然我今欲慎小防患故須汝等助我言已求助之意也○傳荓蜂摩曳○正義曰釋訓文孫炎曰謂相掣曳入於惡也彼作甹夆古今字耳王肅云以言才薄莫之藩援則自得辛毒孫毓云羣臣無肯肇引扶助我我則自得辛螫之毒此二家以荓蜂爲掣曳爲善自求爲王身自求桒傳本無此意故同之鄭說○箋懲艾至刑誅○正義曰懲與創艾皆嘗有事思自改悔之言此云予其懲而明是有事可創故鄭述其創艾之所由管叔及其羣弟流言於國成王信之而疑周公金縢有其事也三監叛而作亂周公以王命誅之書序有其事也成王年十五周公自東都反而居攝稱元年其年卽舉兵東伐至二年滅殷三年踐奄叛逆之事始得平定是歷年乃已也既創往時畏慎後禍恐其將復如是故戒羣臣小子無敢掣曳我也掣曳者從傍牽挽之言是挽離正道便就邪僻故知謂譎詐誑欺不

可信若管蔡流言之類也毒螫如彼毒蟲之螫故言謂將有刑誅

肇允彼桃蟲。拚飛維鳥。桃蟲鷦也鳥之始小終大者箋云肇始允信也始者信以彼管蔡之屬雖有流言之罪如鷦鳥之小不登誅之後反叛而作亂猶鷦之翻飛爲大鳥也鷦之所爲鳥題肩也或曰鴞皆惡聲之鳥○拚芳煩反鷦子消反鳥始小後大者也

【疏】傳桃蟲鷦至終大○正義曰釋鳥云桃蟲鷦其雌名鴱舍人曰桃蟲名鷦其雌名鴱郭璞曰鷦䳭亡消反桃雀也俗名爲巧婦鷦䳭小鳥而生鵰鶚者也陸機疏云今鷦鷯是也微小於黃雀其鶵化而爲鵰故俗語鷦鷯生鵰言始小終大者始爲桃蟲長大而爲鵰鳥以喻小惡不誅成爲大惡傳言始小終大其文得與箋同但毛以周公爲武王崩之明年卽攝政爲元年時卽管蔡流言成王信之周公與兵誅之成王猶尚未悟旣誅之後得風雷之變啓金滕之書始得周公箋言王意以管蔡流言爲小罪恨不登時誅之毛不得有此意耳是其必異於鄭當謂將來之惡宜愼其小耳故王肅云言患難宜愼其小是謂將來患難非悔不誅管蔡也○箋肇始至之鳥○正義曰肇始允信釋詁文管蔡初爲流言成王信之旣信其言自然不得誅之今悔於不登時誅之者此謂啓金滕後旣信周公之心已知管蔡之妄宜卽執而戮之乃迎周公當時以管蔡罪小不卽誅殺至使叛而作亂爲此大禍故所以爲創也箋又言鷦之所爲鳥題肩或曰鴞皆惡聲之鳥定本集注皆云或曰鴞皆惡鳥也案月令季冬云征鳥厲注云征鳥題肩齊人謂之擊征或曰鷹然則題肩是鷹之別名與鴞不類鴞自惡聲之鳥鷹非惡聲不得云皆惡聲之鳥也說文云鷦䳭桃蟲也郭璞云桃蟲巧婦也方言說巧婦之名自關而東謂之桑飛或謂之工雀或謂之過嬴或謂之女匠自關而西謂之桑飛或謂之蔑雀郭璞注云卽鷦鷯是也諸儒皆以鷦爲巧婦與題肩又不類也今箋以鷦與題肩及鴞三者爲一其義未詳且言鷦之爲鳥題肩事亦不知所出遺諸後賢

未堪家多難。予又集于蓼。堪任予我也我又集于蓼言辛苦也箋云集會也未任統理我國家眾難成之事謂使周公居攝時也我又會於辛苦遇三監及淮夷之難也○蓼音了

【疏】傳堪任至辛苦○正義曰釋詁云堪勝亦任之義也予我釋詁文毛不得有追悔管蔡之事上經謂愼將來則此亦謂將來之事不得與鄭同也當言已才智淺短未任國家多難之事旣已多難又會辛苦故王肅云非徒多難而已又多辛苦是說將來之事對多難爲文蓼辛苦之菜故云又集於蓼言辛苦也○箋集會至之難○正義曰集會釋言文會謂逢過之也世道未平戢闕不息於王者爲辛苦之事故言又會於辛苦也上以翻飛爲喻謂長惡使成此云又集于蓼謂逢其叛逆故上箋言管蔡此箋言三監猶是一事但指憶有先後耳言三監及淮夷之難者淮夷之叛亦三監使然故連言之也

小毖一章八句

載芟。春籍田而祈社稷也。籍田甸師氏所掌王載耒耜所耕之田天子千畝諸侯百畝籍之言借也借民力治之故謂之籍田○芟所銜反除草也甸田見反

【疏】載芟三十一句○正義曰載芟詩者春籍田而祈社稷之樂歌也謂周公成王太平之時王者於春時親耕籍田以勸農業又祈求社稷使獲其年豐歲稔詩人述其豐熟之事而爲此歌焉經陳下民樂治田業收穫弘多釀爲酒醴用以祭祀是由王者耕籍田所祈社稷勸之使然故序本其多穫所由言其作頌之意經則主說年豐故其言不及籍社所以經序有異也月令孟春天子躬耕帝籍仲春擇元日命民社大司馬仲春教振旅遂以蒐田獻禽以祭社然則天子祈社亦以仲春與耕籍異月而連言之者雖則異月俱在春時故以春總之祭法云王爲羣姓立社曰泰社王自爲立社曰王社此二社皆應以春社之但此爲百姓祈祭文當主於泰社其稷與社共祭亦當謂泰社社稷焉○箋籍田至籍田○正義曰天官甸師掌耕耨王籍月令孟春云天子親載耒耜躬耕帝籍是籍田者甸師所掌王所耕也天子千畝諸侯百畝祭義文王親耕者一人獨發三推而巳借民力使終治之故謂之籍田也月令說耕籍之事云天子三推公五推卿諸侯九推周語說耕籍之事也王耕一發班三之庶人終於千畝韋昭云王無耦以一耜耕班次也三之者下各三其上王一發公三卿九大夫二十七然則每耕人數如周語其推之數如月令則王一人發而三推公三人發各五推卿九人發各九推大夫推發則無文因以三孤并六卿是爲九其大夫雖多見相三之數取二十七人爲之耳其士盡八十一人爲之月令止有卿而韋昭兼言大夫明亦宜有士也庶人終於千畝甸師屬之徒也天官序云甸師下士二人府一人史二人胥三十人徒三百人職云掌帥其屬而耕耨王籍注云其屬府史胥徒也耨芸芓也王以孟春躬耕帝籍天子三推三公五推卿諸侯九推庶人終於千畝庶人謂徒三百人籍之言借也王一耕之而使庶人芸芓終之是借民者謂借此甸師之徒也王者役人自是常事而謂之借者言此田耕耨皆當王親爲之但以聽政治民有所不暇故借人之力以爲已功是以謂之借也漢書孝文元年開籍田應邵曰籍田千畝典籍之田臣瓚案景帝詔曰朕親耕后親桑率天下先本不得以假借爲稱而鄭以爲借民力者凡言典籍者謂作事設法書而記之或復追述前言號爲典法此籍田在於公地歲歲耕墾此乃當時之事何故以籍爲名若以事載典籍卽名籍田則天下之事無非籍矣何獨於此偏得籍名瓚見親耕之言卽云不得假借豈田千畝皆天子親耕之乎聖王制法爲此籍田者萬民之業以農爲本五禮之事唯祭爲大以天子之貴親執耒耜所以勸農業也祭之所奉必用己力所以敬明神也祭義云天子爲籍千畝躬秉耒耜以事天地山川社稷先古以爲醴酪齍盛於是乎取之敬之至也是說籍田之意也

載芟載柞。其耕澤澤。千耦其耘。徂隰徂畛。侯主侯伯。侯亞侯旅。侯彊侯以。除草曰芟除木曰柞畛場也主家長也伯長子也亞仲叔也旅子弟也彊彊力也以用也箋云載始也隰謂新發田也畛謂舊田有徑路者彊有餘力者周禮曰以彊予任民以謂閒民今時傭賃也春秋之義能東西之曰以成王之時萬民樂治田業將耕先始芟柞其草木土氣烝達而和耕之則澤澤然解散於是耘除其根株輩作者千耦言趨時也或往之隰或往之畛父子餘夫俱行彊有餘力者相助又取傭賃務疾畢已當種也○柞側伯反除木也澤澤音釋釋注同爾雅作郝音同云耕也郭云言士解也耦五口反芸音云本又作耘除草也畛之忍反徐又音眞彊其艮反有餘力易本又作場音亦長張丈反下同徑古定反閒音閑傭音容賃女鴆反烝音證解音蟹

【疏】載芟載柞○毛以爲周公成王之時耕籍以勸下民祈社而求穀實故其時之民樂治田業於是始芟其所田之草始柞其所田之木待其土氣烝達然後耕之其耕則釋釋然土皆解散又二人相對者有千耦之人其皆耘除此所芟柞草木之根株也其耘之時或往之隰或往之畛其所往之人維爲主之家長維處伯之長子維次長之仲叔維眾之子弟維強力之兼士維所以傭賃之人此等俱往畛隰芸除草木盡家之眾皆服作勞有貧然而眾其來饟饋之人卽其婦之與士也此農人不以其身爲苦乃謂饟已爲勞思逆而媚其行饟之婦有愛其從來子弟是王化之深務農之至也此農人旣去草木根株有略然而利者其所用之耜以此利耜始耕於南畝之中以種其百眾之穀此穀之種實皆含此當生之活氣故從土中驛驛然其鑽土以射出其士也乃有厭然而特茂者其傑立之苗也厭厭然而長大者其齊等之苗也於是農人則穮穮然用其力麃芸之以此至於大熟則穫刈之濟濟然穗眾而難進有成實而多者其此民之積聚也乃有萬與億而及秭言其多無數也天下豐熟而此在上稅而取之以爲三種之酒以爲五齊之醴進予先祖先妣又以會聚其百眾之禮而爲祭祀此所爲之酒醴有餘然其氣芬香用之以祭祀爲鬼神所饗爲我國家之光榮也此所爲之酒醴有如椒之馨香用之以祭祀爲鬼神降福則得年壽與成德之安寧也身治田得穀用之祭祀而使鬼神歡悅邦國安寧祭祀得所故能誠感天地心非云此而有此謂禎祥之應事未至而先來也心非云今而有今謂嘉慶之事不先聞而卽至也此事乃自古以來當如此言脩德行禮莫不獲報非獨於此周時○鄭以依載爲職蒔織然入地而蓄殺其草於南畝之中又以烝畀祖妣爲祭祀之亂以事宗廟以治百禮爲饗燕之禮以待賓客旣言二禮又反而申之言此所爲之酒醴有餘然其氣芬香用之以饗燕賓客爲賓所悅爲我國家光榮也又其爲酒醴有如椒之香馨用之以祭祀鬼神爲鬼神降福則得年壽與成德之安寧也又以且爲辭以振爲古餘同○傳除草至以用○正義曰隱六年左傳云如農夫之務去草焉芟夷蘊崇之是除草曰芟也秋官柞氏掌攻草木及林麓是除木曰柞地官遂人云十夫有溝溝上有畛則畛謂地畔之徑路也至此而易之主故以畛爲場信南山云疆場翼翼是也坊記云家無二主主是一家之尊故知主家長也主旣家長而別有伯則伯是主之長子也亞訓次也次於伯故知仲叔也不言季者以季幼少宜與諸子爲類也令旅中兼之旅訓眾也謂幼者之眾卽季弟及伯仲叔之諸子故云旅子弟也此子弟謂成人堪耕芸者若幼則從饟而行下云有依其士是也強謂力能兼人故云強強力也以者傭賃之人以意驅用故云用也○箋載始至當種○正義曰此本其閑地之初故載爲始原隰者地形高下之別名隰指連形而言則是未嘗墾發故知謂新發田也畛是地畔道路之名故知謂舊田有徑路者強有餘力謂其人強壯治一夫之田仍有餘力能佐助他事者也周禮曰以強予任民地官遂人文彼注云強予謂民有餘力復予之田引之以證強有餘力彼民作甿注云變民言甿異外內也然則甿民是一故以民言之以謂閑民今時傭賃者太宰以九職任萬民其九曰閑民无常職轉移執事鄭司農云閑民謂無事業者轉移爲人執事若今時傭力也是有閑民傭賃之事也又解之以之意春秋之義能東西之曰以此左右隨主人所東西故稱以也僖二十六年左傳曰凡師能左右之曰以左右卽東西也彼雖爲師發例要以者任其東西故引之以證此太平之世而得有閑民者人之才度等級不同自有不能有立於爲人所役者聖人順而任之周禮列於九職是雖太平之世必爲人傭故此得有之也土氣烝達者周語說將耕之事云陽氣俱烝土膏其動韋昭云烝升也月令孟春天氣下降地氣上騰注云此陽氣烝達可耕之候然則土氣烝達者謂陽氣升上達出於是耕之故土得釋釋然而散也釋訓云釋釋耕也舍人曰釋釋循藿藿解散之意言藿作者

合家盡行輩輩俱作言趨時也千耦謂爲耦者千是二千人爲千耦與十千維耦異也或往之隰或往之畛言其所往皆徧也故王肅云有隰則有原言畛新可見美其陰陽和得同時就功也及解所以合家俱作之意務疾畢已當種也已猶了欲疾耕使畢了故下經而種之○

有嗿其饁。思媚其婦。有依其士。

嗿衆貌士子弟也箋云饁饋饟也依之言愛也婦子來饋饟其農人於田野乃逆而媚愛之言勸其事勞不自苦○嗿敕感反饁于輒反饋其愧反饟式亮反【疏】傳嗿衆至子弟○正義曰以耘者千耦饟者必多故知嗿爲衆貌士者男子之稱而不在耕芸之中宜是幼者行饋故爲子弟此經言有嗿其饁以日之婦士俱是行饋之人七月云同我婦子子即此之士也○箋饁饋至自苦○正義曰饁饋釋詁文孫炎曰士野之饋也依文與媚相類媚爲愛故知依亦愛也

有畧其耜。俶載南畝。播厥百穀。實函斯活。

畧利也箋云俶載當作熾菑播猶種也實種子也函含也活生也農夫既耘除草木根株乃更以利耜熾菑之而後種其種皆成好含生氣○畧如字字書作𥓦同俶載毛並如字鄭作熾菑下篇同函戶南反下篇同熾尺志反盛也菑側其反種章勇反下其種同株音誅【疏】傳畧利○正義曰釋詁文○箋實種至活生○正義曰此說初種故知實爲種子函者容藏之義故轉爲含猶人口含之也活者生活故爲生言種子內含生氣種之必生也

驛驛其達。有厭其傑。厭厭其苗。緜緜其麃。

達射也有厭其傑言傑苗厭然特美也麃耘也箋云達出地也傑先長者厭厭其苗衆齊等也○驛音亦爾雅作繹繹云生也厭於豔反下同緜緜如字爾雅云麃也韓詩作民民云衆貌麃表嬌反芸也說文作穮音同云穮鉏田也字林云穮耕禾間也方遙反射食亦反長張丈反【疏】傳達射至麃耘○正義曰苗生達也則射而出故以達爲射釋訓云驛驛生也舍人曰穀皆生之貌是驛驛其達謂苗生達也厭者苗長茂盛之貌其傑苗之傑者亦是苗也而與其苗異文傑謂其中特美者苗謂其餘齊等者二者皆美茂故俱稱厭但以齊等苗多直言厭厭耳以二者相涉故傳詳其文故云有厭其傑言苗傑然特美也箋申特美之意故云先長者傑既是先長明厭厭其餘衆苗齊等者麃是芸之別名緜緜是麃之貌釋訓云緜緜麃也孫炎曰緜緜言詳密也郭璞曰芸不息也王肅云芸者其衆緜緜然不絶也

載穫濟濟。有實其積。萬億及秭。

濟濟難也箋云難者穗衆難進也有實實成也其積之乃萬億及秭言得多也○穫戶郭反積子賜反又如字注同秭音姊【疏】傳濟濟難○正義曰釋訓云濟濟容止也在田穫刈不得有濟濟之容但容止濟濟者必舉動安舒此刈者以禾稠難進不能速疾故亦以濟濟言之言難者箋申之云穗衆難進也

爲酒爲醴。烝畀祖妣。以洽百禮。

箋云烝進畀予洽合也進予祖妣謂祭先祖先妣也以洽百禮謂饗燕之屬○烝之丞反畀必二反注同○【疏】傳百禮言多○正義曰檢定本集注皆無此文有者誤也○箋烝進至之屬○正義曰烝進畀予洽合皆釋詁文箋以下云有飶有椒重設其文則是二事故分此以當之以洽百禮爲合聚衆禮其用酒醴者祭祀以外唯饗燕耳故言謂饗燕之屬賓之初筵與豐年皆有以洽百禮之文與此同而賓之初筵其文之下即云有壬有林林謂諸侯之君故箋以爲合見百國所獻之禮豐年止言報祭無饗燕之義故箋不爲說則與烝畀祖妣共爲祭祀之禮此以有二事故以爲饗燕之禮皆觀文爲義故三者皆異毛既無饗燕之言明皆據祭祀與鄭不同

有飶其香。邦家之光。

飶芬香也箋云芬香之酒醴饗燕賓客則多得其歡心於國家有榮譽○飶蒲郎反芬芳也說文云食之香也字又作苾音同一音蒲必反注同【疏】傳苾芬香○正義曰飶者香之氣故爲芬香也○箋芬香至榮譽○正義曰箋以此充饗燕下充祭祀者以言邦家之光謂國有光榮是於賓客之辭也胡考之寧言身得壽考與祭之祝慶以萬壽無疆義同是於鬼神之辭也故知此爲饗燕下爲祭祀以饗燕施於賓客故云得其歡心於國家有榮譽祭祀進於祖妣故云多得福祿於身得壽考

有椒其馨。胡考之寧。

椒猶飶也胡壽也考成也箋云寧安也以芬香之酒醴祭於祖妣則多得其福右○椒子消反徐子料反沈作俶尺叔反云作椒者誤也此論醲酒芬香無取椒氣之芳也案唐風椒聊箋云椒之性芬芳王註云椒芬芳之物此傳椒猶飶芬香椒是芬芳之物此正相協無故改字爲俶俶始也非芬香馨呼庭反【疏】傳椒猶至考成○正義曰椒是木名非香氣也但椒木之氣香作者以椒言香故傳辨之云猶如飶也僖二十三年左傳曰雖及胡耇周書諡法保民耆艾曰胡胡爲壽也考成釋詁文言考者明老而有成德蕩曰雖無老成人是也

匪且有且。匪今斯今。振古如茲。

且此也振自也箋云匪非也振亦古也饗燕祭祀心非云且而有且謂將有嘉慶禎祥先來見也心非云今而有此今謂嘉慶之事不聞而至也言脩德行禮莫不獲報乃古古而如此所由來者久非適今時○且七也反又子餘反下同見賢遍反【疏】○傳且此振自○正義曰毛雖有此訓其義與鄭不殊○箋振亦至今時○正義曰箋以爾雅有此正訓故易傳以爲振亦古也以上陳祭饗二事此承上文故云饗燕祭祀宜言饗燕祭祀謂爲之得其所也有天下者主於敬待神人接之以禮則人神慶悅至誠感物祥瑞必臻故知非且有且非今斯今謂嘉慶禎祥之事非謂其有而已有之以言報應之疾也且實語助但今謂今時則且亦今時其實是一作者美其事而丁寧重言之耳嘉慶謂王者所得美善之賓事禎祥謂嘉慶之前先見爲後應者也以其分爲二文故屬禎祥於上句屬嘉慶於下句但禎祥爲嘉慶而先見故言將有嘉慶禎祥先來見也以禎祥是事之先應故言先來見嘉慶是善之實事故云不聞而至二者意亦同也此禎祥嘉慶自天爲之亭燕之祀得所不謂其至而已至言脩德行禮莫不獲報乃古又古以來皆如此非適今時美此大平之主能重於農業獲此福慶故歌之也

載芟一章三十一句

良耜。秋報社稷也。

耜音似田器也【疏】良耜二十三句○正義曰良耜詩者秋報社稷之樂歌也謂周公成王太平之時年穀豐稔以爲由社稷之所祐故於秋物既成王者乃祭社稷之神以報生長之功詩人述其事而作此歌焉經之所陳其末四句是報祭社稷之事婦子寧止以上言其耕種多獲以明報祭所由亦是報之事也經言百室盈止婦子寧止乃是場功畢入當十月之後而得言秋報者作者先陳人事使畢然後言其報祭其實報祭在秋寧止在冬也本或秋下有冬字冬衍字與豐年之序相涉而誤定本無冬字

畟畟良耜。俶載南畝。播厥百穀。實函斯活。

畟畟猶測測也箋云良善也農人測以利善之耜熾菑是南畝也種此百穀其種皆成好含生氣言得其時○畟楚側反爾雅云畟畟耜也郭云言嚴利也種章勇反【疏】畟畟良耜○毛以爲農人以畟畟然利刃善耜始事於南畝而耕之種其百衆之穀其實皆含此當時生之氣故生而漸長農人事而芸之於是有來視汝之農人者載其方筐及其圓筥其所盛以饟者維是黍也既饟到田見其農夫所戴之笠維糾然其田器之鎛以此趙而刺地以薅去荼蓼之草其荼蓼之草既朽敗止黍稷乃茂盛止及其成熟乃穫刈之挃挃然爲聲既穫乃積聚之栗栗然衆多所積聚者其大如城雉之崇峻其比迫如櫛之相次既踐踐而治之則以開百室一時而納之於是百室皆盈滿而多穀粟止婦子皆不行而安寧止天下大熟民以安如此國家乃殺是特牲之牡有捄然者此牲之角用此牲以報祭社稷所以報祭之者以嗣繼其先歲復求其豐年以續接其往歲復得以養人又求良善司嗇以續古昔之人其常勤勸農常得豐年也鄭唯俶載爲熾菑爲異餘同○傳畟畟猶測測○正義曰以畟畟文連良耜則是刃利之狀故猶測測以爲利之意也釋訓云畟畟耜也舍人曰畟畟耜入地之貌郭璞曰言嚴利也

或來瞻女。載筐及筥。其饟伊黍。其笠伊糾。其鎛斯趙。以薅荼蓼。

笠所以禦暑雨也趙刺也蓼水草也箋云瞻視也有來視女謂婦子來饁者也筐筥所以盛黍也豐年之時雖賤者猶食黍饁者見戴糾然之笠以田器刺地薅去荼蓼之事言閔其勤苦○筐丘方反筥紀呂反饟式亮反笠音立糾居黝反又其皎反鎛音博趙徒了反刺也又如字沈起了反又徒少反薅呼毛反說文云拔田草也又云或作茠引此以茠荼蓼荼蓼上音徒下音了刺七亦反下同盛音成去起呂反【疏】傳笠所至水草○正義曰笠之爲器暑雨皆得禦之故兼言也其鎛斯趙則趙是用鎛之事是鋤類故趙爲刺地也又釋草云薔虞蓼某氏曰薔一名虞蓼孫炎曰虞蓼是澤之所生故爲水草也蓼是穢草荼亦穢草非苦菜也釋草云荼委葉舍人曰荼一名委葉某氏引此詩則此荼謂委葉也王肅云荼陸穢蓼水草然則所由田有原有隰故並舉水陸穢草○箋瞻視至勤苦○正義曰瞻視釋詁文下言婦子寧止明此以爲不寧故知有來視汝謂婦子來饁者也筐筥之下即云饟明黍故知筐筥所以盛黍也少牢特牲大夫士之祭禮食有黍明黍是貴也玉藻云子卯稷食菜羹爲忌日貶而用稷是爲賤也賤者當食稷耳故云豐年之時雖賤者猶食黍瞻汝是見彼農人之時而陳其笠其鎛故知見農人戴糾然之笠以田器刺地薅去荼蓼之草定本集注皆云薅去荼蓼之事言閔其勤苦與俗本不同

荼蓼朽止。黍稷茂止。穫之挃挃。積之栗栗。其崇如墉。其比如櫛。以開百室。

挃挃穫聲也栗栗衆多也墉城也箋云百室一族也草穢既除而禾稼茂禾稼茂而穀成熟穀成熟而積聚多如墉也如櫛也以言積之高大且相比迫也其已治之則百家開戶納之千耦其耘輩作尚衆也一族同時納穀親親也百室者出必共洫間而耕入必共族中而居又有祭酺合醵之歡○朽虛有反爛也挃珍栗反積子賜反比毗志反注同櫛側瑟反酺音蒲又音步醵其據反又其畧反合錢飲酒也【疏】傳挃挃至墉城○正義曰釋訓云挃挃穫也栗栗衆也李巡曰栗栗積聚之衆○孫炎曰挃挃穫聲也皆取此爲說也城之與牆俱得爲墉但此比高大故爲城○箋百室至之歡○正義曰周禮五家爲比五比爲閭四閭爲族是百室爲一族於

六鄉則一族於六遂則一鄰是鄭以鄉尊於遂故舉鄉言耳上篇言千耦此篇言百室雖未必一人作而其文千百不同故解其意千耦其芸薅作者尚衆故舉多言也一族同時納穀見聚居者相親故舉少言也又解族黨州鄉皆爲聚屬獨以百室爲親親之意由百室出必共洫間而耕入必共族中而居又有同祭酺合醵之歡也故偏言之也遂人云百夫有洫故知百室共洫間而耕彼注云百夫一鄰之田爲六遂之法族在六鄉而引彼者小司徒注云鄉之田制與遂同故得舉鄰之制以言族也祭酺者族師職云春秋祭酺注云酺者爲人物災害之神也古書酺爲步杜子春云當爲酺玄謂校人職又有冬祭馬步則未知此世所云蟓螟之酺與人鬼之步與蓋亦爲壇位如雩禜云族無飲酒之禮因祭酺而與其民以長幼相酬酢焉鄭於彼雖以酺步爲疑而以酺爲正故此以酺言之蟓螟食穀之蟲害及人物此神能爲災害故祭以止之因此祭酺聚錢飲酒故後世聽民聚飲皆謂之酺漢書每有嘉慶合民大酺五日是其事也彼注云因祭酺而與其民長幼相酬即此合醵也禮器云曾子曰周禮其猶醵與注云合錢飲酒爲醵王居明堂之禮乃命國家醵是也族師雖云祭酺不言即爲醵飲酒禮記自有醵語不云醵是族法鄭知祭酺必有飲酒合醵是族法者以族師上文云月吉則屬民而讀邦法書其孝悌睦姻有學者即云春秋祭酺亦如之是於祭酺亦屬民讀法因祭而聚族民明其必爲行禮不可徒然又以族無飲酒之禮故知因祭酺必合錢飲酒與其民長幼相酬酢也鄉飲酒之禮州長於春秋有屬民射於州序之禮黨正於國索鬼神而祭禮有屬民飲酒于序以正齒位之禮此皆禮有飲酒當以公物供之無爲須合錢也唯族無飲酒之禮明合錢飲酒是族師之法故箋以爲同族之禮

百室盈止。婦子寧止。

殺時犉牡。有捄其角。以似以續。續古之人。黃牛黑脣曰犉社稷之牛角尺以似以續嗣前歲續往事也箋云捄角貌五穀畢入婦子則安無行饁之事於是殺牲報祭社稷嗣前歲者復求有豐年也續往事者復以養人也續古之人求有良司穡也○犉如純反本亦作犉捄音蚪復扶又反下同

【疏】傳黃牛至往事○正義曰釋畜直云黑脣犉以言黑脣明不與身同色牛之黃者衆故知黃牛也某氏亦云黃牛黑脣曰犉取此傳爲說也地官牧人云凡陰祀用黝牲毛之注云陰祀祭地北郊及社稷也然則社稷用黝牛角以黑而用黃者蓋正祀用黝至於報功以社是土神故用黃色仍用黑脣也以經言角辨角之長短故云社稷之牛角尺也王制云祭天地之牛角繭栗宗廟之牛角握賓客之牛角尺無社稷之文卑於宗廟宜與賓客同尺也禮緯稽命徵云宗廟社稷角握此箋不易毛傳蓋以禮緯難信不據以爲正也社稷太牢獨云牛者牛三牲爲大故特言之以似以續似訓爲嗣嗣續俱是繼前之言故爲嗣前歲續往歲之事前往一也皆求明年使續今年據明年而言故謂今年爲前往也○箋捄角至司嗇○正義曰此有捄其角與兕觥其觩角弓其觩觩皆與角共文故爲角貌以上言其饟是婦子所爲此言寧止還結上句故知安無行饁之事序云秋報社稷故云於是殺牲以報祭社稷也此爲年豐報祭而云更求嗣續故知嗣前歲者復求有豐年也續往事者復求以養人也言今歲已有豐年得穀養人求今後歲復然也嗣續一義也豐年養人亦一事故因其異文而分屬之耳甫田云以介我稷黍是求有年也以穀我士女是求養人也續古之人文連特牡之求則亦祭求之非人無以續人明求將來之人使續往古之人農事須人唯司嗇耳故知求有良司嗇謂求善田畯也言得善官教民可以益使年豐故也司嗇已所選擇而祭神求之者得賢以否亦是神明所助故因祭求之

良耜一章二十三句

絲衣。繹賓尸也。高子曰。靈星之尸也。繹又祭也天子諸侯曰繹以祭之明日卿大夫曰賓尸與祭同日周曰繹商謂之肜○繹絲衣繹祭之服音亦祭之明日又祭也字書作釋融餘戎反尚書作肜音同

【疏】絲衣九句○正義曰絲衣詩者繹賓尸之樂歌也謂周公成王太平之時祭宗廟之明日又設祭事以尋繹昨日之祭謂之爲繹以賓事所祭之尸行之得禮詩人述其事而爲此歌焉經之所陳皆繹祭始末之事也子夏作序則唯此一句而已後世有高子者別論他事云靈星之尸言祭靈星之時以人爲尸後人以高子言靈星尚有尸宗廟之祭有尸必矣故引高子之言以證賓尸之事子夏說受聖旨不須引人爲證毛公分序篇端於時巳有此語必是子夏之後毛公之前有人著之史傳無文不知誰著之故鄭志答張逸云高子之言非毛公後人著之止言非毛公後人亦不知前人爲誰也以鄭言非毛公後人著之不云詩序本有此文則知鄭意不以此爲子夏之言也鄭知非毛公後人著之者鄭玄去毛公亦爲久遠此書有所傳授故知毛時有之若是後人著之則鄭宜除去之以此明巳不去之意以毛公之時巳有此言故也高子者不知何人孟軻弟子有公孫丑者稱高子之言以問孟子則高子與孟子同時趙岐以爲齊人此言高子蓋彼是也靈星者不知何星漢書郊祀志云高祖詔御史令其天下立靈星祠張晏曰龍星左角曰天田則農祥也晨見而祭之史傳之說靈星唯有此耳未知高子所言是此以否○箋繹又至之肜○正義曰繹又祭釋天文李巡曰繹明日復祭曰又祭知天子諸侯同名曰繹以祭之明日者宣八年六月辛巳有事于太廟仲遂于垂壬午猶繹有事謂祭事也以辛巳日祭壬午而繹是魯爲諸侯用祭之明日此則天子之禮同名曰繹故知天子亦以祭之明日也故公羊傳曰繹者何祭之明日也知卿大夫曰賓尸者今少牢饋食禮者卿大夫之祭禮也其下篇有司徹云若不賓尸注云不賓尸謂下大夫也以言若不賓尸是對有賓尸者有司徹所行卽賓尸之禮是卿大夫曰賓尸案其禮非異日之事故知與祭同日然則天子諸侯謂之繹卿大夫謂之賓尸是繹與賓尸事不同矣而此序云繹賓尸者繹祭之禮主爲賓事此尸但天子諸侯禮大異日爲之別爲立名謂之爲繹言其尋繹昨日卿大夫禮小同日爲之不別立名直指其事謂之賓尸耳此序言繹者是此祭之名賓尸是此祭之事故特詳其文也周曰繹商謂之肜者因繹又祭遂肜釋天以明異代之禮別也彼云周曰繹商曰肜孫炎曰肜者亦相尋不絕之意尚書有高宗肜日是其事也

絲衣其紑。載弁俅俅。自堂徂基。自羊徂牛。鼐鼎及鼒。絲衣祭服也紑絜鮮貌俅俅恭順貌基門塾之基自羊徂牛言先小後大也大鼎謂之鼐小鼎謂之鼒箋云載猶戴也弁爵弁也爵弁而祭於王士服也繹禮輕使士升門堂視壺濯及籩豆之屬降往於基告濯具又視牲從羊之牛反告充已乃舉鼎冪告絜禮之次也鼎圜弇上謂之鼒○紑孚浮反徐孚不反又音培又音弗載如字又音戴同弁皮變反俅音求恭慎也說文作絿同鼐乃代反郭音乃鼒音茲徐音災郭音才說文作鎡字音茲塾音孰門側堂也或音育冪亡歷反本亦作鼏圜音圓弇古奄字

【疏】絲衣其紑○正義曰此述繹祭之事上五句言祭之初下四句言祭之末初言畢者恭順則當祭尊者可知祭末舉其不慢則當祭敬明矣是舉終始以見中舉輕以明重上言於祭之前使士之行禮在身所服以絲爲衣其色紑然而鮮絜在首戴其爵色之麻弁其貌俅俅而恭順此絲衣戴弁之人從門堂之上既視壺濯及籩豆降往於門塾之基告君以濯具更視三牲從羊而往牛所以告肥充又發舉其鼐鼎及鼒鼎之覆冪而告此鼎之絜矣祭之初使畢者行事尚能恭順故至於當祭事尸禮無失者以此王於祭末旅酬之節兕觥罰爵其觩然徒設無所用之所以然者由此助祭飲美酒者皆思自安不讙譁不傲慢每事如禮故無所罰恭順如此當於神明是得壽考之休徵言祭而得禮必將得福故美而歌之○傳絲衣至之鼒○正義曰此述祭事故知絲爲之故云絲衣祭服傳雖不解弁亦當以爲爵弁爵弁之服玄衣纁裳皆以絲爲之故云絲衣也絲衣與紑共文故爲絜鮮貌也載弁謂人戴弁也戴弁者捄捄則俅俅人貌故爲恭順貌也基門塾之基者釋宮云門側之堂謂之塾孫炎曰夾門堂也冬官匠人云門堂三之二注云以爲塾也白虎通云所以必有塾何欲以飾門因取其名明臣下當見於君必熟思其事是塾爲門之堂也直言自堂徂基何知非廟堂之基者以繹禮在門不在廟故知非廟堂也郊特牲曰繹之於庫門內祊之於東方失之矣繹於門內爲失明其當在門外祊以東方爲失明其當在西方是祊之與繹一時之事故注云祊之禮宜於廟門外之西室繹又於其堂神位在西二者同時而大名曰繹又禮器曰爲祊乎外注云祊祭明日之繹祭也謂之祊者於廟門外之傍因名焉其祭之禮既設祭於室而事尸於堂孝子求神非一處也以此二注言之則祊繹大同而繹統名焉繹必在門故知基是門塾之基謂廟門外西夾之堂基也自羊徂牛是從此往彼爲先後之次故知詩意言先小後大爲行事之漸也釋器云鼎絕大者謂之鼐鼐既絕大鼒自然小故曰小鼎謂之鼒此經自堂徂基徂言所往之處不言所爲之事牛羊但言所視之物不言所往之處互相足也鼐及鼒不言自徂蒙上自徂之文鼎則先大後小與牛羊異者取鼒爲韻故變其文也○箋載猶至之鼒○正義曰載者在上之名故經稱載弁若言以頭戴之則於人易曉故云載猶戴也禮有冠弁韋弁皮弁皆不以絲爲衣且非祭禮之服雜記云士弁而祭於公冠而祭於己士冠禮有爵弁服純衣與此絲衣相當故知此弁是爵弁士服之以助君祭也又解天子之朝羣官多矣所以不使服冕之人而使戴弁之意由繹之禮輕故使士也若正祭則小宗伯云視滌濯祭之日逆齊省饋告時於王告備於王彼正祭重使小宗伯此繹祭輕故使士蓋亦宗伯之屬士也知使士升門堂視壺濯及籩豆者以特牲雖則士禮而士卑不嫌其禮得同君故準特牲爲說特牲先夕陳事主人卽位於堂下宗人升自西階視壺濯及籩豆反降東北面告濯具主人出復外位宗人視牲告充宗人舉鼎冪告絜彼先視濯籩豆次視牲次舉鼎先後與此羊牛鼎次第正同自堂徂基文在牛羊之上自然是視壺濯籩豆矣以此知自堂徂基是告濯具從羊之牛是告充鼐鼎及鼒是舉冪告絜也禮之次者謂特牲之禮爲此次故準之以說天子之禮也鼎圜弇上謂之鼒釋器文孫炎曰鼎斂上而小口者以傳直言小鼎不說其形故取爾雅文以足之

兕觥其觩。旨酒思柔。不吳不敖。胡考之休。吳譁也考成也箋云柔安也繹之旅士用兕觥變於祭也飲美酒者皆思自安不讙譁不敖慢也此得壽考之休徵○光字又作兕徐履反觥古橫反罰爵也字又作觵同觩音虬本又作斛吳舊如字說文作吳吳大言也何承天云吳字誤當作吳從口

下大故魚之大口者名吳胡化反此音恐驚俗也音話敖五誥反本又作傲注同譁音花讙火官反又火元反慢亡諫反〔疏〕傳吳譁考成○正義曰人自娛樂必讙譁爲聲故以娛爲譁也定本娛作吳考成釋詁文○箋柔安至休徵○正義曰柔安釋詁文少牢特牲大夫士之祭也其禮小於天子尚無兕觥故知天子正祭無兕觥矣今此繹之禮至旅酬而用兕觥變於正祭也知至旅而用之者兕觥所以罰失禮未旅之前無所可罰至旅而可獻酬交錯或容失禮宜於此時設之也有司徹是大夫賓尸之禮猶天子之繹所以無兕觥解者以大夫禮小卽以祭日行事未宜有失故無也上經說祭初行禮唯謂士耳此言飲美皆思自安則是諸助祭者非獨士也以祭末多倦怠傲慢故美其於祭之末能不讙譁不傲慢則於祭前齊敬明矣恭敬明神必將獲福故以此得壽考之休徵壽考未然之事故言徵也

絲衣一章九句

酌。告成大武也。言能酌先祖之道。以養天下也。周公居攝六年制禮作樂歸政成王乃後祭於廟而奏之其始成告之而已○酌音灼字亦作汋大如字徐音泰〔疏〕酌九句○正義曰酌詩者告成大武之樂歌也謂周公攝政六年象武王之事作大武之樂既成而告於廟作者覩其樂成而思其武功述之而作此歌焉此經無酌字序又說名酌之意言武王能酌取先祖之道以養天下之民故名篇爲酌毛以爲述武王取紂之事卽是武樂所象衆鄭以爲武王克殷用文王之道故經述文王之事以昭成功所由功成而作此樂所以上本之也言告成大武不言所告之廟有舊始作樂而合乎太祖此亦當告太祖也大司樂舞大武以享先祖然則諸廟之中皆用此樂或亦徧告羣廟也言酌先祖之道者周之先祖后稷以來先世多有美道武王酌取用之除殘去暴育養天下故詩人爲篇立名謂之爲酌序其名篇之意於經無所當也鄭以經陳文王之道武王得而用之亦是酌取之義但所酌之事不止此耳經有遵養時晦毛謂武王取紂鄭爲文王養紂此言以養天下則是愛養萬民非養紂身雖養字爲同非經養也酌左傳作汋古今字耳○箋周公至而已○正義曰周公攝政六年制禮作樂明堂位文雖六年已作歸政成王乃後祭於廟而奏之初成之時未奏用也其始成告之而已故此篇歌其告成之事言此者以明告早晚謂在居攝六年告之也知然者以洛誥言攝政七年之事而經稱周公戒成王云肇稱殷禮祀於新邑明待成王卽政乃行周禮禮既如此樂亦宜然故知大武之樂歸政成王始祭廟奏周公初成之日告之而已

於鑠王師。遵養時晦。時純熙矣。是用大介。鑠美遵率養取晦昧也箋云純大熙興介助也於美乎文王之用師率殷之叛國以事紂養是闇昧之君以老其惡是周道大興而天下歸往矣故有致死之士助之○於音烏注同鑠舒灼反○〔疏〕於鑠王師○毛以爲因告大武之成故歌武王之事於乎美哉武王之用師也率此師以取是闇昧之君謂誅紂以定天下由既誅紂故於是令周道大明盛矣是大明之故遂有大而又大謂致今時之太平也又本用師取是昧之事所以爲可美者以我周家用天人之和而受之言以和受殷非苟用強力也蹻蹻然有威武之貌者我武王之所爲則用此武而有嗣文王之功王能如是故歎美之實維爾王之事信得用師之道以此故作爲大武以象其事鄭以爲大武象武王伐紂本由文王之功故因告成大武追美文王之事於乎美哉文王之用師衆也乃率殷之叛國養是暗昧之君以成其惡故民服文王能以多事寡以是周道乃大興矣由有至美之德誠義足以感人是以大賢士來而助之賢士既來我文王寵而受之來者既受用故蹻蹻然有威武之士競於我王之造言其皆來造王王則寵而用之以此而有嗣續言其傳相致遠續來不絕由是武王因之得成功作樂故歎美之實維以武王之事信得用師之道言武王以文王之故故得道也○傳鑠美至晦昧○正義曰鑠美釋詁文又云遵率循也俱訓爲循是遵得爲率武王於紂養而取之故以養爲取宜十二年左傳引此云遵養時晦者昧也故轉晦爲昧言取是暗昧則謂武主取紂不得與鄭同也又緝熙之訓皆爲光明介字毛皆爲大則此亦宜然王肅云於乎美哉武王之用衆也率以取是昧謂誅紂定天下以除昧也於是道大明是用有大大言太平也○箋純大至助之○正義曰純大熙興皆釋詁文以卒句乃言信得用師之道於此未宜歎其大大故依常訓以介爲助以武王之業因於文王養紂不伐是文王之事此說大武功成文宜本之於父故以爲美文王之師養者承事之辭故云率殷之叛國以事紂左傳云耆昧也皇矣云上帝耆之是養之至老故云養是暗昧之君以老其惡論語云三分天下有其二以服事殷周之德可謂之至德孔子歎美文王謂之至德是周道以養紂之故遂得大興也孟子說伯夷避紂居北海之濱太公避紂居東海之濱聞文王作興而歸之二老者天下之大老也而歸之是天下父歸之也天下父歸之其子焉往也是天下歸往之也文武之士並歸周但下言蹻蹻是威武之貌故云有致死之士衆來助之文王率殷之叛國以事紂襄四年左傳文

我龍受之。蹻蹻王之造。載用有嗣。龍和也蹻蹻武貌造爲也箋云龍寵也來助我者我寵而受用之蹻蹻之士皆爭來造王王則用之有嗣傳相致○蹻居表反造毛才老反鄭七報反詁也傳直專反〔疏〕傳龍和至造爲○正義曰龍之爲和其訓未聞魯頌稱蹻蹻虎臣故爲武貌造爲釋言文王肅云我周家以天人之和而受殷用武德嗣文之功傳意或然天人之和謂天助人從和同與周也○箋龍寵至相致○正義曰上言大介爲大來助周則我龍受之龍此大介寵字以龍爲聲故龍爲寵也來卽寵受人皆美之故蹻蹻之士爭來造王而王又用之則其餘嗣續而至儒行說交友之道久相待遠相致故以有嗣爲傳相致也從大介至有嗣卽之爲三等言從周之士有先後而至也○傳公士○正義曰釋詁文

實維爾公允師。公事也箋云允信也王之事所以舉兵克勝者實維女之事信得用師之道〔疏〕箋允信至之道○正義曰允信釋詁文上說行文王之士至此乃述武王故言武王之士所以舉兵克勝謂伐紂勝之也

酌一章九句

桓。講武類禡也。桓。武志也。類也禡也皆師祭也○禡馬嫁反桓武志也本或以此句爲注〔疏〕桓九句○正義曰桓詩者講武類禡之樂歌也謂武王將欲伐殷陳列六軍講習武事又爲類祭於上帝爲禡祭於所征之地治兵祭神然後克紂至周公成王太平之時詩人追述其事而爲此歌焉序又說名篇之意桓者威武之志言講武之時軍師皆武故取桓字名篇也此經雖有桓字止言王身之武名篇曰桓則謂軍衆盡武謚法闢土服遠曰桓是有威武之義桓字雖出於經而與經小異故特解之經之所陳武王伐紂之後民安年豐克定王業代殷爲王皆由講武類禡得使之然作者主美武王意在本由類禡故序達其意言其作之所由講武是軍衆初出在國治兵也類則於內祭天禡則在於所征之地自內而出爲事之次也○箋類也王師祭○正義曰釋天云是類是禡師祭也王制云天子將出征類乎上帝禡於所征之地注云上帝謂五德之帝所祭於南郊者言祭於南郊則是感生之帝夏正於南郊祭者周則蒼帝靈威仰也南郊所祭一帝而已而云五德之帝者以記文不指言周不得斥言蒼帝故漫言五德之帝以揔之又嫌普祭五帝故言南郊以別之五德者五行之德此五方之帝各有本德故稱五德之帝太昊炎帝之等感五行之德生亦得謂之五德之帝但類於上帝謂祭上天非祭人帝也且人帝無時在南郊祭者以此知非人帝也謂之類者尚書歐陽說以事類祭之天位在南方就南郊祭之春官肆師云類造上帝注云造猶卽也爲兆以類祀卽祭上帝也類禮依郊祀而爲之者言依郊祀爲之是用歐陽事類之說爲義也言爲兆以祭上帝則是隨兵所鄉就而祭之不必祭於南郊但所祭者是南郊所祭之天耳正以言造故知就其所往爲其兆位而祭之不要在南郊此言小異於歐陽也南郊之祭天周以稷配此師祭所配亦宜用常配之人周卽當以后稷也禡之所祭其神不明肆師云凡四時之大田獵祭表貉則爲位注云貉師祭也於立表處爲師祭祭造軍法者禱氣勢之增倍也其神蓋蚩尤或曰黃帝又甸祝掌四時之田表貉之祝號杜子春云貉兵祭也田以講武治兵故有兵祭習兵之祀故貉祭禱氣勢之十百而多獲由此二注言之則禡祭造兵爲軍法者爲表以祭之禡周禮作貉貉又或爲貉字古今之異也貉之言百祭祀此神求獲百倍

綏萬邦。婁豐年。箋云綏安也婁亟也誅無道安天下則亟有豐熟之年陰陽和也○婁力住反亟欺冀反數也下同〔疏〕綏萬邦○毛以爲武王誅紂之後安此萬邦使無兵寇之害數有豐年无飢饉之憂所以得然者上天所命命爲善不解倦者以爲天子桓桓然有威武之武王則能安有其天下之事是其爲善不倦故爲天所命於是用其武事於四方除其四方之殘賊能安定其家謂成就先王之業遂爲天下之主乃歎而美之於乎此武王之德乃明見於天殷紂以暴虐之故武王得用此美道以代之○鄭唯下二句爲異言於明乎曰天言天道之大明也紂爲天下之君但由爲惡之故天以武王代之餘同○箋綏安至陽和○正義曰綏安釋詁文又云亟屢疾也同訓爲疾是屢得爲亟也經言萬國箋言天下天下卽萬國也堯典云協和萬邦哀七年左傳曰禹會諸侯於塗山執玉帛者萬國則唐虞夏禹之時乃有此萬國耳王制之注以殷之與周雖千七百七十三國无萬國矣此言萬國者因下有萬國遂擧其大數此文廣言天下之大不斥諸侯之身國數自可隨時變易其地猶是萬國之境故得擧萬言之此安天下有豐年謂伐紂卽然僖十九年左傳云昔周飢克殷而年豐是伐紂之後卽有豐年也

天命匪解。桓桓武王。保有厥士。于以四方。克定厥家。士事也箋云天命爲善不解倦者以爲天子我桓桓有威武之武王則能安有天下之事此言其當天意也於是用武事於四方能定其家先王之業遂有天下○解音懈注同〔疏〕箋天命至天下○正義曰以天命匪解爲下文揔之克定厥家是天子之事故知天命以爲天子也安有天下之事謂天下衆事武王能安而有之以天下爲任而行之不解言其當於天意也以當天意故天命之於是用其武事於四方謂既能誅紂又四方盡定由是萬國得安陰陽得和此言結上之意也家

者承世之辭故云能定其家先王之業遂有天下先王雖有其業而家道未定故於伐紂其家始定也

於昭于天皇以間之

間代也箋云于曰也皇君也於明乎曰天也紂爲天下之君但由爲惡天以武王代之○於音烏注同間間廁之間注同【疏】傳間代○正義曰釋詁文毛傳未有以于爲曰皇多爲美此義必不與鄭同也王肅云於乎周道乃昭見於天故用美道代殷定天下傳意或然○箋于曰至代之○正義曰于曰皇君釋詁文言於明乎曰天言天去惡與善其道至光明也以武王代紂即是明之事言武王當天意以代紂所以歎美之

桓一章九句

賚。大封於廟也。賚予也。言所以錫予善人也。

大封武王伐紂時封諸臣有功者○賚來代反與也徐又音來【疏】賚六句○正義曰賚詩者大封於廟之樂歌也謂武王既伐紂於廟中大封有功之臣以爲諸侯周公成王大平之時詩人追述其事而爲此歌焉經無賚字序又說其名篇之意賚予也言所以錫予善德之人故名篇曰賚經之所陳皆是武王陳文王之德以戒勑受封之人是其大封之事也此言大封於廟謂文王廟也樂記說武王克殷之事云將帥之士使爲諸侯下文則云虎奔之士脫劍祀乎明堂注云文王之廟爲明堂制是大封諸侯在文王之廟也○箋大封至有功者○正義曰以言大封則所封者廣雖初定天下可有此事守文之世不應得然且宣十二年左傳曰昔武王克商而作頌其三曰敷時繹思我徂維求定引此文以爲武王之頌故知武王伐紂時封諸臣有功者封爲諸侯樂記說武王克殷未及下車而封薊祝陳下車而封杞宋又言將率之士使爲諸侯是大封也昭二十八年左傳曰昔武王克商光有天下其兄弟之國者十有五人姬姓之國者四十人古文尚書武成篇說武王克殷而反祀於周廟列爵惟五分土惟三大賚于四海而萬民悅服皆是武王大封之事此言大封於廟樂記未至廟而已封三恪二代者言其急於先代之意耳祭統曰古者明君必賜爵祿於太廟示不敢專也然則武王未及下車雖有命封之必至廟受策乃成封耳亦在此大封之中也皇甫謐云武王伐紂之年夏四月乙卯祀於周廟將率之士皆封諸侯國四百人兄弟之國十五人同姓之國四十人如謐之言此大封是伐紂之年事也○

文王既勤止。我應受之。敷時繹思。我徂維求定。

勤勞應當繹陳也箋云敷猶徧也文王既勞心於政事以有天下之業我當而受之敷是文王之勞心能陳繹而行之今我往以此求定謂安天下也○敷音孚繹音亦徧音遍下篇同【疏】文王既勤止○正義曰武王既封諸臣有功者於文王之廟因以文王之道戒勑之言我父文王既以勤勞於政事止以勤勞於事故有此天下之業我當受而有之故我徧於是文王勞心之事皆陳而思行之我往以此維求安定言用文王之道往行天下以求天下之定此文王勞心之事是我周之受天命而王之所由於乎今汝諸臣受封者亦當陳而思行之言已陳行文王之道勑諸臣亦使陳而行之以此而至於太平故追述而歌之也○傳勤勞應當繹陳○正義曰皆釋詁文○箋敷猶至天下○正義曰敷訓爲布是廣及之義故云猶徧也文王既勞心於政事者尚書所謂日昃不遑暇食是其事也由此勞心以有天下之業我當受之謂受其位爲天子也今我往以此求定者往者自已及物之辭謂行之於天下以求安定天下也

時周之命。於繹思。

箋云勞心者是周之所以受天命而王之所由也於女諸臣受封者陳繹而思行之以文王之功業勑勸之○於鄭如字王音烏王于況反又如字下篇同【疏】箋勞心至勸之○正義曰言是者上之勞心也上天之命命不解怠者故知勞心是周之所以受天命而王之所由此詩爲大封而作故知於繹思是勑諸臣受封使陳而思行之文王之道可示爲大法故以文王之功業勑勸之於亦歎辭也

賚一章六句

般。巡守而祀四嶽河海也。

般樂也○般薄寒反注同守手又反般樂也音洛崔集注本用此注爲序文【疏】般七句○正義曰般詩者巡守而祀四岳河海之樂歌也謂武王既定天下巡行諸侯所守之土祭祀四岳河海之神神皆饗其祭祀降之福助至周公成王大平之時詩人述其事而作此歌焉經稱喬嶽翕河是祀河岳之事也經無般字序又說其名篇之意般樂也爲天下所美樂定本般樂二字爲鄭注未知孰是岳實有五而稱四者天子巡守遠適四方至於其方之岳有此祭祀於中岳無事故序不言焉四瀆者五岳之匹故周禮岳瀆連文序既不言五岳故亦不言四瀆以河是四瀆之一故舉以爲言漢書溝洫志曰中國川原以百數莫著於四瀆而河爲宗然則河爲四瀆之長巡守四瀆皆祭言河可以兼之經無海而序言海者海是衆川所歸經雖不說祭之可知故序特言之

於皇時周。陟其高山。嶞山喬嶽。允猶翕河。

高山四嶽也嶞山山之嶞嶞小者也翕合也箋云皇君喬高猶圖也於乎美哉君是周邦而巡守其所至則登其高山而祭之望秩於山川小山及高嶽皆信案山川之圖而次序祭之河言合者河自大陸之北敷爲九祭者合爲一○於音烏注同嶞吐果反注同郭云山狹而長也又同果反字又作墮喬嶽上音橋下音岳翕許及反【疏】於皇時周○毛以爲於乎美哉是周家也既定天下巡省四方所至之處則登其高山之岳而祭之其祭之也於大山之傍有嶞嶞然之小山與高而爲岳者皆信案山川之圖者又合九河爲一以大小次序而祭之也徧天之下山川皆聚其神於是配而祭之能爲百神之主德合山川之靈是周之所以受天命由此也○鄭雖以皇爲君褒爲衆爲異餘同○傳高山至翕合○正義曰岳必山之高者故知高山四岳也嶞山對高山爲小故知山之小者墮墮然言其狹長之意也毛於皇字多訓爲美王肅云美矣是周道已成天下无違四面巡岳升祭其高山傳意或然翕合釋詁文○箋皇君至爲一○正義曰皇君喬高釋詁文猶圖釋言文以於已是歎美之辭故以皇爲君君是周邦謂爲天子也巡守所至則登其高山而祭之謂每至其方告祭其方之岳也堯典及王制說巡守之祀皆言望秩于山川堯典注云徧以尊卑次秩祭之則知嶞山喬岳允猶翕河皆謂秩祭之事故云小山高岳皆信案山川之圖而次序祭之此即望秩之事也喬岳與上句高山猶是一事但巡守之祀其祭主於方岳故先言陟其高山又說望秩之意言小山亦可與四岳同祭故又言喬岳合與小山爲類見其同祭之耳允猶之文承山岳之下可案山圖耳而并云川者山之與川共爲一圖言望秩山川則亦案圖耳但河分爲九合而祭之一故退翕河之文在允猶之下使之不蒙允猶自河以外其餘衆川明皆案圖祭之故云信案山川之圖信者謂審信而案之又解山不言合獨河言合者河自大陸之北敷爲九河祭者合之爲一故云翕也禹貢導河自積石至于龍門南至于華陰東至于底柱又東至於孟津東過洛汭至于大伾北過降水至于大陸又北播爲九河同爲逆河入于海是大陸之北敷爲九河敷者分散之言與播義同故彼注云播猶散也同合也下尾合爲逆河言相迎受也然則因大陸分而爲九至下又合爲一以其首尾是一故祭者合之漢書地理志鉅鹿郡有鉅鹿縣大陸澤在其北禹貢注云在鉅鹿鄭志苔張逸云鉅鹿今名廣河澤然則河從廣河之北分爲九也禹貢兗州云九河既道孔安國注云河水分爲九道在此州界平原以北是也鄭注云河水自上至此流盛而地平無岸故能分爲九以衰其勢壅塞故通利之也九河之名徒駭大史馬頰覆釜胡蘇簡絜鉤盤鬲津周時齊桓公塞之同爲一今河間弓高以東至平原鬲盤往往有其遺處焉鄭言九河之名釋水文也李巡曰徒駭者禹疏九河以徒衆起故曰徒駭大史者禹大使徒衆通水道故曰大史馬頰者河勢上廣下狹狀如馬頰覆釜者水多渚其渚往往而處狀如覆釜胡蘇者其水下流故曰胡蘇胡下也蘇流也簡者水深而簡大也絜者言河水多山石之苦故絜絜苦也鉤盤者河水曲如鉤屈折如盤故曰鉤盤鬲津者河水狹小可隔爲津故曰鬲津孫炎曰徒駭者禹疏九河功難衆懼不成故曰徒駭太史者大使徒衆故依名云胡蘇者水流多散胡蘇然簡者水通易也鉤盤者水曲如鉤盤桓不前也鬲津者水多阸狹可隔以爲津而橫渡也是解九河之名意也溝洫志稱成帝時博士許商以爲古記九河之名有徒駭胡蘇鬲津今見在成平東光鬲界中自鬲以北至徒駭間相去二百餘里今河雖數徙不離此域如商此言上舉三河之名下以縣充之則徒駭在成平胡蘇在東光鬲津在鬲縣其餘六者商所不言蓋於時以不能詳知其處故也又商言自鬲以北至徒駭間相去二百餘里則徒駭是九河之最北者鬲津是九河之最南者然則爾雅之文從北而說也太史馬頰覆釜文在胡蘇之上則三者在成平之南東光之北也簡絜鉤盤文在胡蘇之下則三者在東光之南鬲縣之北也鄭亦不能具知所在故云往往有其遺處是其不審之辭也郭璞云徒駭今在成平縣東光有胡蘇亭鬲盤今皆爲縣屬平原渤海東光成平河間弓高以東往往有其遺處焉璞言盤今爲縣以爲盤縣其餘亦不審也雖古之河跡難得而詳要於禹貢之時皆在兗州之界於漢之州則兗州之所部近南其界不及於北故鄭志趙商謂河在兗州之北已分爲九河分而復合於大陸之北又分爲九故問之曰禹貢導河至于大陸又北播爲九河然則大陸以南固未播也在於兗州安得有九至於何時復得合爲一然後從大陸已北復播爲九也答曰兗州以濟河爲界河流分兗州界文自明矣復合爲一乃在下頭子走南北何所求乎觀子所云似徒見今兗州之界不及九河而青冀州分之故疑之耳既知今亦當知古是鄭以古之九河皆在兗州之界於漢乃冀州域耳言復合爲一乃在下頭正以經云同爲逆河入于海明并爲一河乃入于海故云在下頭耳亦不知所并之處故不斥言之齊桓公塞爲一者不知所出何書其并爲一未知并從何者

敷天之下。裒時之對。時周之命。

裒聚也箋云裒衆對配也徧天之下衆山川之神皆如是配而祭之是周之所以受天命而王也○裒蒲侯反於繹思毛詩無此句齊魯韓詩之今毛詩有者衍文也崔集注本有是採三家之本崔因有故解之【疏】傳裒聚○正義曰釋詁文○箋裒聚至而王○正義曰釋詁云裒衆多也俱訓爲多是裒得爲衆釋詁云妃合會對也是對得爲配言徧天之下則無有不祭故以爲衆山川之神皆配祭之王言配者山川大小相從配之祭無不偏之意也是周之所

以受天命而王者言其得神之助故能受天之命武王受命伐紂後乃巡守方始祭祀山川而云受命由此者作者以神能助人歸功於神見受命之前已能敬神及今巡守猶能敬之故所以得受天命而王天下言此是神明之助故也此篇末俗本有於繹思三字誤也

般一章七句

閔予小子之什十一篇十一章百三十七句

毛詩注疏挍勘記（十九之四）　阮元撰盧宣旬摘錄

○小毖

然而頌之大列 閩本明監本同毛本列作例案所改非也列當作判形近之譌

翩飛維鳥而來也 閩本明監本毛本同案此不誤浦鏜云經作拚非也翻字出箋鄭意以拚爲翻之假借故於訓釋中竟改其字而正義依之耳

而毖後患 小字本相臺本同唐石經毖下旁添彼字案正義云故慎彼在後當是自爲文耳非其本更有彼字也用之添者誤

自求辛螫 小字本相臺本同唐石經初刻同後磨改螫作蟄案螫字是也五經文字云螫式亦反是其證

蜂本又作峯 〔補〕釋文挍勘通志堂本盧本峯作蠭案蠭字誤改也小字本所附亦作峯但峯亦譌字作夆爲是集韻三鍾載夆𧏊二形云爾雅甹夆掣曳也或作蜂可證

摩尺制反 〔補〕通志堂本盧本同釋文挍勘云案摩非也考爾雅釋文云掣本或作摩同充世反說文云引而縱之依此是於說文爲瘛字集韻十三祭所載掣瘛二字下皆無摩

予其懲而 閩本明監本毛本而作入句二字案所改非也山井鼎云而字上屬爲是也正義讀而斷句釋文以懲而作音

莫復於我掣曳 閩本明監本毛本同案注作摩正義作掣摩掣古今字易而說之也標起止仍作摩釋文云摩本又作掣非正義本也今爾雅作掣考文古本注作掣者采釋文正義耳○案掣本作瘛見說文說文無掣字也作摩更非

後遂舉兵誅叛逆 閩本明監本毛本同案誅當作謀形近之譌

以蓼茶之辛苦然 閩本明監本毛本同案山井鼎云以恐似誤是也

此二家以蛢蜂也 閩本同明監本毛本蛢作荓案所改是

爲掣曳爲善 閩本明監本毛本同案此不誤浦鏜云善疑惡字誤非也王肅孫毓掣曳爲善與鄭掣曳正相反正義上有明文浦不考之甚

便就邪僻 閩本明監本毛本同案浦鏜云使誤便是也

或曰鴞皆惡聲之鳥 小字本相臺本同案正義云定本集注皆云或曰鴟皆惡鳥也云云考鳥之單名鴞者鴟也單名鴟者梟也皆與桃蟲迥非一物此箋當本作或曰鴟皆惡鳥也合爾雅方言廣雅陸機疏觀之可得其證○案當作或曰鶚月令注云征鳥題肩齊人謂之擊征或曰鷹鶚與鷹正一類二注正同耳此取小鳥化大鳥之義無取惡聲之義蓋有譌爲鴞之本而淺人乃妄增皆惡聲之鳥五字耳鴟鴞惡聲之鳥見毛傳題肩非惡聲也舊挍云當作或曰鴟鴞甚誤鴟鴞鶚鴞古說即桃蟲非桃蟲所變化也詳段玉裁詩經小學

釋鳥云桃蟲鷦其雌名鴱 閩本明監本毛本同案浦鏜云名衍字是也此涉下所引注而誤

鷦鷯亡消反桃雀也 閩本明監本毛本同案亡消反三字當旁行細書正義自爲音也

俱毛以周公 閩本明監本毛本同案山井鼎云俱恐但誤是也

始得周公 閩本明監本毛本同案得當作信

○載芟

春籍田而祈社稷也 閩本明監本毛本同唐石經籍作藉小字本相臺本同案說文作耤者爲正字諸書作籍者爲假借字或又用藉字爲之故此正義引應氏漢書注以典籍爲說也當是正義本字從竹十行本字多作籍依正義也經注本字作藉依石經也餘同此

周語說耕籍之事也 閩本明監本毛本同案浦鏜云也當云字誤是也

王耕一發 閩本明監本毛本同案此不誤浦鏜云墢誤發非也發古墢字正義所引國語自如此不與今本同也

甸師下士一人 閩本明監本毛本同案浦鏜云二誤一是也

徒二百人 閩本明監本毛本同案浦鏜云三誤二是也

漢書孝文元年 閩本明監本毛本同案浦鏜云二誤元是也

率天下先 閩本明監本毛本同案山井鼎云漢書率作爲非也正義所引漢書自如此耳

畛埸也 小字本相臺本閩本明監本毛本埸誤場案釋文云埸本又作場音亦正義本字作埸皆可證

強強力也 閩本明監本毛本同小字本相臺本強皆作彊案強字誤也下及正義中同寫者以強爲彊之別體字而亂之耳

維強力之兼土 閩本明監本毛本土作士案士字是也

爲鬼神所鄉 閩本明監本毛本同案浦鏜云鄉當饗字誤是也

照指連形而言 閩本明監本毛本連作地案皆誤也當作田

又解之以之意 閩本明監本毛本同案上之字當作云形近之譌

自有不能有立 閩本明監本同毛本下有字作存案所改是也

及解所以合家俱作之意 閩本明監本毛本同案浦鏜云及當又字誤是也

饁饋饟也 小字本相臺本同案此釋文本也釋文以饁饋饟也作音可證正義云饁饋釋詁文是其本無饟字考爾雅饟字在饋字上甫田箋取彼成文併解經之饁饟二字七月傳云饁饋也此箋與之同下文云婦子來饋饟其農人於田野乃取饟字以足句耳非此句中先有饟字也當以正義本爲長

孫炎曰土野之饋也 閩本明監本毛本土作饁案所改是也七月正義作饁可證

正義曰苗生達也則射而出 閩本明監本毛本同案也當作地壞字耳

謂苗生達也也厭者苗長茂盛之貌 閩本明監本毛本下也字作厭案此誤改耳上也字當作地讀也字句絕厭者下屬乃說經有厭之文不得重厭字

郭璞曰芸不息也 閩本明監本毛本同案此不誤浦鏜云案爾雅注作芸耨精非也正義所引自如此

釋訓云濟濟容止也 閩本明監本毛本同案此不誤浦鏜云釋訓無容字非也容字正義增之不依本書耳文王正義所引亦有可證

箋云烝進 小字本相臺本同案正義本上有傳標起止云傳百禮言多正義云檢定本集注皆無此文有者誤也

有椒其馨 唐石經小字本相臺本同案釋文云椒子消反徐子料反又云沈作俶尺叔反云作椒者誤也云云正義本是椒字與釋文本同考釋文有云無故改字爲俶當是毛氏詩舊本無作俶者特始於沈重改之耳故釋文正義唐石經皆不從也

僖二十三年左傳曰 閩本明監本毛本同案浦鏜云二誤三是也

乃古古而如此 相臺本同閩本明監本毛本同小字本上古字作自案小字本誤

○良耜

秋報社稷也 唐石經小字本相臺本同案釋文云本或有冬字者非正義云本或秋下有冬衍字與豐年之序相涉而誤定本無冬字

以續接其往歲 閩本明監本毛本同案浦鏜云歲當事字誤是也

薅去荼蓼之事言閔其勤苦 小字本相臺本同案正義云薅去荼蓼之草定本集注皆云薅去荼蓼之事言閔其勤苦與俗本不同依此是正義本事當作草無言閔其勤苦五字也

古書醻爲步也 閩本明監本毛本同案浦鏜云故誤古是

如雩榮云 閩本明監本毛本榮作祭案所改非也山井鼎云榮恐祟誤是也

乃命國家醵是也 閩本明監本毛本同案浦鏜云脉衍文是也

後求有豐年也 小字本同閩本明監本毛本同相臺本後作復考文古本同案復字是也釋文正義皆可證

求有良司穡也 小字本相臺本同案正義標起止云至司嗇是其本作嗇字

用騂生毛之 閩本明監本生作牛毛本初刻同後剜作牲案所改是也

牛角以黑而用黃者 閩本明監本毛本同案浦鏜云角當色字誤是也

亦一事故因其異文 閩本明監本毛本同案故當作箋下屬讀之山井鼎云宋板故作也其實不然當是剜也

○絲衣

商謂之彤 小字本相臺本同案釋文云之融餘戎反尚書作彤音同依此是鄭此注本用融字今正義中字皆作彤標起止亦云至之彤或其本作彤與釋文本不同也爾雅亦作彤

字書作釋 〔補〕通志堂本同盧本作𢑴云舊作釋今改正

合其天下立靈星祠 閩本明監本毛本同案浦鏜云其令二字誤倒是也

仲遂于垂 閩本明監本同毛本于上剜入卒字案所補是也

送形繹天 閩本明監本毛本形作肜案皆誤也當作取

乃舉鼎冪告絜 小字本相臺本同案釋文以舉冪作音是其本無鼎字正義云是舉冪告絜也其本亦當無鼎字有者後人以正義所引特牲文添之耳

士冠禮有爵弁服紂衣 閩本明監本毛本紂作絲案皆誤也當作純

視滌濯 閩本明監本同毛本滌作滌案所改是也

次視牲次舉鼎 閩本明監本毛本同案鼎當作冪

不吳不敖 唐石經小字本相臺本同案傳云吳譁也正義云人自娛樂必讙譁為聲故以娛為譁也定本娛作吳釋文云不吳舊如字譁也是正義本作娛釋文定本作吳也詳正義之意因傳云吳譁也而說之以娛樂讙譁又例以為毛不破字故定經文從娛也其實此經字與泮水經同彼箋即用此傳經文皆本是吳字說文云吳大言也義與譁合當以釋文定本為長盧文弨校乃依史記所引改為虞誤也

說文作吳吳大言也 〔補〕釋文校勘記通志堂本同盧本二吳字皆作吳案所改是也

何承天云吳字誤當作吳從口下大 〔補〕通志堂本盧本吳作吳吳作吳案所改是也

傳吳譁考成 閩本明監本毛本同案吳當作娛

此言飲美皆思自安 閩本明監本毛本同案美下浦鏜云脫酒字是也

○酌

酌九句 閩本明監本毛本同案此不誤浦鏜云八誤九章末並同非也讀以實唯爾公為一句允師為一句唐石經亦云九句也

即是武樂所象衆 閩本明監本毛本同案盧文弨云衆疑衍是也

酌左傳作約 閩本明監本毛本同案山井鼎云約當作汋是也

即之為三等 閩本明監本毛本同案山井鼎云即恐節誤是也

傳公士○正義曰釋詁文 閩本明監本毛本在下節首十行本誤在上節末案山井鼎云士當作事是也下同

○桓

桓武志也 唐石經小字本相臺本同案釋文云本或以此句作注正義云序又說名篇之意桓者威武之志云云是正義本亦為序文

夏正於南郊祭者 閩本明監本毛本同案正當作至形近之譌

以記文不旨言周 閩本明監本毛本同案浦鏜云旨當指字誤是也

且人帝無時在南郊祭者 閩本明監本毛本同案時當作特形近之譌

婁豐年 唐石經小字本相臺本同閩本明監本毛本婁作屢案釋文作婁是其證也正義中字作屢當是易為今字耳餘經依釋文皆當作婁正義自為文作屢者皆易字之例唐石經錯見屢字者非屢乃俗字耳今杜預集解本於宣十二年傳所引此經亦作屢非左氏之舊矣

即玉帛者萬國 閩本明監本毛本同案山井鼎云左傳即作執是也

○賚

○般

般樂也 小字本相臺本同案此釋文本也釋文云崔集注本用此注為序文正義云經無般字序又說其名篇之意般樂也為天下所美樂定本般樂二字為鄭注未知孰是是正義本為序文與集注同也考此序解般樂也與桓序云桓武志也賚序文賚予也言所以錫予善人也正為一例當以集注本為長唐石經序末無此三字出於釋文定本而經注各本之所祖也

墮山山之墮墮小者也 小字本同閩本明監本毛本同相臺本墮作隋案相臺本是也正義云有隋隋然之小山是隋隋疊經字不容下一字作隋也釋文云字又作墮考說文山部云墮山之隋隋者乃用此傳文則作隋為正矣十行本正義中字多作隋唯故知山之小者墮墮然一處作墮或正義本是墮字後依經注本改之而未盡也明監本毛本并改作隋隋閩本此與十行本同而上下文又改隋為墮

東至於底柱也 閩本明監本毛本同案浦鏜云厎誤底是也

鉤盤者河水曲如鉤屈折如盤故曰鉤盤 閩本明監本毛本同案浦鏜云盤李本作股以爾雅釋文考之是也但此當是正義涉孫郭本而誤非其字有譌也

以為古記九河之名 閩本明監本毛本同案此不誤浦鏜云說誤記非也正義引漢志如此

時周之命 唐石經小字本相臺本同案正義云此篇末俗本有於繹思三字誤也釋文云於繹思毛詩無此句齊魯韓有之今毛詩有者衍文也崔集注本有是採三家之本崔因有故解之今考正義釋文所說自得其實經義雜記乃并三家此句亦以為衍誤矣

箋哀聚至而王 閩本明監本毛本同案山井鼎云據注聚當作衆是

王言配者 閩本明監本毛本同案浦鏜云王疑正字誤是也

附釋音毛詩注疏卷第二十（二十之一）

駉之什詁訓傳第二十九

毛詩魯頌　鄭氏箋　孔穎達疏

魯頌譜

魯者少昊摯之墟也國中有大庭氏之庫則大庭氏亦居茲乎○正義曰昭十七年左傳云郯子曰少皞摯之立也定四年左傳祝佗曰命伯禽封於少皞之墟是其文所出也明堂位曰封周公於曲阜少皞之墟即曲阜也漢書地理志云周興以少皞之墟曲阜封周公子伯禽為魯侯以為周公主應劭云曲阜在魯城中委曲長七八里然則其都在此曲阜其地則名魯也昭十八年宋衛陳鄭災左傳稱梓慎登大庭氏之庫以望之經傳之文雖不言大庭居魯而此庫繫大庭言之故為疑辭云則大庭氏亦居此乎杜預曰大庭氏古國名在魯城內魯於其處作庫高顯故登以望氣然則大庭之居在於魯城內於其處作庫非大庭氏所作也○在周公歸政成王封其元子伯禽於魯○正義曰洛誥言七年冬周公致政成王時事其經云烝祭歲文王騂牛一武王騂牛一王命作冊逸祝冊惟告周公其後注云謂將封伯禽也又閟宮云王曰叔父建爾元子俾侯于魯是周公歸政成王封其元子伯禽之事也史記魯世家云武王既克殷封周公旦於少皞之墟曲阜是為魯公周公不就封於是卒相成王而使其子伯禽代就封於魯然則周公於武王之時已受魯封但身不之魯使伯禽就國至歸政之後成王乃大啓土宇令地方七百里魯之封疆於是始定故據後定言之其封域在禹貢徐州大野蒙羽之野○正義曰禹貢海岱及淮惟徐州云蒙羽其藝大野既豬徐州是魯之界故知之○自後政衰國事多廢十九世至僖公當周惠王襄王時而遵伯禽之法養四種之馬牧於坰野○正義曰魯自伯禽之後有武公魯人追立其廟以為世室又有孝公為樊仲山甫所薦雖復賢於諸公不為時所歌頌不能遵伯禽之法故揔云政衰事廢明僖公興之故致頌也世家云伯禽卒子考公酋立卒弟熙立是為煬公卒子幽公宰立十四年弟潰弒幽公而立是為魏公卒子厲公擢立卒魯人立其弟具是為獻公卒子眞公濞立卒弟敖立是為武公卒子戲立為懿公九年兄括之子伯御與魯人攻殺懿公而立伯御為君十一年周宣王伐魯殺伯御乃立懿公弟稱是為孝公卒子弗湟立是為惠公卒子息姑攝行君事是為隱公十一年冬公子翬殺隱公立其弟允為君是為桓公十八年卒立太子同是為莊公三十二年卒立子開為閔公立其卒於是季友奉公子申立之是為僖公從周公數之故為十九世僖公以惠王十九年即位襄王二十二年薨是當周惠王襄王時也○尊賢祿士脩泮宮崇禮教○正義曰有駜諭僖公用臣必先致祿食祿振鷺言絜白之士羣集君朝是尊賢祿士也泮水頌僖公能脩泮宮是脩泮宮崇禮教也舒瑗云魯不合作頌故每篇言頌以名生於不足故也能脩泮宮土功之事春秋經不書者泮宮止國學也脩謂舊有其宮脩行其教學之法功費徼少非城郭都邑例所不書也僖十六年冬會諸侯于淮上謀東署公遂伐淮夷○正義曰春秋僖十六年經書冬十有二月公會齊侯宋公等於淮左氏傳曰會于淮謀鄫且東署如傳之意以言此會主為謀鄫且東行署地今鄭言謀東略則鄭意言此會非直謀鄫且謀東署以為二俱謀之僖九年左傳宰孔云齊侯不務德而勤遠署故北伐山戎南伐荊楚西為此會東署之不知西則否矣是謂征伐為署也此言謀東署者謂東征伐而署地也淮會既有此謀公所以遂伐淮夷泮宮之篇所說伐淮夷事是也但春秋經傳僖公無伐淮夷之事故鄭推校早晚以為淮會之謀東署即是謀伐淮夷既謀即伐故稱遂也案左傳僖十六年冬公會諸侯于淮未歸而使師取項公為齊所止十七年方始得還傳云書曰公至自會猶有諸侯之事焉且諱之也然則伐淮夷者是在十七年末公還之後乃興師伐之詩稱既作泮淮夷攸服則是受成於學然後出師非因會而遂行也淮會謀東略者與諸侯共謀詩稱伐淮夷者專美魯侯蓋以淮夷居淮之上在徐州之界最近於魯於時霸者使魯獨征之故詩專美僖公也用兵征伐事之大者春秋之例君舉必書所以經傳無伐淮夷文者當是史文脫漏故經傳皆闕○僖二十年新作南門又脩姜嫄之廟至於復魯舊制未徧而薨○正義曰二十年新作南門春秋經也閟宮云閟宮有侐實實枚枚又曰新廟奕奕奚斯所作是又脩姜嫄之廟也序稱僖公能遵伯禽之法而牧馬門廟魯之舊事是至於復魯舊制也伯禽之後國事多廢則所廢者非徒馬及門廟而已故云未徧而薨所以死後追頌若然新作南門左傳云書不時也而以為僖公之美者僖公新作南門意在脩復古制但不從啓塞之時是於祀為小失春秋貶纖介之惡故取以為譏論其復舊之情實為美事作南門脩廟其事相類故鄭言脩廟因說作門贊成僖公之大美言其致頌之本意也脩姜嫄之廟春秋不書者魯國舊有此廟更脩理之用功少例所不書也○國人美其功季孫行父請命於周而作其頌○正義曰既言未徧而薨乃云請周作頌則此頌之作在僖公薨後知者以大夫無故不得出境上請天子追頌君德雖則羣臣發意其行當請於君若在僖公之時不應聽臣請王自頌已德明是僖公薨後也文六年行父始見於經十八年史克名見於傳則克於文公之時為史官矣然則此詩之作當在文公之世其年月不可得而知也行父請周而不見於經者凡羣臣出使嘉好聘享受命而行者乃書之耳此行父適周自以羣臣之心請王作頌雖復告君乃行不稱君命以使非史策所得書也駉頌序云史克作是頌廣言作頌不指駉篇則四篇皆史克所作閟宮云新廟奕奕奚斯所作自言奚斯作新廟耳而漢世文人班固王延壽之等自謂魯頌是奚斯作之謬矣故王肅云當文公時魯賢臣季孫行父請于周而令史克作頌四篇以祀是肅意以其作在文公之時四篇皆史克所作也四篇一人之作而為此次者以駉言務農重穀為政之本又善於任賢故次有駜言君臣之有道也君臣同心則能脩教征伐故次泮水言能脩泮宮服淮夷也文武既備明神降福則能克剪放命復其疆宇故終以閟宮四篇皆頌僖公之美德也若然春秋僖八年秋七月禘于太廟用致夫人三十一年夏四月四卜郊不從猶三望三十三年薨于小寢皆為春秋所譏則是行不純善而得作頌者春秋所譏皆人事小失非有損於國家僖以魯之先君國事多廢遠遵伯禽之法能復周公之宇安寧魯國作為賢君緣王者不陳其詩故臣子請而作頌亦猶他國作詩美其君耳非是太平德洽和樂頌聲雖復行有小失不妨其作文也僖公能遵伯禽之法尚為魯人所頌則伯禽之德自然堪為頌矣所以無伯禽頌者伯禽以成王元年受封於魯時天下太平四海如一歌頌之作事歸天王子列國未有變風魯人不當作頌○文公十三年太室屋壞○正義曰此春秋經也閟宮箋與此俱引此文者以彼傳云書不恭也杜預云簡慢宗廟使至傾頹故書以見臣子不恭然則宗廟毀壞者譏其不恭明脩造繕治者於事為善申說僖公之復舊制作新廟為可頌之事故引大室壞而反以證之公羊穀梁皆以太室為世室謂伯禽之廟服杜皆以為太廟之室鄭無所說蓋與左氏義同也○初成王以周公有太平制典法之勳命魯郊祭天三望如天子之禮故孔子錄其詩之頌同於王者之後○正義曰明堂位云武王崩成王幼周公踐天子之位以治天下六年制禮作樂頒度量而天下大服七年致政於成王以周公為有勳勞於天下命魯公世世祀周公以天子之禮是以魯君孟春乘大輅載弧韣旂十有二旒日月之章祀帝于郊配以后稷天子之禮也是成王命魯之郊天也春秋每云不郊猶三望是魯郊祭天而因祭三望也鄭以三望為河海岱是魯之境內山川也祭其境內山川則自是諸侯常法亦云天子之禮者以春秋郊望連文故因說郊天而并云三望耳禮運云夫杞之郊也禹宋之郊也契是王者之後得郊天由命魯得郊天子祀周為王者之後故孔子亦錄其詩之頌同於王者之後也王者之後而有頌者正謂宋有商頌解魯頌所以得與商頌同稱頌之意也○問者曰列國作詩未有請於周者行父請之何也曰周尊魯巡守述職不陳其詩至於臣頌君功樂周室之聞是以行父請焉○正義曰變風之序皆不言請周此獨言請故問而釋之王制說巡守之禮云命太師陳詩以觀民之風俗然則天子巡守采諸國之詩觀其善惡以為黜陟今周尊魯若王者巡守述職不陳其詩雖魯人有作周室不采商譜云巡守述職不陳其詩示無貶黜客之義然則不陳魯詩亦示無貶黜魯之義也巡守陳詩觀民風俗善則賞之惡則貶之既示無貶黜不采其詩雖有善詩不得復采故王道既衰變風皆作而魯獨無之以無魯風故知巡守述職不陳其詩魯之臣子緣周室尊魯不陳其詩是不欲使魯有惡既不欲其惡當喜聞其善至於臣頌君功亦樂使周室聞之是以行父請焉魯人請周不作風而作頌者以頌者美盛德之形容是詠歌之善稱王者有成功盛德然後頌聲作焉今魯詩稱穆穆魯侯敬明其德是美盛德也既克淮夷孔淑不逆是成功也既有盛德復有成功雖不可上比聖王足得臣子追慕故借其嘉稱以美其人言其所美有形容之狀故稱頌也以作頌非常故特請天子以魯是周公之後僖公又實賢君故特許之不然亦不得轉借其名而作頌也○周之不陳其詩者為憂耳其有大罪侯伯監之行人書之亦示覺焉○正義曰又解不陳其詩所以為勸誡者其大罪州牧侯伯監察之行人之官書記之亦足示覺知之焉雖則不陳其詩亦足以為黜陟也商譜云示無貶黜客之法此言亦示覺焉互相補足皆是示法而已其有善惡不得不黜陟之也此言主於戒惡故言有大罪耳其實小善小惡亦監之書之也侯伯者州牧之別名僖元年左傳曰凡侯伯救患分災討罪禮也是州內諸侯有善惡者侯伯當監之也秋官小行人云及其萬民之利害為一書其禮俗政事教治刑禁之逆順為一書其悖逆暴亂作慝猶犯令者為一書其札喪凶荒厄貧為一書其康樂和親安平為一書凡此五物者每國辨異之以此反命于王以周知天下之故是諸國有善惡行人當書之

駉。頌僖公也。僖公能遵伯禽之法。儉以足用。寬以愛民。務農重穀。牧于坰野。魯人尊之。於是季孫行父請命于周。而史克作是頌。季孫行父季文子也史克魯史也○駉古熒反說文作驍又作駫同牧徐音目坰古苦熒反徐又苦營反或苦瓊反遠也下同父音甫注同

【疏】駉四章章八句至作是頌○正義曰作駉詩者頌僖公也僖公能遵伯禽之法伯禽者魯之始封賢君其法可傳於後僖公以前莫能遵用至於僖公乃遵奉行之故能性自節儉以足其用情又寬恕以愛於民務勤農業貴重田穀牧其馬於

坰遠之野使不害民田其爲美政如此故既薨之後魯國之人慕而尊之於是卿有季孫氏名行父者請於周言魯爲天子所優不陳其詩不得作風今僖公身有盛德詩爲作頌既爲天子所許而史官名克者作是駉詩之頌以頌美僖公也定本集本皆重有僖公字言能遵伯禽之法者伯禽賢君其法非一僖公每事遵奉序者捴以爲言也不言遵周公之法者以周公聖人身不之魯國之所施行皆是伯禽之法故繫之於伯禽以見賢能慕賢之意也儉者約於養身爲費寡少故能畜聚貨財以足諸用寬者緩於馭物政不苛猛故能明愼刑罰以愛下民此雖僖公本性亦遵伯禽爲然也務農謂止舍勞役盡力耕耘重穀謂愛惜黍稷不妄損費其事是一但所從言之異耳由其務農故牧於坰遠之野使避民居與良田即四章上二句是也其下六句是因言牧在於坰野即說諸馬肥健僖公思使之善終說牧馬之事也儉以足用寬以愛民說僖公之德與務農重穀爲首引耳於經無所當也僖公之愛民務農遵伯禽之法非獨牧馬而已以馬畜之賤尚思使之善則其於人事無所不思明矣魯人尊之以下以諸侯而作頌詩爲非常故說其作頌之意雖復主序此篇其義亦通於下三篇亦是行父所請史克所作也此言魯人尊之謂既薨之後尊重之也○箋季孫至魯史○正義曰行父是季友之孫故以季孫爲氏死謚曰文子左傳世本皆有其事是文十八年左傳稱季文子使太史克對宣公知史克魯史也此雖借名爲頌而體實國風非告神之歌故有章句也禮諸侯六閑馬四種有良馬有戎馬有田馬有駑馬僖公使牧於坰野馬皆肥健作者因馬有四種故每章各言其一首章言良馬朝祀所乘故云彭彭見其有力有容也二章言戎馬齊力尚強故云伾伾見其有力也三章言其田馬田獵齊足尚疾故云驛驛見其善走也卒章言駑馬主給雜使貴其肥壯故云袪袪見其強健也馬有異種名色又多故每章各舉四色以充之宗廟齊豪則馬當純色首章說良馬而有異毛者容朝車所乘故也

駉駉牡馬。在坰之野。駉駉良馬腹幹肥張也坰遠野也邑外曰郊郊外曰野野外曰林林外曰坰箋云必牧於坰野者辟民居與良田也周禮曰以官田牛田賞田牧田任遠郊之地

薄言駉者。有驈有皇。有驪有黃。以車彭彭。牧之坰野則駉駉然驪馬白跨曰驈黃白曰皇純黑曰驪黃騂曰黃諸侯六閑馬四種有良馬有戎馬有田馬有駑馬彭彭有力有容也箋云坰之牧地水草既美牧人又良飲食得其時則自肥健耳○驈戶橘反阮孝緒于寄反顧野王餘橘反郭音述驪力知反沈又郎西反說文字林云深黑色馬也跨苦花反又苦故反又胡瓦反郭云髀間也蒼頡篇云兩股間也騂息營反赤黃曰騂下文同字林火營反種章勇反駑音奴飲食上音蔭下音嗣又並如字

思無疆。思馬斯臧。箋云臧善也僖公之思遵伯禽之法反覆思之無有竟已乃至於思馬斯善多其所及廣博○疆居良反竟也覆芳服反

【疏】駉駉至斯臧○正義曰僖公養四種之馬又能遠避良田魯人尊重僖公作者追言其事駉駉然腹幹肥張者所牧養之良馬也所以得肥張者由其牧之在於坰遠之野其水草既美牧人又良飲食得所莫不肥健故皆駉駉然薄言駉者有何馬乃有白跨之驈馬有黃白之皇馬有純黑之驪馬有黃騂之黃馬此等用之以駕朝祀之車則彭彭然有壯力有儀容矣是由牧之以理故得使然此僖公思遵伯禽之法反覆思之無有竟已其所思乃至於馬亦令之使此善是其所及廣博不可忘也定本牧馬字作牡馬○傳駉駉至曰坰○正義曰腹謂馬肚幹謂馬脅宣十五年左傳曰雖鞭之長不及馬腹謂鞭馬肚也莊元年公羊傳曰拉公幹而殺之謂折公脅也肥張者充而張大故其色駉駉然是馬肥之貌耳但毛以四章分說四種之馬故言駉駉良馬腹幹肥張明首章爲良馬二章爲戎馬也坰者闊廣之義故爲遠釋地云邑外謂之郊郊外謂之牧牧外謂之野野外謂之林林外謂之坰此傳出於彼文而不言郊外曰牧注云郊外曰野者自郊以外野爲通稱因即據野爲說不言牧馬且彼郊外之牧與此經牧馬字同而事異若言郊外牧嫌與牧馬相涉故略之也郊牧野林坰自邑而出遠近之異名孫炎曰邑國都也設百里之國五者之界界各十里然則百里之國國都在中去境五十每十里而異其名則坰爲邊畔去國最遠故引之以證坰爲遠也彼據小國言之郊爲遠郊牧野林坰自郊外爲差則郊也牧也野也坰也四者不同處箋稱牧於坰野又言牧在遠郊便是郊牧坰野共爲一處與爾雅異者自國都以外郊爲大限言牧在遠郊謂所牧之處在遠郊之外正謂在坰是也野者郊外通名故周禮六遂在遠郊之外遂人職云凡治野田是其郊外之地捴稱野也牧於坰野自謂放牧在坰非遠近之名雖字與爾雅相涉其意皆不同也孫炎言百里之國十里爲郊則郊之遠近計境之廣狹以爲差也聘禮云賓及郊注云郊遠郊周制天子畿內千里遠郊百里以此差之遠郊上公五十里侯四十里伯三十里子二十里男十里也近郊各半之是鄭之所約也以聘禮下云賓至于近郊故知賓及郊者爲遠郊也司馬法云王國百里爲遠郊且王畿千里其都去境五百里爾雅從邑之外止有五爲明當每百里故知遠郊百里也知近郊半之者書序云周公既沒命君陳分正東郊成周於時周都王城而謂成周爲東郊則成周在其郊也於漢王城爲河南成周爲洛陽相去不容百里則所言郊者謂近郊故注云天子近郊五十里今河南洛陽相去則然是鄭以河南洛陽約近郊之數也周禮杜子春注云五十里爲近郊白虎通亦云近郊五十里遠郊百里是儒者相傳爲然昭二年叔弓如晉左傳曰晉侯使郊勞服虔云近郊三十里或當別有依約與鄭異也書傳云百里之國二十里之郊七十里之國九里之郊三十里之國三里之郊言其百里七十里是夏殷諸侯之國其郊與周異也○箋必牧至之地○正義曰解牧馬必在坰野之意以國內居民多近都之地貴必牧於坰野者避民居與良田故也以序云務農重穀牧於坰野故知有避民田之義也引周禮者地官載師文彼注鄭司農云官田者以備公家之所耕也牛田者以養公家之牛也賞田者賞賜之田也牧田者牧六畜之田玄謂官田庶人在官者其家所受田也牛田牧田畜牧者之家所受田也必易司農者以載師掌在士之法以物地事所陳者爲制貢賦而言也若官所耕田及牛牧之田則自公家所田無賦稅之事下文何云近郊十一遠郊二十而三爲稅法也以此故易之彼司農以牛田爲牧家所受則非復放牧之田而引證此者以牧人之牧六畜常在遠郊之外因近其牧處而給之田故引此爲證牧馬之處當遠於國也彼雖天子之法明諸侯亦當然則牧在遠地避民良田乃是禮法當然自僖公以前不能如禮故特美之○傳牧之至力有容也○正義曰上言駉駉牡馬在坰之野是馬之肥乃言其牧處此云薄言駉者有驈有皇是就其所牧之中言肥馬之色此駉駉之肥由牧之使然故傳辨之云牧之坰野則駉駉然釋畜云驪馬白跨驈孫炎曰驪黑色也白跨股脚白也郭璞云跨髀間也然則跨者所跨據之處謂髀間白也釋畜又云黃白皇舍人曰黃白色雜名皇也其驪與黃則爾雅無文月令孟冬云駕鐵驪象時之色檀弓云夏后氏尚黑戎事乘驪故知純黑曰驪爾雅黃白皇謂黃而色白者名之爲皇則黃而赤色者直名爲黃明矣故知黃騂曰黃騂者赤色謂黃而雜色者也諸侯六閑馬四種夏官校人有其事故知邦國六閑傳雖變邦國以爲諸侯耳以四章所論馬色既別皆言以事明其每章各有一種故言此以充之不於上經言之者以上文二句四章皆同無可以爲別異故就此以車異文而引之也閑謂馬之所在有限衛之處校人注以爲二百一十六匹爲一廄每廄爲一閑諸侯有四種其三種別爲一閑駑一種而分爲三閑也傳既言馬有四種又辨四馬之異故云有良馬有戎馬有田馬有駑馬彼校人上文辨六馬之屬種戎齊道田駑本無良馬之名鄭於彼注以爲諸侯四種無種戎而有齊道田駑此傳有良戎而無齊道與彼異者彼上文說六馬之屬下言天子六種邦國四種家二種自上降殺以兩明當漸有其等差其義必如鄭說今傳言良馬非彼六馬之名則戎馬非彼之義戎馬自以時事名之蓋謂齊馬爲良馬道馬爲戎馬也何則國之大事在祀與戎諸侯之國必有朝祀征伐之事謂朝祀所乘爲良馬征伐所乘爲戎馬非周禮之種戎也彼鄭注以次差之玉路駕種馬戎路駕戎馬金路駕齊馬象路駕道馬田路駕田馬駑馬給宮中之役彼以天子具有五路故差之以當六馬而諸侯路車多少不等有自金路以下者有象路以下者有革路以下者車雖有異馬皆四種則知其爲差次不得同天子故傳準所用別爲立名謂之良戎不言齊道案魯以同姓勳親有金路以下則當金路象路共駕良馬戎路駕戎馬田路駕田馬駑馬給宮中之役其餘諸侯無金路者事窮則同蓋亦準其時事分乘四種大夫本無路車亦有二種之馬明以時事乘之不必要駕路車也若然案夏官戎右注云此充戎路之右田亦爲之右然則戎田相類何知不象路駕戎馬戎路駕田馬而必知諸侯有金路者金路象路共駕良馬戎路駕戎馬者以兵戎國之大事當駕善馬不得與田馬同也天子戎路以其無飾故畢於象路戎馬以其尚強故戎馬先於齊馬以此知諸侯戎路亦不得與田路同馬且戎路之衡高於田路田馬不得駕之冬官輈人爲輈國馬之輈深四尺有七寸田馬之輈深四尺注云國馬謂種馬戎馬齊馬道馬高八尺兵車乘車衡高八尺七寸田馬七尺則衡高七尺七寸是戎馬之高當輿齊道同不與田馬等故知戎馬不得駕田馬也戎路必駕戎馬則知有金路者金路象路共駕良馬明矣校人又云凡頒良馬而養乘之注云良善也善馬五路之馬彼以五路之馬皆稱爲良此傳獨以齊馬爲良馬者以其用之朝祀故謂之良不與周禮同也朝祀所乘雖取其力亦須儀容故云彭彭有力有容言其能備五御之威儀也○箋臧善至廣博○正義曰臧善釋詁文疆者竟也故言反覆思之無竟已言伯禽之法非一僖公每事思之所思衆多乃至於思馬斯善以馬是賤物舉微以見其著多大其思之所及者能廣博也

駉駉牡馬。在坰之野。薄言駉者。有騅有駓。有騂有騏。以車伾伾。蒼白雜毛曰騅黃白雜毛曰駓赤黃曰騂蒼祺曰騏伾伾有力也○騅音隹駓符悲反字又作駓郭云今桃花馬也字林作駓音丕騏音其伾敷悲反說文同字林作駓走也父之反音丕祺音其字又作騏

思無期。思馬斯才。才多材也

【疏】傳倉白至有力○正義曰釋畜云倉白雜毛騅郭璞曰即今騅馬也又云黃白雜毛駓郭璞曰今之桃華馬也此二者皆云雜毛是體有二種之色相間雜上云黃白曰皇黃騂曰黃止一毛色之中自有淺深與此二色者異故不云雜毛也其騂騏爾雅無文周人尚赤而牲用騂綱祀稱陽祀用騂牲是騂

爲純赤色言赤黃者謂赤而微黃其色鮮明者也上云黃騂曰黃謂黃而微赤此云赤黃曰騂謂赤而微黃此其所以異也騂者馬色之名倉騏曰騏謂青而微黑今之驄馬也顧命曰四人騏弁注云青黑曰騏引詩云我馬維騏是騏爲青黑色此章言戎馬戎馬貴多力故云伾伾有力

駉駉牡馬，在坰之野。薄言駉者，有驒有駱，有駵有雒，以車繹繹。青驪驎曰驒。白馬黑鬣曰駱。赤身黑鬣曰駵。黑身白鬣曰雒。繹繹，善走也。〇驒徒河反說文云馬文如鼉魚也韓詩及字林云白馬黑髦也駱音洛樊孫爾雅並作白馬黑鬣尾也駵音留字林云赤馬黑髦尾也雒音洛本或作駱同繹音亦善足也一本作善走也崔本作驛驎本亦作䮼郭良忍反毛色有深淺班駁隱粼今之連錢驄也呂沈良振反孫炎音隣云似魚鱗也鬣力輒反

【疏】傳青驪至善走〇正義曰釋畜云青驪驎驒孫炎云色有深淺似魚鱗也郭璞曰色有深淺班駁隱粼今之連錢驄也又云白馬黑鬣駱郭璞引禮記曰夏后氏駱馬黑鬣然則髦即是鬣皆謂馬之鬉也定本集注髦字皆作鬣其騂雒爾雅無文爾雅有騂白駁騂馬黃脊騝音乾則騂是色名說者以騂爲赤色若身鬣俱赤則騂馬故爲赤身黑鬣曰騂即今之騂馬也黑身白鬣曰雒則未知所出檢定本集注及徐音皆作雒字而俗本多作駁字爾雅有騂白駁謂赤白雜色駁而不純非黑身白鬣也東山傳曰騂白曰駁謂赤白雜取爾雅爲說若此亦爲駁不應傳與彼異且注爾雅者樊光孫炎於騂白駁下乃引易乾爲駁馬引東山皇駁其馬皆不引此文明此非駁也其字定當爲雒但不知黑身白鬣何所出耳此章言田馬田獵尚疾故言繹繹善走

思無斁，思馬斯作。作，始也。箋云：斁，厭也。思遵伯禽之法，無厭倦也。作，謂牧之使可乘駕也。〇斁音亦

【疏】傳作始〇正義曰釋詁云俶作也始也俶之所訓爲作爲始是作亦得爲始思馬斯始謂令此馬及其古始如伯禽之時也〇箋斁厭至乘駕〇正義曰斁厭釋詁文彼作射音義同以上章斯臧斯才皆馬之身事故易傳以作爲作用謂牧之使可作用乘駕也

駉駉牡馬，在坰之野。薄言駉者，有駰有騢，有驔有魚，以車祛祛。陰白雜毛曰駰。彤白雜毛曰騢。豪骭曰驔。二目白曰魚。祛祛，彊健也。〇駰舊於巾反讀者並音因騢音遐說文云赤白雜色文似鰕魚驔音簟徒點反字林云又音譚有魚如字字書作驗字林作瞷音並同毛云一目白曰魚爾雅云一目白瞷二目白魚瞯音閑祛起居反彤徒冬反赤也骭戶晏反

【疏】傳陰白至彊健〇正義曰釋畜云陰白雜毛駰舍人曰今之泥驄也樊光曰駰者目下白也孫炎曰陰淺黑也郭璞曰陰淺黑今之泥驄或云目下白或云白陰皆非也璞以陰白之文與驪白黃白倉白彤白相類故知陰是色名非目下白與白陰也又云彤白雜毛騢舍人曰赤白雜毛今赭馬名騢郭璞云彤赤也即今赭白馬是也又云一目白瞯二目白魚舍人曰一目白曰瞯兩目白爲魚郭璞曰似魚目也其驔爾雅無文說文云骭骹也郭璞曰骭脚脛然則骭者膝下之名釋畜云四骹皆白驓無豪骭白之名傳言豪骭白者蓋謂豪毛在骭而白長名爲驔也驓則四骹雜白而毛短故與驔異也此章言駑馬主以給官中之役貴其肥壯故曰祛祛彊健也

思無邪，思馬斯徂。箋云：徂猶行也。思遵伯禽之法，專心無復邪意也。牧馬使可走行。〇邪似嗟反注同復扶又反

【疏】箋徂猶至走行〇正義曰徂訓爲往行乃得往故徂猶行也思牧馬使可走行亦上章使可乘駕之事也王肅云徂往也所以養馬得往古之道毛於上章以作爲始則此未必不如肅言但無迹可尋故同之鄭說

駉四章，章八句

有駜，頌僖公君臣之有道也。有道者，以禮義相與之謂也。〇駜備筆反又符必反字林父必反

【疏】有駜三章章九句至有道〇正義曰君以恩惠及臣臣則盡忠事君君臣相與皆有禮矣是君臣有道也經三章皆陳君能祿食其臣臣能憂念事君夙夜在公是有道之事也此主頌僖公而兼言臣者明君之所爲美由與臣有道成於臣故連臣而言之〇箋有道至之謂〇正義曰蹈履有法謂之禮行允事宜謂之義君能致其祿食與之燕飲是君以禮義與臣也臣能夙夜在公盡其忠敬是臣以禮義與君也

有駜有駜，駜彼乘黃。駜，馬肥彊貌。馬肥彊則能升高進遠，臣彊力則能安國。箋云：此喻僖公之用臣，必先致其祿食，祿食足而臣莫不盡其忠。〇乘繩證反下同

夙夜在公，在公明明。箋云：夙，早也。言時臣憂念君事，早起夜寐，在於公之所。在於公之所，但明義明德也。禮記曰：大學之道，在明明德。〇大學音泰

振振鷺，鷺于下。鼓咽咽，醉言舞。于胥樂兮。振振，羣飛貌。鷺，白鳥也，以興絜白之士。咽咽，鼓節也。箋云：于，於。胥，皆也。僖公之時，君臣無事，則相與明義明德而已。絜白之士，羣集於君之朝，君以禮樂與之飲酒，以鼓節之咽咽然，至於無算爵，則又舞燕樂以盡其歡，君臣於是則皆喜樂也。〇咽本又作鼘同烏玄反又於巾反樂音洛注燕樂下于胥樂兮及注安樂同朝直遙反

【疏】有駜至樂兮〇正義曰言有駜有駜然肥強之馬此駜然肥強者彼之所乘黃馬也將欲乘之先養以芻秣故得肥強乘之則可以升高致遠得爲人用矣以興僖公有賢能之臣將任之先致其祿食皆盡忠任之則可以安國治民得爲君用矣羣臣以盡忠之故常夙早逮夜在於公所其在於君所則君臣無事相與明義明德而已以君臣閒暇共明德義故在外賢士競來相與振振然而羣飛者絜白之鷺鳥也此鷺鳥於是下而集止其所以喻絜白者眾士也此眾士於是來而集止於君朝既集君朝與之燕樂以鼓節之咽咽然至於無算爵而醉爲君起舞以盡其歡於是君臣皆喜樂兮是其相與之有道也〇傳駜馬至安國〇正義曰以駜與乘黃連文故知駜者馬肥強之貌序言君臣有道下句皆說臣事故知以肥馬喻強臣也四馬曰乘故言乘黃〇箋此喻至其忠〇正義曰傳以馬之肥強喻臣之強力馬由人所養飼乃得肥強乃能致遠人得祿食充足乃能盡忠盡忠乃肯用力若其不然雖有強力不肯用之故箋重申傳意案夏官司士云以功詔祿僞行云先勞而後祿不亦易祿乎然則臣當先施功勞然後受祿此僖公用臣所以先致祿食者彼二文皆謂君初用臣臣初仕君必試之有功乃與之祿若其位定之後食祿是常君當豐其祿食要其功效不得之復待有功方始祿之故美公先致祿食使臣盡忠此則禮之常法以美僖公能順禮也〇箋夙早至明德〇正義曰夙早釋詁文以臣之於君德義而已以經有二明故知謂明義明德也定本集本皆云讓明德也無上明字施於物得宜爲義在身得理爲德雖內外小殊大理不異引大學明明德者彼謂顯明明德之事故引之以證此爲明德也〇箋于於至喜樂〇正義曰于於胥皆釋詁文絜白之士不仕庸君以僖公君臣無事相與明義明德而已德義明乃爲賢人所慕故絜白之士則羣集於君之朝既言君臣相與明義明德則言絜白之士羣集君朝則絜白之士謂舊臣之外新來者也上言在公明明據臣爲文則明義明德唯應臣明之耳而云相與者以言在公則是共公明之故知君臣並明德義也以禮與之飲酒謂爲燕禮燕禮以樂助勸故以鼓節之咽咽外醉始言舞故知至於無算爵則有舞盡歡以君與臣燕故知君臣於是皆喜樂也

有駜有駜，駜彼乘牡。夙夜在公，在公飲酒。言臣有餘敬，而君有餘惠。

【疏】傳言臣至餘惠〇正義曰臣禮朝朝暮夕不當常在君所今閒暇無事而夙夜在公是臣有餘敬也君之於臣燕有數今以無事之故即與之飲酒是君有餘惠也

振振鷺，鷺于飛。鼓咽咽，醉言歸。于胥樂兮。箋云：飛喻羣臣飲酒醉欲退也。

【疏】箋飛喻至欲退〇正義曰以上言于下此言于飛是既下而飛去故知喻羣臣飲酒醉欲退也絜白之士謂新來之人但所來之人即在臣列且與舊臣同燕故以羣臣言之

有駜有駜，駜彼乘駽。青驪曰駽。〇駽呼縣反徐又火玄反又胡眄反又音炫

夙夜在公，在公載燕。箋云：載言則也。

【疏】傳青驪曰駽〇正義曰釋畜云青驪驎駽舍人曰青驪馬今名駽馬也孫炎曰色青黑之間郭璞曰今之鐵驄也

自今以始，歲其有。君子有穀，詒孫子。于胥樂兮。歲其有豐年也。箋云：穀，善。詒，遺也。君臣安樂，則陰陽和而有豐年，其善道則可以遺子孫也。〇歲其有本或作歲其有矣又作歲其年者皆衍字也詒以之反本或作詒厥孫子詒于孫子皆妄加也遺唯季反下同

【疏】自今至樂兮〇正義曰君臣有道如此可致陰陽和順從今以爲初始歲其常有豐年言君德可以感之也君子僖公有善道可以遺其子孫言其德澤堪及於後也以此之故於是君臣皆喜樂兮〇傳歲其有豐年〇正義曰春秋書有年者謂五穀大熟豐有之年故知其有年謂從今以去當有豐年也定本集注皆云歲其有年此詩僖公燕後乃作而云自今以始者上言在公載燕因即據燕爲今與將來爲始兆以作詩爲始〇箋穀善貽遺〇正義曰穀善釋詁文貽遺釋言文

有駜三章，章九句

泮水，頌僖公能脩泮宮也。泮普半反

【疏】泮水八章章八句至泮宮〇正義曰作泮水詩者頌僖公之能脩泮宮也泮宮學名能脩其宮又脩其化經八章言民思往泮水樂見僖公至於克服淮夷惡人感化皆脩泮宮所致故序言能脩泮宮以總之定本云頌僖公脩泮宮無能字

思樂泮水，泮水，泮宮之水也。天子辟廱，諸侯泮宮。言水**薄采其芹。**則采取其芹，宮則采取其化。箋云：芹，水菜也。言己思樂僖公之脩泮宮之水，復伯禽之法，而往觀之，采其芹也。辟廱者，築土雝水之外，圓如璧，四方來觀者均也。泮之言半也。半水者，蓋東西門以南通水，北無也。天子諸侯宮異制，因形然。〇泮音判本多作頖宮諸侯之學也泮半也半有水半無水也鄭注禮記云頖之言班也所以班政教芹其巾反辟音璧下同廱觀古亂反又音官

魯侯戾止，言觀其旂。其旂茷茷，鸞聲噦噦。無小

無大。從公于邁。戾來止至也言觀其旂言法則其文章也茷茷言有法度也噦噦言其聲也箋云于行邁行也我采水之芹見僖公來至于泮宮我則觀其旂茷茷然鸞和之聲噦噦然臣无尊卑皆從君行而來稱言此者僖公賢君人樂見之。茷蒲害反又普貝反本又作茷噦呼會反

【疏】思樂至于邁○正義曰僖公能脩泮宮爲宮立水水傍生菜宮內行化魯人言已思樂往泮宮之水我欲薄采其芹之菜也既采其菜又觀其化傳魯侯僖公來至此泮宮我觀其車之所建之旂而有文章法度則其旂乃茷茷然有法度其鸞則噦噦然有聲言其車服得宜行趨中節也又魯之羣臣无小无大皆從公往行而至泮宮言僖公之賢人樂見之也○傳泮水至其化○正義曰此美僖公之脩泮宮述魯人之辭而云思樂泮水故知泮水即泮宮之外水也天子辟廱諸侯泮宮王制文其餘諸侯止有泮宮一學魯之所立非獨泮宮而已明堂位曰米廩有虞氏之庠也序夏后氏之序也瞽宗殷學也頖宮周學也是魯禮得立四代之學魯有四代之學此詩主頌其脩泮宮者先代之學尊魯侯得立之示存古法而已其行禮之飲酒養老兵事之受成告克當於周世之學在泮宮也僖公之伐淮夷將行則在泮定謀既克則在泮獻馘作者主美其作泮宮而能服淮夷故特言其脩泮宮耳僖公志復古制未必不四代之學皆脩之也又解泮宮泮水正是一物而此詩或言宮或言水之意以菜生於水化出於宮言水則采取其芹言宮則采取其化故詩言采芹藻之菜則言泮水說行禮謀獻之事則云泮宮下章云既作泮宮淮夷攸服是言克淮夷者由此宮內行化而服之故言泮宮也泮宮之名既定亦可單稱爲泮此經四言在泮及集于泮林皆謂泮宮爲泮也采者取菜之名而化亦言采者俱是已往取之因采菜而同其文○箋芹水至形然○正義曰采菽云觱沸檻泉言采其芹芹生於泉水是小菜也言水菜者解其采泮水之意藻茆亦水菜從此可知也魯人之樂泮水意在觀化非主采菜但水能生菜因采取之并以采菜爲言故箋解其意言已思樂僖公之脩泮宮之水復伯禽之法而往觀之采其芹也是其思樂者樂僖公所脩觀宮因采其菜其往不專爲菜又申傳辟廱泮宮之義辟廱者築土爲堤以壅水之外使圓如璧合四方來觀者均故謂之辟廱也釋器云肉倍好謂之璧孫炎云肉身也好孔也身大而孔小然則璧體圓而肉有孔此水亦圓而內有埤是其形如璧也圓既中規而望水內則遠近之路等故四方來觀者均言均得所觀也此箋言築土壅水四方來觀者均說水之外耳靈臺傳云水旋丘以節觀者說水之中央所據不同互相發見也言四方來觀者均則辟廱之宮內有館舍外无牆院也後漢書稱光武中元二年初載建三廱明帝即位親行其禮天子始冠通天衣日月備法物之駕盛清道之儀坐明堂而朝羣臣登靈臺以望雲物袒割辟廱之上尊養三老五更饗射禮畢帝正坐自講諸儒問難於前冠帶搢紳之人圜橋門而觀聽者蓋億万計是由外无牆院故得圍門觀之也天子之宮形既如璧則諸侯宮制當異矣而泮爲名則泮是其制故云泮之言半半水者蓋東西門以南通水北无也既以蓋爲疑辭必疑南有水者以行禮當南面而觀者宜北面畜水本以節觀宜其先節南方故知南有水而北无也北无水者下天子耳亦當爲其限禁故云東西門以南通水明門北亦有構塹但水不通耳諸侯樂用軒懸去其南面泮宮之水則去北面者樂爲人君而設貫在近人與其去之辟去遠者泮水自以節觀故留南方各從其宜不得同也天子諸侯之宮異制因形然言由形異制殊所以其名亦別也定本集注皆作形然俗本作殺字誤也此解辟廱泮宮之義皆以其形名之而王制注云辟明也廱和也所以明和天下泮之言班也所以班政教也以物有名生於形因名立義以此天子諸侯之宮實圓水半水耳不以圓半爲名而謂之辟泮故知辟泮之稱有義存焉故於禮注解其義與此相接成也○傳戾來至有聲○正義曰釋詁云戾來至也俱訓爲至是戾得爲來也止者至而止住故云至非訓止爲至也復解泮宮在郊旂鸞在車之飾諸侯禮當有之今云言觀者欲法則其文意故美而觀之也此是魯人作詩而自稱其君爲魯侯者以其魯君之美可爲四方所則因其請王而作遂爲外人之辭以示僖公之德非獨魯人所頌也○箋其音至德音○正義曰以其馬是僖公之馬故知其音是僖公之音以文承馬下嫌是馬音故明之

思樂泮水。薄采其藻。魯侯戾止。其馬蹻蹻。其馬蹻蹻。其音昭昭。其馬蹻蹻言彊盛也箋云其音昭昭僖公之德音○藻音早水草也蹻居表反昭之饒反載色載笑。匪怒伊教。色溫潤也箋云僖公之至泮宮和顏色而笑語非有所怒於是有所教化也

思樂泮水。薄采其茆。茆鳧葵也○茆音卯徐音柳韋昭萌藻反干寶云今之鳧蹠草堪爲菹江東有之何承天云此菜出東海堪爲菹醬也鄭小同云江南人名之蓴菜生陂澤中草木疏同又云或云水葵一云今之浮菜即豬蓴也本草有鳧葵陶弘景以入有名無用品解者不同未詳其正然以下同及草木疏所說爲得鳧音符魯侯戾止。在泮飲酒。既飲旨酒。永錫難老。箋云在泮飲酒者徵先生君子與之行飲酒之禮而因以謀事也已飲美酒而長賜其難使老難使老者最壽考也長賜之者如王制所云八十月告存九十日有秩者與○者與音餘順彼長道。屈此羣醜。屈收醜眾也箋云順從長遠屈治醜惡也是時淮夷叛逆既謀之於泮宮則從彼遠道往伐之治此羣爲惡之人○屈丘勿反鄭云治也徐云鄭又其勿反韓詩云屈收也收斂得此眾聚

【疏】思樂至羣醜○毛以爲魯人言已思樂往泮宮之水我欲薄采其茆之菜也既采其菜又觀其化值魯侯來至在泮水之宮與羣臣飲酒謂召先生君子與之行飲酒之禮既飲此美酒而得其宜則天長與之以難老之福故能順彼仁義之長道以收斂此羣眾人民○鄭以爲既飲此美酒又長賜其難老之人謂所養老人常有贏餘也又言僖公行飲酒之禮因以謀征伐之事乃欲從彼長遠之道路以治此羣爲惡之人謂時淮夷叛逆魯謀伐之此章言其謀行故下章言其伐克也○傳茆鳧葵○正義曰陸機疏云茆與荇菜相似葉大如手赤圓有肥者著手中滑不得停莖大如匕柄葉可以生食又可鬻滑美江南人謂之蓴菜或謂之水葵諸陂澤水中皆有○箋在泮至者與○正義曰泮宮者行禮養老之宮而云在泮飲酒明是以禮飲酒故知徵先生君子與之行飲酒之禮也鄉飲酒鄉射之禮皆以明日息司正而復行小飲酒之禮云徵唯所欲以告于先生君子可也鄉射注云先生鄉大夫致仕者君子有德不仕者鄉飲酒注云先生不以筋力爲禮於是可以禮召者召雖所欲是飲酒之禮有召老之法下句言永錫難老明是召之與飲也王制云天子將出征受命於祖受成於學注云定兵謀也天子之禮如是則知諸侯亦然下章言淮夷攸服明當於是謀之故知行飲酒之禮因以謀伐淮夷之事也難老者言其身力康強難使之老故云謂長壽考者長賜終老者之身賜之不絕故言如王制所云八十月告存九十日有秩彼注以爲告存者每月致膳有秩者日有常膳然則八十者每月一致膳九十者日日常有膳所膳之物則無文蓋如漢世老人有名德者時詔郡國常以八月致羊酒之類也王制告存之文承七十不俟朝之下則謂朝臣有德致仕者也庶人之老者則不能然直行復除以養之耳王制又云凡三王養老皆引年八十者一子不從政九十者其家不從政注云引戶校年當行復除老人眾多非賢者不可皆養之也○傳屈收醜眾○正義曰屈者屈彼從己是收斂之義故爲收也醜眾釋詁文毛云收此羣眾則是不斥淮夷當謂順行長遠之道收斂魯國之民人也王肅云天長與之難老之福乃能順彼仁義之長道以斂此羣眾傳意或然○箋順從至之人○正義曰順者隨從之義長者遙遠之言故順爲從長爲遠也屈治釋詁文彼屈作詘其民引此詩是音義同也下云既作泮宮淮夷攸服則將伐淮夷於泮宮謀之明是飲酒因謀此則謀之之事故以醜爲惡此則誠治之耳未是兵已行也下云淮夷攸服乃是伐而服之

穆穆魯侯。敬明其德。敬慎威儀。維民之則。允文允武。昭假烈祖。假至也箋云則法也僖公之行民之所法傚也僖公信文矣爲脩泮宮也信武矣爲伐淮夷也其聰明乃至於美祖之德謂遵伯禽之法○假古百反行下孟反又如字靡有不孝。自求伊祜。箋云祜福也國人無不法傚之者皆庶幾力行自求福祿○祜音戶

【疏】穆穆至伊祜○正義曰言穆穆然美者是魯侯僖公能敬明其德又敬慎其舉動威儀內外皆善維爲下民之所法則也信有文矣信有武矣文則能脩泮宮武則能伐淮夷既有文德又有武功其明道乃至於功烈美祖謂遵伯禽之法其道同於伯禽也以此化民民皆傚之魯國之民無有不爲孝者皆庶幾行孝自求此維多福祿言能勉力行善則福祿自來歸之僖公行已有道化之深也

明明魯侯。克明其德。既作泮宮。淮夷攸服。箋云克能攸所也言僖公能明其德脩泮宮而德化行於是伐淮夷所以能服也矯矯虎臣。在泮獻馘。淑問如皋陶。在泮獻囚。囚拘也箋云矯矯武貌馘所格者之左耳淑善也囚所虜獲者僖公既伐淮夷而反在泮宮使武臣獻馘又使善聽獄之吏如皋陶者獻囚言伐有功所任得其人○矯本又作矯亦作蹻居表反馘古獲反截耳也皋陶音遙皋陶唐虞之士官

【疏】明明至獻囚○正義曰明明然有明德之魯侯甚能明其德也又說其明德之事既作泮水之宮以行其德化謀伐淮夷而淮夷所以順服是其德之明也僖公既伐淮夷有功而反矯矯然有威武如虎之臣使之在泮宮之內獻其馘耳又有善問獄如皋陶者使之在泮宮之內獻其所執之囚言折馘則有威武執囚則善問獄美其所伐有功而所任得人也○箋克能攸所○正義曰皆釋言文○傳囚拘○正義曰釋言文○箋馘所至其人○正義曰釋詁云馘獲也皇矣傳曰馘而獻其左耳曰馘故云馘所獲者之左耳謂臨陣格殺之而取其耳也淑善釋詁文囚所虜獲者謂生執而俘虜之則所謂執訊者也王制云天子將出征受命於祖受成於學出征執有罪反釋奠於學以訊馘告注云釋菜奠幣禮先師是將出則謀於學而後行反則禮先師以告克故僖公既伐淮夷而反在泮宮也彼云以訊馘告者卽此獻馘是其事也所馘者是不服之人須武臣之力當殺其人而取其耳故使武臣如虎者獻之所囚者服罪之人察獄之吏當受其辭而斷其罪故使善聽獄如皋陶者獻之執俘截耳而還

言伐有功也有武力者折馘善問獄者執囚言任得其人也此章言淮夷攸服卽說獻囚急見所任得人以明其服之狀故下二章更說往伐之事

濟濟多士。克廣德心。桓桓于征。狄彼東南。桓桓威武貌箋云多士謂虎臣及如皋陶之屬征征伐也狄當作剔剔治也東南斥淮夷。狄王他歷反遠也銻同鄭作剔音同沈云毛如字未詳所出韓詩云鬄除也

烝烝皇皇。不吳不揚。不告于訩。在泮獻功。烝烝厚也皇皇美也揚傷也箋云烝烝猶進進也皇皇當作暀暀暀暀猶往往也吳譁也訩訟也言多士之於伐淮夷皆勸之有進進往往之心不讙譁不大聲僖公還在泮宮又無以爭訟之事告於治訟之官者皆自獻其功。烝之丞反皇毛如字鄭作暀于況反吳鄭如字譁也又王音誤作吳音話同鴉余章反訩音凶讙音歡譁音花爭爭鬭之爭〔疏〕濟濟至獻功。毛以爲上言任得其人此本往還之事言濟濟然多威儀之多士皆能廣其德心謂心德寬弘並無褊躁又桓桓然有威武之容其往征也遠服彼東南淮夷之國此多士之德烝烝然而厚皇皇然而美不爲過誤不有損傷於軍旅之間更無忿競其迴還也不有告於官司爭訟之事者唯在泮宮之內獻其戰功而已美其軍旅齊整又能克捷鄭唯以狄彼東南三句爲異言以威武往征剔治彼東南之國其往之時莫不相勸有進進往往之心不讙譁不揚聲美其樂戰之心而在軍又整餘同。傳桓桓威武貌。正義曰釋訓云桓桓威也故爲威武貌毛無破字之理瞻仰傳以狄爲遠則北狄亦爲遠也王肅云率其威武往征遠服東南謂淮夷來服也。箋多士至淮夷。正義曰上言反而獻功此又本其初往此言濟濟多士還是獻捷之人故知多士謂虎臣及如皐陶之屬所謂伐而正其罪故以征爲伐征伐所以治罪故讀狄爲剔剔治毛髮故爲治也淮夷之國在魯之東南故知東南斥淮夷也。傳烝烝至揚傷。正義日釋訓云烝烝作也衆作是厚重之意故爲厚也皇皇美釋詁文揚與誤爲類故爲傷謂不過誤不損傷也王肅云言其人德厚美不過誤有傷者。箋烝烝至其功。正義曰釋詁云烝進也故烝烝猶進進也謂前進則皇爲往行故知皇當作往釋詁云往往皇皇美也俱訓爲美聲又相近故因而誤也鄭讀不吳爲不娛人自娛樂必讙譁爲聲故以娛爲譁也訩訟釋言文揚者高舉之義不娛爲不讙譁不揚爲不揚聲故云多士之伐淮夷皆勸之有進進往往之心不讙譁不大聲謂初反及在軍之時能如此也僖公還泮宮又無爭訟之事告治獄之官由在軍不競故無所告皆自獻其功而已

角弓其觩。束矢其搜。戎車孔博。徒御無斁。既克淮夷。孔淑不逆。觩弛貌五十矢爲束搜衆意也箋云角弓觩然言持弦急也束矢搜然言勁疾也博當作傅甚傅緻者言安利也徒行者御車者皆敬其事又無厭倦也僖公以此兵衆伐淮夷而勝之其士卒甚順軍法而善無有爲逆者謂埋井刊木之類。觩音蚪搜依字作捘色留反博徐云毛如字王同大也鄭作傅音附繹本又作射又作斁作懌皆音亦厭也施式氏反本又作弛同致直置反卒尊忽反埋音因塞也刊苦干反服虔云削也

式固爾猶。淮夷卒獲。箋云式用猶謀也用堅固女軍謀之故故淮夷盡可獲服也謀謂度己之德慮彼之罪以出兵也。度待洛反〔疏〕角弓至卒獲。毛以爲多士以威武而往伐淮夷淮夷望而卽服故角弓其觩然弛而不張束矢其搜然衆而不用其兵車甚博大徒行御車之人皆敬其事無厭倦者故能克服淮夷既克淮夷而淮夷甚化於善不復爲逆亂也此淮夷不逆是僖公之功故述而美之言僖公用能固執大道之故故淮夷卒皆服也。鄭以爲既言服而獻功更陳克捷之勢言僖公之伐淮夷也以角爲弓其張則觩然而持弦甚急所束之矢其發則搜然而勁又且疾其戎車甚傅緻而牢固徒行之人又並無厭倦者從軍之初發至於既克淮夷其軍旅士卒甚善矣不有違逆軍法號令者此皆僖公之德故稱美之言此由僖公用堅固爾軍謀之故故淮夷盡得服也。傳觩弛至衆意。正義曰毛以美僖公之克淮夷必美其以德不以力此當設言爲不戰之辭故以觩爲弛貌荀卿論兵云魏氏武卒衣三屬之甲操十二石之弩負矢五十箇是一弩用五十矢矣荀則毛氏之師故從其言以五十矢爲束也大司寇云入束矢於朝注云古者一弓百矢其百箇與則鄭意以百矢爲束此箋不易傳者百矢爲束亦無正文以尚書及左傳所言賜諸侯以弓矢者皆云彤弓一彤矢百以一弓百矢故謂束矢當百箇而在軍之禮重弓以備折壞或亦分百矢以爲兩束故不易傳也已以爲搜與束矢共文當言其束之多故搜爲衆意得以弓言觩矢言搜其意言弓不張矢不用是僖公不主大戰而克服淮夷也又毛於猶字皆訓爲道則下句猶亦爲道王肅云言弓弛而不張矢衆而不用兵車甚博大徒行御車無厭其事者已克淮夷淮夷甚化於善不逆道也魯侯能固執其大道卒以得淮夷傳意或然上有四馘則非全不戰傳意蓋以此章爲深美之言。箋角弓至之類。正義曰以上言獻馘獻囚是戰而克之此章不宜復言弛弓束矢故云角弓觩然則言持弦急謂弓張故弦急也搜爲矢行之聲故云束矢搜然言勁且疾也車之廣狹度量有常不得以甚博爲言故博當作傅其車甚傅緻言安穩而調利也用兵貴於順禮而云孔淑不逆則謂士卒所爲不逆軍之正法故云士卒甚順軍法而善無有不善者於既克淮夷之下乃云孔淑不逆言其從始至終皆不逆也此美僖公用兵不逆則當時行兵有逆者謂埋井刊木之類襄二十五年左傳云陳侯會楚子伐鄭當陳隧者井埋木刊服虔云埋塞刊削也。箋式用猶謀。正義曰式用釋言文猶謀釋詁文

翩彼飛鴞。集于泮林。食我桑黮。懷我好音。翩飛貌鴞惡聲之鳥也黮桑實也箋云懷歸也言鴞恒惡鳴今來止於泮水之木上食其桑黮爲此之故故改其鳴歸就我以善音喻人感於恩則化也。翩音篇鴞于嬌反黮說文字林皆作葚時審反爲于僞反

憬彼淮夷。來獻其琛。元龜象齒。大賂南金。憬遠行貌琛寶也元龜尺二寸賂遺也南謂荊揚也箋云大猶廣也廣賂者賂君及卿大夫也荊揚之州貢金三品。憬九永反沈又孔永反說文作懬音獷云闊也一曰廣大也琛勑金反鍵爲舍人云美寶曰琛賂音路遺唯季反〔疏〕翩彼至南金。正義曰翩然而飛者彼飛鴞惡聲之鳥今來集止於我泮水之林食我泮宮之桑黮歸我好善之美音惡聲之鳥食桑黮而變音喻不善之人感恩惠而從化憬然而遠行者是彼淮夷來就魯國獻其琛寶其所獻之物是大龜象齒又廣賂我以南方之金言君臣並皆得之是脩泮宮所致故以此結篇也。傳憬遠至荊揚。正義曰淮夷去魯既遠故以憬爲遠行貌琛寶釋言文舍人曰美寶曰琛來獻其琛總言獻寶其龜象南金還是寶中之別以其物貴特舉而言其獻非唯此等也漢書食貨志云龜不盈尺不得爲寶此言元龜龜之大者故云元龜尺二寸也賂者以財遺人之名故賂爲遺也荊揚之州於諸州最處南偏又此二州出金今云南金故知南謂荊揚也禹貢徐州淮夷蠙珠洎魚則淮夷居在徐州貨唯珠魚而已其土不出龜象其國不屬荊揚而得有龜象南金獻於魯者禹貢所陳謂常貢天子土地所出此則僖公伐而克之懼以賂魯其國先得此寶以其國寶爲獻非是淮夷之地出此物也。箋大猶至三品。正義曰大賂者賂之多大故云大猶廣也春秋襄二十五年晉帥諸侯伐齊齊人賂晉侯自六正五吏三十帥及處守者皆有賂是及羣臣故知廣賂者君及卿大夫也又申傳南荊揚之義故云荊揚之州貢金三品禹貢揚州厥貢惟金三品荊州云厥貢羽毛齒革惟金三品彼注云三品者銅三色也王肅以爲三品金銀銅鄭不然者以梁州云厥貢鏐鐵銀鏤爾雅釋器云黃金之美者謂之鏐白金謂之銀貢金銀者既以鏐銀爲名則知金三品者其中不得有金銀也又檢禹貢之文厥貢鏐鐵錫鉛而獨無銅故知金卽銅也僖十八年左傳曰鄭伯始朝于楚楚子賜之金既而悔之與之盟曰無以鑄兵故以鑄三鍾考工記云六分其金而錫居一謂之鍾鼎之齊是謂銅爲金也三色者蓋青白赤也

泮水八章章八句

毛詩注疏挍勘記（二十之二）　阮元撰盧宣旬摘錄

駉之什詁訓傳　閩本明監本毛本同唐石經小字本相臺本皆無之什二字案釋文云本或作駉之什者隨例而加耳商頌亦然鹿鳴正義云今魯頌四篇商頌五篇皆不滿十無之什也或有者承此雅頌之什之後而誤耳云云是釋文正義本皆無此二字唐石經及經注各本是也十行本始誤同或本耳考文古本亦有之什二字可見其本之未善

魯頌譜

其封域在禹貢　（補）案其上當○

立子開爲閔公立其卒　閩本明監本毛本同案浦鏜云二年誤立其是也

以惠王十九年卽位　閩本明監本毛本同案浦鏜云八誤九從年表挍是也

襄王二十二年薨　閩本明監本毛本同案下二字浦鏜云五誤從年表挍是也

脩泮宮守禮教　閩本明監本毛本同案浦鏜云崇誤守考正義云是脩泮宮崇禮教也浦挍是也

舒援云　閩本明監本毛本同案浦鏜云瑗誤援以正義考之是也隋書經籍志作援

僖十六年冬　（補）案僖上當○

詩稱既作泮宮字　閩本明監本毛本稱既誤倒案泮下當有宮字

新然南門　（補）案然當作亨之譌

由命魯得郊天子禮　明監本毛本由誤申閩本不誤案盧文弨云子禮上當有用天二字是也此天字複而脫

周爲王者之後　閩本明監本毛本同案山井鼎云作同於王者之後是也

是不欲侵魯有惡 閩本明監本毛本同案盧文弨云侵疑使是也

周之不陳其詩者爲憂耳 閩本明監本毛本同案浦鏜云優誤憂是也駉正義魯爲天子所優可證

示無貶黜客之法 閩本明監本毛本同案此不誤浦鏜云義誤法非也彼譜是義字而正義云示無貶黜者示法而已故此引作法不盡依本文也上文引仍作義如此等者非有定例不可拘也

○駉

頌僖公也僖公能遵伯禽之法 唐石經小字本相臺本同案正義云定本集注皆重有僖公字是正義本直云頌僖公能遵伯禽之法云云也考此頌僖公也一句乃揔序而後申其意故文與下三篇序不同正義本乃涉下而誤當以定本集注爲長

牧于坰野 唐石經小字本相臺本同案釋文以牧乎作音是其本于作乎也考正義云牧其馬於坰遠之野于於古今字易而說之則其本當是于字唐石經以下之所從出也

詩爲作頌 閩本明監本毛本同案浦鏜云請誤詩是也

駉駉牡馬 小字本相臺本同唐石經初刻牡後改牧下同案釋文云牡馬茂后反草木疏云騭馬也說文同本或作牧正義云定本牧馬字作牡馬考在六朝時江南書皆作牝牡之牡河北本悉爲放牧之牧見顏氏家訓顏據此章傳良馬之文以爲有騭無驊定從牡字段玉裁云考周官馬政凡馬特居四之一絕無郊祀朝聘有騭無驊之說且序云牧于坰野傳云牧之坰野則駉駉然正義云駉駉然腹幹肥張者所牧養之良馬也經文作牧爲是顏氏說誤詳詩經小學今考正義云但毛以四章分說四種之馬故言駉駉良馬腹幹肥張明首章爲良馬二章爲戎馬也又云以四章所論馬色既別皆言以車明其每章各有一種故言此以充之不於上經言之者以上文二句四章皆同無可以爲別異故就此以車異文而引之也正義此言深得傳旨若如顏說則四章止有良馬耳自與傳乖已不可通矣當以正義本爲長經義雜記又以爲釋文於牡馬下引草木疏云騭馬也陸機亦作牡乃三國時本更爲可據其說非也草木疏雖亡但所云騭馬也者非有專疏此詩之明徵也特陸引之使就此牡字耳下文云說文同今說文具存更何得指馬部騭字爲專解此詩乎又以爲唐石經初刻牧後改牡亦誤

不言牧馬也 閩本明監本毛本同案浦鏜云馬當焉誤是

又言牧在遠郊是也 閩本明監本毛本同案浦鏜云任誤在

予三十里 閩本明監本毛本同案浦鏜云二誤三是也

或當別有依終之譌 閩本明監本毛本同案終當作約形近

三十里之國也 閩本明監本毛本同案浦鏜云五誤三是

以載師掌在士之法 閩本同明監本毛本士作土案所改是也山井鼎云在恐任誤是也

上言駉駉牡馬 閩本明監本毛本同案牡當作牧此不知正義本作牧者誤改之耳

乃言其牧處 閩本明監本毛本同案乃當作及形近之譌

皆言以事 閩本明監本毛本同案浦鏜云車誤事是也正義下文可證

故知戎馬不得駕田馬也 閩本明監本同毛本上馬字作路案所改是也

蒼祺曰騏 小字本同閩本明監本毛本同相臺本祺作騏案釋文云蒼祺字又作騏相臺本依之改也釋文之意以祺爲假借字但考小戎尸鳩傳騏文皆本是綦文此傳用字當同蒼騏亦本是蒼綦也祺字恐非此之用正義云蒼騏曰騏謂青而微黑不知其本果作騏抑或後人所改也段玉裁云古假騏爲綦因而以騏釋騏小戎尸鳩傳皆同此亦以虛釋虛以要釋要之例也

字林作駓走也 補釋文挍勘記通志堂本盧本同案駓字各本皆誤當作駓集韻六脂云駓馬走也本此陸氏有駓下本云字林作駓伾伾下本云字林作駓今釋文皆云字林作駓者伾伾下誤也小字本十行本所附字林作駓反在有駓下亦誤倒今特訂正

而牲用騂綱 閩本明監本毛本綱誤剛案所改非也此當作犅形近之譌

以車繹繹 唐石經小字本相臺本同案釋文云繹繹崔本作驛考正義於序下云故云驛驛見其善走也是其本字作驛與崔本正同其此章正義云故言繹繹善走當是後人以經注本改之耳浦鏜乃挍序下云繹驛經作繹繹此不知經注本非正義本之誤也○案繹者正字驛者俗字此蓋正義易字釋經之例也

白馬黑鬣曰駱 小字本相臺本同案正義云定本集注髦字皆作鬣是其本作黑髦也釋文云黑鬣力輒反又駱下云樊孫爾雅並作白馬黑髦爾雅釋文同又四牡驛驛駱馬傳釋文云黑鬣力輒反本亦作髦音毛依此則正義本四牡傳亦當是髦字但未有明文耳

善走也 小字本相臺本同案釋文繹繹下云善足也一本作善走也正義本是走字此及序下標起止皆可證

班駁隱甐 補通志堂本盧本同影宋本甐作粼釋文挍勘云案甐字誤也爾雅釋文所載郭注作粼粼即粼也唐揚之水粼粼可互證

班駁隱鄰 閩本明監本毛本班駁誤斑駁明監本毛本鄰作甐閩本作鄰案此當作粼皆形近之譌也釋文驎字下亦誤爲甐○案此本無正字皆用同音字耳舊挍非也甐字多讀作去聲故郭良刃反呂良振反

驪馬黃脊騝音乾 閩本明監本脊誤脊毛本不誤案音乾二字當傍行細書乃正義自爲音也

皆作駱字 閩本明監本毛本同案駱當作雒下文云其字定當爲雒是其證

以車祛祛 小字本同閩本明監本毛本同唐石經作袪袪相臺本同案袪字是也六經正誤云作祛誤从示者祛誤也从衣者袪袖也考此但毛居正臆爲區別其實說文不載祛字無容見於毛氏詩也惟從衣之字每見誤於從示之字今釋文正義袪字從示者皆傳寫之誤而毛居正以後人又誤認從示爲正耳

豪骭曰驔 小字本相臺本同案此釋文本也釋文驔下云豪骭曰驔此經注各本之所本也正義云釋畜云四骹皆白驓無豪骭白之名傳言豪骭白者蓋謂豪毛在骭而白長名爲驔也是其本骭下有白字

二目白曰魚 小字本相臺本同案釋文云毛云一目白曰魚爾雅云一目白瞯二目白魚考正義亦引爾雅并舍人郭璞注而不云有異是其本字與爾雅同亦作二目也但考毛傳多有與爾雅不合者如卷耳崔嵬岨陟岵岵屺之類或此傳亦然正義本依爾雅改耳

圭以給官中之役 閩本明監本毛本同案山井鼎云官恐宮誤是也

貴其肥牡 閩本明監本毛本牡作壯案所改是也

思馬斯徂 明監本馬誤焉各本皆不誤

○有駜

但明義明德也 小字本相臺本同案正義云以經有二明故知謂明義明德也定本集注皆云議明德也無上明字段玉裁云義是衍字箋經言明明者皆連二字爲文當作但明明德也今考此箋之下引大學在明明德彼注云謂顯明其至德也訓同爾雅及毛大明傳還與此明明相證成不得如正義所說以二明字分屬一義一德也段說爲是下箋則相與明義明德而已義字衍同定本集注亦誤

本又作淵鼓 補案淵鼓二字當鼘之譌文選東京賦雷鼓鼘鼘注引詩咽咽作鼘鼘鼘即鼝字說文鼝鼓聲也詩曰鼝鼓鼝鼝

其在於君所 閩本明監本毛本同案君當作公上句可證

載言則也 閩本明監本毛本同小字本相臺本載下有之字考文古本同案有者是也

今之鐵總也 補毛本總作驄案所改是也

歲其有 小字本相臺本同唐石經有下旁添年字案釋文云歲其有本或作歲其有矣又作歲其有年者矣皆衍字也正義本未有明文唯周頌豐年正義云魯頌曰歲其有年當是其本有年字與或作本同唐石經本之添也考此詩有與下子韻不容更有年字依釋文本爲是惠棟引漢西嶽華山廟碑有歲其有年之文此或出於三家耳考文古本有矣字采釋文釋文亦有誤當正

詒孫子 小字本相臺本同唐石經詒下旁添厥字案釋文云本或作詒厥子孫詒于孫子皆是妄加也正義本未有明文考正義說此經云可以遺其孫子若以其說厥則其本或有厥字也但當依釋文爲是惠棟引劉氏列女傳貽厥孫子此正三家詩也

歲其有豐年也 小字本相臺本同案此正義本也正義云定本集注皆云歲其有年標起止云傳歲其有豐年可證也考此經本云歲其有傳本云歲其有年也傳以有年說經之有也經誤衍有下年字傳又誤衍年

上豐字皆失其旨當以定本集注爲長

又作歲其年者矣 〔補〕通志堂本盧本歲其下有有字小字本所附同釋文挍勘段玉裁云矣字衍

箋穀善貽遺 閩本明監本毛本同案浦鏜云貽字誤通非也當是正義本經作貽字不與各本同耳

〇泮水

頌僖公能脩泮宮也 唐石經小字本相臺本同案此正義本也標起止云至泮宮下文同可證釋文本云頖宮音判本多作泮考此亦序與經不同字之例當以釋文本爲長

其旂茷茷 唐石經小字本相臺本同案釋文云伐伐蒲害反又普貝反音有法度本又作茷正義云則其旂乃茷茷然有法度與釋文又作本同也經義雜記以爲正義本當亦作伐是以釋文改正義失之矣羣經音辨人部載此乃取諸釋文非賈昌朝曾見經文作伐之本也

噦噦言其聲也 閩本明監本毛本同小字本相臺本其作有考文古本同案有字是也正義云其鸞則噦噦然有聲可證也

箋云于行 閩本同小字本相臺本行作往考文古本同明監本毛本作遄案往字是也行形近之譌遄字誤改也

傳魯侯僖公也 閩本明監本毛本同案浦鏜云值誤傳是也三章正義云值魯侯來至其證也

明堂位曰采廩 毛本同閩本明監本采作米案所改是也

是小菜也 〔補〕小當作水下句言水菜者可證

其住不專爲菜 〔補〕住當作往

釋詁云肉倍好 閩本明監本毛本同案浦鏜云爾誤詁是也

光武中元二年初載建三雝 閩本明監本毛本同案浦鏜云元誤二載疑衍字以後漢書儒林傳考之浦挍是也

欲法則其文意 閩本明監本毛本文誤立案意當作章形近之譌

箋其音至德音 閩本同明監本毛本以此節正義改入下章其音昭昭句注下首脫箋字案此十行散附時所誤羼耳

菜大如手 閩本明監本毛本同案浦鏜云葉誤菜是也

又可鬻 閩本明監本同毛本鬻作鬻案所改是也

於是可以采 閩本明監本毛本同案山井鼎云鄉飲酒注作於是可以來是也

可者召唯所欲 閩本同案山井鼎云鄉飲酒注作可者召不召唯所欲又云當以彼注爲正也

非也此正義不全引耳明監本毛本作可以召尤誤

皆庶幾庶行孝 閩本明監本毛本同案浦鏜云庶行當力行之誤是也箋文可證

矯矯虎臣 唐石經小字本相臺本同案釋文云蟜蟜本又作矯正義云矯矯然有威武如虎之臣是其本作矯字也

故云馘所獲者之左耳 閩本明監本毛本同案獲當作格箋文是格字正義下文云謂臨陣格殺之可證

不吳不揚 唐石經小字本相臺本同案正義云鄭讀不吳爲不娛人自娛樂必讙譁爲聲故以娛爲譁也釋文云不吳鄭如字讙也王音誤考此經字與絲衣同鄭此箋卽彼傳也釋文以爲鄭如字者最合箋意正義以爲鄭讀不娛者亦自據其彼經而言耳卽王音誤其經仍是吳字但讀作誤以爲申毛而與鄭相難也盧文弨挍乃以此併前絲衣同改爲虞皆失之也釋文於不吳下于詡上以瘍字作音云余章反今考箋云不大聲則經自是揚字正義本及唐石經等皆不作瘍字或是傳揚傷也傷字釋文本作瘍與正義本不同而爲之作音今本誤錯出在上耳揚傷古通用巧言釋文有其證盧文弨於此釋文瘍上添入不字亦爲專輒。案此毛鄭不同毛作瘍訓傷鄭讀瘍爲揚訓大聲後人從鄭改經字

吳譁也 小字本相臺本同案此正義本也正義云故以誤爲譁也釋文云讙也音歡考鄭用絲衣傳當以正義本爲長

其往征也 閩本明監本毛本征誤往下以威武往征剔治彼東南之國毛本亦誤

則北狄亦爲遠也 閩本明監本毛本同案北字山井鼎云恐此是誤是也

故知皇當作往釋詁云往往 閩本明監本毛本同案浦鏜云三往字皆當作暀是也

徒御無斁 唐石經小字本相臺本同案釋文云斁本又作射又作斁或作懌皆音亦厭也正義本未有明文今無可考餘經射斁字多不畫一依釋文本則此經又假借作釋其用字之例本有如此者也

甚傳緻者 閩本明監本毛本同小字本相臺本緻作致案致字依定本釋文是也

巳以爲搜與束矢共文 閩本明監本毛本同案巳當作毛形近之譌

得以弓言敹矢言搜 閩本明監本毛本同案浦鏜云傳誤得是也

琛圭釋言文 閩本明監本毛本同案山井鼎云圭當作寶是也

厥貢鏐鐵錫鉛 閩本明監本毛本同案錫當作銀見下鏐鐵銀在梁州鉛在青州也

而獨無銅 明監本毛本而誤銀閩本不誤案山井鼎云作銀屬上讀者似是非也上文銀誤作錫乃誤改去而字耳

附釋音毛詩注疏卷第二十（二十之二）

毛詩魯頌　鄭氏箋　孔穎達疏

閟宮。頌僖公能復周公之宇也。宇居也。閟筆位反音祕同僖音希〔疏〕閟宮八章首章十七句二章十二句三章三十八句四章十七句五章六章章八句七章八章章十句至之宇。正義曰作閟宮詩者頌美僖公能復周公之宇謂復周公之時土地居處也明堂位曰成王以周公爲有勳勞於天下是以封周公於曲阜地方七百里革車千乘是周公之時土境特大異於其餘諸侯也伯禽之後君德漸衰鄰國侵削境界狹小至今僖公有德更能復之故作詩以頌之也復周公之宇雖辭出於經而經之所言止爲常許此則摠序篇義與經小異其言復周公之宇以境界爲辭但僖公所行善事皆是復故非獨土地而已自三章以下皆述僖公之德作者將美僖公追述遠祖上陳姜嫄后稷至於文武大王爰及成王封建之辭魯公受賜之命言其所以有魯之由與僖公之事爲首引耳序者以其非頌所主之意故從而畧之

閟宮有侐。實實枚枚。閟閉也先妣姜嫄之廟在周常閉而無事孟仲子曰是禖宮也侐清淨也實實廣大也枚枚礱密也箋云閟神也姜嫄神所依故廟曰神宮。侐況域反說文云靜也一音火季反枚莫回反韓詩云閟暇無人之貌也嫄音元禖莫回反礱路東反厲也

赫赫姜嫄。其德不回。上帝是依。無災無害。彌月不遲。上帝是依依其子孫也箋云依依其身也彌終也赫赫乎顯著姜嫄也其德貞正不回邪天用是馮依而降精氣其任之又無災害不坼不副終人道十月而生子不遲晚。災字又作灾本亦作菑音同邪似嗟反馮依本又作憑同皮陵反一本作馮依其身坼勑宅反裂也副孚逼反

是生后稷。降之百福。黍稷重穋。稙穉菽麥。奄有下國。俾民稼穡。先種曰稙後種曰穉箋云奄猶覆也姜嫄用是而生子后稷天神多與之福以五穀終覆蓋天下使民知稼穡之道言其不空生也后稷生而名弃長大堯登用之使居稷官民賴其功後雖作司馬天下猶以后稷稱焉。重直容反本又作種音同穋音六本又作稑音同稙徵力反徐時力反韓詩曰長稼也穉音雉韓詩云幼稼也菽音叔大豆也卑必爾反本又作俾下皆同長張丈反

有稷有黍。有稻有秬。奄有下土。纘禹之緒。緒業也箋云秬黑黍也緒事也堯時洪水爲災民不粒食天神多予后稷以五穀禹平水土乃教民播種之於是天下大有故云纘禹之事也美之故申說以明之。秬音巨纘子管反繼也粒音立〔疏〕閟宮至之緒。毛以爲將美僖公上述遠祖周人立姜嫄之廟常閉而無事。欲說姜嫄又先言其廟言在周所閉之宮有侐然淸淨其宮之內則實實然而甚廣大其宮之材則枚枚然而礱之密之此是姜嫄廟也旣言其廟遂說其身赫赫然顯著者其姜姓之女名嫄也此姜嫄其德貞正不回邪故上帝天用是之故依其所生子孫使其在母之時不令其母無災殃無患害終人道之月而生之不遲也是所生者乃是后稷天神又下與之以百種之福使之有明哲之性曉稼穡之事又與之黍與之稷先種後熟之重後種先熟之穋先種之稙後種之穉及菽之與麥下此衆穀令稷種之同有天下諸

國使民知稼穡之道民賴后稷之功多又復申說其事后稷之所種者有稷有黍有稻有秬以此眾穀徧教下民同有此穀於天下之土以繼大禹之業言禹平水土稷教播種事業可以相繼故言纘禹之緒以美之○鄭以閟宮爲神宮於魯國有其宮故先言廟而遂說姜嫄上帝是依謂憑依其身降之精氣又以莅爲覆緒爲事爲異餘同○傳閟閉至磬容○正義曰莊三十二年左傳稱公見孟任從之閟謂閉戶拒公故閟爲閉也下句言赫赫姜嫄則此述姜嫄之廟禮生曰母死曰妣姜嫄是周之先母故謂之先妣說姜嫄之廟而謂之閟宮故知常閟而無事春官大司樂云舞大濩以享先妣則先妣之廟有祭事矣且立廟所以祭神而云閟而無事者案祭法王立七廟五廟皆月祭之二祧享嘗乃止彼文據周爲說其言不及先妣先妣立廟非常而祭之又疏月朔四時祭所不及此於七廟是閟而無事也周禮定其用樂明其有祭之時但其祭時節禮無明文或因大祭而則祭之也傳亦以此司樂之文知姜嫄之廟在周耳言其在周則謂魯無其廟以周立是非常故魯不得有也孟仲子曰是謂禖宮蓋以姜嫄祈郊禖而生后稷故名姜嫄之廟爲禖宮嫄廟清淨之處故以侐爲清淨實謂宮內所容重言實實故謂宮之廣大枚枚者細密之意故云礱密晉語及書傳說天子廟飾皆云斲其材而礱之加密石爲是礱密之事也又鄭注禮器云宮室之飾士首本大夫達稜諸侯斲而礱之天子加密石是也○箋閟神至神宮○正義曰箋以詩人之作視事與許若魯無姜嫄之廟不當先述閟宮又卒章云新廟奕奕奚斯所作發首言閟宮於末言新廟則所新之廟新此閟宮首尾相承於理爲順奚斯作之自然在魯不宜獨在周也且立廟而祭不宜以閟爲名釋詁云毖神謐慎也俱訓爲慎是閟得爲神閟與毖字異音同故閟爲神也以其姜嫄神之所依故廟曰神宮凡廟皆是神宮以姜嫄之事說之於下故先言神宮以顯之○傳上帝至子孫○正義曰毛氏不信履迹之事不得言天依姜嫄故爲依其子孫正謂依助后稷使其母無災害也此直依其子耳兼言孫者以后稷後世克昌皆是天所依祐并孫言之以協句也○箋依依至遲晚○正義曰箋以生民之篇說姜嫄履帝迹而有后稷則是上帝憑依姜嫄而使之有子故以依爲依其身履其拇指之處而心體歆歆然如有人道感己是其依之也以姜嫄其德貞正不回邪上天用是之故憑依其身而降之精氣使得懷任后稷也生民言不坼不副無災無害文在先生如達之下則謂嘗生之時無災害也此篇無災害文在彌月不遲之上則是未生之時無災害也言懷任以至於生其母常無災害故文有先後災害可兼未生其不坼不副雖謂生時不爾此箋云其生之又無災害不坼不副災害謂懷任時坼副謂生時也以其意與彼同故引彼爲說家語執轡篇大戴禮本命篇皆云人十月而生此云彌月不遲故知終人道十月而生子美其不遲晚也○傳先種至曰稺○正義曰重穋稙稺生熟早晚之異稱耳非穀名先種曰稙後種曰稺當謂先種先熟後種後熟但傳略而不言其熟耳七月傳曰後熟曰重先熟曰穋天官內宰鄭司農注云先種後熟謂之種後種先熟謂之稑是傳亦略而不言其種與此互相明也熟穀傳以奄爲同則此奄亦爲同也王肅云堯命以后稷使民知稼穡下國同時有是大功也○箋奄猶至稱爲○正義曰糾奄覆鳥獸而取之故以奄猶覆也天神多與之福者王肅云謂受明哲之性長於稼穡是言天授之智慧爲與之福也以五穀終覆蓋天下使民知稼穡之道謂堯遭洪水之後種百穀以教民也言其不空生謂生必濟世不徒然也孝經援神契曰聖人不空生生必有所制是大賢不徒生也又解后稷其名曰棄末爲司馬不言棄爲司馬而言后稷之意以其居稷官之日民賴其功後雖作司馬天下猶以后稷稱之周本紀云初欲棄之因名曰棄堯典云帝曰棄是后稷生名曰棄也本紀又云堯舉棄爲農師天下得其利是克登用之使居稷官民賴其功也堯典之文未說舜命羣官使禹宅百揆即天官也契在五教爲司徒即地官也伯夷爲秩宗即春官也咎繇爲士即秋官也垂爲共工即冬官也雖夏官不言命而上句禹讓稷契之下帝曰棄黎民阻飢汝后稷播時百穀而述其爲稷之功不言命而爲官明是稷作司馬爲夏官也且尚書刑德放云稷爲司馬契爲司徒故云後雖作司馬猶以后稷稱焉○傳緒業○正義曰釋詁云業緒也故緒爲業也○箋秬黑至明之○正義曰秬黑黍釋草文緒事釋詁文事業大同耳當時所爲謂之事後人所祖謂之業禹稷同時其事相繼此述當時之事非謂在後相祖故易之爲事堯典云帝曰湯湯洪水方割是堯時洪水爲災也思文之美后稷云粒我烝民是洪水之時民不粒食也生民云誕降嘉種者從上而下之辭是天神多與后稷以五穀也言天神與者以種之必長歸功於天非天實與之也若洪水未平則無地可種故知禹平水土乃教民播種之於是天下大有謂大有五穀也禹能平水土稷能種穀二者俱以利民故謂之繼禹之事稷之播種種禹所治之地故言禹平水土乃教民播種爲先後之辭耳其實禹稷所爲亦同時矣非洪水大平之後始教之也此經與上事同文連故解其意美之申說以明之

后稷之孫。實維大王。居岐之陽。實始翦商。翦齊也箋云翦斷也大王自豳徙居岐陽四方之民咸歸往之於時而有王迹故云是始斷商○大音泰後大王大平皆同翦子踐反鄭斷也斷音短下同豳彼貧反王于況反

至于文武。纘大王之緒。致天之届。于牧之野。無貳無虞。上帝臨女。虞誤也箋云届極虞誤也文王武王繼大王之事至受命致大平天所以罰極紂於商郊牧野其時之民皆樂武王之如是故戒之云無有二心也無復計度也天視護女至則克勝○届音戒貳音二極紀力反下同度待洛反下同復扶又反

敦商之旅。克咸厥功。箋云致治旅眾咸同也武王克殷而治商之臣民使得其所能同其功於先祖也后稷大王文王亦周公之祖考也伐紂周公又與焉故述之以美大魯○敦鄭都回反注同王徐都門反厚也與音預

疏 后稷至厥功○毛以爲上言后稷之事此又援說其後言后稷後世之孫實維是周之大王也此大王自豳而來居於岐山之陽民歸往之初有王迹實始有翦齊商家之翦兆也至於文王武王則能繼大王之業於時商家暴虐天欲誅之武王乃致天之誅於牧野之地民皆樂戰不自以爲苦反勸戒武王云今天下歸周無有貳心無有疑誤乃由上天之臨視汝矣言民從天助往必克勝欲使之勉力決戰也武王於是伐而克之乃以祇法治商之眾民莫不得所能同其功於先祖謂先祖欲成王業武王卒能成之是合同其功○鄭唯以翦爲斷緒爲事無貳無虞謂民勸武王無有二心無復計度上帝今臨視汝爲異餘同○傳翦齊箋翦斷至斷商○正義曰翦齊釋言文齊即斬斷之義故箋以爲斷其意同也大王之居岐陽民咸歸之是有將王之迹故云是始斷商言有滅商之翦兆也○傳虞誤○正義曰大明云上帝臨女無貳爾心傳云無敢懷貳心以爲民無貳心傳以虞爲誤則亦爲民之情爾民無疑誤也王肅云天下歸周無貳心無疑誤上帝臨命汝傳意或然○箋届極至克勝○正義曰届極虞度釋言文釋言又云極誅也然則此極又轉爲誅紂爲無道天欲誅之武王奉行天意故云致天之届牧誓云時甲子昧爽武王朝至于商郊牧野乃誓是致天所罰殺紂於牧野定本集注皆云致紂於牧野極是殺非也箋以汝者汝武王故以無貳無虞爲戒武王之辭太誓說十一年觀兵盟津之時八百諸侯皆曰受可伐王曰爾未知天意未可伐是其所計度故今戒之云無有貳心無復計度也致天之誅唯武王耳此經文武共文以其受命伐紂事相接成故也○箋敦治至先祖○正義曰旅眾釋詁文武王克紂治商之眾故以敦爲治釋詁云咸皆也皆亦同之義故以咸爲同也同其功於先祖者周自后稷以來世脩其業大王文王之意皆欲成周之功但時未可耳今武王誅紂克先祖之意故美其能同其功於先祖言與先祖同成其功也

王曰叔父。建爾元子。俾侯于魯。大啓爾宇。爲周室輔。王成王也元首宇居也箋云叔父謂周公也成王告周公曰叔父我立女首子使爲君於魯謂欲封伯禽也封魯公以爲周公後故云大開女居以爲我周家之輔謂封以方七百里欲其彊於眾國○

乃命魯公。俾侯于東。錫之山川。土田附庸。箋云東東藩魯國也既告周公以封伯禽之意乃策命伯禽使爲君於東加賜之以山川土田及附庸令專統之王制曰名山大川不以封諸侯附庸則不得專臣也○藩方元反策初革反令力呈反

周公之孫。莊公之子。龍旂承祀。六轡耳耳。春秋匪解。享祀不忒。周公之孫莊公之子謂僖公也耳耳然至盛也箋云交龍爲旂承祀謂視祭事也四馬故六轡春秋猶言四時也忒變也○解音懈忒他得反

皇皇后帝。皇祖后稷。享以騂犧。是饗是宜。降福既多。騂赤犧純也箋云皇皇后帝謂天也成王以周公功大命魯郊祭天亦配之以君祖后稷其牲用赤牛純色與天子同也天亦饗之宜之多予之福○騂息營反赤色也犧許宜反純毛牲

周公皇祖。亦其福女。秋而載嘗。夏而楅衡。白牡騂剛。犧尊將將。毛炰胾羹。籩豆大房。萬舞洋洋。孝孫有慶。諸侯夏禘則不礿秋祫則不嘗唯天子兼之楅衡設牛角以楅之也白牡周公牲也騂剛魯公牲也犧尊有沙飾也毛炰豚也胾肉也羹大羹鉶羹也大房半體之俎也洋洋眾多也箋云此皇祖謂伯禽也載始也秋將嘗祭於夏則養牲楅衡其牛角爲其觸牴人也秋嘗而言始者秋物新成尚之也大房玉飾俎也其制足間有橫下有柎似乎堂後有房然萬舞干舞也○楅音福逼也犧尊鄭素河反毛云有沙飾則宜同鄭王許宜反尊名也將七羊反炰蒲包反胾側吏反羹音庚又音衡洋音羊徐音翔礿羊灼反祫咸夾反楅音逼有沙蘇河反刻鳳皇於尊其羽形婆娑然也一云畫也豚字又作㹠徒門反餅字又作鉶音刑爲其于僞反觝都禮反橫古曠反一音光柎方于反

俾爾熾而昌。俾爾壽而臧。保彼東方。魯邦是常。不虧不崩。不震不騰。三壽作朋。如岡如陵。震動也騰乘也壽考也箋云此皆慶孝孫之辭也俾使臧善保安嘗守也虧崩皆謂毀壞也震騰皆謂僭踰相侵犯也三壽三卿也

岡陵取堅固也○熾尺志反僭子念反

【疏】王曰至如陵○毛以爲上既述遠祖之功以美大魯國此乃說其封建之由及今僖公之事言將欲封魯之時成王乃告周公曰叔父我今欲立汝首子使之爲侯於魯國大開汝之所居永爲周室藩輔告周公既許乃爲書以策命魯公伯禽使之爲侯於東方賜之以境内之山川使之專有又賜之以境内之土田并小國之附庸命使四鄰小國附屬之言其統於衆國也至於今日周公後世之孫魯莊公之子謂僖公也其車建交龍之旂承奉宗廟祭祀所乘四馬其六轡耳耳然而至盛春秋四時非有解怠所獻所祀不有忒變因說祭祀之事皇皇而美者爲君之天及君祖后稷獻之以赤與純色之牲天與后稷於是歆饗之於是以爲宜下福與之既已多大矣非徒天與后稷降之多福周公與君祖伯禽亦其福汝僖公矣又言祭宗廟得祇故先祖福之更說祭廟之事將於前秋則爲嘗祭此夏而已楅衡其牛言豫養所祭之牛設橫木於角以福之令其不得觝觸人也所養者是白色之牡與赤色之特盛酒之器有犧羽所飾之尊將將然而盛美也其餚則有爛火去其毛而炰之豚又有切肉之胾與大羹鉶羹其食器有竹籩木豆又有大房之俎鼎俎既陳籩豆已列於是歌舞其神執干戚而爲萬舞者洋洋然衆多禮樂不愆祭祀得所孝孫僖公於是有慶賜之榮作者壽其德當神明故設解慶之使汝得福熾盛而昌大使汝年命長壽而臧善安於彼東方之國魯邦是其常有其堅固如山不可虧損不可崩騫言其無毀壞之時其安靜如川不可震動不可乘陵言其無僭踰相犯國之三壽考之卿與作朋友君臣相親國家堅固使之如岡然如陵然言承無歆亂也○鄭唯秋而載嘗爲異以載爲始言秋而始欲嘗祭於夏則養牲餘同○傳王成王宇居○正義曰洛誥說周公攝政七年十有二月歸政成王之事其經云烝文王騂牛一武王騂牛一王命作冊逸祝冊告周公其後注云歲成王元年正月朔日於周二特牛祫祭文武於文王廟使逸讀所作冊祝之書告神以周公其宜爲後者謂將封伯禽則是成王卽政之元年正月朔日封伯禽也呼周公爲叔父知王是成王也釋詁云元首始也俱訓爲始是元得爲首屋宇用以居人故以宇爲居○箋東東藩至得專臣○正義曰諸侯爲天子蕃屏故云東藩魯國也賜謂與之使爲已有故言加賜之山川及附庸令專統之也以土田者是魯國之土田亦既封爲魯君自然田爲魯有而山川附庸與土田共蒙賜之文土田既是專統則知山川附庸亦專統也箋以專統土田是諸侯之常而山川附庸則是加賜故特言加賜之山川附庸以明之凡言賜之謂非所當得也故引王制名山大川不以封諸侯故山川當言賜也附庸則不得專臣故附庸亦言賜也王制云名山大澤不以封鄭以經有山川故改澤爲川也彼又說夏殷之祀云子男五十里不能五十里者不合於天子附於諸侯曰附庸言附諸侯事大國不得專臣也若然魯亦不得專臣而與山川土田同言賜者以於法不得有之故言賜耳非謂賜之使專臣也何則諸侯之有附庸者以其土田猶少未及大國之數故令有附庸使之附屬功德若進擬以給之其地方五百里者土地已極無復進期不得更有附庸也魯爲侯爵以周公之勲受上公之地可爲五百里耳於法無附庸也明堂位封周公於曲阜地方七百里是於五百里之上又復加之附庸故注云上公之封地方五百里加魯以四等之附庸方百里者二十四并五五二十五積四十九開方之得七百里大司徒注云凡諸侯爲牧正帥長及有德者乃有附庸爲有祿者當取焉公無附庸侯附庸九同伯附庸七同子附庸五同男附庸三同進則取焉退則歸焉魯於周法不得有附庸故言錫之也言地方七百里者包附庸以大言之也附庸二十四言得兼此四等矣如鄭此言是由法不得有故謂之賜猶不使魯專臣也論語云顓臾昔者先生以爲東蒙主是社稷之臣顓臾魯之附庸謂之社稷之臣者以其附屬於魯亦謂魯之社稷其國猶自繼世非專臣也以非專臣故季氏將伐若其純臣魯君季氏豈得伐取之也言四等附庸者侯九伯七子五男三并之得二十四也夏殷之祀不能五十里者爲附庸則周法附庸不滿百里而云九同七同者聚積其國使得同耳非謂一同一附庸也○箋交龍至忒變○正義曰交龍爲旂春官司常文承者奉持之義故云承祀謂祭祀事此龍旂承祀謂視宗廟之祭何則明堂位云魯君孟春乘大輅載弧韣旂十有二旂日月之章祀帝于郊配以后稷天子之祀也彼祀天之旂建日月之章明此龍旂是宗廟之祭也異義古詩毛說以此龍旂承祀爲郊祀者自是舊說之謬非鄭所從故此箋直言視祭不言祭天也作者錯舉春秋以明冬夏故云春秋猶言四時也釋言云爽忒也孫炎曰忒變雜不一是忒爲變之義也○箋皇皇至之福○正義曰釋詁云皇皇美也后君也以天者尊神故以美言之而謂之爲君也論語曰皇皇后帝注云帝謂太微五帝此亦云皇皇后帝直言謂天者以論語說舜受終于文祖宜摠祭五帝魯不得徧祭五帝故直言謂天謂祭周所感生蒼帝也故明堂位祀帝于郊之下注云帝謂蒼帝靈威仰也昊天上帝魯不祭是魯君所祭唯祭蒼帝耳蒼帝亦太微五帝之一故同稱皇皇后帝焉明堂位稱成王以周公爲有勲勞於天下是以魯君祀帝於郊配以后稷天子之祀也是成王命魯郊天亦配以后稷之事言亦者亦周也地官牧人云陽祀用騂牲毛之注云陽祀祭天於南郊是天子祭天南郊用赤牛純色今魯亦云享以騂犧是與天子同也天亦饗之宜之言亦者亦周也以諸侯不得祭天嫌其不可故每事言亦也○傳諸侯至衆多○正義曰毛以載爲則言秋而則嘗謂當祫之年雖爲祫祭而則爲嘗祭故解其意言諸侯之祀於夏爲大祭之禘則不爲時祭之礿於秋爲大祭之祫則不爲時祭之嘗雖天子兼之雖爲禘祫不廢時祭今魯亦如天子之祀故言秋而則嘗謂爲祫復爲嘗鄭禘祫志云儒家之說禘祫通俗不同或云歲祫終禘或云三年一祫五年再禘鄭駁異義云三年一祫五年一禘百王通義以禮讖所云故作禘祫志考春秋禘祫之數定以爲三年祫五年禘毛氏之言禘祫唯此傳耳而不辨禘祫年數或與鄭同也傳言夏禘秋祫則以爲禘在夏祫在秋鄭於禘祫志云周改先王夏祭之名爲礿故禘以夏先王祫於三時周人一焉則宜以秋是從毛此說爲禘在夏祫在秋也諸侯禘則不礿祫則不嘗所以下天子也唯天子兼之言魯祀亦如天子故云載嘗也傳之此言無正文正以王制說先王之法云天子犆礿祫禘祫嘗祫烝言天子嘗祫之歲以春物未成犆礿而已於夏秋冬則爲祫復爲時祭也王制又云諸侯礿犆禘一犆一祫嘗祫烝祫其意言諸侯當祫之歲春則犆礿夏則祫而不禘秋冬乃爲時祭而復爲祫也先王之祀諸侯與天子不同明知周世諸侯亦當異於天子故知禘則不礿祫則不嘗鄭於諸侯禘祫更無明說亦當如此傳也楅衡謂設橫木於角以楅迫此牛故云設牛角以楅之也地官封人云凡祭祀飾其牛牲設其楅衡注云楅設於角衡設於鼻如椵狀如彼注楅衡別兩處設之此箋申傳言楅衡其牛角爲其觝觸人以楅衡爲一者無文故兩解之也白牡周公牲騂剛魯公牲者文十三年公羊傳云魯祭周公何以爲牲周公用白牡魯公用騂犅羣公不毛何休云白牡殷牲也周公死有王禮謙不敢與文武同也不以夏黑牲者嫌改周當以夏避嫌也魯公諸侯不嫌也故從周制是周公魯公異牲之意也說文云犅特也白牡謂白特騂犅謂赤特也犧尊之字春官司尊彝作獻尊鄭司農云獻讀爲犧犧尊飾以翡翠象尊以象鳳皇或曰以象骨飾尊此傳言犧尊者沙羽飾與司農飾以翡翠意同則皆讀爲娑傳言沙卽娑之字也阮諶禮圖云犧尊飾以牛象尊飾以象於尊腹之上畫爲牛象之形王肅云將將盛美也大和中魯郡於地中得齊大夫子尾送女器有犧尊以犧牛爲尊然則象尊尊爲象形也王肅此言以二尊形如牛象而背上負尊皆讀犧爲義與毛鄭義異未知孰是毛炰豚者地官○封人祭祀有毛炰之豚故知毛炰是豚彼注云爛去其毛而炰之也胾謂切肉曲禮注云胾切肉是也大羹鉶羹者以特牲士之祭祀尚有大羹鉶羹故以此羹兼二羹也特牲注云大羹湆煮肉汁不和貴其質也鉶羹肉味之有菜和者也大羹謂大古之羹鉶羹謂盛之鉶器其大羹則盛之於登以大爲名故不舉所盛之器也大房與籩豆同文則是祭祀之器器之名房者唯俎耳故知大房半體之俎明堂位曰俎有虞氏以梡夏后氏以嶡殷以椇周以房俎注云梡斷木爲四足而已嶡謂中足爲橫距之象椇謂曲橈之也房謂足下跗也上下兩間有似於堂房然是俎稱房也知是牛體者周語云禘郊之事則有全烝王公立飫則有房烝親戚燕饗則有殺烝如彼文次全烝謂全載牲體殺烝謂體解節折則房烝是半體可知此亦云房故知是半體之俎言禘郊乃有全烝宗廟之祭唯房烝耳故舉大房而言也昏禮婦饋舅姑特豚合升側載注右胖載之舅俎左胖載之姑俎是俎載半體之事也明堂位稱祀周公於大廟俎用梡嶡此云大房蓋魯公之廟用大房也洋洋與萬舞共文則是舞者之貌故爲衆多魯得以八佾舞周公故美舞者衆多也○箋皇祖至干舞○正義曰以周公皇祖之下卽云白牡騂犅騂犅是魯公之牲故知皇祖謂伯禽也此皇祖之文在周公之下故以爲二人上文皇祖在后稷之上且上與皇皇后帝連文則是配天之人故知上文皇祖卽后稷也箋以禘祫之事於文不見不宜以載爲則故易之爲始以秋物新成始可嘗之故言始嘗也定本集注皆言秋物新成尚之也言貴尚新物故言始也作嘗字者誤也又解房俎稱大之意以其用玉飾之美大其器故稱大也知大房玉飾者以俎豆相類之物明堂位說祀周公之祀云薦用玉豆豆既玉飾明俎亦玉飾其制足間有橫其下有跗以明堂之文羞次爲然跗上有橫似於堂上有房故謂之房也萬舞干舞宣八年公羊傳文○傳震動至壽考○正義曰震動壽考皆釋詁文月令稱累牛騰馬騰是相乘之義故爲乘也○箋此皆至堅固○正義曰上言孝孫有慶此則致福之言故爲慶孝孫之辭下章用兵之後亦有此慶則作者以意慶之非嘏辭也俾使臧善皆釋詁文自保守者安居之義故保爲安也魯邦是常言其常守魯國故以常爲守也虧崩以山喩故皆謂毀壞也震騰以川喩故皆謂僭踰相侵犯也言上下相侵犯猶水之相乘陵也老者尊稱天子謂父事之者爲三老公卿大夫謂其家臣之長者稱室老諸侯之國立三卿故知三壽卽三卿也言作朋者謂常得賢人僖公與之爲朋卽伐木傳云國君友其賢臣是也岡陵不動之物故言取其堅固也

公車千乘。朱英綠縢。二矛重弓。大國之賦千乘朱英矛飾也縢繩也重弓重於鬯中也箋云二矛重弓備折壞也兵車之法左人持弓右人持矛中人御○乘繩證反注千乘同英如字徐於耕反縢徒登反重直龍反注同鬯敕亮反弓衣也字或作韔同

公徒三萬。貝冑朱綅。烝徒增增。貝冑貝飾也朱綅以朱綅綴之增增衆也箋云万二千五百人爲軍大國三軍合三萬七千五百人言三

萬者舉成數也烝進也徒進行增增然○胄直又反綅息廉反說文云綫也沈又蒼林反又音侵烝之升反增如字綴沈知稅反又張劣反**戎狄是膺。荊舒是懲。則莫我敢承。**膺當承止也箋云懲艾也僖公與齊桓舉義兵北當戎與狄南艾荊及羣舒天下無敢禦也○艾音刈**俾爾昌而熾。俾爾壽而富。黃髮台背。壽胥與試。**箋云此慶僖公勇於用兵討有罪也黃髮台背皆壽徵也胥相也壽而相與試謂講氣力不衰倦○台背他來反下音貝**俾爾昌而大。俾爾耆而艾。萬有千歲。眉壽無有害。**箋云此又慶僖公勇於用兵討有罪也中時魯微弱為鄰國所侵削今乃復其故故喜而重慶之俾爾猶使女也眉壽秀眉亦壽徵○艾五蓋反中張仲反重直用反[疏]公車至有害○正義曰上既美其祭祀鬼神此又美其用兵征伐公之兵車有千乘矣車上皆有三人右人所持者朱色之英左人所持者綠色之繩此朱英綠縢者是二矛重弓也言二矛載於車上皆朱為英飾重弓共在鬯中以綠繩束之又公之徒眾有三萬人矣以貝飾胄其甲以朱繩綴之進行之時增增然眾多車徒既多甲兵又備西戎北狄來侵者於是以此膺當之荊楚羣舒叛逆者於是以此懲創之軍之所征往無不克則無有於我僖公敢禦止之者由其敵於天下故得民庶安寧土境復故作者喜其討罪設辭慶之使汝昌大而熾盛使汝長壽而富足髮有黃色之髮背有台文之背得有如此長壽相與講試氣力奇其老而不衰也以其用兵之善又重慶之使汝得福則昌而且大使汝年壽則耆而又艾使得萬有千歲為秀眉之壽無有患害以魯衰而復興故喜而重慶之也○傳大國至鬯中○正義曰明堂位云封周公於曲阜地方七百里革車千乘今復其故也司馬法成方十里出革車一乘計魯方七百里為車多矣而云千乘者坊記云制國不過千乘然則地雖廣大以千乘為限故云大國之賦千乘司馬法兵車一乘甲士三人步卒七十二人計千乘有七萬五千人則是六軍矣與下公徒三萬數不合者二者事不同也祇天子六軍出自六鄉萬二千五百家為鄉萬二千五百為軍地官小司徒曰凡起徒役無過家一人是家出一人鄉為一軍此則出軍之常也天子六軍既出六鄉則諸侯三軍出自三鄉下云公徒三萬自謂鄉之所出非此千乘之眾也此云公車千乘自謂計地出兵非彼三軍之事也二者不同故數不相合所以必有二法者聖王治國安不忘危故令所在皆有出軍之制若從王伯之命則侯國之大小出三軍二軍若其前敵不服用兵未已則盡其境內皆使從軍故復有此計地出軍之法但鄉之出軍是正故家出一人計地所出則非常故成出一車以其非常故優之也淸人云二矛重英故知朱英矛飾蓋絲纆而朱染之以為矛之英飾也小戎云竹閉緄縢傳曰緄繩縢約謂內弓於閉以繩束之此云縢繩者縢亦為約之以繩非訓縢為繩但傳許彼而畧此耳重弓謂內弓於鬯鬯中有二弓小戎云交韔二弓是其事也○箋二矛至人御○正義曰弓矛所用執一而已解其有二矛重弓之意故云備折壞也考工記云酋矛常有四尺夷矛三尋則矛法自有二等此云二矛知非二等之矛者以重弓是一弓而重之故知二矛亦一矛而有二俱是備折壞也矛有二等此當是酋矛何則考工記又云攻國之兵用短守國之兵用長此美其當戎狄懲荊舒則是往伐之明是酋矛而有二也此朱英綠縢與二矛重弓兩句自相充配朱英是二矛飾之以朱染綠縢是重弓束之以綠縢所

異者二矛各自有英飾二弓共束以綠繩耳又解車乘之下即說弓矛之意故云兵車之法左人持弓右人持矛中人御宣十二年左傳云楚許伯御樂伯攝叔為右以致晉師樂伯曰吾聞致師者左射以菆樂伯在左而云左射是左人持弓也成十六年晉侯與楚戰于鄢陵左傳稱欒鍼為右使人告楚令尹子重曰寡君乏使使鍼御持矛焉哀二年鐵之戰左傳稱鄭無極御簡子衛太子為右禱云蒯聵不敢自佚備持矛焉是右人持矛也甘誓云左不攻于左汝不共命右不攻于右汝不共命御非其馬之正汝不共命既云左右又別云御是御在中央也○傳貝胄至增增眾○正義曰貝者水蟲甲有文章也胄謂兜鍪貝非為胄之物故知以貝為飾說文云綅綫也然則朱綅直謂赤綫耳文在胄下則是甲之所用故云以朱綅綴之謂以朱綫連綴甲也增增眾釋訓文定本集注皆作增字其義是也俗本作增誤也○箋萬二至增增然○正義曰萬二千五百人為軍大國三軍皆夏官序文也舉成數者謂略其七千五百直言三萬耳如此箋以為僖公當時實有三軍矣荅臨碩云魯頌公徒三萬是三軍之大數又以此為三軍者以周公受七百里之封明知當時從上公之制備三軍之數此敘云復周公之宇故此箋以三萬為三軍言其復古制也又以凡舉大數皆舉所近者若是三万七千五百之數可為四萬此頌美僖公宜多大其事不應減退其數以為三萬故荅臨碩謂此為二軍以其不安故兩解之也今以春秋檢之則僖公無三軍襄十一年經書作三軍明己前無三軍也昭五年又書舍中軍若僖公有三軍則作之當書也自文至襄復減為二則舍亦當書也春秋之例以軍賦事重作舍皆書於僖公之世無作舍之文使知當時無三軍也鄭以周公伯禽之世合有三軍僖公能復周公之宇遵伯禽之法故以三軍解之其實於時唯二軍耳烝進釋詁文步行曰徒故以為行也上句既云公徒則知此言烝徒謂進行之時且與增增共文明是行時眾多也○傳膺當承止○正義曰膺當釋詁文承者當待之義不敢當待即是不敢禦止故以承為止也○箋懲艾至禦之○正義曰懲艾皆創故為艾也僖公之時齊桓為霸故知與齊桓公舉義兵也僖公之世用兵於戎狄荊舒者唯有僖公耳僖四年經書公會齊侯等侵蔡蔡潰遂伐楚楚一名荊羣舒又是楚之與國故遠言荊舒其伐戎狄則無文雖十年經書齊侯許男伐北戎其時蓋魯使人助之師賤兵少故不書或別有伐時經傳脫漏如伐淮夷之類**泰山巖巖。魯邦所詹。奄有龜蒙。遂荒大東。至于海邦。淮夷來同。莫不率從。魯侯之功。**詹至也龜山也蒙山也荒有也箋云奄覆荒奄也大東極東海邦近海之國也來同為同盟也率從相率從於中國也魯侯謂僖公○大音泰本又作泰下注大室皆同荒如字韓詩作荒云至也近附近之近[疏]泰山至之功○毛以為既美征伐遠夷又美境界復故言泰山之高巖巖然魯之邦境所至也魯境又同有龜山蒙山遂包有極東之地至於近海之國淮夷舊不服者亦來與之同盟凡此東方之國莫不相率而從中國是魯侯僖公之功也○鄭以奄為覆覆有龜蒙之山遂奄有極東之地餘同○傳詹至至荒有○正義曰詹至釋詁文春秋定十年齊人來歸鄆讙龜陰之田謂龜山之北田也論語說顓臾云昔者先王以為東蒙主謂顓臾主蒙山也魯之境內有此二山故知龜蒙是龜山蒙山也龜蒙今在魯地故言奄有泰山則在齊魯之界故言所詹見其不全屬魯也禮祭法諸侯之祭山川在其地則祭之亡其地則不祭春秋僖三十一年不郊猶三望者公羊

傳曰三望者何泰山河海鄭駮異義云昔者楚昭王曰不穀雖不德河非所獲罪言境內所不及則不祭也魯則徐州地禹貢海岱及淮惟徐州以昭王之言魯之境界亦不及河則所望者海也岱也淮也是之謂三望又王制云諸侯祭名山大川之在其地者注云魯人祭泰山晉人祭河是也是出魯境至於泰山故得望而祭之禮器云齊人將有事於泰山必先有事於配林是齊人亦祭泰山是齊境亦及之矣由其泰廣長故二國皆以為望也荒訓為奄此云荒有者亦謂奄有之也○箋奄覆至中國○正義曰釋言云弇蓋也孫炎曰弇覆蓋亦覆之義故以奄為覆荒奄釋言文大者廣遠之言以大東為極東地之最東至海而已大東之下即云至于海邦故以東為極東言其極盡地之東偏春秋之世諸侯同盟以獎王室故知來同為同盟當僖公之世東方淮夷小國見於盟會雅邾莒滕杞而已其餘小國及淮夷同盟不見於經蓋主會者不列之耳言莫不率從有從魯之嫌故明之相率從於中國以僖非盟主不得為從魯故也**保有鳧繹。遂荒徐宅。至于海邦。淮夷蠻貊。及彼南夷。莫不率從。莫敢不諾。魯侯是若。**鳧山也繹山也宅居也淮夷蠻貊而夷行也南夷荊楚也若順也箋云諾應辭也是若者是僖公所謂順也○鳧音符山名也繹音亦一音夕字又作嶧同山名也貊字又作貉武伯反行下孟反應應對之應[疏]保有至是若○正義曰此又美僖公境界廣遠威德所及言安有鳧山嶧山遂有是徐方之居至于近海之國淮夷為蠻貊之行者及彼南方之夷謂荊楚之國莫不相率而從於中國若王伯有命則莫敢不應諾順從此皆由魯侯之功於是順服也○傳鳧山至若順○正義曰禹貢徐州嶧陽孤桐謂嶧山之陽有桐木也鳧嶧連文與龜蒙相類故知是鳧山嶧山也宅居釋言文言淮夷蠻貊如夷行者以蠻貊之文在淮夷之下嫌蠻貊亦服故辨之以僖公之從齊桓雖能服淮夷耳非能服南夷之蠻東夷之貊故即淮夷蠻貊謂淮夷如蠻貊之行僖四年從齊桓伐楚而服之故言南夷謂荊楚鄭志荅趙商云楚交中國而近南夷未世夷行故謂之夷也若順釋言文定本集注若順之上有諾順兩字○**天錫公純嘏。眉壽保魯。居常與許。復周公之宇。**常許魯南鄙西鄙箋云純大也受福曰嘏許許田也魯朝宿之邑也常或作嘗在薛之旁春秋魯莊公三十一年築臺于薛是與周公有嘗邑許○田未聞也六國時齊有孟嘗君食邑於薛○嘏古雅反朝直遙反薛字又作薛息列反與音餘**魯侯燕喜。令妻壽母。宜大夫庶士。邦國是有。既多受祉。黃髮兒齒。**箋云燕燕飲也令善也喜公燕飲於內寢則善其妻壽其母謂為之祝慶也與羣臣燕則欲與之相宜亦祝慶也是有猶常有也兒齒亦壽徵○兒五兮反齒落更生細者也字書作齔音同一音如字為于偽反祝之又反下同[疏]天錫至兒齒○毛以為既言僖公威德被及廣遠又言天與之福復其故居天乃與公大夫之福使有秀眉之壽而保其魯國又能居其常邑與許邑復周公之故居也魯侯僖公燕飲而皆喜燕於內寢則善其妻壽其母謂為之祝慶使妻善而母壽也其燕於外寢則宜其大夫與眾士亦謂為之祝慶使與之相宜也其魯之邦國七百里之封僖公於是常保有之既多受其福又有黃髮兒齒由僖公每事得所故慶之使亨其永年○鄭唯以嘏為福為異餘同○傳常許至西鄙○正義

日春秋言伐我東鄙西鄙者皆謂伐其邊邑故月令注云鄙界上之邑此美其復故之宇當舉邊邑言之故知常許皆是鄙邑也言常許魯南鄙西鄙則常爲南鄙許爲西鄙或當有所依據不知出何書也○箋純大至於薛○正義曰純大釋詁文禮特牲少牢尸致福於主人皆謂之嘏是受福曰嘏傳以常許爲魯之鄙邑書傳無文故箋易之許許田也魯朝宿之邑也諸侯有大德受采邑於京師爲將朝而宿焉謂之朝宿之邑魯以周公之故成王賜之許田春秋之時魯不朝周邑無所用而許田近於鄭國鄭有祊田地勢之便而與鄭易之桓元年鄭伯以璧假許田公羊傳曰許田者何魯朝宿之邑也此魯朝宿之邑曷爲謂之許田諱取周田繫之許近許也如此則魯之有許見於經傳明此常與許即是彼之許邑彼以近許繫許則非魯之鄙邑故箋言此以易傳也桓公以許與鄭僖公又得居之故美其能復周公之宇也春秋於僖公之世不書得許田蓋經傳闕漏故無其事也既以許爲朝宿而常邑無文故推本其事言常字詩本或有作嘗字者常邑在薛之傍春秋魯莊公三十一年築臺于薛是與築臺于薛春秋經文是與者其是此嘗邑與嘗在薛傍魯有薛邑故言是與爲疑之辭周公之有許邑事見春秋嘗則無文故云周公有嘗邑許田未聞也鄭云嘗邑在薛之傍亦無明文故又自言其諡六國時齊有孟嘗君食邑於薛以其居薛邑而號孟嘗君則嘗在薛傍共爲一地也六國者韓魏燕趙齊楚在春秋之後俱僭稱王號爲六國孟嘗君者姓田名文父曰靜郭君田嬰嬰者齊威王少子而齊宣王庶弟也宣王卒嬰相齊湣王湣王三年封田嬰嬰卒文代立於薛是爲孟嘗君史記有其傳

徂來之松。新甫之柏。是斷是度。是尋是尺。徂徠山也新甫山也八尺曰尋○斷音短度待洛反松桷有舄。路寢孔碩。新廟奕奕。奚斯所作。桷榱也舄大貌路寢正寢也新廟閔公廟也有大夫公子奚斯者作是廟也箋云孔甚碩大也奕奕姣美也脩舊曰新新者姜嫄廟也僖公承衰亂之政脩周公伯禽之教故治正寢上新姜嫄之廟姜嫄之廟廟之先也奚斯作者教護屬功課章程也至文公之時大室屋壞○桷音角方曰桷舄音昔徐又音託奕音亦榱巳追反姣古卯反屬音燭孔曼且碩。萬民是若。曼長也箋云曼脩也廣也且然也國人謂之順也○曼音萬

【疏】徂來至是若○毛以爲僖公威德遠及國內咸宜乃命彼賢臣脩造寢廟取彼徂來山上之松新甫山上之柏於是斬斷之於是量度之其度之也於是用八尺之尋於是用十寸之尺既量其材乃用松爲桷有舄然而大作爲君之正寢甚寬大又新作閔公之廟奕奕然廣大作寢則人安作廟則神悅人神安悅君德備矣此廟是誰爲之乃是奚斯所作美其作之得所故舉名言之奚斯監護而已其作用民之力故又美民之勸事言廟甚長廣而且大用功雖多萬民於是謂之順民既以之爲順明其不憚劬勞故言之以頌僖公也○鄭唯以新廟爲姜嫄之廟爲異餘同○傳桷榱至是廟○正義曰桷之與榱是椽之別名莊二十四年刻桓宮桷謂刻其椽也舄是桷狀故爲大貌王肅云言無刻飾文章徒見松桷強大至牢固義或當然路寢正寢公羊穀梁傳並云然定本集注云路正也釋詁云路大也以君之正寢故以大言之言新廟是作此廟僖公繼閔公爲君故以新廟爲閔公廟王肅云僖公以庶兄後閔公爲之立廟奕奕盛大美其作之中禮能自儉而崇大宗廟是申說毛義稱作是廟美僖公之意也奚斯與新廟遵文故云公子奚斯作是廟欲見作者主爲新廟而言奚斯其意不兼路寢也閔二年慶父出奔莒左傳曰以賂求共仲于莒莒人歸之及密使公子魚請不許哭而往共仲曰奚斯之聲也乃縊是奚斯爲公子也如傳文蓋名魚而字奚斯○箋孔甚至屋壞○正義曰孔甚釋言文碩大釋詁文孔碩言其寢美也定本集注云孔碩甚佼美也與俗本異春秋有新作南門新作雉門說者皆以脩舊曰新改舊曰作故鄭依用之以閔公後死禮當遷入祖廟止可改塗易檐不應別更作之而此詩首章言閟宮卒章言新廟明是脩彼閟宮使之新故易傳以爲所新者姜嫄之廟也作寢廟是所以爲美者以僖公承衰亂後寢廟廢壞能脩周公伯禽之教故治其正寢上新姜嫄之廟由其脩治廢壞故可美也又言姜嫄之廟廟之先者欲見姜嫄之廟既新之則餘廟毀壞亦脩之然則舉其治正寢則餘寢亦治之矣又解奚斯所作之意正謂爲之主帥主帥教令工匠監護其事屬付功役課其章程而已非親執斧斤而爲之也中候握河紀說帝堯受河圖之禮云稷辨護注云辨護供時用相禮儀是監典謂之護也昭三十二年左傳說城成周之事云屬役賦丈謂付屬作者以功役也漢書稱高祖使張倉定章程謂定百工用材多少之量及制度之程品是屬謀章程之事也引文十三年大室屋壞者與譜同以壞議其不恭則脩者事爲可善反明詩人稱新作寢廟以美僖公之意也○箋曼脩至之順○正義曰定本集注箋曼脩也廣也且然也國人謂之順與俗本不同

閟宮八章二章章十七句一章章十二句一章三十八句二章章八句二章章十句

駉四篇二十三章二百四十三句

毛詩注疏校勘記〔二十之二〕　阮元撰盧宣旬摘錄

○閟宮

侐清淨也　按各本皆同攷釋文作清靜也引說文侐靜也當依釋文更正楚茨傳莫莫言清靜而敬至也亦可證

天神多與之福　小字本相臺本同案與當作予下箋云天神多予后稷以五穀是其證正義作與乃易字耳考文古本并作與非

先種之植　閩本明監本同毛本植作穉案所改是也下非穀名先種曰植誤同

而則祭之也　閩本明監本毛本同案此不誤浦鏜云則疑衍字非也而則祭者下經之而載嘗也本句下正義可證

此箋云其生之又無災害　閩本明監本毛本同案浦鏜云任誤生是也

又解后稷其名曰弃　閩本明監本毛本弃作棄下同案箋字作棄生民可證正義自爲文亦用棄字引尚書史記乃依彼作弃字十行本盡作弃以閩本以下盡作棄皆有誤凡唐石經於棄字皆作弃如其中爲世字諱而避之也正義避諱之例則不如此如泄字唐石經避作洩而正義仍作泄當是作正義時例但缺畫也

且尚青刑德故云　閩本明監本毛本同案浦鏜云放誤故是也

纘大王之緒　毛本纘誤讚明監本以上皆不誤

箋云居極虞度也　小字本相臺本同考文古本同閩本明監本毛本極作殛案殛字誤也釋文云居極紀力反下同之居下云極也正義云居極虞度釋言文云云是正義釋文二本皆本是極字也閩本以下又盡改正義中極字作殛誤甚十行本不誤見下段玉裁尚書撰異中凡三論極殛字至爲詳矣

致大平天所以罰　小字本相臺本同案大平及以三字衍也正義云是致天所罰復舉箋文可爲明證且此與大平迥不相涉而武王又實未大平其說見於芣苢正義斷爲衍字無疑矣各本皆誤當正

極紂於商郊牧野　小字本相臺本同考文古本同案正義云殺紂於牧野定本集注皆云極紂於牧野極是殺也是正義本極作殺必當時俗本如此而正義定從定本集注以極爲是以殺爲非也釋文居極下云下同是釋文本亦作極不作殺

謂民勸武王無有二心　閩本明監本同毛本二作貳案所改是也

箋居極至克勝　閩本明監本毛本極誤殛案山井鼎云宋板此疏除釋言又云殛誅也外皆作極考此一殛字亦極之誤菀柳正義引可證也

克先祖之意　閩本明監本毛本同案浦鏜云克當竟字誤是也

秋物新成尚之也　小字本相臺本同案正義云以秋物新成始可嘗之故言嘗也定本集注皆言秋物新成尚之也言貴尚新物故言始也作嘗字者誤也是正義本尚作嘗

下有柎　小字本相臺本同閩本明監本毛本柎作跗案釋文云有柎方于反考常棣箋用柎字從手柎柎賓一字也正義中字皆作跗或是其所易今字耳各本依之未是

俾爾熾而昌　唐石經小字本相臺本同案盧文弨云俾一作卑見校官碑今考上釋文以卑民作音云本又作俾下皆同是釋文本作卑字也餘經盡然盧未細考耳又案段玉裁云說文云俾門持人也凡經傳言俾者皆取義於此門持人今說文譌作門侍人莊述祖正之卑者俾之假借字

魯邦是嘗　唐石經小字本相臺本嘗作常閩本明監本毛本同案嘗字誤也

與赤色之特　閩本明監本毛本同案此不誤浦鏜云特當犅字誤非也正義下引說文云犅特也故此自爲文以犅爲特也

則有爓火去其毛而炰之豚　閩本明監本毛本爓作以案皆誤也當作爓下文彼注云爓去其毛而炰之也同

正月朔日於周二特牛也　閩本明監本毛本同案於當作周當作用烈文正義引可證

地官○封人　閩本明監本毛本○作中案皆誤也當衍
大羹湆煮肉汁也　閩本毛本同明監本湆作涪案所改是
稱祀周公作大廟　閩本明監本毛本同案浦鏜云於誤作是也
卽云白牡騂犅　閩本明監本毛本牡誤牲案浦鏜云犅經作剛非也正義中犅字皆其所易耳
天下無敢禦也　小字本同閩本明監本毛本相臺本也作之案之字是也正義云則無有於我傳公敢禦止之也標起止云至禦之可證也考文古本也上有之字采正義
萬二千五百爲軍　閩本明監本毛本同案浦鏜云爲上疑脫人字是也
俗本作增誤也　閩本明監本同毛本增作憎案所改是也
是三軍之大數又以此爲三軍者　閩本明監本毛本同案三字盧文弨云當作二下同是也正義下文云故荅臨碩謂此爲二軍二字不誤可證
文數可爲四萬　閩本明監本毛本同案浦鏜云文疑大字誤是也
使知當時無三軍也　閩本明監本毛本同案浦鏜云便誤使是也
唯有僖公耳　閩本明監本毛本同案僖字盧文弨云當作桓是也浦鏜校改上文僖公二字作春秋非也
師賤兵少　閩本明監本毛本同案山井鼎云師當作帥是也此因帥字俗體有作師者而譌耳
魯邦所詹　唐石經小字本相臺本同考文古本詹作瞻案古本非也傳訓詹爲至毛氏詩不作瞻明甚唯說苑等引此文作瞻者是三家詩也韓詩外傳有其證
淮夷蠻貊而夷行也　小字本相臺本同案此傳而當依正義作如其讀則以淮夷蠻貊四字爲逗傳之複舉經文者也如夷行也四字爲句傳文之說經也以毛公文字簡奧故說經本但有淮夷而併言蠻貊之意云如夷行也如者譬況之言謂經此文是譬況淮夷之行也以爲足以明之矣厥後作正義者所受之讀未誤故引而伸之曰言淮夷蠻貊如夷行者以蠻貊之文在淮夷之下嫌蠻貊亦服故辨之以僖公之從齊桓唯能服淮夷耳非能服南夷之蠻東夷之貊故郎謂淮夷蠻貊如淮夷蠻貊之行其言極爲明晰可據以正各本如作而之誤郎可據以正岳本點淮夷二字逗蠻貊而夷行也六字爲句之誤也經義雜記讀之不審一改傳文作淮夷蠻貊夷行如蠻貊也再改正義言淮夷蠻貊如夷行者作言淮夷如蠻貊之行者紛紛塗竄皆由未得其句逗所致
鳧嶧連文　閩本明監本毛本嶧誤繹案經文作繹此作嶧者繹嶧古今字易而說之也例見前禹貢爾雅說文皆作嶧是嶧爲正字釋文云字又作嶧亦指禹貢等言之也毛氏詩但作繹古文多假借也○段玉裁云繹山與葛峰山是兩山向書嶧陽孤桐此葛峰山也地理志在東海下邳今在淮安府邳州魯頌及左傳邾國之繹此繹山也地理志在魯國騶縣今在兗州府鄒縣前說云繹嶧古今字非是繹山字史記及漢志作嶧要以秦碑作繹爲正
許口田未聞也　小字本許田不空考文古本同閩本明監本毛本空處誤補許字相臺本許田作所由案所由是也
天乃與公大夫之福　閩本明監本毛本夫作大案所改是也
許田未聞也　閩本明監本毛本同案此許田亦所由之誤
徂來之松　唐石經相臺本同閩本明監本毛本同小字本來作徠考文古本同案傳徂來山也相臺本仍作來餘本皆作徠正義中來字十行本作來閩本以下改作徠而標起止未改是正義本唐石經皆作來爲可據矣
孔甚碩大也奕奕姣美也　小字本相臺本同案正義云孔甚釋言文碩大釋詁文孔碩言其寢美也定本集注云孔碩甚佼美也與俗本不同考正義上文云作爲君之正寢甚寬大又新作閟公之廟奕奕然廣大初無奕奕佼美之文今本箋有誤故與定本集注及俗本俱不合釋文以甚姣作音當是其本與定本集注同今釋文各本甚誤作其非也
新者姜嫄廟也　小字本同閩本明監本毛本同相臺本無也字新上有所字考文古本有案無者是也相臺本乃所謂以疏中字儳足其義者耳
曼脩也廣也且然也國人謂之順也　小字本相臺本同案正義云定本集注箋曼脩也廣也且然也國人謂之順與俗本不同如其所言非爲異本當有誤也今無可考

附釋音毛詩注疏卷第二十（二十之三）

毛詩商頌　鄭氏箋　孔穎達疏

商頌譜　商者契所封之地有娀氏之女名簡狄者吞鳦卵而生契堯之末年舜舉爲司徒有五教之功乃賜姓而封之○正義曰殷本紀云契母曰簡狄有娀氏之女也爲帝嚳次妃三人行浴見鳥墮其卵簡狄取吞之因孕生契契長而佐禹治水有功帝舜乃封於商又中候亦有其事文十八年左傳云高辛氏有才子八人天下之民謂之八元舜臣堯舉八元使布五教於四方父義母慈兄友弟恭子孝內平外成又尚書堯典云帝曰契汝作司徒敬敷五教五教在寬由此言之敷五教者是契之所爲舉八元使布五教者正謂舉契使布之也故云堯之末年舜舉爲司徒有五教之功也乃賜姓曰子而封之於商也中候握河紀云堯曰嗟朕無德欽奉丕圖賜示二三子斯封稷契皐陶賜姓號注云斯此封三臣賜姓號者契爲子稷爲姬皐陶未聞又契握湯說契云賜姓子氏以題朕躬注云題名也躬身也引孝經援神契曰堯知天命賜契子氏知有湯是堯賜之姓而封之商也本紀稱帝舜封契於商者長發箋云堯封之於商爲小國舜之末年益其土地爲大國是舜亦封之故歸之舜也商者成湯一代之大號而此云商者契所封之地則鄭以湯取契之所封以爲代號也服虔王肅則不然襄九年左傳曰閼伯居商丘相土因之服虔云商丘地名相土契之孫因之者代閼伯之後居商丘湯以爲號又書序王肅注云契孫相土居商丘故湯因以爲國號而鄭玄以爲由契封商者契之封商見於書傳史記中候其文甚明經典之言商者皆單謂之商未有稱爲商丘者又相土居商丘以後不恒厥邑相土之於殷室雖是先公後者譬之於周則公劉之儔耳旣非湯功所起又非王迹所因何當取其所居以爲代號也商之有契猶周之有稷成湯以商爲代號文王不以邰爲代號者自契至湯雖則八遷而國號不改商名未易成湯以商受命故當以商爲號周卽處邰處豳國名變易大王來居周地其國始名曰周文王以周受命當以周爲號不得遠取邰也若然湯在亳地受命不以亳爲代號而禮記郊特牲云亳社北牖襄三十年左傳云鳥鳴于亳社皆謂殷亡國之社也謂之亳社者社存亡國之社以爲戒亳實湯所居地故指地而言以殷紂無道喪滅湯之所居欲使諸侯觀之思自保固故不舉代號而指亳社也亳是湯之所居耳及紂滅之時則在朝歌非復亳地也成湯之初以商爲號及盤庚遷於殷以後或呼爲殷故台序云盤庚五遷將治亳殷注云商家改號曰殷玄鳥云殷受命咸宜殷武云撻彼殷武是其兼稱殷也雖或稱殷不是全改商號故大明云殷商之旅蕩云咨汝殷商皆取前後二號而雙言之是其不全改也○世有官守十四世至湯則受命代夏桀定天下○正義曰堯以契爲司徒又封之商國子孫則當世爲諸侯或入列王官故云世有官守國語云玄王勤商十四世而興殷本紀云契卒子昭明立卒子相土立卒子昌若立卒子曹圉立卒子冥立卒子振立卒子微立卒子報丁立卒子報乙立卒子報丙立卒子主壬立卒子主癸立卒子天乙立是爲成湯是從契至湯爲十四世也中候維予命云天乙在亳東觀於洛黃魚雙躍出燎于壇黑鳥以雒隨魚亦上化爲黑玉赤勤曰玄精天乙受神福命之子伐桀命克于商滅夏天下服是受命伐桀定天下也○後世有中宗者嚴恭寅畏天命自度治民祗懼不敢荒寧後有高宗者舊勞於外爰洎小人作其卽位乃或諒闇三年不言言乃雍不敢荒寧嘉靖殷邦至于小大無時或怨○正義曰此尚書無逸

文也彼注云中宗謂大戊也高宗謂武丁也舊猶久也爰於暨與也武丁爲太子時殷道衰爲其父小乙將師役於外與小人之故言知其憂樂也作起也諒闇轉作梁闇楣謂之梁闇廬也小乙崩武丁立憂喪三年之祀居凶廬柱楣不言政事此三主有受命中興之功時有作詩頌之者○正義曰受命謂成湯也中興謂中宗高宗也商頌五篇唯有此三王之詩故鄭歷言其功德也殷本紀云大戊立亳有祥桑穀共生於朝一暮大拱大戊懼問伊陟伊陟曰臣聞妖不勝德帝之政其有闕與帝其脩德大戊從之而祥桑穀枯死殷復興諸侯歸之故稱中宗禮記喪服四制曰書云高宗諒闇三年不言善之也王者莫不行此禮何以獨善高宗高宗者武丁武丁者殷之賢王繼世即位而慈良於喪當此之時殷衰而復興禮廢而復起故善之善之故載之書中而高之故謂之高宗是中宗高宗中興也由此三王皆有功德時人有作詩頌之者那序云祀成湯是頌成湯也烈祖序云祀中宗是頌中宗也玄鳥殷武序皆云高宗長發居中從可知是玄鳥三篇頌高宗也此頌之者皆在崩後頌之那祀成湯經稱湯孫箋以湯孫爲太甲則那之作當太甲時也烈祖祀中宗箋稱此祭中宗諸侯來助明是其崩之後或子孫之時未知當誰世也玄鳥祀高宗箋以祀常爲祫高宗崩而始祫祭於契之廟歌是詩焉是崩後可知也殷武云祀高宗則亦在其崩後玄鳥殷武既是崩後則知長發之作亦在崩後矣長發述其生存之日禘祭先王殷武述其征伐荊楚脩治寢室皆是崩後追述之也○商德之壞武王伐紂乃以陶唐氏火正閼伯之墟封紂兄微子啓爲宋公代武庚爲商後○正義曰商德之壞謂紂時也樂記說武王伐紂既下車而投殷之後於宋是伐紂即封微子昭元年左傳曰昔高辛氏有二子伯曰閼伯季曰實沈居于曠林不相能也日尋干戈相征討后帝不臧遷閼伯于商丘主辰商人是因故辰爲商星襄九年左傳曰陶唐氏之火正閼伯居商丘祀大火而火紀時焉相土因之故商主大火以此言之是宋居閼伯故地故漢書地理志云周封微子於宋今之睢陽是也本陶唐氏火正閼伯之墟鄭取其言以爲說也書傳云武王殺紂繼公子祿父史記衛世家云武王已克殷紂復以殷餘民封紂子武庚祿父以奉其先祀是武王初殺紂以武庚爲商後也至周公攝政武庚叛而誅之乃命微子代武庚爲商後書序云成王既黜殷命殺武庚命微子是命微子在成王時也今因伐紂之下即連言封微子於宋代武庚爲商後者以封之於宋竟爲商後以宋是武王所封故總言之○其封域在禹貢徐州泗濱西及豫州盟豬之野○正義曰禹貢徐州云泗濱浮磬豫州云導河澤被孟豬地理志云孟豬澤在梁國睢陽東北是孟豬在豫州地理志云宋地今之梁國沛楚山陽濟陰東平及東都之須昌壽張皆宋分也據時驗之是宋之封域東至泗濱西至孟豬也○自從政衰散亡商之禮樂七世至戴公時當宣王大夫正考父者校商之名頌十二篇於周太師以那爲首歸以祀其先王○正義曰微子爲商之後得行殷之禮樂明時商頌皆在宋矣於後不具明是政衰而失之那序云微子至於戴公其間禮樂廢壞是散亡商之禮樂也史記宋世家云微子啓卒弟仲衍立卒子宋公稽立卒子丁公申立卒子湣公共立卒弟煬公熙立湣公子鮒祀殺煬公而自立是爲厲公卒子釐公舉立卒子惠公覸立卒子哀公立卒子戴公立自微子至戴公凡十君除二及餘八君是微子之後七世至戴公也世家又云惠公四年周宣王即位戴公二十九年周幽王爲犬戎所殺考校其年宣王以戴公十八年崩是戴公當宣王時也正考父考校商之名頌十二篇於周之大師以那爲首魯語文也韋昭云名頌頌之美者然則言校者宋之禮樂雖則亡散猶有此詩之本考父恐其舛謬故就太師校之也此頌皆爲祀先王而作故知校之既正歸以祀其先王也○孔子錄詩之時則得五篇而已乃列之以備三頌著爲後王之義監三代之成功法莫大於是矣○正義曰今詩是孔子所定商頌止有五篇明是孔子錄之時已亡其七篇雖得此五篇而已王者存二王之後所以通夫三統夏之篇章既以泯棄唯有商頌而已孔子既錄魯頌同之三王之後乃復取商頌列之以備三頌著爲後王之義使後人監覩三代之成法其法莫大於是言聖人之有深意也○問者曰列國政衰則變風作宋何獨無乎曰有焉乃不錄之王者之後時王所客也巡守述職不陳其詩亦示無貶黜客之義也○正義曰巡守之陳詩者以觀民之好惡示有刺責則貶黜之今不陳其詩示無貶黜客之義亦既示無貶黜不陳惡詩雖有其美者亦不得復採故所以無宋詩也示無貶黜者示法而已其有大罪亦當如魯譜所云侯伯監之行人書之不得全無貶黜故春秋之時杞爲伯爵是其爲時王所黜也○又問曰周大師何由得商頌曰周用六代之樂故有之○正義曰以周用六代之樂章固當有之故得有商頌也然則自夏以上周人亦存其樂而得無其詩者或本自不作或有而滅亡故也此商頌五篇自是商世之書由宋而後得有故鄭爲譜因商而又序宋也

那，祀成湯也。微子至于戴公。其間禮樂廢壞。有正考甫者。得商頌十二篇於周之大師。以那爲首。禮樂廢壞者君怠慢於爲政不脩祭祀朝聘養賢待賓之事有司忘其禮之儀制樂師失其聲之曲折由是散亡也自正考甫至孔子之時又無七篇矣正考甫孔子之先也其祖弗甫何以有宋而授厲公○那乃河反微子名啓紂庶兄周武王封之於宋爲殷後正考父音甫本亦作甫宋湣公之曾孫孔子七世祖大音泰後大甲大古大戊大祖皆放此朝直遙反折之設反

【疏】那一章二十二句至爲首○正義曰那詩者祀成湯之樂歌也成湯創業垂統制禮作樂及其崩也後世以時祀之詩人述其功業而作此歌也又揔序商頌廢興所由言微子至于戴公之時其間十有餘世其有君闇政衰致使禮樂廢壞令商頌散亡至戴公之時其大夫有名曰正考父者得商頌十二篇於周之太師此十二篇以那爲首是故孔子錄詩之時得其五篇列之以備三頌也殷本紀云主癸生天乙是爲成湯案中候雒予命云天乙在亳注云天乙湯名是鄭以湯之名爲天乙諡則成湯非復名也周書諡法者周公所爲禮記檀弓云死諡周道也則自殷以上未有諡法蓋生爲其號死因爲語耳諡法安民立政曰成除殘去虐曰湯蓋以天乙有此行故號曰成湯也長發稱武王載旆又呼湯爲武王者以其伐桀革命成就武功故以武名之非其號諡也國語云校商之名頌十二篇此云得商頌十二篇謂於周之太師校定眞僞是從大師而得之也言得之太師以那爲首則太師先以那爲首矣且殷之創其成湯爲首那序云祀成湯明知無先那者故知太師以那爲首也經之所陳皆是祀湯之事毛以總篇皆論湯之生存所行之事鄭以奏鼓以下言湯孫太甲祭湯之時有此美事亦是祀湯而有此事故序揔云祀成湯也○箋禮樂至厲公○正義曰禮樂廢壞者正謂禮不行樂不用故令之廢壞廢壞者若牆屋之不脩也但禮事非一箋畧舉禮之大者以言焉由君不復行禮有司不復脩習故忘其禮之儀制由君不復用樂樂師不復脩習故失其聲之曲折由是禮樂崩壞故商詩散亡也知孔子之時七篇已亡者以其考甫校之太師歸以祀其先王則非煩重蕪穢不是可棄者也而子夏作序已無七篇明是孔子之前已亡滅也世本云宋湣公生弗甫何弗甫何生宋父宋父生正考甫正考甫生孔父嘉爲宋司馬華督殺之而絕其世其子木金父降爲士木金父生祁父祁父生防叔爲華氏所偪奔魯爲防大夫故曰防叔防叔生伯夏伯夏生叔梁紇叔梁紇生仲尼則正考甫是孔子七世之祖故云孔子之先也其祖弗父何以有宋而授厲公昭七年左傳文也服虔云弗父何宋湣公世子厲公之兄以有宋言湣公之適嗣當有宋國而讓與弟厲公也宋世家稱厲公殺煬公而自立傳言弗父何授之者何是湣公世子父卒當立而煬公篡之蓋厲公既殺煬公將立弗父何而何讓與厲公也

猗與那與。置我鞉鼓。猗歎辭那多也鞉鼓樂之所成也夏后氏足鼓殷人置鼓周人縣鼓箋云置讀曰植植鞉鼓者爲楹貫而樹之美湯受命伐桀定天下而作濩樂故歎之多其改夏之制乃始植我殷家之樂鞉與鼓也鞉雖不植貫而搖之亦植之類○猗於宜反與音余下同置毛如字殷人置鼓鄭作植字時職反又音值鞉音桃小鼓也夏戶雅反注同縣音玄下同楹音盈貫古亂反濩戶故反殷湯樂曰大濩

奏鼓簡簡。衎我烈祖。湯孫奏假。綏我思成。衎樂也烈祖湯有功烈之祖也假大也箋云奏鼓奏堂下之樂也烈祖湯也湯孫太甲也假升綏安也以金奏堂下諸縣其聲和大簡簡然以樂我功烈之祖成湯湯孫太甲又奏升堂之樂弦歌之乃安我心所思而成之謂神明來格也禮記曰齊之日思其居處思其笑語思其志意思其所樂思其所嗜齊三日乃見其所爲齊者祭之日入室僾然必有見乎其位周旋出戶肅然必有聞乎其容聲出戶而聽愾然必有聞乎其歎息之聲此之謂思成○衎苦旦反假毛古雅反鄭作格升也樂音洛下以樂我同齊側皆反本亦作齋下同耆市志反爲于僞反僾音愛愾苦代反

鞉鼓淵淵。嘒嘒管聲。既和且平。依我磬聲。嘒嘒然和也平正平也依倚也磬聲之清者也以象萬物之成周尚臭殷尚聲箋云磬玉磬也堂下諸縣與諸管聲皆和平不相奪倫又與玉磬之聲相依亦謂和平也玉磬尊故異言之○淵古玄反又烏玄反嘒呼惠反倚於綺反

於赫湯孫。穆穆厥聲。庸鼓有斁。萬舞有奕。於赫湯孫盛矣湯爲人子孫也大鍾曰庸斁斁然盛也奕奕然閑也箋云穆穆美也於盛矣湯孫呼太甲也此樂之美其聲鍾鼓則斁斁然有次序其干舞又閑習○於音烏注同庸如字依字作鏞大鍾也斁奕繹並音亦繹字又作懌同

我有嘉客。亦不夷懌。自古在昔。先民有作。溫恭朝夕。執事有恪。夷說也先王稱之曰在古古曰在昔昔曰先民有作有所作也恪敬也箋云嘉客謂二王後及諸侯來助祭者我客之來助祭者亦不說懌乎言說懌也乃大古而有此助祭禮禮非專於今也其禮儀溫溫然恭敬執事薦饌則又敬也○恪苦各反說音悅下同饌撰戀反本又作篹同饌士戀反

顧予烝嘗。湯孫之將。箋云顧猶念也將猶扶助也嘉客念我殷家有時祭之事而來者乃太甲之扶助也序助者之來意也○烝之丞反

【疏】猗與至湯孫之將○毛以爲成湯崩後祀於其廟詩人美湯功業述而歎之曰猗與湯之功亦甚多而能制作濩樂植立我殷

家鞉與鼓也既立一代之樂用之以祭其先祭之時廟中奏此鞉鼓其聲簡簡然而和大也以樂我有功烈之祖湯之上祖有功烈者謂契冥相土之屬也既以樂祭祖而德當神明故更述湯功美其奏樂言湯之能爲人子孫也奏此大樂以祭鬼神故得降福安我所思而得成也思之所成者正謂萬福來宜天下和平也又述祭時之樂其鞉鼓之聲淵淵而和也嘒嘒然而清烈者是其管籥之聲諸樂之音既以和諧且復齊平不相奪倫又依倚我玉磬之聲與之和合以其樂音和諧更復歎美成湯於乎赫然盛矣者乃湯之爲人之子孫也穆穆然而美者其樂之音聲大鍾之鏞與所植之鼓有斁然而盛執其干戈爲萬舞者有奕然而閑習言其用樂之得宜也於此之時有王者之後及諸侯來助湯祭我有嘉善之賓客矣其助祭也豈亦不夷悅而懌樂乎言其夷悅而懌樂也此助祭之法乃從上古在於昔代先正之民有作此助祭之禮非專於今故此嘉客依禮來助祭其儀溫溫然而恭敬早朝衛久在於賓位其執事薦饌則有恭敬此嘉賓所以來顧念我此烝嘗之時祭者正以湯爲人之子孫亦有顯大之德所致也以湯能制作禮樂善爲子孫嘉客助祭鬼神降福故陳其功德以歌頌之也○鄭以奏鼓以下皆述湯孫祭湯之事烈祖正謂成湯是殷家有功烈之祖也湯孫奏假謂太甲奏升堂之樂綏我思成謂神明來格安我所思得成也於赫湯孫美太甲之盛顧予烝嘗謂嘉客念太甲之祭湯孫之將言爲扶助太甲唯此爲異其文義畧同○傳猗歎至縣鼓○正義曰齊風猗嗟共文是猗爲歎美而歎之也那多釋詁文鞉鼓樂之所成者禮記曰鼓無當於五聲五聲不得不和是樂之所成在於鼓也鞉則鼓之小者故連言之王制曰天子賜諸侯樂則以柷將之賜伯子男樂則以鞉將之注云柷鞉皆所以節樂是樂成亦由鞉也夏后氏足鼓以下皆明堂位文所異者雖彼置作楹傳依此經而改之矣○箋置讀至之類○正義曰金縢云植璧秉圭注云植古置字然則古者置植字同故置讀曰植此云植我鞉鼓明堂位作楹鼓故知植鞉鼓者爲楹貫而樹之大濩之樂殷之樂也此述成湯之功而云植我鞉鼓明是美湯作濩樂故歎之多其改夏之制始植我殷家之鼓也呂氏春秋仲夏紀云殷湯即位夏爲無道暴虐萬民湯於是率六州以討桀之罪乃命伊尹作爲大濩歌晨露脩九招六列以見其善高誘注云大濩晨露九招六列皆樂名也是成湯作濩樂之事也晨露九招六列之樂蓋大濩之樂別曲名也又解鞉亦稱植之意鞉雖不植以木貫而搖之亦植之類故與鼓同言植也春官小師注云鞉如鼓而小持其柄搖之旁耳還自擊是說鞉之狀也○傳衎樂至假大○正義曰衎樂假大皆釋詁文下傳湯爲人子孫則此篇上下皆述湯事美湯之祭而云烈祖則是美湯之先公有功烈者故云烈祖湯有功烈之祖湯之前有功烈者止契冥相土之屬也王肅云湯之爲人子孫能奏其大樂以安我思之所成謂萬福來宜天下和平○箋奏鼓至思成○正義曰禮設樂懸之位皆鍾鼓在庭故知奏鼓堂下樂也以序稱祀成湯則經之所陳是祀湯之事不宜爲湯之祀祖故易傳以烈祖爲湯下篇烈祖既是成湯則知此亦成湯其子孫奏鼓以樂之也殷本紀湯生太丁太丁生太甲太甲成湯適長孫也故知湯孫謂太甲也孫之爲言雖可以關之後世以其追述成湯當在初崩之後太甲是殷之賢王湯之親孫故知指謂太甲也假升綏安皆釋詁文也以奏者作樂之名假又正訓爲升故易傳以奏假爲奏升堂之樂對鼓在堂下故言奏升堂之樂樂之初作皆擊鍾奏之經雖言鼓而鏞亦在焉故云以金奏堂下諸懸也琴瑟在堂故知奏升堂之樂謂弦歌之聲也於祭之時心之所思唯思神耳故知安我心所思而成之謂神明來格也皋陶謨說作簫韶之樂得所而云祖考來格意與此協故言神明來格取彼意以爲說也所引禮記祭義文也致思之深想若聞見視其有所成故引以證之此之謂思成也所思五事先思居處後思樂嗜者先祖而後精自外而入內也居處措身之所笑語貌之所發此皆目所可見是外之祖者在內有常理可測度者志意也在內無常緣物而動者樂嗜也在內事難測深思然後及之故後言之也齊三日乃見其所爲齊者謂致齊也散齊則不御不弔而已未能至於深思而及此五事也祭之日所以得有出戶而聽者彼注云周旋出戶謂設薦時也無尸者闔戶若食間則有出戶而聽之是由無尸者有闔戶出聽之事也古之祭者莫不以孫行者爲尸而得有無尸者士虞記云無尸則禮及薦饌皆如初注云無尸謂無孫列可使者也是祭有無尸者故作記者言及之也○傳磬至尚聲○正義曰傳意亦以磬爲玉磬聘義說玉之德云其聲清越以長是玉聲必清故云聲之清者解其別言依磬之意也象萬物之成者以秋天是萬物成就之時其律呂數短聲調皆清故楚辭宋玉云秋之爲氣也天高而氣清周尚臭殷尚聲郊特牲文言此者以祭祀之禮有食有樂此詩美成湯之祭先祖不言酒食雖論聲樂由其殷人尚聲故解之○箋磬玉磬○正義曰此申說傳意言磬聲清之意也知是玉磬者以鍾鼓磬管同爲樂器磬非樂之主而云鼓管和平來依磬聲明此異於常磬非石磬也皐陶謨云戛擊鳴球謂玉磬也成二年左傳齊人賂晉以玉磬是古人以玉爲磬也由玉磬尊故異言之○傳於赫至然閑○正義曰毛以此篇祀成湯美湯之德而云湯孫故云湯善爲人之子孫也以上句言衎我烈祖陳湯之祭祀故以孫對之爲子孫祭祖而謂祖善爲人之子孫猶閔予小子言皇考之念茲皇祖永世克孝也此篇三云湯孫於此爲傳者舉中以明上下也釋樂云大鍾謂之鏞是大鍾曰庸也以斁爲鍾鼓之狀故爲盛奕萬舞之容故爲閑也箋云斁斁然有次序亦言其音聲盛也○箋嘉客至扶助○正義曰王制祭統言四時祭名皆云春礿夏禘秋嘗冬烝注以爲夏殷祭名是烝嘗爲時祭故云念我殷家有時祭之事而來也若然郊特牲云饗禘有樂而食嘗無樂故春禘而秋嘗注禘當爲礿宇之誤也王制云春礿夏禘鄭引王制夏殷以正特牲之文則特牲所云食嘗無樂是夏殷祀矣此云烝嘗則是秋冬之祭而上句盛陳聲樂者此經所陳捴論四時之祭非獨爲秋冬發文直取烝嘗之言爲韻耳縱使嘗實無樂而礿禘有之故得言其聲樂也且禮文殘缺鄭以異於周法者即便推爲夏殷未必食嘗無樂非夏祀也箋以湯孫爲太甲故言太甲之扶助傳以湯爲人之子孫則將當訓爲大不得與鄭同也王肅云言嘉客顧我烝嘗而來者乃湯爲人子孫顯大之所致也

那一章二十二句

烈祖。祀中宗也。中宗殷王大戊湯之玄孫也有桑穀之異懼而脩德殷道復興故表顯之號爲中宗○烈祖烈祖有功烈之祖復扶又反下亦復同【疏】烈祖一章二十二句○正義曰烈祖詩者祀中宗之樂歌也謂中宗既崩之後子孫祀之詩人述中宗之德陳其祭時之事而作此歌焉經稱成湯王有天下中宗承而興之諸侯助祭神明降福皆是祀時之事故言祀以捴之○箋中宗至中宗○正義曰案殷本紀云湯生太丁太丁生太甲太甲崩子沃丁立崩弟太庚立崩子小甲立崩弟雍已立崩弟大戊立是太戊爲湯之玄孫也本紀又云太戊立亳有祥桑穀共生於朝一暮大拱大戊懼問伊陟伊陟曰帝之政其有闕與帝其脩德大戊從之而祥桑穀枯死殷復興諸侯歸之故稱中宗是表顯之事也禮王者祖有功宗有德不毀其廟故異義詩魯說丞相匡衡以爲殷中宗周成宣王皆以時毀古文尚書說經稱中宗明其廟宗而不毀謹案春秋公羊御史大夫貢禹說王者宗有德廟不毀宗而復毀非尊德之義鄭從而不駁明亦以爲不毀也則非徒六廟而已鄭言殷六廟者據其正者而言也禮稽命徵曰殷五廟至於子孫六注云契爲始祖湯爲受命王各立其廟與親廟四故六是此六者決定不毀故鄭據之以爲殷立六廟至於中興之主有德則宗宗既無常數亦不定故鄭不數二宗之廟也

嗟嗟烈祖。有秩斯祜。申錫無疆。及爾斯所。既載清酤。賚我思成。秩常申重酤酒賚賜也箋云祜福也賚讀如往來之來嗟嗟乎我功烈之祖成湯既有此王天下之常福天又重賜之以無竟界之期其福乃及女之此所女女中宗也言承湯之業能興之也既載清酒於尊酌以祼獻而神靈來至我致齊之所思則用成重言嗟嗟美歎之深○祜音戶疆居良反竟也下同酤音戶賚毛如字鄭音來重直用反下皆同王天下于況反竟音境本又作境祼古亂反齊側皆反本亦作齊

亦有和羹。既戒既平。鬷假無言。時靡有爭。綏我眉壽。黃耇無疆。戒至鬷總假大也總大無言無爭也箋云和羹者五味調腥熟得節食之於人性安和喻諸侯有和順之德也我既祼獻神靈來至亦復由有和順之諸侯來助祭也其在廟中既恭肅敬戒矣既齊立乎列矣至于設薦進俎又總升堂而齊一皆服其職勸其事寂然無言語者無爭訟者此由其心平性和神靈用之故安我以壽考之福歸美焉○鬷子東反假毛古雅反鄭音格至也下以假以享同爭爭鬭之爭注同綏音妥安也耇音苟總音捴調音條祼音灌

約軧錯衡。八鸞鶬鶬。以假以享。我受命溥將。自天降康。豐年穰穰。八鸞鶬鶬言文德之有聲也假大也箋云約軧轂飾也鸞在鑣四馬則八鸞假升也享獻也將猶助也諸侯來助祭者乘篆轂金飾錯衡之車駕四馬其鸞鶬鶬然聲和言車服之得其正也以此來朝升堂獻其國之所有於我受政教至祭祀又溥助我言得萬國之歡心也天於是下平安之福使年豐○軧祁支反錯如字徐又采故反鶬七羊反本又作鏘溥音普穰如羊反轂古木反下音式鑣彼苗反篆直轉反朝直遙反

來假來饗。降福無疆。箋云享謂獻酒使神享之也諸侯助祭者來升堂來獻酒神靈又下與我久長之福也○假音格鄭云升也王云至也

顧予烝嘗。湯孫之將。箋云此祭中宗諸侯來助之所言湯孫之將者中宗之享此祭由湯之功故本言之【疏】嗟嗟至之將○毛以爲中宗崩後子孫祀之中宗之有天下乃由成湯創業作者述成湯之功言其福流於後故言嗟嗟乎我功烈之祖成湯也有常者是此王天下之福言當常王天下也成湯既有此福天又重賜我商家以无疆境之期故得及爾中宗以此處所也謂能成湯之業復使中興也中宗既有此業故余祀之既載清酒於樽酌以祼獻以其絜敬之故神明賜之我所思而得成亦謂萬福來宜天下和平也其祭之時非直群臣而已亦有和羹也羹者五味調和以喻諸侯有和順之德此和順諸侯來在廟中既肅敬而戒至矣既齊立於列位矣莫不捴

集大衆而能寂然無言語者於時凡在廟中無有爭訟者以此故神靈安我孝子以秀眉之壽使得黃髮耇老無有疆境之福也既言在廟助祭又本其初來之時所乘之車以朱纂約其長轂之軝以緣飾錯置於衡之上其八鸞之聲則鎗鎗然以其大祀而來以獻國之所有於我殷王受其政教之命至祭祀之時又溥來助祭由此得萬國之歡心故從天下平安之福故獲得豐年穰穰然而每物豐多也既言天使之豐又說神降之福中宗之神來至其坐矣來享其祭矣乃下與大福無有疆境也又言諸侯所以來故念我此烝嘗之時祭者乃由湯善爲人子孫亦顯大之所致也此祭中宗而引湯善爲子孫者以湯是商家王業之所起故歸功於湯○鄭以賚我思成謂神靈來至我孝子所思得成也嘏假無言謂捴集升堂皆無言語也以假以享謂來朝升堂獻國之所有也來假謂諸侯來升堂獻酒來饗謂神來歆饗之湯孫之將正謂此時設祭之君諸侯來扶助之然則此時祭者當是中宗子孫而云湯孫者中宗之饗此祭由湯之功故本言之雖中宗子孫亦是湯之遠孫故亦得言湯孫也唯此爲異其文畧同○傳秩常至賚賜○正義曰秩常申重賚賜皆釋詁文也言賜我思成者王肅云先祖賜我思之所欲成也知酤是酒者以此說祭事而云既載清酤文與旱麓清酒既載事同故知酤是酒也○箋祜福至思成○正義曰祜福釋詁文以思成者齊之所思成也思之得成由神明來格故知賚讀如往來之來商之王功起於湯故知功烈之祖正謂成湯也王天下之常福言湯之子孫常王天下也既言常福又言重賜無疆界福之長短天之所賜故知是天重賜之也及汝之此所所謂處所言中宗之得中興是天福之所及也此祭祭中宗也故知汝者汝中宗也言中宗承湯之業能中興之故陳湯有常福以及中宗也酒者祼獻所用故知既載清酒於樽謂酌以祼獻案禮言周法祼用鬱鬯殷祀雖則不明其祼亦應用鬱而云用酒以祼獻者鬱鬯釀秬爲酒築鬱金草和之而已捴而言之亦是酒也詩人所述舉其大網非如記事立制曲辯酒齊之異清酤之言可兼祼獻之用故鄭並舉祼獻以充之○傳戒至至言無爭也○正義曰言戒至者謂恭肅敬戒而至非訓戒爲至也鬷捴古今字之異也故轉之以從今假大釋詁文捴大無言無爭者以諸侯大衆捴集或有言語忿爭故云無言無爭美其能心平性和也○箋和羹至美焉○正義曰祭之設饌有大羹鉶羹何知不實論羹而以爲喻諸侯有和順之德者以昭二十年左傳晏子曰和如羹焉水火醯醢鹽梅以烹魚肉燀之以薪宰夫和之齊之以味濟其不及以泄其過君子食之以平其心君臣亦然故曰亦有和羹既戒且平鬷假無言時靡有爭彼引此和羹證君臣之和則知以和羹爲喻非實羹也下句約軝錯衡諸侯來朝之事無言無爭又美助祭之人故知亦有和羹謂諸侯對朝廷羣臣而稱亦也釋詁假爲升故易傳以鬷假爲設薦進俎之時諸侯捴集而升堂齊一也神之降福自祭之得祀非獨爲助祭者也而云神靈用是之故安我以壽考之福者善其助祭得祀故歸美焉○傳八鸞至假大○正義曰此解在車之飾非直鸞和而已獨言鸞聲之意故云言文德之有聲也有聲謂此助祭諸侯有文德有聲聞故作者因事見義舉其鸞聲以顯之傳訓假爲大而其義不明但軝衡是諸侯之車以享謂獻國之所有則以假亦是來朝之事當謂以大祀而來朝也○箋約軝至歡心○正義曰軝者長轂之名約謂以綵色纏約之故云約軝轂飾也采芑言約軝錯衡文與此同傳云朱而約之則此亦當以皮纏約而朱漆之也鄭於秦風驅驖之箋云置鸞於鑣異於乘車禮記註云鸞在衡則鄭以乘車之鸞必在衡而此之鸞在鑣者以鸞之所在經無正文而殷周或異故從舊說以爲在鑣以示不敢質也言篆轂金飾者考工記云容轂必直陳篆必正注云篆轂約也容轂者治轂爲之形容彼言篆轂即此約軝故言諸侯來助祭者乘篆轂金飾錯衡之車也知金飾者以采芑約軝錯衡與輅車有奭連文奭赤貌則彼是金輅彼爲金輅則此亦金輅知約軝錯衡爲金飾也案春官巾車之職金輅同姓以封則王子母弟同姓公侯乃得乘金輅耳殷禮雖亡不應三等之爵皆乘金輅此說諸侯來助獨言金輅舉其尊者言之耳假之爲升乃是正訓諸侯之朝必升堂授玉故易傳以假爲來朝升堂也朝必獻國所有故言以享也既行朝禮後乃助祭故云至祭祀又溥助我言其得萬國之歡心也○箋享謂至獻酒○正義曰箋以說祭之事而云來享故知是獻酒使神享之也獻酒必升堂故知來假謂未升堂獻酒也傳於上下假皆不訓爲升則此亦不得與鄭同也王肅云祖考來至來享嘉薦然則音爲格故訓爲至也○箋此祭至言之○正義曰此祭中宗在中宗崩後當是中宗子孫而云湯孫故知本之傳於上篇以湯孫爲湯爲人子孫則此亦當然祭中宗而美湯之爲人子孫者王肅云祭中宗而引湯者本王業之所起也

烈祖一章二十二句

玄鳥。祀高宗也。

祀當爲祫祫合也高宗殷王武丁中宗玄孫之孫也有雊雉之異又懼而脩德殷道復興故亦表顯之號爲高宗云崩而始合祭於契之廟歌是詩焉古者君喪三年既畢禘於其廟而後祫祭於太祖明年春禘于羣廟自此之後五年而再殷祭一禘一祫春秋謂之大事○玄鳥玄鳥燕也一名鳦音乙祀毛上如字鄭作祫戶夾反三年喪畢之祭也雊古豆反之異尚書云高宗祭成湯有飛雉升鼎耳而雊是也復扶又反契息列反殷之始祖也本又作偰同又作禼古字也後故此古者喪三年既畢祫于大祖明年禘于羣廟一本作古字君喪三年既畢禘于其廟而後祫祭於太祖明年春禘于羣廟案此序一往舊有兩本前祫後禘是前本禘夾一祫是後本也

【疏】玄鳥一章二十二句○正義曰玄鳥詩者祀高宗之樂歌也鄭以祀爲祫謂高宗崩三年喪畢始爲祫祭於契之廟詩人述其事而作此歌焉以高宗上能興湯之功下能垂法後世故經遠本玄鳥生契帝命武湯言高宗能興其功業又述武丁孫子無不勝服四海來至百祿所歸言高宗之功澤流後世因祫祭而美其事故序言祫以捴之毛無破字之理未必以此爲祫或與殷武同爲時祀但所述之事自有廣狹耳○箋祀當至大事○正義曰知此祀當爲祫者以經之所陳乃上述玄鳥生商及成湯受命若是四時常祀不應遠頌上祖殷武與此皆云祀殷武所陳高宗身事而已則知此與彼殊宜當爲祫也案殷本紀太戊生仲丁及外壬及河亶甲亶甲生祖乙祖乙生祖辛祖辛生祖丁祖丁生陽甲及盤庚及小辛及小乙小乙生武丁是武丁爲太戊玄孫之孫書序云高宗祭成湯有飛雉升鼎耳而雊作高宗肜日殷本紀稱武丁見雉升鼎耳懼而脩政行德天下咸懽殷道復興立其廟爲高宗喪服四制說高宗之德云當此之時殷衰而復興禮廢而復起高而宗之故謂之高宗是殷道復興表顯立號之事也禮三年喪畢祫於太祖之廟以新崩之主序於昭穆此高宗崩喪畢之後新與羣廟之主始合祭於契之廟故詩人因此祫祭之後乃述序其事而歌作詩焉鄭駁異義云三年一祫百王通義則殷之祫祭三年一爲而必知此崩而始祫者以序云祫高宗也若是三年常祫則毀廟之主陳於太祖未毀廟之主皆升合食於太祖使徧及先祖不獨主於高宗今序言祫高宗明是爲高宗而作祫故知是崩後初祫於契之廟也既言崩而始祫因辯祫之先後及言古者君喪以下以明禘祫之疏數也大宗伯及王制之注皆云魯禮三年喪畢祫於太祖明年春禘於羣廟自此之後五年而再殷祭一禘一祫春秋謂之大事彼二注其言與此正同而云魯禮則此云古者君喪以下謂魯禮也此箋及禮注所言禘祫疏數經無正文故鄭作魯禮禘祫志以推之其畧云魯莊公以其三十二年秋八月薨閔二年五月而吉禘此時慶父使賊殺子般之後閔公心懼於難務自尊成以厭其禍至二年春其閒有閏二十一月禫除喪夏四月則祫又卽以五月禘此月大祭故譏其速譏其速者明當異歲也經獨言吉禘於莊公閔公之服凡二十一月於禮少四月又不禫無恩也魯閔公二年秋八月公薨僖二年除喪而明年春禘自此之後乃五年再殷祭六年祫故八年經曰秋七月禘於大廟用致夫人然致夫人自魯禮因禘事而致哀姜故譏焉魯僖公以其三十三年冬十二月薨文二年秋八月祫僖薨至此而除間有閏積二十一月從閔除喪不禫故明月卽祫經云八月丁卯大事於太廟躋僖公僖公之服亦少四月不刺者有恩也魯文公以其十八年春二月薨宣二年除喪而祫明年春禘自此之後五年而再殷祭與僖爲之同六年祫故八年禘經曰夏六月辛巳有事於大廟仲遂卒於垂說者以爲有事謂禘爲仲遂卒張本故畧之言有事耳魯昭公十一年夏五月夫人歸氏薨十三年夏五月大祥七月而禫公會劉子及諸侯於平丘公不得志八月歸不及祫冬公如晉明十四年春歸乃祫故十五年春乃禘經曰二月癸酉有事於武宮傳曰禘於武公及二十五年傳將禘於襄公此則十八年祫二十年禘二十三年祫二十五年禘於茲明矣儒家之說禘祫也通俗不同學者競傳其聞是用訩訩爭論從數百年來矣竊念春秋者書天子諸侯中失之事得禮則善違禮則譏可以發起是非故據而述焉從其禘祫之先後考其疏數之所由而粗記注焉魯禮三年之喪畢則祫於太祖明年春禘於羣廟僖也宣也八年皆有禘祫祭則公羊傳所云五年而再殷祭祫在六年明矣明堂位曰魯王禮也以相準況可知也此是鄭君考校魯禮禘祫疏數之事也閔二年五月吉禘於莊公卽是春秋之經而於禘之前經無祫事鄭知四月祫者以文二年經書大事於太廟公羊傳曰大事者何祫也彼是除喪而祫則知閔之吉禘之前亦當先有祫祭於祫所以不譏者以時有慶父之難君子原情免之但爲祫足以成尊不假更復爲禘而五月又禘故譏之而書吉禘也議之言吉則是未應從吉故知明當異歲也且五年而再殷祭乃是公羊傳文後禘去前禘當五年矣僖也宣也皆八年有禘明知前禘當在三年矣文公以二年祫祭祫在除喪之年禘宜在三年是其與祫當異歲也鄭以春秋上下考校知其必然故此箋及禮注皆爲定解仍恐後學致惑故又作志以明之如志之言五年再殷祭先祫後禘而此云一禘一祫先言禘者恐其文便無義例也春秋謂之大事指謂文二年祫祭之事耳其禘則春秋或謂之禘或云有事皆不言大事僖宣八年之經是也此箋或云古者君喪三年喪畢禘於其廟而後祫於太祖自此之後五年而再殷祭者其文誤也何則禮注及志皆無此言則此不當獨有也定本亦無此文

天命玄鳥。降而生商。宅殷土芒芒。

玄鳥鳦也春分玄鳥降湯之先祖有娀氏女簡狄配高辛氏帝帝率與之祈于郊禖而生契故本其爲天所命以玄鳥至而生焉芒芒大貌箋云降下也天使鳦下而生商者謂鳦遺卵娀氏之女簡狄吞之而生契爲堯司徒有功封商堯知其後將興又錫其姓焉自契至湯八遷始居亳之殷地而受命國日以廣大芒芒然湯之受命由契之功故本其

天意○芒莫剛反後同娀夙忠反契母之本國名郊禖音梅本亦作高禖卵力管反亳傍各反地名

古帝命武湯。正域彼四方。方命厥后。奄有九有。正長域有也九有九州也箋云古帝天也天帝命有威武之德者成湯使之長有邦域爲政於天下方命其君謂徧告諸侯也湯有是德故覆有九州爲之王也○長張丈反下同徧音遍

商之先后。受命不殆。在武丁孫子。武丁高宗也箋云后君也商之先君受天命而行之不解殆者在高宗之孫子言高宗興湯之功法度明也○解音懈

武丁孫子。武王靡不勝。龍旂十乘。大糦是承。勝任也箋云交龍爲旂糦黍稷也高宗之孫子有武功有王德於天下者無所不勝服乃有諸侯建龍旂者十乘奉承黍稷而進之者亦言得諸侯之歡心十乘者二王後八州之大國○武王于況反又如字注同勝毛音升鄭式證反乘繩證反注同糦尺志反韓詩云大祭也任音壬下何任同

邦畿千里。維民所止。肇域彼四海。畿疆也箋云止猶居也肇當作兆王畿千里之內其民居安乃後兆域正天下之經界言其爲政自內及外○疆居良反

四海來假。來假祁祁。景員維河。殷受命咸宜。百祿是何。景大員均何任也箋云假至也祁祁衆多也員古文作云河之言何也天下既蒙王之政令皆得其所而來朝覲貢獻其至也祁祁然衆多其所貢於殷大至所云維言何乎言殷王之受命皆其宜也百祿是何謂當擔負天之多福○假音格下同祁巨移反或上之尺之二反員毛音圓鄭音云河王以爲河水本或作何何音河可反本亦作苛音同鄭云擔負也下篇何天同朝直遙反擔都藍反下篇同

【疏】天命至是何○毛以爲契母簡狄於春分玄鳥至日祁於高禖而生契封商後世有此殷國今以高宗有國本而美之言上天命此玄鳥使下而生此商國故契之子孫得言此殷王其國境廣大芒芒然既揔言天命生商又指陳商興之節古之天帝命有威武之德者成湯合長有彼四方之國謂爲之君長有其土地天既命成湯爲長又合四方歸之方方命其諸侯之君使歸成湯故得同有此九州之民也成湯既受天命子孫又能循之商之先君受天之命年世延長所以不至危殆者在此高宗武丁善爲人之孫子也此武丁爲人之子孫○行其先祖武德之王道威德盛大無所不勝任之也故於此祀高宗也乃有諸侯建龍旂者十乘來助殷祭於祭之時有大黍稷之食此諸侯於是奉承而進之言高宗澤及天下故子孫祭之得萬國之歡心也高宗前世殷政衰微又迹高宗能興之狀殷之邦畿之內地方千里維是民之所安止矣然後始有彼四海言高宗爲政先安畿內之民後安四海之國以爲己有由此能有彼四海故四海諸侯莫不來至其來至也祁祁然數甚衆多此衆多諸侯其辭皆云殷王之政甚大均矣維如河之潤物然言其無不需及也成湯既受天命子孫克循其道則殷之受命皆得其宜故百衆福祿於是宜擔負之高宗興殷之道能爲四海所慶故因其祀也迹而歌之鄭以爲簡狄呑鳦卵生契故言天命玄鳥降而生商也正域彼四方言長有邦域爲政於四方又以奄爲覆言覆有九州爲之王也又受命不怠在武丁孫子謂行之不解怠者在武丁之孫子言高宗興湯之功法度著明以教戒後世子孫行之不解怠也武王靡不勝謂武丁孫子有武功有王德者於天下無所不勝由高宗功被後世故子孫能服天下也兆域彼四海謂正天下之經界爲營兆境域以至於彼四海也景云維河言諸侯大至所言維云何乎殷受命咸宜百祿是荷即其言之所云也雖此爲異餘文義畧同○傳玄鳥至大貌○正義曰釋鳥云燕燕鳦也色玄故又名爲玄鳥毛氏不信讖緯以天無命鳥生人之理而月令仲春云是月也玄鳥至之日以大牢祀于高禖天子親往后妃率九嬪御玄鳥降則日有祀郊禖之禮也大戴禮帝係篇說帝嚳卜其四妃之子皆有天下云有娀氏女簡狄則契爲高辛之子簡狄高辛之妃而云玄鳥至生商則是以玄鳥至日祈而得之也故以爲春分玄鳥降湯之先祖簡狄祈郊禖而生契也玄鳥以春分而至氣候之常非天命之使生契但天之生契將令王有天下故本其欲爲天所命以玄鳥至而生焉記其祈福之時美其得天之命故言天命玄鳥使下生商也玄鳥之來非從天至而謂之降者重之若自天來然月令季春戴勝降于桑注云是時指在桑言降者若始自天來重之故稱降也襄四年左傳稱芒芒禹迹畫爲九州是芒芒爲大貌也○箋天使至天意○正義曰鄭以中候契握云玄鳥翔水遺卵流娀簡呑之生契封商殷本紀云簡狄行洛見玄鳥墮其卵簡狄取呑之因孕生契此二文及諸緯侯言呑鳦生契者多矣故鄭據之以易傳也書序云自契至於成湯八遷湯始居亳又云盤庚五遷將治亳殷於湯言居亳於盤庚言亳殷則殷是亳地之小別名故知湯是亳之殷地而受命之也自契至湯八遷者皇甫謐云史失其傳故不得詳是八遷地各不可知也其亳地在河洛之間書序注云今屬河南偃師地理志河南郡有偃師縣有尸鄉般殷湯所都也皇甫謐云學者咸以爲亳在河洛之間書序注云今屬河南偃師地理志河南郡有偃師縣有尸鄉殷湯所都也皇甫謐云學者咸以亳在河洛之間今河南偃師西二十里有尸鄉亭是也謐考之事實失其正也孟子稱湯居亳與葛爲鄰案地理志葛今梁國寧陵之葛鄉是也湯地七十里耳葛伯不祀湯使亳衆爲之耕有童子餉食葛伯奪而殺之古文仲虺之誥曰湯征自葛始計寧陵去偃師八百里而使亳衆爲耕有童子餉食非其理也今梁國自有二亳也南亳在穀熟之地北亳在蒙地非偃師也書序曰盤庚五遷將治亳殷卽偃師是也然則殷有三亳二在梁國一在河洛之間穀熟爲南亳卽湯都也蒙爲北亳卽景亳是湯所受命也偃師爲西亳卽盤庚所徙者也立政之篇曰三亳阪尹是也如謐之言非無理矣鄭必以亳爲尸鄉者以地理志言尸鄉爲殷湯所都是舊說爲然故從之也且中候格予命云天乙在亳東觀在洛若亳在梁國則居於洛東不得東觀於洛也所言三亳阪尹謂其尹在阪謐之所言三亳其地非皆有阪故立政注云三亳者湯舊都之民分爲三邑其長居險故云阪尹蓋東成皐南轘轅西降谷也是鄭以三亳爲分亳民於三處有亳地也杜預以景亳爲周地河南鞏縣西南有湯亭或說卽偃師也漢書音義曰臣瓚案湯居亳今濟陰薄縣是也今薄有湯冢己氏有伊尹冢皆相近又以亳爲濟陰薄縣以其經無正文故各爲異說地名變易難得而詳也孟子稱湯以七十里有天下則湯之初國猶尚小耳言日以廣大芒芒然謂至湯身而漸大也又解將迹成湯而遠言契意以湯之受命由契之功故本其天意而言契之初生也○傳正長至九州○正義曰正長釋詁文域有者言封域之內皆爲己有非訓域爲有也言九有九有是同有天下之辭言分天下以爲九分皆爲己有故知九有九州也傳於奄宇皆訓爲同王肅云同有九州之貢賦也○箋古帝至之王○正義曰湯之受命上天命之故知古帝謂天也尚書緯云曰若稽古帝堯稽同也古天也是謂天爲古故得稱天爲古帝也方命其君謂於四方之國方方命之故爲徧告諸侯言湯有是德天道遠矣非與人道言云徧告之者正謂授湯聖德合之所征無敵使諸侯徧聞是徧告之也○傳武丁高宗○正義曰作詩所以稱王名者王肅云殷質以名篇商之先君成湯受天命所以不危殆者在武丁之爲人孫子也毛以爲湯孫湯爲人子孫則此亦當如肅言也○箋商之至度明○正義曰商之先君受天命成湯是也以天下之大王業之重創基甚難守亦不易故言行之不懈怠者在高宗之孫子美此高宗孫子能得行之不懈怠也又解此詩主頌高宗而美高宗子孫者言高宗興湯之功法度著明故子孫能得行之亦是高宗之美故主頌高宗而言其子孫也○箋交龍至大國○正義曰交龍爲旂春官司常文也言以大糦是承謂奉承助祭脅之粢盛雖黍稷耳糦字從米故知是黍稷也乃有諸侯建龍旂者十乘奉承黍稷而進之殷禮既亡無可案據若以周法言之則謂諸侯乘墨車建龍旂入天子之門至祭時奉黍稷之餼以助祭也覲禮曰侯氏裨冕乘墨車載龍旂弧韣乃朝注云墨車大夫制也乘之者入天子之國車服不可盡與王同交龍爲旂諸侯所建是入天子之門乘墨車也其在道路則隨其尊卑故覲禮記云偏駕不入王門注云在傍與己同曰偏駕同姓金輅異姓象輅四衛革輅蕃國木輅駕之與王同謂之偏駕不入王門者乘墨車以朝偏駕之車舍於館矣是未入於王門駕不入王門者則所駕之車隨其尊卑其建龍旂則終始同也又解諸侯衆多獨言十乘之意謂二王之後與入州之大國故十也八州大國謂州牧也諸侯當以服數來朝而得十乘並至者舉其有十乘耳未必同時至也或者王不巡守之歲則諸侯並時來朝四時更來則年之間而十乘但至也○傳畿疆○正義曰畿者爲之畿限疆畔故爲疆也毛無破字之理則肇當訓爲始王肅云殷道衰四夷來侵至高宗然後始復以四海爲境域也○箋肇當至及外○正義曰箋以肇域共文當謂界域營兆故轉肇爲兆言己令千里之內民得安居乃後正天下之經界以四海爲兆域先安畿內後正四海言其自內及外也○傳景大員均何任○正義曰景大釋詁文員者周匝之言故爲均也荷者在負之義故爲任也傳解維河之義既以景員爲大均則維河者當謂政教大均如河之潤物然言其霑潤無所不及也○箋假至至多福○正義曰假至釋詁文彼作格音義同轉員爲云河爲何者以頌弁既辭言維何者皆是設問之辭與下句發端此下句言殷受命咸宜是對前之語則此言維何當與彼同不得爲水傍河也故知河當爲何維何既是問辭則大員是諸侯大至日之所云不得爲大均之義且古文云員宇同故易傳也上言兆域彼四海以四海爲界也既言四海爲界也因卽乘而立文言四海來假正謂四海之內中國諸侯來至貢獻非自四夷貢獻也所云維言何乎將故述其美殷之言故開其問端也荷任卽是擔負之義故言擔負天之多福

玄鳥一章二十二句

毛詩注疏校勘記二十之三　阮元撰盧宣旬摘錄

卷第二十　二十之三　六九　十行本此下脫那詁訓傳第三十一行閩本以下有考文古本同是也但那下仍行之什二字說見前又閩本以下誤在毛詩商頌鄭氏箋孔穎達疏後說見卷一當依唐石經小字本相臺本刪之什二字補在毛詩商頌一行之上也

商頌譜

汝作司徒敷五敎五敎在寬明監本毛本敷上有敬字閩本剜入案所補非也正義引之不備耳浦鏜云衍五敎二字非也考殷本紀重五敎二字正用尚書文唐石經初刻亦然後乃摩去合諸此正義所引可知唐時本尚書自重二字不得依今本輒刪之也

斯封稷臯陶閩本明監本毛本同案稷下浦鏜云脫契字是也長發正義引有

契孫相士居商丘閩本明監本毛本士作土案所改非也當是王肅自用士字故依彼引之不得用正義改爲士也○按楊升菴欲改左傳士氏爲士氏以合在周爲唐杜之文而不知士卽理官士氏以官得氏也

故名庠云〔補〕毛本名作書是也

代夏桀定天下閩本明監本毛本同案代當作伐正義可證

中候雒予命云閩本明監本毛本同案浦鏜云雒誤維是也那正義引作雒

此三主有受命中興之功閩本同明監本毛本主作王案所改是也此正義及長發正義引皆可證山井鼎考文所載以爲毛本主宋板王諸本同皆誤

故故終言之閩本明監本毛本不重故字案所改非也下故字當作譜此亦寫者誤而未及改正耳不當輒刪

西及豫州盟豬之野閩本明監本毛本同案陳譜作明豬正義引此文亦作明今作盟當誤正義中孟字據地理志及陳譜正義所引尚書訂之則當作盟

導河澤閩本明監本毛本同案河字盧文弨云當作菏是也此誤落去上廿耳

今之梁國市〔補〕閩本明監本毛本同案市當作沛

及東都之須昌壽張閩本明監本毛本同案都字盧文弨云當作郡是也

自從政衰閩本明監本毛本同案浦鏜云後誤從是也

所以通大三統閩本明監本毛本同案大當作天形近之譌通天三統書傳駁異義皆有其文引在振鷺正義

那

那祀成湯也小字本同閩本明監本毛本同相臺本那作那唐石經初刻那摩改那案那字是也下同

有正考甫者唐石經小字本相臺本同案釋文云父本亦作甫此唐石經之所出也正義云其大夫有名曰正考父者是其本作父字今正義中父甫字互歧乃合併以後依經注有所改耳

正義曰那詩詩者〔補〕閩本明監本毛本上詩字作之案所改非也當衍一詩字

死因爲語耳閩本同明監本毛本語作謚案所改是也

以其伐紂革命閩本明監本毛本同案紂當作桀

宋父生正考甫閩本明監本同毛本甫作父案所改是也但餘多仍作甫

言湣公之適辟〔補〕毛本辟作嗣

亦不夷懌唐石經小字本相臺本同案釋文云繹字又作懌正義本是懌字當爲唐石經之所本也○按懌者俗字從繹爲是

先王稱之曰在古小字本相臺本同段玉裁云魯語先聖王之傳恭猶不敢專稱曰自古古曰在昔昔曰先民韋注引傳亦曰先王稱之曰自古然則各本作在字誤也山井鼎云古本本同後改在作自不知據何本也考此乃依國語改而偶有合也

庠助者之來意也相臺本同閩本明監本毛本同小字本之來作來之案小字本是也

而能制作護樂閩本明監本毛本護作濩案所改非也當是正義本作護字正義下文皆作濩乃合併以後依經注改之耳

大鍾之鏞閩本明監本毛本同案經傳作庸正義作鏞庸鏞古今字易而說之也例見前

乃從上古在於昔代先正之民閩本明監本毛本正作王案所改是也又按作正義時其本作在昔

視其有所成閩本明監本毛本同案視當作是

則特牲所云食無樂當是夏殷禮矣閩本明監本毛本食下有嘗字是上無嘗字案所補是也所刪非也

烈祖

既齊立平列矣〔補〕毛本同案平當平字之譌

鬷總假大也小字本相臺本同案釋文以總也作音是其本多也字

神靈用之故小字本相臺本同案之是也此也正義說經云以此故可證下文云而云用是之故當是正義自爲文耳考文古本用下有是字采正義而爲之耳

假升也小字本相臺本同考文古本同閩本明監本毛本升誤大案山井鼎云不可與傳混也是也

來假來饗唐石經小字本相臺本同考文古本同閩本明監本毛本饗誤享案經中饗享二字截然有別享者下享上也饗者上饗下也自歐陽脩本義以來諸家論之審矣○按有同字義別而相因者如獻神爲享神食其所獻亦爲享是也此等在訓詁中蓋未可枚舉後儒曲爲分別乃以獻之作享神食所獻作饗於我將閟宮烈祖皆用此例定其字故唐石經宋本似是而非今俗本槩作享似非而是此篇前享字箋云獻也後享字箋云謂獻酒使神享之也相承爲說當時斷非有二形也

享謂獻酒使神享之也閩本明監本毛本同小字本相臺本享作饗考文古本同案享字誤見上十行本下箋中宗之享此祭誤同與經文爲岐出正義中歆饗字亦饗享錯雜此寫者以享爲饗別體字而亂之耳閩本以下仍之而不覺又因此而改經文亦爲享誤甚

來升堂來獻酒小字本相臺本同案來升堂者來假也來獻酒者來饗也上箋云饗謂獻酒使神饗之也此箋乘上爲文故省而但言獻酒下箋說經降福無疆云神靈又下與我久長之福也又者又神饗之也是此獻酒括上使神饗之而言明甚矣箋之兩來字卽經之兩來字本自無誤正義云來假謂諸侯來升堂獻酒來饗謂神來歆饗之又云獻酒必升堂故知來假謂來升堂獻酒也以獻酒連升堂入於來假之下以來饗屬之神來微失箋意箋意來饗之來仍是諸侯來不是神來但饗是神饗之耳王肅述毛則以兩來字皆屬之神此其與鄭異也經義雜記因正義此言以爲下一來字是淺人所增其說非也

故余祀之閩本明監本毛本余作今案此皆誤也當作祭形近之譌

又言諸侯所以來故念我〔補〕毛本故作顧

箋祜福至思成也閩本同明監本毛本思作用案所改是

鬷惣古今字之異也閩本同明監本毛本惣作總案所改非也惣卽總字正義自爲文多用之唯順經注乃有總字明監本以下悉改之爲總者非

既戒且平閩本明監本毛本同案此不誤浦鏜云既平誤且平非也考杜預注及正義傳文本作且晏子春秋亦作且可見此正義引傳爲是今傳作既者依此詩改之耳中鑒亦引作且皆不與毛氏詩同

箋約軝至歡心閩本明監本毛本軝誤軧下同案正義本是軧字上文作軧者皆後人改耳已是采芑經

鄭於秦風駟驖之箋云閩本明監本毛本驖作鐵案所改是也

謂未升堂獻酒也閩本同明監本毛本未作來案所改是也

元鳥

古者君喪三年既畢禘於其廟而後祫祭於太祖明年春禘于羣廟小字本相臺本同案釋文云古者喪三年既畢祫于大祖明年禘于羣廟一本作古者君喪三年既畢禘于其廟而後祫祭于大祖明年春禘于羣廟此序一注舊有兩本前祫後禘是前本也兩禘夾一祫是後本也正義此箋或云古者君喪三年喪畢禘於其廟而後祫于大祖自此之後五年而再殷祭者其文誤也何則禮注及志皆無此言則此不當獨有也定本亦無此文惠棟云正義本無經及傳箋南宋刻正義始增入之而誤入宋時所傳之本此箋正義已言其誤而書仍載者刻書之人載入之箋不與正義相涉故也今考正義本與釋文同所謂前本者也

而歌作詩焉〔補〕毛本同案作當此字之譌

此月大祭故議其速　閩本明監本毛本同案此當作比形近之譌

僖二年除喪而　閩本明監本毛本同案而下當脫祫字

因禘事而致哀美　閩本明監本毛本同案山井鼎云美當作姜是也

僖公之服亦少四月　閩本明監本毛本同案此不誤浦鏜云文誤僖非也上文閔公之服自服者而言也此僖公之服自所爲服而言也二者文不同而義俱通無容改而一之也

學者競傳其間〔補〕閩本明監本毛本同案間當作聞

仍恐後字致惑　閩本明監本毛本同案山井鼎云字恐學誤是也

祈于郊禖而生契　小字本相臺本同案釋文云郊禖本或作高禖正義云祈於高禖而生契是正義本當作高字下文又作郊禖者或合併後所改○按月令作高禖毛傳生民元鳥皆作郊禖月令正義分析甚明是傳不當作高也或云郊或云高者鄭志焦喬荅王權甚明此正義自當作郊禖舊挍非也

受命不殆　唐石經小字本相臺本同案箋云受天命而行之不解殆者正義云又受命不怠在武丁孫子謂行之不解怠者在武丁之孫子言高宗與湯之功法度著明以敎戒後世子孫行之不解怠也又云言不懈怠者在高宗之孫子美此高宗孫子能得行之不懈怠也考此經字作殆故正義引王述毛以爲危殆也鄭以爲殆卽懈怠字故箋云不解殆而字仍作殆正義乃易爲怠字而說之也趙岐注孟子告子下王弼注易震皆用殆爲怠可見在鄭時不煩改字矣般武經用怠字此不畫一之例也

八州之大國　小字本相臺本同案釋文云大國與音余是其本國下有與字正義云又解諸侯衆多獨言十乘之意謂其二王之後與八州之大國故十也不云言與爲疑辭是其本無也此無正文當以釋文本爲長

景員維河　唐石經小字本相臺本同案釋文云鄭云河之言何也王以爲河水本或作何正義云韓詩云員爲云河爲何者云云是其本作河也此經本是何字故王申毛以爲河水或作本乃以箋改經耳

音河河可反本亦作荷〔補〕釋文挍勘通志堂本盧本同案盧文弨云音河當作音荷非也條人釋文云何戈何可反又音河是河字不誤也小字本所附同相臺本所附作又河可反又字當有荷盧文弨云荷字之誤是也

員古文作云　按作字衍也謂員是古文云字此言古文之假借說文多云古文以某爲某皆言假借秦誓古文若弗員來衞包始改爲云來員是古文云是今字若衍作字則古今互易矣詳段玉裁詩經小學

謂當擔負天之多福　小字本相臺本同案此與長發箋擔皆當作檐羣經音辨木部檐下載此箋是其證也羣書亦多用從木字如釋名云檐任也之屬正義中本皆作檐今擔擔錯雜改之而未盡也音辨本取釋文而通志堂本誤改從才

得言此殷王　閩本明監本毛本同案山井鼎云言恐居誤王土誤是也

○行其先祖武德之王道　閩本同明監本毛本○作能案所改非也○當衍

元鳥降則日有祀郊禖之禮也　閩本同明監本毛本則作之案此誤改也則日二字當倒耳郊當作高見上○按作郊者是

注云是時指在桑　閩本明監本毛本同案山井鼎云指當作恆是也

簡狄行洛　閩本毛本同明監本洛作浴案浴字是也諸正義引作浴

墯其外　閩本明監本毛本同案浦鏜云墯本紀作墮是也諸正義引作墯

故知湯是亳之殷地而受命之也　閩本同明監本毛本下之字作者案所改非也之當衍字

殷殷湯所都也　閩本明監本毛本不重殷字脫也字案不重是也

學者咸以爲亳在河洛之閒書序注云今屬河南偃師地理志河南郡有偃師縣有尸鄉殷湯所都也皇甫謐云學者咸以亳在河洛之閒　閩本明監本毛本無書序以下至河洛之閒四十二字案此十行本複衍也

且中候格予命云　閩本明監本毛本同案山井鼎云格恐洛誤是也諸正義引作雒

東觀在洛　閩本明監本毛本同案在當作於諸正義引作於此與下互換而誤也

不得東觀於洛也　閩本明監本毛本同案於當作在此與上互換

言九有九有　閩本明監本毛本同案上九字當作奄下文云是同有天下之辭以同解奄也

殷質以名篇　閩本明監本毛本同案篇當作著形近之譌

在傍與已同曰偏駕　閩本明監本毛本同案已當作王

荷者在負之義　閩本明監本毛本同案浦鏜云在當任字誤是也

既言四海爲界也　閩本明監本毛本同案浦鏜云也疑衍字是也

將故述其美殷之言〔補〕毛本故作欲案欲字是也

荷任卽是擔負之義　明監本毛本脫荷字閩本不誤案擔當作檐見上

故言檐負天之多福　閩本明監本毛本檐作擔字按儋是正字俗作擔从手蓋唐早有之集韻平聲儋擔檐同字去聲擔檐同字

附釋音毛詩注疏卷第二十〔二十之四〕

毛詩商頌　鄭氏箋　孔穎達疏

長發。大禘也。大禘郊祭天也禮記曰王者禘其祖之所自出以其祖配之是謂也○長如字禘大計反王云殷祭也王于況反又如字

〔疏〕長發七章首章八句次四章章七句一章九句卒章六句○正義曰長發詩者大禘之樂歌也禘者祭天之名謂殷王高宗之時以正歲之正月祭其所感之帝於南郊詩人因其祭也而歌此詩焉經陳洪水之時已有將王之兆玄王政教大行相土威服海外至於成湯受天明命誅除元惡王有天下又得賢臣爲之輔佐此皆天之所祐故歌詠天德因此大禘而爲頌故言大禘以揔之經無高宗之事而爲高宗之頌者以高宗禘祭得禮因美之而爲此頌故爲高宗之詩但作者主言天德止述商有天下之由故其言不及高宗此則鄭之意耳王肅以大禘爲殷祭謂禘祭宗廟非祭天也毛氏既無明訓未知意與誰同○箋大禘至是謂○正義曰祭法云殷人禘嚳而郊冥注云禘謂冬至祭天於圓丘則圓丘之祭名爲禘也又王制及祭統言四時祭名春礿夏禘秋嘗冬烝注云蓋夏殷制則殷之夏祭宗廟亦名禘也又鄭駁異義云三年一祫五年一禘百王通義以爲禮讖云殷之五年殷祭亦名禘也然則祭之名禘者多矣而知此大禘爲郊祭天者以冬至祭乃是天皇大帝神之最尊者也爲萬物之所宗人神之所主非於別代異姓曲有感助經稱帝立子生商謂感生之帝非天皇大帝也且周頌所詠靡神不舉皆無圓丘之祭殷人何獨捨其感生之帝而遠述昊天上帝乎以此知非圓丘之禘也時祭所及親廟與太祖而已而此經歷言玄王相土非時祭所及又非宗廟夏禘也五年殷禘鄭於禘祫志推之以爲禘祭各就其廟今此篇上述商國所興之由歷更前世有功之祖非是名就其廟之言以此又知非五年殷祭之禘也彼諸禘者皆非此篇之義故知此云大禘唯是郊祭天耳祭天南郊亦名爲禘故引禮記以證之所引者喪服小記及大傳皆有此文大傳注云凡大祭曰禘自由也祭其先祖所出生謂郊祀天也王者之先祖皆感太微五帝之精以生蒼則靈威仰赤則赤熛怒黃則含樞紐白則白招拒黑則汁光紀皆用正歲之正月郊祭之蓋特尊焉孝經曰郊祀后稷以配天配靈威仰也宗祀文王於明堂以配上帝謂汎配五帝也如彼注則殷人之祖出於汁光紀故以正歲正月於郊禘而祭之故此序謂之大禘也易緯稱王之郊一用夏正故知郊天皆用正歲正月也鄭志趙商問此云案祭法殷人禘嚳而郊冥又喪服小記及大傳皆云王者禘其祖之所自出以其祖配之注皆以爲祭天皇大帝以嚳配之然則此詩之禘亦宜以爲圓丘之祭不審云郊何荅曰郊祀后稷以配天則以祖配其祖從出之明文也云注皆以爲祭天皇大帝詩之大禘宜爲圓丘之祭採意大過得無誣乎禘者祭名天人共云是鄭解此禘爲郊天之事也小記大傳言禘祖之所自出者注皆以爲郊所感之帝而商云祭天皇大帝故云得無誣乎祭法稱殷人禘嚳而郊冥此若郊天當以冥配而不言冥者此因祭天歌詠天德言其能降靈氣祐殷與耳其意不述祭時之事不美所配之人昊天有成命郊祀天地亦是南郊之祭而辭不及稷何怪此篇不言冥也馬昭云長發大禘者宋爲殷後郊祭天以契配不郊冥者異於先王故其詩詠契之德宋無圓丘之禮唯以郊爲大祭且欲別於夏之禘故云大禘此說非也何則名曰商頌是商世之頌非宋人之詩安得云宋郊契配也諸稱三王有受命中興之功時有作詩頌

之者則是殷時作之理在不惑而云宋人郊天虛妄何甚而馬昭雖出鄭門其言非鄭意也若然商非宋詩而樂記云溫良而能斷者宜歌商注云商宋詩者以宋承商後得歌商頌非謂宋人作之也**濬哲維商。長發其祥。洪水芒芒。禹敷下土方。外大國是疆。幅隕既長。**濬深洪大也諸夏爲外幅廣也隕均也箋云長猶久也隕當作圓圓謂周也深知乎維商家之德也久發見其禎祥矣乃用洪水禹敷下土正四方定諸夏廣大其竟界之時始有王天下之萌兆歷虞夏之世故爲久也○濬音峻悊音哲字或作哲芒音亡依韻音忙疆居良反竟界也幅方目反隕音圓徐于貧反夏戶雅反下皆同圓音還又音圓知音智見賢遍反禎音貞祥也竟音境王天下于況反下湯王言王之王德皆同**有娀方將。帝立子生商。**有娀契母也將大也契生商也箋云帝黑帝也禹敷下土之時有娀氏之國亦始廣大有女簡狄吞鳦卵而生契堯封之於商後湯王因以爲天下號故云帝立子生商【疏】濬哲至生商○毛以爲有深智者維我商家之德也昔在前世久發見其禎祥矣其祥之見在何時乎往者唐堯之末有大水芒芒然有大禹者敷廣下土以正四方京師之外大國於是畫其疆境令使中國廣大均平既已長遠矣於是時契已佐禹是其禎祥久見也又說商興之由有娀氏之女方欲長大之時天爲之生立其子而使之生商謂上天祐契使賢而生有商國也○鄭以隕爲圓言中國廣大而圓周也有娀方將謂有娀之國方始廣大黑帝憑依簡狄使之有子立其子使生商國其文義畧同○傳濬深至隕均○正義曰濬深釋言文洪大釋詁文諸夏爲外對京師爲內也幅如布帛之幅故爲廣也王肅云外諸夏大國也京師爲內諸夏爲外言禹外畫九州境界禹平治水土中國既廣已平均且長也○箋隕當至爲久○正義曰箋云深智乎維商家之德者揔歎商家深智不指斥一人也禹敷下土廣大其境界之時正謂水害既除輔成五服之時也始有王天下之萌兆謂契能佐禹治水敬敷五教功被當世故後嗣克昌是其王之萌兆也爾時已有萌兆卽是久見其祥比王成湯之興歷虞夏之世故爲久也○傳有娀至生商○正義曰有娀契母之姓婦人以姓爲字故云有娀契母也將大釋詁文謂契母方成大之時天爲生立其子商者成湯王天下一代之大號此商之有天下其本由契而來故言契生商也詩言商興所由上須言契而已上句乃述禹敷下土者以契禹俱事帝堯皆有大功故將欲論契先言洪水也○箋帝黑至廣大○正義曰禘者郊天之名郊祭所感之帝商是水德黑帝之精故云黑帝謂汁光紀也且以下云玄王故以黑帝言之以有娀是簡狄國名非簡狄之身言有娀方將不得爲簡狄長大故以爲禹敷下土之時有娀氏之國亦始廣大也有娀氏國之大小非復商家之事而言及之者君子言人之美務欲加之因其國實廣大見簡狄爲大國之女猶大明之篇言摯莘也**玄王桓撥。受小國是達。受大國是達。率履不越。遂視既發。**玄王契也桓大撥治履禮也箋云承黑帝而立子故謂契爲玄王遂猶徧也發行也玄王廣大其政治始堯封之商爲小國舜之末年乃益其土地爲大國皆能達其教令使其民循礼不得踰越乃徧省視之教令則盡行也○撥本末反韓詩作發明也徧音遍下同治直吏反【疏】傳玄王至履礼○正義曰上言有娀生子此句卽言玄王故知玄王卽契也且國語云玄王勤商十四世而興玄王爲契明矣履礼釋言

文公羊傳云撥亂世謂治亂世故以撥爲治也○箋承黑至盡行○正義曰箋以契不爲王玄又非諡解其稱玄王之意玄黑色之別以其承黑商立子故謂契爲玄王也以湯有天下而稱王契卽湯之始祖亦以王言之尚書武成云昔先王后稷國語亦云昔我先王后稷又曰我先王不窋韋昭云周之禘祫文武不先不窋故通謂之王商頌亦以契爲玄王是其爲王之祖故呼爲主非追號爲王也玄王廣大其政治正謂達其教令是也知堯封爲小國舜益爲大國者中候握河紀說堯云斯封稷契皐陶賜姓號是堯封之也考河命說舜之事云褒賜羣臣賓爵有功稷契皐陶益土地是舜益地爲大國也自殷以上大國百里握河紀注云稷契公也公卽周礼三公入命其出封加一等然則堯之封契已應百里便是土地之極而舜又益之者以其身有大功特加褒賜如周之賜魯衞之屬越礼特賜既賜之後不必止於百里而已率履不越文承是達之下明民從政化非契身率礼故云使其民循礼不得踰越偏省視之教令則盡行卽是達之驗也**相土烈烈。海外有截。**相土契孫也烈烈威也箋云截整齊也相土居夏后之世承契之業入爲王官之伯出長諸侯其威武之盛烈烈然四海之外率服截爾整齊○相息亮反注相土皆同截才結反長張丈反【疏】箋截整至整齊○正義曰截者斬斷之義故爲齊也相土是昭明之子契之孫也故云居夏后之世承契之業契封商國相土嗣之止爲一國之君而已不得威行海外今云海外有截故知入爲王官之伯出長諸侯也僖四年左傳管仲說太公爲王官之伯云五侯九伯汝實征之以夾輔周室是王官之伯分主東西得征其所職之方故云以威武烈烈然而四海之外截而整齊分主東西則威加一面而已而云四海者不知所主何方故揔舉四海言之截然整齊謂守其所職不敢內侵外畔也王肅云相土能繼契四海之外截然整齊而治言有烈烈之威則相土在夏爲司馬之職掌征伐也說春秋者亦以太公爲司馬之官故得征五侯九伯與鄭異也**帝命不違。至于湯齊。**至湯與天心齊箋云帝命不違者天之所以命契之事世世行之其德浸大至於湯而當天心○湯齊如字浸子鴆反**湯降不遲。聖敬日躋。昭假遲遲。上帝是祗。帝命式于九圍。**不違言疾也躋升也九圍九州也箋云降下假暇祗敬式用也湯之下士尊賢甚疾其聖敬之德日進然而以其德聰明寬暇天下之人遲遲然言急於已而緩於人天命是故愛敬之也天於是又命之使用事於天下言王之也○日躋子兮反鄭注礼記讀上爲湯蹟讀此爲日齋齋莊也假古雅反鄭云暇也徐云毛音格鄭音暇案王肅訓假爲至格是王音也沈云鄭箋云寬暇以此義訓非韓字也祇諸時反下土遲嫁反【疏】帝命至九圍○正義曰上陳玄王相土論商興所由此下皆述成湯指言興事言天之所以命契之事自契之後世世行而不違失天心雖已漸大未能行同於天至於成湯而動合天意然後與天心齊也因說成湯之行湯之下士尊賢甚疾而不遲也其聖明恭敬之德日升而不追也以其聰明寬假天下之人遲遲然舒緩也上天以是之故常愛敬之故天命之使用事於九州爲天下王也○傳至湯與天心齊○正義曰言至湯者謂從契而至湯也自契以後雖則不違天命未能齊於天心至湯而與之齊以爲漸大之意也上言帝卽云湯齊故知湯與天唯心齊耳易稱聖人與天地合其德此之謂也傳以此爲湯齊甚分明矣而孔子閒居注云詩讀湯齊爲湯躋者言三家詩有讀爲躋者也○箋帝命至天

心○正義曰契无受命之事矣而云天命契者正謂投以上智之性使之佐舜有功建國於商德垂後裔是天所以命契之事也湯以孤聖獨興父祖未有王迹而云其德浸大者以言至於湯齊又爲漸高之勢故述其意言浸大耳定本作浸字其實相土至湯有令聞者雖其冥勤其官而水死耳其餘不能漸大也○傳升至九州○正義曰躋升釋詁文謂九州爲九圍者蓋以九分天下各爲九處規圍然故謂之九圍也○箋降下至於人○正義曰降下式用釋言文祗敬釋詁文假者假借之義故爲暇也湯爲天子而云湯降故知下者是下士尊賢也晉維宋公孫固說公子重耳之德引此詩乃云降有禮之謂也是亦以此爲下賢也寬暇天下之人謂不責人所不能馭之舒緩也待士則疾馭下則舒言其急於己而緩於人也**受小球大球。爲下國綴旒。何天之休。**球玉綴表旒章也箋云綴猶結也旒旌旗之垂者也休美也湯既爲天所命則受小玉謂尺二寸圭也受大玉謂珽也長三尺執圭搢珽以與諸侯會同結定其心如旌旗之旒縿著焉擔負天之美譽爲衆所歸鄉○球音求美玉也下同綴陟劣反徐又張衞反毛云表也鄭云結也二同休虛虯反珽吐頂反天子玉笏長三尺杼上終葵首長直亮反縿所銜反著直畧反鄉本亦作嚮許亮反下篇同**不競不絿。不剛不柔。敷政優優。百祿是遒。**絿急也優優和也遒聚也箋云競逐也不逐不與人爭前後○絿音求徐音虯遒子由反又在由反【疏】受小球至是遒○毛以爲上言用事九圍此言用事之實湯之用事也受小球玉謂尺二寸之鎮圭也大球玉謂三尺之珽也受此二玉以作天子爲下國諸侯之表章能荷負天之美譽也又述湯之行能致美譽之由湯之性行不爭競不急躁不大剛猛不大柔弱擧事其得其中敷陳政教則優優而和美以此之故百衆之祿於是聚而歸之福祿聚歸能荷之也鄭唯下國綴旒爲異言湯受二玉與諸侯而會同諸侯心繫天子如旌旗之旒綴著於縿餘同○傳球玉至旒意○正義曰禹貢雍州厥貢球琳琅玕是球爲玉之名也綴之爲表其訓未聞冕之所垂及旌旗之飾皆謂之旒者所以表明貴賤故爲章也○箋綴猶至著焉○正義曰內則云衣裳綻裂紉箴請補綴是綴爲連結之義也又襄十六年公羊云君若贄旒然言諸侯反繫屬於大夫也此言綴旒文與彼同明以旌旗爲喻故易傳以綴猶結也旒爲旌旗之垂也秋官大行人及考工記說旌旗之事皆云九旒七旒爾雅說旌旗云練旒九是旌旗垂者名爲旒也言受小玉大玉者此小玉大玉是天子之器非爲天子不得執用湯既爲天所命則得用之是受之於天故言受也知小玉尺二寸圭大玉謂珽長三尺者考工記玉人云大圭長三尺杼上終葵首天子服之鎮圭尺有二寸天子守之所服所守唯此二玉故知也春官典瑞云王搢大圭執鎮圭藻五采五就以朝日覲礼云天子乘龍載大旂象日月升龍降龍出拜日於東門之外反祀方明注云此謂會同以春者也引朝事儀曰天子冕而執鎮圭尺有二寸乘大輅率諸侯朝日於東郊所以教尊尊也退而見諸侯由此而言知朝日與諸侯會同俱是執圭搢珽今言受小玉大玉卽云爲下國綴旒故知執圭搢珽與諸侯會同結定其心如旌旗之旒縿結著焉也定本云如旌旗之縿旒者焉此言執圭搢珽而玉人云天子執冒四寸以朝諸侯者此謂國外會同彼謂在國受朝也故玉人注云名玉曰冒冒者言其德能覆冒天下也四寸者方以尊接畢以小爲貴是爲在國受朝下諸侯故執冒也**受小共大共。爲下國駿厖。何天**

之龍。共法駿大龐厚龍和也箋云共執也小共大共猶所執搢小球大球也駿之言俊也龍當作寵寵榮名之謂○小共大共毛音恭鄭音拱執也一云毛亦音拱駿音峻鄭俊也又一云毛亦作俊讀龐莫邦反徐云鄭音武講反是叶拱及寵韻也龍毛如字鄭作寵**敷奏其勇。不震不動。不戁不竦。百祿是總。**戁恐竦懼也箋云不震不動不可驚憚也○傅音孚本亦作敷戁奴版反竦小勇反總子孔反本又作緫音宗恐曲勇反憚未叶反【疏】受小至是總○毛以為此又言成湯之用事也受小玉之法受大玉之法施之諸侯成諸侯之性行為下國之大純厚能荷負天之和道也又述成湯之行能荷天之和道所由湯之陳進其勇不可震不可動不戁恐不竦懼所征無敵克平天下百眾之祿於是揔聚而歸之故能荷天之和道也○鄭以為此又覆述上章言湯受小玉而執之受大玉而執之執此二玉與諸侯會同為下國作英俊厚德之君能荷負天之榮寵餘同○傳共法至寵和○正義曰傳讀共為恭敬之恭故為法也駿大龐厚釋詁文龍之為和其訓未聞言小法大法正謂執圭搢珽與諸侯為法也言為下國大厚謂成其志性使大純厚也王肅云言湯為之立法成下國之性使之大厚乃荷任天之和道也○箋共執至之謂○正義曰拱執釋詁文以此章文類於上玉必以手執之故易傳以為小拱大拱猶言所執搢小球大球也大球實搢之而言執者將搢亦執故同言拱也又以上言綴旒為諸侯之所繫屬則知此言駿龐亦是諸侯之言天子故讀駿為俊言成湯與諸侯作英俊厚德之君也又荷天之龍與上荷天之休其文相值採為美譽則此宜為榮名且韻宜為寵故易之也**武王載旆。有虔秉鉞。如火烈烈。則莫我敢曷。**武王湯也旆旗也虔固曷害也箋云有之言又也上既美其剛柔得中勇毅不懼於是有武功有王德及建旆興師出伐又固持其鉞志在誅有罪也其威勢如猛火之炎熾誰敢禦害我○旆蒲具反鉞音越中張仲反**苞有三櫱。莫遂莫達。九有有截。**苞本櫱餘也箋云苞豐也天豐大先三正之後世謂居以大國行天子之禮樂然而無有能以德自遂達於天者故天下歸鄉湯九州齊一截然○櫱五葛反韓詩云芑也**韋顧既伐。昆吾夏桀。**有韋國者有顧國者有昆吾國者箋云韋豕韋彭姓也顧昆吾昔己姓也三國黨於桀惡湯先伐韋顧克之昆吾夏桀則同時誅也○韋顧二國名也漢書古今人表作韋鼓己音紀又音杞【疏】武王至夏桀○以為上言成湯進勇此述為勇之事有有武功有王德之成湯載其旆旗以出征伐又能固執其鉞志在誅殺有罪其威勢嚴猛如火之炎熾烈烈然曾無於我成湯敢害之者又述成湯得眾之由克伐既滅封其支子為王者之後猶樹木既斬其根本更有櫱生之條言夏桀與二王之後根本之上有三種櫱餘承藉雖重必無德行莫有能以行申遂天意者莫能以德自達於天者天下諸國無所歸依故九州諸侯截然齊整一而歸湯也九州諸國既盡歸湯唯有韋顧昆吾黨桀為惡成湯於是恭行天罰韋顧二國既已伐之又伐昆吾之與夏桀羣惡既盡天下廓清成湯於是乃即眞為天子○鄭唯以苞為豐言天豐有三正之餘使為大國而不能遂達故九州歸湯餘同○傳苞本櫱餘○正義曰易稱繫于苞桑謂桑本故以苞為本盤庚云若顛木之有由櫱謂本根已斷更生枝餘故云櫱餘也言本有三餘謂上世受命創基之君為之本當時二王之後及今夏桀是其餘也其意

與箋言三正之後亦同○箋苞豐至截然○正義曰苞豐釋詁文以此詩之旨言國之大者不得天意故使諸國一時歸湯而云豐有三櫱櫱者樹木於根本之上更生枝餘之名則知三櫱皆諸帝王之後也郊特牲稱王者存二代之後猶尊賢也尊賢不過二代則是先代有二與今王為三也故云天豐大先三正之後世謂居以大國行天子之禮樂也三正者謂夏與唐虞也正朔三而改夏以建寅為正則舜當以建子堯當以建丑是之謂三正也桀為天子與二王之後尊卑不類但三者俱得行其正朔故與桀同稱三也以三者承藉餘緒國大禮盛宜為天下所歸而不能以德自達故天下歸湯美湯以小國而得天意也莫達謂不能以德自達則莫遂謂不能以行申遂天意也○箋韋豕至時誅○正義曰鄭語云祝融其後八姓不歷數之已姓昆吾顧溫彭姓豕韋則商滅之矣故知韋即豕韋彭姓也顧與昆吾皆已姓也鄭語又云豕韋為商伯此已滅之又得為商伯者成湯伐之不滅其國故子孫得更興為伯也為湯所伐明與桀同心故知三國黨於桀惡昆吾夏桀共文在既伐之下故知先伐韋顧克之昆吾夏桀則同時誅昆吾與桀亦是成湯伐之而不言伐者以上句言既伐足明下句亦是伐作文之體句有所施以其足相發明不須更言伐也禮器云湯放桀武王伐紂時也則桀放而不誅而云同時誅者對則誅放有異散文則放之遠方亦為誅也昭十八年左傳云二月乙卯周毛得殺毛伯過萇弘曰毛得必亡是昆吾稔之日也侈故之以言昆吾以乙卯日亡也是吾與桀同日誅則桀亦以乙卯日亡也故檀弓注云桀以乙卯亡則亡日必是乙卯未知何月也**昔在中葉。有震且業。允也天子。降予卿士。**葉世也業危也箋云中世謂相土也震猶威也相土始有征伐之威以為子孫討惡之業湯遵而興之信也天命而子之下予之卿士謂生賢佐也春秋傳曰畏君之震師徒橈敗○中如字又張仲反橈女教反一音女卯反亂也**實維阿衡。實左右商王。**阿衡伊尹也左右助也箋云阿衡平也伊尹湯所依倚而取平故以為官名商王湯也○左音佐注同右音又注同倚於綺反下同【疏】昔在至商王○毛以為既言成湯伐桀又上本未興之時及得臣之助云昔在中間之世謂成湯之前商為諸侯之國有震懼而且危怖矣至於成湯乃有聖德言實上天子而愛之下大賢之人予之使為卿士此卿士者實為阿衡之官實佐助我成湯故能克桀而有天下此皆上天之力高宗祭又得禮故因大禘之祭述而歌也○鄭以為昔在中世謂相土之時有征伐之威且為子孫討惡之業故成湯亦遵用其道皇天子而愛之餘同○箋中世至橈敗○正義曰傳以業為危則湯未興之前國弱而危懼也箋易之者以此篇上述玄王相土言至湯而齊於天心則是自契以來作漸盛之勢不應於此方言上世衰弱故易傳也以上言相土烈烈威服海外是相土有征伐之威為子孫討惡之業也所引春秋傳者成二年左傳文引之者證震得為威之義○傳阿衡至右助○正義曰以言左右商王是功最大者成湯佐命之臣唯伊尹耳故知阿衡是伊尹也伊是其氏尹正也言其能正天下故謂之伊尹也則伊尹名也君奭曰在昔成湯既受命時則有若伊尹格于皇天在太甲時則有若保衡格于上帝注云伊尹名摯湯以為阿衡至大甲改曰保衡阿衡保衡皆公官然則伊尹摯阿衡保衡一人也彼注阿衡為公官此言卿士者三公兼卿士也

長發七章一章八句四章章七句一章九句一章六句

殷武。祀高宗也。【疏】殷武六章首章六句二章七句三章五句四章五章章六句卒章七句至高宗○正義曰殷武詩者祀高宗之樂歌也高宗前世殷道中衰宮室不脩荊楚背叛高宗有德中興殷道伐荊楚脩宮室既崩之後子孫美之詩人追述其功而歌此詩也經六章首章言伐楚之功二章言責楚之義三章四章五章述其告曉荊楚卒章言其脩治寢廟皆是高宗生存所行故於祀而言之以美高宗也

撻彼殷武。奮伐荊楚。罙入其阻。裒荊之旅。撻疾意也殷武殷王武丁也荊楚荊州之楚國也罙深裒聚也箋云有鍾鼓曰伐罙冒也殷道衰而楚人叛高宗撻然奮揚威武出兵伐之冒入其險阻謂踰方城之險克其軍率而俘虜其士眾○撻他達反韓詩云達也罙面規反說文作罙从穴米云冒也阻莊呂反險也裒蒲侯反冒莫報反下同隘於懈反窄也俘音孚四也**有截其所。湯孫之緒。**箋云緒業也所猶處也高宗所伐之處國邑皆服其罪更自勑整截然齊壹是乃湯孫大甲之等功業○處昌慮反下同【疏】撻彼至之緒○毛以為撻然而疾者彼殷王武丁也又言其疾之意乃能奮揚其威武往伐荊楚之國深入其險阻之內聚荊之人眾俘虜而以歸之也既伐楚克之則無往不服有截然而齊整者其高宗往伐之處所是高宗之功乃湯之為人子孫之業也美高宗之伐與湯同也鄭以罙為冒又以湯孫之緒為太甲之等功業高宗之功與太甲之等同也餘同○傳撻疾至裒聚○正義曰撻疾是速疾之意言伐楚之疾也述高宗而言殷武故知是殷王武丁也定本直云殷武武丁也荊是州名楚是國名故云荊州之楚也周有天下始封熊繹為楚子於武丁之世不知楚君何人也傳以深入之意故為深也裒聚釋詁文○箋有鍾至士眾○正義曰有鍾曰伐莊二十九年左傳文以其遠入險阻宜為冒矣有之義易傳為冒也僖四年左傳稱楚大夫屈完對齊桓公曰楚國方城以為城漢水以為池雖君之眾無所用之服虔云方城山也漢水名皆楚之隘塞耳今言冒入其阻故知踰方城之隘戰勝必當俘虜言聚荊之旅故知俘虜其士眾也○箋緒業至功業○正義曰釋詁云業緒也反覆相訓緒得為業是乃湯孫太甲之等功業言高宗此功同於太甲之等般之諸賢王之功也太甲以下皆是湯孫故言之等以包之傳於那篇言湯孫者湯為人子孫則此亦當然故王肅云於所伐截然大治是湯為人子孫業大武丁之伐與湯同

維女荊楚。居國南鄉。昔有成湯。自彼氐羌。莫敢不來享。莫敢不來王。曰商是常。鄉所也箋云氐羌夷狄國在西方者也享獻也世見曰王維女荊楚國近在荊州之域居中國之南方而背叛乎成湯之時乃氐羌遠夷之國來獻來見曰商王是吾常君也此所用責楚之義女乃遠夷之不如○氐都啼反世見賢遍反背音佩【疏】箋氐羌至不如○正義曰氐羌之種漢世仍存其居在秦隴之西故知在西方者也享獻釋詁文氐羌遠夷一世而一見於王以經言來故解之云世見曰來王秋官大行人云九州之外謂之蕃國世一見謂其國父死子繼及嗣王即位乃來朝謂之世見也言維汝荊楚則是楚故知此所用責楚之義謂未伐之前先以此言告之但此詩主美伐功故上章先言伐事此章盡五章以來更本其告責之禮耳

天命

多辟。設都于禹之績。歲事來辟。勿予禍適。稼穡匪解。辟君適過也箋云多眾也來辟猶來王也天命乃令天下眾君諸侯立都於禹所治之功以歲時來朝覲於我殷王者勿罪過與之禍適徒勑以勸民稼穡非可解倦時楚不脩諸侯之職此所用告曉楚之義也禹平水土弼成五服而諸侯之國定是以云然○多辟音璧下同注放此王音辟邪也適直革反徐張革反注同韓詩云數也解音懈注同朝直遙反

【疏】天命至匪解○正義曰此亦責楚之辭言上天之命乃令天下眾君諸侯建設都邑於禹所治功處謂布在九州也常以歲時行朝覲之事來見君王我殷王勿予之患禍不責其罪過唯告之以勸民稼穡之事非得有解惰而已王者之待諸侯其義如此而汝何得不脩諸侯之職不來朝見王也○箋禹平至云然○正義曰箋以諸侯之立其來久矣非由禹治洪水始建都邑而云設都於禹之績故作此言以解之皐陶謨云禹曰予惟荒度土功弼成五服至于五千注云荒奄也奄大九州四海之土敷土既畢廣輔五服而成之至於面各五千里四面相距為萬里堯制五服服各五百里要服之內四千里曰九州其外荒服曰四海禹所弼五服之殘數亦每服者合五百里故有萬里之界焉又禹貢云五百里甸服每言五百里一服者是堯舊服每服之外更言三百里二百里者是禹所弼之殘數也堯之五服服五百里耳禹平水土之後每服更以五百里輔之是五服服別千里故一面而為差至於五千也賈逵馬融之說尚書云甸服之外每百里為差所納總銍秸粟米者是甸服之外特為此數其侯服之外每言三百二百里者還就其服之內別為名耳非是服外更有其地也史記司馬遷說以為諸小數者皆是五百里服之別名大界與堯不殊四面相距為五千里耳王肅注尚書揔諸義而論之云賈馬既失其實鄭玄尤不然矣禹之功在於平治山川不在於拓境廣土土地之廣三倍於堯而書傳無稱焉則鄭之創造難可據信漢之孝武疲弊中國甘心夷狄天下戶口至減太半然後僅開緣邊之鄰而已禹方憂洪水三過其門而不入未暇以征伐為尊且其所以為服之名輕重顯倒遠近失所難得而通先王規方千里以為甸服其餘均平分之公侯伯子男使各有褒宇而使甸服之外諸侯皆入禾藁非其義也史遷之旨盡得之矣如肅之難非無理也鄭不然者何哉將以山川帶地土境不移前聖後聖義終一揆禹之所導山川也西被流沙東漸滄海南距衡山之陽北臨碣石之北經塗所宜萬有餘里若其所弼五服唯極五千而遠遊夷狄之表勞功荒服之外復何為哉又周公制禮作為九服蠻畿之內尚至七千舜禹之功不應劣於周世何由土境處促三倍狹於周世又外傳稱禹會諸侯于塗山執玉帛者萬國執玉帛者唯中國耳若要服之內唯止四千率以下等計之正容六千餘國況諸侯之大地方百里三等分土纔至數千安得有萬國之言乎唐堯之初協和萬國於時境界蓋應廣矣至於洪水滔天丞民不粒土地既削國數亦減故五服之界纔至五千洎乎禹治洪水地平天成災害既除大制疆域固當復其故地而至五千何云不在於拓境廣土也若云大禹之功不在拓境廣土則武王周公之功豈專以境界為事而能使要服之內有七千里乎且經稱弼成五服至於五千若五服之廣猶是堯之舊制何弼成之有乎而稱之以為功也凡言至於者皆從此到彼之辭明是自京師而至於四境為五千耳若其四面相距為五千則設文從何而往而言至於哉漢之孝武德非聖人乘其六世之資而與夷狄角力及開緣邊之郡境界踰於萬里何由舜禹之境纔至五千此乃所以為證非所以為難也肅意將謂大禹之德不逮於漢武乎何其取譬之非類也先王作法遭時制宜甸服之外去京未遠使入禾藁復何傷乎而云非其義也鄭以尚書之文上下相校禹稱弼成五服至於禹貢歷數服名正合五千之數參之以周漢之域驗之於山川之圖則廣万里為得其實故不從賈馬別為此說

天命降監。下民有嚴。不僭不濫。不敢怠遑。命于下國。封建厥福。嚴敬也不僭不濫賞不僭刑不濫也封大也箋云降下遑暇也天命乃下視下民有嚴明之君能明德慎罰不敢怠惰自暇於政事者則命之於小國以為天子大立其福謂命湯使由七十里王天下也時楚僭號王位此又所用告曉楚之義○僭子念反王天下于況反

【疏】傳嚴敬至封大○正義曰嚴敬釋詁文襄二十六年左傳曰善為國者賞不僭刑不濫賞僭懼及淫人刑濫懼及善人彼文又引此詩故知不僭不濫謂賞不僭差刑不濫溢也定四年左傳曰吳為封豕長蛇是封為大之義○箋降下至之義○正義曰降下遑暇釋言文明德慎罰康誥文中候契握曰若稽古王湯既受命興由七十里起孟子所云湯以七十里文王以百里案契為上公受封舜之末年又益以土地則當為大國過百里矣而成湯之起止由七十里蓋湯之前世有君衰弱土地減削故至於湯時止有七十里耳以此經責楚之辭而說成湯有明德而王天下矣明是於時楚僭慢王位故告曉之

商邑翼翼。四方之極。赫赫厥聲。濯濯厥靈。壽考且寧。以保我後生。商邑京師也箋云極中也商邑之禮俗翼翼然可則傚乃四方之中正也赫赫乎其出政教也濯濯乎其見尊敬也王乃壽考且安以此全守我子孫此又用商德重告曉楚之義○重直用反

【疏】商邑至後生○正義曰此又責楚之辭言商王之都邑翼翼然皆能禮讓恭敬誠可法則乃為四方之中正也赫赫乎顯盛者其出政教之美聲也濯濯乎光明者其見尊敬如神靈也故商王得壽考且又安寧以保守我後嗣所生子以我商家之德盛明如此汝何故敢背叛不從我化乎以楚不識商之明德故告曉之

陟彼景山。松柏丸丸。是斷是遷。方斲是虔。松桷有梃。旅楹有閑。寢成孔安。丸丸易直也遷徙虔敬也梃長貌旅陳也寢路寢也箋云椹謂之虔升景山掄材木取松柏易直者斲而遷之正斲於椹上以為桷與眾楹路寢既成王居之甚安謂施政教得其所也高宗之前王有廢政教不脩寢廟者高宗復成湯之道故新路寢焉○斲音短注同斲陟角反說文云斫也虔其連反爾雅作梴桷音角梃丑連反又力鱣反柔梃物同耳字音鱣俗作易以豉反下同椹陟金反掄魯門反擇也沈音倫理也

【疏】陟彼至孔安○毛以為高宗前王有廢於政教不脩寢廟者高宗既伐荊楚四方無事乃使人升彼大山之上觀松柏之木丸丸然易直者於是斲斷之於是遷徙之又方正而斲之於是之時工匠皆敬其事不惰慢也以松為屋之楨桷有梃然而長陳列其楹有閑然而大及寢室既成王居之而甚安矣美其能脩治寢廟復故法也○鄭以棟又為椹言正斲於椹上又以旅為眾雅此為異餘同○傳丸丸至路寢○正義曰易直者言其滑易而調直也從謂徙之來歸也虔敬旅陳釋詁文桷者椽也椽以長為善故梃為長貌王之所居路寢是寢之尊者故知謂路寢也箋云不解閑義梃為桷之長貌則閑為楹之大貌王肅云桷楹以松柏為之言無彫鏤也陳列其楹有閑大貌○箋椹謂至寢焉○正義曰椹謂之榩釋宮文孫炎曰椹斲材質也以其方論斲斫楹桷不宜言敬故易傳也地官山虞云凡邦工入山掄材不禁注云掄猶擇也此經丸丸之文在斲遷之上是謂擇取易直者故言升景山掄材木也言為桷與眾楹則訓旅為眾也以其方始斲之未宜已為陳列故易傳也居寢所以行政不得所王者不安故知居之甚安謂施政教得其所也今美高宗之能脩寢廟明是前王有廢政教不脩寢廟者也案殷本紀盤庚崩弟小辛崩弟小乙立崩子武丁立盤庚始遷於殷明即為寢廟其不脩者蓋小辛小乙耳未知誰世故不斥言經止有寢耳箋并言廟者君子將營宮室宗廟為先明亦脩廟故連言之經無廟者詩人之意主美寢也

殷武六章三章章六句二章章七句一章五句

那五篇十六章百五十四句

毛詩注疏校勘記二十之四　阮元撰盧宣旬摘錄

○長發

歷更前世有功之祖　閩本明監本同毛本更作陳案所改是也

赤則赤摽怒　閩本明監本毛本同案浦鏜云熛誤摽是也

黃則含樞細　閩本同明監本毛本細作紐案所改是也

易緯稱王王之郊　閩本明監本毛本同案山井鼎云上王恐三誤是也

諸稱三王有受命中興之功　閩本明監本毛本同案浦鏜云諸誤諸是也

幅隕既長　唐石經小字本相臺本同閩本同考文古本同明監本毛本隕誤幀

隕當作圓　相臺本同閩本明監本毛本同小字本圓作負案正義云鄭以隕為圓是其本作圓也釋文云作圓音還又音圓考圓即圓之正字考工記注云故書圓或作負當作圓其證也羣書圓負不一

王知音智　【通】通志堂本盧本並無王字案當是下王天下王字誤在上

天下于況反　【通】通志堂本盧本並作王天下于況反案天下上當有王字此誤在前知音智上

禹平治水土　閩本明監本毛本同案禹當作內形近之譌

上須言契而已　閩本明監本毛本同案上當作止形近之譌

以其承黑商立子　閩本明監本毛本同案山井鼎云商恐帝誤是也

國語亦云昔我先王后稷　閩本明監本毛本同案先王浦鏜云周語作先世非也國語本作昔我先王世后稷誤本乃無王字耳正義所引當亦王世兩有而緜正義引云昔我先世后稷各少一字

文武不先不窋　閩本明監本毛本上不字誤之窋誤窟案上文我先王不窋十行本已誤窟閩

本以下同

故爲齊也閩本明監本毛本同案齊上浦鏜云脫蠻字是也

截而整齊閩本明監本毛本同案浦鏜云而箋作爾此譌是也

其德浸大小字本相臺本同案釋文云浸大子鴆反正義云定本作浸字如其所言非爲異本當有誤也意必求之或正義本是漸字正義云雖已漸大又云以爲漸大之意也又云其餘不能漸大也當是本此箋文又云而云其德浸大者又云故述其意言浸大耳二浸字依經注本之所改也○按古浸寖同字容是一本作寖耳

不違言疾也（補）毛本違作遲案遲字是也

天命是故愛敬之也閩本明監本毛本同小字本相臺本命作用案用字是也

非韓字也（補）釋文挍勘通志堂本同盧本韓作改云改舊譌韓非也案小字本所附亦如此韓當作形近之譌

以其聰明寬假天下之人閩本明監本毛本假作暇案所改是也

傳升至九州閩本明監本毛本同案升上當脫躋字

晉維宋公孫固閩本明監本固誤因毛本不誤案山井鼎去維恐語誤是也

如旌旗之旒縿著焉小字本相臺本同案正義云定本云如旌旗之縿旒者焉釋文云旒縿所衡反著焉直略反是釋文本與正義本同也此箋當讀旒字略逗縿著焉三字爲句定本非是○按爾雅及周禮注正幅曰縿旒著於正幅之旁然則當云旌旗之縿旒著焉正義本非

擧事其得其中閩本明監本毛本上其字作甚案所改非也此具字之誤

如旌旗之縿旒者焉閩本明監本毛本者誤首○按依定本上縿下旒爲是者字亦是著字之譌也直略反

敷奏其勇唐石經小字本相臺本同案釋文云傅奏音孚本亦作敷正義本未有明文今無可考大戴禮所引是傅字此亦如尚書敷納敷土敷淺原多引作傅也

百祿是總唐石經小字本相臺本同案釋文云是總子孔反本又作緵音宗正義標起止云至是總是其本作總字緵總烈祖正義以爲古今字也○按此當緵字爲長淺人以總字與上文三上聲相叶而輒改耳

戁恐竦懼也小字本相臺本同案釋文以恐也作音是其本多也字考文古本有亦采釋文耳

採爲美譽（補）案採當作休毛本不誤

九州齊一截然閩本明監本毛本同小字本相臺本一作壹考文宋板同

○以爲上言成湯進勇閩本明監本毛本同案浦鏜云以上當脫毛字是也

克伐既滅以封支子閩本明監本毛本同案克伐當作先代形近之譌

謂本根巳順也明監本毛本順作顛閩本作顧案顛字是

不愿數之閩本明監本毛本同案浦鏜云下誤不是也

移故之以（補）閩本明監本毛本同案移當作侈形近之譌

是吾與桀（補）毛本是作昆案昆字是也

言實也上天子而愛之閩本明監本毛本同案浦鏜云言疑信字譌是也實當衍字此以信也說經允也浦屬上句讀者誤

○殷武

撻彼殷武小字本相臺本同唐石經自撻彼起下至設都止五行每行十二字案此落去上序一行從後改入故變而每行多二字也

罙入其阻唐石經小字本相臺本同閩本明監本毛本罙誤采案依字當作罙詳詩經小學

裒聚釋詁○閩本明監本毛本詁下有文字案所補是也

曰商是常小字本相臺本同唐石經商下旁添王字案旁添誤也箋云曰商王是吾常君也王字是箋文而非經文也

謂之藩國閩本明監本毛本藩作蕃案所改非也藩卽蕃字耳○按依說文藩是正字

此章盡五章以來更本其告責之禮耳明監本毛本以來更誤敘未伐閩本更誤史以來不誤

亦每服者合五百里閩本明監本毛本同案浦鏜云合當各之誤是也

經塗所宜閩本明監本毛本同盧文弨云宜疑直嚴杰云亦非也此用蜀都賦經涂所亙五千餘里之句亙居鄧切竟也

丞民不粒閩本同明監本毛本丞作烝案所改是也

時楚僭號王仰閩本同小字本相臺本仰作位明監本毛本同案位字是也正義云明是於時楚僭慢王位或其本是慢字然無明文也考文古本作慢采正義

中侯契握曰若稽古王湯閩本明監本毛本同案曰字當重而誤脫其一

松桷有梴唐石經小字本相臺本同案釋文云挻丑連反又力鱣反長貌柔挻物同耳字音擅俗作挻段玉裁云釋文柔挻物同耳老子音義曰挻字林云長也丑連反又一曰柔挻合此二音義觀之則毛詩本作挻而說文木部梴字恐後人羼入今考正義云有梴然而長五經文字木部云梴長貌見詩頌其本字皆從木唐石經之所本也釋文舊多誤當正詳後考證

字音鱣（補）釋文挍勘通志堂本盧本同按小字本所附作擅不誤

俗作（補）釋文挍勘記通志堂本同盧本作下有埏字云埏字舊無今補白帖卷一百引詩松桷有埏則唐時本有俗從土者案段玉裁云是也今考小字本此十行本所附皆作下更無字當是釋文舊如此矣

鄭以棲又爲椹閩本明監本毛本同案浦鏜云又疑衍字是也經及箋作虔正義作棲虔棲古今字易而說之也例見前

箋云不解閑義閩本明監本毛本同案云當作亦形近之譌

弟小辛崩也閩本同明監本毛本辛下有立字案所補是

欽定四庫全書總目周禮注疏四十二卷

漢鄭元注唐賈公彦疏元有易注已著録公彦洺州永年人永徽中官至太學博士事蹟具舊唐書儒學傳周禮一書上自河閒獻王於諸經之中其出最晚其眞僞亦紛如聚訟不可縷舉惟橫渠語録曰周禮是的當之書然其閒必有末世增入者鄭樵通志引孫處之言曰周公居攝六年之後書成歸豐而實未嘗行蓋周公之爲周禮亦猶唐之顯慶開元禮預爲之以待他日之用其實未嘗行也惟其未經行故僅述大略俟其臨事而損益之故建都之制不與召誥洛誥合封國之制不與武成孟子合設官之制不與周官合九畿之制不與禹貢合云云（案此條所云惟召誥洛誥孟子顯相舛異至禹貢乃唐虞之制武成周官乃梅賾古文尚書王制乃漢文帝博士所追述皆不足以爲難其說蓋離合參半）其說差爲近之然亦未盡也夫周禮作於周初而周事之可考者不過春秋以後其東遷以前三百餘年官制之沿革政典之損益除舊布新不知凡幾其初去成康未遠不過因其舊章稍爲改易而改易之人不皆周公也於是以後世之法竄入之其書遂雜其後去之愈遠時移勢變不可行者漸多其書遂廢此亦如後世律令條格率數十年而一脩脩則必有所附益特世近者可考年遠者無徵其增删之迹遂靡所稽統以爲周公之舊耳迨乎法制既更簡編猶在好古者留爲文獻故其書閱久而仍存此又如開元六典政和五禮在當代已不行用而今日尚有傳本不足異也使其作僞何不全僞六官而必闕其一至以千金購之不得哉且作僞者必剽取舊文借眞者以實其贋古文尚書是也劉歆宗左傳而左傳所云禮經皆不見於周禮儀禮十七篇皆在七略所載古經七十篇中禮記四十九篇亦在劉向所録二百十四篇中而儀禮聘禮賓行饔餼之物禾米芻薪之數籩豆簠簋之實鉶壺鼎甕之列與掌客之文不同又大射禮天子諸侯侯

數侯制與司射之文不同禮記雜記載子男執圭與典瑞之文不同禮器天子諸侯席數與司几筵之文不同如斯之類與二禮多相矛盾歆果贗託周公爲此書又何難牽就其文使與經傳相合以相證驗而必留此異同以啟後人之攻擊然則周禮一書不盡原文而非出依託可概睹矣考工記稱鄭之刀又稱秦無廬鄭封於宣王時秦封於孝王時其非周公之舊典已無疑義南齊書稱文惠太子鎮雍州有盜發楚王冢獲竹簡書青絲編簡廣數分長二尺有奇得十餘簡以示王僧虔僧虔曰是科斗書考工記則其爲秦以前書亦灼然可知雖不足以當冬官然百工爲九經之一共工爲九官之一先王原以制器爲大事存之尚稍見古制俞庭椿以下紛紛割裂五官均無知妄作耳鄭注隋志作十二卷賈疏文繁乃析爲五十卷新舊唐志並同今本四十二卷不知何人所併元於三禮之學本爲專門故所釋特精惟好引緯書是其一短歐陽脩集有請校正五經劄子欲刪削其書然緯書不盡可據亦非盡不可據在審別其是非而已不必竄易古書也又好改經字亦其一失然所注但曰當作某耳尚不似北宋以後連篇累牘動稱錯簡則亦不必苛責於元矣公彥之疏亦極博核足以發揮鄭學朱子語錄稱五經疏中周禮疏最好蓋宋儒惟朱子深於禮故能知鄭賈之善云

周禮正義序

唐朝散大夫行太學博士弘文館學士臣賈公彥等奉　勑撰

夫天育烝民無主則亂立君治亂事資賢輔但天皇地皇之日無事安民降自燧皇方有臣矣是以易通卦驗云天地成位君臣道生君有五期輔有三名注云三名公卿大夫又云燧皇始出握機矩表計寘其刻曰蒼牙通靈昌之成孔演命明道經注云拒燧皇謂人皇在伏羲前風姓始王天下者斗機云所謂人皇九頭兄弟九人別長九州者也是政教君臣起自人皇之世至伏羲因之故文耀鉤云伏羲作易名官者也又案論語撰考云黃帝受地形象天文以制官伏羲已前雖有三名未必具立官位至黃帝名位乃具是以春秋緯命厤序云有九頭紀時有臣無官位尊卑之別燧皇伏羲既有官則共閒九皇六十四民有官明矣但無文字以知其官號也案左傳昭十七年云秋郯子來朝公與之宴昭子問焉曰少皞氏鳥名官何故也杜氏注云少皞金天氏黃帝之子已姓之祖也郯子曰吾祖也我知之昔者黃帝氏以雲紀故爲雲師而雲名注云黃帝軒轅氏姬姓之祖也黃帝受命有雲瑞故以雲紀事百官師長皆以雲爲名號縉雲氏蓋其一官也炎帝氏以火紀故爲火師而火名注云炎帝神農氏姜姓之祖也亦有火瑞以火紀事名百官也共工氏以水紀故爲水師而水名注云共工以諸侯霸有九州者在神農前大皞後亦受水瑞以水名官也大皞氏以龍紀故爲龍師而龍名注云大皞伏羲氏風姓之祖也有龍瑞故以龍命官也我高祖少皞摯之立也鳳鳥適至故紀於鳥爲鳥師而鳥名又云鳳鳥氏歷正之類又以五鳥五鳩九扈五雉並爲官長亦皆有屬官但無文以言之若然則自上以來所云官者皆是官長故皆云師以目之又云自顓頊以來不能紀遠乃紀於近是以少皞以前天下之號象其德百官之號象其徵顓頊以來天下之號因其地百官之號因其事事即司徒司馬之類是也若然前少皞氏言祝鳩氏爲司徒者本名祝鳩言司徒者以後代官況之自少皞以上官數略如上說顓頊及堯官數雖無明說可略而言之矣案昭二十九年魏獻子曰社稷五祀誰氏之五官蔡墨對曰少皞氏有四叔曰重曰該曰脩曰熙實能金木及水使重爲句芒該爲蓐收脩及熙爲玄冥世不失職遂濟窮桑此其三祀也注云窮桑帝少皞之號也顓頊氏有子曰犂爲祝融共工氏有子曰句龍爲后土此其二祀也后土爲社稷田正也有烈山氏之子曰柱爲稷自夏以上祀之周棄亦爲稷自商以來祀之故外傳犂爲高辛氏之火正此皆顓頊時之官也案

鄭語云重黎爲高辛氏火正故堯典注高辛氏之世命重爲南正司天黎爲火正司地以高辛與顓頊相繼無隔故重黎事顓頊又事高辛若稷契與禹事堯又事舜是以昭十七年服注顓頊之下云春官爲木正夏官爲火正秋官爲金正冬官爲水正中官爲土正高辛氏因之故傳云遂濟窮桑窮桑顓頊所居是度顓頊至高辛也若然高辛時之官唯有重黎及春之木正之等不見更有餘官也至於堯舜官號稍改楚語云堯復育重黎之後重黎之後即羲和也是以堯典云乃命羲和注云高辛之世命重爲南正司天黎爲火正司地堯育重黎之後羲氏和氏之子賢者使掌舊職天地之官亦紀於近命以民事其時官名蓋曰稷司徒是天官稷也地官司徒也又云分命羲仲申命羲叔分命和仲申命和叔使分主四方注仲叔亦羲和之子堯既分陰陽四時又命四子爲之官掌四時者字曰仲叔則掌天地者其曰伯乎是有六官案下驩兜曰共工注共工水官也至下舜求百揆禹讓稷契暨咎繇帝曰棄黎民阻饑汝后稷播時百穀注稷棄也初堯天官爲稷又云帝曰契百姓不親汝作司徒又云帝曰咎繇汝作士此三官是堯時事舜因禹讓述其前功下文云舜命伯夷爲秩宗舜時官也以先後參之唯無夏官之名以餘官約之夏傳云司馬在前又後代況之則羲叔爲夏官是司馬也故分命仲叔注云官名蓋春爲秩宗夏爲司馬秋爲士冬爲共工通稷與司徒是六官之名見也鄭玄分陰陽爲四時者非謂時無四時官始分陰陽爲四時但分高辛時重黎之天地官使兼主四時耳而云仲叔故云掌天地者其曰伯乎若然堯典云伯禹作司空四時官不數之者鄭云初堯冬官爲共工舜舉禹治水堯知其有聖德必成功故改命司空以官名寵異之非常官也至禹登百揆之任捨司空之職爲共工與虞故曰垂作共工益作朕虞是也案堯典又云帝曰疇咨若時登庸鄭注云堯末時羲和之子皆死庶績多闕而官廢當此之時驩兜共工更相薦舉下又云帝曰四岳湯湯洪水有能俾乂鄭云四岳四時之官主四岳之事始羲和之時主四岳者謂之四伯至其死分岳事置八伯皆王官其八伯唯驩兜共工放齊鮌四人而已其餘四人無文可知案周官云唐虞稽古建官惟百内有百揆四岳則四岳之外更有百揆之官者但堯初天官爲稷至堯試舜天官之任謂之百揆舜即眞之後命禹爲之即天官也案尚書傳云惟元祀巡狩四岳八伯注云舜格文祖之年堯始以羲和爲六卿春夏秋冬者并掌方岳之事是爲四岳出則爲伯其後稍死驩兜共工求代乃置八伯

元祀者除堯喪舜即其之年九州言入伯者據畿外八州鄭云畿內不置伯鄉遂之吏主之案明堂位云有虞氏官五十夏后氏官百殷二百周三百鄭注云有虞氏官蓋六十夏百二十殷二百四十周三百六十不得如此記也昏義云三公九卿二十七大夫八十一元士鄭云蓋夏制依此差限故不從記文但虞官六十唐則未聞堯舜道同或皆六十并屬官言之則皆有百故成王周官云唐虞建官惟百也若然自高陽已前官名略言於上至於帝嚳官號略依高陽不可具悉其唐虞之官惟四岳百揆與六卿又堯典有典樂納言之職至於餘官未聞其號夏官百有二十公卿大夫元士具列其數殷官二百四十雖未具顯案下曲禮云六大五官六府六工之等鄭皆云殷法至於屬官之號亦蔑云焉案昏義云三公九卿者六卿并三孤而言九其三公又下兼六卿故書傳云司徒公司馬公司空公各兼二卿案顧命太保領冢宰畢公領司馬毛公領司空別有芮伯爲司徒彤伯爲宗伯衛侯爲司寇則周時三公各兼一卿之職與古異矣但周監二代郁郁乎文所以象天立官而官益備此即官號沿革粗而言也

序周禮廢興

周公制禮之日禮教興行後至幽王禮儀紛亂故孔子云諸侯專行征伐十世希不失鄭注云亦謂幽王之後也故晉侯趙簡子見儀皆謂之禮孟僖子又不識其儀也至於孔子更脩而定之時已不具故儀禮注云後世衰微幽厲尤甚禮樂之書稍稍廢棄孔子曰吾自衛反於魯然後樂正雅頌各得其所謂當時在者而復重雜亂者也惡能存其亡者乎至孔子卒後復更散亂故藝文志云昔仲尼沒微言絕七十二弟子喪而大義乖諸子之書紛然散亂至秦患之乃燔滅文章以愚黔首又云禮經三百威儀三千及周之衰諸侯將踰法度惡其周亡滅去其籍自孔子時而不具至秦大壞漢興至高堂生博士傳十七篇孝宣世后倉最明禮戴德戴聖慶普皆其弟子三家立于學官案儒林傳漢興高堂生傳禮十七篇而魯徐生善爲容孝文時徐生以容爲禮官大夫而瑕丘蕭奮以禮至淮陽太守孟卿東海人也事蕭奮以授后倉后倉說禮數萬言號曰后氏曲臺記授戴德戴聖鄭云五傳弟子則高堂生蕭奮孟卿后倉戴德戴聖是爲五也此所傳者謂十七篇即儀禮也周官孝武之時始出秘而不傳周禮後出者以其始皇特惡之故也是以馬融傳云秦自孝公已下用商君之法其政酷烈與周官相反故始皇禁挾書特疾惡欲絕滅之搜求焚燒之獨悉是以隱藏百年孝武帝始除挾書之律開獻書之路既出於山巖屋壁復入于秘府五家之儒莫得見焉至孝成皇帝達才通人劉向子歆校理秘書始得列序著于錄略然亡其

冬官一篇以考工記足之時衆儒並出共排以為非是唯歆獨識其年尚幼務在廣覽博觀又多銳精于春秋末年乃知其周公致太平之迹迹具在斯奈遭天下倉卒兵革並起疾疫喪荒弟子死喪徒有里人河南緱氏杜子春尚在永平之初年且九十家于南山能通其讀頗識其說鄭衆賈逵往受業焉衆逵洪雅博聞又以經書記轉相證明為解逵解行於世衆解不行兼攬二家為備多所遺闕然衆時所解說近得其實獨以書序言成王既黜殷命還歸在豐作周官則此周官也失之矣逵以為六鄉大夫則冢宰以下及六遂為十五萬家緪千里之地甚謬焉此比多多吾甚閔之久矣六鄉之人實居四同地故云緪千里之地者誤矣又六鄉大夫冢宰以下所非者不著又云多多者如此解不著者多又云至六十為武都守郡小少事乃述平生之志著易尚書詩禮傳皆訖惟念前業未畢者唯周官年六十有六目瞑意倦自力補之謂之周官傳也案藝文志云成帝時以書頗散亡使謁者陳農求遺書于天下詔光祿大夫劉向校書經傳諸子詩賦向輒條其篇目撮其指意錄而奏之會向卒哀帝復使向子歆卒父業歆於是摠羣書奏其七略故有六藝七略之屬歆之錄在於哀帝之時不審馬融何云至孝成皇帝命劉向子歆考理祕書始得列序著於錄略者成帝之時蓋劉向父子並被帝命至向卒哀帝命歆卒父所脩者故今文乖理則是也故鄭玄序云世祖以來通人達士大中大夫鄭少贛名與及子大司農仲師名衆故議郎衛次仲侍中賈君景伯南郡太守馬季長皆作周禮解詁又云玄竊觀二三君子之文章顧省竹帛之浮辭其所變易灼然如晦之見明其所彌縫奄然如合符復析斯可謂雅達廣攬者也然猶有參錯同事相違則就其原文字之聲類考訓詁捃祕逸謂二鄭者同宗之大儒明理于典籍觕識皇祖大經周官之義存古字發疑正讀亦信多善徒寡且約用不顯傳于世今讚而辨之庶成此家世所訓也○其名周禮為尚書周官者周天子之官也書序曰成王既黜殷命滅淮夷還歸在豐作周官是言蓋失之矣案尚書盤庚康誥說命泰誓之屬三篇序皆云某作若干篇今多者不過三千言又書之所作據時事為辭君臣相誥命之語作周官之時周公又作立政上下之別正有一篇周禮乃六篇文異數萬終始辭句非書之類難以屬之時有若茲焉得從諸又云斯道也文武所以綱紀周國君臨天下周公定之致隆平龍鳳之瑞然則周禮起於成帝劉歆而成于鄭玄附離之者大半故林孝存以為武帝知周官末世瀆亂不驗之書故作十論七難以排棄之何休亦以為六國陰謀之書唯有鄭玄偏覽羣經知周禮者乃周公致太平之迹故能荅林碩之論難使周禮義得條通故鄭氏傳曰玄以為括囊大典網羅衆家是以周禮大行後王之法易曰神而化之存乎其人此之謂也

周禮注疏挍勘記序

阮元撰盧宣旬敬錄

有杜子春之周禮有二鄭之周禮有後鄭之周禮周禮出山巖屋壁間劉歆始知爲周公之書而讀之其徒杜子春乃能略識其字建武以後大中大夫鄭興大司農鄭衆皆以周禮解詁著而大司農鄭康成乃集諸儒之成爲周禮注蓋經文古字不可讀故四家之學皆主於正字其云故書者謂初獻於祕府所藏之本也其民間傳寫不同者則爲今書有云讀如者比擬其音也有云讀爲者就其音以易其字也有云當爲者定其字之誤也三例既定而大義乃可言矣諸說皆在後鄭之注唐賈公彥等作疏發揮殊未得其肎綮元於此經舊有挍本且合經注疏讀之時閱見其一二因通挍經注疏之譌字更屬武進監生臧庸蒐挍各本倂及陸氏釋文元復定其是非凡言周制言漢學者容有藉於此其目錄列於左方阮元記

引據各本目錄

單經本

唐石經周禮十二卷 每官分下篇醫師起爲天官下載師起爲地官下大司樂起爲春官下司士起爲夏官下布憲起爲秋官下玉人起爲冬官下

石經考文提要周禮一卷

經注本

經典釋文周禮音義二卷

錢孫保所藏宋本周禮注十二卷 宋槧小字本附載音義春官夏官冬官余仁仲本天地二官別一宋本秋官以俗本抄補非佳者臧庸據宋刻大字本秋官二卷挍補

嘉靖本周禮注十二卷 分卷及款式悉與唐石經同每頁十六行每行十七字卷一末記經四千二百五十九字注八千五百一十二字卷二經三千六百八十八字注一萬三百五十七字卷三經五千五十六字注八千四百一十四字卷四經四千五百一十八字注一萬二字卷五經四千七百七十九字注一萬二千三百三十六字卷六經四千五百五十四字注一萬七千九百九十一字卷七經三千六百一十五字注七千四百三十二字卷八經三千五百二十八字注七千三百八十三字卷九經四千六十二百六十二字注七千五百二十字卷十經三千九百八十七字注八千七百三十二字卷十一經三千五百六十二字注七千六十三字卷十二經三千五百七十四字注七千二十四字按此不附音義而勝於宋槧余氏岳氏等本當是依北宋所傳古本也

注疏本

惠挍本周禮注疏四十二卷 盧文弨曰東吳惠士奇暨子棟以宋注疏本挍疏以余氏萬卷堂本挍經注音義書於毛氏本何焯云康熙丙戌見內府宋板元修注疏本粗挍一過惠棟云盧見曾嘗得宋槧余仁仲周禮經注挍閱一過書共十二卷卷一之末記肆阡貳伯伍拾陸字注捌阡伍伯肆拾叁字音義叁阡陸拾壹字余氏刊于萬卷堂卷二經叁阡陸伯捌拾字注壹萬叁伯伍拾壹字音義叁阡貳伯叁拾貳字仁仲比挍記卷三記經伍阡伍拾伍字注捌阡肆伯貳拾捌字音義壹阡玖伯廿壹字

余仁仲刊于家塾卷四記經肆阡柒伯貳拾柒字注壹萬貳伯肆拾貳字音義貳阡柒伯伍拾捌字卷五記經肆阡柒伯柒拾陸字注壹萬貳阡叁伯捌拾叁字音義叁阡肆拾壹字卷六記經肆阡伍伯伍拾伍字注壹萬捌阡叁拾伍字音義肆阡壹伯捌拾伍字余氏刊于萬卷堂卷七記經叁阡陸伯壹拾貳字注柒阡肆伯叁拾捌字音義貳阡貳伯捌拾陸字卷八記經叁阡伍伯貳拾伍字注柒阡肆伯玖拾字音義貳阡伍伯伍拾字余氏刊於萬卷堂卷九卷十卷十一字數闕卷十二記經叁阡伍伯柒拾字注柒阡叁拾口字音義口阡叁拾壹字

余仁仲刊于家塾

附釋音周禮注疏四十二卷　每頁二十行經每行十七字注疏夾行每行二十三字因兼載釋文故稱附釋音因每半頁十行故今稱十行本以別於閩監毛注疏本每半頁皆九行也內補刻者極惡劣凡閩監毛本所不誤者補刻多誤

閩本周禮注疏四十二卷

監本周禮注疏四十二卷

毛本周禮注疏四十二卷

引用諸家

周禮注疏正誤十卷　嘉善浦鏜撰

禮說十四卷　東吳惠士奇撰天官二卷地官三卷春官四卷夏官二卷秋官二卷考工記一卷

周禮漢讀考六卷　金壇段玉裁撰每官為一卷

周禮注疏序校勘記

阮元撰盧宣旬摘錄

其刻日　浦鏜云日誤曰。按緯書古奧其刻日三字未得其詁解未必爲王伐切之字也今本易緯通卦驗日作白

昌之成　禮記禮運正義引易緯作昌之成運。按此用靈成經爲韻語運乃衍文也

拒燧皇　浦鏜云拒衍

斗機云　浦鏜云疑作運斗樞

則其間九皇六十四民　案小學紺珠氏族類作六十四氏。按民是也春官都宗人注九皇六十四民古本皆作民俗本作氏者誤　都宗人疏云按史九皇六十四民並是上古無名號之君既無名號則古史謂之民宜也

以後代官況之　閩監毛本況改况非下準此

帝少皞之號也　案杜注無帝字此衍

序周禮廢興　所見閩本闕此篇

又以經書記轉相證明爲解　案轉當作傳

庶成此家世所訓也　盧文弨云舊本此下皆圈隔非此段皆康成序

附釋音周禮注疏卷第一

朝散大夫行太學博士弘文館學士臣賈公彥等奉

勑撰

國子博士兼太子中允贈齊州刺史吳縣開國男臣陸德明釋文

天官冢宰第一 ○陸德明音義曰本或作冢宰上非餘卷放此〔疏〕天官冢宰鄭目錄云象天所立之官冢大也宰者官也天者統理萬物天子立冢宰使掌邦治亦所以摠御衆官使不失職不言司者大宰摠御衆官不主一官之事也○釋曰鄭云象天者周天有三百六十餘度天官亦摠攝三百六十官故云象天也云官者亦是管攝爲號故題曰天官也鄭又云冢大宰官也者下注對大宰則云冢者大之上此不對大宰故云冢大也宰者調和膳羞之名此冢宰亦能調和衆官故號大宰之官鄭又云不言司者大宰摠御衆官不主一官之事者此官不言司對司徒司馬司寇司空皆云司以其各主一官不兼羣職故言司此天官則兼攝羣職故不言司也若然則春官亦不言司者以其祭祀鬼神鬼神非人所主故亦不言司也其地官鄭云象地所立之官彼言象地實主地事此天官言天直取摠攝爲言全無天事天事又並入於春官者言象天自取摠攝爲名象地自取掌物爲號各取一邊爲義理無嫌也○第一者第次也一者數之始也次第之中處一故云第一也鄭氏者漢大司農北海郡鄭冲之孫名玄字康成注者於經之下自注己意使經義可申故云注也孔君王肅之等則言傳傳者使可傳述若然或云注或言傳不同者立意有異無義例也

周禮　**鄭氏注**

惟王建國。建立也周公居攝而作六典之職謂之周禮營邑於土中七年致政成王以此禮授之使居雒邑治天下司徒職曰日至之景尺有五寸謂之地中天地之所合也四時之所交也風雨之所會也陰陽之所和也然則百物阜安乃建王國焉○王如字干寶云王天子之號三代所稱雒音洛水名也本作洛後漢都洛之陽改爲雒景京領反下皆同〔疏〕惟王建國○釋曰自此以下至以爲民極五句六官之首同此序者以其建國設官爲民不異故也王者臨統無邊故首稱惟王明事皆統之於王王既位矣當以建國爲先故次言建國於中辯四方正官廟之位後體國經野自近及遠也於是設官分職助理天工衆人取中以爲治體列文先後次第應然其實建國之初豈未設官分職也直以作序之意主在設官分職爲民極耳故終言之惟王建國者言惟謂若尙書云惟三月之類皆辭不爲義建立也惟受命之王乃可立國城於地之中必居地中者案尙書康誥云惟三月哉生魄周公初基作新大邑于東國洛鄭注云岐鎬之域處五岳之外周公於政不均故東行於洛邑令諸侯謀作天子之居據鄭此言則文武所居爲非地中政教不均故居地中也案桓二年左氏傳云昔武王克商遷九鼎於洛邑則居洛本是武王之意至成王周公時恐天下爲疑更與諸侯謀定之也若然五帝以降堯治平陽舜治安邑唯湯居亳得地中以外皆不得地中而政令均天下治者其時雖不得地中並在五岳之內又以民淳易治故不要在地中以周則不在五岳之內故鄭云岐鎬處五岳之外也○注建立至國焉○釋曰云周公居攝而作六典之職謂之周禮者案禮記明堂位云周公攝政六年制禮作樂頒度量於天下又案書傳亦云六年制禮作樂所制之禮則此周禮也又云而作六典者下文大宰之職掌建邦之六典天官治典地官教典春官禮典夏官政典秋官刑典冬官事典是六典之職也又云營邑於土中者即召誥云王來紹上帝自服於土中是也又云七年致政成王者明堂位文必七年者洛誥云誕保文武受命惟七年鄭注以文武受命七年而崩周公不敢過其數也又云以此禮授之使居雒邑治天下者此鄭解周公制禮必兼言建國於洛邑之意案尙書洛誥云周公曰孺子來相宅亂爲四方新辟是使居洛邑也下云惠篤敘無有遘自疾是授以此禮使行之也又案書傳云一年救亂二年伐殷三年踐奄四年建侯衛五年營成周六年制禮作樂七年致政成王鄭用此文則四年封康叔於衛爲建侯衛案康誥云周公初基作新大邑洛謂初爲基阯之處至五年內營之是以書傳云五年營成周成周與王城同時營則五年營洛邑與孔安國爲營洛邑封康叔制禮作樂同是攝政七年異又引司徒職曰日至之景尺有五寸謂之地中彼先鄭注云土圭之長尺有五寸以夏至之日立八尺之表其景適與土圭等謂之地中今潁川陽城地爲然天地之所合者則禮記郊特牲云天地合萬物生謂天地配合萬物以生是也四時交者則尙書云宅南交孔云夏與春交舉一隅若然則秋與夏交冬與春交可知也又云風雨之所會者謂若禮記禮器云風雨時即謂風雨會時也陰陽之所和者謂若昭四年申豐云冬無愆陽夏無伏陰二氣和順也然則百物阜安者阜盛也然猶如是如是於地中得所故百物盛安也乃建王國者於百物盛安之處乃立王國王國則洛邑王城是也鄭引此者破賈馬之徒建國爲諸侯國此六官同序皆云建國豈王國未立先建諸侯國乎明不可也

辨方正位。辨別也鄭司農云別四方正君臣之位君南面臣北面之屬玄謂考工匠人建國水地以縣置槷以縣視以景爲規識日出之景與日入之景晝參諸日中之景夜考之極星以正朝夕是別四方召誥曰越三日戊申太保朝至于雒卜宅厥既得卜則經營越三日庚戌太保乃以庶殷攻位於洛汭越五日甲寅位成正位謂此定官廟○辨本亦作辯徐邈劉昌宗皆方免反一音平勉反別彼列反下同縣音玄下同槷魚列反下同召誥上上詔反下古報反大音泰汭人銳反〔疏〕辨方正位○釋曰謂建國之時辨別也先須視日景以別東西南北四方使有分別也正位者謂四方既有分別又於中正宮室朝廷之位使得正也○注辨別至官廟○釋曰辨別也此直訓不釋者司農云別四方義當矣故康成訓之也鄭司農者鄭衆字仲師但周禮之內鄭康成所存注者有三家司農之外又有杜子春鄭大夫者鄭少贛二鄭皆康成之先故言官不言名字杜子春非己宗故指其名也司農云正君臣之位君南面臣北面之屬者案易緯乾鑿度云不易者天在上地在下君南面臣北面父坐子伏司農據而言焉玄謂者大略一鄭之內鄭玄若在司農諸家上注者是玄注可知悉不言玄謂在諸家下注者即稱玄謂以別諸家又在諸家前注者是諸家不釋者也又在諸家下注者或增成諸家義則此司農云別四方於交不足引考工記以證之是也或有破諸家者則此司農正位謂正君臣面位引召誥爲宮室朝廷之位破之是也考工匠人建國水地以縣者謂水平之法在地曰槷以繩縣於槷上然後從傍以水望縣即知地之高下而平之也又云置槷以縣者既平得地欲正其東西南北之時先於中置一槷恐槷下不正先以縣正之槷正乃視以景景謂於槷端自日出晝之以至日入即得景爲規識之故云爲規識日出之景與日入之景規之交處即東西正也又於兩交之間中屆之指槷又知南北正也仍恐不審晝參諸日中之景夜考諸北極之星以正朝夕乃審矣引召誥以下者案召誥惟太保先周公相宅越若來三月惟丙午朏越三日戊申太保朝至于洛汭卜宅此言越三日戊申者從三月丙午朏朏明生之名月三日也則越三日戊申月五日召公至洛汭也又云越三日庚戌太保乃以庶殷攻位于洛汭月七日也越五日甲寅位成月十一日也皆通本數之也官室朝廷之位皆成也引之者證正位謂此官室位破司農爲君臣父子之位以其國家草創下論體國經野理應先定官廟等位豈有官廟等位未成先正君臣面位乎又與匠人建國次第不合故鄭依匠人之次及召誥之文爲定官室之位案左氏莊公傳云水昏正而栽知是十月始興土功今於三月爲洛邑者左傳用十月是尋常法令建王城述先君之志是與作大事不可以常法難之也

體國經野。體猶分也經謂爲之里數鄭司農云營國方九里國中九經九緯左祖右社面朝後市野則九夫爲井四井爲邑之屬是也○體鄭云體猶分也干寶云體形體朝直遙反〔疏〕體國經野○釋曰體猶分也國謂城中也分國城之中爲九經九緯左祖右社之屬經謂爲之里數此野謂二百里以外三等采地之中有井田之法九夫爲井井方一里之等是也○注體猶至是也○釋曰言體猶分者謂若人之手足分爲四體得爲分也經謂爲之里數者此據野中而有井方一里之等故經爲里數解之司農云營國方九里巳下並冬官考工記匠人文彼云營國方九里旁三門旁謂四方方三門則王城十二門門有三道三三而九則九道南北之道謂之經東西之道謂之緯經緯之道皆九軌又云左祖右社者此據中門外之左右宗廟是陽故在左社稷是陰故在右面朝後市者三朝皆是君臣治政之處陽故在前三市皆是貪利行刑之處陰故在後也又言野則九夫爲井此是地官小司徒職文彼云乃井牧其田野九夫爲井四井爲邑四邑爲丘四丘爲甸四甸爲縣四縣爲都也井方一里邑方二里丘方四里甸方八里縣方十六里都方三十二里引彼文略故云之屬兼之也案載師職云家邑任稍地小都任縣地大都任畺地是畿內鄉遂及四等公邑皆爲溝洫法無此方里爲井之事家邑小都大都三等采地乃有方里爲井之屬但郊外曰野六摠言耳散文國外則曰野故鄉大夫職云國中七尺野自六尺是城外則經中野對國言之謂國外則曰野但鄭據小司徒成文而言

設官分職。鄭司農云置冢宰司徒宗伯司馬司寇司空各有所職而百事舉〔疏〕設官分職○釋曰既體國經野此須立官以治民故云設官分職也○注鄭司農至事舉○釋曰此謂設天地四時之官即六卿也既有其官須有司職故云各有所職謂主也天官主治地官主教春官主禮夏官主政秋官主刑冬官主事六官各六十則合有三百六十官官各有主故云百事舉

以爲民極。極中也令天下之人各得其中不失其所○令力皇反〔疏〕以爲民極○釋曰一日人無主不散則亂是以立君治之君不獨治也又當立臣爲輔極中也言設官分職者以治民令民得其中正使不失其所故也○注極中也至其所○釋曰極中也爾雅文案尙書洪範云皇建其有極惟時厥庶民於汝極謂皇建其有中之道庶民於之取中案尙書洪範云皇建其有極於下人各得其中不失所也

乃立天官冢宰。使帥其屬。而掌邦治。以佐王均邦國。掌主也邦治王所以治邦國也佐猶助也鄭司農云邦治謂摠六官之職也故大宰職曰掌建邦之六典以佐王治邦國六官皆摠屬於冢宰故論語曰

君薨百官揔已以聽於冢宰言冢宰於百官無所不主爾雅曰冢大也冢宰大宰也○鄭云宰主也干云濟其清濁和其剛柔而納之中和曰宰治直吏反注邦治下治官皆同大宰音泰注及後放此〔疏〕乃立至邦國○釋曰六官皆云乃立者以作序之由本序設官之意故先云以爲民極次云所設之官故皆云乃立騰上起下之辭也天官冢宰者據下注而言則此言冢宰者據揔攝六職若據當職則稱大宰也使帥其屬案小宰六屬而言則此屬唯指六十官之屬也掌邦治者掌主也言主治則兼六官以其五官雖有教禮政刑事不同皆是治法也云佐王均邦國者以大宰掌均節財用故也周禮以邦國連言者據諸侯也畢言邦單言國者多據王國也然不先均王國而言均邦國者王之冢宰若言王國恐不兼諸侯今言邦國則舉外可以包內也○注掌主至宰也○釋曰玄云邦治王所以治邦國也者此即司農所引大宰職佐王治邦國一也但司農雖引之不指釋此經邦治故玄就足之司農引論語者欲見天子冢宰兼百官之義言百則三百六十亦一也且論語言君薨據諸侯言冢宰百官據天子互言之者欲見天子諸侯君死世子居喪使大臣聽政同也冢宰大宰者言不異人也

治官之屬。大宰卿一人。小宰中大夫二人。宰夫下大夫四人。上士八人。中士十有六人。旅下士三十有二人。變冢言大進退異名也百官揔焉則謂之冢列職於王則稱大冢大之上也山頂曰冢旅衆也下士治衆事者自大宰至旅下士轉相副貳皆王臣也王之卿六命其大夫四命士以三命而下爲差○貳徐音二〔疏〕治官至二人○釋曰上經所陳立官所掌有異此經陳官有尊卑多少轉相副貳之事也言治官之屬者此爲六十官之首別言治官之屬一句與下六十官爲目以揔是治官不唯指此一經至旅下士三十有二人而已凡官尊者少官卑者多以其卑者宜勞尊者宜逸是以下士稱旅以其理衆事故特言旅也小宰與大宰同名大小爲異故鄭注禮記王制引此六卿下中大夫十二人爲十二小卿以其宰夫是大宰之考謂若地官之考爲鄉師春官之考爲肆師夏官之考爲軍司馬秋官之考爲士師冬官之考爲匠師以其掌事不與大官同故異大官也宰者調和之名夫者治也以其治此一官所主事也○注變冢至爲差○釋曰變冢言大者上唯云冢宰此唯云太宰是變冢言大也云進退異名者即百官揔焉謂貳王治事揔攝三百六十官則謂之冢是進異名也列職于王則謂之大者不揔百官與五卿並列各自治六十官則退異名也若然揔百官則稱冢以其天官象天覆萬物案經大宰職曰凡邦之小治冢宰聽之是專國小治而稱冢也司書職曰掌六典八法八則之貳以詔王及冢宰是貳王事揔衆職而稱冢也又宰夫職曰乘其財用之出入凡失財用物辟名者以官刑詔冢宰而誅之是揔衆官誅賞而稱冢也又司會職曰以周知四國之治以詔王及冢宰廢置是揔四國之治而稱冢也若主當官不兼他職則言大者謂若下文大喪贊贈玉含玉賓客贊玉几玉爵祀五帝則溢卜如此之類與諸官並有事則稱大也云冢大之上也者以其大宰與五官同名大今又別稱冢是冢在大之上也又引爾雅山頂曰冢者欲見山則大矣冢又在頂證冢在大上之意也又云旅衆也下士治衆事者欲見尊官逸卑官勞之意也又云自大宰至旅下士轉相副貳皆王臣也者大卿一人小卿則二人已下皆去上一倍者是轉相副貳也言王臣者自士以上得王簡策命之則爲王臣也對下經府史胥徒不得王命官長自辟除者非王臣也又云王之卿六命其大夫四命者典命文大夫無中下之別案序官則有中下大夫則四命大夫自分爲中下似若侯伯同七命子男同五命爵則有高下不同也士以三命爲差但典命直見公卿大夫命者欲見有出封之事故彼云其出封皆加一等士爵卑無出封之理故不言也彼士之命數既不言知三命以下者正見序官有上士中士下士三等典命除六命四命無三命二命一命鄭則約之上士爲三命中士爲再命下士爲一命若然王朝三公八命卿六命大夫四命皆爲陰爵以待出封爲諸侯乃爲陽爵九命七命五命士既不得出封故在三朝有三命一命亦爲陽爵無嫌也

府六人。史十有二人。府治藏史掌書者凡府史皆其官長所自辟除〔疏〕府至二人○釋曰府治府藏史主造文書也○注府治至除○釋曰案下宰夫八職云五曰府掌官契以治藏六曰史掌官書以贊治故鄭云府治藏史掌書又云官長所自辟除者官長謂一官之長若治官六十其下府史皆大宰辟召除其課役而使之非王臣也周禮之內府史大例皆府少而史多而府又在史上唯有御史百有二十人特多而在府上鄭云以其掌贊書數多也又有府兼有史以其當職事繁故也或空有史而無府者以其當職事少得史即足故也至於角人羽人等直有府無史以其當職文書少而有稅物須藏之故直有府也腊人食醫之等府史俱無者以其專官行事更無所須故也周禮之內唯有天府一官特多於史以其所藏物重故也

胥十有二人。徒百有二十人。此民給徭役者若今衛士矣胥讀如諝謂其有才知爲什長○胥鄭徐劉思敘反戚思餘反下皆同徭音遙諝劉思敘反〔疏〕胥十至十人○釋曰胥有才智爲什長徒給使役故一胥十徒也○注此民至什長○釋曰案下宰夫八職云七曰胥掌官敘以治敘八曰徒掌官令以徵令鄭云治敘次序官中如今待曹伍伯傳吏朝也徵令趨走給召呼案禮記王制云下士視上農夫食九人祿足以代耕則府食八人史食七人胥食六人徒食五人祿其官並亞士故號庶人在官者也鄭云若今衛士者衛士亦給徭役故舉漢法況之又云胥讀如諝謂其有才智爲什長者案周室之內稱胥者多謂若大胥小胥胥師之類雖不爲什長皆是有才智之稱彼不讀從諝從此讀可知唯有追胥胥是伺搏盜賊非有才智也易歸妹六二以須注云須才智之稱天文有須女屆原之姊名女須彼須字此與異者蓋古有此二字遍用俱得爲有才智也周禮上下文有胥必有徒胥爲什長故也腊人之類空有徒無胥者得徒則足不假長帥故也食醫之類胥徒並無者以其專官行事不假胥徒也

宮正上士二人。中士四人。下士八人。府二人。史四人。胥四人。徒四十人。正長也宮正主宮中官之長○宮正此以下鄭揔列六十職序于注則各於其職前列之〔疏〕宮正至十人○釋曰上大宰至旅下士揔馭羣職故爲上首自此宮正已下至夏采六十官隨事緩急爲先後故自宮正至宮伯二官主宮室之事安身先須宮室故爲先也自膳夫至腊人皆供王膳羞飲食饌具之事人之處世在安與飽故食次宮室也自醫師已下至獸醫主療疾之事有生則有疾故醫次食饌也自酒正至宮人陳酒飲肴羞之事醫治既畢須酒食養身故次酒肴也自掌舍至掌次安不忘危出行之事故又次之自大府至掌皮並是府藏計會之事既有其餘理須財積或出或內宜計會之故相次也自內宰至屨人陳后夫人已下內教婦功婦人衣服之事君子明以訪政夜以安息故言婦人於後也夏采一職記招魂以其死事故於末言之也此宮正并下宮伯雖俱訓爲長其義則異若宮正則主任三宮卿大夫士之身故爲宮中官之長故其職云以時比宮中之官府故宮伯所掌者亦掌之故言正長也宮伯云長者直主宮中卿大夫士之適子庶子行其秩敘授其舍次之事亦得爲長故云伯長也宮正上士二人爲官首中士四人爲之佐下士八人理衆事府二人主藏文書也史四人主作文書胥四人爲什長徒四十人給徭役諸官體例言府史胥徒之義皆然不可交文重釋他皆放此周禮之內宗伯之類諸言伯者伯長也以尊長爲名縣師之類言師者皆取可師法也諸稱人者若輪人車人腊人鼈人之類即冬官鄭云其曰某人者以其事名官言氏者有二種謂若桃氏爲劍築氏爲削之類鄭注冬官族有世業以氏名官若馮相氏保章氏師氏保氏之類鄭注引春秋官有世功則有官族是也諸稱司若司裘司市之類言司者皆是專任其事事由於已故以司言之也諸典婦功典絲典枲之類言典者出入由已課彼作人故謂之爲典也諸稱職者謂若職幣職內職歲財不久停職之而已凡云掌者有三義一者他官供物已則暫掌之而已若幕人供帷幕幄帟掌次張之也二則掌徵斂之官若掌皮掌染草之類是也三者掌非已所爲則掌節掌固掌疆本非已造廢壞修之而已也自外不稱典司職掌者皆是逐事立名以義銓之可曉也凡六官序官之法其義有二一則以義類相從謂若宮正宮伯同主宮中事膳夫庖人外內饔同主造食如此之類皆是類聚羣分故連類序之二則凡次序六十官不以官之尊卑爲先後皆以緩急爲次弟故此宮正之弟士官爲前內宰等大夫官爲後也

宮伯中士二人。下士四人。府一人。史二人。胥二人。徒二十人。伯長也

膳夫上士二人。中士四人。下士八人。府二人。史四人。胥十有二人。徒百有二十人。膳之言善也今時美物曰珍膳膳夫食官之長也鄭司農以詩說之曰仲允膳夫○膳上戰反〔疏〕注膳之至膳夫○釋曰言膳夫食官之長也謂與下庖人內外饔亭人等爲長也司農引詩云者是小雅刺幽王詩膳夫仲允爲之引證與此膳夫爲一事也

庖人中士四人。下士八人。府二人。史四人。賈八人。胥四人。徒四十人。庖之言苞也裹肉曰苞苴賈主市買知物賈○庖徐扶交反賈人鄭徐音古劉音嫁下放此裹音果苴子餘反物賈音嫁〔疏〕注庖之至物賈○釋曰言庖者今之廚轉作包者欲取庖人主六獸六禽以供庖廚有裹肉之意也又云裹肉曰包苴者詩云野有死麕白茅包之禮記內則云炮取豚若將編萑以苴之皆是裹肉之物故云裹肉曰苞苴也又云賈市買知物賈者下文九職鄭注行曰商處曰賈賈乃在市而處者故知物賈此特有賈人者庖人牲當市之故也

內饔中士四人。下士八人。府二人。史四人。胥十人。徒百人。饔割亨煎和之稱內饔所主在內○饔鄭於容反亨戚普庚反劉普孟反稱尺證反

〔疏〕注饔割至在內○釋曰饔和也熟食曰饔熟食須調和故號曰饔其職云掌王及后世子之割亨割亨則須煎和故云割亨煎和之稱又云所主在內者以其掌王及后世子及宗廟皆是在內之事

外饔中士四人。下士八人。府二人。史四人。胥十人。徒百人。外饔所主在外。〔疏〕注外饔所主在外○釋曰案其職云掌外祭祀及邦饗孤子耆老割亨皆是在外之事故云所掌在外也此饔有內外可對故云內外饔至於內宰內豎內司服自掌婦人之事而稱內不對外為名也

亨人下士四人。府一人。史二人。胥五人。徒五十人。主為外內饔煑肉者○亨普庚反為于僞反下為主同〔疏〕注主為至肉者○釋曰其職云給外內饔亨事故云為外內饔煑肉也

甸師下士二人。府一人。史二人。胥三十人。徒三百人。郊外曰甸師猶長也甸師主共野物官之長○甸田遍反共音恭下皆同〔疏〕注郊外至之長○釋曰案載師云任近郊遠郊之地次即云公邑之田任甸地甸地即在百里遠郊外天子藉田又在南方甸地故稱此官為甸師也然此官主地事不在地官者以其供野之薦又給薪蒸以供亨餁故在此次亨人也又云主供野物官之長或云與地官掌葛掌炭掌蜃委人等同掌供野物故與彼官為長若然彼屬地官此屬天官越分相領恐理不悈此甸師當與下獸人已下亦供野物為長也故下數職注不言長明甸師與之為長但獸人等中士此為下士下士得與中士為長者如大史下大夫內史中大夫鄭云大史史官之長彼下大夫與中大夫為長此下士亦與中士為長有何嫌也徒三百人特多者天子藉田千畝藉借此三百人耕耨故多也

獸人中士四人。下士八人。府二人。史四人。胥四人。徒四十人。〔疏〕獸人○釋曰案其職云掌罟田獸冬獻狼夏獻麋供膳羞故在此也

䱷人中士二人。下士四人。府二人。史四人。胥三十人。徒三百人。○䱷音魚本又作魚亦作魰同又音御〔疏〕䱷人○釋曰案其職云掌以時䱷為梁春獻王鮪亦供魚物故在此也徒亦三百人者馬融云池塞苑囿取魚處多故也

鼈人下士四人。府二人。史二人。徒十有六人。○鼈必列反〔疏〕鼈人○釋曰案其職云祭祀供蠯蠃蚳亦是供食物故在此也

腊人下士四人。府二人。史二人。徒二十人。腊之言夕也○腊音昔〔疏〕腊人○釋曰注腊之言夕也乾曰腊朝曝於夕乃乾故云腊之言夕或作夕字夕乃乾成義亦通也以其供脯腊膴胖食物故亦在此色也

醫師上士二人。下士四人。府二人。史二人。徒二十人。醫師衆醫之長○醫意其反〔疏〕醫師○釋曰案其職云掌醫之政令聚毒藥以供醫事諸醫皆在此者醫亦有齊和飲食之類故設在飲食之間也

食醫中士二人。食有和齊藥之類○和胡卧反又音禾齊才計反〔疏〕食醫○釋曰案其職云春多酸夏多苦之等皆須齊和與藥故同鄭云食有和齊藥之類故在醫官之內也

疾醫中士八人。〔疏〕疾醫○釋曰案其職云掌養萬民之疾病故連類在此

瘍醫下士八人。瘍創癰也○瘍音羊創初良反〔疏〕瘍醫○釋曰案其職云掌腫瘍潰瘍之等故亦連類在此○注瘍創癰也○釋曰案禮記上曲禮云頭有創則沐身有瘍則浴案其職有腫瘍等四種之瘍注潰則未必有膿也故亦連類在此也

獸醫下士四人。獸牛馬之類〔疏〕注獸牛馬之屬○釋曰案爾雅在野曰獸在家曰畜畜獸異矣而言獸牛馬者但此職云主治牛馬未必治其野獸而以牛馬為獸者對文則畜獸異散文通故爾雅又云兩足而羽謂之禽四足而毛謂之獸既不別釋畜則獸中可以兼牛馬是其牛馬亦有畜稱故云獸牛馬也

酒正中士四人。下士八人。府二人。史八人。胥八人。徒八十人。酒正酒官之長〔疏〕酒正至十人○釋曰案其職云掌酒之政令以式法授酒材與膳食相將故在此○注酒正至之長○釋曰此酒正與下酒人漿人為長注雖不言漿文略也

酒人奄十人。女酒三十人。奚三百人。奄精氣閉藏者今謂之宦人月令仲冬其器閎以奄女酒女奴曉酒者古者從坐男女沒入縣官為奴其少才知以為奚今之侍史官婢或曰奚宦女○奄於撿反劉於驗反徐於劍反奚如字又胡禮反坐才卧反〔疏〕酒人至百人○釋曰奄十人以其與女酒及奚同職故用奄人奄不稱士則此奄亦府史之類以奄為異也言女酒三十人則女酒與奚為什長若胥徒也奚三百人以其造酒故須人多也○注奄精至宦女○釋曰案月令冬三月皆云其氣閎以奄獨引仲冬者以其十一月一陽爻生以其奄人雖精氣閉藏猶少有精氣故也又云女酒女奴曉酒者云云鄭依秋官司厲從坐男女沒入縣官為奴則奴者男女同名以其曉解作酒有才智則曰女酒其少有才智給使者則曰奚已下云曉者謂曉解當職之物不復重釋之也侍使官婢舉漢法言之又云或曰宦女者漢時有此別號按左氏晉惠公之女名妾稱為宦女謂宦事秦公子亦云宦女也

漿人奄五人。女漿十有五人。奚百有五十人。女漿女奴曉漿者○漿子良反〔疏〕漿人○釋曰在此者案其職云掌供王之六飲入于酒府飲是酒類故在此也

凌人下士二人。府二人。史二人。胥八人。徒八十人。凌冰室也詩云二之日鑿冰沖沖三之日納于凌陰○凌力證反字從冰或力升反〔疏〕凌人至十人○釋曰凌人在此者案其職云掌冰凡外內饔之膳羞鑑焉以供為膳羞故連類在此也○注凌冰至凌陰○釋曰引詩曰二之日者案詩之所釋謂周之二月夏之十二月之日鑿冰者謂於深山窮谷固陰沍寒之處於是乎取之沖沖鑿冰之意三之日謂周之三月夏之建寅之正月納冰於凌陰室中案彼又云四之日其蚤獻羔祭韭啓冰之時也鄭荅志以夏十二月取冰二月開冰四月班冰是其常也藏之既晚出之又早晚者建寅乃藏與此周禮十二月藏冰校一月故出之早者四月夏之二月出冰與周禮同今豳土寒故納冰可用夏正月也引之者證凌陰即此冰室為一物也

籩人奄一人。女籩十人。奚二十人。竹曰籩女籩女奴之曉籩者〔疏〕籩人至十人○釋曰在此者案其職云掌四籩之實亦是薦羞之事故在此也○注竹曰至籩者○釋曰知竹曰籩者更無異文見竹下為之即知以竹為之故云竹曰籩也

醢人奄一人。女醢二十人。奚四十人。醢豆實也不謂之豆此主醢豆不盡于醢也女醢女奴曉醢者○醢呼在反盡津忍反〔疏〕醢人至十人○釋曰案其職云掌四豆之實亦是薦羞故在此也○注醢豆至醢者○釋曰云不謂之豆者决上籩人不以籩中之實為名而以籩為官號此即以豆中之實為官號不謂之豆人此是問辭鄭還自荅豆不盡於醢者其豆之所盛非止此職中四豆之實而已天子豆百二十上公豆四十侯伯豆三十二子男豆二十四上大夫二十下大夫十六彼有膷臐膮截炙膾之屬其數甚多是豆不盡盛醢而已若言豆人恐彼並掌之此醢人惟掌此四豆之實而已故不得言豆人而言醢人也

醯人奄二人。女醯二十人。奚四十人。女醯女奴曉醯者○醯本又作醯呼西反〔疏〕醯人○釋曰醯人在此者案其職云掌共五齊七菹以供醯物則與醢人職通醢人惟主作醢但成齊菹必須醯物乃成故醯人兼言齊菹而連類在此也

鹽人奄二人。女鹽二十人。奚四十人。女鹽女奴曉鹽者〔疏〕鹽人○釋曰在此者案其職云掌鹽之政令以供百事之鹽鹽所以調和上食之物故亦連類在此也

幂人奄一人。女幂十人。奚二十人。以巾覆物曰幂女幂女奴曉幂者○幂莫歷反〔疏〕幂人○釋曰幂人在此者案其職云掌供巾幂所以覆飲食之物故次飲食後

宮人中士四人。下士八人。府二人。史四人。胥八人。徒八十人。〔疏〕宮人○釋曰宮人在此者案其職云掌王之六寢之脩又供王沐浴埽除之事是安息王身故在此也

掌舍下士四人。府二人。史四人。徒四十人。舍行所解止之處○解佳賣反〔疏〕掌舍至十人○釋曰云在此者案其職云掌王之會同之舍設梐枑再重亦是安王身之事故亦在此○注舍行至之處○釋曰案其職云設車宮壇壝宮帷宮之等並是解脫止息之處故云解止之處也

幕人下士一人。府二人。史二人。徒四十人。幕帷覆上者○幕武博反〔疏〕幕人至十人○釋曰在此者案其職云掌帷幕幄帟綬之事亦是安王身之事故在此也

注幕帷覆上者。釋曰案下職中鄭注云在旁曰帷在上曰幕是共幕乃帷之覆上者也

掌次下士四人。府四人。史二人。徒八十人。次自脩正之處。【疏】掌次至十人。釋曰在此者案其職云掌王次之法以待張事幕人供之掌次張之故連類在此也○注次自脩正之處。釋曰案其職云張大次設重帟重案皆是自脩正故云自脩正之處也

大府下大夫二人。上士四人。下士八人。府四人。史八人。賈十有六人。胥八人。徒八十人。大府爲王治藏之長若今司農矣【疏】大府至十人。釋曰在此者案其職云掌九貢九賦受其貨賄之入須其貨賄于諸府之事案尚書洪範云一曰食二曰貨已上皆言飲食此次言貨賄故大府在此也有賈者府官須有市買并須知物貨善惡故也○注大府至農矣○釋曰大府與下諸府官爲長故以大夫爲之云若今司農矣者漢時司農主治藏故史游章云司農少府國之淵

玉府上士二人。中士四人。府二人。史二人。工八人。賈八人。胥四人。徒四十有八人。工能攻玉者【疏】玉府至八人。釋曰玉府在此者案其職云掌王之金玉玩好兵器凡良貨賄之藏以玉爲主故與大府同在此有工八人者以其使攻玉故也有賈者使辨玉之善惡貴賤故也○注工能攻玉者○釋曰工謂作工案詩云他山之石可以攻玉故須工

內府中士二人。府一人。史二人。徒十人。內府主良貨賄藏在內者。賄呼罪反【疏】內府。釋曰內府在此者案其職云掌九貢九賦九功之貨賄良兵良器故在此也

外府中士二人。府一人。史二人。徒十人。外府主泉藏在外者【疏】外府至十人。釋曰外府在此者案其職云掌邦布之出入以共百事故在此也。注外府至外者。釋曰泉布本是外物無在內府故對內府爲外也

司會中大夫二人。下大夫四人。上士八人。中士十有六人。府四人。史八人。胥五人。徒五十人。會大計也司會主天下之大計計官之長若今尚書。會古外反注同尚音常【疏】司會至十人。釋曰在此者案其職云掌邦之六典八法八則之貳以逆邦國都鄙官府之治主天下大計貨賄亦須計會故與大府連類在此也。注會大至尚書。釋曰言會大計者案宰夫職曰計曰成月計曰要歲計曰會故知會大計也云主天下之大計者其職云逆邦國都鄙官府是句考徧天下云若今尚書者漢之尚書亦主大計故舉以況之也

司書上士二人。中士四人。府二人。史四人。徒八人。司書主計會之簿書。簿步古反後簿書皆同【疏】注司書至簿書。釋曰司書在此者會計之事司書主之故其職云凡上之用財用必攷于司會故連類在此也注言簿書者古有簡策以記事若在君前以笏記事後代用簿簿今手版故云吏當持簿簿則簿書也

職內上士二人。中士四人。府四人。史四人。徒二十人。職內主入也若今之泉所入謂之少內。少詩照反【疏】職內至十人。釋曰在此者案其職云掌邦之賦入辨其財用之物而執其揔入大府者皆由職內亦有府義故鄭云受藏之府若職內故其職在此也。注若今至少內。釋曰漢之少內亦主泉所入案王氏漢官解云小官嗇夫各擅其職謂倉庫少內嗇夫之屬各自擅其條理所職主由此言之少內藏聚似今之少府但官卑職碎以少爲名

職歲上士四人。中士八人。府四人。史八人。徒二十人。主歲計以歲斷。斷丁亂反【疏】職歲。釋曰在此者案其職云掌邦之賦出以貳官府都鄙之財出賜之數以待會計而考之揔斷一歲之大計故與司會同在此也

職幣上士二人。中士四人。府二人。史四人。賈四人。胥二人。徒二十人。【疏】職幣。釋曰在此者案其職云掌式法以斂官府都鄙與凡用邦財者之幣以待上之賜予與職歲通職故連類在此也若然此三職皆有府義不得名府者以財不久停故也

司裘中士二人。下士四人。府二人。史四人。徒四十人。【疏】司裘。釋曰在此者案其職云掌爲大裘并掌皮亦有此府義故在此

掌皮下士四人。府二人。史四人。徒四十人。【疏】掌皮。釋曰在此者案其職云掌秋斂皮冬斂革春獻之亦有府義故連類在此也

內宰下大夫二人。上士四人。中士八人。府四人。史八人。胥八人。徒八十人。內宰宮中官之長【疏】內宰至十人。釋曰名內宰者對大宰治百官內宰治婦人之事故名內宰然則大宰不稱外者爲兼統內也案其職云掌治王內之政令又教后已下婦德之事以王事少暇故次在此也。注內宰至之長。釋曰內宰與下女史已下爲長故鄭云宮中官之長

內小臣奄上士四人。史二人。徒八人。奄稱士者異其賢【疏】內小至八人。釋曰在此者案其職云掌王后之命正其服位案夏官大僕職云出入王之大命正其服位則此小臣侍后職與大僕侍王同亦是佐后之事故在此用奄者以其所掌在內故。注奄稱士者異其賢。釋曰案上酒人漿人等奄並不稱士則非士也獨此云以其有賢行命爲士故稱士也案詩巷伯奄官也注云巷伯內小臣小臣於宮中爲近故謂之巷伯必知巷伯與小臣爲一人者以其俱名奄又言巷亦宮中爲近又稱伯長也內小臣又稱士亦是長義故知一人也

閽人王宮每門四人。囿游亦如之。閽人司昏晨以啓閉者刑人墨者使守門囿御苑也游離宮也。閽音昏囿音又斿本亦作游音由【疏】閽人至如之。釋曰在此者以其掌守中門之禁王宮在此故亦在此周禮之內有同官別職則此閽人每門及囿遊同名閽人而職別山虞澤虞云每大山及川衡林衡亦是別職同官也別官同職者唯有官連耳。注閽人至宮也。釋曰云閽人司昏晨以啓閉者此釋名閽人之意昏時閉門則此名閽人也晨時啓門則論語謂之晨人也皆以時事爲名耳又云刑人墨者使守門此秋官掌戮職文鄭彼注云縣者無妨於禁禦欲使守門案其職云掌守中門之禁言中門則唯雉門耳而言每門者彼言中門据有禁守者言之其實王之五門皆使墨者守之或解以爲王有五門四面皆有中門故言每門義亦通也案禮記云古者不使刑人守門彼鄭注謂夏殷時公羊云閽殺吳子餘祭近刑人輕死之道彼據人君加之寵故云近刑人輕死之道若君有防衞不親近則非近刑人其劓者使守閽以其醜惡遠之不得約彼即以十二門皆使墨者也詩云昏椓靡共箋云皆奄人彼据后宮門故使奄者也又云囿御苑者案詩云王在靈囿注所以養禽獸天子百里諸侯四十里案孟子齊宣王問孟子云文王之囿方七十里猶以爲小寡人囿方四十里猶以爲大何也孟子荅文王之囿芻蕘者往焉雉兔者往焉與民同之故以爲小不亦宜乎君之囿民殺其麋鹿者如殺人之罪民以爲大不亦宜乎則文王之囿方七十里者大於諸侯小於天子故也白虎通又云天子百里大國四十里次國三十里小國二十里與孟子不同者白虎通細別言之也又云游離宮者囿是大苑其門皆使閽人守之也此離宮即囿游之獸禁故彼鄭云謂囿之離宮小苑觀處也或以爲游亦謂城郟中與公所爲者也

寺人王之正內五人。寺之言侍也詩云寺人孟子正內路寢【疏】寺人至五人。釋曰在此者案其職云掌王之內人及女宮之戒令故在此。注寺之至路寢。釋曰云寺之言侍者欲取親近侍御之義此奄人也知者見僖二十四年晉文公既入呂郤欲焚公宮寺人披請見公使讓之且辭焉披曰齊桓公置射鈎而使管仲相君若易之行者甚衆豈唯刑臣彼寺人披自稱刑人明寺人奄人也若然寺人既掌內人不掌男子而秦詩云欲見國君先令寺人而掌男子者彼秦仲宜王命作大夫始大有車馬其官未備故寺人兼小臣是以寺人得掌男子詩云寺人孟子者引證經寺人孟子同也又云正內路寢者寺人既不得在王之路寢而云內正五人者謂在后之路寢耳若王之路寢不得稱內以后宮故以內言之故先鄭下注后六宮前一後五前一則路寢

內豎倍寺人之數。豎未冠者之官名。冠古亂反【疏】內豎至之數。釋曰在此者案其職云掌內外之通令凡小事故與寺人連類在此也。注豎未至官名。釋曰春秋左氏傳叔孫穆子宰庚宗婦人而生牛以爲豎官則亦童豎未冠者必使童子爲之者鄭於其職注云使童豎通王內外之命給小事者以其無與爲禮出入便疾也

九嬪。嬪婦也昏義曰古者天子后立六宮三夫人九嬪二十七世婦八十一御妻以聽天下之內治以明章婦順故天下內和而家理也不列夫人于此官者夫人之於后猶三公之於王坐而論婦禮無官職。嬪符眞反治直吏反

【疏】九嬪。釋曰：在此者，以其有婦德，其職云掌婦學之法以教九御，同是內官之官，故亦在此。注云嬪婦也至官職。釋曰：引昏義者，彼是周之婦官之數，與此經婦人數同，故引以爲證。案禮記上檀弓云舜葬蒼梧，蓋三妃未之從。鄭注云帝嚳時立四妃，象后妃四星，其一明者爲正妃，其三小者爲次妃。帝堯因焉。至舜不告而娶，不立正妃，但三夫人而已。夏后氏增以三三而九，爲十二人。殷人又增以三九二十七，合三十九人。周人上法帝嚳而立正妃，又三二十七爲八十一人，以增三十九，并后合百二十一人。其位后也、夫人也、九嬪也、二十七世婦也、八十一女御也。又云不列夫人于此，惟有九嬪已下，是無三夫人之數也。又云夫人之於后猶三公之於王，坐而論婦禮，無官職者，謂三百六十官無三公之官。案大司徒職云二卿則公一人，鄭注云三公者內與王論道，中參六官之事，外與六卿之教。又案冬官考工記云坐而論道謂之王公，注云天子諸侯，然則公中合有三公坐而論道，無正職，故云中參外與而已。三夫人亦然，故云坐而論禮，無官職故不列之也。

世婦。不言數者，君子不苟於色，有婦德者充之，無則闕。【疏】注不言至則闕。釋曰：在此者，案其職云掌祭祀賓客喪紀帥女官而濯溉，故亦在此。九嬪言數，而世婦女御不言數者，君子不苟於色，有婦德乃充之，不言王而云君子者，謂君子爲王乃能不苟色也。九嬪言數者，欲見世婦女御有德亦充，若九嬪無德亦與世婦女御同闕，故特互其文，令義兩得見耳。

女御。昏義所謂御妻。御猶進也，侍也。【疏】注昏義至侍也。釋曰：彼不云女御而云御妻，御進也，故彼引爲一物也。又云御猶進也侍也者，凡后下御皆是后官進在王寢侍息宴，故女御職云掌御叙于王之燕寢，是以訓御云進也侍也。

女祝四人，奚八人。女祝，女奴曉祝事者。祝之六反，鄭又之又反。【疏】女祝至八人。釋曰：在此者，案其職云掌王后之內祭祀，凡內禱祠之事，故在此也。注女祝至事者。釋曰：言女奴曉事，謂識文者爲之也。

女史八人，奚十有六人。女史，女奴曉書者。【疏】女史。釋曰：在此者，案其職云掌王后之禮職內治之貳，亦女奴曉文者爲之，其職與王之大史掌禮同，故在此也。

典婦功中士二人，下士四人，府二人，史四人，工四人，賈四人，徒二十人。典，主也。典婦功者，主婦人絲枲功官之長。【疏】典婦。釋曰：在此者，案其職云掌婦式之法以受嬪婦及內人女功之事齎，故鄭注云典主也，典婦功者主婦人絲枲功官之長，其職中齎是也。云賈四人者，以其絲枲有善惡貴賤之事，故須賈人也。

典絲下士二人，府二人，史二人，賈四人，徒十有二人。【疏】釋曰：在此者，案其職云掌絲入而辨其物，頒絲于外內工，皆以物授之，因婦功亦在此也。

典枲下士二人，府二人，史二人，徒二十人。枲，絲里反。【疏】典枲。釋曰：枲，麻也。案喪服傳云牡麻者枲麻也，則枲是雄麻，對苴是麻之有蕡實者也。在此者，與典婦功亦連類在此也。

內司服奄一人，女御二人，奚八人。內司服，主宮中裁縫官之長，有女御者，以衣服進，或當於王，廣其禮，使無色過。○縫，戚奉容反，徐扶用反，下同。【疏】內司至八人。釋曰：以其掌后已下六服，言內司服者，非是對春官司服男子服爲內，但是男子之物不言外，若在外是其常也，故不須言外，而外自顯。但以婦人在內，故婦人之事多言內，若不言內無以得見婦人之物不與春官司服同處者，以從內官之例，故在此。有奄一人者，以其衣服事多，須男子兼學，以與婦人同處，故用奄也。○注內司服至色過。○釋曰：言主宮中裁縫官之長者，謂其下文縫人爲長。又云有女御者，以衣服進，或當於王，廣其禮，使無色過者，以此女御還是女奴曉進御衣服者，故與女酒、女祝、女史同號女也。以衣服進，謂進衣于王，王見之或當王意，廣其禮，得與八十一女御同名，欲見百二十人外兼有此女御之禮，王合御幸之，使王無淫色之過，故名女御也。

縫人奄二人，女御八人，女工八十人，奚三十人。女工，女奴曉裁縫者。○縫，劉扶用反。【疏】縫人至十人。釋曰：在此者，案其職云掌王宮縫線之事，以縫王及后之衣服，故在此也。奄二人，亦是縫線事多，須有男子故也。有女御者，義同於上也。有女工者，謂女奴巧者，鄭云曉裁縫者也。

染人下士二人，府二人，史二人，徒二十人。染，如鹽反，劉而儉反。【疏】染人。釋曰：在此者，案其職云掌染絲帛，因婦人衣服，故亦連類在此也。

追師下士二人，府一人，史二人，工二人，徒四人。追，治玉石之名。○追，丁回反，一曰雕。【疏】追師至四人。○釋曰：在此者，職云掌王后之首服，爲副編次，追衡笄，亦因婦人衣服連類在此。○注治玉石之名。○釋曰：詩云追琢其璋，璋是玉爲之，則追與琢皆是治玉石之名也。若然，男子首服在夏官弁師者，以其男子是陽，義又取夏時萬物長大，長大乃冠，故在夏官。此婦人直取首服配衣，故與衣連類在此。若然，首反處下者，以冠屨自相對，不與服爲先後，故不在上也。

屨人下士二人，府一人，史一人，工八人，徒四人。○屨，紀具反。【疏】屨人。○釋曰：在此者，案其職云掌王及后之服屨，故從內官衣服，亦連類在此。若然，追師專掌婦人首服，此屨人兼男子屨舄，在下體賤，故男子婦人同在此官也。

夏采下士四人，史一人，徒四人。夏采，夏翟羽色。禹貢徐州貢夏翟之羽，有虞氏以爲緌，後世或無，故染鳥羽象而用之，謂之夏采。○夏，戶雅反，注同。翟，雉名。采，如字，或作菜。翟音狄。緌，如誰反。【疏】夏采至四人。○釋曰：在此者，其職云掌大喪以冕服復于大祖，以乘車建綏復于四郊，喪事是終，故在末職也。注夏采至夏采。○釋曰：案爾雅云伊洛而南素質五采皆備成章曰翬，江淮而南青質五采皆備成章謂之鷂，此則夏翟之羽色也。又案禹貢徐州云羽畎夏翟，是徐州貢夏翟之羽也。又云有虞氏以爲緌者，明堂位云有虞氏之旂、夏后氏之緌，注云有虞氏當言緌，夏后氏當言旂，彼據虞氏始有緌，故云有虞氏以爲緌也。又云後世或無者，案冬官考工記有鍾氏染羽，若有自然鳥羽，何須染之乎？故云後世或無，則據此周時而言也。故染鳥羽而用之謂之夏采者，夏即五色也。此職中注及彼注皆云緌謂注旄於干首，不云翟羽者，蓋注文不具耳。

周禮注疏卷一挍勘記

阮元撰　盧宣旬摘錄

附釋音周禮注疏卷第一　閩監毛本删附釋音三字。此本列名銜提行如前，又並署國子博士兼太子中允贈齊州刺史吳縣開國男臣陸德明釋文。閩本亦如是，後剜改爲漢鄭氏注、唐賈公彥疏、陸德明釋文。毛本承之，無陸德明釋文五字。監本又兼列明國子監奉旨重修職名。○唐石經此題周禮卷第一，宋余仁仲本、明嘉靖翻刻宋本同此本。閩監毛本並刪。

天官冢宰第一　唐石經、余本、嘉靖本同，此本及閩監毛本冢誤冢，下同。

亦所以揔御衆官　閩本揔改摠，監毛本改總，非，下準此。

下註對大宰　監毛本同，閩本註作注，是也，通書準此。

天事又並入於春官者　惠挍本無又字，此衍。

故云第一也鄭氏者　惠挍本云作爲。閩監毛本剷鄭氏者云云一段附鄭氏注之下。

鄭冲之孫　閩本冲作沖。案後漢書本傳云八世祖崇，此誤記。

或言傳　惠挍本言作云。

周禮　鄭氏註　監本同，岳本、毛本刪周禮二字，閩本註作注，與唐石經、宋本、余本、嘉靖本合，此從言非。又宋本、余本、嘉靖本此五字列天官冢宰第一下，唐石經鄭氏注三字另行。○按凡標題必先云天官冢宰第一，次云周禮，次云鄭氏注，小題在上，大題在下，古經典皆然，今本多剷裂舛錯。

使居雒邑　釋文雒水名也，本作洛。後漢都洛陽，改爲雒。段玉裁漢讀考云豫州之川字作雒，雍州之浸字作洛，自魏以前劃然分別，魏文帝始亂之，其詳見尙書古文撰異。

辯四方正宮廟之位　閩監毛本同。案辯當作辨，下辨方正位疏皆作辨，賈疏或本作辯，此其改之未盡者。

作新大邑于東國洛　閩監本同，毛本于改於，非，下引尙書準此。

周公於政不均　孫志祖云：案大司徒、大司樂疏並引注云周公爲其於政不均，是也，此疑脫爲其二字。

下文大宰之職　毛本大改太，非。

使居雒邑治天下者　閩本同，監本雒改洛，非。毛本先作洛，後改雒。按此引注當作雒，疏文

蓋用洛字

四時交者 毛本交誤郊案當作四時之所交者

辨方正位 唐石經諸本同

置槷以縣視以景 余本嘉靖本毛本槷作槷釋文同惠校本疏中亦從埶此從執誤浦鏜云視當依本文作眡案記用古字作眡注改今字作視浦說非

太保朝至于雒 余本太作大下同今尚書雒改洛疏中同

鄭少贛 閩監毛本贛作贑非

太保朝至于洛汭卜宅 浦鏜云汭衍

一日人無主不散則亂 惠校本作百人無主此百字誤分爲一日二字盧文弨曰書大禹謨正義亦有百人無主不散則亂之語

又當立臣爲輔 惠校本無爲字

庶民於之取中案尚書洪範云皇建其有極於下 案尚書十一字複上文當衍讀庶民於之取中於下句絶

冢宰大宰也 余本嘉靖本毛本同閩本監本此下以釋文鄭云宰主也二十二字誤入注中

然不先均王國 惠校本先作言此誤當訂正

恐不兼諸侯 惠校本恐作恐此誤

言百則三百六十亦一也 惠校本無亦此衍當刪

治官之屬 唐石經余本屬作属

旅下士三十有二人 唐石經三十作卅下二十作廿全書同

不釋唯指此一經至旅下士三十有二人而已 閩本同誤也監毛本釋改得當據以訂正惠校本作不得惟

史十有二人 毛本十有倒

腊人食醫之等府史俱無者 浦鏜云腊人食醫當是食醫疾醫之誤

此民給徭役者 閩本徭作傜釋文傜音遙此本疏中云衞士亦給傜役作傜字又下官正疏云徒四十人給傜役此本閩本同作傜

胥讀如諝 段玉裁周禮漢讀考云說文諝知也凡易其本字曰讀爲此讀爲各本作讀如誤也大行人注胥讀爲諝象諝謂象之有才知者也可據以正此矣

如今待曹伍伯傳吏朝也 浦鏜云侍誤待

腊人之類 惠校本腊人上有鼈人此脫

宮正 釋文此以下鄭揔列六十職序于注則各於其職之前列之臧琳經義雜記曰康成於每官前揔列六十職序當是古本如此干氏於各職前列之蓋亦如詩三百篇序別爲卷毛公冠於每篇之前書百篇序馬鄭王爲一卷僞孔移於每篇首皆變亂舊章非其本真也

主宮中官之長 余本嘉靖本毛本同閩本監本此下○改曰又誤以釋文官正此以下二十二字爲注

故宮伯所掌者亦掌之 閩本同監毛本掌者誤長者惠校本作掌者

財不久停 惠校本作則不用久停孫志祖云下職幣疏亦有財不久停之語文理本明似不必改

皆以緩急爲次弟 閩監毛本弟改第非古次第字止作弟

故此宮正之弟 惠校本弟作等此誤

轉作包者 案包當作苞下引詩同

又云裹肉曰包苴者 閩本同監毛本包作苞當據以訂正下言包苴同注及釋文皆作苞

腊之言夕也 疏云夕或作久義亦通惠棟九經古義云說文昔乾肉也从殘肉日以晞之昔夕古字通穀梁傳日入至於星出謂之昔管子且昔從事楚辭章句引詩樂酒今昔是皆以昔爲夕腊之爲物經夕乃乾故言夕或作久久猶昔也○按久者夕之誤也

瘍醫 毛本倒作醫瘍

註潰則未必有膿也 閩監毛本註作注當據以訂正此注疏本多改註故注病字亦誤爲註

獸牛馬之類 閩監毛本同賈疏標注作獸牛馬之屬余本岳本嘉靖本同案疏中引注但言獸牛馬并無下二字

是其牛馬亦有畜稱 浦鏜云獸誤畜

以式法授酒材 閩本法改灋非

注雖不言縣 案雖當衍此本雖字剜改

或曰奚官女 余本嘉靖本閩監毛本皆作宦女爲是玉海漢制考作官女引疏亦同皆誤耳疏以左傳宦女釋注文宦女不得改爲官也奄爲宦人故女奴曰奚宦女

注奄精至宦女 案此宦亦當作官

以其十一月一陽爻生 閩監毛本爻作初

或曰官女者 漢制考所引同閩本監本毛本官誤宦

按左氏晉惠公之女名妾稱爲宦女 漢制考按作案此非下疏多用案字惠校本無爲此衍

鄭荅志以夏十二月取冰 閩本同監毛本荅改答非下並同

與此周禮十二月藏冰校一月 毛本校改按○按毛晉避所諱全書皆然

女奴之曉篡者 案注上下文多云女奴曉某者無之字此衍

豆不盡于醢也 案疏云豆不盡於醢者此作于非

彼有膷臐膮截炙膾之屬 閩毛本同監本膮誤燒此本截誤餓今訂正

則與醢人職通 案醢當作醯醯人云以五齊七菹實之

必須醯物乃成 諸本同浦鏜云醯當醢字之誤非也案醯人職注云齊菹醬皆須醯成味

冪人 唐石經諸本同說文幎幔也从巾冥聲周禮有幎人

掌供巾冪 閩監毛本作掌供巾冪此衍

設梐梧再重 閩監毛本梧作枑此誤

幕人 唐石經余本嘉靖本同

次自脩正之處 余本岳本嘉靖本同此本疏中標注亦作脩正閩監毛本正誤止

皆是自脩止 案止當作正下同

掌大貢九賦 浦鏜云九貢誤大貢

已上皆言飲食此次言貨賄 惠校本次作訖此誤

漢時司農主治藏 惠校本治作府案漢制考亦引作府藏此因注誤改

是句考徧天下 閩監毛本句改勾非

司裘 唐石經余本嘉靖本閩本同監毛本裘作裘

亦有此府義故在此 浦鏜云上此字衍

闇人 釋文闇音昏與此同唐石經作閽諸本因之此本經注作闇疏中作閽

囿游亦如之 唐石經余本嘉靖本閩監毛本同釋文斿本亦作游音由○按斿遊皆游之俗字

司昏晨以啓閉者 諸本昏作昬疏中準此下並同

則此閽人每門及囿遊 閩監毛本遊改游蓋釋文作游賈疏作遊後人據釋文以改賈疏此其改之未盡者

別官同職者唯有官連耳 閩監毛本連改聯非案大宰官聯注鄭司農云聯讀爲連此作官連從鄭讀耳

則論語謂之晨人也　浦鏜云門誤人

据有禁守者言之　閩監毛本据作據此本據据錯出作据俗省耳○按公羊注作据

不列夫人于此官者　案于當作於注皆用於字毛本并下夫人之於后亦改爲于矣

與此經婦人數同　此本同誤曰據閩監毛本訂正

殷人又增以三九二七口合三十九人　此本二七下闕一字閩監毛本改爲二十七又字閩本同監毛本誤有

以增三十九并后合百二十一人　閩監毛本三十九誤二十九浦鏜因删改此文云以增之合百二十一人誤甚案三十九并八十一爲一百二十合后爲百二十一人也

然則公中合有三公　此本補刻上公誤云下闕入字凡補刻有闕誤而閩監毛本不誤者不具著

故云坐而論禮無官職　浦鏜云脫婦字案三夫人坐而論禮猶三公坐而論道也此引注作坐而論禮無婦字今注有婦蓋衍文

故特互其文　此本實闕今從閩本補監毛本改迴互非

御進也　惠校本作猶進后法也案此釋御爲進釋妻爲后也當據以訂正此本實闕以字數計之亦止有三字

進在王寢侍息宴　宋侍誤待

言女奴曉事謂識文者爲之也　閩本識文改爲女浦鏜云曉下脫祝

內治之貳　浦鏜云上脫掌

典絲　余本閩本同嘉靖本監毛本絲作絲案唐石經作絲此本疏中釋曰上脫典絲二字閩監毛本同

典枲　唐石經余本枲作枲

內司服女御二人　沈彤云當作四人考女御之凡當七十二人而內司服之女御於王后九嬪外內命婦之服無不掌則二人不足也

主宮中裁縫官之長　此本上下皆誤宮監本上下皆誤官

謂進衣于王　宋于當作於

染人　葉鈔釋文唐石經嘉靖本皆作染人說文染字在水部此及閩監毛本作染非

連類在此　惠校本下有也

若然首反處下者　閩監本同毛本若改也上屬浦鏜反據之誤甚

故男子婦人同在此官也　毛本同閩本作同在此也監本官也二字剜改原刻當與閩本同

附釋音周禮注疏卷第二

鄭氏注　賈公彥疏

大宰之職。掌建邦之六典。以佐王治邦國。一曰治典。以經邦國。以治官府。以紀萬民。二曰教典。以安邦國。以教官府。以擾萬民。三曰禮典。以和邦國。以統百官。以諧萬民。四曰政典。以平邦國。以正百官。以均萬民。五曰刑典。以詰邦國。以刑百官。以糾萬民。六曰事典。以富邦國。以任百官。以生萬民。大曰邦小曰國邦之所居亦曰國典常也經也灋也王謂之禮經常所秉以治天下也邦國官府謂之禮灋常所守以爲灋式也常者其上下通名擾猶騆也統猶合也詰猶禁也書曰度作詳刑以詰四方任猶傳也生猶養也鄭司農云治典冢宰之職故立其官曰使帥其屬而掌邦治以佐王均邦國教典司徒之職故立其官曰使帥其屬而掌邦教以佐王安擾邦國禮典宗伯之職故立其官曰使帥其屬而掌邦禮以佐王和邦國政典司馬之職故立其官曰使帥其屬而掌邦政以佐王平邦國刑典司冦之職故立其官曰使帥其屬而掌邦禁以佐王刑邦國此三時皆有官唯冬無官又無司空以三隅反之則事典司空之職也司空之篇亡小宰職曰六曰冬官其屬六十掌邦事○邦國干云國天子諸侯所理也邦疆國之境治典直吏反注下治典邦治治官治職之治皆同擾而小反鄭而昭反徐李尋倫反諧戸皆反詰起一反禁也干云彈正糾察也騆似倫反度待洛反傳側吏反下同猶立也

【疏】大宰至以生萬民○釋曰自此以下至職末分爲二段從此職首至以富得民一段十餘明經國之大綱治政之條目自正月之吉以下至職末明頒宣前灋依事而旄言掌建邦之六典者謂大宰摠御羣職故六典俱建也以佐王治邦國者以六典是王執治邦國王不獨治故云佐王也一曰治典以經邦國至六曰事典皆云邦國者邦國皆謂諸侯之國但治典云經者所以經紀爲名故云經教典云安者地道主安故云安禮典云和者禮之用和爲貴故云和政典云平者司馬主六軍以平定天下故云平刑典云詰者以其刑者有所詰禁天下故云詰事典云富者作事所以富國家故云富也又治典教典云官府禮典已下四典皆云百官者尊天地二官不局其數故不云百官而云官府也若然六官其屬各六十得稱百官者舉全數故云百官也且天官言治官府地官云教官府夏官云以正百官秋官云刑百官皆依本職而言之至於春官主禮不可云禮百官禮所以統叙萬事故云統百官也冬官不可云事百官故變事云任任謂任使任使即事也又天官主治治所以紀綱天下故云紀萬民也地道主民故云擾萬民擾則騆順之義也春官主禮禮所以諧和故云諧萬民夏官主政九畿職方制其貢有貢賦之事故云均萬民秋官主刑刑者所以糾正天下故云糾萬民也冬官主事作事者所以生養萬民故云生萬民也然天子曰兆民諸侯曰萬民此天子之禮不言兆民而言萬民者但兆民據天子而言之令言萬民以畿外封諸侯惟有畿內不封故以畿內據近而言○注大曰至掌邦事○釋曰周禮凡言邦國者皆是諸侯之國此言大曰邦小曰國者止據此文邦在上國在下故爲此解案儀禮覲禮云同姓大國異姓小邦則邦國大小通也又云邦之所居亦曰國即據王國而言故上云惟王建國匠人營國方九里與典命國家皆是邦之所居亦曰國也又云典常也經也灋也者爾雅釋詁云典常也孫氏云禮之常也釋言云典經也又云灋者以其經典者即是法式又云王謂之已下鄭所解也云王謂之禮經常所秉以治天下也者凡言經者以經紀天下故王言禮經常所秉以治天下也云邦國官府謂之禮法者凡言灋者下灋於上故邦國官府謂之禮灋常所守以爲灋式也云常者上下通名者經據在上灋據在下至於王與邦國官府俱有常義故云常者上下通名也又云擾猶騆也者案地官注訓擾爲安此言騆不同者騆是順之義順即安義亦即也云統猶合也者統者相統同故爲合詰猶禁也者弟詰即禁止之義也引尙書曰度作詳刑以詰四方此尙書呂刑文是呂侯訓夏贖刑以詳審詰禁四方引證詁爲禁之義也云任猶傳也者傳猶立也東齊人物立地中爲傳蒯通說范陽令曰天下之人所以不敢傳刃於公之腹者畏秦灋也欲使百官皆立其功也云生猶養也者若直云生萬民則諸官皆生萬民彼何異也於義不安故轉爲養冬官主土地所以養民故也云鄭司農云治典冢宰之職者及下教典司徒之職禮典宗伯之職六典皆言之職此並以是序官之下次有此文故立其官曰使帥其屬而掌邦治此以下六者皆是六官之首有此文司農摠引以釋六典也云此三時皆有官唯冬無官者謂各六十官唯冬無云無司空者對餘官有大宰司徒宗伯司馬司冦此則無司空卿也云以三隅反之者凡物不圓則方方則四隅既有三隅明有四隅以言既有睿夏秋三時之官明有冬時之官可知則事典司空之職是也云司空之篇亡者謂六國時亡其時以考工記代之引小宰職者欲見當有冬官之屬也

以八灋治官府。一曰官屬。以舉邦治。二曰官職。以辨邦治。三曰官聯。以會官治。四曰官常。以聽官治。五曰官成。以經邦治。六曰官灋。以正邦治。七曰官刑。以糾邦治。八曰官計。以弊邦治。百官所居曰府弊斷也鄭司農云官屬謂六官其屬各六十若今博士大史大宰大祝大樂屬大常也小宰職曰以官府之六屬舉邦治一曰天官其屬六十是也官職謂六官之職小宰職曰以官府之六職辨邦治一曰治職二曰教職三曰禮職四曰政職五曰刑職六曰事職官聯謂國有大事一官不能獨共則六官共舉之聯讀爲連古書連作聯聯謂連事通職相佐助也小宰職曰以官府之六聯合邦治一曰祭祀之聯事二曰賓客之聯事三曰喪荒之聯事四曰軍旅之聯事五曰田役之聯事六曰斂弛之聯事官常謂各自領其官之常職非連事通職所共也官成謂官府之成事品式也小宰職曰以官府之八成經邦治一曰聽政役以比居二曰聽師田以簡稽三曰聽閭里以版圖四曰聽稱責以傳別五曰聽祿位以禮命六曰聽取予以書契七曰聽賣買以質劑八曰聽出入以要會官灋謂職所主之灋度官職主祭祀朝覲會同賓客者則皆自有其灋度小宰職曰以灋掌祭祀朝覲會同賓客之戒具官刑謂司刑所掌墨辠劓辠宮辠刖辠殺辠也官計謂三年則大計羣吏之治而誅賞之玄謂官刑司寇之職五刑其四曰官刑上能糾職官計謂小宰之六計所以斷羣吏

之治。灋古法字聯音連弊必世反鄭蒲計反徐劉府世反斷丁亂反下同弛尹氏反比毗志反鄭房利反稽古奚反鄭又音啓版音板傅別音附下彼列反契苦計反劑子隨反爾雅云劑翦齊也要於妙反徐於召反後不音者放此朝直遙反凡言朝覲皆同辠古罪字劓魚冀反刖音月又五刮反〔疏〕以八至邦治○釋曰此八灋雖不云建亦有建義故鄭注大史職云六典八灋八則冢宰所建以治百官大史又建焉是也上六典云治邦國此八灋云治官府官府在朝廷之官府也一曰官屬以舉邦治以下皆單言邦據王國而言之言官屬者謂六官各有六十官之屬也長官有屬官官事得舉故云以舉邦治二曰官職以辨邦治者謂六官各有職若天官治職之等官各有職辨別也官事有分別故云以辨邦治也三曰官聯以會官治者聯即連也一官不能獨共則衆官共舉之然後事得合會故云以會官治四曰官常以聽官治者官常非連事通職各自於當官常職而聽治之故云以聽官治也五曰官成以經邦治者官成者謂官自有成事品式依舊行之以經紀邦治也六曰官法以正邦治者官法謂當職所主舊灋度將此灋度是正邦之治政也七曰官刑以糾邦治者言官刑非尋常五刑謂官中之刑以糾察邦治八曰官計以弊邦治者官計謂平治官府之計也弊斷也謂就計會之中有失者斷之故云弊邦治也此八灋皆云邦治官常官聯二者不云邦而云官者其官聯言官欲取會合衆官乃始得治官常言官欲取官有常職各自治其官故二者不言邦而云官也及小宰還從治○注百官至之治○釋曰言百官所居曰府者欲以官府爲一事解與上府史之府別彼府主藏文書此府是百官所居處皆是府聚之義也鄭司農引官屬謂六官其屬各六十下引小宰所云者是也云若今博士云云屬大常也者司農據漢百官年表漢始叔孫通爲奉常後改爲大常博士官刑先鄭謂司刑所掌墨辠劓辠宮辠刖辠殺辠此是正五刑施于天下非爲官中之刑故後鄭不從之也官計謂三年大計羣吏之治而誅賞者此爲三年一考乃一計之此官計毎歲計之故後鄭亦不從之玄謂官刑司寇之職五刑其四曰官刑上能糾職是專施于官府之中於義爲當也官計謂小宰之六計所以斷羣吏之治羣吏之治即是官中之計於義亦當矣故引破司農也

以八則治都鄙。一曰祭祀。以馭其神。二曰灋則。以馭其官。三曰廢置。以馭其吏。四曰祿位。以馭其士。五曰賦貢。以馭其用。六曰禮俗。以馭其民。七曰刑賞。以馭其威。八曰田役。以馭其衆。

都之所居曰鄙則亦法也典法則所用異異其名也都鄙公卿大夫之采邑王子弟所食邑周召毛聃畢原之屬在畿內者祭祀其先君社稷五祀法則其官之制度廢猶退也退其不能者舉賢而置之祿若今月奉也位爵次也賦口率出泉也貢功也九職之功所稅也禮俗昏姻喪紀舊所行也鄭司農云士謂學士○馭魚慮反賦貢干云賦上之所求於下貢下之所納於納於上采音菜召上照反聃乃甘反奉符用反本或作俸率徐劉音類戚音律一音所律反下同稅舒銳反〔疏〕以八至其衆○釋曰則亦灋也以八則治三等采地之都鄙也一曰祭祀以馭其神者采地之中祭祀宗廟社稷五祀下注云凡云馭者所以毆之內之於善則於祭祀之中宗廟先祖則無可去取至社稷配食者若取句龍后稷上功有功是內之善也○二曰灋則以馭其官者灋則謂官之制度制度與在官爲法則使不僭差亦所以毆之使入善也○三曰廢置以馭其吏者謂有罪則廢退之有賢則舉置而贄之亦所以毆人於善也○四曰祿位以馭其士者士謂學士學士有賢行學業則詔之以爵位祿賞亦是毆之於善也○五曰賦貢以馭其用者采地之民口率出泉爲賦有井田之法一夫之田稅入於官官得之節財用亦是使人入善故云以馭其用也○六曰禮俗以馭其民者俗謂昏姻之禮舊所常行者爲俗還使民依行使之入善故云以馭其民○七曰刑賞以馭其威者謂有罪刑之有功賞之使人入善畏威故云以馭其威○八曰田役以馭其衆者謂采地之中得田獵使役於民皆當不奪農時使人入善故云以馭其衆也據此文則卿大夫得田獵而春秋左氏傳鄭大夫豐卷請田子產不許者彼常田之外臨祭取鮮唯人君耳大夫唯得常田故禮云大夫不掩羣亦是常田豐卷亦僭取鮮故子產云唯君用鮮明大夫不合也○注都之至學士○釋曰上言邦國則諸經有邦國別言之者故解爲大曰邦小曰國此采地云都鄙諸文無或言都或言鄙別號故鄭云都之所居曰鄙大司徒云凡造都鄙鄭云其界曰都鄙所居也春秋傳曰遷鄭焉而鄙留是鄙所居不遷也云則亦法也典法則所用異異其名也者謂典法則三者相訓其義既同但邦國言典官府言法都鄙言則是所用處異故別言之其實義通也云都鄙公卿大夫之采邑者載師職云家邑任稍地則大夫之采也小都任縣地則六卿之采也大都任畺地則三公之采也云王子弟所食邑者親王子母弟與公同處而百里次疏者與六卿同處而五十里次疏者與大夫同處二十五里案禮記禮運云天子有田以處其子孫鄭注中庸云同姓雖恩不同義必同也尊重其祿位所以貴之不必授以官守然則王子毋弟雖食采也未必別有官有官則依公卿大夫食邑不假別言也云周召毛聃畢原之屬者僖二十四年左傳召穆公云管蔡郕霍魯衛毛聃郜雍曹滕畢原酆郇文之昭也邘晉應韓武之穆也今鄭直云周召毛聃畢原之屬在畿內者其餘或在畿外故不盡言也引之者證王子弟有采邑也云祭祀其先君社稷五祀者案孝經大夫章不云社稷則諸侯卿大夫也若王子母弟及三公稱諸侯者五廟五祀三社三稷故云祀先君社稷五祀也云法則其官之制度者謂宮室車旗衣服之等皆不得僭也云祿若今月奉也者古者祿皆月別給之漢之月奉亦月給之故云若今月奉也云位爵次也者言朝位者皆依爵之尊卑爲次則經云位據立故云爵次也云賦口率出泉也者下文九職九賦職賦相繼而言故知賦即九賦口率出泉也云貢功也九職之功者亦約下文言九賦上言九職九職任之九賦斂之是以大府云九賦九功九功即九職之功故鄭於此以貢爲功是九職之功出稅也云禮俗昏姻喪紀者曲禮云君子行禮不求變俗若不醴醮用酒是其一隅也云鄭司農云士謂學士者經云祿位以馭其士使進受祿位故知士學士也

以八柄詔王馭羣臣。一曰爵。以馭其貴。二曰祿。以馭其富。三曰予。以馭其幸。四曰置。以馭其行。五曰生。以馭其福。六曰奪。以馭其貧。七曰廢。以馭其罪。八曰誅。以馭其過。

柄所秉執以起事者也詔告也助也爵謂公侯伯子男卿大夫士也詩云誨爾序爵言教王以賢否之第次也班祿所以富臣下書曰凡厥正人既富方穀幸謂言行偶合於善則有以賜予之以勸後也生猶養也賢臣之老者王有以養之成王封伯禽於魯曰生以養周公死以爲周公後是也五福一曰壽奪謂臣有大罪没入家財者六極四曰貧廢猶放也舜殛鯀于羽山是也誅責讓也曲禮曰齒路馬有誅凡言馭者所以毆之內之於善○柄兵命反行下孟反注同殛紀力反鯀古本反毆起俱反〔疏〕以八柄至其過○釋曰大宰以此八柄詔告于王馭羣臣餘條皆不言詔獨此與下八統言詔王者餘並羣臣職務常所依行歲終我事乃考知得失此乃王所據持王不獨執羣臣佐之而已故特言詔也言馭者此八者皆是毆羣臣入善之事故皆言馭也○一曰爵以馭其貴者司士云以德詔爵有賢乃受爵是馭之以貴也○二曰祿以馭其富者司士云以功詔祿祿所以富臣下故云以馭其富○三曰予以馭其幸謂言語偶合于善有以賜予之故云以馭其幸○四曰置以馭其行者有賢行則置之於位故云以馭其行○五曰生以馭其福者生猶養也臣有大勳勞者使子孫享養之是福祜之道也故云以馭其福○六曰奪以馭其貧者謂臣有大罪身殺奪其家財故云以馭其貧○七曰廢以馭其罪者廢放也謂臣有大罪若不忍刑殺放之以遠故云以馭其罪○八曰誅以馭其過者臣有過失非故爲之者誅責也則以言語責讓之故云以馭其過也此經八事自五曰已上皆是善事則大善者在前小善者在後自六曰已下皆是惡事則大惡者在前小惡者在後案內史亦言此八柄之事唯一曰爵二曰祿與此同三曰廢四曰置五曰殺六曰生七曰予八曰奪文亂與此不同者彼欲見事起無常故所言不次也又彼變誅言殺欲見□惡不止則殺之或可見此過失則國土之刑人也出國士□殺之故內史變誅言殺也且此中爵與祿廢與置皆別文□王德爲大能明辨之四者設文有別八則中爵祿及廢置□共文者以其德小不能辨故也○注柄所至於善○釋曰□者謂八者若斧斤之柄人所秉執以起事故以柄言之也□爵謂公侯已下者欲見周法爵及命士不言孤者卿中舍孤故考工記云中有九室九卿朝焉九卿謂三孤六卿是卿中舍孤也引詩誨爾序爵者大雅桑柔詩序是先後次第之□詠教也故鄭云言教王以賢否之第次也又引書者是尚書洪範之文云凡厥正人既富方穀者厥其也方道也穀善也凡其正直之人既以爵祿富之又以善道接之引之者證□馭其富也云成王封伯禽於魯曰生以養周公死以爲周公後是也者此並文公十三年公羊傳文彼云周公拜乎前魯公拜乎後曰生以養周公死以爲周公主此云爲周公所□同者鄭以義言之又云五福一曰壽者此亦洪範文引之者證賢臣老養之是五福一曰壽故曰以馭其福也云六極四曰貧亦洪範文引之者證大罪奪之家貧以馭其貧也云廢猶放也舜殛鯀于羽山者鯀治水九載績用不成殛誅也□山乘商也云曲禮曰齒路馬有誅者齒謂年之路馬君也□衆馬騂年之則有誅責引之者證誅爲言語責之非有刑罪也

以八統詔王馭萬民。一曰親親。二曰敬故。三曰進賢。四曰使能。五曰保庸。六曰尊貴。七曰達吏。八曰禮賓。

統所以合牽以等物也親親若堯親九族也敬故不慢舊也晏平仲久而敬之賢有善行也能多才藝者保庸安有功者尊貴尊天下之貴者孟子曰天下之達尊者三曰爵也德也齒也祭義曰先王之所以治天下者五貴有德貴貴貴老敬長慈幼達吏舉勤勞之小吏也禮賓賓客諸侯所以示民親仁善鄰〔疏〕以八統至禮賓○釋曰鄭云統所以合牽以等物也民與在上同有物事也謂牽下民使與上合皆有以等其事

上行之下效之也故以萬民爲主也。一曰親親者君與民俱親九族之親。二曰敬故者君與民皆須恭敬故舊朋友。三曰進賢者有賢在下君當招之民當舉之是君民皆進賢也。四曰使能者下有技能君民共舉任之。五曰保庸者保安也庸功也有功者上下俱賞之以祿使心安也。六曰尊貴者臣有貴者君民共尊敬之。七曰達吏者吏勤勞在民間在下位不能自達者進之於上而用之也。八曰禮賓者天子待朝聘之賓在下皆當禮於賓客此八者先親親後賓客亦是先後之次也。注統所至善鄰。釋曰云親親謂若堯親九族也者堯典云克明俊德以親九族則堯能任用俊德之賢以自輔乃能親九族上至高祖下及玄孫之親旁及五服民亦效之而親九族也云敬故不慢舊也引晏平仲久而敬之者謂他人失敬平仲由平仲敬於他人善在平仲故親親引堯敬故引平仲欲見上下通有是以伐木詩是文王敬故也云賢有善行也能多才藝者案鄉大夫云與賢者出使長之與能者入使治之是賢有六德六行者能者直六藝而已云尊貴尊天下之貴者者謂天下有貴皆尊之云孟子曰天下之達尊者三謂三者天下通達行之三者即爵德齒也爵即經云賢者爲大夫能者爲士皆是用德爲爵證經任賢能也云齒也者謂若黨正飲酒之禮六十已上在堂上以齒此連引之於經無所當也云祭義曰先王之所以治天下者五貴有德者即舉賢者也貴貴即尊貴也貴老敬長慈幼者三者於經無所當亦連引之耳云達吏察舉勤勞之小吏也者小吏在民間謂若比長閭胥之等雖小吏堪任大官故察舉用之云禮賓賓客諸侯者謂若太行人上公侯伯子男之禮皆爲等級以禮之是賓客諸侯也云所以示民親仁善鄰者親仁善鄰左氏隱公六年陳五父之辭親仁善鄰則當禮賓故引以證禮賓也

以九職任萬民。一曰三農。生九穀。二曰園圃。毓草木。三曰虞衡。作山澤之材。四曰藪牧。養蕃鳥獸。五曰百工。飭化八材。六曰商賈。阜通貨賄。七曰嬪婦。化治絲枲。八曰臣妾。聚斂疏材。九曰閒民。無常職。轉移執事。

任猶倳也鄭司農云三農平地山澤也九穀黍稷秫稻麻大小豆大小麥八材珠曰切象曰磋玉曰琢石曰磨木曰刻金曰鏤革曰剝羽曰析閒民謂無事業者轉移爲人執事若今傭賃也玄謂三農原隰及平地九穀無秫大麥而有粱苽樹果蓏曰圃園其樊也虞衡掌山澤之官主山澤之民者澤無水曰藪牧牧田在遠郊皆畜牧之地行曰商處曰賈阜盛也金玉曰貨布帛曰賄嬪婦人之美稱也堯典曰釐降二女嬪于虞臣妾男女貧賤之稱晉惠公卜懷公之生曰將生一男一女男爲人臣女爲人妾生而名其男曰圉女曰妾及懷公質於秦妾爲宦女焉疏材百草根實可食者疏不熟曰饉。圃布古反又音布毓古育字藪速苟反牧牧養之牧徐音目劉音茂蕃扶元反飭音勑賈音古下注同閒音閑秫音述瑳七何反琢陟角反鏤婁豆反爲人于僞反傭音容賃女鳩反苽音瓜彫胡也字或作菰蓏力果反樊如字又方元反畜許又反又許六反稱尺證反下同釐力之反圉魚呂反養馬曰圉質豬二反疏不色居反菜也劉音蘇饉其靳反

〔疏〕以九職至執事。釋曰此九者皆是民之職業故云萬民也。一曰三農生九穀者言三農謂農民於原隰及平地三處營種故云三農生九穀也。二曰園圃毓草木者此圃即載師所云場圃任園地謂在田畔樹菜蔬果蓏者故云毓草木也。三曰虞衡作山澤之材者謂在山澤之民所作事業材木而已。四曰藪牧養蕃鳥獸者謂在藪牧之民事業使之長養蕃滋飛鳥走獸而已。五曰百工飭化八材者謂百種巧作之工所爲事業變化八材爲器物飭之而已飭勤也勤力以化八材。六曰商賈阜通貨賄者謂商賈之家所爲事業通貨賄使之阜盛。七曰嬪婦化治絲枲者嬪婦謂國中婦人有德行者治理變化絲枲以爲布帛之等也。八曰臣妾聚斂疏材者謂男女貧賤號爲臣妾者所爲事業聚斂百草根實而已。九曰閒民無常職轉移執事者其人爲性不營已業爲閒民而好與人傭賃非止一家轉移爲人執事以此爲業者耳。注任猶至曰饉。釋曰云任猶倳也者倳謂立也使民之業得立云鄭司農云三農平地山澤也者以其積石曰山水鍾曰澤不生九穀故後鄭不從之也云九穀黍稷秫稻麻大小豆大小麥者此九者後鄭以爲無秫大麥而有粱苽八材云珠曰切之下並爾雅文皆是治器用之名也然今爾雅云骨曰切者蓋司農讀爾雅本作珠也云玄謂三農原隰及平地者爾雅高平曰原下溼曰隰原及平地可種黍稷之等隰中可種稻麥及苽也云九穀無秫大麥而有粱苽者以秫爲赤粟與稷黏疏爲異故去之大麥所用處少故亦去之必知有粱苽者下食醫云凡膳食之宜有犬宜粱魚宜苽故知有粱苽也且前七穀之中依月令麥屬東方黍屬南方麻屬西方豆屬北方稷屬中央故知有黍稷麻豆麥稻與小豆所用處多故知有稻有小豆也必知有大豆者生民詩云藝之戎菽戎菽大豆后稷之所殖故知有大豆也云樹果蓏曰圃園其樊者案漢書食貨志云田中不得有樹用妨五穀環廬樹桑麻菜茹瓜瓠果蓏應劭曰木曰果草曰蓏張晏曰有核曰果無核曰蓏臣瓚曰木上曰果地上曰蓏劭與瓚義同晏獨異也案載師云場圃任園地則圃在園中故鄭云樹果蓏曰圃園其樊是以詩云折柳樊圃謂與圃爲樊樊其蕃蔽也云虞衡掌山澤之官主山澤之民者案地官掌山澤者謂之虞掌川林者謂之衡則衡不掌山澤而云虞衡作山澤者欲互舉以見山澤兼有川林之材也鄭既云虞衡掌山澤之官復云山澤之民者欲見虞衡是官非出稅之人以山澤之民無名號故借虞衡之官以表其民所任者任山澤之萬民山虞澤虞之官非是以任出稅之物但主山澤之民也云澤無水曰藪者地官澤虞云大澤大藪藪澤別言詩云叔在藪火烈具舉藪若有水不得田獵故知澤無水曰藪也云牧牧田在遠郊知者見載師云牧田賞田任遠郊之地云皆畜牧之地者謂藪牧皆是畜牧之地案載師職鄭注牧田畜牧者之家所受田也非畜牧之地此解違者但牧六畜之地無文鄭約與家人所受田處即有六畜之地故云在遠郊也云行曰商處曰賈者諸官之下有賈人無行法故曰處易復象曰至日閉關商旅不行是行曰商也云金玉曰貨者案食貨志王莽居攝更作金銀龜貝錢布之器名曰寶貨是自然之物曰貨也聘禮曰賄用束紡是人所爲曰賄也若然王制云錦文珠玉不粥于市此商賈得通之在市者彼據珠玉有錦文者或彼異代禮也案左氏襄十五年宋人獻玉于子罕子罕寘諸其里使玉人爲之攻之富而後使復其所服氏云富賣玉得富是得玉粥玉也云嬪婦人之美稱也者此是國中婦人有德行故稱嬪引堯典釐降二女嬪于虞者欲見嬪是婦人美稱之義耳云臣妾男女貧賤之稱者或奴婢之餘肩或背德之質子晉衞之男女皆是故引晉惠以釋之也云晉惠已下皆左氏傳僖十七年夏晉大子圉爲質于秦云惠公之在梁梁伯妻之梁嬴孕過期卜招父與其子卜之其子曰將生一男一女招曰然男爲人臣女爲人妾及生男曰圉女曰妾注養馬曰圉不聘曰妾後子圉西質妾爲宦女是也此鄭與文異者鄭以義增之也云疏材百草根實者百草或取根謂若蔆芡之屬或取實謂若榛栗之屬皆是根實可食也云疏不熟曰饉者爾雅云穀不熟爲饑疏不熟爲饉穀皆不熟則曰大荒

以九賦斂財賄。一曰邦中之賦。二曰四郊之賦。三曰邦甸之賦。四曰家削之賦。五曰邦縣之賦。六曰邦都之賦。七曰關市之賦。八曰山澤之賦。九曰弊餘之賦。

財泉穀也鄭司農云邦中之賦二十而稅一各有差也弊餘百工之餘玄謂賦口率出泉也今之筭泉民或謂之賦此其舊名與鄉大夫以歲時登其夫家之衆寡辨其可任者國中自七尺以及六十野自六尺以及六十有五皆征之遂師之職亦云以徵其財征皆謂此賦也邦中在城郭者四郊去國百里邦甸二百里家削三百里邦縣四百里邦都五百里此平民也關市山澤謂占會百物弊餘謂占賣國中之斥幣皆末作當增賦者若令賈人倍筭矣自邦中以至幣餘各入其所有穀物以當賦泉之數每處爲一書所待興也。削本亦作稍又作鄁所教反徐所召反弊鄭婢世反干必世反名與音餘鄉大夫劉音香處昌慮反後可以意求

〔疏〕以九至之賦。釋曰云以九賦斂財賄者此賦謂口率出泉其處有九故云九也既云賦得口率出泉則財賄非泉而云斂財賄者計口出泉無泉者取財賄以當筭泉之賦故云斂財賄也。一曰邦中之賦者謂國中之民出泉也。二曰四郊之賦者計遠郊百里之內民所用出泉也。三曰邦甸之賦者謂郊外曰甸百里之外二百里之內民所出泉也。四曰家削之賦者謂二百里之內地名削其中有大夫采地謂之家故名家削大夫采地中賦稅入大夫家但大夫家采地外其地爲公邑公邑之內其民出泉入王家故畢家稍以表公邑之民也。五曰邦縣之賦者四百里地名縣有小都賦入采地之主其中公邑之民出泉入王家也。六曰邦都之賦者其五百里中有大都大都采地其賦入主外爲公邑其中民所出泉入王家也。七曰關市之賦者王畿四面皆有關門及王之市廛二處其民之賦口稅所得之泉也。八曰山澤之賦者謂山澤之中財物山澤之民以時入而取之出稅以當邦賦所稅得之物貯之而官未用有人占會取之爲官出息此人口稅出泉謂之山澤之賦也。九曰弊餘之賦者謂爲國營造用物有餘並歸之於職幣得之不入府藏則有人取之爲官出泉此人亦口稅出泉謂之幣餘之賦然關市山澤幣餘不出上六處而特言者以其末作當增賦故也。注財泉至異也。釋曰知財得爲泉者見外府云掌邦布之出入賜予之財用以此知財中有泉也又知財中有穀者案禮記喪大記云納財朝一溢米米即是穀故知財中有穀也云鄭司農云邦中之賦二十而稅一各有差也者先鄭約載師園廛二十而一近郊十一遠郊二十而三故云各有差後鄭不從者以關市山澤幣餘之賦皆無地稅即上云邦中四郊之等亦非地稅故不從也云幣餘百工之餘後鄭不從者若是百工之餘當歸之職幣何有稅乎云玄謂賦口率出泉也者案大府云九貢九賦九功各別又見司會云以九貢致邦國之財用以九賦令田野之財用以九功令民職之財用貢賦及功各別賦爲口泉也是以鄭君引漢法民年二十五已上至六十出口賦錢人百二十以爲筭故鄭於此注亦云今之筭泉民或謂之賦此其舊名與又引鄉大夫以歲時登其夫家已下及遂師職者徵見征賦

為一皆是口率出泉破司農為地稅也云邦中在城郭已下至五百里此皆約載師所云遠郊甸地削地縣地畺地之等遠近之差云此平民也者謂六曰已上皆是平善之民先王以農為本故謂之平民也對七曰已下非農民者為末作也云關市山澤謂占會百物者謂關上以貨出入有稅物市若泉府廛布揔布之等亦有稅物山澤民入入山澤取財亦有稅物此入占會百物為官出息幣餘謂占賣國中斥幣斥幣謂此物不入大府指斥出而賣之故名斥幣云當增賦者謂口率出泉增於上農民故云若今賈人倍筭矣云自邦中以至幣餘各入其所有穀物以當賦泉之數者以經云斂財賄財賄即是穀物取之以當賦泉之數若漢法人百二十云㒷處為一書所待異也者此九賦所得財物給下九式之用九式用處不同故此九賦分為九處是以㒷一處為一書以待其出式謂用財之節度是所待異也

以九式均節財用。一曰祭祀之式，二曰賓客之式，三曰喪荒之式，四曰羞服之式，五曰工事之式，六曰幣帛之式，七曰芻秣之式，八曰匪頒之式，九曰好用之式。

式謂用財之節度荒凶年也羞飲食之物也工作器物者幣帛所以贈勞賓客者芻秣養牛馬禾穀也鄭司農云匪分也頒讀為班布之班謂班賜也玄謂王所分賜羣臣也好用燕好所賜予○羞服干云羞飲食也服車服也服或作膳芻初俱反頒鄭音班徐音墳好呼報反注同勞力報反

疏 以九至之式○釋曰云以九式均節財用者式謂依常多少用財法式也○一曰祭祀之式者謂若大祭次祭用大牢小祭用特牲之類○二曰賓客之式者謂若上公饔餼九牢飧五牢五積之類○三曰喪荒之式者喪謂若諸侯諸臣之喪含禭贈奠賻賵之類王家之喪所用大非此所共也荒謂凶年穀不孰有所施與也○四曰羞服之式者謂王之膳羞衣服所用也○五曰工事之式者謂百工巧作器物之法○六曰幣帛之式者謂若贈勞賓客也○七曰芻秣之式者謂牛馬禾穀也○八曰匪頒之式者謂若分賜羣臣也○九曰好用之式者燕好所施予也此九者亦依尊卑緩急為先後之次也○注式謂至賜予○釋曰云荒凶年也者曲禮云歲凶年穀不登是凶年也云羞飲食之物也者謂若膳夫飲用六清食用六穀膳用百有二十等之類云工作器物者若考工所作器物也云幣帛所以贈勞賓客者謂若司儀職上公三問三勞之等皆有束帛聘禮賄用束紡云芻秣養牛馬禾穀者謂若聘禮致饔餼芻禾之等也云玄謂王所分賜羣臣者就足司農班賜之義也云好用燕好所賜予者以其言好則知是燕飲有所愛好自因歡樂則有賜予也

以九貢致邦國之用。一曰祀貢，二曰嬪貢，三曰器貢，四曰幣貢，五曰材貢，六曰貨貢，七曰服貢，八曰斿貢，九曰物貢。

嬪故書作賓鄭司農云祀貢犧牲包茅之屬賓貢皮帛之屬器貢宗廟之器幣貢繡帛材貢木材也貨貢珠貝自然之物也服貢祭服斿貢羽毛物貢九州之外各以其所貴為摯肅慎氏貢楛矢之屬是也玄謂嬪貢絲枲器貢銀鐵石磬丹漆也幣貢玉馬皮帛也材貢櫄幹栝柏篠簜也貨貢金玉龜貝也服貢絺紵也游讀如囿游之游斿貢燕好珠璣琅玕也物貢雜物魚鹽橘柚○嬪鄭音頻司農音賓贄音至本亦作摯楛音戶櫄勑倫反幹古旦反篠西了反簜火黨反絺勑其反紵直呂反璣徐音譏劉音其既反一音機琅音郎玕音干柚羊救反一音羊受反或音喻

疏 以九貢至物貢○釋曰云致邦國之用者謂此貢諸侯邦國歲之常貢則小行人云令春入貢是也大行人云侯服歲一見其貢祀物彼謂因朝而貢與此別也但諸侯國內得民稅大國貢半次國三之一小國四之一所貢者市取當國所出美物則禹貢所云厥篚厥貢之類是也○注嬪故至橘柚○釋曰言故書者鄭注周禮時有數本劉向未校之前或在山巖石室有古文考校後為今文古今不同鄭據今文注故云故書作賓此九貢皆是諸侯賓之所貢不得特以一事為賓貢賓貢者非也若言嬪貢謂絲枲堪為婦人所作是也鄭司農云祀貢犧牲包茅之屬者按禮記禮器云三牲魚腊九州之美物故知祀貢有犧牲也案僖公四年齊責楚包茅不入王祭不共無以縮酒故知祀貢中有包茅云賓貢皮帛之屬後鄭從嬪不從賓如上釋也云器貢宗廟之器者大行人因朝而貢者得有成器此歲之常貢不得有成器故後鄭不從也云幣貢繡帛者禹貢有厥篚織貝及玄纖縞之等故知幣貢中有繡帛也云材貢木材也者案禹貢中有惟木故知材貢中有木材也云貨貢珠貝自然之物也者亦據食貨志為說云服貢祭服者後鄭亦不從以大行人因朝而貢有祭服此歲之常貢不得有成服云游貢羽毛者亦不從者以其游據人宴好不得據物上生稱故不從也云物貢九州之外各以其所貴為摯又引肅慎氏貢楛矢之屬後鄭不從者以其九州之外世一見無此歲之常貢之法也云玄謂嬪貢絲枲者絲枲青州所貢此破先鄭為賓貢云器貢銀鐵石磬丹漆也者銀鐵梁州所貢漆兗州所貢石即礪砥荆州所貢磬即泗濱浮磬徐州所貢云幣貢玉馬皮帛也者禹貢堯時無貢馬法覲禮諸侯享禮云匹馬卓上九馬隨之周則有之玉即球琳皮即熊羆狐狸並雍州所貢帛即纖貝之類楊州所貢此增成先鄭之義云材貢櫄幹栝柏篠簜也者並荆州所貢此亦增成先鄭之義云貨貢金玉龜貝也者亦增成先鄭之義龜出九江荆州所貢玉即球琳亦雍州所貢金即金三品及貝楊州所貢云服貢絺紵也者豫州所貢云斿讀為囿游之游斿貢燕好珠璣琅玕也者此破先鄭物上生名為羽毛也珠即蠙珠徐州所貢璣即璣組荆州所貢琅玕雍州所貢云物貢雜物魚鹽橘柚者此亦破先鄭之義魚即暨魚徐州所貢鹽青州所貢橘柚荆楊所貢已上所貢之物皆據禹貢而言

以九兩繫邦國之民。一曰牧，以地得民。二曰長，以貴得民。三曰師，以賢得民。四曰儒，以道得民。五曰宗，以族得民。六曰主，以利得民。七曰吏，以治得民。八曰友，以任得民。九曰藪，以富得民。

兩猶耦也所以協耦萬民繫聯綴也牧州長也九州各有封域以居民也長諸侯也一邦之貴民所仰也師諸侯師氏有德行以教民者儒諸侯保氏有六藝以教民者宗繼別為大宗收族者鄭司農云主謂公卿大夫世世食采不絕民稅薄利之玄謂利讀如上思利民之利謂以政教利之吏小吏在鄉邑者友謂同井相合耦耡作者孟子曰鄉田同井出入相友守望相助疾病相扶持則百姓親睦藪亦有虞掌其政令為之厲禁使其地之民守其材物以時入于王府頒其餘於萬民富謂藪中材物○繫音計治直吏反下注王治凡治眂治皆同藪干云宜作叟行下孟反耡音助

疏 以九至得民○釋曰言邦國即據諸侯及萬民而言謂王者於邦國之中立法使諸侯與民相合耦而聯綴不使離散有九事故云以九兩繫邦國之民也○一曰牧以地得民者謂畿外八州之中州別立一州牧使侯伯有功德者為之使統領二百一十國以有一州土地集安萬民故云牧以地得民也○二曰長以貴得民者謂一國立諸侯與民為君長是一國之貴民所仰效而民歸之故云以貴得民也○三曰師以賢得民者謂諸侯已下立教學之官為師氏以有三德三行使學子歸之故云以賢得民民則學子是也○四曰儒以道得民者諸侯師氏之下又置一保氏之官不與天子保氏同名故號曰儒掌養國子以道德故云以道得民民亦謂學子也○五曰宗以族得民者謂大宗子與族食族燕序以昭穆故云以族得民民即族人也○六曰主以利得民者主謂大夫宜君政教以利得民民則采邑之民也○七曰吏以治得民者吏在民閭若比長閭胥有以治政之所得民○八曰友以任得民者言以任則非同門之朋友謂在田里之閭相佐助以相任使而得民即鄰伍聚居者○九曰藪以富得民者以上八者皆據人而言此一者不據人而言藪者見民之所居之處利益於人澤藪之中多有材物以富得民舉藪而言則山澤十等皆有材物民居可知也○注兩猶至材物○釋曰訓兩猶耦者欲取在上與民相協耦聯綴使不離散也云牧州長也者禮記王制云二百一十國以為州州有伯伯則長故云牧州長也鄭注下曲禮云選賢侯為之云九州各有封域以居民也者詩云帝命式于九圍九圍則九州各有封域疆界也言此者證以地得民云長諸侯也者對則大夫稱長諸侯稱君令此上言牧下言長故據諸侯也云師諸侯師氏者此一經皆據諸侯又經云以賢得民是諸侯師氏也云有德行者師氏職云以三德三行教國子故知有德行也云儒諸侯保氏有六藝者以經云以道得民保氏職云掌養國子以道教之六藝故知諸侯保氏不可同天子之官故變保言儒儒亦有道德之稱也宗繼別為大宗收族者見禮記大傳云繼別為大宗對繼禰為小宗故云大又云敬宗故收族族食族燕是所以收族也鄭司農云主謂公卿大夫世世食采不絕民稅薄利之者先鄭意以薄稅為利後鄭不從者稅法有常故孟子云若輕之於堯舜大貉小貉重之於堯舜大桀小桀是不得有輕重皆以什一為正何得薄稅以利民乎故不從也云玄謂利讀如上思利民之利者謂以政教利之者上思利民忠也此左氏傳隨季良之辭也云吏小吏在鄉邑者謂若比長閭胥或在鄉或在公邑采邑皆是云友謂同井相合耦耡作者鄭意經意非謂同師曰友正是同在井邑之閒共居若里宰職合耦于耡注云合耦使相佐助者也云孟子曰鄉田同井出入相友守望相助疾病相扶則百姓親睦引孟子鄉田同井者以證友是同井之友但鄉遂為溝洫不為井田而云鄉田同井者鄉遂雖不為井田亦三三相任以出稅與井田同故云同井或解同井水義亦通也云藪亦有虞者地官澤虞職云每大澤大藪中士二人是藪有虞也云掌其政令已下皆澤虞職文云富謂藪中材物者謂有薪蒸蒲葦藪中所有之物也

正月之吉，始和，布治于邦國都鄙，乃縣治象之灋于象魏，使萬民觀治象，挾日而斂之。

正月周之正月吉謂朔日大宰以正月朔日布王治之事於天下至正歲又書而縣于象魏振木鐸以徇之使萬民觀焉小宰亦帥其屬而往皆所以重治法新王事也凡治有故言始和者若改造云爾鄭司農云象魏闕也故魯災季桓子御公立于象魏之外命藏象魏曰舊章不可

忘從甲至甲謂之挾日凡十日○縣音玄注同挾子協反字又作浹同于本作帀子合反○鐸待洛反徇辭俊反

〔疏〕正月至斂之○釋曰自此已下皆謂施前事條謂建子周之正月言之吉謂朔日也始調和上六典八法已下之事和訖當月即頒布此治職文書于諸侯邦國鄉大夫都鄙言乃縣者乃緩辭至建寅之正月乃縣治象之法于雉門象魏使萬民共觀治象挾日者從甲至甲凡十日斂藏之于明堂於後月月受而行之謂之告朔也○注正月至十日○釋曰知正月是周之正月者下文乃縣是建寅明上云正月是周正月知吉是朔日者論語鄉黨云吉月必朝服而朝是吉謂朔日禮記玉藻云諸侯皮弁聽朔于大廟或云吉或云朔聽朔在月一日是知吉爲朔日也云大宰以正月朔日布王治之事于天下者言天下即經邦國都鄙是畿外畿內徧天下即鄉大夫職云正月之吉受法於司徒退而頒之於其鄉吏是司徒布教法從六鄉已下出則此大宰布法亦從六鄉已下出也云至正歲又書而縣于象魏者此鄭釋經中乃縣已知乃縣是正歲建寅之月者下小宰所以佐大宰彼云正歲縣之與此乃縣爲一事故至正歲縣也鄭知振木鐸者約小宰而知也云凡治有故言始和者若改造云爾者上六典已下至九兩國法常定令云始和似更新其事改造云爾其實不改鄭司農云象魏闕也者周公謂之象魏雉門之外兩觀闕高魏魏然孔子謂之觀春秋左氏定二年夏五月雉門災及兩觀是也云觀者以其有教象可觀望又謂之闕者闕去也仰視治象闕去疑事或解闕中通門是以莊二十一年云鄭伯享王于闕西辟注闕象魏也案公羊傳云子家駒謂昭公云諸侯僭天子大夫僭諸侯久矣公曰吾何僭矣哉子家駒曰設兩觀乘大路何氏云天子兩觀諸侯臺門則諸侯不合有觀也若然雉門災及兩觀及禮運云遊於觀之上有觀亦是僭也云故魯災季桓子御公立于象魏之外命藏象魏曰舊章不可忘者此哀公三年左氏傳辭案彼桓僖廟災天火曰災謂桓僖廟被天火所燒舊章象魏在大廟中恐火連及故命藏之若然象魏縣教治也以其象魏建寅之月縣之十日藏之大廟中季桓子曰與公立於雉門象魏之外觀舊縣之處命藏大廟中象魏引之者證象魏是教象之法又云從甲至甲謂之挾日凡十日者破諸家從甲至癸謂之挾日遍也若從甲至癸仍有癸日不得遍挾故以從甲至甲言之

乃施典于邦國。而建其牧。立其監。設其參。傅其伍。陳其殷。置其輔。

乃者更申勑之以侯伯有功德者加命作州長謂之牧所謂八命作牧者監謂公侯伯子男各監一國書曰王啟監厥亂爲民參謂卿三人伍謂大夫五人鄭司農云殷治律輔爲民之平也玄謂殷眾也謂眾士也王制諸侯上士二十七人其中士下士各居其上之三分輔府史庶人在官者○參七南反干云三公也傅戚音附徐方慕反監古衙反爲于僞反平音評

〔疏〕乃施至其輔○釋曰上以言六典治邦國更言施典于邦國故鄭云乃者更申勑之所施者典則建其牧已下是也建立也每一州之中立一牧立其監者每一國之中立一諸侯使各監一國設其參者謂諸侯之國各立三卿傅其伍者謂三卿下各立五大夫陳其殷者三卿下各陳士九人三九二十七置其輔者謂三卿下各設府史胥徒○注乃者至官者○釋曰鄭云以侯伯有功德者加命作州長謂之牧者案下曲禮云州牧於外曰侯即是先取侯有功德者爲牧若無賢侯伯亦得故連言侯伯有功德者云加命作州長者以其侯伯七命州牧八命故云加命作州長云所謂八命作牧者案大宗伯職云七命賜國八命作牧是也若殷之牧下天子使大夫三人爲三監至周使伯佐牧不使大夫故詩旄丘序云旄丘責衛伯也鄭云衛康叔之封爵稱侯今曰伯者時爲州伯也周之法使伯佐牧即僖公四年五侯九伯五侯是州牧九伯是牧下之伯云監謂公侯伯子男各監一國引書曰王啓監厥亂爲民者此是尚書梓材之篇周公封康叔而勑之證監是諸侯之義也云參謂卿三人者案左氏傳杜泄云吾子爲司徒夫子爲司馬孟氏爲司空則諸侯三卿司徒司馬司空也云伍謂大夫五人者謂司徒下二大夫一大夫爲司徒大夫一大夫爲大宰大夫司空下二大夫一大夫主司空事一大夫爲司寇大夫司馬事省闕一大夫故五人鄭司農云殷治律輔爲民之平也者謂置官主法律輔爲人之平者謂置輔是平斷此先鄭蓋是後代之法故後鄭易之云玄謂殷眾也謂眾士者士稱殷與旅司並是眾義故鄭玄謂眾士也又引王制諸侯上士已下者按彼注大國之士爲上次國之士爲中小國之士爲下言數各居其上之三分者此謂盟會立位之序大國之士爲上北面前行上九中九下九次國之士爲後行上士當大國之中士中士當大國之下士下士當其空小國之上士當大國之下士中士當次國之下士下士當其空故云數各居其上之三分引之爲破司農殷爲治律云輔府史庶人在官者破司農輔爲民之平若然建立陳置其義可知其伍言傳者謂大夫上有卿下有士受上政傳於下受下政傳於上故獨云傳

乃施則于都鄙。而建其長。立其兩。設其伍。陳其殷。置其輔。

長謂公卿大夫王子弟食采邑者兩謂兩卿不言三卿者不足于諸侯鄭司農云兩謂兩丞

〔疏〕乃施至其輔○釋曰上已言八則治都鄙更令施則於都鄙故言乃亦是更申勑之義建其長謂公卿王子弟爲采邑之主以是一邑之長故言建其長立其兩者謂每采地之中立其兩卿設其伍陳其殷置其輔義與上邦國同○注長謂至兩丞○釋曰云長謂公卿大夫者案典命云三公八命其卿六命其大夫四命案大宗伯云六命賜官彼注王六命之卿賜官者使得自置其臣治家邑如諸侯則此云長唯據公卿已上大夫四命不合立官此鄭云長謂公卿大夫并言大夫者以其大夫雖立官不與公卿同亦得稱長是廣解長義其實大夫不合有兩卿五大夫當與諸侯之卿同官事當相兼也云王子弟食采邑者謂親王子弟食邑與三公同在五百里置地各百里其次疏者在四百里縣地各五十里與六卿同已上二者得立兩卿五大夫之等其次更疏者在三百里稍地各食二十五里與大夫同不得立兩卿五大夫亦職相兼也云兩謂兩卿不言三卿者不足於諸侯者以畿外諸侯南面爲尊故得申而立三卿天子三公六卿雖尊以其在天子之下故屈而立兩卿不足於諸侯鄭司農云兩謂兩丞者以其兩卿丞副其長先鄭以後代之官況之故云兩丞也此中唯有都鄙無家邑之名故都鄙中含有公卿大夫春官都宗人家宗人都家並有故公卿入都宗人中大夫則入家宗人中以其公卿雖有大都小都之別而同名都故大夫不得都名直有宗稱故在家宗人也至於夏官都司馬家司馬又與家宗人都宗人異故鄭注都司馬唯云三公與王子弟其卿又人家司馬中以其司馬辨尊卑六卿卑又自使其臣爲司馬若叔孫氏之臣名鬷戾王家不爲之立司馬故卿入中若然都鄙之內其號有三若得諸侯之號唯三公王子弟故司裘諸侯熊侯豹侯卿大夫麋侯是卿不入諸侯也若立臣如諸侯即此文卿與公同若稱長可及大夫亦此注含大夫是也

乃施灋于官府。而建其正。立其貳。設其攷。陳其殷。置其輔。

正謂冢宰司徒宗伯司馬司寇司空也貳謂小宰小司徒小宗伯小司馬小司寇小司空也考成也佐成事者謂宰夫鄉師肆師軍司馬士師也司空亡未聞其考

〔疏〕乃施至其輔○釋曰案上官府在都鄙上此文在都鄙下者欲見都鄙置臣與諸侯同又見諸侯下亦有都鄙之義故進都鄙在上使文承邦國之下也已上言八法治官府今更言施法于官府言乃者亦是更申勑之也而建其正正長也亦是一官之長若大宰之等云立其貳者謂小卿副貳大卿即小宰之等設其考者考成也佐成事者宰夫之等也殷輔義與前同○注正謂至其考○釋曰宰夫已下並是五官之長云司空亡未聞其考者案鄉師云及葬執纛以與匠師御匶注云匠師事官之屬其於司空若鄉師之於司徒若然鄉師是司徒之考則匠師亦司空之考而此云未聞者彼文以義約之司空考匠師也無正文故此云未聞也

凡治。以典待邦國之治。以則待都鄙之治。以灋待官府之治。以官成待萬民之治。以禮待賓客之治。

成八成禮賓禮也

〔疏〕凡治至之治○釋曰以其天官主治故以目之六典本以治邦國故云以典待邦國之治八則本以治都鄙故云以則待都鄙之治八法本以治官府故云以法待官府之治八成本以治萬民故云以官成待萬民之治禮者本以接賓客故云以禮待賓客之治以據上文官在八法治官府中今特出之者以其八成本待萬民不待官府若不特出之則無此待萬民之事在八法官府者欲見官府執行故禮記云誰能兼國成成則八成也以禮待賓客本在八統今特見之者以上親親敬故進賢使能保庸尊貴達吏皆是王行之於朝以示於民使民觀之入善不必更別有禮唯禮賓特別有禮若聘禮之類也此皆言以者當別有篇卷使人執持施行之知然者以周禮六官皆邦國之治則六官掌事不可專主邦國故知別有篇卷但在三百之中亡逸也○注成八至禮也○釋曰八成小宰職掌掌禮賓禮者若聘禮覲禮掌客之等是也

祀五帝。則掌百官之誓戒。與其具脩。

祀五帝謂四郊及明堂誓戒要之以刑重失禮也明堂位所謂各揚其職百官廢職服大刑是其辭之略也具所當共脩掃除糞洒○要一遙反糞弗運反洒色賣反

〔疏〕祀五至具脩○釋曰祀五帝則掌百官之誓戒者謂祭前十日已前誓戒百官則大宰掌之與其具脩者使百官供祭祀之具及脩之掃除也○注祀五至糞洒○釋曰五帝者東方青帝靈威仰南方赤帝赤熛怒中央黃帝含樞紐西方白帝白招拒北方黑帝汁光紀依月令四時迎氣及季夏六月迎土氣於南郊其餘四帝各於其郊并夏正祭所感帝於南郊故云祀五帝於四郊也鄭云及明堂者總饗五帝於明堂依月令秦用季秋鄭云未知周以何月案下曲禮云大饗不問卜鄭云祭五帝於明堂莫適卜也彼明堂不卜此下經云師執事而卜日則此祀五帝不合有明堂鄭云及明堂者廣解祀五帝之處其實此處無明堂云誓戒要之以刑重失禮者言要之以刑則服大刑是也言重失禮者以失禮爲重故要之以刑引明堂位彼在祭祀之下陳之謂祭日此是未祭前引之者欲見祭前誓戒還用祭日之辭以勑之故或前或後其辭同云是其辭之略者謂誓戒之時其辭應多不應唯有此言故云辭之略也又云具所當供者祭祀之連事祭祀之具百官共供故云具謂所當供又云脩掃除糞洒者案宮人云掌六寢之脩守祧云其廟有司脩除之是其脩

埽除糞酒也**前期十日。帥執事而卜日。遂戒。**前期前所諏之日也十日容散齊七日致齊三日執事宗伯大卜之屬既卜又戒百官以始齊○前如字于本同徐昨見反本或作先如字又悉薦反諏子須反謀也散齊西但反下側皆反下同【疏】前期至遂戒○釋曰前期者謂祭日前夕爲期云前期十日者即是祭前十一日大宰帥宗伯大卜之屬執事之人而卜日又言遂戒者謂祭前十日遂戒百官始齊○注前期至始齊○釋曰云前期前所諏之日者此依少牢所諏之日即祭日也凡祭祀謂於祭前之夕爲期今言前期十日者明前十一日卜卜之後日遂戒使散齊致齊故云十日容散齊七日致齊三日案禮記祭統云散齊七日以定之致齊三日以齊之云執事宗伯大卜之屬者大宗伯職云凡祀大神享大鬼祭大示帥執事而卜日謂宗伯涖卜又案大卜云大祭祀視高命龜故知執事中有宗伯大卜之屬中含有小宗伯及卜師故言之屬但四時仰氣冬至夏至郊天等雖有常時常日猶須審慎仍卜日故表記云不犯日月不違卜筮注日月謂冬夏至正月及四時也所不違者日與牲尸也假令不吉改卜後日故箴膏肓云天子郊以夏正上旬之日魯之卜三正下旬之日是雖有常時常日猶卜日也

及執事。眡滌濯。執事初爲祭祀前祭日之夕滌濯謂溉祭器及甑甗之屬○眡音視本又作視後皆同滌直歷反濯直角反溉古愛反甗魚善反徐音彥一音言本又作甗音歷【疏】及執事眡滌濯○釋曰及猶至也謂至祭前夕大宰眡滌濯案春官小宗伯大祭祀眡滌濯大宗伯亦云宿眡滌濯彼二官親眡滌濯大宰尊亦往涖之注云執事初爲祭祀前祭日之夕知者案下經及納亨者是祭日此云眡滌濯儀禮特牲亦云前祭日之夕視壺濯及豆籩士甲得與人君同少牢大夫禮當祭日溉祭器者下人君也注又云滌濯謂溉祭器及甑甗之屬知然者案少牢雍人溉鼎匕俎廩人溉甑甗司宮溉豆籩及勺爵此不言匕俎豆籩勺爵者之屬中含之

及納亨。贊王牲事。納亨納牲將告殺謂鄉祭之晨既殺以授亨人凡大祭祀君親牽牲大夫贊之○亨普庚反注同劉普孟反鄉許亮反【疏】及納至牲事○釋曰及猶至也至納亨者案禮記明堂位君肉袒迎牲于門卿大夫贊君及殺訖納與亨人故言納亨云贊王牲事者即是卿大夫贊幣一人也○注納亨至贊之○釋曰云納亨納牲將告殺者謂牽牲入時也禮器云納牲詔于庭殺訖毛以告純血以告殺腥其俎胣解而新之以此訖乃納與亨人爓祭此言納亨者以牽牲也云謂嚮祭之晨者案檀弓云周人大事以日出故知納亨是嚮祭之晨此祭天無裸故先迎牲若宗廟之祭有裸而後迎牲也云既殺以授亨人者案亨人職職外內饔之爨亨謂腥其俎後云凡大祭祀君親牽牲大夫贊之者此明堂位文彼魯侯用天子禮故還以引證天子法

及祀之日。贊玉幣爵之事。日旦明也玉幣所以禮神玉與幣各如其方之色爵所以獻齊酒不用玉爵尚質也三者執以從王至而授之○齊才計反○【疏】及祀至之事○釋曰及猶至也至祭日謂質明贊助也執此玉幣爵三者助而授王也○注日旦至授之○釋曰案特牲少牢皆質明行事故知旦明云玉幣所以禮神玉與幣各如其方之色者上云祀五帝以爲迎氣於四郊之外案大宗伯以玉作六器以禮天地四方又云青圭禮東方赤璋禮南方白琥禮西方玄璜禮北方季夏六月迎土氣於南郊亦用赤璋下云牲幣彼雖幣不是禮神之幣亦云各放其器之色是其禮神幣與玉亦各如其方色也云爵所以獻齊酒者案冪人云疏布幕八尊八尊者五齊三酒之尊以其祭天無祼故無彝尊也云不用玉爵尚質也者對下經享先王用玉爵尚文此祭天不用玉爵故云尚質云三者執以從王至而授之者謂至此祀圜丘方澤祭所而授之王親自執玉幣奠於神坐親酌以獻尸

祀大神示。亦如之。大神祇謂天地○示本又作祇音祇【疏】祀大至如之○釋曰云祀大神謂冬至祭天於圜丘云祀大祇謂夏至祭地於方澤亦如之者從掌百官誓戒已下贊玉幣爵之事已上皆如祀五帝之禮○注大神祇謂天地○釋曰此天謂大天對五帝爲小天此地謂大地對神州之地爲小地故云天地也

享先王。亦如之。贊玉几玉爵。玉几所以依神天子左右玉几宗廟獻用玉爵○享許兩反劉音向注享幣同【疏】享先至玉爵○釋曰亦如之下別言贊玉几玉爵則天地不用玉几玉爵其言亦如之者謂亦贊王牲事已上不云大者欲見宗廟六享同然○注玉几至玉爵○釋曰云天子左右玉几者此是司几筵文彼所云者謂王受諸侯朝覲會同所設令此享先王鬼神之几亦與王平生同故引爲證此享先王有玉几玉爵天地有爵但不用玉飾祭宗廟用玉几天地亦應有質几不言之者文不具云宗廟獻用玉爵者按明堂位獻用玉琖謂王朝踐饋獻醑尸時若祼則用圭瓚也

大朝覲會同。贊玉幣玉獻。玉几。玉爵。助王受此四者時見曰會殷見曰同大會同或於春朝或於秋覲舉春秋則冬夏可知玉幣諸侯享幣也其合亦如小行人所合六幣云玉獻獻國珍異亦執玉以致之玉几王所依也立而設几優尊者玉爵王禮諸侯之酢爵王朝諸侯立依前南面其禮之於昨階上○見賢遍反下同朝直遙反下文同酢音昨依於豈反本亦作扆【疏】大朝至玉爵○釋曰諸侯四時常朝不稱大令朝覲稱大者諸侯爲大會同而來故稱大朝覲贊助也助王受此玉幣玉獻玉几玉爵也○注助王至階上○釋曰云時見曰會者此大宗伯文案彼注時見者言無常期諸侯有不順服者其順服者皆來會以師助王討之故云時見曰會云殷見曰同者亦大宗伯職文殷猶衆也謂十二歲王如不巡狩諸侯衆來同見天子故曰殷見曰同云大會同或於春朝或於秋覲者大會雖無常期當春來即是春朝當秋來即是秋覲當夏來即是夏宗當冬來即是冬遇若大同則有常期春東方六服盡來夏南方六服盡來秋冬司農云舉春秋即冬夏可知者經直云大朝覲不言宗遇有宗遇可知在國行朝禮訖乃皆爲壇於國外而命事焉云玉幣諸侯享幣也者諸侯會同皆依四時常朝亦春夏受贊于朝受享幣者於廟秋冬一受之於廟受朝既訖乃受享獻國所有珍異其行享之時亦璧琮加束帛以致之云其合亦如小行人所合六幣云者案小行人所合六幣圭以馬璋以皮璧以帛琮以錦琥以繡璜以黼據彼鄭注五等諸侯享天子用璧以帛享后用琮以錦則圭以馬璋以皮者謂二王之後享天子用圭以馬享后用璋以皮則琥以繡璜以黼者子男自相享法但小行人所云者謂四時常朝不見大朝覲會同法約與四時常朝同無正文故言云也云玉獻獻國珍異亦執玉以致之者謂三享之外別有獻國珍異亦如三享執玉以致之故言玉獻謂以玉致獻也云玉几王所依也者謂王所馮依云立而設几優尊者知立而設几者案司几筵云大饗射几封國命諸侯王位設黼依依前南鄉左右玉几是立而設几也但春夏受享秋冬一受之於廟廟中則有扆前設几法几爲坐設令立而設几故云優至尊也云玉爵王禮諸侯之酢爵者案大行人云上公再祼而酢侯伯一祼而酢子男一祼不酢此祼時大宗伯攝祼非冢宰所贊但諸侯酢王用玉爵則冢宰贊王受之故云贊玉爵云王朝諸侯立扆前南面者此約司几筵知之謂秋冬朝時云其禮之於阼階上者言禮之謂祼諸侯是也知王在阼階上者當依賓主之禮案燕禮主君在阼賓在牖戶之間故知禮之王在阼階上也

大喪。贊贈玉含玉。助王爲之也贈玉既窆所以送先王含玉死者口實天子以玉雜記曰含者執璧將命曰寡君使某含則諸侯含以璧鄭司農云含玉璧琮○含本又作唅戶暗反後同窆彼驗反徐補贈反琮才宗反【疏】大喪至含玉○釋曰大喪謂王喪贊王爲此二者也○注助王至璧琮○釋曰大喪既是王喪云助王爲之也者謂助嗣王也云贈玉既窆所以送先王者案既夕士禮既窆謂下棺訖主人贈用玄纁既入壙王喪雖無文應更有加亦當以玄纁爲主也所贈亦既窆時也云含玉死者口實者案士喪禮用貝三鄭注左右及中央象齍堅王含用玉義亦然也又檀弓云飯用米貝不忍虛也故云口實也云天子以玉者此云含玉玉府典瑞皆直云玉無異物之稱對大夫已下不用玉其實亦爲璧形故引雜記復引先鄭爲璧琮之形也但含玉始死用之贈玉於葬乃用此文後云含玉者用之則有先後此作文先後無義例典瑞并云飯玉此不云者文不具也

作大事。則戒于百官。贊王命。助王爲教令春秋傳曰國之大事在祀與戎【疏】作大至王命○釋曰上已云祀五帝及大神祇祭祀大事戒百官訖則此云作大事戒于百官唯戎事也○注助王至與戎○釋曰春秋傳者成十三年劉康公成肅公會諸侯伐秦成子受脤于社不敬劉子曰國之大事在祀與戎祀有執膰戎有受脤神之大節也令成子惰棄其命矣其不反乎引之者證經大事是戎事連引在祀耳

王眡治朝。則贊聽治。治朝在路門外羣臣治事之朝王視之則助王平斷【疏】注治朝至平斷○釋曰王有三朝必知此是路門外朝者但外朝是斷獄之朝路寢庭朝圖宗人嘉事二者並於事簡非正朝故知治朝是路門外司士所掌者也

眡四方之聽朝。亦如之。謂王巡守在外時○守音狩本亦作狩後巡守皆放此【疏】注謂王至外時○釋曰經云四方聽朝故知巡狩時此鄭據依常者而言征伐外亦有聽朝法以非常法故不言也

凡邦之小治。則冢宰聽之。待四方之賓客之小治。大事決於王小事冢宰專平【疏】凡邦至聽之○釋曰重出冢宰之名者據百官摠焉故特云冢宰也

歲終。則令百官府各正其治。受其會。正正處也會大計也【疏】注正正至計也○釋曰言正正處也者經云令百官府各正其治謂正處其所治文書大宰乃受其計會也云會大計者一歲計會即宰夫職云歲計曰會是也

聽其致事。而詔王廢置。平其事來至者之功狀而奏白王【疏】聽其至廢置○釋曰百官致其治政功狀與冢宰聽斷其所置之功狀文書而詔告于王有功者置之進其爵有罪者廢之退其爵也

三歲。則大計羣吏之治而誅賞之。事久則聽之大無功不徒廢必罪之大有功不徒置必賞之鄭司農云三載考績【疏】三歲至賞之○釋曰三年一閏天道小成則大計會百官羣吏之治功文書上計當年已有廢置令三年上大計大無功不徒廢更加罪大有功不徒置更加

賞也。注鄭司至考績。釋曰此尙書舜典文彼云三載考績黜陟幽明彼三年一考與此同故引證三歲大計也

周禮注疏卷二挍勘記　阮元撰盧宣旬摘錄

鄭氏注　賈公彥疏 此非舊式依例止當署賈氏名銜閩監毛本又上增漢唐字亦非

大宰

典常也經也灋也 閩本同余本嘉靖本監毛本灋皆作法案經用古字作灋注用今字作法此仍作灋非疏及下悉準此或法灋錯見不具著

常者其上下通名 案疏曰云常者上下通名者又故云常者上下通名也兩引此注皆無其字

弟詰卽禁止之義也 閩本同監毛本弟改第非

三日官聯 唐石經嘉靖本閩本同釋文官聯音連監毛本聯作聯非說文聯从絲絲卽絲之省而非从弁

其四日官刑 監本官誤宮

及小宰還從治 閩監毛本同案此有誤

後改爲大常博士 盧文弨云博士二字衍案漢制考引此疏無此二字

周召毛聃畢原之屬 嘉靖本閩監本聃作聃毛本作聃皆誤疏中準此案釋文毛聃乃甘反字从耳

禮祀昏姻喪紀 閩監毛本同誤也余本嘉靖本祀作俗疏中引注亦作禮俗當訂正

所以敺之內之於善 閩本同監毛本敺改毆下並同

至社稷配食者 閩本同監毛本至作是誤惠挍本亦作至

上功有功 惠挍本作上公此誤

然則王子母弟雖食采也 惠挍本作采邑當據以訂正或改作采地非

則經云位據立 盧文弨云疑作位據朝位

云貢功也九職之功者 監本貢誤九者上當有所稅

舜殛鯀于羽山是也 余本鯀作鮌案釋文葉鈔本極紀力反段玉裁云尙書撰異云古經典多作極其說甚詳今本此注皆改殛非當據釋文訂正

所以敺之內之於善 釋文敺起俱反案此本疏云皆是敺羣臣人善之事是本作敺也嘉靖本亦先作敺後改敺

謂臣有大罪身殺奪其家資 閩本同監毛本罪改古辠字非此賈疏自言與下文引經不同當作罪惠挍本身作有此本資誤管今據閩監毛本訂正

彼欲視事起無常 惠挍本視作見此誤

輒年之則有誅責 惠挍本輒作輙

統所以合牽以等物也 余本岳本嘉靖本同閩監毛本牽作牽誤此本上作㸒而下從牛是本作牽也今訂正

賢有善行也 浦鏜云注本作賢有德行者從集注挍今本德作善者誤也疏內同案疏引六德六行以釋此句是賈疏本作德行淺人臆改爲善行耳以下句能多才藝者文法例之也當本作者

六日尊貴者 惠挍本同閩監毛本貴誤賢

聚斂疏材 唐石經諸本同釋文音注疏色居反不孰菜也劉音蔬案說文艸部無蔬字云部云疏通也从㐬从疋疋亦聲鄭注疏不熟日饉本釋天文今爾雅作蔬

象曰瑳 余本嘉靖本同閩監毛本瑳改磋案釋文作瑳

九穀無秫大麥而有粱苽 閩監毛本同疏中粱作梁嘉靖本作梁釋文出粱苽字從木案食醫犬宜粱字從米則作梁訛

謂在山澤之民 惠挍本在作任此誤下文謂在藪牧之民事業句同

飭之而已 惠挍本飭上有而

主山澤之民者 此本下衍。閩監毛本不衍

晉衞之男女皆是 浦鏜云惠誤衞

妾爲官女是也 閩監毛本作宦女是

謂若蔆芡之屬 閩監毛本蔆作菱非案蔆當作蓤

三日邦甸之賦 閩監毛本同誤也唐石經余本岳本嘉靖本皆作邦甸之賦當訂正注云邦甸二百里疏云三日邦甸之賦者皆不誤石經考文提要云宋本九經宋纂圖互注本宋附釋音本皆作邦甸。今依訂正

四日家削之賦 唐石經以下諸本同釋文家削本亦作稍又作削案疏云舉家稍以表公邑之民蓋經用古字作家削注及疏用今字作家稍有釋文賈疏可證而今本注及疏並依經作削矣。按依說文則當作削

今之筭泉 余本岳本嘉靖本閩本同監毛本筭改算非下及疏悉準此。按古書多用筭少用算者

遂師之職亦云以徵其財征 浦鏜云經無其字

四日家削之賦者謂二百里之內 監本賦誤富案二百里當作三百里

六日邦都之賦者其五百里 浦鏜云其下脫國中四百里外六字從儀禮經傳通解續挍。按六字可不增郞增之國中當作邦縣

口稅所得之泉也 此本及閩本口誤曰今據監毛本訂正案注云口率出泉疏亦屢云口稅出泉

先鄭約載師園廛二十而一 浦鏜云園誤國

何有稅乎 毛本稅改賦非疏皆言稅以釋賦

山澤民入入山澤取材亦有稅物 閩本同監本材下剜擠物字毛本遂排入

四日羞服之式 唐石經以下諸本同釋文羞服干云羞飲食也服車服也服或作膳經義雜記曰疏云羞服之式者謂王之膳羞衣服所用也據此則晉干注本唐賈疏本皆作羞服釋文同或作膳係妄改案大府關市之賦以待王之膳服注云膳服卽羞服也此經本作羞服之證

七日芻秣之式 秣从末此本秣作秣从未誤今據唐石經諸本訂正。按秣說文作餘从食末聲

荒謂凶年穀不孰 閩監毛本孰改熟此古字之僅存者上聚斂疏材注中亦改爲熟矣釋文猶作孰可證

醬用百有二十等之類 閩本同監本依經改等爲罋毛本承之

聘禮賄用束紡 聘誤職今訂正

致饔餼芻禾之等也 閩監毛本作芻秣非

斿貢羽毛 余本嘉靖本閩監毛本同漢讀考改作羽旄云今本作毛誤旄者旄牛尾也

各以其所貴爲摯 岳本摯作贄宋本載釋文贄音至本亦作摯今本釋文以摯爲正字

材貢櫄榦栝柏篠簜也 余本同釋文榦古旦反與此合嘉靖本閩監毛本榦作幹俗書也嘉靖本篠作篠釋文同惠挍本疏中亦作篠從竹從條此本及閩監毛本作篠非

游讀如圃游之游斿貢燕好珠璣琅玕也 閩本同監毛本作斿讀如圃游之游斿貢皆非嘉靖本作斿讀如圃游之游游貢當據以訂正疏引注作斿讀爲圃游之游游貢爲最是蓋經作斿貢司農如字讀故訓爲羽毛康成則改斿爲游漢讀考云燕好珠璣琅玕皆游觀之物是也漢時旌旗之流字作斿游觀字作游此注皆改其義而兼改其字非僅擬其音也當從賈疏作讀爲不當作讀如。按依說文旌旗之流字作游从㫃汓聲假借爲出游之游出游字或作遊則俗字也先鄭云游貢羽旄游之本義也後鄭云游貢燕好珠璣琅玕游之引申假借之義也易其字之本義故曰讀爲圃游之游其字皆从㫃凡作斿不从水者亦俗字也凡讀如讀爲皆有仍用本字之例殊之於其義也

王祭不共 閩本同監毛本共改供

云游貢羽毛者 閩本同誤也當從監毛本作斿貢。按旌旗之流其字本作游作斿者俗省

以其游據入宴好不得據物上生稱 此當從游閩監毛本游改斿非物舊作爲今據閩監毛本訂正惠挍本作鳥蓋亦爲字之譌

皮帥熊羆狐狸 閩毛本同監本狸作貍

楊州所貢閩本同監毛本楊作揚下並同

所以協耦萬民嘉靖本同閩監毛本協作協閩本疏中亦作協从心

疾病相扶持嘉靖本作疾病相扶無持字案疏中引注正作疾病相扶今諸本有持字者淺人據今本孟子所增當刪正

使其地之民守其材物以時入于王府頒其餘於萬民諸本同案澤虞職云使其地之人守其財物以時入之于玉府頒其餘于萬民此王爲玉字之誤於亦當作于

有以治政之所得民疑作有政治之所以得民

則山澤十等案十當作之

云友謂同井相合耦耡作者鄭意經意非謂同師曰友此本經誤非今據閩本訂正監本以非意二字不可通遂剜空二字毛本依監本所刪排勻字數不可考矣

乃縣治象之灋于象魏唐石經余本嘉靖本閩本同監毛本灋改法非周禮凡經皆作灋凡注皆作法

挾日而斂之唐石經諸本同釋文挾日又作浹同干本作帀惠士奇禮說云左傳成九年浹辰之間而楚克其三都正義曰浹周匝也從甲至癸爲十日古挾浹通詩曰使不挾四方毛傳挾達也謂方皇周浹於天下故曰達案挾古浹字周禮毛詩用字正同干本作帀係以意改非也

振木鐸以徇之余本岳本嘉靖本同閩監毛本徇作狥非釋文作徇

故魯灾此本疏中引注同諸本灾作災閩本疏中災字剜改

舊章不可忘諸本同案左傳哀三年忘作亡惠校本作亡云萬卷堂本仍作忘○按據依左傳改字未妥

聽朔于大廟此本朔誤朝據閩監毛本訂正

正月之吉受法于司徒浦鏜云受下脫教

是司徒布教法從六鄉已下出則此大宰布法亦從六鄉已下出也閩本同監毛本鄉作鄕誤案地官序官鄉老注云王置六鄉文云三公中參六官之事外與六鄉之教是當作六鄉明甚

雉門災及兩觀是也案春秋經作雉門及兩觀災

季桓子曰與公立於雉門象魏之外浦鏜云曰疑衍案與當作御○按曰當依左傳作王

命藏大廟中象魏惠校本命上有故

破諸家從甲至癸謂之挾日通也案通字當衍

置其輔唐石經此輔字原刻作傳後磨改作輔

上以言六典治邦國浦鏜云已誤以

所施者典則建其牧已下是也浦鏜云之誤者案已當作以此已與上以蓋互誤

若殷之牧下案下字誤

士稱殷與旅司浦鏜云司疑同誤

故鄭元謂衆士也案元當云之誤

受上政傳於下受下政傳於上閩監毛本傳作傅按此本作傳大誤賈疏釋經傅字之義也傅皆音附

不足于諸侯案于當作於疏引注作不足於諸侯

大夫則入家宗人中此本則入二字實闕閩監毛本作大夫入家宗人中案惠校本大夫下有則與此本字數正合今據補

若叔孫氏之臣名鬷戾惠校本同與左傳合閩監毛本鬷誤騣

並是五官之長案長當考字之誤

以官成待萬民之治唐石經諸本同案經當本作以成待萬民之治與上下文以典以則以灋以禮句法正同賈疏釋成爲官成因誤竄入經矣注云成八成此經作成不作官成之證八成在小宰官成在大宰八灋○按前說非也大宰八法中之官成鄭以小宰官府之八成釋之是本無二事故此注亦曰成八成此經必言官成者謂以治官府之八成待萬民之治也又欲見此官成卽從八法中別出也聖人文字精嚴如此安得去官字取整齊哉賈疏不誤

八成本以治萬民案疑作八成本以經邦治

八成小宰職掌掌案疑作小宰職所掌

脩掃除糞洒閩監毛本同余本嘉靖本掃作埽此本疏中引注亦作埽當據以訂正

既卜又戒百官以始齊浦鏜云遂誤又

謂於祭前之夕爲期毛本夕誤日

故饎膏育云閩本同監毛本育誤盲

當祭日摡祭器者閩本同監毛本摡改槪非下四摡字同少牢禮作摡○按據此可知注中槪本作摡說文曰摡滌也鄭君注禮多作摡凡經注从手之摡俗本多譌从木

司官摡豆籩及勺爵浦鏜云儀禮無及字

以爲迎氣於四郊之外此本外字實闕今據閩本補監毛本作等非

案冪人云疏布冪八尊此本冪誤幕今據閩監毛本訂正此頁係明正德間補刊故錯誤特多

大神祗諸本皆誤作祗敬字惟余本作祇今據訂正蓋經作示注作祇岳本注中作示此依經改注也釋文云神示本又作祇當先有依注改經者凡經用古字注用今字段玉裁漢讀考中舉其例

從掌百官誓戒已畢下閩本畢作至皆非當從監毛本作

謂亦贊王牲事已上諸本王誤玉今據經訂正

其順服者皆來會以師惠校本以作京此誤

但春夏受享浦鏜云當作但春夏受贄於朝受享於廟脫六字

則冢宰贊王受之此本王誤玉據閩監毛本訂正

象齧堅浦鏜云齒誤齧案儀禮注云象齒堅○按齧字不誤今儀禮注齒字誤也記云柱右髕左髕者齒盡處古云牙車今云牙牀是也齧堅物非此處不能故左右各實一貝以像生時齧堅中一貝則像齧物而已不得云齧堅也今注云象齒堅義短

典瑞并云飲玉飲當作飯

小事冢宰傳平閩監毛本同誤也余本岳本嘉靖本傳作專當據以訂正

事夕則聽之閩監毛本同誤也余本岳本嘉靖本夕作久當據以訂正

附釋音周禮注疏卷第二每卷末準此下不具著

附釋音周禮注疏卷第三

鄭氏注　賈公彥疏

小宰之職。掌建邦之宮刑。以治王宮之政令。凡官之糾禁。杜子春云宮皆當為官玄謂宮刑在王宮中者之刑建明布告之糾猶割也察也若今御史中丞。○宮刑鄭如字干同杜作官〔疏〕注杜子至中丞。○釋曰後鄭以宮刑宮中之刑不從子春官刑者以見秋官司寇已云四曰官刑此小宰不佐貳之則不須重掌又見下文觀治象乃退以宮刑憲禁于王宮故知宮刑明矣云建明布告之者上冢宰尊所云建六典之等為建立之義小宰卑云建者則明布告使知而已云糾猶割也察也者既言糾謂糾舉其非事已發者依法斷割之事未發者審察之云若今御史中丞者應劭云秩千石朝會獨坐副貳御史大夫內掌蘭臺圖籍外督刺史糾察百寮故舉漢法況之掌邦之六典八灋八則之貳。以逆邦國都鄙官府之治。逆迎受之鄭司農云貳副也。○治直吏反下及注皆同〔疏〕掌邦至之治。○釋曰大宰本以六典治邦國今還以六典逆邦國之治逆謂迎受句考之也大宰本以八法治朝廷官府今還以八法句考官府之治大宰本以八則治都鄙今還以八則句考都鄙之治皆句考使知功過所在也執邦之九貢九賦九式之貳。以均財節邦用。〔疏〕執邦至邦用。○釋曰此三者並大宰所掌者以其冢宰制國用九貢九賦斂財賄九式用之事之大者故小宰副貳之然大宰有九職小宰不貳之者以其九職云任萬民小宰若云貳謂任使亦貳之故不言其貢九職任之使之出貢用之則小宰亦貳之九貢中兼之矣以其九職亦有九貢故也以均財節邦用者以九式並舊有法式多少不得增減故云均節也以官府之六敘正羣吏。一曰以敘正其位。二曰以敘進其治。三曰以敘作其事。四曰以敘制其食。五曰以敘受其會。六曰以敘聽其情。敘秩次也謂先尊後卑也治功狀也食祿之多少情爭訟之辭。○爭爭鬬之爭〔疏〕以官府至其情。○釋曰凡言敘者皆是次敘先尊後卑各依秩次則羣吏得正故云正羣吏也。○一曰以敘正其位者謂若卿卿大夫士朝位尊卑次列。○二曰以敘進其治者謂卿大夫士有治職功狀文書進于上亦先尊後卑也。○三曰以敘作其事者謂有所執掌起事亦先尊後卑也。○四曰以敘制其食者謂制祿依爵命授之亦先尊後卑也。○五曰以敘受其會者謂歲終進會計文書受之亦先尊後卑也。○六曰以敘聽其情者情謂情實則獄訟之情受聽斷之時亦先尊後卑也。○注敘秩次也釋曰云秩次者謂尊卑之常各有次敘也以官府之六屬。舉邦治。一曰天官。其屬六十。掌邦治。大事則從其長。小事則專達。二曰地官。其屬六十掌邦教。大事則從其長。小事則專達。三曰春官。其屬六十。掌邦禮。大事則從其長。小事則專達。四曰夏官。其屬六十。掌邦政。大事則從其長。小事則專達。五曰秋官。其屬六十。掌邦刑。大事則從其長。小事則專達。六曰冬官。其屬六十。掌邦事。大事則從其長。小事則專達。

大事從其長若庖人內外饔與膳夫共王之食小事專達若宮人掌舍各為一官六官之屬三百六十象天地四時日月星辰之度數天道備焉前此者成王作周官其志有述天授位之義故周公設官分職以法之。○達干云達決也〔疏〕以官府至專達。○釋曰六屬舉邦治者謂官盛任使立長官必當以府屬官佐之邦治得舉是以六官各有其屬六十故云官府之六屬舉邦治也一曰天官謂大宰之官其屬六十謂官正至夏采皆掌邦治職故云掌治也云大事則從其長者謂若膳夫鄭注云膳夫食官之長也則下庖人內外饔亨人有事皆來諮自膳夫故云大事從其長也小事則專達者謂若宮人掌舍無大事無長官可諮自專行事以下五官皆此類也。○注大事至法之。○釋曰云大事從其長若庖人內外饔與膳夫共王之食者此並共王食是同事故庖人已下諮膳夫長官也云小事專達者若宮人掌舍直掌王之行設梐枑之等二官也並是小事又不立長官當官行事故云各為一官是專達也鄭直舉天官之內其事顯者各言其一餘官若大府鄭云治藏之長地官司市鄭云市官之長春官大司樂鄭云樂官之長夏官司甲鄭云兵戈盾官之長如此之類其事甚多不可具陳也小事則專達天官甚衆亦不可具言也云六官之屬三百六十象天地四時日月星辰之度數者依周髀七曜皆云周天三百六十五度四分度之一舉全數亦得云三百六十也言地則與天配合四時言周天亦是地之數十二月亦是周天之數日日行一度月日行十三度十九分度之七日月所行亦在周天之數星辰謂二十八宿十二次亦在周天數內皆不離三百六十五度四分度之一耳天地四時日月星辰之度數所從言之異耳故偁書洪範云五紀一曰歲二曰月三曰日四曰星辰皆別言之下以歷數摠結之亦是類也云天道備焉者以此三百六十官是天道備矣云前此者成王作周官其志有述天授位之義者鄭依書傳云周公攝政三年踐奄與滅淮夷同時又按成王周官成王既黜殷命滅淮夷還歸在豐作周官則成王作周官在周公攝政三年時周公制禮在攝政六年時故云前此者謂成王前於此時作周官其志謂成王志意有述天授位之義即彼周官云唐虞稽古建官惟百夏商倍之今予小子訓廸厥官以立太師太傅太保茲惟三公論道經邦燮理陰陽下又云立三孤及天地四時之官是其志有述天地三百六十官位之義故周公設官分職法之也此鄭義不見古文尚書故為此解若孔據古文尚書多士已下並是周公致政後成王之書周公攝政時淮夷奄與管蔡同作亂成王即政後又叛成王親征之故云滅淮夷還歸在豐作周官用人之法則彼周官在此周禮後與鄭義異也以官府之六職。辨邦治。一曰治職。以平邦國。以均萬民。以節財用。二曰教職。以安邦國。以寧萬民。以懷賓客。三曰禮職。以和邦國。以諧萬民。以事鬼神。四曰政職。以服邦國。以正萬民。以聚百物。五曰刑職。以詰邦國。以糾萬民。以除盜賊。六曰事職。以富邦國。以養萬民。以生百物。懷亦安也賓客來共其委積所以安之聚百物者司馬主九畿職方制其貢各以其所有。○委於偽反下賜委同積子賜反〔疏〕以官至百物。○釋曰云以官府六職辨邦治者六官者各有職若天官治職地官教職其職不同邦事得有分辨故云以辨邦治也。○一曰治職者謂以平為義也云以節財用者亦以制國用故也。○二曰教職以安邦國以寧萬民者安邦國與教典同彼云擾萬民此云寧萬民不同者上擾為馴馴則寧義無異也云懷賓客者以有委積故賓客懷安也三曰禮職以和邦國以諧萬民者此與上禮典同也云以事鬼神者以其主祭祀當職之事也。○四曰政職以服邦國以正萬民者上政典云平邦國均萬民不同者服由平定使之然則服亦平也均與正義亦一也云以聚百物者鄭云司馬主九畿職方制其貢貢即百物也。○五曰刑職以詰邦國以糾萬民此與上刑典文同云除盜賊者有寇則罪之盜賊得除故云除盜賊也。○六曰事職以富邦國以養萬民者上事與以生萬民生則養也與上同此六職不云官府百官與六典不同者以六職皆當職行事義不及遠故與六典文異也。○注懷亦至所有。○釋曰教典共其委積者大司徒下有遺人掌十里有廬廬有飲食之等故云共委積也云司馬主九畿并引職方者司馬直主九畿無貢物之事故引其屬職方也以官府之六聯。合邦治。一曰祭祀之聯事。二曰賓客之聯事。三曰喪荒之聯事。四曰軍旅之聯事。五曰田役之聯事。六曰斂弛之聯事。凡小事皆有聯。鄭司農云大祭祀大宰贊玉幣司徒奉牛牲宗伯視滌濯涖玉鬯省牲鑊奉玉齍司馬羞魚牲奉馬牲司寇奉明水火大喪大宰贊贈玉含玉司徒帥六鄉之衆庶屬其六綍宗伯為上相司馬平士大夫司寇前王此所謂官聯杜子春讀弛為施玄謂荒政弛力役及國中貴者賢者服公事者老者疾者皆舍不以力役之事奉牲者其司空奉豕與。○弛戶氏反劉本作施音弛杜作施涖音利又音類鬯勑亮反鑊戶郭反齍音資鄉音香屬其音燭綍徐音肩劉音引本或作引相息亮反豕與音餘〔疏〕以官府至有聯。○釋曰云以官府之六聯合邦治者謂官府之中有六事皆聯事通職然後國治得會合故云合邦治也。○一曰祭祀之聯事三曰喪荒之聯事此二者鄭注具以其二者顯著故特言之。○二曰賓客之聯事者鄭雖不言案大宰大朝覲會同贊玉幣玉獻大司徒令野脩道委積大宗伯朝覲會同則為上相大司寇云凡朝覲會同前王唯大司馬不見有事司空又亡。○四曰軍旅之聯事者以六軍軍將皆命卿田役亦然且大司徒云大軍旅大田役以旗致萬民大司馬云大師建大常比軍衆中春教振旅之事。○六曰斂弛之聯事者並大宰任九職九貢九賦司徒制貢小司徒令貢賦若遍數小官則多矣云凡小事皆有聯者謂司關云掌國貨之節以聯門市之類是也。○注鄭司至豕與。○釋曰司農雖解祭祀及大喪二事皆不言司空司空亡故也大祭祀唯大宰尊不奉牲宗伯不言奉雞司馬直言奉

馬不兼言奉羊司寇不言奉犬皆略不言可知杜子春引讀爲施者若依施施是施惠事不必連若爲弛則於事廣矣故後鄭不從之玄謂荒政弛力役者此經二曰喪荒謂凶年穀不熟大司徒有荒政十二其中四曰弛力弛力役謂廩人歲不能人二釜則令移民就穀是時弛力役也鄉大夫云國中貴者謂有爵者賢者謂有德行者服公事者謂若庶人在官者老謂國中六十者疾者謂癈疾不堪役者皆舍不以力役之事也云奉牲者其司空奉豕與者司空雖亡案五行傳云聽之不聰時則有豕禍豕屬北方又說卦云坎爲豕是豕屬水故知司空奉豕無正文故云與以疑之也

以官府之八成。經邦治。一曰聽政役以比居。二曰聽師田以簡稽。三曰聽閭里以版圖。四曰聽稱責以傅別。五曰聽祿位以禮命。六曰聽取予以書契。七曰聽賣買以質劑。八曰聽出入以要會。

鄭司農云政謂軍政也役謂發兵起徒役也比居謂伍藉也比地爲伍因內政寄軍令以伍藉發軍起役者平而無遺脫也簡稽士卒兵器簿書簡猶閱也稽猶計也合也合計其士之卒伍閱其兵器爲之要簿也故遂人職曰稽其人民簡其兵器國語曰黃池之會吳陳其兵皆官師掖鐸拱稽版戶籍圖地圖也聽人訟地者以版圖決之司書職曰邦中之版土地之圖稱責謂貸予傳別謂券書也聽訟責者以券書決之傳傳著約束於文書別別爲兩兩家各得一也禮命謂九賜也書契符書也質劑謂市中平賈今時月平是也要會謂計最之簿書月計曰要歲計曰會故宰夫職曰歲終則令羣吏正歲會月終則令正月要傳別故書作傳辨鄭大夫讀爲符別杜子春讀爲傳別玄謂政謂賦也凡其字或作政或作正或作徵以多言之宜從征如孟子交征利云傳別謂爲大手書於一札中字別之書契謂出予受入之凡要凡簿書之最目獄訟之要辭皆曰契春秋傳曰王叔氏不能舉其契質劑謂兩書一札同而別之長曰質短曰劑傳別質劑皆今之券書也事異異其名耳禮命禮之九命之差等○政役鄭音征司農如字比毗志反注同傳音附注同別彼列反注同要會古外反凡要會會計之字皆放此辛子忽反下同閱音悅貸他代反著直略反賈音嫁月平劉音病

〔疏〕以官至要會○釋曰以官府之中有八事皆是舊法成事品式依時而行之將此八者經紀國之治政故云經邦治也○一曰聽政役以比居者八事皆聽者舊事爭訟當斷之也政謂賦稅役謂使役民有爭賦稅使役則以地比居者共聽之○二曰聽師田以簡稽者稽計也簡閱也謂師出征伐及田獵恐有違法則當閱其兵器與人並筭足否○三曰聽閭里以版圖者在六鄉則二十五家爲閭在六遂則二十五家爲里閭里之中有爭訟則以戶籍之版土地之圖聽決之○四曰聽稱責以傳別者稱責謂舉責生子彼此俱爲稱意故爲稱責於官於民俱是稱也爭此責者則以傳別券書決之○五曰聽祿位以禮命者謂聽時以禮命之其人策書之本有人爭祿之多少位之前後則以禮命文書聽之也○六曰聽取予以書契者此謂於官直貸不出子者故云取予若爭此取予者則以書契券書聽之○七曰聽賣買以質劑者質劑謂券書有人爭市事者則以質劑聽之八曰聽出入以要會者歲計曰會月計曰要此出入者正是官內自用物有人爭此官物者則以要會簿書聽之○注鄭司至差等○釋曰政軍政後鄭不從者若軍政自在大司馬聽之何得在此乎云比居謂伍籍也者即司徒職五家爲比出軍即五人爲伍云因內政寄軍令者謂在家五家爲比五比爲閭四閭爲族五族爲黨五黨爲州五州爲鄉若出軍則家出一人則還五人爲伍是一比長還爲伍長領之二十五人爲兩是一閭閭胥即爲兩司馬領之以此言之至一鄉出一軍軍將還是鄉大夫爲之是因內政寄軍令此管子文彼云作內政司農云因內政者讀字不同云簡稽士卒兵器簿書者士卒謂車別甲士三人步卒七十二人兵器謂弓矢殳弓戈戟皆有簿書故引遂人以證之也云國語曰黃池之會者吳語吳晉爭長吳人令曰伕兵甲陳士卒百人爲徹行頭官師擁鐸拱稽名籍也先鄭爲計計謂據名籍計之義合故引之也云版戶籍者後鄭下注亦云鄉戶籍圖謂民之地圖故引司書版圖以證之云責謂貸子者謂貸而生子者若今舉責即地官泉府職云凡民之貸者以國服爲之息若近郊民貸則一年十一生利之類是也云傳傳著約束於文書別者各得其一二家別釋後鄭不從者名爲券書即是傳著於文書可知後鄭傳別二字共爲一事解之云禮命謂九賜也者後鄭不從者九賜之言出自禮緯含文嘉八命已上乃有九賜此所聽斷何得取八命已上解之云書契符書也者謂官券符璽之書此據官予民物何得爲符璽之書解之故後鄭不從也云質劑謂市中平賈今時月平是也後鄭不從者地官質人云大市曰質小市曰劑若今月平賈不合有兩名故不從也云月計曰要歲計曰會者官之出入有要會簿書計管故引宰夫證之也鄭大夫讀傳別爲符別後鄭不從又云傳別故書作傳辨不從古書也玄謂政謂賦也賦則口率出泉且與役同文皆是利稅之事也云凡其字或作政者此經政役是也或作正者其字或有作正字者或作征者即孟子云交征利及鄉大夫云皆征之是也云征者慮多故鄭從征也孟子交征利者案孟子云孟子見梁惠王王曰叟不遠千里而來亦將有以利吾國乎對曰何必曰利亦有仁義而已矣王則曰何以利吾國大夫曰何以利吾家士庶人曰何以利吾身上下交征利則國危矣引之以證征是口稅之法云傳別謂爲大手書于一札中字別之者謂於券背上大作一手書字札字中央破之爲二段別之云書契謂出予受入之凡要者此予則取予謂若泉府云凡賒者祭祀無過旬日喪紀不過三月及旅師云春頒秋斂賒取官物後還無生利之事凡要亦是簿書也云凡簿書之最目獄訟之要辭皆曰契者簿書之要目曰契即取予以書契是也獄訟之要辭曰契即鄭引春秋傳者是也其春秋王叔氏事在襄十年彼云王叔陳生與伯輿爭政晉侯使士匄平王室使王叔氏與伯輿合要王叔氏不能舉其契此即獄訟之要辭曰契云質劑謂兩書一札同而別之長曰質短曰劑者案地官質人云大市曰質小市曰劑鄭注大市人民馬牛之屬用長券小市兵器珍異之物用短券言兩書一札同而別之者謂前後作二券中央破之兩家各得其一皆無手書字異於傳別故鄭云傳別質劑皆今之券書也云禮命禮之九命之差等者謂若大宗伯九儀從一命受職以至九命作伯差等有九是也

以聽官府之六計。弊羣吏之治。一曰廉善。二曰廉能。三曰廉敬。四曰廉正。五曰廉灋。六曰廉辨。

聽平治也平治官府之計有六事弊斷也既斷以六事又以廉爲本善善其事有辭譽也能政令行也敬不解于位也正行無傾邪也法守法不失也辨辨然不疑惑也杜子春云廉辨或爲廉端○弊必世反治也如字下文治其弛舍同斷丁亂反下同解佳賣反邪似嗟反

〔疏〕以聽至廉辨○釋曰言六計弊羣吏之治者六計謂善能敬正法辨六者不同既以廉爲本又計其功過多少而聽斷之故云六計弊羣吏之治也○注聽平至廉端○釋曰云皆以廉爲本者此經六事皆先言廉後言善能之等故知將廉爲本廉者絜不濫濁也云善善其事有辭譽也者謂有善事四方令聞辭譽也云能政令行也者謂雖無辭譽所行政令得行也云敬不解于位也者謂敬其職位恪居官次也云正行無傾邪也者以其行正直言公正無私也云法守法不失也者謂依法而行無有錯失也云辨辨然不疑惑也者謂其人辨然於事分明無有疑惑之事也杜子春云廉辨或爲廉端者經本或爲廉端後鄭不從者若爲端端亦正與廉正爲重故不從引之在下者不苟違之亦得爲一義故也

以灋掌祭祀、朝覲、會同、賓客之戒具。軍旅、田役、喪荒、亦如之。

法謂其禮法也戒具戒官有事者所當共

七事者。令百官府共其財用。治其施舍。聽其治訟。

七事謂先四如之者三也施舍不給役者七事故書爲小事杜子春云當爲七事書亦爲七事○共音恭禮本供字皆作共可以意求之

〔疏〕以灋至治訟○釋曰言以法掌祭祀已下七者皆是上六聯百官聯事通職者以其衆官共故經云令百官府共其財用也然六聯之中不言朝覲會同者以彼賓客中可以兼之以其朝覲會同還是諸侯賓客之事此七事不言斂弛以其非七事中之大事故退之在下○注法謂至當共○釋曰言禮法謂七者皆有舊法依行若九式曰祭祀之式云戒具戒官有事所當共也者此七事在大宰八法中六曰官法彼在八曰官計上者以其彼有數事故在上此官法無數故退在六計下也○注七事至七事○釋曰七事先四謂從祭祀至賓客云如之者三也者從軍旅至喪荒也云施舍不給役者上六聯注引鄉大夫國中貴者老者疾者服公事者是也云七事故書爲小事者與經不相當故杜子春從經爲正也

凡祭祀。贊王幣爵之事。祼將之事。

又從大宰助王也將送也祼送送祼謂贊王酌鬱鬯以獻尸謂之祼祼之言灌也明不爲飲主以祭祀唯人道宗廟有祼天地大神至尊不祼莫稱焉凡鬱鬯受祭之啐之奠之○祼古亂反爲于僞反稱尺證反啐寸對反

〔疏〕注又從至奠之○釋曰案大宰職云祀五帝贊玉幣爵今此又云祭祀贊此三者謂小宰執以授大宰大宰執以授王是相贊助故云又從大宰助王也云將送也祼送送祼謂贊王酌鬱鬯以獻尸者上云贊玉幣爵則據祭天而下引云祼將是據祭宗廟且上大宰不言贊祼將則大宰不贊之故此注云贊王酌鬱鬯也云明不爲飲主以祭祀者朝踐已後尸乃飲二祼爲奠不飲故云不爲飲主以祭祀云唯人道宗廟有祼天地大神至尊不祼者據大宰祀五帝及大神示亦如之皆不言祼此文又祼將在玉幣爵之下明宗廟有祼天地無祼且大宗伯祀天言禋祭社言血享大神不灌者不言用降神無妨用秬鬯必若然天地用八尊直有五齊三酒不言秬鬯尊者以其幂人職天地八尊者以與宗廟六彝相對爲文鬯人職秬鬯不入彝尊則別有尊矣不言者略耳不祼者覆載之德其功尤盛欲報之德無可稱焉故無祼直加敬而已其狀用特其器陶匏皆是質略之事故鄭云莫稱焉云凡鬱鬯受祭之啐之奠之者謂王以圭瓚酌鬱鬯獻尸后亦以璋瓚酌鬱鬯獻尸尸皆受灌地降神明爲祭之向口啐之啐之謂入口乃奠之於地也祭天地既言無灌案宗伯祉玉鬯又案禮記表記云親耕粢盛秬鬯以事上帝上帝得有秬鬯者案春官

鬯人職掌共秬鬯下所陳社稷山川等外神皆用秬鬯不用鬱廟言灌且亦天地無祼也天地無人職用鬯者唯有宗廟及祼賓客耳

凡賓客贊祼。凡受爵之事。凡受幣之事。唯祼助宗伯其餘皆助大宰王不酌賓客而有受酢大宗伯職曰大賓客則攝而載祼

【疏】凡賓至之事○釋曰凡賓客贊祼者案大行人云上公再祼而酢侯伯一祼而酢子男一祼不酢謂諸侯來朝朝享既畢王禮之有此灌酢之禮也云凡受爵之事者謂上公與諸侯酢王之爵王受之云凡受幣之事者謂廟中行三享享時璧以帛琮以錦致享時有此受幣之事皆言凡者謂諸侯非一故言凡以廣之也○唯祼至載祼○釋曰言唯祼助宗伯者後引宗伯職者是也云其餘皆助大宰者謂受爵幣二者皆助大宰賓客酢王之時大宰於賓處受而授王王飲訖大宰受爵以授小宰受幣之時亦王親受受以授大宰大宰以授小宰也云王不酌賓客而有受酢者案燕禮使宰夫爲主人是君不酌臣於諸侯亦然受酢是飲酒之事臣不可代君飲酒故有受酢之事也又引大宗伯職曰大賓客則攝而載祼者案彼鄭注云載爲也言爲者攝酌獻耳拜送則王也若然大宗伯非直攝王祼若上公再祼兼有后祼之時大宗伯亦代后祼也拜送則后也拜乃恭敬之事亦不可使臣代之故也

喪荒。受其含襚幣玉之事。春秋傳曰口實曰含衣服曰襚凶荒有幣玉者賓客所賙委之禮○襚音遂賙音周

【疏】喪荒至之事○釋曰喪謂王喪諸侯諸臣有致含襚幣玉之事荒謂凶年諸侯亦有致幣玉之事上大宰不言則此小宰專受之案禮記少儀云臣致襚於君則曰致糜衣於賈人則諸侯臣皆得致含也○注春秋至之禮○釋曰云春秋傳者公羊文其含襚所用在死之時若既殯之後亦容有致之法故禮記雜記殯後諸侯遣使致含襚賵之禮主人受之雖不及事容致厚意是以春秋左氏秦人來歸僖公成風之襚亦在踰年後春秋不譏也云凶荒有幣玉者賓客所賙委之禮者案小行人云若國凶荒則令賙委之彼謂王家賙委諸侯法此謂諸侯賙委王家法也

月終。則以官府之敘。受羣吏之要。主毎月之小計

【疏】月終至之要○釋曰月計曰要故毎月終則使官府致其簿書之要受之當先尊後卑故言敘○注主毎月之小計○釋曰言小計對下經歳會爲大計也若大會則下文冢宰平之

贊冢宰受歳會。歳終。則令羣吏致事。使齎歳盡文書來至若今上計○齎子兮反上時掌反下同

【疏】贊冢至致事○釋曰贊助也歳計曰會言冢宰則據百官摠焉謂助冢宰受一歳之計云歳終則令羣吏致事者謂使六官各致一年功狀將來考之故也○注使齎至上計○釋曰漢之朝集使謂之上計吏謂上一年計會文書及功狀也

正歳。帥治官之屬。而觀治象之灋。徇以木鐸。曰。不用灋者。國有常刑。正歳謂夏之正月得四時之正以出教令者審也古者將有新令必奮木鐸以警衆使明聽也木鐸木舌也文事奮木鐸武事奮金鐸○夏戸雅反後放此

【疏】正歳至常刑○釋曰此則大宰周之正月之吉始和布之於天下至此建寅正歳之正月懸之於象魏其小宰亦助大宰帥治官六十官之屬及萬民而觀治象之法使知當年治政之法也其時小宰徇以木鐸以警衆曰不用法者國有常刑欲使之用命不犯刑也○注正歳至金鐸○釋曰知正歳是夏之正月者見凌人云正歳十有二月令斬冰若正歳是建子周正即令之十月冰未堅不得斬之言正歳得四時之正周殷則不得以此推之諸言正歳者皆四時之正是建寅之月云古者將有新令必奮木鐸以警衆者案禮記檀弓云自寢門至於庫門振木鐸曰舍故而諱新彼及此文皆是有命奮木鐸警衆使明聽之事也云木鐸木舌者鐸皆以金爲之以木爲舌則曰木鐸以金爲舌則曰金鐸也云文事奮木鐸者此文乃檀弓并明堂位曰振木鐸於朝天子之禮皆是也又云武事奮金鐸者鼓人云金鐸通鼓大司馬云兩司馬振鐸是也

乃退。以官刑。憲禁于王宮。憲謂表縣之若今新有法令云

【疏】注憲謂至今云○釋曰凡刑禁皆出秋官今云憲禁者與布憲義同故小宰得秋官刑禁文書表而縣之於宮內也

令于百官府曰。各脩乃職。攷乃灋。待乃事。以聽王命。其有不共。則國有大刑。乃猶女也

【疏】令于至大刑○釋曰此經於職末當稟于大宰而令百官謹于此數事以結之也

宰夫之職。掌治朝之灋。以正王及三公六卿大夫羣吏之位。掌其禁令。治朝在路門之外其位司士掌焉宰夫察其不如儀○治直吏反注及下之治贊治官掌其治皆同朝直遙反後皆同

【疏】宰夫至禁令○釋曰言掌治朝之法以正王及三公六卿大夫羣吏之位者案司士云正朝儀之位辨其貴賤之等王南鄉三公北面東上孤東面北上卿大夫西面北上王族故士虎士在路門之右南面東上大僕從者在路門之左南面西上此羣吏即羣士是其位也掌其禁令即察其不如儀耳○注治朝至如儀○釋曰知此治朝在路門外者燕朝在路寢庭外朝在庫門外其事希簡非常治政之所云治朝是常治事之朝故知是路門外夏官司士治所掌者知察其不如儀者宰夫與司士俱是下大夫非贊治朝又見經云禁令知察其不如儀式者也

直

敘羣吏之治。以待賓客之令。諸臣之復。萬民之逆。恒次敘諸吏之職事三者之來則應使辨理之鄭司農云復請也逆迎受王命者宰夫主諸臣萬民之復逆故詩人重之曰家伯維宰玄謂復之言報也反也反報於王謂於朝廷奏事自下而上曰逆逆謂上書

【疏】敘羣至之逆○釋曰此宰夫次敘羣吏諸臣等之治職即以待賓客已下三事使之應荅不關於事也言以待賓客之令此一者謂若大宗伯朝覲會同則爲上相肆師云大朝覲佐儐及大小行人掌客掌訝委人遺人之屬皆是待賓客之官使辨理之也云諸臣之復此其二者案夏官小臣職云掌三公及孤卿之復逆復逆並掌之此不言逆者但宰夫直次之不掌事故於文略也又案夏官大僕職云掌諸侯之復逆此諸臣中兼之此宰夫恒敘大僕小臣等辨理此復逆之事也云萬民之逆此三也者案夏官御僕職掌羣吏庶民之復逆彼羣吏與此經羣吏爲羣臣別故鄭彼注羣吏府史以下此不言羣吏及復亦是文略也此宰夫次敘御僕使辨理府史萬民復逆也○注恒次至上書○釋曰鄭司農云復請也逆迎受王命者復是報自之義不得爲請故後鄭不從又王命既出在下受而受而行之不得云逆逆者向上之言不爲向下之義故後鄭亦不從云宰夫主諸臣萬民之復逆故詩人重之曰家伯維宰者知彼宰非大宰而當此宰夫者維宰在司徒下膳夫上故知是宰夫也此先鄭以官次第當宰夫案鄭彼注冢宰掌建邦之六典皆卿也不從司農者諸經單稱宰者皆大宰若宰夫無單言宰者故爲大宰解之若然大宰在司徒下者彼以權寵爲次不以尊卑故內史中大夫在膳夫上士之下師氏中大夫在趣馬下士之下玄謂復之言報也反也者謂羣臣受王命使臣行之訖反報於王故云朝廷奏事也云自下而上曰逆者謂自上而下曰順故自下而上曰逆也言上書者則今之上表也若然據夏官諸侯諸臣萬民皆復逆並有則此亦皆有上書奏事耳司農於此注復爲請逆爲迎受王命後鄭不從及至夏官大僕先鄭注云復謂奏事逆謂受下奏即與後鄭義同故彼後鄭從之若然是先鄭兩解也案內豎云掌外內之通令凡小事鄭注云內后六官外卿大夫也使童豎通王內外之命給小事者以其無與爲禮出入便疾內外以大事聞王則大事俟朝而自復若然何須更有小臣等復逆乎然者一日萬機或有俟朝自復有大事急促不得待朝即須非時通傳使間徼在上者也

掌百官府之徵令。辨其八職。一曰正。掌官灋以治要。二曰師。掌官成以治凡。三曰司。掌官灋以治目。四曰旅。掌官常以治數。五曰府。掌官契以治藏。六曰史。掌官書以贊治。七曰胥。掌官敘以治敘。八曰徒。掌官令以徵令。別異諸官之八職以備王之徵召所爲正辟於治官則冢宰也治要若歳計也師辟小宰宰夫也治凡若月計也司辟上士中士治目若今日計也旅辟下士也治數毎事多少異也治藏藏文書及器物贊治若今起文書草也治敘次序官中如今侍曹伍伯傳吏朝也徵令趨走給召呼○藏才浪反注治藏同別彼列反辟於音譬本亦作譬下皆同傳直專反

【疏】掌百至徵令○釋曰言掌百官府之徵令辨其八職者謂摠王朝三百六十官以備王之所徵召及施令若不分別其職則徵召無所指斥故須分辨三百六十職也○一曰正者正長也六卿下各有屬六十故六卿稱正也云掌官法者掌當官之法也以治要者要謂大計要也○注別異至召呼○釋曰計正已下爲八職皆備王召呼則正亦備王召呼及所爲也言正辟於治官則冢宰也者以其六卿異目或稱大宰或稱司徒之等尊卑相似正長也毎職各爲一官之長故摠謂之正也以其六者非一相比辟故以辟言之今舉天官一官言之餘可知云治要若歳計也者案下文歳終云會月終云要旬終云成此歳云要者但六卿下云要不云會以要當會處故以治要爲歳計也云師辟小宰宰夫也者以下文四曰旅是下士諸官皆名旅其下士之上有上士中士向上差次當三曰司上士之上向上差次有小宰宰夫故知二曰師當小宰宰夫也言辟者亦是六卿之下皆有此二者若司徒之下小司徒鄉師之類故亦言辟也二者同名師者亦是六者異曰尊卑相次故同名師也云治凡若月計者上要既當歳會故治凡當月計曰要之處也云司辟上士中士者此亦是題目有異若大司馬之下上士曰與司馬中士曰行司馬與諸官上士中士不同尊卑相似故摠謂之司馬以其各有職司也六官之下同名司故亦云辟也云治目若今日計也者從治要向下以次差之此治目當日計曰成之處故云今日計也云旅辟下士也者此下士既無所兼故存本號曰旅亦是六官下同號曰旅故亦曰辟也云治數毎事多少異也者以上治目當日計此治數無數當下士稱旅理衆事故以治數爲毎事多少解

之云治藏藏文書及器物者其名曰府府者主以藏物故藏當司文書及當司器物也云贊治若今起文書草也者起文書草乃後判決是爲贊治之法故稱贊治也云治敘次序官中者既有才智爲什長當次序官中須人驅役之處則科次其徒故云次敘官中也云如今侍曹五伯傳吏朝也者漢時五人爲伍伯長也是五人之長言傳吏朝者傳在朝羣吏諸官事務於朝也胥爲什長亦然故舉漢法況之也云徵令趨走給召呼者其徒也爲在朝趨走供給官人召呼使役之事也

掌治灋以考百官府羣都縣鄙之治。乘其財用之出入。凡失財用物。辟名者。以官刑詔冢宰而誅之。其足用長財善物者賞之。羣都諸采邑也六遂五百家爲鄙五鄙爲縣言縣鄙而六鄉州黨亦存焉乘猶計也財泉穀也用貨賄也物畜獸也辟名詐爲書以空作見文書與實不相應也官刑在司寇五刑第四者○辟名徐芳石反劉芳益反干云不當也畜許又反見賢遍反【疏】掌治至賞之○釋曰宰夫是句考之官故以治法考百官府及羣都縣鄙鄉遂之內治功善惡也言乘計其財用之出入者謂上數處用官物者當乘計其用財之出入知其多少云凡失財用物辟名者謂失官家財及用物三者而辟名者以官刑詔告冢宰長官誅責之也有足用用之能足長財財又能長善物物又能善如此者賞之○注羣都至四者○釋曰云羣都諸采邑也者謂大都小都家邑三處也云六遂五百家爲鄙五鄙爲縣者遂人文云六鄉州黨亦存焉者六遂在外尙考之六鄉在內考之可知不言者舉外以包內也云乘猶計也者計者筭法乘除之名出於此也云財泉穀也者上九賦斂財賄已釋訖云用貨賄也者案內府云掌受九貢九賦九功之貨賄以待邦之大用故知用中有貨賄也云物畜獸也者案獸人云掌罟田獸辨其名物及春秋獻獸物又牧人云掌牧六牲而阜蕃其物以此知物中有畜有獸也云辟名詐爲書以空作見文書與實不相應也者其人失財用物者則詐爲文書以空物作見在文書與實物不相應是罪人也云官刑在司寇五刑第四者彼司寇掌五刑其四曰官刑上能糾職是也

以式灋掌祭祀之戒具。與其薦羞。從大宰而眂滌濯。薦脯醢也羞庶羞內羞【疏】以式至滌濯○釋曰言式法者謂祭祀大小皆有舊法式依而戒敕使共具之云與其薦羞者謂亦戒具之也云從大宰而眂滌濯者上大宰職已云祀五帝眂滌濯此宰夫又從大宰眂之也○注薦脯至內羞○釋曰案儀禮鄉飲酒鄉射燕禮諸單言薦者皆是脯醢故知此薦亦脯醢云羞庶羞內羞者庶羞謂天子八豆諸侯六豆之等內羞謂祭祀食後所加言內者少牢所謂房中之羞糗餌粉餈是也

凡禮事。贊小宰比官府之具。比校次之○比如字注同或毗志反【疏】注比校次之○釋曰上小宰於七事已言以法掌戒具此宰夫贊小宰校次之使知善惡足否也

凡朝覲會同賓客。以牢禮之灋。掌其牢禮委積膳獻。飲食賓賜之飧牽。與其陳數。牢禮之法多少之差及其時也三牲牛羊豕具爲一牢委積謂牢米薪芻給賓客道用也膳獻禽羞俶獻也飲食燕饗也鄭司農云飧夕食也春秋傳曰飧有陪鼎牽牲牢可牽而行者春秋傳曰餼牽竭矣玄謂飧客始至所致禮凡此禮陳數存可見者唯有行人掌客及聘禮公食大夫○委積上於僞反下子賜反此二字相連皆同此音飲鄭徐於鴆反注同食音嗣注飲食公食同飧音孫牽一本作賓賜掌其飧牽于本同假昌六反【疏】凡朝至陳數○釋曰上大宰云大朝覲會同彼言大謂朝覲爲會同而來今此朝覲不言大則朝覲自是四時常朝及會同皆有賓客也云以牢禮之法者五等諸侯來朝天子待之自有常法若大行人掌客者也云掌其牢禮者下別言委積之等則此牢禮謂饔餼之禮若然云委積是未至時在道所設聘禮云聘日致饔則饔餼是朝日致之矣今在委積上者以饔餼是禮之大者故先言之且委積非直賓來時共之賓去亦共之在下亦其宜若然飧牢皆殺而云飧牽者以掌客云積視飧牽據積而言之也○注牢禮至大夫○釋曰云牢禮之法多少之差者案大行人上公饔餼九牢饗禮九獻食禮九舉此等其侯伯降二等以七爲節子男又降二等以五爲節也又掌客云上公飧五牢五積侯伯飧四牢四積子男飧三牢三積是其數也云及其時也者案聘禮云賓至大夫帥至于館即言宰夫朝服設飧又云聘日致饔即天子待諸侯亦然其委積者從來至去在道而設之並是時也若然此等之禮並是掌客所主今此復言之者此宰夫雖非正職以其主陳之當知其數故言之耳云三牲牛羊豕具爲一牢者此依聘禮卿韋弁歸饔餼於館之時有五牢餼一牢設於西階腥二牢設於東階牽二牢陳于門內之西北首以牛一羊一豕一稱牢此既以經牢禮爲饔餼故還引聘禮順饔餼以證之也云委積謂牢米薪芻給賓客道用也者依掌客云積視飧牽飧有芻薪及米明委積在道所設亦有芻米薪蒸也且地官遺人云十里有廬廬有飲食三十里有宿宿有委五十里有市市有積是其委積給客道用也云膳獻禽羞俶獻也者此聘禮記文彼注云禽羞謂成孰有齊和者俶獻四時珍美新物也俶始也言其始可獻也聘義謂之時賜是也云飲食燕饗也者鄭以燕饗解飲食即是飲入燕饗中不解經中食爲食禮者經中言食則食禮自明令云飲食燕者欲見飲入燕禮可知饗中又兼燕與食以其饗有米有酒故也司農云飧夕食也者先鄭以飧字夕下爲之即爲夕食但客至即設不要待夕故後鄭不從也云春秋傳曰飧有陪鼎者左氏昭五年楚遠啓彊曰宴有好貨飧有陪鼎是也云春秋傳曰餼牽竭矣者左氏僖三十三年鄭皇武子辭秦客杞子等云唯是脯資餼牽竭矣是也玄謂飧客始至所致禮者此亦先鄭案聘禮客始至大夫帥至于館宰夫朝服設飧不待至夕也云凡此禮陳數存可見者唯有行人掌客及聘禮公食大夫者以儀禮三千條內具有諸侯之禮俱亡滅者多今存可見者周禮之內有大行人掌客是待諸侯之禮儀禮之內有聘禮公食大夫是待聘客之法皆有陳數考校可知也

凡邦之弔事。掌其戒令。與其幣器財用。凡所共者。弔事弔諸侯諸臣幣所用賻也器所致明器也凡喪始死弔而含禭葬而賵贈其間加恩厚則有賻焉春秋譏武氏子來求賻○賻音附【疏】凡邦至共者○釋曰弔謂王使人弔諸侯自弔諸臣須從王行者并有贈喪之具百官當共故宰夫摠戒令之與其共幣器財用凡所共者也○注弔事至求賻○釋曰案大宗伯云以喪禮哀死亡禮記檀弓曰君臨臣喪巫祝桃茢執戈惡之也天子之禮弔諸臣之法春秋左氏王使榮叔歸含且賵是有弔法故云弔諸侯諸臣也云幣所用賻也者案公羊傳口實曰含車馬曰賵衣服曰禭幣不入含禭賵中故知是賻也云器所用致明器也者案儀禮既夕禮云若就器則坐奠于陳注云就猶善也贈無常唯翫好則此贈與人亦是賓客就器而云明器者相對言之則檀弓云竹不成用瓦不成味木不成斵琴瑟張而不平之等是主人之明器賓客所致者謂之就器就成也謂善作之名爲就器揔而言之皆是神明死者之器故此就器亦名明器也云凡喪始死弔而含襚葬而賵贈其間加恩厚則有賻焉言此者欲見賻非正禮其賻乃是於死者恩厚乃加之故禮記云弔喪不能賻不問其所費是恩厚之義也云春秋譏武氏子來求賻者隱公三年公羊文案公羊云武氏子來求賻何以書譏何譏爾喪事無求求賻非禮何休云禮本爲有財者制有則送之無則致哀而已不當求求則皇皇傷孝子心蓋通於下何休云云爾者嫌天子財多不當求下財少可求故明皆不當求鄭引此者見王於諸侯諸臣有歸則爾諸侯諸臣亦不得求也顏路請子之車孔子不與亦是不合求故抑之也

大喪小喪。掌小官之戒令。帥執事而治之。大喪王后世子也小喪夫人以下小官士也其大官則冢宰掌其戒令治謂共辦○辦薄莧反【疏】大喪至治之○釋曰其小官士以下則此宰夫戒令諸官有事者也○注大喪至共辦○釋曰大宰云大喪贊贈玉含玉宗伯云朝覲會同則爲上相大喪亦如之贊人卹入俱云大喪之頒典瑞云大喪共飯玉含玉彼皆據喪唯司寇云大喪前王以爲嗣王皆不爲后世子喪者彼皆不對小喪此大喪對小喪亦王所由服故注爲王后世子也此不言庶子亦不具云小官士也者宰夫下大夫所掌而言小官明是士可知云其大官則冢宰掌其戒令者冢宰不言者文不具云治謂共辦者謂當職合共者供辦之

三公六卿之喪。與職喪。帥官有司而治之。凡諸大夫之喪。使其旅帥有司而治之。旅冢宰下士【疏】三公至治之○釋曰三公六卿喪尊故宰夫與春官職喪帥其於喪家有事官有司而治之治之亦謂共辦之大夫之喪卑宰夫不自爲使在己之下其旅三十有二人帥有事於喪家之有司而治之治之亦謂共辦之也

歲終。則令羣吏正歲會。月終。則令正月要。旬終。則令正日成。而以攷其治。治不以時舉者。以告而誅之。歲終自周季冬正猶定也旬十日也治不時舉者謂違時令失期會○會如字【疏】歲終至誅之○釋曰言周之歲終十二月則令羣吏[illegible]正猶定也謂一年會計文書摠句考之[illegible]終則令羣吏正其月要[illegible]則令羣吏正其日成[illegible]言會要成摠考之云治[illegible]違時令失期會也云以[illegible]○注歲終至期會○釋[illegible]之吉始和彼正月[illegible]考之是一歲之[illegible]書定乃可攷之故爲定也云旬十日也者上文云前期十日少牢云旬有一日旬與十日正同故知旬十日也

正歲。則以灋警戒羣吏。令脩宮中之職事。警勑戒之言鄭司農云正歲之正月以法戒勑羣吏○警京領反【疏】正歲至職事○釋曰正歲乃夏之正月是其歲始故以法警戒羣吏令脩宮中之職事以謹勑之也

書其能

者。與其良者。而以告于上。良猶善也上謂小宰大宰也鄭司農云若今時舉孝廉賢良方正茂才異等〔疏〕書其至于上○釋曰上云令脩宮中之職事則此謂官中諸吏也正歲之正月則豫選之擬至歲終當舉之也○注良猶至異等○釋曰知上是小宰大宰者以其承上文歲始未是賞時且長自告于王知上非王是小宰大宰先鄭云若今舉孝廉者謂孝弟廉潔賢良即經中良者謂有賢行而良善也云方正者人雖無別行而有方幅正直者也云茂才者漢光武諱秀時號爲茂才即經云能者也云異等者四科不同等級各異故云異等此經據宮中子弟先鄭所云不要官中之人引之況義耳

宮正掌王宮之戒令糾禁。糾猶割也察也〔疏〕注糾猶至察也○釋曰案下經王宮中有官府故掌王宮之戒令之事有過失者已發則糾而割察之其未發則禁之也

以時比宮中之官府。次舍之衆寡。時四時比校次其人之在否官府之在宮中者若膳夫玉府內宰內史之屬次諸吏直宿若今部署諸廬者舍其所居寺○比徐方履反一音毗志反注下並同宿咸如字劉息就反下同〔疏〕以時至衆寡○釋曰以四時校比宮中見住在王宮中者之官府及宿衛者次舍之衆寡也○注時四至居寺○釋曰此時是尋常事故爲四時解之案地官鄉師云以歲時巡國及野而賙萬民之囏阨鄭彼注時隨其事之時不爲四時解者彼據囏阨非常故爲隨其事之時不得爲四時也云官府之在宮中者若膳夫玉府等者以其言在宮中之官府是執掌重事美物及飲食乃得在王宮故知是此人等云次諸吏直宿若今時部署諸廬者此次謂若匠人云外有九室九卿治之即詩云適子之館兮鄭云卿士所之之館在天子之宮中如今部署諸廬彼二者與此次爲一物此據宮中之官府下宮伯云授八次八舍鄭注衛王宮者彼據宮中官府子弟云舍其所居寺者寺即舍也是官府退息之處

爲之版以待。鄭司農云爲官府次舍之版圖也待待比也玄謂版其人之名籍待待戒令及比〔疏〕爲之版以待○釋曰版謂宿衛人名籍爲宮正執籍校比之也○注鄭司農至及比○釋曰先鄭以版爲官府次舍之版圖者先鄭於入成注云版名籍圖地圖此注連言圖其版即名籍與後鄭義同後鄭以爲人名籍者增成先鄭義也

夕擊柝而比之。夕莫也莫行夜以比直宿者爲其有解惰離部署鄭司農云柝戒守者所擊也易曰重門擊柝以待暴客春秋傳曰魯擊柝聞於邾○柝吐各反莫音暮本亦作暮行下孟反爲于僞反下注皆同解佳賣反惰徒臥反離力智反重直龍反聞音問又如字〔疏〕夕擊柝而比之釋曰既得名籍王夕暮擊柝校比之恐其解惰也○注夕莫至於邾○釋曰後鄭云莫行夜以比直宿者謂直宿即坐持更之人則行夜者擊柝校比直宿人故先鄭云柝戒守者所擊也易曰者是易繫辭文彼又云蓋取諸豫鄭玄注云豫坤下震上九四體震又互體有艮艮爲門震日所出亦爲門重門象艮又爲手巽爻也應在四皆木也手持二木也手持二木以相敲是爲擊柝擊柝爲守備警戒也四又互體爲坎坎爲盜五離爻爲甲冑戈兵盜謂持兵是暴客也又以其卦爲豫有守備則不可自逸是也云春秋傳曰者左氏哀七年秋魯伐邾邾茅成子請告于吳不許曰魯擊柝聞於邾吳二千里不三月不至何及於我引之證擊柝之義也

國有故。則令宿。其比亦如之。鄭司農云故謂禍災令宿宿衛王宮春秋傳曰忘守必危況有災乎玄謂故凡非常也文王世子曰公有出疆之政庶子以公族之無事者守於公宮正室守大廟諸父守貴宮貴室諸子諸孫守下宮下室此謂諸侯也王之庶子職掌國子之倅國有大事則帥國子而致於大子唯所用之者令宿之事蓋亦存焉○守手又反又音手疆居良反倅七內反〔疏〕國有至如之○釋曰有故有災禍及王時出行不在皆是也云則令宿其比亦如之者亦如比夕擊柝已上之事與平常同也○注鄭司至存焉○釋曰先鄭引春秋傳者左氏昭十八年夏五月宋衛陳鄭災子產授兵登陴子大叔曰晉無乃討乎子產曰小國忘守則危況有災乎彼爲則先鄭云必讀字不同也玄謂故凡非常也文王世子曰公有出疆之政者謂出朝覲也云庶子以公族之無事者守於公宮者言政與下爲目庶子謂諸侯庶子之官掌卿大夫士之適子并掌公家之事云正室守大廟者謂公族之內適子名爲正室使守大廟大廟尊故也云諸父守貴宮貴室者謂同族爲諸父行者貴宮貴室同爲路寢路寢對大廟生人之尊也云諸子諸孫者亦謂同族之內諸爲子行孫行者也云守下宮下室者下宮謂親廟四下室謂燕寢也云此謂諸侯也者謂文王世子文是諸侯法也云王之庶子職掌國子之倅已下者是夏官諸子職文云庶子者諸庶一也於諸侯即爲庶子於天子則爲諸子今因諸侯言庶子其實夏官所云是諸子職也彼鄭注倅謂副倅之倅國子謂諸侯卿大夫士之子者云國有大事則帥國子而致於太子唯所用之者彼云大事者寇戎之事卿大夫士之子屬太子故唯太子所使用也彼是甲兵不云宿衛故鄭云令宿之事蓋亦存焉存焉者宿衛之事亦在唯所用中引之言欲見國有故中有王出疆巡守征伐皆須令宿增成先鄭義也

辨外內而時禁。鄭司農云分別外人內人禁其非時出入○別彼列反〔疏〕辨外內而時禁○釋曰先鄭云分別外人內人禁其非時出入者謂住在王宮中有卿大夫士等外人謂男子內人謂婦女皆是也此男女自相對爲外人內人其內人非謂宰職所云內人是刑女在宮中者也

稽其功緒。糾其德行。稽猶考也計也功吏職也緒其志業○行下孟反〔疏〕稽其至德行○釋曰緒業也宮正考計其宮中卿大夫士功狀及職業多少糾察其在身爲德施之爲行二者也

幾其出入。均其稍食。鄭司農云幾其出入若今時宮中有罪禁止不能出亦不得入及無引籍不得入宮司馬殿門也玄謂幾荷其衣服持操及疏數者稍食祿稟○荷呼可反又音何操七曹反數音朔稟彼錦反〔疏〕注鄭司至祿稟○釋曰先鄭引今時者謂漢法言引籍者有門籍及引人皆得出入也又云司馬殿門者漢宮殿門每門皆使司馬一人守門比千石皆號司馬殿門也玄謂幾荷其衣服持操及疏人數者案閽人云喪服凶器不入宮潛服賊器不入奇服怪民不入宮殿門云幾出入不物者謂衣服視古不與褻同及所操物不如品式者職雖不同皆是守禁此經直云幾其出入明知漢有此呵其衣服持操及疏數此增成司農義也云稍食祿稟者稱稍則稍稍與之則月俸是也則下士食九人中士倍下士上士倍中士大夫倍上士之類其祿與之米稟故云祿稟也

去其淫怠與其奇衺之民。民宮中吏之家人也淫放濫也怠解慢也奇衺譎觚非常○去起呂反奇音羈徐去宜反衺似嗟反亦作邪譎古穴反觚音孤〔疏〕注民宮至非常○釋曰此一經並是吏之民云淫放濫也怠解慢也爲此惡行也云民宮中吏之家人也者吏即宅在宮中卿大夫士其家人爲此惡行也者使之不爲即是去也此民謂若秋官隸民之類云奇衺譎觚非常者兵書有譎觚之人謂譎詐桀出觚角非常也

會其什伍而教之道義。五人爲伍二伍爲什會之者使之輩作輩學相勸帥且寄宿衛之令鄭司農云道謂先王所以教道民者藝謂禮樂射御書數○會如字注同教道徒報反下道導同〔疏〕注五人至書數○釋曰宮正掌宮中卿大夫士亦兼掌子弟會謂會合其官中子弟使之以五人爲伍二伍爲什必會合之者欲使之宿衛時語言相體服容相識是其輩作也及其學問又相親及切瑳琢磨是其輩學揔相是相勸帥也云且寄宿衛之令者管子云因內政寄軍令在家時五家爲比在軍還五人爲伍之類此亦五人爲伍二伍爲什使之輩學似若在家也因使之宿衛以寄軍令也先鄭云道謂先王所以教道民者謂若保氏云掌養國子以道而教之六藝道則師氏三德三行也藝謂禮樂射御書數亦保氏職文也

月終。則會其稍食。歲終。則會其行事。行事吏職也〔疏〕月終至行事○釋曰稍食謂宮中官府等月祿故至月終會計之歲終則會計行事吏職當考知功過也

凡邦之大事。令于王宮之官府次舍。無去守而聽政令。使居其處待所爲〔疏〕凡邦至政令○釋曰邦有大事謂國之大事在祀與戎則令于王宮之官府次舍無去守謂使之皆在次舍不得去部所守而聽待政令須有所爲

春秋。以木鐸脩火禁。火星以春出以秋入因天時而以戒〔疏〕春秋至火禁○釋曰春謂季春秋謂季秋二時火星出入之時以木鐸警衆使脩火禁也○注火星至以戒○釋曰火星則心星也公羊謂之大辰服注春秋云火出於夏爲三月於商爲四月於周爲五月故云以春出也季秋昏時伏於戌火星入故云以秋入云因天時而以戒者此火謂陶冶鑄銅之火因天出火民則爲之因天入火民則休之故云因天時戒之也此施火謂宮正於宮中特宜慎火故脩火禁夏官司爟云掌行火之政令四時變國火以救時疾下又云時則施火令爲焚萊之時故脩火禁也秋官司烜云中春以木鐸脩火禁于國中注云爲季春將出火也火禁謂用火之處及備風燥是二月預脩之三月重掌事各有所爲不相妨也

凡邦之事蹕。宮中廟中則執燭。鄭司農讀火絕之云禁凡邦之事蹕國有事王當出則宮正主禁絕行者若今時衛士填街蹕也宮中廟中則執燭宮正主爲王於宮中廟中執燭玄謂事祭事也邦之祭社稷七祀於宮中祭先公先王於廟中隸僕掌蹕止行者宮正則執燭以爲明春秋傳曰有大事於大廟又曰有事於武宮○蹕音畢徐又音癉讀戚如字徐音豆填音田街音佳〔疏〕凡邦至執燭○釋曰凡邦之事謂祭祀之事王當出入來往時隸僕與王蹕止行人於宮中及廟中也王出向二處當侵晨而行爾時則宮正爲王執燭爲明也○注鄭司至武宮○釋曰先鄭讀火絕之則火字向上爲句也其禁自與凡邦之事蹕共爲一句宮正既不掌蹕事若如先鄭所讀則似宮正爲王蹕非也云宮中廟中則執燭者若不以邦之事與此宮中爲一事則宮中廟中何爲事而遣宮正執燭乎亦非也又云若今時衛士填街蹕也者漢儀大駕行幸使衛士填塞街巷以止行人備非常也玄謂事祭事也者謂在宮中廟中二處皆有祭事也云邦之祭社稷七祀於宮中者小宗伯云左宗廟右社稷在宮中中門之外也依祭法王爲羣姓立七祀曰司命曰中

霤曰國行曰國門曰泰厲曰戸曰竈案司門云凡歲時之門受其餘則此七祀等是爲羣姓所立者不在宮中也祭法又云王自爲立七祀者此則禱祀在宮中者也云春秋傳曰有大事于大廟者左氏文二年秋八月丁卯大事于大廟是也云又曰有事于武宮者昭十五年春二月癸酉有事于武宮鄭引此者欲見隸僕蹕于宮中亦得兼廟中故公羊云魯公稱世室羣公稱宮則天子之廟亦有宮稱也

大喪。則授廬舍。辨其親疏貴賤之居。廬倚廬也舍堊室也親者貴者居倚廬疏者賤者居堊室雜記曰大夫居廬士居堊室○倚於綺反【疏】大喪至之居○釋曰大喪謂王喪臣子皆爲之斬衰則同廬舍所居則異也云授廬舍者揔諸臣而辨其親疏貴賤之居異也○注廬倚至堊室○釋曰廬倚廬也者謂於路門之外東壁倚木爲廬云舍堊室也者舍對廬故爲堊室堊室者兩下爲之與廬異故名堊室也云親者貴者居倚廬者親謂大功以上貴謂大夫以上者居倚廬云疏者賤者居堊室者疏謂小功緦麻賤謂士二者居堊室知義如此者以其經云辨其親疏貴賤明當如此解之也又引雜記者彼是諸侯之臣其大夫居廬士居堊室彼注士居堊室亦謂邑宰也朝廷之士亦居廬引之者證貴者居廬賤者居堊室一邊之義耳其實爲諸侯禮不辨親疏貴賤而別其遠近並爲天子之臣也

宮伯掌王宮之士庶子。凡在版者。鄭司農云庶子宿衛之官版名籍也以版爲之今時鄉戸籍謂之戸版玄謂王宮之士謂王宮中諸吏之適子也庶子其支庶也○適音丁歷反【疏】宮伯至版者○釋曰宮伯掌王宮中卿大夫之適子庶子士之適子也凡在版者子弟皆有名籍以擬校比也○注鄭司至庶也○釋曰鄭司農云庶子宿衛之官謂若夏官諸子職後鄭不從者彼諸子是下大夫此宮伯中士不合掌之故不從也玄謂王宮之士謂宮中諸吏之適子也者吏謂卿大夫士之揔號云庶子其支庶也者以其宮正掌宮中官府宮伯掌其子弟故也案大司馬云王弔勞其士庶子文與此同鄭彼注云弔其死者勞其傷者庶子卿大夫之子從軍者彼士爲卿大夫士庶子爲卿大夫之子則兼適庶與此不同者彼更無弔勞卿大夫士身故上爲卿大夫庶子中兼適庶是鄭望文以爲義故注與此不同也

掌其政令。行其秩敘。作其徒役之事。秩祿稟也敘才等也作徒役之事大子所用【疏】掌其至之事○釋曰宮伯既掌士庶子所以有政令盡掌之也行其秩敘者秩謂依班秩受祿敘者才藝高下爲次第以作其徒役者士庶子屬大子隨其所用使役之也

授八次八舍之職事。衛王宮者必居四角四中於徼候便也鄭司農云庶子衛王宮在內爲次在外爲舍玄謂次其宿衛所在舍其休沐之處○徼古弔反便婢面反【疏】注衛王至之處○釋曰言衛王宮者必居四角四中者以其言八似若八方爲四方四維然以四角四中解之必於八所以爲次舍者相徼察來往候望皆便故次舍皆八也司農云庶子衛王宮在內爲次在外爲舍者庶子義上已破訖先鄭意內次外舍有所隔絶故后鄭不從也玄謂次其宿衛所在者謂宿衛之處稍在前爲之館也舍者若掌舍之舍亦舍息休止之處故鄭爲休沐之處也

若邦有大事。作宮衆則令之。謂王宮之士庶子於邦有大事或選當行【疏】若邦至令之○釋曰事亦謂寇戎之事作起也謂起宮中之衆使士庶子行則宮伯戒令之

月終則均秩。歲終則均敘。以時頒其衣裘。掌其誅賞。頒讀爲班班布也衣裘若今賦冬夏衣○頒音班【疏】月終至誅賞○釋曰月終則均其秩秩祿稟則與宮正均稍食亦一也歲終則均敘與宮正則異彼官中官府故會其行事此其子弟故均其敘敘即上注才等也以時頒其衣裘夏時班衣冬時班裘掌其誅賞者士庶子有功則賞之有罪即誅之也○注若今賦冬夏衣○釋曰賦班也班之與賦皆賜授之義

周禮注疏卷三校勘記　　阮元撰盧宣旬摘錄

小宰

官皆當爲官　嘉靖本閩本同監本毛本作當皆爲官誤倒惠棟云以官刑憲禁于王宮而令于百官府且曰國有大刑則宮刑當作官刑明矣案經首云掌建邦之宮刑以治王宮之政令未云以宮刑憲禁于王宮宮正宮伯等職皆言王宮經無有言王官者則官刑之非官刑審矣

若今御史中丞　惠士奇云劉昭注續漢志引小宰職于寶注若御史中丞是于注非鄭注也案此當是于用鄭注賈疏本有之

已云四曰官刑　閩監毛本誤官刑

應劭云　惠校本同與漢制考合閩監毛本劭改邵○按應邵古書多作劭以說文邵高也定之名邵故字仲遠作邵則大誤

九頁中兼之矣　監毛本同此本矣誤人閩本誤又今訂正

謂宮正至夏采　閩本同監毛本采誤宋

此並共王食是同事　案同爲大之誤

天官甚衆　浦鏜云天當六字誤

周公攝政三年滅奄　惠挍本作踐奄此誤○按十行本是踐字不誤

然則服亦平也　此本則誤賊今據監毛本訂正閩本然則誤糾賊

以官府之六聯合邦治　唐石經嘉靖本閩本皆作聯宋本作聨監毛本作聮並非○按依說文从耳从絲省

六曰斂弛之聯事　余本閩監毛本同唐石經宋本嘉靖本弛作弛石經考文提要云宋本九經宋纂圖互注本宋附釋音本皆作斂弛案釋文斂弛劉本作施音弛杜作施然則經本作斂施有杜子春劉昌宗本可據劉音弛從注讀而淺人遂據以改經耳小司徒遂人遂師遂大夫土均施舍字凡五見注皆云施讀爲弛可證漢讀考云蓋杜易施爲弛而鄭發明其義今本恐是依注改經作弛復依經改注作弛讀爲施耳

屬其六紖　余本閩監毛本同嘉靖本紖作引釋文六紖徐音允劉音引本或作引案大司徒職作屬其六引鄭司農云六引謂引喪車索也六鄉主六引六遂主六紖蓋彼經作引此注作紖有劉音可據說文紖牛系也嘉靖本依經作引與陸云或本合

杜子春弛讀爲施　余本宋本嘉靖本同閩監毛本弛作弛非

皆舍不以力役之事　宋本舍作捨

杜子春引讀爲施者　浦鏜云弛誤引

不必連　案下當脫斂

簡稽士卒兵器薄書　諸本薄作簿

簡猶閱也　釋文出簡閱二字則陸本無猶字

皆官師擁鐸拱稽　浦鏜云國語師作帥擁作擲案浦據俗本國語如此耳明道本作行頭皆官師擁鐸拱稽與此合

責謂貸予　諸本同釋文出貸予二字皆誤也疏引注云責謂貸子者謂貸而生子者若今舉責卽地官泉府云凡民之貸者以國服爲之息是也又釋經云稱責謂舉責生子則予爲子字之誤無疑當訂正

傅傅著約束於文書　此本疏中引注作傅傅著約於文書後剟揩束字蓋注本無束字

傅別謂爲大手書於一札中字別之　案大手書疑當作下手書司市注云質劑謂兩書一札而別之也若今下手書言保物要還矣疏云漢時下手書卽今畫指券大字蓋誤○按謂爲大手句絶卽今俗語所謂手摹腳印也傅別是一札而剖之分執質劑是兩札各執其一不必援司市注以改此

謂聽時以禮命之其人策書之本　浦鏜云上之字疑在其人下

此謂於官直貸不出子者　閩監毛本子改予蓋因取子字致誤也

皆是利稅之事也　閩本同監毛本作科稅

引之以證征是口稅之法　此本及閩毛本皆作日稅今从監本訂正

凡賒者祭祀無過旬日　監本賒改賖俗字下同

簿書之要目曰契　案要當從注作最○按最古作冣此以要釋冣耳毛本作最目曰契是也

辨辨然不疑惑也　疏云辨辨然於事分明無有疑惑之事惠棟云辨然不不讀爲否漢官儀解博士云士者辨於然否是也疏讀非案釋文亦無音○按古人不字多讀平聲者今人但於詩句用之

令百官府共其財用治其施舍　唐石經諸本同毛本官府誤倒案上注聽平治也釋文治如字下文治其弛舍同凡經云施舍注皆讀施爲弛此注不言讀爲蓋經本作弛字或經作施舍注云弛舍陸氏本注讀也

書亦爲七事　漢讀考謂當作書亦或爲七事

云施舍不給役　閩本同監毛本下增者

賛王幣爵之事　唐石經嘉靖本閩監毛本同宋本余本王作玉宋岳珂九經三傳沿革例云諸本王皆作

玉惟越注疏及建大字本作王大宰贊玉幣爵上文有贊王牲事則玉幣爵不得再言王小宰職甲不獲贊牲事且此上文未有王字故言王幣爵注所謂從大宰助王其義甚明案疏云大宰職祀五帝贊玉幣爵令此又云祭祀贊此三者謂小宰執以授大宰大宰執以授王故云又從大宰助王也是賈疏本作玉字注云從大宰助王當從䟽義岳說非段玉裁漢讀考言之備矣

而下引云祼將　浦鏜云別誤引

大賓客則攝而載祼　浦鏜云經作果注果讀爲祼案鄭既於彼注改讀故於此引經竟從其所讀三禮注皆如是

使齋歲盡文書來至　監本齋作齋非釋文亦誤齋葉鈔本作齋。按依說文則監本不誤

而觀治象之灋徇以木鐸曰不用灋者　監毛本灋改法徇作徇非疏中同

此文乃檀弓并明堂位　浦鏜改乃爲及非

各修乃職　唐石經嘉靖本修作脩諸本皆作修非當訂正。按經典多用脩罕用修者

宰夫之職　閩監毛本誤連上文不跳行

王族故士虎士　虎士書誤處功今據經訂正

宰夫主諸臣萬民之復逆　宋本萬作万

在下受而受而行之　（補）案受而二字誤重

然者一日萬機　惠挍本然下有王此脫

如今侍曹伍伯　余本嘉靖本閩監毛本同宋本伍作五此本疏中引注及漢制考皆作五百案疏云漢時五人爲伍伯長也是五人之長然則訓伍爲五訓伯爲長不得竟作五也一作五非

云如今侍曹五伯傳吏朝也者　閩監毛本作伍伯此作五非

其徒止爲在朝趨走　監本止誤上

賓賜之飧牽　釋文唐石經飧作飱從夕釋文云一本作賓賜掌其飧牽。案此本注內及疏文並作飱

俱亡滅者多　浦鏜云俱當但字誤

木不成斲　惠挍本同閩監毛本作斵非

何休云云爾者　浦鏜云當衍一云

彼皆據喪　案據下當脫王

歲終自周季冬　浦鏜云是誤自案此字當衍

則令羣吏羣吏則六十官　此本補刻下羣吏誤羣臣今據閩監毛本訂正

宮正

若今部署諸廬者　疏引注作若今時部署諸廬者案時字當有注中屢言若今時

夕擊柝而比之　唐石經柝作柝此本作拆訛今訂正

故謂禍灾　諸本灾作災此蓋俗省疏中灾災錯出此本補刻多不足據

則師國子而致於大子　閩監毛本同誤也宋本余本嘉靖本師作帥當訂正又此本及閩監毛本疏中皆作帥不誤

亦如比夕擊柝已上之事　惠挍本比作上此誤

引之言欲見國有故中　惠挍本言作者此誤

禁止不能出　閩監毛本同誤也宋本余本嘉靖本能作得當訂正

不得入宮司馬殿門也　諸本同案殿字疑衍顏師古注漢書元帝紀云司馬門者宮之外門也衛尉有八屯衛候司馬主衛士徼巡宿衛每面各二司馬故謂宮之外門爲司馬門此因賈疏云司馬門者漢宮殿門遂衍殿字矣。按疏明言云司馬殿門者是有殿字可知漢官儀云公車司馬掌殿司馬門司馬殿門即殿司馬門也

元謂幾荷其衣服持操　宋本余本嘉靖本同監毛本荷作呵非閩本呵字剜改蓋本作荷葉鈔釋文漢制考皆作荷六經正誤云呵亦作荷呼何反又音何漢書賈問作呵芙渠作荷惠棟云漢書守荷禮不作呵萬卷堂本是

殿門云幾出入不物者　浦鏜云司誤殿

皆得出入也　惠挍本皆作乃此誤

稍則稍稍與之　惠挍本句首有言

則下士食九人　惠挍本作食則下士九人非也

與其奇衺之民　釋文衺亦作邪案經作衺注作邪見地官司救音義

怠解慢也　宋本余本嘉靖本閩本同監毛本解改懈而疏中仍作解

禁凡邦之事蹕　嘉靖本邦作國惠挍本亦作國云萬卷堂本仍作邦

宮正主爲王於宮中廟中執燭　嘉靖本執燭上有則

何爲事而遣宮正執燭乎　盧文弨曰何爲疑當作爲何

宮伯

謂王宮中諸吏之適子也　疏引注無王此衍

故上爲卿大夫　惠挍本上作士此誤

秩祿稟也　宋本稟作廩誤稟筆錦反賜也

附釋音周禮注疏卷第四

鄭氏注　賈公彥疏

膳夫掌王之食飲膳羞。以養王及后世子。食飯也飲酒漿也膳牲肉也羞有滋味者凡養之具大略有四。食音嗣注及下食用公食同飯扶萬反依字作飰（疏）膳夫至世子。釋曰云膳夫掌王之食飲者此一經以其職首故略舉其目下別敘之云以養王及后世子者舉尊者而言其實羣臣及三夫人已下亦養之。注食飯至有四。釋曰云食飯也者即下文云食用六穀是也云飲酒漿也者即下文飲用六清是也下文不言酒文略也云膳牲肉也者即下文云膳用六牲是也云羞有滋味者即下文云羞用百有二十品是也下文仍有珍用八物醬用百有二十罋不言之者此舉大者珍醬是饋之小者略而不言故鄭云凡養之具大略有四是舉以爲目也。

凡王之饋食用六穀。膳用六牲。飲用六清。羞用百▲二十品。珍用八物。醬用百有二十罋。進物於尊者曰饋此饋之盛者王舉之饌也六牲馬牛羊豕犬雞也羞出於牲及禽獸以備滋味謂之庶羞公食大夫禮內則下大夫十六上大夫二十其物數備焉天子諸侯有其數而物未得盡聞珍謂淳熬淳母炮豚炮牂擣珍漬熬肝膋也醬謂醯醢也王舉則醢人共醢六十罋以五齏七醢七菹三臡實之醯人共齏菹醯物六十罋鄭司▲農云羞進也六穀稌黍稷粱▲麥苽苽彫胡也六清水漿醴醷▲醫▲酏。饔徐劉音瓮星貢反饌仕眷反盡津忍反淳之純反下同熬五刀反母莫胡反一音武由反炮步交反牂作郎反擣丁老反膋力彫反齏作西反臡劉奴兮反徐耳齊反稌音杜徐他古反苽古吳反醷本又作涼力羊反徐力放反醫於計反酏以支反劉書支反（疏）注進物至醫酏。釋曰鄭云進物於尊者曰饋者據此文云王之饋及少牢特牲皆云饋食是進物於尊者曰饋鄭注玉府云通行曰饋者彼對獻是進物於尊則饋是通行也云此饋之盛者王舉之饌者下文云王日一舉鼎十有二是王舉之饌也云六牲馬牛羊豕犬雞者此依爾雅釋畜亦是將用之日牲也云羞出於牲及禽獸者釋經羞用百有二十品此羞庶羞皆出於牲及禽獸案公食大夫下大夫十六豆中從腳臐膮已下皆出於牲不見有出禽獸者上大夫加以雉兔鶉鴽此則出禽獸也以其有牲及禽獸故云備滋味謂之庶羞也引公食大夫禮及內則二文俱言十六是下大夫禮內則云雉兔鶉鴽四豆添前十六則二十是上大夫禮云其物備數焉者此上下大夫禮其物備有焉云天子諸侯有其數者此經云百有二十者是天子有其數掌客云上公食四十侯伯三十二子男二十四是諸侯有其數也又云而物未得盡聞者言未盡聞則少有聞所聞者謂天子諸侯之數皆從上大夫二十豆上加之則二十豆聞之矣內則云牛脩及爵鷃蜩范芝栭已下三十一物鄭注云皆人君燕食所加庶羞也周禮天子羞用百有二十品記者不能次錄亦是有其物未盡聞也云珍謂淳熬已下皆內則文案內則淳熬煎醢加于陸稻上沃之以膏曰淳熬淳母煎醢加于黍食上沃之以膏曰淳毋模也炮取豚若牂刲之刳之實棗於其腹中編萑以塗之塗之以墐▲塗炮之塗皆乾擘之濯手以摩之去其皽爲稻粉糔溲之以爲酏以付豚煎諸膏膏必滅之鉅鑊湯以小鼎薌脯於其中使其湯毋滅鼎三日三夜毋絕火而後調之以

醢醢擣珍取牛羊麋鹿麕之肉必脄每物與牛若一捶反側之去其餌孰出之去其皽柔其肉漬取牛羊肉必新殺者薄切之必絕其理湛諸美酒期朝而食之以醢若醯醷為熬捶之去其皽編萑布牛肉焉屑桂與薑以洒諸上而鹽之乾而食之施羊亦如之肝膋取狗肝一幪之以其膋濡炙之舉焦其膋不蓼也是為八珍彼有糝與飾彼是羞豆之實非珍故不取云醬謂醯醢也者醬是揔名知醬中兼有醯醢者經云百有二十罋醢人共醢六十罋醯人共醯物六十罋故鄭注醢人兼引之其五齏七醢等就醢人具釋鄭司農云六穀知有稌黍稷粱麥苽者據食醫而知云苽彫胡也者南方見有苽米一名彫胡異方語云六清水漿醴涼醫酏者漿人文也

王日一舉，鼎十有二，物皆有俎。殺牲盛饌曰舉。王日一舉，以朝食也。后與王同庖。鼎十有二，牢鼎九，陪鼎三。物謂牢鼎之實，亦九俎。○朝如字，下奉朝同。陪，徐蒲來反。

【疏】王日至有俎○釋曰言王日一舉者謂一日一大牢云鼎十有二者案禮記郊特牲鼎俎奇而籩豆耦者謂正鼎九陪鼎三即是奇數揔而言之即十二云物皆有俎者俎據正鼎而鼎各一俎○注殺牲至九俎○釋曰殺牲盛饌曰舉知非舉樂者以其言鼎十有二膳夫主飯食故知舉是殺牲盛饌云王日一舉以朝食也者一日食有三時同食一舉案玉藻云皮弁以日視朝遂以食日中而餕餕者餕朝之餘則遂以食之謂朝之食明知先朝食次乃日中而餕云后與王同庖案玉藻云夫人與君同庖鄭注云不特殺明后亦與王同庖可知云鼎十有二牢鼎九陪鼎三者案聘禮致饔餼注云飪一牢鼎十有二是也牢鼎九在西階前云牛羊豕魚腊腸胃同鼎膚鮮魚鮮腊云陪鼎三者當內廉膷臐膮並陪牛羊豕鼎後是也云物謂牢鼎之實者言實即牛羊豕之類也云亦九俎者陪鼎三膷臐膮者謂庶羞在於豆唯牢鼎之物各在俎故云亦九俎案趙商問王日一舉鼎十有二是為三牲備焉商案玉藻天子日食少牢朔月太牢禮數不同請聞其說鄭荅云禮記後人所集據時而言或以諸侯同天子或以天子與諸侯等禮數不同難以據也王制之法與禮違者多當以經為正若然此周禮周公太平法玉藻據衰世或是異代故與此不同

以樂侑食。膳夫授祭，品嘗食，王乃食。侑猶勸也。祭謂刌肺脊也。禮飲食必祭，示有所先。品者每物皆嘗之，道尊者也。○授祭品于云祭五行六陰之神與民起居。刌，寸本反，劉音村，沈寸沒反，徐倉典反。

【疏】以樂至乃食○釋曰上言王日一舉此云以樂侑食即是王制云天子食日舉以樂案論語微子云亞飯三飯四飯鄭云皆舉食之樂彼諸侯禮尚有舉食之樂明天子日食有舉食之樂可知案大司樂云王大食皆令奏鍾鼓彼大食自是朔食日舉之樂大司樂或不令奏故不言之矣無妨日食自有舉食之樂云膳夫授祭者謂王將食必祭先膳夫授之云品嘗食者玉藻云火孰者先君子鄭注云備火齊不得也故膳夫品物皆嘗之王乃食也○注侑猶至者也○釋曰殷祭胏周祭肺但祭肺有二種一者名為舉肺亦名離肺此為食而有也二者名為祭肺亦名刌肺此為祭而有也但舉肺離而不絕祭肺則絕之今此膳夫授祭為食而授即舉肺也鄭云祭謂刌肺脊也者以經直云祭不言舉又不言離直云祭故鄭云祭謂刌肺也以優至尊故與祭祀同刌肺也若然鄉飲酒鄉射無連言脊今兼言脊者依士虞特牲皆言授肺脊故鄭依之而言云禮飲食必祭示有所先者凡祭皆祭先造食者曲禮云殽之序偏祭之今徒言祭肺者略舉其首者也

卒食，以樂徹于造。造，作也。鄭司農云：造謂食之故所居處也，已食徹置故處。

【疏】卒食至于造○釋曰卒終也天子食終徹器之時作樂以徹之但天子祭祀歌雍以徹徹食器之時樂章未聞也○注造作也至故處○釋曰後鄭云造作也先鄭云徹置故處二鄭義同皆謂造食之處即廚是也案內則云天子之閣左達五右達五彼亦是置食處今此不徹於閣者但閣內別置新饌案文王世子未有原即此亦不重進故徹于造

王齊日三舉。鄭司農云：齊必變食。

【疏】王齊日三舉○釋曰齊謂散齊致齊齊必變食故加牲體至三大牢案玉藻云朔食加日食一等則於此朔食當兩大牢不言之者文不具齊時不樂故不言以樂侑食也齊必變食論語文

大喪則不舉。大荒則不舉。大札則不舉。天地有烖則不舉。邦有大故則不舉。大荒，凶年。大札，疫癘也。天烖，日月晦食。地烖，崩動也。大故，寇戎之事。鄭司農云：大故，刑殺也。春秋傳曰：司寇行戮，君為之不舉。○札，側八反，徐音截，杜注左傳：大死曰札。烖音災。疫音役。癘音厲。為，于偽反。

【疏】大喪至不舉○釋曰臣子一皆為王喪啜粥故大喪不舉也大荒則不舉已下皆為自貶損○注大荒至不舉○釋曰言大荒凶年者則曲禮云歲凶年穀不登君膳不祭肺是也云大札疫癘也者即春秋天昏札瘥民有疫癘為之不舉自貶也云天烖日月晦食者月食在望日食在晦朔今揔云日月晦食者案春秋唯書日食故以是不言月之望食日食由月故連言月也云地烖崩動也者左氏書地震及梁山崩是也云大故寇戎之事者據此經唯言大喪大荒大札天地有災故知大故是寇戎先鄭云大故刑殺引之在下者欲見大故中含有刑殺之事春秋傳曰司寇行刑者案莊公二十年王子頹享五大夫樂及偏舞又云王子頹歌舞不倦是樂禍也夫司寇行戮君為之不舉不舉者謂不舉樂此經數事不舉司農意亦謂不舉樂故引以為證但此膳夫云不舉在食科之中不舉即是不殺牲引司農義在下者不舉之中含有不舉樂

王燕食，則奉膳贊祭。燕食謂日中與夕食。奉膳，奉朝之餘膳。所祭者牢肉。

【疏】王燕至贊祭○釋曰案上王日一舉鄭云謂朝食則此云燕食者謂日中與夕相接為三時云奉膳者奉朝之餘膳云贊祭者助王祭牢肉○注燕食至牢肉○釋曰案玉藻天子與諸侯相互為三時食故燕食以為日中與夕云奉膳奉朝之餘膳者則一牢分為三時故奉朝之餘餕也云所祭者牢肉者案玉藻諸侯云夕深衣祭牢肉鄭注云天子言日中諸侯言夕天子言餕諸侯言祭牢肉互相挾則天子諸侯朝皆祭肺日中與夕皆祭牢肉故言所祭者牢肉也

凡王祭祀賓客食，則徹王之胙俎。膳夫親徹胙俎，胙俎最尊也。其餘則其屬徹之。賓客食而王有胙俎，王與賓客禮食，主人飲食之俎皆為胙俎，見於此矣。○見，賢遍反，下文及注同。

【疏】凡王至胙俎○釋曰云凡王祭祀謂祭宗廟有胙俎者謂若特牲少牢主人受尸酢戶東西面設主人俎於席前王受尸酢禮亦當然賓客食謂王與賓客禮食於廟賓在戶牖之間王在阼階上各有饌皆設俎故亦有胙俎此二者皆名胙俎膳夫徹之故云則徹王胙俎也○注膳夫至此矣○釋曰云膳夫親徹胙俎胙俎最尊也者以其胙者酢也王與尸賓相荅酢故遣膳夫親徹云其餘則其屬徹之者以其經膳夫徹王之胙俎明非王胙俎則其屬徹之可知膳夫是上士則其屬中士已下是也云賓客食而王有胙俎王與賓客禮食者以其賓客與祭祀同科故知是禮食非是凡平燕食案公食大夫主君與聘大夫禮食賓前有食君前無食退侯於廟今此天子與諸侯禮食王前有俎者天子於諸侯其禮異於諸侯與聘大夫故王前有俎云主人飲食之俎皆為胙俎見於此矣者案特牲少牢主人之俎雖為胙俎直是祭祀不兼賓客此則祭祀賓客俱有故云主人飲食之俎皆為胙俎見於此飲據祭祀食據賓客故雙言之也

凡王之稍事，設薦脯醢。鄭司農云：稍事為非日中大舉時而間食，謂之稍事。膳夫主設薦脯醢。玄謂稍事，有小事而飲酒。○間，劉古莧反，戚如字。

【疏】凡王至脯醢○釋曰案下經燕飲酒謂大事與臣飲酒則此云王之稍事是王小事而飲酒故空設薦脯醢若大飲與食則有牲體○注鄭司農至飲酒○釋曰先鄭云稍事謂非日中大舉時而間食謂之稍事膳夫主設薦脯醢者先鄭意且起日中食牲牢日中後空食脯醢後鄭不從者玉藻諸侯猶云夕深衣祭牢肉則天子夕食牢肉可知又脯醢者是飲酒肴羞非是食饌若大夫已下燕食有脯無會設脯無嫌若王之日食不得空薦脯醢故以為小事飲酒

王燕飲酒，則為獻主。鄭司農云：主人當獻賓，則膳夫代王為主，君不敵臣也。燕義曰：使宰夫為獻主，臣莫敢與君亢禮。

【疏】王燕至獻主○釋曰謂王與臣以禮燕飲則膳夫為獻主案儀禮使宰夫為主人此天子使膳夫為獻主皆是飲食之官代君酌臣○注鄭司至亢禮○釋曰言當獻賓則膳夫代王為主此約燕禮而知案燕禮主人酌酒獻賓賓酢主人主人酌酒獻君君酢主人主人酬賓以後為賓舉旅又引燕義臣莫敢與君亢禮者飲酒之禮使大夫為賓遣宰夫為主人獻酢相亢荅若君為主人則是臣與君相亢故云臣莫敢亢禮

掌后及世子之膳羞。亦主其饌之數，不饋之耳。

【疏】掌后至膳羞○釋曰上云王日一舉注后與王同庖不言世子則世子與王別牲亦膳夫所掌故云掌后及世子之膳羞○注亦主至之耳○釋曰案上文凡王之饋食用六穀已下言饋則膳夫親饋之故云品嘗食按內饔共后及世子之膳羞則是后世子內饔饋之故鄭云亦主其饌之數不饋之耳

凡肉脩之頒賜，皆掌之。鄭司農云：脩，脯也。

【疏】凡肉至掌之○釋曰謂王以肉及脩脯須賜羣臣則膳夫皆掌之○注鄭司至脯也○釋曰言脩脯也者謂加薑桂鍛治者謂之脩不加薑桂以鹽乾之者謂之脯則脩脯異矣先鄭云脩脯者散文言之脩脯通也

凡祭祀之致福者，受而膳之。致福，謂諸臣祭祀，進其餘肉，歸胙于王。鄭司農云：膳夫受之，以給王膳。

【疏】凡祭至膳之○釋曰云凡祭祀者言凡則諸臣自祭家廟祭訖致肉於王謂之致福膳夫受之以為王膳故云受而膳之○注致福至王膳○釋曰云致福謂諸臣祭祀進其餘肉歸胙于王者案禮記少儀[illegible]於彼[illegible]主人受福若與王受福然故云有致福[illegible]春秋左氏昭十六年子產云祭有受脤歸脤[illegible]君祭以肉賜大夫歸脤謂大夫祭歸脤於公也今彼雖據諸侯禮王之臣致脤亦然故云歸胙於王也

以摯見者，亦如之。鄭司農云：以摯見者，亦受以給王膳。

【疏】以摯至如之○釋曰[illegible]夫以下新任為臣者卿執羔大夫執鴈士執雉來見王[illegible]故云以摯見者言亦如之者先鄭云亦受以給王膳也

歲終則會，唯王及后世子之膳不會。不會計多少，優尊者。其須

賜諸臣則計之。〔疏〕歲終至不會。○釋曰：此膳夫所掌膳羞是其正，故世子亦不會。至下庖人，王及后不會，則世子會之，彼禽獻是其加，故會之。○注「不會」至「計之」。○釋曰：依宰夫職，會是歲計，故云「不會計多少」。云「優尊者」，謂若計則似限尊者有多少，若不計則任所用，故云「優尊者也」。云「其頒賜諸臣則計之」者，經云王及后世子不會，則上經肉脩之頒賜諸臣則須計之可知。

庖人掌共六畜、六獸、六禽，辨其名物。六畜，六牲也。始養之曰畜，將用之曰牲。春秋傳曰「卜日曰牲」。鄭司農云：「六獸：麋、鹿、熊、麕、野豕、兔。六禽：鴈、鶉、鷃、雉、鳩、鴿。」玄謂獸人冬獻狼，夏獻麋。又內則無熊，則六獸當有狼，而熊不屬。六禽於禽獻及六摯，宜爲羔、豚、犢、麛、雉、鴈。凡鳥獸未孕曰禽。司馬職曰「大獸公之，小禽私之」。○畜，許又反，注同。六獸，司農云麋鹿熊麕野豕兔，鄭云有狼無熊。于注麕作麐，熊作狟。六禽，鄭云羔豚犢麛雉鴈也，司農及于鴈鶉雉鳩鴿鷃。麕，本又作麇，亦作麐，君倫反。麛也。鶉音純。鷃，於諫反。鴿，古合反。麛音迷，鹿子。孕，以證反，一音乘。〔疏〕庖人至名物。○釋曰：云「掌共六畜」者，馬牛羊豕犬雞，謂夏官校人、地官牛人、春官雞人、秋官犬人、冬官豕人捴送六畜與此庖人；六獸六禽，即下獸人送之。此庖人得此六畜六獸六禽，共與膳夫、內外饔，故云「掌共六畜六獸六禽」。此禽獸等皆有名號物色，故云「辨其名物」。○注「六畜」至「私之」。○釋曰：云「六畜，六牲也」者，謂雖此云六畜，即是膳夫六牲一也。所以彼言牲，此言畜者，鄭即解其不同之意：始養之曰畜，將用之曰牲。膳夫共王之膳羞，即是將用之，故言牲。云「春秋傳曰」者，此是左氏僖公三十一年傳，是辭。彼經云「四卜郊不從，乃免牲」。未卜日曰牛，卜得吉日乃號爲牲。僖公既卜得吉日，名牛作牲，乃更卜可郊以否，不從乃免牲，是其怠慢。引之者，證將用曰牲。鄭司農云「六獸麋鹿熊麕野豕兔，六禽鴈鶉鷃雉鳩鴿」者，此先鄭意取爾雅文：四足而毛謂之獸，兩足而羽謂之禽，故爲此解。玄謂獸人冬獻狼，及內則爲飾食有狼臅膏，故云當有狼而熊不屬，此破司農有熊無狼。云「六禽於禽獻及六摯，宜爲羔豚犢麛雉鴈」者，下文禽獻之內取羔豚犢麛，大宗伯六摯之內亦取羔及雉鴈，破司農六畜之內有鶉鷃鳩鴿四者，於經無所據；司農雉鴈即六摯雉鴈同，故從之不破。云「凡鳥獸未孕曰禽」，鄭言此者，見爾雅四足而毛曰獸，兩足而羽曰禽，是對文例；若散文則通，其獸未孕時雛曰四足亦曰禽，是以名爲禽獻，其中亦有羔豚犢麛。又云以禽作六摯，禽中亦有羔，是其未孕者也。謂若爾雅飛曰雌雄，走曰牝牡，亦是對文；案詩云「雄狐綏綏」，走亦曰雄；尚書云「牝雞無晨」，飛亦曰牝，並是散文通義。云司馬職曰「大獸公之，小禽私之」者，欲見雖曰四足而毛，未孕亦曰禽。此並破司農禽中不得有四足之義。

凡其死生鱻薨之物，以共王之膳，與其薦羞之物，及后世子之膳羞。凡，計數之。薦亦進也。備品物曰薦，致滋味乃爲羞。王言薦者，味以不褻爲尊。鄭司農云：「鮮謂生肉，薨謂乾肉。」○鱻，悉然反。薨，苦老反。數，色柱反，下校數同。褻，息列反。〔疏〕凡其至之義。○釋曰：云「凡其死生鱻薨之物」者，此四者或死或生，新殺爲鱻，乾者爲薨，並獸人以與膳夫內外饔，以共王之膳。云「與其薦羞之物」者，薦，進也，謂羞之所進，即備品物曰薦，亦進于王耳。「及后世子之膳羞」者，此共后世子之羞，故不言薦而言膳，是致滋味者也。○注「凡計」至「乾肉」。○釋曰：云「凡計數之」者，上經云治要、治凡，並是計筭之稱，此凡亦是計數之名。死生鱻薨須知其數，故言凡捴計之。云「備品物曰薦」者，以經薦羞言薦，對后世子羞言膳，故云備品物曰薦，致滋味乃爲羞，以其不言薦，即是致滋味之羞。若然，備品物者，謂王舉則共醢六十罋，以五齏、七醢、七菹、三臡實之，醢人共齏菹醢六十罋，是其備品物，及三牲之俎皆是也。致滋味乃爲羞，百有二十品者，故鄭云羞出於牲及禽獸，以備滋味，謂之庶羞。故公食云宰夫自東房薦豆六，又云士羞庶羞。云「王言薦者，味以不褻爲尊」者，對后世子不言薦，是其褻味者也。

共祭祀之好羞。謂四時所爲膳食，若荊州之鮺魚，青州之蟹胥，雖非常物，進之孝也。○好，呼報反。鮺，側雅反。蟹，戶買反。胥，息徐反，劉音泰，字林先於反，蟹醬也。〔疏〕共祭祀之好羞。○釋曰：尋常所共者，並在內外饔。今言好羞，則是非常之物，謂美魚之屬也。○注「謂四時」至「孝也」。○釋曰：云「四時所爲膳食」者，謂四時之間非常美食。云「若荊州之鮺魚，青州之蟹胥」者，鄭見當時有之，又見禮記禮器云「大饗其王事與，三牲魚腊，四海九州之美味，苟可薦者，莫不咸在」。且禹貢徐州貢蠙珠暨魚，荊州無魚文，是文不備，是知好羞皆是魚也。

共喪紀之庶羞，賓客之禽獻。喪紀，喪事之祭，謂虞祔也。禽獻，獻禽於賓客。獻，古文爲獸，杜子春云當爲獻。〔疏〕共喪至禽獻。○釋曰：凡喪，未葬已前，無問朝夕奠及大奠，皆無薦羞之法。今言共喪紀庶羞者，謂虞祔之祭乃有之。云「賓客之禽獻」者，謂若掌客上公乘禽日九十雙，侯伯七十雙，子男五十雙之類是也。○注「喪紀」至「爲獻」。○釋曰：云「喪紀，喪事之祭，謂虞祔也」者，天子九虞，後作卒哭祭，虞、卒哭在寢，明日祔於祖廟。今直云虞祔，不言卒哭者，舉前後虞祔，則卒哭在其中，共庶羞可知。云「獻，古文爲獸，杜子春云當爲獻」者，但賓客之禽由主人獻之，若直言賓客禽獸，於義無取也。

凡令禽獻，以灋授之，其出入亦如之。令，令獸人也。禽獸不可久處，賓客至，將獻之，庖人乃令獸人取之，必書所當獻之數與之。及其來致禽，亦以此書校數之。至于獻賓客，又以此書付於使者，展而行之。掌客乘禽於諸侯各如其命之數，聘禮乘禽於客日如其饔餼之數，士中日則二雙。○令，力呈反。使，所吏反。乘，繩證反，下同。〔疏〕凡令至如之。○釋曰：凡朝聘賓客至，並致館與之。賓客既在館，此庖人乃書所共禽獻之數，令於獸人，以數授之，故云「凡令禽獻，以法授之」也。云「其出入亦如之」者，既以數校獸人，依數以禽入庖人，是入也；庖人得此禽，還依數付使者送向館，是出也。「亦如之」者，亦依法授之，故云「其出入亦如之」。若然，入先出後，不言入出而言出入者，便文也。○注「令令」至「二雙」。○釋曰：知令獸人者，案獸人云「凡祭祀、喪紀、賓客，共其死獸生獸」，故知令獸人。云「禽獸不可久處」以下至「與之」以上，解經「令禽以法授之」。云「及其來致禽，亦以此書校數之」，解經「入亦如之」。云「至于獻賓客，又以此付使者，展而行之」，解經「出亦如之」。言「展而行之」者，展猶省視也，行，去也，謂將向客館之時，省視禽牲，然後去。云「掌客乘禽於諸侯各如其命之數」者，謂上公九命日九十雙之等。又引聘禮「乘禽於客日如其饔餼之數」者，言此臣禮不依命數，公侯伯之卿三命，子男之卿再命，皆以爵卿也，饔餼五牢，日五雙，故言日如其饔餼之數。云「士中日則二雙」者，謂作介時，士爵一日則一雙，禽獻不以命數，中間也，故言間日則二雙。言此者，釋經以法授之法，則數也。

凡用禽獻：春行羔豚，膳膏香；夏行腒鱐，膳膏臊；秋行犢麛，膳膏腥；冬行鱻羽，膳膏羶。用禽獻，謂煎和之以獻王。鄭司農云：「膏香，牛脂也，以牛脂和之。腒，乾雉。鱐，乾魚。膏臊，豕膏也，以豕膏和之。」杜子春云：「膏臊，犬膏。膏腥，豕膏也。鮮，魚也。羽，鴈也。膏羶，羊脂也。」玄謂膏腥，雞膏也。羔豚，物生而肥。犢與麛，物成而充。腒鱐，暵熱而乾。魚鴈，水涸而性定。此八物者，得四時之氣尤盛，爲人食之弗勝，是以用休廢之脂膏煎和膳之。牛屬司徒，土也。雞屬宗伯，木也。犬屬司寇，金也。羊屬司馬，火也。○膏香，禮記作薌，音同。腒，其居反。鱐，所留反。臊，素刀反，杜云犬膏也，司農及干云豕膏也。腥音星，杜云豕膏，鄭干云雞膏也，或作雉膏。鱻羽，鄭云鮮魚也，羽鴈也，杜云鮮羽鴈也。羶，書然反，羊脂也。和，胡臥反，下文同。暵，呼旱反，劉呼旦反。涸，胡洛反，徐戶格反。爲，于僞反。〔疏〕凡用至膏羶。○釋曰：言「凡用禽獻」者，四者不同，故言凡也。煎和謂之用，故言「凡用禽獻」也。云「春行羔豚，膳膏香」者，言行者，義與用同。春用羔豚者，草物始生，羔豚食而肥。膳膏香者，謂牛膏。春木王，火相，土死，羔豚爲其太盛，牛屬中央土，故以死之脂膏殺其氣。「夏行腒鱐，膳膏臊」者，腒謂乾雉，鱐謂乾魚，膏臊，犬膏。腒鱐夏之暵熱而乾，故食之爲其太盛，夏時金死，犬屬西方金，故用死之脂膏煎和之。云「秋行犢麛，膳膏腥」者，秋時草物有實，犢麛食之而肥，故秋用犢麛。膏腥謂雞膏，雞屬東方木，時木死，故用死之脂膏煎和之。云「冬行鱻羽，膳膏羶」者，鮮謂魚，羽謂鴈，冬魚之性定，鴈又新來，故用食之。膏羶謂羊膏，羊屬南方火，冬時火死，魚鴈食之大盛，故用死之脂膏煎和之。五行不言北方豕之脂膏者，以其中央土王分於四時，土賊水，但無中央食法，故不言豕之脂膏也。○注「用禽」至「火也」。○釋曰：云「用禽獻，謂煎和之以獻王」者，殺牲謂之用，煎和謂之以膳，用相將之言，故以煎和解用。上言賓客之禽獻，此用禽以王爲主，故言獻王。鄭司農云「膏香，牛脂也」者，案內則鄭注「釋者曰膏，凝者曰脂」，彼是相對之義，通而言之，脂膏一也，故司農以脂解膏。云「腒，乾雉」者，以士相見云冬用雉，夏用腒，故知腒乾雉也。云「鱐，乾魚」者，籩人職云魚鱐，此鱐腒同是夏用之，腒既是乾雉，明鱐是乾魚。云「膏臊，豕膏也」者，經云夏行腒鱐膳膏臊，此經四時所膳者皆取所賊死之脂膏，火賊金，即義膏臊犬膏也，不得云北方豕膏。又杜子春云「膏臊，犬膏」者，於膏是也。云「膏腥，豕膏也」者，於義非也，以其秋行犢麛膏腥，金王金剋木，雞屬東方木，則膏腥雞膏，而不得爲豕膏。云「鮮，魚也；羽，鴈也」者，尚書益稷云「與稷決川而鮮食」，鮮出於川，故知鮮魚也。又此鮮對羽，故知鮮是魚。知羽是鴈者，以其禽摯中有羔雉鴈，此禽獻中已有羔雉，明亦有鴈，故以羽爲鴈也。玄謂「膏腥，雞膏也」者，破子春豕膏。云「魚鴈水涸而性定」者，依周語云「天根見而水涸」，鄭注月令云天根見九月末，是水涸在九月末十月初。云「是以用休廢之脂膏」者，五行王相剋，春木王，火相，土死，金囚，水爲休廢；夏火王，土相，金死，水囚，木爲休廢，已下推之可知。王所勝者死，相所勝者囚，新謝者爲休廢，然向來所膳膏者，皆是死之脂膏。鄭云休廢者，相對死與休廢別，散則死亦爲休廢，故鄭以休廢言之也。云「牛屬司徒，土也」者，鄭於司徒注云牛能任載，地之類，故屬土。云「雞屬宗伯，木也」者，雞爲貌，雞又知時，象春，故屬木。云「犬屬司寇，金也」者，金爲言，犬亦言，屬金。云「羊屬司馬，火也」者，火爲視，羊亦視，故屬火。

歲終則會，唯王及后之膳禽不會。膳禽，四時所膳禽獻。加世子可以會之。〔疏〕注「膳禽」至「會之」。○釋曰：上膳夫職所掌者是其正，此禽獻者是其加，世子可以會，故歲終則唯王及后之膳不會，世子則會之矣。

內饔掌王及后世子膳羞之割亨煎和之事。辨體名肉物。辨百品味之物。割，肆解肉也。亨，煮也。煎和，齊以五味。體名

脊脅肩臂臑之屬肉物胾燔之屬百品味庶羞之屬言百舉成數○亨普庚反往及下同肆託歷反齊才細反胾側吏反膳音燔本亦作燔〔疏〕注割肆至成數○釋曰知割肆解肉者謂士虞禮云四肆去蹄此明割是肆解肉云煎和齊以五味者凡言和者皆用酸苦辛鹹甘云體名脊脅肩臂臑之屬者案少牢解羊豕前體肩臂臑後體膊骼又有正脊脡脊橫脊又有短脅正脅代脅是其體十一體云肉物胾燔之屬者案公食大夫禮十六豆有胾胾謂切肉又案少牢主婦獻尸以燔從傳火曰燔云百品味庶羞之屬案膳夫職庶羞百有二十品今言百故鄭云舉成數

王舉。則陳其鼎俎。以牲體實之。取於鑊以實鼎取於鼎以實俎實鼎曰脀實俎曰載○脀職升反〔疏〕王舉至實之○釋曰言陳其鼎俎者陳鼎有二處初陳鼎於鑊西後陳鼎於阼階下其俎皆陳於鼎西南云以牲體實之者其牲體入鑊時已解訖今言實者有兩處一者取於鑊實於鼎據在鑊所二者取於鼎實於俎○注取於至曰載○釋曰實鼎曰脀者脀升也案少牢司馬升羊實於一鼎是實鼎曰脀案特牲云卒載加匕於鼎是其實俎曰載案少牢云升羊載右胖升豕其載如羊又有司徹亦云乃升鄭云升牲體於俎若然實鼎雖有升名無載稱若實俎升載兩有

選百羞醬物珍物以俟饋。先進食之時恒選擇其中御者〔疏〕選百至俟饋○釋曰百羞者則庶羞百二十醬物者即醬用百二十罋珍物者諸八珍之類俟待也內饔恒預選知當王意所欲者以得饋王

共后及世子之膳羞。膳夫掌之是乃共之〔疏〕共后至膳羞○釋曰后世子直言共不言饋者膳夫饋王不饋后世子此內饔言共是親饋故鄭云膳夫掌之是乃共之

辨腥臊羶香之不可食者。牛夜鳴則庮。羊泠毛而毳羶。犬赤股而躁臊。鳥皫色而沙鳴貍。豕盲眡而交睫腥。馬黑脊而般臂螻。腥臊羶香可食者是別其不可食者則所謂者皆臭味也泠毛毛長總結也皫失色不澤美也沙澌也交睫腥當爲星聲之誤也肉有如米者似星般臂毛有文鄭司農云庮朽木臭也螻螻蛄臭也杜子春云盲眡當爲望視○庮音由徐餘柳反干云病也泠音零徐郎年反躁早到反皫本又作皫芳表反又符表反又芳老反徐又孚趙反沙如字一音所嫁反或蘇他反貍音鬱徐於弗反盲亡亮反眡視二反又音視睫音接一音將業反般音班臂如字徐本作辟音方紙反螻音樓如螻蛄蟲臭也干音滿內病也此依禮記文別彼列反鄭音西蛄音姑〔疏〕辨腥至臂螻○釋曰言辨腥臊者依庖人職注腥謂雞也臊謂犬也羶謂羊也香謂牛也以腥臊羶香表見云牛羊犬雞也言不可食者牛夜鳴則庮者其牛無事夜鳴其肉必庮庮惡臭也云羊泠毛而毳羶者泠毛謂毛長也而毳謂毛別聚結者此羊肉必羶也云犬赤股而躁臊者言赤股者股裏無毛謂之赤股非謂肉赤謂若禮記檀弓流矢在白肉非謂肉白而走又躁疾犬有如此者其肉必臊故云而躁臊云鳥皫色而沙鳴貍者皫失色也沙澌也鳥毛失色而鳴又澌其肉氣必鬱鬱謂腐臭云豕盲眡而交睫腥者豕乃聽物不合望眡此豕眼睫毛交故云豕望眡而交睫豕有如此其肉必如星腥當爲星其肉如米然驗當時有如此者也云馬黑脊而般臂螻者謂馬脊黑前腥般般然其馬如此其肉螻蛄臭此一經皆是不利人故禁之也○注腥臊至望視○釋曰云腥臊羶香可食者即上庖人職所云是也云是別不可食者則此是也則所謂者皆臭味也者言所謂者所謂論語鄉黨色惡不食臭惡不食云交睫腥腥當爲星聲之誤也者此經腥有二字鄭不破腥臊之腥宜破交睫腥之腥故連取交睫以解云般臂臂毛有文者鄭荅泠剛童牛之梏牛在手曰梏牛無手以前足當之此馬亦然故言般臂鄭司農云庮朽木臭也者驗今朽木其氣實臭故云朽木臭也案內則注引左氏春秋一薰一蕕此司農以其朽木臭即與一薰一蕕同故鄭不引之云螻螻蛄臭也者以內則螻爲漏脫字於義無所取故轉爲螻蛄字螻蛄則有臭杜子春盲視當爲望視者以其盲則無所覩見不得視內則爲遙望之字故子春從內則爲正也

凡宗廟之祭祀。掌割亨之事。凡燕飲食亦如之。凡掌共羞。脩。刑。膴。胖。骨。鱐。以待共膳。掌共共當爲具羞庶羞也脩鍛脯也胖如脯而腥者鄭司農云刑膴謂夾脊肉或曰膺肉也骨鱐謂骨有肉者玄謂刑鉶羹也膴牒肉大臠所以祭者骨牲體也鱐乾魚○共羞共依注音具膴火吳反徐亡武反胖普半反鍛丁亂反牒直輒反又之涉反鉶音刑臠力轉反○〔疏〕凡宗至共膳○釋曰內饔不掌外神故云宗廟之祭祀言凡者謂四時及祫禘并月祭等皆在其中掌其割亨之事上王后言煎和此不言煎和者鬼神尚質不貴褻味故不言煎和云燕飲食亦如之者謂主及后世子自燕飲食皆須割亨故云亦如之○注掌共至乾魚○釋曰云掌共共當爲具者據經共字有二以待共膳不破掌共共字則破之矣故云掌共共當爲具言具者具羞脩刑膴已下云羞庶羞也者庶羞則百二十品是也云脩鍛脯也者謂加薑桂鍛治之若不加薑桂不鍛治者直謂之脯云胖如脯而腥者乾則爲脯不乾而腥則謂之胖鄭司農云刑膴謂夾脊肉者刑膴爲二物有明文先鄭以爲刑膴夾脊肉故後鄭不從云或曰膺肉也者無所出後鄭亦不從云骨鱐謂骨有肉者骨自是牲體鱐自是乾魚先鄭合爲一故後鄭亦不從玄謂刑鉶羹也者案特牲有鉶羹謂鉶器盛豕膮設於薦南故名鉶羹云膴牒肉大臠所以祭者膴魚肉捴有也公食大夫禮云庶羞皆有大謂大臠據肉而言案有司徹云主人亦一魚加膴祭于其上此據魚而言也膴又詁爲大故云膴牒肉大臠所以祭者也云骨牲體也者謂若體解二十一雖據骨而言皆擬所食故云骨有肉云鱐乾魚者前云夏行腒鱐與彼同故爲乾魚

凡王之好賜肉脩。則饔人共之。好賜王所善而賜也好呼報反注同〔疏〕凡王至共之○釋曰言好賜者謂羣臣王所愛好則賜之肉脩饔人共之

外饔掌外祭祀之割亨。共其脯脩刑膴。陳其鼎俎。實之牲體魚腊。凡賓客之飧饔饗食之事亦如之。飧客始至之禮饔既將幣之禮致禮於客莫盛於饔○食音嗣〔疏〕外饔至如之○釋曰云掌外祭祀之割亨者謂天地四望山川社稷五祀外神皆掌其割亨云共其脯脩刑膴者如上釋云陳其鼎俎實之牲體魚腊者謂若鼎十有二者也云凡賓客之飧饔饗食之事亦如之者謂所陳之數如宰夫職所云者也皆以外饔共之故言亦如之○注飧客至於饔○釋曰言飧客始至之禮者宰夫職以釋詁云饔既將幣之禮者案聘禮記云聘日致饔鄭注云急歸大禮鄭云將幣者即是聘享也若諸侯來朝亦朝日致之也云致禮於賓客莫盛於饔者以其饔之中有餁有腥有牽又有酒有米兼燕與食其中芻薪米禾又多故朝聘之日致之是以鄭云急歸大禮故云莫盛於饔也○

邦饗耆老孤子。則掌其割亨之事。饗士庶子亦如之。孤子者死王事者之子也士庶子衛王宮者若今時之衛士矣王制曰周人養國老於東膠養庶老於虞庠〔疏〕邦饗至如之○釋曰云邦饗耆老者謂死王事者之父祖兼有國老庶老云孤子者謂死王事者之子云饗士庶子者謂若宮伯注云士謂王宮中諸吏之適子也庶子其支庶也云饗者即鄭云士庶子衛王宮者若今時之饗衛士矣是也○注孤子至虞庠○釋曰死事者之子謂若左氏哀公二十三年晉知伯親禽顏庚至二十七年齊師將興陳成子屬孤子三日朝設乘車兩馬繫五邑焉召顏庚之子而賜之是其禮孤子之法云王制曰周人養國老於東膠養庶老於虞庠者周立太學王宮之東膠膠之言糾也所以糾察王事於周立小學於西郊爲有虞氏之庠制故曰虞庠國老謂卿大夫致仕者庶老謂士之致仕者經直言者老對孤子則耆老者死事者之父祖可知但此不見饗國老庶老之文故鄭解耆老謂國老庶老

師役。則掌共其獻賜脯肉之事。獻謂酌其長帥○帥色類反〔疏〕師役至之事○釋曰云師役者謂出師征伐及巡狩田獵掌共其獻者謂獻其將帥并賜酒肉之事並掌之○注獻謂至長帥○釋曰以經獻謂獻酒非獻肉故鄭謂酌其長帥長帥軍將已下至五長有功者饗獻之

凡小喪紀。陳其鼎俎而實之。謂喪事之奠祭〔疏〕凡小喪至而實之○釋曰言小喪紀者謂夫人已下之喪云陳其鼎俎者謂其殷奠及虞祔之祭皆有鼎俎故鄭云喪事之奠祭也

亨人掌共鼎鑊。以給水火之齊。鑊所以煮肉及魚腊之器既孰乃脀于鼎齊多少之量○齊才細反注同〔疏〕注鑊所至之量○釋曰云鑊所以煮肉及魚腊之器者案少牢爨在廟門外之東大夫五鼎羊豕腸胃魚腊各異鑊鑊別有一鼎鑊中肉孰各升一鼎故鄭云既孰乃脀于鼎云齊多少之量者此釋經給水火之齊謂實水於鑊及爨之以火皆有多少之齊

職外內饔之爨亨煮。辨膳羞之物。職主也爨今之竈主於其竈煮物○爨七亂反〔疏〕職外至之物○釋曰亨人主外內饔爨竈亨煮之事云辨膳羞之物者膳羞則牛鼎之物是也○注職主至煮物○釋曰云爨今之竈者周禮儀禮皆言爨論語王孫賈云寧媚於竈禮記祭法天子七祀之中亦言竈若然自孔子已後皆言竈故鄭云爨今之竈

祭祀。共大羹鉶羹。賓客亦如之。大羹肉湆鄭司農云大羹不致五味也鉶羹加鹽菜矣○羹音庚又音衡下同湆去及反〔疏〕祭祀至如之○釋曰云祭祀共大羹者大羹肉汁湆盛於登謂大古之羹不調以鹽菜及五味謂鑊中煮肉汁一名湆故鄭云大羹肉湆云鉶羹者皆是陪鼎膷臐膮牛用藿羊用苦豕用薇調以五味盛之於鉶器即謂之鉶羹若盛之於豆即謂之庶羞即公食大夫十六豆膷臐膮等也云賓客亦如之者謂若致饔餼及飧禮皆有陪鼎則鉶羹也饗食亦應有大羹故云賓客亦如之

甸師掌帥其屬而耕耨王藉。以時入之。以共

齍盛。 其屬府史胥徒也耨芸芋也王以孟春躬耕帝藉天子三推三公五推卿諸侯九推庶人終於千畝庶人謂徒三百人藉之言借也王一耕之而使庶人芸芋終之齍盛祭祀所用穀也粢稷也穀者稷爲長是以名云在器曰盛○耨乃豆反齍音資芸音云徐音運本或作耘芋音子徐音茲推出諸反又他回反 【疏】甸師至齍盛○釋曰言掌帥其屬者謂除府史有胥三十人徒三百人而耕種耘耨於王之藉田言以時入之者謂麥則夏孰禾黍秋孰則十月養之送入地官神倉故云以時入之云以共齍盛者六穀曰粢在器曰盛以共祭祀故云以共粢盛○注其屬至曰盛○釋曰云其屬府史胥徒也者敘官知之云耨芸芋也者詩云或芸或芋芸莇芋擁本是也云王以孟春至諸侯九推並是月令文言躬耕帝藉者天子親耕三推是也言帝藉者藉田之穀衆神皆用獨言帝藉者舉尊言之云天子三推者三推而一發云三公五推者五推而三發卿諸侯九推者九推而五發故周語云王耕一發班三之云庶人終於千畝亦周語文天子藉田千畝在南郊自天子三推已下示有恭敬鬼神之法又示帥先天下故誓時耕終之者庶人也鄭解周語庶人者謂此序官徒三百人也云粢稷也者爾雅文云穀者稷爲長是以名云者此釋經及爾雅特以粢爲號知稷爲五穀長者案月令中央土云食稷與牛五行土爲尊故知稷爲五穀長及爾雅以稷爲粢通而言之六穀皆是粢故小宗伯云辨六粢之名物是也

祭祀。共蕭茅。 鄭大夫云蕭字或爲莤莤讀爲縮束茅立之祭前泲酒其上酒滲下去若神飲之故謂之縮縮滲也故齊桓公責楚不貢苞茅王祭不共無以縮酒杜子春讀爲蕭蕭香蒿也玄謂詩所云取蕭祭脂郊特牲云蕭合黍稷臭陽達於牆屋故既薦然後焫蕭合馨香合馨香者是蕭之謂也茅以共祭之苴亦以縮酒苴以藉祭縮酒泲酒也醴齊縮酌○莤所六反滲所鴆反浚苟閭反劉思曠反滿如悅反苴音祖又子餘反藉在夜反沛子禮反齊才細反 【疏】祭祀共蕭茅○釋曰此祭祀共蕭茅者蕭謂香蒿據祭祀宗廟時有之若共茅外內之神俱用故云祭祀共蕭茅也○注鄭司農至縮酌○釋曰鄭大夫云蕭字或爲莤莤讀爲縮鄭大夫必讀爲縮者欲以蕭茅共爲一事解之云束茅立之祭前者此鄭大夫之意取士虞禮束茅立几東所以藉祭此義蕭茅共爲一則不可若束茅立之祭前義得通又引齊桓公責楚謂左氏僖公四年傳辭彼齊桓使管仲責楚云爾貢包茅不入王祭不共無以縮酒寡人是徵楚伏其罪云故不共給是也杜子春讀爲蕭於義爲是故後鄭從之云玄謂詩所云取蕭祭脂見用蕭之時有脂又引郊特牲者欲見非直有脂亦有黍稷云臭陽達於牆屋者謂饋獻之後陰厭之節取蕭與脂及黍稷焫燒之取香氣上聞故云既薦然後焫蕭合馨香云茅以共祭之苴者則士虞禮束茅長五寸立於几東謂之苴者是也云亦以縮酒者左氏管仲辭是也云苴以藉祭者亦指士虞禮也云縮酒泲酒也者鄭君解義語云醴齊縮酌者司尊彝職文此官共茅司巫云祭祀共蒩館茅以爲蒩兩官共共者謂此甸師共茅與司巫司巫爲苴以共之此據祭宗廟也鄉師又云大祭祀共茅蒩者謂據祭天時亦謂甸師氏送茅與鄉師爲苴以共之若然甸師氏直共茅而已不供苴耳

共野果蓏之薦。 甸在遠郊之外郊外曰野果桃李之屬蓏瓜瓞之屬○蓏力果反瓞大結反 【疏】注甸在至之屬○釋曰鄭言甸在遠郊之外者案載師公邑之田任甸地在二百里中司馬職百里爲遠郊今言甸在遠郊外則是二百里中云郊外曰野者釋經野野在郊外云果桃李之屬蓏瓜瓞之屬者案食貨志臣瓚以爲在樹曰果在地曰蓏不辨有核無核張晏以有核曰果無核曰蓏今鄭云果桃李之屬即是有核者也蓏瓜瓞之屬即是無核者也此從張晏之義

喪事。代王受眚烖。 粢盛者祭祀之主也今國遭大喪若云此黍稷不馨使鬼神不逞于王既殯大祝作禱辭授甸人使以禱藉田之神受眚烖弭後殃○眚生景反 【疏】喪事至眚烖○釋曰言喪事者謂王喪既殯後甸師氏於大祝取禱辭禱藉田之神告過也代王受過災云若云黍稷不香使鬼神不逞故令王死斂喪事代王受災此禱事於死王無益欲止後殃故爲此禱也○注粢盛至後殃○釋曰言粢盛者祭祀之主也者以其遭王喪遣甸師氏禱意甸師種粢盛祭祀之具以黍稷爲主故云今國遭大喪若云此黍稷不馨逞快也使鬼神不快於王令使王死云既殯大祝作禱辭授甸人者知大祝作禱辭在既殯後者見大祝職云授甸人禱辭在大斂後大斂則殯故知在既殯後

王之同姓有辠。則死刑焉。 鄭司農云王同姓有罪當刑者斷其獄於甸師之官也文王世子曰公族有死罪則磬於甸人又曰公族無宮刑獄成致刑于甸人又曰公族無宮刑不踐其類也刑于隱者不與國人慮兄弟○斷丁亂反踐音翦 【疏】王之至刑焉○釋曰周姓姬言同姓者絕服之外同姓姬者有辠者謂凡五刑則刑殺不於市朝於此死刑焉謂死及肉刑在甸師氏必在甸師氏者甸師氏在疆場多有屋舍以爲隱處故就而刑焉案掌囚云凡有爵者與王之同族奉而適甸師氏以待刑殺此中不云其凡有爵者文不具○注鄭司至兄弟○釋曰云王同姓有罪當刑者斷其獄於甸師之官者此斷獄自是秋官罪定斷訖始適甸師氏而刑殺之若然斷獄不在甸師後鄭不破之者案掌囚云凡有爵者與王之同族奉而適甸師氏以待刑殺此經亦云死刑焉甸師氏不斷獄顯然不破之者見司農引文王世子爲證於義是故不復於中破之文王世子已下云公族有死罪則磬於甸人者鄭彼注云縣縊殺之曰磬云又曰公族無宮刑獄成致刑於甸人又曰公族無宮刑不踐其類也者覆解上公族無宮刑之義云刑于隱者不與國人慮兄弟者若刑兄弟於市朝則是與國人慮兄弟令於隱處者則是不使國人慮兄弟彼是諸侯法引之以證王之同姓刑於甸師亦是刑隱者也

帥其徒以薪蒸。役外內饔之事。 役爲給役也木大曰薪小曰蒸 【疏】師其至之事○釋曰其徒三百人耕耨藉田千畝其事至閑故兼爲外內饔所役使共其薪蒸○注木大曰薪小曰蒸○釋曰此纂要文又左氏傳云其父析薪即大木可析曰薪自然小者曰蒸也

獸人掌罟田獸。辨其名物。 罟罔也以罔搏所當田之獸○罟音古搏音博劉音付後同 【疏】獸人至名物○釋曰云掌罟田獸者罟罔也謂以罔搏取當田之獸云辨其名物者野獸皆有名號物色案夏官四時田獵春用火夏用車秋用羅冬用徒四時各有其二以爲主無妨四時兼有罔取當田之獸

冬獻狼。夏獻麋。春秋獻獸物。 狼膏聚麋膏散聚則溫散則涼以救時之苦也獸物凡獸皆可獻也及狐狸 【疏】冬獻至獸物○釋曰云冬獻狼者狼山獸山是聚故狼膏聚聚則溫故冬獻之云夏獻麋者麋是澤獸澤主銷散故麋膏散散則涼故夏獻之云春秋獻獸物者春秋寒溫適故獸物皆獻之○注狼膏至狐狸○釋曰云以救時之苦者夏苦其大熱故獻麋冬苦其大寒故獻狼案內則取稻米與狼臅膏以爲餰狼之所用惟據取膏爲餰食若麋之所用則多矣云及狐狸者案內則狐去首狸去正脊二者並堪食之物故知獸物中兼獻

時田。則守罟。 備獸觸攫○攫俱縛反又俱碧反又作擭華霸反 【疏】時田則守罟○釋曰守罟者謂四時田獵獸人守罟備獸觸攫者防備獸時觸罔而攫者則取之

及弊田。令禽注于虞中。 弊仆也仆而田止鄭司農云弊田謂春火弊夏車弊秋羅弊冬徒弊虞中謂虞人釐所田之野及弊田植虞旗於其中致禽而珥焉獸人主令田衆得禽者置虞人所立虞旗之中當以給四時社廟之祭故曰春獻禽以祭社夏獻禽以享禴秋獻禽以祀祊冬獻禽以享烝又曰大獸公之小禽私之公之謂輸之於虞中珥焉者取左耳以致功若斬首折馘故春秋傳曰以數軍實○弊如字徐蒲計反注之樹反仆普卜反一音芳豆反又音赴釐音來本亦作萊植直吏反又時力反徐音栽珥徐如志反亭許丈反劉音向後皆放此禴由若反祊音方折之舌反馘古獲反數色主反一音所 【疏】及弊至虞中○釋曰及弊田者弊仆也謂田止令禽注於虞中者田止虞人致旌旗於田處之中央注猶聚也獸人則令所田之衆大獸公之小禽私之者輸之聚於旌旗之所故言注於虞中○注弊仆至軍實○釋曰鄭司農云弊田謂春火弊夏車弊秋羅弊冬徒弊並大司馬職文引之者證弊田爲田止之事云虞中謂虞人釐所田之野已下地官山虞職文言虞人萊所田之野者謂於教戰之所芟治草萊云及弊田植虞旗於其中者熊虎爲旗山多虎故用熊虎及弊田田止虞人植虞旗於中引之者證經虞中之事云致禽而珥焉者謂田衆大獸公之者各割取左耳以擬効功云春獻禽以祭社至小禽私之亦司馬職文言春獻禽以祭社者鄭彼注春土方施生云夏獻禽以享禴者夏陰氣始起鄭云象神之在內云秋獻禽以祀祊者鄭注祊當爲方謂祭四方之神云冬獻禽以享烝者冬陽氣始起亦象神之在內此祭並非四時常祭以田獵得禽牲因享祭之耳云大獸公之者謂已孕曰獸輸之於公小禽私之者未孕曰禽謂田衆得之以自入云若斬首折馘者田獵象戰伐田獵之時取禽左耳以効功若征伐之時於陳斬首折取左耳謂之馘亦以擬效功故云若斬首折馘又引春秋傳曰者案襄二十四年楚遠啓彊如齊聘齊侯祭社蒐軍實使客觀之注云蒐數軍實兵甲器械與隱公傳三年而治兵數軍實一也引之者證斬首折馘爲軍實若然注傳兵甲器械與斬首折馘不同者兵甲器械自爲軍實至於斬首折馘亦是軍實仍於生執囚俘亦爲軍實是以僖公三十三年晉捨秦囚先軫曰墮軍實是也

凡祭祀喪紀賓客。共其死獸生獸。 共其完者

凡獸入于腊人。 當乾之 【疏】凡祭至腊人○釋曰凡此所共者於庖人云凡其死生鱻薨之物以共王之膳○注共其完者○釋曰知其完全者下經云凡獸入於腊人是其不完者故知此是完者

皮毛筋角。入于玉府。 ○給作器物○筋音斤 【疏】皮毛至王府○釋曰獸人所得禽獸其中皮毛筋角擇取堪作器物者送入於玉府擬給百工飾作器物

凡田獸者。掌其政令。 【疏】凡田至政令○釋曰謂田獵取獸禽者所有政令獸人掌之以其知田獵之法故

䱷人掌以時䱷爲梁。 月令季冬命漁師爲梁鄭司農云梁水偃也偃水爲關空以笱承其空詩曰敝笱在梁○偃於建反徐本作匽一返反空戚音孔下同 【疏】䱷人至爲梁○釋曰言以時䱷爲梁者謂

一歲三時取魚皆爲梁以時取之故云以時漁爲梁○注此月令至在梁○釋曰案月令季冬云命漁師始魚天子親往注云季冬命漁師爲梁文句不同者鄭以此經有梁字故於月令以義取之非是月令正文鄭司農梁水偃也偃水爲關空以笱承其空者謂偃水兩畔中央通水爲關孔笱者葦簿以簿承其關孔魚過者以簿承取之故詩云敝笱在梁彼齊詩云弊敗之笱在於魚梁其魚唯唯過者無制彼刺文姜與襄公淫通來往不制又魚麗詩云魚麗于罶鱨鯊注云罶曲梁寡婦之笱笱即曲簿也引之者證梁以笱爲之

春獻王鮪。王鮪鮪之大者月令季春薦鮪于寢廟○鮪位軌反【疏】春獻王鮪○釋曰謂季春三月春鮪新來言王鮪鮪之大者云獻者獻於廟之寢故鄭注引月令云薦鮪於寢廟取魚之法歲有五案月令孟春云獺祭魚此時得取矣一也季春云薦鮪於寢廟即此所引者二也又案鼈人云秋獻龜魚也王制云獺祭魚然後虞人入澤梁與孝經緯援神契云陰用事木葉落獺祭魚同時是十月取魚四也獺則春冬二時祭魚也案潛詩云季冬薦魚與月令季冬漁人始魚同五也是一歲三時五取魚唯夏不取案魯語云宣公夏濫於泗淵以其非時里革諫之乃止

辨魚物爲鱻薨。以共王膳羞。鮮生也薨乾也○薨本又作槁苦老反【疏】辨魚至膳羞○釋曰此所共者共於膳夫以共王

凡祭祀賓客喪紀。共其魚之鱻薨。凡獻者掌其政令。凡獻征入于玉府。鄭司農云漁征漁者之租稅漁人主收之入于玉府【疏】凡祭至玉府○釋曰云凡祭祀賓客喪紀共其魚之鱻薨者此所共者共內外饔以其共膳夫即不掌祭祀之事云凡獻者掌其政令者凡取魚者所有政令皆漁人掌之以其知取之時節及處所云凡漁征入于玉府者言漁征者謂近川澤之民於十月獺祭魚之時其民亦得取魚水族之類其中鬚骨之事堪飾器物者所有征稅漁人主收之送入于玉府以當邦賦也

鼈人掌取互物。鄭司農云互物謂有甲滿胡龜鼈之屬○互戶故反滿干云對也滿莫干反【疏】注鄭司至之屬○釋曰此文與下爲目所取之物者即下經所云是也

以時簎魚鼈龜蜃凡貍物。蜃大蛤鄭司農云簎謂以杈剌泥中搏取之貍物龜鼈之屬自貍藏伏於泥中者玄謂貍物亦謂鱴刀含漿之屬○簎戚勑角反劉倉伯反徐倉格反沈槍昔反猎莊子云冬則擉鼈於江擉音乂角反義與此同今從彼讀蜃上軫反干云鰌類貍莫皆反杈音叉

春獻鼈蜃。秋獻龜魚。此其出在淺處可得之時魚亦謂自貍藏【疏】以時至龜魚○釋曰言以時者即下經春獻鼈蜃共然簎魚鼈據所取下經據所獻其時一也○注蜃大至之屬○釋曰蜃大蛤者即月令云雉入大水化爲蜃者是也對雀入大水化爲蛤爲小蛤鄭司農云簎謂以杈刺泥中搏取之者司農意以簎爲刺此經魚鼈龜蜃皆在泥中水中故以杈刺取之貍物龜鼈之屬者案經龜鼈自顯別言貍物司農貍物中更言龜鼈者但經或所言貍物者捴龜鼈之等故司農重以龜鼈爲貍物玄謂貍物亦謂鱴刀含漿之屬者案爾雅刀魚鱴刀也蜯含漿觀此鄭意鱴刀爲一物蜯爲含漿亦一物孫氏注爾雅刀魚與鱴別非鄭意○注此其至貍藏○釋曰鄭云魚亦謂自貍藏者若不自貍藏則在上漁人取之矣故知此魚與龜鼈是自貍藏者也

祭祀共蠯蠃蚳。以授醢人。蠃螔蝓鄭司農云蠯蛤也杜子春云蠯蜯也蚳蛾子國語曰蟲舍蚳蝝○蠯薄佳反徐又父幸反蠃郎戈反蚳直其反徐長梨反蚍蜉子螔音夷又音移蝓音由又音揄蜯字又作蚌蒲項反又蒲杏反蛾宜綺反舍音捨蝝悅全反字林允絹反【疏】祭祀至醢人○釋曰案醢人有蠯醢蠃醢蚳醢故以此三者共醢人○注蠃螔至蚳蝝○釋曰蠃螔蝓者一物兩名司農云蠯蛤也者杜子春云蠯蜯也者蜯即蛤亦一物云蚳蛾子者謂蟻之子取白者以爲醢國語曰蟲舍蚳蝝者此亦是國語諫宣公之言謂夏蟲內揞去蚳蝝蚳此經蚳也蝝謂蝗也與蚳別連引之也

掌凡邦之簎事。

腊人掌乾肉。凡田獸之脯腊膴胖之事。大物解肆乾之謂之乾肉若今涼州烏翅矣薄析曰脯棰之而施薑桂曰鍛脩腊小物全乾○肆勑力反棰之藥反【疏】腊人至之事○釋曰云掌乾肉已下文者並是獸人所注獸人云凡獸入於腊人○注大物至全乾○釋曰云若今涼州烏翅者解肉乾之狀也云小物全乾者案特牲云陳鼎于門外棜在其南南順實獸于上又云宗人舉獸尾告備是其全者士用兔是其小物全乾少牢用麋不云舉獸尾則未全若然則天子諸侯之所用雖無文其獸必大亦不必全今云全者據有全者耳趙商問腊人掌凡乾肉而有膴胖何鄭荅雖鮮亦屬腊人

凡祭祀。共豆脯。薦脯。膴胖。凡腊物。脯非豆實豆當爲羞聲之誤也鄭司農云膴膺肉鄭大夫云胖讀爲判杜子春讀胖爲版又云膴胖皆謂夾脊肉又云禮家以胖爲半體玄謂公食大夫禮曰庶羞皆有大者此據肉之所擬祭者也又引有司曰主人亦一魚加膴祭于其上此據主人擬祭者膴與大亦一也內則曰麋鹿田豕麕皆有胖足相參正也大者胾之大臠膴者魚之反覆膴又詁曰大二者同矣則是膴亦牒肉大臠胖宜爲脯而腥胖之言片也析肉意也禮固有腥腍爓雖其有爲孰之皆先制乃亨○豆音羞胖普半反杜音版夾咸古洽反劉古協反食音嗣麕京倫反覆芳服反腍而甚反爓徐廉反亨普庚反【疏】注脯非至乃亨○釋曰知脯非豆實者案籩人職有栗脯則脯是籩實故云脯非豆實也知豆當爲羞者案籩人職云凡祭祀共其籩薦羞之實鄭云未飲未食曰薦已飲已食曰羞羞薦相對下旣言薦脯明上當言羞脯也鄭司農云膴膺肉鄭大夫胖讀爲判杜子春讀胖爲版又云膴胖皆謂夾脊肉又云禮家以胖爲半體者文無所出皆非也玄謂公食大夫禮曰庶羞皆有大者此據肉之所擬祭者也又引有司曰主人亦一魚加膴祭於其上者此據主人擬祭者也膴與大亦一也內則曰麋鹿田豕麕皆有胖足相參正者引有司并公食大夫二處證膴是大臠引內則明胖與膴不同故云足相參正云大者胾之大臠者玄解公食大夫云膴者魚之反覆者反覆謂魚生時在腹下今加之於上云膴又詁曰大者據爾雅釋詁文云二者同矣者大共膴同是一則膴是牒肉大臠同將祭先也云胖宜爲脯而腥謂肉薄不煮者云胖之言片析肉意者此解胖是薄義云禮固有腥腍爓雖其有爲孰之者祭祀之禮䏰解而腥之又有體解而爓之又有薦孰之禮禮經固有此三者皆當先制爲胖言此者證胖與膴不同破諸家之意

賓客喪紀。共其脯腊。凡乾肉之事。【疏】賓客至之事○釋曰此所共者共內外饔也

○附釋音周禮注疏卷第四終

周禮注疏卷四挍勘記　阮元撰盧宣旬摘録

膳夫

羞用百二十品　唐石經作羞用百有廿品宋本余本嘉靖本毛本百下皆有有字疏中引經同此本及閩監本脫石經考文提要云宋本九經宋纂圖互注本宋附釋音本余仁仲本皆有有字

醢人共齏菹醢物六十罋　嘉靖本閩本同監毛本醢誤醓疏中云醢人共醢物六十罋案醢人職作齊菹醢人注云齊當爲齏故注引作齏

稌黍稷梁麥苽　宋本同誤也余本嘉靖本閩監毛本梁作粱從米當訂正此本疏中亦從米

水漿醴醇醬酏　釋文醇本又作涼酏作酏案醬當作醫釋文亦訛

此羞庶羞□出於牲及禽獸　閩本亦實闕一字監毛本作旨是也

編萑以苴之　此本苴誤塗據閩監毛本訂正

塗之以墐塗　此本墐誤瑾據閩本訂正監毛本誤摧

漬取牛羊肉　今內則無羊字

以酒諸上而鹽之　閩監毛本酒改灑

舉焦其膋　閩監毛本焦改燋非案今內則作燋釋文舉焦字又作燋陸賈所據本正合焦字下已從火更加火旁俗作也○按說文有燋字

彼有糝與餰　浦鏜云內則餰作酏注云此酏當從餰案醢人注引內則已作餰

鼎俎奇而籩豆耦者　閩監毛本耦作偶依今本郊特牲改

明知先朝食　惠挍本明作則此誤

案聘禮致饔餼注云　浦鏜云注衍

云牛羊豕魚腊腸胃同鼎　云當衍

當內兼膷臐膮　此本兼誤廉據閩監毛本訂正

案論語微子云亞飯三飰四飯　閩監毛本飰改飯今論語同案此引論語三飯字當皆作飰此改之未盡者耳

以樂徹于造　唐石經諸本同禮說云大祝注故書造作竈然則古文造竈通吳越春秋勒馬銜枚出火于造吳語造作竈所謂係馬舌出火竈龜策傳灼鑽之處亦以造各注造音竈本此

案文王世子未有原　監毛本同浦鏜云末誤未案嘉靖本禮記作未釋文正義皆作末

案玉藻云朔食加日食一等　盧文弨云此約玉藻文云當衍

齊時不樂故不言以樂侑食也　浦鏜云者誤時從儀禮經傳通解續挍毛本侑

俏誤也

春秋傳曰司寇行刑者　浦鏜云戮誤刑案賈疏所據鄭注本盡作刑故注云大故刑殺

主人飲食之俎皆爲胙俎　諸本同宋本爲作有案上云賓客食而王有胙俎又此疏云特牲少牢主人之俎雖爲胙俎直是祭祀不兼賓客此則祭祀賓客俱有然則爲當作有矣

稍事爲非日中大舉時而閒食　孫志祖云爲當作謂疏作謂可證

若大夫巳下燕食有脯無會　閩監毛本已作以浦鏜云膾誤會

庖人

破司農六畜之內　案畜爲禽之誤

味以不褻爲尊　葉鈔釋文褻作䙝監毛本疏中亦作䙝此從執

凡其至之義　閩監毛本作凡其至膳羞此誤

云賓客之禽獻者謂若掌客上公之乘禽日九十雙　閩本同監毛本獻誤獻浦鏜云掌客上公公誤之

解經令禽以法授之　浦鏜云禽下脫獻

又以此付使者　浦鏜云此下脫書

夏行腒鱐膳膏臊　漢讀考云說文鱐作鱐魚部云鱢魚臭也引周禮膳膏鱢而肉部云臊豕膏臭也然則周禮作膏臊膏臊非魚膏明矣魚部鱢下當云讀如周禮膳膏臊案周禮諸本不同說文引經每兼存異本蓋膏臊一作膏鱢而其義爲魚臭與鄭以爲豕膏杜以爲犬膏俱互異說文於鱢下引周禮於臊下止存豕膏臭一義則許氏所據古文本作鱢禮說云晏子春秋曰食魚無反惡其鱢也凡鮏鱢從魚者皆言魚則許氏以膏鱢爲魚膏矣案內則釋文云鱐本又作鱐與說文引周禮合

云用禽獻謂煎之以獻　案煎下脫和

唯王及后之膳禽不會　唐石經諸本同宋本后下有世子二字係妄增案注云世子可以會之故經不言世子也

內饔

肉物胾燔之屬　諸本同宋本燔作膰案釋文膰音燔本亦作燔宋本與釋文合是也賈疏引注作燔

謂士虞禮云四肆去蹄　浦鏜云喪誤虞閩本闕下二字

實鼎曰脀　宋本脀作脅非諸本皆作脀從丞從肉釋文脀職升反

以得饌王　案上云俟待也此得爲待之誤

鳥皫色而沙鳴　唐石經諸本同釋文皫本又作犥案玉篇皫白色犥牛色不美澤又牛黃白色說文犥牛黃白色从牛麃聲白部無皫字鄭注云牛色不澤美則當从陸本作犥石經作皫非惠挍本作犥據釋文也今禮記內則作皫而釋文作麃云本又作犥知皫爲俗字

馬黑脊而般臂膢　唐石經諸本同釋文臂徐本作辟惠挍本般作般以意改非九經古義云北山經諸毗之水其中多水馬其狀如馬文臂牛尾郭璞注臂前腳也周禮曰馬黑脊而斑臂膢案釋文般音班注云臂毛有文是亦讀般爲斑也古般斑通郭氏以今字讀之故引作斑

泠毛毛長總結也　宋本嘉靖本同此縂總字與皆揔字有別閩監毛本縂揔二字並改作總矣浦鏜云總結也上脫毳字案疏釋經曰云羊泠毛而毳羶者泠毛謂毛長也而毳謂毛別聚結者則浦說是也○按浦說非也賈疏添毳字誤耳說文曰毳獸細毛也泠毛謂毳之長而總結長而總結自是釋泠非釋毳也經文此句法若云其毳也乃泠毛而毳毳者獸所同泠毛而毳則異耳內則注亦云泠毛毳毛別聚於不解者也可以相證彼疏云泠謂毛本稀泠毳謂毛頭毳結其誤同此疏

腥當爲星　漢讀考云許叔重說胜爲犬膏之臭腥爲星見食豕令肉中生小瘜肉故其字從肉星星亦聲則腥爲正字而胜爲周禮腥臊之正字許所據周禮與鄭所據不同

肉有如米者似星　漢讀考云似星當作曰星謂肉有如米者謂之星如飯之糪也案爾雅米者謂之糪郭注云飯中有腥亦以腥爲正字

言辨腥臊者　浦鏜云脫羶香二字

以腥臊羶香表見云牛羊犬雞也　案云衍

云是別不可食者則此是也　閩本同監毛本則改即非浦鏜云別下脫其

宜破交睫腥之腥　浦鏜云宜當直字誤

牛在手曰梏　浦鏜云木誤牛

凡掌共羞脩刑膴胖骨鱐　說文肉部膴下引周禮有膴胖案此注云胖如膴而腥者許蓋讀胖爲判以爲半體肉也腊人薦脯膴胖鄭大夫胖讀爲判與許同杜子春云禮家以胖爲半體鄭君云胖之言片也皆與判義相近

外饔

凡賓客之飧饔饗食之事亦如之　唐石經嘉靖本飧作飱

致禮於客　疏引注作致禮於賓客惠挍本據增云余本仍無賓字

宰夫職以釋訖　浦鏜云以當已字誤

至五長有功者　浦鏜云五當伍誤

謂其殷奠及虞祔之祭　浦鏜云其衍

亨人

大羹肉湆　宋本余本嘉靖本並同釋文肉湆去及反浦鏜云湆誤湆六經正誤云湆肉汁也从泣聲也从肉義也非從聲音之音案經典及釋文多作湆自有毛居正說俗人每改湆爲湆矣

皆是陪鼎膷臐膮　浦鏜云謂誤皆從儀禮通解續挍

甸師

耨芸芓也　宋本芸作耘案釋文芸音云本或作耘疏云耕種耘耨於王之藉田蓋釋文作芸賈疏作耘今本注及疏作芸係依釋文改

齍盛祭祀所用穀也粢稷也　案齍亦當爲粢肆師表齍盛注粢六穀也在器曰盛是經作齍盛注皆作粢盛疏云六穀曰粢在器曰盛以共祭祀故云粢盛易齍盛爲粢盛本注也此及春人注同經作齍非漢讀考云小宗伯辨六齍之名物注曰齍讀爲粢六粢謂六穀黍稷稻粱麥苽全經內齍字當以此例之案甸師注粢盛者祭祀之主也

三推而一發　案發爲墢字之誤浦鏜云墢誤發下並同是也閩監毛本並改墢

示有恭敬鬼神之法　惠挍本有作相

縮浚也　諸本同釋文浚也荀順反劉思順反浦鏜改浚爲滲云滲誤浚謬甚浦鏜之書多不可據者

不貢苞茅　嘉靖本苞作包此本疏引左傳亦作包閩監毛本改苞案苞苴裹字多從艸而左傳及說文茜下引春秋傳皆作包茅蓋从省○按版本多依舊不同作包未爲非也

杜子春讀爲蕭　漢讀考云爲當作從凡二本字異而用一廢一曰從

故既薦然後焫蕭　岳本閩本同與禮記合嘉靖本監毛本及釋文焫作爇誤郊特牲作故既奠注云謂薦孰時也此以義引之故作薦

縮酒泲酒也　葉鈔釋文嘉靖本閩本皆作泲此本誤沛今訂正監毛本泲作沛

注鄭司農至縮酌　閩本同監本剜改大夫二字則本作司農也毛本則竟作大夫矣案賈本作注鄭大夫蓋作鄭司農此本疏中亦俱作鄭大夫惟此標起至處改之未盡

司馬職百里爲遠郊　惠挍本職作法此誤

代王受過災云　浦鏜云云疑者字誤

令使王死　惠挍本令作今

釋曰周姓姬　閩本姓字模糊監毛本誤作禮

甸師氏在疆場　惠挍本場作埸此誤

獸人

罟罔也 閩毛本同監本罔改網

以救時之苦也 宋本無也非

備獸觸攫 諸本同釋文觸攫俱縛反又作攫華霸反案作攫非也此本補刻攫下衍攫疏中觸罔而攫攫誤攫

謂虞人釐所田之野 釋文釐所音來本亦作萊案山虞職作萊山田之野此作釐所蓋以義引之作萊者依彼經所改疏云言虞人萊所田之野者謂於教戰之所芟治草萊是賈本作萊也

夏獻禽以享禴秋獻禽以祀祊 浦鏜云大司馬職禴作礿下獻作致

若斬首折馘 宋本下有也

蒐數軍實兵甲器械 閩本同監毛本數誤藪浦鏜云案杜注閱數軍器此所引蓋服氏注

𩺰人

梁水偃也 釋文水堰徐本作匽案說文匸衺徯有所俠藏也从乚上有一覆之匽匽也人部偃云僵也是水偃字當從徐本作匽

故云以時漁爲梁 閩監毛本漁改魚

命漁師始魚 浦鏜云始漁誤始魚下疏同

笱者葦簿 閩監毛本簿作薄下曲簿同

此時得取矣一也 此本一誤○據閩監毛本訂正

里華諫之乃止 閩監毛本同魯語作里革○按里革即史克克革古音同部華字非也

以其膳夫即不掌祭祀之事 浦鏜云膳夫下脫共王之膳羞五字從儀禮通解續校案此類蓋後人以意增足非賈疏本文

鼈人

謂有甲䓊胡 閩監毛本同誤也宋本余本嘉靖本䓊作𤕤當訂正釋文𤕤莫干反禮說云月令其蟲介高誘注介甲也象冬閉固皮漫胡也𤕤漫音義同

以時簎魚鼈龜蜃 唐石經諸本同說文手部簎刺也从手籍省聲周禮曰簎魚鼈禮說云魯語矠魚鼈以爲夏犒作矠莊子冬則擉鼈於江作擉列子牢籍庖廚之物作籍殷敬順釋文謂籍本作簎案作簎爲正字作籍爲聲借字說文謂簎从手籍省聲故列子竟省手作籍也

簎謂扠刺泥中搏取之 宋本嘉靖本閩監毛本扠作杈宋本作扠從手釋文通志堂作杈宋本載音義作扠此本補刻扠誤技今訂正

皆在泥中水中 閩監毛本無上中

但經惑所言貍物者 監毛本同誤也閩本惑字實闕或作意

案爾雅刀魚鱴刀也 惠校本刀魚作鮤此誤又分爲二字

案醢人有蠯醢蠃蚳醢 浦鏜云蠃下脫醢

蜯即蛤 惠校本下有也此脫

此亦是國語諫宣公之言 案國語當作里革

腊人

凡田獸之脯腊膴胖之事 唐石經諸本同案膴胖之事四字疑衍文下經薦脯膴胖膴字胖字始有注若於此先言膴胖二鄭杜氏康成當於此下注矣釋文出胖字音於豆脯之下則陸本尚未誤衍儀禮士冠禮疏引腊人云掌乾肉凡田獸之脯腊鄭注云大物解肆乾之云無膴胖之事四字此爲誤衍之明證此疏引趙商問腊人掌凡乾肉而有膴胖何亦據下文言之

若今涼州烏翅矣 諸本及漢制考同惠士奇云烏當作鳥盧文弨案士冠禮加爵弁如初儀疏引此注作鳥翅誤本耳

庶羞皆有大者此據肉之所擬祭者也又引有司曰主人亦一魚加膴祭于其上此據主人擬祭者膴與大亦一也 余本岳本閩監毛本同宋本上下有者案此皆因疏語誤衍也嘉靖本庶羞皆有大下無者此據肉十二字加膴于其上下無此據主人十三字當據此刪正

胖之言片也 玉篇肉部引作胖之言半也非下云析肉意也當作片○案古書片半通用其音義皆同

杜子春讀胖爲版 監本版作版

元解公食大夫 惠校本作重解此誤

禮經固有此三者 此本經誤堅據閩監毛本訂正

附釋音周禮注疏卷第四 唐石經周禮卷第一宋本余本嘉靖本同此本及閩監毛本刪此題下悉準此不復出

附釋音周禮注疏卷第五

天官冢宰下 ○陸曰本亦作天官冢宰下

鄭氏注　賈公彥疏

醫師掌醫之政令。聚毒藥以共醫事。毒藥藥之辛苦者藥之物恒多毒孟子曰若藥不瞑眩厥疾不瘳○瞑眠見反徐亡千反眩玄見反徐音玄劉音虎縣反瘳敕留反

【疏】醫師至醫事○釋曰醫師者衆醫之長故掌醫之政令言聚毒藥以共醫事者謂所有藥物並皆聚之以供疾醫瘍醫等故言以供醫事○注毒藥至不瘳○釋曰言毒藥之辛苦者細辛苦參雖辛苦而無毒但有毒者多辛苦故云毒藥之辛苦者又云藥之物恒多毒者藥中有毒者謂巴豆狼牙之類是也藥中有無毒者謂人參芎藭之類是也藥之無毒亦聚之直言聚毒藥者以毒爲主故鄭云藥之物恒多毒又引孟子者案孟子滕文公爲世子將之楚過宋見孟子而謂之云今滕國絕長補短將五十里可以爲善國乎書曰藥不瞑眩厥疾不瘳注云逸書也藥使人瞑眩悶亂乃得瘳愈猶人敎德惠乃治也引之者證藥中有毒之意此是古文尚書說命之篇高宗語傅說之言也不引說命而引孟子者鄭不見古文尚書故也

凡邦之有疾病者。疕瘍者造焉。則使醫分而治之。疕頭瘍亦謂秃也身傷曰瘍分之者醫各有能○疕匹婢反徐芳鄙反劉芳指反一音芳夷反瘍音羊身創也造七報反

【疏】凡邦至治之○釋曰國中有疾病者謂若疾醫所云者是也疕瘍者謂若瘍醫所云者是也云造焉者此二者皆來造醫師也云醫師則使醫分而治之者疾病者付疾醫疕瘍者付瘍醫故云分而治之下有食醫獸醫亦屬醫師不來造醫師者食醫主齊和飲食不須造醫師獸醫畜獸之賤便造獸醫故亦不須造醫師○注疕頭至有能○釋曰言疕頭瘍者案下瘍醫腫瘍等不言疕此特言疕者腫瘍等可以兼之故云疕頭瘍謂頭上有瘡含膿血者又云亦謂秃也者秃含膿血者則入疕中秃而不含膿血者疕中可以兼之故云亦謂秃也云身傷曰瘍者曲禮云身有瘍則浴是也即瘍醫所云腫瘍已下亦是云分之者醫各有能者疾醫知疾不知瘍瘍醫知瘍不知疾故云醫各有能

歲終。則稽其醫事。以制其食。十全爲上。十失一次之。十失二次之。十失三次之。十失四爲下。食祿也全猶愈也以失四爲下者五則半矣或不治自愈○稽古兮反考也後皆放此

【疏】歲終至爲下○釋曰言歲終者謂至周之歲終云則稽其醫事者謂疾醫等歲始已來治病有愈有不愈並有案記今歲終捴考計之故言稽其醫事云以制其食據所治愈不愈之狀而制其食祿而制五等之差云十全爲上者謂治十還得十制之上等之食云十失一次之者謂治十得九制祿次少於上者云十失二次之者謂治十得八制祿次少於九者十失三次之者謂治十得七制祿次少於八者十失四爲下者謂治十得六制祿次於得七者○注食祿至自愈○釋曰食祿也者即月俸故以祿解食依序官疾醫中士瘍醫下士案禮記王制下士視上農夫食九人祿中士倍下士十八人祿若然中士祿有常今差爲五等者但功適中者守本祿功高者益之功下者損之欲勉勵醫者

故爲此五等之差云失四爲下者五則半矣或不治自愈者案漢書藝文志云神農黃帝食藥七卷云寒溫疾病之淺深辨五苦六辛致水火之齊以通閉結反之於此乃失其宜者以熱益熱以寒益寒積氣內傷是以獨失故諺云有病不治恒得中醫若然此經失四之類亦是以寒益寒以熱益熱言有病不治恒得中醫故鄭云五則半矣或不治自愈釋經所以不言十失五之意

食醫掌和王之六食、六飲、六膳、百羞、百醬、八珍之齊。和調也。○食音嗣下食齊同齊才細反下皆同徐蔣細反【疏】食醫至之齊。○釋曰言掌和王之六食以下者此等並是膳夫所掌此食醫調和而已其六食六飲等之義並在膳夫

凡食齊眂春時。飯宜溫。○眂音視**羹齊眂夏時。**羹宜熱。**醬齊眂秋時。**醬宜涼。**飲齊眂冬時。**飲宜寒。【疏】凡食至冬時。○釋曰言凡食齊眂春時者言凡者捴與下四時爲目故言凡以該之言食者即上六食則內則所云食齊一也言飯之齊和眂猶比也四時常溫比於春時故鄭云飯宜溫羹齊眂夏時者謂大羹鉶羹菜羹等其所齊和四時常熱故云眂夏時羹宜熱故也云醬齊眂秋時者案醢人醢人唯有醯醢不言醬醬即豆醬也案公食大夫公親設醬醬者食之主言醬則該諸豆實四時皆須涼故言醬齊眂秋時又云飲齊眂冬時者謂若漿人六飲水漿之等四時皆須寒故言飲齊眂冬時飲宜寒故也

凡和，春多酸，夏多苦，秋多辛，冬多鹹，調以滑甘。各尚其時味而甘以成之猶水火金木之載於土內則曰棗栗飴蜜以甘之堇荁枌榆娩槁滫瀡以滑之。○和胡臥反飴以之反堇音謹荁音桓枌符云反娩音問槁苦老反滫劉思酒反徐相劣反瀡相藥反【疏】凡和至滑甘。○釋曰言凡和者亦與下四時爲目言春多酸者東方木味酸屬春謂和食酸多於餘味一分故云春多酸云夏多苦者南方火味苦屬夏夏時調和食苦亦多於餘味一分故云夏多苦秋多辛者西方金味辛屬秋秋時調和食辛亦多於餘味一分故云秋多辛冬多鹹者北方水味鹹屬冬冬時調和食鹹亦多於餘味一分故言冬多鹹調以滑甘者中央土味甘屬季夏金木水火非土不載於五行土爲尊於五味甘爲上故甘捴調四味滑者通利往來亦所以調和四味故云調以滑甘此五味之言出洪範及月令○注各尚至滑之○釋曰言各尚其時味者多一分者也必多其時味者所以助時氣也又引內則曰棗栗飴蜜以甘之者證經甘之所用物也又云堇荁枌榆娩槁滫瀡以滑之者證經滑之所用之物鄭君注內則荁堇類榆白曰枌娩新生者槁乾也齊人溲曰滫秦人滑曰瀡謂將此堇已下和溲以滑之

凡會膳食之宜，牛宜稌，羊宜黍，豕宜稷，犬宜粱，鴈宜麥，魚宜苽。會成也謂其味相成鄭司農云稌稉也爾雅曰稌稻苽彫胡也。○稌音杜又他杜反苽音孤稉本亦作秔音庚彫劉本作琱音彫【疏】凡會至宜苽。○釋曰凡會膳食之宜者謂會成膳食相宜之法言牛宜稌者依本草素問牛味甘平稻味苦而又溫甘苦相成故云牛宜稌羊宜黍者羊味甘熱黍味苦溫亦是甘苦相成故云羊宜黍豕宜稷者猳猪味酸牡猪味苦稷米味甘亦是甘苦相成故云豕宜稷犬宜粱者犬味酸而溫粱米味甘而微寒亦是氣味相成故云犬宜粱又云鴈宜麥者鴈味甘平大麥味酸而溫小麥味甘微寒亦是氣味相成故云鴈宜麥云魚宜苽者魚味寒魚族甚多寒熱酸苦兼有而云宜苽或同是水物相宜故云魚宜苽○注會成至胡也○釋曰云稌稉也者亦方俗異名云爾雅曰稌稻也苽彫胡也者今南方見有苽米是也

凡君子之食恒放焉。放猶依也。○放甫往反【疏】凡君至放焉。○釋曰上六食六飲一經據共王不通於下凡食春多酸已下至魚宜苽已上齊和相成之事雖以王爲主君子大夫已上亦依之故云恒放焉

疾醫掌養萬民之疾病。四時皆有癘疾：春時有痟首疾，夏時有痒疥疾，秋時有瘧寒疾，冬時有漱上氣疾。癘疾氣不和之疾痟酸削也首疾頭痛也漱欬也上氣逆喘也五行傳曰六癘作見。○痟音消痒以掌反疥音介嗽西豆反本亦作欬上時掌反注同欬苦代反喘昌兖反見賢遍反下同【疏】疾醫至氣疾。○釋曰言掌養萬民之有疾病者此主療治疾病而云養者但是療治必須將養故以養言之疾病兩言之者疾輕病重故注論語云疾甚曰病謂疾病俱療故兩言之此直言萬民不言王與大夫醫師雖不言或可醫師治之云四時皆有癘疾者此言亦與下爲目云春時有痟首疾者春是四時之首陽氣將盛惟金沴木故有頭首之疾言痟者謂頭痛之外別有酸削之痛云夏時有痒疥疾者四月純陽用事五月已後陰氣始起惟水沴火水爲甲疥有甲故有疥痒之疾云秋時有瘧寒疾者秋時陽氣漸銷陰氣方盛惟火沴金兼寒兼熱故有瘧寒之疾云冬時有嗽上氣疾者冬時陰氣盛陽氣方起惟土沴水以土壅水其氣不通故有欬上氣之疾○注癘疾至作見○釋曰言癘疾氣不和之疾者癘謂癘疫人君政教失所則有五行相剋氣敘不和癘疫起故云氣不和之疾云痟酸削也者人患頭痛則有酸嘶而痛酸削則酸嘶也云嗽欬也者謂若內則不敢嚏欬之欬故言嗽欬也云上氣逆喘也者向上喘息謂之逆喘引五行傳曰六癘作見案五行傳云五福乃降用彰於下六沴作見一曰貌之不恭是謂不肅惟金沴木又曰言之不從是謂不乂惟火沴金又曰眂之不明是謂不哲惟木沴火又曰聽之不聰是謂不謀惟土沴水又曰思之不睿是謂不聖惟木金水火沴土此其五沴也言六沴者天雖無沴案洪範六極又案書傳致六極之由皆由身之五事一曰凶短折思不睿之誅二曰疾眂不明之誅三曰憂言不從之誅四曰貧聽不聰之誅五曰惡貌不恭之誅六曰弱皇不極之誅據此六極皇極爲屬天王者不極亦有病疾病併前五者爲六沴彼言沴此鄭注言癘者言沴謂五行和乖沴此言癘癘氣與人爲疫故不同若據五事所置言之四時之疾皆據眂之不明者也

以五味、五穀、五藥養其病。養猶治也病由氣勝負而生攻其贏養其不足者五味醯酒飴蜜薑鹽之屬五穀麻黍稷麥豆也五藥草木蟲石穀也其治合之齊則存乎神農子儀之術云。○贏音盈後不音者同合如字又音閤下同【疏】注養猶至術云。○釋曰言養猶治也者病者須養之故云養猶治也云病由氣勝負而生者假令夏時熱病者體寒即是水贏而勝也火氣負而不足也故言猶氣勝負而生云攻其贏養其不足者夏時病者則五味中食甘五穀中食稷以甘稷是土之穀味土所剋水是攻其贏也土生於火土是火之子食甘稷爲子養母之道故云養其不足也云五味醯酒飴蜜薑鹽之屬者醯則酸也酒則苦也飴蜜即甘也薑即辛也鹽即鹹也此即五味酸苦辛鹹甘也鄭不言五味酸鹹等而言醯酒之屬者當時醫方見用醯酒之等故舉以言焉又云五穀麻黍稷麥豆也者此依月令五方之穀此五穀據養疾而食之非必入於藥分又云五藥草木蟲石穀也者草謂麻黃芍藥之類是也木謂厚朴杜仲之類是也蟲謂呉公贏蠪之類是也石謂磁石白石之類是也穀謂五穀之中麻豆之等有人藥分者是也云其治合之齊則存乎神農子儀之術云者案劉向云扁鵲治趙太子暴疾尸蹷之病使子明炊湯子儀脉神子術案摩又中經簿云子義本草經一卷儀與義一人也若然子義亦周末時人也並不說神農案張仲景金匱云神農能嘗百藥則炎帝者也言此二人能合和此術耳

以五氣、五聲、五色眡其死生。三者劇易之徵見於外者五氣五藏所出氣也肺氣熱心氣次之肝氣涼脾氣溫腎氣寒五聲言語宮商角徵羽也五色面貌青赤黃白黑也察其盈虛休王吉凶可知審用此者莫若扁鵲倉公。○易以豉反藏才浪反下文及注同徵張里反王往況反扁本亦作鶣蒲典反徐抗忍反鵲漢書音義云扁鵲魏桓侯時醫人史記云姓秦名少齊越人倉公史記云姓淳于名意臨淄人爲齊太倉令漢文帝時人【疏】以五至死生。○釋曰上文三五所以治療此經三五覩其死生故云眂其死生。○注三者至倉公。○釋曰云三者劇易之徵見於外者此經三者並是人之病者氣與聲色其病在內人所不覩見其聲色則知增劇及簡易故云劇易之徵見於外者也云五藏所出氣也者言五藏謂氣之所藏故知五氣出於五藏云肺氣熱者此已下並據月令牲南首而言肺在上當夏故云肺氣熱云心氣次之者心在肺下心位當土心氣亦熱故言次之云肝氣涼者肝在心下近右其位當秋故云肝氣涼此三藏並在膈上云脾氣溫者於藏值春故云溫云腎氣寒者腎位在下於藏值冬故言寒此二者在膈下此五藏寒熱等據月令成文而說及其醫方之術心屬南方肝屬東方肺屬西方脾屬中央腎屬北方此並據五色而言不據氣之寒熱也云五聲言語宮商角徵羽也者宮數八十一配中央土商數七十二配西方金角數六十四配東方木徵數五十四配南方火羽數四十八配北方水此五聲數多者聲濁數少者聲清人之言語似之故云言語宮商角徵羽也云五色面貌青赤黃白黑也者此據五方東方木色青南方火色赤中央土色黃西方金色白北方水色黑病者面色似之云察其盈虛休王吉凶可知者假令冬時面色黑其氣寒聲應羽此是盈而王吉可知若冬時其色黃其氣熱聲應宮此得中央土來剋己此是虛而休凶可知若得東方青色等則子來助己亦吉云審用此者莫若扁鵲倉公者依漢書藝文志大古有岐伯揄附中世有扁鵲秦和漢有倉公若然扁鵲在周時倉公在漢世此二人知氣色之候者也

兩之以九竅之變，參之以九藏之動。兩參之者以觀其死生之驗竅之變謂開閉非常陽竅七陰竅二藏之動謂脉至與不至正藏五又有胃旁胱大腸小腸脉之大候要在陽明寸口能專是者其唯秦和乎岐伯揄柎則兼彼數術者。○竅音苦弔反秦和左傳昭元年晉平公疾秦伯使醫和爲之即此人也岐伯其宜反揄羊朱反本亦作俞柎劉音附徐音鈇岐伯揄柎皆黃帝時醫人【疏】兩之至之動。○釋曰上經觀其氣色此經驗其脉候故以參兩言之。○注兩參至術者。○釋曰云參兩之者觀其死生之驗者言兩者謂九竅與所眂爲兩兩與九藏爲參云竅之變謂開閉非常者九竅之開是其常或開或閉即是非常故云開閉非常也云

陽竅七者在頭露見故爲陽也陰竅二者在下不見故爲陰云藏之動謂脈至與不至者謂九藏在內其病難知但診脈至與不至即知九藏之動故云藏之動謂脈至與不至也又云正藏五者謂五藏肺心肝脾腎並氣之所藏故得正藏之稱不數之者上已有注云又有胃旁胱大腸小腸者此乃六府中取此四者以益五藏爲九藏也六府胃小腸大腸旁胱膽三焦以其受盛故謂之爲府亦有藏稱故入九藏之數然六府取此四者案黃帝八十一難經說胃爲水穀之府小腸爲受盛之府大腸爲行道之府旁胱爲津液之府氣之所生下氣象天故寫而不實實不府滿若然此則正府也故入九藏其餘膽者清淨之府三焦爲孤府非正府故不入九藏也云脈之候要在陽明寸口者但醫者診脈諸脈皆可據若脈之大候取其要者在於陽明寸口二處而已陽明者在大拇指本骨之高處與第二指間寸口者大拇指本高骨後一寸是也云能專是者其唯秦和乎者秦和在中世如前說云岐伯榆柎則兼彼數術者此二人在大古如前說但上神農予儀扁鵲倉公秦和等各專一能此二人兼上數術之耳

凡民之有疾病者。分而治之。死終則各書其所以。而入于醫師。少者曰死老者曰終所以謂治之不愈之狀也醫師得以制其祿且爲後治之戒○少詩照反【疏】凡民至醫師○釋曰以疾醫中士二人醫各有能故使分治之也云死終者謂民之有病不問老少皆治之不愈少死則曰死似不得壽終然少曰死老者則曰終謂雖治不愈似得壽終故曰終也云則各書其所以者謂書錄其不愈之狀云而入于醫師者醫師得之以制其祿則上十全爲上已下是也

瘍醫掌腫瘍、潰瘍、金瘍、折瘍之祝藥。劀殺之齊。腫瘍癰而上生創者潰瘍癰而含膿血者金瘍刃創也折瘍踠跌者祝當爲注讀如注病之注聲之誤也注謂附著藥刮去膿血殺謂以藥食其惡肉○折劉本作斲同時設反祝之樹反出注劀音刮徐工滑反齊才細反創初良反踠於阮反徐烏卧反跌待結反徐徒紇反劉徒沒反著音豬略反去羌呂反【疏】瘍醫至之齊○釋曰瘍醫掌腫瘍已下四種之瘍瘡而含膿血者祝注也注藥於瘡乃後刮殺而言齊者亦有齊量之宜也○注腫瘍至惡肉○釋曰腫瘍癰而上生瘡者謂癰而有頭未潰者潰瘍癰而含膿血已潰破者云祝當爲注讀者疾醫非主祝說之官爲祝則義無所取故破從注注謂注藥於中食去膿血耳

凡療瘍。以五毒攻之。止病曰療攻治也五毒五藥之有毒者今醫人有五毒之藥作之合黃堥置石膽丹砂雄黃礜石慈石其中燒之三日三夜其煙上著以雞羽掃取之以注創惡肉破骨則盡出○堥本又作蝥劉音武又音無徐音毋又音務沈武侯反礜音豫著直略反【疏】凡療至攻之○釋曰言凡則兼上四瘍故云凡療瘍以五毒攻治之也○注止病至盡出○釋曰言止病曰療也者治病之名言治之則病止故云止病曰療也言合黃堥謂內則有敦堥匜匜鄭注云敦堥黍稷器不言黃此言黃者見今時合和丹藥者皆用黃瓦甂爲之亦名黃堥事出於古也

以五氣養之。以五藥療之。以五味節之。既刮殺而攻盡其宿肉乃養之也五氣當爲五穀字之誤也節節成其藥之力○五氣氣音穀出注【疏】以五至節之○釋曰云以五穀養之者亦當據病所宜釋善而用之故云以五穀養之云以五藥療之者義如前注以五味節之者五味亦酸苦辛鹹甘亦當據病所宜食之以節成藥力者也○注既刮至之力○釋曰鄭云既刮殺而攻之盡其宿肉乃養之也者以經五藥在五穀之下恐人以五穀養之乃用五藥療之故鄭解之若然此五藥在五穀下者以上已言五毒攻之用此五穀養之則此五穀爲前五毒攻之乃後用五穀養之於理爲順此文重言五藥者爲下五味節成此藥故須更言五穀也云五氣當爲五穀者以其氣非養人之物又疾醫之有五味五藥五穀相將之物故破氣從穀也云節節成其藥之力者即下文以酸養骨之類是也

凡藥以酸養骨。以辛養筋。以鹹養脈。以苦養氣。以甘養肉。以滑養竅。以類相養也酸木味木根立地中似骨辛金味金之纒合異物似筋鹹水味水之流行地中似脈苦火味火出入無形似氣甘土味土含載四者似肉滑滑石也凡諸滑物通利往來似竅【疏】凡藥至養竅○釋曰上云以五味節之此即經酸苦之等是也今云凡藥以酸養骨藥味合言者欲見五味節成五藥故上注云節成藥力故合言之○注以類至似竅○釋曰云以類相養也者謂若酸與骨辛與筋之等是也云酸木味之等並依洪範及月令爲說也云木立地中似骨者謂似人之骨立肉中者故以酸養之云辛金味金之纒合異物似筋者人之筋亦纒合諸骨故云似筋而以辛養之也云鹹水味水之流行地中似脈者血脈在人亦流行不定故云似脈而以鹹養之也云苦火味火出入無形似氣者火乃人所覩見似若有形攬之不得亦是無形故云似氣故以苦養之也甘土味土舍載四者似肉者金木水火非土不載故云含載四者似人之肉亦含載筋骨氣脈故云似肉也故以甘養之也云滑滑石者以五味酸苦辛鹹甘養骨筋氣脈與肉相配說前食醫云調以滑甘平常調食五味之外有滑彼滑用堇荁枌榆今此養病五味之外亦宜有滑但於藥分之中愼滑則不得如平常用堇荁等故以滑石解之凡諸滑物通利往來似竅故以滑養之也若然此經五味不以生成爲次而以木金與火水相對者此若洪範以木曰曲直金曰從革火曰炎上水曰潤下以類相對而言也

凡有瘍者。受其藥焉。【疏】凡有至藥焉○釋曰藥即上五藥是也凡國中有瘍不須身來者並於瘍醫取藥焉

獸醫掌療獸病。療獸瘍。畜獸之疾病及瘍療同醫○畜許又反下同【疏】注畜獸至同醫○釋曰此醫唯療家畜不療野獸但畜獸義通今以畜解獸故當獸連言之也云畜獸之疾病及瘍療同醫者以上之人疾與瘍別醫今此畜病之與瘍同在一醫者重人賤畜故略同在一醫也

凡療獸病。灌而行之。以節之。以動其氣。觀其所發而養之。療畜獸必灌行之者爲其病狀難知灌以緩之且強其氣也節趨聚之節也氣謂脈氣既行之乃以脈視之以知所病○爲于僞反聚本亦作驟同仕救反【疏】凡療至養之○釋曰獸必先灌之者鄭云爲其病狀難知故先灌而知緩之以其瘦弱且強其氣力也

凡療獸瘍。灌而劀之。以發其惡。然後藥之養之食之。亦先攻之而後養之○食音嗣【疏】注亦先至養之○釋曰亦上瘍醫以五穀養之養彼注先刮殺盡乃養之此亦然故云亦先攻而後養之也

凡獸之有病者。有瘍者。使療之。死則計其數以進退之。【疏】凡獸至退之○釋曰上醫師云十全爲上者唯據疾醫與瘍醫不據獸醫故此云計其數而進退之進退亦謂據功過進退其祿也

酒正掌酒之政令。以式灋授酒材。式法作酒之法式作酒既有米麴之數又有功沽之巧月令曰乃命大酋秫稻必齊麴蘖必時湛饎必絜水泉必香陶器必良火齊必得鄭司農云授酒人以其材○沽音古酋將由反下同秫音述齊才細反下皆同一讀此如字蘖魚列反湛接廉反饎昌志反【疏】酒正至酒材○釋曰酒正辨四飲則漿之政令亦掌之今直言掌酒之政令不言漿之政令者但據酒之尊者而言其實漿亦掌之云以式法授酒材者式法謂造酒法式謂米麴多少及善惡也酒材即米麴蘖授與酒人使酒人造酒既言兼掌漿人則漿之法式及漿材亦授之不言者亦舉尊言也○注式法至其材○釋曰云作酒既有米麴之數者謂此爲法式也云又有功沽之巧者功沽謂善惡善惡亦是法式也引月令者十一月之令言乃命大酋監之者彼注酒孰曰酋也於周則爲酒人案下注昔酒今之酋久白酒則酋者久遠之稱則是久熟者善故名酒官爲大酋若然彼注爲酒人此酒正引之者此酒正以法式及酒材授與酒人使造酒故引酒人云秫稻必齊者必使齊孰麴蘖必時者造之必得時湛饎必絜者湛漬也謂清米炊釀之時必須絜淨水泉必香者謂漬麴漬米之水必須香美陶器必良者酒甕陶中所燒器者必須成熟不津云火齊必得者謂醸之時生熟必宜得所也

凡爲公酒者。亦如之。謂鄉射飲酒以公事作酒者亦以式法及酒材授之使自釀之○釀女亮反【疏】凡爲至如之○釋曰言凡爲公酒者謂爲公事而作酒言凡非一謂若鄉飲酒鄉射之等言亦如之者亦以式法授酒材○注謂鄉至釀之○釋曰言鄉射飲酒者謂鄉飲酒鄉射飲酒鄉飲酒中有黨正飲酒賓賢能飲酒鄉射飲酒中有州長春秋習射於序又有鄉大夫三年賓賢能後以五物詢衆庶用州長射禮並是鄉射飲酒若然州長黨正飲酒而謂之鄉者或是鄉大夫所居州黨或是鄉大夫親來臨禮並得鄉名故謂之鄉此數事者皆爲國行禮不可橫斂於民故得公酒其百家爲族不得公酒族祭步神之時合錢飲酒

辨五齊之名。一曰泛齊。二曰醴齊。三曰盎齊。四曰緹齊。五曰沈齊。泛者成而滓浮泛泛然如今宜成醪矣醴猶體也成而汁滓相將如今恬酒矣盎猶翁也成而翁翁然葱白色如今酇白矣緹者成而紅赤如今下酒矣沈者成而滓沈如今造清矣自醴以上尤濁縮酌者盎以下差清其象類則然古之法式未可盡聞杜子春讀齊皆爲粢又禮器曰緹酒之用玄酒之尚玄謂齊者每有祭祀以度量節作之○泛芳劍反盎烏浪反緹音體醪魯刀反翁烏動反下同一音於勇反酇白即今之白醝酒也宜作醝作一鄭音假借也在何反差初賣反【疏】辨五至沈齊○釋曰言辨五齊之名者酒正不自造酒使酒人爲之酒正直辨五齊之名知其清濁而已云一曰泛齊者泛讀如泛揚之泛言泛者謂此齊孰時滓浮在上泛泛然二曰醴齊者醴也此齊孰時上下一體汁滓相將故名醴齊又此醴齊作恬於餘齊與酒味稍殊故亦入於六飲三曰盎齊已下其類可知○注泛者至作之○釋曰言泛者成而滓浮者此五齊

皆言成者謂酒孰曰成云如今宜成醪矣者宜成說以爲地名故曹植酒賦曰宜成醴醪蒼梧縹清若馬融所云今之宜成會稽稻米清似宜成以爲酒名故劉杳要雅亦以宜成爲酒名二者未知孰是今鄭云宜成醪矣亦未知鄭意酒名地名類下鄭白則爲地名云如今恬酒矣者但於五齊中爲恬故以恬酒況之云如今鄭白矣者漢時蕭何所封南陽地名鄭云如今下酒矣者下酒謂曹牀下酒其色紅赤故以緹名之案鄭下注五伯緹衣亦赤黑色也云如今造清矣者漢時造清孰則涬沈故以況沈齊也云自醴已上尤濁縮酌者言自醴以上唯有泛齊泛齊涬浮則濁于醴齊汁涬相將者此二者皆以茅泲之故司尊彝云醴齊縮酌郊特牲云縮酌用茅明酌也謂以事酒之上清明者和醴齊以茅泲之使可酌鄭彼注云泛從醴是二者皆縮酌故云自醴已上尤濁縮酌也云盎以下差清者案司尊彝云盎齊涚酌鄭注涚清也謂以清酒泲之則不用茅以其盎已清故也鄭彼注又云泛從醴緹沈從盎則亦用清酒泲之云其象類則然者謂五者皆舉漢法況之是其象類則然者也云古之法式未可盡聞者雖舉漢法漢承周後多得古之法只可略聞故云未可盡聞也杜子春讀齊皆爲粢云禮器曰緹酒之用玄酒之尚者子春意見禮運云粢醍在堂又見禮器云醴酒之用又粢穀爲醍酒則其餘四齊皆以粢穀爲之故讀齊皆爲粢玄謂齊者毎有祭祀以度量節作之謂祭有大小齊有多少謂若袷祭備五齊禘祭備四齊時祭備二齊是以度量節作之不從子春爲粢者禮運唯有醍齊稱粢於此五者皆稱齊子春破五齊從一粢於義不可故鄭於禮運注粢當爲齊破一粢從五齊於義可也此五齊與下三酒及春官鬯人所造鬯酒所以異者五齊三酒俱用秫稻麴蘖又三酒味厚人所飲者也五齊味薄所以祭者也是以下經鄭注云祭祀必用五齊者至敬不尚味而貴多品五齊對三酒酒與齊異通而言之五齊亦曰酒故禮坊記云醴酒在室醍酒在堂是也其皀酒者自用黑黍爲之與此別也

辨三酒之物。一曰事酒。二曰昔酒。三曰清酒。

鄭司農云事酒有事而飲也昔酒無事而飲也清酒祭祀之酒玄謂事酒酌有事者之酒其酒則今之醳酒也昔酒今之酋久白酒所謂舊醳者也清酒今中山冬釀接夏而成○醳音亦徐音昔【疏】辨三酒至清酒○釋曰辨者豫先之名物者財也以三酒所成有時故豫給財令作之也言一曰事酒者此三酒並人所飲故下云共王四飲三酒也但事酒酌有事人飲之故以事上名酒也二曰昔酒者久釀乃熟故以昔酒爲名酌無事之人飲之三曰清酒者此酒更久於昔故以清爲號祭祀用之此昔酒清酒皆以酒上爲名也○注鄭司至而成○釋曰先鄭云有事而飲者謂於祭祀之時乃至卑賤執事之人祭末並得飲之昔酒無事而飲者亦於祭末羣臣陪位不得行事者並得飲之清酒祭祀之酒者亦於祭祀之時賓長獻尸尸酢賓長不敢與王之臣共器尊同酌齊故酌清以自酢故云祭祀之酒故司尊彝云皆有罍諸臣之所酢此三酒皆盛於罍尊在堂下但此清酒受尸酢故以祭祀言之玄謂事酒酌有事者之酒謂先鄭云有事而飲據有事時飲之後鄭云酌有事者之酒謂有事之人但是有事之人雖不當祭時亦酌酒與之是就足先鄭義也云其酒則今之醳酒者事酒冬釀春成以漢之醳酒況之云昔酒今之酋久白酒者言昔爲久酋亦遠久之義故以漢之酋久白酒況之但昔酒對事酒爲清若對清酒則爲白故云酋久白酒也故晉語云味厚寔昔毒酒久則毒也云所謂舊醳者案禮記郊特牲云猶明清與醆酒于舊醳之酒也彼上注云明酌者事酒之上也醆酒盎齊泲于舊醳之酒三酒除事酒清酒則云舊醳是昔酒可知也對事酒爲新醳昔酒爲舊醳清酒不得醳名云清酒今中山冬釀接夏而成者以昔酒爲久冬釀接春明此清酒久於昔酒自然接夏也中山郡名故魏都賦云醇酎中山沇湎千日

辨四飲之物。一曰清。二曰醫。三曰漿。四曰酏。

清謂醴之泲者醫內則所謂或以酏爲醴凡醴濁釀酏爲之則少清矣醫之字從殹從酉省也漿今之截漿也酏今之粥內則有黍酏酏飲粥稀者之清也鄭司農說以內則曰飲重醴稻醴清濇黍醴清濇粱醴清濇或以酏爲醴漿水臆后致飲于賓客之禮有醫酏糟糟音聲與濇相似醫與臆亦相似文字不同記之者各異耳此皆一物○醫於巳反徐於計反注同酏以支反泲子禮反下同殹烏兮反徐爲倒反本或作醫省所景反截昨再反粥之六反劉音育稀音希濇音糟下同沈予由反臆本又作醷於紀反徐於力反【疏】辨四至曰酏○釋曰案漿人有六飲此言四者以漿人注酒正不辨水涼者無厚薄之齊故此唯辨四飲之物也云一曰清則漿人云醴清也二曰醫者謂醲粥爲醴則爲醫三曰漿者今之截漿四曰酏者即今薄粥也○注清謂至一物○釋曰言清謂醴之泲者此鄭據漿人解之漿人云醴此云清故云清謂醴之泲者云醫內則所謂或以酏爲醴者按內則上言飲下云重醴清糟又云或以酏爲醴彼酏爲醴在飲中而在清糟下此醫又在清下故知酏爲醴當此醫云凡醴濁釀酏爲之則少清矣者謂經中醫釀粥爲之與醴少異也又云醫之字從殹從酉省也者從殹省酉者去羽從酉省者去水故云從殹從酉省也云漿今之截漿也者此漿亦是酒類故其字亦從載從酉省截之言截米汁相截漢時名爲截漿故云今之截漿也云酏今之粥內則有黍酏酏飲粥稀者之清也者案內則黍酏在飲中故知此酏當內則黍酏以其爲飲故知粥稀者之清也鄭司農說以內則曰飲重醴稻醴清至或以酏爲醴醴當此經一曰清云漿當此經中漿水於此經無所當連引之耳醷當此經中醫云后致飲于賓客之禮有醫酏糟此引下文欲取糟與內則濇一物故云糟音聲與濇相似云醫與醷亦相似者與此經醫爲一物云文字不同記之者各異耳此昔一物者內則彼云濇此云糟內則云醷此云醫是其文字不同皆一物也內則云重醴者清糟並設則稻醴清糟黍醴清糟粱醴清糟是其重醴也向者後鄭解或以酏爲醴爲醫今先鄭以爲醴共重醴爲一物又後鄭於內則注醷爲梅漿亦與先鄭不同以無正文故引之在下亦得爲一義故也

掌其厚薄之齊。以共王之四飲三酒之饌。及后世子之飲與其酒。

后世子不言饌其饋食不必具設之五齊正用醴爲飲者取醴恬與酒味異也其餘四齊味皆似酒【疏】掌其至其酒○釋曰言掌其厚薄之齊者從五齊已下非酒正所造並是酒人漿人所作故云直辨其厚薄之齊云以供王之四飲三酒之饌者謂饌陳具設之也云及后世子之飲與其酒者不言四飲三酒直言飲與酒復不言饌鄭云不必具設之是以不言饌與數也○注后世至似酒○釋曰云五齊正用醴爲飲者取醴恬與酒味異也者鄭意五齊之中不用餘四齊以其醴恬故取入六飲其餘四齊味皆似酒者三酒味厚五齊味薄故言似酒醴恬全與酒味別也

凡祭祀。以灋共五齊三酒。以實八尊。大祭三貳。中祭再貳。小祭壹貳。皆有酌數。唯齊酒不貳。皆有器量。

酌器所用注尊中者數量之多少未聞鄭司農云三貳三盎副之也大祭天地中祭宗廟小祭五祀齊酒不貳爲尊者質不敢副盎也杜子春云齊酒不貳謂五齊以祭不盎也其三酒人所飲者盎也弟子職曰周旋而貳唯嗛之視玄謂大祭者王服大裘袞冕所祭也中祭者王服鷩冕毳冕所祭也小祭者王服希冕玄冕所祭也三貳再貳一貳者謂就三酒之尊而益之也禮運曰玄酒在室醴醆在戶粢醍在堂澄酒在下澄酒是三酒也益之者以飲諸臣若今常滿尊也祭祀必用五齊者至敬不尚味而貴多品○貳徐音二下同爲于僞反嗛苦簟反袞古本反鷩必列反徐劉方利反毳充芮反希本又作絺同張里反醆側産反粢才許反醍音體本亦作緹飲於鴆反○【疏】凡祭至器量○釋曰言凡祭祀者謂天地及宗廟祭揔目之言云以法共五齊三酒者但祭有小大齊有多少各有常法故云以法共五齊三酒云以實八尊者五齊五尊三酒三尊故云以實八尊此除明水玄酒若五齊加明水三酒加玄酒此八尊爲十六尊不言之者舉其正尊而言也云大祭三貳者大祭謂王服大裘袞冕所祭者也三貳者貳副也就三酒人所飲者三度副益之云中祭再貳者中祭謂王服鷩冕毳冕所祭者也再貳亦謂就三酒之中再度益之云小祭壹貳者小祭謂王服希冕玄冕所祭者也云皆有酌數者謂三酒之祭副益等尊皆有酌器盛酒益尊故言皆酌云數者謂多少之數有□齊酒不貳者齊酒所祭祀非人所飲故不副益之皆有器量者器謂酌齊酒注於尊中量謂皆有多少之量○注酌至品○釋曰云酌器者釋經皆有酌器一者所用注五齊三酒於尊中云數量之多少未聞者數之與量皆是多少之言但未聞升數耳鄭司農云三貳三盎副之也皆先鄭之意注酒於尊中爲副子春後鄭亦與之同云大祭天地等者先鄭意天地爲大祭宗廟爲中祭五祀爲小祭其實天地自有大祭小祭宗廟亦有次小云齊酒不貳爲尊者質不敢副益也者以其主獻尸所用少故不副益杜子春引弟子職者是管子書弟子職篇謂弟子□□飲酒之時弟子用注周旋而貳者欲副益酒尊之時嗛謂不滿唯酒尊不滿者視之更益玄謂大祭者王服大裘袞冕所祭已下至玄冕所祭並據司服六冕差之冕服有六天地宗廟各有三等故以六冕配之按司服王祀昊天上帝則服大裘而冕祀五帝亦如之祀先王則袞冕祭地亦用大裘是天地宗廟皆有大祭一也云中祭者王服鷩冕毳冕所祭也是按司服先公則鷩冕四望山川則毳冕是地與宗廟次祭二也但天之次祀不見衣服者日月是天之次祀以其大報天主日配以月服大裘故春分朝日秋分夕月兼服玄冕故天之次祀中不見衣服云小祭者王服希冕玄冕所祭也者按司服社稷五祀則希冕羣小祀則玄冕鄭彼注山林川澤之屬鄭雖不言風師雨師等之屬中兼之也惟見天地小祭不見宗廟小祭馬融以爲宗廟小祭謂祭殤是也祭殤之特或可亦用玄冕若然則禮器云一獻質謂祭羣小祀當玄冕三獻文謂祭社稷五祀當希冕五獻察謂祭四望山川當毳冕七獻神謂祭先公當鷩冕雖不言九獻下云大饗其王事與大饗謂祫祭先王爲九獻當袞冕禮器下文云大饗不足以大旅大旅當大裘據此一獻至九獻以此獻數約之故六服差爲三按司服山川服毳冕五獻社稷服希冕三獻社稷在山川下按大宗伯以血祭祭社稷五祀五嶽而社稷在五嶽上者五嶽與土地異形若畿外諸侯服獻則尊於王朝之臣社稷號曰上神似若王朝之臣服獻則卑於五嶽而在五嶽上者似若王人雖微猶敘諸侯之上按王制宗廟之牛角握國語山川之牛角尺社稷尊於五嶽者彼自從國中之神莫貴於社故與宗廟同用握引禮運曰玄酒在室者謂鬱鬯在室中而玄酒即明水也配鬱鬯故在室醴醆在戶者醴謂醴齊醆謂盎齊並在戶也粢醍在堂者

粢當爲齊齊醍在堂也澄酒在下者澄謂沈齊酒謂三酒二者並在堂下也云澄酒是三酒也者案鄭志趙商問禮運注澄是沈齊今此注澄酒是三酒何鄭荅今解可去澄字若然鄭本於此注時直云酒是三酒無澄字有澄字者誤當云酒是三酒云盎之者以飲諸臣者言盎之解經中貳案司尊彝云皆有罍諸臣之所酢是飲諸臣也云若今常滿尊也者言盎之故常滿故以漢法況之云祭祀必用五齊者至敬不尚味而貴多品者鄭意五齊味薄於三酒而數多但鬼神享德不享味故須至極敬而已是云引郊特牲云至敬不尚味而貴多品也

共賓客之禮酒。共后之致飲于賓客之禮。醫酏糟。皆使其士奉之。禮酒王所致酒也王致酒后致飲夫婦之義糟醫酏不泲者泲曰清不泲曰糟后致飲無醴醫酏不清者與王同體屈也亦因以少爲貴士謂酒人漿人奄士【疏】共賓至奉之○釋曰云共賓客之禮酒者謂王有故不親饗燕傳人致酒於客館云共后之致飲于賓客之禮醫酏糟者言致飲之中取二飲以致之云醫酏糟者謂醫酏不泲者也云皆使其士奉之者酒使酒人漿使漿人皆奄士故云使其士奉之○注禮酒至奄士○釋曰言禮酒王所致酒也者下酒人云賓客之陳酒彼言陳謂若致饗餼列陳於客館中言禮酒不言陳謂饗燕之酒王當親饗燕王有故則使人就館以酬幣致之云王致酒后致飲夫婦之義者酒是陽故王致之飲是陰故后致之是陰陽相成故云夫婦之義云后致飲無醴醫酏不清者與王同體屈也者言后致飲無醴醫酏不清者對下漿人共夫人致飲於賓客之禮清醴醫酏糟而奉之謂夫人卑於后致三飲醫酏糟上加之以清醴今后尊唯有醫酏二飲無清醴既無清醴醫酏當清今皆不清者以其后尊夫妻片合與王同體故屈夫人卑與王不同體得申故加之以清醴也云亦因以少爲貴者案禮器云有以少爲貴者天子無介祭天特牲是以少爲貴則夫人三飲后二飲是因以少爲貴云士謂酒人漿人奄士者案序官酒人奄十人漿人奄五人皆不言士此經注皆士者爲官首當是士但非賢故不言士內小臣是奄而稱士鄭云異其賢

凡王之燕飲酒。共其計。酒正奉之。共其計者獻酬多少度當足也故書酒正無酒字鄭司農云正奉之酒正奉之也○度徒洛反【疏】凡王至奉之○釋曰謂王與羣臣燕飲之酒共其計者謂計羣臣多少以足爲度酒正奉之者以其共王故酒正自奉之

凡饗士庶子。饗耆老孤子。皆共其酒。無酌數。要以醉爲度【疏】凡饗至酌數○釋曰言饗士庶子謂若宮伯宿衞王宮者士適子庶子其支庶云饗耆老孤子者謂外饔注耆老謂國老孤子者謂死王事之子王皆饗養之則共其酒

掌酒之賜頒。皆有灋以行之。灋尊卑之差【疏】掌酒至行之○釋曰云賜頒皆有法以行之者謂以酒頒羣臣也皆有法以行之者尊者得多卑者得少多少皆有常法言以行之者謂依法給之

凡有秩酒者。以書契授之。鄭司農云有秩酒者給事中亏之酒秩常也常受酒者國語曰至于今秩之玄謂所秩者謂老臣王制曰七十不俟朝八十月告存九十日有秩○朝直遙反【疏】凡有至授之○釋曰秩常也謂若老臣年九十已上常與之酒云以書契授之者謂酒正授使者酒書之多少以爲契要而與之故云以書契授之○注鄭司至有秩○釋曰鄭司農云有秩酒者給事中亏之酒秩常也常受酒者司農之意謂在朝羣臣親近於王揔名給事中王常以酒與之故云常受酒者又引國語者案楚語云鬬且廷見令尹子常子常問畜貨聚馬鬬且廷以爲非遂陳令尹子文之行云昔鬬子文三舍令尹無一日之積成王聞子文行於是每朝設脯一束糗一筐以羞子文至於今秩之後鄭皆不從之者給事中與之酒不言秩因朝而羞子文又非酒故不從之矣引王制曰七十不俟朝者謂不待朝事畢即去八十月告存者謂月使報告老人存否九十日有秩者謂日日有秩膳即此經秩酒是也故引以爲證

酒正之出。日入其成。月入其要。小宰聽之。出謂授酒材及用酒之多少也受用酒者日言其計於酒正月盡言於小宰【疏】酒正至聽之○釋曰言酒正之出者謂授酒材與酒人及出酒與人云日入其成者謂酒人用多少日計所用酒以此成入於酒正云月入其要者謂酒正得酒人日計文書日計其月要至月盡以月計文書入於小宰故云月入其要小宰聽之者小宰得酒正文書聽斷之知其得失○注出謂至小宰○釋曰言出謂授酒材者謂授酒人以其材酒正職首所言者是也及用酒之多少者謂若共五齊三酒以下是也云受用酒者日言其計於酒正者受用酒謂用酒多少是酒人也故曰言其計於酒正也云酒正月盡言於小宰者釋經月入其要

歲終則會。唯王及后之飲酒不會。以酒式誅賞。誅賞作酒之善惡者【疏】歲終至誅賞○釋曰直言唯王及后不會不云世子以其酒與膳異膳羞食之正則世子亦不會膳禽食之加世子會之酒亦爲加故亦會之以酒式誅賞者作酒有舊法式依法善者則賞之惡者則誅責之

酒人掌爲五齊三酒。祭祀則共奉之。以役世婦。世婦謂宮卿之官掌女宮之宿戒及祭祀比其具酒人共酒因留與其奚爲世婦役亦官聯○比成必履反又毗志反徐扶利反【疏】酒人至世婦○釋曰言爲五齊三酒者爲猶作也云祭祀則共奉之者謂酒人共而奉之云以役世婦者屬春官宮卿官也酒人以奚送酒至世婦之所因爲世婦所役使○注世婦至官聯○釋曰云世婦謂宮卿之官者所謂春官云每宮卿一人故云[illegible]掌女宮之宿戒者此亦世婦職文[illegible]具則此酒等是故送酒以往爲世婦所役也言亦官聯者即小宰云祭祀之聯事是也

共賓客之禮酒。飲酒而奉之。酒正使之也禮酒饗燕之酒飲酒食之酒此謂給賓客之稍王不親饗燕不親食而使人各以其爵以酬幣侑幣致之則從而以酒往○親食音嗣侑音又【疏】共賓至奉之○釋曰云共賓客之禮酒飲酒者此二者酒正使酒人奉授賓客○注酒正至酒往○釋曰知酒正使之者酒正云共賓客之禮酒使其士奉之士即此酒人也彼不言飲酒者禮酒中可以兼之矣云禮酒饗燕之酒者謂饗燕食賓之酒也云飲酒食之酒者謂食時有酒者曲禮云酒漿處右則此非獻酬酒是酳口之酒也云此謂給賓客之稍者此禮酒飲酒揔言王若不親燕飲食則使人致之於客館任賓客稍稍用之故云給賓客之稍云王不親饗燕不親食者謂王有故不得速賓親行此三者云使人各以其爵以酬幣侑幣致之者此並聘禮文案彼云若不親食使大夫各以其爵朝服致之以侑幣致饗以酬幣亦如之彼雖無致燕法案鹿鳴燕羣臣嘉賓有實幣帛則致燕亦以酬幣致之與饗同云各以其爵者則諸侯來朝遣三公致饔卿來聘遣卿大夫致饔燕以酬幣致食以侑幣故云酬幣侑幣致之云則從而以酒往者謂酒人以酒從使人致往客館授與賓客

凡事共酒。而入于酒府。入于酒正之府者是王燕飲之酒正當奉之【疏】凡事至酒府○釋曰此謂酒正所奉者則酒正云凡王之燕飲酒正奉之并共王之四飲三酒之饌亦是酒正奉之以其事非一故言凡事共酒入於酒正之府

凡祭祀共酒以往。不言奉小祭祀【疏】凡祭至以往○釋曰上云祭祀共奉之謂大祭次祭此不言奉謂小祭祀王玄冕所祭者故云共酒以往

賓客之陳酒亦如之。謂若歸饔餼之酒亦自有奉之者以酒從往【疏】賓客至如之○釋曰謂上公饔餼九牢之等案聘禮云卿韋弁歸饔餼牲牢及米禾芻薪並歸於客館彼八壺設於西序北上天子致禮於諸侯亦當陳於西序故云賓客之陳酒亦如之者亦以酒從使人往○注謂若至從往○釋曰經直云賓客陳酒不指斥言饔餼鄭不敢正言故言若酒云亦自有奉之者謂使卿韋弁歸之者是也云以酒從往者謂卿韋弁歸饔餼等之時亦使人以此酒從往致之

漿人掌共王之六飲。水。漿。醴。涼。醫。酏。入于酒府。王之六飲亦酒正當奉之醴醴清也鄭司農云涼以水和酒也玄謂涼今寒粥若糗飯雜水也酒正不辨水涼者無厚薄之齊○糗丘酉反又昌紹反【疏】漿人至酒府○釋曰言入于酒府者亦入於酒正之府與三酒同以其酒正奉之故也○注王之至之齊○釋曰云王之六飲亦酒正當奉之者亦如酒人共酒入於酒府酒正奉之故此云亦酒正當[illegible]云有不自奉者唯共王乃奉之故云[illegible]是一物故云醴清也鄭司農云涼以水和酒也者和水非人所飲又且若以酒和水即是厚薄之齊酒正何因不辨之本故後鄭不從玄謂涼今寒粥若糗飯雜水也者案內則飲有濫無涼彼鄭云以周禮六飲校之則濫涼也紀莒之間名諸爲濫言諸者非一之義內則名涼爲濫參驗相當故鄭云涼今寒粥若糗飯雜水也云酒正不辨水涼者無厚薄之齊者此文六飲并有水涼酒正不辨四飲無辨水涼以其水則臨時取用涼則至用乃和二者並不須豫辨故言無厚薄之齊

共賓客之稍禮。稍禮非饔饗之禮留間王稍所給賓客者漿人所給亦六飲而已○間如字徐音澗【疏】注稍禮至而已○釋曰云稍禮非饔饗之禮留間王稍所給賓客者謂賓客未去留間王稍稍所給賓者也故以稍言之云漿人所給亦六飲而已者漿人不主酒齊唯主飲故知此稍禮所給六飲而已

共夫人致飲于賓客之禮清醴。醫。酏。糟。而奉之。亦酒正使之三物有清有糟夫人不體王得備之禮飲醴用柶者糟也不用柶者清也○柶音四【疏】共夫至奉之○釋曰夫人謂三夫人致飲於賓客之禮助王養賓亦致於客館清醴醫酏糟者清醴之泲者即酒正所云一曰清是也醫酏糟者謂醫酏不泲者此二飲與后同而奉之者亦使漿人奄士奉之○注亦酒至清也○釋曰云亦酒正使之者亦謂酒正使酒人漿人奄士也故酒正云醫酏使其士奉之彼注士酒人漿人奄士故知亦酒正使之云三物有清有糟夫人不體王得備之者對后體王屈故醫酏糟而無清醴也云禮飲醴用

栖者禮也者案士冠禮子用醴有栖是用栖者禮也但栖只爲禮設醴既泲而清則不假栖則此經清醴是也故云不用栖者清也

凡飲共之。謂非食時〔疏〕凡飲共之○釋曰上共王六飲食時以共訖此又云凡飲共之故云謂非食時

凌人掌冰。正歲十有二月。令斬冰。三其凌。正歲季冬火星中大寒冰方盛之時春秋傳曰火星中而寒暑退凌冰室也三之者爲消釋度也故書正爲政鄭司農云掌冰政主藏冰之政也杜子春讀掌冰爲主冰也政當爲正正謂夏正三其凌三倍其冰〔疏〕凌人至其凌釋曰言掌冰者謂凌人惣掌藏冰出冰之事故云掌冰也云正歲十有二月令斬冰者正歲謂夏之建寅爲正十有二月謂建丑之月冰堅腹厚之時令入山斬冰三其凌者凌謂冰室之中三倍納冰備消釋度故也○注正歲至其冰○釋曰云正歲季冬者周雖以建子爲正行事皆用夏之正歲若據殷周則十二月冰未堅若據夏之十二月冰則堅厚故正歲據夏也云火星中大寒冰方盛之時者火星中謂十二月平旦火星中於十二月小寒節大寒中是冰方盛之時也引春秋傳曰火星中而寒暑退者此左氏昭公三年鄭游吉如晉送少姜之葬張趯見之云自今子其無事矣譬如火焉火中而寒暑乃退注云火星季冬十二月平旦正在南大寒退季夏六月黃昏火中暑退此其極也能無退乎引此者證十二月寒退之時冰最盛故取之云故書正爲政者政是政教字故先鄭從之云掌冰政主藏冰之政後鄭不從先鄭故引子春讀掌冰爲主冰言正謂夏正於下還從經正歲向下爲義後鄭依子春改者若歲字向下即是周之十二月冰未厚故從子春也又云三其凌三倍其冰者謂應十石加至四十石即是三倍其冰也

春始治鑑。鑑如甀大口以盛冰置食物于中以禦溫氣春而始治之爲二月將獻羔而啟冰○鑑胡暫反本或作監音同甀直僞反與緇音同盛音成爲于僞反〔疏〕春始治鑑○釋曰春謂正月始治鑑者鑑是盛冰之器春豫治之爲二月將出冰○注鑑如至啟冰○釋曰鑑如甀者漢時名爲甀即今之甕是也故云如甀大口以盛冰云春而始治之爲二月將獻羔而啟冰者案月令仲春云獻羔而開冰先薦寢廟七月詩亦云四之日其蚤獻羔祭韭是二月出冰者公始用之

凡外內饔之膳羞鑑焉。凡酒漿之酒醴亦如之。酒醴見溫氣亦失味酒漿酒人漿人也〔疏〕凡外至如之○釋曰言凡外內饔之膳羞鑑焉者謂王后及世子并饔耆老孤子之等以下文云祭祀此經直云膳羞明非祭祀也二月之後皆須鑑以盛冰故云鑑焉云凡酒漿之酒醴者酒謂酒人之酒謂三酒五齊皞酒而言漿人之醴謂六飲皞醴而言云亦如之者亦以鑑盛冰

祭祀共冰鑑。賓客共冰。不以鑑往嫌使停膳羞〔疏〕祭祀至共冰○釋曰此云祭祀者謂天地社稷及宗廟之等皆共鑑云賓客共冰者謂諸侯來朝王禮之以饗及饔餼直共冰以往無鑑也○注不以至膳羞○釋曰冰若有鑑則冰不銷釋食得停久故鄭云不以鑑往嫌使停膳羞

大喪共夷槃冰。夷之言尸也實冰于夷槃中置之尸牀之下所以寒尸尸之槃曰夷槃牀曰夷牀衾曰夷衾移尸曰夷于堂皆依尸而爲言者也漢禮器制度大槃廣八尺長丈二尺深三尺漆赤中○釋云廣八尺長丈二深三尺凡度長短曰長直亮反度淺深曰深尸鴆反度廣狹曰廣光曠反度高下曰高古到反相承用此音或皆依字讀後放此漆赤中用朱漆其中〔疏〕大喪共夷槃冰○釋曰亦謂三月巳後遺大喪則共夷槃及冰舉王喪共后世子及三夫人巳下小喪亦共之但王及后有夷槃自外當與諸侯巳下同大槃等其世婦巳上有冰則與大夫同女御與士同無冰見賜乃有也○注夷之至赤中○釋曰喪大記云君設大槃造冰焉大夫設夷槃造冰焉士併瓦盤無冰下又云設牀禮第有枕含一牀襲一牀是實冰置尸牀之下以寒尸也云牀曰夷牀者儀禮既夕禮文云夷衾者喪大記云自小斂巳後用夷衾是也云移尸曰夷於堂者亦喪大記云既小斂男女奉尸夷于堂是皆依尸而爲言也云漢禮器制度云者叔孫通前漢時作漢禮器制度多得古之周制故鄭君依而用之也依制度云天子大槃廣八尺長丈二尺深三尺漆赤中此經雖云夷槃無形制故依焉若然此周謂之夷槃漢謂之大槃是別大異名案喪大記君設大盤者彼諸侯不敢與天子同名夷盤故名大盤彼大夫云夷盤者卑不嫌得與天子同名其制則小也

夏頒冰掌事。暑氣盛王以冰頒賜則主爲之春秋傳曰古者日在北陸而藏冰西陸朝覿而出之○覿直歷反〔疏〕夏頒冰掌事○釋曰夏頒冰者據頒賜羣臣言掌事者謂主此賜冰多少合得不合得之事○注暑氣盛王以冰頒賜則主爲之春秋傳曰古者日在北陸而藏冰西陸朝覿而出之○釋曰謂二月之時蠅蟲巳生公始用之四月巳後暑氣漸盛則賜及羣下云春秋傳曰者左氏昭四年正月大雨雹季武子問于申豐曰雹可禦乎對曰聖人在上無雹雖有不爲災古者日在北陸而藏冰西陸朝覿而出之其藏之也深山窮谷固陰沍寒於是乎取之其出之也朝之祿位賓食喪祭於是乎用之其藏之也黑牡秬黍以享司寒其出之也桃弧棘矢以除其災其出入也時食肉之祿冰皆與焉大夫命婦喪浴用冰祭寒而藏之獻羔而啟之公始用之火出而畢賦服氏云火出於夏爲三月於商爲四月於周爲五月自命夫命婦至於老疾無不受冰爾雅云北陸虛也服氏云陸道也北陸言在謂十二月日在危一度西陸朝覿不言在則不在昴謂二月在婁四度謂春分時奎婁晨見東方而出冰是公始用之令此鄭注引朝覿而出之謂經夏頒冰則西陸爾雅曰西陸昴也朝覿而出冰羣臣用之若然日體在昴在三月內得爲夏頒冰者據三月未之節氣故證夏頒冰此言夏據得夏之節氣春秋言火出者據周至於七月詩二之日鑿冰三之日納於凌室四之日其蚤獻羔祭韭孫皓問藏之既曉出之又早何鄭荅豳土晚寒故夏正月納冰夏二月仲春大蔟用事陽氣出地始溫故禮應開冰先薦寢廟是公始用之也

秋刷。刷清也鄭司農云刷除冰室當更內新冰玄謂秋涼冰不用可以清除其室○刷所劣反清如字又才政反下同〔疏〕注刷清至其室○釋曰先鄭云刷除凌室當更納新冰者先鄭直云除舊納新不言秋涼而冰不用於理未當經旨故後鄭云秋涼冰不用可以清除其室至十二月自然更納新冰也

籩人掌四籩之實。籩竹器如豆者其容實皆四升〔疏〕籩人至之實○釋曰言四籩謂下經朝事饋食加籩羞籩是也○云之實者謂掌此四種籩中所實之物麷蕡白黑之等是也○注籩竹至四升○釋曰鄭知籩是竹器者以其字竹下爲之亦依漢禮器制度而知也云如豆者皆面徑尺柄尺亦依漢禮知之也云其容實皆四升者據其籩之所受則曰容據其所實麷蕡等則曰實故云容實皆四升亦約與豆四升同也

朝事之籩。其實麷。蕡。白。黑。形鹽。膴。鮑。魚。鱐。蕡枲實也鄭司農云朝事謂清朝未食先進寒具口實之籩熬麥曰麷麻曰蕡稻曰白黍曰黑築鹽以爲虎形謂之形鹽故春秋傳曰鹽虎形玄謂以司尊彝之職參之朝事謂祭宗廟薦血腥之事形鹽鹽之似虎者膴牒生魚爲大臠鮑者於煏室中糗乾之出於江淮也鱐者析乾之出東海王者備物近者腥之遠者乾之因其宜也今河閒以北煮穜麥賣之名曰逢燕人膾魚方寸切其腴以啗所貴○麷芳弓反徐又芳勇反或郎第反蕡符文反徐蒲悶反膴火吳反鱐所求反枲思里反牒章涉反又直輙反煏皮逼反本又作煏同糗乾音乾又作乾析幹反穜直龍反又音童腴音臾啗劉徒覽反徐徒暫反〔疏〕朝事至魚鱐○釋曰此言朝事謂祭宗廟二灌之後祝延尸於戶外后薦此八籩入籩者則麷爲熬麥一也蕡爲麻子二也白爲熬稻米三也黑爲熬黍米四也形鹽鹽似虎形五也膴以魚肉爲大臠六也鮑以魚於煏室糗乾之七也鱐爲乾魚八也○注蕡枲至所貴○釋曰云蕡枲實也者案喪服云苴絰子夏傳云苴麻之有蕡者是麻之子實也又案疏衰裳齊牡麻絰子夏傳云牡麻者枲麻也則枲麻謂雄麻也若然枲麻無實而解蕡爲枲實者舉其類耳謂若圓曰簞方曰笥不同鄭注論語云簞笥舉頒義同也鄭司農云朝事謂清朝未食先進寒具口實之籩者此先鄭不推上下文勢祭祀爲義直以爲生人所食解之故後鄭不從也云熬麥曰麷字從麥知麷爲熬麥也云麻曰蕡者巳釋訖云稻曰白者以其稻米見白云黍曰黑者爾雅有秬黑黍故知黑是黍二者亦皆熬之乃可也巳上後鄭從之云築鹽以爲虎形又引春秋傳曰者左氏僖三十年冬王使周公閱來聘饗有昌歜白黑形鹽服氏云昌歜呂本之菹辭曰國君文足昭也武可畏也則有備物之饗以象其德薦五味羞嘉穀鹽虎形服云剋形非是築剋爲之故後鄭不從也玄謂以司尊彝之職參之朝事謂祭宗廟薦血腥之事者案司尊彝職除二灌有朝踐饋獻爲食前二節彼又有朝獻再獻食後酳尸爲一節又參少牢主人酬尸宰夫羞房中之羞後爲一摠四節亦據祭宗廟故鄭云然也祭宗廟無血鄭云薦血腥者鄭注論語亦云禘祭之禮自血腥始皆謂毛以告純血以告殺是爲告殺時有血與朝踐薦腥同節故連言血耳非謂祭血也云形鹽鹽之似虎形者以爲自然似虎形此破先鄭築鹽爲虎形也云膴牒生魚爲大臠者牒巳釋訖云鮑者於煏室中糗乾之出於江淮也者鄭以目驗知之言煏室者謂煏土爲室云鱐者析乾之出東海者上云夏行腒鱐鱐巳釋訖言出東海者亦目驗知之云王者備物近者腥之膴是也遠者乾之鮑及鱐是也因其宜者近宜濕遠宜乾也若然經鮑鱐二者魚在於中明二物皆魚云今河間以北煮穜麥賣之名曰逢引漢法證麷亦是熬煮之麥云燕人膾魚方寸切其腴以啗所貴者亦引時事證膴膴亦是腹腴以擬祭與啗貴者同也

饋食之籩。其實棗。㮚。桃。乾藤。榛實。饋食薦孰也今吉禮存者特牲少牢諸侯之大夫士祭禮也不祼不薦血腥而自薦孰始是以皆云饋食之禮乾藤乾梅也有桃諸梅諸是其乾者榛似栗而小○藤音老徐力到反榛則巾反劉士隣反少詩詔反凡言少牢皆放此祼古亂反〔疏〕饋食至榛實○釋曰此謂朝踐薦腥後堂上更體其犬豕牛羊烹孰之時后先謂之饋食之籩也其八籩者其實棗一也栗二也桃三也乾藤謂乾梅四也榛實五也其於八籩仍少三案乾藤既爲乾梅經中桃是濕桃既有濕桃乾梅明別有乾桃則注引內則桃諸梅諸是其乾者既有濕桃明有濕梅可知以乾梅濕梅二者添五

者爲七籩案桃梅既並有乾濕則棗中亦宜有乾濕復取一添前爲八也必知此五者之中有八者案儀禮特牲少牢士二籩二豆大夫四籩四豆諸侯宜六天子宜八醢人饋食之豆有八入此饋食之籩言六不類又上文朝事之籩言八下加籩亦八豈此饋食在其中六乎數事不可故以義參之爲八若不如此任賢者裁之也○注饋食至而小○釋曰云饋食薦孰也者謂於堂上饋熟之時后薦之云今吉禮存者吉禮謂祭祀以其天子諸侯祭祀之禮亡故云存者云特牲少牢諸侯之大夫士祭禮也者以天子大夫大牢祭今用特牲少牢故知諸侯大夫士祭禮也云不祼不薦血腥者若天子諸侯則有室中二祼堂上朝踐薦血腥之禮大夫則無此二者也云而自薦孰始是以皆云饋食之禮者天子諸侯大夫士雖同名饋食仍有少別何者天子諸侯尸食前仍有饋獻二是饋孰陰厭陰厭後尸入室食乃獻大夫士則饋孰與黍稷爲陰厭陰厭前無饋獻以此爲異耳云乾藤乾梅也者以經乾藤上有桃故知乾藤乾梅也云有桃諸梅諸者內則文而鄭引之者證乾藤中有乾桃乾梅故云是其乾者云榛似栗而小者今居山者見食之似栗而小亦目驗知之

加籩之實。蔆。芡。㮚。脯。蔆。芡。㮚。脯。加籩謂尸既食后亞獻尸所加之籩重言之者以四物爲八籩蔆芰也芡雞頭也栗與饋食同鄭司農云蔆芡脯脩○蔆音陵芡音儉㮚古栗字重直用反芰共寄反〔疏〕加籩至㮚脯○釋曰此加籩當尸食後王酳尸后亞王酳尸於時薦之四物重言之則八籩○注加籩至脯脩○釋曰知籩是尸既食后亞獻尸所加之籩者案春官內宗云掌宗廟之祭祀薦加豆籩以其內宗所薦明主於后又見特牲主婦獻尸云宗婦執兩籩於戶外主婦受設於敦南主人獻尸之時不見有設籩之事故知唯主於后也少牢主婦不設籩者以其當日賓尸故也其下大夫不賓尸者亦與士同也云蔆芰也者屈到嗜芰即蔆角者也云芡雞頭也者俗有二名今人或謂之鴈頭也先鄭云蔆芡脯脩者先鄭意恠饋食重言故爲脩替栗得爲一義故引之在下也

羞籩之實。糗。餌。粉。餈。羞籩謂若少牢主人酬尸宰夫羞房中之羞于尸侑主人主婦皆右之者故書餈作茨鄭司農云糗熬大豆與米也粉豆屑也茨字或作餈謂乾餌餅之也玄謂此二物皆粉稻米黍米所爲也合蒸曰餌餅之曰餈糗者擣粉熬大豆爲餌餈之黏著以粉之耳餌言糗餈言粉互相足○餌而志反餈昨資反餅必領反爲餌于僞反下文同黏女廉反著直略反〔疏〕羞籩至粉餈○釋曰此當王酬尸內饔進之於尸侑等者也云糗餌粉餈者此爲二籩糗與粉爲一物恐餌餈黏著籩故分于二籩之下○注羞籩至相足○釋曰言羞籩謂若少牢主人酬尸宰夫羞房中之羞于尸侑主人主婦皆右之者天子祭祀之禮亡故取少牢大夫禮解之案有司徹上大夫當日賓尸正祭不設內羞故於賓尸設之此天子之禮賓尸在明日則祭祀日當設之案少牢下大夫不賓尸者賓長致爵受酢云宰夫羞房中之羞司士羞庶羞于尸祝主人主婦內羞在右庶羞在左天子之禮賓長受酢後亦當設此內羞庶羞于尸祝及王與后然鄭不引不賓尸而引賓尸者以其設內羞之禮同故祗引其一但正祭設於祝賓尸設於侑又賓尸主人酬尸後正祭賓長受酢後爲異耳云故書餈作茨者此宜從食不得從草故先鄭破之從經爲正鄭司農云糗熬大豆與米也粉豆屑也並於義是但於義不足故後鄭增成之云茨字或作餈者謂故書亦有作次下食者云謂乾餌餅之也者餅之曰餈未正乾之言故後鄭不從玄謂此二物皆粉稻米黍米所爲者據當時目驗而知云合蒸曰餌餅之曰餈者謂粉稻米黍米合以爲餌餌既不餅明餅之曰餈今之餈餻皆解之名出於此云糗者擣粉熬大豆者此與司農義同司農不言擣故後鄭增成之云餌言糗餈言粉互相足者此本一物餌言糗謂熬之亦粉之餈言粉擣之亦糗之凡言互者據兩物相互今一物之上自相互直是理不足明故言互相足內則注擣熬穀穀則大豆也穀揔名也

凡祭祀。共其籩薦羞之實。薦羞皆進也未食未飲曰薦既食既飲曰羞〔疏〕凡祭至之實○釋曰祭祀言凡者謂四時禘祫等皆共其籩籩則薦羞之實是也○注薦羞至曰羞○釋曰云未食未飲曰薦者先薦後獻祭祀也據朝踐饋獻時未獻前所薦籩豆朝事饋食之籩是也云既食既飲曰羞者謂尸食後酳尸訖所進羞即加籩之實是也

喪事及賓客之事。共其薦籩羞籩。喪事之籩謂殷奠時〔疏〕喪事至羞籩○釋曰喪事謂大奠時賓客之事謂享燕時亦共其薦籩羞籩○注喪事至奠時○釋曰殷尤大也大奠朔月月半薦新祖奠遣奠之類也

爲王及后世子。共其內羞。於其飲食以共房中之羞〔疏〕注於其至之羞○釋曰言凡共后世子飲食之時用房中之羞

凡籩事掌之。

周禮注疏卷五校勘記　阮元撰盧宣旬摘錄

附釋音周禮注疏卷第五　唐石經周禮卷第二宋本余本嘉靖本同此本及閩監毛本刪此題下準此不具著

天官冢宰下　諸本同釋文作天宮下云本亦作天官冢宰下唐石經作天官冢宰下第二非

周禮　鄭氏注　唐石經宋本余本嘉靖本同此本刪周禮二字增賈公彥疏四字閩監毛本同鄭字賈字上又增漢唐字每卷準此

醫師

若藥不瞑眩厥疾不瘳　閩監毛本同岳本嘉靖本作藥不瞑眩厥疾無瘳宋本作藥不瞑眩厥疾弗瘳惠棟云余本仍有若字不瘳作無瘳音義同案賈疏作藥不瞑眩厥疾不瘳藥鈔釋文作無瘳以多者言之若衍不當作無

惠乃治也　惠按本治作治此誤

疕瘍者　唐石經作有疕瘍者石經考文提要云下獸醫凡獸之有病者有瘍者亦疊有字惠棟云宋王與之周禮訂義有有字宋本注疏無

云以制其食　浦鏜云下當脫者

神農黃帝食藥七卷　浦鏜云禁誤藥

以通開結反之於此乃失其宜者　盧文弨云閉誤開下脫解半誤此及誤乃惠棟云宋本誤皆同

積氣內傷　案漢書積作精此誤

食醫

堇荁枌榆娩槁　浦鏜云娩槁內則作免薨案釋文免字音問注同新生曰免薨字又作槀苦老反乾也當作娩音問新生日免槁字又作槀據羣經音辨女部云娩菜之新生者也亾運切禮娩橋滫瀡鄭康成讀是賈氏所見禮記釋文本作娩橋也橋當槁字形近之譌○按詩山有橋松鄭讀爲槁松賈所見內則釋文作橋也

娩新生者槁乾也齊人溲曰滫秦人滑曰瀡　今禮記注娩作免槁作薨齊秦字互易皆非也當據此正之

犬宜粱　唐石經嘉靖本閩本同余本監本毛本粱作梁非疏中從米不誤

疾醫

四時皆有癘疾　唐石經諸本同岳本癘改厲非

冬時有漱上氣疾　唐石經諸本漱作嗽案說文無嗽字此本注及疏仍作嗽釋文嗽本亦作欶字按作欶爲是

痟酸削也　說文痟酸痟頭痛从疒肖聲周禮曰春時有痟首疾案許鄭義同酸痟頭痛當作酸削頭痛

六癘作見　毛本六誤大

惟火沴金　盧文弨云火當作木此是衝氣不論生剋不知疏家誤改抑校刊之失當以本書及漢五行志正之

惟土沴水　盧文弨云土當作火

若據五事所置言之　浦鏜云置當致誤

病由氣勝負而生　宋本由作猶案疏云故言猶氣勝負而生皆由之誤

攻其贏　余本贏作嬴載音義同釋文其贏音盈此本疏云嬴而勝也嬴卽贏之誤今本注疏悉改作贏矣

卽是水水贏而勝也　閩監毛本贏作嬴惠棟本作水嬴此誤

草謂麻黃勺藥之類是也　閩監毛本勺改芍案詩溱洧作勺藥

子義本草經一卷　閩本同監毛本義改儀非

則炎帝者也　浦鏜云者當是之誤

五藏所出氣也　諸本同釋文五藏才浪反下文及注同嘉靖本作五臟俗字

肺氣熱　余本同誤也嘉靖本作肺氣熱閩監毛本亦作肺當據正

心位當土　閩本同監毛本土誤上案此言心位當中央土也

云五色面貌之青赤黃白黑者也　惠按本貌作皃

大古有岐伯榆附 閩監毛本作榆柎浦鏜云漢志作俞柎

又有胃旁胱 宋本岳本嘉靖本同閩監毛本旁改爲膀俗字疏中準此

大腸爲行道之府 案素問作傳導之府

旁胱爲津滴之府 閩本亦作津滴監毛本滴改液

下氣象天故寫而不實 惠挍本同閩本上故實闕監毛本作○

以疾醫中士二人 浦鏜云八誤二

似不得壽終然少曰死 浦鏜云少當故字誤

瘍醫

折瘍之祝藥 唐石經諸本同釋文折瘍劉本作𠠳同經義雜記云說文艸部𠠳斷也从斤斷艸譚長說𠠳籀文折从艸在仌中仌寒故折篆文折从手然則今用折字者從小篆也劉昌宗本作𠠳爲古文當從之禮說云墨子非攻中篇曰今有醫於此和合其祝藥之於天下之有病者而藥之萬人食此若醫四五人得利焉猶謂之非行藥也然則祝藥猶行藥也俗本墨子刪祝字

祝當爲注讀如注病之注 禮說云釋名注病一人死一人復得氣相灌注也古文假借多取音同函人甲屬匠人水屬注皆云屬讀爲注左傳韎韋之跗注賈服皆云注屬也祝屬通

刮刮去膿血 嘉靖本同閩監毛本上刮依經改劀非釋文劀音刮本注也說文劀刮去惡創肉也周禮曰劀殺之齊亦訓劀爲刮與鄭義同○按說文劀刮異義鄭君謂爲一字

今醫方有五毒之藥 此本補刻方誤人今據諸本訂正

合黃堥置石膽丹砂 釋文堥本又作鍪嘉靖本砂作沙惠士奇云內則敦牟卮匜注牟讀曰堥也

皆用黃瓦𤭛爲之 惠挍本𤭛作甂案甂蓋甗之誤○按𤭛者唐人所用俗缶字缶瓦器也今之瓶耳惠棟多有自出已意而非是者

五氣當爲五穀 禮說云史記軒轅治五氣本內經岐伯曰天食人以五氣地食人以五味五氣入鼻藏於心肺五味入口藏於腸胃味有所藏以養五氣氣和而生津液相成神乃自生九經古義云內經五穀爲養五果爲助五菜爲充故鄭據此

此卽經酸苦之等是也 浦鏜云此卽當誤倒

平常調食 惠挍本作服食此誤

獸醫

故當獸連言之也 惠挍本作畜獸此誤

故先灌而知緩之 浦鏜云知當和字誤

酒正

麴蘖必時湛饎必潔 此本蘖誤蘗今據諸本訂正余本嘉靖本潔作絜浦鏜云饎月令作熾○按漢人秖用絜無用潔者

鄭司農云授酒人以其材 余本嘉靖本鄭司農云下有授酒材三字宋本亦無

則是久熟者善 惠挍本熟作孰

成而翁翁然葱白色 宋本嘉靖本同閩監毛本葱作蔥非

如今下酒矣 諸本同盧文弨云初學記引作若下酒是也西京雜記載鄒陽酒賦亦有程鄉若下語則今湖州之上若下若也

又禮器曰緹酒之用 宋本嘉靖本又下空闕一字浦鏜云禮器緹作醍

泛讀如泛泛楊州之泛 閩本同毛本州改舟是也監毛本楊作揚非也

謂曹床下酒 閩監本同毛本床改牀惠挍本曹作漕案漢制考作曹床

案鄭下注五伯緹衣 浦鏜云伍誤五

物者財也 浦鏜云財疑材下給財同

故晉語云味厚寔昔毒 案周語下作厚味寔腊毒韋解腊讀若昔

洗湎干日 魏都賦作流湎此誤閩監毛本改沈湎非惠挍本亦作沈○按作沈是也今文選作流誤字也沈湎者貌其大醉作流則無義矣初學記引韓詩日齊顏色均衆寡日沈閉門不出客日湎今本初學記奪客字李善於此注引韓詩章句日均衆謂之流閉門不出容謂之湎譌舛不可讀當以初學記正之初學記少客字當以毛詩音義補之

醫之字從殹從酉省也 釋文殹本或作毉惠挍本酉作酒經義雜記云賈疏云從殹省者去水則賈疏本作從殹從酒省也說文酉部云醫治病工也醫之性得酒而使从酉酒所以治病也周禮有醫酒

稻醴清莤黍醴清莤粱醴清莤 漢讀考云今內則莤作糟疑是用周禮改也司農云糟音聲與莤相似謂之相似則非一字也莤之本義當是艸類從艸酒聲故沈重音子由反糟曹聲古讀如摯同在第三部糟是正字莤是假借字

漿水臆 宋本嘉靖本臆作醷下同惠棟云萬卷堂本此仍作臆下作醷案葉鈔釋文云臆本又作醷宋本注載音義云醷本又作臆內則釋文作醷本又作臆漢讀考云醫是正字臆是假借字今本內則作醷者俗製也

醫與臆亦相似 宋本嘉靖本臆作醷又宋本無亦字

醷當此經中醫 閩本同與宋本注正合監毛本醷改臆下云醫與醷亦相似又內則醷準此

內則彼云莤此云糟 當作內則彼云糟此云莤

大祭三貳 唐石經諸本同毛本大作太非

元酒在室醴醆在戶粢醍在堂澄酒在下澄酒是三酒也 釋文醍本亦作緹賈疏云鄭注趙商問禮運注澄是沈齊今此注澄酒是三酒何鄭荅今解可去澄字若然鄭本此注直云酒是三酒無澄字有者誤漢讀考云注謂澄酒之酒是三酒以別於上文元酒之酒鄭荅趙商蓋忘其有澄字之意矣賈云本無澄字誤也

舉其正尊而言也 惠挍本正作在

謂三酒之祭副益酒尊 惠挍本酒作等此非此本下四字實闕閩監毛本臆作事昔清尊今據惠挍宋本補

故言皆酌 惠挍本作皆有酌

有口齊酒不貳者 閩本同監毛本作言惟齊酒不貳者

之皆有器量者 惠挍本之作云此誤又闕器量二字據閩監毛本補

注酌至品 案當作注酌器至多品

三貳三益副之也皆 浦鏜云者誤皆

子春後鄭亦與之同 此本同誤國據惠挍本訂正閩監毛本改辨非

宗廟亦有次小 此本下二字實缺今據惠挍本補閩監毛本改大祭非

謂弟子口口口 閩本同缺下三字監本毛本作事師師浦鏜疑作事師長

弟子用注周旋而貳者 惠挍本用注作來往此誤

不見宗廟小祭 惠挍本下有者

若然則禮器云 惠挍本則作按

按司服山川服毳冕五獻 惠挍本司服下有四望二字

故與宗廟同用握 惠挍本作角握

是云引郊特牲云 浦鏜云上云當作以

謂若致饔餼 惠挍本饔作饗

夫妻片合 浦鏜云片當作胖語本喪服傳○按喪服傳本作片合今本作胖乃俗人以片半二字合而爲之此疏云夫妻片合正可據以挍正

瀆尊卑之差 閩監毛本同宋本余本嘉靖本瀆作法此非

八十月告存 此本存誤有今據諸本訂正疏中同

謂日日有秩監本誤日月

酒人

謂宮卿之官掌女宮之宿戒 宋本作謂宮卿之官掌女官之宿戒誤也

云以役世婦者屬春官宮卿官也 惠挍本閩本同監毛本云誤因此本春官誤春宮今訂正

而使人各以其爵以酬幣侑幣致之 宋本余本嘉靖本閩本同監本各誤名侑幣誤作弊毛本亦誤

云此謂給賞之稍者 浦鏜云賓客二字誤賞

謂酒人以酒從使人欲往客館 浦鏜云欲疑而字誤

漿人

醫酏使其士奉之 浦鏜云醫酏下脫糟皆二字

凌人

掌冰正歲十有二月 唐石經諸本同漢讀考云此鄭君用杜說攺政為正下屬也考周禮全書凡言歲者皆謂夏正也言正歲者皆謂寅月言歲終十有二月者皆謂丑月此言歲十二月為夏正已明不必加正字以混全書司農從故書掌冰政為長

謂應十石加至四十石 案注三倍其冰則應十石者三倍之為三十石云四十石誤也

此經直云膳羞 閩本同監毛本云作言

王禮之以殯及饔餼 閩監本同毛本闕饔。按殯當作殯

實冰于夷槃中 案于當作於監毛本于誤干

皆依尸而為言者也 案宋本無者案疏云是皆依尸而為言也亦無者諸本蓋衍

喪大記云君設大槃 浦鏜云記槃作盤案閩本此下三槃字皆先作盤後改槃此本下句士併瓦盤盤字從皿此改之未盡者監毛本則盡作槃矣。按槃从木小篆也盤从皿籀文也本是一字

不敢與天子同名夷盤 閩本同監毛本盤改槃下大槃夷盤同

籩人

鮑者於楅室中糗乾之 宋本余本嘉靖本同閩監毛本楅作福非疏中同案漢制考引此注作楅葉鈔釋文及宋本注載音義云楅本又作福同今通志堂本作福非釋文糗幹音乾又作乾析幹同案賈疏本亦作乾經乾糗字作乾陸本作幹殆非。按說文作穪籀作穪作楅作福皆省而譌作福則更譌矣

服云兜形非是築刻為之 閩本同監毛本刻改尅。按此處有譌

言楅室者謂楅土為室 漢制考同閩監毛本楅改福

云今河間以北炙穜麥賣之 閩監毛本炙作煮案炙當炙字之誤賈疏所據注蓋本作炙穜麥也監毛本穜作秋誤

二是饋執陰厭 浦鏜云一誤二

蔆芡㮚脯 監毛本同唐石經余本嘉靖本閩本蔆皆作菱從水此從冫非釋文蔆音陵此本注中仍作菱

鄭司農云蔆芡脯脩 漢讀考云司農云下脫當言二字謂蔆芡栗脯當作蔆芡脯脩栗與饋食複故易之

賓尸設於侑 此本設誤故今據閩監毛本訂正

今之餈餻皆解之名出於此 閩監毛本餻作糕案玉篇食部餻古刀切餻糜此賈疏舉唐制以釋注也段玉裁云解當餅字之誤

附釋音周禮注疏卷第六

鄭氏注　賈公彥疏

醢人掌四豆之實。朝事之豆。其實韭菹。醓醢。昌本。麋臡。菁菹。鹿臡。茆菹。麇臡。醓肉汁也昌本昌蒲根切之四寸為菹三臡亦醢也作醢及臡者必先膊乾其肉乃後莝之雜以粱麴及鹽漬以美酒塗置甁中百日則成矣鄭司農云麋臡麋骭髓醢或曰麋臡醬也有骨為臡無骨為醢菁菹韭菹鄭大夫讀茆為茅茅菹茅初生或曰茆水草杜子春讀茆為卯玄謂菁蔓菁也茆鳧葵也凡菹醢皆以氣味相成其狀未聞○韭音久菹莊魚反醓吐感反本又作盜或一音昌審反臡乃兮反又人齊反菁作寧反又音精茆音卯北人音柳麇京倫反膊普博反莝倉臥反骭戶諫反徐戶幹反蔓音萬又莫干反徐音蠻 疏 醢人至麇臡○釋曰言四豆之實者豆與籩並設節數與四籩同時亦謂朝事饋食加豆羞豆之實是也言朝事之豆者亦謂朝踐節云其實韭菹醓醢者於豆內莝菹之類菜肉通全物若牒為菹細切為莝又不言菹者皆是莝則昌本之類是也言昌本本根也昌蒲根為莝言麋臡者以麋肉為醢以其并骨為之則曰臡菁菹鹿臡茆菹麇臡為八豆並后設之○注醓肉至未聞○釋曰言醓肉汁者醓者以肉為之醢汁即是肉汁云昌本昌蒲根者本訓根云切之四寸為菹者但菹四寸無正文蓋以一握為限一握則四寸也即是全物若牒云作醢及臡已下者鄭以當時之法解之案王制云一為乾豆鄭注云謂腊之以為祭祀豆實也脯非豆實亦謂作醢始得在豆與此先膊乾其肉義合鄭司農云麋臡麋骭髓醢此義後鄭不從云或曰麇臡醬也有骨為臡無骨為醢後鄭從之又菁菹韭菹者以菁為韭菁於義不可後鄭不從若為菲字菲則蔓菁於義為是後鄭不應破之明本作韭不作菲也鄭大夫讀茆為茅茅菹茅初生者茅草非人可食之物不堪為菹或曰茆水草後鄭從之杜子春讀茆為卯於義亦是玄謂菁蔓菁者破司農為韭菁云茆鳧葵也者增成子春等義云凡菹醢皆以氣味相成其狀未聞者經云韭菹醓醢已下兩兩相配者皆是氣味相成之狀不可知故云其狀未聞

饋食之豆。其實葵菹。蠃醢。脾析。蠯醢。蜃。蚳醢。豚拍。魚醢。蠃螔蝓蠯大蛤蚳蛾子鄭司農云脾析牛百葉也蜃蛤也鄭大夫杜子春皆以拍為膊謂脅也或曰豚拍肩也今河間名豚脅聲如鍛鎛○蠃力禾反脾婢支反徐蒲佳反析星歷反蠯蒲加反徐薄雞反蜃音市軫反拍音博螔音移又音夷蝓音揄又音由蛤音閤蛾音魚綺反膊音博下鎛同 疏 饋食至魚醢○釋曰言饋食之豆者亦與饋食之籩同時而薦其實葵菹蠃醢者此八豆之內脾析蜃豚拍三者不言菹皆韲也○注蠃螔至鍛鎛○釋曰言蠃螔蝓蜃大蛤蚳蛾子皆爾雅文鄭司農云脾析牛百葉也者無正文可破故後鄭從之云蜃蛤也者謂小蛤亦於鼈人釋訖鄭大夫杜子春皆以拍為膊謂脅也者此釋經豚拍謂豚脅也云或曰豚拍肩也者謂豚肩也云今河間名豚脅聲如鍛鎛者此子春等二八雖復為豚肩解之仍從前豚脅為義故云聲如豚拍

加豆之實。芹菹。兔醢。深蒲。醓醢。箈菹。鴈醢。筍菹。魚醢。芹楚葵也鄭司農云深蒲蒲蒻入水深故曰深蒲或曰深蒲桑耳醓醢肉醬也箈水中魚

衣故書鴈或爲鶉杜子春云當爲鴈玄謂深蒲蒲始生水中子箈箭萌筍竹萌○芹音勤徐又音謹說文作菦云菜類蒿也音謹箈音迨爾雅作篙同司農云水中魚衣也當徒來反沈云北人音禿跋反又丈之反未知所出筍息尹反蒻音若

〔疏〕加豆至魚醢○釋曰此加豆之實亦與加籩之實同時設之深蒲醓醢者深蒲謂蒲入水深以爲菹醓醢與朝事之豆同箈菹者謂以箭萌爲菹也云筍菹者謂竹萌爲菹也○注芹楚至竹萌○釋曰芹楚葵出爾雅鄭司農云深蒲蒲蒻入水深故曰深蒲者史游急就章云蒲蒻藺席蒲蒻只堪爲席不可爲菹故後鄭不從云或曰深蒲桑耳者既名爲蒲何得更爲桑耳故後鄭亦不從云箈水中魚衣者此箈字既下爲之非是水物不得爲魚衣故後鄭不從玄謂深蒲始生水中子者此後鄭以時事而知破先鄭也云箈箭萌者一名篠者也筍竹萌者一名蕩者也萌皆謂新生者也見今皆爲

羞豆之實，酏食糝食。鄭司農云酏食以酒酏爲餅糝食菜餗蒸玄謂酏餈也內則曰取稻米舉糔溲之小切狼臅膏以與稻米爲一餈又曰糝取牛羊豕之肉三如一小切之與稻米稻米二肉一合以爲餌煎之○酏食音嗣下同糝素感反餗音速餈之然反糔思柳反劉相早反徐相幼反溲所柳反臅昌蜀反一音栗

〔疏〕羞豆至糝食○釋曰此羞豆之實亦與羞籩之實同特設之言酏食者謂餈與糝食爲二豆○注鄭司至煎之○釋曰司農云酏食以酒酏爲餅者酏粥也以酒酏爲餅若今起膠餅文無所出故後鄭不從云糝食菜餗蒸者若今煮菜謂之蒸菜也亦文無所出後鄭亦不從玄謂酏餈也者案雜問志云內則餈次糝周禮酏次糝又酏在六飲中不合在豆且內則有餈無酏周禮有酏無餈明酏餈是一也故破酏從餈也又引內則曰取稻米舉糔溲之者案彼上注舉猶皆也糔溲博異語謂取稻米皆糔溲之云小切狼臅膏者鄭彼注狼臅膏臆中膏也云以與稻米爲餈者彼鄭云若今膏餥云又曰糝取牛羊豕之肉三如一者三等分云小切之者謂細切之云與稻米稻米二肉一者謂米二分肉一分合以爲餌煎之也餈糝二者皆有肉內則文故不從先鄭然則上有糗餌彼餌無肉則入籩此餌米肉俱有名之爲糝即入豆案易鼎卦九四鼎折足覆公餗其刑渥凶鄭注云糝謂之餗震爲竹竹萌曰筍筍者餗之爲菜也是八珍之食臣下曠官失君之美道當刑之於屋中案上膳夫注八珍取肝膋不取糝鄭注易糝又入八珍中者以其糝若有菜則入八珍不須肝膋若糝無菜則入羞豆此文所引是也入珍則數肝膋故注不同

凡祭祀，共薦羞之豆實。賓客喪紀，亦如之。爲王及后世子，共其內羞。王舉，則共醢六十罋，以五齊七醢七菹三臡實之。齊當爲齏五齏昌本脾析蜃豚拍深蒲也七醢醓蠃蠯蚳魚兔鴈醢七菹韭菁茆葵芹箈筍菹三臡麋鹿麇臡也凡醯醬所和細切爲齏全物若牒爲菹少儀曰麋鹿爲菹野豕爲軒皆牒而不切麇爲辟雞兔爲宛脾皆牒而切之切葱若薤實之醯以柔之由此言之則齏菹之稱菜肉通○爲王于僞反齊徐劉子西反下同沈才細反牒直輒反少儀時照反軒音獻皆牒之涉反本或作牒下同辟必亦反又音蘖宛於阮反又音於月反醯呼兮反稱尺證反

〔疏〕凡祭至實之○釋曰凡祭至內羞一與籩人同上已釋訖王舉則共醢六十罋此已下與籩人異以其王舉不共籩實唯有豆實王舉謂王日一舉鼎十有二則醢人共醢六十罋以醢爲主其實有五齏七菹等○注齊當至肉通○釋曰五齏昌本至深蒲此據豆內不言菹者皆是齏以次數之有此五而已七醢從醓至鴈醢加豆朝事醓醢有二雜取一則合此七也七菹者亦從朝事至加豆已上有七三臡者唯朝事之豆有此三云凡醯醬所和者據此五齏七菹皆須醯醬所和據醢人所掌五齏七菹是也云細切爲齏全物若牒爲菹者據上朝事饋食加豆之內有齏菹不同鄭君欲引少儀爲證故先言此云少儀曰麋鹿爲菹野豕爲軒皆牒而不切者既言牒而不切則野豕爲軒亦菹類云麇爲辟雞兔爲宛脾皆牒而切之者此謂報切節皆齏類云切葱若薤實之醯以柔之者謂殺其氣云由此言之則齏菹之稱菜肉通者鄭案三豆之內七菹皆菜無肉五齏之內菜肉相兼若據少儀齏菹之稱菜肉通也

賓客之禮，共醢五十罋。致饔餼時凡事共醢。〔疏〕賓客至共醢○釋曰賓客謂五等諸侯來朝也天子致饔餼與之醢故鄭云致饔餼時也案掌客上公之禮醯醢百有二十罋侯伯百罋子男八十罋此共醢五十罋并醯人所共醯五十罋共爲百罋此據侯伯饔餼之禮舉中言之明兼有上公與子男若然上公百二十罋與王數同者據二王之後王所尊敬者而言其同姓諸侯唯魯得與二王後同其餘同姓雖車服如上公從侯伯百罋而已又案掌客上公已下並是諸侯自相待法天子待諸侯亦與之同又案聘禮待聘臣亦云醯醢百罋得與諸侯同者彼別爲臣禮有損之而益故子男之卿百罋其數多於君

醯人掌共五齊七菹。凡醯物以共祭祀之齊菹。凡醯醬之物，賓客亦如之。齊菹醬屬醯人者皆須醯成味○齊子兮反下之齊共齊醬齊皆同王舉，則共齊菹醯物六十罋。共后及世子之醬齊菹。賓客之禮，共醯五十罋。凡事共醯。〔疏〕醯人至共醯○釋曰云掌共五齊七菹凡醯物者此乃是醯人所掌豆實今在此者鄭云齊菹醬皆須醯成味故與醯人共掌云以共祭祀之齊菹凡醯醬之物者醯人連言醬者并豆醬亦掌言賓客亦如之者下經云賓客之禮據饔餼此云賓客據饗食致之云王舉則共齊菹醯物六十罋者并醢人六十罋者并醯人六十罋即膳夫醬用百有二十罋是也云共后及世子之醬齊菹者案醢人共其內羞不言齊菹此云齏菹以其與醢人共掌齏菹須醯故就醯人爲言云賓客之禮共醯五十罋者與醢人五十罋總共爲百罋亦據侯伯舉中言之

鹽人掌鹽之政令，以共百事之鹽。政令謂受入教所處置求者所當得〔疏〕注政令至當得○釋曰政令謂受入教所處置者謂四方鹽來鹽有數種處置不同故云受入教所處置也

祭祀，共其苦鹽散鹽。杜子春讀苦爲盬謂出鹽直用不湅治鄭司農云散鹽湅治者玄謂散鹽鬻水爲鹽○苦音盬工戶反出注散悉但反下同湅音練下同齊才細反鬻音煮盬古〔疏〕祭祀至散鹽○釋曰苦當爲盬盬謂出於鹽池今之顆鹽是也散鹽鬻水爲之出於東海○注杜子至爲鹽○釋曰杜子春讀苦爲鹽者鹽鹹非苦故破苦爲盬見今海傍出鹽之處謂之盬云直用不湅治者對下經鬻鹽是湅治者也鄭司農云散鹽湅治者下經自有鬻鹽是湅治故後鄭不從

賓客，共其形鹽散鹽。形鹽鹽之似虎形〔疏〕注形鹽至虎形○釋曰此形鹽即左氏傳鹽虎形是也籩人已釋訖

王之膳羞，共飴鹽，后及世子亦如之。飴鹽鹽之恬者今戎鹽有焉〔疏〕飴鹽至有焉○釋曰言飴鹽故云鹽之恬者云今戎鹽有焉者即石鹽是也

凡齊事，鬻鹽以待戒令。齊事和五味之事鬻鹽湅治之〔疏〕注齊事至治之○釋曰言齊事者謂若食醫春多酸夏多苦之類是也今湅治鹽以待戒令則齊和之

冪人掌共巾冪。共巾可以覆物○冪莫歷反〔疏〕冪人掌共巾冪○釋曰巾者則下經王巾皆黼是也冪者則冪八尊之類是也○注共巾可以覆物○釋曰據經巾冪俱有鄭唯言共巾可以覆物不言冪者但冪唯祇覆物其巾則兼以拭物故特解巾可以覆物者也

祭祀，以疏布巾冪八尊。以疏布者天地之神尚質〔疏〕祭祀至八尊○釋曰祭天無灌唯有五齊三酒實於八尊疏布者大功布爲冪覆此八尊故云疏布冪八尊此據正尊而言若五齊加明水三酒加玄酒則十六尊皆以疏布冪之也○注以疏至尚質○釋曰鄭知此經祭祀是天地之神者以其下經畫布冪六彝是宗廟之祭用六彝即知此疏布冪八尊無祼是天地可知又見禮器云大路素而越席疏布冪彼皆據祭天則疏布是祭天地可知舉天地則四望山川社稷林澤皆用疏布皆是尚質之義也

以畫布巾冪六彝。宗廟可以文畫者畫其雲氣與○與音餘〔疏〕以畫至六彝○釋曰言六彝者雞彝鳥彝斝彝黃彝虎彝蜼彝此六彝皆盛鬱鬯以畫布冪之故云畫布冪六彝此舉六彝對上經八尊無鬱鬯以言宗廟有鬱鬯其實天地亦有秬鬯之彝用疏布宗廟亦有八尊亦用畫布互舉以明義也○注宗廟至氣與○釋曰言宗廟可以文者以其用畫布對上疏布爲質故言宗廟可以文云畫者畫其雲氣與者三禮通例所言畫者解畫皆以爲畫雲氣謂畫爲五色之雲俱無正文故言與以疑之

凡王巾皆黼。四飲三酒皆畫黼周尚武其用文德則黼可○黼音甫〔疏〕凡王巾皆黼○釋曰凡王之覆物之巾皆用黼文覆之言凡非一四飲三酒之外籩豆俎簋之屬皆用之○注四飲至黼可○釋曰言三酒皆畫黼者鄭據酒正之文而言其實酒飲之外巾皆用黼黼者白與黑作斧文取今斧斷割之義云周尚武者周以武得天下故云尚武故用黼也云其用文德則黼可者謂若夏以揖讓得天下是文定天下則當用黑與青謂之黻兩已相背也若然易云湯武革命殷亦以武得天下則亦用黼耳

宮人掌王之六寢之脩。六寢者路寢一小寢五玉藻曰朝辨色始入君日出而視朝退適路寢聽政使人視大夫大夫退然後適小寢釋服是路寢以治事小寢以時燕息焉春秋書魯莊公薨于路寢僖公薨于小寢是則人君非一寢明矣○脩劉音修本亦作修朝直遙反辨如字本又作別彼列反〔疏〕宮人至之脩○釋曰案守祧職其廟則有司脩除之其祧則守祧黝堊之鄭注云脩除黝堊互言之此雖不主脩亦是掃除○注六寢至明矣○釋曰云六寢者路寢一小寢五者路寢制如明堂以聽政路大也人君所居皆曰路又引玉藻曰朝辨色始入者謂羣臣昧爽至門外辨色始入應門云君日出而視朝者尊者體盤故日出始出路門而視朝退適路寢聽政

者謂路門外朝罷乃退適路寢以聽政云使人視大夫大夫退然後適小寢釋服者朝罷君退適路寢之時大夫各鄉治事之處君使人視大夫大夫退還舍君然後適小寢釋去朝服服玄端又引春秋者左氏莊公三十二年公薨于路寢得其正僖公三十三年公薨于小寢譏其即安云是則人君非一寢明矣言此者時有不信周禮故引諸文以證之若然所引者皆諸侯法天子六寢則諸侯當三寢亦路寢一燕寢一側室一內則所云者是也**為其井匽。除其不蠲。去其惡臭。**井漏井所以受水潦蠲猶絜也詩云吉蠲為饎鄭司農云匽路廁也玄謂匽豬謂霤下之池受畜水而流之者。匽於建反徐音偃蠲音圭又古玄反去起呂反饎大志反霤力救反畜勑六反〔疏〕為其至惡臭。釋曰謂於宮中為漏井以受穢又為匽豬使四邊流水入焉非匽二者皆所以除其不蠲潔又去其惡臭之物。注井漏至之者。釋曰引詩云吉蠲為饎案秋官蜡氏云大祭祀令州里除不蠲注云蠲讀如吉圭惟饎之圭圭絜也此云蠲彼注云圭不同者彼蓋是三家詩故與此不同司農云匽路廁則後鄭不從者以其匽字與親匽豬同故不從後鄭以為霤下之池受畜水乃後流去之**共王之沐浴。**沐浴所以自潔清。清戚才性反本亦作清〔疏〕共王之沐浴。釋曰宮人掌絜清之事沐用潘浴用湯亦是自絜清之事**凡寢中之事。埽除。執燭。共鑪炭。凡勞事。**勞事勞褻之事**四方之舍事。亦如之。**從王適四方及會同所舍〔疏〕四方至如之。釋曰為王巡守征伐及會同所舍之處言亦如之者亦如上掌凡勞褻之事

掌舍掌王之會同之舍。設梐枑再重。故書枑為柜鄭司農云梐梐枑也柜受居溜水涑橐者也杜子春讀為梐枑梐枑謂行馬玄謂行馬再重者以周衛有外內列。梐步禮反枑戶故反重直龍反下同柜音矩下同徐胡故反棖音哀戚疏關反居舉慮反溜力救反涑徐劉色講反戚色冑反橐當洛反〔疏〕掌舍至再重。釋曰言掌王之會同之舍者王會同者謂時見曰會殷見曰同皆為壇於國外與諸侯相見而命以致禁之事焉王至壇所舍息也云設梐枑再重者梐枑謂行馬再重者謂外內兩重設之。注故書至內列。釋曰掌舍掌閑衛不掌絜淨之事又行止之處未即有蟲可涑先鄭輒依故書柜而為溜水涑橐又柜非必是受溜水之物於義未可故後鄭不從從子春為行馬也案虎賁氏云舍則守王閑注云閑梐枑此梐枑是周衛之具耳此梐枑所施唯據下文車宮壝宮止宿而言其帷宮無宮暫止之間未必有此梐枑也**設車宮轅門。**謂王行止宿阻險之處備非常次車以為藩則仰車以其轅表門。藩方元反〔疏〕設車宮轅門。釋曰鄭云王行止宿阻險之處備非常次車以為藩則仰車以其轅表門鄭知在險阻之處者下文為壇壝宮是平地有土可掘則為壝宮明此無土可以為壝故知此山間險阻為此車宮也言仰車以其轅表門者謂仰兩乘車轅相向以表門故名為轅門**為壇壝宮棘門。**謂王行止宿平地築壇又委壝土起堳埒以為宮鄭司農云棘門以戟為門杜子春云棘門或為材門。壝戚唯季反劉欲鬼反徐羊誰反一音待果反又時果反埒徐音劣〔疏〕注謂王至材門。釋曰知王行止宿平地者以下文二者非止宿之事唯有此壝宮及上文車宮為止宿但險阻平地二所不同故知是止宿平地也云委壝土起堳埒者止宿之間不可築作牆壁宜掘地為宮土在坑畔而高則堳埒也鄭司農云棘門以戟為門知棘是戟者見左氏隱十一年鄭欲伐許授兵于大宮子都與鄭考叔爭車子都拔棘以逐之故知棘即戟也杜子春云棘門或為材門者閔二年衛文公居楚上國家新立齊桓公共門材先令豎立門戶故知棘門亦得為材門即是以材木為門也**為帷宮設旌門。**謂王行晝止有所展肆若食息張帷為宮則樹旌以表門〔疏〕注謂王至表門。釋曰知王行晝止有所展肆者見下曲禮云君命大夫與士肄鄭云肄習也君有命大夫則與士展習其事則此亦王與羣臣晝止有所展習云若食息者非直有展習亦有食息之時則張帷為宮樹立旌旗以表門案司常云會同賓客置旌門注引此掌舍為帷宮設旌門則旌門司常置之掌舍主當之若然則轅門之等皆彼他官置之掌舍直主當取其云旌門則司常所云析羽為旌者也**無宮則共人門。**謂王行有所逢遇若住遊觀陳列周衛則立長大之人以表門〔疏〕注謂王至表門。釋曰鄭知此是王行有所逢遇者一則據上三者見夜宿晝止訖今復云無宮共人門是非常之事二則云無宮及人門是暫駐之事非久停止此知是有所逢遇若有住遊觀陳列周衛非如上三者為宮則立長大之人以表門也**凡舍事則掌之。**王行所舍止

幕人掌帷、幕、幄、帟、綬之事。王出宮則有是事在旁曰帷在上曰幕幕或在地展陳於上帷幕皆以布為之四合象宮室曰幄王所居之帳也鄭司農云帟平帳也綬組綬所以繫帷也玄謂帟主在幕若幄中坐上承塵幄帟皆以繒為之凡四物者以綬連繫焉。幄烏學反帟音亦綬音受〔疏〕幕人掌至之事。釋曰云掌王帷在傍施之像土壁也幕則帷上張之像舍屋也幄帷幕之內設之帟者在幄幕內之承塵綬者條也以此條繫連帷幕幕人掌此五者王出宮則送與掌次張之。注王出至繫焉。釋曰言在旁曰帷在上曰幕則帷在下幕在上共為室今之設幕則無帷在下為異也云或在地展陳於上者案聘禮云管人布幕官陳幣史展幣皆於幕上聘禮又賓入境至館皆展幕是幕在地展陳於上又云帷幕皆以布為之知者案既夕禮云明衣裳用幕布其帷在幕下明亦用布故知二者皆用布至於覆棺之幕則用繒故禮記檀弓云布幕衛也繒幕魯也明天子亦用繒覆棺不張設故用繒也云四合象宮室曰幄知四合象宮室不上屬據帷幕為句者見顛延之纂要云四合象宮曰幄故四合向下據幄為句也鄭司農云帟平帳後鄭不從者見下王喪張帟三重之等皆據承塵又幄已是帳又言帟明帟非帳也先鄭又云綬組綬所以繫帷者此語未足故後鄭增成其義玄謂帟王在幕若幄中坐上承塵者云在幕謂下掌次云師田則張幕設重帟是王在幕設帟之事若幄中有帟者掌次云朝日祀五帝則張大次小次設重帟次即幄是幄中坐上有承塵也云幄帟皆以繒為之者以其布帷幕之內宜細密又案喪大記有素錦褚褚即幄彼喪用錦明此用繒可知云凡四物者以綬連繫焉者此增成先鄭也**凡朝覲會同軍旅田役祭祀。共其帷、幕、幄、帟、綬。**共之者掌次當以張〔疏〕凡朝至帟綬。釋曰此一經皆供與掌次使張之此云朝覲會同即掌次云諸侯朝覲會同是也此云軍旅田役即掌次云師田彼師即此軍旅彼田即此田役是也此云祭祀即掌次云大旅及朝日祀五帝是也此數事皆共帷幕幄帟綬與掌次是以鄭云共之者掌次當以張也**大喪。共帷、幕、帟、綬。**為賓客飾也帷以帷堂或與幕張之於庭帟在柩上〔疏〕注為賓至柩上。釋曰云為賓客飾者王喪而有賓客者謂若顧命成王喪諸侯來朝而遇國喪故康王之命云畢公率東方諸侯入應門右召公率西方諸侯入應門左并有二王之後皆是賓客故為之飾也云帷以帷堂者謂若喪大記及士喪禮始死帷堂小斂徹之及殯在堂亦帷之也云或與幕張之於庭者案尚書顧命云出綴衣於庭鄭云連綴小斂大斂之衣於庭中爾時在庭應設此帷幕無正文故云或也有解者云為王襲絰在庭故有帷幕按喪大記諸侯歸阼階下襲絰於序東雖王禮亦當哭踊在阼階下何因反來庭中襲絰乎恐不可也云帟在柩上者即掌次云凡喪王則張帟三重是也**三公及卿大夫之喪。共其帟。**唯士無帟王有惠則賜之檀弓曰君於士有賜帟〔疏〕注唯士至賜帟。釋曰掌次云諸侯再重孤卿大夫不重則此云三公不云諸侯與孤掌次云諸侯與孤不云三公者三公即是諸侯再重此不云孤孤與卿大夫同不重幕人不張故略不言鄭云唯士無帟者此經及掌次俱不云士有帟明無也引檀弓者欲見有賜則有帟非常法

掌次掌王次之法。以待張事。法大小丈尺。張事劉音帳戚如字下邦之張事同〔疏〕掌次至張事。釋曰言掌王次之法者次則舍也言次謂次止言舍謂舍息言以待張事者王出宮則幕人以帷與幕等送至停所掌次則張之故云以待張事也。注法大小丈尺。釋曰言法大小者下文有大次小次是也云丈尺者既言大小當時應有丈尺之數但其未聞**王大旅上帝。則張氈案。設皇邸。**大旅上帝祭天於圓丘國有故而祭亦曰旅此以旅見祀也張氈案以氈為牀於幄中鄭司農云皇羽覆上邸後版也玄謂後版屏風與染羽象鳳皇羽色以為之。邸徐當禮反一本作皇羽邸版徐音板屏薄刑反〔疏〕王大至皇邸。釋曰云王大旅上帝者謂冬至祭天於圓丘則張氈案者案謂牀也牀上著氈即謂之氈案設皇邸者邸謂以版為屏風又以鳳皇羽飾之此謂王坐所置也。注大旅至為之。釋曰大旅上帝祭天於圓丘知者見下經別云祀五帝則知此是昊天上帝即與司服及宗伯昊天上帝一也即是大司樂冬至祭天於圓丘之事也云國有故而祭亦曰旅者案大宗伯國有大故則旅上帝及四望是國有故而祭謂之旅云此以旅見祀者但此下文五帝見正祀其旅見於大宗伯大宗伯見昊天不云旅故此見此文不言正祀故鄭以因旅見之欲見有故昊天亦旅之故云以旅見祀云張氈案以氈為牀於幄中者據鄭云於幄中則知不徒設氈案皇邸而已明知并有大次小次之幄與下祀五帝互見之也司農云皇羽覆上者見經皇是鳳皇之字故知以皇羽覆邸上玄謂後版屏風與者此增成司農義言後版者謂為大方版於坐後畫為斧文言屏風者據漢法況之無正文故言與以疑之云染羽象鳳皇羽色以為之者案尚書禹貢羽畎夏翟謂羽山之谷貢夏翟之羽後世無夏翟故周禮鍾氏染鳥羽象鳳皇色以為之覆於版上明堂位及司几筵皆云黼扆此不在寢廟無扆故不得云黼扆故別名皇邸**朝日、祀五帝。則張大次、小次。設重帟重案。合諸侯。亦如之。**朝日春分拜日於東門之外祀五帝於四郊次謂幄也大幄初往所止居也小幄既接祭退俟之處祭義曰周人祭日以朝及闇雖有強力孰能支

之是以退侯與諸臣代有事焉合諸侯於壇王亦以時休息重帟復帟重案牀重席也鄭司農云五帝五色之帝○朝直遙反注朝日同重直龍反注下同〔疏〕朝日至如之○釋曰言朝日者謂春分朝日祀五帝者謂四時迎氣則張大次小次者次謂幄帳也大幄小幄但幄在幕中既有幄明有幄幕可知設重帟者謂於幄中設承塵云重案者案則牀也牀言重謂牀上設重席不言氈及皇邸亦有可知上氈案不言重席亦有重席可知互見為義云合諸侯亦如之者謂諸侯會同亦設重帟重案故云亦如之○注朝日至之帝○釋曰知朝日春分者祭義云祭日於東故鄭約用春分也云拜日於東門之外者謂在東郊覲禮文云祀五帝於四郊者案外宗伯祀五帝於四郊是也此謂四時迎氣案月令立春於東郊立夏於南郊季夏於六月迎土氣亦於南郊立秋於西郊立冬於北郊謂祭靈威仰之屬云次謂幄也大幄初往所止居也小幄既接祭退俟之處者此兩次設幄者大幄謂王侵晨至祭所祭時未到去壇壝之外遠處設大次王且止居故云大幄初往所止居也接祭者與羣臣交接相代而祭去壇宜近置一小帷退俟之處云祭義曰周人祭日以朝及闇引此已下者欲見王與臣接祭之時須有小幄也言孰能支之者謂一日之間雖有強力誰能支持乎云合諸侯於壇者案司儀合諸侯為壇三成是也云重帟複帟者謂兩重為之云重案牀重席者案司几筵莞筵繅席次席三重此言重席亦當有此三重帟重帟不同鄭司農云五帝五色之帝者謂東方青帝靈威仰南方赤帝赤奮若中央黃帝含樞紐西方白帝白招拒北方黑帝汁光紀並依文耀鉤所說

師田。則張幕設重帟重案。不張幄者於是臨誓衆王或迴顧占察〔疏〕師田至重案○釋曰言師田者謂出師征伐及田獵則幄幕者為王設坐不言帷者亦有可知重帟重案者如上說

諸侯朝覲會同。則張大次小次。大次亦初往所止居小次即宮待事之處〔疏〕諸侯至小次○釋曰此謂與諸侯張之若四時常朝在國內今言朝覲會同為會同而來故在國外與大宰大朝覲會同一也言則張大次小次也者亦如上文大小次丈尺則滅耳故鄭云大次亦初往所止居小次即宮待事之處鄭云初往止居者謂宮外也即居者應是宮內言宮即司儀所云宮方三百步壝土為之是也言待事者欲於幄中待事辦否及府。

師田。則張幕設案。鄭司農云師田謂諸侯相與師田玄謂此掌次張之諸侯從王而師田者〔疏〕師田至設案○釋曰文承上諸侯謂諸侯從王師田即張幕設案者也不言重則無重席亦應有單席於牀也○注鄭司至田者○釋曰後鄭不從先鄭者以其天子掌次不合與諸侯國內張幕故云掌次張之以明非諸侯相與師田也此至下所云次者謂以綃為帷帳案聘禮記所云次或以帷或及席皆得與此掌次所云次別也

孤卿有邦事。則張幕設案。有邦事謂以事從王若以王命出也孤王之孤三人副三公論道者不言公公如諸侯禮從王祭祀合諸侯張大次小次師田亦張幕設案〔疏〕孤卿至設案○釋曰與上諸侯所設同○注有邦至設案○釋曰言有邦事謂以事從王者謂若上王大旅上帝朝日祀五帝合諸侯及師田等數事王親行則從王往也云若以王命出者若祭祀則容王有故不視羣臣攝之若諸侯使臣時聘殷覜王不親行則於國外使羣臣受之是王命出也云孤王之孤三人副三公論道者案尚成王周官云立大師大傅大保茲惟三公論道經邦燮理陰陽又云立少師少傅少保曰三孤貳公弘化寅亮天地是副三公論道者也云不言公公如諸侯禮者謂如上諸侯之禮中唯有會同師田無言祭祀鄭云祭祀者王於會同與祭祀同云亦如之則諸侯從王祭祀亦與從王會同同若然三公從王祭祀亦與從王會同同也

凡喪。王則張帟三重。諸侯再重。孤卿大夫不重。張帟柩上承塵〔疏〕凡喪至不重○釋曰喪言凡者以其王以下至孤卿大夫兼有后及三夫人已下故言凡以廣之也后與王同三重世子三夫人與諸侯再重九嬪二十七世婦與孤卿大夫同不重一而已八十一御妻與士同無帟有賜乃得帟也此諸侯謂三公王子母弟若畿外諸侯掌次不張之○注張帟柩上承塵○釋曰鄭知帟柩上承塵見上文帟皆在幄中為承塵此言喪王則張帟三重明是張於柩上也

凡祭祀。張其旅幕。張尸次。旅衆也公卿以下即位所祭祀之門外以待事為之張大幕尸則有幄鄭司農云尸次祭祀之尸所居更衣帳○為于偽反〔疏〕凡祭祀張其旅幕張尸次○釋曰祭祀言凡者天地宗廟外內祭祀皆有羣臣助祭其臣既多不可人人獨設故張旅幕旅衆也謂衆人共幕諸祭皆有尸尸尊故別張尸次○注旅衆也公卿以下即位至衣帳○釋曰鄭云公卿以下即位所祭祀之門外以待事者若宗廟自有廟門之外若外神於郊則亦有壝宮之門門外並有立位言為之張大幕者以其言旅故知大幕也司農云更衣衣帳者未祭則常服至祭所乃更去常服服祭服也故言更衣

射。則張耦次。耦俱升射者次在洗東大射曰遂命三耦取弓矢于次〔疏〕射則張耦次○釋曰天子大射六耦在西郊賓射亦六耦在朝燕射三耦在寢此六耦三耦據諸侯射者若衆耦則多但無常數耳○注耦俱至于次○釋曰耦俱升射者案大射鄉射耦皆兩兩揖讓升自西階鄉兩楹之間履射物南面而射射訖又兩兩揖讓降自西階云次在洗東者大射文又引大射曰遂命三耦取弓矢于次者證次中有弓矢其耦立位在次北西面至射乃命三耦入次取弓矢引之者以天子之次無文雖六耦不同設次則與諸侯同也儀禮鄉射乃是州長射士禮其中兼有鄉大夫詢衆庶之射並無次故堂西比耦也

掌凡邦之張事。

大府掌九貢九賦九功之貳。以受其貨賄之入。頒其貨于受藏之府。頒其賄于受用之府。九功謂九職也受藏之府若內府也受用之府若職內也凡貨賄皆藏以給用耳良者以給王之用其餘以給國之用或言受藏或言受用又雜言貨賄皆互文○藏才浪反注受藏言受藏同〔疏〕大府至之府○釋曰言掌九貢九賦之貳者大宰掌其正此官掌其副貳者以其物入大府故也九功之貳者謂九職之功大宰以九職任之成孰斂其稅則是九功也亦大宰掌其正物入大府故亦掌其副貳也云以受其貨賄之入者九貢謂諸侯九貢自然有金玉曰貨布帛曰賄九賦謂畿內之九賦口率出泉九職如三農園圃之類亦有不出貨賄者皆言受其貨賄之入者雖以泉穀為主民欲得出貨賄者則取之以當邦賦之數故大宰云九賦斂財賄是其不要取泉也頒其貨于受藏之府者言大府雖自有府其物仍分置於衆府受藏之府者鄭云謂若內府是也頒其賄於受用之府者鄭云謂若職內是也○注九功至互文釋曰九功謂九職也者以其九職任萬民謂任之使有職事故大宰云九職大府斂貨賄據成功言之故云九功其本是一故云九功九職也云受藏之府若內府也者以其經云頒其貨于受藏之府金玉曰貨物之善者藏之於內府近王掌之以給王用故也云受用之府若職內也者府不在內經云頒其賄于受用之府賄賤於貨故知入職內以給國家所用云凡貨賄皆藏以給用耳者鄭欲以藏用互文貨言藏者以其善物賄言用者以其賤物其實皆藏皆用故言凡貨賄皆藏以給用耳云良者以給王之用者覆解入內府意云其餘以給國之用者覆解入職內意云或言受藏或言受用又雜言貨賄皆互文者言受藏謂內府言受用謂職內皆藏以給用言藏亦用言用亦藏是互文也雜言貨賄者言貨兼有賄言賄亦兼有貨亦是互文但二者善惡不同故別言之耳

凡官府都鄙之吏及執事者受財用焉。〔疏〕凡官至用焉○釋曰言凡官府者謂王朝三百六十官有事須用官物者云都鄙之吏者謂三等采地吏謂羣臣等有事須取官物者及執事者謂為官執掌之事須有營造合用官物者皆來於大府處受財用焉

凡頒財。以式灋授之。關市之賦。以待王之膳服。邦中之賦。以待賓客。四郊之賦。以待稍秣。家削之賦。以待匪頒。邦甸之賦。以待工事。邦縣之賦。以待幣帛。邦都之賦。以待祭祀。山澤之賦。以待喪紀。幣餘之賦。以待賜予。待猶給也此九賦之財給九式者膳服即羞服也稍秣即芻秣也謂之稍稍用之物也喪紀即喪荒也賜予即好用也鄭司農云幣餘使者有餘來還也玄謂幣餘占賣國之斥幣○秣音末好呼報反下同使色吏反斥音尺徐蚩柘反〔疏〕凡頒至賜予○釋曰言凡頒財者大宰云九賦斂財賄九式用之此此大府頒與九式用之但事相因故二處別言九賦之物也此所頒之財即大宰斂財賄一也云以式法授之者謂以舊法式多少授與九式故云以式法授之云關市之賦以待王之膳服者自此已下並與九式事同但文有交錯與九賦不次案九賦先邦中之賦次四郊次邦甸次家稍次邦縣次邦都次關市次山澤次幣餘此先言關市在邦中上此家稍又在邦甸上所以次第不同者見事起無常○注待猶至斥幣○釋曰云待猶給也者謂大宰斂得九賦之財給九式之用待來則給之故云待猶給非是訓待為給云此九賦之財給九式者以其此經九事與大宰九式相當此九賦又與大宰九賦一也故云九賦之財給九式也云膳服即羞服也者此言膳服大宰九式云羞服膳羞是一故云膳服即羞服也自此已下事與九式是一但文有不同皆就九式合而解之故云稍秣即芻秣也謂之稍稍用之物也者彼九式云芻秣此改芻為稍以其稍稍用之故也此云喪紀即九式喪荒一也此云賜予即九式好用一也鄭司農云幣餘使者有餘來還也者案大宰司農注幣餘百工之餘與此注不同者蓋是司農互舉以相足後鄭不從者聘使之物禮數有限何得有餘來還又且有餘來還何得有賦故後鄭不從玄謂幣餘占賣國之斥幣者後鄭之意百官所用官物不盡歸入職幣職幣得之不入本府恐久藏朽蠹則有人占賣依國服出息謂之斥幣者謂指斥與人故謂之斥幣也

凡邦國之貢。以待弔用。此九貢之財所給也給弔用給凶禮之五事

凡萬民之貢。以充府庫。此九

職之財。充猶足。【疏】凡邦至府庫。釋曰：上文大府掌九貢九賦九功，受得三者之財，各各用之。上文九式已用九賦之財訖，故此云邦國之九貢以待給於弔用，下文萬民之貢以充府庫，即上九功也。注此九貢至五事。釋曰：云給凶禮之五事者，案大宗伯云凶禮哀邦國之事，下云有喪禮、荒禮、弔禮、禬禮、恤禮，五禮皆須以財貨哀之，故云給凶禮之五事。注此九職至猶足。釋曰：知此萬民之貢是九職者，案大宰云九職任萬民，此上文又云九功，此貢即是九職之功所稅，故知此是九職之財也。案大行人六服諸侯因朝所貢之物，與大宰九貢歲之常貢，雖曰時節不同，貢物有異，要六服之貢與九貢多同，亦入弔用之數。又且九貢言入弔用，九賦言入九式，有餘財亦入府庫，是以上文掌九貢九賦受其貨賄頒於受藏受用之府也。

凡式貢之餘財，以共玩好之用。謂先給九式及弔用，足府庫而有餘財，乃可以共玩好，明玩好非治國之用。言式言貢，互文。【疏】凡式至之用。釋曰：式謂九式，貢謂九貢及萬民之貢，有餘財以供玩好器物之用。注謂先至互文。釋曰：經言餘財，明知先給九式及弔用，足府庫之餘也。經言式貢者，式即上文九賦之財給九式之餘也，貢即上文邦國之貢及萬民之貢也。言式言貢互文者，式謂九賦，貢謂九貢及萬民之貢，但賦言式，據用而言，其實亦有賦貢，據貢上爲名，亦有用，故云互文也。

凡邦之賦用取具焉。賦用用賦。【疏】凡邦至具焉。釋曰：上有九貢九賦九功，此特言賦，明兼有九貢九功，亦取具焉。

歲終，則以貨賄之入出會之。【疏】歲終至會之。釋曰：貨賄之入者，謂九貢九賦九功入來至大府；言出者，大府以貨賄分置於衆府，及給九式之用，亦是至歲終摠會計之。

玉府掌王之金玉、玩好、兵器，凡良貨賄之藏。良，善也。此物皆式貢之餘財所作，其不良，又有受而藏之者。○好，呼報反，及內府皆同。藏，才浪反，注同。【疏】玉府至之藏。釋曰：云掌王之金玉玩好兵器者，言玉府，以玉爲主，玉外所有美物亦兼掌之。注良善至之者。釋曰：言此物皆式貢之餘財所作者，案上大府云式貢之餘財以共玩好之用，彼玩好之中兼有金玉兵器，故知式貢餘財也。云其不良又有受而藏之者，即上大府云受藏受用之府是也。

共王之服玉、佩玉、珠玉。佩玉者，王之所帶者。玉藻曰：君子於玉比德焉。天子佩白玉而玄組綬。詩傳曰：佩玉上有蔥衡，下有雙璜、衝牙，蠙珠以納其間。鄭司農云：服玉，冠飾十二玉。○蠙，劉薄田反，徐音頻，一音父賓反。【疏】注佩玉至二玉。釋曰：佩玉者王之所帶者，謂佩於革帶之上者也。玉藻曰君子於玉比德焉者，詩云言念君子，溫其如玉，是比德於玉。引此者，證王必服玉者之意。云天子佩白玉而玄組綬者，此亦玉藻文。所佩白玉，謂衡、璜、琚、瑀。玄組綬者，用玄組條穿連衡、璜等，使相承受。引詩傳曰，謂是韓詩。佩玉上有蔥衡者，衡，橫也，謂蔥玉爲橫梁。下有雙璜衝牙者，謂以組懸於衡之兩頭，兩組之末皆有半璧曰璜，故曰雙璜。又以一組懸於衡之中央，於末著衝牙，使前後觸璜，故言衝牙。案毛詩傳，衡璜之外別有琚瑀，其琚瑀所置，當於懸衡牙組之中央，又以二組穿於琚瑀之內角，斜繫於衡之兩頭，於組末繫於璜。云蠙珠以納其間者，蠙，蜂也，珠出於蜂，故言蠙珠。納其間者，組繩有五，皆穿珠於其間，故云以納其間。鄭司農云服玉冠飾十二玉者，案弁師掌五冕，袞冕十二旒，鷩冕九旒，毳冕七旒，絺冕五旒，玄冕三旒，皆十二玉。冕則冠也。弁師又有皮弁、韋弁、冠弁，亦皆十二玉，故云冠飾十二玉也。

王齊，則共食玉。玉是陽精之純者，食之以禦水氣。鄭司農云：王齊當食玉屑。【疏】王齊則共食玉。釋曰：謂王祭祀之前，散齊七日，致齊三日，是時則共王所食玉屑。注玉是至玉屑。釋曰：知玉是陽精之純者，但玉聲清，清則屬陽。又案楚語云，王孫圉與趙簡子言曰：玉足以庇蔭嘉穀，使無水旱之災，則寶之；珠足以禦火，則寶之。服氏云珠水精，足以禁火，如是則玉是火精可知。云食之以禦水氣者，致齊時居於路寢，思其笑語，思其志意之類，恐起動多，故須玉以禦水氣也。鄭司農云王齊當食玉屑者，其玉屑研之乃可食，故云當食玉屑也。

大喪，共含玉、復衣裳、角枕、角柶。角枕，以枕尸。鄭司農云：復，招魂也。衣裳，生時服。招魂復魄于太廟至四郊。角柶，角匕也，以楔齒，士喪禮曰楔齒用角柶。楔齒者，令可飯含。玄謂復於四郊以綏。○含，戶暗反。枕，尸之鴆反。楔，先結反。令，力呈反。飯，扶晚反。【疏】大喪至角柶。釋曰：大喪，謂王喪。共含玉者，含玉璧形而小，以爲口實。此不言贈玉、飯玉者，文不備。復衣裳者，王始死，招魂復魄之衣裳，不在司服者，司服所掌是尋常衣服，玉府所掌皆王之美物，其衣服美者亦玉府掌之。但所復衣裳用死者上服，故玉府供之。角枕者，所以枕尸。角柶者，將以楔齒。注角枕至以綏。釋曰：鄭司農云復招魂也者，人之死者，魂氣上歸於天，形魄仍在，欲招取其魂復於魄內，故離騷有招魂篇，云招魂復魄。于太廟至四郊者，王有七廟及寢皆復焉，獨言太廟，語雖不足，義猶可。又言至四郊，後鄭不從之。云角柶角匕也者，案既夕禮，楔貌如軛，上兩末，狀如枇杷，拔屈中央楔齒。玄謂復於四郊以綏者，案夏采云以冕服復於太廟，以乘車建綏復於四郊，故鄭云復於四郊以綏。言此者，破先鄭於四郊亦以衣服。

掌王之燕衣服、衽席、牀笫，凡褻器。燕衣服者，巾絮、寢衣、袍襗之屬，皆良貨賄所成。笫，簀也。鄭司農云：衽席，單席也。褻器，清器、虎子之屬。○衽，而甚反，又而鴆反。笫，側美反，徐側敏反。襗，劉音澤，徐待各反。簀，音責。【疏】掌王至褻器。釋曰：言掌王之燕衣服者，謂燕寢中所有衣服之屬。衽席者，亦燕寢中臥席。牀笫者，謂燕寢中牀簀也。凡褻器者，亦謂燕寢中。以燕字爲目，衣服已下至褻器，皆是燕。注燕衣至之屬。釋曰：云燕衣服者巾絮者，案內則左佩紛帨，紛帨即巾也；又婦事舅姑，佩有線纊，此絮則纊也。云寢衣者，論語鄉黨云必有寢衣，長一身有半，鄭注云今小臥被是也。又言袍襗之屬者，案毛詩云豈曰無衣，與子同袍，與子同襗是也。言袍襗之屬者，寢衣之內所言不盡，故言之屬以廣之。云皆良貨賄所成者，見上文云凡良貨賄之藏，故知此良貨賄所成。鄭司農云衽席單席也者，案曲禮云請衽何趾，鄭注云衽，臥席。又案斯干詩云下莞上簟，內則云斂枕篋簟席襡器而藏之，司農云單席，則臥之簟席。云褻器清器虎子之屬者，既在燕寢之中，私褻之器，故知清器虎子之屬。案內豎及葬執褻器以從遣車，彼褻器振飾頮沐之器。彼褻器與此注不同，彼從葬於死者，不用清器，故爲頮沐之器。

若合諸侯，則共珠槃、玉敦。敦，槃類，珠玉以爲飾。古者以槃盛血，以敦盛食。合諸侯者必割牛耳，取其血歃之以盟，珠槃以盛牛耳，尸盟者執之。故書珠爲夷。鄭司農云：夷槃，或爲珠槃。玉敦，歃血玉器。○敦，音對，徐丁雷反，注同。盛，音成，下同。歃，色洽反，徐霜臘反。【疏】若合至玉敦。釋曰：合諸侯者，謂時見曰會，若司儀所云爲壇十有二尋，王與諸侯殺牲歃血而盟，則供珠槃、玉敦。注敦槃至玉器。釋曰：言敦槃類者，按明堂位有虞氏之兩敦，鄭玄云制之異同未聞。此云槃類者，以經云玉敦與珠槃相將之物，故云槃類，其制猶自未聞。云以珠玉爲飾者，此槃敦應以木爲之，將珠玉爲飾。云古者以槃盛血，以敦盛食者，案特牲、少牢皆敦盛黍稷，以槃盛血，雖無文，郊血及血以告殺，當以槃盛血也。云合諸侯者必割牛耳取其血歃之以盟，珠槃以盛牛耳者，祭祀之時有黍稷，故敦中盛黍稷；今盟無黍稷，敦中宜盛血，牛耳宜在槃。云尸盟者執之者，案左氏哀公十七年，公會齊侯盟于蒙，孟武伯問於高柴曰：諸侯盟，誰執牛耳？季羔曰：鄫衍之役，吳公子姑曹；發陽之役，衛石魋。武伯曰：然則彘也。注云：彘，武伯名也。魯於齊爲小國，故曰彘也。是盟小國執牛耳。尸，猶主也，小國主盟，故使執牛耳也。知此珠槃玉敦爲盟而設者，案戎右云盟則以玉敦辟盟，遂役之，贊牛耳、桃茢。彼注云役之者，傳敦血授當歃者，割牛耳取血，助爲之，及血在敦中，以桃茢沸之，又助執之，是玉敦爲盟而設。若然，執牛耳是小國尸盟者也。若以歃血，則以大國在先，故哀公十七年吳晉爭先，國語曰吳公先歃，晉亞之。既言爭先，是以知大國當在先。若諸侯相與盟，則大國戎右執牛耳也。

凡王之獻金玉、兵器、文織、良貨賄之物，受而藏之。謂百工爲王所作，可以獻遺諸侯。古者致物於人，尊之則曰獻，通行曰饋。春秋曰：齊侯來獻戎捷。尊魯也。文織，畫及繡錦。○織，音志，一音至，又如字。爲，于僞反。遺，唯季反，下同。【疏】凡王至藏之。釋曰：言凡王之獻金玉者，謂金玉已下皆是擬獻遺諸侯，故云受而藏之。注謂百工至繡錦。釋曰：云謂金玉已下皆是百工爲王所作可以獻遺諸侯者，云古者致物於人尊之則曰獻者，名正法上於下亦曰獻，是以獻若尊敬前人，雖上於下亦曰獻。月令后妃獻繭，鄭注謂獻於后妃，知此獻是金玉於王者，案下內府職，凡四方之幣獻之金玉，獻王入內府藏之，不得在此，故知是王獻諸侯。諸侯中兼有二王之後，二王之後，王肅之義取家語曰：吾聞之，君取於臣曰取，與於臣曰賜；臣取於君曰取，與於君謂之獻。以此難鄭君。弟子馬昭等難王肅：禮記曰尸飲五，君洗玉爵獻卿，況諸侯王之後，何得不云獻也。云通行曰饋者，若陽貨饋孔子豚，是於上及平敵相於皆可云饋，康子饋藥，孔子拜。上於下曰饋，膳夫職云王饋用六牲，是平敵相饋禮，並是於尊者曰饋，朋友之饋雖車馬不拜，是平敵相饋。鄭云通行曰饋。春秋曰齊侯來獻戎捷者，莊三十一年公羊云齊侯來獻戎捷，齊大國也，曷爲親來獻戎捷？威我也。左傳云非禮也，凡諸侯有四夷之功則獻于王，中國則否。穀梁云齊侯來獻捷者，內齊侯也，中國外攘夷狄，親倚之情，不以齊爲大國也。然三傳皆不解獻義，今鄭引者，以齊大國，言獻，尊之則曰獻，未必要卑者於尊乃得言獻。

凡王之好賜，共其貨賄。【疏】凡王至貨賄。釋曰：此謂王於羣臣有恩好，因燕飲而賜之貨賄者也。

內府掌受九貢、九賦、九功之貨賄、良兵、良器，以待邦之大用。大用，朝覲之頒賜。【疏】內府至大用。釋曰：掌受九貢九賦九功者，此九貢以下而言受，案彼大府所云九貢已下頒之於受藏之府是也，即是注云受藏之府若內府也，則此九貢等由大府。

而來內府皆受藏之也云良兵良器者此是冬官百工所作亦由大府而來良兵謂弓矢殳矛戈戟五兵之良者良器謂車乘及禮樂器之善者云以待邦之大用者謂諸侯來朝覲所須賜者也○注大用至頒賜○釋曰掌給九式及弔用是大府所給也玩好之用王府所給也此又言以待邦之大用明是朝覲頒賜可知

凡四方之幣獻之金玉齒革兵器凡良貨賄入焉。諸侯朝覲所獻國珍〔疏〕凡四至入焉○釋曰云凡四方之幣獻者謂四方諸侯來朝覲及遣卿大夫來聘問將幣三享貢獻珍異有此金玉及齒革之等金者謂若禹貢惟金三品之類玉者謂若禹貢球琳琅玕之類齒謂若象牙之類革謂若犀皮之類兵器者禹貢無貢兵器之法此周時有之凡良貨賄其不良者入於職內給國之用此良者入內府以給王之用○注諸侯至國珍○釋曰諸侯朝聘所獻國珍者覲禮所云一馬卓上九馬隨之龜金竹箭分爲三享是也諸侯遣臣聘所獻國珍者謂若聘禮束帛加璧庭實乘皮之等是也此因朝聘而貢先入於掌貨賄人其要於大府乃始通之於內府也

凡適四方使者共其所受之物而奉之。王所以遺諸侯者○使所吏反〔疏〕凡適至奉之○釋曰言凡適四方使者謂使公卿大夫聘問諸侯若大行人所云間問省頫之等共其所受之物謂使者受將行之物則內府奉而與之○注王所至侯者○釋曰即上王之獻金玉兵器已下是也彼據藏之此據用之

凡王及冢宰之好賜予則共之。冢宰待四方賓客之小治或有所善亦賜予之○治直吏反〔疏〕注冢宰至予之○釋曰云冢宰待四方賓客之小治者大宰職文云凡邦之小治則冢宰專平之以其冢宰貳王治事或有所善亦得賜予之云所善釋經中好也

外府掌邦布之入出以共百物而待邦之用。凡有灋者。布泉也布讀爲宣布之布其藏曰泉其行曰布取名於水泉其流行無不徧入出謂受之復出之共百物者或作之或買之待猶給也有法百官之公用也泉始蓋一品周景王鑄大泉而有二品後數變易不復識本制至漢惟有五銖久行王莽改貨而異作泉布多至十品今存於民間多者有貨布大泉貨泉貨布長二尺五寸廣寸首長八分有奇廣八分其圜好徑二分半足枝長八分其右文曰貨左文曰布重二十五銖直貨泉二十五大泉徑一寸二分重十二銖文曰大泉直十五貨泉徑一寸重五銖右文曰貨左文曰泉直一也○徧古遍字下同復扶又反徐音服數音朔奇紀宜反枝字一音奇〔疏〕外府至灋者○釋曰云掌邦布之入出者邦者國也布如泉也謂國布之所入有泉皆來入外府是其邦布之入也國之用泉者皆外府出與之是邦布之出也故揔云邦布之入出此言與下爲目云以共百物者謂共國家器物之泉也而待邦之用者謂國家非常所用亦出泉與之也凡有灋者謂在朝官府依常法用之者亦出泉與之○注布泉至一也○釋曰布泉也者此言布地官泉府云泉是布泉一也云布讀爲宣布之布者此謂如秋官布憲彼布是宣布之布此布亦是宣布故讀從之云其藏曰泉其行曰布者此鄭欲解泉布一物兩名之意地官泉府不言外不言布據其所藏爲名此官言外言布取名於其流行於外爲稱故鄭即云取名於水泉其流行無不徧無不徧即布之義也云共百物者或作之或買之者或一作之謂出物使百工所營作或買之以充國用也云泉始蓋一品者即此經泉布是也云周景王已下並漢書食貨志文案彼周景王時患泉輕將更鑄大泉單穆公曰不可王不聽鑄大泉文曰寶貨漢興爲秦泉重難用更令民鑄榆莢錢至孝文有司言榆莢三銖輕易姦詐請鑄五銖至王莽居攝變漢制更造大泉徑寸二分重一十二銖文曰大泉直五十又造契刀形如錢直五百又造錯刀以黃金錯其文曰一刀直五千與五銖錢凡四品並行至莽即眞罷五銖錢異作泉布多至十品其中有大布次布弟布壯布中布差布厚布幼布公布小布是爲貨十品也其泉十品者莽居攝作大泉錯刀契刀即眞作小錢幺錢幼錢中錢壯錢元鳳年更造貨布與貨錢爲十品莽以劉有金刃罷契刀錯刀若然鄭云後數變易不復識舊本制者據秦漢至莽已前而言也云唯有五銖久行者從漢孝文作五銖錢至莽世數既多故云久行也云今存於民間多者有貨布大泉已下者是從莽至漢末鄭君時見行此三者故云今存於民間也案彼文其貨布直云長二寸五分廣寸首長八分圓好徑二分無有奇廣八分半足支長八分等十一字今鄭言之者此並鄭目所覩見以義增之耳又案彼大泉直五十不云五十言十五者亦誤當從五十爲正也且王莽之大泉蓋與景王所鑄大泉亦異也

共王及后世子之衣服之用。凡祭祀賓客喪紀會同軍旅共其財用之幣齎賜予之財用。齎行道之財用也聘禮曰問幾月之齎鄭司農云齎或爲資今禮家定齎作資玄謂齎資同耳其字以齊次爲聲從貝變易古字亦多或○齎音咨注同一音祖係反幾徐舉豈反〔疏〕共王至財用○釋曰從王至軍旅所須財用皆外府供其泉也云幣齎之財用謂王使公卿已下聘問諸侯之行道所用則曰幣齎云賜予之財用者謂王於羣臣有所恩好賜予之也○注齎行至多或○釋曰問幾月之齎者案聘禮記使者既受行出遂見宰問幾月之資注云資行用也古者君臣謀密草創未知所之遠近問行用當知多少而已是其問幾月之資鄭司農云齎或爲資今禮家定齎作資者齎資義一何得言禮家定作資故後鄭不從齎資兩字直是齊次爲聲從貝變易耳

凡邦之小用皆受焉。皆來受〔疏〕凡邦至受焉○釋曰但外府所納泉布所積既少有小用則給之若大用即取餘府

歲終則會唯王及后之服不會。〔疏〕歲終至不會○釋曰言王及后不會以衣服異於膳羞與所加禽獸故通世子可以會之也

司會掌邦之六典八灋八則之貳以逆邦國都鄙官府之治。逆受而鉤考之○會古外反下同治直吏反注同〔疏〕司會至之治○釋曰云掌六典八灋八則之貳者案大宰云六典治邦國八法治官府八則治都鄙但司會是鉤考之官還以六典逆邦國之治八法逆官府之治八則逆都鄙之治逆皆謂鉤考知得失

以九貢之灋致邦國之財用。以九賦之灋令田野之財用。以九功之灋令民職之財用。以九式之灋均節邦之財用。掌國之官府郊野縣都之百物財用。凡在書契版圖者之貳。以逆羣吏之治。而聽其會計。郊四郊去國百里野甸稍也甸去國二百里稍三百里縣四百里都五百里書謂簿書契其最凡也版戶籍也圖土地形象田地廣狹〔疏〕以九至會計○釋曰言以九貢之法致邦國之財用者九貢即是大宰九貢其所貢之物出於諸侯邦國言之財用謂諸侯於其民什一取之既取得民物大國貢半次國三之一小國四之一所貢之物皆市取土毛貢於天子則禹貢所云厥篚厥貢是也故云致邦國之財用此即小行人云春入貢是謂歲之常貢大行人因朝而貢者所貢無常不應使司會致之云以九賦之法令田野之財用此九賦即大宰所云九賦斂財賄是也言法者謂口率出錢多少有其定法令田野之財用者九賦之內唯有關市幣餘國中非田野自外四郊邦甸家稍邦縣邦都山澤盡是田野據多言之故言令田野之財用云以九功之法令民職之財用者九功即是大宰九職之功所稅言之法者亦是稅法什一爲常言令民職之財用者以其九職任萬民使之出稅故云令民職之財用云以九式均節邦之財用者九式所以用九賦使均平有節故云均節邦之財用云掌國之官府者案大宰九賦一曰邦中二曰四郊此不言邦中而言官府者以官府在邦中故舉官府以表邦中其實官府不出賦也云郊野縣都之百物財用者以其民之出賦不必皆使出泉以百物當之亦得故大宰云九賦斂財賄則此百物財用一也但九式用九賦大宰均節而用之此司會主鉤考故亦言之矣凡在書契版圖者之貳者此書契版圖下文司書掌其正此司會主鉤考故掌其副貳云以逆羣吏之治者羣吏謂朝廷官府下及郡都縣鄙羣臣之治皆逆而鉤考之云而聽其會計者謂羣吏以會計文書送於司會者司會皆聽斷之○注郊四至廣狹○釋曰此九式用九賦故以郊野已下依此大宰九賦次第以釋之彼九賦一曰邦中之賦當此官府此郊當彼四郊之賦據遠郊言之故云去國百里郊外曰野此大揔之言故此野當彼三曰邦甸去國二百里又當彼四曰家稍故鄭云甸去國二百里稍三百里也此經縣當彼五曰邦縣之賦故云縣四百里此經都即彼六曰邦都之賦故云都五百里云書謂簿書者漢時以簿書記事至於餘物記事亦謂之簿書故舉漢法而言也契其最凡也者此之書契即小宰八成取予以書契之類最凡謂計要之多少以爲契要云版戶籍也者漢之戶籍皆以版書之故以漢法況云圖土地形象田地廣狹者下司書云土地之圖有其形象即是民之田地廣狹多少皆在於圖也

以參互攷日成。以月要攷月成。以歲會攷歲成。參互謂司書之要貳與職內之入職歲之出故書互爲巨杜子春讀爲參互○攷音考〔疏〕以參至歲成○釋曰以參互考日成者司會鉤考之官以司書之等相參交互考一日之成一日之中計筭文書也以月要考月成者月計曰要亦與諸職參互考一月成事文書也以歲會考歲成者歲計曰會以一歲之會計考當歲成事文書○注參互至爲參互○釋曰言參互謂司書之要貳者案司書職云凡稅斂掌事者受法焉及事成則入要貳焉又案職內云掌邦之賦入又案職歲云掌邦之賦出云參互鉤考明知有此三官出內事共鉤考之

以周知四國之治。以詔王及冢宰廢置。周猶徧也言四國者本逆邦國之治亦鉤考以告〔疏〕以周至廢置○釋曰周徧也四國謂四方諸侯之國徧知諸侯之治者以是鉤考之官須知諸侯得失以此治職文書以詔王及冢宰有功者升進而置之有罪者黜退以廢之所詔告王及冢宰者以其冢宰者副貳王之治事故并告之○注周

猶至以告○釋曰言四國者本逆邦國之治者案上云掌邦之六典以逆邦國之治逆即鉤考也故云亦鉤考以告也

周禮注疏卷六校勘記

阮元撰盧宣旬摘錄

附釋音周禮注疏卷第六

醢人

昌本麋臡 唐石經余本嘉靖本毛本同閩監本麋誤糜

茆菹麋臡 嘉靖本麋誤糜

雜以粱麴及鹽 嘉靖本粱作梁此從木訛

塗置瓶中 閩監毛本同宋本余本岳本嘉靖本瓶作甀當據以訂正公食大夫禮疏引此亦作甀

麋骭髓醢 宋本余本岳本嘉靖本閩本同監毛本骭誤肝疏中不誤釋文骭字有音

菁菹韭菹 賈疏本作菁菹韭菁一本韭字作菲今本作韭菹者涉上經誤也故疏云以菁爲韭菁於義不可此賈疏作韭菁之證又云若爲菲字菲則蔓菁於義爲是後鄭不應破之明本作韭不作菲也此一本韭字作菲字之證○按韭菹已見上不當以韭菹釋菁菹漢讀考據說文菁韭華也云司農注作韭華菹今奪華字是也又考疏云以菁爲韭菁於義不可後鄭不從據此是先鄭作菁菹韭菁也韭華謂之韭菁漢人語尚如此後人奪下菁字賈時不誤疏內當作又菁菹韭菁菹者而轉寫亦奪菁字

今河間名豚脅聲如鍛鎛 嘉靖本毛本同釋文膊音博下鎛同閩監本誤作鎛疏中同

故云聲如豚拍 浦鏜云鍛鎛誤豚拍

芹菹 唐石經諸本同釋文芹說文作菦云菜類蒿也案說文菦从艸近聲周禮有菦菹是故書當作菦今本省作芹

箈菹 唐石經諸本同釋文箈爾雅作篙同釋草篙箭萌注引周禮曰篙菹鴈醢疏云彼文作篙鄭注箈箭萌字雖異音義同漢讀考謂經及司農作篙後鄭忽易爲箈注應有篙當爲箈四字○按箈字最譌

此箈字既下爲之 浦鏜云既字下當脫竹字

以與稻米爲餈 今內則餈作酏者誤也當據此注訂正彼注引周禮酏食云此酏當從餈此者此周禮也謂周禮酏食之酏當從內則作餈也淺人未識此酏指周禮因誤改內則作酏矣詳見漢讀考

小切之與稻米 監毛本與誤爲

同特設之 此本閩本特字牛旁剜改浦鏜云時誤特

謂餈與糝實爲二豆 浦鏜云食誤實

麋鹿爲菹 嘉靖本麋作麇誤案少儀作麋鹿

皆䐑而不切 浦鏜云䐑記作聶注聶之言䐑也

麋爲辟雞 閩監毛本同宋本嘉靖本麋作麇此本疏中引注亦作麇誤也少儀作麕

從醓醢至鴈醢 毛本醓誤醯

此謂報切節皆韲類 浦鏜云節疑即字誤

并醢人所共醢五十罋 閩本同監毛本下醢誤醯

醯人

下經云賓客之禮據饔餼 浦鏜云上誤下

鹽人

對下經鬻鹽是湅治者也 毛本同閩監本鹽誤盬下鬻鹽同

鬻鹽以待戒令 唐石經宋本余本嘉靖本毛本同閩本監本鹽誤盬注中同

今湅治鹽以待戒令 惠挍本閩本同監毛本令誤命

幂人

三酒加元酒 監本三誤二

籩豆俎簋之屬 浦鏜云俎當簋字誤

宮人

匽猪謂霤下之池 宋本同閩監毛本猪作豬嘉靖本豬字剜改○按猪者豬之俗古書皆作豬

皆所以除其不蠲潔 惠挍本潔作絜

與親匽猪同 惠挍本親作規此誤閩監毛本猪作豬○按規匽猪見左傳襄公二十五年今左傳作偃其義略同皆謂汙下之地鄭君實用左氏也

勞事勞褻之事 余本嘉靖本褻作䙝閩監毛本訛作藝疏中同

掌舍

故書枑爲柜 嘉靖本柜作拒下同此本疏中亦作拒葉鈔釋文拒音矩

枑受居溜水湅槖者也 嘉靖本槖作橐釋文亦作槖此上從士非

杜子春讀爲梐枑 說文木部枑行馬也从木互聲周禮曰設梐枑再重柜下不引周禮是與杜義同不從故書作柜也

未即有蟲可湅 此本及閩本蟲字剜改蓋本作蠹釋文本作湅槖賈疏本作湅蠹

先鄭輒依故書拒 惠挍本輒作輙此誤閩●監毛本拒作柜下同

宜掘地爲宮 惠挍本地作壍此本地字剜改

土在坑畔而高 毛本坑誤埔

于都與鄭考叔爭車子都扳棘以逐之 惠挍本鄭作潁扳當作拔

君命大夫與士肄鄭云肄習也 毛本同閩監本肄改肆案禮記釋文大夫與士肄本又作肆同古肄習字多作肆此與釋文又作本合○按疏文之例當用肄

掌舍主當之 浦鏜云當蓋掌字誤下當取同

幕人

主在幕若幄中坐上承塵 閩監毛本同誤也宋本余本嘉靖本主作王此本及惠挍本疏中引注亦作王當據以訂正浦鏜云王誤主從集注挍

在幄幕內之丞塵 閩監毛本丞作承此本下文張帟疏亦作丞塵

綃幕魯也 浦鏜云綃檀弓作繆注繆讀如綃

是王在幕設帟之事 惠挍本同閩監毛本王誤主

此增成先鄭也 浦鏜云先鄭下當脫義字非也

掌次

法大小丈尺 宋本嘉靖本同閩監毛本法改灋疏同

則張氊案 閩監毛本同唐石經宋本余本嘉靖本氊作氈注及疏準此此本注中疏中皆作氈

設皇邸 唐石經諸本同邸從邑閩本作邸非釋文皇邸一本作皇羽邸案此因注云皇羽覆上經亦誤衍羽字疏云見經皇是鳳皇之字故知以皇羽覆邸上是賈疏本不衍羽字也

朝日祀五帝 嘉靖本祀誤祝

既接祭退俟之處 宋本嘉靖本同閩監毛本既誤謂疏中引注仍作既不誤

重帟復帟 閩監毛本同宋本余本復作複疏中引注同

案外宗伯祀五帝於四郊是也 浦鏜云小誤外兆誤祀案宗伯以下此本閩本闕今據監本毛本補下闕者準此

明有幄幕可知 浦鏜云帷誤幄

季夏六月 惠挍本同監本夏下剜擠於字毛本排入此本及閩本缺然以字數計之不衍也

此兩次設幄者 此本缺據閩監毛本補惠挍本此作必當訂正

置一小帷 此本閩本闕據監毛本補惠挍本帷作幄此非

帟重帟不同 此本閩本闕今據監毛本補浦鏜云與重席不同誤帟重帟不同從儀禮通解續挍

南方赤帝赤奮若 此本闕據閩監毛本補浦鏜云奮若當熛怒之誤

則幄幕者 浦鏜云張誤幄

即司儀所云宮方三百步壝土爲之是也 閩監本土誤士此本毛本

誤上今訂正浦鏜云注誤所案義疏家引經注往往不加區別

欲於幄中待事辦否及府 閩監毛本辦作辨此本作办惠挍本作辦今訂正浦鏜云及府當衍

案聘禮記所云次或以帷或及席 此本缺據監毛本補浦鏜云上或字衍或及席三字非記文疑有訛按上或字或及席三字閩本實闕

案尚成王周官云 閩監毛本尚下有書

鄭知帟柩上承塵 惠挍本下有者

升自西階 監本西誤兩

云次在洗東者大射文 此大射注

故堂西比耦也 監本比誤北

大府

口率出泉 此本毛本口誤曰今據閩監本訂正

占賣國之斥幣 嘉靖本斥作斥釋文作斥

玉府

下有雙璜衝牙 岳本嘉靖本衝作衡此本疏中引注亦作衝牙作衝者涉上葱衡而誤按毛詩傳亦作衝牙釋文衝牙昌容反狀如牙

下有雙璜衝牙者 閩監毛本衝改衡非下於未著衝牙同

使前後觸璜故言衝牙 惠挍本作衝牙此誤

珠足以禦火則寶之 浦鏜云國語火下有災字按賈疏連引服氏注云珠水精足以禁火蓋古本無災字

角柶角匕也 宋本嘉靖本同此本及閩監毛本匕誤七今訂正

元謂復於四郊以綏 段玉裁云綏鄭當作緌

但所復衣裳 閩本同監毛本復誤服

以冕服復於大廟 毛本於誤以浦鏜云廟經作祖

凡褻器 余本同唐石經嘉靖本閩監毛本褻作䙝字從埶非從執也當據以訂正注及疏準此

今小卧被是也 惠挍本小作之此誤

敦槃類 嘉靖本槃作盤非下仍作槃

當以槃盛血也 閩監毛本槃作盤下珠盤同

贊牛耳桃茢 監毛本贊作賛

以桃茢沸之 惠挍本沸作拂此誤

故哀公十七年 惠挍本作十三年○按依左傳是十七年惠所據宋本注疏誤耳

名正注上於下曰饋 惠挍本名作若饋作賜當訂正

臣取於君曰取 惠挍本下取作假此誤

以齊大國專 惠挍本國專作於魯此非

內府

朝覲之頒賜 岳本嘉靖本頒作班注皆用班字

案彼大府所云 惠挍本作卽是大府所云此本卽是二字實闕閩監毛本改作案彼非

卽是注云 惠挍本作案彼注云此本案彼二字實闕閩監毛本改作卽是與上文正互誤

由大府而來 惠挍本由下有此

諸侯朝覲所獻國珍 此本疏中釋經亦作朝覲下釋注仍作朝聘案宋本余本嘉靖本閩監毛本皆作聘字賈疏引覲禮以釋朝引聘禮以釋聘明聘字是也

覲禮所云一馬卓上九馬隨之龜金竹箭分爲三享是也 浦鏜云經一作四龜金以下約覲禮四享節注

謂使公卿大夫聘問諸侯 惠挍本作公卿以下此本以下二字實闕閩監毛本改作大夫

大宰職文云 閩本同監毛本文誤云

凡邦之小治則冢宰專平之 惠挍本作大事決於王小事則冢宰專平之此本脫誤

外府

布讀爲宣布之布 諸本同漢制考作讀如案疏云此讀如秋官布憲彼布是宣布之布此布亦宣布故讀從之然則賈疏本亦作讀如也漢時布帛宣布蓋兩讀此擬其音而義卽隨之同一布字不必改也○按此當作讀爲凡讀爲下用本字者皆同字同音而義不同也

不復識本制 賈疏本作不復識舊制○按此賈改字以申其義耳

王漢惟有五銖久行 宋本嘉靖本及漢制考惟皆作唯案賈疏亦作唯

貨布長二尺五寸 岳本嘉靖本漢制考賈疏皆作二寸五分此誤當訂正

足枝長八分 此本疏中枝作支誤

右文曰貨左曰泉 宋本嘉靖本漢制考同閩監毛本左下衍文案此本右下文字剜擠蓋上云右文曰貨左文曰布此蒙上故云右曰貨左曰泉二文字皆衍

邦者國也布如泉也 惠挍本作邦國也布泉也此衍

此謂如秋官布憲 惠挍本謂作讀此誤

至孝文有司言榆莢三銖輕 漢制考云武帝鑄五銖疏謂孝文作五銖誤也

形如錢 漢制考作形如刀此本刀字實闕閩監毛本改作錢

以黃金錯其文曰一刀直直五千 惠挍本漢制考同直字不複衍閩監毛本錯誤鏤五誤一

異作泉布 惠挍本異作直當訂正漢制考亦誤

其中有大布次布 漢制考中作布

元鳳年更造貨布 惠挍本漢制考元作天此誤

券以劉有金刃 惠挍本漢制考刃作刀此誤

不復識舊本制者 此本本字剜擠閩監毛本排入惠挍本無舊

見行此三者 漢制考三誤二

足支長八分等十一字 漢制考同閩監毛本支改枝○按枝是

此並鄭言目所覿見以義增之耳 浦鏜云今漢志與鄭注同豈賈君所見本異邪案唐初本漢書當如賈疏所言今本多者蓋依鄭注增加

共其財用之幣齎 閩毛本同釋文監本齎作齎唐石經作齎從齊從貝嘉靖本省作齎

從貝變易 此本及閩監本貝誤具嘉靖本毛本不誤今訂正

問行用常知多少而已 浦鏜云當誤常

司會

言之財用謂諸侯於其民 閩監毛本財用改灋者非下文故云致邦國之財用承此言之

春令入貢 惠挍本作令春閩監毛本令誤合

盡是田野 惠挍本同閩監毛本田誤四

下及羣都縣鄙羣臣之治 惠挍本同閩監毛本上羣作郡

附釋音周禮注疏卷第七

鄭氏注　賈公彥疏

司書掌邦之六典。八灋。八則。九職。九正。九事。邦中之版。土地之圖。以周知入出百物。以敘其財。受其幣。使入于職幣。九正謂九賦九貢正稅也九事謂九式變言之者重其職明木而掌之非徒相副貳也敘猶比次也謂鉤考其財幣所給及其餘見爲之簿書故書受爲授鄭司農云授當爲受謂受財幣之簿書也玄謂亦受錄其餘幣而爲之簿書使之入于職幣幣物當以時用之久藏將朽蠹○正音征注同比毗志反見賢遍反下同簿步故反下同蠹都路反〔疏〕司書至職幣○釋曰言掌邦之六典已下至周知入出百物已上所掌與司會同者以其司會主鉤考司書掌書記之司書所記司會鉤考之故二官所掌其事通焉九職即司會九功也九正即司會九賦九貢也九事即司會九式也邦中之版土地之圖即司會版圖也周知入出百物者即司會百物財用一也云以敘其財者謂比次其財知用多少云受其幣者百官所用餘財送來與司書司書受其幣使入於職幣之官不入本府○注九正至朽蠹○釋曰知九正謂九賦九貢者案上司會有九賦九貢此司書則有九正無九賦九貢故知九正則是九賦九貢也言九正者謂此二者之財皆出於正稅故鄭云正稅也又云九事謂九式者據用財言之九事據用財所爲之事其理一也云變言之者重其職謂變九賦九貢言九正變九式言九事也重以其職明本而掌之非徒相副貳也其相副貳者謂司會八法八則之貳是也云所給及其餘見爲之簿書者司書周知入出百物以敘其財明知敘其財者所給諸官餘不盡者即以餘見爲之簿書擬與司會鉤考之玄謂亦受錄其餘幣而爲之簿書者此增成先鄭受謂受財幣之簿書云幣物當以時用之久藏將朽蠹者釋經百官餘幣不入於本府而入於職幣之意久若入本府即是久藏將恐朽爛蠹敗故入職幣使入占賣之本在生利也

凡上之用。財用。必攷于司會。上謂王與冢宰王雖不會亦當知多少而關之司會以九式均節邦之財用〔疏〕注上謂至財用○釋曰知上謂王與冢宰者案內府職云凡王及冢宰賜與則共之明此上中有冢宰可知云王雖不會亦當知多少而關之者案上膳夫庖人及外府等皆言王及后不會此經上之用財必考於司會者此之所考但知多少而關之非是會計與王爲限云司會以九式均節邦之財用者欲見司書用財必考於司會之意

三歲則大計羣吏之治。以知民之財。器械之數。以知田野夫家六畜之數。以知山林川澤之數。以逆羣吏之徵令。械猶兵也逆受而鉤考之山林川澤童枯則不稅○械戶戒反畜許又反〔疏〕三歲至徵令○釋曰言三歲者三年一閏天道小成考校羣吏須有黜陟故云三歲則大計羣吏之治羣吏則百官也以知民之財用器械之數者民之財用謂幣帛多少器謂禮樂之器械謂兵器弓矢戈殳戟矛此等則器械之數皆知之以知田野謂百畝之田在野夫家者謂男夫婦女六畜者謂馬牛羊豕犬雞之數又云以知山林川澤之數者案大司徒地有十等不言丘陵墳衍原隰者略言之也又云以逆羣吏之徵令者逆謂鉤考也此司書知民之財器已下川澤已上恐其羣吏濫徵斂萬民故知此本數乃鉤考其徵令也○注械猶至不稅○釋曰山林川澤童枯則不稅者山林不茂爲童川澤無水爲枯所稅者稅其有今山林不茂則無材木川澤無水則無魚鼈蒲葦故不稅之

凡稅斂掌事者受灋焉。及事成。則入要貳焉。法猶數也應當稅者之數成猶畢也○斂力驗反〔疏〕凡稅至貳焉○釋曰言凡稅斂者謂若地官閭師旅師徵斂之官所欲稅斂掌事者皆來司書處受法焉及事成收斂畢入要寫一通副貳文書名爲要入司書故云入要貳焉必來受法又入要貳者以司書知財器已下之數擬後鉤考之也○注法猶至畢也○釋曰云應當稅者之數即上田野夫家之等是其本出稅者之數也

凡邦治攷焉。考其法於司書〔疏〕凡邦治攷焉○釋曰邦之所治有善惡皆來考於司書者以司書大計羣吏之治知其功過故也

職內掌邦之賦入。辨其財用之物。而執其總。以貳官府都鄙之財入之數。以逆邦國之賦用。辨財用之物處之使種類相從總謂簿書之種別與大凡官府之有財入若關市之屬○種章勇反〔疏〕職內至賦用○釋曰云掌邦之賦入者謂九職九貢九賦之稅入皆掌之獨云賦入者賦是摠名下言賦者皆此類也辨其財用之物凡所稅入者種類不同須分別之而執其總者總謂稅入多少總要簿書又云以貳官府都鄙之財入之數者官府財入謂若關市之稅都鄙之財入都鄙謂三等采地采地之稅四之一言貳者謂職內受取一通副貳文書擬鈎考以逆邦之賦用之者職內知財入之數鉤考用財多少知其得失○注辨財至之屬○釋曰言辨財用之物使種類相從者但賦之所入先由職內始至大府大府分致於衆府以是分別使衆類相從云官府之有財入若關市之屬者司關司市皆屬地官關市皆有出稅故知官府之有財入若關市也言之屬者兼有城十二門亦有府稅入

凡受財者。受其貳令而書之。受財受於職內以給公用者貳令者謂若今御史所寫下本奏王所可者書之若言某月某日某甲詔書出某物若干給某官某事○寫戶嫁反〔疏〕凡受至書之○釋曰其有官府合用官物而受財者竝副寫一通勅令文書與職內然後職內依數付之故云受其貳令書之○注受財至某事○釋曰云貳令謂若今御史所寫下本奏王所可者案御史職云掌贊書彼注云王有令則以書致之則贊爲辭若今尚書作詔文是其用官財者先奏白於王王許可則御史贊王爲辭下職內是其貳令職內則書之爲本案然後給物與之若然職內主入職歲主出職內分置於衆府所以得有物出與入者職內雖分置衆府職內亦有府貨賄留之者故得出給故大府職云頒其賄於受用之府鄭注云受用之府若職內是也

及會以逆職歲。與官府財用之出。亦參互鉤考之〔疏〕及會至之出○釋曰言會者謂至歲終會計以逆職歲者逆謂鉤考也職歲主出職內主入以已之入財之數鉤考職歲出財之數又云與官府財用之出者謂職歲出財與官府所用之數竝鉤考之○注亦參互鉤考之○釋曰鄭云參互鉤考者案司會以參互考之鄭彼注云參互謂司書之要貳職內之入職歲之出以三官相鉤考此職內逆職歲明兼有司書之要貳故言參互言亦者亦如大府也

而敘其財。以待邦之移用。亦鉤考今藏中餘見爲之簿移用謂轉運給他○藏才浪反〔疏〕而敘至移用○釋曰案司書云以敘其財鄭彼注云敘猶比次謂鉤考其財幣所給及其餘見爲之簿書人職幣也此言敘財亦謂比次職內藏中餘見爲簿書以待邦之移用更給他官若然職內既非常府其所藏者唯當歲所用故用不盡者移用之也

職歲掌邦之賦出。以貳官府都鄙之財出賜之數。以待會計而攷之。以貳者亦如職內書其貳令而編存之○編必綿反又連反一音方千反〔疏〕職歲至攷之○釋曰云掌邦之賦出者職內主入職歲主出職內所入於衆府所用之多少皆主之故云掌邦之賦出但九貢九賦九功之用皆主之特言賦者亦如職內云賦是總稱也云以貳官府都鄙之財出賜之數者職內云以貳官府都鄙之財入之數此職歲以貳官府都鄙之財出賜之數二官一入一出皆書其相鉤考故職內云以逆邦之賦用此職歲云以待會計而考之其事通也○注以貳至存之○釋曰云亦如職內書其貳令而編存之者○職內云凡受財者受其貳令而書之此官主出所出亦皆由上令所出前後不同亦皆書其貳令編存爲案以待會計而考之也

凡官府都鄙羣吏之出財用。受式灋于職歲。百官之公用式灋多少職歲掌出之舊用事存焉〔疏〕凡官至職歲○釋曰官府都鄙出財用皆來受灋者以其出財用皆爲有事有舊灋用有常職歲出財皆有舊灋式在於職歲故須受灋也

凡上之賜予。以敘與職幣授之。敘受賜者之尊卑〔疏〕凡上至授之○釋曰上謂王與冢宰所有小賜予之事則職幣所云小用賜予是也故云以敘與職幣授之

及會以式灋。贊逆會。助司會鉤考羣吏之計〔疏〕及會至逆會○釋曰案司會以逆羣吏之治而聽其會計此官主式灋出財用及至歲終會計之時則以式法贊助司會鉤考會計之事故云以式灋贊逆會

職幣掌式灋以斂官府都鄙。與凡用邦財者之幣。幣謂給公用之餘凡用邦財者謂軍旅〔疏〕職幣至之幣○釋曰職幣主餘幣給諸官之用也亦依灋式與之故云掌式灋以斂官府已下之幣則餘幣也○注幣謂至軍旅○釋曰云幣謂給公用之餘者以其此官主斂餘幣故知幣謂給公用之餘知凡用邦財是軍旅者見經斂官府都鄙別言用邦財故知用邦財謂國之大事雖有軍旅

振掌事者之餘財。振猶拼也檢也掌事謂以王命有所作爲先言斂幣後言振財互之○拼音拯〔疏〕振掌至餘財○釋曰振者拼也檢也以財與之謂之拼知其足剩謂之檢掌事奉王命有所造爲故職幣檢掌事者有餘則受取故云振掌事者之餘財○注振猶至互之○釋曰知掌事謂以王命有所作爲者以其上經官府已下是其國家常事此別言掌事是王命有所作爲又云先言斂幣後言振財互之者凡用國家財物皆先振

而後斂今於上文直言斂不言振亦振之下言振財有餘亦斂之可知故言互之也

皆辨其物而奠其錄。以書楬之。以詔上之小用賜予。奠定也故書錄爲祿杜子春云祿當爲錄定其錄籍鄭司農云楬之若今時爲書以著其幣○楬其列反著直略反徐張恕反

【疏】皆辨至賜予○釋曰上經既斂得幣皆當辨其物一知其色類及善惡而奠其錄者謂定其所錄簿書色別各入一府以書楬之者謂府別各爲一牌書知善惡價數多少謂之楬又云以詔上之小用賜予者詔猶告也職幣既知府內則告上之王與冢宰小用賜予之事此謂常賜予玉府所云凡王之好賜共其貨賄及內府云凡王冢宰之好賜此二者非常賜與外府及典絲枲三官言賜予者與此職幣同亦是國家常賜予

歲終。則會其出。

【疏】歲終則會其出○釋曰以其職幣主出故歲終與司會會之下贊之亦謂贊司會會之事也

凡邦之會事。以式灋贊之。

司裘掌爲大裘。以共王祀天之服。鄭司農云大裘黑羔裘服以祀天示質

【疏】司裘至之服○釋曰言爲大裘者謂造作黑羔裘裘言大者以其祭天地之服故以大言之非謂裘體侈大則義同於大射也云以共王祀天之服者謂四時所有祭天之事皆共之不限六天之大小直言祀天案孝經緯鉤命決云祭地之禮與天同牲玉皆不同言同者雖據衣服則知崐崘神州亦用大裘可知○注鄭司至示質○釋曰先鄭知大裘黑羔裘者祭服皆玄上纁下明此裘亦羔裘之黑者故知大裘黑羔裘又云服以祀天示質者以其衮已下皆有采章爲此大裘更無采章故云質案鄭志大裘之上又有玄衣與裘同色亦是無文采

中秋。獻良裘。王乃行羽物。良善也中秋鳥獸毨毨因其良時而用之鄭司農云良裘王所服也行羽物以羽物飛鳥賜羣吏玄謂良裘玉藻所謂黼裘與此羽物小鳥鶉雀之屬鷹所擊者中秋鳩化爲鷹中春鷹化爲鳩順其始殺與其將止而大班羽物○中音仲注同毨音毛毨先典反與音餘鶉音淳

【疏】中秋至羽物○釋曰良善也仲秋所獻善裘者爲八月誓獮田所用故獻之王乃行羽物者行賜也以羽鳥之物賜羣臣以應秋氣也○注良善至羽物○釋曰云中秋鳥獸毨毨者此是尚書堯典文案彼注毨理也毛更生整理引之者證仲秋有良裘意故鄭云因其良時而用之也司農云良裘王所服者先鄭意良裘王所服故仲秋獻之羣臣所服裘在下經季秋獻功裘是也後鄭不從之者月令云孟冬天子始裘此良裘若是王之所服裘何得在仲秋故後鄭不從玄謂良裘玉藻所謂黼裘與者案彼文云唯君有黼裘以誓獮獮是仲秋田獵之名彼獮田用黼裘與此仲秋獻良裘同時皆不爲寒設故知此良裘則與彼黼裘一也但無正文約與之同故言與以疑之也言黼裘者白與黑謂之黼謂狐白與黑羔合爲黼文故謂之黼裘秋氣嚴猛取斷割之義故用黼謂之良裘者下經功裘之等臣所服見人功麤良裘與大裘皆君所服針功細密故得良裘之名又云此羽物小鳥鶉雀之屬鷹所擊者案夏官羅氏仲春羅春鳥行羽物彼注云羽物若今南郡黃雀之屬彼黃雀即此雀之屬此鶉與雀亦是鷹所擊故連言鶉也云仲秋鳩化爲鷹仲春鷹化爲鳩者此並月令文引此者證此仲秋行羽物與月令仲秋鳩化爲鷹殺物之時是順其始殺也故行羽物又云仲春鷹化爲鳩者證羅氏仲春行羽物與月令仲春鷹化爲鳩止殺之時故云與其將止云班羽物者揔結春秋二時皆大班行羽物

季秋。獻功裘。以待頒賜。功裘人功微麤謂狐青麛裘之屬鄭司農云功裘卿大夫所服○麛音迷

【疏】季秋至頒賜○釋曰案詩云七月流火九月授衣此季秋則是九月授衣之節季秋獻功裘以待頒賜者功裘之內有羣臣所服之裘故言以待頒賜○注功裘至所服○釋曰言功裘人功微麤者此對良裘與大裘人功微密此裘人功麤故名功裘又云謂狐青麛裘之屬者案玉藻君子狐青裘豹褎麛裘青豻褎彼云君子鄭云君子大夫士也以其彼云豹褎青豻褎用雜故爲大夫士若君則用純引此者證功裘中有此狐青麛裘以待頒賜玉藻仍有羔裘狐裘亦是臣之所服裘不引之者之屬中合之矣若然狐青裘者鄭玉藻注云蓋玄衣之裘天子下士玄端之服皆服之又云麛裘者鄭彼注引孔子素衣麛裘謂是君臣視朔之服彼云羔裘注引孔子緇衣羔裘鄭注論語云君之視朝之服亦卿大夫士祭於君之服若然卿大夫助祭用冕服士用爵弁君朝服冕服羔裘卿大夫士弁冕用羔裘至於朝服亦用羔裘即是君臣祭服朝服同服羔裘也又云狐裘者鄭注玉藻引孔子黃衣狐裘謂是十月農功畢臘祭先祖之服據鄉來所解四種之裘君臣同有以其經云以待頒賜唯據其臣若據天子諸侯除大裘之外亦入此功裘之中案玉藻乃有狐白裘據天子之朝大夫已上所服亦入此功裘之中鄭司農云功裘卿大夫所服者先鄭之意以良裘王所服故此功裘是卿大夫所服後鄭引之在下者經云以待頒賜據臣而言司農云功裘卿大夫所服得爲一義故引之在下

王大射。則共虎侯。熊侯。豹侯。設其鵠。諸侯。則共熊侯。豹侯。卿大夫。則共麋侯。皆設其鵠。大射者爲祭祀射王將有郊廟之事以射擇諸侯及羣臣與邦國所貢之士可以與祭者射者可以觀德行其容體比於禮其節比於樂而中多者得與於祭諸侯謂三公及王子弟封於畿內者卿大夫亦皆有采地焉其將祀其先祖亦與羣臣射以擇之凡大射各於其射宮侯者其所射也以虎熊豹麋之皮飾其側又方制之以爲臺謂之鵠著于侯中所謂皮侯王之大射虎侯王所自射也熊侯諸侯所射豹侯卿大夫以下所射諸侯之大射熊侯諸侯所自射豹侯羣臣所射卿大夫之大射麋侯君臣共射焉凡此侯道虎九十弓熊七十弓豹麋五十弓列國之諸侯大射大侯亦九十參七十干五十遠尊得伸可同耳所射正謂之侯者天子中之則能服諸侯諸侯以下中之則得爲諸侯鄭司農云鵠鵠毛也方十尺曰侯四尺曰鵠二尺曰正四寸曰質玄謂侯中之大小取數於侯道鄉射記曰弓二寸以爲侯中則九十弓者侯中廣丈八尺七十弓者侯中廣丈四尺五十弓者侯中廣一丈尊卑異等此數明矣考工記曰梓人爲侯廣與崇方參分其廣而鵠居一焉然則侯中丈八尺者鵠方六尺侯中丈四尺者鵠方四尺六寸大半寸侯中一丈者鵠方三尺三寸少半寸謂之鵠者取名於鳱鵠鳱鵠小鳥而難中是以中之爲雋亦取鵠之言較較者直也射所以直己志用虎熊豹麋之皮示服猛討迷惑者射者大禮故取義衆也士不大射士無臣祭無所擇故書諸侯則共熊侯虎侯杜子春云虎當爲豹○鵠古毒反爲祭于僞反以與音預下得與同行下孟反比毗志反下同而中丁仲反下天子中之以下中之而難中以中皆同所射食亦反下白射所射共射皆同辜諸允反木亦作準著直略反又張略反參素感反干五五旦反劉音鴈本又作豻遠干萬反正音征下同鳱音干劉音鴈一音岸

【疏】王大至其鵠○釋曰言王大射者王將祭祀選助祭之人故於西郊小學之中王與諸侯及羣臣等行大射之法故云王大射也則共虎侯熊侯豹侯者虎侯者謂以虎皮飾其側九十步之侯王自射之也熊侯者以熊皮飾其側七十步之侯諸侯射之也豹侯者謂以豹皮飾其側五十步之侯孤卿大夫已下射之也云設其鵠者其鵠還以虎熊豹皮爲之方制之三分其侯鵠居其一故云設其鵠也云諸侯則共熊侯者謂畿內諸侯三公王子母弟熊侯亦如王之熊侯諸侯自射之豹侯者亦如王之豹侯羣臣共射之也卿大夫者謂王朝卿大夫則共麋侯者亦五十步以麋皮飾其側君臣共射之云皆設其鵠者熊侯已下亦以熊豹麋之皮爲鵠三分其侯鵠居一焉故云設其鵠也○注大射至爲豹○釋曰知大射爲祭祀射者見禮記射義云天子大射謂之射侯既云天子將祭必先習射故知大射是將祭而射也云王將有郊廟之事者郊謂祭五天帝於四郊不言圓王祭昊天亦有可知廟謂祭先王先公皆是也云以射擇諸侯至得與於祭皆禮記射義文案彼云天子以射擇諸侯卿大夫士即云是故古者天子之制諸侯歲獻貢士於天子試之射宮其容體比於禮其節比於樂而中多者得與於祭而中少者不得與於祭是其大射擇諸侯羣臣貢士得與祭之事也云諸侯謂三公及王子弟封於畿內者若六命賜官及建其長立其兩可得及卿此經卿與大夫同麋侯明諸侯之內唯有三公王子弟也言封畿內者此謂王子弟無官直得采地而已言封畿內者對魯衛晉鄭之等封在外爲諸侯者也云卿大夫亦皆有采地焉者案載師大都任畺地是此諸侯也又云小都任縣地家邑任稍地是其卿大夫亦皆有采地焉云其將祀其先祖亦與其羣臣射以擇之者諸侯亦與畿外諸侯同五廟卿大夫亦三廟此經不云孤孤六命亦與卿同是其祀先祖之事也云凡大射各於其射宮者謂從王已下至大夫大射各自於其西郊之學射宮之中知然者案儀禮大射云公入鶩自外而來入明王已下皆於郊學也云侯者其所射也者以其雖有正鵠之別侯是總名故云侯者所射也云以虎熊豹麋之故飾其側者侯中上下俱有布一幅夾之所飾者唯有兩傍之側故云飾其側也云又方制之以爲臺謂之鵠著于侯中者梓人爲侯廣與崇方故云方制之賓者正也所射之處故名爲質三分其侯鵠者於侯中云所謂皮侯者所謂梓人張皮侯而棲鵠云王之大射虎侯王所自射也者遠近三等人有尊卑分爲三飾尊者射遠卑者射近故知王射虎侯諸侯卑於天子其自射射熊侯明助王祭亦射熊侯卿大夫卑於諸侯以其自家射射麋侯五十步明助王亦射豹侯五十步故知射豹侯卿大夫更言已下者兼有士亦射豹侯諸侯之大射熊侯諸侯所自射豹侯羣臣所射以其唯有二侯故分爲二等云鄉大夫之大射麋侯君臣共射焉者以其唯有一侯故也云凡此侯道虎九十弓至五十弓並約鄉射記案鄉射記云鄉侯侯道五十弓案大射大侯糝侯豻侯直言九十七十五十不云弓故注鄉射記云大侯九十弓糝侯七十弓豻侯五十弓並約鄉侯有弓字則大射所云九十者九十弓七十者七十弓五十者五十弓可知也天子三侯與彼畿外諸侯同但用皮別耳故此注虎侯九十弓熊侯七十弓豹麋五十弓云列國之諸侯大射大侯亦九十參七十干五十者大射所云者是也鄭注大射云大侯者豻侯也糝侯者糝雜也豹鵠而麋飾下天子大夫也豻侯者豻鵠豻飾也云遠尊得伸可同耳者對此經畿內諸侯之近尊不得同於天子三侯云所射正謂之侯者天子中之已下皆禮記射義文鄭司農云鵠鵠毛也者先鄭意以鵠字與鵠鵠字同故爲鵠毛解之案梓人云張皮侯而棲鵠鵠毛非可棲之物故

後鄭不從云方十尺曰侯者此先鄭之意見鄉侯五十弓二寸以爲侯中侯中一丈故云十尺此先鄭唯解五十步侯於義則可若九十七十五十其侯揔方一丈則不可故後鄭不從云四尺曰鵠者案梓人三分其侯鵠居一焉則無此方四尺曰鵠故後鄭亦不從云二尺曰正者案梓人張皮侯而棲鵠大射之侯也又云張五采之侯遠國屬賓射之侯也若然賓射射正大射射鵠此既大射正鵠雜言故後鄭亦不從也云四寸曰質者言質即詩云發彼有的及鵠皆是一物其鵠不止四寸而已故後鄭亦不從玄謂侯中之大小取數於侯道者其侯道則去侯遠近之道故引鄉射記鄉射記曰弓二寸以爲侯中者二寸據把中側骨中身也弓別取二寸以爲侯身也則九十弓者侯中廣丈八尺者據虎侯也又云七十弓者侯中廣丈四尺者據熊侯也五十弓者侯中廣一丈也者據豹侯麋侯也云尊卑異等此數明矣者破司農揔方七尺曰侯之言云考工記曰梓人爲侯廣與崇方者崇高也上下爲崇橫度爲廣如鄉者侯中丈八丈四一丈皆方故云廣與崇方也云參分其廣鵠居一焉者謂三分丈八丈四一丈之侯各取一分而爲鵠故云三分其廣鵠居一焉又云然則侯中丈八尺者鵠方六尺自此已下皆重釋鵠居一焉之義以其侯中丈八三六十八故鵠居六尺侯中丈四尺者鵠方四尺六寸大半寸者以其侯中丈四尺取丈二尺三四十二得四尺有二尺在又取尺八寸三六十八又得六寸有二寸在寸各爲三分二寸并爲六分取二分名爲三分寸之二即是大半寸也故云鵠方四尺六寸大半寸也侯中一丈者鵠方三尺三寸少半寸者一丈取九尺三三而九得三尺一尺在又取九寸得三寸仍有一寸分爲三分得一分名爲少半寸故云鵠方三尺三寸少半寸云謂之鵠者此鄭釋鵠還是虎豹等皮名爲鵠意故云謂之鵠者取名於鳱鵠鳱鵠者案淮南子鳱鵠知來俗云鳱鵠是小鳥提縣者也故云鳱鵠小鳥而難中云亦取鵠之言較較者直也射所以直已志者案禮記射義云循聲而發不失正鵠若然正鵠相對之物若鵠爲鳥正亦爲鳥若鵠爲直正則爲正直之正故射義云射者內志正外體直是正鵠之名各有二義又云用虎熊豹麋之皮示伏猛討迷惑者虎熊豹是猛獸將以爲侯侯則諸侯也是示能伏得猛厲諸侯麋者迷也將以爲侯示能討擊迷惑諸侯云射者大禮故取義衆也者以其祭者是大事射者觀德故爲大禮故於三侯之上取義衆多云士不大射士無臣祭無所擇者案孝經云天子諸侯大夫皆言爭臣士則言爭友是無臣也大射者所以擇士則無臣可擇故經不言士之大射士自無大射之禮得與天子大射下以其得助祭故也是以鄭注云豹侯卿大夫已下所射已下即士也至於賓射士自爲賓射故射人云士豻侯二正不得與天子賓射是以鄭射人注云此與諸侯射士不與是也云故書諸侯則共熊侯虎侯杜子春云虎當爲豹不從故書者虎侯是天子大侯不宜在諸侯熊侯之下故不從也

大喪廞裘飾皮車。 皮車遣車之革路故書廞爲淫鄭司農云淫裘陳裘也玄謂廞興也若詩之興謂象似而作之凡爲神之偶衣物必沽而小耳○廞許金反又火飲反遣弃戰反興虛譬反下同【疏】大喪至皮車○釋曰大喪謂王喪廞猶興也興象生時裘而爲之謂明器中之裘即上良裘功裘等云飾皮車者亦謂明器之車以皮飾之○注皮車至小耳○釋曰皮車遣車之革路者案冬官考工記飾車欲侈棧車欲弇除棧車之外皆用革鞔即此皮車非專革路鄭特云皮車革路者此司裘所飾唯革路而已云故書廞爲淫鄭司農云淫裘陳裘也者此周禮一部之内稱廞者衆多故書皆爲淫先鄭皆爲陳後鄭皆破從興興讀興象生時之物而作之必知爲陳非爲興是者車僕云大喪廞革車圉人云廞馬亦如之即是所廞車馬又禮記檀弓云竹不成用瓦不成味琴瑟張而不平竽笙備而不和皆是興象所作明器非陳設之理故不從先鄭玄謂廞興也若詩之興謂象似而作之者象似生時而作但麤惡而小耳云凡爲神之偶衣物必沽而小耳者案禮記檀弓孔子云謂爲俑者不仁鄭以俑爲偶也故鄭云神之偶衣謂作送死之衣與生時衣服相似又云物沽而小者沽麤也謂其物沽略而又小即竹不成用瓦不成味是也

凡邦之皮事掌之。歲終則會。唯王之裘與其皮事不會。

掌皮掌秋斂皮。冬斂革。春獻之。 皮革踰歲乾久乃可用獻之其良者於王以入司裘給王用【疏】掌皮至獻之○釋曰云秋斂皮冬斂革春獻之者許氏說文獸皮治去其毛曰革秋斂皮者鳥獸毛毨之時其皮善故秋斂之革乃須治用功深故冬斂之乾久成善乃可獻故春獻之也○注皮革至王用○釋曰知良者入司裘者以其司裘掌爲王大裘以下故知良者入司裘也

遂以式灋頒皮革于百工。 式灋作物所用多少故事【疏】遂以至百工○釋曰上文獻良者入司裘其餘入百工因上事故云遂也百工者即冬官六十官主作器物若裘氏韋氏函人之類用皮者也○注式灋至故事○釋曰云式灋作物所用多少故事者作若裘氏作裘函人作甲胄謂皮革皆有用物多少之數有舊法者也

共其毳毛爲氈。以待邦事。 當用氈則共之毳毛毛細縟者○毳尺稅反縟音辱【疏】共其至邦事○釋曰鄭云當用氈則共之謂若掌次張氈案是當其用氈則掌皮共毳毛與冬官使作氈與掌次也

歲終。則會其財齎。 財斂財本數及餘見者齎所給予人以物曰齎今時詔書或曰齎計吏鄭司農云齎或爲資○齎見賢遍反【疏】歲終至財齎○釋曰歲終周之十二月則會計其皮之本數之財及出與人物之齎計知多少也○注財斂至爲資○釋曰財斂財本數者經云財與齎二者並據皮革而言也言斂財本數者謂四方所有皮革之入掌皮之數是本數也云及餘見者謂出給不盡見在庫者也云予人以物曰齎者齎有兩義上外府注行道曰齎此皮革無行道所用之義故齎爲出給與人物解之也云今時詔書或曰齎計吏者漢時考使謂之計吏有詔賜與之則曰齎引之證齎是與人物也鄭司農云齎或爲資先鄭意一部書齎或爲資也

內宰掌書版圖之灋。以治王內之政令。均其稍食。分其人民以居之。 版謂宮中閽寺之屬及其子弟錄籍也圖王及后世子之宮中吏官府之形象也政令謂施閽寺者稍食吏祿稟也人民吏子弟分之使衆者就寡均宿衛【疏】注版謂至宿衛○釋曰內宰既職當內事與大宰主外事相似故知版之所書者謂宮中閽寺之屬并宮中官之子弟皆屬內宰書之於版焉既主內事故知所圖者不出王及后世子之宮中吏官府之形象也又知政令謂施閽寺者以其閽人主中門之禁寺人掌王之內人之戒令內宰爲之長故知政令者施之於閽人寺人也不言內小臣及內豎者蓋亦施之也云稍食吏祿稟也者吏即閽寺弟子宿衛后官者官正所均謂宿衛王宮者以米稟爲祿之月俸均之者當知見在空闕也云人民吏子弟者以其所均稍食是吏之子弟明所分宿衛還是吏之子弟也

以陰禮教六宮。 鄭司農云陰禮婦人之禮六宮後五前一王之妃百二十人后一人夫人三人嬪九人世婦二十七人女御八十一人玄謂六宮謂后也婦人稱寢曰宮宮隱蔽之言后象王立六宮而居之亦正寢一燕寢五教者不敢斥言之謂之六宮若今稱皇后爲中宮矣昬禮母戒女曰夙夜毋違宮事【疏】以陰禮教六宮○釋曰先鄭意以陰禮婦人之禮教六宮之人自后已下至女御後鄭意以婦人之禮教后一人六宮即后也○注鄭司至宮事○釋曰先鄭知陰禮婦人之禮者以其將用教婦人故知陰禮是婦人之禮也云六宮後五前一者天子謂之六寢宮人所云者是也后亦象王立宮亦後五前一在王六寢之後爲之南北相當耳云王之妃百二十人至八十一人此是禮記昬義之文彼據周法引之者先鄭意欲見內宰教此六宮之人也玄謂六宮謂后不從先鄭者若此文兼后至女御應言及與凡殊之下別自教三夫人已下此文既在於上明專教后一人而已云若今稱皇后爲中宮矣者漢舊儀有此事也引昬禮者證婦人稱宮之意也

以陰禮教九嬪。 教以婦人之禮不言教夫人世婦者舉中省文○省所景反【疏】注教以至省文○釋曰司農意上文教六宮之人訖此復教九嬪者先鄭意以九嬪掌婦學之法使之教九御故內宰更別教之也後鄭意下文別教九御故知此教三夫人已下不言三夫人世婦者舉中以見上下省文

以婦職之灋教九御。使各有屬。以作二事。正其服。禁其奇衺。展其功緒。 婦職謂織紝組紃縫線之事九御女御也九九而御于王因以號焉使之九九爲屬同時御又同事也正其服止踰侈奇衺若今媚道展猶錄也緒業也故書二爲三杜子春云當爲二二事謂絲枲之事○奇紀宜反衺似嗟反本亦作邪紝女金反組音祖紃似倫反線仙戰反字亦作綫【疏】以婦至功緒○釋曰內宰以婦人職業之法教九御上文世婦已上皆直言陰禮不言職此言人職者以其世婦以上貴無絲枲等職業之法故也云使各有屬者女御八十一人九人爲一屬屬猶聚也九人同時御又同爲絲枲之事○注婦職至之事○釋曰婦職謂織紝織紝爲一事組紃又爲一事縫線又爲一事三者皆婦職也案詩注云王后織玄紞公侯夫人紘綖卿之內子大帶大夫命婦成祭服士妻朝服庶士以下各衣其夫貴賤皆有職者彼示雖貴無得遊乎先之意非如此絲枲二事責其功緒也又云九御女御也者序官云女御故就而釋之也云九九而御于王因以號焉者案下御職云掌御敘于王之燕寢此云九御是九九而御于王因以號焉云使之九九爲屬同時御又同事也者此鄭釋九人爲屬之意也云正其服止踰侈者[illegible]踰侈服展衣以上也云奇衺若今媚道者案漢書孝文時婦人蠱惑媚道更相呪詛作木偶人埋之於地漢法又有宮禁云敢行婦道者若然媚道謂道妖衺巫蠱以自衒媚故鄭舉漢法證經奇衺也

大祭祀后祼獻則贊瑤爵亦如之。 謂祭宗廟王既祼而出迎牲后乃從後祼也祭統曰君執圭瓚祼尸大宗執璋瓚亞祼此大宗亞祼謂夫人不與而攝耳獻謂王薦腥薦熟后亦從後獻也瑤爵謂尸卒食王既酳尸后亞獻之其爵以瑤爲飾○祼古亂反瑤音遙不與音預酳士靳反劉侯杏反又音肯【疏】大祭至如之○釋曰大祭祀謂祭宗廟也后祼者謂室中二祼后亞王祼尸獻謂朝踐饋獻后

以王爵亞王而獻尸則贊者此三事內宰皆佐后祼時以璋瓚授后獻時以王爵授后故云則贊也瑤爵亦如之者謂尸卒食王酳尸后亞王而酳尸則內宰以瑤爵授后后親酌盎齊以酳尸云瑤爵亦如之也。注謂祭至為飾。釋曰以其天地山川社稷等外神后夫人不與又天地無祼此云祼故知經云大祭祀者據宗廟而言也但宗廟之祭四時與禘祫六享皆有此祼獻瑤爵之事故揔言宗廟也云王既祼而出迎牲后乃從後祼也者案郊特牲云既灌而出迎牲彼據君而言則知王既祼而出迎牲后乃從祼也案司尊彝注后亞王灌訖乃出迎牲者以郊特牲云既灌而出迎牲以既灌之中不言無后灌是以鄭云后灌後乃迎牲此云迎牲後后乃祼鄭以迎牲是王事欲取王事自相亞故退后祼於迎牲之後也又引祭統已下者彼雖諸侯禮欲見后有從亞祼之事與諸侯同也又云獻謂王薦腥薦孰后亦從後獻也者案禮記禮運云腥其俎孰其殽鄭云腥其俎謂豚解而腥之孰其殽謂體解而孰之是其薦腥薦孰也此二者是堂上朝踐饋獻之節室中二灌訖王出迎牲時祝延尸於戶外之西南面后薦八豆八籩王牽牲入以血毛告訖以此腥其俎薦於神前王以玉爵酌醴齊以獻尸后亦以玉爵酌醴齊以獻尸也朝踐訖乃孰其殽薦於神前王以玉爵酌盎齊以獻尸后亦玉爵酌盎齊以獻尸名為饋獻云瑤爵謂尸卒食王既酳尸后亞獻之者案儀禮鄭注云諸侯尸十三飯天子尸十五飯尸食後王以玉爵酌朝踐醴齊以酳尸謂之朝獻后亦於後以瑤爵酌饋獻時盎齊以酳尸謂之再獻故云后亞獻也云其爵以瑤為飾者鄉來所解知后以瑤爵亞酳尸者約明堂位云爵用玉醆仍彫加以璧散璧角食後稱加彼魯用王禮即知王酳尸亦用玉醆后酳尸用璧角賓長酳尸用璧散彼云璧此云瑤不同者瑤玉名瑤玉為璧形飾角口則曰璧角角受四升爵為揔號故鄭云其爵以瑤為飾也

正后之服位。而詔其禮樂之儀。薦徹之禮當與樂相應位謂房中戶內及阼所立處【疏】正后至之儀。釋曰云正后之服位者服謂若內司服褘衣已下六服皆正之使服當其用位謂后助祭之位正之使不失其所而詔其禮樂之儀者后之行禮之時皆合于樂節各當其威儀皆內告后使依於法度故云詔其禮樂之儀也。注薦徹至立處。釋曰案九嬪職云贊后薦徹豆籩是后薦徹也天子之禮薦時歌清廟及徹歌雍是薦徹皆有樂節但內宰所詔雖詔禮耳經兼云樂者禮樂相應也云位謂房中戶內及阼所立處者但天子諸侯祭禮亡今云位謂房中者案儀禮特牲云主婦亞獻尸尸拜受主婦北面拜送主婦北面拜者避內子及尸酢主婦主婦適房中南面祭酒及主人致爵于主婦亦於房中南面拜受爵至於少牢主婦入戶西面獻尸及酢主婦無入房之文即此云位謂房中戶內者據特牲士禮而言也云及阼所立處者案少牢有司徹云主人位于阼階上獻尸侑訖主婦乃洗爵于房中出實爵尊南西面獻尸尸拜于筵上受主婦西面于主人席北拜送爵云主人席北即當阼階故云阼所立處此約有司徹而言也

贊九嬪之禮事。助九嬪贊后之事九嬪者贊后薦玉齍薦徹豆籩。齍音咨【疏】注助九至豆籩。釋曰贊助也鄭云助九嬪贊后之事者以經云贊九嬪之禮事則助九嬪經自明矣知九嬪贊后者即鄭所引九嬪職贊后為后薦玉齍薦徹豆籩等是九嬪贊后之事即是內宰助九嬪九嬪贊后也

凡賓客之祼獻瑤爵皆贊。謂王同姓及二王之後來朝覲為賓客者祼之禮亞王而禮賓獻謂王饗燕亞王獻賓也瑤爵所以亞王酬賓也坊記曰陽侯殺穆侯而竊其夫人故大饗廢夫人之禮【疏】凡賓至皆贊。釋曰賓客則王同姓及二王後以其非一故云凡以廣之云祼者謂行朝覲禮訖即行三享之禮享訖乃賓於戶牖之間獻謂饗燕賓客后亦助王獻賓瑤爵謂王饗燕酬賓時后亦助王酬賓皆贊助于后也。注謂王至之禮。釋曰鄭知賓客是王同姓及二王之後者見大行人云上公之禮再祼而酢侯伯一祼而酢子男一祼不酢則是上公乃有再祼王先一祼次后再祼按孝經緯云二王之後稱公則知二王之後有后祼也又案巾車云同姓金路鄭云王子母弟雖為侯伯畫服如上公則此云王之同姓亦謂為侯伯得與上公同再祼亦有后祼可知者同姓為子男者則與異姓同一祼無后祼也故鄭云謂王同姓及二王之後來朝覲為賓客者但祼時大宗伯代后至于拜送則后則內宰亦贊后拜送爵云祼之禮亞王而禮賓者案聘禮有以醴禮賓之言故鄭依而言之之若據大行人則云祼也云獻謂王饗燕亞王獻賓也者后之祼者饗燕亦與焉案大行人云上公三饗三食三燕侯伯再饗再食再燕子男一饗一食一燕無飲酒之禮唯有饗燕耳饗者亨大牢以飲賓立行禮在廟獻依命數爵盈而不飲燕禮其牲狗行一獻之禮四舉旅降脫屨升坐其爵以醉為度饗燕皆有獻賓酬賓后亦助王獻賓酬賓之事內宰皆贊后也引坊記者陽國之侯來朝於穆侯穆侯饗陽侯之時穆侯夫人亦助君獻酬于賓其時陽侯見穆侯夫人色美遂殺穆侯而竊其夫人歸國故大饗廢夫人之禮引之者證古者諸侯夫人助君饗賓明天子后亦有助王饗燕賓故經云后祼獻之事也

致后之賓客之禮。謂諸侯來朝覲及女賓之賓客【疏】注謂諸至賓客。釋曰致后之賓客之禮者謂若酒正云致后之賓客之禮其掌客致夫人之禮彼諸侯夫人致禮于賓客法明后亦致牢禮於賓鄭注掌客凡夫人禮皆使下大夫致之則此內宰亦下大夫也云女賓之賓客者謂畿內同姓諸侯夫人有會見王后之法故亦致禮焉

凡喪事。佐后使治外內命婦。正其服位。使使其屬之上士內命婦謂九嬪世婦女御鄭司農云外命婦卿大夫之妻王命其夫后命其婦玄謂士妻亦為命婦【疏】凡喪至服位。釋曰喪言凡則王及后世子已下皆是以其皆有服位故云凡以廣之凡有喪事內宰皆佐后使其屬官治外內之命婦正其服之精麤位之前後也。注使使至命婦。釋曰以外內命婦卑故內宰不自治之故經云使明使其屬之上士治之云內命婦謂九嬪世婦女御者以其對外命婦故知內命婦是九嬪已下可知也不言三夫人者三夫人從后不在治限故不言也司農云王命其夫后命其婦者鄭注禮記玉藻曰君命屈狄是子男夫人彼是后命之明王朝之臣亦王命其夫后命其婦可知玄謂士妻亦為命婦者夏殷之禮爵命不及於士周之禮上士三命中士再命下士一命夫尊于朝妻榮于室明士妻亦為命婦可知若然喪服命其命婦皆據大夫不含士者彼據降服不降服為識故唯據大夫為命夫其妻為命婦不及士也

凡建國。佐后立市。設其次。置其敘。正其肆。陳其貨賄。出其度量淳制。祭之以陰禮。市朝者君所以建國也建國者必面朝後市王立朝而后立市陰陽相承之義次司次也敘介次也陳猶處也度丈尺也量豆區之屬鄭司農云佐后立市者始立市后立之也祭之以陰禮者市中之社先后所立社也故書淳為敦杜子春讀敦為純純謂幅廣也制謂匹長玄謂純制天子巡守禮所云制幣丈八尺純四䄙與陰禮婦人之祭禮。淳劉諸允反注皆同徐音純朝直遙反下同介音界或作分非純諸允反下同䄙音紙與音餘【疏】凡建至陰禮。釋曰王者建國非定一所隨世而遷謂若自契至湯八遷大王遷岐文王遷豐武王遷鎬成王營洛皆是建國故云凡以該之也凡建國內宰佐后立市設其次謂司市所居置其敘謂胥師買師等所居正其肆謂諸行列肆之等陳其貨賄貨賄為有諸物皆陳列之也出其度量謂內宰佐后出度之丈尺量之斗斛及出淳之幅廣狹并制之丈八尺又於市中祭之以陰禮謂婦人之祭禮也。注市朝至祭禮。釋曰云市朝者君所以建國也者謂建國必須有市朝故鄭即覆釋云建國者必面朝後市面朝後市乃冬官匠人文云王立朝者即三朝皆王立之也而后立市者即此文是也云陰陽相成之義者朝是陽王立之市是陰后立之獨陽不生獨陰不成故云陰陽相成之義也云次思次也者地官司市云思次介次彼注破思為司字解之云敘介次也者亦司市文介副也謂若胥師買師等所居也案司市注次謂吏所治舍思次介次也若今市亭然敘肆行列也與此注不同者鄭望文解之彼經無肆文故以敘為行列并思次介次共為一所解之此文自有肆文故分思次介次別釋也云陳猶處也者謂處置其貨賄也云度丈尺也者律歷有分寸尺丈引五度今只言丈尺略言之也云量豆區之屬者此案左氏昭公傳晏子云齊舊四量豆區釜鍾又案律歷五量龠合升斗斛此獨言豆區者之屬中含之又云祭之以陰禮者市中之社先后所立社也者市乃先后所立故以陰禮為市中之社亦先后所立社也云故書淳為敦杜子春讀敦為純純謂幅廣也制謂匹長玄謂純制天子巡守禮所云制丈八尺純四䄙與此二者並增成子春義趙商問云天子巡守禮制丈八尺純四䄙何荅云巡守禮制丈八尺咫八寸四咫三尺二寸又大廣四當為三三八二十四二尺四寸幅廣也古三四積畫是以三誤為四也

中春。詔后帥外內命婦始蠶于北郊。以為祭服。蠶于北郊婦人以純陰為尊郊必有公桑蠶室焉。中音仲【疏】中春至祭服。釋曰云中春詔后帥外內命婦始蠶于北郊者內宰以仲春二月詔告也告后帥領外命婦諸臣之妻內命婦三夫人已下始蠶於北郊云以為祭服者禮記祭義亦云蠶事既畢遂朱綠之玄黃之以為祭服此亦當染之以為祭服也。注蠶于至室焉。釋曰云蠶於北郊婦人以純陰為尊者案禮記祭統云天子親耕於南郊鄭以諸侯為少陽是天子以純陽為尊則后蠶于北郊純陰為尊也云郊必有公桑蠶室焉者案月令三月后妃親東鄉躬桑此云二月與彼不同者案馬職云禁原蠶者彼注天文辰為馬引蠶書曰蠶為龍精月值大火則浴其種是蠶與馬同氣故此亦仲春始蠶蠶者亦謂浴種至三月臨生蠶之時又浴種乃生之故設文異也

歲終。則會內人之稍食。稽其功事。內人主謂九御【疏】歲終至功事。釋曰歲終亦謂周之季冬內宰則會計內人女御之稍食稍食則月請是也云稽其功事者稽計也又當計女御絲枲二者之功事以知多少。注內人主謂九御。釋曰知內人主是女御者案典婦功授嬪婦及內人女功之事齎嬪婦既是九嬪世婦明內人是九御也

佐后而受獻功者。比其小大。與其麤良。而賞罰之。獻功者九御之屬鄭司農云亟而獻功玄謂典婦功曰及秋獻功【疏】佐后至罰之。釋曰佐后而受獻功者謂內宰佐助

后而受女御等獻絲枲之功布帛等云比其小大與其麤良者布帛之等纖小者則細良纖大者則麤惡今言麤不云惡言良不云細者互見爲義也云而賞罰之者良則賞之麤則罰之以示懲勸也○注獻功至秋獻功○釋曰鄭知獻功是九御之屬者上文云以婦職之法教九御明所受獻功還是九御之屬可知司農云枲而獻功謂冬獻功玄引典婦功職秋獻功不從先鄭者以其內宰佐后受明是婦官所造還是典婦功女御等秋獻功也

會內宮之財用。計夫人以下所用財【疏】會內宮之財用○釋曰以其云內宮是摠六宮之內所有財用皆會計之故鄭云計夫人以下所用財也

正歲均其稍食施其功事憲禁令于王之北宮而糾其守。均猶調度也施猶賦也北宮后之六宮謂之北宮者繫于王言之明用王之禁令令之守宿衞者○調徒弔反度待洛反或如字【疏】正歲至其守○釋曰正歲謂建寅之月歲始故摠均宮中所受稍食月俸之人因歲始又施其女功絲枲之事憲禁令于王之北宮者亦以歲始憲謂表縣禁令于王之北宮則后宮而糾其守者謂宿衞之子弟糾其情慢者也○注均猶至衞者○釋曰鄭以均爲調度者受月請者尊卑各有常度今均之者謂調之使依常度云謂之北宮者係於王言之明用王之禁令之者欲見王有六寢后有六宮各自不同必繫王而言者婦人有三從之義后雖自有六宮必資王之禁令故繫王而言也云守宿衞者謂若宮伯所掌士庶子者也

上春。詔王后帥六宮之人而生穜稑之種。而獻之于王。六宮之人夫人以下分居后之六宮者古者使后宮藏種以其有傳類蕃孳之祥必生而獻之示能育之使不傷敗且以佐王耕事共禘郊也鄭司農云先種後孰謂之穜後種先孰謂之稑王當以耕種于藉田玄謂詩云黍稷穜稑是也夫人以下分居后之六宮者每宮九嬪一人世婦三人女御九人其餘九嬪三人世婦九人女御二十七人從后唯其所燕息焉從后者五日而沐浴其次又上十五日而徧云夫人如三公從容論婦禮○穜直龍反本或作種音同案如字書禾旁作重是穜稑之字作童是穜殖之字今俗則反之稑音六本又作穋同之種章勇反注藏種同傳直宜反下同蕃音煩孳音茲又作滋又上時掌反而徧云音遍絶句從容如字【疏】上春至于王○釋曰上春者亦謂正歲以其春事將興故云上春也內宰以上春建寅之月又詔告王后帥領六宮之人而生穜稑之種而獻之于王者一則助王耕事二則示於宮內無傷敗之義也○注六宮至婦禮○釋曰云古者使后宮藏種以其有傳類蕃孳之祥者王妃百二十人使之多爲種類藏種者亦是種類蕃孳之祥故使藏種也云生而獻之示能育之使不傷敗者生此種乃獻之非直道此種不傷敗示於宮內懷孕者亦不傷也云且以佐王耕事者王親耕后親蠶皆爲祭事今后雖不耕藏種獻之者亦是佐王耕事云共禘郊也者禘謂祭廟郊謂祀天擧尊言之其實山川社稷等皆用之也鄭司農云先種後孰謂之穜後種先孰謂之稑者今世見有此先種後孰後種先孰目驗可知也玄謂詩云黍稷穜稑是也此增成先鄭義亦以其先鄭直云先種後種不見穀名後鄭意黍稷皆有穜稑云夫人以下分居后之六宮者此已下亦是增成鄭義所分居者唯據九嬪以下三夫人不分居而云三夫人以下則餘三夫人亦得爲三夫人以丁也云每宮者后六宮故云每此言與下爲目也九嬪一人者九嬪九人六宮各一人則三人在也世婦三人者世婦二十七人六宮每宮三人則九人在也女御九人者女御八十一人六宮各九人餘二十七人在也其餘謂不分者故云其餘九嬪三人世婦九人女御二十七人也云從后唯其所燕息焉者后不專居一宮須往即停故云唯其燕息焉云從后者五日而沐浴者凡侍尊者須潔淨故須沐髮浴身體也其次又上十五日而徧云者鄉所分居六宮九嬪以下皆三分之一分從后兩分居宮假令月一日一分從后至月五日從后者五日滿則右邊三宮之中舊居宮者來替此從后者從后者又來入右邊三宮從后者至十日又滿則左邊三宮者來替此從后者從后者來居左邊三宮又至十五日則三番摠遍故云十五日而遍云者無正文鄭以意配之故言云以疑之云夫人如三公從容論婦禮者王后六宮夫人有三分居不遍因即尊之三公坐與王論道三夫人尊卑與三公同三公侍王三夫人亦侍后故取並爲者以證三夫人不分居宮之義也

內小臣掌王后之命。正其服位。命謂使令所爲或言王后或言后通耳○令力呈反【疏】內小至服位○釋曰敍官云奄上士四人案夏官大僕云掌正王之服位出入王之大命則大僕掌王命及服位此小臣亦云掌王后之命正其服位則小臣侍后與大僕侍王同也○注命謂至通耳○釋曰云命謂使令所爲者以其后無外事明云命者是使令所爲云或言王后或言后通耳者以此經及上經皆云王后下文則皆云后鄭恐人以爲別有義意故云通耳無義例也

后出入。則前驅。道之【疏】后出至前驅○釋曰此小臣是奄人與后導道是其常也

若有祭祀賓客喪紀。則擯。詔后之禮事。相九嬪之禮事。正內人之禮事。徹后之俎。擯爲后傳辭有所求爲詔相正者異尊卑也俎謂后受尸之爵飲于房中之俎○道音導相息亮反注同爲后于僞反【疏】若有至之俎○釋曰云若有祭祀賓客喪紀則擯者此三者事至無常故云若若不定之辭也則擯者此三者后皆有事九嬪以下從后往也三事皆與后爲擯贊也云詔后之禮事相九嬪之禮事正內人之禮事者詔相正皆是上擯但據尊卑不同故以詔相別之云徹后之俎者謂后於東房中受尸酢之俎內小臣徹之○注擯爲至之俎○釋曰言擯爲后傳辭有所求爲者后爲上三事須物則小臣擯贊而傳辭與諸司求物供所爲也云詔相正者異尊卑也者后尊云詔詔告而已九嬪稍卑則言相相佐助之言也女御卑直正之而已云俎謂后受尸之爵飲於房中之俎者天子諸侯祭禮亡案特牲薦俎乃受尸之酢於主婦酢尸尸酢主婦於東房中受尸之酢亦有薦俎后之俎小臣所徹亦約與士禮主婦之俎同也

后有好事于四方。則使往。有好令於卿大夫。則亦如之。后於其族親所善者使往問遺之○好呼報反下同遺唯季反【疏】注后於至遺之○釋曰后於其族親者后有族親在四方謂畿外諸侯於王有親謂若魯衞晉鄭之等也於卿大夫亦謂同姓族在朝廷者也王后意行所善遺小臣往以物問遺之四方諸侯言事卿大夫言令者后雖無正令施與卿大夫時有言教至焉故云令也后於畿外全無言教所及故以事言之也

掌王之陰事陰令。陰事羣妃御見之事若今掖庭令晝漏不盡八刻白錄所記推當御見者陰令王所求爲於北宮○見賢遍反下同掖劉音亦【疏】注陰事至北宮○釋曰云陰事羣妃御見之事者謂若九嬪職後鄭所云者是也又云陰令王所求爲於北宮者王於北宮求爲謂若縫人女御爲王裁縫衣裳及絲枲織紝之等皆是王之所求索王之所造爲者也言北宮者對王六寢在南以后六宮在北故云北宮也

閽人掌守王宮之中門之禁。中門於外內爲中若今宮閽門鄭司農云王有五門外曰皋門二曰雉門三曰庫門四曰應門五曰路門路門一曰畢門玄謂雉門三門也春秋傳曰雉門災及兩觀○觀古亂反【疏】閽人至之禁○釋曰言閽人者墨者使守門閽人守王宮中門耳中門者王有五門雉門爲中門掌守雉門之禁譏其出入之者也○注中門至兩觀○釋曰中門於外內爲中者雉門外有皋庫內有應路故云於外內爲中也鄭司農云王有五門庫門在雉門內爲中門路門一曰畢門者取尚書顧命云二人爵弁立於畢門之內言路門者路大也人君所居皆曰路以大爲名言畢門者從外而入路門爲終畢玄謂雉門爲三門者破先鄭雉門爲二門必知雉門爲中門者凡平諸侯三門有皋應路詩云乃立皋門皋門有伉乃立應門應門將將者是也若魯三門則有庫雉路故明堂位說魯制三兼四云庫門天子皋門則庫門向外兼皋門矣又云雉門天子應門則雉門向內兼應門矣既言庫門向外兼皋門雉門向內兼應門則天子五門庫門在雉門外明矣又引春秋傳者定公二年夏五月壬辰雉門及兩觀災公羊傳曰曷爲不言雉門災及兩觀主災者兩觀也主災者兩觀則曷爲後言之不以微及大也今鄭所引不與彼傳同者鄭勸傳非彼正文也引之者證魯有三門雉門有兩觀爲中門則知天子五門雉門亦爲中門有兩觀矣

喪服凶器不入宮。潛服賊器不入宮。奇服怪民不入宮。喪服衰絰也凶器明器也潛服若衷甲者賊器盜賊之任器兵物皆有刻識奇服衣非常春秋傳曰尨奇無常怪民狂易○衰徐音崔識式志反又音式尨士江反易以豉反徐音陽【疏】注喪服至狂易○釋曰鄭云喪服衰絰也者案下曲禮云苞屨扱衽厭冠不入公門苞屨謂杖齊衰扱衽[illegible]衰初死服厭冠總小功冠檀弓云士雖公門脫齊衰服問[illegible]大功免絰鄭云衰絰義出於彼也云凶器明器也者案士喪禮主人所造曰明器賓客所致曰就器此經凶器亦應兼有就器而云凶器明器者以主人明器爲主也云潛服若衷甲者謂若襄公二十七年將盟于宋西門之外楚人衷甲是也云兵物皆有刻識者案定十年侯犯以郈叛叔孫氏之甲有物是也云奇服衣非常春秋傳曰尨奇無常者案閔二年晉使大子申生伐東山皋落氏衣以偏衣佩之金玦罕夷曰尨奇無常金玦不復先丹木曰狂夫阻之是也

凡內人公器賓客無帥。則幾其出入。三者之出入當須使者符節乃行鄭司農云公器將持公家器出入者幾謂無將帥引之者則苛其出入○帥色類反注同使色吏反將帥子匠反苛本又作呵呼河反又音何徐黑嗟反【疏】注三者至出入○釋曰云當須使者符節者道路用旌節乃得行耳

以時啓閉。時漏盡【疏】時漏盡○釋曰漏盡者謂若夏至晝則日見之漏六十刻夜則四十刻冬至晝則日見漏四十刻夜則六十刻就時之間大判九日校一刻

凡外內命夫命婦出入。則爲之闢。辟行人使無干也內命夫卿大夫士之在宮中者○爲于僞反

闕本又作辟婢亦反避也注同〔疏〕注辟行至中者。釋曰內命夫卿大夫士之在宮中者謂若宮正所掌者也對在朝卿大夫士爲外命夫鄭雖不解外內命婦其外命婦則總外內命夫之妻內命婦即三夫人已下也

掌埽門庭。門庭門相當之地。埽素報反〔疏〕注門庭至之地。釋曰閽人掌中門則門相當之地雖中門外之地謂之門庭也若餘門庭則各有守門者埽之也

大祭祀喪紀之事。設門燎。蹕宮門廟門。燎地燭也蹕止行者廟在中門之外。燎力召反又力弔反〔疏〕大祭至廟門。釋曰喪紀設門燎蹕宮門廟門者大喪以下朝廟及出葬之時宮中及廟門皆設門燎蹕止行人也。注燎地至之外。釋曰燎地燭也者燭在地曰燎謂若天子百公五十侯伯子男皆三十所作之狀蓋百根葦皆以布纏之以蜜塗其上若今蠟燭矣對人手爇者爲手燭故云地燭也又云廟在中門之外者謂若小宗伯云左宗廟右社稷

凡賓客亦如之。〔疏〕凡賓至如之。釋曰賓客在宮中廟謂若饗食在廟燕在寢皆爲設門燎及蹕止行人

寺人掌王之內人及女宮之戒令。相道其出入之事而糾之。內人女御也女宮刑女之在宮中者糾猶割察也。相息亮反下及注同道徒報反後同〔疏〕注內人至察也。釋曰女宮刑女之在宮中者謂男女沒入斯宮爲婢者也

若有喪紀賓客祭祀之事。則帥女宮而致於有司。有司謂宮卿世婦〔疏〕注有司至世婦。釋曰知有司是宮卿世婦者案春官宮卿世婦云掌樂宮之宿戒及祭祀比其具此既言致於有司明是男子官宮卿所掌女宮也非是下文世婦之時女宮者也

佐世婦治禮事。世婦二十七世婦〔疏〕注世婦至世婦。釋曰上云有司是宮卿世婦恐此亦是彼世婦故鄭云二十七世婦以寺人是奄者故得佐世婦治喪事禮事即世婦所掌祭祀賓客喪紀之事是也

掌內人之禁令。凡內人弔臨于外。則帥而往。立于其前。而詔相之。從世婦所弔若哭其族親立其前者賤也賤而必詔相之者出入於王宮未可以闕於禮。○臨良鴆反後同〔疏〕注從世至於禮。釋曰鄭知從世婦不自弔臨者此直言凡內人弔臨于外不指斥其事故知不自弔臨案世婦職云掌弔臨于卿大夫之喪故內人得從之也云若哭族親者世婦所掌弔唯云弔卿大夫云哭族親據理而言王后有哭族親之法則內人女御亦往哭之

內豎掌內外之通令。凡小事。內后六宮外卿大夫也使童豎通王內外之命給小事者以其無與爲禮出入便疾內外以大事聞王則侯朝而自復。○便婢面反朝直遙反下同〔疏〕注內后至自復。釋曰鄭知豎是童子者謂若春秋左氏叔孫穆子於庚宗婦人生牛牛能奉雉使爲豎也又知童子無與爲禮者案禮記玉藻云童子無事則立於主人之南北面云內外以大事聞王則侯朝而自復者經云凡通小事復白也明大事待朝自復不使內豎也

若有祭祀賓客喪紀之事。則爲內人蹕。內人從世婦有事於廟者內豎爲六宮蹕者以其掌內小事。爲于僞反注下同〔疏〕若有至人蹕。釋曰此豎爲祭祀賓客喪紀三事爲內人蹕者皆謂在廟時若然祭祀在廟謂禘祫四時之祭祀也賓客在廟謂饗食時也喪紀在廟謂喪朝廟爲祖奠遣奠時也皆爲內人蹕止行人也。注內人至小事。釋曰鄭知內人從世婦者內人卑不專行事案下世婦職云掌祭祀已下三事與此經三事同明此內人從世婦而濯溉及爲粢盛也云內豎爲六宮蹕者以其掌內小事者以其蹕止行人人既是小事故還使內豎掌小事者蹕也

王后之喪。遷于宮中。則前蹕。及葬。執褻器以從遣車。喪遷者將葬朝于廟褻器振飾頮沐之器。遣棄戰反後遣車皆放此頮呼內反〔疏〕王后至遣車。釋曰后喪遷於宮中謂七月而葬將葬而朝七廟則亦使內豎在車前蹕止行人也云及葬執褻器以從遣車者謂朝七廟訖且將行在大祖廟中爲大遣奠苞牲取下體天子大牢苞九個遣車九乘后亦同使人持之往如墓則此內豎執褻器從遣車之後以其遣車載牲體鬼神依之故使執褻器從之若生時亦執褻器從也。注喪遷至之器。釋曰鄭知喪遷是將葬朝於廟者以其喪柩遷在宮中唯有朝廟時故禮記檀弓云周朝而遂葬是也云褻器振飾頮沐之器者以其從遣車若生時從后后之私褻小器唯有振飾頮沐之器故爲此解也若然玉府云凡褻器鄭注以爲清器虎子不爲振飾頮沐器者彼據生時故與牀笫等連文但死者器物雖皆不用仍法其威儀者故此注褻器爲振飾頮沐之器不爲清器虎子也知其振飾頮沐器者案特牲爲尸而有槃匜并有簞巾巾爲振飾槃匜爲盥手明其頮面沐髮亦有之故既夕禮用器之中有槃匜是送葬之時有褻器也

九嬪掌婦學之灋。以教九御。婦德。婦言。婦容。婦功。各帥其屬。而以時御敘于王所。婦德謂貞順婦言謂辭令婦容謂婉娩婦功謂絲枲自九嬪以下九九而御於王所九嬪者既習於四事又備於從人之道是以教女御也教各帥其屬者使亦九九相與從於王所息之燕寢御猶進也勸也進勸王息亦相次敘凡羣妃御見之法月與后妃其象也卑者宜先尊者宜後女御八十一人當九夕世婦二十七人當三夕九嬪九人當一夕三夫人當一夕后當一夕亦十五日而徧云自望後反之孔子云日者天之明月者地之理陰契制故月上屬爲天使婦從夫放月紀。○婉於阮反娩音晚見賢遍反上時掌反放方往反〔疏〕九嬪至王所。釋曰云掌婦學之灋者謂婦人所學之法即婦德已下是也言以時御敘于王所者謂月初卑者爲始望後尊者爲先是也。注婦德至月紀。釋曰鄭知婦德謂貞順已下義如此者但此經雖有四事之言無事別目案內則云姆教婉娩聽從執麻枲治絲繭織紝組紃故鄭此注婦德謂貞順當彼聽從此云婦容謂婉娩還當彼婉娩也此云婦功謂絲枲還當彼執麻枲已下惟婦言注與彼少異此注以婦言謂辭令彼內則注以婉爲言語娩之言媚也謂容貌也不同者以彼經無四事之言故分婉娩爲二事以充四德此有四事之言故并婉娩爲容貌別以辭令解婦言然彼以婉娩亦兼婦言者以其言語婉順亦得爲容貌故也云自九嬪以下九九而御於王所者欲見三夫人及后各當一夕不爲九御也言此者釋經稱女御爲九御之意云九嬪者既習於四事又備於從人之道是以教女御也者釋經使九嬪教女御之意云既習於四事即經婦德之等是也云又備於從人之道謂御序之事即經各帥其屬以時御敘於王所是也云各帥其屬者使亦九九相與從於王所息之燕寢者此釋經以時御敘于三所之事云亦九九相與從王者亦上居宮及以作二事皆九人相配故以亦之也云御猶進也勸也進勸王息者案左傳云君子晝以訪問夜以安身女者定男於夜節宣其氣故云勸王息也云亦相次敘者亦上居宮有次敘也云凡羣妃御見已下無正文鄭以意消息婦人者陰象月紀故月與后妃其象也云卑者宜先尊者宜後者案禮運云三五而盈三五而闕后以下法之故從微嚮著卑者宜先從著嚮微卑者宜後也云亦十五日而徧云者言亦者亦上居宮言云者亦無正文故以云疑之也云孔子云已下者孝經援神契文但彼是孔子所作故言孔子云也云日者天之明者本合在天云月者地之理者本合在地今以陽尊而陰卑月乃爲天契制所使故云陰契制上屬爲天使是以月上屬於天隨日而行云婦從夫放月紀者解后已下就王燕寢而御之意

凡祭祀。贊玉齍。贊后薦。徹豆籩。玉齍玉敦受黍稷器后進之而不徹故書玉爲王杜子春讀爲玉。○齍音咨劉音祖稽反敦音對。〔疏〕凡祭至豆籩。釋曰言凡祭祀者后無外事雖有宗廟禘祫與四時月祭等故云凡祭祀贊玉齍者但祭祀之時男子進俎婦人設豆籩齍盛贊助也助后薦玉齍也云后薦徹豆籩者豆籩之薦與徹皆助后也。注玉齍至爲玉。釋曰云玉齍玉敦受黍稷器者案明堂位云有虞氏之兩敦周之八簋則周用簋特牲少牢大夫士用敦今周天子用玉敦者明堂位盟魯得兼用四代之器用敦明天子亦兼用可知云玉敦者謂以玉飾敦謂若玉府云珠盤玉敦但彼以珠槃盛牛耳玉敦盛血此玉敦盛黍稷爲異耳云后進之而不徹知者豆籩云贊薦徹玉齍直贊不云薦徹明直贊進之而已案禮器云管仲鏤簋注云天子飾以玉此直云玉敦則簋亦飾以玉而不云者但玉敦后親執而設之故特言之其簋則九嬪執而授后后設之若少牢主婦親受韭菹醓醢其餘婦贊者授主婦主婦設之故不言也

若有賓客。則從后。當贊后事〔疏〕注當贊后事。釋曰后之有事於賓客者唯有諸侯來朝王親饗燕后當助王饗燕時九嬪從后往也

大喪。帥敘哭者亦如之。亦從后帥猶道也后哭眾之次敘者乃哭〔疏〕大喪至如之。釋曰大喪謂王喪帥敘哭者謂若外內命婦哭時皆依尊卑命數在后後爲前後列位哭之故須帥導使有次敘也

周禮注疏卷七挍勘記　阮元撰盧宣旬摘錄

附釋音周禮注疏卷第七

司書

久藏將朽蠹　余本嘉靖本蠹作蠧葉鈔釋文同

云式據用財言之　閩毛本同案云當作九監本云下剜擠九字非

重以其職　監本以改於

謂司會八法八則之貳是也　此本法作灋據閩監毛本訂正

本在生利也　惠挍本作中正生利也

掌事者受灋焉　諸本同監本灋誤法唐石經闕

法猶數也　此本閩本法誤灋今據嘉靖本監毛本訂正疏中準此

要寫一通副貳文書　惠挍本要下有謂

考其法於司書　此本閩監毛本法誤灋今據宋本余本嘉靖本訂正

職內

而執其總　唐石經宋本嘉靖本閩本同監毛本總改緫

總謂簿書之種別與大凡　諸本同盧文弨云上種類釋文云種章勇反當有下同二字此種別當音彼列反今皆不著則陸所見本當是總謂簿書之大凡無種別與三字種別之與大凡義正相反注疏本係誤衍觀賈氏所釋亦似無此三字案賈疏釋上經注字云種類不同須分別之又云分別使衆類相從釋此經注總字云總謂稅入多少總要簿書是此注之言種別爲衍文無疑○按財用物既種類相從則簿書有種別有種別因有大凡辨謂處物總謂簿書刪去三字則失其義矣

賦是揔名　閩監毛本揔作緫案緫揔同字後人分別緜緫字從系揔凡字從手義疏舊本揔凡字皆從手此因唐石經作緫故經字皆作系旁而賈疏自釋之辭仍用手旁以區別之其實一字也

故云受其貳令書之　浦鏜云令下脫而

彼注云王有令　盧文弨云御史注令作命

所以得有物出與入者　盧文弨云入當作人

釋曰言會者　惠挍本言作及此誤

以巳之入財之數　閩本巳作已此誤

謂轉運給他　宋本他作也案疏云更給他官

職歲

以待會計而攷之　唐石經諸本同宋本攷作考非案經作攷用古字注作考用今字

及至也至歲終會計之時　惠挍本無至也

職幣

振猶拼也檢也　宋本嘉靖本檢作撿案唐人書檢字多從手此作木旁蓋由近人所改

以書楬之　唐石經余本閩監毛本同釋文亦作楬從木宋本嘉靖本漢制考作揭字從手注中同○按從木者是

司裘

爲此大裘　惠挍本爲作惟此誤

仲秋鳥獸毴毨　釋文毴音毛毨先典反九經古義云毴當爲髦字之誤也鄭氏尚書云中秋鳥獸髦毨中冬鳥獸毴髦涉下而誤耳

唯君有黼裘以誓獮　浦鏜云玉藻獮作省注云省當爲獮

人功微麤　宋本麤作麄俗字此本疏中亦作人功微麄○今並訂正

鄭彼注引孔子素衣麑裘　此與禮記注合閩監毛本麑作麛依今論語所改○按說文作麑俗作麛

又方制之以爲臯　諸本多誤余本岳本臯作䡴當訂正釋文爲䡴諸允反本亦作準惠挍本疏中亦作臯○按說文作埻正字也

著于侯中　余本于當於當訂正釋文標著於二字

參七十干五十　宋本余本嘉靖本閩本同岳本亦作干監毛本參改糝干改豻案釋文參七素感反干五劉音鴈本又作豻今本作糝作豻非參七十干五十大射文注云參讀爲糝干讀爲豻

故書諸侯則共熊侯虎侯　宋本余本嘉靖本閩本同監毛本熊侯誤熊虎漢讀考云說文侯天子射熊虎豹諸侯射熊虎此從故書以熊侯爲最貴天子諸侯同之射人王以六耦射三侯鄭司農云三侯熊虎豹也與許云天子射熊虎豹合然則經文本作王大射則共熊侯虎侯豹侯作義疏者因司農說虎侯王所自射熊侯諸侯所射因升虎於熊上耳司常熊虎爲旗熊在虎上射人注熊虎豹余仁仲本如是作疏者亦易爲虎熊豹

既云天子將祭必先習射　浦鏜云卽誤既

天子以射擇諸侯卿大夫士　惠挍本擇作選

糝七十豻五十者大射所云者是也　惠挍本作參七十干五十與大射合此本因下云糝侯者糝雜也遂改參爲糝閩監毛本作糝作豻

大侯者豻侯也　閩監毛本作熊侯也與大射注合

先鄭意以鵠字與鵠鵠字同　閩本同誤也監毛本作鴻鵠字同當不誤

見鄉侯五十弓　閩本同監本剜擠複出鄉射二字毛本遂排入

謂象飾而作之　諸本皆作象似疏云象似生時而作此飾涉經飾皮車致誤

凡爲神之偶衣物必沽而小耳　案賈疏讀凡爲神之偶衣句絶物必沽而小耳句絶惠士奇云物當屬上句○按惠說是

掌皮

式灋作物所用多少故事　余本嘉靖本灋作法下疏同當訂正

行道曰齎　浦鏜云行道下脫之財用三字

先鄭意一部書　案書下當脫内

内宰

稍食吏祿稟也　宋本嘉靖本稟作廩非祿稟與倉廩絶不同

吏郎閽寺弟子　惠挍本作子弟此誤倒

故内宰口更別教之也　閩本亦實闕一字監毛本補作特○按此當是復字扶又反上經教皇后此經教夫人九嬪世婦而省文單舉九嬪

漢法又有官禁云　漢制考同閩監毛本官作宫○按當是宫字

謂道妖衺巫蠱　漢制考蠱作術

大祭祀后祼獻則贊瑶爵亦如之　唐石經瑶爵上更有贊字今本脫案下云凡賓客之祼獻瑶爵皆贊承此經言之則此經當灌獻言贊瑶爵言贊也○按亦如之者謂亦贊也正下文所謂皆贊也若瑶上復有贊字則不可通唐石經非

謂王薦腥薦孰　宋本余本嘉靖本閩本同監毛本孰改熟疏是其薦腥薦孰也同

其爵以瑶爲飾　此本其誤瑶今據諸本訂正

室中二灌訖王出迎時　浦鏜云牲誤時

皆内宰告后　此本脫宰據閩監毛本補

陽侯殺穆侯而竊其夫人　浦鏜云坊記穆作繆

乃賓於戶牖之間　惠挍本賓上有禮此脫

畫服如上公　惠挍本作車服今巾車注亦作畫蓋誤

者同姓爲子男者　浦鏜云若同姓誤者

案大行人云上公三饗　浦鏜云掌客誤大行人監本三誤二

四舉旅降脫屨升坐　浦鏜云四疑至字誤

明后亦致牢禮於賓　惠挍本賓下有客此脫

禮記玉藻曰　惠挍本曰作云

喪服命其命婦　惠挍本其作夫此誤

彼據降服不降服爲識　閩本同監毛本識作說訂正

陰陽相承之義次司次也　閩監毛本同宋本余本嘉靖本承作成司作思賈疏本同浦鏜云釋曰彼處破思爲司字解之則此仍作思字也

故書淳爲敦杜子春讀敦爲 漢讀考云此子春易敦爲純鄭依所據本作淳稱天子巡狩禮以爲證也質人淳制杜亦云淳當爲純禮說云丈尺綧制見管子君臣篇斗斛敦槩見荀子君道篇杜讀爲純義本淮南墜形訓門間四里里間九純純丈五尺注云純量名

此案左氏昭公傳 浦鏜云昭公下當脫三年

五量爵合升斗斛 惠挍本爵作龠此誤

案馬職云 浦鏜云質誤職

故設文異也 惠挍本文下有有字

稍食則月請是也 案月請乃月俸之誤下經均其稍食疏云所受稍食月俸之人可證此本俸字缺壞似請閩監毛本遂誤作請下節疏受月請者同

會內宮之財用 唐石經諸本同方苞云內宮當作內官文誤也周語內官不過九御案疏云內宮是摠六宮之內所有財用皆會計之然則內宮猶宮內也與國語義別女史逆內宮注云鉤考六宮之計此經作內宮之證方亦以爲當作官非也

施猶賦也 浦鏜云頒誤賦從注挍○按鏜誤也古凡以物分布曰賦國語社而賦事烝而獻功說文糞賦事也吳都賦方雙轡而賦珍羞注妄改而鏜從之

繫于王言之 疏引注于作於此非

係於王言之 案係當依注作繫下云必繫王而言者作繫可證

共禘郊也 此本禘作帝誤今據諸本訂正

王當以耕種于藉田 宋本余本嘉靖本閩本同監毛本藉作籍誤

此已下亦是增成鄭義 案鄭上當脫先字

故云十五日而遍 此引注遍當作徧賈疏自釋用遍字○按徧者說文字遍者唐人俗字

內小臣

遺小臣往以物問遺之 浦鏜云上遺當遣字誤

后於儀外全無言教所及 此本儀誤幾今據閩監毛本訂正

白錄所記推當御見者 宋本岳本嘉靖本漢制考同閩毛本白誤日監本誤目宋本記下空闕一字蓋本作白所記錄○按漢官舊儀有此條作白錄所記

閽人 嘉靖本閩本同唐石經宋本監毛本作閽注及疏諸本皆作閽釋文閽人葉鈔本作閽

若今宮閽門 閩監本同誤也宋本嘉靖本毛本作宮闕門當據以訂正

二曰雉門三曰庫門 宋本作二曰庫門三曰雉門誤

皐門有亢 浦鏜云伉誤亢按詩釋文有伉本又作亢與此正合非誤也

則爲之闕 唐石經諸本同釋文闕本又作辟婢亦反避也注同案釋文知經本作辟孟子行辟人可證此注云辟行人使無干也經作闕蓋非○按經典多作辟然古經用字不一例未可謂闕爲非也

蹕宮門廟門 唐石經諸本同漢讀考云說文走部趩止行也從走畢聲足部無蹕字今周禮皆作蹕惟大司寇釋文作趩

寺人

對人手爇者爲手燭 浦鏜云執誤爇非也

謂男女沒入斯宮爲嬪者也 惠挍本作男女沒入縣官爲奴者也此誤

掌樂宮之宿戒 惠挍本作女宮

故得佐世婦治喪事 惠挍本喪作禮此誤

凡內人弔臨于外 唐石經宋本岳本嘉靖本閩本同監毛本于誤於

內豎

則立於主人之南北面 浦鏜云南北字誤倒

以其蹕止行人 毛本同閩本人字複衍監本先衍後刊落

執褻器以從遣車 余本同唐石經宋本嘉靖本閩監毛本褻作褻唐石經下載九嬪職連書不提行後磨刮此句重刻空一字原刻車字尚隱然可辨故每行皆十字此行獨十一字

天子大牢苞九箇 惠挍本箇作个

知其振飾頮沐器者 惠挍本其作有

九嬪

明堂位盟魯得兼用四代之器 閩本同監本剜改盟作暘毛本從之

衆之次敘者乃哭 宋本余本岳本同嘉靖本作衆之次序者乃哭經作敘注作序須人易曉是也閩監毛本衆之誤倒作之衆

附釋音周禮注疏卷第八

鄭氏注　賈公彥疏

世婦掌祭祀賓客喪紀之事。帥女宮而濯摡。爲齍盛。摡拭也爲猶差擇○摡古愛反拭音式清也〔疏〕世婦至齍盛○釋曰此婦人所掌祭祀謂祭宗廟賓客謂饗食諸侯在廟喪紀謂大喪朝廟設祖奠與大遣奠時爲此三事則帥女宮而濯摡案少牢饔人摡鼎俎廩人摡甑甗司宮摡豆籩皆使男子官不使婦人者彼以大夫家無婦官及無刑女故并使男子官此天子禮有刑女及婦官故與彼異也○注爲猶差擇○釋曰此祭祀黍稷舂人舂之饎人炊之皆不使世婦故此爲非舂非炊是差擇可知也

及祭之日。涖陳女宮之具。凡內羞之物。涖者臨也內羞謂房中之羞○涖音利又音類○〔疏〕及祭至之物○釋曰案春官世婦官卿云掌女宮之宿戒及祭祀比其具此官直臨之而已云凡內羞之物者謂糗餌粉餈案少牢皆從房中而來故名爲內羞是以鄭云內羞房中之羞也

掌弔臨于卿大夫之喪。王使往弔〔疏〕注王使往弔○釋曰案內宗云凡卿大夫之喪掌其弔臨注云王后弔臨諸侯而已是以言掌卿大夫云文同而注異者彼上文云王后有事則從大喪序哭者哭諸侯亦如之彼文與后事相連彼主於后此上文無后故知此王使往可知也若然后無外事彼弔諸侯謂三公王子母弟若畿外諸侯則后不弔以其王爲三公六卿錫衰諸侯緦衰后不弔畿外諸侯既輕於王之卿卿既后不親弔畿外諸侯不親弔可知昔然喪大記諸侯夫人弔卿大夫士之喪者以其諸侯臣少故不分別尊卑夫人皆弔之也案司服公卿大夫皆王親弔之此文使世婦往弔者此蓋使世婦致禮物但弔是大名雖致禮亦名爲弔是以大僕云掌三公六卿之弔勞注云王使往小臣云掌士大夫之弔勞注云致禮同名爲弔是其事也此所弔不言三公與孤者文不具也

女御掌御敘于王之燕寢。言掌御敘防上之專妬者于王之燕寢則王不就后宮息〔疏〕注言掌至宮息○釋曰鄭云掌御敘防上之專妬者鄭解不使九嬪世婦掌房之意若使在上掌之妬則有妬疾自專之事今使女御掌之官卑不敢專妬故也云于王之燕寢則王不就后宮息者破舊說云王就后宮者故鄭云此也

以歲時獻功事。絲枲成功之事〔疏〕注絲枲成功之事○釋曰上內宰云教九御使各有屬以作二事即此獻功之事故知此經獻功事是絲枲爲布帛成而獻之也

凡祭祀贊世婦。助其帥涖女宮〔疏〕注助其帥涖女宮○釋曰上世婦職云掌祭祀賓客喪紀帥女宮及祭之日涖女宮之具故知此贊者助其涖女宮也

大喪掌沐浴。王及后之喪〔疏〕注王及后之喪○釋曰王及后喪沐用潘浴用湯始死爲之於南牖下但男子不死於婦人之手今王喪亦使女御浴者案士喪禮浴時男子抗衾則不使婦人今王喪沐或使婦人而浴未必婦人或亦供給湯物而已亦得謂之掌也

后之喪持翣。翣棺飾也持而從柩車○翣所甲反〔疏〕后之喪持翣○釋曰案禮器云天子八翣又漢制度皆戴璧后喪亦同將葬向壙之時使此女御持之左右各四人故鄭云持而從柩車也

從世婦而弔于

卿大夫之喪。從之數蓋如使者之介云。使所吏反介音界〔疏〕注從之至介云。釋曰王之妃妾三夫人象三公九嬪象孤卿二十七世婦象大夫女御象元士但介數依命數爲差則王之大夫四命世婦之從亦四人以無正文故言蓋言云以疑之也

女祝掌王后之內祭祀。凡內禱祠之事。內祭祀六宮之中竈門戶禱疾病求瘳也祠報福。禱丁考反一音都報反〔疏〕注內祭至報福。釋曰依祭法王立七祀有戶竈中霤門行泰厲司命后亦與王同今鄭直云內祭祀竈門戶者以其婦人無外事無行與中霤之等其竈與門戶人所出入動作有由后亦當祀之故言竈與門戶也案月令春祀戶夏祀竈秋祀門后祀之時亦當依此也云禱疾病求瘳也祠報福者以其后無外事禱祠又是非常之祭故知唯有求瘳報福之事也

掌以時招梗禬禳之事。以除疾殃。鄭大夫讀梗爲亢謂招善而亢惡去之杜子春讀梗爲更玄謂梗禦未至也除災害曰禬禬猶刮去也卻變異曰禳禳攘也四禮唯禳其遺象今存。梗古猛反徐依鄭音亢禬古外反又戶外反禳如羊反去起呂反下同〔疏〕掌以至疾殃。釋曰云掌以時招梗禬禳者此四事並非常求福去殃之事云以時者謂隨其事時不必要在四時也云招者招取善祥梗者禦捍惡之未至禬者除去見在之災禳者推卻見在之變異此四者皆與人爲疾殃故云以除疾殃也。注鄭大至今存。釋曰鄭大夫以梗爲亢惡去之玄不從以爲禦未至者以禬禳二者已是去惡復以梗爲亢惡去之文煩而無禦未至之事故不從鄭大夫爲亢惡也鄭大夫云招善者玄從之也杜子春云讀梗爲更義無所取玄亦不從之也云四禮唯禳其遺象今存者此四禮至漢時招梗及禬不行唯禳一禮漢日猶存其遺象故云遺象今存也

女史掌王后之禮職。掌內治之貳。以詔后治內政。內治之法本在內宰書而貳之。治直吏反注同〔疏〕女史至內政。釋曰案上敘官鄭注云女史女奴曉書者是以掌王后禮之職事。注內治至貳之。釋曰云內治之法本在內宰者案內宰職云掌書版圖之法以治王內之政令今此云掌內治之貳故知內治之灋本在內宰掌此女史書而貳之也

逆內宮。鉤考六宮之計〔疏〕逆內宮。釋曰逆謂逆而鉤考之言內宮亦對王之六寢爲內宮謂六宮所有費用財物及米粟皆當鉤考之也

書內令。后之令〔疏〕注后之令。釋曰內令亦對王令爲內故鄭云后之令謂書而宜布於六宮之中也

凡后之事。以禮從。亦如大史之從於王〔疏〕注亦如至於王。釋曰案大史職云大會同朝覲以書協禮事及將幣之日執書以詔王鄭注云告王以禮事此女史亦執禮書以從后故云如大史之於王

典婦功掌婦式之灋。以授嬪婦。及內人女功之事齎。婦式婦人事之模範灋其用財舊數嬪婦九嬪世婦言及以殊之者容國中婦人賢善工於事者齎謂以女功之事來取絲枲故書齎爲資杜子春讀爲資鄭司農云內人謂女御女功事資謂女功絲枲之事。齎音咨本亦作資〔疏〕注婦式至之事。釋曰云法其用財舊數者此即典絲典枲所授絲枲多少並有舊數依而授之云嬪婦九嬪世婦者案內宰以作二事及婦功唯據九御而言不見九嬪世婦有絲枲之事此言嬪婦者但三夫人無職九嬪已下皆有之但女御四德不備須教之九嬪世婦素解不須教之其實有婦職也是以魯語云王后織玄紞公侯夫人紘綖卿之內子大帶則貴賤皆職事也云言及以殊之者容國中婦人賢善工於事者案下內司服注言及言凡殊貴賤也此云言及容國中婦人者此云及非直破貴賤亦含國中婦人故云容也必知有國中婦人者以下典絲云頒絲于外內工注云外工外嬪婦也故大宰九職云嬪婦化治絲枲是其國中婦人有嬪婦之稱也故云事齎謂以女功之事來取絲枲者以其行道曰齎經云女功事齎故知以女功之事來取絲枲也故書齎爲資杜子春讀爲資案上玄注以齎次爲聲從貝變易則兩字俱得今不破子春者從上注義可知不復重言也

凡授嬪婦功。及秋獻功。辨其苦良比其小大而賈之。物書而楬之。授當爲受聲之誤也國中嬪婦所作成即送之不須獻功時賈之者物不正齊當以泉計通功鄭司農苦讀爲盬謂分別其縑帛與布紵之麤細皆比方其大小書其賈數而著其物若今時題署物。授音受出注苦音古賈音嫁注下同楬其列反別彼列反紵音佇著直略反徐張庶反〔疏〕注授當至署物。釋曰鄭知授當爲受者以其上文已授女功故知此爲受云國中嬪婦所作成即送之不須獻功時者以其經受嬪婦功在秋獻功上故不待秋獻功也云賈之者物不正齊當以泉計通功者婦人雖等受絲枲作有麤細善惡故以泉計而通爲功布縮惡者盡其材猶不充功布縮善者少送以充功直故云泉計通功也司農云苦讀爲盬已下云云者司農之意以典婦功是都司摠掌故分別布帛其典絲即唯主絲絲爲良者也典枲唯主布布爲苦者也若後鄭之義即以典婦功主良苦典絲典枲主苦者又以絲枲之中各自有苦良若然經云苦謂就良中苦者也云皆比方其大小者謂比方其細小者復比方其麤大也

以共王及后之用。頒之于內府。〔疏〕以共至內府。釋曰此於典絲典枲處受其良好者入此典婦功藏之以待王及后之用故藏之於內府也

典絲掌絲入而辨其物。以其賈楬之。絲入謂九職之嬪婦所貢絲〔疏〕典絲至楬之。釋曰云辨其物者典絲唯受絲入而云辨其物謂絲有善惡麤細不同非謂別有餘物也。注絲入至貢絲。釋曰后宮所蠶之絲自於后宮用之以爲祭服不入典絲其歲之常貢之絲若禹貢兗州貢漆絲之等且餘官更無絲入之文亦當入此典絲也

掌其藏與其出。以待興功之時。絲之貢少藏之出之可同官也時者若溫煖宜縑帛清涼宜文繡〔疏〕注絲之至文繡。釋曰案經餘官內府玉府等皆不云掌其藏與其出此官獨云掌其藏與其出故云絲之貢少藏之出之可同官也云時若溫煖宜縑帛清涼宜文繡者鄭以目驗知之文繡必於清涼者以其文繡染絲爲之若於夏暑損色故待秋涼爲之也

頒絲于外內工。皆以物授之。外工外嬪婦也內工女御〔疏〕頒絲至授之。釋曰言以物授之者若縑帛則授之以素絲若文繡則授之以絲絲故以物而言也。注外工至女御。釋曰上典婦功云凡授嬪婦功幷有九嬪世婦此注內功不言嬪婦直云女御者案內宰職教女御以作二事及九嬪職教九御以婦職則女御事於絲枲也九嬪世婦四德自備不常爲絲枲假使爲之以其善事所造唯典婦功以共王及后所用不在典絲典枲故鄭注內工中不言也

凡上之賜予亦如之。王以絲物賜人〔疏〕凡上至如之。釋曰云亦如之者亦以物授之謂王以絲物賜人者也

及獻功。則受良功而藏之。辨其物而書其數。以待有司之政令。上之賜予。良當爲苦字之誤受其麤盬之功以給有司之公用其良功者典婦功受之以共王及后之用。鄭司農云良功絲功縑帛。良音苦出注〔疏〕注良當至縑帛。釋曰鄭破良爲苦者以其典絲典枲授絲枲使外內工所造縑帛之等良者入典婦功以共王及后之用故典枲直有苦者而無良者明典絲亦不得有良者故破良爲苦必從苦者見典婦功有良苦之字故破從苦即麤盬者也先鄭言良功絲功縑帛者先鄭之意以爲絲功爲良枲功爲盬故不破良爲苦玄既不從引之在下者亦得爲一義故也

凡祭祀。共黼畫組就之物。以給衣服冕旒及依盥巾之屬白與黑謂之黼采色一成曰就。依音於豈反盥音管〔疏〕凡祭至之物。釋曰言凡祭祀者謂祭祀天地宗廟社稷山川之等故言凡以廣之云共黼畫者凡祭服皆畫衣繡裳但裳繡須絲衣畫不須絲而言共絲者大夫已上裳畫皆先染絲則玄衣亦須絲爲之乃後畫故兼衣畫而言之也組就者謂以組爲冕旒之就故組就連言之云之物者謂絲之物色共之。注以給至曰就。釋曰云以給衣服者經云共據王而言注云給據臣而言鄭欲見尊卑皆授絲物也言衣物稱經黼畫但周之冕服九章衣五章裳四章龍衮已下直言黼者據美者而言謂若詩云玄衮及黼書云麻冕黼裳之類云冕旒者釋經組就謂若弁師云十二就之等云及依者亦釋經黼此據祭祀謂若掌次大旅上帝設皇邸邸即屏風爲黼文云盥巾者亦釋經黼謂若幂人職云王巾皆黼之類云之屬者殯有加斧於椁上及綃黼丹朱之類也云白與黑謂之黼者繢人職文云采色一成曰就者謂昔典瑞云五采五就弁師十二就之等皆是采色一成爲就也

喪紀。共其絲纊組文之物。以給線縷著盱口綦握之屬青與赤謂之文。纊音曠劉古曠反線似戰反著直略反下同徐猪略反盱香于反綦音其沈音忌握烏學反劉烏豆反〔疏〕注以給至之文。釋曰此鄭並據士喪禮而言云以給線纊者謂所裁縫皆用線縷釋經絲也云著盱口綦握之屬者謂纊組案士喪禮握手玄纁裏著組繫案喪大記屬纊以俟絕氣內則云屨著綦鄭云綦屨繫是用纊組之事也云青與赤謂之文繢人職文繡之屬亦用絲故連言也

凡飾邦器者。受文織絲組焉。謂茵席屏風之屬。織音志茵音因〔疏〕注謂茵至之屬。釋曰上既言祭祀喪紀所用絲纊訖今復云飾邦器故知此據生人所飾器物言茵者謂若少儀云枕几茵穎之等鄭云茵著褥是也云席者謂席之四緣若司几筵云紛純畫純黼純之等是也屏風者即上文注黼依也重言之者上據祭祀時此據爲王所用謂若司几筵云扆前者是也云之屬者謂國家所用文織絲組處皆受之故云之屬以廣之

歲終。則各以其物會之。種別爲計鄭司農云各以其所飾之物計會傳著之

○會舊古外反戚人外反傳音附【疏】注種別至著之○釋曰言種別爲計者自上經所用掌其藏與其出及黼畫已下各別爲計故司農云各以其所飾之物計會傳著者謂此物之多少作文書使相傳著共一簿也

典枲掌布緦縷紵之麻草之物。以待時頒功而授齎。緦十五升布抽其半者白而細疏曰紵雜言此數物者以著其類衆多草葛蕒之屬故書齎作資○數色主反一音所蕒苦迥反又口穎反劉枯熒反【疏】典枲至授齎○釋曰云掌布緦縷紵之麻草之物者欲見布緦縷用麻之物紵用草之物布中可以兼用葛蕒之草爲之云以待時頒功而授齎者上典絲鄭注以解時者用絲有四時之別此鄭不解麻草所爲四時皆得故不釋也云授齎者亦如典婦功注謂以女功事來取者○注緦十至作資○釋曰鄭知緦十五升布抽其半者禮記雜記文白而細疏曰紵者鄭目驗而知之

及獻功受苦功。以其賈楬而藏之。以待時頒。其良功亦入於典婦功以共王及后之用鄭司農云苦功謂麻功布紵○苦功音古【疏】及獻至時頒○釋曰獻功者即上典婦功云秋獻功是也云以待時頒者即下文頒衣服及賜予是也○注其良至布紵○釋曰云其良功亦入於典婦功者亦欲見典絲典枲良功皆入典婦功苦功自人故此與典絲同爲此解也司農云苦功謂麻功布紵者先鄭意絲功爲良故彼注不破良字云良功絲也此典枲云苦功謂麻功爲盬𪉷之功玄引之在下亦見得通一義也

頒衣服授之。賜予亦如之。授之授受班者帛言待有司之政令布言班衣服互文【疏】注授之至互文○釋曰言授受班者謂王賜無常云帛言待有司之政令布言班衣服者帛謂典絲布謂典枲據成而言知爲互文者以其典絲典枲俱不爲王及后之用皆將頒賜故知互見爲義也

歲終。則各以其物會之。【疏】歲終至會之○釋曰鄭無注者以其義與典絲同彼已注故於此略也

內司服掌王后之六服。褘衣。揄狄。闕狄。鞠衣。展衣。緣衣。素沙。鄭司農云褘衣畫衣也祭統曰君卷冕立于阼夫人副褘立于東房揄狄闕狄畫羽飾展衣白衣也喪大記曰復者朝服君以卷夫人以屈狄世婦以襢衣屈者音聲與闕相似襢與展相似皆婦人之服鞠衣黃衣也素沙赤衣也玄謂狄當爲翟翟雉名伊雒而南素質五色皆備成章曰翬江淮而南青質五色皆備成章曰搖王后之服刻繒爲之形而采畫之綴於衣以爲文章褘衣畫翬者揄翟畫搖者闕翟刻而不畫此三者皆祭服從王祭先王則服褘衣祭先公則服揄翟祭羣小祀則服闕翟今世有圭衣者蓋三翟之遺俗鞠衣黃桑服也色如鞠塵象桑葉始生月令三月薦鞠衣于上帝告桑事展衣以禮見王及賓客之服字當爲襢襢之言亶亶誠也詩國風曰玼兮玼兮其之翟也下云胡然而天也胡然而帝也言其德當神明又曰瑳兮瑳兮其之展也下云展如之人兮邦之媛也言其行配君子二者之義與禮合矣雜記曰夫人服稅衣揄狄又喪大記曰士妻以禒衣言禒者甚衆字或作稅此緣衣者實作禒衣也禒衣御于王之服亦以燕居男子之禒衣黑則是亦黑也六服備於此矣褘揄狄展聲相近緣字之誤也以下推次其色則闕狄赤揄狄青褘衣玄婦人尚專一德無所兼連衣裳不異其色素沙者今之白縳也六服皆袍制以白縳爲裏使之張顯今世有沙縠者名出于此○褘音暉揄音遙鞠居六反又丘六反展張彥反注同緣或作禒同吐亂反卷古本反下同朝直遙反屈居音闕襢張彥反翬音暉見賢遍反亶丹但反玼音此劉倉我反本亦作瑳與下瑳字同倉我反展如字媛音援行下孟反稅劉吐亂反縛劉音絹聲類以爲今作縞字說文云鮮色也居擬反徐升卷反沈升絹反張如字徐音帳【疏】內司至素沙○釋曰云掌王后之六服者自褘衣至緣衣是六褘衣者亦是翟而云衣者以其衣是服之首故自言衣也褘當爲翬即翬雉其色玄也揄狄者揄當爲搖狄當爲翟則搖雉其色青也闕狄者其色赤上二翟則刻繒爲雉形又畫之此闕翟亦刻爲雉形不畫之爲彩色故名闕狄也此三翟皆祭服也鞠衣者色如鞠塵色告桑之服也展衣者色白朝王及見賓客服緣當爲禒禒衣者色黑御於王服也素沙者此非服名六服之外別言之者此素沙與上六服爲裏使之張顯但婦人之服不殊裳上下連則此素沙亦上下連也王之吉服有九韋弁巳下常服有三與后鞠衣巳下三服同但王之祭服有六后祭服唯有三翟者天地山川社稷之等后夫人不與故三服而巳必知外神后夫人不與者案內宰云祭祀祼獻則贊天地無祼言祼唯宗廟又內宗外宗佐后皆云宗廟不云外神故知后於外神不與是以白虎通云周官祭天后夫人不與者以其婦人無外事若然哀公問云夫人爲天地社稷主者彼見夫婦一體而言也○注鄭司至于此○釋曰司農云褘衣畫衣也者先鄭意褘衣不言狄則非翟雉知畫衣者以王之冕服而衣畫故知后衣畫也又引祭統者彼據二王後夫人助祭服褘衣與后同也揄狄闕狄畫羽飾者以其言狄是翟羽故也云展衣白衣也者見鞠衣黃以土色土生金金色白展衣文承鞠衣之下故知展衣白也引喪大記證闕狄與展衣爲婦人服故也彼君以卷據上公而言夫人以屈翟據子男夫人復時互見爲義云世婦以襢衣者彼亦據諸侯之世婦用襢衣復之所用也云鞠衣黃衣也素沙赤衣也者先鄭意以素沙爲服名又以素沙爲赤色義無所據故後鄭不從之玄謂狄當爲翟者破經二狄從翟雉之翟也伊洛而南巳下至曰搖皆爾雅文言伊水而南有雉素白爲質兼青赤黃黑五色皆備成其文章曰翬雉云江淮而南青質五色皆備有以成文章曰搖雉玄引此者證褘揄爲雉也又云翬衣畫翬者以先鄭褘衣不言翟故增成搖狄畫搖者亦就足先鄭之義云闕翟刻而不畫者此無正文直以意量之言翟而加闕字明亦刻繒爲雉形但闕而不畫五色而巳云此三者皆祭服者對鞠衣巳下非祭服也云從王祭先王則服褘衣祭先公則服揄翟祭羣小祀則服闕翟鄭言此者欲見王后無外事雖有宗廟分爲二與王祀先王袞冕先公驚冕同差羣小祀王玄冕故后服闕翟云今世有圭衣者蓋三翟之遺俗者漢時有圭衣刻爲圭形綴於衣是由周禮有三翟別刻繒綴於衣漢俗尚有故云三翟遺俗也云鞠衣黃桑服也者謂季春將蠶后服之告先帝養蠶之服云色如鞠塵者麴塵不爲麴字者古通用云象桑葉始生者以其桑葉始生即養蠶故服色象之引月令者證鞠衣所用之事故云告桑事也云展衣以禮見王及賓客之服知義然者以其鞠衣在上告桑之服禒衣在下御於王之服展衣在中故以爲見王及賓客之服但后雖與王體敵夫尊妻卑仍相朝事與賓同諸侯爲賓客於王后助王灌饗賓客則后有見賓客之禮是以亦服展衣也云字當爲襢襢之言亶亶誠也者案禮記作襢詩及此文作展皆是正文鄭必讀從襢者二字不同必有一誤襢字衣傍爲之有衣義且爾雅展亶雖同訓爲誠展者言之誠亶者行之誠貴行賤言襢字以亶爲聲有行誠之義故從襢也又引詩者鄘風刺宣姜淫亂不稱其服之事云其之翟也胡然而天也胡然而帝也言其德當神明又曰其之展也展如之人兮邦之媛也言其行配君子云二者之義與禮合矣者言服翟衣尊之如天帝比之如神明此翟與彼翟俱事神之衣服展則邦之爲媛助展衣朝事君子之服是此禮見王及賓客服故云二者之義與禮合若然內則注夫人朝於君次而禒衣也者彼注謂御朝也引雜記及喪大記者欲破緣衣爲禒衣之事云字或作稅者或雜記文故雜記云夫人稅衣又云狄稅素沙並作稅字亦誤矣故云此緣衣者實禒衣也云禒衣御于王之服亦以燕居者案尚書多士傳云古者后夫人侍於君前息燭後舉燭至於房中釋朝服然後入御於君注云朝服展衣君在堂大師雞鳴于階下然後后夫人鳴珮玉于房中告燕服入御以此而言云釋展衣朝服告以燕服然後入御明入御之服與燕服同禒衣以其展衣下唯有禒衣故知御與燕居同禒衣也以其御與燕居同是私褻之處故同服云男子之禒衣黑則是亦黑也者男子禒衣黑禮雖無文案士冠禮陳服於房爵弁服皮弁服玄端服至於士喪禮陳襲事于房亦云爵弁服皮弁服禒衣禒衣當玄端之處變言之者冠時玄端衣裳別及死襲時玄端連衣裳與婦人禒衣同故雖男子之玄端亦名禒衣又見子羔襲用禒衣纁袡譏襲婦服纁袡與玄衣相對之物則男子禒衣黑矣男子禒衣既黑則是此婦人禒衣亦黑可知鄭言此者以六服之色無文欲從下向上推次其色以此爲本故言之也云六服備於此矣者經傳云婦人之服多矣文皆不備言六服唯此文爲備故言六服備於此矣鄭言此者亦欲推次六服之色故也云褘揄狄展聲相近者褘與翬揄與搖狄與翟展與襢四者皆是聲相近故云誤也云緣字之誤也者緣與禒不得爲聲相近但字相似故爲字之誤也云以下推次其色則闕翟赤揄翟青褘衣玄者王后六服其色無文故須推次其色言推次者以鞠衣象麴塵其色黃禒衣與男子禒衣同其色黑二者爲本以五行之色從下向上以次推之水色既黑禒衣象之水生於金禒衣上有展衣則展衣象金色白故先鄭亦云展衣白衣也金生於土土色黃鞠衣象之土生於火火色赤鞠衣上有闕翟則闕翟象之赤矣火生於木木色青闕翟上有揄翟象之青矣五行之色巳盡六色雖有天色玄褘衣最在上象天色玄是其以下推次其色也云婦人尚專一德無所兼連衣裳不異其色者案喪服上云斬衰裳下云女子髽衰三年直言衰不言裳則連衣裳矣又昏禮云女次純衣亦不言裳是其婦人連衣裳裳衣既連則不異其色必不異色者爲婦人尚專一德無所兼故也云素沙者今之白縳也者素沙爲裏無文故舉漢法而言謂漢以白縳爲裏以周時素沙爲裏耳云六服皆袍制以白縳爲裏使之張顯者案雜記云子羔之襲繭衣裳則是袍矣男子袍既有衣裳今婦人衣裳連則非袍而云袍制者正取衣複不單與袍制同不取衣裳別爲義也云今世有沙縠者名出于此者言漢時以縠之衣有沙縠之名出于周禮素沙也

辨外內命婦之服。鞠衣。展衣。緣衣。素沙。內命婦之服鞠衣九嬪也展衣世婦也緣衣女御也外命婦者其夫孤也則服鞠衣其夫卿大夫也則服展衣其夫士也則服緣衣三夫人及公之妻其闕狄以下乎侯伯之夫人揄狄子男之夫人亦闕狄唯二王後褘衣【疏】辨外至素沙○釋曰上言王后六服此論外內命婦不得有六服唯得鞠衣巳下三服尊卑差次服之而巳亦以素沙爲裏故云素沙也○注內命至褘衣○釋曰鄭以內命婦無過三夫人巳下外命婦無過三公夫人巳下但經云鞠衣以下則三夫人三公夫人同皆得闕狄以下則此命

婦之中無三夫人及三公夫人矣故內命婦從九嬪爲首也鄭必知九嬪已下服鞠衣已下者但九嬪下有世婦女御三等鞠衣已下服亦三等故知鞠衣以下九嬪也展衣以下世婦也祿衣女御也云外命婦者其夫孤也則服鞠衣其夫卿大夫也則服展衣其夫士也則服祿衣者此約司服孤絺冕卿大夫同玄冕士皮弁三等而言之孤已下妻其服無文故以此三等之服配三等臣之妻也孤妻亦如九嬪三服俱得也卿大夫妻亦如世婦展衣祿衣俱得也士妻祿衣而已但司服孤卿大夫士文承諸侯之下皆據諸侯之臣而言若然諸侯之臣妻亦以次受此服是以玉藻云君命闕狄再命禕衣一命襢衣士祿衣注云此子男之夫人及其卿大夫士之妻命服也禕當爲鞠諸侯之臣皆分爲三等其妻以次受此服若然五等諸侯之臣命雖不同有孤之國孤絺冕卿大夫同玄冕無孤之國則卿絺冕大夫玄冕其妻皆約夫而服此三等之服其天子之臣服無文亦得與諸侯之臣服同是以此外命婦服亦得與諸侯臣妻服同也云三夫人及公之妻其闕狄以下乎者婦人之服有六從下向上差之內命婦三夫人當服闕狄外命婦三公夫人亦當闕狄若三夫人從上向下差之則當揄狄是以玉藻云王后禕衣夫人揄狄注夫人三夫人若三公夫人不得過闕狄知者射人云三公執璧與子男執璧同則三公亦毳冕玉藻君命屈狄據子男夫人則三公之妻當闕狄三夫人其服不定三公夫人又無正文故總云乎以疑之也云侯伯之夫人揄狄子男夫人亦闕狄唯二王之後禕衣者玉藻云夫人揄狄夫人三夫人亦侯伯之夫人鄭必知侯伯夫人揄狄者以玉藻云君命闕狄再命鞠衣一命襢衣夫並是子男之國闕狄既當子男夫人以上差之侯伯夫人自然當揄翟二王後夫人當禕衣矣案喪大記云復君以卷注云上公以袞則夫人用禕衣又案隱五年公羊云諸公者何天子三公稱公若然天子三公有功加命服袞冕其妻亦得服禕衣矣此注直云二王後不云三公之內上公夫人者以其八命則毳冕夫人服闕翟不定故不言若然喪大記注云公之夫人容三公夫人兼二王後夫人矣明堂位云夫人副禕是魯之夫人亦得禕衣故彼鄭注副禕王后之上服唯魯及王者之後夫人服之以此而言則此注亦含有九命上公夫人與魯夫人同也

凡祭祀賓客。共后之衣服。及九嬪世婦。凡命婦。共其衣服。共喪衰亦如之。

凡者凡女御與外命婦也言及言凡殊貴賤也春秋之義王人雖微者猶序乎諸侯之上所以尊尊也臣之命者再命以上受服則下士之妻不共也外命婦唯王祭祀賓客以禮佐后得服此上服自於其家則降焉○衰七雷反上時掌反

【疏】凡祭至如之○釋曰上陳尊卑以次受服之事此文陳所用之時云凡祭祀者婦人無外事言凡祭祀雖據宗廟大小祭祀云賓客者謂后助王灌饗諸侯來朝者云共后之衣服者祭祀共三翟賓客共展衣云九嬪世婦者謂助后祭祀賓客時云凡命婦者兼外內命婦也云喪衰亦如之者外命婦喪衰謂王服齊衰於后無服若九嬪已下及女御於王服斬衰於后服齊衰也○注凡者至降焉○釋曰鄭知此中內命婦唯有女御者據上文外內命婦服唯有鞠衣已上此經上已云九嬪世婦則內命婦中雖有女御也其外命婦中則有孤妻以下云言及言凡殊貴賤也者言及者欲見九嬪賤於后言凡者欲見外命婦及女御賤於世婦也云春秋之義王人雖微者猶序於諸侯之上所以尊尊也者以其內命婦中女御卑於世婦可以言凡以殊之於外命婦中有公孤卿大夫之妻尊於女御而使外命婦摠入女御中言凡以殊之者案僖公八年春王正月公會王人齊侯宋公以下盟於洮傳曰王人者何微者也曷爲序乎諸侯之上先王命也是以微者即士以其天子中士已上於經見名氏天子下士名氏不見今直云人是天子下士序在諸侯上是尊王命若九嬪雖卑於三公夫人世婦卑於孤卿妻言凡以殊之在上亦是尊尊此王之嬪婦也云臣之命者再命以上受服則下士之妻不共也者此約大宗伯男子之服彼云一命受職再命受服則天子上士三命中士再命乃受服天子下士一命則不受故鄭云下則不共也云外命婦唯王祭祀賓客以禮佐后得服此上服者案此上經士妻祿衣大夫妻展衣案特牲主婦纚笄綃衣少牢主婦髲鬄衣侈袂士妻不衣緣衣大夫妻侈綃衣袂不衣展衣如其夫自於家祭降服是自於其家則降上經祭祀賓客共后之服是外命婦助后祭祀賓客乃服上服也

后之喪。共其衣服。凡內具之物。

內具紛帨線纊鞶袠之屬○紛本又作紛芳云反帨如銳反佩巾徐音歲鞶步干反袠陳乙反

【疏】后之至之物○釋曰后喪所共衣服者正謂襲時十二稱小斂十九稱大斂百二十稱及內具之物○注內具至之屬○釋曰知內具之物是紛帨線纊鞶袠之屬者案內則婦事舅姑有紛帨線纊鞶袠故死者入壙亦兼有數物言之屬者案內則更有刀礪小觿之等故云之屬以摠之也

縫人掌王宮之縫線之事。以役女御。以縫王及后之衣服。

女御裁縫王及后之衣服則爲役助之宮中餘裁縫事則專爲焉鄭司農云線縷也

【疏】縫人至衣服○釋曰云掌王宮之縫線之事者謂在王宮須裁縫者皆縫人縫之以役女御以縫王及后之衣服者役女御謂爲女御所使役而縫王及后衣服也○注女御至線縷○釋曰云女御裁縫王及后之衣服則爲役助之者釋經以役女御縫王及后之衣服之文也云宮中餘裁縫事則專爲焉者釋經云王宮之縫線之事也

喪。縫棺飾焉。

孝子既啓見棺猶見親之身既載飾而以行遂以葬若存時居于帷幕而加文繡喪大記曰飾棺君龍帷三池振容黼荒火三列黻三列素錦褚加僞荒纁組六齊五采五貝黼翣二黻翣二畫翣二皆戴圭魚躍拂池君纁戴六纁披六此諸侯禮也禮器曰天子八翣諸侯六翣大夫四翣漢禮器制度飾棺天子龍火黼黻皆五列又有龍翣二其戴皆加璧故書焉爲馬杜子春云當爲焉○褚張呂反僞荒鄭注禮記改僞爲帷纁許云反翣本又作篓所甲反披彼僞反

【疏】喪縫棺飾焉○釋曰此喪以王爲主但是王家后世子已下亦縫棺飾焉○注孝子至爲焉○釋曰云孝子既啓見棺猶見親之身者鄭欲釋與棺爲飾之意云既載飾而以行遂以葬者案既夕禮日側遂匠納車於階閒卻椁而下載之於蜃車之上乃加帷荒飾棺訖乃還車向外移柩車去載處設祖奠明日旦乃更徹祖奠設遣奠苞牲取下體乃引向壙故云既載飾而以行遂以葬也云若存時居於帷幕而加文繡者幕人共帷幕幄帟綏鄭注云在傍曰帷在上曰幕是存時居於帷幕而云加文繡者生時帷幕無文繡今死恐衆惡其親更加文繡即所引喪大記已下是也云君龍帷者鄭彼注畫龍爲帷云三池者鄭云象生時有承霤以竹爲之闕於天子故有前及左右而已云振容者謂於竹池之內畫揺雉於綏繒之上垂之於下車行振動以爲容儀云黼荒者鄭云荒蒙也謂車上蒙覆之黼白黑文於荒之四畔也火三列黻三列黑與青謂之黻兩己相背火形如半環然列行也爲火形三行謂兩己相背三行云素錦褚謂幄帳諸侯以素錦爲幄帳以覆棺上云加僞荒者[illegible]

衣翣柳之材。

[illegible]

掌凡內之縫事。

染人掌染絲帛。凡染。春暴練。夏纁玄。秋染夏。冬獻功。

[illegible]

【疏】[illegible]

大火色赤與黃共爲纁也凡六冕之服皆玄上纁下故云以爲祭服即祭義云玄黃之者是也云石染當及盛暑熱潤始湛研之三月而後可用者並約考工記鍾氏職而言故彼云以朱湛丹秫三月而熾之是以鄭云考工記鍾氏則染纁術也鄭意以染纁鍾氏有其法術欲推出染玄無正文故云染玄則史傳闕矣染玄雖史傳闕推約則有之故鄭注鍾氏及士冠禮云玄則六入與是也云染夏者染五色者謂夏即與五色雖同名夏故知染五色也故鄭即云謂之夏者其色以夏狄爲飾是以績人職云五色備謂之繡也引禹貢曰以下者山谷也羽山之谷有夏之五色之翟雉貢焉云夏狄是其揔者直云夏狄不別云雉名故知是其揔也云其類有六以下者是爾雅釋鳥文云其毛羽五色皆備成章者即爾雅云伊洛之南素質五色皆備成章曰翬江淮之南青質五色皆備成章曰鷂此二者餘四者亦然是其五色皆備成章也云染者擬以爲深淺之度是以放而取名焉者但夏狄五色是自然之色今染五色者準擬以爲深淺之度染五色與雉同名故云是放而取名也

掌凡染事。

追師掌王后之首服。爲副編次追衡笄。爲九嬪及外內命婦之首服。以待祭祀賓客。

鄭司農云追冠名士冠禮記曰委貌周道也章甫殷道也牟追夏后氏之道也追師掌冠冕之官故并主王后之首服副者婦人之首服祭統曰君卷冕立于阼夫人副禕立于東房衡維持冠者春秋傳曰衡紞紘綖玄謂副之言覆所以覆首爲之飾其遺象若今步繇矣服之以從王祭祀編編列髮爲之其遺象若今假紒矣服之以桑也次次第髮長短爲之所謂髲髢服之以見王王后之燕居亦纚笄總而已追猶治也詩云追琢其章王后之衡笄皆以玉爲之唯祭服有衡垂于副之兩旁當耳其下以紞縣瑱詩云玼兮玼兮其之翟也鬒髮如雲不屑髢也玉之瑱也是之謂也笄卷髮者外內命婦衣鞠衣襢衣者服編衣褖衣者服次外內命婦非王祭祀賓客佐后之禮自於其家則亦降焉少牢饋食禮曰主婦髲鬄衣移袂特牲饋食禮曰主婦纚笄宵衣是也昏禮女次純衣攝盛服耳主人爵弁以迎移袂褖衣之袂凡諸侯夫人於其國衣服與王后同○追丁回反下及注同編步典反又必先反注同冠禮古亂反後冠禮同毋追音牟卷古本反紞丁敢反紘音宏綖以然反徐羊職反篠以招反本或作搖紒音計髲皮寄反髢本又作鬄大計反劉音地以見賢遍反纚所買反又所綺反琢丁角反縣音玄瑱它見反鬒之忍反鬄大計反下同沈音剃卷髮眷免反劉羌權反衣鞠於既反下衣褖同移昌氏反下同純側其反徐如字

【疏】追師至賓客○釋曰云掌王后之首服者對夏官弁師掌男子之首服首服則副編次也云追衡笄者追治玉石之名謂治玉爲衡笄也云爲九嬪及外內命婦之首服者此云及則與上內司服同亦是言及殊貴賤九嬪下不言世婦文略則外命婦中有三公夫人卿大夫等之妻內命婦中唯有女御也云以待祭祀賓客者亦謂助后而服之也○注鄭司至后同○釋曰司農云追冠名者見士冠禮夏后氏牟追故引士冠爲證云追師掌冠冕之官故并主王后之首服者此鄭意以追師掌作冠冕弁師掌其成法若縫人掌縫衣別有司服內司服之官相似故有兩官共掌男子首服也後鄭不從者此追師若兼掌男子首服亦當如下屨人職云掌王及后之服屨兼王爲文今不云王明非兩官共掌此直掌后巳下首服也又引祭統者證副是首飾又引春秋者是桓二年臧哀伯辭彼云衡紞紘綖則據男子之衡引證此者司農意男子婦人皆有衡後鄭意亦爾但後鄭於此經無男子耳玄謂副之言覆所以覆首爲之飾者副者是副貳之副故轉從覆爲蓋之義也云其遺象若今步繇矣漢之步繇謂在首之時行步繇動此據時目驗以曉古至今去漢久遠亦無以知之矣案詩有副笄六珈謂以六物加於副上未知用何物故鄭注詩云副既笄而加飾古之制所有未聞是也云服之以從王祭祀者鄭意三翟皆首服副祭祀之中含先王先公羣小祀故以祭祀揔言之也云編編列髮爲之者此鄭亦以意解之見編是編列之字故云編列髮爲之云其遺象若今假紒矣者其假紒亦是鄭之目驗以曉古至今亦不知其狀也云服之以桑也者上注鞠衣以告桑此下注及鄭荅志皆云展首服編此直據鞠衣服之以桑不云展衣者文略其編亦兼於展衣也云次次第髮長短爲之者此亦以意解之見其首服而云次明次第髮長短而爲之云所謂髲髢者所謂少牢主婦髲髢即此次也言髮髢者鬄髮也謂翦鬄取賤者刑者之髮而爲髢鄭必知三翟之首服副鞠衣展衣首服編褖衣首服次者王之祭服有六首服皆冕則后之祭服有三首服皆副可知昏禮女次純衣純衣則褖衣褖衣而云次則褖衣首服次可知其中亦有編明配鞠衣展衣也云服之以見王者上注展衣云以禮見王則展衣首服編以禮見王此又云次以見王者則見王有二一者以禮朝見於王與見賓客同則服展衣與編也一者褖衣首服次接御見王則褖衣與次則此注見王是也故二者皆云見王耳云王后之燕居亦纚笄總而已者案士冠禮纚長六尺以韜髮笄者所以安髮總者既繫其本又總其末燕居謂不至王所自在燕寢而居時也案雞鳴詩云東方明矣朝既昌矣毛云東方明則夫人纚笄而朝但諸侯夫人於國衣服與王后同而得服纚笄而朝者此經云副編次以待祭祀賓客明燕居不得著次自然著纚笄而毛云著纚笄朝者毛更有所見非鄭義若然彼鄭不破之者以其纚笄燕居無正文故且從毛也其實朝王時首服編也引詩追琢其璋者證追是治玉石之名云王后之衡笄皆以玉爲之者以弁師王之笄以玉故知后與王同用玉也弁師云諸公用玉爲瑱詩云玉之瑱也據諸侯夫人夫人與君同用玉瑱明衡笄亦用玉矣其三夫人與三公夫人同服翟衣明衡笄亦用玉矣其九嬪命婦等當用象也云唯祭服有衡知者見經后與九嬪以下別言明后與九嬪以下差別則衡笄唯施於翟衣取鞠衣以下無衡矣又見桓二年哀伯云衮冕黻珽帶裳幅舄衡紞紘綖並據男子之冕祭服而言明婦人之衡亦施於三翟矣故鄭云唯祭服有衡也鞠衣已下雖無衡亦應有紞以懸瑱是以著詩云充耳以素以青以黃是臣之紞以懸瑱則知婦人亦有紞以懸瑱也云垂于副之兩旁當耳其下以紞懸瑱者傳云衡紞紘綖與衡連明言紞爲衡設矣笄既橫施則衡垂可知若然衡訓爲橫既垂之而又得爲橫者其笄言橫據在頭上橫貫爲橫此衡在副旁當耳據人身豎爲從此衡則爲橫其衡下乃以紞懸瑱也引詩者彼鄘風注云玼鮮明貌鬒黑髮如雲言美長也屑用也髢髮也引之者證服翟衣首有玉瑱之義故云是之謂也其紞之采色瑱之玉石之別者婦得服翟衣者紞用五采瑱用玉自餘鞠衣以下紞則三采瑱用石知義然者案著詩云充耳以素鄭彼注云謂從君子而出至於著君子揖之時也我視君子則以素爲充耳謂所以懸瑱者或名爲紞織之人君五色臣則三色而已此言素者目所先見而云下云尚之以瓊華注云美石彼下經又云充耳以青充耳以黃據臣三色故云人君五色矣詩云玉之瑱據君夫人云用玉則臣之妻與夫同美石彼毛注以素爲象瑱鄭不從者若素是象瑱文何以更云瓊華瓊英之事乎故鄭以爲紞也云笄卷髮者鄭注喪服小記亦去笄帶所以自卷持云外內命婦衣鞠衣襢衣服編衣褖衣者服次知者案昏禮云女次純衣純衣則褖衣據士服爵弁親迎攝盛則士之妻服褖衣首服次亦攝盛褖衣既首服次三翟首服副則鞠衣襢衣首服編可知云外內命婦非王祭祀賓客佐后之禮自於其家則亦降焉知者大夫妻服襢衣首服編士妻服褖衣首服次少牢特牲是大夫士妻特牲云主婦纚笄宵衣少牢云主婦髲鬄衣移袂但大夫妻移袂爲異又不服編故知自於其家則降是以即引少牢爲證耳云移袂褖衣之袂者此鄭覆解少牢主婦衣移袂者是移褖衣之袂上既云移袂今又云移褖衣之袂不同者但士之妻服綃服褖衣助祭及嫁時不移其袂今大夫妻綃衣移而以褖衣袂者以大夫妻與士妻綃衣名同不得言移於綃衣之袂故取褖衣也云凡諸侯夫人於其國衣服與王后同者以其諸臣之妻有助后與夫人祭之事諸侯夫人無助后之事故自於本國衣服得與王后同也所同者上公夫人得褘衣已下至褖衣褘衣從君見大祖褕翟從君祭羣廟闕翟從君祭羣小祀鞠衣以告桑展衣以禮見君及賓客褖衣以接御侯伯夫人得褕翟已下褕翟從君見大祖及羣廟闕翟已下與上公夫人同子男夫人得闕翟已下闕翟從君見大祖及羣廟與羣小祀鞠衣已下與侯伯同並纚笄綃衣以燕居也二王之後與魯夫人亦同上公之禮故明堂位云季夏六月以禘禮祀周公於大廟夫人褘衣是也

喪紀。共笄絰亦如之。

屨人掌王及后之服屨。爲赤舄。黑舄。赤繶。黃繶。青句。素屨。葛屨。

屨自明矣必連言服者著服各有屨也複下曰舄禪下曰屨古人言屨以通於複今世言屨以通於禪俗易語反與舄屨有絇有繶有純者飾也鄭司農云赤繶黃繶以赤黃之絲爲下緣士喪禮曰夏葛屨冬皮屨皆繶緇純禮家說繶亦謂以采絲礫其下玄謂凡屨舄各象其裳之色士冠禮曰玄端黑屨青絇繶純素積白屨緇絇繶純爵弁纁屨黑絇繶純是也王吉服有九舄有三等赤舄爲上冕服之舄詩云王錫韓侯玄袞赤舄則諸侯與王同下有白舄黑舄王后吉服六唯祭服有舄玄舄爲上禕衣之舄也下有青舄赤舄鞠衣以下皆屨耳句當爲絇聲之誤也絇繶純者同色今云赤繶黃繶青絇雜互言之明舄屨衆多反覆以見之凡舄之飾如繢之次赤繶者王黑舄之飾黃繶者王后玄舄之飾青絇者王白舄之飾言繶必有絇純言絇亦有繶純三者相將王及后之赤舄皆黑飾后之青舄白飾凡屨之飾如繡次也黃屨白飾白屨黑飾黑屨青飾絇謂之拘著舄屨之頭以爲行戒繶縫中紃純緣也天子諸侯吉事皆舄其餘唯服冕衣翟著舄耳士爵弁纁屨黑絇繶純尊祭服之屨飾從繢也素屨者非純吉有凶去飾者言葛屨明有用皮時○繶於力反句音劬一音姜踰反著服徐丁庶反一知略反與音餘絇音劬有純章允反[illegible]同緣悅面反下同礫音歷覆芳服反以見賢遍反之拘戚如字劉音拘著舄知略反又直略反紃音巡衣翟於既反非純如字去起呂反下皆同

【疏】屨人至葛屨○釋曰云掌王及后之服屨者但首服在上尊又是陽口變是以追師與弁師男子婦人首服各別官掌之屨舄在下卑又是陰少變故男子婦人同官掌之也云爲赤舄以下謂掌而營造之故云爲也赤舄者男子冕服婦人闕翟之舄也黑舄者天子諸侯玄端服之赤舄繶巳下云繶云句者欲言繶絇以表見其舄赤繶者是天子諸侯黑舄之飾黃繶者與婦人爲玄舄之飾也青句者與王及諸侯爲白舄之飾凡屨舄皆有絇繶純三

者相將各言其一者欲互見其屨舄故多舉一邊而言也素屨者大祥時所服去飾也葛屨者自赤舄以下夏則用葛爲之若冬則用皮爲之在素屨下者欲見素屨亦用葛與皮故也○注屨自至皮時○釋曰云屨自明矣必連言服者著服各有屨也者屨舄從裳色裳既多種故連言服也云複下曰舄襌下曰屨者下謂底複重底重底者名曰舄襌底者名曰屨也無正文鄭目驗而知也云古人言屨以通於複者首直云屨人不言舄及經舄屨兩有是言屨通及舄周公即古人也故云古人言屨以通於複也云今世言屨以通於襌者謂漢時爲今世但漢時名複下者爲屨并通得下襌之屨故云俗易語反與云與者無正文鄭以意解之故云與以疑之也云舄屨有約有繶有純者飾也者言繶是牙底相接之縫綴絛於其中言約謂屨頭以絛爲鼻純謂以絛爲口緣經不云純者文略也鄭司農云赤繶黃繶以赤黃之絲爲下緣者此即牙底相接之縫也引士喪禮者證繶爲下緣云皆繢緇純者葛屨皮屨皆有繶也緇純純用緇則繶約亦用緇色也玄謂凡屨舄各象其裳之色者屨舄與裳俱在下體其色同制舄屨與裳色同也引士冠禮者驗屨同裳色云玄端黑屨者凡玄端有上士玄裳中士黃裳下士雜裳今云黑屨者據玄裳爲正也云青約繶純者屨飾從繡次也云素積白屨者皮弁服素積以爲裳故白屨也云緇約繶純者亦飾從繡次也云爵弁纁屨黑約繶純者鄭云尊祭服飾從繢次言是也者是屨從裳色之義也云王吉服有九者則司服六冕與韋弁皮弁冠弁是也云舄有三等者謂赤舄黑舄白舄也云赤舄爲上冕服之舄者此經先言赤舄是舄中之上是六冕之舄也引詩者是韓侯之詩也玄袞者冕服皆玄上纁下而畫以袞龍云赤舄者象纁裳故也引之者證諸侯得與王同有三等之舄赤舄爲上也云下有白舄黑舄者白舄配韋弁皮弁黑舄配冠弁服案司服注韋弁以韎韋爲弁又以爲衣裳則韋弁其裳以韎之赤色韋爲之今以白舄配之其色不與裳同者鄭志及聘禮注韋弁服皆云以素爲裳以無正文鄭自兩解不定故得以白舄配之冠弁服則諸侯視朝之服是以燕禮記云燕朝服鄭云諸侯與其羣臣日視朝之服也謂冠玄端緇帶素韠白屨也白屨即與皮弁素積白屨同今以黑舄配之不與裳同色者朝服與玄端大同小異皆玄端緇布衣而裳有異耳若朝服則素裳白屨若玄端之裳則玉藻云韠君朱大夫素士爵韋是韠從裳色則天子諸侯朱裳大夫素裳皆不與裳同色者但天子諸侯舄有三等玄端既不得與祭服同赤舄若與韋弁皮弁同白則黑舄無所施故從上士玄裳無正而黑舄也大夫玄端素裳亦從玄裳黑屨矣云王后吉服六唯祭服有舄者以王舄有三后舄不得過王故知后舄亦三等但冕服有六其裳同故以一舄配之后翟三等連衣裳而色各異故三翟三等之舄配之云玄舄爲上禕衣之舄也下有青舄赤舄者玄舄配禕衣則青舄配揄翟赤舄配闕翟可知云鞠衣以下皆屨耳者六服三翟既以三舄配之且下文命夫命婦雖言屨不言舄故知鞠衣以下皆屨也云句當爲約知者以此屨舄無取句之義案士冠禮皆云約故知當爲約云約繶純者同色知者案士冠禮三冠約繶純各自同色故也云今云赤繶黃繶青繶雜互言之明舄屨衆多反覆以見之者以其男子有三等屨舄婦人六等屨舄若具言其屨舄於文煩故雜互見之明其衆多也云凡舄之飾如繢之次者無正文此約皮弁白屨黑約繶純白黑北方爲繡次爵弁纁屨黑約繶純黑與繶南北相對尊祭服故對方爲繢次也以此而言則知凡舄皆不與屨同而爲繢次可知云赤繶者王黑舄之飾者以其黑飾從繢之次赤是南方火色與北方黑對方更無青屨取赤爲繶知是王黑舄之飾也云黃繶者王后玄舄之飾者以其天玄與地黃相對爲繢次故知是王后玄舄之飾也上公夫人得服禒衣者亦得玄舄也云青約者王白舄之飾者亦以對方飾之亦得與禒衣黑屨爲飾但據舄尊者而言王亦與諸侯白舄爲飾也云言繶必有約純言約亦有繶純三者相將者以士冠禮三冠各有約繶純故知三者相將但經互見故各偏舉其一耳云王及后之赤舄皆黑飾后之青舄白飾者以舄皆對方以繢次爲飾故義然也云凡屨之飾如繡次也者亦約士冠禮白屨黑約繶純之等而知也云黃屨白飾白屨黑飾黑屨青飾者此據婦人之屨鞠衣巳下之屨故有黃屨黑屨也以屨從繡次爲飾故知義然也云約謂之拘著於舄屨之頭以爲行戒者鄭注士冠亦云約之言拘也以爲行戒狀如刀衣鼻在屨頭言拘取自拘持爲行戒者謂使抵目不妄顧視也云其餘唯服冕衣翟著舄耳者服冕謂后以下婦人也云素屨者非純吉有凶去飾者不經注散屨與此素屨同是大祥時則大祥除衰杖後身服素縞麻衣而着此素屨故云弁純吉言去飾者經素屨不云繶純故知去飾無紃繶純也云言葛屨明有用皮時者士冠禮云夏葛屨冬皮屨此經云葛屨據夏而言若冬明用皮故鄭云有用皮時也

辨外內命夫命婦之命屨。功屨。散屨。

命夫之命屨纁屨命婦之命屨黃屨以下功屨次命屨於孤卿大夫則白屨黑屨九嬪內子亦然世婦命婦以黑屨爲功屨女御士妻命屨而巳士及士妻謂再命受服者散屨亦謂去飾○散素但反注同

【疏】辨外至散屨○釋曰上明王及后等尊者舄屨訖此明臣妻及嬪巳下之屨也言外內命夫案肆師職云禁外內命男女之衰不中法者鄭彼注外命男六卿以出也內命男朝廷卿大夫士也其妻爲外命女彼外內命男則此外內命夫若然此外內命夫其妻爲外命婦鄭雖不注則與彼同也內命婦自是九嬪以下也○注命夫至去飾○釋曰云命夫之命屨者以其經不云舄唯云屨大夫以上衣冠則有命舄無命屨故知命屨中唯有屨而巳士之命服爵弁則纁屨故云命屨纁屨而巳云命婦之命屨黃屨以下者以其外命婦孤妻巳下內命婦九嬪巳下不得服舄皆自鞠衣以下故云黃屨以下言以下者兼有卿大夫妻及二十七世婦皆展衣白屨士妻與女御皆禒衣黑屨故云以下以廣之云功屨次命屨於孤卿大夫則白屨黑屨者案司服孤希冕卿大夫玄冕皆以赤舄爲命舄以下仍有韋弁白屨冠弁黑屨故云次命屨命屨據婦人而言其實孤卿大夫身則功屨次命舄也云九嬪內子亦然者九嬪與孤妻內子既以黃屨爲命屨功屨之中有展衣白屨禒衣黑屨故云亦然云世婦以黑屨爲功屨者以其皆以展衣白屨爲命屨其功屨唯有禒衣黑屨也云女御士妻命屨而巳者以二者唯有禒衣黑屨爲命屨故云命屨而巳云士及士妻謂再命受服者案大宗伯云一命受職再命受服但公侯伯之士一命子男之士不命及王之下士皆受職不受服王之中士再命上士三命巳上乃受服受服則弁得此屨故云再命受服者也云散屨亦謂去飾者據臣言散即上之素皆是無飾互換而言故云謂去飾者也鄭志趙商問司服王后之六服之制目不解請圖之答曰大裘衮衣鷩衣毳衣絺衣玄衣此六服皆纁裳赤舄韋弁衣以韎皮弁衣以布此二弁皆素裳白舄冠弁服黑衣裳而黑舄冠弁玄端禕衣玄舄首服副從王見先王褕翟青舄首服副從王見先公闕翟赤舄首服副從王見羣小祀鞠衣黃屨首服編以告桑之服展衣白屨首服編以禮見王之服禒衣黑屨首服次以御於王之服后服六翟三等三舄玄青赤鞠衣以下三屨黃白黑婦人質不殊裳屨舄皆同裳色也○

凡四時之祭祀。以宜服之。

祭祀而有素屨散屨者唯大祥時○

【疏】凡四至服之○釋曰言以宜服之者謂各以尊卑所宜之服服之○注祭祀至祥時○釋曰鄭知此經四時祭祀含有素屨散屨者以此經四時祭祀揔結上文諸屨故知有此二屨也云唯大祥時者此據外內命夫爲王斬衰而言初死著菅屨卒哭與齊衰初死同疏屨既練與大功初死同繩屨大祥與小功初死同吉屨無約吉屨無繶純是以上經注云非純吉故云唯大祥時也但上經據卑云散與素一也

夏采掌大喪以冕服復于大祖。以乘車建綏復于四郊。

求之王平生常所有事之處乘車玉路於大廟以冕服不出宮也四郊以綏出國門此行道也鄭司農云復謂始死招魂復魄士喪禮曰士死于適室復者一人以爵弁服升自東榮中屋北面招以衣曰皐某復三降衣于前受用篋升自阼階以衣尸喪大記曰復男子稱名婦人稱字唯哭先復言死而哭哭而復冀其復反故檀弓曰復盡愛之道也望反諸幽求諸鬼神之道也北面求諸幽之義也檀弓又曰君復於小寢大寢小祖大祖庫門四郊喪大記又曰復者朝服君以卷夫人以屈狄大夫以玄赬世婦以襢衣士以爵弁士妻以稅衣雜記曰諸侯行而死於館則其復如於其國如於道則升其乘車之左轂以其綏復大夫死於館則其復如於家死於道則升其乘車之左轂以其綏復喪大記又曰爲賓則公館復私館不復夏采天子之宮故以冕服復于大祖以乘車建綏復于四郊天子之禮也大祖始祖廟也故書綏爲禮杜子春云當爲綏禮非是也玄謂明堂位曰凡四代之服器魯兼用之有虞氏之旂夏后氏之綏則旌旂有是綏者當作綏字之誤也綏以旄牛尾爲之綴於幢上所謂注旄於干首者王祀四郊乘玉路建大常今以之復去其旒異之於生亦因先王有徒綏者士冠禮及玉藻冠綏之字故書亦多作綏者今禮家定作蕤○乘繩證反注乘車皆同綏而誰反注下同依字作綏誤作綏耳適丁歷反榮如字劉音嘗衣尸於既反復扶又反朝直遙反卷古本反屈音闕頳勑貞反禮音維徐音遂檀直江反

【疏】夏采至四郊○釋曰大喪謂王喪也云以冕服復于大祖者謂初死屬纊絕氣之後即以冕服自衮冕以下六冕及爵弁皮弁之等復謂招魂復者各依命數天子則十二人各服朝服而復於大祖之廟當升自東霤北面履危西上云皐天子復如是者三乃卷衣投於前有司以篋受之升自阼階入衣於尸復而不蘇乃行死事也故云復於大祖也云以乘車建綏復於四郊者以冕服不出宮雉旗之綏又是行道之物故乘玉路之乘車建綏而復於四郊也必於大祖四郊者欲死者復蘇故於平生有事之處皆復也○注求之至作蕤○釋曰云求之王平生常所有事之處者鄭欲廣解所復之處故云平生以揔之天子七廟此經直云大祖大廟則后稷廟也餘六廟此不云復案祭僕云大喪復于小廟注云小廟高祖以下是親廟四也其五寢則隸僕復故隸僕職云大喪復於小寢大寢注小寢高祖以下廟之寢也始祖曰大寢雖二祧無復交者案祭法親廟四與大祖皆月祭二祧享嘗乃止無月祭則不復也禮記檀弓云復於小祖大祖庫門四郊周禮不言庫門者文不具云乘車玉路者案巾車云玉路以祀祭天地於郊用玉路明於四郊復乘玉路可知云于四郊者實小宗伯云兆五帝於四郊平生在四郊郊事神之處故復之也云於大廟以冕服不出宮也者鄭欲見於四郊不用冕服之意也云四郊以綏出國門行道也者案巾車云一曰玉路建大常

十有二斿以祀故云以綏出國門此行道對在廟用冕也鄭司農云復謂始死招魂復魄者精氣爲魂耳目聰明爲魄人死魂氣上去故招之而復之於魄也自士喪以下至私館不復引此諸文者先鄭意禮記諸言復皆與此經復事同故皆引爲證也云士死於適室者適室則適寢也大夫士謂之寢天子諸侯謂之路寢也云復者一人若命士不命之士皆一人若大夫以上皆依命數也云以爵弁者凡復者皆用上服故用士助祭之服云升自東榮者升屋從東榮而上天子諸侯言東霤皋謂長聲而言又引喪大記復男子稱名婦人稱字者男子稱名據大夫士若天子稱天子復諸侯稱某甫臣不名君故也引喪大記云君以卷夫人以屈狄者彼注云君以卷謂上公也夫人以屈狄謂子男夫人若上公夫人用禕衣子男則用毳五見之者欲摠五等諸侯及夫人也云大夫以玄赬世婦以襢衣者赬赤也謂纁裳則玄冕也世婦謂君之世婦不言命婦與姪娣亦五見爲義也玄謂引明堂位凡四代之服器魯兼用之者鄭欲推出綏是有虞氏旌故也云有虞氏之旂夏后氏之綏者彼注云有虞氏當言綏夏后氏當言旂云則旌旂有是綏當作綏字之誤也者旌旂有是綏▲謂系邊著委此非字之體故破之云當作綏爲系邊著委故云字之誤也云綏以旄牛尾爲之綴於橦上所謂注旄於干首者爾雅云注旄於干首是也案鍾氏染鳥羽以爲王后之車飾亦爲旌旗之綏則旌旗亦有鳥羽獨云旄牛尾舉一邊而言其實兼有也云王祀四郊乘玉路建大常者此巾車文云今以之復去其旒異之於生者生時有旗有綏有旒今死去旒是異有虞氏也徙空也有虞氏空綏未有在下旂旒故云徙綏也云士冠禮及玉藻冠綏之字者欲見二冠綏之字瑱此旌旗之綏字同也云故書亦多作綏者謂作系傍委也云今禮家定作蕤者謂今說禮之家定作蕤謂爲蕤賓之蕤必定綏作蕤者蕤賓在午月一陰方生陰氣委蕤於下故旌旗之綏亦定作蕤也

周禮注疏卷八挍勘記

阮元撰盧宣旬摘錄

附釋音周禮注疏卷第八

世婦

泣者臨也内羞謂房中之羞　閩監毛本同宋本余本嘉靖本無者字謂字是也岳本無謂字有者字

宗春官世婦官卿云　盧文弨云宮誤官

謂糗餌粉餈　毛本同誤也閩監本糗作糗

故知此王使往可知也　浦鏜云可知衍

此文使世婦往弔者　浦鏜云又誤文非也

掌三公六卿之弔勞　浦鏜云經作孤卿

注云致禮同名爲弔　盧文弨云今小臣注脫致禮二字當據此補之

女御

則有姤疾自專之事　按疾當嫉字誤

泣女宮之具　浦鏜云泣下脫陳

又漢制度皆戴辟　縫人注辟作璧此誤

女祝

杜子春讀梗爲更　禮說云管子四時篇謹禱弊梗弊當作幣左傳襄九年祈以幣更續漢志云周人木德以桃爲梗言氣相更也風俗通云梗者更也歲終更始受介祉也則梗卽更明甚

卻變異曰禳　嘉靖本閩本同惠挍本疏中亦作卻監本毛本作郤從邑誤

女史

故知內治之灋　按灋當作法

典婦功

灋其用財舊數　閩監毛本同宋本嘉靖本灋作法當訂正

故書齎爲資杜子春讀爲資　漢讀考云此故書作資子春易爲齎而鄭君從之也今本作杜子春讀爲資誤釋文事齎音資本亦作資按亦作資者乃依注改經之本也

非直破貴賤　閩本同誤也監本毛本破作殊當訂正

物書而楬之　唐石經余本閩監毛本同宋本嘉靖本漢制考楬作揭從手宋本載音義亦從手下典絲揭字諸本從木按此字在釋文木部從手者後人寫亂之

典絲

自於后宮用之　閩本同監毛本后誤後

教九御以婦職　盧文弨云當作婦功按此類皆義疏家約略引之不必盡依本文

言衣物釋經黼畫　惠挍本作云衣服此誤

以給線纊著旴口綦握之屬　宋本閩監毛本同誤也余本岳本嘉靖本旴作盱按釋文盱口香于反亦從目當訂正疏中引注惟毛本誤從日此本及閩監本皆從目不誤

茵著褥是也　浦鏜云少儀注褥作蓐此俗字

謂若司几筵云扆前者是也　浦鏜云經扆作依

典枲

草葛蕢之屬　此本宋本蕢誤蒉今據諸本訂正釋文蕢苦迴反

授受班者　諸本同浦鏜云頒誤班非也此經作頒注作班通書準此

內司服

褘衣　唐石經諸本同宋本嘉靖本褘作禕宋元人寫衣旁示旁往往無別誤也說文衣部褘蔽厀也从衣韋聲周禮曰王后之服褘衣謂畫袍與先後鄭義合

緣衣　唐石經諸本同釋文緣衣或作褖同吐亂反漢讀考云案毛詩綠衣鄭注云綠當爲褖故作褖轉作綠字之誤也正義云此綠衣與內司服綠衣字同內司服掌王后之六服五服不言色唯綠衣言色明其誤也此注云褖揄狄展聲相近綠字之誤也釋曰綠與褖不得爲聲相近但字相似爲字之誤也然則賈孔所據周禮皆作緣衣自開成石經誤作綠而今本承之

揄翟畫搖者　宋本翟作狄非上注狄當爲翟已改狄爲翟

色如麴塵　疏云麴塵不爲麴字者古通用

三月薦鞠衣于上帝　宋本余本岳本嘉靖本同閩監毛本上作先依今禮記改

玼兮玼兮其之翟也　釋文玼音此劉倉我反本亦作瑳與下如字同倉我反詩君子偕老釋文玼音此本或作瑳此是後文瑳兮然舊本皆前作玼後作瑳按玼瑳聲相近說文瑳玉色鮮白玼玉色鮮也義亦同然一書之中不當玼瑳錯出毛詩瑳兮下傳箋王肅皆無說明與前章同作玼也此注玼亦作瑳劉昌宗音倉我反蓋毛詩前後皆作玼禮注據魯韓詩前後皆作瑳今本合并合一以前後區別之非也亦詳段玉裁詩經小學

又曰瑳兮瑳兮其之展也　此本無又曰二字後擠入

夫人服稅衣揄狄　閩毛本同宋本監本服作脫皆誤也嘉靖本作復與詩正義所引合當據以訂正復謂招魂所用也按今本雜記喪大記皆作稅衣據此注所引知本作褖衣下云字或作稅當兼雜記喪大記言之賈疏云或雜記文蓋賈所據雜記已作稅矣雜記其餘如士注云其餘如士之妻則亦用稅衣正義本稅衣作褖衣與此注正合稅脫褖皆聲相近

言褖者甚衆　詩綠衣正義引作言褖衣者甚衆此脫衣字

婦人尙專一　按一當作壹

今之白縳也　釋文白縳劉音絹聲類以爲今作絹字嘉靖本縳作縛

褘衣者亦是翟　惠挍本閩本同監毛本翟作翬

此素沙與上六服爲裏　此本裏誤裹據閩監毛本訂正

韋弁已下常服有三　閩監毛本已作以下句同

周官祭天后夫人有與者　按有當作不盧文弨云今白虎通無此語

展則邦之爲媛助　按媛當作援監本媛字剜改蓋本作援

大師雞鳴于簷下　浦鏜云雞上脫奏

然後后夫人鳴珮玉于房中告去　浦鏜云后衍字告下脫去○按傳文后夫人侍於君前此云然後后夫人鳴珮玉非有衍字也

云緣字之誤也者緣與褖不得爲聲相近 盧文弨云二緣字皆當作緣
正取衣復不單 閩監毛本復作複
此約司服孤絺冕 浦鏜云經作希注希讀爲絺
鄭知此中內命婦唯有女御者 惠挍本此作凡此誤
唯有鞠衣已上 惠挍本上作下此誤
亦是尊尊此王之嬪婦也 宋本尊字不複此衍
案特牲主婦纚笄綃衣 惠挍本作宵衣與禮記合注云宵綺屬也是讀宵爲綃但未改字
少牢主婦髲鬄衣侈袂 閩監毛本作移袂下仍作侈按少牢饋食禮釋文侈袂本又作移唐石經羣經音辨皆作移此本作侈蓋非下侈字亦當作移浦鏜云經作被錫注云被錫讀爲髲鬄

縫人

鄭司農云線縷也 閩監毛本同宋本余本岳本嘉靖本無也按賈疏標起止云注女御至線縷亦無也字
謂兩已相背三行 浦鏜云爲誤謂
云素錦褚 惠棟挍本下有者此脫
綴具絡其上 浦鏜云貝誤具
以木爲匡廣二尺 浦鏜云記注匡作筐此二爲三字之誤
衣翣柳之材 唐石經諸本同漢讀考云此司農易接爲翣而引檀弓及春秋傳以證翣之義司農所據記傳字作翣今本記傳則皆作翣矣喪祝注亦云四翣牆置翣翣者翣之假借字也經文翣字當亦作翣而後人改之
爲青黑文則曰黻翣爲雲氣則曰畫翣 惠挍本上爲作以下有也字
必先纏衣其木 宋本嘉靖本閩本同監毛本木作材此本作才爲木之誤今訂正
周人牆置翣 宋本余本岳本嘉靖本同閩監毛本翣作翣依今禮記所改非也
諸節之所聚者 閩監毛本節作飾此誤
是濟南伏生書柳文 漢制考柳作傳此誤

染人

故書纁作𥿮鄭司農云𥿮讀當爲纁 漢讀考云此以𥿮不見於他經傳而易其字也宄聲在十四部熏聲在十三部聲略相似說文黑部有黖字云黑有文也從黑宄聲讀若飴盌之盌黖即𥿮字故書假借爲纁字也
三月而後可用 宋本嘉靖本後作后按注當用後字

羽甽夏狄 宋本嘉靖本毛本同閩監本甽作畎依今尚書所改釋文羽甽古犬反按甽或作畎訛惟宋本不誤
引禹貢曰以下者山谷也 惠挍本以作巳山作甽此誤
云夏狄是其摠者 浦鏜云摠下脫名
故云是放而取名也 浦鏜云是下脫以

追師

牟追夏后氏之道也 諸本同釋文毋追音牟此作牟非按士冠禮釋文亦作毋追音牟
若今步䌛矣 閩本同嘉靖本監毛本䌛作繇此本及閩監毛本載釋文作䌛按作䌛者誤字書無此字釋文步繇本或作搖从竹者乃俗字耳
服之以桑也 詩君子偕老正義及雞鳴正義皆引作服之以告桑也此脫告字
追琢其璋 諸本同浦鏜云章誤璋非此當據魯韓詩玉篇辵部引詩亦作璋
主婦髲鬄衣侈袂 宋本余本嘉靖本皆作移袂下同
亦謂助后而服之也 惠挍本后上有王此脫
其中亦有編 惠挍本亦作唯
取鞠衣以下無衡矣 浦鏜云取當餘字誤
又見桓二年哀伯云 惠挍本哀上有臧此脫
鄘風注云玼鮮明貌 今鄘風傳作鮮盛貌非邶風新臺傳云泚鮮明貌與此合
云外內命婦衣鞠衣襢衣服編 浦鏜云襢衣下脫者
二王之後 此本脫王據閩監毛本補

屨人

屨自明矣 宋本自作目是屨目即經之某舄某屨也
襌下曰屨 監本襌誤禪
王錫韓侯 諸本同嘉靖本錫作賜按王氏詩考引周禮注王賜韓侯是宋本作賜作錫者依今詩所改
絇謂之拘 諸本同釋文之拘戚如字劉音拘漢讀考云絇謂之拘者爾雅釋器文儀禮注絇之言拘也鄭自爲說故云之言此引爾雅云謂之
又是陽口變 此本空闕一字閩本作少監毛本作多
屨舄在下卑 此本卑誤黑據閩監毛本訂正
欲言繶絇以表見其舄 閩本同監本舄下剜擠耳毛本排入

驗屨同裳色 惠挍本驗作證
故從上士元裳無正而黑舄也 浦鏜云爲誤無從儀禮通解續挍
云今云赤繶黃繶青繶 浦鏜云青絇誤青繶
黑與繶南北相對尊祭服故對方爲繢次也 惠挍宋本繶作纁此誤監本方誤万繢誤績毛本同
以其黑飾從繢之次 浦鏜云舄誤黑
上公夫人得服褖衣者 浦鏜云褘誤褖
不云繶純 浦鏜云繶上脫絇
彼外內命男則此外內命夫若然此外內命夫 浦鏜云三內字衍儀禮通解續挍
內命婦九嬪已下 閩本同監毛本已作以
案司服孤希冕 閩監毛本希作絺
此據外內命夫 浦鏜云下脫命婦

夏采

故書緌爲襚杜子春云當爲緌 漢讀考云釋文襚音維徐音遂據徐音疑本作䢗或作旞說文㫃部旞即旞字全羽爲旞古羽旄多互言言羽而旄見言旄而羽見經云旞猶禮記云緌皆謂無旒也杜易爲緌似未解此
夏后氏之綏 明堂位作綏注云綏當爲緌按此仍當爲綏下始云當作緌
則旌旂有是綏者 漢讀考是作徒云作是誤徒綏去旒也按下注云亦因先王有徒綏者疏云徒空也有虞氏空綏未有在下旒旋
緌以旄牛尾爲之 宋本旄作毛
故書亦多作綏者 閩監毛本同宋本岳本嘉靖本綏作緌漢讀考云作緌誤
云以乘車建緌 惠挍本緌作綏此誤
祭天地於郊用玉路 浦鏜云地衍
實小宗伯云 浦鏜云實當案字誤
旌旂有是綏謂系邊著妥 惠挍本綏下有者字系邊作系傍此誤下系邊同
云綏以旄牛尾爲之 惠挍本綏作緌此誤
一陰方生 惠挍本漢制考方作爻此誤

附釋音周禮注疏卷第九

地官司徒第二〔疏〕鄭目錄云象地所立之官司徒主衆徒地者載養萬物天子立司徒掌邦教亦所以安擾萬民○釋曰既言象地所立則此六十官皆法地與天官言象天義異矣

鄭氏注　賈公彥疏

惟王建國。辨方正位。體國經野。設官分職。以爲民極。〔疏〕釋曰六官皆有此敍者欲見六官所主雖異以爲民極是同故也 乃立地官司徒。使帥其屬而掌邦教。以佐王安擾邦國。教所以親百姓訓五品有虞氏五而周十有二焉擾亦安也言饒衍之〔疏〕乃立至邦國釋曰此經所云爲立官之意六官亦同有此語惟地官司徒與安擾之字不同欲見所主雖曰有殊佐王之事是一故也○注教所至衍之○釋曰云教所以親百姓者案尚書舜典云帝曰契百姓不親五品不遜汝作司徒敬敷五教在寬彼舜欲使契布五教親百姓遜五品是鄭君所取義也但五教據所施而言五品據人品列有五品所從言之異其義一也云有虞氏五而周十有二焉者有虞氏五即舜典所云敬敷五教又文十八年云舜臣堯舉八元使布五教于四方父義母慈兄友弟恭子孝是也而周十有二者據司徒之職云一曰以祀禮教敬以下是也案成王周官云司徒敷五典擾兆民則周亦有五教而云至周十有二者鄭據此周禮之文言十二以對於虞五其實五中雖不含十二亦含有五云擾亦安也言饒衍之者以言饒益衍長亦是安義以其民爲邦本不安則散特須安而復安故云擾亦安也案天官教典鄭注擾爲馴者以其司徒主教教使馴順馴亦是安之義也

教官之屬。大司徒卿一人。小司徒中大夫二人。鄉師下大夫四人。上士八人。中士十有六人。旅下士三十有二人。府六人。史十有二人。胥十有二人。徒百有二十人。師長也司徒掌六鄉鄉師分而治之二人者共三鄉之事相左右也○鄉師音香下以意求之長丁丈反後皆同左音佐右音又〔疏〕教官至十人○釋曰上經說立官之意此經說立官尊卑相副貳云教官之屬者自此以下至槀人總六十官皆是教官之屬若然教官總目於下也云大司徒卿一人六命小司徒中大夫二人四命鄉師下大夫四人與小司徒同四命分爲中下上士八人三命中士十有六人再命旅下士三十有二人一命自此已上皆得王命謂之王臣以卑佐尊尊少卑多各與上一倍云府六人主藏文書史十有二人主作文書胥十有二人爲什長徒百有二十人給徭役此四者皆不得王命官長所自辟除者也○注師長至右也釋曰此鄉師司徒之老謂之鄉師者謂佐司徒主六鄉亦與在下民臣爲長故云師長也云司徒掌六鄉者案下云鄉老二鄉則公一人已下是主六鄉之事云鄉師分而治之者以其鄉師佐司徒主六鄉故言分而治之以鄉有六其人有四故三人共三鄉云相左右者左右助也以其二人共主三鄉不得各專其鄉事故相助而已

鄉老二鄉則公一人。鄉大夫每鄉卿一人。州長每州中大夫一人。黨正每黨下大夫一人。族師每族上士一人。閭胥每閭中士一人。比長五家下士一人。老尊稱也王置六鄉則公有三人也三公者內與王論道中參六官之事外與六鄉之教其要爲民是以屬之鄉焉州黨族閭比鄉之屬別正師胥皆長也正之言政也師之言帥也胥有才知之稱載師職曰以官田牛田賞田牧田任遠郊之地司勳職曰掌六鄉之賞地六鄉地在遠郊之內則居四同鄭司農云百里內爲六鄉外爲六遂○比毗志反徐扶二反注下同稱尺證反下同爲民于僞反帥所類反〔疏〕鄉老至下士一人○釋曰鄉老者謂三公案下曲禮三公於諸侯曰天子之老此鄭注云老尊稱未必是年老二鄉則公一人者在朝三公八命即典命云三公八命是也分陝而治則九命則大宗伯云九命作伯是也鄉大夫每鄉卿一人者六鄉則卿六人各主一鄉之事然總屬司徒非六官典兼鄉大夫知者以鄭注大司馬云軍吏選於六官六鄉之吏爲之既六官大鄉並言故知別置州長每州中大夫一人者每鄉有五州州長以中大夫爲之亦四命黨正每黨下大夫一人者五黨爲州黨正使下大夫爲之亦四命族師每族上士一人者五族爲黨族師使上士一人爲之亦三命閭胥每閭中士一人者四閭爲族巷門爲閭胥有才智之稱閭胥使中士一人爲之亦再命比長五家下士一人者五比爲閭比長使下士一人爲之亦一命特言五家者明閭胥已上至鄉皆有家數故其職云五家爲比五比爲閭四閭爲族五族爲黨五黨爲州五州爲鄉從少至多故於比言五家爲本也○注老尊至六遂釋曰言老尊稱也者以其天子所父事二老者同名故云老尊稱也云王置六鄉則公有三人也者於周禮不見公之人數六鄉之數周禮有其文此經云二鄉則公一人明知公有三人案成王周官立太師太傅太保茲惟三公亦是公有三人之事云三公者內與王論道者成王周官云茲惟三公論道經邦考工記云坐而論道謂之王公鄭雖言天子諸侯公中亦含三公是其內與王論道也云中參六官之事者案書傳云天子三公一曰司徒公二曰司馬公三曰司空公彼注云周禮天子六卿與大宰司徒同職者則謂之司徒公與宗伯司馬同職者則謂之司馬公與司寇司空同職者則謂之司空公一公兼二卿擧下以爲稱是其中參六官之事云外與六鄉之教即此經是也云其要爲民所以屬之鄉焉者三公無正職是以三百六十官之中不見三公之任唯此六鄉之內而言三公故云屬之鄉焉不言三孤者以其佐公論道三公有事之所亦有三孤故不言之云州黨族閭比鄉之屬別者五者皆屬於鄉而名號有別也云正師胥皆長也者自州已下至比長五官州比自稱長矣惟有黨正族師閭胥不言長故鄭云正師胥皆長也云正之言政也者取施政教者先自正故也云師之言帥也者以其帥領百家故言師也云胥有才智之稱者此釋閭胥以其有才智故爲中士以領一閭雖不稱長亦有長義引載師職云賞田任遠郊之地又引司勳職言掌六鄉之賞地者欲見賞地在六鄉之中同在遠郊之內云六鄉地在遠郊之內則居四同者案司馬法王城百里爲遠郊於王城四面則方二百里開方之二二如四故云居四同言此者破賈馬六鄉之地在遠郊五十里內五十里外置六遂鄭司農云百里內爲六鄉外爲六遂者司徒掌六鄉在百里內上以釋詁百里外爲六遂以其遂人掌六遂案遂人職云掌邦之野郊外曰野故知百里外爲六遂

封人中士四人。下士八人。府二人。史四人。胥六人。徒六十人。聚土曰封謂壝埒及小封疆也○堳音眉埒音劣疆居良反〔疏〕封人至十人○釋曰封人在此者以其掌設王之社壝又大司徒設社稷壝相左右故在地官而爲職首也胥徒多者以其畿封事廣故也

鼓人中士六人。府二人。史二人。徒二十人。〔疏〕鼓人○釋曰鼓人在此者以其主教六鼓四金以是教官故在此也

舞師下士二人。胥四人。舞徒四十人。舞徒給繇役能舞者以爲之○繇音遙〔疏〕舞師至十人○釋曰舞師在野人之舞亦是教官之類故教舞不在此者彼教國子學樂必須合於禮故注舞徒至爲之○釋曰餘官直言徒此官徒繇役之人今兼云舞即徒中使能舞者以充徒數也

牧人下士六人。府一人。史二人。徒六十人。養牲於野田者詩云爾牧來思何蓑何笠或負其餱三十維物爾牲則具○牧牧養之牧徐音目何胡可蓑素禾反笠音立餱音侯乾食〔疏〕牧人至十人○釋曰牧人掌牧六牲以供祭祀亦注牧人至則具○釋曰鄭云養牲於野田者國中又云詩曰者謂無羊詩美宣王之事也之時荷揭蓑之與笠蓑所以禦雨笠所以禦也三十維物物色也異毛色者三十爾宣王者以證牧人牧六牲之事也

牛人中士二人。下士四人。府二人。史四人。胥二十人。徒二百人。主牧公家之牛者詩云誰謂爾無牛九十其犉犉者九十其餘多矣○犉而純反一音而專反黃牛黑脣曰犉〔疏〕注主牧至多矣○之牛者亦是地事能任載地之類故在此也詩云者亦無羊詩無牛九十其犉黃牛黑脣曰犉云犉者九十經牛多故徒有二百人牧之也

充人下士二人。史二人。胥四人。徒四十人。充猶肥也養繫牲而肥之〔疏〕充人至十人○釋曰祭祀之入祭祀者送付牧人至祭前三月選入充人芻之使之肥充故其職云祀五帝則繫于牢芻之三月故與牧人連類在此也

載師上士二人。中士四人。府二人。史四人。胥六人。徒六十人。載之言事也事民而稅之禹貢曰冀州既載載師者閭師縣師遺人均人官之長〔疏〕載師至十人○釋曰案其職云掌任土之法以物地事皆是土地之事故在此○注載之至之長○釋曰

鄭知事民而稅之者，案其職上云任土之法，下云近郊什一之等，是其任民而稅之者也。云禹貢曰冀州既載，引之者，彼是禹治洪水訖事而稅之，引之證此事民之類也。云載師者閭師、縣師、遺人、均人官之長者，以其閭師、縣師徵斂之官，所斂之賦有入遺人者，均人主當地守地職，皆與載師事通，故載師與之爲長。

閭師中士二人。史二人。徒二十人。主徵六鄉賦貢之稅者。鄉官有州黨族閭比，正言閭者，徵民之稅宜督其親民者。凡其賦貢入大府，穀入倉人。【疏】注主徵至倉人○釋曰：知主徵六鄉賦貢之稅者，案其職云任農以耕事貢九穀，任圃以樹事貢草木，六鄉之內有二十五家爲閭，今以閭爲名，故知閭師主徵六鄉賦貢者也。云鄉官有州黨族閭比，正言閭者，徵民之稅宜督其親民者，鄉官有五者之名，正取二十五家爲閭以爲徵斂之官號者，徵民之稅，恐不能細委其民，故以近民之官爲號。云凡其賦貢者，此貢非是大宰九貢，正是九職之貢，即其職云任農以耕事貢九穀之類是也。此云賦，謂大宰九賦之內，則國中四郊二者是也，故其職云掌國中及四郊之人民六畜之數，又云凡無職者出夫布，是其九職之內，故云凡其賦貢入大府，故大府職云掌九賦九貢九功之貳，以受其貨賄之入焉。云穀入倉人者，案倉人云掌粟入之藏，故知穀入倉人也。

縣師上士二人。中士四人。府二人。史四人。胥八人。徒八十人。主天下土地人民已下之數，徵野賦貢也。名曰縣師者，自六鄉以至邦國，縣居中焉。鄭司農云：四百里曰縣。【疏】注主天至曰縣○釋曰：主天下土地人民已下之數者，案其職云掌邦國都鄙稍甸郊里之地域，辨其夫家六畜車輦，是其主天下土地人民已下之數，人民之外仍有六畜車輦，故言已下。云徵野賦貢也者，案其職云以歲時徵野之賦貢，郊外曰野，以其二百里外至邦國，以其地廣，縣師徵之，旅師斂之，徵斂別官；百里之內六鄉之中，閭師徵之，閭師斂之，以其地狹，徵斂同官。又云名曰縣師者，自六鄉以至邦國，縣居中焉，自百里以至邦國，分爲五等，二百里曰甸，三百里曰稍，四百曰縣，五百曰都，識外邦國，是其縣居中焉，以其徵外內之賦，舉中爲名。鄭雖言自六鄉，六鄉仍舊郊內，據六鄉已外而言。鄭司農云四百里曰縣者，據載師職小都任縣地，在四百里中，故云四百里曰縣。此縣師與閭師並在此者，以其徵斂地稅，故與載師連類在此。

遺人中士二人。下士四人。府二人。史四人。胥四人。徒四十人。鄭司農云：遺讀如詩曰棄予如遺之遺。玄謂以物有所饋遺。○遺人，維季反，注饋遺同。司農音維。【疏】遺人至十人○釋曰：在此者，案其職云掌邦之委積以待施惠，故與徵斂之官連類在此。○注鄭司至饋遺○釋曰：先鄭云遺讀如詩曰棄予如遺之遺者，此小雅谷風詩，彼謂朋友道絕，相棄如遺忘物。玄謂以物有所饋遺者，此是將物與人，非是遺忘之事，故不從先鄭也。

均人中士二人。下士四人。府二人。史四人。胥四人。徒四十人。均猶平也，主平土地之力政者。【疏】均人至十人○釋曰：均人在此者○案其職云掌均地政、均地守、均地職，皆是均地之事，故在此。○注均猶至政者○釋曰：知平土地之力政者，案其職均地職已下，更有均人民牛馬車輦之力政，是其平土地力政者也。

師氏中大夫一人。上士二人。府二人。史二人。胥十有二人。徒百有二十人。師，教人以道者之稱也。保氏、司諫、司救官之長。鄭司農云：詩云「橋維師氏」。○橋，俱禹反。【疏】師氏至十人○釋曰：師氏在此者，以其主教，與地官掌十二教同，故亦在此。以其教國子有道藝，故使中大夫尊官爲之也。其徒百有二十人者，以其國子人多，使役處衆，故其徒多矣。○注師教至師氏○釋曰：案其職云以三德教國子，一曰至德，以爲道本，是其教人以道者爲稱也。云保氏、司諫、司救官之長者，以其保氏佐師氏教國子，以其司諫諫萬民，司救救萬民，皆是教之義，故師氏與爲長。鄭司農云詩云橋惟師氏者，此詩小雅刺幽王之詩，其臣氏曰橋者，惟作師氏之官，引之者，證與此師氏同也。

保氏下大夫一人。中士二人。府二人。史二人。胥六人。徒六十人。保，安也，以道安人者也。書敘曰：周公爲師，召公爲保，相成王爲左右。聖賢兼此官也。○召，上照反。相，息亮反。【疏】保氏至十人○釋曰：保氏在此者，以其佐師氏教國子，亦是教官，故在此。既與師氏同教國子，官與府史別者，以其教國子雖同，館舍別所，故置官有異。○注保安至官也○釋曰：云以道安人者也者，人則是國子也，案其職云掌教國子以道，人有道則安，故云以道安人者也。此師氏、保氏皆稱氏者，案鄭下注云官有世功則以官族，此二官父祖以來皆以道教國子，世爲師氏、保氏之官，則賜之以氏曰師氏、保氏，自此已下官稱氏者皆此類也。云書敘曰周公爲師，召公爲保，相成王爲左右者，此是尚書君奭篇敘。云聖賢兼此官也者，召公爲賢，周公爲聖，此二人爲三公，分陝以其周公聖，下兼此師氏官；召公爲賢，下兼此保氏官，故云聖賢兼此官。此鄭君之意，謂三公之號無師保之名，兼此二官，得師保之稱。鄭志趙商問：案成王周官立大師、大傅、大保，茲惟三公，即三公之號，自有師保之名。成王周官是周公攝政三年事，此周禮是周公攝政六年時，則三公自名師保起之在前，何也？鄭荅曰：周公左，召公右，兼師保，初時然矣。若如此解，周公兼師在成王周官前，故成王周官稱三公爲大師、大傅、大保。若然，大傅者畢公爲之，兼世子之官，故稱大傅，是以文王世子云大傅在前，少傅在後。若孔君之義，三公之號自名師保，不由兼師氏、保氏。

司諫中士二人。史二人。徒二十人。諫猶正也，以道正人行。○行，下孟反。【疏】司諫至十人○釋曰：司諫在此者，案其職云掌糾萬民之德，勸之朋友，正其行而強之道藝，此官則主諫萬民，亦是教之義。此官徒二十人，無胥者，以得徒則了，不假長師。上下文有徒無胥者，皆此類，故無胥也。○注諫猶至人行○釋曰：鄭訓諫爲正，言以道正人行者，案其職云正其行，故鄭就而解之。

司救中士二人。史二人。徒二十人。救猶禁也，以禮防禁人之過者也。【疏】注救猶禁也以禮防禁人之過者也○釋曰：案其職云掌萬民之袤惡過失而誅讓之，以禮防禁而救之，是其以禮防禁人之過者，亦是教之類，故在此。

調人下士二人。史二人。徒十人。調猶和合也。【疏】調人釋曰：言調人者，鄭云調猶和合也，人相殺傷，共其難者，此調人和合之。在此者，會赦之後設教使之相避，是教官之類，故在此。

媒氏下士二人。史二人。徒十人。媒之言謀也，謀合異類使和成者。今齊人名麴麩曰媒。○媒，劉音梅。麴，起六反。麩，魚列反，又五結反，徐去稙反。【疏】媒氏至十人○釋曰：媒氏在此者，集名云配儷男女，取地道生息，故在此也。○注媒之至曰媒○釋曰：言謀合異類使和成者，異類謂別姓，三十之男，二十之女，和合使成婚姻。云今齊人名麴麩曰媒，麴麩和合得成酒醴，名之曰媒，言此者，欲見謀合異姓，得名爲媒之意。

司市下大夫二人。上士四人。中士八人。下士十有六人。府四人。史八人。胥十有二人。徒百有二十人。司市，市官之長。【疏】司市至十人○釋曰：案其職云掌市之治教政刑量度禁令，以其事治教，即教官之類；又市以聚人，猶地之容衆，故在此。以其市官之長，經紀事大，故使下大夫尊官爲之也。屬官及胥徒又衆也。○注司市市官之長○釋曰：市官謂質人已下至泉府，司市與之爲長也。

質人中士二人。下士四人。府二人。史四人。胥二人。徒二十人。質，平也，主平定物賈者。○賈音嫁，下物賈及賈人同。【疏】質人釋曰：在此者，案其職云掌成市之貨賄人民牛馬，鄭彼注成，平也。此注質，平也，主平定物賈者，故亦與司市連類在此。

廛人中士二人。下士四人。府二人。史四人。胥二人。徒二十人。故書廛爲壇，杜子春讀壇爲廛，說云市中空地。玄謂廛，民居區域之稱。○廛，直連反，徐長戰反。【疏】廛人至十人○釋曰：在此者，案其職云掌斂市之絘布、總布、質布、罰布、廛布，五種之泉入于泉府，故與司市連類在此也。○注故書至之稱○釋曰：子春讀壇爲廛，不從故書，於義是也。又說云市中空地，以解廛則於義非也，故後鄭不從。玄謂廛，民居區域之稱者，見遂人云夫一廛，田百畝，及載師廛里任國中之地，皆是民之所居區域。又其職有廛布，謂貨賄停儲邸舍之稅，即市屋舍名之爲廛，不得爲市中空地。

胥師二十肆則一人。皆二史。賈師二十肆則一人。皆二史。司虣十肆則一人。司稽五肆則一人。胥二肆則一人。肆長每肆則一人。自胥師以及司稽，皆司市所自辟除也。胥及肆長，市中給繇役者。胥師領羣胥，賈師定物賈，司暴禁暴亂，司稽察留連不時去者。○賈音古。辟，必亦反，徐方歷反。【疏】胥師二十肆則一人皆二史○釋曰：自胥師至司稽，皆是府史之類，并是命士已上。其職云平其貨賄。胥者，有才智之稱。師，長也。肆謂行列。胥師二十肆則一人，皆有二史副之，助作文書。○賈師至每肆則一人○釋曰：賈師知物賈者，其職云凡國之賣儥，各師其屬而嗣掌其月，亦二十肆則一人，亦二史副之。司虣，司猶主也，主在市虣亂，十肆則一人。司稽，司，主也，主在市稽留之人不時去者，五肆則一人。胥二肆則一人者，此謂市中給繇役，少有才智者，屬胥師。肆長謂行頭，每肆則一人，亦是市中給繇役者。○注自胥至去者○釋曰：知胥師及司稽皆司市所自辟除者，以其胥師、賈師等領羣胥，則

知胥師等並非官賈師與胥師同二十肆則一人二史賈師非官明胥師亦非官也故知皆司市所自辟除也又知胥及肆長是給繇役者以其司稽已上是府史之類明此二者與胥徒同是給繇役者也又知胥師領羣胥者以其同名爲胥二肆則一人其數衆多明有所屬故一胥爲胥師所領也

泉府上士四人中士八人下士十有六人府四人史八人賈八人徒八十人。鄭司農云故書泉或作錢〔疏〕泉府至十人○釋曰在此者案其職云掌以市之征布故與司市連類在此○注鄭司至作錢○釋曰泉與錢今古異名故後鄭引之得通一義

司門下大夫二人上士四人中士八人下士十有六人府二人史四人胥四人徒四十人每門下士二人府一人史二人徒四人。司門若今城門校尉主王城十二門○校胡孝反〔疏〕司門至徒四人○釋曰司門在此者案其職云正其貨賄凡物犯禁者舉之以其掌貨賄與司市相連故亦在此○注司門至二門○釋曰案經有每門下士二人據在門開閉者此司門鄭云若今城門校尉則是都司揔監十二門官故舉漢法況之知王城有十二門者案匠人云營國九里旁三門四面各三門是有十二門鄭注云十二門以通十二子十二子則十二辰也

司關上士二人中士四人府二人史四人胥八人徒八十人每關下士二人府一人史二人徒四人。關界上之門〔疏〕司關至徒四人○釋曰在此者案其職云掌國貨之節以連門市故同與市連類在此此司關亦是揔撿校十二關所司在國內下云每關下士二人者自在關門開閉○注關界上之門○釋曰王畿千里王城在中面有五百里界首面置三關則亦十二關故云關界上門也

掌節上士二人中士四人府二人史四人胥二人徒二十人。節猶信也行者所執之信〔疏〕掌節至十人○釋曰案其職云掌守邦節辨其用在此者以其節連於門市故亦連類在此○注節猶至之信○釋曰案其職云邦國之使節山國虎節凡節者皆行道所用無節者不達有節乃得行故云行者所執之信

遂人中大夫二人。△遂師下大夫四人上士八人中士十有六人旅下士三十有二人府四人史十有二人胥十有二人徒百有二十人。遂人主六遂若司徒之於六鄉也六遂之地自遠郊以達于畿中有公邑家邑小都大都焉鄭司農云遂謂王國百里外〔疏〕遂人至十人○釋曰遂人主六遂如司徒主六鄉但官卑校一節司徒六命卿一人小司徒中大夫二人鄉師下大夫四人此遂人中大夫二人當小司徒處遂師下大夫四人當鄉師處但無六命卿一人以其六鄉爲正六遂爲副故尊卑不同以主事相似故上士已下其數與司徒同自此已下至旅師皆是地事故在此○注遂人至里外○釋曰鄭知遂人主六遂若司徒之於六鄉者既名遂人下文承以遂大夫遂官之等似若大司徒下即有鄉大夫鄉官之等故知遂人主六遂若司徒之於六鄉也云六遂之地自遠郊以達于畿者案其職云遂人掌邦之野下文以達于畿是其義也云中有公邑家邑小都大都焉但六遂之地只在二百里內亦有公邑故載師職云公邑之田任甸地其公邑自二百里以出至五百里皆有焉家邑大夫采地在稍地三百里小都卿之采地在縣地四百里大都三公王子弟在畺地五百里故載師職云家邑任稍地小都任縣地大都任畺地遂人雖專六遂以其言掌野郊外曰野大揔之言以言達于畿故知兼掌此等焉鄭司農云遂謂王國百里外者以其在一百里中故知百里外

遂大夫每遂中大夫一人縣正每縣下大夫一人鄙師每鄙上士一人酇長每酇中士一人里宰每里下士一人鄰長五家則一人。酇作管反 縣鄙酇里鄰遂之別屬也〔疏〕遂大至則一人○釋曰此遂大夫於六遂各主一遂以鄉大夫各主一鄉但遂大夫已下其官皆卑於鄉官命數皆減一等是以遂大夫每遂中大夫一人不使鄉爲之差次至鄰長五家則一人者是不命之士爲之其鄉內比長亦五家一人彼使下士爲之○注縣鄙至別也○釋曰以其鄰長已上至縣正皆屬於遂大夫故言遂之屬別與上文州黨族閭比鄉之屬別相似

旅師中士四人下士八人府二人史四人胥八人徒八十人。主斂縣師所徵野之賦穀者也旅猶處也六遂之官里宰之師也正用里宰者亦斂民之稅宜督其親民〔疏〕旅師至十人○釋曰六鄉之內所有賦稅閭師徵之閭師斂之此二百里以外至五百里其地廣故縣師徵之旅師斂之徵斂別官故官屬與胥徒多也○注主斂至親民○釋曰案其職云掌聚野之鋤粟屋粟閒粟言野故知主斂縣師所徵野之賦穀者也云旅猶處也六遂之官里宰之師也者里訓爲居旅者衆也衆之所處即與里義同故鄭云里宰之師也遂官之內縣鄙已下正用里宰爲徵斂之官名者亦是斂民之稅宜督其親民若似六鄉之中取閭名爲徵斂之官故鄭云亦謂亦閭師也

稍人下士四人史二人徒十有二人。主爲縣師令都鄙丘甸之政也距王城三百里曰稍家邑小都大都自稍以出焉○爲于僞反甸繩正反又如字〔疏〕稍人至有二人○釋曰其官在此者其職云掌令丘乘之政令音丘乘即三等采地也故與縣師遂人等連類在此○注主爲至出焉○釋曰云主爲縣師令都鄙丘甸之政也者案其職云若有會同師田行役之事則以縣師之法故云主爲縣師令都鄙丘甸之政也云距王城三百里曰稍者案載師家邑任稍地在三百里內故知三百里曰稍云家邑小都大都自稍以出焉者以其家邑在三百里小都在四百里大都在五百里從三百里向外故言自稍以出

委人中士二人下士四人府二人史四人徒四十人。主斂甸稍芻薪之賦以共委積者也○委烏僞反注同〔疏〕注主斂至者也釋曰案其職云掌斂野之賦斂薪芻凡疏材木材凡畜聚之物故鄭云主斂甸稍薪芻之賦共與遺人在道以供賓客故云以供委積者也亦與徵斂之官連類在此

土均上士二人中士四人下士八人府二人史四人胥四人徒四十人。均猶平也主平土地之政令者也〔疏〕土均至十人○釋曰土均在此者案其職云掌平土地之政均地守均地事均地貢並是徵斂土地之事故在此宜也○注均猶至者也○釋曰案其職云掌平土地以均地守故云均猶平也是主平土地之政令也

草人下士四人史二人徒十有二人。草除草〔疏〕草人○釋曰在此者案其職云掌土化之法以物地相其宜而爲之種又云凡糞種騂剛用牛之等皆是土地之事故在此宜也案其職唯有糞種之文無殺草之事鄭云草除草者無糞種者殺草然後種之職雖不言殺草名爲草人明知除草故鄭云除草也

稻人上士二人中士四人下士八人府一人史四人胥十人徒百人。〔疏〕稻人○釋曰在此者案其職云掌稼下地又云澤草所生種之芒種是土地之事故在此胥徒多者以其并遣營種稻田

土訓中士二人下士四人史二人徒八人。鄭司農云訓讀爲馴謂以遠方土地所生異物告道王也爾雅云訓道也玄謂能訓說土地善惡之勢○訓如字司農音馴似遵反劉音訓徐餘倫反道音導〔疏〕土訓至八人○釋曰在此者案其職云掌道地圖以詔地事亦是土地之事故在此○注鄭司至之勢○釋曰司農云訓讀爲馴又引爾雅訓道也玄謂能訓說土地善惡之勢不從先鄭者案其職云道地圖道地慝道自是說不得更訓以爲道故後鄭以爲訓說土地善惡

誦訓中士二人下士四人史二人徒八人。能訓說四方所誦習及人所作爲久時事〔疏〕誦訓至八人○釋曰在此者案其職云掌道方志以詔觀事以知地俗亦是土地之事故在此○注能訓至時事○釋曰知能訓說四方所誦習事者其職云掌道方志謂所識四方久遠之事是其能訓說四方所誦習者也云及人所作爲久時事者案其職云以知地俗鄭注云博事也謂博知古事是其人所作爲久時事者也

山虞每大山中士四人下士八人府二人史四人胥八人徒八十人中山下士六人史二人胥六人徒六十人小山下士二人史一人

徒二十人。虞度也度知山之大小及所生者○度徒洛反下同〔疏〕山虞至十人○釋曰山虞在此者案其職云掌山林之政令物爲之厲而爲之守禁山林亦是土地之事在此宜也○注虞度至生者○釋曰言度知山之大小者但山之大小里數雖曰無文據當時量度知其大小然後設官分職使掌之經文有中山鄭雅言大小者略言之耳云及所生者山中所出金玉錫石禽獸草木或有或無是也

林衡每大林麓下士十有二人。史四人。胥十有二人。徒百有二十人。中林麓如中山之虞。小林麓如小山之虞。衡平也平林麓之大小及所生者竹木生平地曰林山足曰麓○麓本亦作禁音鹿〔疏〕林衡至小山之虞○釋曰云大林麓下士十有二人者案上山虞中士四人下士八人相併亦十二人但山虞尊使中士爲官首下士爲之佐此林衡卑故下士自爲官首胥徒多於山虞者以其林麓在平地盜竊林木多者故須巡行者衆以是胥徒特多也中林麓如中山之虞小林麓如小山之虞胥徒不多者以其大林麓據特大者故胥徒特多中小已下自如尋常法故如山虞自此已下至澤虞皆是地事故在地官○注衡平也至曰麓○釋曰云衡平也平林麓之大小者經有中林麓鄭不言者亦略言也云竹木生平地曰林者對山中之林自是山虞掌此別言林衡故知竹木生平地者云山足曰麓者爾雅文山足亦有林木與山虞別官

川衡每大川。下士十有二人。史四人。胥十有二人。徒百有二十人。中川下士六人。史二人。胥六人。徒六十人。小川下士二人。史一人。徒二十人。川流水也禹貢曰九川滌源○滌徒歷反〔疏〕川衡至十人○釋曰川衡者平知川之遠近寬狹及物之所出官及胥徒多者以其川路長遠巡行勞役故也中川小川之等自若常法故差少○注川流至滌源○釋曰言川流水也者對澤爲停水又引禹貢九川滌源者爲禹治洪水已訖九州之川已滌除泉源無擁塞矣引之者證川是流水

澤虞每大澤大藪。中士四人。下士八人。府二人。史四人。胥八人。徒八十人。中澤中藪如中川之衡。小澤小藪如小川之衡。澤水所鍾也水希曰藪禹貢曰九澤既陂爾雅有八藪○藪素口反陂彼宜反〔疏〕澤虞至小川之衡○釋曰虞亦度也度知澤之大小及物之所出用中士尊於川衡者以其澤之所出物衆多胥徒少者以其巡行處近故也中澤小澤已下皆如川衡者自是常法○注澤水至八藪○釋曰澤水所鍾者鍾聚也謂聚水於其中更無所注入案周語虞大子晉云山土之聚澤水之鍾築要亦云水所鍾曰澤故知澤水所鍾也云水希曰藪者希乾也案鄭詩云叔在藪火烈具舉舉藪中田獵明知無水又案爾雅藪在釋地之篇不入釋水故知水希曰藪以其藪與澤也有水無水爲異故於經別立官掌之案職方澤藪曰具區之類及毛傳云藪澤皆同爲一者以其有水則爲澤無水則爲藪元是一物故同解之引禹貢曰九澤既陂者亦謂禹治洪水既訖九州之澤既已陂障無決溢矣引爾雅有八藪者禹貢九澤通畿內一州則有九爾雅云八藪除畿內一州而言引此二文者證藪澤有異案爾雅釋有十者以其周秦同在雍州秦有楊紆周有焦護一州有二故十又爾雅秦有楊陓職方冀州有楊紆蓋異所而同名也

迹人中士四人。下士八人。史二人。徒四十人。迹之言跡知禽獸處〔疏〕注迹之至獸處○釋曰案其職云掌邦田之政亦是地事故在此

丱人中士二人。下士四人。府二人。史二人。胥四人。徒四十人。丱之言礦也金玉未成器曰礦○丱徐音礦虢猛反劉候猛反礦音虢猛反〔疏〕注丱之至曰礦○釋曰經所云丱是揔角之丱字此官取金玉於丱字無所用故轉從石邊廣以其金玉出於石左形右聲從礦字也云金玉未成器曰礦以其此官不造器物直取金錫玉石以供冬官百工故言金玉未成器曰礦金玉之等出於地故在此也

角人下士二人。府一人。徒八人。〔疏〕角人○釋曰案其職云掌以時徵齒角凡骨物於山澤之農以其是徵斂之官故亦在此

羽人下士二人。府一人。徒八人。〔疏〕羽人○釋曰案其職云掌以時徵羽翮之政于山澤之農亦是徵斂之官故在此

掌葛下士二人。府一人。史一人。胥二人。徒二十人。〔疏〕掌葛○釋曰案其職云掌以時徵絺綌之材于山農亦是徵斂之事故在此

掌染草下士二人。府一人。史二人。徒八人。染草藍蒨象斗之屬○蒨千見反象本或作橡音同〔疏〕注染草至之屬○釋曰案其職掌以春秋斂染草之物亦徵斂之官故在此藍以染青蒨以染赤象斗染黑案其職注云染草茅蒐橐蘆豕首紫茢之屬二注不同者染草既多言不可盡故互見略言耳

掌炭下士二人。史二人。徒二十人。〔疏〕掌炭○釋曰案其職掌灰物炭物之徵令以時入之以其徵斂之官故亦在此

掌荼下士二人。府一人。史一人。徒二十人。荼茅秀○荼音徒徐音餘秀劉音酉毛詩注作秀〔疏〕注荼茅秀○釋曰案其職云掌以時聚荼以共喪事徵野疏材以其徵斂之官故亦在此

掌蜃下士二人。府一人。史一人。徒八人。蜃大蛤月令孟冬雉入大水爲蜃○蜃上忍反蛤古荅反〔疏〕注蜃大至爲蜃○釋曰案其職云掌斂互物蜃物以共闉壙之蜃亦徵斂之官故在此言蜃大蛤者對雀入大水化爲蛤者爲小蛤引月令雉入大水爲蜃者案國語大水淮也

囿人中士四人。下士八人。府二人。胥八人。徒八十人。囿今之苑○囿音又〔疏〕囿人至十人○釋曰案其職云掌囿游之獸禁囿是地之用故在此○注囿今之苑○釋曰此據漢法以況古古謂之囿漢家謂之苑

場人每場下士二人。府一人。史一人。徒二十人。場築地爲墠季秋除圃中爲之詩云九月築場圃十月納禾稼○墠音善圃音補又音布〔疏〕場人至十人○釋曰言每場者以其九穀別場故言每以殊之場亦地之用故在此○注場築至禾稼○釋曰除地曰墠築堅始得爲場故云場築地爲墠也云季秋除圃中爲之者以其春夏爲圃以種菜蔬至季秋始爲場引詩曰九月築場圃十月納禾稼者此七月詩引之證圃中爲場之意

廩人下大夫二人。上士四人。中士八人。下士十有六人。府八人。史十有六人。胥三十人。徒三百人。藏米曰廩廩人舍人倉人司祿官之長○廩力甚反倉也盛音成〔疏〕廩人至百人○釋曰此官使下大夫爲官首徒三百人又多者以其米廩事重出納又多故也故其職云掌九穀之數以其米穀地之所長成故在此○注藏米至之長○釋曰藏米曰廩者對下倉人藏穀曰倉云廩人舍人倉人司祿官之長者以其舍人已下同掌米穀之事皆以士爲之故廩人下大夫與之爲長

舍人上士二人。中士四人。府二人。史四人。胥四人。徒四十人。舍猶宮也主平宮中用穀者也〔疏〕舍人至十人○釋曰在此者案其職云掌平宮中之政分其財守以法掌其出入謂平宮中米穀多少故與廩人倉人連類在此○注舍猶至者也○釋曰鄭訓舍爲宮者案其職云掌平宮中之政故就職內主平宮中用穀解之

倉人中士四人。下士八人。府二人。史四人。胥四人。徒四十人。〔疏〕倉人○釋曰案其職云掌粟入之藏如廩人米粟地之所成故也

司祿中士四人。下士八人。府二人。史四人。徒四十人。主班祿〔疏〕注主班祿○釋曰在此者其職既闕未知所掌云何但班祿者用粟與之司祿職次倉人明是班多少之官故鄭云主班祿故與倉人連類在此

司稼下士八人。史四人。徒四十人。種穀曰稼如嫁女以有所生〔疏〕注種穀至所生○釋曰云種穀曰稼者對收斂曰穡也在此者其職云巡野觀稼出斂法亦是徵斂地事故連類在此

舂人奄二人。女舂抌二人。奚五人。女舂抌女奴能舂與抌者

抌抒臼也詩云或舂或抌○奄於檢反劉於驗反抌音由又音揄或羊笑反抒時女反〔疏〕舂人至五人○釋曰有奄者以其與女奴同處故也在此者與倉人稟人饎人連事故亦連類在此其職云掌祭祀賓客共禮之米所共多矣而舂人少者蓋舉其能者亦應兼有別奚於其中矣○注女舂至或抌○釋曰引詩或舂或抌者彼生民詩引之者證舂抌之事也

饎人奄二人。女饎八人。奚四十人。鄭司農云饎人主炊官也特牲饋食禮曰主婦視饎爨故書饎作饎○饎尺志反注饎同爨七亂反〔疏〕饎人至十人○釋曰在此者其職云凡祭祀共盛共王及后之六食凡賓客共其簠簋不在天官而在此者以其因舂人又因地道之成故在此

稾人奄八人。女稾每奄二人。奚五人。鄭司農云稾讀為犒師之犒主冗食者故謂之犒○犒注音犒同苦報反冗如勇反〔疏〕稾人至五人○釋曰案其職云掌共外內朝冗食者之食所共處多故有奄八人又女稾每奄二人奚五人也○注鄭司至之犒○釋曰案左氏春秋僖三十三年秦人將襲鄭鄭商人弦高將市於周遇之以乘韋先牛十二頭犒秦師遂詐之云鄭使我犒勞軍師引之者以在朝之人不得歸家亦枯槁以須犒勞之故名其官為犒人亦同稾人連類在此

周禮注疏卷九挍勘記　阮元撰盧宣旬摘錄

附釋音周禮注疏卷第九

地官司徒第二　唐石經作第三非

其實五中雖不含十二　浦鏜云下當脫十二中三字

自此以下至槀人　閩本同槀字從木監毛本作稾從禾誤

教官揔目於下也　此本目誤自據閩監毛本訂正

此鄉師司徒之老　盧文弨云老當作考○按此據冢宰設其考之注而言確不可易

謂佐司徒主六鄉　此本佐誤在據閩監毛本訂正

胥有才知之稱　釋文才知音智惠棟云五注本作智余本作知

二鄉則公一人者　惠棟云此下有脫文

以其天子所父事二老者同名　惠挍本二作三此誤

坐而論道謂之王公　閩監毛本王誤三

云其要為民所以屬之鄉焉者　注所以作是以

上以釋訖　浦鏜云以當巳字誤

鼓人史二人　唐石經諸本同集注作史四人誤

或負其餱　宋本餱作糇載音義糇音侯此本疏中亦作糇案釋文其糇音侯○按此亦餱之俗字

又云詩曰者　此本云誤充據閩本訂正監毛本改引

冀州既載　閩監毛本同宋本嘉靖本冀作異此本疏中引注亦作異

是其任民而稅之者也　浦鏜云事誤任○按此等非誤

鄉官有州黨族閭比正　岳本鄉官下有則

掌九賦九貢九功之貳　浦鏜云賦貢字當依經互易○按注文作賦貢

三百里曰稍四百里曰縣　惠挍本作四百里曰縣

皆是均地之事　閩本同監本剜改作土地毛本從之

耦維師氏　釋文以下諸本維字从糸此淺人據毛詩所改賈疏引注作惟當訂正

以其國子人多　惠挍本閩本同監毛本多作衆與下句複

是其教人以道者為稱也　浦鏜云之誤為

掌教國子以道　浦鏜云養誤教

自此巳下　惠挍本閩本同監毛本巳改以非

以其周公聖　案聖上脫為

媒之言謀也謀合里類　監本言媒誤謀漢制考異類作異姓非

集名云配儷男女　惠挍本作集略云此誤

云今齊人名麴麩曰媒　惠挍本下有者此脫

故書廛為壇　九經古義云管子五輔篇曰辟田疇利壇宅荀卿子云定廛宅是古廛字皆作壇也○按此等鄭君謂之古文假借字

胥師二十肆則一人　宋本不提行即接廛人注下與此是合唐石經嘉靖本閩監毛本皆另提唐○按不提行者誤也

少有才智者　案此本少字係剜擠蓋本作有才知者

掌國貨之節以連門市　閩監毛本連改聯非此本及監本門誤關今據閩毛本訂正

遂師下大夫四人　余本閩監毛本同皆連上遂人唐石經宋本岳本嘉靖本皆另提行下遂大夫縣正鄙師鄰長里宰鄰長各自提行準此○按準鄉老至閭胥之式則遂人至鄰長亦當合為一條

里宰每里下士一人　諸本同唐石經作二人誤

以鄉大夫各主一鄉　浦鏜云以當似字誤

不使鄉為之　浦鏜云卿誤鄉

草人○釋曰在此者　惠挍本釋曰下有草人二字此脫

訓讀為馴　九經古義云訓與馴古今字史記五帝本紀云帝堯能明馴德徐廣曰馴古訓字殷本紀帝舜命契曰百姓不親五品不馴後漢書作訓萬石君傳馴行孝謹亦作訓易馴致其道徐音訓漢讀考云此經作馴司農易為訓又引爾雅以證成之今經作土訓注作訓讀為馴蓋其始或用注改經作訓其既也復用巳改之經改注凡經典內如此者致多

胥十有二人　毛本二誤一

以其林麓在平地盜竊林木多者　毛本平誤乎惠挍本林作材浦鏜云多者二字當誤倒

云山足曰麓者爾雅文　浦鏜云爾雅無文見劉氏釋名

官及胥徒多者　閩監毛本誤作師徒

案周語虞大子晉云　閩本同監毛本語誤禮浦鏜云虞疑衍案惠挍本無此字

以其藪與澤也有水無水為異　案也當有字之誤

周有焦護　惠挍本護作穫與爾雅釋文正合今本作護非

築堅始得為場　此本堅字剜擠蓋本作築始得為場

藏米曰廩　賈疏本同釋文盛米音成與賈異監本廩作稟非下同○按賈本作藏是

如嫁女以有所生　浦鏜云之訛以從洪範疏挍

故書饎作⿰食熙　漢讀考云案說文饎或從巸作𩜀疑今周禮巸下訛多火也特牲饋食禮注曰古文饎作糦周禮作⿰食熙

稾人　宋本閩本同葉鈔釋文及宋本載音義作槁人唐石經嘉靖本監毛本通志堂釋文作稾下從禾下及注并疏準此蓋經文作禾稾字為假借故司農讀作枯槁也小行人注云故書槁為稾鄭司農云稾當為槁與此正合唐石經序官作稾人者非也槁人職及牛人共其槁牛小行人則令槁禬之字皆從木者是也本或作稾槁稾一字經注有從牛者蓋非盧文弨曰注疏本槁或作犒此習於俗用而遂改易舊文不知古並無犒字觀疏以枯槁為言則唐人尚未誤也

鄭使我犒勞軍師　此本犒誤槁據閩監毛本訂正

故名其官為犒人　當從閩本作槁人監毛本作稿人亦誤

附釋音周禮注疏卷第十

鄭氏注　賈公彥疏

大司徒之職。掌建邦之土地之圖。與其人民之數。以佐王安擾邦國。

土地之圖若今司空郡國輿地圖〔疏〕大司至邦國○釋曰司徒旣欲佐王安擾邦國故先須知土地之圖人民之數○注土地至地圖○釋曰案漢蕭何收秦圖籍以知天下阨塞廣遠至後漢乃有司空郡國地圖輿者車輿其前牙曲地形不可正方故云輿地圖也案職方亦云掌天下之圖注直云如今司空輿地圖不云郡國者彼以司馬主九畿并夷狄而言故不得云郡國此經云主人民之數則唯據九州之中郡國在九州之內故此注云郡國也

以天下土地之圖。周知九州之地域廣輪之數。辨其山、林、川、澤、丘、陵、墳、衍、原、隰之名物。

周猶徧也九州揚荆豫青兗雍幽冀并也輪從也積石曰山竹木曰林注瀆曰川水鍾曰澤土高曰丘大阜曰陵水崖曰墳下平曰衍高平曰原下濕曰隰名物者十等之名與所生之物○廣古曠反墳扶云反原本又作邍徧音遍雍於用反從子容反〔疏〕以天至名物○釋曰上經云土地圖爲人民之數而言之此經云土地圖據十等土地而說也故云周知九州之地域廣輪之數馬融云東西爲廣南北爲輪案王制南北兩近一遥東西兩遥一近是南北長東西短謂知此數也又辨其山林川澤以下十等形狀名號及所出之物也○注周猶至之物○釋曰九州揚荆以下據職方周之九州而言故有幽并無徐梁禹貢據夏以前九州故有徐梁無幽并也云輪從也者據南北義與馬同不釋廣者東西可知云積石曰山者案詩云節彼南山維石巖巖鄭云巖巖積石貌鄭據此而言案爾雅山巳別釋則巨是純土其山皆石亦有兼土者故曰石戴土謂之崔嵬又周語云夫山土之聚是其山有土也云竹木曰林者謂生平地以其山林川澤別官故知竹木生平地曰林云注瀆曰川者案釋水云注川曰谿注谿曰谷注谷曰溝注溝曰澮注澮曰瀆彼注云皆以小注大大小異名言注澮曰瀆者謂以澮中水注入瀆中使有所去此云注瀆曰川者爾雅無此言鄭以義增之耳謂以瀆中水注入川案職方九州皆直川故知從瀆入川此瀆與四瀆義異四瀆則亦川故職方云其川三江其川江漢也云水鍾曰澤者周語虞大子晉之言也云土高曰丘者爾雅山丘別釋則丘無石者也云大阜曰陵者案爾雅釋地云高平曰陸大陸曰阜大阜曰陵大陵曰阿可食者曰原是陵與丘高下異稱皆無石者也其有石者亦曰陵故左氏僖三十二年云殽有二陵南陵夏后皋之墓也其北陵文王之所避風雨是有石者也云水崖曰墳者案爾雅云重崖岸墳大防是墳爲崖岸之峻者故知水崖曰墳故詩云遵彼汝墳是汝水之大防亦是水崖曰墳也云下平曰衍者此十地皆兩兩相對爲名墳既水崖而高明衍爲下平此下平又與下濕曰隰者別也云高平曰原者案爾雅云廣平曰原高平曰陸不云高平曰原此言高平曰原者對下濕曰隰而言其實高平即廣平者也爾雅高平曰陸者據山傍平者故下云可食者曰原也云下濕曰隰者爾雅釋地文若然禹貢云大陸既作注大陸地者爾雅釋地八藪晉有大陸彼是藪澤之地稱與高平曰陸者別也云十等之名者山林以下十等名異也云與所生之物者即下文土

會之法以下是也

而辨其邦國都鄙之數。制其畿疆而溝封之。設其社稷之壝而樹之田主。各以其野之所宜木。遂以名其社與其野。

千里曰畿疆猶界也春秋傳曰吾子疆理天下溝穿地爲阻固也封起土界也社稷后土及田正之神壝壇與堳埒也田主田神后土田正之所依也詩人謂之田祖所宜木謂若松柏栗也若以松爲社者則名松社之野以別方面○壝維癸反別彼列反下同〔疏〕而辨至其野○釋曰云辨其邦國者謂分別畿外諸侯邦國多少之數謂若王制云畿外八州州二百一十國也云辨其都鄙之數者謂分別畿內三等采地之數謂若王制畿內九十三國也云制其畿疆者王畿內千里中置王城面有五百里其邦國都鄙亦皆有畿界也云而溝封之者謂於疆界之上設溝溝爲封樹以爲阻固也云設其社稷之壝者謂於中門之外右邊設大社大稷王社王稷又於廟門之屏設勝國之社稷其社稷外皆有壝埒於四面也云而樹之田主者謂藉田之內依樹木而爲田主云各以其野之所宜木者王之田主唯一而已不得云各今云各者揔據邦國都鄙并王者而言也云遂以名其社與其野者謂假令以松爲社則名松社之野餘皆放此也○注千里至方面○釋曰云千里曰畿者職方文云春秋傳曰吾子疆理天下者案左氏傳成二年鞌之戰齊侯使國佐賂晉師晉人不許曰使齊之封內盡東其畝國佐對云先王疆理天下物土之宜故詩云我疆我理南東其畝今吾子疆理諸侯彼云先王疆理天下又云吾子疆理諸侯此云吾子疆理天下不同者鄭以義言之非傳之正文也云溝穿地爲阻固也者謂穿地爲溝深溝即是阻固也云封起土界也者穿溝出土於岸即皆爲封封即起土界也云社稷后土及田正之神者鄭義依孝經緯社者五土之揔神以句龍生時爲后土官有功於土死配社而食稷是原隰之神宜五穀五穀不可遍舉稷者五穀之長立稷以表神名故號稷棄爲堯時稷官立稼穡之事有功於民死乃配稷而食名爲田正也故云社稷后土及田正之神雙言之耳云壝壇與堳埒也者經直云壝壇即堳埒不云壇以壝在壇之四面爲之明中有壇可知故鄭兼云壇也案禮記郊特牲云君南面於北墉下鄭注云北墉社內北牆彼社雖無室壇外四面有壁壁外乃有壝耳若然封人云設王之社壝者彼官卑主設之此大司徒尊官直主其制度而已云田主田神后土田正之所依也者此田主當在藉田之中依樹木而爲之故云各以其土地所宜木云田主田神者謂郊特牲云先穡與神農一也若然鄭意以田主爲神農則無后土及田正之神直以神農爲主祭尊可以及卑故使后土田正二神憑依之同壇共位耳田正則郊特牲所云司嗇一也又引詩人謂之田祖者詩云以御田祖毛云田祖先穡籥章亦云凡國祈年于田祖鄭云田祖始耕田者謂神農也引之者證田主是神農也云所宜木謂若松柏栗也者是論語哀公問社於宰我對云夏后氏以松殷人以柏周人以栗彼三代所都異處所宜之木不同夏居平陽宜松殷居亳宜柏周居鎬京宜栗此經雖據周一代而言其邦國都鄙異處所宜之木亦復不同故云若松柏栗也云若以松爲社者則名松社之野者此取松爲社假設而言耳云以別方面者但四方宜木面各不同或一方宜松則以松爲君以別餘之方面耳

以土會之灋。辨五地之物生。一曰山林。其動物宜毛物。其植物宜早物。

其民毛而方。二曰川澤。其動物宜鱗物。其植物宜膏物。其民黑而津。三曰丘陵。其動物宜羽物。其植物宜覈物。其民專而長。四曰墳衍。其動物宜介物。其植物宜莢物。其民晳而瘠。五曰原隰。其動物宜贏物。其植物宜叢物。其民豐肉而庳。

會計也以土計貢稅之法因別此五者也毛物貂狐貒貉之屬縟毛者也鱗物魚龍之屬津潤也羽物翟雉之屬核物李梅之屬專圜也介物龜鼈之屬水居陸生者莢物薺莢王棘之屬晳白也瘠臞也贏物虎豹貔貐之屬淺毛者叢物萑葦之屬豐猶厚也庳猶短也杜子春讀生爲牲鄭司農云植物根生之屬皁物柞栗之屬今世間謂柞實爲皁斗膏物謂楊柳之屬理致且白如膏玄謂膏當爲櫜字之誤也蓮芡之實有櫜韜○會古外反注同早音皁本或作皁注同鱗劉本作麟音鱗津如字一本作濜音同覈音核專徒丸反注同長如字下注長於土圭同介音界莢古協反晳音錫白色也贏力果反叢才東反肉如字劉而樹反庳音婢貂音彫貒吐官反貉胡洛反依字作貈縟音辱一音如勇反圜音圓又徒丸反臞其俱反又作臞音精與考工記燿後音同貔音毗一音房私反貐勑宜反萑音丸葦于鬼反柞于洛反致直記反櫜古毛反劉古到反芡音儉韜吐刀反〔疏〕以土至而庳○釋曰云會計也以土地計會所出貢稅之法貢稅出於五地故須說五地所生不同也故云以土會之法也云辨五地之物生者但天之所覆地之所載地有五等所生無過動植及民耳故云辨五地之物生上經云十等此云五地不同者上經細別而言則十等以類相并而言故五等其實一也一曰山林者此五地以高下相對故一曰山林山林高之極者二曰川澤川澤下之極者故以爲對也又五地之內以民之資生取於動植之物故先言動植後言民也山林之中其動物宜毛物其植物宜皁物其民毛而方此五地人物之等皆方以類聚物以羣分及民之所生皆因地氣所感不同故使形類有異也○注會計至櫜韜○釋曰案宰夫職云歲計曰會故云會計也鄭知以土計貢稅之法者以五地中而云會計者唯有貢稅之注故鄭云以土計貢稅之法因別此五者也云毛物貂狐貒貉之屬者依爾雅而言耳案爾雅云貍狐貒貉同文此云貉狐不言狸者鄭君所讀爾雅者爲貂不爲狸也言之屬者山林之中毛者甚衆故以之屬揔之也言縟毛者謂毛之細縟者也云鱗物魚龍之屬者案月令春云其蟲鱗鄭云蛇不言魚者有足曰蟲無足曰豸經云其蟲鱗魚無足故不言魚其實魚入鱗內可知也此經云川澤宜鱗物鱗物以魚爲主有魚龍有蛇可知故不言蛇也云津潤也者以其民居澤近水故有津潤但入水見日則黑故民黑津也云羽物翟雉之屬者案禹貢徐州貢羽畎夏翟則翟雉也以雉乃羽中之貴物故丘陵所宜羽物者是翟雉也云核物李梅之屬者鄭以丘陵阪險宜棗杏及李梅等目驗可知故云李梅之屬中有棗杏也云專圜也者此丘陵地氣使之然也云介物龜鼈之屬水居陸生者此陸生謂陸地生子及生訖即入水而居故云水居陸生也五行傳云貌之不恭則有龜孽注云龜蟲之生於水者亦謂生居在水中非謂初生在水彼生與此鄭云陸生之生義異也又云莢物薺莢王棘之屬者薺莢即今人謂之早莢蓋誤云皁當言薺也王棘即士喪禮云王棘若檡棘者是也棘

雖無莢蓋樹之枝葉與莽莢相類故并言之也云晳白也者此民居於墳衍地氣宜白又見詩云楊且之晳晳爲白可知也云瘠臞也者案爾雅釋言云臞脉瘠也注云齊人謂瘠瘦爲脉則臞爲瘦小之貌故鄭云瘠也云贏物虎豹貔貙之屬者考工記梓人職說大獸而云厚脣弇口出目短耳大胷燿後若是者謂之贏屬又爾雅有虎有豹故知贏物有虎豹也但爾雅及諸經不見有貙曲禮云載貔貅此鄭云貔貙貙即貅也云淺毛者若以淺毛言之則入贏蟲中故月令中央土其蟲贏鄭云虎豹之屬恒淺毛若據有毛言之即爲毛蟲故白虎入西方毛蟲之長也云叢物萑葦之屬者詩云萑葦淠淠是二者各以類聚也杜子春讀生爲牲牲亦訓爲生義既不殊故後鄭不破之也鄭司農云植物根生之屬先鄭對動非植生爲號也皁物柞栗之屬者柞實之皮得染皁故引今世猶謂柞實爲皁斗爲證其栗雖不得染皁其皮亦皁斗之類故與柞同爲皁物也云膏物謂楊柳之屬理致且白如膏者先鄭以物色上解之後鄭不從者以其上下云動植者皆不以色上爲名先鄭獨此一者取義於色故後鄭易之玄謂膏當爲櫜者經云膏是脂膏之膏於植物義無所取直是字誤故破從櫜也云蓮芡之實有櫜韜者以其是川澤所生故知是蓮芡之實皆有外皮櫜韜其實者也案大司樂一變而致川澤之示先言川澤後云山林者彼取神之易致爲先故先言川澤此取尊卑高下相對故先言山林也又彼云五變而致土示注云土祇原隰及平地此中不見平地者亦原隰中可以兼之也

因此五物者民之常。而施十有二教焉。一曰以祀禮教敬。則民不苟。二曰以陽禮教讓。則民不爭。三曰以陰禮教親。則民不怨。四曰以樂禮教和。則民不乖。五曰以儀辨等。則民不越。六曰以俗教安。則民不偷。七曰以刑教中。則民不虣。八曰以誓教恤。則民不怠。九曰以度教節。則民知足。十曰以世事教能。則民不失職。十有一曰以賢制爵。則民慎德。十有二曰以庸制祿。則民興功。

陽禮謂鄉射飲酒之禮也陰禮謂男女之禮昏姻以時則男不曠女不怨儀謂君南面臣北面父坐子伏之屬俗謂土地所生習也愉謂朝不謀夕恤謂災危相憂民有凶患憂之則民不解怠度謂宮室車服之制世事謂士農工商之事少而習焉其心安焉因教以能不易其業慎德謂矜其善德勸爲善也庸功也爵以顯賢祿以賞功故書儀或爲義杜子春讀爲儀謂九儀○爭爭鬭之爭愉音偷又音揄虣薄報反解佳賣反少詩照反

〔疏〕因此至興功○釋曰上經云五地之物生動植及民生處不同是其常法今此十二教亦因民之所常生之處施之故云因此五物者之常而施十二教也云一曰以祀禮教敬則民不苟者凡祭祀者所以追養繼孝事死如事生但人於死者不見其形多有致慢故禮云祭極敬也是以一曰以祀禮教敬死者尚敬則生事其親不苟且也○二曰以陽禮教讓則民不爭者謂鄉飲酒之禮酒入人身散隨支體與陽主分散相似故號鄉射飲酒爲陽禮也鄉飲酒即黨正飲酒之類是也黨正飲酒之時五十者堂下六十者堂上皆以齒讓爲禮則無爭故云以陽禮教讓則民不爭也○三曰以陰禮教親則民不怨者以陰禮謂昏姻之禮不可顯露故曰陰禮也男女本是異姓冕而親迎親之也親之也者親之也使之親已是昏禮則相親之義昏姻及時則男女無有怨曠故云以陰禮教親則民不怨也○四曰以樂禮教和則民不乖者自一曰至三曰已上皆有揖讓周旋升降之禮此樂亦云禮者謂饗燕作樂之時舞人周旋皆合禮節故樂亦云禮也凡人乖離皆由不相和合樂主和同民心故民不乖也○五曰以儀辨等則民不越者儀謂以卑事尊上下之儀有度以辨貴賤之等故云以儀辨等也民知上下之節不敢踰越故云則民不越也○六曰以俗教安則民不偷者俗謂人之生處習學不同若變其舊俗則民不安而爲苟且若依其舊俗化之則民安其業不爲苟且故云以俗教安則民不偷偷苟且也○七曰以刑教中則民不虣者刑者禁民虣亂今明刑得所民得中正不爲虣亂故云以刑教中則民不虣也○八曰以誓教恤則民不怠者民有厄喪教之使相憂恤則民不懈怠也○九曰以度教節則民知足者度謂衣服宮室之等尊卑不同以此法度教之使知節數民知禮節自知以少爲足故云則民知足也十曰以世事教能則民不失職者父祖所爲之業子孫述而行之不失本職故云以世事教能則民不失職也○十有一曰以賢制爵則民慎德者人有賢行則與之爵民皆謹慎矜於善德以求榮寵故云以賢制爵則民慎德也○十有二曰以庸制祿則民興功者庸功也人有功則制祿與之民皆興其功業故云則民興功也此十二教以重急者爲先輕緩者爲後○注陽禮謂鄉射飲酒之禮也陰禮謂男女之至九儀○釋曰云陽禮謂鄉射飲酒之禮者以是陽禮而云教讓其鄉射是州長射禮鄉飲酒是黨正飲酒皆有正齒位飲酒爲敬讓之事故知陽禮是二事若然鄉中有鄉射鄉飲酒以其州長黨正皆屬於鄉大夫或鄉大夫所居州黨故雖州長射黨正飲酒亦號曰鄉也云陰禮謂男女之禮者以其言陰又云不怨故知是男女昏姻之禮也云昏姻以時則男不曠女不怨者此約雄雉詩序文軍旅數起大夫久役男女怨曠注云國人久處軍役之事故男女多怨曠也男曠而苦其事女怨而望其君子此經直云不怨據女而言文不具故鄭兼言曠也若然彼詩據舊成夫婦此文據配合得時時雖不同若失時怨曠不異故引爲證也云儀謂君南面臣北面父坐子伏之屬者案易乾鑿度云不易也者其位天在上地在下君南面臣北面父坐子伏此其不易也鄭依此言其不易也仍有天地不易不言故云之屬以兼之也云俗謂土地所生習也者謂若下曲禮云君子行禮不求變俗居喪之禮哭泣之位皆如其國之故而審行之是其故俗所習也云偷謂朝不謀夕者案春秋左氏襄公三十一年穆叔至自會見孟孝伯語之曰趙孟將死矣其語偷又孝伯曰人生幾何誰能無偷朝不及夕將焉用樹穆叔出而告人曰孟孫將死矣吾語諸趙孟之偷也而又甚焉昭元年天王使劉定公勞趙孟於穎館於洛汭劉子曰美哉禹功明德遠矣微禹吾其爲魚乎吾與子弁冕端委以治民臨諸侯禹之力也子盍遠績禹功而大庇民乎對曰老夫罪戾是懼焉能恤遠吾儕偷食朝不謀夕何其長也劉子歸以語王曰諺所謂老將智而耄及之者以此而言之鄭似依昭元年傳也云恤謂災危相憂民有凶患憂之則不懈怠者災危凶憂謂若遭水旱之災歲凶年轂不登有無相濟是其相憂令不懈怠也云度謂宮室車服之制者謂若典命云上公九命國家宮室車旗衣服禮儀及侯伯子男已下各依命數是其制度也云世事謂士農工商之事少而習焉其心安焉因教以能不易其業者案齊語云桓公曰成民之事若何管子曰四民者勿使雜處雜處則亂昔聖王處士就閑燕處工就官府處商就市井處農就田野又云士之子恒爲士工之子恒爲工商之子恒爲商農之子恒爲農少而習焉其心安焉是世事也云愼德謂矜其善德勸爲善者民能矜矜然求其善德又相勸爲善也云庸功也者此經云以庸制祿司士云以功詔祿庸即功其理同也云故書儀或爲義杜子春讀爲儀者不從故書讀從大宗伯九儀一命至九命作伯也

以土宜之灋。辨十有二土之名物。以相民宅而知其利害。以阜人民。以蕃鳥獸。以毓草木。以任土事。

十二土分野十二邦上繫十二次各有所宜也相占視也阜猶盛也蕃蕃息也育生也任謂就地所生因民所能○相息亮反注同毓音育分扶問反

〔疏〕以土至土事○釋曰云以土宜之法辨十有二土之名物者十二土各有所宜不同所出之物及名皆異故云以土宜之法辨十有二土之名物也云以相民宅者謂既知十二土之所宜以相視民居使之得所也云而知其利害者十二土之中利處居之害處遠之以阜盛人民以蕃息鳥獸以毓生草木者皆由知利害使之然也云以任土事者辨十有二土任入牲居之○注十二至所能○釋曰十二土分野十二邦上繫十二次各有所宜也者案保章氏以星土辨九州之地注云星土星所主土也又云以大界則曰九州州中諸國之封域於星亦有分焉其書亡矣堪輿雖有郡國所入度非古數也今其存可言者十二次之分也星紀吳越也玄枵齊也娵訾衛也降婁魯也大梁趙也實沈晉也鶉首秦也鶉火周也鶉尾楚也壽星鄭也大火宋也析木燕也如是天有十二次日月之所躔地有十二土王公之所國又周語伶州鳩云昔武王伐商歲在鶉火又云歲之所在則我之分野故知分野十二邦上繫十二次各有所宜也若然唐虞及夏萬國殷周千七百七十三國皆依附十二邦以繫十二次者吳越同次之類也凡繫星之法皆因王者所命屬焉故昭元年左傳云晉侯有疾鄭公孫僑如晉聘且問疾叔向問焉曰寡君之疾病卜人曰實沈臺駘爲祟史莫之知敢問此何神也子產曰昔高辛氏有二子伯曰閼伯季曰實沈居於曠林不相能也日尋干戈以相征討后帝不臧遷閼伯於商丘主辰商人是因故辰爲商星遷實沈於大夏主參唐人是因以服事夏商又云及成王滅唐而封大叔焉故參爲晉星又襄九年晉士弱云陶唐氏之火○正閼伯居商丘祀大火相土因之故商主大火是昔先王命祀之法也案元命包云國君王者封上應列星之位注云若角亢爲鄭房心爲宋比其餘小國不中星者以爲附庸若然附庸不繫星其餘皆繫星也又云任謂就地所生因民所能者地之所生出物不同民之所資事業有異謂若居山者利其金玉錫石禽獸材木居澤者利其魚鹽居陸者利其田蠶是其任謂就地所生因民所能而居之也

辨十有二壤之物。而知其種。以教稼穡樹蓺。

壤亦土也變言耳以萬物自生焉則言土土猶吐也以人所耕而樹藝焉則言壤壤和緩之貌詩云樹之榛栗又曰我藝黍稷藝猶蒔也○種章勇反榛側巾反蒔時至反

〔疏〕辨十至樹藝○釋曰此十二壤即上十二土上經論居人物之事此經辨其種殖所宜故變其文云辨十二壤之物者分別物之所生而知其所殖之種遂即以教民春稼秋穡以樹其木以藝其黍稷也○注壤亦至蒔也○釋曰上經既欲居民不必皆須樹藝故云土取萬物自生爲名此經據樹藝而言故變云壤

取和綏爲義故鄭云變言耳詩云樹之榛栗是定之方中詩引之證經樹是植木又曰我蓺黍稷是楚茨之詩引之證經蓺是黍稷也

以土均之灋。辨五物九等。制天下之地征。以作民職。以令地貢。以斂財賦。以均齊天下之政。均平也五物五地之物也九等騂剛赤緹之屬征稅也民職民九職也地貢貢地所生謂九穀財謂泉穀賦謂九賦及軍賦○騂雖營反緹音低[疏]以土至之政○釋曰以土均之灋辨五物者即上山林川澤之等是也云九等者據五地之內分爲九等之地騂剛赤緹之屬其種所宜不同也云制天下之地征者言天下則并畿外邦國所稅入天子而言也此地征與下爲目也以作民職者民有職業乃可稅之云以令地貢者地貢即九職之稅也云以斂財賦者斂財賦即大宰九賦斂財賄一也既言財又別言賦者欲見財既爲九賦斂財賦中又兼有軍賦故財賦殊言之云以均齊天下之政者大司徒以法均齊之天下皆使依法故云均齊天下之政也○注均平至軍賦○釋曰九等知是騂剛之屬者但地或云十等或云五地或云十二土皆無云九等者案草人職云騂剛赤緹之屬有九等皆是地勢所宜糞種之法故鄭以騂剛赤緹之屬解之云地貢貢地所生謂九穀者案大宰以九職任萬民即云一曰三農生九穀此經云以作民職爲九職即云令地貢明貢是九穀可知云財謂泉穀者案大宰云以九賦斂財賄彼注亦云財泉穀則以泉穀當賦泉之數也云賦謂九賦及軍賦者以經云財賦不得爲一事解之今鄭以賦爲軍賦者則賦中兼軍賦謂甲士三人步卒七十二人之等

以土圭之灋測土深。正日景以求地中。日南則景短多暑。日北則景長多寒。日東則景夕多風。日西則景朝多陰。土圭所以致四時日月之景也云測猶度也不知廣深故曰測故書求爲救杜子春云爲求鄭司農云測土深謂南北東西之深也日南謂立表處大南近日也日北謂立表處大北遠日也景夕謂日跌景乃中立表之處大東近日也景朝謂日未中而景中立表處大西遠日也立謂晝漏半而置土圭表陰陽審其南北景短於土圭謂之日南是地於日爲近南也景長於土圭謂之日北是地於日爲近北也東於土圭謂之日東是地於日爲近東也西於土圭謂之日西是地於日爲近西也如是則寒暑陰風偏而不和是未得其所求凡日景於地千里而差一寸○深尺鴆反景如字本或作影非下及注同度待洛反下同近附近之近下同遠日于萬反跌待結反[疏]以土至多陰○釋曰案土人職云土圭尺有五寸周公攝政四年欲求土中而營王城故以土圭度日景之法測度也度土之深深謂日景長短之深也正日景者夏日至晝漏半表北得尺五寸景正與土圭等即地中故云正日景以求地中也日南則景短多暑者周公度日景之時置五表五表者於潁川陽城置一表爲中表中表南千里又置一表中表北千里又置一表中表東千里又置一表中表西千里又置一表今言日南景短多暑者據中表之南表而言亦晝漏半立八尺之表表北得尺四寸景不滿尺五寸不與土圭等是其日南是地於日爲近南景短多暑不堪置都之事北云日北者據中表之北表而言亦晝漏半表北得尺六寸景是地於日爲近北其景長多寒之事也云日東則景夕多風者據中表之東表而言亦晝漏半中表景得正時東表日已跌矣是地於日爲近亦晝漏半已得夕景故云景夕多風云日西則景朝多陰者爲中表之西表而言是地於日爲近西亦於晝漏半中表景得正時西表日未中乃得朝時之景故云日西則景朝多陰此經皆未得所求耳解洪範之義依五行傳風屬中央雨屬東方今西方云多陰東方云多風者土爲木妻木爲金妻從妻所好故月離於箕風揚沙月離於畢俾滂沱故此東方多風西方多陰陰即雨也○注土圭至一寸○釋曰案馮相氏云冬夏致日春秋致月皆以土圭度之是以冬官考工記云土圭尺有五寸以致日鄭云土圭所以致四時日月之景也云測猶度不知廣深故曰測者廣深揄遠近以經云測土深故鄭云廣深也鄭司農云測土深謂南北東西之深也者先鄭據經云日南日北日東日西皆以土圭測度之先鄭又云日南謂立表處大南近日云云先鄭之意日於地中而在南故以南表爲近日北表爲遠日日出東方而西流故以東表爲近日西表爲遠日云景夕謂日跌景乃中者於晝漏半東表日跌中表景乃中又云景朝謂日未中而景中者亦於晝漏半西表日未中而中表景乃中也玄謂晝漏半而置土圭表陰陽審其南北者後鄭釋景長短之意度景之法冬至夏至皆可爲之皆據晝漏半者以取日正午乃得其端直也云表陰陽者東方西方是陰陽故別云審其南北也又云景短於土圭謂之日南是地於日爲近南云後鄭之義與先鄭不殊更云是地於日爲近南已下者先鄭云近日遠日恐人以爲南方東方地高爲近日北方西方地下爲遠日有此地高下之嫌故後鄭增成先鄭之義取云是地於日爲近北於日爲近東於日爲近西四方之表皆云中表千里而云是立表之處其地於天下之日爲近南爲近北爲近東爲近西也云如是則寒暑陰風偏而不和是未得其所求者此言對下經地中是陰陽風雨和會爲得所求也云凡日景於地千里而差一寸者案三光考靈耀云四游升降於三萬里中下云日至之景尺有五寸謂之地中則是半三萬里而萬五千里與土圭等是千里差一寸筭法亦然言此者欲見經日南日北之等皆去中表千里爲術景長景短皆差一寸耳知表皆高八尺而以晝漏半者以其通卦驗云冬日至樹八尺之表日中視其晷是以知用八尺表而以晝漏半度景也

日至之景。尺有五寸。謂之地中。天地之所合也。四時之所交也。風雨之所會也。陰陽之所和也。然則百物阜安。乃建王國焉。制其畿方千里。而封樹之。景尺有五寸者南戴日下萬五千里地與星辰四遊升降於三萬里之中是以半之得地之中也畿方千里取象於日一寸爲正樹樹木溝上所以表助阻固也鄭司農云土圭之長尺有五寸以夏至之日立八尺之表其景適與土圭等謂之地中今潁川陽城地爲然[疏]日至至樹之○釋曰上經置五表於四方四表未得所求今於中表夏日至亦晝漏半立八尺之表表北得景尺有五寸景與土圭等謂之地中於此地中之所天地之所合也者天地不合萬物不生天地配合萬物乃生故樂記云天地訢合是也四時之所交也者即尚書所云宅南交孔云言夏與春交舉一隅以見之則秋與夏交冬與秋交春與冬交可知故云四時所交也風雨之所會也者風雨所至會合人心謂若禮器云饗帝於郊風雨寒暑時是也陰陽之所和也者謂若昭四年左氏申豐云冬無愆陽夏無伏陰是其陰陽和也然則百物阜安者摠結上句所合已下然九如是阜盛也如是四事得所則百物盛安也乃建王國焉者建立也於此盛安之處乃立王之國城爲制其畿方千里者王畿千里以象日月之大中置國城面各五百里制畿界而封樹之者於畿疆之上而作深溝土在溝上謂之爲封封上樹木以爲阻固故云而封樹之○注景尺至爲然○釋曰云景尺有五寸者欲釋經景尺有五寸得地中之意云南戴日下萬五千里者景一寸差千里故於地中尺五寸景去南戴日下萬五千里云地與星辰四游升降於三萬里之中者考靈耀文言四游升降者春分之時地與星辰復本位至夏至之日地與星辰東南游萬五千里下降亦然至秋分還復正至冬至地與星辰西北游亦萬五千里上升亦然至春分還復正進退不過三萬里故云地與星辰四游升降於三萬里之中是以半之得地之中也云畿方千里取象於日一寸爲正者鄭注王制象日月之大亦取晷同云此云取象於日一寸爲正不言象日月之大者略不言之矣云一寸爲正者即是景一寸地千里與王制注晷同一也案元命包云日圓望之廣尺以應千里故鄭注王制云象日月之大也又案考靈耀曰從上臨下八萬里天以圓覆地以方載河圖括地象曰天不足西北地不足東南西北爲天門東南爲地戶天門無上地門無下又云極廣長南北二億三萬二千五百里東西二億三萬千里又云天左動起於牽牛地右動起於畢廣雅云天圜南北二億三萬三千五百里七十五步東西短減四步周六億十萬七百里二十五步從地至天億一萬六千七百八十七里半下度地之厚與天高等天度云東方七宿七十五度南方七宿百一十二度西方七宿八十度北方七宿九十八度四分度之一四方三百六十五度四分度之一二千九百三十二里二十八宿間相距積百七萬九百一十三里徑三百十五萬六千九百七十里鄭司農云潁川陽城地爲然者潁川郡陽城縣是周公度景之處古跡猶存故云地爲然也案春秋左氏武王克商遷九鼎於洛邑欲以爲都不在潁川地中者武王欲取河洛之間形勝之所洛都雖不在地之正中潁川地中仍在畿內若然武王已遷鼎於洛欲以爲都周公又度景求地中者武王雖定鼎誥周公更度之者所以審慎故案書傳云四年建侯衛五年營成周建侯衛者在尚書康誥封康叔是也案康誥云惟三月哉生魄周公初基作新大邑于東國洛四方之民大和會注云岐鎬之域處五岳之外周公爲其於政不均故東行於洛邑合諸侯謀作天子之居四方民聞之同心來會樂即功作効其力焉是時周公居攝四年也又案召誥惟三月丙午朏注云是時周公居攝五年越三日戊申大保朝至於洛卜宅厥既得卜則經營之若然洛邑在攝政四年初爲基止至五年乃正營之也

凡建邦國。以土圭土其地而制其域。諸公之地。封疆方五百里。其食者半。諸侯之地。封疆方四百里。其食者參之一。諸伯之地。封疆方三百里。其食者參之一。諸子之地。封疆方二百里。其食者四之一。諸男之地。封疆方百里。其食者四之一。土其地猶言度其地鄭司農云土其地但爲正四方耳其食者半公所食租稅得其半耳其半皆附庸小國也屬天子參之一者亦然故魯頌曰錫之山川土地附庸奄有龜蒙遂荒大東至于海邦論語曰季氏將伐顓臾孔子曰先王以爲東蒙主且在邦域之中是社稷之臣此非七十里所能容然則方五百里四百里合於

魯頌論語之言諸男食者四之一適方五十里獨此與今五經家說合耳玄謂其食者半參之一四之一者土均均邦國地貢輕重之等其率之也公之地以一易侯伯之地以再易子男之地以三易必足其國禮俗喪紀祭祀之用乃貢其餘若今度支經用餘爲司農穀矣大國貢重正之也小國貢輕字之也凡諸侯爲牧正帥長及有德者乃有附庸爲其有祿者當取焉公無附庸侯附庸九同伯附庸七同子附庸五同男附庸三同進則取焉退則歸焉魯於周法不得有附庸故言錫之也地方七百里者包附庸以大言之也附庸二十四言得兼此四等矣○疆居良反下同顯之宜反與音榆率音律又音類後注同正之音征字如字一音茲爲其于僞反

【疏】凡建至之一○釋曰上經鯀陳天子之國并畿內千里此經說諸侯邦國故云凡建邦國以土圭土其地土猶度也以土圭度其地假令封上公五百里國北畔立八尺之表夏至晝漏半得尺五寸景與土圭等南畔得尺四寸五分其中減五分一分百里五分則五百里減四分則四百里封侯減三分則三百里封伯減二分則二百里封子減一分則一百里封男是土其地之法而制其域者自上公五百里已下境界皆有營域封圻云諸公之地封疆方五百里其食者半者言天予封公以五百里之地其一國之稅天子食其半云諸侯之地封疆方四百里其食者參之一者謂三分之天子食其一分云諸伯之地封疆方三百里其食者參之一者亦與侯同云諸子之地諸男之地皆云四之一者謂揔得一國之稅四分之天子食其一分故云其食者四之一其天子所食者皆謂諸侯市取美物以貢天子即大宰九貢是也其公之稅有半侯伯有三之二子男有四之三皆自入充國家畜積禮俗喪紀之用也○注土其至等矣○釋曰土其地猶言度其地者案上經以土圭之法測土深測猶度也此經云以土圭土其地以土正當測處故云土其地猶言度其地也司農云土其地但爲正四方耳者司農意案上經天子度取土中此封諸侯但正四方而已不求土中故云但爲正四方謂五百里四百里之等云其食者半公所食租稅得其半耳其半皆附庸小國也屬天子參之一亦然者司農意以經云其食者半與參之一四之一皆自食其餘並入天子故云其食者半公所食租稅得其半耳其半皆附庸小國也屬天子參之一亦然也先鄭雖不云四之一司農意亦四分分之三分入天子一分自食司農之義於經文雖似逼若然則大國貢輕次國小國貢重非字小之法於義不可故後鄭不從引魯頌曰錫之山川已下至社稷之臣此司農之意上公巳下盡有附庸魯雖侯爵受五百里之國明堂位云七百里者五百里外並是附庸即公五百里者亦半爲附庸故上注云其半皆附庸是也云此非七十里所能容者司農之意見孟子何休之徒言周之制無五百里四百里國魯國唯有七十里而已故破諸家據魯頌論語非七十里之所能容也云然則方五百里四百里合於魯頌論語之言者司農據此經公五百里侯四百里與魯頌論語合亦是破諸家之意云諸男食者四之一適方五十里者司農意男國百里開方得五十里者四經云其食者四之一謂三分入天子一分自食所食者唯有五十里云獨此與今五經家說合耳者五經家謂若張苞何休孟子等皆以爲周法公侯方百里伯七十里子男五十里子男五十里故男食五十里是與五經家說合若自子巳上以百里七十里國於此經二百里巳上四之一三之一不合故直舉男地而言玄謂其食者半參之一四之一者土均均邦國地貢輕重之等者案下土均云均地貢均即此所均征稅邦國地貢輕重是也云其率之也公之地以一易侯伯之地以再易子男之地以三易者其民受地有一易再易故此諸侯之地據貢入天子以耕之者入諸侯者以易而不耕者故以公之地貢半似二百畝佃半也侯伯之地三之一貢入天子似家三百畝佃百畝留二分似荒廢者也子男之地以三易四之一貢與天子似家得四百畝佃百畝留三分似三百畝不耕者也民但家無三易之地直以況義耳云必足其國禮俗喪紀祭祀之用乃貢其餘者後鄭意釋公國貢半已下漸少之意言公受地廣稅物多但留半自用即足其國俗喪紀及畜積之用故以半爲餘貢入天子其侯伯受地差少則其稅亦少故三分之二留自用乃足其國以一分爲餘貢入天子其子男受地又少其稅轉少故四分之乃足其國亦以一分爲餘貢入天子注雖不言畜積但言足其國明畜積在中乃得云足故王制云國無九年之畜曰不足也是云若今度支經用餘爲司農穀矣者度支經用似國家喪紀所用餘爲司農穀矣者入天子故據漢法以況之云大國貢重正之也小國貢輕字之也者謂若四之一是也字愛也謂愛小國之法若然三之一者是不輕不重後鄭言此者破先鄭其食者四之一三分貢與天子三之一者二分貢與天子非字小之法又見采地之稅四之一一分貢與天子故不從先鄭之義云凡諸侯爲牧正帥長及有德者乃有附庸者案王制云五國以爲屬屬有長十國以爲連連有帥三十國以爲卒卒有正二百一十國爲州州有伯伯即牧也此牧正帥長皆是有功諸侯乃得爲之有功即有附庸又諸侯有德雖不爲牧正帥長亦得有附庸故鄭總云諸侯牧正帥長及有德者乃有附庸焉云爲其有祿者當取焉者謂取間田爲附庸以爲祿也云公無附庸者以其天子畿方千里上公五百里地極故無附庸也云侯附庸九同者以其侯有功進受公地但公五百里開方之方百里者五五二十五侯四百里開方之四四十六加九同則爲二十五同與公等故知侯附庸九同云伯附庸七同者伯地三百里三三而九加七同則爲十六同與侯等故知伯附庸七同也云子附庸五同男附庸三同者以其子有功進受伯地加五同與伯等男有功受子地男本一同加三同與子等開方之皆可知云進則取焉退則歸焉者進則取焉謂附庸者退則歸焉者謂爲間田者也故王制一州之內二百一十國其餘以爲附庸間田併言之矣云魯於周法不得有附庸故言錫之也者魯雖爲侯爵以其王子毋弟雖爲侯伯畫服如上公受五百里之地與上公等成王以周公制典法之動賜魯以侯伯子男四等附庸故明堂位云地方七百里鄭云方七百里者包附庸以大言之也又云附庸二十四言得兼此四等矣者魯本五百里四面各加百里四五二十即二十同四角又各百里爲四同故云附庸二十四言周公有德兼侯九同伯七同子五同男三同故云兼此四等矣凡言同者皆百里地百里則爲國周法不滿百里乃爲附庸今皆名附庸爲同者但附庸實不滿百里積集附庸成同并數之矣假令男附庸三同附庸國則多矣據成周而言三耳自餘五同七同已上其義可知也

凡造都鄙。制其地域。而封溝之。以其室數制之。不易之地。家百晦。一易之地。家二百晦。再易之地。家三百晦。

都鄙王子弟公卿大夫采地其界曰都鄙所居也王制曰天子之縣內方百里之國九七十里之國二十有一五十里之國六十有三此蓋夏時采地之數周未聞矣春秋傳曰遷鄭焉而鄙留城郭之宅曰室詩云嗟我婦子曰爲改歲入此室處以其室數制之謂制丘甸之屬王制曰凡居民量地以制邑度地以居民地邑民居必參相得鄭司農云不易之地歲種之地美故家百晦一易之地休一歲乃復種地薄故家二百晦再易之地休二歲乃復種故家三百晦○畝本亦作古晦字甸劉常証反復扶又反下同○

【疏】凡造至百晦○釋曰上言王畿及諸侯邦國至此更言畿內都鄙三等采地云凡造都鄙制其地域者案載師職家邑任稍地小都任縣地大都任畺地又下文小司徒職云四丘爲甸四甸爲縣四縣爲都家邑二十五里小都五十里大都百里是造都鄙制其地域也云而封溝之者謂三等采地都境界上皆有溝封而樹之以爲阻固云以其室數制之者其室在都邑之內而云制之者依其城內室數於四野之中制地與之謂若九夫爲井四井爲邑四邑爲丘四丘爲甸四甸爲縣四縣爲都之等是也云不易之地家百晦者此謂上地年年佃之故家百晦云一易之地家二百晦者謂年別佃百晦廢百晦云再易之地家三百晦者以其地薄年年佃百晦廢二百晦三年再易乃徧故云再易也○注都鄙至百晦○釋曰言都鄙王子弟公卿大夫采地者公在大都卿在小都大夫在家邑其親王子毋弟與公同在大都次疏者與卿同在小都次更疏者與大夫同在家邑故揔云都鄙王子弟公卿大夫采地也云其界曰都鄙所居也者三等采地皆有城郭是其鄙所居也據其四境即是其界曰都又引王制曰天子之縣內方百里之國九云云又云此蓋夏時采地之數者案殷周皆稱畿內王制云縣內疑是夏時故云此蓋夏時采地之數也云周未聞矣者案洛誥傳云天下諸侯入來進受命於周退見文武之尸者千七百七十三諸侯注云八州州立二百一十國畿內九十三國云畿內九十三國即此都鄙之數有文矣而云未聞者以無正文故疑焉或未可聞其大國次國小國各有幾國故云未聞其實揔數則聞之矣云春秋傳曰遷鄭焉而鄙留者案桓十一年夏五月鄭伯寤生卒秋七月葬鄭莊公九月宋人執鄭祭仲公羊云祭仲者何鄭相也何以不名賢乎祭仲以爲知權也其爲知權奈何古者鄭國處於留先鄭伯有善於鄶公者通乎夫人以取其國而遷鄭焉而野留莊公死巳葬祭仲將往省于留塗出於宋宋人執之謂之曰爲我出忽而立突祭仲不從其言則君必死國必亡從其言則君可以生易死國可以存易亡是以謂之權也野鄶不同者何鄭所見傳異也案立發壘守云鄭始封君曰桓公者周宣王之母弟國在宗周畿內令京兆鄭縣是也桓公生武公武公生莊公遷易東周畿內國在虢鄶之間今河南新鄭是也武公生莊公因其國焉留乃在陳宋之東鄭受封王此適三世安得古者鄭國處於留祭仲將往省留之事乎是鄭君不從公羊引之者直取鄙所居爲義也其鄭居留之事猶自不取也所謂文取而義不取也云城郭之宅曰室又引詩者是七月詩取證室在城內於其室數制城外井邑又云制之謂制丘甸之屬者案下小司徒云四井爲邑以至丘甸縣都是也又引王制者欲見邑在城外居在城內外內多少必參相得之事

乃分地職。奠地守。制地貢。而頒職事焉。以爲地灋。而待政令。

分地職分其九職所宜也定地守謂衡麓虞候之屬制地貢謂九職所稅也頒職事者分命使各爲其所職之事○奠劉音定

【疏】注分地至之事○釋曰分地職分其九職所宜也者上經既授上中下地此經云分地職故知分地職者是分九職所宜九職則大宰云一曰三農生九穀是也所宜謂若孝經注高田宜黍稷下田宜稻麥之類是也云定地守謂衡麓虞候之屬者案昭二十年左氏傳晏子云山林之木衡麓守之澤之萑蒲舟鮫守之藪之薪蒸虞候守之海之鹽蜃祈望守之注云衡麓舟鮫虞候祈望皆官名也守之令民不得取之不

共利時景公設此守以致疾故晏子所非非其不與民同鄭引之者以證地守之官若然此地官唯有衡虞無舟鮫祈望者此周禮舉其大綱左氏言其細別故詳略不同云制地貢謂九職所稅也者此地貢文承地職之下明非諸侯地貢是其九職任之九稅斂之若三農生九穀則稅九穀園圃毓草木則稅草木之類是也云頒職事者分命使各爲其所職之事者分命之言案尚書堯典分命羲仲宅嵎夷申命羲叔宅南郊分命和仲宅西曰昧谷申命和叔宅朔方此間頒職事亦是分命使各爲其所職之事典田之官各有所掌

以荒政十有二聚萬民。一曰散利。二曰薄征。三曰緩刑。四曰弛力。五曰舍禁。六曰去幾。七曰眚禮。八曰殺哀。九曰蕃樂。十曰多昏。十有一曰索鬼神。十有二曰除盜賊。

荒凶年也鄭司農云救飢之政十有二品散利貸種食也薄征輕租稅也弛力息繇役也去幾關市不幾也眚禮掌客職所謂凶荒殺禮者也多昏不備禮而娶昏者多也索鬼神求廢祀而修之雲漢之詩所謂靡神不舉靡愛斯牲者也除盜賊急其刑以除之飢饉則盜賊多不可不除也杜子春讀蕃樂爲藩樂謂閉藏樂器而不作玄謂去幾去其稅耳舍禁若公無禁利眚禮謂殺吉禮也殺哀謂省凶禮○弛式氏反舍音捨殺所界反徐所例反注同蕃方表反

〔疏〕以荒至盜賊○釋曰言以荒政十有二者上經見分地職則有年穀不熟之時恐民離散故以救荒之政十有二條以聚萬民使不離散一曰散利者謂豐時聚之荒時散之積而能散使民利益故云一曰散利二曰薄征者薄輕也征稅也謂輕其稅三曰緩刑者謂凶年犯刑緩縱之四曰弛力者弛放其力役之事五曰舍禁者山澤所遮禁者舍去其禁使民取蔬食六曰去幾者幾謂呵禁謂關市去稅而幾之七曰眚禮者謂吉禮之中眚其禮數八曰殺哀者謂凶禮之中殺其禮數九曰蕃樂者蕃謂閉藏樂器而不作十曰多昏者謂凶荒殺禮昏者多十有一曰索鬼神者謂凶年禱祈搜索鬼神而禱祈之十有二曰除盜賊者凶年盜賊多急其刑以除之○注荒凶至凶禮○釋曰下曲禮云歲凶年穀不登即此一荒也故云荒凶年也鄭司農云救飢之政十有二品者年穀不熟而民飢故設政教以救之故云救飢之政十有二品品即十二條各有品列而不同云散利貸種食也者謂豐時斂之凶時散之其民無者從公貸之或爲種子或爲食用至秋孰還公據公家爲散據民往取爲貸故云散利貸種食云薄征輕租稅也者案司稼云巡野觀稼出斂法注云豐年從正儉有所殺若今十傷二三實除減半是輕租稅也云弛力息繇役也者案均人云豐年則公均用三日中年則公均用二日無年則公均用一日此云弛力謂人食不能二鬴之歲則移民就穀無力役之事故均人又云凶札則無力政財賦是也云去幾關市不幾者此後鄭不從以其雖凶年猶幾呵但去稅而已云眚禮掌客職所謂凶荒殺禮者也則後鄭不從者掌客所云凶荒殺禮其總目語無所指斥故鄭以爲會吉禮云多昏不備禮而娶昏者多也者昏禮有六并有玄纁束帛凶荒爲昏不可備行此禮使有女之家得減口數有男之家易得其妻故娶昏者多也云索鬼神求廢祀而修之者年有凶災鬼神不佑經云索鬼神謂搜索鬼神而祭之是求廢祀而修之求廢祀而修之即雲漢之詩靡神不舉是也連引靡愛斯牲者見索鬼神是祈禱之事須牲體以薦之案左氏莊二十五年傳云天災有幣無牲此詩云靡愛斯牲者若天災之時祈禱無牲災成之後即有牲體故云靡愛斯牲云除盜賊急其刑以除之饑饉則盜賊多不可不除也者上文旣言緩刑其餘盜賊用急刑乃上下文爲妨故鄭云饑饉則盜賊多不可不除故須急其刑以除之杜子春云讀蕃樂爲藩樂謂閉藏樂器而不作者經云蕃者是蕃育之字故讀從藩是藩閉之字案大司樂云大凶大烖令弛縣注云弛釋下之若令休兵鼓之爲彼又云日月食四鎭五嶽崩諸侯薨令去樂注云去樂藏之引春秋傳曰壬午猶繹萬入去籥萬言入則去者不入藏之可知彼之二文云令弛縣據路寢常縣之樂釋下之去樂據廟中祭時暫縣之樂去而藏之此云藩樂謂閉藏樂器據廟中祭祀藏去樂器而不作若然祭祀不作明路寢常縣亦釋下之互見其義玄謂去幾去其稅耳者破先鄭之義全不幾後鄭必直去其稅猶幾之者案司關云國凶札則無門關之征猶幾明知司農之義非云舍禁若公無禁利者案左傳襄公九年冬公會晉侯伐鄭同盟于戲晉侯歸謀所以息民魏絳請施舍輸積聚以貸自公以下苟有積者盡出之國無滯積亦無困人公無禁利杜注云與民共是也云眚禮謂殺吉禮也云殺哀謂省凶禮者此破司農之義司農引掌客職凶荒殺禮證眚禮後鄭之意凶荒殺禮是總目之言不專於吉禮鄭知眚禮專是吉禮者以其下有殺哀與眚禮相對故知眚禮專是吉禮也案襄公二十四年冬大饑穀梁傳云五穀不升爲大饑一穀不升謂之嗛二穀不升謂之饑三穀不升謂之饉四穀不升謂之康五穀不升謂之大侵大侵即大饑一也又案廩人云人食四鬴上也三鬴中也二鬴下也若食不能人二鬴則令移民就穀不能人二鬴之歲即是大饑年也此云荒政者亦據大凶年爲義案均人云凶札無力政財賦此旣據大饑猶云薄征者此經雖主大饑兼記一穀二穀不熟之歲故有輕稅也此鄭云荒凶年則荒與凶一也案大司樂大札大荒大凶荒凶則亂其實凶荒是一故宗伯云以荒禮哀凶札是凶荒不異司農凶荒別文者以凶爲凶年以荒爲荒亂兼見斯義故凶荒別文也

以保息六養萬民。一曰慈幼。二曰養老。三曰振窮。四曰恤貧。五曰寬疾。六曰安富。

保息謂安之使蕃息也慈幼謂愛幼少也産子三人與之母二人與之餼十四以下不從征養老七十養於鄉五十異粻之屬振窮拼捄天民之窮者也窮者有四曰矜曰寡曰孤曰獨恤貧貧無財業稟貸之寬疾若今癃不可事不筭卒可事者半之也安富平其繇役不專取○少詩照反拼音拯捄音救本亦作拯救矜古頑反癃音隆卒子忽反

〔疏〕以保至安富○釋曰上經旣陳凶荒不安之事故此經陳安養萬民之道云以保息六養萬民者民不安即不得蕃息安則蕃息保安也民使蕃息有六條以養萬民故云以保息六養萬民也○保息至專取○釋曰云産子三人與之母二人與之餼皆是越語范蠡欲速報吳爲此權禮使國民衆多故令國人壯者無取老婦老者無取壯妻女子十七不嫁父母有罪丈夫二十不娶亦罪其父母生丈夫二壺酒一犬生女子二壺酒一豚生三人公與之母生二人與之餼引之者見其愛幼少之法不必盡如其禮云十四以下不從征者案鄉大夫職國中七尺野自六尺皆不從征案論語云可以託六尺之孤注云六尺謂年十五則十五從征十四以下不從征可知亦是愛幼之事也云養老七十養於鄉者案王制云五十養於鄉六十養於國七十養於學彼謂大夫士也王制又云凡三王養老皆引年注云已而引戶校年當行復除也老人衆多非賢者不可皆養故食貨志云七十已上所養也此云七十養於鄉亦謂有賢行者也云五十異粻之屬者是王制文禮記常法庶人食稷士兼食黍大夫又加以粱今雖庶人至五十或與士大夫同食黍粱故云異粻云振窮拼捄天民之窮者也窮者有四曰矜曰寡曰孤曰獨者案王制云老而無妻者謂之矜老而無夫者謂之寡少而無父者謂之孤老而無子者謂之獨鄭依此而言此四者天民之窮而無告者也皆有常餼故曰振窮云恤貧貧無財業稟貸之者案旅師云凡用粟春頒而秋斂之注云困時施之饒時收之是其恤貧之法故云無財業稟貸之云寬疾若今癃不可事不筭卒者漢時癃病不可給事不筭計以爲士卒若今廢疾者也云可事者半之也者謂不爲重役輕處使之取其半功而已似今殘疾者也是其寬饒疾病之法云安富平其繇役不專取者言繇役均平又不專取則富者安故云安富也

以本俗六安萬民。一曰媺宮室。二曰族墳墓。三曰聯兄弟。四曰聯師儒。五曰聯朋友。六曰同衣服。

本猶舊也美善也謂約椓攻堅風雨攸除各有攸宇族猶類也同宗者生相近死相迫連猶合也兄弟昏姻嫁娶也師儒鄉里教以道藝者同師曰朋同志曰友同猶齊也民雖有富者衣服不得獨異○媺音美聯兄弟一本作聚兄弟椓陟角反

〔疏〕以本至衣服○釋曰上經陳養萬民之法此經說安民庶之道以本俗六安民者本舊也不依舊俗創立制度民心不安若依舊俗民心乃安故以本俗六條以安民也○注本猶至獨異○釋曰云謂約椓攻堅風雨攸除各有攸宇者此斯于美宣王之詩也案彼詩云約之閣閣約謂椓土之橐橐椓謂築之橐橐用力是其約椓攻堅攸所也能使風雨所除宇居也君子小人各有所居引之者證美宮室也經云媺宮室明不使華美故以攻堅解之云族猶類也同宗者生相近死相迫者案左氏傳云非我族類其心必異族類是一故云族猶類也經云族墳墓是死相迫明生時居住相近可知故鄭云同宗者生相近死相迫也云連猶合也兄弟昏姻嫁娶也者案爾雅釋親云父之黨爲宗族母與妻黨爲兄弟則兄弟之名施於外親爲正又案喪服記兄弟皆在外邦及與兄弟居彼皆據同宗小功已下知此兄弟是昏姻非是同宗者見上云族墳墓是同宗明此兄弟施於外姓昏姻故爾雅又云婦之黨爲昏兄弟夫婦相名亦爲兄弟故曾子問曰不得嗣爲兄弟是以知兄弟是婚姻也云師儒鄉里教以道藝者以其鄉立庠州黨及遂皆立庠致仕賢者使教鄉閭子弟鄉閭子弟皆相連合同就師儒故云連師儒也又案保氏職掌養國子以道故云教以道藝也云同師曰朋同志曰友者案學而云有朋自遠方來是朋者在學之稱此友與朋連文則亦是在學之稱且此朋友之文復在師儒之下但朋疏而多友親而少故云同師曰朋同志曰友此朋友據在學案尚書泰誓武王云我友邦冢君是謂諸侯爲友洛誥云孺子其朋謂羣臣爲朋朋友之文所施廣矣鄭君皆望文爲義是以所注不同也云同猶齊也民雖有富者衣服不得獨異者士已上衣服皆有采章庶人皆同深衣而已故云民雖有富者衣服不得獨異並皆齊等也

正月之吉始和。布教于邦國都鄙。乃縣教象之灋于象魏。使萬民觀教象。挾日而斂之。乃施教灋于邦國都鄙。使之各以教其所治民。

正月之吉周正月朔日也司徒以布五教至正歲又書教法而縣焉○縣音玄

注同挾子協反〔疏〕正月至治民。釋曰正月之吉者謂建子之月一日也始和者從十二教已下於此月之時始調和也政教皆有故法依舊而行之言始和者若改造云爾其實不改造也始以對終對下縣之是在建寅之月爲終也云布教於邦國都鄙者於此正月之時調和教典訖即布於邦國諸侯及畿內二鄙公卿大夫等云乃縣教象之法於象魏者言乃者緩辭是建寅之月乃縣教象之法於象魏闕上云使萬民觀教象者謂使萬民來就雉門象魏之處觀教象文書使知一年教法云挾日而斂之者縣之從甲至甲爲挾日而後斂藏之於明堂月月乃更受而行之謂之聽朔者也云乃施教法于邦國都鄙者案大宰六典八法八則之等正月前陳之正月之下不復言施之者以其並是當職之事故不復言所施且直言施教法於邦國都鄙則亦含上數事可知云使之各以教其所治民者若據邦國使諸侯教所治民若據都鄙則使公卿大夫教所治民。注正月至縣焉。釋曰言正月朔日者周禮凡言正歲者則夏之建寅正月直言正月者則周之建子正月也吉者月朔也故云正月之吉周正月朔日也司徒以布王教者案大宰注云布王治之事於天下此不言天下注文略邦國都鄙則亦天下也云至正歲又書教法而縣焉者釋經乃縣是正歲縣之必知縣在正歲者亦取義於小司徒云正歲則帥其屬而觀教法之象故知縣在正歲也

令五家爲比。使之相保。五比爲閭。使之相受。四閭爲族。使之相葬。五族爲黨。使之相救。五黨爲州。使之相賙。五州爲鄉。使之相賓。

此所以勸民者也使之者皆謂立其長而教令使之保猶任也救救凶災也賓賓客其賢者故書受爲授杜子春云當爲受謂民移徙所到則受之所去則出之又云賙當爲糾謂糾其惡玄謂受者宅舍有故相受寄託也賙者謂禮物不備相給足也閭二十五家族百家黨五百家州二千五百家鄉萬二千五百家。比毗志反下同賙音周足劉予踰反

〔疏〕令五至相賓。釋曰此經說大司徒設比閭至於州鄉等第家數各立其官長教勸於民大司徒主六鄉故令六鄉之內使五家爲一比則有下士爲比長主之使五家相保不爲罪過五比爲閭者二十五家爲一閭立中士爲閭胥使之相受者閭胥使二十五家有宅舍破損者受寄託四閭爲族使之相葬者百家立一上士爲族師使百家之內有葬者使之相助益故云使之相葬五族爲黨使之相救者五百家立一下大夫爲黨正民有凶禍者使民相救助故云使之相救五黨爲州使之相賙者二千五百家爲州立一中大夫爲州長民有禮物不備使賙給之五州爲鄉使之相賓者萬二千五百家爲鄉立一六命卿爲鄉大夫鄉內之民有賢行者則行鄉飲酒之禮賓客之舉貢也故云使之相賓。注此所至百家。釋曰云此所以勸民者也者此經相保相受相救相賙相賓等皆是民間之事故云所以勸民也云使之者皆謂立其長而教令使之者民不獨治必須君長故云皆謂立其長而教令使之立長謂若比長閭胥至鄉大夫等杜子春云當爲受謂民移徙所到則受之所去則出之者案比長職云五家相受相和親與此文同皆謂一閭之內無出入之法此長職又云徙於國及郊則從而授之注云從謂不便其居也或國中之民出徙郊或郊民入徙國中彼是出鄉閭外與此閭內自相容受不同故後鄭易之以爲宅舍有故相受寄託解之子春又云賙當爲糾謂糾其惡後鄭不從者此一經相保相受之等皆是相勸爲善無相糾惡之事故後鄭存賙字謂禮物不備相給足解之云閭二十五家云云知之者案此經五家爲比五州爲鄉轉相增故其家數可知

頒職事十有二于邦國都鄙。使以登萬民。一曰稼穡。二曰樹蓺。三曰作材。四曰阜蕃。五曰飭材。六曰通財。七曰化材。八曰斂材。九曰生材。十曰學藝。十有一曰世事。十有二曰服事。

鄭司農云稼穡謂三農生九穀也樹蓺謂園圃毓草木作材謂虞衡作山澤之材阜蕃謂藪牧養蕃鳥獸飭材謂百工飭化八材通財謂商賈阜通貨賄化材謂嬪婦化治絲枲斂材謂臣妾聚斂疏材生材謂間民無常職轉移執事學藝謂學道藝世事謂以世事教能則民不失職服事謂爲公家服事者玄謂生材養竹木者。飭音勅注同賈音古間音閑

〔疏〕頒職至服事。釋曰大司徒主天下人民之數故須頒下民之職事十有二條於天下邦國及畿內都鄙使以登成萬民此經不言鄉遂及公邑者舉外以包內司徒親主鄉遂公邑須之可知云一曰稼穡已下至八曰斂材已上即大宰九職中八者是也大宰既掌之此又重掌者以大宰尊官摠知其數此司徒是主民之官親自須行義各有異也云一曰稼穡者種之曰稼斂之曰穡二曰樹蓺者樹謂植木謂若樹之榛栗藝謂種黍稷謂若蓺麻如之何我蓺黍稷之類是也案大宰有九職此八曰斂材已上與太宰同太宰有九此唯八者太宰言任萬民隨意所云故有九九曰閒民無常職轉移執事此司徒云頒職事不可須之使民轉移執事故闕之唯有八也九曰生材已下加此四事者以其司徒主民此四事者是民之事業及學問故別增之也。注鄭司至木者。釋曰鄭司農云稼穡謂三農生九穀也者自此已下至聚斂疏材皆與太宰同但文有詳略其言異耳九穀須稼穡故變言稼穡耳樹藝與園圃毓草木者同草木須樹藝故亦變言樹藝耳云作材謂虞衡作山澤之材者此文有詳略耳云阜蕃謂藪牧養蕃鳥獸者但養蕃不言阜此言阜字者欲見非直蕃息又使阜盛云飭材謂百工飭化八材者此亦文有詳略耳云通財謂商賈阜通貨賄者貨賄即財也亦文有詳略耳云斂材謂臣妾聚斂疏材者此亦文有詳略耳此八者之義以具釋於太宰故此亦不復重言云生材謂間民無常職轉移執事者司農之意此間民在第九當太宰九曰閒民無常職故以間民解生財也但周公制禮太宰任民無常職於此頒職事不可須無常職使民行之故後鄭易之以爲養竹木解之云學藝謂學道藝者案保氏職云掌養國子以道乃教之六藝故以藝中兼有道也云世事謂以世事教能則民不失職者案管子書云工之子恒爲工士之子恒爲士商之子恒爲商農之子恒爲農是以世事教民能則民不失職也云服事謂爲公家服事者謂若府史胥徒庶人在官者是公家服事者也玄謂生材養竹木者此後鄭破司農之義案太宰事典云以生萬民小宰事職云以養萬民則知生爲養山虞林衡別官則知此生材養竹木在於平地林衡所掌是也

以鄉三物教萬民而賓興之。一曰六德。知。仁。聖。義。忠。和。二曰六行。孝。友。睦。婣。任。恤。三曰六藝。禮。樂。射。御。書。數。

物猶事也興猶舉也民三事教成鄉大夫舉其賢者能者以飲酒之禮賓客之既則獻其書於王矣知明於事仁愛人以及物聖通而先識義能斷時宜忠言以中心和不剛不柔善於父母爲孝善於兄弟爲友睦親於九族婣親於外親任信於友道恤振憂貧者禮五禮之義樂六樂之歌舞射五射之法御五御之節書六書之品數九數之計。○知音智行下孟反姻音因

〔疏〕以鄉至書數。釋曰物事也司徒主六鄉故以鄉中三事教鄉內之萬民也興舉也三物教成行鄉飲酒之禮尊之以爲賓客而舉之三物者則下一曰二曰三曰是也。注民三至之計。釋曰云民三事教成鄉大夫舉其賢者能者以飲酒之禮賓客之既則獻其書於王矣者此並鄉大夫職文又云知明於事者謂於前事不或若四十而不或也云仁愛人以及物者仁者內善於心外及於物謂若行葦詩美成王云敦彼行葦牛羊勿踐履是愛人及於草木即物也云聖通而先識者案襄二十二年藏武仲如晉雨過御叔御叔在邑將飲酒曰焉用聖人何休云說左氏傳者曰春秋之志非聖人孰能脩之言夫子聖人乃能脩之御叔謂藏武仲爲聖人是非獨孔子玄歲之曰武仲者述聖人之道魯人稱之曰聖今使如晉過御叔御叔不說學見武仲而雨行傲之云焉用聖人爲左氏傳載之者非御叔不說學不謂武仲聖與孔子同若然此云聖亦與武仲同是皆述聖人之道云義能斷時宜者義宜也謂斷割合當時之宜也云忠言以中心者此以字解之如心曰恕如下從心中心曰忠中下從心謂言出於心皆有忠實也云和不剛不柔者謂寬猛相濟者也云善於父母爲孝善於兄弟爲友者案爾雅云張仲孝友善父母爲孝善兄弟爲友彼不言於此鄭云善於父母善於兄弟言於者凡言孝友非直甘脊先奉昏定晨省而已謂若禮記祭義云孝者先意承志諭父母於道國人稱之曰幸哉有子若是如此美行乃所爲父母兄弟所善故鄭云善於父母爲孝善於兄弟爲友也云睦親於九族者堯典云九族既睦是睦親於九族也九族者上至高祖下至玄孫旁及總麻之內也云姻親於外親知姻是親於外親者上云睦施於九族明此姻是親於外親也左傳云士踰月外姻至亦據外親之等外親者則妻族母族是也此姻對睦施於外親若不對睦亦施於內親故論語云因不失其親喪服傳云與因母同此皆施於內親也云任信於友道者謂明友有道德則任信之故論語云信則人任焉是也云恤振憂貧者者恤訓爲憂振訓爲救故知恤振憂貧者也云禮五禮之義自此已下至九數皆取義於保氏案保氏職掌養國子以道教之六藝一曰五禮二曰六樂三曰五射四曰五御五曰六書六曰九數案彼注云五禮者玄謂吉凶賓軍嘉六樂者玄謂雲門大咸大韶大夏大濩大武五射者先鄭云白矢參連剡注襄尺井儀五御者先鄭云鳴和鸞逐水曲過君表舞交衢逐禽左六書者先鄭云象形會意轉注處事假借諧聲九數者先鄭云方田粟米差分少廣商功均輸方程贏不足旁要此九章之術是也彼注又云今有重差夕桀句股此經直陳六藝保氏各有其數故注保氏其釋之注此直取保氏經以釋之五禮言義者以其吉凶之等各有其義樂言歌舞者以其作樂時有升歌下舞射言法者以其有升降揖讓之法御言節者因馬六轡有進退之節書言稱者形聲處事差品不同數言計者有多少筭計各逐義強生

以鄉八刑糾萬民。一曰不孝之刑。二曰不睦之刑。三曰不婣之刑。四曰不弟之刑。五曰不任之刑。六曰不恤之刑。七曰造言之刑。八曰亂民之刑。

糾猶割察也不弟不敬師長造言訛言惑衆亂民亂名改作執左道以亂政也鄭司農云

任謂朋友相任恤謂相憂○弟音悌注同〔疏〕以鄉至之刑○釋曰上設三物教萬民民有不從教者則設刑以刑之故言以鄉八刑糾萬民也云一曰不孝之刑者有不孝於父母者則刑之孝經不孝不在三千者深塞逆源此乃禮之通教二曰不睦之刑者不相親睦亦刑之三曰不婣之刑者不親兼戒凡品故不孝有刑也於外親亦刑之四曰不弟之刑者謂不敬師長亦刑之五曰不任之刑者謂不信任於朋友亦刑之六曰不恤之刑者謂見災危而不憂恤亦刑之七曰造言之刑者有造浮偽之言者亦刑之八曰亂民之刑者謂執左道亂政則刑之○注糾猶至相憂○釋曰云糾猶割察也者謂察取鄉中八種之過斷割其罪云不弟不敬師長者此不弟即上六行友是也上文在睦姻之上此變言弟退在睦姻之下者上言友專施於兄弟此變言弟兼施於師長故退在睦姻之下云造言訛言惑眾者案王制行偽而堅言偽而辨與此造言一也是訛言惑眾也云亂民亂名改作執左道以亂政也者亂名已下皆王制文案彼注亂名改作謂變易官與物之名更造法度左道若巫蠱及俗禁並是亂政之民也上三物有六德六行六藝六德六藝不設刑獨於六行設刑者鄭注師氏云在身為德施之為行德為在身不施於物六藝亦是在身之能不施於人故二者不設刑其行並是施之於人故禁其恐有愆負故設刑以防之也造言亂民民中特害故六行之外別加此二刑

以五禮防萬民之偽。而教之中。禮所以節止民之侈偽使其行得中鄭司農云五禮謂吉凶賓軍嘉〔疏〕以五至之中○釋曰以五禮防萬民之偽而教之中者案禮記樂記云禮者著誠去偽故以禮防萬民之偽而教之使得中正也○注禮所至軍嘉○釋曰云禮者辨尊卑別貴賤皆有上下之宜不得奢侈僭偽故云禮所以節止民之侈偽也使其行得中者上不逼下下不僭上得其中正是也鄭司農云五禮謂吉凶賓軍嘉者春官大宗伯文也

以六樂防萬民之情。而教之和。樂所以蕩正民之情思使其心應和也鄭司農云六樂謂雲門咸池大韶大夏大濩大武○思悉吏反應應對之應招上朝反本亦作韶濩音護本亦作護〔疏〕以六至之和○釋曰案樂記云大樂與天地同和孝經云移風易俗莫善於樂故大司徒云六樂防萬民之情而教之使應和也○注樂所至大武○釋曰案樂記云民在閨門之內父子兄弟同聽之莫不和親故云樂所以蕩正民之情思使其心應和也鄭司農云六樂雲門已下皆大司樂文至彼具釋案前云六藝禮樂射御書數不覆申射御書數而獨中禮樂二事但化民以禮樂為急故樂記云心中斯須不和不樂而鄙詐之心入之矣外貌斯須不莊不敬而易慢之心入之矣故樂也者動於內者也禮也者動於外者也是致禮樂以治內外之急也又孝經云安上治民莫善於禮移風易俗莫善於樂是禮樂為化民之急也故特言禮樂耳

凡萬民之不服教而有獄訟者。與有地治者聽而斷之。其附于刑者歸于士。不服教不厭服於十二教貪冒者也爭罪曰獄爭財曰訟有地治者謂鄉州及治都鄙者也附麗也士司寇士師之屬鄭司農云與有地治者聽而斷之與其地部界所屬吏共聽斷之士謂主斷刑之官春秋傳曰士榮為大士或謂歸于圜土圜土謂獄也獄城圜○治直吏反注及下正治并注同斷丁亂反注同厭於涉反或於驗反〔疏〕凡萬至于士○釋曰上以禮樂化民而萬民不猒服十二教則鬪爭起有獄訟者將斷割之時恐其獄訟不審故與其有地治者謂治民之官共聽而斷之若有小罪則司徒決之其附於五刑則歸於士使秋官士師之等斷之○注不服至城圜○釋曰云不服教不猒服於十二教貪冒者也者上以十二教教民使不貪冒其民有不猒服於十二教即是貪冒之人也猒有二種有嫌猒有猒飫之猒謂若祭禮有陰猒之類是也此言不猒服十二教者謂不猒飫服行十二教也又云爭罪曰獄爭財曰訟者案秋官大司寇云以兩造禁民訟以兩劑禁民獄獄訟相對故獄為爭罪訟為爭財若獄訟不相對則爭財亦為獄其義具在秋官釋之云有地治者謂鄉州及治都鄙者也者司徒主六鄉明知有鄉州也案上經布教於都鄙明地治之內兼有都鄙可知云附麗也者案秋官云麗於法案尚書呂刑越茲麗刑故以附為麗云士司寇士師之屬者案秋官有士師鄉士遂士縣士並主獄訟之事故云士師之屬也司農云春秋傳曰者僖公二十八年衛侯出奔及其反國誤射殺弟叔武元晅訴於晉衛侯與元晅訟音使士榮為大士而聽斷之引此者欲見有獄必有訟有訟者不必有獄故彼是爭罪之事而言衛侯與元晅訟云或謂歸於圜土圜土謂獄也者司農之意此經士或為土字因即解土為圜土圜土即獄也云獄城圜者更解圜土之意圜土之義具在秋官司圜職也

祀五帝。奉牛牲。羞其肆。牛能任載地類也奉猶進也鄭司農云羞進也肆陳骨體也玄謂進所肆解骨體士喪禮曰肆解去蹄○肆託歷反注肆解肆去同司農音四注肆陳同〔疏〕祀五至其肆○釋曰云祀五帝者謂五時迎氣於四郊及摠享五帝於明堂即大司徒奉牛牲云羞其肆者羞進也肆解也謂於俎上進所解牲體於神坐前○注牛能至去蹄○釋曰鄭解司徒奉牛之意故云牛能任載地類也故屬地官司徒鄭司農云羞進也肆陳骨體也者骨體肩脊脅之屬司農以肆為四音讀之故云肆陳也謂陳牲體於俎上即體解折節為二十一體是也故云陳骨體也玄謂進所肆解骨體者後鄭之意以肆為擿音讀之肆解骨體者為七體解之故引士喪禮曰肆解去蹄案士喪禮曰特豚四鬄去蹄彼注云四解之殊肩髀彼言殊肩髀與此骨體一也但彼云四鬄此云肆解其字不同者鄭直以義讀之非彼正文此云殺當彼鬄也後鄭必不從先鄭為肆陳骨體為二十一體者案禮運云腥其俎孰其殺彼注云腥其俎謂豚解而腥之也孰其殺謂體解而爛之祭祀之法先豚解後體解經云奉牛牲謂初牽入時即言羞其肆明先豚解又案國語禘郊之事則有全烝明知不得先有體解若然則禘郊之事先全烝始後豚解也若宗廟之祭則無全烝先豚解次體解禮運所云者是也

享先王亦如之。〔疏〕享先至如之○釋曰享先王不辨祭之大小彼大宗伯四時及禘祫六者皆稱享云亦如之者亦如上祀五帝奉牛牲羞其肆又不言祭地者祭地之禮與天同

大賓客。令野脩道委積。令令遺人使為之也少曰委多曰積皆所以給賓客〔疏〕大賓至委積○釋曰案大行人諸侯朝稱賓卿大夫來聘稱客彼對文例散文賓客通此云大賓客者唯據諸侯來朝大司徒令遺人於野路之上脩治道塗及委積芻薪米禾之等以待賓客○注令令至賓客○釋曰令令遺人使為之也少曰委多曰積者案遺人云十里有廬廬有飲食三十里有宿宿有路室路室有委五十里有候館候館有積故知義然也

大喪。帥六鄉之眾庶。屬其六引。而治其政令。眾庶所致役也鄭司農云六引謂引喪車索也六鄉主六引六遂主六紼○引如字又音胤紼音弗〔疏〕大喪至政令○釋曰大喪謂王喪至七月而葬大司徒帥六鄉之眾庶取一千人屬其六引挽柩鄉廣而治其政令者大司徒則檢校挽柩之事○注眾庶至六紼○釋曰云眾庶所致役也者但六鄉七萬五千家進取一千人致之使為挽柩之役故云所致役也司農云六鄉主六引則此經是也云六遂主六紼者案遂人職云大喪帥六遂之役而致之掌其政令及葬帥而屬六紼在棺曰紼見繩體行道曰引見用力主文以見義也

大軍旅。大田役。以旗致萬民。而治其徒庶之政令。旗畫熊虎者也徵眾刻日樹旗期於其下〔疏〕大軍至政令○釋曰凡征伐田獵所用民徒先起六鄉之眾故云大軍旅大田役以旗致萬民司徒主六鄉即治其徒庶之政令○注旗畫至其下○釋曰案司常云熊虎為旗故鄭云旗畫熊虎者也云徵眾刻日樹旗期於其下者凡起徒役不令而誅謂之虐故徵眾庶預刻集日至日樹旗期民於其下眾皆至弊旗誅後至者也

若國有大故。則致萬民於王門。令無節者不行於天下。大故謂王崩及寇兵也節六節有節乃得行防姦私〔疏〕若國至天下○釋曰若國有大故者大故是非常之事故言若也則致萬民於王門者以待任用故也云令無節者不行於天下者大故之時恐有姦寇節者用為行道之信故無節者不行於天下所以防姦私也○注大故至姦私○釋曰言大故[illegible]大荒大札故知大故中有王崩寇兵二事也云節六節者為掌節山國用虎節土國用人節澤國用龍節門關用符節貨賄用璽節道路用旌節也

大荒。大札。則令邦國移民通財。舍禁。弛力。薄征。緩刑。大荒大凶年也大札大疫病也移民辟災就賤其有不可移者則輸之穀春秋定五年夏歸粟於蔡是也○札側八反〔疏〕大荒至緩刑○釋曰大荒謂大凶年大札謂大疫病則令邦國者謂令天下諸侯邦國也移民通財者此謂兩事移民謂分口往就賤財是米穀也其有留守不得去者則兩處通穀米與之舍禁者謂山澤之內舊遮禁不聽入者令皆舍而不禁容民取蔬食也弛力者謂弛力役之事薄征者[illegible]大荒則全無征稅今言薄征者容有小荒仍有征稅者案司稼注云豐年從正儉有所殺若今十傷二三實除減半者也緩刑者謂有刑罰寬而放之○注大荒至是也○釋曰大荒大凶年也者謂若曲禮云歲凶年穀不登言大者穀梁云五穀不熟謂之大侵與此一也大札大疫病也者謂若左氏傳云天昬札瘥云其有守不可移者則輸之穀者釋經通財也又引春秋定五年夏歸粟於蔡是也者案彼傳定四年楚伐蔡五年夏歸粟於蔡彼雖非荒札之事直取歸粟一道證經通財之義

歲終。則令教官正治而致事。歲終自周季冬也教官其屬六十正治明處其文書致事上其計簿○上時掌反簿蒲戶反注同〔疏〕歲終至致事○釋曰歲終則令教官其屬六十官也云正治而致事者謂正直治理其文書不得濫失以為公狀然後致其職事以待考○注歲終至計簿○釋曰知歲終是周季冬者以其正月之吉始和是周之歲始明此致事之時亦是周之歲終云致事上其計簿者漢時考吏謂之計吏計吏據其使人也此言計簿據其文書也

正歲。令于教官曰。各共爾職。脩乃事。以聽王命。其有不正。則國有常刑。

正歲夏正月朔日〔疏〕正歲至常刑○釋曰正歲令干教官者以其歲始當除舊布新各共爾之職脩汝之事爾乃皆汝也以聽王命者聽待也其不正則國有常刑者謂文書不正直而濫失則有常刑常刑者謂二千五百條各依輕重而受刑法○注正歲至朔日○釋曰周禮上下凡言正歲者皆是夏之正月又知是朔日者以其正月之吉是朔日此雖不言之吉亦是朔日爲始可知也

周禮注疏卷十校勘記　阮元撰盧宣旬摘錄

附釋音周禮注疏卷第十

大司徒

辨其山林川澤丘陵墳衍原隰之名物　唐石經諸本同釋文原本亦作邍案周禮原隰字多作邍此當本作古字因注作原而改

九州揚荊豫青兗雍幽冀并也　閩本揚作楊諸本兾改冀

水崖曰墳　宋本崖作涯

下濕曰隰　嘉靖本閩本同監毛本濕改溼疏中準此

形狀名號　監本號作貌

案職方九州皆直川　案直當爲有字之誤

溝爲封樹　惠校本溝下有上此脫

經直云壝壇卽堳埒　案壇亦當作壝

君南面於北墉下　浦鏜云鄉誤面案面或向之訛

故云各以其土地所宜木　惠校本土地作野之此非

則無后土及田土之神　閩本同誤也當從監毛本作田正

其植物宜早物　岳本同唐石經宋本嘉靖本閩監毛本早皆作皁此本注及疏亦作皁釋文早物音皁本或作皁注同案皁俗早字據唐石經已作皁知今本作早者後人依釋文改從正字也○按皁者草之俗字說文草者草斗櫟實也自人用草爲艸木字乃別製皁爲草斗字岳本作早與釋文合周禮用假借字也

其動物宜鱗物　唐石經諸本同釋文鱗物劉本作麟音鱗○按盧文弨曰釋文云劉本作鱉故集韻云鱗通作鱉本釋文也今本釋文作麟乃譌字

其民皙而瘠　釋文皙而音錫白色也唐石經亦作皙下從白今諸本作晳下從日訛

其植物宜叢物　諸本同釋文亦出叢物二字唐石經作䕺物○按䕺者叢之俗字不見於說文

核物李梅之屬　宋本閩本監本同毛本核作覈爲依經所改非也嘉靖本作梅李之屬

虎豹貔貐之屬　宋本余本岳本嘉靖本閩本同葉鈔釋文亦作貐監毛本作貙非疏中準此○按其字正作离俗作貍誤作貐

理致且白如膏　宋本致誤置○按致者今之緻字

此云貉狐不言貍者　毛本同誤也當從閩監本作貂狐

臞脉瘠也　閩監毛本脉誤脈下同

土祇原隰及平地　諸本祇誤祗今改正

則民不偷　閩監本同疏中改偷爲愉毛本經作愉注及疏又偷愉錯見案釋文不愉音偷又音揄唐石經宋本余本岳本嘉靖本皆作偷注疏本或改作偷俗字也

愉謂朝不謀夕　宋本余本岳本嘉靖本同閩毛本愉作偷監本先作偷後改愉○按此亦當是經用古字注用今字之例經作愉从心注作偷从人爲是鄭箋山有樞云愉讀曰偷

謂鄉飲酒之禮　浦鏜云鄉下脫射

六曰以俗教民則民不偷者　閩監毛本作敎安此誤

則民不偷愉苟且也　閩本作則民不愉當據以訂正監毛本上下皆作偷後並改爲愉

將焉用樹　閩監毛本焉作安

諺所謂老將智而耄及之者　毛本耄作髦

憂之則不懈怠者　案注作則民不解息賈本注蓋無民字

育生也○　嘉靖本育作毓非惠校本亦作毓云余本仍作育按此段玉裁經用古字注用今字之例

星土星所主土也　諸本主誤生今據保章氏注訂正

又周語伶周鳩云　惠校本作州鳩此誤

陶唐氏之火○正　案○誤衍

欲見財既爲九賦斂財賦　閩本同監毛本斂誤故浦鏜云財賄誤財賦

云測猶度也　閩監毛本同誤衍也宋本余本岳本嘉靖本皆無云字

故書求爲救　九經古義云救當作救古文求字說文引虞書云旁救孱功蔡邕石經般庚云器非救舊皆以救爲求

杜子春云爲求　閩監毛本同宋本余本岳本嘉靖本云下有當字此脫

立表之處大東　閩監毛本同宋本嘉靖本無處字此誤衍

案土人職云　浦鏜云玉誤土

據中表之南而言　浦鏜云南下脫表

爲中表之西表而言　惠校本爲作據此誤

月離於畢俾滂沲　閩監毛本沲作沱

云測猶度　惠校本下有也此脫

是地於日爲近南云　浦鏜云下當脫一云

故後鄭增成先鄭之義取云　惠校本取作而此誤

今潁川陽城地爲然　監毛本同嘉靖本潁作頴岳本閩本誤穎

風雨寒暑時是也　惠校本風雨下有節此脫

南北二億三萬二千五百里　宋本作一千閩監毛本作三千誤盧文弨曰御覽卷三十一亦作一千五百里

天圜南北二億　浦鏜云圜誤圖

初爲基止　閩毛本止作址監本誤扯

土地附庸　宋本余本閩監毛本同岳本嘉靖本地作田

諸男食者四之一　惠校本諸男上增諸子二字云余本無案賈疏本亦無諸子二字故云直舉男地而言惠以意增非

其食者參之一者亦與侯同　閩本同監毛本參改三毛本侯改諸

卽足其國俗喪紀及畜積之用　惠校本國下有禮此脫

不易之地家百畮　唐石經諸本同釋文作百畞云本亦作古畮字

上言王巳及諸侯邦國　補閩監毛本王巳作王畿此誤

進受命於周退見文武之戶者　宋本無命戶爲尸之誤

先鄭伯有善於鄒公者　補閩本鄒作鄶是也監毛本作鄫亦誤

遷易東周畿內　惠校本易作居此誤

宅南郊　案郊當作交

七日眚禮　唐石經諸本同監毛本眚誤告閩本誤青注及疏準此

救飢之政　嘉靖本飢作饑此非○按依說文則饑年字當从幾飢餓字作飢

飢饉則盜賊多　宋本嘉靖本飢作饑當據以訂正

卽此一荒也　浦鏜云一荒當誤倒非

若令休兵鼓之爲　惠校本令作今此誤

案大司樂大札大荒大凶荒凶則亂　惠校本作凶荒別者此作則亂誤也案大司樂無大荒

司農凶荒別文者　案農當爲樂字之誤

若今癃不可事不筭卒　宋本嘉靖本閩本同監毛本筭改算疏同葉鈔釋文癃作㾉

若今廢疾者也　漢制考作癈疾○按漢制考是也經典癈字多爲淺人改作廢

三曰聯兄弟　唐石經諸本同釋文聯兄弟一本作聚兄弟案注云聯猶合也兄弟昏姻嫁娶也鄭訓聯於兄弟上則作聚者非

各有攸宇　宋本宇作芧蓋依今本毛詩改非

連猶合也　宋本余本閩監本同嘉靖本毛本連作聯依經改注非也疏中同○按亦段玉裁經用古字注用今字之證

兄弟皆有外邦　浦鏜云在他誤有外○按此惟在誤有耳

是以知兄弟是婚姻也　閩監毛本作昏姻

鄉閭子弟皆相連合　毛本連改聯

案尚書泰誓武王云　此本武字係剜擠

司徒以布五教　閩監毛本同誤也宋本嘉靖本作王教此本疏中引注亦作王教當據以訂正

二曰樹蓺　宋本余本嘉靖本閩本同唐石經監毛本蓺作藝注及疏準此○按唐人之例樹蓺如此作道藝六藝如此作

謂園圃毓草木　閩監毛本同宋本作謂園圃育草木嘉靖本毓作育惠校本亦作園育云互注本余本作圃毓○按毓育亦經用古字注用今字之證也

蓺謂種黍稷　案此蓺字亦當作埶

九曰閒民無常職轉移執事　毛本誤職事據監本訂正自八曰斂財起至下節疏一舉其賢者能者以飲酒之禮賓客止此本及閩本缺一頁今據監毛本補按

云阜蕃謂藪牧養蕃鳥獸者　監本藪誤數據毛本正

恤振憂貧者　宋本振下有於蓋因上誤衍惠校本亦有於字云互注本余本無

此並鄉大夫職又　浦鏜云文誤又

非直甘肴先奉　閩監毛本肴作殽

喻父母於道　惠校本同閩監毛本喻作諭

方程羸不足　閩監毛本同惠校本羸作贏

故注保氏其釋之　浦鏜云其當具字誤

亂民亂名改作　諸本同惠校本名一作民云互注本余本作名

禮所以節止民之侈僞　宋本余本嘉靖本毛本同閩監本止作正誤

故云禮所以節止民之侈僞也　惠校本毛本同閩監本止誤正

皆大司樂文　毛本誤大司徒

不厭服於十二教　此本疏中引注厭作猒又賈疏有嫌猒猒飫陰猒字皆作古猒字是賈氏所據鄭注作猒也○按依說文猒飫如此作厭服如此作鄭云厭服則其字當从厂其音當於輒切釋文不作音疏也

此經士或爲土字　監毛本士誤土閩本土亦誤士九經古義云世本作篇曰相土作乘馬卽相土也呂覽任地云后稷曰子能使吾士靖而甽浴士乎高誘曰士當爲土周物敦亦以士爲土

進所解牲體於神坐前　閩本同監毛本坐改座俗字

此云殺當彼鬄也　惠校本殺作肆此誤閩監毛本作解亦非盧文弨曰通考作肆

卽言羞其肆　惠校本言作云

挽柩鄉廣　閩監本同誤也當從毛本作鄉壙

進取一千八致之　惠校本進作雅此誤

主文以見義也　浦鏜云互誤主

防姦私　宋本嘉靖本姦作奸○按奸者姦之俗字

云節六節者爲掌節　惠校本爲作案此誤

舍禁弛力　毛本舍誤含

歲終自周季冬也　浦鏜云是誤自盧文弨曰自疑目案自當爲者之誤

附釋音周禮注疏卷第十一

鄭氏注　賈公彥疏

小司徒之職。掌建邦之教灋。以稽國中。及四郊都鄙之夫家。九比之數。以辨其貴賤老幼廢疾。凡征役之施舍。與其祭祀飲食喪紀之禁令。稽猶考也夫家猶言男女也鄭司農云九比謂九夫爲井玄謂九比者冢宰職出九賦者之人數也貴謂爲卿大夫賤謂占會販賣者廢疾謂癃病也施當爲弛○比毗志反注下皆同施式氏反【疏】小司徒至禁令○釋曰小司徒副貳大司徒之事大司徒已掌十二教故此小司徒又掌建邦之教法言建者非但副貳大司徒亦得專其事云以稽國中及四郊都鄙者大司徒掌邦國都鄙此小司徒亦掌之稽考也故亦考其國中及四郊但國中與四郊皆是六鄉之民所居也併言都鄙者司徒是主土地之官故亦兼主采地之法云之夫家九比之數者謂國中及四郊都鄙之內夫家男女九賦校比人民之數云辨其貴賤老幼廢疾者辨猶別也謂別其貴賤老幼廢疾合科役者科役之云凡征役之施舍者征謂稅之役謂繇役施舍者貴與老幼廢疾不科役故言弛也云與其祭祀者謂鄉中州祭社黨祭禜族祭步飲食者謂若行鄉飲酒及族食喪紀者謂若四閭爲族使之相葬之等禁令者祭祀已下皆有禁令不使失禮○注稽猶至爲弛○釋曰夫家猶言男女者夫是丈夫則男也春秋傳曰云男有室女有家婦人稱家故以家爲女鄭司農云九比謂九夫爲井後鄭不從者以經掌國中及四郊卽是六鄉之內但鄉與公邑並爲溝洫無井田之法故後鄭不從玄謂九比者冢宰職出九賦者之人數也者案大宰云九賦斂財賄一曰邦中之賦二曰四郊之賦三曰邦甸之賦四曰家稍之賦五曰邦縣之賦六曰邦都之賦與此文國中四郊都鄙其事相當故知此九比出九賦者之人數云貴謂爲卿大夫賤謂占會販賣者鄭解諸文貴賤相對皆以爲貴謂卿大夫賤謂士獨此賤爲占會販賣者以其此經論九賦之事案大宰九賦有幣餘之賦幣餘謂占賣國之斥幣此經貴與老幼廢疾皆弛舍無賦唯此賦當彼幣餘之賦故爲販賣者解之云施當爲弛者周禮上下但言爲弛舍者皆經爲施字鄭皆破從弛○乃頒比灋于六鄉之大夫。使各登其鄉之衆寡。六畜車輦。辨其物。以歲時入其數。以施政教。行徵令。登成也成猶定也衆寡民之多少物家中之財歲時入其數若今四時言事○畜許六反後六畜皆同○【疏】乃頒至徵令○釋曰言乃頒比法于六鄉之大夫者比法謂若下經五人爲伍五伍爲兩是也六鄉大夫皆六命卿爲之小司徒爲校比之法須與六鄉大夫又云使各登其鄉之衆寡六畜車輦者衆寡據人民六畜者馬牛羊豕犬雞車謂革車及大車輦人挽行又辨其物者謂辨其家中財物多少以歲之四時具錄其數人小司徒以施政教者小司徒所施政教依其數而施行之云以行徵令者以徵索於民及所施政令亦據民物等數而行之故云行徵令也○注登成至言事○釋曰云登成也成猶定也者人畜衆寡其數不恒家家條錄數而比之則得成故登爲成也定也云衆寡民之多少者謂六口已上

爲多五口已下爲少云物家中之財者經既言六畜車輦下別云辨其物明物是家中之財云歲時入其數若今四時言事者漢承周後皆四時入其數今時白役簿皆在於冬代異時殊故有革別也

及三年則大比。大比則受邦國之比要。

大比謂使天下更簡閱民數及其財物也受邦國之比要則亦受鄉遂矣鄭司農云五家爲比故以比爲名今時八月案比是也要謂其簿。[疏]及三至比要。○釋曰三年一閏天道有成及至也每至三年則大案比戶口大比之時則天下邦國送要文書來入小司徒故大比則受邦國之比要也○注大比至其簿○釋曰云大比謂使天下更簡閱民數及其財物也者上經頒比法每歲之四時簡閱衆寡及其物等此經三年大比并下邦國而言故鄭云大比謂使天下更簡閱民數及其財物鄭不言六畜車輦者文略亦簡閱可知云受邦國之比要則亦受鄉遂矣者此經但受邦國比要上經直言頒比法於六鄉以歲時入其數不言三年大比故知此文含鄉遂也故云亦受鄉遂矣鄭司農云五家爲比故以比爲名者凡言比者是按比之言但五家爲比者案比之法從少至多以五家爲始故以比爲名云今時八月案比是也者漢時八月案比而造籍書周以三年大比未知定用何月故司農以漢法八月況之云要謂其簿者謂若今之造籍戶口地宅具陳於簿也。

乃會萬民之卒伍而用之。五人爲伍。五伍爲兩。四兩爲卒。五卒爲旅。五旅爲師。五師爲軍。以起軍旅。以作田役。以比追胥。以令貢賦。

用謂使民事之伍兩卒旅師軍皆衆之名兩二十五人卒百人旅五百人師二千五百人軍萬二千五百人此皆先王所因農事而定軍令者也欲其恩足相恤義足相救服容相別音聲相識作爲也役功力之事追逐寇也春秋莊十八年夏公追戎于濟西胥伺捕盜賊也貢嬪婦百工之物賦九賦也鄉之田制與遂同○卒子忽反注及下皆同別彼列反[疏]乃會至貢賦○釋曰小司徒佐大司徒以掌六鄉六軍之士出自六鄉故預配卒伍百人爲卒五人爲伍也而用之者即軍旅田役是也五人爲伍者下文云凡起徒役無過家一人六鄉之內有比閭族黨州鄉一鄉出一軍六鄉還出六軍今言五人爲伍者五家爲比家出一人則是一比也在家爲比在軍爲伍伍者聚也五伍爲兩者在鄉五比爲閭閭二十五家也在軍伍伍爲兩兩二十五人也四兩爲卒者在鄉四閭爲族族百家也在軍四兩爲卒卒百人也五卒爲旅者在鄉五族爲黨黨五百家在軍五卒爲旅旅五百人也五旅爲師者在鄉五黨爲州州二千五百家在軍亦五旅爲師師亦二千五百人也五師爲軍者在鄉五州爲鄉鄉萬二千五百家在軍五師爲軍軍亦萬二千五百人也以起軍旅者謂征伐也以作田役者謂田獵役作皆是也以比追胥者追謂逐寇胥謂伺捕盜賊以令貢賦者依鄉中家數而施政令以貢賦之事○注用至遂同○釋曰用謂使民事之者謂使人爲事即軍旅田役是也云兩二十五人已下案經五人爲伍轉相增數從五人爲伍至五師爲軍數可知也云此皆先王所因農事而定軍令者也者案管子書云因內政寄軍令謂在鄉五家爲比以營農事比長領之及其出軍家出一人五人爲伍則爲伍長領之在家閭胥領一閭在軍則爲兩司馬領之在家爲族師在軍爲卒長在家爲黨正在軍爲旅師在家爲州長在軍爲師帥在鄉爲大夫在軍爲軍將自伍長已上全與此文不同者鄭君以義言之非彼正文也云欲其恩足相恤至音聲相識言此者解因內政寄軍令之意不使異人間雜於中也云役功力之事者鄭意欲解經文役與田不同也云追逐寇也又引春秋莊公十八年夏公追戎于濟西者案彼傳戎侵魯魯公追之出境服氏云桓公爲好莊公獨不能脩而見侵濟西曹地穀梁云其不言戎之伐我何也以公之追之不使戎邇於我也于濟西者大之也引之者證追是逐寇也云胥伺捕盜賊也者以追既爲逐寇胥爲伺捕盜賊可知云貢嬪婦百工之物者案大宰九賦之貢有九此貢獨云嬪婦百工二者此六鄉之貢不論地事則所令之貢亦不及地貢也故以此二事當之云賦九賦也者案大宰九賦一曰邦中二曰四郊二者之賦在六鄉之內此經既論六鄉之賦不得有三曰邦甸已下若然此唯有二賦而云九賦者二賦是九賦中物故總云九賦也云鄉之田制與遂同者此經之內不見田制案遂人職云夫間有遂遂上有徑十夫有溝溝上有畛百夫有洫洫上有涂千夫有澮澮上有道萬夫有川川上有路是其遂制也故云鄉之田制與遂同案鄭注遂之軍法如六鄉者以其遂內不見出軍之法唯有田制而已故知遂之軍法如六鄉若然彼此各舉一邊互見爲義

乃均土地。以稽其人民。而周知其數。上地家七人。可任也者家三人。中地家六人。可任也者二家五人。下地家五人。可任也者家二人。

均平也周猶徧也一家男女七人以上則授之以上地所養者衆也男女五人以下則授之以下地所養者寡也正以七人六人五人爲率者有夫有婦然後爲家自二人以至於十爲九等七六五者爲其中可任謂丁強任力役之事者出老者一人其餘男女強弱相半其大數○徧音遍七以上時掌反[疏]乃均至二人○釋曰言乃均土地者以其佐大司徒掌其土地人民之數故制上地下地等使得均平故云均土地也云以稽其人民者既給土地則據土地計考其人民可任不可任之事云而周知其數者而周遍知其人數云上地家七人者凡給地有九等此據中地三等而中地之上所養者七人云可任也者家三人者七人之中一人爲家長餘六人在強弱半強而可任使者家三人云中地家六人者此謂中地之中所養者家六人云可任也者二家五人者六人之內一人爲家長餘五人在強弱半不可得言可任者二人半故取兩家併言可任者二家五人云下地家五人者謂中地之下所養者五人云可任也者家二人者五人之內一人爲家長餘四人在強弱半故云可任者家二人○注均平至大數○釋曰云正以七人六人五人爲率者有夫有婦然後爲家自二人以至於十爲九等七六五者爲其中者案王制百畝之分上農夫食九人其次食八人其次食七人其次食六人其次食五人彼言五等此云七六五三等其人不同故鄭爲九等計之此經皆云家故鄭云有夫有婦乃成家從此二人爲一等至十人則爲九等自二人三人四人是下地之三等也五人六人七人是中地之三等八人九人十人是上地之三等此經唯言七六五者據中地之三等則知有上地下地之三等故鄭云七六五者爲其中若然王制不云上上之地食十人又不云其次食四人其次食三人其次食二人直言自九以至五不言九等者彼欲取下士視上農夫食九人自府史胥徒四者食八人七人六人五人五等人與此五等農夫相當故不言其餘四者又襄公二十五年楚蒍掩書土田度山林鳩藪澤辨京陵表淳鹵數疆潦規偃豬町原防牧隰皋井衍沃以授子木禮也此九等是楚之地善惡有九等與此不同鄭注尚書云賦之差上上出九夫稅上中出八夫稅爲九等者以九州出賦多少不同有九等故鄭君以井田美惡爲九等計之非是貢地之差也云出老者一人其餘男女強弱相半其大數者但一家之內二人至十人或男多女少或女多男少不可齊準今皆以強弱半者周公設法據其大數故鄭云其大數也

凡起徒役。毋過家一人。以其餘爲羨。唯田與追胥竭作。

鄭司農云羨饒也田謂獵也追追寇賊也竭作盡行○毋音無羨錢面反[疏]凡起至竭作○釋曰云凡起徒役毋過家一人者謂起民徒役作之毋過家一人以其餘爲羨者一家兄弟雖多除一人爲正卒正卒之外其餘皆爲羨卒云唯田與追胥竭作者田謂田獵追謂逐寇胥謂伺捕盜賊竭盡也作行也非直正卒一人羨卒盡行以其田與追胥之人多故也此謂六鄉之內上劑致甿一人爲正卒其餘皆爲羨卒若六遂之內以下劑致甿一人爲正卒一人爲羨卒其餘皆爲餘夫饒遠故也

凡用衆庶。則掌其政教。與其戒禁。聽其辭訟。施其賞罰。誅其犯命者。

命所以誓告之[疏]凡用至命者○釋曰言凡用衆庶者則上經所云是也其衆庶皆是六鄉之民小司徒主教六鄉六鄉衆是己民故用衆庶之時則掌其政教與其戒禁又聽斷其賞罰又誅責犯命者○注命所以誓告之○釋曰所誓告者謂若大司馬羣吏聽誓於陳前司徒北面以誓之小子斬牲左右以徇陳曰不用命者斬之是其誓告之事也

凡國之大事。致民。大故。致餘子。

大事謂戎事也大故謂災寇也鄭司農云國有大事當徵召會聚百姓則小司徒召聚之餘子謂羨也玄謂餘子卿大夫之子當守於王宮者也[疏]凡國至餘子○釋曰凡國之大事者謂有兵戎之大事出征之時云致民者謂有兵戎大事於六鄉之內發起民徒云大故致餘子者謂有災寇之事餘子卿大夫之[illegible]時則致餘子與大子使宿衛也○注大事至者也○釋曰知大事謂戎事者見左氏成公傳云國之大事在祀與戎此言致民明非祭祀是戎事可知故云大事謂戎事也云大故謂災寇也者經云致餘子明大故并王喪是水火之災及其兵寇司農云餘子謂羨也者以其羨卒雖田與追胥竭作乃使之此經大故不合使羨故鄭不從之玄謂餘子卿大夫之子當守於王宮者也知義然者以經云大故當宿衛王宮案書傳云餘子皆入學則餘子不得爲羨是宿衛之人故云餘子卿大夫之子當守於王宮者也是破司農之義

乃經土地。而井牧其田野。九夫爲井。四井爲邑。四邑爲丘。四丘爲甸。四甸爲縣。四縣爲都。以任地事而令貢賦。凡稅斂之事。

此謂造都鄙也采地制井田異於鄉遂重立國小司徒爲經之立其五溝五塗之界其制似井之字因取名焉孟子曰夫仁政必自經界始經界不正井地不均穀祿不平是故暴君姦吏必慢其經界經界既正分田制祿可坐而定也鄭司農云井牧者春秋傳所謂井衍沃牧隰皋者也玄謂隰皋之地九夫爲牧二牧而當一井今造都鄙授民田有不易有一易有再易通率二而當一是之謂井牧昔夏少康在虞思有田一成有衆一旅一旅之衆而田一成則井牧之法先古然矣九夫爲井者方一里九夫所治

之田也此制小司徒經之匠人爲之溝洫相包乃成耳邑丘之屬相連比以出田稅溝洫爲除水害四井爲邑方二里四邑爲丘方四里四丘爲甸甸之言乘也讀如衷甸之甸甸方八里旁加一里則方十里爲一成積百井九百夫其中六十四井五百七十六夫出田稅三十六井三百二十四夫治洫四甸爲縣方二十里四縣爲都方四十里四都方八十里旁加十里乃得方百里爲一同也積萬井九萬夫其四千九十六井三萬六千八百六十四夫出田稅二千三百四井二萬七百三十六夫治洫三千六百井三萬二千四百夫治澮井田之法備於一同今止於都者采地食者皆四之一其制三等百里之國凡四都一都之田稅入於王五十里之國凡四縣一縣之田稅入於王二十五里之國凡四甸一甸之田稅入於王地事謂農牧衡虞也貢謂九穀山澤之材也賦謂出車徒給繇役也司馬法曰六尺爲步步百爲晦晦百爲夫夫三爲屋屋三爲井井十爲通通爲匹馬三十家士一人徒二人通十爲成成百井三百家革車一乘士十人徒二十人十成爲終終千井三千家革車十乘士百人徒二百人十終爲同同方百里萬井三萬家革車百乘士千人徒二千人○甸繩證反出注注同夫仁音扶少康詩照反洫況逼反爲除于僞反乘繩證反下同澮古外反

疏「乃經」至「之事」○釋曰此小司徒佐大司徒掌其都鄙都鄙則三等采地是也匠人嘗溝洫於田掌其經界故云乃經土地經謂爲之里數在土地之中立其里數謂井方一里邑方二里之等是也云而井牧其田野者井方一里兼言牧地是次田二牧當上地一井授民田之時上地不易家百畝中地一易家二百畝下地再易家三百畝通率三家受六夫之地一家受二夫與牧地同故云井牧其田野此與下爲總目云九夫爲井者井方一里九夫之田四井爲邑者邑方二里四邑爲丘者丘方四里四丘爲甸者甸方八里旁加一里則爲十里之成今不言十里成而言八里甸者成間有洫井間有溝旁加一里者便治溝洫不出稅舉其八里之甸據實出稅者而言四甸爲縣者縣方十六里四縣爲都都方三十二里以任地事者謂若大宰九職任萬民謂任役萬民使皆地事云而令貢賦者貢則九職之貢賦謂軍賦出車徒之等云凡稅斂之事者采地之中皆爲井田之法一井之田一夫稅入於官故云稅斂之事○注「此謂」至「千人」○釋曰鄭知此謂造都鄙者鄉遂公邑之中皆爲溝洫之法此經爲井田之法故知謂造都鄙也云采地制井田異於鄉遂者案遂人夫間有遂之等是溝洫法鄉田之制與遂同此經與匠人爲井田法其制與鄉遂不同故云采地制井田異於鄉遂也此雖不言異於公邑公邑亦與遂同故注匠人云異於鄉遂及公邑是也云重立國小司徒爲經之立其五溝五塗之界者此鄭意匠人於都鄙之中營造溝洫此小司徒又經之立五溝五塗之界則經丘甸縣都並據境界而言但此都鄙是畿內之國小司徒與匠人共掌之云其制似井之字因取名焉者此解經井字謂正方一里之內方三百步百步爲一截縱亦三截橫亦三截則爲九夫夫各百步其中爲井字故云似井字因取名焉名爲井田也云孟子曰已下至坐而定也者案孟子滕文公使大夫畢戰問孟子井田之法孟子對此辭孟子云經界者則此經九夫爲井已下四縣爲都以上故引以證之鄭司農云井牧者春秋傳所謂井衍沃牧隰皋者也司農引春秋者襄公二十五年楚蔿掩書土田之事井衍沃者衍沃謂上地下平曰衍饒沃之地九夫爲一井牧隰皋者下濕曰隰近皋澤之地司農之意經有井牧故引以當之玄謂隰皋之地九夫爲牧二牧而當一井今造都鄙授民田有不易者家百畝有一易家二百畝有再易者家三百畝通率二而當一者是三家受六

夫之地是隰皋之地二牧始當一井故云二而當一云是之謂井牧者此就足司農之義云昔夏后少康在虞思有田一成有衆一旅者此是哀公元年左氏傳伍員云昔過澆滅夏后相后緡方娠逃出自竇歸於有仍生少康焉爲仍牧正澆使椒求之逃奔有虞爲之庖正虞思於是妻之以二姚而邑諸綸有田一成有衆一旅是其事也言有田一成有衆一旅則地以上中下爲率者以爲其成方十里九百夫之地一旅五百夫故知是通率之通率之法正應四百五十人言一旅舉成數也亦容不易者多云一旅之衆而田一成則井牧之法先古然矣者鄭言此者井牧之法自夏而有非祇於周云九夫爲井者方一里九夫所治之田也者一井之內地有九夫假令盡是上地不易家有百畝中一夫入於公四畔八夫家治百畝尚無九夫所治況其中或有一易再易所取數更少今鄭云方一里九夫所治之田鄭據地有九夫而言非謂有九家也云此制小司徒經之者即此文乃經土地是也云匠人爲之溝洫者案匠人云井間有溝成間有洫同間有澮是匠人爲之溝洫也云相包乃成耳者司徒立其界匠人爲其溝相包含乃成其事耳云邑丘之屬者之屬中含有甸及縣都云相連比以出田稅者從井邑至縣都從內向外界相連比井稅一夫故言以出田稅云溝洫爲除水害者尚書益稷云濬畎澮距川是其從畎遂溝洫次第入澮入川故云爲除水害也云四井爲邑方二里四邑爲丘方四里四丘爲甸甸之言乘也者欲見甸中出長轂一乘云讀如衷甸之甸者案哀十七年衛侯爲虎幄於藉圃成求令名者而與之始食焉大子請使良夫良夫乘衷甸兩牡紫衣狐裘而至祖裘不釋斂而食大子數之三罪而殺之鄭依此而言也引之者證甸得爲乘之義云甸方八里旁加一里則方十里爲一成者欲就匠人解之匠人云成方十里此言四丘爲甸甸與成其實一也故鄭覆解成與甸相表裏之意云積百井九百夫者但一成之內方十里開方之得百井井有九夫故云九百夫云其中六十四井五百七十六夫出田稅者此就甸方八里而言八里之內開方之八八六十四故云六十四井井有九夫故五百七十六夫井稅一夫故云出田稅云三十六井三百二十四夫治洫者此據甸方八里之外四面加一里爲成而言成有百井中央八里除六十四井餘有三十六井井有九夫故三百二十四夫治洫不使稅鄭言此者見經四丘爲甸據實出稅而言故不言成也若然方里爲井井間有溝溝廣四尺深四尺方十里爲成成間有洫廣八尺深八尺治溝洫者皆不出稅獨言治洫者據外而言其實治溝亦不出稅摠在六十四井之內以洫言之矣云四甸爲縣方二十里者甸方八里縣應方十六里云方二十里據通治洫旁加一里爲成而言云四縣爲都方四十里者縣方二十里四縣爲都故方四十里云四都方八十里者自此已上並據通治洫而言云旁加十里乃得方百里爲一同也者案匠人方百里爲同同間有澮今言乃得方百里爲一同者就匠人爲同解之云積萬井九萬夫者據百里開方而言百里者縱橫各百一行方一里者百百行故萬井一井有九夫故有九萬夫云其四千九十六井三萬六千八百六十四夫出田稅者此據從甸方八里出田稅四甸爲縣縣方十六里四縣爲都都方三十二里四都方六十四里據六十四里之內開方之縱橫各一里一截爲六十四截行別有六十四井六十四行計得四千九十六井井有九夫四千九十六井計得三萬六千八百六十四夫是實出田稅者云二千三百四井二萬七百三十六夫治洫者此據甸方八里旁加一里爲成是不出稅治洫之夫而言之也從四成積爲一縣縣方二十里四縣爲都都方四十里四都方八十里開方之縱橫各一里一截爲八十

截一行八十井八八六十四爲六千四百井就裏除四千九十六井其餘二千三百四井在井有九夫二千三百四井爲二萬七百三十六夫不出稅使之治洫也云三千六百井三萬二千四百夫治澮者此據四成爲縣縣方二十里二十里更加五里即爲大夫家邑也縣方二十五里四縣是小都五十里是六鄉之采地四都爲方百里一同即爲三公王子母弟之大都也但據百里開方之即爲萬井就萬井之內除去六千四百井其餘三千六百井在井有九夫則爲三萬二千四百夫不出稅使之治澮云井田之法備於一同者案匠人云井間有溝成間有洫同間有澮是井田之法備於一同也云今止於都者采地食者皆四之一者解此四縣爲都據小都五十里而言是止於都也以其采地食者皆四分之一稅入天子故云采地食者皆四之一也案上諸男之地亦四之一故云采地食者皆四之一云其制三等者謂家邑小都大都云百里之國凡四都一都之田稅入於王者百里國謂大都也四都謂方五十里者四小都成一大都一都之田稅入王其餘三都留自入云五十里之國凡四縣一縣之田稅入於王者五十里之國謂小都一縣田稅入於王餘三縣留自入云二十五里之國凡四甸一甸之田稅入於王者二十五里之國謂家邑也四甸之中以一甸之稅入於王其餘三甸留自入鄭具言此者欲見四丘爲甸是家邑據稅於王者而言四甸爲縣是小都亦據一縣稅入於王者而言四縣爲都是大都亦據一都稅人於王者而言故鄭云井田之法備於一同今止於都者采地之稅四之一故以此解之云地事謂農牧衡虞也者謂采地之中亦有九職農則三農生九穀牧則數牧以蕃鳥獸衡虞則虞衡作山澤之材九職唯言此三者以其經言地事故舉以言之其餘六者略而不言矣云貢謂九穀山澤之材也者此貢還出於農衡地事既無九職則貢中亦無九貢也云賦謂出車徒給繇役也者以其采地之內無口賦出錢入天子之法故以賦爲軍賦解之若然大宰九賦四曰家稍之賦五曰邦縣之賦六曰邦都之賦者謂三等采地之外皆有公邑公邑之內口率出錢入於王家但公邑無名故賞三等之號以表之故禮雜問志云稍縣都鄙地有公邑之民口率出泉於王也邦國都無口率之賦唯有軍賦革車匹馬士徒而巳是也故此鄭引司馬法證之司馬法者齊景公時大夫田穰直作司馬法至六國時齊威王大夫等追論古法又作司馬法附於穰直言晦百爲夫謂一夫之地方百步夫三爲屋屋具也具出穀稅屋三爲井者謂九夫爲井以井字云井十爲通者據一成之內一里一截從橫各十截爲行一行十井十行據一成一畔通頭故名井十爲一通通爲匹馬者十井之內井有九夫十井爲九十夫之地宮室塗巷三分去一雖有六十夫地在不易一易再易通率三夫受六夫之地三十夫受六十夫之地雖三十家使出馬一匹故云通爲匹馬云士一人徒二人三十家出三人士謂甲士徒謂步卒云通十爲成成百井三百家革車一乘士十人徒二十人者一成之內有十通言三百家者亦加前通率法一成之內地有九百夫宮室塗巷三分去一不易一易再易通率二而當一故一成雖有三百家革車一乘士十人徒二十人此謂天子畿內采地法鄭注論語道千乘之國亦引司馬法彼是畿外邦國法彼革車一乘甲士三人步卒七十二人甲士少步卒多此士十人徒二十人比畿外甲士多步卒少外內有異故也云十成爲終者謂同方百里之內十里一截爲縱橫各十截爲十行行別十成言十成爲終據同一畔終頭而言云終千井者十成成百井故千井三千家革車十乘士百人徒二百人云十終爲同同方百里者謂之爲同者取象雷震百里所聞同故名百里爲同故云十終爲同同方百

里萬井也云三萬家革車百乘士千人徒二千人者所計皆如上一成爲法其餘可知凡出軍之法先六鄉賦不止次出六遂賦猶不止徵兵於公邑及三等采賦猶不止乃徵兵於諸侯大國三軍次國二軍小國一軍此軍等皆出於鄉遂賦猶不止則諸侯有遍境出之法則千乘之賦是也

乃分地域而辨其守。施其職而平其政。分地域謂建邦國造都鄙制鄉遂也辨其守謂衡虞之屬職謂九職也政稅也政當作征故書域爲邦杜子春云當爲域○政依注音征〔疏〕乃分至其政○釋曰小司徒佐大司徒主土地言分地域者謂建邦國之等各有營域遠近疆界辨其守者謂邦國都鄙之內所有山川使衡虞守之故云辨其守也施其職者謂施民者之職平其政者天下所有征稅皆均平之○注分地至爲域○釋曰鄭知分地域謂建邦國造都鄙制鄉遂者案大司徒職掌天下土地之圖周知人民之數小司徒佐之明分地域者亦普及天下也是以知分地域之中有畿外邦國畿內都鄙及六鄉六遂鄭雖不言公邑地域之中亦含有四等公邑可知云辨其守謂衡虞之屬者以其山林川澤皆使其地之民守之故其官川衡林衡山虞澤虞之官主當云職謂九職者此經皆論地事故知職是九職任萬民者也云政稅也者以其經文承九職之下而云平其政者即是平九職之稅故云政稅也但經云政教之政故云政當作征以爲征字也云故書域爲邦杜子春云讀爲域者故書云分地邦非其義意故子春還從域

凡小祭祀。奉牛牲羞其肆。小祭祀王玄冕所祭○肆託歷反〔疏〕凡小至其肆釋曰大司徒云祀五帝奉牛牲羞其肆今於小祭祀則小司徒奉牛牲羞其肆○注小祭至所祭○釋曰案司服職云羣小祀則玄冕彼注云小祭祀林澤百物○其於天神亦有小祀則風師雨師之等小祭祀既用牛則王之祭祀無不用牛者案酒正注以六冕差之絺冕所祭亦入小祀中今鄭不言之者以其社稷五祀於祭饌之事入次祀中故宗伯云血祭祀社稷五祀五嶽故於此奉牛牲不言絺冕矣

小賓客。令野脩道委積。小賓客諸侯之使臣○使所吏反〔疏〕小賓至委積○釋曰案大司徒職大賓客令野脩道委積謂五等諸侯來朝者此小賓客諸侯使卿大夫來聘故小司徒令野脩道委積大司徒注令遺人此雖無注亦與彼同

大軍旅。帥其衆庶。帥帥而致於大司徒〔疏〕注帥帥至司徒○釋曰案大司徒職大軍旅以旗致萬民明此大軍旅帥其衆庶者小司徒於六鄉之內帥其衆庶致與大司徒可知

小軍旅。巡役。治其政令。巡役小力役之事則巡行之○行下孟反〔疏〕小軍至政令○釋曰案大司徒大軍旅大田役而治其徒庶之政令故此小軍旅巡役小司徒治其政令○注巡役至行之○釋曰此經小軍旅謂使臣征伐對大軍旅天子親行此經巡役文承小軍旅下故知小功役之事則巡行之若大功役則大司徒巡行之

大喪。帥邦役。治其政教。喪役正棺引窆復土○窆彼驗反劉補鄧反復劉音福一音服〔疏〕大喪至政教○釋曰云大喪者謂王喪帥邦役者邦國也帥領國民謂六鄉衆庶役使之事因即治其政教○注喪役至復土○釋曰鄭解經大喪所役不據初死以其初死所役無多故據葬時而言言正棺者謂若七月而葬朝廟之時正棺於廟引謂葬時引柩車自廟至壙窆謂下棺於坎天子六綍四碑背碑挽引而下棺云復土者掘坎之時掘土向外下棺之後反復此土以爲丘陵故云復土也

凡建邦國。立其社稷。正其畿疆之封。畿九畿〔疏〕凡建至之封○釋曰言邦國者謂立畿外諸侯邦國立其社稷者諸侯亦有三社三稷謂國社侯社勝國之社皆有稷配之言立其社稷謂以文書法度與之不可國國身往也正其畿疆者謂九畿畿上皆有疆界封樹以爲阻固也○注畿九畿○釋曰案司馬除王畿以外仍有九畿謂侯甸男采衛要以內六服爲中國其外更言夷鎮蕃三服爲夷狄王畿四面皆有此九畿相去各五百里故云畿謂九畿

凡民訟。以地比正之。鄭司農云以田畔所與比正斷其訟○斷丁亂反**地訟。以圖正之。**地訟爭疆界者圖謂邦國本圖〔疏〕凡民至圖正之○釋曰民訟六鄉之民有爭訟之事是非難辨故以地之比鄰知其是非者共正斷其訟地訟以圖正之○注地訟至本圖○釋曰言地訟爭疆界者謂民於疆界之上橫相侵削者也圖謂邦國本圖者凡量地以制邑初封量之時即有地圖在於官府於後民有訟者則以本圖正之

歲終。則攷其屬官之治成而誅賞。治成治事之計○治直吏反注治成反下文同〔疏〕歲終至誅賞○釋曰歲終者謂周之歲終建亥之月則考其屬官之治成者屬官謂教官六十成謂計簿正所治計會文書而誅賞者據其考狀有罪則誅責之有功則賞之○注治成治事之計○釋曰知治成是治事之計者案宰夫職歲計言會月計言要日計言成故知此成是治事之計也

令羣吏正要會而致事。〔疏〕釋曰云令羣吏正要會者羣吏謂當職六十官此亦是歲終之時正要會而致事者上經成據日小成之計此言要會謂是月計歲計揔爲簿書而致其事之功狀以待考也

正歲。則帥其屬。而觀教灋之象。徇以木鐸。曰。不用灋者。國有常刑。令羣吏憲禁令。脩灋糾職。以待邦治。憲表縣之〔疏〕正歲至邦治○釋曰大司徒以正月之吉始和十二教之等正歲建寅之月懸之此小司徒佐大司徒於正歲懸教象之時率其六十官之屬於雉門之外而觀教法之象也徇以木鐸已下者謂觀教象之時恐衆人雜合不聽用其教而徇行振以木鐸使靜聽之告之曰不用法者國有常刑言此者使人懼而用之又令羣吏憲禁令者謂禁人使行不爲非憲者謂表懸之也謂若小宰懸禁令文書使百官用云修法糾職者謂修其法制糾察職事以待邦治者以待國家有治則供之○注憲表縣之○釋曰此憲與布憲之字同彼是表縣刑禁以示人此憲亦是縣以示人故云憲表縣之也

及大比六鄉四郊之吏。平教治。正政事。攷夫屋。及其衆寡六畜兵器。以待政令。四郊之吏吏在四郊之內主民事者夫三爲屋屋三爲井出地貢者三三相任〔疏〕及大至政令○釋曰言及大比者亦是三年大校比戶口云六鄉四郊之吏者謂是六鄉之內比長閭胥已上布列在於四郊云平教治者以其三年大比之時大黜陟之禮故斷其教治文書正政事者復須正直其政事公狀考夫屋者考練其三夫爲屋出地貢之時以相保任不得隱誤及其衆寡者謂人民多少六畜兵器者謂民之資生及征伐之器以待政令者以待國家政令所須則供之也○注四郊至相任○釋曰四郊之吏在四郊之內主民事者遠郊之外爲六遂內爲六鄉六鄉之民非直在城中亦在四郊故比長閭胥六鄉之吏等布在四郊之內主民事者也云夫三爲屋屋三爲井者鄉遂之內既不爲井田而爲溝洫之法今云夫三爲屋屋三爲井者以其溝洫雖爲貢出貢之時亦三三相保任以出穀稅故鄭云出地貢者三三相任也一井之內九夫三夫爲屋是一屋三夫自相保任故云三三相任據一井而言也似一井田之法亦八家耡一夫稅入於公相保任以出穀者也

鄉師之職。各掌其所治鄉之教。而聽其治。聽謂平察之○治直吏反下六鄉之治同〔疏〕鄉師至其治○釋曰云各掌其所治鄉之教者鄉師四人其鄉有六二人共主三鄉故言各掌其所治鄉之教也云而聽其治者自鄉大夫以下至伍長各各自聽斷其民今鄉師又聽其治者恐鄉官有濫失審察之故鄭云聽謂平察之

以國比之灋。以時稽其夫家衆寡。辨其老幼貴賤癈疾。馬牛之物。辨其可任者。與其施舍者。掌其戒令糾禁。聽其獄訟。施舍謂應復免不給繇役○復音福〔疏〕以國至獄訟○釋曰云以國比之灋者案小司徒職云九比之數以辨其貴賤老幼癈疾此鄉師以小司徒國比之灋云以時稽其夫家衆寡者謂四時稽考其夫家男女衆寡多少云辨其可任者謂上地家七人可任者家三人之等云與其施舍者鄭云謂應復免不給繇役即上云癈疾老幼者是也○

大役。則帥民徒而至。治其政令。既役。則受州里之役要。以攷司空之辟。以逆其役事。而至至作部曲也既已也役要所遣民徒之數辟功作章程逆猶鉤考也鄭司農云辟法也○辟婢亦反〔疏〕大役至役事釋曰言大役者謂築作堤防城郭等大役使其民鄉師則於當鄉之內師民徒而至至謂至作所也云治其政令者於所帥民徒之中政令也云既役則受州里之役要者所役之民出於州里今欲鉤考作所功程須得所遣民徒本數故云既役則受州里之役要役要則役人簿要云以考司空之辟者辟謂功程司空主役作故將此役要以鉤考司空之功程云以逆其役事者逆則鉤考也鉤考役事者恐有濫失○注而至至作部曲也至法也○釋曰云而至至作部曲也者所營作之處皆有部曲分別故云部曲也云辟功作章程者功作之事日日錄其程限謂之章程鄭司農云辟法也考功作章程則是法於義得通故引之在下

凡邦事。令作秩敘。事功力之事秩常也敘猶次也事有常次則不偪匱○偪鄙力反匱其位反〔疏〕凡邦至秩敘○釋曰邦國也凡國家有功作之事故云邦事也令作秩敘者秩常也功作之處皆出政令使多少有常事有次敘故云令作秩敘○注事功至偪匱○釋曰言事有常次則不偪匱者謂營作之事多少有常事有次敘則民不爲偪迫又不匱乏故云不偪匱

大祭祀。羞牛牲。共茅蒩。杜子春云蒩當爲菹以茅爲菹若葵菹也鄭大夫讀蒩爲藉謂祭前藉也易曰藉用白茅无咎玄謂蒩士虞禮所謂苴刌茅長五寸束之者是也祝設于几東席上命佐食取黍稷祭于苴三取膚祭祭如初此所以承祭既祭蓋束而去之守祧職云既祭藏其隋是與○蒩子都反一音子餘反或云杜側魚反鄭將呂反菹側魚反藉如字下皆

慈夜反直子都反又將呂反刌音忖而去羌呂反祧他彫反隋咸吁恚反劉相恚反與音餘〔疏〕大祭至茅蒩○釋曰案大司徒職云奉牛牲此又云羞牛牲者鄉師佐大司徒故此云羞牛牲也云共茅蒩者案甸師職共蕭茅彼直共茅與此鄉師得茅束而切之長五寸立之祭前以藉祭故云茅蒩也○注杜子至是與○釋曰杜子春云蒩當為菹以茅為菹若葵菹者但茅草不堪食故後鄭不從鄭大夫讀蒩為藉謂祭前藉此後鄭從之又引易曰藉用白茅无咎者大過初六爻辭引之者證蒩為藉之義玄謂蒩士虞禮所謂苴刌茅長五寸束之者是也引之者欲見其蒩為祭之藉此增成鄭大夫之義又云祝設于几東至所以承祭解所以藉祭之意云既祭蓋束而去之引守祧職者欲見此是祭神之餘不可虛棄必當藏之所藏者即守祧職既祭藏其隋是也言隋者謂祭黍稷三及膚祭如初皆隋減以祭之故名為隋以其無正文故言蓋與以疑也

大軍旅。會同。正治其徒役。與其輂輦。戮其犯命者。輂駕馬輦人輓行所以載任器也止以為蕃營司馬法曰夏后氏謂輦曰余車殷曰胡奴車周曰輜輦輦一斧一斤一鑿一梩一鋤周輦加二版二築又曰夏后氏二十人而輦殷十八人而輦周十五人而輦故書輦作連鄭司農云連讀為輦○輂九玉反人輓音晚梩里其反○〔疏〕大軍至命者○釋曰云大軍旅者謂王行征伐云大會同者謂王於國外與諸侯行時會殷同也云正治其徒役者謂六軍之外別有民徒使役皆出於鄉故鄉師治其徒役云與其輂輦者輂駕馬所以載輜重輦所以載任器亦鄉師治之故云與其輂輦也云戮其犯命者謂徒役之中有犯教命者亦鄉師刑戮之○注輂駕至為輦○釋曰知輂是駕馬者以其輦是人輓行故輂是駕馬可知知輂不駕牛者以其牛唯駕大車柏車等云所以載任器也者謂任使之器則司馬法所云者是也引司馬法曰夏后氏謂輦曰余車殷曰胡奴車者胡則北狄是也周曰輜輦以其載輜重云一梩者或解以為插也或解以為鍬也鍬插亦不殊云周輦加二版二築者築者築杵也謂須築軍壘壁又曰夏后氏二十人而輦以下亦是司馬法文以上說所載任器以下說輓人多少前代寬質無版築輓人多後代狹劣加版築輓人少引之者證周輦即此經輦一也又并見所載之器

大喪用役。則帥其民而至。遂治之。治謂監督其事〔疏〕注治謂監督其事○釋曰言大喪用役謂若喪時輓六引之等等鄉之大夫既主鄉民役用鄉民之時鄉師遂治之云治謂監督者謂監當督察其事

及葬。執纛以與匠師御匶。而治役。匠師事官之屬其於司空若鄉師之於司徒也鄉師主役匠師主衆匠共主葬引雜記曰升正柩諸侯執綍五百人四綍皆銜枚司馬執鐸左八人右八人匠人執翿以御柩天子六引禮依此云鄭司農云翿羽葆幢也爾雅曰纛翳也以指麾輓柩之役正其行列進退○纛桃報反劉音毒匶音舊綍音弗翿劉音桃咸其徒報反羽音雨幢直江反行戶剛反下行列同○〔疏〕及葬至治役○釋曰言及葬者及至葬引向壙執纛者纛謂葆幢也鄉師執葆幢卻行在柩車之前以與匠師御柩謂在路恐有傾覆故與匠師御正其柩車而治役者亦謂監督役人也○注匠師至進退○釋曰匠師事官之屬者以其事官是主工匠之職此官又名匠師故知匠師事官之屬官也云其於司空若鄉師之於司徒也者地官之考稱鄉師春官之考稱肆師秋官之考稱士師雖有天官之考稱宰夫夏官之考稱軍司馬自外皆稱師此經鄉師是司徒考明匠師亦是司空考故云其於司空若鄉師之於司徒案天官注冬官亡未聞其考此云匠師冬官考者彼據冬官亡故云未聞其考此據匠師與鄉師相對以義約之故云匠師冬官考也云鄉師主役匠師主衆匠共主葬引者冬官亡雖無文以其主匠即知其葬也雜記曰升正柩者案彼注謂將葬朝於祖正棺於廟云諸侯執綍五百人鄭彼注云一黨之民云四綍皆銜枚者謂引之時銜枚所以止譁囂云執鐸左八人右八人者謂夾柩車匠師執翿羽葆幢此諸侯之禮引之者以天子無文引以況天子之法案彼鄭注天子千人與言執翿羽葆幢者彼文雖有執翿無羽葆幢之言今云羽葆幢者鄭因釋翿是羽葆幢又引爾雅曰纛翳也以指麾輓柩之役正其行列進退者天子六紼千人輓之執翿者柩車恐傾側執翿者指麾輓柩之役人役人治喪者使柩車令不傾側又千人輓柩以持六紼恐行列進退失所皆以翿指麾之故云正其行列進退也雜記諸侯禮匠師執翿此天子禮鄉師執翿尊卑不同也

及窆。執斧以涖匠師。匠師主豐碑之事執斧以涖之使戒其事故書涖作立鄭司農云窆謂葬下棺也春秋傳曰日中而堋禮記所謂封者立讀為涖涖謂臨視也○堋補鄧反封彼驗反○〔疏〕及窆至匠師○釋曰及至也窆是下棺也至壙下棺之時鄉師執斧以涖匠師匠師主衆匠恐下棺不得所須有用斧之事故執斧以臨視之○注匠師至視也○釋曰云匠師主豐碑之事者案檀弓云公室視豐碑三家視桓楹鄭彼注天子斲大木為之豐大也天子六紼四碑前後各一碑各重鹿盧兩畔各一綍皆單鹿盧天子千人分置於六紼皆背碑負引擊鼓以為縱舍之節匠師主當之故云匠師主豐碑之事也云執斧以涖之使戒其事者鄉師執斧以臨之者恐匠師不戒其事須有用斧之處故執斧助之使匠師戒其事又云故書涖作立者於義取後鄭讀還從涖司農云窆謂葬下棺也者三禮及諸文但言窆者皆是下棺故引春秋傳也案左氏昭十二年三月鄭簡公卒將葬司墓之室有當道者毀之則朝而堋弗毀則日中而堋子大叔請毀之子產遂不毀日中而葬又引禮記所謂封者案王制庶人縣封而葬喪大記亦云以鼓封皆為封字堋封及此經窆字雖異皆是下棺之事云立讀為涖涖謂臨視也者謂臨視匠師也

凡四時之田。前期出田灋于州里。簡其鼓鐸旗物兵器。脩其卒伍。田法人徒及所當有〔疏〕凡四時至卒伍○釋曰言四時之田者謂春蒐夏苗等凡田獵人徒等皆出於州里故未田獵之前須鼓鐸旗物之器故預簡閱云修其卒伍者謂百人為卒五人為伍皆須修治預為配當○注田法人徒及所當有○釋曰云人徒者即經卒伍是也及所當有者則經鼓鐸旗物兵器是也

及期。以司徒之大旗。致衆庶而陳之。以旗物辨鄉邑。而治其政令刑禁。巡其前後之屯。而戮其犯命者。斷其爭禽之訟。司徒致衆庶者以熊虎之旗此又以之明為司徒致之大夫致衆當以鳥隼之旟陳之以旗物以表正其行列辨別異也故書巡作述屯或為臀鄭大夫讀屯為課殿杜子春讀為在後曰殿謂前後屯兵也玄謂前後屯車徒異部也今書多為屯從屯○斷丁亂反明為于偽反下為州長為鄉大夫為州黨同隼雖允反旟音餘別彼列反殿都遍反下同〔疏〕及期至之訟○釋曰云及期謂至田獵之期日云以司徒之大旗致衆庶者鄉師為司徒致衆庶故還用司徒之大旗言致衆庶者謂植旗期民於其下云而陳之以旗物者陳列衆庶之時亦植旗於行首云辨鄉邑者田獵之時非直有六鄉之衆亦有公邑之民分別之云而治其政令刑禁者鄉師治其民庶政令及刑禁等云巡其前後之屯者謂兵衆屯聚各有車徒各於前後而巡行之而戮其犯命者但民庶之等各有軍將教命犯命者則戮之又云斷其爭禽之訟者田獵得大獸公之小禽私之有爭禽之訟鄉師斷之○注司徒至從屯○釋曰云司徒致衆庶者以熊虎之旗者司常職云熊虎為旗此經云司徒大旗故知司徒自致衆庶以熊虎為大旗也云此又以之明為司徒致之者此鄉師也經云以司徒大旗明用司徒大旗故知為司徒致之也云大夫致衆當以鳥隼為旟者案司常陳九旗之次云日月為常交龍為旂通帛為旜雜帛為物熊虎為旗鳥隼為旟又云孤卿建旜大夫士建物大司徒既是卿官尋常建旜在軍建熊虎卿既是大夫官尋常建物在旜下明在軍當以鳥隼之旟在熊虎下可知云鄭大夫讀屯為課殿者未知鄭大夫所讀更出何文或謂當時俗有課殿之語故讀從之云杜子春讀為在後曰殿者謂軍在前曰啓在後曰殿玄謂前後屯兵也者屯兵則是殿兵也玄謂前後屯車徒異部也者謂大司馬云險野人為主易野車為主是車徒異部也云今書多為屯從屯者謂故書之內為殿者少為屯者多以多言之宜從屯

凡四時之徵令有常者。以木鐸徇於市朝。徵令有常者謂田狩及正月命脩封疆二月命雷且發聲○朝直遙反下同○〔疏〕凡四至市朝○釋曰云凡四時徵令有常者鄉師各於其鄉內以木鐸警戒巡於市朝使民知之○注徵令至發聲○釋曰徵令有常者謂田狩春蒐夏苗秋獮冬狩四時田獵獨言狩者略舉冬言之云及正月命脩封疆者案月令孟春之月命脩封疆謂田之界分也云二月命雷且發聲者案月令仲春之月先雷三日奮木鐸以令兆民曰雷將發聲有不戒其容止者生子不備必有凶災言此等政令皆有常時故引之以證徵令有常者也

以歲時巡國及野。而賙萬民之囏阨。以王命施惠。歲時者隨其事之時不必四時也囏阨飢乏也鄭司農云賙讀為周急之周○囏阨古難字本亦作艱〔疏〕以歲至施惠○釋曰以歲之困阨之時鄉師巡於國及至野外賙給萬民之有囏阨者云以王命施惠者言於其時以王命施布恩惠於下民也○注歲時至之周○釋曰言歲時者隨其事之時不必四時也者鄭知不是四時者以其囏阨是非常之事故不得為四時解之○鄭司農云賙讀為周急之周者讀從論語周急不繼富之周○

歲終。則攷六鄉之治。以詔廢置。〔疏〕釋曰云歲終者謂周之季冬云則攷六鄉之治者謂鄉師責其治政文書考其功過云以詔廢置者有功則置之有過則廢之詔告也告王與冢宰廢置之

正歲。稽其鄉器。比共吉凶二服。閭共祭器。族共喪器。黨共射器。州共賓器。鄉共吉凶禮樂之器。吉服者祭服也凶服者弔服也比長主集為之祭器者簠簋鼎俎之屬閭胥主集為之喪器者夷槃素俎楬豆輁軸之屬族師主集為之此三者民所以相共也射器者弓矢楅中之屬黨正主集為之為州長或時射於此黨也賓器者尊俎笙瑟之屬州長主集為之為鄉大夫或時賓賢能於此州也吉器若閭祭器者也凶器若族喪器者也

禮樂之器若州黨賓射之器者鄉大夫備集此四者爲州黨族閭有故而不共也此鄉器者旁使相共則民無廢事上下相補則禮行而教成○楬苦瞎反輁九勇反軸音逐楅音福又音逼【疏】正歲至之器○釋曰正歲稽鄉器者此一句與下爲摠目正歲謂建寅之月稽考也鄉師各自考校當鄉之器服云比共吉凶二服者五家爲比比長一人主集合五家相共吉凶二服云閭共祭器者二十五家爲閭閭胥一人主集合祭器使相共云族共喪器者百家爲族族師一人主集合喪器使相共云黨共射器者五百家爲黨黨正一人主集合射器以共州長之射云州共賓器者二千五百家爲州州長一人主集合賓器以共鄉大夫行鄉飲酒之禮云鄉共吉凶禮樂之器者萬二千五百家爲鄉鄉大夫主集此四器恐州黨已下有故不能自共即旁相共也○注吉服至教成○釋曰云吉服者祭服也者當比內無祭事其於族祭醻黨祭禜州祭社之等無過用朝服又知凶服是弔服者若人衰裳是常服主人自共共弔服是誓服可以相共故知是弔服其庶人弔服無過素冠與深衣而已云比長主集爲之者雖五家之內亦當有官首若非比長主集民不自課故知比長主集爲之云祭器者簠簋者案特牲同姓用簋少牢皆用敦同姓者乃用簋今言簋者況義耳云喪器者夷槃者案喪大記士并瓦盤大夫乃用夷盤今庶人實不得用夷盤引之者以況喪器非謂庶人得用夷盤也云素俎楬豆者案士喪禮小斂有素俎大斂有楬豆兩籩無縢此不言籩無縢者文略也云輁軸之屬者案既夕禮士朝廟用輁軸以載柩此庶人無輁軸引之者亦以況義知非族內有大夫士得用夷盤輁輁者以其大夫自有祿位不在共限故知引以況義不言楅楅亦主人自共之也故閭師云不樹者無椁此三者並是罰物所爲知者案載師職云宅不毛者有里布田不耕者有屋粟鄭玄云罰之以共吉凶二服及喪器鄭不云祭器文略有祭器可知鄭知必用罰物不用官物爲之者以其不爲官事明不用官物可知云射器者弓矢楅中之屬者案鄉射大射皆云執長弓挾乘矢楅在庭中射訖命弟子取矢置干楅以八算置于中士則鹿中之等是也云之屬者之屬中容有侯乏等云爲州長或時射於此黨也者一州管五黨州長春秋二時射於序學要有一黨之中故云或時射於此黨文云賓器者尊俎笙瑟之屬者案鄉飲酒三年貢士之時行飲酒之禮即有酒尊俎賓二人鼓瑟在堂笙入在於堂下故言尊俎笙瑟言之屬者更有籩豆之等云爲鄉大夫或時賓賢能於此州也者一鄉管五州鄉大夫行鄉飲酒之時必在一州之內此州則共之故云或時賓賢能於此州也云吉器若閭祭器者也凶器若族喪器者也者以其鄉大夫備集此四器恐閭族已下有故不得自共故知還是閭族黨州所當共者也故云吉器若閭祭器者也凶器若族喪器者也云禮樂之器若州黨賓射之器者連州黨并言之者以其州黨射器賓器二者皆有禮器樂器故州黨并言之自射器已下皆爲國行禮得官物所爲不出民物故酒正云凡爲公酒者亦如之注云謂鄉射飲酒以公事作酒者亦以式法及酒材授之使自釀之酒材尚得公物明此器等亦出官物可知以其爲官行禮故也去上下相補者自比共吉凶二服至州共賓器已上是下之相補鄉共吉凶禮樂之器者是上之相補故云上下相補云禮行而教成者庶民乏於財物闕於禮義教化不成今以器服共之即禮行而教成也

若國大比。則攷教。察辭。稽器。展事。以詔誅賞。考教視賢能以知道藝與不察辭視吏言事知其情實不展猶整具【疏】若國至誅賞○釋曰若國大比者謂三年大比之時則鄉師考教教學之官知其道藝進不云察辭者視官中之吏辭之虛實云稽器者謂考鄉中禮樂兵器之等云展事者謂行事展省視之知其善惡詔告之在上善者賞之惡者誅之

周禮注疏卷十一挍勘記

阮元撰　盧宣旬摘錄

附釋音周禮注疏卷第十一

小司徒

掌建邦之教灋　唐石經宋本余本岳本嘉靖本閩本同監毛本灋改法非下頒比灋教灋用灋脩灋及鄉師職準此

以辨其貴賤老幼廢疾　唐石經宋本岳本廢作癈注中同凡興廢字與癈疾字劃然有別此作廢非嘉靖本辨作辯亦誤唐石經宋本皆作辨也下及鄉師職等悉準此

謂鄉中州祭社黨祭禜　監毛本禜誤宗閩本作禜

皆弛舍無賦　閩本同監毛本弛改施非賈疏依注用弛字

今時白役簿　惠挍宋本同閩監毛本白作日是也

公追戎于濟西　此本注及疏濟皆誤齊今據諸本訂正

案大宰九賦　惠挍本同閩監毛本賦誤職

故鄭不從之　惠挍本故下有後

貢祿不平　宋本嘉靖本同余本閩監毛本貢作穀蓋依今本孟子所改

二萬七百三十六夫治洫　宋本嘉靖本毛本同疏引注亦作二萬閩監本誤一萬

一甸之田稅入於王　毛本於誤于

地事謂農牧衡虞也　諸本同惠挍本作虞衡云余本仍作衡虞

云四井爲邑方三里　浦鏜云二誤三

據稅於王者而言　惠挍本作據一[illegible]稅入於王者而言

牧則數牧以蕃鳥獸　浦鏜云藪誤數

故農三等之號以表之　農疑舉之譌

謂施民者之職　浦鏜云者之疑之九誤案注云職謂九職也

故其官川衡林衡山虞澤虞之官主當　浦鏜云當疑掌譌

杜子春云讀爲域者　惠挍本讀作當

帥帥而致於大司徒　浦鏜云帥師誤帥帥

故知小功役之事　浦鏜云力役誤功役下同

皆碑挽引而下棺　浦鏜云背誤皆

謂國社侯勝國之社　浦鏜云侯下脫一社

其外更言夷鎮蕃三服爲夷狄　浦鏜云言當有字誤

有功則賞之　惠挍本作則賞賜之

徇以木鐸　唐石經宋本余本嘉靖本同閩監毛本徇作狥訛疏及鄉師職準此

正歲建寅之月懸之　閩監毛本懸改縣下同

云修法糾職者　閩監毛本修作脩此與經中作脩異下同

鄉師

辨其老幼貴賤癈疾馬牛之物　唐石經宋本同此職疏中亦作癈疾嘉靖本閩監毛本作廢非

掌其戒令糾禁　毛本戒誤刑

謂築作堤防城郭等　閩本同監本堤誤提毛本改隄

士虞禮所謂藉　案藉當從諸本作苴此涉上文誤

故書輂作連　禮說云古連輂通車從夫雙引爲輂車從辵步挽爲連一象形一會意也破連爲輂變古從今失之易蹇六四往蹇來連虞翻曰連輂也管子立政篇畜連乘車海王篇服連軺輂則古輂皆作連矣

及葬執纛　閩監毛本同唐石經宋本嘉靖本纛作纛釋文執纛桃報反葉鈔本作執纛然則作纛者非注中同

四綍皆銜枚　閩監毛本同余本嘉靖本銜作銜惠挍本疏中同

翿羽葆幢也　葉鈔釋文作橦也○按作橦是也爾雅音義引作纛羽葆幢也此可證纛即翿古通用

銜枚所以止讙嚻　閩監毛本嚻作囂

匠師執翿羽葆幢　經義雜記曰匠人作匠師訛當改正案下引雜記同誤

及千人輓柩以持六綍　毛本千作二壞字

日中而堋　閩監毛本同宋本堋作傰載音義同嘉靖本堋字士旁改刻蓋本作傰釋文而堋葉鈔本作傰

出田灋于州里　唐石經宋本岳本嘉靖本閩本同監毛本灋改法

鄭大夫讀屯爲課殿　漢讀考云鄭大夫杜子春皆從作臀之本鄭君則曰今書多爲屯從屯今注作鄭大夫讀屯誤

釋曰云及期　惠挍本下有者此脫

元謂前後屯兵也者　首一字當衍

而賙萬民之囏阨　釋文囏古艱字本亦作艱案經當作囏注當作艱

鞼阸飢之也　嘉靖本飢作饑當據訂正

若州黨賓射之器者　嘉靖本下有也字此脫當補

執長弓挾乘矢　惠挍本長作張此誤

以八筭置于中士則鹿中之等是也　監毛本八筭誤人筭士誤土閩本八筭二字不誤

闕於禮義　浦鏜云儀誤義據儀禮通解續挍

謂考鄉中禮樂兵器之等　惠挍本作禮器此作樂誤

附釋音周禮注疏卷第十二

鄭氏注　賈公彦疏

鄉大夫之職。各掌其鄉之政教禁令。鄭司農云萬二千五百家爲鄉〔疏〕鄉大至禁令○釋曰六鄉大夫各掌其鄉之政令及十二教與五禁號令皆掌之○注鄭司至爲鄉○釋曰案上文五州爲鄉故知萬二千五百家爲鄉

正月之吉。受教灋于司徒。退而頒之于其鄉吏。使各以教其所治。以攷其德行。察其道藝。其鄉吏州長以下○治直吏反下考治下治所治處同○行下孟反下及注德行之行六行皆同〔疏〕正月至道藝○釋曰言正月之吉者謂建子之月朔之日云受法於司徒者謂若大司徒職十二教已下其法皆受於司徒而來云退而頒之于其鄉吏者謂已於司徒受得教法遂分與州長已下至比長云使各以教其所治者亦謂州長已下至比長各教所治也云攷其德行者謂鄉大夫以鄉三物教萬民遂考校其萬民有六德六行之賢者云察其道藝者謂萬民之中有六藝者並擬賓之○注其鄉吏州長以下○釋曰以其比長以上至州長皆屬鄉大夫故知鄉吏州長以下至比長

以歲時登其夫家之衆寡。辨其可任者。國中自七尺以及六十。野自六尺以及六十有五。皆征之。其舍者。國中貴者。賢者。能者。服公事者。老者。疾者。皆舍。以歲時入其書。登成也定也國中城郭中也晚賦稅而早免之以其所居復多役少野早賦稅而晚免之以其復少役多鄭司農云征之者給公上事也舍者謂有復除舍不收役事也貴者謂若今宗室及關內侯皆復也服公事者謂若今吏有復除也老者謂若今八十九十復羨卒也疾者謂若今癃不可事者復之○玄謂入其書者言於大司徒○復音福下同〔疏〕以歲至其書○釋曰云以歲時者謂歲之四時登猶成也定也夫家謂男女謂四時成定其男女多少云辨其可任者謂分辨其可任使者云國中自七尺以及六十者七尺謂年二十知者案韓詩外傳二十行役與此國中七尺同則知七尺謂年二十云野自六尺以及六十有五者六尺謂年十五故論語云可以託六尺之孤鄭注云六尺之孤年十五已下彼六尺亦謂十五鄭言已下者正謂十四已下亦可以寄託非謂六尺可通十四已下鄭必知六尺年十五者以其國中七尺爲二十對六十野云六尺對六十五晚校五年明知六尺與七尺早校五年故以六尺爲十五也云皆征之者所征稅者謂築作挽引道渠之役及口率出錢若田獵五十則免是以祭義云五十不爲甸徒若征伐六十乃免是以王制云六十不與服戎彼二者並不辨國中及野外之別云其舍者謂不給繇役則國中貴者已下是也云以歲時入其書者此上所云皆歲之四時具作文書入於大司徒故云歲時入其書也○注登成也至司徒○釋曰云登成也定也者以其夫家衆寡若不作文書則多少齒歲不定若作文書多少成定故云登成也定也云國中城郭中也者以其對野故知國中是城郭中也云晚賦稅而早免之者以其經云七尺及六十對野中六尺至六十五是其晚賦稅而早免之云以其所居復多役少者以此經云國中貴者至疾者皆舍據國中而言是其國中復多役少也鄭司農云四事皆若今者並舉漢法況之玄謂入其書者言於大司徒知者以其上云受法於司徒故知入其書者言於大司徒

三年則大比。攷其德行道藝。而興賢者能者。鄉老及鄉大夫帥其吏。與其衆寡。以禮禮賓之。賢者有德行者能者有道藝者衆寡謂鄉人之善者無多少也鄭司農云興賢者謂若今舉孝廉興能者謂若今舉茂才賓敬也敬所舉賢者能者玄謂變舉言興者謂合衆而尊寵之以鄉飲酒之禮禮而賓之〔疏〕三年至賓之釋曰三年一閏天道小成則大案比當鄉之內云考其德行道藝者德行謂六德六行道藝謂六藝云而興賢者則德行之人也能者則道藝之人也云鄉老及鄉大夫帥其吏者謂州長以下云與其衆寡者謂鄉中有賢者皆集在庠學云以禮禮賓之者以用也用鄉飲酒之禮以禮賢者能者賓客之舉○注賢者至賓之○釋曰云賢者有德行者欲見賢與德行爲一在身爲德施之爲行內外兼備即爲賢者也云能者有道藝者鄭亦見道藝與能爲一上注云能者政令行其身有道藝則政教可行是能者也云衆寡謂鄉人之善者無多少也者案鄉飲酒堂上堂下皆有衆賓不言其數此經衆寡兩言無問多少皆來觀禮故云無多少也鄭司農云若今舉孝廉及茂才者孝悌廉絜人之德行故以孝廉況賢者茂才則秀才也才人之技藝故以況能者也玄謂變舉言興者案禮記文王世子云或以事舉或以言揚故今貢人皆稱舉今變舉言與云謂合衆而尊寵之者合衆即此經云鄉老及鄉大夫已下是也云鄉飲酒之禮者則儀禮篇飲酒賓舉之法是也

厥明。鄉老及鄉大夫羣吏。獻賢能之書于王。王再拜受之。登于天府。內史貳之。厥其也其賓之明日也獻猶進也王拜受之重得賢者王上其書於天府天府掌祖廟之寶藏者內史副寫其書者當詔王爵祿之時○上其時掌反藏才浪反〔疏〕厥明至貳之○釋曰厥明者謂今日行鄉飲酒之禮也至其明日表奏於王○注厥其至之時○釋曰云天府掌祖廟之寶藏者是春官天府職文也引之者欲見天府掌寶物賢能之書亦是寶物故藏於天府云內史副寫其書者貳副也內史副寫一通文書擬授爵祿之案內史職有策命諸侯羣臣之事故使內史貳之

退而以鄉射之禮五物詢衆庶。一曰和。二曰容。三曰主皮。四曰和容。五曰興舞。以用也行鄉射之禮而以五物詢於衆民鄭司農云詢謀也問於衆庶寧復有賢能者和謂閨門之內行也容謂容貌也主皮謂善射射所以觀士也故書舞爲無杜子春讀和容爲和頌謂能爲樂也無讀爲舞謂能爲六舞玄謂和載六德容包六行也庶民無射禮因田獵分禽則有主皮主皮者張皮射之無侯也主皮和容與舞則六藝之射與禮樂與當射之時民必觀焉因詢之也孔子射於矍相之圃蓋觀者如堵牆射至於司馬使子路執弓矢出誓射者又使公罔之裘序點揚觶而語詢衆庶之儀若是乎○寧復扶又反下猶復同皮射之食亦反樂與音餘矍俱縛反本或作瞿音同相息亮反堵丁古反觶支豉反〔疏〕退而至興舞○釋曰言退者謂獻賢能之書於王退來鄉內云以鄉射之禮者州長春秋二時習射於庠名爲鄉射今鄉大夫還用此鄉

射之禮云五物詢衆庶者物事也一曰二曰已下是也。注以用也至是乎。釋曰行鄉射之禮者案今儀禮鄉射云豫則鉤楹內堂則由楹外又云序則物當棟堂則物當楣堂謂鄉學據鄉大夫所行射禮也豫謂州長春秋二時習射於序司農云和謂閨門之內行也者以其父子主和故和謂閨門之內行也云容謂容貌也者以其容是容儀故知容貌也後鄭不從此義杜子春讀和容爲和頌謂能爲樂也者與舞即舞樂今又以和容謂能爲樂故後鄭亦不從玄謂和載六德容包六行也者破司農子春之義案大司徒以鄉三物教萬民教成則興之明此詢者還是三物之內不是三物之外別有和容又且主皮與舞是六藝之內明此和容是六德六行之中在下謂之載和在六德之下故云和載六德云容包六行者在上謂之包容則孝也孝在六行之上故云容包六行必知容得爲孝者案漢書高堂生善爲容容則禮也善爲孝者必合於禮之容儀故以孝爲容者也云庶民無射禮者天子至士有大射燕射賓射之等庶人則無此射禮故云無射禮也云因田獵分禽則有主皮者案大司馬職大獸公之小禽私之者至舍更與在田之人射則取之則有云主皮主皮者張皮射之無侯也者自士已上張皮侯采侯獸侯庶人主射此皮故云主皮無侯也云主皮和容與舞則六藝之射與禮樂與者以此三者當之故以主皮當射和容當禮興舞當樂若然三物之中其事一十有八今六德之中唯問和六行之中唯問容六藝之中唯問禮樂獨問此者既貢賢於王其餘則未能盡備故略舉五者以問之六德是其大者故問下之和者六行是其小者故問上之孝者也六藝之中禮以安上治民樂以移風易俗男子生設弧於門左射則是男子之事此者人行之急故特言之自餘略而不說又云當射之時民必觀焉因詢之也者案鄉射記唯君有射于國中其餘則否注云臣不習武事於君側以其鄉射在城外衆庶皆觀焉故得詢此五物云孔子射於矍相之圃已下者此是禮記射義文天子諸侯射先行燕禮鄉大夫士射先行鄉飲酒之禮時孔子爲鄉大夫鄉射之禮先行飲酒禮故云孔子射於矍相之圃矍相地名以其臣不得在國射故射於矍相之圃蓋觀者如堵墻者以其鄉內衆庶皆集在射所故云觀者如堵墻云射至於司馬者以其飲酒之禮必立司正於將射變司正爲司馬也案鄉射大射司射執弓矢今此云子路執弓矢則子路爲司射也云子路出誓者以其衆庶多不可盡與之射故誓去之云又使公罔之裘序點揚觶而語者案鄉飲酒之禮一人舉觶爲旅酬始二人舉觶爲無筭爵始射在無筭爵前今誓在無筭爵後者但射實在無筭爵前今未射之前用此無筭爵禮二人舉觶之法以誓衆庶耳非謂此射在無筭爵後云詢衆庶之儀若是乎者孔子謂諸侯鄉大夫此經是天子鄉大夫引彼以證此故云乎以疑之

此謂使民興賢。出使長之。使民興能。入使治之。言是乃所謂使民自舉賢者因出之而使之長民教以德行道藝於外也使民自舉能者因入之而使之治民之貢賦田役之事於內也言爲政以順民爲本也書曰天聰明自我民聰明天明威自我民明威老子曰聖人無常心以百姓心爲心如是則古今未有遺民而可爲治〔疏〕此謂至治之。釋曰言此謂使民興賢者謂上經賓舉者皆民中舉之還使治民故云此謂使民興賢出使長之謂使鄉外與民爲君長云使民興能入使治之者謂能者復來入鄉中治民之貢賦。注言是至爲治。釋曰云使民自舉賢者因出之而使之長民教以德行道藝於外也者以賢者德大故遣出外或爲都鄙之主或諸侯皆可也以其自有德行道藝故還使之教民以德行道藝云使民自舉能者因入之而使之治民之貢賦田役之事於內也者以其能者德小不可以爲大夫諸侯等故還入鄉中量德大小以爲比長鄰長已上之官治民之貢賦田役於內也云言爲政以順民爲本也者禮記云上酌民言則下天上施上不酌民言則下不天上施故言爲政以順民爲本也書曰天聰明已下是尙書咎繇篇之文也自用也言天雖聰明視聽既遠不自用己之聰明用民之聰明民之歸者則授之以天位謂若湯武是也天明威自我民明威者威畏也天雖明察可畏不自用己之明威用我民明威民所叛者則討之謂若桀紂是也云老子曰聖人無常心以百姓心爲心者但聖人形如枯木心若死灰空洞無我故無常心以百姓之心爲心引之者證順民爲本之意云如是則古人未有遺民而可爲治者天聰明是古老子與此文爲今皆順民爲治故云古今未有遺民而可爲治也

歲終。則令六鄉之吏皆會政致事。會計也致事言其歲盡文書〔疏〕歲終至致事。釋曰年終將考其得失則令六鄉之吏州長之官皆計會政之功狀致其所掌之事於鄉大夫鄉大夫以下致與大司農然後考之

正歲。令羣吏攷灋于司徒以退。各憲之於其所治之國。〔疏〕釋曰正歲建寅之月鄉大夫令州長已下羣吏令使考法於司徒正謂受而考量行之故云以退各憲之於其所治憲者表縣之也

大詢于衆庶。則各帥其鄉之衆寡而致於朝。大詢者詢國危詢國遷詢立君鄭司農云大詢于衆庶洪範所謂謀及庶民〔疏〕大詢至於朝。釋曰國有大事必順於民心故與衆庶詢謀則六鄉大夫各帥其鄉之衆寡而致於朝謂外朝三槐九棘之所共詢謀之。注大詢至庶民。釋曰知大詢詢國危詢國遷詢立君者案小司寇職云掌外朝之政以致萬民而詢焉一曰詢國危已安庶民云國大詢于衆庶而致於朝故知大詢者詢國危之等此三者皆是國之大事故稱大詢小司寇雖不云大大卜云大貞即此詢國危之等也鄭司農云大詢於衆庶引洪範所謂謀及庶民者彼謀及庶民即大詢於衆庶一也故引爲證

國有大故。則令民各守其閭。以待政令。使民皆聚於閭胥所治處〔疏〕國有至政令。釋曰大故謂災變寇戎之等警急須人故鄉大夫令州長已下使民各守其閭胥所治處以待國之政令。注使民至治處。釋曰二十五家爲閭中士爲閭胥則有治政之處以聚其民

以旌節輔令。則達之。民雖以徼令行其將之者無節則不得通〔疏〕以旌至達之。釋曰國有大事故恐有姦寇故使民徼令出入來往皆須得旌節輔此徼令文書乃得通達使過故鄭云民雖以徼令行其將之者無節則不得通

州長各掌其州之教治政令之灋。鄭司農云二千五百家爲州論語曰雖州里行乎哉春秋傳曰鄉取一人焉以歸謂之夏州〔疏〕州長至之灋。釋曰一鄉管五州中大夫一人爲州長故云州長各掌其州之教也教謂十二教之外所施政令皆治之。注鄭司至夏州。釋曰二千五百家爲州者雖無正文約則有之案上文五家爲比五比爲閭四閭爲族五族爲黨五黨爲州州二千五百家也又引春秋傳曰已下者案左氏宣公十一年傳曰楚子伐陳遂入陳殺夏徵舒因縣陳申叔時諫乃復封陳鄉取一人焉以歸謂之夏州注云言取討夏徵舒之州引此者以證有州之義也

正月之吉。各屬其州之民而讀灋。以攷其德行道藝而勸之。以糾其過惡而戒之。屬猶合也聚也因聚衆而勸戒之者欲其善。屬音燭注下皆同〔疏〕正月至戒之。釋曰謂建子之月一日也各屬其州之民者屬猶合也聚也謂合聚一州之民也而讀法者謂對衆讀一年政令及十二教之法使知之云以考其德行道藝而勸之者謂考量民之六德六行及六藝之道藝而勸勉之使之勸脩云以糾其過惡而戒之者民有過惡糾察與之罪而懲戒之。注屬猶至其善。釋曰言因聚衆而勸戒之者謂欲勸戒之必須聚衆故言因聚衆而勸戒之欲其善也

若以歲時祭祀州社。則屬其民而讀灋。亦如之。春秋以禮會民。而射于州序。序州黨之學也會民而射所以正其志也射義曰射之爲言繹也繹者各繹己之志。會如字注同〔疏〕若以至州序。釋曰上云歲時皆謂歲之四時此云歲時唯有歲之二時春秋耳春祭社以祈膏雨望五穀豐熟秋祭社者以百穀豐稔所以報功故云祭祀州社也云則屬其民而讀法亦如之者凡讀法皆因節會以聚民令既祭因聚民而讀法故云亦如之云春秋以禮會民而射于州序者州長因春秋二時皆以禮會聚其民而行射禮于州之序學中言以禮者亦謂先行鄉飲酒之禮乃射故云以禮也。注序州至之志。釋曰此知序州黨學者案下黨正亦云飲酒于序故知州黨學同名爲序若鄉則立庠故禮記鄉飲酒義云主人迎賓于庠門之外彼鄉大夫行賓賢能非州長黨正所行故知序則鄉學也云會民而射所以正其志也者凡禮射皆須存其志意故鄭即引射義曰射之爲言繹也繹者各繹己之志繹陳也言各陳己志者謂若射義云射者內志正外體直乃能中之是也

凡州之大祭祀。大喪。皆涖其事。大祭祀謂州社稷也大喪鄉老鄉大夫於是卒者也涖臨也〔疏〕凡州至其事。釋曰云凡者以其大祭大喪非一故云凡也云州之大祭祀大喪者則非國家祭祀喪事謂州之大祭雖有春秋祭社也州之大喪者三公鄉大夫之喪也云皆涖其事者二州長皆臨其事也。注大祭至臨也。釋曰言大祭祀謂州社稷者以上文云歲時祭祀州社此經又因言州之大祭祀故知還是上文州社也知有稷者以其天子諸侯三社皆稷對之故知兼有稷也言州社者若言大社國社之類又對黨祭禜族祭酺故此特言州社也云大喪鄉老鄉大夫者以其遠郊之內置六鄉鄉老與鄉大夫死不出六鄉要在一鄉一州一黨一族一閭之內今據州而言故云於是卒者也

若國作民而師田行役之事。則帥而致之。掌其戒令。與其賞罰。致之致之於司徒也掌其戒令賞罰則是於軍因爲師帥〔疏〕若國至賞罰。釋曰言若者不定之辭若如也如有國家作起其民師謂征伐田謂田獵行謂巡狩役謂役作此數事者皆須徵聚其民州長則各帥其民而致之于司徒也云掌其戒令與其賞罰者州長既致其民還自領己民爲師帥故還使州長掌之也。注致之至師帥。釋曰云致之於司徒也者謂州長致與小司徒小司徒乃帥而致與大司徒故小司徒職云大軍旅帥其衆庶是也云因爲師帥者若衆屬軍吏則有軍吏掌之何得還自掌之故知因爲師帥也但在鄉爲

州長已管其民在軍還領己民爲師帥即是因內政寄軍令也歲終。則會其州之政令。正歲。則讀教灋如初。雖以正月讀之至正歲猶復讀之因此四時之正重申之。○重直用反〔疏〕歲終至如初。○釋曰既不言正歲之終周禮之內直言歲終者皆是周之歲終也言則會其州之政令者謂會計當州黨正已下政令文書將以考課也云正歲則讀教法如初者以其建寅之月得四時之正於教令審故又讀教法言如初者亦當屬民讀之也三年大比。則大攷州里。以贊鄉大夫廢興。廢興所廢退所興進也鄭司農云贊助也〔疏〕三年至廢興。○釋曰州長至三年大案比之日則大考州里者謂年年考課至三年則大考之言大者時有黜陟廢興故也

黨正各掌其黨之政令教治。鄭司農云五百家爲黨論語曰孔子於鄉黨又曰闕黨童子。○治直吏反族師治令同〔疏〕黨正至教治。○釋曰言各者一鄉有二十五黨故各掌其黨之政令及十二教與治職文書。○注鄭司至童子。○釋曰先鄭知五百家爲黨者以其五家爲比五比爲閭四閭爲族五族爲黨故知也引論語者證有黨義也及四時之孟月吉日。則屬民而讀邦灋以糾戒之。以四孟之月朔日讀法者彌親民者於教亦彌數。○數音所角反〔疏〕及四至戒之。○釋曰及至也黨正四時孟月吉日則屬民而讀邦法者因糾戒之如州長之爲也。○注以四至屬彌數。○釋曰云以四孟之月朔日讀法者彌親民者於教亦彌數者上文州長雖有建子建寅及春秋祭社四度讀法此黨正四孟及下文春秋祭禜并正歲一年十度讀法以其鄉大夫管五州去民遠不讀法州長管五黨去民漸親故四讀法黨正去民彌親故七讀法鄭云彌親民者則非直徒解黨正而已案下族師十四度讀法彌多於此故鄭揔釋云彌親民者於教亦彌數也春秋祭禜。亦如之。禜謂雩禜水旱之神蓋亦爲壇位如祭社稷云。○禜榮敬反〔疏〕春秋至如之。○釋曰黨正不得與州同祭社故亦春秋祭禜神也。○注禜謂至稷云。○釋曰鄭知禜謂雩禜水旱之神者案禮記祭法云雩禜祭水旱案昭公元年左氏傳子產云水旱癘疫之不時於是乎禜之皆是禜祭水旱神也云蓋亦爲壇位如祭社稷云者以其大司徒及封人等皆云社稷有壇又祭法王宮祭日及雩禜祭水旱等皆是壇名故知亦如社稷有壇位無正文故言云以疑之也國索鬼神而祭祀。則以禮屬民而飲酒于序。以正齒位。壹命齒于鄉里。再命齒于父族。三命而不齒。國索鬼神而祭祀謂歲十二月大蜡之時建亥之月也正齒位者鄉飲酒義所謂六十者坐五十者立侍六十者三豆七十者四豆八十者五豆九十者六豆是也必正之者爲民三時務農將闕於禮至此農隙而教之尊長養老見孝悌之道也黨正飲酒禮亡以此事屬於鄉飲酒之義微失少矣凡射飲酒此鄉民雖爲卿大夫必來觀禮鄉飲酒鄉射記大夫樂作不入士既旅不入是也齒于鄉里者以年與衆賓相次也齒于父族者父族有爲賓者以年與之相次異姓雖有老者居於其上不齒者席于尊東所謂遵。○蜡仕詐反依字作䄍爲于僞反隙去逆反本又作郤弟音悌下同〔疏〕國索至不齒。○釋曰黨正行正齒位之禮在十二月建亥之月爲之非蜡祭之禮而此云國索鬼神而祭祀者以其正齒位禮在蜡月故言之以爲節耳當國索鬼神而祭祀之時則黨正屬聚其民而飲酒于序學中以行正齒位之法當正齒位之時民內有爲一命已上必來觀禮故須言其坐之處云一命齒于鄉里者此黨正是天子之國黨正則一命亦天子之臣若有一命之人來者即于堂下鄉里之中爲齒也云再命齒于父族者謂父族爲賓即與之爲齒年大在賓東年小在賓西三命而不齒者若有三命之人來者縱令父族爲賓亦不與之齒若非父族是異姓爲賓之灼然不齒位在賓東故云不齒也若然典命雖不見天子之士命數序官有上士中士下士則上士三命中士二命下士一命則此一命謂下士再命謂中士三命謂上士也。○注國索至謂遵。○釋曰云國索鬼神而祭祀謂歲十二月大蜡之時是禮記郊特牲文云建亥之月者是鄭君解義語言此者謂行正齒位之禮亦在此月也云正齒位者鄉飲酒義所謂六十者坐至六豆者並是彼文案彼文謂五十者立侍六十者乃於堂上而坐禮年六十巳上籩豆有加故不得籩豆耦而云六十者三豆七十者四豆八十者五豆九十者六豆若然則堂下五十立者二豆而巳引之者證此經與彼同是正齒位之法也云必正之者爲民三時務農將闕於禮至此農隙而教之尊長養老見孝弟之道也者春夏秋三時務在田野闕於齒序之節隙閑也至此十月農事且閑而教之言尊長養老即五十巳上至九十正齒位是也但孝弟施于家內今行尊長養老則是孝弟之道通達于外者也云黨正飲酒禮亡者儀禮篇卷並在之日別有黨正飲酒之禮見今十七篇內無黨正飲酒之禮故云亡也云以此事屬于鄉飲酒之義微失少矣者但儀禮未亡之時篇內論正齒位之禮其義具悉今將此經之事連屬於鄉飲酒義則鄉飲酒義雖有五十巳上豆數之言此經雖有一命巳上觀禮之事二處相兼比於儀禮篇中鄉飲酒法義理乃未足徵失於少故云徵失少矣云凡射飲酒者謂州長春秋行社黨正十二月行飲酒二事俱同故兼言射也云此鄉民雖爲卿大夫必來觀禮者證此經一命以至三命齒與不齒之人來在位之法也又引鄉飲酒鄉射記者證二事俱有一命巳上觀禮來入時也節案彼經大夫皆作樂前入士未旅前入故云大夫樂作不入鄭彼注云後樂賢也云士既旅不入注云後正禮也若然大夫士來觀禮者皆爲樂賢行禮而至故大夫樂作不入士既旅不入也云齒于鄉里者以年與衆賓相次也者謂在堂下與五十巳下衆賢賓客相次以其一命若據天子之國一命爲下士若據諸侯之國一命爲公侯伯之士若據子男之士不命固在堂下以其士立于下故也云齒于父族者父族有爲賓者以年與之相次者以其賓在戶牖之間南面若賓是同姓父族則與之齒也云異姓雖有老者居於其上者既言齒于父族明異姓非父族不齒可知云不齒者席于尊東所謂遵者案鄉飲酒鄉射皆酒尊在室戶東房戶西賓主夾之鄉人爲鄉大夫來觀禮爲鄉人所遵法謂之爲遵席位在酒尊東公三重大夫再重故知不齒者席于尊東也云所謂遵者所謂鄉射鄉飲酒之遵也案鄭注鄉飲酒云此篇無正齒位之事焉者彼是三年一貢士直行飲酒之禮賢者爲賓其次爲介其次又爲衆賓賓而貢之如此無黨正正齒位之事案彼注又云天子之國三命者不齒於諸侯之國爵爲大夫則不齒矣者以其賓賢能年幾必小於卿大夫等是以天子之國三命士及公侯伯之卿三命大夫一命子男之卿再命大夫一命但是大夫巳上無問命數皆不齒以其大夫巳上爵尊故也但諸侯之卿當天子之上士故天子之國一命乃不齒天子士再命巳下及諸侯之士則皆齒以其士卑立于下故在堂下與鄉人立者齒也彼是賓賢能若黨正飲酒之禮則此文是天子黨正飲酒法則天子一命在堂下與鄉人齒再命齒于父族父族爲賓在堂上則天子再命之士亦在堂上與彼賓賢能鄉飲酒義異者案鄉射記云大夫與則公士爲賓則此黨正飲酒有一命巳上觀禮則亦以公士爲賓但公家之士其年必大故天子之士再命者亦與之齒若然賓賢能天子之士再命不齒者彼賓賢能非正齒位法別爲一禮故與黨正正齒位禮異也

凡其黨之祭祀。喪紀。昏冠。飲酒。教其禮事。掌其戒禁。其黨之民。○冠古亂反〔疏〕凡其至戒禁。○釋曰此一經並是民之所行上州之祭祀大喪義異此祭祀巳下雖是民之所行民者冥也非教不可故黨正皆教其禮事也因掌其戒命督禁之。○注其黨之民。○釋曰經云凡其黨之祭祀之等言凡是廣及之言故云其黨之民也凡作民而師田行役。則以其灋治其政事。亦於軍因爲旅帥〔疏〕注亦於至旅帥。○釋曰此亦如上釋非衆屬軍吏者黨正在鄉各管五百家出軍之時家出一人則五百人爲旅黨正還爲旅帥亦如州長因爲師帥也歲終。則會其黨政。帥其吏而致事。〔疏〕釋曰黨正以一黨之內有族師以下諸官等故歲終則會計一黨政治功狀則帥其族師以下之吏致其所掌之事於州長州長又致與鄉大夫鄉大夫致與大司徒而行賞罰也正歲。屬民讀灋。而書其德行道藝。書記之〔疏〕注書記之。○釋曰黨正於正歲建寅朔日聚衆庶讀法因即書其德行道藝鄭解書記之者以其三年乃一貢今每年正歲皆書記勸勉之三年即貢之也以歲時涖校比。涖臨也鄭司農云校比族師職所謂以時屬民而校登其族之夫家衆寡辨其貴賤老幼廢疾可任者及其六畜車輦〔疏〕以歲時涖校比。○釋曰案族師職以歲時屬民校比黨正管五族至校比之時黨正往臨之恐其有差失故也。○注涖臨至案比。○釋曰鄭司農所云者並族師職文以其黨正所臨臨族師故還引族師校比之法以證成其義云如今小案比者此舉漢法言小案比對三年大比爲小耳及大比。亦如之。〔疏〕釋曰及至也族師至三年大案比黨正亦涖之

族師各掌其族之戒令政事。政事邦政之事鄭司農云百家爲族〔疏〕族師至政事。○釋曰云族師主百家各自受法于上而掌其族之戒令政事也。○注政事至爲族。○釋曰云政事邦政之事者謂國之征役皆是也先鄭云百家爲族者亦約五家爲比五比爲閭四閭爲族故知族百家也月吉。則屬民而讀邦灋。書其孝弟睦婣有學者。月吉每月朔日也故書上句或無事字杜子春云當爲正月吉書亦或爲戒令政事月吉則屬民而讀法因讀邦法〔疏〕月吉至學者。○釋曰此族師亦聚衆庶而讀法因書其孝弟睦婣有學者黨正書德行道藝此云孝弟睦婣惟據六行之四事有學即藝也但族師所書亦應不異黨正但文有詳略故所言有異計族師所析別而言耳。○注月吉至邦法。○釋曰云月吉每月朔日也者以其彌親民教亦彌數故十二月朔皆讀之云故書上句

或無事字者則月與上政字連政又爲正字故杜子春云當爲正月吉且族師親民讀法宜數若爲正月之吉則與黨正同於義不可云書亦或爲戒令政事月吉則屬民而讀邦法者此義還與經同於義爲得後鄭從之故引之在下也

春秋祭酺。亦如之。酺者爲人物裁害之神也故書酺或爲步杜子春云當爲酺玄謂校人職又有冬祭馬步則未知此世所云蝝螟之酺與人鬼之步與蓋亦爲壇位如雩禜云族長無飲酒之禮因祭酺而與其民以長幼相獻酬焉。○酺音步或音蒲校戶教反蝝悅全反螟覓經反酺與音餘下步與同禜榮敬反本亦作禜下黨禜同

〔疏〕春秋祭酺亦如之。○釋曰族師於春秋祭祀酺神之時亦如上月朔讀法也。○注酺者至酬焉。○釋曰鄭知酺者爲人物裁害之神者凡國之所祭者皆恐與人物爲裁害謂若州長黨正所祭社禜亦爲水旱與物爲裁害明此亦是恐與人物爲裁害之神也云故書酺或爲步杜子春云當爲酺者校人職云馬步亦爲行步之字而子春破之從酺者子春亦無正文直以此經今文爲正故依之也玄謂校人職有冬祭馬步者彼是與馬爲害故祭之引之者證此酺人亦人物爲害云則未知此世所爲蝝螟之酺與人鬼之步與者但此經云酺不知何神故舉漢法以況之但漢時有蝝螟之酺神又有人鬼之步神未審此經酺定當何酺故兩言之以無正文故皆云與以疑之也云蓋亦爲壇位如雩禜云者之黨正雩禜鄭云蓋亦爲壇位如祭社稷云已疑禜爲壇位今此文約與雩禜同故言云以疑之云族長無飲酒之禮者案上州長春秋習射有飲酒禮黨正十月農功畢亦有飲酒禮皆得官物爲之今此族卑不得官物爲禮故云族無飲酒禮也云因祭酺而與其民以長幼相獻酬焉者鄭必知因祭酺有民飲酒之禮者案禮記禮器云周旅酬六尸曾子曰周禮其猶醵與鄭注彼云合錢飲酒爲醵旅酬相酌似之也即引明堂禮乃命國醵鄭據禮器明堂禮皆有醵法醵即合錢飲酒以不得官酒故須合錢耳

以邦比之灋。帥四閭之吏。以時屬民。而校登其族之夫家衆寡。辨其貴賤老幼癈疾可任者。及其六畜車輦。登成也定也

〔疏〕以邦至車輦。○釋曰云以邦比之法者案比之法國家有常法故據其常法以案比之故云以邦比之法也云帥四閭之吏者族師管四閭閭胥皆中士又有二十比比長皆下士是帥四閭之吏也云以時屬民而校者謂屬聚其民而校比之也云登其族之夫家衆寡者夫家即男女也有夫有婦乃成家自二人以至十人爲九等七六五者爲其中若然則六口爲中七口已上爲衆五口已下爲寡云辨其貴賤老幼者貴謂卿大夫賤謂占賣國之斥幣販易之人也癈疾謂癈於人事疾病若今癃不可事者也云可任者謂若國中七尺以及六十野自六尺以及六十五皆征之則可任也者及其六畜馬牛羊豕犬雞車駕牛馬輦人挽行皆辨之也

五家爲比。十家爲聯。五人爲伍。十人爲聯。四閭爲族。八閭爲聯。使之相保相受。刑罰慶賞。相及相共。以受邦職。以役國事。以相葬埋。相共猶相救相賙。○葬如字劉才郎反埋本或作貍莫皆反

〔疏〕五家至葬埋。○釋曰云五家爲比十家爲聯又云五人爲伍十人爲聯者在家爲有五家爲比比長領之無十家爲聯相管之法今云十家爲聯者以在軍之時有十人爲什本出於在家故并二比爲十家爲聯擬入軍時相并故覆云五人爲伍十人爲聯明是在軍法耳云四閭爲族八閭爲聯者張逸問族百家安得有八閭鄭荅并之爲聯耳若然亦如二比爲聯之類也云使之相保者謂相保不爲罪負云相受者謂宅舍有故相受寄託云刑罰慶賞相及者案趙商問族師之義鄰比相坐康誥之說門內尙否書禮是錯未達旨趣鄭荅族師之職周公新制禮使民相共勑之法康誥之時周法未定又新誅三監務在尙寬以安天下先後異時各有云爲乃謂是錯。○注相共至相賙。○釋曰案大司徒職云五族爲黨使之相救五黨爲州使之相賙此所戒勑亦與彼同故引爲證也

若作民而師田行役。則合其卒伍。簡其兵器。以鼓鐸旗物帥而至。掌其治令戒禁刑罰。亦於軍因爲卒長

〔疏〕若作至刑罰。○釋曰若作民而師田行役則合其卒伍者族師主百家家出一人即爲一卒卒長還使族師爲之故鄭云亦因爲卒長也云簡其兵器者在軍即有弓矢殳矛戈戟云以鼓鐸旗物者案大司馬春辨鼓鐸王執路鼓諸侯執賁鼓軍將執晉鼓師帥執提旅帥執鼙卒長執鐃兩司馬執鐸公司馬執鐲又司常云王建大常已下是鼓鐸旗物也帥而至者族師以帥士卒具備帥至於鄉師以致司徒也注亦於軍因爲卒長者亦釋經掌其治令已下亦非衆屬軍吏還是自爲卒長者也

歲終。則會政致事。

閭胥各掌其閭之徵令。鄭司農云二十五家爲閭

〔疏〕注鄭司至爲閭。○釋曰先鄭知二十五家爲閭者以其五家爲比五比爲閭故知閭二十五家也而云各掌其閭之徵令者徵令即下文歲時以下之事是也

以歲時各數其閭之衆寡。辨其施舍。凡春秋之祭祀役政喪紀之數。聚衆庶。既比則讀灋。書其敬敏任恤者。祭祀謂州社黨禜族酺也役田役也政若州射黨飲酒也喪紀大喪之事也四者及比皆會聚衆民因以讀法以勑戒之故書既爲暨杜子春讀政爲征暨爲既。○數色主反政役如字杜音征會如字下會同暨其器反又斤乙反

〔疏〕以歲至恤者。○釋曰言以歲時者謂歲之四時云各數其閭之衆寡者閭胥各自數當閭之內戶口多少云辨其施舍者亦謂國中七尺以及六十野自六尺以及六十有五皆征之已外施舍不役云凡春秋之祭祀役政喪紀之數聚衆庶者謂州長黨正族師祭祀及役政與王家喪紀閭胥皆爲之聚衆庶以待驅使也云既比則讀法者上族師已上官尊讀法雖稀稠不同皆有時節但閭胥官卑而於民爲近讀法無有時節但是聚衆庶比之時節讀法故云既比則讀法云書其敬敏任恤者以上書其德行道藝今此閭胥親民更近故除任恤六行之外兼記敬敏者也。○注祭祀至爲既。○釋曰知祭祀謂州社黨禜族酺者以其黨鄉之內所有祭祀無過此三者而已故知義然也云役田役也者上文師田行役並言則役是役作但田是國之常事田重於功作此文不云田故知役是田役也知政是州射黨飲酒者政與上祭祀連文聚衆庶故知若州射及黨飲酒也云喪紀大喪之事也者此大喪之喪也知者以其聚衆庶明非上州之大喪故以王之喪解之

凡事掌其比。觵撻罰之事。觵撻者失禮之罰也觵用酒其爵以兕角爲之撻扑也故書或言觵撻之罰事杜子春云當言觵撻罰之事。○觵古橫反撻吐達反扑普卜反

〔疏〕凡事至之事。○釋曰言凡事非一則是鄉飲酒及鄉射飲酒有失禮者須罰之故云凡事云掌其比者人聚則有校比之法皆掌之云觵撻罰之事者凡有失禮者輕者以觵酒罰之重者以楚撻之故雙言觵撻罰之事。○注觵撻至之事。○釋曰鄭知觵用酒者以其古者失禮之罰罰用酒又知其爵以兕角爲之者見詩云兕觵其觩故知用兕牛角爲觵爵也云撻扑也尙書云扑作教刑孔云扑榎楚故知此撻亦扑也云故書或言觵撻之罰事杜子春云當言觵撻罰之事者子春之意以觵罰在之上於義爲切故從經爲正者也

比長各掌其比之治。五家相受。相和親。有辠奇衺則相及。衺猶惡也。○治直吏反辠本亦作罪衺似嗟反

〔疏〕比長至相及。○釋曰比長管五家下士爲之家數雖少亦有治法故各掌其比之治云五家相受者宅舍有故崩壞相寄託云相和親者案尙書云爾室不睦爾唯和哉五家之內有不和親則使之自相和親云有辠奇衺則相及者五家有罪惡則連及欲使不犯故法云衺猶惡也

徙于國中及郊。則從而授之。徙謂不便其居也或國中之民出徙郊或郊民入徙國中皆從而付所處之吏明無罪惡。○便婢面反

〔疏〕徙于至授之。○釋曰五家之內人有不便其居須徙者則使伍長從而授之。○注徙謂至罪惡。○釋曰云徙謂不便其居也者古者三歲大比之年民有願徙於本居之處不便則任民遷徙故云不便其居也周法遠郊百里內幷國中共爲六鄉此國中及郊所徙者並不離當鄉之內言或國中之民出徙郊者先從近向遠釋經徙于郊之文也云或郊民入徙國中者郤釋經徙于國中之文也云皆從而付所處之吏明無罪惡者釋經則從而授之之文也若有罪惡則下文無授無節圜土內之其人私逃有何付授之也今伍長自往付授明無罪惡直是不便其居耳

若徙于他。則爲之旌節而行之。徙于他謂出居異鄉也授之者有節乃達

〔疏〕若徙至行之。○釋曰上經是當鄉之內遷徙直須伍長送付彼吏今此經言徙于他是出向外鄉則當爲旌節乃行之。○注徙於至乃達。○釋曰言徙于他對上經直言國中及郊爲鄉內此言徙于他明是出居異鄉也云授之者有節乃達者鄭欲見上經鄉內徙者有授無節此徙外鄉非直有授兼亦有節乃可行故鄭言此有節亦授之者也此節即道路用旌節一也

若無授無節。則唯圜土內之。鄉中無授出鄉無節過所則呵問繫之圜土考辟之也圜土者獄城也獄必圜者規主仁以仁心求其情古之治獄閔於出之。○呵呼何反又音何

〔疏〕若無至內之。○釋曰摠結上二經故鄭云鄉中無授出鄉無節此皆罪人故當唯圜土內之也。○注鄉中至出之。○釋曰上釋出鄉有授兼節此注釋鄉中無授出鄉無節以出鄉空有節而全無授者以其出鄉雖兼有授直擧有節似對鄉內有授何妨有節兼有授也若直有節而無授何以分別罪惡之人云過所則呵問繫之圜土考辟之也者謂所過之官司見即呵問之必知有呵問之者若不呵問窮詰則虛實難明故知呵問也繫之圜土考辟之者謂繫在獄中辟法也考量以法推問無授無節之由也云圜土者獄城也獄必圜者規主仁以仁心求其情者案禮記深衣有規矩權衡規配東方仁矩配西方義但獄斷獄之法有義有仁雖以義

斷使合宜仍以仁恩閔念求得情實閔念出之故獄城圜也

封人掌詔王之社壝。爲畿封而樹之。壝謂壇及堳埒也畿上有封若今時界矣不言稷者稷社之細也〔疏〕封人至樹之。釋曰云掌設王之社壝者謂王之三社三稷之壝及壇外四邊之壝皆設置之直言壝不云壇舉外以見內內有壇可知也云爲畿封而樹之者謂王之國外四面五百里各置畿限畿上皆爲溝塹其土在外而爲封又樹木而爲阻固故云爲畿封而樹之。注壝謂至細也。釋曰壝謂壇及堳埒也者堳埒即壝經不言壇故鄭兼見之也云畿上有封若今時界矣者漢時界上有封樹故舉以言之云不言稷者稷社之細也者案大司徒及下文皆社稷俱言此獨言社不言稷故解之案孝經緯社是五土摠神稷是原隰之神原隰即是五土之一耳故云稷社之細舉社則稷從之矣故言社不言稷也稷既是原隰之神但原隰宜五穀五穀不可遍敬稷又爲五穀之長故立稷以表名孝經注直云社謂后土者舉配食者而言耳

凡封國設其社稷之壝。封其四疆。封國建諸侯立其國之封〔疏〕凡封至四疆。釋曰言凡封國者封五等之國非一故云凡以廣之云設其社稷之壝者案禹貢徐州貢五色土孔注云王者封五色土爲社建諸侯則各割其方色土與之使立社燾以黃土苴以白茅取其潔黃取王者覆四方是封予諸侯立社稷之法也云封其四疆者諸侯百里以上至五百里四邊皆有封疆而樹之故云封其四疆也。注封國至之封。釋曰封國建諸侯者若典命云三公八命其卿六命大夫四命其出封皆加一等是建諸侯也云立其國之封者封則經云四疆是也

造都邑之封域者亦如之。〔疏〕釋曰云造都邑者謂大都小都家邑三等采地有百里五十里二十五里皆有四邊封域故云之封域也云亦如之者亦如上諸侯有四疆也

令社稷之職。將祭之時令諸有職事於社稷者也郊特牲曰唯爲社事單出里唯爲社田國人畢作唯爲社丘乘共粢盛所以報本反始也。唯爲于僞反下同單音丹乘繩證反〔疏〕令社稷之職。釋曰春秋祭社皆有職事令之者使各依職司而行故須令之也。注將祭至始也。釋曰言將祭之時者春秋祭社日皆用甲未祭之前令諸有職事于社稷者也云唯爲社事單出里者單盡也盡往助祭于州長此據六鄉之中又云唯爲社田國人畢作者畢亦盡也國人盡行鄭云非一徒美謂在六遂之中以下劑致甿當家之內一人爲正卒一人爲羨卒其餘爲餘夫但田與追胥竭作餘夫亦行故云非徒羨也云唯爲社丘乘共粢盛者此據三等采地之中故有丘甸井田之法案小司徒職云九夫爲井四井爲邑四邑爲丘四丘爲甸甸方八里旁加一里則爲一成成百井九百夫一井之地九夫八家各治一夫自入其治一夫稅入於君以共粢盛而祭社故云丘乘共粢盛也云所以報本反始也者社稷爲上神是民之本句龍后稷是民之始反亦報也命民共之者所以報本反始也引之者證祭社各有職事

凡祭祀。飾其牛牲。設其楅衡。置其絼。共其水稾。飾謂刷治潔清之也鄭司農云楅衡所以楅持牛也絼著牛鼻繩所以牽牛者今時謂之雉與古者名同皆謂夕牲時也杜子春云楅衡所以持牛令不得抵觸人玄謂楅設於角衡設於鼻如椵狀也水稾給殺時洗薦牲也絼字當以豸爲聲。楅音福絼本又作紖持忍反稾古老反清如字又才性反著直略反令力呈反抵丁禮反椵音加沈一音瑕豸直氏反〔疏〕凡祭至水稾。釋曰言凡祭祀謂王之天地宗廟先大次小之祭祀非一故云凡以廣之云飾其牛牲者祭祀尚潔淨故飾治使淨也設其楅衡者恐抵觸人故須設楅于角牽時須易制故設衡于鼻置絼當牽行故亦置之于鼻也須洗薦牲體故共其水稾也。注飾謂至爲聲。釋曰司農云楅衡所以楅持牛也者司農意以衡爲持故云所以楅持牛以楅衡共一物解之與子春同後鄭不從之矣云絼著牛鼻繩所以牽牛者今時謂之雉與古者名同者若然自漢以前皆謂之絼案禮記少儀云牛則執紖紖則絼之別名今亦謂之爲紖也云皆謂夕牲時也者但夕牲在祭前之夕正祭在厥明二時皆有此事明據在前夕牲時而言也杜子春云楅衡所以持牛令不得抵觸人者子春意楅衡雖設于角與司農義同後鄭亦不從也玄謂楅設于角者楅者相楅迫之義故知設於角云衡設於鼻者衡者橫也謂橫木於鼻今之駞猶然故知設於鼻破先鄭子春之義云如椵狀者漢時有置于犬之上謂之椵故舉以之爲況衡者也云水稾給殺時洗薦牲也者其牛將殺不須飼之又充人已飼三月不得將殺始以水稾飲飼水所以洗牲稾所以薦牲故雙言洗薦牲也云絼字當以豸爲聲者爾雅有足曰蟲無足曰豸但牛紖以麻爲之從絲爲形以豸爲聲故云絼字當以豸爲聲

以歌舞牲及毛炮之豚。謂君牽牲入時隨歌舞之言其肥香以歆神也毛炮豚者爓去其毛而炮之以備八珍鄭司農云封人主歌舞其牲云博碩肥腯。炮薄交反爓似鹽反去起名反腯徒忍反〔疏〕歌舞至之豚。釋曰言歌舞牲者謂君牽牲入時隨後歌舞云博碩肥腯也云及毛炮之豚者謂造炮豚之時則爓去其毛以炮之也。注謂君至肥腯。釋曰案禮記祭義云君牽牲穆荅君卿大夫序從是君牽牲入時也云隨歌舞之言其肥香以歆神也者解封人隨牲後歌舞之時節及使神歆享之意云毛炮豚者爓去毛而炮之者經云毛炮恐人以并毛炮之案禮記內則有炮豚若牂皆編萑以苴之塗之以墐塗熟乃擘去之彼雖炮亦不言去毛鄭知去毛者牂以豚之毛於牲無用空以汙損牲體故知凡炮之者皆去毛也云以備八珍者彼內則八珍之中有炮豚此炮豚與彼同故知此炮豚以備足八珍也鄭司農云封人主歌舞其牲云搏碩肥腯者此左氏桓公傳隨季良之辭彼云奉牲以告曰博碩肥腯引之者證封人歌舞牲時有此辭也

凡喪紀。賓客。軍旅。大盟。則飾其牛牲。大盟會同之盟〔疏〕凡喪至牛牲。釋曰言凡凡此下四事王之喪紀有牲者除朝夕奠用脯醢以外大小斂朔月月半薦新奠祖奠大遣等皆有牲牢賓客有殺牲之者雖據致殯及饔餼饗食皆有殺牲之事軍旅殺牲者謂釁鼓軍吏大盟謂天子親往臨盟此一經皆用牛牲故摠云飾其牛牲也。注大盟會同之盟。釋曰案覲禮及司儀諸侯時見曰會殷見曰同王皆爲壇于國外行盟誓之法故鄭依而言焉

鼓人掌教六鼓四金之音聲。以節聲樂。以和軍旅。以正田役。音聲五聲合和者〔疏〕鼓人至田役。釋曰言掌教者必教他官案眡瞭職發首云掌凡樂事播鼗擊頌磬笙磬下又云掌大師之縣鼗愷獻亦如之雖不云擊鼓上下文參之其五鼓是眡瞭擊之則此所教者當教眡瞭也其晉鼓當教鎛師故其職云掌金奏之鼓此下文云以晉鼓鼓金奏故彼鄭注云主擊晉鼓是也又云六鼓四金之音聲者六鼓四金與音聲和合故連言音聲也云以節聲樂者下云雷鼓靈鼓路鼓晉鼓皆是也以和軍旅者下云以鼖鼓鼓軍事是也云以正田役者下云以鼛鼓鼓役事是也田獵所以習戰則田鼓當與軍事同案大司馬云王執路鼓諸侯執賁鼓軍將執晉鼓之等是也此一經是與下文揔目之語也。注音聲五聲合和者。釋曰案禮記學記云鼓無當於五聲五聲不得不和則五聲須鼓乃和故鄭云五聲合和者鄭不解音者單出曰聲和比曰音音聲相將之物故釋五聲則名得音故不重云音也

教爲鼓。而辨其聲用。教爲鼓教擊鼓者大小之數又別其聲所用之事。別彼列反〔疏〕注教爲至之事。釋曰鄭云教爲鼓教擊鼓者大小之數者則雷鼓八面之等云而辨其聲用鄭云又別其聲所用之事則下文雷鼓及四金聲之所用各不同是也

以雷鼓鼓神祀。雷鼓八面鼓也神祀祀天神也〔疏〕以雷至神祀。釋曰天神稱祀地祇稱祭宗廟稱享案下靈鼓鼓社祭又案大司樂以靈鼓祭澤中之方丘大地祇與社同鼓則但是地祇無問大小皆用靈鼓則此雷鼓鼓神祀但是天神皆用雷鼓也。注雷鼓至神也。釋曰鄭知雷鼓八面者雖無正文案韗人爲皐陶有晉鼓鼖鼓皐鼓三者非祭祀之鼓皆兩面則路鼓祭宗廟宜四面靈鼓祭地祇尊於宗廟宜六面雷鼓祀天神又尊於地祇宜八面故知義然也

以靈鼓鼓社祭。靈鼓六面鼓也社祭祭地祇也〔疏〕以靈鼓鼓社祭。釋曰郊特牲云社祭土神地之道則孝經緯云社是五土之摠神是地之次祀故舉社以表地祇大宗伯亦云血祭祭社稷五祀亦舉社以表地祇其實地之大小之祭皆用靈鼓也

以路鼓鼓鬼享。路鼓四面鼓也鬼享享宗廟也。享許丈反劉虛讓反牛人職同〔疏〕以路鼓鼓鬼享。釋曰案大宗伯宗廟有六享則禘祫四時皆言享先王則皆是大祭縱有享先公爲次祀祭殤爲小祀皆用此路鼓以其天神地祇大小同鼓故也

以鼖鼓鼓軍事。大鼓謂之鼖鼖鼓長八尺。鼖扶云反〔疏〕以鼖鼓鼓軍事。釋曰案大司馬云春執鐸王執路鼓諸侯執鼖鼓軍將執晉鼓鄭注云王不執鼖鼓尚之於諸侯門社軍以鼖鼓爲正無妨兼有路鼓晉鼓之等也。注大鼓至八尺。釋曰云大鼓謂之鼖是訓鼖爲大此雖兩面而已而稱大者此不對路鼓已上以其長八尺直對晉鼓六尺六寸者爲大耳鼖鼓長八尺韗人文

以鼛鼓鼓役事。鼛鼓長丈二尺。鼛音羔〔疏〕以鼛鼓鼓役事。釋曰案緜詩云鼛鼓弗勝鄭云鼛鼓不能止之此云鼓役事謂擊鼓起役事與彼不同者但起役止役皆用鼛鼓兩處義得相兼耳。注鼛鼓長丈二尺。釋曰丈二尺韗人文此既丈二尺大於鼖鼓不得大名但鼖鼓長八尺尚對晉鼓爲鼖明鼛鼓亦大可知不可同名爲鼖故別以鼛鼓爲號也

以晉鼓金奏。晉鼓長六尺六寸金奏謂樂作擊編鐘。編必先反〔疏〕以晉鼓鼓金奏。釋曰凡作樂則先擊鐘故鐘師以鐘鼓奏九夏鄭云先擊鐘次擊鼓金則鐘也奏則擊也則是擊鐘後即擊鼓故云晉鼓鼓金奏。注晉鼓至編鐘。釋曰晉鼓長六尺六寸亦韗人文云金奏謂樂作擊編鐘者案磬師云擊編鐘鄭注云磬亦編於鐘言之者鐘有不編不編者鐘師擊之若然則磬師擊編鐘鐘師擊不編鐘又案鎛師云掌金奏之鼓鄭注云主擊晉鼓則此晉鼓和金奏但鐘之編與不編作之皆是金奏晉鼓皆和之矣鄭雖言編鐘據磬師而言其實不編者亦以晉鼓和之故鐘師云以鐘

鼓奏九夏鄭云先擊鍾次擊鼓是不編之鍾亦有鼓鼓即晉鼓也**以金錞和鼓。**錞錞于也圜如碓頭大上小下樂作鳴之與鼓相和○錞音淳碓音對本又作椎直追反〔疏〕以金錞和鼓○釋曰謂作樂之時以此金錞和於鼓節也○注錞錞至相和○釋曰錞錞于也者錞于之名出於漢之大予樂官并云其形圜如碓頭大上小下並出彼文而知之又云樂作鳴之與鼓相和此鄭以意解之案下三金皆大司馬在軍所用有文此金錞不見在軍所用明作樂之時與鼓相和故云和鼓也

以金鐲節鼓。鐲鉦也形如小鍾軍行鳴之以為鼓節司馬職曰軍行鳴鐲○鐲直角反鉦音征〔疏〕以金鐲節鼓○釋曰此謂在軍之時所用節鼓與鼓為節也○注鐲鉦至鳴鐲○釋曰鄭云鐲征也者案詩有鉦人伐鼓就而解之彼注鉦以靜之此解以為軍行所用不同者義亦一也以其動靜俱用故也云形如小鍾者亦據漢法而言也云軍行鳴之以為鼓節此依大司馬文而釋故引彼文云軍行鳴鐲對上金錞作樂為節案彼是公司馬所執也

以金鐃止鼓。鐃如鈴無舌有秉執而鳴之以止擊鼓司馬職曰鳴鐃且郤○鐃女交反秉兵政反本又作柄下同郤起略反〔疏〕以金鐃止鼓○釋曰此案春秋左氏傳曹劌云一鼓作氣再而衰三而竭哀公傳陳書曰吾聞鼓而已不聞金矣是進軍之時擊鼓退軍之時鳴鐃○注鐃如至且郤○釋曰云鐃如鈴無舌者亦約漢法而知也云有秉執而鳴之者案大司馬云卒長執鐃故知執而鳴之也又引司馬職鳴鐃且郤者欲見軍郤退時鳴之是止鼓時所用也

以金鐸通鼓。鐸大鈴也振之以通鼓司馬職曰司馬振鐸○鐸待洛反鈴音零〔疏〕以金鐸通鼓○釋曰此是金鈴金舌故曰金鐸在軍所振對金鈴木舌者為木鐸施令時所振言通鼓者兩司馬振鐸軍將已下即擊鼓故云通鼓也○注鐸大至振鐸○釋曰鐸大鈴亦約漢法知之引司馬職者案彼兩司馬執鐸所引司馬振鐸即兩司馬也

凡祭祀百物之神。鼓兵舞帗舞者。兵謂干戚也帗列五采繒為之有秉皆舞者所執○帗音佛劉音弗〔疏〕凡祭至舞者○釋曰上文神祀社祭鬼享文局不及小神故此更廣見小神之事故云凡祭祀百物之神也云鼓兵舞帗舞者天地之小神所舞不過此兵舞帗舞二事案下舞師山川用兵舞社稷用帗舞今此小神等若義近山川者舞兵舞義近社稷者舞帗舞故六舞之中唯言此二舞而已○注兵謂至所執○釋曰兵謂干戚也者案司馬云祭祀授舞者兵鄭亦云授以朱干玉戚必知兵舞是干戚者見禮記樂記云干戚之舞非備樂祭統又云朱干玉戚並是大武之舞是知兵舞干戚也又知帗舞列五采繒為之有秉者案樂師注帗五采繒今靈星舞子持之是舉今以曉古故知之也

凡軍旅。夜鼓鼜。鼜夜戒守鼓也司馬法曰昏鼓四通為大鼜夜半三通為晨戒旦明五通為發昫○鼜千歷反昫本又作昫亦作煦休具反劉休武反或況于反〔疏〕凡軍旅夜鼓鼜○釋曰在軍警戒急在於夜故軍旅於夜鼓其鼜鼓以警衆也○注鼜夜至發昫○釋曰言鼜者聲同憂戚取軍中憂懼之意故名戒守鼓為鼜也引司馬法曰昏鼓四通為大鼜者欲取從初夜即為警戒之意故擊鼓四通使大憂戚也云夜半三通為晨戒者警衆豫使嚴備侵早當行云旦明五通為發昫者旦明五通晨昫之時當發故云發昫也

軍動則鼓其衆。動且行〔疏〕軍動則鼓其衆○釋曰尋常在道欲行之時所擊之鼓則上注五通發昫是也今別言軍動則據將臨陳之時軍旅始動則擊鼓以作士衆之氣故曹劌云一鼓作氣鄭云動且行謂行前向陳時也

田役亦如之。〔疏〕釋曰田獵圍合之時必擊鼓象對敵故大司馬職云鼓遂圍禁是也

救日月。則詔王鼓。救日月食王必親擊鼓者聲大異春秋傳曰非日月之眚不鼓○眚生領反〔疏〕救日至王鼓○釋曰謂日月食時鼓人詔告于王擊鼓聲大異以救之案大僕職云軍旅田役贊王鼓鄭注云佐擊其餘面又云救日月食亦如之大僕亦佐擊其餘面鄭既云佐擊其餘面則非只兩面之鼓案上解祭日月與天神同用雷鼓則此救日月亦宜用雷鼓八面故大僕與戎右俱云贊王鼓得佐擊餘面也案莊二十五年左氏傳夏六月辛未朔日有食之鼓用牲于社非常也唯正月之朔慝未作日有食之於是乎用幣于社伐鼓于朝若然此救日食用鼓惟據夏四月陰氣未作純陽用事日又太陽之精於正陽之月被食為災故有救日食之法也月似無救理尚書胤征季秋九月日食救之者上代之禮不與周同諸侯用幣于社伐鼓于朝退自攻責若天子法則伐鼓于社昭十七年昭子曰日食天子伐鼓于社是也○注救日至不鼓○釋曰救日月食王必親擊鼓者聲大異者但日月食始見其微兆未有災驗故云異也引春秋傳者亦莊二十五年傳辭彼傳云秋大水鼓用牲于門亦非常也凡天災有幣無牲非日月之眚不鼓其為大水用鼓引之證其日月得有用鼓法春秋不記月食者但日食是陰侵陽臣侵君之象故記之月食是陽侵陰君侵臣之象非逆事故略不記之也

大喪。則詔大僕鼓。始崩及窆時也〔疏〕注始崩及窆之時也○釋曰案大僕職云大喪始崩戒鼓傳達于四方窆亦如之是鄭所據也

舞師掌教兵舞。帥而舞山川之祭祀。教帗舞。帥而舞社稷之祭祀。教羽舞。帥而舞四方之祭祀。教皇舞。帥而舞旱暵之事。羽析白羽為之形如帗也四方之祭祀謂四望也旱暵之事謂雩也暵熱氣也鄭司農云皇舞蒙羽舞書或為翌或為義玄謂皇析五采羽為之亦如帗○暵呼但反翌音皇〔疏〕舞師至之事○釋曰云掌教兵舞謂教野人使知之國有祭山川則舞師還帥領往舞山川之祀已下皆然案春官樂師有六舞并有旄舞施于辟廱人舞施于宗廟此無此二者但旱者之子不得舞宗廟之酎祭祀之舞亦不得用旱者之子彼樂師教國子故有二者此教野人故無旄舞人舞○注羽析至如帗○釋曰但羽舞用白羽帗舞用五色繒用物雖異皆有柄其制相類故云形如帗也云四方之祭祀謂四望也知者若以四方百物則四方不止四望今單云四方四望五岳四瀆亦布在四方故知四方即四望也云旱暵之事謂雩也者春秋所云雩者皆釋旱又祭法云雩禜祭水旱故知旱暵謂雩祭也云暵熱氣也者以其旱時多熱氣又此暵字以日為形以漢為聲省故知暵熱氣也鄭司農云皇舞蒙羽舞者先鄭之意蓋見禮記王制有虞氏皇而祭皇是冕為首服故以此皇為鳳皇羽蒙于首故云蒙羽舞自古未見蒙羽于首故後鄭不從之矣云書或為翌或為義者禮本不同故或為翌或為義皆不從之矣玄謂皇析五采羽為之亦如帗者鍾氏染鳥羽象翟鳥鳳皇之羽皆五采此舞者所執亦以威儀為飾言皇是鳳皇之字明其羽亦五采其制亦如帗舞若然帗舞羽舞皇舞形制皆同也

凡野舞。則皆教之。野舞謂野人欲學舞者〔疏〕凡野至教之○釋曰案序官舞徒四十人其數有限今云皆教之者數雖四十餘者有能學皆教之以待其闕耳

凡小祭祀。則不興舞。小祭祀王玄冕所祭者興猶作也〔疏〕注小祭至祭者○釋曰案上文云凡祭祀百物之神鼓兵舞帗舞又案司服云羣小祀則玄冕注云羣小祀林澤墳衍四方百物之屬如是則小祭祀有兵舞帗舞而云不興舞者小祭祀雖同玄冕若外神林澤之等則有舞若官中七舞之等則無舞此文是也

周禮注疏卷十二校勘記　阮元撰盧宣旬摘錄

附釋音周禮注疏卷第十二

鄉大夫

若今癈不可事者　宋本余本嘉靖本毛本同閩監本癈作廢當由臆改

案韓詩外傳　盧文弨曰外衍字

敬所舉賢者能者　嘉靖本敬作賓非惠校本亦一作賓云余本仍作敬

以禮賢者能者賓客之舉　閩本同此本舉字剜擠蓋本作賓客之無舉字監毛本改作賓客舉之非

其身有道藝　惠校本上有以字此脫

故書舞為無　九經古義云古無武同音又武舞通禮器詔侑武方注云武當為無聲之誤也論語射不主皮馬融注用此文作五曰興武漢武梁祠堂畫象秦武陽今史記作秦舞陽

必知容得為孝者　閩監毛本知誤和

射則是男子之事　惠校本無則此衍

鄉大夫士射先行鄉飲酒之禮　此鄉大夫當作鄉大夫

則令六鄉之吏州長之官　惠校本作州長已下此誤

各憲之於其所治之國　閩本毛本同宋本岳本嘉靖本無之字國字下屬與賈疏合余本衍之字唐石經於其所下損闕三字以字數計之當有之字監本刊落之字而誤併去國字石經考文提要無之字云從宋附釋音本周禮句解

知大詢詢國危　閩監毛本知誤如

一曰詢國危已安庶民云國大詢于衆庶而致於朝　宋本作一曰詢國危已下此亦云國大詢于衆庶而致於朝閩監毛本已改以於改于朝非唐石經已作於朝

州長

教謂十二教之外所施政令皆治之　閩本同監毛本教謂十二之下有教

云治政令之法者謂十二教共十二字當由臆增○按監毛本是他本誤也賈意於經教字一逗然黨正云政令教治則賈讀非也

唯有歲之二時春秋耳 惠挍本作唯謂此誤

此知序州黨學者 浦鏜云此知字疑誤倒

則帥而致之 唐石經諸本同余本致作置誤

黨正

年七度讀法者 閩監毛本七誤十

鄭知祭謂雩禜水旱之神者 惠挍本祭下有禜此脱

壹命齒于鄉里 唐石經余本岳本嘉靖本同閩監毛本壹作一非

見孝悌之道也 閩監毛本同宋本岳本嘉靖本悌作弟案釋文及賈疏引注皆作孝弟加心旁者俗字

比鄉民雖爲卿大夫 余本閩本同宋本嘉靖本比作此監本作比鄉民雖爲鄉大夫毛本作此鄉民雖爲鄉大夫案賈疏引注作此鄉民雖爲卿大夫作比及鄉大夫者誤也

民內有爲一命已上 惠挍本一作壹此非下並同

禮年六十已上 惠挍本同閩監毛本已作以非下文有一命已上觀禮同

以其一命 毛本一字空缺惠挍本作壹

年幾必小於卿大夫等 案幾疑歲之誤○按年幾即今俗語云年計唐人語已如此

掌其戒禁 唐石經諸本同岳本毛本戒禁誤倒

上州之祭祀大喪義異 浦鏜云上疑與字誤

州長又致與卿大夫 閩監毛本作鄉大夫此誤下同

以歲時涖校比 唐石經諸本同毛本校改挍注及下同五經文字手部云挍經典及釋文或以爲比挍字書無文○按以夏官校人注律之則經當作校注當作挍

辨其貴賤老幼廢疾可任者 宋本岳本作癈疾

族師 宋本周禮疏卷第十三

釋曰云各掌其族之戒令政事 惠挍本下有者此脱

各自受法于上 毛本于作如如蓋於之譌

黨正直書德行道藝其言 浦鏜云直疑所字誤

則月與上政字連 毛本字誤事

且族師親民讀法宜數 惠挍本且作但此誤

則與黨正同 按黨正字乃州長之誤

則未知此世所云蝝螟之酺與 監本未誤不毛本蝝誤蝝

亦爲水旱與物爲烖害 惠挍本物上有人此脱

直以疑之今此爲正 閩本正作酺餘與此同監毛本改作直以此經今文爲正

云則未知此世所爲蝝螟之酺與 惠挍本爲作云此誤

癈疾謂癈於人事疾病 閩監毛本癈皆改廢○按賈云癈疾謂廢於人事疾病是賈本作廢字乃賈之誤耳說文云癈固病也

則可任也者 閩本同監毛本改作者也

以相葬埋 唐石經諸本同釋文埋本或作貍案經當用貍字此淺人以俗字改之

門內尚否 惠挍本同閩監毛本改作尚寬非

故鄭云亦因爲卒長也 惠挍本云作言

閭胥

以勑戒之 嘉靖本監本毛本同宋本勑作勅閩本作勑

故書既爲曁 漢讀考作故書曁爲既下作杜子春讀既爲曁經既比作曁比今本係以注改經又以經改注誤甚○按注以及訓曁則段玉裁是既不訓及

以贖罰在之上 宋本同疑贖當衍閩監毛本增作贖撻罰

故從經爲正者也 宋本無者此衍

比長

民有顧猒於本居之處 閩監毛本猒改厭○按所改非也以字義則猒飽猒倦是一字惟猒飽斯猒倦也與厭字義各殊

郤釋經徙于國中之文也 閩本同監毛本郤誤欲○按當作郤俗作却經文先國中後郊注則先郊後國中故云却

則呵問 葉鈔釋文作則荷嘉靖本呵字剜改葢本作荷

閱於出之 諸本同言所憐閔在於出獄也浦據疏語改作閔念非

但獄斷獄之法 閩本同監本剜刋上斷字毛本無上獄字

封人

是封乎諸侯立社稷之法也 宋本無乎此衍

共其水槀 唐石經宋本同宋本載音義及葉鈔釋文皆作槀下從木岳本嘉靖本閩監毛本及通志堂釋文作稾下從禾注及疏準此

飾謂刷治潔清之也 嘉靖本潔作絜○按此古飾字正解說文云飾㕞也㕞飾也今人多昧於此義

凡祭至水槀 閩監毛本槀改稾下並同

福者相福迫之義 案福迫當爲逼迫

漢時有置于犬之上謂之椵 漢制考此句下有音加二小字當亦賈疏本文

故舉以之爲況衡者也 閩本剜改以之作之以監毛本從之非也案爲字疑衍

賓客有殺牲之者 浦鏜云之當衍字

鼓人

案賑瞭職發首云 宋本首作言

下云以鼖鼓鼓役事是也 惠挍本作鼛鼓此誤

則田鼓當與軍事同 宋本同閩本剜改事作士監毛本承之

和比曰音 閩監毛本作雜比

以靁鼓鼓神祀 唐石經諸本同余本上作鼓下作鼔非下同○按宋人鐘鼓作鼓鼓擊作鼔誤認說文支部之鼔切之鼔爲擊鼓妄改經典最爲紕繆

則禘祫鼓四時 浦鏜云及誤鼓據儀禮通解續挍

門社軍以鼖爲正 惠挍本門社作則在此誤

以鼛鼓鼓役事 說文鼓部鼛字下引周禮作皋鼓

謂樂作擊編鍾 葉鈔釋文作編鐘

釋曰凡作樂則先擊鍾 監本釋誤鄭惠挍本則作皆此誤

並出彼文而知之 惠挍本及漢制考下有也此脱

無舌有秉 釋文秉本亦作柄案秉古柄字

帗五采繒 惠挍本帗下有析此脱

昏鼓四通爲大鼜 說文壴部云鼜夜戒守鼓也从壴蚤聲禮昏鼓四通爲大鼓夜半三通爲戒晨旦明五通爲發明讀若戚案此注云鼜夜戒守鼓也同許氏說文壴鼓異部鼜字從壴蚤聲今禮經注釋文皆從鼓作鼜訛晨今注作晨戒誤倒當從此所引大鼓爲大鼜之誤發明爲發昫之誤當從禮注挍正

動且行 余本嘉靖本閩監毛本同宋本岳本且作旦賈疏亦作旦字案上夜鼓鼜注云旦明五通爲發昫故

此以軍動爲且行也動卽行而云且行恐誤

鄭云動且行 閩監毛本同惠挍本且作且

則非只兩面之鼓 惠挍本同閩監毛本只改止

聲大異者 惠挍本作聲大異言聲大異者此脫

舞師 閩監毛本師誤帥

皇舞蒙羽舞書或爲䍿 漢讀考作䍿舞蒙羽舞書或爲皇

不得舞宗廟之酎 毛本舞誤武監本宗字空缺閩本酎字實缺是也

以漢爲聲者 宋本作聲省此誤

皇舞象羽舞者 惠挍本象作蒙此誤

若宮中七舞之等則無舞 浦鏜云七祀誤七舞

周禮注疏卷十二挍勘記終

附釋音周禮注疏卷第十三

鄭氏注　賈公彥疏

牧人掌牧六牲。而阜蕃其物。以其祭祀之牲牷。六牲謂牛馬羊豕犬雞。鄭司農云牷純也。玄謂牷體完具。○蕃音煩。牷音全。[疏]牧人至牲牷○釋曰云掌牧六牲而阜蕃其物者阜盛也蕃息也物謂毛物言使肥盛蕃息各有毛物謂五官各有牛人羊人犬人豕人之等擇取純毛物者以供牧人牧人又供與充人芻之三月以祭祀故云以共祭祀之牲牷也○注六牲至完具○釋曰案爾雅所釋六畜有馬牛羊豕犬雞故鄭依而釋之案膳夫供六牲鄭注云始養之曰畜將用之曰牲則此云牲亦據將用爲言也司農云牷純也後鄭不從者尚書云犧牷牲對犧不得爲純色其純下文毛之者是也故玄易之云牷體完具也

凡陽祀。用騂牲毛之。陰祀。用黝牲毛之。望祀。各以其方之色牲毛之。騂牲赤色。毛之取純毛也。陰祀祭地北郊及社稷也。望祀五嶽四鎮四瀆也。鄭司農云陽祀春夏也。黝讀爲幽。幽黑也。玄謂陽祀祭天於南郊及宗廟。○黝於糾反。司農音幽。[疏]凡陽至毛之○釋曰言凡與下陽祀陰祀望祀等爲目故云凡以廣之也○注騂牲至宗廟○釋曰騂牲知是赤色者見明堂位周人騂剛檀弓云周人牲用騂周尚赤而云用騂故知騂是赤也云毛之取純毛也者對下文云尨是雜色則此經云毛之者皆是取純毛也云陰祀祭地北郊及社稷也并陽祀祭天於南郊及宗廟者但天神與宗廟爲陽地與社稷爲陰案大宗伯云蒼璧禮天黃琮禮地謂圜丘方澤下云幣各放其器之色則昊天與崐崘牲用蒼用黃四時迎五方天帝又各依其方色牲則非此騂牲黝牲惟有郊天及宗廟社稷一等不見牲色在此陽祀陰祀之中可知案郊特牲云郊之祭也大報天而主日兆于南郊就陽位也牲用騂是南郊用騂也檀弓云殷尚白周尚赤是祭宗廟時赤也據此而言則祭天於南郊及宗廟用騂也郊特牲云社祭土而主陰氣也是社稱陰孝經緯鉤命決云祭地于北郊就陰位彼對郊天就陽位則是神州之神在北郊而稱陰以是知陰祀中有祭地于北郊及社稷也不從先鄭陽祀春夏者周祭宗廟四時同用騂夏至祭地方澤牲用黃春夏迎氣牲各隨方之色明不得同用騂故不從也又知望祀是四望者以其言望與四望義同故知是四望五嶽等也云黝讀爲幽幽黑也者以其幽是北方故從幽爲黑也後鄭先解陰祀後釋陽祀者陽祀待先鄭釋訖隨後破之故也

凡時祀之牲。必用牷物。時祀四時所常祀謂山川以下至四方百物。[疏]凡時至牷物○釋曰時言凡者山川已下非一故亦言凡以廣之也必用牷物者對上方色是隨其方色下用尨尨是雜色則此牷物者非方非雜不得隨方之色要於一身之上其物色須純其體須完不得雜也假令東方或純黃純黑南方或純白純青皆得也○注時祀至百物○釋曰知時祀是山川以下至四方百物者案司服山川羣小祀林澤四方百物在四望下此上文云天地四望此時祀又在四望下又四方山川之等亦依四時而祀故知時祀是山川至百物鄭唯據地之時祀若天之時祀日月巳下亦在此時祀中也

凡外祭毀事。用尨可也。外祭謂表貉及王行所過山川用事者。故書毀爲甈。尨作龙。杜子春云甈當爲毀。龙當爲尨。尨謂雜色不純。毀謂副辜侯禳毀除殃咎之屬。○尨亡江反。貉莫霸反。甈丘列反。副普逼反。辜音孤。禳如羊反。[疏]凡外至可也○釋曰外祭毀事其神非一故云凡以廣之也○注外祭至之屬○釋曰知外祭中有表貉者此據上文外神之中巳云天地至四方百物依時而祭者巳盡此別言外祭則外祭中唯有表貉之等案大司馬田獵之時立表而貉祭司凡筵亦云貉用熊席又知外祭中有王行所過山川用事者案校人云凡將事于四海山川則飾黃駒大祝云大會同過大山川則用事焉亦是非常外祭之事若然此云尨校人用黃駒者從地色黃亦據尨中有黃色者用之不必純注云毀謂副辜侯禳毀除殃咎之屬者此文承于春之下不言玄謂當是子春所解也案宗伯云疈辜祭四方百物而引九門磔禳又案小祝職云將事侯禳皆是禱祈除殃咎非常之祭用尨之類故引以爲證也

凡祭祀。共其犧牲。以授充人繫之。犧牲毛羽完具也。授充人者當殊養之。周景王時賓起見雄雞自斷其尾。曰雞憚其爲犧。○憚特旦反。[疏]凡祭至繫之○釋曰牧人養牲臨祭前三月授與充人繫養之故云凡祭祀共其犧牲以授充人繫之○注犧牲至爲犧○釋曰云犧牲毛羽完具也者云犧牲不云牷則惟據純毛者而鄭云完具者祭祀之牲若直牷未必純犧若犧則兼牷可知故鄭以完具釋犧云授充人者當殊養之者牧人之牲未用祭者摠在一處不殊今將以祭者則殊別繫養之云周景王時者此春秋左氏傳昭二十二年王子朝賓起有寵於景王王與賓孟說之欲立之又云賓孟適郊見雄雞自斷其尾問之侍者曰自憚其犧也遽歸告王且曰雞其憚爲人用乎人異於是注犧者以喻人之有純德實宜爲君彼直云自憚其犧不云雞鄭以義增之耳引之者證犧是純色之意也

凡牲不繫者共奉之。謂非時而祭祀者。[疏]注謂非至祀者○釋曰云不繫者謂若上文凡外祭毀事用尨可也是非時而祭祀者也

牛人掌養國之公牛。以待國之政令。公猶官也。[疏]牛人至政令○釋曰云掌養國之公牛以待國之政令者政令則諸侯所須牛及牧人之事則供送之也○注公猶官也釋曰訓公爲官者恐有公君之嫌但王家之牛若公廨之牛故須訓公爲官是官牛也

凡祭祀共其享牛求牛。以授職人而芻之。鄭司農云享牛前祭一日之牛也。求牛禱於鬼神祈求福之牛也。玄謂享獻也。獻神之牛謂所以祭者也。求終也。終事之牛謂所以繹者也。宗廟有繹者孝子求神非一處。職讀爲樴。樴謂之杙。可以繫牛。樴人者謂牧人充人與。芻牲之芻。牛人擇於公牛之中而以授養之。○職音特。或餘式反。劉之式反。注樴同。繹音亦。徐音夕。杙餘式反。劉餘則反。[疏]凡祭至芻之○釋曰云凡祭祀者祭祀非一故亦言凡以廣之云享牛者謂正祭之牛云求牛者謂繹祭之牛云以授職人而芻之者謂授充人繫養者也○注鄭司至養之○釋曰先鄭云享牛前祭一日之牛也者若以此爲祭前一日夕牲時而言仍是正祭牛則不應以正祭而云前祭一日若不據祭祀以爲齊時所食齊則十日不應惟止一日而巳其言無據故後鄭不從也云求牛禱於鬼神祈求福之牛也者案上文凡牲不繫者共奉之謂非時而祭則不繫之此經授職人繫之明非禱祈非時祭者故後鄭亦不從也玄謂享獻也獻神之牛謂所以祭者也者以其宗伯祭宗廟六者皆云享則享是正祭可知破先鄭爲前祭一

日之牛也云求終也終事之牛謂所以繹者也者今日正祭于廟明日繹祭在門外之西室故鄭云孝子求神非一處以解求牛爲繹祭之牛也故郊特牲云祭于祊尚曰求諸遠者與是名繹爲求也云職讀爲樴者凡官皆有職直云職人無所指斥但職樴聲相近誤爲職故讀從樴充人置樴入地之時樴然作聲故以聲名其官也云樴謂之杙者爾雅釋宮文郭注云橜也云樴人者謂牧人充人與者與疑辭之者凡牲堪祭祀者則牛人選入牧人臨祭之前牧人乃授充人充人乃繫養之今若即以樴人爲充人則隔牧人故連牧人而言之明先至牧人乃至充人經據後而言之耳云牛人擇於公牛之中而以授養之者鄭直言養之者則養者之中還兼有牧人充人也

凡賓客之事。共其牢禮積膳之牛。牢禮飧饔也積所以給賓客之用若司儀職曰主國五積者也膳所以問禮賓客若掌客云殷膳太牢○積子賜反注同飧音孫【疏】凡賓至之牛○釋曰言凡賓客者謂五等諸侯來朝兼有臣來聘皆其牢積膳之牛也○注牢禮至之太牢○釋曰鄭知牢禮飧饔者此一經皆謂致與賓客者下云饗食是速賓之禮也案大行人掌客皆云上公飧五牢饔餼九牢五積侯伯飧四牢饔餼七牢四積子男飧三牢饔餼五牢三積積之多少各視飧牢其膳則五等諸侯皆大牢故云牢禮飧饔也云積所以給賓客之用者謂行道之用遺人所云者是也又引司徒職曰王國五積者據上公而言也云膳所以問禮賓客者謂賓客未去之間致禮也又引掌客云殷膳大牢彼注云殷中也中間未去即是間禮賓客也

饗食賓射。共其膳羞之牛。羞進也所進賓之膳燕禮小臣請執冪者與羞膳者至獻賓而膳宰設折俎王之膳羞亦猶此○食音嗣下文同冪民狄反折之設反【疏】饗食至之牛○釋曰饗者亨大牢以飲賓獻依命數食者亦亨大牢以食食禮九舉七舉五舉亦依命數無酒獻酬耳皆在於廟以速賓射者謂大射及與賓客射于朝天子諸侯射先行燕禮皆有殺俎故有牛也云共其膳羞之牛者謂獻賓時宰夫所進俎是也○注羞進至猶此○釋曰引燕禮小臣請執冪者與羞膳者至獻賓而膳宰設折俎者案燕禮立賓後公卿大夫升就席小臣阼階下北面請執冪者與羞膳者注云執冪者執瓦大之冪也方圜壺無冪羞膳者羞於公謂庶羞云至主人獻賓賓西階上拜筵前受爵反位主人賓右拜送爵膳宰薦脯醢賓升筵膳宰設折俎此王與賓饗及賓射設俎時節及設八無文故云王之膳羞亦猶此也若然饗食有牛俎至於射禮天子諸侯皆先行燕禮其牲猶得有牛者但天子諸侯雖用燕禮直取一獻之禮未旅而行射節其用牲則左傳云公當饗雖然燕禮亦用牛與饗同若然云膳羞則庶羞也不言正俎之牛者據庶羞而言其實兼正俎矣

軍事。共其犒牛。鄭司農云犒師之牛○犒苦報反注同【疏】軍事共其犒牛○釋曰謂將帥在軍枯犒之賜牛謂之犒牛也○注鄭司至之牛○釋曰案左氏傳僖公三十三年秦師襲鄭鄭商人弦高將市於周過之以乘韋先牛十二犒師雖非己之軍師亦是犒師之牛故引以爲證也

喪事。共其奠牛。謂殷奠遣奠也喪所薦饋曰奠○遣棄戰反【疏】注謂殷奠遣奠也○釋曰喪中自未葬已前無尸飲食直奠停置于神前故謂之爲奠朝夕之奠無尊卑皆脯醢酒而已無牲殷大也雖有小斂大斂朔月月半薦新祖奠及遣奠時有牲體大遣奠非直牛亦有馬牲耳故鄭云謂殷奠遣奠也鄭云喪所薦饋曰奠以無尸故也

凡會同軍旅行役。共其兵軍之牛與其牽徬。以載公任器。牽徬在轅外輓牛也人御之居其前曰牽居其旁曰徬任猶用也○徬薄浪反注同【疏】凡會至任器○釋曰會同軍旅兼言行役謂王行巡守皆六軍從也云共其兵車之牛者但兵車駕四馬之外別有兩轅駕牛以載任器者亦謂之爲兵車故云兵車之牛也○注牽徬至用也○釋曰云牽徬在轅外輓牛也者上云兵車之牛據在轅內者別言與其牽徬故云在轅外輓牛也若然轅外在前者曰牽在旁者曰徬故鄭覆云人御之居其前曰牽居其旁曰徬言人御之者以其在轅外將御爲難故特言人御之也云任猶用也者謂在軍所須之器物皆是也

凡祭祀共其牛牲之互。與其盆簝以待事。鄭司農云互謂楅衡之屬盆簝皆器名盆所以盛血簝受肉籠也玄謂互若今屠家縣肉格○互劉音護徐音牙簝音寮劉魯討反盛音成縣音玄【疏】注鄭司至肉格○釋曰先鄭上文楅衡共爲一物後鄭已不從合以互與楅衡共一彌不可玄謂互若今屠家縣肉格其義可知但祭祀殺訖即有薦爛薦孰何得更以肉縣于互乎然當是始殺解體未薦之時且縣于互待解訖乃薦之故得有互以縣肉也故詩云或剝或亨或肆或將注云肆陳也謂陳於互者也

充人掌繫祭祀之牲牷。祀五帝。則繫于牢芻之三月。牢閑也必有閑者防禽獸觸齧養牛羊曰芻三月一時節氣成【疏】充人至三月釋曰云充人掌繫祭祀之牲牷者但祭祀之牲皆體牷具故以牷言之也云祀五帝者上云掌繫祭祀之牲牷則揔養天地宗廟之牲下別言祀五帝則略舉五帝而已其實昊天及地祇與四望社稷之等外神皆繫之也○注牢閑至氣成○釋曰云牢閑也者校人養馬謂之閑此養牛羊謂之爲牢言閑見其閑衞言牢是其牢固所從言之異其實一物也云必有閑者防禽獸觸齧者案春秋有郊牛之口傷鼷鼠食其角自外恐更有禽獸觸齧故鄭揔云焉云養牛羊曰芻者此經云繫于牢芻之惟據牛羊若犬豕則曰豢又不繫之矣云三月一時節氣成者釋必以三月之意案宣三年公羊云帝牲在于滌三月何休云滌宮名養帝牲三牢之處也三牢者各主一月取三月一時足以充天牲是其三月之義也

享先王亦如之。【疏】享先王亦如之○釋曰上經天地外神已別于上故今以先王亦如之亦繫于牢芻之三月也

凡散祭祀之牲。繫于國門。使養之。散祭祀謂司中司命山川之屬國門謂城門司門之官鄭司農云使養之使守門者養之○散素但反注同【疏】凡散至養之釋曰云散祭祀之牲直言繫于國門使養之不言三月則或一旬之內而已不必三月也案楚昭王問于觀射父曰芻豢牲則不必三月其諸侯祭祀養牲幾何對曰遠不過三月近不過浹日孔注云遠牛羊豕近犬雞之屬則諸侯祭祀養牲亦得三月及旬則天子亦有浹日之義若然此散祭祀亦可浹日而已○注散祭至養之○釋曰鄭知散祭祀謂司中司命山川之屬者見上文陽祀陰祀望祀皆云毛之社稷四望已入毛之科內下別云凡時祀用牷物其中無社稷四望唯有天神司中司命以上地神山川以下此散祭祀則上時祀之神也故知散祭祀是司中以下言之屬者其中兼有林澤百物之等也云國門謂城門司門之官者司門揔主王城十二門皆別有下士及府史胥徒今養牲者是十二門而云司門之官者揔官首而言之其實非司門自養則先鄭云使守門者養之是也

展牲則告牷。鄭司農云展具也具牲若今時選牲也充人主以牲牷告展牲者也玄謂展牲若今夕牲也特牲饋食之禮曰宗人視牲告充舉獸尾告備近之○近附近之近【疏】注鄭司至近之○釋曰先鄭以爲選牲時後鄭不從者若是選牲時應在牧人牧人選訖始付充人今既在繫養之下乃言展牲則告牷明非初選牲故不從玄謂展牲若今夕牲也者此舉漢法以況之又引特牲禮者以其天子禮亡故舉以言焉案彼宗人視牲告充亦謂祭前之夕夕牲時云舉獸尾者士用兔腊言獸尾止謂兔也言近之者彼謂士禮引證天子法故云近之

碩牲則贊。贊助也君牽牲入將致之助持之也春秋傳曰故奉牲以告曰博碩肥腯【疏】碩牲則贊○釋曰上經夕牲時此經據正祭時言碩牲者謂君牽牲入廟卿大夫贊幣而從皆云博碩肥腯此充人既是養牲之官當助持牛紖而牽之○注贊助至肥腯○釋曰鄭知有君牽牲者見祭義云君牽牲穆荅君卿大夫序從天子亦當然又引春秋傳者此春秋左氏傳楚武王侵隨隨少師請追楚師季梁止之曰天方授楚楚之羸其誘我也臣聞小之能敵大也小道大淫又云今民餒而君逞欲祝史矯舉以祭臣不知其可也公曰吾牲牷肥腯粢盛豐備何則不信對曰夫民神之主也是以聖王先成民而後致力於神故奉牲以告曰博碩肥腯謂民力之普存是其事也

地官司徒下

載師掌任土之灋。以物地事授地職。而待其政令。任土者任其力勢所能生育且以制貢賦也物物色之以知其所宜之事而授農牧衡虞使職之【疏】載師至政令○釋曰此經與下經爲目言任土之法者任謂任其力勢所能生育即下經云廛里任國中之地以下是也云以物地事者此文還於任其力勢而物色之知其種植所宜何種云授地職者既知地勢所宜而授有職事於地者云而待其政令者謂因其職事使出賦貢即下經園廛二十而一以下是○注任土至職之○釋曰云任土者任其力勢所能生育者力勢生育即下文物色是也云且以制貢賦也者地勢所能生育本以字民但百姓足君孰與不足故因民九職以制貢故云且以制貢賦也但地之所出唯貢而已口率出錢及軍法乃名賦鄭并言賦者以民有地貢即有錢賦及軍賦故鄭兼言賦也且禹貢地貢亦名賦故云厥賦惟上上之等也云物物色之以知其所宜之事者此言出於孝經緯故孝經緯援神契云五岳藏神四瀆含靈五土出利以給天下黃白宜種禾黑墳宜種麥蒼赤宜種菽洿泉宜種稻所宜處多故鄭云之屬也但草人所云物地者據觀形色布種所宜故二處皆云物地也云而授農牧衡虞使職之者既物地知所宜須有職事案大宰職九職皆主營地以出貢山虞澤虞川衡林衡亦主地以出稅故知授地職中有此農牧衡虞之等但九職中略舉農牧二者案小司徒職云分地域而辨其守施其職彼守職文具故彼鄭注守謂衡虞職謂九職此經無守惟有地職故鄭以地職中兼見衡虞之守也

以廛里任國中之地。以場圃任園地。以宅田士田賈田。任近郊之地。以官田牛田賞田牧田。任遠郊之地。以公邑之

田任甸地。以家邑之田任稍地。以小都之田任縣地。以大都之田任畺地。

故書廛或作壇郊或為蒿稍或作削鄭司農云壇讀為廛廛市中空地未有肆城中空地未有宅者民宅曰宅宅田者以備益多也士田者士大夫之子得而耕之田也賈田者吏為縣官賣財與之田官田者公家之所耕田牛田者以養公家之牛賞田者賞賜之田牧田者牧六畜之田司馬法曰王國百里為郊二百里為州三百里為野四百里為縣五百里為都杜子春云蒿讀為郊五十里為近郊百里為遠郊玄謂廛里者若今云邑里居矣廛民居之區域也里居也圃樹果蓏之屬季秋於中為場樊圃謂之園宅田致仕者之家所受田也士相見禮曰宅者在邦則曰市井之臣在野則曰草茅之臣士讀為仕仕者亦受田所謂圭田也孟子曰自卿以下必有圭田圭田五十畮賈田在市賈人其家所受田也官田庶人在官者其家所受田也牛田牧田畜牧者之家所受田也公邑謂六遂餘地天子使大夫治之自此以外皆然二百里三百里其上大夫如州長四百里五百里其下大夫如縣正是以或謂二百里為州四百里為縣云遂人亦監焉家邑大夫之采地小都卿之采地大都公之采地王子弟所食邑也畺五百里王畿界也皆言任者地之形實不方平如圖受田邑者遠近不得盡如制其所生育賦貢取正於是耳以廛里任國中而遂人職授民田夫一廛田百畮是廛里不謂民之邑居在都城者與凡王畿內方千里積百同九百萬夫之地也有山陵林麓川澤溝瀆城郭宮室涂巷三分去一餘六百萬夫又以田不易一易再易上中下相通定受田者三百萬家也遠郊之內地居四同三十六萬夫之地也三分去一其餘二十四萬夫六鄉之民七萬五千家通不易一易再易一家受二夫則十五萬夫之地其餘九萬夫廛里也場圃也宅田也士田也賈田也官田也牛田也賞田也牧田也九者亦通受一夫焉則半農人也定受田十二萬家也食貨志云農民戶一人已受田其家衆男為餘夫亦以口受田如比士工商家受田五口乃當農夫一人今餘夫在遂地之中如此則士工商以事入在官而餘夫以力出耕公邑甸稍縣都合居九十六同八百六十四萬夫之地城郭宮室差少涂巷又狹於三分所去六而存一焉以十八分之十三率之則其餘六百二十四萬夫之地通上中下六家而受十三夫定受田二百八十八萬家也其在甸七萬五千家為六遂餘則公邑○廛直連反場直良反圃布古反又音布賈音古注同畺居良反吏為于偽反蓏力果反州長丁丈反後皆同監古衙反盡津忍反者與音餘麓音鹿涂音徒去起呂反下同如比徐方二反率音律又音類

【疏】以廛至畺地○釋曰此一經論任土之法但天子畿內千里中置國城四面至畺各五百里百里為一節封投不同今則從近向遠發國中為始也但自遠郊百里之內置六鄉七萬五千家自外餘地有此廛里以至牧田九等所任也云以公邑之田任甸地者郊外曰甸甸在遠郊之外其中置六遂七萬五千家餘地既九等之八所受以為公邑也但自此以至畿畺四處皆有公邑故據此而言也云以家邑之田任稍地者謂天子大夫各受采地二十五里在三百里之內也云以小都之田任縣地者謂天子之卿各受五十里采地在四百里縣地之內也云以大都之田任畺地者謂三公及親王子母弟各受百里采地在五百里畺地之中也名三百里地為稍者以大夫地少稍稍給之故云稍也四百里為縣者以四百里采地之外地為公邑王之者尊卑如縣正故司馬法亦名四百里為縣也五百里為畺者以外畔至五百里畿畺故以畺言之

○注故書至公邑○釋曰云故書廛或作壇已下先鄭及子春等不從故書者以其壇與蒿削義無所取故也鄭司農云廛市中空地未有肆城中空地未有宅後鄭不從者以其廛者廛縣於中里又訓為居不得為空地若空地何因有二十而稅乎且司農又不釋里之與廛義異故後鄭以為民居之區域與孟子五畝之宅及遂人夫一廛一物解之也司農云民宅曰宅宅田以備益多也者司農意以宅本一夫受一區恐後更有子弟國中不容故別受宅田於近郊以備於後子弟益多出往居之後鄭不從者依士相見禮致仕者有宅在國宅在野二者依彼稱宅與此宅田文同故不從先鄭依彼解之司農云士田者士大夫之子得而耕之田也後鄭不從者以此士字言之不得兼大夫又禮記士之子不免農大夫之子免農矣不得為大夫子得而耕之田故後鄭破此士為仕仕謂鄉大夫以下仕官得田依孟子圭田解之司農云賈田者吏為縣官賣財與之田後鄭不從者依周禮之內云賈人者皆仕在官府史之屬受祿於公家何得復受田乎故後鄭以為賈人其家所受田也司農云官田者公家之所耕田後鄭不從者下云近郊十一皆據此士官田之等若官田是公家所耕何得有稅乎故後鄭以為府史之等任在官家人所受田也司農云牛田者以養公家之牛後鄭不從者若是養公家牛何得下文有稅故後鄭亦為牛人之家所受田也司農云賞田者賞賜之田此即夏官司勳云賞田一也故後鄭從之司農云牧田者牧六畜之田司農意此即牧人掌牧六牲者也後鄭不從者若是牧人牧六牲則是公家旅牧之地何得下文有稅乎故後鄭亦云牧人家人所受田也司農引司馬法已下者證經遠郊百里四百里為縣五百里為畺即都一也無取於州與野之義連引之耳子春云五十里為近郊後鄭義亦然故書序云周公既役命君陳分正東郊成周鄭注云天子之國五十里為近郊今河南洛陽相去則然是近郊五十里之驗也子春又云遠郊百里此與司馬法同故後鄭從之也玄謂里居也案爾雅釋言云里邑也今云里居者但里居城邑之中故爾雅云里邑不謂訓里為邑故鄭云里居也云圃樹果蓏之屬者此謂田首之界家有二畝半以為井竈蔥韮者故得種樹果蓏之屬云季秋於中為場者七月詩云九月築場圃是也云樊圃謂之園者大宰九職有園圃毓草木并園言之詩折柳樊圃故云樊圃謂之園也引士相見者破先鄭以為宅田為民宅之義也云士讀為仕者後鄭之意單士恐不兼卿大夫故破從仕官之仕云所謂圭田也者所謂王制夫圭田無征復是殷法故圭田無稅入夫予法故言無征此是周法故有近郊十一而稅引孟子者證圭田卿大夫士皆有之義也云賈田已下至畜牧者之家所受田也者皆是不從司農之義云公邑謂六遂餘地者欲見六鄉之外有九等之田無公邑之意云天子使大夫治之者以其四等公邑非鄉遂又并采地不見有主治之以司馬法云二百里曰州四百里曰縣言之故知天子使大夫治之也云自此以外皆然者以大宰九賦有邦甸家稍邦都之賦非采地所受是公邑可知又三百里以外其地既廣三等采地所受無多故唯九十三國明自外皆是餘地為公邑也若然是公邑之地有四處也云二百里三百里其大夫如州長四百里五百里其大夫如縣正者此約司馬法二百里曰州四百里曰縣而言則從二百里向外有四百里二百里為一節故二百里三百里大夫治之尊卑如州長中大夫也四百里五百里尊卑如縣正下大夫也云是以或謂二百里為州四百里為縣云者此還據司馬法而言無正文約與彼同故言或又言云以疑之也云遂人亦監焉者案遂人云掌野鄭云郊外野大摠言之則自百里外置六遂為野自百里外至五百里

畿皆曰野是以彼下又云夫間有遂云云而言以達于畿但鄉遂及公邑皆為溝洫法是以遂人亦監焉云家邑大夫之采地小都卿之采地大都公之采地者此經有家邑小都大都之文小司徒有四丘為甸四甸為縣四縣為都彼據稅入天子而言此摠據采地大小而言則家邑二十五里大都百里通治溝洫及澮而言也云王子弟所食邑也者王子弟者據春秋之義兄言弟者皆王之同母弟則母弟與王之庶子與公同食百里地在畺稍疏者與卿同食五十里地在縣又疏者與大夫同食二十五里地在稍故在下別言王子弟所食邑云皆言任者地之形實不方平如圖者上經注任土者任其力勢所能生育彼并言土故云任言任其生育此經皆單言任故以任其曲直高下形實解之言任兼得兩含也云受田邑者遠近不得盡如制者地既不可方平如圖明受田受邑者不得盡如制制還是圖也云其所生育賦貢取正於是耳者此鄭還釋任義并直任其形實兼解任其生育貢賦取正也是以上注云任其生育且以制貢賦也云以廛里任國中而遂人職授民田夫一廛田百畮引之者覆破司農謂廛為空地故云是廛里不謂民之邑居在都城者與言正是民之邑居在都城者并解之也云凡王畿內方千里者據大司徒大司馬皆云王畿千里而言也云積百同者王畿千里開方之方千里為方百里者百百里為一同故云積百同云九百萬夫之地也者一同百成成九百夫十成九千夫百成九萬夫百同故九百萬夫之地也云有山陵林麓川澤溝瀆城郭宮室涂巷三分去一餘六百萬夫者案大司徒注積石曰山大阜曰陵注瀆曰川水鍾曰澤爾雅釋山山足曰麓此瀆非四瀆其溝亦非田間廣深四尺之溝直是通水之溝瀆也城謂方十二里郭謂郭郭宮室謂城郭之內官民官室涂巷謂城內九經九緯及民間街巷之等三分去一謂九百萬夫之中三分去一故云餘六百萬夫也案洛邑千里之中山林之等多於平地而鄭以三分去一據大較而言也云又以田不易一易再易上中下相通者此相通三家受六夫之地也云定受田者三百萬家也者亦據六百萬夫相通而言也云遠郊之內地居四同三十六萬夫之地也者以其遠郊百里內置六鄉四面相距二百里二二而四故四同每同有九萬夫四九三十六故知三十六萬夫之地云三分去一其餘二十四萬夫者前文摠據畿內方千里三分去一此更據四同之內山陵之等三分去一故其餘二十四萬夫也云六鄉之民七萬五千家者鄉有萬二千五百家六鄉故七萬五千家云通不易一易再易一家受二夫則十五萬夫之地者此亦相通而言也云其餘九萬夫者據二十四萬夫除十五萬夫故餘九萬夫也云廛里已下至半農人也鄭意九者未必各整萬家以大抵九者各為萬家解之據整數而言耳云亦通受一夫焉者其中亦有不易一易再易相通而各受一夫焉云半農人也者農人相通各受二夫之地此受一夫故云半農人也云定受田十二萬家也者此鄭摠計六鄉七萬五千家此九者二夫為一夫九萬為四萬五千四萬五千添七萬五千為十二萬夫據實受地為定數故云定也云食貨志云農民戶一人已受田其家衆男為餘夫亦以口受田如比引之者證六鄉七萬五千家家以七夫為計餘子弟多三十壯有室其合受地亦與正夫同故遂人云夫一廛田百畮餘壯亦如之是其餘衆男為餘夫亦以口受田如正夫之比類若然案孟子云圭田五十畝餘夫二十五畝彼餘夫與正夫不同者彼餘夫是年二十九已下未有妻受口田故二十五畝若三十有妻則受夫田百畝故鄭注內則云三十受田給征役鄉大夫注亦云有夫有婦乃成家何休亦云一夫一婦受井田百畝云士工商家受田五口乃當農夫一人者此謂士

與工商之家丈夫成人受田各受一夫則上云半農人者是也其家内無丈夫其餘家口不得如成人故五口乃當農夫一人矣云今餘夫在遂地之中者謂百里内置六鄉以九等受地皆以一夫爲計其地則盡至於餘夫無地可受則六鄉餘夫等並出耕在遂地之中百里之外其六遂之餘夫並亦在遂地之中受田矣故揔云今餘夫在遂地之中也云如此則士工商以事入在官而餘夫以力出耕公邑者案食貨志士農工商四民有業學以居位曰士闢土殖穀曰農作巧成器曰工通財鬻貨曰商聖王量能授事四民陳力受職故地無曠土又云農民戶一人巳受田其家眾男爲餘夫亦以口受田如此又云士工商家受田五口乃當農夫一人此謂平士可以爲法及見齊語管子對桓公亦云昔者聖王處士以閑燕處工就官府處商就市井處農就田野皆云少而習焉其心安焉據此二文皆有四民但民農巳於上鄉遂公邑受地故此雖說士工商三者也其身得祿免農其子不免農故禮記問士之子長曰能耕矣大夫巳上之子則免農矣故禮運云大夫有田以處其子孫然士既有祿沾及子弟故其家田亦五口乃當農夫一人也其工商比農民爲賤故其家人亦五口乃當農夫一人此工商則與上買人别彼賈人仕在官若府史但異名耳此工商有事時復爲官所使故云以事入在官云餘夫以力出耕公邑者還是五口之内有丈夫非士工商之身即曰餘夫百里内既置六鄉及九等無地可居故知亦出耕公邑也云甸稍縣都合居九十六同八百六十四萬夫之地者經有任甸稍縣都遠郊之内巳入六鄉與九等故此特據甸地巳外至五百里但王畿千里揔計有百同巳取四同爲百里内故餘有九十六同同有九萬夫百同則九百萬夫其中除四同三十六萬夫故餘爲九十六同八百六十四萬夫之地也云城郭官室差少涂巷又狹者鄭欲解於三分所去而存二之意但百里之外雖有公邑采地城郭宮室比百里之内爲狹少耳云於三分所去六而存一焉以十八分之十三率之者但百里之内則三分所去六不存一今於此三分所去之中六内而存取其一則十八分之十三率之是也言十八分之十三率之者若不六而存一則十八分之三六十八去一分有十二存今於所去六中存取其一以益十二則所去者五所存者十三故云十八分之十三率之也案張遞問注十八分之十三率之何謂鄭荅曰六鄉之民上地不易家百畝一易家二百畝再易家三百畝相通三夫六百畝六遂之民上地家百畝萊五十畝中地家百畝萊百畝下地家百畝萊二百畝相通三夫而六百五十畝以三分去一之法當餘十二遂地以有五十畝萊於三分去一乃得十三若據此而言則於三分所去六而存一雖據上地有萊五十畝而說而鄭云城郭官室差少涂巷又狹者但六而存一指據六夫受才三夫地而言今言城郭少涂巷狹者鄭意遠郊外上地有萊五十畝故言於城郭少涂巷狹中出此萊地焉云則其餘六百二十四萬夫之地通上中下六家而受十三夫定受田二百八十三萬家也者三分所去六而存一之法即於同上計之先取九十同更别借取九十同漆爲百八十同是十八分之十三率之所得者百三十所去者五十向者借半今於百三十中還半餘有六十五同存仍有六同未分於六同别借取十二同漆六爲十八同三分所去六而存一則得十三同所去者五同向借十二同是三分借二分今還他二分則十三同中取十二同還他八同得四同一同者分爲九萬夫還他六萬夫得三萬夫將此四同三萬夫漆前六十五同揔爲六十九同三萬夫矣一同九萬夫取六十同六九五十四爲五百四十萬夫又有九同同有九萬夫九九八十一又爲八十一萬夫通前三萬夫爲八十四萬夫又漆五百四十萬夫揔爲六百二十四萬夫之地故云十八分之十三率之則其餘六百二十四萬夫也云上中下者上地家百畝萊五十畝中地家百畝萊百畝下地家百畝萊二百畝云六家而受十三夫者以上地有萊五十畝故三夫受六夫半六夫受十三夫矣云定受田者二百八十八萬家也者以六家受十三夫則六十萬家受百三十萬夫百二十萬家受二百六十萬夫之地又倍之二百四十萬家受五百二十萬夫之地餘有四十八萬家於上借十二萬家爲六十萬家是五分借一整數計之則六十萬家受百三十萬夫之地向五分借一今還五分除一六十除十二餘有四十八萬家在地亦五分除一百三十除二十六萬夫餘有一百四萬夫地在將此四十八萬家漆前二百四十萬爲二百八十八萬家又將此一百四萬夫地漆前五百二十萬夫揔爲六百二十四萬夫矣云其在甸七萬五千家爲六遂餘則公邑者鄭揔計畿内遠郊之外說别更計二百里之中者以三百里巳外封三等采地采地多少不定不可計其六遂與六鄉相對故特計之以其六遂家數與六鄉相似但六鄉之内餘地有九等所居六遂餘地無九等故以餘地爲公邑也但邦畿千里雖民所止若東都地中言之東面雖有平地至於三面山林雜有今鄭所計雖三分去豈有二分平土乎且六鄉之民雖可以數計之其九等之地豈各萬夫爲定乎但鄭欲以開悟後人聊以整數爲筭法耳

凡任地。國宅無征。園廛二十而一。近郊十一。遠郊二十而三。甸稍縣都皆無過十二。唯其漆林之征二十而五。

征稅也言征者以其國政也鄭司農云任地謂任土地以起稅賦也國宅城中宅也無征無稅也故書漆林爲桼林杜子春云當爲桼林玄謂國宅凡官所有宮室吏所治者也周稅輕近而重遠近者多役也園廛亦輕之者廛無穀園少利也古之宅必樹而疆場有瓜○桼本又作漆音七

【疏】凡任地至十而五○釋曰上經言任地所在此經言出稅多少不同之事云國宅無征者征稅也謂城内官府治處無稅也云園廛二十而一者園即上經場圃任園地廛即上經廛里任國中之地并言之者以其出稅同故也云近郊十一者即上經宅田士田賈田任在近郊者同十一而稅也云遠郊二十而三者即上經官田牛田賞田牧田任遠郊之地同二十而三也云甸稍縣都皆無過十二者即上經公邑之田任甸地巳下至任畺地四處皆無過十而稅二但此四處出稅不同據上文直言公邑之田任甸地則甸地之中兼有六遂矣其稍縣都上文推言家邑小都大都三等采地爲井田助法不見公邑則三者之中皆有公邑故上注云自此巳外皆然若然則此云十二者除三等采地而言以其鄉遂公邑皆爲夏之貢法故也云漆林之征二十而五者上之三等爲輕近重遠法此漆林之稅特重以其漆林自然所生非人力所作故也○注征稅至有瓜○釋曰司農云國宅城中宅也無征無稅也者先鄭意廛既爲空地并民宅則此國宅城中宅謂民宅也後鄭不從者後鄭意以廛里既爲民宅則此國宅非民宅是以爲官府治事處解之玄謂國宅凡官所有宮室吏所治者也者吏即卿大夫等則匠人云外有九室九卿治之是也故無征也云周稅輕近而重遠近者多役也者以其城内及城外近城者給公吏使役多於稅上輕而優之遠城者役少故於稅上重而苦之故不依十一而稅雖近郊之内當十一耳云園廛亦輕之者廛無穀園少利也者以其廛則五畝之宅在國中則孟子云五晦之宅樹之以桑麻是廛無穀也園少利者此園則百晦田畔家各二晦半以爲井竈種怱韭及瓜是園少利故亦輕之云古之宅必樹者即孟子桑麻是也云疆場有瓜者是信南山詩云中田有廬疆場有瓜鄭云中田田中作廬以便其事於其畔種瓜瓜成又入其稅天子剝削淹漬以爲菹獻之皇祖是其園廛皆有稅之事也異義第五田稅今春秋公羊說十一而稅過於十一大桀小桀減於十一大貉小貉十一稅天子之正十一行而頌聲作故周禮國中園廛之賦二十而稅一近郊十而稅一遠郊二十而稅三有軍旅之歲一井九夫百晦之賦出禾二百四十斛芻稾二百四十六釜米十六斗案公羊十一稅遠近無差漢制收租田有上中下與周禮同義玄之聞也周禮制稅法輕近而重遠者爲民城道溝渠之役近者勞遠者逸故也其授民田家所養者多與之美田所養者少則與之薄田其調均之而是故可以爲常法漢無授田之法富者貴美且多貧者賤薄且少美薄之收不通相倍從而上中下也與周禮同義未之思也又周禮六篇無云軍旅之歲一井九夫百晦之稅出禾芻秉釜米之事何以得此言乎若然周禮稅法據王畿公羊稅法據諸侯邦國諸侯邦國無遠近之差者以其國地狹少役賦事暇故無遠近之差也

凡宅不毛者有里布。凡田不耕者出屋粟。凡民無職事者。出夫家之征。

鄭司農云宅不毛者謂不樹桑麻也里布者布參印書廣二寸長二尺以爲幣貿易物詩云抱布貿絲抱此布也或曰布泉也春秋傳曰買之百兩一布又廛人職掌斂市之次布儳布質布罰布廛布孟子曰廛無夫里之布則天下之民皆說而願爲其民矣故曰宅不毛者有里布民無職事出夫家之征欲令宅樹桑麻民就四業則無稅賦以勸之也故孟子曰五畝之宅樹之以桑則五十者可以衣帛不知言布參印書者何見舊時說也玄謂宅不毛者罰以一里二十五家之泉空田者罰以三家之稅粟以其吉凶二服及喪器也民雖有間無職事者猶出夫稅家稅也夫稅者百畝之稅家稅者出士徒車輦給繇役○儳劉音讒徐才鑒反皆說音悅令力呈反以衣於既反下同間音閑

【疏】凡宅至之征○釋曰以草木爲地毛民有五畝之宅廬舍之外不樹桑麻之毛者罰以二十五家之稅布謂口率出泉漢法口百二十也云凡田不耕者出屋粟者夫三爲屋民有百畝之田不耕墾種作者罰以三家之稅粟云凡民無職事者出夫家之征者此則太宰閭民無常職轉移執事之人雖不事當家田宅無可賦稅仍使出夫稅家稅之征以勸之使樂業也○注鄭司至繇役○釋曰先鄭云不毛者謂不樹桑麻據孟子爲說也云里布至抱此布此說非故先鄭自破之也云或曰布泉以下至廛布此說合義也云春秋傳曰買之百兩一布此昭公二十六年左氏傳文案彼文齊侯以師欲納昭公申豐從女賈以幣錦二端以適齊師謂子猶之人高齡能貨子猶爲高氏後高齡以錦示子猶子猶欲之齡曰魯人買之百兩一布杜注云言魯人買此甚多布陳之以百兩爲數杜以爲布爲陳不爲布泉此先鄭以彼布與此布及外府邦布皆爲泉與杜義異也云廛人職掌斂市之次布巳下彼注先鄭云次布列肆之稅布總布後鄭云總謂如租總之總總布謂守斗斛銓衡之布質布謂質人所罰犯質劑者之布罰布者謂犯市令者之泉廛布者貨賄諸物邸舍之稅彼諸布皆是泉故引以爲證也引孟子廛無夫里之布亦謂口率出泉宅不毛無一里之罰布天下民願爲之民矣云欲令民就四業則無稅賦以勸之者案閭師四業畜也耕也樹也蠶也或說以四時之業也玄謂宅不毛者罰以一里二十五家之泉者此就足司農之義空田者罰以三家之稅粟者以夫三爲屋以三

夫解屋也云以共吉凶二服及喪器也者案鄉師職云比共吉凶二服閭共祭器族共喪器黨共射器州共賓器但射器賓器等爲國行禮故出官物爲之惟吉凶二服及喪器是民自共用不可出官物故比族主集此罰物爲之故鄭雖據此二事而言也云夫稅者百畝之稅知者以家稅爲士徒故知是一夫之田所稅粟也云家稅者出士徒車輦給繇役知者案縣師云若將有軍旅會同作其衆庶及馬牛車輦故知家稅是士徒車輦也趙商問載師職凡宅不毛乃罰以一里布田不耕者罰屋粟商以田不耕其罪莫重宅不毛其罰當輕宅不毛乃罰以二十五家之布田不耕則罰之三家之稅粟未達罰之云爲之旨輕重之差鄭荅此法各當罰其事於當其有故何以假他輕重乎

以時徵其賦。〔疏〕以時徵其賦○釋曰閭師徵斂六鄉之賦貢遂師旅師斂六遂已外之賦貢自有常官但徵斂事重以載師既掌畿內地事因亦徵其賦相左右也案下閭師注賦謂九賦及九貢則此賦貢含有也至於里布屋粟及閭民夫家之征亦可斂之

閭師掌國中及四郊之人民。六畜之數。以任其力。以待其政令。以時徵其賦。國中及四郊是所主數六鄉之中自廛里至遠郊也掌六畜數者農事之本也賦謂九賦及九貢〔疏〕閭師至其賦○釋曰閭師徵斂百里內之賦貢故云掌國中及四郊之人民及六畜之數以其人民是出賦之數其六畜是營作之本故須知數也云以任其力者謂以人民六畜任使其力也云以待其政令者政令謂賦役皆是也以時徵其賦者賦貢所徵當順其四時故云以時也○注國中至九貢○釋曰云國中及四郊是所主數者以其六鄉之民居在國中及四郊其政教自有鄉大夫以下施之今閭師主徵斂直知其人數而已故云是主數也云六鄉之中自廛里至遠郊也者此鄭重解國中及四郊之義據上言六廛里至任遠郊之地其中含有六鄉七萬五千家故鄭指六鄉而言也云掌六畜數者農事之本也者六畜謂馬牛羊豕犬雞則唯牛可爲農事而鄭揔云農事之本者羊馬犬雞雖不用爲農事皆是人之相資藉以爲用故揔入農事之中是以閭師主徵斂亦揔知其數也云賦謂九賦者案下文陳貢故知賦中兼有貢經直言賦者以賦爲主耳賦謂口率出泉若然案大宰九賦從邦中以至幣餘爲九等此國中及四郊於九賦之中惟有二賦而言九賦者亦大揔而言也其九貢又與大宰別彼九貢者與小行人春入貢爲一謂諸侯之九貢即大宰九職之貢與下文貢九穀之等是一也

凡任民任農。以耕事貢九穀。任圃。以樹事貢草木。任工。以飭材事貢器物。任商。以市事貢貨賄。任牧。以畜事貢鳥獸。任嬪。以女事貢布帛。任衡。以山事貢其物。任虞。以澤事貢其物。貢草木謂葵韭果蓏之屬○飭音勑以畜許六反下同〔疏〕凡任至其物○釋曰案太宰以九職任萬民謂任使萬民各有職事有職事必有功有功即有貢故此論貢之法也言凡任民謂任使萬民使出貢與下爲目云任農以耕事貢九穀者案太宰職云一曰三農生九穀故此還使貢九穀九穀之數太宰已注訖云任圃以樹事貢草木者太宰云二曰園圃毓草木故還使貢草木謂葵蔬果蓏之屬云任工以飭材事貢器物者太宰云五曰百工飭化八材故入材飭治以爲器物故此還使貢之也云任商以市事貢貨賄者大宰云六曰商賈阜通貨賄故還使貢貨賄也云任牧以畜事貢鳥獸者大宰云四曰藪牧養蕃鳥獸故還使貢鳥獸也云任嬪以女事貢布帛者大宰云七曰嬪婦化治絲枲故還使貢布帛女即彼嬪婦也云任衡以山事貢其物者大宰云三曰虞衡作山澤之材材即物也以其山澤所出物多故云物若禹貢云海物然也序官山澤稱虞川林稱衡此文云任衡以山事山不稱虞者欲見山中可以兼川林亦爲貢物故互見爲義也此文次第與大宰不同者彼依事大小爲次此不依彼爲次者欲見事無常故也且彼有九職仍并山澤爲一此文分山澤爲二雖有八者任九職有臣妾及閒民此無者以周公設經任之則有臣妾使得自生若貢稅則無以其聚斂蔬材無可稅故也其閒民載師已見出夫家之征故於此不言之矣其分山澤爲二者以山澤山貢不同故分爲二以充入通閒民爲九耳○注貢草至之屬○釋曰案大宰注疏材百草根實與此注不同者但百草根實即葵韭果蓏百草中可以兼木矣

凡無職者出夫布。獨言無職者掌其九賦○〔疏〕凡無至夫布○釋曰無職非一故言凡此無職即大宰閒民無常職轉移執事者也轉移執事即是有職而言無職者爲有職者執事當家廛地不事即無職也云出夫布者亦使出一夫口稅之泉也○注獨言至九職○釋曰云獨言無職者掌其九賦者上皆論貢不言賦推此無職之人言夫布夫布即賦也以其掌九賦者上雖直云貢九賦亦掌之故云掌其九賦案劉玫問載師職云凡民無職事者出夫家之征閭師職云凡無職者出夫布夫家之征與夫布其異如何鄭荅云夫家之征者田稅如今租矣夫布者如今筭斂在九賦中者也以此言之若今租即夫征不得兼言家鄭連言家挾句耳劉玫又問閭師職云凡任民任農以耕事貢九穀下至任虞凡入貢不道九賦下言凡無職者出夫布注云獨言無職者掌其九賦若此者豈上入貢者復出八賦與無職所出夫布凡爲九將自布賦不同重計入貢未之能審也鄭荅曰讀天官冢宰職則審矣無職在九賦中今此不言其餘獨言此者此官掌斂賦嫌無職者不審出筭故言耳鄭云讀天官冢宰則審者案冢宰職九賦別九賦自邦中以至邦都六也加以閭市山澤及幣餘爲九九職不言服數或一服之中而有職安得八賦依八貢出之予言審矣者審八賦不依九職爲九可知故云審矣若然無職在賦中其句下讀爲義不連於上也欲明無職之人非直在九職中亦在九賦中也故云無職在九賦中也

凡庶民不畜者祭無牲。不耕者祭無盛。不樹者無椁。不蠶者不帛。不績者不衰。掌罰其家事也盛黍稷也椁周棺也不帛不得衣帛也不衰喪不得衣衰也皆所以恥不勉○衰七回反下同〔疏〕凡庶至不衰○釋曰云庶人不畜者祭無牲者案孟子云庶人五母雞二母彘無失其時是以不畜者當罰之故死後祭無牲也庶人用牲之法若王制云韭以卵麥以魚黍以豚稻以鴈注云庶人無常牲取以新物相宜而已是也云不耕者祭無盛者黍稷曰盛耕者所以殖黍稷今情農自安不殖黍稷故死後祭之無盛也云不樹者無椁者庶人五畝之宅樹以桑麻今宅不毛則非直罰以里布死後又無五寸之椁也云不蠶者不帛者不蠶則不得帛孟子云五十可以衣帛以不蠶故身不得衣帛云不績者不衰者緝績者得布其衰裳以布爲之其婦人不績其麻者死則不爲之著衰裳以罰之也

縣師掌邦國都鄙稍甸郊里之地域。而辨其夫家人民田萊之數。及其六畜車輦之稽。三年大比。則以攷羣吏。而以詔廢置。郊里郊所居也自邦國以及四郊之內是所主數周天下也萊休不耕者郊內謂之易郊外謂之萊善言近○比毗志反後放此〔疏〕縣師至廢置○釋曰云掌邦國據畿外諸侯言都鄙據畿內五百里四百里大都小都言稍據三百里家邑言甸據二百里六遂言郊里據從遠郊至國中六鄉之民也從外向內而說之言地域者從邦國至六鄉各有地域廣狹云而辨其夫家人民田萊之數者夫家猶言男女人民謂奴婢田萊見田及荒不耕者之萊其數皆知故云之數也云及其六畜車輦之稽者六畜馬牛羊豕犬雞車所以駕馬輦人挽行之稽計也謂所計之數皆知之云三年大比則以攷羣吏而以詔廢置者古者亦三年一大案且戶口則考校主民之羣吏校其功過以詔告在上有功者置之以進爵位有過者廢退之○注郊里至言近○釋曰云郊里郊所居也者謂六鄉之民布在國中外至遠郊故有居在郊者也案遺人云鄉里之委積又云郊里之委積彼云鄉里據國中云郊里據在郊與此同也必知鄉民有居在郊者見比長云從于國中及郊則從而授之若從于他則爲之旌節而行之國中及郊不云他明郊與國中同是鄉民也云自邦國以及四郊之內是所主數者其義若閭師耳云周天下也者邦國則六服四郊則兼國中故云周徧天下也云萊休不耕者詩云田卒汙萊注云下者汙高者萊是萊謂草萊之萊若上地萊五十晦之類也云郊內謂之易郊外謂之萊善言近者郊外言萊即此經田萊據郊而言遂人亦云萊五十晦百晦之類是萊爲草萊穢污之稱也郊內謂之易無文案大司徒云凡造都鄙制其地域云上地不易中地一易下地再易司徒主六鄉則六鄉之地從易可知不言萊直言易者善言近也

若將有軍旅會同田役之戒。則受灋于司馬。以作其衆庶。及馬牛車輦。會其車人之卒伍。使皆備旗鼓兵器。以帥而至。受法於司馬者知所當徵衆寡○卒子忽反〔疏〕若將至而至○釋曰云若將有軍旅者言若謂若有若無不定之辭將有謂事未至軍旅謂征伐會同謂時見殷見田役謂四時田獵之戒者謂有此數事則豫戒令之云受法于司馬者司馬主將事故先於司馬處受出軍多少及法式也云以作其衆庶者謂於司馬處得法乃作起其庶衆已下云會其車人之卒伍者謂會合車人人則百人爲卒五人爲伍車亦有卒伍云使皆備旗鼓兵器者若司馬云秋辨旗物王載大常已下鼓謂司馬云春辨鼓鐸王執路鼓已下兵器謂弓矢殳矛戈戟也以帥而至者鄉師云以旗致萬民此云而至者謂帥而至鄉師也

凡造都邑量其地。辨其物。而制其域。物謂地所有也名山大澤不以封○量音良〔疏〕凡造至其域○釋曰言造都謂大都小都邑謂家邑也云量其地者家邑二十五里大都百里小都五十里也云辨其物者三等之地所不同云制其域者域即疆域大小是也○注物謂至以封○釋曰云物謂地所有也者若地物無所有不得

耕墾若山澤者不投之故引王制云名山大澤不以封也**以歲時徵野之賦貢。**野謂甸稍縣都也所徵賦貢與閭師同。【疏】以歲至賦貢○釋曰以郊內賦貢閭師徵斂郊外曰野所有賦貢縣師徵之遂師旅師斂之故云徵野之賦貢○注野謂至師同○釋曰知野含有甸稍縣都者以其縣師并掌天下既邦國與畿內不同明野中唯含有此四者也云所徵賦貢與閭師同者但閭師徵六鄉賦貢并斂之此縣師所徵四處賦貢與閭師同若徵野之賦貢是遂師旅師也故直云徵之同明斂則異也

遺人掌邦之委積。以待施惠。鄉里之委積。以恤民之囏阨。門關之委積。以養老孤。郊里之委積。以待賓客。野鄙之委積。以待羇旅。縣都之委積。以待凶荒。委積者廩人倉人計九穀之數足國用以其餘共之所謂餘法用也職內邦之移用亦如此也皆以餘財共之少曰委多曰積鄉里鄉所居也囏阨猶困乏也門關以養老孤人所出入易以取饒廩也羇旅過行寄止者待凶荒謂邦國所當通給者也故書囏阨作墐阨羇作寄杜子春云墐阨當為囏阨寄當為羇○遺唯季反劉音遂施惠式豉反後施惠皆同廩具甚反易以豉反墐音覲又音謹【疏】遺人至凶荒○釋曰此官主施惠故掌邦之委積以待施惠此與下為揔目也云鄉里之委積以恤民之囏阨者此下數者皆謂當年所稅多少揔送帳於上在上商量計一年足國用外則隨便留之以為恤民之囏阨之等也囏阨謂年穀不熟民有困乏則振恤之云門關之委積以養老孤者門謂十二國門關謂十二關門出入皆有稅所稅得者亦送帳多少足國用之外留之以養老孤故司門云以其財養死政之老與其孤注云財所謂門關之委積也是其所留之財也云郊里之委積以待賓客者里居也郊民所居即六鄉之民所居郊者其委積留之以待賓客者其賓客至郊與主國使者交接因即與之廩餼便欲以待賓客也云野鄙之委積以待羇旅者上既言郊里據遠郊則此野鄙據六遂在郊外曰野六遂中有五百家鄙故以鄙表六遂耳則野鄙中可以兼得公邑在甸地者也旅客也謂客有羇縶在此未得去者則於此惠之但有羇旅處處皆有獨於此見惠者但甸地在二百里中於外內有羇旅皆得取之故獨見於此也云縣都之委積以待凶荒者縣謂四百里都謂五百里不見稍三百里則縣都中可以兼之凶荒謂年穀不熟則曲禮云歲凶年穀不登是也特於此三處見凶荒其凶荒則畿內畿外皆有若畿外凶荒則入向畿內取之畿內凶荒則向畿外取之是以鄭君通給解之故於近畿三百里之外言待凶荒之事也○注委積至為羇○釋曰倉人主藏穀廩人主藏米自計九穀之數至餘法用皆約倉人文案倉人云辨九穀之物以待邦用若穀不熟則止餘法用有餘則藏之以待凶而頒之注止年穀餘法用謂道路之委積所以豐優賓客之屬又案廩人云掌九穀之數以待國之分頒謂若委人之職請委積以稍聚待賓客以甸聚待羇旅是廩人亦云委積若然穀不足止餘法用則此鄉里已下皆無入委積之事故云止餘法用也雖無新物以入委積其舊委積所藏者則給囏阨老孤之等故倉人云藏之以待凶而頒之掌客云凶荒則殺禮者謂除道路委積之外也云職內邦之移用亦如此也者職內所云亦謂本司所用有餘乃移於他處故云亦如此也云少曰委多曰積者據此文三十里言委五十里言積相對而言若散文則多亦曰委委人所云薪蒸亦曰委是也云囏阨猶困乏也者案書傳云行而無資謂之乏居而無食謂之困

凡賓客會同師役。掌其道路之委積。凡國野之道。十里有廬。廬有飲食。三十里有宿。宿有路室。路室有委。五十里有市。市有候館。候館有積。廬若今野候徒有庌也宿可止宿若今亭有室矣候館樓可以觀望者也一市之間有三廬一宿○庌劉音雅【疏】凡賓至有積○釋曰上經委積隨其所須之處而委積此經所陳委積據會同師役行道所須故分布於道路遠處須多故有積近處須少故有飲食及委也○注廬若至一宿○釋曰云廬若今野候徒有庌也者此舉漢法以況義漢時野路候迎賓客之處皆有庌舍與廬相似云宿可止宿若今亭有室矣者案漢法十里有亭亭有三老人皆有宮室故引以為況也云一市之間有三廬一宿者十里二十里有廬三十里有宿四十里又有一廬五十里有市是其一市之間三廬一宿凡廬有四義十里有廬一也中田有廬二也易剝之上九云君子得輿小人剝廬注云小人傲狠當剝徹廬舍而去三也公劉詩云於時廬旅鄭云廬舍安民館舍施教令四也**凡委積之事。巡而比之。以時頒之。**【疏】凡委至頒之○釋曰言凡委積上二文委積之事是也以時頒之則以待者是也

周禮注疏卷十三挍勘記　阮元撰盧宣旬摘錄

附釋音周禮注疏卷第十三

牧人

騂牲赤色　監本作色赤誤倒

望祀五嶽　賈疏本望祀下有四望二字

黝讀為幽幽黑也　漢讀考作幽讀為黝黝黑也經黝牲作幽牲謂今本是經注互改之故

謂圜丘方澤　閩本同監毛本圜改圓

是祭宗廟時赤也　浦鏜云用誤時

下用尨　惠挍本同閩監毛本下誤不

故書毀為甒尨作龍　閩監毛本作尨作庬亦非宋本余本岳本嘉靖本作尨作龍當據以訂正下尨當為尨據余岳嘉靖本亦作龍當為尨又此及閩監本甒書作甒訛今訂正

毀謂副辜侯禳　監毛本侯誤候疏中同閩本此字空闕毛本辜作辜訛

不必純注云　閩本同監毛本純下衍黃

疈辜祭四方百物　閩本同監毛本疈改副

則惟據純毛者　閩本同監毛本惟據作唯束非

牛人

祈求福之牛也　宋本祈作所案上云求牛禱於鬼神此復云祈求福祠意煩複宋本作所是也

明非禱祈非時祭者　此本此句剜擠當有誤

謂所以繹者也者　宋本無上者

經據後而言之耳　惠挍本之下有中蓋涉下之中誤衍

膳所以間禮賓客　宋本余本嘉靖本毛本同此本及閩監本間誤問疏中同今訂正

皆共牢積禮膳之牛也　閩本同監毛本作牢禮積膳此誤倒

是速賓之禮也　毛本是字誤為客走二字

王國五積者　浦鏜云主誤王

亨大牢以飲賓　監毛本亨誤享下同

軍事共其槁牛　唐石經余本同釋文犒牛苦報反注同葉鈔本作犒牛余本及此本載音義同是經注皆從木作槁當據以訂正宋本嘉靖本閩監毛本作犒牛注及疏同非也案賈疏云謂將帥在軍枯槁之賜牛謂之槁牛此經文從木明證賈疏未誤也序官槁人疏亦云以在朝之人不得歸家亦枯槁以須槁勞之故名其官為槁人

謂將帥在軍枯槁之賜牛　閩本同監毛本枯槁誤犒犒下槁字同○謂槁而槁之一上一去猶勞而勞之一平一去也

亦是犒師之牛　案此犒字亦當作槁

無尸飲食飲食直奠告于神前　閩監毛本作無尸飲食直奠停置于神前此誤複飲食二字係剜擠○按此當複無尸二字而誤複飲食二字也

合以互與福衡共一　浦鏜云今誤合

充人

皆體牷具　毛本牷誤牲

釋曰云散祭之牲　惠挍本祭下有祀此脫

展牲則告牷　毛本牷誤牲

君牽牲入　此本及閩監本牽誤率今據宋本余本嘉靖本毛本訂正

博碩肥腯　宋本下有也字諸本博作溥從十疏中同

季粱止之曰天方授楚　毛本粱誤良止誤正閩監本方誤予

謂民力之普存　惠挍本下有也此脫

地官司徒下　唐石經周禮卷第四宋本余本嘉靖本同宋本周禮疏卷第十四閩監毛本仍卷十三與此本

同

載師

故因民九職以制貢　毛本以字誤倒九職上

故云厥賦唯上上之等也　惠挍本云作名蓋言之誤

以家邑之田任稍地　說文郁國甸大夫稍稍所食邑从邑肖聲周禮曰任郁地在天子三百里之內案許君以稍稍訓郁則稍地字當以從邑作郁爲正稍其義訓也

稍或作削　漢讀考云說文邑部引周禮任郁地疑削卽郁之訛大宰家削之賦音義云本又作郁

禮讀爲廛　閩監本同誤也宋本余本嘉靖本毛本皆作壇讀爲廛廛當訂正

若今云邑里居矣　岳本嘉靖本作邑居里案當作若今云邑居矣邑居里衍文下云民之邑居在都城者可證

圭田五十畮　宋本畮作畝下田百畮同案注多用畮字不當岐出

二百里三百里其上大夫如州長四百里五百里其下大夫如縣正　宋本閩監毛本同嘉靖本無上下二字惠挍本亦無此二字云據諸家本無此二字宋本亦無獨萬卷堂本有案賈疏引注云二百里三百里其大夫如州長四百里五百里其大夫如縣正亦無上下二字今本蓋據下疏云其尊卑如州長中大夫其尊卑如縣正下大夫遂妄增

受田邑者　岳本受作授誤

取正於是耳　宋本岳本嘉靖本同閩監毛本耳改爾非案賈疏引注亦作耳

而遂人職授民田　諸本同賈疏引注亦作而惠挍本作如遂人云余本仍作而

餘六百萬夫　宋本萬作万下並同

亦以口受田如比　宋本余本岳本同與漢書合嘉靖本閩監毛本比作此誤釋文如比徐方二反疏云如正夫之比類可證

如此則士工商以事入在官　諸本同浦鏜云此亦當作比非賈疏亦作如此文屬下

十萬五千家爲六遂　閩監本同誤也宋本余本嘉靖本毛本皆作七萬當據以訂正疏引注亦作七

餘地既九等之人所受以爲公邑也　浦鏜云旣當卽字訛

故破從仕宦之仕　閩監毛本宦作官誤上云仕宦得田可證

兄言弟者皆王之同母弟　浦鏜云凡誤兄

而遂人職受民田　惠挍本受作授此誤

聲解之也　惠挍本同聲字疑誤閩監毛本改作并

鄭意九者未畢各整萬家　閩監本同誤也毛本畢作必當據正

餘壯亦如之　惠挍本作餘夫此誤

亦以口受田如比又云　閩本同監毛本比作此非

則三分所去六不存一　閩監毛本同浦鏜云而訛不

萊易家二百畝　閩本同監毛本作一易

鄭揔計畿內遠郊之外訖　惠挍本鄭下有旣

六遂餘地無九等　惠挍本地下有旣

山林雜有　惠挍本作徧有

唯其漆林之征　唐石經諸本同釋文桼林本又作漆漢讀考云經當作桼林注當作故書桼林爲漆林杜子春云當爲桼林

當爲桼林　閩監毛本同宋本余本岳本嘉靖本作漆林

而畺場有瓜　釋文畺場音亦諸本場多誤塲

此經言出稅多少不同之事　此本出誤也今據惠挍本訂正閩監毛本改也爲地

給公吏使役多　閩監毛本改公家

則五畝之宅在國中　宋本作圂中此誤

五畮之宅　閩本同監毛本畮改畝閭師疏同

近郊十二稅一　惠挍本二作而此誤

其調均之而是　閩監毛本是作足非

不通相倍從而上中下也　惠挍本從作莊此誤疑而下脫云也當衍○按莊述祖云無也見其所集異義

閭師

謂不樹桑麻也　宋本脫麻

五畝之宅　宋本閩監本毛本同余本岳本嘉靖本畝作畮下同

罰以三家之稅粟　閩本同監毛本家作夫

以幣錦二端　閩監毛本改二兩

總謂如租稛之稛　浦鏜云讀誤謂

亦可斂之　閩監毛本斂改徵

云賦謂九賦者案下又陳貢　浦鏜云謂九賦下當脫及九貢三字毛本又誤交此本及閩監本皆作又

故入材飭治以爲器物　惠挍本故作但

以山澤山貢不同　浦鏜云山貢當所貢之誤

其異如何　漢制考作何如

縣師

善言近　宋本近下有之當衍

古者亦三年一大案且戶口　毛本者誤云惠挍本且作比此誤

是萊謂草萊之萊　惠挍本作之地此誤

是萊爲草萊汚穢之稱也　惠挍本作汚惡毛本爲作是汚穢倒

有戒有此數事　惠挍本無有戒二字此衍閩監毛本改作者謂○按者謂是也疏摘經文之戒二字而發明之

域卽疆域大小是也　惠挍本無上域

若徵野之賦貢　惠挍本徵作斂此依經改非○按毛本作徵

遺人

艱阨猶困乏也　宋本岳本嘉靖本同閩監毛本艱作艱下同按此亦段玉裁經用古字注用今字之證

故書艱阨作槿阨　釋文作槿音艱又音謹宋本閩監毛本作槿岳本嘉靖本作槿宋本載音義作僅皆非

寄當爲羈　毛本云當作羈失其舊

闗十二闗門　惠挍本十上有謂此脫

若穀不熟　浦鏜云足誤熟

廬若今野候徙有庌也　閩監毛本同誤也宋本岳本嘉靖本徙作徒當據以訂正漢制考亦引作徒疏中同

附釋音周禮注疏卷第十四

鄭氏注　賈公彥疏

均人掌均地政。均地守。均地職。均人民牛馬車輦之力政。政讀爲征地征謂地守地職之稅也地守衡虞之屬地職農圃之屬力征人民則治城郭涂巷溝渠牛馬車輦則轉委積之屬○政音征出注下同〔疏〕均人至力政○釋曰均人所均地政已下揔均畿內鄉遂及公邑云均地政者謂均地守地職二者之稅使皆十一而出稅又均人民已下力征之事○注政讀至之屬○釋曰鄭破政爲征者以經政是政教之政非征稅之征故破之也鄭又知地征是地守地職之稅者以其出稅無過地守地職二者故知之也云地守衡虞之屬者亦謂畿內川衡林衡山虞澤虞皆遣其地之民守護之及其入山林川澤取之者使出稅以當邦賦云地職農圃之屬者此即大宰九職云一曰三農二曰園圃之屬以九職任之因使出稅也云力征已下并車輦並是力之征稅若然士均云掌平地之政以均地守以均地事以均地貢注云所平之稅邦國都鄙也與此鄉遂及公邑別彼又云地貢鄭云謂諸侯之九貢與此九職之貢又不同也

凡均力政。以歲上下。豐年則公旬用三日焉。中年則公旬用二日焉。無年則公旬用一日焉。豐年人食四鬴之歲也人食三鬴爲中歲人食二鬴爲無歲歲無贏儲也公事也旬均也讀如畇畇原隰之畇易坤爲均今書亦有作旬者○上時掌反鬴房甫反畇音均又舒均反又音旬聶氏常純反〔疏〕凡均至日焉○釋曰此所均力政者即上人民之力征不通牛馬車輦故禮記王制云用民之力歲不過三日是此亦據人而言也云以歲上下者上即豐年下即儉年也豐年則公旬用三日者公事也旬均也謂爲事均用三日也○注豐年至旬者○釋曰鄭知豐年人食四鬴已下者案廩人云人四鬴上也人三鬴中也人二鬴下也而知之彼又云不能人二鬴則令邦移民就穀此時則無力征矣若然此食二鬴而言無年無年者鄭云無贏儲仍未移民就賤此無年與彼不能人二鬴之歲不同彼不能人二鬴自然無贏儲也云公事也者此天子之法非諸侯之禮不得爲公君解之故從公事而釋也云旬均也者王制既云用民歲不過三日明不得爲旬十日解之故破從均恐不平故云均也云讀如畇畇原隰之畇者彼詩畇畇是均田之意故讀從之云易坤爲均今書亦有作旬者彼易坤爲地地德均平是以均爲義今書今易書有作旬字者旬與均旬與均俱有均平之意故引爲證也

凶札則無力政。無財賦。無力政恤其勞也無財賦恤其乏困也財賦九賦也〔疏〕凶札至財賦○釋曰凶謂年穀不孰札謂天下疫病則無此力征及財賦二事此即廩人云不能人二鬴之歲○注無力至財賦○釋曰云財賦九賦也者此即大宰九賦謂口率出泉知賦中惟是九賦者以下文有地守地職故此惟有九賦也若然上均地政不言均九賦亦均之可知

不收地守地職。不均地政。不收山澤及地稅亦不平計地稅也非凶札之歲當收稅乃均之耳

三年大比。則大均。有年無年大平計之若久不脩則數或闕〔疏〕注有年至或闕○釋曰經既云大均明知有年及無年皆須大平均計之也云久不脩則數或闕者三年一閏是其久久不脩謂不大平計則其中間不知其數不知其數則是數闕也

師氏掌以媺詔王。告王以善道也文王世子曰師也者教之以事而諭諸德者也○媺音美〔疏〕師氏至詔王○釋曰媺美也師氏掌以前世美善之道以詔告於王庶王行其美道也○注告王至者也○釋曰引文王世子者彼是師氏教世子禮引爲詔王者但詔王以道無文彼教世子與教王同故取以爲證也諭曉也諸於也彼謂教世子以君臣父子長幼之事而曉之以德令詔王亦曉之以德也

以三德教國子。一曰至德以爲道本。二曰敏德以爲行本。三曰孝德以知逆惡。教三行。一曰孝行以親父母。二曰友行以尊賢良。三曰順行以事師長。德行內外之稱在心爲德施之爲行至德中和之德覆燾持載含容者也孔子曰中庸之爲德其至矣乎敏德仁義順時者也說命曰敬孫務時敏厥脩乃來孝德尊祖愛親守其所以生者也孔子曰武王周公其達孝矣乎夫孝者善繼人之志善述人之事者也孝在三德之下三行之上德有廣於孝而行莫尊焉國子公卿大夫之子弟師氏教之而世子亦齒焉學君臣父子長幼之道○行下孟反下及注同知音智稱尺證反燾徒報反說音悅孫音遜夫音扶〔疏〕以三至師長○釋曰以此三德教國子王大子已下至元士之適子也云一曰至德以爲道本者至德謂至極之德以爲行道之本也二曰敏德以爲行本者謂敏達之德以爲行行之本也三曰孝德以知逆惡者善父母爲孝以孝德之孝以事父母則知逆惡不行也此上三德皆在心而行不見故鄭云在心爲德也云一曰孝行以親父母者行善事父母之行則能親父母冬溫夏清昏定晨省盡愛敬之事也云二曰友行以尊賢良者此行施於外人故尊事賢人良人有德行之士也云三曰順行以事師長者此亦施於外人行遜順之行事受業之師及明友之長也○注德行至之道○釋曰云德行內外之稱在心爲德施之爲行者案禮記云恥有其德而無其行則德在內行在外也又見經至德敏德道行爲本道行是施之於外之名又孝德行知逆惡亦是在外之事則知三德皆在內與外行爲本又三行云親父母之等故云施之爲行也云至德中和之德者案禮記中庸云致中和天地位焉故知至德是中庸之德也云覆燾持載含容者也者此至德卽中庸所云至誠一也彼說至誠無息不息則久久則徵徵則悠遠悠遠則博厚博厚則高明博厚所以載物高明所以覆物是王德若天地覆燾持載含容者也云孔子曰中庸之爲德其至矣乎者此是論語雍也之文引之者證此至德與中庸之德爲一之意云敏德仁義順時者也者人君施政春夏行賞爲仁秋冬行罰爲義是仁義順時敏疾爲德者也又引說命曰敬遜務時敏厥脩乃來者尚書說命之篇傅說告高宗以學問之事孫順也敏疾也厥其也爲君之法當恭敬順道務在順時疾而行之則其德之脩乃從學而來引之者證仁義順時之義也云孝德尊祖愛親守其所以生者也者孝德不如上二德直能善父母爲孝施德於親而已故云守其所以生者也又引孔子曰武王周公其達孝矣乎至之事是禮記中庸文言二人通達行孝者也云夫孝者善繼人之志善述人之事者案中庸上文云無憂者其惟文王乎父作之子述之則善繼人之志據周公以武王時未大平不得制禮作樂周公攝政六年大平乃制作禮樂爲善繼文王之志則尚書云考朕昭子刑乃單文祖德是也善述人之事者據武王能述父以伐紂之事則尚書序云惟十有一年武王伐殷是也云孝在三德之下三行之上德有廣於孝而行莫尊焉者欲見至德敏德五帝已上所行直明在心爲德而已不見其行孝德是三王已下所行德行兼見之矣故三德以孝德爲下故云德有廣於孝則至德敏德是二德廣於孝德也而行莫尊焉者三行之中孝行施於父母爲上順行友行施於外人爲下故云而行莫尊焉莫無也無尊於事父母也云國子公卿大夫之子弟者此經直言國子案禮記王制云春秋教以禮樂冬夏教以詩書下文云王大子王子羣后之太子卿大夫元士之適子皆造焉故知國子之中有卿大夫之子也鄭不言王大子及元士之適子者略言之其實皆有也王制惟言大子適子不言弟鄭知兼有弟者大司樂及此下文皆云教國子弟連弟而言故鄭兼言弟也云師氏教之而世子亦齒焉學君臣父子長幼之道者此約文王世子文也案彼云行一物而三善皆得者惟世子而已其齒於學之謂也故世子齒於學國人觀之曰將君我而與我齒讓何也曰有父在則禮然然而衆知父子之道矣其二曰將君我而與我齒讓何也曰有君在則禮然然而衆著於君臣之義矣其三曰將君我而與我齒讓何也曰長長也然而衆知長幼之節矣是世子與國人學生齒焉之事案此經有至德敏德孝德老子亦有三等之德案老子道經云道可道非常道河上公云謂經術政教之道非自然長生之道常道當以無爲養神無事安民含光藏曜滅跡匿端不可稱以道又案德經云上德不德是以有德河上公注云上德大古無名號之君德有無上故言上德不德言不以德教民內循自然其德不見故言不德是以有德者也又云下德不失德是以無德注云下德謂號謚之君德不及上德故言不失德以其德見其功稱是以謂之無德又云失道而後德失德而後仁失仁而後義失義而後禮注云道衰德化德衰而仁愛見仁衰而忿爭明義衰而聘行玉帛又案握河紀堯曰皇道帝德非腴所專又中候義明云洞五九禮闕鄭注云闕止鄭過言五帝後洞三王之卌其治各九百歲當以禮止過也案此諸文言之此至德覆燾持載含容之德同於天地與老子常道及上德不德爲一物皆是燧皇已上無名號之君所行故河上公云上德無名號之君所行也此敏德則老子云可道之道非常道下德不失德之德亦一也故河上公云政教經術有名號之君所行以其三皇五帝爲政皆須仁義順時故鄭云敏德仁義順時也若然老子云失道而有德失德而有仁者是三皇行可道之道五帝行下德不失德之德卽堯云皇道帝德亦謂此道德於此經同爲敏德也其三王同行孝德耳其老子又云失德而有仁失仁而有義失義而有禮禮專據三王之時故云洞五九禮闕鄭若然仁義在禮前德後則五帝與三王俱有仁義故禮記云堯舜率天下以仁而民從之又云禹立三年百姓以仁遂焉是以仁義闕在五帝三王之間者也若然禮記云生乎今之世反古之道謂不行今之法全行古之道故非之也

居虎門之左。司王朝。虎門路寢門也王日視朝於路寢門外畫虎焉以明勇猛於守宜也司猶察也察王之視朝若有善道可行者則當前以詔王○朝直遙反注及下皆同〔疏〕居虎至王朝○釋曰言師氏之官既知三德三行故居路門之左畫虎之處司察王朝若有善事可行者則前告王有所改爲也○注虎門至詔王○釋曰鄭知虎門是路寢門者其路寢庭朝及庫門外之朝非常朝之處司士所掌路門外是常朝日所朝之所經云司王朝明據此朝故鄭以路寢門外解之此即上文以美詔王之義也

掌國中失之

事以教國子弟。教之者使識舊事也中中禮者也失失禮者也故書中爲得杜子春云當爲得記君得失若春秋是也〇中鄭丁仲反注中中禮者同杜音得〔疏〕掌國至子弟〇釋曰以其師氏知德行識其善惡得失故掌國家中禮失禮之事以教國之子弟以國之子弟即王大子已下言弟即王庶子以其諸侯已下皆以適子入國學庶子不入故知也〇注教之至是也〇釋曰云教之使識舊事也者即中失之事是也云中中禮也又引子春之義從古書中爲得謂得禮者中與得俱合於義故兩從之言若春秋者玉藻云動則左史書之言則右史書之是記君得失之事故云若春秋也此春秋即魯史是也謂記君之事也

凡國之貴遊子弟學焉。貴遊子弟王公之子弟遊無官司者杜子春云遊當爲猶言雖貴猶學〔疏〕凡國至學焉釋曰言凡國之貴遊子弟即上國之子弟言遊者以其未仕而在學遊暇習業〇注貴遊至猶學〇釋曰云王公之子弟者此即王制云王大子王子羣后之大子卿大夫元士之適子公即三公羣后卿大夫元士之子略言之也云游無官司者則事繁不得爲游故鄭以無官司解之鄭既以游爲無官司又引子春游當爲猶言雖貴猶學者亦義得兩通故引之在下也

凡祭祀賓客會同喪紀軍旅王舉則從。舉猶行也故書舉爲與杜子春云當爲與謂王與會同喪紀之事〇從才用反與音預下同〔疏〕凡祭至則從釋曰祭祀則郊廟及山川社稷揔是也賓客謂諸侯及卿大夫來朝聘或在朝或在廟會同亦或在畿內或在畿外軍旅謂出征伐王舉者舉行也此數事王行之時師氏則從以王所在皆須詔王以美道故也〇注舉猶至之事〇釋曰既訓舉爲行又引子春從故書爲與者亦義得兩通故亦引之在下也

聽治亦如之。謂王舉於野外以聽朝〇治直吏反下同〔疏〕聽治亦如之〇釋曰即上數事王所在皆有朝以聽治之故從王亦如上虎門之左同故云亦如之

使其屬帥四夷之隸各以其兵服守王之門外。且蹕。兵服旃布弓劍不同也門外中門之外蹕止行人不得迫王宮也故書隸或作肆鄭司農云讀爲隸〇蹕音畢〔疏〕使其至且蹕〇釋曰云使其屬者屬即序官師氏中大夫之下有屬官上士二人并有府史胥徒之等使此人帥四夷之隸若秋官蠻隸之等各使四夷隸以其本國之兵器及其服以守王之門外以衛王并使蹕止行人故云且蹕也〇注兵服至爲隸〇釋曰云兵服旃布及弓劍者東方南方其服布其兵劍西方北方其服旃其兵弓矢云門外中門之外者案閽人掌中門之禁則中門內也人不得入明在中門之外

朝在野外。則守內列。內列蕃營之在內者也其屬亦帥四夷之隸守之如守王宮〔疏〕朝在至內列釋曰云朝在野外即上文聽治是也〇注內列至王宮〇釋曰云內列蕃營之在內者言蕃營之在內謂若司戈盾云及舍設蕃盾者也案司隸職云守野舍之厲禁上文云使其帥四夷之隸則二處皆帥四夷隸守之故云其屬亦帥四夷之隸守之如守王宮也

保氏掌諫王惡。諫者以禮義正之文王世子曰保也者慎其身以輔翼之而歸諸道者也〔疏〕保氏掌諫王惡〇釋曰掌諫王惡者師氏掌三德三行以美道詔王保氏以師氏之德行審諭王王有惡則諫之故云掌諫王惡〇注諫者至者也〇釋曰云諫者以禮義正之者君臣主義故知諫者以禮義諫正王也引文王世子者彼亦是教世子法以教世子法保護王身同故引之以其保者是保安之義故使王謹慎其身而歸於道

而養國子以道。乃教之六藝。一曰五禮。二曰六樂。三曰五射。四曰五馭。五曰六書。六曰九數。乃教之六儀。一曰祭祀之容。二曰賓客之容。三曰朝廷之容。四曰喪紀之容。五曰軍旅之容。六曰車馬之容。養國子以道者以師氏之德行審諭之而後教之以藝儀也五禮吉凶賓軍嘉也六樂雲門大咸大韶大夏大濩大武也鄭司農云五射白矢參連剡注襄尺井儀也五馭鳴和鸞逐水曲過君表舞交衢逐禽左六書象形會意轉注處事假借諧聲也九數方田粟米差分少廣商功均輸方程贏不足旁要今有重差夕桀句股也祭祀之容穆穆皇皇賓客之容嚴恪矜莊朝廷之容濟濟蹌蹌喪紀之容涕涕翔翔軍旅之容闞闞仰仰車馬之容顛顛堂堂玄謂祭祀之容齊齊皇皇賓客之容穆穆皇皇朝廷之容濟濟翔翔喪紀之容纍纍顛顛軍旅之容暨暨詻詻車馬之容匪匪翼翼〇馭音御德行下孟反下文及注同剡羊甚反注之樹反下同襄音讓本作讓諸音非差初佳反又初宜反下同重直龍反夕桀音的沈祥易反此二字非鄭注嚴如字又音儼濟子禮反蹌七良反闞呼檻反仰本又作卬五剛反濟皇上子禮反又音齊下于況反又音往鼎顛上律悲反下音田又如字暨其器反詻五格反匪芳非反〔疏〕而養至教之〇釋曰此道即上師氏三德三行故鄭云以師氏之德行審諭之乃教之六藝已下此乃保氏所專教也〇注養國至翼翼〇釋曰案文王世子云大傳審父子君臣之道以示之少傳奉世子以觀大傳之德行而審諭之師也者教之以事而諭諸德者也保也者慎其身以輔翼之而歸諸道者也不云保氏以師氏之德行審諭之者鄭以義約之少傳既以大傳之德審諭之明保氏亦以師氏之德行審諭之可知故鄭言之耳云五禮吉凶賓軍嘉大宗伯文六樂雲門已下大司樂文先鄭云五射白矢已下無正文或先鄭別有所見或以義而言之云白矢者矢在侯而貫侯過見其鏃白云參連者前放一矢後三矢連續而去也云剡注者謂羽頭高鏃低而去剡剡然云襄尺者臣與君射不與君並立襄君一尺而退云井儀者四矢貫侯如井之容儀也云五馭者馭車有五種云鳴和鸞者和在式鸞在衡案韓詩云升車則馬動馬動則鸞鳴鸞鳴則和應先鄭依此而言云云水曲者無正文先鄭以意而言謂御車隨逐水勢之屈曲而不墜水也云過君表者謂若毛傳云褐纓旃以爲門褻纓貫以爲橶間容握驅而入鑿則不得入轂梁亦云艾蘭以爲防置旃以爲轅門以葛覆質以爲褻流旁提御鑿者不得入是其過君表即褐纓旃是也云舞交衢者衢道也謂御車在交道車旋應於舞節云逐禽左者謂御驅逆之車逆驅禽獸使左當人君以射之人君自左射故毛傳云故自左謄而射之達于右腢爲上殺又禮記云佐車止則百姓田獵是也云六書象形之等皆依許氏說文云象形者日月之類是也象日月形體而爲之云會意者武信之類是也人言爲信止戈爲武會合人意故云會意也云轉注者考老之類是也類一首文意相受左右相注故名轉注云處事者上下之類是也人在一上爲上人在一下爲下各有其處事得其宜故名處事也云假借者令長之類是也一字兩用故名假借也六曰云諧聲者即形聲一也江河之類是也皆以水爲形以工可爲聲但書有六體形聲實多若江河之類是左形右聲鳩鴿之類是右形左聲草藻之類是上形下聲婆娑之類是上聲下形圃國之類是外形內聲闕闠衡銜之類是外聲內形此聲形之等有六也依鄭義案孝經緯援神契三皇無文則五帝已下始有文字故說者多以蒼頡爲黃帝史而造文字起在黃帝於後滋益而多者也云九數者方田已下皆依九章筭術而言云今有重差夕桀句股也者此漢法增之馬氏注以爲今有重差夕桀夕桀亦是筭術之名與鄭異案今九章以句股替旁要則旁要句股之類也云祭祀之容穆穆皇皇至堂堂者皆是先鄭以意所釋不依經典故後鄭不從後鄭云祭祀之容齊齊皇皇賓客之容穆穆皇皇朝廷之容濟濟翔翔已上皆禮記少儀文喪紀之容纍纍顛顛軍旅之容暨暨詻詻禮記玉藻之文車馬之容匪匪翼翼亦少儀文故鄭少儀注遥引此六儀以證彼也

凡祭祀賓客。會同。喪紀。軍旅。王舉則從。聽治亦如之。使其屬守王闈。闈宮中之巷門〇闈音韋〔疏〕凡祭至王闈〇釋曰言亦如之已上與師氏同從王之事其屬守王闈者亦謂在國其師氏守中門外此保氏守王闈門

司諫掌糾萬民之德而勸之。朋友正其行而強之。道藝巡問而觀察之。以時書其德行道藝。辨其能而可任於國事者。朋友相切磋以善道也強猶勸也學記曰強而弗抑則易巡問行問民間也可任於國事任吏職〇強其丈反注同易以豉反〔疏〕司諫至事者釋曰以時書其德行道藝者此萬民時所書即大司徒所云以鄉三物教萬民一曰六德知仁聖義忠和二曰六行孝友睦婣任恤此德行也彼又云三曰六藝禮樂射御書數即此道藝也云辨其能而可任於國事者案鄉大夫職云與賢者能者賢謂德行能謂道藝彼則賢能俱與此直云辨其能可任於國事不言賢者既辨其能則賢者自然亦辨而舉之可知也〇注朋友至吏職〇釋曰案鄭注論語同門曰朋同志曰友則彼其其在學者切磋以道義此勸萬民爲友朋則若孟子所云守望相助出入相友者同故鄭云切磋以善道也云任吏職者案鄉大夫所舉者謂鄉民之有德行道藝云辨其能爲吏職者亦謂以入治之若然任吏職者謂使爲比長閭胥族師之類是也

以攷鄉里之治。以詔廢置。以行赦宥。因巡問勸強萬民而考鄉里吏民罪過以告王所當罪不〇行下孟反注同〔疏〕注因巡至罪不〇釋曰司諫考鄉里之治者以巡問觀察萬民則知吏之治不故鄭兼吏民揔言之云而考鄉里吏民罪過

司救掌萬民之衺惡過失。而誅讓之。以禮防禁而救之。衺惡謂侮慢長老語言無忌而未麗於罪者過失亦由衺惡酗醟好訟若抽拔兵器誤以行傷害人麗於罪者誅誅責也古者重刑且責怒之未即罪也〇救如字劉音拘衺似嗟反注作邪同酗況付反醟音詠好訟呼報反〔疏〕司救至救之〇釋曰云掌萬民之衺惡過失誅讓之者此經與下文二經爲揔目也則云衺

惡謂坐嘉石之罷民不入圜土者過失謂不坐嘉石入圜土者也云而誅讓之者即下二文三讓是也云以禮防禁而救之者此云衺惡及過失皆去冠飾其過失者又使入圜土耳云救之者皆使困苦而令改惡從善是救之也○注衺惡至罪也○釋曰衺惡云未麗於罪者謂未附於圜土之罪也云酗醬者孔注尚書曰以酒爲凶曰酗此據字酒旁爲凶是因酒爲凶者也若然醬者榮下作酉小人飲酒一醉日富亦因酒爲榮俱是酒之省水之字也云麗於罪者謂附圜土罪者也云古者重刑且責怒之未即罪也者鄭云古者重刑者據周時爲古云責解經誅怒之解經罰也云未即罪者各有所對此圜土對五刑之刑人則是未即罪也以其未入五刑之罪且役之耳鄭必知過失亦由衺惡者司寇職云以嘉石平罷民又云圜土收教罷民二者同名罷民以其爲惡大者皆因小以致大故知過失之重亦因衺惡之輕也

凡民之有衺惡者。三讓而罰。三罰而士加明刑。恥諸嘉石。役諸司空。罰謂撻擊之也加明刑者去其冠飾而書其衺惡之狀著之背也嘉石朝士所掌在外朝之門左使坐焉以恥辱之既而役諸司空使事官之作也坐役之數存於司寇○去起呂反著直略反一音丁略反

〔疏〕凡民至司空○釋曰此一經論衺惡嘉石之罷民也云三讓而罰者凡欲治罰人者皆先以言語責讓之乃行治罰云三罰而士加明刑三罰既訖乃送司寇使朝士於外朝坐嘉石恥之也云役諸司空者坐訖乃送司空使役之也○注罰謂至司寇○釋曰云加明刑者去其冠飾者案司圜云凡害人者弗使冠飾彼據過失入圜土者但冠飾尊不居肉袒之體豈嘉石之罷民而著冠乎明其去冠飾也知書其罪狀以其稱明刑既不虧體明知書其罪狀著於背爲明刑也云嘉石朝士至外朝之門左並朝士職文故彼云左嘉石平罷民也云役諸司空使事官作之也者以其司空主事故也云坐役之數存於司寇者司寇云重罪旬有三日坐朞役其次九日坐九月役其次七日坐七月役其次五日坐五月役其下罪三日坐三月役是其坐役之數也

其有過失者。三讓而罰。三罰而歸於圜土。圜土獄城也過失近罪晝日任之以事而收之夜藏於獄亦如明刑以恥之不使坐嘉石其罪已著未忍刑之○近附近之近

〔疏〕其有至圜土○釋曰此經論圜土之刑人云三讓而罰者亦如上三度責讓乃治罰之三罰訖乃歸與司寇使納之圜土也○注圜土至刑之○釋曰云過失近罪者謂對衺惡未近罪此圜土之刑人近五刑之罪故入圜土也云晝日任之以事者亦使司空使之云收之者以其罪重使人收斂之不使漫游云夜藏於獄者此與嘉石者異云亦加明刑者亦如嘉石以書其罪狀著於背以恥之云不使坐嘉石其罪已著者彼坐嘉石者罪輕未著須坐嘉石使衆人知之此等罪重已著不須坐嘉石也云未忍刑之者此五刑之罪又輕故未忍刑之也

凡歲時有天患民病。則以節巡國中及郊野。而以王命施惠。天患謂裁害也節旌節也施惠賙恤之

〔疏〕注天患至恤之○釋曰天患謂裁害也者謂天與人物爲裁害謂水旱之裁及疫病之害也知節是旌節者道路用旌節此經巡國及郊野是道路之事故知旌節也

調人掌司萬民之難。而諧和之。難相與爲仇讎諧猶調也

〔疏〕調人至和之○釋曰此一經與下經爲總目言萬民之難即下經凡和難已下是也○注難相與爲仇讎○釋曰言仇讎者案左氏桓公傳云怨耦曰仇則仇是怨也讎謂報也即下文父之讎已下皆是怨當報之故云仇讎也

凡過而殺傷人者。以民成之。過無本意也成平也鄭司農云以民成之謂立證佐成其罪也一說以鄉里之民共和解之春秋傳曰惠伯成之之屬

〔疏〕凡過至成之○釋曰此謂非故心是過誤攻殺或傷於人者成平也既非故心故共鄉里之民共和解之○注過無至之屬○釋曰先鄭雖爲兩說後鄭以後說爲是故下注云上說立證佐成其罪似非也此過失即司刺云再宥曰過失是也引春秋者左氏文七年傳云魯穆伯娶於莒曰戴己其娣聲己戴己卒又聘於莒莒人以聲己辭則爲襄仲聘焉又云且爲仲逆及鄢陵登城見之美自爲娶之仲請攻之公將許之叔仲惠伯諫曰臣聞兵作於內爲亂於外爲寇寇猶及人亂自及也今臣作亂而君不禁以啓寇讎若之何公止之惠伯成之注云平二子使仲舍之公孫敖反之復爲兄弟如初是其事也

鳥獸亦如之。過失殺傷人之畜產者○畜許又反

〔疏〕鳥獸亦如之○釋曰亦謂過誤殺傷人之鳥獸若鷹隼牛馬之屬亦以民平和之案今殺傷人牛馬之等償其價直耳和之使辟於此不得就而仇之

凡和難。父之讎。辟諸海外。兄弟之讎。辟諸千里之外。從父兄弟之讎。不同國。君之讎眂父。師長之讎眂兄弟。主友之讎眂從父兄弟。和之使辟於此不得就而仇之九夷八蠻六戎五狄謂之四海主大夫君也春秋傳曰晉荀偃卒而視不可含宣子盥而撫之曰事吳敢不如事主○辟音避下同從才用反眂音視盥音管

〔疏〕凡和至兄弟○釋曰云父之讎辟諸海外已下皆是殺人之賊王法所當討即合殺之但未殺之間雖以會赦猶當使離鄉辟讎也是以父之讎辟之海外兄弟之讎辟諸千里之外從父兄弟之讎不同國別國即得云君之讎眂父者謂同國人殺君眂猶比比父亦辟之海外云師長之讎眂兄弟者師長謂見受業師與兄弟同云主友之讎眂從父兄弟者注云主大夫君也此經略言其不言者皆以服約之伯叔父母姑姊妹女子子在室及兄弟子衆子一與兄弟同其祖父母曾祖父母高祖父母其孫承後皆斬衰皆與父同其不承後者祖與伯叔同曾祖高祖齊衰三月皆與從父兄弟同以其同繩屨故也自外不見者據服爲斷也其兄弟及從父兄弟師長主友皆爲無子復無親於已者故據已親疏爲遠近若有子及親於已則自從親爲斷○注和之至事主○釋曰云和之使辟於此者此謂海外千里外之等云九夷之等據職方明堂位而言案僕時徐州剌史荀文若問玄周禮父之讎辟之海外今青州人讎在遼東可以王法縱不討乎當問之時玄已年老昏耄意忘九夷八蠻六戎五狄謂之四海然則周禮在四海之外釋之如是亦是遠矣近則青州遼東作難未達周公聖意所趣若文若之難海水爲四海故今辨之然讎近東夷之人當辟之西戎餘皆放此引春秋者襄十八年左氏晉荀偃伐齊十九年反荀偃癉疽生瘍於頭濟河及著雍病目出士句請見不納請後曰鄭甥可甲寅卒而視不可含宣子盥而撫之曰事吳敢不如事主是也趙商問調人職稱父之讎辟諸海外君亦然注使辟於此不得就而讎之商以春秋之義子不復讐非子臣不討賊非臣楚勝之徒猶言鄭人在此讎不遠矣不可以見讎而不討於是伐之臣感君恩孝子思其親不得不報和之而已子夏曰居父母之仇如之何孔子曰寢苫枕干不仕不與共天下遇諸市朝不反兵天下尚不反兵海內何爲和之豈宜不達二禮所趣小子曰惑少蒙解說鄭荅曰讎在九夷之東八蠻之南六戎之西五狄之北雖有至孝之心能往討不乎子之所云偏於此義案楚勝平王之孫子木之子平王爲子木聘女於秦而自納之子木奔鄭子木爲鄭人殺之案哀十六年云子木其子勝在吳子西召之使處境爲白公請伐鄭子西曰楚未節也不然吾不忘也他日又請許之未起師晉人伐鄭楚救之與盟勝怒曰鄭人在此讎不遠矣又云秋七月殺子西子期于朝是其事也若然鄭云雖有至孝之心能往討之不乎者欲明孝子雖會赦恒有復讎之心故逆之海外使絕忠臣孝子心使無往緣其孔子云寢苫枕干不仕者可通之會赦之後恒然其君亦然恐來人中國則殺之也復讎之法依異義古周禮說復讎可盡五世之內五世之外施之於已則無義施之於彼則無罪所復者惟謂殺者之身乃在被殺者子孫可盡五世得復之鄭從之也

弗辟。則與之瑞節而以執之。瑞節玉節之剡圭也和之而不肯辟者是不從王命也王以剡圭使調人執之治其罪

〔疏〕弗辟至執之○釋曰此經使辟者其人戀鄉不肯辟是違王命之大則在上與調人瑞節執而付秋官與之罪也○注瑞節至其罪○釋曰鄭知瑞節是玉圭者案典瑞云玉圭以和難故知是玉圭也鄭又知使調人執瑞節不使死家執之者此王注知之明使調人之官執之也

凡殺人有反殺者。使邦國交讎之。反復也復殺之者此欲除害弱敵也邦國交讎之明不和諸侯得者即誅之鄭司農云有反殺者謂重殺也○重直用反

〔疏〕凡殺至讎之○釋曰云有反殺者反復也謂既殺一人其有子弟復殺之恐後與已爲敵而害已故鄭云欲除害弱敵也云邦國交讎之者其殺人者或逃向鄰國所之之國得則讎之故云邦國交讎之也

凡殺人而義者。不同國。令勿讎。讎之則死。義宜也謂父母兄弟師長嘗辱焉而殺之者如是爲得其宜雖所殺者人之父兄不得讎也使之不同國而已

〔疏〕注義宜至而已○釋曰論語云見義不爲無勇也彼義則此有義者也故云義宜也謂父母兄弟師長三者嘗辱焉子弟及弟子則得殺之是得其宜也云雖所殺者人之父兄不得讎也者直言父兄不言子弟略之也古者質故三者被辱即得殺之也

凡有鬭怒者成之。不可成者則書之。先動者誅之。鬭怒辨訟者也不可成不可平也書之記其姓名辨本也鄭司農云成之謂和之也和之猶今二千石以令解仇怨後復相報移徙之此其類也玄謂上言立證佐成其罪似非○復扶又反下不復聽同

〔疏〕凡有至誅之○釋曰言鬭怒則是言語忿爭未至毆擊故成之若相毆擊則當罪之也故鄭云鬭怒謂辯訟也○注玄謂至似非○釋曰云上言立證者即經云過而殺傷人者以民成之司農於彼注兩解之初解成謂立證佐成其罪復一解成爲和平之義此注先鄭復云成之謂和之以和解成則上文云立證佐成其罪似非取以破前也

媒氏掌萬民之判。判半也得耦爲合主合其半成夫婦也喪服傳曰夫妻判合鄭司農云主萬民之判合

〔疏〕注判半至判合○釋曰云得耦爲合者始雖以萬民爲主上至天子皆得耦爲合主於萬

民而言但士以上兼妾媵爲異耳引喪服傳者證判爲合義

凡男女自成名以上。皆書年月日名焉。鄭司農云成名謂子生三月父名之○上時掌反【疏】凡男至名焉○釋曰此經論媒氏之官合男女必先知男女年幾故萬民之男女自三月父名之以後皆書年月日及名以送與媒氏媒氏官得之以勸男三十女二十配成夫婦也○注成名至名之○釋曰子生三月父名之禮記內則文案內則三月之末父執子右手孩而名之又云夫告宰名宰辯告諸男名書曰某年某月某日某生而藏之注引桓六年九月丁卯子同生是也

令男三十而娶。女二十而嫁。二三者天地相承覆之數也易曰參天兩地而奇數焉○奇於豈反本或作倚音同【疏】注二三至數焉○釋曰云二三者天地相承覆之數也者比二十女三十男法天地相承覆之數也云易曰參天兩地而奇數焉者案易繫辭云天一地二天三地四天五地六是就奇數之中天三度生地二度生象天三覆地二故云天地相承覆之數也

凡娶判妻入子者。皆書之。書之者以別未成昏禮者鄭司農云入子者謂嫁女者也玄謂言入子者容媵姪娣不聘之者○別彼列反下同【疏】凡娶至書之○釋曰云凡者以其此經揔說天子已下娶妻及媵之事故云凡以廣之○注書之至之者○釋曰媒氏以男女既有未成昏之藉書其已成昏者以別未昏以待後昏也先鄭云入子者謂嫁女後鄭不從者經判妻已是嫁女後更言入子明非嫁女也故後鄭云玄謂言入子者容媵姪娣不聘之者也案成公九年春二月伯姬歸于宋夏晉人來媵是媵也姪娣而書者謂待年於父母者也隱二年冬伯姬歸于紀七年春三月叔姬歸于紀何休云叔姬者伯姬之媵也至是乃歸者待年父母國也婦人八歲備數十五從嫡二十承事君子媵賤書者後爲嫡終有賢行鄭君或與何休與如是言娶判妻姪娣後去者則存焉故入子謂媵與姪娣後去者也案昏禮云雖無娣媵先則媵與姪娣一也此鄭云媵姪娣不止是一者既言媵又云姪娣故知別且媵與姪娣相對則姪娣無媵稱故莊公十九年秋公子結媵陳人之婦于鄄公羊云媵者何諸侯娶一國則二國往媵之以姪娣從是其義也媒氏掌萬民之判得有媵與姪娣者庶人或無妾亦容有者且媒氏所掌雖以萬民爲主亦容有尊者娶法故鄭云容媵姪娣不聘也知不聘者見內則云聘則爲妻奔則爲妾故也王肅曰周官云令男三十而娶女二十嫁謂男女之限嫁娶不得過此也三十之男二十之女不待禮而行之所奔者不禁娶何三十之限前賢有言丈夫二十不敢不有室女子十五不敢不有其家家語魯哀公問於孔子男子十六精通女子十四而化是則可以生民矣聞禮男三十而有室女二十而有夫豈不晚哉孔子曰夫禮言其極亦不是過男子二十而冠有爲人父之端女子十五許嫁有適人之道於此以往則自昏矣然則三十之男二十之女中春之月者所謂言其極法耳昭曰禮記本命曰中男三十而娶女二十而嫁合於中節大古男五十而有室女三十而嫁尚書大傳曰孔子曰男三十而娶女二十而嫁通於織紝紡績之事黼黻文章之美不若是則上無以孝於舅姑而下無以事夫養子穀梁傳曰男子二十而冠冠而列丈夫三十而娶尹更始云男三十而娶女十五許嫁笄二十而嫁曲禮三十曰壯有室盧氏云三十盛壯可以娶女內則三十而有室始理男事女子十五笄二十而嫁有故二十三而嫁經有夫婦之長殤舊說三十而娶而有夫婦長殤者何關盛衰一說關畏厭溺而傷之盧氏以爲衰世之禮也張融從鄭及諸家說又春秋外傳越王勾踐蕃育人民以速報吳故男二十而娶女子十七而嫁如是足明正禮男不二十娶女不十七嫁可知也

中春之月。令會男女。中春陰陽交以成昏禮順天時也【疏】中春至男女○釋曰王肅論云吾幼爲鄭學之時爲謬言尋其義乃知古人可以於冬自馬氏以來乃因周官而有二月詩東門之楊其葉牂牂毛傳曰男女失時不逮秋冬三星參也十月而見東方時可以嫁娶又云時尚暇務須合昏因萬物閉藏於冬而用生育之時娶妻入室長養之母亦不失也孫卿曰霜降逆女冰泮殺止詩曰將子無怒秋以爲期韓詩傳亦曰古者霜降逆女冰泮殺止士如歸妻迨冰未泮爲此驗也而玄云歸使之來歸於己謂請期時來歸之言非請期之名也或曰親迎用昏而曰旭日始旦何用哉詩以鳴雁之時納采以感時而親迎而周官中春令會男女之無夫家者於是時奔者不禁則昏姻之期非此日也孔子家語曰霜降而婦功成嫁娶者行焉冰泮而農業起昏禮殺於此又曰冬合男女秋班時位也詩曰有女懷春吉士誘之春日遲遲女心傷悲綢繆束芻三星在隅我行其野蔽芾其樗倉庚于飛熠燿其羽詩殷頌曰天命玄鳥降而生商月令仲春玄鳥至之日以大牢祠于高禖天子親往玄鳥生乳之月以爲嫁娶之候天子重之而祀焉凡此皆與仲春嫁娶爲候者也夏小正曰二月冠子嫁女娶妻之時秋以爲期此淫奔之詩夏小正曰二月綏多士女交昏於仲春易泰卦六五帝乙歸妹以祉元吉鄭說之五爻辰在卯春爲陽中萬物以生生育者嫁娶之貴仲春之月嫁娶男女之禮福祿大吉易之咸卦柔上剛下二氣感應以相與皆說男下女召南草蟲之詩夫人待禮隨從在塗見采蕨者以詩自興又云士如歸妻迨冰未泮舊詩云士如歸妻我尙及冰未定納其篇義云嫁娶以春陽氣始生萬物嫁娶亦爲生類故管子篇時令云春以令男女融謹案春秋魯送夫人嫁女四時通用無譏文然則孔子制素王之法以遺後世男女以及時盛年爲得不限以日月家語限以冬不附於春秋之正經如是則非孔子之言嫁娶也以仲春著在詩易夏小正之文且仲春爲有期之言秋冬春三時嫁娶何自違也家語冬合男女窮天數之語詩易禮傳所載咸泰歸妹之卦國風行露綢繆有女懷春倉庚于飛熠燿其羽春日遲遲樂與公子同歸之歌小雅我行其野蔽芾其樗之歎此春娶之證也禮諸侯越國娶女仲春及冰未散請期乃足容往反也秋如期往淫奔之女不能待年故設秋迎之期標有梅之詩殷紂暴亂娶失其盛時之年習亂思治故戒文王能使男女得及其時陳晉棄周禮爲國亂悲傷故刺昏姻不及仲春玄說云嫁娶以仲春既有羣證故孔晁曰有女懷春毛云春不暇待秋春日遲遲女心傷悲謂蠶事始起感事而出蔽芾其樗喻遇惡夫熠燿其羽喻嫁娶之盛飾三星在隅孟冬之月參見東方舉正昏以刺時此雖用毛義未若鄭云用仲春爲正禮爲密也是以詩云匏有苦葉濟有深涉箋云匏葉苦而渡處深謂八月時時陰陽交會始可以爲昏禮納采問名又云士如歸妻迨冰未泮箋云歸妻使之來歸於已謂請期冰未散正月中以前二月可以爲昏然則以二月爲得其實惟爲有故者得不用仲春

於是時也。奔者不禁。重天時權許之也【疏】注重天至之也○釋曰云於是時謂是仲春時此月既是娶女之月若有父母不娶不嫁之者自相奔就亦不禁之但人而無禮胡不遄死以當禮乃可得爲配言奔者不禁者鄭云權許之其實非正禮也

若無故而不用令者。罰之。無故謂無喪禍之變也有喪禍者娶得用非中春之月雜記曰已雖小功既卒哭可以冠子娶妻○冠古喚反【疏】注無故至娶妻○釋曰言令者即上中春之月令會男女有喪禍之故得不用中春令無故不用令則罪罰之也注引雜記者證喪禍之故於月數滿雖非中春可以嫁娶也云已雖小功者彼上文有父小功之末可以冠娶故云已雖小功也

司男女之無夫家者而會之。司猶察也無夫家謂男女之鰥寡者【疏】司男至會之釋曰上文已云合會男女謂無夫家者也今又言司察男女無夫家是嘗已有匹配故鄭云無夫家謂男女之鰥寡者也

凡嫁子娶妻。入幣純帛。無過五兩。純實緇字也古緇以才爲聲納幣用緇婦人陰也凡於娶禮必用其類五兩十端也必言兩者欲得其配合之名十者象五行十日相成也士大夫乃以玄纁束帛天子加以穀圭諸侯加以大璋雜記曰納幣一束束五兩兩五尋然則每端二丈○純則其反依字從糸才【疏】注純實至二丈○釋曰凡嫁子娶妻舍尊卑但云緇帛文主庶人耳注純實緇字也古緇以才爲聲者緇以絲爲形才爲聲故誤爲純字但古之緇有二種其緇布之緇糸旁甾後不誤故禮有緇布冠緇布衣存古字若以絲帛之緇則糸旁才此字諸處不同絲理明者即破爲色此純帛及祭義蠶事以爲純服故論語云麻冕禮也今也純儉如此之類皆絲理自明即爲色解之昏禮云女次純衣鄭云純衣絲衣以昏禮直云純衣絲理不明故爲絲衣解之也云五兩十端者古者二端相向卷之共爲一兩五兩故十端也云十者象五行十日相成者左傳云天有六氣降生五行行各有二日東方木爲甲乙南方火爲丙丁中央土爲戊己西方金爲庚辛北方水爲壬癸是十日言相成者木八爲金九妻火七爲水六妻土十爲木八妻金九爲火七妻水六爲土五妻所尅者爲妻是夫妻相成之數云士大夫乃以玄纁束帛者案士昏禮玄纁束帛大夫昏禮[illegible]用玄纁云天子加以穀圭諸侯加以大璋者玉人文云謂加於玄纁束帛之上以行禮引雜記者證五兩兩五尋四十尺之意云納幣一束束五兩兩五尋者尋八尺則兩五尋四十尺五兩四五二十揔二百尺故鄭玄云然則每端二丈若餘行禮則用制幣丈八尺取儉易共此昏禮每端二丈取誠實之義故以二丈數爲之也

禁遷葬者與嫁殤者。遷葬謂生時非夫婦死既葬遷之使相從也殤十九以下未嫁而死者生不以禮相接死而合之是亦亂人倫者也鄭司農云嫁殤者謂嫁死人也今時娶會是也【疏】禁遷至殤者○釋曰遷葬謂成人鰥寡生時非夫婦死乃嫁之嫁殤者生年十九已下而死死乃嫁之不言殤娶者舉女殤男可知也

凡男女之陰訟。聽之于勝國之社。其附于刑者。歸之于士。陰訟爭中冓之事以觸法者勝國亡國也亡國之社奄其上而棧其下使無所通就之以聽陰訟之情明不當宣露其罪不在赦宥者直歸士而刑之不復以聽士司寇之屬詩云牆有茨不可掃也中冓之言不可道也所可道也言之醜也○冓古候反棧士板反劉才産反或士諫反茨音疾私反【疏】注陰訟至醜也○釋曰云陰訟爭中冓之事者謂若詩之中冓以觸法也云勝國亡國也者此社有四名若此往勝得彼國將社來謂之勝國即此文是也若據彼國喪亡則謂之亡國之社引公羊傳者是也又名喪國之社郊特牲云喪國之社必屋之是也據其地則曰亳社左傳云亳社烖是也故云勝國亡國也故鄭引公羊傳云勝國亡國也云

亡國之社者公羊傳文云奄其上者即郊特牲屋之不受天陽者是也云棧其下者謂於下著柴以棧之使不通陰故也故云使無所通也云就之以聽陰訟之情明不當宣露者以其勝國社上下不通是不宜露中冓之言亦不宜露故就而聽之也若然案詩召伯聽男女之訟於小棠之下不在勝國社者彼謂周公未制禮前此據制禮之後故不同云其興不在赦宥者直歸士而刑之不復以聽釋經附於刑者歸於士若然赦宥者媒氏聽之云之屬者案司寇有士師之等屬司寇故云之屬是以鄭注詩亦云士師所當審也詩者邶詩刺衛宣公之詩引之者證經所聽者是中冓之言也○

司市掌市之治教政刑量度禁令。量豆區斗斛之屬度丈尺也○治直吏反下及大治小治同區烏侯反【疏】司市至禁令○釋曰此經與下文爲揔目云掌市之治者下文云聽大治小治是也教即此下文以次敘分地之等謂教之處置貨物是也政者即下文云以政令禁物靡等是也刑者即下文云以刑罰禁虣是也量度即下文云以量度成賈是也禁令者即下文賈民禁僞是也○注云量豆至尺也○釋曰豆區斗斛之屬者即昭三年晏子云齊舊四量豆區釜鍾是也云斗斛即律歷志云龠合升斗斛是也此不言釜鍾與龠升者云之屬中兼之也

以次敘分地而經市。次謂吏所治舍思次介次也若今市亭然敘肆行列也經界也○行戶剛反下行列同【疏】以次至經市○釋曰司市之官以次敘二事分地而置之而以經界其市使各有處所不相雜亂也○注次謂至界也○釋曰云次謂吏所治舍者吏即下文司市賈師涖思次介次者是也云若今市亭然者舉漢法而言云敘肆行列也者以其言敘即行肆之列故爲行列解之案內宰職云設其次置其敘正其肆注云次思次敘介次不爲行列與此注違者彼云次與敘下更云正其肆則肆爲行列故分次爲思次以敘爲介次也此文不具直有次敘無言正其肆故并思次同各爲次敘爲行列此鄭望文爲義故注不同

以陳肆辨物而平市。陳猶列也辨物物異肆也肆異則市平【疏】以陳至平市○釋曰陳列也謂行列其廛肆而辨其物物異則市賈平故云平市也

以政令禁物靡而均市。物靡者易售而無用禁之則市均鄭司農云靡謂侈靡也○易以豉反下之易同售受又反【疏】釋曰司市出政令而禁其物貨細靡者但物貨細靡人買之者多貴而無用令使麤物買之者少而賤使市賈不平令禁之則市物均平故云均市也

以商賈阜貨而行布。通物曰商居賣物曰賈阜猶盛也鄭司農云布謂泉也○賈音古注曰賈下商賈師皆同【疏】以商至行布○釋曰鄭知通物曰商者易云至日閉關商旅不行除至之日商旅則行故鄭注大宰云行曰商行商則是通物者也鄭知居賣物曰賈者商既通物明賈則在市而居賣物者也故鄭注大宰云處曰賈也由此二等商賈或通貨或在市賣之故貨賄阜盛而布泉得行故云阜貨而行布也

以量度成賈而徵儥。徵召也儥買也物有定賈則買者來也○成賈音嫁注下不音者皆同聶氏及沈云成賈定賈奠物賈其賈平大賈小買賤恒買而故賈凡十二音嫁餘音古儥劉音育聶氏音笛字林他竺反【疏】以量至徵儥○釋曰量以量穀粟之等度以度布絹之等成定也二物以量度之以定物賈定則召買者來故云徵儥也○注徵召也儥買也物有定賈則買者來也○釋曰知儥爲買者以言徵召買者故以儥爲買此字所訓不定案下文所云貴儥者鄭注貴賣之鄭亦望文爲義故注不同也

以質劑結信而止訟。質劑謂兩書一札而別之也若今下手書言保物要還矣鄭司農云質劑月平○劑子隨反平皮命反下月平同【疏】以質至止訟○釋曰質劑謂券書恐民失信有所違負故爲券書結之使有信也民之獄訟本由無信既結信則無訟故云止訟也○注質劑至月平○釋曰下質人云大市以質小市以劑故知質劑是券書是以鄭云兩書一札而別之古者未有紙故以札書小宰職注云兩書一札同而別之此不云同明亦有同義也鄭云若今下手書者漢時下手書即今書指券與古質劑同也先鄭云質劑月平小宰先鄭注亦如此解以爲月平若今之市估文書亦得爲一義故後鄭每引之在下也

以賈民禁僞而除詐。賈民胥師賈師之屬必以賈民爲之者知物之情僞與實詐○賈民劉音嫁聶沈音古注賈民同【疏】以賈至除詐○釋曰司市之官用賈民知物眞僞者使禁物之僞而除去人之詐虛也○注賈民至實詐○釋曰知賈民是胥師賈師之屬者案下胥師職云察其詐僞飾行儥慝者而誅罰之故知此賈民禁僞是胥師賈師之屬謂胥師賈師受其役使也云知物之情僞與實詐者直依經解之情則眞也情僞既據物而言則言實詐據人而說也

以刑罰禁虣而去盜。刑罰憲徇扑○虣薄報反去起呂反扑普卜反下文同【疏】以刑至去盜○釋曰刑期於無刑以殺止殺故以刑罰禁虣亂之人又去其相盜竊也○注刑罰憲徇扑○釋曰知刑罰是憲徇扑者司市所施惟施於市中者故下云小刑憲罰中刑徇罰大刑扑罰其附於刑者歸於士故知惟有此三者也

以泉府同貨而斂賒。同共也同者謂民貨不售則爲斂而買之民無貨則賒貰而予之○賒傷蛇反共如字爲于僞反下爲民同○貰音世貸也劉傷夜反一時夜反【疏】以泉至斂賒○釋曰下文有泉府職掌於市之罰布之等藏之今司市之官以泉府所藏之布物與民同行其貨而民無財者賒而予之後斂取其直故云同貨而斂賒也○注同共至予之○釋曰云同者謂民貨不售則爲斂而買之者民賣物不售則以泉府之物買取之釋經同貨也民無貨則賒貰而予之者此謂所買得之物民有急須而無貨者則貰予之有時斂取其直釋經斂賒也但賒貰二字通用也

大市日昃而市。百族爲主。朝市朝時而市。商賈爲主。夕市夕時而市。販夫販婦爲主。日昳中也市雜聚之處言主者謂其多者也百族必容來去商賈家於市城販夫販婦朝資夕賣因其便而分爲三時之市所以了物極衆鄭司農云百族百姓也○昃音側本又作仄販方萬反便皮面反【疏】大市至爲主○釋曰案下文市朝一夫各方百步就百步而分爲三時之市恐不可若然則一夫者據市亭置次與敘司市及賈師胥師聽事之處取其列行肆之處則居地多矣今經有三時之市不先言朝市夕市而先言日昃者據向市人多而稱大市故先言之此三市皆於一院內爲之大市於中朝市於東偏夕市於西偏郊特牲所云是也○注日昃至姓也○釋曰云日昃昳中也者昃者傾側之義昳者差昳之言故以昳解昃也是以尚書無逸云文王至於日中昃不遑暇食是中後稱昃也云市雜聚之處言主者謂多者也者謂言百族爲主則兼有商賈販夫販婦云商賈爲主則兼有百族販夫販婦云販夫販婦爲主則兼有百族與商賈也云百族必容來去者百族或在城內或在城外者容其來往故於日昃以後主之云商賈家於市城者行曰商居曰賈即賈家於市今并言者其商雖行通物亦容於市也云朝資夕賣者資若冬資絺夏資絺之類則資者朝買資之至夕乃賣故以資言之云所以了物極衆者以分爲三市者欲了其所賣之物極盡其衆也先鄭云百族百姓也者欲見此百姓異於秋官司寇戒於百族彼百族是府史以下此據市人稱百族明據天下百姓亦非百官百姓對則正姓與氏族異通而言之氏族則庶姓故以百姓爲百族

凡市入則胥執鞭度。守門市之羣吏平肆。展成奠賈。上旌于思次以令市。市師涖焉。而聽大治大訟。胥師賈師。涖于介次。而聽小治小訟。凡市入謂三時之市市者入也胥守門察僞詐也必執鞭度以威正人衆也度謂殳也因刻丈尺耳羣吏胥師以下也平肆平賣物者之行列使之正也展之言整也成平也會平成市物者也奠讀爲定整勑會者使定物賈防誑豫也上旌者以爲衆望也見旌則知當市也思次若今市亭也市師司市也介次市亭之屬別小者也故書涖作立杜子春云奠當爲定鄭司農云思辭也次市中候樓也立當爲涖涖視也玄謂思當爲司字聲之誤也○奠音定又田見反上時掌反注同殳音殊誑九況反【疏】注凡市至誤也○釋曰鄭知凡市入是上三時之市者以其言凡明摠三時之市云胥守門察僞詐也者以其執度之故也云必執鞭度以威正人衆也者鞭以威人衆度以正人衆故并言之也云度謂殳也者案下文廬人云殳兵同強注云改句言殺容殳無刃此文鞭度連言則一物以爲二用若以繫鞘於上則爲鞭以長丈二則爲度知羣吏胥師以下者見下司稽職云執鞭度而巡其前此亦執鞭度[illegible]師以下[illegible]師領羣[illegible]胥師以[illegible]云平肆[illegible]云展之言整也成平也會平成市物者也云奠讀爲定[illegible]會者使定物價恐有豫爲誑欺故云防誑豫先鄭云思辭也後鄭以爲[illegible]明不得爲辭直是思則司[illegible]此思司聲同[illegible]誤今有本云字聲之誤兼有字者讀當云思當爲司字絕讀之乃合義也

凡萬民之期于市者。辟布者。量度者。刑戮者。各於其地之敘。期謂欲賣買期決於市也量度者若今處斗斛及丈尺也故書辟爲辭鄭司農云辭布辭訟泉物者也玄謂辟布市之羣吏考實諸泉入及有遺忘【疏】凡萬至之敘○釋曰云凡萬民之期于市有此已下三事有辟布者量度者刑戮者各於其地之敘則諸物行肆之所也○注期謂至遺忘○釋曰云期決於市也者謂人各自爲期限使了市事於市也云若今處斗斛及丈尺者謂斗斛處置於米粟之肆處置丈尺於絹布之肆案前注量豆區斗斛此中不云豆區前注廣解量名此略云市所用故注不同案律歷志度量衡皆起於黃鍾之律故彼云以子穀秬黍中者一黍一分九十黍黃鍾之長則一黍爲一分十黍爲寸十寸爲尺十尺爲丈十丈爲引五度審矣又云子穀秬黍中者千二百黍其實一龠十龠爲合十合爲升十升爲斗十斗爲斛五量審矣先鄭從故書辟布爲

辭訟之布後鄭不從而爲辜吏考實諸泉入者若辭訟之布當歸其本主何得各有地之敘乎明不得爲辭訟之布也云考實諸泉入者辟法也謂民將物來於肆賣者肆長各考量物數得實稅入於市之泉府知民將物來於市有稅者案下文云國凶荒市無征明不凶荒有征矣其實者則宜置於地之敘斯者沒入官是其法也云及有遺忘者謂辜吏考實泉之處有遺忘者便歸令本主識認之下文得貨賄六畜之等是依列肆失者與此文別也

凡得貨賄六畜者。亦如之。三日而舉之。得遺物者亦使置其地貨於貨之肆馬於馬之肆則主求之易也三日而無識認者舉之沒入官【疏】凡得至舉之○釋曰此謂在列肆遺忘闌失者吏各歸本肆吏主識認取之

凡治市之貨賄六畜珍異亡者使有。利者使阜。害者使亡。靡者使微。利利於民謂物實厚者害害於民謂物行苦者使有使阜起其賈以徵之也使亡使微抑其賈以卻之也侈靡細好使富民好奢微之而已鄭司農云亡者使有無此物則開利其道使之有○物行遐孟反又如字聶胡剛反苦音古卻起略反好呼報反【疏】注利利至之有○釋曰云使有使阜者揔釋經亡者利者云起其賈者謂增起其賈引物自然來故使有使阜盛也云徵之而已謂少抑其賈使微少不絕而已先鄭云亡者使有無此物則開利其道使之有與後鄭起其賈義異引之者義得兩通故後鄭亦從之也

凡通貨賄。以璽節出入之。璽節印章如今斗檢封矣使人執之以通商以出貨賄者王之司市也以內貨賄者邦國之司市也【疏】凡通至入之○釋曰金玉曰貨布帛曰賄其璽節餘物亦通而直云通貨賄者以物之貴及民所用多者莫過貨賄故舉以言之無妨餘物亦通之○注璽節至市也○釋曰云璽節印章如金斗檢封矣者案漢法斗檢封其形方上有封檢其內有書則周時印章上書其物識事而已云使人執之以通商者以其商旅主通貨賄故知執璽節者是通商也云出貨賄者王之司市也者以其商旅買貨賄於市以出向邦國故知是王之司市給璽節也云內貨賄者邦國之司市也者以其貨賄從邦國來當入王畿故知還是邦國之司市給璽節也此經直云入之鄭雖云內貨賄者邦國之司市亦容有從畿內入市者故下掌節云貨賄用璽節鄭云變司市言貨賄者貨賄非必由市或資於民家若然商賈於民家得出向邦國若資於民家亦容入來向王市賣之則璽節受之於門關矣

國凶荒札喪。則市無征而作布。有災害物貴市不稅爲民乏困也金銅無凶年因物貴大鑄泉以饒民【疏】國凶至作布○釋曰凶荒謂年穀不熟札謂疫病喪謂死喪恤其乏困故市無征也○注金年○釋曰以其凶年穀則貴金銅凶年亦賤故云無凶年是以諺云豐年粟儉年玉因云物貴者其物止謂米穀餘物並賤也

凡市僞飾之禁。在民者十有二。在商者十有二。在賈者十有二。在工者十有二。鄭司農云所以俱十有二者工不得作賈不得粥商不得資民不得畜玄謂王制曰用器不中度不粥於市兵車不中度不粥於市布帛精麤不中數幅廣狹不中量不粥於市姦色亂正色不粥於市五穀不時果實未熟不粥於市木不中伐不粥於市禽獸魚鱉不中殺不粥於市亦其類也於四十八則未聞數十二焉

○賈音古注同粥音育下同中丁仲反下同狹音洽數色主反【疏】凡市至有二○釋曰云凡僞飾之禁此與在民以下爲揔目故云凡以廣之○注鄭司至二焉○釋曰先鄭云所以俱十有二者工不得作以下云云謂民與商賈及工四者皆同十二云工不得作者工匠主營作故云不得作云賈不得粥者以其處曰賈賈主賣粥故云不得粥云商不得資者商主通貨賄當豫資貯故云不得資云民不得畜者萬民非作非粥非資故以畜聚而言也玄謂王制曰用器不中度不粥於市者案彼鄭注云用器弓矢耒耜長六尺弓長六尺六寸之等矢長三尺之類皆有長短度數也云兵車不中度不粥於市者案考工記輪人爲兵車乘車之輪崇六尺六寸成出革車一乘出於民間故民亦有粥兵車之法云布帛精麤不中數廣狹不中量不粥於市布之精麤謂若朝服十五升斬衰三升齊衰有三等或四升或五升或六升大功已下有七升八升九升小功有十升十一升十二升緦麻有十五升抽去半其帛之升數禮無明文云廣狹不中量者布幅則廣二尺二寸其繒幅則依朝貢禮廣二尺四寸云姦色亂正色不粥於市者論語孔子惡紫之奪朱則朱是南方正色紫是北方姦色紫奪朱色是姦色亂正色故孔子惡之若然自餘四方皆有姦色正色若紅綠及碧等皆有亂正色之義也云五穀不時果實未熟不粥於市鄭彼注云皆謂不利人木不中伐不粥於市者鄭彼注引山虞職云仲冬斬陽木仲夏斬陰木以爲證是非此時則木不中伐云禽獸魚鱉不中殺不粥於市者案鱉人職云秋獻鱉蜃冬獻龜魚案禮記王制云獺祭魚然後虞人入澤梁豺祭獸然後殺是殺禽獸魚鱉之時得粥於市非此時則不可也云亦其類也者王制所云不中度之類是在上者不中數不中量姦色亂正色是在商者不時及未熟是在農者此等亦兼有在賈者故云亦其類也云於四十八則未聞數十二者王制之文從用器爲一兵車爲二布三帛四姦色五五穀六果實七木八禽九獸十魚十一鱉十二是聞之十二矣於四十八則未聞三十六故云未聞數十二也

市刑。小刑憲罰。中刑徇罰。大刑扑罰。其附于刑者歸于士。徇舉以示其地之衆也扑撻也鄭司農云憲罰播其肆也故書附爲柎杜子春云當爲附○柎劉方符反沈音附【疏】市刑至于士○釋曰附於刑者歸於士者此刑各有所對言之市刑雖輕亦名爲刑若對五刑則五種者爲刑故云附於刑歸於士士謂秋官士師鄉士遂士之屬其人屬彼者各歸之使刑官斷之也○注徇舉至爲附○釋曰徇舉以示其地之衆也者徇者徇列之名故知舉其人以示其地肆之衆使衆爲戒也云扑撻也者大射云司射搢扑尚書云扑作教刑皆是笞撻爲扑故云扑撻也先鄭云憲罰播其肆也者憲是表顯之名徇既將身以示之則此憲是以文書表示於肆若布憲之類也

國君過市。則刑人赦。夫人過市。罰一幕。世子過市。罰一帟。命夫過市。罰一蓋。命婦過市。罰一帷。謂諸侯及夫人世子過其國之市大夫內子過其都之市也市者人之所交利而行刑之處君子無故不遊觀焉若遊觀則施惠以爲說也國君則赦其刑人夫人世子命夫命婦則使之出罰異尊卑也所罰謂憲徇扑也必罰幕帟蓋帷市者衆也此四物者在衆之用也此王國之市而說國君以下過市者諸侯之於其國與王同以其足以互明之○幕劉音莫帟音亦觀古亂反下同或音官爲說如字解說也聶如銳反○【疏】注謂諸至明之○釋曰云大夫內子者大夫中含有卿內子卿之妻含大夫之妻命婦也故經云命婦注云內子也若然此經大夫命婦是諸侯科中不見天子卿大夫則天子卿大夫與諸侯卿大夫及命婦亦是互見爲義也云所罰謂憲徇扑也者其憲徇刑之輕者而赦之使出帷幕難備之物者出物雖重而無恥憲徇雖輕而有愧故以出物爲輕也案幕人云掌供帷幕帟綬帷幕用布帷帟用繒在上曰帟在旁曰帷帟承塵其蓋當是於衆中障暑雨之蓋未必是輪人所作蓋弓二十有八在車者也云諸侯之於國與王同以其足以互明之者此王國之市若直見王后世子過市則不見諸侯已下今以王國之市而見諸侯已下過市足得互見王已下過市故云互明之也

凡會同師役。市司帥賈師而從。治其市政。掌其賣儥之事。市司司市也儥買也會同師役必有市者大衆所在來物以備之【疏】凡會至之事○釋曰王與諸侯行會同及師役征伐之等或在畿內或在畿外皆有市則市司帥賈師而從以其知物賈故使從不帥胥師者胥師不知物賈於事緩故不從也

附釋音周禮注疏卷第十四

周禮注疏卷十四挍勘記　阮元撰盧宣旬摘錄

均人

並是力征之稅　惠挍本作力之征稅

易坤爲均　監本坤字空闕

恤其乏困也　宋本作困乏

師氏　宋本周禮疏卷第十五

冬温夏清　監本清誤清今據毛本正此本及閩本皆缺一頁

釋曰云德行內外之稱　監本倒作外內今據毛本正

考朕昭子刑　監毛本子誤予今訂正

故書中爲得杜子春云當爲得　九經古義云三蒼中得也封禪書康后與王不相中周勃傳勃子勝之尙公主不相中皆訓爲得呂覽禹爲司空以通水潦顏色黎黑步不相過竅氣不通以中帝心高誘曰中猶得然則中失猶得失故鄭用杜說而不改字

謂得禮者　惠挍本謂上有得此脫

卽上國之子弟言游者　閩監毛本游作遊下並同此惟國之貴遊子弟作遊蓋淺人所改賈疏蓋本作貴游子弟與唐石經不同○按游爲正字遊爲俗字

使此人帥四夷之隸　惠挍本閩本同監毛本帥改率

保氏

白矢參連剡注襄尺　釋文襄音讓本作讓禮說云廣韻白矢作白刍襄尺作讓尺參連作參遠

賈疏云臣與君射不與君並立襄君一尺而退則襄讀爲讓新序云左把彈右攝丸定操持審參連吳越春秋云射之道從分望敵合以參連連誤爲遠失其義矣

過君表　諸本同浦鏜云軍誤君疏同

六書象形會意轉注　宋本余本岳本嘉靖本閩本同監毛本注改註非疏中同釋文上剡注字出音云下同

嬴不足旁要　諸本同漢制考嬴作贏古多用通借字

今有重差夕桀句股也　諸本同釋文夕桀沈祥易反此二字非鄭注經義雜記曰疏云馬氏注以爲今有重差夕桀夕桀亦筭術之名與鄭異今九章以句股替旁要禮記少儀正義引此注云今有重差句股馬融干寶等更云今有夕桀未知所出據此知鄭注本云今有重差句股馬干注云今有重差夕桀鄭有句股無夕桀馬干有夕桀無句股沈重陸德明本則與馬干同故皆爲夕桀作音釋文云此二字非鄭注是宋以來校者之辭非陸語蓋後人據賈疏本以校釋文而附著之今注疏中句股上有夕桀二字又後人據釋文所加困學紀聞所據本已如是

擊則不得入　閩監本同誤也毛本擊作轚當據以訂正

御轚者不得入　毛本同閩監本轚誤擊

建類一首　此本及閩本脫建據監毛本補

闕闠衢衖之類　閩本同監毛本闕作闤

云九數者方田已下　惠挍本閩本同監毛本已改以

司諫

辨其能而可任於國事者　此本及閩本辨誤辦今據唐石經諸本訂正疏中此本及閩監毛本皆誤

司救

衺惡謂侮慢長老　釋文出經之衺二大字云似嗟反注作邪同此經作古衺字注作今邪字之明證今本皆依經改作衺矣下文亦由衺惡同

孔注尚書曰　惠挍本曰作云

使事官之作也　閩監本同宋本嘉靖本毛本皆云使事官作之也此誤倒當據以訂正疏中不誤

知書其罪狀以其稱明刑　閩本同監本狀下剜增者字毛本遂排入○按有者字是

三罰而歸於圜土　閩監毛本同唐石經宋本余本嘉靖本於作于當據正

晝日任之以事而收之　宋本余本嘉靖本毛本同此本及閩監本晝誤書今訂正監本疏中不誤

施惠賙恤之　監本恤作賉訛疏中同

調人

雖以會赦　浦鏜云以當已字誤

比父亦辟之海外　此本亦字剜擠閩監毛本排入

元巳年老昏旄　閩本同監毛本旄改耄○按耄是也唐人作疏不當用古文假借字

故今明之　閩本同監毛本明改辨

故逆之海外　浦鏜云逆當避字誤

玉節之剡圭也　按剡圭字當依典瑞玉人作玉圭此非經用古字注用今字之例直是僞字耳下王以剡圭同

鄭知瑞節是玉圭者　閩本同監毛本依注玉改剡非賈疏蓋本用玉字下並同○按疏內三剡字皆當作玉疏當引典瑞云玉圭以易行以除慝而誤云玉圭以和難考典瑞但有穀圭以和難之文

此王法知之　閩本同監毛本作治之

辨本也　余本閩本同宋本監毛本嘉靖本辨皆作辯

猶令二千石以令解仇怨　閩監本同誤也宋本余本嘉靖本毛本作猶今當訂正

媒氏

天地相丞覆之數也　閩本同諸本丞皆作承疏中同

參天兩地而奇數焉　釋文奇本作倚案釋曰就奇數之中天三度生地二度生象天三覆地二則作倚非也

不聘之者　宋本嘉靖本聘作娉

媒氏以男女既有未成昏之藉　浦鏜云籍誤藉

然則三十之男二十之女中春之月者　浦鏜云中春之月四字疑衍文

中男三十而娶　經義雜記曰中下脫古字據大戴禮記補

經有夫婦之長殤　通典嘉禮四引作夫姊之長殤此作婦訛當據正○按喪服經緦麻章有爲夫之姑姊妹之長殤引之者謂三十而娶則不當有姊也

以感時而親迎　經義雜記作以昏時云感字誤

秋班時位也　經義雜記作春班爵位云舊作秋班時位誤也家語作春頒爵位東門之楊正義所引同

熠熠其羽　監本熠誤燿下同

夏小正曰二月冠子嫁女娶妻之時　經義雜記云曰字疑衍今夏小正無嫁女娶妻作娶婦

此淫奔之詩　惠挍本詩作時此誤

鄭說之五爻辰在卯　通典嘉禮四引作舊說六五爻辰在卯此誤

在塗見采髗者　閩本同監毛本髗改蕨非

舊詩云　經義雜記作舊說云此誤

尙及冰未定納　經義雜記作及冰未泮此脫泮字

故管子篇時令云　經義雜記曰當作時令篇云今管子闕

且仲春爲有期之言秋冬春三時嫁娶　經義雜記曰當作無仲春爲期盡之言又春秋四時嫁娶毛本改作有譏之言誤甚

何自違也家語冬合男女窮天數之語　經義雜記曰也字當在之語下

故戒文王能使男女得及其時　經義雜記曰戒當作嘉

感事而出　經義雜記作感事而悲此誤

娶得用非中春之月　宋本余本嘉靖本毛本同閩監本中改仲非疏中仍作中春

此純帛及祭義蠶事以爲純服故論語云　此本及字剜改作交閩監毛本承其誤今據惠挍本訂正浦鏜云故當又之誤

木八爲金九妻　閩監毛本木誤水

依士禮用元纁　惠挍本作依此禮此作士誤

不可埽也　余本嘉靖本同閩監毛本埽作掃非

於小棠之下　閩本同監毛本改甘棠非

赦宥者媒氏聽之　惠挍本赦上有在此脫

司市

彼云次與敘下　惠挍本作彼文此誤

故并思次同名爲次　案思次當爲思介

明賈者在市而居賣物者也　此本者字實缺據惠挍本補閩監毛本作則非

由此二等之人　此本之人二字實缺據惠挍本補閩監毛本作商賈非

物有定賈　岳本嘉靖本閩本同宋本監毛本賈作價俗字疏中監本作賈毛本作價

量以量穀粟之等 浦鏜云粟誤粟

以賈民禁僞而除詐 葉鈔釋文賈民劉音嫁聶洸音古注賈民同

刑罰憲徇扑 宋本作憲徇朴監毛本徇作狗非○按扑是朴非支之隸變爲扑才卽又也扑訓擊因而名擊之之物曰扑凡經典扑改朴者非

以泉府同貨而斂賖 唐石經宋本余本嘉靖本閩本同監毛本賖改賒俗字注及疏準此○按賖从貝余聲余上从入

掌於市之罰布之等藏之 浦鏜云以誤於征誤罰

則貰予之 毛本同閩監本予改與

日昃而市 唐石經諸本同釋文昃本又作昃案此本疏中作日昃

日昃昳中也 諸本同案大司徒注云日跌景乃中此昳當作跌賈疏云昃者傾側之義昳者差跌之言今諸本俱誤爲差昳矣○按跌昳二字上正下俗大司徒注作跌可證

而先言日昃者 閩本同監毛本昃改昃

百族或在城內 毛本內誤由

賁若冬資絺夏資緜之類 閩監毛本改冬資緜夏資絺誤甚

欲見此百姓異於秋官司寇戒於百族 惠校本百姓作百族此誤

錞讀爲定整勑會者 宋本定下空缺一字此本疏中勑作敕

以長丈二因剋丈尺 閩本同監毛本剋作刻

鄭以爲平成市整敕會者 閩監毛本敕作勅非

何得各有地之敘乎 浦鏜云有當於字誤

謂物行苦者 閩監毛本同宋本岳本嘉靖本苦作沽

抑其賈以卻之也 監毛本卻誤郤

釋曰云使有使阜者 閩監毛本脫釋曰

如今斗檢封矣 諸本同毛本檢改撿非

因云物貴者 浦鏜云因云字當誤倒

布帛精麤不中數 岳本嘉靖本麤作麤○按从三鹿者正字也作麄者俗字也

乘車之輪崇六尺六寸 浦鏜云兵誤乘字按浦鏜誤疏固兼引考工記兵車乘車之輪皆崇六尺六寸矣

成出革車一乘出於民間 閩監毛本成誤或監本間誤開

故書附爲柎 宋本余本嘉靖本毛本同閩監本柎作祔宋本載音義亦作柎

足得互見王已下過市 毛本同閩監本足作是誤

附釋音周禮注疏卷第十五

鄭氏注　賈公彥疏

質人掌成市之貨賄。人民。牛馬。兵器。珍異。成平也會者平物賈而來主成其平也人民奴婢也珍異四時食物〔疏〕質人至珍異○釋曰此經質人若今市平準故掌成平市之貨賄已下之事○注成平至食物○釋曰云會者平物賈而來主成其平也者會謂古人會聚買賣止爲平物而來質人主爲平定之則有常估不得妄爲貴賤也此知人民奴婢也者以其在市平定其賈故知非良人是奴婢也云珍異四時食物者見下廛人云凡珍異之有滯者斂而入于膳府即果實及諸食物依四時成熟者也 凡賣儥者質劑焉。大市以質。小市以劑。鄭司農云質劑月平賈也質大賈劑小賈玄謂質劑者爲之券藏之也大市人民馬牛之屬用長券小市兵器珍異之物用短券○長如字〔疏〕注鄭司至短券○釋曰先鄭以質劑爲月平大小賈若今市估文書先鄭注小宰聽賣買以質劑亦如此解後鄭以爲券書者上文成市之貨賄之等已是市平文書則此經云大市以質小市以劑及小宰云聽賣買以質劑文勢不得爲月平故以券書可知也玄謂大市人民馬牛已下鄭以意分之爲大小就大者而言若人民則未成亂已下牛馬未著齒已前亦得爲小者也 掌稽市之書契。同其度量。壹其淳制。巡而攷之。犯禁者舉而罰之。稽猶考也治也書契取予市物之券也其券之象書兩札刻其側杜子春云淳當爲純純謂幅廣制謂匹長也皆當中度量玄謂淳讀如淳尸盥之淳○其淳音准廣光曠反長直亮反中丁仲反淳尸劉章純反下同〔疏〕注稽猶至之淳○釋曰云稽猶考也治也者并取治質劑并解之故兼云治也書契取予市物之券者并案小宰職云聽取予以書契經既云書契故知與彼同非上質劑之市買者也云其券之象書兩札刻其側者小宰注云兩書一札同而別之云刻其側若今畫指也杜子春云淳當爲純純謂幅廣制謂匹長也者即丈八尺後鄭從之後鄭不從杜子春純者純止可爲絲爲緇不得爲幅廣狹故讀從士虞禮淳尸盥之淳故內宰注依巡守禮四咫鄭荅志咫八寸四當爲三三咫謂二尺四寸也 凡治質劑者國中一旬。郊二旬。野三旬。都三月。邦國朞。期內聽。期外不聽。謂齎券契者來訟也以期內來則治之後期則不治所以絕民之好訟且息文書也郊遠郊也野甸稍也都小都大都○朞如字本或作朞同好呼報反〔疏〕注謂齎至大都○釋曰云謂齎券契者來訟也者云此經揔上質劑與書契來訴者知郊是遠郊者以其內有國中外云野遠郊之外明知郊是遠郊也知野是甸稍者郊外曰野是大揔之言下有都都是四百五百里明此是二百里甸三百里稍可知又知都中含大都小都者此質人揔聽畿外明此都兼大小二都可知 廛人掌斂市絘布。緫布。質布。罰布。廛布。而入于泉府。布泉也鄭司農云絘布列肆之稅布杜子春云緫當爲儳謂無肆立持者之稅也玄謂緫讀如租稯之稯稯布謂守斗斛銓衡者之稅也質布者質人之所罰犯質劑者之泉也罰布者犯市令者之泉也廛布者貨賄諸物邸舍之稅○絘音次本或作次緫劉依杜音儳鄭音揔儳音讒稯音揔〔疏〕注布泉至之稅○釋曰知布泉一物者此布皆入泉府故知泉布一也是以外府云掌布注云取其水泉流通無不徧也先鄭云絘布列肆之稅布者謂在行肆坐賣物之常稅也杜子春云緫當爲儳謂無肆立持者之稅也者後鄭不從爲守斗斛銓衡者之稅也者此經廛人掌依行肆者故不得爲無肆立持故破從租稯之稯稯布是守斗斛銓衡之稅下肆長云斂其緫布是無肆立持故注從子春緫當爲儳也云質布者質人所罰犯質劑者之泉也者謂犯質劑違券書罰泉也云罰布者犯市令者之泉也者謂司市有教令其人犯之使出泉云廛布者貨賄諸物邸舍之稅者謂在行肆官有邸舍人有置物於中使之出稅故云廛布也 凡屠者斂其皮角筋骨。入于玉府。以當稅給作器物也其無皮角及筋骨不中用亦稅之〔疏〕凡屠至玉府○釋曰云屠者謂屠殺豕羊之類其人亦有地稅因其屠即取皮角筋骨堪飾器物者使入王府也○注以當至稅之○釋曰知以當稅者謂若山虞澤虞之等所出稅皆云以當邦賦邦賦即地稅之類是也云無皮角及筋骨不中用亦稅之謂若羊牛有皮角及筋骨其豕則無之類是不中用亦使出物之稅以當邦賦之處 凡珍異之有滯者。斂而入于膳府。故書滯或作廛鄭司農云謂滯貨不售者官爲居之貨物沈滯於廛中不決民待其直以給喪疾而不可售賈賤者也廛謂市中之地未有肆而可居以畜藏貨物者也孟子曰市廛而不征法而不廛則天下之商皆說而願藏於其市矣謂貨物儲藏於市中而不租稅也故曰廛而不征其有貨物久滯於廛而不售者官以法爲居取之故曰法而不廛玄謂滯讀如沈滯之滯珍異四時食物也不售而在廛久則將瘦臞腐敗爲買之入膳夫之府所以紓民事而官不失實○將爲于僞反下同畜勑六反說音悅儲知呂反本或作貯又作褚皆同藏如字劉本作葬音同瘦本又作膄所又反臞其俱反又作臞音稍紓音舒劉常汝反〔疏〕凡珍至膳府○釋曰云凡珍異之有滯者謂四時珍美異味買者遂少沈滯不售者也云斂而入于膳府者謂官以泉府之財買取之入於膳夫之府以供官食○注故書至失實○釋曰先鄭云謂滯貨不售者官爲居之經直爲珍異非貨物先鄭以貨物解之故後鄭不從也先鄭又云廛謂市中之地未有肆而可居以畜藏貨物者但廛雖非肆是官之邸舍不得爲空地故後鄭不從引孟子市廛而不征者周則廛有征上文廛布是也云不征者非周法又云法而不廛則與此經同故先鄭引之後鄭增成其義也云久則將瘦臞腐敗者考工記梓人云大胷臞後臞是細小之義故云瘦臞腐敗是以爲買之

胥師各掌其次之政令。而平其貨賄。憲刑禁焉。憲表縣之○縣音玄〔疏〕胥師至禁焉○釋曰案序官云胥師二十肆則一人故云各掌其次之政令云憲刑禁焉者刑謂市中之刑憲徇扑禁謂市中之禁謂司當時設禁令非士師五禁也鄭云憲謂表縣之則經憲非爲憲徇扑之憲 察其詐僞飾行儥慝者。而誅罰之。鄭司農云儥賣也慝惡也謂行且賣姦僞惡物者玄謂飾行儥慝謂使人行賣惡物於市巧飾之令欺誑買者○行下孟反慝他得反巧苦教反又

如字令力呈反下文同〔疏〕注鄭司至買者○釋曰鄭云債賣也者此經云飾行債慝明債爲賣不得爲買上文每云賣債債不得爲賣故爲買是鄭望文爲義故不定也先鄭云謂行且賣姦僞惡物以且間之則行是行步之行不爲行濫之行故後鄭不從以爲行濫解之

聽其小治小訟而斷之。治直吏反下之治同斷丁亂反〔疏〕聽其至斷之○釋曰上司市已云胥師賈師涖於介次而聽小治小訟上摠言之此止當職故申敘之也

賈師各掌其次之貨賄之治。辨其物而均平之。展其成而奠其賈。然後令市。辨別也○賈音古下注賈師同奠音定別彼列反〔疏〕賈師至令市○釋曰案序官云賈師二十肆則一人與胥師數同故云各掌其次之貨賄之治也云辨其物而均平之者此與胥師所掌同云展其成而奠其賈者則與胥師異以其知物價故也

凡天患。禁貴儥者。使有恒賈。恒常也謂若猪米穀棺木而賭久雨疫病者貴賣之因天災害阨民使之重困○重直用反〔疏〕注恒常至重困○釋曰鄭云謂若猪米穀棺木者以其天患無過凶荒札喪故鄭知富人蓄猪米穀以擬凶荒豫賭棺木以擬死而賭久雨疫病賣之也

四時之珍異亦如之。薦宗廟之物〔疏〕四時至如之○釋曰此珍異亦是富人賤時豫賭而後貴時賣之○注薦宗廟之物○釋曰案月令四時有珍異之物皆云先薦寢廟故鄭以爲薦宗廟舉重而言也

凡國之賣儥。各帥其屬。而嗣掌其月。儥買也故書賣爲買鄭司農云謂官有所斥令賣賈師帥其屬而更相代直月爲官賣之均勞逸○更音庚爲官于僞反〔疏〕注儥買至勞逸○釋曰先鄭云謂官有所斥賣者斥謂指斥出之故鄭注大宰亦云幣餘謂占賣國之斥幣義與此同也云賈師帥其屬而更相代者賈師之下有羣賈亦二十肆則一人者使之更互相代也

凡師役會同。亦如之。〔疏〕凡師至如之釋曰此亦從行所在當直爲官賣買也

司虣掌憲市之禁令。禁其鬭囂者。與其虣亂者。出入相陵犯者。以屬遊飲食于市者。囂讙也鄭司農云以屬遊飲食羣飲食者○囂五羔反又許驕反讙音歡〔疏〕注囂讙至食者○釋曰此屬遊飲食謂聚而羣遊飲食者禁之若不羣遊則得飲

若不可禁。則搏而戮之。搏音博下同

司稽掌巡市。而察其犯禁者。與其不物者。而搏之。不物衣服視占不與衆同及所操物不如品式○操七曹反〔疏〕注不物至品式釋曰案大司徒民當同衣服今有人衣服不與衆人同又視占亦不與衆人同及所操物不如品式此皆違禁之物故搏之也

掌執市之盜賊以徇。且刑之。徇辭俊反〔疏〕掌執至刑之釋曰上司市市中之刑無過憲徇扑附於刑者歸於士此掌執市之盜賊以徇且刑之亦無過小盜徇扑而已故云以徇且刑之若直徇者不必有刑其刑者必徇故徇刑兩言之也

胥各掌其所治之政。執鞭度而巡其前。掌其坐作出入之禁令。襲其不正者。作起也坐起禁令當市而不得空守之屬故書襲爲習杜子春云當爲襲謂掩捕其不正者〔疏〕胥各至正者○釋曰案序官胥二肆則一人故亦云各掌其所治之政則一人掌二肆者也云執鞭度而巡其前者此鞭度亦如上文守門者謂以殳爲鞭而量物也○注作起至正者○釋曰杜子春從襲不從古書習者習是習學之習襲是掩襲之義故從襲是以左氏公羊皆有不聲鍾鼓爲襲是掩其不備也

凡有罪者。撻戮而罰之。罰之使出布〔疏〕注罰之使出布○釋曰此罰布即上廛人職云罰布一也故彼注云罰布者犯市令之布也

肆長各掌其肆之政令。陳其貨賄。名相近者相遠也。實相近者相爾也。而平正之。爾亦近也俱是物也使惡者遠善善自相近鄭司農云謂若珠玉之屬俱名爲珠俱名爲玉而賈或百萬或數萬恐農夫愚民見欺故別異令相遠使賈人不得雜亂以欺人○近附近之近遠于萬反注同數色主反令力呈反賈音古〔疏〕肆長至正之釋曰此肆長謂一肆立一長使之檢校一肆之事若今行頭者也○注爾亦至人○釋曰云俱是物也者即司農云俱名爲珠俱名爲玉之類是也云使惡者遠善者釋經名相近者相遠也云善自相近者釋經實相近者相爾也先鄭云謂若珠玉之屬已下直釋經名相近者相遠不釋實相近者其義可知故也先鄭雖舉珠玉貴者而餘物亦爾　斂

其總布。掌其戒禁。杜子春云總當爲儳〔疏〕注杜子至爲儳○釋曰此肆長各主一肆故罰其無肆立持之布故後鄭引而從之也

泉府掌以市之征布。斂市之不售。貨之滯於民用者。以其賈買之物楬而書之。以待不時而買者。買者各從其抵。都鄙從其主。國人郊人從其有司。然後予之。故書滯爲癉杜子春云癉當爲滯鄭司農云物楬而書之物物爲揃書書其賈楬著其物也不時買者謂急求者也抵故賈也主者別治大夫也然後予之爲封符信然後予之玄謂抵實柢字柢本也本謂所屬吏主有司是也○楬音竭抵音帝又都禮反癉音旦又丁左反揃音幾又倉廉反著直略反治直吏反〔疏〕泉府至予之○釋曰云掌以市之征布者即上廛人斂布已下之布並入泉府而藏之故摠云征布也云各從其抵者抵謂本主所屬之吏乃付之即都鄙從其主國人郊人是也云都鄙者可兼大小都及家邑云國人者謂住在國城之內即六鄉之民也云郊人者即遠郊之外六遂之民也○注故書至司是○釋曰先鄭云抵故賈也後鄭不從者假令官前買時貴後或賤今依故賈與之即損民故不得依故賈以解抵也先鄭云主者別治大夫也者義或然以其公卿大夫常在王朝其都鄙則遺人治之若季氏費宰公山弗擾之輩天子都鄙蓋亦然先鄭云爲封符信然後予之者封符信謂有符信文書皆封題之計買者得主及有司然後賣不須封信文書但於理無害故後鄭不破之也後鄭破抵從柢者經是抵欺之抵故破從木傍柢柢得爲本義也云本謂所屬吏主有司是者鄭欲解柢與主有司爲一云主有司是也

凡賒者。祭祀無過旬日。喪紀無過三月。鄭司農云賒貰也以祭祀喪紀故從官貰買物〔疏〕注鄭司至買物○釋曰先鄭之意以祭祀喪紀二者事大故賒與民不取利

凡民之貸者。與其有司辨而授之。以國服爲之息。有司其所屬吏也與之別其貸民之物定其賈以與之鄭司農云貸者謂從官借本賈也故有息使民弗利以其所賈之國所出爲息也假令其國出絲絮則以絲絮償其國出絺葛則以絺葛償玄謂以國服爲之息以其於國服事之稅爲息也於國事受園廛之田而貸萬泉者則朞出息五百王莽時民貸以治產業者但計贏所得受息無過歲什一○之貸音待注不出者同別彼列反貸民音吐代反本賈音嫁一音古所賈音古令力呈反償時亮反〔疏〕凡民至之息○釋曰貸者即今之舉物生利與上文不同云與其有司辨而授之者謂別其所授之物以與之云以國服爲之息者所出之利各以國服而爲息也○注有司至什一○釋曰云有司其所屬吏也者此則上文有司一也若然此經不言都鄙主者有司中兼之故上注亦云本所屬吏是柢本中兼二者云與之別其貸民之物者但泉府中所藏之物種類不同欲授民之時先當分別又當定其賈數以與之先鄭以所賈之國所出爲息已下後鄭不從者凡言服者服事爲名此經以民之服事唯出稅是也則載師云二十而一已下是也是以鄭引載師受園廛之田而貸萬泉者則朞出息五百萬泉一出息五百計當二十而取一若然近郊十一者萬泉朞出息一千遠郊二十而三者萬泉朞出息一千五百甸稍縣都之民萬泉朞出息二千鄭直云園廛者略舉以言之也云王莽時民貸以治產業者但計贏所得受息無過歲什一者此則與周少異周時不計其贏所得多少據本徵利王莽時雖計本多少爲定及其徵科唯據所贏多少假令萬泉歲還贏萬泉徵一千贏五千徵五百餘皆據利徵什一也

凡國之財用取具焉。歲終。則會其出入。而納其餘。會計也納入也入餘於職幣○會古外反後放此〔疏〕凡國至其餘○釋曰云凡國事之財用取具焉者言事謂有司爲國家之事與作用財物者皆來向泉府取財爲具焉泉府財盡乃於餘府別取焉云歲終則會其出入出謂出府會計用財入謂於廛人斂取絘布已下云納其餘者若國家來取財不盡而有餘則納與天官職幣職幣別出與人故云納其餘也

司門掌授管鍵。以啓閉國門。鄭司農云鍵讀爲蹇管謂籥也鍵謂牡○鍵其展反又其偃反司農音蹇居免反籥羊略反〔疏〕司門至國門○釋曰云掌授管鍵以啓閉國門者謂用管籥以啓門用鍵牡以閉門故雙言以啓閉國門則王城十二門者也○注鄭司至謂牡○釋曰先鄭讀鍵爲蹇者欲取其蹇澀之意云管謂籥也者即月令注管籥搏鍵器是也云鍵謂牡者以入爲牡容者爲牝者若爾雅走曰牝牡也　幾

出入不物者。正其貨賄。凡財物犯禁者舉之。不物衣服視占不與衆同及所操物不如品式者正讀爲征征稅也犯禁謂商所不資者舉之沒入官○正其音征〔疏〕

注不物至人官。釋曰鄭知不物是衣服之等者見王制云關執禁以幾禁異服識異言闕人云潛服賊器不入宮奇服怪民不入宮明此司門亦然故鄭以不物衣服之等解之但鄭釋不物之中有三事一者衣服二者占視皆不與衆同三者手所操持不如尋常品式以其特異於人此三者皆須訶問所以也云正讀爲征征稅也者下文云國凶札無關門之征明無凶札之時有征稅故讀從征稅之字也云犯禁者謂商所不資者商所資者謂若國語云冬資絺夏資緜之類是商所豫資待時而賣者乃不爲犯其商所不資謂非民常用之物則舉之沒入官也

以其財養死政之老與其孤。財所謂門關之委積也死政之老死國事者之父母也孤其子〔疏〕注財所至其子。釋曰云財所謂門關之委積也者即上遺人云門關之委積以養老孤云死政之老死國事者之父母也孤其子者即外饔云邦饗耆老孤子義與此同

祭祀之牛牲繫焉。監門養之。監門門徒。毄音計本又作繫監古銜反注同〔疏〕注監門門徒。釋曰牧人六牲至祭前三月則使充人繫而養之若天地宗廟則繫於牢芻之三月若其散祭祀之牲則不在牢遺此監門門徒養之不必三月也

凡歲時之門受其餘。鄭司農云受祭門之餘〔疏〕凡歲至其餘。釋曰凡歲時之門者歲之四時祭門非一故云凡以總之若月令秋祭門者是祭廟門此門亦謂國門十二者除四時祭外仍有爲水祈禱故左氏莊公二十五年秋大水有用牲于門之事

凡四方之賓客造焉。則以告。造猶至也告告於王而止客以侯逆。造七到反注同〔疏〕凡四至以告。釋曰謂四方諸侯來朝覲至關關人告王至郊郊人告王至國門門人告王王得告皆遣人往迎故先鄭云止客以侯逆也

司關掌國貨之節。以聯門市。貨節謂商本所發司市之璽節也自外來者則案其節而書其貨之多少通之國門國門通之司市自內出者司市爲之璽節通之國門國門通之關門參相聯以檢猾商。猾音滑〔疏〕注貨節至猾商。釋曰案下文掌節云貨賄用璽節則璽節主通貨賄若然璽節亦可先從王司市而出鄭今解經璽節先從邦國向內而言者以其司關在境而先云掌國貨之節後云以聯門市是從外向內之言故鄭亦順經先從邦國司市解之也云案其節而書其貨之多少通之國門國門通之司市者將送商人面執節者別有過所文書若下文節傳當載人年幾及物多少至關至門皆別寫一通入關家門家乃案勘而過其自內出者義亦然云參相連以檢猾商者司市與關及門三處相連恐姦猾商人或以多爲少或隱而不出而避稅故相連以檢括之也其遠郊近郊雖不置官掌之亦應有人幾問但無稅法故不言耳

司貨賄之出入者。掌其治禁與其征廛。征廛者貨賄之稅與所止邸舍也關下亦有邸客舍其出布如市之廛。治直吏反〔疏〕司貨至征廛。釋曰司主也主貨賄出入謂上經以聯門市者是也云與其征廛者征謂稅廛謂邸舍二事雙言也。注征廛至之廛。釋曰云關下亦有邸客舍其出布如市之廛者案上文廛人有廛布鄭云廛邸舍此關亦有邸舍商人於關停止則有稅故云如市之廛也

凡貨不出於關者。舉其貨罰其人。不出於關謂從私道出辟稅者則沒其財而撻其人。辟音避一音芳益反

〔疏〕注不出至其人。釋曰注云沒其財者解經舉其貨撻其人者解經罰其人案上憲罰之等皆是撻但舉其貨已是罰物故知罰其人是撻之可知也

凡所達貨賄者。則以節傳出之。商或取貨於民間無璽節者至關爲之璽節及傳出之其有璽節亦爲之傳傳如今移過所文書。傳張戀反注下皆同〔疏〕凡所至出之。釋曰此文重釋上國貨之節上直云璽節此經兼有傳則過所文書。注商或至文書。釋曰鄭云商或取貨於民間無璽節者至關爲之璽節者若本由王市而出則司市爲之璽節商或於民間者或在郊內關內民間買得物貨不得向司市取璽節故因向關外則便於關取節而出若在城內民間資貨者司關爲璽節以出之授節節者即授傳與之

國凶札則無關門之征。猶幾。鄭司農云凶謂凶年饑荒也札謂疾疫死亡也越人謂死爲札春秋傳曰札瘥夭昏無關門之征者出入關門無租稅猶幾謂無租稅猶苛察不得令姦人出入孟子曰關幾而不征則天下之行旅皆說而願出於其塗。札側八反又音截瘥才何反病也苛呼多反又音何令力呈反說音悅〔疏〕國凶至猶幾。釋曰此司關所掌兼言門者門關同類無征是同司門既不言故於關并言門也。注鄭司至其塗。釋曰上注札爲疫病此司農以札爲死則札因病而死義得兩兼是以引越人謂死爲札也云春秋傳者昭十九年左氏云鄭駟偃卒其父兄立子瑕子産曰寡君之二三臣札瘥夭昏注云大死曰札小疫曰瘥短折曰夭未名曰昏又洪範云六極一曰凶短折注云未齓曰凶未冠曰短未昏曰折並無正文望經爲說耳引春秋者證札爲大疫也引孟子者案孟子云尊賢使能俊傑在位則天下之士皆說而願立於朝矣市廛而不征法而不廛則天下之商皆說而願藏於市矣關幾而不征則天下之行旅皆說而願出於其塗矣耕者助而不稅則天下之民皆說而願耕於其野矣廛無夫里之布則天下之民皆說而願爲之民矣信能行此五者則鄰國之民仰之如父母矣率其子弟以攻其父母自有生民已來未有能濟者也如是則無敵於天下無敵於天下然而不王者未之有也此陳正法與周異引之者彼正法不征商旅則有說此經有故不征亦所以說民故取一邊爲證也

凡四方之賓客。敂關則爲之告。謂朝聘者也。敂關猶謁關人也。鄭司農說以國語曰周之秩官有之曰敵國賓至關尹以告行理以節逆之。敂音叩苦狗反爲于僞反朝直遙反〔疏〕凡四至之告。釋曰敂猶至也譏外諸侯來朝使卿大夫來大聘小聘但至關門皆先謁關人關人止客則奔告王王使小行人逆勞於畿也。注謂朝至逆之。釋曰案小行人云凡諸侯入王則逆勞於畿聘禮使者至謁關人此經亦摠云賓客敂關則爲之告是以鄭云謂朝聘者也云叩關猶謁關人者猶聘禮謁關人也先鄭說以國語曰周之秩官有之者案國語定王使單襄公聘於宋遂假道於陳以聘楚候不出疆司空不視塗單子歸告於王曰陳侯不有大咎國必亡矣又云周之秩官有之曰敵國賓至關尹以告行理以節逆之韋昭注云理吏也行理小行人掌國賓客禮以待四方使逆賓客候人爲導卿出郊勞司里授館引之者國語云關尹以告則此經司關爲之告一也云行理以節逆之者證關尹告王王使小行人以節迎之也

有外內之送令。則以節傳出內之。有送令謂奉貢獻及文書以常事往來環人之職所送迎通賓客來至關則爲之節與傳以通之〔疏〕有外至內之。釋曰此雙言之云有外之送令者則以節傳內之謂從諸侯之國畿外而入者則關人以節及傳內之至王又云有內之送令則以節傳出之者謂有王命從王國而出則亦以節傳出之送至畿上也。注有送至通之。釋曰案秋官環人職云掌送逆邦國之通賓客以路節達諸四方注云路節旌節也四方圻上與此義同故引以言之

掌節掌守邦節而辨其用。以輔王命。邦節者珍圭牙璋穀圭琬圭琰圭也王有命則別其節之用以授使者輔王命者執以行爲信。別彼列反下相別同使所吏反下之使注使節使者同〔疏〕掌節至王命。釋曰此一經論王國之節對下文邦國是諸侯故此王國文單言邦也。注邦節至王爲信。釋曰云邦節者珍圭之等皆約典瑞言之案典瑞云珍圭以徵守以恤凶荒牙璋以起軍旅以治兵守穀圭以和難以聘女琬圭以治德以結好琰圭以易行以除慝是其邦節也不數自外璧羨以起度之等以其彼是王國所用非使者之節故不言之云王有命則別其節之用以授使者此釋經而辨其用故典瑞注亦皆云王使之瑞節也

守邦國者用玉節。守都鄙者用角節。謂諸侯於其國中公卿大夫王子弟於其采邑有命者亦自有節以輔之玉節之制如王爲之以命數爲小大角用犀角其制未聞〔疏〕注謂諸至未聞。釋曰云謂諸侯於其國中者釋經守邦國者用玉節云公卿大夫王子弟於其采邑者釋經守都鄙者用角節內公卿大夫亦是畿內之國但對畿外諸侯爲尊故公卿已下言都鄙也云有命者亦自有節以輔之者亦如上文王命有節以輔之者玉節之制如王爲之以命數爲小大者以邦國與王同稱玉節故知邦國亦有數等之節亦皆以玉爲之以其諸侯國內亦有徵守起軍旅之等故知與王同知以命數爲小大者以其命圭之等依命數故亦以九以七以五爲節也其天子玉節自以大小爲數故琬圭琰圭俱同九寸穀圭牙璋俱七寸唯有珍圭無文鄭云大小當與琬琰相依云角用犀角者案釋獸云犀似豕注云角在鼻上犀角是角中之貴故知不得用玉者當用犀角云其制未聞者以其邦國之玉節可以約王之玉節都鄙之角節無可依約既無舊制故云其制未聞此云都鄙用角節注謂公卿大夫王子弟於其采邑是都鄙之主案小行人都鄙用管節注謂公之子弟及卿大夫之采地之吏也故用管節與此不同彼諸侯采地亦同用管節亦異外內也若天子公卿大夫采邑之吏下注約入道路用旌節

凡邦國之使節。山國用虎節。土國用人節。澤國用龍節。皆金也。以英蕩輔之。使節使卿大夫聘於天子諸侯行道所執之信也土平地也山多虎平地多人澤多龍以金爲節鑄象焉必自以其國所多者於以相別爲信明也今漢有銅虎符杜子春云蕩當爲帑謂以函器盛此節或曰英蕩畫函。蕩如字又吐黨反帑吐黨反盛音成〔疏〕注使節至畫函。釋曰云使節使卿大夫聘於天子諸侯行道所執之信也者大聘使卿小聘使大夫或於天子或於諸侯故並言之也云土平地也者對山澤非平地也云山多虎者若晉國之類也云平地多人者若衛國之類也云澤多龍者若鄭國之類也云以金爲節鑄象焉者釋經皆金也云必自以其國所多者於以相別爲信明也者山澤與平地人虎龍皆雜有今言山國用虎澤國用龍土國用人皆據多者相別爲信以自明也引漢有銅虎符者證周時節用銅之意也杜子春云蕩當爲帑者音以湯蕩反

之令人猶言帑也帑則函故云謂以函器盛此節也云或曰英蕩畫函者其函猶是蕩但以英華有畫義故更云畫函也經云輔之者以函輔此法使不壞損也案昭二十九年公在鄆賜公衍羔裘使獻龍輔於齊侯注龍輔玉名所以輔龍節與此別也

門關用符節。貨賄用璽節。道路用旌節。皆有期以反節。門關司門司關也貨賄者主通貨賄之官謂司市也道路者主治五涂之官謂鄉遂大夫也凡民遠出至於邦國邦國之民若來入由門者司門爲之節由關者司關爲之節其商則司市爲之節其以徵令及家徒則鄉遂大夫爲之節雖時事而行不出關不用節也變司市言貨賄者璽節主以通貨賄貨賄非必由市或資於民家焉變鄉遂言道路者容公邑及小都大都之吏皆主治五塗亦有民也符節者如今宮中諸官詔符也璽節者今之印章也旌節今使者所擁節是也將送者執此節以送行者皆以道里日時課如今郵行有程矣以防容姦擅有所通也凡節有法式藏於掌節○郵音尤字從垂作御誤〔疏〕注門關至掌節○釋曰鄭知門關是司門司關者以其人之出入必由門由關而授節者非門關之官不可輒授故知主守門及關者故以司門司關解之也云貨賄者主通貨賄之官謂司市也者以其貨賄所得皆由於市乃得通之於外亦非官不可輒授故知貨賄用璽節必是王之司市也云道路者主治五溝五涂之官謂鄉遂大夫也謂以其授節非官不可言路即遂人徑畛涂道路之涂也鄉之田制與遂同故知旌節是鄉遂大夫所授也云凡民遠出至於邦國邦國之民若來入由門者司門爲之節由關者司關爲之節者據此注凡民出至邦國若宅在國城中先由門則司門授之節若宅在關內者則由關司關授之節也若邦國之民來入則先由關司關授之節若然邦國之民入其節直由關不由門亦云由門者因王國之民出由門故摠言之於義無妨也云其商則司市爲之節者此王之掌節而言貨賄用璽節明是王之司市非邦國之司市其實商徙從邦國來即邦國司市爲節故上司關注云貨節謂商本所發司市之璽節自外來者即案其節是邦國之璽節也云其以徵令及家徙則鄉遂大夫爲之節者知徵令有節者見鄉大夫云國有大故以旌節輔令則達之注云民雖命行其將之者無節不得通是徵令有節之事又知家徙有節者見比長云若徙於佗則爲之旌節而行之是家徙有節也又云唯時事而行不出關不用節也者時事行若比長云徙於郊徙於國當鄉徙及非徵令皆不須節兼言不出關者關內當都當邑當行不出關皆不須節也云變司市言貨賄者司市本出璽節授商今不言市而變言貨賄故鄭云璽節主以通貨賄貨賄非必由市或資於民家則由門者司門與之節由關者司關授之節故變言貨賄也云變鄉遂言道路者容公邑及小都大都之吏皆主治五涂亦有民也者鄉遂公邑爲溝洫法三等采地爲井田注井田與溝洫雖俱爲溝洫稀稠有異皆有五涂以官主當共民出入皆受旌節故變鄉遂而言道路以容此等之官云之吏者以其都鄙之主在王朝唯吏在都鄙故以吏言之也云符節已下周法無文故皆約漢法況之案太史公本紀漢文帝二年九月初與郡國守相爲銅虎符竹使符應劭曰銅虎符第一至第五國家當發兵遣使者至郡國合符符合乃聽受之竹使符者皆以竹箭五枚長五寸鐫刻篆書第一至第五張晏曰符以代古之圭璋從簡易也鄭引之者欲明漢時銅虎符本出於此也

凡通達於天下者。必有節以傳輔之。必有節言遠行無有不得節而出者也輔之以傳者節爲信耳傳說所齎操及所適〔疏〕凡通至輔之○釋曰此經揔解上經門關諸有節并有傳輔成信驗或有節無傳或有傳無節或節傳俱無則不得通達於天下也

無節者。有幾則不達。圖土內之〔疏〕無節至不達○釋曰此亦揔解上門關已下應有節傳令無節者非直被幾又不通達前所也○注圖土內之釋曰知圖土內之者見比長云無節無授圖土內之故也

遂人掌邦之野。郊外曰野此野謂甸稍縣都〔疏〕注郊外至縣都釋曰遂在遠郊百里之外即遂人所掌之野在郊外曰野之中故鄭云郊外曰野鄭又知此野謂甸稍縣都者從二百里至五百里皆名野者此遂人不言掌遂又見下文云以達于畿明遂人掌野通至畿疆也但遂人雖專掌二百里之中乃兼掌三百里以外其有溝洫井田之法皆知之也

以土地之圖。經田野。造縣鄙形體之灋。五家爲鄰。五鄰爲里。四里爲酇。五酇爲鄙。五鄙爲縣。五縣爲遂。皆有地域溝樹之。使。各掌其政令刑禁。以歲時稽其人民。而授之田野。簡其兵器。教之稼穡。經形體皆謂制分界也鄰里酇鄙縣遂猶郊內比閭族黨州鄉也鄭司農云田野之居其比伍之名與國中異制故五家爲鄰玄謂異其名者示相變耳遂之軍法追胥起徙役如六鄉○鄰作管反後同分扶問反又如字下分制同比毗志反下同追如字劉張類反〔疏〕以土至稼穡○釋曰遂人以土地之圖據圖以經界其田野田野謂田在百里之外野中所經界者即造縣鄙已下是也云造縣鄙者此與下五家爲鄰之等爲揔目五家已下有六等略言二者耳云皆有地域溝樹之者從五家已下據地境界四邊營域爲溝溝上而樹之也云使各掌其政令刑禁者五家則鄰長施政令五鄰則里宰施政令已上皆施之云以歲時稽其人民者稽計也人民猶言夫家夫家男女也以歲之四時計其所管男女多少而損益之云授之田野者若下文一廛田百晦云簡其兵器者若族師旗鼓兵革云教之稼穡者亦若計耦耕事○注經形至六鄉○釋曰云經形體皆謂制分界也者以田野云經縣鄙云造形體之法明是爲田野云經緯爲縣鄙云形體二者同實而異名明俱爲分界處所也云鄰里酇鄙縣遂猶郊內比閭族黨州鄉以家數相對是同故云猶郊內也先鄭云田野之居其比伍之名與國中異制者田野之居釋經經田野比伍之名謂夫一廛田百晦也言比五則經中言五皆是也名與國中異制亦異以其六遂之內上地有萊五十晦并下劑致甿並異也玄謂異其名者示相變耳者此後鄭直增成先鄭家數雖同其名異之意云遂之軍法追胥起徒役如六鄉者案小司徒云乃會萬民之卒伍而用之五人爲伍五伍爲兩四兩爲卒五卒爲旅五旅爲師五師爲軍以起軍旅以作田役以比追胥以令貢賦注云鄉之田制與遂同但彼鄉中唯見出軍無田制此遂人唯見田制無出軍法故鄭彼注云鄉之制與遂同此遂之軍法追胥起役如彼六鄉互見其義明彼此皆有也但彼此雖相如據大較而言細論之仍有少異以其六鄉上劑致民六遂下劑致甿六鄉上地無萊六遂上地有萊有萊是其稍異也○

凡治野以下劑。致甿以田里。安甿以樂昏擾甿以土宜。教甿稼穡以興耡。利甿以時器。勸甿以彊予。任甿以土均平政。變民言甿異外內也甿猶懵懵無知貌也致猶會也民雖受上田中田下田及會之以下劑爲率謂可任者家二人樂昏勸其昏姻如媒氏會男女也擾順也時器鑄作耒耜錢鎛之屬彊予謂民有餘力復予之田若餘夫然政讀爲征土均掌平其稅○鄭大夫讀耡爲藉杜子春讀耡爲助謂起民人令相佐助○甿亡耕反耡音助李又音鉏彊其良反懜本又作懵莫崩反又音蒙李武冰反猶會古外反下一字同率音律又音類錢音翦劉音踐鎛音博復扶又反〔疏〕凡治至平政○釋曰云以下劑致甿者對六鄉之中其家一人爲正卒已下皆爲羨卒此六遂之中家一人爲正卒第二者爲羨卒自外並爲餘夫家取二人爲下劑致甿也云以田里安甿者田則爲百晦之田里則五晦之宅民得業則安故云安甿也以樂昏擾甿者男女人所樂故云樂昏飲食男女人之大欲存焉故配以昏姻即順民意也以土宜教甿稼穡者高田種黍稷下田種稻麥是教之稼穡云以興耡利甿者耡助也興起其民以相佐助是與民爲利故云利甿也○注變民至佐助○釋曰此案大司徒小司徒主六鄉皆云民不言甿此變民言甿者直是異外內而已無義例以其民者冥也甿者懵懵皆是無知之兒也云雖受上田中田下田者即此下文夫一廛以下是也云以下劑爲率謂可任者家二人者則其外爲餘夫是也云耒耜錢鎛之屬者詩云跱乃錢鎛仍有茲基之等故云之屬鄭大夫讀耡爲藉藉借也謂借民力所治之田民相於無此事故後鄭謂相佐助從子春也

辨其野之土。上地。中地。下地。以頒田里。上地。夫一廛。田百晦。萊五十晦。餘夫亦如之。中地。夫一廛。田百晦。萊百晦。餘夫亦如之。下地。夫一廛。田百晦。萊二百晦。餘夫亦如之。萊謂休不耕者鄭司農云戶計一夫一婦而賦之田其一戶有數口者餘夫亦受此田也廛居也楊子雲有田一廛謂百晦之居也玄謂廛城邑之居孟子所云五晦之宅樹之以桑麻者也六遂之民奇受一廛雖上地猶有萊皆所以饒遠也王莽時城郭中宅不樹者爲不毛出三夫之布○令力呈反晦音畝萊音來數色主反奇居宜反〔疏〕辨其至如之釋曰此據在六遂之中爲野故以野言之并上地中地下地以頒其田里此皆與已下爲揔目也此直言上中下地亦當如小司徒云上地家七人中地家六人下地家五人也○注萊謂至之布○釋曰案詩云田卒汚萊注高者萊下者汚是萊謂休不耕者也先鄭引楊子雲有田一廛謂百畝之居也後鄭不從以爲廛與孟子五晦之宅同者此經上中下地皆云夫一廛田百晦百晦與一廛別言之則此廛與廛人皆謂廛綿於其中則此乃是廛里在國中之地一也不得同爲百畝之田詩所云三百廛兮者自是三百家之稅故亦廛表稅也云六遂之民奇受一廛諸釋經餘夫亦如之則餘夫皆有田有廛是餘夫別更受廛備後離居之法故奇受一廛也云雖上地猶有萊者對六鄉不言餘夫之廛上地又無萊故云皆所饒遠也引王莽時事者證廛是城郭中言

凡治野。夫間有遂。遂上有徑。十夫有溝。溝上有畛。百夫有洫。洫上有涂。千夫有

澮。澮上有道。萬夫有川。川上有路。以達于畿。

十夫二鄰之田百夫一酇之田千夫二鄙之田萬夫四縣之田遂溝洫澮皆所以通水于川也遂廣深各二尺溝倍之洫倍溝澮廣二尋深二仞徑畛涂道路皆所以通車徒於國都也徑容牛馬畛容大車涂容乘車一軌道容二軌路容三軌都之野涂與環涂同可也萬夫者方三十三里少半里九而方一同以南畝圖之則遂從溝橫洫從澮橫九澮而川周其外焉去山陵林麓川澤溝瀆城郭宮室涂巷三分之制其餘如此以至于畿則中雖有都鄙遂人盡主其地○畛之忍反劉音真洫況域反澮古外反乘繩證反從子容反下同去起呂反盡津忍反

【疏】凡治至于畿○釋曰遂人所掌即六遂之中爲溝洫之法遂地在郊外田野之中故云凡治野云夫間有遂已下五溝所以通水入川五涂所以通道向都及國城也○注十夫至其地○釋曰云十夫二鄰之田已下以遂之中有鄰里酇鄙縣遂故十夫以下還以鄰酇鄙縣地當之鄭知遂廣深各二尺溝倍之洫倍溝澮廣二尋深二仞者此雖溝洫法與井田異制其遂溝洫澮廣深亦與井田溝澮廣深同故鄭還約匠人井田之法而言也鄭知徑容牛馬之等義如此者此從川上有路差之凡道皆有三塗川上之路則容三軌道容二軌塗容一軌軌皆廣八尺其畛差小可容大車一軌軌廣八尺自然徑不容車軌而容牛馬及人之步徑是以春秋有牽牛蹊蹊即徑也云都之野涂與環涂同可也者案匠人云環涂以爲諸侯經涂野涂以爲都經涂鄭注云經亦謂城中道諸侯環涂五軌其野涂及都環涂皆三軌彼注亦與此注同皆以爲都之野涂與環涂同依內則云道有三涂男子由右女子由左車從中央是以鄭鄭解川上之路及都之野涂皆容三軌也云萬夫者方三十三里少半里者此解經萬夫有川之意從西北隅北畔至東頭有十洫一洫百夫十洫千夫千夫萬步萬步有三十三里百步百步是少半里以九澮摠而言之則萬夫矣故言萬夫者三十三里少半里矣云九而方一同者案匠人云廣尺深尺謂之甽以至方百里爲同同間廣二尋深二仞彼井田法溝澮稱少而云同此雖溝洫法溝澮稠多與彼井田相準擬而言也云以南晦圖之遂從溝橫洫從澮橫九澮而川周其外焉者案詩有今適南畝又云南東其畝故以南畝圖之其田南北細分者是一行隔爲一夫十夫則於首爲橫溝十溝即百夫於東畔爲南北之洫十洫則於南畔爲橫澮九澮則於四畔爲大川此川亦人造雖無丈尺之數蓋亦倍澮耳此川與匠人澮水所注川者異彼百里之間一川謂大川也云去山林之等其餘如此者鄭注載師亦以此等三分去一皆大判而言之耳是以田之法一成九百夫亦三分去一以其涂通計出稅故每云三百家也云以至于畿則中雖有都鄙遂人盡主其地者遂人主六遂與司徒主六鄉同唯在二百里以內今經云以達于畿明畿以內之中雖有都鄙作井田之法遂人亦盡主其地明不可細主井田但主公邑之中爲溝洫之法與鄉遂人盡主之可知也

以歲時登其夫家之衆寡。及其六畜車輦。辨其老幼癈疾。與其施舍者。以頒職作事。以令貢賦。以令師田。以起政役。

登成也猶定也夫家猶言男女也施讀爲弛職謂民九職也分其農牧衡虞之職使民爲其事也載師職云以物地事授地職互言矣貢九貢也賦九賦也政役出士徒役○施式氏反下施舍皆同政音征注同

【疏】以歲至政役○釋曰云以歲時以主其夫家已下亦如族師所云以歲之四時成定男女之等○注登成至徒役○釋曰云施讀爲弛者以其文承老幼癈疾之下又別云以起政役明此不得爲施政役破施爲弛謂弛捨其政役也云職謂民九職也者以其頒職而作事是民之九職使之作事而遺出九貢也云分其農牧衡虞之職者農即三農牧即藪牧衡虞即虞衡作山澤之材不言商賈嬪婦臣妾之等者略之也云載師職云以物地事授地職互言矣者彼云物地事不云貢此云令貢賦不云物地事地事貢賦當相互皆有也云貢九貢也者即九職之九貢非諸侯之九貢也賦者即亦大宰九賦一曰邦中之賦二曰四郊之賦之等是也云政役出士徒役者即上注遂之軍法如六鄉者是也

若起野役。則令各帥其所治之民而至。以遂之大旗致之。其不用命者誅之。

役謂師田若有功作也遂之大旗熊虎

【疏】若起至誅之○釋曰此文起野役若小司徒凡起徒役毋過家一人之類也云則令各帥其所治之民而至者謂令縣正已下縣正云若將用野民師田行役移執事則師而至治其政令是縣正受遂人之令也云以遂之大旗致之者以其遂人雖是大夫合用鳥隼之旗致衆令遂人掌與大司徒同故致衆得用熊虎爲旗也○注役謂至熊虎○釋曰知役謂師田若功作也者以其縣正所云用野民師田行役移執事爲此事致之用此役與彼同其云功作則移執事之等是也云大旗熊虎者司常職文

凡國祭祀。共野牲。令野職。

共野牲入於牧人以待事也野職薪炭之屬

【疏】注共野至之屬○釋曰云共野牲入於牧人以待事也者謂牛羊豕在六遂者故曰野牲牧人云掌牧六牲以待祭祀故知此野牲[illegible]野牲亦入牧人以待事也云野職薪炭之屬者此官令之委人斂之故下委人云掌斂野之賦又云斂薪芻凡疏材木材凡畜聚之物言之屬者兼此諸物也

凡賓客。令脩野道而委積。

委積於廬宿市

【疏】凡賓至委積○釋曰案大司徒云令野脩道委積彼謂摠令遺人此於百里外野道又令之故注云委積於廬宿市是亦令遺人也

大喪。帥六遂之役而致之。掌其政令。及葬。帥而屬六綍。及窆。陳役。

致役致於司徒給墓上事及窆也綍舉棺索也葬舉棺者謂載與說時也用綍旁六執之者天子其千人與陳役者主陳列之耳匠師帥監之鄉師以斧涖焉大喪之正棺殯啓朝及引六鄉役之載及窆六遂役之亦即遠相終始也鄭司農云窆謂下棺時遂人主陳役也禮記謂之封春秋謂之堋皆葬下棺也聲相似○屬音燭綍音弗窆劉昌絹反窆也本作窆戚彼驗反與注相應與說始銳反人與音餘朝直遙反之封彼驗反或如字堋補鄧反

【疏】注致役至相似○釋曰鄭知致役致於司徒給墓上事及窆也者以其殯及引皆六鄉役之其墓上事及窆等六遂役之故知致役給墓上墓上則說載下棺之等窆謂穿壙之等不言在廟載事亦六遂役之不言者略也必致於司徒者司徒雖主六鄉以其地官之卿掌徒庶之役亦兼掌六遂之役故也云綍舉棺索者以其據在棺則曰綍據在道則曰引六遂之役不在道故據在棺而言綍也云葬舉棺者謂載與說時也者以其經云屬六綍不據在道故知在廟載時及在壙說時也云用綍旁六執之者天子其千人與者案雜記諸侯執綍五百人大夫三百人以此約之天子千人無正文故云與以疑之云陳役者主陳列之耳者以其經云及窆窆謂下棺下棺之時千人執綍背碑負引須陳列其人故知謂陳列之也云匠師帥監之鄉師以斧涖焉者案其鄉師職知之云大喪之正棺殯啓朝及引六鄉役之載及窆之六遂役之知義然者案大司徒職云大喪帥六鄉之衆庶屬其六引此遂人云帥六遂之役屬六綍及窆陳役鄭據此二文言之以六鄉近使主殯及啓朝爲始在祖廟之中將行載棺於蜃車屬六綍則六遂爲終也至於在道言引則還使六鄉爲始至壙窆之下棺則還使六遂爲終以二處自共爲終始故云即遠相終始也是以大司徒注云六鄉主六引六遂主六綍也云禮記謂之封者據檀弓云庶人縣棺而封及喪大記下棺亦云封是也春秋謂之堋者左氏葬鄭簡公有司墓之室當道毀之則朝而堋是也窆堋封三者字雖不同皆是下棺也云聲相似者窆封堋皆以去聲言之故云聲相似也

凡事致野役。而師田作野民。帥而至。掌其政治禁令。

○治直吏反下治訟皆同

【疏】凡事至禁令○釋曰此居職末摠結之言也

遂師各掌其遂之政令戒禁。以時登其夫家之衆寡。六畜車輦。辨其施舍與其可任者。經牧其田野。辨其可食者。周知其數而任之。以徵財征。作役事。則聽其治訟。

施讀亦弛也經牧制田界與井也可食謂今年所當耕者也財征賦稅之事

【疏】遂師至治訟○釋曰以遂師下大夫四人所掌六遂亦如鄉師以主六鄉亦大夫二人共主三遂故云各掌其遂之政令戒禁并以時登其夫家衆寡六畜已下皆如鄉師之職但鄉師云輦又云老幼貴賤廢疾此不言之此云經牧其田野之等彼不言之皆是互換爲義故設文不同也云周知其數而任之以徵財征者謂周偏知其夫家六畜及田野之等任之據人民之數徵財征野之數也云作役事則聽其治訟者役事中可兼軍役田獵功作之此皆聽其治訟也○注施讀至之事○釋曰云施讀亦弛也者此注與鄉師同以其其可任者對而言明施不得亦爲施功者事故讀爲弛與舍同爲捨放之事云經牧制田界與井也者但六遂制溝洫法上文所云者是令以爲制界與井也又爲井田法者以其遂人兼掌采地故上云掌野鄙兼言稍縣都以采地有井田法故此經云經牧其田野與小司徒文同故鄭亦兼言井也云可食謂今年所當耕者也者六遂以外上地亦有萊中下之地自然皆有萊不耕者故云今年所當耕者也云財征賦稅之事者征是賦稅財是地稅故云財征賦稅之事也雖以地稅爲正其中亦兼有口率出泉也

巡其稼穡。而移用其民。以救其時事。

移用其民使轉相助救時急事也四時耕耨斂艾芟地之宜晚早不同而有天期地澤風雨之急○耨奴豆反艾音刈

【疏】巡其至時事○釋曰遂師各自巡其春種曰稼秋斂曰穡○注移用至之急○釋曰云地之宜晚早不同者其地有宜早種早收有宜晚種晚收故云晚早不同云而有天期地澤風雨之急者山出雲雨大風有隧皆由天期而有故以天期而言此並須移用其民救其時事故并言之也

凡國祭祀。審其誓戒。共其野牲。

審亦聽也

【疏】凡國至野牲○釋曰案冢宰職云大祭祀掌百官之誓戒大司寇涖誓百官并戒百族此

官主審其戒戒遂之民故不同也

入野職野賦于玉府。民所入貨賄以當九職九賦中玉府之用者〔疏〕注民所至用者○釋曰云野職謂民九職之貢野賦謂民九賦自邦甸家稍縣都之等口率出泉以其在遠郊之外故皆以野言之也云中玉府之用者亦是遂師自當徵其穀稅泉以入大府分之衆府也若然案大府職云式貢之餘財以共玩好之用入於玉府彼入玉府者是式貢之餘財財之美者由大府乃入玉府此經入玉府者非財之美不堪王之玩好者也

賓客。則巡其道脩。庀其委積。巡其道脩行治道路也故書庀爲比鄭司農云比讀爲庀庀具也○庀又作庀匹爾反具也劉副美反一音芳米反脩行下孟反〔疏〕賓客至委積○釋曰巡其道脩者大司徒云野脩道委積據國外曰野在六鄉之中者此據六遂之中者

大喪。使帥其屬以幄帟先。道野役及窆抱磨。共丘籠及蜃車之役。使以幄帟先者大宰也其餘司徒也幄帟先所以爲葬窆之間先張神坐也道野役帥以至墓也丘籠之役鑿復土也其器曰籠蜃車柩路也柩路載柳四輪迫地而行有似於蜃因取名焉行至壙乃說更復載以龍輴蜃禮記或作槫或作輇役謂執紼者鄭司農云抱磨磨下車也玄謂磨者適歷執紼者名也遂人主陳之而遂師以名行校之○磨劉音歷籠力董反蜃市軫反以爲于僞反坐才臥反復音服或音福乃說始銳反或吐活反更復扶又反輴勑倫反槫市專反李徒官反輇市專反適音的又音釋〔疏〕大喪至之役○釋曰大喪謂王喪也云使帥其屬以幄帟先者謂大宰官使其屬以幄帟先行至壙云道野役者謂司徒導引野中之役出國城至壙云及窆抱磨者及至也謂柩至壙窆下棺也下棺之時遂師帥其執紼者之人名歷適而校數之也云共丘籠者土曰丘謂共爲丘之籠器以盛土也云及蜃車之役者謂祖廟中將行共蜃車以載柩之役人也○注使以至校之○釋曰知使以幄帟先是大宰者以其天官幕人掌共帷幕幄帟綬屬大宰故知使幕人以幄帟先是大宰也云其餘司徒也者以其司徒主衆庶故知野役之徒皆司徒令之也云幄帟先所以爲葬窆之間先張神坐也者謂柩至壙脫載除飾柩則在地未葬窆之間須有凶靈神坐之所故知大幕之下宜有幄之小帳小帳之內而有帟之承塵以爲神坐也云道野役帥以至墓也者以其云導導是帥引之言故知從廟帥引往至墓所也云丘籠之役鑿復土也者鑿謂穿地復土謂下棺之後以壙上土反復而爲丘壟皆須籠器以盛土也云蜃車柩路也者人君所居皆曰路故云柩路也云柩路載柳四輪迫地而行者謂在祖廟中遂匠納車於階間郤而上載之乃加帷荒帷荒即柳也四輪迫地而行即輇車以二輈而貫四輪四輪即許氏說文云無輻曰輇者也云似於蜃因取名焉者此解名爲蜃車之意云行至壙乃說更復載以龍輴者以其天子諸侯殯時用輴車即檀弓所云菆塗龍輴天子之禮是也諸侯不龍其輴而已殯既用輴明葬時用輴可知云蜃禮記或作槫或作輇者案雜記云載以輴車鄭注云輴讀爲輇或作輇彼經作輴卜部禮記作輇或作摶彼經不爲輇者但輪輇字雖異其義同故此云或作輇也但爲摶者非車之體不從之取其輪字或有作團字團又轉訛爲國字者故既夕記云遂匠納車於階間注云車載柩車周禮謂之蜃車雜記謂之團車喪大記又謂之團車也先鄭云抱磨磨下車也者於義無所當故後鄭不從也後鄭云適歷執紼者名也者謂天子千人分布於六紼之上謂之適歷者分布稀疏得所名爲適歷也云遂人主陳之者案上遂人云及窆陳役是也云而遂師以名行校之者但執紼之人背碑負引而退行遂師抱持版之名字巡行而校錄之以知在否故云抱磨也

軍旅田獵平野民。掌其禁令。比敘其事而賞罰。平謂正其行列部伍也鄭司農云比讀爲庀○比敘匹爾反出注行列戶剛反〔疏〕軍旅至賞罰○釋曰軍旅謂征伐田獵謂四時田云平野民者謂遂師平正六遂之民故云平野民也云比敘其事而賞罰者遂師校比次敘其行伍而行賞罰也○注平謂至爲庀○釋曰周禮之內云比者後鄭皆爲校比先鄭皆爲庀庀爲具得通一義故引之在下也

遂大夫各掌其遂之政令。以歲時稽其夫家之衆寡。六畜田野。辨其可任者。與其可施舍者。以教稼穡。以稽功事。掌其政令戒禁。聽其治訟。施讀亦爲弛功事九職之事民所以爲功業〔疏〕遂大至治訟○釋曰此一經與遂師職意同但互見其義耳○注施讀至功業○釋曰云功事九職之事民所以爲功業者大宰以九職任萬民彼云任即此功事謂任之使有功者也

令爲邑者。歲終。則會政致事。不言其遂之吏而言爲邑者容公邑及卿大夫王子弟之采邑政令戒禁遂大夫亦施焉〔疏〕注不言至施焉○釋曰言之者若直言遂之吏則不容公邑與采邑今遂大夫不言遂之吏變云爲邑則遂中可以兼公邑采邑二者故云政令戒禁遂大夫亦施焉以其遂人云掌野又云以達于畿故知亦施政令戒禁

正歲。簡稼器。脩稼政。簡猶閱也稼器耒耜鎡基之屬稼政孟春之月令所云皆脩封疆審端徑術善相丘陵阪險原隰土地所宜五穀所殖以教道民必躬親之○術音遂相息亮反道音導〔疏〕注簡猶至親之○釋曰云稼器耒耜鎡基之屬者其器中含有錢鎛之等故云之屬也云稼政孟春之月令所云皆脩封疆者此是月令鄭注彼封疆謂田首之分界也云審端徑術者鄭彼注術當爲遂引遂人職云夫間有遂遂上有徑當審之使脩理也云善相丘陵阪險原隰者土之高者曰丘大阜曰陵坡者曰阪險下濕者曰隰高平曰原也云土地所宜者即丘陵已下若高田種黍稷下田種稻麥丘陵阪險種桑棗是也云以教道民必躬親之者彼約束典田大夫必身親檢校之以證稼政之事

三歲。大比。則帥其吏而興甿。明其有功者。屬其地治者。與甿舉民賢者能者如六鄉之爲也興猶舉也屬猶聚也又因舉吏治有功者而聚勑其餘以職事○比毗志反下徵比及注同屬音燭聚也注同治直吏反〔疏〕三歲至治者○釋曰云三歲大比已下若鄉大夫三歲大比與賢者能者其義同變之耳云帥其吏者則遂大夫已下縣正至鄰長○注興甿至職事○釋曰云興甿舉民賢者能者如六鄉之爲也者此文不具故鄭就鄉大夫解之彼以鄉飲酒興賢能者厥明獻賢能之書於王王拜而受之登於天府內史貳之此職亦然也云興猶舉也屬猶聚也者謂當興舉之時因舉治民之吏鄰長以上吏之有功者而升之又聚其地治鄰長以上勑之以職事使之不慢也

凡爲邑者。以四達戒其功事。而誅賞廢興之。四達者治民之事大通者有四夫家衆寡也六畜車輦也稼穡耕耨也旗鼓兵革也〔疏〕凡爲至與之○釋曰此言爲邑者義如上不言遂之吏而言爲邑者容公邑及采邑也云以四達戒其功事者達通也謂將四通之事以戒勑其功事功事即上注九職之功業也云而誅賞廢興之者此亦如天官注大有功不徒與又賞之大無功不徒廢又誅之故誅賞廢興連言之也○注四達至革也○釋曰鄭知四達是夫家已下者此無正文唯約上下文而知義爾案遂師云夫家衆寡六畜車輦此遂大夫亦云夫家衆寡以教稼穡酇長云以旗鼓兵革帥而至又云趨其耕耨鄭據而言故以四事當此四達

縣正各掌其縣之政令徵比。以頒田里。以分職事。掌其治訟。趨其稼事。而賞罰之。徵徵召也比案比○趨如字李倉苟反本又作趨音促〔疏〕縣正至罰之○釋曰以一遂有五縣故云各掌其縣之政令徵比者謂政教號令徵發按比之等也云以頒田里者亦如上文夫一廛田百晦也云以分職事者即九職之功事也

若將用野民。師田行役。移執事。則帥而至。治其政令。移執事移用其民鄭司農云謂轉相佐助〔疏〕若將至政令○釋曰云若將用野民者言將事未至之時預徵召野民也言師田謂出師征伐及田獵也言行役謂若巡狩及功役言移執事謂移徙用民以執事也

既役。則稽功會事而誅賞。〔疏〕既役至誅賞○釋曰此經結上文功役之事事訖乃稽考其功多少當計會其事之可否而有功者賞無功者誅也

鄙師各掌其鄙之政令祭祀。祭祀祭禜也○禜音詠〔疏〕鄙師至祭祀○釋曰五鄙爲縣五百家爲鄙故云各掌其鄙之政令也○注祭祀祭禜也○釋曰知鄙祭禜者鄙與六鄉黨同黨祭禜故知此鄙所祭祀謂祭禜也

凡作民。則掌其戒令。作民謂起役也〔疏〕注作民謂起役也○釋曰知作民是起役者案下酇長云若作其民而用之則以旗鼓兵革帥而至又上文每云野役故知此作民亦是起役事也

以時數其衆庶。而察其媺惡而誅賞。時四時也○數色主反下同媺音美〔疏〕注時四時也○釋曰知時四時者見鄉師職云凡四時之徵令則凡言歲時者皆是四時唯鄉師云賙萬民之囏阨而云歲時巡國及野者鄭注云隨其事之時不必四時囏阨非常故也

歲終。則會其鄙之政而致事。

酇長各掌其酇之政令。以時校登其夫家。比其衆寡。以治其喪紀祭祀之事。校猶數也〔疏〕酇長至之事○釋曰以其一鄙五酇故云各掌其酇之政令也云以治其喪紀者謂民之喪紀若鄉師所云族共喪器之類治其祭祀者謂若族祭酺之類若然縣當祭社與州同縣正鄙師酇長皆不言所祭神者六遂與六鄉互見其義也

若作其民而用之。則以旗鼓兵革帥而至。若歲時

簡器。與有司數之。簡器，簡稼器也。兵器亦存焉。有司，遂大夫。疏若作至數之。○釋曰：言作其民而用之者，謂師田及巡守之等。直言以旗鼓兵革，不言車輦，文不具。○注簡器至大夫。○釋曰：云簡器，簡稼器也者，見遂大夫職云正歲簡稼器，脩稼政，則此官與遂大夫共簡之，故注云有司遂大夫也。知兵器亦存焉者，以遂大夫云簡稼器，此不言稼，直云器，故知器中兼有兵器旗鼓兵革亦有在其中也。凡歲時之戒令皆聽之。趨其耕耨。稽其女功。聽之，受而行之也。女功，絲枲之事。疏凡歲至女功。○釋曰：此酇長彌親民，故趨其耕耨，并稽考女功之事。○注聽之受至之事。○釋曰：鄭知聽之爲受而行之，非聽斷之者，以酇長中士官，惟承受遂人已下之事，不得專聽斷，故知聽謂受聽而行之也。知女功絲枲者，案禮記內則論女功云執麻枲治絲繭，故知此女功亦治絲枲以爲布帛。

里宰掌比其邑之衆寡與其六畜兵器。治其政令。邑猶里也。疏里宰至政令。○釋曰：里宰二十五家，不言各者，文承遂師以下皆言各掌，此亦各掌可知。○注邑猶里也。○釋曰：邑是人之所居之處，里又訓爲居，故云邑猶里也。以歲時合耦于耡。以治稼穡。趨其耕耨。行其秩敘。以待有司之政令。而徵斂其財賦。考工記曰：耜廣五寸，二耜爲耦。此言兩人相助，耦而耕也。鄭司農云：耡讀爲藉。杜子春云：耡讀爲助，謂相佐助也。玄謂耡者，里宰治處也，若今街彈之室，於此合耦，使相佐助，因放而爲名。季冬之月令命農師計耦耕事，脩耒耜，具田器，是其歲時與？合人耦則牛耦亦可知也。秩敘，受耦相佐助之次第。○治處，直吏反。街音佳。彈如字，一音丹。放，沈方往反。疏以歲至財賦。○釋曰：云歲時者，亦謂歲之四時。云合耦于耡者，耡，助也，謂合兩兩相佐助於里宰處。云以治稼穡者，謂治理其民，使爲春稼秋穡之事。云趨其耕耨者，謂使民趨時以春耕夏耨。云行其秩敘者，謂民使行其合耦，使有次第。云以待有司之政令而徵斂其財賦者，以六遂之賦稅，縣師徵之，旅師斂之，則此財賦言待有司徵斂者，謂縣師旅師也。○注考工至次第。○釋曰：鄭引考工記者，欲證合耦爲二人共發一尺之地，乃成畎以通水之意也。先鄭云耡讀爲藉者，藉借也，非相佐助之義，故後鄭不從之也。杜子春讀耡爲助者，相佐助也，於義合，但文令不足，故後鄭增其義也。玄謂耡者里宰治處也若今街彈之室者，鄭以漢法況之，漢時在街置室，檢彈一里之民，於此合耦，使相佐助，因放而名耡也。引月令者，證歲時合耦之事，秦周政令或異，故云是其歲時與，言與以疑之也。云合人耦則牛耦亦可知也者，周時未有牛耦耕，至漢時搜粟都尉趙過始教民牛耕。今鄭云合牛耦可知者，或周末兼有牛耦，至漢趙過乃絕人耦，專用牛耦，故鄭兼云焉。云秩敘受耦相佐助之次第者，或家有一夫二夫共耦，若長沮桀溺耦而耕，或先後次第相佐助爲之也。

鄰長掌相糾相受。相糾，相舉察。疏鄰長至相受。○釋曰：鄰長不命之士爲之，各領五家，使五家有過各相糾察，宅舍有故又相容受也。凡邑中之政相贊。長短使相補助。疏凡邑至相贊。○釋曰：云邑中者，亦謂一里之內，有上政令徵求，則五鄰共相贊助，此則以長補短，故鄭云長短使相補助也。徙于他邑。則從而授之。從猶隨也，授猶付也。疏徙于至授之。○釋曰：古者三年大比，民或於是徙，謂不便其居，則徙於他，遷向他遂，非直從授之，明無罪過，亦當以旌節將行，如六鄉比長云徙於他，則以旌節而行之，出鄉無節，則唯圜土內之是也。

周禮注疏卷十五校勘記　　阮元撰盧宣旬摘錄

附釋音周禮注疏卷第十五

質人

會謂古人會聚買賣　閩本同，監毛本作市，是也。

此知人民奴婢也者　浦鏜云：此知二字當誤倒。案人民下當脫爲字。

質劑月平賈也　余本、嘉靖本、閩監本同，毛本也誤九，宋本、岳本無也。

淳當爲純　九經古義云：經淳制，管子作綧制。制分篇云：衡石一稱，斗斛一量，丈尺一綧制，戈兵一度。○按綧字不見於說文，未可從也。

云其券之象書兩札刻其側者　毛本同，閩監本札改劄。○按此可證宋人用劄爲札。

邦國朞　唐石經諸本同。釋文國基，如字，本或作朞，同。案儀禮士虞禮注云：古文朞皆作基。周禮古文與儀禮正同，此當從陸本。○按近人以朞年字別於期會，直是俗字，然自廣韻已如此分別矣，凡經典如此分別者非也。

廛人

掌斂市絘布總布　唐石經、宋本、嘉靖本同，閩監毛本緫改總，非，注及疏同。釋文絘布音次，本或作次。案經當作絘，注當作次。

總讀如租稯之稯　漢讀考云：租稯當是組總之譌，見巾車職。

質布者質人之所罰　余本、閩監毛本同，宋本、岳本、嘉靖本無之。案賈疏引注亦無之字，有者衍文。

謂貨物儲藏於市中　釋文諸本作貯，又作褚，藏，劉本作䝅。案䝅也者，藏也，故以儲䝅釋藏。○按䝅从宁聲，宁之或字也。宁者，辨積物也。

久則將瘦臞腐敗　釋文瘦本又作膄，臞，其俱反，又作臒，音稍。案賈疏本作瘦臞。○按臞之義在考工梓人。

云久則將瘦臞腐敗者　閩本同，監毛本臞改臒，非，下同。

胥師

憲長縣之　余本同，誤也。宋本、嘉靖本、閩監毛本長作表，當據正。

謂司當時設禁令　閩本同，監本司上剜擠市字，毛本遂排入。

此止當職　宋本當字缺。浦鏜云：止蓋正之誤。

賈師

謂官有所斥令賣　余本、閩監毛本同，宋本、岳本、嘉靖本無令字。案賈疏引注云謂官有所斥賣，則有令者衍文。

肆長

掌其戒禁　唐石經、宋本、余本、嘉靖本、毛本同，閩監本禁作令，非。石經考文提要云：宋本、九經、宋纂圖互注本、宋附釋音本、余仁仲本皆作禁。

泉府

貨之滯於民用者　漢讀考於作于。

物楬而書之物物爲揃　嘉靖本、閩本楬作揭，毛本揃作楄，皆譌。

元謂抵實柢字柢本也　宋本柢皆作抵，誤。監本上柢誤抵。

主有司是也　余本、閩監毛本同，宋本、嘉靖本無也。案此本疏標起止云注故書至司是，則賈疏本無也，有者衍文。

注故書至司是　閩監毛本因注中衍也字，因改此作故書至是也。

云主有司是也　浦鏜云：云上當脫故。

凡賒者　監毛本賒改賖，注及疏同。

凡國事之財用取具焉　唐石經、宋本、嘉靖本、毛本同，監本國事倒作事國，此本及閩本脫事字，今補正。

凡國至其餘　閩毛本同，監本國改事。

司門

鍵讀爲蹇　漢讀考云：經本作蹇，注本作蹇讀爲鍵，此以注改經，復以經改注之一也。案此易蹇爲鍵，故下云鍵謂牡。賈疏云：先鄭讀爲蹇者，欲取其蹇澁之意。然則唐初本已誤。

欲取其蹇澁之意　閩本同，監毛本澁作澀。

衣服視占　宋本、余本、嘉靖本、毛本同，閩監本占改瞻，疏中同。按作瞻非也，視占謂可占驗處。

祭祀之牛牲繫焉　唐石經諸本同。釋文繫作毄，云本又作繫。案古繫字多作毄，易繫辭本作毄。

故左氏莊公二十五年　閩監毛本作左傳。

司關

參相聯以檢猾商　賈疏引注作參相連以檢猾商，注當本用連，此改聯，非。宋本檢作撿，此本疏中撿檢錯出。

關下亦有邸客舍　諸本同。段玉裁云：當作舍客，謂以邸舍客也。

二事雙言也　惠挍本二作一，此誤。

此關亦有邸舍　惠挍本關下有旁，此脫。

授節節者即授傳與之　監本刓去一節字此衍

凶謂凶年饑荒也　宋本嘉靖本饑作飢非

猶苛察不得令姦人出入　釋文苛呼多反又音何姦作姧嘉靖本猶誤循案苛蓋本作荷謂呵問審察也○按古呵問字或作苛或作荷此作苛不誤

敂關猶謁關人也　宋本嘉靖本敂作叩案賈疏引注作叩關是注本用叩字此仍依經改敂非○按叩乃俗字古衹作敂不當云經敂注叩也

猶聘禮關人也　惠挍本禮下有謁

敵國賓至關尹以告　惠挍本無上關此衍

則此經司關爲之告一也　惠挍本無一

掌節

守邦國者用玉節　說文卩部作守國者用玉卩云卩象相合之形

玉節之制如王爲之以命數爲小大　此本王誤土嘉靖本誤玉今據諸本訂正通典七十五引作以命數爲大小浦鏜改作以玉爲之云據儀禮經傳通解挍案賈疏云以邦國與王同稱玉節亦皆以玉爲之以其諸侯國內亦有徵守好難起軍旅之等故知與王同然則注正作如王浦鏜輕據他書竄改誤甚

可以約王之玉節　惠挍本無以此衍

凡邦國之使節山國用虎節土國用人節澤國用龍節　說文卩部云使山邦者用虎卩土邦者用人卩澤邦者用龍卩國字皆作邦爲異

入由門者司門爲之節由關者司關爲之節　宋本司門爲之節下有也入二字司關爲之節下有也故二字並衍

其以徵令及家徒　余本同誤也宋本嘉靖本閩監毛本皆作家從當訂正案賈疏引注作家從又引比長若從於他則爲之旌節而行之以證

非門關之官不可輒授　監本輒訛輙下同

云道路者主治五溝五涂之官謂鄉遂大夫也謂　浦鏜云下謂當作者

若宅在國城中先由則司門授之節　閩本則改門監毛本承之案則上當有門字惠挍本門則二字並有

鐫刻篆書　閩監毛本鐫作鎸

遂人

此野謂甸稍縣都　宋本余本岳本嘉靖本同閩監毛本謂誤爲下節注皆謂制分界也同

五家已下有六等　閩監毛本已改以

田百晦也　閩監毛本晦改畮

言此五則經中言五皆是也　浦鏜云比伍誤比五

上地有萊有萊　盧文弨曰下有萊疑衍

以下劑致甿　漢讀考云宋本周禮音義詩衛風正義白帖宋刻卷廿二廿三引周禮甿皆作氓知開成石經作甿以氓爲亡民而改之也

以樂昬擾甿　宋本余本嘉靖本同唐石經閩監毛本昬作昏注中準此

以興耡利甿　說文耒部云耡商人七十而耡耡耤稅也从耒助聲周禮曰以興耡利萌案鄭大夫注讀耡爲藉與許君訓耡爲藉意同

以疆予任甿　閩監毛本同誤也唐石經宋本余本嘉靖本疆皆作彊當訂正注中同釋文亦誤作疆余本載音義作彊

甿猶懵懵無知貌也　釋文懵本又作懜宋本嘉靖本貌作皃此本疏中亦作皃漢讀考云說文引周禮以興耡利萌漢人謂民爲萌注當云變民言萌萌猶懵懵艸木始生曰萌故訓曰懵若氓則毛傳說文訓爲民也

詩云跱乃錢鎛　惠挍本同閩監毛本跱改痔

故云皆所饒遠　浦鏜云所下脫以

十夫二鄰之田　毛本鄰改隣此本誤都今據諸本訂正

以南畝圖之　閩監毛本同宋本作而南晦圖之余本岳本嘉靖本畝皆作晦此本疏中引注亦作晦當訂正

軌廣八尺　惠挍本作九尺○按惠棟誤也軌無容九尺者

環涂以爲諸侯經涂　惠挍本閩本同監毛本經誤徑下同○按毛本此二行三經字皆譌爲徑

辨其老幼癈疾　監本癈誤廢疏中同

及竁陳役　釋文作及竁云劉昌絹反穿也本作窆戚彼驗反與注相應案陸從劉昌宗作竁與注乖當從戚衮本作窆今本是也

給墓上事及竁也　宋本竁誤毳

春秋謂之塴　宋本塴作傰載音義同葉鈔釋文亦作傰

遂師

施讀亦弛也　諸本同案亦下當脫爲土均注云施讀亦爲弛也可證浦改作施讀爲弛非此承上遂人注施讀爲弛言之故云亦

謂周徧知其夫家六畜及田野之等任之　此本之等二字剜擠閩監毛本遂排入

云地之宜晚早不同者　閩監毛本晚早誤倒

此經入玉府者　惠挍本經作徑此誤

及窆抱磨　閩監毛本同誤也余本嘉靖本磨作磿注中同當據正葉鈔釋文抱磿劉音歷通志堂本亦誤磨困學紀聞云遂師抱磿音歷史記樂毅書故鼎反乎磿室徐廣注磿歷也戰國策新序作歷室蓋古字通用

禮記或作博　余本岳本閩監本同釋文亦作慱音市專反宋本嘉靖本誤作摶毛本誤作榑

謂祖廟中將行　惠挍本謂下有在此脫

脫載除飾　閩本同監毛本飾作飭○按飭是

或作摶　閩本同監毛本摶改搏下但爲搏者同案宋本注作摶當即搏之訛

遂大夫

施讀亦爲弛　宋本弛作㢮

耒耜鎡基之屬　嘉靖本鎡基作茲其從金從土蓋後人所加此本疏中引注作鎡其

審端徑術　諸本同釋文亦出徑術二字岳本徑作經誤

引遂人職云　惠挍本引上有即此脫

勑之以職事　惠挍本勑作勅下節疏同

縣正

云頒田里者　閩本同監本云下剜擠以字毛本遂排入

夫一廛田百晦也　監本晦改畝

鄙長

并稽考女功之事　惠挍本之下有等

里宰

趨其耕耨　毛本耨誤耕

但又今不足故後鄭增其義也　閩監毛本增改從亦今疑誤

鄰長

徙于他邑　嘉靖本徙誤徒

附釋音周禮注疏卷第十六

鄭氏注　賈公彥疏

旅師掌聚野之耡粟。屋粟。間粟。野謂遠郊之外也耡粟民相助作一井之中所出九夫之稅粟也屋粟民有田不耕所罰三夫之稅粟間粟間民無職事者所出一夫之征粟○間音閑注同疏旅師至間粟○釋曰此旅師斂六遂之稅六遂在野故云掌聚野之耡粟之等○注野謂至征粟○釋曰云野謂遠郊之外也者案鄉大夫野自六尺彼野謂城外此野據遠郊之外六遂之中也云耡粟民有相助作一井之中所出九夫之稅粟也者六鄉六遂與公邑三處皆為溝洫法三等采地乃為井田今此六遂之中鄭云一井之中出九夫之稅粟以為井田與例違者但鄉遂之中雖為溝洫法及其出稅亦為井田稅之是以小司徒職云考夫屋注云夫三為屋屋三為井出地貢者三三相任是出地稅亦取井有九夫三三相保而稅之故以井言之云屋粟民有田不耕所罰三夫之稅粟間粟間民無職事者所出一夫之征粟者此並載師職文但彼云出夫家之征彼注云夫稅者百畮之稅家稅者出士徒車輦此經云粟無取於家征之義故略不言也

而用之以質劑致民。平頒其興積。施其惠。散其利。而均其政令。而讀為若聲之誤也若用之謂恤民之艱阨委積於野如遺人於鄉里也以質劑致民案入稅者名會而貸之興積所興之積謂三者之粟也平頒之不得偏頗有多少縣官徵聚物曰興今云軍興是也粟縣師徵之旅師斂之而用之以賙衣食曰惠以作事業曰利均其政令者皆以國服為之息○而用而音若出注積子賜反注同疏而用至政令○釋曰若用謂用上者之粟也○注而讀至之息○釋曰鄭必讀而為若者所聚之粟民有艱阨乃用之無則貯待凶年則若為不定之辭其而字無義例故鄭轉為若也云若用之謂恤民之艱阨者案遺人云鄉里之委積以恤民之囏阨此六遂即鄉里也故鄭云委積於野如遺人之於鄉里也云以質劑致民案入稅者名會而貸之者所聚之粟還擬凶年振恤所輸入之人欲與之粟還案入稅者之人名會計多少以貸之簿書若市旁有長短故云質劑也云縣官徵聚物曰興者六遂已外縣師徵之故云縣官徵聚物曰興云今云軍興是也者鄭舉漢法況之與皆是積聚之義也云是粟縣師徵之者案上縣師職云歲時徵野之賦貢故知也云旅師斂之者即上文聚三等粟是也云而用之則皆用之是也云以賙衣食曰惠知者以衣食先當時用不生其利故云惠所為事業後即有利故云利此對文惠利兩有故為此釋若通而言之惠利為一故論語孔子云因民所利而利之不亦惠而不費是惠利通也云均其政令者皆以國服為之息者亦如泉府凡民之貸者以國服為之息鄭彼注云以其於國服事之稅而出息也於國事受園廛之田而貸萬泉者則朞出息五百若然近郊之田貸萬泉朞出息一千已外遠郊甸稍縣都皆依國可知

凡用粟。春頒而秋斂之。困時施之饒時收之疏凡用至斂之○釋曰上經所云是貸而生利此經所云是直給不生利也官得舊易新民得濟其困乏官民俱益之也

凡新甿之治皆聽之。使無征役。以地之嬾惡為之等。新甿新徙來者也治謂有所求乞也使無征役復之也王制曰自諸侯來徙家期不從政以地美惡為之等七人以上授以上地六口授以中地五口以下授以下地與舊民同旅師掌斂地稅而又施惠散利是以屬用新民焉○治直吏反注同復音福期音基上時掌反疏注新甿至民焉○釋曰云新甿新徙來者也者即上徙於他者是也云治謂有所求乞也者此無正文鄭以意解之以其無征役可治又新來未有業次故知治是求乞也引王制自諸侯來徙於家期不從政者彼仍有自家從於諸侯三月不從政不引之者略引之以證有復除之法云以地美惡為之等七人以上授之以上地已下者此皆據小司徒職文此三等據中地而言故注云有夫有婦乃成家自二人以至十人為九等七六五者為其中但彼六鄉上地無萊此據六遂上地有萊五十畮已外中地下地外內同皆三百畮耳

稍人掌令丘乘之政令。丘乘四丘為甸甸讀與惟禹敶之敶同其訓曰乘由是改云是掌令都鄙脩治井邑丘甸縣都之溝涂云丘甸者舉中言之溝涂之人名井別邑異則民之家數存焉○丘乘繩證反注丘乘曰乘丘甸井為甸甸讀禹敶之敶皆同音疏稍人至政令○釋曰云掌令丘乘之政令者四井為邑四邑為甸甸出長轂一乘故云丘乘不言令井邑者舉中而言也言令者謂三等采地之中為溝涂之法耳○注丘乘至存焉○釋曰丘乘四丘為甸據小司徒而言之也云甸讀與惟禹敶之敶同者案毛詩云惟禹甸之不言敶者鄭先通韓詩此據韓詩而言敶是軍陳故訓為乘言由是改云者由甸出車一乘可以為軍故改云乘不為甸也云是掌令都鄙脩治井邑丘甸縣都之溝涂云丘甸者舉中言之者此據小司徒職云四井為邑四邑為丘四丘為甸四甸為縣四縣為都而言也知直令為溝涂者以下文云若有會同則以縣師之法作其同徒彼是令軍法明此惟令治溝涂而已云溝涂之人名井別邑異則民之家數存焉者謂甸方八里其中六十四井使出田稅外加一里三十六井使治溝洫不出稅云民之家數存者假令上地一井地有九夫中央一夫助入公傍八夫各治一夫以自入則一井地有九夫家則有八四井為邑三十二家據一成而言則三十六井使治溝涂各有人名故云溝涂之人名井別邑異民之家數存在於一成之中矣

若有會同師田行役之事。則以縣師之灋。作其同徒輂輦。帥而以至。治其政令。以聽於司馬。有軍旅會同田役之戒縣師受法於司馬邦國都鄙稍甸郊里唯司馬所調以其法作其眾庶及馬牛車輦會其車人之卒伍使皆備旗鼓兵器以帥而至是以書令之耳其所調若在家邑小都大都則稍人用縣師所受司馬之法作之師之以致於司馬也同徒司馬所調之同凡用役者不必一時皆徧以人數調之使勞逸遞焉○輦居錄反卒伍子忽反調徒弔反下同徧音遍遞徒禮反又音弟本又作適音釋疏若有至司馬○釋曰云若者此等或有或無故云若為不定之辭也云會同者謂時見曰會殷見曰同云師田者謂出師征伐及田獵云行役者謂巡守及興役云則以縣師之法作其同徒者稍人屬縣師縣師屬大司馬大司馬得王進止縣師即受法於司馬縣師既得法稍人又受法於縣師故云以縣師之法作其同徒也既作同徒乃致與大司馬故云以聽於司馬也○注有軍至遞焉○釋曰有軍旅會同田役之戒縣師受法於司馬邦國都鄙稍甸郊里唯司馬所調者縣師注云郊里郊所居也謂六鄉之民布在國中外至遠郊故有居在郊者也云以其法作其眾庶及馬牛車輦會其車人之卒伍使皆備旗鼓兵器以帥而至者並縣師職云其間云縣師及邦國都鄙稍甸郊里唯司馬所調以其法並鄭所加加之者欲見縣師受法於司馬稍人又受法於縣師之意也云是以書令之耳者此鄭君之言是以此稍人書而令作其同徒之事云其所調若在家邑小都大都則稍人用縣師所受司馬之法作之師之以致於司馬也者此鄭取縣師之文合於此經共文此稍人受法於縣師所受司馬之法云同徒司馬所調之同者此即縣師受法於司馬者也云凡用役者不必一時已下此釋其同徒同其勞逸遞等也

大喪。帥蜃車與其役。以至。掌其政令。以聽於司徒。蜃車及役遂人共之稍人者野監是以帥而致之既夕禮曰既正柩賓出遂匠納車于階間則天子之以至于士柩路皆從遂來疏大喪至司徒○釋曰此經釋天子之喪葬使稍人帥蜃車及役人使至之事云以聽於司徒者以其司徒地官卿掌徒庶之政令故稍人帥眾以聽於司徒也○注蜃車至遂來○釋曰鄭知蜃車及役遂人共之者案遂人職云大喪帥六遂之役而致之又云及葬帥而屬六綍又遂師職亦共上籠及蜃車之役故知遂人共之也云稍人者野監是以帥而致之者此欲釋得在稍人之意以其監三等采地是野監故得并監六遂蜃車之事也云天子以至于士柩路皆從遂來者此經上舉天子既夕下舉士則其中有諸侯卿大夫之喪蜃車柩路皆從遂人而來可知

委人掌斂野之賦斂。薪芻。凡疏材木材。凡畜聚之物。野謂遠郊以外也所斂野之賦謂野之園圃山澤之賦也凡疏材草木有實者也凡畜聚之物瓜瓠葵芋禦冬之具也野之農賦旅師斂之工商嬪婦遂師以入玉府其牧則遂師又以共野牲○斂力豔反畜敕六反注同芋于附反疏注野謂至野牲○釋曰委人所斂皆據六遂以外至王畿故鄭云野謂遠郊以外總言之也云所斂野之賦謂野之園圃山澤之賦也者此則九職所出貢賦通言之九職之中有園圃有山澤之虞衡作山澤之材故以園圃山澤言之也云凡疏材草木有實者也者疏是草之實材是木之實故鄭並言之九職中有臣妾聚斂疏材鄭彼注云疏材百草根實不以木解材文略也彼臣妾聚斂雖無貢法要知此疏材亦是草木有根實者鄭不言根亦略言之也云凡畜聚之物瓜瓠葵芋禦冬之具也者七月詩有八月斷壺壺瓠也有甘可食者信南山詩疆場有瓜士喪禮又有葵菹芋故知畜聚物中有瓜瓠葵芋之等但士虞禮籩豆差之葵菹芋芋為長菹不得為芋于其南方有芋子堪食與士喪禮芋別也云野之農賦旅師斂之者即上旅師所云聚野之耡粟之等是也云工商嬪婦遂師以入玉府者案遂師云入野職野賦于玉府雖不言工商嬪婦但遂師既入野之賦貢明嬪婦工商之賦也知者以其玉府掌玩好之物其工商嬪婦所作堪為玩好故入玉府者工商嬪婦也云其牧則遂師又以共野牲者上遂師云凡國祭祀共其野牲是外九職之中藪牧養鳥獸者遂師共之也

以稍聚待賓客。以甸聚待羈旅。聚凡畜聚之物也故書羈作奇杜子春云當為羈○聚俗裕反下文同疏以稍至羈旅○釋曰委人掌斂野賦故以三百稍地之聚二百里甸之聚以待羈旅過客之等○注聚凡至為羈○釋曰鄭知聚是凡畜聚者見上文凡畜聚之物故知此聚亦是畜聚之物

凡其余聚以待頒賜。余當為餘聲之誤也餘謂縣都之

畜聚之物。〔疏〕注余當至之物。○釋曰：知餘聚是縣都者，以其委人掌斂野物從二百里至王畿，上已云甸稍，明此言餘聚是縣四百里、都五百里中畜聚之物，如上稍甸畜聚之物也。

以式灋共祭祀之薪蒸木材。賓客共其芻薪。喪紀共其薪蒸木材。軍旅共其委積薪芻。凡疏材共野委兵器。與其野囿財用。式法，故事之多少也。薪蒸給炊及燎，麤者曰薪，細者曰蒸。木材給張事。委積薪芻者，委積之薪芻也。軍旅又有疏材以助禾粟。野委謂廬宿止之薪芻也。其兵器，謂守衛陳兵之器也。野囿之財用者，苑囿藩羅之材。○蘿音羅，本亦作羅。〔疏〕以式至材用。○釋曰：此一經以委人掌斂野賦，故所有委積皆供之。○注式法至之材。○釋曰：云「式法，故事之多少也」者，總此一經皆當依舊法式用之，故以法式目之也。云「薪蒸給炊及燎」者，以其祭祀所用薪蒸，無過炊米與燔燎也。知「麤者曰薪，細者曰蒸」者，左氏傳云「其父析薪」，薪既云析，明其大者曰薪；其蒸不言析，明其細也。云「木材給張事」者，以其祭祀而云木材等，更無用木材之處，案掌次云張大次、小次及幕，並須木材，明據此所用，故云給張事。云「委積薪芻」者，委積之薪芻也者，案大行人、掌客皆有委積，委積之中有牲牢、米禾、薪芻之等，委人所供惟供薪芻，鄭恐委積之中有米、牲牢亦供之，故云委積薪芻，是委積之中供薪芻以別之也。云「軍旅又有疏材以助禾粟」者，以其疏材是百草根實，可得助禾粟以供馬牛，故云助禾粟也。云「野委謂廬宿止之薪芻也」者，案遺人云十里有廬，廬有飲食；三十里有宿，宿有委；五十里有市，市有積。委積之中有芻薪在野外，故云野委也。其六鄉之廬宿委積薪芻，自六鄉供之。云「其兵器謂守衛陳兵之器也」者，其文承野委之下，明與野委同為賓客所用，故知是守衛賓客陳兵之器也。云「野囿之財用者，苑囿藩羅之材」者，委人所為皆據二百里，上經稍聚待賓客據二百里，此囿故知在野，故鄭以野囿言之。古者田獵皆在囿，故書傳云禽之取於囿是勇力取，今之取於澤是揖讓取。若然，田在澤，澤中有囿；田在山，山中有苑。其苑囿藩羅以遮禽獸，故云野囿財用也。

凡軍旅之賓客館焉。館，舍也。必舍此者，就牛馬之用。〔疏〕凡軍至館焉。○釋曰：言軍旅賓客者，謂諸侯以軍旅助王征討者，故謂之軍旅之賓客也。

土均掌平土地之政。以均地守。以均地事。以均地貢。政讀為征。所平之稅，邦國都鄙也。地守，虞衡之屬。地事，農圃之職。地貢，諸侯之九貢。○之政音征，出注。〔疏〕注政讀至九貢。○釋曰：鄭破政為征者，不取於政教之政，故破從征稅之征也。云「所平之稅，邦國都鄙也」者，案下文云以和邦國都鄙者，故知此平者亦據邦國都鄙。若六鄉、六遂及公邑征稅，自均人平之。云「地守，虞衡之屬」者，案下文山虞、澤虞、川衡、林衡之屬皆云守，故知地守是虞衡之屬也。云「地事，農圃之職」者，九職任萬民，使民事之，故知地事是九職三農、園圃之職也。云「地貢，諸侯之九貢」者，此土均邦國都鄙，而云均地貢，明據大宰九貢而言。但諸侯九貢是歲之常貢，則小行人春令入貢者是也。其諸侯九貢皆民之地稅，不貢王市取美物，若禹貢厥篚、厥貢之類是也。

以和邦國都鄙之政令刑禁。與其施舍禮俗喪紀祭祀。皆以地媺惡為輕重之灋而行之。掌其禁令。施讀為弛也。禮俗，邦國都鄙民之所行先王舊禮也。君子行禮，不求變俗，隨其土地厚薄，為之制豐省之節耳。禮器曰：「禮也者，合於天時，設於地財，順於鬼神，合於人心，理於萬物。」○為，于偽反。省，所景反。〔疏〕以和至禁令。○釋曰：土均主調，即是和義，故土均以和畿外邦國、畿內都鄙之政令，及五刑五禁，與其施舍不役之等，並須調和之，使之得所也。云禮俗、喪紀、祭祀皆以地媺惡為輕重之法而行之者，自禮俗、喪紀、祭祀三事皆以地之美惡輕重者，地美則重行之，地惡則輕行之，以其禮許儉，不非無故也。云掌其禁令者，恐有僭踰與下逼，故禁令也。○注施讀至萬物。○釋曰：云「施讀亦為弛也」者，上遂人注已云施讀為弛，故此云亦。云「禮俗，邦國都鄙民之所行先王舊禮也」者，此土均和邦國都鄙，俗者續也，續代不易，是知先王舊禮，故引曲禮「君子行禮，不求變俗」以證之，謂若周公封康叔於殷墟，其民還行殷之禮俗者也。云「隨其土地厚薄，為之制豐省之節耳」者，以厚薄解經媺惡，豐省解經為輕重之法也。云「禮器曰：禮也者，合於天時」者，天有四時，四時生者則將為禮，是合於天時也。云「設於地財」者，土地有財為禮，是所設依於地之財也。云「順於鬼神」者，鬼神享德不享味，若不合天時、不設地財而為禮，則鬼神不享；若能合天時、設地財，則鬼神享之，是順於鬼神也。云「合於人心」者，若不合天時、不設地財，則不合人心；若合天時、設地財，則合人心也。云「理萬物」者，若順鬼神、合人心，則萬物得其道理，故可以理萬物也。引之證行禮依地美惡之義。

草人掌土化之法以物地。相其宜而為之種。土化之法，化之使美，若汜勝之術也。以物地，占其形色為之種，黃白宜以種禾之屬。○相，息亮反。種，章勇反，注除種不以外並同。汜，芳劒反，李又音凡。〔疏〕草人至之種。○釋曰：掌土化之法者，即下經所云糞種，是化土使和美。○注土化至之屬。○釋曰：云「化之使美」者，謂若騂剛用牛糞種，化騂剛之地使美也。云「若汜勝之術也」者，漢時農書有數家，汜勝為上，故月令注亦引汜勝，故云汜勝之術也。云「黃白宜以種禾之屬」者，鄭依孝經緯援神契而言也。

凡糞種。騂剛用牛。赤緹用羊。墳壤用麋。渴澤用鹿。鹹潟用貆。勃壤用狐。埴壚用豕。彊㯺用蕡。輕爂用犬。凡所以糞種者，皆謂煮取汁也。赤緹，縓色也。渴澤，故水處也。潟，鹵也。貆，貒也。勃壤，粉解者。埴壚，黏疏者。彊㯺，強堅者。輕爂，輕脆者。故書騂為挈，墳作蚠。杜子春挈讀為騂，謂地色赤而土剛強也。鄭司農云：「用牛，以牛骨汁漬其種也，謂之糞種。墳壤，多蚠鼠也。壤，白色。蕡，麻也。」玄謂墳壤，潤解。○蚠，粉運反，本亦作糞。緹音抵，李它奚反。聶，吐弟反。墳，符粉反。麋音眉。渴，其列反。潟音昔，一音鵲。貆，呼丸反，又音丸，李一音喜元反。埴，時力反，一音職。壚音盧，李一音閭。強，其兩反，注同。㯺，本又作堅，呼覽反，劉音檻。蕡，扶云反，一音蒲悶反。爂，孚照反，李音婦堯反。縓，七絹反。鹵音魯。貒，它官反。解，胡買反，下同。蚠，符粉反。〔疏〕凡糞至用犬。○釋曰：案禹貢冀州云白壤，青州云白墳，兗州云黑墳，徐州云赤埴墳，揚州、荊州云塗泥，豫州云墳壚，梁州云青黎，雍州云黃壤，九等與此騂剛之屬為九等不同者，以禹貢自是九州大判，各為一等，此九等者，無妨一州即有此九等之類，故不同也。○注凡所至潤解。○釋曰：云「凡所以糞種者，皆謂煮取汁也」者，雖無正文，以意量之，用牛羊之類，不可以骨肉，明煮取汁和種也。云「赤緹，縓色也」者，爾雅云「一染謂之縓」，故以縓當之也。云「渴澤，故水處也」者，以水鍾曰澤，今澤云渴，明是故時停水，今乃渴，故云故水處也。云「潟，鹵也」者，送水之處，水以寫去，其地為鹹鹵，故云潟鹵也。云「貆，貒也」者，案爾雅云「貒子貗」，或曰貆，故以貆貒為一也。云「勃壤，粉解」者，壤是和緩，故為粉解也。云「埴壚，黏疏」者，以埴為黏，以壚為疏，故云黏疏也。云「彊㯺，強堅」者，以㯺為監，故為彊堅。云「輕爂，輕脆」者，爂脆聲相近，故知爂即脆也。先鄭云「用牛，以牛骨汁漬其種也」者，此與後鄭義合也。云「墳壤，多蚠鼠也；壤，白色」，後鄭皆不從者，餘八等之地皆據地之形色，唯此墳壤以蚠鼠外物為名，於義不可，故還從墳為正，謂潤解也。又禹貢有黃壤，則此壤不得專據白色解之，故不從壤白色也。

稻人掌稼下地。以水澤之地種穀也。謂之稼者，有似嫁女相生。〔疏〕稻人掌稼下地。○釋曰：以下田種稻麥，故云稼下地。

以瀦畜水。以防止水。以溝蕩水。以遂均水。以列舍水。以澮寫水。以涉揚其芟作田。鄭司農說豬防以春秋傳曰「町原防，規偃豬」。以列舍水，列者非一道以去水也。以涉揚其芟，以其水寫，故得行其田中，舉其芟鉤也。杜子春讀蕩為和蕩，謂以溝行水也。玄謂偃豬者，畜流水之陂也。防，豬旁隄也。遂，田首受水小溝也。列，田之畦畛也。澮，田尾去水大溝。作猶治也。開遂舍水於列中，因涉之，揚去前年所芟之草，而治田種稻。○畜，勑六反，注同。蕩如字，李吐黨反。列，祿計反，注同。澮，古外反。寫如字，劉殤故反。芟，所銜反。町，徒頂反。去，起呂反，下同。畦，劉音圭，又下圭反。畛音劣。〔疏〕以瀦至作田。○釋曰：所為防豬之法，皆具鄭注。○注鄭司至種稻。○釋曰：春秋傳者，事在襄二十五年，楚蔿掩書土田法以授子木之事。彼云「町原防，規偃豬」，是楚之惡地有防豬之法，與此防偃同，故引為證也。先鄭云「以列舍水，列者非一道去水也」者，以舍為舍去之舍；後鄭以為止舍之舍，以澮是寫去水，以舍為止水於其中，故不從先鄭也。

凡稼澤。夏以水殄草而芟夷之。殄，病也，絕也。鄭司農說芟夷以春秋傳曰「芟夷蘊崇之」。今時謂禾下麥為荑下麥，言芟刈其禾於下種麥也。玄謂將以澤地為稼者，必於夏六月之時，大雨時行，以水病絕草之後生者，至秋水涸，芟之，明年乃稼。○荑音夷。蘊，紆粉反，或憂拿反。涸，胡洛反。〔疏〕注殄病至乃稼。○釋曰：春秋傳者，隱六年五月，鄭伯侵陳，大獲。往歲鄭伯請成於陳，陳侯不許。五父諫云：「周任有言曰：為國家者，見惡如農夫之務去草焉，芟夷蘊崇之。」注云：「芟，刈。蘊，積。崇，聚也。絕其本根，勿使能殖。」引之者，證芟夷為刈殺之義也。玄謂「必於夏六月之時，大雨時行」者，此月令文，引之證經夏以水殄草之義也。云「至秋水涸，芟之」者，解經芟夷之義也。

澤草所生種之芒種。鄭司農云：「澤草之所生，其地可種芒種。芒種，稻麥也。」○芒種，章勇反，注芒種同。〔疏〕澤草至芒種。○釋曰：澤草所生種之芒種者，但水鍾曰澤，有水及鹹鹵皆不生草，即不得芒種，故云草所生。

旱暵。共其雩斂。稻人共雩斂，稻，急水者也。鄭司農云：「雩事所發斂。」○暵，呼但反。斂，戚力驗反，注同。〔疏〕旱暵共其雩斂。○釋曰：此旱雩據夏五月已後脩雩。云暵者，旱之熱氣。若四月龍見而雩，未必旱暵也。然二種雩皆供雩斂也。○注稻人至發斂。○釋曰：鄭意餘官不言共雩斂，於此官特言共者，以稻是水穀，急須水，故旱時特使共雩之發斂也。

喪紀。共其葦事。葦以闉壙禦濕之物。○闉音因。〔疏〕注葦以至

之物。○釋曰春秋左氏有井闉闉塞也鄭知葦以闉壙所以約之爲塞壙言禦水之物則在棺下用之或以抗席即是禦土與禦水義乖恐非也

土訓掌道地圖。以詔地事。道說也說地圖九州形勢山川所宜告王以施其事也若云荆揚地宜稻幽并地宜麻。○麻如字一本作麋李及聶氏亡皮反劉沈皆作麋音紀倫反案注辨土所宜荆揚皆言穀幽并不應論歜紀倫之音恐非（疏）注道說至宜麻。○釋曰其九州地圖乃是諸國所獻以入職方今土訓乃於職方取九州地圖依而說向正使依而責其貢獻之物云若云荆揚地宜稻幽并地宜麻者案職方荆揚之州實宜稻幽并之州並不言宜麻者鄭以目驗見宜麻職方不言麻乃非民所要用故也

道地慝以辨地物。而原其生以詔地求。地慝若障蠱然也辨其物者別其所有所無原其生生有時也以此二者告王之求也地所無及物未生則不求也鄭司農云地慝地所生惡物害人者若虺蝮之屬○慝他得反虺虛鬼反蝮孚目反（疏）注地慝至之屬○釋曰云若障蠱然也者謂土地所生惡物障即障氣出於地也蠱即蠱毒人所爲也云別其所有所無者若職方九州所有也云所無也云原其生生有時也者雖是當州所有而生有時也云以此二者告王之求也者謂辨地物原其生者告王求地所有也地所無及物未生則不求也先鄭云地慝所生惡物害人者若虺蝮之屬者此與後鄭障蠱義不同引之在下亦得爲一義也

王巡守。則夾王車。巡守行視所守也天子以四海爲守○行下孟反（疏）注巡守至爲守○釋曰夾王車者亦在國掌道地圖已下王之事鄭云行視所守也者此解諸侯爲天子守土云天子以四海爲守者此解天子自守天下之義若巡守之中含此二義

誦訓掌道方志。以詔觀事。說四方所識久遠之事以告王觀博古所識若魯有大庭氏之庫殽之二陵（疏）誦訓至觀事○釋曰云掌道方志者志即今之識也謂道四方所記識久遠之事以告王也云以詔觀事者謂告王觀博古之事也○注說四至二陵○釋曰左氏傳昭十八年宋衛陳鄭皆火梓愼登大庭氏之庫以望之注云大庭氏古國之君在黃帝前其處高顯殽之二陵僖三十二年秦之蹇叔子見師襲鄭哭而送之曰晉人禦師必於殽殽有二陵焉其南陵夏后皐之墓也其北陵文王之所避風雨也並所識久遠之事故引之以證方志之義

掌道方慝。以詔辟忌。以知地俗。方慝四方言語所惡也不辟其忌則其方以爲苟於言語也知地俗博事也鄭司農云以詔辟忌不違其俗也曲禮曰君子行禮不求變俗○辟音避注同惡烏路反（疏）掌道至地俗○釋曰誦訓又掌說四方言語所惡之事以詔告令王避其忌惡所以然者使王博知地俗言語之事故鄭云博事也○注方慝至變俗○釋曰引曲禮君子行禮不求變俗者上士均云禮俗注亦引此文彼謂先王舊俗是禮事不變之此引不求變俗謂不變其鄉俗所嫌惡皆是不求變俗各證一邊之義故不同也

王巡守。則夾王車。（疏）王巡至王車○釋曰此亦與土訓同各以所掌以告王也

山虞掌山林之政令。物爲之厲。而爲之守禁。物爲之厲每物有蕃界也爲之守禁爲守者設禁令也守者謂其地之民占伐林木者也鄭司農云厲遮列守之○爲守者于僞反下爲久同（疏）山虞掌至守禁○釋曰案下文林自有衡官掌之今山虞兼云林者彼林是竹木生平地者林衡掌之此山林并云者自是山內之林即山虞兼掌之○注物爲至守之○釋曰但山內林木金玉錫石禽獸所有不同每物各有藩界設禁亦不同云守者謂其地之民占伐林木者也者案下澤虞職云使其地之人守其財物以時入之于王府頒其餘于萬民彼是其地之民占取澤物者守之明此山虞所守亦然是以此下文亦令萬民時斬材有期日明是守山林之人也

仲冬斬陽木。仲夏斬陰木。鄭司農云陽木春夏生者陰木秋冬生者若松柏之屬玄謂陽木生山南者陰木生山北者冬斬陽夏斬陰堅濡調○濡戚如兗反又音柔（疏）注鄭司至濡調○釋曰先鄭云陽木春夏生者陰木秋冬生者若松柏之屬後鄭不從以爲山南爲陽木北爲陰木者案月令十一月日短至伐木取竹箭竹箭秋冬生不用仲夏斬之故知先鄭之義非也

凡服耜。斬季材。以時入之。季猶稺也服與耜宜用稺材尚柔忍也服牝服車之材○忍音刃（疏）凡服至入之○釋曰服謂牝服即車平較皆有鑿孔以幹子貫之故謂之牝服也耜謂耒耜隨曲長六尺六寸車人所造者二木皆須堅刃故斬季材少木爲之云時入者以其須堅故須依上文仲冬仲夏之時也

令萬民時斬材。有期日。時斬材斬材之時也有期日入出有日數爲久盡物（疏）令萬至期日○釋曰案禮記王制云草木零落然後入山林彼據萬民伐木之時謂十月之中此云萬民時斬材亦謂十月時○注時至盡物釋曰鄭云時斬材斬材之時也者正在十月也云有期日入出有日數爲久盡物者經直云有期日鄭云有日數益當有日數多少但無文不知幾日爲限也

凡邦工入山林而掄材。不禁。掄猶擇也不禁者山林國之有不拘日也○掄魯門反又音倫拘音俱本亦作佝音同（疏）凡邦至不禁釋曰上文云仲冬斬陽木仲夏斬陰木彼據堅刃之極時但國家須材不要在仲冬仲夏故此邦工入山林不禁又不言時節須即取足之故也○注掄猶至日也○釋曰此對萬民不得非時入入又有日數

春秋之斬木不入禁。非冬夏之時不得入所禁之中斬木也斬四野之木可（疏）注非冬至木可○釋曰上經云邦工入山林不禁此又云春秋之斬木不入禁與上違者上文據國家使工取擇木故非冬夏亦得入山林此據萬民取木故十月入山春秋之斬木不入禁故鄭云斬四野之木可雖斬四野木至於三月不得伐桑柘故月令季春云無伐桑柘彼注愛蠶食也

凡竊木者有刑罰。竊盜也（疏）凡竊至刑罰○釋曰此謂非萬民入山之時而民盜山林之木與之以刑罰

若祭山林。則爲主而脩除。且蹕。爲主主辨護之也脩除治道路場壇○壇徒丹反或音禪（疏）若祭至且蹕○釋曰此山林在畿內王國四方各依四時而祭云則爲主者謂主當祭事者也而脩除者謂掃除糞灑云且蹕者且復蹕止行人也○注爲主至場壇○釋曰云爲主主辨護之也者案中候握河紀堯受河圖云帝立壇磬折西向禹進迎舜契陪位稷辨護注云辨護者供時用相禮儀則此云辨護者亦謂共時用相禮儀者也云脩除治道路場壇者案守祧職云其廟則有司脩除之鄭云有司恒主脩除謂掃除糞灑場謂墠即除地之處壇神位之所也

若大田獵。則萊山田之野。及弊田植虞旗于中。致禽而珥焉。萊除其草萊也弊田田者止也植猶樹也田上樹旗令獲者皆致其禽而校其耳以知獲數也山虞有旗以其主山得畫熊虎其仞數則短也鄭司農云珥者取禽左耳以效功也大司馬職曰獲者取左耳○植時力反又音值珥如志反又音耳○（疏）若大至珥焉○釋曰言大田獵者謂王親行若田在山則山虞茇萊草木於可陳之處故云萊山田之野又及弊田植虞旗于中使民得禽牲者望見之致禽於其所而珥焉珥當爲衈謂輸禽者割取左耳以效功也○注萊除至左耳○釋曰云萊除其草萊也者謂於防南擬教戰之處芟去草萊南北二百五十步東西步數雖未聞廣狹可容六軍三三而居一偏耳云山虞有旗以其主山得畫熊虎其仞數則短也者案司常云師都建旗大夫建物此山虞是士不建物而建旗者以其主山山多熊虎故得有旗禮緯旌旗之杠天子九仞諸侯七仞大夫五仞士三仞若軍吏是卿大夫則杠長五仞今山虞是士雖有熊虎爲旗仞數則短宜三仞必取左耳者以其聽鄉任左故皆取左耳也

林衡掌巡林麓之禁令。而平其守。平其守者平其地之民守林麓之部分○麓音鹿分扶問反下同（疏）林衡至其守○釋曰此林衡兼麓者以爾雅山足曰麓雖連於山山虞不掌以麓上有林故屬林衡也○注平其至部分○釋曰經直言平其守明不平其稅而平均其守而已故云平其地之民守林麓之部分謂部伍有多少遠近之分也

以時計林麓而賞罰之。計林麓者計其守之功也林麓蕃茂民不盜竊則有賞不則罰之○蕃扶袁反（疏）以時至罰之○釋曰此時考校而計林麓以行賞罰者林衡之官既平民之守護林麓而會計民有功者賞之損林麓之財者罰之故注云不則罰之也○

若斬木材。則受灋于山虞。而掌其政令。法萬民入出時日之期（疏）若斬至政令○釋曰上山虞官尊故設之是以此林衡若斬木材期於虞遵受焉○注法萬至之期○釋曰案山虞云仲冬仲夏及春秋是時之期號令萬民斬材有期日是日之期也

川衡掌巡川澤之禁令。而平其守。以時舍其守。犯禁者執而誅罰之。舍其守者時案視守者於其舍申戒之○（疏）川衡至罰之○釋曰川注瀆者皆是也水鍾曰澤澤與川不同官今川衡兼云澤者澤與川連者則川衡兼掌之謂若濟水溢爲滎澤滎澤則與濟連則管濟川者兼滎澤掌之如此之類皆是○注舍其至戒之○釋曰此舍其守謂川衡之官時復巡行所守之民當案視其所守人當於其舍申重戒勑之也

祭祀賓客共川奠。川奠籩豆之實魚鱐蜃蛤之屬○奠音電下同鱐所留反蜃上忍反蛤古荅反（疏）注川奠至之屬釋曰鄭此注皆據醢人及籩人而言案籩人職云朝事之籩有麷蕡白黑形鹽膴鮑魚鱐醢人云饋食之豆有蜃醢蠯醢蜃蠯是蛤則魚鱐及蜃皆川中所生之物故引爲證川奠也言之屬者其有蠃醢亦是川奠故云之屬

澤虞掌國澤之政令。爲之厲禁。使其地之人。守其財物。以時入之于玉府。頒其餘于萬民。

其地之人占取澤物者因以部分使守之以時入之于玉府謂皮角珠貝也入之以當邦賦然後得取其餘以自爲也入出亦有時日之期○當丁浪反後文皆同爲于僞反下注同〔疏〕澤虞至萬民○釋曰案上山虞林衡川衡皆不言國獨澤虞云國澤者周公設經二虞二衡文有不同皆是互見爲義故也此澤虞云以時入之于玉府頒其餘于萬民亦據中所出入玉府者多故特言之無妨山虞川衡之等亦入入玉府亦是互見其義也○注其地至之期○釋曰以時入之于玉府者但萬民入澤雖無正文案王制獺祭魚然後虞人入澤梁草木零落然後入山林則萬民入澤可同時云謂皮角珠貝也者澤中所出無過此四物皮謂犀皮角麋角犀角珠出於蚌蛤蜯蛤在澤其貝亦出澤水故知之也云入出亦有時日之期者亦如山虞職所云也

凡祭祀賓客。共澤物之奠。澤物之奠亦籩豆之實芹茆菱芡之屬○芹音勤茆音卯菱音陵芡音儉〔疏〕注澤物至之屬○釋曰案籩人職加籩之實有菱芡朝事之豆有茆菹加豆之實有芹菹是皆澤中所出故引證澤物之奠也言之屬者兼有深蒲昌本之等故云之屬

喪紀。共其葦蒲之事。葦以闉壙蒲以爲席〔疏〕注葦以至爲席○釋曰蒲以爲席者謂抗席及禮記云虞卒哭芐翦不納者是也

若大田獵。則萊澤野。及弊田。植虞旌以屬禽。屬禽猶致禽而珥焉澤虞有旌以其主澤澤鳥所集故得注析羽〔疏〕若大至屬禽○釋曰萊所田之野一如山虞之職也○注屬禽至析羽○釋曰云屬禽猶致禽者案山虞致禽之義謂輸之於公當致之於虞旗之中而珥焉以效功此云屬禽者謂百姓致禽訖虞人屬聚之別其等類每禽取三十焉若然則致禽與屬不同而鄭云屬禽猶致禽者鄭欲明山虞澤虞文皆不足故互見爲義彼此有其事故云屬禽猶致禽而珥焉云澤虞有旌以其主澤澤鳥所集故得注析羽者以澤是鳥之所集故得建析羽之旌

迹人掌邦田之地政。爲之厲禁而守之。田之地若今苑也〔疏〕迹人至守之○釋曰迹人主迹知禽獸之處故知掌邦田之地政云爲之厲禁而守之者有禽獸之處則爲苑囿以林木爲藩羅使其地之民遮厲守之故鄭云田之地若今苑也

凡田獵者受令焉。令謂時與處也〔疏〕注令謂時與處也○釋曰云時與處者謂若仲春仲夏仲秋仲冬是其時云處者謂山澤也其受令者謂夏官主田獵者

禁麛卵者與其毒矢射者。爲其夭物且害心多也麛麋鹿子○麛音迷卵力管反〔疏〕注爲其至多也○釋曰此謂四時常禁案月令孟春云不麛不卵又王制云國君春田不圍澤大夫不掩羣士不麛不卵者彼以春時先乳特禁之其月令季春云餧獸之藥毋出九門者彼亦崇其春時彼鄭注云凡諸罟及毒藥禁其出九門明其常有時不得用耳云爲其夭物釋經禁麛卵者且害心多釋毒矢射者也

卝人掌金玉錫石之地。而爲之厲禁以守之。錫鈏也○卝革猛反又虢猛反劉侯猛反沇工猛反錫星歷反鈏以忍反劉常忍反〔疏〕卝人至守之○釋曰此金玉錫石四者皆在於山言地者即山也爲之厲禁亦謂使其地之民遮護守之

若以時取之。則物其地圖而授之。物地占其形色知鹹淡也授之教取者之處○啖音直覽反本亦作淡〔疏〕若以至授之○釋曰取此四者雖無四時之文當取之日應亦有時故云以時取之○注物地至之處○釋曰經云物故以占其形色言之云知鹹淡者鄭以當時有人採者嘗知鹹淡即知有金玉故以時事言之也

巡其禁令。行其禁明其令

角人掌以時徵齒角。凡骨物於山澤之農。以當邦賦之政令。山澤出齒角骨物大者犀象其小者麋鹿〔疏〕角人至政令○釋曰角人止應徵角物兼言齒骨者以其齒骨並是角類以細小之事因類兼掌之云以當邦賦者言農則皆有夫田出稅今以此農近山澤山澤有此骨角及齒此三者國之所須故使以時入採而稅之以當地稅民益國之事者自此已上皆不言以當邦賦者皆文不具舉此一事餘可知並是言之義也○注山澤至麋鹿○釋曰鄭言齒角骨物者欲見不言川林直言山澤以其不出川林故特言山澤也云大者犀象其小者麋鹿者無正文鄭以意目驗而知之犀牛有角而象有牙是其大者也月令十一月麋角解五月鹿角解是其小者也

以度量受之。以共財用。骨入漆浣者受之以量其餘以度度所中○浣戶翫反度度上如字下待洛反

羽人掌以時徵羽翮之政于山澤之農。以當邦賦之政令。翮羽本○翮戶革反〔疏〕羽人至政令○釋曰此羽人所徵羽者當入於鍾氏染以爲后之車飾及旌旗之屬也○

凡受羽。十羽爲審。百羽爲摶。十摶爲縳。審摶縳羽數束名也爾雅曰一羽謂之箴十羽謂之縳百羽謂之緷其名音相近也一羽有名益失之矣○摶除轉反注同劉徒端反縳劉古本反沈除轉反箴之林反緷古本反劉音渾一音戶本反李又基遠反近附近之近〔疏〕注審摶至之矣○釋曰鄭引爾雅說乃云名音相近也一羽有名益失之矣者規爾雅誤意所以爾雅一羽則有名者只由一者十數之始十爲百數之始是名相近既有十百故誤一羽遂有名也

掌葛掌以時徵絺綌之材于山農。凡葛征徵草貢之材于澤農。以當邦賦之政令。草貢出澤䔛紵之屬可緝績者○䔛苦迥反緝七入反○〔疏〕掌葛至政令○釋曰所以徵絺綌於山農者以其葛出於山故也凡葛征者其徵絺綌之材即葛是也又云凡葛征者摠結之也云徵草貢之材于澤農者以䔛紵出於澤故也經直言草貢不言䔛紵者設文以互換爲義故以其絺綌亦以葛草草貢亦是䔛紵者也

以權度受之。以知輕重長短也故書受或爲授杜子春云當爲受〔疏〕以權度受之○釋曰上角人齒骨與角不須稱直言度量此經葛草等不須量故以權度受之使知斤兩長短故也

掌染草掌以春秋斂染草之物。染草茅蒐橐蘆豕首紫茢之屬○茅如字劉音妹蒐所留反茅蒐蒨也橐音託又音妒茢音列劉間計反或音例○〔疏〕注染草至之屬○釋曰案爾雅茹蘆茅蒐郭注云今之蒨也可以染絳橐盧者爾雅無文豕首者爾雅云茢薽豕首郭注云本草曰彘盧一名蟾蠩蘭今江東呼豨首可以燭蠶蛹郭氏雖有此注不言可染何色則此橐蘆豕首未審鄭之所據也紫茢者爾雅云藐茈草郭注云可以染紫一名茈䕡廣雅云即此紫茢也言之屬者更有藍皁象斗之等衆多故以之屬兼之也

以權量受之。以待時而頒之。權量以知輕重多少時染夏之時○染夏如琰反〔疏〕注時染夏之時○釋曰案天官染人云春暴練夏纁玄秋染夏夏爲五色至秋染五色故鄭云染夏之時時謂秋時也○

掌炭掌灰物炭物之徵令。以時入之。灰炭皆山澤之農所出也灰給澣練炭之所共多○〔疏〕注灰炭至所出○釋曰灰炭既出山澤不云徵于山澤之農者義可知經略而不言也○

以權量受之。以共邦之用。凡炭灰之事。

掌荼掌以時聚荼。以共喪事。共喪事者以著物也既夕禮曰茵著用荼也〔疏〕注共喪至用荼○釋曰云共喪事者以著物也者即引既夕禮茵著用荼是也案既夕禮爲茵之法用緇翦布謂淺黑色之布各一幅合縫著以荼柩未入壙之時先陳於棺下縮二於下橫三於上乃下棺於茵上是也

徵野疏材之物。以待邦事。凡畜聚之物。荼茅秀疏材之類也因使掌焉徵者徵於山澤入於委人○畜勑六反莠音秀劉音酉○〔疏〕注荼茅至委人○釋曰知掌荼所徵入委人者以其委人掌斂野之賦凡疏材木材所斂者衆故知此掌荼所徵亦入委人也

掌蜃掌斂互物蜃物。以共闉壙之蜃。互物蚌蛤之屬闉猶塞也將井椁先塞下以蜃禦濕也鄭司農說以春秋傳曰始用蜃炭言僭天子也○蜃戶故反蚌蒲項反御魚呂反本亦作禦〔疏〕掌蜃至之蜃○釋曰斂互物者以其互物是蜃之類故因類使兼掌之又云蜃物者共百事之蜃與下共闉壙之蜃別○注互物至子也○釋曰云互物蜯蛤之屬者案鼈人云掌取互物先鄭云互物謂有甲𧑊胡龜鼈之屬此後鄭互物爲蚌蛤者彼下文別有蠯蠯即蛤故從先鄭爲龜鼈至此別爲蚌蛤亦是有甲𧑊胡故也云將井椁先塞下以蜃禦濕也者案土喪禮筮宅還井椁於殯門之外注云既哭之則往施之竁中是未葬前井椁材乃往施之壙中則未施椁前已施蜃灰於椁下以擬禦濕也引春秋者是成公二年宋文公卒始厚葬用蜃炭雖二王之後不得純如天子亦用蜃故被譏引之者證天子之宜也○

祭祀共蜃器之蜃。飾祭器之屬也鬯人職曰凡四方山川用蜃器春秋定十四年秋天王使石尚來歸蜃蜃之器以蜃飾因名焉鄭司農云蜃可以白器令色白○白器如字劉薄霸反〔疏〕注飾祭至色白○釋曰經直云蜃器之蜃鄭摠云祭器之屬不辨宗廟及社稷之蜃器則宗廟社稷皆用蜃飾之知義然者案此注引左氏云石尚來歸蜃公羊以爲宜社之肉以蜃器盛此肉故名肉爲蜃是祭社之器爲蜃也大行人云歸脤以交諸侯之福彼則爲宗廟社稷之器物謂之爲脤是其宗廟社稷之器皆蜃飾之事也

共白盛之蜃。盛猶成也謂飾牆使白之蜃也今東萊用蛤謂之叉灰云〔疏〕注盛猶至灰云○釋曰言白成謂飾牆使白之蜃也案爾雅云地謂之黝牆謂之堊黝黑也堊白也若然此經所云白盛主於宗廟堊牆也云

今東萊用蛤謂之叉灰云者蜃蛤在泥水之中東萊人叉取以爲灰故以蛤灰爲叉灰云也

囿人掌囿游之獸禁。囿游囿之離宮小苑觀處也養獸以宴樂視之禁者其蕃衛也鄭司農云囿游之獸游牧之獸○觀古亂反樂音洛〔疏〕注囿游至之獸○釋曰鄭云囿游囿之離宮小苑觀處也者案孟子文王之囿七十里芻蕘者往焉天子之囿百里並是田獵之處又書傳云鄉之取於囿是勇力取今之取於澤是揖讓取是爲蒐狩之常處也今此云禁故知非大囿是小苑觀處也云禁者其蕃衛也者即非守門者也其守門則墨者故閽人云王宮每門四人囿游亦如之鄭云墨者使守門是也言離宮者謂於王宮之外於苑中離別爲宮故名離宮以官外爲客館亦名離宮也先鄭云囿游之獸游牧之獸者此與後鄭義異謂獸之游非人游觀引之在下亦得爲一義故也

牧百獸。備養衆物也今按庭有鳥獸自熊虎孔雀至於狐狸鳧鶴備焉○鶴戶各反又作鸛古亂反〔疏〕牧百獸○釋曰此於小囿中牧養百獸言百者舉成數而言雖以百獸爲主其中亦有飛鳥故鄭注引漢之掖庭有鳥獸自熊虎孔雀至於狐狸鳧鶴備焉爲證也

祭祀喪紀賓客。共其生獸死獸之物。

場人掌國之場圃。而樹之果蓏珍異之物。以時斂而藏之。果棗李之屬蓏瓜瓠之屬珍異蒲桃枇杷之屬○枇蒲梨反或房迷反杷白加反〔疏〕場人至藏之○釋曰場圃連言場圃同地耳春夏爲圃秋冬爲場其場因圃而爲之故並言之也○注果棗至之屬○釋曰張晏云有核曰果無核曰蓏臣瓚以爲在地曰蓏在樹曰果則不辨有核無核則鄭不指定言不知義從何者案閭師云任圃以樹事貢草木此場人又掌之者此據祭祀喪紀賓客者場人斂藏之其餘則閭師徵斂之也

凡祭祀賓客。共其果蓏。享亦如之。享納牲○享許丈反劉凡享皆音向後放此〔疏〕注享納牲○釋曰享納牲謂祭祀宗廟二灌後君迎牲納之於庭時后夫人薦朝事之豆籩籩中有果蓏之物故云享亦如之若然上言祭祀餘祭祀也

廩人掌九穀之數。以待國之匪頒。賙賜稍食。匪讀爲分分頒謂委人之職諸委積也賙賜謂王所賜予給好用之式也稍食祿廩○匪頒上音分亦如字下音班食音嗣注同好呼報反○〔疏〕廩人至稍食○釋曰廩人掌米倉人掌穀今廩人云九穀者以廩人雖專主米亦兼主穀故以九穀言之也○注匪讀至祿廩○釋曰破匪爲分者米穀非是匪所盛之物又以爲廬宿市在道分頒義合故不爲匪也云分頒謂委人之職諸委積也者委人委積之文具於彼云賙賜謂王所賜予給好用之式也者此即九式之中九曰好用之式是也故彼注好用燕好所賜予也云稍食祿稟者此即司士以功詔祿又王制云下士視上農夫九人祿中士倍下士之類是也○原辨法有數名春秋桓十四年八月御廩災天子亦有御廩單云廩則平常藏米之廩此不言御廩則廩中可以兼之矣明堂位魯有米廩有虞氏之學以有虞氏尚孝合藏粢盛之委故名學爲米廩非廩稱也詩云亦有高廩又云萬億及秭注云廩所以藏粢盛之穗以其萬億及秭數多非藏米之數故以藏穗言之與常廩御廩又異

以歲之上下數邦用。以知足否。以詔穀用。以治年之凶豐。數猶計也○上下時掌反司稼職同數色主反注同〔疏〕以歲至凶豐釋曰上下卽豐凶廩人之官以歲之豐凶得稅物多少之帳計國之用以知足否若歲凶稅物少而用多則不足廩人既知多少足否乃詔告在上用穀之法以治年之凶豐此則王制云制國用必於歲之杪者是也

凡萬民之食食者。人四鬴。上也。人三鬴。中也。人二鬴。下也。此皆謂一月食米也六斗四升曰鬴〔疏〕凡萬至下也○釋曰此謂給萬民糧食之法故云凡萬民之食食者謂民食國家糧食者人四鬴上也上謂大豐年也人食三鬴中也謂中豐年人食二鬴下也謂少儉年此雖列三等之年以中年是其常法鬴當今六斗四升卽今給請亦然○注此皆至曰鬴○釋曰知此皆謂一月食米者計中歲須祿人食三鬴不得爲數月古今皆月給請故知此皆一月食米也六斗四升曰鬴昭公傳晏子辭

若食不能人二鬴。則令邦移民就穀。詔王殺邦用。就穀就都鄙之有者殺猶減也○殺所界反下注同〔疏〕若食至邦用○釋曰此即穀梁傳所云五穀不熟謂之大侵謂大凶年之時用如此法也○注就穀至有者○釋曰知就都鄙之有者此據天子畿內六鄉六遂及公邑純屬天子與三等采地不同若民有不能人二鬴之歲移民就賤當先嚮都鄙三等采地之中都鄙亦凶乃出嚮畿外也故知就都鄙之有者也○

凡邦有會同師役之事。則治其糧與其食。行道曰糧謂糒也止居曰食謂米也○糒音備〔疏〕凡邦至其食○釋曰此會同師役皆有軍入給糧食故須治之使均給之也○注行道至米也○釋曰案書傳云行而無資謂之乏居而無食謂之困是止居曰食謂此廩人米也詩云乃裹糇糧是行道曰糧謂糒也者即尚書費誓云峙乃糗糧即糒也

大祭祀則共其接盛。接讀爲一扱再祭之扱扱以受舂人舂之大祭祀之穀藉田之收藏於神倉者也不以給小用○接依注音扱扱初洽反劉初輒反又差及反李聶創陟反〔疏〕注接讀至小用○釋曰此即廩人兼掌御廩所藏藉田之收以供祭祀之用者也鄭必讀接爲一扱再祭之扱者此饎米與舂人舂之當須扱與舂人無取於接義故讀如特牲少牢云藏於神倉者也者據月令而言知不給小用者祭義云天子藉田千畝諸侯藉田百畝以事天地社稷先公敬之至也是不給小用也

舍人掌平宮中之政。分其財守。以灋掌其出入。政謂用穀之政也分其財守者計其用穀之數分送宮正內宰使守而須之也而行出於廩人其有空缺則計之還入○〔疏〕舍人至出入○釋曰舍人摠主給米之事而掌平王宮中之政謂平其給米多少不得特多特少也云分其財守者即米也故喪大記云納財朝一溢米亦謂米爲財謂分米與宮正內宰守禁之所使須與所使守之人云以法掌其出入者出謂米出於廩人以出給入謂其有空此則還入廩人皆當以法不可虛也○注政謂至還入○釋曰必送米與宮正內宰者此二官皆有宿衛之人須米料之數故也

凡祭祀共簠簋實。之陳之。方曰簠圓曰簋盛黍稷稻粱器○簠音甫或音蒲李又方于反〔疏〕凡祭至陳之釋曰祭祀言凡則天地宗廟大次小祭皆有黍稷於簠簋實之陳之故云凡以廣之也○注方曰至粱器○釋曰云方曰簠圓曰簋皆據外而言案孝經云陳其簠簋注云內圓外方受斗二升者直據簠而言若簋則內方外圓知皆受斗二升者旊人云爲簋實一觳豆實三而成觳豆實四升三豆則斗二升可知但外神用瓦簋宗廟當用木故易損卦云二簋可用享損卦以離巽爲之離爲日日圓巽爲木木器圓簋象是用木明矣云盛黍稷稻粱器者案公食大夫簠盛稻粱簋盛黍稷故鄭摠云黍稷稻粱器也

賓客亦如之。共其禮。車米筥米芻禾。禮致饔餼之禮○筥姜呂反又音呂〔疏〕賓客至芻禾○釋曰云亦如之者亦有簠簋實之陳之事故亦如祭祀也言實之陳之則據饔餼及饔食之時也云共其禮車米筥米芻禾者鄭云禮致饔餼之禮案聘禮曰致饔使卿韋弁歸饔餼米百筥設于中庭車米三十車陳於門外禾三十車芻薪倍禾又案掌客上公米百有二十筥車米四十車禾五十車芻薪倍禾侯伯米百筥車米三十車禾四十車芻薪倍禾子男米八十筥車米二十車禾三十車芻薪倍禾皆言陳是其饔餼車米筥米芻禾所陳多少之事

喪紀共飯米熬穀。飯所以實口不忍虛也君用粱大夫用稷士用粱皆四升實者唯盈熬穀者錯于棺旁所以惑蚍蜉也喪大記曰熬君四種八筐大夫三種六筐士二種四筐加魚腊焉○飯扶晚反注同熬五羔反錯七故反蚍鼻夷反蜉音孚種章勇反下同〔疏〕注飯所至腊焉○釋曰云飯所以實口不忍虛也者案檀弓云飯用米貝不忍虛也不以食道用美焉爾故云不忍虛也故君用粱大夫用稷士用粱者此喪大記文彼據沐時所用今引證飯者但飯米沐米與重鬲所盛用米皆同是以士喪禮云具三實于弇稻米一豆實於筐據飯含所用下卽云祝淅米管人受潘煮于垼外御者沐又云鬻餘飯盛以二鬲是其三者用米同故引沐法以證飯也但喪大記注士沐粱蓋天子之士以其士喪禮諸侯之士沐稻喪大記注又云差率而上天子沐黍與則天子飯用黍也云皆四升者用米不同別貴賤但人口大小同故知皆四升也云實者惟盈者士喪禮文故彼云主人左扱米實于右三實一貝左中亦如之又實米惟盈是也云熬穀者錯于棺旁所以惑蚍蜉也者解穀所以熬之將殯設之者將熬穀以惑蚍蜉又有魚腊香蚍蜉欲向棺值此惑之故云所以或蚍蜉也引喪大記者見尊卑用筐穀多少不同之意云熬君四種八筐大夫三種六筐士二種四筐加魚腊焉鄭彼注引士喪禮曰熬黍稷各二筐又曰設熬旁一筐大夫三種加以粱君四種加以稻四筐則首足皆一其餘設於左右若然天子當加麥苽六種十筐首足亦各一筐其餘亦設於左右也

以歲時縣種稑之種。以共王后之春獻種。縣之者欲其風氣燥達也鄭司農云春王當耕于藉則后獻其種也后獻其種見內宰職○縣音玄注下同種稑直龍反下音六司稼職同見賢遍反〔疏〕以歲至獻種○釋曰內宰注云先種後熟謂之種後種先熟謂之稑彼內宰上春后獻種示不敗壞且助王耕事此云歲時縣者從納禾治得子卽縣之以至春獻之是以先鄭云春王當耕于藉則后獻其種也

掌米粟之出入。辨其物。九穀六米別爲書〔疏〕掌米至其物○釋曰大宰九職有九穀月令有五穀今正言粟者粟卽粱也爾雅釋草粢稷也稷爲五穀之長故特舉以配米也其實九穀皆有○注九穀至爲書○釋曰九穀之名已見大宰注今云六米者九穀之中黍稷稻粱苽大豆六者皆有米麻與小

豆小麥三者無米故云九穀六米別爲書釋經辨其物也歲終則會計其政政用穀之多少

倉人掌粟入之藏。九穀盡藏焉以粟爲主〔疏〕注九穀至爲主釋曰案月令首種不入鄭注引舊記首種謂稷即種粟是五穀之長下文辨九穀此云粟是以粟爲主也辨九穀之物。以待邦用。若穀不足則止餘灋用。有餘則藏之。以待凶而頒之。止猶殺也殺餘法用謂道路之委積所以豐優賓客之屬〔疏〕注止猶至之屬○釋曰知殺餘法用是道路之委積者案上遺人注委積者廩人倉人計九穀之數足國以其餘共之所謂餘法用也則彼委積是法用以此餘者爲之是豐優賓客者今倉人穀不足故止彼餘法用故鄭據遺人而言焉鄭云之屬者彼遺人注云職內邦之移用亦如此也今穀不足亦止之故云之屬凡國之大事。共道路之穀積食飲之具。大事謂喪戎〔疏〕注大事謂喪戎○釋曰案左氏成公傳國之大事在祀與戎不言喪事今此喪戎不言祀者此經云共道路惟軍戎及喪在外行於道路故據而言爲祭祀遠無過在近郊之內無在道共糧之事故不言祭祀也

司祿闕

司稼掌巡邦野之稼。而辨穜稑之種。周知其名。與其所宜地以爲灋。而縣于邑閭。周猶徧也徧知種所宜之地縣以示民後年種穀用爲法也○種章勇反注知種同徧音遍下同〔疏〕司稼至邑閭○釋曰云巡邦野之稼者謂秋熟之時觀之矣若然春稼秋穡不云穡而云稼者穡由稼而有故本之言稼也巡野觀稼。以年之上下出斂灋。斂法者豐年從正凶荒則損若今十傷二三實除減半○斂力驗反注同〔疏〕巡野至斂法○釋曰此觀稼亦謂秋熟時觀稼善惡則知年上下豐凶以此豐凶而出稅斂之法○注斂法至減半○釋曰鄭云豐年從正者年雖豐與中平一皆從正法十一而稅之也云凶荒則損者凶荒謂年穀不熟則減於十一而稅之云若今十傷二三實除減半者鄭舉漢法以況義十一傷二三者謂漢時十分之內傷二分三分餘有七分八分在實除減半者謂就七分八分中爲實在仍減去半不稅於半內稅之以凶荒所優饒民可也掌均萬民之食。而賙其急。而平其興。均謂度其多少賙稟其艱阨興所徵賦〔疏〕釋曰詩云餅之罄矣維罍之恥詩刺王不能使富分貧以是司稼既知民之禾稼多少則使之均萬民之食減取多者以賙給其急困者云平其興者興謂徵賦當各計十一而稅不得特多特少是平其興也

舂人掌共米物。米物言非一米〔疏〕釋曰案上文倉人廩人言物者據米穀多者而言故鄭言米物言非一米是也祭祀共其齍盛之米。齍盛謂黍稷稻粱之屬可盛以爲簠簋實〔疏〕釋曰器實曰齍則黍稷稻粱是也在器曰盛則簠簋是也故鄭揔言齍盛謂黍稷稻粱之屬屬中兼有麥苽可盛以爲簠簋之實也賓客共其牢禮之米。謂可以實筐筥〔疏〕釋曰下別言饗食則此言牢禮謂饔餼之米鄭云實筐筥知非車米者以其公車米四十侯伯車米三十子男車米二十非舂人所供故知惟謂筐筥者也若然車米出於民稅故禹貢云五百里納米是也凡饗共其食米。饗有食米則饗禮兼燕與食〔疏〕釋曰燕禮無食米食禮無飲酒若饗禮有飲酒有食米故云饗禮兼燕與食也者若然經云其食米則饗禮俱供食米也掌凡米事。

饎人掌凡祭祀共盛。炊而共之〔疏〕釋曰鄭知炊而共之者以其饎人主以炊米而盛之共王及后之六食於器今云共盛明炊而共之共王及后之六食。六食六穀之飯〔疏〕釋曰案醫師云和王六食六食即飯也膳夫云饋六穀六穀即六食故鄭合而解之凡賓客共其簠簋之實。謂致飧饔〔疏〕釋曰鄭知是致飧饔者下云饗食亦如之故知此是飧饔也饗食亦如之。

槀人掌共外內朝冗食者之食。外朝司寇斷獄弊訟之朝也今司徒府中有百官朝會之殿云天子與丞相舊決大事焉是外朝之存者與內朝路門外之朝也冗食者謂留治文書若今尚書之屬諸直上者〔疏〕釋曰天子三朝路寢庭朝是圖宗人嘉事之朝大僕掌之又有路門外朝是常朝之處司士掌之又有外朝在皋門內庫門外三槐九棘之朝是斷獄弊訟之朝朝士掌之今言外內朝明據三槐與路門外二者以其路寢庭非常朝之處也鄭引今司徒府已下說義也云冗食者謂留治文書若今尚書之屬諸直上者亦引漢法說之謂以次當直留在朝宿不還須以食供之冗食者冗散也外內朝上直諸吏謂之冗吏亦曰散吏以上直不歸家食槀人供之因名冗食者若饗耆老孤子。士庶子。共其食。士庶子卿大夫士之子弟宿衛王宮者〔疏〕釋曰耆老謂死王事者之父孤子謂死王事者之子國家春饗孤子秋食耆老及士庶子謂若宮正宮士謂適子庶子其支庶宿衛王宮者國家饗養之則亦槀人供其食也掌豢祭祀之犬。養犬豕曰豢不於饎人言其共至尊雖其潘瀾戔餘不可褻也〔疏〕釋曰養犬曰豢此經是也知養豕亦曰豢者見禮記樂記云豢豕作酒非以爲禍是養豕曰豢也云不於饎人言其共至尊雖其潘瀾戔餘不可褻也者以其饎人所炊米爲祭祀及共王與后並是至尊故雖米之潘瀾戔餘亦不得褻之與犬故於此言之也

附釋音周禮注疏卷第十六

周禮注疏卷十六挍勘記　阮元撰盧宣旬摘錄

旅師

云夫稅者百畮之稅　閩監毛本畮改畝

而讀爲若　宋本爲誤實

以質劑致民案入稅者名　毛本以誤若宋本名誤各

遷擬凶年振恤所輸入之人　閩本同監毛本振誤賑浦鏜云遷當還之誤○按振正字賑俗字

自諸侯來徙家　閩本同宋本余本嘉靖本監毛本徙下有於賈疏引注同

稍人

佝讀與惟禹㥏之㥏同　宋本嘉靖本同閩監毛本惟改維案賈疏引注亦作惟

帥之以致於司馬也　宋本致誤至

同徒司馬所調之同　賈疏余本嘉靖本同閩監毛本同徒誤司徒此本調誤謂閩本先誤謂後剜改作調今訂正

共文此稍人受法於縣師　惠挍本作共釋

委人

委人職當提行此本誤連上稍人職閩監毛本承之○今訂正

故鄭並言之　惠挍本閩本同監毛本並改并非

苑囿藩羅之材　賈疏余本嘉靖本同閩監毛本羅作蘿宋本作苑圃藩蘿之材案釋文作藩蘿云本亦作羅○按依疏則囿是圃非

云野囿之財用者　閩監毛本財改林

上經稍聚待賓客據二百里　案二當作三

土均　閩監毛本誤連上委人職不提行

施讀爲弛也　岳本閩本同宋本余本嘉靖本監毛本施讀下有亦字當據補賈疏有申釋亦字之文

理於萬物　賈疏岳本嘉靖本皆無於有者衍文案禮器本無於字

皆以地之美惡輕重者　閩監毛本美改媺非下並同

草人

凡糞種　唐石經諸本同

勃壤用狐　唐石經諸本同閩監毛本勃作勃誤

彊檃用蕡　唐石經宋本余本嘉靖本同閩監毛本彊作疆注及疏同案釋文羣經音辨皆誤作疆從土宋本載音義作彊不誤釋文檃本又作堅

輕爂用犬　唐石經諸本同釋文爂作㶇○按釋文是也與篆體合

强檃强堅者　宋本同嘉靖本作彊檃彊堅者

墳壤多蚠鼠也　諸本同漢讀考作蚠壤云司農依故書作蚠如其字解之故云多蚠鼠今各本云墳壤誤鄭君則依今書作墳

元謂墳壤潤解 宋本潤作閏
故以緆赤當之也 浦鏜云赤當色字誤
以騂爲監 段玉裁云監當作縣
則此壤不得專據白色解之故不從壤白色也 惠校本上白色作色白監本下白誤日

稻人
以瀦畜水 余本閩監毛本同唐石經宋本嘉靖本瀦作豬此本注及疏皆作豬
以涉揚其芟作田 唐石經宋本余本嘉靖本同閩監毛本揚改揚誤注中同
夏以水殄草而芟夷之 宋本同唐石經余本嘉靖本閩監毛本夷作荑釋文作荑音夷宋本注無案秋官薙氏經注皆作夷漢制考引此經芟夷注爲夷皆與宋本同
芟夷薀崇之 宋本余本嘉靖本監毛本同岳本閩本薀作蘊非案釋文亦作薀○按蘊者薀之俗字
今時謂禾下麥爲荑下麥 宋本余本嘉靖本荑作荑○按唐石經宋刻本凡麥字皆作麥下从夂今人作麥从夕始於前明不可不正

土訓
若云荆揚地宜稻 余本嘉靖本同閩監毛本揚改楊
幽并地宜麻 釋文麻如字一本作麋李及聶氏亡皮反劉沈音作麋音紀倫反恐非漢讀考云以李聶反語訂之當云一本作縻或省作麋是以誤縻及麋也
地慝若障蠱然也 余本岳本嘉靖本同宋本閩監毛本障改瘴俗字疏中同

誦訓 閩監毛本誤連上文不提行
謂告王觀博古之事也 監毛本古誤占當從閩本作博古○今訂作古
並所識久遠之事 閩本同監毛本並改并
不辟其忌 余本岳本嘉靖本同閩監毛本辟作避非釋文音經辟忌云音避注同可證注本作辟也

山虞
謂其地之民 宋本謂誤爲
厲遮列守之 禮說云厲古列字厲禁玉藻所謂山澤列而不賦也列山氏一作厲山氏詩垂帶如厲左傳鞶厲游纓康成皆訓厲爲裂漢郊祀歌迣萬里晉灼曰迣古列字讀爲厲○按說文作迾迾者遮也列厲皆假借字
堅濡調 釋文堅濡戚如袞反又音柔案據戚袞音如兗反則濡本作耎考工記需字如充反陸氏皆本戚音又音柔則仍濡字之音
凡服耜 監毛本耜誤耜注及疏同
季猶稺也 宋本岳本稺作穉下同
尙柔忍也 岳本嘉靖本忍作刃案疏中堅刃字作刃釋文柔忍音刃
皆有鑿孔以軨子貫之 浦鏜云軫訛軨從集注校○按軨字不誤或妄改作軫知其疏於車制矣軨車闌也
田止樹旗 此本止作上閩監毛本同誤也據宋本余本嘉靖本訂正

林衡
掌巡林麓之禁令 唐石經諸本同釋文麓作禁案序官釋文云麓本亦作禁
民不盜竊 嘉靖本同宋本閩監毛本作竊盜

川衡
申重戒勅之也 惠校本同閩監毛本勅改飭
蜃屬是蛤 閩監毛本蜃改蜄失其舊

澤虞
其具亦出澤水 監毛本同誤也當從閩本作其貝
芹茆蓤芡之屬 余本嘉靖本同釋文亦作蓤閩監毛本作蔆非
故得注析羽 監毛本注作註疏中同

迹人
故知掌邦田之地政 惠校本知作云
以林木爲藩羅 惠校本林作材此誤
且害心多也 宋本同嘉靖本閩監毛本心作必蓋心字誤○按心字是此聖人教天下以仁心也疏內正作心

丱人 余本同釋文唐石經諸本作卝人

角人
以當地稅民益國之事者 此句當有脫誤
以共財用 監本財誤則
骨入漆浣者 釋文亦作漆浣段玉裁云浣乃垸之訛以泰和灰丸而髹也

羽人
一羽有名 宋本岳本嘉靖本羽下有則字此脫疏同

掌葛
使知斤兩長短故也 惠校本作便知

掌染草 唐石經葉鈔釋文染作涤
茅蒐橐蘆豕首紫莂之屬 余本嘉靖本同閩監毛本橐作槖非嘉靖本首誤目
更有藍早象斗之等 此本誤早閩監毛本改阜是也今依訂正

掌茶 釋文唐石經諸本同宋本茶作荼非注並同

掌蜃
以蜃禦濕也 釋文作御濕云本亦作禦○按漢人多用御爲禦
云互物蜯蛤之屬者 惠校本蜯作蚌下同毛本下作蚌
此後鄭互物爲蚌蛤者 閩本同監毛本蚌作蜯
是成公二年 儀禮通解所載同閩監毛本二年作之時非
飾祭器之屬也 宋本飾誤飤
釋曰言白成 閩監毛本成改盛

囿人
掌囿游之獸禁 唐石經諸本同岳本游改遊注同
注囿遊至之獸 閩監毛本遊作游此本下並作游

場人
蒲桃枇杷之屬 宋本岳本嘉靖本同余本閩監毛本桃改萄非

廩人
稍食祿廩 嘉靖本廩作稟當據正此本疏中引注亦作祿稟
倍下士之類是也口口法有數名 補是也下此本空缺二字毛本補廩字
必於歲之抄者是也 浦鏜云杪誤抄
大祭祀則共其接盛 釋文則接依注音扱案陸本則共其二字爲衍
接讀爲一扱再祭之扱 余本嘉靖本一作壹非鄭於注中皆不用古字釋文作一扱可證
當須扱與舂人 惠校本須作須此誤

舍人 此本誤連上職不提行○今訂正
士用粱 岳本粱作稻非監本粱誤粱

貝三寶子笄　閩監毛本貝誤具下同

倉人

鄭注引舊記　案記當說之誤

計九穀之數足國　惠挍本下有用此脫

司祿

闕　困學紀聞云孟子諸侯惡其害己也而皆去其籍趙氏注今周禮司祿之官無其職是諸侯皆去之故不復存

司稼

凶荒則損　諸本同浦鏜云大司徒職疏兩引皆作儉有所殺

以凶荒所優饒民可也　此本及閩本缺一頁今據監毛本互挍漢制考可作法

掌均萬民之食　監毛本誤提行○今訂正

賙稟其艱阨　嘉靖本同宋本岳本稟作廩非

舂人

齍盛謂黍稷稻粱之屬　釋文音經其齍音資注同本亦作粢案經作齍注作粢此當作粢盛

饎人　嘉靖本作饎人與序官合余本舂人音義引此同小宗伯注亦作饎人

謂致飱饔　余本岳本嘉靖本同監毛本飱訛殯今訂正釋文致飱音孫

槀人　監毛本同釋文唐石經宋本余本作槁人漢制考困學紀聞所引同岳本改作犒人非嘉靖本作槀人與序官唐石經合是也禮說云司農讀槀爲犒蓋本書序槀飫篇服虔曰以師枯槁故饋之飲食潤澤謂之槁猶存謂之徂治謂之亂故謂之今古語皆然也小行人國有師役則令槁禬之大戴禮朝事儀亦作槁古文也兩傳皆作犒似後人所改而古無之故說文不載○今訂作槀

不還須以食供之　漢制考還作復

不於饎人言其　宋本余本監毛本同誤也岳本嘉靖本其作者當據以訂正

雖其潘瀾戔餘不可褻也　釋文潘本或作蕃戔本亦作殘嘉靖本褻作褻

周禮注疏卷十六挍勘記終

附釋音周禮注疏卷第十七

春官宗伯第三

（疏）釋曰鄭目録云象春所立之官也宗尊也伯長也春者出生萬物天子立宗伯使掌邦禮典禮以事神爲上亦所以使天下報本反始不言司者鬼神示人之所尊不敢主之故也

鄭氏注　賈公彥疏

惟王建國。辨方正位。體國經野。設官分職。以爲民極。乃立春官宗伯。使帥其屬而掌邦禮。以佐王和邦國。禮謂曲禮五吉凶賓軍嘉其別三十有六鄭司農云宗作主禮之官故書堯典曰帝曰咨四岳有能典朕三禮僉曰伯夷帝曰俞咨伯汝作秩宗宗官又主鬼神故國語曰使名姓之後能知四時之生犧牲之物玉帛之類采服之宜彝器之量次主之度屏攝之位壇場之所上下之神祇氏姓之所出而率舊典者爲之宗春秋禘于大廟躋僖公而傳曰夏父弗忌爲宗人又曰使宗人釁夏獻其禮禮特牲曰宗人升自西階視壺濯及豆籩然則唐虞歷三代以宗官典國之禮與其祭祀漢之大常是也○僉七潛反皆也俞羊朱反然也李一音由女秩音汝氏姓如字劉音紙大廟音泰下放此隮本又作躋子兮反升也父音甫釁虛覲反（疏）惟王至邦國○釋曰云掌邦禮以佐王和邦國者樂主和同禮主簡別案樂記云樂勝則流禮勝則離鄭云離謂析居不和恐其不和是以禮言和論語云禮之用和爲貴也○注禮謂至是也○釋曰云禮謂曲禮五者案禮序云禮者體也履也一字兩訓蓋有以也統之於心名爲體周禮是也踐而行之名曰履儀禮是也既名儀禮亦名曲禮故禮器云經禮三百曲禮三千鄭玄云經禮謂周禮也曲猶事也事禮謂今禮也其中事儀三千若然則儀禮爲曲禮今此鄭云禮謂曲禮五者對文則儀禮是曲禮周禮是經禮散文此周禮亦名曲禮是以藝文志云帝王世有損益至周曲爲之防是指此周禮爲曲禮也云吉凶賓軍嘉其別三十有六者並據下文而知鄭司農云宗伯主禮之官而引書堯典帝曰者謂舜咨四岳曰有能典朕三禮三禮者謂天地人之禮也云僉曰伯夷者四岳同辭而對共舉伯夷也云帝曰俞者俞然也然其所舉云咨伯女作秩宗者帝舜命伯夷使爲秩宗秩次也言宗伯主次序鬼神之事案彼虞書云脩五禮下又云典朕三禮三禮五不同者鄭義上云脩五禮與下五玉連文五玉是諸侯所執玉則五禮非吉凶賓軍嘉之五禮故鄭云五禮公侯伯子男之禮是以禮論云唐虞有三禮至周分爲五禮若然云三禮不言五禮則三禮中含有五禮矣引國語者是楚昭王問於觀射父觀射父對此辭言名姓之後者孔注以爲聖人大德之後云能知四時之生犧牲之物者孔服皆以爲生謂粢盛犧謂純毛色牲謂牛羊豕云玉帛之類者孔服皆以爲禮神玉帛謂若宗伯云蒼璧黃琮牲幣各放其器之色是也云采服之宜者服氏云祭祀之所服色謂若司服衮冕以下是也云彝器之量者服云量數也祭祀之器皆當其數云次主之度者服云次廟主之尊卑先後遠近之度云屏攝之位者服氏云屏猶并也謂攝主不備并之其位不得在正主之位即引曾子問云若宗子有罪居于他國庶子爲大夫其祭也視日孝子某使介子某執其常事又云攝主不厭祭不旅不假不綏祭不配是其攝主并之事左氏昭十八年夏五月宋衛陳鄭火時鄭子產使子寬子上巡羣屏攝彼鄭司農云束茅以爲屏蔽祭神之處草易然故巡行之此屏攝義與國語異云壇場之所者孔云去廟爲祧去祧爲壇去壇爲墠孔又云場祭道神曾子問道而出是也云上下之神祇者孔氏云上謂凡在天之神天及日月星下謂凡在地之神謂地山林川谷丘陵也云氏姓之所出而率舊典者爲之宗者孔氏云既非先聖之後又非名姓之後但氏姓所出之後子孫而心常能循舊典者則爲大宗大宗者於周爲宗伯云春秋禘於太廟者是文二年秋八月公羊云大事者何大祫也大祫者何合祭也其合祭奈何毀廟之主陳於大祖未毀廟之主皆升合食於大祖列昭穆序父子云躋僖公者案左氏云逆祀也時夏父弗忌爲宗人逆祀者弗忌云吾見新鬼大故鬼小躋升也謂升僖公主於閔公之上引之者證宗是宗人主鬼神也云又曰使宗人釁夏獻其禮者此哀公二十四年公子荆之母嬖將以爲夫人使宗人釁夏獻其立夫人之禮對曰無之公怒曰汝爲宗司立夫人國之大禮也何故無之對曰周公及武公娶於薛孝惠娶於商自桓以下娶於齊此禮也則有若以妾爲夫人則固無其禮也公卒立之引之者亦證宗人主禮也又引禮特牲者此特牲饋食禮是宿賓之明夕視濯主人與衆兄弟及賓入即堂下位宗人升自西階視壺濯及豆籩反降東北面告濯具注云東北面告緣賓意欲聞也引此者亦證宗人主禮也云唐虞歷三代以宗官典國之禮與其祭祀者所云虞書是虞法并云唐者堯舜道同故引虞則唐亦與虞同也言歷三代者上舉唐虞下舉周法則其中夏殷亦宗官掌禮可知故揔以三代言之也云則漢時大常是也者以代異法殊禮有沿革故至漢時祭祀之禮使大常主之故云漢之大常是也但此宗伯主禮并下文主鬼神自分明必引諸文爲證者當時張包周孟子何休等不信周禮是周公所制以爲六國時陰謀之書故先鄭以諸文爲證也

禮官之屬。大宗伯卿一人。小宗伯中大夫二人。肆師下大夫四人。上士八人。中士十有六人。旅下士三十有二人。府六人。史十有二人。胥十有二人。徒百有二十人。肆猶陳也肆師佐宗伯陳列祭祀之位及牲器粢盛（疏）肆師至十人○釋曰此一經與下五十九官爲長此官大宗伯小宗伯肆師並別職上士已下即三職同有此官可謂別職同官者也大宗伯則揔掌三十六禮之等小宗伯副貳大宗伯之事肆師主陳祭位之等此並亦轉相副貳之事也○注肆猶至粢盛○釋曰鄭知肆師佐宗伯陳列祭祀之位者案小宗伯云掌建邦之神位肆師云立大祀用玉帛牲牷之等故知佐宗伯陳列祭祀之位也知亦陳牲器粢盛者案其職云大祭祀展犧牲繫于牢頒于職人又云祭之日表齍盛告絜展器陳告備是其陳牲器粢盛之事也

鬱人下士二人。府一人。史一人。徒八人。鬱鬱金香草宜以和鬯○鬱於物反（疏）注鬱鬱至和鬯○釋曰凡敘官不以官尊爲先後有以緩急急者爲先鬱人爲首者祭祀宗廟先灌灌用鬱故其職云掌陳器故宜先陳也鄭云鬱鬱金香草者王度記謂之鬯鬯即鬱金香草也云宜以和鬯者鬯人所掌者是秬米爲酒不和鬱者若祭宗廟及灌賓客則鬯人以鬯酒入鬱人鬱人得之築鬱金草煑之以和鬯酒則謂之鬱鬯也

鬯人下士二人。府一人。史一人。徒八人。鬯釀秬爲酒芬香條暢於上下也秬如黑黍一稃二米。鬯勑亮反秬其許反李其虛反稃音孚〔疏〕注鬯釀至二米○釋曰鬯人在此者案其職云掌其秬鬯祭社禜門先用鬯故宜先言米有鬱條暢得名云條暢於上下也者若宗廟及賓客以灌地此雖無鬱至於下經用鬯祭祀者亦尸所飲以灌地灌地者其汁下入於地其氣上升於天故云條暢於上下也云秬如黑黍一稃二米者案爾雅云秬黑黍秠一稃二米此爾雅上文云秬黑黍是一米之秬直以秬爲名下文云秠一稃二米亦是黑黍但無黑黍之名但二米之秬貴此鬯酒用二米者故鄭云秬如黑黍此據爾雅下文二米之秬其狀如上文黑黍者若然爾雅云秠一稃二米不言黑黍者爾雅主爲釋詩案生民詩云維秬維秠爾雅云秬黑黍即是維秬者爾雅云秠一稃二米即是維秠者也若然爾雅及詩云秠者即黑黍之皮以皮而見秬是以鄭志張逸問云鬯人職注云秬如黑黍一稃二米案爾雅秠一稃二米未知二者同異鄭荅云秠即其皮稃亦皮爾雅重言以曉人更無異稱也鄭云重言者秠既是皮復云稃亦皮是重言也恐人不知秠是皮故重言稃稃秠是一還是秬故云更無異稱也

雞人下士一人。史一人。徒四人。〔疏〕雞人○釋曰雞人在此者案雞人職云共雞牲大祭祀夜呼旦雞又屬木在春故列職於此也

司尊彝下士二人。府四人。史二人。胥二人。徒二十人。彝亦尊也鬱鬯曰彝彝法也言爲尊之法也〔疏〕司尊彝○釋曰在此者案職云掌六彝六尊之位尊彝是祭祀之事故列職於此也○注彝亦至法也○釋曰彝亦尊者以其同是酒器但盛鬱鬯與酒不同故異其名耳云鬱鬯曰彝彝法也者祭宗廟在室先陳後乃向外陳齊酒之尊以彝爲法故名此鬱鬯曰彝也是以鄭云言爲尊之法也

司几筵下士二人。府二人。史一人。徒八人。筵亦席也鋪陳曰筵藉之曰席然其言之筵席通矣○鋪普吳反又音孚藉在夜反〔疏〕司几筵○釋曰在此者凡祭祀先設席故其職云掌五几五席辨其用與其位故列職於此也○注筵亦至通矣○釋曰云鋪陳曰筵藉之曰席者設席之法先設者皆言筵後加者爲席故其職云設莞筵紛純加繅席畫純假令一席在地或亦云筵儀禮少牢云司宮筵於奧是也是先設者爲鋪陳曰筵藉之曰席也云然其言之筵席通矣者所云筵席惟據鋪之先後爲名其筵席止是一物故云然其言之筵席通矣

天府上士一人。中士二人。府四人。史二人。胥二人。徒二十人。府物所藏言天者尊此所藏若天物然〔疏〕天府○釋曰天府在此者其職云掌祖廟之守藏大祭祀則出而陳於廟庭故亦列職於此也○注府物至物然○釋曰云府物所藏者鄭摠解府義府聚也凡物所聚皆曰府官人所聚曰府在人身中飲食所聚謂之六府詩云叔在藪火烈具舉注藪澤禽之府也大府玉府外內府泉府皆是藏財貨鄭云藏財貨曰府亦是物所藏也云言天者尊此所藏若天物然者案其職云凡國之玉鎮大寶器藏焉是尊此所藏若天物然故名此府爲天府也

典瑞中士二人。府二人。史二人。胥一人。徒十人。瑞節信也典瑞若今符璽郎〔疏〕典瑞○釋曰在此者案其職云掌玉瑞玉器之藏下又云王搢大圭執鎮圭以朝日則是玉瑞祭時所執玉器所以禮神雖有餘事以事神爲主在此宜也○注瑞節至璽郎○釋曰云瑞節信也者其天子所執者若受天之應瑞然其諸侯所執者若受得玉瑞亦如天之應瑞故云節信也云典瑞若今符璽郎者鄭意周時典瑞似漢時符璽郎故舉漢法而況之

典命中士二人。府二人。史二人。胥一人。徒十人。命謂王遷秩羣臣之書〔疏〕典命○釋曰在此者案其職云掌諸侯之五儀諸臣之五等之命凡官之所屬義有多種以宗伯主禮及祭祀之事故凡是祭祀及禮之事皆屬焉此典命遷秩羣臣亦是禮事又爵命屬陽故禮記云古者於禘也發爵賜服賞以春夏不於夏官者貴始故於春見之在此○注命謂至之書○釋曰凡言命者皆得簡策之命秩次也命出於王故云命謂王遷秩羣臣之書書即簡策是也

司服中士二人。府二人。史一人。胥一人。徒十人。〔疏〕司服○釋曰在此者案其職云掌王之吉凶衣服公羊傳云命者何加我服也再命已上得命即得服故司服列職於典命之下也

典祀中士二人。下士四人。府二人。史二人。胥四人。徒四十人。〔疏〕典祀○釋曰在此者案其職云掌外祀之兆守皆有域掌其禁令若以時祭祀則帥其屬而脩除以其職祭事故列職於此也

守祧奄八人。女祧每廟二人。奚四人。遠廟曰祧周爲文王武王廟遷主藏焉奄如今之宦者女祧女奴有才知者天子七廟三昭三穆奚女奴也○祧他堯反奄於檢反劉於驗反爲于僞反知音智昭上招反說文作佋〔疏〕守祧○釋曰遠廟爲祧案其職掌先王先公之廟祧若將祭祀則各以其服授尸故列職在此有奄八人者以其與女祧及奚婦人同處故須奄人通姜嫄爲八廟八人一人故八人也○注遠廟至奴也○釋曰遠廟曰祧者案祭法云遠廟爲祧有二祧享嘗乃止鄭云祧之言超也超上去意也云周爲文王武王廟遷主藏焉者案王制及祭法云王立七廟有二祧之文鄭知周之二祧是文武者鄭義[illegible]祧則祖宗是也故祭法云祖文王而宗武王鄭云祖宗通言爾是祖其有德宗其有功其廟不毀故云祧也知遷主藏焉者以其顯考巳下其廟毀不可以藏遷主文武既不毀明當昭者藏於武王廟當穆者藏於文王廟可知故云遷主藏焉若文武已上父祖不可入下子孫之廟宜藏於后稷之廟祖文武既爲二祧后稷爲大祖廟不可復稱祧故不變本名稱大祖也諸侯既不可與天子同有二祧其遷主則摠藏於大祖廟則謂大祖廟爲祧故聘禮云不腆先君之祧既拚以侯矣是也云奄如今之宦者漢以奄人爲內官則名奄人爲宦故舉以況之也云女祧女奴有才智者亦若天官云女酒女漿女祝下文云女史之類皆女奴有才智者爲之無才智者即入奚類也云天子七廟已下並王制文七廟者據周而言若殷人已下依禮緯唐人五廟夏亦五廟殷六廟與周不同也

世婦每宮卿二人。下大夫四人。中士八人。女府二人。女史二人。奚十有六人。世婦后宮官也王后六宮漢始大長秋詹事中少府大僕亦用士人女府女史女奴有才知者○少詩照反〔疏〕世婦○釋曰名世婦者以其主婦人之事王后已下至女御言世婦舉中以爲名也在此者案其職云掌女宮之宿戒及祭祀比其具是祭祀故列職於此也云每宮卿二人者王后有六宮每宮卿二人則十二人也此主婦人則卿大夫士並奄人爲之若然天官云內小臣奄上士四人鄭云奄稱士異其賢似卿大夫不用奄人者案彼天官之內職有婦人者皆用奄人獨此官卿大夫士與下女府女史奚同居不用奄非其宜但此經不言奄故鄭亦不言奄其實是奄可知是以賈馬皆云奄卿也然鄭云漢始大長秋亦見周時用奄之義也但天官惟有小臣是上士用奄人鄭即云奄稱士異其賢也若然小臣上士言奄者此不言奄但上天官共婦人同職皆已言奄於此略而不言耳案王之六卿皆六命十二小卿皆四命此六宮十二卿不言命數亦可當小宰小司徒等十二小卿同用四命中大夫爲之以其同十二人故也

內宗凡內女之有爵者。內女王同姓之女謂之內宗有爵其嫁於大夫及士者凡無常數之言〔疏〕內宗○釋曰在此者案其職云掌宗廟之祭祀薦加豆籩並是助祭之人故列職於此也○注內女至之言○釋曰言內女明是王之族內之女故云王同姓之女爲內宗也云有爵其嫁於大夫及士者但婦人無爵從夫之爵今言內女有爵明嫁與卿大夫及士周之法爵亦及士故兼言士也不言數而言凡故鄭云凡無常數之言以其王之族內之女無定數故也

外宗凡外女之有爵者。外女王諸姑姊妹之女謂之外宗〔疏〕外宗○釋曰在此者案其職云掌宗廟之祭祀佐王后薦玉豆眡豆籩亦是助祭之人故亦列職於此也○注外女至外宗○釋曰鄭知外宗是王諸姑姊妹之女者以其稱外明非已族故稱外宗外女也鄭不解有爵者已於內宗注說明此亦是嫁與大夫及士可知也言凡亦是無常數之言也

冢人下大夫二人。中士四人。府二人。史四人。胥十有二人。徒百有二十人。冢封土爲丘壟象冢而爲之〔疏〕冢人○釋曰在此者案其職云掌公墓之地辨其兆域以昭穆爲左右雖非祭祀亦是禮事故亦列職於此也○注冢封至爲之○釋曰冢封土爲丘壟者案其職云以爵等爲丘封之度注云王公曰丘諸臣曰封此臣云丘不言封亦有封可知案禮記云適墓不登壟是聚土亦爲壟故兼云壟也又禮記云古者墓而不墳又有墳稱秦漢已下天子之丘亦謂之陵也云象冢而爲之者案爾雅山頂曰冢故云象冢而爲之也若然云丘陵亦是象丘陵爲之也

墓大夫下大夫二人。中士八人。府二人。史四

人。胥二十人。徒二百人。墓冢塋之地孝子所思慕之處。塋音營〔疏〕墓大夫。釋曰案其職云掌凡邦墓之地域令國民族葬是掌天下萬民之墓地也不云冢云墓者禮記云庶人不封不樹故不言冢而云墓墓即葬地故鄭云墓冢塋之地孝子所思慕之處也在此者死葬之以禮亦是禮事故列職於此也

職喪上士二人。中士四人。下士八人。府二人。史四人。胥四人。徒四十人。職主也〔疏〕職喪。釋曰以其主公卿大夫之喪亦是禮事故列職於此也

大司樂中大夫二人。樂師下大夫四人。上士八人。下士十有六人。府四人。史八人。胥八人。徒八十人。大司樂樂官之長。長丁丈反後皆放此。〔疏〕大司樂。釋曰大司樂掌教國子六樂六舞等在此者以其宗伯主禮禮樂相將是故列職於此但樂師教國子小舞與大司樂職別而同府史亦謂別職同官者也。注大司至之長。釋曰以其與樂師已下至鞮鞻氏已上爲長者

大胥中士四人。小胥下士八人。府二人。史四人。徒四十人。胥有才知之稱禮記文王世子曰小樂正學干大胥佐之。稱尺證反〔疏〕大胥。釋曰在此者案其職云掌學士之版以待致諸子與大司樂教樂同類是亦禮事故列職在此但小胥掌樂縣之法亦與大胥別職而同官者也

大師下大夫二人。小師上士四人。瞽矇上瞽四十人。中瞽百人。下瞽百有六十人。眡瞭三百人。府四人。史八人。胥十有二人。徒百有二十人。凡樂之歌必使瞽矇爲焉命其賢知者以爲大師小師晉杜蒯云曠也大師也眡讀爲虎眡之眡瞭目明者鄭司農云無目眹謂之瞽有目眹而無見謂之矇有目無眸子謂之瞍○矇音蒙眡音視鄭常至反瞭音了又力小反字林同云明也杜蒯如字劉音屑下苦怪反眹直忍反本又作眴或作昳劉又音瞚瞍本又作瞍素口反說文云無目也又字林云目有眹無珠子也先久反〔疏〕大師。釋曰案其職云掌六律六同之等亦是樂事故在此此下直云瞽矇三百人無府史胥徒者以其無目不須人使是以有眡瞭三百人而已。注凡樂至之瞍。釋曰云凡樂之歌必使瞽矇爲焉者此鄭欲解作樂使瞽矇之意以其無目無所覩見則心不移於音聲故不使有目者爲之也云命其賢知者以爲大師小師者此乃師曠之徒亦無目者故引爲證也就瞽之中命大賢知爲大師其次賢知小者爲小師也其餘爲瞽矇也云眡讀爲虎眡之眡者易頤卦六四云虎眡眈眈其欲逐逐无咎是也云眡瞭目明者以其工故使有目者爲之也先鄭云無目眹謂之瞽已下案詩有瞽瞍案尚書有瞽瞍於此云有瞽矇據此三文皆文不具司農參取三處而爲三等解之諸文皆瞽在上而矇瞍在下先鄭即以瞽爲無目眹當第一無目眹謂無目之眹脈謂之瞽有目眹而無見謂之矇謂矇矇然有眹脈而無見也云有目無眸子謂之瞍者謂目精黑白分明而無眸子人者謂之瞍案其職大師少師及瞽矇眡瞭四者皆別職又無府史而并言之者以其大師少師爲長故連類言之

典同中士二人。府一人。史一人。胥二人。徒二十人。同陰律也不以陽律名官者因其先言耳書曰協時月正日同律度量衡大師職曰執同律以聽軍聲。〔疏〕典同。釋曰在此者案其職云掌六律六同以爲樂器亦是樂事故列職於此。注同陰至軍聲。釋曰同陰律也者對律而爲陽律也云不以陽律名官者謂其官不名典律而云典同也云因其先言耳者謂諸文皆先云同後云律若陰陽亦先云陰之類故以同名官也引書曰者堯典之篇彼據舜之巡守於方岳之下命史官協時月者協合也謂合四時節氣之早晚及月之大小定分云正日同律度量衡者謂正定日之甲乙陰同陽律之長短及正度之丈尺量之斗斛衡之斤兩六者皆正定之使依法又引大師職曰執同律以聽軍聲者所引之文皆證同在律上之義若然無取於時月日又度量衡連文引之耳案孔注尚書律爲法制當齊同之則同不爲陰律與鄭義別也

磬師中士四人。下士八人。府四人。史二人。胥四人。徒四十人。〔疏〕磬師。釋曰在此者案其職云掌教擊磬擊編鐘并教縵樂亦是樂事故列職於此也

鐘師中士四人。下士八人。府二人。史二人。胥六人。徒六十人。〔疏〕鍾師。釋曰在此者案其職云掌金奏而奏九夏以其樂事故列職於此也

笙師中士二人。下士四人。府二人。史二人。胥一人。徒十人。〔疏〕笙師。釋曰在此者案其職云掌教吹竽笙塤籥已下亦是樂事故列職在此

鎛師中士二人。下士四人。府二人。史二人。胥二人。徒二十人。鎛如鐘而大。鎛音博〔疏〕鎛師。釋曰在此者案其職云掌金奏之鼓亦是樂事故亦列職在此。注鎛如鐘而大。釋曰如鐘而大者以其形如鐘而大獨在一簴

韎師下士二人。府一人。史一人。舞者十有六人。徒四十人。鄭司農云以明堂位曰韎東夷之樂讀如味飲食之味杜子春讀韎爲菋茎著之菋玄謂讀如韎韐之韎。韎戚莫拜反劉李音妹味食飲之味如字又莫介反菋莫戒反又音味茎直基反劉直梨反李音姪著直居反李張慮反韐古洽反又音閤〔疏〕韎師。釋曰在此者案其職云掌教韎樂亦是樂事故列職於此也案鞮鞻氏掌四夷之樂今此特掌韎樂是周以木德王又見樂爲陽春是陽長養之方故特建此一官也。注鄭司至之之韎。釋曰引明堂位者證韎是東夷之樂云讀如味食飲之味杜子春讀韎爲菋茎著之菋者讀從爾雅也此後鄭皆不從之後鄭云讀爲韎韐之韎者欲取韎爲赤色是以禮記檀弓云周人大事斂用日出鄭云日出時亦赤則東夷之樂名韎者取色赤東方之意

旄人下士四人。舞者衆寡無數。府二人。史二人。胥二人。徒二十人。旄旄牛尾舞者所持以指麾〔疏〕旄人。釋曰在此者案其職云掌教舞散樂舞夷樂亦是樂事故列職於此也。經云舞者衆寡無數其職云凡四方之以舞仕者屬焉以其能爲四夷之舞者即爲之故無數也。注旄旄至指麾。釋曰案山海經有獸如牛四節有毛是也其牛尾可爲旌旗之旄也云舞者所持以指麾者案樂師掌小舞有旄舞是舞者所持以指麾則此旄人舞夷樂而云旄人是亦舞者所持以指麾者若然下鞮鞻氏云主四夷之樂兩官共掌者但鞮鞻氏掌而不教此旄人教而不掌故二官共其事也

籥師中士四人。府二人。史二人。胥二人。徒二十人。籥舞者所吹春秋宣八年壬午猶繹萬入去籥傳曰去其有聲者廢其無聲者詩云左手執籥右手秉翟。籥餘若反繹音亦祭之明日又祭也字書作釋去起呂反下同〔疏〕籥師。釋曰在此者案其職云掌教國子舞羽吹籥則此籥師所掌以教國子文樂左手執籥右手秉翟故名官爲籥師也。注籥舞至秉翟。釋曰案公羊宣八年傳文辛巳有事于大廟仲遂卒于垂壬午猶繹萬入去籥傳曰去其有聲者廢其無聲者張逸問籥師注春秋傳曰去其有聲者廢其無聲者何謂鄭荅廢置也於去者爲廢故曰廢若然辛巳日有事於大廟仲遂卒卿佐卒輕於正祭則重於繹祭則不停正祭合停繹祭至於明日壬午仍爲繹祭故孔子爲經加猶以九之但宣公乃有慙心於作樂之時去其有聲者用其無聲者也詩云左手執籥右手秉翟引之與詩者證籥師教國子舞羽吹籥之事也

籥章中士二人。下士四人。府一人。史一人。胥二人。徒二十人。籥章吹籥以爲詩章〔疏〕籥章。釋曰在此者案其職云掌土鼓豳籥亦是樂事故列職於此。注籥章至詩章。釋曰案其職有豳詩豳雅豳頌是吹籥以爲詩章故官名籥章也

鞮鞻氏下士四人。府一人。史一人。胥二人。徒二十人。鞻讀如屨也鞮屨四夷舞者所扉也今時倡蹋鼓沓行者自有扉。鞮丁兮反許慎云履也鞻九具反又力具反呂忱云鞮革履也鞻者幹鞻扉房味反蹋徒臘反李吐臘反沓它荅反又如字〔疏〕鞮鞻氏。釋曰在此者案其職云掌四夷之樂與其聲歌亦是樂事故列職於此也。注鞻讀至有扉。釋曰此鄭讀從屨人之屨也案鄭注曲禮云鞮鞻無約之扉也此鞮鞻亦是無約之扉彼爲大夫欲去國行喪禮之屨此爲四夷舞者所扉其屨無約一也云今時倡蹋鼓沓行者自有扉者謂漢時倡優作樂蹋地之人并擊鼓沓沓作聲者行自有扉屨引之者證四夷舞者亦自有扉與中國不同也

典庸器下士四人。府四人。史二人。胥八人。徒八十人。庸功也鄭司農云庸器有功者鑄器銘其功春秋傳曰以所得於齊之兵作林鍾而銘魯功焉〔疏〕典庸。釋曰在此者案其職掌藏樂器庸器亦是樂事故列職於此。注庸功至功焉。釋曰先鄭所引春秋者左氏襄

十九年季武子與晉師伐齊以所得齊之兵作林鍾而銘魯功焉臧武仲謂季孫曰非禮也夫銘天子令德諸侯言時計功大夫稱伐今稱伐則下等也計功則借人也言時則妨民多矣何以爲銘引之者見其庸器之義

司干下士二人府一人史二人徒二十人。干舞者所持謂楯也春秋傳曰萬者何干舞也○楯食允反又音允〔疏〕司干○釋曰在此者案其職云掌舞器祭祀授舞器亦是樂事故列職於此也○注干舞至舞也○釋曰云干舞者所持者謂若樂師云干舞則小舞也其夏官司兵云掌五兵祭祀授舞者兵則五兵俱掌但無干耳然彼注云謂朱干玉戚者鄭連言朱干耳

大卜下大夫二人卜師上士四人卜人中士八人下士十有六人府二人史二人胥四人徒四十人。問龜曰卜大卜卜筮官之長〔疏〕大卜○釋曰此大卜有卜師及卜人皆士官而卜人無別職者以其助大卜卜師行事故也其卜師則與大卜別職亦是別職同官在此者案其職曰掌三兆三易之等但蓍龜卦兆有生數成數之鬼神是鬼神之事故列職於此也○注問龜至之長○釋曰卜赴也赴來者之心故曰卜對筮問也謂有疑來問於蓍二者互見爲義卜言赴來問之心亦先問乃赴筮言問者後亦赴來者之心也云卜筮官之長者謂與下龜人菙氏占人筮人等爲之長也

龜人中士二人府二人史二人工四人胥四人徒四十人。工取龜攻龜〔疏〕龜人○釋曰在此者與卜人連類在此○注工取龜攻龜○釋曰案其職云取龜用秋時用成之時也攻龜用春時風氣燥達之時故也

菙氏下士二人史一人徒八人。燋焌用荊菙之類○菙時髓反燋哉灼反焌音俊又子寸反〔疏〕菙氏○釋曰在此者鑽龜用燋焌故與大卜連類在此○注燋焌用荊菙之類○釋曰案其職云掌共燋契即士喪禮云楚焞是也楚即荊故云用荊云菙之類者菙所以捶笞人馬用荊竹爲之此亦用荊故云菙之類也

占人下士八人府一人史二人徒八人。占蓍龜之卦兆吉凶○蓍音尸〔疏〕占人○釋曰在此者案其職云掌占龜筮亦占筮之類故列職於此也

簭人中士二人府一人史二人徒四人。問蓍曰筮其占易〔疏〕簭人○釋曰在此者案其職云掌九簭簭有生成數之鬼神故亦列職在此○注問蓍曰筮其占易○釋曰云問蓍曰筮者鄭意以筮爲問故易蒙卦云初筮告再三瀆瀆則不告是筮爲問也云其占易即易之九六爻辭是也

占夢中士二人史二人徒四人。〔疏〕占夢○釋曰在此者案其職云以日月星辰占六夢之吉凶夢是精神所感幷日月星辰等是鬼神之事故列職於此

眡祲中士二人史二人徒四人。祲陰陽氣相侵漸成祥者魯史梓慎云吾見赤黑之祲○祲子鴆反李且狂反〔疏〕眡祲○釋曰在此者案其職云掌十煇之法以觀妖祥辨吉凶亦是陰陽鬼神之事故列職於此

大祝下大夫二人上士四人小祝中士八人下士十有六人府二人史四人胥四人徒四十人。大祝祝官之長〔疏〕大祝○釋曰大祝與小祝別職而同官故共府史胥徒在此者案其職云掌六祝之辭以事鬼神示亦是事鬼神之法故列職於此也○注大祝祝官之長○釋曰以其與下小祝喪祝甸祝詛祝等爲長也

喪祝上士二人中士四人下士八人府二人史二人胥四人徒四十人。〔疏〕喪祝○釋曰在此者案其職云掌大喪勸防之事及辟令啟亦是禮事及事鬼神之法故列職於此也

甸祝下士二人府一人史一人徒四人。甸之言田也田狩之祝○甸音電後不音者同〔疏〕甸祝○釋曰在此者案其職云掌四時之田表貉之祝從事鬼神之事故列職於此

詛祝下士二人府一人史一人徒四人。詛謂祝之使沮敗也○詛側慮反祝之又反沮在呂反沈音敘〔疏〕詛祝○釋曰在此者案其職云掌盟詛類造攻說禬禜之祝號亦事鬼神故列職於此注云詛謂祝之使沮敗也者凡言盟者盟將來詛者詛往過故云祝之使沮敗也

司巫中士二人府一人史一人胥一人徒十人。司巫巫官之長〔疏〕司巫○釋曰在此者案其職云若國大旱則帥巫而舞雩亦是事鬼神之事故列職於此○注司巫巫官之長○釋曰案其職云掌羣巫之政令與下男巫女巫神士等爲師故云巫官之長

男巫無數女巫無數其師中士四人府二人史四人胥四人徒四十人。巫能制神之處位次主者〔疏〕注巫能至主者○釋曰巫與神通亦是鬼神之事故列職於此案神士職云凡以神士者掌三辰之法以猶鬼神示之居注引孝經緯及國語並是制神之處位及次第主之事神士還是男巫爲之故引彼以解此

大史下大夫二人上士四人小史中士八人下士十有六人府四人史八人胥四人徒四十人。大史史官之長〔疏〕大史○釋曰在此者案其職云讀禮書祭之日執書以次位常是禮事及鬼神之事也故列職於此也○小史與大史別職而同官故共府史也○注大史史官之長○釋曰謂與下內史外史御史等爲長若然內史中大夫大史下大夫得與內史爲長者以大史知天道雖下大夫得與內史中大夫爲長是以稱大也

馮相氏中士二人下士四人府二人史四人徒八人。馮乘也相視也世登高臺以視天文之次序天文屬大史月令曰乃命大史守典奉法司天日月星辰之行宿離不貸○馮音憑相息亮反注同宿劉息就反一音夙離力計反貸吐得反或音二〔疏〕馮相○釋曰在此者以其與大史同主天文故其職云掌歲月星辰之位故與大史連類在此○注馮乘至不貸○釋曰云世登高臺以視天文之次序者以其官有世功則以官名氏故云也其天子有靈臺諸侯有觀臺皆所以視天文故云登高臺也云之次序者馮相氏掌天文不變保章氏掌天文之變變則不依次序不變則如常有次序故以次序言之也云天文屬大史者案周語單子謂魯成公曰吾非瞽史焉知天道是大史知天道之事引月令曰乃命大史者證大史掌天文之事云宿離不貸者鄭彼注云離耦也謂其屬馮相氏保章氏掌天文者也謂其相與宿耦當審候伺不有差忒

保章氏中士二人下士四人府二人史四人徒八人。保守也世守天文之變〔疏〕保章氏○釋曰在此者案其職云掌天星以志星辰日月之變動以觀天下之遷故與馮相氏連類在此也○注保守至之變○釋曰以其稱氏也故稱世守天文之變也

內史中大夫一人下大夫二人上士四人中士八人下士十有六人府四人史八人胥四人徒四十人。〔疏〕內史○釋曰在此者案其職云掌八枋執國法及國令之貳策命羣臣皆禮事故列職於此也

外史上士四人中士八人下士十有六人胥二人徒二十人。〔疏〕外史○釋曰在此者案其職云掌書外令及三皇五帝之書亦禮書之類故列職於此

御史中士八人下士十有六人其史百有二十人府四人胥四人徒四十人。御猶侍也進也其史百有二十人以掌贊書人多也〔疏〕御史○釋曰在此者案其職云掌贊書凡數從政者皆亦禮事故列職於此也○注御猶至多也○釋曰其職云凡治者受法令焉并掌贊書故其史特多復在府上也

巾車下大夫二人上士四人中士八人下士十有六人府四人史八人工百人胥五人徒五十人。巾猶衣也巾車車官之長○巾如字劉居覲反衣於旣反〔疏〕巾車○釋曰在此者案其職云掌公車之政令辨其用與其旗物皆是禮事故列職於此也○注巾猶至之長○釋曰巾猶衣也者謂玉金象革等以衣飾其車故訓巾猶衣也云巾車車官之長者謂與下典路車僕等爲長也

典路中士二人下士四人府二人史二人胥

二人徒二十人。路王之所乘車〔疏〕典路○釋曰在此者案其職云掌王及后之五路亦是禮事故列職於此也○注路王至乘車○釋曰路大也若人君所居皆稱路故有路寢路門路馬之等皆稱路也

車僕中士二人。下士四人。府二人。史二人。胥二人。徒二十人。〔疏〕車僕○釋曰在此者案其職五戎之倅各有差等亦是禮事故亦列職於此也

司常中士二人。下士四人。府二人。史二人。胥四人。徒四十人。司常主王旌旗〔疏〕司常○釋曰在此者案其職云掌九旗之物名亦各有差等亦是禮事故亦列職於此也○注司常主王旌旗○釋曰九旗之別自王已下尊卑所建不同不專主於王鄭云司常主王旌旗者以王爲主何妨尊卑皆掌

都宗人上士二人。中士四人。府二人。史四人。胥四人。徒四十人。都謂王子弟所封及公卿所食邑〔疏〕都宗人○釋曰在此者案其職云掌都祭祀之禮凡都祭祀致福于國皆是事鬼及禮事故列職於此○注都謂至食邑○釋曰案載師云家邑任稍地小都任縣地大都任畺地則大夫采地不得稱都故據大都小都而言之下文家據大夫而說也此既掌祭祀不云伯而云宗人者避大官名夏官都家稱司馬得與大官同名者以其軍事是重故與大官同名也秋官都家以稱士者以其主都家萬民之獄訟以告方士故謂之士士者察也取其察審之義也

家宗人如都宗人之數。家謂大夫所食采邑〔疏〕家宗人○釋曰在此者案其職云掌家祭祀之禮凡祭祀致福亦是共鬼之事故亦列職於此

凡以神士者無數。以其藝爲之貴賤之等。以神士者男巫之俊有學問才知者藝謂禮樂射御書數高者爲上士次之爲中士又次之爲下士〔疏〕凡以至之等○釋曰此神士還是上羣巫中有學問者抽入神士以其能處置神位故以神爲名無數者有即入之故無常數在都家之下者欲見都家神亦處置之在此者案其職云掌三辰之法當處置神之位次故列職於此

周禮注疏卷十七校勘記　阮元撰盧宣旬摘録

附釋音周禮注疏卷第十七　唐石經周禮卷第五

春官宗伯第三　唐石經作第五非

吉凶賓軍嘉　諸本同惠挍本作軍賓云余本仍作賓軍按惠棟當據宋本疏作軍賓小宗伯注吉凶軍賓嘉亦本作賓軍嘉○按依大宗伯職經文次第先賓後軍則作賓軍是也自蔡沈書注曰五禮吉凶軍賓嘉也初學幼而熟誦乃不省周禮本文矣

汝作秩宗　余本閩監毛本同岳本嘉靖本汝作女釋文出女秩二字則此注本云女秩宗也

禮特牲曰宗人升自西階　監本毛本禮誤郊毛本階誤皆

云禮謂曲禮五者　惠挍本謂作是

云吉凶賓軍嘉其別三十有六者　惠挍本作吉凶軍賓嘉○按此本非也

可謂別職同官者也　浦鏜云可疑所字誤

頒于職人　惠挍本作織人賈氏據鄭讀也此依經改職非

表齍盛告絜　惠挍本同閩監毛本絜改潔非下並同

故其職云掌陳器　浦鏜云祼誤陳

復云稃亦皮　閩監毛本稃誤秠

言爲尊之法也　嘉靖本也作正

鋪陳曰筵　釋文作鋪之按釋曰所云筵席惟據鋪之先後爲名則賈本亦作鋪之矣今本作陳非

天府徒二十人　余本嘉靖本閩監本同毛本二誤三唐石經缺

祖文武既爲二祧　惠挍本作但文武此作祖誤

漢以奄人爲內官　閩監毛本同惠挍本漢制考作內宦

亦用士八人　余本閩監毛本同嘉靖本作亦用士人無八字此衍文當刪正○按嘉靖本此條勝於各本

女奴有才知者　余本嘉靖本同閩監毛本知改智非釋文才知音智

冢人　嘉靖本閩監毛本同誤也唐石經余本作家人注中同當據正○按字體正作冢从勹豕聲

此臣云丘　惠挍本臣作直此誤

眂瞭三百人府四人史八人胥十有二人徒百有二十人　余本嘉靖本閩監毛本同唐石經此段全缺按釋曰此下直云瞽矇三百人無府史胥徒者以其無目不須人使是以有眂瞭三百人而已然則府四人已下四句係後人應增賈疏本無也○按前說非也賈所云瞽矇三百人者謂上瞽四十人中瞽百人下瞽百有六十人也此三百人無府史胥徒眂瞭三百人有府史胥徒故云瞽矇三百人無府史胥徒其實賈說不明經文府四人史八人胥十有二人徒百有二十人統屬於大師小師瞽矇眂瞭非瞽矇無府史胥徒也疏末云太師少師瞽矇眂瞭四者皆別職又無府史而并言之此并言之三字正謂此府史胥徒統屬於上四官亦可證經文府四人四句非衍矣由四官分職府史胥徒統屬於四官故經文合併爲一條如大司樂樂師合爲一條之例

眂讀爲虎眂之眂　余本嘉靖本閩監毛本同岳本爲作如

無目眹謂之瞽　余本岳本閩本毛本同此本眹誤眹監本誤眹今訂正嘉靖本眹作眹按釋文眹本又作眒或作眣玉篇謂眹與瞋同眒瞋亦一字也下同

云眂瞭目明者以其工　惠挍本無云其下有扶此一衍一脫

於此云有瞽矇　惠挍本云作文此誤

韎東夷之樂讀如昧飲食之味　閩監毛本同嘉靖本作昧東夷之樂讀如昧食飲之味釋文賈疏余本亦作味食飲之味此誤倒

杜子春讀韎爲菋荎著之菋　閩監毛本同釋文岳本嘉靖本菋作柴漢讀考作讀韎如

經云舞者衆寡無數　惠挍本作此經云

引之與詩者證籥師教國子　惠挍本之作傳籥作樂此誤○按籥是也樂非也本職可攷

鞮鞻氏　唐石經諸本同惠士奇云玉篇鞮作趧○按玉篇本說文說文作趧婁

鞻讀如屨也　余本嘉靖本閩監毛本同誤也岳本作鞻讀爲屨當據正

四夷舞者所屝也　余本嘉靖本閩監毛本同此本屝作扉與漢制考所引同誤也今訂正文選魏都賦注引此無所字按釋文出所屝二字則無所作屝者皆非說文屝履也所屝猶云所履也○按無所字者自是古本

謂楯也　余本閩監毛本同釋文出謂楯二字嘉靖本楯作盾惠挍本同○按盾者正字楯俗字

二者互見爲義　惠挍本同閩監毛本爲改其

占人史二人　唐石經諸本同嘉靖本作史一人誤

亦占筮之類　閩本同監毛本占改卜

簭人　宋本余本閩監毛本同誤也唐石經嘉靖本簭作簭下從口當據以訂正此從石訛

女巫無數　余本閩監毛本同皆連上文嘉靖本及惠挍本別跳行下大史小史同唐石經此序缺○按經文其師以下統屬於男巫女巫則不跳行者是也此亦太師樂師一條之例

凡以神口者　閩監毛本作神士者惠挍本作神仕者云仍作士下神仕還是男巫爲之同此本兩神仕之仕字皆實缺

宿離不貸　釋文作不貣○按貣是

以視天文之次序者　閩監毛本視誤觀

皆是事鬼及禮事　浦鏜云事鬼下疑脫神字

家謂大夫所食采邑　余本閩監毛本同此本下三字實缺嘉靖本邑作地

附釋音周禮注疏卷第十八

鄭氏注　賈公彥疏

大宗伯之職。掌建邦之天神人鬼地示之禮。以佐王建保邦國。

建立也立天神地祇人鬼之禮者謂祀之祭之享之禮吉禮是也保安也所以佐王立安邦國者主謂凶禮賓禮軍禮嘉禮也目吉禮於上承以立安邦國者互以相成明尊鬼神重人事○示音祇本或作祇下神示地示之例皆倣此下卷亦然佐本或作左音同享許丈反又後不音者同

〔疏〕大宗至邦國○釋曰大宗伯之職者以上列其官此列其職也云掌建邦之天神人鬼地示之禮者單言邦據王爲言也云以佐王建保邦國者邦國連言據諸侯爲說也○注建立至人事○釋曰云立天神地祇人鬼之禮者謂祀之祭之享之者經先云人鬼後云地祇鄭則先云地祇後云人鬼者經先云人鬼欲見天在上地在下人藏其間鄭後云人鬼者據下經陳吉禮十二先地祇後人鬼據尊卑爲次故也云禮吉禮是也者案下云以吉禮事邦國之鬼神示則此亦吉禮故云禮吉禮是也云保安也所以佐王立安邦國者主謂凶禮賓禮軍禮嘉禮也者鄭知建保邦國中有凶禮已下者案下文其次有五禮具此經直云天神人鬼地示吉禮而已又邦國之上空云建保故云建保中有四禮也是以鄭即云目吉禮於上承以立安邦國者互相成也互相成者王國云吉禮亦有凶禮已下邦國云四禮明亦有吉禮矣以其神非人不事人非神不福故又云明尊鬼神重人事也尊鬼神者據王國特云吉禮重人事者據諸侯特言凶禮已下各舉一邊欲見五禮皆重故也

以吉禮事邦國之鬼神示。

事謂祀之祭之享之故書吉或爲告杜子春云書爲告禮者非是當爲吉禮書亦多爲吉禮吉禮之別十有二

〔疏〕以吉至神示○釋曰此已下敘五禮先以吉禮爲上云事邦國之鬼神示者據諸侯邦國而言者也以其天子宗伯若還據天子則不見邦國若以天子宗伯而見邦國則有天子可知故舉邦國以包王國○注事謂至有二○釋曰云事謂祀之祭之享之者還據已下所陳先後爲次若然經先云鬼與上下體例不同者欲見逢時則祭事起無常故先云人鬼也云吉禮之別十有二者從此下經以禋祀血祭二經天地各有三享人鬼有六故十二也○

以禋祀祀昊天上帝。以實柴祀日月星辰。以槱燎祀司中司命飌師雨師。

禋之言煙周人尚臭煙氣之臭聞者槱積也詩曰芃芃棫樸薪之槱之三祀皆積柴實牲體焉或有玉帛燔燎而升煙所以報陽也鄭司農云昊天天也上帝玄天也昊天上帝樂以雲門實柴實牛柴上也故書實柴或爲賓柴司中三能三階也司命文昌宮星風師箕也雨師畢也玄謂昊天上帝冬至於圜丘所祀天皇大帝星謂五緯辰謂日月所會十二次司中司命文昌第五第四星或曰中能上能也祀五帝亦用實柴之禮云○禋音因李又音煙槱羊九反本亦作楢音同積也燎良召反飌音風芃薄工反一音房逢反棫音域樸音卜能他來反下同圜于權反○

〔疏〕以禋至雨師○釋曰此祀天神之三禮以尊卑先後爲次謂歆神始也○注禋之至禮云○釋曰案尚書洛誥予以秬鬯二卣明禋注云禋芬芳之祭又案周語云精意以享謂之禋義並與煙得相叶也但宗廟用煙則郊特牲云臭陽達于牆屋是也天神用煙則此文是也鄭於禋祀之下正取義於煙故言禋之言煙也云周人尚臭煙氣之臭聞者此禮記郊特牲之文也彼云殷人尚聲周人尚臭尚臭者取煙氣之臭聞於天引之者證煙義也云槱積也詩云芃芃棫樸薪之槱之者此大雅棫樸之篇引之證槱得爲積也云三祀皆積柴實牲至焉或有玉帛燔燎而升煙者此司中司命等言槱燎則亦用煙也於日月言實牲至昊天上帝言煙祀則三祀互相備矣但先積柴次實牲後取煙事列於卑祀義全於昊天作文之意也但云或有玉帛則有不用玉帛者肆師職云立大祀用玉帛牲牷立次祀用牲幣立小祀用牲彼雖摠據天地宗廟諸神今以天神言之則二大小次祀皆有也以肆師言之煙祀中有玉帛牲牷三事實柴中則無玉唯有牲幣槱燎中但止有牲故鄭云實牲體焉據三祀有其玉帛惟昊天具之實柴則有帛無玉是玉帛於三祀之內或有或無故鄭云或耳云燔燎而升煙所以報陽也者案郊特牲云升首於室以報陽彼論宗廟之祭以首報陽今天神是陽煙氣上聞亦是以陽報陽故取特牲爲義也鄭司農云昊天天也者案孝經云郊祀后稷以配天典瑞亦云四圭有邸以祀天故云昊天天也云上帝玄天也者案廣雅云乾玄天易文言云夫玄黃者天地之雜也天玄而地黃以天色玄故謂玄名天先鄭蓋依此而讀之則二者異名而同實也若然則先鄭與王肅之等同一天而已似無六天之義故以天解昊天上帝爲一也云昊天上帝樂以雲門者先鄭既無六天大司樂分樂而序之及六變俱有雲門不知定取何者以祀天云實柴實牛柴上也者案肆師職此三者皆實牲先鄭直據實柴爲實牛者偏據一邊而言耳其實皆牛也云故書實柴或爲賓柴者賓柴無義後鄭雖不破當還從實柴也先鄭云司中三能三階也者案武陵太守星傳云三台一名天柱上台司命爲大尉中台司中爲司徒下台司祿爲司空云司命文昌宮星者亦據星傳云文昌宮第四曰司命第五曰司中二文俱有司中司命故兩載之云風師箕也者春秋緯云月離於箕風揚沙故知風師箕也云雨師畢也者詩云月離於畢俾滂沱矣是雨師畢也若左氏傳云天有六氣降生五味五味即五行之味也是陰陽風雨晦明六氣下生金木水火土之五行鄭義大陽不變陰爲金雨爲木風爲土明爲火晦爲水若從妻所好言之則洪範云星有好風星有好雨鄭注云箕星好風畢星好雨是土十爲木八妻木八爲金九妻故東方箕星好風西方畢星好雨以此推之則北宮好與南宮好陽中央四季好寒也皆是所剋爲妻是從妻所好之義也玄謂昊天上帝冬至於圜丘所祀天皇大帝者案大司樂下文凡樂圜鍾爲宮云云冬日至於地上之圜丘奏之若樂六變則天神皆降是也引之以破先鄭昊天上帝與五天爲一之義云星謂五緯者五緯即五星東方歲星南方熒惑西方大白北方辰星中央鎮星言緯者二十八宿隨天左轉爲經五星左旋爲緯案元命包云文王之時五星以聚房也星備云五星初起牽牛此云星明是五緯又案星備云歲星一日行十二分度之一十二歲而周天熒惑日行三十三分度之一三十三歲而周天鎮星日行二十八分度之一二十八歲而周天大白日行八分度之一八歲而周天辰星日行一度一歲而周天是五緯所行度數之事且諸文皆星辰合解之故尚書堯典云歷象日月星辰洪範五紀亦云星辰鄭皆星辰合釋者餘文於義不得分爲二故合釋此文皆上下不見祭五星之文故分星爲五緯與辰別解若然辰雖據日月會時而言辰即二十八星也案昭七年左氏傳晉侯問伯瑕曰何謂六物對曰歲時日月星辰是謂也公曰多語寡人辰而莫同何謂辰對曰日月之會是謂辰故以配日是其事但二十八星面有七不當日月之會直

謂之星若日月所會則謂之宿謂之辰謂之次亦謂之房故尚書肩征云辰弗集于房孔注云房日月所會是[illegible]司命文昌第[illegible]者此破先鄭也何則先鄭[illegible]是三台司命[illegible]今案三台與文昌皆有司[illegible]得分之故後[illegible]第五第四星必先言第五[illegible]者案文昌第[illegible]第五云司中此經先云司[illegible]命後鄭欲先[illegible]先引第五證司中後引第[illegible]故文倒也案[illegible]星傳云文昌宮六星第一[illegible]二曰次將第[illegible]第四曰司命第五日司中[illegible]祿是其本次[illegible]中能者亦據武陵大守是[illegible]三台一名天[illegible]命爲大尉中台司中爲司[illegible]祿爲司空引[illegible]也云祀五帝亦用實柴之[illegible]禮記祭義云[illegible]主日配以月祭天以日爲[illegible]帝與日月同[illegible]若然五帝與昊天其服同[illegible]同藹粟於燔[illegible]月等者禮有損之而益亦[illegible]緯冕及其血[illegible]嶽之上亦斯類也案春秋[illegible]云大徵宮有[illegible]即春秋緯文耀鉤云春起[illegible]名靈威仰夏起[illegible]其名赤熛怒秋起白受制[illegible]拒冬起黑受制[illegible]光紀季夏六月火受制其[illegible]又元命包云大[illegible]庭五帝以合時此等是五[illegible]又案元命包云[illegible]爲大帝又云天生大列爲[illegible]星星其一明者[illegible]居傍兩星巨辰子位故爲[illegible]節度亦爲紫徵[illegible]言中此宮之中天神圖法[illegible]皆在此中又文[illegible]中宮大帝其北極星下一[illegible]一之先合元氣[illegible]常是天皇大帝之號也又[illegible]北極謂之北辰[illegible]天皇北辰耀魄寶又云昊[illegible]名大一常居以[illegible]故有數名也其紫微宮中[illegible]亦名昊天上帝[illegible]帝而言至於單名皇天單[illegible]得故尚書君奭[illegible]君奭我聞在昔成湯既受[illegible]若伊尹格于皇[illegible]云皇天北極大帝又掌次[illegible]設皇邸以旅上[illegible]即大帝堯典云欽若昊天[illegible]單名之事月令[illegible]五帝之文故季夏云以供[illegible]鄭分之皇天北[illegible]寶上帝大徵五帝亦是大[illegible]事若然大帝得[illegible]五帝同五帝不得兼稱皇[illegible]異義天號等六[illegible]歐陽說日欽若昊天夏曰[illegible]昊天冬曰上天[illegible]天爾雅亦然故尚書說云[illegible]各用所宜稱之[illegible]之則日皇天元氣廣大則[illegible]覆愍下則稱昊[illegible]監下則稱上天據遠視之[illegible]稱蒼天謹案尚[illegible]羲和欽若昊天摠勑四時[illegible]獨春春秋左氏[illegible]月已丑孔子卒稱昊天不[illegible]天玄之聞也爾[illegible]于門人作以釋六藝之文[illegible]矣或氣博施故[illegible]言之夏氣高明故以遠言[illegible]殺其生故以昊[illegible]冬氣閉藏而清察以監下[illegible]者於尊大號六[illegible]諸稱天者以已情所求言[illegible]順天時解浩浩[illegible]之博施蒼天求之高明是[illegible]求天殺生當得[illegible]天同雲求之所爲當順於[illegible]猶人之說事各[illegible]若察于時所論從四時天[illegible]故尚書所云者[illegible]也二者相須乃足此名非[illegible]之正直是人逐[illegible]稱之鄭云皇天者其尊大[illegible]四時爲名似本[illegible]經星辰與司中司命風師[illegible]以爲六宗案尚[illegible]禋于六宗但六宗之義有[illegible]名故先儒各以[illegible]若則以北星也辰也司中[illegible]風師也雨師也[illegible]六宗案異義今歐陽夏侯[illegible]上不及天下不[illegible]不及四時居中央恍惚無[illegible]陽變化有益於[illegible]祭之古尚書說六宗天地[illegible]謂天宗三地宗[illegible]日月星辰地宗岱山河海[illegible]

陽宗北辰爲星宗岱爲山宗河爲水宗海爲澤宗祀天則天文從祀祀地則地理從祀譴案夏侯歐陽說云宗實一而有六名實不相應春秋魯郊祭三望言郊天日月星河海山凡六宗魯下天子不祭日月星但祭其分野星其中山川故言三望六宗與古尚書說同玄之聞也書曰肆類于上帝禋于六宗望于山川徧于羣神此四物之類也禋也望也徧也所祭之神各異六宗言禋山川言望則六宗無山川明矣周禮大宗伯曰以禋祀祀昊天上帝以實柴祀日月星辰以槱燎祀司中司命風師雨師凡此所祭皆天神也禮記郊特牲曰郊之祭也迎長日之至也大報天而主日也兆於南郊就陽位也埽地而祭於其質也祭義曰郊之祭大報天而主日配以月則郊祭并祭日月可知其餘星也辰也司中司命風師雨師此之謂六宗亦自明矣禮論王莽時劉歆孔昭以爲易震巽等六子之卦爲六宗漢武即位依虞書禋于六宗禮用大社至魏明帝時詔令王肅議六宗取家語宰我問六宗孔子曰所宗者六埋少牢於大昭祭時相近於坎壇祭寒暑王宮祭日夜明祭月幽禜祭星雩禜祭水旱孔安國注尚書與此同張融許從鄭君於義爲允案月令孟冬云祈來年於天宗鄭云天宗日月星辰若然星辰入天宗又入六宗其日月入天宗即不入六宗之數也以其祭天主日配以月日月既尊如是故不得入宗也

以血祭祭社稷五祀五嶽。以貍沈祭山林川澤。以疈辜祭四方百物。

不言祭地此皆地祇祭地可知也陰祀自血起貴氣臭也社稷土穀之神有德者配食焉共工氏之子曰句龍食於社有厲山氏之子曰柱食於稷湯遷之而祀棄故書祀作禩疈爲罷鄭司農云禩當爲祀書亦或作祀五祀五色之帝於王者宮中曰五祀罷辜披磔牲以祭若今時磔狗祭以止風玄謂此五祀者五官之神在四郊四時迎五行之氣於四郊而祭五德之帝亦食此神焉少昊氏之子曰重爲句芒食於木該爲蓐收食於金脩及熙爲玄冥食於水顓頊氏之子曰黎爲祝融后土食於火土五嶽東曰岱宗南曰衡山西曰華山北曰恒山中曰嵩高山不見四竇者四竇五嶽之匹或省文祭山林曰埋川澤曰沈順其性之含藏疈疈牲胷也疈而磔之謂磔禳及蜡祭郊特牲曰八蜡以記四方四方年不順成八蜡不通以謹民財也又曰蜡之祭也主先嗇而祭司嗇也祭百種以報嗇也饗農及郵表畷禽獸仁之至義之盡也○貍亡皆反劉莫拜反沈如字劉直蔭反疈孚逼反一音方麥反共音恭句古侯反下同厲如字本或作烈禩音祀又作祀罷如字一音芳皮反磔張格反食此音嗣下食宗族同少昊詩照反下少昊同重直龍反該古來反蓐音辱同不見賢遍反此內不音者同竇音獨本亦作績下同省所景反磔攘如羊反蜡七詐反種章勇反郵有牛反畷音綴井田間道左思吳都賦云畛畷無數又陟劣反

【疏】以血至百物○釋曰此一經言祭地祇三等之禮尊卑之次亦是歆神始也云以血祭祭社稷五祀五嶽者此皆地之次祀先薦血以歆神已下二祀不復用血也○注不言至盡也○釋曰云不言祭地此皆地祇祭地可知也者此經對上經祭天天則大次小三者具此經雖見三祀唯有次小祀而已以其方澤與昊天相對此經方澤不見者此血祭下仍有貍沈與疈辜二祀三祀具得與上天神三者相對故闕大地也且社稷亦土神故舉社以表地示鼓人職亦云靈鼓鼓社祭亦舉社以表地此其類也若大地方澤當用瘞埋與昊天禋相對故鄭云不言祭地此皆地祇祭地可知也云陰祀自血起者對天爲陽祀自煙起貴氣臭同也云社稷土穀之神者案孝經緯援神契云社者五土之揔神稷者原隰之神五穀稷爲長五穀不可偏敬故立稷以表名郊特牲亦云社者神地之道社者土之神稷者穀之神故云土穀之神也云有德者配食焉云云至而祀棄案左氏昭公二十九年傳云共工氏有子曰句龍爲后土后土爲社則是死乃配社食之云有厲山氏之子曰柱食於稷湯遷之而祀棄者案左傳云有烈山氏之子曰柱爲稷案祭法云厲山氏之有天下也其子曰農能殖百穀夏之衰也周棄繼之故祀以爲稷若然稷祀棄實在湯時云夏之衰者遷柱由旱欲見旱從夏起故據夏而言也是以書序云湯旣勝夏欲遷其社不可作夏社注云犧牲旣成粢盛旣潔祭以其時而旱暵水溢則變置社稷當湯代桀之時旱致災明法以薦而猶旱至七年故湯遷柱而以周棄代之欲遷句龍以無可繼之者於是故止其旱在夏之時驗也先鄭云五祀五色之帝於王者宮中曰五祀者先鄭意此五祀即掌次云祀五帝一也故云五色之帝後鄭不從者案司服云祀昊天與五帝皆用大裘當在圜丘與四郊上今退在社稷之下於王者宮中失之遠矣且五帝天神當在上經陽祀之中退在陰祀之內一何陋也云罷辜披磔牲以祭者此先鄭從古書罷於義未可故後鄭不從罷從經疈爲正其云披磔牲以祭仍從之矣云若今時磔狗祭以止風者此舉漢法以況疈辜爲磔之義必磔狗止風者狗屬西方金金制東方木之風故用狗止風也玄謂此五祀者五官之神在四郊者生時爲五官死乃爲神配五帝在四郊知在四郊者鄭即引月令四時四立之日迎氣在四郊并季夏迎土氣是五迎氣故鄭云四時迎五行之氣於四郊也云而祭五德之帝亦食此神焉者但迎氣迎五方天帝雖不言祭人帝案月令四時皆陳五德之帝大昊炎帝黃帝少昊顓頊等五德之帝并五人神於上明知五人神爲十二月聽朔及四時迎氣而陳故鄭此注及下青圭赤璋之下注皆云迎氣時并祭五人帝五人神也云少昊氏之子曰重已下案昭二十九年魏獻子問蔡墨曰社稷五祀誰氏之五官對曰少皞氏有四叔曰重曰該曰脩曰熙實能金木及水使重爲句芒該爲蓐收脩及熙爲玄冥世不失職遂濟窮桑此其三祀也顓頊氏有子曰犂爲祝融共工氏有子曰句龍爲后土此其二祀也后土爲社稷爲田正有列山氏之子曰柱爲稷趙商問春秋昭二十九年左傳曰顓頊氏之子犂爲祝融共工氏有子曰句龍爲后土其二祀五官之神及四郊合爲黎食后土祭法曰共工氏霸九州也其子曰后土能平九州故祀以爲社社即句龍荅曰犂爲祝融句龍爲后土左氏下言后土爲社謂暫作后土無有代者故先師之說犂兼之因火土俱位南方此注云犂爲祝融后土食于火土亦惟見先師之說也云五嶽東曰岱宗南曰衡山西曰華山北曰恒山中曰嵩高山者此五嶽所在據東都地中爲說案大司樂云四鎮五嶽崩注云華在豫州嶽在雍州彼據鎬京爲說彼必據鎬京者彼據災異若據洛邑則華與嵩高並在豫州其雍州不見有災異之事故注有異也案爾雅江河淮濟爲四瀆爲定五岳不定者周國在雍州時無西嶽故權立吳嶽爲西嶽非常注爾雅不載以東都爲定故爾雅載之也若然此南嶽衡案爾雅霍山爲南嶽者霍山即衡山也故地理志楊州霍山爲南嶽者山今在廬山彼霍山與冀州霍山在嵩華者別云不見四竇者四竇五嶽之匹或省文者五嶽四瀆相對若天地故設經省文惟見五嶽也若然下云貍沈祭山林川澤五嶽歆神雖與社稷同用血五嶽四瀆山川之類亦當貍沈也爾雅云祭山曰厎縣者或異代法耳若然厎縣旣非周法而校人云凡將事于四海山川則飾黃駒注云王巡守過大山川則有殺駒以祈沈禮與玉人云天子以巡守宗祝以前馬注云其祈沈以馬宗祝亦執勺以先之彼亦言祈沈者祈沈雖非周法引以況義無嫌也云祭山林曰埋川澤曰沈順其性之含藏者經埋沈祭山林川澤揔言不析別而說故鄭分之以其山林無水故埋之川澤有水故沈之是其順性之合藏也云疈疈牲胷也者無正文蓋據當時疈磔牲體者皆從胷臆解折之故以胷言之云謂磔攘及蜡祭者案禮記月令云九門磔攘又十二月大儺時亦磔攘是磔牲攘去惡氣之禮也云及蜡祭者案彼云蜡也者索也歲十二月合聚萬物而索享之謂天子於周之十二月建亥之月於郊而爲蜡法此所引郊特牲曰八蜡已下彼據諸侯行蜡法彼云八蜡以記四方不作祀作祀者誤云八蜡以記四方者謂八蜡之禮以記四方諸侯知順成不順成若年不順成則八蜡不通以謹民財也若四方諸侯年穀有不順四時成熟者其八蜡不得與四方成熟之處通祭八蜡也云以謹民財者八蜡旣不通明民不得行黨正飲酒奢侈之事故云以謹民財民謂謹節民之用財之法也又曰蜡之祭也主先嗇而祭司嗇者彼注云先嗇若神農者司嗇后稷是也云祭百種以報嗇也者謂合聚萬物而索享之以報收嗇之功故云祭百種以報嗇也云享農及郵表畷者彼注云農謂田畯典田大夫郵表畷畷止也謂田畯督約百姓於井間之處也是郵行往來立表畷止於其下是止息之處有神亦祭之云禽獸仁之至義之盡也者八蜡者案彼祭有先嗇一也司嗇二也農三也郵表畷四也貓虎五也坊六也水庸七也昆蟲八也蜡之中有貓虎是禽獸也云仁之至者據饗先嗇司嗇及農是仁恩之至義之盡者據饗貓虎坊與水庸郵表畷之等是義之盡引之者證祭亦磔牲之事也

以肆獻祼享先王。以饋食享先王。以祠春享先王。以禴夏享先王。以嘗秋享先王。以烝冬享先王。

宗廟之祭有此六享肆獻祼饋食在四時之上則是祫也禘也肆者進所解牲體謂薦孰時也獻獻醴謂薦血腥也祼之言灌灌以鬱鬯謂始獻尸求神時也郊特牲曰魂氣歸于天形魄歸于地故祭所以求諸陰陽之義也殷人先求諸陽周人先求諸陰灌是也祭必先灌乃後薦腥薦孰於祫逆言之者與下共文明六享俱然祫言肆獻祼禘言饋食者著有黍稷互相備也魯禮三年喪畢而祫於大祖明年春禘於羣廟自爾以後率五年而再殷祭一祫一禘○肆他歷反解骨體祼古亂反禴餘若反烝之承反祫戶夾反率五音律又音類

【疏】以肆至先王○釋曰此一經陳享宗廟之六禮也此經若細而言之即有六禮揔而言之則亦有三等之差肆獻祼是祫之大祭以饋食是禘之次祭以春享以下是時祭之小祭若以揔用袞冕大牢言之此亦皆爲大祭也故酒正注云大祭者王服大袞袞冕所祭是也此六者皆言享者對天言祀地言祭故宗廟言享享獻也謂獻饌具於鬼神也○注宗廟至一禘○釋曰云宗廟之祭有此六享者則此吉禮十二之中處其六也云肆獻祼饋食在四時之上則是祫也禘也者但周注有三年一祫則文二年大事於大廟公羊傳云大事者何大祫也大祫者何合祭也毀廟之主陳于大祖未毀廟之主皆升合食于大祖列昭穆序父子是祫之義也若殷則祫於三時周則秋祫而已又有五年一禘禘則各於其廟爾雅云禘大祭者禘是揔名祭注祭天圜丘亦曰禘大傳云王者禘其祖之所自出謂夏正郊天亦曰禘夏殷四時之祭夏祭亦曰禘但於周宗廟之祭則有五年禘禘雖小於祫大於四時亦是大祭之名也云肆者進所解牲體謂薦孰時也者薦孰當朝踐後爓祭時故禮運云腥其俎孰其殺鄭云孰其殺謂體解而爓之是其饋獻獻以盎齊之節故云薦孰時但體

解之時必肆解以爲二十一體故云肆也云獻獻醴謂薦血腥也者此是朝踐節當二灌後王出迎牲祝延尸出戶坐於堂上南面迎牲入豚解而腥之薦於神坐以玉爵酌醴齊以獻尸后亦以玉爵酌醴齊以獻尸故云謂薦腥也云祼之言灌者經云祼者是古之祼字取神示之義故從示鄭轉從灌者以鬱鬯灌地降神取澆灌之義故從水言灌以鬱鬯謂始獻尸求神時也者凡宗廟之祭迎尸入戶坐於主北先灌謂王以圭瓚酌鬱鬯以獻尸尸得之瀝地祭訖啐之奠之不飲尸爲神象灌地所以求神故云始獻尸求神時也言始獻對後朝踐饋獻酳尸等爲終故此稱始也郊特牲曰魂氣歸于天形魄歸於地故祭所以求諸陰陽之義也者人之噓吸出入之氣爲魂耳目聰明爲魄人死魂氣歸於天爲陽形魄歸於地爲陰祭時作樂爲陽是求諸陽灌地爲陰是求諸陰故云求諸陰陽之義也云殷人先求諸陽周人先求諸陰者此二代自相對殷人先求諸陽謂未灌先合樂周人先求諸陰謂未合樂先灌故云求諸陰灌是也引之者欲見周人祭先灌之意云祭必先灌乃後薦腥薦孰於祫逆言之者與下共文明六享俱然者如向所說具先灌訖王始迎牲次腥其俎腥其俎訖乃爓爓祭訖始迎尸入室乃有黍稷是其順也今此經先言肆肆是饋獻節次言獻是朝踐節後言灌灌是最在先之事是於祫逆言之也言與下共文明六享俱然者既從下向上爲文即於下五享與上祫祭皆有灌獻肆三事矣故云六享俱然云祫言肆獻灌禘言饋食者著有黍稷互相備也者祫言肆獻灌明禘亦有之禘言饋食食是黍稷則祫亦有黍稷矣著明也明有黍稷互相備矣云魯禮三年喪畢而祫於大祖者此以周衰禮廢無文可明春秋左氏傳云周禮盡在魯即以春秋爲魯禮今言魯禮者指春秋而言也春秋三年喪畢而祫於大祖謂若文公二年秋八月大事於大廟躋僖公僖三十三年薨至文二年秋八月於禮雖少四月猶是三年喪畢而爲祫祭也是魯禮三年喪畢而祫於大祖大祖謂周公廟周公廟中而爲祫祭也云明年春禘於羣廟者此明年春禘雖無正文約僖公宣公得知矣案僖公八年及宣公八年皆有禘文則知僖公宣公二年春有禘可知何者以文公二年祫則知僖公宣公二年亦有祫僖公宣公二年既爲祫則明年是三年春禘四年五年六年秋祫是三年祫更加七年八年添前爲五年禘故僖公宣公八年皆有禘是明年春禘明矣故云明年春禘於羣廟也云自爾以後五年而再殷祭者公羊傳文殷大也除明年春從四年巳後四年五年六年七年八年八年之中四年五年六年爲三年祫七年八年添前爲五年禘是五年再殷祭也云一祫一禘者是禮讖文謂五年之中爲一禘一祫也鄭言此者欲見肆獻祼及饋食三者爲祫禘從三年喪畢後爲始之意也從禋祀巳下至此吉禮十二皆歆神始何者案大司樂分樂而序之云乃奏黃鍾歌大呂舞雲門以祀天神巳下下復云圜鍾爲宮若樂六變天神皆降若樂八變地祇皆出若樂九變人鬼可得而禮鄭云天神則主北辰地祇則主崑崙人鬼則主后稷先奏是樂以致其神禮之以玉而祼焉彼先奏是樂以致其神則天神地祇人鬼皆以樂爲下神始也彼鄭云禮之以玉據天地而祼焉據宗廟則此上下天神言煙地示言血此宗廟六享言祼是其天地宗廟皆樂爲下神始煙血與祼爲歆神始也又案禮器與郊特牲皆言郊血大享腥三獻爓一獻孰者皆是薦饌始也以其郊是祭天而言用血大享是祫祭先王而言用腥三獻是社稷而言用爓一獻是祭羣小祀而言用孰與此是其先彼是其後後爲薦饌可知故郊言血大享言腥三獻言爓一獻言孰也

以凶禮哀邦國之憂。 哀謂救患分烖凶禮之別有五

【疏】以凶至之憂。釋曰此凶禮之目也邦國者亦如吉禮舉外以包內之義凡言哀者皆謂被凶災從後以物哀之也。注哀謂至有五。釋曰云哀謂救患分烖者此據左氏僖元年夏六月邢遷于夷儀諸侯城之救患也凡侯伯救患分烖討罪禮也引之者證哀者從後往哀之義言救患分災討罪者救患即邢有不安之患諸侯城之是救患也分災謂若宋災諸侯會於澶淵謀歸宋財是分災也討罪謂諸侯無故相伐是罪人也霸者會諸侯共討之是討罪也三者皆是相哀之法故并代引之

以喪禮哀死亡。 哀謂親者服焉疏者含襚。含戶暗反本亦作唅襚音遂

【疏】注哀謂至含襚。釋曰諸經云亡者多是逃亡此經鄭不解亡則亡與喪爲一以其逃亡無可哀故也云哀謂親者服焉者據上文云哀邦國之憂則此亦據諸侯邦國之內而言但天子諸侯絕傍期傍期巳下無服若始封之君不臣諸父昆弟亦有服今鄭云親者服焉疏者含襚者鄭廣解哀義不專據天子諸侯之身也案士喪禮親者不將命注云大功巳上有同財之義無歸含法鄭云親者服焉據大功親以上直有服無含法若小功以下有含并有服也若然此據大夫巳下而說天子諸侯雖無服其含襚則有之故春秋王使榮叔歸含且賵士喪禮君使人襚明天子諸侯於臣子皆有含襚也

以荒禮哀凶札。 荒人物有害也曲禮曰歲凶年穀不登君膳不祭肺馬不食穀馳道不除祭事不縣大夫不食粱士飲酒不樂。札讀爲截謂疫厲。札如字又音截縣音玄

【疏】注荒人至疫厲。釋曰云荒人物有害者經云荒以爲目下云凶札則荒中有凶是物有害荒中兼有札是人有害案司服云大札大荒則素服注云札疫病荒飢饉者彼不以荒爲目以荒替凶處故彼注荒爲飢饉不爲物有害也曲禮曰以下案彼注不祭肺則不殺也馳道不除爲妨民取蔬食也皆自貶損若然君言不祭肺馬不食穀祭事不縣則大夫士亦然大夫言不食粱粱加穀士飲酒不樂則人君日食黍稷稻粱亦貶於飲酒亦不樂君臣互見爲義也云札讀爲截截謂疫厲者鄭讀從截絕之義故也春秋有天昏札瘥是厲鬼爲疫病之事故云謂疫厲也

以弔禮哀禍烖。 禍烖謂遭水火宋大水魯莊公使人弔焉曰天作淫雨害於粢盛如何不弔廄焚孔子拜鄉人爲火來者拜之士一大夫再亦相弔之道。爲火于僞反下苟偃爲同。

【疏】注禍烖至之道。釋曰禍烖謂遭水火鄭知義然者以上下文驗之此禍災當水火二事爲證也案莊十一年秋宋大水魯人使弔之傳例雨三日巳上爲淫廄焚孔子拜鄉人爲火來者事見禮記雜記云亦相弔之道者謂亦如魯莊公弔宋事也

以禬禮哀圍敗。 同盟者合會財貨以更其所喪春秋襄三十年冬會于澶淵宋烖故是其類。禬劉戶外反徐古外反更音庚下同喪息浪反澶善然反

【疏】注同盟至其類。釋曰此經本不定若馬融以爲國敗正本多爲圍敗謂其國見圍入而國被禍敗喪失財物則同盟之國會合財貨歸之以更其所喪也必知禬是會合財貨非會諸侯之兵救之者若會合兵當在軍禮之中故知此禬是會合財貨以濟之也故大行人云致禬以補諸侯之災小行人亦云若國師役則命犒禬之是其有財貨相補之驗故引左氏澶淵之會爲證也案左氏傳爲宋災諸侯之大夫謀歸宋財是以冬十月叔孫豹會晉趙武齊公孫蠆宋向戌衛北宮佗鄭罕虎及小邾之大夫會于澶淵既而無歸于宋故不書其人君子曰信其不可不愼澶淵之會卿不書不信也又云書曰某人某人尤之也若然既而無歸宋財引者此取本謀歸宋財一邊義無嫌也

以恤禮哀寇亂。 恤憂也鄰國相憂兵作於外爲寇作於內爲亂

【疏】注恤憂至爲亂。釋曰云鄰國相憂者亦上云哀邦國之憂據諸侯爲說故鄭以鄰國解之云兵作於外爲寇作於內爲亂者案文公六年魯惠伯云兵作於內爲亂於外爲寇又成公十七年長魚矯曰臣聞亂在外爲姦在內爲軌御姦以德御軌以刑據此文既言寇亂當據惠伯之言爲義也而云哀之者既不損財物當遣使往諮問安不而巳

以賓禮親邦國。 親謂使之相親附賓禮之別有八

【疏】注親謂至有八。釋曰經既云親邦國故鄭還以使諸侯相親附解之即下文相朝聘之義是也賓禮之別有八者即下文八者皆以曰間之者是也

春見曰朝。夏見曰宗。秋見曰覲。冬見曰遇。時見曰會。殷見曰同。 此六禮者以諸侯見王爲文六服之內四方以時分來或朝春或宗夏或覲秋或遇冬名殊禮異更遞而徧朝猶朝也欲其來之早宗尊也欲其尊王覲之言勤也欲其勤王之事遇偶也欲其若不期而俱至時見者言無常期諸侯有不順服者王將有征討之事則既朝覲王爲壇於國外合諸侯而命事焉春秋傳曰有事而會不協而盟是也殷猶衆也十二歲王如不巡守則六服盡朝朝禮既畢王亦爲壇合諸侯以命政焉所命之政如王巡守殷見四方四時分來終歲則徧。曰朝直遙反注下不出者皆同遞音弟徧音遍下同猶朝張遙反

【疏】注此六至則徧。釋曰云此六禮者以諸侯見王爲文者案此經文皆云見是下於上稱見故云諸侯見王爲文也秋官大行人云春朝諸侯之等皆云朝覲諸侯是王下見諸侯爲文故彼注云王見諸侯爲文二者相對爲文不同以彼是天子見諸侯之義故圖天下之事以比邦國之功皆據天子爲主故以天子見諸侯爲文此則諸侯依四時朝天子故以諸侯見天子爲文云六服之內四方以時分來或朝春或宗夏或覲秋或遇冬者謂要服以內侯甸男采衛要之等云四時分來春東方六服當朝之歲盡來朝夏南方六服當宗之歲盡來宗秋西方六服當覲之歲盡來覲冬北方六服當遇之歲盡來遇是其或朝春或宗夏或覲秋或遇冬之事也云朝之言朝也欲其來之早宗尊也欲其尊王覲之言勤也欲其勤王之事遇偶也欲其若不期而俱至者此鄭解其名也四方諸侯來朝覲天子豈有別意乎明各舉一邊互見爲義耳云時見者言無常期者非謂時常月直是事至之時故云時者言其無常期也言諸侯有不順服此解時之義也云王將有征討之事者諸侯既不順服明知有征討之事也云則既朝覲王爲壇於國外合諸侯而命事焉者此司儀及覲禮所云爲壇合諸侯是也云命事者讀命以征討之事即大行人云時會以發四方之禁禁是九伐之法也云春秋傳曰有事而會不協而盟者此昭三年鄭子太叔曰文襄之霸也其務不煩諸侯令諸侯三歲而聘五歲而朝有事而會不協而盟引之者證時會之義但是霸者會盟諸侯非王者法引之者取一邊證爲壇會盟之事同若然當諸侯有不順王命者不來其順服者皆來朝覲天子一則顯其順服二則欲助天子征討故來也云既朝覲者若不當朝之歲則不須行朝覲於國中直壇朝而巳其當朝之歲則於國中春夏行朝宗於王朝受享於廟秋冬則一受之於廟也故鄭云既朝覲王爲壇於國外也云殷猶衆也十二歲王如不巡守則六服盡朝朝禮既畢王亦爲壇合諸侯以命政焉鄭知十二歲者案大行人云十二歲王乃巡守殷國若王無故則巡守王制及尚書所云者是也若王有故則此云殷見曰同及大行人云殷國是也云殷同者六服衆皆同來

言殷國者衆來見於天子爲王國其事一也鄭知爲壇於國外者觀禮云諸侯觀于天子爲宮方三百步四門壇十有二尋深四尺加方明于其上鄭注云四時朝覲受之於廟此謂時會殷同也明知諸侯殷見亦爲壇於國外若巡守至方嶽然云所命之政如王巡守者巡守命政則王制所云命典禮考禮命市納價之類又尚書所云歲二月東巡守已下修五禮五玉及協時月正日之等皆是也云殷見四方四時分來終歲則徧者若四時服數來朝則當朝之歲大行人所云侯服年年朝甸服二年朝男服三年朝采服四年朝衞服五年朝要服六年朝各隨其年而朝若殷見曰同春則東方六服盡來夏則南方六服盡來秋則西方六服盡來冬則北方六服盡來故云四方四時分來終歲則徧矣

時聘曰問。殷覜曰視。時聘者亦無常期天子有事乃聘之焉竟外之臣既非朝歲不敢瀆爲小禮殷覜謂一服朝之歲以朝者少諸侯乃使卿以大禮衆聘焉一服朝在元年七年十一年○覜他弔反一音他堯反竟音境

〔疏〕注時聘至一年○釋曰此二經者是諸侯遣臣聘問天子之事鄭知時聘是無常期者以其與上文時見同言時則知此時聘亦無常期也云天子有事乃聘之焉者上時是當方諸侯不順服其順服者當方盡朝無遣臣來之法其餘三方諸侯不來諸侯聞天子有征伐之事則遣大夫來問天子故云天子有事乃聘之焉云竟外之臣既非朝歲不敢瀆爲小禮者瀆數也天子無事不敢數遣大夫聘問天子以是故有事乃遣大夫問也必知時聘遣大夫不使卿者以其經稱問案聘禮小聘曰問使大夫此經云曰問明使大夫也云殷覜謂一服朝之歲以朝者少者以其周法依大行人諸侯服數來朝則有一服朝之歲諸侯既不自朝明使卿來聘天子故稱殷殷衆也若殷見然云朝者少卿來則衆也云諸侯乃使卿以大禮衆聘焉者鄭知使卿以大禮者見聘禮大聘使卿此既諸侯使臣代已來明不得使大夫故知使卿以大禮衆聘焉使卿爲大禮對使大夫爲小禮也云一服朝在元年七年十一年者鄭約大行人要服之內諸侯服數來朝一服朝當此三年以其侯服年年朝甸服二年朝四年朝六年朝八年朝十年朝十二年朝從天子巡守是甸服於元年七年十一年無朝法是使卿殷覜也男服三年朝六年朝九年朝十二年從天子巡守於元年七年十一年亦無朝法是亦使卿以大禮聘天子也采服四年朝八年朝十二年從天子巡守則元年七年十一年亦無朝天子之法是亦使卿以大禮聘天子也衞服五年朝十年朝則元年七年十一年亦無朝天子法是亦使卿以大禮聘天子也要服六年朝十二年從天子巡守則元年七年十一年亦無朝法是亦使卿以大禮聘也故知一服朝在元年七年十一年也

以軍禮同邦國。同謂威其不協僭差者軍禮之別有五○僭子念反沈創林反差初佳反沈初宜反

〔疏〕注同謂至有五○釋曰既云同邦國則使諸侯邦國和同故鄭云同謂威其不協僭差者使之和協不僭差僭差謂若禮記郊特牲云宮縣白牡朱干設鍚之類皆是諸侯之僭禮也

大師之禮，用衆也。用其義勇

〔疏〕注用其義勇○釋曰云大師者謂天子六軍諸侯大國三軍次國二軍小國一軍出征之法用衆鄭云用其義勇者論語云見義不爲無勇也見義謂見君有危難當致身投命以救君是見義而爲故勇義兼言若朋友推刃是不義而勇

大均之禮，恤衆也。均其地政地守地職之賦所以憂民

〔疏〕注均其至憂民○釋曰此大均亦據邦國徧天下皆均之故云大均不患貧而患不均不均則民患故大均之禮所以憂恤其衆也鄭約地官均人云掌均地政均地守均地職彼注云政讀爲征地征謂地守地職之稅也地守衡虞之屬地職農圃之屬若然地征者與下地守地職爲目也此云之賦即彼注之稅一也此大均必在軍禮者謂諸侯賦稅不均者皆是諸侯僭濫無道致有不均之事當合衆以均之故在軍禮也

大田之禮，簡衆也。古者因田習兵閱其車徒之數○閱音悅

〔疏〕注古者至之數○釋曰此謂天子諸侯親自四時田獵簡閱也謂閱其車徒之數也云古者因田習兵者案書傳云戰者男子之事因蒐狩以閑之閑之者申之大司馬田法引論語不教民戰是謂棄之以證因田獵爲習兵之事云閱其車徒者田獵之時有車徒旗鼓甲兵之事故云閱其車徒也

大役之禮，任衆也。築宮邑所以事民力強弱

〔疏〕注築宮至強弱○釋曰鄭知有築宮邑者詩云築室百堵西南其戶是築宮也詩又云築城伊匹是築邑也其靈臺隄防之等皆役民力鄭略之也云事民力強弱者論語云爲力不同科是事民力之強弱也

大封之禮，合衆也。正封疆溝塗之固所以合聚其民○疆居良反

〔疏〕注正封至其民○釋曰知大封爲正封疆者謂若諸侯相侵境界民則隨地遷移者其民庶不得合聚今以兵而正之則其民合聚故云大封之禮合衆也鄭兼言溝塗者古境界皆有溝塗而樹之以爲阻固則封人云爲畿封而樹之也者是也

以嘉禮親萬民。嘉善也所以因人心所善者而爲之制嘉禮之別有六

〔疏〕以嘉禮親萬民○釋曰餘四禮皆云邦國獨此云萬民者餘四禮萬民所行者少故舉邦國而言此嘉禮六者萬民所行者多故舉萬民其實上下通也○注嘉善至有六○釋曰云所以因人心所善者而爲之制者案禮運云飲食男女人之大欲存焉此嘉禮有飲食男女之等皆是人心所善者故設禮節以裁制之即下經所云者皆是也

以飲食之禮親宗族兄弟。親者使之相親人君有食宗族飲酒之禮所以親之也文王世子曰族食世降一等大傳曰繫之以姓而弗別綴之以食而弗殊百世而昏姻不通者周道然也○不別彼列反

〔疏〕以飲至兄弟○釋曰此經云飲食亦尊卑通有下文別有饗燕則經云飲者非饗燕是私飲酒法其食可以通燕食俱有以其下不別云食故也○注親者至然也○釋曰言使之相親者止謂與族人行飲食即是相親也云人君有食宗族飲酒之禮所以親之也者謂食人君與族人行食禮并飲酒之禮故并言之文王世子曰族食世降一等者鄭彼注云親者稠疏者稀假令親兄弟歲四度從父昆弟歲三度從祖昆弟歲二度族昆弟歲一度是其一世降一等云大傳曰繫之以姓而弗別者子孫雖有氏族不同皆繫之以正姓若魯姓姬子孫氏曰仲孫叔孫季孫之屬氏族雖異同是姓姬故云繫之以姓而不別也云綴之以食而弗殊者謂繼別爲大宗者與族人行食禮相連綴序以昭穆而不可殊異也云百世而昏姻不通者以繫之以正姓雖氏族異昏姻不得通行也云周道然也者對殷道則不然以其殷道氏族異則得昏姻也引之者證此經以飲食相親之事鄭注引文王世子據人君法引大傳據大夫士法則萬民亦有此飲食之禮

以昏冠之禮親成男女。親其恩成其性○冠古亂反

〔疏〕以昏至男女○釋曰此一節陳昏姻冠笄之事上句直言昏冠專據男而言亦有姻笄故下句兼言男女也若然則昏姻之禮所以親男女使男女相親三十之男二十之女配爲夫妻是也冠笄之禮所以成男女男二十而冠女子許嫁十五而笄不許亦二十而笄皆責之以成人之禮也○注親其恩成其性○釋曰案昏義壻親迎御輪三周是壻親之親之也者使之親己是親其恩也云成其姓者冠義云禮始於冠既冠責以爲人父爲人子爲人臣之禮又內則云二十敦行孝弟是成其性也

以賓射之禮親故舊朋友。射禮雖王亦立賓主也王之故舊朋友爲世子時共在學者天子亦有友諸侯之義武王誓曰我友邦冢君是也司寇職有議故之辟議賓之辟

〔疏〕以賓至朋友○釋曰言以賓射之禮者謂若射人王以六耦射三侯三獲三容五正是賓射之侯也以此賓射之禮者謂行燕飲之禮乃與之射所以申歡樂之情故云親故舊朋友也○注射禮至之辟○釋曰云射禮雖王亦立賓主也者案大射禮以大夫爲賓主案此云王以賓射之禮既行燕飲之禮明知王亦立賓主也云王之故舊朋友爲世子時共在學者若據位爲王以後亦有以臣爲朋友不得云故舊今云故舊朋友明據未爲王時案文王世子周公居攝成王與伯禽在學與學子同居又王制有王大子是爲世子時共在學者也云天子亦有友諸侯之義即所引秦誓武王誓曰我友邦冢君是天子亦有友諸侯之義言此者欲見經云朋友亦含諸侯在其中案洛誥周公謂成王云孺子其朋彼以成王以臣爲朋友則此朋友之中可以兼之矣引司寇職有議故之辟議賓之辟者證諸侯爲賓及王之故舊皆在議限與此經故舊朋友並得爲賓射相親之事也

以饗燕之禮親四方之賓客。賓客謂朝聘者

〔疏〕注賓客謂朝聘者○釋曰此經饗燕並言殊食於上者食無獻酢之法故別言於上與私飲同科此饗燕謂大行人云上公三饗三燕侯伯再饗再燕子男一饗一燕饗亨大牢以飲賓獻依命數在廟行之燕者其牲狗行一獻四舉旅降脫屨升坐無筭爵以醉爲度行之在寢此謂朝賓若聘客則皆一饗其燕與時賜無數是親四方賓客也

以脤膰之禮親兄弟之國。脤膰社稷宗廟之肉以賜同姓之國同福祿也兄弟有共先王者魯定公十四年天王使石尚來歸脤○脤上忍反膰音煩

〔疏〕注脤膰至歸脤○釋曰兄弟之國謂同姓諸侯若魯衞晉鄭之等凡受祭肉者受鬼神之祐助故以脤膰賜之是親之同福祿也鄭揔云脤膰社稷宗廟之肉分而言之則脤是社稷之肉膰是宗廟之肉是以成十三年公及諸侯朝王遂從劉康公成肅公會晉侯伐秦成子受脤于社不敬注云脤宜社之肉也盛以蜃器故曰脤劉子曰國之大事在祀與戎祀有執膰戎有受脤注云膰祭肉又案異義左氏說脤社祭之肉盛之以蜃宗廟之肉名曰膰以此言之則宗廟之肉曰膰社稷之肉曰脤之驗也而公羊穀梁皆云生居俎上曰脤熟居俎上曰膰非鄭義耳對文脤爲社稷肉膰爲宗廟肉其實宗廟社稷器皆飾用蜃蛤故掌蜃云祭祀共蜃器之蜃注云飾祭器是其祭器皆飾以蜃也云兄弟有共先王者謂若魯與周同承文王鄭與周同承厲王如此之輩與周同立廟是共先王也云定公十四年天王使石尚來歸脤者石尚天子之上士故稱名氏言來者自外之辭歸者不反之稱是天子祭社使來歸脤引之證同姓有歸脤之事此文雖主兄弟之國至於二王後及異姓有大功者得與兄弟之國同故僖九年夏王使宰孔賜齊侯胙曰天子有事于文武使孔賜伯舅胙注云胙膰肉周禮以脤膰之禮親兄弟之國不以賜異姓敬齊侯比之賓客又僖公二十四年宋成公如楚還入於鄭鄭伯將享之問禮於皇武子對曰宋先代之後也於周爲客天子有事膰焉有喪拜焉是二王後及異姓有大功者亦得脤膰之賜是以大行人直言歸脤以交諸侯

之福不辨同姓異姓是亦容有非兄弟之國亦得脤膰也**以賀慶之禮。親異姓之國。**異姓王昏姻甥舅〔疏〕以賀至之國○釋曰言賀慶者謂諸侯之國有喜可賀可慶之事王使人異往以物賀慶之可施及異姓之國所以親之也雖主異姓其同姓有賀慶可知故舉異姓包同姓也是以大行人云賀慶以贊諸侯之喜不別同姓異姓則兼同姓可知○注異姓至甥舅○釋曰若據男女身則男曰昏女曰姻若以親言之則女之父曰昏壻之父曰姻言甥舅者嫁女與之則爲甥王娶女來則爲舅揔是昏姻之國也**以九儀之命。正邦國之位。**每命異儀貴賤之位乃正春秋傳曰名位不同禮亦異數〔疏〕以九至之位○釋曰此一經與下文爲揔目以其大宗伯掌五禮禮所以辨尊卑故以九儀之命正諸侯邦國之位使之不有僭差也○注每命至異數○釋曰云每命異儀貴賤之位乃正者下文從一命以至九命各云所受賜貴賤不同即此經以九儀之命正邦國之位事義相成故云貴賤之位乃正正則不僭濫也引春秋傳曰名位不同禮亦異數者證每命異儀也**壹命受職。**始見命爲正吏謂列國之士於子男爲大夫王之下士亦一命○鄭司農云受職治職事見命如字下士相見同〔疏〕注始見至職事○釋曰云始見命爲正吏者對府史胥徒非正吏以其府史胥徒皆官長所自辟除未得王之命故以士得王之命謂之士下士謂列國之士者謂公侯伯爲列國下云七命賜國鄭注孝經云列土封疆謂之諸侯亦據公侯伯七命賜國則子男不得爲列國也典命公侯伯之士一命故鄭以列國之子男之士云於子男爲大夫者典命子男大夫一命是也云王之下士亦一命者無正文直以序官有上士中士下士之名又典命大夫四命之下空文宜有三命二命一命故以王之下士一命解之若然典命不見王之士三命已下者以其四命已上有出封之理故下云其出封皆加一等士無出封之理故設言以義推之則士有三命已下也先鄭云士受職治職事者官分職止爲治事故以治職事解之也**再命受服。**鄭司農云受服受祭衣服爲上士玄謂此受玄冕之服列國之大夫再命於子男爲卿卿大夫自玄冕而下如孤之服王之中士亦再命則爵弁服〔疏〕注鄭司至弁服○釋曰先鄭云受服受祭衣服爲上士者祭衣服雖不指斥服名以義推之先鄭云爲上士則服爵弁服也言爲上士者上一命先鄭雖不言王之中士下士同一命此言再命爲上士則王之中士下士同一命可知也玄謂此受玄冕之服者以司服云孤絺冕卿大夫同玄冕此云再命受服明據玄冕也云列國之大夫再命者亦據典命公侯伯之大夫同再命而知云於子男爲卿者亦據典命而言也云卿大夫自玄冕而下如孤之服者此亦據司服之文案玉藻注云諸侯之臣皆分爲三等其妻以次受此服則公之有孤之國孤絺冕卿大夫同玄冕若無孤之國則公侯伯子男卿絺冕大夫玄冕士皆爵弁若然此注云於子男爲卿卿當絺冕矣鄭云卿大夫自玄冕而下如孤之服者據司服之成文而言也云王之中士亦再命者上文已差訖云士則爵弁服者凡言士者無問天子士諸侯士例皆爵弁以助祭也若然司服不見爵弁者以其王吉服有九自公已下轉相如其爵弁於天子諸侯非吉所用故不言案士冠禮皆有爵弁服是士之助祭服故士以爵弁爲正也案先鄭解此九儀皆先言王臣後鄭皆諸侯爲首以王臣亦之者後鄭見上云正邦國之位故以諸侯爲首後以王臣亦之得其理也**三命受位。**鄭司農云受下大夫之位玄謂此列國之卿始有列

位於王爲王之臣也王之上士亦三命〔疏〕注鄭司至三命○釋曰先鄭云受下大夫之位先鄭意以上士二命下大夫三命上大夫四命案王制云次國之下卿位當大國之上大夫小國之下卿位當大國之下大夫則諸侯之五大夫有上下案序官有中大夫下大夫則中大夫亦得名爲上大夫矣故先鄭以下大夫三命上大夫四命即典命大夫四命者是上大夫也後鄭不從者以侯伯子男名位不同侯伯猶同七命子男猶同五命況中大夫下大夫名位既同何嫌不得同命也是以典命唯見大夫四命是兼中下大夫故不從先鄭也玄謂此列國之卿始有列位於王爲王之臣者諸侯之卿大夫皆得聘天子今於三命乃云始有列位於王爲王之臣者以其再命已下卑雖得言天子不得言位于王朝是以據列國之卿而言故曲禮云列國之大夫入天子之國曰某士注引春秋晉士起亦據晉國之卿三命而於天子稱士與天子三命之士同稱士即爲王臣也**四命受器。**鄭司農云受祭器爲上大夫玄謂此公之孤始得有祭器者也禮運曰大夫具官祭器不假聲樂皆具非禮也王之下大夫亦四命〔疏〕注鄭司至四命○釋曰先鄭云受祭器爲上大夫上已破訖玄謂此公之孤始得有祭器者也者曲禮云大夫有田者先爲祭服後爲祭器則儀禮少牢用成牲皆是有地大夫則自得造祭器令云公之孤四命始得有祭器者但未四命已前有地大夫雖得造祭器祭器未具猶假之使足至四命即具有言始有祭器者據始得具祭器而言引禮運者證未四命已前祭器須假之意云王之下大夫亦四命者約典命文**五命賜則。**鄭司農云則者法也出爲子男玄謂則地未成國之名王之下大夫四命出封加一等五命賜之以方百里二百里之地者方三百里以上爲成國王莽時以二十五成爲則方五十里合今俗說子男之地獨劉子駿等識古有此制焉○以上時掌反〔疏〕注鄭司至制焉○釋曰先鄭云出爲子男者司農據典命而言玄謂則地未成國之名者對下文七命賜國是成國此五命子男言則是未成國但成國之賦有三若以出軍言之春秋襄公傳云成國不過半天子之軍謂據公五百里而言以其侯伯爲次國二軍故也若以執圭爲成國而言可及伯即下經七命賜國者是也若以千乘爲成國言之惟公及侯以其伯二百里不得出千乘故鄭注論語云公侯之封乃能容之是也王之下大夫四命出封加一等五命亦是典命文云賜之百里二百里之地者大司徒職文云方三百里以上爲成國者此據下文七命賜國而言也云王莽時以二十五成爲則者此舉後代以況義二十五成與夏殷五十里國亦與周時百里二百里之國同名則故云則方五十里云合今俗說子男之地者時有孟子張包周及何休等並不信周禮有五百里已下之國以王制百里七十里五十里等爲周法故鄭指此等人爲俗說也云獨劉子駿等識古有此制焉者言劉子駿等則有馬融鄭司農及杜子春等皆信周禮有五百里已下之國周公大平制禮所定法故云識古有此制也引此諸文者證時有解則爲五十里者故也**六命賜官。**鄭司農云子男入爲卿治一官也玄謂此王六命之卿賜官者使得自置其臣治家邑如諸侯春秋襄十八年冬晉侯以諸侯圍齊荀偃爲君禱河既陳齊侯之罪而曰曾臣彪將率諸侯以討焉其官臣偃實先後之○先悉薦反下先時同後胡豆反〔疏〕注鄭司至後之○釋曰先鄭云子男入爲卿治一官此後鄭不從者案典命唯有出封加一等無入加之文則出有加入無加今以子男五命入加一等爲王朝六命卿於理不可且見此上下文所言賜受者皆是自外之事今言賜官則是此

六命之人使已有之今以賜官爲賜當身治一官亦不可故後鄭皆不從也先鄭之義出加入亦加若毛君之義出加入減故晉詩云豈曰無衣六兮毛傳云天子之卿六命車旗衣服以六爲節是出加入減也後鄭不從者諸侯入爲王卿並夫其尊如故以爲榮何得入則減之乎指如鄭武公桓公大入爲王之司徒詩人美之若減何美之有乎明入不減鄭君之義出加入不減依於在國若言六兮者以晉侯入爲王卿謙不敢必當七命之服故云六兮耳玄謂此六命之卿賜官者使得自置其臣治家邑如諸侯者案載師有小都大都大都謂三公王子母弟所食邑小都王之卿六命所食邑如此六命已上賜之官使得自置其臣治家邑如諸侯此則大宰云施則於都鄙建其長立其兩已下是三公王子母弟得立官如畿外諸侯但少一卿不足於諸侯而已言家邑雖與大夫家邑同名此則大都小都也卿大夫稱家故言家邑以表大小都耳引春秋者證諸侯以臣爲官故荀偃自於晉侯稱官畿內諸侯臣亦稱官此經是也荀偃對河神故稱其君名諸侯於外事皆稱貫臣言先後者先後謂左右謂荀偃左右晉侯也**七命賜國。**王之卿六命出封加一等者鄭司農云出就侯伯之國〔疏〕注王之至之國○釋曰此後鄭先鄭所云皆據典命而言以其王之卿六命出封加一等即七命是侯伯之國者也**八命作牧。**謂侯伯有功德者加命得專征伐於諸侯鄭司農云一州之牧王之三公亦八命〔疏〕注謂侯至八命○釋曰案曲禮云牧於外曰侯是牧本爵稱侯矣一州二百一十國選賢侯爲牧今鄭兼言伯者牧用侯伯不定其牧若有賢侯則用侯若無賢侯則用伯可也故鄭兼言伯其牧下二伯亦或用侯或用伯故詩施上責衛伯鄭云衛康叔之封爵稱侯今曰伯時爲州伯是牧下二伯亦用侯也云加命得專征伐於諸侯者侯伯七命今云八命作牧明是侯伯加命也云得專征伐者案王制云諸侯賜弓矢然後專征伐並據州牧而言以其弓矢之賜州內有臣殺君子殺父不請於天子得專征伐之先鄭云一州之牧牧養也即大宰一曰牧以地得民是也云王之三公亦八命典命文**九命作伯。**上公有功德者加命爲二伯得征五侯九伯者鄭司農云長諸侯爲方伯〔疏〕注上公至方伯○釋曰典命云王之三公八命是上公矣今云九命明有功德加一命爲二伯也二伯之文出於曲禮案曲禮云五官之長曰伯是職方鄭引公羊傳云自陝以東周公主之自陝以西召公主之是東西二伯也云得征五侯九伯者僖公四年左氏傳云昔召康公命我先君太公曰五侯九伯汝實征之以夾輔周室賈服之等諸侯九州之伯若然與天子何殊而爲夾輔乎故鄭以爲五侯者九州有九牧牧即侯但二伯共分各得四侯半侯不可分故二伯皆言五侯也言九伯者九州有十八伯各得九伯故云九伯也此二伯其有違逆者各征半天下故云五侯九伯汝實征之也引之者證二伯尊得征半天下之事也先鄭云長諸侯爲方伯者公羊傳云上無明天子下無賢方伯方伯可及州牧并二伯故云方伯伯長也是一方之長也**以玉作六瑞。以等邦國。**等猶齊等也〔疏〕注猶齊等也○釋曰此經與下爲揔目有此王之鎮圭而言邦國者以邦國爲主也言等猶齊等者案禮記雜記贊大行云博三寸厚半寸剡上左右各寸半其長短即玉人所云皆依命數是其圭法也既命諸侯當齊等之使不違法也**王執鎮圭。**鎮安也所以安四方鎮圭者蓋以四鎮之山爲琢飾圭長尺有二寸〔疏〕注鎮安至二寸○釋曰此鎮圭王祭祀時所執故典瑞云王晉大圭執鎮圭繅藉五采五

就以朝日則餘祭祀亦執之云鎭安也所以安四方者以職方九州州有一大山以爲其州之鎭此鎭圭亦所以鎭安四方也云鎭圭者蓋以四鎭之山爲瑑飾者以其諸侯圭皆以類爲瑑飾此字爲四鎭之字明以四鎭之山爲瑑飾也無正文故云蓋以疑之四鎭者謂揚州之會稽青州之沂山幽州之醫無閭冀州之霍山是也云圭長尺二寸者案玉人云鎭圭尺有二寸天子守之是也

公執桓圭。公二王之後及王之上公雙植謂之桓桓宮室之象所以安其上也桓圭蓋亦以桓爲瑑飾圭長九寸〔疏〕注公二至九寸。釋曰此所謂朝時案聘禮記及典瑞所執云者是已下皆據朝時也云公二王之後者案孝經援神契云二王之後稱公大國稱侯皆千乘是二王後稱公云及王之上公者典命上公之禮及此上之九命作伯皆是王之上公也云雙植謂之桓者桓謂若屋之桓楹案檀弓云三家視桓楹彼注四植謂之桓者彼據柱之豎者而言桓若豎之則有四稜故云四植植即稜也此於圭上而言下二稜著圭不見唯有上二稜故以雙言之也云桓宮室之象所以安其上也者以其宮室在上須得桓楹乃安若天子在上須諸侯衛守乃安故云安其上也云桓圭蓋亦以桓爲瑑飾者以無正文故亦云蓋也云圭長九寸者案玉人云桓圭九寸公守之是也

侯執信圭。伯執躬圭。信當爲身聲之誤也身圭躬圭蓋皆象以人形爲瑑飾文有麤縟耳欲其慎行以保身圭皆長七寸。信音身行下孟反〔疏〕注信當至七寸。釋曰鄭必破信爲身者古者舒申字皆爲信故此人身字亦誤爲信故鄭云聲之誤也云身圭躬圭蓋皆象以人形爲瑑飾者以其字爲身躬故鄭還以人形解之云文有麤縟耳者縟細也以其皆以人形爲飾若不麤縟爲異則身躬何殊而別之故知文有麤縟爲別也云欲其慎行以保身者此則約上下圭爲義既以人身爲飾義當慎行保身也云圭皆七寸者案玉人云信圭躬圭七寸侯伯守之是也

子執穀璧。男執蒲璧。穀所以養人蒲爲席所以安人二玉蓋或以穀爲飾或以蒲爲瑑飾璧皆徑五寸不執圭者未成國也〔疏〕注穀所至國也。釋曰穀所以養人蒲爲席所以安人二玉蓋或以穀爲飾或以蒲爲瑑飾者此亦無正文故亦言蓋以疑之言或者非疑以其二玉用物不同故云或耳云璧皆徑五寸者案玉人爛脫大行人有五寸之文也云不執圭者未成國也者據上文五命賜則是未成國也

以禽作六摯。以等諸臣。摯之言至所執以自致。摯音至本或作贄〔疏〕注摯之至自致。釋曰此亦與下爲總目案下文有孤執皮帛而此云以禽者據羔已下以多爲主也案莊公傳男贄大者玉帛小者禽鳥尚書五玉亦云贄則玉亦是贄此上下文玉爲瑞禽云摯者此以相對爲文故王以下言瑞天子受瑞於天諸侯受瑞於天子諸臣無此義故以摯爲文鄭云摯之言至執之以自致者案士謁見新升爲士皆執摯乃相見卿大夫亦然至於五等諸侯朝聘天子及相朝聘皆執摯以自致及得見主人故以至解摯也

孤執皮帛。卿執羔。大夫執鴈。士執雉。庶人執鶩。工商執雞。皮帛者束帛而表以皮爲之飾皮虎豹皮帛如今璧色繒也羔小羊取其羣而不失其類鴈取其候時而行雉取其守介而死不失其節鶩取其不飛遷雞取其守時而動曲禮曰飾羔鴈者以繢謂衣之以布而又畫之者自雉以下執之無飾士相見之禮卿大夫飾摯以布不言繢此諸侯之臣與天子之臣異也然則天子之孤飾摯以虎皮公之孤飾摯以豹皮與此孤卿大夫士之摯皆以爵不以命數凡摯無庭實。介音界或作分扶問反衣於既反與音餘〔疏〕注皮帛至庭實。釋曰凡此所執天子之臣尊諸侯之臣卑雖尊卑不同命數有異爵同則摯同此文雖以天子之臣爲主文兼諸侯之臣是以士相見卿大夫士所執亦與此同但飾有異耳鄭云皮帛者束帛而表以皮爲之飾者案聘禮束帛加璧又云束帛乘馬故知此束帛亦束者十端每端丈八尺皆兩端合卷總爲五匹故云束帛也言表以皮爲之飾者凡以皮配物者皆手執帛以致命而皮設於地謂若小行人圭以馬璋以皮皮馬設於庭而圭璋特達以升堂致命也此言以皮爲之飾者孤相見之時以皮設於庭手執束帛而授但皮與帛爲飾耳云皮虎豹皮知者見禮記郊特牲云虎豹之皮示服猛且皮中之貴者勿過虎豹故知皮是虎豹皮也云帛如今璧色繒也者但玉有五色而言璧色繒蓋漢時有璧色繒故鄭舉以言之故云如今璧色繒其璧色繒未知色之所定也云羔小羊取其羣而不失其類者凡羊與羔皆隨羣而不獨故卿亦象焉而不失其類也云鴈取其候時而行者其鴈以北方爲居但隨陽南北木落南翔冰泮北徂其大夫亦當隨君無背云雉取其守介而死不失其節者但雉性耿介不可生服其士執之亦當如雉耿介爲君致死不失節操也云鶩取其不飛遷者執之府史胥徒新升之時執鶩鶩即今之鳴鶩是鶩既不飛遷庶人者象庶人安土重遷也云雞取其守時而動者但工或爲君興其巧作商或爲君興販來去故執雞象其守時而動云曲禮曰飾羔鴈者以繢謂衣之以布而又畫之者鄭意以經所執天子之臣與諸侯之臣同欲見飾之有異耳云自雉下執之無飾者欲見天子士諸侯士同皆無布飾以其士卑故不異又引士相見已下者欲以天子諸侯卿大夫飾摯者異明天子孤諸侯孤皮亦不同此約卿大夫以明孤無正文故言與以疑之也云此孤卿大夫士之摯皆以爵不以命數者但天子孤卿六命大夫四命上士三命中士再命下士一命諸侯孤四命公侯伯卿三命大夫再命士一命子男卿再命大夫一命士不命但爵稱孤皆執皮帛爵稱卿皆執羔爵大夫皆執鴈爵稱士皆執雉庶人已下雖無命數及爵皆執鶩天子諸侯下皆同故云皆以爵不以命數也云凡摯無庭實者案士相見皆不見有庭實對享私覿私面之等有庭實故此言無也

以玉作六器。以禮天地四方。禮謂始告神時薦於神坐書曰周公植璧秉圭是也。坐才卧反後神坐放此植音值又時力反又音置〔疏〕注禮謂至是也。釋曰言作六器者此據禮神則曰器上文人執則曰瑞對此文義爾若通而言之禮神雖不得言瑞人執者亦曰器故聘禮云圭璋璧琮凡四器者唯其所寶以聘可也尚書亦以五瑞爲五器卒乃復是其人執亦曰器也云禮謂始告神時薦於神坐者此以玉禮神在作樂下神後故鄭注大司樂云先奏是樂以致其神禮之以玉而祼焉是其以玉禮神與宗廟祼同節若然祭天當實柴之節也云書曰周公植璧秉圭是也者此金縢文彼以周公請天代武王死之說爲三壇同墠又爲壇於南方周公於前立焉告大王王季文王故植璧於三王之坐秉桓圭引之者證植璧於神坐之側事也

以蒼璧禮天。以黃琮禮地。以青圭禮東方。以赤璋禮南方。以白琥禮西方。以玄璜禮北方。此禮天以冬至謂天皇大帝在北極者也禮地以夏至謂神在崑崙者也禮東方以立春謂蒼精之帝而太昊句芒食焉禮南方以立夏謂赤精之帝而炎帝祝融食焉禮西方以立秋謂白精之帝而少昊蓐收食焉禮北方以立冬謂黑精之帝而顓頊玄冥食焉禮神者必象其類璧圜象天琮八方象地圭銳象春物初生半圭曰璋象夏物半死琥猛象秋嚴半璧曰璜象冬閉藏地上無物唯天半見。琮才宗反琥音虎璜音黃戶本反又作崐音昆崙音倫本又作崘〔疏〕[illegible]

放其器之色。[illegible]

[illegible]時亦有幣之從爵也。以天產作陰德。以中禮防之。以地產作陽德。以和樂防之。鄭司農云陰德謂男女之情天性生而自然者過時則奔隨先時則血氣未定聖人爲制其中令民三十而娶女二十而嫁以防其淫泆令無失德情性隱而不露

故謂之陰德陽德謂分地利以致富富者之失不驕奢則吝嗇故以和樂防之樂所以滌蕩邪穢道人之正性者也一說地產謂土地之性各異若齊性舒緩楚性急悍則以和樂防其失令無失德樂所以移風易俗者也此皆露見於外故謂之陽德陽德陰德不失其正則民和而物各得其理故曰以諧萬民以致百物玄謂天產者動物謂六牲之屬地產者植物謂九穀之屬陰德陰氣在人者陰氣虛純之則劣故食動物作之使動過則傷性制中禮以節之陽德陽氣在人者陽氣盈純之則躁故食植物作之使靜過則傷性制和樂以節之如是然後陰陽平情性和而能育其類○為制于偽反其中丁仲反又如字令力呈反下同淫泆如字本亦作佚滌徒歷反邪似嗟反道人音導悍戶幹反劉音旱感音胡板反

〔疏〕注鄭司至其類○釋曰天產地產與陰德陽德無正文故先鄭後鄭各以意解之不從先鄭天產是天生自然者以其天產地產相對產生也天生謂陰陽配合而生不由人之營造當是六牲地生謂由人營種即植物九穀之屬是也故天產地產皆不從先鄭也其陰德陽德後鄭又不從先鄭者但言德者謂在身為德今先鄭以陽德為分地利以致富以身外解之與陰德為不露見自相違即知陰德為男女之情亦非故後鄭皆據人身陰陽之氣解之先鄭一說地產謂土地之性此說地產與天產天性而自然何異故後鄭亦不從也先鄭又云故曰以諧萬民以致百物者取下文釋此也玄謂天產者動物謂六牲之屬者馬牛羊豕犬雞並自然陰陽配合而生故謂之天產然萬物蠢動者皆自然配合獨言六牲者但以此經云以天產作陰德據人所膳食作動身中陰德故據六牲而言也云地產者植物謂九穀之屬者九穀並是人所種植故云植物然草木皆是地產今獨九穀亦據此經云作陽德謂食之作動人身中陽德故據九穀而言也云陰德陰氣在人者陰氣虛純之則劣故食動物作之使動者以其陰主消物是虛純虛則劣動物是陽故須食動物六牲作之使動也云過則傷性制中禮以節之者過謂氣大過大過則傷性傷性則奢泰僭濫故制中禮以防之禮言中者凡人奢則僭上儉則逼下禮所以制中使不奢不逼故以禮為中也云陽德陽氣在人者陽氣盈純之則躁故食殖物作之使靜者案禮記玉藻云顛實陽休是陽主盈滿故云陽氣盈純之則躁者陽氣主動不兼陰氣純之則躁故食植物作之使靜知植物為陰者見聘禮致饔餼醢在碑東醯在碑西醯是穀之所為是穀物為陽之義也而此云植物陰者此以動植相對故動為陽植為陰彼以醯醢相對故醯為陽以為陰也云過則傷性者謂太靜為傷性樂為陽故制和樂以節之陽氣盈案樂記云樂盈而反以反為文故樂能損盈陰氣虛樂記云禮減而進以進為文故禮能濟虛云如是然後陰陽平情性和者謂陰氣虛濟之使盈陽氣盈損之使虛故云陰陽平情性和也云而能育其類者即下文合天地之化已下是也

以禮樂合天地之化。百物之產。以事鬼神。以諧萬民。以致百物。

禮濟虛樂損盈並行則四者乃得其和能生非類曰化生其種曰產○種章勇反

〔疏〕以禮至百物○釋曰上文云中禮和樂是禮樂教世法故此經以禮樂並行以教使之得所萬物感化則能合天地之化謂能生非類也又能生其種故云百物之產又以禮樂事鬼神則尚書云祖考來格之等是也云以諧萬民者則尚書云庶尹允諧是也云以致百物者則尚書云百獸率舞之等是也○注禮濟至曰產○釋曰禮濟虛樂損盈此樂記所云禮減而進以進為文者是禮濟虛進謂濟益是禮當濟益其虛使之實滿又云樂盈而反以反為文者是樂損盈反謂自抑止是樂當自抑止使盈而不放溢也云並行則四者乃得其和者言並行謂禮樂並行以教世則天地之間使不盈不虛折中得所則四者乃得其和也言四者謂天地之化百物之產共為一以事鬼神為二以諧萬民為三以致百物為四也知化產共為一者以其化與產氣類相似故為一也云能生非類曰化者凡言變化者變化相將先變後化故中庸云動則變變則化鄭云動動人心也變改惡為善也變之久則化而性善也又與鳩化為鷹之等皆謂身在而心化若田鼠化為鴽雀雉化為蜃之等皆據身亦化故云能生非類曰化也易云乾道變化亦是先變後化變化相將之義也云生其種曰產者卵生胎生及萬物草木但如本者皆曰產也

凡祀大神。享大鬼。祭大示。帥執事而卜日。宿。眡滌濯。涖玉鬯。省牲鑊。奉玉齍。詔大號。治其大禮。詔相王之大禮。

執事諸有事於祭者宿申戒也滌濯溉祭器也玉禮神之玉也始涖之祭又奉之鑊亨牲器也大號六號之大者以詔大祝以為祝辭治猶簡習也豫簡習大禮至祭當以詔相王羣臣禮為小禮故書涖作立鄭司農讀為涖涖視也○省本又作眚同息井反後省牲皆放此鑊戶郭反齍音咨下同詔相息亮反注下同後詔相皆放此溉古愛反本或作概亨普庚反

〔疏〕凡祀至大禮○釋曰此亦法三才故享大鬼在其中帥執事而卜日者謂祭三者鬼神之時祭前十日大宗伯先帥執事有事於祭者共卜取吉日乃齊云宿眡滌濯者謂祭前一宿視所滌濯祭器看潔淨以否云涖玉鬯者天地有禮神之玉無鬱鬯宗廟無禮神之玉而有鬱鬯但宗廟雖無禮神玉仍有圭瓚璋瓚亦是玉故曲禮云玉曰嘉玉郊特牲云用玉氣是也云省牲鑊者當省視烹牲之鑊云奉玉齍者此玉還是上文所涖者齍謂粢稷天地當盛以瓦簋但齍與上鬯互見為義皆始時臨之祭又奉之詔大號者謂大宗伯告大祝出祝辭也云治其大禮者謂天地人之鬼神祭禮王親行之為大禮對下小宗伯治小禮為小也詔相王之大禮者謂未至之時詔告之及其行事則又相之○注執事至視也○釋曰案大宰云祀五帝前期十日帥執事而卜日注云執事宗伯大卜之屬此注云執事諸有事於祭者二注不同者以其大宰不掌祭事故云執事大宗伯大卜之等卜日而已此大宗伯主祭祀之事故揔諸有事於祭者也云滌濯溉祭器也者此滌濯止是蕩滌以少牢有溉祭器故據而言之概即拭也云玉禮神之玉也者即蒼璧黃琮青圭赤璋之等及四圭兩圭之類皆是禮神置於神坐也案九嬪職云贊玉齍注云玉齍玉敦盛黍稷與此注玉為禮神之玉齍即非玉敦所飾注不同者彼九嬪所贊贊后設之據宗廟宗廟無禮神玉則玉齍不得別解故為玉敦此據天地為主有禮神玉故與齍別釋也大宰云祝五帝贊玉幣爵之事注云三者執以從王至而授之彼所執據五帝此所奉據昊天與崑崙故不同云始涖之祭又奉之者鄭據上云涖涖臨視也直視看而已下云奉據手執授玉故云祭又奉之云鑊亨牲器也者案特牲少牢鑊即爨在廟門之外東璧也云大號六號之大者謂若大祝云辨六號一曰神號二曰示號三曰鬼號四曰牲號五曰齍號六曰幣號之等是六號之大者也云以詔大祝以為祝辭者經云詔大號大祝是事神之人又辨六號故知所詔是詔大祝為祝辭祝辭則祝版之辭是也云羣臣禮為小禮者則小宗伯小祝行者是也

若王不與祭祀。則攝位。

王有故代行其祭事○與音預下同

〔疏〕注王有至祭事○釋曰攝訓為代有故者謂王有疾及哀慘皆是也量人云凡宰祭與鬱人受嘏歷而皆飲之注云言宰祭者冢宰佐王祭亦容攝祭此宗伯又攝者冢宰貳王治事宗伯主祭事容二官俱攝故兩言之

凡大祭祀。王后不與。則攝而薦豆籩徹。

薦徹豆籩王后之事

〔疏〕凡大至籩徹○釋曰天地及社稷外神等后夫人不與此言凡大祭祀王后不與謂后應與而不與又云大祭祀明非羣小祀則大祀者唯宗廟而已則攝而薦豆籩徹者鄭云薦徹豆籩王后之事是王后有故宗伯攝為之凡祭祀皆先薦後徹故退徹文在下也

大賓客。則攝而載果。

載為也果讀為祼代王祼賓客以鬯君無酌臣之禮言為者攝酌獻耳拜送則王也鄭司農云王不親為主○果音祼又古亂反出注小宗伯職放此○

〔疏〕大賓至載果○釋曰此大賓客對文則賓客異散文則通故大司徒云大賓客令野脩道委積是賓客為諸侯通也大行人云大賓為五等諸侯大客即謂其臣是賓客異也案大行人云王公之禮再祼而酢此再祼者有後祼則亦攝為之內宰贊之侯伯一祼而酢子男一祼不酢此皆無后祼王不親酌則皆使大宰宗伯攝而為之○注載為至為主○釋曰知代王祼賓客以鬯者見鬱人宗廟及賓客皆以鬱實彝而陳之即大行人所云祼與此祼皆用鬱鬯也云君無酌臣之禮者見燕禮大射諸侯禮皆使大夫為賓宰夫為主人是諸侯君不酌臣此大賓客遣大宗伯代祼是天子君亦不酌臣也云言為者攝酌獻耳拜送則王者以其言代而為祼即是直祼不拜案鄉飲酒燕禮大射賓主獻酢皆拜送其送是王自為之以其恭敬之事不可使人故也引司農在下者不親為主即君不酌臣義合故引之在下也

朝覲會同。則為上相。大喪亦如之。王哭諸侯亦如之。

相詔王禮也出接賓曰擯入詔禮曰相相者五人卿為上擯大喪王后及世子也哭諸侯者謂薨於國為位而哭之檀弓曰天子之哭諸侯也爵弁絰紂衣○曰擯必刃反本或作賓同紂側其反

〔疏〕朝覲至如之○釋曰朝覲會同即兼四時朝覲云則為上相者此則大行人云上公之禮擯者五人侯伯四人子男三人是也云大喪亦如之者后及世子喪王為此主哭及拜賓則宗伯亦為上相也云哭諸侯亦如之者謂諸侯薨於本國赴告天子天子為位哭之大宗伯亦為上相與王為擯耳○注相詔至紂衣○釋曰云相詔王禮也者經三事為相皆是詔告王禮也云出接賓曰擯者據大行人云擯者五人四人三人而言也云入詔禮曰相者此據司儀云每門止一相及廟唯上相入是入廟詔禮曰相此對文義爾通而言之出入皆稱擯也云相者五人卿為上擯者依大行人據上公而言此大宗伯為上擯若大朝覲則肆師為承擯四時來朝小行人為承擯案覲禮嗇夫為末擯若待子男則三人足矣若侯伯四人者加一士上公五人者加二士今鄭云相者五人卿為上擯據此大宗伯是卿故指此上擯而言也云大喪王及后世子也者以其與王為上相則王在矣而云大喪則是王后及世子矣亦得見大喪服相或嗣王則大喪中兼王喪也云哭諸侯者謂薨於國為位而哭之者若來朝薨於王國則王為之緦麻不應直哭之而已故引檀弓云天子之哭諸侯也爵弁絰紂衣案彼注云麻不加於采絰衍字以其遙哭諸侯著爵弁紂衣而已不合加麻絰於紂衣爵弁之上也

王命諸侯。則儐。

儐進之也王將出命假祖廟立依前南鄉儐者進當命者延之也命使登內史由王右以策命之降再拜稽

首登受策以出此其畧也諸侯爵禄其臣則於祭焉○假音格至也依於豈反鄉許亮反策初革反〔疏〕注儐進至祭焉○釋曰云儐進之也者以命諸侯故知儐謂進使前以受策也云王將出命假祖廟者若諸侯命臣則因祭宗廟命之則祭統十倫之義五曰見爵賞之施焉故祭之日一獻君降立于阼階之南南鄉所命者再拜受書以歸又云古者於禘也發爵賜服順陽義者諸侯命臣必於祭時若天子命臣不要在祭時欲命臣當時爲祭以命之故洛誥成王命周公後云烝祭歲文王騂牛一武王騂牛一王命作策逸祝策惟告周公其後注云告神周公宜立後謂封伯禽是非時而特假祖廟故文武各特牛也云立依前南鄉者此案司几筵云大朝覲大饗射凡封國命諸侯王位設黼依依前南鄉是立依前南鄉之事也云儐者進當命者延之命使登內史由王右以策命之降再拜稽首登受策以出者史由王右以策命之者此案覲禮天子使公與史就館賜侯氏命服時史由公右執策命之又案祭統云祭之日一獻君降立於阼階之南南鄉所命北面史由君右執策命之再拜稽首受書以歸天子無降立之事其餘則同命諸侯之史當王右以策命之云降再拜稽首登受以出約僖二十八年王命晉侯之事案彼傳云王命內史叔與父策命晉侯爲侯伯當時晉侯降再拜稽首登受策以出據彼文也云此其略也者但命諸侯其時威儀更有委曲今所言不載故云略也云諸侯爵禄其臣則於祭焉者祭統所云者是也

國有大故則旅上帝及四望。

故謂凶烖旅陳也陳其祭事以祈焉禮不如祀之備也上帝五帝也鄭司農云四望日月星海玄謂四望五嶽四鎮四瀆〔疏〕注故謂至四瀆○釋曰此旅祈禱之名是以知是凶烖凶謂年穀不熟烖謂水火也云旅陳也陳其祭事以祈焉禮不如祀之備者但祈謂祈請求福得福乃祠賽之祠賽則備而與正祭同故知禮不如祀之備也云上帝五帝也者案禮器云祀帝於郊而風雨寒暑時風雨寒暑非一帝之所能爲此祈請亦是求風雨寒暑時非一帝故知是五帝也鄭司農云四望日月星海後鄭不從者禮無祭海之文又山川稱望故尚書云望秩于山川是也玄謂四望五嶽四鎮四瀆知者祭山川既稱望案大司樂有四鎮五嶽崩四瀆又與五嶽相配故知四望中有此三者言四望者不可一往就祭當四向望而爲壇遥祭之故云四望也

王大封。則先告后土。

后土土神也黎所食者〔疏〕注后土至食者○釋曰大封謂若典命公入命卿六命大夫四命其出封皆加一等是其大封之事對封公卿大夫爲采邑者爲小封云則先告后土者封是土地之事故先以禮告后土神然後封之也注云后土土神也黎所食者言后土有二若五行之官東方木官句芒中央土官后土此等后土土官也黎爲祝融兼后土故云黎所食者若左氏傳云君戴皇天而履后土彼爲后土神與此后土同也若句龍生爲后土官死配社即以社爲后土其實社是五土揔神非后土但以后土配社食世人因名社爲后土耳此注本無言后土社寫者見孝經及諸文注多言社后土因寫此云后土社故鄭荅趙商云句龍本后土後遷爲社王大封先告后土玄云后土土神不言后土社也鄭又荅田瓊云后土古之官名死爲社而祭之故曰后土社句龍爲土官後轉爲社世人謂爲后土無可怪此中后土不得爲社者聖人大平制禮豈得以世人之言著大典明后土土神不得爲社也

乃頒祀于邦國都家鄉邑。

頒讀爲班班其所當祀及其禮都家之鄉邑謂王子弟及公卿大夫所食采地○頒音班〔疏〕注頒讀至采地○釋曰云頒讀爲班者鄭於周禮所有頒皆讀爲班班謂布也云班其所當祀及其禮者但名位不同禮亦異數既班其祀明亦班禮與之故連言禮也班禮謂若諸侯不得祭天地唯祭社稷宗廟五祀之等二王後與魯唯祭天仍不得祭地大都亦與外諸侯同其禮者若獻尸上公九侯伯七子男五皆大牢之屬是也其小都與家則依卿大夫之獻亦大牢也云都家之鄉邑謂王子弟以下者鄭恐經鄉邑六鄉六遂非都家之內鄉邑故以明之謂都家之內鄉邑耳其都家之內鄉邑未必一如六鄉六遂家數但采邑之內亦有二十五家爲里以上以相統領故一成之內得有革車一乘士十人徒二十人發兵及出稅之法即謂之鄉邑也謂王子弟者以親踈分於大都小都家邑三處食采地言及公卿大夫采地者謂若載師職公大都卿小都大夫家邑也

周禮注疏卷十八挍勘記

阮元撰盧宣旬摘録

附釋音周禮注疏卷第十八

大宗伯

掌建邦之天神人鬼地示之禮　釋文地示音祇本或作祇按經作示注作祇通書準此

以佐王建保邦國　唐石經諸本同釋文佐王本或作左按葉鈔本作本或作佐則陸本正作左也○按依說文左者正字佐者今俗字

目吉禮於上　余本閩監毛本同嘉靖本目作自者誤也

吉禮之別十有二　毛本二誤三○按注詳言此者以證其卷首注所云其別三十有六也

以槱燎祀司中司命　釋文槱本亦作栖按羊人注作栖燎說文木部云槱積火燎之也从木从火酉聲周禮以槱燎祠司中司命又禉柴祭天神或从示然則此經槱字當以從木從火爲正栖者禉之訛禉者槱之或字

云三祀皆積柴實牲至焉　按至爲體之訛閩監毛本改作玉誤

鄭義大陽不變　惠棟云依詩正義大陽當作天陽

是土十爲木入妻　惠棟云三統厤日木以天三爲土十牡金以天九爲木八牡陽奇爲牡陰耦爲妃此當云土十爲木三妻八與十皆地數不得爲耦也

則北宮好與南宮好賜　閩監毛本與改煥浦鏜云官誤宮非也古云天官猶云官舍作宮非

五星左旋爲緯　浦鏜云右誤左

大微宮有五帝座星　惠挍本座作坐

其名汁光紀　閩本同監毛本汁作叶

常居傍兩星巨辰子位　惠挍本同閩監毛本常誤帝浦鏜云巨疑距字誤

紫之言中　浦鏜云當作紫之言此宮之言中脫四字

鄭注云天皇北辰耀魄寶　此鄭注文耀鈎也上引文耀鈎可證因文承爾雅之下而或云鄭有爾雅注誤讀此疏矣

又名大一常居　惠挍本同閩監毛本常居作帝君

歐陽說曰欽若昊天　按此下當脫春日昊天四字

直是人逐四時五稱之　浦鏜云五疑互字訛

鄭君則以北星也　按北爲此之誤

則郊祭并祭日月可知　浦鏜云禮記疏作郊祭天並祭日

依虞書禋于六宗禮　惠挍本作虞喜○按喜誤

張融許從鄭君　惠挍本許作評此誤

以疈辜祭四方百物　說文刀部云副判也从刀畐聲周禮曰副辜祭又疈籀文副按鄭司農從故書作罷鄭君蓋從今書作疈

故書祀作禩　釋文作爲禩九經古義云小祝保郊禩于社杜子春讀禩爲祀說文云祀或從異作禩

疈爲罷　禮說云西京賦置互擺牲古文擺作罷

不見四竇者　釋文四竇音獨本亦作瀆○按竇者瀆字之假借也

疈疈牲胷也　毛本胷作胸

謂磔攘及蜡祭　余本閩監毛本同釋文嘉靖本惠挍本攘作禳余本載音義作攘

八蜡以記四方　余本岳本嘉靖本同閩監毛本記作祀疏云八蜡以記四方不作祀作祀者誤

湯遷柱而以周棄代之　閩監毛本柱誤社

周國在雍州時無西嶽　閩本同監毛本無誤爲

云不見四竇者四竇五嶽之匹　閩監毛本竇改瀆

宗祝亦執勺以先之　惠挍本同閩監毛本勺誤爵

是其順性之含藏也　惠挍本作順其此誤倒

率五年而再殷祭　余本閩監毛本同嘉靖本無率字按釋文大書率五二字爲音是陸本有率字釋曰云自爾以後五年而再殷祭者公羊傳文是賈本無率字也

以玉爵酌體齊以獻尸　浦鏜云醴誤體

如向所說具先灌訖其　惠挍本同閩監毛本如誤知具誤其

次言獻是朝踐節　盧文弨云當從通考重一獻字

皆有灌獻肆三事矣　惠挍本同閩監毛本矣改耳

僖三十三年薨惠挍本僖上有以字此脫

則知僖公宣公二年春有禘可知浦鏜云三誤二

天神言煙閩監毛本煙改禋非此從注讀禋之言煙下煙血同

大夫不食梁監毛本同誤也嘉靖本閩本梁作粱當據正疏中同監毛本疏中作粱

札讀爲截謂疫厲余本閩監本同毛本厲改癘宋本嘉靖本重截字與賈疏本同○按札者古文假借字也故注易其字作截截者斷也至字林乃有𣨛字从歹乚聲

截謂疫厲者閩監毛本厲改癘

癈焚惠挍本作廢焚疏同

此禍災當水火二事爲證也惠挍本水火下有故引水火四字此脫

以禬禮哀圍敗唐石經諸本同釋曰此經本不定馬融以爲國敗正本多爲圍敗

同盟者合會財貨余本岳本嘉靖本同閩監毛本合會作會合與賈疏本同

在內爲軌惠挍本軌作宄

親謂使之相親附嘉靖本謂作者盖非

欲其若不期而俱至余本岳本嘉靖本同閩監毛本俱作偶按賈疏引注亦作俱

非謂時常月按疑當作謂非常時月

云王將有征討之事者閩本同監毛本討改伐

同謂威其不協余本嘉靖本毛本同閩監本協作恊

朱干設錫之類閩監毛本錫誤鍚設毛本誤該

是不義而勇惠挍本下有也

大田之禮簡衆也唐石經諸本同釋文閱衆音悅按釋曰簡閱也此或音注閱其車徒之數而誤涉經文

其民庶不得合聚閩本剜改其爲則監毛本承之

今以兵而正之閩監毛本而改往

以昏冠之禮余本嘉靖本同唐石經閩監毛本昏作昬疏同○按昏字依說文从氏省爲正其云一曰民聲者淺人所增竄也

若據位爲王巳後惠挍本位上有卽此脫

鄭摠云脤膰惠挍本閩本同監毛本云誤名

王使人異往以物賀慶之異字誤閩本改夫監毛本人異改大夫

使之不有僭差也惠挍本作僭濫

列土封疆謂之諸侯閩監本同毛本土作士浦鏜云土誤士非也按釋曰云謂列國之土者謂公侯伯爲列國故引孝經注列士謂之諸侯證之當從毛本作士此本閩監本作土誤也

則爵弁服諸本同浦鏜云則上脫士字按釋曰云士則爵弁服者凡言士者無問天子士諸侯士例皆爵弁以助祭也此賈疏本有士字之明證

雖得言天子不得言位于王朝閩監毛本作聘天子此作言誤于當爲於

賜之以方百里二百里之地者方三百以上爲成國臧禮堂云春秋襄十四年正義引此注云賜之以方百里二百里三百里之地者方四百里以上爲成國今本二百里下脫三百里三字四百里作三百里誤甚當據此訂正按正義又云如鄭之言成國者唯公與侯耳伯雖與侯同命地方三百里未得爲成國也考大司徒職公地五百里侯地四百里伯地三百里故鄭云方四百里以上據公侯言之

以其伯二百里浦鏜云三誤二

其尊如故閩本剜改如字作加監毛本承其誤

此後鄭先鄭所云惠挍本同閩監毛本改作先鄭後鄭

加一命爲二伯也閩監毛本一誤二

賈服之等諸侯九州之伯閩本上之字剜擠作云五二字監毛本承之誤甚○按閩監毛本是也

有此王之鎮圭補毛本有此作此有

蓋以四鎮之山爲瑑飾嘉靖本瑑作琢下同釋文爲彖直轉反

王晉大圭閩監毛本晉改搢

文有麁縟耳嘉靖本閩本同余本監毛本麁作麤疏同按釋文作麤○按从三鹿者正字也麁者俗字也

蓋皆象以人形象致飾者浦鏜云爲瑑誤象致

二玉蓋或以穀爲飾段玉裁云爲下脫瑑字

以禽作六摯唐石經諸本同釋文六摯本或作贄按廣韻六至下引以禽作六贄云本亦作摯

雉取其守介而死釋文守介音界或作分扶問反按雉介鳥或作分非

謂臣無此義補監毛本謂作諸

文兼諸侯之臣浦鏜云文當亦字訛或改作又

手執束帛而授惠挍本下有之此脫

故鄭舉以言之漢制考以作而

其大夫亦當隨君無背閩毛本同此本及監本背誤皆今訂正

爵大夫皆執鴈惠挍本爵下有稱

故植璧於三王之坐秉桓圭補毛本桓作植

靈威仰之等而說也浦鏜云而說字疑衍○按而說二字直跟上文皆據二字句太長故鏜惑之耳

云象萬物半死者惠挍本作夏物此誤

以其神幣惠挍本神上有禮

所以滌蕩邪穢釋文作蕩滌今本誤倒

鑊烹牲器也余本閩監毛本同釋文賈疏嘉靖本烹皆作亨當據正烹俗亨字

羣臣禮爲小禮漢讀攷云羣臣乃羣神之誤對大神大鬼大祇言也小宗伯注云小禮羣神之禮亦可證賈疏依誤立說不可從

前期卜日浦鏜云十誤卜

此滌濯止是蕩滌以少牢有概祭器閩本上句同監毛本止誤此閩監毛本概誤槩

三者執以從王浦鏜云王誤玉下授王同

二曰示號三曰鬼號浦鏜云今經文示鬼字互易

王公之禮浦鏜云上誤王

爵弁紂衣釋文作純衣

云大喪王及后世子也者惠挍本作王后及世子此誤

則是王后及世子矣惠挍本作明是此誤

發爵賜服順陽義者浦鏜云也誤者惠挍本誤皆

當時爲祭以命之監毛本同誤也閩本時作特當據正

以親疎分於大都小都家邑惠挍本閩本同此本於誤殷監毛本改爲今訂正

附釋音周禮注疏卷第十九

鄭氏注　賈公彥疏

小宗伯之職。掌建國之神位。右社稷。左宗廟。

庫門內雉門外之左右故書位作立鄭司農云立讀爲位古者立位同字古文春秋經公即位爲公即立【疏】小宗至宗廟○釋曰建立也言立邦之神位者從內向外故據國中神位而言對下經在四郊等爲外神也言右社稷左宗廟者案匠人亦云左宗廟右社稷彼掌其營作此掌其成事位次耳案禮記祭義注云周尚左又案桓公二年取郜大鼎納於大廟何休云質家右宗廟尚親親文家右社稷尚尊尊若然爲人右社稷者地道尊右故社稷在右是尚尊尊之義此據外神在國中者社稷爲尊故鄭注郊特牲云國中神莫大於社祭義注周尚左者據內神而言若據衣服尊卑先王袞冕先公鷩冕亦貴於社稷故云周尚左各有所對故注不同也○注庫門至即立○釋曰鄭知庫門內雉門外者後鄭義以雉門爲中門周人外宗廟故知雉門外庫門內之左右也先鄭云古者立位同字者是古者假借字同也云古文春秋者藝文志云春秋古經十二卷是此古文經所藏之書文帝除挾書之律此本然後行於世故稱古文

兆五帝於四郊。四望四類亦如之。

兆爲壇之營域五帝蒼曰靈威仰太昊食焉赤曰赤熛怒炎帝食焉黃曰含樞紐黃帝食焉白曰白招拒少昊食焉黑曰汁光紀顓頊食焉黃帝亦於南郊鄭司農云四望道氣出入四類三皇五帝九皇六十四民咸祀之玄謂四望五嶽四鎮四竇四類日月星辰運行無常以氣類爲之位兆日於東郊兆月與風師於西郊兆司中司命於南郊兆雨師於北郊○仰如字劉五郎反熛必消反樞昌朱反紐女久反拒居禹反沈又音巨汁音叶劉子集反【疏】兆五至如之○釋曰自此以下云外神從尊至卑故先云五帝此不云五帝者此文上下唯論在四郊以對國中右社稷左宗廟其大帝與崐崘自相對而在四郊之內有自然之圓丘及澤中之方丘以其不在四郊故不言也○注兆爲至北郊○釋曰云兆爲壇之營域者案封人云社稷之壝謂壝土爲之即此壇之營域一也不言壇者舉外營域有壇可知云五帝蒼曰靈威仰之等此於大宗伯釋訖但彼據禮神五帝而言此據壇域處所而說故兩處各言之也司農云四望道氣出入者案上注司農以爲日月星海後鄭不從矣今此云道氣出入與上注不同者以無正文故兩注有異若然云道氣出入則非日月星海謂五嶽之等也故後鄭就足之還爲五嶽之屬解之先鄭云四類三皇五帝九皇六十四民咸祀之者案史記云九皇氏沒六十四民與六十四民沒三皇興彼雖無三皇五帝之文先鄭意三皇已祀之明并祭五帝三王可知後鄭不從者以其兆五帝已下皆據外神大昊句芒等配祭而已今輒特祭人帝於其中非所宜故不從是以取五嶽之屬易之也後鄭注云四類日月星辰者以其言類明以氣類而爲位以祭之故知是日月之等知兆日於東郊者案祭義云大明生於東故覲禮亦云拜日於東郊玉藻又云朝日於東門之外也又知兆月於西郊者月生於西知風師亦於西郊者以其五行金爲暘土爲風風雖屬土秋氣之時萬物燥落由風故風亦於西郊也云兆司中司命於南郊者以其南方盛陽之方司中司命又是陽故司中司命在南郊也云兆雨師於北郊者以其雨是水宜在水位故知雨師在北郊天子四望諸侯三望境內山川案僖三十一年夏四月猶三望服氏云三望分野星國中山川又上文先鄭云四望日月星海後鄭必知望祭中無天神者案哀六年云初楚昭王有疾卜曰河爲祟王弗祭大夫請祭諸郊王曰三代命祀祭不越望江漢睢漳楚之望也爾雅又云梁山晉望又案尚書云望於山川則知望祭中無天神可知若天神日月之等當入四類之內也若然尚書云望於山川必知四望非山川是五嶽四竇者以其下云兆山川丘陵之等山川既在下故知此四望是五嶽之屬山川之大者也

兆山川丘陵墳衍。各因其方。

順其所在【疏】兆山至其方○釋曰案大司徒職地有十等此不言林澤原隰亦順所可知故略不言也

掌五禮之禁令與其用等。

用等牲器尊卑之差鄭司農云五禮吉凶軍賓嘉【疏】注用等至軍嘉○釋曰云用等牲器尊卑之差者謂若天子大夫已上大牢士少牢諸侯之大夫少牢士特牲之等其器謂若少牢四敦特牲二敦士二豆三俎大夫四豆五俎諸侯六豆七俎天子八豆九俎其餘尊罍爵勺及饗食之等各依尊卑之差先鄭云五禮吉凶賓軍嘉者大宗伯職文

辨廟祧之昭穆。

祧遷主所藏之廟自始祖之後父曰昭子曰穆○昭常遙反【疏】辨廟祧之昭穆○釋曰案禮記王制云天子七廟三昭三穆與大祖之廟而七諸侯二昭二穆與大祖之廟而五大夫一昭一穆與大祖之廟而三士一廟案祭法適士二廟王制不言之者取自上而下降殺以兩故略而不言二廟者故此摠云廟祧之昭穆諸侯無二祧謂始封大祖廟爲祧故聘禮云不腆先君之祧是大祖爲祧也○注祧遷至曰穆○釋曰案祭法注祧之言超超然上去意以其遠廟爲祧故云上去意也周以文武爲二祧文王第稱穆武王第稱昭當文武後穆之木主入文王祧昭之木主入武王祧故云遷主所藏之廟曰祧也云自始祖之後父曰昭子曰穆者周以后稷廟爲始祖特立廟不毀即從不窋已後爲數不窋父爲昭鞠子爲穆從此以後皆父爲昭子爲穆至文王十四世文王第稱穆也

辨吉凶之五服。車旗宮室之禁。

五服王及公卿大夫士之服【疏】辨吉至之禁○釋曰云吉凶之五服者皆據人數而云五也又云車旗宮室之禁者謂若典命云國家宮室車旗衣服禮儀以九以七以五爲節言禁令者謂五服及車旗宮室皆不得上僭下逼當各依品命爲法○注五服至之服○釋曰案尚書五服五章哉鄭注云十二也九也七也五也三也又云予欲觀古人之象日月星辰注云此十二章天子備有公自山而下孝經云非先王之法服注云先王制五服日月星辰服諸侯服山龍云云皆據章數而言今此注五服以爲王及公卿大夫士之服不據章數爲五者以其喪服自天子達於士唯一而已不得數服爲五則知吉之五服亦不得數服故皆據人爲五也

掌三族之別。以辨親疏。其正室皆謂之門子。掌其政令。

三族謂父子孫人屬之正名喪服小記曰親親以三爲五以五爲九正室適子也將代父當門者也政令謂役守之事○適丁歷反【疏】掌三至政令○釋曰此三族謂父子孫一本而言推此而往其中則兼九族矣云辨親疏者據已上至高祖下至玄孫傍至緦麻重服者則親輕服者則疏也云正室皆謂之門子者還據九族之內但是適子正體主皆是正室亦謂之門子○注三族至之事○釋曰云三族謂父子孫者此據已上親父下親孫是父子孫此即親親以三是也云以三爲五者謂此父子孫之三以父親祖以子親孫則五也云以五爲九者謂以祖親曾高以孫親曾玄即是以五爲九也若然不言以五爲七乃云以五爲九者齊衰三月章云爲曾祖鄭注云服之數盡於五則高祖宜緦麻曾祖宜小功也據祖期則曾祖宜大功高祖宜小功也高祖曾祖皆有小功之差則曾孫玄孫爲之服同也重其衰麻尊尊也減其日月恩殺也以此而言曾祖高祖服同齊衰三月則爲曾孫玄孫服同緦麻三月以尊卑服同故經云以五爲九不須言以五爲七也云政令役守之事者案諸子職云掌國子之倅若有甲兵之事致於大子惟所用之是其役事案宮伯職云掌士庶子又有八次八舍宿衛之事是其守之事故摠云政令役守之事也

毛六牲。辨其名物。而頒之于五官。使共奉之。

毛擇毛也鄭司農云司徒主牛宗伯主雞司馬主馬及羊司寇主犬司空主豕○毛六咸如字劉莫報反【疏】毛六至奉之○釋曰言辨其名物者若六牲皆有名若馬牛羊豕犬雞物色也皆有毛色若宗廟用騂之等云頒之于五官若六卿應言六官而云五者以其天官貳王治事尊而不使奉牲故五官也云使共奉之者謂充人養之至祭日之旦在廟門之前頒與五官使共奉之助王牽入廟即祭義所云卿大夫贊幣而從之彼雖諸侯法可況天子也○注毛擇至主豕○釋曰先鄭云司徒奉牛已下皆案職知之若大司徒有牛人即云奉牛牲宗伯職有雞人即云供雞牲司馬職有羊人校人即掌馬即云共羊牲奉馬牲司寇職有犬人即云奉犬牲是以先鄭依而用焉唯司空職亡先鄭知主豕者五行傳聽之不聽則有豕禍是豕屬北方司空冬官故奉豕牲也

辨六齍之名物與其用。使六宮之人共奉之。

齍讀爲粢六粢謂六穀黍稷稻粱麥苽○苽音孤【疏】辨六至奉之○釋曰六穀云名物者謂六穀各有名其色異故云名物也云與其用者六穀所用若六牲六彝所用不同故須辨之云使六宮之人共奉之者黍稷簠簋是婦人所奉之事故使六宮之人奉之六宮之人謂若世婦職云女宮之宿戒若也○注齍讀至麥苽○釋曰讀齍爲粢者爾雅釋草粢稷也粢字從米以次爲聲其齍字從皿以齊爲聲從皿不如從米故讀粢也云六粢黍稷稻粱麥苽者約食醫和王六食云黍稷稻粱麥苽而言

辨六彝之名物。以待果將。

六彝雞彝鳥彝斝彝黃彝虎彝蜼彝果讀爲祼○斝音假又音嫁蜼音誄又盧水反【疏】注六彝至爲祼○釋曰上二經皆云使共奉之此及下經不云使共奉之而云以待文不同者上二者官衆故云使共奉此及下文並是司尊彝一職之事又春官當司所主故直云以待也祼言將者將送也謂以圭瓚酌之送與尸及賓故云將六彝之名出司尊彝也云果讀爲祼者諸文皆云祼故讀從之其賓祼更讀爲灌

辨六尊之名物。以待祭祀賓客。

待者有事則給之鄭司農云六尊獻尊象尊壺尊著尊大尊山尊○獻素何反著直略反大音泰【疏】辨六至賓客○釋曰案司尊彝唯爲祭祀陳六彝六尊不見爲賓客陳六尊此兼言賓客則在廟饗賓客時陳六尊亦依祭禮四時所用唯在外野饗不用祭祀之尊故春秋左傳云犧象不出門也若然案鬱人云掌祼器凡祭祀賓客之祼事則上六彝亦爲祭祀賓客而辨之而不言祭祀賓客者舉下以明上故略而不言○注待者至山尊○釋曰云待者有事則給之者所須則祭祀賓客是也上經六彝亦云以待鄭不言者上經不言祭祀賓客先鄭亦略而不言亦就此以待祭祀賓客而解之先鄭解六尊亦據司尊彝而言

也

掌衣服車旗宮室之賞賜。王以賞賜有功者書曰車服以庸〔疏〕掌衣至賞賜○釋曰衣服謂若司服袞冕以下唯有大裘不可以賞賜以其諸侯不合用之是以魯祭天用袞冕則二王後祭天亦不得用大裘也云車旗者謂若巾車金路象路革路木路及夏篆已下亦得依所乘者賜之唯玉路不得賜與大裘同是以魯用殷之大路也○注王以至以庸○釋曰引書者尚書舜典文孔云賜以車服旌其能用○

掌四時祭祀之序事與其禮。序事卜日省牲視滌濯饗爨之事次序之時〔疏〕注序事至之時○釋曰云序事卜日省牲之等者此以經云掌四時祭祀之事序謂次第先後故取上大宗伯凡祀大神享大鬼祭大祇帥執事而卜日已下之事下亦有省牲已下故取以証序事唯饗爨之言出於特牲即大宗伯云牲鑊一也

若國大貞則奉玉帛以詔號。號神號幣號鄭司農云大貞謂卜立君卜大封〔疏〕若國至詔號○釋曰此國大貞則大卜所云凡國大貞卜大遷之等視高作龜者是也○注號神至大封○釋曰此言卜事而云神號者案大祝有神號幣號又案下天府職云季冬陳玉以貞來歲之媺惡鄭云問事之正曰貞謂問於龜大卜大貞之屬陳玉陳禮神之玉龜有天地四方則玉有六器者與此既言玉帛明亦有六幣以禮神也先鄭云大貞謂卜立君卜大封大卜文不言大遷者引文略也

大祭祀。省牲眡滌濯。祭之日。逆齍省鑊。告時于王。告備于王。逆齍受饎人之盛以入省鑊視亨腥孰時薦陳之晚早備謂饌具○饎昌志反亨普庚反劉普孟反〔疏〕大祭至于王○釋曰此云省牲眡滌濯省鑊與大宗伯文同謂佐大宗伯其大宰省牲者察其不如法其逆齍即大宗伯涖玉齍者是也大宗伯涖之小宗伯迎之是相佐也其告時告備是其專職耳○注逆齍至饌具○釋曰知齍受饎人之盛以入者案少牢饎爨在廟門之外明天子諸侯饎爨亦在廟門外今言迎齍明於廟門之外迎入向廟堂東實之於簠簋也云省鑊視亨腥孰者案禮運云腥其俎孰其殺鄭云腥其俎豚解而腥之孰其殺體解而爓之此謂祭宗廟朝踐饋獻節彼下文更有體其犬豕牛羊謂室中饋孰亦須鑊鄭不言略也云時薦陳之晚早者陳謂祭前陳饌於堂東薦謂薦之於神坐皆有晚早云備謂饌具者此饌具即堂東所陳陳備即告告王祭時已至當行事也

凡祭祀賓客。以時將瓚果。將送也猶奉也祭祀以時奉而授王賓客以時奉而授宗伯天子圭瓚諸侯璋瓚○瓚才但反〔疏〕注將送至璋瓚○釋曰云祭祀以時奉而授王者案小宰職云凡祭祀贊王幣爵之事祼將之事注云又從大宰助王也將送也祼送送祼謂贊王酌鬱鬯以獻尸以人道宗廟有祼此小宗伯又奉而授王者此據授王彼小宰據授尸謂瓚既在王手小宰乃贊王授尸故二官俱言也云賓客以時奉而授宗伯者大宗伯云大賓客攝而載祼者是也云天子用圭瓚者玉人云祼圭尺有二寸者是也云諸侯用璋瓚者此謂未得圭瓚之賜者故王制云諸侯賜圭瓚然後為鬯未賜圭瓚則資鬯於天子是用璋瓚謂未得圭瓚賜者也是以祭義云君用圭瓚灌大宗用璋瓚亞灌鄭云大宗亞灌容夫人有故是諸侯亦用圭瓚也若然天子用圭瓚則后亦用璋瓚也其諸侯未得圭瓚者君與夫人同用璋瓚也

詔相祭祀之小禮。凡大禮。佐大宗伯。小禮羣臣之禮〔疏〕詔相至宗伯○釋曰云詔相祭祀之小禮者謂王有故不親行事使臣攝祭則為小禮故鄭云小禮羣臣之禮云凡大禮佐大宗伯者大宗伯所云者小宗伯佐之也此經所云既未至職末輒言此者此已下皆小宗伯專行事不佐大宗伯故於中言之以結上也

賜卿大夫士爵。則儐。賜猶命也儐之如命諸侯之儀春秋文元年天王使毛伯來錫公命傳曰錫者何賜也命者何加我服也〔疏〕賜卿至則儐○釋曰諸侯尊故大宗伯儐卿大夫士卑故小宗伯儐之○注賜猶至服也○釋曰云賜猶命也者但命謂以簡策以辭命之并加以服賜自是以車馬賜之則賜命別矣而言賜猶命者欲見賜命相將之物故覲禮賜侯氏以車馬及命書與箴服同時也云如命諸侯之儀者儀法雖同禮數則異也引公羊傳者欲見賜命相將之事

小祭祀。掌事。如大宗伯之禮。大賓客。受其將幣之齎。謂所齎來貢獻之財物○齎子兮反本又作資〔疏〕小祭至之禮○釋曰小祭祀謂王玄冕所祭則小宗伯專掌其事其法如大宗伯也○注謂所至財物○釋曰此謂諸侯來朝覲禮畢每國於廟貢國所有行三享之禮諸侯以玉幣致享既訖其庭實之物則小宗伯受之以東故云受其將幣之齎也

若大師。則帥有司而立軍社。奉主車。有司大祝也王出軍必先有事於社及遷廟而以其主行社主曰軍社遷主曰祖春秋傳曰軍行祓社釁鼓祝奉以從曾子問曰天子巡守以遷廟主行載于齊車言必有尊也書曰用命賞于祖不用命戮于社社之主蓋用石為之奉謂將行○祓孚物反劉音廢從才用反齊車側皆反〔疏〕若大至主車○釋曰言大師者大起軍師以征伐云帥有司而立軍社者謂小宗伯帥須有司大祝而立軍社載於齊車以行云奉主車者謂遷主亦載於齊車以行也○注有司至將行○釋曰鄭知有司是大祝者見大祝職云大師設軍社故也鄭知王出軍必先有事於社及遷廟而以其主行者見大主及王制將出軍皆云類於上帝宜於社又曾子問云以遷廟主行載於齊車故知也云社主曰軍社者以其載社在於軍中故以軍社言之云遷主曰祖者此經直云奉主車雖不云祖鄭意欲取尚書賞於祖為證故先言遷主曰祖也引春秋者定四年召陵之會將會衛子行敬子言於靈公曰會同難其使祝佗從祝佗曰君以軍行祓社釁鼓祝奉以從若君行師從卿行旅從祝不出境祝佗言此者欲見召陵之會是朝聘吉行大祝不合行意時靈公抑遣行祝佗遂行引者欲見此經有司立軍社是大祝之事也引曾子問者欲見軍行天子諸侯皆用遷廟木主行之意也尚書者是甘誓啓與有扈戰於甘之野誓士衆之辭引之者欲見軍行須軍社遷主也云社之主蓋用石為之者案許慎云今山陽俗祠有石主彼雖施於神祠要有石主主類其社其社既以土為壇石是土之類故鄭注社主蓋以石為之無正文故云蓋以疑之也云奉謂將行者以曾子問云載於齊車又尚書用命賞於祖故知奉謂將行也

若軍將有事。則與祭。有司將事于四望。軍將有事將與敵合戰也鄭司農云則與祭謂軍祭表禡軍社之屬小宗伯與其祭事玄謂與祭有司謂大祝之屬蓋司馬之官實典焉○與音預注則與與其祭與祭與執事同〔疏〕若軍至四望○釋曰其四望者謂五嶽四鎮四瀆王軍將有事與敵合戰之時則小宗伯與祭四望之神以求福但四望之神去戰處遠者不必祭之王之戰處要有近之者祭之故以四望言之也○注軍將至典焉○釋曰先鄭以與祭以上絕讀之若然則與祭者與祭何神乎其有司將事於四望則有司自有事於四望矣不干小宗伯輒於此言之見何義也於義不然故鄭合為一事解之也鄭知有司是大祝者案大祝職云大師國將有事於四望與此義同故知有司大祝知司馬實典之者以其軍事是司馬所掌故知司馬實典主其事也無正文故云蓋以疑之也

若大甸。則帥有司而饁獸于郊。遂頒禽。甸讀曰田有司大司馬之屬饁饋也以禽饋四方之神於郊郊有羣神之兆頒禽謂以予羣臣詩傳曰禽雖多擇取三十焉其餘以予大夫士以習射於澤宮而分之○甸音田出注下甸役同饁于輒反劉于法反〔疏〕若大至頒禽○釋曰言大甸者天子四時田獵也云則帥有司而饁獸于郊者謂田在四郊之外田訖以禽獸饋於郊者將入國過四郊四郊皆有天地日月山川之位便以獸薦於神位以歆神非正祭直是野饁獸於郊云遂頒禽者因事曰遂以在郊饁獸訖入至澤宮中而射以主皮行班餘獲射之禮故云遂頒禽○注甸讀曰田有司大司馬之屬饁饋也以禽饋至分之○釋曰甸者以郊外曰甸獵在甸地故云甸今讀曰田者義將兩兼非直獵在甸地亦得取田義以其似治田去不秀實故以田言之云有司大司馬之屬者以其軍事是司馬之事故大司馬職云徒弊致禽饁獸於郊故知大司馬之屬但小宗伯不可帥大司馬身故知所帥者司馬之屬官故以之屬言之也云四方之神者即天地山川之等云郊有羣神之兆者上文兆五帝於四郊四類四望亦如之兆山川丘陵各於其方是羣神之兆也引詩傳者証頒禽之義書傳亦云焉

大烖。及執事禱祠于上下神示。執事大祝及男巫女巫也求福曰禱得求曰祠讄曰禱爾于上下神祇鄭司農云小宗伯與執事共禱祠○讄音誄〔疏〕大烖及執事禱祠于上下神示○釋曰云大烖者謂國遭水火及年穀不熟則禱祠於上下天地神祇○注執事大祝及男巫女巫至禱祠○釋曰鄭知執事之中大祝及男巫女巫者見大祝職云國有大故天烖彌祀社稷司巫云國大烖則帥巫而造巫恒男巫職中雖無事其司巫所帥者即男巫也女巫職云凡邦之大烖歌哭而請是以鄭君歷而言焉以充事也云求福曰禱得求曰祠兩言之者欲見初禱後得福則祠之也

王崩大肆。以秬鬯渳。鄭司農云大肆大浴也杜子春讀渳為泯以秬鬯浴尸玄謂大肆始陳尸伸之○渳亡婢反杜音泯亡忍反李亡辨反〔疏〕注鄭司至伸之○釋曰先鄭與子春所解皆不釋肆字故後鄭就足之特解肆為始陳尸伸之者肆訓為陳為伸故也必用秬鬯者以死者人所惡故以秬鬯浴尸使之香也大祝職云大喪始崩以肆鬯渳尸小祝又云大喪贊渳彼二官已掌之此言之者察其不如儀也

及執事涖。大斂小斂。帥異族而佐。執事大祝之屬涖臨也謂斂者蓋事官之屬為之喪大記曰小斂衣十九稱君大夫士一也大斂君百稱大夫五十稱士三十稱異族佐斂疏者可以相助○斂力驗反下及注同稱尺證反〔疏〕注執事至相助○釋曰鄭注執事是大祝之屬者案大祝職云大喪贊斂明大祝執事小宗伯涖之云親斂者蓋事官之屬為之者以其諸處更不見主斂事者事官又主工巧之事以無正文故疑事官之屬為之也引喪大記者以天子之喪大小斂稱數無文故約諸侯法推出天子斂之稱數也案喪大記注小斂十九稱法天地之成數故尊卑同至於襲與大斂乃異大斂五等諸侯同百稱天子蓋百二十稱也天子

大夫士約與諸侯之卿大夫士同以其執贄同故祿與廟數及襲斂亦無嫌也云異族佐斂疏者可以相助者此異族據姓而言之**縣衰冠之式于路門之外。**制色宜齊同○縣音玄衰七雷反○〔疏〕縣衰至之外○釋曰式謂制及色故鄭云制色宜齊同知式中兼有色者案禮記問喪云斬衰貌若苴齊衰貌若枲齊斬之衰其色亦如貌故鄭知式中兼有色也但冠不據色是以喪服傳云冠六升鍛而勿灰明不色如苴也縣衰冠大僕云縣喪首服之法于宮門注云首服謂免髽笄總廣狹長短之數與此不同故彼別縣之也**及執事眡葬獻器。遂哭之。**執事蓋梓匠之屬至將葬獻明器之材又獻素獻成皆於殯門外王不親哭有官代之○〔疏〕及執至哭之○釋曰此文承衰冠之下卜葬之上謂既殯之後事故禮記檀弓云既殯旬而布材與明器云執事眡葬獻器遂哭之謂獻明器之時小宗伯哭此明器哀其生死異也○注執事至代之○釋曰鄭知執事是梓匠之屬者以其明器所爲是工巧之事梓人匠人見主工巧故知是梓匠也言之屬者冬官摠主人工事故以之屬兼之但無正文故云蓋以疑之也云至將葬獻明器之材者亦約檀弓云既殯旬而布材故知將葬獻材也又知獻素獻成皆於殯門外者見士喪禮云獻材于殯門外西面北上綪主人徧視之如哭椁獻素獻成亦如之注云形法定爲素飾治畢爲成是其事也云王不親哭有官代之者按士喪禮主人親哭以無官此王不親哭以其有官有官則小宗伯哭之是也**卜葬兆。甫竁。亦如之。**兆墓塋域甫始也鄭大夫讀竁皆爲穿杜子春讀竁爲毳皆謂葬穿壙也今南陽名穿地爲竁聲如腐脆之脺○竁昌絹反李依杜昌銳反鄭大夫音穿腐房甫反脆之脆七歲反舊作脺誤劉清劣反或倉沒反字書無此字但有膬字音于劣反今注本或有作膬字者則與劉音爲協沈云字林有脺音卒脺者牛羊脂膬者耎易破恐字誤案如沈解義則可通聲恐未協脺已下皆非鄭義〔疏〕卜葬至如之○釋曰王喪七月而葬將葬先卜墓之塋兆故云卜葬兆也云甫竁者既得吉而始穿地爲壙故云甫竁也云亦如之者亦如上明器哭之但明器材哭於殯門外此卜葬地在壙所則哭亦與在殯所哭之相似故云亦如之○注兆墓至之脺○釋曰孝經云卜其宅兆注兆以爲龜兆解之此兆爲墓塋兆者彼此義得兩合相兼乃具故注各據一邊而言也鄭大夫讀竁皆爲穿此經唯有一竁而云皆在下冢人甫竁皆爲穿也杜子春讀竁爲毳毳亦是穿當時有此語後鄭從之故云皆謂葬穿壙也云今南陽名穿地爲竁聲如腐脆之脺者時南陽郡人名穿地爲竁竁之聲如腐脆之脺則以竁爲脆也**既葬。詔相喪祭之禮。**喪祭虞祔也檀弓曰葬日虞弗忍一日離也是日也以虞易奠卒哭曰成事是日也以吉祭易喪祭明日祔于祖父○離力知反○〔疏〕注喪祭至祖父○釋曰鄭知喪祭是虞祔也者以文承卜葬之下成葬之上其中唯有虞祔而已故以虞祔解之也檀弓曰葬日虞弗忍一日離也者自始死至葬前未忍異於生故無尸而設奠象生時薦羞於坐前也既葬送形而往迎魂而反日中而虞虞者鄭注士虞禮云虞安也所以安神是也葬之朝爲大遣奠反日中而虞是不忍一日使父母精神離散故云不忍一日離也云是日也以虞易奠者以士虞禮云男男尸女女尸爲神象鬼事之是以虞易奠也云卒哭曰成事是日也以吉祭易喪祭者案士虞禮三虞卒哭俱用剛日云哀薦成事故檀弓記人解士虞禮云卒哭曰成事祭以吉爲成故云是日也以吉祭易喪祭虞祭

是也云明日祔於祖父者引之證經喪祭爲虞祭又爲祔祭士之禮葬用柔日假令丁日葬葬日第一虞隔戊日己日爲第二虞後虞改用剛日庚日卒哭亦用剛日隔辛日壬日爲卒哭祭其祔祭又用柔日則癸日爲祔祭是士從始虞至祔日摠用七日以此差之大夫五虞諸侯七虞天子九虞相次日數可知耳此喪中自相對虞爲喪祭卒哭即爲吉祭以卒去無時哭哀殺故爲吉祭若喪中對二十八月復平常爲吉祭則禫祭已前皆爲喪祭也若然喪中自相對虞爲喪祭卒哭爲吉祭而鄭云喪祭虞祔并祔祭亦爲喪祭者此鄭欲引檀弓并祔祭摠釋故喪中之祭摠爲喪祭而言其實卒哭既爲吉祭祔祭在卒哭後是吉祭可知也○**成葬而祭墓爲位。**成葬丘已封也天子之冢蓋不一日而畢位壇位也先祖形體託於此地祀其神以安之冢人職曰大喪既有日請度甫竁遂爲之尸○〔疏〕成葬至爲位○釋曰云成葬者謂造丘墳已訖以王之靈柩託於此土故祭后土之神使安祐之當設祭位於墓左也○注成葬至之尸○釋曰成葬已封也者案冢人以爵等爲上封之度據彼有丘封之文故依而言之云天子之冢蓋不一日而畢者案檀弓云有司以几筵舍奠於墓左反日中而虞注云所使奠墓有司來歸乃虞也則虞祭在奠墓後以其王之墳蓋高四尺故日中虞祭待奠墓有司來歸此上文既云詔相喪祭則虞祭訖矣於下乃云成葬祭墓爲位則虞祭不待奠墓有司來歸者由天子之冢高大蓋不一日而畢故設經喪祭在成葬之上也引冢人職者證祭墓爲位時冢人爲尸以祭后土也○**凡王之會同軍旅甸役之禱祠。肄儀爲位。**肄習也故書肄爲肆儀爲義杜子春讀肆當爲肄義爲儀若今時肄司徒府也小宗伯主其位○肄以志反習也沈音四李似二反〔疏〕凡王至爲位○釋曰言王有會同軍旅甸役之事皆有禱祠之法云肄儀爲位者數者禱祠皆須豫習威儀乃爲之故云肄儀也當習威儀之時則小宗伯爲位也**國有禍烖。則亦如之。**謂有所禱祈○〔疏〕國有至如之○釋曰禍烖謂國遭水火凶荒則有禱祈之事故云亦如之**凡天地之大烖。類社稷宗廟。則爲位。**禱祈禮輕類者依其正禮而爲之○〔疏〕凡天至爲位○釋曰天烖謂日月食星辰奔殞地烖謂震裂則類祭社稷及宗廟則亦小宗伯爲位祭之○注禱祈至爲之○釋曰凡言類者皆謂依事類而爲之但求福曰禱禱輕得求曰祠祠禮重則祠者依正祭之禮也則禱禮輕者雖依正禮祭饌略少**凡國之大禮。佐大宗伯。凡小禮。掌事。如大宗伯之儀。**〔疏〕凡國至之儀○釋曰凡言大禮者王親爲之者小禮者羣臣攝而爲之者小禮小宗伯專掌其事是法如大宗伯之儀但非王親行則謂之小禮也

肆師之職。掌立國祀之禮。以佐大宗伯。佐助也○〔疏〕肆師至宗伯○釋曰肆師是宗伯之考每事皆佐宗伯此經與下爲目其立國祀之禮則下經所云立大祀已下是也○**立大祀。用玉帛牲牷。立次祀。用牲幣。立小祀。用牲。**鄭司農云大祀天地次祀日月星辰小祀司命已下玄謂大祀又有宗廟次祀又有社稷五祀五嶽小祀又有司中風師雨師山川百物○牷音全〔疏〕立大至用牲○釋曰此則佐宗伯之事案大宗伯有禋祀已下并宗廟六享之事此肆師陳用玉帛牲牷之等○注鄭司至百物○釋曰司農云大祀天地至司命以下先鄭據大宗伯直據天神大次小而言唯天神中兼言地而已其於地示不言次小人鬼之中又不言大次小故後鄭就足之耳後鄭云大祀又有宗廟者以其先鄭於大祀中無人鬼故後鄭特舉之云次祀又有社稷五祀五嶽者此後鄭特舉社稷已下者以先鄭次祀中不言社稷五嶽已下故也云小祀又有司中風師雨師山川百物者此後鄭見先鄭天神小祀中唯云司命以下其言不備故具之山川百物就足先鄭小祀耳若然後鄭直云大祀又有宗廟更不言宗廟次祀小祀者但宗廟次祀即先公是也又不言之者已於酒正云次祀鷩冕所祭已其於彼故也又不言宗廟小祀者宗廟小祀其神不明馬君雖云宗廟小祀殤與無後無明文故後鄭亦不言也經言立大祀用玉帛牲牷者天神中非直有升煙玉帛牲亦有禮神者也地示中非直瘞埋中有玉帛牲亦有禮神玉帛牲也宗廟中無煙瘞埋直有禮神幣帛與牲又不見有禮神之玉或可以灌圭爲禮神之玉亦通一塗立次祀用牲幣者天神日月星辰地示血祭社稷五祀五嶽是也宗廟次祀已下與大祀同亦直有禮神幣帛而已**以歲時序其祭祀。及其祈珥。**序第次其先後大小故書祈爲幾杜子春讀幾當爲祈珥當爲餌玄謂祈當爲進禨之禨珥當爲衈禨衈者釁禮之事雜記曰成廟則釁之雍人舉羊升屋自中中屋南面刲羊血流于前乃降門夾室皆用雞其衈皆於屋下割雞門當門夾室中室然則是禨謂羊血也小子職曰掌珥于社稷祈于五祀是也亦謂其宮兆始成時也春秋僖十九年夏邾人執鄫子用之傳曰用之者何蓋叩其鼻以衈社也○及其祈及注禨同巨既反或區依反珥而志反注衈同刲苦圭反依室古洽反劉古協反〔疏〕以歲至祈珥○釋曰言歲時序其祭祀者即上立大祀已下至小祀皆依歲時之序四時次序其大小先後也及其刉珥謂釁禮之事用毛牲即曰刉用羽牲即曰衈○注序第至社也○釋曰云序第次其先後者不必先大後小天地人之鬼神各有大次小或小而應先或大而應後各自當其時以祭之故云第次其先後也云故書祈爲幾杜子春讀幾當爲祈珥爲餌者皆無義所取故鄭不從之也玄謂祈當爲進禨之禨者案禮記玉藻沐畢云進禨鄭以爲沐而飲酒曰禨彼禨爲禨福之義此直取音讀不取其義云珥當爲衈者經言珥是玉珥非取血之義故讀從雜記下血傍爲之也云雜記曰成廟則釁之雍人舉羊升屋自中者謂升上其屋當屋脊之中央云門夾室皆用雞者謂廟門及兩廟夾室三處皆用雞其衈皆於屋下者謂三處皆不升屋而在屋下殺雞也云割雞門當門夾室中室者中謂當室中央云然則是禨謂羊血也者鄭既引雜記之衈欲破經珥及于春餌之意也云小子職曰掌珥于社稷祈于五祀是也者引證血傍爲之以證衈義也其祈字猶不從故彼注引秋官士師曰凡刉衈則奉犬牲毛牲曰刉羽牲曰衈此刉衈正字與若然刉既正字而讀從進禨者且從故書禨音耳至士師別爲正解也云春秋傳曰者公羊傳文引之者證衈是取血以釁之事**大祭祀。展犧牲。繫于牢。頒于職人。**展省閱也職讀爲樴樴可以繫牲者此職人謂充人及監門人○職劉之弋反威音弋注樴同監古銜反〔疏〕大祭至職人○釋曰肆師以將有天地宗廟大祭祀牧人以牲與充人之時肆師省閱其牲看完否及色堪爲祭牲乃繫于牢頒付于職人也○注展省至門人○釋曰鄭讀職爲樴爲樴者但三百六十官皆有職司若言職則無所指斥若爲樴爲聲謂置臬之時樴樴

然作聲故讀從樴可以繫牲者也云此樴人謂充人及監門人者案充人云祀五帝繫于牢芻之三月凡散祭祀之牲繫于國門使養之故知樴人是此二官也言此樴人對彼樴人不要是充人監門人也牛人所云樴人者彼鄭注充人并牧人在其中矣此有監門人者謂兼祭諸神司中之等

凡祭祀之卜日。宿爲期。詔相其禮。眡滌濯亦如之。宿先卜祭之夕〔疏〕凡祭至如之○釋曰言凡祭祀之卜日謂天地宗廟之等將祭前有散齊七日致齊三日十日矣若然卜日吉則齊今云祭祀之卜日宿爲期則是卜前之夕與卜者及諸執事者以明且爲期也云詔相其禮者謂肆師詔告相助其一之威儀及齊戒之禮云眡滌濯亦如之者謂祭前之夕視滌濯祭器亦詔相其禮故云亦如之

祭之日。表齍盛。告絜。展器。陳告備。及果築鬻。相治小禮。誅其慢怠者。粢六穀也在器曰盛陳陳列也果築鬻者所築鬻以祼也故書表爲剽剽表皆謂徽識也鄭司農云築煑築香草煑以爲鬯○果古亂反下同鬻音煑相息亮反下相其禮及注同剽芳遥反或紡遥反識式志反又昌志反〔疏〕祭之至怠者○釋曰云祭之日表齍盛告絜者當祭之日具其黍稷等盛於簠簋陳於廟堂東又以徽識表其名又告絜淨云展器陳告備者謂祭日且於堂東陳祭器實之既訖則又展省視之而告備具故云展器陳告備也云及果築鬻者謂於宗廟有祼案禮記雜記築鬱臼以掬杵以梧而築鬱金煑以和秬鬯之酒以泲之而祼矣云相治小禮者謂羣臣行事則肆師相治之云誅其慢怠者謂執事之人有惰慢懈怠者則誅責之○注粢六至爲鬯○釋曰爾雅云粢稷也彼特訓粢爲稷者以稷爲五穀之長其揔而言之六穀皆是粢故此經據六穀爲粢故鄭云粢六穀也案食醫和王六食黍稷稻粱麥苽六食即膳夫云六穀一物故鄭云六穀也鄭司農云築煑築香草煑以爲鬯者此言築鬻鬱人云祼事和鬱鬯謂取鬱金煑和秬鬯之酒泲以祼神及賔客故二鄭俱言之云皆謂徽識也者以剽表字雖不同俱是徽識也於六粢之上皆爲徽識小旌書其黍稷之名以表之餘不表獨此表之者以其餘器所盛各異覩器則知其實此六穀者簠盛稻粱簋盛黍稷皆有盒蓋覆之覩器不知其實故特須表顯之也但鬱人自掌鬱此又掌之者彼官正職此肆師察其不如儀者也○

掌兆中廟中之禁令。兆壇塋域〔疏〕掌兆至禁令○釋曰案小宗伯云兆五帝於四郊已下則四郊之上神兆多矣皆掌不得使人干犯神位七廟亦然故云掌其禁令也○注兆壇塋域○釋曰凡爲壇者四面皆塋域圍之若宮牆然故云兆壇塋域也

凡祭祀禮成。則告事畢。

大賔客。涖筵几。築鬻。此王所以禮賔客○〔疏〕大賔至築鬻○釋曰案大行人云上公再祼而酢侯伯一祼而酢子男一祼不酢大宗伯云大賔客攝而載祼則此官主以築鬱金煑之和鬯酒也筵几云涖謂司几筵設之肆師臨之也○注此王至賔客○釋曰言此以對彼彼則上經築鬻禮宗廟神也○

贊果將。酌鬱鬯授大宗伯載祼○〔疏〕注酌鬱至載祼○釋曰此據大宗伯職而言案小宰亦云賔客贊祼者容有故相代也○

大朝覲佐儐。爲承儐○〔疏〕注爲承儐○釋曰此言大朝覲爲承儐謂大會同朝覲時若四時常朝則小行人爲承儐小行人所云者是也○

共設匪罋之禮。設於賔客之館公食大夫禮曰若不親食使大夫以侑幣致之豆實實于罋簋實實于筐匪其筐字之誤與禮不親饗則以酬幣致之或者匪以致饗○罋於貢反食音嗣下同誤與音餘下侯與同〔疏〕共設至之禮○釋曰此肆師不掌飲食而共設者肆師主禮事謂依禮使掌客之等及諸官告設之也○注設於至致饗○釋曰鄭知設於賔客之館者凡待賔客之禮饗食在廟其器不用匪罋今言共設匪罋明是王不親饗食於賔館設之可知引公食禮者欲見此經與彼同同是不親食之事又欲破匪從筐之事也云字之誤與者無正文約同彼故云與以疑之也云禮不親饗則以酬幣致之者此亦公食大夫禮文云或者匪以致饗者鄭君向引公食大夫須破匪從筐又言饗禮者饗禮亡無妨致饗時用匪不用筐但無正文故云或以疑之也

饗食。授祭。授賔祭肺〔疏〕注授賔祭肺○釋曰饗大牢以飲賔獻依命數食者亦亨大牢以食賔舉依命數云授祭者謂祭先造食者案膳夫云授王祭則此授祭者非授王祭可知鄭云授賔祭肺也必知祭肺者有虞氏祭首夏后氏祭心殷祭肝周祭肺肺周所祭故知祭者祭肺也

與祝侯禳于畺及郊。侯禳小祝職也畺五百里遠郊百里近郊五十里〔疏〕與祝至及郊○釋曰侯者候迎善祥禳者禳去殃氣故肆師與小祝爲此侯禳二事于畺及郊凡侯禳從內向外應先言郊後言畺令先言畺到言之者可遠則遠可近則近任當時之宜故到文以見義也○注侯禳至十里○釋曰知畺五百里者王畿千里中置國城面五百里故大司馬云方千里曰國畿也知遠郊百里者司馬法文知近郊五十里者案尚書君陳序云分正東郊成周鄭彼注云成周在近郊五十里秦今河南洛陽相去則然以其漢法於王城置河南縣於成周置洛陽縣相去見五十里是近郊五十里故云東郊也

大喪。大渳以鬯。則築鬻。築香草煑以爲鬯以浴尸香草鬱也〔疏〕大喪至築鬻○釋曰上小宗伯大喪以鬯渳則肆師與之築鬱金香草和鬯酒以浴尸使之香也

令外內命婦序哭。序使相次秩〔疏〕令外至序哭○釋曰案下注六鄉以出及朝廷卿大夫妻皆爲外命婦其內命婦即下經內命女是也謂三夫人已下至女御也○注序使相次秩○釋曰哭法以服之輕重爲先後若然則內命婦爲王斬衰居前諸臣之妻從服齊衰者居後也

禁外內命男女之衰不中灋者。且授之杖。外命男六鄉以出也內命男朝廷卿大夫士也其妻爲外命女喪服爲夫之君齊衰不杖內命女王之三夫人以下不中法違升數與裁制者鄭司農云三日授子杖五日授大夫杖七日授士杖此舊說也喪大記曰君之喪三日子夫人杖五日既殯授大夫世婦杖無七日授士杖文玄謂受杖日數王喪依諸侯與七日授士杖四制云○衰七雷反注同中丁仲反注同爲夫于僞反下爲取同〔疏〕禁外至之杖○釋曰外內命男女爲王雖有齊斬不同其衰皆有升數多少及裁制故禁之使依法也云且授之杖者外內命男及內命女皆爲王斬者有杖授之其外命女爲王齊衰無杖故云且見不定之義也○注外命至制云○釋曰云內內外男女者無正文鄭以意言之以宮爲正朝廷在王宮內爲內命男故以六鄉六遂及公邑大夫等皆爲外命男其妻揔爲外命女者此對三夫人已下爲內命女則此朝廷及六鄉以外卿大夫妻爲外命女可知云喪服爲夫之君齊衰不杖者是喪服不杖齊衰章文云內命女王之三夫人以下者通九嬪二十七世婦八十一御妻皆爲王斬衰而杖也云不中法違升數與裁制者諸臣妻爲夫之君義服衰六升諸臣爲王義服斬衰三升半冠六升三夫人已下爲王正服斬衰三升是其數也言裁制者據喪服云凡衰外削幅裳內削幅幅三袧已下具有裁制司農所云三日授子杖五日授大夫杖七日授士杖雖云舊說仍是四制之文也玄謂王喪依諸侯者王喪諸臣等無授杖之日數以諸侯之臣與王之臣同斬衰杖竹故授杖日數亦宜同也以檀弓云天子崩三日祝先服鄭注云祝佐含斂先病明子與夫人亦服矣子則天子之子及后亦服矣五日官長服注官長大夫士明天子三公已下及三夫人已下亦服矣但服杖俱時有服即杖矣唯天子服授杖亦當七日矣是以王喪約同諸侯之法也

凡師甸。用牲于社宗。則爲位。社軍社也宗遷主也尚書傳曰王升舟入水鼓鍾亞觀臺亞將舟亞宗廟亞故書位爲涖杜子春云涖當爲位書亦或爲位宗謂宗廟○甸音田下大甸同〔疏〕凡師至爲位○釋曰師謂出師征伐甸謂四時田獵二者在外或有祈請皆當用牲社及宗時皆肆師爲位祭也○注社軍至宗廟○釋曰云社軍社也者在軍不用命戮於社又君以軍行祓社釁鼓故名軍社也鄭知宗遷主者曾子問云師行必以遷廟主行載于齊車故知遷主也尚書傳曰王升舟已下者謂說武王於文王受命十一年觀兵之時武王於孟津渡河升舟大水在前鼓鍾亞亞王舟後觀臺亞者觀臺可以望氣祥亞鼓鍾後將舟亞者以社主殺戮而軍將同故名社主爲將將舟亞在觀臺後宗廟亞者宗廟則遷主也亞在將舟後引之者證在軍有社及宗之意也異義公羊說天子有三臺有靈臺所以觀天文有時臺以觀四時施化有囿臺所以觀鳥獸魚鼈諸侯卑無靈臺不得觀天文有時臺囿臺左氏說天子有靈臺諸侯有觀臺若然文王時已有靈臺今武王而曰觀臺者鄭君之意觀臺則靈臺對文有異散文則通

類造上帝。封于大神。祭兵于山川。亦如之。造猶即也爲兆以類禮即祭上帝也類禮依郊祀而爲之者封謂壇也大神社及方嶽也山川蓋軍之所依止大傳曰牧之野武王之大事也既事而退柴於上帝祈于社設奠於牧室○造七報反注造猶同牧戚音目劉音茂〔疏〕類造至如之○釋曰上經用牲於社宗據在軍○下云師不功據敗退後即此經據尅勝後事告天及社之事○注造猶至牧室○釋曰諸文皆云造于禰類于上帝造屬於禰此以類造同云于上帝則造與類同屬于上帝故鄭云造猶即與造門之造同也云爲兆以類禮即祭上帝者若依國四郊則自有尋常兆域今戰訖而祭故須新爲壇兆故鄭云爲兆也鄭知類禮依郊祀而爲之者此直是告祭非常非是禱祈之所祭故知依正禮郊祀而爲之謂四時迎氣於四郊皆是也云大神社及方岳知者以其命所報告皆是出時告者以出時類于上帝宜于社造於禰今大神文在上帝下而云封祭之明是社也知兼有方岳者見小宗伯云軍將有事于四望謂將戰時今戰訖所告明兼祭方岳方岳即四望也云山川蓋軍之所依止者以其山川衆多不可並祭軍旅思險阻軍止必依山川故知軍所依止者也云大傳者禮記大傳篇云牧之野武王之大事也牧誓序云時甲子昧爽武王與受戰於牧野鄭注云紂近郊三十里名牧是武王伐紂之事故云大事云既事而退者武王與紂於牧地戰紂敗退入紂都自焚於宣室武王入紂都既封建乃退向牧地而柴於上帝者以實柴祭帝即此經類于上帝一也云所于社者即此經封于大神一也云設奠於牧室者謂祭行主文王於牧野之室於此文無所當連引之者欲見此

經亦當有祭行主不言者文不備也

凡師不功。則助牽主車。助助大司馬也故書功為工鄭司農工讀為功古者工與功同字謂師無功肆師助牽之恐為敵所得〔疏〕凡師至主車釋曰師不功謂戰敗云助牽主車者主中有二為社之石主遷廟木主也○注助助至所得○釋曰知助助大司馬也者案大司馬職云若師不功則厭而奉主車故知此肆師助大司馬也若然案小宗伯云立軍社奉主車謂未敗時若敗即大司馬奉之

凡四時之大甸獵祭表貉。則為位。貉師祭也貉讀為十百之百於所立表之處為師祭造軍法者禱氣勢之增倍也其神蓋蚩蚘或曰黃帝○貉莫駕反鄭音陌後表貉皆同蚘音尤〔疏〕凡四至為位○釋曰案大司馬仲冬教大閱教戰訖入防將田既陳乃設驅逆之車有司表貉于陳前此時肆師為位而祭也○注貉師至黃帝○釋曰知貉師祭也者爾雅云是類是禡故知貉為師祭也云貉讀為十百之百者鄭以聲讀之必名此祭為貉者以其取應十得百為十倍之義云祭造軍法者凡言祭者祭先明是先世創首造軍法者也云禱氣勢之增倍也者謂禱祈使師有氣勢望得所獲增益十倍還釋貉字之意也云其神蓋蚩尤或曰黃帝者案史記黃帝與蚩尤戰于涿鹿之野俱是造兵之首案王制云天子將出類乎上帝注云帝謂五德之帝是黃帝以德配類則貉祭祭蚩尤是以公羊說曰師出曰祠兵入曰振旅祠者祠五兵矛戟劍楯弓鼓及祠蚩尤之造兵者謹案三朝記曰蚩尤庶人之强者何兵之能造故鄭云或曰黃帝也故禮說云黃帝以德行蚩尤與黃帝戰亦是造兵之首故漢高亦祭黃帝蚩尤於沛庭也

甞之日。涖卜來歲之芟。芟芟草除田也古之始耕者除田種穀甞者甞新穀此芟之功也卜者問後歲宜芟不詩云載芟載柞其耕澤澤○芟色銜反柞側百反〔疏〕甞之至之芟○釋曰秋祭曰甞以其物新熟可甞而為祭名也正當甞祭日肆師涖卜來歲之芟者以其餘事卜則大宗伯涖卜或大卜涖卜此及下三事皆肆師涖卜也則陳龜貞龜命龜示高作龜使卜師卜人之等為之○注芟芟至澤澤○釋曰芟芟草對柞是殺木引詩者欲見載芟即此經芟也云載柞者柞是除木於經雖無所當欲見有草則芟之有木則柞之皆是治田以稼種故并言之也云其耕澤澤者既除草木則耕之澤澤和柔也

獮之日。涖卜來歲之戒。秋田為獮始習兵戒不虞也卜者問後歲兵寇之備○獮思淺反〔疏〕獮之至之戒○釋曰謂肆師正當出獮田之日則卜來歲之戒不虞之事○注秋田至之備○釋曰秋田曰獮大司馬職文云始習兵戒不虞者鄭解不於春芟夏苗涖卜來歲之戒必於秋獮之日為戒者以其春教振旅夏教茇舍非正習兵秋教治兵之日故於是戒不虞世言不虞者虞度也以兵寇之事來否不可億度當豫戒備之故鄭云卜者問後歲兵寇之備也

社之日。涖卜來歲之稼。社祭土為取財焉卜者問後歲稼所宜〔疏〕社之至之稼○釋曰類上文甞獮是秋則此社亦是秋祭社之日也言涖卜來歲之稼者祭社有二時謂春祈秋報報者報其成熟之功今卜來歲亦如今年宜稼以不但春稼秋穡不言穡而言稼者秋穡由於春稼故據稼而言之○注社祭至所宜釋曰案郊特牲云社祭土而主陰氣也取財於地取法於天又孝經緯云社者五土之揔神故云社祭土而取財焉

若國有大故。則令國人祭。大故謂水旱凶荒所令祭者社及禜酺○禜音詠酺音蒲又音步〔疏〕注大故至禜酺○釋曰知大故是水旱凶荒者以其命國人祭明大故是天下皆有故知水旱凶荒凶荒謂年穀不熟知所命祭是社及禜酺者經云命國人祭案地官州祭社黨祭禜族祭酺於六遂之中亦縣祭社鄙祭禜鄭祭酺皆是國人所祭之事也

歲時之祭祀亦如之。月令仲春命民社此其一隅〔疏〕歲時至如之○釋曰云歲時之祭祀者上經據禱祈非時祭故此經見其常祭也云亦如之者亦命國人祭也○注月令至一隅○釋曰凡言歲時者謂歲之四時月令唯見一時故鄭云此其一隅也若然月令唯言春者特舉春祈而言舉一隅可以三隅反則餘三時亦祭也

凡卿大夫之喪。相其禮。相其適子〔疏〕注相其適子○釋曰鄭知相適子者庶子無事適子則有拜賓送賓之事且卿大夫適子為天子斬衰故知所相者適子也

凡國之大事。治其禮儀。以佐宗伯。治謂如今每事者更奏白王禮也故書儀為義鄭司農云義讀為儀古者書儀但為義今時所謂義為誼〔疏〕凡國至宗伯○釋曰案小宗伯已云佐宗伯此又言之者但肆師與小宗伯中下大夫命數是一故二人同佐宗伯無嫌也案大宗伯云治其大禮小宗伯云相治小禮此又云治其禮儀者謂佐大小宗伯治之謹書其事也

凡國之小事。治其禮儀。而掌其事。如宗伯之禮。〔疏〕凡國至之禮○釋曰此一經於職末揔結之也

鬱人掌祼器。祼器謂彝及舟與瓚〔疏〕注祼器至與瓚○釋曰知祼器中有彝及舟者此經下文云和鬱鬯以實彝又見司尊彝云春祠夏禴祼用雞彝鳥彝皆有舟秋冬及追享朝享皆云焉故知有彝舟也知有瓚者案禮記王制云諸侯賜圭瓚然後為鬯尚書序云平王錫晉文侯秬鬯圭瓚皆與秬鬯相將即下文祼玉是也故知祼器中有瓚瓚則兼圭瓚璋瓚也

凡祭祀。賓客之祼事。和鬱鬯以實彝而陳之。築鬱金煑之以和鬯酒鄭司農云鬱草名十葉為貫百二十貫為築以煑之鐎中停於祭前鬱為草若蘭○焦中子遙反劉仦消反本又作鐎音同李又即脩反〔疏〕凡祭至陳之○釋曰天地大神至尊不祼至於山川及門社等事在鬯人亦無祼事此云祭祀唯據宗廟耳其賓客祼則大行人云公再祼之等是也云和鬱鬯者謂和鬯人所造秬黍之鬯酒也為宗廟賓客用鬱者則肆師築鬱金草煑之以和鬯酒更和以盎齊泲之以實彝陳於廟中饗賓客及祭宗廟之處也○注築鬱金煑之以和鬯酒至若蘭○釋曰鄭知築鬱金草煑之者見肆師云築鬻故知之也司農云十葉為貫百二十貫為築者未知出何文云以煑之鐎中停於祭前者此似直煑鬱停之無鬯酒者文略其實和鬯酒也云鬱為草若蘭者蘭則蘭芝以其俱是香草故比類言之案王度記云天子以鬯諸侯以薰大夫以蘭芝士以蕭庶人以艾此等皆以和酒諸侯以薰謂未得圭瓚之賜得賜則以鬱耳王度記云天子以鬯及禮緯云鬯草生庭皆是鬱金之草以其和鬯酒因號為鬯草也

凡祼玉。濯之陳之。以贊祼事。祼玉謂圭瓚璋瓚〔疏〕凡祼玉濯之陳之以贊祼事○釋曰此祼玉即圭璋是也故玉人與瑞皆云祼圭尺有二寸禮記郊特牲云灌以圭璋用玉氣也○注祼玉謂圭瓚璋瓚○釋曰案禮記祭統云君用圭瓚祼尸太宗用璋瓚亞祼鄭云太宗亞祼容夫人有故攝焉若然王用圭瓚后用璋瓚可知故鄭并言之也

詔祼將之儀。與其節。節謂王奉玉送祼早晏之時〔疏〕詔祼至其節○釋曰云祼將之儀者即是奉玉送祼之威儀云節者即早晚時節故兩言之○注節謂至之時○釋曰云奉玉謂王與后祼時奉瓚而酌鬱鬯云送祼者謂送之以授尸尸得祭之嚌之奠之不飲故上文司農云停於祭前也

凡祼事沃盥。〔疏〕凡祼事沃盥○釋曰凡言非一若賓客則大宗伯祼若祭祀王及后祼皆鬱人沃以水盥手及洗瓚也

大喪之渳。共其肆器。肆器陳尸之器喪大記曰君設大盤造冰焉大夫設夷盤造冰焉士併瓦盤無冰設牀襢第有枕此之謂肆器天子亦用夷盤○造七報反下同併薄冷反襢章善反沈又音但第側几反〔疏〕注肆器至夷盤○釋曰肆訓為陳故鄭云謂陳尸之器也云喪大記云君設大盤造冰焉大夫設夷盤造冰焉者此謂二月已後至八月鄭注喪大記造猶內也引漢禮大盤廣八尺長丈二深三尺赤中夷盤小焉云士併瓦盤無冰者則盛水以寒尸士喪禮君賜冰用夷盤云設牀襢第有枕者此謂陳尸之牀設冰於其下云天子亦用夷盤者凌人職云大喪共夷盤冰此夷盤則諸侯大盤之類與大夫夷盤同名耳大小則異也

及葬。共其祼器。遂貍之。遣奠之彝與瓚也貍之於祖廟階間明奠終於此○貍亡皆反遣棄戰反〔疏〕注遣奠至於此○釋曰知葬共祼器據遣奠時者以葬時不見有設奠之事祖祭巳前奠小不合有彝器奠之大者唯有遣奠故知於始祖廟中厥明將葬之時設大遣奠有此祼器也此即司尊彝云大喪存奠彝者是也以奠無尸直陳之於奠處耳言貍之於祖廟階間者此案曾子問無遷主者以幣帛皮圭以為主命行反遂貍之於祖廟兩階之間此大遣奠在始祖廟事訖亦貍之於階間也云明奠終於此者自此巳前不忍異於生設奠食象生而無尸自此巳後葬訖反日中而虞則有尸故士虞禮云男男尸女女尸以神事之謂之祭異於生故云明奠終於此也

大祭祀。與量人受舉斝之卒爵而飲之。斝受福之嘏聲之誤也王酳尸尸嘏王此其卒爵也少牢饋食禮主人受嘏詩懷之卒爵執爵以興出宰夫以籩受嗇黍主人嘗之乃還獻祝此鬱人受王之卒爵亦王出房時也必與量人者鬱人贊祼尸量人制從獻之脯燔事相成○斝古雅反嘏古雅反酳侯客反又音胤燔音煩〔疏〕大祭至飲之○釋曰此大祭祀云受嘏謂祭宗廟者也云與量人受舉斝之卒爵而飲之者謂王酳尸後尸嘏王之節也○注斝受至相成○釋曰鄭知斝是受福之嘏非天子奠斝般爵名者案郊特牲云舉斝角詔妥尸其時無鬱人量人受爵飲之法唯有受嘏時受王卒爵飲之禮故破斝為受福之嘏也云王酳尸尸嘏王此其卒爵也者此約少牢特牲禮故鄭即引少牢以為證也云少牢饋食禮主人受嘏詩懷之卒爵者天子諸侯祭有二灌朝踐饋獻大名二獻之事乃有陰厭迎尸入尸尸食訖王酳尸大夫士無饋獻巳前之事直有陰厭巳後酳尸之事天子諸侯祭禮亡故陰厭巳後取少牢特牲纘之今獻鬱人量人之節當大夫獻祝及佐食之時云主人受嘏詩懷之者謂陰厭後迎尸入升席坐尸食訖主人酳尸尸酢主人在尸東西面受尸酢時尸命祝嘏主人以大福遂以黍稷肺授主人詩承也主人承之內於懷中挂於季指乃拜而飲卒爵也云執爵以興出宰夫以籩受嗇黍者嗇黍即所斂聚黍稷肺授之者也云主人嘗之乃還獻祝此鬱人受王之

卒爵亦王出房時也者大夫士有獻祝及佐食無獻鬱人量人注天子有獻鬱人量人之禮無祝及佐食之事但其節同故引爲證也云必與量人者鬱人贊祼尸者即上文贊祼事詔祼將之儀是也云量人制從獻之脯燔者案量人云凡祭祀饗賓制其從獻脯燔之數量是也云事相成者前祼後獻祭事乃成故云事相成也

鬯人掌共秬鬯而飾之。秬鬯不和鬱者飾之謂設巾〈疏〉鬯人至飾之。釋曰云掌共秬鬯者此直共秬黍之酒無鬱也故注云不和鬱者也鄭知飾之謂設巾者此上下雖無設巾之事案冪人云以疏布巾冪八尊以畫布巾冪六彝凡王巾皆黼凡尊皆有巾冪明秬鬯之酒尊亦設巾可知故知所飾者設巾也

凡祭祀社壝用大罍。壝謂委土爲墠壇所以祭也大罍瓦罍。壝唯癸反劉欲鬼反罍音雷或郎追反墠音善又音禪〈疏〉注壝謂至瓦罍。釋曰壝謂委土爲墠壇所以祭者謂四邊委土爲壝於中除地爲墠墠內作壇謂若三壇同墠之類也此經云社壝謂若封人及大司徒皆云社壝皆直據外壝而言也知大罍是瓦罍者旊人爲瓦簋據外神明此罍亦用瓦取質略之意也

禜門用瓢齎。禜謂營酇所祭門國門也春秋傳曰日月星辰之神則雪霜風雨之不時於是乎禜之山川之神則水旱疫癘之不時於是乎禜之魯莊二十五年秋大水鼓用牲于門故書瓢作剽鄭司農讀剽爲瓢杜子春讀齎爲粢瓢謂瓠蠡也粢盛也玄謂齎讀爲齊取甘瓠割去柢以齊爲尊。禜音詠瓢婢遙反齎音齊在兮反杜音資酇作管反瓠匹召反蠡力兮反或郎戈反去起呂反柢音帝〈疏〉注禜謂至爲尊。釋曰鄭知禜謂營酇者欲見祭神非一取營酇而祭之義故也鄭知門是國門者禮記祭法云天子七祀有國門故知也春秋傳者昭元年子產辭彼先云山川後云日月此先云日月者鄭君所讀春秋先日月與賈服傳不同故也彼無不時此有之者鄭以義增之非傳文引之者證禜是營酇而祭之義引莊二十五年傳者證有門之義但彼譏伐鼓用牲其大水祭門是也玄謂齎讀爲齊者以其割齊爲尊亦取質略之意故不從子春也

廟用脩。凡山川四方用蜃。凡祼事用概。凡疈事用散。祼當爲埋字之誤也故書蜃或爲謨杜子春云謨當爲蜃書亦或爲蜃蜃水中蜃也鄭司農云脩謨概散皆器名玄謂廟用脩者謂始禘時自饋食始脩蜃概散皆漆尊也脩讀曰卣卣中尊謂獻象之屬尊者彝爲上罍爲下蜃畫爲蜃形蚌曰合漿尊之象概尊以朱帶者無飾曰散。脩音卣羊久反又音由中罇也祼音埋出注概古愛反疈孚逼反散素旱反注及下注同獻素何反蚌步項反曰合音含本亦作含漿如字本又作將〈疏〉注祼當至曰散。釋曰鄭破祼爲埋者若祼則用鬱當用彝尊不合在此而用概尊故破從埋也埋謂祭山林則山川用蜃者大山川司農云脩謨概散皆器名者先鄭從古云謨後鄭亦不從之矣玄謂廟用脩者謂始禘時者謂練祭後遷廟時以其宗廟之祭從自始死已來無祭今爲遷廟以新死者木主入廟特爲此祭故云始禘時也以三年喪畢明年春禘爲終禘故云始也云自饋食始者天子諸侯之祭自灌始有朝踐饋獻乃有饋食進黍稷大夫士禮無饋獻已前事直有饋食始即特牲少牢皆云饋食之禮是也今以喪中爲吉祭不可與吉時同故略同大夫士禮且案大宗伯宗廟六享皆以祼爲始當在鬱人用彝今不用鬱在鬯人用卣尊故知略用饋食始也若然鄭知義遷廟在練時者案文二年穀梁傳云作主壞廟有時日於練焉壞廟壞廟之道易檐可也改塗可也爾時木主新入廟禘祭之是以左氏說凡君薨祔而作主特祀主於寢畢三時之祭朞年然後烝嘗禘於廟許慎云左氏說與禮同鄭無駁明用此禮同義與穀梁傳合賈服以爲三年終禘遭烝嘗則行祭禮與前解違非鄭義也鄭知脩蜃概散皆漆尊也者以稱散凡物無飾曰散直有漆明概蜃之等漆外別有飾故知皆尊也鄭以脩從卣者詩與尚書及爾雅皆爲卣脩字於尊義無所取故從卣也云卣中尊謂獻象之屬者案下司尊彝職云春祠夏禴祼用雞彝鳥彝朝踐用兩獻尊饋獻用兩象尊皆有罍諸臣之所酢是尊者彝爲上罍爲下獻象之屬在其中故云中尊獻象之屬更云彝爲上罍爲下者欲推出卣爲中尊之意也云之屬者秋冬及追享朝享皆彝爲上罍爲下著尊壺尊之等在其中也云蜃畫爲蜃形者亦謂漆畫之云蚌曰合漿尊之象者蚌蛤一名含漿含漿則是容酒之類故畫爲蜃而尊名也云概尊以朱帶者玄纁相對既是黑漆爲尊以朱帶落腹故名概概者橫概之義故知落腹也云無飾曰散者以對概蜃獻象之等有異物之飾此無故曰散云疈事者即大宗伯云疈辜祭四方百物者也

大喪之大渳設斗。共其釁鬯。斗所以沃尸也釁尸以鬯酒使之香美者鄭司農云釁讀爲徽。設斗依注音主〈疏〉注斗所至爲徽。釋曰鄭云釁尸以鬯酒使之香美者案肆師云大喪築鬻則此鬯酒中兼有鬱金香草故得香美也司農云釁讀爲徽者以鬯釁尸故以徽爲莊飾義也

凡王之齊事。共其秬鬯。給淬浴。淬七內反〈疏〉注給淬浴。釋曰鄭知王齊以鬯爲洗浴以其鬯酒非如三酒可飲之物大喪以鬯浴尸明此亦給王洗浴使之香美也

凡王弔臨。共介鬯。以尊適卑曰臨春秋傳曰照臨弊邑鄭司農云鬯香草王行弔喪被之故曰介玄謂曲禮曰摯天子鬯王至尊介爲執致之以禮於鬼神與檀弓曰臨諸侯畛於鬼神曰有天王某父此王適四方舍諸侯祖廟祝告其神之辭介於是進鬯。介音界被豆彼反又皮尊反爲執于僞反與音餘畛之忍反致也父音甫本又作甫〈疏〉凡王至介鬯。釋曰介副也王弔臨諸臣則有副使從行者天子所往停在諸侯之廟祝致辭告廟介使則進此鬯於神前故云介鬯。注以尊至進鬯。釋曰云以尊適卑曰臨者欲解臨非如雜記云上客臨彼謂哭臨也此王弔諸侯諸臣故以以尊適卑解之引春秋者昭二年齊晏嬰辭引之者證以尊適卑稱臨之義司農云鬯香草者見王度記云天子以鬯諸侯以薰禮緯亦云鬯草生庭故知鬯香草也此直是秬鬯無香草故後鄭不從也云王行弔喪被之故曰介者先鄭之意以介爲被似若春秋被練之義故云被之後鄭亦不從玄謂曲禮曰者下曲禮文云摯天子鬯者彼摯下與天子鬯諸侯圭卿羔已下爲目此天子以鬯爲摯君卿羔之類但天子至尊不自執使介爲摯致之以禮於鬼神與者無正文蓋置於神前故云與以疑之云檀弓曰者此亦下曲禮文言檀弓者誤案彼注云畛致也謂使祝告至于鬼神王至尊臣不名君故云某父且字也

周禮注疏卷十九挍勘記

阮元撰盧宣旬摘錄

附釋音周禮注疏卷第十九

小宗伯

兆五帝於四郊　說文土部云垗畔也爲四時界祭其中周禮曰垗五帝於四郊从土兆聲按許君蓋讀兆爲垗說文兆分也周禮故書用假借字故作兆漢讀考云於當作于。按許所據周禮實作垗非改字今亦未辨兆爲故書與今書凡若此類不可肊決

彼據禮神五幣而言　惠挍本作玉幣此誤

彼雖無三皇五帝之文　監毛本皇誤王此本此頁補刻亦誤王今從閩本訂正

明并祭五帝三王可知　盧文弨云此三王二字當衍

萬物燥落　閩本同監毛本燥誤熛惠挍本作躁

是五嶽四竇者　閩監毛本竇改瀆

亦順所可知故略不言也　毛本脫也字順所下有在字

五禮吉凶軍賓嘉　余本閩監毛本同嘉靖本軍賓作賓軍此本疏中標起訖云注用等至軍嘉與大宗伯注合今本非。按說見卷十七

士二豆三俎　惠挍本閩本同監毛本三改四

先鄭云五禮吉凶賓軍嘉者　閩監毛本賓軍誤倒

辨廟祧之昭穆　葉鈔釋文作之砙

案尙書五服五章才　此本五誤云據閩監毛本訂正才古哉字閩監毛本改哉

唯在外野饗　閩監毛本外野誤倒

掌四時祭祀之事序　惠挍本作序事此誤倒

凡國大貞卜大遷之等　盧文弨云通考引作大封此作遷誤。按今疏不誤通考誤也大卜本職可證況下文云不言大遷者文略也注不妨略疏何妨補其略

視亨腥孰　余本岳本嘉靖本閩本同監毛本孰改熟疏同

其大宰省牲者　盧文弨云大宰無省牲之文疑仍是大宗伯之誤

以時將瓚果　唐石經岳本嘉靖本同余本閩監毛本果改祼非上以待果將注云果讀爲祼

贊王幣爵之事　浦鏜云玉誤王

以人道宗廟有祼　孫志祖云據小宰注以當作惟

小祭祀掌事如大宗伯之禮　惠挍本於此分節小祭至之禮一節疏在此經下

受其將幣之齎　釋文齎本又作賫按賫俗字

謂遷主亦載於齊車以行也　惠挍本遷下有廟此脫

以其載社在於軍中　補案在疑是主字之誤

故鄭注社主蓋以石之　惠挍本注作云閩監毛本石下有爲按注作蓋用石爲之

郊有羣神之兆 余本岳本閩監毛本神同誤臣宋本嘉靖本作神賈疏引注同并有申釋之義今據以訂正

親斂者 此本及余本親作謂嘉靖本閩監毛本作親按賈疏亦作親斂者且云以其諸處更不見主斂事者云云是本作親字今據訂正

鄭注執事是大祝之屬者 閩本同監毛本注作知

西面北上績 惠挍本閩本同監毛本績誤請

鄭大夫讀竁皆爲穿 漢讀考竁作毳按皆字涉下誤衍禮說云說文竁穿地也漢書王莽掘平共王母丁姬故冢時有羣燕數千銜土投穿中師古曰穿謂壙水經注引漢書穿中作竁中則竁讀爲穿信矣

杜子春讀竁爲毳 毳漢讀考作讀毳爲竁謂經文亦本作甫

聲如腐脃之脺 余本閩監毛本同誤也岳本作腐脃之脃嘉靖本作腐脃之脃當訂正此上作脃下作脺誤疏中同釋文腐脃之脃舊作脺誤今注本或有作脃字者經義雜記曰注疏本作腐脃之脺正從舊本作脺其上一字作脃乃依陸本竄改耳古人多以聲借通用不得以字書未收而疑爲誤也

以卒去無時哭哀殺 惠挍本卒作共此誤閩監毛本改爲以卒哭更誤

若今時肆司徒府也 嘉靖本若上有謂與漢制考所引正合此脫

皆須豫習威儀乃爲之 此本乃誤尸因形相近也據儀禮通解續訂正閩監毛本改作而爲之

但求福曰禱禱輕 浦鏜云禱下脫禮

是決如大宗伯之儀 閩本剜改是作其監毛本承之

肆師

珥當爲衈 禮說云雜記釁廟衈於屋下東山經曰祠毛用一犬祈聛注云聛音餌以血涂祭爲聛也公羊傳蓋即其鼻以聛社今本公羊誤作血社穀梁作衈社周禮皆作珥古文少假借多

門夾室皆用雞 葉鈔釋文作俠室余本載音義同

夾室中室 余本岳本嘉靖本閩本同監毛本誤夾屋葉鈔釋文作俠室。按漢人多假俠爲夾

此職人謂充人及監門人 余本閩監毛本同誤也嘉靖本及惠挍本作職人賈疏引注同當據正

若爲幟爲聲。 按幟爲聲上當有从木从戠四字

謂祭日且於堂東陳祭器實之 浦鏜云旦誤且

築鬱臼以掬 浦鏜云椈誤掬

小行人所云者是之也 補案之字誤衍

篹實于筐匪其筐字之誤與 毛本二筐字誤篚

則以酬幣致之 嘉靖本酬作酧俗體

今言共設篚甕 閩本作共設筐甕筐即篚之訛監毛本共誤如篚作匪

又欲破篚從筐之事也 閩監毛本篚作匪此本下亦皆作匪

不中法 余本嘉靖本閩本同監毛本法改灋疏及下祭表貉注同

祝佐含斂先病 浦鏜云服誤病

但服杖俱時 浦鏜云同誤俱從儀禮通解挍

鼓鍾亞 嘉靖本同余本閩監毛本鍾作鐘按尚書大傳亞作惡鄭注云惡讀爲亞彼既破惡爲亞故此直引作亞下同

觀臺可以望氣祥 閩監毛本氣作氛是

類造至之事 閩本同誤也監毛本改作王如之

云大神社及方岳知者 閩本同監本改作也者毛本又誤爲也方

知兼有方岳者 閩本同監毛本岳改嶽下同

爲師祭造軍灋者 孫志祖云爾雅疏引注重一祭字較明

其神蓋蚩蚘 諸本同釋文作蚩蚘賈疏作蚩尤。按蚘俗字也

故於是戒不虞世 浦鏜云也誤世

案郊特云 補案云上當有牲字

社及禜酺 釋文出酺也二字今本脫也

治謂如今每事者更奏白王禮也 諸本同閩本剜改者作著浦鏜云著誤者。按者是著非

鄭司農云義讀爲儀 嘉靖本無云漢制考所引同今本衍

鬱人 經義雜記曰說文鬯部鬱芳艸也从臼缶鬯彡其飾也一曰鬱鬯百艸之華遠方鬱人所貢芳艸合釀之以降神鬱今鬱林郡也又林部鬱木叢生者从林鬱省聲是鬱鬱不同郊特牲釋文云鬱字又作鬱知經典本與說文合也

掌祼器 唐石經諸本同按大宗伯小宗伯肆師三職皆經作果注作祼此亦當同今經不作果者蓋因注言祼器淺人遂據注以改經矣

十葉爲貫百二十貫爲築以煮之鐎中 諸本同釋文作焦中云本又作鐎漢讀考云說文鬯部鬱字下曰芳艸十葉爲貫百廿貫築以煮之爲鬱許說同先鄭此築上爲字誤衍且周禮經文言築鬻多矣安得云百二十貫爲築也

設牀禫笫 余本岳本嘉靖本同釋文亦作禫毛本笫誤第

鬯人

案冪人云 此本冪誤幕據閩監毛本訂正

壝謂委土爲墠壇 釋文作壇墠此倒

瓬人爲瓦簋 浦鏜云旊誤瓬

則水旱疫癘之不時 余本岳本閩本同監毛本誤倒嘉靖本作疫癘此作癘亦非也。按今左傳作厲疫

鼓用牲于門 余本嘉靖本閩本同監毛本用牲下增于社二字非考賈疏亦祇有于門也

杜子春讀齎爲粢 釋文齎杜音資漢讀考云據釋文則知注本作資資盛也者資取藉意謂藉以盛酒也

廟用脩 嘉靖本脩作修

凡祼事用概 唐石經諸本同葉鈔釋文概作摡。按从手者非

蜯曰合漿 余本嘉靖本閩監毛本同釋文作合將云本又作含漿按賈疏作含漿惠挍本同。按今爾雅作含漿

爾時木主新入廟 惠挍本同閩監毛本爾改是

云蚌曰合漿 閩本同監毛本合作含此本下亦作含按賈疏云是容酒之類則當本作含。按合含一語之轉

摯天子鬯 嘉靖本閩本同余本岳本監本摯作摯毛本訛摯

介爲執致之 余本閩本監本同毛本致誤政嘉靖本作以介爲摯致之按釋文出爲執二字賈疏云天子至尊不自執使介爲執致之則余本爲是嘉靖本衍以字執誤摯非也

君卿羔之類 浦鏜云若誤君

使介爲摯致之 閩本剜改摯爲執監毛本承之

故云某父且字也 閩監本且改某毛本改其誤甚。按且者薦也凡表德必以一字爲伯仲之薦去伯仲而單舉下一字云某甫謂之且字見於周禮禮記公羊傳注者段玉裁類列之作且字攷

附釋音周禮注疏卷第二十

鄭氏注　賈公彥疏

▲雞人掌共雞牲。辨其物。物謂毛色也辨之者陽祀用騂陰祀用黝○黝於糾反〔疏〕注物謂至用黝○釋曰陽祀用騂陰祀用黝者牧人文彼注云陽祀祭天於南郊及宗廟陰祀祭地北郊及社稷也鄭舉此二者其望祀各以其方色牲及四時迎氣皆隨其方色亦辨其毛物可知也

大祭祀。夜嘑旦以▲嘂百官。夜夜漏未盡雞鳴時也呼旦以警起百官使夙興○嘑火吳反本又作呼嘂古弔反警音景〔疏〕注夜夜至夙興○釋曰漏未盡者謂漏未盡三刻已前仍為夜則呼旦也漏刻之義具挈壺氏

凡國之大賓客。會同軍旅。喪紀亦如之。凡國事為期。則告之時。象雞知時也告其有司主事者少牢曰宗人朝服北面曰請祭期主人曰比於子宗人曰旦明行事告時者至此旦明而告之○朝直遙反比毗志反〔疏〕注象雞至告之○釋曰引少牢曰者謂祭前之夕宗人主禮官請主人祭期主人曰比於子者謂次比其日數時節由子子則宗人也宗人即告期曰旦明行事其實祭期由宗人宗人請主人者敬主人若不敢自由然故讓之也案庭燎詩注王有雞人之官凡國事為期則告之以時王不正其官而問夜早晚非也案齊詩東方未明序云東方未明刺無節也朝庭興居無節號令不時挈壺氏不能掌其職焉注云挈壺氏掌漏刻者彼不云雞人者案挈壺氏云凡軍事懸壺無告期之事則天子備官挈壺直掌漏刻之節雞人告斯彼齊詩是諸侯兼官故挈壺氏兼告期也

凡祭祀面禳釁。共其雞牲。釁釁廟之屬釁廟以羊門夾室皆用雞鄭司農云面禳四面禳也釁讀為徽○禳如羊反〔疏〕凡祭至雞牲○釋曰云凡祭祀面禳者祭祀謂宗廟之屬面禳謂祈禱之屬○注釁釁至為徽○釋曰鄭云釁廟之屬者言之屬則釁鼓釁甲兵皆在其中釁廟以羊已下雜記文司農云面禳四面禳則侯禳禳謂禳去惡祥也云釁讀為徽者亦謂以徽為飾治之義也

司尊彝掌六尊六彝之位。詔其酌。辨其用。與其實。位所陳之處酌泲之使可酌各異也用四時祭祀所用亦不同實鬱及醴齊之屬○泲子里反下同齊才計反下文注除齊語齊人並同〔疏〕司尊至其實○釋曰此經與下文為目直云六彝六尊案下兼有罍尊不言者文略也○注位所至之屬○釋曰云位所陳之處者此下經不見陳尊之處案禮運云玄酒在室醴醆在戶齊醍在堂彼是禘祭陳四齊此下時祭陳二齊設尊亦依此也云酌泲之使可酌各異也者此下文鬱齊獻酌醴齊縮酌之等是各異也云用四時祭祀所用亦不同者即下文春祠夏禴已下所用不同是也云實鬱及醴齊之屬者醴齊之中有三酒也

春祠。夏禴。祼用雞彝鳥彝。皆有舟。其朝踐用兩獻▲尊。其再獻用兩象尊。皆有罍。諸臣之所昨也。秋嘗。冬烝。祼用斝彝黃彝。皆有舟。其朝獻用兩著尊。其饋獻用兩壺尊。皆有罍。諸臣之所昨也。凡四時之間祀。追享。朝享。祼用虎彝蜼彝。皆有舟。其朝踐用兩大尊。其再獻用兩山尊。皆有罍。諸臣之所昨也。祼謂以圭瓚酌鬱鬯始獻尸也后於是以璋瓚酌亞祼郊特牲曰周人尚臭灌用鬯臭鬱合鬯臭陰達於淵泉灌以圭璋用玉氣也既灌然後迎牲致陰氣也朝踐謂薦血腥酌醴始行祭事后於是薦朝事之豆籩既又酌獻其變朝踐為朝獻者尊相因也朝獻謂尸卒食王酳之再獻者王酳尸之後后酌亞獻諸臣為賓又次后酌盎齊備卒食三獻也於后亞獻內宗薦加豆籩其變再獻為饋獻者亦尊相因饋獻謂薦孰時后於是薦饋食之豆籩此凡九酳王及后各四諸臣一祭之正也以今祭禮特牲少牢言之二祼為奠而尸飲七矣王可以獻諸臣祭統曰尸飲五君洗玉爵獻卿是其差也明堂位曰灌用玉瓚大圭爵用玉琖加用璧角璧散又鬱人職曰受舉斝之卒爵而飲之則王酳尸以玉爵也王酳尸用玉爵而再獻者用璧角璧散可知也雞彝鳥彝謂刻而畫之為雞鳳皇之形皆有舟皆有罍言春夏秋冬及追享朝享有之同昨讀為酢字之誤也諸臣獻者酌罍以自酢不敢與王之神靈共尊鄭司農云舟尊下臺若今時承槃獻讀為犧犧尊飾以翡翠象尊以象鳳皇或曰以象骨飾尊明堂位曰犧象周尊也春秋傳曰犧象不出門尊以祼神罍神之所飲也詩曰缾之罄矣維罍之恥斝讀為稼稼彝畫禾稼也黃彝黃目尊也明堂位曰夏后氏以雞彝殷以斝周以黃目爾雅曰彝卣罍器也著尊者著略尊也或曰著尊著地無足明堂位曰著殷尊也壺者以壺為尊春秋傳曰尊以魯壺追享朝享謂禘祫也在四時之間故曰間祀蜼讀為蛇虺之虺或讀為公用射隼之隼大尊太古之瓦尊山尊山罍也明堂位曰泰有虞氏之尊也山罍夏后氏之尊故書踐作餞杜子春云餞當為踐玄謂黃目以黃金為目郊特牲曰黃目鬱氣之上尊也黃者中也目者氣之清明者也言酌於中而清明於外追享謂追祭遷廟之主以事有所請禱朝享謂朝受政於廟春秋傳曰閏月不告朔猶朝于廟蜼禺屬卬鼻而長尾山罍亦刻而畫之為山雲之形○兩獻本或作戲注作犧同素何反注及下注汁獻同斝音稼著直略反注同朝享直遙反注朝享朝受政猶朝及下文朝用同蜼音誄又以水反兩大音泰注同盎烏浪反琖莊產反酢才洛反卣音酉又音由本亦音依蛇虺上音虵下許偉反射隼食亦反下荀尹反禺音遇劉音隅卬魚丈反又五剛反〔疏〕春祠至昨也○釋曰此六享皆據宗廟之祭但春夏同陽秋冬同陰其追享朝享又是四時之間祀以類附從故可同尊也彝與齊尊各用二者鬱鬯與齊皆配以明水三酒配以玄酒故禮記郊特牲云祭齊加明水三酒加玄酒依鄭志云雞彝盛明水鳥彝盛鬱鬯是以各二尊罍尊不言數者禘祫與時祭追享朝享等皆同用三酒不別數可知也若然依酒正云大祭祀備五齊據大祫通鬱鬯與三酒并配尊則尊有十八禘祭四齊闕二尊則尊有十六此經時祭二齊闕大尊則尊十有二矣其祫在秋禘在夏則用當時尊重用取足而已此經彝下皆云舟尊與罍下皆不云所承之物則無物矣故禮器云天子諸侯廢禁其此之謂也○注祼謂至之形○釋曰言祼謂以圭瓚酌鬱鬯始獻尸也者宗廟之祭先作樂下神則大司樂云若樂九變人鬼可得而禮鄭注云先奏是樂而祼焉是祼有二此言圭瓚者據王而言故鄭即云后於是以璋瓚酌亞祼是也后祼之時內宰贊之故內宰職云后祼獻則贊瑤爵亦如之若然非直贊祼而已至於后之朝踐饋獻及酳用瑤爵皆贊之引郊特牲者證祼以鬱鬯又用圭璋也云既灌然後迎牲致陰氣也者祼是陰氣故郊特牲又云周人先求諸陰求諸陰灌是也此注引郊特牲后亞王祼後王乃出迎牲案內宰注云王既祼與此違者彼注取王事自相亞故先言王既祼出迎牲后乃後祼其實以此注為正也王出迎牲之時祝延尸向戶外戶牖之間南面后於是薦朝事八豆八籩王迎牲入廟卿大夫贊幣而從牲麗於碑王親殺大僕贊王牲事取血以告殺取毛以告純解而腥之為七體薦於神坐訖王以玉爵酌醴齊以獻尸后亦以玉爵酌醴齊以獻尸此謂經朝踐用兩獻尊也禮器云郊血大饗腥則享祭宗廟無血此云薦血腥者謂內非謂如別薦血也云后於是薦朝事之豆籩既又酌獻者先薦後獻祭禮也其實薦豆籩在王獻前今在王獻後乃言后薦豆籩者鄭欲說王事訖乃說后事故後言薦豆籩也云變朝踐言朝獻者尊相因也朝獻謂尸卒食王酳之者此朝獻於經當秋冬之祭鄭既未解春夏再獻先釋秋冬朝獻者以其朝獻是王酳尸因朝踐之尊醴齊故鄭先通解之云再獻者王酳尸之後后酌亞獻諸臣為賓又次后酌盎齊備卒食三獻也者此言再獻即經春夏之祭云再獻用兩象尊尸食後陰厭王酳尸后與賓長為再獻此亦在饋獻後先言再獻者后與賓酳尸因饋獻盎齊之尊故變饋獻云再獻云內宗薦加豆籩者案醢人及籩人有朝事之豆籩有饋食之豆籩有加豆籩之實故鄭於此取朝事當朝踐節饋食當饋獻節食後重加故加豆加籩當酳尸節案內宰職云贊后薦加豆籩故知內宗薦之云其變再獻為饋獻者亦尊相因饋獻謂薦熟時者此言饋獻當經秋冬祭之節其春夏言再獻至此秋冬言饋獻據文為先後故云變再獻言饋獻其實先饋獻後再獻也以其饋獻在朝踐後亦在當尸未入室再獻是王酳尸後節也是以云饋獻謂薦孰時也此即禮運云熟其殽鄭注云體解而爛之是也云后於是薦饋食之豆籩者此即醢人籩人饋食之豆籩者也云此凡九酌王及后各四諸臣一者九謂王及后祼各一朝踐各一饋獻各一酳尸各一是各四也諸臣酳尸一并前八為九云祭之正也者此九獻是正獻案特牲少牢仍有衆賓長兄弟之長嗣子舉奠上利洗散為加獻彼並非正故此云祭之正也云以今祭禮特牲少牢言之者天子諸侯祭禮亡雖檢禮記及周禮而言其文不具故取特牲少牢見在禮而言以其特牲少牢推有酳尸後三獻天子諸侯酳尸後亦三獻與彼同故取以為說也云二祼為奠而尸飲七矣王可以獻諸臣者王獻諸臣無文此又約祭統而言故即引祭統曰尸飲五君洗玉爵獻卿是其差也者彼據侯伯禮宗廟七獻二祼為奠不飲朝踐已後有尸飲五獻卿即天子與上公同九獻二祼為奠不飲是尸飲七可以獻諸臣若然子男五獻者二祼為奠不飲是尸飲三可以獻卿故鄭云是其差皆當降殺以兩大夫士三獻無二祼直有酳尸三獻獻祝是也云明堂位曰灌用玉瓚大圭爵用玉琖加用璧角璧散者彼賜魯侯祭周公用天子之禮故以為證言灌用玉瓚者謂以玉飾瓚以大圭為柄此大圭非謂玉人大圭長三尺者直是以玉為柄謂之大圭也爵用玉琖者謂君與夫人朝踐饋獻時所用獻也加用璧角璧散者此即內宰所云瑤爵一也以瑤玉為璧形以飾角散爵是通名故得瑤爵璧角璧散之名也又鬱人職曰受舉斝之卒爵而飲之者引之欲證王酳尸與前同用玉爵之意也云則王酳尸以玉爵也王酳尸用玉爵而再獻者用璧角璧散可知也者再獻謂后與諸臣亦以明堂位云爵用玉琖加用璧角璧散差之推次可知也

云雞彝鳥彝謂刻而畫之爲雞鳳皇之形者案尚書云鳴鳥之不聞彼鳴鳥是鳳皇則此鳥亦是鳳皇故云畫雞鳳皇之形也云皆有舟皆有罍言春夏秋冬及追享朝享有之同者即文自具故知有之同也云昨讀曰酢者主人主婦賓長獻尸皆有酢報不得爲昨日之字故從酬酢之字也云諸臣之獻者酌罍以自酢不敢與王之神靈共尊者王酳尸因朝踐之尊醴齊尸酢王還用醴齊后酳尸用饋獻之尊盎齊尸酢后還用盎齊以王與后尊得與神靈共尊今賓長臣卑酳尸雖得與后同用盎及尸酢賓長即用罍尊三酒之中清酒以自酢是不敢與王之神靈共酒尊故也鄭司農云舟尊下臺若今時承槃者漢時酒尊下槃象周時尊下有舟故舉以爲況也云獻讀爲犧犧尊飾以翡翠者翡赤翠青爲飾象尊以鳳皇此二者於義不安故更解以象骨飾尊此義後鄭從之其云飾以翡翠後鄭猶不從之矣引明堂位犧象周尊也者證飾尊有非周制者引春秋傳者是左氏定十年夾谷之會孔子之言引之者證犧象是祭祀之尊不合爲野享之義也云尊以祼神者司農解犧象不出門之意其實獻尸而云祼神者尸神象尸飲即是祼神若云奉觴賜灌之類非謂二灌用鬱鬯也云罍臣之所飲也者經云皆有罍諸臣之所酢故知諸臣所飲者也引詩者證罍是酒尊之義云斝讀爲稼稼彝畫禾稼也者以諸尊皆物爲飾今云斝於義無取故破從稼也云黃彝黃目尊也者依明堂位文引明堂位者證雞彝是夏法斝彝是殷法黃彝是周法引爾雅者欲見此經有彝爲上卣是犧象之屬爲中罍爲下與爾雅同也云著尊者著略尊也者義不安云著地無足於義是也云春秋傳者昭十五年左傳云六月乙丑王太子壽卒秋八月戊寅王穆后崩十二月晉荀躒如周葬穆后籍談爲介以文伯宴尊以魯壺是其義也引之者證壺是祭祀酒尊司農云追享朝享謂禘祫也在四時之間故曰間祀者案大宗伯祫禘在四時之上當如酒正大祭祀備五齊何得在四時之下故後鄭不從也鄭司農讀蛙爲蛇虺之虺或讀爲公用射隼之隼者無所依據故後鄭皆不從也又云大尊大古之瓦尊者此即有虞氏之大尊於義是也故皆以明堂位爲證也玄謂黃目以黃金爲目者無正文鄭以目旣爲眼目黃又爲黃金字同故爲黃金釋之也引郊特牲者解黃目之義也云追享謂追祭遷廟之主以事有所請禱者此追享知祭遷廟主者案祭法云去廟爲壇去壇爲墠壇墠有禱焉祭之無禱乃止是追祭遷廟之主故知也云朝享謂朝受政於廟者謂天子告朔於明堂因即朝享朝享即祭法謂之月祭故祭法云考廟王考廟皇考廟顯考廟祖考廟皆月祭之二祧享嘗乃止諸侯告朔於大廟因即朝享祭法云諸侯考廟王考廟皇考廟皆月祭之顯考祖考享嘗乃止告朔天子用牛諸侯用羊月祭皆大牢也春秋傳者文公六年左氏傳云閏月不告朔猶朝於廟若然天子告朔於明堂則是天子受政於明堂而云朝受政於廟者謂告朔自是受十二月政令故名明堂爲布政之宮以告朔訖因即朝廟亦謂之受政但與明堂受朔別也春秋者彼譏廢大行小引之者見告朔與朝廟別謂若不郊猶三望與郊亦別也云蜼禺屬卬鼻而長尾者案雞彝鳥彝相配皆爲鳥則虎彝蜼彝相配皆爲獸故爾雅在釋獸中爾雅云蜼禺屬彼注云蜼似獮猴而大黃黑色尾長數尺似獮尾末有歧鼻露向上雨即自懸於樹以尾塞鼻或以兩指今江東人亦取養之爲物捷健云山罍亦刻而畫之爲山雲之形者罍之字於義無所取字雖與雷別以聲同故以雲雷解之以其雷有聲無形但雷起於雲雲出於山故本而釋之以刻畫山雲之形者也異義第六罍制韓詩說金罍大器天子以玉諸侯大夫皆以金士以梓古毛說罍器諸臣之所酢人君以黃金飾尊大一石金飾亡目蓋取象雲雷之象謹案韓說天子以玉經無明文罍者取象雲雷故從人君下及諸臣同如是經文雖有詩云我姑酌彼金罍古毛說云人君以黃金則其餘諸臣直有金無黃金飾也若然向來所說雞彝鳥彝等皆有所出其虎彝蜼彝當是有虞氏之尊故鄭注尚書云宗彝宗廟之中鬱尊虞氏所用故曰虞夏以上虎蜼而已也

凡六彝六尊之酌。鬱齊獻酌。醴齊縮酌。盎齊涗酌。凡酒脩酌。

故書縮爲數齊爲齍鄭司農云獻讀爲儀儀酌有威儀多也涗酌者捝拭勺而酌也脩酌者以水洗勺而酌也齍讀皆爲齊和之齊杜子春云數當爲縮齊讀皆爲粢玄謂禮運曰玄酒在室醴醆在戶粢醍在堂澄酒在下以五齊次之則醆酒盎齊也郊特牲曰縮酌用茅明酌也醆酒涗于清汁獻涗于醆酒猶明清與醆酒于舊澤之酒也此言轉相泲成也獻讀爲摩莎之莎齊語聲之誤也煮鬱和秬鬯以醆酒摩莎泲之出其香汁也醴齊尤濁和以明酌泲之以茅縮去滓也盎齊差清和以清酒泲之而已其餘三齊泛從醴緹沈從盎凡酒謂三酒也脩讀如滌濯之滌滌酌以水和而泲之今齊人命浩酒曰滌明酌酌取事酒之上也澤讀曰醳明酌清酒醆酒泲之皆以舊醳之酒凡此四者祼用鬱齊朝用醴齊饋用盎齊諸臣自酢用凡酒唯大事于大廟備五齊三酒○獻酌素何反司農音儀涗舒銳反李一音雪脩酌直歷反注同數音朔下同爲齍子兮反梲飾舒銳反飾或作拭勺上酌反下同齊和胡臥反醆莊產反粢才計反記作齊音同緹音體舊澤音亦下曰醳音同摩莎素何反去滓起呂反浩胡老反或古老反

【疏】凡六至脩酌○釋曰云凡六彝之酌與鬱齊爲目六尊之酌與醴齊盎齊爲目下有凡酒脩酌上不言罍者亦是文不具也凡言酌者皆是泲之使可酌也○注故書至三酒○釋曰司農云獻讀爲儀已下後鄭皆不從者此經爲泲酒之注而司農皆不爲泲酒注其言無所據依故皆不從也司農云齊讀皆爲齊和之齊鄭注酒正爲度量解之則齊和義亦通也子春爲粢於義不可後鄭於酒正已破訖玄謂引禮運者欲破彼醆從此盎也彼云玄酒在室者據配鬱鬯之尊故在室若配鬱鬯當云明水而云玄酒者散文通云以五齊次之則醆酒盎齊也者於此經及酒正言之盎次醴禮運醆次醴以醆當盎處即一物明醆酒盎齊也盎齊云酒則酒齊亦通引郊特牲曰縮酌用茅明酌至醆酒者彼記人意以經泲酒注雜解故釋此經泲酒之注也此云醴齊縮酌彼記人取此縮酌二字於彼重解之云此言縮酌者縮酌當用茅也又云明酌者醴齊濁還用事酒之清明者和醴齊然後用茅泲之使可酌故爲明酌也云醆酒涗于清者醆酒即盎齊盎齊差清亦不言縮則不用茅涗謂新亦謂泲之也彼記人亦取此盎齊涗酌解之以盎齊欲泲之時則以清酒和而泲涗使可酌故直云涗于清也云汁獻涗于醆酒者記人亦取此經鬱齊獻酌釋之云汁獻者獻讀摩莎之莎也云涗于醆酒者以鬱鬯尊不用三酒而用五齊中盎齊差清者和鬱鬯泲之故云涗于醆酒也云猶明清與醆酒于舊醳之酒也者此記人復恐不曉古之泲酒之注故舉常時泲酒之注以曉人也云明清者明謂事酒清謂清酒醆謂盎齊也三者皆於舊醳之酒中泲之但云醳酒即事酒也今云舊醳則醳中之舊冬釀接春而成故云舊是昔酒也云此言轉相泲成已下皆鄭重釋記人之言也云醴齊尤濁和以明酌泲之者醴齊對盎齊已下三者爲尤濁上仍有泛齊更濁於醴齊也盎齊差清和以清酒泲之而已者以不用茅故云泲之而已云其餘三齊泛從醴緹沈從盎者以泲三者無文故鄭約同此三齊以泛齊濁不過與醴齊同緹沈清無過與盎同故略爲二等泲五齊也云凡酒謂三酒也者以上文列彝卣罍三等之尊此見泲鬱與三齊凡酒事相當故凡酒謂三酒非一故稱凡也云脩讀爲滌濯之滌者讀從宗伯視滌濯之滌欲解滌爲水之意必知以水者曲禮曰水曰清滌且鬱鬯用五齊五齊用三酒三酒用水差次然也云明酌酌取事酒之上也者重解縮酌用茅明酌也云澤讀曰醳明酌清酒醆酒泲之皆以舊醳之酒者重解當時之法以曉人者也云凡此四者祼用鬱齊朝用醴齊饋用盎齊諸臣自酢用凡酒者此以上列尊及泲酒次第爲先後祭禮有祼有朝踐饋獻酳尸次第爲先後推次可知也云唯大事於大廟備五齊三酒者此據酒正云祭祀共五齊三酒下有大祭中祭小祭此時祭用二齊禮運四齊據禘祭明大事祫祭備五齊三酒可知三酒時祭亦備亦於大事言之者運言挾句耳文二年大事於太廟公羊傳大事者何大祫也即此大事是祫可知也

大喪存奠彝。

存省也謂大遣時奠者朝夕乃徹也

【疏】注存省至徹也○釋曰大喪之奠有彝尊盛鬱鬯唯謂祖廟厥明將向壙爲大遣奠時有之故鄭云謂大遣時云奠朝夕乃徹也者此大奠徹之早晚無文案檀弓云朝奠日出夕奠逮日則朝奠至夕徹之夕奠至朝乃徹是朝夕乃徹其大遣亦朝設至夕乃徹言此者欲見所奠彝尊朝夕酒存省之意也

大旅亦如之。

旅者國有大故之祭也亦存其奠彝則陳之不即徹

【疏】注旅者至即徹○釋曰鄭知旅是大國有故之祭者見宗伯云國有大故則旅上帝及四望故知也云亦存其奠彝者以其祭云亦如之明亦如大遣奠存省之云則陳之不即徹者云不即徹則與上注奠者朝夕乃徹義異但上經據人鬼日出逮日旅其去來於陰陽此天神無此義但不即徹不必要至夕也且案小宰注天地至尊不祼此得用彝者此告請非常亦如大遣奠之而已亦非祼耳

司几筵掌五几五席之名物。辨其用。與其位。

五几左右玉彫彤漆素五席莞藻次蒲熊用位所設之席及其處○彤徒冬反莞音官又音丸藻本又作繅音早

【疏】注五几至其處○釋曰云五几左右玉彫彤漆素者其玉彫已下數出於下文云左右者唯於王馮及鬼神所依皆左右玉几下云左右玉彫几祀先王酢席亦如之但受酢席未必有几故不云几筵其彫几已下非王所馮生人則几在左鬼神則几在右是以下文諸侯祭祀云右彫几國賓云左彫几諸侯自受酢亦無几故不言几也漆素並云俱右是爲神也云五席莞繅次蒲熊者亦數出下文仍有葦萑席不入數者以喪中非常故不數直取五席與五几相對而言耳云用位所設之席者即下凡大朝覲已下是也云及其處者王受朝覲席在廟牖間大射席在虞庠祀先王在廟與及堂酢席王在廟室西面自諸侯已下亦皆在廟惟熊席漆几設在野所征之地耳經云名物鄭不解之者義在可知故略之也

凡大朝覲。大饗射。凡封國命諸侯。王位設黼依。依前南鄉。設莞筵紛純。加繅席畫純。加次席黼純。左右玉几。

斧謂之黼其繡白黑采以絳帛爲質依其制如屏風然於依前爲王設席左右有几優至尊也鄭司農云紛讀爲豳又讀爲和粉之粉謂白繡也純讀爲均服之均純緣也繅讀爲藻率之藻次席虎皮爲席書顧命曰成王將崩命大保芮伯畢公等被冕服憑玉几玄謂紛如綬有文而狹者繅席削蒲蒻展之編以五

采若今合歡矣畫謂雲氣也次席挑枝席有次列成文。○朝覲直遥反下注來朝朝者同後朝覲朝見之類放此黼音甫依於豈反下及注同鄉許亮反下及注同純章允反劉之閏反司農音均下同爲王于僞反下爲布同幽彼貪反緣悅絹反率音律下同馮皮冰反蒻音弱編必縣反

【疏】凡大至玉几。○釋曰此經及下文見王有事設席三重之義言凡大朝覲非四時常朝常朝則春夏受贄於朝秋冬受贄於廟不常在廟也此朝覲言大則因會同而行朝覲之禮謂春秋來時若冬夏來則曰大宗遇也云大饗者謂王與諸侯行饗禮於廟即大行人云上公三饗之屬是也大射謂王將祭祀擇士而射於西郊小學虞庠中云凡封國命諸侯者此即典命云其出封皆加一等之屬是也云王位設黼依者案爾雅牖戶之間曰扆於扆之處設黼黼即白黑文而爲斧形此斧以大板爲邸即掌次皇邸一也故鄭彼注云邸後板以此斧板置於扆即以黼扆爲揔名也云依前南鄉設莞筵已下以席三重也凡敷席之法初在地者一重即謂之筵重在上者即謂之席已下皆然故鄭注序官云敷陳曰筵藉之曰席○注斧謂至成文○釋曰鄭云斧謂之黼者案禮記明堂位云天子負斧扆彼及諸文多爲斧字者若據繢人職則云白與黑謂之黼據采色而言之若據繡於物上則爲金斧文近刃白近銎黑則曰斧取金斧斷割之義故鄭以斧釋黼云其繡白黑文者繢人職文鄭知以絳帛爲質者鄉射記云凡畫者丹質此黼畫之故知絳帛絳帛即丹質也云其制如屏風然者屏風之名出於漢世鄭以今曉古故舉屏風而爲況也孔注顧命其置竟戶牖間竟終也戶牖間狹故置之終滿戶牖間也云左右有几優至尊也者此經所云王皆立不坐既立又於左右皆有几故鄭注大宰云立而設几優至尊據立而言此據左右皆有而言故注相兼乃具也司農云紛讀爲豳於義不安故更云又讀爲和粉之粉謂白繡也純讀爲均服之均者案僖五年左傳卜偃云均服振振取虢之旂賈服杜君等皆爲均均同也但司農讀爲均均即準音與純同故云純緣也云繅讀爲藻率之藻者讀從桓二年臧哀伯云藻率鞞鞛鞶厲游纓此並取彼義也云次席虎皮爲席者此見下有熊席故爲虎皮後鄭不從也引尚書者證王馮玉几之義也玄謂紛如綬有文而狹者此見漢世綬是蒲蛟有文章而狹以爲席之緣故言之也鄭知繅席削蒲蒻展之編以五采若今合歡矣者漢有合歡席如此故還擧漢法況之也云畫謂雲氣也者鄭於經但單言畫皆以畫雲氣解之蓋五色雲爲之文也云次席桃枝席有次列成文者鄭亦見漢世以桃枝竹爲席次第行列有成其文章故言之也

祀先王昨席。亦如之。

鄭司農云昨席於主階設席王所坐也玄謂昨讀曰酢謂祭祀及王受酢之席尸卒食王酳之卒爵祝受之又酌授尸尸酢王於是席王於戶內后諸臣致爵乃設席

【疏】祀先至如之○釋曰祀先王謂宗廟六享皆用上三種席酢席謂王酳尸尸酢王王受酢之席亦如上三種席故云亦如之○注鄭司農至設席○釋曰司農云酢席於主階設席王所坐也者此約鄉飲酒禮主人在昨階賓在戶牖主人受酢王行飲酒禮亦然此酢文承祀先王下即是祭禮受尸酢法不得爲凡常飲酒禮故後鄭不從也後鄭知王有授尸酢法者謂若鬱人注引特牲少牢此注亦取彼義故云尸卒食王酳之卒爵祝受之又酌授尸尸酢王於是席王於戶內也案特牲少牢主人受酢之時未設席夫婦致爵乃設席今王於受酢即設席者優至尊與大夫士禮異知席王在戶內者約特牲主人受酢時在戶內之東西面也云后諸臣致爵乃設席者此亦約特牲夫婦致爵之時有席若然王於酢有席與彼異至於后即與彼同者禮有損之而益故后不得與王同宜同士禮案特牲無致爵於賓長之法而此言諸臣致爵者此王於諸臣亦無致爵禮此致爵謂酳尸訖主人獻賓長於西階之上謂之致爵也特牲主人致爵於主婦席於東房中此后亦然其諸臣案特牲獻賓長於西階上無席獻訖以薦俎降設於西階下亦無席此諸臣有席者亦是王之臣尊宜設席乃以薦俎降設於席東也

諸侯祭祀席。蒲筵繢純。加莞席紛純。右彫几。

繢畫文也不莞席加繅者繅柔嚅不如莞清堅又於鬼神宜○繢胡內反嚅本或作懦又作擩同如兗反

【疏】諸侯至彫几。○釋曰此經論諸侯禘祫及四時祭祀之席皆二種席也○注繢畫至神宜○釋曰上文畫純者畫雲氣此云繢即非畫雲案繢人職對方爲繢是對方爲次畫於繒帛之上與席爲緣也云不莞席加繅者繅柔孺不如莞清堅又於鬼神宜者案上文天子祭祀席與酢席同此下文諸侯受酢席下莞上繅今祭祀席下蒲上莞以是故鄭以下文決此今諸侯祭祀席不亦如下文莞席加繅者以其繅柔嚅不如莞清堅於鬼神宜即於生人不宜故下文生人繅在上爲宜也又不以繅在莞下者繅尊不宜在莞下故用蒲替之也

昨席莞筵紛純。加繅席畫純。筵國賓于牖前。亦如之。左彤几。

昨讀亦曰酢鄭司農云禮記國賓老臣也爲布筵席於牖前玄謂國賓諸侯來朝孤卿大夫來聘後言几者使不蒙如也朝者彫几聘者彤几

【疏】昨席至彤几○釋曰諸侯酳尸尸酢主君亦於戶內之東西面設此二席及筵國賓在牖前亦如之亦如同二種席也几席雖同但上文鬼神則右几此文生人則左几也又別云左彤几者謂國賓之中有諸侯來朝亦有孤卿大夫來聘若朝者則彫几蒙亦如之聘者席雖與同几則用彤故別云左彤几使不蒙如也○注昨讀至彤几○釋曰先鄭云禮記國賓老臣也者案禮記王制有四代養國老庶老於學之事彼國老謂卿大夫致仕庶老謂士之致仕者先鄭據此文而云國賓老臣也後鄭不從者未見朝聘之賓而言已國老臣於義不可故不從也玄謂國賓諸侯來朝孤卿大夫來聘者案大小行人及司儀賓謂諸侯客謂其臣今此經唯云賓而兼云孤卿大夫者對文賓客異通而言之賓客一也以大司徒云大賓客令野脩道委積小司徒云小賓客令野脩道委積是賓客通用之義也案公食大夫禮云司宮具几與蒲筵加萑席又云上大夫蒲筵加萑席其純皆如下大夫彼注云謂公食上大夫孤爲賓則莞筵紛純加繅席畫純聘禮將賓宰夫徹几改筵注云徹神几改神席更布也賓席東上又引公食大夫云云此筵上下大夫也國賓又引此筵國賓下至彤几云筵孤彤几卿大夫其漆几與以此而言則筵諸侯與孤用莞筵繅席而卿大夫則用蒲筵萑席今揔云國賓聘卿大夫同莞繅者此廣解國賓之義其賓如公食大夫及孤禮之注也若然此注云朝者彫几聘者彤几亦謂孤也依彼聘禮注卿大夫用漆几者以其天子用玉諸侯用彫孤用彤卿大夫用漆几差亦然也案禮記禮器云天子之席五重諸侯三重今天子唯三重諸侯二重者彼云五重者據天子大祫祭而言若禘祭當四重時祭當三重皆用此三重席耳故此唯見三重席也諸侯三重上公當四重亦謂大祫祭時若禘祭降一重諸侯二重禘與時祭同卿大夫已下特牲少牢唯見一重耳若爲賓饗則加重數非常法故不與祭祀同也

甸役。則設熊席。右漆几。

謂王甸有司祭表貉所設席○甸音田注同

【疏】甸役至右漆几○釋曰甸役謂天子四時田獵案大司馬大閱禮教戰訖入狩田既陳有司表貉於陳前是時設熊席右漆几也

凡喪事。設葦席。右素几。其柏席用萑黼純。諸侯則紛純。每敦一几。

喪事謂凡奠也萑如葦而細者鄭司農云柏席迫地之席葦居其上或曰柏席載黍稷之席玄謂柏椁字磨滅之餘椁席藏中神坐之席也敦讀曰燾燾覆也棺在殯則椁燾既窆則加見皆謂覆之周禮雖合葬及同時在殯皆異几體實不同祭於廟同几精氣合○柏鄭音椁劉依司農音迫萑音丸敦音道劉音疇藏才浪反燾音導

【疏】注喪事至氣合○釋曰云喪事謂凡奠者以其言凡非一之義士喪禮始死之奠乃至小斂之奠方設於地未有席至大斂奠乃有席殯後則有朝夕奠朔月奠大夫已上兼有月半奠并有薦新奠葬時又有遷奠祖奠大遣奠葬乃廢奠而虞祭也故鄭云謂凡奠也云萑如葦而細者詩云萑葦淠淠同類之物但麤細爲異耳先鄭以柏席爲迫地或爲載黍稷之物無所依據故後鄭不從以柏椁字磨滅之餘椁席藏中神坐之席也者謂於下帳中坐設之云敦讀曰燾燾覆也者[illegible]則椁燾者檀弓云天子[illegible]者既夕其下棺棺不訖則加見見謂帷荒[illegible]見者以棺棺不復見唯見帷荒[illegible]此解經云敦字以其二處皆當覆[illegible]檀弓云古者不合葬周公蓋附[illegible]及同[illegible]同時在殯也云皆異几體實不同者解經每敦一几之義云祭於廟同几精氣合者案禮記祭統云敷筵設同几鄭云同之言詷謂言語相詷之詷即共詷也故破從詷則以某妃配某氏以其精氣合故也言祭於廟者謂言祭時以其禫月吉祭猶未配故知至二十八月乃設同几也

凡吉事變几。凶事仍几。

故書仍爲乃鄭司農云變几變更其質謂有飾也乃讀爲仍仍因也因其質謂無飾也爾雅曰儀仍因也書顧命曰翌日乙丑成王崩癸酉牖間南鄉西序東鄉東序西鄉皆仍几玄謂吉事王祭宗廟裸於室饋食於堂繹於祊每事易几神事文示新之也凶事謂凡奠几朝夕相因喪禮略○翌音翼劉音育祊補耕反

【疏】注故書至禮略○釋曰先鄭云變更其質謂有飾又以仍几爲因其質謂無飾後鄭不從者以司農就几體解之所引尚書仍几乃是前後相因不得爲几體故不從也且上文云右素几於凶几無飾已有文何須此亦云仍几爲無飾乎皆其言不經故不從也引顧命者案彼經云牖間南鄉華玉仍几西序東鄉文貝仍几東序西鄉彫玉仍几西夾南鄉漆仍几孔云因生時几皆有飾而先鄭引之者先鄭意直取仍因之義不須無飾也玄謂吉事祭宗廟裸於室者洛誥云王入大室裸是也云饋食於堂繹於祊者案禮器云設祭于堂爲祊乎外是也云饋食於堂謂饋獻節據有熟故言饋食其實未有黍稷又不言朝踐者朝踐與饋獻同在堂故略而不言也又饋獻後更延尸入室進黍稷尸食之事不言者以其還依裸於室之几故亦略而不言也云凶事謂凡奠者即上文凡喪事右素几是也此文見凡奠几相因不易之意案檀弓云虞而立尸有几筵者據大夫士而言案士喪禮大斂即有席而云虞始有筵者以其几筵相將連言其實虞時始有几其筵大斂即有也天子諸侯禮大初死几筵並有故上云凡喪事設葦席右素几也凡几之長短阮諶云几長五尺高三尺廣二尺馬融以爲長三尺舊圖以爲几兩端赤中央黑也

天府掌祖廟之守藏。與其禁令。祖廟始祖后稷之廟其寶物世傳守之若魯寶玉大弓者○守藏上手又反下才浪反傳直專反〔疏〕天府至禁令○釋曰所守藏者即下文玉鎮已下是也禁令謂禁守不得使人妄入之等也○注祖廟至弓者○釋曰案王制云天子七廟三昭三穆與大祖之廟而七大祖即始祖廟也周立后稷廟爲始祖以其最尊故寶物藏焉云其寶物世傳守之若魯寶玉大弓者案春秋定八年盜竊寶玉大弓公羊傳云寶者何璋判白弓繡質是世傳守者也

凡國之玉鎮大寶器藏焉。若有大祭大喪。則出而陳之。既事藏之。玉鎮大寶器玉瑞玉器之美者禘祫及大喪陳之以華國也故書鎮作瑱鄭司農云瑱讀爲鎮書顧命曰翌日乙丑王崩丁卯命作冊度越七日癸酉陳寶赤刀大訓弘璧琬琰在西序大玉夷玉天球河圖在東序胤之舞衣大貝鼖鼓在西房兌之戈和之弓垂之竹矢在東房此其行事見於經○鎮珍忍反又音珍瑱他見反琬於阮反琰以冉反球音求鼖扶云反兌徒外反垂如字劉音瑞見賢遍反〔疏〕凡國至藏之○釋曰云玉鎮大寶器藏焉者若典瑞掌其凡瑞器故典瑞云掌玉瑞玉器之藏辨其名物與其用事設其服飾其美者天府掌之○注玉鎮至於經○釋曰鄭知玉鎮大寶器是玉瑞玉器之美者此云玉鎮即大宗伯云以玉作六瑞鎮圭之屬即此寶鎮也彼又云以玉作六器禮天之屬即此寶器也知是美者以別入此天府故知偏取美者來入也鄭知禘祫者經云大祭祀故知也先鄭云顧命曰翌日乙丑王崩者謂上文云甲子王被冕服憑玉几出顧命下云翌日乙丑是甲子明日也云丁卯命作冊度者謂乙丑至丁卯是三日小斂之日也大保命史官作冊書法度擬傳顧命之事云越七日癸酉者越於也於丁卯後七日則通死日乙丑爲九日是除死日七日大斂之明日摠九日也云陳寶赤刀大訓弘璧琬琰在西序者陳寶是摠目語即赤刀已下是也赤刀者鄭注云武王誅紂赤刀爲飾大訓者禮法先王禮教即虞書典謨是也弘璧弘大也大璧琬琰皆尺二寸者云大玉夷玉天球河圖者鄭云大玉華山之球夷玉東北之璞天球雍州所貢之玉色如天三者皆璞未見琢治故不以器名之河圖圖出於河水帝王聖者所受云胤之舞衣大貝鼖鼓兌之戈和之弓垂之竹矢者鄭注云胤也和也垂也皆古人造此物者之名鼖鼓大鼓也此鼖非謂考工記鼖鼓長八尺者若是周物何須獨寶守明前代之物與周鼖鼓同名耳大貝者書傳曰散宜生之江淮之蒲取大貝如車渠是也云此其行事見於經者此經云大喪出而陳之不見行事故引顧命爲行事見於經也此經有大祭祀出寶器無行事見於經故不引也

凡官府鄉州及都鄙之治中。受而藏之。以詔王察羣吏之治。察察其當黜陟者鄭司農云治中謂其治職簿書之要○治直吏反下及注同中丁仲反下注同〔疏〕凡官至之治○釋曰此自王國以至四疆皆有職司治事文書不言六遂及四等公邑之官者於文略其實皆有也都鄙則三等采地云詔王察羣吏之治者告王據此治中文書而行黜陟也○注察察至之要○釋曰云治職簿書之要者謂各有職掌皆司有文書案簿書功狀之要故據而告王也經雖言治中兼有不中在其間中者陟之不中黜之經直言中偏舉一邊而言也

上春。釁寶鎮及寶器。上春孟春也釁謂殺牲以血血之鄭司農云釁讀爲徽或曰釁鼓之釁〔疏〕注上春至之釁○釋曰云上春孟春也者謂建寅之月也殺牲取血釁之若月令上春釁龜筴等也云釁讀爲徽者周禮先鄭皆讀釁爲徽徽取飾義云或曰釁鼓之釁者讀從定四年祝佗云君以軍行祓社釁鼓釁皆以血血之也

凡吉凶之事。祖廟之中沃盥執燭。吉事四時祭也凶事后王喪朝于祖廟之奠○盥音管朝直遙反〔疏〕注吉事至之奠○釋曰謂他官在祖廟中沃盥夙興時則天府之官與之執燭爲明他官在祖廟中沃盥者謂小祝云大祭祀沃尸盥小臣大祭祀沃王盥此二官所沃盥在祖廟中則天府爲之執燭其若士師云祀五帝沃尸盥非祖廟事則不與執燭也云吉事謂四時祭也者略言之禘祫亦在焉云凶事王后喪朝于祖廟之奠者王及后喪七月而葬將葬當朝六廟後乃朝祖廟祖廟中日側爲祖奠厥明將去爲大遣奠皆有沃盥之事故鄭云焉

季冬。陳玉。以貞來歲之媺惡。問事之正曰貞問歲之美惡謂問於龜大卜職大貞之屬陳玉陳禮神之玉凡卜筮實問於鬼神龜筮能出其卦兆之占耳龜有天地四方則玉有六器者與言陳者既事藏之不必貍之也鄭司農云貞問也易曰師貞丈人吉問於丈人國語曰貞於陽卜○與音餘〔疏〕季冬至媺惡○釋曰季冬謂夏之季冬歲終當除舊布新故此時當有卜筮來歲之美惡者將卜筮之時先陳玉以禮神然後卜筮也○注問事至陽卜○釋曰云問事之正曰貞者禮記少儀云問卜筮曰義與志與注云義正事也志私意也是問卜筮有不正之事故云問事之正曰貞即此經云貞者問事之正也云問歲之美惡謂問於龜大卜職大貞之屬者彼大貞之屬即卜立君卜大遷卜大封是也今此卜來歲之美惡亦彼類故云之屬兼此也云陳玉陳禮神之玉者玉於卜筮無所施明以禮神也云凡卜筮實問於鬼神龜筮能出其卦兆之占耳者案易繫辭云精氣爲物游魂爲變是故知鬼神之情狀與天地相似注云精氣謂七八游魂謂九六則筮之神自有七八九六成數之鬼神春秋左氏傳云龜象筮數則龜自有一二三四五生數之鬼神則知吉凶者自是生成鬼神龜筮直能出外兆之占耳案易繫蓍龜神物士冠禮注云筮不以廟堂者嫌蓍之靈由廟神若然蓍龜亦自有神而云出卦兆者但所禮者禮生成之鬼神神之尊者無妨蓍龜亦自有神也云龜有天地四方則玉有六器者與者龜有天地四方龜入職文龜既有六明玉亦有六無正文故云與以疑之六器之言若大宗伯云以玉作六器之類故以六器言之也云言陳者既事藏之不必貍之也者七八九六及一二三四五之鬼神並非天地之鬼神故云陳言陳則藏之不必貍也先鄭云貞問也者亦是問事之正曰貞也云易曰師貞丈人吉問於丈人者此師卦彖辭彼云師貞丈人吉無咎注云丈之言長能御衆有正人之德以法度爲人之長吉而無咎謂天子諸侯主軍者云國語曰貞於陽卜者此吳語黃池之會董褐云周室既卑諸侯失禮於天子請貞於陽卜收文武之諸侯注云貞正也問卜內曰陰外曰陽言吳以諸侯失禮於天子當問於龜言我當收文武之諸侯矣引此三文者證問事之正曰貞也

若遷寶。則奉之。奉猶送也〔疏〕若遷寶則奉之○釋曰此遷寶謂王者遷都若平王東遷則寶亦遷天府奉送之於彼新廟之天府藏之如故也

若祭天之司民司祿。而獻民數穀數。則受而藏之。司民軒轅角也司祿文昌第六星或曰下能也祿之言穀也年穀登乃後制祿祭此二星者以孟冬既祭之而上民穀之數於天府○數穀數上所主反下所具反下能他來反上時掌反〔疏〕若祭至藏之○釋曰此主祭祀者祭天之司民司祿在孟冬之時則主民之吏獻民數穀數則小司寇受而獻之於王王得之登於天府受而藏之○注司民至天府○釋曰云司民軒轅角也者案武陵大守星傳云軒轅十七星如龍形有兩角角有大民小民傳又云文昌宮有六星第一爲上將第二爲次將第三爲貴相第四爲司命第五爲司中第六爲司祿是其司民在軒轅角司祿在文昌第六星也或曰下能也者此案石氏星傳云上能司命爲大尉中能司中爲司徒下能司祿爲司寇是司祿在下能也以其二處並有司祿故舉二文以見義也云祿之言穀也年穀登乃後制祿言此者欲見祭司祿在孟冬則制祿之意也鄭知祭此二星在孟冬者見月令孟冬云祈來年於天宗即日月星是知祭在孟冬也其獻穀數者則小司寇職也

典瑞掌玉瑞玉器之藏。辨其名物。與其用事。設其服飾。人執以見曰瑞禮神曰器瑞符信也服飾服玉之飾謂繅藉○藏才浪反見賢遍反下見於時見般見同藉在夜反下同〔疏〕典瑞至服飾○釋曰言掌玉瑞玉器之藏者玉之美者入天府藏之凡平者仍在典瑞藏之故亦言藏也人執之則曰瑞即下文鎮圭之等是也禮神曰器則下文四圭之等是也云辨其名物者圭璧之等各有名并物色有異云與其用事者爲事而用圭璧謂朝聘朝日祭祀之等皆是也云設其服飾者謂繅藉在玉若人之衣服之飾也○注人執至繅藉○釋曰人執以見曰瑞禮神曰器者據此文及大宗伯相對而說散文則人執亦名器故聘禮記云圭璋璧琮凡此四器者唯其所寶以聘可也又尚書云五器卒乃復皆是人執而名器也云瑞符信也者若天子受瑞於天諸侯不得受瑞於天唯受瑞於天子故名瑞瑞即符信者也云繅藉即下文繅五采五就之等也

王晉大圭。執鎮圭。繅藉五采五就。以朝日。繅有五采文所以薦玉木爲中幹用韋衣而畫之就成也王朝日者示有所尊訓民事君也天子常春分朝日秋分夕月覲禮曰拜日於東門之外故書鎮作瑱鄭司農云晉讀爲搢紳之搢謂插於紳帶之間若帶劍也瑱讀爲鎮玉人職曰大圭長三尺杼上終葵首天子服之鎮圭尺有二寸天子守之繅讀爲藻率之藻五就五帀也一帀爲一就○以朝直遙反注及後放此韋衣於既反搢紳如字下同一音箭插初洽反或初輒反杼除汝反〔疏〕王晉至朝日○釋曰搢插也謂插大圭長三尺玉笏於帶間手執鎮圭尺二寸繅藉五采五就者謂以五采就繅藉玉也以朝日者謂以春分朝日於東郊也○注繅有至一就○釋曰云繅有五采文者釋繅字以其繅者雜采之名故云繅有五采文所以薦玉也云木爲中幹用韋衣而畫之就成也者鎮圭尺二寸廣三寸則此木版亦長尺二寸廣三寸與玉同然後用韋衣之乃於韋上畫之一采爲一帀五采則五帀一帀爲一就就成也是采色成者也案聘禮記云絇組尺彼組不問尊卑皆用五采長尺以爲繫所以束玉使不落絇組繫亦名繅藉者則曲禮云其有藉者則裼聘禮云上介屈繅以授賓是亦名繅藉者也云王朝日者示有所尊訓民事君也者王者父天母地兄日姊月故春分朝日秋分夕月以王者至尊猶朝日夕月況民得不事君乎是訓民事君也云天子常春分朝日秋分夕月知者案祭義云祭日於東祭月於西又玉藻云玄端而朝日於東門之外又覲

禮春拜日於東門之外既春拜日於東明秋夕月於西故知春分朝日秋分夕月也司農云晉讀爲搢紳之搢者漢有搢紳之士亦謂搢笏於紳故讀從之云謂插之於紳帶之間者凡帶有二者大帶大夫已上用素士用練即紳也又有革帶所以珮玉之等今插笏者插於紳之外革之內故云紳帶之間也云若帶劒也者劒在紳帶之間同處也云玉人職曰大圭長三尺杼上終葵首天子服之者案彼注云杼殺也終葵首謂大圭之上近首殺去之留首不去處爲椎頭齊人名椎爲終葵故名圭首爲椎頭者爲終葵首也案玉藻云天子搢珽方正於天下即此大圭也云鎮圭尺有二寸天子守之者亦玉人文引之證經大圭與鎮圭之義也云繅讀爲藻率之藻者桓二年臧哀伯諫辭也藻是水草之文故讀從之也云五就五帀也一帀爲一就者下文有三采者亦一采爲一就下云二采一就者據臣行聘不得與君同是以二采采爲一行二采共爲一就凡言就者或兩行名爲一就即此上下文是也或一帀二行爲二就就即等也故聘禮記云所以朝天子圭與繅皆九寸又云繅三采六等朱白蒼注云以三色再就謂三色色爲再就就亦等也三色即六等禮記雜記亦云三采六等注云三采六等以朱白蒼畫之再行行爲一等是等爲一行行亦爲就據單行言之也各有所據故其文有異也

公執桓圭。侯執信圭。伯執躬圭。繅皆三采三就。子執穀璧。男執蒲璧。繅皆二采再就。以朝覲宗遇會同于王。三采朱白蒼二采朱綠也鄭司農云以圭璧見于王覲禮曰侯氏入門右坐奠圭再拜稽首侯氏見于天子春曰朝夏曰宗秋曰覲冬曰遇時見曰會殷見曰同○信圭音身

【疏】注三采至曰同○釋曰鄭知三采朱白蒼二采朱綠也者聘禮記文司農引覲禮曰侯氏入門右坐奠圭再拜稽首者彼謂秋覲禮受贄受享皆在文王廟中侯氏入門右者諸侯不敢自同賓客故入門右行臣禮侯擯辭之乃更向門左升自西階授玉云春曰朝已下皆大宗伯文義具於彼也

諸侯相見亦如之。鄭司農云亦執圭璧以相見故邾隱公朝於魯春秋傳曰知子執玉高其容仰

【疏】注鄭司至容仰○釋曰先鄭云亦執圭璧以相見者亦如上文公執桓圭以下案大行人云諸侯之邦交歲相問殷相聘世相朝即司儀所云凡諸公相爲賓侯伯子男之相爲賓如公之儀又諸公之臣相爲國客伯子男之臣云亦如之若不敵則有小國朝大國大國聘小國皆是諸侯相朝之法故邾隱公朝於魯引春秋傳者左氏傳云邾子執玉高其容仰魯侯執玉卑其容俯高仰驕也卑俯替也此二君不獲朝容之正引之以證諸侯相朝有執玉之法也

瑑圭璋璧琮。繅皆二采一就。以覜聘。璋以聘后夫人以琮享之也大夫衆來曰覜寡來曰聘鄭司農云瑑有圻鄂瑑起○瑑直轉反覜他弔反圻魚斤反鄂魚各反

【疏】瑑圭至覜聘○釋曰此遣臣行聘問之所執者若本君親自朝所執上文桓圭之等是若遣臣聘不得執君之圭璧無桓信躬與蒲璧之文直瑑之而已故云瑑圭璋璧琮此謂公侯伯之臣也若子男之臣豈得過本君用以圭璋乎明子男之臣亦用瑑璧琮也云皆二采一就以覜聘者謂朱綠二采共爲一就也○注璋以至瑑起○釋曰云璋以聘后夫人以琮享之也者鄭欲見此經遣臣聘法有聘天子并有自相聘二者俱見故云璋以聘后夫人以琮享之也明知圭以聘天子與諸侯而璧享之鄭不言圭璧於天子諸侯者以聘后夫人文隱故特舉以言之天子諸侯可知也云大夫衆來曰覜寡來曰聘者此亦據大宗伯云殷覜曰視謂一服朝之歲即此覜也故云衆來彼又云時聘曰問亦無常期即此聘也故云寡來曰聘也司農云瑑有圻鄂瑑起是不爲桓信躬等之文也

四圭有邸。以祀天。旅上帝。鄭司農云於中央爲璧圭著其四面一玉俱成爾雅曰邸本也圭本著於璧故四圭有邸圭末四出故也或說四圭有邸有四角也邸讀爲抵欺之抵上帝玄天玄謂祀天夏正郊天也上帝五帝所郊亦猶五帝殊言天者尊異之也大宗伯職曰國有大故則旅上帝及四望○邸丁禮反又音帝著直略反

【疏】四圭至上帝○釋曰此祀天謂夏正郊天也旅上帝者上帝五帝也國有故而祭故稱旅也○注鄭司農至四望○釋曰司農云於中央爲璧圭著其四面一玉俱成者云於中央爲璧謂用一大玉琢出中央爲璧形亦肉倍好爲之四面琢各出一圭璧之大小圭之長短無文天子以十二爲節蓋四廟圭各尺二寸與鎮圭同其璧爲邸蓋徑六寸總三尺與大圭長三尺又等故云一玉俱成也云或說四圭有邸有四角也者此說四角角即桓矣以無正文故兩釋之也云邸讀爲抵欺之抵音讀之也云上帝玄天者與大宗伯注同司農意與孔王等無六天之義也玄謂祀天夏正郊天也者凡天有六案大宗伯云蒼璧禮天據冬至祭昊天於圜丘者也彼又云青圭禮東方赤璋禮南方白琥禮西方玄璜禮北方據四時迎氣及摠享於明堂之等祭五方天也彼惟不見夏正郊所感帝故知此四圭是夏正郊天易緯云三王之郊一用夏正各郊所感帝即郊特牲云兆日於南郊就陽位於郊故謂之郊是也云上帝五帝者案宗伯青圭之等已見祭五方天帝此又言者彼據常祭此據國有故而祭日旅用玉與郊天同四圭有邸故言之也天所郊亦猶五帝殊言天者尊異之也者王者各郊所感帝君周之靈威仰之等即是五帝而言天者是尊異之以其祖感之而生故也引大宗伯者證旅上帝是國有故而祭也但旅四望下文與地同用兩圭今此言之者連引之耳

兩圭有邸。以祀地。旅四望。兩圭者以象地數二也僢而同邸祀地謂所祀於北郊神州之神○僢昌絹反邸音帝

【疏】注兩圭至之神○釋曰云僢而同邸者案王制注卧則僢彼僢謂兩足相向此兩圭亦兩足同邸是足相向之義故以僢言之則上四圭同邸者亦是各自兩足相向但就此兩足相向而言之也云地謂所祀於北郊神州之神者以其宗伯所云黃琮禮地謂夏至祭崑崙大地明此兩圭與上四圭郊天相對是神州之神案河圖括地象崑崙東南萬五千里神州是也但三王之郊一用夏正未知神州用何月祭之或解郊用三陽之月神州既與郊相對宜用三陰之月當七月祭之

祼圭有瓚。以肆先王。以祼賓客。鄭司農云於圭頭爲器可以挹鬯祼祭謂之瓚故詩曰卹彼玉瓚黃流在中國語謂之鬯圭以肆先王祼先王祭也玄謂肆解牲體以祭因以爲名爵行曰祼漢禮瓚槃大五升口徑八寸下有槃口徑一尺○肆如字又他歷反注同挹於十反又於集反卹音恤又作䘏

【疏】祼圭至賓客○釋曰祼圭即玉人所云祼圭尺有二寸者也以肆先王謂祭先王則宗伯六享皆是也以祼賓客者則大行人云上公再祼侯伯一祼之等是也○注鄭司至一尺○釋曰先鄭云於圭頭爲器器即瓚是也云可以挹鬯祼祭謂之瓚者鬯即鬱鬯也言祼言祭則祼據賓客祭據宗廟也詩曰卹彼玉瓚黃流在中者彼詩是美王季爲西伯受殷王圭瓚之賜言黃流在中即與玉人云黃金勺鼻等同也云國語謂之鬯圭者案國語云臧文仲以鬯圭與磬如齊告糴是也云以肆先王灌先王祭也先鄭不解肆字故後鄭釋之玄謂肆解牲體以祭因以爲名者案大司徒云祀五帝奉牛牲羞其肆是祭時肆解牲體因即以肆爲祭名也云爵行曰祼者此周禮祼皆據祭而言至於生人飲酒亦曰祼故投壺禮云奉觴賜灌是生人飲酒爵行亦曰灌也云漢禮瓚槃大五升口徑八寸下有槃口徑一尺者此據禮器制度文叔孫通所作案玉人職云大璋中璋邊璋下云黃金勺青金外朱中鼻寸衡四寸鄭注云三璋之勺形如圭瓚玉人不見圭瓚之形而云形如圭瓚者鄭欲因三璋勺見出圭瓚之形但三璋勺雖形如圭瓚圭瓚之形即此漢禮文其形則大三璋之勺徑四寸所容蓋似小也

圭璧以祀日月星辰。圭其邸爲璧取殺於上帝○殺色界反劉色例反下同

【疏】圭璧至星辰○釋曰祭日月謂若春分朝日秋分夕月并大報天主日配以月其星辰所祭謂小宗伯四類亦如之注云禮風師雨師於郊之屬又月令云祈來年於天宗鄭云天宗日月星亦是也其祭法埋少牢已下祭日月星辰謂禱祈而祭亦用此圭璧以禮神也○注圭其至上帝○釋曰云圭其邸爲璧者上文四圭兩圭及下璋邸皆言邸鄭皆以邸爲璧但此云璧不言邸故鄭還以邸解璧也云取殺於上帝者但郊天及神州之神雖相對但天尊地卑故四玉有異鄭直云象不言殺也今日月星天神故以殺言之也言殺者取降殺以二爲節也

璋邸射。以祀山川。以造贈賓客。璋有邸而射取殺於四望鄭司農云射剡也○射食亦反

【疏】璋邸至賓客○釋曰此祀山川謂若宗伯云兆山川丘陵各於其方亦隨四時而祭則用此璋邸以禮神玉人云璋邸射素功以祀山川以致稍餼注云邸射剡而出也致稍餼造賓客納稟食也先鄭云素功無瑑飾也以此而言則造贈賓客謂致稍餼之時造館贈之言贈則使還之時所贈賄之等亦執以致命耳

土圭以致四時日月。封國則以土地。以致四時日月者度其景至不至以知其行得失也冬夏以致日春秋以致月土地猶度地也封諸侯以土圭度日景觀分寸長短以制其域所封也鄭司農說以玉人職曰土圭尺有五寸以致日以土地以求地中故謂之土圭○度待洛反下度地度日同中如字劉丁仲反

【疏】注以致至土圭○釋曰鄭云以致四時日月者度其景至不至以知其行得失也又引馮相氏云冬夏致日春秋致月者依通卦驗冬至立八尺之表晝漏半度之表北得丈三尺景又依大司徒云日至之景尺有五寸謂之地中是其景至也若不依此或長或短則爲不至也云以知其行得失也者景之至否皆由人君之行所致若景不依道度爲不至是人君之行失若景依道度爲至是人君之行得故云知行得失若春秋致月之法亦於春分秋分於十五日而望夜漏半而度之但景之長短自依二分爲長短不得與冬夏日景同景之至否亦知行之得失也云以土圭度日景觀分寸長短以制其域所封也者日景一寸其地千里則一分百里今封諸侯無過五百里已下止可言分而言寸者語勢連言之土圭者其實不合有寸也先鄭玉人職而云以求地中故謂之土圭者所用惟置洛邑而求地中自餘或致四時之景或封諸侯所用不必要求地中而先鄭言求地中者據大司徒而言耳

珍圭以徵守。以恤凶荒。杜子春云珍當爲鎮書亦或爲鎮以徵守者以召守國諸侯若今時徵郡守以竹使符也鎮者國之鎮諸侯亦一國之鎮故以鎮圭徵之也凶荒則民有遠志不安其土故以鎮圭鎮安之玄謂珍圭王使之瑞節制大小

當與琬玟相依王使人徵諸侯憂凶荒之國則授之執以往致王命焉如今時使者持節矣恤者閻府庫振救之凡瑞節歸又執以反命○守劉守又反注徵守同使之所吏反下令使者亦王使於使者皆同閻音開〔疏〕注杜子至反命○釋曰子春云鎮者國之鎮者若職方每州皆云其山鎮是國之鎮據山而言玄謂珍圭王使之瑞節謂若掌節云山國土國有人節虎節是諸侯使人之瑞節此珍圭等是王使之瑞節也云制大小當與琬玟相依者案玉人琬圭九寸此珍圭玉人不言故約與琬玟同鄭云如今時使者持節矣者即子春所云竹使符也云恤者閻府庫振救之者凶荒年穀不熟百姓困乏故知開府庫振救之府庫所以藏財貨故禮記大學云未有府庫財非其財者也若然開府庫出賞明亦開倉廩出米粟出給之也云凡瑞節歸又執以反命者此無正文要王使人執瑞節往反須反命於王明此已反命者乃歸還典瑞也

牙璋以起軍旅。以治兵守。鄭司農云牙璋瑑以為牙牙齒兵象故以牙璋發兵若今時以銅虎符發兵玄謂牙璋亦王使之瑞節兵守用兵所守若齊人戍遂諸侯戍周〔疏〕注鄭司農至戍周○釋曰先鄭云牙璋瑑以為牙牙齒兵象故以牙璋發兵者此無正文以意言之以其言牙即以牙齒解之云若今時以銅虎符發兵者案漢文帝本紀云二年九月初與郡國守為銅虎符竹使符應邵曰銅虎符從第一至第五國家當發兵遣使者至郡國合符符合乃聽受之竹使符皆以竹箭五枚長五寸鐫刻篆書第一至第五張晏曰以代古圭璋從簡易便其事也然銅虎竹使符漢時皇帝使者之瑞節則司農之意鎮圭牙璋之等亦王使之瑞節也但先鄭不言之故後鄭皆云王使之瑞節增成之也云節者即掌節云守邦國者用玉節則王用玉節可知玉人云璋邸射素功以祀山川以致稍餼與此中所用同明此牙璋亦素功若然案玉人云牙璋中璋七寸射二寸厚寸以起軍旅以治兵守此不云中璋者中璋比於牙璋殺文飾摠而言之亦得名為牙璋以其鉏牙同也以此而言此文云牙璋亦兼中璋矣若然大軍旅用牙璋小軍旅用中璋矣云若齊人戍遂者莊公十三年春齊侯會諸侯于北杏夏六月齊人滅遂傳曰遂人不至夏齊人滅遂而戍之也云諸侯戍周者昭二十七年十二月晉籍秦致諸侯之戍于周是其事也

璧羨以起度。鄭司農云羨長也此璧徑長尺以起度量玉人職曰璧羨度尺以為度玄謂羨不圜之貌蓋廣徑八寸袤一尺○袤音茂〔疏〕注鄭司至一尺○釋曰先鄭云羨長也此璧徑長尺其義是也但語不足故後鄭增成其義也玄謂羨不圜之貌蓋廣徑八寸袤一尺者案爾雅肉倍好謂之璧則璧體圓矣今云璧羨羨是引聲而言是為長意故先鄭後鄭皆為不圜也云蓋者此璧本徑九寸今言羨則減傍一寸以益上下故玉人云以為上下一尺則橫徑八寸矣無正文故云蓋以疑之也

駔圭璋璧琮琥璜之渠眉。疏璧琮以斂尸。鄭司農云駔外有捷盧也駔讀為駔疾之駔疏讀為沙謂圭璋璧琮琥璜皆為開渠為眉瑑沙除以斂尸為令汁得流去也玄謂以斂尸者於大斂焉加之也駔讀為組與組馬同聲之誤也渠眉玉飾之溝瑑也以組穿聯六玉溝瑑之中以斂尸圭在左璋在首琥在右璜在足璧在背琮在腹蓋取象方明神之也疏璧琮者通於天地○駔音祖斂力驗反注同令汁力呈反下令為同〔疏〕注鄭司農至天地○釋曰先鄭讀駔為駔牙之駔故云外有捷盧捷盧若鋸牙然後鄭不從之也云駔讀為駔疾之駔此蓋當時有駔疾之語故言焉云疏讀為沙已下後鄭皆不從者以其王之襲斂百五十稱有餘何得更有使汁流去乎玄謂以斂尸者於大斂焉加之也者以其六玉所與王為飾明在衣裳之外故知在大斂後也駔讀為組與組馬同聲之誤也者詩有執轡如組聲之誤為駔若然後鄭讀駔本與組同聲不為駔牙之音故得為聲誤若本為駔牙之音與組聲異何得為駔也云渠眉玉飾之溝瑑也者此六玉兩頭皆有孔又於兩孔之間為溝渠於溝之兩畔稍高為眉瑑故云以組穿聯六玉溝瑑之中以斂尸也云圭在左已下皆約大宗伯云青圭禮東方之等以尸南首而置此六玉焉云蓋取象方明神之也者案覲禮設方明上圭下璧無璧琮此云象者彼注上下之神非天地至貴謂日月之神故上下不用璧琮此中有璧琮者象天地若然此言象方明者直取置六玉於六處不取玉形之義又案宗伯璧禮天琮禮地今此璧在背在下琮在腹在上不類者以背為陽腹為陰隨尸腹背而置之故上琮下璧也云疏璧琮者通於天地者天地為陰陽之主人之腹背象之故云疏之通天地也

穀圭以和難。以聘女。穀圭亦王使之瑞節穀善也其飾若粟文然難仇讎和之者若春秋宣公及齊侯平莒及郯晉侯使瑕嘉平戎于王其聘女則以納徵焉○難乃旦反注同郯音談瑕音遐本又作瑕亦作假皆同〔疏〕注穀圭至徵焉○釋曰難謂兩諸侯相與為怨仇王使人和之則執以往也穀善也故執善圭和之使善也聘女亦是和好之事故亦用善圭也知飾若粟文者以其稱穀若穀粟然也云難仇讎者仇為怨讎為報有怨當報若調人和仇讎之類也云若春秋宣公及齊侯平莒及郯者時莒與郯不和宣公四年左氏云公及齊侯平莒及郯是也云晉侯使瑕嘉者成公元年左氏傳云晉侯使瑕嘉平戎於王是也其聘女則以納徵焉昏禮有六五禮用鴈納徵不用鴈以其有束帛可執媒氏職庶民用繒帛五兩士昏禮用三玄二纁天子加穀圭諸侯加以大璋大夫與士同故知納徵也昏禮言納徵徵成也納此則昏禮成春秋謂之納幣以春秋通異代指幣體以質之言也

琬圭以治德。以結好。琬圭亦王使之瑞節諸侯有德王命賜之及諸侯使大夫來聘既而為壇會之使大夫執以命事焉大行人職曰時聘以結諸侯之好鄭司農云琬圭無鋒芒故治德以結好○好呼報反注同〔疏〕注琬圭至結好○釋曰云亦王使之瑞節亦上文也云諸侯有德王命賜之者解經治德也云及諸侯使大夫來聘既而為壇會之使大夫執以命事焉者解經結好也此即大宗伯時聘無常期一也故引大行人時聘以結諸侯之好以證之若時見曰會諸侯來與之會時聘使大夫來王還使大夫往會焉先鄭云琬圭無鋒芒者對下文琰圭有鋒芒者也

琰圭以易行。以除慝。琰圭亦王使之瑞節鄭司農云琰圭有鋒芒傷害征伐誅討之象故以易行除慝易惡行令為善者以此圭責讓喻告之也玄謂除慝亦於諸侯使大夫來覜既而使大夫執而命事於壇大行人職曰殷覜以除邦國之慝○易行下孟反注同慝吐得反〔疏〕注琰圭至之慝○釋曰玄謂除慝亦於諸侯使大夫來覜既而使大夫執而命事於壇者此即大宗伯云殷覜曰視謂一服朝之職也故引大行人云殷覜以除邦國之慝為證也但上文治德與此經易行據諸侯自有善行惡行王使人就本國治易之結好與除惡皆諸侯使大夫來聘亦王使大夫為壇命之為異也鄭知使大夫來皆為壇者約君來時會殷國為壇明臣來為壇可知也

大祭祀。大旅。凡賓客之事。共其玉器而奉之。玉器謂四圭裸圭之屬〔疏〕大祭至奉之○釋曰大祭祀兼有天地宗廟大旅中兼有上帝四望等故鄭云四圭裸圭凡賓客謂再裸一裸之等亦云奉之者送向所行禮之處也○注玉器至之屬○釋曰鄭知玉器謂四圭裸圭者上已釋禮神曰器經云玉器故知非瑞是禮神者也云之屬者兼有兩圭璧圭璋邸之等也

大喪。共飯玉。含玉。贈玉。飯玉碎玉以雜米也含玉柱左右顛及在口中者雜記曰含者執璧將命則是璧形而小耳贈玉蓋璧也贈有束帛六幣璧以帛○飯扶晚反注同含戶暗反柱張注反顛如字儀禮作顛音同〔疏〕大喪至贈玉○釋曰大喪謂王喪兼有后世子在其中以其更不見共后世子之故也飯玉者天子飯以黍諸侯飯用梁大夫飯用稷天子之士飯用梁諸侯之士飯用稻其飯用米貝亦與米同時此即禮記檀弓云飯用米貝不以食道鄭云食道褻米貝美是也含玉者則有數有形雜記云天子飯九貝諸侯七大夫五士三貝者鄭云夏時禮以其同用貝故也周天子諸侯皆用玉亦與飯俱時行之贈玉者案既夕禮葬時柩入坎贈用纁束帛即天子加以玉是贈先王之物也○注飯玉至以帛○釋曰鄭知飯玉碎玉以雜米者以其與米同內於口中故知碎之與米同知含玉柱左右顛及在口中者案士喪禮云主人飯米置尸三加貝左中亦如之既言左右及中明知柱左右顛及口中鄭彼注象生時齒堅以此而言士喪禮用三復以雜記差之則天子用九玉諸侯用七玉大夫用五玉若然大夫已上不徒柱左右與中央耳云雜記曰含者執璧將命則是璧形而小耳者彼是諸侯薨鄰國遣大夫來弔并行含禭賵之禮諸侯用璧天子雖用王其形無文故取諸侯法以況之天子亦為璧形而小以其人口故知小也云贈玉蓋璧也者以既夕禮云贈用束帛明天子亦有束帛而小行人合六幣璧以帛故知贈既用帛明以璧配之鄭言此者恐天子與士異士用帛天子用玉嫌不用帛故言之也案玉府已云大喪共含玉此又言之者蓋玉府主作之此官主其成事而共之

凡玉器出。則共奉之。玉器出謂王所好賜也奉之送以往遠則送於使者〔疏〕注玉器至使者○釋曰云玉器出謂王所好賜也者天府云遷寶謂從國都此不言遷直言出故知王所好賜之者也云遠則送於使者者謂王使人就國賜之則往就使者付之故云送於使者也

周禮注疏卷二十挍勘記

阮元撰盧宣旬摘録

附釋音周禮注疏卷第二十

雞人　葉鈔釋文作鷄人○按从隹者小篆从鳥者籒文

夜嘑旦以嘂百官　釋文作以嘂唐石經余本嘂作嘂字從丩此誤

故挈壺氏兼告期也　惠挍本同閩本刊落也監毛本承之又監本壺誤壼

司尊彝

其朝踐用兩獻尊　釋文獻本或作戲說文酉部云𢍜酒器也周禮六尊首犧尊鄭司農云獻讀為犧義本說文鄭志云或有作獻字者齊人之聲誤耳○按仲師卒於章帝建初八年說文上於安帝建光元年仲師未嘗見說文謂說文本仲師則可考古必按其時代非可妄語也據叔重自序云說文成於和帝永元十二年上距仲師卒之年凡十八年

疈神之所飲也　余本閩監毛本同誤也嘉靖本神作臣釋文云疈臣之所飲也者經云皆有疈諸臣之所酢故知諸臣所飲者也當據以訂正

蜼讀爲蛇虺之虺　岳本爲作曰毛本蜼誤蛇

案內宰職云贊后薦加豆籩　浦鏜云內宗誤內宰

王酳尸因朝踐之尊醴齊　浦鏜云用誤因

不合爲野享之義也　惠挍本享作饗

以諸尊皆物爲飾　惠挍本物上有異此脫

以爲刻畫山雲之形者也　閩監毛本無者

異義第六疈制　惠挍本閩本同監毛本第改弟

古廷說疈器　按詩卷耳正義作古毛詩說爾雅釋器正義同此作廷誤下同

金飾亡目　浦鏜云口誤亡從儀禮通解續挍按詩正義作龜目○按口字非

經文雖有詩云　閩監毛本雖改惟誤

則其餘諸臣直有金　詩正義金作疈此誤

齊爲齍　葉鈔釋文作爲賁

稅杖勺而酌也　閩監毛本同誤也余本嘉靖本作挩拭當據正釋文作挩飾云本或作拭

齊讀皆爲粢　漢讀考齊作齍本故書也此誤

猶明清與醆酒于舊澤之酒也　余本岳本嘉靖本閩本同監毛本澤改醳非釋文作舊澤

獻讀爲摩莎之莎　葉鈔釋文作摩沙

脩讀如滌濯之滌　余本嘉靖本閩監毛本同賈疏引注作讀爲漢制考同當訂正

故舉常時涗酒之法以曉人也　浦鏜云當誤常

無過與盎同　惠挍本盎下有齊

推次可知也　惠挍本作推此

三酒時祭亦備　惠挍本下有之

朝夕酒存省之意也　按酒蓋湏之誤○按朝夕酒句絕不誤

鄭知旅是大國有故之祭者　浦鏜云大字當在故上

司几筵

莞藻次蒲熊　釋文莞藻本又作繰按經作繰司農讀爲藻鄭君則仍用繰字今本作藻非

酢席王在廟室西面　惠挍本無王此衍

設莞筵紛純　唐石經筵作席涉下文誤

其繅白黑采　余本嘉靖本監毛本同閩本采作文按賈疏引注亦作文

純讀爲均服之均　漢讀考云此讀如擬其音今本作讀爲誤按賈疏亦云均卽準音與純同

憑玉几　余本閩監毛本同嘉靖本憑作凴按釋文賈疏皆作凴下加心者俗作○按說文引周書凭玉几凭者正字凴者假借字

有成其文章　盧文弨云通考無其

祀先王昨席亦如之　唐石經原刻作胙席後磨改作昨下昨席同

王受酢之席　閩本同監毛本酢改昨非

右彫几　唐石經諸本同惠挍本彫作雕云余本仍作彫下注同按釋文几部引周禮五几作雕几

繅彔嚅　閩監毛本同誤也余本岳本嘉靖本嚅作礝當訂正○按礝本硬之譌借硬爲今人輭弱字也葉鈔釋文及余本載音義皆作礝

繅彔礝不如莞清堅　閩監毛本礝改嚅下彔礝同

不亦如下文莞席加繅者　此本不字剜擠閩監毛本排入

先鄭據此文而云　惠挍本云作言此誤

右漆几　說文几部引周禮作髤几按桼部云髤桼也从桼髟聲與桼字義同而文異音異漢讀考云當是杜子春賈侍中衞次仲等說而許從之

卽共詷也　閩監毛本共改其○按此係鄭注亦由以注改經復以經改注而誤耳說詳禮記挍勘記

謂言祭時　浦鏜云吉誤言

牖間南鄉　閩監毛本同余本岳本嘉靖本鄉作嚮按釋文音上經南鄉云下及注同則此亦當並作鄉字此本及閩監毛本惟南鄉字作鄉下仍作東嚮西嚮非○按鄉正字嚮俗字嚮亦見漢碑

爲祊乎外　閩本同監毛本乎改於

几長五尺高三尺　閩監毛本作高二尺

天府

鼖鼓在西房　釋文鼖作賁

師貞丈人吉問於丈人　諸本同按下四字當衍司農訓貞爲問故引易師貞丈人吉及國語貞於陽卜以證之疏中亦有此四字浦鏜云當爲衍文○按此四字乃大鄭說易之語非衍文也易之言貞者多矣獨此以貞丈人連讀訓爲問於丈人大鄭恐人惑故附見其解如王弼及孔氏疏中所引注皆以正釋貞況彖傳曰貞正也仲師此證葢非是

筮不以廟堂者　監本以作於

能御衆有朝正人之德　浦鏜云衍一衆按朝當爲幹字之誤

引此三文者　惠挍本三作二此誤

典瑞

晉讀爲搢紳之搢謂插於紳帶之間　余本閩監毛本同宋本嘉靖本插下有之釋文搢紳作薦申插作臿按賈疏引注作謂插之於紳帶之間此脫之字○按插者正字臿者假借字

鎮圭尺有二寸　嘉靖本圭作王葢玉之誤

釋曰搢插也　閩監毛本搢改晉按疏依本注讀

云鎮圭尺有二　浦鏜云下脫寸

瑑有圻鄂瑑起　嘉靖本作琢有沂鄂瑑起按此本疏中引注亦作沂鄂釋文作圻鄂○按古通用

葢四廟圭各尺二寸　浦鏜云庿誤廟從儀禮通考續挍

天所郊亦猶五帝　浦鏜云云誤天

僢而同邸　釋文作僢而同柢此誤○按此作邸爲是上經四圭有邸注中不改作柢字則此亦不當改況爾雅曰邸本也今爾雅作柢司農自據當時爾雅且司農有兩說惟作邸斯二說可該倘作柢則不能該後說矣

卹彼玉鄭　余本同嘉靖本閩監毛本鄭作瓚從邑葢訛釋文卹彼又作邺○按說文有邺字在卩部从卩又卹字在血部亦从卩

灌先王祭也　岳本嘉靖本同余本閩監毛本灌改祼惠挍本作灌先王祭也挍賈疏引注亦作灌○按祼灌古今字注爵行曰祼依疏亦可作灌

下有槃口徑一尺　嘉靖本作二尺

此據禮器制度文　漢制考禮作漢

以土地以求地中　嘉靖本作所求地中

先鄭玉人職　補毛本玉上有引字

以恤凶荒　唐石經余本岳本嘉靖本閩本同監毛本恤改卹○按卹當从卩

故玉人云以爲上下一尺　惠挍本無云此衍

先鄭讀駔爲駔牙之駔　漢讀考云當作組牙之組玉人注牙璋有鉏牙之飾

穀圭以和難　唐石經脫以

宣公及齊侯平莒及郯　余本嘉靖本閩本同監毛本郯誤剡按釋文賈疏皆作郯

晉侯使瑕嘉平戎于王釋文作叚嘉云本又作瑕亦作假○按叚音假古字也

故治德以結好岳本作以治德結好

使大夫執以命事焉者惠挍本同閩監毛本以改而

時聘無常期一也閩本同監毛本一改故

謂一服朝之職也浦鏜云歲誤職

柱左右齻及在口中者余本岳本嘉靖本惠挍本同監毛本齻作顛閩本誤顛按釋文作顛云儀禮作齻○按齻字不古當是儀禮本作顛謂齒之盡處牙車也

彼注象生時齒堅○按齒當作齧

周禮注疏卷二十挍勘記終

附釋音周禮注疏卷第二十一

鄭氏注　賈公彦疏

典命掌諸侯之五儀。諸臣之五等之命。五儀公侯伯子男之儀五等謂孤以下四命三命再命一命不命也或言儀或言命互文也故書儀作義鄭司農義讀爲儀〔疏〕注五儀至爲儀。釋曰云五儀公侯伯子男之儀者此五儀有三等之命命雖有同者其儀皆異若然大宗伯注云每命異儀貴賤之位乃正是命異儀即異此則命同儀有異於義乖者但大宗伯經云九儀之命據九等之命爲九儀故注每命異儀是命異儀即異經云掌諸侯之五儀即是據五等之爵爲五儀是以命同儀有異此乃各有所據於義無乖也云五等謂孤以下四命三命再命一命不命也鄭知義然者此經諸臣五等在諸侯之下則還據諸侯之下臣有五等而言諸侯之下既無四命以至五命明臣有五等通不命也是以諸侯及諸臣皆據下文諸侯諸臣而充此上之數也故下文諸侯下說大國孤四命其卿三命大夫再命士一命侯伯之卿已下如公國五命三等云或言儀或言命互文也者謂或言儀者亦有命此則諸侯之命也或言命者亦有儀此乃臣之儀也今若據爵而言則孤卿大夫士四等之儀也若據命而說則通不命爲五儀

上公九命爲伯。其國家宮室車旗衣服禮儀皆以九爲節。侯伯七命。其國家宮室車旗衣服禮儀皆以七爲節。子男五命。其國家宮室車旗衣服禮儀皆以五爲節。上公謂王之三公有德者加命爲二伯二王之後亦爲上公國家國之所居謂城方也公之城蓋方九里宮方九百步侯伯之城蓋方七里宮方七百步子男之城蓋方五里宮方五百步大行人職則有諸侯圭藉冕服建常樊纓貳車介牢禮朝位之數焉○樊步干反介音介〔疏〕注上公至數焉○釋曰鄭云上公謂王之三公有德者加命爲二伯者案下文三公八命出封皆加一等謂若周公大公有德封於齊魯身雖在王朝使其子就國亦是出封加命爲上公九命者此上公則爲二伯分陝者也故大宗伯云九命作伯是也云二王之後亦爲上公者案孝經緯援神契云二王之後稱公大國稱侯故知也若然宋公爲殷之後稱公春秋之代杞爲夏後或稱侯或稱伯或稱子者杞君無道或用夷禮故貶之而不稱公也若虞公虢公非王之三公出封亦得稱公者此殷時稱公武王滅殷虞虢無過可退無功可進雖周之親戚仍守百里之地而稱公也自外雖是周之同族有出封惟稱侯伯而已是以魯晉鄭衛等皆稱侯伯鄭注巾車云王子母弟雖爲侯伯畫服如上公乘金路是也云國家國之所居謂城方也者若孝經諸侯稱國大夫稱家今此文無卿大夫則國家捴據諸侯城方者也云公之城蓋方九里云云此經國家及宮室車旗以下皆依命數而言既言國家宮室以九以七以五爲節以天子城方十二里而言此九七五亦當爲九里七里五里爲差矣但無正文故言蓋以疑之也案書無逸傳云古者百里之國九里之城玄或疑焉周禮匠人營國方九里謂天子之城今大國與之同非也然大國七里次國五里小國三里之城爲近可也或者天子實十二里之城諸侯大國九里次國七里小國五里如是鄭自兩解不定鄭必兩解者若案匠人營國方九里據周天子而言則公宜七里侯伯宜五里子男宜三里爲差也若據此文九命者以九爲節七命者以七爲節五命者以五爲節又案文王有聲箋云築城伊洫適與成方十里等小於天子大於諸侯以其雖改殷制仍服事殷未敢十二里據此二文而言則周之天子城方十二里公宜九里侯伯宜七里子男宜五里也若周天子十二里則匠人云九里或據異代法以其匠人有夏殷法故也鄭不言異代者以其無正文不敢斥言也是以隱公元年祭仲云都城不過百雉長三丈百雉五百步大都三之一則鄭是伯爵城有千五百步爲五里是公七里侯伯五里子男三里矣此賈服杜君等義與鄭玄一解也鄭又云鄭伯之城方七里大都三之一方七百步實過百雉矣而云都城不過百雉舉子男小國之大都以駮京城之大其實鄭之大都過百雉矣又是天子城十二里而言也引大行人之職者經云國家宮室鄭已解訖其云車旗衣服禮儀不可具言故引大行人爲證欲見彼具見車旗以下之數也案大行人云上公之禮執桓圭九寸繅藉九寸冕服九章建常九旒樊纓九就貳車九乘介九人禮九牢其朝位賓主之間九十步侯伯於上公降殺以兩子男比於侯伯又降殺以兩爲差耳故鄭云數焉

王之三公八命。其卿六命。其大夫四命。及其出封。皆加一等。其國家宮室車旗衣服禮儀亦如之。四命中下大夫也出封出畿內封於八州之中加一等褒有德也大夫爲子男卿爲侯伯其在朝廷則亦如命數耳王之上士三命中士再命下士一命〔疏〕王之至如之○釋曰云王之三公八命其卿六命其大夫四命皆是在朝者云及其出封皆加一等者三公八命者爲九命上公六命卿爲七命侯伯四命大夫爲五命子男云其國家宮室車旗衣服禮儀亦如之者亦如上經以命數爲差也○注四命中至一命○釋曰云四命中下大夫也者見序官有中下大夫於此唯見四命大夫是知中下大夫同四命也云出封出畿內封於八州之中者其王朝公卿大夫亦有舊在畿內有采地之封是封畿內者也今乃封於畿外在八州之中諸侯也云加一等褒有德也者王朝公卿大夫無功可進無過可退者不得出封以知加一等爲南面之君者是褒有德也卿爲侯伯大夫爲子男也鄭不言三公者雖出封加命爵仍是公不異故不言也云其在朝廷則亦如命數耳者若先鄭出加入亦加若毛君則出加入減若鄭君出加入則不加不減其義已備宗伯職也云王之上士三命中士再命下士一命者經既不言而鄭言之者此典命所以主命數序官有三等之士此文不見故以意推之必知士有三命以下者見經大夫四命四命以下唯有三等之命序官有上士中士下士故以三等之命而說之也然公卿大夫以八命六命四命爲陰爵者一則擬出封加爲陽爵二則在王下爲臣是陰官不可爲陽爵故也士下既無出封之理又極卑賤故有三命一命爲陽爵無嫌也

凡諸侯之適子。誓於天子。攝其君。則下其君之禮一等。未誓。則以皮帛繼子男。誓猶命也言誓者明天子既命以爲之嗣樹子不易也春秋桓九年曹伯使其世子射姑來朝行國君之禮是也公之子如侯伯而執圭侯伯之子如子男而執璧子男之子與未誓者皆次小國之君執皮帛而朝會焉其賓之皆以上卿之禮焉○適丁歷反則下遐嫁反射姑音亦〔疏〕注誓猶至禮焉○釋曰鄭以誓爲命者諸侯世子皆往朝天子天子

命之爲世子故以誓爲命也云言誓者明天子既命以爲之嗣樹子不易也者實是命而經云誓者謂既命以爲繼嗣使爲樹子不可改易也者取公羊僖公三年齊桓公會于陽穀管仲命諸侯云無易樹子無以妾爲妻是也引桓九年曹伯使其世子射姑來朝行國君之禮者以其稱朝是行國君之禮引者證經誓於天子攝其君事也云公之子如侯伯而執圭侯伯之子如子男而執璧者以其上公九命侯伯七命子男五命經云下其君一等明依命數爲降以知義然也若公之子如侯伯在侯伯下侯伯之子如子男在子男下也云子男之子與未誓者皆次小國之君執皮帛者以經云下一等子男身五命執璧明子雖得誓以下父一等自然與公侯伯子男子未誓者同執皮帛朝會可知也云其賓之皆以上卿之禮焉者此亦約曹世子射姑來朝賓之以上卿之禮而言之也若行朝禮擯介依諸侯法其饔餼饗一與卿同也此經誓與未誓皆據父在而言若父卒後得誓者皆得以諸侯以無父得與正君同故也是以雜記云君薨大子號稱子待猶君也注引春秋葵丘之會宋襄公稱子而與諸侯序又定四年二月癸巳陳侯吳卒三月公會劉子晉侯宋公蔡侯衛侯陳子鄭伯以下於召陵陳子在鄭伯上則是得誓者與諸侯序也若未誓則亦當執皮帛也

公之孤四命。以皮帛眂小國之君。其卿三命。其大夫再命。其士一命。其宮室車旗衣服禮儀各眂其命之數。侯伯之卿大夫士亦如之。子男之卿再命。其大夫一命。其士不命。其宮室車旗衣服禮儀各眂其命之數。

視小國之君者列於卿大夫之位而禮如子男也鄭司農云九命上公得置孤卿一人春秋傳曰列國之卿當小國之君固周制也玄謂王制曰大國三卿皆命於天子下大夫五人上士二十七人次國三卿二卿命於天子一卿命於其君下大夫五人上士二十七人小國二卿皆命於其君下大夫五人上士二十七人

〔疏〕注視小至七人○釋曰云視小國之君者列於卿大夫之位而禮如子男也知義然者案大行人云大國之孤執皮帛以繼小國之君出入三積不問壹勞朝位當車前不交擯廟中無相以酒禮之其佗皆眂小國之君鄭注云此以君命來聘者也孤尊既聘享更自以其贄見執束帛而已豹皮表之爲飾繼小國之君言次之也以其佗謂貳車及介牢禮賓主之間擯將幣祼酢饗食之數以此言之則以皮帛者亦是更以贄見若正聘當執圭璋也若然彼云繼小國之君者謂執皮帛次小國君後則與此注列於卿大夫位一也此言眂小國之君注云而禮如子男則彼其佗眂小國君并彼注貳車及介以下是也司農云九命上公得置孤卿一人春秋傳曰列國之卿當小國之君固周制也者案昭二十三年左傳云叔孫婼爲晉所執晉人使與邾大夫坐訟叔孫曰列國之卿當小國之君固周制也寡君命介子服回在是其事也若然先鄭引魯之卿以證孤者孤亦得名卿故匠人云外有九室九卿朝焉是并六卿與三孤爲九卿亦得名卿者以其命數同也魯是侯爵非上公亦得置孤者魯爲州牧立孤與公同若然其孤則以卿爲之故叔孫婼自比於孤也玄謂王制曰大國三卿皆命於天子以下者案王制之文多據夏殷此命卿亦是夏殷法故彼下文大國之卿不過三命下卿再命小國之卿與下大夫一命鄭注云不著次國之卿者以大國之下互明之此卿命則異大夫皆同以此言之則大國卿三命次國卿與大國下卿同再命小國卿與大夫同一命彼注即引此周禮命卿大夫之法以證與古不同之義若然此引彼夏殷命臣法周禮諸侯卿大夫命雖與古不同五等諸侯同國皆有三卿得天子命者與夏殷同故引之若然云大國三卿皆命於天子者上卿則命數足矣中卿天子再命已君加一命亦爲三命下卿天子一命若夏殷已君加一命二命足矣周則已君加二命爲三命命足矣云下大夫五人不言命數者並不得天子命夏殷並已君加一命周則大國之大夫再命也云上士二十七人者夏殷之士不命其二十七士亦應有上九中九下九而皆云上士者亦是勉人爲高行故揔以上士言之也云次國三卿二卿命於天子者上卿天子二命已君不加中卿天子一命已君加一命下卿天子不命已君亦加二命爲再命故云一卿命於其君是次國之卿皆再命也若周禮次國卿並三命亦下大夫五人上士二十七人義與大國同也云小國二卿皆命於其君者案彼鄭注云此文似誤脫者類上文大國次國則此小國亦當有三卿宜云小國三卿一卿命於天子二卿命於其君則是脫亦三卿一卿命於天子九字矣云誤者次國云二卿命於天子不言皆此小國云二卿皆命於其君而言皆是誤故云蓋誤也若依此三卿解之則三卿之內一卿命於天子爲一命二卿命於其君亦各一命亦下大夫五人上士二十七人義與上同也若周禮小國三卿皆再命亦一卿命於天子一命已君加一命爲再命二卿命於其君不得天子命並已君再命矣又周法次國五大夫亦與大國互大夫同再命小國下大夫五人各一命其士公侯伯之士同一命子男之士不命與夏殷同此文是也大司馬云大國三軍次國二軍小國一軍軍將皆命卿者謂得天子之命者得爲軍將也若然諸侯之臣有四命三命再命一命不命而經云各眂其命數者謂宮室之等四命者四百步貳車四乘旗四旃冕服四章三命者以三爲節再命一命者亦以命數爲降殺也但大夫玄冕一命者一章裳上刺黻而已衣無章故得玄名也則冕亦象衣無旒其上服爵弁韋無章飾是以變冕言爵弁也諸侯之大夫一命已上即有貳車士雖一命亦無貳車天子之士一命已上可有貳車也

司服掌王之吉凶衣服。辨其名物。與其用事。

用事祭祀視朝甸凶弔之事衣服各有所用

〔疏〕司服至用事○釋曰此一經與下文爲總目王吉服有九大裘已下是也凶服即下文凶事與弔是也云辨其名物者衣服有名則物色有異同也○注用事至所用○釋曰云用事祭祀視朝甸凶弔之事者是其事各異云衣服各有所用者謂若祀昊天用大裘之等是也

王之吉服。祀昊天上帝。則服大裘而冕。祀五帝亦如之。享先王則袞冕。享先公饗射則鷩冕。祀四望山川。則毳冕。祭社稷五祀。則希冕。祭羣小祀。則玄冕。

六服同冕者首飾尊也先公謂后稷之後大王之前不窋至諸盩饗射饗食賓客與諸侯射也羣小祀林澤墳衍四方百物之屬鄭司農云大裘羔裘也袞卷龍衣也鷩禪衣也毳罽衣也玄謂書曰予欲觀古人之象日月星辰山龍華蟲作繢宗彝藻火粉米黼黻希繡此古天子冕服十二章舜欲觀焉華蟲五色之蟲繢人職曰鳥獸蛇雜四時五色以章之謂是也希讀爲絺或作黹字之誤也王者相變至周而以日月星辰畫於旌旗所謂三辰旂旗昭其明也而冕服九章登龍於山登火於宗彝尊其神明也九章初一曰龍次二曰山次三曰華蟲次四曰火次五曰宗彝皆畫以爲繢次六曰藻次七曰粉米次八曰黼次九曰黻皆希以爲繡則袞之衣五章裳四章凡九也鷩畫以雉謂華蟲也其衣三章裳四章凡七也毳畫虎蜼謂宗彝也其衣三章裳二章凡五也希刺粉米無畫也其衣一章裳二章凡三也玄者衣無文裳刺黻而已是以謂玄焉凡冕服皆玄衣纁裳○鷩必滅反劉府弊反毳昌銳反劉清歲反希本又作絺陟里反劉猪履反注下皆同窋張律反盩直留反或音冑裨婢支反又方支反罽居例反繢胡對反黹張里反刺七亦反劉七賜反沈此擊反下同

〔疏〕王之至玄冕○釋曰王之吉服并下三者亦是今尊其祭服且言六矣○注六服至纁裳○釋曰云六服同冕者首飾尊也者六服服雖不同首同用冕以首爲一身之尊故少變同用冕耳下經五服同名弁亦是首飾尊鄭不言者義可知也冕名雖同其旒數則亦有異但冕名同耳云先公謂后稷之後大王之前不窋至諸盩者但后稷雖是公不謚爲王要是周之始祖感神靈而生文武之功因之而就故特尊之與先王同是以尚書武成云先王建邦啓土尊之亦謂之先王也是以鄭云后稷之後大王之前不數后稷不窋后稷子諸盩大王父二者之間並爲先公矣周本紀云后稷卒子不窋立不窋卒子鞠立鞠卒子公劉立卒子慶節立卒子皇僕立卒子羌弗立卒子毀榆立卒子公非立卒子高圉立卒子亞圉立卒子公祖類立卒子古公亶父立古公亶父則大王亶父也公祖類即紺亦曰諸盩也大祫於大祖后稷廟中尸服袞冕王服亦袞冕也案中庸注云先公組紺以上至后稷天保詩注先公謂后稷至諸盩天作詩注云先公謂諸盩至不窋經皆云先公注或言后稷或不言后稷者中庸云周公成文武之德追王大王王季上祀先公以天子之禮后稷既不追王故注先公中有后稷也天保詩云禴祠烝嘗是四時常祭故注先公中有后稷天作詩是祫之祭禮在后稷廟中不嫌不及后稷故注不言后稷各有所據故注不同也云饗射饗食賓客與諸侯射也者饗食則大行人云上公三饗三食之等是也但饗食在廟故亦服鷩冕也與諸侯射者此大射在西郊虞庠中亦服鷩冕也若燕射在寢則朝服若賓射在朝則皮弁服云羣小祀林澤墳衍四方百物者此據地之小祀以血祭社稷爲中祀埋沈已下爲小祀也若天之小祀則司中司命風師雨師鄭不言者義可知鄭司農云大裘羔裘也者司裘文先鄭注云大裘黑羔裘然則凡祭之皆同羔裘義具於司裘也云袞卷龍衣也者鄭注禮記云卷俗讀其通則曰袞故先鄭袞卷并言之也云鷩禪衣也者案禮記曾子問云諸侯禪冕覲禮侯氏禪冕鄭注云禪之言埤也天子大裘爲上其餘爲禪若然則禪衣自袞以下皆是先鄭獨以鷩爲禪衣其言不足矣云毳罽衣也者案爾雅云毛氂謂之罽則繢毛爲之若今之毛布但此毳則宗彝謂虎蜼而先鄭以爲罽衣於義不可故後鄭不從也玄謂書曰至希繡而云此古天子冕服十二章舜欲觀焉者欲明舜時十二章至周無十二章之意也然古人必爲日月星辰於衣者取其明也山取其人所仰龍取其能變化華蟲取其文理作繢者繢畫也衣是陽陽至輕浮畫亦輕浮故衣繢也宗彝者據周之彝尊有虎彝蜼彝因於前代則虞時有蜼彝虎彝可知若然宗彝是宗廟彝尊非蟲獸之號而言宗彝者以虎蜼畫於宗彝則因號虎蜼爲宗彝其實是虎蜼也但虎蜼同在於彝故此亦并爲一章也虎取其嚴猛蜼取其有智以其卬鼻長尾大雨則懸於樹以尾塞其鼻是其智也藻水草亦取其有文象衣上華蟲火亦取其明粉米共爲一章取其絜亦取其養人黼謂白黑爲形則斧文近刃白近上黑取

斷割焉黻黑與青爲形則兩色相背取臣民背惡向善亦取君臣有合離之義去就之理也希繡者孔君以爲細葛上爲繡鄭君讀希爲黹黹紩也謂刺繒爲繡次但裳主陰刺亦是沈深之義故裳刺也云華蟲五色之蟲孔君注以爲華象草華蟲雉也義亦通以其草華有五色故引繢人鳥獸蛇雜四時五色以章之爲證也華蟲名鷩者以其頭似鷩以有兩翼即曰鳥以其體有鱗似蛇則曰蛇以其有五色成章則曰雉故鄭注考工記云蟲之毛鱗有文采者也云希讀爲絺或作黹字之誤也者本有此二文不同故云誤當從絺爲正也云王者相變至周而以日月星辰畫於旌旗者若孔君義虞時亦以日月星畫於旌旗與周同鄭意虞時無日月星畫於旌旗若虞時日月星畫於旌旗則衣無日月星也云所謂三辰旂旗昭其明也者所謂桓公二年哀伯辭彼三辰則此日月星辰旂旗者謂蛟龍爲旂熊虎爲旗不畫日月星連引之耳引之者證周世日月星畫於旌旗之意也云而冕服九章者據周法而言既去日月星三章明有九章在也云登龍於山登火於宗彝尊其神明也者鄭知登龍於山者周注皆以蟲獸爲章首若不登龍於山則當以山爲章首何得猶名衮龍乎明知登龍於山取其神也又知登火於宗彝者宗彝則毳也若不登火在於宗彝上則毳是六章之首不得以毳爲五章之首故知登火於宗彝取其明也云九章初一日龍至凡五也此無正文並鄭以意解之以其衣是陽從奇數裳是陰從偶數云希刺粉米無畫也者衣是陽應畫今希冕三章在裳者自然刺繡但粉米不可畫之物今雖在衣亦刺之不變故得希名故鄭特言粉米也然則毳冕之粉米亦刺之也云玄者衣無文裳刺黻而已者以其祭服衣本是玄今玄冕一章仍以玄爲名明衣上無畫一章者刺黻於裳而已是以謂玄焉云凡冕服皆玄衣纁裳者六冕皆然故云凡以該之知玄衣纁裳者見易繫辭黃帝堯舜垂衣裳蓋取諸乾坤乾爲天其色玄坤爲地其色黃但土無正位託於南方火赤色赤與黃即是纁色故以纁爲名也

凡兵事。韋弁服。

韋弁以韎韋爲弁又以爲衣裳春秋傳曰晉郤至衣韎韋之跗注是也今時伍伯緹衣古兵服之遺色○韎劉音妹又莫拜反衣於既反跗芳符反又音附注音之樹反緹音體

【疏】凡兵至弁服○釋曰以兵事有侵戰伐圍入滅非一故云凡云韋弁服者以韋爲冕又以爲服故云韋弁服○注韋弁至遺色○釋曰韎是蒨染謂赤色也以赤色韋爲弁云又以爲衣裳者左氏傳成十六年楚子曰韎韋之跗注君子也使工尹襄問郤至以弓若賈服等說跗謂足跗注屬也袴而屬於跗若據鄭雜問志則以跗爲幅注亦爲屬以韎韋幅如布帛之幅而連屬以爲衣而素裳既與諸家不同又與此注裳亦用韎韋有同者異者鄭君兩解此注與賈服同裳亦用韎韋也至彼雜問志裳用素者從白舄之義若然案聘禮云卿韋弁歸饔餼注云韋弁韎韋之弁蓋韎布爲衣而素裳與此又不同者彼非兵事入廟不可純如兵服故疑用韎布爲衣也言素裳者亦從白屨爲正也以其屨從裳色天子諸侯白舄大夫士白屨皆施於皮弁故也云今時伍伯緹衣古兵服之遺色者鄭取韎爲赤色韋猶以爲疑故擧漢事以爲況言伍伯者伍行也伯長也謂宿衛者之行長見服纁赤之衣是古兵服赤色遺象至漢時是其兵服赤之驗也

眡朝。則皮弁服。

視朝視內外朝之事皮弁之服十五升白布衣積素以爲裳王受諸侯朝覲於廟則袞冕○眡音視

【疏】注視朝至袞冕○釋曰天子三朝外朝二內朝一二皆用皮弁故經揔云眡朝則皮弁服也知皮弁之服十五升白布衣積素以爲裳者案禮記雜記云朝服十五升士冠禮云皮弁素積故知義然也云王受諸侯朝覲於廟則袞冕者案覲禮云天子袞冕負黼扆節服氏云祭祀朝覲袞冕六人維王之大常注云服袞冕者從王服故知朝覲在廟王服袞冕若然春夏受贄在朝則是眡朝皮弁服也其受享於廟與覲同袞冕故於廟連言朝也

凡甸冠弁服。

甸田獵也冠弁委貌其服緇布衣亦積素以爲裳諸侯以爲視朝之服詩國風曰緇衣之宜兮謂王服此以田王卒食而居則玄端○甸音田注同

【疏】注甸田至玄端○釋曰言凡者田獵非一故以凡廣之不言事者朝是朝日比於田獵爲數故凡事皆不言也云冠弁委貌者士冠禮及郊特牲皆云委貌周道鄭注士冠云委猶安也言所以安正容貌故云委貌若以色言則曰玄冠也云其服緇布衣亦積素以爲裳者士冠禮云主人玄冠朝服緇帶素韠注云衣不言色者衣與冠同裳又與韠同色是其朝服緇布衣亦如皮弁積素以爲裳也云諸侯以爲視朝之服者士冠禮云玄冠朝服注云天子與其臣玄冕以視朔皮弁以日視朝諸侯與其臣皮弁以視朔朝服以日視朝是也引詩國風曰者是鄭緇衣之詩引之證鄭伯是諸侯服緇衣爲朝服之義也云王卒食而居則玄端者案玉藻韠君朱大夫素士爵韋鄭注云天子諸侯玄端朱裳以其云朱韠韠同裳色故也鄭因朝服而說玄端者以朝服與玄端大同小異以其玄冠緇布衣皆有正幅爲端則同但易其裳耳故因說玄端也若然大夫素韠則素裳其士韠言爵爵是不純之名以其士冠禮上士玄裳中士黃裳下士雜裳雜裳者前三幅玄後四幅黃故爵韠也言凡甸冠弁服據習兵之時若正四時則當戎服是以月令季秋天子乃教於田獵以習五戎司徒搢扑北面以誓之天子乃厲飾執弓挾矢以獵注云厲飾謂戎服尚威武也以此觀之習五戎司徒誓之不戒服著冠弁可知是以襄十四年夏四月左傳云衛獻公戒孫文子甯惠子食而射鴻於囿二子從之公不釋皮冠則皮弁韋弁同且色異耳故以韋弁爲皮弁是其正田用韋弁也○

凡凶事。服弁服。

服弁喪冠也其服斬衰齊衰○衰七雷反下皆同齊音咨

【疏】注服弁喪至齊衰○釋曰弁服於上下文不類者以是喪服故變其文也天子諸侯絶傍期正統之期猶不降故兼云齊衰其正服大功亦似不降也大功章曰適婦注云適子之婦傳曰何以大功也不降其適也既無指斥明闕之天子諸侯也又服問云君所主夫人妻大子嫡婦既言君所主服不降也如是則爲適孫之婦又當小功今注止云斬衰齊衰者以其正服齊衰是不降之首然則主爲適子斬衰其爲適孫適曾孫適玄孫適來孫則皆齊衰不杖章云適孫傳曰何以期也不敢降其適也有適子者無適孫孫婦亦如之玄謂凡父於將爲後者非長子皆期然則王禮亦適子死有適孫適孫死有適曾孫向下皆然也又案喪服傳云始封之君不臣諸父昆弟封君之子不臣諸父而臣昆弟天子之義亦當然若虞舜之與漢高皆庶人起爲天子蓋亦不臣諸父昆弟而有服也

凡弔事。弁絰服。

弁絰者如爵弁而素加環絰論語曰羔裘玄冠不以弔絰大如緦之絰其服錫衰緦衰疑衰諸侯及卿大夫亦以錫衰爲弔服喪服小記曰諸侯弔必皮弁錫衰則變其冠耳喪服舊說以爲士弔服素委貌冠朝服此近庶人弔服而衣猶非也士當事弁絰疑衰變其裳以素耳國君於其臣弁絰他國之臣則皮弁大夫士有朋友之恩亦弁絰故書弁作絣鄭司農絣讀爲弁而加環絰環絰即弁絰服○近附近之近絣音弁

【疏】凡弔事弁絰服○釋曰弔事言凡者以其弔事非一故亦云凡以廣之也弁絰其服則錫衰緦衰之等也○注弁絰至絰服○釋曰云弁絰者如爵弁而素者爵弁之形以木爲體廣八寸長尺六寸以三十升布染爲爵頭色赤多黑少今爲弁絰之弁其體亦然但不同爵色之布而用素爲之故云如爵弁而素云加環絰者凡五服之絰皆兩股絞之今言環絰即與絞絰有異矣謂以麻爲體又以一股麻爲體糾而橫纏之如環然故謂之環絰加於素弁之上故言加環絰也云論語曰羔裘玄冠不以弔者謂小歛之後主人已改服容則之不用玄冠羔裘朝服以弔之引之者證凡弔服及弁絰皆施之於小歛已後也云絰大如緦之絰者弔服環絰大小無文但五服之絰緦絰最小弔服之絰亦不過之是以約同緦絰故云絰大如緦之絰也云其服錫衰緦衰疑衰者此文弔事之絰下文陳三等弔服錫衰以下明上下相成故據下文而說也云諸侯及卿大夫亦以錫衰爲弔服知者案服問云君爲卿大夫錫衰當事則弁絰大夫相爲亦然故知之也云喪服小記曰諸侯弔必皮弁錫衰則變其冠耳者不言君而言諸侯則是弔異國之臣法不著弁絰而云皮弁故云變其冠耳云喪服舊說以爲士弔服素委貌冠朝服此近庶人弔服而衣猶非也者此引舊說而破之庶人弔服首服素冠而素裳其衣裳當疑衰故喪服鄭注云士疑衰素裳冠則皮弁之絰庶人不爵弁則其弔冠素委貌也若然士與庶人服同冠弁則異也云國君於其臣弁絰者服問云當事則弁絰是也云佗國之臣則皮弁者喪服小記文是也云大夫士有朋友之恩亦弁絰者喪服記云朋友麻故知大夫於士士自相於有朋友之恩者服麻也大夫相於不假朋友恩以其服問卿大夫相爲亦錫衰弁絰不言朋友也凡弔服天子之服於此上下文具矣其諸侯弔服亦應三衰俱有知者以天子自大裘以下至素服上公自袞冕以下如王之服侯伯自鷩冕而下如公之服子男自毳冕而下如侯伯之服皆相如明諸侯三衰皆有但所用據文唯有服問云爲卿大夫錫衰以居出亦如之當事則弁絰其用緦衰疑衰則文王世子注同姓之士緦衰異姓之士疑衰以其卿大夫已用錫衰故以二衰施於同姓異姓之士也案士喪禮注云君弔必錫衰者蓋士有朋友之恩者加之與大夫同用錫衰耳大夫相於必用錫衰者以大夫雖已降服仍有小功降至緦麻則不得以緦衰爲弔服衰既不弔明疑衰亦不可爲故以錫衰爲弔服也士之弔服不用錫衰者避大夫疑衰不用疑裳者鄭注喪服云避諸侯也凡弔服皆既葬除之其大夫妻亦與大夫同故喪服云大夫弔於命婦錫衰命婦弔於大夫亦錫衰注云弔於命婦命婦死也是也服問云爲其妻出則不弔與大夫小異耳

凡喪。爲天王斬衰。爲王后齊衰。

王后小君也諸侯爲之不杖期○爲于僞反下及注除爲害一字皆同

【疏】注王后至杖期○釋曰云凡喪者諸侯諸臣皆爲天王斬衰王后齊衰故云凡以廣之鄭云王后小君也者解經臣爲王后著齊衰之意鄭又云諸侯爲之不杖期者案喪服不杖章云爲君之母妻傳曰何以期也從服也但諸臣亦爲王斬衰爲后期鄭特言諸侯者以喪服斬衰章云臣爲君諸侯爲天子及至不杖章直云爲君之母妻不別見諸侯爲后之文故鄭解之本不見諸侯爲后者以其諸侯爲后與臣爲后同故不別見也其御大夫適子爲君夫人亦與諸臣同士之子賤無服當從庶人禮服問云諸侯之世子不爲天子服注云遠嫌也與畿外之民同服服問又云大夫之適子爲君夫人大子如士服注大夫不世子不嫌也士爲國君斬小君期大子君服斬臣從服期天子卿大夫適子亦當然故云如士服也

王爲三公六卿錫衰。爲諸侯緦衰。爲大夫士疑衰。其首服皆弁絰。

君爲臣服弔服也鄭

司農云錫麻之滑易者十五升去其半有事其布無事其縷緦亦十五升去其半有事其縷無事其布疑衰十四升衰玄謂無事其縷衰在內無事其布衰在外疑之言擬也擬於吉○易以豉反去起呂反下同〔疏〕王爲至弁絰○釋曰天子臣多故三公與六卿同錫衰諸侯五等同緦衰大夫與士同疑衰不見三孤者與六卿同又不辨同姓異姓亦以臣故也云首服皆弁絰者三衰同皆弁絰○注君爲至於吉○釋曰君爲臣服弔服也者欲見臣爲君斬君爲臣無服直弔服既葬除之而已鄭司農解錫衰緦衰者喪服傳文其緦衰疑衰無文先鄭當更有所見後鄭皆從但增成其義耳鄭注喪服破升皆爲登布八十縷爲登登成也今云十五升則千二百縷去其半則六百縷也云有事其縷及有事其布者皆謂以水濯治去其垢者也玄謂疑之言擬也擬於吉者以其吉服十五升今疑衰十四升少一升而已故云擬於吉者也凡弔皆不見婦人弔服者以婦與夫同故喪服云大夫弔於命婦錫衰命婦弔於大夫錫衰是婦與夫同其首服即鄭注喪服云凡婦人弔服吉笄無首素緦是也

大札大荒大烖素服。

大札疫病也大荒饑饉也大烖水火爲害君臣素服縞冠若晉伯宗哭梁山之崩○縞古老反劉剛操反〔疏〕注大札至之崩○釋曰知大札疫病者以春秋傳有夭昏札瘥之文故知札爲疫病也云大荒饑饉也者爾雅穀不熟曰饑蔬不熟曰饉即曲禮云歲凶年穀不登是也云大烖水火爲害者謂若春秋宋災謂有水災爲害又孔子世家云哀三年孔子云桓僖災又公羊云雉門災之類皆火災也云君臣素服縞冠若晉伯宗哭梁山之崩者事在成五年引之者證服此素服首服縞冠之意若然梁山崩非大札大荒大烖引爲證者欲見山崩與大札大荒服同是以大司樂云凡日月食四鎮五嶽崩令去樂下文云大札大凶大烖令弛縣弛縣與去樂互相明則去樂是同梁山崩又是四鎮五嶽之類則大札大荒素服縞冠與哭梁山崩同可知若然此言素服案玉藻云年不順成則天子素服乘素車食無樂義與此合彼又云年不順成大夫不得造車馬君衣布搢本義與此違者彼衣布謂常服謂禱祈義與此同也

公之服。自袞冕而下。如王之服。侯伯之服。自鷩冕而下。如公之服。子男之服。自毳冕而下。如侯伯之服。孤之服。自希冕而下。如子男之服。卿大夫之服。自玄冕而下。如孤之服。其凶服。加以大功小功。士之服。自皮弁而下。如大夫之服。其凶服亦如之。其齊服。有玄端素端。

自公之袞冕至卿大夫之玄冕皆其朝聘天子及助祭之服諸侯非二王後其餘皆玄冕而祭於己雜記曰大夫冕而祭於公弁而祭於己士弁而祭於公冠而祭於己大夫爵弁自祭家廟唯孤爾其餘皆玄冠與士同玄冠自祭其廟者其服朝服玄端諸侯之自相朝聘皆皮弁服此天子日視朝之服喪服天子諸侯齊斬而已卿大夫加以大功小功士亦如之又加緦焉士齊有素端者亦爲札荒有所禱請變素服言素端者明異制鄭司農云衣有襦裳者爲端玄謂端者取其正也士之衣袂皆二尺二寸而屬幅是廣袤等也其袪尺二寸大夫已上侈之侈之者蓋半而益一焉半而益一則其袂三尺三寸袪尺八寸○其齊側皆反注士齊同有禣音備本亦作襦屬音燭廣古曠反後廣袤同袪起呂反上時掌反侈昌氏反〔疏〕公之至素端○釋曰陳天子吉凶之服訖自此已下陳諸侯及其臣之服貴賤不同之事也但上具列天子之服此文以上公自袞冕以下差次如之上得兼下下不得僭上也大夫云凶服加以大功小功者天子諸侯自旁期已下皆絕而不爲服大夫加以大功小功謂本服大功小功者其降一等小功降仍有服緦者其本服之緦則降而無服云士之服自皮弁而下者士之助祭服爵弁不言爵弁者以其爵弁之服惟有承天變時及天子哭諸侯乃服之所服非常故列天子吉服不言之今以次轉相如不得輒於士上加爵弁故以皮弁爲首但皮弁亦是士助君視朔之服也云其凶服亦如之者亦如大夫有大功小功但士無降服則亦有緦服故鄭增之也其齊服有玄端者則士冠上士玄裳中士黃裳下士雜裳特牲士之享祭之服也素端者即上素服爲札荒祈請之服也○注自公至八寸○釋曰云自公袞冕至卿大夫之玄冕皆其朝聘天子及助祭之服者此上公袞已下朝非自相朝聘之服又非己之祭服案曾子問云諸侯裨冕出視朝鄭云爲將廟受謂朝天子時也春夏受享於廟秋冬一受之於廟是受享受覲皆在廟是受朝之事及助祭在廟理當裨冕也若卿大夫聘天子受之在廟及助祭亦用冕服可知故鄭君臣朝聘並言也云諸侯非二王後其餘皆玄冕而祭於己知之者案玉藻云諸侯玄端而祭注云端當爲冕是諸侯玄冕自祭於己也案玉藻云諸侯祭宗廟之服惟魯與天子同此注云諸侯非二王後其餘皆玄冕祭於己彼不言二王後此不言魯者彼此各舉一邊而言其實相兼乃具也魯雖得與天子同惟在周公文王廟中得用袞冕故明堂位云季夏六月以禘禮祀周公於大廟云天子之禮是也若餘廟亦玄冕或可依公羊傳云白牡周公牲騂㒩魯公牲羣公不毛魯公既與羣公別牲而用騂㒩則其服宜用鷩冕可也其二王後惟祭受命王得用袞冕其餘廟亦得用玄冕也云雜記曰大夫冕而祭於公弁而祭於己士弁而祭於公冠而祭於己大夫爵弁自祭家廟惟孤爾其餘皆玄冠與士同者鄭引雜記者上已說諸侯祭於己訖更明孤已下自祭不得申上服之意也云其餘皆玄冠與士同者諸侯除孤用爵弁之外卿大夫祭皆用玄冠與士同故少牢是上大夫祭用玄冠朝服特牲是士禮用玄冠玄端是其餘皆玄冠與士同也其天子大夫四命與諸侯之孤同亦以爵弁自祭天子之士宜與諸侯上大夫同用朝服也云玄冠自祭其廟者其服朝服玄端者朝服據少牢大夫禮玄端據特牲士禮而言也云諸侯之自相朝聘皆皮弁服者欲見此經上服惟施於入天子廟不得入諸侯廟之意必知諸侯自相朝聘用皮弁者見聘禮主君及賓皆皮弁諸侯相朝其服雖無文聘禮主君待聘者皮弁明待諸侯朝亦皮弁可知且曾子問云諸侯朝天子冕而出視朝爲將廟受及彼下文諸侯相朝云朝服而出視朝鄭云爲事故據此上下而言明自相朝不得與天子同即用皮弁可知也云此天子日視朝之服者此解皮弁非諸侯常服之物惟於朝聘乃服之意也云喪服天子諸侯齊斬而已者欲見大夫言大功小功天子諸侯不言之意也天子諸侯絕旁期此云齊者據爲后夫人而言若然天子於適孫承重亦期周之道有適子無適孫若無適子自然立適孫若無適孫立適曾孫亦期及至適玄孫皆然也既爲適孫有服而適子之婦大功若於適孫已下之婦承重者皆小功矣今特言齊者舉后夫人重者而言云卿大夫加以大功小功者是據正服大功小功若緦則降而無服故不言云士亦如之又加緦焉者士不降服明知更加緦也云士齊有素端者亦爲札荒有所禱請者然上文已云素服士既轉相如已有素服矣今於經別云玄端素端爲上設文者以其大夫已上侈袂同惟士不得侈袂以端爲之故經別見端文也若然士之素端言齊者見禱請也則上文素服亦是齊服禱請可知也云變素服言素端者明異制者鄭解士別見文素意也鄭司農云衣有襦裳者爲端者此端據正幅不據襦裳故後鄭不從也玄謂端者取其正也者端正也故以正幅解之也云士之衣袂皆二尺二寸而屬幅是廣袤等也者云衣袂二尺二寸喪服記文故彼云衣二尺有二寸注云此謂袂中也言衣者明與身參齊是玄端之身長二尺二寸今兩邊袂亦各屬一幅幅長二尺二寸上下亦廣二尺二寸故云屬幅廣袤等袤則長也言皆者皆玄端素端二者同也云其袪尺二寸者據玉藻深衣之袪尺二寸而言也云大夫已上侈之侈之者蓋半而益一焉半而益一則其袂三尺三寸袪尺八寸者此亦無正文案禮記雜記云凡弁絰服其衰侈袂少牢主婦衣綃衣亦云侈袂侈大也鄭以侈爲大即以意爲半而益一以解之也孔子大袂單衣亦如此也凡天子冕服有章者舊說天子九章據大章而言其章別小章章依命數則皆十二爲節上公亦九章與天子同無升龍有降龍其小章章別皆九而已自餘鷩冕毳冕以下皆然必知有小章者若無小章絺冕三章則孤有四命六命卿大夫玄冕一章卿大夫中則有三命二命一命天子之卿六命大夫四命明中有小章乃可得依命數

凡大祭祀。大賓客。共其衣服而奉之。

奉猶送也送之於王所○〔疏〕注奉猶至王所○釋曰云大祭祀則中兼有次小祭祀以其皆是王親祭故舉大而言賓客言大者據諸侯來朝也王者不敢遺小國之臣則其臣來聘亦有接待之法亦略舉大而言皆當奉衣服而送之於王王服之以祭祀及接賓客也

大喪。共其復衣服。斂衣服。奠衣服。廞衣服。皆掌其陳序。

奠衣服今坐上魂衣也故書廞爲淫鄭司農云淫讀爲廞廞陳也玄謂廞衣服所藏於椁中○斂衣力驗反廞虛今反〔疏〕大喪至陳序○釋曰云大喪王喪其中兼小喪也復衣服謂始死招魂復魄之服案雜記云復者升屋西上則皆依命數天子則十二人諸侯九人七人五人大夫士亦依命數人執一領天子袞冕已下上公亦皆用助祭之上服云斂衣服者小斂皆十九稱大斂則士三十稱大夫五十稱諸侯皆百稱天子蓋百二十稱○注奠衣至椁中○釋曰云奠衣服今坐上魂衣也者案下守祧職云遺衣服藏焉鄭云大斂之餘也至祭祀之時則出而陳於坐上則此奠衣服也云玄謂廞衣服所藏於椁中者此則明器之衣服亦沽而小者也

典祀掌外祀之兆守。皆有域。掌其政令。

外祀謂所祀於四郊者域兆表之塋域〔疏〕典祀至政令○釋曰云掌外祭祀之兆守皆有域掌其禁令者謂遮列不得有人來入域中故云禁令也○注外祀至塋域○釋曰云所祀於四郊者域兆表之塋域者此即小宗伯所云兆五帝於四郊四類四望亦如之兆山川丘陵已下皆是典祀掌之也言兆域據壇外爲溝渠爲表塋域者也

若以時祭祀。則帥其屬而脩除。徵役于司隸而役之。

屬其屬胥徒也脩除芟掃之徵召也役之作使之〔疏〕若以至役之○釋曰云以時祭祀者謂天地山川祭祀皆有時也○注屬其至使之○釋曰鄭知其屬是胥徒者以其典祀身是下士其下惟有胥徒故知也不言府史者府史非

役者也徵召也以其司隸主衆隸主供役使故云作使之也

及祭。帥其屬而守其厲禁而蹕之。鄭司農云遮列禁人不得令入○蹕音畢遮章奢反令力呈反【疏】注鄭司至令入○釋曰其屬還是胥徒厲是遮列蹕是止行人故云遮列禁人不得令入也

守祧掌守先王先公之廟祧。其遺衣服藏焉。廟謂大祖之廟及三昭三穆遷主所藏曰祧先公之遷主藏于后稷之廟先王之遷主藏于文武之廟遺衣服大斂之餘也故書祧作濯鄭司農濯讀爲祧此王者之官而有先公謂大王以前爲諸侯【疏】注廟謂至諸侯○釋曰云廟謂大祖之廟及三昭三穆者王制云天子七廟三昭三穆與太祖之廟而七又祭法云王立七廟曰考廟曰王考廟曰皇考廟曰顯考廟曰祖考廟皆月祭之有二祧享嘗乃止據周而言是知廟祧中有三昭三穆與太祖之廟也云遷主所藏曰祧者以祭法云遠廟爲祧去祧爲壇既言去祧爲壇明遷主藏入祧乃至壇耳故知祧是遷主所藏云先公之遷主藏於后稷之廟者先公謂諸盩已前不追謚爲王者先公之主不可下入子孫廟故知向上入后稷廟案聘禮云不腆先君之祧既拚以俟諸侯無二祧先祖之主皆藏於大祖廟故名祧若然后稷廟藏先公不名祧者以有大祖廟名又文武已名祧故后稷不名祧也若然大王王季之主不可入文武祧亦當藏於后稷廟也云先王之遷主藏於文武之廟者當周公制禮之時文武在親廟四之內未毀不得爲祧然文武雖未爲祧已立其廟至後子孫文武應遷而不遷乃爲祧也其立廟之法后稷廟在中央當昭者處東當穆者處西皆別爲宮院者也案孔君王肅之義二祧乃是高祖之父高祖之祖與親廟四皆次第而遷文武爲祖宗不毀矣鄭不然者以其守祧有奄八人守七廟并姜嫄廟則足矣若益二祧則十廟矣奄入人何以配之明其義非也云遺衣服大斂之餘也者案士喪禮云小斂十九稱不必盡服則小斂亦有餘衣必知據大斂之餘者小斂之餘至大斂更用之大斂之餘乃留之故遺衣服無小斂餘也先鄭云此王者之宮而有先公謂大以前爲諸侯者謂不窋已後諸盩已前爲諸侯者后稷雖不謚爲王以其爲始祖故祫祭在焉從先王例也

若將祭祀。則各以其服授尸。尸當服卒者之上服以象生時【疏】注尸當至生時○釋曰尸服卒者之上服士虞記文鄭引之者欲見天子已下凡尸皆服死者大斂之遺衣其不服者以爲眞衣服者以鄭云象生也既言卒者上服則先王之尸服袞冕先公之尸服鷩冕也若然士爵弁以助祭宗廟尸服玄端而士虞特牲尸不服爵弁者是助祭諸侯廟中乃服之士尸還在廟故尸還服玄端爲上服也曾子問云尸弁冕而出卿大夫士皆下之注云弁冕者君之先祖或有爲大夫士者則是先君之先祖爲士尸服卒者上服不服玄端而服爵弁者爵弁本以助祭在君廟君先祖雖爲士今爲尸還在君廟中故服爵弁不服玄端

司脩除之。其祧。則守祧黝堊之。廟祭此廟也祧祭遷主有司宗伯也脩除黝堊互言之有司恒主脩除守祧恒主黝堊鄭司農云黝讀爲幽幽黑也堊白也爾雅曰地謂之黝牆謂之堊○黝於糾反司農音幽堊烏路反本或作惡同【疏】注廟祭至之堊○釋曰云廟祭此廟也者凡廟皆脩除黝堊祭更脩除黝堊示新之敬也今將祭而云脩除知祭此廟也云祧祭遷主者以遷主藏於祧故也案上司尊彝有追享鄭云追祭遷廟之主謂禱祈則此祭遷主之謂也云有司宗伯也者以其宗伯主立國祀又涖滌濯脩除亦是絜靜之事故知有司是宗伯爲之云脩除黝堊互言之者鄭以二者廟祧並有而經廟直言脩除祧直言黝堊故互而通之明皆有也以鄭云有司恒主脩除祧亦脩除之守祧恒主黝至廟亦黝堊之先鄭讀黝爲幽幽是北方其色黑欲見地謂之幽取黑義也知堊是白者以其堊與幽黑白相對故知堊是白即掌蜃之白盛之蜃故引爾雅證之

既祭。則藏其隋與其服。鄭司農云隋謂神前所沃灌器名玄謂隋尸所祭肺脊黍稷之屬藏之以依神○隋許恚反劉相恚反【疏】注鄭司至依神○釋曰案特牲少牢及曾子問皆有隋祭之事今先鄭以隋爲神前沃灌器故後鄭不從也玄謂隋尸所祭肺脊黍稷之屬者案特牲禮祝命挼祭尸取菹擩于醢祭于豆閒佐食取黍稷肺祭授尸尸祭之注云肺祭則肺是其隋者彼不言脊似誤所以誤有脊者特牲禮云佐食舉肺脊以授尸尸受振祭嚌之是以誤於此誤有脊但彼是尸食而舉者故有脊此隋祭不合有也云藏之以依神者此義與祭地埋之同故云依神也

世婦掌女宮之宿戒。及祭祀。比其具。女宮刑女給宮中事者宿戒當給事豫告之齊戒也比次也具所濯摡及粢盛之爨鄭司農比讀爲庀庀具也○比本亦作庀鄭毗志反注及下同司農匹氏反劉芳美反沈又上二反【疏】注女宮至具也○釋曰此世婦是宮卿之官也言女宮刑女給宮中之事者古者從坐男女没入縣官男子爲奴隸女于人官給使役故云刑女也云宿戒當給事豫告之齊戒也者此亦祭前十日戒之使齊祭前三日又宿之故宿戒並言知此具所濯摡及粢盛之爨者濯摡粢盛皆婦人之事二十七世婦職云帥女宮而濯摡爲齍盛儀禮特牲云主婦視饎爨亦女宮之事故知也先鄭云庀庀具也者先鄭周禮內有比皆爲庀具

詔王后之禮事。薦徹之節【疏】注薦徹之節○釋曰知此詔王后之禮事是薦徹之節者見外宗云爲王后薦徹故知詔告是薦徹豆籩之節

帥六宮之人共齍盛。帥世婦女御○齍音咨下文同【疏】注帥世婦女御○釋曰知帥六宮之人是世婦女御者案二十七世婦職云帥女宮爲齍盛女御職云凡祭祀贊世婦鄭注云助其帥涖女宮是以知齍盛世婦女御之事也

相外內宗之禮事。同姓異姓之女有爵佐后者○相息亮反【疏】注同姓至后者○釋曰鄭以同姓異姓之女有爵以解外內宗者序官云內宗凡內女之有爵者是同姓之女有爵又云外宗凡外女之有爵者是異姓之女有爵故知之也知相是佐后者外宗云佐后薦徹豆籩內宗云及以樂徹則佐傳豆籩注云佐外宗故知外內宗轉相佐后此官相之也

大賓客之饗食亦如之。比帥詔相其事同【疏】大賓至如之○釋曰賓客饗食王后亦有助王禮賓之法故內宰凡賓客之祼獻瑤爵皆贊注云謂王同姓及二王之後來朝覲爲賓客者祼之禮亞王而禮賓獻謂王饗燕亞王獻賓也瑤爵所以亞王酬賓也是其饗有后事也彼不言饗食之禮亦當有后助王之事故此言之也○注比帥至事同○釋曰此總說上文四經所云比帥詔相言相取同其事則同故云亦如之耳

大喪。比外內命婦之朝莫哭不敬者。而苛罰之。苛譴也○莫音暮下同苛胡何反譴棄戰反【疏】大喪至罰之○釋曰大喪謂王喪王喪則殯後有朝夕哭事外命婦朝廷卿大夫士之妻內命婦九嬪已下以尊卑爲位而哭而有不敬者則呵責罰之

凡王后有操事於婦人則詔相。鄭司農云謂爵婦人玄謂拜拜謝之也喪大記曰夫人亦拜寄公夫人於堂上【疏】注鄭司至堂上○釋曰先鄭云謂爵婦人者此經自以爲一義不達上大喪之事言爵婦人者天子命其臣后亦命其婦是爵命婦人也言王后有拜事於婦人謂受爵命之時有拜謝王后也後鄭不從者上言大喪下言后之拜事則所拜者爲大喪而拜故引喪大記爲證但喪大記所云者是諸侯之喪主人拜寄公於門西夫人亦拜寄公夫人於堂上其寄公與主人體敵故也明知天子之喪世子亦拜二王後於堂下后亦拜二王後夫人於堂上可知是以僖公二十四年左氏傳云宋公過鄭鄭伯問禮於皇武子對曰宋於周爲客天子有事膰焉有喪拜焉謂王喪二王後來奔喪王拜之明二王後夫人來弔后有拜法若然二王後夫人得有赴王喪者或夫人家在畿內來歸寧值王喪則弔赴也

凡內事有達於外官者。世婦掌之。主通之使相共授【疏】注主通至共授○釋曰王后六宮之內有徵索之事須通達於外官者世婦官卿主通之使相共給付授之也

內宗掌宗廟之祭祀。薦加豆籩。加爵之豆籩故書爲籩豆鄭司農云謂婦人所薦杜子春云當爲豆籩【疏】內宗至豆籩○釋曰婦人無外事惟有宗廟祭祀薦加豆籩以豆籩是婦人之事故薦之○注加爵至豆籩○釋曰鄭知加豆籩是加爵之豆籩者以其食後稱加特牲少牢食後三獻爲正獻其後皆有加爵今天子禮以尸既食後亞獻尸爲加此時薦之故云加爵之豆籩卽醢人籩人加豆加籩之實是也○

及以樂徹則佐傳豆籩。佐傳佐外宗。傳直專反注同【疏】注佐傳佐外宗○釋曰鄭知佐外宗者見外宗云佐王后薦玉豆籩故云佐外宗也但籩豆后於神前徹之傳與外宗外宗傳與內宗內宗傳與外者故知佐傳也

賓客之饗食亦如之。王后有事。則從。大喪序哭者。次序外內宗及命婦哭王○從才用反【疏】賓客至如之○釋曰饗食賓客俱在廟饗食訖徹器與祭祀同亦后徹外內宗佐傳故云亦如之○王后有事則從○釋曰內宗於后有事皆從故於此總結之也○注次序至哭王○釋曰知所次序外內宗者見外宗云大喪則敘外內朝莫哭者故知所次序有外內宗也知有命婦者上世婦職已云大喪比外內命婦之朝莫哭者故序哭中有命婦也

哭諸侯亦如之。凡卿大夫之喪。掌其弔臨。王后弔臨諸侯而已是以言掌卿大夫云【疏】哭諸侯亦如之○釋曰此諸侯來朝薨於王國王爲之緦衰者也若檀弓云以爵弁純衣哭諸侯彼謂薨於本國王遙哭之則婦人不哭之婦人無外事故也○注王后至夫云○釋曰云王后弔臨諸侯而已是以言掌卿大夫云諸侯爲賓王后弔臨之卿大夫巳臣輕故王后不弔故遣內宗掌弔臨之事明爲后掌之若然天官世婦云掌弔臨于卿大夫之喪者彼爲王故彼注云主使往弔也此后不弔臨大夫之喪案喪大記諸侯夫人弔臨卿大夫者諸侯臣少故也

外宗掌宗廟之祭祀。佐王后薦玉豆。眡豆籩。及以樂徹。亦如之。視視其實〔疏〕外宗至如之○釋曰云佐王后薦玉豆者凡王之豆籩皆玉飾之餘文豆籩不云玉者文畧皆有玉可知若然直云薦豆不云籩者以豆云玉畧籩不言義可知也云眡豆籩者謂在堂東未設之時眡其實也云及以王后以樂樂徹亦如之者亦佐后也猶仍有內宗佐傳也羞齍則贊。○贊猶佐也齍音咨〔疏〕王后至則贊○釋曰羞進也齍黍稷也后進黍稷之時依樂以進之言則贊者亦佐后進之案九嬪職云凡祭祀贊玉齍贊后薦徹豆籩則薦徹俱言玉齍敦盛黍稷言贊不言徹則后薦而不徹也其徹諸官爲之故楚茨詩云諸宰君婦廢徹不遲黍稷宰徹之若然豆籩與齍此官已贊九嬪又贊者以籩豆及黍稷器多故諸官共贊凡王后之獻。亦如之。獻獻酒於尸〔疏〕注獻獻酒於尸○釋曰云獻獻酒於尸者則朝踐饋獻及酳尸以食後酳尸亦是獻獻中可以兼之亦贊可知也王后不與。則贊宗伯。后有故不與祭宗伯攝其事○與音預注同〔疏〕注后有至其事○釋曰案宗伯云凡大祭祀王后不與則攝而薦徹豆籩若然宗伯非直攝其祼獻而已於后有事豆籩及簠簋等盡攝之耳小祭祀掌事。賓客之事。亦如之。小祭祀謂在宮中〔疏〕注小祭至宮中○釋曰知小祭祀謂在宮中者以其后無外事故知謂宮中宮中小祭祀則祭法王立七祀七祀之中行中霤司命大厲是外神后不與惟有門戶竈而已案小司徒云小祭祀奉牛牲注云小祭祀王玄冕所祭者彼兼外神故以玄冕該之也云賓客之事亦如之者饗食亦掌事如小祭祀也大喪則敘外內朝莫哭者。哭諸侯亦如之。內內外宗及外命婦〔疏〕注內內至命婦○釋曰經直云外內鄭云內外宗及外命婦則內中以兼外宗外中不兼內命婦也經不云內外宗內外命婦者意欲見內是內宗舉內以見外其外中則不得舉外以見內以其內命婦九嬪敘之也故九嬪職云大喪帥敘哭者注云后哭衆乃哭是內命婦九嬪敘之故鄭亦不言內命婦也

周禮注疏卷二十一挍勘記　阮元撰盧宣旬摘錄

附釋音周禮注疏卷第二十一

典命

此乃臣之儀也　浦鏜云乃下疑脫諸

則爲二伯分陝者也　監本陝作陜○按从二入合說文

自外雖是周之同族　閩本同監毛本之誤公

其士一命　余本閩監毛本同唐石經岳本嘉靖本一作壹下同當據正

廊中無相　浦鏜云廟誤廊

當執圭璋也　惠挍本同閩監毛本執改以

此命卿亦是夏殷法　監本亦字空缺

五等諸侯同　閩本同監毛本同誤國

爲三命足矣　按下命字疑衍

卽有貳車　閩監毛本貳改二非

司服

祭社稷五祀則希冕　唐石經諸本同釋文希冕本又作絺

毳罽衣也　余本嘉靖本同釋文亦作罽衣閩監毛本作罽訛

希讀爲絺或作黹字之誤也　賈疏引書注鄭君讀希爲黹黹紩也漢讀考據此謂當云希讀爲黹或作絺字之誤也以作絺爲字誤鄭所不從也下文希以希刺二希皆當作黹

今尊其祭服　閩監毛本今誤令

天作詩是祫之祭禮　閩監毛本禮誤祀

謂刺繒爲繡次　毛本繒誤繪○按刺當作剌七迹切凡注疏中刺繡字同此

以有兩翼卽曰鳥　閩監毛本卽改則

今時伍伯緹衣　余本嘉靖本同閩監毛本伍改五按賈疏引注作伍伯云伍行也伯長也然則今本作五伯非

故書弁作絣　毛本絣誤絣

鄭司農絣讀爲弁而加環絰　宋本嘉靖本疊弁字

云佗國之臣則皮弁者　閩監毛本佗誤陀

爲其妻出則不弔　浦鏜云服誤弔

衰在內　閩監毛本同誤也余本嘉靖本衰作哀當據以訂正下衰在外同○今訂正

大荒饑饉也　余本嘉靖本同閩監毛本饑作飢賈疏引注亦作飢非○按作饑則合於說文字指

士之衰袂　此本及監本袂誤袂今訂正

大夫已上侈之　葉抄釋文作以上移之

惟在周公又王廟中　閩監毛本同此本缺一頁浦鏜云文誤又○缺頁今補

不得申上服之意也　宋本申作由

則此奠衰服也者　浦鏜云也者蓋誤倒按疑作是也

典祀

所藏於椁中者　閩本同監毛本椁改槨

掌其政令　余本閩本同疏標起訖亦云典祀至政令唐石經嘉靖本監毛本作禁令按釋曰掌其禁令者謂遮列不得有人來入域中故云禁令則賈本亦爲禁令此作政誤

典祀至政令　閩本同監毛本改禁令是也

茇掃之徵召也　余本嘉靖本掃作埽此從手者俗作

守祧

注守祧至諸侯　閩監毛本守祧改廟謂是也○今依訂正

士虞記文　閩監毛本記誤禮

黝讀爲幽幽黑也　諸本同漢讀考謂當作幽讀爲黝黝黑也以上經注黝字皆當作幽○按此亦以注改經復以經改注之一

又溢滌濯　惠挍本同閩監毛本溢改謂非

祝命挼祭尸取菹梗于醢　監毛本祝誤祀閩監毛本挼誤授按梗爲挭之誤

世婦

比其具　釋文比本亦作庀按注云比次也又司農讀爲庀庀具也作庇非

具所濯摡及粢盛之爨　余本岳本嘉靖本同閩監毛本摡作既非疏同

比帥詔相其事同　閩本岳本嘉靖本同閩監毛本比誤此○按比帥詔相上文四事也

凡王后有擠事於婦人　余本同唐石經嘉靖本擠作擠當據正閩本作擠監毛本作摻皆訛

得有赴王喪者　此本王字剜擠閩監毛本遂排入

內宗

佐王后薦玉豆籩　閩監毛本玉誤王

故於此揔結之也　惠挍本同閩監毛本於改以

外宗

視視其實　余本嘉靖本同閩監毛本上視作眡○按注易經古字爲今字則弟一字已改淺人乃以經改注

凡祭祀贊玉齍　閩監毛本玉誤王

獻獻酒於尸　閩監毛本同余本嘉靖本於改于非

注獻獻酒於尸○釋曰　閩本同監毛本脫上六字

附釋音周禮注疏卷第二十二

鄭氏注　賈公彥疏

冢人掌公墓之地。辨其兆域而爲之圖。先王之葬居中。以昭穆爲左右。公君也圖謂畫其地形及丘壟所處而藏之先王造塋者昭居左穆居右夾處東西○夾古洽反劉古協反○〔疏〕注公君至東西○釋曰訓公爲君者言公則諸侯之通稱言君則上通天子此既王之墓域故訓爲君也云圖謂畫其地形及丘壟所處而藏之者謂未有死者之時先畫其地之形勢豫圖出其丘壟之處丘壟之言即下文丘封是也既爲之圖明藏掌後須葬者依圖置之也云先王造塋者但王者之都有遷徙之法若文王居豐武王居鎬平王居於洛邑所都而葬即是造塋者也若文王在豐葬於畢子孫皆就而葬之即以文王居中文王弟當穆則武王爲昭居左成王爲穆居右康王爲昭居左昭王爲穆居右已下皆然至平王東遷死葬即又是造塋者子孫以昭穆夾處東西若然兄死弟及俱爲君則以兄弟爲昭穆以其弟已爲臣臣子一列則如父子故別昭穆也必知義然者案文二年秋八月大事于大廟躋僖公謂以惠公當昭隱公爲穆桓公爲昭莊公爲穆閔公爲昭僖公爲穆今升僖公於閔公之上爲昭閔公爲穆故云逆祀也知不以兄弟同昭位升僖公於閔公之上爲逆祀者案定公八年經云從祀先公傳曰順祀先公而祈焉若本同倫以僖公升於閔公之上則以後諸公昭穆不亂何因至定八年始云順祀乎明本以僖閔昭穆別故於後皆亂也若然兄弟相事後事兄爲君則昭穆易可知但置塋以昭穆夾處與置廟同也○

凡諸侯居左右以前。卿大夫士居後。各以其族。子孫各就其所出王以尊卑處其前後而亦併昭穆○併薄冷反○〔疏〕凡諸侯居至其族○釋曰言凡者以其非一故并卿大夫以凡之此因上而言以其王之子孫皆適爲天子庶爲諸侯卿大夫士若出封畿外爲諸侯卿大夫士者因彼國葬而爲造塋之主今言諸侯卿大夫士者謂上文先王子孫爲畿內諸侯王朝卿大夫士死者則居先王前後之左右言居左右者若父爲天王是昭則子爲穆居右若父是穆則子爲昭居左爲卿大夫居後亦然但昭穆不定故左右俱言謂一父之前後左右並有也云各以其族者謂次第假令同昭穆兄當近王墓弟則遠王墓爲次第諸侯言左右卿大夫士下云各以其族互相通也○注子孫至昭穆○釋曰言子孫者據造塋者所生爲子已後左右王之所生累世皆是孫言以尊卑處其前後者尊謂諸侯卑謂卿大夫士云亦併昭穆者謂兄弟同倫當昭自與昭併當穆自與穆併不謂昭穆併有也○與

凡死於兵者不入兆域。戰敗無勇投諸塋外以罰之○〔疏〕注戰敗至罰之○釋曰曲禮云死寇曰兵注云當饗祿其後即下文云凡有功者居前是也此是戰敗故投之塋外罰之也○

凡有功者居前。居王墓之前處昭穆之中央○〔疏〕注居王至中央○釋曰云居前則不問爲諸侯與卿大夫士但是有功則皆得居王墓之前以表顯之也此則曲禮云死寇曰兵兼餘功若司勳王功事功國功之等皆是也言處昭穆之中央者上云諸侯居左右已前即是昭居左穆居右今云昭穆之中央謂正當王冢前由其有功故特居中央顯異之也

以爵等爲丘封之度。與其樹數。別尊卑也王公曰丘諸臣曰封漢律曰列侯墳高四丈關內侯以下至庶人各有差○別彼列反〔疏〕以爵至樹數○釋曰此文自王已下皆有而云爵等爲丘封之度則天子亦是爵號也雖云度與樹數天子已下無差次之文○注別尊至有差○釋曰云別尊卑尊者丘高而樹多卑者封下而樹少故云別尊卑也鄭知王公曰丘諸臣曰封者此無正文爾雅云土之高者曰丘高丘曰阜是自然之物故屬之王公也聚土曰封人所造故屬之諸臣若然則公中可以兼五等也鄭引漢律者周禮上封高下樹木之數無文以漢法況之也若然案春秋緯云天子墳高三刃樹以松諸侯半之樹以柏大夫八尺樹以藥草士四尺樹以槐庶人無墳樹以楊柳鄭不引之者以春秋緯或說異代多與周禮乖故不引或鄭所不見也王制云庶人不封不樹而春秋緯云庶人樹以楊柳者以庶人禮所不制故樹楊柳也

大喪既有日。請度甫竁。遂爲之尸。甫始也請量度所始竁之處地爲尸者成葬爲祭墓地之尸也鄭司農云既有日既有葬日也始竁時祭以告后土冢人爲之尸○度待洛反注量度同〔疏〕大喪至之尸○釋曰大喪謂王喪有日謂葬日天子七月而葬葬用下旬云請度甫竁者謂冢人請於冢宰量度始穿地之處也言遂爲尸者因事曰遂初請量度至葬訖祭墓故冢人遂爲尸也○注甫始至之尸○釋曰先鄭以遂爲之尸據始穿時祭墓地故冢人爲之尸後鄭據始穿時無祭事至葬訖成墓乃始祭墓故冢人爲尸不從先鄭者見小宗伯云卜葬兆甫竁哭之又云既葬詔相喪祭之禮喪祭謂虞祔下乃云成葬而祭墓爲位據彼文則初穿地時無祭墓地之事葬訖乃有祭墓地即此遂爲之尸一也故後鄭不從先鄭若然引之在下者小宗伯雖無初祭墓地之事亦得通一義故引之在下

及竁。以度爲丘隧。共喪之窆器。隧羨道也度丘與羨道廣袤所至窆器下棺豐碑之屬喪大記曰凡封用綍去碑負引君封以衡大夫以咸○窆彼驗反又補鄧反去起呂反咸本又作緘同古鹹反○〔疏〕及竁至窆器○釋曰上經已甫竁祭墓訖此經復云及竁以度爲丘隧者此更本初欲竁之時先量度作丘作隧道之處廣狹長短故文重耳○注隧羨至以咸○釋曰以案僖二十五年左傳云晉文公請隧不許王曰未有代德而有二王則天子有隧諸侯已下有羨道隧與羨異者隧道則上有負土謂若鄭莊公與母掘地隧而相見者也羨道上無負土若然隧與羨別而鄭云隧羨道者對則異散則通故鄭舉羨爲況也云下棺豐碑之屬者此撥檀弓公肩假云公室視豐碑三家視桓楹鄭注云豐大也天子斲大木爲碑形如石碑前後重鹿盧是大碑之事言之屬者仍有六繂之等故引喪大記也凡封者封即窆謂下棺云執紼去碑負引者謂天子千人分執六紼諸侯五百人分執四紼其棺當於壙上執紼者皆負紼背碑以鼓爲飾而下之云君封以衡大夫以咸者衡横也謂以木横之於棺傍乃以紼繫木下棺大夫以咸者大夫卑不得以木横之直有棺傍咸耳以紼繫之而下棺也彼諸侯及大夫法但天子無文故引之以爲證天子之法耳

及葬。言鸞車象人。鸞車巾車所飾遣車也亦設鸞旗鄭司農云象人謂以芻爲人言問其不如法度者玄謂言猶語也語之者告當行若於生存者於是巾車行之孔子謂爲芻靈者善謂爲偁者不仁非作象人者不殆於用生乎○巾如字劉居覲反語魚據反下同偁音勇〔疏〕及葬至象人○釋曰及至也謂至葬冢人語巾車之官將明器鸞車及象人使行向曠○注鸞車至生乎○釋曰云鸞車巾車所飾遣車也者巾車職云大喪飾遣車遣車則明器遣車送死者之車也云亦設鸞旗者以其遣車有鸞和之鈴兼有旌旂經直云鸞車不言旗故鄭以言之以其於旗在車所建故知有車亦有旗先鄭云象人謂以芻爲人者後鄭不從以其上古有芻人至周不用而用象人則象人與芻靈別也云言問其不如法度者此後鄭亦不從以其臨葬不得始問其不如法度玄謂語之者告當行若於生存者於是巾車行之者遣車之數依檀弓云諸侯七乘大夫五乘鄭云天子九乘遣車所載所苞大遣奠大夫苞五个諸侯七个天子當九个令向壙巾車抱之而行也云孔子謂爲芻靈者善謂爲偁者不仁非作象人者不殆於用生乎者此檀弓文彼鄭云偁偶人也謂以木爲人與生人相對偶有似於人此則不仁又云非作象人不殆於用生乎哉是記人釋孔子語殆近也言用象人不近於生人乎是孔子善古而非周人也鄭引此者欲破先鄭以芻靈與象人爲一若然則古時有塗車芻靈至周仍存塗車唯改芻靈爲象人○

及窆。執斧以涖。臨下棺也○涖音利又音類○〔疏〕及窆執斧以涖○釋曰案鄉師云執斧以涖匠師則此亦臨匠師兩官俱臨者葬事大故二官共臨也○

遂入藏凶器。凶器明器〔疏〕注凶器明器○釋曰因上文窆下棺訖即遂入壙藏明器即檀弓云木不成斲瓦不成味琴瑟張而不平竽笙備而不和神明死者之器者也

正墓位。蹕墓域。守墓禁。位謂丘封所居前後也禁所爲塋限〔疏〕正墓至墓禁○釋曰墓位即上文昭穆爲左右是須正之使不失本位墓域即上文兆域是也謂四畔溝兆蹕謂止行人不得近之守墓禁謂禁制不得漫入也○注位謂至塋限○釋曰云丘封所居前後者即上文爲諸侯及有功者居前爲卿大夫士者居後是也云禁所爲塋限者謂禁者以塋域爲限而禁之○

凡祭墓爲尸。祭墓爲尸或禱祈焉鄭司農云爲尸冢人爲尸〔疏〕注祭墓至爲尸○釋曰後鄭知此祭墓爲禱祈者上文遂爲尸是墓新成祭后土此文云凡非一故知謂禱祈也先鄭云爲尸冢人爲尸者上文祭墓謂始穿地時此文據成墓爲尸後鄭以此亦得通一義故引之在下是以禮記檀弓云有司舍奠於墓左彼是成墓所祭亦引此凡祭墓爲尸證成墓之事也○

凡諸侯及諸臣葬於墓者。授之兆。爲之蹕。均其禁。〔疏〕凡諸至其禁○釋曰上文唯見王及子孫之墓地不見同姓異姓諸侯之墓地故此經揔見之若然此墓地舊有兆域今新死者隨即授之耳

墓大夫掌凡邦墓之地域。爲之圖。凡邦中之墓地萬民所葬地〔疏〕注凡邦至葬地○釋曰鄭知邦中之墓地是萬民所葬地者以其冢人掌王墓地下文云令國民族葬非有爵者故知經邦墓是萬民若然下云掌其度數鄭云度數爵等之大小而見有爵者謂本爲庶人設墓其有子孫爲卿大夫士其葬不離父祖故兼見卿大夫士也

令國民族葬。而掌其禁令。族葬各從其親〔疏〕注族葬各從其親○釋曰經云族葬則據五服之內親者共爲一所而葬異族即別塋知同宗服之內者見左傳哭諸之例云異姓臨於外同姓於宗廟同宗於祖廟同族於禰廟故知族是服內是以鄭云各從其親也

正其位。掌其度數。位謂昭穆也度數爵等之大小〔疏〕注位謂至大小○釋曰凡

萬民墓地亦如上文豫有昭穆爲左右故云正其位云度數爵等之大小者亦如冢人云丘封之度與其樹數也。使皆有私地域。古者萬民墓地同處分其地使各有區域得以族葬後相容。〔疏〕注古者至相容。○釋曰知古者墓地同處者上文云族葬是同處云使相容者釋經私地域也。凡爭墓地者。聽其獄訟。爭墓地相侵區域。帥其屬而巡墓厲。居其中之室以守之。厲塋限遮列處鄭司農云居其中之室有官寺在墓中。〔疏〕帥其至守之。○釋曰云帥其屬者墓大夫帥下屬官也云巡墓厲者謂墓大夫帥其屬巡行遮列之處云居其中之室以守之者謂萬民墓地族葬地中央爲室而萬民各自守之注先鄭云官寺寺則室也

職喪掌諸侯之喪。及卿大夫士凡有爵者之喪。以國之喪禮。涖其禁令。序其事。國之喪禮喪服士喪既夕士虞今存者其餘則亡事謂小斂大斂葬也。〔疏〕職喪至其事。○釋曰言諸侯者謂畿內王子母弟得稱諸侯者若司裘云諸侯共熊侯豹侯者也言凡有爵者還是卿大夫士言凡以該之耳云序其事者謂若襲斂殯葬先後之事。○注國之至葬也。○釋曰云國之喪禮喪服士喪既夕士虞今存者此據儀禮之內見在者而言故云今存者但士喪禮始死時事既夕葬時事士虞葬訖及日中而虞事也云其餘則亡者但儀禮本事義三千條其時有天子諸侯卿大夫士喪與既夕及虞卒哭與祔小祥大祥禮皆有遭暴秦而亡漢興唯得十七篇高堂生所傳即今儀禮是也故云其餘則亡云事謂小斂大斂葬也者舉大事而言其間仍有襲事亦掌之下文別見祭故此不兼也。凡國有司。以王命有事焉。則詔贊主人。有事謂含襚賵之屬詔贊者以告主人佐其受之鄭司農云凡國謂諸侯國有司謂王有司也以王命有事職喪主詔贊主人玄謂凡國有司有司從王國以王命往。○賵芳鳳反。〔疏〕注有事至命往。○釋曰知有事謂含襚贈賵之屬者春秋云王使榮叔歸含且賵又兩小傳皆言衣被曰襚貨財曰賻車馬曰賵珠玉曰含明知有含襚贈賵之屬又案士喪禮兼有贈賵無常惟玩好是也不言賻者賻施於生者故亦不言也先鄭云凡國謂諸侯國有司謂王有司也後鄭不從者下文云公有司豈得公分之爲諸侯有司爲王有司乎明此國有司亦不得分之也故後鄭云國有司有司從王國以王命往向喪家者也。凡其喪祭。詔其號。治其禮。鄭司農云號謂諡號玄謂告以牲號齍號之屬當以祝之。○齍音咨。〔疏〕凡其至其禮。○釋曰喪祭餘文皆爲虞此言凡者以其喪中自相對則虞爲喪祭卒哭爲吉祭若對二十八月爲吉祭則祥禫已前皆是喪祭故言凡以該之是以鄭亦不言喪祭爲虞也云治其禮者案大宗伯亦云治其禮鄭云謂簡習其事此治其禮義亦然也。○注鄭司至祝之。○釋曰先鄭云號謂諡號後鄭不從者小宗伯云小喪賜諡讀誄號不在此故後鄭云告以牲號齍號之屬當以祝之有牲號齍號謂若特牲少牢云柔毛剛鬣嘉薦普淖皆是祝辭故云當以祝之也。凡公有司之所共。職喪令之。趣其事。令令其當共物者給事之期也有司或言公或言國言國者由其君所來居其官曰公謂王遣使奉命有贈之物各從其官出職喪當催督也。〔疏〕注令令至督也。○釋曰云令令其當供物者給事之期也者此謂諸官依法合供給喪家者不待王命職喪依式令之使相供云有司或言公或言國言國者由其君所來者解稱國之意君則王也云居其官曰公者謂不須王命自居其官之職往供則曰公公謂官之常職也

春官宗伯下

大司樂掌成均之灋。以治建國之學政。而合國之子弟焉。鄭司農云均調也樂師主調其音大司樂主受此成事已調之樂玄謂董仲舒云成均五帝之學成均之法者其遺禮可法者國之子弟公卿大夫之子弟當學者謂之國子文王世子曰於成均以及取爵於上尊然則周人立此學之宮。〔疏〕大司至弟焉。○釋曰云掌成均之法以治建國之學政者成均五帝學名建立也周人以成均學之舊法式以立國之學內政教也云而合國之子弟焉者大司樂合聚國子弟將此以教之。○注鄭司至之宮。○釋曰先鄭云均調也樂師主調其音大司樂主受此成事已調之樂者案樂師惟教國子小舞大司樂教國子大舞其職有異彼樂師又無調樂音之事而先鄭云樂師主調其音大司樂主受其成事義理不可且董仲舒以成均爲五帝學故依而用之玄謂董仲舒云成均五帝之學者前漢董仲舒作春秋繁露繁多露潤爲春秋作義潤益處多彼云成均五帝學也云成均之法者其遺禮可法者鄭見[illegible]成均之法即是有遺禮可法效乃可掌之故知有遺禮[illegible]國之子弟公卿大夫之子弟當學者謂之國子者案王制云王大子王子公卿大夫元士之適子國之後選皆造焉此不言王大子王子與元士之子及後選者引文不具此云弟者則王子是也自公以下皆適子乃得入也云文王世子曰於成均以及取爵於上尊者案彼文上云或以德進或以事擧或以言揚又云曲藝皆誓之以待又語三而一有焉乃以其等注云進於衆學者又云以其序謂之郊人遠之於成均以及取爵於上尊也彼鄭注云董仲舒曰五帝名大學曰成均則虞庠近是也天子飲酒於虞庠則郊人亦得酌於上尊以相旅鄭引之者證成均是學意若如先鄭以義解之何得於中飲酒故知先鄭之義非也云然則周人立此學之宮者即虞庠之學是也若然案王制有虞氏名學爲上庠下庠至周立小學在西郊者曰虞庠堯已上當代學亦各有名無文可知但五帝摠名成均當代則各有別稱謂若三代天子學摠曰辟雍當代各有異名也。凡有道者。有德者。使教焉。死則以爲樂祖。祭於瞽宗。道多才藝者德能躬行者若舜命夔典樂教胄子是也死則以爲樂之祖神而祭之鄭司農云瞽樂人樂人所共宗也或曰祭於瞽宗祭於廟中明堂位曰瞽宗殷學也泮宮周學也以此觀之祭於學宮中。○瞽音古夔求龜反胄子音育本亦作胄泮音判本亦作頖同。〔疏〕注道多至宮中。○釋曰經直言道鄭知是多才藝者以其云道通物之名是已有才藝通教於學子故知此人多才藝耳但才藝與六藝少別知者見雍也云求也藝鄭云藝多才藝又憲問云冉求之藝文之以禮樂禮樂既是六藝明上云藝非六藝也此教樂之官不得以六藝解之故鄭云道多才藝也云德能躬行者案師氏注德行外內之稱在心爲德施之爲行彼釋三德三行爲外內此云德能躬行則身內有德又能身行尚書傳說云非知之艱行之惟艱則此人非直能知亦能身行故二者皆使教爲死則以爲樂之祖神而祭之先鄭云瞽樂人者序官上瞽[illegible]瞽皆是瞽矇掌樂事故云瞽樂人所共宗也云或曰祭於瞽宗祭於廟中者此說非故引明堂位爲證是殷學[illegible]樂祖必於瞽宗者案文王世子云春誦夏弦大師詔之[illegible]以其教樂在瞽宗故祭樂祖還在瞽宗雖有學干戈在[illegible]以誦弦爲正文王世子云禮在瞽宗書在上庠鄭注[illegible]樂於殷之學功成治定與已同則學禮樂在瞽宗祭[illegible]亦在瞽宗矣若然則書在上庠書之先師亦祭於上[illegible]則春誦夏弦在東序則祭亦在東序也故鄭注文王[illegible]禮有高堂生樂有制氏詩有毛公書有伏生億可以[illegible]是皆有先師當祭可知也祭義云祀先賢於西學所以[illegible]諸侯之德是天子親祭之不見祭先聖者文不備祭可[illegible]

以樂德教國子。中。和。祗。庸。孝友。中猶忠也和剛柔適也祗敬庸有常也善父母曰孝善兄弟曰友。〔疏〕以樂至孝友。○釋曰此必使有道有德者教之此是樂中之六德與教萬民者少別。○注中猶至曰友。○釋曰此六德其中和二德取大司徒六德之下孝友二德取大司徒六行之上其祗庸二德大司[illegible]自是樂德所加也云中猶忠也和剛柔適也注大司徒同祗敬庸有常也並訓而見其義也善父母曰孝善兄弟曰友爾雅釋訓文也。以樂語教國子。興。道。諷。誦。言。語。[illegible]善事道讀曰導導者言古以剴今也倍文曰諷以聲節之曰誦發端曰言答述曰語。○[illegible]導諷方鳳反[illegible]反劉古哀反倍音佩。〔疏〕注興者至曰語。○釋曰此[illegible]云興者以善物喻善事者謂若老狼與周公之輩亦以惡物喻惡事不言[illegible]一邊可知云道讀曰導者取導引之義故讀從之云古以剴今也者謂若詩陳古以刺幽王厲王之輩皆[illegible]文曰諷者謂不開讀之云以聲節之曰誦者此亦[illegible]諷文是直言之無吟詠則非直背文又爲吟詠以聲[illegible]異文王世子春誦注誦謂歌樂歌樂即詩也以配樂云歌樂亦是以聲節之襄二十九年季札請觀周樂而[illegible]之歌齊爲之歌鄭之等亦是不依琴瑟而云歌此皆是[illegible]曰詮亦得謂之歌若依琴瑟謂之歌即毛云曲合樂也云發端曰言答述曰語者詩公劉云于時言言毛云直言曰言答述曰語許氏說文云直言曰[illegible]論者語中之別與言不同故鄭注雜記云言言已事爲人說爲語。以樂舞教國子。舞雲門。大卷。大咸。大磬。大夏。大濩。大武。此周所存六代之樂黃帝曰雲門大[illegible]帝能成名萬物以明民共財言其德如雲之所出民得以有族類大咸咸池堯樂也堯能禪均刑[illegible]儀民言其德無所不施大磬舜樂也言其德能紹堯之[illegible]大夏禹樂也禹治水傅土言其德能大中國也大濩湯[illegible]湯以寬治民而除其邪言其德能使天下得其所也大[illegible]王樂也武王伐紂以除其害言其德能成武功。○大卷[illegible]皆音泰咸如字卷音權又卷勉反又居遠反沈又居勉[illegible]土昭反濩戶故反共音恭[illegible]戰反傅音乎或音附邪似嗟反。〔疏〕以樂至大武。○釋[illegible]大司樂所教是大[illegible]師所教者是小舞案內則云十三舞勺成童舞象舞象[illegible]皆小舞又云二十舞大夏即此六舞也特云大夏者樂之文武中其實六舞皆樂也保氏云教之六樂二官共[illegible]彼教以書此教以舞故共其職也。○注此周至武功。○[illegible]案下文以六舞云大合樂明此舞是六代樂必知此云[illegible]門已下是黃帝堯舜夏殷周者並依樂緯及元命包彼[illegible]

門黃帝樂以下及堯舜等皆陳故知黃帝已下也云黃帝曰雲門大卷黃帝能成名萬物以明民共財者祭法文彼云百物不云萬物萬物即百物云言其德如雲之所出民得以有族類者鄭釋此雲門大卷二名云德如雲之所出解雲門云民得以有族類解大卷卷者卷聚之義即族類也故祭法云正名百物以明民是也云大咸咸池堯樂也堯能殫均刑法以儀民者祭法文彼云義終此云儀民引其義不引其文云言其德無不施者解咸池之名咸皆也池施也言堯德無所不施者案祭法注云賞賞善謂禪舜封禹稷等也義終謂既禪二十八載乃死是也云大磬舜樂也言其德能紹堯之道也者元命包云舜之民樂其紹堯之業樂記云韶繼也注云言舜能繼紹堯之德是也云大夏禹樂也禹治水傅土言其德能大中國也者案禹貢云敷土敷布也布治九州之水土是敷土之事也樂記云夏大也注云禹樂名禹能大堯舜之德大中國即是大堯舜之德也元命包云禹能德並三聖德並三聖即是大堯舜之德亦一也云大濩湯樂也湯以寬治民而除其邪者亦祭法文彼云除其虐虐即邪亦一也戎本作邪也云言其德能使天下得其所也者言護者即救護也救護使天下得其所也云大武武王樂也武王伐紂以除其害者亦祭法文彼云災災即害一也云言其德能成武功者此即克定禍亂曰武也案元命包云文王時民樂其興師征伐故曰武又詩云文王受命有此武功如是則大武是文王樂名而云武王樂者但文王有此武功不卒而崩武王卒其伐功以誅虐紂是武王成武功故周公作樂以大武爲武王樂也案樂記云大章章之也注云堯樂名也周禮闕之或作大卷又云咸池備矣注云黃帝所作樂名也堯增脩而用之周禮曰大咸與此經注樂名不同者本黃帝樂名曰咸池以五帝殊時不相沿樂堯若增脩黃帝樂體者存其本名猶曰咸池則此大咸也若樂體依舊不增脩者則改本名名曰大章故云大章堯樂也周公作樂更作大卷大卷則大章章名雖堯樂其體是黃帝樂故此大卷一爲黃帝樂也周公以堯時存黃帝咸池爲堯樂名則更與黃帝樂名立名名曰雲門則雲與大卷爲一名故下文分樂而序之更不序大卷也必知有改樂名之法者按條牒論云班固作漢書高帝四年作武德之樂又云高帝廟中奏武德文始注云舜之韶舞名秦始皇二十六年改名五行舞注云五行本周舞高帝六年改名文始五行之舞案此知有改樂之法也案孝經緯云伏犧之樂曰立基神農之樂曰下謀祝融之樂曰屬續又樂緯云顓頊之樂曰五莖帝嚳之樂曰六英注云能爲五行之道立根莖六英者六合之英皇甫謐曰少昊之樂曰九淵則伏犧已下皆有樂今此惟存黃帝堯舜禹湯者案易繫辭云黃帝堯舜垂衣裳鄭注云金天高陽高辛遵黃帝之道無所改作故不述焉則此所不存者義亦然也然鄭惟據五帝之中而言則三皇之樂不存者以質故也

以六律。六同。五聲。八音。六舞。大合樂。以致鬼神示。以和邦國。以諧萬民。以安賓客。以說遠人。以作動物。

六律合陽聲者也六同合陰聲者也此十二者以銅爲管轉而相生黃鍾爲首其長九寸各因而三分之上生者益一分下生者去一焉國語曰律所以立均出度也古之神瞽考中聲而量之以制度律均鍾言以中聲定律以律立鍾之均大合樂者謂徧作六代之樂以冬日至作之致天神人鬼以夏日至作之致地祇物鬽動物羽贏之屬虞書云夔曰戛擊鳴球搏拊琴瑟以詠祖考來格虞賓在位羣后德讓下管鼗鼓合止柷敔笙鏞以間鳥獸鎗鎗簫韶九成鳳皇來儀夔又曰

於予擊石拊石百獸率舞庶尹允諧此其於宗廟九奏效應○說音悅長如字上生時掌反後上生皆同去一起呂反下文去樂及注同度待洛反徧音遍彫眉冀反嬴力果反下贏物同戛居八反劉古八反球音求搏音博拊方甫反鼓徒刀反柷昌六反敔本又作梧魚呂反間間廁之間牄本又作踰七羊反於予上如字劉音烏丁羊汝反應應對之應後皆同不更音○【疏】以六至動物○釋曰鄉來說大司樂教國子以樂自此已下論用樂之事也云以六律六同者此舉十二管以表其鍾樂器之中不用管也云大合樂者據薦腥之後合樂之時用之也此所合樂即下云若樂六變若樂八變若樂九變之等彼據祭天下神此據正祭合樂若然合樂在下神後而文退下神樂在後者以下神用一代樂此用六代六代事重故進之在上若然下神不亞合樂而隔分樂之後者以分樂序之皆用一代此三禘下神亦用一代若不隔分樂恐其相亂且使一變二變之等與分樂所用樂同故三神在下也云以致鬼神示者是據三禘而言云以和邦國巳下亦據三禘之祭各包此數事故鄭引虞書以證宗廟○注六律合陽聲者也至奏效應○釋曰云六律合陽聲者也六同合陰聲者也者案大師云掌六律六同以合陰陽之聲是以據而言焉云此十二者以銅爲管者案典同先鄭云陽律以竹陰律以銅後鄭云皆以銅爲與此注義同也云轉而相生巳下據律歷志而言子午巳東爲上生子午巳西爲下生上生爲陽陽主息故三分益一下生爲陰陰主減故三分去一案律歷志黃鍾爲天統律長九寸林鍾爲地統律長六寸大蔟爲人統律長八寸又云十二管相生皆八八上生下生盡於中呂陰陽生於黃鍾始於左旋八八爲位者假令黃鍾生林鍾是歷八辰自此巳下皆然是八八爲位蓋象八風也國語者案彼景王將鑄無射問律於伶州鳩鳩對曰律所以立均出度古之神瞽考中聲而量之以制度律均鍾百官執義鄭引之者欲取以六律六同均之以制鍾之大小須應律同也故鄭云言以中聲定律以律立鍾之均也云中聲謂上生下生定律之長短度律以律計自倍半而立鍾之均均即是應律長短者也云大合樂者謂徧作六代之樂者此經六樂即上六舞故知徧作六代之樂言徧作樂不一時俱爲待一代訖乃更爲故云徧作也云以冬日作之至物鬽皆神仕職文案彼注致人鬼於祖廟致物鬽於墠壇蓋用祭天地之明日若然此經合樂據三禘正祭天而引彼天地之小神及人鬼在明日祭之者但彼明旦所祭小神用樂無文彼神既多合樂之時當與此三禘正祭合樂同故彼此文同稱致但據彼正祭祭天地大神無宗廟之祭祭天明日兼祭人鬼與此爲異也云動物羽贏之屬者鄭不釋邦國之等直釋動物者以尚書不言動物故釋說乃引尚書鳥獸之等證之也虞書者案古文在舜典是舜祭宗廟之禮案彼鄭注戛櫟也戛擊鳴球巳下數器鳴球即玉磬也搏拊以韋爲之裴之以櫟所以節樂云以詠者謂歌詩也云祖考來格者謂祖考之神來至也云虞賓在位者謂舜以爲賓即二王後丹朱也云羣后德讓者謂諸侯助祭者以德讓巳上皆宗廟堂上之樂所感也云下管鼗鼓巳下謂舜廟堂下之樂故言下云合止柷敔者合樂用柷柷狀如漆篇中有椎搖之所以節樂故狀如伏虎背有刻以物櫟之所以止樂云笙鏞以間者東方之樂謂之笙笙生也東方生長之方故名樂爲笙也鏞者西方之樂謂之鏞庸功也西方物熟有成功亦謂之頌頌亦是須其成也以間者堂上堂下間代而作云鳥獸槍槍者謂飛鳥走獸槍槍然而舞也云簫韶九成鳳皇來儀者韶舜樂也若樂九變人鬼可得而禮故致得來儀儀匹謂致得雄曰鳳雌曰皇來儀止樂而乘匹案此下文六變致象物象物有象在天

謂四靈之屬四靈則鳳皇是其一此六變彼九成者其實於六變致之而言九者以宗廟九變爲限靈鳥[illegible]九成而言耳云夔又曰於予擊石拊石百[illegible]文別而言之故云又曰夔語舜云磬有大[illegible]小石磬則感百獸相率而舞云庶尹允諧[illegible]允信也言樂之所感使衆正之官信得其[illegible]廟九奏之效應者此經揔言三祀大祭但[illegible]文所引尚書惟有宗廟故指宗廟而言也[illegible]此經致鬼也虞賓即此經以安賓客羣后[illegible]也鳥獸鳳皇等即此經動物也庶尹允諧[illegible]以說遠人也○

乃分樂而序之。以祭。以享。以祀。

【疏】注分謂至之樂○釋曰此與下諸[illegible]舞今分此六代之舞尊者用前代用[illegible]有序故云序若然經所先云祭地後云祀[illegible]欲見不問尊卑事起無常故倒文以見[illegible]

歌大呂。舞雲門。以祀天神。

以黃[illegible]爲均[illegible]大呂爲之合奏之以祀天神尊之也天神[illegible]辰也王者又各以夏正月祀其所受命之[illegible]孝經說曰祭天南郊就陽位是也○正音征○【疏】乃奏至天神[illegible]奏大呂言歌[illegible]言云歌據合曲而說其實歌者奏通也知不[illegible]詩合大呂之調謂之歌者春秋左氏傳云[illegible]牛以賜魏絳魏絳於是有金石之樂彼據[illegible]在歌詩亦謂之歌明不據偏歌詩也襄四[illegible]奏肆夏歌文王大明緜亦此類也○注以[illegible]云以黃鍾之鍾大呂之聲者以經云奏奏[illegible]據鍾而言大呂經云歌歌者發聲出音故[illegible]通也言爲均者案下文云凡六樂者文之[illegible]音鄭云六者言其均皆待五聲八音乃成[illegible]作樂先擊此二者之鍾以均諸樂是以鍾[illegible]夏鄭云先擊鍾次擊鼓論語亦云始作合[illegible]金奏是凡樂皆先奏鍾以均諸樂也必與[illegible]是以鄭云黃鍾陽聲之首大呂爲之合也[illegible]辰之斗建與日辰相配合皆以陽律爲之[illegible]以大師云掌六律六同以合陰陽之聲注[illegible]合黃鍾子之氣也十一月建焉而辰在星[illegible]十二月建焉而辰在玄枵大蔟寅之氣也[illegible]娵訾應鍾亥之氣也十月建焉而辰在析[illegible]斗與辰合也云奏之以祀天神尊之也者[illegible]門又黃帝樂以尊祭尊故云尊之也云天[illegible]星辰也者案下云若樂六變天神皆降是[illegible]非天帝也是五帝矣知及日月星者案大[illegible]中日月星辰在實柴中鄭注云五帝亦用[illegible]星與五帝同科此下文又不見日月星別[illegible]天神中有日月星辰可知其司中巳下在[illegible]天神中故下文約與四望同樂也云王者[illegible]其所受命之帝於南郊尊之也者案易緯[illegible]郊一用夏正郊特牲云兆日於南郊就陽[illegible]其祖之所自出以其祖配之若周郊東方[illegible]者各以夏正月祀其所受命之帝於南郊[illegible]說者說即緯也時禁緯故云說引之證與[illegible]郊所感帝用樂與祭五帝不異以其所郊[illegible]

乃奏大蔟。歌應鍾。舞咸池。以祭地示。

大蔟陽聲第二應鍾

爲之合咸池大咸也地祇所祭於北郊謂神州之神及社稷○大蔟音太下七豆反下同【疏】乃奏至地示○釋曰地示卑於天神故降用大蔟陽聲第二及咸池也○注大蔟至社稷○釋曰云大蔟陽聲第二應鍾爲之合者以黃鍾之初九下生林鍾之初六林鍾之初六上生大蔟之九二是陽聲之第二也大蔟寅之氣也正月建焉而辰在娵訾應鍾亥之氣也而辰在析木是應鍾爲之合也云咸池大咸也者此云咸池上文云大咸以爲一物故云大咸也云地祇所祭於北郊謂神州之神者以其下文若樂八變者是崐崘大地即知此地祇非大地也是神州之神可知案河圖括地象云崐崘東南萬五千里曰神州是知神州之神也知祭於北郊者孝經緯文以其與南郊相對故也知及社稷者以六冕差之社稷雖在小祀若薦祭言之大宗伯云以血祭祭社稷五祀五嶽用血與郊同又在五嶽之上故知用樂亦與神州同謂若日月星與五帝同也

乃奏姑洗。歌南呂。舞大磬。以祀四望。

姑洗陽聲第三南呂爲之合四望五嶽四鎮四竇此言祀者司中司命風師雨師或亦用此樂與○竇本又作瀆同音獨與音餘○【疏】乃奏至四望○釋曰四望又卑於神州故降用陽聲第三及用大磬也○注姑洗至樂與○釋曰云姑洗陽聲第三南呂爲之合者以其南呂上生姑洗之九三是陽聲第三也姑洗辰之氣也三月建焉而辰在大梁南呂酉之氣也八月建焉而辰在壽星是南呂爲之合也云四望五嶽四鎮四竇者以大宗伯五嶽在社稷下山川上此文四望亦在社稷下山川上故知四望是五嶽四鎮四竇也云此言祀者司中司命風師雨師或亦用此樂與者以此上下更不見有司中等用樂之法又案大宗伯天神云祀地祇云祭人鬼云享四望是地祇而不云祭而變稱祀明經意本容司中等神故變文見用樂也無正文故云或與以疑之也○

乃奏蕤賓。歌函鍾。舞大夏。以祭山川。

蕤賓陽聲第四函鍾爲之合函鍾一名林鍾○蕤人誰反函胡南反函鍾林鍾也○【疏】注蕤賓至林鍾○釋曰云蕤賓陽聲第四者應鍾之六三上生蕤賓之九四是陽聲第四也云函鍾爲之合者蕤賓午之氣也五月建焉而辰在鶉首函鍾未之氣也六月建焉而辰在鶉火是函鍾之爲合也云函鍾一名林鍾者此周禮言函鍾月令云林鍾故云一名林鍾也○

乃奏夷則。歌小呂。舞大濩。以享先妣。

夷則陽聲第五小呂爲之合小呂一名中呂先妣姜嫄也姜嫄履大人跡感神靈而生后稷是周之先母也周立廟自后稷爲始祖姜嫄無所妃是以特立廟而祭之謂之閟宮閟神之○中音仲亦如字後同嫄音元本亦作原妃音配本亦作配閟音秘【疏】注夷則至神之○釋曰案祭法王立七廟考廟王考廟皇考廟顯考廟祖考廟皆月祭之二祧享嘗乃止不見先妣者以其七廟外非常故不言若祭當與二祧同亦享嘗乃止若追享自然及之矣云夷則陽聲第五者以其大呂之六四上生夷則之九五是陽聲第五也云小呂爲之合者以其小呂巳之氣也四月建焉而辰在實沈夷則申之氣也七月建焉而辰在鶉尾是其合也云小呂一名中呂者此周禮言小呂月令言中呂故云一名中呂也云先妣姜嫄也姜嫄履大人跡感神靈而生后稷者詩云履帝武敏歆毛君義與史記同以爲姜嫄帝嚳妃履帝武敏歆謂履帝嚳車轍馬跡生后稷后稷爲帝嚳親子鄭君義依命歷序帝嚳傳十世乃至堯后稷爲堯官則姜嫄爲帝嚳後世妃而言履帝武敏歆者帝謂天帝也是以周本紀云姜嫄出野見聖人跡心悅忻然踐之始如有身動而孕居期生子是鄭解聖人跡與毛異也云是周之先祖者生民詩序云生民尊祖也后稷生於姜嫄文武之功起於后稷是周之子孫功業由后稷欲尊其祖當先尊其母故云周之先母也云周立廟自后稷爲始祖姜嫄無所妃者凡祭以其妃配周立七廟自后稷已下不得更立后稷父廟故姜嫄無所妃也云是以特立廟而祭之者以其尊敬先母故特立婦人之廟而祭之云謂之閟宮閟神之者案閟宮詩云閟宮有侐實實枚枚毛云在周常閉而無事與此祭先妣義違故後鄭不從是以鄭云特立廟而祭之但婦人稱宮處在幽靜故名廟爲閟宮據其神則曰閟神也若然分樂序之尊者用前代其先妣先祖服衮冕山川百物用玄冕今用樂山川在先妣上者以其山川外神是自然之神先祖生時曾事之故樂用前代無嫌

乃奏無射。歌夾鍾。舞大武。以享先祖。

無射陽聲之下也夾鍾爲之合夾鍾一名圜鍾先祖謂先王先公○射音亦注下同夾古洽反圜于權反【疏】注無射至先公○釋曰云無射陽聲之下也者以其夾鍾之六五下生無射之上九是陽聲之下也云夾鍾爲之合者以其夾鍾卯之氣也二月建焉而辰在降婁無射戌之氣也九月建焉而辰在大火亦是其合也云夾鍾一名圜鍾者下文云圜鍾爲宮是一名圜鍾也云先祖謂先王先公者鄭據司服而言但司服以先王先公服異故別言此則知先王先公樂同故合說以其俱是先祖故也○

凡六樂者。文之以五聲。播之以八音。

六者言其均皆待五聲八音乃成也播之言被也故書播爲藩杜子春云藩當爲播讀如后稷播百穀之播○被皮寄反【疏】注六者至之播○釋曰云六者言其均也謂若黃鍾爲宮自與已下徵商羽角等爲均其絲數五聲各異也或解以爲均謂樂器八音之等若然何得先云言其均始云皆待五聲八音乎明言其均者以爲六者各據其首與下四聲爲均故云皆待五聲八音乃成也云播之言被也者謂若光被四表是取被及之義也子春云播爲后稷播百穀之播者讀從詩云其始播百穀是后稷之事也○

凡六樂者。一變而致羽物。及川澤之示。再變而致蠃物。及山林之示。三變而致鱗物。及丘陵之示。四變而致毛物。及墳衍之示。五變而致介物。及土示。六變而致象物。及天神。

變猶更也樂成則更奏也此謂大蜡索鬼神而致百物六奏樂而禮畢東方之祭則用大蔟姑洗南方之祭則用蕤賓西方之祭則用夷則無射北方之祭則用黃鍾爲均焉每奏有所感致和以來之凡動物敏疾者地祇高下之甚者易致羽物旣飛又走川澤有孔竅者蛤蟹走則遲墳衍孔竅則小矣是其所以舒疾之分土祇原隰及平地之神也象物有象在天所謂四靈者天地之神四靈之知非德至和則不至禮運曰何謂四靈麟鳳龜龍謂之四靈龍以爲畜故魚鮪不淰鳳以爲畜故鳥不獝麟以爲畜故獸不狘龜以爲畜故人情不失○介音界蜡士嫁反易以豉反竅苦弔反蛤古荅反分扶問反知音智畜許又反下同鮪于軌反淰音審矞休律反本又作獝亦作獝同狘休越反【疏】凡六至天神○釋曰此一變至六變不同者據難致易致前後而言案大司徒五地之物生動植俱有此俱言動物不言植物者據有情可感者而言也○注變猶至不失○釋曰云變猶更也者燕禮云終尚書云成此云變孔注尚書云九奏而致不同者凡樂曲成則終終則更奏各據終始而言是以鄭云樂成則更奏也云此謂大蜡索鬼神而致百物者案郊特牲云蜡也者索也歲十二月合聚百物而索饗之也鄭云歲十二月周之正數謂建亥之月也五穀成於神有功故報祭之鄭必知此據蜡祭者此經摠祭百神與蜡祭合聚萬物之神同故知蜡也云六奏樂而禮畢者下云若樂六變則天神皆降此經亦六變致天神故云六奏樂而禮畢也云東方之祭則用大蔟云云此鄭知四方各別祭用樂不同者以郊特牲云八蜡以記四方又云四方年不順成八蜡不通順成之方其蜡乃通是四方各有八蜡知四方用樂各別也云每奏有所感致和以來之者摠釋地祇與動之神物雖有遲疾皆由以樂和感之云凡動物敏疾者地祇高下之甚者易致者言此欲見先致者皆由其神易致故也云羽物旣飛又走川澤有孔竅者者此經羽物共川澤一變致之是其羽物飛川澤有孔竅故也自樂再變已下差緩云蛤蟹走則遲墳衍孔竅則小矣者以其墳衍在丘陵後介物在毛物後由是走遲竅小故也云是其舒疾之分者謂就此羽物以下介物以上先致者疾之分後致者舒之分故有前後也云土祇原隰及平地之神也者此已下說天地及四靈非直有樂兼有德民和乃致也鄭知土祇中有原隰者案大司徒有五地山林已下有原隰今此則經上已說川澤山林丘陵及墳衍訖惟不言原隰故此土祇中有原隰可知也又土祇中有平地者案大宰九職云一曰三農生九穀後鄭以三農者原隰及平地以其生九穀故知此土祇中非直有原隰亦有平地之神也若然不言原隰而云土祇者欲見原隰中有社稷故鄭君駮異義云五變而致土祇土祇者五土之摠神謂社是以變原隰言土祇郊特牲云社祭土而主陰氣是社稱土祇故鄭云土神也云象物有象在天所謂四靈者以其天神同變致之象者有形象在天物者與羽蠃等同稱物故知有象在天四靈等也云天地之神四靈之知者天則天神地則土祇故云天地之神四靈之知也云非德至和則不至者欲見介物已上皆以樂和感之未必由德此天地四靈非直須樂要有德至和乃致之也云禮運已下者欲見象物則彼四靈也云何謂四靈者記人自問自荅案彼注云淰之言閃也言魚鮪不閃閃畏人也獝狘飛走之貌二者皆據魚鮪不淰不可於龜更言魚鮪以龜知人情故變言人情不失也案大司徒山林宜毛物川澤宜鱗物丘陵宜羽物墳衍宜介物原隰宜蠃物此經則以羽物配川澤蠃物配山林鱗物配丘陵毛物配墳衍介物配土祇與大司徒文不類者彼以所宜而言此據難致易致而說故文有錯綜不同也案月令孟冬云祈來年於天宗鄭注云此周禮所謂蜡也天宗日月星鄭以月令祈於天宗謂之蜡則此天神亦是日月星辰非大天神以蜡祭所祭衆神祭卑不可援尊地神惟有土祇是以知無天地大神也云尚書云簫韶九成鳳皇來儀九成乃致象物者鄭以儀爲匹謂止巢而孕乘匹故九變乃致此直據致其神故與大天神同六變也

凡樂。圜鍾爲宮。黃鍾爲角。大蔟爲徵。姑洗爲羽。靁鼓靁鼗。孤竹之管。雲和之琴瑟。雲門之舞。冬日至。於地上之圜丘奏之。若樂六變。則天神皆降。可得而禮矣。凡樂。函鍾爲宮。大蔟爲角。姑洗爲徵。南呂爲羽。靈鼓靈鼗。孫竹之管。空

桑之琴瑟。咸池之舞。夏日至。於澤中之方丘奏之。若樂八變。則地示皆出。可得而禮矣。凡樂。黃鍾爲宮。大呂爲角。大蔟爲徵。應鍾爲羽。路鼓路鼗。陰竹之管。龍門之琴瑟。九德之歌。九磬之舞。於宗廟之中奏之。若樂九變。則人鬼可得而禮矣。

此三者皆禘大祭也天神則主北辰地祇則主崐崘人鬼則主后稷先奏是樂以致其神禮之以玉而祼焉乃後合樂而祭之大傳曰王者必禘其祖之所自出祭法曰周人禘嚳而郊稷謂此祭天圜丘以嚳配之圜鍾夾鍾也夾鍾生於房心之氣房心爲大辰天帝之明堂函鍾林鍾也林鍾生於未之氣未坤之位或曰天社在東井輿鬼之外天社地神也黃鍾生於虛危之氣虛危爲宗廟以此三者爲宮用聲類求之天宮夾鍾陰聲其相生從陽數其陽無射無射上生中呂中呂與地宮同位不用也中呂上生黃鍾黃鍾下生林鍾林鍾地宮又不用林鍾上生大蔟大蔟下生南呂南呂與無射同位又不用南呂上生姑洗地宮林鍾林鍾上生大蔟大蔟下生南呂南呂上生姑洗人宮黃鍾黃鍾下生林鍾林鍾地宮又辟之林鍾上生大蔟大蔟下生南呂南呂與天宮之陽同位又辟之南呂上生姑洗姑洗南呂之合又辟之姑洗下生應鍾應鍾上生蕤賓蕤賓地宮林鍾之陽也又辟之蕤賓上生大呂凡五聲宮之所生濁者爲角淸者爲徵羽此樂無商者祭尚柔商堅剛也鄭司農云雷鼓雷鼗皆謂六面有革可擊者也雲和地名也靈鼓靈鼗四面路鼓路鼗兩面九德之歌春秋傳所謂水火金木土穀謂之六府正德利用厚生謂之三事六府三事謂之九功九功之德皆可歌也謂之九歌也玄謂雷鼓雷鼗八面靈鼓靈鼗六面路鼓路鼗四面孤竹竹特生者孫竹竹枝根之末生者陰竹生於山北者雲和空桑龍門皆山名九磬讀當爲大韶字之誤也○角如字古音鹿徵張里反下同靁音雷九磬依字九音大諸書所引皆依字崐崘本又作混淪各依字讀祼古亂反嚳苦篤反大辰如字劉音泰與鬼音餘本亦作與辟音避下同○

【疏】凡樂至禮矣○釋曰此三者皆用一代之樂類上皆是下神之樂列之在下文者以分樂而序之據天地之次神故陳彼天地巳下之神弁蜡祭訖乃列陳此三禘恐與上雜亂故也言六變八變九變者謂在天地及廟庭而立四表舞人從南表向第二表爲一成一成則一變從第二至第三爲二成從第三至北頭第四表爲三成舞人各轉身南向於北表之北還從第一至第二爲四成從第二至第三爲五成從第三至南頭第一表爲六成則天神皆降若八變者更從南頭北向第二爲七成又從第二至第三爲八成地祇皆出若九變者又從第三至北頭第一爲九變人鬼可得禮焉此約周之大武象武王伐紂故樂記云且夫武始而北出再成而滅商三成而南四成而南國是疆五成而分陝周公左召公右六成復綴以崇其餘大濩已上雖無滅商之事但舞人須有限約亦應立四表以與舞人爲曲別也禮天神必於冬至禮地祇必於夏至之日者以天是陽地是陰冬至一陽生夏至一陰生是以還於陽生陰生之日祭之也至於郊天必於建寅者以其郊所感帝以祈穀實取三陽交生之日萬物出地之時皆然祭神州之神於北郊與南郊相對雖無文亦應取三陰交生之月萬物秀實之時也言圜丘者案爾雅土之高者曰丘取自然之丘圜者象天圜既取上之自然則末必要在郊無問東西與南北方皆可地言澤中方丘者因高以事天故於地上因下以事地故於澤中取方丘者水鍾曰澤不可以水中設祭故亦取自然之方丘象地方故也宗廟不言時節者天地自相對而言至此宗廟無所對謂祫祭也但殷人祫於三時周禮惟用孟秋之月爲之則公羊云大事者何大祫也毀廟之主陳于大祖未毀廟之主皆升合食于大祖是也天用雲門地用咸池宗廟用大韶者還依上分樂之次序尊者用前代卑者用後代爲差也宗廟用九德之歌者以人神象神生以九德爲政之具故特異天地之神也天地及宗廟並言皆降皆出皆至者以祭尊可以及卑故禮記云大報天而主日配以月是其神多故云皆也天神六變地祇八變人鬼九變者上文四變巳上所致有先後者動物據飛走遲疾地神有孔竅大小其土祇及天神有靈智故據至德至和乃可以致今此三者六變巳上則據靈異而言但靈異大者易感小者難致故天神六變人鬼九變也○注此三至之誤○釋曰云此三者皆禘大祭也者案爾雅云禘大祭不辨天神人鬼地祇則皆有禘稱也祭法云禘黃帝之等皆據祭天於圜丘大傳云王者禘其祖之所自出據夏正郊天論語禘自旣灌據祭宗廟是以鄭云三者皆禘大祭也云天神則主北辰地祇則主崐崘人鬼則主后稷者此三者則大宗伯云祀之享之祭之又大宰云祀大神祇及大享亦一也三者恒相將故鄭據此三者之神也云先奏是樂以致其神者致神則下神也用之禮凡祭祀皆先作樂下神乃薦獻薦獻訖乃合樂也云禮之以玉而祼焉乃後合樂而祭之者云禮之以玉據天地而祼焉據宗廟以小宰注天地大神至尊不祼又玉人典瑞宗伯等不見有宗廟禮神之玉是以知禮之以玉據天地則蒼璧禮天黃琮禮地是也而祼焉據宗廟肆獻祼是也云大傳曰王者必禘其祖之所自出者謂王者皆以建寅之月郊所感生帝還以感生祖配之若周郊以后稷配之也引之者證郊與圜丘俱是祭天之禘郊之禘以后稷配圜上禘以嚳配故引祭法禘嚳而郊稷爲證云圜鍾夾鍾也者即上文夾鍾也云夾鍾生於房心之氣至明堂者案春秋緯文耀鉤及石氏星經天官之注云房心爲天帝之明堂布政之所出又昭十七年冬有星孛於大辰公羊傳云大辰者何大火也大火爲大辰伐爲大辰北辰亦爲大辰夾鍾房心之氣爲大辰天之出日之處爲明堂故以圜鍾爲天之宮云函鍾林鍾也者月令謂之林鍾是也云林鍾生於未之氣未坤之位者林鍾在未八卦坤亦在未故云坤之位云或曰天社在東井輿鬼之外者案星經天社六星輿鬼之南是其輿鬼外也天社神位皆是地神故以林鍾爲地宮也云黃鍾生於虛危之氣者以其黃鍾在子子上有虛危故云虛危之氣也云虛危爲宗廟者案星經虛危主宗廟故爲宗廟之宮也云以此三者爲宮用聲類求之者若十二律相生終於六十即以黃鍾爲首終於南事今此三者爲宮各於本宮上相生爲角徵羽麁細須品或先生後用或後生先用故云聲類求之也云天宮夾鍾陰聲其相生從陽數者其夾鍾與無射配合之物夾鍾是呂陰也無射是律陽也天是陽故宮後歷八相生還從陽數也云無射上生中呂中呂與地宮同位不用也者地宮是林鍾林鍾自與蕤賓合但中呂與林鍾同在南方位故云同位以天尊地卑故嫌其同位而不用之也中呂上生黃鍾黃鍾爲角也黃鍾下生林鍾林鍾地宮又不用亦嫌不用也林鍾上生大蔟大蔟爲徵也大蔟下生南呂與無射同位又不用南呂上生姑洗姑洗爲羽祭天四聲足矣地宮林鍾林鍾上生大蔟大蔟爲角大蔟下生南呂南呂爲羽先生後用也南呂上生姑洗姑洗爲徵後生先用四聲足矣人宮黃鍾黃鍾下生林鍾林鍾爲地宮又避之不取也林鍾上生大蔟大蔟爲徵先生後爲用也大蔟下生南呂南呂與天宮之陽同位又避之南呂上生姑洗姑洗南呂之合又避之姑洗下生應鍾應鍾爲羽應鍾上生蕤賓蕤賓地宮之陽以林鍾是地宮與蕤賓相配合故又避之蕤賓上生大呂大呂爲角以絲多後生先用也四聲足矣凡言不用者卑之凡言避之者尊之天宮既從陽數故於本宮之位人地皆不避之至於南呂姑洗合地於天雖有尊卑體敵之義故用姑洗天宮之陽所合但人於天尊卑陽絕故避姑洗天宮之陽所合也鄭必知有避之及不用之義者以其天人所生有取有不敢知之不取者是嫌不用人鬼不敢者是尊而避之也云五聲宮之所生濁者爲角淸者爲徵羽者此總三者宮之所生以其或先生後用謂若地宮所生姑洗爲徵後生先用南呂爲羽先生後用天宮所生大呂爲角後生先用大蔟爲徵先生後用以其後生絲多用角先生絲少用徵故云凡宮之所生濁者爲角淸者爲徵羽也云此樂無商者祭尚柔商堅剛也者此經三者皆不言商以商是西方金故云祭尚柔商堅剛不用若然上文云此六樂者皆文之以五聲並據祭祀而立五聲者凡音之起由人心生單出曰聲雜比曰音泛論樂法以五聲言之其實祭無商聲鄭司農云雷鼓雷鼗皆六面靈鼓靈鼗皆四面路鼓路鼗皆兩面者以此三者皆祭祀之鼓路鼗不合與晉鼓等同兩面故後鄭不從也云九德之歌春秋傳云云此文七年趙宣子曰勸之以九歌九功之德皆可歌也謂之九歌六府三事謂之九功水火金木土穀謂之六府正德利用厚生謂之三事注云正德人德利用地德厚生天德此本尚書大禹謨之言賈服與先鄭並不見古文尚書故引春秋也玄謂雷鼓巳下八面六面四面者雖無正文以鼗鼓晉鼓等非祭祀鼓皆兩面宗廟尊於晉鼓等故知加兩面爲四面祭地尊於宗廟故知更加兩面爲六面祭天又尊於祭地知更加兩面爲八面是以不從先鄭也云孤竹竹特生者謂若嶧陽孤桐云孫竹竹枝根之末生者案詩毛傳云枝幹也幹即身也以其言孫若子孫然知枝根末生者云陰竹生於山北者爾雅云山南曰陽山北曰陰今言陰竹故知山北者也云雲和空桑龍門皆山名者以其禹鑿龍門見是山即雲和與空桑亦山可知故不從先鄭雲和地名也云九磬讀當爲大韶者上六樂無九韶而有大韶故破從大韶也

凡樂事。大祭祀。宿縣。遂以聲展之。

叩聽其聲具陳次之以知完不○縣音玄下樂縣之類皆放此

【疏】凡樂至展之○釋曰凡樂事言凡語廣則不徒大祭祀而已而直言大祭祀者擧大祭祀而言其實中祭祀亦宿縣也但大祭祀中有天神地祇人鬼中小祭祀亦宿縣至於饗食燕賓客有樂事亦兼之矣言宿縣者皆於前宿豫縣之遂以聲展之者謂相扣使作聲而展省聽之知其完否善惡也

王出入。則令奏王夏。尸出入。則令奏肆夏。牲出入。則令奏昭夏。

三夏皆樂章名。○屍音尸本亦作尸

【疏】王出至昭夏○釋曰云王出入者據前文大祭祀而言王出入謂王將祭祀初入廟門升祭訖出廟門皆令奏王夏也尸出入謂尸初入廟門及祭祀訖出廟門皆令奏肆夏牲出入者謂二灌後王出迎牲及爓肉與體其犬豕是牲出入皆令奏昭夏先言王次言尸後言牲者亦祭祀之次也○注三夏皆樂章名○釋曰此三夏即下文九夏皆是詩詩與樂爲之章故云樂章名也

帥國子而舞。

當用舞者帥以往

【疏】注當用至以往○釋曰凡興舞皆使國之子弟爲之但國子人多不必一時皆

用當遞代而去故選當用者帥以往爲舞之處也

大饗不入牲。其他皆如祭祀。大饗饗賓客也不入牲牲不入亦不奏昭夏也其他謂王出入賓客出入亦奏王夏肆夏【疏】大饗至祭祀○釋曰凡大饗有三案禮器云郊血大饗腥鄭云大饗祫祭先王一也彼又云大饗尚腶脩謂饗諸侯來朝者二也曲禮下云大饗不問卜謂揔饗五帝於明堂三也此經云大饗與郊特牲大饗尚腶脩爲一物言不入牲謂饗亦在廟其祭祀則君牽牲入殺今大饗亦在廟諸侯其牲在廟門外殺因即亨之升鼎乃入故云不入牲也○注大饗至肆夏○釋曰鄭知此大饗是饗賓客者以其不入牲若祭祀大饗牲當入故知饗賓客諸侯來朝者也云其他謂王出入賓客出入亦奏王夏肆夏者則據賓客與尸同奏肆夏案禮器云大饗其王事與又云其出也肆夏而送之鄭注云肆夏當爲陔夏彼賓出入奏肆夏與此大饗賓出入肆夏同而破肆夏爲陔夏者彼鄭注大饗爲祫祭先王祭未有燕而飲酒有賓醉之法與鄉飲酒賓醉而出奏陔夏同故破肆夏爲陔夏此大饗饗諸侯來朝則左傳云饗以訓恭儉設几而不倚爵盈而不飲獻依命數賓無醉理故賓出入奏肆夏與尸出入同也

大射王出入令奏王夏。及射令奏騶虞。騶虞樂章名在召南之卒章王射以騶虞爲節○騶側留反召上照反下召南同【疏】大射至騶虞○釋曰大射謂將祭祀擇士而射於西郊虞庠學中王有入出之時奏王夏及射奏騶虞之詩爲射節○注騶虞至爲節○釋曰云騶虞樂章名在召南之卒章者召南卒章云一發五豝于嗟乎騶虞以言君一發其矢虞人驅五豝獸而來喻得賢者多故下樂師注引射義云騶虞者樂官備也是故天子以備官爲節是也

詔諸侯以弓矢舞。舞謂執弓挾矢揖讓進退之儀○挾子協反又音協【疏】詔諸至矢舞○釋曰此諸侯來朝將助祭預天子大射之時則司樂告諸侯射之舞節○注舞謂至之儀○釋曰案大射云命三耦取弓矢於次三耦皆次第各與其耦執弓搢三挾一矢向西階前當階揖升揖當物揖射訖降揖如升射之儀是其舞節也

王大食。三宥。皆令奏鍾鼓。大食朔月月半以樂宥食時也宥猶勸也○宥音又【疏】注大食至勸也○釋曰鄭知大食朔月月半者案玉藻天子諸侯皆朔月加牲體之事又知月半者此無正文約士喪禮月半不殷奠則大夫已上有月半殷奠法則知生人亦有月半大食法既言大食令奏若凡常日食則大司樂不令奏鍾鼓亦有樂侑食矣知日食有樂者案膳夫云以樂侑食是常食也

王師大獻。則令奏愷樂。大獻獻捷於祖愷樂獻功之樂鄭司農說以春秋晉文公敗楚於城濮傳曰振旅愷以入於晉○敗必邁反濮音卜【疏】注大獻至于晉○釋曰案鄭志趙商問大司馬云師有功則愷樂獻于社春官大司樂云王師大獻則令奏愷樂注云大獻獻捷於祖不達異意荅曰司馬云師大獻則獻社以軍之功故獻於社大司樂宗伯之屬宗伯主於宗廟之禮故獻於祖也云愷樂獻功之樂者則晉之振旅愷是也故取先鄭所引於下案僖二十八年晉敗楚於城濮晉振旅愷以入於晉是所據也

凡日月食。四鎮五嶽崩。大傀異烖。諸侯薨。令去樂。四鎮山之重大者謂揚州之會稽青州之沂山幽州之醫無閭冀州之霍山五嶽岱在兗州衡在荊州華在豫州嶽在雍州恒在并州傀猶怪也大怪異烖謂天地奇變若星辰奔霣及震裂爲害者去樂藏之也春秋傳曰壬午猶繹萬入去籥萬言入則去者不入藏之可知○傀劉九靡反舊音怪說文以爲傀偉之字解引此文字林公回反李一音杜回反會古外反沂魚依反雍於用反霣于敏反繹音亦【疏】注四鎮至可知○釋曰鄭知四鎮山之重大者以職方九州州各有鎮山皆曰其大者以爲一州之鎮故云山之重大者但五州五鎮得入嶽名餘四州不得嶽名者仍依舊爲鎮號故四鎮也自五嶽已下亦據職方而言以周處鎬京在五嶽外故鄭注康誥云岐鎬處五嶽之外周公爲其於正不均故東行於洛邑合諸侯謀作天子之居是西都無西嶽權立吳嶽爲西嶽爾雅嵩高爲中嶽華山爲西嶽者據東都地中而言即宗伯注是也以嵩與華山俱屬豫州雍州無嶽名此經欲見九州俱有災變之理故注據西都吳嶽爲西嶽而說耳案爾雅霍山爲南嶽案尚書及王制注皆以衡山爲南嶽不同者案郭璞注云霍山今在廬江潛縣西南潛水出焉別名天柱山武帝以衡山遼遠因讖緯皆以霍山爲南嶽故移其神於此今其土俗人皆謂之南嶽南嶽本自以兩山爲名非從近來如郭此言即南嶽衡山自有兩名若其不然則武帝在爾雅前乎明不然也案潛縣霍山一名衡陽山則與衡嶽異名實同也或曰荊州之衡山亦與廬江潛縣者別也云大怪異烖謂天地奇變者此奇變與星辰已下爲揔之語也云若星辰奔霣者謂若左氏云歲在星紀而淫於玄枵是其奔霣石於宋五及星霣而雨是其霣也云及震裂爲害者謂若左氏云地震之類云去樂藏之也者以其樂器不縣則藏之今云去樂明知還依本藏之也云春秋傳者宣八年左氏云辛巳有事于大廟仲遂卒于垂壬午猶繹萬入去籥但卿佐卒輕於正祭故辛巳日不廢正祭重於繹祭當廢之宜公不廢繹故加猶以九之籥有聲者不入用是以公羊傳云去其有聲廢其無聲鄭荅趙商云於去者爲廢是去者不用廢者入用即萬入是也故鄭云萬言入則去者不入藏之可知以其彼云去其有聲與此經去樂藏之同故引以爲證也

大札。大凶。大烖。大臣死。凡國之大憂。令弛縣。札疫癘也凶凶年也烖水火也弛釋下之若今休兵鼓之爲○札則入反鄭音截弛式氏反【疏】大札至弛縣○釋曰大札疫癘則左氏傳天昏札瘥是也大凶則曲禮云歲凶年穀不登是也大災水火則宋大水及天火曰災之類是也大臣死則大夫已上是也凡國之大憂者謂若禮記檀弓云國亡大縣邑及戰敗之類是也令弛縣謂大司樂令樂官弛常縣之樂也○注札疫至之爲○釋曰札疫癘也者凡疫病皆癘鬼爲之故言疫癘也云弛釋下之若今休兵鼓之爲者樂縣在於虡釋下之與兵鼓縣之於車上休亦釋下之義相似故舉今以況古且上文云去樂據廟中其縣之樂去其藏之而不作此文據路寢常縣之樂弛其縣互文以見義也去者藏之亦先弛其縣弛縣亦去而藏之但路寢常縣故以縣言之也

凡建國。禁其淫聲。過聲。凶聲。慢聲。淫聲若鄭衛也過聲失哀樂之節凶聲亡國之聲若桑間濮上慢聲惰慢不恭○樂音洛【疏】注淫聲至不恭○釋曰經云建國謂新封諸侯之國樂者移風易俗先當用其正樂以化民故禁此四者也云淫聲若鄭衛也者樂記文鄭則緇衣之詩說婦人者九篇衛則三衛之詩云期我乎桑中之類是也云過聲失哀樂之節者若玉藻云御瞽幾聲之上下上下謂哀樂瞽人歌詩以察樂之哀樂使得哀樂之節若失哀樂之節則不可也云凶聲亡國之聲若桑間濮上者亦樂記文鄭彼注云濮水之上地有桑間者亡國之音於此之水出也又引史記昔武王伐紂師延東走自沈於濮水衛靈公朝晉過爲夜聞使師涓寫之至晉晉侯燕之謂晉平公曰寡人聞新聲爲公鼓之遂使師涓鼓之晉侯使師曠坐而聽之撫而止之曰昔紂使師延作靡靡之樂武王伐紂師延東走自沈於濮水此淫聲非新聲是其義也云慢聲惰慢不恭者謂若樂記子夏對魏文侯云齊音敖辟驕志即是惰慢不恭者也

大喪。涖廞樂器。涖臨也廞興也臨笙師鎛師之屬興樂器也興謂作之也○廞許金反與許應反後皆放此鎛音博【疏】注涖臨至之也○釋曰鄭知臨笙師鎛師者案笙鎛師皆云喪廞其樂器奉而藏之故知也云之屬籥師亦云大喪廞其樂器奉而藏之司干亦云大喪廞舞器此不言之即屬中兼之也

及葬。藏樂器亦如之。【疏】及葬至如之○釋曰此臨藏樂器還臨笙師鎛師等故彼皆云奉而藏之也

周禮注疏卷二十二校勘記

阮元撰盧宣旬摘錄

附釋音周禮注疏卷第二十二

冢人

因彼國葬而爲造塋之主　閩本主誤王惠棟云主一本作祖

若父爲天王卿昭　閩本卿誤鄉監毛本改是

此文自王已下皆有　閩監毛本已改以

天子墳高三刃　毛本刃作仞

樹以藥草　惠挍本作樹以欒○按藥欒字形之誤草衍字耳說文亦曰大夫欒

天子十月而葬　惠挍本作七月此誤

大夫以咸　釋文咸本又作緘○按咸緘古今字

以案僖二十五年左傳云　閩本同監毛本以案改案左左字複下以蓋此之誤○按以案不誤

此按檀弓公肩假云　此本此字剜劑當衍閩監毛本排入

以其旍旗在車所建　惠挍本同閩監毛本旍改旌

欲破先鄭以芻靈與象人爲一　惠挍本無欲

笙竽備而不和　浦鏜云笙竽字誤倒

墓大夫

萬民所葬也　余本岳本同嘉靖本監毛本也作地閩本先作也後剜改地此本及閩本疏中標起訖皆剜改也爲地○按作地是也經文前曰公墓之地此曰邦墓之地

族葬各從其親　諸本同惠挍本葬下有謂

後相容　余本岳本嘉靖本同閩監毛本後作使按使字譌上蓋涉疏文誤疏云使相容者蒙上使各有區域

言之也

職喪

又按士喪禮兼有贈賵無常　浦鏜云帑誤賵語見記中

號謂諡號　毛本謂誤爲

令令其當共物者　余本嘉靖本同閩監毛本共改供非疏中此本亦作供

職喪依式令之　惠挍本作職喪遣令之

春官宗伯下　唐石經鈌釋文但題宗伯下三字

大司樂

教胄子是也　釋文作育子云本亦作胄九經古義云說文引虞書曰教育子云養子使善也爾雅育胄皆訓長故馬注尚書云胄長也教長天下之子弟按此注當與說文同作教育子陸本是也

尚書傳詩云　浦鏜云傳說誤傳詩

爾雅釋訓文也　孫志祖云監毛訓誤親

倍文曰諷　釋文亦作倍文賈疏作背文瞽矇疏引此注同○按此注用古字疏用今字之一證

答述曰語　余本嘉靖本荅作苔此從竹非

又爲吟詠　閩監毛本詠作咏

大磬　漢讀考云經典舜樂字皆作部說文革部鞀或作鞉或作鼗籀文作磬從殸召聲是則周禮爲古文假借字

堯能殫均刑法以儀民　閩監毛本同誤也余本岳本嘉靖本殫作禪余本岳本載音義同葉鈔釋文能禪時戰反今通志堂本改作殫非也按賈疏引注堯能禪均刑法以儀民而曰彼云義終此云儀民不全引其文言殫禪有異是賈疏本作殫也

樂之文武中　孫志祖云內則注作樂之文武備

是敷土之事也　按當作傅土

彼云除其災災即邪　閩監毛本災並改虐○按虐是也

章名雖堯樂　經義雜記作大章名雖堯樂此因複舉大章遂脫一大字

故此大卷一爲黃帝樂也　經義雜記曰一當作亦

則雲與大卷爲一　經義雜記作則雲門此亦因上疊雲門字而誤脫

以律立鍾之均　監本立誤直

笙鏞以間　漢讀考作笙庸按賈疏釋此注云庸功也西方物孰有成功亦謂之頌頌亦是頌其成也然則賈本鄭注本作庸字

鳥獸鎗鎗　余本同嘉靖本毛本作牄牄閩監本作蹌蹌按釋文作牄牄云本又作蹌此本疏中亦作牄牄

始於左旋　監本於改而

自此巳下皆然　閩監毛本巳改以

皆神仕職文　閩監毛本仕誤社○按此謂凡以神士者一章

但彼明旦所祭小神用樂無文　毛本脫用字浦鏜云日誤旦

云鳥獸牄牄者　毛本同監本改蹌蹌非下同

乃分樂而序之　余本嘉靖本毛本同閩監本序作祀誤唐石經乃分樂而以下缺石經考文提要云宋本九經宋纂圖互注本宋附釋音本余仁仲本皆作乃分樂而序之

後云祀天者　惠挍本同閩監毛本改祭天非

明不據偏歌詩也　宋本歌下有毛

乃奏大蔟　余本嘉靖本毛本同閩監本蔟作簇非注疏及下同釋文作大蔟唐石經缺石經考文提要云宋纂圖互注本宋附釋音本余仁仲本皆作蔟

應鍾亥之氣也　下脫十月建焉四字閩監毛本皆有

若薦祭言之　惠挍本無薦

用血與郊同　閩本同監毛本血下衍祭

以其南呂上生姑洗之九三　宋本閩本同監毛本南呂下增六二兩字

歌函鍾　閩監毛本同岳本嘉靖本作函鍾釋文作函此訛唐石經此缺下作函鍾爲宮

下生夷則之九五　惠挍本作上生此誤

凡祭以某妃配　惠挍本作其妃此誤

下生無射之上九　惠挍本作上生

故書播爲藩　九經古義云古藩字亦作播尚書大傳五行傳云播國率相行事鄭注云播讀爲藩

以爲六者各據爲首　惠挍本同閩監毛本爲作其

地祇高下之甚者　岳本祇皆改示非

九奏而致不同者　惠挍本致作至

捴釋地祇與動之神物　閩本同毛本動字實缺監毛本物誤來

非直有樂兼有德　閩本同監毛本有樂誤以樂

若然不言原隰而云土祇者　閩本同監毛本然下衍彼而下衍乃

云尚書云　閩本同監毛本上云改又

九磬之舞　釋文九磬依字九音大諸書所引皆依字因學紀聞云山海經夏后開得九辯九歌以下始歌九招於大穆之野史記禹乃興九招之樂索隱曰即舜樂簫韶九成呂氏春秋帝嚳命咸墨作爲舞聲歌九招大列六英帝舜命質修九招六列六英以明帝德然則九招作於帝嚳舜修而用之

無射上生中呂　浦鏜云下誤上

竹枝根之末生者　余本閩監毛本同宋本岳本嘉靖本末作未此本疏中亦作未按根未生者故云孫竹作未誤也詳漢讀考

九磬讀當爲大韶字之誤也　惠挍本無也此本疏標起訖云注此三至之誤亦無也字漢讀考云此謂九爲大之字誤

大護巳上　閩本同監毛本護作濩

用之禮凡祭祀　浦鏜云周誤用

天社神位　浦鏜云坤誤神

姑洗爲徵後先生用　閩本剜倒先生字監毛本承之

大蔟爲徵先生後爲用也　閩本同監毛本無下爲

以絲多後先生用也　閩監毛本作生先用也

有不明知之不取者　宋本同閩監毛本明作敢

云五聲宮之所生　閩本同監毛本云下有凡

大宮所生大呂爲角　宋本作人宮此誤爲大閩監毛本改作天

枝幹也　閩監毛本幹作榦下同

尸出入　唐石經余本岳本嘉靖本同閩監毛本尸改屍疏同釋文作屍出云音尸本亦作尸惠挍本疏中亦作尸○按說文尸陳也屍終主也此經用屍爲假借

升祭訖出廟門　盧文弨曰通考升作及

詩與樂爲之章　閩本同監毛本之作篇

王有入出之時　閩監毛本作出入

王大食三宥　唐石經余本岳本嘉靖本同閩監毛本宥改侑注中同余本岳本載音義作宥葉鈔釋文同石經考文提要云宋本九經宋纂圖互注本宋附釋音本皆作宥漢讀考云有司徹注曰古文侑皆作宥然則以宥爲侑古文假借字

大食朔月月半　嘉靖本作朔日浦鏜云按疏下疑脫加牲二字

皆朔月加牲體之事　浦鏜云皆疑有字誤

亦有樂侑食矣 惠校本侑作宥下同○按疏內自可作侑

大傀異烖 說文傀偉也从人鬼聲周禮曰大傀異按古人於烖異散言皆通對文則異此言大傀異下言大烖則對文也故鄭注此云傀猶怪也大怪異謂天地奇變若星辰奔霣及震裂爲害者注下大烖云烖謂水火也今本經注大傀異下皆有烖字蓋涉下文誤衍也當從說文所引○按傀異烖烖之傀異者非常之變也不當據說文疑有衍字鄭注亦曰大傀異烖

嶽在雍州 余本岳本嘉靖本同閩監毛本嶽改嵩非按賈疏亦作嶽字

籥有聲者不入用 宋本者作音

則去者不入 惠校本毛本同閩監本入改用

據廟中其縣之樂 浦鏜云其疑所之訛

嶞慢不恭 余本同嘉靖本閩監毛本嶞改惰

周禮注疏卷二十二校勘記終

附釋音周禮注疏卷第二十三

鄭氏注　賈公彥疏

樂師掌國學之政。以教國子小舞。謂以年幼少時教之舞內則曰十三舞勺成童舞象二十舞大夏 疏 樂師至小舞○釋曰此樂師教小舞即下文帗舞已下是也此言小舞即大司樂教雲門已下爲大舞也○注謂以至大夏○釋曰云謂以年幼少時教之舞對二十已後學大舞鄭知者所引內則文是也云十三舞勺者按彼上文云十年出就外傅又云十三舞勺勺即周頌酌序云酌告成大武也言能酌先祖之道以養天下也鄭注云周公居攝六年所作是也云成童舞象者即周頌維清奏象舞注云象舞象用兵時刺伐之舞武王制焉是也此皆詩詩爲樂章與舞人爲節故以詩爲舞也此勺與象皆小舞所用幼少時學之也云二十舞大夏者人年二十加冠成人而舞大夏大夏禹之舞雖舉大夏其實雲門已下六舞皆學以其自夏以上揖讓而得天下自夏以下征伐而得天下夏爲文武中故特舉之可以兼前後也

凡舞。有帗舞。有羽舞。有皇舞。有旄舞。有干舞。有人舞。故書皇作翌鄭司農云帗舞者全羽羽舞者析羽皇舞者以羽冒覆頭上衣飾翡翠之羽旄舞者氂牛之尾干舞者兵舞人舞者手舞社稷以帗宗廟以羽四方以皇辟廱以旄兵事以干星辰以人舞翌讀爲皇書亦或爲皇玄謂帗析五采繒今靈星舞子持之是也皇雜五采羽如鳳皇色持以舞人舞無所執以手袖爲威儀四方以羽宗廟以人山川以干旱暵以皇○少詩照反勺章略反帗音拂一音弗翌音皇析星歷反下同氂舊音毛劉音來沈音狸或音芼字或作氂或作纛皆同暵呼旦反 疏 凡舞至人舞○釋曰此六舞者即小舞也若天地宗廟正祭用大舞即上分樂序之是也此小舞按舞師亦陳此小舞云教皇舞師而舞旱暵之事即皆據祈請時所用也○注故書至以皇○釋曰故書皇作翌鄭司農破翌爲皇也先鄭云帗舞者全羽者先鄭意以司常有全羽爲旞析羽爲旌相對即以此帗舞爲全羽羽舞爲析羽相對解之後鄭破帗舞不破羽舞也云皇舞以羽冒覆頭上衣飾翡翠之羽者此後鄭亦不從之云旄舞者氂牛之尾者按山海經云潘侯之山有獸如牛而節有毛其名曰旄牛注云今旄牛髀脚胡尾皆有長毛故先鄭據而言之云干舞者兵舞者此有干舞舞師有兵舞先鄭以干戈兵事所用故以干舞爲兵舞後鄭亦從之也云人舞者手舞者後鄭亦從之矣自社稷以帗已下至星辰以人舞後鄭從其二不從其四者社稷以帗依舞師辟廱以旄以無正文後鄭從之後鄭云帗析五采繒不從司農者若今者可以言古以漢時有靈星舞子持之而舞故知帗舞亦析五色繒爲之也云皇雜五采羽如鳳皇色持以舞者按山海經鳳皇出丹穴山形似鶴首文曰德背文曰義翼文曰順腹文曰信膺文曰仁又按京房易傳云鳳皇麟前鹿後蛇頸龜背魚尾雞啄燕翼五采高二尺漢世鳳皇數出五色今皇舞與鳳皇之字同明雜以五采羽如鳳皇色持之以舞故不從先鄭以羽覆頭上衣飾翡翠之羽也云人舞無所執以手袖爲威儀者此就足先鄭手舞手舞用袖爲威儀也云四方以羽者依舞師云宗廟以人者雖無文宗廟是人鬼故知用人也云山川以干者干舞即兵舞舞師云教兵舞帥而舞山川之祭祀是也旱暵以皇亦依舞師也

教樂儀。行以肆夏。趨以采薺。車亦如之。環拜以鍾鼓爲節。教樂儀教王以樂出入於大寢朝廷之儀故書趨作跢鄭司農云跢當爲趨書亦或爲趨肆夏采薺皆樂名或曰皆逸詩謂人君行步以肆夏爲節趨疾於步則以采薺爲節若今時行禮於大學罷出以鼓陔爲節環謂旋也拜直拜也玄謂行者謂於大寢之中趨謂於朝廷爾雅曰堂上謂之行門外謂之趨然則王出既服至堂而肆夏作出路門而采薺作其反入至應門路門亦如之此謂步迎賓客王如有車出之事登車於大寢西階之前反降於阼階之前尚書傳曰天子將出撞黃鍾之鍾右五鍾皆應入則撞蕤賓之鍾左五鍾皆應大師於是奏樂○趨劉清須反薺本又作齊徐私反朝直遙反下同路倉注反陔改才反撞直江反 疏 教樂至爲節○釋曰此王行迎賓若春夏受贄於朝無迎法受享於廟則迎之若秋冬一受之於廟並無迎法若饗食在廟燕在寢則皆迎法若然鄭此注據大寢而言則是燕時若饗食在廟則與此大寢同也○注教樂至奏樂○釋曰鄭知教王以樂出入於大寢之儀者此經先言行後言趨又云環拜據從內向外而言是出時也禮記玉藻云趨以采薺行以肆夏先言趨後言行據從外向內是入時也樂節是同故鄭出入並言也先鄭云肆夏采薺皆樂名者案襄四年穆叔如晉晉侯饗之金奏肆夏杜亦云肆夏樂曲名案鍾師注九夏皆詩之大者載在樂章樂崩從而亡以此言之肆夏亦詩篇名先鄭云或曰皆逸詩得通一義也按玉藻注薺讀如楚茨之茨此齊讀亦從茨可知也玄謂引爾雅者行是門門趨是門外之事也按爾雅云室中謂之時堂上謂之行堂下謂之步門外謂之趨中庭謂之走大路謂之奔但庭中走大路奔據助祭者而言故詩云駿奔走在廟也今總言行者謂大寢之中不言堂下步者人之行必由堂下始與行小異大同故略步而言其行也云然則王出既服至堂而肆夏作者是行以肆夏出路門而采薺作是趨以采薺也云其反入至應門路門亦如之者反入至應門即是路門外當奏采薺也入至路門即是門內行以肆夏也但王有五門外仍有皐庫雉三門經不言樂節鄭亦不言故但據路門外內而言若以義量之既言趨以采薺即門外謂之趨可揔該五門之外皆於庭中遙奏采薺云此謂步迎賓客者以其言行與趨是步迎之法可知也云王如有車出之事者則經車亦如之是也但車無行趨之法亦於門外奏采薺門內奏肆夏鄭知有登車於大寢西階之前反降於阼階之前者以書傳云天子將出撞黃鍾之鍾明知出入升降皆在階前可知出必撞黃鍾之鍾者黃鍾在子是陽生之月黃鍾又陽聲之首陽主動出而撞之云右五鍾者謂林鍾至應鍾右是陰陰主靜恐王大動故以右五鍾黃鍾是動以告靜者云入則撞蕤賓之鍾左五鍾皆應者蕤賓在午五月陰生之月陰主靜入亦是靜故撞蕤賓之鍾左五鍾謂大呂至中呂左是陽陽主動入靜以告動也云大師於是奏樂者謂王有此出入之時則大師於時奏此采薺肆夏也按曲禮云國君下卿位彼注云出過之而上車入未至而下車彼謂諸侯禮與天子禮異不得升降於階前也

凡射。王以騶虞爲節。諸侯以貍首爲節。大夫以采蘋爲節。士以采蘩爲節。騶虞采蘋采蘩皆樂章名在國風召南惟貍首在樂記射義曰騶虞者樂官備也貍首者樂會時也采蘋者樂循法也采蘩者樂不失職也是故天子以備官爲節諸侯以時會爲節卿大夫以循法爲節士以不失職爲節鄭司農說以大射禮曰樂正命大師曰奏貍首間若一大師不興許諾樂正反位奏貍首以射貍首曾孫○蘋音頻

蘩音頻〔疏〕凡射至爲節○釋曰凡此爲節之等者無問尊卑人皆四矢射節則不同故射人云天子九節諸侯七節大夫士五節尊卑皆以四節爲乘矢拾發其餘天子五節諸侯三節大夫士一節皆以爲先以聽先聽未射之時作之使射者預聽知射之樂節以其射法須其體比於禮其節比於樂而中多者乃得預於祭故須預聽但優尊者故射前節多也○注騶虞至曾孫○釋曰鄭知云騶虞采蘋采蘩皆樂章名者以其詩爲樂章故也云在國風召南者見關雎已下爲周南鵲巢已下爲召南三篇見在召南卷內也云惟貍首在樂記者按樂記云左射貍首右射騶虞是也按射義亦云貍首曰曾孫侯氏四正具舉大小莫處御於君所不引之者鄭略引其一以證耳云射義已下者證用此篇之義也先鄭引大射者證大師用樂節之事云間若一者謂七節五節之間緩急稀稠如一彼諸侯禮故有樂正命大師此天子禮故樂師命大師也云貍首曾孫者貍首是篇名曾孫章頭即射義所云是也

凡樂掌其序事。治其樂政。序事次序用樂之事〔疏〕凡樂至樂政○釋曰云凡樂者謂凡用樂之時也云掌其敘事者謂陳列樂器及作之次第皆序之使不錯繆云治其樂政者謂治理樂聲使得其正不淫放也

凡國之小事用樂者。令奏鍾鼓。小事小祭祀之事〔疏〕凡國至鍾鼓○釋曰此小事鄭云小祭祀之事謂王玄冕所祭則天地及宗廟皆有鍾鼓樂師令之若大次二者之樂大司樂令之也此小祭有鍾鼓但無舞故舞師云小祭祀不興舞是也

凡樂成則告備。成謂所奏一竟書曰簫韶九成燕禮曰大師告于樂正曰正歌備〔疏〕注成謂至歌備○釋曰云成謂所奏一竟者竟則終也所奏八音俱作一曲終則爲一成則樂師告備如是者六則六成餘八變九變亦然故鄭引書簫韶九成爲證也又引燕禮者欲見彼諸侯燕禮大師告于樂正告於賓與君此天子祭禮亦大師於樂成之時則大師告樂師樂師乃告王彼據燕禮此據祭禮事節相當故引爲證也

詔來瞽皐舞。鄭司農云瞽當爲鼓皐當爲告呼擊鼓者又告當舞者持鼓與舞俱來也鼓字或作瞽詔來瞽或曰來勑也勑爾瞽率爾衆工奏爾悲誦肅肅雍雍毋怠毋凶玄謂詔來瞽詔視瞭扶瞽者來入也皐之言號告國子當舞者舞○毋音無下同瞭音了〔疏〕詔來瞽皐舞○釋曰到讀之云詔瞽來謂詔告視瞭扶瞽人來入升堂作樂也皐舞者謂號呼國子舞者使當舞○注鄭司至者舞○釋曰先鄭破瞽爲鼓後鄭從字或爲瞽於義是但文不足後鄭增成之耳云或曰來勑已下但瞽人無目而云勑爾瞽率爾衆工於義不可且奏爾悲誦等似逸詩不知何從而出故後鄭不從之玄謂詔來瞽者以來爲入按大祝云來瞽令皐舞注云來嘷者皆謂呼之入彼來爲呼之者以彼來上無字故以來爲呼之義與此無異也

詔及徹。帥學士而歌徹。學士國子也鄭司農云謂將徹之時自有樂故帥學士而歌徹玄謂徹者歌雍雍在周頌臣工之什〔疏〕及徹至歌徹○釋曰此亦文承祭祀之下亦謂祭祀至徹祭器之時樂師帥學士而歌徹但學士主舞瞽人主歌今云帥學士而歌徹者此絕讀之然後合義歌徹之時歌舞俱有謂帥學士使之舞歌者自是瞽人歌雍詩也徹者主宰君婦耳○注學士至之什○釋曰鄭云學士國子也者此學士即下大胥職云掌學士之版以待致諸子故知學士是國子國子即諸子是也玄謂徹者歌雍者見論語云三家者以雍徹孔子云相維辟公天子穆穆奚取於三家之堂若然要有辟公助祭并天子之容穆穆乃可用雍詩徹祭器是大夫及諸侯皆不得用雍故知此云歌徹者歌雍詩也又云雍在周頌臣工之什者從清廟已下皆周頌但此雍詩在臣工之什內云之什者謂聚十篇爲一卷故云之什也

令相。令視瞭扶工鄭司農云告當相瞽師者言當罷也瞽師盲者皆有相道之者故師冕見及階曰階也及席曰席也皆坐曰某在斯某在斯曰相師之道與○見賢遍反下注同〔疏〕注令視至道與○釋曰此令相之文在祭祀歌徹之下者欲見大小祭祀皆有令相之事故於下揔結之鄭知令相令視瞭扶工者見儀禮扶工者皆稱相以其瞽人無目而稱工故云令視瞭扶工也先鄭引論語者亦見相是扶工也

饗食諸侯。序其樂事。令奏鍾鼓。令相。如祭之儀。〔疏〕饗食至之儀○釋曰言如祭之儀者非直序樂令鍾鼓令相其中詔來瞽歌徹等皆如之但祭祀歌雍而徹饗食徹器亦歌雍知者下大師與此文皆云大饗亦如祭祀登歌下管故知皆同也

燕射。帥射夫以弓矢舞。射夫衆耦也故書燕爲舞帥爲率射夫爲射矢鄭司農云舞當爲燕率當爲帥射矢書亦或爲射夫○食音嗣下注疏食同凡言饗食皆放此〔疏〕注射夫衆耦也○釋曰凡射有三番又天子六耦畿內諸侯四耦畿外諸侯三耦前番直六耦三耦等射所以誘射故也第二番六耦與衆耦俱射第三番又兼作樂經直云射夫鄭知衆耦者以其三番射皆弓矢舞若言六耦等不兼衆耦若言衆耦則兼三耦故鄭據衆耦而言也言執弓矢舞謂射時執弓挾矢及發矢其體比於禮其節比於樂節相應於樂節也○

樂出入。令奏鍾鼓。樂出入謂笙歌舞者及其器〔疏〕注樂出至其器○釋曰鄭知樂是笙歌已下者按禮樂記單出曰聲雜比曰音又云雜以干戚羽毛謂之樂凡此笙并瞽人歌者及國子舞者及器皆須出入故知樂中兼此數事也

凡軍大獻。教愷歌。遂倡之。故書倡爲昌鄭司農云樂師主倡也昌當爲倡書亦或爲倡○倡昌亮反〔疏〕凡軍至倡之○釋曰軍事言凡者有大軍旅王自行小軍旅遣臣去故言凡以該之云大獻者謂師克勝獻捷於祖廟也云教愷歌者愷謂愷詩師還未至之時預教瞽矇入祖廟遂使樂師倡道爲之故云遂倡之

凡喪。陳樂器。則帥樂官。帥樂官往陳之〔疏〕凡喪至樂官○釋曰喪言凡者王家有大喪小喪皆有明器之樂器故亦然言凡以該之明器之樂器者謂若檀弓云木不成斲瓦不成味琴瑟張而不平笙竽備而不和是也○注帥樂官往陳之○釋曰樂官亦謂笙師鎛師之屬廞樂藏之者也云往陳之者謂如既夕禮陳器於祖廟之前庭及壙道東者也

及序哭。亦如之。哭此樂器亦帥之〔疏〕注哭此至帥之○釋曰按小宗伯云及執事眡葬獻明器之材又獻素獻成皆於殯門外王不親哭有官代之彼據未葬獻材時小宗伯哭之此序哭明器之樂器文承陳樂器之下而云序哭謂使人持此樂器向壙及入壙之時序哭之也

凡樂官掌其政令。聽其治訟。治直吏反〔疏〕凡樂至治訟○釋曰凡樂官謂此已下大胥至司干皆無聽訟之事則皆樂師聽之耳

大胥掌學士之版。以待致諸子。鄭司農云學士謂卿大夫諸子學舞者版籍也今時鄉戶籍世謂之戶版大胥主此籍以待當召聚學舞者卿大夫之諸子則按此籍以召之漢大樂律曰卑者之子不得舞宗廟之酎除吏二千石到六百石及關內侯到五大夫子先取適子高七尺已上年十二到年三十顏色和順身體脩治者以爲舞人與古用卿大夫子同義○版音板酎直救反適丁歷反上時掌反下六上反〔疏〕注鄭司至同義○釋曰先鄭知學士謂卿大夫諸子者按夏官諸子職云掌國子之倅則國中兼有元士之適子不言者以其漢法卑者之子不得舞宗廟之酎則元士之子不入故知卿大夫之諸子也知學舞者下云入學合舞故知也云不得舞宗廟之酎者按月令四月云天子與羣臣飲酎鄭注云酎之言醇謂重釀之酒春酒至此始成作此酎亦謂重釀之酒祭宗廟而用之祭未有相飲之法以宗廟言之云除吏二千石已下在前漢紀注云漢承秦爵二十等五大夫九爵關內侯十九爵列侯二十爵宗廟舞人用貴人子弟與周同故先鄭引以爲證也既云取七尺以上而云十二到三十則十二者誤當云二十至三十何者按鄉大夫職云國中自七尺以及六十野自六尺以及六十有五皆征之按韓詩二十從役與國中七尺同是七尺爲二十矣明不得爲十二也

春。入學。舍采合舞。春始以學士入學宮而學之合舞等其進退使應節奏鄭司農云舍采謂舞者皆持芬香之采或曰古者士見於君以雉爲摯見於師以菜爲摯菜直謂疏食菜羹之菜或曰學者皆人君卿大夫之子衣服采飾舍采者減損解釋盛服以下其師也月令仲春之月上丁命樂正習舞釋采仲丁又命樂正入學習樂玄謂舍即釋也采讀爲菜始入學必釋菜禮先師也菜蘋蘩之屬○舍音釋采音菜注同疏所居反劉音蘇下戶嫁反〔疏〕注春始至之屬○釋曰云春始以學士入學者歲初貴始云學宮者則文王世子云春誦夏弦皆於東序是也云合舞等其進退使應節奏者謂等其舞者或進或退周旋使應八音奏樂之節合也按月令注等其舞者象物出地鼓舞也先鄭解舍采三家之說後鄭皆不從者按王制有釋菜奠幣文王世子又云始立學釋菜不舞不授器舍即釋也采即菜也故以爲學子始入學釋采禮先師也但學子始入學釋菜禮輕故不及先聖也其先師者鄭注文王世子云若漢禮有高堂生樂有制氏詩有毛公書有伏生知菜是蘋蘩之屬者詩有采蘋采蘩皆采名言之屬者周禮又有芹茆之等亦菜名也

秋。頒學合聲。春使之學秋頒其才藝所爲合聲亦等其曲折使應節奏○折之設反〔疏〕秋頒學合聲○釋曰春物生之時學子入學秋物成之時頒分也分其才藝高下故鄭云春使之學秋頒其才藝所爲也云合聲者春爲陽陽主動舞亦動春合舞象物出地鼓舞秋爲陰陰主靜聲亦靜故秋合聲象秋靜也但舞與聲遞相合故鄭云合聲亦等其曲折使應節奏也

以六樂之會。正舞位。大同六樂之節奏正其位使相應也言爲大合樂習之○爲于僞反〔疏〕以六至位○釋曰六樂者即六代之樂六舞雲門之等是也○注大同至習之○釋曰云大同者解經中會會合即大同也云大同六樂之節奏者謂六代之舞一作之使節奏大同而無錯謬故云正其位使相應也云爲大合樂習之者按月令仲春上丁命樂正習舞釋菜季春云大合樂則此云六樂之會爲季春大合樂習之也若然此六樂之會與上春入學舍采合舞者別矣按文王世子云凡大合樂必遂養老注大合樂謂春入學舍采合舞秋頒學合聲則是合舞合聲與大合樂又爲一者季春大合樂與合舞合聲實別但春合舞秋合聲對春大合樂不爲大然於四時而言亦爲大合樂何者文王世子云凡大合樂必遂養老其中含有合舞合聲必知含此二者以其言凡非一按月令仲春習舞釋采天子親往視之季春云大合樂天子親往視之至仲春合聲雖不云天

子親往視之視之可知若然三者天子親往視之同則皆有養老之事則春合舞秋合聲皆得爲大合樂文王世子以大合樂爲合舞合聲解之也**以序出入舞者。**以長幼次之使出入不紕錯○紕匹毗反劉博雜反【疏】注以長至紕錯○釋曰凡在學皆以長幼爲齒令爲舞者八八六十四人○所須爲舞之處皆當以長幼出入若使幼者在前則爲紕錯故云使出入不紕錯也**比樂官。**比猶校也杜子春云次比樂官也鄭大夫讀比爲庀庀具也錄具樂官○比鄭如字下同杜毗志反庀音匹婢反【疏】注比猶至樂官○釋曰杜子春云次比樂官者也與後鄭同鄭大夫以比爲庀錄具樂官雖與後鄭不同得爲一義故引之在下也**展樂器。**展謂陳數之○數所主反【疏】注展謂陳數之○釋曰樂器謂鼓鍾笙磬柷敔之等皆當陳列校數**凡祭祀之用樂者。以鼓徵學士。**擊鼓以召之文王世子曰大昕鼓徵所以警衆○昕音欣【疏】凡祭至學士○釋曰祭祀言凡者則天地宗廟之祀用樂舞之處以鼓召學士選之當舞者往舞焉舞師云小祭祀不興舞注云小祭祀王玄冕所祭則亦不徵學士也**序宮中之事。**

小胥掌學士之徵令而比之。觵其不敬者。比猶校也不敬謂慢期不時至也觵罰爵也詩云兕觵其觩○觵古橫反本或作觥同徐兕履反觩巨樛反○【疏】小胥至敬者○釋曰大胥掌學士之版以待召聚舞者小胥贊大胥爲徵令校比之知其在不仍觵其不敬者也○注比猶至其觩○釋曰引詩者是周頌絲衣之篇祭末飲酒恐有過失故設罰爵其時無犯非禮用爵觥然陳設而已引之者證觥是罰爵也○**巡舞列。而撻其怠慢者。**撻猶抶也抶以杖扑○撻吐達反抶勑乙反又勑栗反扑普卜反○【疏】注撻猶至杖扑○釋曰按文十八年齊懿公爲公子也與邴歜之父爭田不勝及即位乃掘而刖之而使歜僕納閻職之妻而使職驂乘公遊於申池二人浴于池歜以扑抶職職怒歜曰人奪汝妻而不怒一抶汝庸何傷是抶爲撻以杖故云扑也**正樂縣之位。王宮縣。諸侯軒縣。卿大夫判縣。士特縣。辨其聲。**樂縣謂鍾磬之屬縣於筍簴者鄭司農云宮縣四面縣軒縣去其一面判縣又去其一面特縣又去其一面四面象宮室四面有牆故謂之宮縣軒縣三面其形曲故春秋傳曰請曲縣繁纓以朝諸侯禮也故曰惟器與名不可以假人玄謂軒縣去南面辟王也判縣左右之合又空北面特縣縣於東方或於階間而已○特本亦作犆音特筍息允反虡音巨去起呂反下同繁步干反朝直遙反辟音避○【疏】注樂縣至而已○釋曰云樂縣謂鍾磬之屬縣於簨簴者凡縣者通有鼓鎛亦縣之鄭直云鍾磬者據下成文而言先鄭云軒縣判縣特縣皆直云去一面不辯所去之面故後鄭增成之也所引春秋傳者按成二年左氏傳云衛孫良夫將侵齊與齊師遇敗仲叔于奚救孫桓子桓子是以免既衛人賞之以邑辭邑請曲縣繁纓以朝許之仲尼聞之曰惜也不如多與之邑惟器與名不可以假人注云諸侯軒縣闕南方形如車輿是曲也引之者證軒爲曲義也玄謂軒縣去南面避王也若然則諸侯軒縣三面皆闕南面是以大射云樂人宿縣於阼階東笙磬西面其南笙鍾其南鑮皆南陳西階之西頌磬東面其南鍾其南鑮皆南陳又云一建鼓在西階之東南面注云言面者國君於其臣備三面爾無鍾磬有鼓而已其爲諸侯則軒縣是其去南面之事也以諸侯大射於臣備三面惟有鼓則大夫全去北面爲判縣可知云特縣縣於東方或於階間而已者按鄉飲酒記云磬階間縮霤注云縮從也霤以東西爲從是其階間也按鄉射云縣於洗東北西南注云此縣謂縣磬也縣於東方避射位也是其東方也云而已者言其少耳○**凡縣鍾磬。半爲堵。全爲肆。**鍾磬者編縣之二八十六枚而在一虡謂之堵鍾一堵磬一堵謂之肆半之者謂諸侯之卿大夫士也諸侯之卿大夫半天子之卿大夫西縣鍾東縣磬士亦半天子之士縣磬而已鄭司農云以春秋傳曰歌鍾二肆○堵丁古反○【疏】凡縣至爲肆○釋曰云凡縣鍾磬揔目語也所縣者則半之爲堵全之爲肆是也云堵者若牆之一堵肆者行肆之名二物乃可爲半者一堵半其一肆故云半爲堵全爲肆也○注鍾磬至二肆○釋曰經直言鍾磬不言鼓鎛者周人縣鼓與鎛之大鍾惟縣一而已不編縣故不言之其十二辰頭之零鍾亦縣一而已今所言縣鍾磬者謂編縣之二八十六枚共在一簴者也鄭必知有十六枚在一簴者按左氏隱五年考仲子之宮初獻六羽衆仲云夫舞所以節八音而行八風故以八爲數樂縣之法取數於此又倍之爲十六若漏刻四十八箭亦倍十二月二十四氣故以十六爲數也是以淮南子云樂生於風亦是取數於八風之義也按昭二十年晏子云六律七音服注云七律爲七器音黃鍾爲宮林鍾爲徵大蔟爲商南呂爲羽姑洗爲角應鍾爲變宮蕤賓爲變徵外傳曰武王克商歲在鶉火月在天駟日在析木之津辰在斗柄星在天黿鶉火及天駟七列也南北之揆七月也鳧氏爲鍾以律計自倍半一縣十九鍾鍾七律十二縣二百二十八鍾爲八十四律此一歲之閏數此服以音定之以一縣十九鍾十二鍾當一月十二月十二辰辰加七律之鍾則十九鍾一月有七律當一月之小餘十二月八十四小餘故云一歲之閏數按大射笙磬西面頌磬東面皆云其南鍾其南鎛北方直有鼓無鍾磬避射位則三面鍾磬鎛天子宮縣四面鍾磬鎛而已不見有十二縣服氏云十二縣非鄭義也云半之者謂諸侯之卿大夫士也又云諸侯之卿大夫半天子之卿大夫西縣鍾東縣磬者天子諸侯縣皆有鎛今以諸侯之卿大夫士半天子之卿大夫士言之則卿大夫士直有鍾磬無鎛也若有鎛不得半之耳必知諸侯卿大夫分鍾磬爲東西者以其諸侯卿大夫亦稱判縣故知諸侯卿大夫以天子卿大夫判縣之一肆分爲西東也云士亦半天子之士者天子之士直有東方一肆二堵諸侯之士半之謂取一堵或於階間或於東方也先鄭引春秋者襄十一年鄭賂晉侯歌鍾二肆晉侯以樂之半賜魏絳魏絳於是乎始有金石之樂禮也按彼鄭賂晉侯止有二肆當天子卿大夫判縣故取半賜魏絳魏絳得之分爲左右故云始有金石之樂引之者證諸侯之卿大夫判縣有鍾磬之義也

大師掌六律六同。以合陰陽之聲。陽聲。黃鍾。大蔟。姑洗。蕤賓。夷則。無射。陰聲。大呂。應鍾。南呂。函鍾。小呂。夾鍾。皆文之以五聲。宮。商。角。徵。羽。皆播之以八音。金。石。土。革。絲。木。匏。竹。以合陰陽之聲者聲之陰陽各有合黃鍾子之氣也十一月建焉而辰在星紀大呂丑之氣也十二月建焉而辰在玄枵大蔟寅之氣也正月建焉而辰在娵訾應鍾亥之氣也十月建焉而辰在析木姑洗辰之氣也三月建焉而辰在大梁南呂酉之氣也八月建焉而辰在壽星蕤賓午之氣也五月建焉而辰在鶉首林鍾未之氣也六月建焉而辰在鶉火夷則申之氣也七月建焉而辰在鶉尾中呂巳之氣也四月建焉而辰在實沈無射戌之氣也九月建焉而辰在大火夾鍾卯之氣也二月建焉而辰在降婁辰與建交錯貿處如表裏然是其合也其相生則以陰陽六體爲之黃鍾初九也下生林鍾之初六林鍾又上生大蔟之九二大蔟又下生南呂之六二南呂又上生姑洗之九三姑洗又下生應鍾之六三應鍾又上生蕤賓之九四蕤賓又下生大呂之六四大呂又上生夷則之九五夷則又下生夾鍾之六五夾鍾又上生無射之上九無射又上生中呂之上六同位者象夫妻異位者象子母所謂律取妻而呂生子也黃鍾長九寸其實一籥下生者三分去一上生者三分益一五下六上乃一終矣大呂長八寸二百四十三分寸之一百四大蔟長八寸夾鍾長七寸二千一百八十七分寸之千七十五姑洗長七寸九分寸之一中呂長六寸萬九千六百八十三分寸之萬二千九百七十四蕤賓長六寸八十一分寸之二十六林鍾長六寸夷則長五寸七百二十九分寸之四百五十一南呂長五寸三分寸之一無射長四寸六千五百六十一分寸之六千五百二十四應鍾長四寸二十七分寸之二十文之者以調五聲使之相次如錦繡之有文章播猶揚也揚之以八音乃可得而觀之矣金鍾鎛也石磬也土塤也革鼓鼗也絲琴瑟也木柷敔也匏笙也竹管簫也○匏白交反枵虛驕反娵子榆反訾子斯反大梁如字劉音泰降戶江反貿音茂取七喻反塤虛表反【疏】注以合至簫○釋曰此大師無目於音聲審故使合六律六同及五聲八音也鄭云以合陰陽之聲者聲之陰陽各有合者六律爲陽六同爲陰兩兩相合十二律爲六合故云各有合也云黃鍾子之氣也十一月建焉而辰在星紀者以經云以合陰陽之聲即言陽聲黃鍾大蔟姑洗等據左旋而言云陰聲大呂應鍾南呂等據右轉而說其左右相合之義按斗柄所建十二辰而左旋日體十二月與月合宿而右轉但斗之所建建在地上十二辰故言子丑之等辰者日月之會會在天上十二次故言娵訾降婁之等以十二律是候氣之管故皆以氣言之耳以黃鍾律之首與大呂合故先言之云辰與建交錯貿處如表裏然是其合者貿易也謂若詩云抱布貿絲是貿易也十二月皆先言建後言辰皆覆之亦先言建後言辰是辰與建交錯貿易處互爲先後如似有表裏然是其交合也假令十一月先舉黃鍾後言星紀覆之則先舉大呂後言玄枵十二月皆然義可知也云其相生則以陰陽六體爲之者向上所說順經六律左旋以同右轉以陰陽左右爲相合若相生則六律六同皆左旋以律爲夫以同爲夫婦從夫之義故皆左旋鄭知有陰陽六體法者見律厤志云黃鍾初九律之首陽之變也因而六之以九爲法得林鍾林鍾初六呂之首陰之變也皆三天地之法也是其陰陽六體其黃鍾在子一陽爻生爲初九林鍾在未二陰爻生得爲初六者以陰故退位在未故曰乾貞於十一月子坤貞於六月未也云同位者象夫妻異位者象母子者同位謂若黃鍾之初九下生林鍾之初六俱是初之第一夫婦一體是象夫婦也異位象子母謂若林鍾上生大蔟之九二二於第一爲異位象母子但律所生者爲夫婦呂所生者爲母子十二律呂律所生者常同位呂所生者常異位故云律取妻而呂生子也故曰黃鍾爲天統律長九寸林鍾爲地統律長六寸大蔟爲人統律長八寸林鍾位在未得爲地統者以未衝丑故也志又云十二管相生皆八八上生下生盡於中呂陰陽相生自黃

鍾始而左旋八八爲伍又云皆參天兩地之法也注云三三而九二三而六上生下生皆以九爲法九六陰陽夫婦子母之道律取妻而吕生子天地之情也六律六吕而十二辰立矣五聲清濁而十日行矣鄭注皆取義於此也云黄鍾長九寸其實一籥者亦律厤志文按彼云子穀秬黍中者千有二百其實一籥彼又云黄鍾者律之實也云下生者三分去一上生者三分益一者子午已東爲上生子午已西爲下生東爲陽陽主其益西爲陰陰主其減故上生益下生減必以三爲法者以其生故取法於天之生數三也云大吕長八寸二百四十三分寸之一百四者以黄鍾之律爲本以八相生下生林鍾林鍾上生大蔟大蔟下生南吕已後皆然以此爲次今鄭以黄鍾大吕大蔟等相比爲次第不依相生爲次第者鄭意旣以上生下生得寸數長短乃依十二辰次第而言耳此之寸數所生以黄鍾長九寸下生林鍾三分減一去三寸故林鍾長六寸林鍾上生大蔟三分益一六寸益二寸故大蔟長八寸此三者以爲三統故無餘分大蔟下生南吕三分減一八寸取六寸減二寸得四寸在餘二寸寸爲三分合爲六分去二分四分在取三分爲一寸添前四寸爲五寸餘一分在是南吕之管長五寸三分寸之一也南吕上生姑洗三分益一五寸取三寸益一寸爲四寸又餘二寸者爲十八分又以餘一分者爲三分添前十八分爲二十一分益七分爲二十八分取二十七分爲三寸添前四寸爲七寸餘一分在是爲姑洗之管長七寸九分寸之一姑洗下生應鍾三分去一取六寸去二寸得四寸又以餘一寸者爲二十七分餘一分者爲三分添二十七分爲三十分減十分餘二十分是應鍾之管長四寸二十七分寸之二十自此已下相生皆以爲三分數而爲減益之法其義可知故不具詳也云文之者以調五聲使之相次如錦繡之有文章者謂據律吕以調五聲相次如錦繡有文章故名五聲爲文也此即八十一絲爲宮七十二絲爲商之等是也又云播猶揚也揚之以八音乃可得而觀之矣者五聲以律吕調之其八音亦使與律吕相應八音亦合五聲則絲是一但其聲發揚出聲故云播揚也云可得觀者義取左氏季札請觀周樂故以觀言之也云金鍾鎛已下鄭以義約之按下瞽矇職云播鼗柷敔塤簫管弦歌眡瞭職云掌擊頌磬笙磬磬師掌擊編鍾鼓人掌教六鼓笙師掌教吹笙是樂器中有此鍾磬等八者鍾鎛以金爲之磬以石爲之塤以土爲之鼓鼗以革爲之柷敔以木爲之笙以挿竹於匏但匏笙一也故鄭以笙解匏簫管以竹爲之故以鍾磬等釋金石等八音但匏笙亦以竹爲之以經別言匏故匏不得竹名也○**教六詩。曰風。曰賦。曰比。曰興。曰雅。曰頌。**教教瞽矇也風言賢聖治道之遺化也賦之言鋪直鋪陳今之政教善惡比見今之失不敢斥言取比類以言之興見今之美嫌於媚諛取善事以喻勸之雅正也言今之正者以爲後世法頌之言誦也容也誦今之德廣以美之鄭司農云古而自有風雅頌之名故延陵季子觀樂於魯時孔子尚幼未定詩書而因爲之歌邶鄘衛曰是其衛風乎又爲之歌小雅大雅又爲之歌頌論語曰吾自衛反魯然後樂正雅頌各得其所時禮樂自諸侯出頗有謬亂不正孔子正之曰比曰興比者比方於物也興者託事於物○興虛應反注皆同治直吏反下治功皆同鋪普吳反又音孚爲之于僞反下爲之爲作皆同邶步内反○〔疏〕教六至曰頌○釋曰按詩上下惟有風雅頌是詩之名也但就三者之中有比賦興故惣謂之六詩也○注教教至於物○釋曰鄭知此教是教瞽矇者按下瞽矇職云諷誦詩故知教者教瞽矇也云風言賢聖治道之遺化也者但風是十五國風從關雎至七月則是惣號

其中或有刺責人君或有褒美主上今鄭云言賢聖治道之遺化者鄭據二南正風而言周南是聖人治道遺化召南是賢人治道遺化自邶鄘已下是變風非賢聖之治道者也云賦之言鋪直鋪陳今之政教善惡者凡言賦者直陳君之善惡更假外物爲喻故云鋪陳者也云比見今之失不敢斥言取比類以言之興見今之美嫌於媚諛取善事以喻勸之者謂若關雎興后妃之類是也云雅正也言今之正者以爲後世法者謂若鹿鳴文王之類是也云頌之言誦也容也誦今之德廣以美之者凡言頌者美盛德之形容以其成功告於神明謂若淸廟頌文王之樂歌之類是也鄭司農云古而自有風雅頌之名已下後鄭從之故不破若然此經有風雅頌則在周公時明不在孔子時矣而先鄭引春秋爲證者以時人不信周禮者故以春秋爲證以與春秋同明此是周公所作耳按襄二十九年季札聘魯請觀周樂爲之歌邶鄘衛小雅大雅及頌等先鄭彼注云孔子自衛反魯然後樂正雅頌各得其所自衛反魯在哀公十一年當此時雅頌未定而云爲歌大雅小雅頌者傳家據已定錄之言季札之於樂與聖人同與此注違者先鄭兩解雖然據此經是周公時已有風雅頌則彼注非也○**以六德爲之本。**所教詩必有知仁聖義忠和之道乃後可教以樂歌○知音智〔疏〕注所教至樂歌○釋曰凡受教者必以行爲本故使先有六德爲本乃可習六詩也按大司徒職云以鄉三物教萬民一曰六德知仁聖義忠和又按師氏以三德教國子至德敏德孝德此旣教瞽矇故取教萬民之六德以釋之耳**以六律爲之音。**以律視其人爲之音知其宜何歌子貢見師乙而問曰賜也聞樂歌各有宜若賜者宜何歌此問人性也本人之性莫善於律〔疏〕注以律至於律○釋曰鄭云以律視其人爲之音知其宜何歌者則大師以吹律爲聲又使其人作聲而合之聽人聲與律吕之聲合謂之爲音或合宮聲或合商聲或合角徵羽之聲聽其人之聲則知宜歌何詩若然經云以六律爲之音據大師吹律共學者之聲合乃爲音似若曲合樂曰歌之類也云子貢已下樂記文師乙乃魯之大師瞽之無目知音者也故子貢不自審就師乙而問之云此問人之性者謂子貢所問問人之性性即性宜見於聲氣故云本人之性莫善於律也引之者證以律爲音本人性所宜之事也○**大祭祀。帥瞽登歌。令奏擊拊。**擊拊瞽乃歌也故書拊爲付鄭司農云登歌歌者在堂也付字當爲拊書亦或爲拊樂或當擊或當拊登歌下管貴人聲也玄謂拊形如鼓以韋爲之著之以穅○拊音撫○〔疏〕大祭至擊拊○釋曰謂凡大祭之時大師有此一事言帥瞽登歌者謂下神合樂皆升歌淸廟故將作樂時大師帥取瞽人登堂於西階之東北面坐而歌者與瑟以歌詩也令奏擊拊者擊拊所以導引歌者故先擊拊瞽乃歌也歌者出聲謂之奏故云奏也○注擊拊至以穅○釋曰鄭云擊拊瞽乃歌也者見經云令奏擊拊故知擊拊乃歌也先鄭云樂或當擊或當拊者先鄭之意擊拊謂若尚書云擊石拊石皆是作用之名拊非樂器後鄭不從者此擊拊謂若下文鼓朄乃擊應鼙之類彼朄鼙是樂器則知此拊亦樂器也玄謂拊形如鼓以韋爲之著之以穅者此破先鄭拊非樂器知義如此者約白虎通引尚書大傳云拊革裝之以穅今書傳無者在亡逸中**下管。播樂器。令奏鼓朄。**鼓朄管乃作也特言管者貴人氣也鄭司農云下管吹管者在堂下朄小鼓也先擊小鼓乃擊大鼓小鼓爲大鼓先引故曰朄朄讀爲道引之引玄謂鼓朄言擊朄詩云應朄縣鼓○朄音胤道音導引之引並音胤〔疏〕

下管至鼓朄○釋曰凡樂歌者在上匏竹在下故云下管播樂器樂器即笙簫及管皆是聲出曰播謂播揚其聲令奏鼓朄者奏即播亦一也欲令奏樂器之時亦先擊朄導之也○注鼓朄至縣鼓○釋曰鄭云鼓朄管乃作也者亦如上注擊拊瞽乃歌云特言管者貴人氣也者以管簫皆用氣故云貴人氣若然先鄭云登歌下管貴人聲此後鄭云特言管者貴人氣不同者各有所對若以歌者在上對匏竹在下歌用人人聲爲貴故在上若以匏竹在堂下對鍾鼓在庭則匏竹用氣貴於用手故在階間也後鄭云鼓朄猶言擊朄者此上下文拊與鼓皆言擊則此鼓謂出聲亦擊之類也詩云應朄縣鼓周頌有瞽篇也○**大饗。亦如之。**〔疏〕大饗亦如之○釋曰此大饗謂諸侯來朝即大行人上公三饗侯伯再饗子男一饗之類其在廟行饗之時作樂與大祭祀同亦如上大祭祀師瞽登歌下管播樂器令奏皆同故云亦如之凡祭祀大饗及賓射升歌下管一皆大師令奏小師佐之其鍾鼓則大祝令奏故大祝云隋釁逆牲逆尸令鍾鼓右亦如之若賓射及饗鍾鼓亦當大祝令之與祭祀同也其小祭祀及小賓客文不見或無升歌之樂其外祭祀山川社稷皆準大祭祀令奏也**大射。師瞽而歌射節。**射節王歌騶虞〔疏〕注射節王歌騶虞○釋曰言射節者謂若射人所云樂以騶虞九節貍首七節采蘋采蘩五節之類則大師爲之歌也○**大師。執同律以聽軍聲。而詔吉凶。**大師大起軍師兵書曰王者行師出軍之日授將弓矢士卒振旅將張弓大呼大師吹律合音商則戰勝軍士強角則軍擾多變失士心宮則軍和士卒同心徵則將急數怒軍士勞羽則兵弱少威明鄭司農云以師曠曰吾驟歌北風又歌南風南風不競多死聲楚必無功○將子匠反卒子忽反下同呼火故反數所角反○〔疏〕注大師至無功○釋曰兵書者武王出兵之書云合音商則戰勝軍士強者商屬西方金金主剛斷故兵士強也角則軍擾多變失士心者東方木木主曲直故軍士擾多變失士心宮則軍和士卒同心者中央土土主生長又載四行故軍士和而同心徵則將急數怒軍士勞者南方火火主熛怒故將急數怒羽則兵弱少威明者北方水水主柔弱又主幽闇故兵弱少威明也先鄭引師曠曰者按襄公十八年楚子使子庚師師侵鄭左傳曰甚雨及之楚師多凍役徒幾盡晉人聞有楚師師曠曰不害吾驟歌北風又歌南風南風不競多死聲楚必無功注云北風夾鍾無射以北南風姑洗南吕以南南律氣不至故死聲多吹律而言歌與風者出聲曰歌以律是候氣之管氣則風也故言歌風引之者證吹律知吉凶之事也**大喪。帥瞽而廞。作匱謚。**廞興也興言王之行謂諷誦其治功之詩故書廞爲淫鄭司農云淫陳也陳其生時行迹爲作謚○行下孟反下同〔疏〕大喪至匱謚○釋曰大喪言凡則大喪中兼王后雖婦從夫謚亦須論行乃謚之言帥瞽者即帥瞽矇歌王治功之詩廞作匱謚者匱即柩也古字通用之以其與喩王治功之詩爲柩作謚故云廞作柩謚是以瞽矇職云諷誦詩論作謚時也○注廞興至作謚○釋曰云廞興也者先鄭以從古書廞作淫淫陳也周禮之内先鄭皆從淫爲陳後鄭皆爲興故引之在下者以無正文亦得爲一義故也凡作謚謂將葬爲時故檀弓云公叔文子卒其子戍請於君曰日月有時將葬矣請所以易其名者曾子問云賤不誄貴幼不誄長天子稱天以誄之引公羊傳制謚於南郊是也**凡國之瞽矇正焉。**從大師之政教〔疏〕注從大師之政教○釋曰大師是瞽人之中樂官之長故

瞽矇屬焉而受其政教也

小師掌教鼓鼗。柷。敔。塤。簫。管。弦。歌。教教瞽矇也出音曰鼓鼗如鼓而小持其柄搖之旁耳還自擊塤燒土爲之大如鴈卵簫編小竹管如今賣飴餳所吹者弦謂琴瑟也歌依詠詩也鄭司農云柷如漆筩中有椎敔木虎也塤六孔管如篪六孔玄謂管如篴而小併兩而吹之今大予樂官有焉。搖音遙本亦作搖飴以之反餳辭盈反李音唐筩音動有焉。椎直追反六空音孔篪音馳篴音狄併薄令反〔疏〕注教至有焉。釋曰鄭知教瞽矇者按瞽矇所作樂器與此所要者同明此教教瞽矇也鄭知此經鼓非六鼓之鼓者按鼓人云掌教六鼓眡瞭職云掌大師之縣又云賓射皆奏其鍾鼓則六鼓鼓人教之眡瞭擊之非此小師教又瞽矇所作不言鼓明此鼓既在鼗巳下諸器之上是出聲爲鼓也後鄭解鼗依漢法而知塤燒土爲之大如鴈卵先鄭云塤六孔者按廣雅云塤象秤錘以土爲之六孔故二鄭爲此解也云簫編小竹者按通卦驗云簫長尺四寸注云簫管形象鳥翼鳥爲火火成數七生數二二七一十四簫之長由此廣雅云簫大者二十四管小者十六管有底三禮圖云簫長尺四寸頌簫長尺二寸此諸文簫有長短不同古者有此制也云管如今賣飴餳所吹者先鄭云管如篪六孔按廣雅云管象簫長尺圍寸八孔無底八孔者蓋傳寫誤當從六孔爲正也云弦謂琴瑟也歌依詠詩也者謂工歌詩依琴瑟而詠之詩此即詩傳云曲合樂曰詠歌亦一也故鄉飲酒之屬升歌皆有瑟依詠詩也若不依琴瑟即爾雅徒歌曰謠也先鄭云柷狀如漆筩中有椎敔木虎也者書云合止柷敔注云柷狀如漆筩而有椎合之者投椎其中而撞之敔狀如伏虎背有刻所以鼓之以止樂爾雅注云柷如漆桶方二尺四寸深一尺八寸敔如伏虎背上有二十七鉏鋙刻以木長尺櫟之玄謂管如篴而小併兩而吹之今大予樂官有焉者觀後鄭意以不與諸家同故引漢法大予樂官爲況也。大祭祀。登歌擊拊。亦自有拊擊之佐大師令奏鄭司農云拊者擊石○令力呈反〔疏〕注亦自至擊石○釋曰鄭知小師亦自擊拊不共大師同擊拊者見大師下管鼓朄此小師下管別自擊應鼙不同明擊拊亦別可知但小師佐大師耳引先鄭拊爲擊石者先鄭上注已解拊與擊同後鄭不從令引之在下者以無正文引之或得爲一義故也○下管擊應鼓。應鼙也應與朄及朔皆小鼓也其所用別未聞○鼙薄西反○〔疏〕注應鼙至未聞○釋曰鄭知應是應鼙及有朔鼙者按大射建鼓在阼階西南鼓應鼙在其東以是知應是應鼙彼又云一建鼓在西階之西朔鼙在其北是知有朔鼙也知皆小鼓者擊鼓者即事之漸先擊小後擊大故大射云應鼙在其東朔鼙在其北鼙者皆在人右鄭彼注云便其先擊小後擊大既便其事是鼙皆小鼓也云其所用別未聞者此上下祭祀之事有應有朄無朔大射有朔有應無朄凡言應者應朔鼙祭祀既有應明有朔但無文不可強定之故云用別未聞也徹歌。於有司徹而歌雍。〔疏〕注於有至歌雍○釋曰鄭知徹祭器歌雍者見論語八佾云三家者以雍徹孔子云相維辟公天子穆穆奚取於三家之堂以三家無辟公助祭又無天子之容則諸侯亦不得用惟天子得用之是天子之容則徹器用徹詩故云歌雍也大饗。亦如之。〔疏〕大饗亦如之○釋曰其大饗饗諸侯之來朝者徹器亦歌雍若諸侯自相饗徹器即歌振鷺故仲尼燕居云大饗有四焉云徹以振羽振羽當爲振鷺是其事也○大

喪與廞。從大師。與音預〔疏〕注從大師○釋曰知從大師者見大師職云廞作匱謚此言與謂與在廞中明從大師也凡小祭祀。小樂事。鼓朄。如大師鄭司農云朄小鼓名掌六樂聲音之節。與其和。和錞于○和戶臥反同錞音淳本或作淳〔疏〕注和錞于○釋曰鄭知和是錞于者見鼓人云金錞和鼓故知和是錞于也瞽矇掌播鼗。柷。敔。塤。簫。管。弦。歌。播謂發揚其音〔疏〕瞽矇至絃歌○釋曰此八者皆小師教此瞽矇令於作樂之時播揚以出聲也諷誦詩。世奠繫。鼓琴瑟。諷誦詩謂闇讀之不依詠也故書奠或爲帝鄭司農云諷誦詩主誦詩以刺君過故國語曰瞍賦矇誦謂詩也杜子春云帝讀爲定其字爲奠書亦或爲奠世奠繫謂帝繫諸侯卿大夫世本之屬是也小史主次序先王之世昭穆之繫述其德行瞽矇主誦詩并誦世繫以戒勸人君也故國語曰教之世而爲之昭明德而廢幽昏焉以休懼其動玄謂諷誦詩主謂廞作柩謚時也諷誦王治功之詩以爲謚世之而定其繫謂書於世本也雖不歌猶鼓琴瑟以播其音美之○奠音定繫戶計反注同刺七賜反瞍素口反行下孟反懼勑律反北本作休○〔疏〕諷誦至琴瑟○釋曰諷誦詩謂於王喪將葬之時則使此瞽矇諷誦王治功之詩觀其行以作謚葬後當呼之云世奠繫者奠定也謂辨其昭穆以世之序而定其繫繫即帝繫世本是也鼓琴瑟者詩與世本二者雖不歌詠猶鼓琴瑟而合之以美之也○注諷誦至美之○釋曰按上注云背文曰諷以聲節之曰誦別釋之此惣云闇讀之不依詠者語異義同背文與以聲節之皆是闇讀之不依琴瑟而詠也直背文闇讀之而已故雖有琴瑟猶不得爲曲合樂曰歌是以鄭云雖不歌猶鼓琴瑟以播其音美之也若然誦則以聲節之兼琴瑟則爲歌矣而得不爲歌者此止有諷而言誦者諷誦相將連言誦耳先鄭云諷誦詩主誦詩以刺君過并引國語皆是諫諍人君法度鄭不從而爲廞作柩謚時者以其與世繫連文皆是王崩後事不得爲諫諍是以大師廞作柩謚此瞽矇諷詩事相成故也子春與先鄭同但兼解世繫耳帝繫據王即經繫也諸侯卿大夫謂之世本即經世也云小史主次序先王之世昭穆之繫者小史職云奠繫世辨昭穆故知小史次序之云述其德行者取義於國語云爲之昭明德是也子春之意與先鄭同爲諫諍之事後鄭亦不從也國語者按楚語云莊王使士亹傅大子箴辭王卒使傅之問於申叔時申叔時曰教之春秋而爲之聳善而抑惡焉以戒勸之教之世而爲之昭明德而廢幽昏焉以休懼其動注云先王之繫世本使知有德者長無德者短子春引之者證帝繫世本之事後鄭云世之而定其繫謂書於世本以世與繫爲一事用之又對文言之王謂之帝繫諸侯卿大夫謂之世本散則通故云書於世本世本即帝王繫也○掌九德六詩之歌。以役大師。役爲之使眡瞭掌凡樂事。播鼗。擊頌磬笙磬。視瞭播鼗又擊磬磬在東方曰笙笙生也在西方曰頌頌或作庸庸功也大射禮曰樂人宿縣於阼階東笙磬西面其南笙鍾其南鎛皆南陳又曰西階之西頌磬東面其南鍾其南鎛皆南陳○頌衆家不音當依字庸音容○〔疏〕眡瞭至笙磬○釋曰按序官眡瞭三百人皆所以扶工以其扶工之外無事而兼使作樂故云掌凡樂事則播鼗巳下至職末皆是也○注視瞭至南

陳○釋曰云視瞭播鼗又擊磬者按小師教鼓注云教教瞽矇瞽矇云掌播鼗今視瞭亦掌播鼗但有目不須小師教之耳故鄭云視瞭播鼗又擊磬磬是眡瞭兼掌鼗也云磬在東方謂之笙笙生也在西方曰頌頌或作庸庸功也者以東方是生長之方故云笙西方是成功之方故云庸功也謂之頌者頌者美盛德之形容以其成功告於神明故云頌言或作庸者尚書云笙庸以間孔以庸爲大鍾鄭云庸即大射頌一也引大射者證東方之磬爲笙西方之磬爲頌之事也○掌大師之縣。大師當縣則爲之○〔疏〕注大師至爲之○釋曰按大司樂有宿縣之事小胥正樂縣之位大師無縣樂之事此大師當縣者大師掌六律六同五聲八音以其無目於音聲審本職雖不言縣樂器文寄於此明縣之可知言當縣則爲之者以其有目故也○凡樂事相瞽。相謂扶工○相息亮反注同○〔疏〕注相謂扶工○釋曰能其事曰工故樂稱工是以儀禮鄉飲酒鄉射燕禮大射皆言工相者以眡瞭有目瞽人無目須人扶持故也大喪廞樂器。大旅亦如之。旅非常祭於時乃造其樂器〔疏〕注旅非至樂器○釋曰大喪廞樂器謂明器故檀弓云木不成斲瓦不成味竹不成用琴瑟張而不平笙竽備而不和是沽而小耳是臨時乃造之大旅非常祭亦臨時乃造故云亦如之旅不用尋常祭器者以其旅是非常則其器亦如明器沽而小故文承明器而云亦如之也賓射皆奏其鍾鼓。擊朄以奏之其登歌大師自奏之○〔疏〕注擊朄至奏之○釋曰鄭知擊朄以奏之者見大師職云下管令奏鼓朄以其鍾鼓與管倶在下管既擊朄令奏則鍾鼓亦擊朄奏之可知云其登歌大師自奏之者大師職見大祭祀登歌擊拊雖不言賓射登歌自然大師令奏擊拊也若然大射之時鍾鼓眡瞭擊朄登歌亦大師自奏也鼗愷獻亦如之。愷獻獻功愷樂也杜子春云鼗讀爲憂戚之戚謂戒守鼓也擊鼓聲疾數故曰戚〔疏〕鼗愷獻亦如之○釋曰鼗謂夜戒守之鼓愷獻謂戰勝獻俘之時作愷樂二者皆視瞭奏其鍾鼓故云亦如之也○典同掌六律六同之和。以辨天地四方陰陽之聲。以爲樂器。陽聲屬天陰聲屬地天地之聲布於四方爲作也故書同作銅鄭司農云陽律以竹爲管陰律以銅爲管竹陽也銅陰也各順其性凡十二律故大師職曰執同律以聽軍聲玄謂律述氣者也同助陽宣氣與之同皆以銅爲○同〔疏〕注陽聲至銅爲○釋曰云陽聲屬天陰聲屬地天地之聲布於四方者此典同既云掌六律六同即覆云以辨天地四方陰陽之聲明天地四方陰陽之聲還是六律六同也但於十二辰陽辰爲律屬天在陰辰爲同屬地十二律布在四方方有三辰此即大師所云六律左旋六同右轉陰陽相合者也先鄭云陽律以竹爲管陰律以銅爲管竹陽也銅陰也各順其性并大師執同亦爲銅字解之後鄭不從之故云律述氣者也同助陽宣氣與之同皆以銅爲之鄭知義然者按律歷志云律有十二陽六爲律陰六爲呂有三統之義焉其傳曰黃帝之所作也黃帝使泠綸自大夏之西應劭曰大夏西戎之國也崐崘之陰取竹之解谷孟康曰解脫也谷竹溝也取竹之脫無溝節者也一說崐崘之北谷名也生其竅厚均者斷兩節間而吹之以爲黃鍾之宮制十二筩以聽鳳之鳴其雄鳴爲六雌鳴亦六此則上古用竹又按律歷志云度者分寸尺丈引也所以度長短也本起黃鍾之長一黍爲一分十分爲寸十寸爲尺十

尺爲丈十丈爲引而五度審矣其法用銅是陽律用銅可知是後世用銅之明證也

凡聲。高聲碨。正聲緩。下聲肆。陂聲散。險聲斂。達聲贏。微聲韽。回聲衍。侈聲筰。弇聲鬱。薄聲甄。厚聲石。

故書碨或作硍杜子春讀硍爲鏗鎗之鏗高謂鍾形容高也韽讀爲闇不明之闇筰讀爲行扈唶唶之唶石如磬石之聲鄭大夫讀碨爲衮冕之衮陂讀爲人短罷之罷韽讀爲鶉鵪之鵪鄭司農云鍾形下當踔正者不高不下鍾形上下正傭立謂高鍾形大上上大也高則聲上藏衮然旋如裏正謂上下直正則聲緩無所動下謂鍾形大下下大也下則聲出去放肆陂讀爲險陂之陂陂謂偏侈陂則聲離散也險謂偏弇也險則聲斂不越也達謂其形微大也達則聲有餘若大放也微謂其形微小也韽讀爲飛鉆涅闇之闇韽聲小不成也回謂其形微圜也回則其聲淫衍無鴻殺也侈謂中央約也侈則聲迫筰出去疾也弇謂中央寬也弇則聲鬱勃不出也甄讀爲甄燿之甄甄猶掉也鍾微薄則聲掉鍾大厚則如石叩之無聲○碨古本反又胡本反陂彼義反韽劉音闇又於聽反鄭於貪反戚於感反李烏南反侈昌氏反又式氏反筰側百反弇沈戚音掩劉於驗反甄音震注同硍音鞕又苦耕反字林音限鏗苦耕反鎗初衡反劉初耕反唶側百反罷皮買反字或作罷音同桂林之間謂人短爲矲矮矮音苦買反鵪烏南反彈音姆李又孚蔡反一音豐已反或音蒲年反傭勑龍反形大上大音泰下形大下大厚同舊菟佐反上時掌反鉆張林反又其廉反戚或音沾劉又渠金反說文云鏗鏦也一曰膏車鐵鈷鍼竹涉反涅乃結反劉其兼反殺色界反舊色例反約如字戚於教反掉徒弔反劉奴較反

【疏】注故書至無聲○釋曰此十二種並是鍾之病此職掌十二律之鍾是十二辰之零鍾非編者直言病鍾者欲見除此病外即是鍾之善者故言病鍾而已杜子春讀碨爲鏗鎗之鏗者讀從樂記鍾聲鏗鏗以立號是鏗鎗之鏗後鄭不從又讀筰爲行扈唶唶之唶讀從左氏傳少皡以鳥名官有行扈唶唶後鄭亦不從也云石如磬石之聲者磬用石者故讀從磬聲後鄭增成之鄭大夫讀碨爲衮冕之衮取音同後鄭從之陂讀爲人短罷之罷從俗語讀之後鄭不從韽讀爲鶉鵪之鵪讀從孝經緯後鄭亦不從此讀鄭司農云下謂鍾形下當踔後鄭不從云正者不高不下鍾形上下正傭後鄭增成其義玄謂高鍾形大上下大也高則聲上藏衮然旋如裏者言旋如裏謂聲周旋如在裏云正謂上下直正則聲緩無所動者由無鴻殺故也云下謂鍾形大下下大也下則聲出去放肆者由下大故也鄭知上是上大下是下大者以其正是上下直則上是上大下是下大可知故爲此解云陂讀爲險陂之陂者讀從詩序險陂私謁之心陂是偏私之意故爲偏侈也云險謂偏弇也者此險與陂相對陂既爲偏侈故險爲偏弇也云達謂其形微大也者凡物大則疏達故爲微大對高爲上大故此達爲微大微大則聲有餘若大放也云微謂其形微小也者此微對達達爲微大則微爲微小矣云韽讀爲飛鉗涅闇之闇者謂鬼谷子有飛鉗揣摩之篇皆言從横辨說之術飛鉗者言察是非語飛而鉗持之揣摩者云揣人主之情而摩近之云韽聲小不成也者飛鉗涅闇使之不語此鍾聲韽亦是聲小不成也云回謂其形微圜也者凡鍾依鳧氏所作若鈴不圜令此回而微圜故聲滛衍無鴻殺也云侈謂中央約也者此非偏侈謂鍾口揔寬則聲迫筰出去疾由口寬故也云弇謂中央寬者此與侈相對侈既口揔寬則弇是口揔狹是中央寬也云弇則聲鬱勃不出也者由口籠故也云甄讀從甄燿之甄者讀從春秋緯甄燿度之篇名云甄猶掉也鍾微薄則聲掉者由薄故也云鍾大厚則如石者按鳧氏爲鍾云鍾已厚則石已薄則播是故大鍾十分其鼓間以其一爲之厚小鍾十分其鉦間以其一爲之厚是厚薄得中也

凡爲樂器。以十有二律爲之數度。以十有二聲爲之齊量。數度廣長也齊量侈弇之所容。○齊才計反注同廣古曠反長直亮反。

【疏】注數度至所容。○釋曰樂器據典同所作謂鍾也云以十有二律爲之度數者依律歷志云古之神瞽度律均鍾以律計倍半假令黃鍾之管長九寸倍之爲尺八寸又九寸得四寸半揔二尺二寸半以爲鍾口之徑及上下之數自外十二辰頭皆以管長短計之可知故云度數廣長也廣則口徑長則上下也云以十有二聲爲之齊量者十二聲則十二辰零鍾鍾則聲也十二鍾皆有所容多少之齊量故云侈弇之所容者上文侈弇雖是鍾病所容多少則依法故舉侈弇見文而言也

凡和樂亦如之。和謂調其故器也。○

【疏】注和謂至器也。○釋曰鄭知調故器者上文凡爲樂器是新造者今更言和樂明是調故器知聲得否及容多少當依法度也

周禮注疏卷二十三校勘記　阮元撰盧宣旬摘錄

附釋音周禮注疏卷第二十三

樂師

有帗舞　漢讀考云說文翇樂舞執全羽以祀社稷也从羽犮聲讀若紱大鄭云全羽正以其字從羽知之也疑今注有脫誤當云故書帗作翇皇作䍿鄭司農云翇舞者全羽社稷以翇蓋大鄭從故書與許同後鄭從今書作帗也地官舞師職當亦然

羽舞爲析羽相對解之　惠校本無相此衍

魚尾雞喙　宋本作啄

翿以采薺　唐石經諸本同釋文作采齊云本又作薺

以鍾鼓爲節　唐石經余本岳本嘉靖本同閩監毛本鍾改鐘注及疏同

則皆迎法　閩本同監毛本皆下有有字

云趍以采薺　閩監毛本趍作趨下並同

既言趍以采薺　閩本同監毛本薺誤齊

皆於庭中遙奏采薺　閩本同監毛本下有矣

惟貍首在樂記　余本嘉靖本惟作唯

卽燕義所云是也　惠校本閩本同誤也監毛本改作射義爲是

云掌其敘事者　閩監毛本敘作序

又引燕禮者　惠校本閩本同監毛本引作云非

詔來瞽皋舞　說文皋气皋白之進也从夲从白禮祝曰皋登歌曰奏故皋奏皆从夲周禮曰詔來鼓皋舞皋告之也按鄭司農云瞽當爲鼓皋當爲告後鄭云皋之言號告國子當舞者舞先鄭以瞽爲鼓與許同後鄭則如字讀皋爲呼號卽告義也不必易字後鄭與許同

亦謂祭未至徹祭器之時　浦鏜云末誤未

其中詔來瞽歌徹等皆如之　宋本瞽作鼓

帥射夫以弓矢舞　監本帥誤師

率當爲帥　漢讀考云率與帥今人混用而漢人分別毛詩作率時農夫韓詩作帥時農夫周禮帥都建旗說文作率都建旗聘禮注曰古今帥皆作率凡周禮帥字故書當皆作率

雜以干戚羽毛謂之樂　浦鏜云旄訛毛

軍事言凡者　孫志祖云監本事誤士

故亦然言凡以該之　浦鏜云然衍字

笙竽備而不和是也　惠校本作竽笙此倒眡瞭疏引作竽笙

眡葬獻明器之材　閩本同監毛本眡葬下有獻器遂哭注云至將葬十字○案此因兩獻字相重而誤脫也以監毛本爲是

大胥

則按此籍以召之　閩監毛本同余本岳本嘉靖本漢制考按皆作案

先取適子高七尺已上　釋文作以上此作已非

年十二到年三十　閩監毛本及漢制考所引同余本嘉靖本十二作二十按賈疏云十二者誤當云二十至三十然則舊本皆作十二作二十者據賈疏改也惠士奇云劉昭引此亦作十二似非誤

祭未有相飲之法　漢制考未作末此誤

謂舞者皆持芬香之采　漢讀考云采當作菜

士見於君以雉爲摯　余本嘉靖本同閩監毛本摯作贄非下句仍作摯毛本士誤七

鄭大夫讀比爲庀　釋文作爲庇

注云小祭祀　宋本無云

小胥

祭未飲酒　閩本同監毛本未改不按未當爲末

士特縣　釋文特作植云本亦作特唐石經缺

縣於筍虡者　毛本虡改簴按釋文作簴葉鈔本作簴

云樂懸謂鍾磬之屬縣於簨簴者 閩監毛本簴作虡

樂人宿縣于阼階東 閩本同監本于誤牙毛本改於

其南鍾其南鎛 閩監毛本鎛誤鏄

國君於其臣備二面爾 閩監毛本二作三

鄭司農云以春秋傳曰 段玉裁云當作鄭司農說

分爲東西也 監本作西東

大師

正月建寅而辰在娵訾 毛本寅誤寘嘉靖本娵作陬

蕤賓又下生大呂之六四大呂又上生夷則之九五夷則又下生夾鍾之六五夾鍾又上生無射之上九 閩監毛本同誤也余本岳本嘉靖本下生皆作上生上生皆作下生當據以訂正盧文弨曰禮記月令正義春秋昭二十年正義引此注皆不誤

黃鍾大蔟沽洗等 閩監毛本作姑洗下並同

林鍾初九 閩本同誤也監毛本改作初六是

皆三天地之法也 浦鏜云當作皆參天兩地

異位者象母子者 今注作子母蓋誤倒當從賈所引

其實一籥者 監本實誤貴一字空缺

而因爲之歌邶鄘衛 閩監毛本同余本嘉靖本惠挍本因作曰

以六德爲之本 唐石經嘉靖本本作本

乃後可教以樂歌 余本嘉靖本同閩監本乃作然毛本後誤夜

令奏擊拊 唐石經諸本同浦鏜云此及下令字鄭注樂記會守拊鼓下引作合以證會義經如作令則當音力呈反如小師職注大師令奏是令釋文無音明本不作令按孔氏正義本作合故云謂大師合奏樂之時先擊拊而合奏之又云合奏時親擊朄以奏之宋本禮記注疏二合字皆改作令非賈疏令奏鼓朄云欲令奏樂器之時亦先擊朄導之也當本作合奏樂器

主歌騶虞 閩監毛本同誤也余本嘉靖本主作王此本疏中標注亦作王當據以訂正

鄭司農云以師曠曰 閩監毛本同誤也余本岳本嘉靖本云作說當據正

沽洗南呂以南 閩監毛本改姑洗非賈疏多用沽字

作匶謚 唐石經諸本同岳本謚改諡非○按用毛居正之謬說也

誦作謚時也 惠挍本無也浦鏜云謂誤誦

小師 毛本小字空缺

簫管弦歌 唐石經余本嘉靖本 毛本同閩監本弦改絃注及疏同

出音曰鼓 嘉靖本音下有者六經正誤云出音者曰鼓闕者字○按嘉靖本者字誤衍有者字則鼗柷敔可通而塤簫管弦不可通凡出其音皆曰鼓非必有他物以出之也毛氏居正以有者字與其改鼓爲鼓之說相合乃從此誤本而謂無者闕矣

如今賣飴餳所吹者 閩毛本同余本嘉靖本監本餳作錫釋文飴餳辭盈反李音唐此本疏及載音義皆作錫○按从易是也

管如篪六孔 余本嘉靖本閩監毛本同岳本篪作箎爲是箎从虒聲

元謂管如篴而小 孫志祖云詩周頌有瞽疏引鄭注而作形

併兩而吹之 惠挍本無兩

今大子樂官有焉 嘉靖本閩監毛本同誤也余本岳本子作予當據正疏中同○按光武樂曰大予見後漢書及文選兩都賦注

烏爲火火成數七 此本剜擠一火字閩監毛本排入

升歌皆有瑟 閩監毛本瑟誤琴

敔狀如木虎 浦鏜云伏誤木

鄭知徹祭器歌詩者 惠挍本詩作雍此誤

鄭司農云朄小鼓名 此本及閩監本脫農字今據余本嘉靖本毛本補正

瞽矇

簫管弦歌 監本歌誤細

故書奠或爲帝 岳本云或作帝

以怵懼其動 釋文云怵懼北本作休按國語楚語作休韋昭曰休嘉也北本是賈疏引國語亦作休

莊王使士亹傅大子箴 惠挍本閩本同此本箴字模糊監毛本遂誤作臧

以休懼其動 閩監毛本依注改怵懼非

即帝王繫也 宋本作王帝

眡瞭

視瞭播鼗 毛本視改眡非

注視瞭至南陳 閩監毛本視改眡

大師當縣則爲之 嘉靖本閩監毛本同余本當作掌盧文弨曰按疏是當字

小胥正樂縣之位 此本及閩本位誤磬監本誤差今據毛本訂正

杜子春云讀鼜爲憂戚之戚 余本嘉靖本無云此衍

典同

故書同作銅 按此疑當爲故書銅作同司農從今書作銅後鄭從故書作同經文不作六銅者從後鄭本也尚書顧命篇亦今文作銅古文作同○按前說非也故書作銅注甚明了未可牽合尚書顧命今文古文而疑之謂書禮今文必銅字書禮古文必同字失之固矣

執同律以聽軍聲 漢讀考作執銅律按此據先鄭本耳今大師職作同從後鄭本也

皆以銅爲之 余本嘉靖本同閩本爲下剜擠之字監毛本因之按此本疏中標起訖云注陽聲至銅爲亦無之字亦閩本剜擠監毛本承其誤

方有三也 閩本同監毛本三改四誤

六律右旋 浦鏜云左誤右

黃帝使泠綸自大夏之西 惠挍本作泠淪此與漢志同閩監毛本改伶倫非

取竹之脫無溝節者也 惠挍本無取此衍

生其竅均厚者 惠挍本作厚均

七丈爲引 浦鏜云十誤七

微聲韽 唐石經諸本同閩監本韽作韽毛本作韽皆訛

杜子春讀硍爲鏗鎗之鏗 毛本鏗鎗誤鏗鏘漢讀考硍作硍云此杜從作硍之本而易爲鏗字今本作讀硍誤音義硍鏗皆苦耕反陸時蓋未誤也

韽讀爲鶉鵪之鵪 閩監本鵪皆誤韽漢讀考云爲當作如

鍾形下當蹕 閩監毛本同誤也余本嘉靖本蹕作蹕當據正釋文蹕作婢

䆗然旋如裹 余本嘉靖本閩監毛本同岳本惠挍本裏作裹按䆗裹一聲之轉故讀從之䆗亦與卷通卷旋即裹義也蓋作裹是釋曰言旋如裹謂聲周旋如在裹是賈本作裹字

韽讀爲飛鉆涅韽之韽 釋文作飛鉆賈疏作飛鉗云言察是非語飛而鉗持之集韻二十四鹽二十五沾皆云鬼谷篇有飛鉆涅闇段玉裁云集韻所本者是也注當作涅闇之闇

甄讀爲甄燿之甄 余本嘉靖本閩監本同毛本燿作耀按賈疏本作燿云讀從春秋緯甄燿度○按甄燿即震燿古人震多讀平聲古本作燿者亦當讀爲燿

甄猶棹也 閩監本同誤也余本嘉靖本毛本棹作掉當據正下同釋文出掉也二字○按鼂氏云長甬則

震注云鐘掉則聲不正亦以掉釋震是知甄震一字甄爲震之假借也震有平去二音甄亦可平可去故集韻云甄之刃切掉也鐘病聲

袞然旋如裏者 惠校本裏作褁下並同

此險與陂相對 惠挍本陂作詖

皆言從橫辨說之術 惠挍本辨作辯

故云侈弇之所容者 浦鏜云者當也字誤

周禮注疏卷二十三挍勘記終

附釋音周禮注疏卷第二十四

鄭氏注 賈公彥疏

磬師掌教擊磬。擊編鐘。教教視瞭也磬亦編於鐘言之者鐘有不編不編者鐘師擊之杜子春讀編爲編書之編〔疏〕注教教至之編。○釋曰鄭知教教視瞭者視瞭職云掌播鼗擊笙磬頌磬若然視瞭不言擊鐘知亦教視瞭擊編鐘者以磬是樂縣之首故特舉此言其實編鐘亦視瞭擊之故鎛師注云擊鐘者亦視瞭也云磬亦編於鐘言之者鐘有不編不編者鐘師擊之者鄭知鐘有不編者以此經云擊磬不言編則磬無不編以其無可對故不言編鐘言編則對不編者故鄭云磬亦編於鐘言之者鐘有不編不編者鐘師自擊之也鄭必知鐘有不編使鐘師自擊者以其言教視瞭擊編鐘明不編者不教視瞭不教者自擊之可知是以鐘師云掌金奏又云以鐘鼓奏九夏明是鐘不編者十二辰零鐘也若書傳云左五鐘右五鐘也杜子春讀編爲編書之編者按史記孔子讀易韋編三絕是古者未有紙皆以韋編竹簡此鐘磬亦編之十六枚在一簴故讀從之也。

教縵樂燕樂之鐘磬。杜子春讀縵爲怠慢之慢玄謂縵讀爲縵錦之縵謂雜聲之和樂者也學記曰不學操縵不能安弦燕樂房中之樂所謂陰聲也二樂皆教其鐘磬。縵莫半反杜音慢操七曹反〔疏〕注杜子至鍾磬。○釋曰子春讀縵爲慢後鄭不從之也玄謂縵讀爲縵錦之縵者時有縵錦之言依俗讀之也云謂雜聲之和樂者也者謂雜弄調和引學記爲證按彼鄭注云操縵雜弄即今之調辭曲若不學調弦則不能安意於弦也云燕樂房中之樂者此即關雎二南也謂之房中者房中謂婦人后妃以風喻君子之詩故謂之房中之樂

凡祭祀。奏縵樂。

鍾師掌金奏。金奏擊金以爲奏樂之節金謂鍾及鎛。〔疏〕注金奏至及鎛。○釋曰此即鍾師自擊不編之鍾凡作樂先擊鍾故鄭云金奏擊金以爲奏樂之節是以下云以鍾鼓奏九夏亦先云鍾也鄭云金謂鍾及鎛者以是二者皆不編獨縣而已。

凡樂事。以鍾鼓奏九夏。王夏。肆夏。昭夏。納夏。章夏。齊夏。族夏。祴夏。驁夏。以鍾鼓者先擊鍾次擊鼓以奏九夏夏大也樂之大歌有九故書納作内杜子春云内當爲納祴讀爲陔鼓之陔王出入奏王夏尸出入奏肆夏牲出入奏昭夏四方賓來奏納夏臣有功奏章夏夫人祭奏齊夏族人侍奏族夏客醉而出奏陔夏公出入奏驁夏肆夏詩也春秋傳曰穆叔如晉晉侯享之金奏肆夏三不拜工歌文王之三又不拜歌鹿鳴之三三拜曰三夏天子所以享元侯也使臣不敢與聞肆夏與文王鹿鳴俱稱三謂其三章也以此知肆夏詩也國語曰金奏肆夏繁遏渠天子所以享元侯也肆夏繁遏渠所謂三夏矣呂叔玉云肆夏繁遏渠皆周頌也肆夏時邁也繁遏執競也渠思文肆遂也夏大也言遂於大位謂王位也故時邁曰肆于時夏允王保之繁多也遏止也言福祿止於周之多也故執競曰降福穰穰降福簡簡福祿來反渠大也言以后稷配天王道之大也故思文曰思文后稷克配彼天故國語謂之曰皆昭令德以合好也玄謂以文王鹿鳴言之則九夏皆詩篇名頌之族類也此歌之大者載在樂章樂崩亦從而亡是以頌不能具。納夏本或作夏納齊側皆反本作齊祴古哀反驁五羔反劉五到反使色吏反與音預遏於葛反傹音競詩作競穰如羊反好呼報反〔疏〕注以鍾至能具。○釋曰云以鍾鼓者先擊鍾次擊鼓者鍾師直擊鍾不擊鼓而兼云鼓者凡作樂先擊鍾次擊鼓欲見鼓鍾先後次第故兼言之也鍾中得奏九夏者謂堂上歌之堂下以鍾鼓應之故左氏傳云晉侯歌鍾二肆亦謂歌與鍾相應而言也云夏大也者欲明此九夏者皆詩之大者故云樂之大歌有九杜子春云祴讀爲陔鼓之陔者漢有陔鼓之法故之樂師云先鄭云若今時行禮於大學罷出以鼓陔爲節故讀從之也云王出入奏王夏尸出入奏肆夏牲出入奏昭夏者皆大司樂文云四方賓來奏納夏臣有功奏章夏夫人祭奏齊夏族人侍奏族夏者此四夏皆無明文或出子春別有所見故後鄭從之云客醉而出奏陔夏者賓醉將出奏之恐其失禮故陔切之使不失禮是以鄉飲酒鄉射燕禮大射賓醉將出之時皆云奏陔云公出入奏驁夏者接大射云公入奏驁夏是諸侯射於西郊自外入時奏驁夏不見出時而云出者見樂師云行以肆夏趨以采薺出入禮同則驁夏亦出入禮同故兼云出也此九夏者惟王夏惟天子得奏諸侯已下不得其肆夏則諸侯亦當用故燕禮奏肆夏大夫已下不得故郊特牲云大夫之奏肆夏由趙文子始明不合也其昭夏已下諸侯亦用之其驁夏天子大射入時無文故子春取大射公入驁以明天子亦用也云肆夏詩也者子春之意九夏皆不言詩是以解者不同故杜注春秋云肆夏爲樂曲名今云肆夏詩則九夏皆詩後鄭從之春秋傳曰已下襄公四年傳文云俱稱三謂其三章者此皆篇而云章者子春之意以章名篇耳引國語曰金奏肆夏繁遏渠天子所以享元侯者歌詩各別若天子享元侯升歌肆夏頌合大雅享五等諸侯升歌大雅合小雅享臣子歌小雅合鄉樂若兩元侯自相享與天子享已同五等諸侯自相享亦與天子享已同諸侯享臣子亦與天子享臣子同燕之用樂與享同故燕禮燕臣子升歌鹿鳴之等三篇襄四年晉侯享穆叔爲之歌鹿鳴云君所以嘉寡君是享燕同樂也云所謂三夏矣者即上引春秋肆夏三不拜三是三夏故云三夏呂叔玉者是子春引之者子春之意與叔玉同三夏並是在周頌篇故以時邁執競思文三篇當之後鄭不從者見文王大明緜及鹿鳴四牡皇皇者華皆舉見在詩篇名及肆夏繁遏渠舉篇中義故知皇皇者非玄謂以文王鹿鳴言之則九夏皆詩篇名者以襄四年晉侯享穆叔以奏肆夏與文王鹿鳴同時而作篇以類而言文王鹿鳴等既是詩明[illegible]詩也肆夏既是詩則九夏皆詩篇名以其[illegible]夏並是頌之族類也云此歌之大者[illegible]樂章者此九夏本是[illegible]樂章也云樂崩亦從而亡是以頌不能具[illegible]奏始皇之世隨樂而亡頌內無故云頌不能具

凡祭祀。饗食。奏燕樂。以鍾鼓奏之。〔疏〕注以鍾鼓奏之。○釋曰饗食謂與諸侯行饗食之禮在廟故與祭祀同樂故連言之知以鍾鼓奏之者鍾師奏九夏用鍾鼓故知此燕樂亦用鍾鼓奏之可知也。

凡射。王奏騶虞。諸侯奏貍首。卿大夫奏采蘋。士奏采蘩。鄭司農云騶虞聖獸〔疏〕凡射至采蘩。○釋曰言凡射則大射賓射等同用此爲射節故言凡射人與樂師辨其節數於此見其作樂人爲之故數職重言。○注騶虞聖獸。○釋曰按異義今詩韓魯說騶虞天子掌鳥獸官古毛詩說騶虞義獸白虎黑文食自死之肉不食生物人君有至信之德則應之周南終麟止召南終騶虞俱稱嗟歎之皆獸名謹按古山海經鄒書云騶虞獸說與毛詩同是其聖獸也。

掌鼙鼓縵樂。

鼓讀如莊王鼓之鼓玄謂作縵樂擊聲以和之○和胡臥反【疏】注鼓讀至和之○釋曰鼓讀如莊王鼓之鼓者讀從左氏傳莊王親鼓之鼓玄謂作縵樂擊聲以和之者此官主擊聲於磬師作縵樂則鍾師擊聲以和之○

笙師掌教歈竽。笙。塤。籥。簫。箎。篴。管。舂。牘。應。雅。以教祴樂。教教視瞭也鄭司農云竽三十六簧笙十三簧箎七空舂牘以竹大五六寸長七尺短者一二尺其端有兩空髹畫以兩手築地應長六尺五寸其中有椎雅狀如漆筩而弇口大二圍長五尺六寸以羊韋鞔之有兩紐疏畫杜子春讀篴爲蕩滌之滌今時所吹五空竹篴玄謂籥如篴三空祴樂祴夏之樂牘應雅教其舂者謂以築地笙師教之則三器在庭可知矣賓醉而出奏祴夏以此三器築地爲之行節明不失禮○歈昌垂反竽音于牘音獨或大錄反空音孔下同髹香牛反或七利反鞔莫干反【疏】注教教至失禮○釋曰此樂器瞽矇有視瞭無所以知不教瞽矇者按小師云教鼓鼗祝敔塤簫管弦歌注云教教瞽矇也以小師在瞽矇之上又瞽矇所作與小師同故知小師所教瞽矇笙師所教文在視瞭之下不可隔視瞭教瞽矇其視矇雖不云其器明所教教視瞭也先鄭云竽三十六簧笙十三簧者按通卦驗竽長四尺二寸注云竽管類用竹爲之形參差象鳥翼鳥火禽火數七冬至之時吹之冬水用事水數六六七四十二竽之長蓋取於此也笙十三簧廣雅云笙以匏爲之十三管宮管在左方竽象笙三十六管宮管在中央禮圖云竽長四尺二寸此竽三十六簧與禮圖同云箎七空者廣雅云箎以竹爲之長尺四寸八孔一孔上出寸三分禮圖云箎九空司農云七孔蓋寫者誤當云八空也或司農別有所見云舂牘以竹大五六寸長七尺短者一二尺其端有兩空髹畫以兩手築地應長六尺五寸其中有椎雅狀如漆筩而弇口大二圍長五尺六寸以羊韋鞔之有兩紐疏畫者此皆約漢法知之而言鄭注巾車髹赤多黑少之色疏畫者長疏而畫之子春讀篴爲蕩滌之滌讀從郊特牲臭味未成滌蕩其聲之滌云今時所吹五空竹篴後鄭從之也玄謂祴樂祴夏之樂者以其鍾師有祴夏此祴樂與之同故知此所教祴樂是鍾師所作祴夏者也云笙師教之則三器在庭可知矣者以其笙管在堂下近堂則三者亦在堂下遠堂在庭可知云賓醉而出奏祴夏者此則鄉飲酒及鄉射之等賓出奏陔是也云以此三器築地爲之行節明不失禮者三器言舂舂是向下之稱是其築地與祴樂連文明與祴樂爲節可知也經中樂器不解塤與簫管者上文已釋也

凡祭祀饗射。共其鍾笙之樂。鍾笙與鍾聲相應之笙○【疏】注鍾笙至之笙○釋曰鄭爲此解者以其笙師不掌鍾而兼言鍾故知義然也

燕樂亦如之。【疏】燕樂亦如之○釋曰言亦如之者謂作燕樂亦如上共其鍾笙之樂也

大喪廞其樂器。及葬。奉而藏之。廞興也興謂作之奉猶送【疏】注廞興至猶送○釋曰此所興作即上竽笙已下皆作之送之於壙而藏之也

大旅。則陳之。陳於饌處而已不涖其縣【疏】注陳於至其縣○釋曰此經直言陳之明陳於饌處而已不臨其縣其臨縣者大司樂故大司樂云大喪臨廞樂器注云臨笙師鎛師之屬是也

鎛師掌金奏之鼓。謂主擊晉鼓以奏其鍾鎛也然則擊鎛者亦視瞭○【疏】鎛師至之鼓○釋曰鎛師不自擊鎛使視瞭擊之但擊金奏之鼓耳○注謂主至視瞭○釋曰知金奏之鼓謂主擊晉鼓者鼓人職云以晉鼓鼓金奏故知之也金奏謂奏金金即鍾鎛鍾鎛以金爲之故言金云然則擊鎛者亦視瞭者按視瞭直云樂作擊編鍾不言鎛鎛與鍾同類大小異耳既擊鍾明亦擊鎛故云亦視瞭也

凡祭祀。鼓其金奏之樂。饗食賓射。亦如之。軍大獻。則鼓其愷樂。凡軍之夜三鼜。皆鼓之。守鼜亦如之。守鼜備守鼓也鼓之以鼖鼓杜子春云一夜三擊備守鼜也春秋傳所謂賓將趨者音聲相似○鼖扶云反趨左傳作棷莊九反杜注云行夜【疏】凡祭至如之○釋曰云鼓其金奏之樂者金奏之樂者即入音是也亦以晉鼓鼓之饗食謂饗食來朝諸侯賓射亦謂與來朝諸侯射於朝皆鼓其金奏之鼓也軍大獻謂獻捷於祖作愷歌亦以晉鼓鼓之云凡軍之夜三鼜皆鼓之守鼜亦如之者亦鼓之也○注守鼜至相似○釋曰鄭知用鼖鼓者鼓人職云鼖鼓鼓軍事此並軍事故知用鼖鼓也子春云一夜三擊備守鼜也者鼓人注引司馬法云昏鼓四通爲大鼜夜半三通爲晨戒旦明五通爲發昫是一夜三擊備守鼜也春秋傳者昭二十年衛侯如死鳥齊侯使公孫青聘衛賓將趨注云趨謂行夜子春云賓將趨讀人音異云音聲相似者趨與鼜音聲相似皆是夜戒守也

大喪。廞其樂器。奉而藏之。【疏】大喪至藏之○釋曰此官所廞謂作晉鼓鼖鼓而已以其當職所擊者也

韎師掌教韎樂。祭祀。則帥其屬而舞之。舞之以東夷之舞【疏】注舞之至之舞○釋曰知舞之以東夷之舞者以其專主夷樂則東夷之樂曰韎是也凡舞夷樂皆門外爲之

大饗亦如之

旄人掌教舞散樂。舞夷樂。散樂野人爲樂之善者若今黃門倡矣自有舞夷樂四夷之樂亦皆有聲歌及舞【疏】旄人至夷樂○釋曰云掌教舞散樂舞夷樂者旄人教夷樂而不掌鞻氏掌四夷之樂而不教二職互相統耳但旄人加以教散樂鞮鞻氏不掌之也○注散樂至及舞○釋曰云散樂人爲散樂之善者以其不在官之員內謂之爲散故以爲野人爲樂善者也云若今黃門倡矣者漢倡優之人亦非官樂之內故舉以爲說也云夷樂四夷之樂者即孝經緯云東夷之樂曰韎南夷之樂曰任西夷之樂曰株離北夷之樂曰禁知亦皆有聲歌及舞者此經有舞下鞮鞻氏云掌四夷之樂爲其聲歌是也○

凡四方之以舞仕者屬焉。【疏】凡四至屬焉○釋曰云凡四方之以舞仕者屬焉者此即野人能舞者屬旄人選舞人當於中取之故也

凡祭祀賓客。舞其燕樂。【疏】凡祭至燕樂○釋曰賓客亦謂饗燕時舞其燕樂謂作燕樂時使四方舞士舞之以夷樂

籥師掌教國子舞羽歈籥。文舞有持羽吹籥者所謂籥舞也文王世子曰秋冬學羽籥詩云左手執籥右手秉翟【疏】注文舞至秉翟○釋曰此籥師掌文舞故教羽籥若武舞則教干戚也故云文舞有持羽吹籥者也云所謂籥舞也者所謂詩頌籥舞笙鼓彼亦文舞也文王世子曰秋冬學羽籥彼對春夏學干戈陽時學之法陽動秋冬學羽籥陰時學之法陰靜詩云左手執籥右手秉翟者邶風簡兮之篇引此二文者證皆文舞所執之器也此官所教當樂師教小舞互相足故文王世子云小樂正學干大胥贊之籥師學戈籥師丞贊之注云四人皆樂官之屬也通職秋冬亦學以羽籥小樂正樂師也○

祭祀。則鼓羽籥之舞。鼓之者恒爲之節○【疏】注鼓之至之節○釋曰祭祀先作樂下神及合樂之時則使國子舞鼓動以羽籥之舞與樂節相應使不相奪倫○故鄭云鼓之者恒爲之節

賓客饗食。則亦如之。【疏】賓客至如之○釋曰亦鼓之以羽籥之舞與祭祀同以其俱在廟故樂亦同也

大喪。廞其樂器。奉而藏之。【疏】大喪至藏之○釋曰此所廞作惟羽籥而已不作餘器

籥章掌土鼓豳籥。杜子春云土鼓以瓦爲匡以革爲兩面可擊也鄭司農云豳籥豳國之地竹豳詩亦如之玄謂豳籥豳人吹籥之聲章明堂位曰土鼓蒯桴葦籥伊耆氏之樂○豳彼貧反注同蒯苦對反劉苦懷反桴音孚耆又作机皆音耆【疏】注杜子至之樂○釋曰子春云土鼓以瓦爲匡以革爲兩面可擊也後鄭不從者土鼓因於中古神農之器黃帝已前未有瓦器故不從也先鄭云豳籥豳國之地竹豳詩亦如之後鄭不從者按下文吹豳詩吹豳雅吹豳頌更不見豳籥則是籥中吹豳詩及雅頌謂之豳籥何得有豳國之地竹乎若用豳國之地竹當云之籥故後鄭云豳人吹籥之聲章云豳人吹籥其義難明謂作豳人吹籥之聲章商祝夏祝之類聲章即下文豳詩之等是也明堂位曰土鼓蒯桴葦籥伊耆氏之樂者鄭注禮運云土鼓築土爲鼓也蒯桴桴謂擊鼓之物以土塊爲桴引之者破子春土鼓用瓦

中春晝擊土鼓。歈豳詩。以逆暑。豳詩豳風七月也吹之者以籥爲之聲七月言寒暑之事迎氣歌其類也此風也而言詩詩揔名也迎暑以晝求諸陽○中音仲下同【疏】中春至迎暑○釋曰中春二月也言迎暑者謂中春晝夜等已後漸暄故預迎之耳○注豳詩至諸陽○釋曰鄭知吹之者以籥爲之聲者以發首云掌土鼓豳籥故知詩與雅頌皆用籥吹之也云七月言寒暑之事者七月云一之日觱發二之日栗烈七月流火之詩是寒暑之事云迎氣歌其類也者解經吹豳詩逆暑及下迎寒皆當歌此寒暑之詩也云此風也而言詩詩揔名也者下有雅有頌此即此是風而言詩詩揔名含豳風矣故云詩不言風也云迎暑以晝求諸陽者對下迎寒以夜求諸陰也

中秋夜迎寒。亦如之。迎寒以夜求諸陰【疏】中秋至如之○釋曰言亦如之亦當擊土鼓歈豳詩也

凡國祈年于田祖。歈豳雅。擊土鼓。以樂田畯。祈年祈豐年也田祖始耕田者謂神農也豳雅亦七月也七月又有于耜舉趾饁彼南畝之事是亦歌其類謂之雅者以其言男女之正鄭司農云田畯古之先教田者爾雅曰畯農夫也○樂音洛畯音俊饁于輒反劉于法反【疏】凡國至田祖○釋曰此祈年於田祖并上迎暑迎寒並不言有祀事既告神當有祀事可知但以告祭非常故不言之耳若有禮物不過如祭法埋少牢之類耳此田祖與田畯所祈當同日但位別禮殊樂則同故連言之也○注祈年至夫也○釋曰祈年祈豐年也者義取小祝求豐年俱是求甘雨使年豐故引彼一解此也云田祖始耕田者謂神農也者此即郊特牲云先嗇一也故甫田詩云琴瑟擊鼓以御田祖

以祈甘雨以介我稷黍毛云田祖先嗇者也七月又有于耜舉趾饁彼南畝之事亦是歌其類者按彼七月云三之日于耜四之日舉趾同我婦子饁彼南畝田畯至喜並次在寒暑之下彼爲風此爲雅者也云謂之雅者以其言男女之正者先王之業以農爲本是男女之正故名雅也司農云田畯古之先教田者此即月令命田舍東郊鄭云田謂田畯是也爾雅曰畯農夫也者以其教農故號農夫

國祭蜡。則龡豳頌。擊土鼓。以息老物。故書蜡爲蠶杜子春云蠶當爲蜡郊特牲曰天子大蜡八伊耆氏始爲蜡歲十二月而合聚萬物而索饗之也蜡之祭也主先嗇而祭司嗇也黃衣黃冠而祭息田夫也既蜡而收民息已玄謂十二月建亥之月也求萬物而祭之者萬物助天成歲事至此爲其老而勞乃祀而老息之於是國亦養老焉月令孟冬勞農以休息之是也豳頌亦七月也七月又有穫稻作酒躋彼公堂稱彼兕觥萬壽無疆之事是亦歌其類也謂之頌者以其言歲終人功之成○索色白反爲于僞反勞戶報反穫戶郭反躋子兮反彊居良反○【疏】國祭至老物○釋曰此爲蜡直擊土鼓按明堂位云土鼓葦籥伊耆氏之樂即此各有葦籥可知言以息老物者謂息田夫萬物也○注故書至之成○釋曰子春引郊特牲後鄭從之增成其義耳故還引郊特牲而解之云求萬物而祭之者即合聚萬物而索饗之是也云乃祀而老息之者老即老物蜡祭是也息之者即息田夫臘祭宗廟是也云於是國亦養老焉者即所引月令孟冬勞農以休息之是也云豳頌亦七月也七月又有穫稻作酒等至之事是亦歌其類也者其類謂穫稻已下是也云謂之頌者以其言歲終人功之成者凡言頌者頌美成功之事故於七月風詩之中亦有雅頌也鄭注郊特牲云歲十二月周之正數故此鄭云建亥解之知非夏十二月者以其建亥萬物成故月令祈來年及臘先祖之等皆在孟冬月是十二月據周於夏爲建亥十月也

鞮鞻氏掌四夷之樂。與其聲歌。四夷之樂東方曰韎南方曰任西方曰株離北方曰禁詩云以雅以南是也王者必作四夷之樂一天下也言與其聲歌則云樂者主於舞○任音壬下同○【疏】注四夷至於舞○釋曰四夷樂名出於孝經緯鉤命決故彼云東夷之樂曰韎持矛助時生南夷之樂曰任持弓助時養西夷之樂曰株離持鉞助時殺北夷之樂曰禁持楯助時藏皆於四門之外有辟是也按明堂位亦有東夷之樂曰韎南夷之樂曰任又按虞傳云陽伯之樂舞侏離則東夷之樂亦名侏離者東夷樂有二名亦名侏離鄭注云侏離舞曲名言象萬物生株離若詩云彼黍離離是物生亦曰離云王者必作四夷之樂一天下也者按白虎通云王者制夷狄樂不制夷狄禮者所以拘中國不制禮恐夷人不能隨中國禮故也四夷之樂雖謂舞使國之人也云與其聲歌則云樂者主於舞者凡樂止有聲歌及舞既下別云聲歌明上云樂主於舞可知也按月令仲春云命樂正入學習樂注云歌與八音知非舞以其下季春云大合樂明所合多故知非直舞而有歌與八音也○

祭祀。則龡而歌之。燕亦如之。吹之以管籥爲之聲【疏】注吹之至之聲○釋曰知吹之以管籥爲之聲者以其歌者在上管籥在下既言吹之用氣明據管籥爲之聲可知是以笙師教吹管籥之等

典庸器掌藏樂器庸器。庸器伐國所藏之器若崇鼎貫鼎及以其兵物所鑄銘也【疏】注庸器至銘也○釋曰庸功也言功器者伐國所獲之器也云若崇鼎貫鼎者明堂位文云及以其兵物所鑄銘也者謂左氏傳季氏以所得齊之兵作林鍾而銘魯功是經中樂器也彼既譏其非時征伐又籍晉之功引之取一邊證鑄作銘功之事耳

及祭祀。帥其屬而設筍虡。陳庸器。設筍虡視瞭當以縣樂器焉陳功器以華國也杜子春云筍讀爲博選之選橫者爲筍從者爲鐻○選胥兗反從子容反鐻音距舊本作虡此字今或作虡【疏】注設筍至爲鐻○釋曰鄭知此設筍虡視瞭當以縣樂器焉者按視瞭職云掌大師之縣此直云設筍虡明是視瞭縣之可知子春云筍讀爲博選之選者此當俗讀當時語者有博選之言故讀從之也○

饗食賓射亦如之。大喪。廞筍虡。廞興也興謂作之○【疏】注廞興至作之○釋曰按檀弓有鍾磬而無筍虡鄭注云不縣之彼鄭注見此文有筍虡明有而不縣以喪事略故也○

司干掌舞器。舞器羽籥之屬【疏】注舞器羽籥之屬○釋曰鄭知司干所掌舞器是羽籥以其文武之舞所執有異則二者之器皆司干掌之言司干者周尚武故以干爲職首其籥師教而不掌若然干與戈相配不言戈者下文云祭祀授舞器則所授者受干與羽籥也按司戈盾亦云祭祀授旅賁殳故主戈盾受舞者兵云舞者兵惟謂戈其干亦於此官受之司兵云祭祀授舞者兵鄭注云受以朱干玉戚謂受大武之舞與此受小舞干戈別也

祭祀舞者既陳。則授舞器。既舞則受之。既已也受取藏之○

賓饗亦如之。大喪。廞舞器。及葬。奉而藏之。【疏】大喪至藏之○釋曰此官云干盾及羽籥及其所廞廞干盾而已其羽籥師廞之故其職云大喪廞其樂器及葬奉而藏之其視瞭所廞者謂鼓與磬鍾師不云廞則鍾亦視瞭廞之如是瞽矇及大師小師皆不云廞者以其無目其瞽矇所云祝敔塤簫管及琴瑟皆當視瞭廞之不云奉而藏之文不具笙師云竽笙已下則笙師自廞之故其職云廞藏鎛師云擊晉鼓則晉鼓鎛師廞之其兵舞所廞入五兵中故司兵云大喪廞五兵凡廞樂器皆大司樂臨之故其職云大喪臨廞樂器典同不云廞者以其律呂與鍾器等爲制度不掌成器故不云廞韎師旄人鞮鞻氏等不云廞者死後無一天下之事故不云廞也典庸器不云廞者以其庸器非常故不廞也以其樂師非一故諸官各廞不同

大卜掌三兆之灋。一曰玉兆。二曰瓦兆。三曰原兆。兆者灼龜發於火其形可占者其象似玉瓦原之璺罅是用名之焉上古以來作其法可用者有三原原田也杜子春云玉兆帝顓頊之兆瓦兆帝堯之兆原兆有周之兆○兆亦作垗音兆璺許靳反沈依爾雅音問云依字作璺玉之坼也龜兆文似之占人注同○【疏】大卜至原兆○釋曰大卜所掌先三兆後三易次三夢者筮短龜長夢以叶卜筮故以先後爲次○注兆者至之兆○釋曰云兆者灼龜發於火者此依下文菙氏云凡卜以明火爇燋遂吹其焌契是以火灼龜其兆發於火也云其形可占者則占人云君占體大夫占色之等彼不云占玉瓦原體色中含之是其形可占也云象似玉瓦原之璺罅謂破而不相離也謂似玉瓦原之破裂或解以爲玉瓦原之色云是用名之焉者謂用是似玉瓦原名之爲玉兆瓦兆原兆也云上古以來其作法可用者有三者但卜筮是先聖王之所作蓋伏犧時已有其時未有此玉瓦原之名至顓頊以來始有此名故云然也云原原田也者謂若左氏僖二十八年傳云原田每每以其原與原田字同故爲此解也子春云玉兆帝顓頊之兆瓦兆帝堯之兆原兆有周之兆者趙商問此并問下文子春云連山宓戲歸藏黃帝今當從此說以不敢問杜子春何由知之鄭荅云此數者非無明文改之無據故著子春說而已近師皆以爲夏殷周鄭既爲此說故易贊云夏曰連山殷曰歸藏又注禮運云其書存者有歸藏如是王兆爲夏瓦兆爲殷可知是皆從近師之說也按今歸藏坤開筮帝堯降二女爲舜妃又見節卦云殷王其國常毋谷若然依子春之說歸藏黃帝得有帝堯及殷王之事者蓋子春之意宓戲黃帝造其名夏殷因其名以作易故鄭云改之無據是以皇甫謐記亦云夏人因炎帝曰連山殷人因黃帝曰歸藏雖炎帝與子春黃帝不同是亦相因之義也

其經兆之體皆百有二十。其頌皆千有二百。頌謂繇也三法體繇之數同其名占異耳百二十每體十繇體有五色又重之以墨坼也五色者洪範所謂曰雨曰濟曰圛曰蟊曰尅○繇直又反下同重直用反坼勑白反濟節細反又才禮反圛音亦蟊音蒙劉莫溝反沈音謀○【疏】其經至二百○釋曰云經兆者謂龜之正經云體者謂龜之金木水火土五兆之體云經兆之體名體爲經也云皆百有二十者三代皆同百有二十若經卦皆八然也若然龜兆有五而爲百二十者則兆別分爲二十四分云其頌千有二百者每體十繇故千二百也○注頌謂至曰尅○釋曰云頌謂繇者繇之說兆若易之說卦故名占兆之書曰繇云三法體繇之數同者上云三代兆有異此云皆百有二十皆千有二百故云體繇之數同也云其名占異者上云玉瓦原是名異其云占異者三代占兆無文異否不可知但三易名異占亦異則三兆名異占亦異可知故鄭云名占異也云百二十每體十繇也者鄭欲解體百有二十而繇有千二百之意體既有百二十每體十繇則得千有二百也云體有五色又重之以墨坼也者按占人云君占體大夫占色史占墨卜人占坼彼注云體兆象色兆氣墨兆廣坼兆璺若然體色墨坼各不同今鄭云體有五色又重之以墨坼則四者皆相因而有也何者以其有五行兆體體中有五色既有體色則因之以兆廣狹爲墨又因墨之廣狹支分小璺爲坼是皆相因之事也今每體有十繇其體有五色曰雨曰濟之等其色統得體每色皆有墨坼則五色中各有五墨坼含得五色不復別云五色似若八卦則別重得七通本爲八卦揔云八八六十四卦不復別云八卦以其六十四卦合有八卦故也云洪範所謂曰雨曰濟曰圛曰蟊曰尅者彼鄭注云曰雨者兆之體氣如雨氣然曰濟者兆之光明如雨止曰蟊者氣不澤鬱冥也曰圛者色澤者曰尅者氣色相犯入此鄭義若孔注則云有似雨者有似雨止者蟊謂陰闇圛氣落圛不連屬尅兆相交錯與鄭異也○

掌三易之灋。一曰連山。二曰歸藏。三曰周易。易者揲蓍變易之數可占者也名曰連山似山出內氣變也歸藏者萬物莫不歸而藏於其中杜子春云連山宓戲歸藏黃帝○揲時設反劉音舌宓音伏戲本又作犧音羲○【疏】注易者至黃帝○釋曰云易者揲蓍變易之數可占者也者按易繫辭云分而爲二以象兩掛一以象三揲之以四以象四時歸奇於扐以象閏此是揲蓍變易之數可占者也就易文卦畫七八爻稱九六用四十九蓍三多爲交錢六爲老陰也三少爲重錢九爲老陽也兩多一少爲交錢七爲少陽也兩少一多八爲少陰也夏殷易以七八不變爲占周易以九六變者爲占按襄九

年左傳云穆姜薨於東宮始往而筮之遇艮之八注云爻在初六九三六四六五上九惟六二不變連山歸藏之占以不變者爲正但周易占九六而云遇艮之八是據夏殷不變爲占之事云名曰連山似山出內氣也者此連山易其卦以純艮爲首艮爲山山上山下是名連山雲氣出內於山故名易爲連山歸藏者萬物莫不歸而藏於其中者此歸藏易以純坤爲首坤爲地故萬物莫不歸而藏於中故名爲歸藏也鄭雖不解周易其名周易者連山歸藏皆不言地號以義名易則周非地號以周易以純乾爲首乾爲天天能周匝於四時故名易爲周也必以三者爲首者取三正三統之義故律歷志云黃鍾爲天統黃鍾子爲天正林鍾爲地統未之衝丑故爲地正大蔟爲人統寅爲人正周以十一月爲正天統故以乾爲天首殷以十二月爲正地統故以坤爲首夏以十三月爲正人統人無爲卦首之理艮漸正月故以艮爲首也杜子春云連山宓戲歸藏黃帝者鄭志荅趙商云非無明文改之無據且從子春近師皆以爲夏殷也。

其經卦皆八。其別皆六十有四。三易卦別之數亦同其名占異也每卦八別者重之數。重直龍反〔疏〕其經至有四。釋曰云經卦皆八者謂以卦爲經即周易上經下經是也皆八者連山歸藏周易皆以八卦乾坤震巽坎離艮兌爲本其別六十四鄭云謂重之數通本相乘數之爲六十四也。注三易至之數。釋曰云三易卦別之數亦同者三代易之卦皆八而別皆六十四亦如上三兆體別之數同故云亦同云其名占異也者其名謂連山歸藏周易是名異也占異者謂連山歸藏占七八周易占九六是占異也云每卦八別者重之數者據周易以八卦爲本是八卦重之則得六十四何者伏犧本畫八卦直有三爻法天地人後以重之重之法先以乾之三爻爲下體上加乾之三爻爲純乾卦又以乾爲下體以坤之三爻加之爲泰卦又以乾爲本上加震之三爻於上爲大壯卦又以乾爲本上加巽於上爲小畜卦又以乾爲本上加坎卦於上爲需卦又以乾爲本上加離卦於上爲大有卦又以乾爲本上加艮於上爲大畜卦又以乾爲本加兌卦於上爲夬卦此是乾之一重得七爲八又以坤之三爻爲本上加坤爲純卦又以坤爲本上加乾爲否卦又以坤爲本上加震爲豫卦又以坤爲本上加巽爲觀卦又以坤爲本上加坎爲比卦又以坤爲本上加離爲晉卦又以坤爲本上加艮爲剝卦又以坤爲本上加兌爲萃卦是以通本爲八卦也自震巽坎離艮兌其法皆如此則爲八八六十四故鄭云別者重之數後鄭專以爲伏犧畫八卦神農重之諸家以爲伏犧畫八卦還自重之。

掌三夢之灋。一曰致夢。二曰觭夢。三曰咸陟。夢者人精神所寤可占者致夢言夢之所至夏后氏作焉咸皆也陟之言得也讀如王德翟人之德言夢之皆得周人作焉杜子春云觭讀爲奇偉之奇其字當直爲奇玄謂觭讀如諸戎掎之掎掎亦得也亦言夢之所得殷人作焉。薨音夢本多作夢觭居綺反注掎同又紀宜反杜其宜反陟如字或音得。〔疏〕注夢者至作焉。釋曰云夢者人精神所寤可占者謂人之寐形魄不動而精神寤見覺而占之故云精神所寤可占者也云致夢言夢之所至者馴致爲至故云夢之所至也云夏后氏作焉者上文三兆三易有子春所解且從子春至於餘文正解即從近師所說此三夢子春等不說故即從近師爲夏殷周也云讀如王德翟人之德者按僖二十四年左傳云王德翟人以其女爲后德亦爲得義故讀從之故杜子春讀觭爲奇偉之奇讀從家語玄謂觭讀如諸戎掎之掎亦得也者按襄十四年左傳云戎子駒支曰秦師不復我諸戎實然譬如捕鹿晉人角之諸戎掎之是掎爲得也。

其經運十。其別九十。運或爲緷當爲煇是視祲所掌十煇也王者於天日也夜有夢則晝視日旁之氣以占其吉凶凡所占者十煇每煇九變此術今亡。緷胡本反字林云大束也說文音運云緯也聶音纖煇音運祲子鳩反〔疏〕注運或至今亡。釋曰運或作緷者此經運一部周禮或作緷字並不從故云當爲煇讀從視祲十煇之煇故引視祲所掌十煇爲證也云王者於天日也夜有夢則晝視日旁之氣以占其吉凶者此按占夢云以日月星辰占六夢之吉凶注引趙簡子夜夢日而日食史墨占之又視祲有十煇之法五曰闇先鄭云謂日月食餘九煇皆日旁氣故以日旁氣解之云凡所占者十煇每煇九變者此類上三兆三易皆有頌別之數此經煇十其別有九十以義言之明一煇九變故爲九十解之云此術今亡者數見十煇爲九十變此術今亡未知其義耳。

以邦事作龜之八命。一曰征。二曰象。三曰與。四曰謀。五曰果。六曰至。七曰雨。八曰瘳。國之大事待蓍龜而決者有八定作其辭於將卜以命龜也鄭司農云征謂征伐人也象謂災變雲物如眾赤鳥之屬有所象似易曰天垂象見吉凶春秋傳曰天事恒象皆是也與謂予人物也謀謂謀議也果謂事成與不也至謂至不也雨謂雨不也瘳謂疾瘳不也玄謂征亦云行巡守也象謂有所造立也易曰以制器者尚其象與謂所與共事也果謂以勇決爲之若吳伐楚楚司馬子魚卜戰令龜曰鮒也以其屬死之楚師繼之尚大克之吉是也。瘳勑留反命龜命亦作令菑音災見賢遍反鮒音附左傳作魴〔疏〕以邦至曰瘳。釋曰云以邦事者謂國家有大事須卜故特作龜而命之其事有八。注國之至是也。釋曰云國之大事待蓍龜而決者有八者謂此八者皆大事除此八者即小事入於九筮也若然大事卜小事筮此既大事而兼言筮者凡大事皆先筮而後卜故兼言蓍也云定作其辭於將卜以命龜也者凡命龜辭大夫已上有三命筮辭有二士命龜辭有二命筮辭一知者按士喪禮命筮者命曰哀子某爲其父某甫筮宅度茲幽宅兆基無有後艱筮人許諾不述命注云既命而申之曰述不述者士禮略凡筮因會命筮爲述命及卜葬日云涖卜命曰哀子某來日某卜葬其父某甫考降無有近悔許諾不述命還即席乃西面坐命龜注云不述命亦士禮略凡卜述命命龜異龜重威儀多也命筮云不述下無西面命筮明命共述命作一辭不述命則其所命龜筮辭兼在其中故曰因命也卜云不述命猶有西面命龜則知命龜與述命異故曰述命命龜異龜重威儀多是士禮命龜辭有二命筮辭有一之事大夫已上命筮辭有二命龜辭有三者按少牢云史執策受命於主人曰孝孫某來日丁亥用薦事於皇祖伯某以某妃配某氏尚饗史曰諾又述命曰假爾大筮有常孝子某以下與前同以其述命述前辭以命筮寇述命首大夫筮既得述命即卜亦得述命也是知大夫以上命龜有三命筮有二也先鄭云征謂征伐人也後鄭從之云象謂災變雲物如眾赤鳥之屬有所象似者按哀六年楚子卒是歲有雲如眾赤鳥夾日以飛三日使問諸周大史史曰其當王身乎若禁之可移令尹司馬是赤鳥之事云易曰天垂象見吉凶春秋傳曰天事恒象者昭十七年冬有星孛於大辰西及漢申須曰彗所以除舊布新也天事恒象是也此所解後鄭不從之與謂予人物後鄭亦不從云謀謂謀議後鄭從之果謂事成與不後鄭亦不從云至謂至不也雨謂雨不也瘳謂疾瘳不也此後鄭皆從也玄謂征亦云行巡守也者增成先鄭義知征兼有巡守者左氏傳鄭良霄云先王卜征五年歲襲其祥是征亦得爲巡狩之事也云易曰以制器者尚其象者上繫辭文注云此者存於器象可得而用一切器物及造立皆是云與謂所與共事不從先鄭予人物者與物情義可知不須卜與人共事得失不可知故須卜也云果謂以勇決爲之若吳伐楚者昭十七年吳人伐楚陽匄爲令尹卜戰不吉司馬子魚曰我得上流何故不吉且楚故司馬令龜我請改卜令曰魴也以其屬死之楚師繼之尚大克之吉戰于長岸子魚先死楚師繼之大敗吳師是果決之事也。

以八命者贊三兆三易三夢之占。以觀國家之吉凶。以詔救政。鄭司農云以此八事命卜筮蓍龜參之以夢故曰以八命者贊三兆三易三夢之占春秋傳曰筮襲於夢武王所用玄謂贊佐也詔告也非徒占其事吉則爲否則止又佐明其繇之占演其意以視國家餘事之吉凶則告王救其政。演以善反〔疏〕以八至救政。釋曰云以八命者贊三兆三易三夢之占者以上文八事命龜之辭贊佐也佐明三兆三易三夢之占辭將此辭演出其意以觀國家之吉凶詔告也凶則告凶救其政使王改過自新。注鄭司至其政。釋曰先鄭云以此八事命卜筮蓍龜參之以夢者先筮後卜聖人有大事必夢故又參之以夢云故曰以八命者贊三兆三易三夢之占者此先鄭不釋贊意後鄭增成其義云春秋傳曰筮襲於夢武王所用者按昭七年左傳云衞靈公之立成子以周易筮之遇屯之比以示史朝史朝曰元亨又何疑焉又云筮襲於夢武王所用也弗從何爲外傳曰大誓曰朕夢協朕卜襲於休祥戎商必克此外內傳相包乃具引之者證夢與卜筮相參也玄謂非徒占其事吉則爲否則止者此解以八命命龜之常事也云又佐明其繇之占演其意以視國家餘事之吉凶者以釋八命者贊三兆三易三夢之占以觀國家之吉凶也。

凡國大貞。卜立君。卜大封。則眡高作龜。卜立君君無冢適卜可立者卜大封謂竟界侵削卜以兵征之若魯昭元年秋叔弓帥師疆鄆田是也視高以龜骨高者可灼處示宗伯也大事宗伯涖卜卜用龜之腹骨骨近足者其部高鄭司農云貞問也國有大疑問於蓍龜作龜謂鑿龜令可爇也玄謂貞之爲問問於正者必先正之乃從問焉易曰師貞丈人吉作龜謂以火灼之以作其兆也春灼後左夏灼前左秋灼前右冬灼後右士喪禮曰宗人受卜人龜示高涖卜受視反之又曰卜人坐作龜。視音示下同適丁歷反竟音境疆居良反鄆音運近附近之近令力呈反爇人悅反。〔疏〕凡國至作龜。釋曰言凡國大貞者言凡非一貞正也凡國家有大事正問於龜之事有二則有二則卜立君卜大封是也云則眡高作龜者凡卜法在禰廟廟門闕外闕西南北面有席先陳龜於廟門外之西塾上又有貞龜貞龜謂正龜於闕外席上又有涖卜命龜眡高作龜六節尊者宜逸畢者宜勞從下向上差之作龜眡高二者勞事以大貞事大故大卜身爲勞事則大宗伯臨卜其餘陳龜貞龜皆小宗伯爲之也。注卜立至作龜。釋曰鄭云君無冢適卜可立者若然君無冢適則有卜法按昭二十六年王后無適則擇立長年鈞以德德鈞以卜王不立愛公卿無私古之制也休以爲春秋之義三代異建適媵別貴賤有姪娣以廣親疏立適以長不以賢立子以貴不以長王后無適明尊之敬之義無所卜筮不以賢者人狀難別嫌有所私故絕其怨望防其覬覦今如左氏言云年鈞以德德鈞以卜君之所賢人必從之豈復有隱桓之禍皆由是與乃曰古制不亦謬哉爻

大夫不世如并爲公卿通計嗣之禮左氏爲短玄箴之曰立適固以長矣無適而立子固以貴矣今言無適則擇立長謂貴均如立長王不得立愛之法年均則會羣臣羣吏萬民而詢之有司以序進而問大衆之中非君所能掩是王不得立愛之法也禮有詢立君示義在此距之言謬失春秋與禮之義矣公卿之世立者有功德先王之命有所不犯如是宅中卜立君亦是年均德均也云卜大封謂竟界侵削卜以兵征之若魯昭元年秋叔弓帥師疆鄆田是也按彼莒魯爭鄆故魯叔弓往定其疆界以其出兵故須卜知吉凶也云視高以龜骨高者可灼處示宗伯也者以鄭言示宗伯則示字不得爲視但古字通用以目視物以物示人同爲視也知大事宗伯臨卜者按大宗伯云祀大神享大鬼祭大示帥執事而卜日官尊故知涖卜也云大事宗伯臨則小事不使宗伯故下文云凡小事涖卜是大卜臨之也云卜用龜之腹骨骨近足者其部高者言龜近四足其下腹骨部然而高高處灼之也先鄭云貞問也者謂正意問龜非謂訓貞爲問也云國有大疑問於蓍龜者義取尚書洪範云女則有大疑謀及乃心謀及卜筮是也云作龜謂鑿龜令可爇也者按下菙氏云凡卜以明火爇燋鑿即灼也故云令可爇也玄謂易曰師貞丈人吉者此師卦繇辭丈人者嚴莊之辭則法須嚴莊則吉云作龜謂以火灼之以作其兆也者作謂發使璺拆云春灼後左已下並取義於禮記中庸故彼云國家將興亡見於蓍龜動於四體鄭注云四體龜之四足彼亦云春占後左夏占前左秋占前右冬占後右彼云占此云灼即灼而占之亦一也云士喪禮者彼謂卜葬日引之證有示高作龜之事彼云事宗族長尊故云臨卜也○

大祭祀。則眡高。命龜。命龜告龜以所卜之事不親作龜者大祭祀輕於大貞也士喪禮曰宗人即席西面坐命龜○【疏】大祭至命龜○釋曰云不視作龜者大祭祀輕於大貞也者大貞之內有立君大封大卜作龜不命龜此大祭祀不作龜進使命龜作龜作龜是勞事故云大祭祀輕於大貞也引士喪禮宗人即席西面坐命龜者證天子命龜處所與士禮同

凡小事。涖卜。代宗伯○【疏】凡小事涖卜○釋曰凡大事卜小事筮若事小當入九筮不合入此大卜大卜云小事者此謂就大事中差小者非謂筮人之小事也小事既大卜涖卜則其餘仍有陳龜已下則陳龜貞龜命龜視高皆卜師爲之其作龜則卜人也大宗伯六命卿小宗伯四命中大夫大卜亦四命下大夫卜師上士卜人中士其大宗伯涖卜大卜視高作龜其中陳龜貞龜命龜皆小宗伯爲之下文大遷大師大卜貞龜貞龜上有涖卜亦大宗伯爲之陳龜亦宜小宗伯也其命龜視高卜師作龜卜人次下云凡旅陳龜則涖卜仍是大宗伯貞龜命龜視高皆卜師亦卜人作龜次下云凡喪事命龜命龜之上有陳龜貞龜亦小宗伯涖卜還是大宗伯視高作龜卜師也○

國大遷。大師。則貞龜。正龜於卜位也士喪禮曰卜人抱龜燋先奠龜西面是也又不親命龜亦大遷大師輕於大祭祀也○燋哉約反【疏】國大至貞龜○釋曰正龜於卜位卜位即閾外席上也故引士喪禮爲證也云又不親命龜亦大遷大師輕於大祭祀也者以命龜在貞龜後而爲勞故云輕於大祭祀也

凡旅。陳龜。陳龜於饌處也士喪禮曰卜人先奠龜於西塾上南首是也不親貞龜亦以卜旅祭非常輕於大遷大師也○塾音孰舊音育【疏】凡旅陳龜○釋曰云陳龜於饌處也者饌處謂在西塾南首故引士喪禮爲證也云亦以卜旅祭非常輕於大遷大師者按大宗伯國有故旅上帝及四望則祀天亦是大祭祀而輕於大遷大師退在下者鄭以旅爲非常祭故也○

凡喪事。命龜。重喪禮次大祭祀也士喪禮則筮宅卜日天子卜葬兆凡大事大卜陳龜貞龜命龜視高其他以差降焉【疏】凡喪事命龜○釋曰云重喪禮次大祭祀也者大祭祀大卜非直命龜兼視高此喪事亦命龜與大祭祀同但不兼視高即輕於大祭祀也但以喪事爲終故文退在凡旅下也云士喪禮則筮宅卜日天子卜葬兆者欲見此經天子法卜葬日與士同其宅亦卜之與士異孝經云卜其宅兆亦據大夫以上若士則筮宅也云凡大事大卜陳龜貞龜命龜視高者據此大卜所掌皆是大事故大卜或陳龜或貞龜或視高雖不言作龜於大貞亦作龜不言之者在其他以差降之中云其他以差降者更有臨卜已下至作龜官之尊卑以次爲之是也按上所解陳龜在前重於命龜而士喪禮卜人卑而陳龜宗人尊而命龜在後者上之官少故所執不依官之尊卑也○

卜師掌開龜之四兆。一曰方兆。二曰功兆。三曰義兆。四曰弓兆。開開出其占書也經兆百二十體今言四兆者分之爲四部若易之二篇書金縢曰開籥見書是謂與其云方功義弓之名未聞○與音餘○【疏】卜師至弓兆○釋曰云開開出其占書也者鄭意兆出於龜其體一百二十今云用龜之四兆謂開出其占兆之書分爲四部若易之二篇故引金縢爲證也云開籥見書謂啟匱以籥乃見其書云是謂與者但開出占兆書爲四兆以意言無正文故云是謂與以疑之云其云方功義弓之名未聞者但名此四部爲方功義弓必有其義但無文以言疑事無質故云未聞也

凡卜事。眡高。示涖卜也【疏】凡卜事眡高○釋曰按上大卜而言則大貞使大卜眡高今云凡卜眡高者謂大卜不眡高者皆卜師眡高以龜高處示臨卜也○

揚火以作龜。致其墨。揚猶熾也致其墨者孰灼之明其兆【疏】揚火至其墨○釋曰致其墨者孰灼之明其兆者按占人注墨兆廣也墨大坼明則逢吉坼稱明墨稱大今鄭云孰灼之明其兆以解墨者彼各偏據一邊而言其實墨大兼明乃可得吉故以明解墨

凡卜。辨龜之上下左右陰陽。以授命龜者。而詔相之。所卜者當各用其龜也大祭祀喪事大卜命龜則大貞小宗伯命龜其他卜師命龜卜人作龜卜人作龜則亦辨龜以授卜師上仰者也下俯者也左左倪也右右倪也陰後弇也陽前弇也詔相告以其辭及威儀○辨如字劉皮勉反倪五計反又五未反弇於檢反○【疏】凡卜至相之○釋曰卜師辨此龜上下左右陰陽六種授命龜者據大卜命龜之無定俱是命龜即辨而授之○注所卜至威儀○釋曰云所卜者當各用其龜也者即上下左右陰陽者是也云大祭祀喪事巳下皆據大卜而言鄭知大貞小宗伯命龜者以其大貞大卜下大夫視高視高之上有命龜貞龜陳龜小宗伯中大夫尊於大卜卑於大宗伯故知大貞小宗伯命龜也云其他卜師命龜者其他謂凡小事大卜臨卜大遷大師大卜貞龜凡旅陳龜如此之輩則卜師命龜卜師命龜則卜人作龜卜人灼龜則亦辨龜以授卜師按序官卜人中士八人於此不列其職者以其與卜師同職不見之也云上仰者也者爾雅云仰者謝言此經上即爾雅云仰者也此已下皆據爾雅及下文而言按爾雅云龜俯者靈行頭低仰者謝行頭仰前弇諸果甲前長後弇諸獵甲後長左倪不類行頭左痺右倪不若行頭右痺故鄭據而言焉云詔相告以其辭及威儀者辭謂命龜之辭威儀者謂若士喪禮卜日在廟門外臨卜在門東西面龜在閾外席上西首執事者門西東面行立皆是威儀之事也○

龜人掌六龜之屬。各有名物。天龜曰靈屬。地龜曰繹屬。東龜曰果屬。西龜曰靁屬。南龜曰獵屬。北龜曰若屬。各以其方之色。與其體。辨之。屬言非一也色謂天龜玄地龜黃東龜青西龜白南龜赤北龜黑龜俯者靈仰者繹前弇果後弇獵左倪靁右倪若是其體也東龜南龜長前後在陽象經也西龜北龜長左右在陰象緯也天龜俯地龜仰東龜前南龜卻西龜左北龜右各從其耦也杜子春讀果爲蠃○繹音亦果魯火反注蠃同靁力胃反又如字卻起畧反○【疏】龜人至辨之○釋曰云各有名物色也六方之龜各有其名其色各異也○注屬言至爲蠃○釋曰云龜俯者靈已下鄭亦取爾雅云俯者靈此云天龜曰靈屬爲一物但天在上法之故向下低也爾雅云仰者繹此云地龜曰繹同稱故爲一物但地在下法之故向上仰爾雅云前弇果此云東龜曰果同稱果故爲一物但在陽方故甲向前長而前弇也云後弇獵者爾雅云後弇獵此云南龜曰獵故爲一物亦在陽方故甲後長而後弇云左倪靁者爾雅云左倪不類不類即靁一也以其在陰方故不能長前後而頭向左相睥睨然云右倪若者爾雅云右倪不若不若即若也同稱若故爲一物亦在陰方故亦不長前後而頭向右睥睨然云是其體也者體有二法此經體據頭甲而言占人云君占體體謂兆象與此異也云東龜南龜長前後在陽象經也者據甲而言凡天地之間南北爲經東西爲緯云西龜北龜長左右在陰象緯也者據頭爲說此解稱果獵之意云天龜俯地龜仰東龜前南龜卻西龜左北龜右各從其耦者此鄭解兩兩相對爲長短低仰之意也杜子春讀果爲蠃者此龜前甲長後甲短露出邊爲蠃露得爲一義故鄭引之在下

凡取龜用秋時。攻龜用春時。各以其物。入于龜室。六龜各異室也秋取龜及萬物成也攻治也治龜骨以春是時乾解不發傷也○解音蟹一音佳買反○【疏】注六龜至傷也○釋曰云各以其物入于龜室龜有六室物色也六龜各入於一室以其著龜歲易秋取春攻訖即欲易去前龜也

上春釁龜。祭祀先卜。釁者殺牲以血之神之也鄭司農云祭祀先卜者卜其日與其牲玄謂先卜始用卜筮者言祭言祀尊焉天地之也世本作曰巫咸作筮卜未聞其人也是上春者夏正建寅之月月令孟冬云釁祠龜策相互矣秦以十月建亥爲歲首則月令秦世之書亦或欲以歲首釁龜耳○釁許靳反【疏】注釁者至龜耳○釋曰云釁者殺牲以血之神之也者謂若禮記雜記云廟成則釁之廟用羊門夾室用鷄之類皆是神之故血之也先鄭云祭祀先卜者卜其日與其牲後鄭不從者以其此官不主卜事故不從也故解先卜始用卜筮者云言祭言祀尊焉天地之也者按大宗伯天稱禋祀地稱血祭是天地稱祭祀今此先卜是人應曰享而云祭祀與天地同稱故云尊焉天地之也云世本作曰巫咸作筮卜未聞其人也者曲禮云卜筮者先聖王之所以信時日其易所作即伏犧爲之矣但未有揲蓍之法至巫咸乃教人爲之故巫咸得作筮之名未聞其源世本又不言其人故云未聞其人也云是上春者夏正建寅之月月令孟冬云釁祠龜策相互矣者然周與秦各二時釁龜策月令孟冬釁則周孟冬亦釁之周以建寅上春釁秦亦建寅上春釁

之故云相互也云秦以十月建亥爲歲首則月令秦世之書亦或欲以歲首釁龜耳若據此注則周秦各一時釁此鄭兩解按月令注云周禮龜人上春釁龜謂建寅之月秦以其歲首使大史釁龜筴與周異矣彼注與此後注義同也

若有祭祀。則奉龜以往。奉猶送也送之所當於卜【疏】若有至以往○釋曰此云祭事不辨外內則外內俱當十皆奉龜以往所當卜處

旅亦如之。喪亦如之。【疏】旅亦至如之○釋曰旅謂祈禱天地及山川喪謂卜葬宅及日皆亦奉龜往十處也按爾雅有十龜一曰神龜龜之最神明者二曰靈龜涪陵郡出大龜甲可以卜緣中文似瑇瑁俗呼爲靈龜即今大觜蠵龜也一名靈蠵能鳴也三曰攝龜小龜也腹甲曲折解能自張閉好食蛇江東呼爲陵龜也四曰寶龜大寶龜也五曰文龜甲有文采者也河圖曰靈龜負書丹甲青文六曰蓍龜常在蓍叢下也七曰山龜八曰澤龜九曰水龜十曰火龜山澤水火皆說生出之處所也火龜猶火鼠也

菙氏掌共燋契。以待卜事。杜子春云燋讀爲細目燋之燋或曰如薪樵之樵謂所爇灼龜之木也故謂之樵契謂契龜之鑿也詩云爰始爰謀爰契我龜玄謂士喪禮曰楚焞置于燋在龜東楚焞即契所用灼龜也燋謂炬其存火○菙本又作垂同時髓反燋哉約反李又祖堯反一音哉益反契苦計反劉苦挈反燋在消反焞吐敦反又徒敦反又在悶反又祖悶反一音純本一音祖館反炬具呂反【疏】菙氏至卜事○釋曰子春讀燋二者皆作俗讀爲柴樵之樵後鄭不從依音爲雀意取莊子爝火之義焚焚然也玄謂士喪禮曰楚焞置于燋在龜東者謂陳龜於西塾上龜南首燋在龜東置楚焞于左言楚焞者謂荊爲楚用之焞龜開兆故云楚焞也

凡卜。以明火爇燋。遂龡其焌契。以授卜師。遂役之。杜子春云明火以陽燧取火於日焌讀爲英俊之俊書亦或爲俊玄謂焌讀如戈鐏之鐏謂以契柱燋火而吹之也契既然以授卜師用作龜也役之使助之○焌音俊又存悶反又祖悶反李祖館反鐏存悶反劉祖悶反柱張注反【疏】凡卜至役之○釋曰云遂吹其焌契以授卜師者謂若大卜視高巳上則卜師作龜故以焌契授卜師若差次使卜人作龜則授卜人言遂役之者因事曰遂以因授契訖即授卜師所役使也○注杜子至助之○釋曰子春云明火以陽燧取火於日者此秋官司烜氏職文謂將此明火以燒爇燋使然也云焌讀爲英俊之俊者意取荊樵之中英俊者爲楚焞用之灼龜也後鄭讀焌爲戈鐏之鐏者讀從曲禮云進戈者前其鐏意取銳頭以灼龜也云謂以契柱燋火而吹之也者解經遂吹其焌契謂將此焌契以柱於樵火吹之使熾也○

占人掌占龜。以八簭占八頌。以八卦占簭之八故。以眡吉凶。占人亦占簭言掌占龜者簭短龜長主於長者以八簭占八頌謂將卜八事先以簭簭之言頌者同於龜占也以八卦占簭之八故謂八事不卜而徑簭之也其非八事則用九簭占人亦占焉○簭音簭長如字下同【疏】占人至吉凶○釋曰云占人亦占簭言掌占龜者簭短龜長主於長者占簭即此經云以八簭占八頌又云以八卦占簭之八故並是占簭故首云掌占龜不云占簭故云主於長者也鄭知簭短龜長者按左氏僖四年傳云初晉獻公欲以驪姬爲夫人卜之不吉簭之吉公從簭卜人曰簭短龜長不如從長是龜長簭短之事龜長者以其龜知一二三四五天地之生數知本易知七八九六之成數知未是以僖十五年傳韓簡云龜象也簭數也物生而後有象象而後有滋滋而後有數故象長如易歷三聖而窮理盡性云短者以其易雖窮理盡性仍六經並列龜之繇辭譬若讖緯圖書不見不可測量故爲長短馬融曰云簭史短龜史長者非鄭義也云以八簭占八頌謂將卜八事先以簭之者凡大事皆先簭而後卜此八還是上文大八事之八也凡簭之卦自用易之爻占之龜卜之兆用頌辭占之今言八簭占八頌者鄭云同於龜占也以其吉凶是同故占簭之辭亦名頌故云同於龜占龜占則繇辭是也云以八卦占簭之八故謂八事不卜而徑簭之也者此出人君之意此八事即大卜大事之八故令先簭後卜今人君欲得從簭吉凶占則行之不假更卜故云占簭之八故云非八事則用九簭占人亦占焉者此云九簭即下簭人所云九簭是也知占人亦占焉者以其占人於此占簭明下九簭亦占可知也○

凡卜簭。君占體。大夫占色。史占墨。卜人占坼。體兆象也色兆氣也墨兆廣也坼兆舋也體有吉凶色有善惡墨有大小坼有微明尊者視兆象而已卑者以次詳其餘也周公卜武王占之曰體王其無害凡卜象吉色善墨大坼明則逢吉○【疏】凡卜至占坼○釋曰此君體已下皆據卜而言兼云簭者凡卜皆先簭故連言之云體兆象也者謂金木水火土五種之兆言體言象者謂兆之墨縱橫其形體象以金木水火土也凡卜欲作龜之時灼龜之四足依四時而灼之其兆直上向背者爲木兆直下向足者爲水兆邪向背者爲火兆邪向下者爲金兆橫者爲土兆是兆象也云色兆氣也者就兆中視其色氣似有雨及雨止之等是兆色也云墨兆廣也者據兆之正舋處爲兆廣坼兆舋者就正墨旁有奇舋鍔者爲兆舋也云體有吉凶色有善惡墨有大小坼有徵明者據鄭後云象吉色善墨大坼明則逢吉若然則此四者各舉一邊而言則善與大及明皆是吉惡小及微皆凶也引周公卜武王是尚書金縢彼爲武王有疾不愈恐死周公欲代武王死爲三壇因告大王王季文王以請天未知天之許不故壇所即卜云三龜一習吉啓籥見書乃并是吉周公曰體王其無害引之者證君占體之事也○

凡卜簭。既事。則繫幣以比其命。歲終。則計其占之中否。杜子春云繫幣者以帛書其占繫之於龜也云謂既卜簭史必書其命龜之事及兆於策繫其禮神之幣而合藏焉書曰王與大夫盡弁開金縢之書乃得周公所自以爲功代武王之說是命龜書○毄音係比毗志反一音必履反中丁仲反【疏】凡卜至中否○釋曰既事者卜簭事訖卜簭皆有禮神之幣及命龜簭之辭書其辭及兆於簡策之上并繫其幣合藏府庫之中至歲終揔計占之中否而句考之○注杜子至龜書○釋曰子春云繫幣者以帛書其占繫之於龜也者後鄭不從云書其命龜之事及兆於策者云既卜簭即簭亦有命簭之辭及卦不言者舉龜重者而略簭不言可知或有簭短龜長直據龜而言其簭則否書曰已下亦金縢文案彼武王崩後周公將攝政遭管蔡流言成王未寤遭雷風之變王與大夫盡弁弁謂爵弁應天變之服以啓金縢之書乃得周公所自以爲功之事也事謂請命之事故云代武王之說是命龜書也引之證比其命藏之事也

簭人掌三易。以辨九簭之名。一曰連山。二曰歸藏。三曰周易。九簭之名。一曰巫更。二曰巫咸。三曰巫式。四曰巫目。五曰巫易。六曰巫比。七曰巫祠。八曰巫參。九曰巫環。以辨吉凶。此九巫讀皆當爲簭字之誤也更謂簭遷都邑也咸猶僉也謂簭衆心歡不也式謂簭制作法式也目謂事衆簭其要所當也易謂民衆不說簭所改易也比謂簭與民和比也祠謂簭牲與日也參謂簭御與右也環謂簭可致師不也○巫音簭比眡志反注同僉七廉反說音悅下同【疏】簭人至吉凶○釋曰此簭人掌三易者若卜用三龜此簭人用三易故云掌三易也○注此九至不也○釋曰鄭破巫爲簭者此簭人掌簭不主巫事故從簭也云更謂簭遷都邑也者此遷都謂公卿大夫之都邑鄭荅趙商若武王遷洛盤庚遷殷之等則卜故大卜有卜大遷之事云咸猶僉也謂簭衆心歡不也者謂國有營建之事恐衆心不齊故簭之也云式謂簭制作法式也者式是法式故知制作法式也云目謂事衆簭其要所當也者是要目之事故論語顏回云請問其目鄭云欲知其要顏回意以禮有三百三千卒難周備故請問其目此云事衆故亦簭其要目所當者也云易謂民衆不說簭所改易者易之事上既有更爲遷都邑故以此易爲民衆不和說須簭改易政教之事云此謂簭與民和也者比是相親比之事故此卦云建萬國親諸侯故知比爲簭與民和比云祠謂簭牲與日也者按大卜大祭祀而卜之今此祀不卜而簭者彼大祀用卜此謂小祭祀故用簭也云參謂簭御與右也者云參謂參乘之事故知是御及車右勇力與君爲參乘故簭之也云環謂簭可致師不者此環與環人字同彼環人注致師引宣公十二年楚許伯御樂伯攝叔爲右以致晉師之事明此經簭環亦是主致師以卜之事也趙商問僖十五年秦晉相戰晉卜右慶鄭吉襄二十四年晉致楚師求觀於鄭鄭人卜宛射犬吉皆用卜今此用簭何鄭荅天子具官有常人非一致簭可使者諸侯患官無常人故臨時卜之也且此云簭是國之大事先簭而後卜曲禮注引春秋獻公卜娶驪姬不吉公曰簭之請明所據又尚書龜從○

凡國之大事。先簭而後卜。當用卜者先簭之即事有漸也於簭之凶則止不卜【疏】注當用至不卜○釋曰此大事者即大卜之八命及大貞大祭祀之事大卜所掌者皆是大事皆先簭而後卜故鄭云當用卜者先簭之即事漸也者簭輕龜重賤者先即事故卜即事漸也云於簭之凶則止者曲禮云卜簭不相襲若簭不吉而又卜是卜襲簭故於簭凶則止不卜按洪範云龜從簭逆又云龜簭共違於人彼有先卜後簭簭不吉又卜與此經違者彼是箕子所陳用殷法殷質故與此不同○

上春相簭。相謂更選擇其蓍也蓍龜歲易者與○相息亮反注同與音餘【疏】注相謂至者與○釋曰上春謂建寅之月歲之始除舊布新故更選擇其蓍易去其舊者據此則蓍歲易也兼云龜者龜人云攻龜用春時明亦以新易故故知龜亦歲易此龜之歲易者謂龜人天地四時之龜若大寶龜等非常用之龜不歲易

凡國事共簭。

周禮注疏卷二十四校勘記　阮元撰盧宣旬摘錄

附釋音周禮注疏卷第二十四

磬師

凡祭祀奏縵樂 唐石經岳本嘉靖本同余本閩監毛本凡誤及石經考文提要云宋本九經宋纂圖互注本宋附釋音本余仁仲本皆作凡祭祀

鍾師

金謂鍾及鎛 閩監本鎛誤鏄疏同

納夏 唐石經諸本同釋文作夏納云本或作納夏經義雜記曰左傳襄四年金奏肆夏之三杜注四曰納夏釋文作夏納云本或作納夏誤又春秋正義曰定本納夏爲夏納依陸氏之書知舊本是夏納今周禮作納夏非也

齊夏 釋文齊本又作齋按齋俗字○按齋者正字齊者假借字

祴夏 余本嘉靖本同釋文唐石經作裓夏字從衣宋人書衣示往往不加區別閩監毛本因作裓矣注及疏并下笙師同○按祴見說文示部祴宗廟奏祴樂也唐石經從衣乃大誤

金奏肆夏三 浦鏜云夏下脫之

緐遏執傹也 余本岳本同嘉靖本作傹閩監毛本傹改競非下同釋文執傹云詩作競

渠思文 余本岳本嘉靖本閩本同監毛本文下增也

趨以采茨 閩監毛本茨作薺

周南終麟止 閩監毛本止改趾非此與詩釋文合○按足趾字古作足止止乃正字

鼓讀如莊王鼓之鼓 漢讀考云莊王鼓之見宣十二年公羊傳當云莊王鼓之之鼓今脫一之字

笙師

掌教龡竽笙塤籥簫箎篴管 余本閩監毛本同唐石經嘉靖本箎作篪爲是

箎七空 余本空作孔下仍作空按當並作孔釋文七空音孔下同經注本作空者據釋文本改也賈疏亦作空

杜子春讀篴爲蕩滌之滌 漢讀考云爲當作如

司農云七孔 上引注作空引廣雅作孔此亦當作空涉上廣雅誤

其端有兩空 閩監毛本空改孔非

鎛師 閩監本鎛誤鏄注及疏同

春秋傳所謂賓將趨者 掌固注引作賓將趣者今左傳作賓將掫說文同禮說云左傳扞掫齊世家作爭趣按趨趣掫皆聲相近

金奏之樂者即入音是也 閩監毛本無者

旦明五通爲發昫 監本昫誤晌

韎師 唐石經諸本同字從末閩本作韎誤○按說文从韋末聲五經文字作韎音末五經文字从末則唐石經从末誤也

旄人

西夷之樂曰株離 閩監毛本株改侏

爲其聲歌是也 浦鏜云與誤爲

籥師

文舞有持羽吹籥者 余本舞誤武

籥章

掌土鼓豳籥 唐石經嘉靖本同閩監毛本豳作豳

豳籥豳國之地竹 釋文音經豳籥云注邠同段玉裁取此爲經用古字注用今字之一證今本皆改爲豳矣

伊耆氏之樂 釋文耆又作帆阢二皆音耆○按从几聲是从九聲則非余本載音義作阢是也

並不言有祀事 閩監毛本並改并

田祖先嗇者也 浦鏜云也云誤者也

七月又有穫稻作酒躋彼公堂稱彼兕觥萬壽無疆之事 閩監毛本同余本嘉靖本穫作穫觥作觵按釋文躋堂子兮反無彼公二字蓋陸本作躋堂稱觵萬壽無疆之事注約舉其事非引詩全文也惠校本刪彼公彼兕四字

亦各有葦籥可知 浦鏜云各疑合字誤

鞮鞻氏

南方曰任 釋文曰任音壬葉鈔本作音任則陸本注當作南方曰壬

持弓助時養 浦鏜云羽誤弓從白虎通校○按此等未可肊定爲誤

皆於四門之外有辟是也 閩本同監毛本有作右是也○按右辟猶右邊也如左傳之西辟

陽伯之樂舞株離 閩本同監毛本株作侏下並同

言象萬物生株離 惠校本生株離作生離根株也

四夷之樂誰謂舞 閩本同監毛本刪謂按謂疑當作爲

以其下季春云大合祭 浦鏜云樂誤祭

典庸器

又籍晉之功 浦鏜云藉誤籍

帥其屬而設筍虡 唐石經諸本同毛本虡改簴此本及毛本帥誤師

從者爲鐻 釋文爲鐻音距舊本作此字今或作虡按經作虡注作鐻此亦段玉裁經作古字注作今字之證也鐻在漢爲今字

司干

受干與羽籥也 浦鏜云授誤受下並同

鎛師云擊晉鼓 浦鏜云主誤云

大卜

掌三兆之灋 唐石經諸本同釋文作三𠧞云亦作兆按古文經當作兆注從今字作𠧞今本後人援注所改○謂前說非也經注皆未嘗作𠧞𠧞乃俗字後人所造竄入說文者周禮有作𠧞者俗本耳

其象似玉瓦原之璺罅 余本嘉靖本同閩本璺誤亹監毛本改璺按釋文作璺云依字作璺則本不作璺可知葉鈔釋文罅作呼

上古以來作其法可用者有三 賈疏引注作上古以來其作法可用者有三讀亦異

此依下文華氏云 閩本華誤華監本誤筆

遂吹其焌契 閩本同監毛本吹改歙

頌謂繇也 岳本繇改䌛俗字下同釋文亦作䌛

曰𧉆曰尅 岳本嘉靖本尅作剋

圛氣落圛不連屬 按落圛當作驛

似山出內氣變也 閩本同余本嘉靖本監毛本無變字臧禮堂云春秋襄九年正義引此注作出內雲氣也今本作氣變誤按賈疏云雲氣出內於山故名易爲連山是賈疏本本作雲氣當據正

連山虙戲 余本嘉靖本閩監毛本作宓戲此本疏中引注亦作宓釋文宓作虙戲本又作戲音羲

三少爲重錢 閩監毛本作單錢當據正此複下

天能周帀於四時 閩監毛本帀誤布

掌三夢之灋 唐石經諸本同釋文作三𧄒不成字蓋說文𡨦字之譌耳𡨦者正字夢者假借字也

讀如諸戎掎之掎 監本上掎誤椅漢讀考作讀爲諸戎掎之之掎云下云掎亦得也可知鄭之易字矣今本作讀如非

運或爲緷當爲煇 釋文出作緷爲煇四字則上爲當是作

孝子某以下與前同 浦鏜云孫誤子

是征亦得爲巡狩之事也　閩監毛本狩作守

則眂高作龜　釋文作視高非

卜用龜之腹骨　余本嘉靖本同閩監毛本用誤因按賈疏引注亦作用

令可熱也　葉鈔釋文熱作爇爲是

正問於龜之事有二則有二則　監毛本刪一有二則閩本上則作其

有姪娣以廣愛疏　閩監毛本愛作親

如并爲公卿通計嗣之禮　浦鏜云計疑繼字誤

叔弓帥師壃鄆田是也　閩監毛本壃改疆下壃界同

知大事宗伯臨下者　閩監毛本臨改涖

按下菙氏云　閩監毛本菙誤華

作謂發使璺坼　閩本同監毛本璺改釁非

輕於大遷大師也　閩監毛本同余本岳本嘉靖本無也

卜師

開開出其占書也　余本不重開字此衍○按據疏亦重開字然余本爲是

今言四兆者　閩監毛本同余本嘉靖本今作此

孰灼之明其兆　浦鏜云爇誤孰疏同從集注挍○按浦鏜誤也灼者灸也灸之不熟其兆不明孰者今之熟字爇之訓燒也古皆言灼龜未有言爇龜者

卜人作龜卜人作龜　余本脫一卜人作龜

龜人

左倪靁　此本及閩監毛本靁誤靈今據余本岳本嘉靖本訂正

杜子春讀果爲蠃　閩監毛本同誤也余本岳本嘉靖本蠃作臝當據正釋文音經果魯火反注臝同

但未有探著之法　浦鏜云揲誤探

亦或欲以歲首釁龜耳若　浦鏜云者誤若

與周異矣　毛本矣改也

六曰著龜　浦鏜云筮誤著○按此不誤賈氏所據爲長

常在著叢下也　閩監毛本也改潛伏二字

菙氏　唐石經諸本同葉鈔釋文作垂氏云本又作菙余本載音義同

燋讀爲細目燋之燋或曰如薪樵之樵　漢讀考云爲當作如細目燋讀同焦其字不當從火轉寫誤也曰如當作讀爲

以柱於樵火　浦鏜云燋誤樵

遂龡其焌契　說文焌然火也从火夋聲周禮曰遂籥其焌焌火在前以焞焯龜按今本籥作龡者從炊省也○按說文籥从龠炊聲

占人

占人亦占筮　岳本筮改簭非凡經作簭注作筮

坼兆璺也　余本嘉靖本閩本同監毛本璺改釁非○按亹璺皆俗字舋是正字凡小學必推其源流而後定其是非

凡卜象吉　諸本同浦鏜云體誤象疏同

就正墨旁有奇璺罅者　閩本同監毛本旁改傍

故壇所即卜云　浦鏜云云疑衍

則繫幣　唐石經諸本同釋文作則毄音係○按古文假毄爲係凡作繫者皆後人所改俗字也

簭人

故知其御及車右勇力　閩本同監毛本其改是

求覩於鄭　浦鏜云御誤覩

鄭人卜宛射犬吉　閩本同監毛本犬誤大

附釋音周禮注疏卷第二十五

鄭氏注　賈公彥疏

占夢掌其歲時。觀天地之會。辨陰陽之氣。其歲時今歲四時也天地之會建厭所處之日辰陰陽之氣休王前後○夢本又作𡦹音同厭於琰反王于況反〔疏〕注其歲至前後○釋曰鄭云其歲時今歲四時也者但天地之會陰陽之氣年年不同若今歷日今歲亦與前歲不同故云今歲四時也云天地之會建厭所處之日辰者建謂斗柄所建謂之陽建故左還於天厭謂日前一次謂之陰建故右還於天故堪輿天老曰假令正月陽建於寅陰建在戌日辰者日據幹辰據支云陰陽之氣休王前後者案春秋緯云王者休王所勝者死相所勝者囚假令春之三月木王水生木水休木勝土土死木王火相王所生者相相所勝者囚火勝金春三月金囚以此推之火王金王水王義可知觀此建厭所在辨陰陽之氣以知吉凶也以日月星辰占六夢之吉凶。日月星辰謂日月之行及合辰所在春秋昭三十一年十二月辛亥朔日有食之是夜也晉趙簡子夢童子倮而轉以歌旦而日食占諸史墨對曰六年及此月也吳其入郢乎終亦弗克入郢必以庚辰日月在辰尾庚午之日日始有謫火勝金故弗克此以日月星辰占夢者其術則今八會其遺象也用占夢則亡○倮魯火反轉如字又張戀反郢以井反劉餘政反適直革反〔疏〕以日至吉凶○釋曰六夢者即下云一曰二曰是也以日月星辰占知者謂夜作夢旦於日月星辰以占其夢以知吉凶所在○注日月至則亡○釋曰張逸問占夢注云春秋昭三十一年十二月辛亥朔日有食之是夜也趙簡子夢童子倮而轉以歌旦而日食占諸史墨對曰六年及此月也吳其入郢乎終亦弗克入郢必以庚辰日月在辰尾庚午之日日始有謫火勝金故弗克此以日月星辰占夢者不知何術占之前問不了荅曰日月在辰尾夏之九月辰在房未有尾星建戌厭寅寅與申對辰與戌對申近庚辰與戌對故知庚辰辰下爲主人故于爲主人金侵火故不勝雖不勝即復故云弗克日有適氣時九月節者以庚午在甲子篇辛亥在甲辰篇也中有甲戌甲申甲午成一月也從庚午以下四日從甲辰至辛亥八日并之十二日通同四十二日如是庚午之日當在八月十九日故言時得九月節也言雖不勝即復者以其庚金午火位相連故云雖不勝即復也言雖不勝者吳君臣爭宮秦救復至不能定楚是其不勝不能損吳是明即復也問曰何知有此厭對之義乎荅曰按堪輿黃帝問天老事云四月陽建於巳破於亥陰建於未破於癸是爲陽破陰陰破陽故四月有癸亥爲陰陽交會十月丁巳爲陰陽交會言未破癸者即是未與丑對而近癸也交會惟有四月十月也若有變異之時十二月皆有建厭對配之義也云則今八會其遺象也者按堪輿大會有八也小會亦有八服氏云是歲歲在析木後六年在大梁大梁水宗十一月日在星紀爲吳國分楚之先顓頊之子老童老童楚象行歌象楚走哭姬姓日月在星紀星紀之分姬姓吳也楚衰則吳得志吳世世與楚怨楚走去其國故曰吳其入郢吳屬水水數六十月水位故曰六年及此月也有適而食故知吳終亦不克又彼注云後六年定四年十一月閏餘十七閏在四月後其十一月晦晦庚辰吳入郢在立冬後復此月也十二月辛亥日會月於龍尾而食庚午日初有適故曰庚辰一日日月在辰尾尾爲亡臣是歲吳始用子胥之謀以伐楚故天垂

象又注云午火庚金也火當勝金而反有適故爲不克晉諸侯之霸與楚同盟趙簡子爲執政之卿遠夷將伐同盟曰應之食故夢發簡子服氏以庚午之日日始適火勝金故不克入楚必以庚辰此與鄭義別其餘畧相依也問曰周之十二月夏之十月日夏體正應在析木而云在星紀何荅曰據此月中有十一月節故舉言之成長以爲誤也此六夢蓋三王同有六夢法也 **一曰正夢。**無所感動平安自夢〔疏〕注無所至自夢。○釋曰鄭知無感動平安自夢者以其言正是平安之義故知無所感動平安自夢 **二曰噩夢。**杜子春云噩當爲驚愕之愕謂驚愕而夢。○噩五各反注鄂同〔疏〕注杜子至而夢。○釋曰以其言噩噩是驚愕之意故子春讀噩從驚愕解之 **三曰思夢。**覺時所思念之而夢。○覺芳孝反下同〔疏〕注覺時至而夢。○釋曰以其思是思念之意故解云覺時所思念而夢也 **四曰寤夢。**覺時道之而夢。○寤本又作𡪢五故反〔疏〕注覺時道之而夢。○釋曰以其字爲覺寤之字故知覺寤時道之睡而夢也 **五曰喜夢。**喜悅而夢〔疏〕注喜悅而夢。○釋曰以其字爲喜說之字故知未睡心說睡而爲夢 **六曰懼夢。**恐懼而夢〔疏〕注恐懼而夢。○釋曰以其字爲恐懼之字故云恐懼而夢 **季冬聘王夢。獻吉夢于王。王拜而受之。**聘問也夢者事之祥吉凶之占在日月星辰季冬日窮于次月窮于紀星迴于天數將幾終於是發幣而問焉若休慶之云爾因獻羣臣之吉夢於王歸美焉詩云牧人乃夢衆維魚矣旐維旟矣此所獻吉夢。○幾如字又音祈〔疏〕季冬至受之。○釋曰季冬歲終除舊惡擬來歲布新善故問王夢之善惡夢惡者贈去之下文是也獻吉夢於王者歸美於王。○注聘問至吉夢。○釋曰云夢者事之祥者若對文禎祥是善妖孽是惡散文祥中可以兼惡夢者有吉有惡故云夢者事之祥也云吉凶之占在日月星辰者即上文以日月星辰占六夢之吉凶是也云季冬日窮于次月窮于紀星迴于天數將幾終者皆月令文日窮於次者次謂日辰所在季冬日月會于玄枵是日窮於次月窮於紀紀謂星紀日月五星會聚之處月謂斗建所在十二月斗建丑故云月窮於紀星迴於天者星謂二十八宿十三月復位此十二月未到本位故直云星迴於天數將幾終者幾近也至此十二月歷數將終云於是發幣而問焉若休慶之云爾者鄭以禮動不虛必以幣帛行禮乃始問王故云發幣而問焉休美也問王夢若美慶云爾云因獻羣臣之吉夢於王王歸美焉者君吉夢由於羣臣君統臣功故獻吉夢歸美於王也詩云牧人乃夢是無羊美宣王詩也牧人乃夢衆維魚矣旐維旟矣者牧人謂牧牛羊之人故注衆維魚矣豐年之祥旐旟所以聚衆引之者證獻吉慶之事 **乃舍萌于四方。以贈惡夢。**杜子春讀萌爲明或云其字當爲明明謂歐疫也謂歲竟逐疫置四方書亦或爲明玄謂舍讀爲釋舍萌猶釋采也古書釋菜釋奠多作舍字萌菜始生也贈送也欲以新善去故惡。○舍音釋注舍萌同萌亡耕反去起呂反〔疏〕注杜子至故惡。○釋曰子春之說舍萌爲歐疫案下文自有歐疫於此以舍萌爲之其義不同故後鄭不從玄謂舍萌猶釋采也者按王制有釋采奠幣之事故從之云萌菜始生也者案樂記區萌達鄭注云屈生曰區芒而直出日萌故知萌菜始生者云欲以新善去故惡者舊歲將盡新年方至故於此時贈去惡夢 **遂令始難歐疫。**令令方相氏也難謂執兵以有難卻也方相氏

蒙熊皮黃金四目玄衣朱裳執戈揚盾帥百隸爲之歐疫厲鬼也故書難或爲儺杜子春難讀爲難問之難其字當作難月令季春之月命國儺九門磔禳以畢春氣仲秋之月天子乃難以達秋氣季冬之月命有司大儺旁磔出土牛以送寒氣。○難乃多反劉依杜乃旦反注以意求之儺字亦同磔涉百反禳如羊反〔疏〕遂令始難歐疫。○釋曰因事曰遂上經贈惡夢遂令方相氏始難歐疫。○注令令至寒氣。○釋曰云令令方相氏以方相氏專主難者故先令方相氏云難謂執兵以有難卻也者所引方相氏以下是也杜子春云難讀爲難問之難者以其難去疫癘故爲此讀又引月令云季春之月命國難案彼鄭注此月之中日行歷昴昴有大陵積尸之氣氣佚則厲鬼隨而出行故難之云命國難者惟天子諸侯有國者令難去九門磔禳者九門依彼注路門應門雉庫皋國近郊遠郊關張磔牲體禳去惡氣也云以畢春氣者畢盡也季春行之故以盡春氣云仲秋之月天子乃難以達秋氣者按彼鄭注陽氣左行此月宿直昴畢昴畢亦得大陵積尸之氣氣佚則癘鬼亦隨而出行故難之以通達秋氣此月難陽氣故惟天子得難云季冬之月命有司大難旁磔出土牛以送寒氣者按彼鄭注此月之中日歷虛危虛危有墳墓四司之氣爲厲鬼將隨強陰出害人也故難之命有司者謂命方相氏言大難者從天子下至庶人皆得難言旁磔者謂四方於四方之門皆張磔牲體云出土牛以送寒氣者彼鄭注云出猶作也作土牛者丑爲牛牛可牽可止送猶畢也故作土牛以送寒氣此子春所引雖引三時之難惟即季冬大難知者此經始難文承季冬之下是以方相氏亦據季冬大難而言

眂祲掌十煇之灋。以觀妖祥。辨吉凶。妖祥善惡之徵鄭司農云煇謂日光炁也。○煇音運炁音氣本亦作氣〔疏〕眂祲至吉凶。○釋曰按下十等惟一曰言祲故據一曰以爲官首言掌十煇之法者一曰以下十等多是日旁之氣言煇亦是日旁煇光故揔以煇言之。○注妖祥至炁也。○釋曰云妖祥善惡之徵者祥是善之徵妖是惡之徵故言善惡之徵此妖祥相對若散文祥亦是惡徵亳有祥桑之類是也鄭司農云煇謂日光氣也者就十等之中五曰闇闇謂日食則無光氣而云十等皆謂日光氣者據多而言 **一曰祲。二曰象。三曰鐫。四曰監。五曰闇。六曰瞢。七曰彌。八曰敘。九曰隮。十曰想。**故書彌作迷隮作資鄭司農云祲陰陽氣相侵也象者如赤鳥也鐫謂日旁氣四面反鄉如煇狀也監雲氣臨日也闇日月食也瞢日月瞢瞢無光也彌者白虹彌天也敘者雲有次序也如山在日上也隮者升氣也想者煇光也玄謂鐫讀如童子佩鐫之鐫謂日旁氣刺日也監冠珥也彌氣貫日也隮虹也詩云朝隮于西想雜氣有似可形想。○鐫鄭許規反劉思隨反或下圭反瞢七鄧反隮子兮反鄉許亮反煇音運本亦作暈音同虹音洪又古巷反劉古項反〔疏〕注故書至形想。○釋曰此經上事先鄭皆解之後鄭從其六不從其四先鄭云祲陰陽氣相侵也者赤雲爲陽黑雲爲陰如春秋傳云赤黑之祲在日旁云象者如赤鳥也者楚有雲如衆赤鳥在日旁者也云鐫謂日旁氣四面反鄉如煇狀也者後鄭不從云監雲氣臨日也者後鄭亦不從云闇日月食也者以其日月如光消故闇蒙也云瞢日月瞢瞢無光也者以其瞢瞢無光之貌故知無光云彌者白虹彌天也者此從故書爲迷後鄭不從云敘者雲有次敘如山在日上也者以其此十煇皆在日旁敘爲次敘之字故知敘者雲氣次敘如山在日上云隮者升氣也者以其隮訓爲升故隮者是升氣也此後鄭不破增成其義云想者煇光此後鄭亦不從玄謂鐫讀如童子佩鐫之鐫謂日旁氣刺日也者此讀從芄蘭詩童子佩鐫能不我知鐫是雜類故爲雲氣刺日云監冠珥也者謂有赤雲氣在日旁如冠耳珥即耳也今人猶謂之日珥云彌氣貫日也者以其言彌故知雲氣貫日而過云隮虹也者即爾雅螮蝀謂之虹日在東則西邊見日在西則東邊見故引詩云朝隮于西爲證也云想雜氣有似可形想者以其雲氣雜有所象似故可形想 **掌安宅敘降。**宅居也降下也人見妖祥則不安主安其居處也次序其凶禍所下謂禳移之〔疏〕注宅居至移之。○釋曰掌主也此官主安居者人見妖祥則意不安主安居其處不使不安故次敘其凶禍所下之地禳移之其心則安 **正歲則行事。**占夢以季冬贈惡夢此正月而行安宅之事所以順民〔疏〕注占夢至順民。○釋曰民心欲得除惡樹善占夢之官以季冬贈去惡夢至此歲之正月行是安宅之事順民心也 **歲終則弊其事。**弊斷也謂計其吉凶然否多少。○弊必世反下注同斷丁亂反〔疏〕注弊斷至多少。○釋曰占夢之官見有妖祥則告之吉凶之事其吉凶或中或否故至歲終斷計其吉凶也云然否多少者然謂中也知中否多少而行賞罰

大祝掌六祝之辭。以事鬼神示。祈福祥。求永貞。一曰順祝。二曰年祝。三曰吉祝。四曰化祝。五曰瑞祝。六曰筴祝。永長也貞正也求多福歷年得正命也鄭司農云順祝順豐年也年祝求永貞也吉祝祈福祥也化祝弭災兵也瑞祝逆時雨寧風旱也筴祝遠罪疾。○祝之秀反後除大祝宗祝諸官皆同〔疏〕大祝至筴祝。○釋曰云掌六祝之辭者此六辭皆是祈禱之事皆有辭說以告神故云六祝之辭云以事鬼神示者此六祝皆所以事人鬼及天神地祇云祈福祥求永貞者禱祈者皆所以祈福祥求永貞之事按一曰已下其事有六祈福祥即三曰吉祝是也求永貞二曰年祝是也今特取二事爲揔目者欲見餘四者亦有此福祥永貞之事故也。○注永長至罪疾。○釋曰云求多福歷年得正命也者經祈福祥求永貞所求亦求也今鄭云求多福即經祈福祥也歷年得正命即經求永貞也歷年之上宜有求鄭不言之者多福之上一求鄭則該此二事故鄭歷年之上畧不言求鄭司農云順祝順豐年已下皆約小祝而說小祝有順豐年此言順祝故知順祝順豐年也云年祝求永貞也者以祈永貞是命年之事故知年祝當求永貞也云吉祝祈福祥也者以其小祝有祈福祥之事此上揔目亦有祈福祥是吉慶之事故知吉祝當祈福祥也云化祝弭災兵也者弭安也安去災兵是化惡從善之事小祝有弭災兵故知化祝當之也云瑞祝逆時雨寧風旱也者小祝有逆時雨寧風旱此逆時雨即寧風旱即逆時雨對則異理則通此二者似若天之應瑞故揔謂之瑞祝云筴祝遠罪疾者自此已上差次與小祝不同惟有筴祝與小祝遠罪疾相當宜爲一也此六祝有求永貞小祝不言之者大祝已見故小祝畧不言也此六祝一曰順祝已下差次與小祝次第不同者欲見事起無常故先後有異 **掌六祈。以同鬼神示。一曰類。二曰造。三曰禬。四曰禜。五曰攻。六曰說。**祈嘄也謂爲有災變號呼告于神以求福天神人鬼

地祇不和則六癘作見故以祈禮同之故書造作竈杜子春讀竈爲造次之造書亦或爲造造祭於祖也鄭司農云類造禬禜攻說皆祭名也類祭于上帝詩曰是類是禡爾雅曰是類是禡師祭也又曰乃立冢土戎醜攸行爾雅曰起大事動大衆必先有事乎社而後出謂之宜故曰大師宜于社造于祖設軍社類上帝司馬法曰將用師乃告于皇天上帝日月星辰以禱于后土四海神祇山川冢社乃造于先王然後冢宰徵師于諸侯曰某國爲不道征之以某年某月某日師至某國禜日月星辰山川之祭也春秋傳曰日月星辰之神則雪霜風雨之不時於是乎禜之山川之神則水旱癘疫之災於是乎禜之玄謂類造加誠肅求如志禬禜告之以時有災變也攻說則以辭責之禜如日食以朱絲禜社攻如其鳴鼓然董仲舒救日食祝曰炤炤大明瀸滅無光奈何以陰侵陽以卑侵尊是之謂說也禬未聞焉造類禬禜皆有牲攻說用幣而已○造七報反注下皆同禬古外反劉音會禜音詠嗚音叫劉音禱爲于僞反號尸羔反呼火故反見賢遍反禡莫駕反禜烏營反炤章揺反瀸子廉反

【疏】掌六至曰說○釋曰上經六祝此云六祈皆是祈禱之事別見其文者按小祝重掌六祝云將事侯禳禱祠之祝號鬼神雖和同爲事禱請此六祈爲百神不和同即六癘作見而爲祈禱故云以同鬼神祇是以別見其文○注祈嗥至而已○釋曰云謂爲有災變號呼告神以求福者鄭知號呼者見小祝云掌禱祠之祝號故知此六祈亦號呼以告神云天神人鬼地祇不和則六癘作見故以祈禮同之者鄭知鬼神祇不和者見經云掌六祈以同鬼神祇明是不和設六祈以和之彼五行傳云六沴作見云貌之不恭惟金沴木視之不明惟水沴火言之不從惟火沴金聽之不聰惟土沴水思之不睿惟金木水火沴土五行而沴有六者除本五外來沴已則六彼云沴此云癘者沴有六則癘鬼作見故變沴言癘杜子春云造謂造祭於祖知者禮記云造于祖故後鄭從之先鄭云類造禬禜攻說皆祭名以其祈禱皆是祭事按後鄭類造禬禜皆有牲攻說用幣而已用幣非祭亦入祭科之中云類祭于上帝知者禮記王制及尚書泰誓皆云類于上帝故知類祭上帝也引詩云已下至師至某國以類造爲出軍之祭後鄭皆不從矣所以不從者但出軍之祭自是求福此經六祈皆爲鬼神不和同設祈禮以同之不得將出軍之禮以解之故後鄭不從先鄭引大雅皇矣詩即引爾雅者所以釋此詩故也云又曰乃立冢土戎醜攸行者大雅緜詩云爾雅曰起大事以下亦釋此詩故也又曰乃立者引以相副故大事宜于社造于祖設軍社類于上帝並是此大祝下文云司馬法曰將用師三字司農語云禜日月星辰山川之祭也者引春秋爲證春秋傳曰者昭元年左氏傳云鄭子產聘晉晉侯有疾問於子產子產對此辭按彼傳文癘疫之災於是乎禜之此云不時者鄭君讀傳有異玄謂類造加誠肅求如志者欲明天神人鬼地祇不得同名類造故云加誠肅求如志云禬禜告之以時有災變也者春秋所云雪霜風雨水旱癘疫之不時於是乎禜之禬雖未聞禬是除去之義故知禬亦災變云攻說則以辭責之者引論語及董仲舒皆是以辭責之云禜如日食以朱絲禜社者按莊公二十五年六月辛未朔日有食之鼓用牲于社公羊傳云曰食則曷爲鼓用牲于社求乎陰之道也以朱絲禜社或曰脅之或曰爲闇恐人犯之故禜之何休云朱絲禜之助陽抑陰也或曰爲闇者恐人犯歷之故禜之然此說非也記或傳者示不欲絕異說爾先言鼓後言用牲者明先以爲尊命責之後以臣子禮接之所以爲順也鄭引公羊傳者欲見禜是禜之義云攻如其鳴鼓然者此是論語先進篇孔子責冉有爲季氏聚斂之臣故云小子鳴鼓而攻之可彼是以辭攻責之此攻責之亦以辭責故引以爲證引董仲舒者是漢禮救日食之辭以證經說是以辭責之云禬未聞焉者經傳無文不知禬用何禮故云未聞鄭知類造禬禜皆有牲者按禮記祭法云埋少牢於泰昭祭時也下云幽禜祭星雩禜祭水旱鄭注云凡此以下皆祭用少牢禜既用牲故知類造皆亦有牲故云皆有牲也云攻說用幣而已者知攻說用幣者是日食伐鼓之屬天災有幣無牲故知用幣而已既云天災有幣無牲其類禮以亦是天災得有牲者災始見時無牲及其災成之後即有牲故詩云靡愛斯牲是也

作六辭以通上下親疏遠近。一曰祠。二曰命。三曰誥。四曰會。五曰禱。六曰誄。

鄭司農云祠當爲辭謂辭令也命論語所謂爲命裨諶草創之誥謂康誥盤庚之誥之屬也盤庚將遷于殷誥其世臣卿大夫道其先祖之善功故曰以通上下親疏遠近會謂王官之伯命事於會胥命于蒲主爲其命也禱謂禱於天地社稷宗廟主爲其辭也春秋傳曰鐵之戰衛大子禱曰曾孫蒯聵敢昭告皇祖文王烈祖康叔文祖襄公鄭勝亂從晉午在難不能治亂使鞅討之蒯聵不敢自佚備持矛焉敢告無絕筋無破骨無面夷無作三祖羞大命不敢請佩玉不敢愛若此之屬誄謂積累生時德行以錫之命主爲其辭也春秋傳曰孔子卒哀公誄之曰閔天不淑不憖遺一老俾屏余一人以在位嬛嬛予在疚嗚呼哀哉尼父無自律此皆有文雅辭令難爲者也故大祝官主作六辭或曰誄論語所謂誄曰禱爾于上下神祇杜子春云誥當爲告書亦或爲告玄謂一曰祠者交接之辭春秋傳曰古者諸侯相見號辭必稱先君以相接辭之辭也會謂會同盟誓之辭禱賀慶言福祚之辭晉趙文子成室晉大夫發焉張老曰美哉輪焉美哉奐焉歌於斯哭於斯聚國族於斯文子曰武也得歌於斯哭於斯聚國族於斯是全要領以從先大夫於九京也北面再拜稽首君子謂之善頌善禱禱是之辭○會如字裨婢支反諶市林反蒯苦怪反聵五怪反難乃旦反佚音逸行下孟反閔音旻武市反慭魚覲反嬛求營反疚九又反父音甫奐音喚京音原

【疏】作六至曰誄○釋曰此六者惟一曰稱辭自餘二曰已下不稱辭而六事皆以辭自之者二曰已下雖不稱辭命誥之等亦以言辭爲主故以辭苞之云以通上下親疏遠近者此六辭之中皆兼苞父祖子孫上則疏而遠下則親而近故云以通上下親疏遠近也○注鄭司至之辭○釋曰先鄭破祠爲辭謂辭令者一以其目云六辭明知爲言辭之字不得爲禱祠言爲辭令者則玄謂增成之云交接之辭是也云命謂論語所謂爲命裨諶草創之誥謂康誥盤庚之誥之屬也者盤庚雖不言誥亦是誥語臣遷徙之事故同爲誥又云盤庚將遷于殷誥其世臣卿大夫道其先祖之善功者即盤庚云乃祖乃父世選爾勞是也此命誥之議後鄭從之云會謂王官之伯命事於會胥命于蒲主爲其命也者後鄭不從之者按公羊傳云胥命者何相命也何言乎相命近正也此其爲近正奈何古者不盟結言而退又見昭四年楚椒舉云商湯有景亳之命周穆王有塗山之會以此觀之胥命于蒲與會有異今先鄭以胥命解會於義不可故不從云禱謂禱於天地社稷宗廟主爲其辭也又引春秋鐵之戰事在哀二年按哀二年衛靈公卒六月乙酉晉趙鞅納衛大子于戚秋八月齊人輸范氏粟鄭子姚子般送之趙鞅禦之衛大子爲右衛爲大子禱而爲此辭言曾孫者凡祭外神皆稱曾孫言昭告于皇祖文王皇君也衛得立文王廟故云君祖文王烈祖康叔者衛之始封君有功烈之祖云鄭勝亂從者勝鄭伯名助范氏亂故云亂從云晉午在難者午晉定公名范氏等作亂與君爲難故云在難云備持矛焉者蒯聵與趙鞅爲車右車右執持戈矛故云備持矛焉云無作三祖羞者三祖謂文王康叔襄公戰不克則以爲三祖羞辱先鄭此義後鄭皆不從之者此六辭皆爲生人作辭無爲死者之事故不從云誄謂積累生時德行以賜之命而引春秋傳曰者哀公十六年傳辭此義後鄭從之引論語者爲孔子病子路請禱孔子問曰有諸子路對此辭生人有疾亦誄列生時德行而爲辭與哀公誄孔子意同故引以相續玄謂一曰辭者司農云謂辭令無所指斥故後鄭相事而言引春秋傳曰者按莊四年公羊傳曰古者諸侯必有會聚之事相朝聘之道號辭必稱先君以相接是此之辭也彼無相見二字鄭以義增之云會謂會同盟誓之辭會中兼有誓盟者以其盟時皆云公會某侯某侯盟于某以此出會中合有盟其誓必因征伐按春秋征伐皆云公會某侯某侵某既有士卒當有誓辭故出會中兼有誓也云禱賀慶言福祚之辭者破先鄭禱鬼神之事云晉趙文子成室者禮記檀弓文按彼文云晉獻文子成室鄭注云獻猶賀也晉君賀文子成室此言晉趙文子成室引文畧趙文子則趙武也晉大夫發焉見文子室成卿大夫皆發幣以往慶賀之張老者亦晉大夫云美哉輪焉者謂輪囷高大云美哉奐焉者謂奐爛有文章云歌於斯者斯此也謂作樂饗宴之處云哭於斯謂死於適寢之處聚國族於斯謂與族人飲食宴之處張老言此者識其奢泰一室兼此數事防其更爲云文子曰武也者武文子名謂武得歌於斯哭於斯聚國族於斯是全要領以從先大夫於九京也古者有要斬領斬故要領並言按彼注九京當爲九原晉卿大夫之墓地在九原故言以從先大夫於九原云北面再拜稽首者平敵相於並列則頓首臣於君作稽首今文子作稽首者時晉君在焉北面向君拜故作稽首云君子謂之善頌善禱者君子謂知禮之人彼注云善頌謂張老之言善禱謂文子之言云是之辭者是經禱之辭也此六者皆以辭解之

辨六號。一曰神號。二曰鬼號。三曰示號。四曰牲號。五曰齍號。六曰幣號。

號謂尊其名更爲美稱焉神號若云皇天上帝鬼號若云皇祖伯某祇號若云后土地祇幣號若玉云嘉玉幣云量幣鄭司農云牲號爲犧牲皆有名號曲禮曰牛曰一元大武豕曰剛鬣羊曰柔毛雞曰翰音粢號謂黍稷皆有名號也曲禮曰黍曰香合粱曰香萁稻曰嘉蔬少牢饋食禮曰敢用柔毛剛鬣士虞禮曰敢用絜牲剛鬣香合○齍音咨稱尺證反大如字劉音泰鬣力輒反萁音基蔬所魚反劉音蘇

【疏】注號謂至香合○釋曰云號謂尊其名更爲美稱焉者謂若尊天地人之鬼神示不號爲鬼神示而稱皇天后土及牲幣等皆別爲美號焉云神號若云皇天上帝者月令季夏云以養犧牲以供皇天上帝皇天謂北辰曜魄寶上帝謂大微五帝云鬼號若云皇祖伯某者謂若儀禮少牢特牲祝辭稱皇祖伯某云祇號若云后土地祇者左氏傳云君戴皇天而履后土地祇謂若大司樂云若樂八變地祇皆出云幣號若玉云嘉玉幣云量幣此並曲禮文經無玉號鄭兼言玉者祭祀禮神有玉曲禮亦有玉號按小行人合六幣圭以馬璋以皮玉得與幣同號故鄭兼言玉也先鄭云牲號爲犧牲皆有名號引曲禮曰牛曰一元大武者鄭彼注元頭也武迹也一頭大迹豕曰剛鬣者豕肥則鬣鬣剛強羊曰柔毛者羊肥則毛柔潤雞曰翰音者翰長也音鳴也謂長鳴雞齍號謂黍稷皆有名號引曲禮黍曰香合者言此黍香合以爲祭云粱曰香萁者鄭注云萁辭也言此粱香可祭云稻曰嘉蔬者言稻下地所生嘉善也蔬草也言此稻善

疏草可祭云少牢饋食禮云敢用柔毛剛鬣者大夫少牢祭故號此二牲云士虞禮曰敢用絜牲剛鬣者士祭用特豕故號一牲言香合者據曲禮黍之號也故彼鄭注云黍也大夫士於黍稷之號合言普淖而已此言香合蓋記者誤耳此連引之耳無所取證此士虞記文而云禮者記亦是禮

辨九祭。一曰命祭。二曰衍祭。三曰炮祭。四曰周祭。五曰振祭。六曰擩祭。七曰絶祭。八曰繚祭。九曰共祭。

杜子春云命祭祭有所主命也振祭振讀爲愼禮家讀振爲振旅之振擩祭擩讀爲虞芮之芮鄭司農云衍祭羨之道中如今祭殤無所主命周祭四面爲坐也炮祭燔柴也爾雅曰祭天曰燔柴擩祭以肝肺菹擩鹽醢中以祭也繚祭以手從肺本循之至于末乃絶以祭也絶祭不循其本直絶肺以祭也重肺賤肝故初祭絶肺以祭謂之絶祭至祭之末禮殺之後但擩肝鹽中振之擬之若祭狀弗祭謂之振祭特牲饋食禮曰取菹擩于醢祭于豆間鄉射禮曰取肺坐絶祭鄉飲酒禮曰右取肺左卻手執本坐弗繚右絶末以祭少牢曰取肝擩于鹽振祭玄謂九祭皆謂祭食者命祭者玉藻曰君若賜之食而君客之則命之祭然後祭是也衍字當爲延炮字當爲包聲之誤也延祭者曲禮曰客若降等執食興辭主人興辭於客然後客坐主人延客祭是也包猶兼也兼祭者有司曰宰夫贊者取白黑以授尸尸受兼祭于豆祭是也周猶徧也徧祭者曲禮曰殽之序徧祭之是也振祭擩祭本同不食者擩則祭之將食者既擩必振乃祭也絶祭繚祭亦本同禮多者繚之禮畧者絶則祭之共猶授也王祭食宰夫授祭孝經說曰共綏執授○衍音延炮百交反劉曰交反擩而泉反一音而劣反劉又而誰反繚音了劉音料共音恭注同芮人劣反又而歲反下同坐才卧反從肺一本作從持肺從劉沈皆子容反或如字殺色界反劉色例反卻去逆反又起畧反執食思四反徧音遍下同

〔疏〕辨九至共祭○釋曰此九祭先鄭自周祭已上皆是祭鬼神之事振祭已下皆是生人之祭食之禮後鄭不從之者祭天神地祇人鬼大宗伯辨之大祝不須別列且生人祭食不合與祭鬼神同科故皆以爲生人祭食法○注杜子至○釋曰杜子春云命祭祭有所主命也者凡祭祀天子諸侯木主大夫士有幣帛主其神曾子問以幣帛皮圭以爲主命當主之處此子春之意亦當以幣帛謂之主命但此經文皆是祭食法不得爲主命故後鄭不從之又讀振爲愼或爲振旅之振或讀擩爲虞芮之芮此讀皆無義意故後鄭皆不從之鄭司農云衍祭羨之道中如今祭殤無所主命者此據生人祭食法而云如今祭殤故後鄭亦不從之云周祭四面爲坐也謂若祭百神四面各自爲坐炮祭燔柴以其炮是燔燒之義故爲燔柴祭天此皆生人祭食法非祭鬼神故後鄭亦不從之云擩祭以肝肺菹擩鹽醢中以祭也者按特牲少牢墮祭之時皆有以菹擩醢中以祭主人獻尸時賓長以肝從尸以肝擩鹽中以祭故先鄭云以肝肺菹擩鹽醢中以祭彼無云用肺擩鹽醢中先鄭連引之耳按彼肝擩鹽中以振祭嚌之加于所俎此則是振祭司農云以初祭擩于鹽即同擩祭解之於義不可云繚祭以手從肺本循之至于末乃絶以祭也者此據鄉飲酒而言云絶祭不循其本直絶肺以祭也者據鄉射而言云重肺賤肝故初祭絶肺以祭謂之絶祭至祭之末禮殺之後但擩肝鹽中振之擬之若祭狀弗祭謂之振祭云重肺者此繚祭絶祭二者皆據肺而言周貴肺故云重肺云賤肝者司農意上云以肝擩于鹽據特牲少牢尸食後賓長以肝從之意云故初祭絶肺以祭謂之絶祭者此絶祭依特牲少牢無此絶祭之事於義不可云至祭之末禮殺之後但擩肝鹽中振之擬之若祭狀者此還據少牢擩肝祭而云若祭狀弗祭於義不可引特牲饋食禮曰取菹擩于醢祭于豆閒者此據援義而言也引鄉射禮及鄉飲酒禮證有絶祭之事引少牢禮證有振祭之事此先鄭所引四文後鄭皆不從故增成其義但先鄭所引特牲少牢皆據一邊而言按特牲少牢皆擩祭振祭兩有玄謂九祭皆謂祭食者謂生人將食先以少許祭先造食者故謂之祭食命祭引玉藻彼注云侍食不祭其侍食之人而君賓客之雖得祭待君命之祭然後祭是命祭也云衍字當爲延炮字當爲包者衍與炮於義無所取故破從延與包延祭者曲禮曰賓若降等執食興辭鄭彼注云辭者辭主人之臨己食若欲食於堂下然云有司曰宰夫贊者取白黑以授尸者彼注云白謂稻黑謂黍又引曲禮曰殽之序徧祭之是也者凡祭者皆盛主人之饌故所設殽羞次第徧終按公食大夫惟魚腊湆醬不祭以其薄故也其餘皆祭故謂之周祭云振祭擩祭本同者皆擩但振者先擩復振擩者不振言不食者擩則祭之者特牲少牢皆有挼祭挼祭未食之前以菹擩于醢祭于豆閒是不食者擩則祭之云將食者既擩必振乃祭也者特牲少牢皆有主人獻尸賓長以肝從尸右取肝擩于鹽振祭嚌之加于菹豆是謂振祭言將食者振訖嚌之是將食也云絶祭繚祭亦本同者同者絶之但絶者不繚繚者亦絶故云本同云禮多者繚之者此據鄉飲酒鄉大夫行鄉飲酒賓賢能之禮故云禮多所繚之法即司農所引右取肺已下是也云禮畧者絶則祭之者此據鄉射州長射則士禮故云禮畧者絶則祭之祭法即上先鄭所引鄉射禮取肺坐絶祭是也云共猶授也王祭食宰夫授祭者此則膳夫職云王祭食則授是也王謂之膳夫而謂之宰夫者據諸侯是宰夫云孝經說曰共綏執授者孝經緯文漢時禁緯故云說云共綏執授者謂將綏祭之時共此綏祭以授尸引之者證共爲授之義

辨九擯。一曰稽首。二曰頓首。三曰空首。四曰振動。五曰吉擯。六曰凶擯。七曰奇擯。八曰褒擯。九曰肅擯。以享右祭祀。

稽首拜頭至地也頓首拜頭叩地也空首拜頭至手所謂拜手也吉拜拜而后稽顙謂齊衰不杖以下者言吉者此殷之凶拜周以其拜與頓首相通故謂之吉拜云凶拜稽顙而后拜謂三年服者杜子春云振讀爲振鐸之振動讀爲哀慟之慟奇讀爲奇偶之奇謂先屈一膝今雅拜是也或云奇讀曰倚倚拜謂持節持戟拜身倚之以拜鄭大夫云動讀爲董書亦或爲董振董以兩手相擊也奇拜謂一拜也褒讀爲報報拜再拜是也鄭司農云褒拜今時持節拜是也肅拜但俯下手今時揖是也介者不拜故曰爲事故敢肅使者玄謂振動戰栗變動之拜書曰王動色變一拜答臣下拜再拜拜神與尸享獻也謂朝獻饋獻也右讀爲侑侑勸尸食而拜○擯音賓下同稽音啓本又作稽振動如字李音董杜徒弄反今俗人拜以兩手相擊如鄭大夫之說蓋古之遺法奇紀宜反注同褒音報右音又近附近之近動徒弄反倚於綺反下同揖於立反即今之揖爲于僞反使所吏反朝直遥反

〔疏〕辨九至祭祀○釋曰此九拜之中四種是正拜五者逐事生名還依四種正拜而爲之也一曰稽首二曰頓首三曰空首此三者相因而爲之空首者先以兩手拱至地乃頭至手是爲空首也以其頭不至地故名空首頓首者爲空首之時引頭至地首頓地即舉故名頓首一曰稽首其稽稽留之字頭至地多時則爲稽首也此三者正拜也稽首拜中最重臣拜君之拜二曰頓首者平敵自相拜之拜三曰空首拜者君答臣下拜知義然者按哀十七年公會齊侯盟於蒙孟武伯相齊侯稽首公則拜齊人怒武伯曰非天子寡君無所稽首公如晉孟獻子相公稽首知武子曰天子在而君辱稽首寡君懼矣孟獻子曰以敝邑介在東表密邇仇讎寡君將君是望敢不稽首郊特牲曰大夫之臣不稽首非尊家臣以避君也如是相禮諸侯于天子臣于君稽首禮之正然諸相於大夫之臣及凡自敵者皆當從頓首之拜也如是差之君拜臣下當從空首拜其有敬事亦稽首故大誓云周公曰都懋哉予聞古先哲王之格言以下大子發拜手稽首是其君于臣稽首事洛誥云周公拜手稽首朕復子明辟成王拜手稽首不敢不敬天之休者此即兩相尊敬故皆稽首九曰肅拜者拜中最輕惟軍中有此肅拜婦人亦以肅拜爲正其餘五者附此四種正拜者四曰振動附稽首五曰吉拜附頓首六曰凶拜亦附稽首七曰奇拜附空首八曰褒拜亦附稽首以享侑祭祀者享獻也謂朝踐獻尸時拜侑侑食侑勸尸食時而拜此九拜不專爲祭祀而以祭祀結之者祭祀事重故舉以言之○注稽首至而拜○釋曰稽首拜頭至地頓首拜頭叩地也者二種拜俱頭至地但稽首至地多時頓首至地則舉故以叩地言之謂若以首叩物然云空首拜頭至手所謂拜手也者即尚書拜手稽首云吉拜拜而後稽顙謂齊衰不杖以下者此謂齊衰已下喪拜而云吉者對凶拜爲輕此拜先作稽首後作稽顙顙還是頓首但觸地無容則謂之稽顙云齊衰不杖已下者以其杖齊衰入凶拜中故雜記云父在爲妻不杖不稽顙明知父沒爲妻杖而稽顙是以知此吉拜謂齊衰不杖已下云言吉者此殷之凶拜者按檀弓云拜而后稽顙頎乎其順也稽顙而后拜頎乎其至也三年之喪吾從其至者鄭注云自期如殷可言自期則是齊衰不杖已下用殷之喪拜故云此殷之凶拜也云周以其拜與頓首相近故謂之吉拜者言相近者非謂交相近是拜體相近以其先作頓首后作稽顙稽顙還依頓首而爲之是其拜體相近以其約義故言云以疑之云凶拜稽顙而后拜謂三年服者此雜記云三年之喪即以喪拜非三年喪以其吉拜又檀弓云稽顙而后拜頎乎其至孔子云三年之喪吾從其至者若然上吉拜齊衰不杖已下則齊衰入此凶拜中鄭不言之者以雜記云父在爲妻不杖不稽顙父卒乃稽顙則是適子爲妻有不得稽顙時故畧而不言但適子妻父爲主故適子父在不稽顙則衆子爲妻父在亦稽顙不據衆子常稽顙者據雜記成交杜子春云振讀爲振鐸之振者讀從小宰職振木鐸于朝之振云動讀爲哀慟之慟者謂從孔子哭顏回哀慟之慟云奇讀爲奇耦之奇者謂從郊特牲鼎俎奇籩豆耦之奇已上讀字後鄭皆從之云先屈一膝今雅拜是也或云奇讀曰倚倚拜謂持節持戟拜身倚之以拜此二者後鄭皆不從之鄭大夫云動讀爲董書亦或爲董振董者此讀從左氏董之以威是董振之董云以兩手相擊此后鄭皆不從云奇拜謂一拜也一拜者謂君拜臣下按燕禮大射有一拜之時君答一拜后鄭從之云褒讀爲報報拜謂再拜是也後鄭亦從鄭司農云褒拜今之持節拜是也者后鄭不從云肅拜但俯下手今時揖是也按儀禮鄉飲酒賓客入門有揖入門之法推手曰揖引手曰揖云介者不拜故曰爲事故敢肅使者按成十六年晉楚戰於鄢陵楚子使工尹襄問郤至以弓郤至見客免冑承命又云不敢拜命注云介者不拜又云君命之辱爲事故敢肅使者三肅使者而退是軍中有肅拜法按成二年鞍之戰獲齊侯晉郤至投戟逡巡再拜稽首軍中得拜者公羊之義將軍不介胄故得有拜法玄謂振動戰栗變動之拜書曰王動色變按中候我膺云季秋七月甲子赤雀銜丹書入酆

至昌戶再拜稽首受按今文人誓得火烏之瑞使上附以周
公書報誥於王王動色變雖不見拜文與文王受赤雀之命
同爲稽首拜也云一拜荅臣下拜再拜神與尸此二者增
鄭大夫之義知再拜拜神與尸者按特牲禮祝酌奠於鉶南
主人再拜祝在左也再拜於尸尸謂獻尸尸拜受主人拜送是
也天子諸侯亦當然或解一拜荅臣下亦據祭祀時以其宴
禮君荅拜臣或再拜時故也云享獻也謂朝獻饋獻也者以
祭祀二祼之後惟有朝踐饋獻稱獻故知享獻據朝踐饋獻
時也云右讀爲侑勸尸食而拜者按特牲尸食祝
侑主人拜少牢主人不言拜侑故知侑尸時有拜
禋祀肆享祭示則執明水火而號祝。明水火司烜所共日月之
氣以給烝享執之如以六號祝明此圭絜也禋祀祭天神也
肆享祭宗廟也故書祇爲祈杜子春云祈當爲祇○禋音因
烜況晚反祈必庚反〔疏〕注明水至爲祇○釋日知明水火司烜所共日月之氣者按司烜氏職云以夫遂取明火
於日以鑒取明水於月彼雖不云氣此水火皆由日月之氣
所照得之故以氣言之云以給烝享執之如以六號祝明此
圭絜也者經云執明水火而號祝明知六號皆執之明絜也
號祝執明水火明主人圭絜之德云禋祀祭天神也者大宗
伯昊天稱禋日月稱實柴司中之等稱槱燎通而言之三者
之禮皆有禋義則知禋祀祀天神通星辰已下云肆享祭宗
廟也者按宗伯宗廟之祭六等皆稱享則此含六
種之號社子春云祈當爲祇宗伯血祭已下是也隋釁。逆
牲逆尸。令鐘鼓。右亦如之。隋釁謂薦血也凡血祭日釁既隋釁後言逆牲容逆
鼎右讀亦當爲侑○隋許規反又惠恚反後同右音又〔疏〕注隋釁至爲侑○釋日鄭云隋釁謂薦血也者賈氏
云釁宗廟馬氏云血以塗鐘鼓鄭不從而以爲薦血祭祀
者下文云既祭令徹則此上下皆是祭祀之事何得於中輒
有釁廟塗鼓直稱釁何得兼言隋故爲祭祀薦血解之鄭云
凡血祭日釁者此經文承上禋祀肆享祭祀之下即此血祭
之中含上三祀但天地薦血于座前宗廟即血以告殺故言
凡血祭日釁云既隋釁後言逆牲容逆鼎者凡祭祀之法先
逆牲後隋釁今隋釁在前逆牲在後者以其鼎在門外薦血
後乃有爛孰之事逆鼎而入故云容鼎知鼎在門外者按中
霤禮竈在廟門外之東主人迎鼎事云右讀
亦爲侑者亦上九拜之下享右之字皆爲侑來瞽。令皋
舞。皋讀爲卒嗥呼之嗥來嗥者皆謂呼之入○皋音嗥尸高反劉戶報反卒子忽反呼火故反〔疏〕注皋
讀至之入○釋日皋讀爲卒嗥呼之嗥者依俗讀云來嗥者
皆謂呼之入者經云瞽人擬升堂歌舞謂學子舞人瞽人言
來亦呼之乃入皋舞令呼亦來入故鄭云來嗥皆謂呼之入也相尸禮。延其出入詔其坐作○相息亮反下
同〔疏〕注延其至坐作○釋日凡言相尸者諸事皆相故以
出入坐作解之尸出入者謂祭初延之入二灌訖退
出坐于堂上南面朝踐饋獻訖又延之入室言詔其坐作者
郊特牲云詔祝於室坐尸于堂饋獻訖又入室坐言作者凡
坐皆有作及與主人荅拜皆有坐作之事故云詔其坐作也既祭。令徹。〔疏〕既祭令徹釋日祭訖
尸謖之後大祝命徹祭器即詩
云諸宰君婦廢徹不遲是也大喪。始崩。以肆鬯湖
尸。相飯。贊斂。徹奠。肆鬯所爲陳尸設鬯也鄭司農云湖尸以鬯浴尸○湖彌爾反飯扶
晚反斂力驗反〔疏〕注大喪至徹奠○釋日此經皆是大祝之事云始崩以肆鬯湖尸者肆陳也湖浴也王喪始崩陳

尸以鬯浴尸取其香美云相飯者浴訖即飯含故言相飯也
不言相含者大宰云大喪贊贈玉含玉此故不言云贊斂者
小斂十九稱在戶內大斂百二十稱在阼階冬官主斂事大
祝贊之徹者小祝注云奠奠爵也謂正祭時此文承大喪之
下故奠爲始死之奠小斂大斂奠並大祝徹之言甸人讀禱。付練祥。掌國
事。鄭司農云甸人主設復梯大祝主言問其具禘物玄謂言猶語也禱六辭之屬也甸人喪事代王受眚災大
祝爲禱辭語之使以禱於藉田之神也付當爲祔祭於先王
以祔後死者掌國事以辨護之○付音附他兮反語魚據反
下同〔疏〕言甸至國事○釋日既殯之後大祝爲禱辭與甸人
言猶語也故言語甸人讀禱辭代王受眚災云祔練
祥掌國事者祔謂虞卒哭後祔祭於祖廟練謂十三月小祥
練祭祥謂二十五月大祥除衰杖此三者皆以國事大祝掌
之故云掌國事也○注鄭司至護之○釋日先鄭云甸人主
設復梯大祝主言問其具禘物者此文承贊斂之下則是飯
殯之事始云設復禘者故後鄭不從玄謂禱六辭之屬禱也
者此經讀禱則六辭之中五日禱故云六辭之禱也云甸人
喪事代王受眚災者按甸人職云喪事代王受眚災按彼注
云粢盛者祭祀之主也今國遭大喪若云此黍稷不馨使鬼
神不逞於王既殯大祝作禱辭授甸人使以禱藉田之神受
眚災弭後殃彼注與此意同言弭後殃者今王已崩雖無救
爲後王而謝過故云弭後殃鄭知既殯後者此文承贊斂之
下斂訖則殯故知此讀禱在既殯之後也云付當爲祔祭於
先王以祔後死者按喪服小記以孫祔於祖以其昭穆同先
王即祖也故云祭於先王祔後死者云掌國事以辨護之者
護之中候握河紀云堯受河圖時伯禹進迎舜契
陪位稷辨護注云進迎接神也稷官名謂棄辨護者供時用
相禮儀引之以證掌國事則此大祝於祔
練祥之時共其祭用之物及相其禮儀也國有大故天
烖。彌祀社稷。禱祠。大故兵寇也天烖疫癘水旱也彌猶徧也徧祀社稷及諸所禱既則
祠之以報焉〔疏〕注大故至報焉○釋日鄭知大故兵寇也者下列云天災故知大故直是兵寇也知天烖疫癘
水旱者見宗伯云以荒禮哀凶札鄭注云荒人物有害又云
弔禮哀禍烖注云禍烖謂水火此皆是天災流行故云天烖
謂疫癘水旱云彌猶徧也徧祀社稷及諸所禱按小祝云彌
烖兵彌爲安此彌爲徧不同者義各有所施彼是烖兵之事
故彌爲安此禱祀之事靡神不舉以彌爲徧云既則祠
之以報焉者以其始爲日禱得求日祠故以報賽解祠大
師。宜于社。造于祖。設軍社。類上帝。國將有事
于四望。及軍歸獻于社。則前祝。鄭司農說設軍社以春秋傳日所謂
君以師行祓社釁鼓祝奉以從者也則前祝大祝自前祝也
玄謂前祝者王出也歸也將有事於此神大祝居前先以祝
辭告之○祓芳弗反劉音廢從才用反一音如字下注同〔疏〕大師至前祝○釋日此經六事皆大祝所掌言大師
者王出六軍親行征伐故日大師云宜于社者軍將出宜祭
於社即將社主行不用命戮於社云造于祖者出必造即七
廟俱取遷廟之主行用命賞于祖皆載於齊車云設軍社
者此則據社在軍中故云設軍社云類上帝者非常而祭日
類軍將出類祭上帝告天將行云國將有事於四望者謂軍
行所過山川造祭乃過及軍歸獻于社者謂征伐有功得四
俘而歸獻捷于社按王制云出征執有罪反以釋奠于學注
云釋菜奠幣禮先師也引詩執訊獲醜則亦獻于學云前

祝者此經六事皆大祝前辭○注鄭司至告之○釋日司農
引春秋傳者定四年左氏傳按彼祝佗云君以軍行祓社
軍也故尚書云大巡六師詩云六師及之皆以師名軍引之
者証社在軍謂之軍社之事玄謂前祝者王出也歸也將有
事於此神據此經四望已上爲出時獻於社爲歸時皆大祝
前祝以辭告之按尚書武成丁未祀于周廟庚戌柴望是
軍歸告宗廟告天及山川即此經出時告之歸亦告之此經
上帝四望不見歸時所告故鄭揔云王出也歸也而將有事
於此神以該之大會同。造于廟。宜于社。過大山川則
用事焉。反行舍奠。用事亦用祭事告行也玉人職有宗祝以黃金勺前馬之禮是謂過
大山川與曾子問曰凡告必用牲幣反亦如之○舍音釋一音赦與音餘〔疏〕大會至舍奠○釋曰大會同者王與
諸侯時見日會殷見日同或在畿內或在畿外亦告廟而行
云造者以其非時而祭造次之意即上文造于祖一也云反
行舍奠者曲禮云出必告反必面據生時人子出入之法今
王出行時造于廟將還廟主行反行還祭七廟非時而祭日
奠○注用事至如之○釋日言用事亦用祭事告行也者言
亦如上經大師用祭事告行引玉人職者按玉人職大璋中
璋九寸邊璋七寸射四寸厚寸黃金勺青金外天子以巡守
宗祝以前馬此云有宗祝以黃金勺前馬之禮非是彼正文
義略言之耳云是謂過大山川與者彼不云過山川此言過
大山川此不言用黃金勺彼言以黃金勺以義約爲一故言
與以疑之彼注云用大山川用大璋中山川用中璋小山川用
邊璋此直見過大山川不是中小者欲見中小山川共大山
川一處直告大山川不告中小故不見中小山川各自別處
則用中璋邊璋此所過山川非直用黃金勺酌獻而已亦有
牢故校人職云將有事於四海山川則飾黃駒注云四海猶
四方王巡守過大山川則有殺駒以祈沈之禮與是其牲牢
也引曾子問曰凡告必用牲幣反亦如之者按彼注破牲爲
制此用牲幣不破之者彼文不取牲義直取出告反亦告而
已故破牲爲制於此經皆用牲知者王制云歸假于祖禰用
特堯典亦云歸格于藝祖用特校人有飾黃駒之文則知此
經出入皆有牲禮故不破牲爲制建邦國。先告后土。用牲幣。后土社神
也〔疏〕注后土社神也○釋日按大宗伯王大封則先告后土注云后土土神則社神也按孝經緯云社者
五土之總神郊特牲云社祭土而主陰氣故名社爲土神勾
龍生爲后土之官死則配社故舉配食人神以言社其實告
社神也以其建邦國土地之事故先告后土雖告祭非常有牲有幣禮動不虛故也禁督逆祀命
者。督正也正王之所命諸侯之所祀有逆者則刑罰焉〔疏〕禁督逆祀命者○釋日王者有命命諸侯祭祀
之事不使上僭下逼謂之禮若有違者即謂之逆命大祝掌
鬼神之官故禁正逆祀命也○注督正至罰焉○釋日經直
云禁督逆祀命鄭以諸侯解之者承上建邦國故知據諸侯
云有逆者則刑罰焉者大祝主諸侯逆祀告上與之刑罪不
得自刑罰施頒祭號于邦國都鄙。祭號六號〔疏〕注祭號六號○釋日邦國謂
畿外諸侯都鄙畿內三等采地大祝主祭號故大祝頒之六
號之中兼有天地諸侯不得祭天地而鄭云祭號六號鄭據
大祝掌六號據上成文而言魯與
二王之後得祭所感帝兼有神號
小祝掌小祭祀。將事侯禳禱祠之祝號。以祈

福祥。順豐年。逆時雨。寧風旱。彌烖兵。遠辠疾。侯之言候也候嘉慶祈福祥之屬禳禳卻凶咎寧風旱之屬順豐年而順爲之祝辭逆迎也彌讀曰敉敉安也○彌依注音敉亡爾反下注同遠于萬反〔疏〕小祝至疾○釋曰掌小祭祀者即是將事侯禳已下禱祠之事是也小祭祀與將事侯禳已下作目將事侯禳禱祠祝號又與祈福祥順豐年已下爲目祈福祥順豐年逆時雨三者皆是侯寧風旱彌烖兵遠辠疾三者即是禳求福謂之禱報賽謂之祠皆有祝號故揔謂之禱祠之祝辭祈福祥已下不言一曰二曰者大祝已言訖小祝佐大祝行事故畧而不言亦欲見事起無常故不言其次第○注侯之至安也○釋曰侯之言候也候嘉慶祈福祥之屬者之屬中兼有順豐年逆時雨嘉善也此三者皆是善慶之事故設祈禱侯迎之云禳禳卻凶咎寧風旱之屬者之屬中兼有彌災兵遠辠疾三者是凶咎之事故設禱祠禳卻之云順豐年而順爲之祝辭者案管子云倉廩實而知禮節衣食足知榮辱意皆欲如此是豐年順民意也故設祈禮以求豐年而順民故云爲之祝辭也云彌讀曰敉敉安也者案洛誥云亦未克敉公功注云敉安也故知此彌讀曰敉敉安也

大祭祀。逆齍盛。送逆尸。沃尸盥。贊隋。贊徹。贊奠。隋尸之祭也奠奠爵也祭祀奠先徹後反言之者明所告大祝非一〔疏〕大祭至贊奠○釋曰云逆齍盛者祭宗廟饋獻後尸將入室食小祝於廟門外迎饎人之齍盛於廟堂東實之薦於神座前云送逆尸者爲始祭迎尸而入祭末送尸而出祭義云樂以迎來哀以送往是也云沃尸盥者尸尊不就洗按特牲少牢尸入廟門盥於盤其時小祝沃水云贊隋者案特牲少牢尸始入室拜妥尸尸隋祭以韭菹擩于醢以祭於豆間小祝其時贊尸以授之云贊徹者大祝命徹諸宰君婦徹時小祝贊之也云贊奠者大祝酌酒奠于鉶南則郊特牲注天子奠斝諸侯奠角小祝其時贊之○注隋尸至非一○釋曰主人受尸酢時亦有隋祭但此經贊隋文承逆尸沃尸之下故隋是尸之祭也云奠奠爵也者則特牲祝酌奠于鉶南是也故云祭祀奠先徹後者奠爵在尸食前徹在尸謖後故云奠先徹後云反言之者經先言徹後言奠反言之者欲見所佐大祝非一故倒文以見義

凡事佐大祝。唯大祝所有事〔疏〕注唯大祝所有事○釋曰經云凡事諸有事皆佐大祝故鄭云唯大祝所有事乃佐之據大祝職不言之者或佐餘官或小祝專行之也若然佐大祝不在職末言之於此見文者欲自此已上有佐大祝者自此已下唯大喪贊渳佐大祝設熬以下小祝專行

大喪贊渳。故書渳爲攝杜子春云當爲渳渳謂浴尸

設熬置銘。銘今書或作名鄭司農云銘書死者名於旌今謂之柩士喪禮曰爲銘各以其物亡則以緇長半幅赬末長終幅廣三寸書名于末曰某氏某之柩竹杠長三尺置于西階上重木置于中庭參分庭一在南粥餘飯盛以二鬲縣于重冪用葦席取銘置于重杜子春云熬謂重也檀弓曰銘明旌也以死者爲不可別故以其旗識之愛之斯錄之矣敬之斯盡其道焉爾重主道也殷主綴重焉周主徹重焉奠以素器以主人有哀素之心也玄謂熬者棺既蓋設於其旁所以惑蚍蜉也喪大記曰熬君四種八筐大夫三種六筐士二種四筐加魚腊焉士喪禮曰熬黍稷各二筐有魚腊饌于西坫南又曰設熬旁一筐乃塗○熬五羔反爲名音銘下取名同赬勑貞反杠音江重直龍反下同粥之六反又音育盛音成鬲音歷識識並傷志反一讀下識如字盡津忍反蚍音毗蜉

音浮種章勇反下同坫丁念反〔疏〕設熬置銘○釋曰熬謂熬穀殯在堂時設於棺旁所以惑蚍蜉云置銘者銘謂銘旌書死者名既殯置於西階上所以表柩○注銘今至乃塗○釋曰銘今書或作名者非古書由見今周禮或作名以其銘書死者名亦得通一義故司農以名解之司農云銘書死者名於旌今謂之柩者銘所以表柩故漢時謂銘爲柩士喪禮曰爲銘各以其物者謂爲銘旌用生時旌旗但諸而小案士喪禮注王則大常諸侯則建旂孤卿建旜大夫士建物云亡則以緇長半幅者亡無也爲生時無旌旗子男之士不命是也生時無旌故用緇長半幅長一尺云赬末長終幅廣三寸者依爾雅一入赤汁謂之縓再入謂之赬赬赤色纁也長終幅長二尺云書名于末者書死者名於赬末之上云曰某氏某之柩者某氏是姓下某是名此謂士禮案喪服小記云周天子諸侯大夫書銘並與士同云竹杠長三尺者依禮緯天子旌旗之杠九仞諸侯七仞大夫五仞士三仞今士三尺者則天子以下皆以尺易仞云置于西階上者始死即作銘倚于重殯訖置於西階上屋宇下云重木以下亦士喪禮文經雖不言重士喪禮有取銘置于重是以因銘兼解重言粥餘飯者飯米與沐米同按喪大記君沐粱大夫沐稷天子之士沐粱諸侯士沐稻天子當沐黍飯米之餘以爲粥盛以二鬲按鄭注士喪禮鬲與簋同差天子八諸侯六大夫四士二云取銘置于重者謂未殯以前殯訖則置于西階上是也杜子春云熬謂重也者以士喪禮云取銘置於重與此經云設熬置銘亦謂設熬訖置銘於熬上事相當故以熬爲重故鄭以熬與重所設不同故不從也引檀弓者子春既解熬爲重遂引銘與重爲證耳云銘明旌也者謂神明死者之旌故云明死者之銘云愛之斯錄之矣敬之斯盡其道焉爾鄭彼注謂重與奠則斯錄之據重斯盡其道據奠以是子春引證重則取愛之斯錄之不取敬之斯盡其道連引之耳云重主道也者始死作重葬後乃有主是始死雖未有主其重則是木主之道故云重主道也云殷主綴重焉者鄭彼注云殷人作主而聯其重懸諸廟也去顯考乃埋之謂始死作重之時至葬後作木主故乃綴連重之鬲懸於祖廟大祥遷廟乃埋重於廟門外之左主故云殷主綴重焉云周主徹重焉者周人不綴重亦死始作重至葬朝廟重先柩從入祖廟朝廟訖明且將葬重先出倚于道左葬後既虞埋於所倚之處故鄭注云周人作主徹重埋之云奠以素器以主人有哀素之心也者杜子春連引於經無所當玄謂熬者棺既蓋設於其旁者約士喪禮而知云所以惑蚍蜉也者無正文鄭君以意解之以其熬穀似蚍蜉蚍蜉見之不至棺旁故言惑云喪大記曰熬君四種八筐者黍稷稻粱各二筐云大夫三種六筐者黍稷粱各二筐云士二種四筐者黍稷各二筐云加魚腊焉者君大夫士同云士喪禮曰熬黍稷各二筐有魚腊饌于西坫南者堂西南隅謂之坫饌於此者據未用時加之蓋後設於棺旁云又曰設熬旁一筐乃塗者此皆所設之處言旁一筐則首足各一筐大夫亦旁各二筐首足各一筐君入筐左右各二筐首足亦各二筐鄭君引此者將以破子春爲重

及葬。設道齎之奠。分禱五祀。杜子春云齎當爲粢道中祭也漢儀每街路輒祭玄謂齎猶送也送道之奠謂遣奠也分其牲體以祭五祀告王去此宮中不復反故與祭祀也王七祀五者司命大厲平生出入不以告○齎音咨遣弃戰反〔疏〕及葬至五祀○釋曰齎送也送道之奠謂將葬於祖廟之庭設大遣奠遣送死者故謂之送道之奠因分此奠以告五祀言王去此宮中也○注杜子至以告○釋曰子春云讀齎爲粢粢謂黍稷以爲道中祭也者引漢法爲證後鄭不從者按既夕禮祖廟之庭禮道中無祭法玄謂齎猶送也送道之奠謂遣奠也者按既夕禮祖廟之庭厥明設大遣奠包牲取下體是也云分其牲體以祭五祀告王去此宮中不復反者言分牲體者包牲而取其下體下體之外分之爲五處祭也云王七祀者祭法文云司命大厲平生出入不以告者按月令春祀戶夏祀竈季夏祀中霤秋則祀門冬則祀行此並是人之所由從之處非直四時合祭所以出入亦宜告之按祭法王七祀之中有司命大厲此經五祀與月令同月令不祭司命及大厲之等此不祭則可知既夕士禮亦云分禱五祀者鄭注云博求之依祭法士二祀

大師掌釁祈號祝。鄭司農云釁謂釁鼓也春秋傳曰君以軍行祓社釁鼓祝奉以從〔疏〕大師至號祝○釋曰言掌釁者據大師氏之文而言耳則惟爲以血釁鼓祈號也者將出軍禱祈之禮皆小祝號以讀祝辭蓋所以令將軍祈而請之也此皆小事故大師用小祝以讀祝耳○注鄭司至以從○釋曰引春秋傳曰者定四年祝佗辭引之者證軍師有釁鼓之事所引之辭者將以登軍師有必取威於天下欲使敵人畏之也所以必有征伐四方之事故須用血以釁於鼓故有釁鼓之事

有寇戎之事。則保郊祀于社。故書祀或作禩鄭司農云謂保守郊祭諸祀及社無令寇侵犯之杜子春讀禩爲祀書亦或爲祀玄謂保祀互文郊社皆守而祀之彌烖兵○禩音祀令力呈反下令可同〔疏〕注故書至烖兵○釋曰先鄭云謂保守郊祭諸祀及社者先鄭之義經之祀謂祀神故云祭諸祀及社後鄭不從者以其經祀爲諸祀祀與社文此不見祭事故祀於社其爲一事解之玄謂保祀互文者郊言保守亦祀社言祀亦保守故云郊社皆守而祀之云彌烖兵者經言有寇戎之事則亦是烖兵故引小祝彌烖兵而解之

凡外內小祭祀。小喪紀。小會同。小軍旅。掌事焉。〔疏〕凡外至事焉○釋曰外內小祭祀者按小司徒小祭祀奉牛牲鄭注云小祭祀王玄冕所祭按司服羣小祀用玄冕鄭注云小祭祀謂林澤四方百物是外小祭祀也其內小祀謂宮中七祀之等小喪紀者王后以下之喪小會同謂諸侯遣臣來王使卿大夫與之行會同之禮小軍旅者王不自行遣卿大夫征伐掌事者此數事皆小祝專掌其事也

周禮注疏卷二十五校勘記　阮元撰盧宣旬摘錄

附釋音周禮注疏卷第二十五

占夢　唐石經諸本同釋文占夢本又作㝱按說文㝱部云㝱寐而有覺也从宀从爿夢聲引周禮以日月星辰占六㝱之吉凶夢皆作㝱故陸氏本又作夢此後人據今本乙改也當云㝱本又作夢

陰建在戌　漢制考戌作戊

春秋緯云王者休　按王上當脫生

日始有讁　閩監本同余本嘉靖本毛本讁作適當據以訂正釋文賈疏皆作適

故于爲主人　監毛本于作子皆午之訛閩毛本改知非

老童楚象　惠校本老童作童子

二曰噩夢 困學紀聞云列子夢有六候與占夢同噩作蘁按說文引周禮作咢㝳蓋許讀噩爲咢○按咢即今愕字杜云驚愕是也許所據周禮實作咢杜本蓋同

噩當爲驚愕之愕 葉鈔釋文愕作鄂○按釋文是也

四曰寤夢 釋曰寤本又作寤釋文作悟寤

覺時道之而夢 廣韻引此時下有所按上思夢注云覺時所思念之而夢則此亦當有所字今本脫也

喜悅而夢 閩監毛本同余本嘉靖本悅作說此本疏中亦作說

或云其字當爲明 閩監本同毛本爲誤謂余本岳本嘉靖本或作又當據正

猶釋采也 余本嘉靖本閩監本同誤也毛本采作菜與下釋菜及采始生正一例岳本嘉靖本上下皆作釋菜非

難謂執兵以有難郤也 余本郤作卻是

疫厲鬼也 閩監毛本同余本嘉靖本厲作癘是

杜子春難讀爲難問之難 閩監毛本同誤也余本岳本嘉靖本上一難字作儺當據正

其字當作難 余本岳本嘉靖本閩本同監毛本難誤儺

命國儺 余本岳本嘉靖本同下並同誤也閩監毛本皆作難當據以訂正

故先令方相氏 監本同毛本先改告皆非閩本作故云當據正

以其難去疫癘 毛本同閩監本癘作厲非

去九門磔禳者 浦鏜云云誤去毛本磔作磔

眂祲

煇謂日光炁也 釋文炁本亦作氣按賈疏引作謂日光氣也炁俗字下注皆作氣

象者如赤鳥也 嘉靖本作赤烏

如煇狀也 釋文如暈本亦作煇音同按日旁氣字當作暈從日今本作十煇之煇非

闇日月食也 〔補〕毛本月下有食字此本誤脫

敘者雲有次序也 閩監毛本同余本嘉靖本無也此衍○按毛本也誤敍

想者煇光也 閩監本同余本嘉靖本毛本煇作輝此誤

主安居其處 浦鏜云當作主安其居處

大祝

此六辭皆是祈禱之事 盧文弨曰通考作六祝

按一日巳下 閩本同監毛本巳改以下自此巳上同

寧風旱即迎時雨 閩監本同誤也當從毛本作逆時雨

四曰禜 唐石經禜字缺

號呼告于神以求福 閩監毛本同余本岳本嘉靖本無于此衍賈疏引注亦作號呼告神

則水旱癘疫之災 賈疏云傳文癘疫之災於是乎禜之此云不時者鄭君讀傳有異孫志祖云據疏當作水旱癘疫之不時兼有鄙人注可證今本作災是從人據左傳改段玉裁亦云當作不時

柰何以陰侵陽以卑侵尊 漢制考無下以

又曰乃立引以相副 閩本同監毛本立作竝

明先以爲尊命責之 浦鏜云爲衍字

一曰祠 諸本同唐石經缺漢讀考云祠當是詞之誤大行人協辭命注故書協辭命作汁詞命鄭司農云詞當爲辭元謂辭命六辭之命也是故書辭作詞之證

禪諶草創之 余本嘉靖本同閩監毛本禪作裨非此本疏中引註作卑棄鈔釋文及余本載音義皆作卑○按漢書古今人表作卑

曾孫蒯瞶 余本嘉靖本瞶作聵此從目訛

誄謂積累生時德行以錫之 閩監毛本同余本嘉靖本錫作賜按疏中引注亦作賜

不憖遺一老 閩監毛本憖作憗皆訛釋文余本嘉靖本作憖當據正

嬛嬛予在疚 釋文嬛嬛求營反在疚九又反不出予字按左傳予作余此注余一人亦作余陸本或無此字

元謂一曰祠者 賈疏引注作元謂一曰辭者按鄭君從司農故祠爲辭故下云辭之辭也此仍作祠非

辭之辭也 賈疏引作是此之辭也非是

禱是之辭 余本嘉靖本同閩監毛本作是禱之辭

故以辭苞之 閩監毛本苞作包下同

此命誥之議 浦鏜云義誤議從儀禮通解續按

齊入輸范氏粟 浦鏜云人誤入

衞爲大子禱而爲此辭 浦鏜云上爲字衍

謂與族人飲食宴之處 浦鏜云族誤飲

云是之辭者 浦鏜云是下脫禱

爲犧牲皆有名號 賈疏引注爲作謂此誤諸本同

粢號謂黍稷皆有名號也 嘉靖本同閩監毛本粢改齍謂誤爲余本作粢岳本作謂與此合

黍曰香合 余本嘉靖本同閩監毛本香改薌下句香字及疏同

梁曰香箕 賈疏余本嘉靖本閩本箕作萁釋文作香其此從竹非閩毛本梁作粱○按粱曰香其釋文是也說詳禮記

六曰擩祭 漢讀考擩字經注皆作㨎云儀禮㨎字屢見開成石經以下特牲少牢作㨎不誤公食大夫士虞及周禮誤作擩以子春讀如芮儀禮周禮釋文皆曰而泉反一音而劣反劉又而誰反證之則其字定爲耎聲今本說文作擩染也引周禮擩祭則并其原本改之以致五經文字云㨎字書無此字見禮經然則當張參時說文字林玉篇皆已有擩無㨎矣

擩讀爲虞芮之芮 岳本嘉靖本同閩監毛本爲誤謂漢讀考云此讀爲當作讀如擬其音如芮耳經注擩字皆㨎之誤

如今祭殤無所主命 漢讀考云殤當爲禓說文示部禓道上祭也正司農所謂羨之道中無所主命也

擩祭以肝肺菹 余本肺作胏下並同此本亦下並作胏○按胏非也胏訓乾肉

以手從肺本 釋文出從持肺三字云劉沈皆子容反今本或無持字從則如字按賈疏本亦無持字

主祭食 閩監毛本同余本嘉靖本主作王當據正賈疏引注不誤

共綏執授 援神契共作供按注引孝經說共綏爲授綏以證共之訓授耳疏云共此綏祭非也宋王應麟辨之困學紀聞云續漢禮儀志注孝經援神契曰尊三老者父象也謁者奉几安車輭輪供綏執授宋均曰供綏三老就車天子親執綏授之永平二年養老詔有安車輭輪供綏執授之語

注杜子至執授 補此本脫執授二字

司農云以初祭擩于鹽 閩毛本同監本祭作時云疑衍

此據授義而言也 閩監本作授祭毛本作振祭

孝經諱文 閩監本同誤也毛本諱作緯當據正

辨九𢹂 閩監毛本同誤也余本作𢹂亦非釋文唐石經嘉靖本作𢹂當據正廣韻十六怪𢹂下引作辨九𢹂

一曰稽首 唐石經諸本作稽首釋文作䭫首云本又作稽毛本改從釋文

以享右祭祀 毛本祀誤祝

稽顙而后拜 閩監毛本同余本嘉靖本后作後當據正此蓋因疏引檀弓文竄改而疏中反互改爲後

動讀爲哀慟之慟 葉鈔釋文作哀動余本載音義亦作動今通志堂本作哀慟
書亦或爲董振董以兩手相擊也 疏云書亦或爲董振之董者讀從左氏董之以威是董振之董漢讀考云書亦或爲董句絕疏誤
王動色變 余本作變色
其稽稽留之字 浦鏜云當從儀禮經傳通解作稽是稽留之義
敢不稽首 補此木脫首字
非謂文相近 浦鏜云義誤文從儀禮通解續挍
不據衆子常稽顙者 閩監毛本常作當
此二者后鄭皆不從之 閩監毛本作後鄭此誤下三后鄭同
挍今文大誓得火烏之瑞 閩監毛本烏誤鳥
以給烝享 監本烝作蒸非
令鐘鼓右 閩監毛本同唐石經余本嘉靖本鐘作鍾此後人改從正字耳
相尸禮 唐石經諸本同葉鈔釋文作相屍○按此古本從假借字
肆鬯所爲陳尸設鬯也 惠挍本爲作謂
付練祥 唐石經諸本同毛本祥誤詳
甸人主設復祶 閩監本同毛本祶誤稊余本嘉靖本作梯葉鈔釋文同
祔祭於祖□ 監本祔誤附祖下實缺一字閩本刪去監毛本作廟
代王受眚災 毛本眚災誤倒
小祝
禬禳卻凶咎 余本同閩監毛本卻誤郤
二者即是禳 浦鏜云三誤二
故摠謂之禱祠之祝辭 閩本辭作辤監毛本誤號
爲始祭逆尸而入 浦鏜云爲當謂字
欲自此已上 浦鏜云欲下當脫見
故書瀰爲攝 閩監本瀰誤彌
銘書死者名於旌 漢讀考銘作名云此司農從今書作名也今本作銘非是
爲銘各以其物 釋文爲名音銘下取名同按司農從今書主喪禮注亦云今文銘皆爲名今本爲名及下取名皆改銘非也當從陸本

赬末長終幅 余本閩監毛本赬作䞓嘉靖本作頳按釋文作緽與集韻同賈疏作赬○按作赬是也
故以其旗識之 釋文旗識下重識字云竝傷志反一讀卜識如字漢讀考云子春所引檀弓與鄭君注士喪皆云故以旗識識之今本周禮注少一識字釋文獨爲善本
既殯置於階西上 浦鏜云階西字誤倒
君沐粱大夫沐稷 閩監毛本粱誤梁下同毛本稷誤即
置銘于熬上 閩監本同毛本上作二則下屬二事相當爲句
王七祀五者 閩監毛本同徐本余本嘉靖本叠祀字此脫
據大師氏之文而言耳 浦鏜云氏當衍文按或職之誤
則牲爲以血釁鼓 毛本爲誤薦
祈號也者 盧文弨曰通考也作祝此誤

附釋音周禮注疏卷第二十六

鄭氏注　賈公彥疏

喪祝掌大喪勸防之事。鄭司農云勸防引柩也杜子春云防當爲披玄謂勸猶倡帥前引者防謂執披備傾戲○披彼寄反下同倡昌亮反戲音虧〔疏〕注鄭司至傾戲○釋曰先鄭云勸防引柩後鄭不從者但引者天子千人執六引在柩車前防謂披在柩車傍備傾虧二者別司農共爲一故不從子春云防當爲披義無所取故不從玄謂勸猶倡帥前引者即下經御柩一也謂執纛居柩路前却行左右車脚有高下則以纛詔告執披者使持制之不至傾虧倡先也故云倡帥前引者云防謂執披備傾虧者按夏官司士作六軍之執披故以執披解防恐柩車傾側故云備傾虧此經勸防因言所掌事及其行事下文及朝御匶是也

及辟。令啓。鄭司農云辟謂除菆塗椁也令啓謂喪祝主命役人開之也檀弓曰天子之殯也菆塗龍輴以椁加斧于椁上畢塗屋天子之禮也○菆才官反輴勅倫反〔疏〕注鄭司至禮也○釋曰先鄭云辟謂除菆塗椁也者天子七月而葬七日殯殯時以椁菆塗其棺及至葬時故命役人開之引檀弓曰天子之殯也菆塗龍輴以椁者天子諸侯殯用輴車天子畫轅爲龍先置龍輴於西階之上又置四重棺於輴車之中大斂於阼階訖奉尸入棺加蓋乃置熬於棺傍乃於椁橫其四面與棺平乃加斧於棺上以覆棺上更加之以椁材乃畢塗之如四而霤屋故云菆塗龍輴以椁加斧於椁上畢塗屋天子之禮也加斧於椁上者按檀弓云布幕衛也綃幕魯也諸侯法綃幕天子禮刺以黼文謂之斧者形如大斧文言上者加斧訖乃橫塗其上故言加斧於椁上

及朝。御匶。乃奠。鄭司農云朝謂將葬朝於祖考之廟而後行則喪祝爲御柩也檀弓曰喪之朝也順死者之孝心也其哀離其室也故至於祖考之廟而後行殷朝而殯於祖周朝而遂葬故春秋傳曰凡夫人不殯于廟不祔于姑則弗致也晉文公卒將殯於曲沃就宗廟晉宗廟在曲沃故曰曲沃君之宗也○又曰丙午入于曲沃丁未朝于武宮玄謂乃奠朝廟奠○朝古遙反注皆同匶音舊離力智反下同〔疏〕及朝御匶乃奠○釋曰言及朝者及猶至也謂侵夜啓殯昧爽朝廟故云及朝云御柩著發殯宮輴車載至廟其時喪祝執纛居前以御正柩也云乃奠者按既夕禮朝廟之時重先奠從燭從柩從彼奠昨夜夕奠至廟下棺於廟兩楹之閒棺西設此宿奠至明徹去宿奠乃設此朝廟之奠於柩西故云乃奠○注鄭司至廟奠○釋曰先鄭解朝廟法後鄭皆從之不改引檀弓云殷朝而殯於祖者殷人殯於廟始死斂訖即以柩朝廟而殯之故云殷朝而殯於祖云周朝而遂葬者周人不殯於廟故始死殯於路寢七月而葬以次朝七廟先禰而後祖廟別一宿後朝始祖廟遂出葬於墓故云周朝而遂葬云故春秋傳曰凡夫人不殯于廟者此傳八年左氏傳秋七月禘于大廟用致夫人傳曰秋禘而致哀姜焉非禮也凡夫人不薨于寢不殯于廟不赴于同不祔于姑則弗致也注云寢小寢同同盟言諸侯夫人有罪不以禮終不當致云晉文公卒將殯于曲沃此左氏僖公三十二年晉文公卒庚辰將殯於曲沃就宗廟已下鄭君解義語晉宗廟在曲沃者晉承桓叔之後桓叔本在曲沃故晉宗廟在曲沃云故曰曲沃君之宗也者莊二十八年左氏傳驪姬欲立其子賂外嬖梁五與東關嬖五使言於公曰曲沃君之宗也不可以無主夏大子居曲沃是也又曰丙午入于曲沃丁未朝于武宮此傳

二十四年二月壬寅公子重耳入於晉丙午入曲沃丁未朝於武宮按趙商問周朝而遂葬則是殯于宮葬乃朝廟按春秋晉文公卒殯于曲沃是爲去絳就祖殯與禮記義異未通其記荅曰葬乃朝廟當周之正禮也其末世諸侯國何能同也傳合不合當解傳耳不得難經何者既夕將葬遷于祖用軸既夕是周公正經朝廟乃葬故云不得難經孔子發凡言不薨于寢不殯于廟不耐于姑則不致明正禮約殯于廟發凡則是闕異代何者孔子作春秋以通三王之禮先鄭引之者欲見春秋之世諸侯殯于廟亦當朝廟乃殯玄謂乃奠朝廟奠者以經文奠在朝下明不據初來宿奠是據厥明所設朝廟之奠

及祖。飾棺。乃載遂御。

鄭司農云祖謂將葬祖於庭象生時出則祖也故曰事死如事生禮也檀弓曰飯於牖下小斂於戶內大斂於阼殯於客位祖於庭葬於墓所以即遠也祖時喪祝主飾棺乃載遂御之喪祝爲柩車御也或謂及祖至祖廟也玄謂祖爲行始飾棺設柳池紐之屬其序載而後飾既飾當還車鄉外喪祝御之御之者執翿居前卻行爲節度○飯扶晚反還音旋一音回鄉許亮反翿音道

〔疏〕及祖至遂御○釋曰言及祖者及至也初朝禰次第朝親廟四次朝二祧次朝始祖后稷之廟至此廟中設祖祭按既夕禮請祖期曰日側是至祖廟之中而行祖祖始也爲行始言飾棺乃載者既載乃飾按既夕禮遂匠納車於階間卻柩而下棺乃飾棺設帷荒之屬飾訖乃還車向外移柩車去載處至庭中車西設祖奠天子之禮亦是先載乃飾棺此先云飾棺後言乃載者直取便文非行事之次第云遂御者加飾訖移柩車喪祝執纛却行御正柩故云遂御之○注鄭司至節度○釋曰先鄭解祖及飾棺其義是故後鄭從之增成其義云將葬祖於庭者檀弓文云象生時出則祖也者詩云仲山甫出祖是也云故曰事死如事生禮也者按祭義云文王之祭也事死如事生義出於彼以其生時出有祖故死亦有祖檀弓曰飯於牖下至即遠也按檀弓曾子弔於負夏氏主人既祖奠徹推柩而反之曾子從者怪主人推柩而反問於曾子曾子對曰胡爲其不可從者問子游子游對此辭云飯於牖下者謂始死於北牖下遷尸於南牖下沐浴訖即飯含故云飯於牖下小斂於戶內小斂十九稱在戶內大斂於阼者士三十稱大夫五十稱諸侯百稱天子百二十稱皆於阼階故言大斂於阼殯於客位者夏后氏殯於阼階殷人殯兩楹間周人殯於西階故云殯於客位祖於庭者行祖祭在祖廟之庭葬於墓者行祖祭訖至明且行大遣奠既奠引柩向壙故云葬於墓所以即遠也者此子游之意從飯於牖下至葬於墓即就也節級皆是就遠不合反來引之者證此經祖是爲行始向遠之義云祖時喪祝主飾棺乃載者重解祖及飾載之事云遂御之喪祝爲柩車御也者後鄭增成之云或謂及祖至祖廟也者以其飾載在祖廟中故以祖爲祖廟解之後鄭雖不從亦通一義玄謂祖爲行始此後鄭增成先鄭前解祖也云飾棺設柳池紐之屬者喪大記文柳者諸色所聚帷荒之屬是也紐者君三池纁紐六之屬是也司士云作六軍之士執披彼引喪大記其於此畧言也云其序者鄭見經先言飾棺後言乃載車向外於文到故依既夕禮先載而後飾當還車向外以其載時車北向飾訖當還車向外喪祝御之御之者執纛居前御行爲節度者恐柩車傾翿以纛告之故云爲節度也

及葬。御匶出宮。乃代。

喪祝二人相與更也○更音庚

〔疏〕注喪祝至更也○釋曰及至也謂於祖廟厥明大奠後引柩車出喪祝於柩車前御行御柩車出宮乃代者按序官云喪祝上士二人故鄭云二人相與更也

及壙。說載除飾。

鄭司農云壙謂穿中也說載下棺也除飾去棺飾也四翣之屬令可舉移安錯之玄謂除飾便其窆爾周人之葬牆置翣○說吐活反注同劉詩悅反去起呂反翣所甲反本亦作翣錯七故反便婢面反窆彼驗反劉補鄧反

〔疏〕及壙說載除飾○釋曰及至也至壙說載謂下棺於地除飾謂除去帷荒下棺於坎訖其帷荒還入壙張之於棺○注鄭司至置翣○釋曰云四翣之屬者按襄公二十五年齊崔杼弒莊公不以君禮葬之按喪大記及禮器士二翣大夫四翣諸侯六翣天子八翣今用四翣是不成君禮也云令可舉移安錯之者除去棺飾者令可舉移安錯於壙中安錯之言出孝經玄謂周人之葬牆置翣者檀弓云殷人棺槨周人牆置翣牆謂帷荒與柩爲郭牆然故謂之牆言置翣者翣在道柩車傍人執之入壙置之於椁傍故云置也引之者證飾既除還入壙設之義也

小喪亦如之。

〔疏〕小喪亦如之○釋曰小喪王后世子已下之喪自掌勸防已下至除飾皆據王喪其小喪亦有勸防已下之事故云亦如之

掌喪祭祝號。

喪祭虞也檀弓曰葬日虞不忍一日離也是日也以虞易奠卒哭曰成事是日也以吉祭易喪祭

〔疏〕注喪祭虞也至祭易喪祭○釋曰引檀弓云葬日虞不忍一日離也者葬日設大遣奠而出葬訖反日中而虞送形而往迎魂而反虞者安也葬日虞祭所以安神不使父母一日離散故設虞祭也云是日也以虞易奠者葬日反日中而虞奠者自未葬已前始死之後皆是今既葬是以虞易奠也云卒哭曰成事是日也以吉祭易喪祭者喪中自相對虞爲喪祭卒哭爲吉祭士虞禮始虞曰哀薦祫事再虞曰哀薦虞事三虞曰哀薦成事卒哭祝辭亦稱成事也祭以吉爲成故云是日也以吉祭易喪祭引之者證經喪祭是虞也

王弔則與巫前。

鄭司農云喪祝與巫以桃厲執戈在王前檀弓曰君臨臣喪以巫祝桃茢執戈惡之也所以異於生也春秋傳曰楚人使公親襚公使巫以桃茢先祓殯楚人弗禁既而悔之君臨臣喪之禮故悔之○厲音列記作茢黍苞穰也音例亦音列惡烏路反

〔疏〕王弔則與巫前○釋曰主弔者諸侯諸臣死王就室弔之喪祝與男巫在王前也○注鄭司至悔之○釋曰先鄭云喪祝與巫以桃厲執戈在王前者桃者鬼所惡茢苕帚所以埽不祥桃茢二者祝與巫執之執戈者是小臣也按喪大記小臣二人執戈立於前二人立於後彼是諸侯法王弔亦然故兼言執戈檀弓曰君臨臣喪以巫祝桃茢執戈惡之是天子之禮故引之言惡之也所以異於生也者死者之傍有凶邪之氣故須桃茢以惡之是異於生春秋傳曰者是襄二十九年左傳文按傳襄公朝於荊康王卒楚人使公襲襲者臣賤之事欲使公行臣禮公使巫以桃茢祓殯楚人弗禁者不知禮故不禁既而悔之者後覺始悔是君臨臣喪之禮故悔之引之者證經喪祝與巫前有桃茢之事按檀弓云使公襲左傳云襚不同者襚即襲也襲時未殯而云祓殯者名尸爲殯耳

掌勝國邑之社稷之祝號以祭祀禱祠焉。

勝國邑所誅討者社稷者若亳社是矣存之者重神也蓋奄其上而棧其下爲北牖○亳步博反棧劉才產反一音上諫反

〔疏〕掌勝至祠釋曰以祭祀禱祠者祭祀謂春秋正祭禱祠謂國有故所請求福曰禱得福報賽曰祠○注勝國至北牖○釋曰云勝國邑所誅討者古者不滅國有違逆被誅討者更立其賢子弟還得事其社稷今云勝國之社稷者爲據武王伐紂取其社稷而事之故云若亳社是矣也據其地則曰亳據彼國喪亡即爲亡國之社稷此注勝之即爲勝國之社稷是以郊特牲云喪國之社春秋謂之亳社也云存之者重神也者君自無道被誅社稷無罪故存之是重神也云蓋奄其上而棧其下爲北牖者按哀公四年夏六月辛丑亳社災公羊傳曰亡國之社蓋揜其上而柴其下爲北牖者郊特牲文郊特牲喪國之社必屋之爲北牖不受天陽使陰明公羊云揜其上即屋之是也棧其下者非直不受天陽亦不通地陰

凡卿大夫之喪。掌事而斂飾棺焉。

〔疏〕凡卿至棺焉釋曰言掌事者雖禮有降殺勸防以下皆掌之兼主斂事故揔云掌事而斂飾棺焉

甸祝掌四時之田表貉之祝號。

杜子春讀貉爲百爾所思之百書亦或爲禡貉兵災也甸以講武治兵故有兵祭詩曰是類是禡爾雅曰是類是禡師祭也玄謂田者習兵之禮故亦禡祭禱氣勢之十百而多獲○貉莫駕反注禡同甸音田下文同

〔疏〕甸祝至祝號○釋曰言掌四時之田表貉之祝號者四時田即大司馬所云春蒐夏苗秋獮冬狩按大司馬大閱禮云既陳乃設驅逆之車有司表貉於陳前當此貉祭之時田祝爲號○注杜子至多獲○釋曰子春云讀貉爲百爾所思之百讀從毛詩後鄭從之增成其義云書亦或爲貉者毛詩爾雅皆爲此字云貉兵祭也者爾雅云禡師祭是也引詩云是類是禡者大雅皇矣之詩也玄謂田者習兵之禮故亦禡祭者詩與爾雅據出征之祭田是習兵故亦禡祭云禱氣勢之十百而多獲者應十得百望多獲禽牲此解禡字之意

舍奠于祖廟。禰亦如之。

舍讀爲釋釋奠者告將時田若時征伐鄭司農云禰父廟○舍音釋下同

〔疏〕舍奠至如之○釋曰天子將出告廟而行言釋奠於祖廟者非時而祭即曰奠以其不立尸奠之言停停饌具而已七廟俱告故祖禰并言○注舍讀至父廟○釋曰舍讀爲釋者周禮禮記多爲舍字鄭讀皆爲釋云釋奠者告將時田若時征伐者此經上惟言時田不言征伐按大祝大師造于祖大會同造于廟皆造祖禰故兼言征伐

師甸。致禽于虞中。乃屬禽。及郊。饁獸。舍奠于祖禰。乃斂禽。禂牲。禂馬。皆掌其祝號。

師田謂起大衆以田也致禽於虞中使獲者各以其禽來致于所表之處屬禽別其種類饁饋也以所獲獸饋於郊薦于四方羣兆入又以奠于祖禰薦且告反也斂禽謂取三十入腊人馬杜子春云禂禱也爲馬禱無疾爲田禱多獲禽牲詩云既伯既禱爾雅曰既伯既禱馬祭也玄謂禂讀如伏誅之誅今侏大字也爲牲祭求肥充爲馬祭求肥健○屬音燭饁于輒反禂音誅一音禱別彼列反爲于僞反下同侏音誅字林音朱

〔疏〕注師田至肥健○釋曰云致禽於虞中使獲者各以其禽來致於所表之處者若田獵在山虞植旗田獵在澤澤虞植旗各植旗爲表故解致禽于虞中者使獲者各以其禽來致於所表之處也云屬禽別其種類者禽獸既致於旗之所甸祝分別其種類麋鹿之類各爲一所云饁饋也以所獲獸饋於郊薦于四方羣兆者按小宗伯兆五帝於四郊四類四望亦如之兆山川丘陵各於其方是以四郊皆羣神之兆今田獵在四郊之外還國必過羣兆故將此禽獸薦於羣兆直以禽祭之無祭事云入又以奠於祖禰薦且告反也者上經舍奠於祖廟謂出田今此舍奠在饁獸之下是告反也言薦者又以所獲禽牲薦廟也云斂禽謂取三十者按穀梁云禽一擇取三十知入腊人者按腊人云掌凡田獸之脯腊按王制一爲乾豆二爲賓客三爲充君之庖此入

腊人者按上殺者乾之以爲豆實供祭祀其餘入賓客庖廚直入腊人者據祭祀重者而言脯非豆實而言乾豆者以脯爲醢故醢人注云作醢及臡者先膊乾其肉乃後莝之雜以粱麴及鹽漬以美酒塗置甀中百日則成矣是也杜子春云禂禱也爲馬禱無疾已下後鄭皆不從者以凡言牲者卜日曰牲據祭祀之牲不得據田獵之獸又禂不得爲禱祈字玄謂禂讀如伏誅之誅者此俗讀也時有人甘心惡伏誅故云伏誅之誅此從音爲誅云今誅大字也者今漢時人傍佅是佅大之字此取肥大之意故云爲牲祭求肥充解經禂牲云爲馬祭求肥健釋經禂馬鄭既解禂爲大知此皆有祭者以其言皆掌其祝號是有祭事

詛祝掌盟、詛、類、造、攻、說、禬、禜之祝號。八者之辭皆所以告神明也盟詛主於要誓大事曰盟小事曰詛〔疏〕注八者至曰詛○釋曰此八者之內類造已下是大祝六祈大祝不掌祝號故此詛祝與盟同爲祝號秋官自有司盟之官此詛祝兼言之者司盟直掌盟載之法不掌祝號與載辭故使詛祝掌之云大事曰盟小事曰詛者盟者盟將來春秋諸侯會有盟無詛詛者詛往過不因會而爲之故云大事曰盟小事曰詛也

作盟詛之載辭，以叙國之信用，以質邦國之劑信。載辭爲辭而載之於策坎用牲加書于其上也國謂王之國邦國諸侯國也質正也成也文王脩德而虞芮質厥成鄭司農云載辭以春秋傳曰使祝爲載書〔疏〕作盟至劑信○釋曰云作盟詛之載辭者爲要誓之辭載之於策人多無信故爲辭對神要之使用信故云以叙國之信用云以質邦國之劑信者質正也成也亦爲此盟詛之載辭以成正諸侯邦國之劑謂要券故對神成正之使不犯○注載辭至載書○釋曰言爲辭而載之于策者若然則策載此辭謂之載云坎用牲加書于其上也者按襄二十六年左氏傳云宋寺人伊戾坎用牲加書爲世子痤僞與楚客盟司盟注具引此文於此注畧也引春秋者據載書而言知者按司盟掌盟載之法彼注云載盟辭也盟者書其辭於策即是此載辭也又注云殺牲取血坎其牲加書於上而埋之謂之載書即引春秋宋寺人之事明此坎用牲加書於其上據載書而言以此言之則書辭於策謂之載辭加書於牲上謂之載書司盟掌載書詛祝掌載辭此注兼言坎用牲加書之事者事相因故兼解之云國謂王之國邦國諸侯國也者周禮體例單言國者皆據王國邦國連言者皆據諸侯故爲此解云文王脩德而虞芮質厥成者大雅文王詩也彼訓質爲成成爲平謂成其平和之事引之者證質爲成義先鄭引春秋傳曰者按哀二十六年左氏傳云宋大尹使祝爲載書司農之意以載辭與載書爲一得通一義故引之在下

司巫掌羣巫之政令。若國大旱，則帥巫而舞雩。雩旱祭也天子於上帝諸侯於上公之神鄭司農云魯僖公欲焚巫尪以其舞雩不得雨○尪音汪〔疏〕司巫至舞雩○釋曰掌羣巫之政令者下文男巫女巫皆掌之云若國大旱則帥巫而舞雩者謂帥女巫已下是以女巫職云旱暵則舞雩亦據脩雩而言也○注雩旱至得雨○釋曰舞雩旱祭也者經云國大旱而舞雩明雩是旱祭是以春秋緯考異郵云雩者呼嗟求雨之祭云天子於上帝諸侯於上公之神知者按禮記月令大雩帝習盛樂據天子雩五帝按彼下文命百縣雩祀百辟卿士百縣謂畿內鄉遂明畿外諸侯亦雩祀百辟卿士即古上公句龍柱棄之等是天子祀上帝諸侯祀上公若魯與二王之後得祀天者亦得雩祭天鄭司農云魯僖公欲焚巫尪以其舞雩不得雨者按僖二十一年夏大旱公欲焚巫尪不必舞雩故檀弓云魯穆公云吾欲暴尪而奚若又云吾欲暴巫而奚若縣子曰天則不雨而暴人之疾子虐無乃不可與鄭注云尪者面鄉天覬天哀而雨之明非舞雩之人司農兼引尪者挾句連引之其實非舞者若四月正雩非直有男巫女巫按論語曾晳云春服既成童子六七人冠者五六人兼有此等故舞師云教皇舞帥而舞旱暵之祀舞師謂野人能舞者明知兼有童子冠者可知

國有大烖，則帥巫而造巫恒。杜子春云司巫帥巫官之屬會聚常處以待命也玄謂恒久也巫久者先巫之故事造之當按視所施爲〔疏〕注杜子至施爲○釋曰子春之意帥巫者巫則女巫恒訓爲常故云會聚常處後鄭不從玄謂恒久也巫久者先巫之故事後鄭之意以恒爲先世之巫久故所行之事今司巫見國大烖則帥領女巫等往造所行之事按視舊所施爲而法之

祭祀，則共匰主及道布及蒩館。杜子春云蒩讀爲鉏匰器名主謂木主也道布新布三尺也鉏藉也館神所館止也書或爲蒩館或爲蒩飽或曰布者以爲席也租飽茅裹肉也玄謂道布者爲神所設巾中霤禮曰以功布爲道布屬于几也蒩之言藉也祭食有當藉者館所以承蒩謂若今筐也主先匰蒩後館互言之者明共主以匰共蒩以筐大祝取其主蒩陳之器則退也士虞禮曰苴刌茅長五寸實于筐饌于西坫上又曰祝盥取苴降洗之升入設于几東席上東縮○匰音丹蒩于都反鉏子都反下同藉慈夜反下同租劉音緇又音卷沈音子餘反飽音苞又音弭裹音果爲于僞反刌音寸〔疏〕注杜子至東縮○釋曰子春所解及讀字惟解匰器名一事後鄭從之自餘並義無所取後鄭不從玄謂道布者爲神所設巾即引中霤禮以功布爲道布屬於几是也云蒩之言藉也祭食有當藉者謂常藉所當之食云館所以承蒩謂若今筐也者筐所以盛蒩者也云主先匰蒩後館互言之者謂主先匰器在上者欲見以匰器盛主來向祭所大祝取得主匰器即退蒩後言館器欲見大祝取得蒩館器退明亦初以館盛蒩來互言之是以鄭云明共主以匰共蒩以筐大祝取其主蒩陳之器則退也二事雙解之引士虞禮曰苴刌茅長五寸實於筐饌于西坫上者刌切也切之長五寸又陳之西坫者堂西南隅謂之坫饌陳於此未用前又曰祝盥升取苴降洗之升設於几東席上東縮者士虞禮設席於奧禮神東面右几故設于几東席上東縮縮從也據神東面爲正東西設之故言東縮引之者見苴是藉祭之物

凡祭事，守瘞。瘞謂若祭地祇有埋牲玉者也守之者以祭禮未畢若有事然祭禮畢則去之○瘞於例反〔疏〕注瘞謂至去之○釋曰按爾雅祭天曰燔柴祭地曰瘞埋又按肆師立大祀用玉帛牲牷故鄭云瘞謂若祭地祇有埋牲玉者也鄭不言帛亦有帛可知云守之者以祭禮未畢若有事然者但祭地埋牲與禋祀同節作樂下神之後即有埋牲之事以後更有祭祀之節事故使司巫守埋是以鄭云有祭事然云祭祀畢即去之者以其無事故去之不復守也

凡喪事，掌巫降之禮。降下也巫下神之禮今世或死既斂就巫下禓其遺禮○禓音傷〔疏〕注降下至遺禮○釋曰人死骨肉下沈於地精魂上歸於天天地與神人通故使巫下神云今世或死既斂就巫下禓其遺禮者按郊特牲鄉人禓鄭注云禓彊鬼彼逐疫癘之事故以禓爲彊鬼此禓當家之鬼非彊鬼也

男巫掌望祀、望衍授號，旁招以茅。杜子春云望衍謂衍祭也授號以所祭之名號授之旁招以茅四方之所望祭者玄謂衍讀爲延聲之誤也望祀謂有牲粢盛者延進也謂但用幣致其神二者詛祝所授類造攻說禬禜之神號男巫爲之招○衍音延下同爲于僞反〔疏〕男巫至以茅○釋曰云望祀者類造禬禜遙望而祝之云望衍者衍延也是攻說之禮遙望延其神以言語責之云授號者此二者皆詛祝授以神號云旁招以茅者旁謂四方此男巫於地官祭此神時則以茅招之於四方也○注杜子至之招○釋曰子春所云皆無依據故後鄭不從玄謂破衍爲延者衍字於六祈義無所取故破從延云望祀謂有牲粢盛者注大祝已云類造禬禜皆有牲攻說用幣而已有牲則有黍稷故此兼云粢盛者也云延進也謂但用幣致其神者此即攻說用幣而已是也云二者詛祝所授類造攻說禬禜之神號男巫爲之招者以其授號文故二者之下故知此六神皆授之號知是詛祝者按詛祝而知也

冬堂贈，無方無筭。故書贈爲矰杜子春云矰當爲贈堂贈謂逐疫也無方四方爲可也無筭道里無數遠益善也玄謂冬歲終以禮送不祥及惡夢皆是也其行必由堂始巫與神通言當東則東當西則西可近則近可遠則遠無常數○矰音曾〔疏〕注故書至常數○釋曰子春以堂贈爲逐疫後鄭不從者逐疫方相氏及占夢不合在此故不從云無筭道里無數遠益善也後鄭不從者既不言無數遠近由人得云遠益善故不從玄謂知堂贈是送不祥及惡夢者見占夢云舍萌于四方以贈惡夢故知鄭云當東則東當西則西不言南北舉東西可知此解無方可近則近可遠則遠無常數此解無筭

春招弭，以除疾病。招招福也杜子春讀弭如彌兵之彌玄謂弭讀爲敉字之誤也敉安也安凶禍也招敉皆有祀衍之禮○弭與彌同及下敉皆亡氏反〔疏〕注招招至之禮○釋曰子春讀弭如彌兵之彌讀從小祝彌災兵之彌玄謂弭讀爲敉字之誤也按小祝後鄭注弭讀曰敉於此云爲敉從子春之說云敉安也安凶禍也者此經云除疾病故知所敉者凶禍知招敉皆有祀衍之禮者此招敉爲招福安禍與侯禳意同侯禳在六祝有祭祀之法故知此二者亦有望祀望衍之禮可知

王弔，則與祝前。巫祝前王也故書前爲先鄭司農云爲先非是也〔疏〕注巫祝至是也○釋曰按上喪祝云王弔則與巫前此男巫與祝前故二官俱在王前

女巫掌歲時祓除釁浴。歲時祓除如今三月上巳如水上之類釁浴謂以香薰草藥沐浴○巳音祀〔疏〕注歲時至沐浴○釋曰歲時祓除者非謂歲之四時惟謂歲之三月之時故鄭君云如今三月上巳解之一月有三巳據上旬之巳而爲祓除之事見今三月三日水上戒浴是也云釁浴謂以香薰草藥沐浴者若直言浴則惟有湯今兼言釁明沐浴之物必和香草故云以香薰草藥經直云浴兼言沐者凡絜靜者沐浴相將故知亦有沐也

旱暵，則舞雩。使女巫舞旱祭崇陰也鄭司農云求雨以女巫故檀弓曰歲旱繆公召縣子而問焉曰吾欲暴巫而奚若曰天則不雨而望之愚婦人無乃已疏乎○暵呼旱反繆音穆縣音玄暴蒲卜反〔疏〕旱暵則舞雩○釋曰此謂五月已後脩雩故有旱暵之事旱而言暵者暵謂熱氣也○注使女至疏乎○釋曰

司農引繆公者魯繆公春秋後事縣子者魯大夫欲暴巫者以其舞雩不得雨引之者證使女巫舞雩之事

若王后弔。則與祝前。女巫與祝前后如王禮〔疏〕若王至祝前。釋曰此女巫云與祝前則與天官女祝前后。注女巫至王禮。釋曰云女巫與祝前后如王禮者按前男巫與喪祝前王執桃茢此女巫與女祝前后亦巫執桃祝執茢故云如王禮

凡邦之大烖。歌哭而請。有歌者有哭者冀以悲哀感神靈也〔疏〕凡邦至而請。釋曰大烖言歌哭而請則大烖謂旱暵者。注有歌靈也。釋曰按林碩難曰凡國有大災歌哭而請魯人有日食而哭傳曰非所哭哭者哀也歌者是樂也有哭而歌是以樂烖烖而樂之將何以請哀未失所禮又喪矣孔子曰哭則不歌歌哭而請道將何爲亡謂日食異者也於民無困哭之爲非其所烖害不害穀物故歌必禮也董仲舒曰雩求雨之術呼嗟之歌國風周南小雅鹿鳴燕禮鄉飲酒大射之歌焉然則雲漢之篇亦大旱之歌考異郵曰集二十四旱志立服而緩雲刑理察挺罪赦過呼嗟哭泣以成發氣此數者非大烖歌哭之證也多烖哀也歌者樂也今喪家輓歌亦謂樂非孔子哭則不歌是出何經論語曰子於是日哭則不歌謂一日之中既以哀事哭又以樂而歌是爲哀樂之心無常非所以譏此禮若然此云歌者憂愁之歌若雲漢之詩是也

大史掌建邦之六典。以逆邦國之治。掌灋以逆官府之治。掌則以逆都鄙之治。典則亦法也逆迎也六典八法八則冢宰所建以治百官大史又建焉以爲王迎受其治也大史日官也春秋傳曰天子有日官諸侯有日御日官居卿以底日禮也日御不失日以授百官于朝居猶處也言建六典以處六卿之職。治直吏反下及注其治同爲于僞反下爲有同底音旨朝直遙反下同〔疏〕注典則至之職。釋曰云典則亦法也者按大宰注典法則所用異異其名也其實典則與法一也故云典則亦法也云六典八法八則冢宰所建以治百官者冢宰職八法云治官府是也云大史又建焉以爲王迎受其治也者鄭言此者欲見大史重掌此三者非是相副貳大宰既掌此大史迎其治職文書云大史日官也者以其掌厤數故云日官引春秋傳者桓十七年冬十月朔日有食之不書日官失之天子有日官諸侯有日御服氏注云日官日御典厤數者也日官居卿以底日禮也日御不失日以授百官于朝服注云是居卿者使卿居其官以主之重厤數也按鄭注居猶處也言建六典以處六卿之職與服不同服君之意大史雖下大夫使卿來居之治大史之職與堯典云乃命羲和欽若昊天厤象日月星辰是卿掌厤數明周掌厤數亦是日官鄭意以五帝殊時三王異世文質不等故設官不同五帝之時使卿掌厤數至周使下大夫爲之故云建六典處六卿之職以解之

凡辨灋者攷焉。不信者刑之。謂邦國官府都鄙以法爭訟來正之者。攷音考爭爭鬬之爭 凡辨至刑之。釋曰按上文大史既受邦國官府都鄙治職文書其三者之內有爭訟來正之者大史觀其辨法得理考之不信者刑之者事理妄冒不信者刑罰之。注謂邦至之爭者。釋曰鄭知此事是邦國官府都鄙者以其文承上文三者之下故知之

凡邦國都鄙。及萬民之有約劑者藏焉。以貳六官。六官之所登。約劑要盟之載辭及券書也貳猶副也藏法與約劑之書以爲六官之副其有後事六官又登焉〔疏〕凡邦至所登。釋曰上文邦國官府都鄙三者俱充此約不言官府者此舉邦國都鄙及萬民在外者而言其實官府約劑亦藏之云以貳六官者六官各有一通此大史亦副寫一通故云以貳六官云六官之所登者約劑相續不絕在後六官更有約劑皆副寫一通上於大史以藏之。注約劑至登焉。釋曰鄭知約劑要盟之載辭及券書者按司盟凡邦國有疑會同則掌其盟約之載故知約劑中有盟要之載辭言及券書者此經萬民約劑無盟要載辭惟有券書故別言券書鄭知所藏之中有法者按司盟云掌盟載之法下又云及其禮儀北面詔明神此既掌辭明并法亦藏之

若約劑亂則辟灋。不信者刑之。謂抵冒盟誓者辟法者考按讀其然不。辟婢亦反劉芳益反注同抵丁禮反〔疏〕若約至刑之。釋曰盟誓要辭藏在府庫在後抵冒其事不依要辭謂之約劑亂也則辟法者辟開也法則約劑也則爲之開府庫考按其然否不信者不依約劑與之刑罪故云不信者刑之

正歲年以序事。頒之于官府及都鄙。中數曰歲朔數曰年中朔大小不齊正之以閏若今時作厤日矣定四時以次序授民時之事春秋傳曰閏以正時時作事事以厚生生民之本於是乎在。數所主反下同〔疏〕正歲至都鄙。釋曰云正歲年者謂造厤正歲年以閏則四時有次序依厤授民以事故云以序事也云頒之于官府及都鄙者官府據在朝都鄙據三等采地先近及遠故先言官府次言都鄙下乃言邦國。注中數至乎在。釋曰云中數曰歲朔數曰年者一年之內有二十四氣正月立春節啓蟄中二月雨水節春分中三月清明節穀雨中四月立夏節小滿中五月芒種節夏至中六月小暑節大暑中七月立秋節處暑中八月白露節秋分中九月寒露節霜降中十月立冬節小雪中十一月大雪節冬至中十二月小寒節大寒中皆節氣在前中氣在後節氣一名朔氣朔氣在晦則後月閏中氣在朔則前月閏節氣有入前月法中氣無入前月法中氣帀則爲歲朔氣帀則爲年假令十二月中氣在晦則閏十二月十六日得後正月立春節此即朔數曰年至後年正月一日得啓蟄中此中氣帀此即是中數曰歲云中朔大小不齊正之以閏者周天三百六十五度四分度之一日一日行一度月一日行十三度十九分度之七二十四氣通閏分之一氣得十五日二十四氣分得三百六十度仍有五度四分度之一一度更分爲三十二五度爲百六十四分度之一者又分之爲八分通前爲百六十八分二十四氣分之氣得七分若然二十四氣氣有十五日七分五氣得三十五分取三十二分爲一日餘三分推入後氣即有十六日氣者十五日七分者故云中朔大小不齊正之以閏者月有大小一年三百五十四日而已自餘仍有十一日是以三十三月已後中氣在晦不置閏則中氣入後月故須置閏以補之故云正之以閏是以云若今時作厤日矣云定四時以次序者堯典以閏月定四時解經中序故云定四時以次序云授民時之事者亦取堯典敬授民時解經中事春秋傳曰者文公六年冬閏月不告朔非禮也閏以正時時以作事事以厚生生民之道於是乎在不告閏朔棄時政也何以爲民彼譏文公不告閏朔引之者證閏歲年之事也

頒告朔于邦國。天子頒朔于諸侯諸侯藏之祖廟至朔朝于廟告而受行之鄭司農云頒讀爲班班布也以十二月朔布告天下諸侯故春秋傳曰不書日官失之也〔疏〕注天子至之也。釋曰鄭云天子班朔於諸侯諸侯藏之於祖廟者按禮記玉藻諸侯皮弁聽朔於大祖大祖即祖廟也至朔朝於廟告而受行之者諸侯約天子故縣之於中門而日斂之藏之於祖廟月月用羊告而受行之此經及論語稱告朔玉藻謂之聽朔春秋謂之視朔視朔者人君入廟視之告者使有司讀祝以言之聽者聽治一月政令所從言之異耳鄭司農云以十二月朔布告天下諸侯者言朔者以十二月厤及政令若月令之書但以受行號之爲朔故春秋傳曰者還是桓十七年傳文春秋之義天子班厤於諸侯日食書日不班厤於諸侯則不書日其不書日者猶天子日官失之不班厤引之證經天子有班告朔之事

閏月。詔王居門終月。門謂路寢門也鄭司農云月令十二月分在青陽明堂總章玄堂左右之位惟閏月無所居居于門故於文王在門謂之閏〔疏〕閏月至終月。釋曰明堂路寢及宗廟皆有五室十二堂四門十二月聽朔於十二堂閏月各於時之門故大史詔告王居路寢門若在明堂告事之時立行祭禮無居坐之處若在路寢堂與門聽事之時各居一月故立居門終月。注門謂至之閏。釋曰鄭知此經門是路寢門者按玉藻云閏月則闔門左扉立於其中不云居又不云終月此經言居門終月故知路寢門先鄭云月令十二月據月令而言按月令是秦時書明堂路寢有九室大室在中央四角各有二堂隅之爲个堂大室正東之堂謂之青陽正南之堂謂之明堂正西之堂謂之總章正北之堂謂之玄堂云左右之位者青陽明堂總章玄堂各有左右之位月令謂之左右个故月令孟春云青陽左个仲春居青陽季春云居青陽右个孟夏云明堂左个仲夏居明堂季夏云居明堂右个孟秋云居總章左个仲秋居總章季秋云居總章右个孟冬居玄堂左个仲冬居玄堂季冬居玄堂右个月令皆云居故鄭以大寢解之是以先鄭引之證此大寢之禮云惟閏月無所居居於門者以其十二月居十二堂故云閏月無所居居於門云故於文王在門謂之閏者解閏字之意以閏月王在門中故制文字亦王在門中謂之閏也

大祭祀。與執事卜日。執事大卜之屬與之者當視墨〔疏〕注執事至視墨。釋曰知執事大卜之屬者大卜掌卜事故知執事是大卜言之屬者兼有卜師及卜人知當視墨者按占人云君占體大夫占色史占墨卜人占坼彼言史者即此大史故知當視墨

戒及宿之日。與羣執事。讀禮書而協事。協合也合謂習錄所當共之事也故書協作叶杜子春云叶協也書亦或爲協或爲汁。叶音協汁音執又音協劉子集反〔疏〕戒及至協事。釋曰戒及宿之日者戒謂散齊七日宿謂致齊三日云與羣執事讀禮書而協事者當此二日之時與羣執事預祭之官讀禮書而協事恐事有失錯物有不供故也

祭之日。執書以次位常。謂校呼之教其所當居之處〔疏〕祭之至位常。釋曰言執書者謂執行祭禮之書若今儀注以次位常者各居所掌位次常者此禮一定常行不改故云常也

辨事者攷焉。不信者誅之。謂抵冒其職事〔疏〕注謂抵冒其職事。釋曰此謂助祭之人大史掌禮知行事得失所行依注謂之事則與人考焉抵冒職事詐欺不信者刑誅之

大會同朝覲。以書協禮事。亦先習錄之也〔疏〕大會同朝至禮事。釋曰天子與諸侯不錄

及將幣之日。執書以詔王。將送也詔王告王以禮事〔疏〕及將至詔王。釋曰將幣之日者則上經所書會同之事至此

得朝覲之時則有三享之禮將送也幣謂璧帛之等故云將幣之日云執書以詔王者王與諸侯行禮之時大史執禮書以告王使不錯誤大師。抱天時與大師同車。鄭司農云大出師則大史主抱式以知天時處吉凶史官主知天道故國語曰吾非瞽史焉知天道春秋傳曰楚有雲如衆赤鳥夾日以飛楚子使問諸周大史大史主天道玄謂瞽即大師大師瞽官之長。大音泰注同式劉音勑今俗音如字焉於虔反夾古洽反劉古協反〔疏〕大師至同車。釋曰云大師者大起軍師也云抱天時者大史知天道天時謂天文見時候者史抱此天時與大師瞽人知天道者同在一車之上共察天文故同車也。注鄭司至之長。釋曰先鄭云大出師則大史主抱式以知天時處吉凶者云抱式者式據當時占文謂之式以其時候有法式故謂載天文者爲式知天時處吉凶者候天時知吉凶以告王故云處吉凶者國語者按周語單子謂魯成公吾非瞽史焉知天道春秋傳者在哀六年玄謂瞽即大師者此足先鄭之義周語云瞽者即此經大師一也云大師瞽官之長者按春官瞽人之內立其賢者爲大師之官故云瞽官之長大遷國。抱灋以前。法司空營國之法也。抱之以前當先王至知諸位處。先悉薦反大喪。執灋以涖勸防。鄭司農云勸防引六紼遣之日。讀誄。遣謂祖廟之庭大奠將行時也人之道終於此累其行而讀之大師又帥瞽廞之而作謚瞽史知天道使共其事言王之誄謚成於天道。遣弃戰反下同行下孟反〔疏〕注遣謂至天道。釋曰遣謂大遣奠故以遣謂祖廟之奠云人之道終於此者以其未葬已前孝子不忍異於生仍以生禮事之至葬送形而往迎魂而反則以鬼事之故既葬之後當稱謚故誄生時之行而讀之此經誄即累也云大師又帥瞽廞之而作謚者按大師職凡大喪師瞽而廞作柩謚云言王之誄謚成於天道者按禮記曾子問惟天子稱天以誄之注云以其無尊焉彼又引公羊傳制謚於南郊瞽史既知天道又於南郊祭天之所稱天以誄之是王之謚成於天道也若然先於南郊制謚乃於遣之日讀之葬後則稱謚凡喪事攷焉。爲有得失小喪。賜謚。小喪卿大夫也〔疏〕注小喪卿大夫也。釋曰大史雖賜之謚不讀使小史讀之故小史職云卿大夫之喪賜謚讀誄彼注云其讀誄亦以大史賜謚爲節事相成其卿大夫將作謚之時其子請於君君親爲之制謚謚成使大史將往賜之小史至遣之日往爲讀之知義然者見禮記檀弓云公叔文子卒其子戍請謚於君曰日月有時將葬矣請所以易其名者君曰昔者夫子脩其班制以與四鄰交衛國之社稷不辱不亦文乎是其事也明禮亦當然其諸侯之法按曾子問云賤不誄貴幼不誄長諸侯相誄非禮春秋之世卑謚於尊不得如禮按曲禮言謚曰類以其象聘問之禮見天子乃使大史賜之謚小史不讀之以其諸侯自有史若然此直言小喪賜之謚則三公諸侯亦在焉凡射事。飾中。舍筭。執其禮事。舍讀曰釋鄭司農云中所以盛筭也玄謂設筭於中以待射時而取之中則釋之即射禮曰君國中射則皮豎中於郊則閭中於竟則虎中大夫兕中士鹿中天子之中未聞。舍音釋盛音成中丁仲反竟音境〔疏〕凡射至禮事。釋曰言凡射事者則大射賓射燕射之等皆使大史爲此三事飾中者謂飾治使絜靜舍筭者射有三番第一番三耦射不釋筭第二第三番射乃釋筭執其禮事者大史主禮者天子諸侯射先行燕禮後乃射其中禮事皆大史掌

之。注舍讀至未聞。釋曰先鄭云中所以盛筭也者司農之意所有射筭皆盛於中故後鄭不從玄謂設筭於中以待射時而取之中則釋之者按鄉射大射筭皆於中西設八筭於中內偶升將射則大史取中之八筭執之待射中則更設於中待第二耦射第三耦已下皆然鄉射禮曰已下是鄉射記文云君國中射皮豎中者謂燕禮在寢則以皮豎獸形爲中云於郊則閭中者謂大學之射云於竟則虎中者謂與鄰國君射也云大夫兕中士鹿中者大夫士各一中故大夫以兕獸爲中士以鹿獸爲中云天子之中未聞者經記不言故也

小史掌邦國之志。奠繫世。辨昭穆。若有事。則詔王之忌諱。鄭司農云志謂記也春秋傳所謂周志國語所謂鄭書之屬是也史官主書故韓宣子聘于魯觀書大史氏繫世謂帝繫世本之屬是也小史主定之瞽矇諷誦之先王死日爲忌名爲諱故書奠爲帝杜子春云帝當爲奠奠讀爲定書帝亦或爲奠玄謂王有事祈祭於其廟。奠音定繫戶計反下同昭如字或作卲音韶〔疏〕小史至忌諱。釋曰小史掌邦國之志者邦國連言據諸侯志者記也諸侯國內所有記錄之事皆掌之云奠繫世者謂定帝繫世本云辨昭穆者帝繫世本之中皆自有昭穆親疏故須辨之云若有事者謂在廟中有祈祭之事云則詔王之忌諱者謂小史告王以先王之忌諱也。注鄭司至其廟。釋曰古者記識物爲志春秋傳所謂周志者皆是左氏傳殽之役晉襄公縛秦囚來駒失戈狼瞫取戈斬囚遂爲車右箕之役先軫黜之而立續簡伯其友曰盍死之瞫曰吾未獲死所其友曰吾與汝爲難瞫曰周志有之勇則害上不登於明堂引之者證志爲記識之義也引韓宣子者按昭公二年左氏傳晉韓起來聘觀書於大史氏見易象與魯春秋引之者證史官掌邦國之志此經小史掌志引大史證之者大史史官之長共其事故也云繫世謂帝繫世本之屬是也者天子謂之帝繫諸侯謂之世本云瞽矇諷誦之者按瞽矇職云掌諷誦詩世奠繫鼓琴瑟是也云先王死日爲忌名爲諱者告王當避此二事大祭祀。讀禮灋。史以書叙昭穆之俎簋。讀禮法者大史與羣執事史此小史也言讀定法者小史叙俎簋以爲節故書簋或爲几鄭司農云几讀爲軌書亦或爲簋古文也大祭祀小史主叙其昭穆以其主定繫世祭祀史主叙其昭穆次其俎簋故齊景公疾欲誅於祝史玄謂俎簋牲與黍稷以書次之校比之。比數志反〔疏〕大祭至俎簋。釋曰此言叙昭穆之俎簋則非外神耳則大祭祀惟謂祭宗廟三年一祫之時有尸主兼序昭穆俎簋也。注讀禮至比之。釋曰鄭知讀禮法是大史與羣執事者大史職云大祭祀戒及宿之日與羣執事讀禮書而協事彼云禮書即此禮法也云讀禮法者小史叙俎簋以爲節者謂大史讀禮法之時小史則叙昭穆及俎簋當依禮法之節按比之使不差錯故俎及簋云爲節也齊景公事在昭二十年左氏傳彼傳云公有疾語晏子曰據與款謂寡人能事鬼神故欲誅於祝史是其事也大喪。大賓客。大會同。大軍旅。佐大史。凡國事之用禮灋者。掌其小事。〔疏〕大喪至小事。釋曰此數事皆大史掌之小史得佐之卿大夫之喪。賜謚。讀誄。其讀誄亦以大史賜謚爲節事相成也〔疏〕注其讀至相成。釋曰按大史云小喪賜謚注云小喪卿大夫之喪注取此文

彼不云讀誄今此云卿大夫之喪賜謚讀誄賜謚是大史之事非小史但小史於大史賜謚之時須誄列生時行跡而讀之故云其讀誄亦以大史賜謚爲節云事相成者謚法依誄爲之故云事相成

馮相氏掌十有二歲。十有二月。十有二辰。十日。二十有八星之位。辨其叙事。以會天位。歲謂太歲歲星與日同次之月斗所建之辰樂說說歲星與日常應大歲月建以見然則今厤大歲非此也歲日月辰星宿之位謂方面所在辨其叙事謂若仲春辯秩東作仲夏辯秩南譌仲秋辯秩西成仲冬辯在朔易會天位者合此歲日月辰星宿五者以爲時事之候若今厤日大歲在某月某日某甲朔日直某也國語曰王合位于三五孝經說曰故勑以天期四時節有晚早趣勉趣時無失天位皆由此術云。馮音憑相息亮反會如字注同見賢遍反下皆同譌五和反直值〔疏〕馮相至天位。釋曰云十有二歲者歲謂太歲左行於地行有十二辰一歲移一辰者也云十有二月者謂斗柄月建一辰十二月而周故云十有二月云十有二辰者謂子丑寅卯之等十有二辰也十日者謂甲乙丙丁之等也云二十八星者東方角亢氐房心尾箕北方斗牛之等爲二十八星也若指星體而言謂之星日月會於其星即名宿亦名辰亦名次亦名房云之位者惣五者皆有位處也云辨其叙事者謂五者皆與人爲候之以爲事業次叙而事得分辨故云辨其序事也云以會天位者五者在天會合而爲候也此謂之五者也。注歲謂至術云。釋曰云歲謂大歲歲星與日同次之月斗所建之辰者此太歲在地與天上歲星相應而行歲星爲陽右行於天一歲移一辰又分前辰爲一百三十四分而侵一分則一百四十四年跳一辰十二辰帀則惣有千七百二十八年十二跳辰帀以此而計之十二歲一小周謂一年移一辰故也千七百二十八年一大周十二跳帀故也歲左行於地一與歲星跳辰年歲同此則服虔注春秋龍度天門是也以歲星本在東方謂之龍以辰爲天門故以歲日跳度爲龍度天門也云歲星與日同次之月斗所建之辰者以歲星爲陽人之所見大歲爲陰人所不覩既歲星與大歲雖右行左行不同要行度不異故舉歲星以表大歲言歲星與日同次之月一年之中惟於一辰之上爲法若元年甲子朔旦冬至日月五星俱起於牽牛之初是歲星與日同次之月十一月斗建子子有大歲至後年歲星移向子上十二月日月會於玄枵十二月斗建丑丑有大歲自此已後皆然引樂說者證大歲在月建之義也云然則今厤大歲非此也者以今厤太歲歲星北辰大歲無跳辰之義非此經太歲者也云歲日月辰星宿之位謂方面所在者此五物皆依四方四面十二辰而見故云方面所在云謂若仲春辯秩東作已下者按尚書皆作平秩不爲辨秩今皆云辨秩據書傳而言辨其平也注引國語者周語文云王合位于三五者按彼武王伐紂之時歲在鶉火月在天駟日在析木之津辰在斗柄星在天元引之者證經五者各於其位冬夏致日。春秋致月。以辨四時之叙。冬至日在牽牛景丈三尺夏至日在東井景尺五寸此長短之極極則氣至冬無愆陽夏無伏陰春分日在婁秋分日在角而月弦於牽牛東井亦以其景知氣至不春秋冬夏氣皆至則是四時之叙正矣〔疏〕冬夏至之叙。釋曰此經欲知人君政之得失之所致觀日月之景以辨四時之叙若政教得所則四時之景依度若依度則四時之叙得正矣必冬夏致日春秋致月者以日者

實也故於長短極時致之也月者闕也故於長短不極時致之也。注冬至至正矣。釋曰鄭知冬至景丈三尺者按易緯通卦驗云冬至日置八神樹八尺之表日中視其影如度者歲美人和晷不如度者歲惡人僞言政令之不平法神讀如引言八引者樹杙於地四維四中引繩以正之故因名之日引立表者先正方面於視日審矣晷進則水晷退則旱進尺二寸則月食退尺二寸則日食注云晷進謂長於度日之行黃道外則晷長晷長者陰勝故水晷短於度者日之行入黃道內故晷短晷短者陽勝是以旱進尺二寸則月食者月以十二爲數以勢言之宜爲月食退尺二寸則日食者日之數備干十晷進爲盈晷退爲縮冬至晷長丈三尺至云所立八尺之表陰長丈三尺長之極彼雖不言夏至尺五寸景以冬至影長丈三尺反之致夏惟尺五寸景也是以鄭注考盤燿云日之行冬至之後漸差向北夏至之後漸向南日差大分六小分四大分六者分一寸爲十分分小分四者分一寸爲十分一寸千里則差六百四十里按大司徒職云日至之景尺有五寸謂之地中從夏至之後差之至冬至得丈三尺景又按天文志春秋分日在婁而晷中立八尺之表而晷景長七尺三寸六分云極則冬無愆陽夏無伏陰者愆陽伏陰者昭四年申豐辭以其德政所致而四時之景合度故陰陽和也云春分日在婁秋分日在角而月弦於牽牛東井亦以其景知氣至不者按通卦驗云夫八卦氣驗常不在望以入月八日不盡八日候諸卦氣注云入月八日不盡八日陰氣得正而平以此而言明致月下亦用此日矣若然春分日在婁其月上弦在東井圓於角下弦於牽牛秋分日在角上弦於牽牛圓於婁下弦東井故鄭并言井弦於牽牛東井不言圓望義可知也此以三月諸星復若不在三月則未到本位大判皆以合昏星體在西而言以其二月春分婁星昏在酉秋分角星昏亦在酉以是推之皆可知按天文志云月有九行云黑道二出黃道北赤道二出黃道南白道二出黃道西青道二正出黃道東立春春分日東從青道云云然則用之決房中赤青出陽道白黑出陰道月失節度而行出陽道則旱風出陰道則雨此云九行則通數黃道也進入黃道南别謂之赤道夏時月在黃道南謂之赤道進入黃道北謂之黑道東西自相對春時月行黃道東謂之青道進入黃道西謂之白道秋時月在黃道西謂之白道進入黃道東謂之青道此皆不得其正故日出陽道則旱風出陰道則雨若在黃道是其正亦如日然故星備云明王在上則日月五星皆乘黃道又云黃帝占日天道有三黃道者日月五星所乘問日按鄭駁異義云三光考靈燿書云日道出于列宿之外萬有餘里謂五星則差在其內何得與日同乘黃道及問日日何得在婁角牽牛東井乎荅曰黃道數寬廣雖差在內猶不離黃道或可以上下爲外內又按天文志云春秋分日在婁角去極中而晷中立八尺之表而晷景長七尺三寸六分也若然通卦驗云春秋晷長七尺二寸四分者謂晷表有差移故不同也

保章氏掌天星。以志星辰日月之變動。以觀天下之遷。辨其吉凶。

志古文識識記也星謂五星辰日月所會五星有贏縮圜角日有薄食暈珥月有盈虧朓側匿之變七者右行列舍天下禍福變移所在皆見焉。識音志又音試又如字下同暈本又作煇亦作運音同朓他了反晦而月見西方匿女力反劉吐則反朔而月見東方曰側匿亦名朒朒女六反[疏]保章至吉凶。釋曰上馮相氏掌日月星辰不變依常度者此官掌日月星辰變動與常不同以見吉凶之事。注志古至見焉。釋曰云志古文識識記也者古之文字少志意之志與記識之志同後代自有記識之字不復以志爲識故云志古文識即記也云星謂五星者按天文志謂東方歲南方熒惑西方大白北方辰中央鎮星云辰日月所會者左氏傳士文伯對晉侯之辭也云五星有贏縮者按天文志云歲星所在其國不可以伐人起舍如前出贏爲客客晚出爲縮縮爲主人故人有言曰天下大平五星循度亡有逆行日不蝕朔月不蝕望云圜角者星備云五星更王相休廢其色不同王則光芒相則內實休則光芒無角不動搖廢則少光色順四時其國皆當也又云立春歲星王七十二日其色有白光角芒土王三月十八日其色黃而大休則圜廢則內虛立夏熒惑王七十二日色赤角芒土王六月十八日其色黃而大立秋大白王七十二日光芒無角土王九月十八日其色黃而大立冬辰星王七十二日其色白芒角土王十二月十八日其色黃而大星當王相不芒角其邦大弱強國取地大弱失國亡土也云日有薄蝕暈珥者此則視祲職具釋其事也云月有虧盈者此則禮運所云三五而盈三五而闕也云朓側匿之變者按尚書五行傳云晦而月見西方謂之朓朔而月見東方謂之側匿側匿則侯王其肅朓則侯王其舒云七者右行列舍者七謂日月五星皆右行於天留伏順逆以見吉凶故云天下禍福變移所在皆見焉若然經有辰鄭云日月所會直釋辰名不解辰之禍福者但辰與二十八星隨天左行非所以見吉凶已見馮相氏而此言之者星辰是相將之物挾句而言故鄭不釋爲禍福之事也

以星土辨九州之地所封。封域皆有分星。以觀妖祥。

星土星所主土也封猶界也鄭司農說星土以春秋傳曰參爲晉星商主大火國語曰歲之所在則我有周之分野之屬是也玄謂大界則曰九州州中諸國中之封域於星亦有分焉其書亡矣堪輿雖有郡國所入度非古數也今其存可言者十二次之分也星紀吳越也玄枵齊也娵訾衛也降婁魯也大梁趙也實沈晉也鶉首秦也鶉火周也鶉尾楚也壽星鄭也大火宋也析木燕也此分野之妖祥主用客星彗孛之氣爲象。分扶問反注同參所林反娵子須反訾子斯反降戶江反彗以歲反又息遂反孛音佩[疏]以星至妖祥。釋曰此經論北斗及二十八宿所主九州及諸國封域之妖祥所在之事故云以星土也云辨九州之地者據北斗而言云所封封域者據二十八星而說云皆有分星者摠解九州及諸國也云以觀妖祥者據星見徵應所在以觀妖祥之事也。注星土至爲象。釋曰先鄭所引春秋傳者按昭元年左氏傳鄭子產云辰爲商星參爲晉星又襄九年左氏傳云辰爲商主大火此所引及國語皆據諸國而言故增成其義并釋九州之土也後鄭云大界則曰九州者此解經九州之地按春秋緯文燿鉤云布度定紀分州繫象華岐以龍門積石至三危之野雍州屬魁星則大行以東至碣石王屋砥柱冀州屬樞星三河雷澤東至海岱以北兗州青州屬機星蒙山以東至南江會稽震澤徐揚之州屬權星大別以東至雷澤九江荊州屬衡星荊山西南至岷山北嶇鳥鼠梁州屬開星外方熊耳以至泗水陪尾豫州屬搖星此九州屬北斗星有七州有九但兗青徐揚并屬二州故七星主九州也周之九州差之義亦可知云州中諸國已下別釋經所封封域古黃帝時堪輿亡故其書亡矣云堪輿雖有郡國所入度非古數者謂後代有作堪輿者非古數雖非古數時有可言者故云今其存可言者十二次之分也者但吳越在南齊魯在東今歲星或北或西不依國地所在者此古之受封之日歲星所在之辰國屬焉故也吳越二國同次者亦謂同年度受封故同次也云此分野之妖祥主用客星彗孛之氣爲象者按公羊傳昭十七年冬有星孛于大辰孛者何彗星也何休云孛者邪亂之氣掃故置新之象左氏申繻曰彗所以除舊布新如是彗孛一也時爲宋衛陳鄭裁天文志彗長丈二言用客星者彗非位奔實而入他辰者也

以十有二歲之相。觀天下之妖祥。

歲謂太歲歲星與日同次之月斗所建之辰也歲星爲陽右行於天太歲爲陰左行於地十二歲而小周其妖祥之占甘氏歲星經其遺象也鄭司農云大歲所在歲星所居春秋傳曰越得歲而吳伐之必受其凶之屬是也。相息亮反下同[疏]以十至妖祥。釋曰此經又以太歲以觀妖祥之異耳。注歲謂至是也。釋曰云歲謂大歲者上文已說五星訖以文次而推知非歲星故知是在地之太歲也其惟太歲所在以下於上馮相氏釋訖鄭恐人不曉故重言之也先鄭云太歲所在歲星所居者亦欲見推太歲之處云歲星所居亦是歲星與日同次之月也太歲所在亦是斗所建之辰下有大歲也云越得歲而吳伐之必受其凶之屬者按昭三十二年夏吳伐越史墨曰不及四十年越其有吳乎越得歲而吳伐之必受其凶按昭十二年蔡復之歲歲在大梁至昭三十三年正應在析木而越得歲者按彼服注歲星在星紀吳越之分野蔡復之歲歲在大梁距此十九年昭十五年有事於武宮之歲龍度天門龍歲星也天門在戌是歲越過故使今年越得歲龍東方宿天德之貴神其在所之國兵必昌向之以兵則凶吳越同次吳先舉兵故凶也或歲星在越分中故云得歲史墨知不及四十年越有吳者以其歲星十二年一周天存亡之數不過三紀三者天地人之數故歲星三周星紀至玄枵哀二十二年越滅吳至此三十八年鄭君之義則不然故春秋志云五星之期各用數有氣者期遠而禍大無氣者期近而禍小吳越以夏周之孟夏建卯仲夏建辰木用事之時木數三木用事則歲星王當從遠期以三乘十二爲三十六歲星復其所而三十七過其次而歲星去矣故伐越亦後至哀二十二年猶三十八年冬十一月丁亥而越滅吳按越圍在哀二十年吳惡未周故不滅也此鄭義與服小異大同也按括地象天不足於西此則西爲天門昭十五年歲星正應在鶉首越一次當在鶉火是以昭三十二年得在星紀若然天門不在戌者但龍度天門正應在五月日體在鶉首與歲星同次日沒於戌歲星亦應沒由度戌至酉上見而不沒故云龍度天門

以五雲之物。辨吉凶。水旱降豐荒之祲象。

物色也視日旁雲氣之色降下也知水旱所下之國鄭司農云以二至二分觀雲色青爲蟲白爲喪赤爲兵荒黑爲水黃爲豐故春秋傳曰凡分至啓閉必書雲物爲備故也故曰凡此五物以詔救政[疏]以五至祲象。釋曰物色也此五色之雲以辨吉凶也云水旱降豐荒者水旱爲荒凶也此風雨降爲豐吉也云之祲象者祲謂日旁雲氣以見五色之雲則知吉凶也。注物色至救政。釋曰鄭知視日旁雲氣之色者以其視祲職十者皆視日旁雲氣之色此云祲象故知所視五雲亦視日旁雲氣之色也鄭知水旱所下之國者以其云降明據日旁雲氣則知當十二辰分野所下之國有豐荒也鄭以二至二分觀雲色者即所引春秋者是云青爲蟲已下蓋據陰陽書得知按僖五年左氏傳云春王正月辛亥朔日南至公既視朔遂登觀臺以望而書禮也凡分至啓閉必書雲物爲備故也注云分春秋分至冬夏至啓立春立夏閉立秋立冬據八節而言也先鄭引下文凡此五物者欲見春秋與此相當故也

以十有二風。

察天地之和。命乖別之妖祥。十有二辰皆有風吹其律以知和不其道亡矣春秋襄十八年楚師伐鄭師曠曰吾驟歌北風又歌南風南風不競多死聲楚必無功是時楚師多凍其命乖別審矣〔疏〕以十至妖祥○釋曰此一經欲見十二辰順律氣以知妖祥之事○注十有至審矣○釋曰鄭知十二風是十二辰氣爲風者師曠云歌北風南風皆據十二辰之氣爲風故知風即氣也云吹其律以知和不其道亡者鄭亦按師曠吹律而知此氣亦當吹律也今無吹律之法故云其道亡引襄十八年者是時鄭屬晉不復事楚楚師伐之晉爲盟主欲救之故師曠吹律以觀楚強弱按彼服注北風無射夾鍾以北南風沽洗以南云命乖別審矣者以南風弱即知楚無功是其命楚師乖離別審矣按考異郵曰陽立于五極于九五九四十五日變以陰合陽故八卦主八風距同各四十五日艮爲條風震爲明庶風巽爲清明風離爲景風坤爲涼風兌爲閶闔風乾爲不周風坎爲廣莫風按通卦驗云冬至廣莫風十二月大寒小寒皆不云風至立春條風至雨水猛風至二驚蟄不見風至春分明庶風至清明雷鳴雨下清明風至玄鳥來穀雨不見風立夏清明風至小滿不見風五月芒種不見風大暑不見風立秋涼風至處暑不見風白露不見風秋分涼風至寒露霜降皆不見風立冬不周風至小雪大雪皆不見風如是無十二風何云十二月皆有風乎按通卦驗云三月六月九月十二月皆不見風惟有八以當八卦八節云十一月者則乾之風漸九月坤之風漸八月艮之風漸十二月巽之風漸三月故清明節次云清明風立夏復云清明風是清明風主三月復主四月則其餘四維之風主兩月可知雨水猛風與條風俱在正月則猛風非八卦之風亦不如之凡此五物者。以詔救政。訪序事。訪謀也見其象則當豫爲之備以詔王救其政且謀今年天時占相所宜次序其事〔疏〕凡此至序事○釋曰此經總計上五經文云凡此五物者謂從掌天星以下五經並是已見之物有此五事云詔者詔告也告王改脩德政以備之以救止前之惡政云訪序事者謂事未至者預告王訪謀今年天時占相所宜次敘其事使不失所也

內史掌王之八枋之灋。以詔王治。一曰爵。二曰祿。三曰廢。四曰置。五曰殺。六曰生。七曰予。八曰奪。大宰既以詔王內史又居中貳之○柄本又作枋兵病反治直吏反下同〔疏〕內史至曰奪○釋曰按大宰有誅無殺此有殺無誅者誅與殺相因欲見爲過不止則殺之假令過失已麗於法內之圜土司圜職云掌收教罷民又云不能改而出圜土者殺之是因過而致殺也八者不與大宰次第同者亦欲見事起無常故不依本也執國灋及國令之貳。以攷政事。以逆會計。國法六典八法八則〔疏〕執國法及國令至政事以逆會計○釋曰以內史掌爵祿殺生之事故執國法及國令之貳者國法大宰掌其正國令謂若凡國之政令故亦掌其貳國即句考其政事及會計以知得失善惡而誅賞也○注國法至八則釋曰按太宰則皆訓爲法故知國法中含有六典八法八則也掌敘事之灋。受納訪。以詔王聽治。敘六敘也納訪納謀於王也六敘六曰以敘聽其情〔疏〕注敘六至其情

釋曰云敘六敘也者按小宰職有六序六序之內云六曰以序聽其情是其聽治之法也凡命諸侯及孤卿大夫。則策命之。鄭司農說以春秋傳曰王命內史興父策命晉侯爲侯伯策謂以簡策書王命其文曰王謂叔父敬服王命以綏四國糾逖王慝晉侯三辭從命受策以出○父音甫逖吐歷反慝吐得反〔疏〕凡命至命之○釋曰周法爵及士餘文更不見命士之法明士亦內史命之不言者以其賤畧之也○注鄭司至以出○釋曰此事見僖二十八年左氏傳以晉文公敗楚於城濮王命爲侯伯之長按曲禮云大國曰伯父州牧曰叔父晉既大國而云叔父者王以州牧之禮命之故也凡四方之事書。內史讀之。若今尚書入省事〔疏〕凡四至讀之○釋曰言四方之事書者諸侯凡事有書奏白於王內史讀示王○注若今至省事○釋曰漢法奏事讀之故舉以況之也王制祿。則贊爲之。以方出之。贊爲之爲之辭也鄭司農云以方出之以方版書而出之上農夫食九人其次食八人其次食七人其次食六人下農夫食五人庶人在官者其祿以是爲差諸侯之下士視上農夫祿足以代其耕也中士倍下士上士倍中士下大夫倍上士卿四大夫祿君十卿祿杜子春云方直謂今時牘也玄謂王制曰王之三公視公侯卿視伯大夫視子男元士視附庸○食音似下同牘音獨〔疏〕注贊爲至附庸○釋曰先鄭云上農夫已下皆禮記王制文按彼所釋凡地有九等按遂人注有夫有婦乃成家自二人以至十人爲九等則地有上上上中上下中上中中中下下上下中下下若然上地之中有上上之地食十人上中食九人今言上農夫食九人不言上上食十人者欲取下士食九人祿與上中之地食九人同故據上中已下而言也云其次食八人據上下之地云其次食七人者據中上之地云其次食六人者據中中之地云其次食五人者據中下之地又不言下上之地食四人以下者欲見八人以下至五人有四等當庶人在官者有府史胥徒其祿以是爲差故不言四人以下也若然則府食八人史食七人胥食六人徒食五人故云庶人在官者其祿以是爲差也云諸侯之下士視上農夫祿足以代其耕也者欲見從下士以上祿轉多故以此爲本以增之杜子春云方直謂今時牘也者古時名爲方漢時名爲牘故舉以說之玄謂王制曰已下以先鄭不言者故引之以增成其義欲見此經所云據王臣爲本故先鄭後鄭內外兼見賞賜亦如之。〔疏〕賞賜亦如之○釋曰此謂王以恩惠賞賜臣下之祿亦以方書贊爲之辭按司勳職凡賞無常輕重視功功多則多功少則少耳內史掌書王命。遂貳之。副寫藏之〔疏〕內史至貳○釋曰謂王有詔勑頒之事則當副寫一通藏之以待勘校也

外史掌書外令。王令下畿外○下戶嫁反〔疏〕注王令下畿外○釋曰經典凡言四方及外者據畿外而言經言外固知王下畿外之命也掌四方之志。志記也謂若魯之春秋晉之乘楚之檮杌○乘繩正反檮徒刀反杌五忽反〔疏〕注志記至檮杌○釋曰謂若魯之春秋之等孟子又名春秋者謂四時之書春爲陽之首秋爲陰之先故舉春秋以包四時也云晉謂之乘者春秋爲出軍之法甸方八里出長轂一乘故名春秋爲乘也云楚謂之檮杌者檮杌謂惡獸春秋者直史不避君之善惡事同檮杌故謂春秋爲檮杌也皆是國異故史異名也引之者欲見春秋是記事云與四方之志爲一故也掌三皇五帝之書。楚靈王所謂三墳五典○墳扶云反〔疏〕注楚靈至五典○釋曰按孝經緯云三皇無文五帝畫象三王肉刑又世本作云蒼頡造文字蒼頡黃帝之史則文字起於黃帝今此云五帝之書爲可而云三皇之書者三皇雖無文以有文字之後仰錄三皇時事故云掌三皇之書也按昭十二年楚靈王謂左史倚相能讀三墳五典八索九丘彼三墳三皇時書五典五帝之常典八索二王之法九丘九州亡國之戒下有延叔堅馬季常等所說不同惟孔安國尚書序解三墳五典與鄭同以無正文故所解有異掌達書名于四方。謂若堯典禹貢達此名使知之或曰古曰名今曰字使四方知書之文字得能讀之〔疏〕注謂若至讀之○釋曰尚書有堯典舜典禹貢之等是書之篇名聘禮記云百名以上書之於策不滿百名書之於方其文字之書名俱是書名此經宜云書名未知何者之書名故鄭兩解之云古曰名今曰字古者之文字少直曰名後代文字多則曰字字者滋也滋益而名故更稱曰字正其名字使四方知而讀之也若以書使于四方。則書其令。書王令以授使者○使所吏反注同

周禮注疏卷二十六校勘記　阮元撰盧宣旬摘錄

附釋音周禮注疏卷第二十六

喪祝

防謂執披備傾戲　釋文傾戲音虧按賈疏引注作傾虧

作六軍之執披　浦鏜云之下脫士

下文及朝御匶是也　閩毛本同監本匶作柩

將殯於曲沃　閩監毛本同余本嘉靖本於作于

以御正柩也　毛本同閩監本正誤王下節疏同

未通其記　浦鏜云記當說字誤

發凡則是關異代　閩監毛本則誤例關誤闕○按此等取見十行本之善

主一人既祖奠徹　補案主下一字誤衍

後言乃載車向外於文到　閩本同監毛本到改倒

以巫祝桃茢執戈　諸本同段玉裁云此及下二茢字當本同上作厲如縫人注改翣爲婁之類釋文音上桃厲云記作茢正謂與此注不同也

蓋揜其上而柴其下　閩監毛本柴改棧非此注作棧公羊傳作柴柴亦棧也

甸祝

掌勝至禂　補禂下當有焉字

禱氣埶之十百而多獲 余本岳本同此本及嘉靖本埶訛執今訂正閩監毛本改爲勢

云書亦或爲貉者 閩本同監毛本貉改禡○按禡是也注故作禡疏云毛詩爾雅皆爲此字可證毛本或誤爲

若時征伐 閩監本同誤也余本嘉靖本毛本時作將當據正

今侏大字也 禮說云揚雄國三老箴曰負乘覆餗姦寇侜張侜張猶張大也大元曰修侏侏比于侏儒侏侏長大見言雖長大與侏儒等○按說文無此字當是侜之異體

直以禽祭之 此本及閩本誤者以禽獸之今從監毛本訂正

上經舍奠於祖廟謂出田 浦鏜云時誤田

塗置瓶中 閩本同監毛本瓶誤甀○按毛直誤作甀無此字依醢人注古本則作甀甀說文作㼜小口罌也俗本多改爲瓶字

云今誅大字也者 閩監本同誤也當從毛本作侏大

詛祝

加書于其上也 余本嘉靖本閩本同監毛本于作於是也

鄭司農云載辭以春秋傳曰 監毛本載誤戴按云當作說

司巫

魯僖公欲焚巫尪 余本尪作尫載音義同

舞師謂野人能舞者 按謂當蔣字之誤

當按視所施爲 閩監毛本同余本嘉靖本按作案

蒩讀爲鉏 漢讀考作鉏讀爲蒩云經文作鉏杜子春易爲蒩訓爲藉也今本以注改經復以經改注不可通矣

或爲租飽 嘉靖本監毛本同余本閩本租作蒩當據正禮說云飽古文包字天文訓曰酉者飽也任包大也說文包象裹妊故曰任包然則蒩飽者謂以茅包隨祭而藏之也

元言之者 閩監本同誤也余本嘉靖本毛本作互言當訂正

升設於几東席上 浦鏜云升下脫入

凡祭事守瘞 唐石經諸本同毛本事誤祀

是以鄭云有祭事然 按注作若有事然

云祭祀畢即去之者 按祀當作禮

就巫下禓 毛本禓作禓疏中同釋文亦作禓

男巫

以其授號文故二者之下 浦鏜云承誤故

故知此六神皆授之號之 惠校本無下之

無方無筭 唐石經余本嘉靖本閩本同監毛本筭改算非注及疏及下同○按唐石經宋槧多作筭少作算者

杜子春讀弭如彌兵之彌元謂弭讀爲敉 漢讀考云如當作爲讀爲應作當爲

女巫

凡邦至而請 閩監毛本至下多歌哭二字

則大烖謂旱暵者 浦鏜云者當也訛

注有歌靈也 補案歌下當有至字

大史

日官居卿以底日 余本嘉靖本閩監毛本同誤也釋文作厎日音旨當據正此本疏中引作底非

故云建六典處六卿之職以解之上 浦鏜云以當在六卿

凡辨灋者攷焉 諸本同唐石經辨作辯誤下辨事者攷焉同

考按讀其然不 毛本同余本岳本嘉靖本按作案可通閩監本不作否非浦鏜云讀疑衍字按浦鏜誤蓋因疏語有考按其然否之文而誤會耳辨灋者開法讀之也

正月立春節啟蟄中二月雨水節 閩本同監毛本啟蟄雨水互改非○按古厤啟蟄在雨水前不得以後世法改之

氣有十五日 此本及閩本誤十三日今據監毛本訂正

天子須朔于諸侯 余本閩監毛本同誤也嘉靖本須作班賈疏引注同凡經文作頒注中多作班○按此亦段玉裁云經用古字注用今字之一證

而日斂之 監本作而日當據正

猶天子曰官失之 浦鏜云猶當作由

詔王居門終月 說文王部閏字下云告朔之禮天子居宗廟閏月居門中从王在門中周禮曰閏月王居門中終月引周禮多中字

故月令孟春云青陽左个 云當居字之誤下孟夏同閩本云下剜擠居字監毛本遂排入此引月令十二月原文皆有居無云

仲春居青陽 閩本居上補刻云字下仲夏仲秋孟冬仲冬季冬同

季春云居青陽右个 此云字當衍下季夏孟秋季秋同

卜人占坼 監本坼誤拆

讀禮書而協事 閩本同唐石經余本嘉靖本監毛本協作協疏中準此嘉靖本注中作協

或爲汁 余本閩本毛本同嘉靖本監本汁作叶按釋文作爲汁

謂校呼之 毛本校作挍六經正誤云校當作挍考挍之挍從手欄校之校從木

所行依注謂之事 浦鏜云依注當儀注訛

則大史主抱式 釋文抱式劉音捊今俗音如字史記龜策傳援式而起徐廣曰式音栻漢讀考云漢書王莽傳顏氏家訓式作栻按漢制考引藝文志有羨門式法困學紀聞云史記日者傳旋式正棊唐六典太卜令三式曰雷公太一六壬其局以楓木爲天棗心爲地式皆如字蓋因以木爲之故字又作栻

小史

辨昭穆 唐石經諸本同釋文昭穆或作佋音韶按小宗伯辨廟祧之昭穆葉鈔釋文作之佋音常遙反周禮古文經常並作佋因注中作昭遂據以改經也○按此當是古文假借字佋即說文卩部之卲字也凡從卩字有書作巳者

帝繫世本之中皆自有昭穆親疏 閩監毛本中改上非此本皆字剜擠閩監毛本遂排入

來駒失戈 浦鏜云萊誤來

史以書敘昭穆之俎簋 漢讀考云簋當作軌

讀禮法者大史與羣執事 余本脫讀禮二字

史此小史也 惠校本作此史

言讀禮法者 余本禮作定蓋礼之訛

故書簋或爲几鄭司農云几讀爲軌 漢讀考云當作故書軌或爲九鄭司農云九讀爲軌

書亦或爲簋古文也 漢讀考云或爲下當有軌字句絕簋古文也四字句絕謂此軌字乃簋之古文不徑易九爲軌者簋秦時小篆必從周人作軌也

事相成也 閩監毛本同余本岳本嘉靖本無也按賈疏標起訖云注其讀至相成又疏中引注亦無也字當刪正

馮相氏

辯其敘事以會天位 唐石經余本嘉靖本同閩監毛本辯作辨注及下同監毛本此敘誤序注同

辯秩南譌 葉鈔釋文作南僞余本載音義同此本及閩監本僞字皆剜改蓋本作僞

故以歲日跳度爲龍度天門也 浦鏜云日當星字誤
日月五星俱起於牽牛之初 閩本同監毛本於改于浦鏜云起誤赳
云歲日月辰星宿之位 閩監毛本作星辰與注乖○按毛本辰星不誤
星在天元 浦鏜云黿誤元
法神讀如引 浦鏜云注誤法因形相近也閩監毛本因改灋其可笑有如此者
至云所立八尺之表陰長丈三尺 浦鏜云注誤至景誤陰
以冬至影長丈三尺反之 按影當作景上下皆作景
分一寸爲十分分 按下分字不當重
分一寸爲十分 浦鏜云一分誤一寸
故鄭并言井弦於牽牛 閩監本同毛本井作升皆月字之訛
日東從青道云云 浦鏜云月誤日
出陰道則雨 惠挍本雨上有陰
何得與日同乘黃道 閩監毛本得誤謂
及問曰 浦鏜云又誤及

保章氏

五星有贏縮圜角 余本贏作嬴
月有盈虧朓側匿之變 閩監毛本同此本及閩監本朓誤眺從目今訂正監本疏中亦誤余本嘉靖本盈虧作虧盈此誤倒賈疏引注亦作虧盈
贏爲客客 補案客字誤重
華岐以龍門積石 補案以下當有西字
則大行以東至碣石王屋砥柱 閩本同有則字砥誤蚳監毛本刪則
按昭十二年 浦鏜云三誤二
其在所之國兵必昌 浦鏜云所在字誤倒
有氣者期遠而禍大 閩本同監毛本遠誤近
天不足於西此 閩監本同毛本西此作西北不誤
南風沽洗以南 閩監毛本沽改姑非
五九四十五且變 惠挍本作五九四十五日一變風此誤并日一作且又脫風
至二驚蟄不見風 毛本二下有月字
亦不如之 惠挍本作亦可知之按上云則其餘四維之風主兩月可知故此云亦可知也
訪序事 唐石經諸本同按序當作敘
則當豫爲之備 余本嘉靖本同閩監毛本豫改預
且謀今年天時占相所宜 閩監毛本同余本嘉靖本年作歲此本年字誤今訂正

內史

掌王之八枋之灋 唐石經諸本同釋文作八柄云本又作枋按大宰作八柄
執國法及國令至政事以逆會計 閩本同監毛本刪作執國至會計
按小宰職有六序 閩監毛本序改敘下二序字同
糾逖王慝 葉鈔釋文作王匿○按此恐匿譌慝是

外史

固知王下畿外之命也 按固蓋因之誤
孟子又 按又爲文之訛
其文字之書名 浦鏜云其當是之訛
此經宜云書名 閩監本同毛本宜作直是也

附釋音周禮注疏卷第二十七

鄭氏注　賈公彥疏

御史掌邦國都鄙及萬民之治令。以贊冢宰。王所以治之令冢宰掌王治○治直吏反注及下凡治同〔疏〕御史至冢宰○釋曰天官冢宰六典治邦國八則治都鄙及畿內萬民之治令此御史亦掌之以贊佐故同其事凡治者受灋令焉。爲書寫其治之法令來受則授之〔疏〕凡治至令焉○釋曰言凡語廣謂外內官所有治職者皆御史書王之法令授與受者故言凡以該之也掌贊書。王有命當以書致之則贊爲辭若今尚書作詔文〔疏〕注王有至詔文○釋曰謂若今出詔勑之書是王有命須下於外其詔勑書則御史贊王爲此書故云掌贊也凡數從政者。自公卿以下至胥徒凡數及其見在空缺者鄭司農讀言掌贊書數書數者經禮三百曲禮三千法度皆在玄以爲不辭故改之云○數所王反見賢遍反〔疏〕凡數從政者○釋曰自公卿已下至胥徒在王朝者皆是凡數又是從政之人故云凡數從政者也先鄭所云以掌贊書數爲句讀之玄以爲不辭故鄭後云者掌贊書數書數既爲三百三千有何可贊也且書數得爲三百三千下別言從政者有何義意乎故後鄭以爲不辭而改之也

巾車掌公車之政令。辨其用與其旗物。而等敘之。以治其出入。公猶官也用謂祀賓之屬旗物太常以下等敘之以封同姓異姓之次敘〔疏〕巾車至出入○釋曰云公車之政令者以下辨其用及等敘出入皆是政令故先言其摠也出入謂若下文凡車之出入則會之冬官造車訖來入巾車又當出封同姓之等亦是也○注公猶至次序○釋曰云公猶官也者謂若言公似據三公及諸侯若言官則王家皆是故從官也云用謂祀賓之屬者其中仍有朝及田戎之等故言之屬以摠之云太常以下仍有大旂大赤大白大麾之等故云以下云等敘之以封同姓異姓之次敘者周人先同姓次異姓後云四衛蕃國以下故云次序也王之五路。一曰玉路。鍚樊纓。十有再就。建大常。十有二斿。以祀。王在焉曰路玉路以玉飾諸末鍚馬面當盧刻金爲之所謂鏤鍚也樊讀如鞶帶之鞶謂今馬大帶也鄭司農云纓謂當胷士喪禮下篇曰馬纓三就禮家說曰纓當胷以削革爲之三就三重三匝也玄謂纓今馬鞅王路之樊及纓皆以五采罽飾之十二就就成也大常九旗之畫日月者正幅爲縿斿則屬焉○鍚音陽樊步干反下同斿音留鞶步干反重直龍反罽居例反縿所御反又所廉反屬音燭〔疏〕王之至以祀○釋曰云王之五路此言與下爲摠目曰已下析別言之云以祀者以下諸路皆非祭祀之事則一名外內大小祭祀皆用此一路而已○注王在至屬焉○釋曰言王在焉曰路者謂若路門路寢路車路馬皆稱路故廣言之云王在焉曰路路大也王之所在故以大爲名諸侯亦然左氏義以爲行於道路故以路名之若然門寢之等豈亦行於路乎云玉路以玉飾諸末者凡言玉路金路象路者皆是以玉金象爲飾不可以玉金爲路故知玉金等飾之言諸末者凡車上之材於末頭皆飾之故云諸末也云鍚馬面當盧刻金爲之者眉上曰鍚故知當顏盧按韓弈詩云鉤膺鏤

傳錫金稱鏤故知刻金爲之故鄭引詩云所謂鏤錫也彼詩毛帶但之鞶者按易訟卦上九云或錫之鞶帶是也此鞶謂大帶佩帶之鞶謂鞶囊即上內則云男鞶革是也先鄭云鞶謂馬大帶言字同故讀從之是以鄭即云馬大帶亦云纓謂當胷引士喪禮下篇馬纓以削革爲之二馬尾毛爲之前馬大帶下明三纓以金塗十二就亦馬頸革鞶纓之爲毛及所纓皆以五采罽飾之云樊及纓皆以五采罽飾之者爾雅解言五采罽飾之今之就知所見就之毛爲罽必飾知用五采者有一外傳云五采爲一就則九就九帀一帀爲就數五采一帀云五采則雖多亦一就之繅屬若知旒數日月爲常則王畫日月爲常九旗之就者爾雅云縿旒爲緌縿旒用物也不九爾雅文知有旒數則不可知也

金路，鉤，樊纓九就，建大旂，以賓，

同姓以封。金路，以金飾諸末。鉤，婁頷之鉤也。金路無錫有鉤，亦以金爲之。其樊及纓，以五采罽飾之而九成。大旂，九旗之畫交龍者。以賓，以會賓客也。同姓以封，謂王子母弟率以功德出封，雖爲侯伯，其畫服猶如上公，若魯、衛之屬。其無功德，各以親疏食采畿內而已。故書鉤爲拘，杜子春讀爲鉤。

疏

金路至以封。○釋曰：云金路者，以金飾諸末者，亦上玉路之等者，以此言之，則二者同。○注金路至爲鉤。○釋曰：云金路以金飾諸末者，亦上玉路以玉飾諸末，亦以金爲之者，云鉤婁頷之鉤也者，此鉤在馬頷下，故云鉤婁頷之鉤。云金路無錫有鉤者，案玉路有錫無鉤，此金路有鉤無錫，故兩舉之。云其樊及纓以五采罽飾之而九成者，以玉路十二就，以五采罽飾之，故知此亦然也。云大旂九旗之畫交龍者，司常文。云以賓，以會賓客也者，謂王以金路會賓客。云同姓以封者，謂王子母弟率以功德出封，雖爲侯伯，其畫服猶如上公者，案下典命云上公九命，侯伯七命，今同姓雖爲侯伯，畫服如上公，即以九爲節，魯、衛之屬是也。云其無功德，各以親疏食采畿內而已者，按載師家邑、小都、大都，言家邑則大夫，小都則卿，大都則公，故云各以親疏食采畿內。

象路，朱，樊纓七就，建大赤，以朝，異姓以封。象路，以象飾諸末。朱，以朱飾勒而已。其樊及纓以五采罽飾之而七成。大赤，九旗之通帛。以朝，以日視朝。異姓，王甥舅。

疏

注象路至甥舅。○釋曰：云象路無鉤以朱飾勒而已者，亦如玉路、金路皆以象與金玉飾諸末，但象路無錫無鉤，以朱飾勒而已。云大赤，九旗之通帛者，司常云通帛爲旃是也。云以朝，以日視朝者，此云以朝，對上以賓，明是日視朝，以其路門外常朝皆乘之，按朝士云，王日視朝於路門外。云異姓，王甥舅者，謂若齊、薛之屬，皆是王之舅，及杞、宋之屬雖非王甥舅，亦得稱異姓，故云異姓王甥舅。

革路，龍勒，條纓五就，建大白，以即戎，以封四衛。革路，鞔之以革而漆之，無他飾。龍，駹也。以白黑飾韋雜色爲勒。條，讀爲絛。其樊及纓，皆以絛絲飾之而五成。不言樊字，蓋脫爾。以絛爲樊，則五成而已。大白，殷之旗，猶周大赤，蓋象正色也。即戎，謂兵事。四衛，四方諸侯守衛者，蠻服以內。

疏

注革路至以內。○釋曰：云革路鞔之以革而漆之無他飾者，以其言革，故知鞔之以革，不言漆，漆者以革，故云漆之，以其無玉金象，故知無他飾。云龍駹也者，謂白黑雜色，故駹，駹之爲龍，是古字也。云以白黑飾韋雜色爲勒者，以其言龍勒，故知以韋爲勒，而以白黑之色飾之。云條讀爲絛者，古者條、絛通用，故讀從絛。云其樊及纓皆以絛絲飾之而五成者，雖不言罽，約上文言之，但以絛絲爲異。云不言樊字，蓋脫爾者，以上文皆言樊纓，此獨言纓，故知脫也。云大白殷之旗者，按明堂位云殷之大白，故知也。云猶周大赤者，周以赤爲正色，殷以白爲正色，故大白猶周大赤也。云即戎謂兵事者，以戎是兵事也。云四衛，四方諸侯守衛者，蠻服以內者，按大行人九州之內，侯、甸、男、采、衛、蠻六服，故云蠻服以內。

木路，前樊鵠纓，建大麾，以田，以封蕃國。木路，不鞔以革，漆之而已。前，讀爲緇翦之翦。翦，淺黑也。木路無龍勒，以淺黑飾韋爲樊，鵠色飾韋爲纓。不言就數，飾與革路同。大麾不在九旗中，以正色言之則黑，夏后氏所建。田，四時田獵。蕃國，謂九州之外夷服、鎮服、蕃服。故書前或作緇。杜子春云：「鵠或爲結。」

疏

注木路至爲結。○釋曰：云木路不鞔以革，漆之而已者，以其言木，明無革，以漆之可知。云前讀爲緇翦之翦者，以其翦淺黑，讀從之。云木路無龍勒，以淺黑飾韋爲樊，鵠色飾韋爲纓者，以其言前樊鵠纓，故知以淺黑爲樊，鵠色爲纓。云不言就數，飾與革路同者，以其上文皆有就數，此獨無，明與革路同五就也。云大麾不在九旗中者，按司常九旗之中無大麾之名，故云不在九旗中。云以正色言之則黑，夏后氏所建者，按明堂位云夏后氏之綏，殷之大白，周之大赤，既云大白大赤是其正色，則夏后氏當以黑爲正色，故云黑也。云蕃國謂九州之外夷服、鎮服、蕃服者，大行人文。

王后之五路：重翟，錫面朱總；厭翟，勒面繢總；安車，彫面鷖總，皆有容蓋。重翟，重翟雉之羽也。厭翟，次其羽使相迫也。彫者，畫之，不龍其韋。安車，坐乘車，凡婦人車皆坐乘。故書朱總爲繢總，鷖或作翳。鄭司農云：「錫，馬面錫。鷖總者，青黑色，以繒爲之，總著馬勒，直兩耳與兩鑣。容謂幨車，山東謂之裳幃，或曰幢容。」玄謂朱總、繢總，其著之如鷖總，故書鷖爲翳。勒面，謂以如王龍勒之韋，爲當面飾也。彫面，以彫畫爲當面飾。容，謂幨車，山東謂之裳幃，或曰幢容，其上有蓋，四旁垂而下，謂之幨，故雜記曰：其輤有裧。

疏

注重翟至有裧。○釋曰：云重翟，重翟雉之羽也者，謂厭翟以下，故云重翟雉之羽。以其言重，是重累之羽，故以雉羽飾車之兩旁。云厭翟，次其羽使相迫也者，以厭爲迫，故知次其羽相迫也。云彫者，畫之，不龍其韋者，對上厭翟勒面用龍勒之韋，此則直畫之而已。云安車坐乘車者，以其安車是坐乘，故名安車。云凡婦人車皆坐乘者，以曲禮云婦人不立乘，故知皆坐乘也。

並同一音必世反見賢遍反下同去起呂反下去戈去毛同【疏】王后至容蓋○釋曰言王后之五路亦是揔目之言也凡言翟者皆謂翟鳥之羽以爲兩旁之蔽言重翟者皆二重爲之厭翟者謂相次以厭其本下有翟車者又不厭其本也凡言揔者謂以揔爲車馬之飾若婦人之揔亦既繫其本又垂爲飾故皆謂之揔也按下翟車尊於安車而進安車在上者以其翟車有幄無蓋安車重翟同無幄而有容蓋故進安車與重厭之車同在上也○注重翟至翟乎○釋曰云勒面謂以如玉龍勒之韋爲當面飾也者按上龍勒不言面此勒言面則所施之處不同則上言勒者馬之饗飾皆是不在面此言勒面則在面矣用物則同故鄭引龍勒以釋此也云安車坐乘車凡婦人車皆坐乘者按曲禮上云婦人不立乘是婦人坐乘男子立乘曲禮上大夫七十而致事若不得謝則必賜之几杖乘安車則男子坐乘亦謂之安車也若然則王后五路皆是坐乘獨此得安車之名者以餘者有重翟厭翟翟車輦車之名可稱此無異物之稱故獨得安車之名也云鷖讀爲鳧鷖之鷖者從毛詩鳧鷖之篇名鷖者取鳥之鷖色青黑爲義如以繒爲之揔著馬勒直兩耳與兩鑣者先鄭蓋見當時以況古也云容謂幨車山東謂之裳幃或曰憧容者按昏禮云婦車亦如之有裧注云裧車裳幃周禮謂之容又衛詩云漸車幃裳毛氏亦云童容是容襜容與幨及裳幃爲一物也玄謂朱揔繢揔其施之如鷖揔車衡輈亦宜有焉者後鄭取先鄭揔著馬勒直兩耳與兩鑣爲本其於車之衡輈亦宜有焉以其皆是革飾之事故兼施於車也云蓋如今小車蓋也者此舉漢法小車有蓋以況周凡蓋所以表尊亦所以禦雨故三者皆有之也云皆有容有蓋則重翟厭翟謂蔽也者按馬氏等云重翟爲蓋今之羽蓋是也爲有此嫌故徵破之若重翟厭翟是蓋何須下文云皆有容蓋乎是以後鄭約下王之喪車五乘皆有蔽明后之車言翟者亦謂蔽也云重翟后從王祭祀所乘者此約王之五路則重翟當王路后無外事雖祭先王先公羣小祀皆乘此重翟也云厭翟后從王賓饗諸侯所乘者按內宰職云賓客之祼獻瑤爵皆贊注云謂王同姓及二王之後王祼賓客亞王而禮賓獻謂王饗燕亞王獻賓也此時后則乘厭翟故云從王賓饗諸侯也不言祼者文畧耳云安車無蔽后朝見於王所乘謂去飾也者以其安車不言翟明無蔽以其朝王質故去飾也引詩國風碩人曰翟蔽以朝謂諸侯夫人始來乘翟蔽之車以朝見於君盛之也此翟蔽蓋厭翟也者彼是衞侯之夫人當乘厭翟則上公夫人亦厭翟以其王姬下嫁於諸侯車服不繫於其夫下王后一等不得乘重翟則上公與侯伯夫人皆乘厭翟可知若子男夫人可以乘翟車至於祭祀及嫁皆乘之云然則王后始來乘重翟乎者王姬下嫁下后一等及諸侯夫人皆乘厭翟則王后自然始來乘重翟可知若然王之三夫人與三公夫人同乘翟車九嬪與孤妻同乘夏篆二十七世婦與卿妻同乘夏縵女御與大夫妻同乘墨車士之妻攝盛亦乘墨車非嫁攝盛則乘棧車也諸侯已下夫人祭祀賓饗出桑朝君差之皆可知也若然諸侯夫人亦當有安車以朝君也

翟車。貝面組總。有握。

翟車不重不厭以翟飾車之側爾貝面貝飾勒之當面也有握則此無蓋矣如今軿車是也后所乘以出桑○握劉音屋干馬皆作幄烏學反沈云劉音非軿薄經反【疏】翟車至有握○釋曰上言朱總繢總鷖總彼皆以繒爲之今此言組總則以組條爲之揔亦施於勒及兩耳兩鑣并車衡轅焉○注翟車至出桑○釋曰翟車不重不厭明以翟飾車之側可知云貝面貝飾勒之當面也者貝水物謂餘泉餘蚔之貝文以飾勒之當面者也云有握則此無蓋矣者但蓋所以禦雨無幄乃施之今既有幄故知無蓋矣云如今軿車是也者漢法軿車無蓋故舉以況之云后所乘以出桑者按月令三月薦鞠衣於先帝又后妃親桑於東郊二者后皆乘此翟車以其告先帝非祀禖桑又非大事故知乘翟車也

輦車。組輓。有翣羽蓋。

輦車不言飾后居宮中從容所乘但漆之而已爲輇輪人輓之以行有翣所以禦風塵以羽作小蓋爲翳日也故書翣爲駹杜子春云當爲翣書亦或爲駹○輦本作連音輦組音祖輓音晚翣所甲反從七容反輇市專反翳烏帝反駹龍並音獵駹或音毛【疏】注輦車至爲駹○釋曰輦車不言飾者以其不言翟又不言面揔之等是不言飾也此無所供事直是后居宮中從容所乘車也知漆之者凡古之車器之等皆漆之明此亦有漆也知爲輇輪者按禮記云載以輲車輲車載柩之車則地官蜃車人輓之以行此輦車組輓亦是人輓行者按雜記注引許氏說文解字曰有輻曰輪無輻曰輇則人輓行者皆是無輻曰輇按上雜記注輇崇蓋半乘車之輪乘車高六尺六寸則此當三尺三寸云有翣所以禦風塵者翣即扇也扇所以爲障蔽亦所以禦風塵也云以羽作小蓋爲翳日也者翣既禦風塵明羽蓋所以翳日可知也

王之喪車五乘。

木車。蒲蔽。犬複。尾櫜疏飾。小服皆疏。

木車不漆者鄭司農云蒲蔽謂藺車以蒲爲蔽天子喪服之車漢儀亦然犬複以犬皮爲覆笭故書疏爲揟杜子春讀揟爲沙玄謂蔽車旁禦風塵者犬白犬皮既以皮爲覆笭又以其尾爲戈戟之弢麤布飾二物之側爲之緣若攝服云服讀爲箙小箙刀劍短兵之衣此始遭喪所乘爲君之道尚微備姦臣也書曰以虎賁百人逆子釗亦爲備焉○乘繩證反複莫歷反櫜沈音羔劉姑道反嬴魯火反劉又音果笭力丁反劉又音冷揟本又作僭同思如反弢吐刀反緣悅絹反下同箙音服賁音奔釗古堯反又音昭【疏】注木車至備焉○釋曰云木車不漆者喪中無飾後至禫乃漆之此明木車及下素車等皆未漆也若然上王之木路鄭注云不革輓漆之而已彼亦稱木而有漆者彼此各有所對上文木路對革路有革又有漆則木路漆之而畫據吉時言耳此木路對禫始有漆明此木路不漆飾指木體而言也先鄭云謂藺蘭車者此舉漢時有麤長蘭乘不善之車故舉以說之也云犬複以犬皮爲覆笭者古者男子立乘須馮軾軾上須皮覆之故云犬複子春讀揟爲沙於義無所取故不從也玄謂蔽車旁禦風塵者上文重翟厭翟之等爲蔽皆是禦風塵故知此蔽亦是禦風塵也云犬白犬皮者以喪無飾明用白犬之白者是以士喪記主人乘惡車白狗幦是也云既以皮爲覆笭又以其尾爲戈戟之弢者以經云犬複尾櫜明複與櫜共用犬櫜則弢也云麤布飾二物之側爲之緣者按喪服齊衰已下皆稱疏禮之通例凡言疏布者皆據大功布而言若然此則以八升布爲二物之緣也云若攝服者按既夕記云貳車白狗攝服注云攝猶緣也狗皮緣服差飾引之者證其二物爲緣之事也小箙刀劍短兵之衣者此小箙即既夕記云主人乘惡車白狗幦蒲蔽犬服鄭彼注云笭間兵服以犬皮爲之是也云此始遭喪所乘者此喪車五乘貴賤皆同乘之是以士喪禮主人乘惡車鄭注引雜記曰端衰喪車皆無等然則此惡車王喪之木車也是其尊卑同也云爲君之道尚微備姦臣也者按士喪有大服則此小服亦是其常今言爲君之道尚微備姦臣者此言非爲小兵服以戈戟人君乃有之然則備姦臣爲尾櫜戈戟而言也引書曰者顧命文彼以成王崩子釗康王也康王常在尸所以爲適子故使康王出鄉門外以虎賁百人更以大子之禮迎之別於庶子必用虎賁備姦臣引之者證人君有戈戟亦是備姦臣○

素車。棼蔽。犬複。素飾。小服皆素。

素車以白土堊車也棼讀爲蕡蕡麻以爲蔽其複服以素繒爲緣此卒哭所乘爲君之道益著在車可以去戈戟○棼扶云反堊烏路反又烏洛反蕡扶文反【疏】注素車至戈戟○釋曰鄭知素車以白土堊者以上有木車下有漆車中有駹藻素三者非漆非木皆以所飾爲名明素是白土飾之也爾雅釋宮云地謂之黝牆謂之堊堊謂以白土爲飾則此素車亦白土爲飾可知云棼讀爲蕡蕡麻者棼字非所以飾物之事故破棼爲蕡義取用麻爲蔽之意云其複服以素繒爲緣者禮之通例素有二種其義有色飾者以素爲白土義有以繒爲飾者即以素爲繒故鄭釋二素以白繒別釋之也云此卒哭所乘者按士虞禮卒哭大夫說經帶于廟門外婦人說首經不說帶是卒哭變服變服即易車按喪服大功章注云凡天子諸侯卿大夫既虞士卒哭而受服此鄭云卒哭據士而言也云爲君之道益著在車可以去戈戟者以經不云尾櫜明去戈戟故爲此解也○

藻車。藻蔽。鹿淺複。革飾。

故書藻作轢杜子春轢讀爲華藻之藻直謂華藻也玄謂藻水草蒼色以蒼土堊車以蒼繒爲蔽也鹿淺複以鹿夏皮爲覆笭又以所治去毛者緣之此既練所乘○轢音揔又音藻李一音倉會反【疏】注故書至所乘○釋曰後鄭云藻水草者就足子春藻爲華藻也鄭爲蒼色者上文素車爲白色下文駹車邊側有漆差之此當蒼色且藻之水草見爲蒼文色也云鹿淺複以鹿夏皮爲覆笭者夏時鹿毛新生爲淺毛故鄭云鹿夏皮爲覆笭也云又以所治去毛者緣之者以經云革飾皮去毛曰革故以云毛言之云此既練所乘者王喪十三月練是變除之節故知此即既練所乘也○

駹車。雚蔽。然複。髹飾。

故書駹作龍髹爲軟杜子春云龍讀爲駹軟讀爲桼垸之桼直謂髹桼也玄謂駹車邊側有漆飾也雚細葦席也以爲蔽者漆則成藩即吉也然果然也髹赤多黑少之色韋也此大祥所乘○雚音丸髹香求反軟音次桼音七垸胡亂反【疏】注故書至所乘○釋曰其書駹作龍上文龍勒後鄭以破龍爲白黑之色故此法從子春爲駹髹爲軟於義無所取故不從子春以軟爲漆亦不從也後鄭知駹爲邊側之飾者以下文漆車全有漆則此時未全爲漆故知駹是邊側少有漆也云漆則成藩者下文藩蔽者因此舊蔽而漆之則藩者以此爲本故云漆則成藩也云然果然也者果然獸名是以賈氏亦云然獸名也云髹赤多黑少之色韋也知色如此者按下注雀黑多赤少故知此髹是赤多黑少者也云此大祥所乘者以二十五月大祥除服之節故知此車是大祥所乘也

漆車。藩蔽。豻複。雀飾。

漆車黑車也藩今時小車藩漆席以爲之豻胡犬雀黑多赤少之色韋也此禫所乘○豻五旦反禫直感反○【疏】注漆車至所乘○釋曰知漆是黑者凡漆不言色者皆黑且大夫所乘黑車及篆縵之飾直得黑名是凡車皆黑漆也鄭知漆席以爲之者以其席即上文雀上注云漆即成藩是也云豻胡犬者謂胡地之野犬或作狐字者謂狐與犬合所生之犬也云雀黑多赤少之色韋也者鄭以目驗雀頭黑多赤少雀即緅也此禫所乘者以二十七月釋禫之節素縞麻衣而服禫服朝服綅冠故知當禫所乘也按下文大夫乘墨車士乘棧車皆吉時所乘之車既言天子至士喪車五乘尊卑等則大夫士禮亦得乘漆車所以大夫士禫即乘漆車與吉同者禮窮則同也

服車五乘。孤乘夏篆。卿

乘夏縵。大夫乘墨車。士乘棧車。庶人乘役車。服車服事者之車故書夏篆爲夏緣鄭司農云夏赤也緣綠色或曰夏篆篆讀爲圭瑑之瑑夏篆轂有約也玄謂夏篆五采畫轂約也夏縵亦五采畫無瑑爾墨車不畫也棧車不革輓而漆之役車方箱可載任器以共役○篆音瑑直轉反縵莫干反棧才產反又仕板反約如字又於見反下同箱息羊反〔疏〕注服至共役○釋曰云服車服事者之車者其孤卿以下皆是輔佐之臣服事於上故以服事之車解之也先鄭云夏赤也緣綠色後鄭不從者夏翟是采五采備乃爲夏而以夏爲赤而從古書篆爲色於義不可故後鄭解之以夏爲五采也云或曰夏篆篆讀爲圭瑑之瑑者以篆爲轂約後鄭從之云夏縵亦五采畫無瑑爾者言縵者亦如縵帛無文章故云無瑑也以其篆爲轂約則言縵者無約也云墨車不畫也者言墨漆革車而已故知不畫也棧車不革輓而漆之者此則冬官棧車欲弇恐有垢壞是不革輓者也此已上尋常所乘若親迎則士有攝盛故士昏禮主人乘墨車婦車亦如之有裧爲異耳王后別見車五乘此卿孤已下不見婦人車者婦人與夫同故昏禮云婦車亦如之但大夫以上尊則尊矣親迎不假攝盛轉乘上車也知士車有漆飾者按唐傳云古之帝王必有命民於其君得命然後得乘飾車駢馬衣文駢錦注云飾漆之駢併也是其事云役車方箱可載任器以其役者庶人以力役爲事故名車爲役車知方箱者按冬官乘車田車橫廣前後短大車柏車羊車皆方故知庶人役車亦方箱是以唐傳云庶人木車單馬衣布帛此役車亦名棧車以其同無革輓故也是以何草不黃詩云有棧之車行彼周道注云棧車役車是也

凡良車。散車。不在等者。其用無常。給遊燕及恩惠之賜不在等者謂若今輜車後戶之屬作之有功有沽。○散素旱反輜側其反沽音古。〔疏〕凡良至無常○釋曰云凡者以其衆多故也此良車散車二者皆不在於服車五乘之等列作之有精麤故有良散之名。○注給遊至有沽。○釋曰云給遊燕及恩惠之賜者君臣遊燕歡樂或有賜言及恩惠之賜雖非遊燕君於臣有恩好而惠及之者亦有賜此釋經其用無常云不在等者謂若今輜車後戶之屬者漢時輜車與古者從軍所載輜重財貨之車皆車後開戶故舉以說之云作之有功有沽者釋經良車散車精作爲功則曰良麤作爲沽則曰散也

凡車之出入。歲終則會之。計其完敗多少〔疏〕凡車至會之。○釋曰車之出謂出給官用車之入謂用罷歸官於當時錄爲簿帳至歲終則摠會計完敗多少以入計會也。○

凡賜闕之。完敗不計〔疏〕注完敗不計○釋曰以其賜人以後完敗隨彼受賜之人在官不復須知故闕之不計會。

毀折。入齎于職幣。計所傷敗入其直杜子春云齎讀爲資資謂財也乘官車毀折者入財以償繕治之直。○齎音咨償時讓反〔疏〕注計所至之直。○釋曰謂乘官車者毀損有折壞其車不堪乘用者或全輸價直入官或計所損處酬其價直入官皆入其資資即貨物也以此貨物入於職幣職幣主受給官物所用之餘此之財物亦授之職幣既得此物還與冬官繕治之故鄭云以償繕治之直也

大喪。飾遣車。遂廞之行之。廞興也謂陳駕之行之使人以次舉之以如墓也遣車一曰鸞車。○遣弃戰反注同〔疏〕大喪至行之。○釋曰大喪謂王喪遣車謂將葬遣送之車入壙者也言飾者還以金象革飾之如生存之車但麤小爲之耳。○注廞興至鸞車。○釋曰後鄭訓廞爲興即言謂陳駕之者解廞爲陳駕也按下車僕云大喪廞革車彼廞謂作之此文既言飾遣車已是作更言遂廞之故以陳駕解廞也云行之使人以次舉之以如墓也者按檀弓云諸侯大牢苞七个遣車七乘大夫亦大牢苞五个遣車五乘鄭注云諸侯不以命數喪數略天子當大牢苞九个遣車九乘此時當在朝廟之時於始祖廟陳器之明旦大遣奠之後則使人以次抗舉人各執其一以如墓也云遣車一曰鸞車者按冢人云及葬言鸞車象人是名遣車爲鸞車以其遣車亦有鸞鈴故也

及葬。執蓋從車持旌。從車隨柩路持蓋與旌者王平生時車建旌雨則有蓋今蜃車無蓋執而隨之象生時有也所執者銘旌○從才用反注同〔疏〕及葬至持旌○釋曰及葬者謂至葬時將向壙云執蓋從車者謂此巾車之官執蓋以隨柩車之後云持旌者亦使巾車之官執持銘旌此在柩車之前而文在不者以執蓋是巾車因言持旌耳非謂持旌亦從車也以車銘旌表柩象殯時在柩前是以既夕禮云祝取銘置于茵注云以重不藏故於此移銘加於茵上若然茵既行時在柩車前明銘旌亦與茵同在柩車前可知也○注從車至銘旌○釋曰云從車隨柩路者鄭欲以經車爲蜃車柩路解之云今蜃車無蓋執而隨之象生時有也者蓋所以表尊亦執而隨之所以禦雨今蜃車既設帷荒不得設蓋是以執而隨柩車雖無用但象生時有也云所執者銘旌者將葬之旌士有二旌大夫已上皆有三旌知者以既夕禮是士禮而有乘車所建旃是攝盛故用孤卿所建通帛之旃也又有銘旌以其士無遣車故無廞旌也大夫以上有乘車所建旃卿已上尊矣無攝盛以壽常所建旌王則大常孤卿建旃大夫亦應攝盛用旃是一也又有廞旌又有銘旌也○

及墓。嘷啓關陳車。闕墓門也車貳事也士喪禮下篇曰車至道左北面立東上○〔疏〕注闕墓至東上○釋曰鄭知車是貳車者以其遣車在明器之中按既夕陳明器在道東西面此不言明器而別陳東是貳車可知天子貳車象生時當十二乘也士喪禮下篇曰者是既夕禮也而言士喪禮下篇者以其士喪禮論初死并在殯之事既夕禮論葬時事既夕之下同有一記記士喪及既夕不備之事摠爲一記故鄭以既夕連士喪而言下篇也此所引者引記彼云車至道左北面立東上者士無貳車惟據乘車道車槀車三乘此王禮亦有此三乘車於後別有貳車十二乘若然則此車非止貳車而已鄭直云貳車者舉其士喪禮不見者而言耳

小喪。共匶路。與其飾。柩路載柩車也飾棺飾也〔疏〕注柩路至飾也○釋曰言小喪者上言大喪據王不別言后與世子則此小喪中可以兼之鄭云柩路載柩車也者即蜃車也云飾棺飾也▲者即帷荒柳翣池組之屬皆是棺之飾

歲時更續。共其弊車。故書更續爲受讀杜子春云受當爲更讀當爲續續更受新共其弊車歸其故弊車也玄謂俱受新耳更易其舊續續其不任用共其弊車巾車既更續之取其弊車共於車人材或有中用之○弊婢世反任音壬注同〔疏〕注故書至用之○釋曰言歲時更續者謂一歲四時皆有受官車更謂車雖未破日月已久舊壞者更易以新者續謂雖未經久其有破壞不中用者復以新車續之云共其弊車者此言爲二者而設以其既易續以新車其本或舊或壞皆是弊車巾車受取以共冬官車人耳子春以爲更續謂更受新若然則更續共爲一事不當經旨故後鄭不從也云共其弊車歸其故弊車者此言亦不從也後鄭以爲俱受新者謂更與續二者於彼用車之人俱受其新車也云更易其舊者釋更也云續續其不任用者別釋續也云共於車人者此巾車不專主車人所造大車柏車而已兼主輪人輿人所造乘車兵車而云共車人者則車人謂造車之人兼輪人輿人等造車人也

大祭祀。鳴鈴。以應雞人。雞人主呼旦鳴鈴以和之聲且警衆必使鳴鈴者車有和鸞相應和之象故書鈴或作軨杜子春云當爲鈴。○和胡臥反下應和同警音景軨音零劉音領〔疏〕注雞人至爲鈴○釋曰云雞人主呼旦雞人職文按韓詩云升車則馬動馬動則鸞鳴鸞鳴則和應是車有和鸞相應之象故鳴鈴以應雞人

典路掌王及后之五路。辨其名物。與其用說。用謂將有朝祀之事而駕之鄭司農云說謂舍車也春秋傳曰雞鳴而駕日中而說用謂所宜用○說書銳反注及下駕說并注同朝直遙反下同〔疏〕典路至用說○釋曰上巾車已主王后之五路今此又掌之者以其冬官造得車訖以授巾車飾以玉金象之等其王及后所乘者又入典路別掌之○注用謂至宜用○釋曰此經雖不言所用之處典路所掌還依巾車朝祀所用故鄭依巾車而言也先鄭所引春秋者在左氏傳宣十二年楚與晉戰於邲之事云用謂所宜用者還是朝祀之等也

若有大祭祀。則出路。贊駕說。出路王當乘之贊駕說贊僕與趣馬也○趣倉口反〔疏〕注出路至馬也○釋曰按上巾車王玉路以祀此云若有大祭祀則出路鄭云王當乘之惟出王路也按下文大喪大賓客亦如之注云亦出路當陳之不言王乘之者以此惟云大祭祀則出路據王所乘之亦當陳之爲華國下注日當陳之謂陳之以華國亦有當乘之法但大賓客王乘金路也其大喪則無乘吉時路故注爲陳之而說也知贊僕與趣馬者夏官大馭戎僕齊僕之等及趣馬之官主駕說故知所贊駕說者贊僕與趣馬也

大喪大賓客亦如之。亦出路當陳之鄭司農說以書顧命曰成王崩康王既陳先王寶器又曰大路在賓階面贅路在阼階面先路在左塾之前次路在右塾之前漢朝上計律陳屬車於庭故曰大喪大賓客亦如之○贅章銳反又作綴張衛反塾音孰上時掌反屬音燭〔疏〕注亦出至如之○釋曰先鄭引顧命云康王既陳先王寶器者按彼上文云陳寶及列玉五重大訓之等乃陳車乘故云既陳先王寶器云又曰大路在賓階面注云大路玉路云贅路在阼階面注云贅次在賓後謂玉路之貳也云先路在左塾之前注云先路象路在門側之堂謂之塾謂在路門內之西北面與玉路相對也云次路在右塾之前注云象路之貳與玉路之二相對在門內之東北面云漢朝上計律陳屬車於庭者漢朝集使上計律法謂上計會之法禮記射義注亦謂之計然大祭祀亦陳車乘但古典無陳列之事故不引之也

凡會同軍旅。弔于四方。以路從。王出於事無常王乘一路典路以其餘路從行亦以華國○從才用反注及下注同〔疏〕注王出至華國○釋曰鄭云王出於事無常王乘一路典路以其餘路從行者按經會同及軍旅及弔有三事則是衣裳之會及弔王乘金路兵車之會及軍旅王乘革路是王出於事無常也王雖乘一路典路以其餘路皆從惟玉路祭祀之車尊不出其餘皆出以華國也

車僕掌戎路之萃。廣車之萃。闕車之萃。苹車之萃。輕車之萃。萃猶副也此五者皆兵車所謂五戎也戎路王在軍所乘也廣車橫陳之車也

闕車所用補闕之車也苹猶屏也所用對敵自蔽隱之車也輕車所用馳敵致師之車也春秋傳曰公喪戎路又曰其君之戎分爲二廣則諸侯戎路廣車也又曰帥斿闕四十乘孫子八陳有苹車之陳又曰馳車千乘五者之制及萃數未盡聞也書曰武王戎車三百兩故書苹作平杜子春云苹車當爲軿車其字當爲苹苹書亦或爲萃○萃七内反下及注同廣古曠反注同苹薄輕反又薄田反輕遣政反注同陳直刃反下同屏并領反又薄經反喪息浪反十乘繩證反下千乘乘車同軿薄經反【疏】注萃猶至爲苹○釋曰云此五者皆兵車者以其廣闕之等皆在軍所用故知皆兵車云所謂五戎也者凡言所謂者謂他成文檢諸文不見更有五兵車爲五戎之文惟有月令季秋云以習五戎鄭彼注以五戎爲弓矢殳矛戈戟不爲五兵車解之則未知鄭所謂五戎者所謂何文或可鄭解彼五戎或爲此五兵解之以五戎之事無正文故鄭兩解之也云戎路王在軍所乘也者此言戎路則巾車所云革路即戎路故知戎路是王在軍所乘也若然此車僕惟掌五戎之萃其五戎之正不言所掌者巾車雖掌正戎之一其下四戎之正亦巾車掌之矣其廣車闕車苹輕四者所解無正文皆鄭據字以意釋之也云春秋傳者是莊九年齊魯戰於乾時我師敗績公喪戎路傳乘而歸又曰下是宣十二年楚與晉戰於邲楚子爲乘廣三十乘分爲左右廣雞鳴而駕日中而說左則受之日入而說楚子使潘黨率游闕四十乘從唐侯爲左拒欒武子曰楚其君之戎分爲二廣是也云則諸侯戎路廣車也者以時楚雖僭號其兵車仍號爲廣故知餘諸侯兵車爲之避天子不得以戎路也云又曰帥遊闕四十乘者即是潘黨所帥者也云孫子八陳有苹車之陳者是孫子兵法有此言也云又曰馳車千乘者亦是兵書之言引之以證廣闕苹輕爲兵車之義也云五者之制及萃數未盡聞也者言未盡聞則亦有聞者其游闕四十乘及馳車千乘并戎車三百兩等畧得少聞之其餘未聞故云未盡聞也書曰者是牧誓武王伐紂戰於牧野之事也

凡師。共革車。各以其萃。五戎者共其一以爲王優尊者所乘也而萃各從其元焉【疏】注五戎至元焉○釋曰知戎惟共其一者按巾車王所乘惟革路而已即此上文戎路是也是王惟乘一路耳今此經不云革路總云共革車則革車之言所含者多五戎皆是則王雖乘一路四路皆從是優尊所乘也云而萃各從其元者元即五戎車之下皆云之萃明萃皆從其元可知

會同亦如之。巡守及兵車之會則王乘戎路乘車之會王雖乘金路猶共以從不失備也【疏】注巡守至備也○釋曰鄭知巡守及兵車之會王乘戎路者以戎僕云掌馭戎車凡巡守及兵車之會亦如之云乘車之會王雖乘金路猶共以從不失備也者上經凡師摠云共革車此文亦云共明無問巡守乘車之會皆從以不失備故也

大喪。廞革車。言興革車則遣車不徒戎路廣闕苹輕皆有焉【疏】注言興至有焉○釋曰經不云戎路而云革車亦是五戎之總名故知不徒戎路廣闕苹輕皆有可知若然王喪遣車九乘除此五乘之外加以金玉象木四者則九乘矣

大射。共三乏。鄭司農云乏讀爲匱乏之乏【疏】注鄭司至之乏○釋曰乏一名容則射人云三獲三容是也以其爲革車用皮其乏亦用皮故因使爲之若然直云大射共乏至於賓射燕射之等則亦使共之矣舉大射尊者而言先鄭讀乏爲匱乏之乏者以其矢於侯匱乏之不去故讀從之

司常掌九旗之物名。各有屬以待國事。日月爲常。交龍爲旂。通帛爲旜。雜帛爲物。熊虎爲旗。鳥隼爲旟。龜蛇爲旐。全羽爲旞。析羽爲旌。物名者所畫異物則異名也屬謂徽識也大傳謂之徽號今城門僕射所被及亭長著絳衣皆其舊象通帛謂大赤從周正色無飾雜帛者以帛素飾其側白殷之正色全羽析羽皆五采繫之於旞旌之上所謂注旄於干首也凡九旗之帛皆用絳○旜之然反隼息允反旟音餘旐音兆旞音遂識式志反又音志又昌志反下同被普皮反又皮寄反著丁畧反又直畧反【疏】注物名至用絳○釋曰鄭云所畫異物則異名也者按九旂之中有旃物旌旞之等不畫異物而鄭所總云畫異物者鄭據名者而總言之非謂九旂皆畫異物也云屬謂徽識也者謂在朝在軍所用小旗故以屬言之鄭引大傳者欲見此屬與大傳徽識爲一物則詩所云識文鳥章亦一物引今漢法欲見古有此物遺及漢時也云通帛謂大赤者巾車及明堂位皆明大赤也云從周正色無飾者以周建子物萌色赤今旃旌通體盡用絳之赤帛是用周之正色無他物之飾也云雜帛者以帛素飾其側白殷之正色者殷以建丑爲正物牙色白今用帛素飾其側者明以先王正道佐職故兼用白也云全羽析羽皆五采繫之於旞旌之上者按序官夏采注云夏采夏翟羽色禹貢徐州貢夏翟之羽有虞氏以爲綏後世或無故染鳥羽象而用之謂之夏采若然冬官鍾氏染鳥羽是周法染鳥羽爲五色故鄭云皆五采羽繫之於旞旌之上云所謂注旄於干首也者故言所謂爾雅之文也若然則此旞旌非直有羽亦有旄故鄭引爾雅注旄以證旞旌明其兩有是以干旄詩云孑孑干旄孑孑干旌鄭彼注云周禮孤卿建旃大夫建物首皆注旄焉明干首旄羽皆有之此雖據旞旌旄羽並有至於大常已下首皆有旄羽故衛之臣子雖旃物而有旄羽則大常已下皆有明矣故夏采云乘車建綏復於四郊注綏以旄牛尾爲之綴於橦上王祀四郊乘玉路建大常今以之復去其旄異之於生是其旌首皆有旄之驗也云九旗之帛皆用絳者以周尚赤故爾雅云纁帛縿也按全羽析羽直有羽而無帛而鄭云九旗之帛者據衆有者而言或解以爲旞旌之下亦有旒而用絳帛也其旃之下旆似不用絳故爾雅云縿廣充幅長尋曰旐繼旐曰旆詩云白旆央央即左氏定四年傳云分康叔以少帛綪茷旆旌是旌旆色異也爾雅別云素錦綢杠素陞龍練旒九彼施於喪葬之旐也

及國之大閱。贊司馬頒旗物。王建大常。諸侯建旂。孤卿建旜。大夫士建物。師都建旗。州里建旟。縣鄙建旐。道車載旞。斿車載旌。仲冬教大閱司馬主其禮自王以下治民者旗畫成物之象王畫日月象天明也諸侯畫交龍一象其升朝一象其下復也孤卿不畫言奉王之政教而已大夫士雜帛言以先王正道佐職也師都六鄉六遂大夫也謂之師都都民所聚也畫熊虎者鄉遂出軍賦象其守猛莫敢犯也州里縣鄙鄉遂之官互約言之鳥隼象其勇捷也龜蛇象其扞難辟害也道車象路也王以朝夕燕出入斿車木路也王以田以鄙全羽析羽五色象其文德也大閱王乘戎路建大常焉玉路金路不出○閱音悅朝直遥反下朝各就同難乃旦反辟音避○【疏】及國至載旌○釋曰按大司馬仲春教振旅仲夏教茇舍仲秋教治兵仲冬教大閱大閱謂仲冬無事大簡閱軍禮司常主旗物故贊司馬頒物也此九旗發首雖揔爲大閱而言其道車載旞游車載旌非爲軍事也○注仲冬至不出○釋曰按大司馬云主四時軍法故云司馬主其禮也云自王以下治民者旗畫成物之象者謂自王以下至諸侯并卿遂之官是也云王畫日月象天明也者聖人與日月齊其明故旌旗畫日月象之按桓二年臧哀伯云三辰旂旗昭其明也三辰日月星則此大常之畫日月者也此直言日月不言星者此舉日月其實兼有星也云諸侯畫交龍一象升朝一象下復也者以衣服不言交龍直云衮龍則衣服直有升龍無降龍以其天子之衣無日月星直有龍龍有升龍降龍則諸侯不得與天子同故直有升龍也至於天子旌旂有日月星辰故諸侯旌旂無日月星故龍有升降也象升朝天子象下復還國也云孤卿不畫者謂不畫異物帛而已云言奉王之政教而已者以其直有時王政教故云奉王之政教而已云大夫士雜帛者謂中央赤旁邊白白是先王殷之正色而在旁故云以先王正道佐職也云師都六鄉六遂大夫也謂之師都都民之所聚也者以師衆也都聚也主鄉遂民衆所聚故謂之師都也六鄉大夫皆卿六遂大夫皆大夫也鄉合建旗大夫合建物今總建旗以其領衆在軍爲將故同建熊虎之旗故鄭云畫熊虎者鄉遂出軍賦象其守猛莫敢犯也云州里縣鄙鄉遂之官者州是鄉之官里與縣鄙是遂之官故摠言鄉遂之官云互約言之者遂之里是下士得與鄉之州中大夫同建旗則知鄉之閭亦得與遂之縣同建旐也遂之鄙得與縣同建旐鄉之黨亦得與州同建旟可知是互也言約者鄉之族上從黨同建旟比上從閭同建旐也遂之鄰上從鄙同建旐鄰上從里同建旗是約也俱族師已下并鄰鄙已下皆是士官雖與在上大夫同建其刃數則短當三刃已下云鳥隼象其勇捷也者熊虎龜蛇皆二物相對則此鳥隼亦別物若然則鄭以勇解隼故王制云鳩化鷹然後罻羅設是隼勇也以捷解鳥鳥亦謂捷疾者也云龜蛇象其扞難避害也者龜有甲能扞難蛇無甲見人退之是避害也云道車象路也者按巾車云象路建大赤以朝朝所以行道故謂象路爲道車是以士冠記及郊特牲皆云毋追夏后氏之道章甫殷道委貌周道是與在朝服乘者皆從道故知道車是象路但在朝則建大赤今以朝夕燕出入則建旞也鄭知游車是木路者巾車云木車以田是游樂之所圍人掌圍游之獸禁是知游車是木路也但正田獵所建大麾今以小小田獵及巡行縣鄙則建旌爲異耳云全羽析羽五色象其文德也者此羽是鍾氏所染鳥羽象翟羽而用故知皆五色以象文德也云大閱王乘戎路建大常焉玉路金路不出者鄭據此文大閱之時王乘戎路金玉之路不出其祀帝於郊及乘車之會金路玉路皆出也

皆畫其象焉。官府各象其事。州里各象其名。家各象其號。事名號者徽識所以題別衆臣樹之於位朝各就焉覲禮曰公侯伯子男皆就其旂而立此其類也或謂之事或謂之名或謂之號異外內也三者旌旗之細也士喪禮曰爲銘各以其物亡則以緇長半幅赬末長終幅廣三寸書名於末此蓋其制也徽識之書則云某某之事某某之名某某之號今大閱禮象而爲之兵凶事若有死事者亦當以相別也杜子春云畫當爲書玄謂畫畫雲氣也異於在國軍事之飾○別彼列反下相別同亡音無【疏】皆畫至其號○釋曰上云旌旗之大此言旌旗之細者也云皆畫其象焉與下爲目此則官府已下三象是也○注事名至之飾○釋曰鄭云事名號者徽識者大傳云殊徽號昭公二十一年宋廚人濮曰揚徽者公徒也是名徽也詩六月云識文鳥章箋云識徽識是名識也今鄭合而言之故云徽

識也云所以題別衆臣者此經雖爲軍事而言而云題別衆臣者亦據在朝位而言也故鄭即言樹之於位朝者各孰焉而引覲禮爲證也按覲禮秋覲在廟諸侯前期皆受舍於朝文王廟外上介樹君之旂於位明日公侯伯子男人各就其旂而立即此經象故云此其類云或謂之事或謂之名或謂之號異外內也者官府在朝是內其州里在百里二百里家在三百四百里五百里並是外也云三者旌旗之細也者對上大常已下爲旌旗之大者也云士喪禮曰爲銘各以其物者謂爲銘旌各以生時物王則大常已下爲之云亡則以緇長半幅者謂不命之士生時無旌旗者故云亡也以緇繒長半幅長一尺也云頳末長終幅廣三寸者以赤繒爲之長二尺廣三寸云書名於末者書死者名於廣三寸之上云此蓋其制也者此在朝表朝位其銘旌制亦如此按禮緯云天子之旗高九刃諸侯七刃大夫五刃士三刃按士喪禮竹杠長三尺則死者以尺易刃天子九尺諸侯七尺大夫五尺士三尺其旌身亦以尺易刃也若然在朝及在軍綴之於身亦如此故云蓋其制也云徽識之書則云某某之事者官府天官在軍當云大宰之下某甲之事地官之下當云大司徒之下某甲之事餘四官之下皆然云某某之名者此據州里而言假令六鄉之下則言某鄉之下某甲之名若六遂之下當云某遂之下某甲之名也云某某之號者此據都家之內假令三百里大夫家之下當云某家之下某甲之號此三者則偏其纖內矣云今大閱禮象而爲之者此在軍之旌綴於身大小象銘旌及在朝者爲之云兵凶事者隱公傳云兵凶器戰危事亦是凶事也杜子春破畫爲書後鄭不從還從畫雲氣者按鄉射記云凡畫者丹質則射侯之等皆有畫雲氣之法明此經所云畫者畫雲氣也云異於在國軍事之飾者覲禮及銘旌皆不云畫以其在國質故也權在軍畫之故云軍事之飾文也

凡祭祀各建其旗。王祭祀之車則玉路〔疏〕注王祭至玉路○釋曰鄭云王祭祀之車則玉路者偏據王而言云乘玉路則建大常經云各建其旗則諸侯已下所得路各有旗按上文諸侯建旗大行人云建常九旒雖言常皆是交龍爲旂散文通故名旂爲常孤卿則擅大夫則物故言各建其旗也

會同賓客。亦如之。置旌門。賓客朝覲宗遇王乘金路巡守兵車之會王乘戎路皆建其大常掌舍職曰爲帷宮設旌門〔疏〕注賓客至旌門○釋曰鄭知賓客朝覲宗遇王乘金路者齊僕云掌馭金路以賓又齊右亦云會同賓客前齊車齊車即金路朝覲宗遇則會同故總以金路解之也知巡守兵車之會王乘戎路者以其同是軍事故知亦皆乘戎路也知皆建其大常者此大閱禮王建大常即知巡守兵車之會皆建大常也云掌舍職曰爲帷宮設旌門者彼注云謂王行晝止則樹旌以爲門彼官樹之此官供旌

大喪。共銘旌。銘旌王則大常也士喪禮曰爲銘各以其物

建廞車之旌。及葬。亦如之。葬云建之則行廞車解說之○說吐活反〔疏〕建廞至如之○釋曰此謂在廟陳時建之謂以廞旌建於遣車之上及葬亦如之此謂入壙亦建之○注葬云至說之○釋曰鄭云葬云建之則行廞車解說之者此釋經及葬亦如之在廟陳時云建葬時亦建則惟有在道去之使人各執遣車又當各執廞旌是行廞車解說之也

凡軍事。建旌旗。及致民。置旗。弊之。始置旗以致民民至仆之誅後至者○弊婢世反劉又薄計反仆薄比反一音赴〔疏〕凡軍至弊之○釋曰云凡軍事建旌旗者當大司馬欲致衆之時司常建之此言爲及致而設○注始置至至者○釋曰云始置旗以致民者解經及致民置旗也又云民至仆之誅後至者釋經弊之

甸。亦如之。〔疏〕甸亦如之○釋曰上云軍事謂出軍征戰今此云甸謂四時田獵言亦如之者亦如上建旌及致與弊之也

凡射。共獲旌。獲旌獲者所持旌○甸音田獲如字李一音胡霸反〔疏〕凡射共獲旌○釋曰言凡射者則大射賓射及燕射皆共之○注獲旌至持旌○釋曰謂若大射服不氏唱獲所持之旌三侯皆有獲旌也

歲時共更旌。取舊予新〔疏〕歲時共更旌○釋曰謂受官旌旗用之者歲之四時來換易則司常取彼之舊與此之新也

都宗人掌都宗祀之禮。凡都祭祀。致福于國。都或有山川及因國無主九皇六十四民之祀王子弟則立其祖王之廟其祭祀王皆賜禽焉主其禮者警戒之糾其戒具其來致福則帥而以造祭僕〔疏〕注都或至祭僕○釋曰知都有山川者見祭法云山川丘陵能興雲雨諸侯有其地則祭無其地則不祭都祀畿內諸侯明亦祭境內山川也云及因國無主九皇六十四民之祀者按王制云天子諸侯祭因國之在其地而無主後者注云謂所因之國先王先公有功德宜享世祀今絕無後爲之祭主者按史記伏羲已前九皇六十四民並是上古無名號之君絕世無後今宜主祭之也云王子弟則立其祖王之廟者左氏傳莊二十八年云邑有先君之主曰都明天子禮亦然故知都內王子有祖王之廟也云其祭祀王皆賜禽焉者見祭僕云王所不與則賜之禽都家亦如之玄謂王所不與同姓有先王之廟是賜禽法云其來致福則帥而造祭僕知者見祭僕云凡祭祀致福者展而受之是造祭僕之事

正都禮。與其服。禁督其違失者衣服及宮室車旗〔疏〕注禁督至車旗○釋曰鄭云禁督其違失者解經正都禮禮中所含者多故摠以違失解之云服謂衣服及宮室車旗者解經與其服鄭并言宮室車旗者經雖直舉其服服中可以兼宮室車旗是以下文家宗人兼言宮室車旗之禁明衣服之外摠須正之

若有寇戎之事。則保羣神之壝。守山川丘陵墳衍之壇域○壝惟癸反劉欲鬼反〔疏〕注守山至壇域○釋曰此經所云據寇戎從外而入故先保在郊之神位而言是以鄭云守山川丘陵墳衍之壇域也按小宗伯云兆山川丘陵於四郊彼惟不言墳衍墳衍之位亦在四郊皆須保之言壝者謂於中爲壇四畔爲壝舉壝則壇見矣

國有大故。則令禱祠。既祭。反命于國。令令都之有司也祭謂報塞也反命還白王○禱本亦作福丁老反一音丁報反塞西代反〔疏〕注令令至白王○釋曰鄭知所令有司者此都宗人是王家之官王命使禱祠是都內之事明所令令都內之有司有事於神者也云祭謂報塞也者凡祈福曰禱至於得福則曰祭當與正祭同名祭則是經言祭據報塞而言也云反命還白王者本以禱祠爲奉王命令祭訖反以王命還白於王故言還白王也

家宗人掌家祭祀之禮。凡祭祀致福。大夫采地之所祀與都同若先王之子孫亦有祖廟〔疏〕注大夫至祖廟○釋曰鄭云大夫采地之所祀者則家止謂大夫不通公卿也故載師職云家邑任稍地小都任縣地大都任疆地是大夫采地稱家在三百里之內卿爲小都在四百里公爲大都在五百里則上都宗人所主是也言所祀與都同者據山川九皇六十四民在其地者云若先王之子孫亦有祖廟者亦如上都宗人但天子與諸侯禮異諸侯之卿大夫雖有先君之主則曰都無曰邑天子之臣同姓大夫雖有先君之主亦曰邑也此不言凡家祭祀致福于國者舉都而言此家從可知

國有大故。則令禱祠。反命。祭亦如之。以王命令禱祠歸白王於獲福又以王命令祭之還又反命〔疏〕國有至如之○釋曰云則令禱祠反命者王以令禱祠禱祠訖反命於王則與上文都宗人既祭反命于國爲一也此更言祭亦如之者與上異則此是禱祠訖王復更有命祭祭訖亦反命然彼此無異但文有詳略則彼亦有此王命更祭之法文不具也

掌家禮與其衣服宮室車旗之禁令。掌亦正也不言寇戎保羣神之壝則都家自保之都宗人所保者謂王所祀明矣〔疏〕注掌亦至明矣○釋曰云掌亦正者都宗人云正故知此掌與云不言寇戎保羣神之壝則都家自保之者此者鄭欲之釋王所命祀者何者彼經言若有寇戎保羣神之壝經二處互見其文則都家宗人亦有寇命祀者家宗人亦保之可知此家宗人不言寇戎保壝者是王所不祀家宗人亦保之則都宗人亦有王都宗人自保之可知故鄭二者雙言之云都宗人所王所祀明矣者以王所不祀宗人不保之明宗人保祀也

凡以神仕者。掌三辰之灋。以猶鬼神示之居。辨其名物。猶圖也居謂坐也天者羣神之精日月星辰其著位也以此圖天神人鬼地祇之坐者謂布祭衆寡與其居句孝經說郊祀之禮曰燔燎掃地祭牲繭栗或象天酒旗坐星廚倉具黍稷布席極敬心也言郊之布席象五帝座禮祭宗廟序昭穆亦又有似虛危則祭天圜丘象北極祭地方澤象后妃及社稷之席皆有明法焉國語曰古者民之精爽不攜貳者而又能齊肅中正其知能上下比義其聖能光遠宣朗其明能光照之其聰能聽徹之如是則神明降之在男曰覡在女曰巫是使制神之處位次主而爲之牲器時服巫既知神如此又能居以天法是以聖人用之今之巫祝既闇其義何明之見何法之行正神不降或於淫厲苟貪貨食遂誣人神令此道滅痛矣○居紀慮反句紀具反繭工典反齊側皆反知音智覡胡歷反李音胡狄反令力呈反〔疏〕凡以至名物序官注云巫之俊知是巫者此中掌三辰之法以猶鬼神祇之傳云在男曰覡在女曰巫使制神之處位次主之度合故知此神仕是巫○注猶圖至痛矣○釋曰云天之精日月星辰其著位也者鄭以經直見三辰不言體無形人所不覩惟覩三辰故鄭云天者羣神之精辰是其著位者也云以此圖天神人鬼地祇之坐者衆寡與其居句者鄭意鬼神祇之居止是布祭於神寡多少或居方爲之或句曲爲之也引孝經說郊祀契文敢問章云周公郊祀后稷以配天云郊祀之禮地已下至敬心之言釋之也言郊之布席已下是鄭郊之布席象五帝坐者按天文有五帝坐星東方蒼帝靈威仰南方赤帝赤熛怒中央黃帝含樞紐西方白帝白招拒北方黑帝汁光紀各於其面是布神坐也云禮祭宗廟序昭穆者文二年大事於大廟毀廟之主陳於大祖未毀廟之主皆

升合食昭南面穆北面是人鬼之席坐也云亦又有似虛危者虛危有墳墓四司又爲宗廟布席象之故云又有似虛危也云則祭天圜丘象北極者北極有三星則中央明者爲大一常居傍兩星爲臣子位焉云祭地方澤象后妃者天有后妃四星天子象天后象地后妃是其配合也云及社稷者天有天社之星祭社之位象焉故云及社稷之席之席之言結五帝已下也孝經說云祭牲繭栗者據祭地或象天酒旗坐星酒旗星名云廚倉具黍稷者廚倉亦星名言廚倉所以具黍稷以祭祀云布席極敬必也者摠結語也國語曰以下者欲見巫能制神之處位者心由精爽之意云精爽不攜貳者言其專一也云上下比義者上謂天神下謂地神能比方尊早大小之義言聖能遍知神意云神明降之者正謂神來降於其身言在男曰現在女曰巫者男子陽有兩稱名巫名現女子陰不變直名巫無現稱言今之已下欲言今世邪巫誑惑世間之事故鄭痛之

以冬日至。致天神人鬼。以夏日至。致地示物鬽。以禬國之凶荒。民之札喪。天人陽也地物陰也陽氣升而祭鬼神陰氣升而祭地祇物鬽所以順其爲人與物也致人鬼於祖廟致物鬽於墠壇蓋用祭天地之明日百物之神曰鬽春秋傳曰螭鬽魍魎杜子春云禬除也玄謂此禬讀如癰之潰〇鬽眉祕反禬胡對反又戶外反札側八反又音截【疏】以冬至札喪〇釋曰言以冬日至夏日至此則大司樂云冬日至於地上之圜丘奏之若樂六變天神皆降夏日至於澤中之方丘奏之地祇皆出是也但其時天之神地之祇皆降仍於祭天之明日更祭此等小神祇故於此別之也〇注天人至之潰〇釋曰鄭云天人陽也者此解冬日至祭天神人鬼之意以其陽故十一月一陽生之月當陽氣升而祭之也云地物陰也者此解夏日至祭地示之意以其陰故五月一陰生之日當陰氣升而祭之也云所以順其爲人與物也者各順陰陽而在冬夏至也云致人鬼於祖廟致物鬽於墠壇此鄭惟釋人鬼物鬽不言致天神之處者文畧亦當在墠壇也云蓋用祭天地之明日者當冬至夏至之日正祭天地之神示事繁不可兼祭此等雖無文鄭以意量之故云蓋用祭天地之明日也云百物之神曰鬽春秋傳曰螭鬽魍魎者按左氏宣公三年楚子問鼎之大小輕重王孫滿對曰夏之方有德也遠方圖物貢金九牧鑄鼎象物故民入川澤山林不逢不若魑魅魍魎莫能逢之服氏注云螭山神獸鬽魅怪物魍魎木石之怪文十八年注螭山神獸形或曰如虎而嗷虎或曰魅人面獸身而四足好惑人山林異氣所生爲人害如賈服義與鄭異鄭君則以螭鬽爲一物故云百物之神曰鬽引春秋螭鬽以證之經無魍魎連引之以國語木石之怪夔魍魎賈服所注是也杜子春云禬除也後鄭云此禬讀如潰癰之潰者就足子春之義以其癰潰則潰血除故讀從之云此禬讀從潰言此以對彼彼大祝云類造禬禜之禬禬爲會合之義不爲潰也

周禮注疏卷二十七挍勘記　阮元撰盧宣旬摘錄

附釋音周禮注疏卷第二十七

御史

凡數從政者　唐石經諸本同釋文凡數作數凡從司農讀也賈疏作凡數

故鄭後云者掌贊書數　閩本同監本作故從之云者贊誤賓毛本又改作故改之云者〇按當作故從之云言掌贊書數云云文理乃順監本從字獨是依其說而後駁之也惟者字乃言之誤

巾車

以封同姓異姓之次敘　嘉靖本同此本疏中亦云次敘余本閩監毛本敘作序

錫樊纓十有再就　唐石經余本毛本同嘉靖本閩監本錫誤鍚注及疏同釋文鍚音陽

三重三匝也　余本匝作帀

今馬鞅　嘉靖本及漢制考同閩監毛本鞅誤鞅

正幅爲縿　葉鈔釋文作爲幓

其畫服猶如上公　孫志祖云詩無衣正義引注畫服作車服是

經直云先　浦鏜云夫誤先

或會事或勞師　監本下或誤會浦鏜云命將誤會事

故建其正色以春田　孫志祖云大司馬疏春下有夏字

錫面朱總　唐石經余本嘉靖本同閩監毛本誤作鍚面朱總石經考文提要云宋本九經宋纂圖互注本宋附釋音本余仁仲本皆作錫面朱總

彫者畫之　余本彫作雕

鷖讀爲鳧鷖之鷖　漢讀考云鷖作緊云今本誤

或曰幢容　余本閩監本同嘉靖本毛本及漢制考幢皆作潼按葉鈔釋文作潼容云本亦作潼余本載音義同今通志堂本改作幢容俗字周禮注幢字皆從木作橦賈疏本作潼容

安車無蔽　余本嘉靖本同閩監毛本車誤居

如以繪爲之　監本以誤之浦鏜云如當知字誤

毛氏亦云童容　閩監毛本改潼容非毛傳祇作童

則重翟當王路　閩監本同誤也當從毛本作玉路

翟車貝面　閩本經注貝誤具此本及余本注中亦誤今正

組總有握　唐石經諸本同釋文有握千馬皆作幄漢讀考云說文木部有楃字云木帳也從木屋聲握字蓋出巾車職各本從手非

輦車組輓　唐石經諸本同釋文作連車云音輦本亦作輦按說文連負車也从辵从車古經當以連爲輦後人援注改之釋文本最古可據鄉師與其輂輦注故書輦作連鄭司農云連讀爲輦

木車蒲蔽犬𧜵　釋文及余本作𧜵唐石經嘉靖本閩本作𧜵監毛本作𧜵非下同說文巾部幦髤布也从巾辟聲周禮曰駹車犬幦按禮注云以犬皮爲覆笭考字儀禮既夕禮記玉藻少儀皆作幦與說文同葢故書作𧜵今書作幦鄭從故書許從今書也許引作駹車者涉下文誤

蒲蔽謂蠃蘭車　閩監毛本同余本嘉靖本岳本蠃作贏按釋文謂蠃魯火反劉又音果余本載音義同此亦改作贏誤甚漢制考載此注亦作贏從果者俗字

服讀爲箙　閩監毛本同余本岳本嘉靖本箙作菔下同按釋文攝菔音服當是此注爲菔音服之誤上攝服字見既夕禮諸本並同不作菔也惠挍本疏中亦作菔此從竹俗字漢讀考云刀劍短兵之衣字正當作服既夕記犬服攝服字祇作服是也鄭君何緣易爲從艸之菔蓋此經作菔注易爲服由經注互改之倒置

先鄭云謂蠃蘭車者　閩本同監毛本蠃作贏下同

故使康王出鄉門外　閩監毛本鄉誤卿

大夫說經帶于廟門外　浦鏜云丈誤大

杜子春轅讀爲華藻之藻　漢讀考云疑當作讀爲藻率之藻與典瑞司几筵繅注同下文直謂華藻也乃竟伸其義

元謂藻水草　漢讀考云說文藻水草也从艸从水巢聲或从澡作藻是則藻藻一字蓋漢人已分別藻爲華藻藻爲水艸故杜作藻鄭君作藻

見爲蒼文色也　浦鏜云艾誤文

駹車雚蔽　唐石經原刻雚後磨改萑釋文雚葉鈔本作萑

然𧜵髹飾　釋文髹飾香求反漢讀考作桼飾云古音次同桼列女傳漆室之女或作次室故書作軟蓋本無車旁轉寫誤加耳杜氏易次爲桼乃以髹桼訓其義鄭君釋髹曰赤多黑少此釋杜語如詩鬈多釋毛語非經文作髹也淺人改經作髹誤本流傳自唐以前然矣

髹爲軟　余本岳本同嘉靖本閩監毛本軟誤軟下同釋文爲軟音次此本疏中亦誤從欠

龍讀爲駹　說文巾部引周禮曰駹車龍作駹與杜讀同

車邊側有漆飾也　余本岳本漆作桼下同當據正上文皆作桼

漆則成藩　嘉靖本閩本同余本監毛本藩作蕃按賈疏作藩引下經藩蔽釋之余本是也

後鄭以破龍爲白黑之色故此注從子春爲駹　閩監毛本爲駹作龍誤浦鏜云以當巳字訛

漆車黑車也　岳本漆作桼漢讀考云漢人用桼字經文作漆者正同載師故書作漆林杜易桼林也

以其席即上文雀　閩本同雀蓋萑之訛監毛本作萑

孤乘夏篆　說文軹車約也從車川聲周禮曰孤乘夏軹按軹與篆聲相近蓋賈許所讀本如是訓爲車約與兩

鄭義合
故書夏篆爲夏緣漢讀考云故書作緣字故司農云夏赤色緣綠色今各本作緣此正同內司服
注之誤三緣字皆當作緣
夏赤也毛本同案也當色譌
篆讀爲圭瑑之瑑漢讀考云疑當作讀如
不革輓而漆之余本同嘉靖本閩監毛本輓誤鞔○按鞔是也
有祴爲異耳毛本作有裓是也閩監本作祴訛
所建旃是攝盛閩監毛本旃訛旃下同
柩路載柩車也余本岳本嘉靖本同閩監毛本依經改匶路非疏中標起訖及引注準此○按此亦
經作古字注作今字之一證
共其弊車葉鈔釋文作敝車
歸其故弊車也此本弊誤幣今據諸本訂正
磬且警衆段玉裁云且當是旦之誤
故書鈐或作軨閩監本同誤也余本嘉靖本毛本軨作軨當據以訂正釋文作爲軨音零劉音領

典路
惟出王路也閩監本同誤也當從毛本作玉路
則出路據王所乘之監本據誤以
與玉路之二相對毛本二作貳當據正

車僕
其字當爲萃諸本同按其蓋卒之訛集韻十八隊倅副也或作萃亦省作卒類篇衣部卒取內切副也
當本釋文釋文當云卒七內反副也又作萃今本蓋出後
人刪改此經五萃字當本作卒淺人援注改之○按漢讀
考詳之
萃游闕四十乘閩本游作遊監毛本改斿非此本下引注亦作遊闕
故知餘諸侯兵車避天子不得以戎路也閩本兵車下增並以二字
監毛本兵車下增並以廣車爲之六字
凡師共革車監本共誤其
是優尊所乘也浦鏜云尊下脫者按無者亦通此非引注
經不云戎路而云革車閩本同監毛本戎路下增革路二字非

司常
通帛爲旜說文㫃部云旃旗曲柄也所以旃表士衆从㫃丹聲周禮曰通帛爲旃又旜旃或从亶
大傳謂之徽號余本嘉靖本同閩監毛本謂誤爲盧文弨曰通考亦作謂
皆明大赤也浦鏜云明當名誤
今旌旗通體閩本同監毛本旂誤旗
故鄭引爾雅注旐以證旞旌閩本同監毛本注改註非
彼施於喪葬之旐也閩本同監毛本旐誤期
師都建旗唐石經諸本同漢讀考云玩注意謂鄉遂大夫帥領民聚之都大司馬帥都載旜鄉家載物注帥都
遂大夫鄉家鄉大夫也今本誤亦同說文於㫃部引周禮率都
建旗作率者故書作帥者今書也見樂師注聘禮注曰古文
帥皆作率此賈疏本亦誤作師都釋曰師衆也都聚也主鄉
遂民衆所聚故謂之師都
旃車載旌說文作游車載旌
象其勇捷也毛本捷誤健
游車載旌閩本同監毛本游改斿
至於天子旌旃閩本同監毛本旃改旗
卿合建旃閩監毛本作建旗
鄉之黨亦得與州同建旃可知浦鏜云旗誤旃
并都鄙已下閩本同監毛本作鄙師
見人退之閩監毛本退作避
是以士冠記及郊特牲閩監毛本記作禮非
則建旞也毛本同閩監本旞誤旌
但正田獵所建大麾閩本剜改所作時監毛本承之
所以題別衆臣盧文弨曰詩六月正義引此作衆官官字是
朝各就焉賈疏引作朝者各就焉盧文弨曰詩正義亦有者字此脫
亡則以緇長半幅頳末閩監毛本作輻誤也余本嘉靖本輻作幅當訂正
皆受含於朝閩本同誤也監毛本含作舍當據正
謂王行書止閩監本同誤也毛本書作晝當據正
取舊予新監本予改與毛本疏中亦改予皆非蓋注用予字疏用與字此本及閩本皆注作予疏作與也

都宗人
掌都宗祀之禮閩監毛本同誤也唐石經余本岳本嘉靖本作祭祀當據以訂正
九皇六十四民之祀監本剜改民作氏疏中同○按說詳卷首

家宗人
此鄭都家自解者盧文弨曰自疑當作據
凡以神仕者余本嘉靖本閩監毛本同唐石經仕作士然士字獨小蓋本作仕後磨改作士序官經注疏作
士沈彤周官祿田考云當作仕賈疏於他職皆引作神仕釋
文仍題家宗人不標此五字孫志祖云案旄人云凡四方之
舞仕者屬焉則當作仕序官作士者誤也
燔燎掃地嘉靖本掃作埽
是之使制神之處位次主余本岳本嘉靖本閩本同監毛本改是以非
下謂地神閩監毛本改地祇
讀如潰癰之潰余本閩監毛本同嘉靖本癰作癕與疏合此本舊誤作讀如癰之蹟今補正疏云就
足予春之義以其癰潰則濃血除故讀從之漢讀考云讀
如疑當作讀爲
此解夏至祭地示之意閩本同監毛本作地祇
雖無文鄭以意量之閩本同監毛本文上增正
鬾魅怪物魍魎閩本同監毛本删鬾
此禬讀如潰癰之潰者閩本同監毛本癕改癰
以其癰潰則濃血除閩本同監毛本濃改膿俗字

附釋音周禮注疏卷第二十八

鄭氏注　賈公彥疏

夏官司馬第四

〔疏〕鄭云象夏所立之官馬者武也言爲武者也夏整齊萬物天子立司馬共掌邦政政可以平諸侯正天下故曰統六師平邦國

惟王建國。辨方正位。體國經野。設官分職。以爲民極。乃立夏官司馬。使帥其屬而掌邦政。以佐王平邦國。政正也政所以正不正者也孝經說曰政者正也正德名以行道〔疏〕注政正至行道。釋曰爲正者取平正之義大司馬主六軍所以正諸侯違王命不正者故鄭云所以正不正是以康子問政孔子云子帥以正孰敢不正孝經說者是孝經緯文云政者正也正德名以行道者亦是正者先自正已之德名以行道則天下自然正引之以證正不正之事

政官之屬。大司馬卿一人。小司馬中大夫二人。軍司馬下大夫四人。輿司馬上士八人。行司馬中士十有六人。旅下士三十有二人。府六人。史十有六人。胥三十有二人。徒三百有二十人。輿衆也行謂軍行列晉作六軍而有三行取名於此。輿音餘行戶剛反注同行行列反〔疏〕政官至十人。釋曰此序官從大司馬至府六人其數與諸官同自史以下則異諸官皆云史十二人胥十二人徒百二十人獨此官史十有六人胥三十二人徒三百二十人與諸官異者以大司馬大摠六軍軍事尚嚴特須監察故胥徒獨多是以襄公三年六月晉悼公會諸侯盟于雞澤秋晉侯之弟揚干亂行於曲梁魏絳戮其僕晉侯怒對曰使臣斯司馬臣聞師衆以順爲武是其尚嚴也。注輿衆至於此。釋曰輿衆者按左氏傳僖二十八年晉侯聽輿人之誦是輿爲衆之義也云行謂軍行列者詩云寘彼周行是行得爲行列云晉作六軍而有三行取名於此者左氏僖二十八年云晉侯作三行以禦狄注云晉置上中下三軍令復增置三行避天子六軍之名以所加三軍者謂之三行彼名軍爲行取於此行司馬之名也

凡制軍。萬有二千五百人爲軍。王六軍。大國三軍。次國二軍。小國一軍。軍將皆命卿。二千有五百人爲師。師帥皆中大夫。五百人爲旅。旅帥皆下大夫。百人爲卒。卒長皆上士。二十五人爲兩。兩司馬皆中士。五人爲伍。伍皆有長。軍師旅卒兩伍皆衆名也伍一比兩一閭卒一旅旅一黨師一州軍一鄉家所出一人將帥長司馬者其師吏也言軍將皆命卿則凡軍帥不特置選於六官六鄉之吏自卿以下德任者使兼官焉鄭司農云王六軍大國三軍次國二軍小國一軍故春秋傳有大國次國小國又曰成國不過半天子之軍周爲六軍諸侯之大者三軍可也詩大雅常武曰赫赫明明王命卿士南仲大祖大師皇父整我六師以修我戎旣敬旣戒惠此南國大雅文王曰周王于邁六師及之此周爲六軍之見于經也春秋傳曰王使虢公命曲沃伯以一軍爲晉侯此小國一軍之見于傳也百人爲卒二十五人爲兩故春秋傳曰廣有一卒卒偏之兩。軍將子匠反凡軍將將帥之類放此帥所類反下將帥之字皆同卒子忽反後皆同卒長丁丈反卷內不出者放此比毗志反大祖音泰下大師及下文大僕同皇父音甫儆本亦作敬京領反見賢遍反下同廣光浪反〔疏〕凡制至有長。釋曰云此大國次國小國者皆以命數同者軍數則同則上公爲大國侯伯爲次國子男爲小國也魯是侯爵而魯頌云公徒三萬注云萬二千五百人爲軍大國三軍合三萬七千五百人言三萬者舉成數也然當僖公之時其實二軍故襄公十一年作三軍則前無三軍也若僖公時有三軍則中間應有合文注詩爲三軍者作詩之人舉魯盛時而言若然魯公伯禽之時則三軍矣魯語季武子爲三軍叔孫昭子曰不可又云今我小侯也明大侯之時有三軍矣鄭荅林碩爲二萬之大數者以實言之也此言軍將皆命卿及師帥皆中大夫旅帥皆下大夫卒長皆上士兩司馬皆中士伍皆有長者皆據在鄉爲鄉大夫州長黨正族師閭胥比長時尊卑命數而言伍皆有長是比長下士不言皆下士者以衆多官卑故畧而不言也。注軍師至之兩。釋曰鄭以經伍兩卒旅師軍皆據在鄉內民數而言者以其凡出軍皆據六鄉爲數是以小司徒云凡起徒役無過家一人是以鄭據在鄉之數而以家出一人結之也鄭云言凡軍將皆命卿則凡軍帥不特置選於六官六鄉之吏者鄭云選於六官者謂王朝六卿此六軍之將還選六卿中有武者爲軍將也又別言六鄉之吏者整六鄉大夫及州長黨正六師閭胥比長中有武者今出軍之爵還遣在鄉所管之長爲軍吏也鄭必知還遣本長爲軍吏者見管子云因內政寄軍令且經並據在鄉時尊卑而言故知因遣其鄉之官而領之也是以州長職注云掌其戒令賞罰原本實缺七格帥自黨已下注皆云因爲旅帥因爲卒長閭胥以下雖不言因爲義可知又云自鄉已下德任者使兼官焉者按大司馬云師都載旜鄉遂載物鄭云鄉遂大夫或載旜或載物衆屬軍吏無所將則自鄉已下至伍長有武德堪任爲軍之吏者乃兼官兼官者在鄉爲鄉官在軍爲軍吏若無武德不堪任爲軍吏者則衆以屬他軍吏身不得爲軍吏是無所將也是以詩云韎韐有奭以作六師鄭云諸侯世子除三年之喪未遇爵命服士服而來時有征伐之事天子以其吏任爲軍將是代爲軍將之事則王朝之官有武德者皆可代爲軍吏也先鄭云王六軍已下復引諸文者以當時有不信周禮者故引爲證言春秋有大國有次國有小國者此亦春秋正文成三年冬十一月晉侯使荀庚來聘衛侯使孫良夫來聘公問諸臧宣叔曰中行伯之於晉也其位在三孫子之於衛也位爲上卿將誰先對曰次國之上卿當大國之中中當其下下當其上大夫小國之上卿當大國之下卿中當其上大夫下當其下大夫上下如是古之制也衛在晉不得爲次國晉爲盟主其將先之丙午盟晉丁未盟衛蓋指此爲大國次國小國也云又曰成國不過半天子之軍周爲六軍諸侯之大者三軍可也者襄十四年晉侯舍新軍禮也成國不過半天子之軍周爲六軍諸侯之大者三軍可也晉雖爲侯爵以世爲霸主得置三軍故爲禮也云此周爲六軍之見于經也者此引春秋及大雅常武與文王皆是正經故云之見于經也此經言軍而詩云師者此皆軍也故鄭荅林碩云軍者兵之大名軍禮重言軍爲其大悉故春秋之兵雖有累萬之衆皆聽師詩云六師即六軍也然軍旅卒兩皆衆名獨舉師者故易師彖云師貞丈人吉无咎軍二千五百人爲師丈之言長也以法度爲人之長故吉无咎謂天子諸侯主軍者將皆命卿天子六軍兵衆之名移矣正言師者出兵而多以軍爲名次以師爲名少旅爲名言衆舉中言之也由此言之故以師爲大名不言軍爲其大悉不言旅爲其中故以師表名見其得中以兼上下言軍以軍爲名謂征伐次以師爲名謂君行師從少以旅爲名謂卿行旅從之時也云春秋傳曰王使虢公命曲沃伯以一軍爲晉侯此小國一軍之見於傳者莊十六年傳文以其新并晉國雖爲侯爵以小國軍法命之故一軍也云故春秋傳曰廣有一卒卒偏之兩者宣十二年欒武子說楚之軍法云其君之戎分爲二廣廣服氏云左右廣各十五乘廣有一卒服氏云百人爲卒言廣有卒爲承也卒偏之兩服氏云五十人曰偏二十五人曰兩廣旣有一卒爲承承有偏偏有兩故曰卒偏之兩引之以證卒是百人兩爲二十五人意也

一軍則二府六史。胥十人。徒百人。〔疏〕一軍至百人。釋曰此非常府史也有軍則置之無則已不言府二人史六人而逆言其數者欲見所置非常故倒言以見義也

司勳上士二人。下士四人。府二人。史四人。胥二人。徒二十人。故書勳作勛鄭司農云勛讀爲勳勳功也此官主功賞故曰掌六鄉賞地之法以等其功。勛香云反劉音訓〔疏〕司勳至十人。釋曰此已下六十官以大司馬主軍法所有軍事及武勇官爵賞賚整之等皆屬焉序官前後亦不據尊卑直取事急者居前事緩者居後是以司勳及馬質已下皆士官而居前射人諸子司士之等大夫官而居後也但司馬主征伐軍無賞士不往凡軍以賞爲先故僖二十八年秋七月晉文公獻俘授馘飲至大賞王人殷封功臣謀士師尚父爲首故司勳列位在前上士二人爲官下士四人爲之佐府二人主藏文書史四人作文書草胥二人爲十長徒二十人給徭役。注故書至其功。釋曰先鄭不從古書勛而從勳者勛是古字從今之勳也云掌六鄉賞地之法以等其功者司勳職文

馬質中士二人。府一人。史二人。賈四人。徒八人。質平也主買馬平其大小之賈直。賈音嫁注及下同〔疏〕注質平至賈直。釋曰司馬者主以供軍之用馬質主平馬賈買之故亦列職居前也然不使與校人相近而在此者平馬大小賈直故使與量人相近故也以其主司馬故屬夏官

量人下士二人。府一人。史四人。徒八人。量猶度也謂以丈尺度地。量音亮或音良下同度待洛反下同〔疏〕注量猶至度地。釋曰在此者以其掌營軍之壘舍量其市朝州塗軍社之所理其中雖有餘事要以軍事爲重故亦列職於此也

小子下士二人。史一人。徒八人。小子主祭祀之小事〔疏〕注小子至小事。釋曰在此者以其職有掌小祭祀羞羊肆釁軍器師田掌斬牲徇陳之事故屬此也

羊人下士二人。史一人。賈二人。徒八人。〔疏〕羊人。釋曰羊

人在此者以其職有掌羊牲又祭祀割牲等之事羊屬南方火司馬火官故在此按說卦云兌爲羊注云其畜好剛鹵又易說云大山失金雞西嶽亡玉羊玉羊者西嶽之精而羊不在西方者羊有二義按五行傳云視之不明則有羊禍注云羊畜之遠視者屬視故列在夏官兌爲羊又屬西方也

司爟下士二人。徒六人。故書爟爲燋杜子春云燋當爲爟書亦或爲爟爟爲私火玄謂爟讀如予若觀火之觀今燕俗名湯熱爲觀則爟火謂熱火與○司爟古喚反燋哉約反李又音灼觀古喚反下同與音餘【疏】注故書至火與○釋曰在此者按其職有行火之政令火屬南方故在此也子春不從古書燋還從爟爲私火者民間理爨之火爲私火亦如後鄭爲熱火也後鄭讀如予若觀火者盤庚告其羣臣不欲徙而匿情者予若觀熱也我有刑罰如熱火可畏故引燕俗以湯熱爲觀亦取熱火之義後鄭云謂熱火與者對秋官司烜氏以夫燧取火於日中爲明者爲冷火破字爲疑故云與也孔安國以觀爲視我觀汝情如視火與鄭義異也若然司烜氏不在此者彼取金義故在秋官也

掌固上士二人。下士八人。府二人。史四人。胥四人。徒四十人。固國所依阻者也國曰固野曰險易曰王公設險以守其國【疏】注固國至其國○釋曰鄭云固國所依阻者也者欲見固據在國而言云國曰固野曰險者對下文司險是在野之義也以其掌固職云掌脩城郭溝池樹渠之固並據國而言司險職云周知山林川澤之阻而達其道路皆據在野而言故知在野曰險又引易者易坎卦彖云天險不可升地險山川丘陵王公設險以守其國引之證固是在國王公設之以守國若然易云王公設險險即此固以其言王公設之非是在野自然之險者也是對文則險固異散則險固通名也掌固司險在此者取塹齊之義故也

司險中士二人。下士四人。史二人。徒四十人。

掌疆中士八人。史四人。胥十有六人。徒百有六十人。疆界也○疆居良反注及後同【疏】掌疆至十八人○釋曰在此者按其職闕雖未知其事蓋掌守疆界亦是禁戒之事故在此也

候人上士六人。下士十有二人。史六人。徒百有二十人。候候迎賓客之來者【疏】注候候至來者○釋曰在此者按其職云各掌其方之道治與其禁令以設候人是候迎賓客之事故詩云彼候人兮荷戈與祋亦是武事故在此也

環人下士六人。史二人。徒十有二人。環猶卻也以勇力卻敵○環戶關反劉戶串反卻起略反下同【疏】注環猶至卻敵○釋曰在此者按其職云掌致師察軍慝皆是軍師之事也故在此也

挈壺氏下士六人。史二人。徒十有二人。挈讀如絜髮之絜壺盛水器也世主挈壺水以爲漏○挈劉若結反一音結又戶結反盛音成【疏】注挈讀至爲漏○釋曰在此者按其職云掌挈壺以令軍井挈轡以令舍挈畚以令糧又云凡軍事懸壺以序聚㯻皆爲軍事按在此也鄭讀挈如絜髮之絜者詩云揔角之宴毛傳云揔角結髮此鄭依毛傳絜即結之義也鄭云世主挈壺水以爲漏者以其稱氏此則官有世功則以官爲氏故以世主解之也

射人下大夫二人。上士四人。下士八人。府二人。史四人。胥二人。徒二十人。【疏】射人○釋曰在此者以其主射事射即武事故在此也

服不氏下士一人。徒四人。服不服之獸者【疏】注服不至獸者○釋曰在此者以其服不服之獸象王者伐叛柔服之義故在此也

射鳥氏下士一人。徒四人。射食亦反【疏】射鳥氏○釋曰在此者按其職云掌射鳥亦是武事在此宜也

羅氏下士一人。徒八人。能以羅罔搏鳥者郊特牲曰大羅氏天子之掌鳥獸者○搏音博一音付本又作捕音步【疏】注能以至獸者○釋曰在此者按其職云掌羅鳥亦是武事故在此也引郊特牲云大羅氏天子之掌鳥獸者按彼云大羅氏天子之掌鳥獸者諸侯貢屬焉彼大羅氏則此羅氏爲一彼稱大者對諸侯直曰羅氏此無所對故不稱大此職唯羅鳥不主獸彼兼言獸者諸侯所貢鳥獸屬焉則兼掌所貢之獸也

掌畜下士二人。史二人。胥二人。徒二十人。畜謂斂而養之○畜許六反注同劉許又反【疏】注畜謂斂而養之○釋曰在此者按其職云掌養鳥而阜蕃教擾之是專養鳥其職注謂鵝鶩之屬是斂而養之鳥是羽蟲屬南方故在此也

司士下大夫二人。中士六人。下士十有二人。府二人。史四人。胥四人。徒四十人。【疏】司士○釋曰在此者以其職云掌以德詔爵以功詔祿與大司馬云進賢興功同故列職於此也

諸子下大夫二人。中士四人。府二人。史二人。胥二人。徒二十人。諸子主公卿大夫士之子者或曰庶子【疏】注諸子至庶子○釋曰在此者按其職云若有甲兵之事則授之車甲故亦在此也鄭云諸子主公卿大夫士之子者按其職云掌國子之倅倅副代父者是公卿大夫士之適子皆是倅故鄭歷言之云或曰庶子者按禮記燕義稱此諸子爲庶子故言或曰以其燕禮有庶子執燭之事彼稱諸子謂之庶子故燕義兼說天子諸子之事諸庶爲一皆掌公卿大夫士之適故通謂之庶子也

司右上士二人。下士四人。府四人。史四人。胥八人。徒八十人。右謂有勇力之士充王車右【疏】注右謂至車右○釋曰在此者王車之右執干戈以衞王亦是武事故在此也鄭知勇力者其職云國之勇力之士能用五兵者屬焉鄭云選右當於中是用勇力充之者也

虎賁氏下大夫二人。中士十有二人。府二人。史八人。胥八十人。虎士八百人。不言徒曰虎士則虎士徒之選有勇力者○賁音奔下同【疏】注不言至力者○釋曰在此者亦衞守王在此宜也鄭云不言徒曰虎士則虎士徒之選有勇力者以其在胥下例皆是徒今不言徒而曰虎士明先是徒之選有勇力者乃爲之以當徒處

旅賁氏中士二人。下士十有六人。史二人。徒八人。【疏】旅賁氏○釋曰在此者按其職云掌執戈盾夾王車而趨左八人右八人車止則持輪言旅見其衆言賁見其勇亦是衞守王事故在此也

節服氏下士八人。徒四人。世爲王節所衣服○爲于僞反【疏】注世爲至衣服○釋曰在此者按其職云郊祀二人執戈送逆尸從車亦是武事故在此也鄭云世爲王節所衣服以其著服與王爲節而稱氏故知官有世功則曰官族然凡稱氏者鄭雖不釋爲世功但注有詳畧從可知也

方相氏狂夫四人。方相猶言放想可畏怖之貌○放想方丈反本或作旗音同【疏】注方相至之貌○釋曰在此者按其職云蒙熊皮黃金四目玄衣朱裳執戈揚盾可畏怖亦是武事故在此也鄭云方相猶言放想者漢時有此語是可畏怖之貌故云方相也

大僕下大夫二人。小臣上士四人。祭僕中士六人。御僕下士十有二人。府二人。史四人。胥二人。徒二十人。僕侍御於尊者之名大僕其長也【疏】注僕侍至長也○釋曰在此者凡言僕御者是武衞之事又大僕職凡軍旅田役贊王鼓是凡僕御皆連類在此也大僕已下四官因仍同府史之等者大僕已下至御僕乃是別職同官故同府史也小臣其職云掌王之小命詔相王之小法儀祭僕其職云掌受命於王以視祭祀御僕其職云掌羣吏之逆及庶氏之復大僕爲長故連類在此若然府史胥徒在御僕下者是四官別職同官故共府史胥徒也

隸僕下士二人。府一人。史二人。胥四人。徒四十人。此吏而曰隸以其事褻○褻息列反【疏】注此吏至事褻○釋曰在此者以僕皆在此故亦在此但所掌事褻故別官職不屬大僕鄭云此吏而曰隸以其事褻者此經言下士二人即是吏按秋官有罪隸已下是奴稱隸以其掌褻故與賤同稱隸也

弁師下士二人。工四人。史二人。徒四人。弁者古冠之大

稱委貌緇布曰冠。弁皮彥反稱尺證反。〔疏〕弁師至四人。釋曰在此者以夏物長大而盛壯。人年長大乃冠以象夏故不同司服在春官而在此也。注弁者至曰冠。釋曰按禮記郊特牲及士冠記皆云夏收殷冔周弁三代皆祭冠則弁亦冕也即是六冕皆得稱弁若然皮弁自然是弁故鄭云弁者古冠之大稱也云委貌緇布曰冠者此二者對皮弁爵弁六冕惟曰冠若散文亦得言弁故司服云凡田冠弁服凶事服弁服皆得言弁也

司甲下大夫二人。中士八人。府四人。史八人。胥八人。徒八十人。甲今之鎧也。司甲兵戈盾官之長。鎧苦愛反盾常允反又音允〔疏〕注甲今至之長。釋曰在此者其職雖闕但甲者軍師所用在此宜也言甲今之鎧者今古用物不同其名亦異古用皮謂之甲今用金謂之鎧從金爲字也云司甲兵戈盾官之長者以其此官下大夫又在上已下皆士官故云長也

司兵中士四人。府二人。史四人。胥二人。徒二十人。〔疏〕司兵。釋曰在此者按其職云掌五兵五盾及授兵從司馬之法此亦爲軍事在此宜也

司戈盾下士二人。府一人。史二人。徒四人。戈今時句孑戟。句孑古侯反下音結〔疏〕司戈至四人。釋曰在此者按其職云祭祀授旅賁及故士戈盾授舞者兵皆武事故在此也。注戈今時句孑戟。釋曰按冬官冶氏爲戈戟戈則兩刃長六尺六寸戟則三刃長丈六尺形既不同鄭云戈句孑戟而爲一物解之者鄭舉漢法以況之漢時見戈有秀出者爲句孑亦名胡孑故號戈爲句孑戟也

司弓矢下大夫二人。中士八人。府四人。史八人。胥八人。徒八十人。司弓矢弓弩矢箙官之長。箙音服〔疏〕注司弓至之長。釋曰在此者按其職云掌六弓四弩八矢給武之所用在此宜也云司弓矢弓弩矢箙官之長者司弓矢下大夫已下繕人槀人皆士官故得與之爲長也鄭云司弓弩即繕人也

繕人上士二人。下士四人。府一人。史二人。胥二人。徒二十人。繕之言勁也善也。〔疏〕注繕之至善也。釋曰在此者按其職云掌王之用弓弩矢箙亦是武事故在此也云繕之言勁也善也者以其所掌弓弩有堅勁而善堪爲王用者乃入繕人以共王故鄭爲此解之也

槀人中士四人。府二人。史四人。胥二人。徒二十人。鄭司農云槀讀爲芻槀之槀箭幹謂之槀此官主弓弩箭矢故謂之槀人。槀古老反幹如字沈古旱反〔疏〕注鄭司至槀人。釋曰在此者職云掌六弓八矢四弩是軍事所用故在此也先鄭云箭幹謂之槀按冬官矢人云以其笴厚爲之羽深後鄭云笴讀爲槀謂矢幹古文假借字則此槀人非直掌矢槀兼主弓弩矢箙等而云槀人者以槀爲主耳故云此官主弓弩箭矢故謂之槀人

戎右中大夫二人。上士二人。右者參乘此充戎路之右田獵亦爲之右焉。乘繩證反。〔疏〕注右者至右焉。釋曰此戎右并下僕馭在此者皆是防衛之官。故皆在此云古者參乘者若在軍爲元帥則將居鼓下將在中御者在左若凡平兵車則射者左御者居中若在國則尊者在左御者亦中央其右是勇力之士執干戈常在右故云古者參乘也云此充戎路之右田獵亦爲之右者按巾車玉路有五按下文僕亦有五惟此戎右已下有三不見玉路祀之右又不見木路田路之右故以田戎相類齊祀相因故以類相兼故戎右兼田右齊右兼祀右若然僕有五不兼者僕難於右是以六藝之中有五御而不言右也按巾車玉路居前戎路在後此右在前又戎右大夫齊右下大夫道右上士戎右官人尊者夏官主事尚威武故戎右居前使官尊也

齊右下大夫二人。充玉路金路之右。齊側皆反下齊僕并注同。〔疏〕注充玉路之右。釋曰充金路爲王故云齊按曲禮云立如齊注齊謂祭祀時則齊雖施於祭前當祭時亦名齊故得兼金玉二路而鄭不言亦以其齊同故也

道右上士二人。充象路之右。〔疏〕注充象路之右。釋曰在朝所以行道是以名車爲道車以中車五路差之上已有玉金革木之等此道右當充象路之右可知不兼而官卑者以其上四事簡故使兼此道右每日視朝行事繁故不兼以其事卑於齊戎之等故官職卑也

大馭中大夫二人。馭之最尊。馭音御〔疏〕注馭之最尊。釋曰在此者亦是衛守之事在此宜也云馭之最尊者以其御王路以祀故云最尊以是特尊不與下同名僕而謂之大馭也若然戎右在前尚威武此戎僕在前者以其僕雖駕馭爲難仍非武事故退戎僕於後進大馭於前也仍尊戎僕在齊僕之上而使中大夫爲之與戎右尊卑同也

戎僕中大夫二人。馭言僕者此亦侍御於車。〔疏〕注馭言至於車。釋曰上大僕已下言僕並是侍御之官稱僕今此馭車之人亦言僕者在車亦是侍御之類故云亦侍御於車也

齊僕下大夫二人。古者王將朝覲會同必齊所以敬宗廟及神明。朝直遙反後朝覲皆同〔疏〕注古者至神明。釋曰齊而敬神明者按曲禮下注云春夏受贄於朝受享於廟秋冬一受之於廟是朝覲敬宗廟按覲禮及司儀會同之時設方明於壇上設六玉以禮方明之神是會同敬神明巾車云金路建大旂以賓則金路主爲賓路賓路則諸侯與王行朝覲會同之禮故鄭以朝覲會同以釋齊也

道僕上士十有二人。王朝朝莫夕主御王以與諸臣行先王之道。朝朝上如字下直遙反莫音暮〔疏〕注王朝至之道。釋曰按上齊右見下至齊僕皆三人唯戎右與道僕人數多者則戎右有所斬殺故左氏傳晉縛秦囚萊駒爲右使萊駒斬之故人多也道僕所以特多者以朝夕在朝來往駕脫難而且煩故人最多也鄭云王朝朝莫夕主御者此釋人多之意云王以與諸臣行先王之道者此釋稱道之言也

田僕上士十有二人。〔疏〕田僕。釋曰人亦多者王有四時之田兼有園囿遊獵及取鮮獸之等亦是事繁而難故亦特多也

馭夫中士二十人。下士四十人。〔疏〕馭夫。釋曰按其職云掌馭貳車從車使車之等馭僕之類故亦在此馭夫揔六十人按校人三乘爲皁皁一趣馬三皁爲繫繫一馭夫則馬三十六匹一馭夫計良二千一百六十匹則六十馭夫又駑六麗一師六師一趣馬六趣馬一馭夫則一馭夫主四百三十二匹駑千二百九十六匹則馭夫三人并前六十三人與此不合者蓋此序官脫三人也

校人中大夫二人。上士四人。下士十有六人。府四人。史八人。胥八人。徒八十人。校之爲言校也。主馬者必仍校視之。校人馬官之長。校戶教反字從木若從手旁作是比校之字耳今人多亂之注校之校人同〔疏〕校人至十八人。釋曰在此者以馬共軍所用故其職云凡軍事物馬而須之。故在此官特尊而多者以王馬多故也。注校之至之長。釋曰云校之爲言校也者讀從曲禮與少儀效馬效羊之取效。見義以其養官畜者必效見之故鄭云主馬者必仍校視之者相仍有時數數程見之也云校人馬官之長者與下趣馬至圉人爲長有事皆取長官法度

趣馬下士皁一人。徒四人。趣馬趣養馬者也鄭司農說以詩曰蹶維趣馬。趣七口反劉清須反注同皁才早反趣養清須反又七口反一音七句反蹶居衛反〔疏〕注趣馬至趣馬。釋曰在此者按其職云掌正良馬而齊其飲食是以鄭云趣馬趣養馬者故在此也先鄭說以詩云蹶惟趣馬者彼詩是刺幽王之詩其詩臣名蹶惟作趣馬之官權寵之例引以證趣馬是官名也

巫馬下士二人。醫四人。府一人。史二人。賈二人。徒二十人。巫馬知馬祖先牧馬社馬步之神者馬疾若有犯焉則知之是以使與醫同職〔疏〕巫馬至十八人。釋曰巫知馬祟醫知馬病故連類在此也有賈者治馬死生須知馬價故有賈人也。注巫馬至同職。釋曰馬祖之等並在下文有人犯者與爲祟巫則知之爲之謝過必與醫同職者巫言無祟則是時氣及損傷付醫治之故二官同職也

牧師下士四人。胥四人。徒四十人。主牧放馬而養之。牧舊音目劉音茂沈音木〔疏〕注主牧放馬而養之。釋曰在此者按其職云掌牧地是放馬故與校人連類在此也

廋人下士閑二人。史二人。徒二十人。廋之言數。廋所求反數色主反數之同〔疏〕注廋之言數。釋曰在此者按其職云掌十有二閑之政皁馬佚特之等故與馬官連類在此也

圉師乘一人。徒二人。圉人良馬匹一人。駑馬麗一人。養馬曰圉四馬爲乘良善也麗耦也圉魚呂反乘繩證反注同麗如字〔疏〕圉師至二人。釋曰在此者以其掌養馬也。注養馬至耦也。釋曰在此者按其職云掌養馬芻牧之事以役圉師亦是爲馬故亦連類在此也

職方氏中大夫四人。下大夫八人。中士十有六人。府四人。史十有六人。胥十有六人。徒百有六十人。職主也主四方之職貢者職方氏主四方官之長〔疏〕注職主至之長。釋曰在此者司馬主九畿職方制其貢事相成故在此官尊而人多以其主天下人民貢賦之事事繁故也云主四方官之長者與下諸言方者爲長也

土方氏上士五人。下士十人。府二人。史五人。胥五人。徒五十人。土方氏主四方邦國之土地〔疏〕注土方至土地。釋曰在此者按其職云以土地相宅而建邦國都鄙與職方連類在此也故主四方邦國之土地

懷方氏中士八人。府四人。史四人。胥四人。徒四十人。懷來也主來四方之民及其物〔疏〕注懷來至其物。釋曰在此者按其職云掌來遠方之民致方貢致方貢致遠物故與職方連類在此也

合方氏中士八人。府四人。史四人。胥四人。徒四十人。合方氏主合同四方之事〔疏〕注合方至之事。釋曰在此者按其職云掌達天下之道路通其財利同其數器故注云主合同四方之事故亦連數在此也

訓方氏中士四人。府四人。史四人。胥四人。徒四十人。訓道也主教道四方之民。道音導下同〔疏〕注訓道至之民。釋曰在此者按其職云掌道四方之政事與其上下之志誦四方之傳道故注云教導四方之民故連類在此也

形方氏中士四人。府四人。史四人。胥四人。徒四十人。形方氏主制四方邦國之形體〔疏〕注形方至形體。釋曰在北者按其職云掌制邦國之地域而正其封疆故注云主制四方邦國之形體故連類在此

山師中士二人。下士四人。府二人。史四人。胥四人。徒四十人。〔疏〕山師。釋曰在此者按其職云掌山林之名辨其物與其利害而頒之于邦國使致其珍異之物按王制云名山大澤不以封故天子立山師以遙掌之使貢故與職方亦連類在此也

川師中士二人。下士四人。府二人。史四人。胥四人。徒四十人。〔疏〕川師。釋曰在此者按其職與山師同故亦連類在此

邍師中士四人。下士八人。府四人。史八人。胥八人。徒八十人。邍地之廣平者。邍音原〔疏〕注邍地之廣平者。釋曰在此者按其職云掌四方之地名辨其丘陵墳衍原隰之名故連類在此也注云邍地之廣平者爾雅文也

匡人中士四人。史四人。徒八人。匡正也主正諸侯以法則〔疏〕匡八至八人○釋曰在此者按其職云掌達法則匡邦國而觀其慝使無敢反側以聽王命注云王正諸侯以法則故連類在此也

撢人中士四人。史四人。徒八人。撢人主撢序王意以語天下。撢他南反與探同語魚據反〔疏〕注撢人至天下。釋曰在此者按其職云掌誦王志道國之政事以巡天下之邦國而語之故注云主撢序王意以語天下故連類在此也

都司馬每都上士二人。中士四人。下士八人。府二人。史八人。胥八人。徒八十人。都王子弟所封及三公采地也司馬主其軍賦〔疏〕都司至十人。釋曰言每都上士二人已下者此王自以臣爲司馬遙掌都內故其職云掌都之士庶子及其衆庶車馬兵甲之戒令聽於國司馬既是軍故在此也。注都王至軍賦。釋曰鄭據何知都惟有王子弟所封及三公采地不通卿大夫者按司裘云諸侯則共熊侯豹侯卿大夫則共麋侯卿不入諸侯之中故知義然云司馬主其軍賦者即司馬法云成出士十人徒二十人之等並是都司馬所主也

家司馬各使其臣以正於公司馬。家卿大夫采地正猶聽也公司馬國司馬也卿大夫之采地王不特置司馬各自使其家臣爲司馬主其地之軍賦往聽政於王之司馬王之司馬其以王命來有事則曰國司馬〔疏〕注家卿至司馬。釋曰云家卿大夫采地者按載師職家邑任稍地謂大夫采地小都任縣地謂卿之采地大都任疆地謂三公采地則卿入小都中今此經直言家而小都入家中不在上都中者司馬主軍事嚴凝爲主須辨尊卑故依司裘卿與大夫不得稱諸侯者爲家又不使王臣爲之也若然都宗人家宗人及都士家士皆使王臣爲之者都家宗人有祖王之廟九皇六十四民王所當祭故使王臣爲之都家之士以獄訟刑罪王政之重非王臣不決故亦使王臣爲之但非嚴疑故卿入都耳云王之司馬其以王命來有事則曰國司馬者其職云以聽於國司馬對此從下向上則曰公司馬

周禮注疏卷二十八挍勘記　阮元撰盧宣旬摘錄

附釋音周禮注疏卷第二十八

夏官司馬第四　唐石經作第七非

令復增置三行　浦鏜云今誤令

二十五人爲兩　唐石經作廿有五人爲兩諸本皆脫有字

卒一旅　閩監毛本同誤也嘉靖本作卒一族當據正

自鄉以下　余本岳本嘉靖本同閩監毛本鄉作卿誤疏中同

既儆既戒　釋文儆本亦作敬按作敬者當是依毛詩所改非也

此周爲六軍之見于經也　釋文見於賢遍反下同今諸本於作于非下見於傳同注皆用於字

然當公之時其實二軍　浦鏜云公上當脫僖字

則中間應有合文　閩本同合當爲舍之訛監毛本誤今注詩爲三軍者此言詩箋爲三軍耳毛本舛誤特甚

叔孫昭子曰　浦鏜云穆誤昭

鄭荅林碩爲二萬之大數者　盧文弨云詩閟宮正義二萬作二軍是

整六卿大夫及州長黨正　閩本同監毛本整作據按此卿當爲鄉下據在鄉時同

掌其戒令賞罰　補此下十行本實缺七格

以世爲霸主　宋本世作其

雖有累萬之衆皆聽師　浦鏜云聽當稱字誤

言衆舉中言之也　盧文弨云言衆當作言師

言軍以軍爲名　浦鏜云上軍爲多之誤

賞賚整齊之等　閩本賚作齎毛本作賫監本訛賫。案齎賚正俗字

小子史一人　諸本同唐石經缺監本誤二人石經考文提要云宋本九經宋纂圖互注本宋附釋音本皆作一人

又祭祀割牲等之事　惠校本又作及此誤

令燕俗名湯熱爲觀　按此觀當作爟

王公設險以守其國　玉海職官部引此作守其固監本疏中此國字剜改

掌疆　補各本皆提行分節此本誤連上節今訂正

環猶卻也　漢讀考云此環讀爲往還之還秋官環人讀爲環繞之環

皆爲軍事按在此也　浦鏜云按當故字誤

能以羅罔捕鳥者　釋文作搏鳥云本又作捕。按漢人搏字讀若今之捕

掌羅烏鳥　浦鏜云鳥烏之誤

掌養鳥而阜藩教擾之　毛本作阜蕃當據正

彼稱諸子謂之庶子　惠校本稱作據

鄭云世爲王節所衣服　補毛本服下有者字

故知官有世功則曰官旅　諸本同按此旅亦族之訛

祭僕中士六人御僕下士十有二人 唐石經諸本皆合大僕爲一節與注合宋本嘉靖本祭僕御僕皆提行分節非。按此亦春官大師樂師瞽矇眂瞭合爲一條之例以府史胥徒四職所同也此府史胥徒亦大僕祭僕御僕所同

及庶氏之復 浦鏜云民誤氏

以其事褻 余本監毛本同嘉靖本閩本褻作䙝按葉鈔釋文作褻

按禮記郊特牲及士冠記 惠挍本作士冠禮又云宋本是記字。按今見儀禮士冠禮記中

槀人胥二人 唐石經余本岳本嘉靖本同閩監毛本槀作稾非注及疏同釋文亦作槀從木閩本二字壞缺．監毛本遂誤爲一

槀讀爲芻槀之槀箭幹謂之槀 余本岳本嘉靖本同閩監毛本槀並作稾案芻槀之槀二槀字當從禾槀讀及箭幹謂之槀二槀字仍從木讀爲當作讀如此從禾槀讀如芻槀耳箭幹字則作槀也經義雜記云說文木部槀枯也枯即肅愼氏貢枯矢之枯儀禮以笴爲矢幹字而說文竹部無之然則箭幹字本作槀矣考工記及矢人準此。按前說非也枯槀之幹字从木讀爲芻槀之槀則易其字矣禾槀者莖也箭幹亦莖也故箭幹之槀即禾槀引伸之義也作枯槀字則無義矣槀枯也又木名也經義雜記合爲一義誤矣易爲槀字而後曰箭幹謂之槀注例如此倘作謂之槀則不當言讀爲矣凡枯槁字苦浩切凡禾稾字古老切經典釋文以及各韻書皆如此此經釋文曰槀古老反依鄭易字之音也

釋曰在此者職云 閩本者下剜擠按其二字監毛本排入

兼主弓弩矢服等 閩本剜改服爲箙監毛本承之

右者參乘 閩監本同誤也余本嘉靖本毛本右作古當據以訂正此本及毛本疏中引注亦作古惠挍本同

則射者左 惠挍本者下有在

按巾車玉路有五 浦鏜云王誤玉

是以六褻之中 浦鏜云藝誤褻

又戎右大夫 浦鏜云大夫上脫中

充金路爲玉 閩本同誤也監毛本金作玉玉作主當據正

以其御玉路以祀 毛本玉誤王

按上齊右見下至齊僕 浦鏜云見當巳字誤

校之爲言校也 余本作校之爲言挍也下校視亦作挍視案釋文云校人戶教反字從木若從手旁作是此挍之字耳今人多亂之注校之校人同然則言校校視皆當作手旁比挍之字矣賈疏則讀爲效。按依釋文注作校之爲言挍也文理甚明然此挍字出於後代說文所無

蹶維趣馬 嘉靖本維作惟當訂正按毛詩作維三家詩作惟釋文出蹶惟二字賈疏引注作惟是也諸本作維非

在者 補閩監毛本作在此者此本誤脫此字

巫言無崇 毛本作無祟當據正

庾之言數 監本下有也疏中標注同按釋文數也色主反是陸本有也字

圉師至二人 閩監毛本作一人此誤

故連類在此 閩監毛本下有也

主擅序主意 余本閩本同嘉靖本監毛本下主作王疏中準此按賈疏引其職掌誦王志云云以釋此注則當從嘉靖本作王余本作主誤也

家司馬各使其臣以正於公司馬 沈彤周官祿田考云以序官家司馬各使其臣以正於公司馬之文移在都司馬本職後都司馬本職後家司馬亦如之之文移在序官都司馬後是家司馬亦如之即謂每家上中下士府史胥徒如都司馬之數矣蓋此本與春官家宗人秋官家士二目同例而其簡與職互錯也

附釋音周禮注疏卷第二十九

鄭氏注　賈公彥疏

大司馬之職。掌建邦國之九灋。以佐王平邦國。平成也正也（疏）大司至邦國。釋曰此九法已下皆言邦國則施於諸侯爲主故云邦國也云以佐王平邦國者九法以糾察諸侯使之成正故以平言之也但此九法據殷同之時建之故大行人云殷同以施天下之政注云政謂邦國之九法則殷同之時司馬明布告之故云建也

制畿封國。以正邦國。封謂立封於疆爲界。畿音祈（疏）制畿至邦國。釋曰謂制諸侯五百四百里之等各有封疆界分乃得正故云以正邦國

設儀辨位。以等邦國。儀謂諸侯及諸臣之儀辨別也別尊卑之位。別彼列反下皆同（疏）注儀謂至之位。釋曰鄭知儀中有諸侯及諸臣者以此經云等邦國按大行人云以九儀辨諸侯之命等諸臣之爵鄭云九儀謂命者五公侯伯子男也爵者四孤卿大夫士也知九儀中唯有諸侯諸臣無天子之臣按大宗伯云以九儀之命正邦國之位注云每命異儀則九儀之中謂一命以至九命之儀其中有六命八命并九命作伯兼有王臣則與此異也

進賢興功。以作邦國。興猶舉也作起也起其勸善樂業之心使不惰廢。樂業如字又音洛一音五教反（疏）進賢至邦國。釋曰進賢謂臣舊在位有德行者并草萊有德行未遇爵命者進之使稱才仕用興舉也臣有功者舉之亦使任用作起也以臣有賢有功舉之與官則起邦國之內勸善樂業之心使不惰廢善業也

建牧立監。以維邦國。牧州牧也監監一國謂君也維猶連結也。監古銜反（疏）建牧至邦國。釋曰二百一十國以爲州州有牧使維持諸侯又一國立一監以監察一國上下相維故云以維邦國也此則大宰云建其牧立其監亦一也

制軍詰禁。以糾邦國。詰猶窮治也糾猶正也。詰去吉反（疏）制軍至邦國。釋曰按上文大國三軍次國二軍小國一軍也詰禁者按士師有五禁天子禮此諸侯國亦當有五禁以相窮治相糾正故云以糾邦國也

施貢分職。以任邦國。職謂職稅也任猶事也事以其力之所堪（疏）施貢至邦國釋曰施貢多少據國地大小故地官大國貢半次國三之一小國四之一皆由天子施之此大宰九貢并小行人春令入貢皆是歲之常貢與大行人因朝而貢者異也分職者即大宰所云九職也彼據畿內此據諸侯諸侯邦國亦由天子分之使民有職是業因使稅之所稅者市之以充貢若然言貢據向天子而言云稅據民所爲爲說事相因皆所以任邦國故云以任邦國也

簡稽鄉民。以用邦國。簡謂比數之稽猶計也。鄉許亮反（疏）簡稽至邦國。釋曰注云簡謂比數之稽猶計也謂比數計會鄉民而用之故云以用邦國也

均守平則。以安邦國。諸侯有土地者均之尊者守大卑者守小則法也（疏）均守至邦國。釋曰言均守謂五等諸侯有五等受地五百里已下是均守也平則者則法也謂五等職貢之等皆有常法邦國獲安故云以安邦國

比小事大。以和邦國。比猶親使大國親小國小國事大國相合和也易比象曰先王以建

萬國親諸侯。比毗志反注同。(疏)注比猶至諸侯○釋曰按司儀有五等諸侯自相爲賓亦有五等諸侯之臣相爲國客按春秋有小國朝大國大國聘小國故鄭云使大國親小國釋經比小也云小國事大國釋經事大使相合和故云以和邦國也引易比象者其卦坤下坎上坤爲土坎爲水水得土而流土得水而柔是水土和合故象先王建萬國親諸侯謂法卦行事使諸侯相親引之者證比小事大之義

以九伐之灋正邦國。諸侯有違王命則出兵以征伐之所以正之也諸侯之于國如樹木之有根本是以言伐云○伐如字劉扶發反(疏)注諸侯至伐云○釋曰鄭云諸侯有違王命則出兵以征伐之所以正之也者此經與下文爲目則下九者皆是違王命者也若然按下文九者唯有賊賢害民一者稱伐其餘八者皆不言伐此經總言伐者侵滅二者亦是伐之例其餘六者皆先以兵加其境服乃眚之墠之削之正之殘之杜之故皆以伐言之云諸侯之於國如樹木之有根本是以言伐云者按月令孟夏云無伐大樹孔子云伐一木不以其時非孝子是樹木稱伐此九伐施於邦國在於時會之時是以太行人云時會以發四方之禁注云禁謂九伐之法是當時會者也

馮弱犯寡。則眚之。馮猶乘陵也言不字小而侵侮之眚猶入眚瘦也王霸語曰四面削其地○馮皮冰反眚所景反瘦所又反(疏)注馮猶至其地○釋曰云馮弱據以強陵弱云犯寡據以大侵小如此者眚瘦其地使不得強大也引王霸記者其記王及霸事者云四面削其地者對下文削之者示四面削之爲異也

賊賢害民。則伐之。春秋傳曰粗者曰侵精者曰伐又曰有鐘鼓曰伐則伐者兵入其竟鳴鐘鼓以往所以聲其罪○粗音麤本亦作麤竟音境(疏)注春秋至其罪○釋曰云賊賢者亂王所任同已者如此則城虐諫輔故云賊賢也云害民者以君臣俱惡重賦多稱其民被害故曰害民如此者則聲鐘鼓伐之也引春秋傳者按莊十年二月公侵宋公羊傳曰觕者曰侵精者曰伐何休云觕麤也彼不言粗此言粗者鄭讀傳與何異觕即粗義亦同也又曰有鐘鼓曰伐者此莊二十九年夏鄭人侵許左氏傳曰凡師有鐘鼓曰伐無曰侵引此二者皆證侵輕伐重之義也

暴內陵外。則壇之。內謂其國外謂諸侯壇讀如同墠之墠王霸記曰置之空墠之地鄭司農云壇讀從憚之以威之憚書亦或爲墠玄謂置之空墠以出其君更立其次賢者○壇依注作墠音善憚之以從且反下同本或無之字(疏)暴內至壇之○釋曰暴內即上云賊賢害民是也陵外即上云馮弱犯寡是也上二文各有其一故伐之眚之不奪其位此則外內惡兼有故壇之奪其位立其次賢○注內謂至賢者○釋曰鄭云讀如同墠之墠從金縢三壇同墠之墠取其除地曰墠謂置之空地先鄭讀從憚之以威之憚此既重而直憚之於義不可故後鄭還從王霸記爲正鄭知立其次賢者以其古者不滅國故知更立次已下賢子弟

野荒民散。則削之。荒蕪也田不治民不附削其地明其不能有○蕪音無(疏)野荒民散則削之○釋曰古者量地以制邑度地以居民地邑民居必參相得無曠土無遊民今言野荒民散由君政惡民並適彼樂國故民散而野荒是其君不能有故削之

負固不服。則侵之。負猶恃也固險可依以固者也不服不事大也侵之者兵加其竟而已用兵淺者詩曰密人不恭敢距大邦(疏)負固不服則侵之○釋曰謂倚恃險固不服事大國則以兵侵之使弱其勢也○注負猶至大邦○釋曰云固險可依以固者也者謂若僖四年楚屈完云楚國方城以爲城漢水以爲池雖君之衆無所用之是其負固不服也云不服不事大即上云比小事大是其服者也云用兵淺者對伐是用兵深者以其罪輕直侵之而已也詩云者大雅皇矣篇引之者證不服也

賊殺其親。則正之。正之者執而治其罪王霸記曰正殺之也春秋僖二十八年冬晉人執衛侯歸之于京師坐殺其弟叔武○坐才臥反(疏)注正之至叔武○釋曰鄭云正之者執而治其罪者其正未必即是殺但殺其親其罪尤重故以正爲殺解之是以王霸記以正爲殺也引晉人執衛侯歸于京師京師據洛邑而言也云坐殺其弟叔武者按彼傳晉侯伐衛衛公出奔楚晉侯敗楚於城濮其弟以受盟既受盟國則無罪衛侯即入將入與弟叔武爲期衛侯先期入叔武將沐聞君至喜捉髮走出前驅歂犬射而殺之衛侯知其無罪枕之股而哭之元咺舊在國是叔武黨見衛侯殺弟遂訴衛侯於晉晉以衛侯有罪諸侯不相治罪遂執衛侯歸于京師時使醫衍酖衛侯甯俞貨醫衍薄其酖不死是坐殺弟合正之事也

放弒其君。則殘之。放逐也殘殺也王霸記曰殘滅其爲惡○殺本又作弒同音試(疏)注放逐至爲惡○釋曰鄭以逐解放則若季氏逐昭公之類是也鄭雖不解弒其君則若慶父弒二君及崔杼弒君之類是也鄭云殘殺者以殺解殘也經本不云殺不云滅云殘者蓋取殘賊殺之苦毒故尚書梓材云戕敗人宥注云戕殘也又云無胥戕無胥虐注云無相殘賊無相暴虐是戕爲殘賊也異義鄭君以爲左氏宣十八年秋七月邾人戕鄫子于鄫傳曰凡自內虐其君曰弒自外曰戕即邾人戕鄫子是也自內曰弒者晉人弒其君州蒲是也雖他國君不加虐亦曰殺加虐殺之乃謂之戕之取殘賊之意也若自上殺下及兩下自相殺之等皆曰殺若然此經云殘者是加虐殺之雖非他國君至於賊臣亦云殘也

犯令陵政。則杜之。令猶命也王霸記曰犯令者違命也陵政者輕政法不循也杜之者杜塞使不得與鄰國交通(疏)注令猶至交通○釋曰鄭訓令爲命者欲就王霸記之命解之爲王命之意也但犯命陵政是不受上命不通之事故還杜塞之使不與四鄰交通

外內亂。鳥獸行。則滅之。王霸記曰悖人倫外內無以異于禽獸不可親百姓則誅滅去之也曲禮曰夫唯禽獸無禮故父子聚麀○行下孟反悖必內反去起呂反夫音符麀於牛反牝鹿也(疏)注王霸至聚麀○釋曰外亂謂若齊襄公淫於外魯桓夫人文姜之等是也內亂謂家內若衛宣公上烝父妾下納子妻之等是也引曲禮者鹿之父子聚麀獸之亂不言鳥之亂義可知故略而不言也按春秋公羊左氏說凡征戰有六等謂侵戰伐圍入滅用兵麤觕不聲鍾鼓入境而已謂之侵侵而不服則戰之謂兩陳交刃戰而不服則伐之謂用兵犄而聲鍾鼓伐而不服則圍之謂市其四郭圍而不服則入之謂入其四郭取人民不有其地入而不服則滅之謂取其君此皆舉重而言假令先入後滅書入舉重已外盡然

正月之吉。始和。布政于邦國都鄙。乃縣政象之灋于象魏。使萬民觀政象。挾日而斂之。以正月朔日布王政於天下至正歲又縣政法之書挾日十日也○縣音玄注同治直吏反挾子協反(疏)正月至斂之○釋曰正月謂周正建子之月之吉謂朔日始和凡政有故言始和者若改造云耳布政于邦國都鄙者謂上九法九伐并下凡令以下皆此時布之邦國據畿外都鄙據畿內不言鄉遂及公邑布政可知此則徧天下也云乃縣已下亦謂正歲乃縣之一與大宰同不復具釋也

乃以九畿之籍。施邦國之政職。方千里曰國畿。其外方五百里曰侯畿。又其外方五百里曰甸畿。又其外方五百里曰男畿。又其外方五百里曰采畿。又其外方五百里曰衛畿。又其外方五百里曰蠻畿。又其外方五百里曰夷畿。又其外方五百里曰鎮畿。又其外方五百里曰蕃畿。畿猶限也自王城以外五千里爲界有分限者九籍其禮差之書也政職所共王政之職謂賦稅也故書畿爲近鄭司農云近當言畿春秋傳曰天子一畿列國一同詩殷頌曰邦畿千里維民所止○分符問反共音恭凡供字皆作共後倣此(疏)乃以至蕃畿○釋曰乃以九畿之籍者謂以面五千里爲九畿皆有典籍之書今大司馬以此籍書施其政職之事於邦國諸侯也云方千里曰國畿者此據王畿內千里而言非九畿之畿但九畿以此國畿爲本向外每五百里加爲一畿也云侯者侯也爲天子伺候非常也云甸者爲天子治田以出賦貢云男者任也任王者之職事云采者采取美物以共天子云衛者爲天子衛守云蠻者際也以近夷狄糜繫之以政教自此已上六服是中國之九州自此已外是夷狄之諸侯此蠻服出大司徒云要服亦一也言要者亦見要束以文教也云夷者以夷狄而得夷稱也云鎮者蓋中國稍遠理須鎮守云蕃者以其最遠故得蕃屏之稱此三服揔號蕃服故大行人云九州之外謂之蕃國世一見指此三服也此云者衛服之內各舉一邊而言其實通稱唯蠻服以外直據彼爲號不通中國之言也○注畿猶至所止○釋曰云王城以外五千里爲界者兩面相距則方萬里此則易之一君二民之地若然堯舜之時固應萬里而五服面二千五百里兩面相距止有五千里無萬里者此據未治洪水時服各五百里至禹治洪水之後弼成五服服加五百則亦萬里若孔君義則不然若據鳥飛直路此服亦止五千里若隨山川屈曲則禹貢亦萬里彼此不異也九籍其禮差之書也者諸侯賦貢多少有常則大國貢半次國三之一小國四之一是其禮差也云政職所共王政之職謂賦稅也者按大宰云以九職任萬民據畿內此九職亦施與邦國則此政職也但施職事與之使萬民勤職而出賦稅諸侯得之以半與三之一四之一市取土毛以貢之則禹貢篚貢是也據民而出謂之賦稅據諸侯所送謂之貢也引春秋傳者按襄二十五年鄭子産對晉云昔天子之地一圻列國一同今大國多數圻矣若無侵小何以至焉殷頌邦畿千里是殷頌玄鳥詩之言引此二者證王畿千里之義

凡令賦。以地與民制之。上地食者參之二。其民可用者家三人。中地食者半。其民可用者二家五人。下地食者參之一。其民可用者家二人。賦給軍用者也令邦國之賦亦以地之美惡民之衆寡爲制如六遂矣鄭司農云上地謂肥美田也食者參之二假

令一家有三頃歲種二頃休其一頃下地食者參之一田薄惡者所休多○令力呈反【疏】凡令至二人○釋曰此文承上邦國之下而云令賦是還據邦國諸侯而說也此經有三等之地按小司徒注云有夫有婦然後爲家自二人以至於十人爲九等七六五者爲其中則地有上中下各分爲三等九等則十口食上上九口食上中八口食上下七人食中上六人食中中五人食中下四人食下上三人食下中二人食下下又按遂人上地夫一廛田百畮萊五十畮中地家二百畮下地家三百畮與此上地食者參之二合故鄭云邦國如六遂矣若然則上地是上下之地應家八人一人爲家長可任者當云家七人今云家三人者經欲互擧以明義故以中地之上家七人見出上地之下八人者明亦有上地之中上地之上又言下地食者參之一其民可用者家二人以地即據下地之下人即據中地之下家五人者亦是互擧以明義故地擧其下人擧其中欲見亦有下內三等其地及人也先鄭云食者三之二假令一家有三頃歲種二頃休其一頃者擧上地只應云一頃五十畮而云三頃者直取參之一擧整言之或并二家而說也

中春。教振旅。司馬以旗致民。平列陳。如戰之陳。

以旗者立旗期民於其下也兵者守國之備孔子曰以不教民戰是謂棄之兵者凶事不可空設因蒐狩而習之凡師出曰治兵入曰振旅皆習戰也四時各教民以其一焉春習振旅兵入收衆專於農平猶正也○中音仲下放此陳直覲反下之陳可陳陳前徇陳行陳巡陳皆同餘以意求之蒐所留反【疏】注以旗至正也○釋曰鄭云以旗者立旗期民於其下也者謂大司馬素有田獵之期日今至期日立熊虎之旗於期處以集衆故云期民於其下云兵者守國之備者鄭欲解田獵者所以習兵故云兵者守國之備引孔子語欲見須田獵以教戰云兵者凶事者隱公傳文云不可空設因蒐狩而習之以蒐狩是田獵之名欲行蒐狩先芟草萊不教戰乃入防田之故云因蒐狩而習之是以書傳文戰闕不可坐習故出於蒐以閑之閑之者習之是其習兵因蒐狩也云凡師出曰治兵入曰振旅皆習戰者按莊公八年正月師次於郎甲午祠兵公羊傳曰祠兵者何出曰祠兵注云禮兵不徒使故其將出必祠於近郊陳兵習戰殺牲饗士卒又曰入曰振旅其禮一也皆習戰也左氏說治兵於廟禮也注云三年而治兵與秋同名兵革將出故曰治兵穀梁傳亦云出曰治兵習戰也入曰振旅習戰也鄭玄於異義駁不從公羊云祠兵故云祠兵者公羊字之誤因而作說之亦不從左氏說治兵爲按兵於廟云於周司馬職曰仲夏教茇舍仲秋教治兵其下皆云如戰之陳仲冬教大閱脩戰法虞人萊所田之野乃爲之如是治兵之屬皆習戰非授兵於廟又無祠五兵之禮是以爾雅釋天云出爲治兵尚威武也入爲振旅反尊卑也言反尊卑者出則壯者在前老弱在後入則壯者在後老弱在前是以鄭此云振旅兵入收衆專於農也云四時各教民以其一焉者春教振旅夏教茇舍秋教治兵至冬大閱是各教民以一也

辨鼓鐸鐲鐃之用。王執路鼓。諸侯執賁鼓。軍將執晉鼓。師帥執提。旅帥執鼙。卒長執鐃。兩司馬執鐸。公司馬執鐲。

鼓人職曰以路鼓鼓鬼享以賁鼓鼓軍事以晉鼓鼓金奏以金鐃止鼓以金鐸通鼓以金鐲節鼓鄭司農云辨鼓鐸鐲鐃之用謂鉦鐸之屬鐲讀如濁其源之濁鐃讀如讙嘵之嘵提讀如攝提之提謂馬上鼓有曲木提持鼓立馬髦上者故謂之提杜子春云公司馬謂五人爲伍伍之司馬也玄謂王不執賁鼓尚之於諸侯也伍長謂之公司馬者雖卑同其號○辨如字劉方免反鐸直各反鐲直角反鐃女交反賁扶云反將軍如字本或作軍將提徒兮反鼙蒲兮反鉦音征讙火官反嘵女交反攝提爾雅云大歲在寅曰攝提格【疏】辨鼓至執鐲○釋曰此春夏秋三時各教其一必春辨鼓鐸者鼓雷之類象仲春雷發聲於外言辨鼓鐸鐲鐃之用者此句與下文爲摠目也○注鼓人至其號○釋曰鄭引鼓人職者欲見以人有六鼓四金據本各依所用今此所用或有不依本者以其唯賁鼓鼓軍事是依本王執路鼓軍將執晉鼓等並不依本用而在軍兼用也先鄭云辨鼓鐸鐲鐃之用謂鉦鐸之屬者按司馬法云十人之長執鉦百人之師執鐸千人之師執鼙萬人之主執大鼓義與此同故引之爲證也云鐲讀如濁其源之濁者此讀取音同之義濁其源者淮南子云濁其源其流不清故讀從之云鐃讀如讙嘵之嘵者從毛詩云以謹讙嘵云提讀如攝提之提者從爾雅云寅爲攝提格取音同而已云提謂馬上鼓者此先鄭蓋據當時已有單騎擧以況周其實周時皆乘車無輕騎法也後鄭云王不執賁鼓尚之於諸侯也者按鼓人職賁鼓鼓軍事註王在軍自爲元帥自合執賁鼓今不執賁鼓者見諸侯因朝而來與王爲賓客故讓之使執賁鼓故云尚之於諸侯王既不用賁鼓而用路鼓者以其雷鼓靈鼓祭天地之鼓不敢用故用祭宗廟之路鼓也軍將用晉鼓者是鼓金奏與諸相應故也不用饗鼓者鼓役事之鼓故不用云伍長謂之公司馬者雖卑同其號者按諸官大夫乃與大官同號宰夫已下并上士中士下士皆不得與大官同號令於序官大司馬之下上士得號行司馬及在軍二十五人長中士號兩司馬五人長下士號公司馬皆與大官同號者以司馬主軍軍事主嚴雖卑得同號也

以教坐作進退疾徐疏數之節。

習戰法○疏數音朔下注疏數同【疏】以教至之節○釋曰按下大閱禮備軍法虞人萊所田之野下又云中軍以鼙令鼓鼓人皆三鼓已下有此坐作進退疾徐疏數之節彼大閱具言於此略說有此坐作之法此於教戰之處爲之故鄭云習戰法也

遂以蒐田。有司表貉。誓民。鼓。遂圍禁。火弊。獻禽以祭社。

春田爲蒐有司大司徒也掌大田役治徒庶之政令表貉立表而貉祭也誓民誓以犯田法之罰也誓曰無干車無自後射立旌遂圍禁旌弊爭禽而不審者罰以假馬禁者虞衡守禽之厲禁也既誓令鼓而圍之遂蒐田火弊火止也春田主用火因焚萊除陳草皆殺而火止獻猶致也屬也田止虞人植旌衆皆獻其所獲禽焉詩云言私其豵獻肩于公春田主祭社者土方施生也鄭司農云貉讀爲禡禡謂師祭也書亦或爲禡○貉莫駕反注同弊婢世反劉薄計反射食亦反下王射同豵子工反肩詩作豣音同施式豉反禡莫駕反【疏】遂以至祭社○釋曰按下大閱禮遂以狩田以下云以旌爲左右和之門羣吏各帥其車徒以叙和出左右陳車徒有司平之既陳乃設驅逆之車有司表貉于陳前此亦當如彼但春非大備故亦略言也言誓民者即下大閱禮羣吏聽誓於陣前鄭引月令司徒北面誓之是也云鼓者即下文中軍以鼙令鼓鼓人皆三鼓已下是也云遂圍禁者既誓令鼓而圍之云火弊者謂田止也云獻禽以祭社者此因田獵而祭非月令仲春祭社也○注春田至爲禡○釋曰云春田爲蒐者蒐搜也春時鳥獸字乳搜擇取不孕任者故以蒐爲名云有司大司徒也者即大司徒職云大田役治其徒庶之政令故知有司是大司徒也云表貉立表而貉祭也者此即詩及爾雅云類也禡也師祭是也云誓民誓以犯田法之罰也者當司徒北面誓之時小子斬牲以左右徇陳也云誓曰無干車無自後射者此據漢田律而言無干車謂無干犯他車無自後射象戰陳不逐奔走又一解云前人已射中禽後人不得復射彼又云無面傷之等象降者不逆擊之云立旌遂圍禁者旌則下文大閱禮云旗居卒間者是也云旌弊者弊仆也田止旌則仆云爭禽而不審者罰以假馬者謂獲禽所算之籌罰者謂效功時爭禽不審即罰去其籌云禁者虞衡守禽之厲禁也者按山虞皆云使其之民守其厲禁謂遮厲之禁不得非時入也若然按地官川衡小田獵之所無厲禁之事言衡者川林或有與山澤連者則亦有厲禁之事故連言之也

中夏。教茇舍。如振旅之陳。羣吏撰車徒。讀書契。辨號名之用。帥以門名。縣鄙各以其名。家以號名。鄉以州名。野以邑名。百官各象其事。以辨軍之夜事。其他皆如振旅。

茇讀如萊沛之沛茇舍草止之也軍有草止之法撰讀曰算算車徒謂數擇之也讀書契以簿書校錄軍實之凡要號名者徽識所以相別也鄉遂之屬謂之名家之屬謂之號百官之屬謂之事在國以表朝位在軍又象其制而爲之被之以備死事帥謂軍將及師帥旅帥至伍長也以門名者所被徽識如其在門所樹者也凡此言以也象也皆謂其制同耳軍將皆命卿古者軍將蓋爲營治於國門魯有東門襄仲宋有桐門右師皆上卿爲軍將者也縣鄙謂縣正鄙師至鄰長也家謂食采地者之臣也鄉以州名亦謂州長至比長也野謂公邑大夫百官以其職從王者此六者皆書其官與名氏焉門則襄仲右師明矣鄉則南鄉甀東鄉爲人是也其他象此云某某之名某某之號某某之事而已未盡聞也鄉遂大夫文錯不見以其素信于民不爲軍將或爲諸帥是也以闕爲夜事戒夜守之事草止者慎於夜於是主別其部職○茇蒲未反撰息轉反又仕轉反注音算息緩反沛步未反一音具又普具反數色主反篝步右反後篝書皆放此識音志一音試下同朝位直遙反被皮僞反下同治直吏反比毗志反甄直僞反見賢遍反【疏】中夏至振旅○釋曰如振旅之陳者四時各教其一故春教振旅夏教茇舍但設經不可文文具設故云如振旅之陳皆轉相如也云羣吏撰車徒者羣吏謂軍將至伍長各有部分皆選擇其在車甲士三人步徒七十二人之等云讀書契者書契謂兵士簿書之要契此小宰之八成云師田以簡稽一也云辨號名者此帥以門名已下是也○注茇讀至部職○釋曰茇讀如萊沛之沛者按王制云居民山川沮澤注云沮謂萊沛時俗有水草謂之萊沛故讀從之也云茇舍草止之也者以草釋茇以止釋舍故即云軍有草止之法云數擇之也者以解撰爲數擇取其善者云軍實之凡要者凡軍有三種或以俘四爲軍實或以戈盾弓矢爲軍實或以禽牲爲軍實今此所云軍實者據兵器爲軍實凡要即名籍之揔名也云號名者徽識者即上注三者旌旗之細者也云所以相別也者皆綴之於聘上以別死者也云鄉遂之屬謂之名者言之屬即經云縣鄙是遂之屬從縣鄙至鄰里州是鄉之屬從州至比長故言之屬以揔之云家之屬謂之號者謂都家之內從大夫至士云百官之屬謂之事者從王朝六鄉已下至下士野以邑名鄭雖不言亦在鄉遂之例以其同是溝洫之人出軍出賦又等故知亦入名中也其號也名也事也三者據經而言云在國以表朝位

者即觀禮云上介奉其君之旂置于宮者是也云凡此言以也象也皆謂其制同耳者以謂若經云帥以門名已下至野以邑名已上五者皆言以也惟百官云象是以也象也此六者以象雖異其制則同皆小旌旗也云軍將皆命卿者欲解帥以門名之意止由卿居於國門使為軍將故軍將得以門為名云古者軍將蓋為營治於國門者此解軍將得以門為名者只由非常之急要在於門故使卿在門住而營治其門故也云魯有東門襄仲者按昭三十二年左傳云魯文公薨而東門遂殺適立庶魯君於是乎失國公子遂字襄仲號為東門只由居東門宋有桐門右師者按春秋左氏傳昭二十五年春叔孫婼聘於宋桐門右師見之注云右師宋師樂大心也其室居桐門故曰桐門右師是宋有桐門右師也引之諸將帥得以門名之事經直云縣鄙鄭知鄰長者以其在軍之時從遂大夫已下至鄰長皆在今署言縣鄙明皆有也云家謂食采地者之臣也者食采地是公卿大夫其身在朝其臣在采地若公山弗擾之類今隨王在軍故以家號為名也鄉以州名亦謂州長至比長者亦如六遂自鄉大夫已下至比長皆在今署舉州為首也云野謂公邑大夫者謂為四等公邑若載師職公邑自甸以出至五百里其長二百里三百里如州長四百里五百里如縣正長下皆有屬官在軍者皆以邑為名云百官以其職從王者謂三百六十官各以其職事從王在軍若大宰下六十官隨其長從王皆以事為號也云此六者皆書其官與名氏焉者六者謂經五以一象假令為官則云大司徒下某官姓名某也云門則襄仲右師明矣者經直云帥以門名恐直以門為名不加官與名字諸官皆須名氏明門亦有官與氏名故云明矣云鄉則南鄉甄東鄉為人是也者甄與為人皆當將鄉名故舉以為況云其他象此者此鄭署舉門名與鄉名其他仍有縣鄙與家野百官亦依此而稱焉云某某之名者即經云門縣鄙鄉野四者皆是某某之名謂若門名當云桐門右師之下某官某姓某甲之名三者皆放此云某某之號者即經云家以號名是也謂若魯之費邑即云費邑之下某官某姓某甲之號云某某之事者即經云百官各象其事謂若地官之下則云大司徒之下某官某姓某甲之事云未盡聞也者鄉來所釋六者署聞帥以門名鄉以州名舉以為況其餘未聞故云未盡聞也云鄉遂大夫文錯不見者此經六遂直云縣鄙不言遂六鄉言以州名雖見鄉亦不見鄉大夫之身其文交錯不見鄉遂大夫故云文錯不見也云以其素信於民者兵書孫子云素信者與衆相得是也舊素與民相信者必情義相得故鄉遂之官還使為軍吏云不為軍將或為諸帥是以闕焉者孟子云因內政寄軍令則鄉遂大夫已下至比長鄰長皆因為軍吏以領本民在上或別使人為軍將則鄉遂大夫別領人為師帥旅帥以下經在軍吏帥以門名之內故闕鄉遂大夫也必知有別使人為軍將法者見外傳穆叔云天子作師公帥之以征不德詩曰周公東征四國是追此並上公為軍將詩云韎韐有奭以作六師此乃諸侯世子為軍將田獵亦容如此於是時鄉遂大夫則為諸帥也若然按下文云師都載旜鄉遂載物注云鄉遂大夫或載旜或載物衆屬軍吏無所將也者謂鄉遂大夫全無武用則諸帥亦不為則是衆屬他軍吏已身全無所將故或載旜或載物不載旗義與此不違也云於是主別其部職者釋經以辨軍之夜事分別其當部當職不與外交雜也

遂以苗田。如蒐之灋。車弊。獻禽以享礿。夏田為苗擇取不孕任者若治苗去不秀實者云車弊驅獸之車止也夏田主用車示所取物希皆殺而車止王制曰天子殺則下大綏諸侯殺則下小綏大夫殺則止佐車佐車止則百姓田獵礿宗廟之夏祭也冬夏田主于祭宗廟者陰陽始起象神之在內○礿餘若反孕羊證反去起呂反綏而誰反下同【疏】遂以至享礿○釋曰在教戰之處辨號名既訖遂入防行苗田之法云如蒐之法者如上蒐時有司表貉誓民令鼓遂圍禁之等云車弊及以享礿二者則與春異以其春時火弊祭社此時車弊享礿也○注夏田至在內○釋曰以其春夏為陽主其生長故春田為蒐搜取不孕任者夏田為苗若治苗去不秀實者其義但春時主孕乳故以不孕任解之也云車弊驅獸之車止也者夏田主用車示所取物希者春秋左氏傳云彼徒我車懼其侵軼我也是車行遅取獸少故知用車示取物希也引王制曰天子殺則下大綏已下據殺訖而言毛詩傳云天子發抗大綏諸侯發抗小綏者據始殺而言也云大夫殺則止佐車王制注佐車驅逆之車按田僕云掌佐車之設驅逆之車佐車似與驅逆之車別者但王制佐車與田僕驅逆之車為一其田僕佐車自是田車之貳曰佐佐文雖同其義則異也若然驅逆之車言佐者能逐禽故以佐言之云礿宗廟之夏祭也者大宗伯文云冬夏田主於祭宗廟陰陽始報象神之在內者仲冬一陽生仲夏一陰生是陰陽在內故神象之而行祭也此祭因田獵獻禽為祭若正祭自在孟月

中秋。教治兵。如振旅之陳。【疏】中秋至之陳○釋曰言教治兵者凡兵出曰治兵入曰振旅春以入兵為名尚農事秋以出兵為名秋嚴尚威故也云如振旅之陳者如春振旅時坐作進退疾徐疏數之法也

辨旗物之用。王載大常。諸侯載旂。軍吏載旗。師都載旜。鄉遂載物。郊野載旐。百官載旟。各書其事與其號焉。其他皆如振旅。軍吏諸軍帥也師都遂大夫也鄉遂鄉大夫也或載旜或載物衆屬軍吏無所將也郊謂鄉遂之州長縣正以下也野謂公邑大夫載旐者以其將羨卒也百官卿大夫也載旟者以其屬衛王也凡旌旗有軍旅者畫異物無者帛而已書當為畫事也號也皆畫以雲氣○書音畫出注氣本或作乞同【疏】辨旗至振旅○釋曰按下文注以出軍之旗則如秋則此經是在軍旌旗也云各書其事與其號焉者此二者即是仲夏百官各象其事及號名之等此秋雖不具辨號名以畧舉之見四時皆有此物也云其他皆如振旅者亦謂坐作進退疾徐之法如振旅之陳也○注軍吏至雲氣○釋曰云軍吏諸軍帥也者亦謂從軍將至下伍長皆是軍吏也云師都遂大夫也鄉遂鄉大夫也者按司常云孤卿建旜大夫士建物則鄉大夫是卿建旜是其常師都載旜不嫌無鄉大夫故鄭直舉遂大夫也云鄉遂鄉大夫者以其遂大夫是中大夫故建物是其常今鄉遂建物不嫌無遂大夫故鄭直舉鄉大夫也云或載旜或載物衆屬軍吏無所將也者鄉遂大夫若為軍將則在軍吏載旗軍中領衆來時亦載旗今載旜載物不載旗故知已之所管之衆屬他軍吏已無所將以其已無武用非直不為軍將亦不為諸帥故全無所將以是載旜載物而已若然既不為軍吏遂大夫上得與卿同載旜鄉大夫則是卿下得與大夫同載物也以鄉遂大夫掌衆同故同載物也俱兩載者以其不為軍將又不任鄉職卿大夫尊卑之常當載旜載物而已故容其兩載也云郊謂鄉遂之州長縣正以下也者郊內有六鄉州長已下郊外有六遂縣正已下故知言郊有此二等人也云野謂公邑大夫者按載師職云公邑之田任甸地郊外曰甸甸則郊外曰野故以野言之但公邑自甸以出至彊五百里有四等公邑皆有大夫治之故司馬法云二百里如州長四百里五百里如縣正是公邑大夫也云載旐者以其將羨卒也者以其六鄉之內上劑致民一家一人為正卒其餘皆為羨卒六遂之內下劑致民家一人為正卒一人為羨卒其餘為餘夫正卒既屬軍吏其餘羨卒使此州長已下等不為軍吏者領之但公邑之內雖不見有出軍之法若出軍亦當與鄉遂同以其得為溝洫法故也若出軍亦正卒使大夫等為軍吏其餘羨卒亦使不為軍吏者領之云百官卿大夫也載旟者以其屬衛王也者以其天地四時之卿大夫其屬各六十有選當行衛守王者即是有衆故載鳥隼之旟云凡旌旗有軍衆者畫異物者即經天子諸侯軍吏郊野百官是也云無者帛而已者鄉遂載旜物是也云書當為畫事也號也皆畫以雲氣者事即上百官言事號即上家言號不言名此亦有名文畧耳云畫以雲氣者鄭解經典言畫者皆以雲解之謂畫五色雲也

遂以獮田。如蒐田之灋。羅弊。致禽以祀祊。秋田為獮獮殺也羅弊罔止也秋田主用罔中殺者多也皆殺而罔止祊當為方聲之誤也秋田主祭四方報成萬物詩曰以社以方○獮息淺反祊音方出注皆殺如字劉色界反【疏】遂以至祀祊○釋曰上文教載旗旜物訖遂入防行獮田之禮其法如蒐田之法云羅弊致禽以祀祊者秋田主用羅羅止田畢入國過郊之神位乃致禽以祀四方之神○注秋田至以方○釋曰云祊當為方聲之誤也者以祊乃是廟門之外內惟因祭宗廟及明日繹祭乃為祊祭今既因秋田而祭當是祭四方之神故云誤也云秋田主祭四方報成萬物者以秋物成四方神之功故報祭之云詩曰以社以方者詩大雅引之證方是四方之神也

中冬。教大閱。春辨鼓鐸夏辨號名秋辨旗物至冬大閱簡軍實凡頒旗物以出軍之旗則如秋以尊卑之常則如冬司常左司馬時也大閱備軍禮而旌旗不如出軍之時空辟實○閱音悅辟音避【疏】中冬教大閱○釋曰以冬時農隙故大簡閱軍實之凡要也○注春辨至辟實○釋曰云春辨鼓鐸已下欲見春夏秋各教其一至冬大閱之時揔教之故云至冬大閱軍實云凡頒旗物以出軍之旗則如秋以尊卑之常則如冬司常佐司馬時也者以其王與諸侯所建秋冬同又秋云軍吏建旗師都載旜鄉遂載物郊野載旐百官載旟不言旞旌二者以其是出軍之法故不言道車游車所載大閱之時見尊卑之常故司常云孤卿建旜大夫士建物師都建旗州里建旟縣鄙建旐道車載旞斿車載旌此為異也鄭云大閱備軍禮而旌旗不如出軍之時空辟實者大閱雖備禮是教戰非實出軍法是其空也秋教治兵是出軍法故寄出軍之旗於彼是冬之空辟實出軍法者也趙商問巾車職建大麾以田注田四時田獵商按大司馬職四時皆建大常何鄭荅曰麾夏之正色田雖習戰春夏尚生其時宜入兵夏本不以兵得天下故建其正色以春夏田至秋冬出兵之時乃建大常趙商又問巾車職曰建大白以即戎注云謂兵車司馬職仲秋辨其物以治兵王建大常注凡頒物以出軍之旗則如秋不知大白以即戎為何時荅曰白者殷之正色王即戎者或命將或勞師不自親將故建先王之正色異於親自將也

前期羣吏戒衆庶。脩戰灋。羣吏鄉師以下【疏】注羣吏鄉師以下○釋曰言前期者謂若大宰職云前期十日此亦在教戰前不必要十日前也知羣吏鄉師以下者見鄉師職云凡四時之田前期出田法于州里簡其鼓鐸旗物兵器脩其卒伍是其事也言鄉師以下則不及鄉鄉是鄉大夫則卿也則可及州長故州長職云若國作民而師田行

役之事則帥而致之掌其戒令與其賞罰黨正云凡作民而師田行役則以其法治其政事族師亦云若作民而師田行役則合其卒伍簡其兵器以鼓鐸旗物帥而至是其以下之事也

虞人萊所田之野。爲表。百步則一。爲三表。又五十步爲一表。田之日。司馬建旗于後表之中。羣吏以旗物鼓鐸鐲鐃。各帥其民而致。質明。弊旗。誅後至者。乃陳車徒。如戰之陳。皆坐。

鄭司農云虞人萊所田之野芟除其草萊令車得驅馳詩曰田卒汙萊玄謂萊芟除可陳之處後表之中五十步表之中央表所以識正行列也四表積二百五十步左右之廣當容三軍步數未聞致致之司馬質正也弊仆也皆坐當聽誓○芟所銜反令力呈反下令走同卒子律反汙音烏行戶剛反下行列行陳皆同仆音赴

【疏】虞人至皆坐○釋曰虞人者若田在澤澤虞若田在山山虞謂使其地之民於可陳之處芟除草萊故云萊所田之野云爲表百步則一爲三表者按下注引月令司徒北面以誓之此經云司馬建旗於後表之中車徒皆坐則此於可陳之中從南頭立表以北頭爲後表也○注鄭司至聽誓○釋曰先鄭云虞人萊所田之野芟除其草萊令車得驅馳者謂芟除其田獵之處故云令車得驅馳引詩者證田處草萊按王制云昆蟲未蟄不以火田則仲冬之時放火田獵何須芟除草萊是以車攻詩毛傳云大芟草以爲防然後焚而射焉是田處不得芟草萊故後鄭易之以爲芟除可陳之處云後表之中五十步表之中央者謂從南表至北表云表所以識正行列也者於可陳之中央立此四表兩相各有三軍之衆至表則三間一而坐坐而更起是表正行列也云積二百五十步者以三表之間有二百步又加一表五十步故揔爲二百五十步也云左右之廣當容三軍者天子六軍左右之地各容三軍此鄭據天子六軍整數而言其實兼羨卒之等故小司徒職云凡起徒役無過家一人惟田與追胥竭作鄭云國人盡行是非止六鄉之民六軍而已云步數未聞者但先南北二百五十步東西不言步數故云未聞也云皆坐當聽誓者下文即云聽誓於陳前故先當聽誓也

羣吏聽誓于陳前。斬牲。以左右徇陳。曰。不用命者斬之。

羣吏諸軍帥也陳前南面鄉表也月令季秋天子教于田獵以習五戎司徒搢扑北面以誓之此大閱禮實正歲之中冬而說季秋之政於周爲中冬爲月令者失之矣斬牲者小子也凡誓之大畧甘誓湯誓之屬是也○鄉許亮反搢劉如字又音箭一音初洽反扑普卜反甘如字劉胡甘反

【疏】羣吏至斬之○釋曰云羣吏聽誓於陳前者士卒皆於後表北面坐羣吏諸軍帥皆在士卒前南面立以聽誓云斬牲以左右徇陳者從表左右向外以徇陳○注羣吏至是也○釋曰云羣吏諸軍帥者從軍將以至伍長謂象軍吏建旗者引月令者證所誓者是司徒使司徒誓者此軍吏及士本是六鄉之民今雖所屬司馬猶是已之民故使司徒誓之也云此大閱禮實正歲之中冬者周雖建子爲正及其行事皆用夏之正歲則此經中夏中春中秋中冬皆據夏法也云而說季秋之政於周爲中冬爲月令者失之矣呂不韋作月令者以爲此經中冬爲周之中冬當夏之季秋故說於季秋是失之矣按月令季秋云是月也天子乃教於田獵以習五戎班馬政云云注引中秋教治兵法王載大常已下爲證不云先至此乃以月令是中冬教大閱法而言爲月令者先鄭君兩解之以其彼云司徒誓衆與此誓衆之等同故爲大閱彼爲治兵法者以彼文授車以等級乃命主祠祭于四方又與中秋治兵法同故彼爲治兵法也云斬牲者小子職云凡師田斬牲以左右徇陳是也云凡誓之大畧甘誓湯誓之屬是也者甘誓是啓與有扈戰湯誓是湯伐桀誓衆辭言之屬者仍有大誓費誓之等故云之屬

中軍以鼙令鼓。鼓人皆三鼓。司馬振鐸。羣吏作旗。車徒皆作。鼓行。鳴鐲。車徒皆行。及表乃止。三鼓。摝鐸。羣吏弊旗。車徒皆坐。

中軍中軍之將也天子六軍三三而居一偏羣吏既聽誓各復其部曲中軍之將令鼓鼓以作其士衆之氣也鼓人者中軍之將師帥旅帥也司馬兩司馬也振鐸以作衆作起也既起鼓人擊鼓以行之伍長鳴鐲以節之伍長一曰公司馬及表自後表前至第二表也三鼓者鼓人也鄭司農云摝讀如弄玄謂如涿鹿之鹿掩上振之爲摝摝者止行息氣也司馬法曰鼓聲不過閶鼙聲不過闒鐸聲不過琅○摝音鹿李扶表反鐸待洛反涿丁角反沈音濁劉音獨閶吐剛反闒吐獵反劉湯苔反琅音郎

【疏】中軍至皆坐○釋曰此經摠說聽誓既已將欲向南第二表象戰陳初發面敵此即仲春振旅疾徐坐作之事一也○注中軍至過琅○釋曰中軍中軍之將也者此六軍三軍居一偏皆自有中軍也是以鄭云天子六軍三三而居一偏也言三三者非謂如筭法云三三而九者直是兩箇三爲三而復三而已也云羣吏既聽誓命各復其部曲者軍吏本各主其部分曲別謂若伍長主五人兩司馬主二十五人卒長主百人之等皆是部曲至於誓之時出向衆前聽誓訖各復其部伍本處故云復其部曲也云中軍之將令鼓者經云中軍以鼙令鼓故知中是中軍之將也云鼓以作其士衆之氣者春秋左氏曹劌云一鼓作氣再而衰三而竭是其鼓以作士衆之氣也云鼓人者中軍之將師帥旅帥也者按左氏成二年傳晉與齊戰于鞌卻克傷於矢曰余病矣張侯曰師之耳目在吾旗鼓進退從之於是右援抱而鼓之時卻克擊鼓哀三年左傳鐵之戰趙簡子云伏弢嘔血鼓音不衰是皆將居鼓下知兼有師帥旅帥者按上文春辨鼓鐸云軍將執晉鼓師帥執提旅帥執鼙皆是鼓人故知是軍將師帥旅帥也其卒長執鐃已下皆金非鼓也云司馬兩司馬也者以其上文云兩司馬執鐸故知此經云司馬振鐸者是兩司馬也云以作衆者金雖非鼓振之者亦是以作衆也云作起也既起鼓人擊鼓以行之者釋經車徒皆作鼓行也云伍長鳴鐲以節之者上文云公司馬執鐲鼓人職云金鐲節鼓故云伍長鳴鐲以節之也云伍長一曰公司馬者上文云公司馬執鐲是伍長故云一曰公司馬也先鄭云摝讀如弄者直以摝弄聲相近以振鐸謂之弄也玄謂如涿鹿之鹿者謂從史記黃帝與蚩尤戰于涿鹿之鹿直取音同不從義也此是鹿虒然作聲也云掩上振之者以手在上向下掩而執之云止行息氣也者按鼓人云金鐸通鼓金鐃止鼓則金鐸是通鼓而云止行息氣者經云摝鐸即云羣吏弊旗故知金鐸亦得止行息氣也司馬法鼓聲不過閶以下者證鼓鼙與鐸聲之有異也

又三鼓。振鐸。作旗。車徒皆作。鼓進。鳴鐲。車驟徒趨。及表乃止。坐作如初。

趨者赴敵尚疾之漸也春秋傳曰先人有奪人之心及表自第二前至第三○驟仕救反劉才遘反先悉薦反

【疏】注春秋至之心○釋曰昭二十一年冬十月華登以吳師救華氏宋廚人濮曰軍志有之先人有奪人之心注云戰氣未定故也後人有待其衰注云待敵之衰乃攻是其事也

乃鼓。車馳徒走。及表乃止。

及表自第三前至前表

鼓戒三闋。車三發。徒三刺。

鼓戒戒攻敵鼓壹闋車壹轉徒壹刺三而止象服敵○闋若允反

【疏】注鼓戒至服敵○釋曰經并言三闋三發三刺鄭厤言鼓一闋車一轉徒一刺三而止者鄭據實而言非是一時而三故也

乃鼓。退。鳴鐃且卻。及表乃止。坐作如初。

鐃所以止鼓軍退卒長鳴鐃以和衆鼓人爲止之也退自前表至後表鼓鐸則同習戰之禮出入一也異者廢鐲而鳴鐃○卻起畧反和胡臥反爲于僞反下爲相疑同

【疏】乃鼓至如初○釋曰此言乃鼓退者謂至南表軍吏及士卒回身向北更從南爲始也云鳴鐃且卻者此鳴鐃且卻據初至南表退軍之時象在軍軍退亦鳴鐃是以左氏哀公傳鐵之戰陳子云吾聞鼓不聞金亦是鳴鐃退軍注及其向北即更爲一習戰之事故云及表乃止坐作如初故鄭云習戰之禮出入一也○注鐃所至鳴鐃○釋曰云鐃所以止鼓者鼓人職云金鐃止鼓是也知卒長鳴鐃者春辨鼓鐸云卒長執鐃是也云退自前表至後表者經畧言表則及表乃止坐作如初者摠向北三表故鄭云自前表至後表也云鼓鐸則同者鼓人三鼓兩司馬執鐸與向南時同以其習戰之禮出入一也云異者廢鐲而鳴鐃者前向南時云鼓行鳴鐲此北向不言鳴鐲而言鼓退鳴鐃以其雖習戰出入一猶衆退軍故鳴鐃也

遂以狩田。以旌爲左右和之門。羣吏各帥其車徒。以敘和出。左右陳車徒。有司平之。旗居卒間。以分地前後。有屯百步。有司巡其前後。險野人爲主。易野車爲主。

冬田爲狩言守取之無所擇也軍門曰和今謂之壘門立兩旌以爲之叙和出用次第出和門也左右或出而左或出而右有司平之鄉師居門正其出入之行列也旗軍吏所載分地調其部曲疏數前後有屯百步車徒異羣相去之數也車徒畢出和門鄉師又巡其行陳鄭司農云險野人爲主人居前易野車爲主車居前○分扶問反又如字注同易以豉反注同壘力軌反

【疏】遂以至爲主○釋曰此一節揔論教戰訖入防田獵之事故云遂以狩田也云以旌爲左右和之門者六軍分三軍各處東西爲左右各爲一門云以叙和出者以教戰處內故以田處出云旗居卒間者軍吏各領已之士卒執旗以表之故旗居卒間也○注冬田至居前○釋曰云冬田爲狩言守取之無所擇者對春夏言蒐言苗有所擇又秋名獮中殺者多對此圍守之此又多於獮故得守名也云軍門曰和者左氏傳云師克在和不在衆田獵象戰伐故其門曰和門也云今謂之壘門者漢時軍壘爲門名曰壘門與古和門同故舉爲況云立兩旌以爲之者昭八年穀梁傳云秋蒐於紅正也又云刈蘭以爲防置旃以爲轅門以葛覆質以爲槷注云質椹也槷門中臬又云流旁握御轂者不得入注流旁握謂車兩轄頭各去門邊容握握四寸也又車攻詩傳云大艾草以爲防或舍其中褐纏旃以爲門裘纏質以爲槸門容握驅而入擊則不得入左者之左右者之右然後焚而射焉又云古者戰不出頃田不出防是其事也云有司平之鄉師居門正其出入之行列也者

按鄉師職云巡其前後之屯而戮其犯命者斷其爭禽之訟故知此經云有司曰是鄉師也云車徒異羣者出軍之時一與甲士三人步卒七十二人車徒同羣今在軍行列之時則車徒異羣故車人有異也既陳乃設驅逆之車。有司表貉于陳前。驅驅出禽獸使趨田者也逆逆要不得令走設此車者田僕也○驅起具反又如字要於遥反〔疏〕既陳至陳前○釋曰前經論陳車徒訖故祭云既陳云乃設驅逆之車設訖即為表貉之祭於陳前也○注驅驅至僕也○釋曰云驅驅出禽獸使趨田者按王制云天子諸侯發皆不云佐車者其實天子諸侯田時皆有驅逆之佐車直於大夫言之者據終而言也知設此車是田僕者見田僕職云設驅逆之車故知也中軍以鼙令鼓。鼓人皆三鼓。羣司馬振鐸。車徒皆作。遂鼓行。徒銜枚而進。大獸公之。小禽私之。獲者取左耳。羣司馬謂兩司馬也枚如箸銜之有繣結項中軍法止語為相疑惑也進行也鄭司農云大獸公之輸之於公小禽私之以自畀也詩云言私其豵獻肩于公一歲為豵二歲為豝三歲為特四歲為肩五歲為慎此明其獻大者於公曰取其小者玄謂慎讀為麎爾雅曰豕生三曰豵豕牝曰豝麋牝曰麎獲得也得禽獸者取左耳當以計功○箸直慮反繣戶卦反劉又胡麥反或音卦畀必二反與也豝音巴本亦作豝慎如字亦音辰麎音辰又音脣止尸反麋牝也貜本亦作豵子工反〔疏〕中軍至左耳○釋曰此令鼓之事與上文教戰時大同惟徒銜枚為異○注羣司至計功○釋曰鄭知羣司馬謂兩司馬者上文春辨鼓鐸注云兩司馬振鐸故知之也云枚如箸銜之有繣結項中者雖無正文以意言之繣即兩頭繫也既有兩繫明於項後中央結之先鄭引詩云言私其豵獻肩于公一歲為豵已下鄭皆不從者豳詩毛傳云三歲曰豜此云四歲為肩爾雅云豕生一曰特二曰師三曰豵又爾雅云麋牝曰麎無五歲為慎又魏之詩云三歲曰特先鄭皆無可依據故不從也若然豜還是鹿之絕有力者也及所弊。鼓皆駴。車徒皆譟。鄭司農云及所弊至所弊之處玄謂至所弊之處田所當於止也天子諸侯蒐狩有常至其常處吏士鼓譟象攻敵剋勝而喜也疾雷擊鼓曰駴譟讙也書曰前師乃鼓𡔷譟亦謂喜也○駴本亦作駭胡楷反李一音亥譟素報反𡔷音符又芳甫反〔疏〕釋曰云及所弊者冬徒弊止之處謂百姓獵止○注鄭司至喜也○釋曰引書曰者書傳文彼說武王伐紂時事徒乃弊。致禽饁獸于郊。入獻禽以享烝。徒乃弊徒止也冬田主用眾物多眾得取也致禽饁獸于郊聚所獲禽因以祭四方神於郊月令季秋天子既田命主祠祭禽四方是也入又以禽祭宗廟○饁于輒反劉于法反烝之升反後皆放此〔疏〕徒乃至享烝○釋曰云致禽饁獸于郊者亦謂因田過郊之神位而饋之○注徒乃至宗廟○釋曰月令季秋天子既田云云者證彼祭禽于四郊與此饁獸于郊為一物其實彼一解以為是仲秋祭禽以祠礿為一也及師。大合軍。以行禁令。以救無辜。伐有罪。師所謂王巡守若會同司馬起師合軍以從所以威天下行其政也不言大者未有敵不尚武○從才用反下同〔疏〕注師所至尚武○釋曰云師所謂王巡守若會同者以對下文云若大師是出軍法

故鄭云未有敵不尚武也若大師。則掌其戒令。涖大卜。帥執事。涖釁主。及軍器。大師王出征伐也涖臨也臨大卜卜出兵吉凶也司馬法曰上卜下謀是謂參之主謂遷廟之主及社主在軍者也軍器鼓鐸之屬凡師既受甲迎主于廟及社主祝奉以從殺牲以血塗主及軍器皆神之〔疏〕若大至軍器○釋曰云帥執事涖釁主及軍器者按小子職云釁邦器及軍器彼官釁之而大司馬臨之○注大師至神之○釋曰鄭知臨大卜者按大卜云掌龜之八命一曰征故知云也云司馬法曰上卜下謀是謂參之者卜在廟又龜有神故云上卜謀人在下故云下謀君居其中故云參也云主謂遷廟之主及社主在軍也者曾子問云軍行則以遷廟之主行左傳祝佗云軍行被社釁鼓祝奉以從尚書云用命賞于祖不用命戮于社皆是在軍者也及致。建大常。比軍眾。誅後至者。比或作庀鄭司農云致謂聚眾也庀具也玄謂致鄉師致民於司馬比校次之也○比必履反注同或呲志反劉芳直反作庀匹是也劉芳美反具也沈方二反〔疏〕注比或至之也○釋曰先鄭云庀具也者先鄭從古書庀後鄭不從以為校次者凡物有數者皆須校次乃知具不故不從具也玄謂致鄉師致民於司馬者皆據鄉師職知之具司馬用王大常者以上文大師王親御六軍故司馬用王之大常致眾若王不親則司馬自用大旗致之及戰。巡陳眡事而賞罰。事謂戰功也○眡音視〔疏〕及戰至賞罰○釋曰巡陳者司馬當戰對陳之時巡軍陳眡其戰功之事知其有功無功而行賞罰也若師有功。則左執律。右秉鉞。以先愷樂獻于社。功勝也律所以聽軍聲鉞所以為將威也先猶道也兵樂曰愷獻于社獻功于社也司馬法曰得意則愷樂愷歌示喜也鄭司農云故城濮之戰春秋傳曰振旅愷以入于晉○鉞音越道音導濮音卜〔疏〕若師至于社○釋曰云若師有功則左執律右秉鉞以先者謂戰陳知有勝功訖乃執律者示此律聽軍聲尅勝耳右秉鉞示威也○注功勝至于晉○釋曰云律所以聽軍聲者大師職文彼初出軍時大師執聽至此尅勝司馬執之先鄭引城濮之戰者僖二十八年晉文公敗楚於城濮兵入曰振旅整眾而還歌愷樂而入晉彼諸侯法與此天子禮同故引為證也趙商問夏官師有功則獻于社春官大司樂王師大獻則令奏愷樂注云大獻獻捷於祖不違異意鄭答曰司馬主軍事之功故獻於社大司樂宗伯之屬宗伯主宗廟故獻于祖若然軍有功二處俱獻以其出軍之時告于祖宜于社故反必告也若師不功。則厭而奉主車。鄭司農云厭謂厭冠喪服也軍敗則以喪禮故秦伯之敗於殽也春秋傳曰秦伯素服郊次鄉師而哭玄謂厭伏冠也奉猶送也送主歸於廟與社○厭於涉反李一音於入反注同殺戶交反劉音豪鄉師許亮反〔疏〕注鄭司至與社○釋曰春秋秦伯事左傳僖三十三年秦師襲鄭之事按彼僖三十年秦晉圍鄭鄭使燭之武說秦伯秦師退使杞子逢孫楊孫戍鄭至僖三十三年秦使孟明視白乙丙西乞術襲鄭將至鄭逢商人弦高將市於周詐之秦師還至殽晉師與姜戎敗之獲三帥囚之於晉晉舍三師還秦伯素服郊次鄉師而哭之是其事也玄謂厭伏冠者按下曲禮云厭冠不入公門彼差次當總小功之冠以言之五服之冠皆厭以其喪冠反吉冠於武上向內縫之冠於武下向上縫之以伏冠在武故得厭伏之名按檀弓注

厭冠喪冠其服亦未聞若然先鄭引秦伯素服者彼據在國向外哭此則從外向內不同故云其服未聞後鄭不破者已有壇弓注此從破可知王弔勞士庶子。則相。師敗王親弔士庶子之死者勞其傷者則相王之禮庶子卿大夫之子從軍者或謂之庶士○勞力報反注同相息亮反注同〔疏〕注師敗至庶士○釋曰按宮伯云掌宮中士庶子注云士適子庶子其支庶與此注云庶子為卿大夫之子適庶俱兼則經中士為卿大夫士之身與宮伯注不同者彼官正掌卿大夫士身宮伯別掌士庶子士庶子為適子支子明矣此惟一文云弔勞士庶子不見別有弔勞卿大夫士身故分之鄭望經為注故不同也若然此注不云王之子者以其卿大夫之適子為王與后與士同故親弔勞之士之子如眾人不得為王及后如士故不弔勞之也大役。與慮事。屬其植。受其要。以待攷而賞誅。大役築城邑也鄭司農云國有大役大司馬與謀慮其事也植謂部曲將吏故宋城春秋傳曰華元為植巡功屬謂聚會之也要者簿書也考謂考校其功玄謂慮事者封人也於有役司馬與之植築城楨也屬賦丈尺與其用人數○與慮音預又如字注與謀同屬音燭注同植直吏反注同華戶化反楨音貞〔疏〕大役至賞誅○釋曰此謂築城邑之時封人慮事計功大司馬雖不掌徒役亦得與謀也屬其植者屬謂屬聚徒役計其人數賦其丈尺以課其功也植者版幹之屬計其人事各使備足也○注大役至人數○釋曰先鄭以為與慮事大司馬與在謀慮其事中後鄭從之增成其義按宣十二年楚令尹蔿艾獵城沂使封人慮事以授司徒注云封人司徒之屬官是封人慮事司馬與在謀慮中也春秋宋華元者按宣二年左氏傳云宋城華元為植巡功注云植將主也先鄭云植謂部曲將吏屬謂聚會之後鄭不從以為植築城楨也屬賦丈尺與其用人數者按昭三十二年晉士彌牟營成周計丈數揣高卑度厚薄仞溝洫又云以令役於諸侯屬役賦丈尺宣十一年計慮用人功之數以此知屬謂賦丈尺與人數也大會同。則帥士庶子。而掌其政令。帥師以從王〔疏〕注帥師以從王○釋曰知帥師以從王者按諸子職云若會同賓客作羣子從注云從從王是其事也若大射。則合諸侯之六耦。大射王將祭射于射宮以選賢也王射三侯以諸侯為六耦〔疏〕若大至六耦○釋曰王大射之時有諸侯來朝在京師者大司馬令之為六耦○注大射至六耦○釋曰云大射王將祭射于射宮以選賢也者按禮記射義云古者天子之制諸侯歲獻貢士於天子天子試之於射宮而中多者得與於祭大射禮亦射於郊學宮中皆是為祭選士故云選賢也云王射三侯者司裘云王大射則共虎侯熊侯豹侯是也此大射是將祭而射故用諸侯為六耦若賓射射人亦用六耦但不用諸侯當用卿大夫為之燕射三耦自然用卿大夫已下為之大祭祀。饗食。羞牲魚。授其祭。牲魚魚牲也祭謂尸賓所以祭也鄭司農云大司馬主進魚牲○食音嗣後饗食皆放此〔疏〕大祭至其祭○釋曰大祭祀謂天地宗廟此大祭據祭廟而言其中小之祭亦為之矣饗食謂諸侯來朝上公三饗三食之等行之在廟故與大祭祀同皆羞進魚牲○注牲魚至魚牲○釋曰云祭謂尸賓所以祭也者大祭祀授尸祭饗食授賓祭祭者魚之大臠即少牢下篇云主人主婦尸侑各一魚加膴祭於其上膴謂魚之反覆者公食大夫亦云授賓祭故云祭謂

尸賓所以祭若王祭則膳夫云授王祭是也先鄭云大司馬主進魚牲者必使司馬進之者司馬夏官夏陰氣所起魚水物亦陰類故使司馬進之也　大喪。平士大夫。鄭司農云平一其服也玄謂平者正其職與其位（疏）大喪平士大夫○釋曰必使司馬平之者司馬之屬有司士主羣吏今王喪不得使司士故司馬平之○注鄭司至其位○釋曰先鄭云平一其服也者後鄭不從者小宗伯已懸衰冠故後鄭以爲平者正其職與其位也　喪祭。奉詔馬牲。王喪之以馬祭者蓋遣奠也奉猶送也送之至墓告而藏之○遣奠棄戰反後遣奠遣車之類皆同（疏）注王喪至藏之○釋曰鄭知喪祭是大遣奠者以其喪奠反虞卒哭喪祭之等無奉送詔告惟有大遣奠入壙之時有奉送之事故知喪祭是大遣奠耳

周禮注疏卷二十九挍勘記　阮元撰盧宣旬摘錄

附釋音周禮注疏卷第二十九

大司馬

使稱才仕用　閩監毛本仕作任此誤下同

監監一國　余本嘉靖本閩監毛本同釋文出監國二字則一爲衍文當刪正

職謂職稅也　宋本余本嘉靖本作賦稅與儀禮經傳通解合此誤

次國三之　按下脫一字

馮弱犯寡則眚之　閩監本眚誤眚禮說云眚公羊作省省與眚通○按字書韻書無眚字

有鍾鼓曰伐　嘉靖本同閩監毛本鍾改鐘下及疏同

彼不言粗　閩監毛本粗改麤非下同

壇讀如同墠之墠　漢讀考作讀爲

壇讀從墠之以威之墠書亦或爲墠　釋文云墠之以本或無之字漢讀考作書亦或爲墠云今本作墠誤○按墠之以威見左傳昭公十三年

此則外內之惡兼有　閩監毛本作內外

雖君之衆　孫志祖云左傳無君之二字按詩殷武疏亦有君之二字疑今本左傳有脫文

衞公出奔楚　補毛本衞公作衞侯疑公上脫成字

經本不云殺不云滅　閩本同監毛本云改言

謂若齊襄公淫於外　惠挍本作淫於妹此誤

五千里爲界　賈疏及諸本同段玉裁云當作五百里

故書畿爲近　諸本同案近蓋圻之誤肆師注云故書祈爲幾杜子春讀幾當爲祈小子注又云春官肆師職祈或作幾是故書作幾作畿也此當云故書圻爲畿鄭司農云畿當爲圻此猶杜從今書作祈不從故皆作畿

故下引春秋傳天子一圻詩殷頌邦圻千里證之經文畿當作圻淺人據故書改經復援經改注也詩亦古文作邦畿千里今文作邦圻千里○按前說甚誤故書作近古音相似也不當牽合他注爲肊決之語詩古文作畿今文作圻九爲肊說

蓋中國稍遠　惠挍本蓋作去此誤

不通中國之言也　惠挍本言作名此誤

此九職亦施與邦國　浦鏜云與疑於字誤

地卽據下地之下　閩本同誤也當從監毛本作下地之上

直取參之一舉整言之　閩本同誤也當從監毛本作參之二

是以書傳文　浦鏜云文當云字誤

諸侯執賁鼓　唐石經諸本同通典七十六賁作鼖注中同案注引鼓人職以賁鼓鼓軍事鼓人字鼖釋文鼖扶云反此釋文賁鼓扶云反賁鼓二字蓋鼖之誤分也經注皆當作鼖○按一經之內用字之例不必畫一此條改經改釋文非是

提持鼓立馬髦上者　通典引此注無鼓字

雖卑同其號　通典卑下有亦此脫

中軍以鼙令鼓　浦鏜云鼙誤鼙

無干車　嘉靖本車誤軍

虞行守禽之厲禁也　余本同誤也賈疏嘉靖本毛本行作衡當據正閩本剜改作虞行守禽之之厲禁也復一之字監毛本承其誤

獻肩于公　監本肩作豜據毛詩妄改釋文云獻肩詩作豜知禮注無作豜者

春時鳥獸字乳　宋本作孚乳此誤

謂無干犯他事　閩本同誤也當從監毛本事作車

按山虞皆云　浦鏜云虞下當脫林衡二字

羣吏撰車徒　唐石經余本嘉靖本同閩監毛本羣改群下及注疏並同

以簿書校錄軍實之凡要　嘉靖本簿作薄按釋文簿書步古反後簿書皆放此蓋亦本作薄

東鄉爲人是也　禮說云世本有宋大夫東鄉爲無人字似東鄉氏而爲名晉國高士全隱於南鄉因以爲氏則南鄉者亦氏南鄉名甄也漢讀考云惠據廣韻今左氏宋有向爲人鄉向古通疑鄉氏有東鄉南鄉之別段玉裁又云左傳文七年正義云世本宋桓公生公子鱗鱗生東鄉矔是則左傳鱗矔世本作東鄉矔左傳鱗朱向帶向爲人皆桓族也然則世本之東鄉爲人卽左傳向爲人無疑鄭注出世本廣韻引世本奪人字耳

凡軍有三種　浦鏜云軍下當脫實

自鄉大夫已下　閩本同監毛本鄉誤卿

孟子云因內政寄軍令　當從毛本作管子

鄉遂大夫則爲諸師也　浦鏜云師當帥字誤

冬夏田主于祭宗廟者　通典于作於

但春時主孚乳　閩毛本同監本孚誤字

鄉遂載物　唐石經原刻作遂後磨改爲家按賈疏是遂字漢讀考云此當從石經作鄉家假令是鄉遂則注不得云鄉大夫也

凡旌旗有軍旅者　余本閩監毛本同誤也嘉靖本旅作衆通典引此注同當據以訂正臧禮堂云春秋正義隱五年桓五年宜十二年成十六年皆引作軍衆

以畧舉之　閩本同監毛本以作亦

不嫌無卿大夫　此卿大夫之誤

二百里如州長　浦鏜云二百里下脫三百里三字

遂以獮田如蒐田之灋　諸本同唐石經無下田字按中夏云遂以苗田如蒐田之灋無下田則此爲衍文無疑

上文教載旗旜物訖　浦鏜云戰頒二字誤載從儀禮通解續挍

云詩曰以社以方者詩大雅　浦鏜云小雅之訛

司常左司馬時也　余本閩監本同嘉靖本毛本左作佐○按左者古之佐字漢人祇用左

注云謂兵車　惠挍本車作事此誤

仲秋辨其物以治兵王建大常　惠挍本其作旗建作載

四表積二百五十步　浦鏜云三百誤二百疏中同

表兩相各有三軍之衆　浦鏜云相當廂字誤

及表乃止　毛本止誤正

鼓以作其士衆之氣也　通典無也

云羣吏旣聽誓命　按注無命字

於是右爰枹而鼓之　毛本爰作援當據正枹亦當作桴○按說文枹擊鼓杖也當从木而譌作扌耳作桴者乃假借字

哀三年左傳鐵之戰　按三當作二

赴敵尚疾之漸也　通典無也

自第二前至第三　通典下有表

戒攻敵也　通典下有也此脫

鼓壹闋　通典壹作一下同按注中不當用古字諸本作壹非疏中皆作一
且御　唐石經余本嘉靖本閩本同監毛本御誤卻
鐃所以止鼓　通典下有也
鼓人爲止之也　通典無也
回身向北　惠挍本回作迴
易野車爲主　監本主誤王
旗軍吏所載　通典下有也字
又秋名獮中殺者多　閩監本同誤也當從毛本又作及
裘纏質以爲槸　閩毛本槸誤槸監本誤摰
擊則不得入　閩監本同誤也惠挍本擊作轚當據正毛本誤繫○按說文轚者車轄相擊也
三歲曰豣　閩監毛本豣作豜
象攻敵剋勝而喜也　余本嘉靖本閩本同監毛本剋改尅
因以祭四方神於郊　通典四方下有之
以行禁令以救無辜　監本令誤今辜誤辠閩毛本亦訛辠
帥執事　毛本帥誤師
軍器鼓□之屬　余本嘉靖本毛本及通典皆作鼓鐸當據以補正閩監本作鼓鐘非也
皆神之　通典作皆神明之
比或作庀　葉鈔釋文庀作庇余本載音義同
元謂致鄉師致民於司馬比校次之也　通典作致鄉師致民於司馬也比校次之
故秦伯之敗於殽也　此本及閩監本殽訛殺今據嘉靖本毛本訂正疏中監毛本亦誤
考謂考校其功　余本嘉靖本同閩監毛本上考作攷非○按上文曰校次之此曰考校其功校字皆从木漢人蓋無从手之挍
植築城楨也　閩監毛本同誤也余本嘉靖本植作楨葉鈔釋文及余本載音義同當據正此本疏及音義皆不誤閩本疏中誤植○按此楨榦字
楚令尹蔿艾獵城所　浦鏜云沂誤所
帥師以從王　余本閩監毛本同誤也嘉靖本作帥帥當據正○按帥逗帥以從王四字一句
若大至六耦　閩本同監毛本大下衍射
今王喪不得使司士　宋本鈌得
以其喪奠反虞卒哭喪祭之等　宋本無下喪此衍

附釋音周禮注疏卷第三十

鄭氏注　賈公彥疏

小司馬之職掌。此下字脫滅札爛文闕漢興求之不得遂無識其數者〔疏〕注此下至數者○釋曰鄭知脫滅札爛又闕者見天官小宰地官小司徒春官小宗伯之等職掌下其文多矣凡小祭祀之言皆是於下摠結以此知此下脫滅札爛又闕也言脫滅者直據職掌下一經脫滅札爛又闕者以其下經簡札爲韋編折爛闕落知漢與求之不得者此闕與冬官所亡同日皆爲遭暴秦燔滅典籍興購求遺書不得也云遂無識其數者以其無文遂無記識職掌以下之數耳凡小祭祀。會同。饗射。師田。喪紀。掌其事。如大司馬之灋。〔疏〕凡小至之灋○釋曰云小祭祀已下至喪紀皆掌此小字對大司馬大祭祀之等大司馬之小會同謂諸侯使卿大夫來聘王使卿大夫與之會同言饗射師田皆是諸侯使卿大夫來聘王還使卿大夫與饗燕及射師田之等也小喪紀者三夫人已下云掌事如大司馬之法亦如大司馬羞魚牲授其祭之等也

軍司馬　闕

輿司馬　闕

行司馬　闕〔疏〕軍司馬輿司馬行司馬○釋曰軍司馬當宰夫肆師之等皆下大夫四人輿司馬當上士八人行司馬當中士十六人餘官皆無異稱此獨有之者以軍事是重故特生別名此等皆與上同闕落之

司勳掌六鄉賞地之灋。以等其功。賞地賞田也在遠郊之內屬六鄉焉等猶差也以功大小爲差〔疏〕注賞地至爲差○釋曰知賞地是賞田在遠郊之內者以載師職云牛田賞田任遠郊之地故知也知屬六鄉者以其遠郊內置六鄉故也云以功大小爲差者以下文云輕重視功則賞地大小不定故知以功大小爲差王功曰勳。輔成王業若周公〔疏〕輔成王業若周公○釋曰知據王業者以其言王繼王身而言明據王之位業而說耳以周公攝政相幼君致大平還政成王是輔成王業之事故以周公託之但經之所云不得專爲周公伊尹之等故皆云若此擬之耳國功曰功。保全國家若伊尹〔疏〕注保全國家若伊尹○釋曰鄭知保全國家者以其言國繼國而言故知是保全國家者也以伊尹比之者以湯時天下太平湯崩孫太甲即位不明政事伊尹爲數篇書以諫之諫既不入乃放之桐宮三年思庸復歸於亳國家得全故以伊尹擬之耳民功曰庸。法施於民若后稷〔疏〕法施於民若后稷釋曰知法施於民者以其言民繼民言之先王之業以農爲本以后稷比之者周之先祖棄爲堯之稷官農人植嘉穀天下爲烈豈一手一足哉庸亦功也以法施於民有功故以后稷擬之事功曰勞。以勞定國若禹〔疏〕注以勞定國若禹○釋曰知以勞定國者以其言勞據勤勞施國而言堯遭洪水下民昏墊國家不定命禹治之手足胼胝三過門不入彌成五服國乃獲安故以禹擬之也治功曰力。制法成治若咎繇○治直吏反注同咎音羔繇音遙〔疏〕注制法成治若咎繇○釋曰以其言治言力故知制法成治出其謀力按虞書帝謂咎繇云蠻夷猾夏寇賊姦宄汝作士五刑有服是咎繇制其刑法國家治理故以咎繇擬之戰功曰多。尅敵出奇若韓信陳平司馬法曰上多前虜〔疏〕注尅敵至前虜○釋曰知多是尅敵出奇者以其言多是於衆之中比挍多少之事故知是尅敵出奇比彼爲多者也漢之二將是尅敵出奇之人故以擬之耳云司馬法曰上多前虜者彼亦是戰以功多爲上居於陳前虜獲俘囚故引以證多爲戰功者也此上六者皆對文爲義若散文則通是以春秋左氏云舍爵策勳彼戰還而飲至不云舍爵策多是通也明堂位云周公爲有勳勞於天下是周公德大有勳兼勞者也凡有功者。銘書於王之大常。祭於大烝。司勳詔之。銘之言名也生則書于王旌以識其人與其功也死則於烝先王祭之詔謂告其神以辭也盤庚告其卿大夫曰茲予大享于先王爾祖其從與享之是也今漢祭功臣於廟庭○識音志盤步干反與音預〔疏〕凡有至詔之○釋曰凡有功謂上六者故云凡以該之使司勳詔之者以其司勳知功之有無大小故也云詔之謂詔司常書之又以辭使春官告神○注銘之至廟庭○釋曰言生則書於王旌以識其人與其功也者以王建大常故云王旌必於王旌識功與人者王旌車上建之就旌上書之欲取表顯示人故也引盤庚告其卿大夫者盤庚殷王欲遷往亳殷臣民有不肯者故告之云我不掩爾善所以者何茲予大享於先王之時爾祖其從先王與在享祭之中況爾見在不掩可知何不從我遷乎引漢法欲見古者祭功臣在廟庭也必祭功臣在冬之蒸祭者蒸者衆也冬時物成者衆故祭功臣按彼書注以冬大享爲蒸嘗者此舉冬祭物成者衆而言其嘗時亦祭之也或可周時直於蒸時祭功臣殷時蒸嘗俱祭禮異故也大功。司勳藏其貳。貳猶副也功書藏于天府又副于此者以其主賞〔疏〕注貳猶至主賞○釋曰鄭知功書藏於天府者天府職文也掌賞地之政令。政令謂役賦〔疏〕注政令謂役賦○釋曰鄭以政爲征征稅也賞地在六鄉之內亦從溝洫貢天子法其民亦從鄉之徭役之法凡賞無常。輕重眡功。無常者功之大小不可豫〔疏〕注無常至可豫○釋曰賞地在遠郊之內有疆界未給者空之待有功乃隨功大小給之故云不可豫也凡頒賞地。參之一食。鄭司農云不以美田爲采邑玄謂賞地之稅參分計稅王食其一也二全入於臣〔疏〕注鄭司至於臣釋曰先鄭意以參之一食者謂以下地可食三之一似下地再易家得三頃歲種一頃食之故云不以美田爲采邑又以賞田與采邑爲一物後鄭不從者不以美田爲采邑亦無文以言之又按載師職家邑任稍地小都任縣地大都任疆地自三百里已外爲之其賞田任在遠郊之內何得爲一物故鄭不從也後鄭云賞地之稅參分計稅王食其一也二全入於臣者采地之稅四之一與小國入天子同今賞田三之一一分入天子與次國三之一入天子同惟加田無國正。加田既賞之又加賜以田所以厚恩也鄭司農云正謂稅也祿田亦有給公家之賦貢若今時侯國有司農少府錢穀矣獨加賞之田無正耳○正音征注同本亦作征少詩照反〔疏〕惟加田無國正○釋曰言無國正無稅入天子法其民出稅入主則有之但加田未知所在或可與賞田同處以其仕田在近郊加田在遠郊可知也○注加田至

正耳。釋曰知加田既賞之又加賜以田者以其文承賞田之下即云加田故知賞田之外所加賜之田可知先鄭云祿田亦有給公家之賦貢舉漢法侯國有司農少府錢穀者漢法穀入司農錢入少府故舉以為況祿田即采地之稅及賞田之等是也加田是加恩厚又不稅入天子凡大夫士賜地有四種大夫已上有采家邑任稍地之等是也又有賞田及加田載師又有仕田及王制圭田圭田即仕田是有四種禮記王制云大夫士有田則祭無田則薦少牢特牲是大夫士有田者是知士亦有田之法也

馬質掌質馬。馬量三物。一曰戎馬。二曰田馬。三曰駑馬。皆有物賈。此三馬買以給官府之使無種也鄭司農曰皆有物賈皆有物色及賈直。賈音嫁注及下同。種章勇反下同〔疏〕馬質至物賈。釋曰云馬質者質平也主平馬力及毛色與賈直之等。注此三至賈直。釋曰云此三馬買以給官府之使無種者馬有六種此三者無種買以給官府餘三者仍有種馬齊馬道馬其齊馬道馬亦無種不買之者其種馬上善似母者其齊馬道馬雖非上善似母者亦容國家所蕃育不買之也

綱惡馬。鄭司農云綱讀為以亢其讎之亢書亦或為亢亢御也禁也禁去惡馬不畜也玄謂綱以縻索維綱狎習之。亢苦浪反又音剛下同御魚呂反本亦作縶下同去起呂反小子注去之同縻亡皮反〔疏〕注鄭司至習之。釋曰先鄭讀為以亢其讎之亢者按僖二十八年晉子犯曰背惠食言以亢其讎是也謂禁去惡馬不畜後鄭不從者此馬質所掌皆買之無種何有惡馬禁去之類故不從也

凡受馬於有司者。書其齒毛。與其賈。馬死則旬之內更。旬之外入馬耳。以其物更其外否。鄭司農云更謂償也玄謂旬之內死者償以齒毛與賈受之日淺養之惡也旬之外死入馬耳償以毛色不以齒賈任之過其任也其外否者旬之外踰二十日而死不任用非用者罪。內更音庚下及注同任用音壬又而鳩反〔疏〕注鄭司至者罪。釋曰後鄭云旬內死者償以齒毛與賈受之日淺養之惡也者所受之馬謂給公家之使旬之內雖任之過其任若養之善未能致死以其日少故也若養之惡雖不重任亦能致死云旬之外死入馬耳償以毛色不以齒賈任之過其任也者以其筋力既竭雖善養之任載過多可以致死故云過其任也云其外否者旬之外踰二十日死不任用非用者罪者以其行使二十日以外馬力既竭雖齊其任養之善容得致死故不償鄭見有三等之法下復云以任齊其行以致意量之以為此解

馬及行。則以任齊其行。識其所載輕重及道里齊其勞逸乃復用之。復扶又反〔疏〕注識其至用之。釋曰鄭知識其所載輕重及道里者以其經云馬及行明授行者所載輕重及道里須齊勞逸乃復用之不得并其勞逸也

若有馬訟。則聽之。訟謂賣買之言相負〔疏〕注訟謂至相負。釋曰知賣買之言者以馬質主買馬故知之也

禁原蠶者。原再也天文辰為馬蠶書蠶為龍精月直大火則浴其種是蠶與馬同氣物莫能兩大禁再蠶者為傷馬與。直音值為傷于偽反〔疏〕注原再至馬與。釋曰云天文辰為馬者辰則大火房為天駟故云辰為馬云蠶書蠶為龍精月值大火則浴其種者月值大火謂二月則浴其種則內宰云仲春詔后帥外內命婦始蠶於北郊是也若祭義云大昕之朝奉種浴於川然注云大昕季春朔日之朝是建辰之月又浴之者蓋蠶將生重浴之故彼下文即云桑於公桑之事是也云是蠶與馬同氣者以其俱取大火是同氣也云物莫能兩大者此莊二十二年左傳文按彼陳敬仲奔齊齊侯使敬仲為卿敬仲其少也周史有以周易見陳侯者陳侯使筮之遇觀之否曰是謂觀國之光利用賓于王此其代陳有國乎不在此其在異國乎下云若在異國必姜姓也姜大岳之後也山岳則配天物莫能兩大陳衰此其昌乎引此者是無並大之義也云禁再蠶者為傷馬與者二者既同氣不可兩大而禁再蠶明恐傷馬無正文故云與以疑之也

量人掌建國之灋。以分國為九州。營國城郭。營后宮。量市朝道巷門渠。造都邑亦如之。建立也立國有舊法式若匠人職云分國定天下之國分也后君也言君容王與諸侯。朝直遙反下及注同國分也扶問反〔疏〕量人至如之。釋曰云掌建國之法者以其建國當先知遠近廣長之數故也云以分國為九州者分國謂分諸侯之國為九州假令土廣萬里中國七千七七四十九方千里者四十九其一為畿內其餘四十八八州各得方千里者六是為九州也至於中平通夷狄七千中國五千衰世通夷狄五千中國三千計皆可知故分國為九州州各有疆界故詩云帝命式於九圍是州各有圍限也云營國城郭者即匠人云營國方九里之類也云營后宮者謂若典命注公之宮方九百步天子千二百步之類也云量市朝道巷者謂若匠人云市朝一夫經塗九軌巷及門渠亦有尺數謂若門容二徹三个之等云造都邑亦如之者謂造三等采地亦有城郭宮室市朝之等故云如之但與之制度大小未必身往耳。注建立至諸侯。釋曰云立國有舊法式若匠人職云者按匠人有營國方九里夏后氏世室及左祖右社面朝後市市一夫之等云分國定天下之國分也者以經云分國謂為諸侯國諸侯國有五百里四百里已下言為州謂九州有分界也云后君也知非王后之宮者以其不言得先言后故以為君也云言君容王與諸侯者以其言分國是諸侯若云王即不容諸侯故變王云后欲容王與諸侯兩舍故也

營軍之壘舍。量其市朝州涂軍社之所里。軍壁曰壘鄭司農云量其市朝州涂還市朝而為道也玄謂州一州之眾二千五百人為師每師一處市也朝也州也皆有道以相之軍社社主在軍者里居也。涂本又作塗還市如字劉戶串反〔疏〕營軍至所里。釋曰此為出軍之時所營量度之事。注軍壁至居也。釋曰云軍壁曰壘者軍行之所擬停之處皆為壘壁恐有非常故云軍壁曰壘也先鄭云量其市朝州塗還市朝而為道也者先鄭意還市朝而為道不釋州義故後鄭不從以一州則一師每一師各自一處各立市朝州即師也師皆有道以相湊之若然未必環遶為路也云軍社社主在軍者里居也者在軍不用命戮於社故將社之石主而行所居皆有步數故職在量人

邦國之地。與天下之涂數。皆書而藏之。書地謂方圖山川之廣狹書涂謂支湊之遠近。湊七豆反〔疏〕注書地至遠近。釋曰鄭以地中有平廣兼山川之等故云書地謂方圓山川之廣狹也云書涂謂支湊之遠近者支謂支分湊謂臻湊道塗有支分及相臻湊遠近者也

凡祭祀饗賓。制其從獻脯燔之數量。鄭司農云從獻者肉殽從酒也玄謂燔從於獻酒之肉炙也數多少也量長短也。炙章夜反〔疏〕凡祭至數量。釋曰云凡者以其天地宗廟饗食事廣故云凡以該之饗賓謂若大行人上公三饗九獻之等饗賓獻有脯從若燕行獻賓薦脯醢是也祭禮獻以燔從故揔之言也。注鄭司至短也。釋曰先鄭云從獻者肉殽從酒也後鄭不從者以肉殽從酒禮所不言按特牲少牢云主人獻尸以肝從主婦獻尸以燔從故後鄭據此以為從獻以燔詩云載燔載烈毛云傳火曰燔貫之加於火曰烈燔雖不貫亦是炙肉故鄭云炙肉也云數多少也量長短也者按儀禮脯十脡各長尺二寸是多少長短膰之數量未聞

掌喪祭奠竁之俎實。竁亦有俎實謂所包遣奠士喪禮下篇曰藏苞筲於旁。竁昌絹反筲所交反〔疏〕掌喪至俎實。釋曰諸於喪祭多據虞祭而言此喪祭文連奠竁竁是壙內故鄭以喪祭為大遣奠解之是以大司馬喪祭亦為遣奠也。注竁亦至於旁。釋曰按冢人云請度甫竁竁穿壙之名此言奠竁則奠入於壙是以云所包遣奠也引士喪禮下篇者即既夕禮是也云藏苞筲於旁者苞謂包牲取下體葦包二者也藏筲者即既夕禮云筲三黍稷麥並藏之於棺旁引之者正喪祭奠入壙之事也

凡宰祭。與鬱人受斝。歷而皆飲之。言宰祭者冢宰佐王祭亦容攝祭鄭司農云斝讀如嫁娶之嫁斝器名明堂位曰爵夏后氏以琖殷以斝周以爵玄謂斝讀如嘏尸之嘏宰冢宰。斝古雅反劉依司農音嫁琖側產反劉本作湔音同嘏古雅反〔疏〕凡宰至飲之。釋曰云凡宰者冢宰攝祭非一故云凡也。注言宰至冢宰。釋曰鄭云冢宰佐王祭亦容攝祭者義得兩含按大宗伯云若王不與祭祀則攝位注云王有故代行其祭事重掌者此據宗伯亦有故則冢宰攝之先鄭云斝讀如嫁娶之嫁直取音同引明堂位者證斝是器名周獻用玉爵無用斝故後鄭云斝讀如嘏尸之嘏讀從少牢尸嘏主人郊特牲云嘏者長也大也謂使主人受長大之福疏已具於鬱人職但此有歷字者謂鬱人與量人歷皆飲之也

小子掌祭祀。羞羊肆羊殽肉豆。鄭司農云羞進也羊肆體薦全烝也羊殽體解節折也肉豆者切肉也玄謂[illegible]謂豚解[illegible]〔疏〕[illegible]

而掌珥于社稷。祈于五祀。[illegible]

衈衈刉社稷五祀謂始成其宮兆時也春官肆師職祈或作畿秋官士師職曰凡刉衈則奉犬牲此刉衈正字與○珥依注音衈而志反後同一音仍祈音畿禨音祀刉音機字書云劃也一曰斷也或古愛反又公内反與音餘〔疏〕注故書至字與○釋曰先鄭云珥以牲頭祭漢時祈禱有牲頭祭後鄭不從者按禮記雜記釁廟之禮云門夾室用雞其衈皆於屋下衈既爲釁禮此刉與衈連文則刉亦是釁禮非祭祀之法何得爲牲頭祭乎是以後鄭爲釁法解之玄謂珥讀爲衈祈或爲刉者以釁法無取於玉珥及祈禱之義故依士師刉衈爲正也鄭知刉衈爲釁禮之事約雜記而知也云用毛牲曰刉羽牲曰衈者此相對而言雜記廟用羊門用雞皆云衈散文通也知刉衈是社稷五祀始成其宮兆時也者凡物須釁者皆謂始成時是以雜記云廟成則釁之是也云春官肆師職祈或作畿者鄭欲見字有參差非一之義云秋官士師職曰凡刉衈則奉犬牲此刉衈爲正字與者刉從刀衈從血於義合故以此爲正字也

凡沈辜侯禳。飾其牲。鄭司農云沈謂祭川爾雅曰祭川曰浮沈辜謂磔牲以祭也月令曰九門磔禳以畢春氣侯禳者侯四時惡氣禳去之也○侯禳如羊反磔陟格反〔疏〕注鄭司至之也○釋曰先鄭云沈謂祭川是以引爾雅爲證按爾雅曰祭山曰庪縣祭川曰浮沈此浮沈之祭當祭天之煙祭社之血亦謂鼓神節先鄭引月令季春令者證辜是辜磔牲體之義鄭彼注九門者王之五門外有國門近郊門遠郊門關門爲九云侯禳者謂候四時惡氣禳除去之也

釁邦器及軍器。邦器謂禮樂之器及祭器之屬雜記曰凡宗廟之器其名者成則釁之以豭豚○豭音家〔疏〕注邦器至豭豚○釋曰鄭以軍器別言即云邦器者是禮樂之器也鄭云禮器器者即射器之等樂器即鐘鼓之等祭器即籩豆俎簋尊彝器皆是引雜記宗廟器成釁之以豭豚者證此等所釁亦用豭豚也

凡師田。斬牲以左右徇陳。示犯誓必殺之○徇辭俊反〔疏〕凡師至徇陳○釋曰此即上文誓衆之時斬牲以左右徇陳是此職也

祭祀贊羞受徹焉。〔疏〕祭祀至徹焉○釋曰贊羞謂若上文大司馬職云祭祀羞魚牲之等此官即贊之云受徹焉者謂祭畢諸宰君婦廢徹之時則此官受之

羊人掌羊牲。凡祭祀飾羔。羔小羊也詩曰四之日其蚤獻羔祭韭〔疏〕羊人至飾羔○釋曰凡正祭皆用成牲今言祭祀飾羔則非正祭用羔是以鄭引詩爲證云四之日者謂用建子爲正至建卯四月夏之二月之日公始用冰欲開冰之時先獻羔祭韭而啟冰室乃出冰也

祭祀割羊牲。登其首。登升也升首報陽也升首于室〔疏〕注登升至于室○釋曰知升首于室者見郊特牲云用牲於庭升首於室注云制祭之後升牲首於北墉下云報陽者以首爲陽對足爲陰祭祀之時三牲之首俱升此特言羊者以其羊人所升不升餘牲故言羊也

凡祈珥。共其羊牲。共猶給也〔疏〕凡祈至羊牲○釋曰犬人共犬此云共羊或羊或犬俱得爲釁故兩職各共之也

賓客共其灋羊。法羊飧饔積膳之羊○食饔音餼本又作飧饔〔疏〕注法羊至之羊○釋曰鄭知法羊是爲此等者以其言法即是依法度多少送於賓館及道路是以掌客致於賓館有上公飧五牢饔餼九牢及殷膳大牢致於道路有五積之等其饔食及燕速賓自饌陳者不言之也

凡沈辜侯禳釁積。共其羊牲。積故書爲眦鄭司農云眦讀爲漬謂釁國寶漬軍器也玄謂積積柴禋祀槱燎實柴○眦徐賜反與漬同槱羊久反燎良召反下同〔疏〕注積故至實柴○釋曰先鄭不從故書眦故讀從水漬後鄭不從漬軍器者以此羊人所共共小子職彼云釁邦器及軍器以此知不得爲漬軍器也後鄭云積積柴禋祀槱燎實柴歷言此三者以互而相通皆須積柴實牲幣煙氣上聞故也但祭天用犢其日月已下有用羊者故我將詩云惟牛惟羊惟天其祐之彼亦據日月以下及配食者也

若牧人無牲。則受布于司馬。使其賈買牲而共之。布泉○賈音古

司爟掌行火之政令。四時變國火以救時疾。行猶用也變猶易也鄭司農說以鄹子曰春取榆柳之火夏取棗杏之火季夏取桑柘之火秋取柞楢之火冬取槐檀之火○楢羊久反又音由〔疏〕司爟至時疾○釋曰云掌行火之政令者即四時變國火及季春出火等皆是也云四時變國火以救時疾者火雖是一四時以木爲變所以禳去時氣之疾也○注行猶至之火○釋曰先鄭引鄹子書論語注引周書不同者鄹子書出於周書其義是一故各引其一言春取榆柳之等舊師皆以爲取五方之色同故用之今按棗杏雖赤榆柳不青槐檀不黑其義未聞

季春出火。民咸從之。季秋內火。民亦如之。火所以用陶冶民隨國而爲之鄭人鑄刑書火星未出而出火後有災鄭司農云以三月本時昏心星見于辰上使民出火九月本黃昏心星伏在戌上使民內火故春秋傳曰以出內火○見賢遍反〔疏〕注火所至內火○釋曰鄭知出火內火據陶冶火者以其上經四時變國火據食火明此春秋據陶冶故引春秋傳爲證也云民隨國而爲之者釋民咸從之義云鄭人已下按左氏昭六年三月鄭人鑄刑書士文伯曰火見鄭其災乎火未出而作火六月丙戌鄭災是其後有災昭十七年梓慎曰火出於夏爲三月於商爲四月於周爲五月夏數得天正先鄭云三月本時昏心星見於辰上使民出火九月本昏心星伏在戌上使民內火者心星則大火辰星是也三月諸星復在本位心星本位在卯三月本之昏心星始時未必出見卯南九月本始之黃昏心星亦未必伏在戌上皆據月半後而言云春秋傳曰以出內火者左氏傳襄公九年文

時則施火令。焚萊之時〔疏〕注焚萊之時○釋曰上言行火政此又言施火令則不掌火禁故鄭云焚萊之時其火禁者則宮正云春秋以木鐸脩火禁注云火星以春出以秋入因天時而以戒司烜亦云仲春以木鐸脩火禁于國中彼二官直掌火禁不掌火令

凡祭祀。則祭爟。報其爲明之功禮如祭爨〔疏〕注報其至祭爨○釋曰鄭云禮如祭爨者祭爨祭老婦也則此祭爟謂祭先出火之人

凡國失火。野焚萊。則有刑罰焉。野焚萊民擅放火〔疏〕注野焚至放火○釋曰國失火謂在國中民失火有罰若今民失火有杖罰野焚萊有罰者大司馬仲春田獵云火弊鄭云春田主用火因除陳生新則二月後擅放火則有罰也

掌固掌脩城郭溝池樹渠之固。頒其士庶子。

及其衆庶之守。樹謂枳棘之屬有刺者也衆庶民遞守固者也鄭司農說樹以國語曰城守之木於是乎用之○枳居氏反刺七賜反遞劉待禮反又待計反〔疏〕掌固至之守○釋曰云掌脩城郭溝池者謂環城及郭皆有溝池云樹渠者非直溝池有樹兼其餘渠上亦有樹也云之固者謂城郭已下數事皆是牢固之事也云頒其庶子者即宮伯所云士謂卿大夫士之適子庶子其支庶彼據宿衛王宮此所須亦據宿衛王宮而言以其庶子不合城郭之用○以掌固是固守之官故兼掌宿衛之事也○注樹謂至用之○釋曰云衆庶民遞守固者也者謂使守城郭之所及要塞之處也先鄭引國語者按楚語云靈王爲章華之臺伍舉諫爲臺榭云瘠磽之地於是乎爲之城守之木於是乎用之是其有守法事引之者證城郭亦然

設其飾器。兵甲之屬今城郭門之器亦然〔疏〕注兵甲至亦然○釋曰鄭知經飾器是兵甲之屬者以其掌器是防禦之器故知是兵甲之屬也云今城郭門之器亦然者漢時城郭門守器所飾亦若今城郭門傍所執矛戟皆有幡飾之等是也

分其財用。均其稍食。財用國以財所給守吏之用也稍食祿稟〔疏〕注財用至祿稟○釋曰云財用者謂所用之財物分與之明是以財所給守吏爲守事之用者也云稍食祿稟者所守之處官及民合受官食月祿稟者所守之處月給米稟與之故謂之稍食也

任其萬民。用其材器。任謂以其任使之也民之材器其所用塹築及爲藩落○塹七豔反〔疏〕注任謂至藩落○釋曰云民之材器其所用塹築及爲藩落者對上文財用謂官之財物此云民之材器明材是材木用爲楨幹以捆塹築作所用及不築處即用材爲藩屏籬落以遮障也

凡守者受灋焉。以通守政。有移甲與其役財用。唯是得通與國有司帥之以贊其不足者。凡守者士庶子及他要害之守吏通守政者兵甲役財難易多少轉移相給也其他非是不得妄離部署國有司掌固也其移之者又與掌固帥致之贊佐也○凡守者劉收又反注凡守者下有守者同易以豉反離力智反〔疏〕注凡守至佐也○釋曰云凡守者士庶子及他要害之守吏者此鄭還據上文士庶子及衆庶之守而言云他要害之守吏者所守是其常也云處除此有要害之處若徼皋河漢要路之所皆爲他要害也云通守政者兵甲役財難易多少轉移相給者鄭據上文飾器而言材器言役材者欲見材器是民役之材非財用者云其他非是不得妄離部署者此則釋經唯是得通之言其餘非所通之外皆不得離其本處也

晝三巡之。夜亦如之。巡行也行守者爲衆庶之解情○行下孟反下皆同爲于僞反解佳賣反〔疏〕晝三至如之○釋曰此乃掌固設法與所守之處非是掌固自巡行之也

夜三鼜以號戒。杜子春云讀鼜爲造次之造謂擊鼓行夜戒守也春秋傳所謂賓將趣者與趣與造音相近故曰終夕與燎玄謂鼜擊鼜警守鼓也三巡之間又三擊鼜○鼜音戚造七報反下同趣莊久反劉祖侯反杜七杜反者與音餘近附近之近與燎音預〔疏〕夜三鼜以號戒○釋曰此乃掌固設法與所守之處言以號戒者使擊鼜有所以號呼使戒守耳○注杜子至擊鼜○釋曰引春秋者按昭二十年衛侯如死鳥齊侯使公孫青聘衛賓將掫注謂行夜不作趣者彼賈服讀字與子春意異云故曰終夕與燎者亦是彼傳文後鄭以

鼜擊鼜警守鼓不從子春造音者以子春已上有注鼜讀爲憂戚之戚是戒守者使有憂戚故謂此鼓爲鼜也。若造都邑，則治其固與其守灋。都邑亦爲城郭。疏注都邑亦爲城郭。○釋曰謂三等采地言亦爲城郭者，但戒守爲城郭而言，故亦如上王國然也。凡國都之竟，有溝樹之固，郊亦如之。竟界也。○竟音境，注及下同。疏凡國至如之。○釋曰此經爲上經而設，仍兼見王國而言，故國都雙言之。言王國及三等都邑所在境界之上，亦爲溝樹以爲阻固，郊亦如之者，據王國有近郊遠郊，亦有溝樹以爲固。民皆有職焉。職謂守與任。疏注職謂守與任。○釋曰此亦兼上王國及都令有職焉，若有守之處，其民皆職任使勞逸遞守也。若有山川，則因之。山川若殽函。疏若有至因之。○釋曰謂上諸有所造之處，若有山川則因之，不須別造也。注山川至河漢。○釋曰殽謂若殽有二陵皐，謂若東城皐，漢謂若楚，謂齊云楚國漢水以爲池，河爲四瀆之險，又齊西有濁河，皆因之爲固可知。

司險掌九州之圖，以周知其山林川澤之阻，而達其道路。周猶徧也。達道路者，山林之阻則開鑿之，川澤之阻則橋梁之。○徧音遍。疏司險至道路。○釋曰序官注云司險，阻也。○注周猶至梁之。○釋曰云山林之阻則開鑿之者，謂若禹鑿龍門之類。川澤之阻則橋梁之者，謂若十月車梁成之類是也。設國之五溝五涂，而樹之林以爲阻固，皆有守禁，而達其道路。五溝，遂溝洫澮川也。五涂，徑畛涂道路也。樹之林，作藩落也。○洫況域反。澮古外反。畛之忍反。疏設國至道路。○釋曰知五溝五涂者，小大相之準約田間五溝五涂而言之也。○注五溝至落也。○釋曰五溝五涂皆遂人文，故遂人云夫間有遂，遂上有徑；十夫有溝，溝上有畛；百夫有洫，洫上有涂；千夫有澮，澮上有道；萬夫有川，川上有路是也。國有故，則藩塞阻路而止行者，以其屬守之，唯有節者達之。有故，喪災及兵也。閉絕要害之道，備姦寇也。○塞悉則反。疏國有至達之。○釋曰云以其屬守之者，使其地之民爲守也。云唯有節者達之者，下秩下骨徒四十八人之屬守其要害，其餘使其地之民爲守也。云有節者，謂道路用旌節也。○注有故至姦寇。○釋曰鄭知有故是喪災及兵者，喪謂王喪，災謂水火，兵謂寇戎之等。有故使守慎，惟此而已，故以此三事解之。

掌疆闕

候人各掌其方之道治，與其禁令，以設候人。方，道治，治道也。國語曰：候不在疆。詩云：彼候人兮，何戈與祋。○祋丁外反，又丁活反。何，胡我反，又音河。祋，都外反，劉啗律反。疏候人至候人。○釋曰言各掌其方之道治與其禁令以設候人者，以其上士六人，下士十有二人，徒百有二十人，以道路多，故設官及徒亦多也。引國語者，按周語定王使單襄公聘于宋，遂假道于陳，以聘於楚。時候不在境，司空不視塗，膳宰不致餼，司里不授館。單子歸以告王曰：陳侯不有大咎，國必亡。者也。詩云彼候人兮何戈與祋者，荷揭也，祋殳也。引此二者，證候人在道之事。鄭言候人者選士卒以爲之者，即徒百二十人，皆是甲士與步卒之内爲之也。若有方治，則帥而致于朝，及歸，送之于竟。方治，其方來治國事者也。○朝直遥反。疏注方治至送之。○釋曰云方治其方來治國事者也。諸侯有國事，須報在上，皆是也。引春秋者，按襄二十一年晉欒盈過周，周西鄙掠之，辭於行人曰：天子陪臣盈得罪於王之守臣，將逃罪，罪重於郊甸，無所伏竄，敢布其死。昔陪臣書能輸力於王室，王施惠焉。其子黶不能保任其父之勞。大君若不棄書之力，亡臣猶有所逃。若棄書之力，而思黶之罪，臣戮餘也，將歸死於尉氏。王曰：尤而效之，其又甚焉。使司徒禁掠欒氏者，歸所取焉，使候出諸轘轅。彼云候，候人也。鄭君以義言之，故言候人也。

環人掌致師，致師者，致其必戰之志。古者將戰，先使勇力之士犯敵焉。春秋傳曰：楚許伯御樂伯，攝叔爲右，以致晉師。許伯曰：吾聞致師者，御靡旌摩壘而還。樂伯曰：吾聞致師者，左射以菆，代御執轡，御下兩馬，掉鞅而還。攝叔曰：吾聞致師者，右入壘，折馘執俘而還。皆行其所聞而復。○菆側留反，劉子侯反。兩音亮。掉徒弔反，又奴孝反。鞅於兩反。折之設反。疏注致師至而復。○釋曰按文十二年秦伯伐晉，秦伯謂士會曰：若何而戰？對曰：若使輕者肆焉，其可。注云：肆，暫往而退也。又隱九年北戎侵鄭，公子突曰：使勇而無剛者嘗寇而速去之。注云：勇則能往，無剛不恥退。云春秋傳者，宣十二年左氏傳文。言靡旌者，謂驅疾也。摩壘者，近也。菆，矢之善者。兩馬，飾也。掉，正也。言折馘執俘者，左耳曰馘，生獲曰俘。皆行其所聞而復者，時作言，及至晉師，皆行其所聞之事而復反。此亦勇而無剛之人，引之者，證致師之事。察軍慝，慝，陰姦也。○慝他得反。疏注慝陰姦也。○釋曰按莊二十五年左氏傳云：唯正月之朔，慝未作。彼以慝爲陰氣，此慝亦是陰姦者，欲陰私爲姦，故以慝言之，故察而執之。環四方之故。故，謂彼以兵事來衛禦之也。○衛，劉音衛。疏注故謂至禦之。○釋曰云彼以兵事來衛禦之者，謂他國來侵伐，以衛禦之也。巡邦國，搏諜賊，諜賊，反閒爲國賊。○搏音博。諜音牒。閒，閒廁之閒。疏注諜賊至國賊。○釋曰此則訓諜爲閒者，謂彼國之人來閒此國之善惡，諜之言反閒，故爲反閒。訟敵國，告其君以直於敵國。疏注曲直若齊佐如師。○釋曰按成公二年，晉伐齊，齊國佐如師，晉人不可，曰必以蕭同叔子爲質，而使齊之封内盡東其畝。對曰：蕭同叔子非他，寡君之母也。若以匹敵，則亦晉君之母也。吾子布大命於諸侯，而曰必質其母以爲信，其若王命何？又曰：先王疆理天下，物土之宜，而布其利。下云：今吾子疆理諸侯，而曰盡東其畝而已，惟吾子戎車是利，無顧土宜，其無乃非先王之命也乎？晉於是乃是訟敵國之事，故引爲證也。揚軍旅。爲之威武以觀敵。詩云：維師尚父，時維鷹揚。疏注爲之至鷹揚。○釋曰引詩者，大雅文王詩。太公爲大師，可尚可父，武王伐紂之時，太公如鷹之揚擊，是揚威武之事，故引爲證也。降圍邑。圍邑欲降者，受而降之。春秋傳曰：齊人降鄣。○降戶江反，注同。鄣音章，劉諸讓反。疏注圍邑至降鄣。○釋曰按傳莊公三十年秋七月，齊人降鄣。鄣者何？紀之遺邑也。是紀人降齊之時，不俱至後乃降。引之者，證降是圍邑之事也。

挈壺氏掌挈壺以令軍井，挈轡以令舍，挈畚以令糧。鄭司農云：挈壺以令軍井，謂爲軍穿井，井成，挈壺縣其上，令軍中士衆皆望見知此下有井。壺所以盛飲，故以壺表井。挈轡以令舍，亦縣轡於所當舍止之處，使軍望見知當舍止於此下也。挈畚以令糧，亦縣畚於所當稟假之處，令軍望見知當稟假於此下也。畚所以盛糧之器，故以表稟。軍中人多，車騎雜會，讙囂之於卒首挈挈然，故云挈也。○挈音結。畚音本。爲，于僞反。春，不能下。同稟，彼錦反。高反，一音許驕反。讙呼端反。囂五高反。疏挈壺至令糧。○釋曰皆云挈者，先鄭注具，不復疏之也。凡軍事，縣壺以序聚柝。鄭司農云：縣壺以爲漏，以序聚柝，以次更聚擊柝備守也。○柝音託。疏注鄭司農至守也。○釋曰知備守者，入軍中以次更擊柝，是備守也。凡喪，縣壺以代哭者。皆以水火守之，分以日夜。代，亦更也。禮未大斂代哭，以水守壺者，爲沃漏也；以火守壺者，夜則視刻數也。分以日夜者，異晝夜漏也。漏之箭晝夜共百刻，冬夏之間有長短焉。大史立成法，有四十八箭。○大斂力驗反。爲沃，于僞反。數，色主反。大史音泰。疏注代亦至八箭。○釋曰先鄭云代亦更也者，以其上文有更，故云亦也。云禮未大斂代哭者，以士喪禮云，大斂乃代哭，不以官。注云：代，更也。孝子始有親喪，悲哀憔悴，禮防其以死傷生，使之更哭，不絕聲而已。人君以官尊卑，士賤以親疏爲之。三日之後，哭無時。是有代哭之事也。云分以日夜者，異晝夜漏也者，夏至晝六十刻，夜四十刻；冬至晝四十刻，夜六十刻。春秋分晝夜各五十刻。日長者日見之漏五十五刻，日短者日見之漏四十五刻。故鄭注尚書云：日中者，日見之漏與不見者齊也。日永者，日長也，日見之漏六十刻。日短者，日見之漏四十刻。以其馬融云春秋分晝夜各五十刻，夏至晝六十刻，夜四十刻，冬至晝四十刻，夜六十刻，晝漏五十五刻，日未見二刻半，日沒後二刻半，乃昏，則晝夜六十刻。

十五刻夜三十五刻一年通閏有三百六十五日四分日之一四時之間九日有餘校一刻爲率云大史立成法有四十八箭者此據漢法而言則以器盛四十八箭箭各百刻以壺盛水懸於箭上節而下之水水淹一刻則爲一刻四十八箭者蓋取倍二十四氣也**及冬。則以火爨鼎水而沸之。而沃之。**鄭司農云冬水凍漏不下故以火炊水沸以沃之謂沃漏也○爨七端反〔疏〕注鄭司至漏也○釋曰沃如沃尸盥之沃謂沸水稍熱澆沃壺中使下也

射人掌國之三公孤卿大夫之位。三公北面。孤東面。卿大夫西面。其摯。三公執璧。孤執皮帛。卿執羔。大夫鴈。位將射始入見君之位不言士者此與諸侯之賓射士不與也燕禮曰公升即位于席西鄉小臣納卿大夫卿大夫皆入門右北面東上士位於西方東面北上大射亦云則凡朝燕及射臣見於君之禮同○見君賢遍反下同不與音預鄉許亮反朝直遥反下文及注皆同〔疏〕射人至夫鴈○釋曰三公射北面者君南面答陽臣之北面答君三公臣中最尊故屈之使北面答君之義孤東面者西方者賓位以孤無職尊而賓客之故在西也卿大夫西面者以其皆有職故在東近君居主位也○注位將至禮同○釋曰知位是將射始入見君之位者此射人主論射事大射與諸侯禮亦然故知將射見君始入見君之位也云不言士此與諸侯之賓射士不與也者無臣祭無所擇不得自大射得與君大射故司農云大射不言士也按下文士射侯二正則士得自行賓射不得與君賓射矣引燕禮者欲見天子諸侯朝燕射三者位同之義云凡朝燕及射臣見於君之禮同者以儀禮內諸侯有燕朝及射朝不見正朝周禮天子有射朝與正朝不見燕朝諸侯射朝與燕朝位同則天子燕朝亦與射朝位同則諸侯正朝亦與射朝位同是天子諸侯三朝各自同故鄭引儀禮見天子諸侯互見爲義耳**諸侯在朝。則皆北面。詔相其灋。**謂諸侯來朝而未歸王與之射於朝者皆北面從三公位法其禮儀〔疏〕諸侯至其法○釋曰按司几筵云凡封國命諸侯大饗射王立扆前南鄉司服云享先公饗射則鷩冕鄭注云饗射饗食賓客與諸侯射也此云王與之射在朝當皮弁又何得有扆所以然者彼二者據大射在學故有著冕在扆之事此賓射在路門之外朝故與彼異也○注謂諸至三公禮儀○釋曰云從三公位者諸侯南面之尊故屈之從三公位也云法其禮儀者謂在朝進退周旋拱揖之儀也**若有國事。則掌其戒令。**謂王有祭祀之事諸侯當助其薦獻者也戒令告以齊與期○齊側皆反〔疏〕注謂王至與期○釋曰知國事是王有祭祀之事者以其諸侯來朝未歸而有戒令詔相之事大宗伯祭事皆云詔相故知是祭祀之事云戒令告以齊與期者齊謂散齊致齊期謂祭日也**掌其治達。**謂諸侯因與王射及助祭而有所治受而達之於王王有命又受而下之○治直吏反〔疏〕注謂諸至下之○釋曰如鄭注意則治達之中并直諸侯有治于王王之有治亦下達於諸侯也**以射灋治射儀。王以六耦射三侯。三獲三容。樂以騶虞。九節五正。諸侯以四耦。射二侯。二獲二容。樂以貍首。七節三正。孤卿大夫。以三耦。射一侯。一獲一容。樂以采蘋。五節二正。士以三耦。射豻侯。一獲一容。樂以采蘩。五節二正。**射法王射之禮治射儀謂肆之也鄭司農云三侯熊虎豹也容者乏也待獲者所蔽也九節析羽九重設於長杠也正所射也詩云終日射侯不出正兮二侯熊豹也豻侯豻者獸名也獸有貙豻熊虎玄謂三侯者五正三正二正之侯也二侯者三正二正之侯也一侯者二正而已此皆與賓射於朝之禮也考工梓人職曰張五采之侯則遠國屬遠國謂諸侯來朝者也五采之侯即五正之侯也正之言正也射者內志正則能中焉畫五正之侯中朱次白次蒼次黃玄居外三正損玄黃二正去白蒼而畫以朱綠其外之廣皆居侯中參分之一中二尺今儒家云四尺曰正二尺曰鵠鵠乃用皮其大如正此說失之矣大射禮豻作干讀如宜豻宜獄之豻豻胡犬也士與士射則以豻皮飾侯下大夫也大夫以上與賓射飾侯以雲氣用采各如其正九節七節五節者奏樂以爲射節之差言節者容侯道之數也樂記曰明乎其節之志不失其事則功成而德行立○射三侯食亦反下及注射侯所射射牲射豕皆同三獲如字劉胡伯反五正音征下及注同豻五旦反劉音鴈注同肆之劉餘二反一音四九重直龍反杠音江貙勑誅反下同言正音政下志正大射正同能中丁仲反下文注射中中侯同去白起呂反下去豻同廣古曠反鵠古毒反下大夫戶嫁反下天子同以上時掌反下上曰以上同行下孟反〔疏〕注射法至行立釋曰此則賓射在朝之儀言射法王射之禮者此經兼有諸侯臣各在家與賓客射法各自有官掌之射人但作法與之耳首云射法者是射人所掌王射之禮言王射以別諸侯已下之射也云治射儀謂肆之也者言治則非是王射之語謂若大宗伯云治其大禮皆是習禮法故鄭云肆之肆則習也先鄭云三侯虎熊豹後鄭不從云容者乏也者此言容儀禮大射鄉射之等云乏故云容者乏也言容者據唱獲者容身於其中據人而言云乏者矢至此乏極不過據矢而說也云九節析羽九重設於長杠也者若是析羽九重設於長杠即是獲旌當與三獲三容相依何得輒在騶虞之下既在騶虞詩下明是歌之樂節故後鄭不從也云二侯熊豹也者後鄭亦不從也云豻侯豻者獸名也獸有貙豻熊虎者此皆獸類故舉言之也玄謂三侯者五正三正二正之侯也者大射賓射侯數同皆約大射云大侯九十參侯七十豻侯五十而言云二侯者三正二正之侯也者謂七十五十弓者也云一侯者二正而已者據大夫士同一侯二正五十弓而已云此皆與賓射於朝之禮也者按鄉射記云於境則虎中龍旜謂諸侯賓射之禮彼又云唯君有射國中其餘臣則否注云臣不習武事於君側則臣皆不得在國射若然在朝賓射唯有天子而云此皆與賓射於朝之禮者謂諸侯已下賓射在己朝不謂於天子朝行此賓射之禮也云考工梓人職曰張五采之侯則遠國屬已下至五正之侯也引之者破先鄭以此五正之侯爲虎熊豹但梓人有三等侯云張皮侯而棲鵠及司裘云虎侯熊侯豹侯皆大射之侯也梓人又云張五采之侯則遠國屬及此五正之等皆賓射之侯也梓人又云張獸侯則王以息燕及鄉射記云天子熊侯白質之等皆燕射之侯也三射各有其侯而先鄭以皮侯釋正侯非也云正之言正也射者內志正則能中焉者此意取義於射義司裘注更有一釋正爲鳥名解之也云畫五正之侯中朱已下皆以相尅爲次向南爲首故先畫朱知三正去玄黃二正朱綠者皆依聘禮記繅藉而言三采者朱白蒼二采者朱綠也云其外之廣皆居侯中參分之一者此亦約梓人云參分其廣而鵠居一焉彼據大射之侯若賓射之侯亦當參分其廣正居一焉九十步者侯中丈八尺七十步者侯中丈四尺五十步者侯中一丈也云今儒家云四尺曰正二尺曰鵠鵠乃用皮其大如正此說失之矣者賓射射正大射射鵠儒家以正鵠爲一解故鄭破之云鵠乃用皮其大如正不得爲一故云此說失之矣云大射禮豻作干者見大射經作干侯彼注亦破從豻云讀如宜豻宜獄之豻者此讀與彼音同云豻胡犬也者謂胡地之野犬云士與士射則以豻皮飾侯下大夫也大夫以上與賓射飾侯以雲氣知義如此者此賓射正用二采而言豻侯明於兩畔以豻皮飾之故得豻侯之名知大夫已上用雲氣者鄉射記云凡畫者丹質注云賓射之侯燕射之侯皆畫雲氣於側以爲飾必先以丹采其地是賓射大夫已上皆畫雲氣其大射之侯兩畔飾以皮故鄭直言賓射燕射云用采各如其正者其側之飾采之數各如正之多少也云九節七節五節者奏樂以爲射節之差者九節者五節先以聽七節者三節先以聽五節者一節先以聽尊者先聽多畢者少爲差皆留四節以乘矢拾發云言節者容侯道之數者謂若九節者侯道九十弓七節者侯道七十弓五節者侯道五十弓也云樂記曰明乎其節之志不失其事則功成德行立者譏侯道遠近亦爲節也此射義文云樂記者誤也**若王大射。則以貍步張三侯。**鄭司農云貍步謂一舉足爲一步於今爲半步玄謂貍善搏者也行則止而擬度焉其發必獲是以量侯道法之也侯道者各以弓爲度九節者九十弓七節者七十弓五節者五十弓弓之下制長六尺大射禮曰大侯九十參七十干五十[illegible]裘同所共虎侯熊侯豹侯也列國之君大射亦張三侯數與天子同大侯熊侯也參讀爲糝糝雜也雜侯者豹鵠而麋飾下天子大夫○搏音博劉音付擬又作儗同度待洛反[illegible]素感反干五旦反[illegible]〔疏〕注鄭司至大夫○釋曰[illegible]云貍步謂一舉足爲一步[illegible]無取故後鄭不從是以後鄭爲貍善搏物解之云侯道者各以弓爲度九節者九十弓以下者按鄉射記鄉侯五十弓弓二寸以爲侯中彼據鄉射之侯一侯五十弓記而言若大射三侯云九十七十五十亦是據弓爲數弓之上制六尺六寸中制六尺三寸下制六尺與步相應故鄭連引大射三侯以義相會諸侯三侯用物雖不與天子同侯道則同但天子侯道無文約同諸侯故更引司裘云天子三侯以會之[illegible]傪侯知豹鵠而麋飾者[illegible]侯乃稱傪豹尊於麋明以豹爲鵠以麋爲飾耳不純用豹麋者下天子大夫故也**王射。則令去侯立于後。以矢行告。卒令取矢。**鄭司農云射人主令人去侯所而立于後也以矢行告射人以矢行高下左右告于王也大射禮曰大射正立于公後以矢行告于公下曰留上曰揚左右曰方杜子春說以矢行告告白射事于王王則執矢也杜子春說不與禮經合疑非是也卒令取矢謂射卒射人令當取矢者使取矢也玄謂令去侯者命負侯者去侯也鄉射曰司馬命獲者執旌以負侯○卒子恤反注同〔疏〕王射至取矢○釋曰此文承賓射大射之下則王射射人

皆令去侯立於後以矢行告卒令取矢。注鄭司至負侯。釋曰先鄭云射人主令人去侯所者不辨其去侯之人故後鄭增成其義其負侯之人是服不氏也又引鄉射直云司馬命負侯不言官者大夫士家無服不氏家臣爲之故也天子射人無其事故引大射之等爲證也。

祭侯則爲位。祭侯獻服不以祭侯爲位爲服不受獻之位也大射曰服不侯西北三步北面拜受爵〔疏〕注祭侯至受爵。釋曰按大射禮使服不氏負侯將祭侯之時先設位於侯西北北面服不氏於位受得獻訖乃於侯所北面祭侯故引大射受獻之位爲證也。

與大史數射中。射中數射者中侯之算也大射曰司射適階西釋弓去扑襲進由中東立于中南北面視算。數所主反注同扑普卜反劉方遺反說文父豆反〔疏〕注射中至視算。釋曰數算大史數之射人但視之耳故引大射爲證大射諸侯禮謂之司射天子謂之射人司射恒執弓搢扑但令將視數薦故適階西釋去弓并去扑向於階西襲乃適中南北面視數算也。

佐司馬治射正。射正射之法儀也。〔疏〕注射正至儀也。釋曰射之威儀乃是禮之正故名射儀爲射正也司馬所主射儀謂若命去侯命取矢乘矢之等皆當佐之言治者亦謂預習之類也。

祭祀。則贊射牲。相孤卿大夫之灋儀。烝嘗之禮有射豕者國語曰禘郊之事天子必自射其牲今立秋有貙劉云。貙劉力朱反一音如字〔疏〕注烝嘗至劉云。釋曰鄭知烝嘗之禮有射豕者據乎烝嘗禮而知云國語曰禘郊之事天子必自射其牲者據祭天之時牲則犢也若然宗廟之祭秋冬則射之春夏否也祭天則四時常射天尊故也是以司弓矢共王射牲之弓矢此射人贊射牲也諸侯已下則不射楚語云劉羊擊豕而已云今立秋有貙劉云者漢時苑中有貙劉即爾雅貙似貍劉殺也云立秋貙殺物引之者證烝嘗在秋有射牲順時氣之法。

會同朝覲。作大夫介。凡有爵者。作讀如作止爵之作諸侯來至王使公卿有事焉則作大夫使之介也有爵者命士以上不使賤者。介劉古拜反注及下同〔疏〕會同至爵者。釋曰作使也有會同朝覲王使公卿有事於會同則射人使大夫爲上介使凡有爵者命士以上爲衆介也。注作讀至賤者。釋曰鄭讀作如作止爵之作者讀從特牲少牢三獻作止爵按彼主人主婦二獻尸訖賓長爲三獻尸爵止鄭注云欲神惠之均於室中使主人主婦致爵訖三獻則賓長也賓長作起前所所止之爵使尸飲之讀從者取動作使之義也。

大師令有爵者乘王之倅車。倅車戎車之副。倅七內反劉倉愛反〔疏〕注倅車戎車之副。釋曰大師謂王出征伐王乘戎路副車十二乘皆從王行則使有爵者命士已上乘之知倅車戎車之副者戎僕云掌王倅車之政鄭云倅車之副也。

有大賓客。則作卿大夫從。作者選使從王見諸侯。從才用反注同〔疏〕注作者至諸侯。釋曰大賓客不言會同則是秋冬覲遇并春夏受享在廟之時從王見諸侯也。

戒大史及大夫介。戒戒其當行者覲禮曰諸公奉篋服加命書于其上升自西階東面大史氏右〔疏〕注戒戒至氏右。釋曰此謂王有命使三公命諸侯及衣服就館賜之時則射人戒大史及大夫與諸公爲介注引覲禮者證王使諸公就館賜侯氏之法云大史氏右者謂於西階東面之時大史在公之右命侯氏也是以公羊傳曰命者何加我服錫者何賜也。

大喪。與僕人遷尸。作卿大夫掌事。比其廬不敬者。苛罰之。僕人大僕也僕人與射人俱掌王之朝位也王崩小斂大斂遷尸于室堂朝之象也檀弓曰扶君卜人師扶右射人扶左君薨以是舉苛謂詰問之。比毗志反苛音何又呼何反朝直遙反下皆同〔疏〕大喪至罰之。釋曰作大夫掌事者謂王喪宜各有職掌比其廬者謂若宮正所云親者貴者居廬當比其本服親疏及貴賤。注僕人至問之。釋曰知僕人大僕也者見大僕掌內朝射人掌正朝掌事是同周禮又更無僕人職故知是大僕是以鄭云僕人與射人俱掌王之朝位也云王崩小斂大斂遷尸於室堂者始死於北牖下遷尸於南牖下又云小斂於戶內是遷尸於室小斂訖遷尸於戶外又遷尸大斂於阼階大斂訖又遷尸於西階以入棺是遷尸于堂也云朝之象也者君所在臣朝之故云朝之象也引檀弓者證射人與僕人君之疾薨皆是二人之事彼鄭云卜當爲僕即僕人也。

服不氏掌養猛獸而教擾之。猛獸虎豹熊羆之屬擾馴也教習使之馴服王者之教無不服。擾而小反劉音饒羆彼皮反馴似遵反一音旬〔疏〕注猛獸至不服。釋曰猛獸云之屬者兼有豺狼貔貅之等故云之屬教馴之象天下皆服王者之教無服故也。

凡祭祀共猛獸。謂中膳羞者獸人冬獻狼春秋傳曰熊蹯不熟。蹯音煩掌也〔疏〕注謂中至不熟。釋曰上云養猛獸則猛獸皆養之此言祭祀所共據堪食者故鄭云謂中膳羞中膳羞唯有熊狼故引獻人與春秋爲證按內則亦云狼臅膏可食也春秋傳者宣公二年晉靈公之時宰夫胹熊蹯不熟殺之趙盾諫之時也。

賓客之事。則抗皮。鄭司農云謂賓客之來朝聘布皮帛者服不氏主舉藏之抗讀爲亢其讎之亢玄謂抗者若聘禮曰有司二人舉皮以東。抗注亢同苦浪反劉公郎反〔疏〕注鄭司至以東。釋曰朝聘布皮帛者按聘禮行享禮之時皮帛布於庭使服不氏舉皮以東抗即舉也故引爲證也讀爲亢其讎之亢者讀從信二十八年城濮之戰子犯云背惠食言以亢其讎引之者取亢舉之義也後鄭引聘禮者增成先鄭義二人者即服不氏也。

射則贊張侯。以旌居乏而待獲。贊佐也大射禮曰命量人巾車張三侯杜子春云待當爲持書亦或爲持乏讀爲匱乏之乏持獲者所蔽玄謂待獲待射者中舉旌以獲。乏如字劉居令反中丁仲反〔疏〕注贊佐至以獲。釋曰引大射者證服不氏佐量人巾車張侯之事後鄭云待獲待射者中舉旌以獲者以獲則大射禮唱獲者居乏之中中則舉旌以宮下旌以商者是也故不從子春待爲持也。

射鳥氏掌射鳥。鳥謂中膳羞者鳧鴈鴇鴞之屬。射食亦反下射鳥同鳧音扶鴇音保鴞于苗反〔疏〕注鳥謂至之屬。釋曰知中膳羞者以上文猛獸有共祭祀此下文云祭祀歐烏鳶烏鳶不中膳羞則歐之此經直云射鳥明是中膳羞者也鄭知鳧鴈鴇鴞者內則云舒鳧翠鴈腎鴇鴞胖此等去翠腎胖是可膳羞者也云之屬者兼有雉鶉鷃之等也。

祭祀。以弓矢歐烏鳶。凡賓客會同。軍旅。亦如之。烏鳶善鈔盜便汙人。歐起俱反鳶代專反鈔初教反又初交反便婢面反劉符絹反〔疏〕祭祀至如之。釋曰賓客會同歐烏鳶者以其會同皆有盟詛之禮殺牲之事軍旅亦有較牲巡陳之事故須歐烏鳶。

射則取矢。矢在侯高。則以并夾取之。鄭司農云王射則射鳥氏主取其矢矢在侯高者矢著侯高人手不能及則以并夾取之并夾鍼箭具夾讀爲甲故司弓矢職曰大射燕射共弓矢并夾。夾音甲著直略反鍼其炎反李其嚴反沈云或作鉆〔疏〕注鄭司至并夾。釋曰射皆三番第一番雖有六耦二耦誘射雖中不獲第二第三皆衆耦共射皆釋獲有取矢之法先鄭引司弓矢職直有大射燕射不言賓射亦同大射燕射也。

羅氏掌羅烏鳥。烏謂卑居鵲之屬。卑音匹又如字〔疏〕注烏謂至之屬。釋曰鄭知烏卑居者見小弁詩云弁彼鸒斯歸飛提提注云鸒卑居卑居雅烏云鵲者即山鵲卑居之類云之屬者兼有餘烏也。

蜡則作羅襦。作猶用也鄭司農云蜡謂十二月大祭萬物也郊特牲曰天子大蜡謂歲十二月合聚萬物而索饗之襦細密之羅襦讀爲繻有衣袽之繻玄謂蜡建亥之月此時火伏蟄者畢矣豺既祭獸可以羅網圍取禽也王制曰豺祭獸然後田又曰昆蟲已蟄可以火田今俗放火張羅其遺教。襦女俱反或音須注繻同索色白反袽女居反字又作絮〔疏〕注作猶至遺教。釋曰先鄭所云其義得矣後鄭增成之言蜡者自取當蜡之月得用細密之罔羅取禽獸故後鄭云此時火伏十月之時火星已伏在戌將蟄蟄者畢矣引王制者證十月蜡祭後得火田有張羅之事云今俗放火張羅其遺教者漢之俗間在上放火於下張羅丞之以取禽獸是周禮之遺教則知周時亦上放火下張羅也。

中春。羅春鳥。獻鳩以養國老。行羽物。春鳥蟄而始出者若今南郡黃雀之屬是時鷹化爲鳩鳩與春鳥變舊爲新宜以養老助生氣行謂賦賜。中音仲〔疏〕注春鳥至賦賜。釋曰此文仲春行羽物按司裘職云仲秋獻良裘王乃行羽物彼注云仲秋鳩化爲鷹仲春鷹化爲鳩順其始殺與其將止而大班羽物若然則一年二時行羽物但彼注云此羽物小鳥鶉雀之屬鷹所擊者此注云春鳥若今南郡黃雀之屬不同者各舉一邊互見其義。

掌畜掌養鳥而阜蕃教擾之。阜猶盛也蕃蕃息也鳥之可養使盛大蕃息者謂鵞鶩之屬。蕃音煩注同鵞五何反鶩音木〔疏〕注阜猶至之屬。釋曰云鳥之可養使盛大蕃息者謂鵞鶩之屬者鶩即今之鴨民間所畜故云焉。

祭祀。共卵鳥。其卵可薦之鳥。卵劉本作卵音卵〔疏〕注其卵可薦之鳥。釋曰還謂上經鵞鴨之屬其雞亦在焉。

歲時貢鳥物。鶉鴈之屬以四時來。〔疏〕注鶉鴈至時來。釋曰不言鵞鶩雞者所畜非貢物故以野鳥爲貢者也。

共膳獻之鳥。雉及鶉鴽之屬。鶉音純鴽音如〔疏〕注雉及鶉鴽之屬。釋曰此言堪膳而獻者惟有此等是以內則及公食大夫上大夫二十豆有雉兔鶉鴽云之屬者更有餘鳥也。

周禮注疏卷三十校勘記　阮元撰盧宣旬摘錄

附釋音周禮注疏卷第三十

小司馬

此下字脫滅札爛文闕余本毛本同嘉靖本文作又按此本疏云以此知此下脫滅札爛又闕也又云札爛又闕者以其下經簡札爲韋編折爛闕落又則文爲又之誤無疑而字亦當爲衍文今閩監毛本疏又皆誤文矣注中札字此本閩本作禮因誤爲礼遂改作禮也

與購求遺書不得也補案與上當有漢字

軍司馬

闕余本嘉靖本同此及下皆鄭注也閩監毛本獨此不標注字且移闕於○下誤也下同

司勳

輔成王業若周公閩本輔上剜補注字監毛本從之下民功曰庸疏同

祭於大烝唐石經諸本同此本疏中烝作蒸

盤庚告其卿大夫曰閩監毛本同余本岳本嘉靖本盤作般釋文亦作般庚當據正

爾祖其從與享之宋本與作預非

釋曰凡凡有功閩監毛本凡字不重此上當云之誤

在冬之蒸祭者閩監毛本蒸作烝下並同

惟加田無國正閩監毛本同唐石經余本嘉靖本惟作唯

少宰特牲是大夫浦鏜云牢誤宰

馬質

其外否唐石經諸本同案否當作不○按說文云否不也此不必改字

姜大岳之後也惠挍本岳作嶽下同

量人

經塗九軌惠挍本軌作軓

市一夫之等補案市下當有朝字

量其市朝州涂軍社之所里釋文州涂本又作塗按塗俗字

師皆有道以相湊之惠挍本同閩監毛本湊作凑非

從於獻酒之肉炙也諸本同釋文出肉炙二字惠挍本作炙肉按賈疏引鄭云亦作炙肉

若燕行獻賔薦脯醢是也浦鏜云行當禮字誤

傳火曰燔之附閩監毛本同誤也宋本傳作傳卽今附近

葦包二者也按二當爲一

正喪祭奠入壙之事也正當証之誤

元謂舁讀如𣪠尸之𣪠漢讀考作讀爲云今本作如誤案爵而飲之注舁受福之𣪠聲之誤也王酳尸尸𣪠王此其卒爵也此注𣪠尸亦當作尸𣪠○按此即禮經之尸𣪠主人也

小子

謂四段解之閩本同宋本段作段當據正監毛本誤股

故正祭卽體解爲二十一體宋本無故此衍

祈或爲刉余本岳本同閩監毛本刉作刏下及疏同余本此本載音義皆作刉今通志堂本亦省作刏

祈或作畿惠挍本畿作幾非

凡刉衈則奏犬牲余本岳本嘉靖本同閩監毛本犬誤大疏同惠挍本衈作珥

按爾雅曰祭山曰庪縣閩本同監毛本庪縣改庪縣惠挍本曰作云○按庪庪皆俗字而庪从广尤非

亦謂鼓神節浦鏜云歆誤鼓從儀禮通解續挍

羊人

四之日其蚤惠挍本蚤作早

法羊殰䘒積膞之羊嘉靖本法作灋非釋文殰䘒作食䘒云音嗣本又作殰䘒惠棟云疏作殰䘒余本作食䘒

積故書爲眦毛本眦誤從耳

司爟

九月本黄昏心星伏在戌上此本疏中引注無黄字案上文亦無黄此衍○按戊當作戌下疏同

九月本昏心星伏在戌上閩監毛本昏上有黄非

掌固

要塞之處也閩監毛本塞改害非

稍食祿稟余本嘉靖本毛本同閩監本稟作廩誤疏中同

用爲楨榦惠挍本同閩監毛本榦作幹非

若殽皐河漢要路之所此本殽誤殺今據閩毛本訂正監本誤漢

遠樹以爲固逺蓋遠之訛

司險

謂若十月車梁成之類閩監毛本依今孟子車改輿非

其溝上亦皆有道路以相之湊閩本同余本無之監毛本改爲支○按無者是也

候人

備姦宄也嘉靖本姦作奸候人注同案賈疏標起訖作奸宄○按奸者姦之俗作奸者非

何戈與祋嘉靖本閩本同釋文亦作祋監毛本作殺誤從衣

王使候人出諸轘轅監本轅誤轘

環人

御下撟馬掉鞅而還宋本余本嘉靖本同閩監毛本撟誤撟疏同監本又馬誤焉掉誤棹

及至晉師宋本無至

爲之威武以觀敵六經正誤作揚威武以觀敵

維師尚父時維鷹揚惠挍本嘉靖本維作惟此從余非按賈疏亦作惟此本疏中揚作楊

是揚威武之事惠挍本同閩監毛本脫之事

注圍邑至降鄣監本鄣誤障

挈壺氏唐石經余本通典七十六漢制考同嘉靖本閩監毛本壺作壼非

挈壺縣其上通典縣作懸下同

亦縣舂于所當稟假之處通典稟作廩非釋文稟假有音

省煩趨疾于事便也通典作省煩事便無下四字文簡而義益明今本蓋衍釋文出省煩事便四字

以序聚欜閩監毛本同唐石經余本嘉靖本欜作欜

夜則□視刻數也此本則下有□閩監毛本補火字非余本岳本嘉靖本作夜則視刻數也本無闕文當據以訂正

野廬氏

野廬氏云當從毛本作野廬

以野廬氏無夜行者按夜行字當誤倒

士親疏大哭浦鏜云代誤大

夏至則晝夜短補案晝下當有長字

澆沃壺中使下也監本中字缺壞

射人

大夫鳲　唐石經鳲上有執諸本無

士位於西方　余本閩本同嘉靖本監毛本位作立

三公射北面者　閩本同誤也當從監毛本射作特

此射人主論射事　閩本同監毛本主改唯

三侯熊虎豹也　余本同嘉靖本閩監毛本作虎熊豹

今儒家云四尺曰正二尺曰鵠　諸本同案詩賓之初筵正義曰周禮鄭衆馬融注皆云十尺曰侯四尺曰鵠二尺曰正四寸曰質今儒家即指馬季長鄭仲師也正鵠字互誤當據以訂正○按注於鄭衆注纖悉畢載皆系之鄭司農何此云儒家蓋必各成一說不容牽合儒家非仲師也

讀如宜豻宜獄之豻　賈疏亦作讀如云此讀與彼音同漢讀考作讀爲云今本作讀如誤

卒令取矢　余本嘉靖本毛本同閩監本卒令誤倒

釋弓去扑　余本嘉靖本閩本同監毛本扑作朴案釋文作去扑字從手○按扑即說文之攴字从又卜聲才即又也以其可以扑人因名之曰扑凡經典扑字或改从木作朴者皆非也

據乎烝嘗禮而知　宋本嘗下有者監本乎改遙

劉羊擊豕而已　浦鏜云刲誤劉

射人扶左　余本嘉靖本閩本同監毛本射人下衍師

遝尸於南牖下　閩本同監毛本牖作牗

服不氏

無服故也　補毛本服上有不字是也

熊蹯不熟　余本嘉靖本熟作孰此本疏中亦皆作孰此加火者俗字

故引獻人以春秋爲證　浦鏜云獸誤獻

抗讀爲亢其讐之亢　漢讀考作讀如案馬質注綱讀爲以亢其讐之亢亢御也禁也禁去惡馬不畜也此注言服不氏主與藏幣則與禁去義亦相近○按前說非也抗者舉也故讀如亢其讐而已不得云讀爲也與馬質注迥異

舉皮以東　嘉靖本東誤束

射鳥氏

梟鴟鵯鵅之屬　閩監毛本同余本鵅作鶜嘉靖本作鵅此本作鴿皆誤今訂正釋文作梟鴟鵯鵅音于苗反此本疏中引作鶜誤也引內則鵲鴞胖亦誤鶚

以弓矢敺烏鳶　余本同唐石經敺作毆釋文作敺嘉靖本閩監毛本作毆此本及閩本烏誤鳥今訂正○按敺从攴說文之古文驅也與殳部之毆絕不同唐石經此經作毆乃大誤學者宜以此爲例求之

烏鳶善鈔盜便汙人　毛本善誤喜釋文汙作汚

第一番雖有六耦　閩本同監毛本雖改唯

羅氏

襦讀爲繻有衣袽之繻　葉鈔釋文作衣絮云字又作袽此本爲誤謂今據諸本訂正

可以羅網圍取禽也　閩監毛本同余本嘉靖本網作罔此本疏中亦作罔注皆用罔字此加糸旁非

於下張羅丞之　宋本閩本同監毛本丞改承

行謂賦賜　浦鏜云頒誤賦從集注挍○按浦鏜非也古者分布於人曰賦如社而賦事是也

而大班羽物　閩監毛本班誤斑

掌畜

謂鵞鶩之屬　余本嘉靖本閩本同監毛本鶩改鷄非疏同釋文亦作鶩

祭祀共夘鳥　唐石經余本嘉靖本同閩監毛本卵改夘釋文夘鳥劉本作夘音卵段玉裁云疑劉本作卝依說文也古說文卵字作卝

附釋音周禮注疏卷第三十一

鄭氏注　賈公彥疏

夏官司馬下

司士掌羣臣之版。以治其政令。歲登下其損益之數。辨其年歲與其貴賤。周知邦國都家縣鄙之數。卿大夫士庶子之數。損益謂用功過黜陟者縣鄙鄉遂之屬故書版爲班鄭司農云班書或爲版版名籍○版音板〔疏〕司士至之數○釋曰云掌羣臣之版者謂畿內朝廷及鄉遂都鄙羣臣名籍云以治其政令者即損益之數辨其年歲貴賤之等是也云歲登下其損益之數者三年黜陟者是也云辨其年歲者知羣臣在任及年齒多少也云與其貴賤者大夫已上貴士已下賤也云周知邦國都家者邦國謂周之千七百七十三國也都家謂天子畿內三等采地大都小都家邑是也先邦國後都家者尊諸侯故也亦如大宰云布治于邦國都鄙亦先邦國也縣鄙者謂去王國百里外六遂之中也不言六鄉者舉遠以包近云卿大夫士者即謂朝廷及邦國都家縣鄙之臣數摠言之也云士庶子者亦如宮伯卿大夫之子謂適子庶子其支庶宿衛王宮者也云之數者邦國已下摠結之也○注損益至名籍○釋曰云損益謂用功過黜陟者即三年大比以功過黜陟者也云縣鄙鄉遂之屬者縣鄙屬遂故云之屬其中兼鄉中之州黨故鄉遂並言也

以詔王治。告王所當進退○治直吏反下注治處同〔疏〕注告王所當進退○釋曰知詔王治是告王所當進退者司士掌羣臣之數只爲賞罰進退以易勵之故知告王治唯謂進退之也

以德詔爵。以功詔祿。以能詔事。以久奠食。德謂賢者食稍食也賢者既爵乃祿之能者事成乃食之王制曰司馬辨論官材論進士之賢者以告於王而定其論論定然後官之任官然後爵之位定然後祿之○奠音定乃食音嗣其論魯頓反下同又如字任音壬〔疏〕以德至奠食○釋曰云以德詔爵以功詔祿者據賢者試功之後其德堪用乃詔王授之以正爵有功乃詔王授之以正祿也云以能詔事以久奠食者奠定也據能者先試之以事事成乃定以稍食其能堪用乃後亦詔授之以正爵祿○注德謂至祿之○釋曰云德謂賢者即大司徒云以鄉三物教萬民而賓興之三物謂六德六行六藝有六德六行即爲賢者有六藝即爲能者鄉大夫云三年則大比而興賢者能者鄭云賢者有德行者能者有道藝者云食稍食也者月給食不并給故云稍食也云賢者既爵乃祿之者以經先云以德詔爵後云詔祿也云能者事成乃食之者以經先云詔事久乃定之以食也此二者互見其事自古以事任之者皆試乃爵之則賢者有先試之以事乃後詔爵能者既試有功亦授之以爵所以賢者先言正爵能者先言試事者欲見尊敬賢者故先言正爵畢退能者先言試事故鄭云賢者既爵乃祿之能者事成乃食之也引王制者欲見能者須試乃授正爵之義云辨論官材者司馬使司士分辨其論官其材之法云論進士之賢者以告於王而定其論者云進士者謂學中之造士業成可進受官爵升之於司馬則曰進士司馬乃試論量考知賢者告王乃定其論云論定然後官之者謂試官也云任官然後爵之者謂正其爵也云

位定然後祿之者，謂正祿也。此即先試乃爵之事也。惟賜無常。賜多少由王，不如祿食有常品。疏注賜多至常品。○釋曰：按司勳云「凡賞無常，輕重視功」，彼謂有勳勞，云功大與之賞多，功小與之賞少。此不由功，多少由王，不由功大小也。云不如祿食有常品者，按王制下士視上農夫食九人，中士倍下士，上士倍中士，大夫倍上士，是有常品。上云以久奠食，稍食亦月有常品也，故云有常品也。

正朝儀之位，辨其貴賤之等。王南鄉，三公北面東上，孤東面北上，卿大夫西面北上，王族故士、虎士在路門之右，南面東上，大僕、大右、大僕從者在路門之左，南面西上。此王日視朝事於路門外之位。王族故士，故為士晚退留宿衛者。未嘗仕，雖同族不得在王宮。大右，司右也。大僕從者，小臣、祭僕、御僕、隸僕。○鄉，許亮反。疏注此王至隸僕。○釋曰：云此王日視朝事於路門外之位者，王有三朝，外朝在庫門外，內朝在路門內，此則路門外之朝，王日視朝於此，故云日視朝事於路門外之位也。云王族故士，故為士晚退留宿衛者，此經王族故士與虎士同在路門之右，虎士是宿衛之士，故知王族故士亦是晚退留宿衛者也。云未嘗仕雖同族不得在王宮者，以其不得宿衛故也。云大右司右也者，以其司右掌群右之政令，故知大右是司右也。云大僕從者小臣祭僕御僕隸僕者，以其大僕之下有此等官，皆是大僕之屬，故知從者是此等也。

司士擯。詔王出揖公卿大夫以下朝者。○擯，必刃反，下同。疏注詔王至朝者。○釋曰：知擯是詔王出揖公卿大夫已下朝者，以下文云王揖孤卿大夫士，此云擯，明為詔王出揖公卿大夫已下也。

孤卿特揖，大夫以其等旅揖，士旁三揖，王還揖門左，揖門右。特揖，一一揖之。旅，眾也。大夫爵同者眾揖之。公及孤卿大夫始入門右，皆北面東上，王揖之，乃就位。群士及故士、大僕之屬發在其位，群士位東面，王西南鄉而揖之。三揖者，士有上中下。王揖之，皆逡遁。既復位，鄭司農云：卿大夫士，皆君之所揖禮。○逡，七旬反。遁，音巡。疏注特揖至揖禮。○釋曰：云公及孤卿大夫始入門右皆北面東上，王揖之乃就位者，鄭以意約春秋傳。云群士及故士大僕之屬發在其位者，以其無文，故鄭直以意解之。云群士位東面者，但經不見群士位，鄭知東面者，約燕禮大射諸侯之士位在西方東面北上，故知此群士亦東面也。

士從東方西面也。知群士位東面者，亦約燕禮大射諸侯之士西面北上，而知宿衛者門西南面東上，故知群士在東面也。云三揖者士有上中下者，此經士有上中下，故三揖之也。按燕禮大射，卿大夫皆特揖，士旅揖，以少為貴。彼諸侯臣少，故大夫亦特揖；此天子臣多，故大夫旅揖，亦是以少為貴也。

大僕前。前正王視朝之位。疏注前正至之位。○釋曰：按大僕職云：王視朝則前正位而退，入亦如之。是其前正王視朝之位也。

王入內朝，皆退。王入，入路門也。王入路門內朝，朝者皆退，反其官府治處也。王之外朝則朝士掌焉。疏注王入至掌焉。○釋曰：知王入入路門者，以其王日視朝在路門外，視朝畢，王入路門聽事於路寢，故知王入入路門也。云王之外朝則朝士掌焉者，按朝士職掌外朝之法，故云朝士掌焉。

掌國中之士治，凡其戒令。國中，城中。疏注國中城中。○釋曰：知國中是城中者，此經國中與下六遂四方相對，故知國中是城中也。

掌擯士者，膳其摯。擯士，告見初為士者於王也。鄭司農云：膳其摯者，王食其所執羔雁之摯。玄謂膳者，入於王之膳人。○食，如字。疏注擯士至膳人。○釋曰：云擯士告見初為士者於王也者，以其初為士者執摯見王，司士為之擯而告見之也。先鄭云王食其所執羔雁之摯，後鄭增成其義，云入於王之膳人者，以其摯入膳人，故云膳也。

凡祭祀，掌士之戒令，詔相其灋事，及賜爵，呼昭穆而進之。賜爵，神惠及下也。此所賜王之子姓兄弟。祭統曰：凡賜爵，昭為一，穆為一，昭與昭齒，穆與穆齒，此之謂長幼有序。○相，息亮反，下同。長，丁丈反。疏注賜爵至有序。○釋曰：云賜爵神惠及下也者，祭統文。

昭為一，穆為一，是神惠及下也。云此所賜王之子姓兄弟者，以其呼昭穆而進之，明非異姓，是同姓可知也。子姓，子之所生，則孫及兄弟皆有昭穆。引祭統者，證昭穆之中皆以年長幼為序也。

帥其屬而割牲，羞俎豆。割牲，制體也。羞，進也。疏注割牲至進也。○釋曰：云割牲制體也者，謂若特牲少牢解而腥之為七體，豚解而爓之為二十一體是也。

凡會同，作士從，賓客亦如之。作士從，謂可使從于王者。疏注作士至王者。○釋曰：此經作士從，謂選擇可使從者。

作士適四方使，為介。作，謂選使從于王。大夫使，以士為介。疏注作謂至為介。○釋曰：知大夫使以士為介者，按聘禮云大夫使，上介、士介，故知士為介也。

大喪，作士掌事。事，謂奠斂之屬。疏注事謂至之屬。○釋曰：云事謂奠斂之屬者，按大喪有小斂大斂及朝夕奠、朔月奠、遷奠、祖奠、大遣奠之等，皆是士所掌，故云之屬也。

作六軍之事執披。作，謂使之也。披，柩車行所以披持棺者，有紐以結之，謂之戴。鄭司農云：披者，扶持棺險者也，天子旁十二，諸侯旁八，大夫旁四，士旁二。○披，彼義反。疏注作謂至旁二。○釋曰：此作六軍之士，執披以備傾覆也。云披柩車行所以披持棺者，有紐以結之，謂之戴者，按喪大記云君纁戴六，纁披六，大夫戴前纁後玄，披亦如之，士戴前纁後緇，二披用纁。是有紐以結之謂之戴也。先鄭云天子旁十二，諸侯旁八，大夫旁四，士旁二者，以其喪大記君六披，是旁各三，今天子旁十二者，或是記文不具，故先鄭以意言之也。

夫亦圜數兩旁言四直云人君者據尊者而言也

凡士之有守者。令哭無去守。守官不可空也。守劉守又反下皆同〔疏〕注守官不可空也。釋曰此文承大喪之下令哭無去守則大夫士有使役守當雖同爲天子斬衰不可廢事空官故令哭不得去守也

國有故。則致士而頒其守。故非喪則兵災〔疏〕注故喪則兵災。釋曰知非喪者以上文已言大喪明此是兵災非喪也

凡邦國三歲則稽士任。而進退其爵祿。任其所掌治。〔疏〕注任其所掌治。釋曰此言稽士任文承邦國即是邦國之卿大夫士摠曰士也據其所任治而進退其爵祿但諸侯之臣進退應是諸侯當國爲之今於天子司士而言者但司士作法與之使諸侯自黜陟耳非謂司士自黜陟也

諸子掌國子之倅。掌其戒令。與其教治。辨其等。正其位。故書倅爲卒鄭司農云卒讀如物有副倅之倅國子謂諸侯卿大夫士之子也燕義曰古者周天子之官有庶子官與周官諸子職同文玄謂四民之業而士者亦世焉國子者是公卿大夫士之副貳戒令致於大子之事教治脩德學道也位朝位。倅七內反治直吏反注同大子音泰下注同〔疏〕諸子至其位。釋曰云掌國子之倅者倅謂副代父則國子爲副代父者也。注故書至朝位。釋曰先鄭云國子謂諸侯卿大夫士之子也者王制云王大子王子羣后之大子卿大夫元士之適子皆造焉則王大子王子亦曰國子不言者彼不據諸子職而言故含有王大子王子亦以四術成之故文王世子成王猶在學學君臣父子長幼之禮也此據諸子主國子致與天子使用故不得通王大子王子也引燕義云古者周天子之官有庶子官與周官諸子職同文者彼燕義本釋燕禮之事但燕禮有庶子執燭及獻庶子之文更不見餘義故記人欲釋燕禮庶子之義故取天子諸子職解庶子諸庶俱訓爲衆天子之諸子諸侯之庶子皆掌卿大夫士之適子適子衆多故云諸或言庶諸庶通名故天子諸子爲庶子也玄謂四民之業而士者亦世焉者此齊語桓公謂管仲曰成民之事若何管仲對曰民無使雜處公曰處士農工商若何管仲曰昔者聖王之處士就閑燕處工就官府處商就市井處農就田野少而習焉其心安焉桓公曰士之子恒爲士農之子恒爲農工之子恒爲工商之子恒爲商是四民之業爲世也引之者見士之子亦入倅色也按王制大夫不世今亦有倅入世者以大夫有功德亦得世故詩云凡周之士不顯亦世也云國子者是公卿大夫士之副貳者增成先鄭義云戒令致於大子之事者即下文是也云教治脩德學道也者云教故知脩德學道也經云辨其等謂才藝高下等級也國子所學道德即師氏職三德三行并保氏六藝者是也云位朝位者謂朝大子時依父蔭高下爲列也

國有大事。則帥國子而致於大子。惟所用之。若有兵甲之事。則授之車甲。合其卒伍。置其有司。以軍灋治之。司馬弗正。軍法百人爲卒五人爲伍弗不也國子屬太子司馬雖有軍事不賦之。卒子忽反前後注及下皆同正音征下國正同〔疏〕國有至弗正。釋曰云大事下有兵甲之事則此大事謂祭祀也故左氏傳云國之大事在祀與戎此經二事當之也。注軍法至賦之。釋曰軍法從五人爲伍至萬二千五百人爲軍有六節今注直云百人與五人略舉之耳云不賦之解經正爲賦稅謂不賦田稅泉稅者也

凡國正弗及。〔疏〕凡國正弗及。釋曰上文云弗正謂兵賦此云國正謂鄉遂之中所有旬徒力征之等並不及也

大祭祀。正六牲之體。正謂禮載之〔疏〕注正謂禮載之。釋曰按特牲少牢移鼎入陳即有一人鼎中匕出牲體一人在鼎西北面載之於俎既言正六牲之體明是此二事也

凡樂事。正舞位。授舞器。位佾處〔疏〕注位佾處。釋曰云凡樂事者則諸作樂有舞之處皆使正舞人八八六十四人之位并授舞者之器文舞則授羽籥武舞授干鏚之等云位佾處者即謂天子八佾諸公六佾諸侯四佾之等也

大喪。正羣子之服位。會同賓客。作羣子從。從於王〔疏〕注從於王。釋曰云大喪正羣子之服位者位謂在殯宮外內哭位也正其服者公卿大夫之子爲王斬衰與父同故雜記大夫之子得行大夫禮故也云會同賓客作羣子從者作使也使國子從王也

凡國之政事。國子存遊倅。使之脩德學道。春合諸學。秋合諸射。以攷其藝而進退之。遊倅之未仕者學大學也射射宮也王制曰春秋教以禮樂冬夏教以詩書王太子王子羣后之太子卿大夫元士之適子國之俊選皆造焉。適丁歷反〔疏〕凡國至退之。釋曰云凡國之政事者謂國內有繇役之事皆是也云國子存遊倅使之脩德學道者謂國有事時此國子存遊暇無事之倅中使脩德學道二事也云春合諸學者謂於大學之中使之學也云秋合諸射者使在射宮習射也云以考其藝者考較才藝長短云而進退之者才藝長進與官爵才藝短者退之使更服膺受業也。注遊倅至造焉。釋曰倅是副代已是未在仕復云游游是游暇亦是未仕之稱云學大學也者周禮若言異代之學則舉其學名即成均瞽宗之類今此直言學明是周之大學也周禮云大學在國中即夏后氏東序在王宮之左也云射射宮也者射義云已射於澤然後射於射宮射宮即國之小學在西郊則虞庠是也王制曰春秋教以禮樂冬夏教以詩書者按彼鄭注云春夏陽也詩樂者聲聲亦陽也秋冬陰也書禮者事事亦陰也因時順氣於功易成也云王太子王子羣后之大子卿大夫元士之適子國之俊選皆造焉者若王之子得適庶俱在學若羣后畿內諸侯已下則庶子賤不得在學故皆云適子也引之者證貴賤皆在教科也

司右掌羣右之政令。羣右戎右齊右道右。齊側皆反〔疏〕注羣右至道右。釋曰知司右主此三右者按下文云車有五等右惟三故下注云齊右兼玉路之右戎右兼田右等也

凡軍旅會同。合其車之卒伍。而比其乘。屬其右。合比屬謂次第相安習也車亦有卒伍。比毗志反注同乘繩證反屬音燭注皆屬同〔疏〕注合此至卒伍。釋曰右軍旅據征伐會同謂時見曰會殷見曰同三者皆合車之卒伍云合比屬謂次第相安習也者皆謂教習使安穩也云車亦有卒伍者按宣十二年傳云其君之戎分爲二廣廣有一卒卒偏之兩司馬法曰二十五乘爲偏又云以百二十五乘爲伍注伍重故百二十五乘是其車之卒伍也

凡國之勇力之士。能用五兵者屬焉。掌其政令。勇力之士屬焉者選右當於中司馬法曰弓矢圍殳守戈戟助凡五兵長以衛短短以救長。殳音殊〔疏〕注勇力至救長。釋曰云勇力之士屬焉者選右當於中者但車右須得勇力之士若選右不於中何因屬司右故鄭爲此釋也引司馬法曰弓矢圍者圍城時也殳矛守者守城時也戈戟助者謂圍守皆用戈戟助之云凡五兵長以衛短短以救長者圍者以弓矢爲長戈戟爲短守者亦以戈戟爲短以殳矛爲長故云長以衛短短以救長使力相得也此五兵據勇力之士所用下注車之五兵則無弓矢而有夷矛是也

虎賁氏掌先後王而趨以卒伍。王出將虎賁士居前後雖羣行亦有局分。賁音奔劉方問反先後悉薦反下戶豆反又皆如字將子匠反分扶問反〔疏〕虎賁至卒伍釋曰鄭云王出將虎賁士居前後雖羣行亦有局分者以經云卒伍則是五人爲伍百人爲卒又按序官云虎賁氏下大夫二人中士十有二人府二人史八人胥八十人虎士八百人是其雖羣行亦有局分置卒伍是也

軍旅會同。亦如之。舍則守王閑。舍王出所止宿處閑梐枑。梐薄禮反枑戶故反〔疏〕注舍王至梐枑。釋曰鄭云舍王出所止宿處者按掌舍云掌王之會同之舍則設梐枑再重杜子春以爲行馬後鄭云行馬再重者以周衛有外內列校人職養馬曰閑是其閑與梐枑皆禁衛之物故以閑爲梐枑釋之也

王在國。則守王宮。爲周衛〔疏〕注爲周衛。釋曰在外守王閑爲周衛明在國亦爲周衛也

國有大故。則守王門。大喪。亦如之。非常之難要在門。難乃旦反〔疏〕注非常至在門。釋曰大故謂兵災大喪謂王喪二者皆是非常之難須警備故云要在門也

及葬。從遣車而哭。遣車王之魂魄所馮依。從才用反下并節服氏從車從尸車同馮皮冰反〔疏〕注遣車至馮依。釋曰遣車者將葬盛所苞奠遣送之車其車內既皆有牲體故云王之魂魄所馮依遣車多少之數天子無文按雜記云遣車視牢具鄭注云多少各如所苞遣奠牲體之數按檀弓云國君七个遣車七乘大夫五个遣車五乘鄭云諸侯不以命數喪數略也士無遣車大夫五乘諸侯七乘天子宜九乘故鄭注雜記云天子大牢苞九个遣車九乘苞肉皆取大遣奠之牲體天子大牢外更用馬牲皆前脛拆取骨膞後脛拆取胳肩臂各九个皆細分其體以充數也

適四方使。則從士大夫。虎士從使者。使所吏反注及下同〔疏〕注虎士從使者。釋曰天子有下聘諸侯法大行人所云歲徧問之等時則使虎賁從行也

若道路不通。有徵事。則奉書以使於四方。不通逢兵寇若泥水。奉書徵師役也春秋隱七年冬戎伐凡伯于楚丘以歸〔疏〕注不通至以歸。釋曰云奉書徵師役也者若兵寇則徵師若泥水則徵役引春秋者按左氏傳云初戎往朝周周大夫皆發禮禮戎惟凡伯不禮焉後凡伯至魯戎則要而伐之故云戎伐凡伯於楚丘以歸是其事也

旅賁氏掌執戈盾。夾王車而趨。左八人。右八

人。車止則持輪。夾王車者其下士也下士十有六人中士爲之帥焉○盾常準反又音允夾古洽反劉古協反後倣此〔疏〕注夾王至帥焉○釋曰知夾王車是下士十六人者見序官云旅賁氏中士二人下士十有六人此經左右十六人故知是旅賁氏之下士也中士是官首明爲之帥也

凡祭祀會同賓客。則服而趨。服而趨夾王車趨也會同賓客王亦齊服服袞冕則此士之齊服服玄端〔疏〕注服而至玄端○釋曰知服而趨是夾王車者約上文夾王車而趨故知也云會同賓客王亦齊服服袞冕者見下文節服氏云掌祭祀朝覲袞冕鄭云從王服朝覲服袞冕則會同賓客亦服袞冕故覲禮天子袞冕負斧扆是也云則此士之齊服服玄端者若士助祭服爵弁此爲會同故齊服服玄端

喪紀。則衰葛執戈盾。葛葛絰武士尚輕○衰七雷反〔疏〕注葛葛至尚輕○釋曰臣爲王貴賤皆斬衰斬衰麻絰至葬乃服葛今王始死即服葛故云武士尚輕

軍旅。則介而趨。介被甲○介音戒被皮第反〔疏〕注介被甲○釋曰在軍爲甲士著甲餘者不服甲但此旅賁勇士衛王故被甲而趨也

節服氏掌祭祀朝覲袞冕六人。維王之太常。服袞冕者從王服也維維之以縷王旌十二旒兩兩以縷綴連旁三人持之禮天子旌曳地鄭司農云維持之〔疏〕注服袞至持之○釋曰云服袞冕者從王服也者以其節服氏者世能節王之衣服明節服所服與王同故云從王服也云維維之以縷者以其言維維是連綴之名故知用縷連綴之也云王旌十二旒者巾車云王路建太常十有二旒經云六人維之明一畔有三人三人維六旒故知兩兩以縷連旁三人持之云禮天子旌曳地者禮緯文引之者若不遣維持之則旌曳地故也

諸侯則四人。其服亦如之。郊祀裘冕二人。執戈。送逆尸從車。裘冕者亦從尸服也裘大裘也凡尸服卒者之上服從車從尸車送逆之往來春秋傳曰晉祀夏郊董伯爲尸〔疏〕諸侯至從車釋曰依禮緯含文嘉云天子旗九刃十二旒曳地諸侯七刃九旒齊軫大夫五刃五旒齊較士三刃三旒齊首彼或異代法故旒不依命數周之諸侯之旌皆交龍爲之上公九旒侯伯則七旒子男則五旒今摠云四人則不得兩兩維之但一畔有二人分而維之見威儀耳云其服亦如之者飾服氏之服亦與諸侯同諸侯惟二王後與魯得祭天服袞冕其餘諸侯惟得祭宗廟服玄冕節服氏皆與君同服故云其服亦如之○注裘冕至爲尸○釋曰尸服與王同大裘節服氏亦大裘故二人皆裘冕執戈送逆尸云從車者送逆皆從尸車後云凡尸服卒者之上服者按士虞記云尸服卒者之上服注云上服如特牲士玄端也不以爵弁服爲上者祭於君之服非所以自配鬼神彼據臣卒者上服以家祭上服不言用助祭服此據王自然用卒者家祭上服服大裘也引春秋傳者是外傳晉語文

方相氏掌蒙熊皮。黃金四目。玄衣朱裳。執戈揚盾。帥百隸而時難。以索室毆疫。蒙冒也冒熊皮者以驚毆疫癘之鬼如今魌頭也時難四時作方相氏以難卻凶惡也月令季冬命國難索廋也○難乃多反注同毆起俱反魌音欺〔疏〕注蒙冒至廋也○釋曰云時難四時者按月令惟有三時難是以月令季春云命國難以季春日歷大梁有大陵積尸之氣與民爲厲命有國者難仲秋云天子乃難時斗建酉亦有大陵積尸之氣此月難陽氣陽氣至此不止害將及人惟天子得難諸侯亦不得季冬云乃命有司大難言大則及民庶亦難惟有此三時難鄭云四時者雖三時亦得云四時摠言之也若然此經所難據十二月大難而言是以鄭引季冬爲證也鄉黨鄉人難郊特牲云鄉人禓亦皆據十二月民庶得難而言也

大喪先匶。葬使之道○先匶悉薦反下音柩道音導下同〔疏〕注葬使之道○釋曰喪所多有凶邪故使之導也

及墓入壙。以戈擊四隅。毆方良。壙穿地中也方良罔兩也天子之椁柏黃腸爲裏而表以石焉國語曰木石之怪夔罔兩○壙苦晃反又音曠方良上音罔下音兩注同又並如字夔求龜反〔疏〕注壙穿至罔兩○釋曰必破方良爲罔兩者入壙無取於方良之義故也云天子之椁柏黃腸爲裏而表以石焉者欲見有罔兩之義故引漢法爲證又檀弓云天子柏椁以端長六尺言椁柏則亦取柏之心黃腸爲椁之裏故漢依而用之而表之以石古雖無言漢亦依古而來蓋周時亦表以石故有罔兩也云國語者按國語水之怪龍罔象土之怪夔罔兩則知方良當爲罔兩也

太僕掌正王之服位。出入王之大命。服王舉動所當衣也位立處也出大命王之教也入大命羣臣所奏行〔疏〕注服王至奏行○釋曰云服王舉動所當衣也者謂王吉服有九隨事舉動而衣大僕親近王所之官故王之衣服及位處恐其不正故皆正之也云位立處也者王之起居無常或起居行事之時多以立爲正故以立處言之也云出大命王之教也者一日萬機有其出者皆是王之教也云入大命羣臣奏行者謂羣臣奉行王命報奏者皆是也

掌諸侯之復逆。鄭司農云復謂奏事也逆謂受下奏〔疏〕注鄭司至下奏○釋曰按宰夫職云諸臣之復萬民之逆先鄭云復請也逆迎受王命者玄謂復之言報也反也反報於王謂朝廷奏事自下而上曰逆逆謂上書先鄭彼注與此不同者先鄭兩解故彼後鄭不從至此注先鄭於義是故後鄭從之此說先鄭云復謂奏事即彼後鄭云復謂朝廷奏事一也此先鄭云逆謂受下奏即彼後鄭云自下而上曰逆一謂上書亦一也

王眡朝。則前正位而退。入亦如之。前正位而退道王王既立退居路門左待朝畢〔疏〕注前正至朝畢○釋曰云前正位而退道王王既立退居路門之左待朝畢者此即上司士所云大僕前亦一也大僕本位在路門之左今進前正位訖還退在本位故云退居路門左也云待朝畢者欲入亦如之王退入路寢聽事時亦前正王位卻位立也

建路鼓于大寢之門外。而掌其政。大寢路寢也其門外則內朝之中如今宮殿端門下矣政鼓節與早晏〔疏〕注大寢至早晏○釋曰此鼓所用或擊之以聲早晏或有窮遽者擊之以聲寃枉也故建之於正朝之所也云大寢路寢也者欲見在路寢門外正朝之處云其門外則內朝之中者按玉藻云視朝於內朝羣臣辨色始入彼諸侯禮天子亦然若據文王世子亦得謂之外朝故文王世子云其朝於公內朝臣有貴者以齒其在外朝則以官彼以路門外爲外朝者對路寢庭朝爲外朝其實彼外朝亦爲內朝耳以其天子諸侯皆內朝二外朝一既以三槐九棘朝爲外朝一明此內二者皆內朝也

以待達窮者與遽令。聞鼓聲。則速逆御僕與御庶子。鄭司農云窮謂窮寃失職則來擊此鼓以達於王若今時上變事擊鼓矣遽傳也若今時驛馬軍書當急聞者亦擊此鼓令聞此鼓聲則速逆御僕與御庶子也大僕主令此二官使速逆窮遽者玄謂窮達者謂司寇之屬朝士掌以肺石達窮民聽其辭以告於王遽令郵驛上下程品御僕御庶子直事鼓所者大僕聞鼓聲則速逆此二官當受其事以聞○遽其御反寃於元反上變時掌反傳張戀反下文同急聞如字劉音問肺方廢反令力呈反郵音尤〔疏〕以待至庶子○釋曰云以待者大僕在王所恒於路寢之中若有窮者及遽令二者來擊此鼓其御僕御庶子直在鼓所者則入告大僕迎此二官以所告之事白王故云聞鼓聲則速逆御庶子也○注鄭司至以聞○釋曰先鄭以令字下讀爲句云大僕主令此二官使速逆窮遽二者後鄭不從者若使御僕御庶子迎窮與遽則三官自白士不告于大僕事何得在大僕職乎者以是故後鄭以爲大僕聽其辭自白王後鄭以達窮是朝士者以其朝士職有在肺石達窮民窮民先在肺石朝士達之乃得擊鼓故本之也知御僕御庶子直事鼓所者見御僕云以序守路鼓云御庶子者蓋以御僕有下士十二人分之爲御庶子摠名曰御僕也

祭祀賓客喪紀。正王之服位。詔灋儀。贊王牲事。詔告也牲事殺割匕載之屬〔疏〕注詔告至之屬○釋曰經三事皆有法度威儀故須大僕告之云牲事殺割者言殺據祭祀之時王親自射牲故司弓矢云共王射牲之弓矢注云射牲示親殺殺牲非尊者所親惟射爲可殺時大僕及射人大宰等皆贊之國語云禘郊之事天子必親自射其牲彼據祭天司弓矢云凡祭祀言凡語廣則祭社稷宗廟亦射牲也知有割牲者郊特牲云君肉袒親割敬也注云割解牲體禮器云君親割牲夫人薦酒注云親割謂進牲孰體時祭統亦云君執鸞刀羞嚌彼據諸侯明天子亦然云匕載者按易震卦彖云震驚百里不喪匕鬯注云雷發聲百里者諸侯之象人君於祭祀之禮匕牲爲鬯而已其餘不親彼諸侯親匕明天子亦然是以大僕得有贊牲之事少牢不親匕下人君故也特牲親匕者士卑不嫌也

王出入。則自左馭而前驅。前驅如今道引也道而居左自馭不參乘辟王也亦有車右焉○乘繩證反辟音避劉符亦反〔疏〕注前驅至右焉○釋曰云王出入者謂朝覲會同并凡祭祀巡狩征伐皆是大僕則在車左不敢使人馭自馭而前驅也若使人馭在中央身無事居左大尊故自馭也知亦有車右者以車右恐車傾覆備非常雖無尊者亦宜有車右勇力者也

凡軍旅田役。贊王鼓。王通鼓佐擊其餘面〔疏〕凡軍至王鼓○釋曰軍旅謂征伐田役謂田獵皆親鼓故大僕贊之○注王通至餘面○釋曰云王通鼓者謂王親將軍衆待王擊乃擊之謂若鼓人云金鐸通鼓之類也云佐擊其餘面者按大司馬云王執路鼓路鼓四面鼓將居鼓下則前面不得擊之惟有三面今之此大僕佐擊一面戎右亦云贊王鼓則亦擊一面通王自擊一面是三面也若然王與御者并戎右己有三人今更有大僕則乘按文十一年侯叔夏御莊叔緜房甥爲右富父終甥駟乘彼注云駟乘四人共車與此同也

救日月。亦如之。日月食時春秋傳曰非日月之眚不鼓○眚色景反〔疏〕注日月至不鼓○釋曰云亦如之者大僕亦贊王鼓佐擊其餘面但日食陰侵陽當與鼓神祀同用

雷鼓也若然月食當用靈鼓但春秋記日食不記月者以日食陰侵陽象臣侵君非常故記之月食陽侵陰象君侵臣故不記此云救日月食時亦擊鼓救可知云春秋者左氏莊二十五年日有食之鼓用牲於社彼傳鼓與牲並譏之以彼傳云惟正月之朔慝未作日月之食於是乎用幣于社伐鼓于朝若然惟四月正陽之月乃擊鼓彼四月不合擊鼓之月天災有幣無牲故亦譏之也彼傳又云秋大水鼓用牲于門亦非常傳曰非日月之眚不鼓若然此言為秋大水擊鼓而故引之者欲見日月食時皆合擊鼓與此文同也

大喪。始崩。戒鼓傳達于四方。窆亦如之。戒鼓擊鼓以警眾也故書戒為駭鄭司農云窆謂葬下棺也春秋傳所謂日中而堋禮記謂之封皆葬下棺也音相似窆讀如慶封汜祭之汜。○窆彼驗反注之封音同劉皆逋鄧反堋補鄧反汜芳劍反〔疏〕注戒鼓至之汜。○釋曰言大喪謂王喪始崩云戒鼓謂擊鼓以警戒警戒眾人傳達于四方謂以鼓聲相傳聞達四方窆葬之時亦如始崩也引春秋者左氏昭公十二年傳云葬鄭簡公云毀之則朝而堋不毀則日中而堋禮記謂之封者喪大記與檀弓皆以下棺為封字云音相似者字雖不同皆作窆音云讀如慶封汜祭之汜者慶封齊大夫有罪來奔魯魯以饗食之祭先遂覆豆以祭謂之汜祭但彼汜字只取廣汜之義鄭意讀窆與汜為音同義則異也

縣喪首服之灋于宮門。首服之法謂免髽笄總廣狹長短之數縣其書于宮門示四方。○縣音玄注同免音問髽莊瓜反〔疏〕注首服至四方。○釋曰鄭知首服之法是免髽笄總廣狹長短之數者按小宗伯已云縣衰冠之式于路門之外注云制色宜齊同彼云冠專據男子云衰則兼婦人此云首服明無衰與男子冠直是婦人首服故知惟有免髽笄總耳但始死將斬衰者男子笄纚深衣婦人麻髽并笄總是以喪服斬衰章云女子竹箭笄髽衰三年將齊衰以下者始死男子免婦人布髽也云廣狹長短者鄭注禮記云免蓋象冠廣一寸婦人笄齊衰榛木斬衰箭竹為之也云縣其書於宮門示四方者小宗伯云懸于路門此宮門亦路門也

掌三公孤卿之弔勞。王使往。○勞力報反下同勞後弔勞皆同〔疏〕注王使往。○釋曰此等皆王合親往今使大僕者或王有故不得親往故使大僕也

王燕飲則相其灋。相左右。○相悉亮反注及下并御僕職同〔疏〕注相左右。○釋曰此燕飲謂與諸侯燕若公三燕侯伯再燕子男一燕之等或與羣臣燕之等皆是其法有主人酌酒獻賓賓酢主人主人酬賓洗爵升降之法皆左右相助王故云相其法也

王射。則贊弓矢。贊謂授之受之〔疏〕注贊謂授之受之。○釋曰此謂大射也按大射禮云大射正執弓小臣受矢於公既射大射正受弓天子之禮則大僕授受其法與彼同必知此禮大射禮者見小臣職云賓射掌事如大僕之法則知大射此大僕所掌者是也其小臣所掌賓射亦當授受可知

王眂燕朝。則正位。掌擯相。燕朝朝於路寢之庭王圖宗人之嘉事則燕朝〔疏〕注燕朝至燕朝。○釋曰以其路寢安燕之處則謂之燕朝以其與賓客饗食在廟燕在寢也但為賓客及臣下燕時亦有朝鄭必以王圖宗人嘉事為燕朝者以其因燕而朝賓臣燕禮已有成文圖宗人嘉事者朝不見故鄭特見之云圖宗人嘉事者謂宗人冠婚嘉禮之等皆曰嘉事

王不眂朝。則辭於三公及孤卿。辭謂以王不視朝之意告之春秋傳曰公有疾不視朔〔疏〕注辭謂至視朔。○釋曰引春秋者文十六年公四不視朔時齊有會公辭疾不往遂不視朔故傳曰公有疾不視朔引之者證不視朝亦是有故不視之意也

小臣掌王之小命。詔相王之小灋儀。小命時事所勑問也小法儀趨行拱揖之容〔疏〕注小命至之容。○釋曰大僕所云大命及祭祀賓容詔相之者是大此小臣大僕之佐故掌其小者也云趨行拱揖之容者謂若趨以采薺行以肆夏天子揖同姓之等皆有容儀而詔相之

掌三公及孤卿之復逆。正王之燕服位。謂燕居時也玉藻曰王卒食玄端而居〔疏〕掌三至服位。○釋曰諸侯是賓客其復逆大僕尊官掌之三公孤卿是臣在朝廷故小臣掌也。○注謂燕至而居。○釋曰云燕服位者謂在路寢中聽事訖適後小寢燕居之時故引玉藻卒食玄端而居為證彼在路寢中食訖退適燕寢服玄端朱裳而居之

王之燕出入。則前驅。燕出入若今游於諸觀苑。○觀古奐反〔疏〕注燕出至觀苑。○釋曰此私燕出入不要在燕寢中故鄭引漢法游於諸觀苑證之

大祭祀。朝覲。沃王盥。〔疏〕大祭至王盥。○釋曰云大祭祀朝覲沃王盥者大祭祀天地宗廟酌是王將獻尸先盥手洗爵乃酌獻故小臣為王沃手盥手也

小祭祀。賓客饗食。賓射。掌事如大僕之灋。賓射與諸侯來朝者射。○盥音管〔疏〕小祭至之法。○釋曰祭祀云小則賓客饗食皆蒙小字若然饗還為小賓客者也小賓客謂諸侯遣臣聘問天子者也賓射對大射亦為小也。○注賓射至者射。○釋曰此云賓射與射人所云諸侯在朝則皆北面者一也

掌士大夫之弔勞。〔疏〕掌士至弔勞。○釋曰大僕掌三公孤卿之弔勞注王使往此不言王使往亦王使往可知

凡大事。佐大僕。

祭僕掌受命于王。以眂祭祀。而警戒祭祀有司。糾百官之戒具。謂王有故不親祭也祭祀有司有事於祭祀者糾謂校錄所當共之牲物〔疏〕注謂王至牲物。○釋曰知此上下是有故使人祭者觀此文勢得知故云受命於王以眂祭祀既祭帥羣有司反命於王以王命勞之明是王合祭有故使人攝之者也

既祭。帥羣有司而反命。以王命勞之。誅其不敬者。大喪。復于小廟。小廟高祖以下也始祖曰太廟春秋僖八年秋七月禘於太廟〔疏〕大喪至小廟。○釋曰大喪王喪也王生時所有事之處皆復此祭僕復小廟其夏采復太廟小寢大寢下隸僕復也。○注小廟至大廟。○釋曰其二祧不言復亦應此祭僕復但無寢耳引春秋者證魯以周公為太廟其餘為小廟

凡祭祀王之所不與。則賜之禽。都家亦如之。鄭司農云王之所不與謂非郊廟尊祭祀則王不與也則賜之禽公卿自祭其先祖則賜之禽也玄謂王所不與同姓有先王之廟。○與音預注同〔疏〕注鄭司至之廟。○釋曰先鄭云王之所不與謂非郊廟尊祭祀則王不與也後鄭不從者按司服六冕所祭皆王合親為何有非郊廟王不與者乎故不從之先鄭以則賜之禽謂卿大夫自祭其先亦賜之禽後鄭不從者卿大夫自祭其先是其常事何有王皆賜之禽也故以為同姓有先王廟者若然經都家謂畿內三等采地則文云祭祀是畿外同姓諸侯魯衛之屬者也

凡祭祀致福者。展而受之。臣有祭祀必致祭肉於君所謂歸胙也展謂錄視其牲體數體數者大牢則以牛左肩臂臑折九个少牢則以羊左肩七个特牲則以豕左肩五个。○胙存故反臑奴報反字林人于反又羊吳反折之舌反个古賀反下同〔疏〕注臣有至五个。○釋曰云所謂歸胙者按左氏傳驪姬欲譖申生謂申生曰齊姜欲食使太子祭祭訖歸胙于公姬置藥而饋公是有歸胙之事也云體數者大牢則以牛左肩臂臑折九个已下並禮記少儀文凡祭祀周人尚右故右胖皆祭故以左胖致人祭言大牢天子大夫已上少牢謂天子之士彼注云羊豕不言臂臑因牛序之可知言肩臂臑折九个者則一體折為三段則牲少體不得全自外皆然以人多故也皆用前體者前體貴故先用也

御僕掌羣吏之逆。及庶民之復。與其弔勞。羣吏府吏以下〔疏〕注羣吏府吏以下。○釋曰大僕掌諸侯復逆小臣掌三公孤卿復逆此官所云羣吏對庶民是府吏以下言以下兼胥徒若然不見大夫士者小臣孤卿中兼之矣

大祭祀。相盥而登。相盥者謂奉槃授巾與登謂為王登牲體於俎特牲饋食禮主人降盥出舉入乃匕載。○奉槃芳勇反為于偽反〔疏〕注相盥至匕載。○釋曰上小臣云沃此又云盥明是奉槃授巾以其少牢特牲尸盥時有奉槃授巾之事故云也以無正文故云與以疑之也云登謂為王登牲體於俎者以其文承祭祀之事故引特牲匕載匕即登牲體於俎也

大喪。持翣。翣棺飾也持之者夾蜃車。○翣所甲反蜃辰軫反劉蒲忍反〔疏〕注翣棺至蜃車。○釋曰依喪大記注引漢禮翣以木為筐廣三尺高二尺四寸方兩角高衣以白布畫者畫雲氣謂之畫翣畫之以黼謂之黼翣之類是也天子用八諸侯用六大夫用四士用二在路夾蜃車兩旁人擔則樹之四旁故云棺飾也

掌王之燕令。燕居時之令〔疏〕注燕居時之令。○釋曰以御侍近臣故使掌燕居時之令施之於外也

以序守路鼓。序更。○更音庚〔疏〕注序更。○釋曰此即大僕所云速逆御僕與御庶子者也序更者即上鄭云直事鼓所者也

隸僕掌五寢之埽除糞洒之事。五寢五廟之寢也周天子七廟惟祧無寢詩云寢廟繹繹相連貌也前曰廟後寢汜埽曰埽埽席前曰拚洒灑也鄭司農云洒當為灑玄謂論語曰子夏之門人當洒埽應對。○埽素報反注汜埽洒埽同除如字劉直庶反糞方問反洒所賣反劉霜奇反祧勑彫反拚方問反本又作坋同灑所買反劉霜寄反〔疏〕注五寢至應對。○釋曰知周天子七廟惟祧之無寢者此云五寢下云小寢大寢不言祧之有寢明二祧無寢也引詩云寢廟繹繹者欲見前廟後寢故云相連之貌也按爾雅釋宮云有東西廂曰廟無曰寢寢廟大況是同有廂無廂為異耳必須寢者祭在廟薦在寢故立之按昭十八年鄭災簡兵大蒐子大叔之廟在道南其寢在道北者彼廟不在宮中地險故廟寢別處也云汜埽曰埽埽席前曰拚者謂埽地遠近之異名及處論

語者所以證經埽酒之事也五寢既隷僕埽除其廟按守祧注皆宗伯埽除祭祀脩寢。於廟祭寢或有事焉月令凡新物先薦寢廟〔疏〕注於廟至寢廟○釋日祭祀則在廟可知復云脩寢者寢或有事不可不脩治之也引月令薦寢廟者欲見寢有事彼薦只在寢不在廟遠廟言者欲見是廟之寢非生人之寢故也王行。洗乘石。鄭司農云乘石王所登上車之石也詩云有扁斯石履之卑兮謂上車所登之石○乘如字劉常烝反上時掌反下同扁邊典反〔疏〕注鄭司至之石○釋日引詩者是小雅刺幽王之詩言申后乘車履石與王同故云有扁斯石履之卑兮謂履之上車與王同故黜之也掌蹕宮中之事。宮中有事則蹕之鄭司農云蹕謂止行者清道若今時儆蹕○蹕音畢儆字又作警音景〔疏〕注宮中至微蹕○釋日宮中須警備故有蹕宮中之事大喪。復于小寢大寢。小寢高祖以下廟之寢也始祖日大寢〔疏〕注小寢至大寢○釋日以祭隷僕職卑位小故使之復於小寢也以其高祖已上廟稱小始祖廟稱大故寢亦隨廟爲稱也

周禮注疏卷三十一挍勘記　阮元撰盧宣旬摘録

附釋音周禮注疏卷第三十一

夏官司馬下

司士

卿大夫士庶子之數　唐石經諸本同盛百二柚堂筆談云經文脫去一士字當依正義補按釋日云卿大夫士者又云士庶子者又云士庶子之數者是賈疏本作卿大夫士士庶子之數當據以補正○按宮伯掌王宮之士庶子注云王宮之士謂王宮中諸史之嫡子也庶子其支庶也此處解同

自古以事任之者　惠挍本以下有來

惟賜無常　閩監毛本同唐石經余本嘉靖本惟作唯

是宿衞者也　閩本同監毛本是上增明

云未常仕雖同族不得在王宮者　惠挍本常作嘗此誤

但比同士士既摠屬　浦鏜云比同當此司之誤

自餘皆臣之摠號耳　惠挍本閩本同監毛本自作其

此之謂長幼有序　此本及閩本標起訖云注賜爵至序也然則賈疏本序下有也字監毛本疏改作賜爵至有字據今本注無也字耳

天子諸侯載柩三束　余本嘉靖本毛本同閩監本載作戴

故云天子諸侯載柩三束　閩監毛本載改戴非

所以連繫棺束與柳材使相植　浦鏜云値誤植

故非喪則兵災　諸本同按釋日知非喪者以上文已言大喪明此是兵災非喪也據疏語此注祗當云故謂兵災非喪之言乃賈氏闡發鄭義語不當竄入注中也若如此注則喪與兵災二者並舉賈疏不得捨喪專言兵災矣

諸子

卒讀如物有副倅之倅　漢讀考作讀爲云今本作讀如非

謂朝夫子時　惠挍本作大子當據正此誤閩監毛本改天子非

惟所用之　閩監毛本同唐石經余本嘉靖本惟作唯

正謂禮載之　余本閩監本同誤也嘉靖本毛本禮作札當據正盎札誤爲札遂改作禮疏中標注同大僕御僕注作匕載

鼎中匕出牲體　閩監毛本匕誤七賈本注盎札作匕

從於王　浦鏜云大司馬職疏引作從從王案此疏亦云使國子從王也此作從於王誤○按從字逗從王爲句

得行大夫禮故也　浦鏜云故當衍

考較才藝長短　惠挍本較作校

司右

右軍旅據征伐　浦鏜云右當几字誤

弓矢圍　九經古義云圍當作圉字之誤也古圉禦通用管子墨子書皆然今司馬法作禦是也盧文弨云說苑貴德篇寇暴以仁圍圉亦當作圉按賈疏本作圍云圍城時賈誤

虎賁氏

後脛拆取胳肩斷各九个　閩本同惠挍本胳作骼監毛本肩斷改苞肉○按骼肩斷是也

春秋隱七年冬　余本嘉靖本同閩監毛本隱下增公非

旅賁氏

武士倘輕　閩監本同誤也余本嘉靖本毛本輕作輕疏同當據正此本疏標起訖云注葛葛至倘輕亦不誤

節服氏

維王之太常　余本閩監本同唐石經岳本嘉靖本毛本太作大當據正

玉路建大常　監本玉誤王

依禮緯含文嘉云　宋本監本誤複文字毛本移一文於緯下

天子旌九刃　監毛本刃改仞下同

節服氏皆與君同服故云亦如之　此本故云下剜擠其服二字閩監毛本遂排入今刪正

方相氏

以索室歐疫　釋文作毆疫唐石經作敺嘉靖本閩監毛本作毆此從欠誤○按說文毆者驅之古文淺人於說文攴部求毆字不得往往爲異說

方相氏以難卻凶惡也　閩監本同余本嘉靖本毛本作御○按御是也

云時儺四時者　監本同誤也閩毛本儺作難下並同當據正

郊特牲云鄉人禓　閩毛本同監本禓改儺非

大僕

一日萬機　閩監毛本機改幾誤甚按尙書本作萬機

窮謂窮冤失職　惠挍本嘉靖本冤作究

元謂窮達者　余本閩監毛本同誤也岳本嘉靖本作達窮者當乙正

則入告大僕迎此二官　閩本同監毛本增複大僕二字

則二官自白士　按士爲王之誤浦鏜云士疑上誤非矣下文亦云自白王

有在肺石達窮民　浦鏜云石誤在

食時亦擊鼓救可知　惠挍本時作明盧文弨云食上當脫一月字

日月之食　閩監毛本作日有食之此誤

彼四月不合擊鼓之月　浦鏜云六誤四或云彼下應有非

窆亦如之　唐石經諸本同誤也釋文及嘉靖本窆作窆當據正字從乏聲非從之

故書戒爲駭　漢讀考云大司馬鼓皆駴駴卽駭字鄭君日疾雷擊鼓日駭

春秋傳所謂日中而塴　岳本及葉鈔釋文塴作備此本疏引春秋傳亦作日中而備閩監毛本改作塴○按說文有倗堋字無備塴字二字从山者誤字也說文堋下亦引左傳朝而堋釋文作倗者古字假借自是鄭注古本如此

窆讀如慶封汜祭之汜　諸本同誤也監本汜作氾葉鈔釋文出氾祭二字當據正

懸于路門　閩本同監毛本懸改縣

小臣受矢於公　浦鏜云授誤受

不視朔 監本朔誤朝

證不視朝亦是有故不視之意也 閩本同監毛本朝誤朔

小臣

謂若趨以采薺 監本薺誤齊

故小臣爲王沃手盥手也 浦鏜云沃水誤沃手

掌士大夫之弔勞 浦鏜云天官世婦疏引此注云致禮同名爲弔此脫

祭僕

始祖曰太廟 閩監毛本同岳本嘉靖本太作大下同

御僕

府吏以下 余本同誤也嘉靖本閩監毛本作府史當據正

乃匕載 余本嘉靖本閩毛本同此本及監本匕誤上或誤七今訂正疏同

故引特牲匕載 閩毛本同監本匕作牲當是朼之誤特牲經作朼也○按匕朼本一字或爲之分別者非也

隸僕

埽席前曰拚 葉鈔釋文拚本又作坋同○按坋爲坌之假借字說文坌埽除也俗作拚弁拚訓撫手

及處論語者 毛本處作攄卽據之俗寫此誤

掌蹕宮中之事 唐石經諸本同漢制考作宮門

以其高祖已上 惠挍本上作下此誤

周禮注疏卷三十一校勘記終

附釋音周禮注疏卷第三十二

鄭氏注　賈公彥疏

弁師掌王之五冕。皆玄冕朱裏延紐。冕服有六而言五冕者大裘之冕蓋無旒不聯數也延冕之覆在上是以名焉紐小鼻在武上笄所貫也今時冠卷當簪者廣袤以冠縰其舊象與。數所主反卷起全反簪莊林反袤音茂縰所買反劉霜綺反與音餘〔疏〕弁師至延紐。○釋曰云皆玄冕者古者績麻三十升布染之上以玄下以朱衣之於冕之上下云延者即是上玄者紐者綴於冕兩旁垂之武兩旁作孔以笄貫之使得其牢固也凡冕體周禮無文叔孫通作漢禮器制度取法於周今還取彼以釋之按彼文凡冕以版廣八寸長尺六寸以此上玄下朱覆之乃以五采繅繩貫五采玉垂於延前后謂之邃延故玉藻云天子玉藻前后邃延龍卷以祭是也。○注冕服至象與。○釋曰云冕服有六者按司服祭祀六服皆連冕言之今此惟云五冕者但此弁師所掌冕以旒爲主祭天用大裘取質其冕亦當無旒爲質故此不數之惟有五冕耳故云王之五冕也云延冕之覆在上按玉藻注延冕上覆言雖不同義則不異皆以玄表覆之在冕上也以爵弁前后平則得弁稱冕則前低一寸餘得冕名冕則俛也以低爲號也云紐小鼻在武上笄所貫也者今時冠卷當簪者廣袤以冠縰其舊象與者古之紐武笄貫之處若今漢時冠卷當簪所貫者於上下之廣及隨縰之袤以冠縰者貫簪之處當冠縰之中央云舊象者是周冕垂紐於武貫笄之舊象言與者以無正文故云與以疑之

五采繅。十有二就。皆五采玉十有二。玉笄朱紘。繅雜文之名也合五采絲爲之繩垂於延之前後各十二所謂邃延也就成也繩之每一帀而貫五采玉十二旒則十二玉也每就間蓋一寸朱紘以朱組爲紘也紘一條屬兩端於武繅不言皆有不皆者此爲袞衣之冕十二旒則用玉二百八十八鷩衣之冕繅九旒用玉二百一十六毳衣之冕七旒用玉百六十八希衣之冕五旒用玉百二十玄衣之冕三旒用玉七十二○繅音早司農云古藻字邃息遂反劉詩遂反旒音留下同屬音燭鷩必滅反希張里反劉猪履反〔疏〕五采至朱紘○釋曰言五采藻十有二者此據袞冕而言謂合五采絲爲藻繩十二道爲十二旒也就皆五采玉十有二以此各據一旒而言玉有五色以青赤黃白黑於一旒之上以此五色玉貫於藻繩之上每玉間相去一寸十二玉則十二寸就成也以一玉爲一成結之使不相并也玉笄朱紘者以玉笄貫之又以組爲紘仰屬結之也○注繅雜至十二○釋曰云繅雜文者若水草之藻有五采故云雜文之名也云所謂邃延也者謂玉藻文云繩之每一帀而貫五采玉十二旒則十二玉也者以其云就皆五采玉十有二明十二玉可知也云紘一條屬兩端於武者謂以一條繩先屬一頭於左旁笄上以一頭繞於頤下至句上於右相笄上繞之是以鄭注士冠禮云有笄者屈組以爲紘垂爲飾無笄者纓而結其條彼有笄據皮弁爵弁此五冕皆有笄與彼同此言屬於武者據笄貫武故以武言之其實在笄云繅不言皆有不皆者謂王之五冕繅則有十二有九有七有五有三其玉旒皆十二故繅不言皆有不皆者則九旒已下是也玉言皆則五冕旒皆十二玉也此經十二旒據袞冕而言是以鄭云此爲袞衣之冕十二旒以其十二旒旒各十二玉前后二十四旒故用二百八十八已下計可知

諸侯之繅斿九就。瑉玉三采。其餘如王之事。繅斿皆就。玉瑱玉笄。侯當爲公字之誤也三采朱白蒼也其餘謂延紐皆玄覆朱裏與王同也出此則異繅斿皆就皆三采也每繅九成則九旒也公之冕用玉百六十二玉瑱塞耳者故書瑉作璑鄭司農云繅當爲藻繅古字也藻今字也同物同音璑惡玉名○侯依注音公瑉本又作珉亡貧反瑱吐練反璑音無〔疏〕諸侯至玉笄○釋曰諸公云繅九就又云繅斿皆就作文與上言繅十有二就皆五采玉十有二繅玉別文則繅有差降王無差降此諸公繅玉同文則惟有一冕而已故鄭許一冕爲九旒旒各九玉據冕九旒不別計鷩冕已下以其一冕而已冠五服故也已下侯伯子男亦皆一冕冠數服也王不言玉瑱於此言之者王與諸侯互見爲義是以王言玄冕朱裏延紐及朱紘明諸侯亦有之諸公言玉瑱明王亦有之是其互有也○注侯當至玉名○釋曰鄭知侯當爲公者以下別見諸侯又此經云九就當上公以九爲節故知是公也知三采朱白蒼者聘禮記公侯伯繅藉三采朱白蒼故知三采亦朱白蒼也云出此則異者異謂天子朱紘諸侯當青組紘之等不得與王同也云繅斿皆就皆三采也每繅九成則九旒也者此釋有一冕九旒之意也云璑惡玉名者按許氏說文璑三采玉從玉無聲以其三采又非璑瑉故云惡玉名也說文又云珉石之美者從王民聲如是經云瑉玉三采當以璑爲正故先鄭從璑爲惡玉名也

王之皮弁。會五采玉璂。象邸玉笄。故書會作膾鄭司農云讀如馬會之會謂以五采束髮也士喪禮曰檜用組乃笄檜讀與膾同書之異耳說曰以組束髮乃著笄謂之檜沛國人謂反紒爲膾璂讀如綦車轂之綦玄謂會讀如大會之會會縫中也璂讀如薄借綦之綦綦結也皮弁之縫中每貫結五采玉十二以爲飾謂之綦詩云會弁如星又曰其弁伊綦是也邸下柢也以象骨爲之○會劉古外反注同弁膾檜二字亦同或一音戶外反璂音其本亦作璂邸丁禮反著張略反紒本又作紒音計綦音其下同縫扶用反下同薄劉芳惡反柢丁禮反劉音帝〔疏〕注故書至爲之○釋曰先鄭以會爲五采束髮讀經以爲皮弁會五采引士喪禮及沛國之事後鄭皆不從故以會謂縫中解之先鄭讀從馬會會取會結之義又讀璂如車轂綦之綦直取音同未知何義也玄謂會如大會之會漢歷有大會小會取會聚之義故爲縫中又云璂讀如薄借綦之綦綦結也者漢時有薄借綦之語故讀從之亦取結義薄借之語未聞云皮弁之縫中每貫結五采玉十二以爲飾謂之綦者天子以十二爲節約同冕旒也引詩會弁如星者衛詩彼注云會謂弁之縫中飾之以玉蠑蠑而處狀似星也與經義合故爲證也又曰其弁伊綦是也者璂既爲玉又得爲結義得兩合耳云邸下柢也者謂於弁內項上以象骨爲柢

王之弁絰。弁而加環絰。弁絰王弔所服也其弁如爵弁而素所謂素冠也而加環絰環絰者大如緦之麻絰纓而不糾司服職曰凡弔事弁絰服〔疏〕注弁絰至絰服○釋曰云弁絰王弔所服也者司服文又雜記云凡弁絰其衰侈袂故知弁絰是王弔服云其弁如爵弁而素者按曾子問云麻弁絰鄭云麻弁絰者布弁而加環絰也此不言麻者皆素爲之故云而素也云所謂素冠者詩云庶見素冠兮彼素冠謂祥冠與此雖義別同是素爲之云而加環絰者謂先著素弁於下乃上加環絰故云加也環絰者大如緦之絰者緦麻絰五服之輕者弔服乃五服之外故約同之但緦之絰則兩股此環絰以一股纓之不糾麤細同耳引司服者證弁絰是弔服之絰

諸侯及孤卿大夫之冕。韋弁皮弁。弁絰各以其等爲之。而掌其禁令。

各以其等繅斿玉璂如其命數也冕則侯伯繅七就用玉九十八子男繅五就用玉五十繅玉皆三采孤繅四就用玉三十二三命之卿繅三就用玉十八再命之大夫藻再就用玉八藻玉皆朱緑韋弁皮弁則侯伯璂飾七子男璂飾五玉亦三采孤則璂飾四三命之卿璂飾三再命之大夫璂飾二玉亦二采弁絰之弁其辟積如冕繅之就然庶人弔者素委貌一命之大夫冕而無旒士變冕爲爵弁其韋弁皮弁之會無結飾弁絰之弁不辟積禁令者不得相借踰也玉藻曰君未有命不敢即乘服不言冠弁冠弁兼於韋弁皮弁矣不言服弁服弁自天子以下無飾無等○辟積必亦反劉博歷反下同

【疏】諸侯至禁令○釋曰諸侯者上已言公則此諸侯謂侯伯子男云及孤卿大夫者此文既承諸侯之下故鄭以爲諸侯之孤卿大夫解之也既不別見天子之臣文中可以兼之上天子與公不言韋弁此言之亦是互見之義云各以其等爲之不言爵而言等則依命數矣○注各以至無等○釋曰云各以其等謂藻旒玉璂如其命數也者經云冕故云旒經云弁故云璂如其命數釋經云等也侯伯子男之冕亦據一冕如上公矣侯伯子男繅玉皆三采者亦約聘禮記藻三采朱白蒼而言之四命已下皆據典命公之孤四命公侯伯之卿三命其大夫二命子男之卿再命大夫一命而言二采朱緑亦據聘禮記聘臣藻皆二采朱緑而言也云弁絰之弁其辟積如冕繅之就然者以其弔服非吉故無飾故辟積有就也云庶人弔者素委貌者此經不云庶人鄭云此者以有大夫已上因言庶人且欲從下向上因推出士變冕爲爵弁之意也云一命之大夫冕而無旒者此亦無文鄭知然者凡冕旒所以爲文飾一命若有則止一旒一玉而已非華美又見一命大夫衣無章士文避之變冕爲爵弁若一命大夫有旒士則不須變冕爲爵弁直服無旒之冕矣故知一命大夫無旒也若然爵弁制如冕但無旒爲異則無旒之冕亦與爵弁不殊得謂之冕者但無旒之冕亦前低一寸餘故亦得冕名也云韋弁皮弁之會無結飾弁絰之弁不辟積者一命大夫及士冕弁既無旒故知無此等云禁令者不得相借踰而引玉藻君未有命不敢即乘服者彼諸侯之卿大夫聘於天子天子賜之冕服歸國告君得君命乃服之未得君命則爲借踰故引爲證也云不言冠弁冠弁兼於韋弁皮弁矣者玄冠緇布衣緇帶素韠天子以爲田服即諸侯及臣之朝服亦皮弁之類不言之者兼於韋弁皮弁也云不言服弁服弁即衰絰喪服也云不言之者自天子以下無飾無等者則喪服自天子達士共一章是也自此一經揔包諸侯及臣不言天子之臣但天子三公八命卿六命大夫四命士三命以下冕弁之屬亦各以其等爲之可知

司甲

闕

司兵

司兵掌五兵五盾。各辨其物。與其等。以待軍事。

五盾干櫓之屬其名未盡聞也等謂功沽上下鄭司農云五兵者戈殳戟酋矛夷矛○櫓音魯

【疏】司兵至軍事○釋曰言各辨其物與其等者五兵五盾各有物色與其善惡長短大小之等云以待軍事者按此下有舞者兵及廞五兵直云以待軍事者五兵五盾以軍事爲主故也○注五盾至夷矛○釋曰鄭云五盾干櫓之屬其名未盡聞也者按祭統云朱干玉戚以舞大武秦詩云蒙伐有苑注云伐中干左氏傳建大車之輪以爲櫓而當一隊則有朱干中干及櫓聞其三者二者未聞故云其名未盡聞也云等謂功沽上下者功謂善者爲上等沽謂麤惡者爲下等也必知有此法者見槀人職云書其等以饗工乘其事試其弓弩以下上其食明兵盾亦當然先鄭云五兵者戈殳戟酋矛夷矛者此謂車之五兵故下注云車之五兵司農所云者是也

及授兵。從司馬之灋以頒之。及其受兵輸。亦如之。及其用兵。亦如之。

從司馬之法令師旅卒兩人數所用多少也兵輸謂師還有司還兵也用兵謂出給衛守○卒子忽反下同

【疏】注司馬至衛守釋曰云授兵從司馬之法者司馬主六軍是一官之長先受於王命知多少乃始出軍故從司馬法以頒之鄭知用兵是出給衛守者以其既言授兵下別言用兵明是衛守之處須兵者也

祭祀授舞者兵。

授以朱干玉戚之屬

【疏】注授以至之屬○釋曰鄭知此兵是朱干玉戚者祭統云朱干玉戚以舞大武則大武用朱干玉戚矣又按下司戈盾云祭祀授旅賁殳故士戈盾司兵尊於司戈盾明所授兵據以大武朱干玉戚也其司干所授者又是羽籥之等非干戚可知也

大喪廞五兵。

故書廞爲淫鄭司農云淫陳也淫讀爲廞玄謂廞興也興作明器之役器五兵也士喪禮下篇有甲胄干笮○廞虛金反興虛應反下同笮字又作筰側白反劉丑伯反

【疏】注故書至干笮○釋曰先鄭一部之內廞皆從淫故云淫淫爲陳後鄭皆不從者以爲廞興解之者見司服云大喪共其復衣服斂衣服掌其陳序圉人職云凡賓客喪紀牽馬而入陳廞馬亦如之以此言之廞陳既別則廞不得爲陳以興象爲義也云興作明器之役器五兵也者按既夕禮明器之用器有弓矢役器之內甲胄干笮彼雖不具五兵此既言五兵明五者皆有也故鄭引士喪禮下篇甲胄干笮爲證言士喪禮下篇即既夕禮也言士喪禮下篇者以其士喪論葬事士喪與既夕二篇同有記皆在既夕篇下故二篇連言之也按彼注笮謂矢服也

軍事。建車之五兵。會同亦如之。

車之五兵鄭司農所云者是也步卒之五兵則無夷矛而有弓矢

【疏】軍事至如之○釋曰云建車之五兵者凡器在車皆有鐵器屈之在車較及輿以兵插而建之故有出先刃入後刃之事○注鄭司至弓矢○釋曰鄭司農所云者是也即上文注是也必知如先鄭義者見考工記廬人云戈殳戟酋矛夷矛乃云六建既備車不反覆注六建五兵與人也以是故從司農所云也云步卒之五兵則無夷矛而有弓矢者即司右注引司馬法所云者是也有弓矢是能用五兵者若前驅所建則有四兵故詩云伯也執殳爲王前驅注引考工記車有六等之數除軫與人四兵爲證是也

司戈盾

司戈盾掌戈盾之物而頒之。

分與授用

【疏】注分與授用○釋曰分與授用者即下文祭祀會同之等皆是

祭祀授旅賁殳。故士戈盾。授舞者兵亦如之。

亦須之也故士王族故士也與旅賁當事則衛王也殳如杖長尋有四尺

【疏】注亦須至四尺○釋曰云故士王族故士者據司士而言云與旅賁當事則衛王者按旅賁氏掌執戈盾而趨此執殳者以其與故士同衛王時以爲儀衛故不執戈盾知殳如杖者廬人所爲不見有刃故知如杖知尋有四尺者車有五等云殳長尋有四尺崇於人四尺也

軍旅會同。授貳車戈盾。建乘車之戈盾。授旅賁及虎士戈盾。

乘車王所乘車也軍旅則革路會同則金路○乘繩證反後乘馬陪乘參乘皆準此注王所乘車依字讀

【疏】軍旅至戈盾○釋曰軍旅會同皆貳車貳皆有車右故授之以戈盾云乘車之戈盾者王所乘車有車右故建戈盾授旅賁氏及虎士戈盾者衛王故也○注乘車至則金路○釋曰軍旅乘革路會同乘金路皆巾車文會同則彼以賓一也

及舍。設藩盾。行則斂之。

舍止也藩盾盾可以藩衛者如今之扶蘇與○與音餘

【疏】注舍止至蘇與釋曰按掌舍王行止住不言設藩盾者當宿衛之事非止一重除彼梐枑車宮之外別有此藩盾之等也云如今扶蘇者舉漢法以況之也

司弓矢

司弓矢掌六弓四弩八矢之灋。辨其名物。而掌其守藏。與其出入。

法曲直長短之數○守劉手又反亦如字下攻守同藏才浪反沈如字

【疏】司弓至出入○釋曰此經與下爲目辨其名物者六弓八矢各有名號物色出入者須之受之○注法曲至之數○釋曰曲直者謂若王弓弧弓合九成規已下或合七合五合三是曲者合少直者合多長短者弓人云弓之上制六尺六寸中制六尺三寸下制六尺是其長短也

中春獻弓弩。中秋獻矢箙。

弓弩成於和矢箙成於堅箙盛矢器也以獸皮爲之○中音仲下同箙音服詩云象弭魚服盛音成

【疏】注弓弩至爲之○釋曰矢箙獸皮爲之者按詩云象弭魚箙雖不言用獸蓋魚之似獸者爲之若然此獸則魚形也惟有國語云檿弧箕箙不用獸皮也

及其頒之。王弓弧弓。以授射甲革椹質者。夾弓庾弓。以授射豻侯鳥獸者。唐弓大弓。以授學射者使者勞者。

王弧夾庾唐大六者弓與體之名也往體寡來體多曰王弧往體多來體寡曰夾庾往體來體若一曰唐大甲革革甲也春秋傳曰蹲甲而射之質正也樹椹以爲射正射甲與椹試弓習武也豻侯五十步及射鳥獸皆近射也近射用弱弓則射大侯者用王弧射參侯者用唐大矣學射者弓用中後習強弱則易也使者勞者弓亦用中遠近可也勞者勤勞王事若晉文侯文公受王弓矢之賜者故書椹爲鞎鄭司農云椹字或作鞎非是也圉師職曰射則充椹質又此司弓矢職曰澤共射椹質之弓矢言射椹質自有弓謂王弧弓也以此觀之言鞎質者非○射甲食亦反下以意求之椹張林反夾古洽反劉古協反庾師儒相傳讀庾本或作庾豻音岸又音鴈使者所吏反注同蹲音存劉才官反參素感反易以豉反鞎戶根反一音魂或胡本反李音艮一音居言反又音很

【疏】及其至勞者○釋曰此經六弓強弱相對而言王弧直往體寡夾庾曲往體多故四者自對先自唐大往來若一故退之在後也○注王弧者非○釋曰云六者弓異體之名也者即所引弓人之職往體來體之等是也此據體而言若以色而言即春秋尚書所云形弓施弓之等是也云甲革革甲也者欲見甲以革爲之其實一物也引春秋傳者事在成十六年楚之養由基善射之事云質正也樹椹以爲射正者謂若賓射之正然也云射甲與椹試弓習武也者見圉人云澤則共椹質是在澤宮中試弓習武也云豻侯五十步及射鳥獸皆近射也近射用弱弓則射大侯者用王弧射參侯者用唐大矣者此據諸侯言之若據天子則用王弧射虎侯用唐大射熊侯用夾庾射豹

侯也云學射者弓用中後習强弱則易也者用中謂唐大往來體如一是中也云使者勞者弓亦用中遠近可也者使有遠有近皆可也云勞者勤勞王事若晉文侯者謂文侯之命賜之彤弓旅弓是也云文公者謂僖二十八年晉文公敗楚於城濮襄王賜之以彤弓旅弓是也**其矢箙皆從其弓。**從弓數也每弓者一箙百矢〔疏〕注從弓至百矢○釋曰云從弓數也者以經云矢箙皆從其弓故知從弓數也云每弓者一箙百矢者按文侯之命及僖二十八年晉文公受弓矢皆云彤弓一彤矢百雖是所賜之弓矢射之弓矢約同之按詩頌云束矢其搜毛注云五十矢爲束鄭從之至此爲百矢者無正文鄭兩從不定也**凡弩。夾庾利攻守。唐大利車戰野戰。**攻城壘者與其自守者相迫近弱弩發疾也車戰野戰進退非强則不及弩無王弧王弧恒服弦往體少者使矢不疾○攻如字劉音貢强其丈反又其良反〔疏〕注攻城至不疾○釋曰云攻城壘者城謂城郭壘謂軍壁若宣公十二年云御靡旌摩壘而還之類也云與其自守者即城壘也云弩無王弧王弧恒服弦者按上弓有六等有王弧至此弩以有夾庾等四種故云弩無王弧也恒服弦者若弓用則服弦不用則弛惟弩則用與不用一張之後竟不弛故云恒服弦也若然恒服弦用弱者以其强弓久不弛則就弦弱則臨體不就弦也又王弧往體少使之恒服弦則使矢不疾故不用也**凡矢。枉矢絜矢利火射。用諸守城車戰。殺矢鍭矢。用諸近射田獵。矰矢茀矢。用諸弋射。恒矢痺矢。用諸散射。**此八矢者弓弩各有四焉枉矢殺矢矰矢恒矢弓所用也絜矢鍭矢茀矢痺矢弩所用也枉矢者取名變星飛行有光今之飛矛是也或謂之兵矢絜矢象焉二者皆可結火以射敵守城車戰前於重後微輕行疾也殺矢言中則死鍭矢象焉鍭之言候也二者皆可以司候射敵之近者及禽獸前尤重中深而不可遠也結繳於矢謂之矰矰高也茀矢象焉茀之言刜也二者皆可以弋飛鳥刜羅之也前於重又微輕行不低也詩云弋鳧與鴈恒矢安居之矢也痺矢象焉二者皆可以散射也謂禮射及習射也前後訂其行平也凡矢之制枉矢之屬五分二在前三在後殺矢之屬參分一在前二在後矰矢之屬七分三在前四在後恒矢之屬軒輖中所謂志也鄭司農云痺矢讀爲人罷短之罷玄謂痺讀如痺病之痺痺之言倫比○枉紆往反絜劉苦結反又音結一音戶結反弩矢也鍭音侯劉音侯弩矢矰音增茀劉扶弗反李一音孚忽反一音敎或音弗弩矢痺方二反弩矢散素旦反注同中丁仲反下中深射中同繳章藥反刜孚物反訂李音亭呂沈同劉當定反輖音周一音定周反痺方二反比毗志反〔疏〕注此八矢者至言倫比○釋曰鄭知此八矢弓弩各有四者以上文六弓四弩俱陳於下總列八矢則知八矢爲弓弩所設故鄭分之四矢屬弓四矢屬弩也八矢兩兩相附必知在上者屬弓在下者屬弩者此上文六弓在上四弩在下故還以在上配弓在下配弩也云枉矢者取名變星飛行有光今之飛矛是也者按輈人云弧旌枉矢以象弧也按孝經緯援神契云枉矢射慝考異郵曰枉矢精狀如流星蛇行有尾見天文志曰枉矢狀大流星是其狀變之星行時有光故鄭云枉矢者取名變星飛行有光漢時名此矢爲飛矛故舉以爲說也云或謂之兵矢者矢人職文云絜矢象焉者謂矢輕重象枉矢也云二者皆可結火以射敵守城車戰者故鄭矢人職注以枉絜二矢俱

爲兵矢云前於重後微輕行疾也者以殺矢三分一在前二在後是最重者也此枉絜二矢則五分二在前三在後云前於重又微輕也對已下矰矢恒矢等爲最輕也云殺矢言中則死者解稱殺矢之名以其最重中則死故也云鍭矢象焉者亦尤重者也云二者皆可以司候射敵之近者及禽獸者釋經用諸近射田獵之文云前尤重中深而不可遠也者以其三分一在前二在後故云尤重中深故殺名不可遠故用之近射也云結繳於矢謂之矰矰高也者繳則繩也謂結繩於矢以弋射鳥獸者言矰高者欲取向上射飛鳥之義也云茀矢象焉者亦結繳爲射也云茀之言刜也二者皆可以弋飛鳥刜羅之也者解結繳以羅取而制殺之義云前於重又又微輕者此又對枉矢絜矢五分者是重此於五分之重又微輕於彼以此矢七分故也引詩者證弋是取鳥之義也云恒矢安居之矢也者按弓人有其人安其弓安其矢安文則此恒矢軒輖訂是安居之矢也云庳矢象焉二者皆可以散射也者謂禮射及習射者已上六矢皆用之攻守及弋射惟此矢云散射明散射是禮射也其禮射者即大射賓射燕射之等皆是其習亦於此三射中爲之故并言之也云前後訂其行平也者以矰矢七分三在前四在後則知此八分四在前四在後即行平也云凡矢之制枉矢之屬至四在後皆矢人職文云恒矢之屬軒輖中所謂志也者既夕記云志一乘軒輖中是也先鄭云痺矢讀爲人罷短之罷此依俗讀於義無取玄謂痺讀爲痺病之痺痺之言倫比倫比則與安居之義同也此八矢六弓四弩不相配者以四矢配四弩於義爲可以四矢配六弓其數參差不可相當故不得相配但依六弓四弩與矢隨義相當而用之**天子之弓。合九而成規。諸侯。合七而成規。大夫。合五而成規。士合三而成規。句者謂之弊弓。**體往來之衰也往體寡來體多則合多往體多來體寡則合少而圜弊猶惡也句者惡則直者善矣○弊婢世反徐扶滅反衰初危反圜音圓〔疏〕天子至弊弓○釋曰按上注而言王弧射大侯夾庾射犴侯言之則天子之弓王弧也以其往體寡故合九成規諸侯之弓則唐大以其往來體若一故合七則成規大夫之弓則夾庾以其往體多故合五成規也士之弓則六弓之外句曲之合三成規云句者謂之弊弓者但句之至極無過合三三之外雖別言句者還指合三者而言耳按天子諸侯三侯士與大夫同射近侯與大夫別侯之法今以士合三與大夫弓別者以士與大夫尊卑次暫以合三者託之于士其實士無合三之弓也○注體往至善矣○釋曰云體往來之衰也者此皆據角弓及張不被弦而合之從合九合七合五合三降殺以兩故言衰也云往體寡來體多則合多者據王弧而言云往體多來體寡則合少而圜者據夾庾而言不言唐大者在此二者中間可知**凡祭祀。共射牲之弓矢。**射牲示親殺也殺牲非尊者所親惟射爲可國語曰禘郊之事天子必自射其牲〔疏〕凡祭至弓矢○釋曰言凡語廣則天地宗廟皆有射牲之事○注射牲至其牲○釋曰言殺牲非尊者所親惟射爲可者按禮記君親制祭詩云執其鸞刀以啟其毛則射外兼爲而言惟射者彼亦示行之非正制之耳引國語者欲見有射牲之事彼據祭天而言**澤共射椹質之弓矢。**鄭司農云澤澤宮也所以習射選士之處也射義曰天子將祭必先習射於澤澤者所以擇士也已射於澤而后射於射宮射中者得與於祭○與音預〔疏〕注鄭司至於祭○釋曰此所共弓矢據王弧故

上云王弓弧弓以射甲革椹質引射義欲見射椹質是試弓習武在澤宮也**大射燕射共弓矢。如數并夾。**如數如當射者之數也每人一弓乘矢并夾矢箙也○夾音甲注同乘繩證反四矢曰乘矢籥劉奴轍反又女十反〔疏〕注如數至籥也○釋曰知每人四矢者見大射鄉射禮皆人各乘矢也云并夾矢籥也者矢籥之言出於漢時**大喪。共明弓矢。**弓矢明器之用器也士喪禮下篇曰用器弓矢〔疏〕大喪共明弓矢○釋曰云明器之用器也者明器中有用器役器役器中有甲胄干笮用器中有弓矢故鄭還引用器爲證也**凡師役會同。頒弓弩。各以其物從授兵至之儀。**物弓弩矢箙之屬○從才用反〔疏〕凡師至之儀○釋曰言師役據王巡狩征伐而言與會同異頒弓弩則不殊也**田弋充籠箙矢。共矰矢。**籠竹箙也矰矢不在箙者爲其相繞相將用乃共之○籠也東反爲于僞反〔疏〕注籠竹至共之○釋曰田謂四時田時弋謂弋鳧與鴈云充籠箙矢者籠箙皆盛矢物及矢皆共之云共矰矢者謂矢之有繳者云矰矢不在箙者以其共矰矢在箙下別言之故言不在箙也**凡亡矢者。弗用則更。**更償也用而棄之則不償○更音庚注同**繕人掌王之用。弓弩矢箙矰弋抉拾。**鄭司農云抉者所以縱弦也拾者所以引弦也詩云抉拾既次詩家說或謂抉謂引弦彄也拾謂韝扞也玄謂抉挾矢時所以持弦飾也著右手巨指士喪禮曰抉用正王棘若檡棘則天子用象骨與韝扞著左臂裹以韋爲之○抉古穴反注同彄苦侯反韝古侯反劉云彄字之異者扞胡旦反挾子協反一音戶牒反著丁略反或直略反下同檡劉音澤又音亦一音徒洛反與音餘〔疏〕繕人至抉拾○釋曰此繕人所掌王之用弓弩者謂司弓矢選擇大善者入繕人以共王用也○注鄭司至爲之○釋曰先鄭所解抉拾二家爲說前非後是故後鄭增成其義引士喪禮者欲見凶時有文吉時無文約出吉禮也無正文故云天子用象骨與韝用韋雖不言與亦同象疑可知**掌詔王射。**告王當射之節〔疏〕注告王當射之節○釋曰王射先行燕禮以大夫爲賓與王爲耦所告之事亦如大射禮大射正告公之儀**贊王弓矢之事。**授之受之〔疏〕注授之受之○釋曰按大射禮大射正授弓小臣授矢天子禮繕人授之受之按大僕職已授之受之此爲者大僕尊大僕贊時此官助贊也又**凡乘車。充其籠箙。載其弓弩。**以充籠箙以盛矢〔疏〕凡乘至弓弩○釋曰繕人惟主王所乘之車而言凡乘車則除革路之外玉金象木之車皆有右備制非常皆充其籠箙及所載弓矢○注充籠箙者以矢○釋曰以籠是盛矢器今云充之明所充實者是矢可知也**既射則斂之。**斂藏之也詩云彤弓弨兮受言藏之○弨昌遙反〔疏〕注斂藏至藏之○釋曰所斂者推據王所乘車上有弓矢者既射還斂取藏之引詩證既射弛而藏之義也**無會計。**亡敗多少不計○會古外反下大會同後會計之類放此〔疏〕無會計○釋曰以其王所費損故不會計之**槀人掌受財于職金。以齎其工。**齎其工者給市財用之直○齎音咨

後皆同也〔疏〕槀人至其工○釋曰掌受財于職金者謂有罪人出贖之物金罰貨罰故須財者往受之○注齎其至之直○釋曰弓弩矢箙皆是冬官百工造之故云齎其工者給市財用之直也

弓六物爲三等。弩四物亦如之。三等者上中下人各有所宜弓人職曰弓長六尺六寸謂之上制上士服之弓長六尺三寸謂之中制中士服之弓長六尺謂之下制下士服之弩及矢箙長短之制未聞〔疏〕弓六至如之○釋曰弓人惟云弓之長短不言弩之長短蓋當與弓同但無文故注亦云未聞○注三等至未聞○釋曰云三等者上中下人各有所宜者皆據凡人長短爲上中下士非謂命數者也此經惟言弓弩不言矢箙以下經一有矢箙因此弩并云未聞按矢人造矢云五分其長而羽其一注云羽者六寸其羽六寸則矢長三尺而此云矢未聞者彼矢長三尺約而言之亦無正文且弓之長短既不同明矢亦當有差等其矢之差等未聞及箙亦未聞也但弓六物爲三等不言皆者下別言弩故六弓不言皆下矢八物皆三等言皆者矢八物中兼有弩矢故須言皆也

矢八物皆三等。箙亦如之。春獻素。秋獻成。矢箙春作秋成〔疏〕矢八至獻成○釋曰按司弓矢注弓弩各有四矢應作四等而言三等蓋據長短爲三等注矢人注矢長三尺者假設言之弩既無長短之文矢亦未聞長短也若然箙隨矢長則弓之矢箙與弓矢齊弩之矢箙亦與弩矢齊但矢既未聞故箙亦未聞也○注矢箙春作秋成○釋曰按士喪禮明器有獻素獻成注云形法定爲素飾治畢爲成此矢箙亦然

書其等以饗工。鄭司農云書工功拙高下之等以制其饗食也玄謂饗酒肴勞之也上工作上等其饗厚下工作下等其饗薄○勞洛報反〔疏〕注鄭司至饗薄○釋曰按下文自有下上其食此文饗據以酒肴饗之先鄭以饗爲食非故後鄭不從後鄭不言中饗者舉有上下明有中可知也

乘其事。試其弓弩。以下上其食而誅賞。鄭司農云乘計也計其事之成功也故書試爲考玄謂考之而善則上其食尤善又賞之否者反此○試音考出注下上時掌反注同〔疏〕注鄭司至反此○釋曰云故書試爲考後鄭亦從考爲義也

乃入功于司弓矢及繕人。功成

凡齎財與其出入皆在槀人。以待會而攷之。亡者闕之。皆在槀人者所齎工之財及弓弩矢箙出入其簿書槀人藏之闕猶除也弓弩矢箙棄亡者除之計今見在者○見賢遍反〔疏〕乃入至闕之○釋曰數事皆在槀人者以槀人是弓矢官之主故皆有簿書藏之也

戎右掌戎車之兵革使。使謂王使以兵有所誅斬也春秋傳曰戰於殽晉梁弘御戎萊駒爲右戰之明日襄公縛秦囚使萊駒以戈斬之○使色吏反注使謂同〔疏〕注使謂至斬之○釋曰戎右者與君同車在車之右執戈盾備制非常并充兵中使役故云掌戎車之兵革使謂執兵著甲之使也引春秋者文二年左傳文秦晉戰於殽時四呼萊駒失戈引之者證戎右以兵革使事

詔贊王鼓。既告王當鼓之節又助擊之〔疏〕注既告至擊之○釋曰大僕已贊王鼓此亦同是助擊其餘面也

傳王命于陳中。爲王大言之也○傳直專反下注傳教同陳直慎反劉直吝反爲于僞反下爲衆同

會同充革車。會同王雖乘金路猶以革路從行也充之者謂居左也曲禮曰乘君之乘車不敢曠左〔疏〕注會同至曠左○釋曰知會同王乘金路者巾車云金路以賓是也此言充革車故知猶以革路從云充之者謂居左也者尊者左載王既不乘故戎右居左贊王處是以引曲禮爲證彼注云君在惡空其位是也

盟則以玉敦辟盟。遂役之。鄭司農云敦器名也辟法也玄謂將歃血者先執其器爲衆陳其載辭使心皆開辟也役之者傳敦血授當歃者○敦音對劉又都愛反沈都迴反注同歃所洽反徐所輙反〔疏〕注鄭司至歃者○釋曰先鄭以辟爲法此無取於法義故後鄭爲開辟盟者之心云將歃血者先執其器者凡盟先割牛耳盛於珠盤以王敦盛血戎右執此敦血爲陳其盟約之辭使心開辟乃歃之

贊牛耳桃茢。鄭司農云贊牛耳春秋傳所謂執牛耳者故書茢爲滅杜子春云滅當爲厲玄謂尸盟者割牛耳取血助爲之及血在敦中以桃茢沸之又助之也耳者盛以珠盤尸盟者執之桃鬼所畏也茢苕帚所以埽不祥○茢音列沈音例盛音成苕音條帚之受反〔疏〕注鄭司至不祥○釋曰引春秋者按哀十七年公會齊侯盟于蒙孟武伯問於高柴曰諸侯盟誰執牛耳季羔曰鄫衍之役吳公子姑曹注云在七年發陽之役衛石魋注云發陽鄭也在十二年武伯曰然則彘也以其魯於齊爲小國故也云玄謂尸盟者割牛耳者尸盟即是小國也云桃鬼所畏也茢苕帚所以埽不祥者殺牲取血旁有不祥故執此二者於血側也

齊右掌祭祀會同賓客。前齊車。王乘則持馬。行則陪乘。齊車金路王自整齊之車也前之者已駕王未乘之時陪乘參乘謂車右也齊右與齊僕同車而有祭祀之事則兼玉路之右然則戎右兼田右與○齊側皆反下齊車齊僕皆同乘劉繩證反沈音繩與音餘〔疏〕注齊車至右與○釋曰云前之者已駕王未乘之時者曲禮曰僕執策立於馬前備驚奔謂未乘時此亦未乘之時在馬前備驚奔也云陪乘者王與僕及車右爲參乘也云齊右與齊僕同車而有祭祀之事則兼玉路之右者齊僕同乘金路惟可據齊時今此經云祭祀不言齊明是兼祭祀乘玉路時爲右可知也以其玉路有五其右惟有齊右道右三者不見祀右及田右祭祀時亦名齊田與戎代俱用兵可以相通故知齊右兼玉路右戎右兼田右也無正文故云與以疑之也

凡有牲事則前馬。王見牲則拱而式居馬前卻行備驚奔也曲禮曰國君下宗廟式齊牛○拱居勇反郤音却〔疏〕注王見至齊牛○釋曰云王見牲則拱而式者凡男子立乘前視五巂若有敬事則式式視馬尾當須端拱而式也居馬前卻行備驚奔也者以其王既拱而式是以齊右居馬前卻行備驚奔故也引曲禮曰國君下宗廟式齊牛者按彼經云國君式宗廟下齊牛此所引不同者但宗廟尊宜下將彼經爲誤故鄭改之依正而言也

道右掌前道車。王出入則持馬陪乘。如齊車之儀。道車象路也王行道德之車〔疏〕注道車至之車○釋曰齊右云王乘則持馬此云王出入則持馬文不同者爲右之義不異不同者互換爲義故也云道車象路也王行道德之車者若言象據飾爲名言道爲稱是以大司馬亦云道車

自車上諭命于從車。自由○從才用反下及注同馭夫職放此〔疏〕自車至從車○釋曰按馭夫掌馭貳車從車彼注貳車象路之副從車戎路田路之副此所論從車即彼貳車與彼從車別同名耳

詔王之車儀。顧式之屬〔疏〕注顧式之屬○釋曰禮云式視馬尾顧不過轂皆是車上威儀故須詔之齊右不云者文不具

王式則下前馬。王下則以蓋從。以蓋從表尊〔疏〕注以蓋從表尊○釋曰蓋有二種一者禦雨二者表尊此則表尊之蓋也

大馭掌馭玉路以祀。及犯軷。王自左馭。馭下祝。登受轡。犯軷。遂驅之。行山曰軷犯之者封土爲山象以菩芻棘柏爲神主既祭之以車轢之而去喻無險難也春秋傳曰跋涉山川自由也王由左馭禁制馬使不行也故書軷作罰杜子春云罰當爲軷軷讀爲別異之別謂祖道轢軷磔犬也詩云載謀載惟取蕭祭脂取羝以軷詩家說曰將出祖道犯軷之祭也聘禮曰乃舍軷飲酒于其側禮家說亦謂道祭○軷蒲末反注跋涉同祝之又反菩音負一音倍芻惣俞反轢音歷難乃旦反別彼列反下同磔陟格反羝丁兮反舍音釋〔疏〕大馭至驅之○釋曰此據祭天之時故有犯軷之事云及犯軷者出國門封土爲山象祭軷王在左自馭馭下祝登受取王手之轡犯軷遂驅之而出○注行山至道祭○釋曰言行山曰軷者謂水行曰涉山行曰軷云封土爲山象者鄭注月令祀行之禮爲軷壇厚三寸廣五尺此道祭亦宜然云菩芻棘柏爲神主者謂於三者之中但用其一以爲神主則可也云既祭之以車轢之而去喻無險難也者祭天在近郊雖無險難愼故也引春秋傳者按襄二十八年子大叔云跋涉山川蒙犯霜露以逞君心是其山行曰軷之事也子春讀軷爲別異之別者蓋取跋涉行去之意引聘禮大夫道祭者無牲牢酒脯而已又於旁飲酒餞別故云飲酒於其側也

及祭。酌僕。僕左執轡。右祭兩軹。祭軓。乃飲。故書[illegible]〔疏〕[illegible]使人酌酒與僕僕即大馭也大馭則左執轡右手祭兩軹并[illegible]云軌少儀云范同是軾前也

凡馭路。行以肆夏。趨以采薺。凡馭路謂五路也肆夏采薺樂章也行謂大寢至路門趨謂路門至應門○薺才私反〔疏〕凡馭至采薺○釋曰樂師亦有此法彼下有車亦如之[illegible]雖車亦行趨也○注凡馭至應門○釋曰此大馭惟馭玉路而云謂五路者大馭雖馭玉路以經云凡所含廣則餘四路亦准玉路爲法故云五路皆也若然迎賓客惟乘金路餘四路雖不用迎賓客至於乘車皆自內而出自外而入經路瘢及

門故鄭據大寢爲正也云肆夏采薺樂章也者肆夏在鍾師與九夏同是樂章可知其采薺雖逸詩既與肆夏同歌明亦樂章也知行謂大寢至路門趨謂路門至應門者爾雅云堂上謂之行門外謂之趨行雖在堂亦人之行由堂始故發堂至門皆謂之爲行故云行謂大寢至路門趨謂路門至應門也鄭注樂師云及入應門路門亦如之此注不言亦同於彼也若然應門外亦應有樂節但無文故鄭亦不言也

凡馭路儀。以鸞和爲節。舒疾之法也鸞在衡和在軾皆以金爲鈴。鈴音零（疏）注舒疾至爲鈴。釋曰鄭知鸞在衡和在軾者鄭見韓詩傳云升車則馬動馬動則鸞鳴鸞鳴則和應乘車先馬動次鸞鳴乃和應明鸞近馬首和更近後故知鸞在衡和在軾也且按秦詩云輶車鸞鑣毛云鸞在衡鄭云鸞在鑣不從毛義者鄭以田車鸞在鑣乘車鸞在衡此云鸞在衡據乘車而言故也云皆以金爲鈴者鼓人掌四金鈴則四金之類故知用金爲之乃可得有聲也

戎僕掌馭戎車。戎車革路也師出王乘以自將。將子匠反（疏）注戎車至自將。釋曰此云戎車巾車云革路建太白以即戎車革路也

掌王倅車之政。正其服。倅副也服謂衆乘戎車者之衣服。倅七內反劉倉愛反（疏）注倅副至衣服。釋曰鄭注坊記云僕右恒朝服此服據非在軍時若在軍則服韋弁服衆乘戎車者之衣服謂此服也言衆乘戎車者之服則副車十二乘及廣闕革輕之倅皆是也

犯軷。如玉路之儀。凡巡守及兵車之會。亦如之。如在軍。（疏）注如在軍。釋曰云如在軍者謂如其犯軷巡狩及兵車會亦乘革路若乘車之會即乘金路也

掌凡戎車之儀。凡戎車衆之兵車也書序曰武王戎車三百兩（疏）注凡戎至百兩。釋曰云凡語廣故知衆兵車即三百兩也按武王伐紂時王自巡六師則有六軍千乘及諸戎狄三分二諸侯其車多矣只有三百兩者據陳與紂戰者而言

齊僕掌馭金路以賓。以待賓客。賓如字劉万刃反（疏）注以待賓客。釋曰此經與下爲目所待賓客即下文是也

朝覲宗遇饗食。皆乘金路。其灋儀各以其等。爲車送逆之節。節謂王乘車迎賓客及送相去遠近之數上公九十步侯伯七十步子男五十步司儀職曰車逆拜辱又曰及出車送。乘車如字（疏）注節謂至車送。釋曰受享於廟則迎之大行人云上公九十步介九人擯者五人廟中將幣三享鄭注云朝先享不言朝正禮不嫌有等是春夏受贄於朝無迎法受享則有之秋冬一受之於廟亦無迎法故郊特牲云覲禮天子不下堂而見諸侯是受贄受享皆無迎法今言朝覲宗遇饗食皆乘金路者謂因此朝覲宗遇而與諸侯行饗食在廟即有乘金路迎賓客之法也云上公九十步已下大行人文彼據受享於廟非饗食禮也引之者欲見饗食迎賓與受享同司儀所云亦據受饗食之禮也

道僕掌馭象路。以朝夕燕出入。其灋儀如齊車。朝夕朝朝莫夕。朝夕直遙反注朝夕同朝朝上如字下直遙反莫夕音暮（疏）注朝夕朝朝莫夕。釋曰朝朝莫夕在正朝來往而言燕者以其在宮中行事皆稱燕

掌貳車之政令。貳亦副。（疏）注貳亦副。釋曰上文戎僕倅車云副故此貳亦副也

田僕掌馭田路。以田以鄙。田路木路也田田獵也鄙巡行縣鄙。行下孟反（疏）注田路至縣鄙。釋曰云田路木路也者按巾車云木路建大麾以田故知田路即木路也云田田獵也者據四時田也云鄙循行縣鄙者謂在百里外六遂之中王巡六遂縣鄙則六鄉州黨巡之可知舉遠以明近也

掌佐車之政。佐亦副。（疏）注佐亦副。釋曰天子尊故戎車田車之二有別名諸侯卑戎車田車之二同曰佐無倅名是以檀弓云戰於乘丘公隊佐車授綏少儀注亦云朝祀之副曰貳戎獵之副曰佐也

設驅逆之車。驅驅禽使前趨獲逆衙還之使不出圍。驅如字又起遇反後同衙本又作御同五嫁反（疏）注驅驅至出圍。釋曰按王制云大夫殺則止佐車佐車止則百姓田獵彼佐車則此驅逆之車也

令獲者植旌。以告獲也植樹也。植直吏反又時力反樹如字又一音豎（疏）注以告至樹也。釋曰按山虞植旗屬禽此官又云植旌比禽者彼此共其事故竝見之

及獻比禽。田弊獲者各獻其禽比種物相從次數之。比毗志反次也注同種章勇反下同數所主反（疏）注田弊至數之。釋曰大司馬春火弊夏車弊秋羅弊冬徒弊弊止也田止百姓所得禽大獸公之小禽私之公之者獻於旗下每禽擇取三十其餘爲主皮之射而取之故云比種物相從次數之也

凡田。王提馬而走。諸侯晉。大夫馳。提猶舉也晉猶抑也使人叩而舉之抑之皆止奔也馳放不抑。叩音口下同（疏）注凡田至夫馳。釋曰凡田亦謂四時田天子發抗大綏諸侯發抗小綏大夫下君不得云綏云大夫發止佐車其時有提馬晉馬之事云提遲於馳皆使尊者體促之義也

馭夫掌馭貳車從車使車。貳車象路之副也從車戎路田路之副也使車驅逆之車（疏）注貳車至之車。釋曰知貳車是象路之副者以道僕云掌貳車之政令故知之也知從車是戎路田路之副者見戎僕與田僕俱不言貳田與戎俱是職煩故知兼此二者也不掌戎路金路之副者貳者事暇蓋車僕共掌也知使車是驅逆者以使役勞劇之事故知是驅逆之車也

分公馬而駕治之。乘調六種之馬（疏）注乘調六種之馬。釋曰趨馬自主駕脫故知此駕治者是調習之也

周禮注疏卷三十二挍勘記　阮元撰盧宣旬摘録

附釋音周禮注疏卷第三十二

弁師

延冕之覆在上　段玉裁云皇侃本作冕延之覆在上

廣袤以冠縱　監本縱訛縰禮說作廣袤似冠縱云俗本誤似爲以賈疏不明。按作以自不誤讀以冠縱之廣袤爲之廣袤也

垂於延前后　惠挍本后作後下同漢制考引此亦作後

垂於延之前后　閩監毛本同余本嘉靖本后作後當據正

云紘一條屬兩端於武者　監本紘誤緣

諸侯之繅斿九就　諸本同唐石經原刻作諸侯之繅九就後刮磨重刻繅下增斿按賈疏引經云諸公之繅九就無斿字與石經原刻合此猶上言王繅十有二就繅下不當有斿也

其餘謂延組　閩監本同誤也余本嘉靖本毛本組作紐當據正

每繅九成則九旒也　漢讀考云案此當云每繅九成則九斿斿九玉也今本似脫誤

故書瑉作璑　此本璑省作玩閩本誤爲玩漢讀考云說文璑采玉也從周禮故書

諸公云繅九就　閩監本同毛本公改侯非此依注作公當作云諸公之繅九就

檜用組　岳本檜作擔從手下同

沛國人謂反紒爲膾　葉鈔釋文作反紛云本又作紒

璂讀如薄借綦之綦　賈疏亦作讀如漢讀考作讀爲

邸下柢也　監本柢誤抵

大如緦之麻絰　按當乙作緦麻之絰故疏無麻字

冕而無旒　閩監毛本同余本岳本嘉靖本旒作斿當據正

則依命數矣　惠挍本矣作耳

元冠繅布衣繅帶素蹕　浦鏜云緇竝誤繅韠誤蹕

司甲

闕　此本閩監本竝脫此注余本嘉靖本毛本皆有此字今據補

司兵

故云涅涅爲陳　按此當衍一涅

後鄭皆不從者以爲厥與解之者　浦鏜云上者爲皆之訛屬下

釋曰鄭司農所云者是也　浦鏜云下當脫者

司戈盾

分與授用　余本閩監毛本同宋本嘉靖本授作受

祭祀授旅賁殳　監本旅誤旂毛本誤旋下及注竝同

車有五等　當從監毛本作六等閩本亦誤五

司弓矢

槀弧箕箙　毛本同閩監本槀誤壓○按箕从竹非也當作其

以授射甲革椹質者　監本椹誤棋說文弓部引周禮六弓作王弓弧弓以射甲革甚質甚蓋古椹字

夾弓庾弓　唐石經諸本同釋文庾弓師儒相傳讀庾當本作庚弓師儒相傳讀庾故下云本亦作庾

椹字或作鞎　閩監本同余本嘉靖本毛本云或爲鞎宋本云或作鞅誤○按以古文假借論之未見鞎誤也鞎字不見於說文及古書恐是鞅之誤字但其誤久矣

彤弓旅弓之等是也　毛本作玈弓此施卽玈之訛監本改旅按古玈字多作旅作施

御靡旌壁壘而還之類也　閩本同監毛本壁作靡皆誤當作摩壘

恆矢痺矢　閩監毛本同唐石經余本嘉靖本痺作庳當據正注同此本疏中不誤石經考文提要云宋本九經宋纂圖互注本宋附釋音本皆作庳矢

絜矢鍭矢　此本及余本鍭誤鏃今據諸本訂正下同

前於重後微輕　程瑤田通藝錄作前於後重微輕謂其前於後殺鍭二矢之尤重者微輕也轉寫訛互作重後

庳矢象焉　此庳字毛本誤痺閩監本不誤疏中閩本不誤

庳矢讀爲人罷短之罷元謂庳讀如痺病之痺　余本嘉靖本同監毛本庳皆誤痺閩本庳矢之庳不誤疏中仍誤漢讀考讀如作讀爲痺病之痺作痹病之痹下痺字同○按說文有痹無痺

云體往來之衰也者　閩本同監本體誤禮毛本遂刪去

授兵至之儀　閩監毛本同誤也唐石經余本岳本嘉靖本作授兵甲之儀當據以訂正石經考文提要云宋本九經宋纂圖互注本宋附釋音本皆作甲

爲其相繞相將用乃共之　閩本同誤也余本嘉靖本監毛本作爲其相繞亂當據正

繕人

抉用正王𩌏若檡棘　余本岳本嘉靖本同閩監毛本檡作擇按釋文出若檡二字

充籠箙以盛矢　余本閩監毛本同誤也宋本嘉靖本作充籠箙者以矢此本疏中標注同與賈疏本正合因疏語有以籠是盛矢器之言遂誤改此注釋文無盛字音也

注充籠箙者以矢　閩監毛本改充籠箙以盛矢誤甚

引詩證既射㢮而藏之義也　閩監毛本㢮作弛

槀人

但無文故注亦云未聞　閩本同監毛本增作但無正文

戎右

襄公縛秦囚使萊駒以戎斬之　閩監毛本同誤也余本嘉靖本戎作戈當據正監本縛誤縳○按據左傳是戈字

并充兵中使役　毛本作兵革

彼注云君在　浦鏜云存誤在

盟則以玉敦辟盟　唐石經諸本同余本盟則誤倒

以桃茢沸之　閩本同與玉府疏所引合余本嘉靖本監毛本沸作拂○按沸恐是誤字作拂爲是

所以掃不祥　嘉靖本掃作埽疏中引注諸本同

發陽鄖也　浦鏜云地誤也

齊右

以其玉路有五其右惟有齊右道右三者　浦鏜云王誤玉道右下脫戎右二字

道右

王行道德之車　按疏云言象據飾爲名言道據行道爲稱然則此德字誤衍也

言道爲稱　監毛本言道下有據行道三字此本閩本脫

大馭

掌馭王路以祀　閩監本同誤也唐石經余本嘉靖本毛本作玉路當訂正石經考文提要云宋本九經宋纂圖互注本宋附釋音本皆作玉路

及犯軷　漢讀考云說文軷出將有事於道必先告其神立壇四通樹茅以依神爲軷既祭軷轢於牲而行爲範軷從車犮聲範範軷也從車笵省聲讀與犯同按許君所見周禮作範盖故書也範爲正字則犯爲假借字與今義迥異

罰當爲軷　毛本當誤賞

軷讀爲別異之別　漢讀考作讀如云此字既定作軷不當又易爲別故下文稱詩禮作軷證之○按讀如別者擬軷之音耳非易其字也

爲軷壇厚三寸　浦鏜云壝誤壇二誤三

踰無險難也　浦鏜云喻誤踰

祭軓乃飲　余本嘉靖本同唐石經缺閩監毛本軓誤軌釋之作祭軓云音犯注軓同石經考文提要云五經文字曰軓車前式也見周禮宋本九經宋附釋音本皆作軓○按車前式乃車軾前之誤

故書軓爲軒　戴震云轂末出輪外似笄出髮外也軒軓軌軏四字經傳中往往訛溷先儒以其所知改所不知於是經書字書不復有軒字矣漢讀考云軸耑之鍵曰舝亦曰軒謂制轂之鐵豎貫軸頭有似又首之笄也子春易爲軓則與輢內之軨同名矣

軓爲範　嘉靖本毛本同誤也余本閩監本軌作軓漢讀考云當作軓爲軓

軓當爲軓　嘉靖本監毛本同誤也余本岳本作軓當爲軓閩本作軓當爲範漢讀考云當作軓當爲軓

軓謂車前軾也　余本監本並同閩本軓改範皆誤也賈疏嘉靖本毛本作軓謂車軾前當據正今本作前軾誤倒漢讀考云軓當作軹軓非車軾前也詳考工記

凡馭至釆薺　監本薺誤齊下同

卽上云行趍者　閩監毛本趍作趨下同

此大馭惟馭玉路　監本玉誤王

亦准玉路爲法也　閩本同監毛本准作惟惠校本作推非

注舒疾至鈴也　閩本同監毛本改舒疾至爲鈴今本注中無也

則皆以金爲鈴者　閩本同監毛本則改云

戎僕

革路建大白以卽戎車革路也　補毛本重戎字此誤脫

及廣闕革輕之倅皆是也　閩本革作苹當據正

三分二諸侯　按分下當脫有字

據陳與紂戰者而言　閩本同監毛本陳上增在

齊僕

車逆拜辱　嘉靖本逆誤送

道僕

注二亦副　閩監毛本二作貳下同

田僕

故戎車田車之二有別名　閩監毛本二作貳駮夫疏同此處下文閩監本亦作二

使人叩而舉之　余本閩本同嘉靖本監毛本叩作扣此本下亦作扣案釋文作扣余本載音義同○按說文扣牽馬也故此注云使人扣而舉之不得作叩叩字說文所無敂之俗體也

馭夫

不掌戎路金路之副者　閩本同誤也監毛本戎作玉當據正

附釋音周禮注疏卷第三十三

鄭氏注　賈公彥疏

校人掌王馬之政。政謂差擇養乘之數也月令曰班馬政○（疏）注政謂至馬政釋曰此經與下爲目下亦有邦國及家而云王馬者以尊爲主鄭云政謂差擇養乘之數也者經辨六馬是差擇也下云凡頒良而養乘是養乘也引月令者謂季秋之令彼注云馬政謂齊其色度其力使同乘引此職凡軍士物馬而班之皆是馬政故引爲證也

辨六馬之屬。種馬一物。戎馬一物。齊馬一物。道馬一物。田馬一物。駑馬一物。種謂上善似母者以次差之玉路駕種馬戎路駕戎馬金路駕齊馬象路駕道馬田路駕田馬駑馬給宮中之役○（疏）注種謂至之役○釋曰六者皆有毛物不同故皆以物言之也此六者先善後惡次第而言也種馬上善似母者以其言種故知似母但種類亦有似父而言似母者以母爲主也知種馬駕玉路已下差次如此者以其言戎道田以事爲名則知戎馬駕戎路道馬駕道車田馬駕田路以此五者種馬最在上駕玉路可知駑馬最在下五路之外給役可知

凡頒良馬而養乘之。乘馬一師四圉。三乘爲皁。皁一趣馬。三皁爲繫。繫一馭夫。六繫爲廏。廏一僕夫。六廏成校。校有左右。駑馬三良馬之數。麗馬一圉。八麗一師。八師一趣馬。八趣馬一馭夫。良善也善馬五路之馬鄭司農云四疋爲乘養馬爲圉故春秋傳曰馬有圉牛有牧玄謂二耦爲乘師趣馬馭夫僕夫帥之名也趣馬下士馭夫中士則僕夫上士也自乘至廏其數三百一十六匹易乾爲馬此應乾之筴也至校變爲言成者明六馬各一廏而王馬小備也校有左右則良馬一種者四百三十二匹五種合二千一百六十匹駑馬三之則爲千二百九十六匹五良一駑凡三千四百五十六匹然後王馬大備詩云騋牝三千此謂王馬之大數與麗耦也駑馬自圉至馭夫凡馬千二十四匹與三良馬之數不相應八皆宜爲六字之誤也師十二匹趣馬七十二匹則馭夫四百三十二匹矣然後而三之既三之無僕夫者不駑於五路畢之也○乘繩證反注及下注乘匹同圉魚呂反皁才早反趣倉走反劉沈淸須反下同繫音計本亦作毄廏九又反應應對之應筴初革反騋音來牝頻忍反劉又扶忍反數與音餘下禮與皆同○（疏）注凡頒至馭夫○釋曰言頒良馬對下別言駑馬養馬有多少不同故別言良馬也言養乘之者巳下皆四四爲耦是因養馬乘習之○注良善至之也○釋曰云善馬五路之馬者據上文而言之也春秋傳曰者昭七年楚芋尹無宇執人於王宮言馬有圉牛有牧引之證養馬爲圉也玄謂師趣馬馭夫僕夫帥之名也者皆以寡領衆故知主師之名也云趣馬下士馭夫中士則僕夫上士也序官有趣馬下士皁一人徒四人馭夫中士二十人無僕夫士數之文以此文官尊者管卑者馭夫既中士考僕夫上士可知云自乘至廏其數三百一十六匹易乾爲馬此應乾之筴也者按易天一生水北方地二生火南方天三生木東方地四生金西方天五生土中央是謂陽無匹陰無耦又地六成水北方天七成火南方地八成木東方天九成金西方地十成土中央是謂陽有匹陰有耦龜取生數一二三四五蓍取成數六七八九十若然東方南方生長之方故七爲少陽八爲少陰西方北方成熟之方故九爲老陽六爲老陰不取十者中央配四方故也是以易之六爻卦畫七八爻稱九六七八九六既配四方故九六皆以四乘之乾之六爻以四乘九四九三十六六爻故二百一十六是爲乾之筴也云校有左右則良馬一種者四百三十二匹者經云六廏成校據一廂言之王馬小備下云校有左右則十二廏爲十二閑若據一廂一廏爲二百一十六匹據兩廂倍之故四百三十二匹種別四百三十二匹五種計之自然摠合二千一百六十匹又蓋駑馬三良馬之數三个四百三十二則得千二百九十六匹五良一駑摠計自然凡三千四百五十六匹對前小備故云然後王馬大備也詩云騋牝三千此衞文公滅而復興徒而能盛計諸侯止合六閑馬其三千是王馬之數雖非禮制國人美之故鄭云王馬之大數言大數者不言四百五十六故也言與者約同王馬之數故言與以疑之也云駑馬自圉至馭夫凡馬千二十四匹與三良之數不相應者依經八計之得此千二十四匹其三良馬有千二百九十六匹故言不相當若作六計得千二百九十六匹與三良馬數合故破從六也按此經乘馬一師四圉三乘爲皁皁一趣馬三皁爲繫繫一馭夫按序官云趣馬下士皁一人徒四十人即此以云皁一趣馬合自師至馭夫中士二十人下士四十人并之六十疋充此良馬之馭夫又不見駑之馭夫者或脫也○

天子十有二閑。馬六種。邦國六閑。馬四種。家四閑。馬二種。降殺之差每廄爲一閑諸侯有齊馬道馬田馬大夫有田馬各一閑其駑馬則皆分爲三焉殺所界反（疏）注降殺至三焉○釋曰天子十二閑六種義已在上云諸侯有齊馬道馬田馬大夫有田馬各一閑其駑馬皆分爲三焉者以駑馬三良之數上下同故爲此解越商問校人職天子有十二閑六種爲三千四百五十六匹邦國六閑馬四種爲二千五百九十二匹家四閑馬二種千七百二十八匹商按天子之卿采地食小都大夫食縣不審所由當能共此馬數故禮記家富不過百乘謂其多也司馬法論之甸方八里有戎馬四匹長轂一乘今大夫采地四甸一甸稅又給王其餘三甸邊有馬十二匹今又就校人之職相校人之職相校甚異何荅曰邦國六閑四種其數適當千二百九十六匹家有四閑二種又當八百六十四匹令子以何術計之乎此馬皆君之所制爲非謂民賦畿內百里之國者居四都五十里之國居四縣二十五里之國居四甸而引天子卿食小都大夫食縣欲何以難又司馬法甸有戎馬四匹長轂一乘此爲民出軍賦無與於天子國馬之故事條未理而多紛紜趙商云邦國二千五百九十二匹者謂三良一良四百三十二匹三良千二百九十六匹駑三其一三亦千二百九十六匹故合爲二千五百九十二匹家四閑馬二種爲千七百二十八匹謂良馬二種四百三十二匹駑馬一種三良馬一種亦千二百九十六匹并之千七百二十八匹正合於數鄭不從者天子十二閑分爲左右一種馬分爲兩廄故一種馬有四百三十二匹諸侯及大夫直一廂不分爲左右則良馬惟有三廄三良居三廄其數六百四十八匹駑馬亦三其一種其數亦六百四十八匹并之千二百九十六匹家有二種一良一駑良居一廄二百一十六匹駑馬三之爲六百四十八匹并之爲八百六十四匹故鄭氏云子以何術計之

凡馬。特居四之一。欲其乘之性相似也物同氣則心一鄭司農云四之一者三牝一牡（疏）注欲其至一牡○釋曰云欲其乘之性相似也者是使三牝各產其一通牡爲四共駕一車取同氣一心之義

春祭馬祖。執駒。馬祖天駟也孝經說曰房爲龍馬鄭司農云執駒無令近母猶攻駒也二歲曰駒三歲曰駣玄謂執猶拘也春通淫之時駒弱血氣未定爲其乘匹傷之○令力呈反下令皆同近附近之近駣徐音肇劉音道李湯堯反沈徒刀反爲于僞反下爲蹄齧同（疏）注馬祖至傷之○釋曰馬與人異無先祖可尋而言祭祖者則天駟也故取孝經說房爲龍馬是馬之祖春時通淫求馬蕃息故祭馬祖先鄭云二歲曰駒三歲曰駣爾雅文云玄謂春通淫之時駒弱血氣未定爲其乘匹傷之者論語孔子云血氣未定戒之在色馬亦如此故引之而言也按月令仲夏縶騰駒注云爲其牝氣有餘相蹄齧彼牝氣有餘相蹄齧縶之不爲駒弱者縶有二種此謂二歲者彼據馬之大者故不同也

夏祭先牧。頒馬攻特。先牧始養馬者其人未聞夏通淫之後攻其特爲其蹄齧不可乘用鄭司農云攻特謂騬之○蹄大計反又音啼後同騬音繩又音繩（疏）注先牧至騬之○釋曰知先牧是養馬者以其言先牧是放牧者之先知是始養馬者祭之者夏草茂求肥充云攻特者夏通淫後攻其特爲其相蹄齧不可乘用故也

秋祭馬社。臧僕。馬社始乘馬者世本作曰相土作乘馬鄭司農云臧僕謂簡練馭者令皆善也玄謂僕馭五路之僕○臧子郎反相息亮反（疏）注馬社至之僕○釋曰秋祭馬社者秋時馬肥盛可乘用故祭始乘馬者秋而臧僕者亦秋時萬物成教之使善

冬祭馬步。獻馬。講馭夫。馬步神爲災害馬者獻馬見成馬於王也馭夫馭貳車從車使車者講猶簡習○見賢遍反下同從才用反（疏）注馬步至簡習○釋曰馬神稱步謂若玄冥之步人鬼之步之類步與酺字異音義同云獻馬見成馬於王也者以秋時萬物成亦獻成馬於王也云馭夫馭貳車從車使車者馭夫文也云講猶簡習者亦謂秋時物成講之使成也

凡大祭祀朝覲會同。毛馬而頒之。毛馬齊其色也頒授當乘之○毛如字劉莫報反（疏）注毛馬至乘之○釋曰此三者皆頒馬從王故知毛馬而頒之爲齊其色者按毛詩傳云宗廟齊豪尚純也戎事齊力尚強也田獵齊足尚疾也爾雅亦云雖據宗廟至於田獵軍旅既尚疾尚力亦尚色也故下云凡軍事物馬而頒之是尚力也詩云四騵彭彭武王所乘又云四鐵孔阜秦襄公以田是齊色不專據宗廟

飾幣馬。執扑而從之。鄭司農云校人主飾之也幣馬以馬遺人當幣處者也聘禮曰馬則北面奠幣于其前士喪禮下篇曰薦馬纓三就入門北面交轡圉人夾牽之馭者執策立于馬後○扑普卜反劉方溝反遺惟李反（疏）注鄭司至馬後○釋曰先鄭云以馬當幣處者見經云飾幣馬馬可飾幣非可飾之物又見下文凡國之使者共其幣馬注云使者所用私覿則知此直以馬遺人無幣且王家遺人無廷實故覲禮勞侯氏用璧無庭實也引聘禮者按聘禮此謂賓入境展幣時布幕訖皮則陳於幕上馬則於幕南北面奠幣於其前引之者證彼則有幣有馬引士喪禮下篇者據將葬朝廟時陳設之事馬爲擬乘車所駕故薦之纓三就者謂馬鞅三成舒之入門北面者陳之於廟庭也言交轡者士兩馬二人牽之引之者證馬有飾之事也

凡賓客。受其幣馬。賓客之幣馬來朝聘而享王者（疏）注賓客至王者○釋曰言賓客來朝享王者大行人云廟中將幣三

享者是也使客來聘享王者玉人職瑑圭璋璧琮以覜聘者也

大喪飾遺車之馬。及葬埋之。言埋之則是馬塗車之芻靈。埋亡皆反本又作貍〔疏〕注言埋至芻靈釋曰言遺車則雜記注天子九乘苞大遺奠牲體乘別大牢苞九个入擴藏之於椁內闚外者云塗車之芻靈者按檀弓孔子云塗車芻靈自古有之謂爲俑者不仁俑謂偶人所作孔子善古而非周則古者以泥塗爲車芻靈謂以芻草爲人馬神靈至周塗車仍存但刻木爲人馬替古者芻靈今鄭云塗車之芻靈則是仍用芻靈與檀弓違者至周實用俑者但鄭舉古之芻靈況周耳非謂周家仍用芻靈也

田獵則飾驅逆之車。帥猶將也〔疏〕田獵至之車。釋曰驅逆之車田僕設之但校人主車馬帥頒田僕而已

凡將事于四海山川。則飾黃駒。四海猶四方也王巡守過大山川則有殺駒以祈沈禮與玉人職有宗祝以黃金勺前馬之禮。沈直金反。劉直蔭反〔疏〕凡將至黃駒。釋曰謂王行所過山川設祭禮之然後去則殺黃駒以祭之山川地神土色黃故用黃駒也。注四海至之禮。釋曰云四海猶四方也者王巡狩惟至方岳不至四海夷狄故以四海爲四方云有殺駒以祈沈禮與爾雅云祭山曰庪縣祭川曰浮沈今鄭云以祈沈者揔解過山川二事言與者爾雅據正祭此則行過之約與彼同故云與以疑之也引玉人職者按彼有大璋中璋邊璋過大山川用大璋過中山川用中璋過小山川用邊璋下云黃金勺青金外朱中此三璋之勺也云黃金勺者即彼三璋之勺也云前馬之禮者以黃金勺酌酒禮山川在馬牲前之禮引之者證過山川設禮用馬牲之事也

凡國之使者。共其幣馬。使者所用私覿。使所吏反注同〔疏〕注使者所用私覿。釋曰言國之謂王使之下聘問諸侯王行禮後乃更以此幣馬私與主君相見謂之私覿諸侯之臣與君同行不得私覿若特聘則有之則聘禮私覿是也若然上文飾幣馬是以馬遺人法非聘故無私覿前賓客來朝聘不言私覿者諸侯之臣於天子不敢行私覿故也

凡軍事。物馬而頒之。物馬齊其力。〔疏〕注物馬齊其力。釋曰上朝會言毛馬鄭云齊其色此軍事言物馬鄭云齊其力物即是色而云齊力當與上文互以見義欲見皆有力有色也。

等馭夫之祿。馭夫於趣馬僕夫爲中舉中見上下〔疏〕等馭夫之祿。釋曰掌養馬者有趣馬馭夫僕夫三者皆須等其祿獨云馭夫故鄭云舉中見上下

宮中之稍食。師圉府史以下也鄭司農云稍食日廩。〔疏〕注師圉府史以下。釋曰上云馭夫之等言士已上說故知此是師圉府史以下中仍有胥徒之等也。

趣馬掌贊正良馬。而齊其飲食。簡其六節。贊佐也佐正者謂校人臧僕講馭夫之時簡差也節猶量也差擇王馬以爲六等。〔疏〕注贊佐至六等。釋曰鄭云佐正者校人臧僕講馭夫之時者以其校人是養馬官之長校人既有此諸事而云佐正明佐此二者可知云差擇王馬六等即上種戎齊道田駑是也。

掌駕說之頒。用馬之第次。說始銳反〔疏〕注用馬之第次。釋曰凡用馬當均勞逸故駕說須依次第即頒是第次之序故知是用馬之第次也。

辨四時之居治。以聽馭夫。居謂牧庌所處治謂執駒攻特之屬。治直吏反注同庌音雅後同〔疏〕注居謂至之屬。釋曰云辨四時之居治者謂二月已前八月已後在廄二月已後八月已前在牧故云四時也云牧庌者放牧之處皆有庌廄以蔭馬也以趣馬下士屬馭夫中士故云聽馭夫知治是執駒攻特者以是校人之事趣馬當佐之明是此二事也

巫馬掌養疾馬而乘治之。相醫而藥攻馬疾。受財于校人。乘謂驅步以發其疾知所疾處乃治之相助也。相息亮反注同。〔疏〕巫馬至校人。釋曰巫知馬祟醫知馬疾疾則以藥治之祟則辨而祈之二者相須故巫助醫也云受財者謂共祈其及藥直

馬死。則使其賈粥之。入其布于校人。布泉也鄭司農云賈謂其屬官小吏賈一人粥賣也。賈音嫁注同又音古粥音育

牧師掌牧地。皆有厲禁而頒之。頒馬授圉者所牧處〔疏〕注頒馬至牧處。釋曰圉人掌養馬者故圉人職云掌養馬芻牧之事言厲禁者謂可牧馬之處亦使其地之民遮護禁止不得使人輒牧牛馬也

孟春焚牧。焚牧地以除陳生新草也〔疏〕注焚牧至草也。釋曰孟春謂夏之孟春建寅之月草物將出之時牧燒焚地除陳草生新草也

中春通淫。中春陰陽交萬物生之時可以合馬之牝牡也月令季春乃合累牛騰馬遊牝于牧秦時書也秦地寒涼萬物後動。中音仲注同累力追反劉音類〔疏〕注中春至後動。釋曰按月令季春乃合累牛騰馬遊牝於牧彼注云此月可以合牛馬繫在廄者其牝欲游則就牧而合之若然彼不繫在廄亦二月通淫則與此經合矣今此注以爲月令秦時書秦地寒涼萬物後動與彼注不同者鄭君兩解故彼此不同也

掌其政令。凡田事贊焚萊。焚萊者山澤之虞〔疏〕凡田事贊焚萊。釋曰焚萊自是山澤之虞當二月焚萊除陳生新之時則此官贊山澤之虞也

廋人掌十有二閑之政。教以阜馬佚特。教駣。攻駒。及祭馬祖。祭閑之先牧。及執駒散馬耳。圉馬。九者皆有政教焉阜盛壯也詩云四牡孔阜杜子春云佚當爲逸鄭司農云馬三歲曰駣二歲曰駒散讀爲中散大夫之散謂騬馬耳毋令善驚也玄謂逸者用之不使甚勞安其血氣也教駣始乘習之也攻駒制其蹄齧者閑之先牧先牧制閑者散馬耳以竹括押其耳頭動搖則括中物後遂串習不復驚。佚音逸散素但反注同騬古活反毋音無令力呈反下使令同押音甲中物丁仲反復扶又反〔疏〕注九者至復驚。釋曰云掌十有二閑之政者此文與下九者爲目故鄭云九者皆有政教焉引詩者證阜爲盛義也子春以佚爲逸後鄭從之增成其義先鄭散讀爲中散大夫之散取音同也謂騬馬無令善驚後鄭亦增成其義後鄭云閑之先先牧先牧制閑者以其通閑言之也若然上云夏祭先牧者直是先養馬者非制閑之人

正校人員選。校人謂師圉也正員選者選擇可備員者平之〔疏〕注校人至平之。釋曰知校人是師圉者凡言正者以尊正卑自趣馬已上並上官非廋人所正故知所正者師圉

馬八尺以上爲龍。七尺以上爲騋。六尺以上爲馬。大小異名爾雅曰騋牡驪牡玄駒褭驂鄭司農云以月令曰駕蒼龍。上時掌反下同牡茂後反驪力知反牡驪絕句牝頻忍反絕句褭奴了反劉音繞郭璞音同劉義異鄭〔疏〕注大小至蒼龍。釋曰引爾雅所釋作詩騋牝三千但詩直言牝不言牡爾雅之意以詩人美衛文公直牝有三千其實兼有牡故云騋中所有牝則驪色牡則玄色兼有駒褭驂引之者證騋是馬色先鄭引月令者謂春之三月天子聽朔及祀帝皆駕蒼龍順時色引之以證龍是馬也

圉師掌教圉人養馬。春除蓐。釁廄。始牧。夏庌馬。冬獻馬。射則充椹質。茨牆則翦闔。蓐馬茲也馬既出而除之新釁焉神之也春秋傳曰凡馬日中而出日中而入故字庌爲訝鄭司農云當爲庌玄謂庌廡也廡所以庇馬者也充猶居也茨蓋也闔苫也椹質翦闔圉人所習也杜子春讀椹爲齊人言鈇椹之椹椹質所射者習射處。蓐音辱茨在私反闔戶臘反訝五嫁反廡亡甫反庇必二反又音祕苫傷占反鈇方符反射食亦反〔疏〕注蓐馬至射處。釋曰圉師即校人云良馬乘一師四圉者也云夏庌馬者即趣馬辨四時之居是也云冬獻馬者即校人冬獻馬尊卑連事相成者也春秋傳者左氏莊二十九年新延廄書不時延廄當於馬時故云凡馬日中而出日中而入謂春分秋分時今之孟春新延廄故云不時也云圉人所習也者取椹斬莝則苫蓋之類也皆圉人所習之事子春云椹質所射者習射處者按司弓矢云澤則共椹質之弓矢此云射則充椹質皆謂釋官中試弓習武時所充也

圉人掌養馬芻牧之事。以役圉師。役者圉師使令焉〔疏〕注役者至令焉。釋曰乘馬一師四圉四圉人受圉師之所使令焉

凡賓客喪紀。牽馬而入陳。賓客之馬王所以賜之者詩云雖無予之路車乘馬喪紀之馬啓後所薦馬〔疏〕注賓客至薦馬。釋曰雖同牽馬入陳賓客與喪紀所陳有異何者若據賓客則在館天子使人就館而陳之若喪紀則謂將葬朝廟時旣夕禮薦馬纓三就者是也天子朝廟亦當在祖廟中陳設明器之時亦遣人薦馬及纓入廟陳之此馬謂擬駕乘車吉器最先者

廞馬亦如之。廞馬遣車之馬人捧之亦牽而入陳。捧衆家並扶恭反〔疏〕注廞馬至入陳。釋曰此遣車則天子九乘戰所苞遣奠以入壙皆人捧之云亦牽而入陳者亦於祖廟陳此明器也但遣車及馬各使人別捧故上注云行則解脫之是也

職方氏掌天下之圖。以掌天下之地。辨其邦國、都、鄙、四夷、八蠻、七閩、九貉、五戎、六狄之八民。與其財用九穀、六畜之數要。周知其利害。天下之圖如今司空輿地圖也鄭司農云東方曰夷南方曰蠻西方曰戎北方曰貉狄玄謂閩蠻之別也國語曰閩芈蠻矣四八七九五六周之所服國數也財用泉穀貨賄也利金錫竹箭之屬害神姦鑄鼎所象百物也爾雅曰九夷八蠻六

戎五狄謂之四海。閩亡巾反又音文又亡千反漢書音義服虔音近蠻應劭音近文鄭氏音旻貉孟白反畜許六反下同芊蠻亡氏反劉音如羊鳴近米李云今周禮本或無此字國語則有。【疏】職方至利害。釋曰此文與下爲目云辨其邦國據畿外諸侯都鄙據畿內采地先邦國尊諸侯也云四夷者據四方之夷摠目諸方以九貉當東夷之處。注天下至四海。釋曰大司徒云掌建邦之土地之圖注云地之圖若今司空郡國輿地圖此注不言郡國者彼直掌九州不言夷狄九州之內有邦國故以郡國言之此職方兼主夷狄夷狄中漢時不置郡國推置校尉掌之故此注亦不言郡國也先鄭云東方曰夷者以經云四夷即爲東夷也然夷之數皆言九於此獨言四不得即以爲始此不先言九夷者以其已有四夷之名爲目不可重言九夷故先從南數之也又云北方曰貉狄者先鄭既以四夷爲東方夷即以貉狄摠屬北方也玄謂閩蠻之別也國語曰閩芊蠻矣者按鄭語史伯曰蠻芊蠻矣注云謂上言叔熊避難於濮蠻隨其俗如蠻人也故曰蠻彼不作閩者彼蓋後人轉寫者誤鄭玄以閩爲正叔熊居濮如蠻後子從分爲七種故謂之七閩也按經閩雖與蠻七八別數本其是一俱屬南方也云四八七九五六周之所服國數也者鄭志趙商問職方氏掌四夷八蠻七閩九貉五戎六狄之數注云周之所服國數禮記明堂位曰周公六年制禮作樂朝諸侯於明堂有朝位服事之國數夷九蠻八戎六狄五禮之事異未達其數鄭荅職方氏四夷四方夷狄也九貉即九夷在東方八蠻在南方閩其別也戎狄之數或六或五兩文異爾雅惟有其數耳皆無別國之名校文甚明故不定若然爾雅之數與明堂同皆數耳無別國之名校其錯可知今五六者正是數耳其事鄭不甚明之未知何者是故不定一禮兩禮俱從者是以不著其錯誤按詩序云蓼蕭澤及四海注云九夷八狄七戎六蠻謂之四海復與爾雅及禮皆不同者蓼蕭或後人轉寫者誤當以爾雅與禮爲正也云財用泉穀貨賄也者財用爲泉穀貨財疏已備九賦者也云利金錫竹箭之屬者按下經其利有金錫竹箭之屬是也云害神姦鑄鼎所象百物也者宣三年楚子問鼎之輕重王孫滿對云夏之方有德遠方圖物貢金九牧鑄鼎象物百物而爲之備使民知神姦是也引爾雅者見數與此不同之意也。乃辨九州之國。使同貫利。貫事也。【疏】乃辨至貫利。釋曰職方主九州之事故須分別九州之國貫事也使同其事利不失其所也。東南曰揚州。其山鎮曰會稽。其澤藪曰具區。其川三江。其浸五湖。其利金錫竹箭。其民二男五女。其畜宜鳥獸。其穀宜稻。鎮名山安地德者也會稽在山陰大澤曰藪具區五湖在吳南浸可以爲陂灌溉者錫鑞也箭篠也鳥獸孔雀鸞鵁鶄犀象之屬故書箭爲晉杜子春曰晉當爲箭書亦或爲箭。會古外反藪素口反區起俱反浸子鴆反本又作侵陂彼宜反溉古愛反鑞音臘篠素了反鵁音交鶄音精。【疏】東南至宜稻。釋曰自此已下陳九州之事摠爲三道陳之先從南方起益取尊其陽方周改禹貢以徐梁二州合之於雍青分冀州地以爲幽并東南曰揚州次正南曰荊州周之西南不置州統屬雍州即次河南曰豫州爲一道也次正東曰青州次河東曰兗州次正西曰雍州爲二道又次東北曰幽州次河內曰冀州次正北曰并州爲三道若禹貢治水則爲二道又先從下起與此異也然既以徐梁二州合之於雍青其二道則以冀兗青

徐爲一道揚荊豫梁雍爲二道云其山鎮曰會稽者九州皆有鎮所以安地德一州之內其山川澤藪至多選取最大者而言故鄭云曰其大者也。注鎮名至爲箭。釋曰云會稽在山陰自此以下所說山川之等一則目驗而知二則依地理志而說又所曉處所皆舉郡縣而言云會稽在山陰山陰郡名按夏本紀太史公或言禹會諸侯於江南計功而崩因葬焉命曰會稽會稽者會計也皇覽曰禹冢在山陰會稽山本苗山縣南七里越傳曰禹到越望苗山會諸侯爵有德封有功者更名苗山曰會稽山因疾死葬棺冢壙深七尺高三尺土階三等周方畝呂氏春秋云禹葬會稽不煩人徒墨子曰禹葬會稽衣衾三領桐棺三寸地理志云山上有禹井禹傳云一葬有羣鳥游田焉是說會稽之事也云大澤曰藪者按澤虞職云大澤大藪注水鍾曰澤水希曰藪則澤藪別矣今此云大澤曰藪爲一物解之者但澤藪相因亦爲一物故云大澤曰藪也云具區五湖在吳南者吳南郡名依地理志南江自吳南震澤在西通而言之亦得在吳南具區即震澤一也云浸可以爲陂灌溉者謂灌溉稻田者也云箭篠也箭篠一名篠故禹貢云篠蕩是一物二名也云鳥獸孔雀鸞鵁鶄者解鳥也云犀象者解獸也驗時見有此鳥獸故據言焉按禹貢云九江今在廬江尋陽南皆東合爲大江揚州所以得有三江者江至尋陽南合爲一東行至揚州入彭蠡復分爲三道而入海故得有三江也。正南曰荊州。其山鎮曰衡山。其澤藪曰雲夢。其川江漢。其浸潁湛。其利丹銀齒革。其民一男二女。其畜宜鳥獸。其穀宜稻。衡山在湘南雲夢在華容潁出陽城宜屬豫州在此非也湛未聞齒象齒也革犀兕革也杜子春云湛讀當爲人名湛之湛湛或爲淮。夢亡貢反劉亡鳳反李一音亡雄反湛直減反劉又音沈李唐感反。【疏】正南至宜稻。釋曰其川江漢者揚州云三江不言漢此荊州直言江不言三江兼云漢者此州江未分爲三故直云江此州有漢水過焉故江漢並言也上文揚州云其利金錫竹箭不云丹銀齒革按禹貢荊揚二州俱云貢金三品則二州通有金錫也其民一男二女多於揚州其畜穀與揚州同。注衡山至爲淮。釋曰云雲夢在華容者按禹貢荊州雲土夢作乂得爲澤者按彼注云其中有平土丘水去可爲作畎畝之治則此據有水之處亦得爲澤也云潁出陽城宜屬豫州在此非也者鄭據地理志故知合在豫州又昭元年王使劉定公勞趙孟于潁亦在豫州故破之云湛未聞者據地理志無文未知何處也云齒象齒也者對則齒牙別通而言之牙亦得爲齒故詩頌云元龜象齒是牙齒通也云革犀兕革也者以其利則可貢所貢之革惟用爲甲故函人有犀兕春秋云犀兕尚多子春云湛讀當爲人名湛之湛俗讀也湛或爲淮不從也。河南曰豫州。其山鎮曰華山。其澤藪曰圃田。其川熒雒。其浸波溠。其利林漆絲枲。其民二男三女。其畜宜六擾。其穀宜五種。華山在華陰圃田在中牟熒兗水也出東垣入于河泆爲熒熒在熒陽波讀爲播禹貢曰熒播既都春秋傳曰楚子除道梁溠營軍臨隨則溠宜屬荊州在此非也林竹木也六擾馬牛羊豕犬雞五種黍稷菽麥稻。華如字劉胡化反圃布古反熒戶扃反溠音詐左傳音同李莊加反字林同劉昨雖反云與音大不同故今從高貴公枲思似反擾

而小反徐劉音饒中牟上如字下莫侯反李中音仲牟又無不反泆音逸播音波下同都張魚反本或作豬。【疏】注華山至麥稻。釋曰云熒兗水也者按禹貢濟出王屋始出兗東流爲濟南渡河泆爲熒春秋戰於熒澤是也云出東垣者地理志文也云波讀爲播者按禹貢有播水無波故引禹貢爲證也春秋者左氏莊四年傳文云林竹木也者地官山林別官故鄭注云竹木生平地曰林今許州見平地多林木故云林竹木也云六擾馬牛羊豕犬雞者此與爾雅六畜及周禮六牲一也必知五種是黍稷菽麥稻者此州東與青州相接青州有稻麥西與雍州接雍州有黍稷故知有此四種但此九州不言麻與菽及苽鄭必知取菽者蓋以當時目驗而知故添爲五種也。正東曰青州。其山鎮曰沂山。其澤藪曰望諸。其川淮泗。其浸沂沭。其利蒲魚。其民二男二女。其畜宜雞狗。其穀宜稻麥。沂山沂水所出也在蓋望諸明都也在雎陽沭出東莞二男二女數等似誤也蓋當與兗州同二男三女鄭司農云淮或爲雎沭或爲洙。沂魚祈反泗音四沭音述李一音餘戍反明都禹貢作孟豬今依書讀睢音綏莞音管劉音灌洙音殊。【疏】注沂山至爲洙。釋曰鄭知沂山沂水所出者沂水出沂山水乃取名於山故知沂水出焉云在蓋者蓋亦縣名按禹貢云海岱及淮惟徐州又云淮沂其乂注云淮沂二水名地里志沂水出今大山蓋縣不在青州者周公以禹貢徐州地爲青故也云望諸明都也者按禹貢云道柯澤被明都彼禹貢無望諸故從明都按春秋宋藪澤有孟諸明都即宋之孟諸者也經有淮泗不言者以上來有江及此淮并下文河鄭皆不言所在者以四瀆之名人皆知之故略而不言也按禹貢淮出桐柏泗水在魯國出濟陰乘氏東又至零陵入淮行千二百一十里沭出東莞屬瑯琊南至下邳入泗云二男二女數等似誤也者若本有此數等當言一男一女明不作二男二女青州西北與兗州相接宜與兗州同二男三女也。河東曰兗州。其山鎮曰岱山。其澤藪曰大野。其川河泲。其浸盧維。其利蒲魚。其民二男三女。其畜宜六擾。其穀宜四種。岱山在博大野在鉅野盧維當爲雷雍字之誤也禹貢曰雷夏既澤雍沮會同雷夏在城陽四種黍稷稻麥。野如字劉音與泲子禮反盧維上音雷下於恭反鉅音巨沮七餘反。【疏】注岱山至稻麥。釋曰博與鉅野皆郡縣之名破盧維爲雷雍地理志禹貢無盧維又字類雷雍故破從之引禹貢爲證也知四種黍稷稻麥者以其東與青州相接青州有稻麥西與冀州相接冀州有黍稷故知也。正西曰雍州。其山鎮曰嶽山。其澤藪曰弦蒲。其川涇汭。其浸渭洛。其利玉石。其民三男二女。其畜宜牛馬。其穀宜黍稷。嶽吳嶽也及弦蒲在汧涇出涇陽汭在豳地詩大雅公劉曰汭垢之即洛出懷德鄭司農云弦或爲汧蒲或爲浦。雍於用反下注州名同汭如銳反李又而類反汧徐口千反劉苦見反李一音空定反豳彼貧反垢弓六反詩作鞫。【疏】注嶽吳至爲浦。釋曰雍州云其利玉石藍田見有玉山出玉石以爲利者也其穀宜黍稷見雍州宜麥

不言者但黍稷麥並宜以黍稷爲主云嶽吳嶽也及弦蒲在汧者按地理志吳山在汧西有弦蒲之藪汧水出焉西北入渭渭出鳥鼠山也云汭在豳地詩大雅公劉曰汭坭之即若然汭爲水名按彼毛傳云芮水厓也箋云芮之言內也水之內曰隩水之外曰鞫就澗水之內外而居與此義違者按詩上云夾其皇澗遡其過澗故以芮鞫爲外內今爲水名者蓋周公制禮之時以汭爲水名汭即皇澗名曰汭耳猶禹貢大岳至周爲霍山也云洛出懷德者此洛即詩云瞻彼洛矣一也與禹貢導洛自熊耳者別也以其彼洛出上洛經王城至虎牢入河

東北曰幽州。其山鎮曰醫無閭。其澤藪曰貕養。其川河泲。其浸菑時。其利魚鹽。其民一男三女。其畜宜四擾。其穀宜三種。醫無閭在遼東貕養在長廣菑出萊蕪時出般陽四擾馬牛羊豕三種黍稷稻杜子春讀貕爲奚。貕音兮般步干反〔疏〕注醫無至爲奚○釋曰云醫無閭在遼東者目驗知之漢光武十三年以遼東屬青州二十四年還屬幽州云貕養在長廣者長廣縣名地理志長廣屬徐州瑯琊有萊山周時幽州南侵徐州之地也知三種黍稷稻者西與冀州相接冀州皆黍稷幽州見宜稻故知三種黍稷稻也

河內曰冀州。其山鎮曰霍山。其澤藪曰楊紆。其川漳。其浸汾潞。其利松柏。其民五男三女。其畜宜牛羊。其穀宜黍稷。霍山在彘陽紆所在未聞章出長子汾出汾陽潞出歸德。○紆於于反汾扶文反路音路長子丁丈反長子縣名屬上黨〔疏〕注霍山至歸德○釋曰其利松柏霍山見有松柏出焉云霍山在彘者彘則厲王流于彘後爲縣名漢改爲永安縣按禹貢既脩大原至于岳陽覃懷底績至于衡漳注云岳陽大原之南漳水橫流入河地理志大原今爲郡名大岳在河東縣彘東名霍大山覃懷爲縣名屬河內漳水出上黨沾大黽谷東北至安平阜城入河行千六百八十里始是長子即上黨也汾陽歸德皆郡名

正北曰并州。其山鎮曰恒山。其澤藪曰昭餘祁。其川虖池嘔夷。其浸淶易。其利布帛。其民二男三女。其畜宜五擾。其穀宜五種。恒山在上曲陽昭餘祁在鄔虖池出鹵城嘔夷祁夷與出平舒淶出廣昌易出故安五擾馬牛羊犬豕五種黍稷菽麥稻也凡九州及山鎮澤藪言曰者以其非一曰其大者耳此州界揚荊豫兗雍冀與禹貢略同青州則徐州地也幽并則青冀之北也無徐梁○虖喚胡反李呼哥反徐又香刑反池徒多反李如字嘔烏侯反一音驅鄔徐於據反縣名屬太原劉烏古反鹵音魯〔疏〕注恒山至徐梁○釋曰上曲陽鄔鹵城平舒廣昌故安皆按地理志知之云五擾馬牛羊犬豕者六擾中雜爲緩故去之云五種黍稷菽麥稻也者若饋用六穀則兼有菽若民之要用則去菽故知是此五者周公設經六擾之內三擾已上則言擾二擾則指獸名若三四不滿六者從下次去之六穀之內三種已上即言種二者則指穀名云凡九州及山鎮澤藪言曰者以其非一曰其大者耳者但一州之內山川多少各有其一而言曰故云曰其大者云此州界揚荊豫兗雍冀與禹貢略同者不失本處雖得舊處猶

有相侵入不得正故云略同若周之兗州於禹貢侵青徐之地周之青州於禹貢侵豫州之地周之雍州於禹貢兼梁州之地周之冀州於禹貢小於禹貢時冀州以其北有幽州并州故知也周之九州無徐梁禹貢有徐梁無幽并爾雅云兩河間曰冀州河南曰豫州濟東曰徐州河西曰雍州漢南曰荊州江南曰揚州燕曰幽州濟河間曰兗州齊曰營州詩譜曰雍梁荊豫徐揚之民咸被其化數不同者禹貢所云堯舜法爾雅所云似夏法詩譜所云似殷法亦與禹貢三代不同是以州名有異自古已來皆有九州惟舜時暫置十二州至夏還爲九州故春秋云夏之方有德也貢金九牧是也但自神農已上有大九州桂州迎州神州之等至黃帝以來德不及遠惟於神州之內分爲九州故括地象云崑崙東南萬五千里名曰神州是也九州之內所有山川或有解出其處者至江河淮泗漢洛等不釋所出者此等皆禹貢有成文如彼導洛自熊耳導渭自鳥鼠導河自積石導江自岷山導淮自桐柏導漢自嶓冢爲此故不言也至於禹貢雖言義理不明者此亦辨之若禹貢涇屬渭汭彼直言涇水入渭不言道之所從如此之類皆須釋其所出也

乃辨九服之邦國。方千里曰王畿。其外方五百里曰侯服。又其外方五百里曰甸服。又其外方五百里曰男服。又其外方五百里曰采服。又其外方五百里曰衞服。又其外方五百里曰蠻服。又其外方五百里曰夷服。又其外方五百里曰鎮服。又其外方五百里曰藩服。服服事天子也詩云侯服于周〔疏〕注乃辨至藩服○釋曰此言九服仍除王畿爲數故從其外已下爲九也此九服之名言侯者侯之言侯爲王斥侯言甸者甸之言田爲王治田出稅言男者男之言任也爲王任其職理采者事也爲王事民以供上言衞者爲王衞禦言蠻者近夷狄蠻之言縻以政教縻來之自此已下皆夷狄諸言夷者以其在夷狄中故以夷言之言鎮者以其入夷狄深故須鎮守之言藩者以其最在外爲藩籬故以藩爲稱蠻服大司馬謂之要服言要亦是要東爲義自侯服已下各擧一邊爲號皆互而通也其夷狄三服亦自互而相通是以大行人搃謂之藩國世一見也○注服服至于周○釋曰此搃解服之意引詩云侯服于周者見諸侯皆服事于周之義故稱服也

凡邦國。千里封公。以方五百里則四公。方四百里則六侯。方三百里則七伯。方二百里則二十五子。方百里則百男。以周知天下。以此率偏知四海九州邦國多少之數也方千里者爲方百里者百以方三百里之積以九約之得十一有奇云七伯者字之誤也周九州之界方七千里七七四十九方千里者四十九其一爲畿內餘四十八八州各有方千里者六周公變殷湯之制雖小國地皆方百里是每事言則者設法也設法者以待有功而大其封一州之中以其千里封公則可四又以其千里封侯則可六又以其千里封伯則可十一又以其千里封子則可二十五又以其千里封男則可百公侯伯子男亦不是過也州二百一十國以男備其數焉其餘以爲附庸四海之封黜陟之功亦如之雖有大國爵稱子而已鄭司農云此制亦見大司徒職曰諸公之地方五百里諸侯之地方四百里諸伯之地方三百里諸子之地方二百里諸男之地方百里○率音律又音類偏音遍奇紀宜反見賢遍反〔疏〕凡邦至天下○釋曰言凡邦國者畿外要服已內有八州州別置二百一十國摠有千六百八十國故云凡也云千里封公以方五百里則四公者八州州別有千里之方六取一千里以封公又取一千里以封侯又取一千里以封伯又取一千里以封子又取一千里以封男一州摠取千里之方充五等諸侯其不滿二百一十國者更取餘一千里方作男國者備之使滿餘剩地作附庸間田八州皆然摠結之以周知天下○注以此至百里○釋曰云以此率者八州皆爲此法故云以此率也云徧知四海九州邦國多少之數也者釋經周知天下也云方千里者爲方百里者百以方三百里之積以九約之得十一有奇者云方千里開方之百里一截縱橫皆爲十截十十而百則得爲方百里者百云以方三百里之積以九約之者方三百里三三而九用爲方百里者九十九爲十一伯餘有方百里者一不盡故云十一有奇也今經云方三百里則七伯故言云七伯者字之誤也以十一似七字故云字之誤也云周九州之界方七千里者以先王之作土有三焉若太平之時土廣萬里中國七千中平之世土廣七千中國五千衰末之世土廣五千中國三千王制云公侯方百里伯七十里子男五十里此是夏制五等爵三等受地殷湯承之合伯子男爲一惟有公侯伯三等爵三等受地與夏同武王伐紂增以子男爵地與夏同以九州之界尚狄故也至武王崩成王幼不能踐阼周公攝政六年致太平制禮成武王之意斥大九州九州方七千里五等之爵五等受地則此經所云者是也故云周九州之界方七千里云七七四十九方千里者四十九其一爲畿內其餘四十八八州各有方千里者六周公變殷湯之制雖小國地皆方百里者若然殷三等爵三等受地地有百里七十里五十里至周公無問有功無功皆益滿百里以有不滿百里不成國故也既皆滿百里其餘待有功乃益之地公有功益滿五百里侯有功益滿四百里伯有功益滿三百里子有功益滿二百里男有功只得百里更有功乃更進之與子爵云是每事言則者設法也設法者以待有功而大其封者必知不即封而言設法以待有功者以其稱公者惟有二王後及東西大伯今八州皆言方千里封公則四公八州豈有三十二公乎明知五者皆是設法以待有功乃大其封也若無功縱本是公爵惟守百里地賴若虞公虢公舊是殷之公至周仍守百里國以無功故也故注王制云是以周世有爵尊而國小爵卑而國大云一州之中以其千里封公則可四又以其千里封侯則可六又以其千里封伯則可十一又以其千里封子則可二十五又以其千里封男則可百鄭云此者欲計一州須滿二百一十國之意云公侯伯子男亦不是過也者五百里已下若過五百里則是特賜法若魯衞之等是也云州二百一十國者此據王制文彼下又云天下縣內九十三國凡九州千七百七十三國是通畿內外爲數並是殷周國數也既以州有千里之方六已用五个千里方爲前五等國數以前公國已得四侯六伯十一子二十五男百摠得一百四十六於二百一十國仍少六十四鄭云以男備其數必知以男備其數者若不以男備數則餘千里者一充數不足何得更餘爲附庸若然則更取餘方一千里開方之得百里之方百於前侯國六用千里方仍有二百里方一開方之得四个男國於前伯國十一用千里方一又得一个男國得此五國添前一百四十六爲一百五十一仍少五十九更取餘千里方一開方

之得百里之方百取五十九爲五十九國前添百五十一得二百一十國餘仍殘百里之方四十一鄭云其餘以爲附庸者以附庸不滿百里故也王制兼閑田而言此直云爲附庸文略不具其實人作附庸即受之無附庸則爲閑田使大夫治之以利民稅若周之畿內四等公邑者也云四海之封黜陟之功亦如之者鄭以上經九服摠言此經惟言要服已內九州不言四海夷狄諸侯故鄭兼見四海夷鎮藩言黜陟之功亦如之者亦皆有百里二百里地有功者進地得與侯伯三百四百同但不進爵耳無功有過則退之云雖有大國爵稱子而已者曲禮云其在東夷北狄西戎南蠻雖大曰子鄭注云雖有侯伯之地爵亦無過子是以同名曰子是也

凡邦國。小大相維。大國比小國小國事大國各有屬相維聯也○比毗志反下文比小國并注同○〔疏〕注大國至聯也○釋曰春秋之世小國朝大國大國聘小國又有敵國自相聘是以司儀公侯伯子男相爲賓又相爲國客故易比象云先王以建萬國親諸侯又王制云五國以爲屬屬有長十國以爲連連有帥三十國以爲卒卒有正二百一十國以爲州州有伯彼雖是殷之諸侯亦是各有屬相維聯之事也故鄭據而言也

王設其牧。選諸侯之賢者爲牧使牧理之〔疏〕注選諸至理之○釋曰此即大宰云建其牧是也按大宗伯注并曲禮注皆兼伯而言此直言諸侯者以侯爲主無賢侯乃兼伯可也

制其職。各以其所能。牧監參伍之屬用能所任秩次〔疏〕注牧監至秩次○釋曰此即大宰云設官分職彼下文又云施典於邦國而建其牧立其監設其參傅其伍陳其殷置其輔也云用能所任秩次者稱其所任則以次祿秩之

制其貢。各以其所有。國之地物所有〔疏〕注國之地物所有○釋曰諸侯國無貢於王法民間得稅大國半次國三之一小國四之一皆市取當國所有以貢於王即大宰九貢小行人云春入貢及禹貢厥篚厥貢之類是也故鄭云國之地物所有也

王將巡守。則戒于四方。曰各脩平乃守。攷乃職事。無敢不敬戒。國有大刑。乃猶女也守謂國竟之內職事所當共具○女音汝竟音境共音恭又九用反〔疏〕注乃猶至共具○釋曰職方氏既主四方諸侯故至十二年王將巡守之時先以文書戒勑于四方曰各脩汝當國所守境內待王之務無得失所又當考校汝所擬供王職事若不敬戒國有大刑謂殺之也

及王之所行。先道。帥其屬而巡戒令。先道先由王所從道君前行其前日所戒之令〔疏〕注先道至之令○釋曰此謂王將發行之時即在王前巡行前日所施戒令豫備之等如前所施以不

王殷國亦如之。殷猶衆也十二歲王若不巡守則六服盡朝朝謂之殷國其戒四方諸侯與巡守同○朝直遙反〔疏〕注殷猶至守同○釋曰王有故不巡守於方岳之下則春東方盡來夏南方盡來秋西方盡來冬北方盡來王待之亦各於其時在國外爲壇行朝覲盟載之法若然則王自在國外爲之而云亦如之者亦如上文戒令四方諸侯者王殷國所在無常或在畿內國城外即爲之或向畿外諸侯之國行之故有戒令之事也

土方氏掌土圭之灋。以致日景。致日景者夏至景尺有五寸冬至景丈三尺其間則日有長短〔疏〕注致日至長短○釋曰按玉人職土圭尺有五寸以致日先。鄭注大司徒以爲於潁川陽城夏日至晝漏半立八尺之表表北得尺五寸景適與土圭等則爲地中以建王國也冬至景丈三尺者亦於潁川陽城晝漏半立八尺表表北得丈三尺景亦爲地中云其間則日有長短者謂冬至日極短夏至日極長其極長極短之間則冬至後日漸長夏至後日漸短假令冬至日南至之後日漸北之時一日行大分六寸分四大分者一寸爲十分小分者十分寸之一分又爲十分但日景一寸則於地千里大分一爲百里小之一分則爲十里則冬至後日向南行六百四十里但冬至丈三尺景則除本尺五寸外加丈一尺五寸從冬至至春分晝夜等之時則減五尺七寸半景從春分到夏至又減五尺七寸半景則減晝丈一尺五寸半惟有尺五寸在以爲夏至之景南戴日下萬五千里謂之地中故云其間則日有長短也

以土地相宅。而建邦國都鄙。土地猶度地知東西南北之深而相其可居者宅居也○相息亮反注同度待洛反深尸鴆反〔疏〕以土至都鄙○釋曰上經據建王國度地法此經據封畿外及畿內都鄙○注土地至居也○釋曰景一寸差千里一分則百里但封邦國都鄙無過五百里已下則取分無取於寸一分則百里爲男國亦爲大都已上差之二分則二百里子國已外可知若小都五十里則爲小分五分若大夫二十五里則爲小分二分半言東西南北之深者景侵入爲深地之遠近里數侵入亦爲深也言相宅者既欲度景先相所居乃後度之

以辨土宜土化之灋。而授任地者。土宜謂九穀值稺所宜也土化地之輕重糞種所宜用也任地者載師之屬○值張力反稺直吏反種章勇反〔疏〕以辨至地者○釋曰既爲土方氏非直度地相宅亦當相地所宜故須辨土宜并土化之灋而授任地者此謂以書作法授之○注土宜至之屬○釋曰九穀之文出於九職言土宜明是土地所宜故以此推之云土化地之輕重糞種所宜用也者謂若草人職掌糞種之法也有九種輕重不同其所用糞種若用麋用牛之等是也云任地者載師之屬者載師掌任地事下文廛里已下皆是任地之事也

王巡守。則樹王舍。爲之藩羅〔疏〕注爲之藩羅○釋曰謂若掌舍設梐枑之時則此官亦爲王於外周市樹藩羅

懷方氏掌來遠方之民。致方貢。致遠物。而送逆之。達之以節。遠方之民四夷之民也諭德延譽以來之遠物九州之外無貢法而至者達民以旌節達貢物以璽節〔疏〕懷方至以節○釋曰既職名懷方懷來也故來遠方之民及致方貢之等○注遠方至璽節○釋曰知諭德延譽以來之者經直言來遠方不言別有餘事故惟曉諭以王之德美又延引以王之美譽以招來之云遠物九州之外無貢法而至者此經上云致方貢謂六服諸侯又云致遠物是藩國是以大行人上云侯服世一見其貢祀物之等下文云藩國世一見各以貴寶爲贄文與此相當故知義然也知達民以旌節達貢物以璽節者達民則行道路貢物即是貨賄故掌節云道路用旌節貨賄以璽節是也

治其委積館舍飲食。續食其往來○續食音嗣〔疏〕注續食至往來○釋曰按遺人云十里有廬廬有飲食三十里有宿宿有委五十里有市市有積司儀云遂行如入之積是續食其往來也

合方氏掌達天下之道路。津梁相奏不得陷絕○奏采豆反本或作湊〔疏〕合方至道路○釋曰官名合方氏當使天下和合故通達天下道路

通其財利。茂遷其有無〔疏〕注茂遷其有無○釋曰按尚書益稷云懋遷有無化居禹治水後懋勉天下徙有之無易其居積若林木徙川澤魚鹽徙山林是通其財利

同其數器。權衡不得有輕重〔疏〕注權衡至輕重○釋曰施教設治之方先須均其度量權衡是以天子巡守及王者新升皆爲此事故堯曰及舜典明堂位皆陳數器之等鄭知此數器是權衡者下別見度量故知義然

壹其度量。尺丈釜鍾不得有大小〔疏〕壹其度量○釋曰此云壹即上同也鄭云不得有大小者按律歷志以子穀秬黍中者九十黍黃鍾之長千二百黍其實一籥合籥爲合十合爲升十升爲斗十斗爲斛百黍爲銖二十四銖爲兩十六兩爲斤三十斤爲鈞四鈞爲石一黍爲一分十分爲寸十寸爲尺十尺爲丈十丈爲引是五度五量皆有大小也

除其怨惡。怨惡邦國相侵虐〔疏〕注怨惡至侵虐○釋曰合方氏欲使人和合故除其邦國相怨惡即相侵伐及相虐殺之等也

同其好善。所好所善謂風俗所高尚○好呼報反注及下同高如字劉古到反〔疏〕注所好至高尚○釋曰按孝經樂以移風易俗既風俗既風俗別言則風俗異矣風謂政教所施故曰上以風化下又云風以動之是也俗謂民所承襲故曰君子行禮不求變俗是也風所高解好俗所尚解善也

訓方氏掌道四方之政事。與其上下之志。道猶言也爲王說之四方諸侯也上下君臣也○爲于僞反下同〔疏〕訓方至之志○釋曰訓方氏訓四方美惡而向王言之以其政事及君臣上下皆有善惡

誦四方之傳道。傳道世世所傳說往古之事也爲王誦之若今論聖德堯舜之道矣故書傳爲傳杜子春云傳當作傳書亦或爲傳○傳直專反注同〔疏〕誦四方之傳道○釋曰上所云政事及上下之志則知向王道未必誦之此文古昔之上善道恒誦之在口王問則爲王誦之以其善道可傳故須誦之

正歲則布而訓四方。布告以教天下使知世所善惡〔疏〕注布告至善惡○釋曰正歲謂夏之建寅正月則布告前所道所誦之事教天下使知世所善惡也

而觀新物。四時於新物出則觀之以知民志所好惡志淫行辟則當以政教化正之○惡烏路反行下孟反辟匹亦反〔疏〕注四時至正之○釋曰此訓方觀新物知民善惡之情謂若王制云命市納賈以知民之所好惡志淫好辟則當以政教化正之與此爲類故鄭引之以釋經也

形方氏掌制邦國之地域。而正其封疆。無有華離之地。杜子春云離當爲雜書亦或爲雜玄謂華讀爲佤哨之佤正之使不佤邪離絕○華依注音佤苦蛙反哨劉羊售反沈且笑反邪似嗟反〔疏〕形方至之地○釋曰形方氏主知四方土地形勢故使掌作邦國之地域大小形勢又當正其封疆勿使相侵○注杜子至離絕○釋曰王者地有佤邪離絕遞相侵入不正故令正之佤者兩頭寬中狹邪者謂一頭寬一頭狹云佤哨之佤者按壺禮主人云枉矢哨壺哨是不正之義故讀從之

使小國事大國。大國比小國。比猶親也易比象曰先王以建萬國親諸侯〔疏〕

使小至小國。釋曰此亦如上職方氏云大小相維義同注言親諸侯使諸侯相親遷相朝聘是也

山師掌山林之名。辨其物與其利害。而頒之于邦國。使致其珍異之物。山林之名與物若岱畎絲枲嶧陽孤桐矣利其中人用者害毒物及螫噬之蟲獸。畎古犬反劉孤若反又孤善反嶧音亦螫音釋劉呼洛反噬音逝【疏】山師至之物。釋曰此山師及下川師原師等皆是遥掌畿外邦國之內山川原隰之等使出稅珍異以供王家也。注山林至蟲獸。釋曰按禹貢青州云岱畎絲枲畎谷也岱山之谷有之徐州云嶧陽孤桐孤特也嶧山之陽特生之桐中爲琴瑟云害毒物及螫噬之蟲者謂蚖蛇蝮蝎之屬也岱畎嶧陽是其名絲枲孤桐是其物也

川師掌川澤之名。辨其物與其利害。而頒之于邦國。使致其珍異之物。川澤之民與物若泗濱浮磬淮夷蠙珠暨魚澤之萑蒲。蠙薄田反劉扶忍反沈音蠙暨沈其器反又其氣反萑音丸【疏】注川澤至萑蒲。釋曰徐州云泗濱浮磬淮夷蠙珠暨魚注云泗水涯水中見石可以爲磬蠙珠珠名淮夷二水出蠙珠爲與美魚

邍師掌四方之地名。辨其丘陵墳衍邍隰之名。地名謂東原大陸之屬。墳扶云反【疏】邍師至之名。釋曰爾雅釋地高平曰原此雖以原爲主除山林川澤四者餘丘陵墳衍原隰六者皆主之故云辨其丘陵已下也按鄭注大司徒云土之高者曰丘大阜曰陵水涯曰墳。下平曰衍高平曰原平濕曰隰皆有名。注地名至之屬。釋曰尚書禹貢有東原底平大陸既作是地名也物之可以封邑者。物之謂相其土地可以居民立邑。相息亮反【疏】注物之至立邑。釋曰按小司徒云四井爲邑據田中千室之邑據城二者皆須其物色善惡然後封民

匡人掌達灋則匡邦國而觀其慝。使無敢反側。以聽王命。法則八法八則也邦國之官府都鄙亦用焉慝姦僞之惡也反側猶背違法度也書曰無反無側王道正直。慝他得反猶背音佩【疏】匡人至王命。釋曰匡正也所以正人故掌通達法則於天下邦國而觀其慝使無慝惡使無敢反側也。注法則至正直。釋曰云法則八法八則者按大宰云八法治官府八則治都鄙謂王朝官府及畿內都鄙今云以法則匡正邦國而觀其慝即據諸侯下都鄙外內雖殊八法八則治官府都鄙即同故治官府都鄙亦用焉云背違法度者則是違法則也書者洪範皇極之章

撢人掌誦王志。道國之政事。以巡天下之邦國而語之。道猶言也以王之志與政事諭說諸侯使不迷惑。語魚據反說如字劉尸鋭反【疏】撢人至語之。釋曰誦王志者在心爲志欲得使天下順從若撢取王之此志又道國之政事用此二事以巡國而語之使不迷惑而向主使萬民和說而正王面。面猶鄉也使民之心曉而正鄉王。說音悅鄉許亮反下同【疏】使萬至王面。釋曰以上二事向諸侯說之使諸侯化民而萬民正向于王

都司馬掌都之士庶子。及其衆庶車馬兵甲之戒令。庶子卿大夫士之子車馬兵甲備軍發卒【疏】都司至戒令。釋曰此王都司馬故序官注都王于弟所封及三公采地也司馬主其軍賦故此云掌都之士庶子者宫伯注云士適子庶子其支庶此都之士庶子亦然云及其衆庶車馬兵甲之戒令者若王家有軍事徵兵于采地都鄙則都司馬以書致於士庶子有此衆庶車馬兵甲之戒令士庶子受而依行之以國灋掌其政學。政謂賦稅也學脩德學道。政音征本亦作政音下同【疏】注政謂至學道。釋曰云政謂賦稅者正謂軍之賦稅無田稅泉稅之等知學是脩德學道此亦依國子而言故知亦是修德學道也以聽國司馬。聽者受行其所徵爲也國司馬大司馬之屬皆是【疏】注聽者至皆是。釋曰都司馬所掌者受大司馬之法而戒令令使都之士庶子所有徵爲皆取國之大司馬之法云大司馬之屬皆是者經國司馬不云大則小司馬軍司馬輿司馬皆得稟其戒令

家司馬亦如之。大夫家臣爲司馬者春秋傳曰叔孫氏之司馬鬷戾。鬷子公反戾力計反【疏】注大夫至鬷戾。釋曰按序官云家司馬各使其臣以正於公司馬鄭云家卿大夫采地正猶聽也公司馬國司馬也卿大夫之采地王不特置司馬各自使其家臣爲司馬主其地之軍賦注聽政於王之司馬其以王命來有事則曰國司馬若然是卿之小都大夫采地皆家自置司馬之明文引春秋者左氏昭二十五年叔孫氏之司馬鬷戾言其衆曰若之何莫對又曰我家臣也不敢知國彼是諸侯卿家自置司馬此王之卿大夫之家亦自置引諸侯家法者自置是同故得引以況義也

周禮注疏卷三十三挍勘記　阮元撰盧宣旬摘録

附釋音周禮注疏卷第三十三

校人　唐石經釋文諸本同毛本改從手。按从手者大誤

經辨六馬　宋本辨作辯

以此五者種馬最在上　閩本同監毛本五者改而言非疏除駑馬計之故五者

阜一趣馬　唐石經諸本同葉鈔釋文作趣馬余本載音義同

三阜爲繫　唐石經諸本同釋文作爲毄云音計本又作繫。按古文假借字司門職亦云牛牲毄焉周易毄辭古不作繫

六鬣爲廏　閩監毛本同釋文亦作廏此本舊訛廢今訂正唐石經嘉靖本作廏余本誤庛注疏及下圉師同

其數三百一十六匹　閩監本同誤也余本嘉靖本毛本作二百當據正監毛本疏中不誤

又蓋駑馬三良馬之數三个四百三十二　閩監毛本个改箇浦鏜云蓋當益字誤

不審所由當能共此馬數　盧文弨云詩定之方中正義作何由能供此馬此作所誤

今又就校人之職相校人之職相校甚異　補毛本無相校人之職五字此本誤衍

此爲民出軍賦　盧文弨云詩正義爲作謂此誤

謂良馬二種四百三十二匹　監毛本二種作一此及閩本皆誤監本三字缺中畫

彼據馬之大者　閩本之誤馬監毛本有之又複馬字

知是始養馬者　閩本脫是監毛本又脫者

相上作乘馬　余本嘉靖本毛本作相士葉鈔釋文同宋本監本作相土此作上蓋土之訛閩本此字實缺。按士土孰是今不能定

謂若元賓之步　閩本同監毛本賓作寘未詳

四鐵孔阜　浦鏜云驖誤從金非也毛詩本用假借字孔氏正義從金旁

此謂賓入境展幣時　監本此誤比毛本入誤人此本及閩本缺一頁今據監毛本互挍

謂馬駛三成舒之　毛本駛誤駚浦鏜云成舒當色成之誤。按駛者駚之誤三成舒之不誤

以三成訓三就也

諠馬有飾之事也　毛本有誤兩

來朝聘而享王者　余本嘉靖本監本同毛本朝誤明宋本作特。按朝是也

及葬埋之　唐石經諸本同釋文貍之本亦作埋按經當作貍注當作埋此類皆援注所改

山川地神土色黃　毛本地誤也土誤上

故用黃駒也□注四海至之禮　監本脫下六字今據毛本補錄

若待聘則有之　浦鏜云待當特字誤

此軍事言物馬　毛本軍誤通

稍食曰廩　閩監毛本同誤也余本岳本嘉靖本廩作稟當據正漢讀考作稍食祿稟云曰字訛

注師圉府史以下　閩本同監毛本脫以下

巫馬

賈一人　閩本同誤也余本嘉靖本監毛本作二人當據正。按序官賈二人

牧師

不得使八輒牧牛馬也　毛本同閩監本輒誤輙

生新草也　閩監毛本同余本岳本嘉靖本無也此衍

牧燒焚地　閩監毛本作燒焚牧地此誤倒

廋人

謂聒馬耳　漢讀考云聒當爲栝括押皆當從木自陸德明時已誤爲聒聒之適以驚之云毋令非理也疏云後鄭增成其義蓋賈本不誤案此因注云括馬耳遂改括從耳旁也今釋文聒馬與括押異文當亦後人誤改○按玉裁非也聒之所以習之令其不驚凡豢禽獸自有此法

制其蹄齧者　閩監本同余本嘉靖本毛本制作騬當據正校人注鄭司農云攻特謂騬之○按古制不盡用騬馬故惟善蹄齧者騬之耳不盡用騬馬者凡馬特居四之一也

駣牡驪牝元駒褭驂　余本閩監本作駣牡驪牝元與釋文牡驪茂后反牝元頻忍反正合是也此本作牡元嘉靖本毛本作牝驪皆誤余本載音義亦誤作牝驪嘉靖本閩本褭作褭葉鈔釋文同

鄭司農云以月令　宋本嘉靖本云作說此誤

其實兼有牝　閩監毛本作牡此誤

故云駣中所有牝則驪色牡則元色　毛本同閩監本牝牡字互改按上文引詩駣牝三千葢賈疏本鄭注作駣牝驪牡元與釋文本不同惠士奇云賈公彥讀爾雅不與郭景純同然亦有理

圉師

射則充椹質　唐石經余本嘉靖本同閩監毛本充作克疏同

故字庌爲訝　漢讀考云字當作書說文庌廡也从广牙聲引周禮夏官庌馬許君從司農易字也

椹質所射者習射處　漢讀考云習射處之上脫茨牆二字

皆謂釋宮中　浦鏜云澤誤釋

圉人

圉師使令焉　監本焉字空缺

此遣車則天子九乘　閩本同監毛本此遣車下衍之馬遣車四字

職方氏　困學紀聞云漢樊毅修西嶽廟記作識方氏

閩芊蠻矣　余本芊作芊嘉靖本閩監毛本作芊此本作芊皆誤今訂正釋文作芊引李軌云今周禮本或無此字國語則有

禮之事異　浦鏜云文誤之

爾雅雖有其數耳　監本同誤也閩毛本雖作惟當據正

文甚明故不定　按下云鄭不甚明之則此文爲不之訛

未知何者是故不定　閩本同監毛本改未知何者不定故是非

後人轉寫者誤　閩監毛本轉誤傳

東南曰揚州　唐石經余本嘉靖本毛本同閩監本揚作楊按廣韻二十一震太平御覽七十二皆引作楊州按蓋州名字本從木自開成石經定從手旁後俱作揚閩監本作木旁者又由手旁轉改非古本如是矣

具區五湖　此本閩本具誤其今據諸本訂正

箭篠也　閩監本同誤也余本嘉靖本毛本篠作篠當據正釋文亦作篠○按依說文作筱从竹攸聲作篠已是俗字

故書箭爲晉　漢讀考云大射儀綴諸箭注古文箭爲晉與此同

杜子春曰　浦鏜云曰字當依葛本作云

禹傳云一有羣鳥游田焉　浦鏜云相誤禹下誤一

吳南郡名依地里志南江自吳南　盧文弨云自當從漢志作在案上南當衍○按此十三字當作吳者會稽郡屬縣名依地里志南江在吳南下接震澤在西今本譌特甚

云箭篠也箭一名篠故禹貢云篠簜　閩毛本篠字同監本誤篠閩監毛本簜誤蕩

其澤藪曰雲瞢　說文艸部藪字下言九州之藪作雲夢

其浸潁湛　唐石經余本嘉靖本毛本同閩監本潁誤頴疏同

可爲作畎畝之治　閩監毛本畎改畎

其川滎雒　余本岳本閩本同是也嘉靖本監毛本滎作榮釋文雒作洛皆非唐石經作其水滎洛則非特滎字誤雒字誤即川字亦誤矣○按滎水不得作榮雒水不得作洛近錢大昕段玉裁之說詳矣注內泆爲滎滎在滎陽滎播既都皆滎字之誤尚書滎作滎乃衛包所改也

出東垣　漢讀考云地里志郡國志皆無東字史記魏世家城王垣徐廣云垣縣有王屋山然則東字衍也說文沇水出河東垣東謂垣縣之東也今本誤作東垣

滎播既都　釋文羣經音辨滎字皆從水釋文都本或作豬○按余仁仲本所載音義作滎今本釋文誤也羣經音辨未能憭此

其澤藪曰望諸　說文作孟諸

道柯澤　監毛本同誤也閩本柯作荷當據正

行千二百一十里　盧文弨云志作一百

其浸盧維　閩監毛本同誤也唐石經宋本余本嘉靖本盧作廬當據正注及疏同釋文亦作廬維石經考文提要云宋本九經宋纂圖互注本宋附釋音本皆作廬按困學紀聞引職方氏作盧維閻若璩失於校勘謂周禮作盧此從漢地里志誤甚

其澤藪曰弦蒲　漢讀考云說文宋本李燾本汲古閣未改本皆作弦圃

汭坘之即　余本嘉靖本閩本同監毛本坘誤泥疏中不誤按釋文出汭坘二字

杜子春讀豯爲奚　漢讀考云說文作奚養從杜易字也

河內曰冀州　唐石經余本嘉靖本同廣韻引周禮亦作冀閩監毛本改冀失其舊

其澤藪曰楊紆　唐石經諸本同宋本爾雅疏引作其澤藪曰陽紆按此本及余本閩本注中皆作陽紆

章出長子　閩監毛本同誤也余本嘉靖本章作漳當訂正

其澤藪曰昭餘祁　唐石經諸本同監本祁誤祁注同漢讀考云徐鍇本說文作昭余祁淮南作燕之昭余無祁字

斥大九州　閩監毛本斥改遷蓋斥誤爲迁遂改遷

謂若虞公虢以舊是殷之公　閩本公改若監毛本作謂若虞虢公刪以字按當作謂若虞公虢公以亦公之誤檢困學紀聞引此正作謂若虞公虢公舊是殷之公宜據正

並是殷周國數也　宋本同誤也當從閩監毛本周作州

必知以男備其數者　宋本無其此衍

此即大宰云　宋本即作則下制其職節疏同

傳其伍　閩監毛本同浦鏜云傳誤傳

攷乃職事　唐石經諸本同岳本攷誤攻

君前行　閩監毛本同誤也余本嘉靖本君作居當訂正

如前所施以不　閩監本同毛本不誤下浦鏜云監本下誤不非以猶與也不讀爲否

土方氏

日行大分六寸分四　浦鏜云小誤寸

謂九穀值稺所宜也　閩監本同誤也余本作稙稺釋文嘉靖本作稙稺當據正

故以此推之　閩本同監毛本作解之

懷方氏

侯服世一見　浦鏜云歲誤世

合方氏

津梁相奏　閩本同余本嘉靖本奏作湊監毛本誤湊按釋文相奏宋豆反或作湊此本與釋文正合古字之僅存者

若林木徙川澤　閩本同誤也當從監毛本作材木

既風俗既風俗別言　監本剜刊既風俗三字毛本排勻閩本兩既風俗皆實缺

形方氏

無有華離之地　唐石經諸本同釋文華依注音佤苦蛙反禮說云乖離之地乖今作乖俗誤爲華說文乖背吕也象脅肋形玉篇於乖部加華訓爲華斜也苦媧切華斜者猶佤邪云爾漢讀考云華音同咢廣韻集韻作蕐非○按今俗語分析謂之花卽此經華字也

枉矢哨壺　毛本同閩監本脫哨

川師

川澤之民與物　監本同誤也余本嘉靖本閩毛本民作名當據正

出蠙珠爲與美魚　閩本同衍監毛本刪爲

邍師

平濕曰隰　浦鏜云下誤平

都司馬

叔孫氏之司馬鬷戾　余本鬷作鬷是也葉鈔釋文同

周禮注疏卷三十三挍勘記終

附釋音周禮注疏卷第三十四

鄭氏注　賈公彥疏

秋官司寇第五【疏】鄭目録云象秋所立之官寇害也秋者遒也如秋義殺害收聚斂藏於萬物也天子立司寇使掌邦刑刑者所以驅恥惡納人於善道也

惟王建國，辨方正位，體國經野，設官分職，以爲民極。【疏】惟王至民極○釋曰義已具在天官

乃立秋官司寇，使帥其屬而掌邦禁，以佐王刑邦國。禁所以防姦者也刑正人之法孝經說曰刑者侀也過出罪施○侀音刑【疏】注禁所至罪施○釋曰云禁所以防姦者也者案士師五禁以左右刑罰王者恐民以姦入罪故先設禁示之防其姦惡若有不忌爲姦然後以刑罪之云刑正人之法者刑期於無刑以殺止殺故云刑正人之法也云孝經說曰者孝經援神契五刑章曰刑者侀也過出罪施者下侀爲著也行刑者所以著人身體過誤者出之實罪者施刑是以尚書云眚災肆赦怙終賊刑引之者證司寇行刑當審慎也○

刑官之屬：大司寇，卿一人；小司寇，中大夫二人；士師，下大夫四人；鄉士，上士八人；中士十有六人；旅下士三十有二人。士察也主察獄訟之事者鄭司農說以論語曰柳下惠爲士師鄉士主六鄉之獄○鄉音香注同【疏】刑官至二人○釋曰自此已下論設官分職之事云刑官之屬者此一句揔爲刑官六十官爲目故云之屬云大司寇卿一人六命小司寇中大夫二人四命士師者秋官之考雖下大夫四人亦四命鄉士其職云掌國中者中兼百里內六鄉以八人分主六鄉故謂之鄉士上士八人三命中士十有六人二命旅下士三十有二人一命下士言旅旅衆也小官理衆事也○注士察至之獄○釋曰訓士爲察者義取察理獄訟是以刑官多稱士先鄭引論語士師欲見士官理獄訟之事案上代以來獄官之名有異是以月令乃命大理瞻傷察瘡鄭注云有虞氏曰士夏曰大理周曰大司寇天子諸侯同故魯有司寇晉魏絳亦云歸死於司寇至於衰世國異政家殊俗官名隨意所造故僖二十八年晉有士榮爲大士文十年楚子西云臣歸死於司敗論語云陳司敗昭十四年士景伯如楚叔魚攝理是後官號不同者也

府六人，史十有二人，胥十有二人，徒百有二十人。【疏】府六至十人○釋曰在此者府治藏吏史作文書胥爲什長徒給繇役義已在天官疏自大司寇已下至胥徒皆是同官別職故各有職而同府史也○

遂士，中士十有二人；府六人，史十有二人，胥十有二人，徒百有二十人。遂士主六遂之獄者【疏】注遂士至獄者○釋曰在此者其職云掌四郊四郊有六遂之獄故也鄉士主六鄉之獄遂士主六遂之獄所以鄉士使上士官尊而人少遂士使中士官卑而人多者六遂去王遠故官卑以六遂在遠郊外兼主公邑地廣人衆故官多

縣士，中士三十有二人；府八人，史十有六人，胥十有六人，徒百有六十人。距王城三百里至四百里曰縣縣士主縣之獄者○【疏】注距王至獄者○釋曰在此者案其職云掌野謂掌三等公邑之獄故鄭於縣士職注云二百里以外至三百里曰野三百里以外至四百里曰縣四百里以外至五百里曰都郊外曰野大揔言之故其職云掌野其六遂之中公邑之獄遂士兼掌之矣既三處獄並掌而此注云距王城三百里至四百里曰縣以不主三百里中五百里中獄者縣在四百里中故舉中以言其實外內皆掌之耳

方士，中士十有六人；府八人，史十有六人，胥十有六人，徒百有六十人。方士主四方都家之獄者【疏】注方士至獄者○釋曰在此者案其職云掌都家鄭彼注云都王子弟及公卿之采地家大夫之采此主三等采地之獄采地在王城四方故云方士也是以鄭此注云方士主四方都家之獄者也

訝士，中士八人；府四人，史八人，胥八人，徒八十人。訝迎也士官之迎四方賓客○訝五嫁反【疏】注訝迎至賓客○釋曰在此者案其職云掌四方之獄訟非直迎賓客以獄訟爲主故亦士言之也

朝士，中士六人；府三人，史六人，胥六人，徒六十人。朝士主外朝之法○朝直遥反卷內同【疏】注朝士至之法○釋曰在此者案其職云掌建邦外朝之法左九棘右九棘之事以朝士爲詢衆庶讞疑獄故屬秋官但序官之法秋官雖爲刑獄所施至於防禁之屬皆在秋官又於賓客是主人所敬故鄉飲酒坐賓於西北象天地嚴凝之氣始於西南盛於西北是以賓客之事亦屬焉云朝士主外朝之法者天子諸侯皆三朝內朝二路門外與路寢庭是也外朝一此朝在皐門內庫門外是也

司民，中士六人；府三人，史六人，胥三人，徒三十人。司民主民數○【疏】注司民主民數○釋曰在此者案其職云掌登萬民之數凡斷獄弊訟必須知民年幾老幼是以司民雖非刑獄連類在此也

司刑，中士二人；府一人，史二人，胥二人，徒二十人。【疏】司刑○釋曰在此者案其職云掌五刑之法以麗萬民之罪故其職在此

司刺，下士二人；府一人，史二人，徒四人。刺殺也三訊罪定則殺之○刺七賜反訊音信【疏】注刺殺至殺之○釋曰在此者案其職云掌三刺三宥三赦之法亦是刑獄之類故在此

司約，下士二人；府一人，史二人，徒四人。約言語之約束○約劉於妙反一音如字注同束劉詩樹反一音如字○【疏】司約至四人○釋曰在此者案其職云掌邦國及萬

民之約劑亦是禁戒之事故在此

司盟下士二人府一人史二人徒四人盟以約辭告神殺牲歃血明著其信也曲禮曰涖牲曰盟○約於妙反歃所洽反〔疏〕注盟以至曰盟○釋曰在此者案其職云掌盟載之法亦是禁戒之事故在此

職金上士二人下士四人府二人史四人胥八人徒八十人職主也〔疏〕職金○釋曰在此者案其職云掌凡金玉之戒令又云掌受金罰貨罰亦是刑獄之事故在此

司厲下士二人史一人徒十有二人犯政爲惡曰厲厲士主盜賊之兵器及其奴者〔疏〕注犯政至奴者○釋曰在此者案其職云掌盜賊之任器又云其奴男子入于罪隸亦是刑獄之事故在此也云犯政爲惡曰厲者厲是惡鬼殺厲之事故以造惡爲厲也云厲士主盜賊之兵器者其職文也

犬人下士二人府一人史二人賈四人徒十六人賈音嫁又音古○〔疏〕犬人○釋曰在此者案其職云凡祭祀共犬牲犬是金畜故五行傳云二曰言之不從則有犬禍故連類在此犬有兩義案說卦艮爲狗艮卦在丑艮爲止以能吠守止人則屬艮以能言則屬兌兌爲言故也

司圜中士六人下士十有二人府三人史六人胥十有六人徒百有六十人鄭司農云圜謂圜土也圜土謂獄城也今獄城圜司圜職中言凡圜土之刑人也以此知圜謂圜土也又大司寇職曰以圜土聚教罷民故司圜職曰掌收教罷民○圜于權反罷音皮下同〔疏〕司圜至十人○釋曰在此者案其職云掌圜土之刑人亦刑獄之事故在此○注鄭司至罷民○釋曰先鄭所引皆當其義故後鄭從之但獄城圜者東方主規規主仁恩凡斷獄以仁恩求出之故圜也

掌囚下士十有二人府六人史十有二人徒百有二十人囚拘也主拘繫當刑殺之者○〔疏〕注囚拘至之者○釋曰在此者案其職云掌守盜賊凡囚者刑獄之事故在此也

掌戮下士二人史一人徒十有二人戮猶辱也既斬殺又辱之〔疏〕注戮猶至辱之○釋曰在此者案其職云掌斬殺賊諜而搏之刑罪之事故在此

司隸中士二人下士十有二人府五人史十人胥二十人徒二百人隸給勞辱之役者漢始置司隸亦使將徒治道溝渠之役後稍尊之使主官府及近郡〔疏〕注隸給至近郡○釋曰以隸是罪人爲奴僕故知給勞辱之役也又引漢始置司隸云云者以漢時司隸官與周同故舉以爲況也

罪隸百有二十人盜賊之家爲奴者〔疏〕罪隸至十人○釋曰此中國之隸言罪隸古者身有大罪身旣從戮男女緣坐男子入於罪隸女子入於舂槀故注云盜賊之家爲奴者蠻隸已下皆百二十人者鄭云凡隸衆矣此其選以爲役員者謂隸中選取善者以爲役之員數爲限其餘衆者以爲隸民故司隸職云帥其民而搏盜賊役國中之辱事之等是百二十人外謂之民者也

蠻隸百有二十人征南夷所獲

閩隸百有二十人閩南蠻之別○閩亡巾反又音文

夷隸百有二十人征東夷所獲

貉隸百有二十人征東北夷所獲凡隸衆矣此其選以爲役員其餘謂之隸○貉音陌

布憲中士二人下士四人府二人史四人胥四人徒四十人憲表也主表刑禁者〔疏〕注憲表至禁者○釋曰在此者案其職云掌憲邦之刑禁故在此也知憲不爲法而爲表憲者又案其職云正月之吉執旌節以宣布于四方而憲邦之刑禁明憲爲表懸示人使知者也

禁殺戮下士二人史一人徒十有二人禁殺戮者禁民不得相殺戮○相〔疏〕禁殺至二人○釋曰在此者案其職云掌司斬殺戮者以告而誅之是禁民相殺戮之事故在此也

禁暴氏下士六人史三人胥六人徒六十人〔疏〕禁暴○釋曰此亦謂禁民不得相陵暴在此者案其職云掌禁庶民之亂暴力正者亦是防禁之事故在此也

野廬氏下士六人胥十有二人徒百有二十人廬賓客行道所舍〔疏〕注廬賓至所舍○釋曰在此者案其職云掌達國道路又云掌凡道禁亦是禁戒之事故在此也知廬是賓客行道所舍者見遺人云十里有廬三十里有宿故知之也

蜡氏下士四人徒四十人蜡骨肉腐臭蠅蟲所蜡也月令曰掩骼埋骴此官之職也蜡讀如狙司之狙○蜡清預反注同蠅以繩反骼更白反貍亡皆反本又作埋骴本又作胔似賜反〔疏〕注蜡骨至之狙○釋曰在此者案其職云掌除骴又云凡國之大祭祀禁刑者凶服者亦是禁戒之事故在此引月令掩骼埋骴者案彼注骨枯曰骼肉腐曰骴掩亦埋但骼骴不同故別言也言骼骴者凡人物皆是云蜡讀如狙司之狙者俗有狙司之言故讀從音也若然月令所云是春時今不在春官者彼月令爲春時陽不欲陰之事故在春此取禁戒之事故在秋也

雍氏下士二人徒八人雍謂隄防止水者也○雍於勇反劉如字注同隄丁兮反〔疏〕注雍謂至者也○釋曰在此者案其職云掌溝瀆澮池之禁亦是禁戒之事故在此也

萍氏下士二人徒八人鄭司農云萍讀爲蛢或爲萍號起雨之萍玄謂今天問萍號作萍爾雅曰萍蓱其大者蘋讀如小子言平之平萍氏主水禁萍之草無根而浮取名於其不沈溺○萍音平又蒲丁反蛢蒲丁反爾雅云蛢黃蛢萍號蒲丁反萍蓱上音平○〔疏〕萍氏○釋曰按其職云掌國之水禁亦是禁戒之事故在此也注鄭司至沉溺○釋曰先鄭讀萍爲蛢取音同云或爲萍號起雨之萍者亦天問之文萍亦浮萍之草也玄謂今天問者離騷有天問篇天不可問故以天問爲名此就足先鄭音義同引爾雅萍蓱其大者蘋者此以義相曉也云讀如小子言平之平者俗讀取音同皆取萍水草無根而浮不沉禁人使不沉溺如萍也○

司寤氏下士二人徒八人寤覺也主夜覺者○覺音教下同○〔疏〕注寤覺至覺者○釋曰在此者案其職云禦晨行者禁宵行者夜遊者是禁戒之事故在此也言寤覺也主夜覺者凡人之寐臥恒在寢得禁之者人有夜寐忽覺而漫出門者故謂之爲夜覺也

司烜氏下士六人徒十有六人烜火也讀如衛侯燬之燬故書燬爲烜鄭司農云當爲烜○烜音毀注燬同烜劉音表○〔疏〕注烜火至爲烜○釋曰在此者案其職云掌取明火及以木鐸修火禁亦是禁戒之事故在此也云讀如衛侯燬之燬者春秋左氏衛侯燬滅邢詩云王室如燬燬火之別名也

條狼氏下士六人胥六人徒六十人杜子春云條當爲滌器之滌玄謂除也狼狼扈道上○條音滌徒歷反注同〔疏〕條狼至十人○釋曰在此者案其職云掌執鞭以趨辟凡誓僕及誓馭之等是禁戒之事故在此也○注杜子至道上釋曰云滌器之滌者讀從特牲少牢滌祭器等之滌也云狼狼扈道上者謂不蠲之物在道猶今言狼藉也

脩閭氏下士二人史一人徒十有二人閭謂里門〔疏〕注閭謂里門○釋曰在此者案其職云掌比國中宿互欜者亦是禁戒之事故在此也云閭謂里門者爾雅云巷門謂之閭故知是二十五家之里門也

冥氏下士二人徒八人鄭司農云冥讀爲冥氏春秋之冥玄謂冥方之冥以繩縻取禽獸之名○冥如字又莫歷反縻亡皮反○〔疏〕冥氏至八人○釋曰在此者案其職云掌設弧張爲阱擭以攻猛獸是冥然使之不覺亦是禁守之事故在此○注鄭司至之名○釋曰云冥氏春秋者冥氏作春秋書名若晏子呂氏春秋之類取其音讀也後鄭云冥方之冥亦取音同云以繩縻取禽獸之名者解冥是冥然使不覺之意也

庶氏下士一人徒四人庶讀如藥煑之煑驅除毒蠱之言書不作蠱者字從聲○蠱音煑又章預反蠱音古〔疏〕注庶讀至從聲○釋曰在此者案其職云掌除毒蠱是除惡之事故在此也云庶讀如藥煑之煑者俗讀意取以藥煑去病去毒蠱亦如是云書不作蠱者字從聲者除蠱者庶是去之意故爲庶不爲蠱也是其取聲

穴氏下士一人徒四人穴搏蟄獸所藏者○搏音博劉音付蟄直立反〔疏〕注穴

搏至藏者○釋曰在此者案其職云掌攻猛獸是除猛惡之事故在此也云穴搏蟄獸所藏者凡獸蟄皆藏在穴中故以穴爲官名使取蟄獸也

翨氏下士二人。徒八人。翨鳥翮也鄭司農云翨讀爲翅翼之翅○翨音翅失豉反又吉豉反〔疏〕注翨鳥至之翅○釋曰在此者案其職云掌攻猛鳥亦是除惡之義故在此云翨鳥翮也者羽本曰翮凡鳥有羽翨者皆有翮故云翨是鳥翮也凡翨翅皆作翅不作翨故彼從之也

柞氏下士八人。徒二十人。柞除木之名除木者必先挍剝之鄭司農云柞讀爲音聲唶唶之唶屋笮之笮○柞側百反注唶屋笮皆同挍古飽反〔疏〕柞氏至十人○釋曰在此者案其職云掌攻草木亦是除惡之義故在此○注柞除至之笮○釋曰知柞是除木之名者見詩云載芟載柞是除草明柞是除木云除木者必先刊剝之者見其職云夏日至令刊陽木而火之冬日至令剝陰木而水之是先刊剝之先鄭讀柞爲音聲唶唶之唶者讀從春秋行扈唶唶之唶又爲屋笮之笮者俗讀皆從音同也

薙氏下士二人。徒二十人。書薙或作夷鄭司農云掌殺草故春秋傳曰如農夫之務去草芟夷蘊崇之又今俗間謂麥下爲夷下言芟夷其麥以其下種禾豆也玄謂薙讀如鬀小兒頭之鬀書或作夷此皆翦草也字從類耳月令曰燒薙行水謂燒所芟草乃水之○薙字或作雉同它計反徐庭計反去起呂反芟所銜反蘊紆粉反徐憂鬀反鬀它計反〔疏〕薙氏至十人○釋曰在此者案其職云掌殺草亦是除惡之義故在此也○注書薙至水之○釋曰先鄭從古書薙爲夷故引古今而爲證也春秋者左氏傳隱六年夏五月鄭伯侵陳往歲鄭伯請成於陳陳侯不許五父諫曰親仁善鄰國之寶也又云周任有言曰爲國家者見惡如農夫之務去草芟夷蘊崇之注云芟刈夷殺蘊積崇聚玄謂薙讀如鬀小兒頭之鬀者俗讀也云字從類耳者人髮之鬀從髮薙草還草下爲之故云類也月令者仲夏令引之者欲見薙草須燒之又須水之意也

硩蔟氏下士一人。徒二人。鄭司農云硩讀爲擿蔟讀爲爵蔟之蔟謂巢也玄謂硩古字從石折聲○硩音摘它歷反徐丈列反沈勑徹反李又思亦反蔟倉獨反○〔疏〕折蔟至二人釋曰在此者案其職云掌覆夭鳥之巢是除惡之類故在此○注鄭司至折聲○釋曰先鄭讀硩爲擿後鄭不從者先鄭意以爲杖擿破之故從擿後鄭意以石物等投擲爲義故不從先鄭又云蔟爲爵蔟之蔟者爵蔟是雀窠後鄭從之玄謂硩古字從石折聲者以石投擲毀之故古字從石以折爲聲是上聲下形字也

翦氏下士一人。徒二人。翦斷滅之言也主除蟲蠹者詩云實始翦商○蠹都路反〔疏〕注翦斷至翦商○釋曰在此者案其職云掌除蠹物故鄭云翦斷滅言之也主除蟲蠹者故在此引詩者證翦是翦除

赤犮氏下士一人。徒二人。赤犮猶言捇拔也主除蟲豸自埋者○赤如字一音采昔反犮徐音跋畔末反劉房末反捇采昔反徐呼陌反拔畔末反劉房末反或蒲八反豸直氏反〔疏〕注赤犮至埋者○釋曰在此者案其職云掌除牆屋注除蟲豸藏逃其中者爾雅釋蟲云有足曰蟲無足曰豸亦是除惡之義故在此言赤犮猶言捇拔者拔除去之也

蟈氏下士二人。徒二人。鄭司農云蟈讀爲蜮蜮蝦蟇也月令曰螻蟈鳴故曰掌去鼃黽鼃黽蝦蟇屬書或爲掌去蝦蟇玄謂蟈今御所食蛙也字從蟲國聲也蜮乃短狐與○蟈氏音古獲反注同劉又音國蜮劉音或一音古獲反蝦音遐蟇音麻螻音樓鼃戶媧反又斛佳反黽莫幸反蛙戶媧反劉斛佳反沈和佳反蜮音或與音餘下官與同〔疏〕蟈氏至二人○釋曰在此者案其職云掌去鼃黽亦是除惡之義故在此也○注鄭司至狐與○釋曰先鄭以蟈爲蜮又以蜮爲蝦蟇後鄭不從鼃黽蝦蟇屬是其類也云書或爲掌去蝦蟇者於義可也玄謂蟈今御所食蛙也者蛙蟈爲一物云字從虫國聲也者國與蟈爲聲所謂左形右聲者也云蜮乃短狐與者案莊公十八年秋有蜮服云短狐南方盛暑所生其狀如鼈古無今有含沙射人入皮肉中其瘡如疥徧身中濩濩蜮蜮故曰災禮曰蜮君則有案五行志劉向以爲蜮生南越由齊姜淫惑莊公故生於魯

壺涿氏下士一人。徒二人。壺謂瓦鼓涿擊之也故書涿爲獨鄭司農云獨讀爲濁其源之濁音與涿相近書亦或爲濁○涿陟角反又音濁近附近之近〔疏〕壺涿至二人○釋曰在此者案其職云掌除水蟲亦是除惡之類故在此也○注壺謂至爲濁○釋曰壺乃盛酒之器非可涿之物故知是瓦鼓必知是瓦者雖無正文攷工記有陶人旊人造瓦器敺水蟲非六鼓故知瓦鼓也先鄭雖讀涿爲濁聲轉字誤故爲濁猶從涿爲義故後鄭引之在下濁其源大玄經文也

庭氏下士一人。徒二人。庭氏主射妖鳥令國中絜清如庭者也○射食亦反清才性反又如字〔疏〕注庭氏至者也○釋曰在此者案其職云掌射國中妖鳥亦是除惡之類故在此也

銜枚氏下士二人。徒八人。銜枚止言語囂讙也枚狀如箸橫銜之爲之繣結於項○囂五高反一音許驕反下同讙音歡箸直慮反繣戶卦反又胡麥反〔疏〕注銜枚至於項○釋曰在此者案其職云大祭祀令禁無囂亦是禁戒之事故在此也云狀如箸橫銜之爲之繣結於項者繣謂以組爲之繫著兩頭於項後結之

伊耆氏下士一人。徒二人。伊耆古王者號始爲蜡以息老物此主王者之齒杖後王識伊耆氏之舊德而以名官與今姓有伊耆氏○耆巨之反蜡仕詐反〔疏〕伊耆至二人○釋曰在此者案其職云掌共杖杖老者所依秋是長老之方故在此○注伊耆至耆氏○釋曰案明堂位云土鼓蕢桴葦籥伊耆氏之樂也鄭注亦云伊耆氏古天子有天下之號云始爲蜡以息老物者郊特牲文引之者取息老物證伊耆供杖於老者之事故也云此主王者之齒杖後王識伊耆氏之舊德而以名官與者言後王識伊耆氏之舊德則周家以前爲後王至周又因之故不指周而云後王也

大行人中大夫二人。小行人下大夫四人。司儀上士八人。中士十有六人。行夫下士三十有二人。府四人。史八人。胥八人。徒八十人。行夫主國使之禮○使所吏反〔疏〕大行至行夫○釋曰此四官在此者皆主賓客嚴凝之事故也亦謂別職同官故四官各有職司而共府史胥徒也○注行夫至之禮○釋曰大行人小行人司儀皆掌賓客之禮不見注解至行夫獨注之以官獨多於餘官以主國使之禮至於美惡無禮皆使之故官多於餘官也

環人中士四人。史四人。胥四人。徒四十人。環猶圍也主圍賓客任器爲之守衛○環戶關反劉戶串反○〔疏〕注環猶至守衛○釋曰在此者案其職云賓客舍則授館令聚欜亦是禁守之事故在此也云主圍賓客之任器爲之守衛者其職文也

象胥每翟上士一人。中士二人。下士八人。徒二十人。通夷狄之言者曰象胥其有才知者也此類之本名東方曰寄南方曰象西方曰狄鞮北方曰譯今搃名曰象者周之德先致南方也○知音智鞮丁兮反譯音亦〔疏〕注通夷至方也○釋曰在此者案其職云掌四夷之國使以傳賓主之語故亦連類在此也云此類之本名東方已下皆王制文云寄者賓主不相解語故寄中國於東夷又寄東夷語於中國使相領解云象者傳南方於中國還象中國以傳南方人語則還象南方語而傳之云狄鞮者鄭彼注云鞮之言知也雖不訓狄狄即敵也謂言語相敵使之知也云北方曰譯者譯即易謂換易言語使相解也云搃名曰象者四方別稱唯有一象故云搃名曰象云周之德先致南方也者即詩序所云文王之德被於江漢是也又書序云巢伯來朝注巢伯殷之諸侯聞武王克商慕義而來朝此皆致南方故象得搃名也

掌客上士二人。下士四人。府一人。史二人。胥二人。徒三十人。〔疏〕掌客○釋曰在此者案其職云掌賓客牢禮之陳亦是賓客嚴凝象秋故在此

掌訝中士八人。府二人。史四人。胥四人。徒四十人。訝迎也賓客來主迎之鄭司農云訝讀爲跛者訝跛者之訝○跛波可反〔疏〕注訝迎至之訝○釋曰在此者案其職云掌迎賓客故連類在此先鄭云跛者訝跛者之訝此公羊傳文時晉使郤克聘齊郤克跛齊使跛者往御御亦訝故讀從之也

掌交中士八人。府二人。史四人。徒三十有二人。主交通結諸侯之好○好呼報反〔疏〕注主交至之好○釋曰在此者案其職云掌九禁之難有禁戒之事故在此也

掌察四方中士八人。史四人。徒十有六人。

掌貨賄下士十有六人。史四人。徒三十有二

人。〔疏〕掌察四方掌貨賄。釋曰在此者蓋督察邦國之事及掌邦國所致貨賄但二官闕不可強言也。

朝大夫每國上士二人。下士四人。府一人。史二人。庶子八人。徒二十人。此王之士也使主都家之國治而命之朝大夫云。治直吏反。〔疏〕朝大至十八人。釋曰在此者案其職云掌都家之國治因有邦國賓客在秋都家之治亦在此。注此王至夫云。釋曰此云每國上士二人是王朝之士以其主采地之國治事重則名之曰朝大夫云畿內三等采地地雖有百里五十里二十五里摠謂之國若王制云九十三國也云庶子者蓋亦主采地之諸子今在府史之下蓋官長所自辟除也

都則中士一人。下士二人。府一人。史二人。庶子四人。徒八十人。都則主都家之八則者也當言每都如朝大夫及都司馬云。〔疏〕注都則至馬云。釋曰此官已闕鄭知主八則者太宰云八則治都鄙此經云都則故知八則也

都士中士二人。下士四人。府二人。史四人。胥四人。徒四十人。家士亦如之。都家之士主治都家吏民之獄訟以告方士者也亦當言每都〔疏〕注都家至每都。釋曰在此者此官雖闕義理可言以其稱士則知主獄故鄭云都家之士主治都家吏民之獄訟以告方士者也必知王家不置都上而云都家之士者以其都司馬使王自爲之家司馬家自置司馬以司馬主軍事重故王置都司馬此刑事輕於軍故都家王皆不置都士但已有方士主其獄故使都家之士以獄告也

大司寇之職。掌建邦之三典。以佐王刑邦國。詰四方。典法也詰謹也書曰王耗荒度作詳刑以詰四方。詰起吉反耗莫報反度待洛反〔疏〕大司至四方。釋曰大司寇云佐王刑邦國詰四方不言刑王國詰畿內者王官不嫌不刑詰在內故舉外以見內也大宰云以六典治邦國今此更言建三典者彼六典自是六官之典此三典是刑之三典與彼別故司寇別施之。注典法至四方。釋曰典法也案大宰注云典法則所用異異其名也故云典法也引書者呂刑篇文呂侯訓夏贖刑王耄荒度作詳刑以詰四方謂周穆王老耄亂荒忽猶能用賢量度詳審之刑以詰謹四方引之者證詰爲謹義也

一曰刑新國用輕典。新國者新辟地立君之國用輕法者爲其民未習於教。爲于僞反〔疏〕注新國至於教。釋曰云新國者新辟地立君之國者謂若世衰夷狄內侵國君誅滅聖人後作日辟國百里既攘夷狄國空無主民不獨治須立君化之則是新辟地立君之國者也趙商問族師職曰四閒爲族八閒爲聯使之相保相受刑罰慶賞相及在康誥曰父不慈子不孝兄不友弟不恭不相及也族師之職鄰比相坐康誥之云門內尚寬不知書禮是錯未連指趣沓曰族師之職周公新制禮使民相拱勑之法康誥之時周法未定天下又新誅三監務在尚寬以安天下先後量時各有云爲乃謂是錯也若然言周公之時未定天下即是新國更云新誅三監假令周法先定新誅之國亦是新國故此云新辟地立君也

二曰刑平國用中典。平國承平守成之國也用中典者常行之法〔疏〕注平國至之法。釋曰云平國承平守成之國也者謂先君受封後君承前平安守持成立之國民已被化則用常行之法以治之

三曰刑亂國用重典。亂國篡弒叛逆之國用重典者以其化惡伐滅之。篡初患反殺音試本亦作弑〔疏〕注亂國至滅之。釋曰云亂國篡弒叛逆之國者謂若州吁篡國崔杼弒君臧紇叛魯此皆逆亂之國如此之國民起惡心故於常法之外爲惡者則當伐滅之也

以五刑糾萬民。刑亦法也。糾猶察異之。〔疏〕注刑亦至異之。釋曰此五刑與尋常正五刑墨劓之等別刑亦法也此五法者或一刑之中而合五或此五刑全不入五刑者云糾猶察異之者謂萬民犯五刑察取與之罪使別異善惡則尚書畢命云旌別淑慝表厥宅里是也

一曰野刑。上功糾力。功農功力勤力〔疏〕注功農至勤力。釋曰以其言野則國外若卿大夫云野自六尺之類既言在野爲功故知功是農功力勤力也。

二曰軍刑。上命糾守。命將命也守不失部伍。守劉音狩注同將子匠反〔疏〕注命將至部伍。釋曰以其在軍梱外之事將軍裁之故知命是將命也軍行必有部分卒伍故云不失部伍也。

三曰鄉刑。上德糾孝。德六德也。善父母爲孝。〔疏〕注德六至爲孝。釋曰謂在鄉中之刑大司徒云以鄉三物教萬民一曰六德知仁聖義忠和既言在鄉故知德是六德教民者非教國子三德咎由九德者也善父母爲孝爾雅釋訓文。

四曰官刑。上能糾職。能能其事也職職事脩理〔疏〕注能能至脩理。釋曰知能是能其事職職事脩理者以其言官官中見能見職明知義然。

五曰國刑。上愿糾暴。愿慤慎也暴當爲恭字之誤也。愿音願劉又音原依注暴作恭慤苦角反。〔疏〕注愿慤至誤也。釋曰知爲恭不作暴者以其上四刑皆糾察其善不糾其惡以類言之故知是恭恭又似暴字故云字之誤也。

以圜土聚教罷民。圜土獄城也聚罷民其中困苦以教之爲善也民不愍作勞有似於罷。罷音皮注下皆同愍音敏劉亡觀反尚書作愍音敏又作昏皆訓強〔疏〕注圜土至於罷。釋曰此已下說罷民云教之者正謂夜入圜土晝則役之司空困苦則歸善鄭云困苦以教之爲善云民不愍作勞有似於罷者罷謂困極罷弊此圜土被囚而役是不愍強作勞之民有似罷弊之人也

凡害人者。寘之圜土而施職事焉。以明刑恥之。害人謂爲邪惡已有過失麗於法者以其不故犯法寘之圜土繫教之庶其困悔而能改也寘置也施職事以所能役使之明刑書其罪惡於大方版著其背。寘之豉反又音示。邪似嗟反下同著丁略反一音直略反。〔疏〕注害人至其背。釋曰云害人謂爲邪惡已有過失麗於法者案司救職云凡民之有衺惡者三讓而罰三罰而士加明刑恥諸嘉石役諸司空即此下文者是也此謂語言無忌悔慢長老過淺直坐之嘉石不入圜土者也彼下文又云其有過失者三讓而罰三罰而歸於圜土此者謂抽拔兵劍誤以傷人罪重不坐嘉石徑入圜土晝日亦役之司空夜入圜土者也此罷民本無故心直是過誤此入五刑者爲輕比坐嘉石者爲重故云已麗於法麗於法是入圜土者也

其能改過。反于中國。不齒三年。反于中國謂舍之還於故鄉里也司圜職曰上罪三年而舍中罪二年而舍下罪一年而舍不齒者不得以年次列於平民。〔疏〕其能至三年。釋曰云能改正謂在圜土不出自思已過是能改也。注反于至平民。釋曰言反于中國者虞書有五宅三居彼不在中國此則反還於故鄉里也引司圜職已下見舍之遠近此所舍鄉則玉藻所謂垂緌五寸惰游之士也是也

其不能改而出圜土者。殺。出謂逃亡〔疏〕其不至者殺。釋曰云不能改正謂不能伏思已過而出圜土也。

以兩造禁民訟。入束矢於朝。然後聽之。訟謂以財貨相告者造至也使訟者兩至既兩至使入束矢乃治之也不至不入束矢則是自服不直者也必入矢者取其直也詩曰其直如矢古者一弓百矢束矢其百个與。造七報反注同个古賀反與音餘。〔疏〕以兩至聽之。釋曰此并下二經論禁民獄訟不使虛誣之事言禁者謂先令入束矢不實則沒入官若不入則是自服不直是禁民省事之法也。注訟謂至个與。釋曰云訟謂以貨財相告者以對下文獄是相告以罪名也此相對之法若散文則通是以衛侯與元咺訟是罪名亦曰訟云古者一弓百矢者尚書文侯之命平王賜晉文侯及僖二十八年襄王賜晉文公皆云彤弓一彤矢百故知一弓百矢云束矢其百个與者彼是所賜此乃入官約同之故云與以疑之泮水詩云束矢其搜毛云五十矢曰束彼鄭從之者彼或據在軍矢數與受賜者異故從毛傳也。

以兩劑禁民獄。入鈞金。三日。乃致于朝。然後聽之。獄謂相告以罪名者劑今券書也使獄者各齎券書既兩券書使入鈞金又三日乃治之重刑也不券書不入金則是亦自服不直者也必入金者取其堅也三十斤曰鈞。兩劑子隨反。〔疏〕以兩至聽之。釋曰此一經聽爭罪之事與上聽訟有異此則各遣持劑之書契又入金不入矢三日乃致于朝者皆謂以獄事重於訟事故鄭云重刑也。注獄謂至曰鈞。釋曰云獄謂相告以罪名者對前相告以財貨爲訟也云劑今券書也者小宰云聽賣買以質劑質人云大市以質小市以劑鄭小宰注云傅書之最目獄訟之要辭皆曰契則劑謂券書者謂獄訟之要辭若王叔氏不能舉其契是也三十斤曰鈞律歷志文。

以嘉石平罷民。嘉石文石也尌之外朝門左平成也成之使善。文石如字劉音問尌音樹。〔疏〕注嘉石至使善。釋曰此嘉石肺石在朝士職朝士屬大司寇故見之耳云嘉石文石也者以其言嘉嘉善也有文乃稱嘉故知文石也欲使罷民思其文理以改悔自脩樹之外朝門左朝士文也。

凡萬民之有罪過而未麗於法而害於州里者。桎梏而坐諸嘉石。役諸司空。重罪。旬有三日坐。朞役。其次九日坐。九月役。其次七日坐。七月役。其次五日坐。五月役。其下罪三日坐。三月役。使州里任之。則宥而舍之。有罪過謂邪惡之人所罪過者也麗附也未附於法未著於法也木在足曰桎在手曰梏役諸司空坐日訖使給百工之役也役月訖使其州里之人任之乃赦之宥寬也。桎音質梏戶毒反著直略

反下附猶著皆同○【疏】凡萬至舍之○釋曰云未麗於法祇謂入圜土爲法此坐嘉石之罷民未入圜土差輕故也云害於州里者謂語言無忌侮慢長老云桎梏而坐諸嘉石者謂坐時坐日滿役諸司空則無桎梏也此已下輕重有五節皆就語言侮慢之中斟酌爲輕重分五等也云使州里任之者仍恐習前爲非而不改故使州長里宰保任乃舍之以稍輕入鄉即得與鄉人齒亦無垂綏五寸之事也鄭云木在足曰桎在手曰梏知者無正文見掌囚云上罪梏拲而桎拲謂兩手共一木梏與拲連言故知梏在手桎在足也廣雅云手間之梏械足間之桎械亦是手曰梏足曰桎易志冷剛問大畜六四童牛之梏元吉注巽爲木互體震震爲牛之足足在艮體之中艮爲手持木以就足是施梏又蒙初六注云木在足曰桎在手曰梏今大畜六四施梏於足不審桎梏手足定有別否荅曰牛無手故以足言之以肺石遠窮民。肺石赤石也窮民天民之窮而無告者○肺芳廢反【疏】注肺石至告者○釋曰云肺石赤石也者陰陽療疾法肺屬南方火火色赤肺亦赤故知名肺石是赤石也必使之坐赤石者使之赤心不妄告也云窮民天民之窮而無告者王制文彼上文云少而無父者謂之孤老而無子者謂之獨老而無妻者謂之鰥老而無夫者謂之寡此四者天民之窮而無告者也皆有常餼凡遠近惸獨老幼之欲有復於上而其長弗達者。立於肺石。三日。士聽其辭。以告於上而罪其長。無兄弟曰惸無子孫曰獨復猶報也上謂王與六卿也報之者若上書詣公府言事矣長謂諸侯若鄉遂大夫○惸其營反長丁丈反下及注同上時掌反【疏】凡遠至其長○釋曰言遠近者無有遠近畿外畿內之民皆有惸獨老幼之等云欲有復於上而其長弗達者謂長官不肯通達審知其貧困者故須復報於上如此之類是上窮民即來立於石也○注無兄至大夫○釋曰鄭知惸是無兄弟者王制已有孤獨鰥寡不見惸則惸是無兄弟可知也是以尚書洪範亦云無虐惸獨而畏高明孔云惸單無兄弟也無子曰獨云無子孫曰獨者案王制唯云老而無子曰獨今兼云孫者無子有孫不爲獨故兼云無孫也鄭不釋經老幼者老則無夫無妻幼則無父可知故不釋也知上是王與六卿者六卿並知國政皆得受寃怨故兼六卿言之云長謂諸侯若鄉遂大夫者訴寃之人天下皆是故長亦兼天下故以畿外諸侯及畿內鄉遂大夫皆得爲長也若然不言二等采地之主及三公邑大夫者在長中可知故舉外內以包之也正月之吉。始和。布刑于邦國都鄙。乃縣刑象之灋于象魏。使萬民觀刑象。挾日而斂之。正月朔日布五刑於天下正歲又縣其書重之○縣音玄注及下同挾子叶反【疏】正月至斂之○釋曰正月之吉者謂建子之月正月一日也言始和者太宰注凡治有故言始和者若改造云爾其實不改也云布刑于邦國都鄙者正月和即以此月布于天下云乃縣刑象之法于象魏者謂建寅正歲邦國及都鄙并王家雉門皆一時縣之斂之者天子斂藏於明堂諸侯斂藏於祖廟日月受而行之謂之聽朔○注正月至重之○釋曰鄭云天下即邦國都鄙也云正歲又縣其書重之知正歲乃縣者亦約小司寇知之也凡邦之大盟約。涖其盟書。而登之于天府。涖臨也天府祖廟之

藏○約於妙反藏才浪反【疏】凡邦至天府○釋曰云凡邦之大盟約者謂王與諸侯因大會同而與盟所有約誓之辭云涖其盟書而登於天府者既臨其盟書因即登此盟書于天府○注涖臨至之藏○釋曰云天府祖廟之藏者天府職文大史內史司會及六官。皆受其貳而藏之。六官六卿之官也貳副也○會古外反下司會同【疏】大史至藏之○釋曰大史內史司會掌事皆與六卿同故皆有副貳盟辭而藏之擬相勘當也凡諸侯之獄訟。以邦典定之。邦典六典也以六典待邦國之治○治直吏反下同【疏】注邦典至之治○釋曰云邦典六典也者案大宰職以典待邦國之治故邦國有獄訟之事來詣王府還以邦典定之凡卿大夫之獄訟。以邦灋斷之。邦法八法也以八法待官府之治○斷丁亂反下注皆同【疏】注邦法至之治○釋曰案大宰云以八法治官府是以卿大夫有獄訟還以邦之八法斷之若然大宰有八則治都鄙此不言都鄙有獄訟以八則斷之者都鄙有獄訟都家之士告于方士治之故此不言也凡庶民之獄訟。以邦成弊之。邦成八成也以官成待萬民之治故書弊爲憋鄭司農云憋當爲弊邦成謂若今時決事比也弊之斷其獄訟也故春秋傳曰弊獄邢侯○弊必世反斷也後訓斷者皆同弊劉芳滅反又音畢設反比必利反○【疏】注邦成至邢侯○釋曰大宰云以官成待萬民之治是以庶民有獄訟故以邦成弊之弊亦斷也異其文耳云邦成八成也者則小宰云一曰聽政役以比居二曰聽師田以簡稽已下是也先鄭云邦成謂若今時決事比也者比八者皆是舊法成事品式若今律其有斷事皆依舊事斷之其無條取比類以決之故云決事比也春秋傳者春秋左氏傳晉邢侯與雍子爭鄐田邢侯不勝乃弊獄邢侯引之者證弊爲憋義同也大祭祀。奉犬牲。奉猶進也【疏】大祭至犬牲○釋曰犬屬西方金犬既當方之畜故司寇奉進犬牲也若禋祀五帝。則戒之日。涖誓百官。戒于百族。戒之日卜之日也百族謂府史以下也郊特牲曰卜之日王立于澤親聽誓命受教諫之義也獻命庫門之內戒百官也太廟之內戒百姓也【疏】若禋至百族○釋曰禋之言煙煙祀五帝謂迎氣於四郊及摠享五帝於明堂也云戒之日者謂前十日卜之日卜吉即戒之使散齊云涖誓百官者謂餘官誓百官之時大司寇則臨之云戒於百族者大司寇親自戒之其百官所戒者當太宰爲之是以太宰云祀五帝前期十日帥執事而卜日遂戒故知太宰掌戒百官也若然太宰云祀五帝則掌百官之誓戒太宰雖云掌百官誓戒則親爲之誓則掌之而不親誓何者此司寇卑於太宰此云涖誓百官豈司寇得臨太宰乎故知太宰掌之餘小官誓之司寇臨之也○注戒之至姓也○釋曰鄭知百族府史以下者以其王之百姓亦同大宰戒之故知百族府史胥徒也引郊特牲者欲見百族非王之親是府史以下也云獻命庫門之內戒百官也者王自澤宮而還入皐門至庫門之內大宰獻命命即戒百官又於庫門而東入廟門廟門之內戒百姓彼注云百姓王之親也以親故入廟乃戒之及納亨。前王。祭之日。亦如之。納亨致牲○亨普庚反劉普孟反注同下納亨放此【疏】及納至如之○釋曰鄭云納亨致牲者謂將祭之晨祭之日謂旦明也此

二者大司寇爲王引道故云亦如之奉其明水火。明水火所取於日月者○【疏】注明水至月者○釋曰司烜氏以陽燧取火於日中以陰鑑取水於月中明者絜也王人明絜水火乃成可得是明水火所取於日月者也奉此水火者水以配鬱鬯與五齊火以給爨亨也凡朝覲會同。前王。大喪。亦如之。大喪所前或嗣王○【疏】凡朝至如之○釋曰朝覲不言大則四時朝也會同謂時見曰會殷見曰同此者皆司寇在王前爲導也其大喪亦如之亦導王也○注大喪至嗣王○釋曰知嗣王者以經云大喪是王喪復云前王明是嗣王也言或者大喪或是先后及王世子皆是大喪若先后及世子大喪則王爲正王也既言前王明以先后世子爲政故云或嗣王也凡大喪之禮有三大宰云大喪贊贈玉含玉大司馬云大喪平士大夫此王謂王喪大宗伯云朝覲會同則爲上相大喪亦如之注云王后世子及此大喪亦如之二者容有先后及后世子又宰夫云大喪小喪掌小官之戒令注云大喪王后世子也小喪夫人以下然則大喪與小喪相連則不容有王喪大軍旅。涖戮于社。社謂社主在軍者也鄭司農說以書曰用命賞于祖不用命戮于社【疏】注社謂至于社○釋曰鄭知社謂社主在軍者也者以其大軍旅非在國故先鄭引書爲證彼書謂甘誓啟與有扈戰于甘之野誓士衆辭社是陰殺亦陰賞是陽祖是遷主亦陽故各於其所必於祖社主前者尊祖嚴社之義也○凡邦之大事。使其屬蹕。屬士師以下也故書蹕作避杜子春云避當爲辟謂辟除姦人也玄謂蹕止行也○趩本亦作蹕音畢○【疏】注屬士至行也○釋曰云凡邦之大事者言凡語廣則國有大事王動行皆使其屬蹕鄭知其屬是士師以下者見士師職云諸侯爲賓則帥其屬而蹕于王宮注云諸侯來朝若饗食時士師帥其屬則士師以下上士中士下士皆蹕知者以此注云士師以下故也禮疏三十四卷終

周禮注疏卷三十四校勘記　阮元撰盧宣旬摘錄

附釋音周禮注疏卷第三十四

秋官司寇第五　唐石經作第九是誤以卷數改篇第也

禁所以防姦者也　宋刻大字本嘉靖本閩監毛本同錢鈔宋本姦作奸非

家大夫之采主此三等采地之獄　閩本同監毛本主作地按地主二字當並有

以朝主爲詢衆庶　監本同誤也當從閩毛本作朝士

殺牲歃血　諸本同大字本歃作歃釋文亦出歃血二字

犬人徒十六人　閩監毛本同唐石經大字本岳本錢鈔本嘉靖本皆作徒十有六人當據以補正

今獄城圜　大字本岳本錢鈔本嘉靖本毛本同閩監本城下衍曰當刪正

言凡圜土之刑人也　監本土誤上疏中誤士閩本同

言隸　監毛本此節有司隸至百人○釋曰在此者案其職云掌五隸之法五隸皆是罪人故在此疏文一段此本及

閩本皆脫今據補錄

禁殺戮下士二人　毛本下士誤倒

禁暴○釋曰　監毛本作是暴至十人此本及閩本脫下三字

蠅蟲所蜡也　漢讀考云說文虫部蜡蠅胆也周禮蜡氏掌除骴肉部胆蠅乳肉中也通俗文同此注所蜡也當作所胆也謂蠅所聚乳也胆俗作蛆

掩骼埋骴　釋文作貍骴云本又作埋胔

蜡讀如狙司之狙　岳本狙誤徂

壅謂隄防止水者也　閩監本防改坊非

萍讀爲蛢　諸本同按此當作蛢讀爲蓱因故書作蛂蠙之蛢故司農讀從苹蓱之蓱下云或爲萍號起雨之萍則蓱萍字通也此經當作蛢氏後人據注改經又易注蓱爲萍則與下萍號爲一字矣因此官義取蓱草之不沈溺古經假借作蛢故司農改讀爲蓱爲萍若經本作萍而易爲蛢斷無此理也

元謂今天問萍號作荓爾雅曰苹蓱　諸本同段玉裁云當作今天問萍號作蓱王逸注本正作蓱云一作萍按後鄭增成司農義而意主蓱字故引今天問蓱號爾雅苹蓱以證之萍蓱當作苹蓱釋文云萍本亦作苹是也萍蓱乃一字不得爲二名

萍氏主水禁萍之草　此二萍字皆當作蓱司農爲蓱爲萍兩讀鄭君則取蓱字音作讀如平

萍氏○釋曰按其職云　閩本同監毛本釋曰下有在此者三字按萍氏下當亦脫至八人三字

亦天問之文　按亦當誤衍

主夜覺者　賈疏本同漢讀考作主覺夜者云賈公彥本誤作夜覺○按此覺讀如覺後知覺後覺之覺

司烜氏　唐石經諸本同釋文司烜音毀注燬同漢讀考作司燬氏謂注烜火也鄭司農云當爲烜二烜字皆當作燬

故書燬爲垣　諸本同釋文爲垣劉音袁按垣當烜字之誤經注烜字皆從故書轉改也蓋陸所據本已誤

條狼氏下士六人胥六人徒六十人　沈彤云六並當作八其職曰王出入則八人夾道公則六人此下士屬王當八人下士之夾道者八則隨而滌狼之胥亦當八胥爲什長胥八則徒當八十也○按沈彤以此等證其祿田相符之數不當篤信也

冥讀爲冥氏春秋之冥　諸本同漢書蕭該音義引作讀如此擬其音非改其義釋文所云冥如字是也至後鄭讀爲冥方之冥劉音莫歷反與冪同始易其字義矣此作讀爲誤也疏云後鄭亦取音同以繩縻取禽獸冥然使不覺此說非

驅除毒蠱之言　葉鈔釋文作毒蟲本職同

翨讀爲翅翼之翅　大字本岳本嘉靖本同閩監毛本翅誤翄疏同釋文云翨氏音翅

云翨鳥翮也者羽本曰翮　惠挍本同此本及閩本者字羽字合爲翥今寫正監毛本於翥上更增者字誤甚

故彼從之也　惠挍本彼作破此誤

必先挍剝之　宋本岳本嘉靖本同大字本錢鈔本閩監毛本作刊剝挍釋文本作挍剝賈疏本作刊剝○按疏誤

柞讀爲音聲唶唶之唶　漢讀考作讀如云今本作讀爲誤除木日作又見毛詩不當易爲唶笮二字

薙氏　唐石經諸本同釋文薙氏李或作雉同漢讀考經注薙皆作雉謂後人加艸於雉爲薙猶稻人加艸於夷爲荑也此雉或作夷爲同音同字

鄭司農云掌殺草　漢讀考云下有夷氏二字云今本脫云

芟夷蘊崇之　嘉靖本惠挍本蘊作薀釋文出薀崇二字此作蘊非

又今俗閒謂麥下爲夷下　惠挍本無今按賈疏云先鄭引古今爲證當本有今字

此皆翦草也　閩監毛本同誤也大字本錢鈔本嘉靖本翦作剪當據正

謂燒所芟草　大字本錢鈔本閩監毛本同岳本嘉靖本作非謂燒所芟草多一非字係誤衍詳漢讀攷

親人善鄰　閩本同監毛本人作仁

從石折聲　漢讀攷云折當作析析聲適聲同在古音十六部析聲在十五部硩爲適之古字則知必析聲也釋文硩他歷反李又思亦反此從析又云徐丈列反沈勑徹反此從折說文曰硩上摘山巖空青珊瑚墮之從石折聲周禮有硩蔟氏許以摘訓硩取其同音篆文必作硩析聲今本作硩折聲亦謬

赤友氏　閩監本同毛本友作犮嘉靖本作友皆誤唐石經大字本錢鈔本作犮當據正注中同說文魃旱鬼也从鬼犮聲周禮有赤魃氏除牆屋之物也詩曰旱魃爲虐按鄭注此云赤犮猶拔也主除蟲豸與許云除牆屋之物義同引周禮作赤魃者當是古文假借字許所據壁中故書作魃其義則爲除牆屋物而非旱鬼也詩旱魃爲虐其義爲旱鬼故復引詩證之

掌除牆屋　惠挍本同閩監毛本牆改墻

蟈讀爲蜮蜮蝦蟇也　諸本同按此當作蜮讀爲蟈蟈蝦蟇也故下引月令螻蟈鳴證之古文經當本作蜮氏司農讀爲蟈蓋蜮古文蟈今文故夏小正周官作蜮月令呂覽作蟈釋文蟈氏古獲反劉音或劉昌宗本經當作蜮氏○按此當依漢讀攷

含沙射人入皮肉中　閩本同監毛本人入字誤倒

徧身中濩濩蜮蜮故曰灾　浦鏜云或或誤蜮蜮爲誤曰從左傳疏挍

書亦或爲濁　監本濁誤獨漢讀考作書亦或爲涿云今本作濁誤

銜枚氏　注同　大字本閩監毛本同唐石經錢鈔本嘉靖本銜作衘

枚狀如箸橫銜之爲之繣結於項　大字本繣上無之此衍詩東山釋文引此注云枚如箸橫銜之於口爲繣絜於項中繣上亦無之枚下并無狀今本皆衍結作絜古字也當據以訂正漢讀考云顏氏漢書注引作繣絜於項云繣者結礙也絜繞也爲結紐而繞項也勝於賈本賈說

小行人下大夫四人　唐石經大字本岳本嘉靖本同皆跳行另節下司儀行夫同此本及閩監毛本自大行人至行夫并爲一節非下家士亦如之同

合揔名曰象者　閩監本同誤也大字本岳本錢鈔本嘉靖本毛本合作今當據正

掌客徒三十人　閩本同誤也大字本以下皆作二十人唐石經作卄人

訝讀爲跛者訝跛者之訝　賈疏釋此注云時晉使郤克聘齊郤克跛齊使跛者往御御亦訝也故讀從之按賈氏所據公羊傳訝作御

以其都司馬使王自爲之　閩本同監毛本自改臣

大司寇

王耗荒　大字本同按耗當作秏羣經音辨禾部引書王秏荒鄭康成讀蓋賈氏所據北宋本釋文作秏荒也今釋文作旄荒錢鈔本岳本同嘉靖本閩監毛本改耄荒非

謂周穆王老　閩本同監毛本老上增年

爲其民未習於教　釋文出爲民二字則陸本無其

使民相拱勑之法　浦鏜云共誤拱

命將命也　葉鈔釋文作將令

咎由九德者也　閩本同誤也惠挍本作咎繇當據正監毛本作各由誤甚

有似罷弊之人也　閩本同監毛本人作民

以其不故犯法　諸本同閩本不改無誤也疏云此罷民本無故心直是過誤浦挍作無故犯法以不字爲誤大誤○按故犯法猶今言謀殺故殺也

此入五刑者爲輕　閩本同誤也當從監毛本此作比

是入圜土者也　閩本同監毛本是改乃

其百个與　閩監本个改箇非疏同釋文出百个二字

質人云大市以質　閩本同監毛本上質誤貨人誤又市誤事

故見之耳　閩監毛本耳改爾

易志冷剛問　閩木同監毛本冷誤從水

故以邦成弊之　惠挍本故作還此誤

又於庫門而東入廟門　閩本同監毛本庫門下衍内

謂將祭之辰　浦鏜云晨誤辰

明者絜也王人明絜　閩本同監毛本絜改潔下同浦鏜云主誤王

明以先后世子爲政　閩本同監毛本政作正

使其屬蹕　唐石經諸本同釋文作趩云本亦作蹕○按說文走部曰趩止行也从走爲正字从足爲或體

而蹕于王官　監本同誤也閩毛本作王宮當據正

周禮注疏卷三十四挍勘記終

附釋音周禮注疏卷第三十五

鄭氏注　賈公彥疏

小司寇之職。掌外朝之政。以致萬民而詢焉。一曰詢國危。二曰詢國遷。三曰詢立君。外朝朝在雉門之外者也國危謂有兵寇之難國遷謂徙都改邑也立君謂無冢適選於庶也鄭司農云致萬民聚萬民也詢謀也詩曰詢于芻蕘書曰謀及庶人○難乃旦反適丁歷反蕘而招反〔疏〕小司至立君○釋曰外朝之職朝士專掌但小司寇既爲副貳長官亦與朝士同掌之耳故云掌外朝之政以致萬民者案下文羣吏並在內而此經獨云致萬民者但羣吏在朝是常萬民不合在朝惟在大事及疑獄乃致之故特言之也○注外朝至庶人○釋曰外朝在雉門之外則亦在庫門之外也云國危謂有兵寇之難者謂鄰國來侵伐之與國爲難者也云國遷謂徙都改邑也者謂王國遷徙若殷之盤庚遷殷之類若遷鄉大夫都邑不在詢限云立君謂無冢適選於庶也者冢適數言案內則而言謂適后所生冣長者爲冢若無冢適后所生次冢以下爲適則適者非一若無適則於衆妾所生擇立之衆妾所生非一是以須與衆人共詢可否此三者皆採衆心衆同乃可依用也先鄭引詩及書者證致萬民之意也

其位。王南鄉。三公及州長百姓北面。羣臣西面。羣吏東面。羣臣卿大夫士也羣吏府史也其孤不見者孤從羣臣鄉大夫在公後○鄉許亮反長丁丈反見賢遍反〔疏〕注羣臣至公後○釋曰案射人及司士孤位皆西方東面北上今此猶在東方西面從羣臣之位者孤無職尊之如賓恒在西但此三詢之朝即朝士所掌之位案朝士外朝云左九棘孤卿大夫位焉羣士在其後右九棘公侯伯子男位焉羣吏在其後面三槐三公位焉州長衆庶在其後以此故知孤從羣臣之位三公北面者案郊特牲君之南鄉荅陽之義也臣之北面荅君也三公臣中之尊北面屈之荅君之意知鄉大夫在公後者以州長衆庶之屬在公後又二鄉公一人明鄉大夫亦在公後可知也每鄉大夫皆別命卿爲之六鄉別也

小司寇擯以敍進而問焉。以衆輔志而弊謀。擯謂揖之使前也敍更也輔志者尊王賢明也○擯兵刃反注同更音庚〔疏〕小司至弊謀○釋曰云以敍進者案小宰六敍皆先尊後卑則此言以敍進謂先公卿以次而下○注擯謂至明也○釋曰此既在朝立定而問之明擯者無別相見之禮故知以次一一揖之使前問之云輔志者尊王賢明也者專欲難成捨已稽衆聖人無心以百姓心爲心今能以衆輔成已志是尊王賢明者也

以五刑聽萬民之獄訟。附于刑。用情訊之。至于旬。乃弊之。讀書則用灋。附猶著也故書附作付訊言也用情理言之冀有可以出之者十日乃斷之王制曰刑者侀也侀者成也一成而不可變故君子盡心焉鄭司農云讀書則用法如今時讀鞫已乃論之○訊音信盡津忍反鞫九六反〔疏〕以五至用法○釋曰云附于刑用情訊之者以因所犯罪附於五刑恐有枉濫故用情實問之使得眞實云至于旬乃弊之者緩刑之意欲其欵慎也云讀書則用法者謂行刑之時當讀刑書罪狀則用法刑之○注附猶至論之○釋曰引王制云刑者侀也者上刑爲法下侀爲著謂行法著人身體又訓爲成者意取一成不可變死者不可復生斷者不可更續是其不可變也故君子盡心焉不可濫此釋用情訊之也漢時讀鞫已乃論之者鞫謂劾囚之要辭行刑之時讀已乃論其罪也

凡命夫命婦。不躬坐獄訟。爲治獄吏褻尊者也躬身也不身坐者必使其屬若子弟也喪服傳曰命夫者其男子之爲大夫者命婦者其婦人之爲大夫之妻音春秋傳曰衛侯與元咺訟甯武子爲輔鍼嚴子爲坐士榮爲大理○爲治于僞反咺況阮反鍼其廉反嚴劉音莊左傳作莊案漢書明帝名莊改爲嚴〔疏〕注爲治至大理○釋曰古者取囚要辭皆對坐治獄之吏皆有嚴威恐獄吏褻尊故不使命夫命婦親坐若取辭之時不得不坐當使其屬或子弟代坐也引喪服傳者喪服經有大夫命婦子夏傳解之云大夫者其男子之爲大夫者也今此云命夫者其男子之爲大夫者誤當以彼爲正云春秋傳者左氏僖二十八年衛侯坐殺弟叔武元咺訴於晉晉使人斷之引之者證命夫命婦不身坐獄訟之事若然元咺甯子鍼莊子皆大夫得坐訟者大夫身不得與士坐訟若兩大夫或代爲皆得坐無嫌以是衛侯不得坐使莊子與元咺對坐也若然觀此文命夫命婦惟據大夫不通士案內宰云佐后使治外內命婦先鄭云外命婦卿大夫之妻後鄭云士妻亦爲命婦又閽人云凡外內命夫命婦注內命夫卿大夫士之在宮中者如是士及士妻亦得爲命夫命婦者彼皆據王臣而言王之士亦三命二命一命皆得王命此文兼諸侯臣子男士則不命以是此文命夫命婦惟據大夫爲文不通士也

凡王之同族有罪。不即市。鄭司農云刑諸甸師氏禮記曰刑于隱者不與國人慮兄弟〔疏〕注鄭司至兄弟○釋曰此因上論斷獄之事故說王之同族有罪不即市者不與國人慮兄弟也故先鄭云當刑諸甸師氏故甸師云王之同姓有辠則死刑焉是也必於甸師者甸師氏掌耕耨王籍其場上多屋就隱處刑之引禮記者文王世子文彼據諸侯法云刑于隱者謂就屋中云不與國人慮兄弟者若在市朝刑殺國人見之亦謀慮兄弟是與國人慮兄弟若不於市朝是不與也天子之禮亦然故引爲證也

以五聲聽獄訟。求民情。〔疏〕以五至民情○釋曰案下五事惟辭聽一是聲而以五聲目之者四事雖不是聲亦以聲爲本故也案呂刑云惟貌有稽在獄定之後則此五聽亦在要辭定訟恐其濫失更以五聽觀之以求民情也

一曰辭聽。觀其出言不直則煩〔疏〕注觀其至則煩○釋曰直則言要理深虛則辭煩義寡故云不直則煩

二曰色聽。觀其顏色不直則赧然○赧女板反〔疏〕注觀其至赧然○釋曰理直則顏色有厲理曲則顏色赧赧然小爾雅云不直失節謂之慙愧面慙曰赧心慙曰恧體慙曰逡

三曰氣聽。觀其氣息不直則喘○喘昌兗反〔疏〕注觀其至則喘○釋曰虛本心知氣從內發理既不直吐氣則喘

四曰耳聽。觀其聽聆不直則惑○聆音零〔疏〕注觀其至則惑○釋曰尚書云作德心逸日休作僞心勞日拙觀其事直聽物明當其理不直聽物致疑

五曰目聽。觀其眸子視不直則眊然○眸莫侯反眊莫報反本又作眊同〔疏〕注觀其至眊然○釋曰目爲心視視由心起理若直實視盼分明理若虛陳視乃眊亂

以八辟麗邦灋。附刑罰。辟法也杜子春讀麗爲羅玄謂麗附也易

日日月麗乎天故書附作付附猶著也〔疏〕以八至刑罰。釋曰案曲禮云刑不上大夫鄭注云其犯法則在八議輕重不在刑書若然此八辟爲不在刑書若有罪當議議得其罪乃附邦法而附于刑罰也。注辟法至著也。釋曰以辟爲法謂八者之法子春讀麗爲羅後鄭不從謂麗附也破子春爲羅若作羅則入羅網當在刑書何須更議之也後鄭以不在刑書故須議議訖乃附邦法易曰日月麗于天但天自然無形而得附著者天者自然之氣日月本在虛空而附自然之氣故得爲附著也一曰議親之辟。鄭司農云若今時宗室有罪先請是也〔疏〕注鄭司至是也。釋曰親謂五屬之內及外親有服者皆是議限親不假貴故親賢能及功勤若貴亦不假餘賢能之等各據一邊則得入議假令既有親兼有餘事亦不離議限二曰議故之辟。故謂舊知也鄭司農云故舊不遺則民不偷。偷他侯反徐吐豆反〔疏〕注故謂至不偷。釋曰此故舊據王爲言是以大宗伯注故舊朋友謂共在學者若伐木詩亦是故友之類先鄭引論語故舊不遺則民不偷言民不偷上行下效亦據人君而說故引爲證議故也三曰議賢之辟。鄭司農云若今時廉吏有罪先請是也。玄謂賢有德行者。行下孟反〔疏〕注鄭司至行者。釋曰先鄭舉漢廉吏爲賢後鄭足成故言賢有德行者謂若鄉大夫興賢者能者賢即有六德六行者也四曰議能之辟。能謂有道藝者春秋傳曰夫謀而鮮過惠訓不倦者叔向有焉社稷之固也猶將十世宥之以勸能者今壹不免其身以棄社稷不亦惑乎。夫音扶鮮息淺反向許亮反〔疏〕注能謂至惑乎。釋曰云能謂有道藝者此即鄉大夫興能者能有道藝若保氏云掌養國子以道而教之六藝是國子與賢者有德行兼道藝若能者惟有道藝未必兼有德也引春秋傳者在左氏襄二十一年叔向被囚祁奚作此辭以晉侯使赦小罪存大能引之者證以能議也五曰議功之辟。謂有大勳力立功者〔疏〕注謂有至功者。釋曰此即司勳所掌王功國功之等皆入此功也是以彼皆言功爲首也六曰議貴之辟。鄭司農云若今時吏墨綬有罪先請是也〔疏〕注鄭司至是也。釋曰先鄭推引漢法墨綬爲貴若據周大夫以上皆貴也墨綬者漢法丞相中二千石金印紫綬御史大夫二千石銀印黃綬縣令六百石銅印墨綬是也七曰議勤之辟。謂憔悴以事國。憔昨遥反悴秦醉反〔疏〕注謂憔悴以事國。釋曰案詩云或憔悴以事國自此已上七者雖以王爲主諸侯一國之尊賞罰自制亦應有此議法是以議能鄭引叔向之事是其一隅也惟八曰議賓惟據王者而言不及諸侯也八曰議賓之辟。謂所不臣者三恪二代之後與。與音餘〔疏〕注謂所至後與。釋曰春秋襄二十五年傳云虞閼父爲周陶正而封諸陳以備三恪之言郊特牲云尊賢不過二代之語故鄭云三恪二代之後案樂記云武王克殷及商未及下車而封黃帝之後於薊封帝堯之後於祝封帝舜之後於陳下車而封夏后氏之後於杞殷之後於宋此皆自行當代禮樂常所不臣爲賓禮之故爲賓也言與者經直云賓不斥所據約後同之故云與以疑之也以三刺斷庶民獄訟之中。中謂罪正所定。刺七賜反斷丁亂反後皆同〔疏〕注中謂罪正所定。釋曰此經與下文爲目但三刺之言當是罪定斷訖乃向外朝始行三刺庶民已上皆應有刺直言庶民者庶民賤恐不刺賤者尚

刺已上刺可知云中謂罪正所定者斷獄終始有三刺刺則罪正所定即當行刑故云罪正所定也一曰訊羣臣。二曰訊羣吏。三曰訊萬民。刺殺也三訊罪定則殺之訊言也〔疏〕注刺殺至言也。釋曰云羣臣者士已上云羣吏者府史胥徒庶人在官者云萬民者民間有德行不仕者云刺殺三刺罪定即殺之但所刺不必是殺餘四刑亦當三刺直言殺者舉漢重者而言其實皆三刺是以下文云聽民之所刺宥而施上服下服之刑是兼輕重皆刺也聽民之所刺宥。以施上服下服之刑。宥寬也民言殺殺之言寬寬之上服劓墨也下服宮刖也。劓魚器反刖音月又五刮反〔疏〕注宥寬至刖也。釋曰墨劓施於面故爲上服宮刖施於下體故爲下服凡行刺必先以物挸之如衣服乃施刑故言服也及大比。登民數。自生齒以上。登于天府。大比三年大數民之衆寡也人生齒而體備男八月而生齒女七月而生齒。比毗志反注同上時掌反下注同數所主反〔疏〕注大比三年至七月生齒。釋曰小司寇至三年大按比之時使司民之官登上民數自生齒已上皆登之小司寇乃登於天府云男八月女七月而生齒者按家語本命男子八月生齒八歲而齔齒女子七月而生齒七歲而齔齒男子陽得陰而生得陰而落女子陰得陽而生得陽而落故男偶女奇也內史司會冢宰貳之。以制國用。人數定而九賦可知國用乃可制耳〔疏〕注人數至制耳。釋曰內史掌八柄之等司會主計會冢宰所主兼設故皆取副貳民數簿書得民數乃制國用以其國用出於民故也云人數定九賦可知國用乃可制者鄭偏據九賦而言至九貢九功亦可知也小祭祀奉犬牲。奉猶進也〔疏〕小祭祀至犬牲。釋曰大祭祀自大司寇奉犬牲若小祭祀王玄冕所祭則小司寇奉進犬牲也凡禋祀五帝。實鑊水。納亨亦如之。納亨致牲也其時鑊水當以洗解牲體肉。鑊戶郭反〔疏〕凡禋至如之。釋曰云禋祀五帝者祭天曰燔柴即禋祀也故云禋祀五帝五帝所祀謂四時迎氣摠享明堂實鑊水以擬洗肉所用也納亨亦如之納亨致牲謂將祭亨祭之晨實以水亨牲也鄭知實鑊水爲洗解牲肉者以下云納亨亦如之是實鑊水亨煑肉故知此是洗肉也封人云共其水槀亦謂洗牲肉也大賓客。前王而辟。鄭司農云小司寇爲王道辟除姦人也若今時執金吾下至令尉奉引矣。辟婢亦反劉符益反一音匹亦反沈音避注同後而辟皆放此道音導〔疏〕注鄭司至引矣。釋曰下士師云諸侯爲賓師其屬蹕於王宮饗燕時此小司寇爲王辟亦謂於官中饗燕在寢及廟時也云若今時執金吾下至令尉奉引者漢時執金吾及令尉爲帝奉引猶如小司寇爲王導故引以爲況后世子之喪。亦如之。〔疏〕后世至如之。釋曰謂后世子之喪當朝廟之時王出人亦爲王而辟也小師涖戮。小師王不自出之師〔疏〕注小師至之師。釋曰謂王不自出使卿大夫出軍閫外之事將軍裁之軍將有所斬戮於社主前則小司寇涖戮也凡國之大事。使其屬蹕。屬士師以下〔疏〕注屬士師以下。釋曰此國之大事即士師云諸侯爲賓是也士師云帥其屬則士師已下皆蹕故此據而言之孟

冬祀司民。獻民數於王。王拜受之。以圖國用而進退之。司民星名謂軒轅角也小司寇於祀司民而獻民數於王重民也進退猶損益也國用民衆則益民寡則損〔疏〕孟冬至退之。釋曰前文大比登民數於天府據三年大比而言此則據年年民數皆有增減於孟冬春官祭司民之時小司寇以民數多少獻於王也。注司民至則損。釋曰案星經軒轅角有大民小民之星是軒轅角也云國用民衆則益民寡則損者國家所用財物由民上而來是以國用多少要由民衆寡故民衆則益豐用之民寡則損儉用之歲終。則令羣士計獄弊訟。登中于天府。上其所斷獄訟之數〔疏〕注上其至之數。釋曰羣士謂鄉士遂士已下皆是必登斷獄之書於祖廟天府者重其斷刑使神監之正歲。帥其屬而觀刑象。令以木鐸。曰不用灋者。國有常刑。令羣士。羣士遂士以下〔疏〕注羣士遂士以下。釋曰此所戒應六官各應其所掌知羣士是遂士以下者以其鄉士已入帥其屬中遂士縣士方士訝士等雖是六十官之屬以其主六遂以外漸遠恐不在屬中故經特云令羣士明羣士是遂士以下可知乃宣布于四方。憲刑禁。宣徧也憲表也謂縣之也刑禁士師之五禁。徧音遍〔疏〕注宣徧至五禁。釋曰此所宣布則布憲所云者是也此官主之彼乃布之事相成也乃命其屬入會。乃致事。得其屬之計乃令致之於王。會古外反後要會之字皆放此〔疏〕注得其至於王。釋曰命其屬謂命已下屬官使入會計文狀來乃致事於王故云乃乃緩辭士師之職。掌國之五禁之灋。以左右刑罰。一曰宮禁。二曰官禁。三曰國禁。四曰野禁。五曰軍禁。皆以木鐸徇之于朝。書而縣于門閭。左右助也助刑罰者助其禁民爲非也宮王宮也官官府也國城中也古之禁書亡矣今宮門有籍官府有無故擅入城門有離載下帷野有田律軍有囂讙夜行之禁其觕可言者。灋音法左右音佐下音又注左右助也同徇似俊反縣音玄觕劉音粗〔疏〕士師至門閭。釋曰凡設五刑者刑期于無刑以刑止刑以殺止殺殺一人使萬人懲是欲不使犯罪令於刑外豫施禁禁民使不犯刑是左右助刑罰無使罪麗于民也云書而縣于門閭者爾雅云巷門謂之閭則縣于處處巷門使知之。注左右至言者。釋曰云宮王宮也者謂皐門也云官官府也者謂廬宮人聽事之門云國城中者若王城十二門云古之禁盡亡矣者謂在儀禮三千條內而在亡中故舉漢法以況之云離載下帷者謂在車離耦耦載而下帷恐是姦非故禁之云觕可言者古之禁書具不惟如此故云觕可言也以五戒先後刑罰。毋使罪麗于民。一曰誓。用之于軍旅。二曰誥。用之于會同。三曰禁。用諸田役。四曰糾。用諸國中。五曰憲。用諸都鄙。先後猶左右也誓誥於書則甘誓湯誓大誥

誥康誥之屬禁則軍禮曰無干車無自後射比其類也糾憲未有聞焉○誥戶報反射食亦反〔疏〕以五至都鄙○釋曰戒與禁謂典法則亦是所用異異其名耳同是告語使不犯刑罰○注先後至聞焉○釋曰先後猶左右也者皆是相助之義異其名而已云甘誓者啓與有扈戰於甘之野作甘誓云湯誓者湯將伐桀以誓衆云大誥者武王崩周公作以成王令以大義告天下以誅三監以作誥云康誥者周公以成王命封康叔於殷墟誥康叔以治政之事故作誥云之屬者乃有泰誓費誓召誥洛誥之等故言之屬也凡誥誓皆因大會乃爲之故用之於軍旅用之於會同也云禁則軍禮曰無干車無自後射比其類也者易比之九五曰王用三驅失前禽注云王因天下顯習兵于蒐狩焉驅禽而射之三則已發軍禮失前禽者謂禽在前來者不逆而射旁去又不射惟其走者順而射之不中亦已是皆所失用兵之法亦如之降者不殺奔者不禁背敵不殺以仁恩養威之道若然此不自後射亦謂不中之後不重射前敵不破則有追法春秋公追戎於濟西是也

掌鄉合州黨族閭比之聯。與其民人之什伍。使之相安相受。以比追胥之事。以施刑罰慶賞。鄉合鄉所合也追追寇也胥讀如宿偦之偦偦謂司搏盜賊也○比毗志反下同比追如字劉張類反胥如字劉思叙反注偦同搏音博劉音付〔疏〕掌鄉至慶賞○釋曰士師掌鄉中合聚之法者以爲有施刑罰也云州黨族閭比之聯即是鄉合之事云與其人民之什伍者此即因內政寄軍令之類五家爲比即一伍也二伍爲什據追胥之時云使之相安相受者宅舍有故使當比當閭相受寄託使得安穩也云以比追胥者以比什伍使追胥二事也云以施刑罰慶賞者使鄉伍相及也○注鄉合至賊也○釋曰云追追寇者即公追戎於濟西是也胥讀如宿偦之偦者時有夜宿逐賊讀之偦即司搏盜賊是也

掌官中之政令。大司寇之官府中也〔疏〕掌官中之政令○釋曰士師所施政令惟在當官故鄭云大司寇之官府中也

察獄訟之辭。以詔司寇斷獄弊訟。致邦令。部司寇若今白聽正法解也致邦令者以法報之〔疏〕察獄至邦令○釋曰獄訟辭訴各有司存謂若鄉士遂士縣士方士各主當司之獄訟其有不決來問都頭士師者則士師審察以告大司寇斷獄弊訟也云致邦令者此即所察獄訟斷訖致與本官謂之致邦令也

掌士之八成。鄭司農云八成者行事有八篇若今時決事比○比必利反〔疏〕掌士之八成○釋曰士之八成言士者此八者皆是獄官斷事成品式士即士師已下是也○注鄭司至事比○釋曰先鄭云成者行事有八篇若今時決事比者即若小宰八成凡言成者皆舊有成事品式後人依而行之決事依前比類決之

一曰邦汋。鄭司農云汋讀如酌酒尊中之酌國汋者斟汋盜取國家密事若今時刺探尚書事○汋上灼反注同斟之林反酌音灼刺七亦反又七賜反〔疏〕注鄭司至書事○釋曰云汋讀如酌酒尊中之酌者俗讀之若今刺探尚書事者漢時尚書掌機密有刺探尚書密事斟酌私知故舉爲況也

二曰邦賊。爲逆亂者〔疏〕注爲逆亂者○釋曰既云邦賊罪無過此故知爲逆亂若崔杼州吁之等

三曰邦謀。爲異國反間○諜音牒間間廁之間〔疏〕注爲異國反間○釋曰異國欲來侵伐先遣人往間候取其委曲反來說之其言謀謀然故謂之邦謀用兵之策勿善於此故孫子兵法云興師十萬日費千金內外騷動以爭一日之勝而愛爵祿金寶於人者非民之將故三軍之事莫密於反間殷之興也伊摯在夏周之興也呂牙在殷唯賢聖將能用間以成此兵之要者也

四者犯邦令。干冒王教令者○冒音墨〔疏〕注干冒王教令者○釋曰鄭云干冒王教令者謂犯邦令不肯依行

五曰撟邦令。稱詐以有爲者○撟音矯〔疏〕注稱詐以有爲者○釋曰撟即詐也故鄭云稱詐以有爲者謂詐上命營構僞物之類也

六曰爲邦盜。竊取國之寶藏者○藏才浪反〔疏〕注竊取至藏者○釋曰謂若定八年陽貨盜竊寶玉大弓以出奔之類是也

七曰爲邦朋。朋黨相阿使政不平者故書朋作傰鄭司農云朋讀如朋友之朋○傰劉音崩徐音朋又補鄧反〔疏〕注朋黨至之朋○釋曰朋謂朋黨阿曲相阿違國家正法擅生曲法使政不平以罔國法故曰邦朋也

八曰爲邦誣。誣罔君臣使事失實〔疏〕注誣罔至失實○釋曰謂若君臣相得政教平美其有佞臣誣以惡事致使善政失實者也

若邦凶荒。則以荒辯之法治之。鄭司農云辯讀爲風別之別救荒之政十有二而士師別受其數條是爲荒別之法玄謂辯當爲貶聲之誤也遭飢荒不明判國事有所貶損作權時法也朝士職曰若邦凶荒札喪寇戎之故則令邦國都家縣鄙慮刑貶○辯依注音貶風別之別皆彼列反下傳別及注同數所主反〔疏〕若邦至治之○釋曰凶荒謂年穀不熟民皆困苦則以荒貶之法治之不得用尋常之法○注鄭司至刑貶○釋曰先鄭之言義無所據故後鄭不從後鄭破辯爲貶從朝士職之文也朝士職慮刑貶者彼注謂謀慮緩刑減損國用爲民困苦故也

令移民通財。糾守緩刑。移民就賤救困也通財補不足也糾守衛盜賊也緩刑舒民心也○紓音舒本亦作紓〔疏〕注移民至心也○釋曰移民就賤謂可移者將身往也通財補不足謂不可移者即於豐處將財穀以補不足

凡以財獄訟者。正之以傅別約劑。傅別中別手書也約劑各所持券也故書別爲辨鄭司農云傅或爲付辨讀爲風別之別若今時市買爲券書以別之各得其一訟則案券以正之○傅音附注同約於妙反又如字〔疏〕注傅別至正之○釋曰此注云傅別中別手書也小宰注爲大手書於一札中字別之語異義同此先鄭云若今時市買爲券書以別之各得其一義與後鄭同故引之在下小宰注先鄭云傅著約束於大書別別爲兩兩家各得其一後鄭不從先鄭至此更爲一解故從之

若祭勝國之社稷。則爲之尸。以刑官爲尸畧之也周謂亡殷之社爲亳社○亳步各反〔疏〕注以刑至亳社○釋曰案鳧鷖詩宗廟社稷七祀皆稱公尸不使刑官今祭勝國之社稷用士師爲尸故鄭云用刑官爲尸畧之也云周謂亡殷之社爲亳社者經云勝國在爲亡殷又云亳社者據周勝殷謂之勝據殷亡即云亡國即郊特牲云喪國之社必屋之是也據地而言即亳社春秋亳社災是也

王燕出入。則前驅而辟。道王且辟行人○道音導下三公道盜賊同〔疏〕注道王且辟行人○釋曰導王解前驅且辟行人解而辟王燕出入謂宮苑皆是

祀五帝。則沃尸。及王盥洎鑊水。洎謂增其沃汁○洎其器反或音臮〔疏〕注洎謂增其沃汁○釋曰案特牲少牢尸尊不就洗入門北面則以盤匜盥手王盥謂將獻尸時先就洗盥洎鑊水增其沃汁鑊在門外之東亨牲之爨言須鑊水就爨增之亨實鑊水此官增之示敬而已此直言祀五帝沃尸及王盥其餘冬至夏至及祭先王先公所沃盥者案小祝職云大祭祀沃尸盥小臣職云大祭祀朝覲沃王盥如是則冬至夏至及先王先公小祝沃尸盥小臣沃王盥鬱人云凡祼事沃盥惟在宗廟爲祼時

凡刉珥。則奉犬牲。珥讀爲衈刉衈釁禮之事用牲毛者曰刉羽者曰衈○刉音機劉音奇珥而志反注衈同〔疏〕注珥讀至曰衈○釋曰鄭爲衈者珥是玉名故破從衈取用血之意知刉衈是釁禮者雜記云成廟則釁之門夾室皆用雞其衈皆於屋下彼雖不言刉刉衈相將故知是釁禮知用牲毛者曰刉羽者曰衈者雜記雞言衈即毛曰刉可知

諸侯爲賓。則帥其屬而蹕于王宮。謂諸侯來朝若燕饗時〔疏〕諸侯至王宮○釋曰士師言帥其屬當官下云屬上士已下皆是也○注謂諸至饗時○釋曰經云蹕于王宮饗在廟燕在寢言于王宮故知燕饗時也

大喪亦如之。〔疏〕大喪亦如之○釋曰大喪在宮中謂朝廟亦在宮中爲蹕也

大師。帥其屬而禁逆軍旅者。與犯師禁者而戮之。逆軍旅反將命也犯師禁于行陳也○將子匠反行戶剛反陳直刃反〔疏〕大師至戮之○釋曰帥其屬亦謂上士已下在軍而戮亦謂戮於社主前○注逆軍至陳也○釋曰逆軍旅反將命者王在軍自將違王命亦是反將命王不在梱外之事將軍裁之亦是反將命犯師禁于行陳者干犯軍之行陳案昭元年晉荀吳敗狄于太原將戰魏舒曰請皆卒自我始荀吳之嬖人不肯即卒斬以徇襄三年雞澤之盟晉侯之弟揚干亂行於曲梁魏絳戮其僕魏絳曰軍事有死無犯爲敬此二者是反將命于行陳之事也

歲終。則令正要會。定計簿○簿步古反〔疏〕注定計簿○釋曰定計簿者年終將考之故也

正歲。帥其屬而憲禁令于國及郊野。去國百里爲郊郊外謂之野〔疏〕注去國至之野○釋曰正歲憲禁令者取除舊布新之義言于國及郊野者則自國至百里外皆憲禁之也云去國百里曰郊司馬法文郊外謂之野爾雅文

鄉士。掌國中。鄭司農云謂國中至百里郊也玄謂其地則距王城百里內也言掌國中此主國中獄也六鄉之獄在國中〔疏〕鄉士掌國中○釋曰鄉士主六鄉之獄言掌國中者獄居近六鄉之獄皆在國中○注鄭司至國中○釋曰先鄭云謂國中至百里郊後鄭不從者六鄉地雖在百里郊內要言國中者指獄而言非通百里爲國中故不從也是以謂其地則距王城百里內言掌國中此主國中獄也云六鄉之獄在國中對六遂之獄在四郊者也

各掌其鄉之民數而糾戒之。鄉士八人言各者四人而分主三鄉〔疏〕注鄉士至三鄉○釋曰鄭以四人分主三鄉者若以八人共主三鄉不得言各既言各則有部分故以四人分主三鄉解之

聽其獄訟。察其辭。察審也〔疏〕注察審也○釋曰鄉士主治獄訟之事故云聽其獄訟察其辭言審者恐人枉濫也

辯其獄訟。異其死刑之罪而

要之。旬而職聽于朝。辯異謂殊其文書也要之爲其罪法之要辭如今劾矣十日乃以職事治之於外朝容其自反覆。劾戶代反覆芳服反方士職注同。〔疏〕辯其至于朝○釋曰云辯其獄訟者辯別也獄謂爭罪訟謂爭財事既不同文書亦異云異其死刑之罪者死與四刑輕重不同文書亦異云而要之者文書既得乃後取其要辭雖得要實之辭罪定仍至十日乃後以斷刑之職聽斷于外朝○注辯異至反覆○釋曰云要之爲其罪法之要辭如今劾矣者劾實也正謂棄虛從實收取要辭爲定容其自反覆恐因虛承其罪十日不飜即是其實然後向外朝對衆更詢乃與之罪司寇聽之。斷其獄。弊其訟于朝。羣士司刑皆在。各麗其灋以議獄訟。麗附也各附致其法以成議也〔疏〕司寇至獄訟○釋曰此即朝衆聽之事獄言斷訟言弊亦斷異言耳云羣士司刑皆在者所謂呂刑云師聽五辭一也恐專有濫故衆獄官共聽之云各麗其法者罪狀不同附法有異當如其罪狀各依其罪不得濫出濫入如此以議獄訟也○注麗附至議也○釋曰所本欲得其實情故須各致其法以成其議致法行刑當與議狀相依也獄訟成。士師受中。協日刑殺。肆之三日。受中謂受獄訟之成也鄭司農云士師受中若今二千石受其獄也中者刑罰之中也故論語曰刑罰不中則民無所措手足協日刑殺協合也和也和合支幹善日若今時望後利日也肆之三日故春秋傳曰三日棄疾請尸論語曰肆諸市朝玄謂士師既受獄訟之成鄉士則擇可刑殺之日至其時而往涖之尸之三日乃反也○汁日音協本亦作協下同不中丁仲反措七故反〔疏〕獄訟至三日○釋曰此經爲上議得其實欲行刑之時故云獄訟成成謂罪已成定云士師受中者士師當受取士成定中平文書爲案云協日刑殺者謂鄉士當和合善日行刑及殺之事云肆之三日者據死者而言其四刑之類行訖即放不須肆之○注受中至反也○釋曰云若今二千石受其獄也者漢時受二千石祿稟郡守之等受在下已成之獄官支幹善日者十二辰子丑之等是支甲乙丙丁之等是幹若言甲子乙丑丙寅丁卯之類皆以支配幹而言云若今時望後利日也者月大則十六日爲望月小則十五日爲望利日即合刑殺之日是也云肆之三日者肆陳也殺訖陳尸也云春秋傳者襄二十二年楚令尹子南寵觀起楚人患之子南之子棄疾爲王御士王泣告棄疾言子南罪遂殺子南于朝注云子南公子追舒三日棄疾請尸云論語者憲問篇云公伯寮愬子路於季孫子服景伯謂孔子曰吾力猶能肆諸市朝注云大夫於朝士於市公伯寮是士止應云肆諸市連言朝耳引之者告證肆之三日之事也玄謂士師既受獄訟之成鄉士則擇可刑殺之日至其時而往涖之尸之三日乃反也者乃反謂收取其尸鄭言此者經云士師受中協日刑殺文無分別恐是士師受中還是士師刑殺故須辨之知非士師刑殺者以其士師是司寇之考摠攝諸士所刑殺者鄉士遂士縣士方士各自往涖之若一一遣士師自行於理不可是以鄭爲此解也○若欲免之。則王會其期。免猶赦也期謂鄉士職聽于朝司寇聽之日王欲赦之則用此時親往議之〔疏〕若欲至其期○釋曰所司折斷已得其實情狀案既成乃始就朝詳斷王雖欲免必無免法但王者思深愛物庶欲免之恐有濫行理須親會者也大祭祀。大喪紀。大軍旅。大

賓客。則各掌其鄉之禁令。帥其屬夾道而蹕。屬中士以下。夾古治反劉古協反〔疏〕注屬中士以下。○釋曰此四者六鄉皆有其事大祭祀若祭天四時迎氣即於四郊大喪紀當葬所經道大軍旅王出行所經過大賓客四方諸侯來朝各由方而入並過六鄉路以是故各掌其鄉之禁令當各帥其屬夾道而蹕知屬是中士以下者鄉士身是上士故云中士以下。三公若有邦事。則爲之前驅而辟。其喪亦如之。鄭司農云鄉士爲三公道也若今時三公出城郡督郵盜賊道也○爲于僞反遂士縣士訝士職同〔疏〕三公至如之○釋曰三公有邦事須親自入鄉則鄉士爲公作前驅引道而辟止行人云其喪亦如之者謂公卿大夫之喪死於此者及葬爲之前驅而辟○注鄭司至道也○釋曰云郡督郵盜賊道也者郵謂郵行往來盜賊謂舊爲盜賊即不良之人故郡內督察郵行者是盜賊之人使之道以況古鄉士爲道相類也凡國有大事。則戮其犯命者。〔疏〕凡國至命者○釋曰國有大事言戮犯命者止謂征伐田獵之大事故有犯命刑戮之事也○

遂士掌四郊。鄭司農云謂百里外至三百里也玄謂其地則距王城百里以外至二百里言掌四郊者此主四郊獄也六遂之獄在四郊〔疏〕注鄭司至四郊○釋曰先鄭云百里外至三百里也者見縣士云掌野去王城四百里曰縣故曰小都任縣地方士云掌都家謂去王城五百里既以鄉士所掌爲去王城百里內惟有二百里三百里二處在當是此遂士掌之故爲此解後鄭不從玄謂其地則距王城百里以外至二百里者後鄭意六遂之地則在二百里中但獄則不在百里中當在百里四郊上置之亦若六鄉地在王城外獄則在城中然故更云掌四郊此主四郊之獄六遂之獄在四郊也各掌其遂之民數。而糾其戒令。遂士十二人言各者二人而分主一遂〔疏〕注遂士至一遂○釋曰遂士十二人序官文亦如鄉士若摠掌不分不得云各既言各掌十二人有六遂是二人分主一遂可知聽其獄訟。察其辭。辨其獄訟。異其死刑之罪而要之。旬而職聽于朝。司寇聽之。斷其獄。弊其訟于朝。羣士司刑皆在。各麗其灋以議獄訟。獄訟成。士師受中。協日就郊而刑殺。各於其遂肆之三日。就郊而刑殺者遂士也遂士擇刑殺日至其時往涖之如鄉士爲之矣言各於其遂者四郊六遂遂處不同〔疏〕聽其至三日○釋曰此一經亦如鄉士獄成就朝聽斷事有異者二旬三日與鄉士別以其去王城漸遠恐多枉濫故至二旬容其反覆也云就郊而刑殺者鄉士之獄在國中不須言就此在郊差遠故云就郊也言各於其遂者六鄉之獄并在國中不得言各六遂之獄分在四郊之上故須言各也○注就郊至不同○釋曰鄭云就郊而刑殺者遂士也者經云士師受中即云協日就郊刑殺觀其文勢亦恐士師刑殺故云遂士也云遂處不同者六遂分置四郊之外有六處獄還六處置之故云不同也若欲免之。則王令三公會其期。令猶命也王欲放之則用遂士職聽之時命三公往議之〔疏〕注令猶至議之○釋曰若會其期皆在外朝但民有遠近故六鄉獄王自會其期六遂獄差遠使三公會其期也云令猶命者上文鄉士云命此變命云令令命義不殊故云令猶命也若邦有大事聚衆庶。則各掌其遂之禁令。帥其屬而蹕。大事王所親也〔疏〕注大事王所親也○釋曰案上鄉士在四郊內有大祭祀大喪紀等四事事多故須歷陳此在四郊之外無大祭祀大喪紀惟有大軍旅大賓客出入所經二者有聚衆庶之事故摠云大事聚衆庶耳此雖不言夾道亦當夾道蹕也六鄉若有邦事。則爲之前驅而辟。其喪亦如之。凡郊有大事。則戮其犯命者。〔疏〕六鄉至命者○釋曰若六鄉近則使三公有邦事此六遂差遠邦事使六卿往云其喪亦如之者亦謂公卿大夫之喪死於其中者亦爲之前驅而辟也云郊有大事者亦謂六遂之民從軍征伐田獵戮其犯命也

縣士掌野。鄭司農云掌三百里至四百里大夫所食晉韓須爲公族大夫食縣玄謂地距王城二百里以外至三百里曰野三百里以外至四百里曰縣四百里以外至五百里曰都都縣野之地其邑非王子弟公卿大夫之采地則皆公邑也謂之縣縣士掌其獄焉言掌野者郊外曰野大摠言之也獄居近野之縣獄在二百里上縣之縣獄在三百里上都之縣獄在四百里上〔疏〕注鄭司至里上○釋曰先鄭意遂士既主二百里三百里又案載師職小都任縣地在四百里中故云掌三百里至四百里云大夫所食云晉韓須爲公族大夫食縣者即載師職云小都任縣地一也案昭五年楚薳啓彊曰晉韓襄爲公族大夫韓須受命而使矣注云襄韓無忌子也爲公族大夫須起之門子言雖幼已任出使如是韓須不爲大夫言受命而使明時爲公族大夫但年幼或此注當爲韓襄知食縣者下有十家九縣注云韓氏七邑是也玄謂地距王城二百里以外至三百里曰野三百里以外至四百里曰縣四百里以外至五百里曰都鄭言此者欲明此三處之中有三等公邑故更云都縣野之地其邑非王子弟公卿大夫之采地則皆公邑也者王子弟依三等臣分爲三處公在五百里畺地卿在四百里縣地大夫在三百里稍地給此三等采地之外皆是公邑故云則皆公邑案載師注使大夫治此公邑之民二百里三百里其大夫如州長四百里五百里其大夫如縣正云謂之縣縣士掌其獄焉者士三等之獄摠謂之縣士也云掌野者郊外曰野大摠言之者爾雅云郊外曰野者非謂郊外二百里之中縱四百及五百里皆得謂之野是以遂人亦云掌野亦謂百里郊外至五百里皆稱野故鄭彼注及此注皆云郊外曰野是大摠而言也鄭言此者欲見縣士云掌野掌三百里外至五百里三處之獄皆是野耳云獄居近者從鄉士掌國中已外遂士掌四郊皆據近而言明此縣上三等獄以次據近而置云野之縣獄在二百里上縣之縣獄在三百里上都之縣獄在四百里上者以三處獄皆名縣獄自三百里外有稍縣都縣居中故皆以縣爲名若言野縣者都據本爲稱若然云掌野則三處摠名野及歷言之則惟三百里得名野者以其以外四百里五百里有縣都之名還指本號二百里中地雖有稍名縣士既言掌野不得不存一野以爲獄名故也案載師云公邑在甸地則二百里中亦有公邑縣士惟掌三百里已外其二百里獄遂士兼掌之矣各掌其縣之民數。糾其戒令

而聽其獄訟。察其辭。辨其獄訟。異其死刑之罪而要之。三旬而職聽于朝。司寇聽之。斷其獄弊其訟于朝。羣士司刑皆在。各麗其灋以議獄訟。獄訟成。士師受中。協日刑殺。各就其縣。肆之三日。刑殺各就其縣者亦謂縣士也〔疏〕注刑殺至士也。釋曰上鄉士遂士皆解分人各主之義至此縣士鄭雖不言案序官縣士三十有二人縣獄既有三處蓋三百里地狹人少當十人四百里五百里地廣民多當各十一人以是故得云各掌其縣之民數也三旬者亦是去王漸遠故加至三旬容其自反覆云亦謂縣士者亦以經文勢相連恐士師刑殺故須解之若欲免之。則王命六卿會其期。期亦謂縣士職聽之時〔疏〕注期亦至之時。釋曰以其差遠故不使三公而使六卿會其期也若邦有大役。聚衆庶。則各掌其縣之禁令。若大夫有邦事。則爲之前驅而辟。其喪亦如之。凡野有大事。則戮其犯命者。野距王城二百里以外及縣都〔疏〕若邦至命者。釋曰直言大役不言大事又不言帥其屬而蹕者則非王行征伐之事謂起大役使民衆故直各掌其縣之禁令而已其喪亦謂公卿大夫之喪有死於此者云凡野有大事則戮其犯命者謂有軍事於此而犯命者也。注野距至縣都。釋曰上掌野雖已解野今此文云凡野恐有別義故鄭詳言之云野距王城二百里以外及縣都者若如此言則不通二百里以內故云距王城二百里以外從野三百里縣則四百里都則五百里還是縣士獄之所主三處也方士掌都家。鄭司農云掌四百里至五百里公所食魯季氏食於都玄謂都王子弟及公卿之采地家大夫之采地大都在畺地小都在縣地家邑在稍地不言掌其民數民不純屬王。畺居良反〔疏〕注鄭司至屬王。釋曰先鄭意縣士既掌曰百里中故此方士掌五百里之中云公所食者謂載師所云大都任畺地者也引魯季氏食於都者謂諸侯大都與三公同後鄭不從謂都王子弟及公卿之采地家大夫之采地者欲見此經都是載師大都任畺地小都任縣地家是家邑任稍地王子弟親者與公同百里稍疏者與卿同五十里更疏者與大夫同二十五里引載師職大都在畺地以下爲證者是不從先鄭之驗若先鄭以采地唯在四百里五百里之中載師何得有三等之差乎是以後鄭縣士自掌三等公邑之獄方士自掌三等采地之獄且縣士掌三等公邑之獄親自掌之若方士掌三等采地之獄過掌之采地自有都家之士掌獄有事上於方士耳云不言掌其民數不純屬王者采地之民雖在王畿之內屬采地之主類畿外之民屬諸侯故云不純屬王聽其獄訟之辭。辨其死刑之罪而要之。三月而上獄訟于國。三月乃上要者又變朝言國以其自有君異之。上時掌反注下並同〔疏〕注三月至異之。釋曰此則上文都家之士自治其獄獄成上王府亦於外朝詳聽之事云三月及言國自有君異之者謂異於鄉士遂士縣士之等司寇聽其成于朝。羣士司刑皆在。各麗其灋以議獄訟。成平也鄭司農說以春秋傳曰晉邢侯與雍子爭鄐田久而無成。鄐許六反劉勑六反或音畜〔疏〕司寇至獄訟。釋曰上三處直言司寇聽之此獨云聽其成者成謂采地之士所平斷文書亦是異之類也。注成平至無成。釋曰云春秋傳者左氏昭公十四年之事言晉邢侯是楚人時在晉故與雍子爭鄐田也引之者證成是獄成之事獄訟成。士師受中。書其刑殺之成。與其聽獄訟者。都家之吏自協日刑殺但書其成與治獄之吏姓名備反覆有失實者〔疏〕注都家至實者。釋曰謂書其刑殺之成及聽獄人名於上亦是自有君異於鄉士之等也凡都家之大事。聚衆庶。則各掌其方之禁令。方士十六人言各掌其方者四人而主一方也其方以王之事動衆則爲班禁令焉〔疏〕凡都至禁令。釋曰都家云大事聚衆庶者則下文修其縣法是也。注方士至令焉。釋曰方士十六人序官文若不分主則不得云各掌故知分之以時脩其縣灋。若歲終。則省之。而誅賞焉。縣法縣師之職也其職掌邦國都鄙稍甸郊野之地域而辨其夫家人民田萊之數及其六畜車輦之稽方士以四時脩此法歲終又省之則與掌民數亦相近。近附近之近〔疏〕注縣法至相近。釋曰縣師其職普掌天下故云邦國據畿內大都五百里小都四百里稍據三百里甸據二百里郊野據百里徧天下矣夫家猶言男女人民據家之奴婢云與掌民數亦相近者士鄉士之等皆言民數惟方士不言今此縣師云夫家之數即與民數亦相近言相近者依縣師而知故云相近也。凡都家之士所上治。則主之。都家之士都士家士也所上治者謂獄訟之小事不附罪者也主之告於司寇聽平之。治直吏反注同下有治並同〔疏〕注都家至平之。釋曰以序有都士家士此云凡都家之士明是彼都士家士也云所上治者謂獄訟之小事不附罪者以其上文已有士師受中爲附罪之大事明此是小事訝士掌四方之獄訟。鄭司農云四方諸侯之獄訟〔疏〕注鄭司至獄訟。釋曰案尚書呂刑云四方司政典獄據諸侯爲言此訝士亦云掌四方獄訟又下文諭罪刑于邦國皆言諸侯之事故先鄭云諸侯之獄訟也。諭罪刑于邦國。告曉以麗罪及制刑之本意〔疏〕注告曉至本意。釋曰諭爲曉故云告曉以麗罪者謂斷獄附罪輕重也云及制刑之本意者聖人所作刑法正爲息民爲惡故云刑期無所刑以殺止殺是制刑之本意以此二者告曉於諸侯凡四方之有治於士者造焉。謂讞疑辨事先來詣乃通之於士也士主謂士師也如今郡國亦時遣主者吏詣廷尉議者。造七報反讞魚竭反〔疏〕注謂讞至議者。釋曰謂四方諸侯有疑獄不決遣使上王府士師者故云四方之有治於士者知士是士師者以其士師受中故知疑獄亦士師受之也云造焉者謂先造詣訝士乃通之士師也讞白也謂評白疑辨之事漢時獄官號廷尉也四方有亂獄。則往而成之。亂獄謂若君臣宣淫上下相虐者也往而成之猶呂步舒使治淮南獄〔疏〕注亂獄至南獄。釋曰云君臣宣淫上下相虐者謂若左氏傳宣九年陳靈公與孔寧儀行父共淫徵舒之母夏姬衷其衵服以戲于朝又公曰徵舒似汝對曰亦似君洩冶諫被殺後徵舒射殺靈公二子奔楚楚爲討陳殺徵舒是君臣宣淫上下相虐之事云往而成之猶呂步舒使治淮南獄者案前漢書儒林傳呂步舒事江都相董仲舒明春秋公羊仕爲丞相長史于時淮南王劉安與其大子遷謀反漢武帝詔使宗正劉德與呂步舒窮驗其事故注者引之邦有賓客。則與行人送逆之。入於國。則爲之前驅而辟。野亦如之。居館。則帥其屬而爲之蹕。誅戮暴客者。客出入則道之。有治則贊之。送逆謂始來及去也出入謂朝覲於王時也春秋傳曰晉侯受策以出出入三覲入國入野自以時事。道音導〔疏〕注送逆至時事。釋曰云送逆謂始來及去也者以其訝士主以迎送諸侯故從來至去皆送迎之禮也知出入是朝覲於王者以其言出入與晉侯稱出入同故引晉侯事案僖二十八年襄王策命晉侯爲侯伯晉侯受策以出出入三覲注云出入猶去來也從來至去凡三見王上公廟中將幣三享王禮再祼而酢饗禮九獻食禮九舉三勞三問出入三覲爲行此禮是出入爲朝覲云入國入野自以時事者以其外國至此入國須有親故相見之法入野須有採取之宜並是私事故云時事也凡邦之大事。聚衆庶。則讀其誓禁。〔疏〕凡邦至誓禁。釋曰大事者自是在國征伐之等聚衆庶非諸侯之事也則訝士讀其誓命之辭及五禁之法也

朝士掌建邦外朝之灋。左九棘。孤卿大夫位焉。羣士在其後。右九棘。公侯伯子男位焉。羣吏在其後。面三槐。三公位焉。州長衆庶在其後。左嘉石。平罷民焉。右肺石。達窮民焉。樹棘以爲立者取其赤心而外刺象以赤心三刺也槐之言懷也懷來人於此欲與之謀羣吏謂府史也州長鄉遂之官鄭司農云王有五門外曰皐門二曰雉門三曰庫門四曰應門五曰路門路門一曰畢門外朝在路門外內朝在路門內左九棘右九棘故易曰係用徽纆寘于叢棘玄謂明堂位說魯公宮曰庫門天子皐門雉門天子應門言魯用天子之禮所名曰庫門者如天子皐門所名曰雉門者如天子應門此名制二兼四則魯無皐門應門矣檀弓曰魯莊公之喪既葬而絰不入庫門言其除喪而反由外來是庫門在雉門外必矣如是王五門雉門爲中門雉門設兩觀與今之宮門同閽人幾出入者窮民蓋不得入也郊特牲譏繹於庫門內言遠當於廟門廟在庫門之內見於此矣小宗伯職曰建國之神位右社稷左宗廟然則外朝在庫門之外皐門之內與今司徒府有天子以下大會殿亦古之外朝哉周天子諸侯皆有三朝外朝一內朝二內朝之在路門內者或謂之燕朝。長丁丈反注同罷音皮司圜職同刺七賜反下同纆亡北反示于之豉反又如字本或作寘叢才公反覿古亂反閽音昏繹音亦徐音夕見賢遍反與音餘下國服與同〔疏〕注樹棘至燕朝。釋曰云取其赤心而外刺者據王詢三刺而言云槐之言懷也懷來人於此欲與之謀此亦據三詢而言也云州長鄉

遂之官者州長是鄉之官兼言遂者鄉之官既在此明六遂之官亦在此故言遂以苞之先鄭云王有五門外曰皐門二曰雉門三曰庫門四曰應門五曰路門路門一曰畢門者畢門之言出自顧命故顧命云二人爵弁執惠立於畢門之内是也云外朝在路門外内朝在路門内者此後鄭皆不從云左九棘右九棘故易曰係用徽纆寘于叢棘者證九棘之朝斷罪人之朝也云玄謂明堂位說魯公宫曰庫門天子皐門雉門天子應門言魯用天子之禮所名曰庫門者如天子皐門所名曰雉門者如天子應門此名制二兼四後鄭言此者欲破先鄭以天子雉門在庫門外為之若然魯作庫門名曰皐門其制則與天子皐門同是制一兼二庫門向外兼得皐門矣魯作雉門名曰應門其制與天子應門同是亦制一兼二則雉門向内兼得應門矣是魯制二兼四之事魯之庫門既向外兼皐門魯之雉門又向内兼應門則天子庫門在雉門外何得庫門倒在雉門内此為一明又引檀弓曰魯莊公之喪既葬而絰不入庫門言其除喪而反由外來是庫門在雉門外必矣者時魯有慶父作亂閔公遭莊公之喪既葬之後不得既虞變服既葬而反則除喪也服吉而人以服慶父之心故也若庫門在内雉門在外應云而絰不入雉門何得云不入庫門故鄭云是庫門在雉門外必矣上以制二兼四推出庫門在雉門外將為未大明更以絰不入庫門乃大明故言必矣云如是王五門雉門為中門巳下更欲破先鄭外朝在路門外事雉門既為中門雉門設兩觀公羊傳文與今之宮門同舉漢以況周矣云閽人幾出入者窮民蓋不得入也者若外朝在路門外中門内外朝有右肺石達窮民中門既有閽人幾則何得度中門入于路門乎明外朝在中門外矣又引郊特牲及小宗伯者欲見庫門内雉門外中門不得置外朝之事何者郊特牲議繹于庫門内言遠謂議其太遠云當於廟者宜在廟門西故云當於廟也云廟在庫門之内見於此矣者欲見中門外有廟又引小宗伯者見社廟在中門外既然中門外有社稷宗廟在於左右不得置外朝可知云然則外朝在庫門之外皐門之内與者無正文推量為義故云與以疑之也舉漢法者況義耳云天子諸侯皆有三朝外朝一内朝二者天子外朝一者即朝士所掌者是也内朝二者司士所掌正朝大僕所掌路寢朝是二也諸侯内朝二者玉藻云朝于内朝朝羣臣辨色始入君日出而視朝退適路寢使人視大夫大夫退然後適小寢彼亦路門外内二者為内朝二閔二年季友將生卜人云間于兩社為公室輔兩社周社亳社是兩社在大門内中門外為外朝是諸侯外朝一内朝二三文疏已在射人云在路門内或謂之燕朝者大僕云掌燕朝之服位是也

帥其屬而以鞭呼趨且辟。趨朝辟行人執鞭以威之○趨本又作趣同七須反劉音清欲反〔疏〕帥其至且辟○釋曰其屬者案序官朝士中士六人府三人史六人胥六人徒六十人云帥其屬者是徒六十人為之

禁慢朝錯立族談者。慢朝謂臨朝不肅敬也錯立族談違其位僔語也○僔徐子損反劉才官反李一音纂〔疏〕注慢朝至語也○釋曰朝士所禁則無間貴賤皆禁之云錯立族談者族聚也云違其位解錯立僔亦聚也聚語解族談也○

凡得獲貨賄人民六畜者。委于朝。告于士。旬而舉之。大者公之。小者庶民私之。俘而取之曰獲委於朝十日待來識之者人民謂刑人奴隸逃亡者司隸職曰帥其民而搏盜賊鄭司農云若今時得遺物及放失六畜持詣鄉亭縣廷大者公之

人物没入公家也小者私之小物自畀也玄謂人民之小者未亂之歲以下○俘音孚搏音博又音付失音逸又如字畀必二反亂初謹反又勑謹反劉測吝反沈剏允反毀齒也〔疏〕注俘而至以下○釋曰經云告于士者得物之人告朝士乃委之於朝云俘而取之曰獲者則得者非所俘也所俘即人民六畜其餘貨財之等稱得云人民謂刑人奴隸逃亡者謂所犯大罪身死男女幼者没入縣官為奴隸而逃亡者也即司隸職所云者也云玄謂人民之小者未亂七歲以下者案家語本命男子七歲而亂齒女子八歲而亂齒此言七歲據男子若女子則八歲皆別人所生諸處八歲是男七歲是女

凡士之治有期日。國中一旬。郊二旬。野三旬。都三月。邦國朞。期内之治聽。期外不聽。鄭司農云謂在期内者聽期外者不聽若今時徒論決滿三月不得乞鞫○治直吏反下之治以治及司民職王治并注同期居其反鞫九六反劉巳目反〔疏〕凡士至不聽○釋曰云凡士之治有期日者即上文鄉士聽訟于朝者鄉士一旬遂士二旬期日即上鄉士遂士之等獄訟成來於外朝職聽遠近節之皆有期日云國中者謂獄在國中據鄉士云郊二旬者謂獄在郊據遂士云野三旬者謂野之縣獄三處皆是野云都三月者謂方士掌都家云邦國朞者謂訝士雖不云期日差之邦國當訝士所掌云期内之治聽期外不聽者所以省煩息訟也

凡有責者。有判書以治則聽。判半分而合者故書判為辨鄭司農云謂若今時辭訟有券書者為治之辨讀為別謂別券也玄謂古者出責之息亦如其國服與○為治于僞反下為治為民同別彼列反下同〔疏〕注判半至服與釋曰云判半分而合者即質劑傳別分支合同兩家各得其一者也云玄謂古者出責之息亦如國服與者案泉府云凡民之貸者以國服為之息彼謂貸官物之法今此是私民謂出責之法無正文約與之同故云與以疑之若然國服者如地之出稅依載師近郊十一之等若近郊民取責一歲十千出一千遠郊二十而三者二十千歲出三千巳外可知之國服依國民服事出稅法故名國服也

凡民同貨財者。令以國灋行之。犯令者。刑罰之。鄭司農云同貨財者謂合錢共賈者也以國法行之司市為節以遣之玄謂同貨財者富人畜積者多時收斂之乏時以國服之法出之雖有騰躍其贏不得過此以利出者與取者過此則罰之若今時加責取息坐臧○共如字賈音古畜勑六反積子賜反又如字出尺遂反劉勑類反又如字坐才臥反〔疏〕凡民至罰之○釋曰云同貨財者謂財主出債與生利還生則同有貨財令以國法即國服為之息利故云國法行之犯令者違國法也○注鄭司至坐臧○釋曰先鄭所解無所依據後鄭不從故云雖有騰躍其贏者謂販易得利多少者為騰躍其贏謂其贏利騰踴一躍而出故晉灼曰言市物賤預買畜之物貴而出賣之故使物騰躍是其事以利出者與取者依常契獲利取者又騰躍所贏二者俱有利物違國服則為犯令得刑

凡屬責者。以其地傳而聽其辭。鄭司農云謂訟地畔界者田地町畔相比屬故謂之屬責以地傳而聽其辭以其比畔為證也玄謂屬責轉責使人歸之而本主死亡歸受之數相抵冒者也以其地之人相比近能為證者來乃受其辭為治之○屬如字或音燭注同傳音付注同町徒頂反又他頂反比毗志反下及下文大比同抵丁禮反○〔疏〕注鄭司至治之○釋曰先鄭見經有地即以為訟地畔界解之後鄭不從以其經稱責地畔界不得名責其云地傳者先鄭皆以音附為傳近讀之云玄謂屬責轉責使人歸之者謂有人取他責乃別轉與人使子本依契而還財主財主死亡者轉責者或死或亡也受責之人見轉責者死亡則詐言所受時少是歸受之數相抵冒也云則以其地之人相比近能為證者來乃受其辭為治之者謂以其地相比近委其事實故引以為證也言能為證者則有不能為證之法地雖相近有不知者則不能為證乃不受其辭而不治之也○

凡盜賊軍鄉邑及家人。殺之無罪。鄭司農云謂盜賊羣輩若軍共攻盜鄉邑及家人者殺之無罪若今時無故入人室宅廬舍上人車船牽引人欲犯法者其時格殺之無罪○上時掌反下文以上并注同〔疏〕注鄭司至無罪○釋曰盜賊並言者盜謂盜取人物賊謂殺人曰賊鄉據鄉黨之中邑據郭邑之内家人者先鄭舉漢賊律云牽引人欲犯法則言家人者欲為姦淫之事故攻之

凡報仇讎者。書於士。殺之無罪。謂同國不相辟者將報之必先言之於士○辟音避〔疏〕注謂同至於士○釋曰凡仇人皆王法所當討得有報仇者謂會赦後使已離鄉其人反來還於鄉里欲報之時先書於士士即朝士然後殺之無罪

若邦凶荒札喪寇戎之故。則令邦國都家縣鄙慮刑貶。故書慮為憲貶為窆杜子春云窆當為禁憲謂幡書以明之玄謂慮謀也貶猶減也謂當圖謀緩刑且減國用為民困也所貶視時為多少之法○窆彼驗反〔疏〕若邦至刑貶○釋曰凶荒謂年穀不孰札喪謂疫病及死喪寇戎謂鄰國交侵邦國據畿外都家謂畿内三等采地縣鄙謂六遂之内不言六鄉舉六遂則六鄉亦在其中云慮刑貶者謂國有此事則朝士當謀慮緩刑自貶損之不得仍依常法也○注故書至之法○釋曰子春以為憲與禁後鄭謂所貶視時為多少之法此經所有之事重民益困則所貶多所有之事輕民困不至甚則所貶少故云視時為多少之法也○

司民掌登萬民之數。自生齒以上。皆書於版。辨其國中。與其都鄙。及其郊野。異其男女。歲登下其死生。登上也男八月女七月而生齒版今戶籍也下猶去也每歲更著生去死○去起呂反下同者丁略反○〔疏〕注登上至去死○釋曰云辨其國中與其都鄙者國中據六鄉在城中者都鄙據三等采地及其郊野者郊謂六鄉之民在四郊者野謂六遂及四等公邑是徧畿内矣云男八月女七月而生齒者家語本命篇疏已具於上○

及三年大比。以萬民之數詔司寇。司寇及孟冬祀司民之日。獻其數于王。王拜受之。登于天府。内史司會冢宰貳之。以贊王治。鄭司農云文昌宫三能屬軒轅角相與為體近文昌為司命次司祿次司民玄謂司民軒轅角也天府主祖廟之藏者贊佐也三官以貳佐王治者當以民多少黜陟主民之吏○能吐才反近附近之近○〔疏〕及三至王治○釋曰云及孟冬祀司民之日者謂司寇於春官孟冬祭祀司民星之日以與司寇為節此日司寇獻其民數于王云王拜受之登于天府

者重此民數民爲邦本故也云內史司會冢宰貳之者以其內史掌八柄司會掌天下大計冢宰貳王治事皆掌六事故皆寫一通副貳民數藏之所以贊助王之治也○注鄭司至之吏○釋曰先鄭云文昌宮三能屬軒轅角相與爲體近文昌爲司命次司中次司祿次司民武陵太守星傳文昌第一曰上將第二曰次將第三曰貴相第四曰司命第五曰司中第六曰司祿不見有司民三台六星兩兩相居起文昌東南別在大微亦無司民之事故後鄭不從云司民軒轅角也者案軒轅星有十七星如龍形有兩角角有大民小民故依之也云黜陟主民之吏者即六鄉六遂大夫公邑大夫采地之士皆是也

周禮注疏卷三十五挍勘記　阮元撰盧宣旬摘錄

附釋音周禮注疏卷第三十五

小司寇

鄉大夫在公後 諸本皆誤作鄉大夫惟此本不誤按賈疏鄉大夫有申釋之辭

知鄉大夫在公後者 惠挍本閩本同監毛本鄉誤卿

小司寇擯以敘進而問焉 唐石經諸本同葉鈔釋文作賓以必刃反注同

兾有可以出之者 錢鈔本嘉靖本閩本同大字本監毛本兾作冀

如今時讀鞫已 岳本鞫作鞫俗字

其婦人之爲大夫之妻者 大字本錢鈔本嘉靖本閩本同監毛本作大夫妻脫之

理曲則顏色愧赧小爾雅云 宋本曲作虛無爾

觀其眸子視 閩監毛本同大字本岳本嘉靖本眸作牟葉鈔釋文及錢鈔本載音義同當據正○按說文無眸字漢人祇用牟

杜子春讀麗爲羅 岳本羅改羅非○按羅羅古今字說文無羅

日月麗乎天 宋本嘉靖本乎作于此本疏中引易同

故書附作付附猶著也 大字本錢鈔本岳本嘉靖本閩本同監毛本脫下附

則民不偷 閩監毛本同大字本岳本嘉靖本偷作愉葉鈔釋文及岳本載音義同此作偷俗字○按說文無偷

上行下效 毛本同閩監本效作効

故引爲證議故也 宋本同閩監毛本爲改以

祁奚作此辭以告晉侯 宋本告作諫

謂有大勳力立功者 大字本錢鈔本嘉靖本毛本同閩監本力改勞非

銀印黃綬 漢制考作青綬

云虞閼父爲周陶正 惠挍本同閩監毛本云作有此誤丁亦特牲有同

而施上服下服之刑 閩本同監毛本而作以依經所改

其時鑊水當以洗解牲體肉 盧文弨曰通考引此時作實按疏云鄭知實鑊水爲洗解牲肉者據疏本作實字

士師

以左右刑罰 唐石經諸本同毛本罰改罸注及下並同

今宮門有簿籍 閩本同誤也大字本錢鈔本嘉靖本監毛本皆作符籍漢制考所引同當據正

謂宮八聽事之門 閩本同監毛本宮作官

謂在車離耦耦載而下帷 漢制考耦字不重○按不重者非也在車離耦謂獨坐一車者耦載而丁帷謂同坐一車而下帷皆形迹可疑

古之禁書其下惟如此 閩監毛本其下作具不元本閩監毛本是也

比其類也 大字本錢鈔本嘉靖本毛本同岳本比作此監本同閩本先作比後改此疏中同按賈疏作比引易比九五釋之釋文比字無音蓋陸本作此漢制考作比○按疏引比九五爻辭以爲無干車無自後射之證於比其類無涉也禁之几必多引此軍禮一條而曰此其類也猶上云之屬耳比字必是謁字疏亦未嘗作比也

周公作以成王令 惠挍本同閩本剜改作以爲輔相監毛本從之則令字屬下以大義告天下爲句

乃有泰誓費誓召誥洛誥之等 閩本同監毛本乃改仍

掌鄉合州黨族閭比之聯 唐石經族誤族監本聯改聯

胥讀如宿偦之偦 毛本下偦誤胥漢讀考作讀爲云今本作如誤○按說文無偦此漢字之不見於說文者凡說文所無不得盡謂之俗字

若今白聽正法解也 大字本錢鈔本嘉靖本閩毛本同監本及漢制考白作日誤

則士師審察 惠挍本作察審

泃讀如酌酒尊中之酌 九經古義云詩正義曰泃酌古今字周頌酌左傳作泃公羊傳八年傳云蓋酌之也穀梁作泃

斟泃盜取國家密事 諸本同閩監本泃改酌非釋文亦作斟泃

故舉爲況也 宋本舉下有受

故書朋作倗 禮說云漢書王尊傳有南山盜倗宗蘇林曰倗音朋晉灼音倍說文作倗讀若陪管子幼官篇散羣倗署○按倗者正字倗者俗寫多山

明讀如朋友之朋 大字本錢鈔本閩監毛本同誤也宋本嘉靖本作讀爲當據正

則以荒辨之法治之 唐石經大字本嘉靖本作荒辯之法閩監毛本作荒辯之灋此作法承石經之誤辯作辨爲異疏同釋文亦作荒辯

而士師別受其教 閩監毛本同大字本宋本岳本嘉靖本教作數按釋文作數首所主反則作教者誤也

衛盜賊也 岳本閩本同誤也大字本錢鈔本嘉靖本監毛本衛作備當據以訂正

故書別爲辨 閩本同誤也諸本辨皆作辯當據正

辨讀爲風別之別 閩監毛本同誤也大字本錢鈔本嘉靖本及漢制考辨皆作辯當據以訂正

訟則案券以正之 此本訟誤故今據諸本訂正毛本券案誤倒

據殷亡印云亡國 此本國字剜擠閩監毛本拼句

廢國之社必屋之 閩監毛本廢改喪

王燕出入謂宮苑皆是 閩本同監毛本王改言

凡刉珥 唐石經諸本同岳本刉作刏注同

將戰魏絳曰 惠挍本絳作舒此誤○按據左傳乃魏舒語

皆憲禁之也 惠挍本憲作縣

鄉士

辯其獄訟 嘉靖本閩監毛本及漢制考同唐石經大字本錢鈔本辯作辨注中同當據以訂正此本疏中引經亦作辨嘉靖本注中作辨卽辨字之訛按注云辨異謂殊其文書是當作辨別字也

協日刑殺 錢鈔本及漢制考同唐石經大字本嘉靖本閩監毛本協作協注及疏同按釋文作汁協本亦作協下同○按汁協古今字

漢時受二千石祿稟 閩監毛本稟改廩

若今時三公出城郡督郵盜賊道也 漢讀考云廣韻引釋名曰督郵主諸縣罰負郵殿糾攝之此盜賊似衍字郡督郵爲三公導若鄉士爲三公導也按賈疏本有盜賊二字并郡督郵爲三公之說

故郡內督察郵行者 漢制考郡內作內郡此本者誤於今據閩監毛本及漢制考訂正

遂士

而糾其戒令 唐石經諸本同岳本而字誤在令下毛本令誤命

縣士

二百里中地雖有稍名 閩監毛本作三百里此誤

亦謂縣士也監本注脫也疏標起訖刑殺至士也改作刑殺王縣士誤甚

方士

方士自掌三等采地之獄閩毛本同監本誤作親自掌之若方士掌三等

故云邦國據畿內閩本同監毛本有據畿外都鄙五字此脫

郊野據百里閩本同監毛本野作外非

訝士

故云刑期無所刑按所當衍

朝士

據王詢三刺而言閩本同監毛本王作三○按三是也三詢見小司寇

故言遂以苞之閩監毛本苞改包

此為一明此本一字缺壞浦鏜云一疑大訛

云帥其屬者閩本同監毛本者作當

委于朝嘉靖本于誤於

持詣鄉亭縣廷大字本持作特誤漢制考亦引作持

皆別人所生監毛本同惠挍本別作刑此誤閩本生誤主此本缺一頁今據閩本補挍

邦國朞諸本同唐石經缺釋文出國期音居其反○按期者正字朞者俗字

有券書者按券字从刀各本譌从力則是倦字也

亦如其國服與岳本閩本有其字大字本錢鈔本嘉靖本監毛本並無按賈疏引注亦無其字有者衍文

此是私民謂出責之法盧文弨云謂疑衍

雖有騰躍其贏此本注缺疏中引贏作嬴

今以國法浦鏜云令誤今

為之息利閩本同監毛本改利息

一躍而出宋本一作乘此誤

司民

近文昌為司命次司祿補毛本司命下有次司中三字與疏合

黜陟主民之吏大字本岳本嘉靖本閩本同監毛本主誤王疏中不誤

文昌第一曰上將毛本上誤王○按大宗伯疏亦作上可證

附釋音周禮注疏卷第三十六

鄭氏注　賈公彥疏

司刑掌五刑之灋。以麗萬民之罪。墨罪五百。劓罪五百。宮罪五百。刖罪五百。殺罪五百。墨黥也先刻其面以墨窒之劓截其鼻也今東西夷或以墨劓為俗古刑人亡逃者之世類與宮者丈夫則割其勢女子閉於宮中若今宦男女也刖斷足也周改臏作刖殺死刑也書傳曰決關梁踰城郭而略盜者其刑臏男女不以義交者其刑宮觸易君命革輿服制度姦軌盜攘傷人者其刑劓非事而事之出入不以道義而誦不詳之辭者其刑墨降畔寇賊劫略奪攘撟虔者其刑死此二千五百罪之目略也其刑書則亡夏刑大辟二百臏辟三百宮辟五百劓墨各千周則變焉所謂刑罰世輕世重者也鄭司農云漢孝文帝十三年除肉刑○劓魚器反李魚介反又疑既反刖音月又五刮反李音五骨反黥其京反窒本又作涅同乃結反徐丁吉反又丁結反與音餘斷丁管反臏頻忍反徐方忍反劉符人反攘如羊反降戶江反撟居兆反【疏】注墨黥至肉刑○釋曰案尚書呂刑有劓刖椓黥是苗民之虐刑至夏改為黥則黥與墨別而云墨黥者舉本名也云今東西夷或以墨劓為俗古刑人亡逃者之世類與者墨劓之人亡逃向夷詐云中國之人皆為俗夷人亦為之相襲不改故云墨劓為俗也言與者無正文鄭以意而言也故言與以疑之云若今官男女也者即宮人婦女及奄人獲守內閽者也云刖斷足也周改臏作刖者臏本亦苗民虐刑咎繇改臏作剕至周改剕作刖書傳云臏者舉本名也云男女不以義交者其刑宮者以義交謂依六禮而婚者云謂易君命者觸君命令不行及改易之云革輿服制度者依典命上公九命國家宮室車旗衣服禮儀皆以九為節侯伯已下及卿大夫士皆依命為多少之節是不革今乃革之革改也謂上僭也制度即宮室禮儀制度也云姦軌者案舜典云寇賊姦軌鄭注云強聚為寇殺人為賊由內為姦起外為軌案成十七年長魚矯曰臣聞亂在外為姦在內為軌御姦以德御軌以刑鄭與傳不同鄭欲見在外亦得為軌在內亦得為姦故反覆見之或後人轉寫誤當以傳為正云降畔寇賊劫略奪攘撟虔者其刑死者案呂刑云寇賊姦軌奪攘撟虔注云有因而盜曰攘撟虔謂撓擾春秋傳虔劉我邊垂謂劫奪人物以相撓擾也云此二千五百罪之目略也者刑書已亡以此書傳之文略言三五故云罪之目略也云夏刑以下據呂刑而言案呂刑剕辟五百宮辟三百今此云臏辟三百宮辟五百此乃轉寫者誤當以呂刑為正云周則變焉者夏刑三千墨劓俱千至周減輕刑人重刑俱五百是夏刑輕周刑重云刑罰世輕世重者呂刑文故云所謂先鄭云漢孝文帝十三年除肉刑者案文帝本紀十三年大倉令淳于公有罪當刑徙繫長安無男有五女小曰提縈遂詣上書上赦肉刑所赦者惟赦墨劓與刖三者其宮刑至唐乃赦也案文十八年史克云周公制禮曰則以觀德作誓命曰毀則為賊竊賄為盜在九刑不忘言九刑者鄭注堯典云正刑五加之流宥鞭扑贖刑此之謂九刑者賈服以正刑一加之以八議昭六年云周有亂政而作九刑而云周公作者鄭志云三辟之興皆在叔世受命之王所制法度時不行耳世末政衰隨時自造刑書不合大中故叔向譏之作刑書必重其事故以聖人之號以神其書耳若然九刑之名是叔世所作假言周公其實非周公也

若司寇斷獄弊訟。則以五刑之灋詔刑罰。而以辨罪之輕重。詔刑罰者處其所應不如今律家所署法矣【疏】注詔刑至法矣○釋曰司刑主刑書若於外朝司寇斷獄之時司刑則以五刑之法詔刑罰刑罰並言者刑疑則入罰故也

司刺掌三刺三宥三赦之灋。以贊司寇聽獄訟。刺殺也訊而有罪則殺之宥寬也赦舍也○刺七賜反下及注同【疏】注刺殺至舍也○釋曰此經與下為目云贊司寇聽獄訟者專欲難成恐不獲實眾人共證乃可得真故謂贊之也云訊而有罪則殺之者刑有五一者是殺餘皆訊之獨言殺者立官名刺據重而言故也

壹刺曰訊羣臣。再刺曰訊羣吏。三刺曰訊萬民。訊言【疏】壹刺至萬民○釋曰此三刺之事所施謂斷獄弊訟之時先羣臣次羣吏後萬民先尊後卑之義

壹宥曰不識。再宥曰過失。三宥曰遺忘。鄭司農云不識謂愚民無所識則宥之過失若今律過失殺人不坐死玄謂識審也不審若今仇讎當報甲見乙誠以為甲而殺之者過失若舉刃欲斫伐而軼中人者遺忘若間帷薄忘有在焉而以兵矢投射之○忘音妄注同坐才臥反下同軼待結反中丁仲反間間廁之間射亦食反【疏】注鄭司至射之○釋曰先鄭以為不識謂愚民無所識則宥之若如此解則當入三赦惷愚之中何得入此三宥之內故後鄭不從也云過失若今律過失殺人不坐死者於義是故後鄭增成之云玄謂識審也者不識即不審云甲乙者與喻之義耳假令兄甲是仇人見弟乙誠以為是兄甲錯殺之是不審也

壹赦曰幼弱。再赦曰老旄。三赦曰惷愚。惷愚生而癡騃童昏者鄭司農云幼弱老旄若今律令年未滿八歲八十以上非手殺人他皆不坐○旄本又作耄同亡報反惷敕江反又貞巷反劉癡用反騃五駭反李又五亥反又吐在反上時掌反○【疏】注惷愚至不坐○釋曰三赦與前三宥所以異者上三宥不識過失遺忘非是故心過誤所作雖非故為比三赦為重據今仍使出贖此三赦之等比上為輕全放無贖先鄭云幼弱老旄若今時律令年未滿八歲八十以上非手殺人他皆不坐者案曲禮云八十九十曰耄七年曰悼悼與耄雖有罪不加刑焉與此先鄭義合彼亦謂非手殺人他皆不坐也云未滿八歲則未齔是七年者若八歲已齔則不免也

以此三灋者求民情。斷民中。而施上服下服之罪。然後刑殺。上服殺與墨劓下服宮刖也司約職曰其不信者服墨刑凡行刑必先規識所刑之處乃後行之【疏】以此至刑殺○釋曰云以此三法者謂上三刺三宥三赦若不以此法恐有濫入者由用三法故斷民得中云施上服下服之罪然後刑殺者先規畫可刑之處乃行刑行殺也○注上服至行之○釋曰古者雖有要斬領斬以領為正故殺入上服也必先規識所刑之處乃後行之規識在體若衣服在身故名規識為服也

司約掌邦國及萬民之約劑。治神之約為上。治民之約次之。治地之約次之。治功之約次

之。治器之約次之。治摯之約次之。此六約者諸侯以下至於民皆有焉劑謂券書也治者理其相抵冒上下之差也神約謂命祀郊社羣望及所祖宗也夔子不祀祝融楚人伐之民約謂征稅遷移仇讎既和若懷宗九姓在晉殷民六族七族在魯衛皆是也地約謂經界所至田萊之比也功約謂王功國功之屬賞爵所及也器約謂禮樂吉凶車服所得用也摯約謂玉帛禽鳥相與往來也○約於妙反後及注皆同夔求龜反比毗志反又必二反〔疏〕注此六至來也○釋曰知此六約諸侯以下至於民者經云掌邦國及萬民之約劑故知也以諸侯爲主中亦有王事但王至尊設約不及之耳神約謂命祀郊社羣望及所祖宗也者凡命祀皆天子命之也郊者謂若祭統成王命魯外祭則郊社常平諸侯直命祀社故王制云天子祭天地諸侯祭社稷是常也羣望諸侯祭三望故傳云三代命祀祭不越望也祖宗諸侯五廟下及士各有差庶士庶人祭於寢也云夔子不祀祝融楚人伐之者爲其違約不祀故伐之事在僖二十六年云民約謂征稅者雖諸侯輸於王萬民征稅是常此稅要由民出故云民約云遷移者雖君亦有遷移法若鄭遷於虢之屬是也云仇讎既和者謂若調人云凡和難父之讎辟之海外之屬是也諸侯亦有和難之法故曰君之讎視父是也云若懷宗九姓在晉殷民六族七族在魯衛皆是也者此止以遷移法不似有仇讎也定四年祝佗云分魯公以大路又云殷民六族注云殷民祿父之餘民三十族六姓也條氏徐氏蕭氏索氏長勺氏尾勺氏又分康叔以大路注云復如分周公欲使康叔以化之又云殷民七族陶氏施氏緐氏錡氏樊氏饑氏終葵氏又云分唐叔以大路又云懷姓九宗職官五正注云五正五官之長是其遷移法也以此觀之亦是和之使遷移耳云功約謂王功國功之屬者民功謂若司寇云野刑上功糾力及司馬云進賢與功是也云器約謂禮樂吉凶車服所得用也者謂自天子以下達庶人皆有之禮器籩豆俎簠之屬樂器鐘鼓竽笙之屬吉服祭服吉車巾車所云天子至庶人役車皆是凶之車服雜記云端衰喪車無等是也云摯約謂玉帛禽鳥相與往來也者案大宗伯以玉作六瑞公執桓圭已下是玉又以禽作六摯孤執皮帛卿羔大夫鴈士雉工商雞庶人鶩皆執以相見是往來也

凡大約劑。書於宗彝。小約劑。書於丹圖。大約劑邦國約也書於宗廟之六彝欲神監焉小約劑萬民約也丹圖未聞或有彫器簠簋之屬有圖象者與春秋傳曰斐豹隸也著於丹書今俗語有鐵券丹書豈此舊典之遺言○與音餘斐音非徐方眉反劉方持反沈芳尾反〔疏〕注大約至遺言○釋曰知大約劑是邦國者上言掌邦國及萬民之約劑有此二者故大小據而言之六彝之名若司尊彝云雞鳥斝黃虎蜼之等以畫於宗廟彝尊故知使神監焉使人畏敬不敢違之也云或有彫器簠簋之屬有圖象者與者此鄭見時有八爲此說者故云或有案梓人造器有刻畫祭器博庶物也是圖象事亦有似故云與以疑之云春秋傳曰斐豹隸也者襄公二十三年文○

若有訟者。則珥而辟藏。其不信者服墨刑。鄭司農云謂有爭訟罪罰刑書謬誤不正者爲之開藏取本刑書以正之當開時先祭之玄謂訟訟約若宋仲幾薛宰者也辟藏開府視約書不信不如約也珥讀曰衈謂殺雞取血釁其戶○藏才浪反注下皆同爲于僞反〔疏〕若有至墨刑○釋曰訟謂爭約劑不決者云則珥而辟藏者謂以血塗戶乃開辟其戶以出本約劑之書勘之○注鄭司至其戶○釋曰司約所掌唯約劑之書先鄭以爲爭訟罪罰刑書及以珥爲祭後鄭皆不從而謂之訟約若宋仲幾薛宰者案定元年正月晉魏舒合諸侯之大夫于狄泉將城成周宋仲幾不受功曰滕薛郳吾役也薛宰曰宋爲無道絕我小國於周以我適楚故我常從宋晉文公爲踐土之盟曰凡我同盟各復舊職若從踐土若從宋亦惟命宋仲幾曰踐土固然又士彌牟曰子姑受功歸吾視諸故府仲幾曰縱子忘之山川鬼神其忘諸乎此是訟約法故引之爲證云殺雞者以雜記云割雞當門其衈皆於屋下言衈故知用雞也

若大亂。則六官辟藏。其不信者殺。大亂謂僭約若吳楚之君晉文公請隧以葬者六官辟藏明罪大也六官初受盟約之貳○隧音遂〔疏〕注大亂至之貳○釋曰云大亂謂僭約者以其司約者主約故知僭約也既言大亂明是若吳楚之君僭稱王也又如晉文公請隧以葬亦是也案僖二十五年晉文公納定襄王乃請隧以葬隧者請掘地通路上有負土諸侯已下上無負土謂之羨塗天子有負土謂之隧文公請之欲行天子之禮故對曰未有代德而有二王不許之也明罪大止謂僭者也云六官初受盟約之貳者以大司寇云凡邦之盟約太史司會及六官皆受其貳而藏之者是也

司盟掌盟載之灋。載盟辭也盟者書其辭於策殺牲取血坎其牲加書於上而埋之謂之載書春秋傳曰宋寺人惠牆伊戾坎用牲加書爲世子痤與楚客盟○痤才戈反〔疏〕司盟至之法釋曰盟時坎用牲加書於牲上以牲載書於上謂之盟載也○注載盟至客盟○釋曰云載者正謂以牲載此盟書於上故謂之載也云盟者書其辭於策者辭即盟辭若云爾無我詐我無爾虞有違此盟無克祚國盟辭多矣以此爲本云宋寺人之事案襄二十六年傳曰宋寺人惠牆伊戾爲太子痤內師無寵云惠牆氏伊戾名秋楚客聘於晉過宋太子知之請野享之公使往伊戾請從之至則坎用牲加書徵之而騁告公曰大子將爲亂既與楚客盟矣鄭引此者證坎用牲加書載之事也

凡邦國有疑會同。則掌其盟約之載。及其禮儀。北面詔明神。既盟則貳之。有疑不協也明神神之明察者謂日月山川也覲禮加方明于壇上所以依之也詔之者讀其載書以告之也貳之者寫副當以授六官〔疏〕凡邦至貳之○釋曰時見曰會殷見曰同若有疑則盟之○注有疑至六官釋曰云有疑不協也者不協之文出於春秋云明神神之明察者謂日月山川也覲禮加方明于壇上所以依之也者案覲禮云方明者木也方四尺設六色又云設六玉上圭下璧南方璋西方琥北方璜東方圭注云六色象其神六玉以禮之上宜蒼璧下宜黃琮而不以者則上下之神非天地之至貴者也設玉者刻其木而著之又云天子拜日於東門之外反祀方明注引司盟職曰北面詔明神言北面詔明神則明神有象也象者其方明乎又曰禮日於南門外禮月與四瀆於北門外禮山川丘陵於西門外又云祭天燔柴祭山丘陵升祭川沈祭地瘞注云升沈必就祭者也就祭則是王巡守及諸侯之盟祭也引郊特牲曰郊之祭也迎長日之至也大報天而主日也宗伯職曰以實柴祀日月星辰則燔柴祭天謂祭日也柴爲祭日則祭地瘞者祭月也日月而云天地靈之也王制曰王巡守至於岱宗柴是王巡守之盟其神主日也春秋傳曰晉文公爲踐土之盟而傳云山川之神是諸侯之盟其神主山川也月者大陰之精上爲天使臣道莫貴焉是王官之伯會諸侯而盟其神主月與以此約之故知明神是日月山川也如是王會同四時各祀其神及祀方明則諸神皆及故有六色六玉之位焉其盟亦然云詔之者讀其載書以告之也者謂盟時以其載辭告焉云貳之者寫副當授六官者大司寇職凡邦之大盟約涖其盟書而登之于天府大史內史司會及六官皆受其貳而藏之者是也

盟萬民之犯命者。詛其不信者。亦如之。盟詛者欲相與共惡之也犯命犯君教令也不信違約者也春秋傳曰臧紇犯門斬關以出乃盟臧氏又曰鄭伯使卒出豭行出犬雞以詛射潁考叔者○詛測慮反又共如字惡烏路反紇恨發反劉胡沒反沈胡調反卒子忽反豭音加行戶剛反射食亦反〔疏〕盟萬至如之○釋曰凡言盟者盟將來詛者詛往過云亦如之者亦如上文○注盟詛至叔者○釋曰云盟詛者欲相與共惡之也者神爲驗是共惡之也云犯命犯君教令也者以萬民無餘事故知犯命謂犯君教令也云春秋傳曰者案襄二十三年季武子無適子公彌長而愛悼子欲立之訪於臧紇紇爲立悼子紇廢公鉏後孟莊子疾豐點謂公鉏苟立羯請讎臧氏及孟孫卒季孫至入哭而出曰秩焉在公鉏曰羯在此矣孟氏閉門告於季孫曰臧氏將爲亂不使我葬季孫不信臧孫聞之戒除於東門甲從己而視之孟氏又告季孫季孫怒命攻臧氏臧紇斬鹿門之關以出奔邾季孫盟是其事也又曰鄭伯使卒出豭行出犬雞以詛射潁考叔者此隱公十一年將伐許子都與潁考叔爭車及許潁考叔先登子都自下射之顛師還乃詛射潁考叔者引之者證詛是往過之事若然臧紇既出乃盟臧氏者以臧氏出後盟後人以臧氏爲盟首亦是盟將來也

凡民之有約劑者。其貳在司盟。貳之者撿其自相違約〔疏〕凡民至司盟○釋曰此謂司約副寫一通來入司盟撿後相違約勘之

有獄訟者。則使之盟詛。不信則不敢聽此盟詛所以省獄訟○省所景反〔疏〕有獄至盟詛○釋曰此盟詛謂將來訟者先使之盟詛盟詛不信自然不敢獄訟所以省事也

凡盟詛。各以其地域之衆庶。共其牲而致焉。既盟。則爲司盟共祈酒脯。使其邑閭出牲而來盟已又使出酒脯司盟爲之祈明神使不信者必凶○爲于僞反注同〔疏〕凡盟至酒脯○釋曰盟處無常但盟則遣其地之民出牲以盟并出酒脯以祈明神也

職金掌凡金玉錫石丹青之戒令。青空青也〔疏〕職金至戒令○釋曰此數種同出於山故職金揔主其戒令若然地官丱人已主又職金主之者彼官主其取此官主其藏故二官共主之也

受其入征者。辨其物之媺惡。與其數量。楬而璽之。入其金錫于爲兵器之府。入其玉石丹青于守藏之府。爲兵器者攻金之工六也守藏者玉府內府也鄭司農云受其入征者謂主受采金玉錫石丹青者之租稅也楬而璽之者楬書其數量以著其物也璽者印也既楬書揃其數量又以印封之今時之書有所表識謂之楬櫫○楬音竭璽音徙守劉音狩著直略反沈張慮反揃音賤識申志反又如字又音志〔疏〕受其至之府○釋曰此一經揔陳受藏金玉之事所送者謂若荆揚貢金三品雍州貢球琳琅玕之等皆職金

受而藏之乃後分配諸府也入兵器之府言爲者攻金之工須造作故云爲守藏之府不造器物故云守也案山海經云有以金庾之山多黃金稷巽之山多白玉扭楊之山其陽多赤金其陰多白金吉山其陽多玉青亓之山其陽多玉其陰多青雘基之山多沙石白金此類甚多略言之矣○注爲兵至楬櫫○釋曰云爲兵器者攻金之工六也者考工記文彼云築冶鳧栗段桃築氏爲削冶氏爲戈戟鳧氏爲鍾栗氏爲量段氏爲鎛桃氏爲劍也云守藏者玉府內府也者案玉府云掌王之金玉玩好兵器凡良貨賄內府云掌受九貢九賦九功之貨賄良兵良器故知守藏府是此二者也先鄭云主受采金玉錫石丹青者之租稅也者案山虞澤虞等出稅者皆以當邦賦穀梲之處不虛取也云既楬書揃其數量者楬即令之板書揃即令錄記文書謂以版記錄量數多少幷善惡爲後易分別故也

入其要。要凡數也入之於大府〔疏〕入其要○釋曰職金既知量數錄要簿入大府

掌受士之金罰貨罰。入于司兵。給治兵及工直也貨泉貝也罰罰贖也書曰金作贖刑○贖常戎反下同一音蜀○〔疏〕掌受至司兵○釋曰云掌受士之金罰者謂斷獄訟者有疑即使出贖既言金罰又曰貨罰者出罰之家時或無金即出貨以當金直故兩言之○注給治至贖刑○釋曰云貨泉貝也者漢書食貨志云王莽時有貨布大泉及貨貝故知貨中泉貝兩有也云書曰者舜典文呂刑云墨罰疑赦其罰百鍰考工冶氏云戈戟重三鋝夏侯歐陽說云墨罰疑赦其罰百率古以六兩爲率古尚書說百鍰鍰者率也一率十一銖二十五分銖之十三也百鍰爲三斤鄭玄以爲古之率多作鍰鄭注冶氏云許叔重說文解字云鋝鍰也今東萊稱或以大半兩爲鈞十鈞爲鍰鍰重六兩大半兩若然鍰鋝一也言大半兩是三分兩之二鄭意以此爲正故不從諸家以六兩爲鍰且古者言金金有兩義若相對而言則有金銀銅鐵爲異若散而言之惣謂之金是以考工記云六分其金而錫居一之等皆是銅是以禹貢揚州云貢金三品孔以爲金銀銅鄭以爲銅三色是對散有異但古出金贖罪皆據銅爲金若用黃金百鍰乃至大辟千鍰無濟之理

旅于上帝。則共其金版。饗諸侯亦如之。鉼金謂之版此版所施未聞○版音板鉼必頂反〔疏〕注鉼金至未聞○釋曰旅上帝謂祭五天帝於四郊及明堂饗諸侯謂若大行人上公三饗侯伯再饗子男一饗之等此旅上帝及饗二者皆設金版鄭云所施未聞也

凡國有大故。而用金石。則掌其令。主其取之令也用金石者作槍雷椎椁之屬○槍七羊反雷劉音誄沈云當爲礌郎對反椎直追反椁宅耕反本又作梈劉云皆如字劉亦誤〔疏〕凡國至其令○釋曰用金石而云大故止謂寇戎爲禦捍之器有用金石者也○注主其至之屬○釋曰職金主受金則所出之處故主其取金之令云金石者作槍雷椎椁之屬者皆謂守城禦捍之具

司厲掌盜賊之任器貨賄。辨其物。皆有數量。賈而楬之。入于司兵。鄭司農云任器貨賄謂盜賊所用傷人兵器及所盜財物也入于司兵若今時傷殺人所用兵器盜賊贓加責沒入縣官○賈音嫁〔疏〕注鄭司至縣官○釋曰云入於司兵者其任器多是金刃所盜財貨雖非金刃以其賊物亦入司兵給治兵刃之用故並入司兵也先鄭云若今時傷殺人所用兵器盜賊贓加責沒入縣官者其加責者即今時倍贓者也

其奴。男子入于罪隸。女子入于舂稾。鄭司農云謂坐爲盜賊而爲奴者輸於罪隸舂人稾人之官也由是觀之今之爲奴婢古之罪人也故書曰予則奴戮汝論語曰箕子爲之奴罪隸之奴也故春秋傳曰斐豹隸也著於丹書請焚丹書我殺督戎耻爲奴欲焚其籍也玄謂奴從坐而沒入縣官者男女同名○稾古老反坐才臥反下同女音汝○〔疏〕其奴至舂稾○釋曰云男子入於罪隸者則司隸職中國之隸謂之罪隸百二十人者是也云女子入于舂稾者地官舂人稾人是也○注鄭司至同名○釋曰先鄭引尚書予則奴戮女及論語箕子爲之奴皆與此經奴爲一者後鄭義尚書奴奴爲子若詩樂爾妻奴奴即子也後鄭不破者亦得爲一義云春秋傳者左氏傳襄公二十三年云初斐豹隸也著於丹書欒氏之力臣曰督戎國人懼之斐豹謂宣子苟焚丹書我殺督戎引之者證隸爲奴云玄謂奴男女從坐沒入縣官者謂身遭大罪合死男女沒入縣官漢時名官爲縣官非謂州縣也

凡有爵者。與七十者。與未齔者。皆不爲奴。有爵謂命士以上也齔毀齒也男八歲女七歲而毀齒○上時掌反毀況僞反下同〔疏〕注有爵至毀齒○釋曰云有爵謂命士以上也者見典命公侯伯之士皆一命天子之士皆三命以下可知云男八歲女七歲而毀齒者家語本命篇之文也曲禮云悼與耄雖有罪不加刑焉是未齔不加刑又不爲奴若七十者雖不爲奴猶加其刑至八十始不加刑以其八十九十始名耄故也

犬人掌犬牲。凡祭祀共犬牲。用牷物。伏瘞亦如之。鄭司農云牷純也物色也伏謂伏犬以王車轢之瘞謂埋祭也爾雅曰祭地曰瘞埋○牷音全本亦作全瘞於例反徐烏計反轢音歷〔疏〕注鄭司至瘞埋○釋曰先鄭云牷純也者案尚書微子云犧牷牲用注云犧純毛牷體完具彼牷與犧相對是犧爲純毛牷爲體完具此無犧故以牷兼純也云伏謂伏犬以王車轢之者此謂王將祭而出國軷道之祭時即大馭所云者是也但軷祭之時犬羊俱得故生民詩云取羝以軷是以聘禮注云其用牲犬羊可也是其兩用也云瘞謂埋祭也者謂祭地之時故引爾雅爲證若然經云用牷物既純毛則牧人云陽祀用騂牲陰祀用黝牲之類也

凡幾珥沈辜。用駹可也。故書駹作龍鄭司農云幾讀爲庪爾雅曰祭山曰庪縣祭川曰浮沈大宗伯職曰以埋沈祭山川林澤以疈辜祭四方百物龍讀爲駹謂不純色也玄謂幾讀爲刉珥當爲衈衈者釁禮之事○駹亡江反爲庪九委反劉居綺反縣音玄罷劉平逼反〔疏〕凡幾至可也○釋曰幾珥言凡則宗廟社稷壇廟新成者皆釁之故云凡也云沈辜者謂沈牲於水辜謂疈磔牲體以祭云用駹者駹謂雜色牲此則牧人云毀事用駹是也云可也者用純爲正用駹亦可也○注故書至之事○釋曰先鄭讀幾爲庪雜引爾雅後鄭不從引大宗伯證沈辜於義是也云玄謂幾讀爲刉從士師爲正珥讀爲衈從雜記爲正云釁禮之事者據雜記而知也

凡相犬牽犬者屬焉。掌其政治。相謂視擇知其善惡○相息亮反注同治直吏反○〔疏〕凡相至政治○釋曰犬有三種一者田犬二者吠犬三者食犬若田犬吠犬觀其善惡若食犬觀其肥瘦故皆須相之牽犬者謂呈見之故少儀云犬則執緤是也

司圜掌收教罷民。凡害人者弗使冠飾。而加明刑焉。任之以事而收教之。能改者。上罪三年而舍。中罪二年而舍。下罪一年而舍。其不能改而出圜土者殺。雖出三年不齒。弗使冠飾者著墨幪若古之象刑與舍釋之也鄭司農云罷民謂惡人不從化爲百姓所患苦而未入五刑者也故曰凡害人者不使冠飾任之以事若今時罰作矣○著丁略反幪莫公反劉莫貢反與音餘〔疏〕司圜至不齒此罷民入圜坐嘉石朝士坐嘉石者不入圜土云收教者謂入圜使困苦以悔是收教也云害人者謂抽拔兵劍誤以傷也云明刑者以版牘書其罪狀與姓名著於背表示於明刑也○注弗使至作矣○釋曰著墨幪若古之象案孝經緯云三皇無文五帝畫象三王肉刑畫象者上象赭衣雜屨中罪赭衣雜屨下罪雜屨而已書象刑直墨象略言之其實亦有赭衣雜屨無文故云與以疑之也

凡圜土之刑人也。不虧體。其罰人也不虧財。言其刑人但加以明刑罰人但任之以事耳鄭司農云以此知其爲民所苦而未入刑者也故大司凡萬民之有罪過而未麗於法而害於州里者桎梏嘉石役諸司空又曰以嘉石平罷民國語曰罷士無無家言爲惡無所容入也玄謂圜土所收教者過失麗於法者〔疏〕凡圜至虧財○釋曰云刑人不虧體對五刑者也其罰人不虧財對五刑疑出金爲罰也○注言至法者○釋曰先鄭以坐嘉石共入圜土論其義不通故後鄭不從按司寇職及司救職皆上論嘉民下別云圜土之罰民分明兩事不同故後鄭謂圜者過失害人已麗於法者與嘉石之罷民是邪惡過

掌囚掌守盜賊。凡囚者。上罪梏拲而桎。中罪桎梏。下罪梏。王之同族拲。有爵者桎。以待弊罪。凡四者謂非盜賊自以他罪拘者也鄭司農云拲者兩手共一木也桎梏者兩手各一木也玄謂在手曰梏在足曰桎中罪不拲手足各一木耳下罪又去桎王同族及命士以上雖有上罪或拲或桎而已弊猶斷也○梏古揖云參著曰梏偏著曰桎說文云梏手械也所以告械也所以質地拲劉云三家義奉反一家居辱反漢韋昭音拱云兩手共一木曰拲兩手各一木曰梏拲奇音恐桎之實反上時掌反○〔疏〕掌囚釋曰刑罪人古者五刑不入圜土故使身居三木掌囚守經所云五刑之人三木之四輕重著之極重者三木者二下者一王之同族及有爵縱重罪亦著一而已之故也云待弊罪者禁而待斷之也○注凡四至斷曰云凡四者謂非盜賊自以他罪拘者也者以其既乃別云凡四明凡四中無盜賊盜賊重故爲罪人之之也先鄭云拲者兩手共一木也者於義是以其拲著手又與梏共文故知兩手共一木以桎與梏同在可故後鄭不從而謂在手曰梏在足曰桎此無正文言梏後言桎故知義然若然中罪先言桎後言梏者據先後也

及刑殺。告刑于王。奉而適朝士。加明梏。

以適市而刑殺之。告刑于王告王以今日當行刑及所刑姓名也其死罪則曰某之罪在大辟其刑罪則曰某之罪在小辟奉而適朝者重刑爲王欲有所赦且當以付士士鄉士也鄉士加明梏者謂書其姓名及其罪於梏而著之也囚時雖有無梏者至於刑殺皆設之以適市就衆也庶姓無爵者皆刑殺於市○爲于僞反著丁略反徐張慮反〔疏〕及刑至殺之○釋曰此經謂欲行刑之日云告刑於王奉而適朝者王意欲有所免故也云以適市者據庶姓又無爵者也若有爵及王同姓即於甸師也○注告刑至於市○釋曰經云及刑殺告刑于王者謂死罪刑罪有二種鄭知有姓名者以其言某之罪明當有姓名也云其死罪已下文王世子之文云且當以付士士鄉士也者凡囚鄉士遂士縣士方士各自有獄推問之時各於本獄之者所獄成上於王時則使掌囚掌之及欲刑殺掌囚還付士若然上皆云士師受中協日刑殺刑殺各於本獄所今此經云以適市者此文止謂六鄉之獄在國中推問在獄行刑殺則在市若遂士以下自在本獄之處刑殺之故此云士鄉士也若遂士已下於此時掌囚亦當付士也云囚時雖有無梏者案上經王之同族及有爵囚時並無梏也云以適市就衆也者王制云刑人於市與衆弃之彼雖據異代法此六鄉之人亦就衆在市也云庶姓無爵者皆刑殺於市據下而知之也此亦據六鄉之人也

凡有爵者。與王之同族。奉而適甸師氏以待刑殺。適甸師氏亦由朝乃往也待刑殺者掌戮將自市來也文王世子曰雖親不以犯有司正術也所以體異姓也刑于隱者不與國人慮兄弟也〔疏〕注適甸至弟也○釋曰云甸師氏亦由朝乃往也者上文庶姓等適市文承適朝之下彼此二者隔絕恐不由朝故鄭言之必知此二者亦由朝乃往者文王世子君之親有罪雖然必赦之事故知之云待刑殺者掌戮將自市來也者凡行刑殺協支幹善日有罪者同而行故待掌戮也引文王世子者欲見雖親有罪亦當刑殺之事彼注體爲連結若直刑異姓不刑同姓異姓怨生則有逃散之事同姓亦有刑則異姓歸心故云體異姓也

掌戮掌斬殺賊諜而搏之。斬以鈇鉞若今要斬也殺以刀刃若今棄市也諜謂姦寇反間者賊與諜罪大者斬之小者殺之搏當爲膊諸城上之膊字之誤也膊謂去衣磔之○諜音牒搏注作膊同普博反磔也鈇音斧要一遥反間間厠之間去起呂反〔疏〕掌戮至搏之○釋曰自此經以至刑盜于市以下皆據死罪而言此經推據賊諜二者而言二者雖同大罪仍擇大重者斬之稍輕者殺之搏之則同也○注斬以至磔之○釋曰知斬以鈇鉞者鈇鉞是斬之物按魯語云温之役晉人執衛成公臧文仲言於僖公曰夫衛君始無罪矣大刑有五大刑用甲兵注云諸侯逆命征討之其次用斧鉞注云謂犯斬罪者中刑用刀鋸注云用刀以劓之鋸以笮之如是刀中容棄市其次用鑽笮注云鑽額淮墨笮劓勢謂宮刑也薄刑用鞭朴以威民故大者陳之原野小者致之市朝是用鈇鉞之事成二年齊侯圍龍傾公之嬖人盧蒲就魁門焉龍人殺而膊之城上齊侯親鼓之遂滅龍是膊諸城上之事也

凡殺其親者焚之。殺王之親者辜之。親緦服以內也焚燒也易曰焚如死如棄如辜之言枯也謂磔之〔疏〕注親緦至磔之○釋曰親謂五服五服多故云凡殺其親據人之親與王之親皆謂五服已內知者案僖二十五年衛侯燬滅邢公羊傳曰何以名絕曷爲絕之滅同姓也滅同姓尚絕之況殺緦麻之親得不重乎以此而言故知親謂緦已上也易曰焚如死如棄如者按離卦九四突如其來如焚如死如棄如注云震爲長子爻失正又互體兌兌爲附決注子居明法之家而無正何以自斷其君父不志也突如震之失正不知其所如又爲巽巽爲進退不知所從不孝之罪五刑莫大焉得用議貴之辟刑之若如所犯之罪焚如殺其親之刑死如殺人之刑也棄如流宥之刑引之者證焚如是殺其親之刑也

凡殺人者踣諸市。肆之三日。刑盜于市。踣僵尸也肆猶申也陳也凡言刑盜罪惡莫大焉○踣皮比反僵居良反〔疏〕注踣僵至大焉○釋曰除上三者之外皆陳尸於市肆之凡三日也

凡罪之麗於灋者亦如之。唯王之同族與有爵者。殺之于甸師氏。罪二千五百條上附下附刑五而已於刑同科者其刑殺之一也〔疏〕凡罪至師氏○釋曰正刑有五科條二千五百麗附也上附下附是罪附于法法即五刑是也云亦如之者合人死者亦踣之合入四刑者雖不踣亦刑之在市故揔言亦如之云唯王之同族與有爵者殺之于甸師氏者謂不踣者陳尸使人見之既刑於隱處故不踣之○注罪二至一也○釋曰云罪二千五百條者司刑文云上附下附刑五而已者禮記云喪多而服五罪多而刑五上附下附是也云於刑同科者其刑同殺之一也者事雖異各有五百同科及其同刑同殺一也

凡軍旅田役斬殺刑戮亦如之。戮謂膊焚辜肆〔疏〕注戮謂膊焚辜肆○釋曰此云軍旅田役斬殺刑戮皆使掌戮爲之按土師大師帥其屬而禁逆軍旅犯禁者而戮之鄉士云凡國有大事則戮其犯命者遂士亦云凡郊有大事刑戮其犯命彼並不使掌戮者此等皆權時之事軍旅之間或有臨時即決不假掌戮者也是以戎右職云掌戎車之兵革使注云使謂王使以兵有所誅斬也引戰于殽襄公縛秦囚使萊駒以戈斬之是也

墨者使守門。黥者無妨於禁御○御音禦〔疏〕墨者使守門○釋曰此人即閽人掌守王中門之禁令者是也

劓者使守關。截鼻亦無妨以貌醜遠之○遠于萬反〔疏〕劓者使守關○釋曰此則王畿五百里上面有三關十二關門劓者守之

宮者使守內。以其人道絕也今世或然〔疏〕宮者使守內○釋曰此所守則寺人之類守正內五人之等是也

刖者使守囿。斷足驅衛禽獸無急行○囿音又斷丁管反〔疏〕刖者使守囿○釋曰此則囿遊亦如之者墨者守門刖者於囿中驅禽獸者也

髡者使守積。鄭司農云髡當爲完謂但居作三年不虧體者也玄謂此出五刑之中而髡者必王之同族不宮者宮之爲翦其類髡頭而已守積積在隱者宜也○髡苦門反積子賜反注同〔疏〕髡者使守積○釋曰先鄭以髡爲完但居作三年不虧體以此爲圜土罷民解之不從者掌戮所掌皆虧體獨以此爲不虧體於義不可故後鄭引文王世子解之也玄謂此出五刑之中而髡者必王之同族不宮者此鄭亦無正文若合宮者宮之令按文王世子據諸侯法云公族無宮刑不翦其類王家同族犯淫罪者亦當與諸侯同不宮之亦是不翦其類之色按王同族犯餘罪刑於甸師氏刑於隱處今同族既不宮亦當於隱處罪之此守積亦是隱處故知髡者使守積是王同族不言者必矣是以鄭云守積積在隱者宜也

司隸掌五隸之灋。辨其物而掌其政令。五隸謂罪隸四翟之隸也物衣服兵器之屬〔疏〕注五隸至之屬○釋曰此與下爲目云物衣服兵器之屬者即下文云使之皆服其邦之服執其國之兵是也

帥其民而搏盜賊。役國中之辱事。爲百官積任器。凡囚執人之事。民五隸之民也鄭司農云百官所當任持之器物此官主爲積聚之也玄謂任猶用也○搏音博爲百于僞反注及下注同〔疏〕注民五至用也○釋曰云五隸之民也者上序官五隸皆百二十負負外皆是民故云五隸之民也云任猶用也者用器除兵之外所有家具之器皆是用器也

邦有祭祀賓客喪紀之事。則役其煩辱之事。煩猶劇也士喪禮下篇曰隸人湼廁○湼乃結反〔疏〕注煩猶至湼廁○釋曰引士喪禮下篇者既夕禮文云湼廁者死者不復用故窒湼示不用引之者證煩辱之事不言祭祀賓客事者以無文意義可知也

掌帥四翟之隸。使之皆服其邦之服。執其邦之兵。守王宮與野舍之厲禁。野舍王者所止舍也厲遮例也○遮章奢反例本又作列同音烈〔疏〕掌帥至厲禁○釋曰云服其邦之服執其邦之兵者若東方南方衣布帛執刀劍西方北方衣氈裘執弓矢云守王宮與野舍者即師氏職云師四夷之隸守王宮野舍亦如之者是也

罪隸掌役百官府。與凡有守者。掌使令之小事。役給其小役○使如字劉色吏反令力呈反沈力政反〔疏〕注役給其小役○釋曰云小役者止謂給其小小勞役之事謂若大役非隸所共故以小役解之

凡封國若家。牛助爲牽傍。鄭司農云凡封國若家謂建諸侯立大夫家也牛助爲牽傍此官主爲送致之也玄謂牛助國以牛助轉徙也罪隸牽傍之在前日牽在旁曰傍○傍步浪反注同轉如字劉張戀反〔疏〕注鄭司至曰傍○釋曰先鄭不解牽傍故後鄭增成之玄謂牛助國以牛助轉徙也者國家以官牛助諸侯及大夫家運物往至任所云在前曰牽者謂車轅內一牛前亦一牛今還遣二隸前者牽前牛傍者御當車之牛故據人而言牽傍也

其守王宮與其厲禁者。如蠻隸之事。〔疏〕其守至之事○釋曰蠻隸之事事在下文故云如蠻隸之事

蠻隸掌役校人養馬。其在王宮者。執其國之兵以守王宮。在野外則守厲禁。〔疏〕蠻隸至厲禁○釋曰云掌役校人者爲校人所役使以養馬按校人良馬乘一師四圉不見隸者蓋是雜役之中執其國之兵蠻隸閩隸俱是刀劍也

閩隸掌役畜養鳥。而阜蕃教擾之。掌子則取隸焉。杜子春云子當爲祀玄謂掌子者王立世子置臣使掌其家事而以閩隸役之○蕃扶元反下注同〔疏〕閩隸至隸焉○釋曰云掌役畜養鳥者謂若畜鳥氏掌畜鳥阜盛也蕃息也使之盛大滋息又教擾使從人意○注杜

子至役之○釋曰子春以子爲祀後鄭不從者司隸職祭祀賓客喪紀三者並言此何得唯言其一明存子解之於義爲允立謂王立世子置臣使掌其家事者言掌家事者若國事不使隸今取隸故以家事而言也

夷隸掌役牧人養牛馬與鳥言。鄭司農云夷狄之人或曉鳥獸之言故春秋傳曰介葛盧聞牛鳴曰是生三犧皆用矣是以貉隸職掌與獸言〔疏〕夷隸至鳥言○釋曰云掌役牧人者爲牧人之所役使牧牛牲○注鄭司至獸言○釋曰經唯云與鳥言不言獸先鄭意解鳥言者亦解獸言故兼言之也案僖二十九年介葛盧聞牛鳴曰是生三犧皆用之矣注云言八律之音聽禽獸之鳴則知其嗜欲死可知伯益明是術故堯舜使掌朕虞至周失其道官又在四夷若周未失道官本不在四夷無解鳥獸之語者何周公盛明制禮使夷隸貉隸與鳥獸之言然者賈服意誤不與禮合故爲此說其守王宮者。與其守厲禁者。如蠻隸之事。

貉隸掌役服不氏而養獸而教擾之。掌與獸言。不言阜藩者猛獸不可服又不生乳於圈檻也○生如字劉色敬反孔而樹反圈求阮反檻戶覽反〔疏〕貉隸至獸言○釋曰夷貉相近是以亦解獸言若然夷隸既鳥獸之言具解而此貉隸解獸言亦解鳥言互見之耳其守王宮者。與其守厲禁者。如蠻隸之事。

秋官司寇下

布憲掌憲邦之刑禁。正月之吉。執旌節以宣布于四方。而憲邦之刑禁。以詰四方邦國及其都鄙。達于四海。憲表也謂縣之也刑禁者國之五禁所以左右刑罰者司寇正月布刑于天下正歲又縣其書于象魏布憲於司寇布刑則以旌節出宣令之於司寇縣書則亦縣之于門閭及都鄙邦國刑者王政所重故屢丁寧焉詰謹也使四方謹行之爾雅曰九夷八蠻六戎五狄謂之四海○詰起吉反縣音玄下同〔疏〕布憲至四海○釋曰云掌憲邦之刑禁者此文與正月以下爲目禁者則士師之五禁所以左右刑罰故連刑言之也云正月之吉者此與大司寇正月之吉事同大司寇布刑之時此布憲亦布之於四方也於司寇正歲縣之時此布憲亦憲邦之刑禁以詰四方邦國以達于四海也布憲爲司寇屬官於刑禁爲重故每事丁寧之也○注憲表至四海○釋曰云國之五禁所以左右刑罰者士師職文知布憲所縣在門閭者以其司寇所縣在雉門不可共處此經云執旌節以爲行道之使明在巷門之間可知云門閭據在城內經雖不云城內門閭舉外以見內有門閭可知經先邦國後都鄙注先都鄙後邦國者以都鄙據畿內三等采地經後言之者尊邦國輕都鄙注先都鄙者既見門閭即先近後遠乃及四海故注先都鄙見從近及遠之義也引爾雅者見刑禁遠至夷狄名此夷狄爲四海者海之言晦晦漫禮儀也凡邦之大事合衆庶。則以刑禁號令。〔疏〕凡邦至號令○釋曰云邦之大事合衆庶者謂征伐巡守田獵皆是大事合衆庶也以其是布禁之官故於聚衆每皆以刑禁號令也

禁殺戮掌司斬殺戮者。凡傷人見血而不以告者。攘獄者。遏訟者。以告而誅之。司猶察也察此四者告於司寇罪之也斬殺戮謂吏民相斬相殺相戮者傷人見血見血乃爲傷人耳鄭司農云攘獄者距當獄者也遏訟者遏止欲訟者也玄謂攘猶郤也郤獄者言不受也〔疏〕注司猶至受也○釋曰云司猶察也者此禁殺戮之官恒在民間私覘惡事而告於上執而與之罪也故以司爲察也知斬殺戮是吏民相斬相殺相戮者以傷民云不以告則相殺戮之等盡是吏不以告明是吏民自相殺戮也云傷人見血乃爲傷人耳者恐經傷人與見血事別傷人見血連言者是見血乃爲傷人若不見血不爲傷人也若然毆跌折支之等不見血豈得不爲傷人乎然今言見血乃爲傷人者止爲毆跌及刃物麗歷應見血之等不爲餘事而言先鄭云攘獄者距當獄者也後鄭不從者此經皆謂未在官司而先鄭云距獄據在官而言故不從也云遏訟者遏止欲訟者也者有人見欺犯欲向官所訟之而遏止不使去也玄謂攘猶郤也郤獄者言不受也者謂人有罪過官有文書追攝不肯受者

禁暴氏掌禁庶民之亂暴力正者。撟誣犯禁者。作言語而不信者。以告而誅之。民之好爲侵陵稱詐謾誕此三者亦刑所禁也力正以力強得正也○撟居表反好呼報反下文則爲下注皆爲同謾武諫反一音亡半反又免仙反徐望山反本或作慢誕音但〔疏〕注民之至正也○釋曰云民之好爲者此言爲下三事而發皆是好爲侵陵釋經亂暴力正者也稱詐釋經撟誣犯禁者也謾誕釋經作言語而不信者也謾誕謂浮謾虛誕也凡國聚衆庶。則戮其犯禁者以徇。凡奚隸聚而出入者。則司牧之。戮其犯禁者。奚隸女奴男奴也其聚出入有所使〔疏〕凡國至禁者○釋曰云聚衆庶者謂征伐之等云凡奚隸聚而出入者謂國有煩辱之處使奚隸則有此出入而司牧之○注奚隸至所使○釋曰按司厲其奴男子入于罪隸女子入于舂槀是男子同坐爲奴天官酒人漿人之等皆名女奴爲奚五隸又是男奴故云奚隸女奴男奴

野廬氏掌達國道路至于四畿。達謂巡行通之使不陷絕也去王城五百里曰畿○行下孟反〔疏〕注達謂至曰畿○釋曰云巡行者國之道路使共地之人治之野廬氏直巡行不通之處使人治之使無陷絕也比國郊及野之道路。宿息井樹。比猶校也宿息廬之屬賓客所宿及晝止者也井共飲食樹爲蕃蔽〔疏〕注比猶至蕃蔽○釋曰此經所云王爲賓客在道須得供承守衛之事國郊謂近郊遠郊野謂百里外至畿宿謂十里有廬三十里有宿五十里有市直言宿者舉中言之故云廬之屬以苞之息賓客晝止之處井樹者賓客所須者也若有賓客。則令守涂地之人聚欜之。有相翔者誅之。守涂地之人道所出廬宿旁民也相翔猶昌翔觀伺者也鄭司農云聚欜之聚擊欜以宿衞之也有姦人相翔於賓客之側則誅之不得令寇盜賓客○欜音託令力呈反下欲令同〔疏〕注守涂至賓客○釋曰守涂地之人道所出廬宿旁民也者道路之旁皆有民當處有賓客止宿即使聚欜之不使失脫也云相翔猶昌翔觀伺者也者謂昌狂翱翔觀伺賓客先鄭云聚欜之聚擊欜以宿衞之也者謂其地之人自聚擊欜無行夜故使宿衞自擊宮正之等使行夜者擊欜校此直宿者彼夜行者與此異也凡道路之舟車轚互者。敘而行之。舟車轚互謂於迫隘處也車有轘轅抵閣舟有砥柱之屬其過之者使以次敘之○轚音計沈古的反隘烏賣反環戶關反本亦作轘同抵徐之爾反劉都禮反砥音旨〔疏〕注舟車至敘之○釋曰云轚互者謂水陸之道舟車往來狹隘之所更互相擊故云轚互者云車有轘轅抵閣者案襄二十一年晉欒盈有罪適楚過於周周西鄙掠之告於周使候出諸轘轅是轘轅也抵閣道路之名也云舟有砥柱之屬者按禹貢導河積石至于龍門南至于華陰東至於底柱孔安國云底柱山名河水分流包山而過山見水中若柱然在西虢之界是底柱爲水之隘道者也凡有節者及有爵者至則爲之辟。辟辟行人亦使守涂地者〔疏〕凡有至之辟○釋曰云凡有節者謂若諸侯之使則有山國用虎節之等若民自往來則有道路用旌節之等及有爵已上皆爲之辟止行人使無侵犯者也禁野之橫行徑踰者。皆爲防姦也橫行妄由田中徑踰射邪趍疾越隄渠也○射食亦反邪似嗟反隄丁兮反〔疏〕注皆爲至渠也○釋曰言橫行者不要東西爲橫南北爲縱但是不依道塗妄由田中皆是橫也徑謂不遵道而射邪趍疾踰越也謂越隄渠者也凡國之大事。比脩除道路者。比校治道者名若今次金敘大功○〔疏〕注比校至大功○釋曰大事謂若征伐巡守田獵郊祀天地王親行所經並須修除道路及脩廬校比民夫使有功效故云比校治道者名也云若今次金敘大功者謂漢時主役之官名次金敘主以丈尺賦功今俗本多誤爲次敘大功也掌凡道禁。禁謂若今絕蒙布巾持兵杖之屬○杖直亮反〔疏〕注禁謂至之屬○釋曰古時禁書亡故舉漢法而言也邦之大師。則令埽道路。且以幾禁行作不時者。不物者。不時謂不夙則莫者也不物謂衣服操持非此常人也幾禁之者備姦人內賊及反間○莫音暮操七曹反間間廁之間〔疏〕注不時至反間○釋曰不言大事而云大師惟謂征伐者也云幾禁之者備姦人內賊及反間者內賊謂賊在內起反間謂外賊密來覘探間候國家反彼論說按孫子兵法云三軍之事莫密於反間是也

蜡氏掌除骴。曲禮四足死者曰漬故書骴作脊鄭司農云脊讀爲漬謂死人骨也月令曰掩骼埋胔骨之尙有肉者也及禽獸之骨皆是○蜡清預反骴似賜反注漬胔皆同漬又作瀆脊子亦反李慈翁反骼古百反〔疏〕注曲禮至皆是○釋曰曲禮者彼謂四足之獸相漸漬而有疫死此骴謂肉腐義理有殊引之者直取音同仍取四足死者即有肉腐之骴也先鄭云死人骨也者以人骨爲主其中兼四足之骨也月令者彼據孟春春是生氣骨是死氣爲死氣逆生氣故埋之此官在秋者是陰故屬秋引之者除骴是同故也彼注云骨枯曰骼肉腐曰骴骴言埋亦掩之骼言掩亦埋之義無異互言耳故云腐骨之尙有肉者也則肉腐曰骴亦一也云及禽獸之骨皆是者即四足曰漬在

其中按詩云行有死人尚或殣之又下云若有死於道路者則令埋之令得有死人骨者近道人見者令埋之其有死于溝壑者蜡氏除之

凡國之大祭祀。令州里除不蠲。禁刑者任人及凶服者。以及郊野大師大賓客亦如之。蠲讀如吉圭惟饎之圭圭絜也刑者黥劓之屬任人司圜所收教罷民也凶服服衰絰也此所禁除者皆爲不欲見人所褻惡也○蠲古玄反舊音圭絜也饎昌志反罷音皮衰七雷反爲于僞反下爲其酒爲其就禽同褻紆廢反今本多作褻惡烏路反〔疏〕注蠲讀至惡也○釋曰大祭祀謂郊祭天地大賓客謂諸侯來朝若據天地其神位在郊至郊而已若賓客則至畿故兼言野郊外曰野大摠言也云蠲讀如吉圭惟饎之圭者毛詩云絜蠲爲饎無此言鄭從三家詩故不同云刑者黥劓之屬者之屬中含有宮則也云任人司圜所收教罷民也者經任人文承刑者之下則罷民亦刑之類是以司圜云任之以事是也凶服五服皆是故曰凶服服衰絰也祭者皆齊齊者潔靜不欲見褻惡也

若有死於道路者。則令埋而置楬焉。書其日月焉。縣其衣服任器。于有地之官。以待其人。有地之官主此地之吏也其人其家人也鄭司農云楬欲令其識取之今時揭櫫是也有地之官有郡界之吏今時鄉亭是也○楬音竭縣音玄〔疏〕注有地至是也○釋曰此經主謂行人在路死者云有地之官主此地之吏也者謂比閭族黨之等皆有長吏若比長閭胥黨宰之輩皆是若今時鄉亭治事之處縣衣服任器等仍使守掌使不失也

掌凡國之骴禁。禁謂孟春掩骼埋胔之屬〔疏〕注禁謂至之屬○釋曰孟春者月令文也

雍氏掌溝瀆澮池之禁。凡害於國稼者。春令爲阱擭溝瀆之利於民者。秋令塞阱杜擭。溝瀆澮田間通水者也池謂陂障之水道也害於國稼謂水潦及禽獸也阱穿地爲塹所以禦禽獸其或超踰則陷焉世謂之陷阱擭柞鄂也堅地阱淺則設柞鄂於其中秋而杜塞阱擭收刈之時爲其陷害人也書柴誓曰敷乃擭斂乃阱時秋也伯禽以出師征徐戎○澮古外反阱在性反塹也擭胡化反陂披宜反障之尚反塹七豔反本又作塹柞劉才伯反或在洛反鄂劉五洛反咸五各反柴音秘敷音杜斂乃協反又乃結反徐劉本作郤音徐〔疏〕雍氏至杜擭釋曰掌溝瀆澮池之禁凡害於國稼者溝瀆澮池或田間通水或在田外所須本爲利民而造其中有放溢奔流爲害者則禁之凡害於國稼者謂水潦之等春令爲阱擭溝瀆之利於民者阱擭以取禽獸溝瀆所以通水是皆利於民故春使爲之也○注溝瀆至徐戎○釋曰云溝瀆澮田間通水者也者按遂人匠人惟有遂溝洫澮川不見有瀆此云瀆亦田間通水者但注瀆曰川或可以川爲瀆舉其類也云池謂陂障之水道也者詩云彼澤之陂毛云澤障曰陂今云陂障之水道謂障澤爲陂之時於澤通水入陂之道曰池云阱穿地爲塹者此則深爲不須別設柞鄂擭則堅地不可得深故須柞鄂者或深以爲豎柞於中向上鄂鄂然所以載禽獸使足不至地不得躍而出謂之柞鄂也書柴誓者彼云魯侯伯禽宅曲阜徐戎並與伯禽往征有此塞阱杜擭之事故引以爲證也云時秋也者彼不見時節但此說在秋明彼亦秋故得有敷擭斂阱之事也

禁山之爲苑澤之沈者。爲其就禽獸魚鱉自然之居而害之鄭司農云不得擅爲苑囿於山也澤之沈者謂毒魚及水蟲之屬○苑於阮反劉於願反〔疏〕注爲其至之屬○釋曰先鄭云不得擅爲苑囿於山義雖與後鄭異得爲一義故引之在下文云沈者謂毒魚及水蟲之屬者謂別以藥沈於水中以殺魚及水蟲不謂鴆故不作鴆作沈也

萍氏掌國之水禁。水禁謂水中害人之處及入水捕魚鱉不時○捕音步〔疏〕注水禁至不時○釋曰水中害人之處或有深泉洪波沙虫水弩云捕魚鱉不時者案月令春秋及冬取魚夏不合取則不時故云不時皆禁之也

幾酒。苛察沽買過多及非時者○苛音何又呼何反沽音姑又音故買如字一本作賣〔疏〕幾酒○釋曰萍氏幾酒者酒亦水之類故也不得非時時謂若酒誥惟祀茲酒及鄉飲酒及昏娶爲酒食以召鄉黨僚友是其時也

謹酒。使民節用酒也書酒誥曰有政有事無彝酒〔疏〕謹酒○釋曰此戒謹愼於酒故引酒誥有政之大目有事之小目彝常也不得常飲明如上文合飲時乃飲也

禁川游者。備波洋卒至沈溺也○洋音翔又音羊卒寸忽反〔疏〕禁川游者○釋曰游謂浮游不乘橋船恐溺故禁之也

司寤氏掌夜時。夜時謂夜晚早若今甲乙至戊〔疏〕注夜時至至戊○釋曰此文與下爲目故注云謂夜晚早甲乙則早時戊亥明晚時也

以星分夜。以詔夜士夜禁。夜士主行夜徼候者如今都候之屬○行下孟反下行夜同徼古弔反〔疏〕注夜士至之屬○釋曰云以星分夜者若今時觀參辰知夜早晚是以書傳云春昏張中可以種稷夏大火中可以種黍菽秋虛中可以種麥冬昴中可以收斂蓋藏彼雖非分夜以詔夜士亦是以星知早晚之類也言行夜徼候者若宮伯掌授八次八舍注云於徼候便也則行夜來往周旋謂徼候者也

禦晨行者。禁宵行者。夜遊者。備其遺寇害及謀非公事禦亦禁也謂過止之無刑法也晨先明也宵定昏也書曰宵中星虛春秋傳曰夜中星隕如雨○先悉薦反隕于敏反〔疏〕注備其至如雨○釋曰晨亦得名旦月令云旦尾中亦得名日明按三光考靈耀云日入三刻爲昏不盡三刻爲明昏亦得名星故奔喪云日行百里不以夜行惟父母之喪見星而行見星而舍明見星時即爲夜也如是宵亦得名曰昏昏參中是也亦名曰夜爾雅云宵夜也然則夜是明之首不通於前宵是昏之末不通於後也惟夜中之時正一名耳此云禁晨行者禁宵行者謂在道路中禮志云男女夜行以燭謂在宮中也晨行宵行者惟罪人與奔父母之喪若天子祭天之時則通夜而行故禮記云氾埽反道鄉爲田燭禁夜遊者禁其無故遊者引春秋者莊公七年夏四月辛卯夜中星隕如雨是也

司烜氏掌以夫遂取明火於日。以鑒取明水於月。以共祭祀之明齍明燭共明水。夫遂陽遂也鑒鏡屬取水者世謂之方諸取日之火月之水欲得陰陽之潔氣也明燭以照饌陳明水以爲玄酒鄭司農云夫發聲明齍謂以明水滫滌粢盛黍稷○夫方符反或云司農音符齍音資注作粢音同〔疏〕注夫遂至黍稷○釋曰云夫遂陽遂也者以其日者太陽之精取火於日故名陽遂取火於木爲木遂者也鑒鏡屬者詩云我心匪鑒不可以茹彼鑒是鏡可以照物此鑒形制與彼鑒同所以取水也云取水者世謂之方諸者漢世謂之方諸言取水謂之方諸則取火者不名方諸別名陽遂也明者潔也日月火水爲明火明水是取日月陰陽之潔氣也云明燭以照饌陳者謂祭日之旦饌陳於堂東未明須燭照之云明水以爲玄酒者鬱鬯五齊以明水配三酒以玄酒配玄酒井水也玄酒與明水別而云明水以爲玄酒者對則異散文通謂之玄酒是以禮運云玄酒在堂亦謂明水爲玄酒也先鄭云明水滫滌粢盛黍稷者滫謂滫瀡滌謂蕩滌俱謂釋米者也

凡邦之大事。共墳燭庭燎。故書墳爲蕡鄭司農云蕡燭麻燭也玄謂墳大也樹於門外曰大燭於門內曰庭燎皆所以照衆爲明○墳扶云反燎力召反蕡扶云反李一音婦輩反〔疏〕凡邦至庭燎○釋曰大事者謂若大喪紀大賓客則皆設大燭在門外庭燎在大寢之庭○注故書至爲明○釋曰先鄭從故書蕡爲麻燭者以其古者未有麻燭故不從是以禮記少儀云十人執燭抱燋鄭云未爇曰燋是知未有麻燭也後鄭云樹於門外曰大燭者非人所執也燕禮云甸人執大燭於庭不言樹者彼諸侯燕禮不樹於地使人執彼注云庭大燭爲位廣也此言大燭亦爲位廣又樹之於地也云於門內曰庭燎者於門內在庭中故謂之庭燎庭燎與大燭亦一也其所以照衆爲明是以詩庭燎云夜如何其夜未央庭燎之光君子至止鸞聲將將謂宣王時諸侯來朝之事按郊特牲云庭燎之百由齊桓公始也鄭云庭燎之差公蓋五十侯伯子男皆三十大戴禮文其百者天子禮庭燎所作依慕容所爲以葦爲中心以布纏之飴密灌之若今蠟燭百者或以百般一處設之或百處設之者人所執者用荊燋爲之執燭抱燋曲禮云燭不見跋是也

中春以木鐸修火禁于國中。爲季春將出火也火禁謂用火之處及備風燥○中音仲爲于僞反下爲葬皆爲同燥素早反又素報反〔疏〕注爲季至風燥○釋曰云爲季春將出火也者三月昏時火辰星在卯南見是火星出此二月未出故云爲季春將出火也

軍旅修火禁。邦若屋誅。則爲明竁焉。鄭司農云屋誅謂夷三族無親屬收葬者故爲葬之也三夫爲屋一家田爲一夫以此知三家也玄謂屋讀如其刑剭之剭剭誅謂所殺不於市而以適甸師氏者也明竁若今揭頭明書其罪法也司烜掌明竁則罪人夜葬與○竁昌銳反劉徐音屋劉音握與音餘〔疏〕軍旅至竁焉○釋曰屋誅謂甸師氏屋舍中誅則王之同族及有爵者也是以易鼎卦云鼎折足覆公餗其刑屋鄭義以爲餗美饌鬲三足三公象若三公傾覆王之美道屋中刑之與此同云爲明竁焉者明用刑以板書其姓名及罪狀著於身竁壙中也○注鄭司至葬與○釋曰先鄭以屋爲夫三爲屋者謂夷三族解之後鄭不從者夷三族乃是戰國韓信等用商鞅連相坐之法造三夷之誅既亂世之法何得以解太平制禮之事乎鄭知罪人亦有明刑書於木者見昭二年鄭公孫黑作亂子產數其罪云不速死大刑將至七月壬寅縊尸諸周氏之衢加木焉注云書其罪於木以加尸上而舉之非禮故書殺以惡黑知明刑者書可知夜葬者以其司烜主明火掌夜事既令掌之則罪人夜葬可知故曾子問云見星而行者惟罪人是夜葬之事也

周禮注疏卷三十六校勘記　阮元撰盧宣旬摘錄

附釋音周禮注疏卷第三十六

司刑

若今官男女也　諸本官作宦此誤疏中同

謂易君命　補毛本謂作觸當據正

云降畔寇賊刼掠奪攘撟虔者　惠挍本掠作略此誤

小曰提縈　閩本同監毛本提改緹

惟赦墨劓與刖三者　漢制考惟作唯

其宮刑至唐乃赦也　閩本同誤也漢制考及監毛本唐作隋當據正書呂刑正義云隋開皇之初始除男子宮刑婦人猶閉於宮

案文十八年史克云　閩本同監毛本下衍先君二字又監本文誤士

司刺

恐○不獲實　毛本恐下無圈此誤

若舉刃欲斫伐　大字本岳本嘉靖本閩本同監毛本斫誤砍○按今俗有此字讀如坎卦之坎而韻書無之

若閒帷薄忘有在焉　漢制考作忘有在焉者諸本俱脫者當補

與踰之義耳　漢制考疊之字

再赦曰老旄　唐石經諸本同葉鈔釋文作老耗云本又作旄同今通志堂本改老耄非鄭注大司寇引書王耗荒

司約

治摯之約次之　唐石經諸本同嘉靖本摯作摰

夔子不祀祝融　釋文宋本錢鈔本嘉靖本皆作夔子此訛

常平諸侯直命祀社　宋本閩本同監毛本平誤年

或有彫器簠簋之屬　漢制考彫作雕

豈此舊典之遺言　漢制考下有與諸本皆脫當補

故知使神監焉　惠挍本使作欲此誤

謂殺雞取血釁其戶　宋本嘉靖本同閩監毛本雞作鷄疏及司盟注同惠挍本疏中亦作雞

云則珥而辟藏者　閩監毛本珥改衈

劃雞當門　惠挍本雞下有門此脫

凡邦之盟約大史司會及六官　惠挍本之下有大大史下有內史二字此脫

司盟

而騁告公曰　閩本同監毛本騁誤聘

及其禮儀　唐石經諸本同釋文作禮義云音儀今本竟改作儀非○按漢字多用義爲儀見先鄭注

有疑不協也　大字本嘉靖本毛本同錢鈔本閩監本協作恊

以詛射潁考叔者　大字本岳本嘉靖本同閩監毛本潁作頴非

紇廢公鉏　惠挍本無紇

撿其自相違約　按撿字當从木作檢檢猶防也制也

撿後相違約勘之　閩監本撿作檢

使其邑閭出牲而來盟已　大字本作使邑閭出牲來盟已已爲已之誤今本其而二字蓋衍宋本閩本已作既誤也○按而來盟句絕已字連下讀猶已而也

則遺其地之民　閩毛本遺作遣此及監本皆誤

職金

所送者謂若荆揚貢金三品　閩本所送剜改入征監毛本從之

青丘之山　惠挍本作青丘

無齊之理　閩本同監毛本齊改濟非

作槍雷椎椁之屬　大字本槍作搶非嘉靖本椁作椁釋文作椎椁云宅耕反本又作椁漢讀考椁作朾云說文作朾撞也從木丁聲通俗文撞出曰朾釋元應曰敞敔椁朾四形同丈衡切今釋文作椁訛

司厲

盜賊贓　閩監毛本同嘉靖本贓作臧監本疏中亦作臧較之贓字稍正按朝士注云若今時加責取息坐臧贓卽俗臧字也

男子入于罪隸女子入于舂槀　唐石經諸本同毛本槀誤稾疏中引經同漢書刑法志作女子入舂槀槁一字也說文女部云奴奴婢皆古之辠人也周禮曰其奴男子入于辠隸女子入于舂藁从女从又按罪當從許引作古辠字

予則奴戮汝　嘉靖本汝作女釋文戮女音汝

從坐而沒入縣官者　此本監本官誤宦今據諸本訂正

犬人

凡幾珥沈辜　宋本辜誤辜監本誤辜疏及下掌戮同

幾讀爲庪　大字本岳本閩本同嘉靖本庪作庋宋本作庪監毛本訛庪下同釋文作爲庪

祭山曰庪縣　宋本作祭山日庪無縣字釋文庪縣音元○按毛本作祭山川瘞縣誤甚

珥當爲衈　賈疏作讀爲

先鄭讀幾爲庪　宋本庪作庋

司圜

弗使冠飾者著墨幪　閩監毛本同誤也釋文大字本岳本嘉靖本作黑幪當據以訂正蓋賈疏引孝經緯作墨幪○按依說文當作幏加卄者非也

上罪墨象赭衣　浦鏜云墨象疑墨幪誤下同

畫象刑者則尚書象刑　按上刑字當衍

掌囚

上罪梏拲而桎　說文手部云拲兩手同械也从手从共共亦聲周禮上辠梏拲而桎或从木作栱按罪字當從說文作辠

宜以先言梏　浦鏜云宜當直之誤

掌戮

大刑有五　浦鏜云夫誤大

衛侯燬滅邢　監本邢誤刑○按依說文當作郱

髡者使守積　唐石經葉鈔釋文大字本作髡者髡字下從兀諸本作髡訛漢書刑法志作完者使守積師古注用司農義按髡完聲相近鄭司農改字本班志

髡當爲完　錢鈔本閩本同大字本嘉靖本監毛本云當作完

司隸

厲遮例也　釋文例也本又作列同音烈按釋文例列字當互倒鄭注當本作遮列○按不然遮例卽遮迾也說文曰迾遮也

罪隸

其守王宮與其厲禁者如蠻隸之事　唐石經諸本同浦鏜引王明齋曰十四字宜屬閩隸以文義詳之不應未言蠻隸而曰如蠻隸之事按司隸職云掌帥四翟之隸使之皆服其邦之服執其邦之兵守王宮與野舍之厲禁則守王宮與其厲禁者明屬四翟之隸之職與罪隸無涉今三翟隸有文獨閩隸缺明是彼之脫簡誤衍於此蓋賈疏本已如是鄭注時則未誤也○按鄭注時本不如是

閩隸

夷隸

謂若畜鳥氏掌畜禽鳥　閩本同監毛本禽改猛非按畜鳥氏謂掌畜也

介葛盧聞牛鳴 岳本盧作廬非

若周未失道 浦鏜云未誤末

貉隸

互見之耳 閩監毛本耳改也

秋官司寇下

布憲

此與大司寇 補此本寇下空闕一字

晦漫禮儀也 閩監毛本漫作慢

禁殺戮

元謂攘猶御也 嘉靖本同閩監毛本御誤卻大字本作却俗字下同

然今言見血 閩監毛本然改若

禁暴氏

亦刑所禁也 大字本無也

野廬氏

比猶校也 大字本岳本嘉靖本同錢鈔本校作挍是也當據以訂正閩監毛本校改較按漢人作比挍字从木

故云廬之屬以苞之 閩監毛本苞改包

聚欜之 唐石經錢葉鈔釋文嘉靖本欜作櫜

有相翔者誅之 嘉靖本閩監毛本同唐石經大字本岳本者下有則當據以補正石經考文提要引周禮訂義有則字

釋曰守塗地之人 閩本同監毛本塗改涂

凡道路之舟車𨍭互者 說文車部云𨍭車轄相擊也从車从𣪠𣪠亦聲周禮曰舟輿擊互者按周禮舟車許引作舟輿爲異擊當從周禮作𨍭許正引此經以證𨍭字也鄭注當本作舟車擊互猶許君云車轄相擊也故賈疏釋注云車互相擊○按鄭引經文不當改字

車有轘轅坻閣 釋文作瓌轅云本亦作轘同按轘當依陸本作瓌因注云車有瓌轅故改從車旁也段玉裁云坻字徐之爾反則字作坘

東至於底柱 閩監毛本底誤厎下同

是厎柱爲水之溢道者也 閩監毛本溢作隘

皆爲防姧也 大字本宋本同閩監毛本姧改奸嘉靖本作姦按廣韻姦俗作姧

射邪趍疾 閩監本同大字本錢鈔本嘉靖本毛本趍作趨當據正趍俗趨字毛本疏中亦作趍

比校治道者名 大字本岳本嘉靖本閩監本同錢鈔本毛本校作挍漢制考作較

若今次金敘大功 諸本同賈疏本大作丈云官名次金敘主以丈尺賦功今俗本多誤爲次敘大功○按疏云漢時有官名次金敘字恐衍蓋賈本作次金丈功俗本云次敘大功今本轉寫互誤各衍一字耳賈云有官名次金亦未可信此注宜定爲若今次敘丈功金與敘形之誤大與丈亦形之誤

使有功效 閩監毛本效改効

若今絶蒙布巾 閩監毛本同大字本宋本岳本嘉靖本布作大漢制考所引同當據正

邦之大師 唐石經作邦之有大師今諸本脫有字○按有字不必補

非此常人也 大字本閩監本同誤也錢鈔本嘉靖本毛本此作比當據以訂正

備姦人內賊及反間 閩監毛本同大字本嘉靖本姦作姧姧者俗姦字

蜡氏

曲禮四足死者曰漬 大字本曲禮下有曰此脫釋文漬作殰云又作漬

胔讀爲漬 大字本岳本嘉靖本同閩監毛本漬作殰

月令曰掩骼埋胔 浦鏜云胔下脫一胔字漢讀考云月令上當有元謂二字司農從故書作胔而易爲漬鄭君從今書作骴而釋其義胔同骴說文曰骴或從肉是也按此引月令當本作掩骼埋骴禮記音義云胔亦作骴此疏引彼注云肉腐曰骴可證此作胔是淺人據今本月令所改當訂正下同

蠲讀如吉圭惟饎之圭圭絜也 大字本如作若監毛本絜改潔非疏同漢讀考作讀爲

人所薉惡也 釋文薉今本多作穢按鄭用薉字考工記注云粤地塗泥多草薉又函人注無薉也皆可證○按說文有薉無穢一正一俗也漢人用薉

今時揭橥是也 閩監本同誤也揭字當從諸本作木旁唐石經作楬下準此監本橥誤櫫

有郡界之吏 閩監毛本同誤也大字本宋本嘉靖本郡作部漢制考所引同當據以訂正

若比長閭胥黨宰之輩 惠按本作里宰此誤

雍氏

阱穿地爲塹 嘉靖本同大字本塹作壍閩監毛本作塹按釋文爲塹本又作壍塹蓋塹之訛

書棐誓曰 大字本岳本嘉靖本閩本同監毛本棐誤柴疏同按釋文棐誓音祕○按自唐以前皆作棐誓至衞包乃妄改爲費誓

伯禽以出師征徐戎 釋文徐戎劉本作郤音徐按今文尚書蓋作郤戎鄭注本之○按郤字見說文

爲其就禽獸魚鼈自然之居 嘉靖本同閩監毛本鼈改鱉

謂毒魚及水蟲之屬 岳本脫及

文云沈者謂毒魚及水蟲之屬者 惠按本文作又此誤

萍氏

及入水捕魚鼈不時 嘉靖本鼈作鱉宋本作鼈此本閩本疏中同監本及誤反

苛察沽買過多 大字本買作賣按釋文沽買一本作賣賓蓋賣之訛○按今俗語亦呼買物件爲買

古語之遺者也

無彝酒 閩監毛本同大字本嘉靖本彝作夷當據正此本疏中亦云夷常也○按韓非引書亦作夷

有政之大目有事之小目 閩監毛本目皆作臣毛本有事誤在事

司寤氏

若今甲乙至戊 嘉靖本戊作戌後又於戌中補一點九經三傳沿革例云各本作甲乙至戌獨蜀本作戊漢制考作戊云疏以戊爲戌誤甲乙至戊謂夜有五更又引衞宏漢舊儀云五夜甲夜乙夜丙夜丁夜戊夜

然則夜是明之首 惠按本夜作晨此誤

司烜氏

以鑒取明水於月 說文金部云鑑大盆也一曰鑑諸可以取明水於月从金監聲按依許書監當作鑑天官凌人春始治鑑今作鑑○按說文篆體今本不必皆古本也不當云許必作鑑

欲得陰陽之潔氣也 大字本岳本嘉靖本潔作絜此非

明齍謂以明水滫滌粢盛黍稷 閩監毛本同大字本岳本嘉靖本滫作脩按賈疏本作滫云滫謂滫瀡滌謂蕩滌釋文無音蓋陸本作脩取修絜義亦通明齍當作明粢釋文於經云明齍音資注作粢同○按脩滫皆非也乃溲字之誤耳說文作浚沃汏也

十人執燭抱燋 浦鏜云主誤十

或以百般一處設之 閩本同監毛本般改根

火辰星在卯南見 閩監本同當從毛本作大辰

元謂屋讀如其刑剭之剭 監本謂誤爲漢讀考作讀爲禮說云班固述哀紀曰底剭鼎臣

服虔曰周禮有屋誅

若今揭頭 監毛本同嘉靖本閩本及漢制考揭皆作楬

鼐三足 浦鏜云鼎誤鼐

附釋音周禮注疏卷第三十七

鄭氏注　賈公彥疏

條狼氏掌執鞭以趨辟。王出入。則八人夾道。公則六人。侯伯則四人。子男則二人。趨辟趨而辟行人若今卒辟車之爲也孔子曰富而可求雖執鞭之士吾亦爲之言士之賤也○趨辟七須反下婢亦反又音避劉薄易反徐扶亦反注趨辟辟行人同卒子忽反下行卒同辟車必亦反又婢亦反〔疏〕條狼至二人○釋曰按序言條狼氏下士六人胥六人徒六十人今云天子八人少二人矣蓋取胥徒中兼充也

凡誓。執鞭以趨於前。且命之。誓僕右曰殺。誓馭曰車轘。誓大夫曰敢不關、鞭五百。誓師曰三百。誓邦之大史曰殺。誓小史曰墨。前謂所誓衆之行前也有司讀誓辭則大言其刑以警所誓也誓者謂出軍及將祭祀時也出軍之誓誓左右及馭則書之甘誓備矣郊特牲說祭祀之誓曰卜之日王立于澤親聽誓命受教諫之義也車轘謂車裂也師樂也大史小史主禮事者鄭司農云誓大夫曰敢不關謂不關於君也玄謂大夫自受命以出則其餘事莫不復請○轘戶串反一音環大音泰注同行戶剛反警京領反復請劉上音服下音情〔疏〕凡誓至曰墨○釋曰誓自有大官若月令田獵司徒北面以誓之誓時此條狼氏則爲之大言使衆聞知故云且命之誓僕右者僕大僕與王同車故大僕職云軍旅贊王鼓注云佐擊其餘面通右與馭及王四乘也右謂勇力之士在車右備非常誓馭謂與王馭車者也○注前謂至復請○釋曰云謂出軍及將祭祀時也者若且命以上軍旅祭祀同有此事僕右四乘校軍旅時師與大史小史皆據祭祀時大夫敢不關亦據祭祀須關君是以鄭引甘誓證軍旅引郊特牲證祭祀也云甘誓備矣者按甘誓云左不攻于左汝不恭命右不攻于右汝不恭命馭非其馬之正汝不恭命用命賞于祖弗用命戮于社予則孥戮汝是其備也郊特牲者王將祭之時故云卜之日王立于澤謂在澤宮也澤宮者擇士可與祭者之宮親自聽有司誓命此是受教諫之義也云車轘謂車裂也者春秋左氏傳云轘觀起於四境是也師知是樂師者以其下有大史小史皆掌禮禮樂相將故知師是樂師大師瞽人之長也鄭司農云誓大夫曰敢不關謂不關於君也此先鄭義未足故後鄭增成之玄謂大夫自受命以出則其餘事莫不復請言此者欲見受命出征梱外之事將軍裁之不須復請除此以外其無不復請皆須請於君乃得行事是以襄公十九年秋七月辛卯齊侯環卒晉士匄帥師侵齊至穀聞齊侯卒乃還公羊傳曰還者何善辭也何善爾大其不伐喪也此受命乎君而伐齊則何大乎其不伐喪大夫以君命出進退在大夫也是其不復請君之事也若穀梁大夫雖在外猶當復請于君不敢專故曰還者事未畢之辭也受命而誅生死無所加其怒不伐喪善之也善之則何爲未畢也君不尸小事臣不專大名善則稱君過則稱已則民作讓矣士匄外專君命故非之也然則爲士匄者宜奈何宜墠帷而歸命乎介是其雖在外不得專命之事也

脩閭氏掌比國中宿互欜者。與其國粥。而比其追胥者。而賞罰之。國中城中也粥養也國所游養謂羨卒也追逐寇也胥讀爲偦故書互爲巨鄭司農云宿謂宿衛也巨當爲互謂行馬所以障互禁止人也欜謂行夜擊欜○比毗志反下同宿如字劉息就反粥音育追如字劉張類反偦音胥又息呂反〔疏〕脩閭至罰之○釋曰云掌比國中宿互欜者互謂行馬所以爲遮障宿者所守衛欜者謂宿復擊欜持更也云與其國粥者謂國家粥養未入正卒且爲羨卒者云而比其追胥者使此羨卒追而逐寇胥爲何搏盜賊二事也

禁徑踰者。與以兵革趨行者。與馳騁於國中者。皆爲其或衆〔疏〕禁徑至中者○釋曰以其職作脩閭當脩理門閭故禁此三者也

邦有故。則令守其閭互。唯執節者不幾。令者令其閭內之閭胥里宰之屬〔疏〕注令者至之屬○釋曰邦有故謂有寇戎大喪札喪皆是恐有姦非則命各遣守閭閭巷門有執節公使者不幾訶也但言閭惟據鄉內注兼云里宰者官名脩閭以六鄉爲主其實兼主六遂故言里宰以包之也

冥氏掌設弧張。弧張罿罦之屬所以扃絹禽獸○冥音覓罿昌容反劉上凶反罦音浮扃古熒反絹古犬反一音古縣反冥氏注同〔疏〕注弧張至禽獸○釋曰弧弓也謂張弓以取猛獸云罿罦之屬者詩云雉羅于罿雉羅于罦並是取禽獸之物言之屬仍有兔罝之等皆是扃絹禽獸者也

爲阱擭以攻猛獸。以靈鼓敺之。靈鼓六面鼓敺之使驚趨阱擭○敺丘于反後同〔疏〕注靈鼓至阱擭○釋曰知靈鼓六面者以鼓人云靈鼓鼓祭社晉鼓鼖鼓等非祭社之鼓並兩面路鼓祭宗廟故知加兩面爲四面地神尊於宗廟加兩面爲六面天尊於地加兩面爲八面以此差之知靈鼓六面鼓也

若得其獸。則獻其皮、革、齒、須、備。鄭司農云須直謂頤下須備謂搔也○搔音爪〔疏〕若得至須備○釋曰猛獸有不得之法故云若以不定之言也若得猛獸之時猛獸之肉不堪人噉故當獻其皮革須備也皮謂若虎豹熊羆革謂無文章者去毛而獻之齒即牙也須備如先鄭所說虎豹有須備獻之以擬器物之用也

庶氏掌除毒蠱。以攻說禬之。嘉草攻之。毒蠱蟲物而病害人者賊律曰敢蠱人及教令者棄市攻說祈名祈其神求去之也嘉草藥物其狀未聞攻之謂燻之鄭司農云禬除也玄謂此禬讀如潰癰之潰○庶章預反毒蠱音古禬劉音潰戶內反艸音草本亦作草令力呈反去起呂反燻許云反〔疏〕庶氏至攻之○釋曰除毒蠱目言之攻說禬之據去其神也嘉草攻之據去其身者也○注毒蠱至之潰○釋曰云攻說祈名者大祝六祈有類造禬禜攻說故知也先鄭云禬除也後鄭增成其義潰癰之潰俗讀也

凡敺蠱。則令之比之。使爲之又校次之〔疏〕凡敺至比之○釋曰云敺之止謂用嘉草燻之時并使人敺之既役人衆故須校比之

穴氏掌攻蟄獸。各以其物火之。蟄獸熊羆之屬冬藏者也將攻之必先燒其所食之物於其外以誘出之乃可得之〔疏〕注蟄獸至得之○釋曰知熊羆之屬者鄭目驗而知猛獸之蟄惟有熊羆之屬也言以其物火之明是燒其所食之物誘之使出穴外乃可得也

以時獻其珍異皮革。〔疏〕以時至皮革○釋曰謂熊羆之皮革及熊蹯之等

翨氏掌攻猛鳥。各以其物爲媒而掎之。猛鳥鷹隼之屬置其所食之物於絹中鳥來下則掎其腳○掎居綺反注同隼息允反〔疏〕注猛鳥至其腳○釋曰云各以其物爲媒者若今取鷹隼者以鳩鴿置於羅網之下以誘之云鷹隼之屬者王制云鷹隼擊然後罻羅設易云公用射隼於高墉之上隼即謂之鶻者也

以時獻其羽翮。翮戶革反

柞氏掌攻草木及林麓。林人所養者山足曰麓○柞側百反麓音鹿〔疏〕注林人至曰麓○釋曰此柞氏與薙氏治地皆擬後年乃種田但下有薙氏除草此柞氏攻木兼云草者以攻木之處有草兼攻之故云草也云林人所養者若林衡所掌者未必人所養此乃人所攻治以擬種殖故知此林麓人所養治者也漆林之征亦此類也山足曰麓爾雅文林麓謂麓上有林者也此掌攻與下文爲目也

夏日至。令刊陽木而火之。冬日至。令剝陰木而水之。刊剝互言耳皆謂斫去次地之皮生山南爲陽木生山北爲陰木火之水之則使其肄不生○刊若于反去起呂反肄以四反〔疏〕夏日至水之○釋曰夏日至謂五月夏至之日爲之也令刊陽木而火之謂先刊削以去其皮乃燒之冬日至謂十一月冬至之日爲之剝陰木而水之亦謂剝去其皮乃水此文與下文相兼乃足也必以夏刊陽木冬剝陰木者夏至之日則陰生冬至陽生陽木得陰而鼓陰木得陽而發故須其時而刊剝之也山虞取其堅刃冬斬陽夏斬陰此欲死之故夏陽木冬陰木○注刊剝至不生○釋曰云刊剝互言耳者謂削之亦剝之剝謂剝去其皮亦削之故云互也云生山南爲陽木生山北爲陰木者爾雅云山南曰陽山北曰陰云火之水之則使其肄不生者斬而復生曰肄若以水火斬而不復重生故云使其肄不生也

若欲其化也。則春秋變其水火。化猶生也謂時以種穀也變其水火者乃所火則水之所水則火之則其土和美〔疏〕注化猶至和美○釋曰此覆釋上文此刊木正欲種田生穀故云若欲使前刊木分穀之時則當以春秋變其水火也變之者前文云夏日至刊陽木火之者至秋以水漬之前冬日至剝陰木以水之者至後春以火燒之如此則地和美也

凡攻木者。掌其政令。除木有時〔疏〕注除木有時○釋曰凡國家有欲攻木者皆來取柞氏政令所以取政令者除木有時如上冬夏者也

薙氏掌殺草。春始生而萌之。夏日至而夷之。秋繩而芟之。冬日至而耜之。故書萌作甍杜子春云甍當爲萌謂耕反其萌牙書亦或爲萌玄謂萌之者以茲其斫其生者夷之以鉤鎌迫地芟之也若今取茭矣含實曰繩芟其繩則實不成孰耜之以耜測凍土剗之○繩音孕以證反注同芟所銜反甍音萌茲其音基茲其鉏也鎌音兼茭音交剗初產反劉展反〔疏〕注故書至剗之○釋曰此薙氏所掌治地從春至冬亦一年之事後年乃可種也子春云萌謂耕反其萌

牙後鄭不從者此經云殺草則是萌謂草始生出地之時非是十一月草木萌動其色赤十二月牙其色白何得耕反其萌牙乎以是不從子春之說也玄謂萌之者以茲其所其生者漢時茲其即今之鋤也云夷之以鉤鎌迫地芟之也若今取茭矣者見今取茭草亦於夏迫地取之故舉爲況也云含實曰繩者秋時草物含實也云耜之以耜測凍土剗之者耜廣五寸謂耒頭金冬時地凍故以耜附測凍土剗之如此春種則地和美若欲其化也。則以水火變之。謂以火燒其所芟萌之草已而水之則其土亦和美矣月令季夏燒薙行水利以殺草如以熱湯是其一時著之掌凡殺草之政令。

硩蔟氏掌覆夭鳥之巢。覆猶毀也夭鳥惡鳴之鳥若鴞鵩。○覆芳服反注同夭音妖後夭鳥同鴞于嬌反鵩音服〔疏〕注覆猶至鴞鵩。○釋曰禮記云無覆巢者謂非夭鳥者也此官覆毀夭鳥之巢窠也云鴞鵩者鴞之與鵩二鳥俱是夜爲惡鳴者也以方書十日之號。十有二辰之號。十有二月之號。十有二歲之號。二十有八星之號。縣其巢上。則去之。方版也日謂從甲至癸辰謂從子至亥月謂從娵至荼歲謂從攝提格至赤奮若星謂從角至軫夭鳥見此五者而去其詳未聞。○縣音玄娵徐劉並子須反荼劉沈音餘李音舒又音徒按爾雅正月爲娵即離騷所云攝提貞于孟陬皆側留反又子侯反爾雅又云十二月爲涂音徒今注作娵荼二字是假借耳當依爾雅讀從攝提格至赤奮若爾雅曰太歲在寅曰攝提格在丑曰赤奮若〔疏〕注方版至未聞。○釋曰云日謂從甲至癸者據十幹而言辰謂從子至亥者據十二支而說月謂從娵至荼歲謂從攝提格至赤奮若者彼爾雅釋天文太歲在寅曰攝提格在卯曰單閼在辰曰執徐在巳曰大荒落在午曰敦牂在未曰協洽在申曰涒灘在酉曰作噩在戌曰閹茂在亥曰大淵獻在子曰困敦在丑曰赤奮若是也又云正月爲陬二月爲如三月爲寎四月爲余五月爲皋六月爲且七月爲相八月爲壯九月爲玄十月爲陽十一月爲辜十二月爲涂是也星謂從角至軫右旋數之

翦氏掌除蠹物。以攻禜攻之。以莽草熏之。蠹物穿食人器物者蟲魚亦是也攻禜祈名莽草藥物殺蟲者以熏之則死故書蠹爲橐杜子春云橐當爲蠹。○蠹丁故反攻如字劉音貢禜音詠莽亡蕩反又莽草藥名橐劉古毛反本或作橐他各反〔疏〕翦氏至熏之。○釋曰以攻禜攻之據祈去其神故以六祈而言之以莽草熏之據去其身也。○注蠹物至爲蠹。○釋曰云蟲魚亦是者除蠹物穿食餘器物至於蠹魚惟見書內有白魚及白蠹食書故云亦是也凡庶蠱之事。庶除毒蠱者蠱蠹之類或熏以莽草則去。○庶章預反〔疏〕注庶除至則去。○釋曰翦氏至除蠹物其蠹毒自是庶氏今此云凡庶蠱者同類相兼左右而掌之故鄭云庶除毒蠱者蠱蠹之類或熏以莽草則去此鄭解翦氏兼掌蠱之意以其翦氏有用莽草熏蠹是以蠱毒亦使翦氏除之也

赤犮氏掌除牆屋。以蜃炭攻之。以灰洒毒之。洒灑也除牆屋者除蟲豸藏逃其中者蜃大蛤也擣其炭以坋之則走淳之以灑之則死故書蜃爲晨鄭司農云晨當爲蜃書亦或爲蜃。○蜃市軫反洒色買反劉霜寄反豸直氏反坋蒲悶反淳之純反〔疏〕赤犮至毒之釋曰赤犮氏掌除蟲豸自藏埋者今不指其蟲豸之名直云除牆屋者以其蟲豸自埋藏人所不見故不指蟲而以牆屋所藏之處而已爾雅有足曰蟲無足曰豸藏逃之類有此二者淳即沃也謂灑沃以汁則死也蜃炭地官掌蜃以共蜃炭蜃炭者謂蜃灰是也凡隙屋。除其貍蟲。貍蟲蟨肌蛷之屬。○貍莫皆反劉莫拜反蟨草夜反肌居其反求本或作蛷音求劉音俱〔疏〕凡隙至貍蟲。○釋曰禮記云如騧之過隙隙謂孔穴也埋藏之蟲在屋孔穴之中故以隙屋言之。○注貍蟲至之屬。○釋以隙肌蛷皆是自貍之蟲也

蟈氏掌去鼃黽。焚牡蘜。以灰洒之則死。牡蘜蘜不華者齊魯之間謂鼃爲蟈黽耿黽也蟈與耿黽尤怒鳴爲聒人耳去之。○去起呂反注去之同鼃戶媧反黽莫幸反牡莫口反蘜弓六反爲聒于僞反下古活反銜枚氏放此〔疏〕蟈氏至則死。○釋曰掌去鼃黽此文與下爲目也。○注牡蘜至去之。○釋曰云牡蘜蘜不華者此則月令季秋云蘜有黃華是北蘜也云齊魯之間謂鼃爲蟈者官號蟈氏及經無云蟈故鄭以齊魯之言爲證鼃爲蟈故名蟈氏也以其煙被之。則凡水蠱無聲。杜子春云假令風從東方來則於水東面爲烟令烟西行被之水上。○被皮義反注同令力呈反注同〔疏〕以其至無聲。○釋曰上文云焚牡蘜洒之則死此經云以其烟明還用牡蘜之烟被之水上也

壺涿氏掌除水蟲。以炮土之鼓敺之。以焚石投之。水蟲狐蜮之屬故書炮作泡杜子春讀炮爲苞有苦葉之苞玄謂燔之炮之炮炮土之鼓瓦鼓也焚石投之使驚去。○炮步交反注泡苞同蜮音或燔音煩〔疏〕注水蟲至驚去。○釋曰云水蟲狐蜮之屬者蜮即短狐一物南方水中有之含沙射人則死者也言之屬者水蟲衆矣故云之屬以包之也子春讀從詩苞有苦葉之苞者取其聲同耳不取義也玄謂燔之炮之炮者亦讀從詩此取炮燒之義故云炮土之鼓瓦鼓也云焚石投之使驚去者石之燔燒得水作聲故驚去也若欲殺其神。則以牡橭午貫象齒而沈之。則其神死。淵爲陵。神謂水神龍罔象故書橭爲梓午爲五杜子春云梓當爲橭橭讀爲枯枯榆木名書或爲樗又云五貫當爲午貫。○橭劉音沽杜讀爲枯劉亦音枯案如杜義則音枯山榆也梓音子本或作橭橭丑居反〔疏〕若欲至爲陵。○釋曰云以牡橭午貫象齒而沈之者按儀禮大射云若丹若墨度尺而午彼物射者所履記安足之處十字爲之今此亦然神謂水神龍罔象也橭讀爲枯枯榆木名以橭爲幹穿孔以象牙從橭貫之爲十字沈之水中則其神死淵爲陵所謂深谷爲陵是也

庭氏掌射國中之夭鳥。若不見其鳥獸。則以救日之弓。與救月之矢。射之。不見鳥獸謂夜來鳴呼爲怪者獸狐狼之屬鄭司農云救日之弓救月之矢謂日月食所作弓矢玄謂日月之食陰陽相勝之變也於日食則射太陰月食則射大陽與。○射食亦反下注同呼喚故反下文嘂呼同大音泰下文同與音餘〔疏〕庭氏至射之。○釋曰云掌射國中之夭鳥者城郭之所人聚之處不宜有夭鳥故去之。○注不見至陽與。○釋曰云獸狼狐之屬不言鳥者上文注鴞鵩已解也玄謂日月之食陰陽相勝之變也者日之食晦朔之間月之食惟在於望日食是陰勝陽月食是陽勝陰未至爲災故云陰陽相勝之變也所以救日月用弓矢射之者鄭以意推量日食則射太陰者以陰侵陽臣侵君之象故射大陰是其常不足可疑月食是陽侵陰君侵臣之象陽侵陰非逆既用弓不得不射若射當射大陽以是爲疑故云月食則射大陽與以疑之若神也。則以大陰之弓。與枉矢射之。神謂非鳥獸之聲若或叫于宋大廟譆譆出出者太陰之弓救月之弓枉矢救日之矢與不言救月之弓與救日之矢者互言之救日用枉矢則救月以恒矢可知也。○譆許其反詘劉音出本亦作出〔疏〕若神至射之。○釋曰若神也者謂不見其身直聞其聲非鳥獸之神耳則以大陰救月之弓與救日枉矢射之。○注神謂至知也。○釋曰鄭知神謂非鳥獸之聲者見宋大廟有聲非鳥獸之聲者見宋太廟有聲非鳥獸之聲既有聲又非鳥獸之聲故知是神聲若神降于莘之類是也云若或叫於宋太廟譆譆出出者左傳文云太陰救月之弓枉矢救日之矢與者太陰之弓爲救月之弓不言與則不疑不疑者以其與經云救日之弓相對彼言救日之弓明此太陰之弓是救月之弓可知若然上言救月之矢則此枉矢是救日可知而言與以疑之者但救日與太陰相對故不疑上言救月此不言太陽之矢直言枉矢矢名而已故須疑之云不言救月之弓與救日之矢者互言之者若此文云救月之弓與救日之矢爲文自足何暇須互既不須互則上下二文全不見弓矢之名矣是以互見其文欲見有弓矢之名故也互者上文云救日明太陰是救月此文救月是太陰則上文救日是太陽也又枉矢見矢名不言救明有救名救月之矢見救不見矢名明亦有名亦是互也云救日用枉矢則救月以恒矢可知也者見司弓矢枉矢最在前明救月矢當在救矢之下故知救月用恒矢可知不用庫矢以其庫矢弩所用故也

銜枚氏掌司囂。察囂讙者爲其聒亂在朝者之言語。○囂五羔反下同讙呼丸反朝直遙反下同〔疏〕注察囂至言語。○釋曰以銜枚不得語是止讙囂之官故掌司察囂讙之事國之大祭祀。令禁無囂。令令主祭祀者。〔疏〕注令令主祭祀者。○釋曰國之大祭祀謂天地宗廟令主祭祀之官使禁止無得讙囂讙囂則不敬鬼神故也軍旅田役。令銜枚。爲其言語以相誤〔疏〕注爲其至相誤。○釋曰軍旅田役二者銜枚氏出令使六軍之士皆銜枚止言語也禁嘂呼歎鳴於國中者。行歌哭於國中之道者。爲其惑衆相感動鳴吟也。○嘂音叫吟魚今反〔疏〕注爲其至吟也。○釋曰此經四事皆是在道爲之爲其惑衆釋嘂呼歌也相感動解歎鳴與哭也云鳴吟也者以鳴與歎相連則鳴是歎之類故知鳴吟也

伊耆氏掌國之大祭祀。共其杖咸。咸讀爲函老臣雖杖於朝事鬼神尙敬去之有司以此函藏之既事乃授之。○函音咸去起呂反〔疏〕注咸讀至授之。○釋曰下二文云授

杖此經惟言共杖函止謂祭祀時臣雖老合杖但爲祭祀尚敬暫去之去杖之時共杖函盛之祭祀訖還與老臣拄之老臣雖杖於朝事鬼神尚敬去之謂七十有德君不許致仕者也王制云七十杖於國八十杖於朝謂得致仕者與此異也

軍旅授有爵者杖。別吏卒且以扶尊者將軍杖鉞。別彼列反卒子忽反杖直亮反又音丈鉞音越〔疏〕注別吏至杖鉞。釋曰此謂在軍之時有爵謂士以上若然自伍長下士兩司馬中士卒帥上士旅帥下大夫師帥中大夫等並得杖云別吏卒者則是命士以上卒謂一乘車步卒七十二人等若然甲士三人亦是民之無爵亦與步卒同無杖也知將軍杖鉞者今文泰誓師尚父左杖黃鉞右把白旄是將軍杖鉞之事也

共王之齒杖。王之所以賜老者之杖鄭司農云謂年七十當以王命受杖者今時亦命之爲王杖玄謂王制曰五十杖於家六十杖於鄉七十杖於國八十杖於朝〔疏〕注王之至於朝。釋曰既共王之齒杖明皆據王賜老者之杖而言若不得王賜者自拄之也先鄭惟據七十故後鄭增成之引王制爲證也

大行人掌大賓之禮。及大客之儀。以親諸侯。大賓要服以內諸侯大客謂其孤卿。要於遙反下文及注同〔疏〕大行至諸侯。釋曰此經與下經爲目。大賓言禮亦有儀大客言儀亦有禮據其始爲本言儀據威儀爲先云以親諸侯者易云先王以建萬國親諸侯則朝聘往來是也。注大賓至孤卿。釋曰言要服以內諸侯者對要服已外爲小賓下文云九州之外謂之蕃國世壹見是也云大客謂其孤卿者謂還是大賓下孤卿對小行人所云小客則受幣聽其辭者爲小客言孤卿者據大國得立孤一人侯伯已下無孤使卿來聘不言大夫士者殷聘使卿時聘使大夫士雖不得特聘爲介來亦入客中故下云諸侯之卿其禮各下其君二等大夫士亦如之是皆得爲客但據大聘略據尊者而言也此大賓大客尊卑異故言及以殊之此賓客相對則別散文則通是以大司徒云大賓客則令野脩道委積賓亦名客小司徒云小賓客令野脩道委積則客亦名賓是賓客通也

春朝諸侯而圖天下之事。秋覲以比邦國之功。夏宗以陳天下之謨。冬遇以協諸侯之慮。時會以發四方之禁。殷同以施天下之政。此六事者以王見諸侯爲文圖比陳協皆考績之言王者春見諸侯則圖其事之可否秋見諸侯則比其功之高下夏見諸侯則陳其謀之是非冬見諸侯則合其慮之異同六服以其朝歲四時分來更迭如此而徧時會即時見也無常期諸侯有不順服者王將有征討之事則既朝王命爲壇於國外合諸侯而發禁命事焉禁謂九伐之法殷同即殷見也王十二歲一巡守若不巡守則殷同殷同者六服盡朝既朝王亦命爲壇於國外合諸侯而命其政政謂邦國之九法殷同四方四時分來歲終則徧矣九伐九法皆在司馬職司馬法曰春以禮朝諸侯圖同事夏以禮宗諸侯陳同謀秋以禮覲諸侯比同功冬以禮遇諸侯圖同慮時以禮會諸侯施同政殷以禮宗諸侯發同禁。朝直遙反後皆同比毗志反注同春見徐賢遍反或如字夏秋冬放此更音庚迭真結反徧音遍下文注皆同時見賢遍反下殷見同伐如字劉扶發反〔疏〕春朝至之政。釋曰此六者諸侯朝覲天子春秋冬夏時會殷同各自相對爲文春秋冬夏雖相對爲文及其受之處所則春夏爲陽秋冬爲陰以類同處是以鄭注曲禮云春夏受贄於朝受享於廟生氣文也故兩處受之秋冬一受之於廟殺氣質也故一處受之至於時會殷同自在國外爲壇受之耳。注此六至同禁。釋曰云此六事者以王見諸侯爲文者此六事者有考績之事故王下見諸侯爲文大宗伯無事相見故以諸侯見王爲文故言春見曰朝夏見曰宗之等也云圖比陳協皆考績之言者事功謨慮禁政是考校功績之語故知是考績之言也云春見諸侯則圖其事之可否者以其事由春始故圖事也云秋見諸侯則比其功之高下者秋時物成故校比其功之高下以行賞罰也云夏見諸侯陳其謀之是非者夏物盛大形體皆異可分別故陳天下諸侯謀之是非云冬見諸侯則合其慮之異同者冬物伏藏故合其慮之異同也此四者皆因四時而爲名也云六服以其朝歲四時分來更迭如此而徧者云六服以其朝歲者以下文依服數來朝則有不朝之歲故云以其朝歲也四時分來更迭而徧者假令侯服年年朝春東方來夏南方來秋西方來冬北方來甸服二歲一見亦春東夏南秋西冬北男服云歲一見當朝之歲亦然采服衞服要服皆然四方四分更互遞代來而徧云時會即時見也者大宗伯云時見故云即時見也云無常期諸侯有不順服者王將有征討之事則既朝王命爲壇於國外合諸侯而發禁命事焉者無常期者假令一方諸侯或一國或五國謀叛不順王命餘諸侯並來并兵衆而至一則自明服二則助王討之云既朝者諸侯有不當朝歲者則就國外壇朝而已是以司儀與覲禮有壇朝之法若諸侯來者次當朝之歲者則於國內依常朝之法既朝乃向外就壇行盟載之禮也故云既朝既朝當朝歲之諸侯也云王命爲壇於國外合諸侯而發禁命事焉者司儀所云者是也云禁謂九伐之法者大司馬所云九伐是也云殷同即殷見也者大宗伯云殷見曰同故云即殷見也云王十二歲一巡守若不巡守則殷同殷同者六服盡朝者鄭必知王不巡守即行殷同者下文云十有二歲王巡守殷國殷國與巡守連文明同是十二歲若王巡守何須殷同明不巡守乃殷同也云既朝王亦命爲壇於國外合諸侯而命其政者此時六服盡朝於壇而云既朝者是當朝歲者在國朝既朝乃更於壇朝如時會然若然十二年唯衞服非朝之歲則既朝者侯甸男采要皆是也云殷同四方四時分來歲終則徧矣者春東方六服盡來夏南方六服盡來秋西方六服盡來冬北方六服盡來是歲終則徧矣云九伐九法皆在司馬職者按大司馬云掌建邦之九法以佐王平邦國制畿封國以正邦國之等是也九伐者彼又云以九伐之法正邦國馮弱犯寡則眚之之等是也司馬法曰以下彼四時春云事夏云謀秋云功冬云慮與此同惟時會言施同政殷同言發同禁二者與此不同者欲見二者更互而有故不同也

時聘以結諸侯之好。

殷覜以除邦國之慝。此二事者亦以王見諸侯之臣使來者爲文也時聘者亦無常期天子有事諸侯使大夫來聘親以禮見之禮而遣之所以結其恩好也天子無事則已殷覜謂一服朝之歲也慝猶惡也一服朝之歲五服諸侯皆使卿以聘禮來覜天子天子以禮見之命以政禁之事所以除其惡行。好呼報反注同覜通弔反慝吐得反使來色吏反行下孟反〔疏〕注此二至惡行。釋曰云此二事者言亦亦上諸侯也是亦以王見諸侯之臣使來者爲文此亦對宗伯彼無考績之事直相見故云時聘曰問殷覜曰視以見王爲文此有好慝之事故以王下見爲文云時聘者亦無常期者亦諸侯云時會也云天子有事諸侯使大夫來聘親以禮見之禮而遣之所以結恩好也者此謂時會之年當方有諸侯不順服當方諸侯來餘方無諸侯不順之事身不來即大夫來聘天子亦有兵至助王討逆云天子無事則已者此聘事爲有事若王無事則不來也殷覜謂一服朝之歲也者按宗伯注云一服朝在元年七年十一年以其朝者少聘者多故亦得稱殷殷衆也知亦命以政禁之事者以其言除邦國之慝大司馬九法九伐平正邦國所以除惡既言除慝明亦命以政禁者也

間問以諭諸侯之志。歸脤以交諸侯之福。賀慶以贊諸侯之喜。致禬以補諸侯之烖。此四者王使臣於諸侯之禮也間問者間歲一問諸侯謂存省之屬諭諸侯之志者諭言語諭書名其類也交或往或來者也贊助也致禬凶禮之弔禮禬禮也補諸侯烖者若春秋澶淵之會謀歸宋財。間問厠之間注同脤上忍反禬音會澶市然反〔疏〕間問至之烖。釋曰此經天子於諸侯之注即下文云王之所以撫邦國已下是也此云之者以上二經已言諸侯見王之法故先略言王施恩於諸侯之禮。注此四至宋財。釋曰云此四者王使臣於諸侯之禮也者對上是諸侯及臣見王之禮故云此以對彼間問者間歲一問諸侯謂存省之屬省按下文云歲徧存三歲徧覜五歲徧省七歲屬象胥九歲屬瞽史十有一歲達瑞節並是間歲之事故鄭云之屬以包之云諭諸侯之志者諭言語諭書名其類也者彼仍有協辭命之等故云其類也云交或往或來者也者欲見臣有祭祀之事亦得歸胙於王故玉藻云臣致膳於君有革桃茢亦歸胙於王也按宗伯云脤膰本施同姓尊二代之後亦得之故僖二十四年宋成公如楚還入鄭鄭伯將享之問禮於皇武子對曰宋先代之後也於周爲客天子有事膰焉有喪拜焉僖九年王使宰孔賜齊侯胙曰天子有事于文武使孔賜伯舅胙注云周禮脤膰之禮親兄弟之國不以賜異姓尊齊侯容之若先代之後是其事也此言脤不言膰文不具云致禬凶禮之弔禮禬禮也者按宗伯云以禬禮哀國敗此災亦云禬者同是會合財貨故災亦稱禬也云澶淵之會謀歸宋財者此事見襄公三十一年左氏傳彼以宋遭災諸侯大夫謀歸宋財補不足故取爲證補災之事也按宗伯賀慶之禮親異姓之國此云諸侯者欲見庶姓諸侯有恩亦施及之故也按宗伯嘉禮有六此惟施二者但此二者可施與諸侯其餘飲食冠婚饗燕直制法行之非歸與之禮故不言也若然彼宗伯凶禮有五此唯言弔禮餘四者不言者行人唯主弔法餘禮蓋自有人主之故此不言也隱元年宰咺來歸惠公仲子之賵服氏云咺天子宰夫是宰夫主賻賵之事是其別主之類也

以九儀辨諸侯之命。等諸臣之爵。以同邦國之禮。而待其賓客。九儀謂命者五公侯伯子男也爵者四孤卿大夫士也〔疏〕以九至賓客。釋曰此經與下爲目下文有五等諸侯次有孤執皮帛次諸侯之卿下其君二等次有大夫士亦如之是列五等四命等爵故鄭云命者五公侯伯子男也爵者四孤卿大夫士也

上公之禮。執桓圭九寸。繅藉九寸。冕服九章。建常九斿。樊纓九就。貳車九乘。介九人。禮九牢。其朝位賓主之間九十步。立當車軹。擯者五人。廟中將幣。三享王禮。再祼而酢。

饗禮九獻。食禮九舉。出入五積。三問三勞。諸侯之禮。執信圭七寸。繅藉七寸。冕服七章。建常七斿。樊纓七就。貳車七乘。介七人。禮七牢。朝位賓主之間七十步。立當前疾。擯者四人。廟中將幣三享。王禮壹祼而酢。饗禮七獻。食禮七舉。出入四積。再問再勞。諸伯執躬圭。其他皆如諸侯之禮。諸子執穀璧五寸。繅藉五寸。冕服五章。建常五斿。樊纓五就。貳車五乘。介五人。禮五牢。朝位賓主之間五十步。立當車衡。擯者三人。廟中將幣三享。王禮壹祼不酢。饗禮五獻。食禮五舉。出入三積。壹問壹勞。諸男執蒲璧。其他皆如諸子之禮。

繅藉以五采韋衣板若奠玉則以藉之冕服著冕所服之衣也九章者自山龍以下七章者自華蟲以下五章者自宗彝以下也常旌旗也斿其屬幓垂者也樊纓馬飾也以罽飾之每一處五采備爲一就就成也貳副也介輔已行禮者也禮大禮饔餼也三牲備爲一牢朝位謂大門外賓下車及王車出迎所立處也王始立大門內交擯三辭乃乘車而迎之齊僕爲之節上公立當軹侯伯立當疾子男立當衡王立當軫與廟受命祖之廟也饗設盛禮以飲賓也問問不恙也勞謂苦倦之也皆有禮以幣致之故書祼作果鄭司農云車軹軹也三享三獻也祼讀爲灌再灌再飲公也而酢報飲王也舉舉樂也出入五積謂饋之芻米也前疾謂駟馬車轅前胡下垂拄地者立謂三享皆束帛加璧庭實惟國所有朝士儀曰奉國地所出重物而獻之明臣職也朝先享不言朝者朝正禮不嫌有等也王禮王以鬱鬯禮賓也鬱人職曰凡祭祀賓客之祼事和鬱鬯以實彝而陳之禮者使宗伯攝酌圭瓚而祼王既拜送爵又攝酌璋瓚而祼后又拜送爵是謂再祼再祼賓乃酢王也禮侯伯一祼而酢者祼賓賓酢王而已后不祼也禮子男一祼不酢者祼賓而已不酢王也不酢之禮聘禮禮賓是與九舉舉牲體九飯也出入謂從來訖去也每積有牢禮米禾芻薪凡數不同者皆降殺○繅音藻藉在夜反下及注同斿音留下同樊步干反下同乘繩證反下同介音界下及注同軹之氏反或居氏反擯必刃反後皆同祼古亂反酢才洛反食禮音嗣下及注皆同積子賜反後皆同勞老報反下及注并小行人司儀職放此信音申後信圭同衣板於旣反著丁略反屬章玉反幓音衫罽居例反齊側皆反與音餘下是與步與皆同飲於鴆反下同差羊尚反餽本又作饋求位反徐紀畏反柱張矩反飯扶晩反殺色界反

〔疏〕上公至之禮○釋曰此一經摠列五等諸侯來朝天子天子以禮迎待之法云上公之禮至三問三勞偏論上公之禮但上公之禮一句摠與下爲目執桓圭九寸繅藉九寸此主行朝禮於朝所執其服則皮弁若行三享則執璧瑞自冕服九章已下至將幣三享見行三享已前之事自王禮已下至三勞見王禮注公之禮云執桓圭九寸者以桓楹爲飾繅藉九寸者所以藉玉冕服九章者袞龍已下衣五章裳四章建常九斿者但對文日月爲常交龍爲旂而云常者常摠稱故號旂爲常也樊纓九就者樊馬腹帶纓馬鞅以五采罽飾之而九成貳車九乘者按覲禮記云偏駕不入王門鄭云在傍與巳同曰偏同姓金路異姓象路四衛革路蕃國木路此等不入王門舍於館乘墨車龍斿以朝彼據覲禮覲禮天子不下室而見諸侯故諸侯不得申偏駕今此春夏受贄在朝無迎法亦應偏駕不來今行朝後行三享在廟天子親迎並申上服明乘金路之等若不申上車何得有樊纓九就之等以此知皆乘所得之車也但貳車所飾無文未知諸侯貳車得與上車同否但數依命九乘七乘五乘介九人者陳於大門外賓北面時介皆西北陳之也禮九牢者此謂饔餼大禮朝享後乃陳於館以數有九故進之與介同在上其朝位賓主之間九十步者上公去門九十步王未迎之時在大門內與賓相去之數也立當車軹者軹謂轂末車轅北向在西邊亦去大門九十步公於車東東西相望當轂末擯者五人者大宗伯爲上擯小行人爲承擯齒大爲末擯其餘二人是士廟中將幣三享者此謂行朝禮在朝訖乃行三享在廟乃有此迎賓之法也王禮者此與下爲目則自此巳下皆王禮耳再祼而酢者大宗伯代王祼賓君不酌臣故也次宗伯又代后祼賓祼訖賓以玉爵酢王是再祼而酢也饗禮九獻者謂後日王速賓賓來就廟中行饗饗者享大牢以飲賓設几而不倚爵盈而不飲饗以訓恭儉九獻者王酌獻賓賓酢主人主人酬賓酬後更八獻是爲九獻食禮九舉者亦享大牢以食賓無酒行食禮之時九舉牲體而食畢出入五積者謂在路供賓來去皆五積視殯牽但牽牲布之於道三問者按司儀諸公相爲賓云主國五積三問皆三辭拜受皆旅擯注云間闕則問行道則勞其禮皆使御大夫致之若然天子於諸侯之禮亦當使卿大夫問之亦有禮以致之所行三處亦當與三勞同處也三勞者按小行人逆勞於畿按覲禮云至于郊王使人皮弁用璧勞注云郊謂近郊其遠郊勞無文但近郊與畿大小行人勞則遠郊勞亦使大行人也按書傳略說云天子太子年十八授孟侯孟侯者四方諸侯來迎於郊或可遠郊勞使世子爲之是以孝經注亦云世子郊迎郊迎即郊勞也彼雜據夏法周亦然諸侯之禮者餘文云諸侯者兼五等而此諸侯惟據單侯也其禮皆降上公二等又自擯者巳下亦皆降殺○注繅藉至降殺○釋曰云繅藉以五采韋衣板者按聘禮記云公侯伯三采朱白倉子男二采朱綠典瑞天子乃五采此諸侯禮而言五采者此注合三采二采而言五非謂得有五采也云若奠玉則以藉之者按覲禮侯氏入門右奠圭再拜稽首此時奠玉則以藉之若然未奠之時於廟門外上介授時已有繅藉矣云冕服著冕所服之衣也者凡服皆以冠冕表衣言衣先言冕鄭恐冕服是服此冕故云著冕所服之衣也云九章者自山龍以下七章者自華蟲以下五章者自宗彝以下巳具於司服云常旌旗也者鄭欲見常與旗旗皆摠稱非日月爲常者云斿其屬幓垂者也者爾雅云纁帛縿練旒九正幅爲縿謂旌旗之幅也其下屬旒故云屬縿垂者也云樊纓馬飾也以罽飾之每一處五采備爲一就就成也者此云五采備即巾車注五采罽一也此等諸侯皆用五采罽與繅藉異似繅藉之上絢組亦同五采也云三牲備爲一牢者聘禮致饔餼云牛一羊一豕一爲一牢故知也云朝位謂大門外賓下車及王車出迎所立處也者約聘禮在大門外去門有立位陳介之所云王始立大門內者亦約聘禮聘禮雖後亦不出迎要陳擯介時主君在大門內云交擯三辭乃乘車而迎之者王與諸侯行禮與諸侯待諸侯同按司儀云諸公相爲賓及將幣交擯三辭車迎拜辱玄謂旣三辭主君則乘車出大門而迎賓是也必知天子待諸[illegible]之孤繼小國之君不交擯其他皆眡[illegible]予交擯交擯是敵禮也是以齊僕云[illegible]路其法儀各以其等爲車迭逆之節[illegible]之爲證也言王立當軫與者差約小[illegible]云廟受命祖之廟也者此約觀禮覲[illegible]朝皆受舍于朝注云受舍受次於交[illegible]聘於先君之祧故知王受覲在受命[illegible]王廟可知是於受命祖廟也云享設[illegible]禮者以其饗有食有酒兼燕與食故[illegible]者恙憂也問賓得無憂也云皆有禮[illegible]以幣覲禮使人以璧璧則兼幣是有[illegible]樂也者按襄二十六年左氏傳云將[illegible]樂後鄭易之以爲舉牲體者但此經[illegible]相連故以食禮九舉爲牲體前其實[illegible]傳亦因舉食而言也先鄭云前疾謂[illegible]地者謂若輈人輈深四尺七寸軹前[illegible]束帛加璧庭實惟國所有者聘禮與[illegible]又引朝士儀爲證貢國所有也云朝[illegible]不嫌有等也者按覲禮行朝訖乃行[illegible]雖言享不見朝禮故鄭言之云朝正[illegible]門外正君臣尊卑之禮不嫌有九十[illegible]迎之法故云不嫌有等也旣無等故[illegible]與后皆同拜送爵者恭敬之事不可[illegible]聘禮禮賓是與者聘禮禮賓用醴子[illegible]禮賓同子男用鬱鬯不用醴則別約[illegible]云九舉舉牲體九飯也者見特牲饋[illegible]食舉肝尸又三飯舉骼及獸魚公食[illegible]一舉亦謂舉牲體故知生人食有舉[illegible]爲舉樂也云出入從來訖去也者謂[illegible]積不謂從來訖去共五積若然來去[illegible]薪米禾者掌客積視殯牽殯有米禾[illegible]知云凡數不同者皆降殺者五等諸[illegible]爲差故也

凡大國之孤。執皮帛以繼小國之君。出入三積。不問壹勞。朝位當車前。不交擯。廟中無相。以酒禮之。其他皆眡小國之君。

此以君命來聘者也孤尊既聘享更自以其贄見執束帛[illegible]國之君言次之也朝聘之禮每一國[illegible]介傳辭交于王之擯親自對擯者也[illegible]上而立不前相禮者聘之介是與以[illegible]之不用鬱鬯耳其他謂貳車及介牢[illegible]祼酢饗食之數○相息亮反注同李[illegible]至見賢遍反下文壹見而見之朝見皆同傳直專反齊才計反

〔疏〕[illegible]人侯伯已下則無故云大國之孤也[illegible]大國之孤執皮帛所尊衆多下云其[illegible]節今此亦五下云諸侯之卿各下其[illegible]卿亦七侯伯亦五子男三不審大國[illegible]奉君命七介孤尊更自特見故五介[illegible]思邪反怪此更張擯介又繼小國之[illegible]之大夫以時接見天予服縗哀於天[illegible]好但無文耳趙商又問大行人職曰孤出入三積此即與小

國同宜應視小國之君何須特云三積與例似錯荅曰三積者卿亦然非獨孤也故不在視小國之中與例似錯何所據也然則一勞者亦是卿亦然故須見之若然牢禮卿亦五視小國君五牢同其餘則異按聘禮腥牢無鮮腊醯醢百罋米百筥禾四十車薪芻倍禾按掌客饔餼五牢米十筥醯醢八十罋米二十車禾三十車薪芻倍禾有此別故在視小國之君中然則孤聘天子既以聘使受禮又自得禮如是孤法再重受禮矣也○注此以至之數○釋曰云此以君命來聘者也者畿外之臣不因聘何輒來故知因君命來聘者也知孤尊既聘享更自以其贄見執束帛而已若行正聘則執瑑圭璋八寸以行聘何得執皮帛也但侯伯已下臣來直行公使執圭璋無此更見法以大國孤四命尊故天子別見之也按宗伯云孤執皮帛故云自以其贄見執皮帛而已云豹皮表之爲飾者宗伯注云天子之孤飾摯以虎皮公之孤飾摯以豹皮也云繼小國之君言次之也者謂次在小國君之後云不使介傳辭交於王之擯者則諸侯行禮交擯者使介傳於王擯傳而下又傳而上是也云親自對擯者也者則聘禮賓來在末介下東面上擯亦至末擯下親相與言者是也按廟中無相介皆入門西上而立不前相禮者聘之介是與者云按聘禮賓行聘之時擯者納賓賓入門左介皆入門左北面西上注云隨賓入也介無事止於此是介入廟門西上不相者也云注云是與者彼諸侯法約同天子禮故云與以疑之也云以酒禮之酒謂齊酒也者按聘禮禮賓用醴云以明此亦用醴齊以對文三酒五齊別通而言之齊亦名酒故云齊酒也云其他謂貳車至之數者此其他中之數一准上子男禮中即孤之所用者也若然子男用鬯裸孤用醴今得入其他中者裸據小國君而言以其孤用醴之不酢子男裸亦不酢裸亦不酢同故舉小國君裸而言不謂孤用裸也

凡諸侯之卿。其禮各下其君二等。以下及其大夫士皆如之。此亦以君命來聘者也所下其君者介與朝位賓主之間也其餘則自以其爵聘義曰上公七介侯伯五介子男三介是謂使卿之聘之數也朝位則上公七十步侯伯五十步子男三十步與○下戶嫁反同

〔疏〕注此亦至步與○釋曰云各下其君二等則五等諸侯據上文三等命而言上公以九侯伯以七子男以五卿自各下其君二等若公之卿以七侯伯卿以五子男卿以三也云及其大夫士皆如之者大夫又各自下卿二等士無聘之介數而言如之者士雖無介與步數至於牢禮之等又降殺大夫大行人首云以九儀注云九儀謂命者五爵者四爵者四中有士故於此連言士其於此經介與步數則無士也引聘義者唯卿各下其君二等仍不見大夫下卿二等按聘禮云小聘使大夫其禮如爲介三介彼侯伯之大夫三介則亦三十步若上公大夫五介五十步子男大夫一介一十步可知鄭不言者舉卿則大夫見矣故不言之也

邦畿方千里。其外方五百里。謂之侯服。歲壹見。其貢祀物。又其外方五百里。謂之甸服。二歲壹見。其貢嬪物。又其外方五百里。謂之男服。三歲壹見。其貢器物。又其外方五百里。謂之采服。四歲壹見。其貢服物。又其外方五百里。謂之衞服。五歲壹見。其貢材物。又其外方五百里。謂之要服。六歲壹見。其貢貨物。要服蠻服也此六服去王城三千五百里相距方七千里公侯伯子男封焉其朝貢之歲四方各四分趨四時而來或朝春或宗夏或覲秋或遇冬祀貢者犧牲之屬故書嬪作頻鄭司農云嬪物婦人所爲物也爾雅曰嬪婦也玄謂嬪物絲枲也器物尊彝之屬服物玄纁絺纊也材物八材也貨物龜貝也○嬪婢人反絺勑之反劉猪履反纊音曠徐劉古曠反

〔疏〕邦畿至貨物○釋曰此一經見九州諸侯依服數來朝天子因朝即有貢物此因朝而貢與大宰九貢及下小行人春入貢者別彼二者是歲之常貢也○注要服至具也○釋曰云要服蠻服也者職方云蠻服要蠻義一也鄭計七千里者欲見土廣萬里中國七千里爲九州有此貢法下云九州之外謂之蕃國以其所貴寶爲摯無此貢法也云公侯伯子男封焉者對彼蕃國惟有子男無五等也按馬氏之義六服當面各四分之假令侯服四分之東方朝春南方宗夏西方覲秋北方遇冬南方侯服亦然西方北方皆然甸服已外皆然是以韓侯是北方諸侯而言入覲以其在北方當方分之在西畔故云覲鄭荅志云朝覲四時通稱故覲禮亦云朝若然鄭不與馬同覲此注似用馬氏之義者鄭既不與馬同今所解云四方各四分者謂四方諸侯六服服各四分趨四時而來或朝春據王城東方或宗夏據王城南方或覲秋據王城西方或遇冬據王城北方大宰四曰幣貢此中無幣貢者因朝而貢三享中已有幣故不別貢幣也大宰歲歲常貢此依服數來朝因朝而貢數既有異時又不同故彼此物數不類也玄謂器物尊彝之屬者按大宰云器貢先鄭以爲宗廟之器後鄭易之以爲器貢銀鐵石磬丹漆不從先鄭此云器物後鄭以爲尊彝之屬與彼先鄭同者彼是歲之常貢不合有成器故破之此乃因朝而貢得貢成器故爲尊彝解之知因朝得貢成器者見昭十五年六月大子壽卒秋八月穆后崩十二月晉荀躒如周葬穆后籍談爲介以文伯宴尊以魯壺王責之分器籍談歸以告叔向叔向曰王其不終乎王一歲而有三年之喪二焉於是乎以喪賓宴又求彝器以此知因朝得貢成器云材物八材也者據大宰云飭化八材也云貨物龜貝也者貨是自然之物故知龜貝謂若禹貢揚州納錫大龜厥篚織貝此注所貢絲枲若青州鹽絺岱畎絲枲荊州厥篚玄纁之類

九州之外。謂之蕃國。世壹見。各以其所貴寶爲摯。九州之外夷服鎮服蕃服也曲禮曰其在東夷北狄西戎南蠻雖大曰子春秋傳曰杞伯也以夷禮故曰子然則九州之外其君皆子男也無朝貢之歲父死子立及嗣王即位乃一來耳各以其所貴寶爲贄則蕃國之君無執玉瑞者是以謂其君爲小賓臣爲小客所貴寶見傳者若犬戎獻白狼白鹿是也其餘則周書王會備焉○見傳上賢遍反下直戀反一音上如字下直專反

〔疏〕注九州至備焉○釋曰云九州之外夷服鎮服蕃服也者此經摠而言之皆曰蕃分爲三服據職方而言也云曲禮曰在東夷北狄西戎南蠻雖大曰子并引春秋者欲見蕃國之內雖有子男無五等也按僖二十七年杞桓公來朝用夷禮故曰子用夷禮猶曰子況本在彼一者也按書序武王既勝殷巢伯來朝注云巢伯南方之國世一見者夷狄得稱伯者彼殷之諸侯與周異也云父死子立及嗣王即位乃一來耳者此經世中含二父死子立須得受王命故須來新王即位亦須來故明堂位周公朝諸侯于明堂四夷皆在四門之外周公攝位與新王同況成王新即位也云各以其所貴寶爲摯則蕃國之君無執玉瑞者旣以貴寶爲摯何得有別摯乎是以禹會諸侯執玉帛者萬國唯謂中國耳九州爲大賓大客夷狄爲小賓小客按周語穆王初伐犬戎祭公謀父諫不聽遂往征之得四白鹿以歸引之者見是夷狄貴寶此穆王征之而得非自來者亦以此爲贄也云周書王會備焉者王會是書之篇名謂王會諸侯因有獻物多矣故云備也

王之所以撫邦國諸侯者。歲徧存。三歲徧頫。五歲徧省。七歲屬象胥。諭言語。協辭命。九歲屬瞽史。諭書名。聽聲音。十有一歲。達瑞節。同度量。成牢禮。同數器。脩灋則。十有二歲。王巡守殷國。撫猶安也存頫省者王使臣於諸侯之禮所謂間問也歲者巡守之明歲以爲始也屬猶聚也自五歲之後遂間歲徧省也七歲省而召其象胥九歲省而召其瞽史皆聚於天子之宮教習之也故書協辭命作叶詞命鄭司農云象胥譯官也叶當爲汁詞當爲辭書或爲叶辭命玄謂胥讀爲諝王制曰五方之民言語不通嗜慾不同達其志通其慾東方曰寄南方曰象西方曰狄鞮北方曰譯此官正爲象者周始有越重譯而來獻是因通言語之官爲象胥云諝謂象之有才知者也辭命六辭之命也瞽樂師也史太史小史也書名書之字也古曰名聘禮曰百名以上至十一歲又徧省焉度丈尺也量豆區釜也數器銓衡也法八法也則八則也達同成脩皆謂齎其法式行至則齊等之也成平也平其僭踰者也王巡守諸侯會者各以其時之方書曰遂覲東后是也其殷國則四方四時分來如平時○屬徐劉皆章東反下及注同叶音協詞音辭譯音亦汁之十反叶也又音協諝思叙反書市志反慾音欲本多作欲鞮丁兮反重直龍反知音智以上時掌反齎子兮反

〔疏〕王之至殷國○釋曰此經並是王撫諸侯之事對上經皆是諸侯上撫王室之事○注撫猶至于時○釋曰云存頫省者王使臣於諸侯之禮者亦對上諸侯朝王之禮也云所謂間問也者即上文云間問以諭諸侯之志者也知歲謂從巡守之明歲爲始者以其巡守已就撫諸侯既明以後年爲始也云屬猶聚也者州長職云正月之吉各屬其州之民而讀法故知屬爲聚也云自五歲之後遂間歲徧省也者但經一歲與三歲五歲云存頫省至七歲九歲十一歲不云省不言者以五歲已言省義可知故直見其事意也是以鄭皆連省而言也云皆聚於天子之宮教習之也者若不聚于天子之官焉得諭言語諭書名聽音聲之等乎明是皆聚于天子宮教習之也玄謂胥讀爲諝者欲取謂爲有才智之意也引王制曰五方之民者謂四方與中國言語不通嗜慾不同達其志通其慾故云東方曰寄已下疏已具於序官云辭命六辭之命也者以辭命連言明是大祝六辭之教命也云瞽樂師也史太史小史也者樂師與大史小史並是知天道者故國語云吾非瞽史焉知天道鄭注瞽即大師是也云書名書之字也古曰名引聘禮記者證古曰名今世曰字云度丈尺也者按律歷志以子穀秬黍中者一黍爲一分九十黍黃鍾之長十分爲寸十寸爲尺十尺爲丈十丈爲引千二百黍爲龠二龠爲合十合爲升十升爲斗十斗爲斛又云百黍爲銖二十四銖爲兩十六兩爲斤三十斤爲鈞四鈞爲石此直云丈尺略言之也云量豆區釜也者據左氏傳晏子云齊舊四量豆區釜鍾四升爲豆各自其四以登于釜釜十則鍾鍾爲六斛四斗云數器銓衡也者即銖兩之等是也云法八

法也則入則也者據大宰云入法治官府入則治都鄙諸侯國有都鄙官府以此法則治之故須脩之云達同成脩皆謂齎其法式者經瑞節度量牢禮數器下至法則等入者皆天子法式之等當豫脩治使輕重大小方圓皆正然後將以齎諸侯器物故云行至則齊等之云平其僭踰者也者若牢禮云侯伯子男卿大夫士依上文及掌客多少皆有常不得僭上故云平其僭踰也云王巡守諸侯會者各以其時之方者謂歲二月東方五月南方之等據春而言故言書曰遂覲東后是也並據虞書及王制而言亦有同度量等事故虞書云脩五禮五玉并協時月正日之等云殷國則四方四時分來如平時者謂分四方各遂春夏秋冬如平時若六服盡來即與平時別也

凡諸侯之王事。辨其位。正其等。協其禮。賓而見之。王事以王之事來也詩云莫敢不來王孟子曰諸侯有王。賓劉云應言擯小行人職同。〔疏〕凡諸至見之。釋曰王事謂諸侯朝王之事辨其位謂九十七十五十步之位正其等謂尊卑之等謂冕服旌旗貳車之類皆有等級協其禮謂牢禮饔餼積膳之禮以此禮賓敬而見之也。注王事至有王。釋曰引詩孟子皆謂王是朝王之事也

若有大喪。則相諸侯之禮。詔相左右教告之也。相息亮反注同〔疏〕注詔相至之也。釋曰大喪言若見有非常之禍諸侯謂天子崩其有哭位周旋擗踊進退皆有禮法左右助也須有助而告教之也

若有四方之大事。則受其幣。聽其辭。四方之大事謂國有兵寇諸侯來告急者禮動不虛皆有贄幣以崇敬也受之以其事入告王也聘禮曰若有言則以束帛如享禮〔疏〕注四方至享禮。釋曰云四方之大事謂國有兵寇者除兵寇之外諸侯當國自爲大事者非天子之急不即告王故知惟兵寇耳引聘禮者彼雖是諸侯自相告告天子亦然故引爲證也彼注云春秋臧孫辰告糴于齊公子遂如楚乞師晉侯使韓穿來言汶陽之田皆是也

凡諸侯之邦交。歲相問也。殷相聘也。世相朝也。小聘曰問殷中也久無事又於殷朝者及而相聘也父死子立曰世凡君即位大國朝焉小國聘焉此皆所以習禮考義正刑一德以尊天子也必擇有道之國而就脩之鄭司農說殷聘以春秋傳曰孟僖子如齊殷聘是也〔疏〕注小聘至是也。釋曰言諸侯邦交謂同方嶽者一往一來爲交謂已是小國朝大國已是大國聘小國若敵國則兩君自相往來故司儀有諸公諸侯皆言相爲賓是也但春秋之世有越方岳相聘者是以秦使術來聘吳使札來聘時國數少故然非正法也云小聘曰問者聘禮文故彼云小聘曰問不享是也大聘使卿小聘使大夫也云殷中也久無事又於殷朝者及而相聘也者聘義王制皆云三年一大聘此不言三年而云殷者欲見中間久無事及殷朝者來及亦相聘故云殷不云三年也若然聘義與王制皆云比年小聘此云歲相問不云比年者取歲歲之義也世相朝者謂父死子立曰世是繼世之義也云凡君即位大國朝焉小國聘焉者左氏傳文按文元年公孫敖如齊傳曰凡君即位卿出並聘謂已卿往聘他他卿來聘已是摠語也云大國朝焉已是小國已往朝大國小國聘焉者已是大國使聘小國云此皆所以習禮考義正刑一德以尊天子也者禮記文云必擇有道之國而就脩之者謂差擇有道之國亦先從近始故云親仁善鄰國之實也是也先鄭說殷聘以春秋傳者按左氏昭公九年傳曰孟僖子如齊殷聘禮也按服彼注云殷中也自襄二十年叔老聘於齊至今積二十一年聘齊故中復盛聘與此中年數不相當引之者年雖差遠用禮則同故引爲證也

小行人掌邦國賓客之禮籍。以待四方之使者。禮籍名位尊卑之書使者諸侯之臣使來者也。使色吏反注同後使者使適使之四方竹使使臣皆同〔疏〕注禮籍至者也。釋曰大行人待諸侯身小行人待諸侯之使者其邦之禮籍則諸侯及臣皆在焉云禮籍名位尊卑之書者名位尊卑以解禮也之書以解籍也云使者諸侯之臣使來者也者即時聘殷覜是也

令諸侯春入貢。秋獻功。王親受之。各以其國之籍禮之。貢六服所貢也功考績之功也秋獻之若今計文書斷於九月其舊法。〔疏〕注貢六至舊法。釋曰此云貢即大宰九貢是歲之常貢也必使春入者其所貢之物並諸侯之國出稅於民民稅既得乃大國貢半次國三之一小國四之一皆市取美物必經冬至春乃可入王以是令春入之也秋獻功者物皆秋成諸侯亦法秋故秋獻之云各以其國之籍禮之者即上所掌禮籍尊卑多少不同故云各以其籍也云六服所貢對九州外之三服無此貢也

凡諸侯入王。則逆勞于畿。鄭司農云入王朝於王也故春秋傳曰宋公不王又曰諸侯有王王有巡守〔疏〕注鄭司至巡守。釋曰隱九年宋公不王不宗覲于王鄭伯爲王左卿士以王命討之伐宋也莊二十三年夏公如齊觀社非禮曹劌諫曰不可諸侯有王王有巡注云有王朝於王王有巡守非是君不舉矣是也

及郊勞。眂館。將幣。爲承而擯。眂館致館也承猶丞也王使勞賓於郊致館於賓至將幣使宗伯爲上擯皆爲之丞而擯之〔疏〕及至而擯。釋曰此經三事皆爲丞而擯之。注眂至擯之。釋曰云眂館致館也者聘禮及下司儀皆云致館故同之也云眂者使卿大夫往眂觀其可否云致者致使有之云王使勞賓於郊者謂王使大行人勞於郊也至將幣者謂至廟將幣三享云使宗伯爲上擯者惟謂將幣時大宗伯爲上擯於郊勞及眂館二者不使大宗伯爲上擯者以其使者或大行人官卑何得使大宗伯爲擯也當別遣餘官爲上擯小行人爲承擯而言宗伯爲上擯者取宗伯成文爲將幣而言也

凡四方之使者。大客則擯。小客則受其幣而聽其辭。擯者擯而見之王使得親言也受其幣者受之以入告其所爲來之事。爲去聲〔疏〕凡四至其辭。釋曰云凡四方之使者此文與下爲目則於大小客而言也大客則擯者大客則大行人云大客之儀一也彼鄭云大賓要服以內諸侯大客謂其孤卿則此大客爲要服以內諸侯之使臣也小客謂蕃國諸侯之使臣也。注擯者至之事。釋曰云擯者擯而見之王使得親言也者則時聘殷覜之時行旅擯入見王王與使之親言也云受其幣者受之以入告其所爲來之事者蕃國諸侯雖子男皆是中國之人鄭義此皆在朝之卿大夫有過放之於四夷爲諸侯卿爲子大夫爲男是以世一見來時王親見之蕃國之使臣本是夷人不能行禮故直聽其辭而已

使適四方。協九儀賓客之禮。朝、覲、宗、遇、會、同、君之禮也。存、覜、省、聘、問、臣之禮也。適之也協合也〔疏〕使適至禮也。釋曰自此已下至之禮皆是小行人使適四方之事此言使適四方與下爲目使適四方向諸侯之國所至之國則合九等之儀九儀則上大行人九儀命者五爵者四是也云賓客之禮者賓據命者五客據爵者四此稱賓客之例非通稱也云朝覲宗遇會同君之禮也者此即諸侯之賓故云君之禮也云存覜省聘問臣之禮也者存覜省三者天子使臣撫邦國之禮聘問二者是諸侯使臣行聘時聘殷覜問天子之禮其禮已備於上小行人畧言之也

達天下之六節。山國用虎節。土國用人節。澤國用龍節。皆以金爲之。道路用旌節。門關用符節。都鄙用管節。皆以竹爲之。此謂邦國之節也達之者使之四方亦皆齎法式以齊等之也諸侯使臣行覜聘則以金節授之以爲行道之信也虎人龍者自其國象也道路謂鄉遂大夫也都鄙者公之子弟及卿大夫之采地之吏也凡邦國之民遠出至他邦他邦之民若來入由國門者門人爲之節由關者關人爲之節其以徵令及家徙鄉遂大夫及采地吏爲之節皆使人執節將之以達之亦有期以反節管節如今之竹使符也其有商者通之以符節如門關門關者與市聯事節可同也亦所以異於畿內也凡節有天子法式存於國〔疏〕達天至爲之。釋曰此經亦是適四方之事言達天下之六節者據諸侯國而言掌節所云據畿內也虎節人節龍節三者據諸侯使臣出聘所執旌節符節管節三者據在國所用。注此謂至於國。釋曰云此謂邦國之節也者對掌節所掌者兼主王國之節也云達之者使之四方亦皆齎法式以齊等之也者亦如上大行人達瑞節之等使齎法式往就齊之云諸侯使臣行覲聘則以金節授之者知是使臣行所執者見掌節云凡邦國之使節山國用虎節故知此亦使臣所執也諸侯身行不須節以其尊著故不須也按掌節云守邦國者用玉節注云謂諸侯於其國中玉節之制如玉爲之以命數爲大小此不達王節者文略耳亦達可知云道路謂鄉遂大夫也者按掌節注變鄉遂言道路者容公邑大夫及小都大都之吏今此旌節中何知不亦容都鄙之吏而以都鄙文在管節中者彼都鄙用角節文在上當直是都鄙之主此都鄙用管節最在下明都鄙吏在其中若然邦國之中都鄙主及吏同用管節矣知公之子孫亦有采地者見禮運云諸侯有國以處其子孫故知亦如王之子弟以親疏食采也云凡邦國之民遠出至他邦他邦之民若來入由國門者門人爲之節由關者關人爲之節者司關云掌國貨之節以聯門市故知所由之處皆得授之節也云其以徵令及家徙鄉遂大夫及采地吏爲之節者以其皆主民故授民節也云皆使人執節將之以達之者比長云邦之民徙於郊則從而授之明皆將送使達前所也云管節如今之竹使符也者漢文本紀文帝六年九月初與郡國守相爲銅虎符竹使符應劭曰竹使符皆以竹箭五枚長五寸鐫刻篆書第一至第五是也云其有商者通之以符節如門關門關者與市聯事節可同也者掌節云貨賄用璽節門關用符節各別司關既言掌國貨之節以聯門市門市節既相聯此中無貨賄用璽節明同用符節可知故爲此解也云亦所以異於畿內也者畿內貨賄用璽節門關用符節畿外同用符節是異也云凡節有天子法式存於國者雖無正文以意量王者皆須度量於天下其節瑞之等皆是法式故知國國皆有瑞節法式也

成六瑞。王用瑱圭。公用桓圭。侯用信圭。伯用躬圭。子

用穀璧。男用蒲璧。成平也瑞信也皆朝見所執以爲信○瑱劉吐電反按王執鎮圭瑱宜作鎮音〔疏〕成六至蒲璧○釋曰此亦通四方若然諸侯國無鎮圭因言之六瑞玉人所造典瑞之令小行人直平知得失而已不言達六瑞者諸侯受命巳得之不令别作法式以齊故不言達也合六幣。圭以馬。璋以皮。璧以帛。琮以錦。琥以繡。璜以黼。此六物者。以和諸侯之好故。合同也六幣所以享也五等諸侯享天子用璧享后用琮其大各如其瑞皆有庭實以馬若皮皮虎豹皮也用圭璋者二王之後也二王後尊故享用圭璋而特之禮器曰圭璋特義亦通於此其於諸侯亦用璧琮耳子男於諸侯則享用琥璜下其瑞也凡二王後諸侯相享之玉大小各降其瑞一等及使卿大夫覜聘亦如之○琮才宗反琥音虎璜音黃好呼報反〔疏〕合六至好故○釋曰此亦小行人至諸侯之國也此六者之中有圭以馬璋以皮二者亦本非幣云六幣者二者雖非幣帛以用之當幣處故摠號爲幣也此六言合以兩兩相配配合之義故言合也○注合同至如之○釋曰云合同者配合即是和同故也云六幣所以享也者對上文六者是朝時所用也云五等之諸侯享天子用璧享后用琮其大各如其瑞玉人云璧琮九寸諸侯以享天子注云享獻也聘禮享君以璧享夫人以琮引此者欲明君用琮故覲禮享天子云束帛加璧是其施于天子也不言享后文不具言九寸據上公而言明侯伯子男皆如瑞知子男享天子亦用璧琮者覲禮摠稱侯氏用璧明五等同也云皆有庭實以馬若皮者按覲禮三享皆束帛加璧庭實惟國所有奉束帛匹馬卓上九馬隨之中庭西上是其以馬也聘禮奉束帛加璧享庭實皮則攝之是其用皮也聘禮記曰皮馬相間可是也知皮虎豹皮者郊特牲云虎豹之皮示服猛也是享時所用故知也用圭璋者二王之後也二王後尊故享用圭璋而特之者按玉人璧琮九寸諸侯以享天子言九寸則上公之禮上公用璧琮則圭璋是二王後明矣言而特之者惟有皮馬無束帛可加故云特如是皮馬不上堂陳於庭則皮馬之外別有庭實可知其於諸侯亦用璧琮知者見玉人職云瑑琮八寸諸侯以享夫人明享君用璧琮八寸是下享天子一寸如是明二王後相享不可同於天子用圭璋則用璧琮可知言是兩公自相朝二王後稱公是於諸侯還同二王後可知引禮器者彼圭璋者據朝聘時所行無束帛可知是圭璋特之義也云亦通於此者彼朝聘之圭特亦通此享用圭璋故云亦通於此也云子男於諸侯享用琥璜下其瑞也者覲禮子男已入侯氏用璧琮中則此琥璜不知何用二王後自相享退入璧琮則子男自相享退用琥璜可知且子男朝時用璧自相享降一等故用琥璜云凡二王後諸侯相享之玉大小各降其瑞一等者玉人云瑑琮八寸諸侯以享夫人禮重無用八寸之法明是上公九寸降一等至八寸上公既降一寸則侯伯子男各降一等可知二王後相朝敵無用相尊之法明亦降一寸見子男者雖退入琥璜亦降一寸可知若然知五等諸侯自相朝圭璋亦如其命數其相享璧琮等則降一寸知者玉人云璧琮八寸諸侯以享夫人據上公會不云圭璋朝所執者明圭璋自朝天子所執故聘禮云所以朝天子圭與繅皆九寸上公之玉也問諸侯朱綠繅八寸注云於天子曰朝於諸侯曰問記之於聘文互相備以此上公爲然侯伯子男可知也云及使卿大夫覜聘亦如之直言覜聘亦如之不分別享與聘則聘享皆降一等同故玉人云緣圭璋八寸璧琮八寸以覜聘此據上公之臣圭璋璧琮皆降一等其餘侯伯子男降一寸明矣其子男之臣享諸侯不得過君用琥璜可知若國札喪。則令賻補之。若國凶荒。則令賙委之。若國師役。則令槁襘之。若國有福事。則令慶賀之。若國有禍烖。則令哀弔之。凡此五物者。治其事故。故書賻作傳槁爲槀鄭司農云賻補之謂賻喪家補助其不足也若今時一室二尸則官與之棺也槀當爲槁謂槁師也立謂師役者國有兵寇以匱病者也使鄭國合會財貨以與之春秋定五年夏歸粟於蔡是也宗伯職曰以襘禮哀圍敗禍烖水火○槁苦報反襘音會槀古老反〔疏〕若國至事故○釋曰此一經據上下文皆據諸侯國此文雖皆單言國亦據諸侯而言按宗伯云以喪禮哀死亡此云國札喪則令賻補之不同者彼據弔葬致哀此據設財物補其不足相包乃具也又此國凶荒則令賙委之宗伯云以荒禮哀凶札不同者言哀凶札者自貶損故曲禮云歲凶年穀不登君膳不祭肺之類是也此云賙委者令他人以財賙委之亦相包乃成也宗伯嘉禮歸脤膰此不見者諸侯無自相歸脤膰法故也但凶禮有五惟不見恤禮以義差之當於師役中兼之嘉禮有六此惟言賀慶一者其飲食昏賓射饗燕之法皆當國自行非是相交通之物故此不言之其吉禮牢禮賓禮並不言者天子須之非所以通行之事故不言也但此中札喪在喪禮中宗伯荒札荒禮中者欲見札而復荒則與荒札同科若札而不荒自從喪禮也注春秋定五年夏歸粟於蔡者按定四年秋楚人圍蔡故五年歸其粟及其萬民之利害爲一書。其禮俗政事教治刑禁之逆順爲一書。其悖逆暴亂作慝。猶犯令者爲一書。其札喪凶荒厄貧爲一書。其康樂和親安平爲一書。凡此物者。每國辨異之。以反命于王。以周知天下之故。慝惡也猶圖也○治直吏反樂音洛〔疏〕及其至之故○釋曰此摠陳小行人使適四方所採風俗善惡之事各各條錄別爲一書以報上也此五者上二條條別善惡俱有故利害逆順並言其悖逆一條專陳姦寇之事其札喪一條專陳凶禍之事其康樂一條專陳安泰之事是方以類聚物以羣分者也

周禮注疏卷三十七挍勘記　阮元撰盧宣旬摘錄

附釋音周禮注疏卷第三十七

條狼氏

若今卒辟車之爲也　大字本今下有時

師樂也　毛本作師樂師也此本誤

僕右四乘校軍旅時　浦鏜云據誤校

脩閭氏

則命各遣宇閭巷門　惠挍本作閭里此誤

不幾詞也　閩監本同誤也當從毛本作幾訶

冥氏

天尊於地神　按天下當脫神

庶氏

掌除毒蠱　諸本同唐石經鈇葉鈔釋文作毒蠱音古按下穴氏掌攻蟄獸翨氏掌攻猛鳥則此經作庶氏掌攻毒蠱也故注云毒蠱蟲物而能病害人者下引漢律作蠱以說其義因并改經注蠱字皆作蠱矣○按此蠱字乃蠱之誤不當緣誤立說

嘉草攻之　諸本同唐石經鈇釋文作嘉艸云音草本亦作草據此知經中草木皆本作艸也

毒蠱蟲物而病害人者　錢鈔本嘉靖本毛本同閩監本蠱作毒誤大字本作蠱物而能病害人者也今本蓋脫二字

讀如潰癰之潰　閩監毛本作潰癰之潰嘉靖本癰作癰此作癰訛此頁係補刻故多舛誤不足據

凡毆蠱　閩監毛本同唐石經毆作毆惠挍本作毆嘉靖本作毆訛○按毆者古文驅見說文馬部毆毆皆非其義也於攴部求毆不得乃以殳部之毆字當之自唐石經已誤矣

翨氏

以鴆鴿置於羅網之下　閩監毛本下作中

柞氏

令刊陽木而火之　唐石經諸本同嘉靖本而誤以

正欲種田生穀　惠挍本正作止

分穀之時　閩本同監毛本分作生

薙氏

夏日至而夷之　漢讀考作薙之注同云司農從夷鄭君從薙月令燒薙行水注引夏日至而薙之爲證其明驗也禮記正義引皇氏曰夷音薙是皇侃時字雖誤而音不誤勝於陸德明矣

故書萌作甍　閩監本同誤也大字本錢鈔本嘉靖本毛本甍作薨釋文甍音萌當據以訂正下同

謂耕反其萌牙　大字本嘉靖本閩監毛本同錢鈔本牙作芽閩監毛本疏中同此本疏並作牙惠挍本同

以鉤鎌迫地芟之也　嘉靖本鎌作鐮此從兼誤釋文鉤鐮音廉

以耜測凍土剗之　大字本岳本嘉靖本同錢鈔本閩監毛本測誤側疏中同當據正監本上誤上

○按以旻旻艮邦傳箋證之作側爲是疏作側非也

硩蔟氏

正月爲𣎆 惠挍本作陬此誤

十二月爲除 閩監毛本除作涂

翦氏

掌除蠹物 釋文唐石經宋本嘉靖本蠹皆作𧒒此上從士訛

蠹魚亦是也 大字本嘉靖本同此本疏中引注亦作虫魚宋本閩監毛本作蠹魚誤

故書蠹爲橐 釋文爲橐劉古毛反本或作橐他各反○按作橐者是音形俱相近也

翦氏至除蠹物 浦鏜云主誤至

赤犮氏 此本犮誤文

除蟲豸藏迯其中者 閩監毛本同迯俗字大字本錢鈔本嘉靖本迯作逃當據正

蟈氏

被之水上 大字本之作水按疑作被水上大字本今本各衍一字

壺涿氏

讀炮爲苞有苦葉之苞 漢讀考云此炮當作泡

元謂燔之炮之炮 按炮之下當更有之字毛氏居正岳氏珂所據本並然

以象牙從棒貫之 此本下四字實闕今據閩監毛本補棒當橫字之誤

庭氏

與救月之矢射之 閩監毛本同誤也唐石經大字本錢鈔本岳本嘉靖本矢下有射當據以補正石經考文提要云宋本九經宋纂圖互注本宋附釋音本余仁仲本皆作夜射之

上文注鴟鷩巳解也 閩本同監毛本鷩改鵰

救日用枉矢 大字本用作以當據正

見宋大廟有聲非鳥獸之聲 此本下複衍者見宋大廟有聲非鳥獸之聲十二字閩監毛本不衍

銜枚氏

寀鄂讙者 大字本錢鈔本嘉靖本毛本作嚻讙釋文讙音呼丸反此本讙誤讓閩監本改攘則其誤不可考矣

禁嘂呼歎鳴於國中者 唐石經錢鈔本毛本同大字本岳本嘂作嘂從丩與說文合是也嘉靖本

歎作嘆閩監本鳴誤嗚注及疏同

伊耆氏

咸讀爲函 九經古義云古咸函通毛詩巧言曰僭始既涵韓詩作既咸司馬相如封禪文上咸五徐廣曰咸一作函漢書天文志閒可械蘇林曰械音函

今時亦命之爲王杖 監本王誤主盧文弨曰續漢禮儀志作王杖按王字恐訛漢制考亦作王杖名之曰王者榮所賜也○按王字是也禮儀志養老條中三老冠進賢扶王杖即此也作王杖不辭杖飾以鳩鳩以玉爲之故曰玉杖說文曰觷杖耑角也是凡杖以角飾之王之齒杖以玉飾之

大行人

此大賓大客尊卑異 惠挍本閩本同監毛本此改若

男服云歲一見 浦鏜云三誤云

親以禮見之 大字本親上有王按上注云此六事者以王見諸侯爲文又此二事者亦以王見諸侯之臣使來者爲文故此云王親以禮見之此王字當有賈疏引注亦無之

此聘事爲有事若王無事則不來也 惠挍本作來爲有事此誤又此本本作若無事王字係剜擠閩監毛本排勻則衍文不可考矣

交或往或來者也 賈疏本及諸本同嘉靖本作或來或往誤倒文先言往者見往來循環之不已故不先言來後言往

亦得歸胙於王 閩監毛本胙作脤下同

以禬禮哀國敗 浦鏜云圍誤國孫志祖云馬融本作國敗賈疏據馬本引之

彼宗伯凶禮有三 浦鏜云五誤三

立當前疾 唐石經諸本同說文軓車軾前也从車凡聲周禮曰立當前軓漢讀考云前軓者前乎軓也亦以在軓衡之中爲節蓋故書作侯杜衛賈容有不得其說易爲軓者而許從之禮說云侯伯立當前侯俗本誤爲前疾論語鄉黨邢昺疏引周禮作前侯云侯角立當前侯胡下詩蓼蕭孔疏引大行人亦作前侯蓋說文疾作疾古文侯作疾相似易亂故訛○按此二疏侯字近日刻本乃改爲疾自謂依周禮也凡古書之不容輕改如此

以五采韋衣板 釋文作衣版惠挍本宋本疏亦作版

常旌旍也 閩監毛本同誤也大字本岳本嘉靖本旍作旗賈疏引注同當據正

車軹軹也 漢讀考云當云車軹轉也乃合大馭注軹謂兩轉也少儀注軌與軹於事同謂轉頭也皆以此軹別於考工記參分較圍去一以爲軹圍之軹大行人之軹故書當亦作軒

謂駟馬車轅前胡下垂拄地者 錢鈔本閩監本同大字本嘉靖本毛本拄作柱釋文

出柱地二字當據以訂正疏同○按柱正拄俗

朝士儀曰奉國地所出重物而獻之明臣職也 宋本無重孫志祖云此二語見大戴禮朝事篇士疑當作事盧文弨曰士亦與事通

不酢主也 閩監毛本同誤也大字本岳本嘉靖本主作王當據正

亦應偏駕不來 惠挍本不作而此誤

似繅藉之上 閩監毛本似作以此誤

朝屬路門外 惠挍本屬作在

正與后皆同拜送爵者 浦鏜云王誤正

云九舉牲體九飯也者 惠挍本牲作幹

執束帛而已 賈疏本作皮帛

豹表之爲飾 補毛本豹下有皮字疏亦作豹皮此誤

其他眡小國之君 惠挍本此下有小國之君四字

故云自以其贄見執皮帛而已 閩監毛本依注改束帛非賈疏本鄭注是作皮帛故上云若行正聘則執瑑圭璋八寸以行聘何得執皮帛也此又引宗伯孤執皮帛以證之

趨四時而來 錢鈔本趨作趍

父死子立 大字本上有以賈疏本以下皆無按有者是

各以其所貴寶爲贄 閩監毛本同大字本錢鈔本嘉靖本贄作摯與經同按賈疏引注字亦從手

三歲徧覜 唐石經諸本同閩監本覜誤頫

七歲屬象胥 釋文唐石經錢鈔本屬作屬○按唐人作此字少一筆見五經文字

協辭命 閩監本同唐石經大字本嘉靖本毛本協作協注同按從十者義長

故書協辭命作叶詞命 諸本同漢讀考叶改汁按釋文亦作叶又春官大史注云故書協作叶與此注相應盧文弨曰大戴禮作叶辭令

叶當爲汁 諸本同按汁當協之誤大史注杜子春云叶協也司農改叶爲協猶杜氏訓叶爲協也釋文叶音協正本此

書或爲叶辭命 諸本同按叶當作汁大史注云書亦或爲汁是也

嗇慾不同 嘉靖本作者欲下通其慾仍下加心釋文作者慾云音慾本多作欲

是因通言語之官爲象胥云 大字本因下有名按疑當作是因通名言語之官爲象云

逼字胥字皆衍文

諝謂象之有才知者也　大字本無知按釋文知字無音益此注本無知字因疏云欲取諝爲有才智之意後人因於注中增知也。按大字本非是說文曰諝知也天官注曰胥讀爲諝謂其有才知爲什長

書名書之字也　諸本同或據誤本賈疏改之爲文非

皆謂齎其法式者　毛本同閩監本齎作齊

各遂春夏秋冬如平時　浦鏜云遂疑逐字誤

賓而見之　釋文賓而劉云應言擯小行人職同

孟子曰諸侯有王　六經正誤云孟子無此小行人注引春秋傳諸侯有王王有巡守是也傳寫誤作孟子按此見左氏傳莊二十三年

以此禮賓敬而見之也　惠挍本禮下有等

則相諸侯之禮　閩監本同誤也唐石經大字本錢鈔本嘉靖本毛本則下有詔此脫當補正石經考文提要云按鄭注詔相左右教告之也宋本九經宋槧圖互注本宋附釋音本余仁仲本皆作則詔相諸侯之禮

諸侯謂天子斬其有哭位　閩監毛本謂作爲此本子斬其三字剜擠文當有誤

孟僖子如齊殷聘是也　閩監毛本同大字本嘉靖本作禮也與左氏昭九年傳文同當據以訂正

至今積二十一年聘齊　浦鏜云一衍字

小行人

云禮籍名位尊卑之書者　惠挍本下有缺文七字

眡館致館也　按眡當作視

聘問二者是諸使臣行聘　毛本作諸侯使臣此誤

如玉爲之　浦鏜云王誤玉

文帝六年九月　浦鏜云二誤六

王用瑱圭　釋文瑱劉吐電反案王執鎮圭瑱宜作鎮音按天府凡國之玉鎮注故書鎮作瑱鄭司農云瑱讀爲鎮此作瑱者從故書也

子用穀璧　大字本穀作穀俗字唐石經嘉靖本作穀辭下同

明侯伯子男皆如瑞　浦鏜云瑞下脫可知二字從儀禮經傳通解挍。按此不必增通解以意增耳

四馬車上　毛本卓誤阜

則侯伯子男各降一等可知　惠挍本則作明此誤

則聘享皆降一等同　惠挍本等作寸。按作寸是也

則合槁襘之　釋文唐石經皆作槁襘諸本同

故書則作傳槁爲槀　閩監本同大字本錢鈔本嘉靖本傳作傳槁作槁此作傳作槁誤宋本毛本槀作槀下同釋文槁襘苦報反作槀古老反宋本錢鈔本載音義槀皆作槀與地官序官石經正合益故書作槀方經字從禾鄭司農讀爲槁字從木此注槁字皆當作槁方經注相應有唐石經先後可據。按釋文槁襘苦報反作槀古老反本自明白之甚禾槀字切古老與枯槁字切苦浩槁勞字切苦報迥不同也學者不知音紐分别乃如治絲而棼矣此經故書作禾槀字鄭本作槁襘从木槁卽槀也

槀當爲槁謂槁師也　岳本閩監本槁作槁大字本錢鈔本毛本犒犒皆從牛作犒與地官序官注同嘉靖本作槀當爲犒謂犒師也兩犒字牛旁皆剜改益本作槁也。按槁本上聲槁勞則讀去聲猶勞本平聲勞來則讀去聲也淺人乃別製犒字鄭注無此從牛之犒

其吉禮牢禮賓禮並不言者　浦鏜云軍誤牢

凡此物者每國辨異之　閩監本同誤也唐石經大字本錢鈔本嘉靖本毛本物上有五此脫當據以補正盧文弨曰大戴禮記作凡此五物者嘉靖本辨誤辦。按辨辦本無二字但有從刀之字

附釋音周禮注疏卷第三十八

鄭氏注　賈公彥疏

司儀掌九儀之賓客擯相之禮。以詔儀容辭令揖讓之節。出接賓曰擯入贊禮曰相以詔者以禮告王。相息亮反此職內經注除相爲賓相朝相授相親相隨相待相爲國客相聘相禮皆同。〔疏〕司儀至之節。釋曰此經揔與下諸侯文爲目言九儀是大行人九儀命者五爵者四是儀容辭令揖讓之節並見下文也。注出接至告王。釋曰云出接賓曰擯者即下文交擯而在門外是也云入贊禮曰相者下文及廟推上相入是也云詔者以禮告王者即下云詔王儀是也

將合諸侯。則令爲壇三成。宮旁一門。合諸侯謂有事而會也爲壇于國外以命事宮謂壝土以爲牆處所謂爲壇壝宮也天子春帥諸侯拜日於東郊則爲壇於國東夏禮日於南郊則爲壇於國南秋禮山川丘陵於西郊則爲壇於國西冬禮月四瀆於北郊則爲壇於國北既拜禮而還加方明於壇上而祀焉所以教尊尊也覲禮曰諸侯覲於天子爲宮方三百步四門壇十有二尋深四尺是也王巡守殷國而同則其爲宮亦如此與鄭司農云三成三重也。爾雅曰丘一成爲敦丘再成爲陶丘三成爲昆侖丘謂三重。壝惟癸反劉欲鬼反與音餘下尺與同重直龍反下三重重耳同敦音頓沈又都門反陶徒刀反侖力門反〔疏〕將合至一門。釋曰云將合諸侯者合會也謂時見曰會云則令爲壇三成者謂封人爲壇三成。注合諸至三重。釋曰云有事而會也者春秋左氏傳文但春秋時有事會不協而盟是霸者法引之者時雖不同爲有事而行會禮則同故引以爲證云爲壇于國外以命事者宮方三百步明在國外也言命事則上大行人云時會以發四方之禁禁即九伐是其事也云宮謂壝土以爲牆處所謂爲壇壝宮也者所謂掌舍但掘地爲壍壝土爲堳埒當牆處故云牆處也云天子春帥諸侯自此已下至國北皆覲禮文其爲壇之語鄭加之耳云既拜禮而還加方明於壇上而祀焉所以教尊尊也者言教尊尊者天子親自拜日禮月之等是尊尊之法教諸侯已下尊敬在上者也引覲禮者是見爲壇大小尺寸之法據時會諸侯爲壇之法云王巡守殷國者謂巡守就方岳爲壇殷國就王國左右爲壇皆如時會云如此與者約同之故云與以疑之先鄭引爾雅者見三成者三重重高一尺

詔王儀南鄉見諸侯。土揖庶姓。時揖異姓。天揖同姓。謂王既祀方明諸侯上介皆奉其君之旂置于宮乃詔王升壇諸侯皆就其旂而立諸公中階之前北面東上諸侯東階之東西面北上諸伯西階之西東面北上諸子門東北面東上諸男門西北面東上王揖之者定其位也庶姓無親者也土揖推手小下之也異姓昏姻也時揖平推手也衛將軍文子曰獨居思仁公善言義其聞詩也一日三復白圭之玷是南宮縚之行也夫子信其仁以爲異姓謂妻之也天揖推手小舉之。復音服或芳服反玷丁簟反沈都念反縚吐刀反行下孟反〔疏〕詔王至同姓。釋曰詔告也謂諸侯各就位立王在壇亦立司儀乃告王降壇南向見諸侯乃揖之土揖庶姓已下先疏後親爲次按隱十一年滕侯薛侯來朝爭長云周之宗盟異姓爲後是先同姓今此先庶姓後同姓者此經直據揖之儀容從下至高不據盟之先後也。注謂王至舉之。釋曰

云謂王既祀方明諸侯上介皆奉其君之旂置于宮乃詔王升壇諸侯皆就其旂而立者按覲禮云諸侯覲于天子爲宮方三百步四門壇十有二尋深四尺加方明于其上明者木也方四尺設六色東方青南方赤西方白北方黑上玄下黃設六玉上圭下璧南方璋西方琥北方璜東方圭上介各奉其君之旂置于宮尚左公侯伯子男皆就其旂而立四傳擯天子乘龍載大旂象日月升龍降龍出拜日於東門之外反祀方明注引朝事儀曰天子冕而執鎮圭尺有二寸繅藉尺有二寸搢大圭乘大路建大常十有二旒樊纓十有二就貳車十有二乘帥諸侯而朝日於東郊所以教尊尊也退而朝諸侯由此二者言之已祀方明乃以會同之禮見諸侯也若然覲禮上介奉君之旂置于宮尚左及公侯伯子男就其旂而立并四傳擯者並陳設其位其立當在祀方明後是以彼下文乃始云拜日之禮反祀方明之事故彼置旂于宮之下注云置于宮者建之豫爲其君見王之位也是其未即立也此鄭注依次第而言故云謂王既祀方明諸侯上介皆奉其君之旂置于宮乃詔王升壇諸侯皆就其旂而立也云諸公中階之前至諸男門西北面東上皆明堂位周公朝諸侯之禮覲禮注亦引之證五等諸侯立位處所也皆以近王爲上云王揖之者定其位也者此約燕禮云卿大夫皆入門右北面立公降階揖之卿得揖東廂西面大夫得揖中庭少進北面其位乃定此王揖亦得揖乃定有少別者彼諸侯揖臣臣皆北面得揖就位此五等立已在位王揖之逡巡而已位乃定是其別也凡揖皆推手至於擅即引手爲異也衞將軍文子者此大戴禮文引之證有異姓之事也按大戴禮云衞將軍文子問子貢曰蓋受教者七十有餘人聞之孰爲賢子貢對之歷陳諸子行遂陳南宮縚之行此乃子貢之辭而云衞將軍文子曰者此實子貢辭篇名衞將軍文子故引篇名耳

及其擯之。各以其禮。公於上等。侯伯於中等。子男於下等。謂執玉而前見於王也擯之各以其禮者謂擯公者五人侯伯四人子男三人也上等中等下等者謂所奠玉處也壇三成深四尺則一等一尺也壇十有二尋方九十六尺則堂上二丈四尺每等丈二尺與諸侯各於其等奠玉降拜升成拜明臣禮也既乃升堂授王玉○見賢遍反〔疏〕及其至下等○釋曰此即上四傳擯之時也四傳擯彼注云公也侯也伯也各一位子男俠門而俱東上亦一位是子男共爲位故共一擯也○注謂執至王玉○釋曰下云將幣據三享故知此文擯之據執玉見王也云擯之各以其禮者謂擯公者五人侯伯四人子男三人也者大行人云公擯者五人已下此云擯之各以其禮是據擯爲數不擯餘禮也云上等中等下等者謂所奠玉處也者上云爲壇三成此言三等明據三等壇奠玉處而言也云壇三成者據上文云深四尺者覲禮文云則一等一尺已下鄭君以意解之無正文一等爲一尺發地一尺上有三成爲三尺摠四尺也鄭注覲禮云從上向下爲深故云深四尺云壇十有二尋者覲禮文云方九十六尺者尋八尺計之所得九十六尺云則堂上二丈四尺每等丈二尺與者並鄭以意解之故云與以疑之上二丈四尺爲堂王立之處并祀方明之所云諸侯各於其等奠玉降拜升成拜明臣禮也者公奠玉於上等降拜於中等侯伯奠玉於中等降拜於下等子男奠玉於下等降拜於地及升成拜皆於奠玉之處必知有降拜升成拜者亦約燕禮臣得君酬酒皆降拜君使小臣辭之乃升成拜明此王禮亦然言成拜者鄉於下拜之時王使人辭下拜之不成故於升乃更成前拜故云成拜是敬上之禮故云明臣禮也云既乃升堂授王玉者禮法禮敵並授禮不敵者許受此行臣禮則諸侯皆北面授之於堂上也王既受玉約聘禮亦當側授宰玉此壇上無坫不得取明堂位崇坫亢圭爲義也

其將幣亦如之。其禮亦如之。將幣享也禮謂以鬱鬯祼之也皆於其等之上〔疏〕其將至如之○釋曰云將幣者即將幣三享一也但彼大行人據在廟此據在壇云亦如之者璧以帛琮以錦如前公於上等之類云其禮亦如之者即大行人上公再祼而酢亦如公於上等之類也

王燕則諸侯毛。謂以須髮坐也朝事尊尊上爵燕則親親上齒鄭司農云謂老者在上也老者二毛故曰毛○侯毛毛謂須髮也劉本作耄音毛〔疏〕注謂以須髮坐也至老者二毛故曰毛○釋曰此燕則公三燕侯伯再燕子男一燕云朝事尊尊上爵者依爵尊卑爲先後云燕則親親上齒者此乃不問爵之尊卑取以年齒爲先後也

凡諸公相爲賓。謂相朝也〔疏〕注謂相朝也○釋曰云相朝則是兩公自相朝故下經云諸侯諸伯諸子諸男相爲賓客以禮相待竝是兩諸侯相朝之事也

主國五積。三問。皆三辭。拜受。皆旅擯。再勞。三辭。三揖。登。拜受。拜送。賓所停止則積問潤則問行道則勞其禮皆使卿大夫致之從來至去數如此也三辭辭其以禮來於外也積問不言登受之於庭也鄭司農云旅讀爲旅於太山之旅謂九人傳辭相授於上下竟問賓從末上行介還受上傳之玄謂旅讀爲鴻臚之臚臚陳之也賓之介九人使者七人皆陳擯位不傳辭也賓之上介出請使者則前對位皆當其末擯焉三揖謂庭中時也拜送送使者○旅如字又音臚力於反傳直專反下除春秋傳皆同末上時掌反下上傳上車同〔疏〕注賓所至使者○釋曰云賓所傳止則積者謂遺人云十里有廬廬有飲食三十里有宿宿有委五十里有市市有積是也云間閥則問者上注問問不恙也云行道則勞者謂勞苦之云皆使卿大夫致之者按聘禮遣卿行勞禮臣來尚遣卿勞明君來遣卿勞可知此再勞一勞在境一勞在遠郊皆使卿其近郊勞當主君親爲之也其積問當使大夫故下句云致飧如致積之禮注云俱使大夫禮同也知致飧使大夫者見聘禮宰夫朝服設飧宰夫即大夫問亦小禮明亦使大夫也云從來至去數如此也者五積三問再勞來去皆有此數故云數如此也先鄭云旅讀爲旅於大山之旅謂九人傳辭相授於上下竟問賓從末上行介還受上傳之者此先鄭以爲旅擯與交擯同之後鄭不從者此臣禮云旅擯下文云主君郊勞交擯三辭明其別旅直陳擯介不傳辭交則一往一來傳辭也云玄謂旅讀爲鴻臚之臚臚陳之也者按爾雅釋詁云尸旅陳也釋言云豫臚叙也注云皆陳叙也後鄭不從旅大山之旅從臚者欲取叙義也云賓之介九人者自從公介九人之禮云使者七人者自從降二等之禮云皆陳擯位不傳辭也賓之上介出請使者則前對位皆當其末擯焉者此皆約聘禮主君大門內迎聘賓之位也云三揖謂庭中時也者如聘禮入門揖當曲揖當碑揖是也○

主君郊勞。交擯。三辭。車逆。拜辱。三揖。三辭。拜受。車送。三還。再拜。主君郊勞備三勞而親之也鄭司農云交擯三辭謂賓主之擯者俱三辭也車逆主人以車迎賓於館也拜辱賓拜謝辱也玄謂交擯者各陳九介使傳辭也車迎拜辱者賓以主君親來乘車出舍門而迎之若欲遠就之然見之則下拜迎謝其自屈辱來也至去又出車若欲遠送然主君三還辭之乃再拜送之也車送迎之節各以其等則諸公九十步立當車軌也三辭重者先辭辭其以禮來於外後辭辭升堂〔疏〕主君至再拜○釋曰此當近郊勞交賓三辭者主君至郊郊有館舍賓在內主君至館大門外主君北面而陳此九介去門九十步東面賓在大門內於門外之東亦陳九介西面不陳五擯者非主君從賓禮故也三辭者賓一辭主君以禮來於外車迎拜辱者傳辭既訖賓乘車出大門迎主君至主君處下車拜主君屈辱自至郊也三揖者入門乃當曲當碑爲三揖三辭者辭讓升堂拜受賓再拜乃受幣主君亦當拜送不言省文也車送者賓乘車出門就主君若欲遠送之三還者主君賓送已三還辭之再拜者賓見主君辭送再拜送主君也○注主君至升堂○釋曰云備三勞而親之也者大行人有三問三勞之文也主君身自勞是親之也先鄭云車逆主人以車迎賓於館也拜辱賓拜謝辱也後鄭不從者此直是備三勞既來至國何有軓迎賓於館乎玄謂各陳九介者以其在道俱不爲主故無五擯之事故各陳九介也云立當車軓也者賓主俱立當軓大行人文云後辭辭升堂者按鄉飲酒禮主人取爵降洗賓降主人坐奠爵于階前辭注云事同曰讓事異曰辭禮升堂是事同不云讓而云辭者此賓主敵者主人之意欲有受於庭之心故從事異曰辭是以下諸公之臣等升堂皆云讓依事同曰讓非敵故聘義云三讓而後傳命三讓而後入廟門並事異不云辭者欲取致尊讓之意變文耳又彼記文非正經故不爲例也

致館亦如之。館舍也使大夫授之君又以禮親致焉〔疏〕注館舍至致焉○釋曰鄭知使大夫授舍者見聘禮云大夫帥至館卿致之以此知先遣大夫授館也此大夫亦應是卿云亦如之者上主君郊勞此親致館明亦如之也云凡致者皆有幣以致之致之使若已有然也

致飧如致積之禮。俱使大夫禮同也飧食也小禮曰飧大禮曰饔餼○飧素尊反下同〔疏〕注俱使至饔餼○釋曰上公飧五牢賓始至之禮欲致館後即言之云如致積之禮者積在道已致故云如之以其俱小禮不使卿故云俱使大夫禮同也云飧食也者以其有芻薪米禾食之類故云食也云小禮曰飧者聘禮使宰夫設飧禮物又少故曰小云大禮曰饔餼者以其有腥有牽芻薪米禾又多故曰大是以聘禮記云聘日致饔注云急歸大禮又以下文致饔餼亦在將幣後即致之也

及將幣。交擯。三辭。車逆。拜辱。賓車進。荅拜。三揖。三讓。每門止一相。及廟。唯上相入。賓三揖三讓。登。再拜。授幣。賓拜送幣。每事如初。賓亦如之。及出。車送。三請。三進。再拜。賓三還三辭。告辟。鄭司農云交擯擯者交也賓車進荅拜賓上車進主人乃荅其拜也及出車送三請主人三請留賓也三進進隨賓也賓三還三辭告辟賓三還辭謝言已辟去也玄謂既三辭主君則乘車出大門而迎賓見之而下拜其辱賓車乃前下荅拜也三揖者相去九十步揖之使前也至而三讓讓入門也相謂主君擯者及賓之介也謂之相者於外傳辭耳入門當以禮詔侑也介紹而傳命者君子於其所尊不敢質敬之至也每門止一相彌相親也君入門介拂闑大夫中棖與闑之間士介拂棖此爲介鴈行相隨也止之者絕行在後耳賓三揖三讓讓升也登再拜授幣授當爲受主人拜至且受玉也每事如初謂享及有言也賓當爲儐謂以鬱鬯禮賓也上於下曰禮敵者曰

儐禮器曰諸侯相朝灌用鬱鬯無籩豆之薦謂此朝禮畢儐賓也三請三進請賓就車也主君每一請車一進欲送之也三還三辭主君一請者賓亦一還一辭◦授幣音受賓拜音擯下賓使者同辟音辟劉薄歷反注同下客辟三辟趨辟放此已辟音遜偝音又闕魚列反棖直庚反行戶剛反〔疏〕及將至告辟◦釋曰及至也至將幣謂賓初至館後日行朝禮之時故云至將幣幣即圭璋也云交擯三辭車逆拜辱賓車進荅拜者此並在主君大門外賓去門九十步而陳九介主君在大門外之東陳五擯上擯入受命出請事傳辭與承擯承擯傳與末擯末擯傳與末介末介傳與承介承介傳與上介上介傳與賓賓又傳與上介上介傳與承介承介傳與末介末介傳與末擯末擯傳與承擯承擯傳與上擯上擯入告君如是者三謂之交擯三辭諸交擯者例皆如此也車逆拜辱者傳辭既訖主君乘車出大門至賓所下車拜賓屈辱來此也賓車進荅拜者賓初升車進就主君主君下賓亦下車荅主君拜也三揖者主君還揖賓使前北面三讓入大門也云每門止一相者既入門過面東至祖廟之時祖廟西仍有二廟以其諸侯五廟始祖廟在中兩廂各有一廟各別院為之則有二門門傍皆有南北隔牆隔牆皆通門故得有每門若不然從大門內即至祖廟之門何得有每門而云門止一相乎故為此解也云上相入者相入即上擯上介須詔禮故須入云三揖者亦謂入門揖當曲揖當碑揖也云三讓登者至階主君讓賓賓讓主君如是者三主君先升云再拜授幣者授當為受賓主俱升主入在阼階上北面拜乃就兩楹間南面賓亦就主君賓授玉主君受之故云再拜受幣也云賓拜送幣者賓既受乃退向西階上北面拜送幣乃降也◦注鄭司至一辭◦釋曰先鄭云賓車進荅拜賓上車進主人乃荅其拜也後鄭不從者車送拜辱已是主人今云車進荅當是客何得主人再度拜故不從也云及出車送三請主人三請留賓也後鄭亦不從者行朝享禮賓訖送賓出禮既有限何因更有留賓之事故不從也云介紹而傳命者此聘義文按彼介紹而傳命謂聘者旅擯法引證此交擯者但紹繼也謂介相繼而陳則交擯旅擯皆得為紹故此交擯亦得紹介而傳命也按彼注質謂正自相當賓主不敢正自相當故須擯介通情也云君入門介拂闑大夫中棖與闑之間士介拂棖者玉藻文君入門不言所拂者朝君入由闑西亦拂闑不言之者君特行不與介連類故不言也介拂闑者上介隨君從與大夫士介自為鴈行於後也云止之者絕行在後耳者知不全入而為絕行在後者以聘禮介皆入廟門門西北面西上故知此君介亦入門門西北面西上可知故云絕行在後後亦入廟也云登再拜授幣授當為受者欲見登再拜受玉者主君止得為受不得為授之義故為也云拜至且受玉也者拜中含此二事故也云每事如初謂享及有言也者按聘禮享夫人下云若有言束帛如享禮是也云上於下曰禮敵者曰擯者大行人云王禮再祼而酢之屬是上於下曰禮此諸侯云擯是敵者曰擯也云禮器曰諸侯相朝灌用鬱鬯無籩豆之薦引之者證擯亦用鬱鬯也云主君一請賓亦一還一辭者則主君三請三進其賓三還三辭一一相將但別言之耳

致饔餼。還圭。饗食致贈郊送。皆如將幣之儀。

此六禮者惟饗食速賓耳其餘主君親往親往者賓為主人主人為賓君如有故不親饗食則使大夫以酬幣侑幣致之鄭司農云還圭歸其玉也故公子重耳受飧反璧玄謂聘以圭璋禮也享以璧琮財也已聘而還圭璋輕財而重禮贈送以財既贈又送至于郊◦還音環又音旋食音嗣凡饗食皆同〔疏〕注此六至于郊◦釋曰知饗食速賓者按公食大夫禮君親食之君不親食則以侑幣致之聘禮云公於賓一食再饗上介一食一饗若不親食致之以侑幣致饗以酬幣以此知二者皆速賓也云其餘主君親往親往者賓為主人主人為賓者見聘禮云君使卿歸饔餼又云賓迎于小門外又云大夫東面致命君使卿還玉于館賓迎于外門外不拜帥大夫以入鄭以此二者知賓為主人主人為賓致聘郊送亦然可知也聘禮乃君於臣此兩君敵人明主君親為之矣先鄭云公子重耳事見僖公二十三年公子重耳反國及曹曹共公聞其駢脅欲觀其裸浴薄而觀之僖負羈之妻曰吾觀晉公子之從者皆足以相國若以相夫子必反其國反其國必得志於諸侯得志於諸侯而誅無禮者曹其首也子盍蚤自貳焉乃饋盤飧寘璧焉公子受飧反璧是其事引之者證還圭之事但彼反璧者義取不貪寶意非還圭故後鄭不從也玄謂聘以圭璋禮也者聘義云以圭璋聘重禮也謂行聘禮也云享以璧琮財也者貢財貨時用璧琮以致之故云財也云已聘而還圭璋輕財而重禮者還圭璋是重禮璧琮不還是輕財也云贈送以財者聘禮賓遂行舍于郊公使卿贈如覿幣注云言如覿幣見為反報是贈并送至于郊

賓之拜禮。拜饔餼。拜饗食。

鄭司農云賓之拜禮者因言賓所當拜者之禮也所當拜者拜饔餼拜饗食玄謂賓將去就朝拜謝此三禮三禮之重者也賓既拜主君乃至館贈之去又送之于郊〔疏〕注鄭司至于郊◦釋曰先鄭所說是後鄭增成其義按聘禮饔餼燕羞俶獻之明日賓皆拜於朝將去又三拜乘禽于朝彼臣故盡拜謝此賓之拜禮在致贈郊送之下則不及燕羞俶獻乘禽以其君略小惠將去惟拜其大禮也按聘禮賓三拜乘禽於朝遂行舍于郊公使卿贈若然此致贈郊送在拜禮後今設文在前者欲取如將幣之儀故進文在前其贈送合在後也云賓既拜主君乃至館贈之去又送之于郊者鄭以贈送之文在前拜禮在後恐疑頗到故此解之是其次也

賓繼主君。皆如主國之禮。

鄭司農云賓繼主君後主人之禮費也故曰皆如主國之禮玄謂繼主君者儐主君也儐之者主君郊勞致館饔餼還圭贈郊送之時也如其禮者謂玉帛皮馬也有餼陳之積者不如也若饗食主君及燕亦速焉◦費芳味反〔疏〕注鄭司至速焉◦釋曰先鄭云繼主君復主人之禮費也後鄭不從者主人禮賷既多非賓所能復玄謂繼主君者儐主君也者按聘禮君遣卿勞及致館等皆儐儐者報也上注云敵者曰儐故此報主君為儐云儐之者主君郊勞致館饔餼還圭贈郊送之時也如其禮者謂玉帛乘馬也者按聘禮云賓至于近郊君使卿朝服用束帛勞又云賓用束帛儐勞者君使卿韋弁歸饔餼又云大夫奉束帛又云賓降受老幣出迎大夫注云出迎欲儐之庭實設馬乘賓降堂受者束錦賓奉幣西面大夫東面賓致幣是皆有儐法彼兩臣有儐此兩公有儐可知也若然彼聘禮致館無儐者彼君使卿致館不以幣故亦無儐明此兩君致時有幣合亦儐之也彼聘禮賓不見有饗食速主君者臣於君雖他國亦不敢速君故禮記云大夫有饗君非禮是也此兩君即得其燕食等皆得速主君也主君有故不能親以侑幣酬幣致之亦無儐鄭彼注云以已本宜往還玉于館及還享雖無束帛文亦當儐之矣

諸侯諸伯諸子諸男之相為賓也。各以其禮相待也。如諸公之儀。

賓主相待之儀與諸公同也饔餼饗食之禮則有降殺◦殺色界反下豐殺則殺及後殺禮皆同〔疏〕注賓主至降殺◦釋曰五等諸侯以命數分為三等其圭璋饔餼飧積步數儐介皆降殺備於大行人掌客其進退揖讓之儀一與公同故云如諸公之儀

諸公之臣相為國客。

謂相聘也〔疏〕諸公至國客◦釋曰謂上諸公之臣相聘往來為國客相待相送之儀此法皆備於下文也

則三積。皆三辭拜受。

受者受之於庭也侯伯之臣不致積〔疏〕則三至拜受◦釋曰此謂在道之禮於路館致之亦有束帛致之云三辭拜受者辭不受三辭後受之故云三辭拜受也知受之於庭者上諸公即云登登謂登堂此不云登故知受於庭也知侯伯之臣不致積者按聘禮以五介又張旜是侯伯之卿聘使者經不云積明侯伯之臣不致積可知但不以束帛行禮致之豈於道全無積乎明有也

及大夫郊勞。旅擯。三辭拜辱。三讓登。聽命。下拜登受。賓使者。如初之儀。及退。拜送。

登聽命賓登堂也賓當為擯勞用束帛擯用束錦侯伯之臣受勞於庭〔疏〕及大至拜送◦釋曰按諸禮此亦近郊勞也旅擯不傳辭賓使各陳七介而已云三辭拜辱者賓從館內出於大門拜使者辱命來於外云三讓者讓升堂云登聽命者賓登堂聽使者傳主君之命也云下拜登受者聽命訖下堂拜命訖登堂受幣也云賓使者如初之儀者謂使傳命訖禮畢出門賓以束帛賓使者如初行勞時之儀前賓受幣今使者受幣雖異威儀則同敬主君使者也知勞用束帛儐用束錦者約聘禮郊勞知之知侯伯之臣受勞於庭者亦按聘禮賓是侯伯之臣云受於舍門內是不登堂也

致館如初之儀。

如郊勞也不儐耳於侯伯之臣致館于庭不言致飧者君於聘大夫不致飧也聘禮曰飧不致賓不拜〔疏〕注如郊至不拜◦釋曰按聘禮賓至使大夫帥至館卿致館此公之臣亦當然上云郊勞此云如初如初郊勞也鄭知不儐者聘禮致館無束帛賓亦無儐知此亦然也云侯伯之臣致館于庭者亦按聘禮知之云君於聘大夫不致飧即引聘禮飧不致賓不拜者按聘禮致館之下即云宰夫設飧此致館下不云致飧故云君於聘大夫不致飧如是五等之臣皆無致飧也

及將幣旅擯。三辭拜逆。客辟。三揖。每門止一相。及廟。唯君相入。三讓。客登。拜。客三辟。授幣。下出。每事如初之儀。

客辟逡巡不荅拜也惟君相入客臣也相不入矣拜主君拜客至也客三辟三退負序也每事享及有言◦逡七旬反〔疏〕及將至之儀◦釋曰及至也謂賓在館至將幣將幣亦謂圭璋也云旅擯三辭者亦謂於主君大門外主君陳五擯客陳七介不傳辭故云旅擯也云三辭者前郊勞三辭辭其以禮來於外此三辭辭其主君以大客禮當已云拜逆客辟者謂三辭訖主君遣上擯納賓賓入大門主君在大門內南面拜拜賓奉君命屈辱來見已客辟不受拜者使者奉君命來不敢當拜故逡巡辟君拜也云三揖者亦揖之使前云每門止一相者謂彌相親也云及廟惟君相入者與前諸公少異彼是兩君故云惟上相入則兩君擯介各有上相亦不入故據君而言也云三讓客登者按聘義云三讓而後入廟門三揖而後至階此不言者文不具客登者主君與客俱登據客而言故云客登也云拜客三辟者主君與客俱登訖主君於阼階上北面拜賓喜至此堂并拜受幣云客三辟者三退負序不敢當君拜云授幣者授玉與主君也◦注客辟至有言

釋曰云客辟逡巡不荅拜也者釋上拜逆客辟也云客三辟三退負序也者按聘禮云賓三退負序注云三退三逡巡也不言辟者以執圭將進授之此亦執圭將授言辟者儀禮是委曲行事故云執圭將進不得云辟此周禮事未見據大總而言故云辟無嫌三退負序聘禮文云辟事享及有言者亦約聘禮知之

及禮私面私獻。皆再拜稽首。君荅拜。禮以醴禮客私面私覿也既覿則或有私獻者鄭司農云說私面以春秋傳曰楚公子棄疾見鄭伯以其乘馬私面【疏】注禮以至私面○釋曰此三者皆於聘日行之故并言之云君荅拜者雖是異國之臣當空首拜也知禮以醴禮客者按聘禮禮客用醴齊於君鬱鬯也云私面私覿也者按聘禮賓奉束錦請覿又云問卿訖賓面如覿幣注云面亦見其謂之面威儀質也彼不見有私獻又於君謂之覿於卿謂之面覿面別此云私面私覿為一者以彼文兩見則私覿據君私面據卿此文不見有私覿直言私面豈不見君直見臣也明此私面主於君故以私面為私覿也彼無私獻非常故彼記云既覿賓若私獻奉獻將命故此注云既覿則或有私獻者也云春秋者按左氏昭六年楚公子棄疾如晉過鄭見鄭伯如見王以其乘馬八匹私面見子皮如上卿以馬六匹見子產以馬四匹見子大叔以馬二匹稱面者以其面亦覿也且過鄭非正聘故以面言之

出。及中門之外。問君。客再拜對。君拜。客辟而對。君問大夫。客對。君勞客。客再拜稽首。君荅拜。客趨辟。中門之外即大門之內也問君曰君不恙乎對曰使臣之來寡君命臣于庭問大夫曰二三子不恙乎對曰寡君命使臣于庭二三子皆在勞客曰道路悠遠客甚勞勞介則曰二三子甚勞問君客再拜對者為敬慎也○客甚勞如字下甚勞勞辱同【疏】注中門至慎也○釋曰賓來主為以君命行聘享是以先行聘享訖乃始行私相慰問之事是以聘禮注云卿以公禮將事無由問也云中門之外即大門之內也者聘禮云及大門內公問君故指彼云即大門內也按聘禮云及大門內公問君賓對公再拜注云賓至始入門之位北面將揖而出衆介亦在其右少退西上於此可以問君居處何如序殷勤也時承擯紹擯亦於門東北面東上上擯往來傳君命南面云問君曰已下未知鄭君所出何文或云是孔子聘問之辭亦未得其實也爾雅云恙憂也

致饔餼如勞之禮。饗食還圭如將幣之儀。饗食亦謂君不親而使大夫以幣致之【疏】致饔至之儀○釋曰云致饔餼如勞之禮者同使卿咸儀進止皆如上郊勞之禮還以本圭故云如也○注饗食至致之○釋曰知饗食是君不親者以其與還圭共文同是致之故知君不親使大夫致之也致饗及還玉賓主皆是大夫其將幣主君與使臣行禮如將幣者蓋不盡如之所如者如旅擯主人皮弁賓皮弁襲將幣同自餘則別是以聘禮君使卿皮弁還玉于館賓皮弁襲迎于外門外不拜帥大夫以入大夫升自西階鉤楹賓自碑內聽命升自西階自左南面受圭退負右房而立是與將幣別之事也

君館客。客辟。介受命。遂送。客從拜辱于朝。君館客者客將去就省之盡殷勤也遂送君拜以送客○客從本亦作從同才用反【疏】君館至于朝○釋曰按聘禮云公館賓賓辟注云言辟者君在廟門敬也又云上介聽命注云聽命於廟門中西面如相拜然也然則此中行事亦爾鄭知君拜送者見聘禮云聘享夫人之聘享問大夫送賓公皆再拜是其有拜此云客從拜辱于朝者聘禮曰公退賓從請命于朝公辭賓退是也

明日。客拜禮賜。遂行。如入之積。禮賜謂乘禽君之加惠也如入之積則三積從來至去○乘繩證反下乘皮同【疏】注禮賜至至去○釋曰按聘禮云館賓下云賓三拜乘禽於朝以此知禮賜是乘禽也云遂行如入之積鄭云如入之積則三積從來至去者入與出各三積故得以後如前以此而言諸侯言出入五積四積三積之類入出各五各四各三者也

凡諸伯子男之臣。以其國之爵相為客而相禮。其儀亦如之。爵卿也大夫也士也【疏】注爵卿至士也○釋曰諸侯之臣言爵相為客而相禮者不離三等卿大夫士鄭注掌客云爵卿也則飧二牢饔餼五牢大夫也則飧大牢饔餼三牢士也則飧少牢饔餼大牢也此降小禮豐大禮也以命數則參差難等略於臣用爵而已以此三等相禮也云其儀亦如之者亦以三等相差七十步七介五十步五介三十步三介小聘使大夫又降殺也

凡四方之賓客。禮儀辭命餼牢賜獻。以二等從其爵而上下之。上下猶豐殺也○上時掌反【疏】凡四至下之○釋曰上經云爵鄭以卿大夫士三等解之此經云二等即與大行人云諸侯之卿各下其君二等大夫士亦如之大夫下卿士下大夫降殺以兩解之同也云從其爵者以三等降殺從三等而為之云上下猶豐殺也者爵尊者禮豐爵卑者禮殺以二等為豐殺也

凡賓客送逆同禮。謂郊勞郊送之屬【疏】注謂郊至之屬○釋曰經云送逆故知郊勞郊送也郊勞是逆郊送是送尊卑不同此二者一也

凡諸侯之交。各稱其邦而為之幣。以其幣為之禮。幣享幣也於大國則豐於小國則殺主國禮之如其豐殺謂賄用束紡禮用玉帛乘皮及贈之屬○稱尺證反紡芳往反【疏】凡諸至之禮○釋曰此一經惟論享幣多少及主國報禮輕重之事言交者兩國一往一來謂之交言各稱其邦而為之幣者據朝聘所齎享幣大國多小國少云以其幣為之禮者據主國賄客還依來者多少而報之○注幣享至之屬○釋曰鄭知幣是享幣者以其經云稱其邦復云幣明幣是享幣不得據圭璋璧琮也知是賄用束紡禮用玉帛乘皮及贈之屬者據聘禮還玉之下云賓裼迎大夫賄用束紡注云所以遺聘君可以為衣服又云禮玉束帛乘皮注云禮禮聘君也所以報享也又云遂行舍于郊公使卿贈如覿幣記云賄在聘為賄是其豐殺多少者也

凡行人之儀。不朝不夕。不正其主面。亦不背客。謂擯相傳辭時也不正東鄉不正西鄉常視賓主之前郤得兩鄉之而已○朝如字又直遙反背音佩鄉許亮反下同【疏】注謂擯至而已○釋曰此經論司儀為擯相之法朝謂日出時為正鄉東夕謂日入時為正鄉西云不正其主面則亦不背客故鄭云常視賓主之前郤得兩鄉之而已言此者正謂司儀隨機旋轉不常厥處者也

行夫掌邦國傳遽之小事媺惡而無禮者。凡其使也。必以旌節。雖道有難。而不時必達。傳遽若今時乘傳騎驛而使者也美福慶也惡喪荒也此事之小者無禮行夫主使之道有難謂遭疾病他故不以時至也必達王命不可廢也其大者有禮大小行人使之有故則介傳命不嫌不達○傳張戀反注同遽其庶反使色吏反注及下同難乃旦反注同傳直宣反象胥職同【疏】行夫至必達○釋曰行夫者以身自行於外言媺惡無禮者無擯介而單行謂之無禮也云必以旌節者道路用旌節故也云雖道有難而不時者無難者即依程至秖由有難故不時云必達者雖不時必達於所往之處也○注傳遽至不達○釋曰云美福慶也者謂諸侯國有生男及嫁娶等云惡喪荒也者謂民有死喪及年穀不孰若諸侯薨之等大事即使卿大夫若春秋王使榮叔宰咺之等有禮不使行夫也云他故者謂賊寇及水旱之等云必達王命不可廢也者以其行夫下士三十二人以人數多縱有難必達也云其大者有禮大小行人使之者按大行人雖不云身使之事其間問及王之所以撫諸侯之等或身自行小行人云使適四方是身行之事也

居於其國。則掌行人之勞辱事焉。使則介之。使謂大小行人也故書曰夷使鄭司農云夷使使於四夷則行夫主為之介玄謂夷發聲○焉劉音夷【疏】注使謂至發聲○釋曰先鄭以夷使使於四夷後鄭不從以為夷發聲者以經云居則掌行人之勞辱事是行人所使即云介明還與行人為介文勢不容與行人別行直四夷使自使象胥何得使行夫也故不從之也

環人掌送逆邦國之通賓客。以路節達諸四方。通賓客以常事往來者也路節旌節也四方折上【疏】環人至四方○釋曰此環人與夏官環字雖同義則異彼環人主致師此環人主環遶賓客使不失脫是其異也○注通賓至折上○釋曰云通賓客以常事往來者也者謂朝覲會同者也云路節旌節也者以其道路用旌節故知路節旌節也云四方折上者至畿即入諸侯國諸侯國自有通之者也

舍則授館。令聚欜。有任器則令環之。令令野廬氏也鄭司農云四方人有任器者則環人主令殉環守之○殉徐音循或辭俊反【疏】舍則至環之○釋曰館則道上廬宿市所館舍任器謂賓客任用之器○注令令至守之○釋曰令令野廬氏也者其職云若有賓客則令守涂地之人聚欜之故知令野廬氏也

凡門關無幾送逆及疆。鄭司農云門關不得苛留環人也玄謂環人送逆之則賓客出入不見幾○疆居良反苛音何又呼何反【疏】注鄭司至見幾○釋曰先鄭云門關不得苛留環人也者以環人乃是執節之人事不畏門關苛留故後鄭以為環人送逆之則門關不得苛留賓客

象胥掌蠻夷閩貉戎狄之國。使掌傳王之言而諭說焉。以和親之。謂蕃國之臣來覜聘者○閩亡巾反又音文貉亡百反使所吏反【疏】注謂蕃至聘者○釋曰蕃國之君世壹見其臣得有覜聘者彼雖無聘使法有國事來小行人受其幣聽其辭以中國覜聘況之耳其實無覜聘也

若以時入賓。則協其禮與其辭言傳之。以時入賓謂其君以世一見來朝為賓者○見賢遍反【疏】若以至傳之○釋曰

云協其禮者夷狄之君以不能行中國禮及其行朝聘亦當以禮和合之使得其所也云與其辭言傳之者但夷狄之君亦是中國卿大夫有罪使任於彼計應言辭可知夷狄之君令言協其辭言傳之者謂若外之衆須譯語者也 凡其出入送逆之禮節幣帛辭令而賓相之。從來至去皆爲擯而日偵其禮儀○賓音儐下同相息亮反下同【疏】凡其至相之○釋曰夷狄無玉帛來向中國而云幣帛者謂王有賜與之者也 凡國之大喪詔相國客之禮儀而正其位。客謂諸侯使臣來弔者【疏】注客謂至弔者○釋曰大喪言凡則非王喪若王喪諸侯皆來何得有使臣來諸侯絕無來者則大喪王后世子也或大喪王喪不言諸侯者餘官掌之此象胥直掌臣也又象胥本主夷狄之使亦兼掌中國之使故下有大事諸侯之等也 凡軍旅會同受國客幣而賓禮之。謂諸侯以王有軍旅之事使臣奉幣來問【疏】注謂諸至來問○釋曰言諸侯以王有軍旅之事使臣奉幣帛來問者正謂禮動不虛以爲相見之禮以幣致其君命非謂別有幣也 凡作事王之大事諸侯。次事卿。次事大夫。次事上士。下事庶子。作使也鄭司農云王之大事諸侯使諸侯執大事也次事卿使卿執其次事也次事使大夫次事使上士下事使庶子【疏】凡作至庶子○釋曰直言上士不言中士下士者摠以王之三等之士皆曰上士與王制所云元士同也云庶子者謂若宮伯所云士庶子之等直云庶子兼適子在其中也

掌客掌四方賓客之牢禮餼獻飲食之等數與其政治。政治邦新殺禮之屬○治直吏反注同【疏】注政治至之屬○釋曰此經與下文爲摠目其事並在下文云政治邦新殺禮之屬者下文云新國則殺禮殺禮類多故云之屬以通之 王合諸侯而饗禮則具十有二牢。庶具百物備。諸侯長。十有再獻。饗諸侯而用王禮之數者以公侯伯子男盡在是兼饗之莫敵用也諸侯長九命作伯者也獻公侯以下如其命數○長丁丈反注同敵丁歷反【疏】注饗諸至命數○釋曰云王禮之數者則十二牢是故哀七年吳來徵百牢魯使子服景伯對曰周之王也制禮上物不過十二以爲天之大數也上公以九爲節則十二者是王禮之數也云以公侯伯子男盡在是兼饗之者以經云合則時會殷同是盡在於是兼饗故用十二牢也云莫敵用也者若單饗一國即有賓主之敵則單用大牢今兼饗諸侯無一相敵故云莫敵用也若曲禮云大饗不問卜鄭云莫適卜也彼亦非一帝摠饗五帝莫適卜也云諸侯長九命作伯者也者大宗伯云九命作伯注云上公有功德者加命爲二伯云獻公侯以下如其命數者大行人云上公饗禮九獻侯伯七獻子男五獻是也 王巡守殷國。則國君膳以牲犢。令百官百牲皆具。從者三公眡上公之禮。卿眡侯伯之禮。大夫眡子男之禮。士眡諸侯之卿禮。庶子壹眡其大夫之禮。

國君者王所過之國君也犢繭栗之犢也以膳天子貴誠也牲孕天子不食也祭帝不用也凡賓客則皆角尺令者掌客令主國也百牲皆具言無有不具備○從者才用反下注從賓同繭古典反【疏】王巡至之禮○釋曰王巡守則殷同殷同則殷國也王巡守至於四岳之下當方諸侯或所在經過或至方岳之下若殷國或在王城出畿外在諸侯之國所在之處皆設禮待王故巡守殷國並言也云則國君膳以牲犢者膳亦謂殷膳時也云令百官百牲皆具者此文與下爲目百官即三公已下是也云三公者明上公已下及侯伯子男禮備於大行人及掌客諸侯之卿及諸侯大夫禮亦備於聘禮及公食大夫也○注國君至具備○釋曰云國君者王所過之國君也者鄭偏舉一邊而言所在亦須共待云犢繭栗之犢也者王制云天地之牛角繭栗郊特牲云天子適諸侯諸侯膳用犢謂殷膳時特與祭天之牲同用犢則天子繭栗可知也云以膳天子貴誠也牲孕不食也祭帝不用也者皆郊特牲文言此者見天子與天同貴誠慤故用繭栗也云凡賓客則皆角尺者亦王制文云令者掌客令主國也者以其掌客掌諸侯已下牢禮故知掌客令也 凡諸侯之禮。上公五積。皆眡飧牽。三問皆脩。羣介行人宰史皆有牢。飧五牢。食四十。簠十。豆四十。鉶四十有二。壺四十。鼎簋十有二。牲三十有六。皆陳。饔餼九牢。其死牢如飧之陳。牽四牢。米百有二十筥。醯醢百有二十甕。車皆陳。車米眡生牢。牢十車。車秉有五藪。車禾眡死牢。牢十車。車三秅。芻薪倍禾。皆陳。乘禽日九十雙。殷膳大牢。以及歸。三饗。三食。三燕。若弗酌。則以幣致之。凡介行人宰史皆有飧饔餼。以其爵等爲之牢禮之陳數。唯上介有禽獻。夫人致禮八壺。八豆。八籩。膳大牢。致饗大牢。食大牢。卿皆見以羔。膳大牢。侯伯四積。皆眡飧牽。再問皆脩。飧四牢。食三十有二。簠八。豆三十有二。鉶二十有八。壺三十有二。鼎簋十有二。腥二十有七。皆陳。饔餼七牢。其死牢如飧之陳。牽三牢。米百筥。醯醢百甕。皆陳。米三十車。禾四十車。芻薪倍禾。皆陳。乘禽日七十雙。殷膳大牢。三饗。再食。再燕。凡介行人宰史。皆有飧饔餼。以其爵等爲之禮。唯上介有禽獻。夫人致禮八壺。八豆。八籩。膳大牢。致饗大牢。卿皆見以羔。膳特牛。子男三積。皆眡飧牽。壹問以脩。飧三牢。食二十有四。簠六。豆二十有四。鉶十有八。壺二十有四。鼎簋十有二。牲十有八。皆陳。饔餼五牢。其死牢如飧之陳。牽二牢。米八十筥。醯醢八十甕。皆陳。米二十車。禾三十車。芻薪倍禾。皆陳。乘禽日五十雙。壹饗。壹食。壹燕。凡介行人宰史皆有飧饔餼。以其爵等爲之禮。唯上介有禽獻。夫人致禮六壺。六豆。六籩。膳眡致饗。親見卿皆膳特牛。

積皆視飧牽謂所共如飧而牽牲以往不殺也不殺則無鉶鼎簋簠之實其米實于筐豆實實于甕其設筐陳于楹內甕陳于楹外牢陳于門西車米禾芻薪陳于門外壺之有無未聞三問皆脩脩脯也上公三問皆脩下句云羣介行人宰史皆有牢君用脩而臣有牢非禮也蓋著脫字失處且誤耳飧客始至致小禮也公侯伯子男飧皆飪一牢其餘牢則腥食者其庶羞美可食者也其設蓋陳于楹外東西不過四列簠稻粱器也公十簠堂上六西夾東夾各二也侯伯八簠堂上四西夾東夾各二子男六簠堂上二西夾東夾各二豆菹醢器也公四十豆堂上十六西夾東夾各十二侯伯三十二豆堂上十二西夾東夾各十子男二十四豆堂上十二西夾東夾各六禮器曰天子之豆二十有六諸公十有六諸侯十有二上大夫八下大夫六以聘禮差之則堂上之數與此同鉶羹器也公鉶四十二侯伯二十八子男十八非衰差也二十八書或爲二十四亦非也其於衰公又當三十於言又爲無施禮之大數鉶少於豆推其衰公鉶四十二宜爲二十八蓋近之矣則公鉶堂上十八西夾東夾各十侯伯堂上十二西夾東夾各八子男堂上十西夾東夾各四壺酒器也其設於堂夾如豆之數鼎牲器也簋黍稷器也鼎十有二者飪一牢正鼎九與陪鼎三皆設于西階前簋十二者堂上八西夾東夾各二合言鼎簋者牲與黍稷俱食之主也牲當爲腥聲之誤也腥謂腥鼎也於侯伯云腥二十有七其故腥字也諸侯禮盛腥鼎有鮮魚鮮腊每牢皆九爲列設于阼階前公腥鼎三十六腥四牢也侯伯腥鼎二十七腥三牢也子男腥鼎十八腥二牢也皆陳陳列也飧門內之實備于是矣亦有車米禾芻薪公飧五牢米二十車禾三十車侯伯四牢米禾皆二十車子男三牢米十車禾二十車芻薪皆倍其禾饔餼既相見致大禮也大者既兼飧積有生有腥有孰餘又多也死牢如飧之陳亦飪一牢在西餘腥在東也牽生牢也陳于門西如積也米横陳于中庭十爲列每筥半斛公侯伯子男黍粱稻皆二行公稷六行侯伯稷四行子男二行醯醢夾碑從陳亦十爲列醢在碑東醯在碑西皆陳於門內者於公門內之陳也言車者行字耳車米載米之車也聘禮曰十斗曰斛十六斗曰籔十籔曰秉每車秉有五籔則二十四斛也禾槀實并刈者也聘禮曰四秉曰筥十筥曰稷十稷曰秅每車三秅則三十稷也稷猶束也米禾之秉筥字同數異禾之秉手把

耳筥讀爲棟梠之梠謂一穧也皆陳橫陳門外者也米在門東禾在門西芻薪雖取數于禾薪從米芻從禾也乘禽乘行羣處之禽謂雉鴈之屬於禮以雙爲數殷中也中又致膳示念賓也若弗酌謂君有故不親饗食燕也不饗則以酬幣致之不食則以侑幣致之凡介行人宰史衆臣從賓者也行人主禮宰主具史主書皆有飧饔餼尊其君以及臣也以其爵等爲之牢禮之數陳爵卿也則飧二牢饔餼五牢大夫也則飧大牢饔餼三牢士也則飧少牢饔餼大牢也此降小禮豐大禮也以命數則參差難等略於臣用爵而已夫人致禮助君養賓也遷豆陳于戶東壺陳于東序凡夫人之禮皆使下大夫致之於子男云膳視致饗言夫人致膳於小國君以致饗之禮則是不復饗也饗有壺酒卿皆見者見于賓也既見之又膳之亦所以助君養賓也卿見又膳此聘禮卿大夫勞賓餼賓之類與於子男云親見卿皆膳特牛見讀如卿皆見之見言卿於小國之君有不故造館見者故造館見者乃致膳鄭司農說牽云牲可牽行者也故春秋傳曰餼牽竭矣秅讀爲秅秅麻苔之秅○鉶音刑牲三十牲音星下牲十有入受牲禮同筥姜呂反甕烏弄反藪素口反劉色縷反秅丁故反或宅加反乘繩證反下及注同食音嗣下食大牢再食壹食注不食同見賢遍反注下除相見讀皆同飪而甚反夾古洽反劉古協反下同衰初危反下同差初佳反又初宜反陪鼎音裴行戶剛反下文六行四行二行皆同從子容反稾古老反并必政反又必盈反曰總本又作緵子工反李又音摠把必馬反梠音呂擠才計反參初林反差初宜反復扶又反勞老報反造七報反注積皆至之秅秭徐音姊劉祖禮反

〔疏〕○釋曰云凡諸侯之禮者此一句與下爲搃目也此一經並是諸侯自相朝主國待賓之禮若然天子掌客不見天子待諸侯之禮而見諸侯自相待者天子掌客自掌天子禮則諸侯相待之禮無出得見今以天子之官輒見諸侯自相待以外包內天子待諸侯亦同諸侯自相待可知是以見諸侯相待之法也云上公五積皆眡飧牽一者公國自相朝是上公待上公之禮有五積皆眡飧一積眡一飧飧五牢五積則二十五牢言牽者數雖眡飧飧則一殺積全不殺並生致之故云牽侯伯四積皆眡飧牽飧四牢一積眡一飧則一積四牢摠十六牢亦牽不殺子男三積亦眡飧飧三牢一積三牢三積九牢亦牽之不殺也必牽之不殺者以其在道分置豫往故不殺之容至自殺也既云眡飧飧則有芻薪米禾之等故鄭解積皆依飧解之也云不殺則無鉶鼎者鉶鼎即陪鼎是也但殺乃有鉶鼎不殺則無鉶鼎可知侯伯子男皆然鄭云簠簋之實已下皆約公食大夫親食則有簠簋之實已下皆飪在俎若不親食使大夫各以其爵朝服以侑幣致之則生往今積既不殺與公食生致同故鄭皆約公食大夫解之間也云其設筐陳于楹內者彼云簠實于筐陳于楹內兩楹之間二以並南陳云饔陳於楹外者彼云豆實實于甕陳于楹外二以並北陳云牢陳於門西者彼云牛羊豕陳于門內西方東上是鄭皆依公食大夫之文也云車米禾芻薪陳于門外者此約聘禮致饔餼之文彼云米三十車設于門東爲三列東陳禾三十車設于門西西陳薪芻倍禾注云薪從米芻從禾是其事也侯伯子男積之簠豆米禾薪芻等陳列亦與此同也云壺之有無未聞者以其酒不可生致故云未聞云三問皆脩羣介行人宰史皆有牢者鄭云三問皆脩脩脯也對文脩是鍛脩加薑桂捶之者脯乾肉薄者散文脩脯一也云上公三問皆脩下句云羣介行人宰史皆有牢君用脩而臣有牢非禮也者言非禮者君尊用脩臣卑用牢故云非禮云蓋著脫字失處按下文凡介行人宰史皆在饗食燕下此特在上有人見下文脫此語錯差著於此更有人於下著訖此剩不去故云蓋著脫字失處也云且誤耳者下文皆云凡介此云羣介故云且誤耳云飧客始至致小禮也者按聘賓大夫帥至館卿致館即云宰夫朝服設飧是其客始至之禮言小禮者對饗餼爲大禮也云公侯伯子男飧皆飪一牢其餘牢則腥者鄭言此者下惟言腥不言飪此有鉶及鼎皆爲飪一牢而言以是經雖不言飪須言飪之矣云其餘牢則腥腥之數備於下也云食者其庶羞美可食者也其設之陳于楹外東西不過四列者前所陳皆約公食大夫致食之禮今按公食若不親食庶羞陳于碑內者設飧之時堂上皆有正饌無容庶羞之處楹外既空不須向碑內及堂下故疑在楹外陳之十以爲列故四列也公食陳于碑內者由饔陳于楹外故在下也必知爲四列見公食云庶羞東西不過四列故知也云簋稻粱器也者見公食大夫簋盛稻粱云公十簋堂上六西夾東夾各二也侯伯八簋堂上四西夾東夾各二子男六簋堂上二西夾東夾各二鄭知此者見聘禮致饔餼堂上二簋東西各二簋今此公十侯伯八子男六禮之道列堂上之數與東西夾之數堂上不多則等鄭遂以意裁之五等東西夾各二以外置於堂上故云公六侯伯四子男二也聘禮設飧鄭約致饔餼今亦約致饔餼也但聘禮設飧云西夾六無東夾之饌者蓋降於君禮故也云豆菹醢器也者見公食大夫及特牲少牢豆皆以豆盛菹醢故知也云公四十豆堂上十六至各六鄭以堂上豆數取聘禮致饔餼於上大夫八豆下大夫六豆並是堂上豆數又取禮器天子之豆二十有六豆諸公十有六諸侯十有二謂侯伯子男同則亦是堂上豆數可知以此文公言四十明十六在堂上餘二十四豆分之於東西夾此侯伯言三十二亦以十二爲堂上豆數餘二十分於東西夾各十此子男云二十四以十二爲堂上豆數其餘十二分爲東西夾各六其堂上豆數既約聘禮爲禮器東西多少鄭以意差之可知故云以聘禮差之則堂上豆數與此同也云鉶羹器也者鉶器名鉶器所以盛膷臐膮三等之羹故爲鉶羹云公鉶四十二侯伯二十八子男十八非衰差也者衰差之注上下節級似若九若七若五校一節是衰差今公四十二侯伯二十八子男十八公於侯伯子男大縣絕故云非衰差也云二十八書或爲二十四亦非也者侯伯若二十四爲比公四十二侯十八又以二十四比子男十八校六亦非其類故云亦非也云其餘衰公又當三十於言又爲無施者爲三十亦非衰法以其無所倚就故云無所施也云禮之大數鉶少於豆者案侯伯豆三十二鉶二十八子男豆二十四鉶十八是鉶少豆多公食大夫豆六鉶四是其鉶少於豆也云推其衰公鉶四十二宜爲三十八蓋近之矣者子男十八侯伯二十八公三十八以十爲降殺是其衰也言羞者無正文故疑而生蓋也云公鉶堂上十八西夾東夾各十侯伯堂上十二西夾東夾各八子男堂上十西夾東夾各四知如此差者亦約聘禮致饔餼兼以意準量而言云壺酒器也者司尊彝有兩壺尊春秋傳云尊以魯壺皆以壺爲酒尊也此所設亦約聘禮但彼堂上八壺東西夾各六壺此壺與豆數同四十故云其設於堂夾如豆之數也云鼎牲器者謂亨牲體之器云簋黍稷器也者鼎十有二者餼一牢正鼎九與陪鼎三皆設于西階前者其陪鼎三設于內廉云簋十二者堂上八西夾東夾各二知設如此者約聘禮而知之也牢鼎九者謂牛羊豕魚腊膚與腸胃鮮魚鮮腊陪鼎三者膷臐膮也云合言鼎簋者牲與黍稷俱食之主也者黍稷與衆饌爲主牲與羞物爲主是俱得爲食之主也此五等諸侯同簋十二按聘禮致饔餼堂上八簋東西夾各六簋摠二十簋彼臣多此君少者禮有損之而益故也云牲當爲腥聲之誤也腥謂腥鼎也於侯伯云腥二十有七其故腥字也者子男亦云牲十八是亦當爲腥聲之誤也云諸侯禮盛腥鼎有鮮魚鮮腊每牢皆九爲列設於阼階前者此皆約聘禮設飧而言案彼飪一牢在西鼎九羞鼎三腥一牢在東鼎七致饔餼云腥二牢鼎二七無鮮魚鮮腊設於阼階前西面陳如飪鼎二列此云三十六故知有鮮魚鮮腊也云飧門內之實備於是矣者鄭言此者欲見門內既備乃有車米之等也是以云亦有車米禾芻薪也云公飧五牢米二十車禾三十車已下皆約饔餼死牢而言以其饔餼云死牢如飧之陳上公五牢死侯伯四牢死子男三牢死皆如飧之陳明此米禾數如此云芻薪皆倍其禾者亦約饔餼禮也若然按聘禮米禾皆二十車者彼大夫禮豐小禮大夫飧二牢故米禾皆眡之米禾各二十車也云饔餼既相見致大禮也者知既相見所致者按聘禮記云聘日致饔鄭云急歸大禮是既相見致大禮也云大者既兼飧積有生有腥有孰餘又多也者假令上公饔餼九牢五牢死四牢牽上公五積皆眡飧牽則是一積五牢言兼飧死五牢與飧同言兼積者則兼不盡止兼四耳言兼積者以其牽與積同故云兼之也侯伯子男皆兼積不盡言餘又多者謂米禾芻薪醯醢芻米之屬云死牢如飧之陳者亦飪一牢在西餘腥在東也者約聘禮知之也云牽生牢也陳于門西如積者亦橫陳于門西而東上云米橫陳于中庭十爲列每筥半斛知然者前飧之陳及積之陳皆約聘禮致饔餼法今於此文積在前已說故以此饔餼向前知之故云如積也云如積則亦如聘禮饔餼也今此自米已下還約聘禮致饔餼法云公侯伯子男黍粱稻皆二行公于六行侯伯稷四行子男稷二行者彼云米百筥筥半斛設稷中庭十以爲列比上黍粱稻皆二行稷四行此以增稷餘不增故知公稷六行子男米八筥黍粱稻各二行更得二即足故知稷二行云醯醢夾碑從陳亦十爲列醯在碑東醢在碑西者彼注云夾碑在庭之中央也醯在東醯穀陽也醢肉陰也言夾碑故知從陳然侯伯醯醢百甕米自筥上介筥及甕如上賓上介四人米百筥此數多于子男與侯伯等者上公醯醢百二十甕與王舉百二十甕同故鄭志云此公乃二王後如是王之上公與侯伯俱用百甕子男八十甕其筥米皆同甕數此是尊卑之差至於聘禮乃是臣法自爲一禮不相與亦是損之而益云於公門內之陳也言車術字耳者言車截米之車不合在醯醢下言之又按侯伯子男醯醢下皆無車字故知術字也云車米截米之車也聘禮曰十斗曰斛十六斗曰籔十籔曰秉毎車秉有五籔則二十四斛也禾稾實并刈者也者聘禮記文云筥讀爲棟梠之梠謂一穧也者四有棟梠之言故讀從之亦曰一穧穧即詩云此有不斂穧穧即鋪也云皆橫陳門外者也米在門東禾在門西者皆約聘禮致饔餼法云芻薪雖取數於禾已下鄭以義言也云乘禽乘行羣處之禽謂雉鴈之屬者此禽謂兩足而羽者不兼四足而毛故云雉鴈以其兼有鴻鶩之等故云之屬是以大宗伯以禽作六摯有雉鴈雞鶩之等也云於禮以雙爲數者即此九十五十及士中日則二雙皆以雙爲數是也云殷中也中又致膳示念賓也者此爲牢禮之外見賓中間未至恐賓慮主人有倦更致此爵所以示念賓之意無倦也云若弗酌謂君有故不親饗食燕也不饗則以酬幣致之不食則以侑幣致之者此皆約聘禮文不言致燕者饗食在廟在寢禮惟言致饗食者以合在廟嚴凝之事不親即須致之燕禮褻不親酌益不致也云凡介行人鄭云行人主禮宰主具史主書者按王制云大史典禮執簡記大史職亦云執其禮事與此史主書行人主禮遠者大史在國則專主書故曲禮云史載筆士載言此云史止謂大史之屬官以其有爵等故知也云行人主禮者主賓客之禮大行人之類是掌賓禮也按聘禮云史讀

書宰執書告備具于君又掌餼具故公食大夫云宰夫具餼于房是掌具也云爵卿也則飧二牢饔餼五牢已下皆約聘禮賓之卿上介之大夫士介四人歸饔餼降殺而言也云此降小禮豐大禮也者小禮謂飧飧則去君遠矣并乘禽之等皆是小禮也大禮謂饔餼卿五牢子男卿與君等是豐大禮也云以命數則參差難等略於臣用爵而已者依命公侯伯卿三命大夫再命士一命子男卿再命大夫一命士不命并有大國孤一人四命是從孤已下通一命不命有五等若以此命數五等爲之則參差難可等級略於臣用爵而已爵則有三等易爲等級也言略於臣用爵則若不依爵而用命即諸侯爵五等命惟三等大行人掌客皆依命是也云夫人致禮助君養賓也籩豆陳于戶東壺陳于東序至下大夫致之知義然者見聘禮致饔餼下大夫韋弁歸禮堂上籩豆設於戶東東上亦以並東陳注設於戶東辟饌位壺設于東序北上南陳醙黍清皆兩壺約此故知之也若然不使卿者按內宰云致后之賓客之禮注謂之諸侯朝覲及女賓之賓客亦內宰是下大夫王后尚使下大夫況諸侯夫人乎故知使下大夫也云於子男云膳視致饗言夫人致膳於小國君以致饗之禮則是不復饗也饗有壺酒者公侯伯夫人致禮則云八壺八豆八籩與膳大牢致饗大牢三者各別彼子男夫人則云視膳致饗鄭云饗有壺酒則致膳無酒矣故云饗有酒若然子男夫人於諸侯惟有二禮矣聘禮夫人於聘大夫直有籩豆壺又不致饗是其差也云卿皆見者見于賓也既見之又膳之亦所以助君養賓也者言亦者亦大夫也云卿既見又膳此聘禮大夫勞賓餼賓之類與者按聘禮聘與賓卿館卿大夫勞賓賓不見大夫奠鴈再拜上介受注云不言卿卿爲大夫同執鴈下見於國君周禮凡諸侯之卿見朝君皆執羔勞上介亦如之又云餼賓大牢米八筐上介亦如之此朝君有膳無勞餼聘客有勞餼無膳明此事相當故云勞賓餼賓之類與約同之故云與以疑之云於子男云親見卿皆膳特牛見讀如卿皆見之見者上公侯伯直云卿皆見以羔於子男即云親見卿作文有異此言親見卿似朝君親自來見卿有此嫌故讀從上文卿皆見以兼之明此見亦是見朝君三卿之內有見者不見者若故造館見則致膳若不故造館見則不致膳是以鄭云言卿於小國之君有不故造館見者故造館見者乃致膳也先鄭訓牽云牲可牽行者也故春秋傳曰餼牽竭矣者按僖三十二年左氏傳云杞子自鄭告于秦曰鄭人使我掌其北門之管若潛師以來國可得也秦師將至鄭鄭人知之使皇武子辭焉曰吾子淹久於弊邑惟是脯資餼牽竭矣注餼死牢牽生牢引之證牽亦生牢未殺者也云秅讀爲秅秭麻荅之秅者時有秅秭麻荅之言故讀從之秅是束之揔名如詩云萬億及秭秭亦數之揔號荅是鋪名刈麻者數把共爲一鋪言此者見秅爲束之揔號之意也

凡諸侯之卿大夫士爲國客。則如其介之禮以待之。言其特來爲問待之禮如其爲介時也然則聘禮所以禮賓是亦禮介〔疏〕注言其至禮介○釋曰前文云凡介行人宰史是從君之法今言此者見不從君而特來聘問者亦有三等之爵爵卿也爵大夫也爵士也若大聘曰聘卿爲賓大夫爲上介士爲衆介小聘曰問大夫爲賓介皆士也故歷言卿大夫也云待之禮如其爲介之時者則前注爵卿已下是也云然則聘禮凡所以禮賓是亦禮介者此即聘禮致饔餼之時賓與上介衆介皆別行於館者是也

凡禮賓客。國新殺禮。凶荒殺禮。札喪殺禮。禍烖殺禮。在野在外殺禮。皆爲國省用愛費也國新新建國也凶荒無年也禍烖新有兵寇水火也○爲于僞反下同費芳味反〔疏〕注皆爲至火也○釋曰云國新新建國也者謂若刑新國用輕典鄭云新新辟地立君之國故云新建國也云凶荒無年也者此則曲禮云歲凶年穀不登者也云禍災者兵寇來侵爲禍水火來害爲災也云在野在外殺禮者以其野外忽遽禮物不可卒備故亦殺之

凡賓客死。致禮以喪用。死則主人爲之具而殯矣喪用者饋奠之物〔疏〕注死則至之物○釋曰若諸侯之君出行則以三年之戒以椑從死時除棺之外主人皆借之若臣從者死棺物皆共之云死則主人爲之具而殯矣者此乃在館權殯還日以柩行知者時賓死以柩造朝是也云喪用者饋奠之物者小斂特豚一鼎大斂時特豚三鼎之類是也

賓客有喪。惟芻稍之受。不受饗食饗食加也喪謂父母死也客則又有君焉芻給牛馬稍人稟也其正禮飧饔餼主人致之君則受○稍所教反舊踈詔反〔疏〕注不受至則受○釋曰上文賓客身死此文據爲賓客聘至彼國後有喪來告者云惟芻稍之受者君行師從卿行旅從須得資給故受芻稍也云不受饗食饗食加也者二者並速賓於廟飲食之事故自爲而不受之聘禮亦云聘君若薨于後入境則遂受禮注云受饔餼也不受饗食云喪謂父母死也者據正賓而言若諸侯正應母死而有父者或始封之君舊爲卿大夫容有父或父有廢疾不立已受位於祖亦云有父也云客則又有君焉者謂介已下非直有父母又有君喪以其俱三年故聘禮若有私喪則哭于館衰而居云芻給牛馬者從行之牛馬云稍人稟也者師從旅從須給稍即月稟是也飧饔餼主人致之則受者以正禮故受之若饗食加主人致之亦不受也

遭主國之喪。不受饗食。受牲禮。牲亦當爲腥聲之誤也有喪不忍煎烹正禮飧饔餼常熟者腥致之也○煎子然反劉子賤反亨普庚反劉普孟反〔疏〕注牲亦至之也○釋曰牲亦當爲腥者亦上文公與子男腥三十有六當爲腥是也主人有喪不忍煎烹腥致之也按聘禮聘遭喪入境則遂也注云遭喪主國君薨也主人畢歸禮注云賓所飲食不可廢也禮謂饔餼饗食賓惟饔餼之受注云受正不受加饗食雖主人歸賓賓不受其加若饗主人致之亦應受以其正受腥禮

掌訝掌邦國之等籍。以待賓客。等九儀之差數〔疏〕注等九儀之差數○釋曰九儀之差數即大行人命者五爵者四以九以七以五爲差數是也

若將有國賓客至。則戒官脩委積。與士逆賓于疆。爲前驅而入。官謂牛人羊人舍人委人之屬士訝士也既戒乃出迎賓〔疏〕注官謂至迎賓釋曰云國賓客至者謂五等諸侯及其臣來朝聘至謂入畿內至廬宿市當共待之以委積有牛羊豕米禾芻薪之等故知戒官者謂牛人已下也舍人掌給米稟委人掌芻薪之委布於道遺人道上十里有廬廬有飲食三十里有宿宿有委五十里有市市有積之等是也

及宿則令聚欜。令令野廬氏○廬力於反〔疏〕注令令野廬氏○釋曰知令野廬氏其職云有賓客令其地之民聚欜之故知也

及委則致積。以王命致于賓〔疏〕注以王命致于賓○釋曰凡致禮于賓無非王命故知以王命

至于國賓入館。次于舍門外。待事于客。次如今官府門外更衣處待事于客通其所求索○索色白反〔疏〕注次如至求索○釋曰賓客至王使卿致館掌訝既爲賓客前驅入館掌訝次止于舍門外待事于客于次如今官府門外更衣處舉漢法以況之即今門外亦然

及將幣爲前驅。道之以如朝○道音導下文注道之道賓道王同〔疏〕注道之以如朝○釋曰將幣謂至行朝聘之日道之以如朝謂至大門外之朝也

至于朝。詔其位。入復。及退。亦如之。鄭司農云詔其位告客以其位次也入復客入則掌訝出復其故位也客退復入迎爲之前驅至于館也玄謂入復者入告王以客至也退亦如之如其爲前驅○退復扶又反爲之于僞反亦如字〔疏〕注鄭司至前驅○釋曰解諸侯外朝之法有二稱解之或解取閟公傳季友將生間于兩社爲公室輔注云兩社周社亳社此二社在大門內門外既云兩社爲公室輔則外朝所在也或解以爲聘禮聘賓在外卒以柩造朝柩不可入公門造朝朝在大門外可知是其兩解不同驗此文云于朝者即是大門外陳擯介之處言朝即外朝在大門外於義可矣云詔其位者謂告賓門外立位云入復者復白也白王賓已至位云及退亦如之者賓客行朝聘訖出還館謂之退亦如前與之道至館先鄭以入復爲掌訝詔客自復已之故位後鄭不從以入復爲入白王於義爲允也

凡賓客之治令訝。訝治之。賓客之治謂欲正其貢賦理國事也以告訝訝爲如朝而理之○治直吏反注下同爲于僞反下注爲同〔疏〕注賓客至理之○釋曰但諸侯之理其事衆多鄭以貢賦爲主兼再理國事以該之

凡從者。出則使人道之。從者凡介以下也人其屬胥徒也使道賓客之從者營護之○從才用反注同〔疏〕注從者至護之○釋曰從者凡介以下也者上掌客凡介行人宰史從賓客來者皆是從者也知人是其屬胥徒也者訝士即下士下士使人明使在下胥徒之等故知胥徒也云營護之者使不得侵陵從者也

及歸。送亦如之。如之者送至於竟如其前驅聚欜待事之屬○竟音境〔疏〕及歸送亦如之○釋曰來時訝爲之道令歸又爲之道及聚欜待事皆如前故云亦如之

凡賓客諸侯有卿訝。卿有大夫訝。大夫有士訝。士皆有訝。此謂朝覲聘問之日王所使迎賓客于館之訝〔疏〕注此謂至之訝○釋曰此訝是諸侯朝覲卿大夫士聘問之日訝之入至朝聘之時按聘禮記云卿訝卿大夫訝大夫士訝士皆有訝賓即館訝將公命注云使已迓待之命又見之以其摯注云訝將舍於館之外宜相親也聘問之日亦使之訝者但天子有掌訝之官即館之訝餘事皆掌主之惟朝覲聘問之日使卿大夫訝諸侯兼官故大夫士爲訝賓即館時即爲之訝與此掌訝不同也

凡訝者。賓客至而往。詔相其事。而掌其治令。相息亮反

掌交掌以節與幣巡邦國之諸侯。及其萬民之所聚者。道王之德意志慮。使咸知王之好惡。辟行之。節以爲行信幣以見諸侯也咸皆也辟讀如辟忌之辟使皆知王之所好者而行之知王

所惡者辟而不爲○好呼報反注下皆同惡烏路反注同辟音辟注同〔疏〕掌交至行之○釋曰按序官掌交中士八人今言掌以節與幣巡邦國之諸侯及萬民之所聚者道王之德意志慮使咸知之者天下九州千六百餘國使皆周徧必無偏理今言之者蓋是國有不和合者偏使知之也

使和諸侯之好。有欲相與脩好者則爲和合之〔疏〕注有欲至合之○釋曰下有結其交好爲朝聘則此好謂使爲婚姻之好也是以鄭云有欲脩好者則爲和合之

達萬民之說。說所喜也達者達之于王若其國君○說音悅注同〔疏〕注說所至國君○釋曰掌交既巡民間見民有喜說之事王與國君未知掌交通達于王及國君也

掌邦國之通事。而結其交好。通事謂朝覲聘問也〔疏〕注通事至問也釋曰言邦國通事是兩國交通之事惟有君臣朝覲聘問之事結使交好故以朝覲聘問解則易云先王建萬國親諸侯也

以諭九稅之利。九禮之親。九牧之維。九禁之難。九戎之威。諭告曉也九稅所稅民九職也九禮九儀之禮九牧九州之牧九禁九法之禁九戎九伐之戎○難乃旦反〔疏〕注諭告至之戎○釋曰云九稅所稅民九職也者太宰云以九職任萬民既任之使之營種田即稅之三農生九穀稅九穀園圃蔬草木稅草木九稅唯臣妾聚斂蔬材者無稅故言九稅耳今掌交還以此九稅之法告曉使之任之稅之故云九稅所稅民九職也云九禮九儀之禮者以其大行人小行人掌訝皆掌九儀之禮以其專據諸侯國不得以大宗伯九儀解此也言之親則朝聘是也云九牧之維者大司馬九法建牧立監以維邦國故云維九禁之難言大司馬設九法使邦國有所畏難云九戎之威者大司馬設九伐有所威刑故言難言威也

掌察　闕

掌貨賄　闕

朝大夫掌都家之國治。都家王子弟公卿及大夫之采地也主其國治者平理其來文書於朝者○治直吏反注下同〔疏〕朝大至國治○釋曰都家同言國者雖有百里五十里二十五里不同皆謂之國此則王制云畿內九十三國者也云國治者都家有交書來者平理之也○注都家至朝者○釋曰王子弟亦以親疏分置於三處食采地公卿大夫者公百里任疆地卿五十里任縣地大夫五十里任稍地

日朝以聽國事故以告其君長。國事故天子之事當施於都家者也告其君長使知而行之也君謂其國君長其卿大夫也○長丁丈反注同〔疏〕注國事至夫也○釋曰云日朝者朝大夫日日在朝以聽受國事故天子之事以告采地之君長也云君謂其國君長其卿大夫也者揔而言之皆曰國君別而言之惟三公及王子弟得稱國君卿大夫揔稱長是以司裘國君共熊侯豹侯卿大夫共麋侯是其別稱也

國有政令。則令其朝大夫。使以告其都家之吏〔疏〕注使以至之吏○釋曰上文據天子國事遣朝大夫告君長此經據天子政令告朝大夫之事

凡都家之治於國者。必因其朝大夫。然後聽之。唯大事弗因。謂以小事交書來者朝大夫先平理之乃以告有司也大事者非朝大夫所能平理〔疏〕凡都至弗因○釋曰此經據都家有事上諸王府之事

凡都家之治有不及者。則誅其朝大夫。不及謂有稽殿之○殿都練反〔疏〕注不及至殿之○釋曰都家治有不及稽殿誅朝大夫者以其朝大夫專主都家責其不能催促故也

在軍旅。則誅其有司。有司都司馬家司馬〔疏〕注有司至司馬釋曰言此者見軍旅不干朝大夫之事都司馬王家之司馬王臣爲之者家司馬卿大夫使家臣自置其司馬者也諸言闕者皆是因秦燔滅其籍漢與購求不得也

都則　闕

都士　闕

家士　闕

周禮注疏卷三十八校勘記　阮元撰盧宣旬摘録

附釋音周禮注疏卷第三十八

司儀

所謂爲壇壝宮也　大字本無爲此衍

冬禮月四瀆於北郊　大字本月下有與諸本皆脫監本冬誤東

三成爲昆侖丘　諸本同釋文亦作昆侖大字本作崑崙

公善言義　閩監本同誤也大字本錢鈔本嘉靖本毛本善作言當據以訂正

明者木也　孫志祖云明上脫方

謂執玉而前見於王也　大字本前見誤倒釋文出見王二字則於當爲衍文

王燕則諸侯毛　唐石經諸本同釋文曰諸侯毛劉本作毫音毛按劉昌宗本知古文經借毫爲毛

旅請爲旅於太山之旅　大字本岳本嘉靖本皆作太山閩監毛本改泰山非疏中並同

按聘禮遣卿行勞禮　惠校本同閩監毛本按誤彼

車迎拜辱者　閩監毛本同誤也大字本宋本嘉靖本迎作逆當據正此引經句當如經作逆

車送迎之節　大字本作迎送誤倒

立當車軹也　大字本無也

交賓三辭者　閩監毛本賓作擯

主人坐奠爵于階前　閩監毛本階作堦

致飱如致積之禮　錢鈔本嘉靖本閩監本同釋文唐石經大字本毛本飱作飧下同○按作飧與說文合作飱則易與唐人所作餐字混

賓車進荅拜　唐石經大字本嘉靖本同閩監毛本荅改答非注及下同此本疏中亦作荅

賓當爲儐　大字本儐作擯下並同按疏中引注云敵者曰擯釋文云依注賓音擯皆從手作擯漢讀考云以賓爲儐古文假借也聘禮少牢饋食儐字亦多作賓依說文儐擯同字皆訓導也而鄭君說禮擯爲導儐爲禮賓其分別與許不同

三還三辭主君一請者賓亦一還一辭　浦鏜云者字當在三還三辭下按釋文云主君一請賓亦一還一辭者引注請下無者當如浦說

既入門迴面東　浦鏜云而誤面

車送拜辱巳是主人　浦鏜云逆誤送

惟饗食速賓耳　大字本惟作唯

公於賓一食再饗　閩監毛本一作壹下同

致聘郊送亦然可知也　惠校本聘作贈此誤

恐疑顚到　到古倒字浦鏜云倒誤到非

儐主君也　大字本儐作擯下同

謂玉帛皮馬也　賈疏引注作謂玉帛乘馬也諸本作皮誤

君遺卿勞　浦鏜云遣誤遺

賓當爲擯　諸本擯作儐此與下同

擯用束錦　大字本閩監毛本同岳本嘉靖本擯作儐

釋曰按諸禮　閩監毛本作儀禮

惟君相入　大字本嘉靖本惟作唯

享及有言　大字本岳本下有也

鄭司農云說私面　錢鈔本嘉靖本閩監毛本同誤也大字本岳本作鄭司農說無云字當據以刪正六經正誤所據本已衍

楚公子棄疾見鄭伯以其乘馬私面　錢鈔本閩監毛本同大字本宋本嘉靖本棄作弃乘作艮當據正作乘馬者當依今本左傳改

雖是異國之臣　閩監毛本是作見

寡君命臣于庭　大字本作命使臣諸本皆脫使字當補○按此無使字亦可

客從拜辱于朝　唐石經諸本同釋文作客刃云本又作從同刃爲从之訛

君館至于朝　閩本同監毛本于改於非下引經句準此

行夫

元謂夷發聲　漢讀考云故書作夷今書作焉司農從故書鄭君從今書也夷發聲當是焉發聲之誤焉

猶於也於行人之使則爲之介焉爲發聲見禮記三年問淮南時則訓公羊傳宣六年楚辭招魂今俗本多誤

環人

令令野廬氏也　錢鈔本廬誤盧

事不畏門關苛留　浦鏜云事疑自字誤

象胥

謂其君以世一見來朝　釋文作壹見非

以不能行中國禮及共行朝聘　惠校本以作雖聘作覲此誤

不是中國　此本不字實缺今據惠校本補閩監毛本作亦非

而言協其辭言傳之者　此本而字實缺今據惠校本補閩監毛本作今言

謂若外之衆須譯語者也　閩本同監毛本若作君

而口徧其禮儀　大字本宋本嘉靖本作詔徧閩監毛本作相徧非

謂王有賜與之者也　此本者字實缺今據惠校本補閩監毛本作禮非

掌客

無一一相敵　惠校本同閩監毛本一一誤并爲二

王巡守殷國　唐石經諸本同沈彤云國當作同字之誤也

殷同則殷國也　按當作殷國則殷同也賈疏本是殷國

牲三十有六　唐石經三十作卅下米百有二十筥二十作廿下並同○按開成石經之例書三十皆作卅書二十皆作廿而仍讀爲三十二十不比古文卅讀穌合切廿讀人執切

車乘有五籔　閩監本同誤也唐石經大字本錢鈔本嘉靖本毛本乘皆作秉當據正葉鈔釋文作五藪

乘禽日九十雙　唐石經大字本嘉靖本同閩監毛本雙作雙非

三饗再食再燕　唐石經諸本同浦鏜云內宰職金疏及覲禮注並作再饗三字誤

致饔大牢　唐石經諸本同閩監本饔誤饗石經考文提要云宋本九經宋纂圖互注本附釋音余仁仲本皆作致饗

醯醢八十罋　閩監本罋誤甕

其米實于筐　大字本作其盦實于筐非也

筥稻粱器也　浦鏜云粱誤梁按閩監毛本疏中引注作粱

宜爲二十八　閩監本同誤也大字本錢鈔本嘉靖本毛本二作三當據正

與陪鼎三　大字本錢鈔本嘉靖本毛本同閩監本陪作倍疏中仍作陪按釋文作倍鼎

皆陳於門內者　諸本同大字本於作于

禾稾實并刈者也　大字本嘉靖本同誤也錢鈔本閩監毛本稾作稾當據正釋文亦作稾葉鈔本從木非

十筥曰稯　釋文作日總云本又作緵○按字从禾㚇聲不同稯字有四點

筥讀爲棟梠之梠　漢讀考作讀如云今本作讀爲誤

尊其君以及臣也　閩監毛本同大字本嘉靖本及下有其當據補

以其爵等爲之牢禮之數陳　浦鏜云陳數字誤倒

卿見又膳　賈疏引注云卿既見又膳諸本俱脫既字

秅讀爲秅秭麻荅之秅　大字本岳本嘉靖本同閩監毛本作秅秭麻荅非○按說文荅小未也未者豆也字从艸借以爲問荅字从竹大誤

侯伯四積皆眡飧牽　惠校本皆上有亦飧當从夕

對文脩是鍜脩　惠校本閩本同監毛本鍜誤段○按儀禮作段脩段椎也說文無腶字後人加肉旁

案聘賓大夫帥至館卿致館　惠校本同閩監毛本聘賓倒卿字毛本同閩監本誤鄉

見公食大夫及特牲少牢豆　浦鏜云豆當禮字誤

既約聘禮爲禮器　浦鏜云與誤爲

爲比公四十二侯十八　浦鏜云校誤侯

云其餘衰公又當三十　惠校本餘作於此誤

故疑而生蓋也　浦鏜云生當云之誤

云鼎牲器者謂亨牲體之器　惠校本器下有也此脫監毛本亨改烹閩本誤享

與腸胃鮮魚鮮腊　監本胃誤胄

案聘禮米禾皆二十車者　浦鏜云三誤二

四有棟梠之言　四蓋世之訛閩監毛本作卽蓋時之誤

稍卽鋪也　漢讀考鋪作秿云今本誤

更致此爵　浦鏜云爵當膳字訛

饗食在廟在寢　惠校本廟下有燕此脫

則若不依爵而用命　惠校本若作君此誤

彼子男夫人　惠校本彼作於此誤監本男誤另

卿爲大夫同執鴈　浦鏜云與誤爲

似朝君親自來見卿　浦鏜云來誤夾

言其特來爲問　閩監本同誤也大字本錢鈔本嘉靖本毛本作聘問當據以訂正

然則聘禮所以禮賓　閩監本同誤也大字本錢鈔本嘉靖本毛本聘禮下有凡字當據以補正

大斂時特豚三鼎　宋本無時此衍

惟芻稍之受　錢鈔本閩監毛本同唐石經大字本嘉靖本惟作唯當據正

其正禮殯饗餼　閩監本同誤也大字本錢鈔本嘉靖本毛本作饔餼當據以訂正此本及閩監本疏中亦作饔餼

卿行旅從　閩本同監毛本卿誤鄉下卿大夫監本誤鄉

正應毋死而有父者　按正當止之誤

師從旅從須給稍　惠校本須上有者

遭主國之喪　此本主誤三閩監本誤王今據唐石經諸本訂正

有喪不忍煎烹　閩監本同大字本錢鈔本岳本嘉靖本毛本烹作亨當訂正釋文亦作亨

正禮殯饔餼常熟者　閩監本同毛本作常孰皆誤也大字本岳本嘉靖本作當孰者當據以訂正

亦上文公與子男腥三十有六　盧文弨云腥當作牲

掌訝

則戒官修委積　按大字本修作脩

告客以其位次也　閩監毛本同大字本宋本嘉靖本次作處當據正儀禮經傳通解亦作處

兼再理國事以該之　惠校本再作有此誤

王所使迎賓客于館之訝　大字本嘉靖本閩本同錢鈔本監毛本于作於

卿訝卿大夫訝大夫士訝士　浦鏜云卿下誤衍訝卿二字

使已送待之命　閩監毛本送誤還按送當作迎

掌交

蓋是國有不和洽者　閩監本同毛本和洽作知治

達者達之于王　大字本嘉靖本閩本同錢鈔本監毛本于作於疏同

園圃蔬草木　浦鏜云蔬誤蔬

朝大夫

見軍旅不于朝大夫之事　監毛本同誤也閩本于作干當據正

都則　自都則起至衆士闕止唐石經大字本錢鈔本嘉靖本毛本同閩監本缺

附釋音周禮注疏卷第三十九

鄭氏注　賈公彥疏

冬官考工記第六。陸曰鄭云此篇司空之官也司空篇亡漢興購千金不得此前世識其事者記録以備大數爾〈疏〉冬官考工記。釋曰鄭目録云象冬所立官也是官名司空者冬閉藏萬物天子立司空使掌邦事亦所以富立家使民無空者也司空之篇亡漢興購求千金不得此前世識其事者記録以備大數古周禮六篇畢矣古周禮六篇者天子所專秉以治天下諸侯不得用焉六官之記可見者堯育重黎之後羲和及其仲叔四子掌天地四時夏書亦云乃召六卿商周雖稍增改其職名六官之數則同矣。釋曰鄭義既然今按漢書藝文志云經禮三百威儀三千及周之衰諸侯將踰法度惡其害已皆滅去其籍孔子時而多不具故鄭注鄉飲酒云後世衰微幽厲尤甚禮樂之書稍稍廢棄孔子曰吾自衛反魯然後樂正雅頌各得其所謂當時在者而復重雜亂者也惡能存其亡者乎以此觀之冬官一篇其亡已久有人尊集舊典録此三十工以爲考工記雖不知其人又不知作在何日要知在於秦前是以得遭秦滅焚典籍韋氏裘氏等闕也故鄭云前世識其事者記録以備大數耳此記人所爲雖不同周禮體例亦爲序致首末相承總有七段明義從國有六職至謂之婦工言百工事重在六職之內也從越無鎛至夫人而能爲弓車言四國皆能其事不須置國工也從知者創物至此皆聖人所作言聖人創物之意也從天有時至此天時也言材雖美工又有巧不得天時則不良也從攻木之工至陶旊言工之多少之數及工別所宜也從有虞氏至周人上輿論四代所尚不同之事也從一器而工聚焉者車爲多言專據周家所尚之事也

國有六職。百工與居一焉。百工司空事官之屬於天地四時之職亦處其一也司空掌營城郭建都邑立社稷宗廟造宮室車服器械監百工者唐虞已上曰共工。與音預監古銜反上時掌反凡言以上放此共音恭〈疏〉國有至一焉。釋曰此經與下文爲摠目云國有六職者謂國家之事有六種職掌就六職之中百工與居其一分六職即下云或坐而論道至治絲麻以成之是也。注百工至共工。釋曰云百工司空事官之屬者鄭據本而言按小宰職云六曰冬官其屬六十掌邦事此百工即其屬六十言百者舉大數耳但爲其篇亡故六十之官不見記人以此三十工代之也言百即據全則三十工亦一也云於天地四時之職亦處其一也者記人本意以國有六職據此下文或坐而論道已下百工與居其一鄭以此爲本又以天地四時六職天官冢宰下地官司徒之等官主百工亦居其一分云司空掌營城郭已下並此下文見有其事按匠人云營國方九里國中九緯城隅之等是營城郭都城之制及井方一里之等是營都邑左祖右社是營社稷宗廟夏后氏世室殷人重屋之等是營宮室也車人云羊車柏車是營車也繪畫之事是營服也梓人陶人之等是營禮樂之器也治氏矢人弓人之等是營器械即兵器也故鄭依而言之也云監百工者唐虞以上曰共工者按大史公楚世家云共工作亂帝使重黎誅之又按舜典云帝曰疇若予工僉曰垂哉帝曰俞咨垂汝共工是唐虞已上曰共工者二也若然唐虞以上皆曰共工堯時暫爲司空是以尚書舜典二十八載後咨四岳欲置百揆僉曰伯禹作司空注云初堯冬官爲共工舜舉禹治水堯知有強法必有成功改命司空以官異之禹登百揆後更名共工是其事也

或坐而論道。或作而行之。或審曲面埶。以飭五材。以辨民器。或通四方之珍異以資之。或飭力以長地財。或治絲麻以成之。言人德能事業之不同者也論道謂謀慮治國之政令也作起也辨猶具也資取也操也鄭司農云審曲面埶審察五材曲直方面形埶之宜以治之及陰陽之面背是也春秋傳曰天生五材民並用之謂金木水火土也故書資作齊杜子春云齊當爲資讀如冬資絺綌之資玄謂此五材金木皮玉土。埶音勢飭音勑下同辨皮莧反具也注及下同長丁丈反下同操七曹反〈疏〉或坐至成之。釋曰此六者即上文之六職也此皆舉其事下文皆言其人以覆之。注言人至玉土。釋曰言人德者坐而論道是也言人能者作而行之是也言人之事審曲面埶是也言人之業通四方珍異飭力以長地材治絲麻以成之三者是也云論道謂謀慮治國之政令此即尚書成王周官云立大師大傅大保茲惟三公論道經邦燮理陰陽是謀慮治國之政令使陰陽順敘也先鄭云審曲面埶審察五材曲直方面形勢之宜以治之者謂若弓人夾弓庾弓往體多來體寡利射侯與弋鄭云射遠者用埶若王弓弧弓往體寡來體多之類皆是審察五材曲直方面形勢之宜也云及陰陽之面背是也者謂若下云斬轂之道必矩其陰陽是記其陰陽之面背也云春秋傳曰虞氏襄二十七年宋西門之盟欲弭諸侯之兵云天生五材民並用之廢一不可先鄭以五材金木水火土後鄭不從子春以資讀如冬資絺之資按越語云句踐會稽之上乃號令三軍有助寡人謀而退吳者吾與共知越國之政大夫鍾進對曰臣聞之賈人夏則資皮冬則資絺旱則資舟水則資車以待之夫雖無四方之憂然謀臣與爪牙之士不可不養今王既棲會稽之上然後乃求謀臣無乃後乎是其事也玄謂此五材金木皮玉土者言此以對彼之五材金木水火土若然玄知有皮玉無水火者以百工定造器物之八水火單用不得爲器物故不取之知有皮玉者此三十工內函人爲甲韗人爲皐陶造鼓鮑人主治皮又有玉人之等故知有皮玉無水火者也

坐而論道。謂之王公。天子諸侯〈疏〉注天子諸侯。釋曰以公爲諸侯者公君也諸侯是南面之君故知是諸侯也若然尚書三公云論道經邦燮理陰陽鄭不言者三公有成文不言可知故夏傳注云坐而論道謂之王公通職民無正官名是其義也

作而行之。謂之士大夫。親受其職居其官也〈疏〉注親受至官也。釋曰此即設官分職治職教職之等是也

審曲面埶以飭五材。以辨民器。謂之百工。五材各有工言百衆言之也〈疏〉審曲至百工。釋曰審察之名用材之法皆須審其曲直形勢然後飭五材。注五材至之也。釋曰按六官其屬止有六十五材各有工不過六十而已以是言百者衆言之也

通四方之珍異以資之。謂之商旅。販賣之客也易曰至日商旅不行。販甫萬反〈疏〉注商旅至不行。釋曰按大宰九職注行曰商處曰賈商旅賈客也行商與處賈爲客此文無賈直云商旅商是販賣之人故云販賣之客也云易曰者復卦象辭文也是一日之中商旅不行餘日即行是行曰商也

飭力以長地財。謂之農夫。三農受夫田也〈疏〉注三農受夫田也。釋曰飭勤也地財穀物皆是勤力以長地財謂之農夫按大宰云三農生九穀遂人云夫一廛田百畝是三農受夫田也

治絲麻以成之。謂之婦功。布帛婦官之事〈疏〉注布帛婦官之事。釋曰此記人所録衆工本擬亡篇六十而作唯篇百工一事而已舉餘五者欲重此百工與五者爲類之意若然百工並是官餘五者或非官知然者王公及士大夫百工並官其商旅農夫婦功三者非官據九職而言三者皆是出稅之色故大宰云三農生九穀商賈阜通貨賄嬪婦化治絲枲出稅以當九功也鄭云婦官據典婦功爲婦官此治絲麻者婦官所統攝故言婦官也

粤無鎛。燕無函。秦無廬。胡無弓車。此四國者不置是工也鎛田器詩云庤乃錢鎛又曰其鎛斯搠鄭司農云函讀如國君含垢之含函鎧也孟子曰矢人豈不仁於函人哉矢人唯恐不傷人函人唯恐傷人廬讀爲纑謂矛戟柄竹欑柲或曰摩鐧之器胡今匈奴。粤音越鎛音博注及後同燕音烟函戶南反後同盧魯吳反下皆同本或作蘆徐直里反錢子淺反搠音趙一音大了反垢工口反鎧苦大反纑音盧下同欑才官反李音綦柲音祕劉音筆鐧力庶反〈疏〉粤無至弓車。釋曰此經與下經爲目此粤越國乃是古之語辭之曰即今之越字也言無鎛無函無廬無弓車謂無此鎛官函官之等也。注此四至匈奴。釋曰鄭知此四國不置是官者取下經覆解是不置之事知鎛田器者越地多泥用此鎛者多故下云夫人而能爲鎛故知鎛田器是以引詩云庤乃錢鎛彼注云錢銚鎛鎒又曰詩云其鎛斯搠彼注搠剌也引之者證鎛爲田器非鍾鎛者也先鄭云函讀如國君含垢之含者按左氏宣公十四年秋九月楚子圍宋十五年宋人使樂嬰齊告急于晉晉侯欲救之伯宗曰不可又曰川澤納汙山藪藏疾瑾瑜匿瑕國君含垢天之道也彼勸晉侯忍不救宋之事引之證含是含容之義也引孟子者證含是甲之意云盧讀爲纑者纑縷之纑取細長之義也云謂矛戟柄竹欑柲者按下廬人云爲廬器戈長六尺有六寸惟言殳戟矛柄之等故知爲戟柄也云竹欑柲者漢世以竹爲之欑欑謂柄之入銎處柲即柄也云或曰者或有人解廬磨鐧之器者但柄須磨鐧使滑故爲此釋引之在下者得爲一義故也

粤之無鎛也。非無鎛也。夫人而能爲鎛也。燕之無函也。非無函也。夫人而能爲函也。秦之無廬也。非無廬也。夫人而能爲廬也。胡之無弓車也。非無弓車也。夫人而能爲弓車也。言其丈夫人人皆能作是器不須國工粤地塗泥多草薉而山出金錫鑄冶之業田器尤多燕近強胡習作甲胄秦多細木善作矜柲匈奴無屋宅田獵畜牧逐水草而居皆知爲弓車。夫人徐方無反沈音扶薉音穢劉云穢字之異者近附近之近矜其巾反李其京反畜牧許又反下音木又音密〈疏〉注言其至弓車。釋曰皆覆釋上文言人人皆能不須置國工之意注言其丈夫人人皆能作是器不須國工者凡置官之法所以教示在下上行之下効之今一國皆能不須教示不置其官關石和鈞王府則有宮民足用也如鄭此讀則夫人與君之夫人同號讀之也云越地塗泥多草薉而山出金錫者目驗如是也金工皆和錫故兼錫而言也云秦多細木者亦目驗可知云矜柲者矜即前注欑一也。

知者創物。

謂始闓端造器物若世本作者是也。知音智創初亮反依字作刱闓音開〔疏〕注謂始至是也。釋曰此知者即下文聖人一也運用謂之知通物謂之聖凡知聖有若六德之知仁聖義之知聖則據賢人已下此言知聖則濬哲文明之等也引世本作者無句作磬儀狄造酒之等皆非聖知相理佐知所爲則皆由聖知而起是以聖人之時有此世本所作也。巧者述之守之世謂之工。父子世以相教〔疏〕注父子世以相教。釋曰此世謂若管子書云工之子商之子四民之業皆云世者習也。百工之事皆聖人之作也。事無非聖人所爲也〔疏〕注事無至爲也。釋曰據世本作篇多非聖人親爲要君統臣功故皆聖人統攝之也。爍金以爲刃。凝土以爲器。作車以行陸。作舟以行水。此皆聖人之所作也。凝堅也故書舟作周鄭司農云周當作舟。爍徐劉音余灼反義當作鑠始灼反〔疏〕注凝堅至作舟。釋曰上經云百工皆聖人所作此經言聖人所作之器見其驗也。天有時。地有氣。材有美。工有巧。合此四者。然後可以爲良。時寒溫也氣剛柔也良善也。合如字劉音閤〔疏〕注時寒至善也。釋曰此經已下說作器之法須合天時地氣之義將欲說已下不善之事故先於此說四者和合乃善之意也云時寒溫也者謂若弓人春液角夏治筋秋合三材冬定體之屬是依寒溫而作材美工巧。然而不良則不時不得地氣也。不時不得天時橘踰淮而北爲枳。鸜鵒不踰濟。貉踰汶則死。此地氣然也。鸜鵒鳥也春秋昭二十五年有鸜鵒來巢傳曰書所無也鄭司農云不踰濟無妨於中國有之貉或爲貈謂善緣木之貈也汶水在魯北。枳古氏反鸜徐劉音權公羊傳同本又作鸛左傳同其俱反鵒音欲濟子禮反四瀆水貉戶各反獸名依字作貈汶音問水名貈音袁〔疏〕注鸜鵒至魯北。釋曰左氏傳作鸜鵒公羊傳作鸛鵒此經注皆作鸜字與左氏同春秋昭二十五年有鸜鵒來巢傳曰書所無也先鄭云不踰濟無妨於中國有之者按異義公羊以爲鸜鵒夷狄之鳥穴居今來至魯之中國巢居此權臣欲自下居上之象穀梁亦以爲夷狄之鳥來中國義與公羊同左氏以爲鸜鵒來巢書所無也彼注云周禮曰鸜鵒不踰濟今踰宜穴而又巢故曰書所無也許君謹按從二傳後鄭駮之云按春秋言來者甚多非皆從夷狄來也從魯疆外而至則言來鸜鵒本濟西穴處今乃踰濟而東又巢爲昭公將去魯國今先鄭云不踰濟無妨於中國有之與後鄭義同也云貉或爲貈謂善緣木之貈也者先鄭依或讀爲貈別更爲一解云汶水在魯北汶陽田或屬齊或屬魯是齊南魯北故云魯北鄭之刀。宋之斤。魯之削。吳粵之劒。遷乎其地而弗能爲良。地氣然也。去此地而作之則不能使良也。削如字本思約思詔二反〔疏〕注去此至良也。釋曰若據經所言則鄭之刀以此刀之鐵移向宋而作斤宋之斤移向鄭而作刀皆不得爲良故指刀斤削劒而言皆地氣使然故鄭云去此地而作之不能使良也燕之角。荊之幹。妢胡之笴。吳粵之

金錫。此材之美者也。荊荊州也幹柘也可以爲弓弩之幹妢胡胡子之國在楚旁笴矢幹也禹貢荊州貢櫄幹栝柏及箘簵楛故書笴爲笱杜子春云妢讀爲焚咸丘之焚書或爲邠妢胡地名也笱當爲笴笴讀爲槀謂箭槀。妢扶云反笴古老反注作槀同幹古旦反或古旱反櫄勑倫反箘其隕反李其轉反簵音路楛音怙尙書作楛音同邠彼貧反〔疏〕燕之至者也。釋曰自此已下說材之事也。注荊荊至箭槀。釋曰云荊荊州也者按禹貢荊州貢櫄幹栝柏及箘簵楛三邦底貢注云櫄幹栝柏四木名幹柘幹箘竹聆風楛木類周之始肅愼氏貢楛矢石砮此州中生聆風與楛者衆多三國致之云妢胡在楚旁者定四年左氏云頓子胡子者是也若楚旁則亦屬荊州別言妢胡之笴者荊即楚也以州言之若然妢胡得與楚別言也子春云妢讀爲焚咸丘之焚者左氏桓七年春二月己亥焚咸丘公羊云焚之者何樵之也樵之者何以火攻也咸丘者何邾婁之邑也云笴讀爲槀謂箭槀者即槀人職掌箭槀是也天有時以生。有時以殺。草木有時以生。有時以死。石有時以泐。水有時以凝。有時以澤。此天時也。言百工之事當審其時也鄭司農云泐讀如再扐而後卦之扐泐謂石解散也夏時盛暑大熱則然。泐音勒澤音亦李音釋扐音勒卦如字又俱賣反解音蟹〔疏〕注百工至則然。釋曰云百工之事當審其時也者弓人所云四時者是也先鄭云泐讀如再扐而後卦之扐者此扐謂揲蓍之法故易云分之爲二以象兩卦一以象三揲之以四以象四時歸奇於扐以象閏五歲再閏故再扐而後卦象其合集凡攻木之工七。攻金之工六。攻皮之工五。設色之工五。刮摩之工五。摶埴之工二。攻猶治也摶之言拍也埴黏土也故書七爲十刮作捖鄭司農云十當爲七捖摩之工謂玉工也捖讀爲刮其事亦是也。刮古八反摶李音團劉音博埴時職反拍普百反黏女廉反捖劉音刮咸音完李侯管反〔疏〕凡攻至工二。釋曰此已下言工之頭數并所作有殊此經與下爲摠目。注攻猶至是也。釋曰云摶之言拍也埴黏土也者以手拍黏土以爲培乃燒之尙書禹貢云厥土赤埴墳注亦云埴黏土者也先鄭云捖讀爲刮者舌爲聲刀爲形左聲右形刮摩之義是故讀從之也攻木之工。輪。輿。弓。廬。匠。車。梓。攻金之工。築。冶。鳧。㮚。段。桃。攻皮之工。函。鮑。韗。韋。裘。設色之工。畫。繢。鍾。筐。㡆。刮摩之工。玉。楖。雕。矢。磬。摶埴之工。陶。旊。事官之屬六十此識其五材三十工略記其事耳其曰某人者以其事名官也其曰某氏者官有世功若族有世業以氏名官者也盧矛戟矜柲也國語曰侏儒扶盧梓榎屬也故書雕或爲舟鄭司農云輪輿弓廬匠車梓此七者攻木之工官別名也孟子曰梓匠輪輿鮑讀爲鮑魚之鮑書或爲鞄蒼頡篇有鞄莞韗讀爲歷運之運㡆讀爲芒芒禹迹之芒楖讀如巾櫛之櫛旊讀爲甫始之甫埴書或爲植杜子春云雕或爲舟者非也玄謂旊讀如放於此乎之放。㮚古栗字段徐丁亂反劉徒亂反韗況萬反劉音運本或作韗同繢戶對反後同筐音匡㡆莫黃反楖側筆反旊甫罔反又音甫侏音朱榎古馬反字

或作櫃鞄匹學反劉音僕莞如兗反柔革工芒莫黃反下同放甫罔反下同〔疏〕攻木至陶旊。釋曰上交其數。此給以事職之也攻木之工七輪人爲輪蓋輿人爲車輿人爲六弓廬人爲柄之等匠人爲宮室城郭溝洫之等車人爲車梓人爲飲器及射侯之等攻金之工六築氏爲削冶氏爲戈戟鳧氏爲鍾㮚氏爲量段氏爲鎛器桃氏爲劒攻皮之工五函人爲甲鮑人主治皮韗人爲鼓韋氏裘氏闕也設色之工五畫繢二者別官同職共其事者畫繢相須故也鍾氏染鳥羽筐氏闕㡆氏主湅絲刮摩之工五玉人造圭璋之等楖氏闕雕氏闕矢人主造矢磬氏爲磬摶埴之工二陶人爲瓦器甗離之屬旊人爲瓦簋。注事官至之旊。釋曰三十工於六十爲不備記人錄者未必在六十工之內直以數言之充得三十工而已也云其曰某人者以其事名官也者匠人之梓人韗人鮑人之類是也此等直指事上爲名也云其曰某氏者其義有二一者官有世功則以官爲氏若韋氏裘氏治氏之類是也二者族有世業以氏名官若鳧氏㮚氏之等是也云盧矛戟矜秘也者方言戟三刃特其柄自關而西謂之杖又云矜謂之杖云國語曰侏儒扶盧者晉語文公問胥臣胥臣對曰戚施植鎛籧除蒙璆儒扶盧矛矜是也云梓榎屬也者按釋木云稻山櫝注云櫝梓二木名此云梓榎爲一者釋木前言梢山櫝後云椅梓據此二文故云屬非謂梓榎爲一而云屬也先鄭引孟子者見孟子所云官名與此同也蒼頡篇有鞄莞者按藝文志蒼頡有七章秦丞相李斯所作鞄莞是其一篇內有治皮之事故引爲證也云韗讀爲歷運之運者歷運之有正歷運之事數故讀從之取其音同耳云㡆讀爲芒芒禹迹之芒者襄四年左氏傳魏絳請和諸戎云芒芒禹迹畫爲九州經啓九道引之者亦取音同云楖讀爲巾櫛之櫛者按左氏僖二十二年晉大子圉爲質於秦將逃歸謂嬴氏曰與子歸乎對曰子之欲歸不亦宜乎寡君之使婢子侍執巾櫛以固子也從子而歸棄君命也引之者證楖櫛是一也云旊讀爲甫始之甫者甫訓爲始故讀從之於義無所取故後鄭不從也云旊讀如放於此乎之放者按隱二年無駭入極公羊傳曰疾始滅也始滅人於此乎是也言作瓦器者亦相放有虞氏上陶。夏后氏上匠。殷人上梓。周人上輿。官各有所尊王者相變也舜至質貴陶器瓦棺是也禹治洪水民降丘宅土卑宮室盡力乎溝洫而尊匠湯放桀疾禮樂之壞而尊梓武王誅紂疾上下失其服飾而尊輿〔疏〕注官至輿。釋曰云官各有尊王者相變也者此陶匠梓輿據上三十工並是官名又所尊上不同故云官各有尊王者相變也云舜至質貴陶器者按禮記表記云虞夏之文不勝其質殷周之質不勝其文謂上代質後代文若以文質再而復而言則虞又當質故云至質瓦器又至質也以故禮記郊特牲云器用陶匏是祭天地之器則陶器爲質也以代當質故用質器也云甒大瓦棺是也者喪禮兩甒醴酒明堂位云泰有虞氏之尊也檀弓云有虞氏瓦棺是也此據升爲帝時所上不得取陶于河濱解此也禹治洪水者昔鯀治水九載績用不成舜臣堯擧八愷八愷中有禹堯使之治水大禹謨云禹降水儆予是也云民降丘宅土者禹貢文云卑宮室者論語文言民下居平土營農種故爲之治溝洫以通水之官匠人是故夏上匠也云湯放桀者尙書云湯放桀于南巢云疾禮樂之壞者桀之無道民墜塗炭法度靡措是禮樂之壞也梓人所以造作禮樂之器故湯上之也云武王誅紂者尙書牧誓云甲子昧爽戰于牧野是武王誅紂之事紂之無道臣下化之無尊卑之差失其服飾但車服者顯尊卑之差故周公制禮尊上於輿也故

一器而工聚焉者車爲多。周所上也。【疏】故一至爲多○釋曰云一器者車也而工聚者謂有輪人輿人車人就職中仍有輈人是一器工聚者車最多多於餘官以周所上故也。車有六等之數。車有天地之象人在其中焉六等之數法易之三材六畫○畫音獲【疏】注車有至六畫○釋曰云六等之數下文是也云車有天地之象者下文云軫之方也以象地蓋之圜也以象天是車有天地之象也云人在其中焉者在車蓋之中也云六等之數法易之三材六畫者易說卦云立天之道曰陰與陽立地之道曰柔與剛立人之道曰仁與義兼三材而兩之故易六畫而成卦兼三材者天有陰陽地有剛柔人有仁義三材六畫一材兼二畫故車之六等之法也。車軫四尺。謂之一等。戈柲六尺有六寸。既建而迆。崇於軫四尺。謂之二等。人長八尺。崇於戈四尺。謂之三等。殳長尋有四尺。崇於人四尺。謂之四等。車戟常。崇於殳四尺。謂之五等。酋矛常有四尺。崇於戟四尺。謂之六等。此所謂兵車也軫輿後橫木崇高也八尺曰尋倍尋曰常殳長丈二戈殳戟矛皆插車輢鄭司農云迆讀爲倚移從風之移謂著戈於車邪倚也酋發聲直謂矛○迆以氏反後同崇本亦作古宗字殳音殊下直亮反後放此酋在由反或且州反皆插徐文初軋反戚初洽反輢於綺反劉於寄反車傍也一音起寄反倚移於綺反下以氏反下放此著丁略反邪似嗟反【疏】車軫至六等○釋曰此經說車六等之數此六等軫一人一之外兵有四等此謂前驅車此所建故詩云伯也執殳爲王前驅彼注引此文爲證前驅明此是前驅所建可知○注此所至謂矛○釋曰云此所謂兵車也者謂下兵車之輪崇者也云軫輿後橫木者即今之車桄一也知八尺曰尋者此經皆以四尺爲差人長八尺而殳長尋有四尺崇於人四尺則八尺之外唯有四尺在是尋長八尺可知知倍尋曰常者殳長丈二而云車戟崇於殳四尺則丈二之外有四尺總丈六尺是倍尋曰常也云戈殳戟矛皆插車輢者當皆以鐵圜範邪置於輢之上下乃插而建之容出先刃入後刃言之一則邪向前一則邪向後乃可得也先鄭云迆讀爲倚移從風之移者司馬長卿上林賦云從風倚移云酋發聲直謂矛酋矛二丈也。車謂之六等之數。申言數也【疏】注申言數也○釋曰前已云之今又言之申重也重言數詳審言之也。凡察車之道。必自載於地者始也。是故察車自輪始。先視輪也自從也凡察車之道。欲其樸屬而微至。不樸屬。無以爲完久也。不微至。無以爲戚速也。樸屬猶附著堅固貌也齊人有名疾爲戚者春秋傳曰蓋以操之爲已戚矣速疾也書或作數鄭司農云樸讀如子南僕之僕微至謂輪至地者少言其圜甚著地者微耳著地者微則易轉故不微至無以爲戚數○樸普剝反劉音僕一音扶祿反屬章欲反下及注同戚徐劉將六反李音促注同著直略反下同操七曹反數色角反下同易以豉反【疏】注樸屬至戚數○釋曰此已下云造

車有善惡高下大小之宜云春秋傳者按公羊傳莊公三十年冬齊人伐山戎傳云此齊侯也其稱人何貶曷爲貶司馬子曰蓋以操之爲已蹙矣注云操迫也已甚也蹙痛也鄭氏以蹙爲疾與何休別先鄭云子男僕之僕哀二年左氏傳云初衞侯游于郊子南僕引之者取音同也。輪已崇。則人不能登也。輪已庳。則於馬終古登阤也。已大也甚也崇高也齊人之言終古猶言常也阤阪也輪庳則難引○庳音婢阤徐文爾反劉堂何反李音他輈人同大音泰劉他餓反阪音反【疏】注已大至難引○釋曰輪已崇則過六尺六寸軫即過四尺大高故人不能登也輪已庳則無六尺六寸軫即無四尺大下則馬難引常似上阪也。故兵車之輪。六尺有六寸。田車之輪。六尺有三寸。乘車之輪。六尺有六寸。此以馬大小爲節也兵車革路也田車木路也乘車玉路金路象路也兵車乘車駕國馬田車駕田馬○乘繩證反後乘車皆放此【疏】故兵至六寸○釋曰上文云車大高大下不得所今此經云須得所之意也先言兵車者重戎事故也田獵戰伐相類即言田車以繼兵車後別言乘車之等也○注此以至田馬○釋曰言以馬大小爲節者馬高則車亦高馬下則車亦下一以馬之高下爲車之節度云革路木路玉路等皆據巾車而言也云國馬據輈人云國馬之輈而言國馬則校人所云種馬戎馬齊馬道馬四者是也。六尺有六寸之輪。軹崇三尺有三寸也。加軫與轐焉。四尺也。人長八尺。登下以爲節。此車之高者也軫輿也鄭司農云軹軎也轐讀爲旃僕之僕謂伏兔也玄謂軹轂末也此軫與轐并七寸田車又宜減焉乘車之軹廣取數於此軹廣八尺旁出輿亦七寸也○軹音只轂末也轐音卜又音僕軎音衞旃僕之然反下如字又音卜軹廣古曠反後放此【疏】六尺至爲節○釋曰此經論軫崇四尺不高不下之節上云兵車乘車輪高六尺六寸軹是軸頭處輪之中央故崇三尺有三寸加軫與轐二者七寸則得四尺○注此車至寸也○釋曰云此車之高者對田車是車之下者也先鄭云軹軎也者物有二名耳云轐讀爲旃僕之僕者讀音同而未聞所出也云謂伏兔也者漢時名今人謂之車屐是也玄謂軹轂末也此軫與轐并七寸者四馬車一轅車軸上有伏兔伏兔尾後上載車軫軫始有車輿則軸去地三尺三寸上又兼伏兔及軫并七寸車輿去地四尺也云田車又宜減焉者田車軫崇三尺一寸半減乘車寸半加軫與轐亦減乘車寸半爲五寸半也云乘車之軹廣取數於此者車輿六尺有六寸軹廣謂轂廣轂八尺則車輿外旁出輿兩相各七寸七寸之數取於軫轐七寸之數故云取數於此也。輪人爲輪。斬三材必以其時。三材所以爲轂輻牙也斬之以時材在陽則中冬斬之在陰則中夏斬之今世轂用雜榆輻以檀牙以橿也○牙音訝下皆同中音仲下中夏同橿居良反【疏】注三材至橿也○釋曰輪人唯造車輪之三材唯轂輻牙故鄭以此三者解之也云材在陽中冬斬之等並據山虞文知之鄭舉今世所用木爲此三者未知周用何木也。三材既具。巧者和之。調其鑿內而合之○鑿在洛反又曹報反內如銳反依字作枘合音閤又如字【疏】注調其至合之○釋曰鄭以調解和鑿內

謂孔入轂入牙者並須調使得所也。轂也者。以爲利轉也。輻也者。以爲直指也。牙也者。以爲固抱也。利轉者轂以無有爲用也鄭司農云牙讀如跛者訝跛者之訝謂輪輮也世間或謂之罔書或作輮○輮而久反劉音柔李而又反【疏】注利轉至作輮○釋曰云輻也者以爲直指也者入轂入牙並須直指不邪曲也云牙也者以爲固抱也者使牢固抱曲云利轉者轂以無有爲用也者按老子道經云三十輻共一轂當其無有車之用注無有謂空虛轂中空虛輪得行輿中空虛人居其上引之者證轂爲由空乃得利轉之義也先鄭讀牙爲訝跛者之訝者訝迎也此車牙亦輮之使兩頭相迎故讀從之。輪敝三材不失職。謂之完。敝盡而轂輻牙不動○敝婢世反徐劉伏滅反【疏】輪敝至之完○釋曰謂之爲職者轂輻牙各自職任自相支持雖盡不動是不失職也○望而眡其輪。欲其幎爾而下迆也。進而眡之。欲其微至也。無所取之。取諸圜也。輪謂牙也幎均致貌也進猶行也微至至地者少也非有他也圜使之然也鄭司農云微至書或作危至故書圜或作員當爲圜○幎莫歷反圜于權反致直置反下注致同【疏】望而至圜也○釋曰望而視之謂車停止時云幎爾者幎均致貌爾助句辭云下迆者謂輻轂上轂至兩兩相當正直不旁迆故云下迆也。望其輻。欲其掣爾而纖也。進而眡之。欲其肉稱也。無所取之。取諸易直也。掣纖殺小貌也肉稱弘殺好也鄭司農云掣讀爲紛容掣參之掣玄謂如桑螵蛸之蛸○掣音蕭又色交反又音朔李又所咸反稱尺證反注同易以豉反殺色界反劉色例反下同一音如字掣參上色交反又音蕭劉音朔下所林反螵戚眺昭反劉平堯反蛸音蕭又音消【疏】望其至直也○釋曰上經揔視輪此經則視輻下云進而視之則上云望其輻據任止時也○注掣纖至之蛸○釋曰云掣纖殺小貌也者凡輻皆向轂處大向牙處小言掣纖據向牙處小而言也云肉稱弘殺好也者向轂爲稱故爲弘殺先鄭云紛容掣參之掣此蓋有文今檢未得玄謂如桑螵蛸之蛸者讀從爾雅釋蟲蝗蜋螵蛸並取音同也。望其轂。欲其眼也。進而眡之。欲其幬之廉也。無所取之。取諸急也。眼出大貌也幬幔轂之革也革急則裹木廉隅見鄭司農云眼讀如限切之限○眼魚懇反幬音疇下同劉又音濤李一音持株反或一音蹈幔莫干反裹音果見賢遍反限魚懇反李如字下同切音如字李倉愛反【疏】望其至急也○釋曰凡轂初作時隱起然後以革鞔之革急○裹木隱起見幬覆也謂以革覆轂也○注眼出至之限○釋曰先鄭讀眼如限切之限亦是取急意眡其綆。欲其蚤之正也。蚤當爲爪謂輻入牙中者也鄭司農云綆讀爲關東言餅之餅謂輪箄也玄謂輪雖箄爪牙必正也○綆依注音餅李方善反又姑杏反玉篇云鄭衆音補管反蚤音爪下同餅必井反劉方頂反箄劉薄歷反李又方匹反一音薄計反下皆同爪牙劉音雅【疏】眡其至正也○釋曰凡造車輪皆向外箄向外箄則車不掉先鄭讀綆爲山東言餅之餅依俗讀也玄謂輪雖箄爪牙必正也者爪入牙中鑿孔必正直不隨

邪也察其菑蚤不齵。則輪雖敝不匡。菑謂輻入轂中者也菑與爪不相佹乃後輪敝盡不匡刺也鄭司農云菑讀如雜廁之廁謂建輻也泰山平原所樹立物爲菑聲如截博立梟棊亦爲菑匡枉也○菑側吏反注及下皆同齵五構反一音隅佹九委反刺洛葛反下同菑側吏反梟古堯反〔疏〕注菑謂至枉也○釋曰上視輻入牙中此言察輻入轂中須得所之意也凡植物於地中謂之菑此輻入轂中似植物地中亦謂之菑言菑蚤不齵者人之牙齒參差謂之齵此三十輻入轂與蚤入牙一一相當不相佹戾亦是不齵也如此輪雖敝盡不匡刺先鄭云菑讀如雜廁之廁者讀從史游章分別部居不雜廁義取不參差意也云博立梟棊者謂博戲時立一子於中央謂之梟棊云爲菑亦是樹立爲菑之義也凡斬轂之道。必矩其陰陽。矩謂刻識之也故書矩爲距鄭司農云當作矩謂規矩也〔疏〕凡斬至陰陽○釋曰此欲斬轂之時先就樹刻之記識其向日爲陽背日爲陰之處必記之者爲後以火養其陰故也陽也者。稹理而堅。陰也者。疏理而柔。是故以火養其陰。而齊諸其陽。則轂雖敝不藃。稹致也火養其陰炙堅之也鄭司農云稹讀爲奠祭之奠藃當作耗玄謂藃藃暴陰柔後必橈減幬革暴起○稹之忍反本又作積劉依司農音奠一音真藃李戚好角反劉呼報反耗呼報反暴步角反下同劉步莫反一音蒲報反橈乃孝反〔疏〕注稹致至暴起○釋曰此轂若不以火養炙陰柔之處使堅與陽齊等後以革輓陰柔之處木則瘦減革不著木必有暴起若以火養之雖敝盡不藃暴也轂小而長則柞。大而短則摯。鄭司農云柞讀爲迫唶之唶謂輻間柞狹也摯讀爲槷謂輻危槷也玄謂小而長則菑中弱大而短則轂末不堅○柞莊百反槷劉魚列反戚魚結反迫唶莊百反〔疏〕轂小至則摯○釋曰此已下論車須長短小大相稱之事○注鄭司至不堅○釋曰先鄭讀柞爲迫唶之唶者依俗讀之以摯爲槷後鄭從而就足之玄謂小而長則菑中弱者以轂小而長則輻間柞狹故菑中弱也云大而短則末不堅者謂轂大而短即轂末淺短故轂末不得堅牢也是故六分其輪崇。以其一爲之牙圍。六尺六寸之輪牙圍尺一寸〔疏〕是故至牙圍○釋曰以上文小大不得其所此文制法使得其所也云六尺六寸之輪牙圍尺一寸者此據兵車乘車而言若田車之輪小崇六尺三寸計亦可知也參分其牙圍而漆其二。不漆其踐地者也漆者七寸三分寸之一不漆者三寸三分寸之二令牙厚一寸三分寸之二則內外面不漆者各一寸也○令力呈反卷內皆同厚胡豆反後放此〔疏〕注不漆至寸也○釋曰就一尺一寸且取九寸三分分之各得三寸猶有二寸在又一寸爲三分二寸爲六分三分分之各得二分若然一分有三寸三分寸之二二分揔得七寸三分寸之一是漆之者也餘一分者三寸三分寸之二是不漆者故云不漆者三寸三分寸之二也云令牙厚一寸三分寸之二則內外面不漆者各一寸也者無正文以意解之故云令牙厚一寸三分寸之二餘二寸分於外內面故各一寸也椁其漆內而中詘之。以爲之轂長。以其長爲之圍。六尺六寸之輪漆內六尺四寸是爲轂長三尺二寸

圍徑一尺三分寸之二也鄭司農云椁者度兩漆之內相距之尺寸也○中丁仲反詘丘勿反度待洛反下度之同〔疏〕注六尺至寸也○釋曰上經不漆者外內面各一寸則兩畔減二寸故漆內有六尺四寸也中屈此六尺四寸故轂長三尺二寸也又以三尺二寸爲圍圍三徑一三尺得一尺餘二寸寸作三分爲六分又徑二分故徑一尺三分寸之二也○以其圍之阞捎其藪。捎除也阞三分之一也鄭司農云捎讀爲桑螵蛸之蛸藪讀爲蜂藪之藪謂轂空壺中也玄謂此藪徑三寸九分寸之五壺中當輻菑者也蜂藪者猶言趨也藪者衆輻之所趨也○阞音勒捎音蕭藪素口反李一音倉豆反空音孔趨七住反又七須反下同〔疏〕以其至其藪○釋曰車轂之法其孔必大頭寬小頭狹當輻入處謂之藪寬狹處中而已云阞者三分之一也者於前一尺三分寸之二三分取一捎除也以除三空中當藪之處使容車轂也○注捎除至趨也○釋曰云阞用三分之一者凡言阞者分散之言數亦不定是以王制云祭用數之仂注以爲一當年之什一以其下有喪用三年之仂遂以當年經用之什一言之此下文賢是大頭穿內徑四寸五分寸之二此當藪處於徑三分之一爲徑三寸九分寸之五大小相稱故以阞爲三分之一釋之也讀爲蜂藪之藪此亦依俗讀之以蜂窠有孔藪然此三十輻入轂處亦藪然也玄謂此藪徑三寸九分寸之五者以轂徑一尺三分寸之二今一尺取九寸三分分之一得三寸仍有一寸三分寸之二在今以一寸者爲九分三分寸之二爲六分揔爲十五分三分取一得五分故云徑三寸九分寸之五也五分其轂之長。去一以爲賢。去三以爲軹。鄭司農云賢大穿也軹小穿也玄謂此大穿徑八寸十五分寸之八小穿徑四寸十五分寸之四大穿甚大似誤矣大穿實五分轂長去二也去二則得六寸五分寸之二凡大小穿皆謂金也今大小穿金厚一寸則大穿穿內徑四寸五分寸之二小穿穿內徑二寸十五分寸之四如是乃與藪相稱也○去起呂反後去一去二皆同賢如字劉李胡眄反注同稱尺證反下同○〔疏〕五分至爲軹○釋曰上經言轂空壺中此經言轂大小兩頭○注鄭司至稱也○釋曰云玄謂此大穿徑八寸十五分寸之八者經云五分其轂之長去一以爲賢即以轂長三尺二寸徑一尺三分寸之二而五分去一尺去二寸得八寸三分寸之二者本三分寸今爲十五分寸即以二分者爲十分去二分得八分故云大穿徑八寸十五分寸之八也云小穿徑四寸十五分寸之四者經云去三一尺五分去三去六寸得四寸三分寸之二亦爲十五分寸之十五分去三去六分得四分故云小穿徑四寸十五分寸之四云大穿甚大似誤矣者以其大穿與藪中及小穿三者須相類故鄭以五分去二爲允也云令大小穿金厚一寸者無正文以目驗知之故云令也大小穿穿內皆以金消去二寸故各減二寸也容轂必直。陳篆必正。施膠必厚。施筋必數。幬必負幹。鄭司農云讀容上屬曰軹容玄謂容者治轂爲之形容也篆轂約也幬負幹者革轂相應無贏不足○篆直轉反數色角反李色住反約烏孝反又如字〔疏〕注鄭司至不足○釋曰先鄭讀容上屬後鄭不從者軹轂末無形容可見其轂上則夏篆夏縵轂約故不從也云幬負幹者革轂相應者幬覆也謂以革覆轂轂之木隱著革使之急是革轂相應也云無贏不足者贏與不足同蒙無字若轂有耗瘦不隱著轂則革有贏而轂不足著轂不耗革轂相應革無贏轂亦無不足也既摩。革色青白。謂之

轂之善。謂丸漆之乾而以石摩平之革色青白善之徵也○丸如字又胡喚反〔疏〕注謂丸至徵也○釋曰此謂以革鞔轂訖將漆之先以骨丸之待乾乃以石摩平之其色青白則善也參分其轂長。二在外。一在內。以置其輻。轂長三尺二寸者令輻廣三寸半則輻內九寸半輻外一尺九寸○〔疏〕注轂長至九寸○釋曰此經欲論置輻於轂相去遠近之法云轂長三尺二寸上經文令輻廣三寸半知者按上云以圍之阞捎其藪中三分徑一轂徑既一尺三分寸二今取一分作空中空徑三寸九分寸之五兩畔得二分有七寸九分寸之一兩廂分之一畔得三寸九分寸之五下文云量其鑿深以爲輻廣深三寸半故知一輻廣三寸寸半也依前所計言之輻深實應三寸十八分寸之一言三寸半舉成數言也若然轂既長三尺二寸輻居三寸半餘有二尺八寸半三分之輻外得一尺九寸輻內得九寸半也凡輻。量其鑿深以爲輻廣。廣深相應則固足相任也○量音良下量其藪同鑿曹報反又如字後同深尸鴆反下放此○〔疏〕注廣深至任也○釋曰如上所計則輻之廣深各有三寸半是相應也○至上轂小而長轂大而短則不相應故槷也輻廣而鑿淺。則是以大抏。雖有良工。莫之能固。抏鑿動貌○抏五骨反或九活反○〔疏〕輻廣至能固○釋曰此及下經論轂與輻不得所之意也鑿深而輻小。則是固有餘而強不足也。言輻弱不勝轂之所任也○強其良反劉其尚反勝音升〔疏〕鑿深至足也○釋曰云鑿深而輻小者欲轂大故鑿得深其輻則應大是相稱若輻小則固有餘固有餘由轂大鑿深故也而強不足由輻小故也故竑其輻廣以爲之弱。則雖有重任。轂不折。言力相稱也弱菑也今人謂蒲本在水中者爲弱是其類也鄭司農云竑讀如紘綖之紘謂度之○故竑獲耕反○〔疏〕注言力至度之○釋曰云言力相稱也者止謂輻廣與鑿深相稱按史游章云蒲蒻藺席謂取蒲之本在水者爲席則此經弱亦是輻入轂中者也參分其輻之長而殺其一。則雖有深泥。亦弗之溓也。殺衰小之也鄭司農云溓讀爲黏謂泥不黏著輻也○殺色界反劉色例反注同溓依字力簟反依注音黏女廉反衰劉初危反一音如字著直略反下附著同○〔疏〕參分至溓也○釋曰假令輻除入轂之中其外長三尺則殺一尺以向牙以本麤末細塗則向下剌故泥不黏著之也○參分其股圍。去一以爲骹圍。謂殺輻之數也鄭司農云股謂近轂者也骹謂近牙者也方言股以喻其豐故言骹以喻其細人脛近足者細於股謂之骹羊脛細者亦爲骹○骹胡飽反又下教反李又苦教反近附近之近脛刑定反○〔疏〕謂殺至爲骹○釋曰云謂殺輻之數也者上經云殺其一者據長短之中殺一分此經三分殺一數據本麤末細而言其輻近轂麤處謂之股若人髀股近牙細者謂之骹謂若人脚近踝之骹也假令輻近轂處圍六寸也先鄭云方言股以喻其豐者方者止謂方言欲言股之時此股踰其豐非謂揚雄以異方之語不同方言也股既喻豐故言骹以喻其細一切麤細相對細處則言骹謂云喪禮綴足用燕几骹在南之類云羊脛細者亦爲骹者今人猶言之也○揉輻必

齊。平沈必均。揉謂以火橋之衆輻之直齊如一也平沈平漸也鄭司農云平沈謂浮之水上無輕重。揉而九反又音柔李又奴丑反一音而又反槁劉苦老反漸子廉反下同〔疏〕注揉謂至輕重釋曰云揉謂以火橋之者曲者以火炙之木則濡可揉戾使直橋就也故云揉謂以火橋之也云衆輻之直齊如一也者謂以火橋之後直不曲故云直齊如一也重者沈多輕者沈淺沈重者更去之則平而輕重等也。直以指牙。牙得則無槷而固。得謂倨句鑿內相應也鄭司農云槷樧也蜀人言樧曰槷玄謂槷讀如涅從木熱省聲。槷魚列反依注音涅乃結反李一音素結反。倨句音據內如稅反樧素結反。〔疏〕注得謂至省聲。釋曰云得謂倨句鑿內相應也者以輻直者爲倨以牙曲者爲句輻牙雖有倨句至於鑿內必正正則爲得得則若無槷而牢固也先鄭讀槷爲危槷之槷故更轉從樧也後鄭讀槷即是槷蘇結切云槷讀如涅謂涅物於孔中之涅又解槷字以其用木爲槷故從木也云熱省聲者熱者去下火取上與熱爲聲可謂上聲下形故云省聲也不得則有槷必足見也。必足見言槷大也然則雖得猶有槷但小耳。見賢遍反注同〔疏〕注必足至小耳。釋曰云必足見言槷大也者足乃據槷而言言足見故知槷大乃足見也云然則雖得猶有槷但小耳者上經云無槷而固即是無槷鄭必知上文有槷但小者鄭更無異文直以文勢反之可知知然者此經云不得則有槷必足見言槷大則知上經得不足見無大槷有小槷可知故鄭云雖得猶有槷但小耳鄭非直以文勢反之知有槷以意量之輻人牙中無有不用槷而固者也。六尺有六寸之輪。綆參分寸之二。謂之輪之固。輪箄則車行不掉也參分寸之二者出於輻股鑿之數也。綆參方領反下七南反又音三。掉徒吊反。〔疏〕注輪箄至數也。釋曰止由輪有箄車不掉不掉則得輪之固也云參分寸之二者出於輻股鑿之數也者鑿牙之時孔向外侵三寸之二使輻股外箄故云輻股鑿之數也凡爲輪行澤者欲杼。行山者欲侔。杼謂削薄其踐地者侔上下等杼直呂反侔亡侯反劉莫豆反。〔疏〕注杼謂至下等。釋曰凡爲車之法各順其所宜是以行澤者欲杼知是削薄其踐地者下文云是刀以割塗故知削薄之行山欲上下等者下文云是摶以行石雖不動於鑿旁恐石傷之故欲上下等而得久長也杼以行澤。則是刀以割塗也。是故塗不附。附著也。侔以行山。則是摶以行石也。是故輪雖敝。不甗於鑿。摶圜厚也鄭司農云不甗於鑿謂不動於鑿中也玄謂甗亦敝也以輪之厚石雖齧之不能敝其鑿旁使之動。摶徒九反李又丈轉反甗本又作𤮊音吝李一音鱗。〔疏〕注摶圜至之動。釋曰先鄭以甗爲動而不動於鑿中後鄭以甗亦敝不能敝於鑿旁不從先鄭者以其動者先動於旁乃及於中不可先動於中故不從也凡揉牙。外不廉而內不挫。旁不腫。謂之用火之善。廉絕也挫折也腫瘣也。挫作臥反李又祖加反瘣胡罪反。〔疏〕凡揉至之善。釋曰此一經論用火揉牙使之圓正之意古者車輞屈一木爲之要當木善火齊又得乃可圓而得所也。注廉絕至瘣也。釋曰凡屈木多外廉絕理內挫折中旁腫負起無此三疾是用火之善也是故規之以視其圜也。

是故規之以眡其圜也。輪中規則圜矣。中丁仲反下同。〔疏〕注輪中規則圜矣釋曰謂輪成以繩規之中規則不枉也萬之以眡其匡也。等爲萬蔞以運輪上輪中萬蔞則不匡刺也故書萬作禹鄭司農云讀爲萬書或作矩。萬姜禹反李又音俱注同蔞良主反劉音流下文同李又里俱反。〔疏〕注等爲至作矩。釋曰云等爲萬蔞以運輪上者見今車近萬蔞於輪一邊置於輪上是等爲萬蔞以運輪上也輪一轉一帀不高不下中於萬蔞則輪不匡刺。縣之以眡其輻之直也。輪輻三十上下相直從旁以繩縣之中繩則鑿正輻直矣。縣音玄後皆同直音值〔疏〕注輪輻至直矣。釋曰此以輪側於一邊輪輻三十兩兩上下相直從旁以繩縣之兩兩中縣則鑿正而輪直矣。水之以眡其平沈之均也。平漸其輪無輕重則斲材均矣。斲陟角反。〔疏〕注平漸至均矣。釋曰兩輪俱置水中觀眡四畔入水均否若平深均則斲材均矣量其藪以黍。以眡其同也。黍滑而齊以量兩壺無贏不足則同〔疏〕量其至同也。釋曰謂兩輪俱用黍量眡其容受同不齊同則無贏亦無不足鄭云黍黍滑而齊則不取律歷志以黍爲度量衡之義也。權之以眡其輕重之侔也。侔等也稱兩輪鈞石同則等矣輪有輕重則引之有難易。易以豉反。〔疏〕注侔等至難易。釋曰云稱兩輪鈞石同則等矣者正以鈞石言之者以其輪重非斤兩所准擬故以三十斤曰鈞百二十斤曰石之言也故可規、可萬、可水、可縣、可量、可權也。謂之國工。國之名工〔疏〕故可至國工。釋曰此一經總結上文也輪人爲蓋。達常圍三寸。圍三寸徑一寸也鄭司農云達常蓋斗柄下入杠中也。杠音江。〔疏〕注圍三至中也。釋曰輪輻三十蓋弓二十有八器類相似故因遣輪人造蓋但蓋柄有兩節此達常是上節下入杠中也。桯圍倍之。六寸。圍六寸徑二寸足以含達常鄭司農云桯蓋杠也讀如丹桓宮楹之楹。桯讀爲楹音盈〔疏〕注圍六至之楹。釋曰此蓋柄下節贏大常一倍向上含達常也先鄭引丹桓宮楹之楹者按莊二十三年爲迎姜氏爲華飾故丹桓公廟之楹柱引之證此蓋柄之桯楹柱之類也信其桯圍以爲部廣。部廣六寸。廣謂徑也鄭司農云部蓋斗也。信音申廣古曠反劉音徑下同〔疏〕信其至六寸。釋曰此言蓋之斗四面鑿孔內蓋弓者於上部高隆穹然謂之爲部信古之申字館申上桯圍六寸以爲此部徑部徑六寸也部長一尺。謂斗柄達常也〔疏〕注謂斗柄達常也。釋曰此部即達常以此達常上入部中遂名此達常爲部其實是達常也桯長倍之。四尺者二。杠長八尺謂達常以下也加達常二尺則蓋高一丈立乘也。〔疏〕注杠長至乘也。釋曰云蓋高一丈立乘也者人長八尺蓋弓有宇曲之減二尺得不障人目也十分寸之一謂之枚。爲下起數也枚一分故書十與上二合爲二十字杜子春云當爲四尺者二十分寸之一。爲于僞反下爲兩同。〔疏〕注爲下至之一。釋曰云故書十與上二合爲廿字則二十三十四十字一字爲兩讀因而有之子春不從者文理俱周乃合於義若以十合二爲廿是則於文字得矣若讀以分向下讀之其義安在故子春經爲正也部

尊一枚。尊高也蓋斗上隆高高一分也〔疏〕注尊高至分也。釋曰高者必尊故尊爲高也以隆高一者分故上文得名爲部也。弓鑿廣四枚。鑿上二枚。鑿下四枚。弓蓋橑也廣大也是爲部厚一寸。鑿才報反橑音老劉力報反。〔疏〕注弓蓋至一寸。釋曰云弓蓋橑也者漢世名蓋弓爲橑子也云廣大也者恐直以橫廣四枚上下不知其數故訓廣爲大明上下及橫皆四分也云是爲部厚一寸者經兩四一二故厚一寸也必以孔上二枚孔下四枚以其弓下用力故也鑿深二寸有半。下直二枚。鑿端一枚。鑿深對爲五寸是以不傷達常也下直二枚者鑿空下正而上低二分也其弓菑則撓之平剡其下二分而內之欲令蓋之尊終平不蒙撓也端內題也。空音孔菑側皆反劉音廁撓乃教反剡以冉反又才冉反。〔疏〕注鑿深至題也。釋曰此經說蓋斗之上鑿孔內弓二十八孔之上下廣狹之義云鑿深對爲五寸是以不傷達常也者前文云部廣六寸達常徑一寸達常上入部中徑一寸則兩畔共有五寸在今以弓鑿深二寸半兩相各二寸半是不侵達常故云不傷達常也云下直二枚者鑿空下正而上低二分也者直正也鑿孔下正者上文鑿下四枚令於內畔於下亦四枚與外正平故云平於下正也云而上低二分者前文鑿上二枚今於內畔孔低二分鑿上亦四枚故云上低二分也皆然部揔一寸今鑿上鑿下俱四枚已用八枚其中惟有二枚在故云弓菑則撓撓亦減也弓外畔上下四枚今於內畔減二枚惟有二分剡去也故云平剡其下二分而內之云欲令蓋之尊終平不蒙撓也者蓋尊外畔孔上二枚及內畔上下俱四枚若然蓋弓向外頭仰但以蓋弓三分一分外爲宇曲又以衣蒙之則弓低故蓋尊終平不蒙撓又得吐水也云端內題也者蓋斗外寬內狹以是故蓋弓內端削使狹爲題頭故云端內題也。弓長六尺謂之庇軹。五尺謂之庇輪。四尺謂之庇軫。庇覆也故書庇作秘杜子春云秘當爲庇謂覆幹也玄謂軹轂末也輿廣六尺六寸兩轂并六尺四寸旁減軹內七寸則兩軹之廣凡丈一尺六寸也六尺之弓倍之加部廣凡丈二尺六寸有宇曲之減可覆軹不及幹。庇方二反轄或作幹幹俱音管。〔疏〕注庇覆至及幹。釋曰此經說蓋有大小不定之事云輿廣六尺六寸者輿人文云旁減軹內七寸者七寸以承輿故旁減軹內七寸上云以其轂長二在外一在內以置其輻輻內九寸半綆三分寸之二金轄之間三分寸之一輻又三寸半揔尺四寸以此計之以七寸承輿七寸爲軹故云旁減軹內七寸也云兩軹之廣一凡丈一尺六寸也者向計輿六尺六寸兩轂六尺四寸揔一丈三尺減尺四寸入輿下其餘有丈一尺并兩六寸也云六尺之弓倍之加部廣凡丈三尺六寸有宇曲之減可覆軹不及幹者下文注云股面三尺幾半通尊二尺爲五尺近半倍之加部廣六寸揔丈一尺六寸以幾半言之則不盡丈一尺六寸經云覆軹當允經中之數故云可覆軹不及幹也參分弓長而揉其一。參分之持長撓短者近部而平長者爲宇曲也六尺之弓近部二尺四尺爲宇曲。近附近之近〔疏〕注參分至宇曲。釋曰云參分之持長撓短者近部而平長者爲

宇曲也者弓長六尺三分一分有二尺既云參分弓長揉其一則揉其二尺近部者故云三分之持長撓短者近部內而平長爲宇曲鄭又覆言之六尺之弓近部二尺四尺爲宇曲必撓近部二尺者以其本鑿弓孔時外畔弓上二枚弓下四枚內畔上下俱四枚由弓頭仰故須近部撓之使平向下四尺持之爲宇曲吐水也。參分其股圍。去一以爲蚤圍。蚤當爲爪以弓鑿之廣爲股圍則寸六分也爪圍二寸十五分寸之一。蚤音爪。〔疏〕注蚤當至之一。釋曰此言弓近蓋計復屬近末頭細之意云股圍則寸六分也者上云弓鑿廣四枚即以方圍之四四十六故圍寸六分云爪圍一寸十五分寸之一者一寸爲三十分六分者爲十八分通前揔四十八取三十分去十分得二十分十八分者去六分得十二分以十二并二十爲三十二分三十分作寸餘二分是三十分寸之二三十分寸之二即是十五分寸之一故云爪圍一寸十五分寸之一也。參分弓長。以其一爲之尊。尊高也六尺之弓上近部平者二尺爪末下於部二尺二尺爲句四尺爲弦求其股股十二除之面三尺幾半也。幾音祈。〔疏〕注尊高至半也。釋曰云以其一爲之尊者正謂近部二尺者對末頭四尺者爲下以二尺者爲高云爪末下於部二尺者正謂蓋杠并達常高一丈八尺故四面宇曲垂二尺也云二尺爲句四尺爲弦求其股者鄭欲解宇曲之減減蓋之寬覆軹不及幹之意凡筭法以蚤低二尺即以低二尺者爲句又以持長四尺爲弦又蚤末直平者爲股絃者四尺四四十六爲丈六尺句者二尺二二而四爲四尺欲求其股之直平者筭法以句除弦餘爲股將句之四尺除弦丈六尺中除四尺仍有丈二尺在然後以筭法約之廣一尺長丈二尺方之丈二尺取九尺三尺一截相裨得方三尺仍有三尺在中破之爲兩段各廣五寸長三尺裨於前三尺方兩畔畔有五寸兩畔并前三尺爲三尺半角頭仍少方五寸不合不整三尺半幾近也言近半。上欲尊而宇欲卑。上近部平者也隤下曰宇。卑音婢下同隤大回反〔疏〕上欲至欲卑。釋曰此言爲下而說也上謂近部二尺者宇謂持長四尺者也。上尊而宇卑。則吐水疾而霤遠。蓋者主爲雨設也乘車無蓋禮所謂潦車謂蓋車與。霤力又反潦音老與音餘。〔疏〕注蓋者至車與。釋曰云蓋者主爲雨設也乘車無蓋者按巾車五路皆不言蓋以其建旌旗故無蓋故彼云及葬執蓋從車持旌鄭云王平生時乘車建旌雨則有蓋又道右職云王式則下前馬王下則以蓋從注云以蓋從表尊非謂在車時若今傘蓋者也云禮所謂潦車謂蓋車與者按既夕禮云乘車載旜道車載朝服槀車載簑笠注云今文槀爲潦此注云禮所謂潦車者指儀禮今文而言也鄭彼不從今文此引之者鄭兩解故此從之但潦車云載簑笠所以禦暑簑所以禦雨雨時或設簑或設蓋故疑是彼潦車遂言與也若然蓋車於天子當木路故既夕注云槀猶散也散車以田以鄙之車司常云斿車載旌注云斿車木路也王以田以鄙之車是木路與潦車爲一物故知此則木路至車也於田獵建大麾無蓋在國巡行則或載旌或設蓋也。蓋已崇。則難爲門也。蓋已卑。是蔽目也。是故蓋崇十尺。十尺其中正也蓋十尺宇二尺而人長八尺卑於此蔽人目。〔疏〕注十尺至人目。釋曰云蓋十尺宇二尺者據人長八尺中人而言若孔子及父皆身長十尺則蓋丈二者也。良蓋弗冒弗紘。

殷畝而馳。不隊。謂之國工。隊落也善蓋者以橫馳於壟上無衣若無紘而弓不落也。般音隱。不隊直類反。〔疏〕良蓋至國工。釋曰云良蓋弗冒則無衣不須言不紘若言不紘則有衣而不須紘也云般畝而馳者據不冒不紘兩者而言。輿人爲車。輪崇車廣衡長參如一。謂之參稱。稱猶等也車輿也衡亦長容兩服。稱尺證反注同〔疏〕注稱猶至兩服。釋曰此輿人專作車輿記人言車者車以輿爲主故車爲揔名鄭爲輿者此官實造輿故從輿爲正云參如一者謂俱六尺六寸也云容兩服者服馬也以其驂馬別有輈引車。故衡唯容服也。參分車廣。去一以爲隧。兵車之隧四尺四寸。鄭司農云隧謂車輿深也讀如鑽燧改火之燧玄謂讀如邃宇之邃。隧雖遂反注邃同又音遂注燧同鑽作官反〔疏〕注兵車至之邃。釋曰隧謂車輿之縱凡人所乘車皆取橫闊以或參乘或四乘故橫則六尺六寸此隧與之縱三分六尺六寸取二分以四尺四寸爲之不從先鄭者車無取於鑽燧改火之義故讀從邃宇之邃也。參分其隧。一在前。二在後。以揉其式。兵車之式深尺四寸三分寸之二。〔疏〕注兵車至之二。釋曰鄭皆言兵車者按上文先言兵車後言乘車故據先而言其實乘車亦同也云或深尺四寸三分寸之二者以四尺四寸取三尺得一尺又一尺四寸三分之取四寸仍有二寸在一寸爲三分二寸爲六分取一得二分故云深尺四寸三分寸之二云以揉其式者式謂人所馮依而式敬故名此木爲式也。以其廣之半。爲之式崇。兵車之式高三尺三寸。〔疏〕注兵車至三寸。釋曰車輿之廣六尺六寸取半爲式之高故知三尺三寸也。以其隧之半。爲之較崇。較兩輢上出式者兵車自較而下凡五尺五寸故書較作榷杜子春云當爲較。較古學反輢於綺反劉於既反下同榷音角〔疏〕注較兩至爲較。釋曰較謂車輿兩相人謂之平高也言兩較謂之車相兩旁豎之者二者既別而相云較兩輢上出式者以其較之兩頭皆置于輢上二木相附故據兩較出式而言之云兵車自較而下凡五尺五寸者以其前文式已崇三尺三寸更增此隧之半二尺二寸故爲五尺五寸按昭十年左氏傳云陳鮑方睦遂伐欒高氏子良曰先得公陳鮑焉往遂伐虎門公卜使王黑以靈姑銔率吉請斷三尺而用之彼注云斷三尺使至於較大夫旗至較按禮緯諸侯旗齊軫大夫齊較軫至較五尺五寸斷三尺得至較者蓋天子與其臣乘重較之車諸侯之車不重較故有三尺之較也或可服君誤。六分其廣。以一爲之軫圍。軫輿後橫者也兵車之軫圍尺一寸。〔疏〕注軫輿至一寸。釋曰云六分者謂輿廣六尺六寸而六分取一故得尺一寸也。參分軫圍。去一以爲式圍。兵車之式圍七寸三分寸之一。〔疏〕注兵車至之一。釋曰謂參分前軫圍尺一寸而爲之尺一寸取九寸爲三分去三寸得六寸餘二寸各三分之二寸爲六分去二分得四分以三分爲一寸餘一分添前六寸爲七寸三分寸之一也。參分式圍。去一以爲較圍。兵車之較圍四寸九分寸之八。〔疏〕注兵車至之八。釋曰以式圍七寸三分寸之一取六寸三分去二寸得四寸仍有一寸三分寸之一以一寸

者爲九分一分者轉爲三分并爲十二分去四分得八分故云較圍四寸九分寸之八也。參分較圍。去一以爲軹圍。兵車之軹圍三寸二十七分寸之七軹輢之植者衡者也與轂末同名。植直吏反下同〔疏〕注兵車至同名。釋曰以前較謂四寸九分寸之八四寸取三寸去一寸得二寸餘一寸爲二十七分餘八分爲二十四分并之爲五十一分取三十四分得二十分又二十一者去七分得十四添前二十爲三十四分取二十七分爲一寸餘有七分在添前二寸揔爲三寸二十七分寸之七也云與轂末同名者前云覆軹不及幹注軹是轂末此軹是車較下豎直者及較下橫者直衡者並縱橫相貫也。參分軹圍。去一以爲轐圍。兵車之轐圍二寸八十一分寸之十四轐式之植者衡者也鄭司農云轐讀如繫綴之綴謂車輿軨立者也立者爲轐橫者爲軹書或作軨玄謂轐者以其鄉人爲名。轐音對又張歲反李一音都回反綴張歲反劉音領又音零下同鄉許亮反。〔疏〕注兵車至爲名。釋曰此轐形狀一與前軹同但在式木之下對人爲名耳參分軹圍分前三寸二十七分寸之七取三寸去一寸得二寸餘七分者令整寸爲八十一分此二十一分去七分得十四爲二十一分即是八十一分寸之十四也云轐式之植者四分故云轐圍二寸八十一分寸之十四也云轐式之植者衡者也若先鄭讀轐爲綴又以轐爲一處解之後鄭皆不從者以其無所指歸故以鄉人爲名據前式下爲之也。圜者中規。方者中矩。立者中縣。衡者中水。直者如生焉。繼者如附焉。治材居材如此乃善也如生如木從地生如附如附枝之弘殺也。中丁仲反下皆同殺色界反。〔疏〕注治材至殺也。釋曰凡作車之法其材有圜者中于規有方者中于矩有直豎立者中于縣縣之垂者衡者橫也橫者中於水無高下也云直如生焉者如木之從地初生云繼者如附焉者材有大小相附著如木之枝柯本大末小之弘殺也。凡居材。大與小無并。大倚小則摧。引之則絕。并偏邪相就也用力之時其大并於小者小者強不堪則摧也其小并於大者大者力不堪則絕也。居如字舊音據并如字又必政反邪似嗟反〔疏〕凡居至則絕。釋曰上經言居材得所此經言不得所之事凡居材大與小無并使凡偏邪此汎說居材之法爲總也云大倚小則摧者小倚無并則偏邪此材當各自用力若使大材倚小材小材強不堪大材所倚則摧折并云引之則絕者上文云居材大與小無并已言大倚小則摧未言小并於大大之事則此引之則絕據小并大而言也若小并於大大木振其小木力不堪則絕斷也。棧車欲弇。爲其無革鞔不堅易坼壞也士乘棧車棧士板反劉才產反弇劉於檢反又於驗反易以豉反坼勑白反〔疏〕注爲其至棧車。釋曰棧車無革鞔不堅易坼壞故當弇向內爲之云士乘棧車者巾車職文。飾車欲侈。飾車謂革鞔輿也大夫以上革鞔輿故書侈作移杜子春云當爲侈〔疏〕注飾車至爲侈。釋曰據大夫已上天子諸侯之車不以革鞔得向外侈也云大夫以上者則天子諸侯不畏坼壞故欲得約也但有異物之飾者則得玉金象之名號無名號者直以革爲稱革路墨車之等是也若木路亦以革鞔但不漆飾以木爲號孤卿轂上有篆飾即以篆縵爲名也按般傳云故以轂未命爲士者不得乘飾車士得乘飾車者後異代法也

周禮注疏卷三十九校勘記　阮元撰盧宣旬摘錄

附釋音周禮注疏卷第三十九

冬官考工記第六 唐石經作第十一非

釋曰鄭義既然 釋曰上脫一〇

而工聚者者車爲多 補案者字誤重

唐虞已上曰共工 釋文作以上此作已非凡注用以上凡疏用已上

是營城郭郡城之制 惠校本郡作都

僉曰垂才 閩監毛本才作哉〇按賈所據古文尙書如此如張平子碑往才女諧之類也淺人不知乃改作哉字唐初尙書古字多有存者至衛包之改而盡矣

及陰陽之面背是也 余本嘉靖本毛本同閩監本背誤皆當訂正疏中惟毛本不誤

讀如冬資絺綌之資 余本岳本閩本同嘉靖本監毛本無綌字按賈疏引注亦無綌字

夾弓庾弓 毛本同閩監本作臾弓

方面形勢之宜也 閩監毛本勢作埶依經所改

今王既棲會稽之上 監毛本棲改栖閩本誤越

元知有皮玉無水火者 惠校本作鄭知此誤

謂之王公 按注文云天子諸侯以天子釋王以諸侯釋公也近人或疑作謂之三公誤

唯篇百工一事而已 惠校本篇作據此誤閩監毛本篇改無非

秦無廬 釋文廬本或作蘆按蘆乃廬之訛說詳下

待乃錢鎛 閩監毛本同誤也岳本嘉靖本待作偫釋文出偫乃二字當據正〇按說文人部曰偫者儲偫也

其鎛斯⿰扌周 嘉靖本⿰扌周誤椆〇按此皆用三家詩

盧讀爲纑 漢讀考云纑當作籚若纑字則當云讀如矣釋文盧或作籚正用注說易正文也〇按說文竹部籚積竹矛戟矜也

竹欑柲 嘉靖本閩本同釋文作竹欑柲也此脫也字閩監本欑誤從手旁疏中同監本柲又誤秘〇按說文欑積竹杖也柲欑也

摩鐧之器 釋文亦作摩鐧是也賈疏作磨鐧非〇按說文鐧作鐗

故知爲戟柄也 惠校本爲下有矛

或有人解廬磨鐧之器者 惠校本同閩監毛本磨作摩廬字閩監本同毛本作盧

言人人皆能 此本言字實缺今據惠本補閩監毛本改云

下劾之 此本及閩本實缺此句今據惠校本補監毛本劾作效

運用謂之知 惠校本閩本同監毛本用作物

無句作磬 惠校本無作无

相理佐知所爲 閩監毛本相理作但聖誤

周當作舟 余本同嘉靖本閩監毛本云當爲舟按古周舟通詩大東舟人之子箋云舟當作周盧文弨曰堯廟碑委曲舟市隸釋云以舟爲周

然後可以爲良 監本後誤以

冬定體之屬 閩監毛本同浦鏜云冬定本又作寒奠按弓人寒奠體疏據注義爲冬定非賈本經作冬定也

鸜鵒不踰濟 唐石經諸本同釋文本作鸛鵒云徐劉音權公羊傳同本又作鸜左傳同賈疏本作鸜鵒云左氏傳作鸜鵒公羊傳作鸛鵒此經注皆作鸜字與左氏同按徐邈劉昌宗作鸛音權是此經舊作鸛鵒矣鄭注所引者爲左氏傳則鄭所據左氏春秋亦作鸛賈疏本唐石經作鸜爲失其舊說文鳥部云古者鴝鵒不踰泲鴝或作鸜不稱周禮或據他書作鴝鵒也〇按權劬一語之轉蓋攷工記春秋皆有二本不同依說文別作鴝爲是也

有鴝鵒來巢 余本閩本同誤也嘉靖本監毛本鴝作鸜當據正〇按作鴝與說文合不當改

公羊以爲鸛鵒 閩本同監毛本鸛誤鸜

先鄭依或讀爲貉 按貉當作貈

妢胡之笴 諸本同釋文之笴古老反注作稾同唐石經笴作笴漢讀考云可藉以正注中笴字之誤

及箘簬楛 嘉靖本同閩監毛本簬改簵非疏同此本疏中及葉鈔釋文皆作簬釋文楛作枯云音戶尙書作楛音同葉鈔本及余本皆如是通志堂本枯誤括然則今注作楛爲改同尙書非也

故書笴爲笱 漢讀考笴作笱下同云可與句相亂如尙書盡執柯或作執拘許叔重云俗謂苛之字止句荷水郡國志注作苛水皆其類也杜據儀禮笱字正笴爲字之誤

妢讀爲焚咸丘之焚 漢讀考作讀如

笴讀爲稾謂箭稾 余本嘉靖本閩本毛本同誤也監本稾作槀槀漢讀考云蓋禾稾字引伸爲矢幹字〇按釋文曰笴古老反注作稾同今通志堂本譌爲作槀非也槀从木音苦浩反不音古老反也

注荆荆至箭稾 惠校本閩本同監毛本稾作槀下並同〇按此皆从禾者爲是

此州中生聆風 監本生誤坐聆風者竹名也

摶埴之工二 唐石經同余本嘉靖本閩監毛本摶作搏下同釋文曰李音團劉音博按注云搏之言拍也則當從劉昌宗音博李軌音團釋文唐石經作摶誤也戴震攷工記圖言之詳矣

刮作捖 經義雜記曰檀弓華而睆注說者以睆爲刮節目字或作刮考說文無捖睆即盰之重文義皆不合惟刀部有刓字云剸也从刀元聲一曰齊也二禮當用此字摩刮節目正齊之之意古元完同聲因誤作睆或作捖也

函鮑韗韋裘 唐石經諸本同釋文韗本或作鞾同按說文革部云韗攻皮治鼓工也从革軍聲讀若運或从韋作韗是從革者爲正字讀若運與鄭司農同

畫繢鍾筐㡆 唐石經余本嘉靖本閩本同監毛本鍾改鐘非〇按依說文㡆當作帨从巾兌聲

陶旊 唐石經諸本同誤也釋文嘉靖本旊作瓬注中同案說文瓦部云瓬周家摶埴之工也从瓦方聲讀若抵破之抵當據此訂正今本從於非石經考文提要云從五經文字宋纂圖互注本余本作瓬下旊人凡陶旊之事並同

侏儒扶廬 閩監毛本同誤也余本嘉靖本廬作盧此本疏引國語皆作盧當據正說文竹部引作籚此省作盧

鮑讀爲鮑魚之鮑 漢讀考云當作讀如

書或爲鞄 說文鞄柔革工也从革包聲讀若朴周禮曰柔皮之工鮑氏鞄即鮑也按鞄正字鮑假借字是許君所據周禮本亦作鮑蓋周禮多古文假借字也

蒼頡篇有鞄甍 釋文閩監毛本皆作甍此舊作甍訛今訂正余本作甍嘉靖本及漢制考作甍此本疏中兩引作鮑甍非蒼頡篇用正字作鞄从革

韗讀爲歷運之運㡆讀爲芒芒禹迹之芒 漢讀考云讀爲皆當作讀如

旊讀爲甫始之甫 漢讀考云當作讀如

上文其數 閩監毛本文作云

方言戟三刃特 閩監毛本特作持浦鏜云此枝字之誤〇按檢方言正作枝

蘧除蒙璆 閩監毛本除作蒢

謂蠃氏曰 毛本作嬴氏當據正

禹降水儆予 毛本降改洚非

由所尙也 閩監本同誤也余本嘉靖本毛本由作周當據正今正

法易之三材六畫 余本嘉靖本同閩監毛本法改灋非疏及下同

上林賦云從風倚移 惠校本亦倚移從風此誤倒

酋矛二丈也 惠校本也上有者

蓋以操之爲已戚矣 余本嘉靖本同閩監毛本戚改蹙非按釋文音經戚速徐劉將六反李音

促注同是陸本此亦作戚也賈疏引公羊傳作蹙○按戚正蹙俗
初衛侯游于郊子南僕 閩監毛本南誤男
則於馬終古登阤也 唐石經諸本同釋文作登陁
軹崇三尺有三寸也 戴震云軹當作軒音笄下去三以爲軹同詳攷工記圖
加輪與轐二者七寸 浦鏜云軫誤輪
輪人
欲其幎爾而下迆也 唐石經諸本同此本疏中引經迆作迤又按段玉裁云疏云不迆者謂輻上至轂兩兩相當正直不旁迆故云不迆也然則經文下迆本作不迆甚明下乃譌字耳今自唐石經已下經文皆誤而疏中二不迆字亦經後人改爲下迆不可不正也
謂輻轂上轂至 按當作輻上至轂衍一轂字至轂誤倒
欲其掔爾而纖也 唐石經諸本同宋本脫也字說文掔人臂貌从手臤聲周禮曰輻欲其掔尒
掔讀爲紛容掔參之掔 困學紀聞云卽上林賦紛容箾蔘
望其轂欲其眼也 唐石經諸本同說文輥轂齊等貌从車昆聲周禮曰望其轂欲其輥所讀與先後鄭異眼與輥聲相轉戴震從說文
綆讀爲關東言餅之餅 漢讀考作讀如
云爲蔮 浦鏜云當作亦爲蔮
稹理而堅 唐石經諸本同釋文稹本又作槇按釋文稹種也从禾眞聲引周禮稹理而堅是此經舊從禾作槇非也
則轂雖敝不蔽 唐石經諸本同釋文蔽作蔽按說文艸部引周禮轂雖敝不蔽
稹讀爲䆉祭之䆉 漢讀考作讀如云漢時䆉音如震
蔽當作耗 余本同釋文嘉靖本耗作秏從禾是也閩監毛本作耗非
大而短則摯 唐石經諸本同宋本摯作摯按釋文則摯讀爲槷劉魚列反戚魚結反蓋皆據注讀爲槷也唐石經此摯從埶下則無摯而固摯從槷省二字畫然則宋本非○按唐石經非
摯讀爲槷謂輻危槷也 此本及閩監本槷誤摯今據余本嘉靖本毛本訂正
則轂末不堅 宋本嘉靖本無轂按賈疏引注語無轂字今本有者衍文
以其圍之阞捎其藪 釋文唐石經捎字皆從手諸本同匠人爲溝洫梢溝三十里賈疏引此作梢其藪字從木當據正唐宋人作書木旁往往變從手○案从才从木二字說文皆有之難以猝定
捎讀爲桑蛸蛸之蛸 余本同誤也嘉靖本閩監毛本作桑螵蛸當據正漢讀考作讀如

藪讀爲蜂藪之藪謂轂空壺中也 九經古義云說文樔車轂中空也从木巢聲讀若藪然則藪本作樔讀爲藪也
蜂藪者猶言趨也藪者衆輻之所趨也 漢讀考云蜂藪者作藪者藪者作蜂藪者云今本互誤
故以防爲三分之一釋之也 惠校本釋作解
得二寸仍有一寸三分寸之三在 閩監毛本二寸作三浦鏜云之二誤之三
今大小穿金厚一寸 戴震云今當作令賈疏已誤
鄭司農云讀容上屬 盧文弨曰云爰衍
元謂容者 漢讀考作容轂者補一轂字
深三寸半 惠校本上有鑿
轂不折 唐石經諸本同惠校本折一作坼非
則雖有深泥 唐石經先作其後改有
謂殺輻之數也 余本之作內○按內字是
非謂揚雄以異方之語不同方言也 惠校本同下有謂之
謂云喪禮綴足用燕凡猷在南之類 此當作士喪禮綴足燕用几校在南
文在旣夕記士喪禮之下篇也
則無槷而固 閩監本同誤也唐石經余本嘉靖本毛本槷作槷當據正下及注疏同槷魚列反今通志堂誤作槷今正
槸楔也 余本嘉靖本與此本同楔字從木閩監毛本及漢制考從手釋文徐本作楔葉鈔本作楔從手者訛
從木槸省聲 嘉靖本閩監毛本槸作槷是也謂槷字之槷乃槷字省火成槷耳非從形槷字也余本岳本作槷省聲誤○按不曰从槷聲者取其音之相近也說文無槷字而有㯳字木相摩也今正
孔向外侵三寸之二 按三下當脫分
則是摶以行石也 閩監毛本同誤也唐石經余本嘉靖本摶作摶當據正注及疏同釋文摶徒丸反李又丈轉反字皆從專石經考文提要云宋纂圖互注本宋附釋音本余仁仲本皆作摶
凡揉牙外不廉而內不挫 唐石經諸本同按說文㷁火㷁車輞絕也从火兼聲周禮曰㷁牙外不㷁又文選長門賦心㷁移而不省故李善引鄭元周禮注曰㷁絕也據此則周禮經注廉本作㷁今此注作廉絕也釋文無音所據本與許李殊矣揉字亦當从火作煣故上揉輻注云揉謂以火槁之
是用火之善也是故規之以視其圜也 閩本同監毛本刪下九字蓋以

爲下經誤衍於此耳此當是疏引經語以證用火之善○按謂之衍文而刪之是也
鄭司農云讀爲萬 按云下當脫禹字
見今車近萬蔓於輪一邊 按今蓋令之誤
若平深均 浦鏜云沈誤深
百二十斤曰石之言也 浦鏜云之言誤倒
故可規可萬 唐石經諸本同惠校本故上有是
輪人爲蓋 唐石經諸本皆提行釋文不更出輪人字蓋合上爲一節
合爲二十字 岳本嘉靖本閩監毛本同余本十作四皆誤賈疏引注作合爲廿字當據正○按說文省二十爲廿則讀如入省三十爲卅則讀如颯皆不讀爲兩字此所以秦碑用以成四字句也此經二字句絕十字下屬不可用廿字而漢以前寫經者誤合之藉子春之訂正是故漢儒之功大矣
謂覆斡也 余本嘉靖本同閩監毛本斡誤斡疏同毛本下作斡不誤釋文斡作斡云或作斡俱音管○按斡從斗倝聲音管俗音烏八切詳匡謬正俗今時多用俗音矣
參分弓長而揉其一 嘉靖本揉誤棎○按揉依說文當作煣
長爲宇曲鄭又覆言之 惠校本長下有者此脫又字此本誤文今據惠校本訂正閩監毛本改反非
此言弓近蓋計復𧿶 當作弓近蓋部頭𧿶
橐車載䡅笠 閩本同監毛本橐作槖下同○按从禾者是也據釋文槖古老反是必从禾若从木則苦浩反矣儀禮古文作槖車今文作潦車
良蓋弗冒弗紘 閩監毛本冒誤冐
殷畝而馳不隊 諸本同唐石經作般畝而馳不墜此本疏亦作畝釋文畝作畝隊仍作隊○按畝者畝之誤也墜者隊之俗也
輿人
云或深尺四寸三分寸之二者 浦鏜云式誤或
故書較作推 余本岳本嘉靖本同閩監毛本推作榷非今釋文作榷余本載音亦作榷○按故書以同音假借說文从手从木二字皆有不能定孰是孰非
使王黑以靈姑鉢率吉 閩監毛本鉢作鉟此蓋鉟之訛
以前較謂四寸九分寸之八 浦鏜云圍誤謂
云直如生焉者 惠校本直下有者
材有大小相附著 惠校本下有者

附釋音周禮注疏卷第四十

鄭氏注　賈公彦疏

輈人爲輈。輈車轅也詩云五楘梁輈○輈張留反方言云楚衛之間轅謂之輈楘音木又作鞪同 疏 輈人爲輈○釋曰於三十工無輈人之官但車事是難故攻車官別主此職也云詩云五楘梁輈者秦詩引之者證輈上句衡也一輈五束束有歷錄是也

輈有三度。軸有三理。目下事度深淺之數 疏 注目下至之數○釋曰云度深淺之數者四尺七寸之等是也

國馬之輈。深四尺有七寸。國馬謂種馬戎馬齊馬道馬高八尺兵車乘車軹崇三尺有三寸加軫與轐七寸又并此輈深則衡高八尺七寸除馬之高則餘七寸爲衡頸之間也鄭司農云深四尺七寸謂轅曲中○轐音卜舊方木反又音僕種章勇反齊側皆反 疏 注國馬至曲中○釋曰國馬謂種戎齊道者按校人馬有六種下文田馬駑馬此四者當國馬也云高八尺者按廋人云馬八尺以上爲龍是也云兵車乘車軹崇三尺有三寸者上文云兵車乘車之輪六尺有六寸軹崇三尺有三寸是也云加軫與轐七寸者上文云加軫與轐焉四尺也又并此輈深則衡高八尺七寸者三尺三寸加七寸爲四尺并輈深四尺七寸故衡高八尺七寸除馬之高則餘七寸爲衡頸之間也云鄭司農云深四尺七寸謂轅曲中者後鄭從之也

田馬之輈。深四尺。田車軹崇三尺一寸半并此輈深而七尺一寸半今田馬七尺衡頸之間亦七寸加軫與轐五寸半則衡高七尺七寸 疏 注田車至七寸○釋曰鄭以上文田車之輪六尺三寸軹崇三尺一寸半故知之也

駑馬之輈。深三尺有三寸。輪軹與軫轐大小之減率寸半也則駑馬之車軹崇三尺加軫與轐四寸又并此輈深衡高六尺七寸除馬之高則衡頸之間亦七寸 疏 注輪軹至七寸○釋曰云輪軹與軫轐大小之減率寸半也者以兵車乘車軹崇三尺三寸田車軹崇三尺一寸半減一寸半加軫與轐七寸田車加軫與轐五寸半亦減一寸半故知駑馬之車軹崇三尺加軫與轐四寸也

軸有三理。一者以爲媺也。無節目也 疏 注無節目也○釋曰此軸有三理一者以爲媺也二者以爲久也三者以爲利也者是軸有三理鄭解三理之事云無節目者以其不得有節目恐其不堅也

二者以爲久也。堅刃 三者以爲利也。滑密

軌前十尺而策半之。謂輈軌以前之長也策御者之策也十或作七合七爲弦四尺

七寸爲鉤以求其股股則短矣七非也鄭司農云軌謂式前也書或作軓玄謂軌是軓法也謂輿下三面之材輢式之所尌持車正也○軓音犯劉音範 疏 注謂輈至正也○釋曰云謂輈軌以前之長也者鄭意以軌前十尺謂輈軌以前之長云策御者之策也者御者之策長五尺也云十或作七合七爲弦四尺七寸爲鉤以求其股股則短矣七非也者鄭欲破七爲十以勾股法求之以輈長一丈四尺四寸又得四尺七寸以爲鉤七尺爲弦以股求之股短矣故云七非也云鄭司農云軌謂式前也者書或作軓玄謂軌是軓法也者鄭不從先鄭之義

凡任木。任正者。十分其輈之長。以其一爲之圍。任正者謂輿下三面材持車正者也凡任木目車持任之材 疏 注凡任至之材○釋曰此經所云是輿下三面之材故鄭云輿下三面材持車正者也

衡任者。五分其長。以其一爲之圍。衡任者謂兩軛之間也兵車乘車衡圍一尺三寸五分寸之一 疏 注衡任至之一○釋曰云衡任者謂兩軛之間也者以其衡之兩端當馬之頸而任重故云兩軛之間也云兵車乘車衡圍一尺三寸五分寸之一者衡長六尺六寸五分取一故一尺三寸五分寸之一也

小於度。謂之無任。任輈衡任而不正度謂之無任 疏 任正至無任○釋曰云小於度謂之無任者言小於度則不勝任○勝音升 注無任至其任○釋曰以其任木有力故也

五分其軫間。以其一爲之軸圍。軫間則軸圍亦一尺三寸五分寸之一與衡任相應 疏 注軫間至相應○釋曰云軫間則軸圍亦一尺三寸五分寸之一者以輿廣六尺六寸五分取一故一尺三寸五分寸之一也與衡任相應者以其衡任亦一尺三寸五分寸之一故云與衡任相應也

十分其輈之長。以其一爲之當兔之圍。輈當伏兔者也亦圍尺四寸五分寸之二與任正者相應 疏 注輈當至相應○釋曰當兔謂輿下當橫軸之處故計輈之軌前及輿下一丈四尺四寸十分取一故

之伏兔之處圍細之圍有一尺四寸五分寸之二與相應也

參分其兔圍。去一以爲頸圍。頸前持衡者圍九寸十五分寸之九 疏 注頸前持衡至之九○釋曰云頸前持衡者也云圍九寸十五分寸之九者以前當兔圍有一尺四寸五分寸之二今三分去一故有九寸十五分寸之九也

五分其頸圍。去一以爲踵圍。踵後承軫者也圍七寸七十五分寸之五十一 疏 注踵後至五十一○釋曰踵後承軫者也者釋名云踵後承軫之處似人之足踵故名爲踵也云圍七寸七十五分寸之五十一者以頸圍九寸十五分寸之九五分去一得七寸七十五分寸之五十一也

凡揉輈。欲其孫而無弧深。孫順理也杜子春云弧讀爲淨而不汙之汙謂弧木弓也凡揉輈欲其孫而無弧深者揉之而不失其理也○揉而九反孫音遜弧音烏 疏 注孫順至之極○釋曰云孫順理也者揉輈順其理使不傷也云無弧深者謂揉輈不得如弓之弧深也

今夫大車之轅摯。其登又難。既克其登。其覆車也必易。此無故。唯轅直且無橈也。大車牛車也摯輖也登上阪也克能也○摯音至易以豉反下注之易同橈乃孝反 疏 注大車至能也○釋曰云大車牛車也者按下文車人爲大車是牛車故知大車牛車也

是故大車平地既節軒摯之任。及其登阤。不伏其轅。必縊其牛。此無故。唯轅直且無橈也。阤阪也故書伏作偪杜子春云偪當作伏○縊一賜反偪音逼

故登阤者。倍任者也。猶能以登。及其下阤也。不援其邸。必緧其牛後。此無

故唯轅直且無橈也。倍任用力倍也故書緧作鰌鄭司農云鰌讀爲緧關東謂紂爲緧鰌魚字○按音袁郎丁禮反緧音秋鰌音秋與緧同○〔疏〕注倍任至魚字○釋曰云故書緧作鰌先鄭云鰌讀爲緧關東謂紂爲緧者按方言本紂自關而東韓鄭汝潁而東謂之爲緧或謂之爲曲綸自關而西爲紂云鰌魚字者破故書爲鰌也字猶名也既鰌是魚名明不從故書也是故輈欲頎典。頎典堅刃貌鄭司農云頎讀爲懇典讀爲殄駟馬之轅率尺所一縛懇典似謂此也○頎苦很反典音殄又勑殄反注同〔疏〕注頎典至此也○釋曰此已下還說四馬車轅也先鄭云四馬之轅率一尺所一縛者此即詩五楘梁輈一也輈深則折。淺則負。揉之大深傷其力馬倚之則折也揉之淺則馬善負之○倚於綺反〔疏〕注揉之至負之○釋曰揉之大深則如上弧深云馬倚之則折也者馬不倚深亦不折故以馬倚之乃折云揉之淺則馬善負之者輈直似在馬背負之相似故善負之本或作若負皆合義不須改也輈注則利準。利準則久。和則安。故書準作水鄭司農云注則利水謂轅脊上雨注令水去利也玄謂利水重讀似非也注則利謂輈之揉者形如注星則利也準則久謂輈之在輿下者平如準則能久也和則安注與準者和則人乘之則安○準音水又如字下及注皆同重直用反又直龍反〔疏〕注故書至則安○釋曰依後鄭讀當云輈注則利也準則久也和則安也利準不爲重讀先鄭依故書準爲水解之後鄭不從者輈轅之上縱不爲雨注水無停處故不從也後鄭云輈之揉者形如注星則利也者此無正文亦是後鄭以意解之輈之謂形勢似天上注星車之利也云準則久者準平也亦水之類故以準爲平解之云輈之在輿下者平如準者輈平輿亦平平則穩故得長久也云和則安注與準者和人乘之則安者注謂轅曲中以前準謂在輿下前後曲直調和則人乘之安穩安知據人者見下文云終日馳騁左不倦又云終歲御衣衽不敝是安據人可知也輈欲弧而折。經而無絕。揉輈大深則折也經亦謂順理也○〔疏〕注揉輈至理也○釋曰云輈欲弧而無折者按上文云孫而無弧深此云欲弧而無折者此欲得如弧無使折無使折則不弧深亦一也此云經而無絕即上文欲其孫亦一也故鄭云經亦謂順理也進則與馬謀。退則與人謀。言進退之易與人馬之意相應馬行主於進人則有當退時〔疏〕注言進至退時○釋曰車是無情之物人馬有情有情乃有謀今言車與人馬謀者若下文猶能一則取皆是喻其利也故鄭云言進退之易與人馬之意相應云馬行主於進人則有當退時者馬之進退由人縱止恐策及之惟知其進故云馬行主於進人則有當退時去任自由路遠則倦故當有退時終日馳騁。左不楗。杜子春云楗讀爲蹇左面不便馬苦蹇輈調善則馬不蹇也書楗或作券玄謂券今倦字也輈和則久馳騁載在左者不罷倦尊者在左○楗杜音蹇鄭音倦便婢面反罷音皮〔疏〕注杜子至在左○釋曰子春意據軍將乘車之法將在中故御者在左楗爲蹇澀解之四馬六轡在御之手而不在中央而在於左故云左面不便馬苦蹇輈調善則馬不蹇也云書楗或作券玄謂今倦字也以爲尋常在國乘車之法尊在在御者中央故取上文和安解之言輈和而久馳騁載在左者不罷倦尊者在左者曲禮云乘君之乘車不敢曠在左必式注云君存惡空其位是尊者在左也行數

千里。馬不契需。鄭司農云契讀爲爰契我龜之契需讀爲畏需之需謂不傷蹄不需道里○契苦結反注同需音須又乃亂反〔疏〕注鄭司至道里○釋曰云先鄭云契讀爲爰契我龜之契者詩之文也需讀爲畏需之需謂從易需卦之需終歲御衣衽不敝。衽謂裳也○衽而甚反又而鴆反〔疏〕注衽謂裳也○釋曰禮記深衣續衽鉤邊者據在旁屬帶處至於問喪云扱上衽及曲禮云苞屨扱衽不入公門此皆據深衣十二幅要間之裳皆是衽故此注云衽謂裳也此唯輈之和也。和則安是以然也謂進則與馬謀而下〔疏〕注和則至而下○釋曰揔結上進則與馬謀已下四經四者皆由輈和勸登馬力。登上也輈和勸馬用力馬力既竭。輈猶能一取焉。馬止輈尚能一前取道喻易進良輈環灂。自伏兔不至軓七寸。軓中有灂。謂之國輈。伏兔至軓蓋如式深兵車乘車式深尺四寸三分寸之二灂下至軓七寸則是半有灂也輈有筋膠之被用力均者則灂遠鄭司農云灂讀爲灂酒之灂環謂漆沂鄂如環○灂子肖反李音在學反被皮寄反沂魚巾反鄂五各反○〔疏〕注伏兔至如環○釋曰經云自伏兔不至軓七寸者是從內向外之言更云軓中有灂者灂謂漆則七寸外軓內乃有灂云伏兔至軓蓋如式深者伏兔銜車軸在輿下短不至軓軓即與下三面材是也無伏兔處去軓遠近無文以意斟酌經云自伏兔不至軓七寸明七寸之外更有寸數故鄭云伏兔至軓蓋如式深也即引兵車乘車式深一尺四寸三分寸之二爲證此數即上云隧四寸三分一在外以揉其式是也若然自伏兔至軓亦一尺四寸三分寸之二如是輈轅之深入式下半一尺四寸三分寸二有七寸三分寸一直言半有灂者揉七寸不言三分寸之一舉全數而言也言用力均者則灂遠者用力均謂軓前十尺并入式下曲直皆用力則漆入式下七寸是灂遠也先鄭讀灂酒之灂者讀從士冠禮若不醴灂用酒之灂也云環灂謂漆沂鄂如環者指謂漆之文理也軫之方也。以象地也。蓋之圜也。以象天也。輪輻三十。以象日月也。蓋弓二十有八。以象星也。輪象日月者以其運行也日月三十日而合宿〔疏〕軫之至星也○釋曰此言揔結上車及蓋取象之意云軫之方也以象地也者據輿方而言不言輿言軫者軫是輿之本故舉以言之云蓋之圜也以象天也者即上輿人所造者也云以象星者星則二十八宿一面有七角亢之等是也若據日月合會於其處則名宿亦名辰亦名次亦名房也若不據會宿即指星體而言星也○注輪象至合宿○釋曰云輪象日月者以其運行也日月三十日而合宿者輪乃運行之物至於日則一日行一度一年一周天月行十三度十九分度之七一月一周天又行一辰遂及日而合宿是日月亦是運行之物故以輪象之也龍旂九斿。以象大火也。交龍爲旂諸侯之所建也大火蒼龍宿之心其屬有尾尾九星○斿音留宿音秀下同〔疏〕注交龍至九星○釋曰自此以下爲上造車車上皆建旌旂故因說旌旗之義也然此已下九斿七斿六斿四斿之旌旗皆謂天子自建非謂臣下知者以此九七六四不與臣下命相當故也若臣下則皆依命數然天子以十二爲節而今建九斿七斿六斿四斿者蓋謂上得兼下也云交

龍爲旂諸侯之所建也者皆司常文此既非臣下所建而鄭引司常者蓋取彼交龍以釋此旂因言諸侯亦建旂非謂此經論諸侯事云大火蒼龍宿之心者書大傳云夏大火中可種黍菽及春秋火出皆此大火一也東方本色蒼東方七宿畫爲龍故曰蒼龍日月季秋會於此星則曰宿角亢氐房心尾箕次比言之則曰心故云大火蒼龍宿之心也云其屬有尾尾九星者是九斿所象也言九斿若此正謂天子龍旂其上公亦九斿若侯伯則七斿子男則五斿大行人所云者是也鳥旟七斿。以象鶉火也。鳥隼爲旟州里之所建鶉火朱鳥宿之柳其屬有星星七星○〔疏〕注鳥隼至七星○釋曰云鳥隼爲旟州里之所建司常職文州長中大夫四命里宰下士一命皆不建得建此七斿之旟言州里建旟者亦取彼成文以釋旟非謂州里得建七斿也云鶉火朱鳥宿之柳其屬有星星七星者南方七宿畫爲鶉畫爲鳥火色朱日月六月會于柳故云宿之柳也云其屬有星星七星者月令云旦七星中是也不指七星言柳乃云其屬有星者當鶉火三星柳爲首故先舉其首後言其屬也若然上心與尾別辰心非尾之首亦舉心後言其屬尾者心爲大辰雖非本辰亦爲其首也熊旗六斿。以象伐也。熊虎爲旗師都之所建伐屬白虎宿與參連體而六星○象伐如字劉扶廢反參色林反〔疏〕注熊虎至六星○釋曰云熊虎爲旗師都之所建者亦司常職文云伐屬白虎宿與參連體而六星者西方七宿畫爲虎金色白孟夏日月會則日宿參伐六星爲上下是連體也師都鄉遂大夫也鄉大夫雖是六命即得建六斿遂大夫是中大夫四命即不得建六斿此亦謂天子所建也龜蛇四斿。以象營室也。龜蛇爲旐縣鄙之所建營室玄武宿與東壁連體而四星○東壁音壁○〔疏〕注龜蛇至四星○釋曰龜蛇爲旐縣鄙之所建者亦司常職文縣正雖是下大夫四命鄙師上士三命即不得建四斿此亦謂天子自建也云營室玄武宿者玄武龜也有甲能禦扞故曰武水色玄孟春日月會故曰宿云與東壁連體而四星者營室是北方七宿室在東壁在西一西壁而言一東壁者據十月在南方壁在東故云東壁也此星一名一室壁一名營室一名水春秋云水昏正而栽是也一名定定之方中是也○弧旌枉矢。以象弧也。覲禮曰侯氏載龍旂弧韣則旌旗之屬皆有弧也弧以張縿之幅有衣謂之韣又爲設矢象弧星有矢也妖星有枉矢者蛇行有尾因此云枉矢蓋畫之○韣音獨縿所銜反本又作幓同爲于僞反〔疏〕注覲禮至畫之○釋曰云弧旌者弧弓也旌旗亦有弓所以張縿幅故曰弧旌也云枉矢者就旌旗張縿弓上亦畫枉矢於上云以象弧也者象天上有弧星弧星則矢星也引覲禮侯氏載弧韣而云旌旗之屬皆有弧者按司常云全羽爲旞析羽爲旌則無縿幅可張而云旌旗之屬皆弧者此二者無弧而云之屬者舉衆而言謂若司常注云九旗之帛皆用絳亦舉衆而言也云有衣謂之韣者韣也以衣韣其弓謂之弓韣月令帶以弓韣是也云又爲設矢象弧星有矢也者天上弧星有枉矢即引孝經緯云枉矢者蛇行有毛目此云枉矢蓋畫之知畫之者以其弓所以張幅非弦不可着矢以畫於縿上也按孝經援神契云枉矢所以射慝謀輕考異郵曰枉矢狀如流星蛇行有毛目天文志曰枉矢類大流星蛇行而蒼黑長數尺攻金之工。築氏執下齊。冶氏執上齊。鳧氏爲聲。㮚氏爲量。段氏爲鎛器。桃氏爲刃。多錫

爲下齊大刃削殺矢鑿燧也少錫爲上齊鍾鼎斧斤戈戟也聲鍾錞于之屬刃大刃刀劍之屬齊才細反下及注皆同段丁亂反削如字李音笑下同燧音遂錞音淳【疏】攻金至爲刃。釋曰此經與下爲目云築氏執下齊冶氏執上齊者據下文六等言之四分已上爲上齊三分已下爲下齊若然築氏爲削在三等之內此舉中齊之分大刃等亦皆下齊以下築氏於下齊三分之中上仍有三等此舉中以分大刃爲鍾鼎此言聲者鍾類非一故言聲以包之故注云聲鍾錞于之屬桃氏爲刃按下文桃氏爲劍此言刃者亦是劍類非一故注云刃大刃劍之屬也。注多錫之屬。釋曰云多錫爲下齊者據下文參分其金而錫居二謂之削殺矢之齊是也云鑒燧也者即下文金錫半謂之鑒燧之齊是也云少錫爲上齊鍾鼎斧斤戈戟也者即下文六分其金而錫居一謂之鍾鼎之齊已上是也若然鳧氏爲鍾鼎築氏爲量段氏爲鎛器亦當在上齊皆鳧氏量及鎛器亦是豆區鬴也鬴各自其四以登於釜釜十則鍾云鎛器田器錢鎛之屬者詩云庤乃錢鎛注云錢銚鎛鎒是也云刃大刃刀劍之屬及刀皆大刃也

金有六齊。目和金之品數

六分其金而錫居一。謂之鍾鼎之齊。五分其金而錫居一。謂之斧斤之齊。四分其金而錫居一。謂之戈戟之齊。參分其金而錫居一。謂之大刃之齊。五分其金而錫居二。謂之削殺矢之齊。金錫半。謂之鑒燧之齊。鑒燧取水火於日月之器也鑒亦鏡也凡金多錫則忍白且明也忍音刃【疏】金有至之齊。釋曰上文築氏執下齊冶氏執上齊今於此文戈戟之齊在四分其金錫居一之中則此齊已上六知其斧斤在五分其金錫居一之中參分其金中可知其斧斤在上齊上齊中惟有冶氏造戈戟則斧斤亦當冶氏爲之矣。注鑒燧至明也。釋曰云取水火於日月之器也者司烜氏職文云凡金多錫則刃白且明也者據大刃已下削殺矢等鑒燧入且明之內

築氏爲削。長尺博寸。合六而成規。今之書刃【疏】築氏至成規。釋曰鄭云今之書刃者漢時蔡倫造紙蒙恬造筆古者未有紙筆則以削刻字至漢雖有紙筆仍有書刃是古之遺法也若然則經削反張爲之若弓之反張以合九合七合五成規也此書刃亦然馬氏家等亦爲偃曲却刃也

欲新而無窮。敝盡而無惡。鄭司農云常如新無窮已敝盡無瑕惡也玄謂鋒鍔俱盡不偏索也刃也存也其金如一雖至敝盡無瑕惡也。鍔五各反

冶氏爲殺矢。刃長寸。圍寸。鋌十之。重三垸。殺矢與戈戟異齊而同其工似補脫誤在此也殺矢用諸田獵之矢也鋌讀如麥秀鋌之鋌鄭司農云鋌箭足入槀中者也垸量名讀爲丸。鋌徒頂反垸音丸齊才細反槀古老反【疏】殺矢與戈戟異齊而同其工者殺矢至爲丸。釋曰云殺

按上文戟在上齊內殺矢在下齊中是異齊今此同工不可云似補脫誤在此也者鄭以下矢人別有矢之工不可此亦云殺矢有是彼脫漏有人於彼補脫訖更有人補於此也云殺矢用諸田獵之矢也者司弓矢職文先鄭直云垸量名讀爲丸者其垸是稱兩之名非斛量之號又讀爲丸未知取何義後鄭引之在下者以其垸之度量其名未聞無以

戈廣二寸。內倍之。胡三之。援四之。戈今句孑戟也或謂之雞鳴或謂之擁頸內謂胡以內接柲者也長四寸胡六寸援八寸鄭司農云援直刃也胡其孑。句古侯反秘音祕【疏】戈廣至四之。釋曰戈廣二寸者據胡下柄入處之寬狹以下句兵同。注戈今至其孑。釋曰云戈今句孑戟也者據漢法而言漢時見有此戈與戟別而云戈今句孑戟者以其似戟故云或謂之雞鳴或謂之擁頸者此以漢時名言之云內謂胡以內接柲者也者長四寸者云胡六寸者以戈廣二寸而言之云胡其孑者按此上下文戈與戟不別而鄭云戈今句孑戟戟在其胡有孑故云句孑戟也云長四寸胡六寸者鄭云戈今句孑戟者以其胡以戟故或謂之擁頸者以擁頸之名以其似雞鳴故謂之擁頸者以其有此數名也云內謂胡以內接柲者也即柄也

已倨則不入。已句則不決。長內則折前。短內則不疾。戈句兵也主於胡也已倨謂胡微直而邪多也以啄人則創不決胡之曲直鋒本必橫而取圍於磬折前謂援也內長則援短則曲於磬折已倨於磬折則引之與胡並鈞鈞聲折前謂援也內長則援短則曲於磬折不疾【疏】已倨至不疾。釋曰此經論兵據鄭注云句兵也主於胡也者下文盧人云句兵欲無彈鄭注云句兵戈戟屬是也云主於胡也此經言胡之四疾是與胡之意也此者以其有胡之一曲故知主於胡也者欲見此經所論胡者以下文有胡戈戟屬援爲之主也云已倨謂胡微直而邪多也以啄人則創不決者云胡之曲直鋒本必横而取圍於磬折則胡微直而邪多則以啄人則創不決者胡頭低則曲云前謂援也者援最在前內長則援曲而鈎長則援短則曲鈎於磬者按上文云長內則折前云內長則援接相近而援頭低則胡內長則援短援短則上撅者以其胡之下是援下不折援在下則內長則援長則倨於磬折援頭低則鋒於磬折者謂援之曲也云援者謂援頭四寸八寸矣故云內短則援頭長也云長援接者以其內短四寸今胡近下則援頭與內本近下安之則頭舒頭援則援也云倨句於磬折者以其本不由

是故倨句外博。重三鋝。博廣也倨之外胡之裏也句之外胡之表也廣其外以便用也俗謂胡爲胡似此。鄭司農云謂胡之裏也玄謂此云句外博者句之外胡之表也俗呼胡下近胡之處爲胡頭者曲亦使用也。便婢面反曼莫干反【疏】注博廣至用也。釋曰此經爲除其四疾爲之上義也云倨之外胡之裏也者謂胡之外曲之表者云句之外胡之表也與胡之外句之外者皆胡上亦倨句之處謂之胡皆有外胡之裏云倨之外胡之表以下廣故云倨之表者謂胡外廣使其寬是使用也云俗謂胡之外下俱寬自然合於磬折無上四病使用也云胡本皆本曼胡似此者由胡外而本寬者以其胡上倨者以其胡下有之曼胡猶似此者也按莊公四年左氏傳楚武王荆尸授師子焉以經所云者也故云此者也此戟而無刃秦晉之間謂之孑或謂之鏝吳揚之閒謂之曼胡其曲者謂之句孑曼胡句孑之伐隨注云孑之伐者秦晉之閒謂之大者謂之曼胡其曲者謂之句孑曼胡謂鉤孑也

重三鋝。鄭司農云鋝量名也讀爲刷玄謂許叔重說文解字云鋝鍰也今東萊稱或以大半兩爲鈞十鈞爲環環重六兩大半兩鍰鋝似同矣則三鋝爲一斤四兩。鋝色劣反又音劣或音環鍰戶關反又于眷反

稱尺證反【疏】注鄭司至四兩。釋曰先鄭讀鋝爲刷取音同後墨罰疑赦其罰百鍰以爲大半兩爲鈞十鈞爲環環重六兩大半兩鍰鋝似同矣者以許叔重說文解字云鋝鍰也者取尚書呂刑有一鍰是以鄭引許氏及東萊稱重無文故云大半兩爲鈞十鈞爲環言大者皆二分之大三分之二爲大半三分之一爲少以一兩二十四銖爲大半兩則十六銖爲二十四銖一兩二十四銖爲一兩則百六十銖爲六兩大半兩也云鍰鋝似同矣者此從許君之說是銖有六兩大半兩也

戟廣寸有半寸。內三之。胡四之。援五之。倨句中矩。與刺重三鋝。戟今三鋒戟也內長四寸半胡長六寸援長七寸半三鋒者胡直中矩言正方也鄭司農云刺謂援也玄謂刺者著柲直前如鐏者也戟胡橫貫之胡中矩則援之外句磬折與。刺七亦反注同著直略反下同鐏徂悶反又祖困反與音餘【疏】注戟今至折與。釋曰鄭知今三鋒戟者以其戟之言棘也而多刺故云三鋒戟也云內長四寸半胡長六寸援長七寸半者以廣寸半而言也云三鋒者以經云與刺重三鋝故知三鋒是也云胡直中矩言正方也者對戈胡微邪不正方也先鄭云刺謂援也者後鄭不從者戈援向外曲而直上故鄭云刺者著柲直前如鐏者也云戟胡横貫之者以其戈横貫故知之也云胡中矩則援之外句磬折與者以其戈戟皆外句磬折與援之外句又以三鋒戟半胡之外援不同故横向上爲之一刺是胡中矩則援六寸以上援頭向上七寸半然後胡句向外磬折與鄭云鍾與援向上三胡與矩中援中者以其兩胡以直中句胡之折向外故胡之疑者之上與戟援句半寸無正文直前以擬刺鄭不敢定故云與鋒刺皆三鋒也云援向上爲胡上向下爲磬折也者以其鋒句兵戈屬

桃氏爲劍。臘廣二寸有半寸。臘謂兩刃。臘力闔反一音獵李音魯頰反

兩從半之。鄭云從謂兩刃之一面各二寸半寸刃也。從子容反李音縱【疏】注臘謂至一面。釋曰此劍兩刃兩面各有刃兩從半之者與今刃異言兩刃者以刃面殺趨鍔者也釋曰謂臘從俱然故云兩面也

以其臘廣爲之莖圍。長倍之。鄭司農云莖謂劍夾人所握鐔以上也。玄謂莖在夾中者莖長五寸。莖戶耕反夾古治反又古協反鐔徐音尋劉音淫一音徒南反【疏】注鄭司至五寸。釋曰二鄭意同鄭直云莖長五寸亦倍上臘二寸半故五寸也即

中其莖。設其後。從中以卻稍大之也後大則於把易制也。鄭司農云中謂穿之也玄謂從中以却稍大之後大則於把易制也故云從中以卻稍大之也者此文鄭意劍莖以中爲小故云中央鄭云穿之雖成鄭義易繫辭云益長裕而不設鄭注云設大也故從後大解之以設爲大非益長也以卻稍大之後大則於把易制也

參分其臘廣。去一以爲首廣而圍之。首廣二寸半寸參分去一【疏】注首圍至十二。釋曰此首廣謂劍把接刃處之徑也臘廣二寸半參分去一以一寸爲六分二寸爲十二分半寸爲三分添十二爲十

五分三分去一得十分取六分爲一寸餘四分名爲六分寸之四六分寸之四即三分寸之二故云一寸三分寸之二也而圜之者正謂圜之故盧人皆以圜爲圜之也

身長五其莖長。重九鋝。謂之上制。上士服之。身長四其莖長。重七鋝。謂之中制。中士服之。身長三其莖長。重五鋝。謂之下制。下士服之。上制長三尺重三斤十二兩中制長二尺五寸重二斤十四兩三分兩之二下制長二尺重二斤一兩三分兩之一此今之匕首也人各以其形貌大小帶之此士謂國勇力之士能用五兵者也樂記曰武王克商裨冕搢笏而虎賁之士說劍○裨婢支反劉音卑笏音忽賁音奔說吐活反劉詩悅反【疏】注上制至說劍○釋曰知上制長三尺者以其言五其莖長上文長倍之莖長五寸五其莖長二尺五寸并莖五寸爲三尺也已下皆如此計之可知重三斤十二兩者以其言九鋝鋝別六兩大半兩六九五十四爲五十四兩九鋝皆有大半兩鋝別有十六銖爲百四十四銖二十四銖爲一兩揔爲六兩添前五十四爲六十兩十六兩爲一斤取四十八兩爲三斤餘十二兩故云重三斤十二兩已外皆如此計之亦可知也云此今之匕首也者漢時名此小劍爲匕首也云人各以形貌大小帶之解經上士中士下士非謂三命爲上士之屬宜以據形長者爲上次者爲中短者爲下士云此士謂國勇力之士能用五兵者也者此司右文彼不言勇力之士用劍而言勇力士者以樂記說劍之事知之故引之爲證也武王克商在軍皆韋弁韋弁兵服克商還皆裨冕裨冕則五冕各以尊卑服之而助祭於明堂虎賁之士即勇力之士者也

鳧氏爲鍾。兩欒謂之銑。故書欒作樂杜子春云當爲欒書亦或爲欒銑鍾口兩角○欒本又作鑾力端反銑先典反【疏】注故書至兩角○釋曰欒銑一物俱謂鍾兩角古之樂器應律之鍾狀如今之鈴不圜故有兩角也

銑間謂之于。于上謂之鼓。鼓上謂之鉦。鉦上謂之舞。此四名者鍾體也鄭司農云于鍾脣之上祛也鼓所擊處○鉦音征祛丘書反徐丘庶反【疏】注此四至擊處○釋曰云此四名爲鍾體對下角衡非鍾體也以于爲祛者以鍾脣裏祛然故謂之祛也

舞上謂之甬。甬上謂之衡。此二名者鍾柄○甬音勇鍾縣謂之旋。旋蟲謂之幹。旋屬鍾柄所以縣之也鄭司農云旋蟲者旋以蟲爲飾也玄謂今時旋有蹲熊盤龍辟邪○旋如字李信犬反蹲音存盤畔干反辟必亦反邪似嗟反【疏】注旋屬至辟邪釋曰後鄭舉漢法鍾旋之上以銅篆作蹲熊及盤龍辟邪辟邪亦獸名古法亦當然也

鍾帶謂之篆。篆間謂之枚。枚謂之景。帶所以介其名也介在于鼓鉦舞甬衡之間凡四鄭司農云枚鍾乳也玄謂今時鍾乳俠鼓與舞每處有九面三十六○篆直轉反【疏】注帶所至十六○釋曰云帶所以介其名也者介間也言四處則中二通上下畔爲四處也舉漢法一帶有九古法亦當然種有兩面面皆三十六也

于上之攠謂之隧。攠所擊之處攠弊也隧在鼓中窐而生光有似夫隧○攠音劉亡奇反又莫賀反隧音遂窐劉烏車反徐於蛙反又於圭反夫音符【疏】注攠所至夫隧○釋曰有二名者攠據所擊之處攠弊若禮記云國家靡弊是也隧者據生光而言故引司烜氏夫隧彼隧若鏡亦生光窐而生光者本造鍾之時即窐於後生光

十分其銑。去二以爲鉦。以其鉦爲之銑間。去二分以爲之鼓間。以其鼓間爲之舞脩。去二分以爲舞廣。此言鉦之徑居銑徑之八而銑間與鉦之徑相應鼓間又居銑徑之六與舞脩相應舞脩舞徑也舞上下促以橫爲脩從爲廣舞廣四分今亦去徑之二分以爲之間則舞間之方恒居銑之四也舞間方四則鼓間六亦其方也鼓六鉦六舞四此鍾口十者其長十六也鍾之大數以律爲度廣長與圜徑假設之耳其鑄之則各隨鍾之制爲長短大小也○凡言間者亦爲從篆以介之鉦間亦當六今時鍾或無鉦間○從子容反下同【疏】十分至舞廣○釋曰此鍾從鼓鉦舞三處上下爲十六口徑寸而言故鄭云此鍾口十者其長十六云鍾之大數以律爲度廣長與圜徑假設之耳者按周語云景王將鑄無射問律於伶州鳩對曰律所以立均出度古之神瞽考中聲而量之以制度律均鍾韋昭云均平也度律呂之長短以平其鍾和其聲也據此義假令黃鍾之律長九寸以律計身倍半爲鍾倍九寸爲尺八寸又取半得四寸半通二尺二寸半以爲鍾餘律亦如是其以律爲廣長與圜徑也此口徑寸上下十六者假設之取其鑄之形則各隨鍾之制爲長短大小者此即度律均鍾也凡言間者亦爲從篆以介之即所圖者是也云鉦間亦當六此經不言鉦間故鄭言之以其鼓間六舞間四鉦間方六可知經不言者可知故也今時或無鉦間者見此經無鉦間故也

以其鉦之長爲之甬長。并衡數也○數色主反【疏】注并衡數也○釋曰知并衡數以其衡不言其長又以鉦長六爲甬長大長不類故并衡數也

以其甬長爲之圍。參分其圍。去一以爲衡圍。衡居甬上又小【疏】注衡居甬上又小○釋曰以自兩欒已上至甬皆下寬上狹衡又在甬上故宜小於甬一分故三分去一爲衡也

參分其甬長。二在上。一在下。以設其旋。令衡居一分則參分旋亦二在上一在下以旋當甬之中央是其正【疏】注令衡至其正○釋曰上文惟以其鉦之長爲甬長并衡數則未知衡與甬長短之定故云令衡居一分假令三分甬居二衡居一則於甬中央下有一分上通衡有二分故云令衡居一分則參分旋亦二在上一在下以旋當甬之中央是其正正謂上有二分下有一分也

薄厚之所震動。清濁之所由出。侈弇之所由興。有說。說猶意也故書侈作移鄭司農云當爲侈○說徐始銳反注同【疏】注說猶至爲侈釋曰此鍾薄厚之所震動由鍾體薄厚出聲震動有石有播也云濁之所由出者清濁據聲亦由鍾之厚薄云侈弇之所由興者由鍾口侈弇所興之聲亦有柞有鬱按典同病鍾有十等此但言薄厚侈弇者典同具陳於此略言其意言有意者即下云已厚已薄不得所

鍾已厚則石。大厚則聲不發○大音泰劉他賀反下同【疏】注大厚至不發○釋曰典同亦云厚聲石

已薄則播。大薄則聲散【疏】注大薄則聲散○釋曰典同云薄聲甄鄭云甄猶掉也與此聲播亦一也以聲散則掉也

侈則柞。柞讀爲咋咋然之咋聲大外也○柞側百反注咋同【疏】注柞讀至外也○釋曰典同注云侈則聲迫笮去疾此聲大外亦一也

弇則鬱。聲不舒揚【疏】注聲不舒揚○釋曰典同注云聲鬱勃不出與此注不舒揚亦一也

長甬則震。鍾掉則聲不正○掉徒弔反【疏】注鍾掉則聲不正○釋曰典同云薄聲甄甄猶掉也謂聲掉者據鍾形薄則聲掉此不據鍾體據甬長縣之不得所則鍾掉故聲不正也

是故大鍾十分其鼓間。以其一爲之厚。小鍾十分其鉦間。以其一爲之厚。言若此則不石不播也鼓鉦之間同方六而今宜異又十分之一猶大厚皆非也若言鼓外鉦外則近之鼓外二鉦外一○近附近之近【疏】注言若至外一○釋曰云鼓鉦之間同方六者據上圖可知言今宜異者此鍾有大小不同明厚薄宜異不得同取六也云又十分之一猶大厚皆非也若言鼓外鉦外則近之者鄭不敢正言是故云近之云鼓外二鉦外一者據上所圖鼓外有銑間乃銑外有二間鉦外唯一間就外中十分之一爲鍾厚可也

鍾大而短。則其聲疾而短聞。淺則躁躁易竭也○聞音問下同易以豉反【疏】鍾大至短聞○釋曰此二者於樂器中所繫縱聲舒而聞遠亦不可是以樂記云止如槁木不欲聞遠之驗也故鄭云深則安安難息也

鍾小而長。則其聲舒而遠聞。深則安安難息

爲遂。六分其厚。以其一爲之深而圜之。厚鍾厚深謂窐之也其窐圜故書圜或作圜杜子春云當爲圜【疏】爲遂至圜之○釋曰此遂謂所擊之處初鑄作之時即已深而圜以擬擊也

㮚氏爲量。改煎金錫則不耗。消湅之精不復減也㮚古文或作歷玄謂量當與鍾鼎同齊工異者大器○消湅音練下同復扶又反咸洽斬反本亦作減齊才計反【疏】注消湅至大器○釋曰言改煎金錫者如重煎謂之改煎也不耗耗減也故鄭云消湅之精不復減也玄謂量當與鍾鼎同齊工異者大器者按上文云鳧氏爲聲㮚氏爲量六等之中云六分其金而錫居其一謂之鍾鼎之齊是上齊中不言㮚氏爲量在上齊中鄭以鳧氏爲鍾鍾鼎在上齊之中㮚氏爲量量是鍾類故知亦在上齊之中矣故云量當與鍾鼎同齊也云工異者鳧氏爲鍾不使鳧氏兼造量器大雖同齊使別工爲之

不耗。然後權之。權謂稱分之也雖異法用金必齊○稱尺證反【疏】注權謂至必齊○釋曰云稱分之也者謂稱金多少分之以擬鑄器也云雖異法用金必齊者法謂模假令爲兩箇鬴即爲兩箇模是異法用金必齊者器之用金多少必須齊均也

權之。然後準之。準故書或作水杜子春云當爲水金器有孔者水入孔中則當重也玄謂準擊平正之又當齊大小【疏】注準故至大小○釋曰子春從故書爲水謂以水齊器後鄭不從者此金仍未鑄器何得已有器以盛水也後鄭以準爲平前經已稱知輕重然後更擊鍛金令平正之齊其金之大小也

準之。然後量之。鑄之於法中也量讀如量人之量【疏】注鑄之至之量○釋曰此量謂既準訖量金汁以入模中鑄作之時也言量讀如量人之量者夏官量人直以量地遠近及物多少此量是量金少多之事故讀從之也

量

之以爲鬴。深尺。內方尺而圜其外。其實一鬴。以其容爲之名也四升曰豆四豆曰區四區曰鬴鬴六斗四升也鬴十則鍾方尺積千寸於今粟米法少二升八十一分升之二十二其數必容鬴此言大方耳圜其外者爲之脣〔疏〕注以其至之脣○釋曰言量之以爲鬴者謂量金汁入模以爲六斗四升之鬴云深尺內方尺者此據模之形狀云圜其外者謂向下方尺者鬴之形向上謂之外遠口圜之又厚之以爲脣云其實一鬴鬴受六斗四升也云以其容爲之名也者此量器受六斗四升曰釜因名此器爲鬴故云以其容爲之名也云四升曰豆已下至則鍾左氏傳昭三年齊晏子辭連引豆區釜鍾者以其四者皆量器之名也云方尺積千寸者云方尺者上下及旁徑爲方尺縱橫皆十破一寸一截一截得方寸之方百十截則得千寸也又云於今粟米法少二升八十一分升之二十二者筭術有筭粟爲米之法故云粟米法也筭法方一尺深尺六寸二分容一石如前以縱橫十截破之一方有十六寸二分容一升百六十二寸容一斗千六百二十寸容一石今計六斗四升爲釜以百六十二寸受一斗六斗各百爲六百六斗各六十六六三十六又用三百六十六斗又各二寸二六十二又用十二寸捴用九百七十二寸爲六斗於千寸之內仍有二十八寸在於六斗四升曰鬴又少四升未計入今二十八寸取十六寸二分爲一升添前爲六斗一升餘有十一寸八分又取一升分爲八十一分以十六寸二分一寸當五分十寸當五十分又有六寸五六三十又當三十分添前爲八十分是十六寸當八十也仍有十分寸之二當一分都并十六寸二分當八十一分如是十一寸八分於八十一分當五十九更得八十一分升之二十二分始得一升添前爲六斗二升復得二升乃滿六斗四升爲鬴也其鬵一寸。其實一豆。故書鬵作脣杜子春云當爲鬵謂覆之其底深一寸也○鬵徒門反徐劉徒恩反覆方服反〔疏〕其鬵至一豆○釋曰此謂鬴之底底著地者故子春云覆之其底深一寸也其耳三寸。其實一升。耳在旁可舉也〔疏〕其耳至一升○釋曰此鬴之耳在旁可舉謂人以手指舉之處云實一升亦謂覆之所受也重一鈞。重三十斤〔疏〕注重三十斤○釋曰此據律麻志三十斤曰鈞百二十斤曰石其聲中黃鍾之宮。應律之首○中丁仲反應應對之應〔疏〕注應律之首○釋曰十二辰各有律十二律以黃鍾爲初九故擊鬴器之時其聲中黃鍾之宮也不直言中黃鍾之聲而云之宮者十二辰其變聲辰各有五聲則子上有宮商角徵羽五聲具今之所中者中其宮聲不中商角之等故以宮言之槩而不稅。鄭司農云令百姓得以量而不租稅○槩古愛反〔疏〕注鄭司至租稅○釋曰按鄭志趙商問㮚氏爲量槩而不稅槩人職有稅何荅以官量不稅若然此官量鎮在市司所以勘當諸槩之量器取平非是尋常所用故不稅彼槩人所稅在肆常用者也其銘曰。時文思索。允臻其極。銘刻之也時是也允信也臻至也極中也言是文德之君思求可以爲民立法者而作此量信至於道之中○索所白反求也臻則巾反爲于僞反〔疏〕其銘至其極○釋曰自此至維則是鬴器之上銘文○注銘刻至之中○釋曰云刻之者正謂在模上刻之非謂在器乃刻今之鍾鼎爲文亦爾嘉量既成。以觀四國。以觀示四方使放象之○觀古亂反示也又如字注同放方往反永啓厥後。茲器維則。永長也厥其也茲此也又長啓道其子孫使法則此器長用之○道音導凡鑄金之狀。故書狀作壯杜子春云當爲狀謂鑄金之形狀〔疏〕凡鑄金之狀○釋曰此文與下爲目自金與錫已下㮚氏鑄冶所候烟氣以知生孰之節金與錫。黑濁之氣竭。黃白次之。黃白之氣竭。青白次之。青白之氣竭。青氣次之。然後可鑄也。消湅金錫精麤之候

段氏闕

函人爲甲。犀甲七屬。兕甲六屬。合甲五屬。屬讀如灌注之注謂上旅下旅札續之數也革堅者札長鄭司農云合甲削革裏肉但取其表合以爲甲○屬之樹反下及注同合如字舊音閤注同〔疏〕注屬讀至爲甲○釋曰云屬讀如灌注之注者義取注著之意也云上旅下旅札續之數也者謂上旅之中及下旅之中皆有札續一葉爲一札上旅之中續札七節六節五節下旅之中亦有此節故云札續之數也云革堅者札長者則五屬者以其堅壽年多即下經三百年者也犀甲壽百年。兕甲壽二百年。合甲壽三百年。革堅者又支久凡爲甲。必先爲容。服者之形容也鄭司農云容謂象式〔疏〕注服者至象式○釋曰凡造衣甲須稱形大小長短而爲之故爲人之形容乃制革也然後制革。裁制札之廣袤〔疏〕注裁制札之廣袤○釋曰上旅七節六節數已定更觀人之形容長大則札長廣小則札短狹故云裁制札之廣袤廣即據橫而言袤即據上下而說也權其上旅。與其下旅。而重若一。鄭司農云上旅謂要以上下旅謂要以下○要於遥反下同〔疏〕權其至若一○釋曰謂札葉爲旅者以札衆多故言旅旅即衆也先鄭云上旅腰以上謂衣也下旅腰以下謂裳也故春秋傳曰棄其甲裳者也以其長爲之圍。圍謂札要廣厚〔疏〕注圍謂札要廣厚○釋曰此據一札之上先量上下之長乃以長中央圍之一帀如此則長短廣狹相稱也凡甲。鍛不摯則不堅。已敝則橈。鄭司農云鍛鍛革也摯謂質也鍛革大孰則革敝無强曲橈也玄謂摯之言致○鍛丁亂反摯音至大音泰劉莬餓反致直置反下同〔疏〕注鄭司至言致○釋曰先鄭以摯爲質後鄭不從者質即革之別名非生孰之稱故後鄭爲致致謂孰之至極凡察革之道。眡其鑽空。欲其惌也。鄭司農云惌小孔貌惌讀爲宛彼北林之宛○鑽作官反空音孔又如字下同惌於阮反或云司農音鬱〔疏〕注鄭司至之宛○釋曰先鄭云惌小孔貌者革惡則孔大革善則孔小驗今亦然讀如宛彼北林之宛者以音讀之眡其裏。欲其易也。無敗蔑也○易以豉反下同蔑音襪本或作襪眡其朕。欲其直也。鄭司農云朕謂革制○朕直忍反櫜之欲其約也。鄭司農云謂卷置櫜中也春秋傳曰櫜甲而見子南○櫜音羔劉古道反卷眷勉反下文同〔疏〕櫜之欲其約也○釋曰先鄭引春秋者按昭元年左氏傳鄭公孫黑與子南爭徐吾犯之妹適子南氏子晳怒既而櫜甲而見子南欲殺之彼以衣裹著甲謂之櫜與此別引之者彼以衣藏甲爲櫜此亦以甲衣藏甲爲櫜藏甲爲櫜相似故引以爲證也舉而眡之。欲其豐也。豐大〔疏〕舉而至豐也○釋曰此文與上經相對舉之正謂於櫜中取而舉之衣之欲其無齘也。鄭司農云齘謂如齒齘○衣於既反齘戶界反〔疏〕注鄭司至齒齘○釋曰人之齒齘前却不齊札葉參差與齒齘相似故以齘爲喻眡其鑽空而惌。則革堅也。眡其裏而易。則材更也。眡其朕而直。則制善也。櫜之而約。則周也。舉之而豐。則明也。衣之無齘。則變也。周密致也明有光燿鄭司農云更善也變隨人身便利○更音庚便婢面反〔疏〕眡其至變也○釋曰此文歷序上文於此揔結之也

鮑人之事。鮑故書或作鞄鄭司農云蒼頡篇有鞄䩏○鞄匹學反劉音撲頡戶結反䩏人宛反〔疏〕鮑人之事○釋曰此文與下經爲揔目先鄭取蒼頡篇從故書爲鞄字者鞄乃從魚此官治皮宜從革故玄引先鄭於此取從革旁之義望而眡之。欲其荼白也。韋革遠視之當如茅莠之色○荼音徒莠音酉又音秀〔疏〕望而至白也○釋曰此官主革不主韋韋自韋氏爲之鄭云韋革者夾句而言耳荼即茅莠也進而握之。欲其柔而滑也。謂親手煩撋之○撋人專反劉而垂反或如詢反卷而摶之。欲其無迆也。鄭司農云卷讀爲可卷而懷之之卷摶讀爲縛一如瑱之縛謂卷縛韋革也迆讀爲既建而迆之之迆無迆謂革不𩏂○摶直轉反或除面反下同縛直轉反瑱他見反本或作顛音同𩏂音齡又許皮反〔疏〕注鄭司至不𩏂○釋曰先鄭云可卷而懷之論語文云摶讀爲縛一如瑱之縛者按昭二十六年左氏傳云以幣錦二兩縛一如瑱眡其著。欲其淺也。鄭司農云謂郭韋革之札入韋革淺緣其邊也玄謂韋革調善者鋪著之雖厚如薄然○著直略反下眡其著同札側入反劉側列反鋪普吳反又音孚著之直略反又丁略反察其線。欲其藏也。故書線或作綜杜子春云綜當爲系旁泉讀爲絺謂縫革之縷○線思賤反注絺同革欲其荼白而疾澣之。則堅。鄭司農云韋革不欲久居水中○澣戶管反欲其柔滑而腥脂之。則需。故書需作劚鄭司農云腥讀如沾渥之渥劚讀爲柔需之需謂厚脂之韋革柔需○腥於角反劉音屋需人兗反注同劚而髓反又人兗反渥於角反〔疏〕注鄭司至柔需○釋曰先鄭據詩云既沾既渥生我百穀引而信之。欲其直也。信之而直。則取材正也。信之而枉。則是一方緩一方急也。若苟一方緩一方急。則及其用之也。必自其急者先裂。若苟自急者先裂。則是以博爲帴也。鄭司農云帴讀爲翦謂以

廣爲狹也玄謂翦者如俴淺之淺或者讀爲羊豬戔之戔。信音申劉音新下皆同帴音踐或山箭反俴音踐劉仕顯反戔劉音普見反依字才丹反字林昨善反沈云馬融音淺干寶爲殘與周易戔戔之字同亦音素干反不知其義或云字則如沈釋而羊豬戔之語未見出處俗謂羊豬脂爲膙音素干反豈取此乎按周禮注殘餘字本多作戔宜依殘音【疏】注鄭司至之戔。○釋曰先鄭讀帴爲翦者翦亦是狹少之意後鄭轉帴爲淺者從小戎詩小戎淺收之俴讀爲羊豬戔者義亦同按彼小戎詩俴者淺也謂車深四尺四寸其車廣六尺六寸是廣深不得是一方緩一方急以博爲淺以廣爲狹之喻

卷而摶之而不迆。則厚薄序也。序舒也謂其革均也

眂其著而淺。則革信也。信無縮緩察其線而藏。則雖敝不甐。甐故書或作鄰鄭司農云鄰讀爲磨而不磷之磷謂韋革縫縷沒藏於韋革中則雖敝縷不傷也。○磷甐音吝或作鄰音同注同【疏】注磨而不磷。○釋曰先鄭讀爲磨而不磷之磷者論語孔子辭

韗人爲皐陶。鄭司農云韗書或爲鞠皐陶鼓木也玄謂鞠者以皐陶名官也鞠則陶字從革。○韗況萬反衆家並音運鞠音陶徒刀反【疏】注鄭司至從革。○釋曰先鄭知皐陶鼓木者以上言爲皐陶下即云長六尺有六寸鼓木之事明皐陶即是長六尺六寸者故知也玄謂鞠者以皐陶名官者依先鄭從鞠爲鼓木還以鞠爲鞠人之官是皐陶名也鞠即陶字從革若然後鄭爲鞠人爲皐陶不取韗字爲官名

長六尺有六寸。左右端廣六寸。中尺厚三寸。版中廣頭狹爲穹隆也鄭司農云謂鼓木一判者其兩端廣六寸而其中央廣尺也如此乃得有腹。穹起弓反下同【疏】注版中至有腹。○釋曰先鄭以經論鼓木一判更不言版數多少而知得有腹者以版兩端廣六寸中廣一尺自然有腹可知

穹者三之一。鄭司農云穹讀爲志無空邪之空謂鼓木腹穹隆者居鼓三之一也玄謂穹讀如穹蒼之穹穹隆者居鼓面三分之一則其鼓四尺者版穹一尺三寸三分寸之一也倍之爲二尺六寸三分寸之二加鼓四尺穹之徑六尺六寸三分寸之二也此鼓合二十版。○邪似嗟反【疏】注鄭司至十版。○釋曰先鄭云穹讀爲志無空邪之空者無所指斥故後鄭讀從穹蒼之穹也先鄭云穹隆者居鼓三之一也者言猶未足故後鄭增成玄謂穹讀如穹蒼之穹者謂從詩云以念穹蒼者也云穹隆者下至合二十版此鄭所言皆從二十版計之乃得面四尺及穹之尺數經既不言版數知二十版者此以上下相約可知何者此鼓言版之寬狹不言面之尺數下經二鼓皆言鼓四尺不言版之寬狹明皆有鼓四尺乃鼓版之廣狹也若然下二鼓皆云鼓四尺明此鼓亦四尺據面而言若然鼓木兩頭廣六寸面有四尺二十版二六十二長丈二尺圍三徑一是一丈二尺得面徑四尺矣以此面四尺穹隆加三之一三尺加一尺其一尺者取九寸加三寸其一寸者爲三分取一分并之得一尺三寸三分寸之一也此據一廂而言倍之爲二尺六寸三分寸之二乃知鼓面四尺摠爲六尺六寸三分寸之二也

上三正。鄭司農云謂兩頭一平中央一平也玄謂三讀當爲參正直也參直者穹上一直兩端又直各居二尺二寸不弦曲也此鼓兩面以六鼓差之賈侍中云晉鼓大而短近晉鼓也以晉鼓鼓金奏。○三音參七南反近附近之近【疏】注鄭司至金奏。○釋曰先鄭據經云三正解之亦得合義但不定尺寸之數雖言三平恐平中有長短故後鄭增成之云三當讀爲參正直也參直者穹上一直兩端又直各居二尺二寸是三處尺數等是爲參直也云不弦曲也者下皐鼓倨句磬折即弧曲不參直故引證此爲與彼異也云此鼓兩面者下經二鼓言四尺之面此經不言四尺之面故言之對發祭祀三鼓四面已下云以六鼓差之者鼓人雷鼓祀天靈鼓祭地路鼓享鬼下二鼓據鼓人賁鼓軍事皐鼓役事惟此鼓經不言其名五鼓已配訖惟有晉鼓當此鼓可知故引賈侍中云晉鼓大而短近晉鼓也此後鄭所解也云晉鼓鼓金奏者鼓人文也

鼓長八尺。鼓四尺。中圍加三之一。謂之鼖鼓。中圍加三之一者加於面之圍以三分之一也面四尺其圍十二尺加以三分一四尺則中圍十六尺徑五尺三寸三分寸之一也今亦合二十版則版穹六寸三分寸之二耳大鼓謂之鼖以鼖鼓鼓軍事鄭司農云鼓四尺謂革所蒙者廣四尺。○賁扶云反本或作鼖又作鼖皆同【疏】注中圍至四尺。○釋曰云鼓四尺者謂鼓面也云中圍加三之一者謂將中央圍加於面之圍三分之一也云面四尺其圍十二尺加以三分一四尺者添四面圍丈二尺爲十六尺然後徑之十五尺徑五尺餘一尺取九寸徑三寸取餘一寸者破爲三分得一分揔徑五尺三寸三分寸之一此言中圍加三之一與上穹三之一者異彼據一相之穹加面三之一故兩相加二尺六寸三分寸之二此則於面四尺揔加一三分之一則揔一尺三寸三分寸一若然此穹隆少校晉鼓一尺三寸三分寸之一也與彼穹隆異也今此版亦合二十版者此經云鼓四尺若不二十版亦不合此數也則版穹六寸三分寸二者此亦據一相而言云大鼓謂之鼖者鼖訓爲大對晉鼓長六尺六寸而言若對下文皐鼓長丈二尺則彼又大矣云鼖鼓鼓軍事者鼓人文

爲皐鼓。長尋有四尺。鼓四尺。倨句磬折。以皐鼓鼓役事磬折中曲之不參正也中圍與鼖鼓同以磬折爲異【疏】注以皐至爲異。○釋曰云以皐鼓鼓役事者鼓人文磬折中曲之不參正也者磬折者鼖處近上故不得參正也

凡冒鼓必以啓蟄之日。啓蟄孟春之中也蟄蟲始聞雷聲而動鼓所取象也冒蒙鼓以革【疏】注啓蟄至以革。○釋曰云啓蟄孟春之中也者正月立春節啓蟄中故云中也云蟄蟲始聞雷聲而動者蟄蟲啓戶由聞雷聲是鼓所取象故以此時冒之按月令仲秋云雷乃始收注雷乃收聲在地中動內物則此云孟春始聞雷聲而動者亦謂未出地時故蟄蟲聞之而動至二月即雷乃發聲出地蟄蟲啓戶而出故月令仲春云日夜分雷乃發聲蟄蟲咸動啓戶而出是也

良鼓瑕如積環。革調急也【疏】注革調急也。○釋曰瑕與環皆謂漆之文理謂革調急故然若急而不調則不得然也

鼓大而短。則其聲疾而短聞。○聞音問下同

鼓小而長。則其聲舒而遠聞。【疏】鼓大至遠聞。○釋曰此乃鼓之病大小得所如上三者所爲則無此病

韋氏闕

裘氏闕

畫繢之事。雜五色。東方謂之青。南方謂之赤。西方謂之白。北方謂之黑。天謂之玄。地謂之黃。青與白相次也。赤與黑相次也。玄與黃相次也。此言畫繢六色所象及布采之第次繢以爲衣【疏】畫繢至次也。○釋曰此一經言次畫於衣之事畫繢並言者言畫是揔語以其繢繡皆須畫之言繢則據對方而言自東方已下是也自言東方謂之青至謂之黃六者先舉六方有六色之事但天玄與北方黑二者大同小異何者玄黑雖是其一言天止得謂之玄天不得言黑天若據北方而言玄黑俱得稱之是以北方云玄武宿也青與白相次已下論繢於衣爲對方之法也。○注此言至爲衣。○釋曰鄭云畫繢六色所象者解經青與白已上文云及布采之第次者解經青與白已下文云繢以爲衣者案虞書云予欲觀古人之象日月星辰山龍華蟲作繢是據衣如言繢故鄭云繢以爲衣也

青與赤謂之文。赤與白謂之章。白與黑謂之黼。黑與青謂之黻。五采備謂之繡。此言刺繡采所用繡以爲裳【疏】注此言刺采所用繡以爲裳。○釋曰此一經皆北方爲繡次凡繡亦須畫乃刺之故畫繡二工共其職也云繡以爲裳者案虞書云宗彝藻火粉米黼黻絺繡鄭云絺紩也謂刺繡於裳故鄭云刺以爲裳也衣在上陽陽主輕浮故畫之裳在下陰陰主沉重故刺之也

土以黃。其象方。天時變。古人之象無天地也爲此記者見時有之耳子家駒曰天子僭天意亦是也鄭司農云天時變謂畫天隨四時色【疏】注土以黃其至時變。○釋曰此乃六色之外別增此天地二物於衣故於下特言之也。○注古人至時色。○釋曰鄭云古人之象無天地也者此據虞書日月以下不言天地云爲此記者見時有之耳者古人既無天地若記者不見時君畫於衣記人何因輒記之爲經典也子家駒曰天子僭天意亦是也者按公羊傳云昭公謂子家駒云季氏僭於公室久矣吾欲殺之何如子家駒曰天子僭天諸侯僭天子云僭天者未知僭天何事要在古人天服之外別加此天地彼之意亦天是僭天故云天意亦是也先鄭云天時變謂畫天隨四時色者天逐四時而化育四時有四色今畫天之時天無形體當畫四時之色以象天地若然畫土當以象地色也

火以圜。鄭司農云爲圜形似火也玄謂形如半環然在裳。○圜音環【疏】注鄭司至在裳。○釋曰先鄭云爲圜形似火也後鄭云如半環然此亦與先鄭不別增成之耳孔安國以爲火字也與此別也知在裳者虞書藻火已下皆在裳

山以章。章讀爲獐獐山物也在衣齊人謂麇爲獐。○獐音章麇倶倫反

水以龍。龍水物在衣【疏】注章讀至爲獐。○釋曰馬氏以爲獐山獸畫山者并畫獐龍水物畫水者并畫龍鄭即以獐表山以龍見水此二者各有一是一非古人之象有山不言獐有龍不言水今此記人既有獐有水止可畫山兼畫獐畫龍兼畫水何棄本而遵末也

鳥獸蛇。所謂華蟲也在衣蟲之毛鱗有文采者【疏】注所謂至采者。○釋曰云所謂華蟲也者所謂虞書云山龍華蟲彼畫華蟲次在龍下語文亦次龍下故知當華蟲也言華者象章華言蟲者是有生之揔號言鳥以其有翼言獸以其有毛言蛇以其有鱗以首似鷩亦謂之鷩見也故云蟲之毛鱗有文采也虞書有十二章於此惟言四章又兼言天地而不云日月星藻與宗彝者記人之言略說之耳

雜四時五色之

位以章之。謂之巧。章明也繢繡皆用五采鮮明之是爲巧〔疏〕注章明至爲巧○釋曰此經摠結上文也上有六色此言五者下別言素功故言五或可玄黑共說也凡畫繢之事。後素功。素白采也後布之爲其易漬汙也不言繡繡以絲也鄭司農說以論語曰繢事後素○爲于僞反

鍾氏染羽。以朱湛丹秫。三月而熾之。鄭司農云湛漬也丹秫赤粟玄謂湛讀如漸車帷裳之漸熾炊也羽所以飾旌旗及王后之車○湛子潛反或子鴆反又音鴆秫音述漸子潛反下漚漸同〔疏〕注鄭司至之車○釋曰染布帛者在天官染人此鍾氏惟染鳥羽而已要用朱與秫則同彼染祭服有玄纁與此不異故也案染人云春暴練夏纁玄注云凡染當及盛暑熱潤始湛研之三月而後可用若然云以朱湛丹秫三月而熾之熾之當及盛暑熱潤則初以朱湛丹秫當在春日豫湛至六月之時即染之矣玄謂湛讀如漸車帷裳之漸者讀從衛詩也云羽所以飾旌旗及王后之車者司常云全羽爲旞析羽爲旌自餘旌旗竿首亦有羽旌巾車有重翟厭翟翟車之等皆用羽是也案夏采注云夏采夏翟羽色禹貢徐州貢夏翟之羽有虞氏以爲綏後世或無故染鳥羽象而用之謂之夏采此是鍾氏所染者也

淳而漬之。淳沃也以炊下湯沃其熾烝之以漬羽漬猶染也○淳章均反注及下同〔疏〕注淳沃至染也○釋曰上熾之謂以朱湛丹秫三月末乃熾之即以炊下湯淋所炊丹秫取其汁以染鳥羽而又漸漬之也

三入爲纁。五入爲緅。七入爲緇。染纁者三入而成又再染以黑則爲緅緅今禮俗文作爵言如爵頭色也又復再染以黑乃成緇矣鄭司農說以論語曰君子不以紺緅飾又曰緇衣羔裘爾雅曰一染謂之縓再染謂之竀三染謂之纁詩云緇衣之宜兮玄謂此同色耳染布帛者染人掌之凡玄色者在緅緇之間其六入者與○纁許云反緅側留反劉祖侯反復扶又反紺古闇反縓倉給反范倉亂反竀勑貞反本又作赬亦作赬與音餘〔疏〕注染纁至者與○釋曰凡染纁玄之法取爾雅及此相兼乃具按爾雅一染謂之縓再染謂之竀三染謂之纁三入謂之纁即與此同此三者皆以丹秫染之此經及爾雅不言四入及六入按士冠有朱紘之文鄭云朱則四入與是更以纁入赤汁則爲朱以無正文約四入爲朱故云與以疑之云論語曰君子不以紺緅飾者淮南子云以涅染紺則黑於涅即黑色也纁若入赤汁則爲朱若不入赤而入黑汁則爲紺矣若更以此紺入黑則爲緅而此五入爲緅是也紺緅相類之物故連文云君子不以紺緅飾也若更以此緅入黑汁即爲玄則六入爲玄但無正文故此注與士冠禮注皆云玄則六入與更以此玄入黑汁則名七入爲緇矣但緇與玄相類故禮家每以緇布衣爲玄端也云禮俗文作爵言如爵頭色者以其爵赤多黑少故也

筐人　闕

㡛氏湅絲以涚水。漚其絲七日。去地尺暴之。故書涚作湄鄭司農云湄水溫水也玄謂涚水以灰所泲水也漚漸也楚人曰漚齊人曰涹○㡛音芒湅音練下同涚書銳反漚烏豆反李又烏侯反暴步卜反劉步莫反下同湄劉音眉一音奴短反泲子禮反涹烏禾反又於僞反一音乃罪反〔疏〕注故書至曰涹○釋曰諸家及先鄭皆以涚水爲溫水後鄭獨不從者禮有涚齊謂泲酒爲涚則此涚亦當泲灰汁爲涚故不從溫水也云齊人曰涹者亦是漚義

晝暴諸日。夜宿諸井。七日七夜。是謂水湅。宿諸井縣井中

湅帛以欄爲灰。渥淳其帛。實諸澤器。淫之以蜃。渥讀如鄫人渥菅之渥以欄木之灰漸釋其帛也杜子春云淫當爲湛書亦或爲湛鄭司農云澤器謂滑澤之器蜃謂炭也士冠禮曰素積白屨以魁柎之說曰魁蛤也周官亦有白盛之蜃蜃蛤也玄謂淫薄粉之令帛白蛤今海旁有焉○欄音練李又來踐反或音蘭渥烏豆反與漚同注渥菅同蜃當軫反蝀以陵反菅古顏反湛子潛反冠古亂反屨九具反魁苦迴反又作魁柎方于反蛤古盍反扮如字劉方問反〔疏〕注渥讀至有焉○釋曰鄭云渥讀如鄫人渥菅之渥者按哀八年吳伐魯云初武城人或有因於吳竟田焉拘鄫人之漚菅者曰何故使吾水滋是其事引士冠禮曰素積白屨以魁柎之者謂皮弁服白布衣而素積以爲裳屨裳同色故素積白白屨故以蜃灰柎之也

淸其灰而盝之。而揮之。淸澄也於灰澄而出盝晞之晞而揮去其蜃○盝音鹿揮音輝去起呂反

而沃之。而盝之。而塗之。而宿之。更渥淳之

明日沃而盝之。朝更沃至夕盝之又更沃至旦盝之亦七日如漚絲也○朝此一字張遙反餘皆朝廷之朝

晝暴諸日。夜宿諸井。七日七夜。是謂水湅。〔疏〕晝暴至水湅○釋曰湅帛湅絲蓋有二法上文爲灰湅法此文是水湅法也

周禮注疏卷四十校勘記　阮元撰盧宣旬摘錄

附釋音周禮注疏卷第四十

輈人　程瑤田云輈人恐輿人之誤

五嫯梁輈　嘉靖本嫯作稵釋文嫯本又作犛同

爲二尺二寸　惠校本同閩監毛本二作三誤

并此輈深而七尺一寸半　諸本同誤也按賈疏釋此注云并此輈深四尺爲七尺一寸半則而乃爲字之譌當據正

則軫與轐五寸半則衡高七尺七寸　諸本同賈疏兩傳此注皆云加軫與轐五寸半此作則誤當據正又按賈疏釋此二句注下始曰云田馬七尺者云云則賈疏本今田馬七尺衡頸之間亦七寸十二字注在此下矣今本失其次

鷩馬高七尺　浦鏜云田誤鷩

亦約庾人馬七尺曰騋　閩監毛本庾誤庾

輪軹與軫轐大小之減　釋文作之咸云本又作減同洽斬反○按古多假咸爲減如左傳不爲末咸讀末減是也

是以鄭解鷩之車　補各本鷩下有馬字此本脫

云一者以爲美也者　閩監毛本美作媺依經所改非

軌前十尺　閩監本同誤也唐石經余本嘉靖本毛本軌作軓注疏及下不至軌同當據正釋文曰軓前劉音犯注同

合七爲弦　按合當令字之譌九章盈不足有假令

四尺七寸爲鉤　諸本同按鉤當作句輪人注云二尺爲句

元謂軌是軌法也　余本嘉靖本毛本軌皆作軓賈疏本皆作軓漢讀考作軓是軓法也其說曰元謂軓是句絕謂作軓是也下文軓法也以下十九字乃釋軓字之義以見於此經無涉書或作軓非也賈疏全誤

轂末亦爲軌　監本末誤未

祭左右軌軌卽轂末　惠校本軌皆作軓是也

輈軌前十尺　余本閩監毛同嘉靖本毛本軌作軓是也

云兩厄之間　浦鏜云軛誤厄

五分其軫間　毛本間誤問

以其一爲之當兔之圍　唐石經諸本同余本兔作兎俗字下伏兔同

故云頸前持衡轅者也　浦鏜云轅衍字

五分寸二　浦鏜云寸下脫之

分得九分去一九得三十六分　宋本閩本同監毛本作四寸十五分寸之九在得三十六分誤甚

弧讀爲淨而不汙之汙　閩監毛本同此淺人聽改也余本宋本嘉靖本淨作盡當據正釋文汙作污○按盡而不汙見左傳成十四年汙讀爲紆曲之紆世有淺人以淨與汙反對亦可哂也

今夫大車之轅摯　唐石經岳本嘉靖本閩本同余本監毛本摯改摰非注及下同釋文作轅摯竹二反

唯轅直　唐石經嘉靖本同閩監毛本唯改惟下作唯與唐石經諸本合

故書緧作鰌　諸本同釋文作緛音秋與緧同漢讀考云集韻緧緛同字本此則陸本注無鰌魚字三字與賈本異

按方言本紂　浦鏜云車誤本

頯讀爲懇典讀爲殄　漢讀考云讀爲皆當作讀如故下仍云頯典不云懇殄也

輈注則利準利準則久　唐石經諸本同惠士奇云依注則準二字衍按注云利水重讀似非也則司農於經文利水兩遍讀之耳必不增經可知注中鄭司農云下當有利水重讀四字故後鄭辨之云利水重讀似非淺

人於經既增重文因刪司農重讀之言矣

謂輈脊上兩注　閩監毛本同余本嘉靖本兩作兩誤

輈之謂形勢　盧文弨曰疑當作謂輈之形勢

輈欲弧而折　補各本而下有無字此本脫

元謂券今倦字也　九經古義云說文券勞也从力漢涼州刺史魏君碑云施舍不券

將在中　惠挍本下有央

不敢曠在　當從閩本作曠左

需讀爲畏需之需　釋文需音須又乃亂反注同漢讀考云乃亂反當是耎字說文大部耎稍前大也讀若畏偄人部偄弱也畏耎即畏偄也

伏兔至軌　余本閩監本同嘉靖本毛本軌作軓是也

灂下至軓七寸　閩監毛本同誤也余本岳本嘉靖本下作不當據正○按不至軓七寸舉經文也戴震攷工記圖亦同俗本作下

灂讀爲灂酒之灂　漢讀考云當作讀如

環謂漆沂鄂如環　余本岳本同嘉靖本閩監毛本謂上有灂字按疏中亦有

一尺四寸三分寸二有七寸三分寸一　閩本同監毛本寸下皆有之

先鄭讀灂酒之灂者　補各本上灂下有爲字此本脫

故因說旌旗之義也　惠挍本閩本同監毛本旌誤旍

然此已下　閩監毛本已改以

東方七宿畫爲龍　惠挍本宿作星監本畫誤晝

師都之所建　漢讀考師作帥○按說文引周禮率都建旗故段玉裁知此師必帥之譌也

孟夏日月會則日宿　浦鏜云日宿誤日

龜蛇四斿　閩監毛本同唐石經余本嘉靖本作龜蛇注同

與東壁連體　閩監毛本同誤也嘉靖本壁作壁釋文東辟音壁此本疏中作東辟又作東壁○按古書多作辟宿

蛇行有尾因　閩監毛本同誤也宋本嘉靖本尾因作毛目惠挍本及此本疏中尾因皆作毛目當據以訂正

以畫於縿上也　閩本同監毛本以改故

長數尺　浦鏜云漢志作望如有毛目然○按疏必引此以爲鄭注毛目之證也自毛目誤爲尾因乃妄改去此句矣開元占經引春秋合誠圖曰枉矢水流虵行含明故有毛目陰合於四故長四丈觀此可爲毛目沾一證知長數尺之爲妄語矣

攻金之工　唐石經自此已下及築氏爲削皆跳行釋文諸本此節皆連上輈人爲節

三分已下爲下齊　閩監毛本已改以

注多錫之屬　補錫下當有至字

錢銚鎛鎒是也　監本鎒誤鎛按下錢當作鎛

謂之鑒燧之齊　諸本同唐石經缺葉鈔釋文作鑒隧○按作燧作隧皆說文燹字之誤耳其實此於燹燧無涉秋官夫遂祇作遂是爲正字

凡金多錫則忍白且明也　賈疏本嘉靖本忍作刃釋文則忍音刃按忍古堅韌字言金中多錫則刃堅忍而色明白作刃蓋非○按此蓋陸本作忍孔本作刃不同也忍刃皆有堅意此作忍爲長

築氏

冶氏

重三垸　戴震考工記補注云鍰讀如丸十一銖二十五銖之十三垸其假借字也

足入槀中者也　余本嘉靖本閩監本同岳本毛本槀作稾所載釋文同○按从禾是也箭莖曰稾字不从木

讀爲九　漢讀考云疑當作讀如

司弓矢職文　此本職字剜擠閩監毛本排入

或謂之雞鳴　余本閩本同監毛本雞作鷄疏及漢制考同

漢時見胡撗之句孑戟　此本時字日旁缺壞閩監毛本遂誤爲特今據漢制考訂正閩監毛本撗從木

鋒本必橫　余本嘉靖本同閩監毛本鋒誤鋒疏及下同

胡孑橫捷　浦鏜云插誤捷從三禮圖挍○按捷者古字儀禮注多用之

援曲之八寸　浦鏜云四誤曲

云倨之外胡之裏也者句之外胡之表者　當作云倨之外胡之裏也句之外胡之表也者

吳揚之間謂之伐　閩監毛本揚作楊據方言九伐爲戈之誤

讀爲刷　漢讀考作讀如

十鈞爲環環重六兩大半兩　余本兩環字空缺浦鏜云鍰誤環按釋文不出環字三鋝下云或音環賈疏兩引此注先作環後作鍰

鍰鋝似同矣　漢讀考云當作環鍰似同

皆二分之二爲大　浦鏜云三分誤二分

是銖有六兩大半兩也　此銖亦鍰之誤上引注作十鈞爲鍰段玉裁云銖當作環

三鋝者　余本閩監本同誤也嘉靖本毛本作三鋝此本疏中引注亦作三鋝者當據以訂正閩監本疏同

桃氏

兩從半之　盧文弨曰通考軍器門引兩從半之并引疏云劍面通廣二寸半其兩從中分各一半也從自脊中而分兩邊也今諸本脫此文

鄭司農云謂穿之也　余本嘉靖本同閩監毛本云下有中按中字當有

元謂從中以卻　余本嘉靖本卻作郤○按从卩是也

故云一寸三分寸二也　閩本同監毛本分寸下有之

中制長一尺五寸　閩監本同誤也余本嘉靖本毛本作二尺當據正

宜以據形長者爲上　宋本同閩監毛本宜作直

鳧氏

對下角衡非鍾體也　按角乃甬之誤

旋蟲謂之幹　唐石經諸本同程瑤田云幹當作斡說文斡蠡柄也然則鍾柄亦得名斡矣○按凡旋者皆得云斡

故引司垣氏夫隧　閩監毛本垣改烜

此鍾口十者　閩監十誤寸疏中此本閩本同

廣長與圜徑　諸本同浦鏜云圜誤圜疏同

是其主　余本同嘉靖本閩監毛本主作正按賈疏作正

云濁之所由出者　補各本云下有清字此本脫

侈去疾　補各本侈下有出字此本脫

鍾大至短聞　宋本此節疏在鍾小而長節下則短聞當作遠聞

於樂器中所繫縱聲　閩本同監毛本繫作擊

舒而聞遠　閩監毛本作遠聞下同

爲遂　諸本同唐石經遂字偏旁辶缺盧文弨曰通考遂作隧與上合戴震亦云遂當作隧○按遂是古字說文無隧字隧乃後世俗字耳

㮚氏　此本㮚訛㮚閩監毛本作㮚亦非今據唐石經嘉靖本訂正

則不秏　唐石經嘉靖本毛本同余本閩監本秏作耗俗字下同

涑之精不復滅也　閩監本同嘉靖本毛本涑作湅按釋文涑音練滅作咸云本又作滅○按湅瀾也从水柬聲米曰湅繒曰練金曰鍊其爲求精一也故字相假借

此言大方耳　余本嘉靖本同閩監毛本大誤內當據正漢制考亦作大方

圜其外者爲之脣　岳本嘉靖本同誤也余本閩監毛本爲作謂當據正○按爲字不誤

向上謂之外　浦鏜云上當下字訛

縱橫皆十　宋本十作平

十寸當五十分　監本五十誤千

其底深一寸也　余本底誤厎

其耳三寸　唐石經諸本同浦鏜云一寸訛三寸○按未聞其說

此據律麻志　閩監毛本麻字下從日

消涑金錫精麤之候　閩監本涑作鍊非上注作涑

段氏　余本閩本同嘉靖本監毛本段作段唐石經作段今據正

函人

凡甲鍛不摯　唐石經岳本嘉靖本閩本同余本監毛本摯作摯誤注及疏同釋文亦作摯葉鈔本誤摯

致謂孰之至極　閩本同監毛本下有也

彼以衣裏著甲謂之褮　閩監毛本裏作裹

明有光燿　嘉靖本同閩監毛本燿作耀

鮑人

蒼頡篇有鞄𡖖　余本同嘉靖本監本𡖖作𡖖閩毛本作𡖖○按閩毛本是說文𡖖从北从皮省从夐省

卷而摶之　閩監毛本同誤也唐石經余本嘉靖本摶作摶當據正釋文摶之直轉反注及疏同

摶讀爲縳一如瑱之縳　余本嘉靖本作摶讀爲縳釋文縳一直轉反當據正下同釋文瑱本或作顛○按顛乃顛之誤

謂革不韇　余本嘉靖本毛本同閩本韇作韇監本作韇皆訛

故書需作𩊠　釋文音經則需人兗反注同音注作𩊠而隨反又人兗反漢讀考據此作故書耎作𩊠經及下準此

如俴淺之淺　閩監毛本同誤也余本岳本嘉靖本作如俴淺之俴當據以訂正

讀爲羊豬戔之戔　監本豬誤猪漢讀考云戔當與棧同通俗文板閣曰棧公羊傳亡國之社掩其上而柴其下周禮注作棧其下羊豬之圈鷹以柴本不必均平且多罅漏革緩急不齊急者先裂猶柵棧之不平多隙也

後鄭轉俴爲淺者　閩本同誤當從監毛本淺作俴

從小戎詩小戎淺收之俴　閩監毛本俴誤淺按淺收亦當作俴

則雖敝不甐　唐石經諸本同釋文甐或作鄰

韗人

鞫則陶字從革　賈疏述注云鞫即陶字儀禮大射儀疏引此注同當據正

後鄭爲鞫人爲皐陶　浦鏜云上爲疑謂字訛

穹讀爲志無空邪之空　九經古義云古空與穹同毛詩白駒在彼空谷文選注引韓詩作在彼穹谷薛君曰穹谷深谷也○按段玉裁云志無空邪者弟子職之志無虛邪也

乃鼓版之廣狹也　浦鏜云乃當及字訛

謂之鼖鼓　唐石經諸本同釋文之賁本或作鼖又作鼖皆同

加以三分一四尺　浦鏜云分下脫之疏同

今亦合二十版　嘉靖本誤衍作二十四版

少校晉鼓一尺三寸三分寸之一也　浦鏜云也當是字訛屬下句

革調急也　各本同段玉裁曰通典一百四十四日革鼓瑕如積環革謂急也經傳革訓急者多矣謂字不可通而疏曲爲之說故知唐時善本之存者尚多鞔鼓之法以緊爲貴至緊而後瑕如積環也

裘氏　唐石經余本嘉靖本閩本同監毛本裘改裘非

畫繢之事

是以北方云元武宿也　惠挍本云作言

當畫四時之色以象天地　浦鏜云地當也字訛

增成之耳　此本成誤城閩監毛本改爲減惠挍本作成今訂正

鳥獸蛇　閩監毛本同唐石經余本嘉靖本蛇作虵此本疏同

言華者象草華　惠挍本作象草華此誤

鍾氏

鄭司農說以論語曰　岳本嘉靖本無曰此衍

凡染當及盛暑熱潤　浦鏜云石誤凡

以炊下湯沃其熾　諸本同賈疏云以炊下湯淋所炊丹秫按上注云熾炊也此蓋謂以湯沃所炊丹秫也漢讀考謂當云沃其羽

七入爲緇　監毛本入誤八

鄭司農說以論語　余本嘉靖本同閩監毛本說作云誤

再染謂之竀　釋文竀本又作經亦作赬按今爾雅作赬○按古假借字也

而此五入爲緅是也　浦鏜云而當則字誤

㡛氏　閩監毛本同唐石經嘉靖本㡛作㡛五經文字作㡛云見周禮按說文巾部云㡛設色之工治絲練者从巾㡛聲

以涚水漚其絲　唐石經諸本同按釋文水部云涚水溫水也从水兌聲周禮曰以涚漚其絲引周禮無水字故書涚作湄鄭司農云湄水溫水也與說文義同疏又云諸家及先鄭皆以涚水爲溫水是賈馬諸氏義亦與許鄭同也

故書涚作湄　釋文湄劉音眉一音奴短反漢讀考云湄當作涣士喪禮涣濯棄於坎古文涣作緣滌涚同字猶緣稅同字○按釋文當云一作涣音奴短反今本奪作涣二字湄無反奴短之理也

以灰所泲水也　葉鈔釋文余本泲作沸

晝暴諸日　閩監本晝誤畫

渥讀如繒人渥菅之渥　余本岳本嘉靖本閩本同毛本繒改鄶監本人誤入此本菅誤管今據諸本訂正釋文出繒人渥菅四字今左傳作鄶人漚菅賈疏本作鄶

蜃謂炭也　余本岳本嘉靖本同閩監毛本炭作灰按賈疏云蜃灰

清登也　余本同誤也嘉靖本閩監毛登作澄當據正今从

湅白湅絲　閩本同誤也當從監毛本作湅帛今从

蓋有二法　閩本同惠挍本蓋作皆監毛本誤者

附釋音周禮注疏卷第四十一

鄭氏注　賈公彥疏

冬官考工記下

玉人之事。鎮圭尺有二寸。天子守之。命圭九寸。謂之桓圭。公守之。命圭七寸。謂之信圭。侯守之。命圭七寸。謂之躬圭。伯守之。命圭者王所命之圭也朝覲執焉居則守之子守穀璧男守蒲璧不言之者闕耳故書或云命圭五寸謂之躬圭杜子春云當爲七寸玄謂五寸者璧文之闕亂存焉○信音身朝直遥反下皆同〔疏〕玉人至守之○釋曰云玉人之事者謂人造玉瑞玉器之事此一句捴與下諸文爲目圭名鎮名信及躬備於宗伯○注命圭至存焉○釋曰云命圭者王所命之圭也者公羊傳云錫者何賜也命者何加我服也於王以策命諸侯之時非直加之以車服時即以圭授之以爲瑞信者也朝覲執焉者典瑞云公執桓圭以下朝覲宗遇會同于王諸侯相見亦如之是也云居則守之者謂以爲鎮守者也故云居則守之子守穀璧男守蒲璧典瑞宗伯大行人俱有其文於此不言之者闕也鄭云闕者若韋氏栫氏之類亦闕也若然經有鎮圭按典瑞云王執鎮圭繅藉五采五就以朝日鄭不言者有典瑞可參故直舉諸侯可知也子春破故書五寸當從經七寸後鄭不從以從故書爲五寸是五寸是璧文之闕亂存者命圭是伯五寸是子男故亂存也

天子執冒。四寸。以朝諸侯。名玉曰冒者言德能覆蓋天下也四寸者方以尊接卑以小爲貴〔疏〕注名玉至爲貴○釋曰鄭知名玉曰冒言德能覆蓋天下者按書傳云古者必有冒言不敢專達之義天子執冒以朝諸侯見則覆之注云君恩覆之臣敢進是其冒覆之事按孔注顧命云言冒所以冒諸侯圭以齊瑞信方四寸邪刻之不言冒以覆蓋天下者義得兩含故注有異故書傳云古者圭必有冒亦是冒圭之法也此冒據朝覲諸侯時執之詩殷頌云受小球大球爲下國綴旒注云小球尺二寸大球長三尺與下國結定其心如旌旗之旒彼據天子與諸侯盟會故云結定其心故執鎮圭不執冒也

天子用全。上公用龍。侯用瓚。伯用將。鄭司農云全純色也龍當爲尨尨謂雜色玄謂全純玉也瓚讀爲饘饡之饡龍瓚將皆雜名也卑者下尊以輕重爲差玉多則重石多則輕公侯四玉一石伯子男三玉二石○龍莫江反瓚才早反下同司農音讚將如字劉音陽饘之然反饡作旦反下遐嫁反〔疏〕注鄭司至二石○釋曰此經因天子以下執玉遂說尊卑之玉善惡不同先鄭云全純色也龍當爲尨尨謂雜色後鄭以爲全純玉也純玉即純色義無殊瓚讀饘饡之饡者醢人職有饘食漢時有膏饡今連言饘饡者取雜意云龍瓚將皆雜名者謂玉之雜名此亦含雜色必知後鄭玉雜中含色者見鄭異義駮云玉雜則色雜則知玉全色亦全也云卑者下尊以輕重爲差玉多則重石多則輕知者見盈不足術曰玉方寸重七兩石方寸重六兩云公侯四玉一石伯子男三玉二石者按禮緯云天子純玉尺二寸公侯九寸四玉一石伯子男三玉二石此注出於彼但此經公與侯異注及彼文公侯同又彼伯子男同十寸皆與此經不同者彼據殷法但玉石多少與周同故引之也若然公侯同四玉一石而龍瓚異者蓋玉色有別也

繼子男執皮帛。謂公之孤也見禮次子男贄用束帛而以豹皮表之爲飾天子之孤表帛以虎皮此說玉及皮帛者遂言見天子之用贄○見禮賢遍反下同〔疏〕注謂公至用贄○釋曰此公之孤上不言子男而此云繼子男者以上文不見子男也不見者以子男與伯同用三玉二石故空其文見子男與伯等以是得言以皮帛繼子男也以大行人注言之此亦是孤尊更以其贄見也知諸侯孤飾贄以豹皮天子之孤飾以虎皮者郊特牲云虎豹之皮示服猛也二者皮中爲美虎皮又貴天子孤尊故知義然也

天子圭中必。必讀如鹿車縪之縪謂以組約其中央爲執之以備失隊○必府結反成如字縪劉府結反沈音畢云劉音非也按北俗今猶有此語音如劉音蓋古語乎劉音未失組約如字劉阿駭反爲于僞反隊直類反〔疏〕注必讀至失隊○釋曰上列天子及公侯伯之圭於此獨言天子圭中必者按聘禮記五等諸侯及聘使所執圭璋皆有繅藉及絇組絇組所以約圭中央恐失隊即此中必之類若然圭之中必尊卑皆有此不言諸侯圭舉上以明下可知云讀如鹿車縪之縪者俗讀之也此縪絇組一也

四圭尺有二寸。以祀天。郊天所以禮其神也典瑞職曰四圭有邸以祀天旅上帝○邸丁禮反又音帝下文同〔疏〕注郊天至上帝○釋曰此圭典瑞直言所用禮神不言尺寸故此言之此直言尺二寸按典瑞注先鄭云中央爲璧圭著其四面一玉俱成又云圭末四出若然此尺二寸者未知璧在中央通兩畔摠計爲尺二寸未知除璧之外兩畔之圭各有一尺二寸據下祼圭尺有二寸而言則此四圭圭別尺有二寸仍未審以璧爲邸邸徑幾許禮既無文不可強記也引典瑞者證祀天爲夏正郊所感帝兼國有故旅祭五帝之事亦以此圭禮神也

大圭長三尺。杼上。終葵首。天子服之。王所搢大圭也或謂之珽終葵椎也爲椎於其杼上明無所屈也杼閷也相玉書曰珽玉六寸明自炤○杼直呂反珽他頂反椎直追反下同閷色界反劉色例反殺字之異者本或作殺下取殺殺文同相息亮反炤音照〔疏〕大圭至服之○釋曰言大圭者以其長故得大圭之稱言服之者以其搢於衣帶之間同於衣服故以服言之○注王所至自炤○釋曰云王所搢大圭也者典瑞云王搢大圭執鎮圭繅藉五采五就以朝日是也云或謂之珽者玉藻云天子搢珽方正於天下也鄭云言珽然無所屈此注亦云明無所屈皆對諸侯爲荼大夫前屈後屈故云無所屈也云終葵椎也者齊人謂椎爲終葵故云終葵椎也云相玉書曰珽玉六寸明自炤者謂於三尺圭上除六寸之下兩畔殺去之使已上爲椎頭言六寸據上不殺者而言云明自炤者玉體瑜不掩瑕瑕不掩瑜善惡露見是其忠實君子於玉比德焉言忠實故云明自炤也引之者證大圭者爲終葵六寸已下杼之也

土圭尺有五寸。以致日。以土地。致日度景至不夏日至之景尺有五寸冬日至之景丈有三尺土猶度也建邦國以度其地而制其域○景度待洛反下注同〔疏〕土圭至土地○釋曰言土圭謂度土地遠近之圭故云土圭○注致日至其域○釋曰云致日度景至不者於地中立八尺之表於中漏半夏至日表北尺五寸景與土圭等冬至日丈三尺爲景至若不依此皆爲不至故云度景至不也但景至與不至皆由君政得失而來度之者若不至使君改德教也云夏日至之景尺有五寸冬日至之景丈三尺者皆通卦驗文大司徒亦云夏日至之景尺有五寸謂之地中云土猶度也建邦國以度其地而制其域者此度地封諸侯日景一分地差百里五等諸侯直取五分景已下無取尺寸之義也

祼圭尺有二寸。有瓚。以祀廟。祼之言灌也或作課或作果祼謂始獻酌奠也瓚如盤其柄用圭有流前注○祼古亂反注課果皆同〔疏〕祼圭至祀庿釋曰鄭注小宰云惟人道宗廟有祼天地大神至尊不祼故此唯云以祀廟典瑞兼云以祼賓客此不言者有典瑞故作文略也○注祼之至前注○釋曰讀祼爲灌者取水灌之義云祼謂始獻酌奠也者小宰注云祼亦謂祭之啐之奠之以其尸不飲故云奠之按司尊彝注祼謂始獻尸郊特牲注云始獻神也者以其祼入獻于尸故云獻尸二灌主爲降神故云獻神三注雜日不同其義一也云瓚如盤其柄用圭有流前注者鄭注典瑞引漢禮瓚盤大五升口徑八寸下有盤口徑一尺言有流前注者案下三璋之勺鼻寸是也言前注者以尸執之向外祭乃注之故云有流前注也

琬圭九寸而繅。以象德。琬猶圜也王使之瑞節也諸侯有德王命賜之使者執琬圭以致命焉繅藉也○琬於阮反繅音早使所吏反下同藉慈夜反〔疏〕琬圭至象德○釋曰典瑞云琬圭以治德以結好此不言結好此文略彼云治德據使者而言此言象德據圭體而說彼不言有繅此言有繅亦是互見爲義○注琬猶至藉也○釋曰云諸侯有德王命賜之使者執琬圭以致命焉者若天王使毛伯來錫公命公羊云錫者何賜也命者何加我服也是諸侯有德王使人賜命之事也

琰圭九寸。判規。以除慝。以易行。凡圭琰上寸半琰圭琰半以上又半爲瑑飾諸侯有爲不義使者征之執以爲瑞節也除慝誅惡逆也易行去煩苛○琰餘冉反慝吐得反易以豉反又音亦改也行音下孟反注同以上時掌反瑑直轉反去起呂反苛音何〔疏〕注凡圭至煩苛○釋曰知凡圭琰上寸半者禮記雜記云知此琰圭琰半以上又半爲瑑飾者以其言判判半也又云規明半以上琰至首規半以下爲瑑飾可知云諸侯有爲不義使者征之執以爲瑞節也者此釋除慝故引經文除慝誅惡逆也云易行去煩苛者此非惡逆之事直政教煩多而苛虐是諸侯行惡故王使人執之以爲瑞節易去惡行

璧羨度尺。好三寸。以爲度。鄭司農云羨徑也好璧孔也爾雅曰肉倍好謂之璧好倍肉謂之瑗肉好若一謂之環玄謂羨猶延其袤一尺而廣狹焉○羨以善反延也又音錢徑也好呼報呼老二反注同肉柔又柔有二反下同瑗于眷反劉于顧反袤音茂〔疏〕注鄭司至狹焉○釋曰引爾雅欲見此璧好三寸好即孔也兩畔肉各三寸兩畔共六寸是肉倍好也後鄭云羨猶延其袤一尺而廣狹焉者是羨爲不圜之貌造此璧之時應圜徑九寸今減廣一寸以益上下之袤一寸則上下一尺廣八寸故云其袤一尺而廣狹焉狹焉謂八寸也以爲度者天子以爲量物之度也

圭璧五寸。以祀日月星辰。禮其神也圭其邸爲璧取殺於上帝〔疏〕注禮其至上帝○釋曰此圭璧謂以璧爲邸旁有一圭故云圭其邸爲璧也云取殺於上帝者按上文四圭以祀天此日月星辰爲天之佐故一圭是取殺於上帝也按典瑞云兩圭有邸以祀地璋邸射以祀山川彼山川亦取殺於地此不言者文略彼又有珍圭牙璋此不言者亦是文略並玉人造之可知○

璧琮九寸。諸侯以享天子。享獻也聘禮享君以璧享夫人以琮○琮才宗反○〔疏〕注享獻至以琮○釋曰按小行人二

王後享天子及后用圭璋則此璧琮九寸據上公引聘禮者欲見經云享天子用璧享后用琮此據上公九命若侯伯當七寸子男當五寸○

穀圭七寸。天子以聘女。納徵加於束帛【疏】注納徵加於束帛○釋曰自士已上皆用玄纁束帛但天子加以穀圭諸侯加以大璋也

大璋中璋九寸。邊璋七寸。射四寸。厚寸。黃金勺。青金外。朱中。鼻寸。衡四寸。有繅。天子以巡守。宗祝以前馬。射琰出者也勺故書或作約杜子春云當爲勺謂酒尊中勺也鄭司農云鼻謂勺龍頭鼻也衡謂勺柄龍頭也玄謂鼻勺流也凡流皆爲龍口也衡古文橫假借字也衡謂勺徑也三璋之勺形如圭瓚天子巡守有事山川則用灌焉於大山川則用大璋加文飾也於中山川用中璋殺文飾也於小山川用邊璋半文飾也其祈沈以馬宗祝亦執勺以先之禮王過大山川則大祝用事焉將有事於四海山川則校人飾黃駒○射食亦反注及下注同勺上灼反注同衡音橫注衡謂並同祈沈如字劉居綺反小爾雅曰祭山川曰祈沈按爾雅祭山曰庪縣祭川曰浮沈祈音九委反今讀宜依爾雅音大祝音泰校戶教反【疏】大璋至前馬○釋曰此經說王巡守出行過山川禮敬之事三璋據爲勺柄黃金勺以下據爲勺頭○注射琰至黃駒○釋曰射琰出者也向上謂之出謂琰半已上其半已下爲文飾也先鄭云鼻謂勺龍頭鼻後鄭增成其義衡謂勺柄龍頭後鄭不從玄謂衡古文爲橫謂勺徑破先鄭爲勺柄云三璋之勺形如圭瓚者圭瓚之形前注巳引漢禮但彼口徑八寸下有盤徑一尺此徑四寸徑既倍狹明所容亦少但形狀相似耳故云形如圭瓚也知用灌者以其圭瓚灌宗廟明此巡守過山川用灌可知於大山川巳下至半文飾皆無正文鄭君以意解之云祈沈以馬者取校人飾黃駒故知馬也知宗祝亦執勺以先之者即引大祝職云王過大山川則大祝用事焉是大祝用此經黃金勺之事也云將有事于四海山川則校人飾黃駒者校人職文引之者見禮山川非直灌亦有牲牢以山川地神故用黃駒也大祝職云王過大山川大祝用事不言中山川小山川者舉大者而言或使小祝爲之也

大璋亦如之。諸侯以聘女。亦納徵加於束帛也大璋者以大璋之文飾之也亦如之者如邊璋七寸射四寸【疏】注亦納至四寸○釋曰鄭知以大璋之文飾之者以其與上大璋同名明以大璋之文飾之也又知如邊璋七寸射四寸者以其天子穀圭七寸以聘女諸侯不可過於天子爲九寸既文承邊璋之下而言亦如之明知如邊璋七寸射四寸也

瑑圭璋八寸。璧琮八寸。以覜聘。瑑文飾也覜視也聘問也衆來曰覜特來曰聘聘禮曰凡四器者唯其所寶以聘可也○覜吐弔反【疏】瑑圭至覜聘○釋曰此謂上公之臣執以覜聘用圭璋享用璧琮於天子及后也若兩諸侯自相聘亦執之侯伯之臣宜六寸子男之臣宜四寸○注瑑圭至可也○釋曰云瑑文飾也者凡諸侯之臣覜聘並不得執君之桓圭信圭之等直瑑爲文飾耳云覜視也聘問也者按大宗伯云時聘曰問殷覜曰視故據彼而言也云衆來曰覜特來曰聘者衆來則元年七年十一年一服朝之歲來者衆也特來則天子有事乃來無常期者是也引聘禮者彼亦云圭璋璧琮四器故引以爲證云所寶謂不聘時寶之

牙璋中璋七寸。射二寸。厚寸。以起軍旅。以治兵守。二璋皆有鉏牙之飾於琰側先言牙璋有文飾也○鉏劉李側魚反沈徐加反【疏】注二璋至飾也○釋曰牙璋起軍旅治兵守正與典瑞文同彼無中璋者以其大小等故不見也牙璋起軍旅則中璋亦起軍旅二璋蓋軍多用牙璋軍少用中璋鄭知二璋皆爲鉏牙之飾者以其同起軍旅又以牙璋爲首故知中璋亦有鉏牙但牙璋文飾多故得牙名而先言也

駔琮五寸。宗后以爲權。駔讀爲組以組繫之因名焉鄭司農云以爲稱錘以起量○駔音祖稱尺正反錘直僞反劉直危反【疏】駔琮至爲權○釋曰此后所用故五寸降於下文天子所用七寸者也○注駔讀至起量○釋曰駔讀爲組者於義無取於駔故從組以其用組爲繫言因名焉者以組爲繫名組琮似以玉飾豆即名玉豆其類也先鄭云以爲稱錘以起量者量自是升斛之名而云爲量者對文量衡異散文衡亦得爲量以其量輕重故也

大琮十有二寸。射四寸。厚寸。是謂內鎮。宗后守之。如王之鎮圭也射其外鉏牙【疏】注如王至鉏牙○釋曰言大琮者對上駔琮五寸爲大也言十有二寸者并角徑之爲尺二寸言射四寸者據角各出二寸兩相并四寸言是謂內鎮者對天子執鎮圭爲內謂若內宰對大宰爲內內司服對司服爲內王不言外者男子居外是其常但婦人陰則得內稱也云射其外鉏牙者據八角鋒故云鉏牙也

駔琮七寸。鼻寸有半寸。天子以爲權。鄭司農云以爲權故有鼻也【疏】駔琮至爲權○釋曰此天子以爲權故有鼻上后權不言鼻者舉以見后亦有鼻可知

兩圭五寸有邸。以祀地。以旅四望。邸謂之柢有邸僢共本也○柢音帝劉作柩戶古反僢昌絹反【疏】兩圭至四望○釋曰此亦依典瑞所解謂祀神州之神於北郊及國有故旅祭四望以對四圭有邸祀天及旅上帝也若天地自用黃琮云僢共本也者亦一玉俱成兩圭尺相對爲僢也

瑑琮八寸。諸侯以享夫人。獻於所朝聘君之夫人也【疏】瑑琮至夫人○釋曰言以享夫人則是諸侯自相朝所用致享者也五等諸侯朝天子享用璧琮不降瑞若自相享降瑞一等此八寸據上公二王後自相享亦用璧琮八寸侯伯當六寸子男自相享退用琥璜降用四寸經言諸侯正是朝注兼云聘者其臣聘瑑圭璋璧琮亦皆降一等與君寸數同故兼言聘也此經直言瑑琮不言瑑璧以享君文略可知也

案十有二寸。棗㮚十有二列。諸侯純九。大夫純五。夫人以勞諸侯。純猶皆也鄭司農云案玉案也夫人天子夫人玄謂案玉飾案也夫人王后也記時諸侯僭稱王而夫人之號不別是以同王后於夫人也玉案十二以爲列王后勞朝諸侯皆九列聘大夫皆五列則十有二列者勞二王之後也棗㮚實於器乃加於案聘禮曰夫人使下大夫勞以二竹篚方玄被纁裏有蓋其實棗烝㮚擇兼執之以進○勞力報反注同被皮寄反【疏】案十至諸侯○釋曰案十有二寸者謂玉案十有二枚云棗栗十有二列案案皆有棗栗爲列十有二者還據案十二爲數不謂一案之上十有二也○注純猶至以進○釋曰先鄭云夫人天子夫人後鄭不從者勞諸侯以王后爲主豈不見后先見三夫人乎故不從也玄謂案玉飾案也者以其在玉人故知以玉飾案也云記時諸侯僭稱王者案春秋之世吳楚及越僭號稱王而吳楚夫人不稱后是夫人之號不別也云是以同王后于夫人也者周王與吳楚同號王故周王后號亦下同吳楚之夫人也云案十有二以爲列者徵破賈馬以此十二列比聘禮醯醢來碑百饔十二以爲列云王后勞朝諸侯皆九列聘大夫皆五列則十二列勞二王之後也者以其經夫人以勞諸侯文在下摠結上文三者故以此義推量之也云棗㮚實于器乃加於案者此約聘禮故即引聘禮爲證也聘禮五介入境張旃是侯伯之卿大夫聘者也而主國夫人使下大夫勞以二竹簋方者簋法圓今此竹簋方爲之者此或棗㮚與黍稷簋異也玄被者以玄纁爲表彼聘禮諸侯夫人使下大夫勞無案直有棗栗此后勞有棗栗又亦有案引之者證此棗栗亦盛於竹簋者也

璋邸射素功。以祀山川。以致稍餼。邸射剡而出也致稍餼造賓客納稾食也鄭司農云素功無瑑飾也餼或作氣杜子春云當爲餼○造七報反【疏】注邸射至爲餼○釋曰云以祀山川者謂四望之外所有山川皆是云邸射剡而出也者向上謂之出半圭曰璋璋首邪却之今於邪却之處從下向上摠邪却之名爲剡而出云致稍餼造賓客納稾食也者謂賓客在館主君使人造賓客納稾食稾食則米者也以其經云稍餼稍稍致之是食米曰稾者也

櫛人闕○櫛莊密反本或作櫛

雕人闕○雕音彫本亦作彫

磬氏爲磬。倨句一矩有半。必先度一矩爲句一矩爲股而求其弦既而以一矩有半觸其弦則磬之倨句也磬之制有大小此假矩以定倨句非用其度耳○倨音據句沈音鉤注同劉如字先度待洛反【疏】注必先至度耳○釋曰鄭云必先度一矩爲句者據上兩者一矩爲股據下直者而求其弦者弦謂兩頭相望者云既而以一矩有半觸其弦者假令句股各一尺令以一尺五寸觸兩弦其句股之形即磬之倨句折殺也云磬之制有大小者按樂云磬前長三律二尺七寸後長二律尺八寸是磬有大小之制也云此假矩以定倨句非用其度耳者謂此經倨句各一矩并一矩有半皆假設言之以定倨句及其作磬非用此度自依律長短爲之也

其博爲一。博謂股博也博廣也【疏】注博謂至廣也○釋曰鄭知此博是股廣在上者以其下文因此博而云股爲二明此博即股廣也此上下云一二三者此亦假一二三而爲長短廣狹故不言尺寸也

股爲二。鼓爲三。參分其股博。去一以爲鼓博。參分其鼓博。以其一爲之厚。鄭司農云股磬之上大者鼓其下小者所當擊者也玄謂股外面鼓內面也假令磬股廣四寸半者股長九寸也鼓廣三寸長尺三寸半厚一寸○去起呂反令力呈反後皆同【疏】注鄭司至一寸○釋曰先鄭云股磬之上大者鼓其下小者以其股面廣鼓面狹故以大小而言也玄謂股外面也者以其在上故以爲外鼓內面也者以其在下故以爲內言假令者經直言一二三不定尺寸是假設之言也若定尺寸自當依律爲短長也以四寸半爲法者直取從此巳下爲易計非實注也

巳上則摩其旁。鄭司農云磬聲大上則摩鑢其旁玄謂大上聲清也薄而廣則濁○巳上時掌反注同大音泰劉它賀反下同鑢音慮【疏】注鄭司至則濁○釋曰先鄭直云摩鑢其旁不言處所故後鄭增成之凡樂器厚則聲清薄則聲濁今大上是聲清故摩使薄

薄而廣則濁也巳下則摩其耑。大下聲濁也短而厚則淸。耑音端劉又音穿本或作端〔疏〕注大下至則淸。○釋曰此聲濁由薄薄不可使厚故摩使短短則形小形小則厚厚則聲淸也

矢人爲矢。鍭矢參分。茀矢參分。一在前。二在後。參訂之而平者前有鐵重也司弓矢職茀當爲殺鄭司農云一在前謂箭稾中鐵莖居參分殺一以前○鍭矢音侯劉音侯茀音殺色黠反劉色例反李音拂訂音亭劉當定反稾古老反下同〔疏〕注參訂至以前○釋曰云參訂之而平者以其言參分一在前二在後明據稱量得訂而言之云前有鐵重也者若不前鐵重何以參分得訂也引司弓矢職者彼鍭矢與殺矢相對茀矢自與矰矢相對此上既言鍭矢明下宜有殺矢對之故破此茀爲殺也先鄭云一在前謂箭稾中鐵莖居參分殺一以前者後鄭意直據近鏃鐵多先鄭據長短又以參分殺一近鏃宜細以其鏃長近鏃雖殺猶重與後鄭義合故引之在下也

兵矢田矢五分。二在前。三在後。鐵差短小也兵矢謂枉矢絜矢也此二矢亦可以田田矢謂矰矢○絜苦結反又音結矰音增〔疏〕注鐵差至矰矢○釋曰云鐵差短小也者前參分一在前得訂此五分二在前得訂故知鐵差短小也云兵矢謂枉矢絜矢也者以司弓矢職參之下有七分當茀矢矰矢此五分當枉矢絜矢也云田矢謂矰矢者依鄭志此云田矢謂矰矢非謂經中田矢正是下文七分者若然既非經之田矢鄭言之者欲見矰矢正田矢此經二矢亦可以田若然經枉矢絜矢非直爲兵矢亦將田獵故云此二矢亦可以田也按鄭志趙商問司弓矢注云凡矢之制矰矢之屬七分三在前四在後按矢人職曰田矢五分二在前三在後注云田矢謂矰矢數不當應不知所裁荅曰田矢謂矰矢此先定後云此二矢亦可以田頃若少疾此疏初在篋笥之間屬錄事得之謹荅若然鄭君本意以矰矢爲田矢非經田矢自是尋常田矢此二矢亦可以田解經田矢是枉矢絜矢非直爲兵矢此二者亦可以田也此鄭云田矢謂矰矢按司弓矢職枉矢絜矢言利諸田獵茀矢矰矢直言弋射不言田獵而云田矢者弋射即是田獵也按司弓矢職枉矢絜矢在前後乃云鍭矢殺矢此矢人先言鍭矢殺矢者彼據事之重者爲先以其枉矢絜矢用諸戰伐是重故在前此據鐵輕重重者在前故不同也

殺矢七分。三在前。四在後。鐵又差短小也司弓矢職殺當爲茀○殺依注爲茀劉符弗反李音拂〔疏〕注鐵又至爲茀○釋曰上經已破茀當爲殺此殺固宜爲茀與矰矢同七分故亦引司弓矢證之也此經直言茀矢不言矰矢者以其與茀矢同制故略而不言也言鐵又差短小也者以其前五分二在前此七分三在前是差短小也

參分其長而殺其一。矢稾長三尺殺其前一尺令趣鏃也○殺本又作稛色界反注下皆同趣七喻反一音從鏃子木反或七木反〔疏〕注矢稾至鏃也○釋曰按稾人注矢服長短之制未聞今此注云矢稾長三尺彼以無正文故云未聞此云三尺者約羽六寸逆差之故知三尺也

五分其長而羽其一。羽者六寸○羽于付反注及下同

以其笴厚爲之羽深。笴讀爲稾謂矢幹古文假借字厚之數未聞○笴古老反下相笴同

水之以辨其陰陽。辨猶正也陰沈而陽浮○辨皮勉反劉方免反〔疏〕注辨猶至陽浮○釋曰就其浮沈刻記之

夾其陰陽以設其比。夾其比以設其羽。夾其陰陽者弓矢比在稾兩旁弩矢比在上下設羽於四角鄭司農云比謂括也○夾古治反劉古協反比毗志反下及注同〔疏〕注夾其至括也○釋曰云弓矢比在稾兩旁者以其弓豎用之故比在稾之兩畔云弩矢比在上下者以其弩弓横用之故比在上下云設羽於四角者無問弓之矢弩之矢比在兩旁上下皆設羽於四角同也

參分其羽以設其刃。刃二寸〔疏〕注刃二寸○釋曰知刃二寸者以其言參分其羽以設其刃不可參分取二分作四寸刃明知參分取一得二寸爲刃故知刃二寸

則雖有疾風。亦弗之能憚矣。故書憚或作但鄭司農云讀當爲憚之以威之憚謂風不能驚憚箭也○憚音怛都達反李直旦反注同李又直丹反

刃長寸。圍寸。鋌十之。重三垸。刃長寸脫二字鋌一尺○鋌直頂反垸音丸〔疏〕注刃長至一尺○釋曰知脫二字者據上參分其羽以設其刃若刃一寸則羽三寸矢一尺五寸便大短明知脫二字也

前弱則俛。後弱則翔。中弱則紆。中強則揚。羽豐則遲。羽殺則趮。言幹羽之病使矢行不正俛低也翔迴顧也紆曲也揚飛也豐大也趮旁掉也○趮音躁子到反旁掉也沈又色到反掉徒弔反

是故夾而搖之以眡其豐殺之節也。今人以指夾矢儛衛是也○搖本又作搖羊招反〔疏〕是故至節也○釋曰上經陳幹羽失所今此經說知矢之羽病狀故云夾而搖之以眡其豐殺之節也

橈之以眡其鴻殺之稱也。橈搦其幹○橈乃孝反稱尺證反搦女角反〔疏〕橈之至稱也○釋曰此經說知矢幹之病狀此言鴻即上文強是也此言殺即上文弱是也

凡相笴。欲生而摶。同摶欲重。同重節欲疏。同疏欲桌。相猶擇也生謂無瑕蠹也摶讀如摶黍之摶謂圜也鄭司農云欲桌欲其色如桌也○相息亮反注同摶徒丸反蠹丁故反〔疏〕注相猶至桌也○釋曰云生謂無瑕蠹也者直言欲生於義無所取故以無瑕蠹解之無瑕謂無異色無蠹謂無蠹孔也云摶讀如摶黍之摶者讀如爾雅釋鳥黃鳥摶黍也此取其摶圜之義先鄭云欲桌欲其色如桌也者觀經桌義取堅實先鄭云色如桌即是堅實者

陶人爲甗。實二鬴。厚半寸。脣寸。盆實二鬴。厚半寸。脣寸。甑實二鬴。厚半寸。脣寸。七穿。量六斗四升曰鬴鄭司農云甗無底甑○甗魚輦反又音喧劉魚建反沈魚偃反一音彥甑也鬴音輔〔疏〕注量六至底甑○釋曰六斗四升曰鬴昭三年左氏傳晏子辭云甗無底甑者對甑七穿是有底甑

鬲實五觳。厚半寸。脣寸。庾實二觳。厚半寸。脣寸。鄭司農云觳讀爲斛觳受三斗聘禮記有斛玄謂豆實三而成觳則觳受斗二升庾讀如請益與之庾之庾○鬲音歷觳音斛〔疏〕注鄭司至之庾○釋曰先鄭云觳讀爲斛觳受三斗又引聘禮記有斛者按下旊人豆實三而成觳斗二升有成文而先鄭讀觳爲斛斛受十斗又云觳受三斗復引聘禮記有斛其言自相亂後鄭皆不從之也玄謂豆實三而成觳出於下文引之破先鄭觳受三斗或十斗也讀庾爲請益與之庾之庾者讀從論語孔子冉有辭小爾雅匊二升二匊爲豆豆四升四豆曰區四區曰釜二釜有半謂之庾者庾本有二法故聘禮記云十六斗曰籔注云今文籔爲逾逾即庾也按昭二十六年申豐云粟五千庾杜注云庾十六斗以此知庾有二法也

旊人爲簋。實一觳。崇尺。厚半寸。脣寸。豆實三而成觳。崇尺。崇高也豆實四升○旊方往反〔疏〕旊人至崇尺○釋曰祭宗廟皆用木簋今此用瓦簋據祭天地及外神尚質器用陶匏之類也注云豆實四升者晏子辭按易損卦彖云二簋可用享四以簋進黍稷於神也初與二直其四與五承上故用二簋四巽爻也巽爲木五離爻也離爲日日體圜木器而圜簋象也是以知以木爲之宗廟用之若祭天地外神等則用瓦簋故郊特牲云掃地而祭於其質也器用陶匏以天地之性是其義也若然簋法圜舍人注云方曰簠圜曰簋注與此合孝經云陳其簠簋注云內圓外方者彼發簠而言之

凡陶旊之事。髻墾薜暴不入市。爲其不任用也鄭司農云髻讀爲刮薜讀爲藥黃蘗之蘗暴讀爲剝玄謂髻讀爲跀墾頓傷也薜破裂也暴墳起不堅致也○髻音刮墾苦狠反薜卜革反劉薄駮反注同暴音剝又音雹或蒲到反爲于偽反任音壬跀劉音月或五刮反一音兀又五活反墳扶粉反致直吏反〔疏〕注爲其至致也○釋曰先鄭云髻讀爲刮刮是亂刮摩之義故不任用理無所取故後鄭不從薜讀爲藥黃蘗之蘗取音同又以暴爲剝者凡爲器無剝破之義故後鄭亦不從也玄謂髻讀爲跀跀謂器不正款邪者也

器中䏝。豆中縣。䏝讀如車輇之輇既拊泥而轉其均尌䏝其側以擬度端其器也縣縣繩正豆之柄○中丁仲反下同䏝市專反注輇同縣音玄後皆放此拊音附又方附反尌音樹本又作樹擬疑紀反度待洛反〔疏〕注䏝讀至之柄○釋曰云尌䏝讀如車輇之輇者讀從雜記載以輇車之輇取音同也云尌䏝其側者按下文䏝崇四尺上下高四尺無邪曲轉其均之時當擬度此䏝宜與䏝相應其器則正也豆中縣者豆柄中央把之者長一尺宜上下直與縣繩相應其豆則直○

䏝崇四尺。方四寸。凡器高於此則坪不能相勝厚於此則火氣不交因取式焉○坪芳符反又普回反勝音升○〔疏〕注凡器至式焉○釋曰高於此謂崇四尺有餘也厚於此謂厚於方四寸謂坪拊四畔各一寸也坪厚火氣不交坪不孰則易破者也○

梓人爲筍虡。樂器所縣橫曰筍植曰虡鄭司農云筍讀爲竹筍之筍○筍息允反本又作筍虡音巨植直吏反又時力反○〔疏〕梓人爲筍虡○釋曰此文與下文爲揔目耳故下文重說爲筍虡之法也○注樂器至之筍○釋曰樂器所縣於筍虡者謂鍾磬鎛者也先鄭筍讀爲竹筍之筍筍謂竹初生則醢人筍菹者也亦取音同也

天下之大獸五。脂者。膏者。臝者。羽者。鱗者。脂牛羊屬膏豕屬臝者謂虎豹貔螭爲獸淺毛者之屬羽鳥屬鱗龍蛇之屬○臝力果反下同貔音毗螭丑知反〔疏〕天下至鱗者○釋曰此文亦與下爲目故下亦別列五者所用不同也○注脂牛至之屬○釋曰知脂是牛羊屬膏豕屬

者下云二者祭宗廟以爲牲故知也鄭注內則云凝者曰脂釋者白膏羸屬者謂虎豹貔貙淺毛者之屬按月令季夏亦云其蟲羸注云虎豹淺毛者鱗龍蛇之屬者月令春云其蟲鱗注云龍蛇之屬也宗廟之事。脂者膏者以爲牲。致美味也〔疏〕宗廟至爲牲。釋曰上摠言於此已下別言之者欲分別可爲筍虡者也羸者羽者鱗者以爲筍虡。貴野聲也〔疏〕者羸至筍虡。釋曰此三者以爲筍虡仍是摠言可以爲筍虡以別於上云爲牲者耳至下文仍更簡別可爲筍可爲虡二者不同者也外骨。內骨。卻行。仄行。連行。紆行。以脰鳴者。以注鳴者。以旁鳴者。以翼鳴者。以股鳴者。以胷鳴者。謂之小蟲之屬。以爲雕琢。刻畫祭器博庶物也外骨龜屬內骨鼈屬卻行螾衍之屬仄行蟹屬連行魚屬紆行蛇屬脰鳴鼃黽屬注鳴精列屬旁鳴蜩蜺屬翼鳴發皇屬股鳴蚣蝑動股屬胷鳴榮原屬。卻羌略反劉去逆反仄音側紆乙俱反李又香于反脰音豆頭也注陟又反劉都豆反一音之樹反胷鳴本亦作骨又作胷于本作骨云骸屈屬也賈馬作胃賈云靈蠵也鄭云榮原屬也不知榮原之屬以何鳴作骨者恐非也沈云作胷爲得亦所未詳聶音胃劉本作胷音鹵琢丁角反鼈必滅反本又作鱉螾行上羊忍反下如字爾雅云螾衍入耳郭璞云蚰蜒也按此蟲能兩頭行是卻行劉云或作衍蚓行音延今曲蟮也鼃戶媧反黽莫幸反蜩音條蟬也蜺五兮反又五歷反又五結反蚣息容反蝑思餘反又思呂反榮原如字原亦作螈音同又五丸反〔疏〕注刻畫至原屬。釋曰上云大鳥獸或爲宗廟牲或爲筍虡設今此更別言小蟲之屬以飾祭器者也自紆行以上不能鳴者據行而言自脰鳴已下能鳴者據鳴而言云以爲雕琢者以雕畫及刻爲琢飾者也此注龜爲外骨鼈爲內骨按易說卦云離爲鼈爲蟹爲龜注皆云骨在外與此注違者龜鼈皆外骨但此經外骨內骨相對以鼈外有肉緣故爲內骨也云卻行螾衍之屬者按爾雅釋蟲螾衍入耳按方言云螾衍注云延兩音自關而東謂之螾衍音引云仄行蟹屬者今人謂之旁蟹以其側行故也云連行魚屬者以其魚唯行相隨故謂之連行也云紆行蛇屬者紆曲也以其蛇行屈曲故謂之紆行也云脰鳴鼃黽屬者鼃黽即蝦蟇也脰項也以其項中鳴也云注鳴精列屬者按釋蟲云蟋蟀蛬注云今促織也亦名青蛚方言楚謂之蟋蟀或謂之蛬南楚之間或謂之王孫云旁鳴蜩蜺屬者此即蟬也蟬鳴在脅云翼鳴發皇屬者按爾雅蛂蟥蛢郭云甲蟲也大如虎豆綠色今江東呼爲黃蛢即此發皇也云股鳴蚣蝑動股屬者七月詩云五月斯螽動股陸機云幽州人謂之舂箕長而青角長股股鳴者云胷鳴榮原屬者此記本不同馬融以爲胃鳴干寶本以爲骨鳴胃在六府之內其鳴又未可以骨爲狀亦難信皆不如作胷鳴也揚雄以爲蛇醫或謂之榮原。厚脣。弇口。出目。短耳。大胷燿後。大體。短脰。若是者謂之羸屬。恒有力而不能走。其聲大而宏。有力而不能走。則於任重宜。大聲而宏。則於鍾宜。若是者以爲鍾虡。是故擊其所縣而由其虡鳴。燿讀爲哨頎小也鄭司農云宏讀爲紘綖之紘謂聲音大也由若也。弇於檢反燿所教反劉李羊肖反哨音稍劉李音與燿同沈蘇堯反頎小音傾李一音懇〔疏〕注燿讀至若也。釋曰云燿讀爲哨頎小也者哨與頎皆是少小之義故云哨頎小也凡猛獸有力者皆前麤後細故云大胷燿後先鄭讀宏爲紘綖之紘讀從桓二年臧哀伯云衡紞紘綖取其音同耳銳喙。決吻。數目。顧脰。小體。騫腹。若是者謂之羽屬。恒無力而輕。其聲清陽而遠聞。無力而輕。則於任輕宜。其聲清陽而遠聞。於磬宜。若是者以爲磬虡。故擊其所縣而由其虡鳴。吻口脃也顧長脰貌故書顧或作牼鄭司農云牼讀爲鬜頭無髮之鬜。銳喙況廢反一音昌銳反決如字又烏穴反吻劉無憤反戚亡粉反數劉音促李粗角反顧苦顏反又楷田反李又古堅反又戶弔反聞音問下同腨音權牼劉苦顏反又客田反又一音工定反撥左傳有華鬜劉苦顏反又巳沈同云鬜禿也或若瞎反一音枯曷反〔疏〕銳喙至虡鳴。釋曰上既言鍾虡此說磬虡云磬輕於鍾故畫鳥爲飾。注吻口至之鬜。釋曰云吻口脃者鳥乃喙長決物食之時則以近喙本決故云決吻鄭云吻口脃也云顧長脰貌者脰項也謂長項貌先鄭云讀爲鬜頭無髮之鬜者時俗有以無髮爲鬜故讀從之亦取音同也此是鍾磬之虡不言鑮虡鑮虡與鍾同以其鑮如鍾而大獨在一虡爲異耳小首而長。搏身而鴻。若是者謂之鱗屬。以爲筍。搏圜也鴻傭也。搏徒丸反傭勑龍反〔疏〕小首至爲筍。釋曰上論鍾磬之虡用鳥獸不同此論二者之筍同用龍蛇鱗物爲之也故直云爲筍不別言鍾之與磬欲見二者同也凡攫閷援簭之類。必深其爪。出其目。作其鱗之而。謂筍虡之獸也深猶藏也作猶起也之而頰頷也。攫俱縛反舊居碧反李又九夫反閷色界反劉色例反援音袁簭音筮頰慎口忽反云禿也劉九本反李又其恕反一音苦紇反又音混〔疏〕凡攫至之而。釋曰此及下經覆釋上文之獸云攫閷者攫著則殺之援攫則噬之如此之類必藏其爪出其目又作其鱗之而謂動頰頷此皆可畏之貌。注筍虡至頷也。釋曰此說鍾虡云鱗之獸不言筍鄭言筍者筍虡相將之物故連言之耳云鱗之而頰頷也者舊讀字以沽罪反謂起其頰頷劉炫以爲於義無所取當爲頰頷壼讀之於義爲允也深其爪。出其目。作其鱗之而。則於眡必撥爾而怒。苟撥爾而怒。則於任重宜。且其匪色必似鳴矣。匪采貌也故書撥作廢匪作飛鄭司農云廢讀爲撥飛讀爲匪以似爲發。撥必末反沈蒲末反匪芳鬼反注下同〔疏〕至鳴矣。釋曰此經重解上文之義鄭云匪采貌者以其以色配匪明匪是采貌也先鄭云以似爲發者以似非直實故爲發發謂鳴聲發謂者也爪不深。目不出。鱗之而不作。則必穨爾如委矣。苟穨爾如委。則加任焉。則必如將廢措。其匪色必似不鳴矣。措猶頓也故書措作厝杜子春云當爲措。穨爾如字李湯過反廢措七故反注同厝劉音錯七洛反又七故反〔疏〕爪不至鳴矣。釋曰此經說脂者膏者止可爲牲不可以爲虡之義也子春從措不從厝者厝置之義非措頓故從措也

梓人爲飲器。勺一升。爵一升。觚三升。獻以爵而酬以觚。一獻而三酬。則一豆矣。勺尊升也觚豆字聲之誤觚當爲觶豆當爲斗。勺上灼反注同觚依注作觶之豉反下同豆依注作斗舊音注亦多口反下一豆酒同觚音孤〔疏〕注勺尊至爲斗。釋曰爵制今韓詩說一升曰爵二升曰觚三升曰觶四升曰角五升曰散古周禮說亦與韓同禮一獻三酬當一豆即觚二升不滿豆矣鄭玄駁之云觶角旁支汝潁之間師讀所作今禮角旁單古書或作角旁氏則與觚字相近學者多聞觚寡聞觶寫此書亂之而作觚耳又南郡大守馬季長說一獻而三酬則一豆豆當爲斗一爵三觶相近禮器制度云觚大二升觶大三升是故鄭從二升觚三升觶也鄭云觚豆字聲之誤者解觚爲觶是字之誤斗字爲豆是聲之誤食一豆肉。飲一豆酒。中人之食也。一豆酒又聲之誤當爲斗凡試梓飲器。鄉衡而實不盡。梓師罪之。鄭司農云梓師罪也衡謂麋衡也曲禮執君器齊衡衡平也爵鄉口酒不盡則梓人之長罪於梓人焉。鄉許亮反注同長丁丈反〔疏〕注鄭司至人焉。釋曰先鄭云梓師罪者謂梓師身自得罪後鄭不從者梓官之長不可自受罪故爲梓師罪梓人也先鄭云衡謂麋衡也者麋即眉也但器有大小不可據上畔與眉平故後鄭不從據下畔無問大小皆得平也引曲禮者彼平與此義異引之者雖於處不同平義相似故引之也

梓人爲侯。廣與崇方。參分其廣。而鵠居一焉。崇高也方猶等也高廣等者謂侯中也天子射禮以九爲節侯道九十弓弓二寸以爲侯中高廣等則天子侯中丈八尺諸侯於其國亦然鵠所以射也以皮爲之各如其侯也參分之一則此鵠方六尺唯大射以皮飾侯大射者將祭射也其餘有賓射燕射。參分方亦反下云射分同鵠一焉。反賓注下同射。參分下云射[illegible]

六尺也云唯大射以皮飾侯者對賓射射正者以五色飾侯之側爲雲氣也燕射射獸侯者亦畫雲氣飾侯之側也云大射者將祭之射也者射義說大射之事云其容體比於禮其節比於樂而中多者得與於祭是將祭而射謂之大射也其餘有賓射燕射者禮射者有此三也賓射之所掌是也燕射燕禮所云是也又鄉射記亦云燕射之事也其餘更有鄉射不言者鄉射射采侯則亦賓射也故不別言也

上兩个與其身三。下兩个半之。鄭司農云兩个謂布可以維持侯者也上方兩枚與身三設身廣一丈兩个各一丈凡爲三丈下兩个半之傳地故短也玄謂个讀若齊人搚幹之幹上个下个皆謂舌也身躬也鄉射禮記曰倍中以爲躬倍躬以爲左右舌下舌半上舌然則九節之侯身三丈六尺上个七丈二尺下个五丈四尺其制身夾中个夾身在上下各一幅此侯凡用布三十六丈言上个與其身三者明身居一分上个倍之耳亦爲下个半上个出也个或謂之舌者取其出而左右也侯制上廣下狹蓋取象於人也張臂八尺張足六尺是取象率焉○兩个讀爲幹古旦反下及注同李云大鄭依字傳音附搚乃荅反亦爲于僞反率音類本又作類又音律 疏 上兩至半之○釋曰此經云身即中上布一幅者是也上兩个居二分身居一分故云上兩个與其身三謂三分如等也云下兩个半之者謂半其出者也一侯二侯三侯皆然故不定侯名也○注鄭司至率焉○釋曰先鄭意身即與中爲一謂方丈者其上又加布一幅長三丈爲兩个後鄭不從者侯有中有躬有个三者今先鄭唯有身不見中故不從之也玄謂个讀若齊人搚幹之幹者讀從公羊傳桓公朝齊齊侯使公子彭生搚幹而殺之是幹爲搚骨故云幹之幹此个亦與侯爲幹故讀從之也引鄉射記者欲見有中有躬有舌三者云下个五丈四尺者其上兩个各出丈八尺今此下个上出九尺兩畔共減十八尺故有五丈四尺云此侯凡用布三十六丈者古者布幅廣二尺二寸二寸爲縫皆以二尺計之此侯是九十弓侯侯中丈八尺則九幅布長丈八尺九幅九丈幅有八尺爲七丈二尺添前爲十六丈二尺上下躬各三丈六尺即上下共爲七丈二尺其上个七丈二尺下个有五丈四尺添前揔用布三十六丈也其七十弓侯侯中一丈四尺其五十弓侯侯中一丈皆倍中以爲躬倍躬以爲左右个計之皆可知也

上綱與下綱出舌尋。縜寸焉。綱所以繫侯於植者也上下皆出舌一尋者亦人張手之節也鄭司農云綱連侯繩也縜籠綱者縜讀爲竹中皮之縜舌維持侯者○縜於貧反或九粉反劉侯犬反一音古犬反植直吏反籠鹿工反 疏 上綱至寸焉○釋曰綱以繫侯於植者也植則在兩傍邪豎之也必知邪豎之者下个半上个皆出舌尋明知兩相皆邪向外豎之也

張皮侯而棲鵠。則春以功。皮侯以皮所飾之侯司裘職曰王大射則共虎侯熊侯豹侯設其鵠謂此侯也春讀爲蠢蠢作也出也天子將祭必與諸侯羣臣射以作其容體出其合於禮樂者與之事鬼神焉○棲音西春出允反 疏 張皮至以功○釋曰云張皮侯者天子三侯用虎熊豹皮飾侯之側號曰皮侯而棲鵠者各以其皮爲鵠名此爲鵠者綴於巾央似鳥之棲故云而棲鵠也○注皮侯至神焉釋曰天子將祭已下皆取射義之意以解此也

張五采之侯。則遠國屬。五采之侯謂以五采畫正之侯也射人職曰以射法治射儀王以六耦射三侯三獲三容樂以騶虞九節五正下曰若王大射則以貍步張三侯明此五正之侯非大射之侯明矣其職又曰諸侯在朝則皆北面遠國屬者若諸侯朝會王張此侯與之射所謂賓射也正之方外如鵠內二尺五采者內朱白次之蒼次之黃次之黑次之其侯之飾又以五采畫雲氣焉○畫正音征下皆同獲如字下皆同或音胡化反 疏 張五至國屬○釋曰此據賓射之侯言五采是九十弓之侯若七十弓者則三正五十弓者則二正也言遠國屬者對畿內諸侯爲遠國若以要服以內對夷狄諸侯則夷狄爲遠國也○注五采至氣焉○釋曰鄭引射人職賓射及大射二者陰破賈馬以此五采與上春以功爲一物故云非大射之侯明矣云正之方外如鵠者惟云參分其侯鵠居一焉不見賓射之侯故云如鵠亦當參分其侯正居一焉云內二尺者中央畫朱方二尺故司裘注引諸家方二尺曰正以此二尺爲本其外以白蒼等充其尺寸使大如鵠也凡畫正皆先以朱次白次蒼次黃次玄以射是相剋代之事故還以向南爲本其次皆以相剋爲次其三正者去玄黃二正者又去白蒼直以朱綠也云其侯之飾又以五采畫雲氣焉者皮侯以皮爲飾其側此正即畫明其側亦以雲氣爲飾也

張獸侯。則王以息燕。獸侯畫獸之侯也鄉射記曰凡侯天子熊侯白質諸侯麋侯赤質大夫布侯畫以虎豹士布侯畫以鹿豕凡畫者丹質是獸侯之差也息者休農息老物也燕謂勞使臣若與羣臣閒暇飲酒而射○勞力報反使色吏反 疏 獸侯至而射○釋曰此燕射之侯也引鄉射記白質赤質者皆以白土赤土塗之大夫士言布謂白布不塗君畫一臣畫二取陽奇陰耦之義畫虎熊豹取君臣相犯畫麋鹿豕者取其君臣相養凡畫者丹質以周尚赤故以赤爲質地也云息者休農息老物也者謂十月農功畢君臣飲酒以休農止息之老萬物也云燕謂勞使臣若與羣臣飲酒而射者勞使臣謂若四牡勞使臣之來若與羣臣飲酒者君臣閒暇無事而飲酒云而射者息老物及勞使臣并無事飲酒三者燕皆有射法此燕射以其事褻天子已下唯有五十步侯而已無尊卑之別也

祭侯之禮。以酒脯醢。謂司馬實爵而獻獲者于侯薦脯醢折俎獲者執以祭侯○折之設反 疏 祭侯至脯醢○釋曰鄭云謂司馬實爵獻獲者于侯已下皆依大射而言彼雖諸侯禮天子射亦然又此不辨大射賓射燕射則三等射皆同按大射司馬正洗散遂實爵獻服不服不侯西北三步北面拜受爵乃祭侯左个及中

其辭曰。惟若寧侯。若猶女也寧安也謂先有功德其鬼有神○女音汝下文并注同 疏 注若猶至有神○釋曰祭侯者祭先有功德之侯若射侯則射不寧侯有罪者也下文毋或一經是也舉有功以勸示又舉有罪以懲之故兩言之也

毋或若女不寧侯。不屬于王所。故抗而射女。或有也若如也屬猶朝會也抗舉也張也○毋音無

強飲強食。詒女曾孫。諸侯百福。詒遺也曾孫諸侯謂女後世爲諸侯者○強具丈反下同詒羊之反又羊志反遺唯季反

廬人爲廬器。戈柲六尺有六寸。殳長尋有四尺。車戟常。酋矛常有四尺。夷矛三尋。柲猶柄也八尺曰尋倍尋曰常酋夷長短名酋之言遒也酋近夷長矣○廬力吳反下同柲音祕殳音殊酋在由反遒在由反或子由反沈慈有反 疏 注柲猶至長矣○釋曰凡此經所云柄之長短皆通刃爲尺數而言八尺曰尋倍尋曰常皆約上文車有六等之數皆以四尺爲差而知之也云酋夷長短名酋近夷長矣按上注以酋夷爲發聲則無義例至此而言長短名爲義解之者鄭意雖是發聲夷爲長故開口引聲而言之酋爲短故合口促聲而言之也

凡兵無過三其身。過三其身。弗能用也。而無已又以害人。人長八尺與尋齊進退之度三尋用兵力之極也而無已不徒止耳 疏 注人長至止耳○釋曰此據極長者夷矛三尋而言云而無已又以害人者已止也謂不徒止又以害人人自己身也

故攻國之兵欲短。守國之兵欲長。攻國之人衆。行地遠。食飲饑。且涉山林之阻。是故兵欲短。守國之人寡。食飲飽。行地不遠。且不涉山林之阻。是故兵欲長。言罷羸宜短兵壯健宜長兵○罷音皮羸劣皮反 疏 注言罷至長兵○釋曰按司馬法云弓矢圍殳矛守戈戟助此言攻國之兵欲短則弓矢是也守國之兵欲長則殳矛是也言戈戟助者攻國之兵守國皆有戈戟以助弓矢殳矛以其戈戟長短處中故也

凡兵。句兵欲無彈。刺兵欲無蜎。是故句兵椑。刺兵摶。句兵戈戟屬刺兵矛屬故書彈或作但蜎或作絹鄭司農云但讀爲彈丸之彈彈謂掉也絹讀爲悁邑之悁悁謂橈也椑讀爲鼓鼙之鼙玄謂蜎亦掉也謂若井中蟲蜎之蜎齊人謂柯斧柄爲椑則椑隋圜也摶圜也○句劉俱具反沈音鉤下注同彈徒旦反注同刺七賜反注同蜎於全反又於兗反李又烏犬烏玄二反或巨兗反下同摶徒丸反掉徒弔反悁烏玄反橈乃教反下同椑薄兮反注鼙同隋他果反圜音圓 疏 注句兵至圜也○釋曰以戈有胡子其戟有援向外爲磬折人胡亦向下故皆得爲句兵也先鄭云絹讀爲悁邑之悁者猶如詩云中心悁悁是悁邑之意故以義讀之也椑讀爲鼓鼙之鼙者讀從樂記云鼓鼙之聲鼙也玄謂蜎亦掉也者同是欲堅勁不欲柔軟者也謂若井中蟲蜎之蜎者俗讀之井中有蟲蜎蜎擾擾然也云椑隋圜者謂側方而去楞是也

轂兵同強。舉圍欲細。細則校。刺兵同強。舉圍欲重。重欲傳人。傳人則密。是故侵之。改句言轂容殳無刃同強上下同也舉謂手所操鄭司農云校讀爲絞而婉之絞重欲傳人謂矛柄之大者在人手中者侵之能敵也玄謂校疾也傳近也密審也正也人手操細以擊則疾操重以刺則正然則爲矜句兵堅者在後刺兵堅者在前○按古鮑反李又侯巧反傳音附下及注同操七曹反絞古飽反矜巨巾反下同 疏 注改句至在前○釋曰云改句言轂者上云句兵謂戈戟此經云轂是改句云轂以殳長丈二而無刃可以轂打人故云轂兵也云同強上下同也者謂本末及中央皆同堅勁故云同強也先鄭云校讀爲絞而婉之絞絞疾也者按昭元年號之會叔孫穆子見楚公子圍曰美矣君哉及退會子羽謂子皮曰叔孫絞而婉注云絞切也故讀從之取切疾之義也云然則爲矜句兵堅者在後者以句兵向後牽之故云堅者在後也云刺兵堅者在前者以向前推之故云堅者在前也言此者欲見句兵手執處欲得細細則手執之牢也刺兵執處欲得纔而勁則手穩也

凡爲殳。五分其長。以其

一為之被而圍之。參分其圍。去一以為晉圍。五分其晉圍。去一以為首圍。凡為酋矛。參分其長。二在前一在後而圍之。五分其圍。去一以為晉圍。參分其晉圍。去一以為刺圍。被把中也圍之圜之也大小未聞凡矜八觚鄭司農云晉謂矛戟下銅鐏也刺謂矛刃胷也玄謂晉讀如王搢大圭之搢矜所捷也首殳上鐏也為戈戟之矜所圍如殳夷矛如酋矛○被皮義反注同去起呂反下同晉如字又音箭把音霸鐏存悶反劉子悶反捷初洽反〔疏〕注被把至酋矛○釋曰凡為殳五分其長以其一為之被而圍之者殳長丈二尺五分取一則得二尺四寸為把處而圍之也參分其圍去一以為晉圍者後鄭云晉謂矜所捷也則殳於手把處亦有銅鐏擬捷地豎之言參分其圍去一以為晉圍又五分其晉圍去一以為首圍者鄭云圍之大小未聞則二者皆未知麤細也云首圍謂在上頭上頭宜稍細之也矛去刺圍者謂柄大刃處也云凡矜八觚者以經二者近手皆云圍之明不圍者為入觚也先鄭云刺謂矛刃胷也者人胷當前故以前為胷以其矛刃直前故名矛刃胷也玄謂晉讀如王搢大圭之搢者讀從典瑞云王搢大圭執鎮圭彼搢為插此晉亦插故從之是以云矜所捷也云首殳上鐏也者殳下有銅鐏取其入地此殳首無亦以上頭為首而稍細之以其似鐏故鄭云首殳上鐏也云為戈戟之矜所圍如殳者以其上文云句兵次云轂兵注云改句言轂容殳無刃此文即云殳以此互見言之足明戈戟之體與殳同也知夷矛與酋矛同者以其同是矛但長短為異故知體亦同也

凡試廬事。置而搖之。以眡其蜎也。灸諸牆以眡其橈之均也。橫而搖之。以眡其勁也。置猶樹也灸猶柱也以柱兩牆之間輓而內之本末勝負可知也正於牆牆歰○置如字李直吏反灸音救尌也音樹柱知主反下同輓音挽歰所立反本又作澀又作澁同〔疏〕注置猶至牆歰○釋曰此經有三事置而搖之謂豎之於地上以手搖之以眡其蜎蜎然均否灸諸牆謂柱之兩牆觀其體之強弱均否橫而搖之謂橫置於膝上以一手執一頭搖之以眡其堅勁以否也

六建既備。車不反覆。謂之國工。六建五兵與人也反覆猶軒輖○覆芳服反注同輖音周〔疏〕注六建至人也○釋曰知六建五兵與人者以其從上而下廬人所造有柄者戈戟殳與酋矛夷矛五兵而已接上車有六等除軫與人四兵此云六建建在車上明無軫自取人與五兵為六建可知也○

匠人建國。立王國若邦國者○〔疏〕注立王至國者○釋曰周禮單言國者據王國邦國連言據諸侯經既單言國鄭兼言邦國者以其下文有王及諸侯城制明此以王國為主其中兼諸侯邦國可知下文又有都城制則此亦兼都城也○

水地以縣。於四角立植而縣以水望其高下高下既定乃為位而平地○〔疏〕注於四至平地○釋曰此經說欲置國城先當以水平地欲高下四方皆平乃始營造城郭也云於四角立植而縣者植即柱也於造城之處四角立四柱而縣謂於柱四畔縣繩以正柱柱正然後去柱遠以水平之法遙望柱高下定即知地之高下然後平高就下地乃平也乃後行下以景正四方之事

置槷以縣。眡以景。故書槷或作弋杜子春云槷當為弋讀為杙玄謂槷古文臬假借字於所平之地中央樹八尺之臬以縣正之眡之以其景將以正四方也爾雅曰在牆者謂之杙在地者謂之臬○槷魚列反注臬同弋以職反下杙同劉杙音子則反○〔疏〕置槷至以景○釋曰此經說既得平地乃於中營治也云置槷者槷亦謂柱也云以縣者欲取柱之景先須柱正欲須柱正當以繩縣而垂之於柱之四角四中以八繩縣之其繩皆附柱則其柱正矣然後眡柱之景故云眡以景也○注故書至之臬○釋曰玄謂槷古文臬假借字者今之槷從木執聲之省者也古之槷為臬法字故尚書康誥云女陳時臬臬法字亦得為槷柱之字故云假借字也云於其所平之地中央樹八尺之臬以縣正之者天文志云夏日至立八尺之表通卦驗亦云立八神樹八尺之表故知樹八尺之臬臬即表也必八尺者按考靈曜日從上向下八萬里故以八尺為法也彼云八神此縣一也以於四角四中故須八神神即引也向下引而縣之故云神也云眡之以其景將以正四方也者即下云為規識日出日入之景是也引爾雅在牆者謂之杙在地者謂之臬者證此臬是在地樹之者也○

為規識日出之景與日入之景。日出日入之景其端則東西正也又為規以識之者為其難審也自日出而畫其景端以至日入既則為規測景兩端之內規之規之交乃審也度兩交之間中屈之以指臬則南北正○為其于偽反度待洛反〔疏〕注日出至北正○釋曰云日出日入之景其端則東西正也者謂於前平地之中央立表訖乃於日出之時畫記景之端於日入之時又畫記景以繩測景之兩端則東西正矣云又為規以識之者為其難審也者謂此經為規識日出與日入之景者為景兩端長短難審故為規規景也云自日出而畫其景端以至日入者還是景之兩端耳云既則為規測景兩端之內規之規交乃審也者謂於中臬以繩取景之兩端一市則景之遠近定遠近定則東西乃審云度兩交之間中屈之以指臬則南北正者兩交間正謂兩景端之半度景兩間中屈之以指臬則南北正必中屈之者於夏日至中漏半於臬南向北所度之處於東西景端亦相當故須中屈之也

晝參諸日中之景。夜考之極星。以正朝夕。日中之景最短者也極星謂北辰○朝如字○〔疏〕書參至朝夕○釋曰前經已正東西南北恐其不審猶更以此二者以正南北言朝夕即東西也南北正則東西亦正故兼言東西也○注日中至北辰○釋曰日中景最短者也者大司徒云日至之景尺有五寸以其日在上臨下故最短也云極星謂北辰者當夜半考之爾雅云北極謂之北辰辰時也天下取正焉故謂之北辰極中也以居天之中故謂之北極也○

匠人營國。方九里。旁三門。營謂丈尺其大小天子十二門通十二子〔疏〕匠人至三門○釋曰按典命云上公九命國家宮室車旗衣服禮儀以九為節侯伯子男已下皆依命數鄭云國家謂城方公之城蓋方九里侯伯七里子男五里并文王有聲詩箋差之天子當十二里此云九里者按下文有夏殷則此九里通異代也鄭異義駁或云周亦九里城則公七里侯伯五里子男三里不取典命等注由鄭兩解故義有異也疏備在典命也○注營謂至二子○釋曰云丈尺據高下而言云大小據遠近而說也云天子十二門以通十二子者按孝經援神契云天子即政置三公九卿二十七大夫八十一元士慎文命下各十二子如是甲乙丙丁之屬十日為母子丑寅卯等十二辰為子故王城面各三門以通十二子也

國中九經九緯。經涂九軌。國中城內也經緯謂涂也經緯之涂皆容方九軌軌謂轍廣乘車六尺六寸旁加七寸凡八尺是謂轍廣九軌積七十二尺則此涂十二步也旁加七寸者輻內二寸半輻廣三寸半綆三分寸之二金轄之間三分寸之一○涂音塗綆方穎反轄胡瞎反〔疏〕注國中至之一○釋曰言九經九緯者南北之道為經東西之道為緯王城面有三門門有三涂男子由右女子由左車從中央鄭云旁加七寸者輻內二寸半者計轂在輻內九寸有餘今言輻內有二寸半者不加與下覆轂者也

左祖右社。面朝後市。王宮所居也祖宗廟面猶鄉也王宮當中經之涂也○鄉許亮反○〔疏〕注王宮至涂也○釋曰言王宮所居也者謂經左右前後者據王宮所居處中而言之故云王宮所居也云王宮當中經之涂也者按祭義注云周尚左桓二年取郜大鼎納於大廟何休云質家右宗廟尚親文家左宗廟尚尊尊義與此合按劉向別錄云路寢在北堂之西社稷宗廟在路寢之西又云左明堂辟雍右宗廟社稷皆不西與禮合鄭皆不從之矣○

市朝一夫。方各百步〔疏〕注方各百步○釋曰按司市市有三朝摠於一市之上為之若市摠一夫之地則為大狹蓋市曹司次介次所居之處與天子二朝皆居一夫之地各方百步也

夏后氏世室。堂脩二七。廣四脩一。世室者宗廟也魯廟有世室牲有白牡此用先王之禮脩南北之深也夏度以步令堂脩十四步其廣益以四分脩之一則堂廣十七步半○〔疏〕注世室至步半○釋曰鄭云此用先王之禮者世室用此經夏法白牡用殷法皆是用先王之禮也云夏度以步者下文云三四步明此二七是十四步也云令堂脩十四步者言假令以此堂云二七約之知用步無正文故鄭以假令言之也知堂廣十七步半者以南北為脩十四步四分之取十二步益三步為十五步餘二步益半步為二步半添前十五步是十七步半也○

五室。三四步。四三尺。堂上為五室象五行也三四步室方也四三尺以益廣也木室於東北火室於東南金室於西南水室於西北其方皆三步其廣益之以三尺土室於中央方四步其廣益之以四尺此五室居堂南北六丈東西七丈〔疏〕注堂上至七丈○釋曰云五室象五行者以其宗廟制如明堂明堂之中有五天帝五人帝五人神之坐皆法五行故知五室象五行也東北之室言木東南之室言火西南之室言金西北之室言水五行先起東方故東北之室言木其實東北之室兼水矣東南之室兼木矣西南之室兼火矣西北之室兼金矣以其中央大室有四堂四角之室皆有堂故知義然也中央之室大一尺者以其在中號為大室故多一尺也云此五室居堂南北六丈東西七丈者以其大室居中四角之室皆於大室外接四角為之大室四步四角室各三步則南北三室十步故六丈東西三室六丈外加四三尺又一丈故七丈也○

九階。南面三三面各二○〔疏〕注南面三三面各二○釋曰按賈馬諸家皆以為九等階鄭不從者以周殷差之夏后氏宮室故一尺之堂為九等階於義不可故為旁九階也鄭知南面三階者見明堂位云三公中階之前北面東上諸侯之位阼階之東西面北上諸伯之國西階之西東面北上故知南面三階也知餘三面各二者大射禮云工人士與梓人升自北階文雜記云夫人至入自闈門

升自側階。奔喪云婦人奔喪升自東階。以此而言，四面有階可知。**四旁兩夾窻。**窻，助戶為明。每室四戶八窻。夾，古洽反，劉古協反。窻，初江反，一音怱。〔疏〕注窻助至八窻。釋曰：言四旁者，五室，室有四戶，四戶之旁皆有兩夾窻，則五室二十戶四十窻也。**白盛。**蜃灰也。盛之言成也。以蜃灰堊牆，所以飾成宮室。蜃，常軫反。堊，烏路反，又烏洛反。〔疏〕注蜃灰至宮室。釋曰：地官掌蜃掌供白盛之蜃，則此蜃灰出自掌蜃也。云以蜃灰堊牆者，爾雅云地謂之黝，牆謂之堊，即白蜃堊之，使壁白也。**門堂三之二。**門堂，門側之堂，取數於正堂。令堂如上制，則門堂南北九步二尺，東西十一步四尺。爾雅曰：門側之堂謂之塾。塾音孰，劉又音育。〔疏〕注門堂至之塾。釋曰：鄭云令堂如上制者，以上堂不言步，故此注亦云令，假令如上制，南北十四步，東西十七步半。今云三之二，謂三分取二分，以十四步取十二步，三分之得八步，二步為丈二尺，三分之得八尺，以六尺為一步，添前為九步，餘二尺，故云南北九步二尺也。云東西十一步四尺者，十七步半，以十五步得十步，餘二步半為丈五尺，三分之得一丈，以六尺為一步，餘四尺，添前為十一步四尺也。引爾雅門側之堂謂之塾者，證此經門堂為塾之義也。尚書顧命左塾右塾，亦此類也。**室三之一。**兩室與門各居一分。〔疏〕注兩室至一分。釋曰：此室即在門堂之上作之也。言各居一分者，謂兩室與門各居一分。鄭不言尺數，義可知，故略而不言也。**殷人重屋，堂脩七尋，堂崇三尺，四阿重屋。**重屋者，王宮正堂若大寢也。其脩七尋，五丈六尺，放夏周，則其廣九尋，七丈二尺也。五室各二尋。崇，高也。四阿，若今四柱屋。重屋，複笮也。重，直龍反，下及注同。放，方往反。復音福。笮，側白反。〔疏〕注重屋至笮也。釋曰：云王宮正堂若大寢也者，謂對燕寢側室非正，故以此為正堂大寢也。言放夏周者，夏在殷前，可得言放，其周在殷後，亦言放者，此非謂殷人放周而為之，鄭直據上文夏法、下文周法言放，猶言約夏周者也。雖言放夏周，經云堂脩七尋，則其廣九尋，若周言南北七筵，則東西九筵，是偏放周法而言放夏者，七九偏據周，夏后氏南北狹，東西長，亦是放之，故得兼言放夏也。云四阿若今四柱屋者，燕禮云設洗當東霤，則此四阿四霤者也。云重屋複笮也者，若明堂位云復廟重檐屋，鄭注云重檐，重承壁材也，則此複笮亦重承壁材，故謂之重屋。

周人明堂，度九尺之筵，東西九筵，南北七筵，堂崇一筵，五室，凡室二筵。明堂者，明政教之堂。周度以筵，亦王者相改。周堂高九尺，殷三尺，則夏一尺矣，相參之數。禹卑宮室，謂此一尺之堂與？此三者或舉宗廟，或舉王寢，或舉明堂，互言之，以明其同制。度九，劉直路反，戚待洛反，下及注同。禹卑，如字，劉音婢。與音餘。〔疏〕注明堂至同制。釋曰：此記人據周作說，故其文備於周而略於夏殷，是以下文皆據周而說也。以夏之世室，其室皆東西廣於南北也。周亦五室，直言凡室二筵，不言東西廣，鄭亦不言東西益廣，或五室皆方二筵，與夏異制也。若然，殷人重屋亦直云堂脩七尋，不言室。如鄭意，以夏周皆有五室十二堂，明殷亦五室十二堂。云明堂者明政教之堂者，以其於中聽朔，故以政教言之。明堂者，明諸侯之尊卑。孝經緯援神契云：得陽氣明朗，謂之明堂。以明堂義大，故所合理廣也。云周度以筵，亦王者相改者，對夏度以步，殷度以尋，是王者相改也。云周堂高九尺，殷三尺，則夏一尺矣者，夏無文，以後代文而漸高，則夏當一尺，故云相參之數。

禹卑宮室，謂此一尺之堂與，言與者，以無正文，故言與以疑之也。云此三者或舉宗廟，或舉王寢，或舉明堂，互言之以明其同制者，互言之者，夏舉宗廟，則王寢、明堂亦與宗廟同制也；殷舉王寢，則宗廟、明堂亦與王寢同制也；周舉明堂，則宗廟、王寢亦與明堂制同也。云其同制者，謂當代三者其制同，非謂三代制同也。若然，周人殯於西階之上，王寢與明堂同，則南北七筵，惟有六十三尺，三室居六筵，南北共有一筵，一面惟有四尺半，何得容殯者？按晉傳云：周人路寢南北七雉，東西九雉，室居二雉，則三室之外，南北各有半雉，雉長三丈，則各有一丈五尺，足容殯矣。若然，云同制者，直制法同，無妨大矣。據周而言，則夏殷王寢亦制同而大可知也。**室中度以几，堂上度以筵，宮中度以尋，野度以步，涂度以軌。**周文者，各因物宜為之數。室中，舉謂四壁之內。〔疏〕注周文至之內。釋曰：云周文者，各因物宜為之數者，對殷已上質，夏度以步，殷度以尋，無異稱也。因物宜者，謂室中坐時馮几，堂上行禮用筵，宮中合院之內，無几無筵，故用手之尋也。在野論里數，皆以步，故用步。涂有三道，車從中央，故用車之軌。是因物所宜也。云室中舉謂四壁之內者，對宮中是合院之內。依爾宮猶室，室猶宮者，是散文宮室通也。**廟門容大扃七个。**大扃，牛鼎之扃，長三尺。每扃為一个，七个，二丈一尺。扃，古熒反。个，古賀反，注及下同。〔疏〕注大扃至一尺。釋曰：知大扃牛鼎之扃長三尺者，此約漢禮器制度。**闈門容小扃參个。**廟中之門曰闈。小扃，膷鼎之扃，長二尺。參个，六尺。闈音韋，劉音暉。膷音香。〔疏〕注廟中至六尺。釋曰：云廟中之門曰闈門者，爾雅文。此即雜記云夫人至入自闈門是也。云小扃膷鼎之扃長二尺者，亦漢禮器制度知之。膷鼎亦牛鼎，但上牛鼎扃長三尺，據正鼎而言；此言膷鼎，據陪鼎三膷臐膮而說也。**路門不容乘車之五个。**路門者，大寢之門。乘車廣六尺六寸，五个，三丈三尺。言不容者，是兩門乃容之。兩門乃容之，則此門半之，丈六尺五寸。〔疏〕注路門至五寸。釋曰：下云應門，則此路門，以近路寢，故特小為之。經言乘車，據輿廣六尺六寸者，按輿人云輪崇、車廣、衡長參如一，鄭注云車，輿也，故知此云車亦據輿也。云言不容者，是兩門乃容之者，若容兩个、三个、四个，正應云容乘車之兩个、三个、四个，若四个上復有餘分，應云四个，然後見其分數多少。今直云不容乘車之五个，明兩門乃容之，猶如上文云中地食者，其民可任者二家五人之類也。**應門二徹參个。**正門謂之應門，謂朝門也。二徹之內八尺，三个二丈四尺。〔疏〕注正門至四尺。釋曰：云正門謂之應門者，爾雅文。以其應門內、路門外有正朝，臣入應門至朝處，君臣正治之所，故謂此門為應門，是以鄭云謂朝門也。**內有九室，九嬪居之。外有九室，九卿朝焉。**內，路寢之裏也。外，路門之表也。九室，如今朝堂諸曹治事處。九嬪掌婦學之法，以教九御。六卿三孤為九卿。〔疏〕注內路至九卿。釋曰：內外據路寢之表裏言之，則九卿之九室在門外正朝之左右為之，故鄭據漢法朝堂諸曹治事處，謂正朝之左右為廬舍者也。云九嬪掌婦學之法以教九御者，九嬪職文。按內宰，王有六宮，九嬪已下分居之，若然，不得復分居九室矣。此九嬪之九室，與九卿九室相對而言之，九卿九室是治事之處，則九嬪九室亦是治事之處，故與六宮不同，是以鄭引九嬪職掌婦學之法，則九室是教九御之所也。云六卿三孤

為九卿，孤同卿數者，以命數同故也。按昏義以夏之九卿，謂三孤與六卿為九，此云九卿，亦謂周之三孤六卿為九卿。**九分其國，以為九分，九卿治之。**九分其國，分國之職也。三孤佐三公論道，六卿治六官之屬。〔疏〕注九分至之屬。釋曰：云九分其國分國之職也者，鄭恐九分其國分其地域，故云分國之職也。云三孤佐三公論道，六卿治六官之屬者，欲見分職為九分之意。以其三公三孤無正職，天地四時正職，六卿治之，其餘非正職者，分為三分，三公治之，三孤則佐三公者也。但三公中參六官之事，外與六卿之教。書傳又云司徒公、司馬公、司空公，則三公六卿亦有職。此亦據夏而言，周則未見分為九分也。**王宮門阿之制五雉，宮隅之制七雉，城隅之制九雉。**阿，棟也。宮隅、城隅，謂角浮思也。雉長三丈，高一丈。度高以高，度廣以廣。浮思，並如字，本或作罘罳，同。高，一古報反，後放此。度，待洛反，下同。〔疏〕注阿棟至以廣。釋曰：云王宮門阿之制五雉者，五雉謂高五丈。云宮隅之制七雉者，七雉亦謂高七丈，不言宮牆，宮牆亦高五丈也。云城隅之制九雉者，九雉亦謂高九丈，不言城身，城身宜七丈。云阿棟也者，謂門之屋兩下為之，其脊高五丈。鄭以浮思解隅者，按漢時云東闕浮思災，言災則浮思者小樓也。按明堂位云疏屏，注亦云今浮思也，刻之為雲氣蟲獸，如今闕上為之矣，則門屏有屋覆之，與城隅及闕皆有浮思，刻畫為雲氣并蟲獸者也。云雉長三丈，高一丈，度高以高，度廣以廣者，凡版廣二尺，公羊云五版為堵，高一丈，五堵為雉。書傳云雉長三丈，度高以高，度長以長，廣則長也。言高一雉則一丈，言長一雉則三丈。引之者，證經五雉、七雉、九雉皆為丈之義。**經涂九軌，環涂七軌，野涂五軌。**廣狹之差也。故書環或作轘，杜子春云當為環。環涂謂環城之道。環，如字，劉戶串反。轘，戶關反。〔疏〕注廣狹至之道。釋曰：環涂謂遶城道，如環然，故謂之環也。野涂，國外謂之野，通至二百里內。以其下有都之涂三軌，言都則三百里大夫家涂亦三軌也，故知此野通二百里內也。不言緯者，以與經同也。**門阿之制，以為都城之制。**都，四百里外距五百里，王子弟所封。其城隅高五丈，宮隅、門阿皆三丈。〔疏〕注都四至三丈。釋曰：鄭云都四百里外距五百里王子弟所封者，則推據大都而言，不通小都，入卿之采地。以司裘諸侯共熊侯、豹侯，卿大夫共麋侯，則卿不入諸侯中。此云都，按諸侯而言，故不及小都也。大都，諸侯兼三公，直云王子弟，其言略，兼有三公可知。云城隅高五丈者，以上文王門阿五雉，今云門阿之制為都城制，城隅制五雉，若據城身，與下諸侯同，故知此城制據城隅也。云宮隅、門阿皆三丈者，則以下文畿外諸侯尊，得申為臺門，高五丈，此畿內屈，故宮隅、門阿皆三丈也。**宮隅之制，以為諸侯之城制。**諸侯畿以外也。其城隅制高七丈，宮隅、門阿皆五丈。禮器曰：天子諸侯臺門。〔疏〕注諸侯至臺門。釋曰：鄭知諸侯畿以外者，上文都據畿內諸侯，故知此諸侯據畿以外也。引禮器者，欲見諸侯門阿得與天子同之意也。按異義，古周禮說云：天子城高七雉，隅高九雉；公之城高五雉，隅高七雉；侯伯之城高三雉，隅高五雉；都城之高，皆如子男之城高。隱元年服注云與古周禮說同。其天子及公，此與匠人同；其侯伯以下，與此匠人說異者，此匠人云門阿之制以為都城之制，高五雉，亦謂城隅也，其城高三雉，與侯伯等。如是，子男豈不如都乎？明子男城亦與伯等，是以周禮說不云子男及都

城之高直云都城之高皆如子男之城高有此匠人相參以知子男皆爲本耳亦互相曉明子男之城不止高一丈隅二丈而已如是王宮隅之制以爲諸侯城制者惟謂上公耳以此計之王城隅高九雉城高七雉上公之城隅高七雉城高五雉侯伯已下城隅高五雉城高三雉天子門阿五雉則宮亦五雉其隅七雉上公之制鄭云宮隅門阿皆五雉則其宮亦五雉都之制鄭云宮隅門阿皆三雉則其宮高亦三雉何者天子雉門阿與宮等明知其餘皆等惟伯子男宮與都等其門阿蓋高於宮當如天子五雉何者禮器云天子諸侯臺門大夫不臺門以此觀之天子五等諸侯其門阿皆五雉可知都城據大都而言其小都及家之城都當約中五之一家當小九之一爲差降之數未聞也環涂以爲諸侯經涂。野涂以爲都經涂。經亦謂城中道諸侯環涂五軌其野涂及都環涂野涂皆三軌〔疏〕注經亦至三軌。釋曰諸侯直云經涂不言緯涂緯涂亦與天子環涂同可知諸侯及都皆不言環涂野涂文略有可知故鄭增成之也知諸侯環涂五軌野涂三軌者以經涂七軌以下差降爲之故知義然也又知都環涂野涂皆三軌者此涂皆男子由右女由左車從中央三者各一軌則都之野涂不得降爲一軌是以遂人注云路容三軌遥釋此也云都之野涂與環涂同以其野涂不得上於田間川上之路故也

周禮注疏卷四十一挍勘記　阮元撰盧宣旬摘錄

附釋音周禮注疏卷第四十一

冬官考工記下

玉人

天子執冒　說文瑁諸侯執圭朝天子天子執玉以冒之似犂冠周禮曰天子執瑁四寸从玉冒冒亦聲古文省作瑁然則周禮冒字本從玉作瑁

侯用瓚伯用將　釋文將如字劉音陽說文瓚三玉二石也从玉贊聲禮天子用全純玉也上公用駹四玉一石侯用瓚伯用埒玉石半相埒也許氏讀龍爲駹與司農同疑今本埒作將有誤埒亦有雜義故鄭云皆雜名也

瓚讀爲饡屦之屦龍瓚將　葉鈔釋文讀饡之然反疏云瓚讀饡屦之屦者皆無爲字今本有者衍文龍當作尨司農云龍當爲尨尨謂雜色可證

石方寸重六兩　監本寸誤十六誤大

不可强記也　浦鏜云記當說字訛

杼上終葵首　說文玉部珽字下作抒上終葵首。按今說文从手乃从木之誤耳韻書杼从木直呂切抒从手神與切字有定音釋文於此曰直呂反則其字必從木也

杼閷也　釋文閷也色界反殺字之異者本或作殺下取殺文同按周禮經作閷注當用殺字下文注中取殺殺文皆不作閷也今此諸本皆作閷蓋淺人援釋文本改之。按閷字說見下弓人

於中漏半夏至日表北尺五寸景　閩監毛本北誤此浦鏜云晝誤中

凡圭玉上寸半　作王誤岳本玉作瑑是也下玉半以上及大璋中璋節牙璋中璋節注同

鼻寸衡四寸　余本同唐石經諸本鼻作鼻嘉靖本注中鼻鼻錯見監本四誤西

下有盤徑一尺　浦鏜云盤下脫口

則大祝用事焉　閩本同監毛本祝誤祀

執以覜聘用圭璋　浦鏜云當疊聘字

量自是升斛之名　閩本同監毛本升作斗

邸謂之柢　釋文柢音帝劉作枑戶古反按邸謂之柢爾雅釋器文劉本作枑字形之訛

若天地自用黃琮　浦鏜云大誤天

尺相對爲僢也　惠挍本尺作足此誤

云棗栗十有二列　閩監毛本依經改棗㮚非疏用栗字下並同

磬氏

按樂云磬前長三律　浦鏜云三禮圖作樂經云黃鍾磬前長三律

直取從此已下爲易計　閩本同監毛本已改以

已下則摩其耑　唐石經諸本同釋文耑本或作端按經當用耑字。按依說文則耑爲肇耑字端爲端正字

矢人

司弓矢職茀當爲殺　漢讀考云當字衍文下殺矢七分注同

謂箭稾中鐵莖　余本嘉靖本閩監本同釋文亦作稾中毛本作槀。按从禾者是

明據稱量得訂而言之　惠挍本無而此衍

此上既言鍭矢　閩本同監毛本鍭誤鏃

故破此茀爲殺也先鄭云　惠挍本同此本先誤矢閩監毛本遂作矢移於也上誤甚今訂正

數不當應　閩監毛本作相應

頃若少疾　盧文弨曰若疑苦之訛非也

殺矢七分　諸本同唐石經缺釋文殺作閷云依注爲茀按經當作閷此因注云殺爲茀遂改殺也。按作殺自可不必畫一

參分其長而殺其一　唐石經余本嘉靖本同閩監毛本殺作閷蓋據釋文本所改按古經當皆作閷字今本多易爲殺矣釋文云而閷本又作殺注下同可證石經考文提要云矢人一官殺矢豐殺鴻殺俱不作閷宋本

九經宋纂圖互注本宋附釋音本皆作瑑

以其笥厚爲之羽深　唐石經諸本同誤也漢讀考笥作笴注同云矢幹曰稾曲竹捕魚曰笱蕭豪尤侯合音最近故易字而云笥者古文假借字若如今經作笥本訓矢幹何必易爲稾而云古文假借乎

按槀人注　惠挍本作稾人。按从禾是也

故書惲或作但　中故書作但也今本但皆作但非當據釋文訂正禮說作古書惲或作但按莊子大宗師篇子來將死妻子環泣子犁往問之曰叱避無怛化言死猶化勿驚怛之義引考工記注爲證廣雅怛懼皆訓驚按莊子釋文无怛丁達反司農從故書作怛惠棟禮說不誤也據此知司農音假借耳

翔迴顧也　浦鏜云迴顧當從集注本作迴旋按集注妄改古注而浦鏜反信之集迴顧謂矢行倒回若云迴旋則是矢行盤屈處圓恐無是也

今人以指夾矢擲衛是也　閩本同余本嘉靖本監毛本擲作儛

橈搦其幹　余本嘉靖本同閩監毛本搦作揬誤釋文搦女角反亦從手。按說文手部搦按也

欲生而搏　唐石經余本嘉靖本閩本同監毛本搏誤摶注疏及下同

生謂無瑕蠹也　余本嘉靖本同閩監毛本蠹作蠧非疏同

陶人

甗無底甑　監本甗誤甗余本底誤底

鬲讀爲斛鬲受三斗　漢讀考云讀爲斛當本是或爲斛司農因正之云斛受三豆是人之文也聘禮有斛謂十斗曰斛也此分別鬲斛之解正經鬲或爲斛之誤轉寫鳥或誤讀豆字誤斗字

旊人　余本嘉靖本監本同唐石經閩毛本旊誤旅釋文作旊。按旊从瓦方聲

以天地之性　補各本以下有象字此脫

墾薜暴不入市　余本嘉靖本閩本同唐石經監毛本作墾薜暴即暴之訛漢讀考云集韻四覺引周禮墾薜暴據釋文也說文本無墾字豕部曰豤齧也凡齧物必用力頓傷

薜讀爲藥黃蘗之蘗　監本作黃蘗之蘗當據正此及諸本皆誤疏同漢讀考作讀如。按當依說文作檗黃木也俗字加艸頭

膞讀如車輇之輇　監本膞誤膊

封膊其側 釋文封本又作樹。按說文封立也與樹異義

以儗度端其器也 余本嘉靖本閩本同監毛本儗改擬閩本疏同按釋文作儗度。按依說文則擬度字从手儗字从人

梓人爲筍虡 唐石經諸本同釋文爲簨本又作筍

筍讀爲竹筍之筍 漢讀考作讀如

謂虎豹貔螭 余本嘉靖本同閩監毛本螭改貔按釋文亦作螭

鱗龍蛇之屬 余本嘉靖本閩本同監毛本蛇作虵下同此又誤蝕

卻行 唐石經余本嘉靖本同閩監毛本卻誤郤注及疏同

以胷鳴者 唐石經余本嘉靖本同閩監毛本胷誤胷注中毛本作胷閩監本作肓釋文胷鳴本亦作骨又作肎干本作骨賈馬作胃劉本作胷音卤經義雜記曰說文蟷大龜也以胃鳴者爾雅釋文引字林云蟷大龜以胃鳴本說文也許叔重學於賈景伯故從賈說作胃沈重云作胷爲得賈疏云不如作胷皆據鄭本也

或爲筍虡訖 惠挍本訖作設此誤今正

螾衍入耳 閩監本同毛本依今本爾雅改螾衍非釋文引爾雅亦作衍從虫者俗字

云仄行蟹屬者 閩監毛本蟹改蠏非。按說文作蠏

以其側行故也 惠挍本側作仄

謂之羸屬 監本羸誤贏

燿讀爲哨 禮說云馬融廣成頌曰鷙鳥毅蟲倨牙黔口大匈哨後康成讀從之本其師說也

頎小也 余本閩監毛本同嘉靖本頎作頃按釋文作頃小云音傾字一音懇則今本作頎非釋曰云燿讀爲哨頎小也者哨與頎皆是少小之義故云哨頎小也則頎小也上當疊一哨字此脫賈疏本蓋作頎。按頃是頎非也頃同傾言傾側而小也作頎則無義李音懇是李本作頎也頃不得音懇

宏讀爲紘綖之紘 此讀爲疑當作讀如然禮記月令注亦云閎讀爲紘詳漢讀攷

故書顅或作牼 說文顅頭鬢少髮也从頁肩聲周禮數目顅脰按許君所據經字與鄭君同義則與司農合

牼讀爲爲鬜頭 補各本爲字不重

云顅長脰貌者 閩監毛本脫云閩本後擠補監本顅誤顧

先鄭云讀爲鬜頭無髮之鬜者 閩本先上衍。監毛本作牼

時俗有以無髮爲鬜 惠挍本作時世。按說文鬜鬢禿也賈何不引之

几攫閷援簭之類 唐石經余本嘉靖本同余本載音義攫作玃葉鈔釋文閩毛本簭作簭監本作簭皆

訛

必深其爪 監毛本爪誤瓜疏同

此說鍾虡云之獸 浦鏜云云當衍字

劉元以爲於義無所取 惠挍本元作炫

當爲頯頯音壼讀之 閩本同音壼亦小字分注監毛本改大字雜入疏語中非毛本壼作壺誤釋文頯劉音古本反。按釋文所引劉昌宗古本反古當是苦之譌

以似爲發 諸本同按以此注改字例言之應云似當爲發此因賈疏有先鄭以似爲發之言而據以易注誤甚以者賈疏目先鄭言之也若謂司農自言以非辭矣。按此語自後鄭目先鄭言之也

先鄭云以似爲發者 惠挍本同誤也閩監本云字空缺知其誤衍而刊落之也至毛本則直作先鄭以似爲發

以似非直實 按直爲真之誤

則必頯爾如委矣苟頯爾如委 余本閩監本同釋文頯爾葉鈔本作頯會唐石經兩頯字皆先作頯後改頯嘉靖本監本上作頯下作頯統言之則此經頯本作頯矣。按頯者正頯者俗字

其匪色必似不鳴矣 唐石經諸本同漢讀考云云似鳴形容未盡故改發鳴此節本云其匪色必不似鳴今本似不鳴誤

梓人爲飲器

勺尊升也 漢讀考作尊斗也云斗與枓同說文枓勺也今本作尊升誤魏晉人書斗字多作升故易訛

觶字角旁友 經義雜記作角旁支云舊訛友今改正字林觶音支本此漢讀考作角旁辰云作友蓋誤角旁辰字見說文

寡聞觚 閩監本同毛本觚作觗經義雜記作觗云舊訛觚依燕禮疏改正

豆當爲斗 經義雜記云儀禮燕禮疏引此經又曰鄭引南郡太守馬季長云觚當爲觶豆當爲斗此脫觚當爲觶四字。按此不脫各順其文理也

梓人爲侯

鄉射記文鄉侯五十弓 浦鏜云文當云字訛

亦與飾侯用皮同也 惠挍本閩本同監毛本飾誤作

賓射射之所掌是也 浦鏜云人誤之

讀若齊人擠幹之幹 閩監本擠誤懠

上个七丈二尺 毛本二誤三疏中監本亦誤

是幹爲擠骨 閩本同監毛本擠作脊是也

縜寸焉 唐石經諸本同釋文縜于貧反或尤紛反劉侯犬反一音古犬反經義雜記曰于貧尤紛兩反皆員聲字作縜侯犬古犬兩反皆肙聲字作絹儀鄉射禮乃張侯下綱不及地武疏引此文作絹寸焉然說文云縜持綱紐也从系員聲周禮曰縜寸則綱紐字員聲爲正絹爲綸如麥稍義別劉昌宗音侯犬反儀禮疏作絹非也

綱所以繫侯於植者也上下皆出舌一尋者 監本綱誤網尋誤事

植則在兩旁邪豎之也 毛本豎誤竪俗字

下个半上个 閩本同監毛本下个誤箇

若與羣臣閒暇飲酒而射 余本岳本閩本同嘉靖本監毛本無閒暇二字按賈疏引注亦無此二字又云若與羣臣飲酒者君臣閒暇無事而飲酒則閒暇二字係疏語誤入鄭注本無嘉靖本是也

毋或若女不寧侯不屬于王所故抗而射女 說文矢部矦字下偁其祝曰毋若不寧侯不朝于王所故伉而射汝。按此注云或有也屬猶朝會也許氏蓋以義引之非經本文大戴記投壺作嗟爾不寧侯不朝於王所故亢而射女

詒女曾孫諸侯百福 唐石經諸本同釋文詒女曾孫葉鈔本無女字蓋誤脫也注云曾孫諸侯謂女後世爲諸侯者是經本有女字毋或若女不寧侯故抗而射女此二女目不寧侯也惟若寧侯詒女曾孫諸侯此二女目寧侯也注云若猶女也經意雖各有屬固無妨同言女矣

盧人

皆約上文車有六等之數 監本車誤章

句兵欲無彈 唐石經諸本同說文僤疾也从人單聲周禮曰句兵欲無僤蓋故書作但今書作僤皆從人旁因鄭司農讀僤爲彈丸之彈淺人遂援以改經矣當據說文正之

句兵椑 監本椑誤裨

椑讀爲鼓鼙之鼙 漢讀考云當作讀如

謂若井中蟲蜎之蜎 漢讀考作謂若井中蟲蜎蜎云各本衍一之字按賈疏云井中有蟲蜎蜎擾擾然也蓋賈本注作蟲蜎蜎今疏引注語亦有之字

齊人謂柯斧柄爲椑 漢讀考作齊人謂柯爲椑云今本衍斧柄二字蓋或箋於旁因誤入也

以戈有胡子 子爲孑之訛

向外爲磬折人胡 浦鏜云人當入字誤

校讀爲絞而婉之絞 賈疏引先鄭注此下有絞疾也三字云讀從之取切疾之義疾也蓋切也之誤

讀如王搢大圭之搢漢讀考搢皆作晉

矛去剌圍者閩本同誤也當從監毛本去作云

灸諸牆唐石經余本嘉靖本毛本同監本灸誤炙注同釋文灸諸音救按說文久从後灸之象人兩脛後有距也周禮曰久諸牆以觀其橈然則故書本作久字今本作灸蓋從漢儒傳讀之本耳九經古義云既夕木桁久之注云久當爲灸士喪禮冪用疏布久之注云久讀爲灸是久爲古文灸也

置猶樹也嘉靖本樹作尌釋文尌也音樹

匠人建國

置槷以縣閩監本同誤也唐石經余本嘉靖本毛本槷皆作槷當據正注及疏同釋文置槷魚列反注臬同

從木執聲之省者也閩監本同毛本執誤埶

其端則東西正也岳本則作在

規之交乃審也此本及閩本疏中引注作規交乃審也之字蓋涉上衍

兩端一帀監本帀誤巾

於夏日至中漏半浦鏜云晝訛中

日中景最短者也者當作云日中之景最短者也者脫之字

匠人營國

是謂轍廣○閩監毛本同誤也余本嘉靖本謂作爲當據正按說文無轍當作徹

左明堂辟雍閩監毛本雍改廱非

與天子二朝浦鏜云三誤二

堂脩二七唐石經余本嘉靖本閩本同監毛本脩改修下及注疏同

知用步無正文此本無字實缺閩監毛本作非誤今據惠挍宋本補正

堂上爲五室監本堂誤堂不成字

三四步室方也浦鏜云集注本方作深是也下方四步亦作深○按集注誤也下文云其方皆三步承此而言

四角之室皆有堂惠挍本閩本同監毛本堂誤室

夏后氏宮室閩本同監毛本后氏作人畢

四旁兩夾窻唐石經余本嘉靖本同閩監毛本窻改窗注及疏同按釋文亦作窻

若今四柱屋閩監毛本同誤也余本宋本嘉靖本柱作注此本疏中亦作四注當據正按漢制考載此作注又引上林賦高廊四注證之

重屋複笮也余本嘉靖本毛本同釋文亦作複笮此本疏中作復笮閩監本及漢制考同按復古複字賈疏本蓋作復

云重屋復笮也者閩本同監毛本復改複下則此復笮同

重檐重承壁材也閩本同監毛本壁誤璧下同

故所合理廣也盧文弨曰合疑含之誤

廟門容大扃七个說文鼎部云鼏以木橫貫鼎耳而舉之从鼎冂聲周禮廟門容大鼏七箇卽易玉鉉大吉也又金部云鉉舉鼎具也易謂之鉉禮謂之鼏與鼎部說同禮謂周禮也儀禮士冠禮士昏禮設扃鼏注皆云今文扃爲鉉是古文作扃今本作鉉也周禮當亦故書作扃借用戶扃字漢儒讀作鼏爲正字鄭君於二禮皆用古文故與許不同

廟中之門曰闈通考闈下有門賈疏引注云廟中之門曰闈門音今本脫下門字當據補○按爾雅曰宮中之門謂之闈

謂角浮思也釋文浮思並如字本或作罘罳同

鄭以浮思解隅者惠挍本閩本同監毛本解改釋

直云王子其言略浦鏜云王子下當脫弟

附釋音周禮注疏卷第四十二

鄭氏注　賈公彥疏

匠人爲溝洫。主通利田間之水道。○洫況域反【疏】注主通至水道○釋曰古者人耕皆畎上種穀畎遂溝洫之間通水故知通利田間水道此文與下爲目下別爲之耳　耜廣五寸。二耜爲耦。一耦之伐。廣尺深尺謂之畎。田首倍之。廣二尺深二尺謂之遂。古者耜一金兩人併發之其壟中曰畎畎上曰伐伐之言發也畎畎也今之耜岐頭兩金象古之耦也田一夫之所佃百畝方百步地遂者夫間小溝遂上亦有徑○畎古犬反隧音遂本又作遂併步頂反畎古犬反與畎同古今字也劉古善反佃音田又音電【疏】耜廣至之遂○釋曰云耜爲耒頭金金廣五寸耒面謂之庇庇亦當廣五寸云二耜爲耦者二人各執一耜若長沮桀溺耦而耕此兩人耕爲耦共一尺一尺深者謂之畎畎上高土謂之伐伐發也以發土於上故名伐也此二人雖共發一尺之地未必並發知者孔子使子路問津於長沮長沮不對又問桀溺若並頭共發不應別問桀溺明前後不並可知雖有前後其畎自得一尺不假要並也○注古者至有徑○釋曰鄭云古者耜一金者對後代耜岐頭二金者云兩人併發之者謂共爲一畎謂二人並頭也云今之耜岐頭者至後漢用牛耕種故有岐頭兩脚耜今之猶然也但以牛種用二耜則畎下布種與古異也云田一夫之所佃百畝方百步地者遂人云夫一廛田百畝彼雖爲溝洫法一夫夫則與此同也云遂者夫間小溝遂上亦有徑者按遂人云夫間有遂遂上有徑彼溝洫法此井田法雖不同遂在夫間遂上有徑則同故云亦有徑也按彼鄭云以南畝圖之遂縱溝橫洫縱澮橫九澮而川周其外以彼遂在夫間故以南畝遂則縱矣此井田云田首倍之爲遂以南畝圖之遂即橫也　九夫爲井。井間廣四尺。深四尺。謂之溝。方十里爲成。成間廣八尺。深八尺。謂之洫。方百里爲同。同間廣二尋。深二仞。謂之澮。此畿內采地之制九夫爲井井者方一里九夫所治之田也采地制井田異於鄉遂及公邑三夫爲屋屋具也一井之中三屋九夫三三相具以出賦稅共治溝也方十里爲成成中容一甸甸方八里出田稅緣邊一里治洫方百里爲同同中容四都六十四成方八十里出田稅緣邊十里治澮采地者在三百里四百里五百里之中載師職曰園廛二十而一近郊什一遠郊二十而三甸稍縣都皆無過十二謂田稅也皆就夫稅之輕近重遠耳滕文公問爲國於孟子孟子曰夏后氏五十而貢殷人七十而助周人百畝而徹其實皆什一徹者徹也助者藉也龍子曰治地莫善於助莫不善於貢貢者校數歲之中以爲常文公又問井田孟子曰請野九一而助國中什一使自賦卿以下必有圭田圭田五十畝餘夫二十五畝死徙無出鄉鄉田同井出入相友守望相助疾病相扶持則百姓親睦方里而井井九百畝其中爲公田八家皆私百畝同養公田公事畢然後治私事所以別野人也又曰詩云雨我公田遂及我私惟助爲有公田由此觀之雖周亦助也魯哀公問於有若曰年饑用不足如之何有若對曰盍徹與曰二吾猶不足如之何其徹也春秋宣十五年秋初稅畝傳曰非禮

也穀出不過藉以豐財也此數者世人謂之錯而疑焉以載師職及司馬法論之周制畿內用夏之貢法稅夫無公田以詩春秋論語孟子論之周制邦國用殷之助法制公田不稅夫貢者自治其所受田貢其稅穀莇者借民之力以治公田又使收斂焉畿內用貢法者鄉遂及公邑之吏旦夕從民事為其促之以公使不得恤其私邦國用莇法者諸侯專一國之政為其貪暴稅民無藝周之畿內稅有輕重諸侯謂之徹者通其率以什一為正孟子云野九夫而稅一國中什一是邦國亦異外內之法耳圭之言珪絜也周謂之士田鄭司農說以春秋傳曰有田一成又曰列國一同○切音刃澮古外反塵直連反莇音助按音教數色主反下此數者同別彼列反雨于付反徹與音徐為其于偽反下為其為此同執音藝率音律又音類下同〔疏〕九夫至之澮○釋曰井田之法畎縱遂橫溝縱洫橫澮縱自然川橫其夫間縱者分夫間之界耳無遂其遂注溝溝注入洫洫注入澮澮注自然入川此圖略舉一成於一角以三隅反之一同可見矣遂人云夫間有遂以南畝圖之則遂縱而溝橫此不云夫間有遂云田首倍之謂之遂遂則橫而溝縱也自餘洫澮川依此遂溝縱橫參之可知但彼云九澮而川周其外川則人造之此百里有澮澮水注入川相去遠故宜為自然川也自畎遂溝洫皆廣深等其澮廣二尋深二刃若以孔安國入尺曰刃則澮亦廣深等但度廣以尋度深以刃故別言之若王肅依爾雅四尺曰刃深二刃八尺與廣二尋不類鄭以刃七尺淺於廣二尋二尺者以涂為大故宜淺按二尺與溝洫不得相類也○注此畿至一同○釋曰云此畿內采地之制者對畿外諸侯亦制井田與此同云九夫為井井者方一里九夫所治之田也者小司徒注似井字也云采地制井田異於鄉遂及公邑者按遂人云夫間有遂十夫有溝百夫有洫千夫有澮萬夫有川方三十三里少半里九而方一同以南畝圖之遂縱溝橫洫縱澮橫九澮而川周其外若以九而方一同則百里之內九九八十一澮此井田則一同惟一澮既溝澮稀稠不同又彼溝洫法以為貢子就夫稅之十一而貢此則九夫為井井稅一夫美惡取於此不稅民之所自治是溝洫井田異也小司徒注不云異於公邑者據遂人成文此兼云公邑者據事實而說云三夫為屋屋具也一井之中三屋九夫三三相具以出賦稅共治溝也者一井有九夫據南畝言之則三夫並一屋而三夫相具以出賦稅并相具共治溝以言三屋共一井井間有溝故共治溝也云方十里為成成中容一甸甸方八里出田稅緣邊一里治洫者司馬法有二法有甸方八里出長轂一乘又有成方十里出長轂一乘言甸者據實出稅者而言云成者據通治溝洫而說為有二種故鄭細分計之八里為甸出田稅緣邊一里并之則二里治洫以成間有洫故使共治洫也云方百里為同同中容四都六十四成者此據小司徒而言彼經四縣為都注云方四十里四都方八十里旁加十里乃得方百里為一同今言六十四成者據出田稅者言之故云方八十里出田稅緣邊十里治澮也云采地者在三百里四百里五百里之中者據載師職而言按彼云家邑任稍地小都任縣地大都任畺地是三百里外至畿五百里內言此者欲見三者采地之中有此井田助法又引載師職國廛之下者欲見鄉遂及公邑之等為溝洫貢子法與采地井田異云輕近重遠耳者彼注云近者多役故輕稅也滕文公問孟子為國已下至以為常皆孟子對文公之辭自文公又問井田已下至雖周亦助按彼是文公使畢戰問今以為文公問者畢戰文公臣君統臣功亦得為文公問也云夏后氏五十而貢殷人七十而助周人百畝而徹其實皆什一徹者徹也助者藉也者並孟子對文公之辭按彼趙岐

注夏禹之世號后氏后君也禹受禪於君故夏稱后殷周順人心而征伐故言人也民耕五十畝貢上五畝耕七十畝以七畝助公家耕百畝者徹取十畝以為賦雖異名而多少同故曰皆什一也徹猶人徹取物藉者借也猶人相借助之者或有解者云三代受地多少應同今云夏后氏五十而貢殷人七十周人百畝者據地有不易一易再易并六遂上地不易加五十畝有四等據按地之法夏言五十而貢者據一易之地家得二百畝常佃百畝荒百畝其佃百畝常稅之據二百畝為稅百畝為五十而貢殷人七十而助者據六遂上地百畝有萊五十畝而言百五十畝稅一百畝猶五畝稅七十五畝舉全數言之故云七十畝而助也周人百畝而徹者據上地不易者而言百畝全稅之故云百畝而徹也夏據一易之地亦有上地不易上地加五十畝者殷據上地如萊則亦有一易及上地無萊者也周言百畝而徹則亦有上地有萊及一易者也三代皆不言再易三百畝者明皆有可知以其云貢貢子無助法殷人云助稅并無貢法周人云徹貢助兼有也云龍子曰治地莫善于助莫不善于貢貢者校數歲之中以為常者按彼趙岐注龍子古賢人也言治地之賦無善於助者也貢者校數歲以為常類而上之民供奉之有易有不易故謂貢為莫不善之也孟子本為莫不善於貢今注有無不字者益轉寫脫耳文公又問按彼文公使畢戰問孟子孟子對此辭上文公捲問為國之法故對助貢兼有此問并田之法孟子云請野九一而助國中什一使自賦者彼注云九一者井田以九頃為數而供什一郊野之賦也助者殷家稅名周亦用之龍子所謂善於助者也時諸侯不行助法國中什一者周禮園廛二十而稅一時行重賦責之什一也而如也自從也孟子欲請使野人如助法什一而稅之國中從其本賦二十而稅一以寬之又云卿以下必有圭田圭田五十畝餘夫二十五畝注云古者卿以下至於士皆受圭田五十畝所以供祭祀圭絜也士田故謂之圭田所謂惟士無田則亦不祭言絲士無絜田也井田之民養公田者受百畝圭田半之故五十畝餘夫者一家一夫受田其餘老小有餘力者受二十五畝半於圭田謂之餘夫也受田者田業多少有上中下周禮曰餘夫亦如之亦如上中下之制也王制曰夫圭田無征謂餘夫圭田皆不出征賦時無圭田餘夫孟子欲令復古所以重祭祀利民之道也云死徙無出鄉注云死謂葬也徙謂變土易居平肥磽也不出其鄉易為功云鄉田同井出入相友守望相助疾病相扶持則百姓親睦注云同鄉之田共井之家各相勞也出入相友相友偶也周禮大宰八曰友以任得民守望相助助察姦也疾病相扶持扶持其贏弱也救其困急皆所以教民相親睦之道睦和也但鄉遂為溝洫法而云鄉田同井者此謂殷之助法雖鄉亦為井田故云鄉田同井以其孟子雜說三代故也云方里而井九百畝其中為公田八家皆私百畝同養公田公事畢然後治私事所以別野人也注云方一里者九百畝之地也為一井八家各私得百畝同共養其公田之苗公田八十畝其餘二十畝以為廬宅園圃家二畝半也先公後私遂及我私之義也則是野人之事所以別於士伍者也鄭所引孟子證井田之法則卿已下必有圭田及餘夫其文既間在井田之中則二者亦為井田之法故引之也云又曰詩曰至亦助也按彼是上文孟子對滕文公為國之法今退在此者詩是周井田之法故引之在下也云雖周亦助者是周兼夏殷莇貢也云魯哀公論語文按彼注二謂十二而稅但哀公已行十二而稅有若亦知哀公十二故抑之使從十一之正而云盍徹盍何不也徹通也謂十一之通稅哀公憂國有若憂民故也春秋譏宣公欲厚斂棄中央一夫之公田就八家之私田以取之故

譏厚斂也云穀出不過藉者藉即借也借民力所治公田是也云此數者世人謂之錯者論語孟子春秋與詩文義不同故世人謂之錯而疑焉云以載師職及司馬法論之周制畿內用夏之貢法稅夫無公田者以世人疑之為錯故鄭以諸文辨之按載師職云從國中園廛二十而一及甸稍縣都無過十二皆據鄉遂及四等公邑皆用夏之貢法云司馬法者辨左氏杜服所引司馬法云甸方八里出長轂一乘鄭注論語引司馬法云成方十里出長轂一乘鄭注小司徒引司馬法成方十里士十人徒二十人並據郊遂之外及采地法未見鄭所引證周之畿內之事而云以司馬法論必論周之畿內用夏之貢法者但彼司馬法必論周之畿內用夏之貢法非鄭虛言但餘儕所不見耳云以詩春秋論語孟子論之周制邦國用殷之助法制公田不稅夫者詩云雨我公田公田是助法春秋初稅畝亦是助法論語云盍徹乎徹是天下之通法亦助法也孟子答畢戰井田引詩為證亦周之助法故摠云助法不稅夫也云貢者自治其所受田貢其稅穀助者借民之力以治公田者鄭重釋夏貢殷助之事皆取孟子為義也云畿內用貢法者至恤其私者鄉遂公邑之內皆鄰里比間等治民之官旦夕從民事因此促之使先治公田故不得恤其私故為貢法不得有公田也云邦國用助法諸侯專一國之政為其貪暴稅民無藝者藝謂準法宣公初稅畝就井田上取民之所自治況為貢法有何準法故為井田不為貢也周之畿內稅有輕重者鄭云近者多役故輕其稅云諸侯謂之徹者通其事以什一為正者謂郊外用助郊內用貢故引孟子云野九夫而稅一國中什一此云野九夫而稅一即彼云請野九一而助此云國中什一即彼云國中什一使自賦云九一而助者一井九夫之地四面八家各自治一夫中央一夫八家各治十畝八家治八十畝入公餘二十畝八家各得二畝半以為廬宅井竈葱韭是十外稅一也國內據民任在城中其地即在郊內郊外鄉遂之民為溝洫為貢法言十一亦十外稅一者也漢書食貨志既有井田饒民二畝半之事是以宋均注樂緯何休注公羊趙岐孟子皆饒民詩云倬彼甫田歲取十千鄭云井稅一夫其田百畝通稅十夫其田千畝成稅百夫其田萬畝不言饑民者以經云歲取十千校一成之內舉全數而言鄭亦順經從整數而說其實與諸家不殊也云邦國亦異外內者上云畿內畿外據天子摠天下大判而言此既引孟子野與國中不同是細而分之邦國亦倣天子異外內也云圭之言珪絜也者謂有珪絜之德也云周謂之士田者即載師云士田也先鄭引春秋有田一成事在哀元年彼夏后相為澆所滅其子少康奔虞思為庖正有田一成有衆一旅據一成之地有九百夫官室塗巷三分去一餘六百夫上地家百畝中地家二百畝下地家三百畝通率三家受六夫之地則一成六百夫定受地有三百家而云有衆一旅五百家者據上地多家亦多也又曰列國一同者事在襄二十五年彼鄭子產適晉獻捷晉人責之何故侵小子產對曰昔天子之地一圻列國一同自是以衰今大國多數圻矣若無侵小何以至焉是也引之者證經成與同之事也貢稅之法古來皆什一故孟子說三代而云其實皆什一是以公羊傳云古者什一而藉多乎什一大桀小桀注云奢泰多取於民比於桀也寡乎什一大貉小貉注云蠻貉無社稷宗廟百官制度之費稅薄什一者天下之中正也什一而行頌聲作矣注云聖人制井田之法而口分之一夫一婦受田百畝以養父母妻子五口為一家公田十畝即所謂什一而稅也廬舍二畝半凡為田頃十畝半八家而九頃共為一井故曰井田孟子又云白圭曰吾欲二十而取一何如孟子曰子之道貉道也欲輕之於堯舜之道者大貉小貉也

欲重之於堯舜之道者大桀小桀也率指言先王按典籍萬世可通什一供貢下富上尊若然自古以來貢與助皆不得過什一者也

專達於川。各載其名。達猶至也謂澮直至於川復無所注入載其名者識水所從出〔疏〕注達猶至從出○釋曰上澮水所入更無注入故云專至於川云識水所從出者據澮水出注入川處諸澮既多當各記水所出之處著其名使人言有所稱謂者也

凡天下之地埶。兩山之間。必有川焉。大川之上。必有涂焉。通其壅塞○壅於勇反〔疏〕注通其壅塞○釋曰此言同間有澮澮水入川其川是自然而有又非平地而出必因山間有之又大川不可輒越巡川必當有涂地勢然也言通其壅塞者川與涂皆是通其壅塞也

凡溝逆地阞。謂之不行。水屬不理孫。謂之不行。溝謂造溝阞謂脉理屬讀爲注孫順也不行謂決溢也禹鑿龍門播九河爲此逆阞與不理孫也○阞音勒屬讀爲注之樹反理孫音遜注同〔疏〕注溝謂至孫也○釋曰經言凡溝注云謂造溝則此溝非謂廣深四尺其田間者下云梢溝三十里而廣倍當是人所造溝瀆引水者故此鄭引鑿龍門播九河爲證既不得逆地阞不理遜水不行當依地阞理順行水乃可爲之川也禹鑿龍門播九河事見尚書禹貢

梢溝三十里而廣倍。謂不墾地之溝也鄭司農云梢讀爲桑螵蛸之蛸蛸謂水漱齧之溝故三十里而廣倍○梢劉音蕭注蛸一音色交反螵婢遙反〔疏〕注謂不至廣倍○釋曰此溝雖是不墾地之溝與上異亦是非田間者也必使三十里得廣倍者亦謂地勢而爲之使水梢溝故得三十里而廣倍也先鄭云梢讀爲桑螵蛸之蛸謂水漱齧之溝上云梢其藪亦讀從螵蛸之蛸同是梢齧之義故同讀從之也

凡行奠水。磬折以參伍。坎爲弓輪水行欲紆曲也鄭司農云奠讀爲停謂行停水溝形當如磬直行三折行五以引水者疾焉○奠音亭折之設反後放此〔疏〕注坎爲至疾焉○釋曰言凡行停水者水去遲似停住止由川直故也是以曲爲因其曲勢則水去疾是以爲磬折以參伍也云坎爲弓輪者說卦文謂坎所以行水如弓輪則水疾故云行水欲紆曲也

欲爲淵。則句於矩。大曲則流轉流轉則其下成淵〔疏〕注大曲至成淵○釋曰凡川溝欲得使敎淵之深當句曲於矩使水勢到向上句曲尺則爲迴湪自然深爲淵驗今皆然也

凡溝必因水埶。防必因地埶。善溝者水漱之。善防者水淫之。漱猶齧也鄭司農云淫讀爲廞謂水淤泥土留著助之爲厚玄謂淫讀爲淫液之淫○漱色救反前注同廞許金反淤於據反著直略反液音亦〔疏〕注漱謂至之淫○釋曰先鄭讀淫爲廞者周禮之內云廞者先鄭皆爲淫淫爲陳故此讀淫爲廞先鄭餘處淫廞既爲陳於此不得爲淤泥解之故後鄭不從也是以後鄭以淫液之淫爲義謂以淤泥淫液使厚也

凡爲防。廣與崇方。其閷參分去一。崇高也方猶等也閷者薄其上○閷色界反劉又色例反注下同去起呂反〔疏〕注崇高至其上○釋曰凡爲堤防言廣與高等者假令堤高丈二尺下基亦廣丈二尺云其閷參分去一者三四十二上宜廣八尺者也

大防外閷。又薄其上厚其下〔疏〕注又薄至其下釋曰此文承上參分去一而云外閷故云又薄其上厚其下雖不知尺數但知三分去一之外更去也

凡溝防。必一日先深之以爲式。程人功也溝防爲溝爲防也〔疏〕注程人至防也○釋曰程人功者將欲造溝防先以人數一日之中所作尺數是程人功法式後則以此功程賦其丈尺步數言深者謂深淺尺數故下云已爲式然後可以傳衆力傳謂付之

里爲式。然後可以傳衆力。里讀爲已聲之誤也○里音以傳音附〔疏〕注里讀至誤也○釋曰必破里爲已者里則於義無取爲已則於義合故從已也

凡任索約。大汲其版。謂之無任。故書汲作汲杜子春云當爲汲玄謂約縮也汲引也築防若牆者以繩縮其版大引之言版橈也版橈築之則鼓土不堅矣詩云其繩則直縮版以載又曰約之格格椓之槖槖○格音各椓丁角反槖音託〔疏〕注故書至槖槖○釋曰引詩云其繩則直縮版以載者此大雅緜之篇文也又曰約之格格椓之槖槖者謂斯干美宣王之詩言築室百堵之時有此約椓之事彼注云格猶歷歷也槖槖用力也引之者證索約亦繩縮之事也

葺屋參分。瓦屋四分。各分其脩以其一爲峻○葺七入反劉音集又子入反〔疏〕注各分至爲峻○釋曰葺屋謂草屋草屋宜峻於瓦屋云各分其脩以其一爲峻者按上堂脩二七言之則此注脩亦謂東西爲屋則三分南北之間尺數取一以爲峻假令南北丈二尺草屋三分取四尺爲峻瓦屋四分取三尺爲峻也

囷窌倉城。逆牆六分。逆猶卻也築此四者六分其高卻一分以爲閷囷圜倉穿地曰窌○囷丘貧反窌劉古孝反依字當爲窖作窌假借也〔疏〕注逆猶至曰窌○釋曰地上爲之方曰倉圜曰囷穿地曰窌卻牆六分者六分其高去一以爲閷假令高丈二尺下厚四尺則於上去二尺爲閷上惟二尺其囷倉城地上爲之須爲此殺其窌入地亦爲此閷者雖入地口宜寬則牢固也

堂涂十有二分。謂階前若今令甓祴也分其督旁之脩以一分爲峻也爾雅曰當涂謂之陳○令音零甓薄歷反爾雅云瓴甋謂之甓郭璞云今甎甋祴音階〔疏〕注謂階至之陳○釋曰鄭云若今令甓祴也者漢時名堂涂爲令甓祴令辟則今之塼也祴則塼道者也云分其督旁之脩者名中央爲督督者所以督率兩旁脩謂兩旁上下之尺數假令兩旁上下尺二寸則取一寸於中央爲峻峻者取水兩向流去故也引爾雅者釋宮文即詩云彼何人斯胡逝我陳涉堂涂引之證陳與此堂涂爲一也

竇。其崇三尺。宮中水道○竇音豆〔疏〕注宮中水道○釋曰言爲竇通水高不得適此按禮記儒行云華門圭竇則此竇一也

牆厚三尺。崇三之。高厚以是爲率足以相勝○勝音升〔疏〕注高厚至相勝釋曰云高厚以是爲率者高恒兩倍於厚不要厚三尺高九尺假令厚六尺高丈八尺皆依此法故云以是爲率足以相勝也

車人之事。半矩謂之宣。矩法也所法者人也人長八尺而大節三頭也腹也脛也以三通率之則矩二尺六寸三分寸之二頭髮皓落曰宣半矩尺三寸三分寸之一人頭之長也柯欘之木頭取名焉易巽爲宣髮○之宣如字本或作寡亦作宣脛戶定反皓胡老反本或作顥音同劉作皓音灰柯古阿反〔疏〕注矩法至宣髮○釋曰言車人之事謂車人爲造車之事此與下爲揔目也云半矩謂之宣者以下文取此宣爲尺度故先定宣之長短如上十分寸之一謂之枚之類也一知所法者人也者以易云巽爲宣髮則人頭名宣又見下云一柯有半謂之磬折以與人帶已下四尺半爲磬折同故知法人也人長八尺已下鄭欲推出宣之長短之數以人長八尺三分之六尺各得二尺其二尺又取尺八三分之各得六寸又以二寸寸爲三分爲六分二三分之各三分寸之二故云頭也腹也脛也以三通率之則二尺六寸三分寸之二也云頭髮皓落曰宣者以得謂宣去之義人髮皓白則落墮故云此者解頭各宜意也云半矩尺三寸三分寸之一人頭之長也者矩既二尺六寸取三分寸之二故減半爲人頭之長有此數也云柯欘之木頭取名焉者下云一宣有半謂之欘一欘有半謂之柯柯欘皆從宣上取數故云云頭取名焉猶言取名於頭也云易曰巽爲宣髮者按說卦云其於人爲宣髮注宣髮取四月靡草死髮在人體猶靡草在地今易文不作宣作寡者蓋宣寡義得兩通故鄭爲宣不作寡也引之者證宣爲頭意也

一宣有半謂之欘。欘斲木柄長二尺爾雅曰句欘謂之定○欘張玉郭云斫也句音劬又音俱定丁甯反或如字〔疏〕注欘斲至之定○釋曰一宣有半得長二尺者以一宣尺三寸三分寸之一取半添之一尺得五寸三寸每寸三分得九分并前一分爲十分取半得五分三分爲一寸餘二分揔爲六寸二分寸之二添前尺三寸三分寸之一爲二尺也斲斤即爾雅句一也彼云句欘謂之定故知此欘斲斤柄也

一欘有半謂之柯。伐木之柯柄長三尺詩云伐柯伐柯其則不遠鄭司農云蒼頡篇有柯欘〔疏〕注伐木至柯欘○釋曰知長三尺者以其欘長二尺云一欘有半故知三尺引詩者伐柯詩之文也先鄭引蒼頡者蒼頡造文字有篇名蒼頡云柯欘並是柄也

一柯有半謂之磬折。人帶以下四尺五寸磬折立則上俛玉藻曰三分帶下紳居二焉紳長三尺○俛音免〔疏〕注人帶至三尺○釋曰此據人之所立磬折之儀以上有宣及欘柯之長短故因解之立磬折淺深也又下文造耒亦以磬折之故云之也云一柯有半謂之磬折據紳帶以下而言也引玉藻者按彼子游曰參分帶下紳居二焉鄭注云三分帶下而三尺則帶高於中也以其人長八尺中則四尺今云三分帶下紳居二分明帶上有一分上三尺半是帶下有四尺半可知也

車人爲耒。庛長尺有一寸。中直者三尺有三寸。上句者二尺有二寸。鄭司農云耒謂耕耒庛讀爲其頹有疵之疵謂耒下岐玄謂庛讀爲棘刺之刺刺耒下前曲接耜○耒力對反劉音誄或良水反庛音刺七賜反李又似斯反頹疵似斯反〔疏〕車人至二寸○釋曰此車人既爲車因使爲耒之田器也庛者耒之面但耒狀若今之曲杴柄也面長尺有一寸云中直者謂手執處爲句故謂庛上句下爲中直者三尺有三寸也句者謂人手執之處二尺有二寸也○注鄭司至接耜○釋曰先鄭云庛讀爲其頹有疵之疵者俗人謂頹頟之上有疵病故從之也云謂耒下岐者古法耒下惟一金不岐頭先鄭云耒下岐據漢法而言其實古者耜不岐頭是以後鄭上注亦云今之耜岐頭明古者耜無岐頭也玄謂庛讀爲棘刺之刺者以其入地故讀從刺也云刺耒下前曲接耜者耜謂耒頭金故云下前曲接耜者也

自其庛。緣其外。以至於首。以弦其內。六尺有六寸。與步相中也。緣外六尺有六寸內弦六尺應一步之尺數耕者以田器爲度宜耜異材不在數中○緣如字沈悅

戰反中如字又丁仲反應應對之應〔疏〕自其至中也○釋曰云自其庛緣其外以至於首者據庛下至手執句者逐曲量之云以弦其內者據庛面至句下望直量之故云以弦其內謂上下兩曲之內云六尺有六寸與步相中也者言逐曲之外有六尺六寸今弦其內與步相中應也謂正與步相應應一步之尺數云耕者以田器爲度宜者在野度以步以人步或大或小恐其不平故以六尺之耒以代步以量地也云耜異材不在數中者未知耜金廣狹要耒自長六尺不通耜若量地時脫去耜而用之也

堅地欲直庛。柔地欲句庛。直庛則利推。句庛則利發。倨句磬折。謂之中地。中地之耒其庛與直者如磬折則調矣調則弦六尺○推如字李湯雷反〔疏〕堅地至中地○釋曰此直庛及句庛皆不六尺之度惟中地之耒合磬折者乃六尺之度故鄭云中地之耒其庛與直者如磬折則調矣調者謂弦六尺則餘句直者不合六尺可知也

車人爲車。柯長三尺。博三寸。厚一寸有半。五分其長。以其一爲之首。首六寸謂今剛關頭斧柯其柄也鄭司農云柯長三尺謂斧柯因以爲度〔疏〕車人至之首○釋曰此車人謂造車之事凡造作皆用斧因以量物故先論斧柯長短及刃之大小也○注首六至爲度○釋曰云謂今剛關頭斧者漢時斧近刃皆以剛鐵爲之又以柄關孔即今亦然故舉漢法爲說也

轂長半柯。其圍一柯有半。大車轂徑尺五寸〔疏〕注大車至五寸○釋曰鄭知此是大車者此論載輻牙下柏車別論轂輻牙又柏車轂長以行山此車轂短以行澤故知此是大車平地載任者也鄭知徑尺五寸者以其圍一柯有半四尺半圍三徑一故知徑一尺五寸也

輻長一柯有半。其博三寸。厚三之一。輻厚一寸也故書博或爲搏杜子春云當爲博○搏徒九反

渠二柯者三。渠二丈七尺謂罔也其徑九尺鄭司農云渠謂車輮所謂牙○牙五嫁反李五家反下同本或作迓〔疏〕注渠二至謂牙○釋曰云渠二丈七尺者按上輻長一柯有半兩兩相對則九尺尚有轂空壺中於二丈七尺不合者云輻長一柯有半兩相九尺者通計轂而言其實輻無一柯有半也云所謂牙者謂下文云牙圍也

行澤者欲短轂。行山者欲長轂。短轂則利。長轂則安。澤泥苦其大安山險苦其大動○大音泰又菟餓反下同〔疏〕行澤至則安○釋曰此揔言大車柏車所利之事以大車在平地并行澤柏車山行各有所宜也○注澤泥至大動○釋曰此釋長轂安短轂危之事

行澤者反輮。行山者仄輮。反輮則易。仄輮則完。故書仄爲側鄭司農云反輮謂輪輮反其木裏需者在外澤地多泥柔也側當爲仄山地剛多沙石玄謂反輮爲泥之黏欲得心在外滑仄輮爲沙石破碎之欲得表裏相依堅刃○輮人九反劉音柔仄音側易以豉反需者人充反爲泥于僞反下同〔疏〕行澤至則完○釋曰此經言車牙所宜外內堅濡之事○注故書至堅刃○釋曰此注後鄭增成先鄭之義言仄柔者堅者在外柔者在內以其取堅刃相成故也

六分其輪崇。以其一爲之牙圍。輪高輪轂也牙圍尺五寸〔疏〕注輪高至五寸○釋曰輪崇九尺六尺得一尺三尺得五寸故尺五寸也

柏車轂長一柯。其圍二柯。其輻一柯。其渠二柯者三。五分其輪崇。以其一爲之牙圍。柏車山車輪高六尺牙圍尺二寸〔疏〕柏車至牙圍○釋曰此柏車山行故轂長輪崇又下皆欲取安故也其輻一柯其渠二柯者三者兩輻相對六尺渠圍二柯者三圍丈八尺亦謂通轂空壺中并數而言也○注柏車至二寸○釋曰柏車山車對大車爲平地之車也牙圍尺二寸者以其輪崇六尺五分取一五尺取一尺一尺取二寸故尺二寸也

大車崇三柯。綆寸。牝服二柯。有參分柯之二。大車平地載任之車轂長半柯者也綆輪箄牝服長八尺謂較也鄭司農云牝服謂連箱服讀爲負○綆方潁反牝步忍反又扶死反李扶細反服音負詩音如字箄薄歷反較音角〔疏〕注大車至爲負○釋曰云大車平地載任之車轂長半柯者也以其上文云轂長半柯不言車名故云轂長半柯者也云綆輪箄者謂輪之四面外一寸則安言牝服者謂車較即今人謂之平鬲皆有孔內軨子於其中而又向下服故謂之牝服也是以先鄭云牝服謂車箱服讀爲負以衆軨所依負然也

羊車二柯。有參分柯之一。鄭司農云羊車謂車羊門也玄謂羊善也善車若今定張車較長七尺〔疏〕注鄭司至七尺○釋曰先鄭云羊車謂車羊門也者其言無所當故後鄭易之也後鄭云羊善也善車若今定張車雖舉當時漢法以曉人漢世去今久遠亦未知定張車將何所用但知在宮內所用故差小爲之謂之羊車也按此羊車較長七尺下柏車較長六尺則羊車大矣而論語謂大[illegible]羊車者以柏車皆說轂輻牙惟羊車不言[illegible]柏車較雖短轂輻牙則長羊車較雖長轂輻牙則小故得小車之名也

柏車二柯。較六尺也柏車輪崇六尺其綆大半寸○〔疏〕注較六至半[illegible]車輪崇六尺其綆大半寸知者以大車輪[illegible]柏車輪崇六尺三分減一明柏車輪崇六[illegible]亦宜三分減一[illegible]半寸也

凡爲轅三。其輪崇。參分其長。二在前。一在後。以鑿其鉤。徹廣六尺。鬲長六尺。鄭司農云鉤鉤心鬲謂轅端厭牛領[illegible]沈於革反劉音隔厭於甲反〔疏〕凡爲至[illegible]爲轅者言凡語廣則柏車大車羊車皆在[illegible]其轅當各自三其輪崇假令柏車輪崇六[illegible]尺大車輪崇九尺三之爲轅二丈七尺但[illegible]亦三之以爲轅也徹廣六尺者不與四馬[illegible]長六尺者以其兩轅一牛在轅內故狹四[illegible]者以其一轅兩服馬在轅外故鬲長也

弓人爲弓。取六材必以其時。取幹以冬取角以秋絲漆以夏筋膠未聞〔疏〕注[illegible]曰鄭知取幹以冬者見山虞云仲冬[illegible]木二時俱得斬但冬時尤善故月令仲冬[illegible]竹箭注云堅成之極時是知冬善於夏故[illegible]角以秋者下云秋殺者厚故知用秋也絲漆以夏者夏時絲孰夏漆尤良故知也筋膠未聞必知六材據此六者皆依下文而說也

六材既聚。巧者和之。聚猶具也○聚似主反〔疏〕六材至和之○釋曰爲弓須此六材故云聚巧者即此弓人之工者也和之謂春液角夏治筋之類也

幹也者。以爲遠也。角也者。以爲疾也。筋也者。以爲深也。膠也者。以爲和也。絲也者。以爲固也。漆也者。以爲受霜露也。六材之力相得而足〔疏〕注六材至而足○釋曰此一經主論六材在弓各有所用六材相得乃可爲足也

凡取幹之道七。柘爲上。檍次之。檿桑次之。橘次之。木瓜次之。荊次之。竹爲下。鄭司農云檍讀爲億萬之億爾雅曰杻檍又曰檿桑山桑國語曰檿弧箕箙○檍於力反一音意劉又烏克反檿烏簟反杻女丑反箙音服○〔疏〕凡取至爲下○釋曰此經說弓幹善惡者也○注鄭司至箕箙○釋曰引國語者彼爲幽王寵褒姒以至亡國故彼云檿弧箕箙實亡周國也

凡相幹。欲赤黑而陽聲。赤黑則鄉心。陽聲則遠根。陽猶清也木之類近根者奴○相息亮反下同鄉許亮反遠于万反下遠於同近附近之近○〔疏〕注陽猶至者奴○釋曰此經說相幹善惡之法

凡析幹。射遠者用埶。射深者用直。鄭司農云埶謂形埶假令木性自曲則當反其曲以爲弓故曰審曲面埶玄謂曲埶則宜薄薄則力少直則可厚厚則力多○射食亦反下同〔疏〕注鄭司至力多○釋曰此注說弓力多少之事凡析幹射遠者用埶者弓弱則宜射遠謂若夾庾之類射深者用直者弓直則宜射深謂若王弧之類也此注後鄭增成先鄭之義先鄭惟見隨木形埶而用之後鄭則論厚薄力多少之法也二鄭相兼乃具

居幹之道。菑栗不迆。則弓不發。鄭司農云菑讀爲不菑而畬之菑栗讀爲榛栗之栗謂以鋸副之迆讀爲倚移從風之移謂邪行絕理者弓發之所從起玄謂栗讀爲裂繻之裂○菑側冀反又側其反沈子與反劉音廁栗音烈李又如字迆羊氏反不菑側其反畬音餘鋸音據副普逼反析星歷反倚於綺反移羊氏反下同邪似嗟反繻音需○〔疏〕注鄭司至之裂○釋曰居謂居處解析弓幹之法但菑栗皆謂以鋸剖析弓幹之時不邪迆失理則弓後不發傷也先鄭云菑讀爲不菑而畬之菑禮記坊記云不菑畬此菑即耕故爾雅云田一歲曰菑二歲曰新田三歲曰畬取此菑之義也云栗讀爲榛栗之栗者詩云樹之榛栗者亦取破之義迆讀爲倚移從風之移讀從司馬相如上林賦云倚移從風玄謂栗讀爲裂繻之裂者讀從春秋左氏傳紀裂繻來逆女彼裂繻字子帛則爲裂者云衣義隱元年亦與先鄭大同皆取破義但從裂繻之裂勝從栗以其栗是栗栗堅硬之意於破義爲疏故從裂也

凡相角。秋犅者厚。春犅者薄。穉牛之角直而澤。老牛之角紾而昔。鄭司農云紾讀爲抮縛之抮昔讀爲交錯之錯謂牛角觕理錯也玄謂昔讀履錯然之錯○犅色界反劉色例反下同紾劉徒展反許慎尚展反又徒展反與注抮縛之抮同角絞縛之意昔七各反下同抮縛並

與紾同縛又徒轉反閷才苦反又七奴反錯七各反李云鄭且若反〔疏〕注鄭司至之錯○釋曰上文已言幹訖至此更宜相角但以秋對春以稱對老而言之秋閷者厚謂角厚肉少春閷者薄謂角薄肉多稱生之角直而澤謂角直而潤澤老牛之角紾而錯者紾謂理麤錯然不潤澤也先鄭云紾讀爲抮縛之抮者未知讀從何文蓋從俗讀云昔讀爲交錯之錯者讀從詩獻酬交錯玄謂昔讀履錯然之錯者讀從復卦爻辭疢疾險中。牛有久病則角裹傷〔疏〕注牛有至裹傷○釋曰以疢疾爲久病故云牛有久病險傷也中即裹謂角裹傷也瘠牛之角無澤。少潤氣○瘠在亦反〔疏〕瘠牛之角無澤○釋曰上云疢疾謂久病即此云瘠者惟瘦瘠非病角則無潤澤也角欲青白而豐末。豐大也〔疏〕注豐大也○釋曰凡牛角善者按下注云本白中青末豐夫角之末。蹙於剫而休於氣。是故柔。柔故欲其埶也。白也者。埶之徵也。蹙近也休讀爲煦鄭司農云欲其形之自曲反以爲弓玄謂色白則埶○夫音扶下皆同蹙於予六反注同李又音促又且六反剫乃老反李又作腦休音煦下同煦況付反劉音休下同〔疏〕注蹙近至則埶○釋曰此說角之埶也言角之本近於剫得和煦之氣於剫是故柔柔故欲其形之自曲反是爲埶也然可以爲弓夫角色白者則埶之徵驗也夫角之中。恒當弓之畏。畏也者必橈。橈故欲其堅也。青也者。堅之徵也。故書畏作威杜子春云當爲威威謂弓淵角之中央與淵相當玄謂畏讀如秦師入隈之隈○畏烏回反下同〔疏〕注故書至之隈○釋曰此說角之堅也子春從故書威後鄭不從而爲隈者威謂威儀不得爲曲中故從隈爲曲隈之義按僖二十五年秋秦晉伐鄀秦人過析隈鄭以爲入隈夫角之末。遠於剫而不休於氣。是故脃。脃故欲其柔也。豐末也者。柔之徵也。末之大者剫氣及煦之○脃七歲反〔疏〕注末之至煦之○釋曰此說角欲豐末之意云角之末遠於剫而不休於氣是故脃脃故欲其柔也豐末也者柔之徵也則末不豐者脃末豐則柔柔則不脃可知故鄭云末之大者剫氣及煦之角長二尺有五寸。三色不失理。謂之牛戴牛。三色本白中青末豐鄭司農云牛戴牛角直一牛凡相膠。欲朱色而昔。昔也者。深瑕而澤。紾而摶廉。摶圜也廉瑕嚴利也○摶徒丸反〔疏〕角長至摶廉○釋曰上已相幹角次及相膠此云欲朱色按下鹿膠青白已下惟牛膠火赤自餘非純赤則牛膠爲善矣紾而摶廉者謂有紾理而摶圜又廉瑕嚴利○注摶圜至利也○釋曰膠之性段段皆摶圜也廉瑕二者俱是嚴利之狀鹿膠青白。馬膠赤白。牛膠火赤。鼠膠黑。魚膠餌。犀膠黃。皆謂煮用其皮或用角餌色如餌〔疏〕注皆謂至如餌○釋曰云煮用其皮或用角者經惟鹿用皮亦用角今人鹿猶用角自餘皆用皮云餌色如餌者時有餌之色故從之也凡昵之類不能方。鄭司農云謂膠善戾故書昵或作樴

杜子春云樴讀爲不義不昵之昵或爲䵒䵒黏也玄謂樴脂膏膱敗之膱膱亦黏也○昵女乙反又音職樴音職䵒女乙反爾雅云膠也劉沈並音刃膱音職呂沈云膏敗也〔疏〕注鄭司至黏也○釋曰子春云不義不昵者按隱元年鄭大叔段爲不義莊公曰不義不昵厚將崩彼不昵爲不親兄則昵爲親近不相捨離後鄭以爲還從古書樴音故轉爲脂膏敗膱之膱若今人頭髮有脂膏者則謂之膱膱亦黏也凡相筋。欲小簡而長。大結而澤。小簡而長。大結而澤。則其爲獸必剽。以爲弓。則豈異於其獸。剽疾也鄭司農云簡讀爲擱然登陴之擱玄謂讀如簡札之簡謂筋條也○剽芳妙反戚芳昭反或扶名反後同擱下板反或胡簡反陴婢支反劉蒲佳反又房卑反〔疏〕凡相至其獸○釋曰上已相角膠次及相筋言此筋之獸剽疾爲弓亦剽疾故云豈異於其獸也○注剽疾至條也○釋曰先鄭云簡讀爲擱然登陴之擱者讀從左氏傳也義無所取玄謂讀如簡札之簡謂筋條也竹簡一片爲一札此筋條亦有簡別故讀從之也筋欲敝之敝。鄭司農云嚼之當孰○敝婢世反徐扶哲反嚼才略反〔疏〕注鄭司至當孰○釋曰筋之椎打嚼齧欲得勞敝故云嚼之當孰也漆欲測。鄭司農云測讀爲惻隱之惻玄謂惻讀如測度之測測猶清也○隱本或作憶同度徒洛反〔疏〕漆欲測○釋曰先鄭云測讀爲惻隱之惻此惻隱爲痛切義非漆之善狀故後鄭以爲測度之測測清也從水義取漆爲良也絲欲沈。如在水中時色〔疏〕注如在水中時色○釋曰言絲欲沈則據乾燥時色還如在水湅之色故云如在水中時色得此六材之全。然後可以爲良。全無瑕病良善也〔疏〕注全無至善也○釋曰全無瑕病者幹角膠筋漆絲六材皆令善而無瑕病然後爲善也凡爲弓。冬析幹而春液角。夏治筋。秋合三材。三材膠絲漆鄭司農云液讀爲醳○液音亦下同醳音亦劉沈音釋下同〔疏〕注三材至爲醳○釋曰凡治弓材各於其時言秋合三材膠漆絲則幹角筋須三材乃合則秋是作弓之時故至冬寒而定體也鄭知三材是膠漆絲者以經既言幹角及筋六材之中惟少膠漆絲故知三材謂此也先鄭液讀爲醳者醳是醳酒之醳亦是漬液之義故讀從之也寒奠體。奠讀爲定至冬膠堅內之槷中定往來體○奠讀爲定下同槷音臬〔疏〕注奠讀至來體○釋曰槷謂弓極至寒膠堅而牢故內之槷中定往來體則六弓往體來體多少者是也冰析灂。大寒中下於槷中復內之○灂子召反復扶又反〔疏〕注大寒至內之○釋曰十二月小寒節大寒中是冰盛之時故以大寒解冰也云下於槷中復內之者謂復加上寒奠體內之於槷中相似但上內爲定體而內此爲析灂而內之所爲有異故別言也冬析幹則易。理滑致○易以豉反致直致反下言致同〔疏〕冬析幹則易○釋曰自此已下重釋上文各以其時之意春液角則合。合讀爲治夏治筋則不煩。煩亂秋合三材則合。合堅密也寒奠體則張不流。流猶移也〔疏〕注流猶移也○釋曰體既定則後用時雖張不流移謂不失往來之體也冰析灂則審環。審猶定也〔疏〕注審

猶定也○釋曰納之槷中析其漆灂其漆之灂環則定後不鼓動故冰析之也春被弦則一年之事。期歲乃可用○被皮寄反〔疏〕注期歲乃可用○釋曰通春被弦則二年之事而云一年者據冰析灂已前爲一年春被弦是用時不數也析幹必倫。順其理也析角無邪。亦正之○邪似嗟反斵目必荼。鄭司農云荼讀爲舒舒徐也目幹節目○荼音舒下同○〔疏〕注鄭司至節目○釋曰按禮記學記云善問者如攻堅木先其易者後其節目是斵目必徐之義也斵目不荼。則及其大脩也。筋代之受病。脩猶久也〔疏〕斵目至受病○釋曰筋代之受病者以筋在弓皆以幹爲力必須筋幹相得今弓幹有節目用力不得其所則幹不用力故筋代幹受病以其偏用力故也夫目也者必強。強者在內而摩其筋。夫筋之所由蹙。恒由此作。摩猶隱也故書筋或作薊鄭司農云當爲筋蹙讀爲車蹙之蹙玄謂蹙絕起也○蹙昌廉反注同○〔疏〕注摩猶至起也○釋曰此還重釋筋幹不得所之意先鄭讀蹙爲車蹙之蹙者衛詩云漸車帷裳昏禮亦云婦車亦如之有裧故讀從之後鄭云蹙絕起也者由絕起則廉蹙然也故角三液而幹再液。重醳治之使相稱○重直龍反稱尺證反下各稱同〔疏〕注重醳治之相稱○釋曰或三液再液不等者角須三液幹須再液乃得相稱厚其帤則木堅。薄其帤則需。需謂不充滿鄭司農云帤讀爲襦有衣絮之絮帤謂弓中裨○帤女居反需人兗反下注罷需同襦劉音須沈音襦襦本亦作襦絮本亦作帤周易作袽皆女居反裨符支反又音卑〔疏〕注需謂至中裨○釋曰需謂不充滿者需襦不進故爲不充滿謂弓中裨者造弓之法弓幹雖用整木仍於幹上裨之乃得調適也是故厚其液而節其帤。厚猶多也節猶適也〔疏〕注厚猶至適也○釋曰多其液者謂角幹其裨須節適厚薄得所也約之不皆約。疏數必侔。不皆約纏之緻不相次也皆約則弓帤侔猶均也○數音朔侔莫侯反或亡又反緻不音灼〔疏〕注不皆至均也○釋曰約謂以絲膠橫纏之今之弓猶然云不皆約謂不次此爲之疏數必侔約之多少須稀疏必均也斵摯必中。膠之必均。摯之言致也中猶均也〔疏〕斵摯至必均○釋曰斵幹厚薄必調均爲之施膠亦均不得偏厚也自此以下說弓之隈裏施膠之事云摩其角謂幹不均而有高下則摩其角斵摯不中。膠之不均。則及其大脩也。角代之受病。夫懷膠於內而摩其角。夫角之所由挫。恒由此作。幹不均則角蹴折也○挫子臥反蹴子六反〔疏〕注幹不至折也○釋曰此總釋經角代之受病及角之所由挫二事者也凡居角。長者以次需。當弓之隈也長短各稱其幹短者居簫○隈烏回反〔疏〕注當弓至居簫○釋曰云長短各稱其幹復云短者居簫簫謂兩頭則長者自然在隈內可知恒角而短。是謂逆橈。引之則縱。釋之則不校。鄭司農云恒讀爲裻

縆之縆，玄謂恒讀爲㮓。㮓，竟也。竟其角而短于淵幹，引之角縱不用力，若欲反橈然，校疾也。既不用力，放之又不疾。○恒，古鄧反，又如字，下同。校，古卯反，注及下同。𢐀音督。縆，古鄧反，或古登反，沈又居肯反。㮓，古鄧反。【疏】注「鄭司」至「不疾」。釋曰：竟角而短，謂施角竟兩畔而上下短於隈者也。云「是謂逆橈」者，被弦引之時，以角寬而短，引之角縱不用力，若欲反橈然，故云引之則縱也。釋之則不校者，角所以放矢，今角不用力，故釋放之不校疾也。恒角而達，譬如終紲，非弓之利也。達謂長於淵幹，若達於簫頭。紲，弓䩉。角過淵接，則送矢太疾，若見紲於䩉矣。弓有䩉者，爲發弦時備頓傷。《詩》云「竹䩉緄縢」。○辟，如音譬，下注「變辟」同，或房赤反。紲，息列反，弓䩉也。䩉音祕，又補結反。爲，于僞反。緄，古本反，劉古魂反。縢本又作縢，徒登反。【疏】注「達謂」至「緄縢」。○釋曰：先鄭上讀爲發縆之縆者，從俗也。此弓非直兩畔角滿，讀之爲㮓角而角又上下長於淵幹，如達於簫頭。若然，則譬如終紲，紲謂弓䩉，謂弓在䩉中，然非弓之利。引《詩》云「竹䩉緄縢」者，緄，繩；縢，約之也。以竹爲䩉，發弦時禪於弓之背上，又繩橫繫之，使相著。䩉與弓爲力，備頓傷也。今夫茭解中有變焉，故挍。鄭司農云：茭讀爲激發之激。茭謂弓檠也。挍讀爲絞而婉之絞。玄謂茭讀如齊人名手足𢾪爲骹之骹。茭解謂接中也。變謂簫臂用力異。挍，疾也。○茭，司農古歷反，鄭戶卯反。解，戶賣反，注同。茭讀音交，下茭亦同。激，古歷反。𢾪，烏喚反。骹，戶卯反。臂如字，下文同，本或作辟，一音房赤反。【疏】「今夫」至「故挍」。○釋曰：記人別起義端，故言「今夫」。言茭解中，謂弓隈與弓簫角接之處。云有變者，即異也，謂弓簫與臂用力異。異者，引之則臂中用力，放矢則簫用力，既用力異，故絞。絞謂矢去疾也。○注「鄭司」至「疾也」。○釋曰：先鄭讀茭爲激發之激者，當時有激發之語，故從俗讀之。云茭謂弓檠也者，此據用時輒言弓檠，於義不合，後鄭不從之。云絞讀爲絞而婉之絞者，按昭元年《左氏傳》虢之會，楚公子圍設服離衛，叔孫穆子曰：「楚公子美矣，君哉！」退會，子羽謂子皮曰：「叔孫絞而婉。」故讀從之。此後鄭增成其義。玄謂茭讀如齊人名手足𢾪爲骹之骹者，時齊人有名手足節𢾪間爲茭，取弓隈與簫角相接名茭也。於挺臂中有柎焉，故剽。挺，直也。柎，側骨。剽亦疾也。鄭司農云：剽讀爲湖漂絮之漂。○挺，勑頂反，注同，或徒令反。柎，方輔反，下同。湖音胡。漂，匹妙反。絮，相預反。【疏】注「挺直」至「之漂」。○釋曰：直臂中正謂弓把處。有柎焉者，謂角弓於把處兩畔有側骨，骨堅強，所以與弓爲力，故剽疾也。先鄭云剽讀爲湖漂絮之漂者，時有此語，從俗讀之。恒角而達，引如終紲，非弓之利。重明達角之不利。變譬言引，字之誤。○引音譬，重直用反。撟幹欲孰於火而無贏，撟角欲孰於火而無燂，引筋欲盡而無傷其力，鬻膠欲孰而水火相得，然則居旱亦不動，居濕亦不動。贏，過孰也。燂，炙爛也。不動者，謂弓也。故書燂或作朕，鄭司農云字從燂。○撟，居兆反，劉居老反，沈古了反。燂音潛，又音尋，或大含反。鬻，章呂反。【疏】「撟幹」至「不動」。○釋曰：此一經明料理幹角筋膠四者得所不得所之事。不言漆絲者，用力少，故不言也。苟有賤工，必因角幹之濕以爲之柔。善者在外，動者在內，雖善於外，必動於內，雖善亦弗可以爲良矣。苟，偷也。濕猶生也。○偷，吐侯反，或吐豆反。【疏】「苟有」至「良矣」。○釋曰：此經說弓幹須外內皆善，不得外善內惡者也。凡爲弓，方其峻而高其柎，長其畏而薄其敝，宛之無已應。宛謂引之也。引之不休止，常應弦，言不罷需也。峻謂簫也。鄭司農云：敝讀爲蔽塞之蔽，謂弓人所握持者。○畏，烏回反。敝讀爲蔽，必世反，劉又傅𤚌反。宛，於阮反。應，應對之應，注下皆同。罷音皮。【疏】「凡爲」至「已應」。○釋曰：方其峻，峻謂簫，簫宜方爲之；而高其柎，柎，把中，高對方，則此高者，謂爲柎骨宜高爲之；長其畏，謂柎之上下宜長爲之；而薄其敝，敝謂入所握持手蔽之處，宜薄爲之。有此四善，故引之無休止而應弦，故云宛之無已應，謂常用而不就弦也。下柎之弓，末應將興。末猶簫也。興猶動也，發也。弓柎卑，簫應弦則柎將動。○卑，劉音婢。【疏】注「末猶」至「將動」。○釋曰：言下柎者，謂把骨大下爲之，由弓隈下短，故簫應弦則將動發也。爲柎而發，必動於閷。閷，接中。○閷，色界反，劉色例反，注下同。【疏】注「閷接中」。○釋曰：此重釋上文「末應將興」，若如上爲簫而發動，則接中亦動也。弓而羽閷，末應將發。羽讀爲扈。扈，緩也。接中動則緩，緩簫應弦，則角幹將發。○羽音戶。【疏】注「羽讀」至「將發」。○釋曰：破羽爲扈者，羽於弓義無所取，故破從扈也。必知此有緩義者，以其上文云「必動於閷」，故知此云羽閷者當從緩閷。有六材焉，維幹強之，張如流水。無難易也。○易，以豉反，下同。【疏】注「無難易也」。○釋曰：弓有六材，惟以幹爲強者，以其幹外，五材當依幹而有，以幹爲本，故指幹爲強。張如流水者，以幹得所，以制五材，故張如流水，無難易。無難易則強弱得所也。維體防之，引之中參。體謂內之於檠中，定其體。防，深淺所止。謂體定張之，弦居一尺，引之又二尺。【疏】注「體謂」至「二尺」。○釋曰：云體謂內之於檠中定其體者，此亦謂內之檠中，則往來體定。體定然後防之。防之者，鄭云深淺所止。若王弧之弓，往體寡來體多，弛之乃有五寸，張之一尺五寸；夾庾之弓，往體多來體寡者，弛之一尺，張之五寸；唐弓、大弓往來體若一者，弛之一尺，張之亦一尺，是防之深淺所止。云謂體定張之，弦居一尺，引之又二尺者，此據唐大中者而言。餘四者弛之張之，雖多少不同，及其引之皆三尺，以其矢長三尺，須滿故也。維角堂之，欲宛而無負弦，引之如環，釋之無失體如環。負弦，辟戾也。負弦則不如環，如環亦謂無難易。鄭司農云：堂讀如牚距之牚，車牚之牚。○堂，直庚反，或之亮反，又詩尚反，注同。沈云或音堂，非。辟，劉必亦反，衆家皆匹亦反。【疏】注「負弦」至「之牚」。○釋曰：云維角堂之，堂，正也，謂置角於隈中既正。云欲宛而無負弦者，引之弓體不辟戾故也。云引之如環者，亦由無負弦故也。云釋之無失體如環者，謂放矢後無失體，得如環然。先鄭云堂讀如牚距之牚，牚距取其正也；車牚之牚，謂車輢之木，亦取正也。材美工巧爲之時，謂之參均。角不勝幹，幹不勝筋，謂之參均。量其力有三均。均者三，謂之九和。有三讀爲又參。量其力又參均者，謂若幹勝一石，加角而勝二石，被筋而勝三石，引之中三尺。假令弓力勝三石，引之中三尺，弛其弦，以繩緩擐之，每加物一石，則張一尺。故書勝或作稱，鄭司農云：當言稱，謂之不參均。玄謂不勝，無負也。○勝音升，下注同。被，皮寄反。擐，戶串反，劉郭大反。【疏】注「有三」至「負也」。○釋曰：云有三讀爲又參者，以經上文已云參均，此云三均，故宜破三爲參也。上已二文參均，此文加一參均，當云又參均，故破有爲又也。云量其力又參均者，謂若幹勝一石，加角而勝二石，被筋而勝三石，引之中三尺者，此言謂弓未成時，幹未有角，稱之勝一石，後又按角勝二石，後更被筋稱之，即勝三石，引之中三尺者，此據幹角筋三者具揔稱物三石得三尺。若據初空幹時，稱物一石亦三尺，更加角稱物二石亦三尺，又被筋稱物三石亦三尺。鄭又云假令弓力勝三石，引之中三尺者，此即三石力弓也。必知弓力三石者，當弛其弦，以繩緩擐之者，謂不張之，別以一條繩繫兩簫，乃加物一石張一尺，二石張二尺，三石張三尺，則與前三幹角筋力各一石也。先鄭從古書爲稱者，欲以不稱爲不參均，後鄭不從者，此勝即彼負，此不勝即彼不負，故爲不勝解之。九和之弓，角與幹權，筋三侔，膠三鋝，絲三邸，漆三斞。上工以有餘，下工以不足。權，平也。侔猶等也。角幹既平，筋三而又與角幹等也。鋝，鍰也。邸、斞輕重未聞。○侔本又作牟，亦作桙，同，莫侯反。侔，等也。鋝，色劣反，又音劣。邸，丁禮反，或丁計反。斞，羊主反。鍰音環，又于卷反。【疏】注「權平」至「未聞」。○釋曰：此說上九和之弓輕重相參，不可妄爲加減之事。云鋝鍰也者，《尚書》云「其罰百鍰」之等。言鍰，此與冶氏言鋝，鋝與鍰爲一物，皆是六兩大半兩也。邸、斞之輕重未聞，經既無文，故云未聞也。爲天子之弓，合九而成規；爲諸侯之弓，合七而成規；大夫之弓，合五而成規；士之弓，合三而成規。材長則句少也。○合，如字，一音閤，下同。【疏】注「材長則句少也」。○釋曰：此據角弓形不張而言。按下文及《司弓矢》，六弓爲三等：王弓、弧弓往體寡來體多，當此天子弓合九成規；唐弓、大弓往來體若一，當此諸侯弓合七成規；夾弓、庾弓往體多來體寡，當此大夫之弓合五成規。於彼六弓已盡，此別云士合三成規，則六弓之外，弊惡之弓。按《大射》與《鄉射》，大夫、士同射五十步，侯又同，用夾庾，無士用合三成規之弓者，於此言之者，六弓通弊弓有四等，故弊弓暫記士而言，其實士不用合三成規之弓也。材良則句少，據王弧及唐大已上而言也。弓長六尺有六寸，謂之上制，上士服之；弓長六尺有三寸，謂之中制，中士服之；弓長六尺，謂之下制，下士服之。人各以其形貌大小服此弓。【疏】「弓長」至「服之」。○釋曰：此以弓有長短三等，人亦有長短三等，而言取其弓與人相稱之事。此上士、中士、下士，以長者爲上士，次者爲中士，短者爲下士，皆非命士者，故鄭云人各以其形貌大小服此弓也。凡爲弓，各因其君之躬志慮血氣。又隨其人之情性。【疏】注「又隨」至「情性」。○釋曰：上文據人形爲弓，此據人性，故鄭云又隨其人之情性也。此亦與下文爲目。下別以躬與志相配而言也。躬即身也，志慮據在心，血氣據言與舉動也。豐肉而短，寬緩

以茶。若是者爲之危弓。危弓爲之安矢。骨直以立。忿埶以奔。若是者爲之安弓。安弓爲之危矢。言損贏濟不足危奔猶疾也骨直謂強毅茶古文舒假借字鄭司農云茶讀爲舒○肉如字劉而樹反埶音勢〔疏〕注言損至爲舒○釋曰此經以下說君之躬與志慮弓之所宜者也危弓則夾庾弱者爲言安弓謂王弧之類強者而言若然危矢據恒矢安矢據殺矢者也言損贏濟不足者言豐肉寬緩是不足則危弓濟之危弓爲贏則以安矢損之骨直忿埶是贏則安弓損之安弓是不足則以危矢濟之其人安。其弓安。其矢安。則莫能以速中。且不深。故書速或作數鄭司農云字從速速疾也三舒不能疾而中言矢行短也中又不能深○中丁仲反注及下同數音朔同〔疏〕注故書至能深釋曰上文以安危損益即於射事爲可此三安而無損益故不可其人危。其弓危。其矢危。則莫能以愿中。原愨也三疾不能愨而中言矢行長也長謂過去○愿音願一音元愨苦角反〔疏〕注愿愨至過去○釋曰此三危亦無損弓故亦不可也云三疾不能愨而中言矢行長也長謂去者危弓危矢謂夾庾恒矢之等皆射遠兼人且危躁故矢行長過去也往體多。來體寡。謂之夾臾之屬。利射侯與弋。射遠者用埶夾庾之弓合五而成規侯非必遠顧埶弓者材必薄薄則弱弱則矢不深中侯不落大夫士射侯矢落不獲弋繳射也故書與作其杜子春云當爲與○夾古洽反劉古協反臾音庾射食亦反注下除繳射大射小射用射外皆同獲相櫱反繳射諸若反〔疏〕注射遠至爲與○釋曰六弓兩兩相將下文王弓不言弧弓唐弓不言大弓故言之屬今此夾庾并言亦云之屬者夾庾雖並言以夾庾其類非一故亦云之屬也云射遠者用埶者謂審曲埶夾庾反張多隨曲埶向外弱則射遠不能深則近亦不深故射近侯用之故鄭云侯非必遠顧埶弓者材必薄薄則弱弱則矢不深中侯不落者謂弓射遠以其材弱縱射近亦不深故近侯矢但不落也云大夫士射侯矢落不獲者按大射云中離維綱揚觸梱復君則釋獲衆則否大夫士矢落侯不獲故不得用是唐大之等也云弋繳射也者按司弓矢職云夾弓庾弓以授射豻侯鳥獸者豻侯鳥獸則射侯與弋也按彼注近射用弱弓則射大侯射大侯者用王弧射參侯者用唐大矣如是君用王弧射大侯大夫用唐大射參侯士用夾庾射豻侯若然此大夫與士同用夾庾射近侯者據天子之臣多則三公王子爲諸侯者射熊侯卿大夫士同射豹侯也若然射七十步侯用唐大其遠中侯亦不落也往體寡。來體多。謂之王弓之屬。利射革與質。射深者用直此又直焉於射堅宜也王弓合九而成規弧弓亦然革謂干盾質木椹天子射侯亦用此弓大射日中離維綱揚觸梱復君則釋獲其餘則否○椹張林反梱苦本反〔疏〕注射深至則否○釋曰言王弓之屬則之屬中弧弓及王弧之輩類也云利射革與質此即司弓矢職云王弓弧弓以授射甲革椹質者亦一也云天子射侯亦用此弓不言者舉射革與質有上文弱弓射近可參故不言可知也大射日中離維綱揚觸梱復中謂中侯離猶過也麗也維謂侯射與左右舌一幅兩相反角亦以綱維持之而繫於柱綱謂左右舌上畔下畔以一大綱繩

各繫於其柱上以持侯其綱皆出布幅一尋謂之爲綱揚觸梱復者矢高揚而過侯彼注云揚觸者謂中他物揚而觸侯也梱復謂矢至侯不著而還復復反也如此五者君則釋獲其餘則否則臣不得獲惟中乃可釋獲往體來體若一。謂之唐弓之屬。利射深。射深用直唐弓合七而成規大弓亦然春秋傳曰盜竊寶玉大弓〔疏〕注射深至大弓○釋曰唐弓之外仍有大弓故云之屬也按司弓矢職云唐弓大弓以授學射者使者勞者此不言者亦各舉一邊而言兼有彼事可知言射深用直唐弓合七而成規者則王弧之弓亦射深用直唐大合七成規則王弧之弓射深可知引春秋者定八年公羊傳文彼以陽虎爲盜竊寶玉大弓彼公羊云寶者何璋判白弓繡質引之者證大弓同也大和無灂。其次筋角皆有灂而深。其次有灂而疏。其次角無灂。大和九良者也深謂灂在中央兩邊無也角無灂謂隈裏〔疏〕大和至無灂○釋曰大和謂九和之弓以其六材俱善九良故無漆灂也其次筋角皆有灂而深者筋在背角在隈皆有灂但深在其中央兩邊無也其次有灂而疏者以上參之此謂兩邊亦有但疏之不皆有也其次角無灂謂隈裏無灂蕭與及背有之合灂若背手文。弓表裏灂合處若人合手背文相應鄭司農云如人手背文理○背補內反注同〔疏〕注弓表至文理○釋曰言合灂者謂弓表裏灂漆相合之處若人合手背上文理相應角環灂。牛筋蕡灂。麋筋斥蠖灂。蕡枲實也斥蠖屈蟲也○瑑如字又戶串反蕡扶文反注同斥音尺蠖枉縛反又於郭反枲絲子反〔疏〕注蕡枲至蟲也○釋曰此說弓表及弓裏灂故也角環灂謂隈裏灂文如環然牛筋蕡灂者此說弓背用牛筋之漆如麻子文若用麋其灂文如斥蠖文云蕡枲實者枲乃牡麻無實而云蕡枲實舉其類爾若箽笥然也斥蠖屈蟲者易云斥蠖之屈以求信是也和弓轂摩。和猶調也轂拂也將用弓必先調之拂之摩之大射禮曰小射正授弓大射正以袂順左右隈上再下一○上時掌反〔疏〕注和猶至下一○釋曰引大射云大射正以袂順左右隈者以左手橫執之時上隈向右下隈向左而上再下一拂去塵乃授與君大射雖不言調亦調可知也覆之而角至。謂之句弓。句於三體材敝惡不用之弓也覆猶察也謂用射而察之至猶善也但角善則矢雖疾而不能遠○覆芳服反下皆同句劉力具反沈音鉤善本或作譱音善下同〔疏〕注句於至能遠○釋曰此以下論弓有六材角幹筋用力多特言之若三者全善則爲尤良若一善者爲敝二善者爲次今此先察一善者至謂若餘幹筋不善直角善可以爲句弓云句於三體材敝惡不用之弓也者謂不入上三文所用之內言矢雖疾不能遠者上云射遠用埶埶是弱弓而射遠但此句弓爲弱於彼雖疾不能射遠也覆之而幹至。謂之侯弓。射侯之弓也幹又善則矢疾而遠〔疏〕注射侯至而遠○釋曰此察次弓此非直角至兼幹善謂之射侯之弓則上夾庾利近射與弋言矢疾而遠對上句弓疾而不遠不及侯者也覆之而筋至。謂之深弓。射深之弓也筋又善則矢既疾而遠又深〔疏〕注射深至又深○釋曰此弓三善者也按上文唐大射深則王弧三善亦射深可知舉中以見上者也

周禮注疏卷四十二校勘記　阮元撰盧宣旬摘錄

附釋音周禮注疏卷第四十二

匠人爲溝洫

耜廣五寸二耜爲耦　說文く部引周禮作梠廣五寸二梠爲耦

廣尺深尺謂之甽　說文く部引周禮作廣尺深尺謂之く倍く謂之遂又云甽古文く从田从巛今周禮作甽爲古文許所引作く爲今書也鄭從古文作甽今本作甽訛倍く謂之遂亦以義言之非本經○按段玉裁曰今說文古文く當作籀文く者古文也甽者籀文也畎者小篆也く巛皆古文

廣二尺深二尺謂之遂　唐石經諸本同釋文之隧音遂本又作遂○按隧俗字遂正字

甽上曰伐　漢讀考上作土云各本譌

云二耜爲耦者　監毛本耦誤偶

亾之猶然也　惠挍本無之漢制考同此衍

異於鄉遂及公邑　閩監本鄉誤卿

殷人七十而莇　余本嘉靖本毛本同閩監本莇改助非下並同閩本莇助錯見釋文莇音助

莫不善於貢　疏云孟子本爲莫不善於貢今注有無不字者蓋轉寫脫耳

年饑用不足　余本饑作飢

邦國用殷之莇法　監本莇改助下同困學紀聞引此句莇作助

稅民無蓺　釋文作蓺也音藝今本蓺改藝脫也非

此井田則一同唯一澮　惠挍本閩本同監毛本此誤爲

子就夫稅之十一而貢　浦鏜云子當止字誤

爲溝洫貢子法與采地井田異　浦鏜云子當之字誤

龍子所謂善於助者也　盧文弨曰孟子注作莫善此脫莫

士田故謂之圭田　盧文弨曰孟子注作上田

田業多少有上中下　盧文弨曰孟子注作田萊此誤

徙謂變土易居　惠挍本變作爰盧文弨曰元本孟子作爰土孟康注漢書地理志轅田云三年爰土易居古制也爰亦訓易今本孟子作受訛

相友偶也　盧文弨曰孟子注偶作耦○按耦者本字偶者假借字

以爲廬宅園圃　盧文弨曰孟子注作園圃

是周兼夏殷莇貢也　閩本莇改助監毛本作貢助

通其事以什一爲正者　閩監毛本事作率此誤

趙岐孟子皆饒民　此句文有脫落○按當云何休注公羊趙岐注孟子皆同饒民之說

凡爲田頃十畝半　閩本同誤也監毛本作一頃十二畝半是也

率指言先王按典籍萬世可通什一供貢下富上尊　惠挍本作章指言先王按典禮萬世可遵遵與尊韻此誤○按此章指在白圭欲二十取一章今本作先王典禮萬世可遵

通其壅塞　釋文通壅於勇反此衍其壅改壅非

并謂廣深四尺其田間者　惠挍本其作在此誤

梢讀爲桑螵蛸之蛸　諸本同釋文出螵蛸二字疏云上稍其藪亦讀從螵蛸之蛸蓋此處無桑字漢讀考作讀如

蛸謂水漱齧之溝　余本嘉靖本閩本同監毛本蛸作梢按此本及閩本疏中引注亦作蛸賈云上梢其藪亦讀從螵蛸之蛸同是梢齧之義漢讀考作梢溝謂前云梢除也此云梢水漱齧義略同有溝字於文理乃合

奠讀爲停　余本停刊去亻旁是也說文有亭無停

凡溝必因水埶　監本埶誤勢

善防者水淫之　唐石經諸本同余本淫作滛注同非也

注漱謂至之淫　閩本同監毛本謂作猶是也

里讀爲已聲之誤也　戴震考工記圖里作如字讀

言版橈也　浦鏜云言疑則字誤非也

逆猶郤也　余本郤作卻當據正下同

謂若今令甓裓也　余本閩本同監毛本裓作祴釋文作甓裓嘉靖本作辟裓按漢制考引此注及釋文作令甓裓引疏作令辟裓是賈本作辟也古甓字多作辟今金石猶有存者與嘉靖本正合

裓則塼道者也　漢制考無者此衍

車人之事

人長八尺而大節三　此本監本八誤人今訂正

頭髮皓落曰宣　葉鈔釋文作皓落云本或作顥音同劉作皓○按顥是正字說文曰顥白皃南山四顥白首人也

易巽爲寡髮　此本寡字剜改疏中標起訖及引注及兩引說卦四處寡字同當皆本作宣髮余本嘉靖本監毛本作宣髮是也惟閩本承此剜改之誤作寡髮疏中四處同今正

與人帶己下四尺半　閩本毛本已改以

欘斲木柄　余本閩監本同誤也嘉靖本毛本木作斤當據正賈疏引注作斲斤惠挍本斲作斲疏同○按木字是此物名斲木亦名斫木說文曰斤斫木也此斲木爲句柄字連下讀不連上讀

一柯有半謂之磬折　程瑤田通藝錄云磬氏爲磬倨句一矩有半故曰一矩有半謂之磬折持此以度他物凡倨句之應乎一矩有半者皆以磬折名之故轅人爲皐鼓曰倨句磬折車人內耒之庛亦曰倨句磬折而轉寫是記者乃順上文讀之遂訛矩爲柯

故因解之立磬折淺深也　惠挍本解作人盧文弨曰疑當作解人

亦以磬折之故云之也　故疑當作度

車人爲耒

庛讀爲其顙有庛之庛　余本嘉靖本閩監毛本下二庛字皆作疵疏中同當據正釋文顙疵似斯反漢讀考作讀如顙疵之疵按此用孟子之其顙有泚也鄭所見孟子蓋作玼玼或用爲疵字故轉寫作疵

若今之曲杴柄也　閩監毛本杴誤枚○按杴字是廣韻曰杴鍫屬古作㪡或作欣語輸切今正

車人爲車

以其一爲之首　余本之誤一

此車人謂造車之事　浦鏜云謂疑爲

此論載輻牙　宋本載作轂

故書博或爲搏　余本閩監本同嘉靖本毛本搏誤搏釋文或作搏徒丸反則是从專聲也

所謂牙　釋文牙本或作迓

需者在外　釋文耎者人充反漢讀考據釋文作耎按疏云此經言車牙所宜外內堅濡之事是賈本作需訓爲濡○按賈亦用濡爲耎字

亦謂通轂空壺中并數而言也　毛本同是也閩監本壺作壼誤

弓人

鄭知取榦以冬者　閩監毛本榦作幹

檍讀爲億万之億　諸本万作萬漢讀考讀爲作讀如

近根者奴　監本奴誤妙疏中標起訖不誤

則弓不發　唐石經諸本同惠士奇云發當爲撥戰國策弓撥矢句

元謂栗讀爲裂繻之裂　九經古義云毛詩東山烝在栗薪箋云栗析也古者聲栗裂同也

秋閷者厚　○按籀文殺字作殺叟即殳字轉寫譌舛乃成閔字籀文殺字見說文殳部中籀文役字作伇亦其證也

紾讀爲抮縛之抮　余本岳本監本同嘉靖本閩毛本縛作縛釋文縛徙轉反

謂牛角捔理錯也　閩監毛本同誤也余本嘉靖本捔作觕當據正釋文觕理才苦反又七奴反○按說文無觕字而古書多用之蓋說文角部作𧢼角長也从角爿聲士角切引申用爲粗糙字而轉寫者譌其體从牛旁

即此云瘠者惟瘦瘠　浦鏜云即疑則字誤

蹙於剉而休於氣　唐石經諸本同葉鈔釋文蹙作慼余本蹙音義同釋文剉乃老反本又作腦○按依說文當作𡿺

然可以爲弓　浦鏜云然下疑脫後

故書畏作威　閩監毛本同余本嘉靖本畏下有或字此脫當據補

元謂畏讀如秦師入隈之隈　按此讀如當作讀爲儀禮大射儀以袂順左右隈注云隈弓淵也鄭據此故讀爲隈下文凡居角長者以次需注云當弓之隈也因於此易爲隈字故下注竟作隈也

謂膠善戾　漢讀考云戾當作麗聲之誤也凡附麗之物莫善於膠

故書昵或作樴杜子春云樴讀爲不義不昵之昵　此當經文作凡樴之類注作故書樴或作昵杜子春云昵讀爲不義不昵之昵蓋鄭本經文從今書作樴杜則從故書作昵今本經文作昵杜鄭兩家注又俱以樴爲正轉改之失顯然

撊讀爲撊然登陴之撊　葉鈔釋文撊作橌○按从木者非

還如在水凍之色　浦鏜云凍當涑字誤○按浦此語是也

斲目必荼　唐石經斲作斵下並同

注重醳治之相稱　閩本同監本之下剜擠使字毛本排入

薄其帤則需　唐石經諸本同釋文則需人兗反下注罷需同漢讀考據此需作耎

帤讀爲襦有衣絮之絮　漢讀考作衣絮之絮云此讀爲乃讀如之誤

帤謂弓中裨　葉鈔釋文裨作陴

需繻不進　浦鏜云繻疑懦字誤

不皆約纆之纖不相次也皆約則弓帤倖猶均也　漢讀考云此注脫誤疑當云皆約纆纖之不相次也不皆約則弓帤倖倖猶均也○按不相次是釋皆字倖是釋不皆者有堆垜

之迹不皆者無堆垜之迹也

云摩其角謂幹不均而有高下則摩其角　盧文弨曰此疏釋下經當在下節疏之首

是謂逆橈　唐石經諸本同嘉靖本橈作撓監毛本注中亦作撓古從木之字往往訛變作手旁

元謂恒讀爲柜柜竟也　釋文及諸木皆作柜從手漢讀考云柜訓竟見說文木部詩亘之秬秠字作亘方言緪竟也字作緪古同音通用

竟其角而短于淵幹　按于當作於下注云長於淵幹作於可證

譬如終紲　閩監本同唐石經嘉靖本譬作辟余本毛本作辟按釋文作辟如云音譬下注變辟同或房赤反然則不當作譬矣

紲弓𩊲　諸本同釋文𩊲音祕監毛本誤韔下仍作𩊲

則送矢太疾　閩監毛本同誤也此本太字係剜改宋本嘉靖本太作不當據正經云非弓之利也疏云謂弓在𩊲中然非弓之利皆不疾之謂浦鏜云詩小戎正義引作不疾○按不疾是也

又繩橫繫之使相著　閩監毛本著改着俗字

茭讀爲激發之激　漢讀考云讀爲當作讀如此擬其音非易其字故下文仍作茭

茭讀如齊人名手足掔爲骹之骹　釋文足掔鳴彔反漢讀考掔作掔按說文掔手掔也揚雄曰掔握也从手臤聲烏貫切隸書訛作掔則不得其形聲矣

變謂簫臂用力異　閩監本簫誤从艹嘉靖本臂作辟下同釋文簫臂如字下文同本或作辟一音房赤反

剽讀爲湖漂絮之漂　漢讀考云當作讀如擬其音也

引如終紲非弓之利　唐石經下有也字石經考文提要云宋本九經宋纂圖互注本宋附釋音本余仁仲本皆作非弓之利也

撟角欲孰於火而無燀　閩監毛本同誤也唐石經余本嘉靖本燀作燀當據正釋文亦作燀今正

𩱇膠欲孰而水火相得　嘉靖本同誤也唐石經余本閩監毛本𩱇作𩱇當據以訂正釋文𩱇膠章呂反閩監本孰誤角

然則居旱亦不動　監本旱誤早

字從燀　漢讀考云字宜作當

弛之乃有五寸　閩監毛本弛改弛下同

𣥎讀如牚距之牚重牚之牚　閩監本同誤也余本嘉靖本毛本重作車今正當據正岳本牚距誤棠又脫車牚二字盧文弨曰釋文出經𣥎之爲音云注同不爲牚別作音知舊亦必本是𣥎字牚字俗漢讀考云四牚字皆𣥎之誤說文𣥎距也𣥎古本音堂車𣥎亦作車樘說文𨊥車樘結也

幹不勝筋謂之參均　諸本同唐石經之下有不字此蓋據司農說誤加賈疏云先鄭從古書爲稱者欲以不稱爲不參均後鄭不從蓋經文本無不字也

當言稱謂之不參均　漢讀考云此注有脫字應云謂之參均當言謂之不參均因兩謂之複而脫六字

後又按角勝二石　浦鏜云按疑加字訛非也此按猶今人言安也安即加也

膠三鋝　戴震云鋝當作鍰一弓之膠三十四銖三十五分銖之十四

漆三㪷　唐石經諸本同漢讀考云說文斗部㪷量也引周禮桼三㪷今說文各本桼訛作求此可證今周禮漆字皆非古

材長則句少也　余本閩本同此本疏中標注亦作材長誤也嘉靖本監毛本長作頁當據正疏舉注語亦作頁

無士用合三成規之弓者　惠校本無者此衍

言損嬴濟不足　閩監本同余本嘉靖本毛本嬴作贏疏中諸本皆作贏

荼古文舒假借字鄭司農云荼讀爲舒　岳本脫古文至云荼十一字

此三危亦無損弓　惠挍本作損擠此誤

揚觸梱復　余本岳本嘉靖本閩本同葉鈔釋文亦作梱從木監毛本從手疏同

故不言可知也大射曰　閩本同監毛本也下有云

離猶過也麗也　浦鏜云獵訛麗從大射注挍

瑋判白弓綉質　浦鏜云繡誤綉

其次有灂而疏　唐石經其次下有角字按釋曰其次有灂而疏者以上參之此謂兩邊亦有則疏意蒙上筋角皆有灂是賈疏本無此角字故經下始言角也石經此角誤衍浦鏜據增非

蕭與及背有之　閩本同誤也監毛本與作頭

此說弓表及弓裏灂故也　閩本同監毛本故作文

上隈向右　宋本右作君

乃授與君　宋本君作右

至猶善也　釋文作猶譱云本又作善下同岳本此亦作善下但角善以下俱作古譱字非

若一善者爲儆　毛本同監本儆誤蔽閩本此疏以下缺

則上夾庾利近射與弋　浦鏜云射下脫侯按經云利射侯與弋此言近射故不言侯省文非脫也浦按此類今皆不用

欽定四庫全書總目儀禮注疏十七卷

漢鄭元注唐賈公彥疏儀禮出殘闕之餘漢代所傳凡有三本一曰戴德本以冠禮第一昏禮第二相見第三士喪第四既夕第五士虞第六特牲第七少牢第八有司徹第九鄉飲酒第十鄉射第十一燕禮第十二大射第十三聘禮第十四公食第十五覲禮第十六喪服第十七一曰戴聖本亦以冠禮第一昏禮第二相見第三其下則鄉飲第四鄉射第五燕禮第六大射第七士虞第八喪服第九特牲第十少牢第十一有司徹第十二士喪第十三既夕第十四聘禮第十五公食第十六覲禮第十七一曰劉向別錄本即鄭氏所注賈公彥疏謂別錄尊卑吉凶次第倫序故鄭用之二戴尊卑吉凶雜亂故鄭不從之也其經文亦有二本高堂生所傳者謂之今文魯恭王壞孔子宅得亡儀禮五十六篇其字皆以篆書之謂之古文元注參用二本其從今文而不從古文者則今文大書古文附注士冠禮闑西閾外句注古文闑爲槷閾爲蹙是也從古文而不從今文者則古文大書今文附注士冠禮醴辭孝友時格句注今文格爲嘏是也其書自元以前絕無注本元後有王肅注十七卷見於隋志然賈公彥序稱周禮注者則有多門儀禮所注後鄭而已則唐初肅書已佚也爲之義疏者有沈重見於北史又有無名氏二家見於隋志然皆不傳故賈公彥僅據齊黃慶隋李孟悊二家之疏定爲今本其書自明以來刻本舛譌殊甚顧炎武日知錄曰萬歷北監本十三經中儀禮脫誤尤多士昏禮脫壻授綏姆辭曰未教不足與爲禮也一節十四字賴有長安石經據以補此一節而其注疏遂亡鄉射禮脫士鹿中翿旌以獲七字士虞禮脫哭止告事畢賓出七字特牲饋食禮脫舉觶者祭卒觶拜長者荅拜十一字少牢饋食禮脫以授尸坐取簞興七字此則秦火之所未亡而亡於監刻矣云云蓋由儀禮文古義奧傳習者少注釋者亦代不數人寫刻有譌猝不能校故紕漏至於如是也今參考諸本一一釐正著於錄焉

儀禮注疏挍勘記序

儀禮最爲難讀昔顧炎武以唐石刻九經挍明監本惟儀禮譌脫尤甚經文且然況注疏乎賈疏文筆冗蔓詞意鬱轖不若孔氏五經正義之條暢傳寫者不得其意脫文誤句往往有之宋世注疏各爲一書疏自咸平挍勘之後更無別本誤謬相沿迄今已無從一一釐正朱子作通解於疏之文義未安者多爲刪潤在朱子自成一家之書未爲不可而明之刻注疏者一切惟通解之從遂盡失賈氏之舊臣於儀禮注疏舊有挍本奉旨充石經挍勘官曾挍經文上石今合諸本屬德清貢生徐養原詳列異同臣復定其是非大約經注則以唐石經及宋嚴州單注本爲主疏則以宋單行本爲主參以釋文識誤諸書於以正明刻之譌雖未克盡得鄭賈面目亦庶還唐宋之舊觀鄭注疊古今文最爲詳覈語助多寡靡不悉紀今挍是經寧詳毋略用鄭氏家法也臣阮元恭記

引據各本目錄

唐石經　明王堯惠補缺案此刻自五季以來名儒俱不窺之不特張淳李如圭諸人生於南宋固不及見即敖繼公當元一統之時亦未嘗過而問焉至國朝顧炎武張爾岐始取以挍監本多所是正

宋嚴州單注本　宋本之最佳者張淳所據即此本也元和顧廣圻用鍾本挍其異者書於簡端今據以採入

翻刻宋單注本　明徐姓翻刻於嘉靖時祖嚴本而稍異記中凡與嚴州本及鍾人傑本合者則稱徐本

明鍾人傑單注本　全同徐本其偶異者是失於讎挍耳

明永懷堂單注本　全與閩刻注疏本同

宋單疏本　此北宋時咸平景德間所挍勘開雕者也注疏合刻起于南北宋之間惟儀禮又在後朱子自述通解云前賢嘗苦儀禮難讀以經不分章記不隨經而注疏各爲一書故讀者不能遽曉今訂此本盡去諸弊是朱子時注疏各爲一書也馬廷鸞曰余從敗簏中得景德中官本儀禮疏四帙正經注語皆標起止而疏文列其下家有監本儀禮經注因取而附益之是馬氏時注疏猶各爲一書也此本與馬氏所見正同又按宋人各經皆以經注分附於疏其分卷依疏之卷數如禮記注疏七十卷是也惟儀禮以疏分附經注其分卷依經注之卷數如舊唐書經籍志新唐書藝文志並云儀禮疏五十卷而注疏本則分爲十七卷賈公彥五十卷之本今之學者每恨不可得見近年吳中黃丕烈家有其書每葉三十行每行二十七字末葉列宋時諸臣官銜今訂從賈疏分五十卷挍正義以此本爲據

李元陽注疏本 刻于閩中故稱閩本每半葉九行每行二十一字監本毛本俱仿此

國子監注疏本 明神宗時北京國子監刊

汲古閣注疏本

國朝重修國子監注疏本

經典釋文 内儀禮一卷

儀禮識誤 聚珍板本宋乾道八年曾逮命張淳挍刊儀禮因爲識誤三卷今刊本未見惟識誤存焉其書專宗釋文意在復古然所辨或祇係偏旁形體則六朝時俗書最多既不足據且無關語句之異同也至其精審之處自不可没以嚴本爲據參以監本及汴京巾箱本杭細字本又有湖北漕司本監本初刊于廣順復挍于顯德而宋因之

儀禮集釋 聚珍板本李如圭著全載鄭注徵遜嚴本書中引石本與唐石經異疑是成都石經

儀禮經傳通解 全載鄭注節録賈疏明刻注疏多與此同近世挍儀禮者奉此爲準則然於其佳處不能盡依而移易刪潤之處則多據之是取其糟粕而遺其精華也又引温本及成都石經至喪祭二禮門人黄榦續成

抄本儀禮要義 魏了翁著專録賈疏多與單疏本合有刪節而絶無改竄遠勝通解間録經注雖不盡與嚴本合終勝今本亦引温本異同

儀禮圖 通志堂本與通解略同注内叠今古文俱刪去

儀禮集説 通志堂本敖繼公著所載鄭注多移易點竄不足盡憑

浦鏜十三經正字内儀禮二卷 據重修監本挍其誤字

儀禮詳挍 盧文弨著多採諸家之説記中所偁金日追正譌即本諸此

九經誤字 顧炎武著以唐石經正明監本又金石文字記載石經誤字

儀禮誤字 張爾岐著

石經考文提要

附記單疏本缺葉

士冠禮自五十六葉前第三行左上諸侯起至五十七葉後第四行左下不爲止

士昏禮自三十六葉後第一行右下若舅起至三十九葉後第二行右下尚書止

士相見禮自十葉前第八行左上此釋起至十二葉前第五行右上見至止

鄉飲酒禮自四十五葉後第五行左上俎者起至四十七葉後第九行右上祭于止

聘禮自四十八葉後第五行右上文賓起至五十葉後第一行左下言也止又自五十四葉後第二行右下立門起至五十六葉前第五行右上至行止又自八十葉前第四行左上賓拜起至八十一葉後第五行左下亨大止

特牲饋食禮自廿八葉後第四行左上其薦起至三十葉後第三行左上拜主止又自五十二葉後第五行左上爲加起至五十七葉前第五行左上證祭止

少牢饋食禮自十八葉前第一行右下者郊起至後第九行左下知也止又自廿七葉前第二行右下魚皆起至廿九葉前第二行左下鄉左止

凡記中通用及俗譌字放九經字樣例彙録左方

鏄或作鏄誤作鎛　筭澗作算　于通作於唐石經干字一千四百四十三於字一百四十二莫詳其義例諸刻注疏尤參差不一各依舊本可也　巳與以通　矇誤作矇　鍾誤作鐘　注非註　絜俗作潔　唯或作惟或作維　大即太字　孰與熟通　壺誤作壼　莅或作涖蒞　眡與視同凡作眡少一筆者別一字也經典所無　烝或作蒸通作烝　亨與烹通　齊與齋通　彊或作強　扑誤作朴　解與懈通　殽或作肴　館非錧　它或作他或作佗　鉼或作鉶　路俗輅　適與嫡通　摯與贄通　灋周禮法字　荅非答　昏昬禮或亦作婚　取與娶通　竟與境通　趨或作趍俗　挍或作校校或亦誤从手几足之道與導通　鄉與嚮通又與向通　說與脫通　辟與避通　申與伸通　傍澗作旁　共與恭通又與供通　麤或作粗麁　要與腰通　馮與憑通　賴或作䞓　荐或作薦　筴或作策　御與禦通　玩或作翫　苞或作包　軾或作式　從與縱通　炤或作照　饗或作享　夾或作俠　翦或作剪鬋　匝即帀字　擊誤作擊　并或作併　胳或作骼　闇或作暗　麴或作麯　腴誤作腴　圜或作圓　諡非謚　儗或作擬　鼈非鱉　歡或作懽　毋誤作母　敕誤作勅　埽俗掃　著非着　牖非牖　登段玉裁曰古祇作登凡作豋者宋元俗字　脩澗作修　膞誤作膊　弦非絃　齎非賷　齏或作褻　璧或誤作璧　粱誤作梁　箱非廂　已澗作巳　坫誤作玷　藉澗作籍　然非燃　髻誤作髻　禫誤作禪　欑澗作攢　稾澗作藁藳　菹誤作葅　匕澗作七　干澗作于　日曰古人書此二字無甚分別說詳疏序隋曰碩儒句下　謂爲二字刻本亦多互誤　廿卅上二十也下三十也唯唐石經如此

儀禮䟽卷第一

儀禮卷第一

唐朝散大夫行大學博士弘文館學士臣賈公彦等撰

儀禮䟽序○竊聞道本沖虛非言無以表其䟽言有微妙非釋無能悟其理是知聖人言曲事資注釋而成至於周禮儀禮發源是一理有終始分爲二部並是周公攝政大平之書周禮爲末儀禮爲本本則難明末便易曉是以周禮注者則有多門儀禮所注後鄭而已其爲章䟽則有二家信都黄慶者齊之盛德李孟悊者隋曰碩儒慶則舉大略小經注䟽漏猶登山遠望而近不知悊則舉小略大經注稍周似入室近觀而遠不察二家之䟽互有修短時之所尚李則爲先案士冠三加有緇布冠皮弁爵弁既冠又著玄冠見於君有此四種之冠故記人下陳緇布冠委貌周弁以釋經之四種緇之與記都無天子冠法而李云委貌與弁皆天子始冠之冠李之謬也喪服一篇凶禮之要是以南北二家章䟽甚多時之所以皆資黄氏案鄭注喪服引禮記檀弓云絰之言實也明孝子有忠實之心故爲制此服焉則絰之所作表心明矣而黄氏妄云衰以表心絰以表首以黄氏公違鄭注黄之謬也黄李之訓畧言其一餘足見矣今以先儒失路後宜易塗故悉鄙情聊裁此䟽未敢專欲以諸家爲本擇善而從兼增己義仍取四門助教李玄植詳論可否僉謀已定庶可施以函丈之儒青衿之後幸以去瑕取玖得無譏焉

士冠禮第一 䟽

士冠禮第一○鄭目録云童子任職居士位年二十而冠主人玄冠朝服則是於諸侯天子之士朝服皮弁素積古者四民世事士之子恒爲士冠禮於五禮屬嘉禮大小戴及別録此皆第一○釋曰鄭云童子任職居士位年二十而冠爲士身加冠知者鄭見下昏禮及士相見皆據士身自昏自相見又大戴禮公冠篇及下諸侯有冠禮夏之末造亦據諸侯身自加冠故鄭據士身自加冠爲目也鄭云四人世事士之子恒爲士者是齊語文彼云桓公謂管仲曰成人之事若何管子對曰四人勿雜處也公曰處士農工商若何管子對曰昔聖王之處士就閑燕也處工就官府也處商就市井也處農就田野也少而習焉其心安焉是四人世事士之子恒爲士也引之者證此士身年二十加冠法若士之子則四十彊而仕何得有二十爲士自加冠也二十而冠者鄭據曲禮文二十曰弱冠故云年二十而冠其大夫始仕者二十巳冠訖五十乃爵命爲大夫故大夫無冠禮又案喪服小功章云大夫爲昆弟之長殤鄭云大夫爲昆弟之長殤小功謂爲士者若不仕者也以此知爲大夫無殤服也小記云大夫冠而不爲殤大夫身已加冠降兄殤在小功是身有德行得爲大夫冠不以二十始冠也若諸侯則十二而冠故左傳襄九年晉侯與諸侯伐鄭還公送晉侯以公宴于河上問公年季武子對曰會于沙隨之歲寡君以生注云沙隨在成十六年晉侯曰十二年矣是謂一終一星終也國君十五而生子冠而生子禮也君可以冠矣是諸侯十二而冠也若天子亦與諸侯同十二而冠故尚書金縢云王與大夫盡弁時成王年十五云王與大夫盡弁則知天子亦十二而冠矣又大戴禮云文王十三生伯邑考左傳云冠而生子禮也是殷之諸侯亦十二而冠若夏之天子諸侯與殷天子亦十二而冠可知若天子之子則亦二十而冠故禮記祭法云王下祭殤五又禮記檀弓云君之適長殤車三乘是年十九已下乃爲殤故二十乃冠矣若天子諸侯冠自有天子諸侯冠禮故大戴禮有公冠篇天子自然有冠禮但儀禮之内亡耳士既三加爲大夫早冠者亦依士禮三加若天子諸侯禮則多矣故大戴禮公冠篇云公冠四加者緇布皮弁爵弁後加玄冕天子亦四加後當加衮冕矣案下文云天子之元子猶士天下無生而貴者則天子之子雖早冠亦用士禮而冠案家語冠頌云王大子之冠擬冠則天子元子亦擬諸侯四加若然諸侯之子不得四加與士同三加可知鄭又云冠於五禮屬嘉禮者鄭據周禮大宗伯所掌五禮吉凶賓軍嘉而言宗伯云以嘉禮親萬民下云以昏冠之禮親成男女是冠禮屬嘉禮者也鄭又云大小戴及別録此皆第一者大戴戴聖與劉向爲別録十七篇次第皆冠禮爲第一昏禮爲第二士相見爲第三自茲以下篇次則異故鄭云大小戴別録即皆第一也其劉向別録即此十七篇之次是也皆尊卑吉凶次第倫敘故鄭用之至於大戴即以士喪爲第四既夕爲第五士虞爲第六特牲爲第七少牢爲第八有司徹爲第九鄉飲酒第十鄉射第十一燕禮第十二大射第十三聘禮第十四公食第十五覲禮第十六喪服第十七小戴於鄉飲鄉射燕禮大射四篇亦依此別録次第而以士虞爲第八喪服爲第九特牲爲第十少牢爲第十一有司徹爲第十二喪爲第十三既夕爲第十四聘禮爲第十五公食爲第十六覲禮爲第十七皆尊卑吉凶雜亂故鄭玄皆不從之矣

儀禮 䟽

儀禮○釋曰儀禮者一部之大名士冠者當篇之小號退大名在下者取配注之意故也然周禮言周不言儀儀禮言儀不言周既同是周公攝政六年所制題號不同者周禮取別夏殷故言周儀禮不言周者欲見兼有異代之法故此篇有醮用酒燕禮云諸公士喪禮云商祝夏祝是兼夏殷故不言周又周禮是統心儀禮是履踐外内相因首尾是一故周禮巳言周儀禮不須言周周可知矣且儀禮亦名曲禮故禮器云經禮三百曲禮三千鄭注云曲猶事也事禮謂今禮也其中事儀三千言儀者見行事有威儀言曲者見行事有屈曲故有二名也

鄭氏注 䟽

鄭氏注○釋曰後漢書云鄭玄字康成青州北海郡高密縣人鄭崇之後也言注者注義於經下若水之注物亦名爲著故鄭敘云凡著三禮七十二篇云著者取著明經義者也孔子之徒言傳者取傳述之意爲意不同故題目有異也但周禮六官六十敘官之法事急者爲先不問官之大小儀禮見其行事之法賤者爲先故以士冠爲先無大夫冠禮諸侯冠次之天子冠又次之其昏禮亦士爲先大夫次之諸侯次之天子爲後諸侯鄉飲酒爲先天子鄉飲酒次之鄉射燕禮已下皆然又以冠昏士相見爲先後者以二十而冠三十而娶四十彊而仕即有摯見鄉大夫見已君及見來朝諸侯之等又爲鄉大夫州長行鄉飲酒鄉射之事已下先吉後凶盡則行祭祀吉禮次敘之法其義可知畧陳儀禮元本至於禮之大義備於禮記䟽

士冠禮。筮于廟門。

筮者以蓍問日吉凶於易也冠必筮日於廟門者重以成人之禮成子孫也廟謂禰廟不於堂者嫌蓍之靈由廟神

䟽　士冠至廟門○釋曰自此至宗人告事畢一節論將行冠禮先筮取日之事案下文云布席于門中闑西閾外者閾爲門限即是門外故特牲禮筮日主人即位於門外西面此不言門外者闑外之文可參故省文也○注筮者至廟神○釋曰鄭知筮以蓍者曲禮云龜曰卜蓍曰筮故知筮以蓍也云問日吉凶於易也者下云若不吉則筮遠日如初儀又案周禮大卜掌三易一曰連山二曰歸藏三曰周易筮得卦以易辭占吉凶故云問日吉凶於易也不筮月者夏小正云二月綏多士女冠子取妻時也既有常月故不筮也云冠必筮日於廟門者重以成人之禮成子孫也者案冠義云筮日筮賓所以敬冠事敬冠事所以重禮是筮日爲重禮之事也冠義又云古者重冠重冠故行之於廟行之於廟者所以尊重事尊重事而不敢擅重事不敢擅重事所以自卑而尊先祖也是成人之禮成子孫也此經唯論父子兄弟不言祖孫鄭兼言孫者家事統於尊若祖在則爲冠主故兼孫也云廟謂禰廟者案昏禮行事皆直云廟記云凡行事受諸[illegible]廟故知亦於禰廟也然儀禮之内單言廟[illegible]禰廟則以廟名別之故聘禮云賓朝服門[illegible]受聘在始祖廟即云不聘先君之祧是不[illegible]別之也士於廟若天子諸侯冠在始祖之[illegible]武子云以先君之祧處之祧則與聘禮先[illegible]藏始祖同也若然服虔注以祧爲曾祖者[illegible]於衛成公之廟服注成公衛曾祖故以祧[illegible]於衛之始祖以非已廟故也無大夫冠禮[illegible]同在禰廟也云不於堂者嫌蓍龜之靈由[illegible]在廟堂此蓍筮在門外不同處故以廟決[illegible]吉凶不假廟神故云嫌蓍龜之靈由廟神[illegible]冬陳玉以貞來歲之美惡注云問歲之美[illegible]筮者賓問於鬼神龜筮能出其卦兆之占[illegible]七入九六之鬼神故以六玉禮耳而龜筮[illegible]占似無靈者各有所對若以著龜對生數[illegible]龜直能出卦兆不得有神若以卦對生成[illegible]自有神是以易繫辭云著之德圓而神又[illegible]成天下之亹亹者莫善於蓍龜又郭璞云[illegible]千齡蔡凡龜之智莫善於龜凡草之靈莫[illegible]靈也若蓍自有神不假廟神也不於寢門[illegible]禮成子孫二兼取鬼神之謀故易繫辭云[illegible]鬼謀謂謀卜筮於廟門是也

主人玄冠朝服。緇帶素韠。即位于門東西面。

主人將冠者之父兄也玄冠委貌也朝服者十五升布衣而素裳也衣不言色者衣與冠同也筮必朝服者尊蓍龜之道緇帶黑繒帶士帶博二寸再繚四寸屈垂三尺素韠白韋韠長三尺上廣一尺下廣二尺其頸五寸肩革帶博二寸天子與其臣玄冕以視朔皮弁以日視朝諸侯與其臣皮弁以視朔朝服以日視朝凡染黑五入爲緅七入爲緇玄則六入與

䟽　主人至西面○釋[illegible]日之時先服即位[illegible]而立以待筮事也○注主人至入與○釋[illegible]是父兄加冠之禮知兼有兄者論語云出[illegible]父兄父兄者一家之統父不在則兄爲主[illegible]

道此筮唯有蓍草言龜者按周禮小事徒筮而已若大事先筮而後卜龜筮是相將之物同著朝服故兼言龜是以雜記卜筮皆朝服也案特牲禮筮日與祭同服玄端少牢筮日與祭同服朝服不特尊蓍龜者彼爲祭事龜不可尊於先祖故同服此爲冠事冠事龜可尊於子孫故服異也云緇帶黑繒帶者案玉藻云君素帶終裨大夫素帶裨垂士練帶率下裨注云大夫裨其紐及末士裨其末而已又云雜帶君朱綠大夫玄華士緇裨鄭云君裨帶上以朱下以綠終之大夫裨垂外以玄內以華士裨垂之下外內皆以緇是謂緇帶鄭彼云是謂者指此文也若然天子諸侯帶繞腰及垂者皆裨之大夫則不裨其繞腰者直裨垂之三尺屈而垂者士則裨其末繞三尺所垂者不裨在者若然大帶所用物大夫已上用素士練緇爲帶體所裨者用緇則此言緇據裨者而言也云士帶博二寸再繚四寸屈垂三尺者此亦玉藻文大夫已上大帶博四寸此士卑降於大夫已上博二寸再繚其爲四寸屈垂三尺則大夫已上亦屈垂三尺同矣云素韠白韋韠者案玉藻云韠君朱大夫素士爵韋彼以韠爲總目而云君朱大夫素士爵韋是韠色不同下云韋者是君大夫同用韋也但彼是玄端服之韠此士用素韋爲之故鄭云白韋韠也又云韠長三尺至博二寸亦皆玉藻文鄭彼注云頸五寸亦謂廣也頸中央肩兩角皆上接革帶肩與革帶廣同此韠即韍也祭服謂之韍朝服謂之韠也云天子與其臣玄冕以視朔皮弁以日視朝者此約玉藻而知案彼云天子玄端聽朔於南門之外皮弁以日視朝又云諸侯皮弁以聽朔於大廟朝服以日視朝於內朝彼注云端當爲冕謂天子以玄冕聽朔於南門之外明堂之中彼皆不言臣此鄭兼言臣者欲見在朝君臣同服引之者證此玄冕朝服而筮者是諸侯之士則諸侯與其臣與子加冠同服皮弁以筮日天子與其臣與子加冠同服玄冕以筮日矣知天子服玄冕諸侯服皮弁以筮日者鄭旣取君臣同服明筮時還君臣同服若云天子用玄冕諸侯用皮弁其臣不得上同于君君下就臣同朝服也云凡染黑五入爲緅七入爲緇玄則六入與者案爾雅一染謂之縓再染謂之頳三染謂之纁此三者皆是染赤法周禮鍾氏染鳥羽云三入爲纁五入爲緅七入爲緇此是染黑法故云凡染黑也但爾雅及周禮無四入與六入之文禮有色朱玄之色故注此玄則六入下經注云朱則四入無正文故皆云與以疑之但論語有紺緅連文紺又在緅上則以纁入赤爲朱若以纁入黑則爲紺故淮南子云以涅染緅則黑於涅又以紺入黑汁則爲緅故紺緅連言也若然玄爲六入緇爲七入深淺不同而鄭以衣與冠同以緇與玄同色者大同小異皆是黑色故云同也

有司如主人服。即位于西方。東面北上。有司羣吏有事者謂主人之吏所自辟除府史以下今時卒吏及假吏是也

【疏】有司至北上。○釋曰此論主人有司從主人有事故立位于廟門外西方東面以待事也○注有司至是也○釋曰士雖無臣皆有屬吏胥徒及僕隸故云有司羣吏有事者也云謂主人之吏所自辟除府史以下者案周禮三百六十官之下皆有府史胥徒不得君命主人自辟除去役賦補置之是也又案周禮皆云府史此云羣吏吏史亦一也故舉漢法爲證又周禮鄭注云官長所自辟除此云主人者以此經云主人故依經而直云主人主亦爲長者也又此注以有司爲羣吏案特牲以有司爲士屬吏不同者言羣吏則爲府吏胥徒也言屬吏則謂君命之士是以下文宿贊冠者注云謂賓若他官之屬中士若下士也又主人贊者亦云其屬中士若下士是言屬者尊之義待牲之有司士之屬吏亦親類也特牲有司之上有子姓此文無者彼祭祀事重故子姓皆來此冠事稍輕故容有不至故不言

筮與席。所卦者。具饌于西塾。筮所以問吉凶謂蓍也所卦者所以畫地記爻易曰六畫而成卦饌陳也具俱也西塾門外西堂也

【疏】筮與至西塾○釋曰下云布席于門中闑西閾外彼據筮此云西塾據陳處○注筮所至堂也○釋曰筮所以問吉凶謂蓍也者案曲禮云龜爲卜策爲筮故知問吉凶謂蓍案易筮法用四十九蓍分之爲二以象兩掛一以象三揲之以四以象四時歸奇于扐以象閏十有八變而成卦是也云所卦者所以畫地記爻者筮法依七八九六之爻而記之但古用木畫地今則用錢以三少爲重錢重錢則九也三多爲交錢交錢則六也兩多一少爲單錢單錢則七也兩少一多爲拆錢拆錢則八也案少牢云卦者在左坐卦以木故知古者畫卦以木也云易曰六畫而成卦者説卦文彼云昔者聖人之作易也將以順性命之理是以立天之道曰陰與陽立地之道曰柔與剛立人之道曰仁與義兼三才而兩之故易六畫成卦注云三才天地人之道六畫畫六爻引之者證畫地識爻之法云西塾門外西堂也者案爾雅云門側之堂謂之塾即士虞禮云羞燔俎在內西塾上南順是也筮在門外故知此經西塾門外西堂也

布席于門中。闑西閾外。西面。闑門橛閾閫也古文闑爲槷閾爲蹙

【疏】布席至西面○釋曰此所布之席擬卜筮之事言在門中者以大分言之云闑西閾外者指陳席處也○注闑門至爲蹙○釋曰云闑門橛者闑一名橛也云閾閫也者曲禮云外言不入于閫閾門限與閫爲一也云古文闑爲槷閾爲蹙者遭于暴秦燔滅典籍漢興求錄遺文之後有古書今文漢書云魯人高堂生爲漢博士傳儀禮十七篇是今文也至武帝之末魯恭王壞孔子宅得古儀禮五十六篇其字皆以篆書是爲古文也古文十七篇與高堂生所傳者同而字多不同其餘三十九篇絕無師説秘在於館鄭注禮之時以今古二字並之若從今文不從古文即今文在經闑閾之等是也於注內疊出古文槷蹙之屬是也若從古文不從今文則古文在經注內疊出今文即下文孝友時格鄭注云今文格爲嘏又喪服注今文無冠布纓之等是也此注不從古文槷蹙者以槷蹙非門限之義故從今不從古也儀禮之內或從今或從古皆逐義彊者從之若二字俱合義者則互換見之即下文云壹揖壹讓升注云古文壹皆作一公食大夫三牲之肺不離贊者辯取之一以授賓注云古文一爲壹是大小注皆疊今古文二者俱合義故兩從之又鄭疊古今之文者皆釋經義盡乃言之若疊今古之文訖須別釋餘義者則在後乃言之即下文孝友時格注云今文格爲嘏又云凡醮不祝之類是也若然下記云章甫殷道鄭云章明也殷質言以表明丈夫也甫或爲父今文爲斧事相違故因疊出今文也

筮人執筴抽上韇。兼執之。進受命於主人。筮人有司主三易者韇藏筴之器今時藏弓矢者謂之韇丸也兼并也進前也自西方而前受命者當知所筮也

【疏】筮人至主人○釋曰此經所陳據筮時之事案少牢云史左執筮右抽上韇兼與筮執之東面受命于主人得主人命詵史曰諾西面于門西抽下韇左執筮右兼執韇以擊筮乃立筮此云筴彼云筮一也但筮法不殊此亦應不異少牢具陳此不言者文不具當與彼同案三正記大夫蓍五尺故立筮士之蓍三尺當坐筮與彼異也○注筮人至筮也○釋曰案周禮春官筮人掌三易一曰連山二曰歸藏三曰周易注云問蓍曰筮其占易是筮人主三易者也云韇藏筴之器者韇有二其一從下向上承之其一從上向下韇之也云今時藏弓矢者謂之韇丸也者此舉漢法爲況亦欲見韇弓矢者以皮爲之故詩云象弭魚服是以魚皮爲矢服則此韇亦用皮也知自西方而前者上云即位于西方故知前向東方受命也云受命者當知所筮也者謂執之不知以請筮何事宰遂命之也凡卜筮之法案洪範云七稽疑擇建立卜筮人三人占從二人之言又案尚書金縢云乃卜三龜一習吉則天子諸侯卜時三龜並用于玉瓦原三兆各占一兆也筮時連山歸藏周易亦三易並用夏殷以不變爲占周易以變者爲占亦三人各占一易筮皆三占從二三者三吉爲大吉一凶爲小吉三凶爲大凶一吉爲小凶案士喪禮筮宅卒筮執卦以示命筮者命筮者受視反之東面旅占注云旅衆也反與其屬共占之謂掌連山歸藏周易者又卜葬日云占者三人在其南注云占者三兆掌玉兆瓦兆原兆者也少牢大夫禮亦云三人占鄭旣云反與其屬占之則鄭意大夫卜筮同用一龜一易三人共占之矣其用一龜一易則三代顓用不專一代故春秋緯演孔圖云孔子脩春秋九月而成卜之得陽豫之卦宋均注云陽豫夏殷之卦名故今周易無文是孔子用異代之筮則大夫卜筮皆不常據一代者也

宰自右。少退。贊命。宰有司主政教者自由也贊佐也命告也佐主人告所以筮也少儀曰贊幣自左詔辭自右

【疏】宰自至贊命○注宰有至自右○釋曰知宰是有司主政教者士雖無臣以屬吏爲宰若諸侯使司徒兼家宰以出政教之類故云主政教者引少儀者取證贊命在右之義以其地道尊右故贊命皆在右是以士喪禮亦云命筮者在主人之右注云命尊者宜由右出特牲云宰自主人之左贊命不由右者爲神求吉變故也士喪在右不在左者以其始死未忍異于生故在右也少牢宰不贊命大夫尊屈士卑不嫌故使人贊命也

筮人許諾。右還。即席。坐西面。卦者在左。即就也東面受命右還北行就席卦者有司主畫地識爻者

【疏】筮人至在左○釋曰此言筮人於主人受命訖行筮事也但即席坐西面者主人爲筮人而言作坐文宜在西面下今退西面于下者欲西面之文下就畫卦者亦西向故也○注即就至爻者○釋曰鄭知東面受命者以其上文有司在西方東面主人在門東西面今從門西東面主人之宰命之故東面受命可知也知右還北行就席者以其主人在門外之東南席在門中故知右還北行乃得西面就席坐也云卦者有司主畫地識爻者上云所卦者謂於此云卦者據人以杖畫地記識爻之七八九六者也

卒筮。書卦。執以示主人。卒已也書卦者筮人以方寫所得之卦

【疏】卒筮至主人○釋曰此言所筮六爻俱了卦體得成更以方版畫體示主人之事也○注卒已至之卦○釋曰云書卦者筮人者下文云筮人還東面旅占明此書卦是筮人也不使他人書卦者筮人尊卦亦是尊蓍龜之道也案特牲云卒筮寫卦筮者執以示主人注云卦者主畫地識爻六爻備乃以方版寫之則彼寫卦亦是卦者故鄭云卦者畫爻者彼爲祭禮吉事尚提提故卦者寫卦筮人執卦以示主人士喪禮注云卦者寫卦示主人經無寫卦之文是卦者自畫示主人以其喪禮遽于事故卦者自畫自示主人也此冠禮筮者自寫自示主人冠禮異于祭禮喪禮故也

主人受眡反之。反還也

【疏】主人受眡反之○釋曰此筮訖寫所得卦示主人主人受得省視雖未辨吉凶主人尊先受視以知卦體而已主人既知卦體反還與筮人使人知其占吉凶也

筮人還東面。旅

占卒。進告吉。旅眾也還與其屬共占之古文旅作臚也【疏】筮人至告吉○釋曰此言筮人既於主人受得卦體還于門西東面旅共占之是吉卦乃進向門東東面告主人云吉也

若不吉。則筮遠日。如初儀。遠日旬之外【疏】若不至初儀○釋曰曲禮吉事先近日此冠禮是吉事故先筮近日不吉乃更筮遠日是上旬不吉乃更筮中旬又不吉乃更筮下旬云如初儀者自筮于廟門巳下至告吉是也○注遠日旬之外○釋曰曲禮云旬之內日近某日旬之外曰遠某日彼據吉禮而言旬之內曰近某日據士禮旬內筮故云近某日是以特牲旬內筮日是也旬之外曰遠某日者據大夫以上禮旬外筮故言遠某日是以少牢筮旬有一日是也案少牢云若不吉則及遠日又筮日如初鄭注云及至也遠日後丁若後巳言至遠日又筮日如初明不并筮則前月卜來月之上旬上旬不吉至上旬又筮中旬中旬不吉至中旬又筮下旬下旬不吉則止不祭祀也若然特牲不言及則可上旬之內筮不吉則預筮中旬中旬不吉文預筮下旬又不吉則止若此冠禮亦先近日士冠禮亦于上旬之內預筮三旬不吉則更筮後月之上旬以其祭祀用孟月不容入他月若冠子則年已二十不可止然須冠故容人後月也若然大夫已上筮旬外士筮旬內此士禮而注云遠日旬之外者此遠日旬之外自是當月上旬之內筮不吉更筮中旬云遠日非謂曲禮文大夫以上前月預筮來月上旬為遠某日者彼自有遠日與此別也

徹筮席。徹去也斂也【疏】徹筮席○注徹去也斂也○釋曰據席則徹去之筮則斂藏之故兩訓之也

宗人告事畢。宗人有司主禮者【疏】宗人告事畢○注宗人至禮者○釋曰士雖無臣亦有宗人掌禮比于宗伯故云有司主禮者

主人戒賓。賓禮辭許。戒警也告也賓主人之僚友古者有吉事則樂與賢者歡成之有凶事則欲與賢者哀戚之今將冠子故就告僚友使來禮辭一辭而許再辭而許曰固辭三辭曰終辭不許也【疏】主人至辭許○釋曰自此以下至賓拜送一節論主人筮日訖三日之前廣戒僚友使來觀禮之事也云主人戒賓者謂主人親至賓大門外之西東面賓出大門外之東西面戒之云賓禮辭許者即下云戒賓曰某有子某將加布于其首願吾子之教之也賓對曰某不敏恐不能共事以病吾子敢辭主人曰某猶願吾子之終教之也賓對曰吾子重有命某敢不從是一度辭後乃許之是賓禮辭許者也○注戒警至許也○釋曰同官為僚同志為友此賓與主人同是官與為同志故以僚友解之此謂上中下士嘗執摯相見者也若未嘗相見則不必戒故鄭以僚友言之是也云古者有吉事則樂與賢者歡成之者則此經戒賓使來者是也云有凶事則欲與賢者哀戚之者則士喪禮始死命赴者使告君及同僚之等是也云禮辭一辭而許者即此文是也云再辭而許曰固辭者則士相見云某也願見無由達某子以命命某見主人對曰某子命某見吾子有辱請吾子之就家也某將走見賓對曰某不足以辱命請終賜見主人對曰某不敢為儀固請吾子之就家也某將走見賓對曰某不敢為儀固以請主人對曰某也固辭不得命將走見是其再辭而許名為固辭之義也云三辭曰終辭不許也者又士相見云士見于大夫終辭其摯是三辭不許為終辭之義也若一辭不許後辭上許則為禮辭許若再辭不許後三辭上許則為再辭而許之曰固辭若不許至于三辭又不許則為三辭曰終辭不許也又三辭而許則曰三辭若三辭不許乃曰終辭是以公食大夫戒賓上介出請入告三辭又司儀云諸公相為賓主君郊勞交擯三辭車逆拜辱三揖三辭注云先辭辭其以禮來于外後辭辭升堂皆是三辭而許稱三辭若然此戒賓賓禮辭許不固辭案鄉飲酒主人請賓賓禮辭許注云不固辭者素所有志是賓習道藝本望賓舉是素所有志故不固辭此亦素有志樂與主人歡成冠禮故不固辭諸經云禮辭許者是素有志之類也

主人再拜。賓荅拜。主人退。賓拜送。退去也歸也【疏】案鄉飲酒主人戒賓賓拜辱主人荅拜乃請賓賓禮辭許主人再拜賓荅拜主人退賓拜辱鄉射亦然皆與此文不同此經文不具當依彼文為正但此不言拜辱者亦是不為賓已故也

前期三日筮賓。如求日之儀。前期三日空二日也筮賓筮其可使冠子者賢者恒吉冠義曰古者冠禮筮日筮賓所以敬冠事敬冠事所以重禮重禮所以為國本【疏】前期至之儀○釋曰此文下盡宿贊冠者亦如之論筮賓若贊冠者之節云前期三日者加日為期期前三日也筮賓者謂於僚友眾士之中筮取吉者為加冠之賓也云如求日之儀者亦于廟門外下至告事畢唯命筮別其餘威儀並同故云如求日之儀也命筮雖無文宰贊蓋云主人某為適子某加冠筮某為賓庶幾從之若庶子則改適為一庶字異餘亦同此經不云命筮弁上筮日亦不云命筮者皆文不具也○注前期至國本○釋曰云前期三日空二日也者謂正加冠日是期日冠日之前空二日外為前期三日故云空二日也二日之中雖有宿賓宿贊冠者及夕為期但非加冠之事故云空也云筮賓筮其可使冠子者即下文三加皆賓親加冠于首者是也云賢者恒吉者解經先戒後筮之意凡取人之法先筮後戒今以此賓是賢者必知吉故先戒賓賓已許方始筮之以其賢恒自吉故先戒後筮之也若賢恒吉必筮之者取其審慎重冠禮之事故鄭引冠義為證也云重禮所以為國本者詩云人而無禮胡不遄死禮運云治國不以禮猶無耜而耕也故云重禮所以為國本也然冠既筮賓特牲少牢不筮賓者彼以祭祀之事主人自為獻主羣臣助祭而已天子諸侯之祭祭前已射于射宮擇取可預祭者故不筮之也

乃宿賓。賓如主人服。出門左。西面再拜。主人東面荅拜。宿進也宿者必先戒戒不必宿其不宿者為眾賓或悉來或否主人朝服【疏】乃宿至荅拜○釋曰此經為宿賓擯者傳主人辭入內告賓賓如主人服出門與主人相見之儀也○注宿進至朝服○釋曰鄭訓宿為進者謂進之使知冠日當來故下文宿曰某將加布于某之首吾子將莅之敢宿賓對曰某敢不夙與是宿之使進之義也云宿者必先戒者謂若賓及贊冠同在上戒賓之內已戒之矣今又宿是宿者必先戒也云戒不必宿者即上文戒賓之中除正賓及贊冠者但是僚友欲觀禮者皆戒之使知而已後更不宿是戒不必宿者也云不宿者為衆賓或悉來或否者此決賓與贊冠者戒而又宿不得不來衆賓主來觀禮非要須來容有不來者故直戒不宿也云主人朝服者見上文筮日時朝服至此無改服之文則知皆朝服凡有戒無宿者非止於此案鄉飲酒鄉射主人戒賓及公食大夫各以其爵皆是當日之戒理無宿也又大射宰戒百官有事于射者射人戒諸公鄉大夫射司士戒士射與贊者前射三日宰夫戒宰及司馬告有戒而無宿是也射人宿視滌此言宿者謂將射之前於宿預視滌濯非戒宿之意也若然特牲禮云前期二日宿尸前無戒而直有宿者特牲文不具其賓亦有戒也又禮記祭統云先期旬有一日宮宰宿夫人夫人亦散齊七日致齊三日注云宿讀為肅肅猶戒也戒輕肅重也者彼以夫人尊故不得言戒而變言宿讀為肅者肅亦戒之意彼以宿當戒處非謂祭前三日之宿也大宰云祀五帝則掌百官之普戒者謂戒百官使之散齊至祭前三日當致齊也凡宿賓之法案特牲云前期三日筮尸乃宿尸厥明夕陳鼎則前期二日宿之也少牢筮吉下云宿鄭注云大夫尊儀益多筮日既戒諸官以齊戒矣至前祭一日又戒以進之使知祭日當來又云前宿一日宿戒尸注云先宿尸者重所用為尸者又為將筮吉則乃遂宿尸是前祭二日筮尸訖宿尸至前祭一日又宿尸天子諸侯祭前三日宿之使致齊也

乃宿賓。賓許。主人再拜。賓荅拜。主人退。賓拜送。乃宿賓者親相見致其辭【疏】乃宿至拜送○釋曰上據擯者傳辭賓出與主人相見此經據主人自致辭故再舉宿賓之文也

宿贊冠者一人。亦如之。贊冠者佐賓為冠事者謂賓若他官之屬中士若下士也宿之以筮賓之明日【疏】宿贊至如之○注贊冠至明日○釋曰案下文冠子之時贊者坐櫛設纚卒紘之類是贊冠者佐賓為冠事者以其佐賓為輕故不筮也云謂賓若他官之屬者此所取本由主人之意或取賓之屬或取他官之屬故鄭兩言之案周禮三百六十官每官之下皆有屬官假令上士為官首其下有中士下士為之屬若中士為官首其下即有下士為之屬也云中士若下士也者此據主人是上士而言之贊冠者皆降一等假令主人是上士賓亦是上士則取中士為之贊假令主人是下士賓亦是下士則亦取下士為之贊禮窮則同故也云宿之以筮賓之明日者以下有厥明夕為期是冠前一日宿賓宿贊在厥明之上則去冠前二日矣筮賓是前期三日則知宿賓贊冠者是筮賓之明日可知不在宿賓下而在宿贊冠之下言之者欲取為厥明相近故也

厥明夕為期。于廟門之外。主人立于門東。兄弟在其南。少退。西面北上。有司皆如宿服。立于西方。東面北上。厥其也宿服朝服【疏】厥明至北上○釋曰自此至賓之家論冠前一日之夕為明日加冠之期告賓之事也云厥明夕為期者謂宿賓與贊冠明日向暮為加冠之期必於廟門者以冠在廟知亦在廟為期也主人之類在門東賓之類在門西者各依賓主之位夾處東西也○注厥其至朝服○釋曰知宿服朝服者以其宿服如筮日之服筮日朝服轉相如故知是朝服也

擯者請期。宰告曰。質明行事。擯者有司佐禮者在主人曰擯在客曰介質正也宰告曰旦日正明行冠事【疏】擯者至行事○釋曰上經布位已訖故此經見為期之事言請期者謂請主人加冠之期言告曰者即是宰贊命告之也○注擯者至冠事○釋曰上云有司此言擯者故知擯者是有司佐主人行冠禮者也云在主人曰擯在客曰介者案聘禮及大行人皆以在主人曰擯在客稱介亦曰相司儀云每門止一相是也云旦日正明行冠事者案特牲請期曰羹飪鄭注云肉謂之羹飪熟也謂明日質明時而日肉熟重豫勞賓此無羹飪故云質明少牢云旦明行事故此注取彼而言旦日正明行冠事也

告兄弟及有司。擯者告也【疏】告兄弟及有司○注擯者告也○釋曰上文陳兄弟及有司位次此告訖下乃云告事畢則兄弟及有司亦廟門之外矣必告之者禮取審慎之義故也必知擯者告者上擯者請期此即云

告明還是擯者告可知

告事畢。宗人告也。〔疏〕告事畢。○注宗人告也。○釋曰知宗人告者亦約上文筮日時宗人告事得知也

擯者告期于賓之家。〔疏〕擯者至之家。○釋曰有司是家之屬吏者則告期皆得在位賓是同僚之等爲期時不在故就家告之於夕爲期當暮即得告之者以其共士於君其家必在城郭之內相近故得告也

夙興。設洗直于東榮。南北以堂深。水在洗東。夙早也興起也洗承盥洗者棄水器也士用鐵榮屋翼也周制自卿大夫以下其室爲夏屋水器尊卑皆用金罍及大小異〔疏〕夙興至洗東○釋曰自此至賓升則東面論將冠子豫陳設冠與服器物之事也○注夙早至小異○釋曰云洗承盥洗者棄水器也者謂盥手洗爵之時恐水穢地以洗承盥洗水而棄之故云棄水器也云士用鐵者案漢禮器制度洗之所用士用鐵大夫用銅諸侯用白銀天子用黃金也云榮屋翼也者即今之搏風云榮者與屋爲榮飾言翼者與屋爲翹翼也云周制自卿大夫以下其室爲夏屋者言周制者夏殷卿大夫以下屋無文故此經是周法即以周制而言也案此經是士禮而云榮鄉飲酒卿大夫禮鄉射喪大記大夫士禮皆云榮又案匠人云夏后氏世室堂脩二七廣四脩一五室此謂宗廟路寢同制則路寢亦然雖不云兩下爲之彼下文云殷人重屋四阿鄭云四阿四注屋重屋謂路寢殷之路寢四阿則夏之路寢不四阿矣當兩下爲之是以檀弓孔子云見若覆夏屋者矣鄭注云夏屋今之門廡漢時門廡也兩下爲之故舉漢法以況夏屋兩下爲之或名兩下屋爲夏屋夏后氏之屋亦爲夏屋鄭云卿大夫以下其室爲夏屋兩下而周之天子諸侯皆四注故喪大記云升自屋東榮鄭以爲卿大夫士其天子諸侯當言東霤也周天子路寢制似明堂五室十二堂上圓下方明四注也諸侯亦然故燕禮云洗當東霤鄭云人君爲殿屋也云水器尊卑皆用金罍及大小異者此亦案漢禮器制度尊卑皆用金罍及其大小異此篇與昏禮鄉飲酒鄉射特牲皆直言水不言罍大射雖云罍水不云料少牢云司宮設罍水于洗東有料鄭注云設水用罍沃盥用料禮在此也欲見罍料俱有餘文無者不具之意也儀禮之內設洗與設尊或先或後不同者若先設洗則兼餘事此士冠賓與贊共洗昏禮有夫婦與御媵之等少牢特牲兼舉鼎不專爲酒以是皆先設洗鄉飲酒鄉射先設尊者以其事爲酒燕禮大射自相對大射辨尊卑故先設尊燕禮不辨尊卑故先設洗又儀禮之內或有尊無洗或尊洗皆有文不言設之者是不具也

儀禮注疏卷第一挍勘記　阮元撰盧宣旬摘錄

儀禮疏卷第一　今本作儀禮注疏卷第一在序文之後石經徐本作儀禮卷第一次士冠禮第一次儀禮次鄭氏注案鄭氏原本惟有士冠禮第一儀禮鄭氏注十字而已首五字蓋石經所加夫大題既在小題之下何得重書于上且儀禮以篇爲卷既識篇數又識卷數不已贅乎○按禮經在漢祇稱爲禮藝文志云禮古經五十六卷是也亦曰禮記熹平石經有儀禮載洪适隸釋而載延之謂之禮記是也無稱儀禮者鄭氏引此經直舉篇名亦不稱儀禮疑儀禮二字鄭學之徒加之猶鄭氏箋三字爲雷次宗所加也荀崧請置儀禮博士蓋自過江以後儀禮之名始顯

唐朝散大夫行太學博士宏文館學士臣賈公彥等撰　陳本同毛本無等字案賈氏此疏與李元植同撰故曰賈公彥等毛本去等字而移此行於序題之下皆非也○按賈氏三禮疏皆私撰故不言奉勑其書或經進御故稱臣惟唐字恐非原文所有當是咸平校勘時增入

儀禮疏序　毛本疏上有注字案此序爲疏而作非爲注而作加注字非也據五經注疏序今本皆題曰某經正義序則此題亦當依單疏本爲正

隋日碩儒　日毛本作曰案顧炎武金石文字記曰唐人日曰二字同一書法惟日字左角稍缺石經日字皆作曰釋文遇二字可疑者即加音切宋以後始以方者爲曰長者爲日而古意失矣

互有修短　修要義作長

庶可施以　施以要義作以施毛本以作矣

幸以去瑕取玖　去毛本誤作元

士冠禮第一

鄭目錄云　自此至此皆第一毛及陳閩監本俱列疏前與注一例餘篇放此按此乃疏引目錄之文三禮皆然玉海所謂正義每篇案鄭目錄是也諸本俱誤毛本除冠昏燕大射聘士喪特牲少牢八篇之外皆標注字尤誤

童子任職居士位年二十而冠　按喪服小功章疏引鄭目錄云士之子任士職居士位二十而冠蓋櫽括鄭意非原文也釋文與此同

則是於諸侯　要義同毛本是下有仕字放作則是諸侯之仕

此皆第一　通解作皆此爲第一

鄭云四人世事　要義同毛本人作民

成人之事若何　陳本同毛本人作民下四人勿雜處四人世事同事陳本作士非也

證此士身年二十加冠法　加上陳閩俱有而字

大夫冠而不爲殤　大閩本毛本作丈○今按下記疏又引此句諸本亦或作丈或作大究以丈爲是蓋言丈夫冠而不爲殤今大夫降兄殤在小功則大夫有未冠之兄而大夫之身尚未二十可知昏禮記疏引喪服小記仍作丈可證

天下無生而貴者　下陳閩監本俱誤作子

即皆第一也　毛本即作此

喪爲第十三　要義喪上有士字

儀禮　單疏本儀禮上下及下鄭氏注上下並空一字後凡標起止處皆同

鄭氏注

若水之注物　注誤作註要義作著盧文弨云鄭氏注舊作註通部皆然疏云言注者注義於經下若水之注物舊本亦並作註於文義全不可通一本悉改作注是也○按字體雅俗悉詳序目中今不悉辨此句註字似礙理故錄盧說正之

爲意不同　要義同毛本意作義

盡則行祭祀吉禮　陳本要義同毛本盡上有凶字

士冠禮筮于庿門　禮下今本俱有一圈案分段用圈非古也石經徐本皆無之施于此處尤非所宜蓋士冠禮三字乃發首之句猶言文王之爲世子也子贛見師乙而問焉與尚書篇題不同葛本別爲一行亦謬○按儀禮庿廟錯出張淳論之詳矣經注既然疏文更甚今當畫一從庿庿乃古文鄭不叠今文者鄭叠今古有三例辭有詳略則叠之賓對曰某敢不夙興今文無對是也義有乖互則叠之禮于阼今文禮作醴是也字有通借則叠之闑西閾外古文闑爲槷閾爲蹷是也若庿廟則同字故不叠然儀禮字例亦多參差如士冠特牲俱有主人受眂之語士冠作眂特牲作視士冠嘉薦亶時劉作旹陸作時皆後人任意爲之非鄭氏之舊

闑爲門限　盧文弨改闑爲閾

筮者至庿神　神監本誤作門

行之于庿者　陳閩俱無者字

卽云不腆先君之祧　要義同毛本卽作既

服氏注以祧爲曾祖者　要義同陳本氏誤作是毛本氏作虔

則蓍龜直能出卦兆　卦陳閩俱作其非是

若蓍自有神　若字毛本作是知

主人元冠朝服

肩革帶博二寸　嚴本集釋通解楊氏同毛本二作三○按作二與玉藻合

云素韠者　通解作既云素韠要義無此下十六字別有素裳積白素絹爲之八字在其衣冠色異上

是以下云爵弁服純衣是也　要義同毛本云作文

此服朝服　毛本朝上有乃服二字

肩與革帶廣同　毛本革誤作韋

天子用元冕諸侯用皮弁　閩本兩用字俱作同陳本上句作同下句作用

無四入與六入之文　陳本四入下衍五入二字閩本四入六入之文六字排寫甚稀可容入字

禮有色朱元之色　有下單疏陳本俱有色字似誤閩本朱元之三字甚稀亦可容四字

以涅染緅案緅字似當作紺後爵弁服節疏引作紺

有司如主人服卽位于西方于徐本作於按士昏禮至於某之室大射儀士御於大夫鄭注皆云今文於爲于則於于二字宜有辨但俗本涸寫已久不可勝按石經作于者多作於者少大抵經文則依石經注依徐本疏依單疏本可也

此論主人有司主人有司陳閩俱作有司主人

今時卒吏及假吏皆是也沈彤云案漢書倪寬傳補廷尉文學卒史儒林傳置五經百石卒史黃霸傳補馮翊卒史皆作史○按通解引疏曰卒史假吏又舉漢法爲證也沈說據此然疏無此語通解載注仍作卒吏徐本集釋俱無皆字

府史以下者者上要義有今時卒吏及假吏是也九字與徐本注合

則爲府史胥徒也爲要義作謂按謂爲二字唐人多通用然究嫌蒙涸今悉挍出

中士若下士也要義同毛本作若中士下士○按作中士若下士與後注合

特牲之有司要義同毛本之作云

亦親類也浦鏜疑親爲此字之誤

筮與席所卦者

據陳處毛本處下有言字

龜爲卜策爲筮要義同毛本策作蓍陳作筴

卦一以象三要義同毛本卦作掛○按掛俗卦字

故易六畫成卦毛本畫下有而字

布席于門中

擬卜筮之事陳本要義同毛本擬作疑按燕禮膳宰具官饌疏云擬燕可證

言在門中者門中陳本要義俱作中門非也

得古儀禮五十六篇要義同毛本古作七

闑閾之等是也要義同毛本無是也二字

今文無冠布纓之等要義同毛本無冠作冠無○按無冠與喪服傳注合

贊者辯取之辯諸本俱作辨

若疊今古之文說要義同毛本今古作古今說一本改作訖

則在後乃言之要義同毛本乃作皆

事相違要義同毛本違作爲

筮人執筴

藏筴之器筴通解作筮按通解偶誤耳敖氏改經筴爲筮字乃肊說也毛本器下有也字徐本集釋俱無與疏合

筮皆三占從二要義同毛本筮上有卜字

則三代顆用要義同毛本顆作類○按顆卽科字

故春秋緯演孔圖云圖陳閩監本俱誤作啚

是孔子用異代之筮要義同毛本異作二

宰自右少退

宰自至贊命今本俱脫毛本亦無此五字

士雖無臣無陳閩俱誤作爲

故贊命皆在右要義楊氏同毛本無皆字

是以士喪禮要義同毛本士下有之字

筮人許諾

於主人受命訖毛本同陳閩於俱作以

主人爲筮人而言主人盧以人爲衍字

作坐文陳本同毛本作作則

上云所卦者謂毛本謂下有木字○按此木字卽少牢饋食云卦者在左坐卦以木之木也

卒筮

此言所筮六爻俱了毛本爻誤作卦

吉事尚提提要義同毛本事尚作尚事

若不吉

旬之外曰遠某日者據大夫以上禮要義同毛本日下無者字

後丁若後巳丁若後巳陳本誤作不若近日

主人戒賓

某猶願吾子之終教之也毛本願作愿○按愿別一字

後辭上許陳本要義同毛本上作而下三辭上許同

素所有志所有毛本作有所○按鄉飲酒禮作所有

主人再拜

案鄉飲酒毛本酒下有禮字

前期三日

加日爲期毛本日上有冠字

則改適爲一庶字異餘亦同毛本作則改適字爲庶字其餘亦同

故鄭引冠義爲證也毛本義作禮

乃宿賓

此經爲宿賓陳閩同毛本爲作謂

前期二日宿尸二陳本要義俱作三毛本作二○按作三是

宿讀爲肅要義同毛本宿肅二字倒○按祭統注作宿讀

戒輕肅重也者要義同毛本肅作宿

宿戒尸要義同毛本戒作宿非也

厥明夕

以冠在廟要義同毛本冠下有者字

擯者請期

上經布位已訖訖要義作畢按前後文皆作訖字

夙興設洗

及大小異小下聶氏有皆字朱子曰及字恐誤○按疏云及其大小異蓋謂論其質則尊卑皆用金罍及論其形制之大小則仍有異耳

卽今之博風今監本誤作令博陳本通解要義俱作博一本改作搏○按衞氏禮記集說鄉飲酒義引此正作搏

漢時門廡也時要義作之

此亦案漢禮器制度要義無漢字

文不言設之者陳本要義同毛本文誤作又

儀禮疏卷第二

唐朝散大夫行大學博士弘文館學士臣賈公彥等撰

自此至東面論陳設衣服器物之等以待冠者喪大記與士喪禮服或西領或南領此東領者此嘉禮異於凶禮故也北上者冠特先用上便也

陳服于房中西墉下，東領北上。墉，牆。[疏]釋曰：陳服至北上。

爵弁服，纁裳，純衣，緇帶，韎韐。此與君祭之服。雜記曰：士弁而祭於公。爵弁者，冕之次，其色赤而微黑，如爵頭然，或謂之緅。其布三十升。纁裳，淺絳裳。凡染絳，一入謂之縓，再入謂之赬，三入謂之纁，朱則四入與？純衣，絲衣。餘衣皆用布，唯冕與爵弁服用絲耳。先裳後衣者，欲令下近緇，明衣與帶同色。韎韐，緼韍也。士緼韍而幽衡，合韋為之。士染以茅蒐，因以名焉。今齊人名蒨為韎韐。韍之制似韠。冠弁者不以名服，此言爵弁服者，以其爵弁服異於他服耳。今文纁皆作熏。[疏]釋曰：云此與君祭之服者，雜記曰士弁而祭於公，冠而祭於己，是爵弁為助君祭之服也。云爵弁者冕之次者，凡冕以木為體，長尺六寸，廣八寸，績麻三十升布，上以玄，下以纁，前後有旒。其爵弁制大同，唯無旒，又為爵色為異。又名冕者，俛也，低前一寸二分，故得冕稱。其爵弁則前後平，故不得冕名。以其尊卑次於冕，故云冕之次也。云其色赤而微黑如爵頭然或謂之緅者，案考工記鍾氏染羽云三入為纁，五入為緅，七入為緇。鄭注云：染纁者三入而成，又再染以黑則為緅。緅，今禮俗文作爵，言如爵頭色也。又復再染以黑乃成緇矣。云其布三十升者，以其冕服三十升，爵弁次冕，亦三十升也。云纁裳淺絳裳者，案爾雅釋器云：一染謂之縓，再染謂之赬，三染謂之纁。此三者皆是染赤法。若以纁入黑則為紺，以紺入黑則為緅，是赤多黑少也。云凡染絳一入謂之縓再入謂之赬三入謂之纁朱則四入與者，爾雅無四入之文，鄭以意量之，故云與以疑之也。云純衣絲衣者，論語云：麻冕，禮也；今也純，儉，吾從眾。孔注云：純，絲也。是純為絲也。云餘衣皆用布者，皮弁服十五升布，朝服十五升布，玄端亦布也。云唯冕與爵弁服用絲耳者，案祭統云王后蠶於北郊以供純服，故知冕服與爵弁服用絲也。云先裳後衣者欲令下近緇明衣與帶同色者，凡衣服之法皆先言衣後言裳，今此先言裳後言衣者，欲令衣與帶同色，故退衣在裳下，使近帶，明衣與帶同色也。

云韎韐緼韍也者，此經云韎韐二者一物，故鄭合為一物解之也。云士緼韍而幽衡者，玉藻文。言幽衡者，同繫於革帶，故連引之也。云合韋為之者，鄭即云士染以茅蒐因以名焉者，案爾雅云：茹藘，茅蒐。孫氏注：一名蒨，可以染絳。若然，則一草有此三名矣。但周公時名蒨草為韎草，以此韎草染韋合之為韐，因名韐為韎韐也。云韍之制似韠者，案上注已釋韠制，其韍之制亦如之，但有飾無飾為異耳。祭服謂之韍，其他服謂之韠。易困卦九二云朱紱方來，九五云困于赤紱，是天子與其臣及諸侯與其臣不同之義也。云今齊人名蒨為韎韐者，是漢時齊人猶名蒨為韎韐也。

皮弁服，素積，緇帶，素韠。此與君視朔之服也。皮弁者，以白鹿皮為冠，象上古也。積猶辟也，以素為裳，辟蹙其要中。皮弁之衣用布亦十五升，其色象焉。[疏]釋曰：云此與君視朔之服也者，案玉藻云皮弁以日視朝，又云諸侯皮弁聽朔於大廟，是諸侯與其臣皮弁視朔朝服視朝。今言皮弁之服者，此經云以白鹿皮為冠，象上古也者，案郊特牲云：三王共皮弁素積。鄭注云：所不易於先代。云象上古者，云古者衣毛冠皮，黃帝雖有絲麻布帛，皮弁猶象上古，故云象上古也。云積猶辟也以素為裳辟蹙其要中者，此皮弁之衣亦用十五升布，十五升布若然，則要中之辟蹙無數也。云皮弁之衣用布亦十五升其色象焉者，以其喪服注云朝服十五升，故知皮弁亦十五升也。云其色象焉者，謂象皮弁之色白也。

玄端，玄裳，黃裳，雜裳可也，緇帶，爵韠。此莫夕於朝之服。玄端即朝服之衣，易其裳耳。上士玄裳，中士黃裳，下士雜裳。雜裳者，前玄後黃。易曰：夫玄黃者，天地之雜也，天玄而地黃。士皆爵韠。[疏]釋曰：云此莫夕於朝之服者，案玉藻云朝玄端夕深衣，此莫夕於朝之服，謂士也。此玄端服，士莫夕於朝之服也。云玄端即朝服之衣易其裳耳者，朝服素韠，此則玄裳黃裳雜裳，是易其裳也。云上士玄裳中士黃裳下士雜裳者，以其三等之裳，故分為三等之士也。士有三等，故知分之也。

緇布冠缺項，青組纓屬于缺；緇纚，廣終幅，長六尺；皮弁笄，爵弁笄，緇組紘，纁邊，同篋。缺讀如有頍者弁之頍，緇布冠之無笄者，著頍，圍髮際，結項中，隅為四綴，以固冠也。項中有繻，亦由固頍為之耳。今未冠笄者著卷幘，頍象之所生也。滕薛名蔮為頍。屬猶著。纚，今之幘梁也。終，充也。纚一幅長六尺，足以韜髮而結之矣。笄，今之簪。有笄者屈組為紘，垂為飾；無笄者纓而結其絛。纁邊，組側赤也。同篋，謂此上凡六物。隋方曰篋。[疏]釋曰：云缺讀如有頍者弁之頍者，詩頍弁之文，引之者，取頍字同也。云緇布冠之無笄者，著頍，圍髮際，結項中，隅為四綴，以固冠也者，此經注云緇布冠無笄，故知著頍也。

文以經云頍明于項上結之也云隅爲四綴以固冠也者此亦無正文以義言之既武以下別有頍項明于首四隅爲綴上綴于武然後頍項得安穩也云項中有緇亦由固頍爲之耳者此亦無正文以義言之頍之兩頭皆爲緇別以繩穿緇中結之然後頍得牢固故云亦由固頍爲之也云今未冠笄者著卷幘頍象之所生者此舉漢法以況義耳漢時男女未冠笄者首著卷幘之狀雖不智知既言頍圍髮際以冠之明漢時卷幘亦以布帛之等圍繞髮際爲之矣云頍象之所生者漢時卷幘是頍之遺象所生至漢時故云頍象之所生也云滕薛名蔮爲頍者此亦舉漢時事以況之云滕薛二國云蔮卷幘之爲頍亦遺象故爲況也云今之幘梁者亦舉漢法爲況耳幘梁之狀鄭目驗而知至今久遠亦未審也云纚一幅長六尺足以韜髮而結之矣者人之長者不過六尺纚六尺故云足以韜髮既云韜髮乃云結之則韜訖乃爲紒矣云有笄者即經云皮弁及爵弁皆云笄者是有笄也云屈組爲紘者經緇組紘纁邊是爲有笄者而設言屈組謂以一條組於左笄上繫定遶頤下又相向上仰屬于笄屈繫之有餘因垂爲飾也云無笄者纓而結其條者無笄即經緇布冠是也則以二條組兩相屬于頍故經云組纓屬于頍也既屬訖則所垂條于頤下結之故云纓而結其條也云纁邊組側赤也者纁是三入之赤色又云邊則于邊側赤也若然以緇爲中以纁爲邊側而織之也云同篋謂此上凡六物者緇布至屬于頍共爲一物纚長六尺二物皮弁笄三物爵弁笄四物其緇組紘纁邊皮弁爵弁各有一則爲二物通前四爲六物云隋方曰篋者爾雅無文此對笥方而不隋也隋謂狄而長也案周禮弁師云掌五冕而云玉笄朱紘則天子以玉爲笄以朱爲紘又案祭義云天子冕而朱紘諸侯冕而青紘諸侯之笄亦當用玉矣又案弁師韋弁皮弁同科皮弁有笄則二者亦有笄矣又爲笄者屬纓不見有綏則六冕無綏矣然士緇布冠無綏故下記云孔子曰其綏也吾未之聞也若諸侯亦以緇布冠爲始冠之冠則有綏故玉藻云緇布冠繢綏諸侯之冠也鄭注云尊者飾其大夫紘案禮器云管仲鏤簋朱紘鄭注云大夫士當緇組纁邊是也其笄亦當用象耳

櫛實于簞。簞笥也【疏】櫛實于簞○注簞笥也○釋曰鄭注曲禮圓曰簞方曰笥與簞方圓有異而云簞笥共爲一物者鄭舉其類注論語亦然

蒲筵二在南。筵席也【疏】蒲筵二在南○注筵席也○釋曰筵二者一爲冠子即下云筵于東序少北是也一爲醴子即下云筵于戶西南面是也云在南者最在南頭對下文側尊一甒醴在服北也鄭注云筵席也者鄭注周禮司几筵云敷陳曰筵藉之曰席然其散言之筵席通矣前敷在地者皆言藉取相承之義是以諸席在地者多言筵也

側尊一甒。醴在服北。有篚實。勺觶。角柶。脯醢南上。側猶特也無偶曰側置酒曰尊側者無玄酒服北者纁裳北也篚竹器如笭者勺尊升所以㪺酒也爵三升曰觶柶狀如匕以角爲之者欲滑也南上者篚次尊籩豆次篚古文甒作廡【疏】側尊至南上○注側猶至作廡○釋曰云側猶特也無偶曰側置酒曰尊側者無玄酒者凡禮之通例稱側有二一者無偶特一爲側則此文側是也又昏禮云側尊甒醴于房中亦是無玄酒曰側至於昏禮合升側載聘禮云側襲士虞禮云側尊此皆是無偶爲側之類也一者聘禮云側受几者側是旁側之義也云服北者纁裳北也者此上先陳爵弁服之時纁裳最在北向南陳之此云服北明在纁裳北可知也云篚竹器如笭者其字皆竹下爲之故以竹器言之如笭者亦舉漢法爲況也云勺尊升所以㪺酒也者案少牢云罍水有枓與此勺爲一物故云尊升對彼是罍枓所以㪺水則此爲尊枓㪺酒者也云爵三升曰觶者案韓詩外傳云一升曰爵二升曰觚三升曰觶四升曰角五升曰散相對爵觶有異散文則通皆曰爵故鄭以爵名觶也云柶狀如匕以角爲之者欲滑也者對士喪禮用木柶者喪禮反吉也云南上者篚次尊籩豆次篚知然者以經云尊在服北南上則是從南北向陳之以尊爲貴次云篚後云籩豆故知次第然也云古文甒作廡者此無爲酒器無是夏屋兩下故不從古文也

爵弁皮弁。緇布冠。各一匴。執以待于西坫南。南面東上。賓升則東面。爵弁者制如冕黑色但無繅耳周禮王之皮弁會五采玉璂象邸玉笄諸侯及孤卿大夫之冕皮弁各以其等爲之則士之皮弁又無玉象邸飾緇布冠今小吏冠其遺象也匴竹器名今之冠箱也執之者有司也坫在堂角古文匴作篹坫作襜【疏】爵弁至東面○釋曰此一節論使有司三人各執其一豫在階以待冠事賓未入南面以向賓在堂亦以向賓言升則東面據終言之也○注爵弁至作襜○釋曰云爵弁者制如冕而黑色但無繅耳者已於上解訖今復言之者上文直舉冠以表服其冠實不陳故略言其冠至此專爲冠言之是以注弁引皮弁以下之事案弁師言冕有五采繅玉皮弁有五采王璂象邸玉笄下云諸侯及孤卿大夫之冕韋弁皮弁弁經各以其等爲之鄭注云各以其等繅旒玉璂如其命數也但上文已言上公之法故此諸侯唯據侯伯子男是以鄭云冕則侯伯繅七就用玉九十八子男繅五就用玉五十繅玉皆三采孤繅四就用玉三十二三命之卿繅三就用玉十八再命之大夫繅再就用玉八藻玉皆朱綠韋弁皮弁則侯伯璂飾七子男璂飾五玉亦三采孤則璂飾四三命之卿璂飾三再命之大夫璂飾二玉亦二采弁經之弁其辟積如冕繅之就然庶人弔者素委貌一命之大夫冕而無旒士變冕爲爵弁其韋弁皮弁之會無結飾弁經之弁不辟積彼經文具言之今此注略引以證士皮弁無玉以象爲飾之意不取於韋弁弁經及依命數之事故不具引之云緇布冠今小吏冠其遺象也者但緇布冠士爲初加之冠冠訖則弊之不用庶人則常著之故詩云臺笠緇撮是庶人以布冠常服者以漢之小吏亦常服之故舉爲況云匴竹器名今之冠箱也者此亦舉漢法爲況云執之者有司也者則上云有司如主人服有司不主一事故知此亦有司也云坫在堂角者但坫有二文一者謂若明堂位云崇坫亢圭及論語云兩君之好有反坫之等在廟中有之以亢反爵之屬此篇之內言坫者皆據堂上角爲名故云堂角云古文匴爲篹坫作襜者皆從經今文故疊古文也

主人玄端爵韠。立于阼階下。直東序西面。玄端士入廟之服也阼猶酢也東階所以荅酢賓客也堂東西牆謂之序【疏】主人至西面○釋曰上文已陳衣冠器物自此以下至外門外論賓主兄弟等著服及位處也云玄端爵韠者主人之服與上所陳子加冠玄端服亦一也云立於阼階下者時欲與賓行禮之事也云直東序者直當也謂當堂上東序牆也○注玄端至之序○釋曰案特牲士禮祭服用玄端此亦士之加冠在廟故與祭同服故云士入廟之服也云東西牆謂之序者爾雅釋宮文

兄弟畢袗玄。立于洗東。西面北上。兄弟主人親戚也畢猶盡也袗同也玄者玄衣玄裳也緇帶韠位在洗東退於主人不爵韠者降於主人也古文袗爲均也【疏】兄弟至北上○釋曰此論兄弟來觀禮之服也○注兄弟至均也○釋曰云兄弟主人親戚也者既云兄弟故是親戚云袗同也玄者玄衣玄裳也緇帶韠者以其同玄故知上下皆玄云緇帶韠者緇亦玄之類因士有緇帶故韠亦言緇實亦玄也云位在洗東退於主人者主人當序南西面洗當榮兄弟又在洗東故云退於主人也云不爵韠者降於主人也者爵弁同色主人尊故也兄弟用緇韠不用爵韠兄弟卑故云降於主人也

擯者玄端。負東塾。東塾門內東堂負之北面【疏】擯者至東塾○釋曰擯者不言如主人服別言玄端則與主人不同可知主人與兄弟不同故特言玄端與下贊者玄端從之不同言玄則此擯者是主人之屬中士若下士也故直舉玄端不言裳也○注東塾至北面○釋曰知是擯者是主人擯相事在門內故知在門內東堂負之北面向主人也

將冠者。采衣紒。在房中南面。采衣未冠者所服玉藻曰童子之飾也緇布衣錦緣錦紳并紐錦束髮皆朱錦也紒結髮古文紒爲結【疏】將冠至南面○注采衣至爲結○釋曰將冠者即童子二十之人也以其冠事未至故言將冠者也云緇布衣錦緣者以其童子不帛襦袴不衣裘裳故云緇布衣以錦爲緇布衣之緣也云錦紳者以錦爲大帶也云并紐者亦以錦爲紐紳之垂也云錦束髮者以錦爲總云皆朱錦也者童子之錦皆朱錦也云紒結髮者則詩云總角丱兮是也以童子尚華飾故衣此也

賓如主人服。贊者玄端從之。立于外門之外。外門大門外【疏】賓如至之外○注外門大門外○釋曰云賓如主人服者以其賓與主人尊卑同故得如主人之服贊者皆降主人一等其衣冠雖同其裳則異故不得如主人服故別言玄端也若然此冠兄弟及賓贊皆得玄端特牲主人與尸祝佐食玄端自餘皆朝服者彼助祭在廟緣孝子之心欲得尊嘉賓以事其祖禰故朝服與主異也

擯者告。告者出請入告【疏】擯者告○注告者出請入告○釋曰出請入告者告主人也

主人迎出門左西面再拜。賓荅拜。左東也出以東爲左入以東爲右【疏】主人至荅拜○注左東至爲右○釋曰出以東爲左入以東爲右據主人在西出則以西爲右入以西爲左也

主人揖贊者。與賓揖先入。贊者賤揖之而已又與賓揖先入道之贊者隨賓【疏】主人至先入○注贊者至隨賓○釋曰云贊者賤揖之而已者正謂贊者降于主人與賓一等爲賤也云又與賓揖者對前爲賓拜訖今又揖者爲主人將先入故又與賓揖乃入也云贊者隨賓者從不見更與贊者爲禮故知隨賓入也

每曲揖。周左宗廟入外門將東曲揖直廟將北曲又揖【疏】每曲揖○注周左至又揖○釋曰周左宗廟者祭義與小宗伯俱有此文對殷右宗廟也言此皆欲見入大門東向入廟云入外門將東曲揖者主人在南賓在北俱東向是一曲故一揖也至廟南主人在東北面賓在西北面是曲爲二揖故云直廟將北曲又揖也通下將入廟又揖三也

至于廟門。揖入。三揖至于階。三讓。入門將右曲揖將北曲揖當碑揖【疏】至于至三讓○注入門至碑揖○釋曰經直云入門揖鄭知此爲三揖者以上云每曲揖據入門東行時此入廟門三揖是據主人將右欲背客宜揖將北曲與客相見又揖云當碑揖者碑是庭中之大節又宜揖是知三揖據此而言也案昏禮注入三揖者至內霤將曲揖既曲北面揖當碑揖及聘

禮鄉飲酒入三揖注雖不同皆據此三節爲三揖義不異也主人升立于序端西面。賓西序東面。主人賓俱升立相鄉〔疏〕主人至東面。注主人至相鄉。釋曰此文主人與賓立相鄉位定將行冠禮者也主人升堂不拜至者冠子爲賓客故異於鄉飲酒之等也贊者盥于洗西。升立于房中。西面南上。盥於洗西由賓階升也立于房中近其事也南上尊於主人之贊者古文盥皆作浣〔疏〕贊者至南上。注盥於至作浣。釋曰此賓者之贊冠者不在堂升即位于房中與主人贊者竝立者以其與主人贊者俱是執勞役之事故先入房竝立待事故鄭云近事也云盥於洗西由賓階升也者贊者盥於洗西無正文案鄉飲酒主人在洗北南面賓在洗南北面如此相鄉又主人從內賓從外來之便贊者亦從之又卑不可與賓並明在洗西東面及向賓階便知在洗西也云由賓階升者以與主人贊者在房並立恐由阼階故明之同於賓客也云南上尊於主人之贊者以其賓主贊者俱降一等兩贊尊卑同而云尊者直以主人尊敬賓之贊故云尊於主人之贊又知與主人贊並立者以贊冠一人而已而云南上明與主人爲序也主人之贊者。筵于東序。少北西面。主人之贊者其屬中士若下士筵布席也東序主人位也適子冠於阼少北辟主人〔疏〕主人至西面。注主人至主人。釋曰云主人之贊者其屬中士若下士者以主人上士爲正故云其屬中士若主人是中士贊是其屬下士爲之賓與贊冠者向云筵布席也者謂布冠者席也云東序主人位也者引冠義云適子冠於阼爲證是也將冠者。出房南面。南面立于房外之西待賓命〔疏〕將冠至南面。注南面至賓命。釋曰知在房外之西不在東者以房外之東南當阼階是知房外者皆在房外之西故昏禮女出于母左母在房外之西故得出時在母左也云待賓命者以其下文有賓揖將冠則賓有命也贊者奠纚笄櫛于筵南端。贊者賓之贊冠者也奠停也古文櫛爲節〔疏〕贊者至南端。注贊者至爲節。釋曰前頍項已下六物同一篋陳於房今將用之故贊冠者取置于將冠之席南擬用若然六者俱用不言纓紘等四物大畧其實皆有可知不言櫛盛于簞今亦并簞將來置於席南端也服不將來置於席南者皆加冠訖宜房中隱處加服訖乃見容體也知贊者是其賓之贊冠者也者以其贊冠者主爲冠事而來故知取笄纚是賓之贊冠者若非賓之贊者則云主人以別之故上云主人之贊者是也賓揖將冠者。將冠者即筵坐。贊者坐。櫛。設纚。即就設施〔疏〕賓揖至設纚。釋曰此二者勞役之事故贊者爲之也賓降。主人降。賓辭。主人對。主人降爲賓將盥不敢安位也辭對之辭未聞〔疏〕賓降至人對。釋曰云辭對之辭未聞者上筮賓宿賓之時雖不言其辭下皆陳其辭此賓主之辭下皆不言故云未聞也賓盥卒壹揖。壹讓。升。主人升。復初位。揖讓皆壹者降於初古文壹皆作一〔疏〕賓盥至初位。釋曰云主人升復初位者謂初升序端也。注古文壹皆作一。釋曰一壹得通用雖疊古文不破之也賓筵前坐正纚。興。降西階一等。執冠者升一等。

東面授賓。正纚者將加冠宜親之興起也降下也下一等升一等則中等相授冠緇布冠也〔疏〕賓筵至授賓。注正纚至冠也。釋曰云正纚者將加冠宜親之者以其贊者前已設纚訖今賓復出正之者雖舊設已正以親加冠故纚亦宜親之也云下一等升一等則中等相授者案匠人天子之堂九尺賈馬以爲傍九等爲階則諸侯堂宜七尺則七等階大夫堂宜五尺則五等階士宜三尺則三等階故鄭以中等解之也知冠是緇布冠者以下文有皮弁爵弁故知此是緇布冠也賓右手執項。左手執前。進容。乃祝。坐如初。乃冠。興。復位。贊者卒。進容者行翔而前鶬焉至則立祝坐如初坐筵前興起也復位西序東面卒謂設缺項結纓也〔疏〕賓右至者卒。注進容至纓也。釋曰知進容者行翔而前鶬焉者曲禮云堂下不趨室中不翔則堂下固得翔矣又云大夫濟濟士蹌蹌注云皆行容止之貌此進容是士故知進容謂行翔而前鶬焉云至則立祝者以經祝下乃云坐如初故祝時立可知云坐如初坐筵前者上正纚時筵前坐是初坐也云卒謂設缺項結纓也者下文皮弁贊者卒紘此謂緇布冠無笄紘直頍項青組纓屬於頍故卒者終頍項與結纓也若然經云右手執項謂冠後爲項非頍項其下皮弁爵弁無頍項皆云執項故知非頍項也冠者興。賓揖之。適房。服玄端爵韠。出房南面。復出房南面者一加禮成觀衆以容體〔疏〕冠者至南面。注復出至容體。釋曰言復者對前出房故云復前出爲待賓命此出爲觀衆以容體也案郊特牲論加冠之事云加有成也故此鄭云一加禮成也云觀衆以容體者以其既去緇布衣錦緣童子服著此玄端成人之服使衆觀知故云觀衆以容體也賓揖之。即筵坐。櫛。設笄。賓盥正纚如初。降二等。受皮弁。右執項。左執前。進祝。加之如初。復位。贊者卒紘。如初爲不見者言也卒紘謂繫屬之〔疏〕賓揖至卒紘。注如初至屬之。釋曰此當第二加皮弁之節云即筵坐櫛者坐訖當脫緇布冠乃更櫛也云設笄者凡諸設笄有二種一是紒內安髮之笄一是皮弁爵弁及六冕固冠之笄今此櫛訖未加冠即言設笄者宜是紒內安髮之笄也若安髮之笄則緇布冠亦宜有之前櫛訖不言設笄者以其固冠之笄緇布冠無笄而皮弁爵弁有笄上文已陳訖今若緇布冠亦言設笄即與皮弁爵弁相亂故緇布冠不言設笄其實亦有也若然緇布冠不言設笄而言設纚皮弁冠言設笄不言設纚互見爲義明皆有也其於固冠之笄則於賓加弁之時自設之可知云如初爲不見者言也者上加緇布冠時有賓降主人降賓辭主人對賓盥卒一揖一讓升主人升復初位賓筵前坐之等相次此皆不見故設經省文如之而已故云爲不見者言也云卒紘謂繫屬之者即上注云有笄者屈組以爲紘伸屬之左相繫定右相繩繫擬解時易爲繫屬之也興。賓揖之。適房。服素積素韠。容。出房南面。容者再加彌成其儀益繁〔疏〕興賓至南面。釋曰興謂冠者加皮弁訖起待賓揖之也云適房服素積素韠者上陳服皮弁云緇帶素韠此不言緇帶者上唯有一帶不言可知故不言也。注容者至益繁。釋曰此對上加緇布冠時直言出房南面不言容此則言容以再加彌成其儀益繁故言容其

賓彼出亦是容故鄭注云觀衆以容體也賓降三等。受爵弁加之。服纁裳韎韐。其他如加皮弁之儀。降三等下至地他謂卒紘容出〔疏〕賓降至之儀。注降三至容出。釋曰云降三等下至地者據士而言云他謂卒紘容出者以其自餘皆緇布冠見訖皮弁如之而已至卒紘容出唯皮弁有之故知他謂此二者也徹皮弁冠櫛筵。入于房。徹者贊冠者主人之贊者爲之〔疏〕徹皮至于房。注徹者至爲之。釋曰冠即緇布冠也不言緇布冠者可知故也皮弁具言者以有爵弁之嫌然不言爵弁者著之以受醴至見母兄弟姑姊訖乃易服故也云徹者贊冠者主人之贊者爲之者以其贊冠者奠櫛主人之贊者設筵故知還遣之也筵于戶西南面。筵主人之贊者戶西室戶西〔疏〕筵于戶西南面。注筵主至戶西。釋曰知主人之贊者設筵者以上文筵于東序已遣主人之贊故知此亦主人之贊者也云戶西室戶西者以下記醮于客位在戶西醮醴同處故知戶西西也贊者洗于房中。側酌醴。加柶覆之面葉。洗盥而洗爵者昏禮曰房中之洗在北堂直室東隅篚在洗東北面盥側酌者言無爲之薦者面前也葉柶大端贊酌者賓尊不入房古文葉爲擖〔疏〕贊者至面葉。注洗盥至爲擖。釋曰云洗盥而洗爵者凡洗爵者必先盥盥有不洗爵者此經直云洗明盥手乃洗爵故鄭云盥而洗爵引昏禮房中之洗至北面盥者證房中有洗之事若然前設洗于庭者不爲醴以房中有洗體尊也云側酌者言無爲之薦者謂無人爲之薦脯醢還是此贊者故下直言薦脯醢不言別有他人明還是贊者也昏禮贊醴婦是贊者自酌自薦經雖不言側酌側自明也云葉柶大端者謂扱醴之而柄細故以爲柶大端此與昏禮賓皆云面葉者此以賓尊不入戶贊者面葉授賓賓得面枋授冠者冠者得之面葉以扱醴而祭昏禮禮賓亦主人尊不入房贊者面葉以授主人主人面枋以授賓賓得面葉以扱祭至於聘禮禮賓宰夫實觶以醴加柶于觶面枋授公者凡醴皆設柶聘禮宰夫不訝授公側受醴則還面枋以授賓故面枋也賓揖冠者就筵。筵西南面。賓受醴于戶東。加柶面枋。筵前北面。戶東室戶東今文枋爲柄〔疏〕賓揖至北面。注戶東至爲柄。釋曰知室戶東者以其冠者筵室戶西賓自房戶取醴酌醴者出向西以授也冠者筵西拜受觶。賓東面荅拜。筵西拜南面拜也賓還荅拜於西序之位東面者明成人與爲禮異於荅主人〔疏〕冠者至荅拜。注筵西至主人。釋曰云筵西拜南面拜也者上云冠者筵西南面知以觶拜還南面也知賓東面在西序者以上文與主人相對本位於西序也云東面者明成人與爲禮異於荅主人者案鄉飲酒鄉射賓於西階北面荅主人拜今此於西序東面拜故云異於荅主人又昏禮禮賓聘禮禮賓皆云拜送此云荅拜不云拜送者彼醴是主人之物故云拜送此醴非賓物故云荅拜也薦脯醢。贊冠者也〔疏〕薦脯醢。注贊冠者也。釋曰上文云贊側酌醴是贊冠者明此薦亦是贊冠者也冠者即筵坐。左執觶。右祭脯醢。以柶祭醴三。興。筵末坐啐醴。建柶興。降筵坐奠觶拜。執

觶興。賓荅拜。建柶扱柶於醴中其拜皆如初古文啐爲呼　疏○冠者至荅拜○釋曰云祭醴三興者三祭者一如昏禮始扱一祭又扱再祭也云筵末坐啐醴建柶興降筵此啐醴不拜既爵者以其不卒爵故不拜也

冠者奠觶于薦東。降筵。北面坐。取脯。降自西階。適東壁。北面見于母。薦東薦左凡奠爵將舉者於右不舉者於左適東壁者出闈門也時母在闈門之外婦入入廟由闈門　疏冠者至於母○注薦東至闈門○釋曰云薦東薦左者據南面爲正故云薦左也云凡奠爵將舉者於右者謂若鄉飲酒鄉射是也此文及昏禮贊醴婦是不舉者皆奠之於左也云適東壁者出闈門也者宮中之門曰闈門母既冠子無事故不在門外今子須見母故知出闈門也云婦人入廟由闈門者雜記云夫人奔喪入自闈門升自側階鄭注云宮中之門曰闈門爲相通者也是也

母拜。受。子拜。送。母又拜。婦人於丈夫雖其子猶俠拜　疏母拜至又拜○注婦人至俠拜○釋曰鄭云婦人於丈夫雖其子猶俠拜者欲見禮子之禮例但是婦人於丈夫皆使俠拜故舉子以見義也

賓降。直西序東面。主人降。復初位。初位初至階讓升之位　疏賓降至初位○釋曰此將欲與冠者造字而迎之位也○注初位至之位○釋曰云初位初至階讓升之位者謂初迎賓至階讓升之位其賓直西序則非初讓升之位主人直東序西者欲迎其事聞字之言故也

冠者立于西階東南面。賓字之。冠者對。對應也其辭未聞　疏冠者至者對○注對應至未聞○釋曰云賓字之者即下文有字辭又有某甫之字若孔子云尼父之字是也云其辭未聞者下有賓祝辭不見冠者應辭故云未聞也案禮記冠義云既冠而字之成人之道也見於母母拜之據彼則字訖乃見母此文先見乃字者此文見母是正見彼見母在下者記人以下有兄弟之等皆拜之故退見母於下使與兄弟拜文相近也若然未字先見母字訖乃見兄弟之等者急於母緩於兄弟也

賓出。主人送于廟門外。不出外門將醴之　疏賓出至門外○注不出至醴之○釋曰以下云請醴賓故云將醴之也

請醴賓。賓禮辭。許。賓就次。此醴當作禮禮賓者謝其自勤勞也次門外更衣處也以帷幕簟席爲之　疏請醴至就次○注此醴至爲之○釋曰云此醴當作禮者對上文有酌醴受醴之等不破之此當爲上於下之禮不得用醴禮即從醴字何者周禮云諸侯用鬯不云鬯賓明不得以醴禮賓即爲醴故破從禮也云次門外更衣處也者次舍之名以其行禮衣服或與常服不同更衣之時須入於次故云更衣處也云必帷幕簟席爲之者案聘禮記云宗人授次次以帷少退于君之次注云主國之門外諸侯及卿大夫之所使者次位皆有常處又案周禮幕人掌帷幕幄帟綬之事注云帷幕皆以布爲之四合象宮室曰幄云簟席者士卑或用簟席是以雜記諸侯大夫喪皆用布士用簟席爲之次亦當然

冠者見於兄弟。兄弟再拜。冠者荅拜。見贊者。西面拜。亦如之。見贊者西面拜則見兄弟東面拜贊者後賓出　疏冠者至如之○注見贊至賓出○釋曰兄弟位在東方此贊冠者則賓之類故贊者東面也言贊者先拜冠者荅之也知贊者後賓出者文於見兄弟下始見之明贊者後賓出也出亦當就次待禮之也

入見姑姊如見母。入入寢門也廟在寢門外如見母者亦北面姑與姊亦俠拜也不見妹妹卑　疏入見至見母○注入入至妹卑○釋曰男子居外女子居內廟在寢門外入見入寢門可知不見父與賓者蓋冠畢則已見也不言者從可知也云不見妹妹卑者以其妹卑於姑姊故不見也

乃易服。服玄冠玄端爵鞸。奠摯見于君。遂以摯見於鄉大夫鄉先生。易服不朝服者非朝事也摯雉也鄉先生鄉中老人爲卿大夫致仕者　疏乃易至先生○注易服至仕者○釋曰云易服者爵弁既助祭之服不可服見君與先生等故易服服玄端也云易服不朝服者非朝事也者此乃因加冠以成人之禮見君非正服之節故不朝服經直云玄端則兼玄冠矣今更云玄冠者以初冠時服玄端爲緇布冠服緇布冠非常著之冠而弊之易服宜服玄冠配玄端故兼云玄冠也朝服與玄端同玄端則玄裳黃裳雜裳黑屨若朝服玄冠玄端雖同但裳以素而屨色白也以其但正幅故朝服亦得端名然六冕皆正幅故亦名端是以樂記云魏文侯端冕而聽古樂又論語云端章甫鄭云端玄端諸侯視朝之服則玄端不朝得名爲玄端也云摯雉也者士執雉是其常故知摯是雉也云鄉先生鄉中老人爲卿大夫致仕者此即鄉飲酒與鄉射記鄉先生及書傳父師皆一也先生亦有士之少師鄭不言者經云鄉大夫不言士故先生亦畧不言其實亦當有士也

乃醴賓以壹獻之禮。壹獻者主人獻賓而已即燕無亞獻者獻酢酬賓主人各兩爵而禮成特牲少牢饋食之禮獻尸此其類也士禮一獻卿大夫三獻禮賓不用柶者泲其醴內則曰飲重醴清糟稻醴清糟黍醴清糟粱醴清糟凡醴事質者用糟文者用清　疏乃醴亦之禮○注壹獻至用清○釋曰此醴亦當爲禮不言可知也云壹獻者主人獻賓而已即燕無亞獻者案特牲少牢主人獻尸主婦亞獻爲二獻此則主人獻賓而已無亞獻知即燕者鄉飲酒末有燕故知獻後有燕云獻酢酬賓主人各兩爵而禮成者主人獻賓賓酢主人主人將酬賓先自飲訖乃酬賓奠而不舉是賓主人各兩爵而禮成也必知一獻之禮備有酬酢者昏禮舅姑饗婦以一獻之禮奠酬得正禮不旅又曰婦酢舅更爵自薦是備酬酢也鄉飲酒亦備獻酢酬是其義也云特牲少牢饋食之禮獻尸此其類也者此賓主人各兩爵無亞獻彼主人主婦各一爵有亞獻雖不同得主人一獻義類同故云此其類也云士禮一獻者即士冠及昏禮鄉飲酒禮鄉射皆是一獻也云卿大夫三獻者案左氏傳云季孫宿如晉拜莒田也晉侯享之有加籩武子退使行人告曰小國之事大國也苟免於討不敢求貺得貺不過三獻又禮記郊特牲云三獻之介亦謂卿大夫三獻之介案大行人云上公饗禮九獻侯伯七獻子男五獻是以大夫三獻士一獻亦是其差也云禮賓不用柶者泲其醴者此有獻酢酬飲之泲者故不用柶冠禮禮子用醴不泲故用柶也云內則曰飲者鄭注云目諸飲也云重醴清糟者鄭云重陪也糟醇也清泲也致飲有醇者有泲者陪設之稻醴以下是也云凡禮事質者用糟文者用清者質者謂若冠禮禮子之類是也故以房戶之閒顯處設尊也

主人酬賓。束帛儷皮。飲賓客而從之以財貨曰酬所以申暢厚意也束帛十端也儷皮兩鹿皮也古文儷爲離　疏主人至儷皮○注飲賓至爲離○釋曰主人酬賓當奠酬之節行之以財貨也此禮賓與饗禮同但爲饗禮有酬幣則多故聘禮云若不親饗致饗以酬幣注云禮幣束帛乘馬亦不是過也又案大戴禮云禮幣采飾而四馬是大夫禮多與士異也案禮器云琥璜爵鄭云天子酬諸侯諸侯相酬以此玉將幣也則又異於大夫也下凡酬幣之法尊卑獻數多少不同及其酬幣唯於奠酬之節一行而已春秋秦后子出奔晉后子享晉侯歸取酬幣終事八反杜注云備九獻之儀始禮自齎其一故續送其八酬酒幣八彼九獻之閒皆云幣之代奢侈之法非正禮也云束帛十端也者禮之通例凡言束者無問脯與錦皆以十爲數也云儷皮兩鹿皮也者當與射禮庭實之皮同禮記郊特牲云虎豹之皮示服猛也又覲禮用馬則國君用馬或虎豹皮若臣聘則用鹿皮故鄭注聘禮云凡君於臣臣於君麋鹿皮可也言可者以無正文若然兩說諸侯自相見亦用虎豹皮也

贊者皆與。贊冠者爲介。贊者衆賓也皆與亦飲酒爲衆賓介賓之輔以贊者爲之尊之飲酒之禮賢者爲賓其次爲介　疏贊者至爲介○注贊者至爲介○釋曰鄭知贊者衆賓者以其下別言贊冠者明上云贊者是衆賓也云介賓之輔者以其鄉飲酒之禮賢者爲賓其次爲介又其次爲衆賓彼據將貢以爲優劣之次也此雖不貢以爲飲酒之禮立賓主亦以優劣立介以輔之也云以贊爲之尊之者謂尊此贊冠者故遣爲介也云飲酒之禮賢者爲賓其次爲介者取尊爲義也

賓出。主人送于外門外。再拜。歸賓俎。一獻之禮有薦有俎其牲未聞使人歸諸賓家也　疏賓出至賓俎○注一獻至家也○釋曰賓不言薦脯醢者案舅姑共饗婦以一獻有姑薦則此一獻亦有薦脯醢可知經有俎必有特牲但鄉飲酒鄉射則取擇人而用狗此冠禮無擇人之義則不用牲但無正文故云其牲未聞也知使人歸諸賓家者以賓出主人送於門外乃始言歸賓俎明使人歸於賓家也

儀禮注疏卷二校勘記

阮元撰盧宣旬摘録

陳服于房中西墉下

陳服至北上　按單疏分五十卷與唐書新舊志合今本俱依注作十七卷茲紀單疏每卷起訖以存舊式　蒲鏜云疏中自此至東面云十八字已見上夙興節疏此重出○今按此兩節適在兩卷交接之處故重言之蒲未見單疏本故未喻其重出之故

故士之冠特　陳本要義同毛本通解特作時要義士之作也士

爵弁服

此與君祭之服　與通典作助按若作與當讀去聲而釋文無音疑作助是也因下注此與君視朝之服相涉而誤耳

再入謂之赬　入釋文作染下二字同張氏曰爾雅有再染三染之文此鄭氏用染字之據也○按爾雅云一染謂之縓再染謂之赬三染謂之纁鄭氏既據爾雅何以一入不稱染若依今本槪作入字爲是

今齊人名蒨爲韎韐　集釋校云疏云周公時名蒨爲韎草以此韎染韋合之爲韐因名韎韐也是蒨一名韎而韎韐名韐者不得名韎韐也韐字乃衍文○按韎者茅蒐之別名也韐者所以代韠也自後人誤

讀毛傳妄改鄭箋遂併此注而亦誤矣戴侗六書故卷十八韎字下引鄭氏曰齊人謂蒨爲韎又韐字下引鄭康成曰韐韎之制似韠以韐字屬下句與疏不合其讀上句郤正與疏合餘此以見宋儒亦有覺其誤而改其讀者

冠弁者　盧文弨云者字衍

士禮元冠自祭　陳閩同毛本冠作端

是況有不同之事　毛本同要義況作注

但古緇紂二字竝行　要義同毛本行作色

元端亦服之類　浦鏜云亦下當脫朝字

此經云韎韐　浦鏜云下當脫禮記云緼紱緼紱韎韐九字

鄭卽因解名緼紱之事　名陳閩要義俱作名毛本作明事諸本俱作字

是紱有與緼異　浦鏜云緼當韠字之誤。按疑當云是紱又與緼紱異

二與日爲體離爲鎮雚　上六字要義曰當云二與四爲離體雚陳閩俱誤作瞿

緇布冠及皮弁在堂下　陳本要義同毛本皮上無及字皮下有爵字

當從絲旁爲之　段玉裁校本絲作糸

皮弁服

目覆頭句頷繞項　毛本目上有以白鹿皮四字句作鉤通解與毛本同

至黃帝則有冕　冕陳閩俱作異。按下云黃帝作旒冕則異字非也

績事後素之等是也　績毛本作繪是毛本作事諸本俱作是

素用繒者　陳閩同毛本繒作繪

元端

天地之雜也　也徐本作色張氏云鄭氏正引易文不必改也爲色也字近色傳寫者誤耳。按漢時六經異文甚多張說未確通解亦從張氏

不同一命不命　浦鏜云同當問字之誤盧文弨云不同二字屬上亦可

各有所當當者卽服之　當字陳閩俱不重非也

朝時不服　不要義作所按要義是

以聽私朝矣　矣要義作衣屬下句

必以莫爲夕者　莫爲疑當作爲莫

無事則無夕法　陳閩要義同毛本則作亦

哀十四年　要義同毛本哀作襄

卽此元端也　要義同毛本端作冠

緇布冠

結項中　按疏無中字

足以韜髮而結之矣　韜釋文作叏張氏云士昏禮注之縚髮釋文亦云本又作叏不爲叏則爲縚今之爲韜未知孰據。按說文韜劍衣也弢弓衣也二字音義相近故古多通用如六韜一作六弢是也叏本訓滑因弢而轉爲叏從省也縚則韜之俗字

謂此以上凡六物　徐本通典集釋俱無以字與疏合通解要義俱與毛本同釋文亦有以字按徐本作此上釋文則摘以上二字爲音未見以字之上必無此字張氏遽改此爲以殆因此以二字不宜並存故歟

首著卷幘之狀雖不智　陳本同之要義作其智通解要義俱作智毛本作雖不可知

故以冠之　冠要義作況

人之長者　要義同毛本人下有髮字

謂狹而長也　毛本狹誤作挾

大夫士當緇組纁邊　陳本同毛本組下有紘字。按無紘字與禮器注不合且與此處經文亦異此本非也

櫛實于簞

笥與簞方圓有異　聶氏要義同毛本與上無笥字

蒲筵二在南

鄭注云　盧文弨云鄭注二字衍舊本俱經注連釋一本始分作兩段然體例亦不盡合。按此爲經注連釋之始故特加鄭注二字以別于釋經也以後凡經注連釋者卽不盡用此例

藉之曰席　籍浦鏜改从艸是也毛本誤作籍下藉取同

前敷在地者皆言藉取相承之義　毛本藉上有筵字此本陳本俱無筵字閩本筵字擠入按通典釋此經云上重者皆言席取相承藉之義在地多言筵也蓋用疏說

側尊一甒醴

勺尊升　金曰追云疏謂少牢罍枓所以剩水此尊枓剩酒者也是注升本作斗後魏以來字多別體升斗字幾不辨故致誤如此當并疏尊升改正

則此爲尊枓剩酒者也　枓要義作升誤

爵弁皮弁緇布冠各一匴　宋本釋文云匴本或作算。按通典作算與或本合今本釋文算誤作篹

古文匴作篹坫作襜　篹嚴徐集釋俱作篹毛本作篹上作字嚴徐集釋俱作作毛本作爲下作字嚴本集釋俱作作徐本毛本作爲張氏云注曰匴作篹案釋文云爲篹素管反劉音篹篹字既誤作字必非又云注曰坫作襜案釋文云爲襜以占反廣韻云襜與簷同屋襜也垝謂之坫故或爲襜今從襜非也襜字既誤作字必非。按毛本兩句俱是爲字與釋文合疏則上句是爲下句是作與徐本相反又釋文襜毛本亦誤作襜

但坫有二文一者　要義同毛本文下有有字坫單疏誤坫毛本作坫

云古文匴爲篹坫作襜者　篹陳閩監本俱同毛本要義作篹襜要義同毛本作襜

兄弟畢袗元　朱子云袗古文作均而鄭注訓同漢書字亦作袀則當從袗爲是。今按說文無袀字均之爲袀猶元之爲袨皆俗字也袗本元服以經既有元字故鄭轉訓爲同蓋字雖從今而義則從古袗均音同得相假借也或疑經文袗字當作均注當云均同也古文均爲袗恐不必然

爵弁同色　毛本爵作韠陳本要義俱作爵

將冠者采衣紒

童子之飾也　飾毛本作飾徐本集釋楊氏敖氏俱作飾。按作飾與玉藻合

將冠至南面注采衣至爲結　按疏內總標經注之式唯此僅存浦鏜謂注采衣至爲結六字當在故言將冠者也下蓋未見單疏本故也

賓如主人服

注外門大門外　六字毛本俱脫

每曲揖

對般右宗廟也　毛本同陳閩俱無宗廟二字

俱東向是一曲　要義楊氏同毛本東向作向東

至于廟門

既曲北面揖　陳閩同毛本既作卽

主人升立于序端

冠子爲賓客　毛本爲上有非字

贊者盥于洗西　浦鏜云于洗西三字當衍文疏云贊者盥于洗西無正文若經有此三字便是正文何云無也當是傳寫者因注盥于洗西之文誤衍之耳

故先入房竝立待事　毛本待作侍

明在洗西東面　毛本明作故

恐由阼階　通解同毛本由作作

贊者奠纚笄櫛于筵南端

宜房中隱處加服訖　宜陳本誤作冠毛本作適

賓降

下皆不言　下皆毛本作不陳本誤作不贊按不與下贊與皆俱因形似而誤今本作陳則近理而莫究其原矣

賓盥卒壹揖壹讓升　瞿中溶云唐石經兩壹字初刻作一後改

賓右手執項

行翔而前鶬焉者　陳閩同毛本前作後

堂下不趨　下要義毛本作上下同○按要義是也

謂行翔而前鶬焉　要義同毛本鶬作蹌

冠者與

觀衆以容體　體通典作儀

按郊特牲論加冠之事　毛本郊誤作特

賓揖之

右相⿰糸屈繫　毛本⿰糸屈作屈

與賓揖之

起待賓揖之也　毛本待作而

贊者洗于房中

以房中有洗　毛本房作庭

古文葉爲擖　擖陳閩監葛俱誤作揭按擖當作擸說詳聘禮

昏禮贊醴婦　諸本俱作醴婦毛本作酌醴

此與昏禮賓　盧文弨云禮下脫一禮字下同

公側受醴　要義同毛本作授

賓揖冠者就筵

以其冠者筵室戶西　筵通解要義俱作在

冠者筵西拜受觶

知以觶拜還南面也　以要義作受是也

今此於西序東面拜　要義同毛本於作以

薦脯醢

上文云贊側酌醴　毛本側作者

冠者卽筵坐○柶祭醴三　毛本三誤作二

建柶　建石經徐本集釋敖氏俱作建注同通解作捷錢大昕云士昏禮婦受醴亦有以柶祭醴坐啐醴建柶之文則作建爲是

扱柶於醴中　扱釋文作提云本又作插亦作扱盧文弨云釋文云云正指注言後人誤會乃改經之建柶爲捷柶失之矣張氏云鄉射之注曰搢插也插干帶右大射之注曰搢扱也士喪禮之注曰搢插也插干帶之右旁釋文皆作捷由是觀之釋文之前捷字猶在釋文之後始盡變而爲插扱爾○按集釋云建陸作捷蓋其誤自李氏始

賓降直西序東面

而迎之位也　案此與下欲迎其事兩迎字疑皆當作近

請醴賓

此醴當作禮禮賓者謝其自勤勞也　禮賓者以下九字毛本俱脫徐本集釋通解敖氏俱有

以帷幕簟席爲之　以徐本集釋通解要義敖氏俱作以毛本作必

諸侯用卣　要義同通解毛本諸上有天子禮三字

乃易服○奠摯見於君　摯釋文作贄云本又作摯○按摯贄今本錯出宜俱從手後不悉挍

遂以摯見于鄉大夫鄉先生　毛本先誤作見近有據誤本疏文欲改經鄉大夫爲卿大夫者段玉裁云鄉大夫謂每鄉卿一人之鄉大夫及同一鄉中仕至卿大夫者鄉飲酒禮鄉射禮所謂遵者也鄉先生同一鄉中嘗仕爲卿大夫而致仕者也必皆云鄉者謂同一鄉周禮重鄉飲鄉射以鄉三物賓興之意也禮記冠義釋文云鄉大夫鄉先生並音香此則經文不作卿字甚明

則元端不朝得名爲元端也　不監本作以

與鄉射記先生　要義陳本同毛本記作禮

經云鄉大夫不言士　陳本通解同要義亦鄉誤作卿

乃醴賓以壹獻之禮

賓醴不用柶者　賓醴徐本集釋通解俱作禮賓按疏作醴賓

飲重醴清糟稻醴清糟黍醴清糟粱醴清糟　稻醴以下十二字毛本俱脫徐本集釋通解俱有敖氏無未清糟二字陸氏云糟劉本作蕕音糟

鄉飲酒未有燕　閩本要義同通解毛本未作末

而禮成也　通解要義同毛本禮成作成禮

亦是其差也　毛本是誤作士

云重醴清糟者　醴下金曰追補至字云疏括注語本有至字不知何時脫去遂使轉寫者反據疏中重醴清糟四字誤刪注文○按內則原文重醴下無清糟二字故校者疑鄭注今本固有脫句而古本亦有衍字也然古書多異文未可臆爲刊削金謂疏有至字不知何據疏引內則注先解清糟兩字乃云稻醴以下是也則疏舉注語未必總括五句

云凡禮事　陳本要義同按各本注禮俱作醴

主人酬賓

彼九獻之間皆云幣獻　通解要義俱作獻毛本作酬云通解毛本作有

兩說諸侯　陳本要義同毛本說作國是也

贊者皆與

贊者衆賓也　朱子云贊者謂主人之贊者也恐字誤作衆賓耳○按如朱子說則疏中兩衆賓亦當改爲主人之贊者

謂賓此贊冠者　毛本此作之按賓字亦宜作尊

儀禮疏卷第三

唐朝散大夫行大學博士弘文館學士臣賈公彥等撰

若不醴則醮用酒。若不醴謂國有舊俗可行聖人用焉不改者也曲禮曰君子行禮不求變俗祭祀之禮居喪之服哭泣之位皆如其國之故謹脩其法而審行之是酌而無酬酢曰醮醴亦當爲禮【疏】若不至用酒○注若不至爲禮○釋曰自此已上說周禮冠子之法自此已下至取籩脯以降如初說夏殷冠子之法云若不醴則醮用酒者案上文適子冠於阼三加訖一醴於客位是周法今云若不醴則醮用酒非周法故知先王法矣故鄭云若不醴謂國有舊俗可行聖人用焉不改者也云聖人者即周公制此儀禮用舊俗則夏殷之禮是也云曲禮曰已下者是下曲禮文也云君子行禮不求變俗者與下文爲目謂君子所住之國不求變彼國之俗若衛居殷墟者也云祭祀之禮者若郊特牲云殷人先求諸陽周人先求諸陰求諸陽者先合樂乃灌地降神也求諸陰者謂先灌地乃合樂若衛居殷地用殷禮則先合樂乃灌也云居喪之服者謂若檀弓周之諸侯絕旁期降上下殷之諸侯服旁期不降上下衛居殷墟亦不降上下也云哭泣之位者殷禮無文亦應有與也云皆如其國之故者謂上所云皆如其故國之俗而行之云是者依先王舊俗而行不改之事向來所解引曲禮據人君施化之法不改彼國舊俗證此醮用酒舊俗之法也故康誥周公戒康叔居殷墟當用殷法是以云茲殷罰有倫使用殷法故所引曲禮皆據不變彼國之俗但君子行禮不求變俗有二途若據曲禮之文云君子行禮不求變俗鄭注云求猶務也不務變其故俗重本也謂去先祖之國居他國又云祭祀之禮居喪之服哭泣之位皆如其國之故謹脩其法而審行之注其法謂其先祖之制度若夏殷者謂若杞宋之人居鄭衛鄭衛之人居杞宋若據彼注謂臣去已國居他國不變已國之俗是以定四年祝佗云殷人六族在魯啓以商政亦不變本國之俗故開商政示之皆據當身居他國不變已國之俗與此注引不同者不求變俗義得兩合故各據一邊而言也云酌而無酬酢曰醮者鄭解無酬酢曰醮雖據此文而言所以然者以周法用醮無酬酢曰醮案曲禮云長者舉未釂鄭注云盡爵曰釂是醮不專於無酬酢者若然醴亦無酬酢不爲醮名者但醴大古之物自然質無酬酢此醮用酒酒本有酬酢故無酬酢得名醮也云醴亦當爲禮者亦上請醴賓之醴故破之也

尊于房戶之閒。兩甒有禁。玄酒在西。加勺南枋。房戶閒者房西室戶東也禁承尊之器也名之爲禁者因爲酒戒也玄酒新水也雖今不用猶設之不忘古也【疏】尊于至南枋○注房戶至古也○釋曰云禁承尊之器也名之爲禁者因爲酒戒也者以醴不言禁醴非飲醉之物故不設戒也此用酒酒是所飲之物恐醉因而禁之故云因爲酒戒若然玄酒非飲亦爲禁者以玄酒對正酒不可一有一無故亦同有禁也云不忘古也者上古無酒今雖有酒猶設之是不忘古也

洗有篚在西南順。洗庭洗當東榮南北以堂深篚亦以盛勺觶陳於洗西南順北爲上也【疏】洗有至南順○注洗庭至上也○釋曰知洗庭洗者上周法用醴之時醴之尊在房今醮用酒與常飲酒同故洗亦當在庭是以下云賓降取爵于篚卒洗升酌故知洗在庭也設洗法在設尊前此洗亦當在設尊前設之故此直云洗有篚在西不言設也若然上不言設洗者以其上云醮用酒即連云尊文勢如此故不言設洗云當東榮南北以堂深者上已有文也云篚亦以盛勺觶者周法用醴在房庭洗無篚此用酒庭洗有篚故周公設經辨其異者但醴篚在房以盛勺觶此庭洗篚亦盛勺觶故云亦也云南順北爲上也者席之制有首尾者據識之先後爲首尾此篚亦云上者應亦有記識爲上下以其南順之言故北爲上也

始加。醮用脯醢。賓降。取爵于篚。辭。降如初。卒洗。升酌。始加者言一加一醮也加冠於東序醮之於戶西同耳始醮亦薦脯醢賓降者爵在庭酒在堂將自酌也辭降如初將冠時降盥辭主人降也凡薦出自東房【疏】始加至升酌○注始加至東房○釋曰云始加醮用脯醢者此言與周別之事周家三加訖乃一醴於客位用脯醢此加訖即醮於客位用脯醢是其不同也但言始加醮用脯醢者因言與周異之意其實未行事是以下乃始云賓降取爵于篚也云加冠於東序醮之於戶西同耳者經不見者嫌與周異故辨之其經不言冠者醮之處即與周同故經不見也云始醮亦薦脯醢者以其經云醮用脯醢汎言若醮用酒未著其節故亦如上周家三加始薦脯醢云賓降者爵在庭酒在堂將自酌也者決周家醴在房贊者酌授賓賓不親酌此則賓親酌酒洗爵故有升降也云辭降如初如將冠時降盥辭主人降也者欲見用醴時直有將冠時賓降無賓降取爵以其酌在房故也今云如初者唯謂如將冠降盥之事也云凡薦出自東房者用醴時尊在房脯醢出自東房醮用酒酒尊在堂脯醢亦出自東房鄉飲酒鄉射特牲少牢薦者皆出東房故云凡以該之也

冠者拜受。賓荅拜如初。贊者筵于戶西賓升揖冠者就筵乃酌冠者南面拜受賓授爵東面荅拜如醴禮也於賓荅拜贊者則亦薦之【疏】冠者至如初○注贊者至薦之○釋曰此經畧言拜受荅拜不言處所面位言如初者以其雖用酒與周異自外與周同故直言如初也是以鄭取上醴子法以言之故言如初以結之也云於賓荅拜贊者則亦薦之者經直云拜受荅拜如初亦不言出薦之時節故鄭別言之亦當如周家醴子時薦也凡醴子醴婦并昏禮禮賓面位不同者皆隨時之便故不同也

冠者升筵坐。左執爵。右祭脯醢。祭酒。興。筵末坐啐酒。降筵拜。賓荅拜。冠者奠爵于薦東。立于筵西。冠者立俟賓命賓揖之則就東序之筵【疏】冠者至筵西○注冠者至之筵○釋曰此經雖用酒不同其於行事與周禮醴子同但位有異彼一加訖入房易服訖出房立待賓容命此則醮訖立於席西待賓命爲異皆爲更加皮弁也云與筵末坐啐酒者爲醮於客位敬之故也昏禮禮賓與聘禮禮賓在西階上啐醴者昏禮注云此筵不主爲飲食起聘禮注云糟醴不卒故也冠子用醴拜此醮子用酒亦拜者以與醴子同是成人法拜啐故雖用醮亦拜啐也

徹薦爵。筵尊不徹。徹薦與爵者辟後加也不徹筵尊三加可相因由便也【疏】徹薦至不徹○注徹薦至便也○釋曰云徹薦與爵者辟後加也者案下文云加皮弁如初儀再醮攝酒其他皆如初酒則云攝明因前也除酒之外云其他如初明薦爵更設是後加卒設於席前也故知前云徹薦爵爲辟後加也

加皮弁如初儀。再醮攝酒。其他皆如初。攝猶整也整酒謂撓之今文攝爲聶【疏】加皮至如初○注攝猶至爲聶○釋曰云攝猶整也整酒謂撓之者案有司徹云司宮攝酒注云更洗益整頓之不可云洗亦當爲撓謂更撓攪添益整頓示新也

加爵弁如初儀。三醮。有乾肉折俎。嚌之。其他如初。北面取脯見于母。乾肉牲體之脯也折其體以爲俎嚌嘗之【疏】加爵至于母○注乾肉至嘗之○釋曰前二醮有脯醢更加此乾肉折俎言嚌之者嚌謂至齒嘗之案下若殺再醮不言攝此經再醮言攝三醮不言攝則再醮之後皆有攝互文以見義也云取脯見于母者亦適東壁俠拜與周同案下文若殺已下云卒醮取籩脯以降此亦取籩脯乾肉曰脯云乾肉牲體之脯也者案周禮腊人云掌乾肉凡田獸之脯腊鄭注云大物解肆乾之謂之乾肉若今梁州烏翅矣薄析曰脯捶之而施薑桂曰服脩若然乾肉與脯脩別言若今梁州烏翅者或爲豚解而七體以乾之謂之乾肉及用之將升于俎則節折爲二十一體與燕禮同故總名乾肉折俎也

若殺。則特豚載合升。離肺實于鼎。設扃鼏。特豚一豚也凡牲皆用左胖煮於鑊曰亨在鼎曰升在俎曰載載合升者明亨與載皆合左右胖離割也割肺者使可祭也可嚌也今文扃爲鉉古文鼏爲密【疏】若殺至扃鼏○注特豚至爲密○釋曰上醮子用乾肉不殺自此至取籩脯以降論夏殷醮子殺牲之事殺言若者是不定之辭殺與不殺俱得云若也云載合升者在鼎曰升在俎曰載載在後今先言載後言升又合字在載升之閒通事之者欲見在俎在鑊俱曰合也云設扃鼏者以茅覆鼎長則束其本短則編其中案冬官匠人廟門容大扃七个注云大扃牛鼎之扃長三尺又曰闈門容小扃參个注云小扃腳鼎之扃長二尺皆依漢禮而知今此豚鼎之扃當用小扃也云特豚一豚也者此特若郊特牲之特皆以特爲一也云凡牲皆用左胖者案特牲少牢皆用右胖少儀云大牢則以牛左肩折九个爲歸胙用左則用右而祭之鄉飲酒鄉射主人用右體生人亦與祭同用右者皆據周而言也此云用左鄭據夏殷之法與周異也但士虞喪祭用左反吉故也云亨於鑊曰亨者案特牲云亨于門外東方西面北上注云亨煮也亨豕魚腊以鑊各一爨詩云誰能亨魚漑之釜鬵是鑊爲亨也云在鼎曰升在俎曰載者案昏禮云特豚合升又云側載特牲亦云卒載加匕于鼎少牢云司馬升羊實于一鼎皆是在鼎曰升在俎曰載之文但在鼎直有升名在俎則升載兩稱也故少牢云升羊載右胖升豕其載如羊有司徹亦云乃升注云升牲體於俎也是在俎升載二名也云載合升者明亨與載皆合左右胖者以升載並陳又合在二者之閒故知從鑊至俎皆合左右胖也云離割也割肺者使可祭也可嚌也者凡肺有二種一者舉肺一者祭肺就舉肺之中復有三稱一名舉肺爲食而舉二名離肺少儀云三牲之肺離而不提心也三名嚌肺以齒嚌之此三者皆據生人爲食而有也就祭肺之中亦復有三稱一者謂之祭肺爲祭先而有之二者謂之忖肺忖切之使斷三者謂之切肺名雖與忖肺異切肺則忖肺也三者皆爲祭而有若然切肺離肺指其形餘皆舉其義稱也云今文扃爲鉉古文鼏爲密者一部之內皆然不從今文故疊之也

始醮。如初。亦薦脯醢徹薦爵筵尊不徹矣【疏】始醮如初○注亦薦至徹矣○釋曰云始醮如初者此一醮與不殺同未有所加故云如初也

再醮。兩豆。葵菹蠃醢。兩籩栗脯。蠃醢蠃蝓醢今文蠃爲蝸【疏】再醮至栗脯○注蠃醢至爲蝸○釋曰此二豆二籩增數者爲有殺牲故盛其饌也案鄭注周

禮醢人云細切爲韲全物若牒爲菹作醢及臡者先膊乾其肉乃後莝之雜以粱麴及鹽漬以美酒塗置甀中百日則成矣是作醢及菹之法也云蠃醢蝸蝓醢者爾雅文三醮。攝酒如再醮。加俎嚌之。皆如初嚌肺。攝酒如再醮則再醮亦攝之矣加俎嚌之嚌當爲祭字之誤也祭俎如初如祭脯醢【疏】三醮至嚌肺○注攝酒至脯醢○釋曰云攝酒如再醮則再醮亦攝之矣者周公作經省文再醮不言攝酒以三醮如之則再醮攝之可知故鄭云再醮亦攝之矣云加俎嚌之嚌當爲祭字之誤也者經有二嚌不破如初嚌之嚌唯破加俎嚌之字者以祭先之法祭乃嚌之又不宜有二嚌故破加俎之嚌爲祭也云祭俎如初如祭脯醢者以三醮唯祭俎之肺不復祭脯醢也若然前不殺之時一醮徹脯醢爲辭再醮之脯醢至再醮不言徹脯醢者以三醮上唯加乾肉不薦脯醢故不徹也今殷亦然一醮徹薦辭至再醮亦不徹薦直徹爵而已亦爲三醮以不加籩豆加牲俎是以祝辭一醮亦云嘉薦至三醮者直云籩豆有楚楚陳列貌是三醮不加籩豆明文也卒醮。取籩脯以降。如初。【疏】卒醮至如初○釋曰此取籩脯見毋與前不異上周法與不殺皆不云籩者上皆直薦脯醢不云籩豆此若殺云兩籩故云籩脯若然既殺有俎肉而取脯者見其得禮而已故不取俎肉如若得束帛者不須取脯是以冠禮禮賓得束帛皆不取脯也若孤子。則父兄戒宿。父兄諸父諸兄【疏】若孤至戒宿○注父兄諸兄○釋曰上陳士有父加冠禮訖自此至東塾北面論士之無父自有加冠之法也周公作文於此乃見之者欲見周與夏殷孫子同冠於阼階禮之於客位唯一醮三醴不同耳是以作經言其與上異者而已言父兄諸父諸兄者以其上文父兄非直戒宿而已故知此是諸父諸兄非已之親父親兄也冠之日。主人紒而迎賓。拜揖讓立于序端。皆如冠主。禮於阼。冠主冠者親父若宗兄也古文紒爲結今文禮作醴【疏】冠之至於阼○注冠主至作醴○釋曰云主人紒而迎賓者即上采衣紒是也云拜揖讓立于序端者謂主人出先拜賓荅拜訖揖讓而入于廟門既入門一又三揖至階又三讓而升堂乃立于東序端賓升立西序端一皆如上父兄爲主人故作文省畧總云揖讓立于序端皆如冠主也云禮於阼者別言其異者也云今文禮作醴者鄭不從今文者以其言醴則不兼於醮言禮則兼醴醮二法故也凡拜。北面于阼階上。賓亦北面于西階上荅拜。【疏】凡拜至荅拜○釋曰此亦異於父在者云凡拜者謂初拜至及啐拜之等賓主皆北面與父在時拜于筵西南面賓拜于序端東面爲異也若殺。則舉鼎陳于門外。直東塾北面。孤子得申禮盛之父在有鼎不陳於門外【疏】若殺至北面○釋曰云若殺者有則殺無則已故云若不定之辭也言舉鼎者謂於廟門外之東壁鑊所舉至廟門外之東直東塾二鼎豚魚腊鼎皆北向相重而列之也○注孤子至門外○釋曰案上文父在亦有殺法今鄭云孤子得申禮盛之者不爲殺起止爲陳鼎于外而言鄭知父在有鼎不陳於外者以上文若殺直云特豚載合升不辨外內孤子乃云舉鼎陳于門外類于上遂在陳鼎不於門外也凡陳鼎在外者賓客之禮也在內者家私之禮也是在外者爲盛也今孤子則陳鼎在外故云孤子

得申禮盛之也若庶子。則冠于房外南面。遂醮焉。房外謂尊東也不於阼階非代也不醮於客位成而不尊【疏】若庶至醮焉○釋曰上已言三代適子冠禮訖此經論庶子加冠法也周公作經於三代之下言之則三代庶子冠禮皆於房外同用醮矣但不知三代庶子各用幾醮耳今於周之適子三加一醴夏殷適子三加三醮是以下文祝辭三醴一而醮三皆爲三代而爲言至於三代庶子皆不見別辭則周之庶子宜依適子用一醮夏殷庶子亦依三醮三代適子有祝辭若庶子則無故下文注云凡醮者不祝○注房外至不尊○釋曰知房外謂尊東也者上陳尊在房戶之間案鄉飲酒賓東則尊東明此亦於尊東也云不於阼階非代也者案下記云適子冠於阼以著代也明庶子不於阼階非代故也云不醮於客位成而不尊者下記云醮於客位加有成也是適子於客位成而尊之此則成而不尊故因冠之處遂醮焉冠者母不在。則使人受脯于西階下。【疏】冠者至階下○釋曰案內則云舅沒則姑老若死當云沒不得云不在且母死則不得使人受脯今言不在者或歸寧或疾病也使人受脯爲母生在於後見之也戒賓曰。某有子某。將加布於其首。願吾子之教之也。吾子相親之辭吾我也子男子之美稱古文某爲謀【疏】戒賓至之也○注吾子至爲謀○釋曰自此至唯其所當者周公設經直見行事恐失次第不言其辭今行事既總見戒賓醮及爲字之辭也云某有子某者上某主人名下某子之名加布初加緇布冠也云願吾子之教之也者即此以加冠行禮爲教之也云吾子相親之辭吾我也者謂自已身之子故云吾子相親之辭吾我也云子男子之美稱者古者稱師曰子又公羊傳云名不若字字不若子是子者男子之美稱也今請賓與子加冠故以美稱呼之也賓對曰。某不敢。恐不能共事。以病吾子。敢辭。病猶辱也古文病爲秉主人曰。某猶願吾子之終教之也。賓對曰。吾子重有命。某敢不從。敢不從許之辭宿曰。某將加布於某之首。吾子將莅之。敢宿。賓對曰。某敢不夙興。莅臨也今文無對始加祝曰。令月吉日。始加元服。令吉皆善也元首也【疏】注令吉至首也○釋曰元首左傳曰先軫入狄師而死之狄人歸先軫之元是元爲首又尚書云君爲元首亦是元爲首也棄爾幼志。順爾成德。壽考惟祺。介爾景福。爾女也既冠爲成德祺祥也介景皆大也因冠而戒且勸之女如是則有壽考之祥大女之大福也【疏】注爾女至福也○釋曰云既冠爲成德者案冠義既冠責以父子君臣長幼之禮皆成人之德云祺祥也者祺訓爲祥祥又訓爲善也云因冠而戒者則經棄爾幼志順爾成德是也云且勸之者即經云壽考惟祺介爾景福是也再加曰。吉月令辰。乃申爾服。辰子丑也申重也【疏】再加至爾服○注辰子至重也○釋曰上云令月吉日此云吉月令辰互見其言是作文之體無義例也云辰子丑也者以十幹配十二辰直云辰子丑明有幹可知即

甲子乙丑之類畧言之也敬爾威儀。淑慎爾德。眉壽萬年。永受胡福。胡猶遐也遠也無窮古文眉作麋三加曰。以歲之正。以月之令。咸加爾服。正猶善也咸皆也皆加女之三服謂緇布冠皮弁爵弁也兄弟具在。以成厥德。厥其黃耇無疆。受天之慶。黃黃髮也耇凍梨也皆壽徵也疆竟【疏】注黃黃至疆竟○釋曰爾雅云黃髮齯齒故以黃爲黃髮也云耇凍梨者爾雅云耇老壽也此云耇凍黎者以其面似凍黎之色故也醴辭曰。甘醴惟厚。嘉薦令芳。嘉善也善薦謂脯醢芳香也【疏】醴辭至令芳○注嘉善至香也○釋曰謂脯醢爲善薦芳香者謂作之依時又造之依法故使芳香而善也拜受祭之。以定爾祥。承天之休。壽考不忘。休美也不忘長有令名醮辭曰。旨酒既清。嘉薦亶時。亶誠也古文亶爲癉始加元服。兄弟具來。孝友時格。永乃保之。善父母爲孝善兄弟爲友時是也格至也永長也保安也行此乃能保之今文格爲假凡醮者不祝【疏】注善父至不祝○釋曰善父母爲孝善兄弟爲友者爾雅文不言善事父母善事兄弟者欲見非且善事兄弟而亦爲兄弟之所善者諸行周備之意也云凡醮者不祝者案上文前後例周與夏殷冠子法其加冠祝辭三節不辨三代之異則三代祝辭同可知也至於周醮之辭三等別陳之者以其數異辭宜不同故也若然醮辭唯據適子而言以其將著代重之故備見祝辭也此注云凡醮者不祝者言凡謂庶子也既不加冠於阼又不禮於客位無著代之理故畧而輕之也亦不設祝辭者曾子問注云凡殤不祭之類也其天子冠禮祝辭案大戴禮公冠篇成王冠周公爲祝詞使王近於人遠於天嗇於時惠於財其辭既多不可具載其諸侯無文蓋亦有祝辭異於士也再醮曰。旨酒既湑。嘉薦伊脯。湑清也伊惟也【疏】○注湑清也伊惟也○釋曰湑清泲酒之稱故伐木詩云有酒湑我注云湑莤之文鳧鷖詩云爾酒既湑注云湑酒之泲者是湑爲清也云伊惟也者助句辭非爲義也乃申爾服。禮儀有序。祭此嘉爵。承天之祜。祜福也三醮曰。旨酒令芳。籩豆有楚。旨美也楚陳列之貌【疏】注旨美至之貌○釋曰楚茨詩亦云籩豆有楚注云楚陳列之貌是用其再醮之籩豆不增改之故云有楚也咸加爾服。肴升折俎。肴升折俎亦謂豚【疏】注肴升至謂豚○釋曰云折俎者即謂折上若殺之豚也承天之慶。受福無疆。字辭曰。禮儀既備。令月吉日。昭告爾字。昭明也【疏】字辭至爾字○釋曰此字文在三代之下而言則亦遂三代字辭同此辭賓直西序東面與子爲字時言之也爰字孔嘉。髦士攸宜。爰於也孔甚也髦俊也攸所也宜之于假。永受保之。曰伯某甫仲叔季。唯其所當。于猶爲也假大也宜之是爲大矣伯仲叔季長幼之稱甫

是丈夫之美稱孔子爲尼甫周大夫有嘉甫宋大夫有孔甫是其類甫字或作父【疏】○宜之至所當釋曰云伯某甫者某若云嘉也但設經不得定言人字故言甫爲且字是以禮記諸侯薨復曰皐某甫復鄭云某甫且字以臣不名君且爲某之字呼之既此某甫立爲且字言伯仲叔季者是長幼次第之稱若兄弟四人則依次稱之夏殷質則積仲周文則積叔若管叔霍叔之類是也云唯其所當者二十冠時與之作字猶孔子生三月名之曰丘至二十冠而字之曰仲尼有兄曰伯居第二則曰仲但殷質二十爲字之時兼伯仲叔季呼之周文二十爲字之時未呼伯仲至五十乃加而呼之故檀弓云五十以伯仲周道也是呼伯仲之時則兼二十字而言若孔子生於周代從周禮呼尼甫至五十去甫以尼配仲而呼之曰仲尼是也若然二十冠而字之未呼伯仲叔季今於二十加冠而言者一則是殷家冠時遂以二十字呼之二則見周家若不死至五十乃加而呼之若二十已後死雖未滿五十即得呼伯仲知義然者見慶父乃是莊公之弟桓六年莊公生至閔公二年慶父死時莊公未滿五十慶父乃是莊公之弟時未五十慶父死號曰共仲是其死後雖未五十得呼仲叔季故二十冠時則以伯仲叔季當擬之故云唯其所當也○注甫是至作父○釋曰知甫是丈夫之美稱者以其人之賢愚皆以爲字故隱元年公及邾儀父盟于蔑穀梁傳云儀字也父猶傅也男子之美稱也是也云孔子爲尼甫者哀十六年孔丘卒哀公誄之曰哀哉尼甫因字號謚曰尼甫也云周大夫有嘉甫者桓公十五年天王使嘉甫來求車是也云宋大夫有孔甫是其類者案左氏傳桓二年孔父嘉爲司馬是也鄭引此者證有冠而爲此字之意故云是其類也又甫字或作父者字亦通或尼甫嘉甫孔甫等見爲父字者也

屨夏用葛。玄端黑屨。青絇繶純。純博寸。屨者順裳色玄端黑屨以玄裳爲正也絇之言拘也以爲行戒狀如刀衣鼻在屨頭繶縫中紃也純緣也三者皆青博廣也【疏】屨夏至博寸○注屨者至廣也○釋曰自此至繶屨論三服之屨不於上與服同陳者一則屨用皮葛冬夏不同二則屨在下不宜與服同列故退在於此此言夏用葛下云冬皮則春宜從夏秋宜從冬故舉冬夏寒暑極時而言詩魏地以葛屨履霜刺褊也云屨者順裳色者禮之通例衣與冠同屨與裳同故云順裳色也云玄端黑屨以玄裳爲正也者以其玄端有玄裳黃裳雜裳經唯云玄端黑屨與玄裳同色不取黃裳雜裳故云以玄裳爲正也云絇之言拘也以爲行戒者以拘者自拘持之言故云以爲行戒也云狀如刀衣鼻在屨頭者此以漢法言之今之屨頭見有下鼻似刀衣鼻故以爲況也云繶縫中紃也者謂牙底相接之縫中有條紃也云純緣也者謂繞口緣邊也云皆青者以經三者同云青也云博廣也者謂純所施廣一寸也

素積白屨。以魁柎之。緇絇繶純。純博寸。魁蜃蛤柎注者【疏】素積至博寸○注魁蜃蛤柎注者○釋曰以魁蛤灰柎之者取其白耳云魁蜃蛤者魁即蜃蛤一物是以周禮地官掌蜃掌共白盛之蜃鄭司農云謂蜃炭引此士冠白屨以魁柎之玄謂今東萊用蛤謂之叉灰云是也云柎注者以蛤灰塗注於上使色白也

爵弁纁屨。黑絇繶純。純博寸。爵弁屨以黑爲飾爵弁尊其屨飾以繢次【疏】爵弁至博寸○注爵弁至繢次○釋曰案此三服見屨不同何者玄端以衣見屨以玄端有黃裳之等裳不得舉裳見屨故舉玄端見屨也皮弁以素積見屨屨裳同色是其正也爵弁既不舉裳又不舉衣而以爵弁見屨者上陳服已言纁裳裳色自顯以與六冕同玄衣纁裳與冕服之嫌故不以衣裳而以首服見屨也云爵弁屨以黑爲飾爵弁尊其屨飾以繢次者案冬官畫繢之事云青與白相次赤與黑相次玄與黃相次鄭云此言畫繢六色所象及布采之第次繢以爲衣又云青與赤謂之文赤與白謂之章白與黑謂之黼黑與青謂之黻鄭云此言刺繡采所用繡以爲裳此是對方爲繢次比方爲繡次案鄭注屨人云複下曰舄襌下曰屨又注云凡舄之飾如繢之次凡屨之飾如繡之次也者即上黑屨以青爲絇繶純白屨以黑爲絇繶純則白與黑黑與青爲繡次之事也今爵弁纁屨纁南方之色赤不以西方白爲絇繶純而以北方黑爲絇繶純者取對方繢次爲飾案舄者尊爵弁是祭服故飾與舄同也

冬皮屨可也。【疏】冬皮屨可也○釋曰冬時寒許用皮故云可也

不屨繐屨。繐屨喪屨也縷不灰治曰繐【疏】不屨繐屨○注繐屨至曰繐○釋曰案喪服記云繐衰四升有半繐衰既是喪服明繐屨亦是喪屨故鄭云喪屨也云縷不灰治曰繐者斬衰冠六升傳云鍛而勿灰則四升半不灰治可知言此者欲見大功未可以冠子恐人以冠子故於屨末因禁之也

記冠義。【疏】記冠義○釋曰凡言記者皆是記經不備兼記經外遠古之言鄭注燕禮云後世衰微幽厲尤甚禮樂之書稍稍廢棄蓋自爾之後有記乎又案喪服記子夏爲之作傳不應自造還自解之記當在子夏之前孔子之時未知定誰所錄云冠義者記士冠中之義者記時不同故有二記此則在子夏前其周禮考工記六國時所錄故遺秦燔滅典籍有韋氏雕氏闕其記則在秦漢之際儒者加之故王制有正聽之棘木之下異時所記故其言亦殊也

始冠緇布之冠也。大古冠布。齊則緇之。其緌也。孔子曰。吾未之聞也。冠而敝之可也。大古唐虞以上緌纓飾未之聞大古質蓋亦無飾重古始冠冠其齊冠白布冠今之喪冠是也【疏】始冠至可也○注大古至是也○釋曰此經直言加緇布冠不言有緌無緌又不言加冠之後此緇布冠更著以不故言不緌不更著之事也云大古冠布者謂著白布冠也云齊則緇之者將祭而齊則爲緇者以鬼神尚幽暗也云其緌也孔子曰吾未之聞也者孔子時有緌者故非時人緌之諸侯則得著緌故玉藻云緇布冠繢緌諸侯之冠也鄭云尊者飾也緌士冠不得緌也云冠而敝之可也者據士以上冠時用之冠訖則敝棄之不復著也若庶人猶著之故詩云彼都人士臺笠緇撮是用緇布冠籠其髮是庶人常服之矣云大古唐虞以上者此記與郊特牲皆陳三代之冠云牟追章甫委貌之等鄭注郊特牲云三代改制齊冠不復用也以白布冠質以爲喪冠也三代既有此明大古是唐虞已上可知云未之聞大古質蓋亦無飾者此經據孔子時非其著緌未知大古有緌以不故鄭云大古質無飾也云重古始冠冠其齊冠者以經云始冠緇布之冠即云大古冠布則齊冠一也故鄭云冠其齊冠也云白布冠者今之喪冠是也者以其大古時吉凶同服白布冠未有喪冠三代有牟追之等則以白布冠爲喪冠若然喪服起自夏禹以下也

適子冠於阼。以著代也。醮於客位。加有成也。醮夏殷之禮每加於阼階醮之於客位所以尊敬之成其爲人也三加彌尊。諭其志也。彌猶益也冠服後加益尊諭其志者欲其德之進也【疏】適子至成也○注醮夏至人也○釋曰此記人說夏殷法可兼于周以其於阼及三加皆同唯醮醴有異故知舉二以見一也

冠而字之。敬其名也。名者質所受於父母冠成人益文故敬之也今文無之【疏】冠而至名也○注名者至無之○釋曰案內則云子生三月父名之不言母今云受於父母者夫婦一體受父即是受於母故兼言也云冠成人益文者對名是受於父母爲質字者受於賓爲文故君父之前稱名至於他人稱字也是敬定名也

委貌。周道也。章甫。殷道也。毋追。夏后氏之道也。委猶安也言所以安正容貌章明也殷質言以表明丈夫也甫或爲父今文爲斧毋發聲也追猶堆也夏后氏質以其形名之三冠皆所服以行道也其制之異同未之聞【疏】委貌至道也○釋曰記人歷陳此三代冠者上緇布冠也諸侯已下始加之冠此委貌之等記人以經有緇布冠皮弁爵弁玄冠故還記緇布冠以下四種之冠以解經之四者此委貌即解經易服服玄冠是也○注委猶至之聞○釋曰云今文爲斧者義無取故疊之不從也云毋發聲也者若在上謂之發聲在下謂之助句義無取則是發聲也云三冠皆所常服以行道者以釋經三代皆言道是諸侯朝服之冠在朝以行道德者也云其制之異同未之聞者委貌玄冠於禮圖有制但章甫毋追相與異同未聞也

周弁。殷冔。夏收。弁名出於槃槃大也言所以自光大也冔名出於幠幠覆也言所以自覆飾也收言所以收斂髮也其制之異亦未聞【疏】注弁名至未聞○釋曰又歷陳此三者欲見三代加冠皆有弁云周弁者弁是古冠之大號非直含六冕亦兼爵弁於其中見士之三加之冠者爵弁者故云弁弁者冠名也云弁名出於槃槃大也者無正文鄭以意解之論語云服周之冕以五色纊服有文飾則知有德故云言所以自光大也云冔名出於幠幠覆也言所以自覆飾也收言所以收斂髮也者皆以意解之也云制之異亦未聞者案漢禮器制度弁冕周禮弁師相參周之冕以木爲體廣八寸長尺六寸績麻三十升布爲之上以玄下以纁前後有旒尊卑各有差等天子玉笄朱紘其制可聞云未聞者但夏殷之禮亡其制與周異亦加上未聞也

三王共皮弁素積。質不變【疏】注質不變○釋曰此亦三代自天子下至士皆是再加當在周弁三加之上退之在下者欲見此是三代之冠百王同之無別代之稱也故郊特牲云三王共皮弁注云所不易於先代故孝經亦云百王同之不改易也若然百王同之言三王共者以損益之極極於三王又上三冠亦據三代故云三王共皮弁其實先代後代皆不易是以鄭云質不變也

無大夫冠禮。而有其昏禮。古者五十而后爵。何大夫冠禮之有。據時有未冠而命爲大夫者周之初禮年未五十而有賢才者試以大夫之事猶服士服行士禮二十而冠急成人也五十乃爵重官人也大夫或時改取有昏禮是也【疏】無大至之有○釋曰此經所陳欲見無大夫冠禮之事有大夫冠禮記者非之○注據時至是也○釋曰鄭云據時有未冠而命爲大夫者言周末作記之時有二十巳前未加冠而命爲大夫者記非之也云周之初禮年未五十而有賢才者試以大夫之事猶服士服行士禮者鄭解古者五十而後爵何大夫冠禮之有是古者未有周大夫有冠禮故非之此鄭云未五十則二十巳上或有未二十有賢才亦得試爲大夫者故喪服殤小功章云大夫爲昆弟之長殤鄭云大夫爲昆弟之長殤小功謂士若不仕以此知爲大

夫無殤服言爲大夫無殤服謂兄殤在小功則兄十九已下死大夫則十九已下旣爲兄殤服已爲大夫則早冠矣大夫冠而不爲殤故也雖早冠亦行士禮而冠是大夫無冠禮也云二十而冠急成人也五十乃爵重官人也者解試爲大夫二十則其爵命要待五十意也云大夫或時改娶有昏者釋經而有其昏禮以其三十而取五十乃命爲大夫則昏時猶爲士何得有大夫昏禮乎五十已後容改娶故有大夫昏禮也若然案下文古者生無爵鄭云古謂殷此經以古爲周初者下云古者生無爵對周時士生有爵故知古者生無爵據殷也今此云古者以周末時大夫冠對周初時無若以古者爲殷時則周家有大夫冠禮何得言周末始有乎明古者據初而言也

公侯之有冠禮也。夏之末造也。造作也自夏初以上諸侯雖父死子繼年未滿五十者亦服士服行士禮五十乃命也至其衰末上下相亂篡弒所由生故作公侯冠禮以正君臣也坊記曰君不與同姓同車與異姓同車不同服示民不嫌也以此坊民民猶得同姓以殺其君也【疏】公侯至造也。注造作至君者。釋曰記人言此者欲見夏初已上雖諸侯之貴未有諸侯冠禮猶依士禮故記之於士冠篇末也云自夏初以上者以經云公侯之有冠禮夏之末造明夏初未有言以上者夏以前唐虞之等亦未有諸侯冠禮也未滿五十者亦服士服行士禮五十乃命也者旣云服士服行士禮亦如上文五十而後爵何公侯冠禮之有以其與大夫同未五十服行士禮也云至其衰末上下相亂至以正君臣也者解經夏之末造公侯冠禮也引坊記者欲見夏末以後制諸侯冠禮以防諸侯相篡弒之事也云同車者謂參乘爲車右及御者也云不同服者案玉藻云君之右虎裘厥左狼裘又云僕右恒朝服君則各以時事服是不同服此謂非在軍時若在軍時君臣同服韋弁服也

天子之元子猶士也。天下無生而貴者也。元子世子也無生而貴皆由下升【疏】天子至者也。注元子至下升。釋曰此記者見天子元子冠時亦依士冠禮故於此兼記之也天子之元子雖四加與十二而冠其行事猶依士禮故云猶士也元子尚不得生而貴則天下之人亦無生而貴者也云無生而貴皆由下升者天子元子冠時行士禮後繼世爲天子是由下升自餘天下之人從微至著皆由下升也

繼世以立諸侯。象賢也。象法也爲子孫能法先祖之賢故使之繼世也【疏】繼世至賢也。釋曰記此者欲見上言天子之子冠行士禮此諸侯之子冠亦行士禮以其士之子恒爲士有繼世之義諸侯之子亦繼世象父祖之賢雖繼世象賢亦無生而貴者行士冠禮故記之於此也云能法先祖之賢者凡諸侯出封皆由有德若周禮典命云三公八命其卿六命大夫四命及其出封皆加一等出爲五等諸侯即爲始封之君是其賢也於後子孫繼立者皆不毀始祖之廟是象先祖之賢也

以官爵人。德之殺也。殺猶衰也德大者爵以大官德小者爵以小官【疏】以官至殺也。注殺猶至小官。釋曰記人記此者欲見仕者從士至大夫而冠無大夫冠禮者也云以官爵人者以用也謂用官爵命於人也云德之殺也者殺衰也以德大小爲衰殺故鄭云德大者爵以大官德小者爵以小官官者管領爲名爵者位次高下之稱也

死而謚，今也。古者生無爵，死無謚。今謂周衰記之時也古謂殷殷士生不爲爵死不爲謚周制以士爲爵死猶不爲謚耳下大夫也今記之時士死則謚之非也謚之由魯莊公始也【疏】死而至無謚。注今謂至始也。釋曰記人記此者欲見自上所陳冠禮以士爲本者由無生而貴皆從士賤者而外也云死而謚今也者據士生時雖有爵所不合有謚若死而謚之正謂今周衰之時也云古者生無爵死無謚者古謂殷以前夏之時士生無爵死無謚是士賤今古皆不合有謚也鄭云今謂周衰記之時也者以記者自云今也明還據周衰記之時案禮運云孔子曰我觀周道幽厲傷之是周衰也自此已後始有作記故云周衰記之時也云古謂殷者周時士有爵故知古謂殷云殷士生不爲爵死不爲謚者對周士生有爵死猶不謚也云周制以士爲爵死猶不謚耳下大夫也者案周禮掌客職云掌介行人宰史以其爵等爲之牢禮之陳數鄭注云以命數則參差難等略於臣用爵而已羣介行人皆士故知周士有爵雖有爵死猶不謚卿大夫已上則有謚也云今記之時士死則謚之非也者解經死而謚今也云謚之由魯莊公始也者案禮記檀弓云魯莊公及宋人戰于乘丘縣賁父御卜國爲右馬驚敗績公墜佐車授綏公曰末之卜也縣賁父曰他日不敗績而今敗績是無勇也遂死之圉人浴馬有流矢在白肉公曰非其罪也遂誄之士之有誄自魯莊公始也若然作記前莊公誄士至記時亦行之故此禮云死而謚今也故鄭云今謂周衰之時也案郊特牲云死而謚之今也古者生無爵死無謚鄭注云古謂殷以前也大夫以上乃謂之爵死有謚也以此而言則殷大夫以上死有謚而檀弓云幼名冠字五十伯仲死謚周道也者殷已前皆因生號爲謚若堯舜禹湯之屬是也因生號以謚故不得謚名周禮死則別爲謚故云死謚周道也

儀禮卷第一　經一千八百九十一　注三千六百二十一　儀禮疏卷第三

元缺第十葉今補

儀禮注疏卷三挍勘記　阮元撰盧宣旬摘録

若不醴

不改者也　盧文弨云者李作舊與疏同○按疏中舊字本亦作者又冠義疏引此注云若不醴謂國有舊俗可行聖人用焉不改是也是也二字係疏語疏引鄭注至不改止明無舊字

洗有篚

故此直云洗有篚在西　毛本云作言要義作云陳本誤作文按文云相似故多誤

云南順北爲上也者　毛本南上有西字

以其南順之言故北爲上也　諸本同毛本言故作故言

始加醮用脯醢

云始加醮用脯醢者　要義同毛本醮作薦

因言與周異之意　要義同毛本因言作言商

冠者升筵坐

出房立待賓容命　毛本容作客

禮醴不卒　毛本卒作啐案周學健云不卒謂不卒爵也經云啐醴則非不啐明矣

徹薦爵

是後加卒設於席前也　通解同毛本卒作啐閩本作嚐

加爵弁

前二醮有脯醢　毛本二誤作三

若今梁州烏翅矣　烏單疏作烏與周禮注合毛本作烏

若殺則特豚

以茅覆鼎　通解要義同毛本作鼏

生人亦與祭同用右者　要義同毛本生作主

亨豕魚腊以鑊　毛本豕作豚諸本俱作豕

特豚合升　要義同毛本豚誤作豕

升牲體於俎也　陳本要義同毛本體誤作醴

皆據生人爲食而有也　陳本要義同毛本生作主

二者謂之刌肺　刌諸本俱作忖下竝同盧文弨云忖古與刌通玉藻瓜祭上環鄭注云上環頭忖也

再醮

螔蝓醢　螔釋文徐本集釋通解敖氏俱作蜲此字从蟲虒聲

乃後坐之　坐陳閩俱作挫毛本作剉

三醮

今殷亦然　陳本要義同毛本殷作殺

直徹爵而已　要義同陳本直誤作其按其直相似故誤毛本直作唯

卒醮

此若殺云兩邊　邊陳閩俱作籩

若殺

家私之禮也　通解要義楊氏同毛本作私家

若庶子

若庶至醮焉　此五字毛本俱脫案此節疏係經注分釋則疏首宜有此五字毛本偶脫耳後凡類此者可以例推

是以下文祝辭三 要義同毛本辭下無三字
始加祝曰
元首也 毛本同通典首作長
棄爾幼志○壽考惟祺 惟集釋作維
三加曰
皆加女之三服 毛本加誤作如
兄弟具在
厥其字 此注毛本俱脫徐本集釋通解並有集釋其下有也
黃耇無疆
凍棃也 棃監本作黎
黃髮䶵齒 毛本䶵作兒
云耇凍棃者 通解同下並同陳閩黎作棃下句作黎
拜受祭之
休美也不忘長有令名 注首三字毛本俱脫徐本集釋通解敖氏並有
醮辭曰○嘉薦亶時 陸氏云時劉本作古旹字
始加元服
善兄弟爲友者 諸本同毛本弟作長
欲見非且善事兄弟 毛本且作但
諸行周備之意也 毛本諸誤作謂
既不加冠於阼 加要義作出毛本作加
案大戴禮公冠篇 要義同毛本戴下無禮字
遠於天 要義同毛本天作年
宜之于假 通典假作嘏仲上有伯字
若云嘉也 要義同毛本作若云尼甫嘉也通解與毛本同
既此某甫立爲且字 既要義作卽毛本作既
夏殷質則積仲周文則積叔 通解要義同毛本積作稱
至閔公二年 毛本同陳閩俱無至字
注于猶至作父 毛本于猶作伯仲

父猶傳也 閩監同毛本傳作傅
云孔子爲尼甫者 要義同毛本尼上有仲字
云周大夫有嘉甫者 嘉要義作家下同按家與春秋合
案左氏傳桓二年 要義同毛本案誤作朱
又甫字或作父者 又要義作云
屨夏用葛
一則屨用皮葛 要義同毛本葛上有用字
詩魏地以葛屨屨霜刺褊也 要義同毛本地作風
不取黃裳雜裳故云以元裳爲正也 要義作而却不取黃裳雜裳是也
自拘持之言 陳本同毛本言作意
素積白屨
魁蜃蛤柎注者 柎宋本釋文从手者徐本作者敖氏作之集釋毛本作也
爵弁纁屨
故不以衣裳 毛本同陳閩裳俱作服
爲繡次之事也 毛本同陳閩事俱作序
記冠義
當在子夏之前孔子之時 要義同毛本時上無之字
記士冠中之義者 要義同毛本作記子冠中之義也者案此節疏當有注云冠義者記士冠中之義故疏疊其文而釋之今本佚脫耳疏云記時不同故有二記以釋注中記字也否則此賈自疏冠義二字非另有鄭注也
儒者加之 毛本同要義加作記
始冠緇布之冠也
太古質蓋亦無飾 徐本集釋通解要義敖氏俱有蓋亦二字與疏合毛本無
冠訖則敝經之 要義敝下有去字無經字按要義是
云未之聞 毛本云下有緌纓飾三字
未知太古有緌以不 陳閩同毛本不作是盧文弨云以不猶與否疏中往往見之
適子冠于阼
醮夏殷之禮每加於阼階醮之於客位所以尊敬之成其

爲人也 徐本集釋俱有此注在加有成也下楊氏有客位于上四句今本並脫
三加彌尊諭其志也
彌猶益也冠服後加益尊諭其志者欲其德之進也 徐本集釋俱有此注楊氏有諭其志者二句今本並脫
冠而字之
故敬之也今文無之 下五字今本俱脫徐本集釋俱有
是敬定名也 毛本作是字敬名也要義作是敬其名也
委貌○毋追 毋唐石經閩監宋本釋文俱與此同毛本釋文徐陳俱作母注及疏放此按古人書毋母不甚有別故釋文遇毋字必有音曲禮音義曰毋字與父母字不同俗本多亂讀者皆朱點毋字以作無音非也可見二字溷已久凡可以意會者今不盡校也
周弁殷冔夏收
齊所服而祭也 徐本集釋俱無此六字通解有盧文弨云郊特牲疏全引此兩節注文而無或謂委貌爲元冠及齋所服而祭也兩句尤可證
其制之異亦未聞 異葛本誤作畢異下敖氏有同亦二字與要義所載疏合徐本集釋俱有亦字毛本無盧文弨云郊特牲孔疏引此注亦有亦字當補正
見士之三加之冠者爵弁者 浦鏜云上者字疑有字誤
相參周之 周要義作周陳本誤作尚毛本作考按參字當絕句周之二字屬下冕字爲句謂以漢禮器制度與周禮弁師相參因得周冕之制也陳本周作尚形相近而誤今改作考則失之遠矣
其制與周異 毛本同要義異上有同字
無大夫冠禮
大夫或時改取 徐本集釋通解敖氏娶俱作取按取娶今本錯出不悉校
大夫爲昆弟之長殤小功 陳閩俱無長字
大夫冠而不爲殤故也 陳本要義同毛本大作丈
鄭云古謂殷 陳閩同毛本謂作爲
公侯之有冠禮也
篡殺所由生 殺釋文作殺毛本又作弑亦作試徐陳通解亦俱作殺下同
以殺其君也 徐本集釋同按疏標目也作者
服行士禮也 陳本同毛本服下有士服二字

天子之元子　見天子元子冠時毛本元誤作天

死而謚　死猶不爲謚耳浦鏜云疏無爲字

儀禮卷第一　唐石經徐本卷後標題俱如是後放此

儀禮注疏卷三校勘記終

儀禮疏卷第四　　儀禮卷第二

唐朝散大夫行大學博士弘文館學士臣賈公彦等撰

士昏禮第二

疏 士昏禮第二。鄭目錄云士娶妻之禮以昏爲期因而名焉必以昏者陽往而陰來日入三商爲昏昏禮於五禮屬嘉禮大小戴及別錄此皆第二。釋曰鄭知是士娶妻之禮者以記云記士昏禮故知是士娶妻之禮也云日入三商爲昏者商謂商量是漏刻之名故三光靈曜亦日入三刻爲昏不盡爲明案馬氏云日未出日沒後皆云二刻半前後共五刻今云三商者據整數而言其實二刻半也

儀禮　鄭氏注

昏禮。下達納采。用鴈。達通也將欲與彼合昏姻必先使媒氏下通其言女氏許之乃後使人納其采擇之禮用鴈爲摯者取其順陰陽往來詩云取妻如之何匪媒不得昏禮必由媒交接設紹介皆所以養廉恥 疏 昏禮至用鴈。釋曰從此下至主人許賓入授如初禮陳納采問名之事云下達者謂未行納采已前男父先遣媒氏女氏之家通辭往來女氏許之乃遣使者行納采之禮也言下達者男爲上女爲下取陽倡陰和之義故云下達謂以言辭下通於女氏也是以下記昏辭云吾子有惠貺室某也注云稱有惠明下達是也言納采者昏禮有六五禮用鴈納采問名納吉請期親迎是也唯納徵不用鴈以其自有幣帛可執故也且三禮不云納言納者恐女氏不受若春秋內納之義若然納采言納者以其始相采擇恐女家不許故言納問名不言納者女氏已許故不言納也納吉言納者男家卜吉往與女氏復恐女家翻悔不受故更云納也納徵言納者納幣帛則昏禮成復恐女家翻悔故更云納也請期親迎不言納者納幣則昏禮已成女家不得移改故皆不言納也案春秋莊公二十二年經書冬公如齊納幣不云納徵者孔子制春秋變周文從殷質故指幣體而言納幣也是以納幣非禮之事故譏之彼無納采問名納吉以其非常故不書也云將欲與彼合昏姻必先使媒氏下通其言女氏許之乃後使人納其采擇之禮者是下達之節也云用鴈爲摯者取其順陰陽往來者媒氏職云掌萬民之判故云媒氏也大宗伯云以禽作六摯卿執羔大夫執鴈士執雉此昏禮無問尊卑皆用鴈取其順陰陽往來者鴈木落南翔冰泮北徂夫爲陽婦爲陰今用鴈者亦取婦人從夫之義是以昏禮用焉也云詩云取妻如之何匪媒不得者引證昏禮須媒之義行五禮自納采已下皆使使往是以詩云匪媒不得也云昏禮必由媒交接設紹介皆所以養廉恥者使媒者解所以須媒及設紹介者皆是所以養成男女使有廉恥之義

主人筵于戶西。西上。右几。主人女父也筵爲神布席也戶西者尊處將以先祖之遺體許人故受其禮於禰廟也席西上右設几神不統於人席有首尾 疏 主人至右几。釋曰此女將受納采之禮故先設神坐乃受之云戶西者尊處者以其戶西爲尊處也人設席故以此爲神布席也云戶西者以地道尊右故西爲尊處也必以西爲客位者以地道尊右故也知受禮於禰廟者以記云凡行事受諸禰廟也云席西上右設几神不統於人者案鄉射燕禮之等設席皆東上是統於人今以神尊不統於人取地道尊右之義故席西上几在右也云席有首尾者以公食記云蒲筵常緇布純卷自末是席有首尾也

使者玄端至。使者夫家之屬若羣吏使往來者玄端士莫夕之服又服以事其廟有司緇裳 疏 使者玄端至。釋曰云使者夫家之屬若羣吏使往來者案士冠贊者於中士下士差次爲之此云使者夫家之屬亦當然假令主人是上士屬是中士下士爲屬若主人是下士亦以下士爲屬如士冠禮也云玄端士莫夕之服又服以事其廟者此亦如士冠禮玄端至於士莫夕之服以其祭廟以玄端故云又服以事其廟也云有司緇裳者案士冠禮玄端玄裳黃裳雜裳三等之裳此云緇裳緇即玄也

擯者出請事。入告。擯者有司佐禮者請猶問也禮不必事雖知猶問之重慎也 疏 擯者出請事入告。釋曰云擯者有司佐禮者在主人曰擯在客曰介云請猶問也禮不必事雖知猶問之重慎也者此使者來在門外主人已知有昏事而猶問之是重慎也

主人如賓服。迎于門外。再拜。賓不荅拜。揖入。門外大門外不荅拜者奉使不敢當其盛禮 疏 主人至揖入。釋曰知門外是大門外者以下云至于廟門揖入明此門外是大門外也云不荅拜者奉使不敢當其盛禮者此使者文不具耳當亦如士冠也

至于廟門。揖入。三揖。至于階。三讓。入三揖者至內霤將曲揖既曲北面揖當碑揖 疏 至于至三讓。釋曰云入三揖者至內霤將曲揖既曲北面揖當碑揖者以其入門賓主將欲相背故須揖既曲北面又揖當碑又揖是三揖也此注分庭之事案昏禮公食大夫皆有此三節之揖但注有詳略耳

主人以賓升西面。賓升西階。當阿。東面致命。主人阼階上北面再拜。阿棟也入堂深示親親今文阿爲庪 疏 主人至再拜。釋曰賓則使者也禮之通例賓主敵者賓主俱升若士冠與此文是也若鄉飲酒鄉射皆主尊賓卑故初至之時主人升一等賓乃升注云亦欲君行一臣行二也覲禮王使人勞侯氏使者不讓先升者奉王命尊故也主人阼階上北面再拜者拜其辱也云阿棟也者案鄉飲酒記云五架之屋中脊爲棟棟前一架爲楣楣前接檐爲庪當阿者當棟下也云入堂深示親親者凡賓升當楣此乃當阿是入堂深示親親也

爲棟棟南一架爲前楣楣前接檐爲庪鄉射記云序則物當棟堂則物當楣故云是制五架之屋也鄉大夫射於庠庠則有室故物當前楣士射於序序則無室故物當棟此士之廟雖有室其棟在室外故賓得深入當之也**授于楹間南面。**授於楹間明爲合好其節同也南面並授也【疏】○授于楹間南面○注授於至授也○釋曰楹間謂兩楹之間賓以鴈授主人於楹間者明和合親好令其賓主遠近節同也凡賓主敵者授於楹間不敵者不於楹間是以聘禮賓覿大夫云受幣于楹間南面鄭注云受幣楹間敵也聘禮又云公側襲受玉于中堂與東楹之間鄭注云東楹之間亦以君行一臣行二至禮賓及賓私覿皆云當東楹是尊卑不敵故不於楹間也今使者不敵而於楹間故云明爲合好也云南面並授也者以經云南面不辨賓主故知俱南面並授也**賓降。出。主人降。授老鴈。**老羣吏之尊者【疏】賓降至老鴈○釋曰授鴈訖賓降自西階出門主人降自阼階授老鴈於阼階立待後事也○注老羣吏之尊者○釋曰大夫家臣稱老是以喪服公士大夫以貴臣爲室老春秋左氏傳云執臧氏老論語云趙魏老禮記大夫室老行事皆是老爲家臣之貴者士雖無君臣之名云老亦是羣吏中尊者也**擯者出請。**不必賓之事有無【疏】擯者出請○注不必至有無○釋曰此主人不知賓有事有無使擯出請者亦是不必賓之事有無也**賓執鴈。請問名。主人許。賓入授。如初禮。**問名者將歸卜其吉凶古文禮爲醴【疏】賓執至初禮○釋曰此之一使兼行納采問名二事相因又使還須卜故因即問名乃還卜之故共一使也云主人許者擯請入告乃報賓賓得主人許乃入門升堂授鴈與納采禮同故云如初禮也○注問名至爲醴○釋曰言問名者問女之姓氏不問三月之名故下記問名辭云某既受命將加諸卜敢請女爲誰氏鄭云誰氏者謙也不必其主人之女是問姓氏也然以姓氏爲名者名有二種一者是名字之名三月之名是也一者是名號之名故孔安國注尚書以舜爲名鄭君目錄以曾子爲姓名亦據子爲名皆是名號爲名者也今以姓氏爲名亦名號之類也鄭云將歸卜其吉凶者亦據下記文也**擯者出請。賓告事畢。入告。出請醴賓。**此醴亦當爲禮禮賓者欲厚之【疏】擯者至醴賓○注此醴至厚之○釋曰此下至送于門再拜主人禮賓之事云此醴亦當爲禮者亦士冠禮賓爲醴字彼已破從禮故云亦此以醴酒禮賓不從醴者以大行人云上公再祼而酢侯伯一祼而酢子男一祼不酢及以酒禮之用齊禮之皆不依酒醴爲名皆取相禮故知此醴亦爲禮敬之禮不取用醴爲醴之義也秋官司儀云諸公相爲賓及將幣賓亦如之注云上於下曰禮敵者曰儐聘禮卿亦云無擯注云無擯辟君是大夫已上尊得有禮擯兩名士以下卑唯稱禮也**賓禮辭許。**禮辭一辭【疏】賓禮辭許○注禮辭一辭○釋曰禮賓一辭許者主人禮賓之常法鄉已行納采問名賓主之情已通矣故畧行一辭而已**主人徹几改筵。東上。側尊甒醴于房中。**徹几改筵者鄉爲神今爲人側尊亦言無玄酒側尊於房中亦有篚有籩豆如冠禮之設【疏】主人至房中○釋曰徹几改筵者於戶西禮神坐徹去其几於後授賓改設其筵設側尊甒醴在東房之中以禮賓也○注徹几至之設○釋曰經云東上者統於主人注云鄉爲神今爲人者爲神則西上爲人

則東上不同故辨之云側尊亦言無玄酒者醴糟例無玄酒配之以其醴象大古質故士冠與此昏禮之等皆無玄酒也鄭知此亦有篚有籩豆如冠禮者此下云贊者酌醴加角柶明有篚盛之又云贊者薦脯醢則有籩豆可知但冠禮尊在服北南上則此尊與篚等亦南上故云如冠禮之設也**主人迎賓于廟門外。揖讓如初升。主人北面再拜。賓西階上北面荅拜。主人拂几授校。拜送。賓以几辟。北面設于坐左之西階上荅拜。**拂拭也拭几者尊賓新之也校几足辟逡遁古文校爲枝【疏】主人至荅拜○釋曰云主人迎賓于廟門外揖讓如初升者如納采時三揖三讓也云主人北面再拜者拜賓至此堂飲之是以公食大夫燕禮鄉飲酒鄉射大射皆云拜至並是拜賓至此堂也但燕禮大射公食大夫皆云至再拜先言至者欲見賓至乃拜之是有尊卑不敵之義餘皆言拜至至在拜下者體敵之義也若然此爲禮賓有拜至者前雖有納采問名之事以昏禮有相親之義故雖後亦拜至也聘禮享禮及禮賓不拜至者聘禮不取相親之義故不拜至是以彼鄭注云以賓不於此始至也云主人拂几者此拂几雖不言外拂內拂又不言三案有司徹主人西面左手執几縮之以右袂推拂几三二手橫執几進授尸于筵前注云衣袖謂之袂推拂去塵示新云拂者外拂之也則此亦外拂之三也几行敵禮者兩端皆若此卑於尊者則內拂之故聘禮云宰內拂几三奉兩端以進鄭云內拂几不欲塵坋尊者是也若然冠禮禮賓無几者冠禮比昏爲輕故無几鄉飲酒鄉射及燕賓賓輕故無几聘賓及公食大夫賓重故有几也云授校者凡授几之法卑者以兩手執几兩端尊者則以兩手於几閒執之授皆然是以聘禮宰夫奉兩端以進有司徹云尸進二手受于手閒注云受從手閒謙也雖不言兩手兩手授之可知又案聘禮云公東南鄉外拂几三卒振袂中攝之進西鄉賓進訝受几于筵前以此言之公尊中執几以一手則賓以兩手於几兩端執之也而此亦賓主不敵授校者昏禮異於餘禮云拜送者此當再拜送君於聘賓則一拜故聘禮云公一拜送鄭注云公尊也是也此几以安體非已所得故賓受訖然後荅拜下經受醴之時先拜乃受者彼是入口之物已所當得故先拜乃受之云賓以几辟者以賓卑故以几辟聘禮賓卑亦云以几辟有司徹不云以几辟者尊尸故也覲禮不云以几辟者尊王使也凡設几之法受時或受其足或受于手閒皆橫受之及其設之皆旋几繼執乃設之於坐南北面陳之位爲神則右之爲人則左之爲異不坐設之者几輕故也○注拂拭至爲枝○釋曰鄭知校几足者既夕記云綴足用燕几校在南御者坐持之故知校是几足也**贊者酌醴。加角柶。面葉。出于房。**贊佐也佐主人酌事也贊者亦洗酌加角柶覆之如冠禮矣出房南面待主人迎受古文葉作擸【疏】贊者至于房○注贊佐至作擸○釋曰云贊者亦洗酌加角柶覆之如冠禮矣者案冠禮云贊者洗於房中側酌醴加柶覆之此與冠禮同故知如冠禮矣**主人受醴。面枋。筵前西北面。賓拜受醴。復位。主人阼階上拜送。**主人西北面疑立待賓即筵也賓復位於西階上北面明相尊敬此筵不主爲飲食起【疏】主人至拜送○注主人至食起○釋曰經唯云主人西北面知疑立者鄉飲酒云主人阼階東疑立明此亦然

也凡主人將授酒醴於筵前待賓即筵前乃授之此鄭云即筵謂就筵前與下賓即筵別也是以冠禮禮子及下禮婦皆於筵西受禮然禮賓進筵前受醴是不躐席之事也云賓復位於西階上北面明相尊敬此筵不主爲飲食起者但此筵爲行禮故拜及啐皆於西階也**贊者薦脯醢。**薦進**賓即筵坐。左執觶。祭脯醢。以柶祭醴三。西階上北面。坐啐醴。建柶興。坐奠觶。遂拜。主人荅拜。**即就也左執觶則祭以右手也凡祭於脯醢之豆閒必所爲祭者謙敬示有所先也啐嘗也嘗之者成主人意建猶扱也興起也奠停也【疏】贊者至荅拜○釋曰此經云坐奠觶遂拜言遂者因事曰遂因建柶興坐奠觶不復興遂因坐而拜冠禮禮子并醮子及此下禮婦不言坐奠觶遂者皆文不具聘禮賓不言拜者理中有拜可知也○注即就至停也○釋曰鄭云祭以右手出于鄉射也云凡祭於脯醢之豆閒者謂祭脯醢俎豆皆於豆閒此及冠禮鄉飲酒鄉射燕禮大射皆有脯醢則在籩豆之閒此注不言籩直言豆者省文公食大夫及有司徹豆多者則言祭於上豆之閒也云必所爲祭者謙敬示有所先也者案曲禮云主人延客祭注云祭祭先也君子有事不忘本也此云謙示有所先先即本謂先世造此食者也云啐嘗也嘗之者成主人意者主人設饌望賓爲美之今客嘗之告旨是成主人意也**賓即筵奠于薦左。降筵北面。坐取脯。主人辭。**薦左籩豆之東降下也自取脯者尊主人之賜將歸執以反命辭者辭其親徹【疏】賓即至人辭○釋曰此奠於薦左不言面位下贊禮婦奠于薦東注云奠于薦東升席奠之此云奠于薦東升席奠之明皆升席南面奠也必南面奠者取席之正又祭酒亦皆南面並因祭酒之面奠之則冠禮禮子亦南面奠之聘禮禮賓北面奠者以公親執束帛待賜已不敢稽留故由便疾北面奠之也鄉飲酒鄉射酬酒不祭不舉不得因祭而奠于薦東也燕禮大射重君物君祭酬酒故亦南面奠云降下也自取脯者尊主人之賜將歸執以反命者案下記云賓右取脯左奉之乃歸執以反命是也**賓降。授人脯。出。主人送于門外。再拜。**人謂使者從者授於階下西面然後出去【疏】賓降至再拜○注人謂至出去○釋曰鄭知人謂使者從者以其此脯使者將歸故授從者也又知授於階下西面然後出去者以其賓位在西授脯文在出上故知西階下西面授之然後出去也**納吉用鴈。如納采禮。**歸卜於廟得吉兆復使使者往告昏姻之事於是定【疏】納吉至采禮○釋曰案上文納采在前問名在後今此不云如問名而云如納采者問名賓不出大門故此納吉如其納采也○注歸卜至是定○釋曰鄭知義然者案下記云納吉曰吾子有貺命某加諸卜占吉使某也敢告凡卜並皆於禰廟故然也未卜時恐有不吉婚姻不定故納吉乃定也**納徵。玄纁束帛儷皮。如納吉禮。**徵成也使使者納幣以成昏禮用玄纁者象陰陽備也束帛十端也周禮曰凡嫁子取妻入幣純帛無過五兩儷兩也執束帛以致命兩皮爲庭實皮鹿皮今文纁皆作熏【疏】納徵至吉禮○釋曰此納徵無鴈者以有束帛爲贄故也是以孝經鉤命決云五禮用鴈是也案春秋左氏莊公二十二年冬公如齊納幣不言納徵者孔子制春秋變周之文從殷之質故指幣體而言周文故以義

言之徵成也納此則昏禮成故云徵也○注徵成至作熏○釋曰云用玄纁者象陰陽備也束帛十端也者周禮凡嫁子娶妻入幣緇帛無過五兩鄭彼注云納幣帛緇婦人陰也凡於娶禮必用其類五兩十端也必言兩者欲得其配合之名十象五行十日相成也士大夫乃以玄纁束帛天子加以穀圭諸侯加以大璋雜記云納幣一束束五兩兩五尋然則每端二丈若彼據庶人空用緇色無纁故鄭云用緇婦人陰此玄纁俱有故云象陰陽備也案玉人穀圭天子以聘女大璋諸侯以聘女故鄭據而言焉玄纁束帛者合言之陽奇陰耦三玄二纁也其大夫無冠禮而有昏禮若試爲大夫及幼爲大夫者依士禮若五十而爵改娶者大夫昏禮玄纁及鹿皮則同於士餘有異者無文以言也

請期用鴈。主人辭。賓許告期。如納徵禮。主人辭者陽倡陰和期日宜由夫家來也夫家必先卜之得吉日乃使使者往辭即告之

【疏】請期至徵禮○釋曰請期如納徵禮納吉禮○如納采禮案上納采之禮下至主人拜送於門外其中揖讓升降及禮賓迎送之事此皆如之○注主人至告之○釋曰婿之父使使納徵訖乃下卜婚月得吉日又使使往女家告日是期由男家來今以男家執謙故遣使者請女家若云期由女氏故云請期女氏知陽倡陰和當由男家出故主人辭之使者既見主人辭遂告主人期日也是以下記云使者曰某使某受命吾子不許某敢不告期曰某日注云某吉日之甲乙是告期之辭故鄭云辭即告也

期初昏。陳三鼎于寢門外。東方北面北上。其實特豚合升。去蹄。舉肺脊二。祭肺二。魚十有四。腊一肫。髀不升。皆飪。設扃鼏。期取妻之日鼎三者升豚魚腊也寢婿之室也北面鄉內也特猶一也合升合左右胖升於鼎也去蹄蹄甲不用也舉肺脊者食時所先舉也肺者氣之主也周人尚焉脊者體之正也食時則祭之飯必舉之貴之也每皆二者夫婦各一耳凡魚之正十五而鼎減一爲十四者欲其敵偶也腊兔腊也肫或作純純全也凡腊用全髀不升者近竅賤也飪孰也扃所以扛鼎鼏覆之古文純爲鈞髀爲脾今文扃作鉉鼏皆作密

【疏】期初至扃鼏○釋曰此文下盡合巹一節論夫家欲迎婦之時豫陳同牢之饌也云陳三鼎於寢門外東方北面北上者謂在夫寢門外也言東方北面是禮之正但數鼎故云北面北上則此及少牢皆是也特牲陳鼎於門外北面北上當門而不在東方者辟大夫故也今此亦東方不辟大夫者重昏禮攝盛也鼎不言北上直言北面士冠所云是也凡鼎陳於外者北面爲正阼階下西面爲正士喪禮小斂陳一鼎於門外西面者喪禮少變在東方者未忍異於生於大斂大奠及朔月奠既夕陳鼎皆如大斂奠門外皆西面者亦是喪禮既夕變也士虞陳三鼎于門外之右北面北上入設于西階前東面北上不在東者既葬鬼事之反吉故也公食陳鼎七當門南面西上者以賓是外人向外統之○注期取至作密○釋曰云期娶妻之日者此陳同牢之饌下云親迎之禮其中無厥明之文明是娶婦之日也云鼎三者升豚魚腊也者即經文自顯也云寢婿之室也者命士以上之父子異宮自然別有寢若不命之士父子同宮雖大院同居其中亦隔別各有門戶故經總云寢門外也云合升合左右胖升於鼎也者以夫婦各一故左右胖俱升若祭則升右也云去蹄蹄甲不用也者以其踐地穢惡也云舉肺脊者食時所先舉者案下文贊者告具揖婦即對筵皆坐祭祭薦黍稷肺即此祭肺也下又云贊爾黍稷授肺脊皆食以滑醬皆祭舉食舉也即此舉肺脊也祭時二肺俱有生人唯有舉肺皆祭今此得有祭肺者禮記郊特牲論娶婦玄冕齊戒鬼神陰陽也故與祭祀同二肺也據下文先用祭肺後用舉肺此經先言舉肺後言祭肺者以舉肺脊長大故先言是以特牲少牢入鼎時舉肺脊在前云肺者氣之主也周人尚焉者案禮記明堂位云有虞氏祭首夏后氏祭心殷祭肝周祭肺鄭注云氣主盛也但所尚不同故云周人尚焉云脊者體之正也食時則祭之者對祭肺未食時祭也云飯必舉之貴之也者但一身之上體總有二十一節前有肩臂臑後有肫胳脊在中央有三脊正脡橫脊而取中央正脊故云體之正凡云先以對後案特牲舉肺脊後食幹骼注云肺氣之主也脊正體之貴者先食啗之所以導食通氣此不言先食啗之從彼可知也云每皆二者夫婦各一耳者釋經多之義云凡魚之正十五而鼎減一爲十四者據特牲記云魚十有五注云魚水物以頭枚數陰中之物重數於月十有五日而盈少牢饋食禮亦云十有五而俎尊卑同則是尊卑同用十五而同鼎也云欲其敵偶也者夫婦各有七也此夫婦鬼神陰陽故同祭禮十五而去一若生人則與此異故公食大夫一命者七魚再命者九魚三命者十有一魚天子諸侯無文或諸侯十三魚天子十五魚也云腊兔腊也者少牢用麋腊士兔腊可知故曲禮云兔曰明視也云肫或作純純全也凡腊用全者此或少牢文案少牢腊一純注云純猶全也凡牲體則用一胖不得云全其腊則左右體脊相配共爲一體故得全名也特牲少牢亦用全士喪大斂與士虞皆用左胖不全者喪禮略文今文鼏皆作密者鄭以省文故兼下給冪總疊之故云皆也

設洗于阼階東南。洗所以承盥洗之器棄水者**饌于房中。醯醬二豆。菹醢四豆。兼巾之。黍稷四敦。皆蓋。**醯醬者以醯和醬生人尚褻味兼巾之者六豆共巾也巾爲禦塵蓋爲尚溫周禮曰食齊視春時

【疏】○饌于至皆蓋○注醯醬至春時○釋曰鄭知以醯和醬者得醯者無醬得醬者無醯若和之則夫妻皆有是以知以醯和醬也云生人尚褻味者此文與公食皆以醯和醬少牢特牲不言之故云然也引周禮釋敦皆有蓋者飯宜溫比春時故也

大羹湆在爨。大羹湆煮肉汁也大古之羹無鹽菜爨火上周禮曰羹齊視夏時今文湆皆作汁

【疏】大羹湆在爨○注大羹至作汁○釋曰湆與汁一也知大古之羹無鹽菜者左傳桓二年臧哀伯云大羹不致禮記郊特牲云大羹不和謂不致五味故知不和鹽菜唐虞以上曰大古有此羹三王以來更有鉶羹則致以五味雖有鉶羹猶存大羹不忘古也引周禮者證大羹須熱故在爨臨食乃取也

尊于室中北墉下。有禁。玄酒在西。綌冪加勺。皆南枋。墉牆也禁所以庪甒者玄酒不忘古也麤葛今文枋作柄

【疏】尊于至南枋○注墉牆至作柄○釋曰云禁所以庪甒者士冠云甒此亦士禮雖不言甒然此尊亦無也庪承於甒云禁者因爲酒戒故以禁言之也云玄酒不忘古也者古謂黃帝已前以禮運云汙尊而抔飲謂神農時雖有黍稷未有酒醴則神農以上以水爲玄酒也禮運又云後聖有作以爲醴酪據黃帝以後雖有酒醴猶是不忘古也

尊于房戶之東。無玄酒。篚在南。實四爵合巹。無玄酒者略之也夫婦酌於內尊其餘酌於外尊合巹破匏也四爵兩巹凡六爲夫婦各三酳一升曰爵

【疏】尊于至合巹○注無玄至曰爵○釋曰云無玄酒者略之也[illegible]云一升曰爵者韓詩外傳云一升曰爵二升曰觚三升曰觶四升曰角五升曰散是也

主人爵弁。纁裳緇袘。從者畢玄端。乘墨車。從車二乘。執燭前馬。主人壻也壻爲婦主爵弁而纁裳玄冕之次大夫以上親迎冕服冕服迎者鬼神之鬼神之者所以重之親之纁裳者衣緇衣不言衣與帶而言袘者空其文明其與袘俱用緇袘謂緣袘之言施以緇緣裳象陽氣下施從者有司也乘貳車從行者也畢猶皆也墨車漆車士而乘墨車攝盛也執燭前馬使徒役持炬火居前炤道

【疏】[illegible]

車亦如之。有裧。[illegible]

幃周禮謂之容車有容則固有蓋・〔疏〕婦車至有裧。注亦如至有蓋。釋曰婦車亦墨車但有裧爲異耳曰士妻之車夫家共之者即此是也云大夫以上嫁女則自以車送之者案宣公五年冬左傳云齊高固及子叔姬來反馬也休以爲禮無反馬而左氏以爲得禮禮婦人謂嫁曰歸明無大故不反於家經書高固及子叔姬來故譏乘行匹至也士昏皆異據士禮無反馬蓋失之矣士昏禮曰主人爵弁纁裳緇袘從者畢玄端乘墨車從車二乘執燭前馬婦車亦如之有裧此婦乘夫家之車鵲巢詩曰之子于歸百兩御之又曰之子于歸百兩將之國君之禮夫人始嫁自乘其車也何彼穠矣篇曰曷不肅雍王姬之車言齊侯嫁女以其母王姬始嫁之車遠送之則天子諸侯女嫁留其車可知以今高固大夫反馬大夫亦留其車禮雖散亡以詩論之大夫以上至天子有反馬之禮留車妻之道反馬壻之義高固秋月逆叔姬冬來反馬則婦人三月祭行故行反馬禮也以此鄭箴膏肓言之則知大夫已上嫁女自以其車送之若然詩注以爲王姬嫁時自乘其車箴膏肓以爲齊侯嫁女乘其母王姬始嫁時車迣之不同者彼取三家詩故與毛詩異也凡婦車之法自士已上至孤卿皆與夫同有裧爲異至於王后及三夫人幷諸侯夫人皆乘翟車案周禮巾車王后之五路重翟厭翟安車皆有容蓋又云翟車輦車鄭注云詩國風碩人曰翟蔽▲以朝謂諸侯夫人始來乘翟蔽之車以朝見於君成▲之也此翟蔽蓋厭翟也然則王后始來乘重翟受▲又詩序云王姬下嫁於諸侯車服不繫其夫下王后一等以此差之王后始來乘重翟則上公夫人用厭翟侯伯子男夫人用翟車若然巾車安車次厭翟在翟車之上者以其安車在宮中所乘有容蓋與重翟厭翟有屈▲退之在下其實安車無翟飾不用爲嫁時所乘也三夫人與三公夫人當用翟車九嬪與孤妻同用夏篆世婦與▲卿大夫妻同用夏縵女御與士妻同用墨車也其諸侯夫人姪娣及二媵并姪娣依次下夫人以▲下▲一等爲差也云裧車裳幃周禮謂之容者案巾車職重翟厭翟安車皆有容蓋鄭司農云容謂襜車山東謂之裳幃或謂之潼▲容後鄭從之衞詩云漸車帷裳是山東名幃裳也云車有容則固有蓋者巾車云有容蓋容蓋相配之物此既有裧之容明有蓋可知故云固有蓋矣

至于門外。 婦家大門之外。〔疏〕至于門外。注婦家大門之外。釋曰知是大門外者以下有揖入乃至廟廟乃▲大門內故知此大門外也

主人筵于戸西西上。右几。 主人女父也筵爲神布席〔疏〕主人至右几。注主人至布席。釋曰以先祖之遺體許人將告神故女父先於廟設神席乃迎壻也

儀禮注疏卷四校勘記

阮元撰盧宣旬摘録

士昏禮第二

陽往而陰來 按釋文引鄭目錄陽上有取其二字

昏禮

男父先遣媒氏女氏之家 女字上一本增一至字按女氏之家疑當作之女氏家

故闕其納吉以非之也 要義毛本闕作關

主人筵于戸西

下文禮賓 毛本禮誤作體

知受禮于禰廟者 知下要義有將以先祖之遺體許人故十字

使者元端至

於中士下差次爲之 毛本差上有士字

主人如賓服

主人迎賓於大門外 毛本無賓字

寢門大門而已 已此本舊作矣誤今從要義毛本

云不荅拜者 不上要義有賓字是也

是以射禮賓迎入門 諸本同毛本射作躬亦非此是聘禮之誤

主人以賓升

獨此云賓當阿 要義同毛本無賓字

序則物當棟 毛本當誤作堂

故云是制五架之屋也 故要義作鄭

擯者出請

彼已破從禮 要義同毛本從作爲

不從醴者 要義同毛本不作字從醴別作從豊下文爲醴之義作爲豊之義皆是也

主人徹几改筵

鄉爲神 陸氏云鄉本又作嚮○按鄉正字嚮今之向字

醴糟例無元酒配之 要義同毛本糟例作禮側

又云贊者薦脯醢 要義同毛本又作及

主人迎賓于廟門外。主人拂几授校

校改作挍疏同盧文弨云緣避明諱改

辟逡遁 釋文徐本集釋敖氏遁俱作巡通解楊氏作遁張氏云鄭氏於儀禮用逡遁字凡十有一開寶釋文獨於此作巡諸釋文本皆作遁

古文挍爲技 徐本集釋挍俱作技通解作枝

凡行敵禮者 要義同毛本敵禮作禮敵

宰內拂几三 要義同毛本宰下有夫字○按無夫字與聘禮不合

冠禮賓無几者 單疏要義俱重禮字是也

尊王使也 要義同閩本作尊主故也陳本作尊主使也毛本作尊王故也

凡設几之法 要義同毛本設誤作投

贊者酌醴

待主人迎受 毛本同迎受釋文作梧授按今本釋文梧从木聘禮公食大夫既夕皆然張氏引釋文从手各本注疏聘禮公食大夫从木既夕从手未知孰是說文無捂字有啎字訓逆也既夕疏云梧即遻也遻迎二義相近疑捂即啎之俗體而梧則又其假借通用者也盧文弨云陸梧授字譌今案公食注及既夕經既有梧受之文言張氏引既夕乃作捂授又引玉篇云捂受也捂授謂受其所授也鄭於既夕注云謂對相授不委地則經文似當作授張說不爲無據而此處釋文授字亦未必譌也

主人受醴面枋

皆於筵西受醴 浦鏜云醴誤作禮

賓卽筵坐

贊者至荅拜 按贊者二字經文在上節此當作賓卽

賓卽筵奠于薦左

此云奠于薦東升席奠之 浦鏜云薦左誤薦東升席奠之四字當爲衍文

納吉

婚姻之事於是定 婚徐本作昏按昏嫁宜作昏婚姻宜作婚古或俱用昏字凡今本經注作婚者石經徐本俱作昏舉此爲例後不贅

凡卜並皆於禰廟 要義同毛本並作筮

故納吉乃定也 故要義作知

納徵

故指幣體而言 要義同毛本體作禮是也

納幣帛緇 要義同毛本帛作用要義又云緇元本作純

請期

及禮賓迎送之事 賓陳本要義俱作賓毛本作實迎送毛本作送迎

乃下卜婚月 要義同毛本卜上無下字月作日

期初昏

飪熟也 熟通解徐本俱作孰按孰熟諸本錯出後不悉挍

扃所以扛鼎 扛徐本作杠釋文集釋通解俱作扛

今文扃作鉉鼏皆作密 依注例鼏上當有古文二字按儀禮扃鼏屢見恐經注俱有誤說文

鼎部鼏字注云以木橫貫鼎耳舉之則鼏卽扃也不得爲兩字又金部鉉字注云易謂之鉉禮謂之鼏是鉉字唯易有之禮經安得有鉉今本儀禮覆尊則爲冪覆鼎則爲鼏釋文則多作鼏或强爲分別曰冪字从巾覆尊以巾則稱冪覆鼎以茅故不得稱冪然則扃字从戶何以得施于鼎且賈氏云鄭兼下綌冪總疊之故云皆可見覆鼎覆尊皆作冪矣又士喪禮及旣夕冪用疏布古文皆作密是古文無分尊鼎也爲明證也案扃鼏二字古文當爲扃密今文當爲鼏幎鄭于上字從古下字從今當注云今文扃爲鼏古文幎爲密鼏之從冂乃諧聲非會意也古蓋音冥冥扃聲相近故通作扃又音瞑瞑鉉聲相近故別作鉉

喪禮少變在東方者 要義同少變毛本作小斂陳作少寢

未忍異於生 要義同毛本生下有時字

於大斂大奠及朔月奠 要義同毛本斂下無大字

贊爾黍稷 浦鏜云稷衍字

重數於月十有五日而盈 要義重作重月下有之字毛本重作取特牲記作取無之字

饌于房中

則夫妻皆有 陳閩監本要義同毛本妻作婦

大羹湆在爨 大陸氏云亦作泰

尊于室中北墉下綌冪加勺 張氏云釋文冪作鼏後撤尊冪鄉飲酒鄉射尊綌冪同按毛本釋文仍作冪作冪是也然賈氏於前節疏云鄭兼下綌冪總疊之則兩處之文同矣鼏則皆鼏冪則皆冪明無尊鼎之別

綌麤葛 徐本集釋通解楊敖同毛本麤作粗

主人爵弁纁裳

乘貳車從行者也 嚴本通解楊敖同毛本貳作二

士而乘墨車 按疏無而字

使徒役持炬火 徐本楊敖同集釋通解毛本俱作從

亦當元冕攝盛也 毛本元誤作亦

故作施也 施監本作袘是也

士無貳車 要義同毛本貳作二

此有者亦是攝也 要義同陳閩者俱作二毛本攝下有盛字

皆以革輓 要義同毛本以作有

革上又有漆飾 要義同毛本又作文

則諸侯天子尊則尊矣 下則字要義作其

亦不假攝盛 聶氏要義同毛本假作欲

玉路祭祀不可以親迎 陳監要義路俱作路毛本路作欲閩本亦誤作欲聶氏路下有非字可下有乘字當以玉路非祭祀不可乘爲一句以親迎三字屬下當乘金路矣爲一句

以攝言之 攝下聶氏有盛字

婦車亦如之

何彼襛矣篇曰 要義同毛本襛作穠

翟蔽以朝 要義同毛本蔽作茀

以朝見于君成之也 成要義作盛

然則王后始來乘重翟受 受毛本作車要義作矣按當從要義

與重翟厭翟有屈也 屈陳本要義同誤作屈毛本作差是

依次下夫人以下一等爲差也 陳閩俱無以下二字

或謂之潼容 陳本要義同毛本潼作童

至于門外

廟乃大門內 乃陳閩俱誤作乃毛本作在是也

儀禮疏卷第五

唐朝散大夫行大學博士弘文館學士臣賈公彥等撰

女次純衣纁袡。立于房中南面。次首飾也今時髲也周禮追師掌爲副編次純衣絲衣女從者畢袗玄則此亦玄矣袡亦緣也袡之言任也以纁緣其衣象陰氣上任也凡婦人不常施袡之衣盛昏禮爲此服喪大記曰復衣不以袡明非常

（疏）女次至南面○注次首至非常○釋曰不言裳者以婦人之服不殊裳是以內司服皆不殊裳彼注云婦人尚專一德無所兼連衣裳不異其色是也注云次首飾也今時髲也周禮追師掌爲副編次者案彼注云副之言覆所以覆首爲之飾其遺象若今步繇矣編編列髮爲之其遺象若今假紒矣次次第髮長短爲之所謂髲髢言所謂如少牢主婦髲鬄也又云外內命婦衣鞠衣襢衣者服編衣褖衣者服次其副唯於三翟祭祀服之士服爵弁助祭之服以迎則士之妻亦服褖衣助祭之服也若然案內司服王后之六服褘衣揄翟闕翟鞠衣展衣褖衣素沙素沙與上六服爲裏五等諸侯上公夫人與王后同侯伯夫人自揄翟而下子男夫人自闕而下案王藻有鞠衣襢衣褖衣注云諸侯之臣皆分爲三等其妻以次受此服公之臣孤爲上卿大夫次之士次之侯伯子男之臣卿爲上大夫次之士次之其三夫人已下內命婦則三夫人自闕翟而下九嬪自鞠衣而下世婦自襢衣而下女御自褖衣而下嫁時以服之諸侯夫人無助天子祭亦各得申上服與祭服同也云純衣絲衣者此經純亦是絲理不明故見絲體也云女從者畢袗玄則此衣亦玄矣者此鄭欲見旣以純爲絲恐色不明故云女從袗玄則此絲衣亦同玄色矣云袡亦緣也者上纁裳緇袘袘爲緣故云袡亦緣也云袡之言任也以纁緣其衣象陰氣上任也者婦人陰象陰氣上交於陽亦取交接之義也云凡婦人不常施袡之衣盛昏禮爲此服者此純衣卽褖衣是士妻助祭之服尋常不用纁爲袡今用之故云盛昏禮爲此服云喪大記曰復衣不以袡明非常者以其始死招魂復魄用生時之衣生時無袡知亦不用袡明爲非常所服爲盛昏禮故服之引之者證袡爲非常服也然鄭言凡婦人服不常施袡者鄭欲見王后已下初嫁皆有袡之意也

姆纚笄宵衣在其右。姆婦人年五十無子出而不復嫁能以婦道教人者若今時乳母矣纚縚髮笄今時簪也纚亦廣充幅長六尺宵讀爲詩素衣朱綃之綃魯詩以綃爲綺屬也姆亦玄衣以綃爲領因以爲名且相別耳姆在女右當詔以婦禮

（疏）姆纚至其右○釋曰此經欲見女旣在房須有傅命者之義也○注姆婦至婦禮○釋曰云姆婦人年五十無子出而不復嫁能以婦道教人者。婦人年五十陰道絕無子乃出之案家語云婦人有七出不順父母出淫辟出無子出不事舅姑出惡疾出多舌出盜竊出又莊二十七年何休注公羊云無子棄絕世也淫佚棄亂類也不事舅姑棄悖德也口舌棄離親也盜竊棄反義也嫉妒棄亂家也惡疾棄不可奉宗廟也又家語有三不去曾經三年喪不去休云不忘恩也賤取貴不去休云不背德也有所受無所歸不去休云不窮窮也休又云喪婦長女不娶無教戒也世有惡疾不取棄於天也世有刑人不娶棄於人也亂家不娶類不正也逆家女不娶廢人倫也是五不娶又案易同人六二鄭注云天子諸侯后夫人無子不出則猶有六出其天子之后雖失禮鄭云嫁於天子雖失禮無出道遠之而已若其無子不廢遠之后尊如故其犯六出則廢之然就七出之中餘六出是無德行

不堪教人故無子出能以婦道教人者以爲姆既教女因從女向夫家也云若今時乳母者漢時乳母與古時乳母別案喪服乳母者據大夫子有三母子師慈母保母其慈母闕乃令有乳者養子謂之爲乳母死爲之服緦麻師教之乳母直養之而已漢時乳母則選德行有乳者爲之并使教子故引之以證姆也云纚縚髮者此纚亦如士冠纚以縚爲之廣充幅長六尺以縚髮而紒之姆所異於女者女有纚兼有次此姆則有纚而無次也云笄今時簪者舉漢爲況義也云宵讀爲詩素衣朱綃之綃者引詩以爲證也云姆亦玄衣以綃爲領因以爲名者此衣雖言綃衣亦與純衣同是褖衣用綃爲領故因得名綃衣也必知綃爲領者詩云素衣朱綃詩又云素衣朱襮爾雅釋器云黼領謂之襮襮既爲領明朱綃亦領可知案上文云女褖衣云女從者畢袗玄皆是褖衣則此綃衣亦褖衣矣女與女從襌黼領此姆以玄綃爲領若然特牲云綃衣者謂以綃爲衣知此綃爲領者以下女從者云被穎黼據領明此亦據領也云姆在女右當詔以婦禮者案禮記少儀云贊幣自左詔辭自右地道尊右之義故姆在女右也

女從者畢袗玄。纚笄被穎黼。在其後。女從者謂姪娣也詩云諸娣從之祁祁如雲袗同也同玄者上下皆玄穎襌也詩云素衣朱襮爾雅云黼領謂之襮周禮曰白與黑謂之黼天子諸侯后夫人狄衣卿大夫之妻刺黼以爲領如今偃領矣士妻始嫁施襌黼於領上假盛飾耳言被明非常服【疏】女從至其後○釋曰此是從女之人在女後爲尊卑威儀之事也○注女從至常服○釋曰知女從是姪娣者案下文云雖無娣媵先鄭云古者嫁女必姪娣從謂之媵即此女從故云女從者謂姪娣也云詩者韓奕篇引之證姪娣之義也云袗同也同玄者上下皆玄者此袗讀從左氏均服振振一也故云同也同玄上下皆玄者即婦人之服不殊裳也云穎襌也者此讀如詩云褧衣之褧故爲襌也引詩爾雅周禮者證黼得爲領之義也黼謂刺之在領爲黼文名爲襮故云黼領謂之襮云天子諸侯后夫人狄衣者案周禮內司服云掌王后之六服褘衣揄狄闕狄又注云侯伯之夫人揄狄子男之夫人亦闕狄唯二王後褘衣故云后夫人狄衣也云卿大夫之妻刺黼以爲領者以士妻言被明非常故知大夫之妻刺之常也不於后夫人下言領於卿大夫妻下乃云刺黼爲領則后夫人亦同刺黼爲領也但黼乃白黑色爲之若於衣上則畫之若於領上則刺之以爲其男子冕服衣畫而裳繡繡皆刺之其婦人領雖在衣亦刺之矣然此士妻言被襌黼謂於衣領上別刺黼文謂之被則大夫以下刺之不別被之矣案禮記郊特牲云綃黼丹朱中衣大夫之僭禮也彼天子諸侯中衣有黼領服則無之此今婦人事華飾故於上服有之中衣則無也云如今偃領矣者舉漢法鄭君目驗而知至今已遠偃領之制亦無可知也云士妻始嫁施襌黼於領上假盛飾耳言被明非常服者對大夫已上妻則常服有之非假也

主人玄端迎于門外。西面再拜。賓東面荅拜。賓壻【疏】主人至荅拜○釋曰此言男至女氏之大門外女父出迎之事也

主人揖入。賓執鴈從。至于廟門。揖入。三揖。至于階。三讓。主人升西面。賓升北面奠鴈。再拜稽首。降出。婦從降自西階。主人不降送。賓升奠鴈拜主人不荅明主爲授女耳主人不降送禮不參【疏】主人至降送○釋曰此言女父迎賓壻入廟門升堂父迎出大門之事也云賓升北面奠鴈再拜稽首者此時當在房外當楣北面知在房戶者見隱二年紀履緰來逆女公羊傳曰譏始不親迎也何休云夏后氏逆於庭殷人逆於堂周人逆於戶後代漸文迎於房者親親之義也○注賓升至不參○釋曰云賓升奠鴈拜主人不荅明主爲授女耳者案納采阼階上拜至問名納吉納徵請期轉相如皆拜獨於此主人不荅明主爲授女耳云主人不降送禮不參者禮賓主宜各一人今婦既送主人不送者以其禮不參也

壻御婦車。授綏。姆辭不受。壻御者親而下之綏所以引升車者僕人之禮必授人綏【疏】壻御至不受○注壻御至人綏○釋曰云僕人之禮必授人綏者曲禮文今壻御車即僕人禮僕人合授綏姆辭不受謙也

婦乘以几。姆加景。乃驅。御者代。乘以几者尚安舒也景之制蓋如明衣加之以爲行道禦塵令衣鮮明也景亦明也驅行也行車輪三周御者乃代壻今文景作憬【疏】婦乘至者代○注乘以至作憬○釋曰云乘以几者謂登車時也云几所以安體謂若尸乘以几之類以重其初昏與尸同也云景之制蓋如明衣者案既夕禮明衣裳用布袂屬幅長下膝鄭注云長下膝又有裳於蔽下體深也此景之制無正文故云蓋如明衣直云制如明衣此嫁時尚飾不用布案詩云衣錦褧衣裳錦褧裳鄭云褧襌也蓋以襌縠爲之中衣裳用錦而上加襌縠焉爲其文之大著也庶人之妻嫁服也士妻紬衣纁袡彼以庶人用襌縠連引士妻紬衣則此士妻衣上亦用襌縠碩人是國君夫人亦衣錦褧衣則尊卑同用襌縠庶人卑得與國君夫人同用錦爲衣大著此士妻不用錦不爲文大著故云行道禦風塵也

壻乘其車。先俟于門外。壻車在大門外乘之先者道之也男率女女從男夫婦剛柔之義自此始也俟待也門外壻家大門外【疏】壻乘至門外○注壻車至門外○釋曰云壻車在大門外者謂在婦家大門外知者以其壻於此始言乘其車故知也云男率女女從男夫婦剛柔之義自此始也者並郊特牲文云門外壻家大門外者命士已上父子異宮故解爲壻家大門外若不命之士父子同宮則大門外父之大門外也

婦至。主人揖婦以入。及寢門。揖入。升自西階。媵布席于奧。夫入于室即席。婦尊西南面。媵御沃盥交。升自西階道婦入也媵送也謂女從者也御當爲訝訝迎也謂壻從者也媵沃壻盥於南洗御沃婦盥於北洗夫婦始接情有廉恥媵御交道其志【疏】婦至至盥交○釋曰此明夫導於婦入門升階及對席媵御沃盥之儀云主人揖婦以入者此則詩云好人提提宛然左辟是也云夫入于室即席者謂壻也婦在尊西未設席壻既爲主東面須設饌訖乃設對席揖即對席爲前後至之便故也○注升自至其志○釋曰云升自西階道婦入也者以尋常賓客主人在東賓在西今主人與妻俱升西階故云道婦入也云媵送也謂女從者也即姪娣也云御當爲訝訝迎也謂壻從者也者以其與婦人爲盥非男子之事謂夫家之賤者也知媵沃壻盥於南洗御沃婦盥於北洗者以其有南北二洗又云媵御沃盥交明知夫婦與媵御南北交相沃盥也

贊者徹尊冪。舉者盥出除冪。舉鼎。入陳于阼階南。西面北上。匕俎從設。執匕者執俎者從鼎而入設之匕所以別出牲體也俎所以載也【疏】贊者至從設○注執匕至載也○釋曰案特牲少牢公食與有司徹及此昏禮等執匕俎舉鼎各別人者此吉禮尚威儀故也士喪禮舉鼎右人以右手執匕左人以左手執俎舉鼎人兼執匕俎者喪禮畧也云從設者以從男之事故從吉祭法也公食執匕俎之人入加匕於鼎陳俎於鼎南其匕與載皆舉鼎者爲之特牲注云右人也尊者於事指使可也則右人於鼎北南面匕肉出之左人於鼎西俎南北面承取肉載於俎士虞右人載者喪祭少變故在西方長者在左也今昏禮鬼神陰陽當與特牲禮同亦右人匕左人載遂執俎而立以待設也云匕所以別出牲體也者凡牲有體別謂肩臂臑肫胳脊脅之等於鼎以次別匕出之載者依其體別以次載之於俎故云別出牲體也

北面載。執而俟。執俎而立俟豆先設【疏】北面載執而俟○注執俎至先設○釋曰知俟豆先設者下文菹醢後乃云俎入設于豆東故知也

匕者逆退。復位于門東。北面西上。執匕者事畢逆退由便至此乃著其位畧賤也【疏】匕者至西上○注執匕至賤也○釋曰云至此乃著其位畧賤也者案士冠未行事陳主人位訖即言兄弟及擯者之位於此初陳鼎門外時不見執匕者位至此乃著其位故言畧賤也

贊者設醬于席前。菹醢在其北。俎入設于豆東。魚次。腊特于俎北。豆東菹醢之東【疏】注豆東菹醢之東○釋曰醬與菹醢俱在豆知不在醬東者下文醬東有黍稷故知在菹醢東也

贊設黍于醬東。稷在其東。設湆于醬南。饌要方也【疏】贊設至醬南○注饌要方也○釋曰豆東兩俎醬東黍稷是其要方也

設對醬于東。對醬婦醬也設之當特俎【疏】設對醬于東○注對醬至特俎○釋曰壻東面設醬在南爲右婦西面則醬在北爲右皆以右手取之爲便故知設之當特俎東也

菹醢在其南。北上。設黍于腊北。其西稷。設湆于醬北。御布對席。贊啓會。卻于敦南。對敦于北。啓發也今文啓作開古文卻爲綌【疏】菹醢至于北○釋曰菹醢在其南北上者謂菹在醬南其南有菹有醢若壻醢在菹北從南向北陳爲南上此從北向南陳亦醢在菹南爲北上也云湆即上文大羹湆在爨者羹宜熟臨食乃將入是以公食大夫云大羹湆不和實于鐙由門入公設之于醬西是也又生人食公食大夫是也特牲士虞等爲神設皆爲敬尸尸亦不食也鄉飲酒鄉射燕禮大射不設者湆非飲食之具故無也少牢無湆者文不備有司徹有湆者賓尸禮褻故有之與少牢禮異也云設湆于醬北者案上設壻湆於醬南在醬黍之南特俎出於饌北此設婦湆於醬北在特俎東饌內則不得要方上注云要方者據大判而言耳云啓會卻于敦南對敦于北者取壻東面以南爲右婦西面以北爲右各取便也卻仰也謂仰於地也

贊告具。揖婦即對筵。皆坐皆祭。祭薦黍稷肺。贊者西面告饌具也壻揖婦使即席薦菹醢【疏】贊者至稷肺○注贊者至菹醢○釋曰知贊者西面告饌具者以其所告者宜告主人主人東面知西面告也云薦菹醢者以其儀禮之內單言薦者皆據籩豆而言也

贊爾黍。授肺脊。皆食。以

湆醬。皆祭舉食舉也。爾移也移置席上便其食也皆食食黍也以用也用者謂啜湆呫醬古文黍作稷〔疏〕贊爾至舉也。○釋曰云祭舉食舉也者舉謂舉肺以其舉以祭以食故名肺為舉則上文云祭者祭肺也。○注爾移至作稷。○釋曰云爾移也者爾訓為近謂移之使近人故云移置席上便其食也案玉藻云食坐盡前謂臨席前畔則不得移黍於席上此云移置席上者鬼神陰陽故此昏禮從特牲祭祀法云皆食食黍也者案特牲少牢祭舉食舉乃飯此先食黍乃祭舉相反者彼九飯禮成故先食舉以為導食氣此三飯禮畧故不須導也此先爾黍稷後授肺特牲亦然以其士禮同也少牢佐食先以舉肺脊授尸乃爾黍者大夫禮與士異故也然士虞亦先授舉肺脊後乃爾黍者喪禮與吉反故也云用者謂啜湆呫醬者以其大羹汁不用箸又不須以箸故用口啜湆用指呫醬也

三飯卒食。卒已也同牢示親不主為食起三飯而成禮也〔疏〕三飯卒食。○注同牢至禮也。○釋曰云同牢示親不主為食起者少牢十一飯特牲九飯而禮成此獨三飯故云同牢示親不主為食起三飯而成禮也

贊洗爵酌。酳主人。主人拜受。贊戶內北面答拜。酳婦亦如之。皆祭。酳漱也酳之言演也安也漱所以絜口且演安其所食酳酌內尊〔疏〕贊洗至皆祭。○釋曰自此至尊否論夫婦食訖酳及徹饌於房節。云主人拜受者壻拜當東面酳婦亦如之者婦拜當南面是以少牢云養皆答拜鄭注云在東面席者東面拜在西面席者皆南面拜故知婦拜南面若贊答婦拜亦於戶內北面也云皆祭者祭先也。○注酳漱至內尊。○釋曰云酳漱也酳之言演也安也漱所以絜口且演安其所食者案特牲云主人洗角升酌酳尸注云酳猶衍也是獻尸也謂之酳者尸既卒食又欲頤衍養樂之又少牢云主人酌酒乃酳尸注云酳猶羨也既食之而又飲之所以樂之三注不同者文有詳畧相兼乃具士虞亦是酳尸注直云酳安食也不言養樂及羨者喪故畧之此三酳俱不言獻皆云酳直取其絜故注云漱所以絜口演安其所食亦頤養樂之義知酳酌內尊者以下文云贊酌于戶外尊故知此夫婦酳內尊也

贊以肝從。皆振祭。嚌肝。皆實于菹豆。肝肝炙也飲酒宜有肴以安之〔疏〕贊以至菹豆。○釋曰案特牲少牢獻尸以肝從尸嚌之加于菹豆與此同禮之正也主人與祝亦以肝從加於俎不加於豆者下尸故不敢同之也士虞獻尸尸以肝加於俎者喪祭故鄭云加於俎從其牲體也以喪不志於味但此云實不云加異於祭故也

卒爵皆拜。贊答拜受爵。再酳如初。無從。三酳用卺。亦如之。亦無從也〔疏〕卒爵至如之。○注亦無從也。○釋曰卒爵皆拜贊答拜者獻主處也云再酳如初者如自贊洗爵已下至答拜受爵也云亦無從也者三酳用卺亦如之亦自贊洗爵至受爵鄭直云亦無從用卺文承再酳之下明知事事如再酳以其初酳有從再酳如初無從三酳用卺亦無從故鄭以亦無從言之其實皆同再酳也

贊洗爵酌于戶外尊。入戶西北面奠爵拜。皆答拜。坐祭卒爵拜。皆答拜。興。贊酌者自酢也〔疏〕贊洗至拜興。○釋曰言皆者皆夫婦也三酳乃酌外尊自酢者皆是畧賤者也既酳合卺乃用爵不嫌相襲爵明更洗餘爵也

主人出。婦復位。復尊西南面之位〔疏〕主人出婦復位。○注復尊西南面之位。○釋曰直云主人出不云處所案下文云主人說服于房矣則此時亦向東房矣云復尊西南面之位者婦人不宜出復入故因舊位而立也

乃徹于房中。如設于室。尊否。徹室中之饌設于房中為媵御餕之徹尊不設有外尊也〔疏〕乃徹至尊否。○釋曰經云乃徹于房中如設于室雖據豆俎而言理兼於尊矣故云徹尊不設有外尊明徹中兼尊也云尊否者唯尊不設于房中而言也知為媵御餕之者下文云媵餕主人之餘已下是也

主人說服于房。媵受。婦說服于室。御受。姆授巾。巾所以自絜清今文說皆作稅〔疏〕主人至授巾。○釋曰自此至呼則聞論夫婦寢息及媵御餕之事也云主人說服于房媵受婦說服于室御受者與沃盥文同亦是交接有漸之義也疊今文為稅不從者稅是追服之言非脫去之義故不從也

御衽于奧。媵衽良席在東。皆有枕北止。衽臥席也婦人稱夫曰良孟子曰將見良人之所之止足也古文止作趾〔疏〕御衽至北止。○注衽臥至作趾。○釋曰衽于奧主于婦席使御布婦席使媵布夫席此亦示交接有漸之義也云衽臥席也者案曲禮云請席何鄉請衽何趾鄭云坐問鄉臥問趾因於陰陽彼衽稱趾明衽臥席也若然前布同牢席夫在西婦在東今乃夫在東婦在西易處者前者示有陰陽交會有漸故男西女東今取陽往就陰故一男女各於其方也云孟子者案孟子離婁篇云齊人有一妻一妾而處室者其良人出則必饜酒肉而後反其妻問所與飲食者則盡富貴者其妻告其妾曰良人出則饜酒肉而後反問所與飲食者則盡富貴者也而未嘗有顯者來吾將瞯良人之所之注云瞯視也彼瞯為視亦得為見故鄭此注為見也引之者證婦人稱夫為良人之義也云古文止作趾者雖疊古文趾為足亦一義也

主人入。親說婦之纓。入者從房還入室也婦人十五許嫁笄而禮之因著纓明有繫也蓋以五采為之其制未聞〔疏〕主人至之纓。○注入者至未聞。○釋曰知從房還入室者夫前出說服於房今言入明從房入室也云婦人十五許嫁笄而禮之因著纓者案曲禮云女子許嫁纓又云女子許嫁笄而字鄭據此諸侯文而言但言十五許嫁則以十五為限則自十五已上皆可許嫁也云明有繫也者纓是繫物為之明有繫也云蓋以五采為之者以周禮巾車職五路皆有繁纓就數鄭注纓皆用五采罽為之此纓雖用絲為之當用五采但無文故云蓋以疑之也云其制未聞者此纓與男子冠纓異彼纓垂之兩傍結其條此女子纓不同於彼故云其制未聞但纓有二時不同內則云男女未冠笄者總角衿纓皆佩容臭鄭注云容臭香物也以纓佩之為迫尊者給小使也此是幼時纓也內則又云婦事舅姑子事父母衿纓綦屨注云衿猶結也婦人有纓示繫屬也是婦人女子有二時之纓內則示有繫屬之纓即許嫁之纓與此說纓一也若然笄亦有二等案問喪親始死笄纚據男子去冠仍有笄纚與婦人之笄並有安髮之笄也爵弁皮弁及六冕之笄皆是固冠冕之笄是其二也

燭出。昏禮畢將臥息

媵餕主人之餘。御餕婦餘。贊酌外尊酳之。外尊房戶外之東尊〔疏〕媵餕至酳之。○釋曰亦陰陽交接之義云酌外尊者賤不敢與主人同酌內尊也

媵侍于戶外。呼則聞。為尊者有所徵求今文侍作待〔疏〕媵待至則聞。○釋曰不使御待于戶外供承夫婦者以女為主故使媵待于戶外也

夙興。婦沐浴。纚笄宵衣。以俟見。夙早也昏明日之晨興起也俟待也待見於舅姑寢門之外古者命士以上年十五父子異宮〔疏〕夙興至俟見。○釋曰自此至授人論婦見舅姑之事云纚笄宵衣者此則特牲主婦宵衣也純衣纁袡者彼嫁時之盛服今已成昏之後不可使服此從此服也。○注夙早至異宮。○釋曰言昏明日之晨者日昏時成禮此經言夙興故知是昏之晨旦也云興起也俟待也待見於舅姑寢門之外者因訓即解之也云古者命士以上年十五父子異宮者案內則云由命士以上父子異宮不云年限今鄭知十五為限者以其十五成童是以鄭注喪服亦云子幼謂年十五以下則不隨母嫁故知十五以後乃異宮也鄭言此限者欲見不命之士父子同宮雖俟見不得言舅姑寢門外也

質明。贊見婦于舅姑。席于阼。舅即席。席于房外南面。姑即席。質平也房外房戶外之西古文舅皆作咎〔疏〕質明至即席。○注質平至作咎。○釋曰此經論設舅姑席位所在知房外是房戶外之西者以其舅在阼阼當房戶之東若姑在房戶之東即當舅之北南面向之不便又見下記云父醴女而俟迎者母南面於房戶外女出於母左以母在房戶西故得女出於母左是以知此房外亦房戶外之西也

婦執笲棗栗。自門入。升自西階進拜。奠于席。笲竹器而衣者其形蓋如今之筥𥫗蘆矣進拜者進東面乃拜奠之者舅尊不敢授也〔疏〕婦執至于席。○釋曰此經論婦從舅寢門外入見舅之事也必見舅用棗栗見姑以腶脩者案春秋莊二十四年經書秋八月丁丑夫人姜氏入戊寅大夫宗婦覿用幣公羊傳云宗婦者何大夫之妻也覿者何見也用者何用者不宜用也見用幣非禮也然則曷用棗栗云乎腶脩云乎注云腶脩者脯也禮婦人見舅以棗栗為贄見姑以腶脩為贄見夫人至尊兼而用之云乎辭也棗栗取其早自謹敬腶脩取其斷斷自脩正是用棗栗腶脩之義也案雜記云婦見舅姑兄弟姑姊妹皆立于堂下西面北上是見已注云婦來為供養也其見主於尊者兄弟以下在是為見已不復特見又云見諸父各就其寢注云旁尊也為見時不來今此不言者文畧也。○注笲竹至授也。○釋知笲竹器者以字從竹故知竹器也知有衣者下記云笲纁裏加于橋注云被表也笲有衣者婦見舅姑以飾為有衣也云如今之筥𥫗蘆矣者此舉漢法以況義但漢法去今以遠其狀無以可知也云進拜者進東面乃拜者謂從階進至舅前而拜云奠之者舅尊不敢授也者案下姑席不授而云舅尊不敢授之者但舅直撫之而已至姑則親舉之親舉者若親授之然故於舅得云尊不敢授也

舅坐撫之。興答拜。婦還又拜。還又拜者還於先拜處也婦人與丈夫為禮則俠拜〔疏〕舅坐至又拜。○注還又至俠拜。○釋曰云先拜謂前東面拜處也云婦人與丈夫為禮則俠拜者若士冠冠者見母母拜受子拜送母又拜母於子尚俠拜則不徒此婦於舅而已故廣言婦人與丈夫為禮則俠拜

降階受笲腶脩。升進。北面拜奠于席。姑坐舉以興。拜授人。人有司姑執笲以起答婦拜授有司徹之舅則宰徹之〔疏〕降階至授人。○釋曰

此經論婦見姑之事○注人有至徹之○釋曰云人有司者凡行事者皆主人有司也知舅則使宰徹者此見下記云舅荅拜宰徹是也**贊醴婦。**醴當爲禮贊禮婦者以其婦道新成親厚之(疏)贊醴婦○注醴當至厚之○釋曰自此至於門外論舅姑堂上禮婦之事云醴當爲禮者士冠內則昏義諸文醴皆破從禮者案司儀注上於下曰禮敵者曰儐又案大行人云王禮再祼而酢之等用鬱鬯不言王鬯再祼而酢而言禮則此諸文雖用醴禮賓不得即言主人醴賓故皆從上於下曰禮解之**席于戶牖閒。**室戶西牖東南面位(疏)席于戶牖閒○注室戶至面位○釋曰知義然者以其賓客位於此是以禮子禮婦禮賓客皆於此尊之故也**側尊甒醴于房中。婦疑立于席西。**疑正立自定之貌(疏)側尊至席西○注疑正立自定之貌○釋曰云婦疑立于席西者以其禮未至而無事故疑然自定而立以待事也若行之閒而立則云立不得云疑立也**贊者酌醴加柶面枋。出房席前北面。婦東面拜受。贊西階上北面拜送。婦又拜。薦脯醢。**婦東面拜贊北面荅之變于丈夫始冠成人之禮(疏)贊者至脯醢○釋曰云面枋出房者以其贊授故面枋冠禮贊酌醴將授賓則面葉賓受醴將授子乃面枋也此婦又拜并下經婦又拜者皆俠拜也○注婦東至之禮○釋曰云婦東面拜贊北面荅之變於丈夫始冠成人之禮者案冠禮禮子與此禮婦俱在賓位彼禮子南面受醴此則東面不同故決之彼南面者以向賓拜此東面者以舅姑在東亦面拜之也**婦升席。左執觶。右祭脯醢。以柶祭醴三。降席東面坐啐醴建柶。興拜。贊荅拜。婦又拜。奠于薦東。北面坐取脯降出授人于門外。**奠于薦東升席奠之取脯降出授人親徹且榮得禮人謂婦氏人(疏)婦升至門外○注奠于至氏人○釋曰鄭知奠者升席奠之者見上冠禮禮子禮賓皆云即筵奠于薦東降筵北面坐取脯明此奠時升席南面奠乃降北面取脯降出授人云親徹且榮得禮者言且兼二事何者下饗婦之俎不親徹又自出門授人是且榮得禮下饗不親徹俎者於禮時禮訖故於後畧之知人是婦氏人者以其在門外婦往授之明是婦氏之人也**舅姑入于室。婦盥饋。**饋者婦道既成成以孝養**特豚合升側載。無魚腊。無稷。並南上。其他如取女禮。**側載者右胖載之舅俎左胖載之姑俎異尊卑並南上者舅姑共席于奧其饌各以南爲上其他謂醬湆菹醢女謂婦也如取婦禮同牢時今文並當作併(疏)舅姑至女禮○釋曰自此至之錯論婦饋舅姑成孝養之事云其他如取女禮者則自側載以下南上以上與取女異異者彼則有魚腊并稷此則無魚腊與稷彼男東面女西面別席其醬醢菹夫則南上婦則北上今此舅姑共席東面俎及豆等皆南上是其異也○注側載至作併○釋曰豚載皆合升若成牲載一胖是常得云側此乃載胖故云側但周人尚右故知右胖載之舅俎左胖載之姑俎是以鄭云異尊卑也云並南上者舅姑共席于奧其饌各以南爲上者決同牢男女東西相對各上其右也云其他謂醬湆菹醢者以同牢時夫婦各有此四者今以饋舅姑亦各有此四物故云如同牢時也雖不言酒既有饋明有酒在其他中酒在內者亦在北牖下外尊亦當在房戶外之東鄭不云者畧耳**婦贊成祭。卒食一酳。無從。**贊成祭者授處之今文無成也(疏)婦贊至無從○注贊成祭者授處之○釋曰贊成祭者謂授之又處置令知在於豆閒也**席于北墉下。**墉牆也室中北牆下(疏)席于北墉下○釋曰此席將爲婦餕之位處也**婦徹設席前。如初西上。婦餕舅辭易醬。**婦餕者即席將餕也辭易醬者嫌淬汙(疏)婦徹至易醬○釋曰婦徹設于席前如初西上者此直餕舅辭易醬者舅尊故也不餕舅餘者以舅尊嫌相褻言西上者亦以有爲上也○注婦餕至淬汙○釋曰言將者事未至以其此始言婦餕之意至下文婦餕姑之饌乃始餕耳云辭易醬者婦嫌淬汙者以其醬乃以指咶之淬汙也**婦餕姑之饌。御贊祭豆黍肺舉肺脊乃食卒。姑酳之。婦拜受。姑拜送。坐祭卒爵。姑受奠之。**奠之奠于篚(疏)婦餕至奠之○注奠之奠于篚○釋曰云御贊祭豆黍肺舉肺脊者御贊婦祭之也鄭知奠之於篚者此云如取女禮取女有篚明此亦奠之于篚可知也**婦徹于房中。媵御餕姑酳之。雖無娣。媵先。於是與始飯之錯。**古者嫁女必姪娣從謂之媵姪兄之子娣女弟也娣尊姪卑若或無娣猶先媵容之也始飯謂舅姑錯者媵餕舅餘御餕姑餘也古文始爲姑(疏)婦徹至之錯○注古者至爲姑○釋曰云古者嫁女必姪娣從謂之媵者媵有二種若諸侯有二媵外別有姪娣是以莊公十九年經書秋公子結媵陳人之婦于鄄公羊傳曰媵者何諸侯娶一國則二國往媵之以姪娣從姪者何兄之子也娣者何弟也諸侯夫人自有姪娣并二媵各有姪娣則九女是媵與姪娣別也若大夫士無二媵即以姪娣爲媵鄭云古者嫁女必姪娣從謂之媵是據大夫士言也云姪兄之子娣女弟也娣尊姪卑者解經云雖無娣媵先之義以其若有娣乃先媵即姪也云猶先媵容之也者對御是夫之從者爲後若然姪與娣俱名媵今言雖無娣媵先似娣不名媵者但姪娣俱是媵今去娣娣外唯有姪姪言媵先以對御爲先非對娣也稱媵以其姪娣俱是媵也云始飯謂舅姑者舅姑始飯如今媵餕舅餘御餕姑餘是交錯之義若媵御沃盥交也舅姑爲飯始不爲餕始俗本云與始餕之錯者誤也**舅姑共饗婦以一獻之禮。舅洗于南洗。姑洗于北洗。奠酬。**以酒食勞人曰饗南洗在庭北洗在北堂設兩洗者獻酬酢以絜清爲敬奠酬者明正禮成不復舉凡酬酒皆奠於薦左不舉其燕則更使人舉爵(疏)舅姑至奠酬○注以酒至舉爵○釋曰自此至歸俎于婦氏人論饗婦之事此饗與上盥饋同日爲之知者見昏義曰舅姑入室婦以特豚饋明婦順也厥明舅姑共饗婦鄭彼注云昏禮不言厥明此言之者容大夫以上禮多或異日故知此士同日可也此與上事相因亦於舅姑寢堂之上與禮婦同在客位也云共饗婦以一獻之禮者案下記云饗婦姑薦焉注云舅姑共饗婦舅獻姑薦脯醢但薦脯醢無盥洗之事今設此洗爲婦人不下堂也云姑洗於北洗者洗爵則是舅獻姑酬共成一獻仍無妨姑薦脯醢也云凡酬酒皆奠於薦左不舉者此經直云奠酬不言處所故云凡通鄉飲酒鄉射燕禮之等云燕則更使人舉爵者案燕禮獻酬訖別有人舉旅行酬是也饗亦用醴酒知者以下記云庶婦使人醮之注云使人醮之不饗也酒不酬酢曰醮亦有脯醢適婦酌之以醴尊之庶婦酌之以酒卑之是也若然知記非醴婦者以記云庶婦使人醮之明適婦親之案上醴婦雖適使贊者親明記醮庶婦使人當饗節也**舅姑先降自西階。婦降自阼階。**授之室使爲主明代己(疏)舅姑自阼階○注授之至代己○釋曰案曲禮云子事父母升降不由阼階是主人尊者之處今舅姑降自西階婦降自阼階是授婦以室之事也云授之室昏義文也**歸婦俎于婦氏人。**言俎則饗禮有牲矣婦氏人丈夫送婦者使有司歸以婦俎當以反命於女之父母明其得禮(疏)歸婦俎于婦氏人○注言俎至得禮○釋曰案雜記云大饗卷三牲之俎歸于賓館是賓所當得也饗時設几而不倚爵盈而不飲肴乾而不食故歸俎此饗婦婦亦不食故歸也經雖不言牲既言俎俎所以盛肉故知有牲此婦氏人即上婦所授脯者也故上注引此婦氏人證所授人爲一也**舅饗送者以一獻之禮。酬以束錦。**送者女家有司也爵至酬賓又從之以束錦所以相厚古文錦皆爲帛(疏)舅饗至束錦○注送者至作帛○釋曰此一獻與饗婦一獻同禮則異彼兼有姑此依常饗賓客法知送者是女家有司者故左氏傳云齊侯送姜氏非禮也凡公女嫁于敵國姊妹則上卿送之以禮於先君公子則下卿送之於大國雖公子亦上卿送之於天子則諸卿皆行公不自送之於小國則上大夫送之以此而言則尊無送卑之法則大夫亦遣臣送之士無臣故知有司送之也云古文錦皆爲帛者此及下文錦皆爲帛不從古文者禮有玉錦非獨此文則禮有贈錦之事故不從古文也**姑饗婦人送者。酬以束錦。**婦人送者隸子弟之妻妾凡饗速之(疏)姑饗至束錦○注婦人至速之○釋曰左氏傳云士有隸子弟士卑無臣自以其子弟爲僕隸并己之子弟之妻妾但尊無送卑故知婦人送者是隸子弟之妻妾也云凡饗速之者案聘禮饗食速賓則知此舅姑饗送者亦速之也凡速者皆就館召之是以下云若異邦則贈丈夫送者以束錦鄭云就賓館則賓自有館若然婦人送者亦當有館男子則主人親速其婦送者不親速以其婦人迎客不出門當別遣人速之**若異邦則贈丈夫送者以束錦。**贈送也就賓館(疏)若異至束錦○注贈送也就賓館○釋曰案莊二十七年冬莒慶來逆叔姬公羊傳曰大夫越竟逆女非禮也鄭注喪服亦云古者大夫不外娶今言異邦得外娶者以大夫尊外娶則外交故不許士卑不嫌容有外娶法故有異邦送客也鄭知就館者贈賄之等皆就館故知此亦就館也

儀禮注疏卷五校勘記

阮元撰盧宣旬摘錄

女次純衣纁袡

則此亦元矣　徐本集釋同毛本通解此下有衣字與疏合

子男夫人自闕而下　毛本闕下有翟字

故見絲體也　見陳閩俱作是

姆纚笄
纚縚髮 陸氏云縚本又作㚇聶氏髮下有纚也二字
須有傳命者之義也 毛本義作事陳本誤作美
淫辟出無子出不事舅姑出惡疾出多舌出盜竊出 毛本作淫出妬出無子出惡疾出多言出竊盜出非也
喪婦長女不娶 毛本婦作父
棄于天也 陳閩同毛本天作夭非也
亂家不娶 毛本不上有女字
故無子出能以婦道教人者以爲姆 聶氏無上有取字出上有而字出下有故不復嫁三字者下有留字
既教女 既下聶氏有使字
姆所異于女者 聶氏要義同毛本所下有以字
舉漢爲況義也 舉陳閩俱作法非也
女從者
詩云諸娣從之 徐本集釋同毛本通解無云字
引之證姪之義也 毛本姪上有娣字
則大夫以下刺之 浦鏜云上誤下
中衣有黼領服則無之 陳本要義同毛本領下有上字閩本上服二字擠入
則常服有之非假也 要義同毛本假作被
主人揖入
父迎出大門之事也 浦鏜云父迎當婦從之誤
今婦既送 陳本要義同毛本送作從是也
婦乘以几姆加景 景通典作幜非也古無幜字
行車輪三周 集釋無車字
今文景作憬 浦鏜云憬釋文同疑幜字之誤○按从心者是从巾者後人改也
直云制如明衣 浦鏜云直上當脫不字○按此句當連下此嫁時尚飾不用布讀之明衣必用布景則但制如明衣耳不用布也浦說非
婦至○媵布席于奧 張氏云案釋文云媵席中無布字

宛然左辟 毛本然誤作若
謂女從者也 要義同毛本也下有者字按者當有
贊者徹尊冪○出除鼏 鼏通解敖氏俱作冪浦鏜云衛氏湜云鼏當作冪今作鼏字後人更易也○按此鼏乃鼎冪也
謂肩臂臑肫胳脊脅之等 要義同毛本謂作爲臑作臑
匕者逆退 匕釋文作朼引劉云匕器名朼者朼載也張氏云陸氏詳論之所以辨時本之誤也其後士喪禮乃朼載又云匕者士虞禮朼者特牲饋食乃朼有司朼羊朼豕魚字皆从木至少牢饋食長朼古文作匕鄭氏亦改爲朼
菹醢在其南
醓食乃將入 醓要義作醢
又生人食公食大夫是也 毛本生誤作主
贊爾黍授肺脊
故此昏禮從特牲祀法 要義同毛本無法字
彼九飯禮成 浦鏜云盛誤成
謂啜湆肺呞醬者 毛本謂下有用口二字湆下有用指二字無肺字○按肺衍字
贊洗爵
漱所以潔口 潔徐本集釋俱作絜按凡潔字嚴徐鍾本並作絜是正字他本錯出後不悉按
籑皆荅拜 按籑後經皆作纂籑字五經文字不載王九經字樣始有之饌則說文之籑也从食算聲論語先生饌饌鄭作餕蓋饌即籑之或字籑又與餕通故鄭氏讀饌爲餕也然則儀禮籑字皆當作籑明矣幸有此句未誤猶得據以考正
贊以肝從嚌肝 張氏云案釋文云齊才計反齊嚌古通用此從口者後人加之爾○按毛本釋文仍作嚌
贊洗爵酌于戶外尊 戴震云據前尊于室中北墉下是爲內尊于房戶之東是爲外尊注止偁內尊外尊此處疏云乃酌外尊亦無戶字
既隔合卺乃用爵 毛本既下無隔字
乃徹于房中 乃徹釋文作迺撤
主人說服于房○婦說服于室御授 授唐石經徐本集釋通解楊敖俱作受
御衽于奧
將見良人之所之 見徐本集釋敖氏俱作見與疏合釋文作覸云今本亦作見臧琳云賈本作將見故後人按釋文云今本亦作見乃注疏本反作覸此又近人依釋文改也祭義見以蕭光見間以俠甒見及見間皆爲覸字之誤儀禮注當從釋文作覸賈疏作見非也
吾將覸良人之所之 覸毛本作覵下同
主人入
鄭據此諸侯文而言 陳本要義俱誤作諸侯毛本諸侯作許嫁是也
媵侍于戶外 標經起止云媵待至則聞疏中兩侍字亦俱作待按此則注當云今文待作侍
婦執笲棗栗
其形蓋如今之筥𥫗籚矣 徐本釋文集釋敖氏嚴鍾通解同毛本𥫗作笙按說文凵盧飯器凵或从竹去聲
今以遠 毛本以作已按以已古多通用
其狀無以可知也 要義同毛本無以可作已無可陳閩俱作無已可
降階受笲服脩 腶唐石經作腶釋文作段段玉裁云本又作腶瞿中溶云石本原作段朱梁重刻譌作段陸本作段正與石本原刻同
若行之閒而立 毛本行下有禮字
婦升席
不親徹 毛本徹下有此親徹三字
特豚合升
其他謂醬湆菹醢 毛本謂誤作爲
是常得云側 常下浦鏜云疑脫注不二字
婦徹設席前如初
嫌淬汙 陸氏云淬本或作染
婦嫌淬汙者 案注無婦字此誤衍也
婦徹于房中
容之也 要義徐本楊氏同毛本容作客疏內容之也者容亦作客
娣者何弟也 要義同毛本何下有女字
舅姑先降自西階
注授之至代已 陳閩同毛本授作受
是主人尊者之處 要義同毛本是上有阼階二字之上有升降二字
歸婦俎于婦氏人

明其得禮 通解作明得其禮要義作明所得禮按疏云三牲是賓所當得則作所字爲是鄉射注云遷設薦俎就之明已所得禮也亦是此意

故歸也 要義同毛本歸下有之字

舅饗送者以一獻之禮

古文錦皆爲帛 徐本集釋敖氏同通解毛本爲作作按疏中標目是作字疊注是爲字必有一誤

姑饗婦人送者

皆就館召之 陳本要義同毛本召作速

儀禮注疏卷五校勘記終

儀禮疏卷第六

唐朝散大夫行大學博士弘文館學士臣賈公彥等撰

若舅姑既沒。則婦入三月。乃奠菜。沒終也奠菜者以篚祭菜也蓋用菫〔疏〕若舅至奠菜○釋曰自此至饗禮論舅姑沒三月廟見之事必三月者三月一時天氣變婦道可以成之故也此言舅姑既沒者若舅沒姑存則當時見姑三月亦廟見舅若舅存姑沒婦人無廟可見或更有繼姑自然如常禮也案曾子問云三月而廟見稱來婦也擇日而祭於禰成婦之義也鄭云謂舅姑沒者也必祭成婦義者婦有供養之禮猶舅姑存時盥饋特豚於室此言奠菜即彼祭於禰一也奠菜亦得稱祭者若學記云皮弁祭菜之類也○注沒終至用菫○釋曰此注云奠菜者以篚案下云婦執笲菜篚即笲一也鄭知菜蓋用菫者舅姑存時用棗栗腶脩義取早起肅栗治腶自脩則此亦取謹敬因內則有菫荁枌榆供養是以疑用菫故云蓋也

席于廟奧東面。右几席于北方南面。廟考妣之廟北方墉下〔疏〕注廟考至墉下○釋曰案周禮司几筵云每敦一几鄭注云周禮雖合葬及時同在殯皆異几體實不同祭於廟同几精氣合又祭統云設同几同几即同席此即祭於廟中而別席者此既廟見若生時見舅姑舅姑別席異面是以今亦異席別面象生不與常祭同也鄭知廟考妣廟者曾子問云擇日而見於禰又象生時見舅姑故知考妣廟也

祝盥婦盥于門外。婦執笲菜。祝帥婦以入。祝告稱婦之姓曰。某氏來婦。敢奠嘉菜于皇舅某子。帥道也入入室也某氏者齊女則曰姜氏魯女則曰姬氏來婦言來爲婦嘉美也皇君也〔疏〕釋曰洗在門外此祝與婦就而盥之者此亦與異於常祭象生見舅姑在外沐浴乃入舅姑之寢故洗在門外也云祝帥婦以入者象特牲陰厭祝先主人入室也云某子者言若張子李子也

婦拜扱地。坐奠菜于几東席上。還。又拜如初。扱地手至地也婦人扱地猶男子稽首〔疏〕注扱地至稽首○釋曰云扱地手至地者以手之▲至地謂之扱地則首不至手又與男子空首不同云婦人扱地猶男子稽首者婦人肅拜爲正今云扱地則婦人之重拜也猶男子之稽首亦拜中之重故以相況也案周禮大祝辨九拜一曰稽首二曰頓首三曰空首四曰振動五曰吉拜六曰凶拜七曰奇拜八曰褒拜九曰肅拜鄭云稽首拜頭至地也頓首拜頭叩地也空首拜頭至手所謂拜手也吉拜拜而後稽顙謂齊衰不杖以下者言吉者此殷之凶拜周以其與頓首相近故謂之吉拜云凶拜稽顙而後拜謂三年服者振動謂戰栗變動之拜鄭大夫云奇拜謂一拜也褒讀爲報報拜再拜是也鄭玄謂一拜荅臣下拜再拜拜神與尸鄭司農云肅拜但俯下手今時撎是也但九拜之中四者是正拜即稽首頓首空首肅拜是也稽首拜中之重是臣拜君之拜也頓首平敵相與之拜故左氏傳齊侯拜魯侯爲稽首魯君荅以頓首齊於魯責稽首荅曰天子在無所稽首是臣於君以稽首故燕禮臣與君皆云稽首也空首者君荅臣下拜也肅拜者婦人以肅拜爲正若以男子於軍中亦肅拜故左氏傳晉郤至云敢肅使者是也餘五者皆依於正拜振拜鄭云書曰王動色變者是武王觀兵白魚入王舟王動色變武王於時拜天神爲此拜當稽首也奇拜既爲一拜是君荅臣下之拜當以附空首也褒拜爲尸及神亦當附稽首也其吉拜先吉拜爲頓首後稽顙則吉拜當附頓首也凶拜爲先稽顙後吉拜之此周之三年之喪拜後爲吉拜當附稽首也左氏傳穆嬴抱太子適趙氏頓首於宣子者私求法故不爲肅拜喪小記云婦人爲夫與長子稽顙者爲重喪故亦不肅拜也

婦降堂。取笲菜入。祝曰。某氏來婦。敢告于皇姑某氏。奠菜于席。如初禮。降堂階上也室事交乎戶今降堂者敬也於姑言敢告舅尊於姑〔疏〕婦降至初禮○釋曰此爲來婦奠於姑設於北坐之前以見姑也○注降堂至於姑○釋曰不直云降而云降堂者則在階上故云降堂階上也云室事交乎戶今降堂者敬也者室事交乎戶禮器文彼子路與季氏之祭云室事交乎戶堂事交乎階今此既是室之事當交於戶今乃交於階故言敬也云於姑言敢告舅尊於姑者上文於舅言敢奠嘉菜不言告是舅尊於姑言告是姑卑也

婦出。祝闔牖戶。凡廟無事則閉之〔疏〕注凡廟無事則閉之○釋曰先言牖後言戶者先闔牖後閉戶故爲文然也以其祭訖則闔牖戶明是無事則閉之以其鬼神尚幽闇故也

老醴婦于房中南面。如舅姑醴婦之禮。因於廟見禮之〔疏〕釋曰舅姑生時見訖舅姑使贊醴婦於寢之戶牖之閒今舅姑沒者使老醴婦於廟之房中其禮則同使老及處所則別也○注因於廟見禮之○釋曰象舅姑生時因見禮之故此亦因廟見禮之也

壻饗婦送者丈夫婦人。如舅姑饗禮。〔疏〕釋曰舅姑存舅姑自饗送者如上文今舅姑沒故壻兼饗丈夫婦人如舅姑饗禮并有贈錦之等

記士昏禮。凡行事。必用昏昕。受諸禰廟。辭無不腆。無辱。用昕使者用昏壻也腆善也賓不稱幣不善主人不謝來辱〔疏〕記士昏至無辱○釋曰凡言記者皆經不備者也○注用昕至來辱○釋曰云用昕使者謂男氏使向女家納采問名納吉納徵請期五者皆用昕昕即明之始君子舉事尚早故用朝旦也云用昏壻也者謂親迎時也知辭無不腆者郊特牲云告之以直信信事人也信婦德也注云此二者所以教婦正直信也是賓納徵之時不得謙虛爲辭也云主人不謝來辱者此亦是不爲謙虛教女正直之義也

摯不用死。皮帛必可制。摯鴈也皮帛儷皮束帛也〔疏〕釋曰云摯不用死者凡摯亦有用死者是以尚書[illegible]云三帛二牲▲一死摯即士摯雉今此亦是士禮恐用死鴈故云不用死也云皮帛必可制者可制爲衣物▲此亦是教婦以誠信之義也

腊必用鮮。魚用鮒。必▲殺▲全。殺全者不餒▲敗不剝傷〔疏〕腊必至殺全○注殺全至剝傷○釋曰腊用鮮者義取夫婦日新之義云魚用鮒者義取夫婦相依附者也云殺必全者義取夫婦全節無虧之理此並據同牢時也

女子許嫁。笄而醴之稱字。許嫁已受納徵禮也笄女之禮猶冠男也使主婦女賓執其禮〔疏〕女子至稱字○釋曰女子許嫁謂年十五已上至十九已下案曲禮女子許嫁纓有笄兼有纓示有繫屬此不言纓文不具也云醴之稱字者猶男子冠醴之稱字同是以禮記喪服小記云丈夫冠而不爲殤婦人笄而不爲殤是其

義同也○注許嫁至其禮○釋曰知許嫁已受納徵禮也者以納采問名納吉三禮雖使者往來未成交親故曲禮云非受幣不交不親鄭據納徵唯未行請期親迎也二者要待女二十爲之云不笄女之禮猶冠男也使主婦女賓執其禮者案雜記云女雖未許嫁年二十而笄禮之婦人執其禮鄭注云言婦人執其禮明非許嫁之笄以非許嫁笄輕故無主婦女賓使婦人而已明許嫁笄彼當使主婦對女賓執其禮其儀如冠男也又許嫁者用醴禮之不許嫁者當用酒醮之敬其早得禮也

祖廟未毀。教于公宮三月。若祖廟已毀。則教于宗室。祖廟女高祖爲君者之廟也以有緦麻之親就尊者之宮教以婦德婦言婦容婦功宗室大宗之家

【疏】祖廟至宗室○注祖廟至之家○釋曰此謂諸侯同族之女將嫁之前教成之法○經直云祖廟鄭知女高祖爲君者之廟也以有緦麻之親者以其諸侯立五廟大祖之廟不毀親廟四以次毀之經云未毀與已毀是據高祖之廟而言故云祖廟女高祖爲君者之廟也共承高祖是四世緦麻之親若三世共曾祖小功之親若共祖大功之親若共禰廟是齊衰之親則皆教於公宮今直言緦麻者舉最疏而言親者自然教於公宮可知也云教以婦德婦言婦容婦功者昏義文鄭彼注云婦德貞順也婦言辭令也婦容婉娩也婦功絲麻也云宗室大宗之家者案喪服小記繼別爲宗謂別子之世適長子族人來宗事之者謂之宗者收族者也高祖之廟既毀與君絕服者則皆於大宗之家教之又小宗有四或繼祖或繼禰或繼曾祖或繼高祖此等至五代皆遷不就之教者小宗卑故也

問名。主人受鴈。還西面對。賓受命。乃降。受鴈于兩楹閒南面還于阼階上對賓以女名

【疏】問名至乃降○注受鴈至女名○釋曰此亦記經不具者案經直云問名如納采之禮納采禮中無主人西面對事故記之也知受鴈於兩楹閒南面者納采時賓當阿東面致命主人阼階上北面再拜又云授于楹閒南面問名如納采之禮故亦楹閒南面授鴈於彼唯不云西面故記之也云還于阼階上對賓以女名者此即西面對與拜時北面異處也

祭醴。始扱壹祭。又扱再祭。賓右取脯。左奉之。乃歸執以反命。反命謂使者問名納吉納徵請期還報於壻父

【疏】祭醴至反命○釋曰云祭醴者謂贊醴婦之時禮成於三其爲三祭之時始祭醴云初故始扱壹祭後祭醴又扱爲再祭也云賓右取脯左奉之乃歸者經直云降筵北面坐取脯不言用左右手故記之也云右取脯左奉之者謂先用右手取得脯乃用左手兼奉之以降授從者於西階下乃歸執以反命○注反命至壻父○釋曰知反命是此問名納吉納徵請期者以下云凡使者歸反命曰某既得將事矣敢以禮告言凡非一則知四者皆有反命也以納采與問名同使親迎又無使者故據此四者而言也

納徵。執皮攝之內文。兼執足。左首。隨入西上。參分庭。一在南。攝猶辟也兼執足者左手執前兩足右手執後兩足左首象生曲禮曰執禽者左首隨入爲門中阨狹西上中庭位并

【疏】納徵至在南○釋曰案經直云納徵玄纁束帛儷皮如納吉禮則授幣得如授鴈之禮至於庭實之皮無可相如故記之○注攝猶至位并○釋曰執皮者相隨而入至庭北面皆以西爲左一手執兩足毛在內故云內文云左首象生者案聘禮執皮者皆左首此亦執皮而左首故云象生與執禽者同故引曲禮執禽者左首爲證必象生者取婦人生息之義云隨入爲門中阨狹者皮皆橫執之案匠人云廟門容大扃七个注云大扃牛鼎之扃長三尺每扃爲一个七个二丈一尺彼天子廟門此士之廟門降殺甚小故云門中阨狹故隨入得並也云西上中庭位并者俱北面西上也

賓致命。釋外足見文。主人受幣。士受皮者。自東出于後。自左受。遂坐攝皮。逆退。適東壁。賓致命主人受幣庭實所用爲節士謂若中士下士不命者以主人爲官長自由也

【疏】賓致至東壁○釋曰此亦爲經不見主人之士受皮之事故記之也云釋外足者據人北面以足向上執之足遠身爲外受之則文見故釋外足見文也云士受皮者取皮自東方出于後者謂自東方出於執皮者之後至於左北面受之故云自左受也云逆退者二人相隨自東而西今以後者先向東行故云逆退也○注賓致至由也○釋曰云賓致命主人受幣庭實所用爲節者以其上經納徵授幣如納吉之禮其目已具今言之者爲執皮者釋外足見文及士受皮時節不見故云賓堂上致命時庭中執皮者釋外足見文主人堂上受幣時主人之士於堂下受取皮是其庭實所用爲節也云士謂若中士下士不命者但諸侯之士國皆二十七人依周禮典命侯伯之士一命子男之士不命與不命國皆分爲三等上九中九下九案周禮三百六十官皆有官長其下皆有屬官但天子之士上士三命中士再命下士一命與諸侯之士異若諸侯上中下士同命今言士謂若中士下士不命者據上士爲官長者若主人是中士則士是下士若主人是下士則士是不命之士府史之等此不命與子男之士不命者別彼雖不得君簡策之命仍得人君口命爲士此則不得君命是官長自辟除者也案既夕宰舉幣是士之府史則庭實胥徒爲之云自由也者謂由執皮者之左受之也

父醴女而俟迎者。母南面于房外。女既次純衣父醴之于房中南面蓋母薦焉重昏禮也女奠爵于薦東立于位而俟壻壻至父出使擯者請事母出南面房外示親授壻且當戒女也

【疏】父醴至房外○注女既至女也○釋曰此亦前經不具故記之云女既次純衣父醴之于房中南面者見於上文云蓋母薦焉重昏禮故母婦姑薦脯醢故知父醴女亦母薦脯醢重昏禮故母薦也云女奠爵于薦東立于位而俟壻者案士冠禮子與醮子及此篇禮賓禮婦皆奠爵于薦東明此亦奠薦東也云壻至父出使擯者請事者見于上文云母出南面房外示親授壻且當戒女也者並參下文而言也

女出于母左。父西面戒之。必有正焉。若衣若笄。母戒諸西階上。不降。必有正焉者以託戒使不忘

【疏】女出至不降○釋曰此記亦經不具以母出房戶之西南面女出房西行故云出于母左父在阼階上西面故因而戒之云母戒諸西階上者母初立房西女出房母行至西階上乃戒之也○注必有至不忘○釋曰云託戒使不忘者謂託衣笄恒在身而不忘持戒亦然故戒使不忘也下文父母及庶母重行戒者並與此文相續成也此士禮父母不降送案桓公三年經書九月齊侯送姜氏于讙穀梁傳曰禮送女父不下堂母不出祭門祭門則廟門言不出廟門則似得下堂者彼諸侯禮與此異以其大夫諸侯天子各有昏禮故不同也

婦乘以几。從者二人。坐持几相對。持几者重慎之

【疏】婦乘以几○注持几者重慎之○釋曰上經雖云婦乘以几不見從者二人持之故記之也此几謂將上車時而登若王后則履石大夫諸侯亦應有物履之但無文以言今人猶用臺是石几之類也

婦入寢門。贊者徹尊幂。酌玄酒。三屬于尊。棄餘水于堂下階閒加勺。屬注也玄酒涗水貴新昏禮又貴新故事至乃取之三注于尊中

【疏】婦入至加勺○釋曰經中唯置酒尊不見徹幂以下事故記之○注屬注至尊中○釋曰經云酌玄酒三注於尊謂於外器中酌取此涗水三度注於玄酒尊中禮成於三故三注之也云玄酒涗水貴新者案郊特牲云明水涗齊貴新也又云凡涗新之也是禮有貴新也今昏禮事至乃取之故云貴新也若然禮有玄酒涗水明水三者各逐事物生名玄酒據色而言涗水據新取爲號其實一也以上古無酒用水爲酒後代雖有酒用之配尊不忘本故也明水者案周禮秋官司烜氏云以陰鑒取明水於月郊特牲云其謂之明水也由主人之絜著此水也注云著猶成也言主人齊絜此水乃成可得也配尊之酒三酒加玄酒鬱鬯與五齊皆用明水配之郊特牲云五齊加明水三酒加玄酒不言鬱鬯者記人文畧也相對玄酒與明水別通而言之明水亦名玄酒故禮運云玄酒在室彼配鬱鬯五齊是明水名爲玄酒也以其俱是水故通言水也若天子諸侯祭祀得鬱鬯與五齊三酒並用卿大夫士祭直用三酒與玄酒無五齊與鬱鬯又明水若生人相禮不忘本亦得用以其用醴醴則五齊之中醴齊之類也

笄縕被纁裏。加于橋。舅答拜。宰徹笄。被表也笄有衣者婦見舅姑以飾爲敬橋所以庪笄其制未聞今文橋爲鐈

【疏】笄縕至徹笄○釋曰上經雖云笄不言衣裏加飾之事故記之也

婦席薦饌于房。醴婦饗婦之席薦也

【疏】婦席薦饌于房○注醴婦至薦也○釋曰此亦於經不見故記之但醴婦時唯席與薦無俎其饗婦非直有席薦并有俎俎則不饌于房從鼎升于俎入設于席前今據醴婦時同有席與薦饌于房中者而言也

饗婦。姑薦焉。舅姑共饗婦舅獻爵姑薦脯醢

【疏】饗婦姑薦焉○釋曰經直言舅姑共饗婦以一獻之禮時同自明不言姑薦故記之也

婦洗在北堂。直室東隅。篚在東北面盥。洗在北堂所謂北洗北堂房中半以北洗南北直室東隅東西直房戶與隅閒

【疏】婦洗至面盥○釋曰經唯言北洗不言洗處及篚故記之也○注洗在至隅閒○釋曰房與室相連爲之房無北壁故得北堂之名故云洗在北堂也云所謂北洗者所謂經中北洗也云北堂房半以北者以其南堂是戶外半以南得堂名則堂是戶外之稱則知此房半以北得堂名也知房無北戶者見上文云尊于房戶之東房有南戶矣燕禮大射皆云羞膳者升自北階立于房中不言入房是無北壁而無戶是以得設洗直室東隅也云洗南北直室東隅者是南北節也云東西直房戶與隅閒者是東西節也

婦酢舅。更爵自薦。更爵男女不相因也

【疏】婦酢舅更爵自薦○釋曰謂舅姑饗婦獻時舅姑薦今婦酢舅婦自薦之嫌別人薦故記之也

不敢辭洗。舅降。則辟于房。不敢拜洗。不敢與尊者爲禮

【疏】不敢至拜洗○釋曰此事當在婦酢舅之上退之在下者欲見酬酒洗時亦不辭故也此對士冠鄉飲酒之等主與賓爲禮皆辭洗

此則不敢也此事於經不見故記之也。凡婦人相饗。無降。姑饗婦人送者于房無降者以北洗篚在上【疏】凡婦人相饗無降○注姑饗至在上○釋曰本設北洗爲婦人有事不下堂今以北洗及篚在上故不降經不言故記之也言凡者欲見舅姑共饗婦及姑饗婦人送者皆然故言凡也婦人三月。然後祭行。入夫之室三月之後於祭乃行謂助祭也【疏】婦入至祭行○注入夫至祭也○釋曰此據舅在無姑或舅沒姑老者若舅在無姑三月不須廟見則助祭案内則云舅沒則姑老者謂姑六十亦傳家事任長婦婦入三月廟見祭菜之後亦得助夫祭故鄭云謂助祭也此亦謂適婦其庶婦無此事亦以經不見故記之也庶婦。則使人醮之。婦不饋。庶婦庶子之婦也使人醮之不饗也酒不酬酢曰醮亦有脯醢適婦酌之以醴尊之庶婦酌之以酒卑之其儀則同不饋者共養統於適也【疏】庶婦至不饋○注庶婦至適也○釋曰不饗者以適婦不醮而有饗今使人醮之以醮替饗故使人醮之不饗也云酒不酬酢曰醮者亦如庶子醮然知亦有脯醢者以其饗婦及醮子皆有脯醢故知亦有脯醢也云其儀則同者適婦用醴於客位東面拜受醴贊者北面拜送今庶婦雖於房外之西亦東面拜受醮者亦北面拜送故云其儀則同也云不饋者共養統於適也者謂不盥饋特豚以其共養統于適婦也昏辭曰。吾子有惠。貺室某也。昏辭擯者請事告之辭吾子謂女父也稱有惠明下達貺賜也室猶妻也予謂公冶長可妻也某某壻名【疏】昏辭至某也○注昏辭至壻名○釋曰鄭知昏辭是擯者請事告之辭者以其言吾子有惠貺室某也是使告主人之辭明知是擯者出門請事使者告之辭也知吾子謂女父者請事告擯者稱前已有惠貺其妻於壻某申明是女父乃得以女許人故知吾子女父也云明下達者此擯者稱有惠貺室即壻家舊已有辭下達女家見許今得言貺室也故引上文下達以釋此也引子謂公冶長可妻也者證以女許人稱貺室室猶妻也某有先人之禮。使某也請納采。某壻父名也某也使名也【疏】某有至納采○注某壻至名也○釋曰此亦是使者門外通達上語告擯者之辭也以其使者稱向主人擯者故知上某是壻父下某是使者名也對曰。某之子惷愚。又弗能教。吾子命之。某不敢辭。對曰者擯出納賓之辭某女父名也吾子謂使者今文弗爲不無能字【疏】對曰至敢辭○注對曰至能字○釋曰鄭知對曰者擯出納賓之辭者以其上文賓告擯者辭下經致命主人明此是中間擯者出領賓告者辭下經致語入告主人擯者又領主人此語以告使者知也致命曰。敢納采問名。曰。某既受命。將加諸卜。敢請女爲誰氏。某使者名也誰氏者謙也不必其主人之女【疏】致命曰敢納采○釋曰此使者升堂致命於主人辭若然亦當有主人對辭如納徵致命主人對辭不言之者文不具也問名賓在門外請問名主人許無辭者納采問名同使前已相親於納采許昏訖故於問名畧不言主人所傳辭也是以於此直見賓升堂致命主人之辭也自此已下有納吉納徵請期之等皆有門外賓與擯者傳辭及升堂致命主人對或理有不須而言或理須辭而文不其以情而度義可皆知也○注某使至之女○釋

曰知某使者名也者以使者對主人稱某既受命明是使者之名也云誰氏者謙也者以其下達乃納采則知女之姓矣今乃更問主人女爲誰氏者恐非主人之女假外人之女收養之是謙不敢必其主人之女也其本云問名而云誰氏者婦人不以名行明本不問女之三月名此名即姓號之名若尚書孔注云虞氏舜名舜爲謚號猶爲名解之明氏姓亦得爲名若然本問名上氏姓故云誰氏也對曰。吾子有命。且以備數而擇之。某不敢辭。卒曰某氏不記之者明爲主人之女【疏】對曰至敢辭○釋曰云吾子有命者正謂行納采問名使者將命來是已有命來擇即是且以備數而擇之也○注卒曰至之女○釋曰云卒曰某氏者主人終卒對客之辭當云某氏對使也云不記之者明爲主人之女者若是他女當稱女氏以答今不言之者明是主人之女容舊知之故不對是以云明爲主人之女也醴曰。子爲事故至於某之室。某有先人之禮。請醴從者。言從者謙不敢斥也今文於爲于對曰。某既得將事矣。敢辭。將行先人之禮。敢固以請。主人辭固如故某辭不得命。敢不從也。賓辭也不得命者不得許已之命納吉。曰。吾子有貺命。某加諸卜。占曰。吉。使某也敢告。貺賜也賜命謂許以女名也某壻父名【疏】○注貺賜至父名○釋曰知某是壻父名者以其云命某加諸卜是壻父卜故知某是壻父名對曰。某之子不教。唯恐弗堪。子有吉。我與在。某不敢辭。與猶兼也古文與爲豫【疏】對曰至敢辭○注與猶兼也○釋曰云我與在以其夫婦一體夫既得吉婦吉可知故云我兼在占吉中也納徵。曰。吾子有嘉命。貺室某也。某有先人之禮。儷皮束帛。使某也請納徵。致命曰。某敢納徵。對曰。吾子順先典。貺某重禮。某不敢辭。敢不承命。典常也法也【疏】納徵至承命○釋曰吾子有命以下至請納徵是門外向擯者辭也云致命曰某敢納徵者是所升堂致命辭也云對曰者是堂上主人對辭也請期。曰。吾子有賜命。某既申受命矣。惟是三族之不虞。使某也請吉日。三族謂父昆弟已昆弟子昆弟虞度也不億度謂卒有死喪此三族者已及子皆爲服期期服則踰年欲及今之吉也雜記曰大功之末可以冠子嫁子【疏】請期至吉日○釋曰云某既申受命矣者申重也謂前納采已後每度重受主人之命也云惟是三族之不虞使某也請吉日者今將成昏須及吉時但吉凶不相干若值凶不得行吉禮故云惟是三族死生不可億度之事若值死時則不得娶及今吉時使某請吉日以成昏禮也○注三族至嫁子○釋曰鄭知三族是父已子三者之昆弟者若大功之喪服内不廢成禮若期親内則廢故舉合廢者而言以其父昆弟則伯叔及伯叔母已昆弟則已之親兄弟子昆弟則已之適子庶子者皆已之齊衰期服之内親故三族據三

者之昆弟也引雜記者見大功小功之末既葬則可以嫁子娶妻經曰三族不據之矣今據父之昆弟期於子小功不得與子娶妻若於子期於父小功亦不得娶妻知今皆據壻之父而言若然已父昆弟於子爲小功而言此三族者已與子皆爲服期者亦據大制而言耳對曰。某既前受命矣。唯命是聽。前受命者申前事也曰。某命某聽命于吾子。曰某壻父名也對曰。某固唯命是聽。使者曰。某使某受命。吾子不許。某敢不告。期曰某日。某吉日之甲乙【疏】○注某吉日之甲乙○釋曰云曰某日者是使者付主人吉日之辭云某吉日之甲乙者謂以十日配十二辰若云甲子乙丑丙寅丁卯之類故鄭畧舉甲乙而言之也對曰。某敢不敬須。須待凡使者歸。反命曰。某既得將事矣。敢以禮告。告禮所執脯【疏】○注告禮所執脯○釋曰知禮是所執脯者上文禮賓賓皆北面取脯降授從者今此云歸以反命故知一是所執脯也主人曰。聞命矣。父醮子。子壻【疏】父醮子○釋曰女父禮女用醴又在廟父醮子用酒又在寢不同者父禮女者以先祖遺體許人以適他族婦人外成故重之而用醴復在廟告先祖也男子直取婦入室無不反之故輕之而用酒在寢知醮子亦不在廟者若在廟以禮筵於戸西右几布神位今不言故在寢可知也命之曰。往迎爾相。承我宗事。相助也宗事宗廟之事勗帥以敬先妣之嗣。若則有常。勗勉也若猶女也勉帥婦道以敬其爲先妣之嗣女之行則當有常深戒之詩云大姒嗣徽音【疏】勗帥至有常○注勗勉至徽音○釋曰云以敬其爲先妣之嗣者謂婦人入室使之代姑祭也詩云大姒嗣徽音者大雅文王詩大姒者文王妃嗣繼徽美也娶大姒明以繼先妣美音也引之者證敬其爲先妣之嗣也子曰。諾。唯恐弗堪。不敢忘命。賓至。擯者請。對曰。吾子命某以茲初昏。使某將請承命。賓壻也命某某壻父名茲此也將行也使某某行昏禮來迎【疏】賓至至承命○注賓壻至來迎○釋曰云命某某壻父名者以其經有二某命某者是壻自稱之以對擯者也經云使某某者是壻名故不言也對曰。某固敬具以須。父送女。命之曰。戒之敬之。夙夜毋違命。夙早也早起夜臥命舅姑之教命古文毋爲無【疏】父送至違命○釋曰上送女之時父母俱戒說今此記人又云此戒者當同是送女時并有此戒續成前語庶母所戒亦然以前後語時不同故記人兩處記之但父戒之使無違舅命母戒之使無違姑命故父云命母云戒也然若此注有云命舅姑之教命有姑字者傳寫誤也云古文毋爲無不從者以許氏說文毋爲禁辭故從經今文毋爲正也母施衿結帨。曰。勉之敬之。夙夜無違宮事。帨佩巾【疏】宮事○釋曰則姑命婦之事若内宰職云后教六宮婦人稱宮故也庶母及門内施鞶。申之以父母之

命。命之曰。敬恭聽宗爾父母之言。夙夜無愆。視諸衿鞶。庶母父之妾也鞶鞶囊也男鞶革女鞶絲所以盛帨巾之屬爲謹敬申重也宗尊也愆過也諸之也示之以衿鞶者皆託戒使識之也不示之以衣笄者尊者之戒不嫌忘之視乃正字今文作示俗誤行之（疏）庶母至衿鞶○注庶母至行之○釋曰云庶母父之妾也者內則文男女用物不同故并引男子鞶革於經無所當也云所以盛帨巾之屬爲謹敬者案內則云箴管線纊施鞶袠鄭云鞶表言施明爲箴管線纊有之是鞶以盛帨巾之屬此物所以供事舅姑故云謹敬也云不示之以衣笄者尊者之戒不嫌忘之者前文父戒以衣笄此經母施衿結帨庶母直示之以衿鞶不示以衣笄故鄭決之也云視乃正字今文作示俗誤行之者案曲禮云童子常視毋誑注云視今之示字彼注破視從示此注以視爲正字以示爲俗誤不同者但古文字少故眼目視瞻與以物示人皆作視字故此注云視乃正字今文作示是俗人以今示解古視故云誤也彼注云視今之示字者以今曉古故舉今文示而言兩注相兼乃具也

壻授綏姆。辭曰。未教。不足與爲禮也。姆教人者宗子無父母命之。親皆沒。己躬命之。宗子者適長子也命之命使者母命之在春秋紀裂繻來逆女是也躬猶親也親命之則宋公使公孫壽來納幣是也言宗子無父是有父者禮七十老而傳八十齊喪之事不及若是者子代其父爲宗子其取也父命之（疏）宗子至命之○注宗子至命之○釋曰云宗子者適長子也者案喪服小記云繼別宗繼禰者爲小宗大宗小宗皆是適妻所生長子也云命之命使者者謂納采已下至請期五者皆命使者也云母命之在春秋紀裂繻來逆女是也者案隱二年經書秋九月紀裂繻來逆女公羊傳曰裂繻者何紀大夫也何以不稱使昏禮不稱主人何休云爲養廉遠恥也又云然則曷稱稱諸父兄師友宋公使公孫壽來納幣則其稱主人何辭窮也辭窮者何無母也休注云禮有母母當命諸父兄師友稱諸父兄師友以行宋公無母莫使命之辭窮故自命之自命之則不得不稱使又云然則紀有母乎曰有有則何以不稱母母不通也休注云禮婦人無外事但得命諸父兄師友稱諸父兄師友以行耳母命不得達故不得稱母通使文所以遠別也服注亦云不稱主人母命不通故稱使婦人無外事若然直命使子之父兄師友使命使者不自親命使者此注云命之命使者似母親命者鄭畧言之其實使子父兄師友命使者也云躬猶親也親命之則宋公使公孫壽來納幣是也者成八年文義取公羊傳如向說舉納幣其餘使親命之也云言宗子無父至不及者案曲禮七十曰老而傳注云傳家事在子孫是謂宗子之父又王制云八十齊衰之事弗及也注云八十不齊則不祭也子代之祭是謂宗子不孤二者皆是宗子有父雖主家事其昏事則父命使者也支子則稱其宗。支子庶昆弟也稱其宗子命使者（疏）支子則稱其宗○釋曰云稱其宗者謂命使者當稱宗子以命之以大小宗皆然也弟稱其兄。弟宗子之母弟（疏）弟則稱其兄○注弟宗子之母弟○釋曰知此弟是宗子同母弟者以上支子謂庶昆弟稱其宗子命使者故知此弟宗子同母弟也若不親迎。則婦入三月。然後壻見。曰。某以得爲外昏姻。請覿。女氏稱昏壻氏稱姻覿見（疏）若不

至請覿○釋曰上已言親迎自此已下至篇末論壻不親迎過三月及壻往見婦父母事也必亦待三月者亦如三月婦廟見一時天氣變婦道成故見外舅姑自此至敢不從並是壻在婦家大門外與擯者請對之辭○注女氏至覿見○釋曰女氏稱昏壻氏稱姻者爾雅釋親文所以別男女則男曰昏女曰姻者義取壻昏時往娶女則因之而來及其親則女氏稱昏男氏稱姻義取送女者昏時往男家因得見之故也主人對曰。某以得爲外昏姻之數。某之子未得濯溉於祭祀。是以未敢見。今吾子辱。請吾子之就宮。某將走見。主人女父也以白造緇曰辱（疏）主人至走見○釋曰云某之子未得濯溉於祭祀者前祭之夕濯溉祭器以其自此以前未廟見未得祭祀故未敢相見也云請吾子之就宮者使壻還就家是欲往就見也○注主人至曰辱○釋曰云以白造緇曰辱者謂以絜白之物造置於緇色器中是汙白色猶今賓至已門亦是屈辱故云以白造緇曰辱也對曰。某以非他故。不足以辱命。請終賜見。非他故彌親之辭命謂將走見之言今文無終賜（疏）對曰至賜見○注非他至終賜○釋曰此壻對擯者辭云非他故彌親之辭者上擯云得爲外昏姻是相親之辭今又云非他故是爲壻而來見彌相親之辭也對曰。某得以爲昏姻之故。不敢固辭。敢不從。不言外亦彌親之辭古文曰外昏姻主人出門。左西面。壻入門。東面奠摯。再拜出。出門出內門入門入大門出內門不出大門者異於賓客也壻見於寢奠摯者壻有子道不敢授也摯雉也（疏）主人至拜出○注出門至雉也○釋曰云出內門入大門者以大夫士迎賓皆於大門外故此決之也云壻見於寢者聘禮凡見賓客及上親迎皆於廟者聘禮敬賓客故在廟親迎在廟者以先祖之遺體許人故在廟此壻見外舅姑非賓非親迎故知在適寢也云奠摯者壻有子道不敢授也者凡執摯相見皆親授受此獨奠之象父子之道質故不親授奠之而已云摯雉也者以其士執雉是其常也擯者以摯出請受。欲使以賓客禮相見（疏）擯者以摯出請受○注欲使至相見○釋曰案聘禮賓執摯入門右從臣禮辭之乃出由門左西進北面從賓客禮此亦然故知所請受者請退從賓客相見受之壻禮辭許。受摯入。主人再拜受。壻再拜送出。出已見女父（疏）壻禮至送出○注出已見女父○釋曰云受摯入者亦如聘禮受摯乃更西入也云出已見女父者以其相見訖擬出更與主婦相見也見主婦。主婦闔扉立于其內。主婦主人之婦也見主婦者兄弟之道宜相親也闔扉者婦人無外事扉左扉（疏）見主至其內○注主婦至左扉○釋曰云見主婦者兄弟之道宜相親也者爾雅毋與妻之黨爲兄弟故知主婦於壻者兄弟之道也故云宜相親也云闔扉者婦人無外事者婦人送迎不出門見兄弟不踰閾是無外事也云扉左扉者士喪禮下篇云闔東扉主婦立于其內既言東扉即是左扉故知是左扉也壻立于門外。東面。主婦一拜。壻荅再拜。主婦又拜。壻

出。必先一拜者婦人於丈夫必俠拜主人請醴。及揖讓入。醴以一獻之禮。主婦薦奠酬無幣。及與也無幣異於賓客（疏）主人至無幣○注及與至賓客○釋曰訓及爲與者以主人與壻揖讓而入寢門升堂醴壻故訓及爲與也云無幣異於賓客者上冠禮醴賓酬之以幣昏禮饗賓酬以束錦燕禮大射酬賓客皆有幣此無幣故云異於賓客也壻出。主人送再拜。

儀禮卷第二　經二千五百七十三　注三千六百三十　儀禮疏卷第六

元鈌第一葉第二葉今補

儀禮注疏卷六校勘記　　阮元撰盧宣旬摘錄

若舅姑既沒

此言舅姑既沒者　要義同毛本既誤作俱

因內則有堇荁枌榆供養　荁陳閩俱誤作萓枌毛本作芬浦鏜云枌誤芬是也

婦拜扱地

以手之至地　毛本同陳閩俱無之字

摯不用死

三帛二牲　要義同毛本牲作生是也

腒必用鮮○必殺全　按疏作殺必全

不餒敗　徐本集釋同釋文毛本俱作餧

女子許嫁

非受幣不交不親　毛本受誤作納

祖廟未毀

曾祖小功之親　要義同毛本曾祖作是誤

謂別子之世適長子　毛本同下子字陳閩俱作者非也

則皆於大宗之家教之　要義同毛本於作以

問名

此卽西面對　毛本面誤作南

祭醴始扱壹祭　唐石經徐本集釋通解楊敦同毛本壹作一

始祭醴云初故始扱壹祭後祭醴又扱爲再祭也　毛本作始祭禮之初故云始扱一祭及又扱則分爲兩故云又扱再祭是爲三也陳閩俱無始祭禮之初故云七字案通

解改此疏云禮成于三故祭醴之時始扱壹祭及又扱則分爲兩祭是爲三也今本略依通解

云右取脯左奉之者　八字陳閩俱脫毛本有

納徵

執皮者　要義同毛本者下有二人兩字

執皮者皆左首　浦鏜云右誤左是也

天子廟門　單疏要義俱無天子二字是也

七个二丈一尺彼天子廟門此士廟門　要義同毛本作共二丈一尺此士廟門○按毛本非也作共字與匠人注不合

故隨入得竝也云西上中庭位併者俱北面西上也　毛本作故二人相隨乃可以入不得竝行也至中庭則稍寬故得俱北面西上也

賓致命○士受皮者自東出于後　朱子云疏引此文皮者下有取皮二字今本無之未詳孰是

適東壁　壁徐本作璧誤

受之則文見　陳本同毛本受作釋是也

自左受者　單疏本無自左受三字通解有○按無者是

主人堂上受幣時　陳閩同毛本受作授

與子男之士不命者別　毛本男誤作畢

婦乘以几

是石几之類也　段玉裁云當作几石此誤倒也

婦入寢門贊者徹尊冪　冪要義作幂

配尊之酒三酒　要義無三酒二字

笲

笲有衣者　衣聶氏作表

婦席薦饌于房

非直有席薦　非閩本作亦

饗婦姑薦焉

時同自明　自明毛本作明日

婦洗在北堂

所謂經中北洗也　要義同毛本作經中所謂

北堂房半以北者　房下要義有中字

婦酢舅

謂舅姑饗婦時獻時舅　毛本獻時舅作時舅獻

昏辭曰

子謂公冶長可妻也　陳閩監葛通解俱脫此八字

對曰某之子憃愚

今文弗爲不　徐本集釋通解同毛本今作古

某辭不得命

不得許已之命　徐陳集釋通解楊敖同毛本許作辭

對曰某固唯命是聽

是使者付主人吉日之辭　毛本付作傳

凡使者歸

告禮所執脯　通典無告字玩疏意似亦無告字

父醮子

子壻也　徐本集釋俱無也字毛本通解有

父禮女者　要義同毛本者作子

若在廟以禮筵于戶西　毛本同陳閩俱脫在廟二字

右几布神位　要義同毛本布作在

命之曰　毛本之下有辭字唐石經徐本集釋要義敖氏俱無辭字通解楊氏有石經考文提要云記乃通記昏辭每節俱無辭字

勗帥以敬先妣之嗣

勉帥婦道　張氏云釋文上帥道之注云下帥道同謂此句也此句當云勉帥道婦○按張氏之說是也帥之訓道上文已具故此不復言但疊帥道兩字以見義通典云勉導以敬其爲先妣之嗣正合注意蓋敬其爲先妣之嗣卽是婦道若云勉帥婦道則不可通矣

父送女○夙夜毋違命　毋陳閩監本俱誤作母凡他篇毋字此本亦有誤作母者可以義求之不盡校

舅姑之教命　案疏以姑字爲衍文

續成前語　毛本語作文陳本誤作女

毋施衿結帨曰

則姑命婦之事　毛本作宮事謂姑命婦之事通解與今本同○按則猶卽也疏中每有此語前疏云母戒之使無違姑命此節經云夙夜無違宮事是宮事卽姑命婦之事此賈氏自釋前語也宮事二字已標于上故不再出直釋曰則姑命婦之事毛本旣刪標目又不達則字之義率依通解改之謬矣

壻授綏姆辭曰未教不足與爲禮也　十四字在宗子無父上唐石經徐本集釋通解楊敖俱有通典有日未教以下九字

姆教人者　四字徐本集釋通解楊氏俱有毛本經注並脫

宗子無父

是有父者　毛本有下有有字徐本集釋俱脫一有字

云宗子者適長子也者　要義同毛本無長字

繼別宗　要義別下有爲字毛本同

稱諸父兄師友以行　毛本無諸字○按公羊隱二年傳注有諸字

傳家事在子孫　浦鏜云任誤在

弟稱其兄　唐石經徐本集釋敖氏同通解楊氏毛本弟下有則字

主人對曰○未得濯溉於祭祀　溉敖氏作摡張氏云釋文云摡古代反少牢饋食摡鼎匕俎摡甑甗匕與敦摡豆籩勺爵觚觶字皆作摡○按今本釋文作漑

造置于緇色器中　器要義作之

對曰某以非他故　他通解作它注同按士虞他用剛日注云今文他爲它則他它宜有辯但諸本錯出故不悉校

對曰某以得爲婚姻之故　以得唐石經徐本張氏通解楊氏敖氏俱作得以集釋按云上言某以得爲外婚姻之數以者自以也對稱某以非他故此乃云某得以爲昏姻之故以者指壻以之也敖氏疑上言之數下言之故必有一誤因云得以宜作以得不知以字在下正與故字語氣相貫又與上故字相應今注疏本從敖氏說改經耳

敢不從　張氏云五代廣順中監本同至顯德中吉觀國所校監本乃云敢從無不字或曰歲久版脫之也

亦彌親之辭古文曰外昏姻　下六字徐本集釋通解敖氏俱有今本俱脫

主人出門左

不敢授也　毛本授誤作受

凡見賓客及上親迎皆于廟者　要義同毛本上作士廟下無者字

以先祖之遺體許人　要義無之字

擯者以摯出

賓執摯入門右　陳本脫執字閩本脫入字

從臣禮　毛本從下有君字陳本從下空一字

由門左西進北面　毛本進作向

見主婦

見弟不踰閾　要義無見字毛本見下有兄字

儀禮注疏卷六挍勘記終

儀禮疏卷第七　　儀禮卷第三

唐朝散大夫行大學博士弘文館學士臣賈公彥等撰

士相見禮第三

（疏）士相見禮第三○鄭目錄云士以職位相親始承摯相見禮雜記會葬禮曰相見也反哭而退朋友虞祔而退士相見於五禮屬賓禮大小戴及別錄皆第三○釋曰鄭云士以職位相親始承摯相見者釋經亦有大夫及庶人見君之禮亦士見大夫之法獨以士相見爲名者以其兩士職位不殊同類昵近故以士相見爲首云雜記相見也反哭而退朋友虞祔而退者以送葬之禮恩厚者退遲恩薄者退疾引之者證有執摯相見之義也云士相見於五禮屬賓禮者案周禮大宗伯五禮賓禮之別有八春朝夏宗秋覲冬遇時會殷同此六者是五等諸侯見天子兼有自相朝覲之禮彼又云時聘曰問殷覜曰視二者是諸侯使臣出聘天子及自相聘之禮並執玉帛而行無執禽摯之法此屬直新升爲士大夫之等同國執禽摯相見及見君之禮雖非出聘亦是賓主相見之法故屬賓禮也且士卑雖得作介從君與卿大夫出向他國無身自聘問之事案周禮行夫是士官其有美惡無禮特行無介始得出向他邦亦非聘問之法也然昏冠及喪祭尊卑各自有禮及執摯相見雖有此士相見其篇內含卿大夫相見以其新升爲士或士自相見或士往見卿大夫或卿大夫下見士或見巳國君或士大夫見他國君來朝者新出仕從微至著以士爲先後更有功乃升爲大夫巳上故以士爲總號也又天子之孤卿大夫士與諸侯之孤卿大夫士執摯既同相見之禮亦無別也

儀禮　鄭氏注

士相見之禮。摯。冬用雉。夏用腒。左頭奉之。曰。某也願見。無由達。某子以命命某見。摯所執以至者君子見於所尊敬必執摯以將其厚意也士摯用雉者取其耿介交有時別有倫也雉必用死者爲其不可生服也夏用腒備腐臭也左頭頭陽也無由達言久無因緣以自達也某子今所因緣之姓名也以命者稱述主人之意今文頭爲脰（疏）士相見至某見○釋曰自此至送于門外再拜論士與士相見之事也云某也願見無由達者謂新升爲士欲見舊爲士者謂久無紹介中閒之人達彼此之意雖願見無由得與主人通達相見也云某子以命命某見者某子是紹介中閒之人姓名以主人之命命某是賓之名命某來見主人也案少儀始見君子者辭曰某固願聞名於將命者謂以卑見尊法彼又云敵者曰某固願見於將命者此兩士相見亦是敵者不言願見於將命者者此既言願見無由達見敵者始欲相見案下文及還摯者皆云於將命者明此亦有願見於將命者不言者文不具也○注摯所至爲脰○釋曰云摯所執以至者摯得訓爲至升爲士者元缺一字彼人相見欲相尊敬必執禽鳥始得至故云摯所執以至者也云士摯用雉者對大夫已上所執羔鴈不同也云取其耿介交有時別有倫也者倫類也交接有時至於別後則雄雌不雜謂春交秋別也士之義亦然義取耿介不犯於上也云雉必用死者爲其不可生服也者經直云冬用雉知用死雉者尚書云三帛二牲一死摯則雉義取耿介爲君致死也云夏用腒備腐臭也者案周禮庖人云春行羔豚夏行腒鱐鄭云腒乾雉鱐乾魚腒鱐暵熱而乾乾則不腐臭故此取不腐臭也冬時雖死形體不異故存本名稱曰雉夏爲乾腒形體異故變本名稱曰腒也云左頭頭陽也者曲禮云執禽者左首雉與羔鴈同是合生執之物以不可生服故殺之雖死猶尚左以從陽也云某子今所因緣之姓名也者謂紹介之姓名云以命者稱述主人之意者言紹介之人稱述主人之辭意傳來賓也云今文頭爲脰者鄭不從今文者以其脰項也項不得爲頭故不從也但此云某子以命命某見謂舊未相見今始來見主人故須某子傳通孺悲欲見孔子不由紹介故孔子辭以疾且經云某子鄭云某子今所因緣之姓名案鄉飲酒云某子受酬注云某者衆賓姓又鄉射云某酬某子注云某者氏也與此注某子爲字姓名不同者彼旅酬下爲上尊敬在上以公羊傳名不若字字不若子故下者稱姓以配子彼對面語故不言名此非對面之言於彼適稱紹介之意若不言名直稱姓是何人故鄭以姓名解之也若然特姓云皇祖某子注爲伯子仲子者以孫不宜云父祖姓故以伯子仲子言之望經爲義故注有殊若然注宜有名無者誤也

主人對曰。某子命某見。吾子有辱。請吾子之就家也。某將走見。有又也某子命某往見今吾子又自辱來序其意也走猶往也今文無走（疏）主人至走見○釋曰云某子命某見者某子則是紹介姓名以某子是中閒之人故賓主共稱之也此上下皆言請不言辭辭而不受須相見故言請而已○注有又至無走○釋曰鄭轉有爲又者以言某子以命命某往就彼見吾子又自辱來於義爲便故從又不從有也云走猶往也者以言走直取急往相見之意非走驟之義故釋從往也云今文無走字者無走於文義不足故不從今文從古文也

賓對曰。某不足以辱命。請終賜見。命謂請吾子之就家

主人對曰。某不敢爲儀。固請吾子之就家也。某將走見。不敢爲儀言不敢外貌爲威儀忠誠欲往也固如故也今文不爲非古文云固以請也（疏）注不敢至以請○釋曰固如故也者固爲堅固堅固則如故以再請如前故云固如故也云今文不爲非者云非敢於義不便故不從今文非也云古文云固以請者固請於文從便若有以字於文駢綏故不從古文固以請也

賓對曰。某不敢爲儀。固以請。言如固請終賜見也今文不爲非

主人對曰。某也固辭不得命。將走見。聞吾子稱摯。敢辭摯。不得命者不得見許之命也走猶出也稱舉也辭其摯爲其大崇也古文曰某將走見（疏）注不得至走見○釋曰云走猶出也者亦如上之走往彼據向賓家故走爲往此據出門故云走出也云辭其摯爲其大崇也者凡賓主相見雖此新升爲士有摯又初不相識故有摯爲重對重相見則無摯爲輕是以始相見辭之爲大崇故也云古文曰某將走見者上再番皆云某將走見今此三者亦云基將走見與前同此疊古文不從者以上第一番請賓主皆無不敢爲儀第二番賓及主人皆云不敢爲儀文句既異若不云某於文不便故須云某也此三番於上已云某也固辭不得命於下不須云某於文便古文更云某將走見文疊故不從也

賓對曰。某不以摯不敢見。見於所尊敬而無摯嫌大簡（疏）注見於至大簡○釋曰此士相見雖是平敵相伉案曲禮云主人敬客則先拜客客敬主人則先拜主人並不問爵之大小雖以相尊敬爲先後故雖兩士亦得云相尊敬不敢空手須以摯相見若無摯相見是則大簡畧也

主人對曰。

某不足以習禮。敢固辭。言不足習禮者不敢當其崇禮來見己（疏）注言不至見己○釋曰案上經賓云某不以摯不敢見是賓以崇禮來見主人今主人不敢當其崇禮來見己故變文言不足以習禮故鄭云言不足習禮者不敢當其崇禮來見己也賓對曰。某也不依於摯不敢見。固以請。言依於摯謙自卑也今文無也（疏）注言依至卑也○釋曰凡相見之禮以卑見尊必依摯禮記檀弓云魯人有周豐也者哀公執摯請見之者是下賢非正法今士相見云不依於摯不敢見謙自卑也主人對曰。某也固辭不得命。敢不從。出迎于門外。再拜。賓荅再拜。主人揖入門右。賓奉摯入門左。主人再拜受。賓再拜送摯出。右就右也左就左也受摯於庭既拜受送則出矣不受摯於堂下人君也今文無（疏）注右就至文無○釋曰凡門出則以西爲右以東爲左入門則以東爲右以西爲左依賓西主東之位也知受摯於庭者以其入門左右不言揖讓而升之事故知在庭也云既拜送則出矣者欲見賓拜送摯訖而言出則去還家無意得待主人畱己也云不受摯於堂下人君也者聘禮賓升堂致命授玉又下云君在堂升見無方階亦是升堂見君法故云不升堂下人君也主人請見。賓反見。退。主人送于門外。再拜。請見者爲賓崇禮來相接以矜莊歡心未交也賓反見則燕矣下云凡燕見於君至凡侍坐於君子博記反見之燕義臣初見於君再拜奠摯而出（疏）主人請見至再拜○注請見至而出○釋曰鄭解主人畱賓之意云請見者爲賓崇禮來相接則執摯來是也云以矜莊歡心未交也者正謂入門拜受拜送時賓主俱矜莊相敬歡心未交也云賓反見則燕矣者上士冠禮賓士昏納采之等禮記皆有禮賓饗賓之事明此行禮主人畱必不虛宜有歡燕故云則燕矣以摯相見非聘問之禮燕既在寢明前相見亦在寢之庭矣若諸文有畱賓者多是禮賓之事知此不行禮賓而云燕者彼諸文皆是爲餘事相見以其事重故爲禮賓此直當身相見其事輕故直有燕矣是以諸文禮賓此燕賓故直云請見也云凡燕見於君至反見之燕義者凡燕見或反見或本來侍坐非反見下注云此謂特見圖事非立賓主之燕是也侍坐於君子之下乃有侍坐問夜膳羞賜食爵之等不引證燕見者彼直是侍坐法非燕見之禮故也云臣初見於君再拜奠摯而出者鄭欲見自燕見于君下至凡侍坐於君子皆反見燕法其中仍有臣見于君法臣始事見于君法禮畢奠摯而出君亦當遣人畱之燕也若然下有他邦之人則還摯雖不見反燕臣尚燕他邦有燕可知但文不具也主人復見之以其摯。曰。鄉者。吾子辱使某見。請還摯於將命者。復見之者禮尚往來也以其摯謂鄉時所執來者也將猶傳也傳命者謂擯相者（疏）主人至命者○釋曰自此至賓退送再拜論主人還于賓之事○注復見至相者○釋曰云復見之者禮尚往來也者鄭解主人還摯之意云禮尚往來曲禮文五等諸侯身自出朝及遣臣出聘以其圭璋重不可逕復朝聘訖即還之璧琮財輕故不還彼朝聘用玉自爲一禮有不還之義其在國之臣自執摯相見雖禽摯皆還之臣見於君則不還義與朝聘異不可相決也云將猶傳也

傳命者謂擯相者者謂出接賓曰擯入詔禮曰相一也故聘禮與冠義皆云每一門止一相是謂擯介爲相也主人對曰。某也既得見矣。敢辭。讓其來荅己也（疏）主人至敢辭○釋曰上言主人此亦言主人者上言主人者據前爲主人而言此云主人者謂前賓今在已家而說也賓對曰。某也非敢求見。請還摯于將命者。言不敢求見嫌褻主人不敢當也今文無也（疏）注言不至當也○釋曰云嫌褻主人不敢當也者鄉者主人見己今即來見主人賓主頻見是褻也今云非敢求見嫌褻主人不敢更相見也故不敢當相見之法直云還摯而已主人對曰。某也既得見矣。敢固辭。固如故也賓對曰。某不敢以聞。固以請於將命者。言不敢以聞又益不敢當（疏）注言不敢至敢當○釋曰上云非敢求見已是不敢當此云不敢以聞耳聞疏於目見故云又益不敢當也主人對曰。某也固辭不得命。敢不從。許受之也異日則出迎同日則否（疏）注異日至則否○釋曰下云賓奉摯入不言主人出迎又不言厥明是與前相見同日知異日出迎者鄉飲酒禮云明日乃息司正主人出迎之司正猶迎之況同僚乎是知異日出迎也若然聘禮公迎于大門內至禮賓又出迎者彼初是公迎彼初之命不爲迎賓身故至醴賓身雖同日亦出迎之故鄭注云公出迎者已之禮更端是也昏禮賓爲男家使初時出迎至醴賓身雖同日亦出迎也有司徹前爲尸後爲賓所爲異故云雖同日亦出迎此二者亦是更端之義也案鄉飲酒及公食大夫皆於戒賓之時未行賓主之禮是以賓至乃迎之故雖同日亦迎賓非更端之義也賓奉摯入。主人再拜受。賓再拜送摯出。主人送于門外。再拜。士見於大夫。終辭其摯。於其入也。一拜其辱也。賓退送再拜。終辭其摯以將不親荅也凡不荅而受其摯唯君於臣耳大夫於士不出迎入一拜正禮也送再拜尊賓（疏）士見於大夫至再拜○注終辭至尊賓○釋曰云以將不親荅也者事未至謂之將如上士相見賓來見士後將親荅就士家則辭而受其摯此則以將不親荅終不受也若然經直云終辭其摯不言一辭再辭亦有可知但略而不言也又少儀云始見君子曰願聞名此不言願聞亦文不具也云凡不荅而受其摯唯君於臣耳者見下文他邦之人則使擯者還其摯見已君不言還摯又文有三辭初辭中辭終辭初辭之時則云使某中辭云命某以辭在中者傳言而已故云命某然使某者是尊君卑臣之義其心重若云命某者尊君卑臣稍淺漸輕之義故鄭云或言命某傳言耳必知有此義者案僖九年左傳曰天子有事于文武使孔賜伯舅胙以伯舅耋老加勞賜一級無下拜是尊君稱使傳言云命有輕重之義也若嘗爲臣者。則禮辭其摯。曰。某也辭不得命。不敢固辭。禮辭一辭其摯而許也將不荅而聽其以摯入有臣道也賓入奠摯。再拜。主人荅壹拜。奠摯尊卑異不親授也古文壹爲一賓出。使擯者還其摯于門外。曰。某

也使某還摯。還其摯者辟正君也賓對曰。某也既得見矣。敢辭。辭君還其摯也今文無擯者對曰。某也命某。某非敢爲儀也。敢以請。還摯者請使受之賓對曰。某也夫子之賤私。不足以踐禮。敢固辭。家臣稱私踐行也言某臣也不足以行賓客禮賓客所不荅者不受摯擯者對曰。某也使某。不敢爲儀也。固以請。言使某尊君也或言命某傳言耳賓對曰。某固辭不得命。敢不從。再拜。受。受其摯而去之（疏）注受其摯而去之○釋曰云受其摯而去者以其嘗爲臣爲輕既不受其摯又相見無饗燕之禮故鄭云而去以絶之也下大夫相見以鴈。飾之以布。維之以索。如執雉。鴈取知時飛翔有行列也飾之以布謂裁縫衣其身也維謂繫聯其足（疏）下大夫至執雉○釋曰言下大夫者國皆有三卿五大夫上大夫據三卿則此下是五大夫也二十七士與五大夫轉相副貳則三卿宜有六大夫而五者何休云司馬事省闕一大夫○注鴈取至其足○釋曰云鴈取知時者以其木落南翔冰泮北徂隨陽南北義取大夫能從君政教而施之云飛翔有行列也者義取大夫能依其位次尊卑有敘也上士執雉左頭奉之此云如執雉明執鴈者亦左頭奉之也案曲禮云飾羔鴈者以繢彼天子卿大夫非直以布上又畫之此諸侯卿大夫執摯雖與天子之臣同飾羔鴈者直用布爲飾無繢彼不言士則天子之士與諸侯之士同亦無飾士賤故無別也上大夫相見以羔。飾之以布。四維之結于面。左頭如麛執之。上大夫卿也羔取其從帥羣而不黨也面前也繫聯四足交出背上於胷前結之也如麛執之者秋獻麛有成禮如之或曰麛孤之摯也其禮蓋謂左執前足右執後足今文頭爲脰（疏）上大夫至執之○注上大至爲脰○釋曰云上大夫卿也者即三卿也云羔取其從帥者凡羔羊羣皆有引帥若卿之從君之命者也云羣而不黨也者羊羣而不黨義取三卿亦皆正直雖以羣居不阿黨也云繫聯四足交出背上於胷前結之者謂先以繩雙繫前兩足復以繩繫後兩足乃以雙繩於左右從腹下向背上交過於胷前結之也云如麛執之者秋獻麛有成禮如之者案周禮獸人云冬獻狼夏獻麋春秋獻獸物鹿豕羣獸及狐狸可也麛是鹿子與鹿同時獻之又庖人云秋行犢麛則獻麛當在秋時故云秋獻麛也又案禮器曲禮三千鄭云曲猶事也事禮謂今禮也其中事儀三千則禮未亡之時三千條內有此獻麛之法是有成禮可依故此經得如之也云或曰麛孤之摯也者案大宗伯及大行人與聘禮皆云孤執皮帛謂天子之孤與諸侯之孤執皮帛今此執麛者謂新升爲孤見己君法至餘事則皆皮帛也云其禮蓋謂左執前足右執後足者案經云左頭則與雉鴈同是以曲禮云執禽者左首此鄭又云執之蓋謂左執前足右執後足者翳此釋經麛執之據四足而言之凡以摯相見之法唯有新升爲臣及聘朝及他國君來主國之臣見皆執摯相見常朝及餘會聚皆執笏無執摯之禮又執摯者或平敵或以卑見尊皆用摯尊無執摯見卑之法檀弓云哀公執摯見己臣周豐者彼謂下賢非正法也如士相見之禮。

大夫雖摯異其儀猶如士〔疏〕如士相見之禮○釋曰此下大夫及卿其摯雖有羔鴈之異其相見之儀則皆如士也○注大夫至如士○釋曰云儀猶如士者或兩大夫或兩卿相見皆如上文某也願見無由達已下至主人拜送于門外也

始見于君。執摯至下。容彌蹙。下謂君所也蹙猶促也促恭慤貌也其爲恭士大夫一也〔疏〕注下謂至一也○釋曰直云見于君不辨臣之貴賤則臣之貴賤皆同故鄭云其爲恭士大夫一也不言所而言下者凡臣視袷已下故不言所言下也

庶人見於君。不爲容。進退走。容謂趨翔〔疏〕注容謂趨翔○釋曰此不言民而言庶人則是庶人在官謂若王制云庶人在官者其祿以是爲差即府史胥徒是也按鄭注曲禮云行而張足曰趨行而張拱曰翔皆是庶人貌也此庶人見君不趨翔謂是常法論語是孔子行事而云趨進翼如者彼謂孔子與君圖事於堂圖事訖降堂向時揖處至君前橫過向門特加肅敬與庶人同也

士大夫則奠摯。再拜稽首。君荅壹拜。言君荅士大夫一拜則於庶人不荅之庶人之摯鶩古文壹作一〔疏〕注言君至作一○釋曰臣拜君云再拜稽首則君荅一拜者當作空首則九拜中奇拜是也云言君荅士大夫一拜則於庶人不荅之者案曲禮君於士不荅拜謂已士此得與大夫同荅一拜者士賤君不荅拜此以新升爲士故荅拜聘禮問勞云荅士拜者亦以新使反故拜之也云庶人之摯鶩者案大宗伯云以禽作六摯庶人執鶩注云鶩取其不飛遷象庶人安土重遷是也

若他邦之人。則使擯者還其摯。曰。寡君使某還摯。賓對曰。君不有其外臣。臣不敢辭。再拜。稽首受。〔疏〕釋曰賓不辭即受摯以君所不臣禮無受他臣摯法賓如此法故不敢亢禮於他君故不辭即受之也凡臣無境外之交今得以摯執見他邦君者謂他國之君來朝此國之臣因見之謂若掌客卿皆見以羔之類是也春秋卿大夫與他國之君相見者皆因聘會乃見之非特行也

凡燕見于君。必辯君之南面。若不得。則正方不疑君。辯猶正也君南面則臣見正北面君或時不然當正東面若正西面不得疑君所處邪鄉之此謂特見圖事非立賓主之燕也疑度之〔疏〕釋曰案上文注以此爲博記反見之燕義則此與燕義燕禮立賓主之燕別以其此經君之面位正南臣北面向之若不得南面或君東西面則臣亦正方向之不可預度君之面位邪立向之皆與燕禮君在阼階西西面爲正異故知此經是特見圖事并與賓反見之燕義也知有圖事者論語鄉黨云孔子與君圖事于庭圖事于堂燕禮亦云君與卿同事之時有此面位無常之法也

君在堂。升見無方。階辯君所在。升見升堂見於君也君近東則升東階君近西則升西階〔疏〕注升見至西階○釋曰此文據君所在隨便升階無常之事亦謂反燕及圖事之法若立賓主君升自阼階賓及主人升自西階燕禮所云是也

凡言非對也。妥而後傳言。凡言謂己爲君言事也妥安坐也傳言猶出言也若君問可對則對不待安坐也古文妥爲綏〔疏〕凡言至傳言○注凡言至爲綏○釋曰此據臣與君言之法也云凡言謂己爲君言事也者謂臣有圖爲君言也禮記少儀云量而後入不入而後量是臣有事將入見君須量已所言亦當量君安坐乃可得入而後傳出已言向君道之云妥安坐也者爾雅釋詁文

與君言。言使臣。與大人言。言事君。與老者言。言使弟子。與幼者言。言孝弟於父兄。與衆言。言忠信慈祥。與居官者言。言忠信。博陳燕見言語之儀也言使臣者使臣之禮也大人卿大夫也言事君者臣事君以忠也祥善也居官謂士以下〔疏〕與君至忠信○釋曰上文據與君言此文則總說尊卑言語之別云與君言言使臣與大人言言事君者但君臣相對有事即言不必與君言恒言使臣與臣言恒言事君今唯言使臣事君者下供上命禮法當然故君以使臣爲主臣以事君爲正無妨更言餘事已下皆隨事爲主可也云與老者言言使弟子者謂七十致仕之人依書傳大夫致仕爲父師士致仕爲少師教鄉閭子弟雷次宗云學生事師雖無服有父兄之恩故稱弟子也云與幼者言言孝弟於父兄者幼既與老者相對此幼即弟子之類孝弟事父兄之名是人行之本故云言孝弟于父兄與衆言言忠信慈祥者此文承老幼之下亦非朝廷之臣但是鄉閭長幼共聚之處使之行忠信慈善之事也云與居官者言言忠信者此與在朝之士言以忠信爲主也○注博陳至以下○釋曰云博陳燕見言語之儀也者據已上博陳與君燕見摯動言語知此博陳也云言使臣者使臣之禮也者并事君以忠並是論語孔子對定公之文云大人卿大夫也者此云言事君明非天子諸侯又非士是卿大夫可知又案下文云凡與大人言始視面中視抱卒視面並是臣視君之法則大人據君也又禮運云大人世及以爲禮鄭解爲諸侯者以彼上文云天下爲家以據天子明下云大人是諸侯可知易革卦云君子豹變據諸侯則大人虎變是天子可知又案論語云狎大人注爲天子諸侯爲政教者彼據小人不在朝廷故以大人爲天子諸侯政教解之鄭皆望文爲義故解大人不同云居官謂士以下者以上大夫云事君已據居官卿大夫其居官之内唯有二十七士并府史胥徒故云士以下也

凡與大人言。始視面。中視抱。卒視面。毋改。衆皆若是。始視面謂觀其顏色可傳言未也中視抱容其思之且爲敬也卒視面察其納已言否也毋改謂傳言見荅應之閒當正容體以待之毋自變動爲嫌解惰不虚心也衆謂諸卿大夫同在此者皆若是其視之儀無異也古文毋作無今文衆爲終〔疏〕凡與至若是○注始視至爲終○釋曰云中視抱容其思之且爲敬者案曲禮天子視不上於袷袷交領也不下於帶上於袷則敖下於帶則憂視大夫得視面此視君得視面者彼據尋常視君法此據與君言時故不同也云且爲敬者此言抱即面相袷不視袷是敬君之常禮故云且爲敬也云爲嫌解惰不虚心也者禮記云虚中以治之鄭注云虚中言不兼念餘事是虚心之意也云衆謂諸卿大夫同在此者言於君視之高下如此其卿大夫視君之儀與言者無異也云古文毋作無不從者說文云毋蓋亦禁辭故不從有無之無也云今文衆爲終不從者以上已有卒卒爲終故從古爲衆也

若父則遊目。毋上於面。毋下於帶。子於父主孝不主敬所視廣也因觀安否何如也今文父爲甫古文毋作無〔疏〕若父至於帶○注子於至作無○釋曰案曲禮大夫之臣視大夫得視面不得遊目士之臣視士得旁遊目今子視父應與視君同不上於袷與士大夫同者以子於父主孝不主敬所視廣者因視安否何如也

若不言。立則視足。坐則視膝。不言則何其行起而已〔疏〕若不至視膝○注不言視而已○釋曰已上皆據臣子與君父言語之時此據不言之時鄭言伺其行起者行解經立行由立始故以行解立是以論語云立不中門鄭云立行不當棖闑之中央是亦以行解立一也又以起解坐以其起由坐始故也

凡侍坐於君子。君子欠伸。問日之早晏。以食具告。改居。則請退可也。君子謂卿大夫及國中賢者也志倦則欠體倦則伸問日晏近於久也具猶辯也改居謂自變動也古文伸作信早作蚤〔疏〕凡侍至可也○注君子至作蚤○釋曰此陳侍坐於君子之法鄭云君子卿大夫者禮之通例大夫得稱君子亦得稱貴人而士賤不得也知及國中賢者者鄉射禮云徵唯所欲以告於鄉先生君子可也鄭云鄉先生鄉大夫致仕者君子有大德行不仕者則曲禮云博文强識而讓敦善行而不怠謂之君子是也云志倦則欠體倦則伸鄭注曲禮亦然云古文伸作信早作蚤者此二字古通用故大宗伯云侯執身圭爲信字詩云一之日其蚤獻羔祭韭爲蚤字既通用疊古文者據字體非直從今爲正亦得通用之義也

夜侍坐。問夜。膳葷。請退可也。問夜問其時數也膳葷謂食之葷辛物葱薤之屬食之以止臥古文葷作薰〔疏〕夜侍至可也○注問夜至作薰○釋曰云問夜問其時數也者謂若鍾鼓漏刻之數也云古文葷作薰者玉藻云膳於君有葷桃茢作此葷鄭注論語作焄義亦通若作薰則春秋一薰一蕕薰香草也非葷辛之字故疊古文不從也

若君賜之食。則君祭先飯。徧嘗膳。飲而俟。君命之食。然後食。君祭先飯食其祭食臣先飯示爲君嘗食也此謂君與之禮食膳謂進庶羞既嘗庶羞則飲俟君之徧嘗也今云呫嘗膳〔疏〕若君至後食○注君與至嘗膳○釋曰此經及下經論臣侍君坐得賜食之法鄭云先飯示爲君嘗食也者凡君將食必有膳宰進食則膳宰嘗君前之食備火齊不得下文是也今此文謂膳宰不在則侍食者自嘗自己前食既不嘗君前食則不正嘗食故云示爲君嘗食也云此謂君與之禮食者謂君與臣小小禮食法仍非正禮食正禮食則公食大夫是也彼君前無食此君臣俱有食故知小小禮食此即玉藻云若賜之食而君客之則命之祭然後祭彼云客之則此注禮食亦不得祭故一也但此文不云客之命之祭然後祭文不具也若臣嘗食不得云禮食亦不得祭故鄭注玉藻云侍食則正不祭是也

若有將食者。則俟君之食。然後食。將食猶進食謂膳宰也膳宰進食則臣不嘗食周禮膳夫品嘗食王乃食〔疏〕若有至後食○注將食至乃食○釋曰云膳宰進食則臣不嘗食者臣爲君嘗食本爲膳宰不在今膳宰既在明臣不嘗食也是以玉藻云若有嘗羞者則俟君之食然後食飯飲而俟注云不祭侍食不敢備禮也不嘗羞膳宰存也是也云膳夫者天子膳夫則諸侯之膳宰引之者證經將食之人是膳宰因將膳與君品嘗食凡君食臣有侍食之時唯子不侍食是以文王世子云命膳宰曰末有原應曰諾然後退是大子不侍食若卿大夫已下則有侍食法故內則云父沒母存冢子御食羣子婦佐餕是也

若君賜之爵。則下席再

拜稽首。受爵升席祭。卒爵。而俟君卒爵。然後授虛爵。受爵者於尊所至於授爵坐授人耳必俟君卒爵者若欲其釂然也今文曰若賜之爵無君也（疏）若君至虛爵○注受爵至君也○釋曰云受爵者於尊所者曲禮亦是賜爵法而云酒進則起拜受於尊所是也云至於授爵坐授人耳者見曲禮與玉藻并此文並無立授之文故知坐授也云必俟君卒爵者若欲其釂然也者此經文與玉藻文同皆燕而君客之賜爵法故臣先飲以酒是甘味欲美君之味故先飲必待君卒爵而後授虛爵者臣意若欲君盡爵然也案曲禮云侍飲於長者酒進則起拜受於尊所長者辭少者反席而飲長者舉未釂少者不敢飲彼是大燕飲禮故鄭注引燕禮曰公卒爵而後飲案燕禮當無筭爵後得君賜爵待君卒爵乃飲是也　退坐取屨。隱辟而后屨。君爲之興。則曰君無爲興。臣不敢辭。君若降送之。則不敢顧。辭遂出。謂君若食之飲之而退也隱辟俛而逡巡興起也辭君興而不敢辭其降於已大崇不敢當也（疏）退坐至遂出○注謂君至當也○釋曰云謂君若食之飲之而退也者以上云若君賜之食若君賜之爵下而云退者明爲此二者而退也云隱辟俛而逡巡者案曲禮云鄉長者而屨此亦當然云不敢辭其降者謂君降送時明有不降法故曲禮云就屨跪而舉之屏於側注云謂獨退也云若者不定之辭也　大夫則辭退下。比及門。三辭。下亦降也（疏）大夫至三辭○釋曰云大夫則辭退下者對上不敢辭是士士卑不敢辭降大夫之內兼三卿五大夫臣中尊者故得辭降也　若先生異爵者。請見之則辭。辭不得命。則曰某無以見。辭不得命。將走見。先見之。先生致仕者也異爵謂卿大夫也辭辭其自降而來走猶出也先見之者出先拜也曲禮曰主人敬賓則先拜賓（疏）若先至見之○注先生至拜賓○釋曰此先生即鄉飲酒云就先生而謀賓介亦一也故彼注與此注皆云致仕者也云異爵謂卿大夫也者此士相見本文是士故以卿大夫爲異爵也訓走爲出者亦謂士見異爵取急意而言走其實非走直出也引曲禮者欲見言敬客先拜也彼云客此云賓云賓者對文賓客異散文賓客通故變文云賓也　非以君命使。則不稱寡大夫。士則曰寡君之老。謂擯贊者辭也不稱寡者不言寡君之某言姓名而已大夫卿士其使則皆曰寡君之某檀弓曰士而未有祿者君有饋焉曰獻使焉曰寡君之老（疏）非以至之老○注謂擯至之老○釋曰云非以君命使則不稱寡者此則玉藻云大夫私事使私人擯則稱名以其非聘問之禮則爲私事使私人擯也聘禮云若有言則以束帛如享禮引春秋晉侯使韓穿來言汶陽之田歸於齊玉藻注亦引之是也鄭云謂擯贊者辭也者以玉藻自諸侯之於天子以下至大夫皆云擯者曰故知不自稱是擯贊之辭也云其使則皆曰寡君之某者釋經大夫士則曰寡君之老爲公事使者也此則玉藻云公士擯則曰寡大夫君之老大夫有所往必與公士爲賓亦一也彼注云謂聘也大聘使上大夫小聘使下大夫則曰寡君之某故鄭總云某也若然經直云大夫鄭兼云士者經本文是士則云非以君命使可以兼士也但士無特聘問或作介往他國亦有稱謂而云寡君之士某也云檀弓曰仕而未有祿者謂試爲大夫士直有試功之祿未有正祿云君有饋焉曰獻者謂有饋物于君亦與正祿者同稱獻云使焉云寡君之老者於他國君邊自稱寡君之某此文亦兼士大夫引之者證公事使稱寡君之某也　凡執幣者不趨。容彌蹙以爲儀。不趨主慎也以進而益恭爲威儀耳今文無容（疏）凡執至爲儀○釋曰案小行人合六幣玉馬皮圭璧帛皆稱幣下文別云執玉則此幣謂皮馬享幣及禽摯皆是○注不趨至無容○釋曰凡趨有二種有疾趨而張足曰趨是也有徐趨則下文舒武舉前曳踵是也今此經云不趨者不爲疾趨故云主慎也既不云疾趨又不爲下文徐趨但徐疾之閒爲之故以進而益恭爲威儀也　執玉者則唯舒。武舉前曳踵。唯舒者重玉器尤慎也武迹也舉前曳踵備躓跲也今文無者古文曳作抴（疏）執玉至曳踵○釋曰此篇直見在國以禽摯相見之禮無執玉朝聘鄰國之事而云執玉者因執摯相見故兼見朝聘執玉之禮也案玉藻記徐趨之節云圈豚行又與此不同者文有詳畧俱是徐趨也○注唯舒至作抴○釋曰云唯舒者重玉器尤慎也者案玉藻云執龜玉不趨不趨者不爲疾趨又曲禮云凡執主器執輕如不克故爲重玉器尤慎也云備躓跲也者躓跲則顛倒恐損玉故徐趨也　凡自稱於君。士大夫。則曰下臣。宅者在邦。則曰市井之臣。在野。則曰草茅之臣。庶人。則曰刺草之臣。他國之人。則曰外臣。宅者謂致仕者也致仕者去官而居宅或在國中或在野周禮載師之職以宅田任近郊之地刺猶剗除也今宅爲託古文茅作苗（疏）凡自至外臣○釋曰云凡自稱於君士大夫則曰下臣者此與君言之時案玉藻云上大夫曰下臣與此同也○注宅者至作苗○釋曰此亦自稱於君以其致仕不在故指宅而言故曰宅者謂致仕者也云或在國中或在野者案爾雅郊外曰野則自郊至畿五百里內皆名野又案鄉大夫職國中七尺野自六尺此亦云在國在野相對其言國外則云野則云宅在野者城外皆是也云載師之職者彼鄭注云宅田致仕者之家所受田也引之證彼言宅田據地此言宅據所居一也云刺猶剗除也者案詩有其鎛斯趙注云趙刺也故以刺爲剗除草木者也

儀禮疏卷第三　經七百五十三　注一千六百八十九　儀禮疏卷第七

元缺第六葉今補

儀禮注疏卷七挍勘記

阮元撰盧宣旬摘錄

士相見禮第三

亦士見大夫之法　要義同毛本亦下有有字

云襍記　毛本記下有曾葬禮曰四字

案周禮行夫　閩本同毛本夫作人誤

士相見之禮

升爲士者　毛本升上有新字

二牲一死摯　毛本牲作生摯作雉○按生摯是也

則雉義取耿介　則雉通解作鄭云士執雉也

主人對曰某不敢爲儀

古文云固以請字　徐本通解同集釋無也字張氏云監無也

堅固則如故　閩本無堅固二字

賓對曰　對唐石經補刻誤作用

主人對曰某也固辭不得命

故云走猶出也　毛本走下有猶字此本無○按上文當有猶字今從毛本

賓對曰某不以贄

唯是平敵相伉　要義同毛本伉作抗

賓對曰某也不依於贄

謙自卑也今文無也　毛本脫下四字徐本集釋通解俱有

注言依至卑也　案注末有今文無也四字則卑字疑當作無

主人對曰某也固辭不得命

注右就至文無　毛本文無作無也

入門則以東爲右　毛本入下無門字

云既拜送則出矣者　浦鏜云拜下脫受字○按注文受字疑衍文

主人復見之以其贄

論主人還于賓之事　浦鏜云還下脫摯字

賓對曰某也非敢求見

不敢當也今文無也　毛本脫下四字徐本集釋通解俱有

曏者　曏毛本作曰鄉

主人對曰某也固辭不得命

若然聘禮公迎于大門內　毛本若下無然字

士見于大夫

送再拜尊賓　賓楊氏作賢

士見於大夫至再拜

注終辭至尊賓　浦鏜云又文有三辭至輕重之義也

當在下擯者對曰某也使某不敢爲儀也固以請節注下疏此錯簡也又文疑案禮之誤○按此下凡七節無疏故於此總釋之非錯簡也

若嘗爲臣者 嘗唐石經徐本楊敖俱作嘗集釋通解毛本俱作常

下大夫相見

維謂繫聯其足 張氏云釋文云以索悉各反注同今注無索字經曰飾之以布維之以索注舉飾之以布全句釋之至下句不應獨曰維此必今本脫去之以索三字今增入○按釋文專爲索字作音其言注同自指索字非兼指以索兩字注中索字今已脫去不可復考張謂維下當增之以索三字亦臆說耳

上大夫相見

羔取其從帥 從徐本作後集釋通解楊氏俱作從張氏曰注曰羔取其從帥案監本後作從疏引注文亦作從至其下釋乃云凡羔羊皆有引帥若卿之後君之命者也此釋亦誤以從爲後後字近從傳寫誤也

秋獻麛 秋閩監葛本俱誤作法

凡羔羊羣 張氏引疏無羣字

若卿之從君之命者也 從張引作後說見上

雖羣居不阿黨也 毛本居誤作而

如士相見之禮

或兩卿相見 閩本無或兩卿三字

與君言言使臣○與衆言言忠信慈祥 敖氏曰大戴記注引此無忠信字後人因下文有言忠信三字而誤衍之

并事君以忠 毛本并作臣此本忠作服案臣當從作并服當從毛本作忠又注及疏使臣之禮之并字疑俱當作以

凡侍坐於君子

及國中賢者也 中下集釋有之字

問日晏 日下敖氏有蚤字

具猶辯也 辯釋文作辨張氏曰注曰具猶辨也案釋文云辦皮莧反特牲饋食注亦曰具猶辦也從釋文○按張氏所見注作辨與今本異說文有辨無辦則當以辨爲正作辦非也作辦尤誤

君子卿大夫者 案各本注子下俱有謂字

博文强識而讓 毛本文作聞○按文字非也

侯執身圭 閩本要義同毛本身作伸

夜侍坐

膳葷謂食之 敖氏無葷字

食之以止臥 之下集釋有可字

若君賜之食

食其祭食 食其敖氏作謂君盧文弨云宋本作於其

此謂君與之禮食 此楊氏作食與下集釋有臣字

今云呫嘗膳 臧琳曰釋文呫嘗音貼穀梁宋嘗有呫血之盟呫嘗也案呫旣訓嘗則呫卽嘗之駮文呫下不得更着嘗字蓋古文徧嘗膳今文徧呫膳注當作今文云呫膳文脫嘗衍也說文口部無呫食部有餂云相謁食麥也廣雅二釋詁餂嘗同訓爲食則餂爲呫之本字無疑

若臣嘗食 臣嘗要義作蕁常

若有將食者

周禮膳夫 徐本集釋楊敖同毛本通解夫下有授祭二字

末有原 毛本末誤作未

退坐取屨

俛而逡巡 巡釋文楊氏俱作遁

大夫則辭退下

下亦降也 亦通解作猶

兼三卿五大夫 三五要義互易似誤

故得辭降也 閩本要義同毛本故作大

若先生異爵者

欲見言敬客先拜也 毛本言作主

非以君命使

不稱寡者 徐本集釋同毛本者作君

則曰寡大夫君之老 毛本君上有寡字○按玉藻有寡字

凡執幣者不趨

凡執至爲儀 毛本執下有幣字

執玉者

唯舒者 舒下敖氏有武字朱子釋經文云注疏以舒字絕句盧文弨云上節疏明以舒武連讀宋本唯舒下本有武字後脫去耳○按盧所謂宋本卽敖氏本敖引注多聽改不足憑也然注疏實不以舒字絕句盧說良是

古文曳作抴 徐本釋文集釋通解同毛本抴作拽

以禽摯相見之禮 以閩本作爲

故兼見朝聘執玉之禮也 見毛本作言

凡自稱于君○在野則曰草茅之臣 草唐石經徐閩釋文集釋通解要義敖氏俱作草毛本作艸

謂致仕者也致仕者 毛本脫下四字徐本集釋俱有通解無

刺猶剗除也 此句徐本集釋通解俱在在近郊之地下與此本標目合

今宅爲託 毛本作今文宅或爲託徐本無文或二字集釋有文字無或字通解無文字有或字

上大夫曰下臣 毛本上作下○按作上與玉藻合

注宅者至作苗 閩監同毛本作苗作剗除按閩監注雖已誤而疏文未改猶得據以改正毛本併疏文改之遂不復知注有錯簡矣且卽就今本注文言之亦當作宅者至除也乃爲合例否則似注文亦無也字

則云宅 連下在野者作一句與要義同毛本則上有國內二字

案詩有其鎛斯趙 鎛監本誤作鍊

趙刺也 閩本要義同毛本趙作鋪監本誤作鍊

故以刺爲剗除草木者也 閩監同毛本草作艸

儀禮疏卷第八　儀禮卷第四

唐朝散大夫行大學博士弘文館學士臣賈公彥等撰

鄉飲酒禮第四

【疏】鄉飲酒禮第四○鄭目錄云諸侯之鄉大夫三年大比獻賢者能者於其君以禮賓之與之飲酒於五禮屬嘉禮大戴此乃第十小戴及別錄此皆第四○釋曰鄭知此鄉飲酒是諸侯之鄉大夫獻賢能法者案春官小胥掌樂縣之法云凡縣鍾磬半為堵全為肆注云鍾磬者編縣之二八十六枚而在一虡謂之堵鍾一堵磬一堵謂之肆半之者謂諸侯之卿大夫士也諸侯之卿大夫半天子之卿大夫西縣鍾東縣磬士亦半天子之士縣磬而已今此下唯縣磬而無鍾故以為諸侯鄉大夫也若然謂諸侯鄉大夫是大夫為之亦應鍾磬俱有而直有磬者鄭彼注云賓鄉人之賢者從士禮也故縣磬而已若然天子鄉大夫賓賢能從士禮亦鍾磬俱有不得獨有磬也知諸侯之鄉大夫非士者案鄉射記云士則鹿中大夫則兕中又經有堂則物當楣序則物當棟則非直州射兼有諸侯鄉大夫以五物詢衆庶行射之禮則知諸侯鄉大夫是大夫為之可知也凡鄉飲酒之禮其名有四案此賓賢能謂之鄉飲酒一也又案鄉飲酒義云六十者坐五十者立侍是黨正飲酒亦謂之鄉飲酒二也鄉射州長春秋習射於州序先行鄉飲酒亦謂之鄉飲酒三也案鄉飲酒義又有鄉大夫士飲國中賢者用鄉飲酒四也其王制云習射尚功習鄉尚齒還是鄉飲酒黨飲酒法

儀禮　鄭氏注

鄉飲酒之禮。主人就先生而謀賓介。主人謂諸侯之鄉大夫也先生鄉中致仕者賓介處士賢者周禮大司徒之職以鄉三物教萬民而賓興之一曰六德知仁聖義忠和二曰六行孝友睦婣任恤三曰六藝禮樂射御書數鄉大夫以正月之吉受法于司徒退而頒之于其鄉吏使各以教其所治以考其德行察其道藝及三年大比而興賢者能者鄉老及鄉大夫帥其吏與其衆寡以禮禮賓之厥明獻賢能之書於王是禮乃三年正月而一行也諸侯之鄉大夫貢士於其君蓋如此云古者年七十而致仕老於鄉里大夫名曰父師士名曰少師而教學焉恒知鄉人之賢者是以大夫就而謀之賢者為賓其次為介又其次為衆賓而與之飲酒是亦將獻之以禮禮賓之也今郡國十月行此飲酒禮以黨正每歲邦索鬼神而祭祀則以禮屬民而飲酒于序以正齒位之說然此篇無正齒位之事焉凡鄉黨飲酒必於民聚之時欲見其化知尚賢尊長也孟子曰天下有達尊三爵也德也齒也【疏】鄉飲至賓介○釋曰自此至介亦如之論鄉大夫與先生謀賓介并戒告之儀主人就先生而謀賓介者謂鄉大夫尊敬之先就庠學者若先生謀此二人道藝優者為賓稍劣者為介○注主人至齒也○釋曰云賓介處士賢者案玉藻云大夫素帶士練帶居士錦帶弟子縞帶鄭玄以居士在士之下弟子之上解為道藝處士非朝廷之士此處士亦名君子即鄉射禮云徵唯所欲以告於先生君子可也鄭亦云君子有大德行不仕者以其未仕有德自處故名處士君子也云賢者義取鄉大夫之興賢能者而言也云周禮至書數並大司徒職文故彼鄭注云物猶事也興猶舉也民三事教成鄉大夫舉其賢者能者以飲酒之禮賓客之既則獻其書於王矣知明於事仁愛人以及物聖通而先識義能斷時宜忠言以中心和不剛不柔善於父母為孝善於兄弟為友睦親於九族婣親於外親任信於友道恤振憂貧者禮五禮之義樂六樂之歌舞射五射之法御五御之節書六書之品數九數之計引此天子司徒者欲兼諸侯司徒亦使鄉大夫教民以三物教成亦使鄉大夫行鄉飲酒之禮尊之為賓客與舉之也云鄉大夫已下至於王並周禮地官鄉大夫職文云正月之吉謂周之正月朔日也云受法于司徒者謂六鄉大夫皆於大司徒處受三物教民賓舉之法也云退而頒之于其鄉吏使各以教其所治者吏即州長黨正族師閭胥之等是也云以考其德行察其道藝者德行即六德六行道藝正謂民中有道藝者考察知其優者擬舉之也云及三年大比而興賢者能者大比謂三年大案比戶口之時而興舉之賢者即德行者也能者即道藝者也云鄉老謂三公二鄉公一人云及鄉大夫帥其吏者即帥其鄉吏州長已下云與其衆寡者即鄉中之人也云以禮禮賓之者以鄉飲酒之禮禮而賓舉之也云厥明獻賢能之書於王者今日行鄉飲酒之禮至其明日獻此賢能之書于王王再拜而受之登于天府也云是禮乃三年正月而一行也者欲見彼是天子鄉大夫法諸侯鄉大夫無文以此約之故云諸侯之鄉大夫貢士於其君蓋亦如此云但無正文故云蓋以疑之也云古者年七十至學焉案書說云大夫七十而致仕老於鄉里名曰父師士曰少師以教鄉人子弟於門塾之基而教之學焉是也云賢者為賓其次為介又其次為衆賓而與之飲酒是亦將獻之以禮禮賓之也者謂據此經諸侯鄉大夫貢士之法亦如天子之鄉大夫貢法故云亦也若據鄉貢一人其介與衆賓不貢之矣但立介與衆賓輔賓行鄉飲酒之禮待後年還以貢之耳案射義云古者天子之制諸侯歲獻貢士注引舊說大國三人次國二人小國一人大國三鄉次國二鄉小國一鄉所貢之士與鄉同則鄉送一人至君所其國有遂數亦同其鄉并有公邑采地皆有賢能貢之而貢士與鄉數同不言遂與公邑采地所貢者蓋當鄉送一人至君所君又總校德之大小取以貢之縱取鄉外仍準鄉數為定鄉大夫雖行飲酒禮賓之于君其饋訖仍更行飲酒禮賓之於王是易觀盟而不薦鄭注云諸侯貢士於天子鄉大夫貢士於其君必以禮賓之唯主人觀而獻賓賓盟而酢主人設薦俎則弟子也是鄉大夫及諸侯貢士皆行飲酒禮禮賓也云今郡國至之說然者鄭欲解此鄉飲酒貢士法彼漢時所行飲酒禮者是正齒位與此不同之意漢時已罷諸侯之國而為郡郡有大守而封王子毋弟者仍為國故云郡國也云十月行此飲酒禮者謂行此鄉飲酒禮也云以黨正每歲邦索鬼神而祭祀則以禮屬郊特牲云蜡者索也歲十二月合聚萬物而索饗之周謂之十二月即夏之十月農功畢而蜡祭也云則以禮屬民而飲酒于序以正齒位者屬聚也謂當蜡祭之月黨正聚民於序學中以三時務農將闕於禮此時農隙故行正齒位之禮則禮記鄉飲酒義云六十者坐五十者立侍六十者三豆七十者四豆八十者五豆九十者六豆年長者在上是正齒位之法也云之說然者漢時十月飲酒禮取此黨正之文而然與此篇鄉飲酒禮異也云此篇無正齒位焉者以其此篇以德行為本而貢之無黨正正齒位法也云凡鄉黨飲酒必於民聚之時者此鄉飲酒必於三年大比民聚之時黨正鄉飲酒亦於大蜡民聚之時也云皆欲其見化知尚賢尊長也者尚賢據此篇鄉飲酒尊長據黨正鄉飲酒也但黨正飲酒以鄉大夫臨觀行禮或鄉大夫居此黨內則亦名鄉飲酒也云孟子者孟子公孫丑篇齊王召孟子不肯朝後不得已而朝之宿於大夫景丑之家景子議之曰禮云父召無諾君召不俟駕而行固將朝矣聞君命而遂不果宜與夫禮若不相似然對曰天下有達尊三爵也德也齒也朝廷莫如爵鄉黨莫如齒輔世長民莫如德惡有得其一以慢其二哉是也引之者證鄉大夫飲酒是尚德也黨正飲酒尊長尚齒也爵則於此無所當連引之耳

主人戒賓。賓拜辱。主人荅拜。乃請賓。賓禮辭許。主人再拜。賓荅拜。戒警也告也拜辱出拜其自屈辱至己門也請告以其所為來之事不固辭者素所有志【疏】主人至荅拜○注戒警至有志○釋曰云拜辱出拜其自屈辱至己門也者知賓出門者見冠禮主人宿賓賓出門左鄉射戒賓亦出門故知此亦出門云所為來之事者謂行鄉飲酒之禮也云不固辭者素所有志者不如士相見固辭此禮辭即許者以其主人與先生謀時賓已知欲貢己又賓以學習德業擬為賓主情意相許是以不固辭為素有志也案冠禮主人先拜賓荅拜此賓先拜主人荅拜者彼冠禮主人戒同寮同寮尊又使之加冠於子尊重之故主人先拜此則鄉大夫尊矣賓是鄉人卑矣又將貢已宜尊敬主人故賓先拜辱也是以下注云去又拜辱者以送謝之也

主人退。賓拜辱。退猶去也去又拜辱者以送謝之

介亦如之。如戒賓也【疏】介亦如之○注如戒賓也○釋曰言如戒賓者亦如上主人戒賓已下賓拜辱已上之事謀賓介及戒亦言賓介意不言衆賓衆賓德劣但謀介時雖不言衆賓亦當謀之故上注兼言其次為衆賓至於戒速之日必當遣人戒速使知但畧而不言故下云賓及衆賓皆從之是也鄉飲酒義云主人親速賓及介而衆賓自從之亦據不得主人戒速而為自從也

乃席賓主人介。席敷席也夙興往戒歸而敷席賓席牖前南面主人席阼階上西面介席西階上東面【疏】乃席賓主人介○注席敷至東面○釋曰知夙興往戒歸而敷席不別日者下記云鄉朝服而謀賓介皆使能而不宿戒是同日也鄭知賓介與主人席位如此者案鄉飲酒義云主人者尊賓故坐賓於西北而坐介於西南以輔賓賓者接人以義者也故坐於西北主人者接人以仁以德厚者也故坐於東南而坐僎於東北以輔主人也又云賓必南面介必東鄉介賓主也鄉射云乃席賓南面席主人于阼階上西面以此故知賓主及介其位然也

衆賓之席。皆不屬焉。席衆賓於賓席之西不屬者不相續也皆獨坐明其德各特【疏】衆賓至屬焉○注席衆至各特○釋曰鄭知衆賓席在賓席之西者見鄉射云席賓南面東上衆賓之席繼而西此衆賓之席亦當然但此不屬為異耳云皆獨坐明其德各特者鄉射注云言繼者甫欲習衆庶未有所殊別此乃特貢於君故衆賓之席皆不屬焉明三物已久其德各特故不屬續其席雖不屬猶統賓為位向南面也

尊兩壺于房戶閒。斯禁。有玄酒在西。設篚于禁南東肆。加二勺于兩壺。斯禁切地無足者玄酒在西上也肆陳也【疏】尊兩至兩壺○注斯禁至陳也○釋曰凡設尊之法但醴尊見其質皆在房內故士冠禮禮子婚禮禮婦醴皆在房隱處若然聘禮禮賓尊於東廂不在房者見尊欲與卑者為禮相變之法設酒之尊皆於顯處見其文是以此及醮子與鄉射特牲少牢有司徹皆在房戶之閒是也燕禮大射尊在東楹之西者君尊專大惠也云設篚于禁南東肆者言東肆以頭首為記從西向東為肆則大頭在西也云斯禁切地無足者斯澌也澌盡之名故知切地無足昏禮冠禮皆云禁者士禮以禁戒為名鄉大夫士並有禁名故鄭以大夫士雙言也是以玉藻云大夫側尊用棜士側尊用禁注云棜斯禁也大夫士禮之異也禮器

云大夫士棜禁注云棜斯禁也謂之棜者無足有似於棜或因名云耳大夫用斯禁士用棜禁然則禁是定名言棜者是其義稱故禮器大夫士總名爲棜禁案特牲禮云實獻於棜注云棜之制如今大木轝矣則棜是轝非承尊之物以禁與斯禁無足似轝故世人名爲棜若然周公制禮少牢名爲棜則以周公爲世人或有本無世人字者是以少牢不名斯禁謂之爲棜取不爲酒戒特牲云壺禁在東序記云壺棜禁饌于東序注云禁言棜者祭尚厭飫得與大夫同器不爲神戒也其實不用云棜禁不敢與大夫同名斯禁作記解注故云士用棜禁明與少牢棜同也若然士之棜禁大夫之斯禁名雖不異其形同是以禮器同名棜禁也其餘士冠昏禮禮賓用醴不飲故無禁不爲酒戒若天子諸侯承尊之物謂之豐上有舟是尊與卑異號也

設洗于阼階東南。南北以堂深。東西當東榮。水在洗東。篚在洗西南肆。榮屋翼 疏 設洗至南肆○注榮屋翼○釋曰云南北以堂深者堂深謂從堂廉北至房室之壁堂下洗北去堂遠近深淺取於堂上深淺假令堂深二丈洗亦去堂二丈以此爲度云榮屋翼者榮在屋棟兩頭與屋爲翼若鳥之有翼故斯干詩美宣王之室云如鳥斯革如翬斯飛與屋爲榮故云榮也

羞定。肉謂之羞定猶孰也 疏 羞定○注肉謂至孰也○釋曰云肉謂之羞者爾雅文言肉正謂其狗孰云定者孰即定止然故以定言之言此者以與速賓時節爲限不敢煩勞賓故限之也

主人速賓。賓拜辱。主人荅拜。還賓拜辱。速召也還猶退也 疏 主人至拜辱○釋曰自此至皆從之論主人往賓門召之使來之事案鄉射云主人朝服乃速賓賓朝服出迎再拜彼云乃速賓此不云主人乃者彼戒不速別服故云乃以開之此戒速雖與彼同但此戒速同服故不云乃云主荅拜還賓拜辱案聘禮云賓入境至近郊使下大夫至賓館下大夫遂以賓入賓送不拜又公食大夫禮使大夫戒賓大夫還賓不拜送遂從之鄭注云不拜送者爲從之不終事皆不拜送此不拜送者亦是鄉大夫尊賓卑又擬貢故特拜辱而送之異於餘者

介亦如之。如速賓也

賓及衆賓皆從之。從猶隨也言及衆賓介亦在其中矣 疏 賓及至從之○注從猶至中矣○釋曰鄭云言及衆賓介亦在其中矣者上文戒及速皆言賓與介不言衆賓及從主人來即言賓及衆賓衆賓不戒不速尚從主人則介在從主人可知也

主人一相。迎于門外。再拜賓。賓荅拜。拜介。介荅拜。相主人之吏擯贊傳命者 疏 主人至荅拜○注相主至命者○釋曰自此至荅再拜論三人迎賓入升堂并拜至之事云主人一相迎于門外者謂主人於羣吏中立一相使傳賓主之命主人乃自出迎賓於大門外必非一相迎賓者案鄉飲酒義云主人拜迎賓于庠門之外明主人自迎若然主人輒言一相者欲見使一相傳命乃迎故云相主人之吏擯贊傳命者也若然士相見注異日則拜迎同日不拜迎者彼以摯相見注此自以賓舉賢能故與彼異也

揖衆賓。差益卑也拜介揖衆賓皆西南面 疏 揖衆賓○注差益至南面○釋曰云差益卑者以上文主人迎賓而拜介是介差卑於賓今於衆賓不拜直揖之而已故云差益卑也知拜介揖衆賓皆西南面者以其賓介衆賓立位在門外位以北爲上主人與賓正東西相當則介與衆賓差在南東面明知主人正西面拜賓則側身向西南拜介揖衆賓矣

主人揖先入。揖揖賓也先入門而西面 疏 主人揖先入○注揖揖至西面○釋曰此鄉大夫行鄉飲酒在庠學雖有一門即向階門內既有三揖故主人導賓揖而先入門至內霤西向待賓也

賓厭介入門左。介厭衆賓入。衆賓皆入門左北上。皆入門西東面賓之屬相厭變於主人也推手曰揖引手曰厭今文皆作揖又曰衆賓皆入左無門 疏 賓厭至北上○注皆入至無門○釋曰主人入後賓乃厭介介厭衆賓相隨入門皆東面北上定位賓既北上主人西面相向揖訖乃相背各向堂塗介與衆賓亦隨賓至西階下也云賓之屬相厭變於主人也者以賓與介衆賓等自用引手而入故不揖是變於主人也云推手揖引手曰厭者厭字或作撎字者古字義亦通也云推手揖者案周禮司儀云土揖庶姓時揖異姓天揖同姓鄭以推手小下之爲土揖平推手爲時揖推手小舉之爲天揖皆以推手爲揖又案僖二年公羊傳荀息進曰虞郭見與獻公揖而進之何休云以手通指曰揖與此別者推手解其厭狀通指道其揖意也鄭則解揖體何氏釋其揖意相兼乃足也云引手曰厭者以手向身引之云今文皆作揖者鄭不從也云又曰衆賓皆入門左無門亦不從也

主人與賓三揖。至于階。三讓。主人升。賓升。主人阼階上。當楣北面再拜。賓西階上。當楣北面荅拜。三揖者將進揖當陳揖當碑揖楣前梁也復拜拜賓至此堂尊之 疏 主人至荅拜○注三揖至尊之○釋曰云三讓主人升者主人先升賓後升故鄉射云主人升一等賓升是也云三揖者將進揖當陳揖當碑揖者爾雅陳堂塗也云楣前梁也者對後梁爲室戶上云復拜拜賓至此堂尊之者案公食禮云公升二等賓升公當楣北鄉至再拜燕禮大射皆云主人升自西階賓右至再拜鄉飲酒義亦云拜至拜洗皆不云至者畧之是知此升堂拜亦是拜至可知凡拜至者皆是尊之也

主人坐取爵于篚。降洗。將獻賓也 疏 主人至降洗○注將獻賓也○釋曰自此至主人阼階上荅拜論主人盥洗獻賓之節也云主人坐取爵于篚者篚在堂上尊南故取之乃降也

賓降。從主人也

主人坐奠爵于階前辭。重以己事煩賓也事同曰讓事異曰辭 疏 ○注重以至曰辭○釋曰主人獻賓乃是主人事故云重以己事煩賓也云事同曰讓事異曰辭者事同謂若上文主人與賓俱升階而云三讓是也事異若此文主人有事賓無事是事異則曰辭此對文爲義若散文則通是以周禮司儀云主君郊勞交擯三辭車逆拜辱三揖三辭拜受注云三辭重者先辭辭其以禮來於外後辭辭升堂事同而云辭是其通也

賓對。對荅也賓主之辭未聞 疏 注賓主之辭未聞○釋曰其辭未聞者謂若冠禮醮辭之等雖行事辭不見於後以次見辭此則無見辭之事故云未聞也

主人坐取爵。興。適洗。南面。坐奠爵于篚。下盥洗。已盥乃洗爵致絜敬也今文無奠 疏 主人至盥洗○注已盥至無奠○釋曰案鄉飲酒義云主人盥洗揚觶所以致絜也拜至拜洗拜受拜送所以致敬也此經先言盥後言洗則盥手乃洗爵者所以致絜鄭取鄉飲酒義爲言也若然盥手洗爵止是致絜拜受之等乃是致敬并言敬者鄭注兼拜至拜受而言耳

賓進東北面。辭洗。必進東行示情 疏 賓進東北面辭洗○釋曰案下經云賓復位當西序東面注云言復位者明始降時位在此者案鄉射賓進東北面辭洗彼注云必進者方辭洗宜違其位也言東北面則位南於洗矣是其賓初降立至于序南東鄉至於主人洗爵乃東行故此得北面辭洗也云示情者賓進前就主人示謙下主人之情也

主人坐奠爵于篚。興。對。賓復位。當西序東面。言復位者明始降時位在此 疏 主人至東面○注言復至在此○釋曰上經奠爵于階前者主人未洗見賓降即奠爵故在階前奠爵此即至洗將洗爵見賓辭故奠爵於篚與對故不同也云言復位者明始降時位在此者上始降時直云賓降不言處所於此見之是舉下以明上之義也

主人坐取爵沃洗者。西北面。沃洗者主人之羣吏 疏 主人至北面○注沃洗至羣吏○釋曰知主人羣吏者下記云主人之贊者西面北上不與注云贊佐也謂主人之屬佐助主人之禮事徹冪沃盥設薦俎是也

卒洗。主人壹揖壹讓。升。俱升古文一作壹 疏 卒洗至讓升○注俱升○釋曰知俱升者鄉射云主人卒洗一揖一讓以賓升明俱升可知若然上文主人先升賓乃升者以初至之時賓客之道進宜難故主人升導之至此以辭讓訖故畧威儀而俱升也

賓拜洗。主人坐奠爵。遂拜。降盥。復盥爲手坋汙 疏 賓拜至降盥○注復盥爲手坋汙○釋曰言奠爵遂拜者因事曰遂是以燕禮云賓受酬坐祭酒遂奠于薦東注云遂者因坐而奠不北面是其類也凡賓主行事相報皆言荅此不言荅省文也

賓降。主人辭。賓對。復位。當西序。卒盥。揖讓升。賓西階上疑立。疑讀爲疑然從於趙盾之疑疑正立自定之貌 疏 賓降至疑立○注疑讀至之貌○釋曰言揖讓升不言一揖一讓從上可知云疑讀爲疑然從於趙盾之疑疑正立自定之貌者案宣公六年公羊傳云晉靈公欲殺趙盾於是伏甲于宮中召趙盾而食之趙盾之車右祁彌明者國之力士也仡然從乎趙盾而入放乎堂下而立何休云仡然壯勇貌鄭氏以仡然從乎趙盾而入放乎堂下而立不取何休注義以鄉射注云疑止也有矜莊之色自定其義不殊字義與何少異也

主人坐取爵實之。賓之席前西北面獻賓。獻進也進酒於賓 疏 主人至獻賓○注獻進至於賓○釋曰云西北面者賓在西階北面將就席受故西北面向其席故也

賓西階上拜。主人少退。少退少辟

賓進受爵以復位。主人阼階上拜送爵。賓少退。復位復西階上位 疏 賓進至少退○釋曰云賓進者以賓西階上疑立今見主人西北面獻於已席前故賓進將於席前受之故也案鄉射云賓進受爵於席前復位此不言席前文不具也

薦脯醢。薦進也進之者主人有司 疏 薦脯醢○注薦進至有司○釋曰知非主人自薦者案昏禮禮賓贊者薦脯醢周禮膳宰薦脯醢皆非主人故知此亦非主人是有司也

賓升席自西方。升由下也升必中席 疏 賓升席自西方○注升由至中席○釋曰案曲禮云席南鄉北鄉以西方爲上今升席自西方

云升由下者以賓統於主人以東方爲上故以西方爲升由下也。乃設折俎。牲體枝解節折在俎 疏 乃設折俎○注牲體至在俎○釋曰凡解牲體之法有全蒸其豚解爲二十一體體解即此折俎是也是以下有賓俎脊脅肩介俎脊脅肫胳是體解也

主人阼階東疑立。賓坐左執爵。祭脯醢。坐坐於席祭脯醢者以右手 疏 主人至脯醢○注坐坐至右手○釋曰知賓坐坐於席上者上文賓升席下文降席故知此坐在席可知云祭脯醢者以右手者此經左執爵明祭用右手是以鄉射亦云右祭脯醢

奠爵于薦西。興。右手取肺。卻左手執本。坐。弗繚。右絶末以祭。尚左手。嚌之。興。加于俎。興起也肺離之本端厚大者繚猶紾也大夫以上威儀多紾絶之尚左手者明垂紾之乃絶其末嚌嘗也 疏 奠爵至于俎○注興起至嘗也○釋曰奠爵於薦右者爲取肺奠之將舉故奠於右禮記少儀云取俎進俎不坐是以取時奠爵興至加于俎又興也云肺離之本端厚大者此是畢肺封者於下記文本謂根本肺之大端故云厚大云繚猶紾也者弗繚即弗紾一也云大夫以上威儀多者此鄉飲酒大夫禮故云繚祭鄉射士禮云絶祭但云繚必兼絶言絶不得兼繚是以此經云繚兼言絶也言大夫以上則天子諸侯亦繚絶兼有但禮篇亡無以可知也案周禮大祝云辨九祭七曰絶祭八曰繚祭注云本同禮多者繚之禮畧者絶則祭之亦據此與鄉射而言也大夫已上爲繚祭燕禮大射雖諸侯禮以賓皆大夫爲之臣在君前故不爲繚祭皆爲絶祭也云嚌嘗也者嚌至齒則嘗之也

坐挩手。遂祭酒。挩拭也古文挩作說 疏 坐挩手遂祭酒○注挩拭至作說○釋曰案內則事佩之中有帨則賓客自有帨巾以拭手也坐挩手因事曰遂因坐祭酒故云遂也案鄉射坐挩手執爵遂祭此不言執爵省文也

興席末。坐啐酒。啐亦嘗也 疏 興席末坐啐酒○注啐亦嘗也○釋曰言席末謂於席之尾故云末鄉飲酒義云祭薦祭酒敬禮也嚌肺嘗禮也啐酒成禮也於席末言是席之正非專爲飲食也此所以貴禮而賤財也注云祭薦祭酒嚌肺於席中唯啐酒於席末是也啐酒於席末者酒是財賤之義也云啐亦嘗者亦前肺云嚌是至齒爲嘗此酒云啐謂入口爲嘗雖至齒入口不向皆是嘗也又肺於前用之不得言成禮酒後乃用故云成禮異於肺也

降席坐奠爵。拜。告旨執爵。興。主人阼階上荅拜。降席席西也旨美也 疏 降席至荅拜○注降席至美也○釋曰賓拜告旨主人拜崇酒其節同義即異矣賓言旨甘主人之位啐則拜之主人云崇者充也謝賓以酒惡相充實飲訖乃崇酒先後亦同也

賓西階上。北面坐卒爵。興。坐奠爵。遂拜。執爵興。主人阼階上荅拜。卒盡也於此盡酒者明此席非專爲飲食起 疏 賓西至荅拜○注卒盡至食起○釋曰言遂拜者亦因奠爵不起因拜也云於此盡酒者明此席非專爲飲食起者但此席爲賓賢能起故謂在席盡爵於此西階上卒之也云不專爲飲食者啐酒於席末兼爲飲食之事故以不專言之也

儀禮注疏卷八挍勘記

阮元撰盧宣旬摘錄

鄉飲酒禮第四

獻賢者能者於其君　按獻上釋文有將字

故以爲諸侯鄉大夫也　閩本要義同毛本鄉作卿非也

謂諸侯鄉大夫　閩本鄉仍作卿

鄭彼注云　云當從要義作方

又有卿大夫士飲國中賢者　通解要義楊氏卿俱作鄉非通解下衍士字

還是鄉飲酒黨飲酒法　要義同毛本作還是州長黨正飲酒法

鄉飲酒之禮

賓介處士賢者　者下通典有也字按通典引諸經傳注往往增入也字就此篇論之如明其德各特也拜賓至此堂尊之也進酒於賓也復西階上位也坐於席也以右手也酬之言周也賓謙不敢居堂上也不齊啐下賓也就賓南授之也下賓也長其老者也賤者禮簡也謂歌與衆聲俱作也示絜敬也以察衆也又以序相酬也此類甚多豈古本俱有也字而今本盡刪之歟凡類書徵引羣籍有刪無增此或原本如是今不能一一細按聊詳其概於此

孝友睦姻任恤　徐本同毛本姻作婣

受法於司徒　徐葛通解同毛本法作灋按法灋今本錯出

先就庠學者若先生　盧文弨改若作告云賓介皆庠中之學士

云賓介處士賢者　按者字當重

數九數之計　九閩本誤作品毛本計下有也字

教成亦使鄉大夫　毛本亦作之

二鄉公一人　毛本鄉作卿

而教之學焉　毛本同要義學作孝

賓之于君其簡記　通解要義同毛本君其作其君

是易觀盥而不薦　盧文弨云是字疑衍或當作案○按是下當有以字疏每省之

唯主人觀而獻賓　盧文弨改觀爲盥 ●

宿於大夫景丑之家　要義同毛本丑下有氏字○按此節疏引孟子多以意增改非有誤字也

景子譏之曰　子要義作丑

君召　要義同毛本君下有命字

爵也德也齒也　要義同毛本三也字俱作

惡有得其一　要義毛本有得作得有

尊長尚齒也　要義同毛本尊長作是字

主人戒賓

主人戒同寮同寮尊　同寮閩本不重

介亦如之

意不言衆賓　要義同毛本意作竟○按意字屬上句亦言賓介意者謂拜辱禮辭也

尊兩壺于房戶間○加二勺于兩壺　徐本監本俱誤作壺後凡誤尊言壺皆壺字之誤不悉挍

如今大木輿矣　輿特牲注作轝

設洗于阼階東南

北至房室之壁　通解楊氏同毛本室作屋

假令堂深二丈　閩本通解楊氏同毛本二作三監本此句作三下句作二

介亦如之

如速賓也　速賓徐本集釋俱作賓速

主人揖先入

揖賓也　揖下要義有衆字

賓厭介

皆東面北上定位　定閩本作賓

云推手揖引手曰厭者　毛本揖上有曰字要義此句有曰字下推手曰揖句無曰字○按注當有曰字

古字義亦通也　亦通要義作通用

主人與賓三揖

當陳揖　張氏曰監巾箱杭本陳皆作楣自嚴本以後始正作陳疏引爾雅陳堂塗也從嚴本○按通典作塗塗即堂塗也雖不如陳字之古其義則同

賓進東北面辭洗

案下經云　浦鏜云自此至位在此者二十六字係上文賓降二字下朱子自按今誤入疏內當正之○按賈氏朱子各引下經以釋本節此二十六字此本已有非從通解誤入

主人坐奠爵于篚

此卽至洗 浦鏜云旣誤卽

主人坐取爵

徹鼏沃盥 通解要義同毛本鼏作鼎○按作鼏與下記合

卒洗

古文一作壹 壹一徐本毛本互易集釋通解要義俱與毛本同張氏曰按經云壹揖壹讓升壹字當在上從經○按張氏云從經云非有別本可據也通解似卽依張氏而毛本又依通解耳

賓降

讀爲疑然從於趙盾之疑 兩疑字徐本集釋通解俱作疑毛本俱作仡閩葛俱上作仡下作疑臧琳曰公羊注仡然勇壯貌鄭所據公羊作疑然乃立定之貌不取勇壯義益嚴顏之異注疏本改同何本誤也

疑正立自定之貌 徐葛閩本集釋通考楊氏同與疏合張氏云注曰疑正立自定之貌獨毛本正作然監本正作止鄉射注曰疑止也諸本皆同○按士昏禮注曰疑正立自定之貌公食大夫注曰疑正立也傳寫者誤以二正爲止並從士昏及公食大夫禮

賓西階上拜

云疑讀爲疑然從於趙盾之疑 要義同毛本下兩疑字俱作仡

少辟 少釋文作小辟毛本作避釋文徐葛閩本通解敖氏俱作辟張氏曰御射經曰主人少退注曰少退猶少辟也經又曰賓少退注曰少退少逡遁也按釋文少辟逡遁皆作小蓋鄭氏以小釋少改作小從釋文○按避張本亦作辟至監本始作避而毛本因之陸氏云辟婢亦反一音避然則辟字原有兩音其音婢亦反者卽辟易之辟也今竟改作避又仍依通解音曰辟音避瞀亂之甚

賓升席自西方

升由下也 由下通典作猶上

乃設折俎

節折在俎 徐葛閩本集釋通解要義楊氏同毛本在作右

注牲體至在俎 毛本在誤作右

奠爵于薦西○弗繚 惠棟云依疏說則弗字衍○按疏云弗繚卽弗紾一也用弗字非衍文大祝注引此經亦有弗字但此注及疏俱未明弗字之義

此是舉肺刲者於下記文本謂根本 於下記文四字毛本脫通解亦無

卽弗紾 三字閩本脫

入曰繚祭注云 通解毛本云下有繚祭以手從肺本循之至于末乃絶以祭絶祭不循其本直絶以祭二十六字此本無

坐捝手

古文捝作說 按釋文云坐捝始銳反拭也注捝同今注中無帨字疑說字本作帨故賈疏以內則之帨釋之浦鏜改說爲帨似有理後凡言古文捝作說放此

有捝 捝通解要義俱作帨下捝巾同○段玉裁云據此知經文捝手字本作帨後人改巾從才耳

降席

主人拜崇酒 毛本人作入盧文弨改入爲人

崇充也 充閩本要義俱作克下同毛本充作克監本此句作克下句作充○按充是也

賓西階上北面坐

非專爲飲食起 食徐本集釋通解楊氏俱作食與疏合毛本食作酒

故謂在席盡爵 毛本謂下有不字通解無謂字

云不專爲飲食者 毛本食下有起字

儀禮疏卷第九

唐朝散大夫行大學博士弘文館學士臣賈公彥等撰

賓降洗。將酢主人 疏 賓降洗○注將酢主人○釋曰自此已下至西階上荅拜論賓酢主人之事云將酢主人者案爾雅云酢報也前得主人之獻今將酌以報之故降洗而致絜敬故云將酢主人也 主人降。亦從賓也降降立阼階東西面 疏 主人降○注降立至西面○釋曰知西面位如此者案下云主人復阼階東西面故知此當於阼階東西面也 賓坐奠爵。興辭。西階前也 疏 賓坐奠爵興辭○注西階前也○釋曰鄭知西階前者鄉射云賓西階前東面坐奠爵興辭降此亦然故也 主人對。賓坐取爵。適洗南北面。主人阼階東南面。辭洗。賓坐奠爵于篚。興對。主人復阼階東西面。賓東北面盥。坐取爵卒洗。揖讓如初升。主人拜洗。賓荅拜。興。降盥如主人禮。賓實爵主人之席前。東南面酢主人。主人阼階上拜。賓少退。主人進受爵復位。賓西階上拜送爵。薦脯醢。主人升席。自北方設折俎。祭。如賓禮。祭者祭薦俎及酒亦嚌啐 疏 主人至賓禮○注祭者至嚌啐○釋曰此賓坐取爵適洗南盥坐取爵卒洗以此言之則賓未盥主人辭洗案鄉射禮盥訖將洗主人乃辭洗先後不同者彼與鄉人習禮輕故盥訖乃辭洗此鄉人將賓舉之故未盥先辭洗重之故也若然鄉射禮內兼有鄉大夫卽尊與州長同於盥後辭洗者以其盥後辭洗是禮之常故也但鄉射賓坐取爵適洗坐奠爵于篚下主人辭洗之時賓方奠爵于篚下此不奠爵篚下便言奠爵于篚者鄉射云賓坐取爵洗之時未得主人之命故得奠於篚下得主人之命乃奠于篚此則賓取爵適洗未奠之時主人卽辭故尊于篚也云揖讓如初升者謂前主人卒洗一揖一讓升也云降盥如主人禮者謂如主人降盥禮則此賓降主人亦降賓辭降主人對一與主人降辭已下同也云祭如賓禮者如上賓祭時坐左執爵右祭脯醢奠爵于薦西興右手取肺卻左手執本坐弗繚右絶末以祭尚左手嚌之興加于俎坐捝手遂祭酒興席末坐啐酒故云祭如賓禮云祭者祭薦俎及酒者薦謂脯醢俎卽離肺也云亦嚌啐者直云祭如賓禮嫌祭不嚌啐故鄭明之云亦嚌肺啐酒是以下文云不告旨明亦啐也 不告旨。酒己物也 自席前適阼階上北面坐卒爵。興。坐奠爵。遂拜執爵興。賓西階上荅拜。自席前者啐酒席末因從北方降由便也 疏 自席至荅拜○注自席至便也○釋曰案曲禮云席東鄉西鄉以南方爲上南鄉北鄉以西方爲上凡升席必由下降由上今主人當降自南方以啐酒於席末遂因從席北頭降又從北向南北面拜是由便也若降由上之正亦是便故下云主人作相降席自南方不由北方亦由便也 主人坐奠爵于序端。阼

階上北面再拜。崇酒。賓西階上荅拜。東西牆謂之序崇充也言酒惡相充實〔疏〕主人坐奠爵于序端。注東西至充實。釋曰奠爵于序端者擬後酬賓訖取此爵以獻介也云東西牆謂之序者爾雅釋宮文但彼云東西廂廂即牆故變言之也

主人坐取觶于篚。降洗。賓降。主人辭降。賓不辭洗。立當西序東面。不辭洗者以其將自飲〔疏〕主人至東面。釋曰自此至復位論主人酬賓之事。注不辭至自飲。釋曰酬酒先飲乃酬賓故云將自飲若然既自飲而盥洗者禮法宜絜故也若然經云賓降主人辭應奠爵不言者理在可知故爲文畧也

卒洗。揖讓升。賓西階上疑立。主人實觶酬賓。阼階上北面坐奠觶。遂拜執觶興。賓西階上荅拜。酬勸酒也酬之言周忠信爲周〔疏〕卒洗至荅拜。注酬勸至爲周。釋曰云賓西階上疑立者待主人自飲故也云酬之言周忠信爲周者此解主人將酬賓先自飲之意以其酬賓若不自先飲主人不忠信恐賓不飲示忠信之道故先自飲乃飲賓爲酬也忠信爲周國語文

坐祭。遂飲。卒觶。興。坐奠觶。遂拜執觶興。賓西階上荅拜。主人降洗。賓降辭。如獻禮。升。不拜洗。不拜洗殺於獻〔疏〕坐祭至拜洗。注不拜洗殺於獻。釋曰云坐祭遂飲者因坐祭即飲飲卒觶因事曰遂故曰遂云辭如獻禮者主人辭賓降主人爲己洗爵此與獻賓時同故云辭如獻禮禮殺升堂不拜洗與獻時異故別言之使不蒙如也禮殺於獻者獻時拜洗禮初不殺故也

賓西階上立。主人實觶賓之席前北面。賓西階上拜。主人少退。卒拜。進坐奠觶于薦西。賓已拜主人奠其觶〔疏〕賓西至薦西。注賓已至其觶。釋曰賓已拜主人與其觶者非久停下文賓取之奠于薦東是也

賓辭。坐取觶。復位。主人阼階上拜送。賓北面坐奠觶于薦東。復位。酬酒不舉君子不盡人之歡不竭人之忠以全交也〔疏〕賓辭至復位。注酬酒至交也。釋曰賓辭不解所辭之事案鄉射二人舉觶于賓與大夫進坐奠于薦右賓與大夫辭坐受觶以興注云辭其坐奠觶以彼云賓與大夫辭即云坐受觶以興若自手受之以舉觶是禮已故賓與大夫可以當亢荅之禮得云辭其親奠此禮初賓謙卑不辭其奠故經不云坐受以興然此辭是主人復親酌已故鄉射主人酬賓云賓辭鄭注云辭主人復親酌已是也云酬酒不舉君子不盡人之歡不竭人之忠以全交也者並曲禮文案彼歡謂飲食忠謂衣服引之并謂飲食者鄭於彼歡與忠相對解之故歡爲飲食忠爲衣服過而言之總爲飲食於義合也云全交者所有飲食與已已盡之恐人嫌貪而交絕故不盡爲全交酬酒不飲亦是全交故引爲證也此以奠於薦東爲酬酒不舉案燕禮二人媵爵于公奠于薦南彼皆舉爲旅酬而在左者鄭彼注云奠于薦南不敢必君舉也案特牲主人酬賓奠于薦北彼舉旅而在左者鄭彼云行神惠故不與此同也

主人揖降。賓降立于階西。當序東面。主人將與介爲禮賓謙不敢居堂上〔疏〕主人至東西。注主人至堂上。釋曰自此下至主人介右荅拜論主人獻介之事

主人以介揖讓升。拜如賓禮。主人坐取爵于東序端。降洗。介降。主人辭降。介辭洗。如賓禮。升不拜洗。介禮殺也〔疏〕主人至拜洗。注介禮殺也。釋曰案上主人迎賓之時介與衆賓從入又主人與賓三揖至於階之時介與衆賓亦隨至西階下東面今此文云揖讓升如賓禮則唯於升堂時相讓無庭中三揖之事矣升堂而云拜者闕拜主亦如賓矣云介禮殺也者謂不拜洗是以鄉飲酒義云三讓以賓升拜至獻酬辭讓之節繁及介省矣是也

介西階上立。不言疑者省文〔疏〕注不言疑者省文。釋曰此決上獻酬辭賓時賓於西階上疑立此亦當獻酬節而不言疑者省文也

主人實爵介之席前。西南面獻介。介西階上北面拜。主人少退。介進北面受爵。復位。主人介右北面拜送爵。介少退。主人拜于介右降尊以就卑也今文無北面〔疏〕主人至少退。注主人至北面。釋曰云主人介之席前西南面獻介者以介席東面故邪向之若獻賓時於賓席前北面向之也主人拜于介右降尊以就卑也者以主人獻賓時主人自在阼階今於獻介主人來在西階介右是介卑故降主人之尊就西階介之東北面拜也至旅酬皆同階者禮殺故也

主人立于西階東。薦脯醢。介升席自北方。設折俎。祭如賓禮。不嚌肺。不啐酒。不告旨。自南方降席。北面坐卒爵。興。坐奠爵。遂拜執爵興。主人介右荅拜。不嚌啐下賓〔疏〕主人至荅拜。注不嚌啐下賓。釋曰云主人立于西階東者始獻介之時近西在介右今於設薦之時主人無事稍近東案上獻賓薦設之時主人云疑立此不言者文畧也云主人介右荅拜者還近西於前立處荅拜也

介降洗。主人復阼階。降辭如初。如賓酢之時〔疏〕介降至如初。注如賓酢之時。釋曰自此至介降立于賓南論介酢主人之事云主人復阼階降辭如初者如賓酢主人之時介辭主人從己降主人辭介爲己洗一皆如之也

卒洗。主人盥。盥者當爲介酌〔疏〕卒洗主人盥。注盥者當爲介酌。釋曰此主人自飲而盥者尊介也是以鄉射云大夫將酢主人卒洗主人盥注云盥者雖將酌自飲尊大夫不敢褻是其類也

介揖讓升。授主人爵于兩楹之間。就尊南授之介不自酌下賓酒者賓主共之〔疏〕介揖至之間。釋曰揖讓升者謂一揖一讓升也云授主人爵于兩楹之間以爵授主人也。注就尊至共之。釋曰知兩楹間是尊南者以上云尊於房戶間房戶間當兩楹之北故云就尊南授之也云介不自酌下賓者以其賓親酌以酢主人此不自酌故云下賓也云酒者賓主共之者此鄭解賓主共之故賓自酌以酢主人介卑故不敢酌是以鄉飲酒義云尊於房戶之間賓主共之是也

介西階上立。主人實爵。酢于西階上介右。坐奠爵。遂拜執爵興。介荅拜。主人坐祭。遂飲卒爵。興。坐奠爵。遂拜執爵興。介荅拜。主人坐奠爵于西楹南。介右再拜崇酒。介荅拜。奠爵西楹南以當獻衆賓〔疏〕介西至荅拜。釋曰此主人既受爵介無事故於西階上立不言疑立可知也亦省文。注奠爵至衆賓。釋曰知此奠爵爲衆賓者案下文云主人揖升坐取爵于西楹下是也鄉射無介故獻衆賓時於東序端取爵獻訖奠爵于篚也

主人復阼階揖降。介降立于賓南。〔疏〕主人至賓南。釋曰向來主人與介行禮於西階上事訖故復阼階揖讓降介降立于賓南者以將獻衆賓故介無事就賓南也

主人西南面三拜衆賓。衆賓皆荅壹拜。三拜壹拜示徧不備禮也不升拜賤也〔疏〕主人至壹拜。注三拜至賤也。釋曰自此已下至奠于篚論獻衆賓之事云西南面者以其主人在阼階下衆賓在賓介之南故西南向拜之云三拜壹拜示徧不備禮也者衆賓各得主人一拜主人亦徧得不備禮故鄉射云三拜衆賓衆賓皆荅壹拜彼注云三拜徧也壹拜不備禮也大夫禮皆然故少牢云主人三拜養者養者皆荅壹拜鄭云三拜旅之示徧也又有司徹云主人降南面拜衆賓于門東三拜衆賓門東北面皆荅壹拜大夫尊故也士則荅再拜故特牲云主人三拜衆賓衆賓荅再拜鄭云衆賓再拜者士賤旅之得備禮是也云不升拜賤也者此決上主人與賓介行禮皆升堂拜至此三拜賓賤故不升拜至也

主人揖升。坐取爵于西楹下。降洗。升實爵于西階上獻衆賓。衆賓之長升拜。受者三人。長其老者言三人則衆賓多矣〔疏〕主人至三人。注長其至多矣。釋曰云主人揖升者從三人爲首一一揖之而升也云降洗升實爵者以下不更言洗則以下因此不復洗矣云西階上獻衆賓者下別言衆賓之長三人則衆賓之中兼言堂下衆賓故鄭云衆賓多矣自三人已下於下便以文歷言之矣云拜受者三人則堂下衆賓不拜受矣

主人拜送。於衆賓右〔疏〕主人拜送。注於衆賓右。釋曰知在衆賓右拜送者約上文介右而知也

坐祭立飲。不拜。既爵。授主人爵。降復位。既卒也卒爵不拜立飲立授賤者禮簡〔疏〕坐祭至復位。注既卒至禮簡。釋曰云卒爵不拜立飲立授爵賤者禮簡者賓賢能以賢者爲賓其次爲介不問長幼其三賓德劣于賓介則數年之長幼故上衆賓之長也賓介則坐祭坐飲又拜既爵此三賓則坐祭與賓介同不拜既爵立飲立授則異賤故禮簡也

衆賓獻。則不拜受爵。坐祭立飲。次三人以下也不拜禮彌簡〔疏〕衆賓至立飲。注次三至彌簡。釋曰此據堂下衆賓不拜受簡於三人故云禮彌簡也

每一人獻。則薦諸其席。謂三人也〔疏〕每一至其席。注謂三人也。釋曰上已云獻此以下別言薦云每一人還發三人而言云每一人獻則薦諸

其席則一得獻即薦之以其言席又下別言衆賓則此三是三人故鄭云三人也衆賓辯有脯醢。亦每獻薦於其位位在下今文辯皆作徧【疏】衆賓辯有脯醢○注亦每至作徧○釋曰云亦每獻薦於其位者如上三人一一薦之知位在下者以其言堂下立侍不合有席既不言席故位在下既不言其數則鄉人有學識者皆來觀禮皆入飲酒之內是以鄉射云旅酬堂上辯卒受者與以旅在下者明衆賓在堂下也主人以爵降奠于篚。不復用也【疏】主人至于篚○釋曰以此合一獻徧不復用故以主人爵降奠於篚也揖讓升。賓厭介升。介厭衆賓升。衆賓序升即席。序次也即就也今文厭皆爲揖【疏】揖讓至即席○注序次至爲揖○釋曰自此至舉觶者降論徧獻衆賓訖將以旅酬之事云衆賓序升者謂三賓堂上有席者以年長爲首以次即席也云今文厭皆爲揖不從者以賓相引以手不得爲相揖故也一人洗升。舉觶于賓。一人主人之吏發酒端曰舉【疏】一人至于賓○注一人至曰舉○釋曰此一人舉觶爲旅酬也云發酒端曰舉者從上至下徧飲訖又從上而起是發酒端曰舉也實觶西階上。坐奠觶。遂拜。執觶興。賓席末荅拜。坐祭。遂飲。卒觶。興。坐奠觶。遂拜。執觶興。賓荅拜。降洗。升實觶。立于西階上。賓拜。賓拜拜將受觶【疏】實觶至賓拜○注賓拜拜將受觶○釋曰云賓席末荅拜者謂於席西南面非謂席上近西爲末以其無席上拜法也已下賓拜皆然進坐奠觶于薦西。賓辭。坐受以興。舉觶不授下主人也言坐受者明行事相接若親受謙也【疏】進坐至以興○注舉觶至謙也○釋曰云舉觶不授下主人也者決上主人獻賓皆親授而奠之今不親授是下主人鄉射注云不授賤不敢也下主人明此亦賤不敢授也云言坐受者明行事相接若親受謙也者若於人手相授受名爲受不於人取之不得言受今於地取之而言受者以主人賓之實取之而無隔絶雖於地若手受之故云明行事相接若親受之謙也舉觶者西階上拜送。賓坐奠觶于其所。所薦西也【疏】舉觶至其所○注所薦西也○釋曰賓奠於其所者待作樂後立司正賓乃取此觶以酬主人以其將舉故且奠之於右也舉觶者降。事已【疏】舉觶者降○注事已○釋曰案鄉射舉觶者降後有大夫此不言者大夫觀禮之人或來或否故不言也設席于堂廉東上。爲工布席也側邊曰廉燕禮曰席工於西階上少東樂正先升北面此言樂正先升立于西階東則工席在階東【疏】設席至東上○注爲工至階東○釋曰自此下至樂正告于賓乃降論主人樂賓之事大判總爲作樂其中別有四節之殊有歌有笙有閒有合次第不同也案燕禮席工于西階上少云樂正先升大射亦云席工于西階上工六人四瑟始云小樂正從之不同者燕禮主於歡心尚樂故先云樂正先升大射主於射畧於樂故辯工數乃云樂正從之也若然此主於樂不與燕同而席工下辯工數乃云樂正升者此臣禮避初也至於鄉射亦應主於射畧於樂而不言工數先云樂正而不與大射同者亦是避

初之事也云爲工布席也者以鄉射燕禮大射皆席工連言此不言席工文不具爾故此爲工布席下云工入升明此席也引燕禮者欲證此席爲工又取此工席在西階東以其此經云堂廉東上不言階東故取燕禮西階上少東樂正又在工西此下云樂正於西階東據樂正於西階東而立在工西則知工席更在階東北面可知但此言近堂廉亦在階東彼云階東亦近堂廉也工四人。二瑟。瑟先。相者二人。皆左何瑟。後首。挎越。內弦。右手相。四人大夫制也二瑟二人鼓瑟則二人歌也瑟先者將入序在前也相扶工也衆賓之少者爲之每工一人鄉射禮曰弟子相工如初入天子相工使視瞭者凡工瞽矇也故有扶之者師冕見及階子曰階也及席子曰席也固相師之道後首者變於君也挎持也相瑟者則爲之持瑟其相歌者徒相也越瑟下孔也內弦側擔之者【疏】工四至手相○注四人至之者○釋曰云四人大夫制也者此鄉大夫飲酒而云四人大射諸侯禮而云六人故知四人者大夫制也燕禮亦諸侯禮而云四人者鄭彼注云工四人者燕禮輕從大夫制也鄉射是諸侯之州長士爲之其中兼有鄉大夫以三物詢衆庶行射禮法故工亦四人大夫制也若然士當二人天子當八人爲差次也云二瑟二人鼓瑟則二人歌也者既云工四人二人瑟明二人鼓瑟可知也云相扶工也衆賓之少者爲之者見鄉射云樂正適西方命弟子弟子則衆賓之少者也云每工一人者案周禮瞽三百人又此經二人瑟相者二人皆左何瑟又大射僕人正相大師以諸文言之故知每工一人若然此經工四人三人瑟相二人則工二人歌雖不言相亦二人可知以空手無事故不言也云鄉射禮曰弟子相工如初入者彼謂將射樂正命弟子相工遷樂於下降時如初入之次第亦瑟先歌後引之證弟子相工之事天子相亦使眡瞭爲之知者見周禮眡瞭職云凡樂事相瞽是也云凡工瞽矇也者鄭司農云無目眹謂之瞽有目眹而無見謂之矇有目無眸子謂之瞍故詩大雅云矇瞍奏工是也引論語者證瞽人無目須扶之義也云師即大師之官無目矇瞽之長也云後首者變於君也者案燕禮云小臣左何瑟面鼓注云燕尚樂可鼓者在前也此鄉飲酒亦尚樂而不面鼓是變於君也案大射主於射畧於樂鄉射亦應主於射畧於樂所以面鼓亦是變於君也云挎持也者瑟底有孔越以揩深入謂之挎也云其相歌者徒相也者徒空也無可荷空以右手相以經不言故也云內弦側擔之者以左於外側擔之使弦向內也樂正先升。立于西階東。正長也【疏】樂正至階東○注正長也○釋曰案周禮有大司樂樂師天子之官此樂正者諸侯及大夫士之官當天子大司樂言先升對後升云長樂官之長也工入升自西階。北面坐。相者東面坐。遂授瑟。乃降。降立于西方近其事【疏】工入至乃降○注降立至其事○釋曰工入升不言歌瑟先後案上文已云瑟先其歌可知也鄭知降立於西方近其事者案鄉射云樂正適西方命弟子贊工遷樂故知西方是近其事也工歌鹿鳴、四牡、皇皇者華。三者皆小雅篇也鹿鳴君與臣下及四方之賓燕講道脩政之樂歌也此采其己有旨酒以召嘉賓嘉賓既來示我以善道又樂嘉賓有孔昭之明德可則傚也四牡君勞使臣之來樂歌也此采其勤苦王事念將父母懷歸傷悲忠孝之至以勞賓也皇皇者華君遣使臣之樂歌也此采其更是勞苦自以爲不及欲諮謀于賢知而

以自光明也【疏】工歌至者華○注三者至光明○釋曰凡歌詩之法皆歌其類此時貢賢能擬爲鄉大夫或爲君所燕食以鹿鳴詩也或爲君出聘以皇皇者華詩也或使反爲君勞來以四牡詩也故賓賢能而預歌此三篇使習之也云三者皆小雅篇也者其詩見於小雅之內也云鹿鳴君與臣下及四方之賓燕講道脩政之樂歌也者自此已下鄭皆先引詩序於上復引詩經於下以其子夏作序所以序述經意故鄭並引之也案鹿鳴序云鹿鳴燕羣臣嘉賓也然後羣臣嘉賓得盡其心之事還依序而言也云此采其己有旨酒以召嘉賓嘉賓既來示我以善道至可則傚也者案彼經云我有旨酒以燕樂嘉賓之心又云示我周行德音孔昭視民不恌是則是傚之事四牡序云勞使臣之來也經云王事靡盬我心傷悲豈不懷歸將母來諗皇皇者華序云君遣使臣也經云於彼原隰駪駪征夫每懷靡及周爰諮謀之事故鄭依而引之爲證也卒歌。主人獻工。工左瑟。一人拜。不興受爵。主人阼階上拜送爵。一人工之長也凡工賤不爲之洗【疏】卒歌至送爵○注一人至之洗○釋曰云一人工之長也者謂就四人之內爲首者也云凡工賤不爲之洗者下大師爲之洗是君賜者爲之洗明自外不爲之洗也案此鄉飲酒及燕禮同是主歡心尚樂之事故有升歌笙閒合樂及其獻工獻笙後閒合不獻以知二節自前已得獻故不復重獻之射主於射畧於樂無笙閒唯有合樂笙工並爲至終總獻三大射亦主於射畧於樂但不閒歌不合樂故有升歌鹿鳴也終主人獻工乃後下管新宮不復得獻此君禮異於鄉射二君鄉射與大射同畧於樂大射不畧升歌而畧笙閒合樂二南是鄉大夫之正小雅是諸侯之正鄭注鄉射云不畧合樂者不可畧其正諸侯不畧鹿鳴之等義亦然也薦脯醢。使人相祭。使人相者相其祭酒祭薦【疏】薦脯醢使人相祭○注使人至祭薦○釋曰知使人相祭者以相扶工之人每事使之指授故知還使相者爲之知祭酒祭薦者以其云獻薦脯醢即云相祭知相其祭酒祭薦也工飲不拜。既爵。授主人爵。坐授之【疏】○注坐授之○釋曰知坐授之者以經不云興故知坐授之也衆工則不拜受爵。祭飲。辯有脯醢。不祭。祭飲獻酒重無不祭也今文辯爲徧【疏】衆工至不祭○注祭飲至爲徧○釋曰云祭飲獻酒重無不祭也者衆工諸事皆不備尚祭得獻酒無有不祭故知獻酒重無不祭也其正酬亦祭至於旅酬以下則不祭而已故下記云凡旅不洗不洗者不祭鄭注云敬禮殺也不甚絜也此衆工亦祭不洗而祭是以云獻酒重無不祭也大師則爲之洗。賓介降。主人辭降。工不辭洗。大夫若君賜之樂謂之大師則爲之洗尊之也賓介降從主人也工大師也上既言獻工乃言大師者大師或瑟或歌也其獻之則言先歌則後【疏】大師至辭洗○注大夫至或歌○釋曰天子諸侯有常官則有大師也大夫則無常官若君賜之樂并樂人與之則亦請之大師主人爲之洗若然上君大師則無洗云賓介降從主人也者案鄉射云大師則爲之洗賓降注云大夫不降尊也此既大夫禮則有大夫亦不之可知也云工大師也者既言大師則爲之洗而云工不辭降故知工即大師是以論語云師冕見孔子爲之相鄭云相工是工爲樂人之總稱也云上既言獻工矣乃言大師者大師或瑟或歌也者以其前工有瑟

有歌後別言大師則大師能瑟或在瑟中若大師能歌或在歌中故云大師或瑟或歌也云其獻之瑟則先歌則後者以其序入及升堂皆瑟先歌後其獻法皆先瑟後歌是以知獻升獻工工不言左瑟一人拜受爵注云左瑟便其右一人工之長者也云燕禮諸侯禮有常官不言大師以燕禮主臣人子故工四人從大夫制其大師入工不別言之也大射云主人洗升實爵獻工工不興左瑟注云大師無瑟於是言左瑟者節也若大師在歌亦獻與燕異也

笙入堂下。磬南北面立。樂南陔白華華黍。笙吹笙者也以笙吹此詩以爲樂也南陔白華華黍小雅篇也今亡其義未聞昔周之興也周公制禮作樂采時世之詩以爲樂歌所以通情相風切也其有此篇明矣後世衰微幽厲尤甚禮樂之書稍稍廢棄孔子曰吾自衛反魯然後樂正雅頌各得其所謂當時在者而復重雜亂者也惡能存其亡者乎且正考父校商之名頌十二篇於周大師歸以祀其先王至孔子二百年之間五篇而已此其信也〔疏〕笙入至華黍○釋曰此歌者在堂故笙入乃始入也云磬南北面者在磬南北面者案詩魚麗序云南陔孝子相戒以養也白華孝子之絜白也華黍時和歲豐宜黍稷也此已上是子夏序文序云有其義而亡其辭者此謂毛公續序云有其義指子夏則云有其義也云而亡其辭者此謂詩辭亡矣彼此義與此義同云其義未聞者鄭君以其毛公續序云亡未明周公制此儀禮之時有此三篇之意也云後世衰微幽厲尤甚者禮運云孔子曰我觀周道幽厲傷之吾舍魯何適是幽厲尤甚者也云禮樂之書稍稍廢棄者自幽厲已後稍稍加廢棄此三篇之失也又引孔子以下至其信者欲明孔子以前篇亡案南陔注云孔子論詩雅頌各得其所時俱在則與眾篇之義合編故存至毛公爲詁訓傳乃分眾篇之義各置於其篇端彼注云又此三篇者遭戰國及秦之世而亡見毛傳以爲此篇孔子之前亡此注以爲孔子之時未亡其辭故知當戰國及秦之世者以子夏作序具三篇之義明其詩見在毛公之時亡其辭故知當戰國及秦之世也

主人獻之于西階上。一人拜。盡階不升堂受爵。主人拜送爵。階前坐祭立飲。不拜既爵。升授主人爵。一人笙之長者也笙三人和一人〔疏〕主人至一人注一人至於下○釋曰自此至立飲論獻笙之事云一人拜者謂人在地拜乃盡階不升堂受爵也云一人者笙之長者也者四人今言一人者案鄉射記云三笙一和而成聲注三人吹笙一人吹和凡四人爾雅曰笙小者謂之和是也知但獻射禮之笙一人拜於下乃盡階不升堂受爵也此主人拜時拜送在西階東以工在階東故也此主人拜送笙之時在西階上以其笙在階下故不同也衆笙則不拜受爵。坐祭立飲。辯有脯醢不祭。亦受爵于西階上薦之皆於其位磬南今文辯爲徧〔疏〕衆笙至不祭○注亦受至爲徧釋曰云衆笙除一人之外二人者不備禮故亦受爵於西階上者與一人同也云薦之皆於其位磬南者依前笙入立于磬南之處是其類也

乃間歌魚麗。笙由庚。歌南有嘉魚。笙崇丘。歌南山有臺。笙由儀。間代也謂一歌則一吹六者皆小雅篇也魚麗言大平年豐物多也此采其物多酒旨所以優賓也南有嘉魚言大平君子有酒樂與賢者共之也此采其能以禮下賢者賢者纍蔓而歸之與之燕樂也南山有臺言大平之治以賢者爲本此采其愛友賢者爲邦家之基民之父母既欲其身之壽考又欲其名德之長也由庚崇丘由儀今亡其義未聞〔疏〕乃間至由儀○釋曰云謂一歌則一吹者謂堂上歌魚麗終堂下笙中吹由庚續之以下皆然此魚麗在小雅之內故知在小雅見在者引小雅篇引序以爲證鄭君見在之南有嘉魚南山有臺君子有酒旨且多其是采其物多酒旨也所以優賓者者共之也詩云君子有酒嘉賓式燕以樂是與賢者共之得賢者也詩云樂只君子邦家之基樂只君子民之父母家之基又得賢則能爲邦家立太平之基矣萬壽無期所以得萬物之得由其道也崇丘萬物得極其高大也由儀萬物之生各得其宜也此已上是子夏序文由庚崇丘由儀與南陔白華華黍同云堂上歌者不亡而笙者亡者以其笙歌之時各自一處故亡者併亡存者併存也

乃合樂。周南關雎葛覃卷耳。召南鵲巢采蘩采蘋。合樂謂歌樂與眾聲俱作周南召南國風篇也王后國君夫人房中之樂歌也關雎言后妃之德葛覃言后妃之職卷耳言后妃之志鵲巢言國君夫人之德采蘩言國君夫人不失職也采蘋言卿大夫之妻能循其法度昔大王王季居于岐山之陽躬行召南之教以興王業及文王而行周南之教以受命大雅云刑于寡妻至于兄弟以御于家邦謂此也其始一國爾文王作邑于豐以故地爲卿士之采地乃分爲二國周周公所食召召公所食於時文王三分天下有其二德化被于南土是以其詩有仁賢之風者屬之召南焉有聖人之風者屬之周南焉夫婦之道生民之本王政之端此六篇者其教之原也故國君與其臣下及四方之賓燕用之合樂也鄉樂者風也小雅爲諸侯之樂大雅頌爲天子之樂鄉飲酒升歌小雅禮盛者可以進取也燕合鄉樂者禮輕者可以逮下也春秋傳曰肆夏繁遏渠天子所以享元侯也文王大明緜兩君相見之樂也然則諸侯相與燕升歌大雅合小雅天子與次國小國之君燕亦如之與大國之君燕升歌頌合大雅其笙間之篇未聞〔疏〕乃合至采蘋○釋曰云合樂謂歌樂與眾聲俱作者謂堂上有歌瑟堂下有笙磬合奏此詩故云眾聲俱作云周南召南國風篇也者案詩周南召南國風之首篇十五國風之篇首也云王后國君夫人房中之樂歌也者以其后妃夫人房中之樂國君夫人之事詩樂歌也者以其房中樂用鍾鼓奏之故用之房中之樂君子是也既名房中之樂用鍾鼓奏之者諸侯卿大夫燕饗亦得用之故用鍾鼓婦人用之乃不用鍾鼓則謂之房中之樂也云關雎言后妃之德以下至脩其法度周南三篇言后妃也召南三篇則前之夫人之事諸侯之禮故稱夫人也云昔大王王季居于岐受命稱王之後天子之禮故不同者是文王之化周南

山之陽者案魯頌云后稷之孫實維大王居岐之陽鄭云大王自豳徙居岐陽是大王居於岐陽也云王季居之者王季王云躬行召南之教以興王業者案詩召南鵲巢之序言王業始鄭答云王後亦居岐陽至文王始居豐故言王季也周南鄭注云文王受命以前王季之教大王王季者文王也是其行召南之教以興王業也云及文王而行周南之教以受命者案大雅文王受命作邑于豐是其受命行周南之教也序云召南之文王之化自北而南也王者欲見周南召南之化皆是文王之化也云大雅云刑于寡妻至于兄弟以御于家邦者思齊之篇文王之化被於南土故引之以證周南召南之義也云其始一國爾者文王為西伯始一國也云文王作邑于豐以故地爲卿士之采地乃分爲二國者案周南召南譜云文王受命作邑于豐乃分岐邦周召之地爲周公旦召公奭之采地施先公之教於己所職之國是也云周周公所食召召公所食者以其二公所食因名周南召南也云於時文王三分天下有其二者論語文云德化被于南土者以其南國被文王之化也云是以其詩有仁賢之風者屬之召南焉有聖人之風者屬之周南焉者以周公聖人召公賢人故也云夫婦之道生民之本王政之端者以其夫婦之道人倫之始也云此六篇者其教之原也者以其風化之本也故國君與其臣下及四方之賓燕用之合樂也云鄉樂者風也者以其鄉飲酒合樂用周南召南故云鄉樂也云小雅爲諸侯之樂大雅頌爲天子之樂者以其鄉飲酒升歌小雅故知小雅是諸侯之樂也云鄉飲酒升歌小雅禮盛者可以進取也燕合鄉樂者禮輕者可以逮下也者此鄭欲解鄉飲酒與燕禮輕重不同之意也云春秋傳曰肆夏繁遏渠天子所以享元侯也文王大明緜兩君相見之樂也者襄四年左氏傳文彼云穆叔如晉晉侯享之金奏肆夏之三不拜工歌文王之三又不拜歌鹿鳴之三三拜韓獻子使行人子員問之曰子以君命辱於敝邑先君之禮藉之以樂以辱吾子吾子舍其大而重拜其細敢問何禮也對曰三夏天子所以享元侯也使臣弗敢與聞文王兩君相見之樂也使臣不敢及鹿鳴君所以嘉寡君也敢不拜嘉是其事也云然則諸侯相與燕升歌大雅合小雅者以其天子享元侯歌肆夏則諸侯相與燕升歌大雅合小雅可知云天子與次國小國之君燕亦如之者以其次國小國之君與卿大夫同以其侯伯子男卑故燕亦如之也云與大國之君燕升歌頌合大雅者以其大國之君卑於天子故也云其笙間之篇未聞者以其無文故云未聞也工

告于樂正曰。正歌備。樂正告于賓乃降。樂正降者以正歌備無事也降立西階東北面〔疏〕工告至乃降○注樂正至北面○釋曰鄭知降立西階東北面者以其堂上時在西階之東北面知降堂下亦然在笙磬之西亦得監堂下之樂故知位在此也此鄉飲酒及鄉射大夫禮卑無大師故工告樂備國君禮備有大師告樂備大射不告樂備者是禮主於射畧於樂故也

主人降席自南方。不由北方由便〔疏〕○主人降席自南方○注不由北方由便○釋曰自此至退立于觶南論立司正之事云不從北方由便者主人之席南上升由下降由上是其常而言不從北方由便者解禮故所以升由下降由上者是由便也

側降。賓介不從〔疏〕側降○注賓介不從○釋曰側者特也賓介不從故言側上來主人降賓介皆從降此獨不從者以其方燕禮殺故也

作相爲司正。司正禮辭許諾。主人拜。司正答拜。作使也禮樂之正既成將留賓爲有解惰立司正以監之拜拜其許〔疏〕作相爲司正○注作使至其許○釋曰上經云一相迎于門外今將燕使爲司正監察賓主之事故使相爲司正也云禮樂之正既成者謂主人與賓行獻酢之禮是禮成也升歌笙閒合樂三終是樂成也故鄭總言禮樂之正既成也

主人升復席。司正洗觶。升自西階。阼階上北面受命于主人。主人曰。請安于賓。司正告于賓。賓禮辭許。爲賓欲去留之告賓於西階〔疏〕主人至辭許○注爲賓至西階○釋曰此司正升西階適阼階上案鄉射云司正升自西階由楹內適阼階上北面彼此同此不言由楹內者省文也云告賓於西階者鄉射云司正西階上故知也

司正告于主人。主人阼階上再拜。賓西階上荅拜。司正立于楹閒以相拜。皆揖復席。再拜拜賓許也司正既以賓許告主人遂立楹閒以相拜賓主人既拜揖就席〔疏〕司正至復席○注再拜至就席○釋曰凡相拜者當在賓主拜前今相見云在賓拜下者以經云司正告于主人因即拜賓賓即荅拜文理切不得先言相拜故退之在下其實相時在賓主拜前是以鄉射云司正告于主人遂立楹閒以相拜主人阼階上再拜賓西階上荅再拜是其相拜在前也云主賓既拜揖就席者以鄉射賓主拜訖即揖就席故也知此亦然也

司正實觶。降自西階。階閒北面坐奠觶。退。共少立。階閒北面東西節也其南北當中庭共拱手也少立自正慎其位也己帥而正孰敢不正燕禮曰右還北面〔疏〕司正至少立○注階閒至北面○釋曰云階閒北面東西節也者階閒謂兩階之閒東西等是東西節也云其南北當中庭者案鄉射云司正實觶降自西階中庭北面坐奠觶此經雖不言中庭宜與彼同故云中庭也云己帥而正孰敢不正者此是論語孔子語季康子之言也彼言子帥指季康子爲子此言己帥指司正爲己欲見司正退也云共拱手也少立自正慎其位也者欲見今賓主亦皆正慎其位也云燕禮曰右還北面者燕禮司正降自西階又還北面取不背其君此亦降自西階亦右還北面取不背大夫也故引以爲證也

坐取觶不祭。遂飲卒觶。興坐奠觶。遂拜執觶興盥洗。北面坐奠觶于其所。退立于觶南。洗觶奠之示絜敬立於其南以察衆〔疏〕坐取至觶南○注洗觶至察衆○釋曰執觶興洗北面者案鄉射大射禮皆直云取觶洗南面反奠於其所不云盥此俗本有盥者誤又此文及鄉射奠空觶皆位南北面奠之燕禮大射皆南面奠之者以國君禮盛儀多故也

儀禮注疏卷九校勘記　阮元撰盧宣旬摘錄

主人降

注降立至西面　降立閩本作亦從

主人對賓坐取爵　賓下唐石經衍上字

主人阼階東　唐石經脫阼字

此鄉人將賓舉之　舉要義作興

是禮之常故也　故要義作然

卒洗

主人不忠信　通解毛本主人作是

賓辭

此禮初賓謙卑　要義同毛本禮作與

主人實爵介之席前

就西階介之東北面拜也　閩本重北字

介西階上立主人實爵

以當獻衆賓　徐葛閩本集釋通解楊氏同毛本當作爵

主人西南面三拜

主人三拜衆賓者　三要義作一

坐祭

云卒爵不拜立飲立授爵　要義同毛本授下無爵字○按此注中授下亦當有爵字

每一人獻

故上衆賓之長也　上閩本作此

則此三是三人　通解毛本此下無三字

進坐

若於人手相授受　毛本授作接

若手受之　閩監同毛本受作授

設席于堂廉

不與燕同　要義同毛本不作正

此臣禮避初也　要義初俱作初下亦是避初之事也同毛本初作君

工四人二瑟

降時如初入之次第　閩本同毛本時作將

天子相　毛本相下衍工字

以經不言故也　也閩本作言盧文弨云故下當有言之二字○按如盧說則閩本亦未爲誤但須於言下加之也二字耳

以左於外側擔之　毛本通解左下有手字閩本手字擠入

工入○遂授瑟　遂唐石經徐閩葛本通解楊氏敖氏俱作遂毛本作送

工歌鹿鳴四牡皇皇者華

示我以善道　示楊氏作視

可則傚也　傚釋文作詨云本又作傚同張氏曰注曰可則傚也大射燕禮同此並引詩是則是傚也故好事者皆改爲傚按釋文云詨戶孝反本又作傚大射云詨戶教反亦作傚燕禮云傚戶教反本又作詨是必古文詨傚通用宜各從其故

卒歌

笙工竝爲至終總獻之　終閩本通解要義俱作終毛本作經

乃後下管新宮　通解要義同毛本乃後作後乃

薦脯醢

以其云獻薦脯醢　閩本無獻字

衆工則不拜受爵○辯有脯醢　辯閩本作辨注同

則不祭而已　浦鏜云而已二字衍

大師則爲之洗

與燕異也　閩本要義同毛本異作畢

笙入堂下

得獻乃始入也　得獻閩本作笙

具序三篇之義明其詩見在　要義同毛本義明作後則閩本作義則

主人獻之於西階上

注三人吹笙　閩本要義同毛本注作主

笙小者　閩本無笙字

衆笙則不拜受爵

二人者不備禮 二閩本作三　是其類也 浦鏜云類當位字誤

乃間歌魚麗 釋文云麗本或作離下同

與之燕樂也 燕釋文作宴

乃合樂○葛覃 張氏曰按釋文葛蕈大南反五經文字云詩葛覃亦作蕈九經字樣云葛覃經典或作蕈今不作蕈非古也後燕禮同○按今本釋文仍作覃

謂歌樂與衆聲俱作 疏無與字通典無樂字

能脩其法度 徐本同毛本脩作循○按禮記鄉飲酒義正義引正作脩

論堂上堂下 上字下此本空一字

云王后國君夫人房中之樂歌也者 歌下閩本衍知字○按即有知字亦當在也字下

故稱后也 閩本通解同毛本后下有妃字

天子不風 不毛本作之

鄉或進取 要義同毛本通解鄉作饗

繁遏執競也 毛本競作兢

而云未聞知 閩本者俱誤作知毛本作者

主人降席自南方

云不從北方由便者 按從注作由疏兩舉注語俱作從殆與由便之由相避耳凡疏舉注語不必悉依原文未可據以改注

主人之席南上 通解同毛本之席作席之

作相爲司正

爲有懈惰 懈釋文徐本集釋俱作解按此二字諸本錯出不悉挍

司正告于主人

其實相時在賓主拜前 毛本時作拜

卽揖就席故也 浦鏜以也爲衍文故字屬下

坐取觶○執觶興盥洗 徐本集釋楊氏興下俱有盥字唐石經盥字擠入毛本通解無按張氏據疏去盥字通解用張氏之說而毛本又依通解然士昏禮疏云凡洗爵者必先盥則盥字不去亦可

案鄉射大射禮 浦鏜云鄉射當作燕禮○按鄉射之文全與此同大射之文全與燕禮同賈兼言鄉射大射而下文祇引大射者以鄉射文同故不復著也燕禮旣同大射言大射自不必更言燕禮矣

儀禮疏卷第十

唐朝散大夫行大學博士弘文館學士臣賈公彥等撰

賓北面坐取俎西之觶。阼階上北面酬主人。主人降席。立于賓東。初起旅酬也凡旅酬者少長以齒終於沃盥者皆弟長而無遺矣 疏 賓北至賓東。○釋曰自此至司正降復位論堂上堂下徧行旅酬之事云取俎西之觶者謂前一人舉觶奠于薦右今爲旅酬而舉之前主人酬賓奠于薦東者不舉故言俎西以別之云主人降席不云自南方北方者案下記云主人介凡升席自北方降席自南方指此文也○注初起至遺矣○釋曰云凡旅酬者少長以齒以下並是鄉飲酒義文是以彼云賓酬主人主人酬介介酬衆賓少長以齒終於沃洗者焉知其能弟長而無遺矣案下記云主人之贊者西面北上不與注云贊佐也謂主人之屬佐助主人禮事徹鼏沃盥設薦俎者與及也不及謂不及獻酒言不及獻酒則旅酬亦不與旅酬所以酬正獻也記又云無筭爵然後與若然此旅酬得終於沃洗者鄭解酬之大法欲見堂上賓主人之黨無不與故鄭君連引無筭爵旅酬而言終沃洗也其實此時未及沃洗也

賓坐奠觶。遂拜。執觶。興。主人荅拜。不祭。立飲不拜。卒觶不洗。實觶東南面授主人。賓立飲卒觶因更酌以鄉主人將授 主人阼階上拜賓。少退。主人受觶。賓拜送于主人之西。旅酬同階禮殺 疏 注旅酬同階禮殺。○釋曰決上正酬時不同階今同階故云禮殺也

賓揖復席。酬主人訖 主人西階上酬介。介降席自南方。立于主人之西。如賓酬主人之禮。主人揖復席。其酌實觶西南面授介自此以下旅酬酌者亦如之 疏 注其酌至如之。○釋曰知西南面授介者案賓酬主人時於阼階上東南面向之則知此主人酬介于西階上西南面可知云自此已下旅酬酌者亦如之者謂亦如主人酬介其酬酌介實觶西南面授之以其旅酬皆西階上故也

司正升相旅。曰某子受酬。受酬者降席。旅序也於是介酬衆賓衆賓又以次序相酬某者衆賓姓也同姓則以伯仲別之又同則以且字別之 疏 注旅序至別之。○釋曰上文作相爲司正注云將畱賓爲有懈惰立司正以監之今以賓主及介旅酬不監之至衆賓乃監者以其主人與賓介習禮已久又各一位不嫌失禮至於衆賓既不久習禮又同在一位恐其失禮故須監之也云某者衆賓姓也者以某在子上故知是衆賓姓也若單言某則是字故鄉射云某酬某子注云某者字也云同姓則以伯仲別之者但此衆賓之內有同姓司正命之則呼伯仲別之也云又同則以且字別之者爲同姓之中有伯仲同者則以某甫且字別之也

司正退立于序端東面。辟受酬者又便其贊上贊下也始升相西階西北面 疏 司正至東面。○注辟受至北面。○釋曰司正初時在堂上西階西北面命受酬者訖退立于西序端東面者一則案此下文衆受酬者受自左即是司正立處故須辟之二則東面時贊上贊下便也云始升相西階西北面者雖無正文以衆賓之席在賓西南面介酬在西階上司正升相旅當在西階西北面命賓故知位如此也

受酬者自介右。由介東也尊介使不失故位 疏 受酬者自介右○注由介至故位○釋曰北面以東爲右故鄭云由介東也云尊介使不失故位者凡授受之法者授由其右受由其左即下文衆受酬者是也此受介酬者應自介左而自介右者介位在西故云尊介使不失故位也

衆受酬者受自左。後將受酬者皆由西變於介也今文無衆酬者 疏 衆受至自左。○注後將至酬者。○釋曰言衆受酬者謂上衆賓之內爲首者一人自介右受之自第二以下并堂下衆賓皆自左受之言變於介者即是授受之常法也

拜興飲。皆如賓酬主人之禮。嫌賓以下異也 辯。卒受者以觶降。坐奠于篚。辯辯衆賓之在下者鄉射禮曰辯遂酬在下者皆升受酬于西階上 疏 注辯辯至階上。○釋曰引鄉射者彼禮與此同經直言辯不云遂酬在下者皆升受酬于西階上者文不具故引以證也

司正降復位。觶南之位 疏 司正降復位。○注觶南之位。○釋曰復位者以相旅畢堂上無事故降復觶南之位

使二人舉觶于賓介。洗。升實觶于西階上。皆坐奠觶。遂拜。執觶興。賓介席末荅拜。皆坐祭。遂飲。卒觶。興。坐奠觶。遂拜。執觶興。賓介席末荅拜。二人亦主人之吏若有大夫則舉觶于賓與大夫燕禮曰媵爵者立于洗南西面北上序進盥洗 疏 使二至荅拜。○注二人至盥洗。○釋曰自此至無筭樂論賓主燕坐爵樂無數之事云賓介席末荅拜者賓於席西南面荅拜介於席南東面荅云二人亦主人之吏者亦上一人舉觶是主人之吏以其主人使之故知皆是主人之吏也云若有大夫則舉觶于賓與大夫者以其大夫尊於介故也引燕禮者證此二人舉觶將盥時亦於洗南西面北上以次盥手也

逆降洗。升實觶。皆立于西階上。賓介皆拜。於席末拜 疏 注於席末拜。○釋曰言席末拜者賓在席西南面介在席南東面以其俱是荅拜故同前席末拜也

皆進薦西奠之。賓辭。坐取觶以興。介則薦南奠之。介坐受以興。退皆拜送降。賓介奠于其所。賓言取介言受尊卑異文今文曰賓受 疏 皆進至其所。○釋曰言皆進者一人之賓所奠觶于薦西一人之介所奠觶于薦南。○注賓言至異文。○釋曰尊者得卑者物言取是以家語云定公假馬於季氏孔子曰君於臣有取無假故賓尊言取介卑言受也

司正升自西階。受命于主人。主人曰。請坐于賓。賓辭以俎。至此盛禮俱成酒清肴乾賓主百拜強有力者猶倦焉張而不弛弛而不張非文武之道請坐者將以賓燕也俎者肴之貴者辭之者不敢以禮殺當貴者 疏 司正至以俎。○釋曰云司正升自西階受命于主人此不言阼階上受案鄉射司正升自西階阼階上受命于主人適西階上北面請坐于賓則此亦同彼云主人曰請坐于賓者亦是

使司正傳語於賓也○注至此至貴者○釋曰自此以上皆立行禮人皆勞倦故請坐於賓也云酒清肴乾者案聘義云酒清人渴而不敢飲也肉乾人飢而不敢食也彼上云聘射之禮至大禮也則是聘射皆有飲酒禮故此鄉飲酒引之云賓主百拜者樂記文彼是飲酒禮與此同故引而相證但此鄉飲酒之禮雖無百拜舉全數而言也云強有力者亦聘義文言此者欲見自此以前未得安坐飲食也云張而不弛弛而不張非文武之道者此雜記文畧而言之此以弓弩喻行禮之法張而不弛以喻旅酬已前立行禮弛而不張喻無筭爵以後坐食一張一弛是文武之道張而不弛弛而不張非文武之道故後須坐也云俎者肴之貴者謂骨體貴而肉賤故云肴之貴者云辭之者不敢以禮殺當貴者自旅以前立行禮是盛自此後無筭爵坐以禮謂之殺故今將坐辭以俎不敢以禮殺當貴者案燕禮司正奠觶于中庭請徹俎而坐此禮司正監旅訖二人舉觶後將行無筭爵始請坐于賓不同者燕禮司正之前云二人致爵三舉旅得爵多故司正奠時即坐燕此禮由來未行旅酬故使二人舉觶徹俎後乃坐也

主人請徹俎。賓許。亦司正傳請告之

司正降階前。命弟子俟徹俎。西階前也弟子賓之少者俎者主人之吏設之使弟子俟徹者明徹俎賓之義疏司正降階○注西階至之義○釋曰云弟子賓之少者以其稱弟子故知是賓之少者西階前命之故知賓弟子賓敬主人而使弟子徹俎故云賓之義也

司正升立于席端。待事疏司正至席端○釋曰司正降階前命弟子徹俎訖即升立于席端弟子仍未徹俎故鄭云待事也

賓降席北面。主人降席阼階上北面。介降席西階上北面。遵者降席席東南面。皆立相須徹俎也遵者謂此鄉之人仕至大夫者也今來助主人樂賓主人所榮而遵法者也因以爲名或有無來不來用時事耳今文遵爲僎或爲全疏賓降階至南面○釋曰皆立者將取俎以授人遵不北面者以其尊故席東南面向主人○注皆立至爲全○釋曰云皆立相須徹俎也者須待也受俎之人一時徹而授之也云遵者謂此鄉之人仕至大夫者也以鄉射云大夫若有遵者入門左注云謂此鄉之人爲大夫者也謂之遵者方以禮樂化民欲其遵法之也既云大夫若有遵明士不得有遵又士立于下不得升堂故知此遵是大夫也云或有無者下文云賓若有遵言若者不定之辭故知或有或無也云來不來用時事耳者言來之與不來事在當時故云用時事耳

賓取俎還授司正。司正以降。賓從之。主人取俎還授弟子。弟子以降自西階。主人降自阼階。介取俎還授弟子。弟子以降。介從之。若有諸公大夫。則使人受俎如賓禮。衆賓皆降。取俎者皆鄉其席既授弟子皆降復初入之位疏賓取至皆降○釋曰主人取俎還授弟子弟子以降自西階案燕禮膳宰徹公俎降自阼階與此不同者彼公不降故宰夫降阼階此主人降自阼階故弟子降自西階也○注取俎至之位○釋曰云取俎者皆鄉其席者以其俎在席前鄉席取俎還轉授之故經皆言還授也云既授弟子皆降復初入之位者以其下云揖讓如初升故知此降時亦復初入之位位在東階西階相讓也

說屨揖讓。如初升坐。說屨者爲安燕當坐也必說於下者屨賤不空居堂說屨主人先左賓先右今文說爲稅疏說屨至升坐○釋曰自此以下至再拜論無筭爵飲酒禮終送賓之事也云如初升坐者謂賓主初入揖讓而升堂升堂雖同前則升堂立此則即席坐與前異也○注說屨至爲稅○釋曰云說屨者爲安燕當坐也者凡堂上行禮之法立行禮不說屨坐則說屨屨空則不宜陳於側故降說屨然後升坐也云說屨主人先左賓先右者曲禮云上於東階則先右足上於西階則先左足鄭注云近於相鄉敬也案玉藻著屨之法坐左納右坐右納左今之說亦北面鄉階主人先坐左賓先坐右亦取近爲相鄉敬之義也

乃羞。羞進也所進者狗胾醢也鄉設骨體所以致敬也今進羞所以盡愛也敬之愛之所以厚賢也疏乃羞○注羞進至賢也○釋曰知所進者狗胾醢者案下記云其牲狗禮記又云薦以羞不踰牲則所羞者狗胾也但醢是舊作之物諸經又不見以狗作醢則胾必狗也醢則當兼有餘牲也云鄉設骨體所以致敬也今進羞所以盡愛也者骨體貴人不食故云致敬胾醢賤人所食故云盡愛也

無筭爵。筭數也賓主燕飲爵行無數醉而止也鄉射禮曰使二人舉觶于賓與大夫又曰執觶者洗升實觶反奠於賓與大夫皆是疏無筭爵○注筭數至皆是○釋曰引鄉射禮者證此無筭爵從首至末更從上至下唯醉乃止鄭云皆是者從首至末皆是行無筭爵之義

無筭樂。燕樂亦無數或閒或合盡歡而止也春秋襄二十九年吳公子札來聘請觀于周樂此國君之無筭疏無筭樂○注燕樂至無筭○釋曰云燕樂亦無數者亦上無筭爵也案上升歌笙閒合樂皆三終言有數此即無也云或閒或合盡歡而止也者以其不言風雅故知或閒如上閒歌用小雅也或合用二南也言或閒或合者於後科用其一但不並用也引春秋者彼是國君禮此是大夫禮見其異也但無筭之樂還依尊卑用之案春秋爲季札所歌大雅與頌者但季札請觀周樂魯爲之盡陳又魯周公之後歌樂得與元侯同故無筭之樂雅頌並作也

賓出奏陔。陔陔夏也陔之言戒也終日燕飲酒罷以陔爲節明無失禮也周禮鍾師以鍾鼓奏九夏是奏陔夏則有鍾鼓矣鍾鼓者天子諸侯備用之大夫士鼓而已蓋建於阼階之西南鼓鄉射禮曰賓興樂正命奏陔賓降及階陔作賓出衆賓皆出疏賓出奏陔○注陔陔至皆出○釋曰云陔陔夏也者案周禮鍾師有陔夏故云陔陔夏也云周禮鍾師以鍾鼓奏九夏者案鍾師云凡樂事以鍾鼓奏九夏王夏肆夏昭夏納夏章夏齊夏族夏祴夏驁夏杜子春云王出入奏王夏尸出入奏肆夏牲出入奏昭夏四方賓來奏納夏臣有功奏章夏夫人祭奏齊夏族人侍奏族夏客醉而出奏陔夏公出入奏驁夏言以鍾鼓者庭中先擊鍾却擊鼓而奏此九夏故云是奏陔夏則有鍾鼓矣云鍾鼓者天子諸侯備用之者鍾師天子禮有鍾鼓大射諸侯禮亦具有鍾鼓故云天子諸侯備用之云大夫士鼓而已者案鄉射云不鼓不釋明無鍾可知此且語鍾鼓若用九夏則尊卑不同天子則九夏俱作諸侯則不用王夏得奏其肆夏以下大夫以下據此文用陔夏其餘無文云蓋建于阼階之西南鼓者據此奏陔夏之時其鼓約大射建鼓在阼階西南鼓而知無正文故云蓋彼注云鼓不在東縣南爲君也此鄉大夫無東縣直有一鼓而已故縣在阼階之西南鄉主人也引鄉射者證賓出遠近陔作之義云賓出衆賓皆出者經賓據正賓不言衆賓與介則賓出之時衆賓與介俱出可知

主人送于門外。再拜。門東西面拜也賓介不答拜禮有終也疏主人至再拜○注門東至終也○釋曰云門東西面拜也者此約主人迎賓之時門東西面拜今送賓還依此位立也云賓介不答拜禮有終也者於迎賓介時賓介答拜今送賓主人再拜若賓介答拜是行禮無終畢故賓介不答是禮有終也不言衆賓者迎送俱不拜故不言也

賓若有遵者。諸公大夫則既一人舉觶。乃入。不干主人正禮也遵者諸公大夫也謂之賓者同從外來耳大國有孤四命謂之公疏賓若至乃入○釋曰自此已下至不加席論鄉內有諸公大夫來觀禮主人迎之與行禮事也○注不干至謂之公○釋曰言不干主人正禮者正禮謂賓主獻酢是也是以一人舉觶爲旅酬始乃入若然即是作樂前入而於此篇末乃言之者以其無常或來或不來故於後言之也云遵者諸公大夫也者孤只一人而言諸者案鄭注燕禮云諸公者謂大國之孤也孤一人言諸者容牧下三監案王制云天子使其大夫監於方伯之國國三人王制所陳是殷法言容者周公制禮時因而不改故云容也云大國有孤四命者周禮典命文謂之公者若天子有三公也

席于賓東。公三重。大夫再重。席此二者於賓東尊之不與鄉人齒也天子之國三命者不齒於諸侯之國爵爲大夫則不齒矣不言遵者遵者亦鄉大夫疏席于至再重○注席此至大夫○釋曰言三重再重者席有地可依若衣裳在身一領即爲一重再重三重猶二領三領也云席此二者於賓東者賓在戶牖之閒酒尊又在戶東席此二者又在酒尊之東但繼賓而言耳云尊之不與鄉人齒也者鄉人謂衆賓之席在賓西故云不與鄉人齒案上注云此篇無正齒位之事今此言齒者彼云無正齒位者對黨正飲酒鄉人五十已上九十已下有齒法鄉飲酒貢士以德爲次故云無正齒位之禮此言齒者謂士已上來觀禮乃有齒法云天子國三命者不齒者案周禮黨正職云國索鬼神而祭祀則以禮屬民而飲酒于序以正齒位壹命齒于鄉里再命齒于父族三命不齒彼是天子黨正飲酒法故知天子之國三命不齒此是天子貢人鄉飲酒注鄭引之爲證者欲見天子鄉飲酒三命不齒同也云於諸侯之國爵爲大夫則不齒矣者以此篇及鄉射皆云若有大夫不辨命數故知爵爲大夫即不齒也皆謂鄉射鄉飲酒之禮若黨正飲酒則與此異案文王世子云其朝于公內朝則東面北上臣有貴者以齒下文云庶子治之雖有三命不踰父兄鄭注云治之者公族之禮也雖於內朝則然其餘會聚之事則與庶姓同又引黨正飲酒云一命齒於鄉里再命齒於父族三命不齒不齒者特爲位不在父兄行列中但文王世子是諸侯之法即諸侯黨正飲酒還與天子同但諸侯之一命已上至三命大夫士具有言一命齒於鄉里者公侯伯之士一命與堂下鄉人齒以其士立堂下故也子男之士不命與一命之士同齒於階下子男之大夫一命坐於上與六十已上齒於堂再命齒於父族者謂子男之卿與公侯伯之大夫以父族爲賓則與之齒異姓爲賓則不與之齒席於尊東三命不齒者謂公侯伯之卿雖父族爲賓亦不與之齒席於尊東也云不言遵者遵者亦鄉大夫者案上文賓若有遵者與諸公大者雖文異諸公大夫則遵也故鄭云遵者諸公大夫也明此經不言遵者亦鄉大夫可知

公如大夫入。主人降。賓介降。衆賓皆降。復初位。

主人迎揖讓升。公升如賓禮。辭一席。使一人

去之。如讀若今之若主人迎之於門內也辭一席謙自同於大夫【疏】公如至去之○釋曰此據諸公大夫入賓介與衆賓皆避之降復西階下東面位○注如讀至大夫○釋曰鄭曰如讀若今之若者前無大夫入直以大夫與主人爲禮是其當公則非當故鄭讀如今之若謂大夫之於公更無異禮矣云主人迎於門內者以經公如大夫主人不言出故知迎於門內也云辭一席謙自同於大夫者大夫再重公三重故辭去一席同於大夫再重

大夫則如介禮。有諸公則辭加席。委于席端。主人不徹。無諸公則大夫辭加席。主人對。不去加席。加席上席也大夫席再重【疏】大夫至加席○釋曰云大夫則如介禮者以其公如賓故大夫如介禮主人迎賓賓厭介此公與大夫同入公亦厭大夫故云大夫如介禮云有諸公則辭加席委於席端主人不徹者大夫再重是其正大夫以公在故謙委加席於席端主人不徹也○注加席至再重○釋曰云加席上席也者以其再重三重席皆一種故云上席也記云蒲筵緇布純明無異也以其鄉大夫賢者公與大夫來觀禮而已故俱加重數更無異席也公食大夫禮異國之客有別席是以公食大夫云宰夫設筵加席几又記云司宮具几與蒲筵常緇布純加萑席尋又上注云謂三命大夫也孤爲賓則莞筵紛純加繅席畫純是與當國之大夫異也燕禮云司宮筵賓于戶西東上無加席也者以其燕私故也大射云司宮設賓席于戶西南面有加席與公侯同者以其大射辨尊卑故也

明日賓服鄉服以拜賜。拜賜謝恩惠鄉服昨日與鄉大夫飲酒之朝服也不言朝服未服以朝也今文曰賓服鄉服【疏】明日至拜賜○注拜賜至鄉服○釋曰鄭知鄉服是朝服者下記云朝服而謀賓介是也此賓言鄉服其鄉射賓言朝服不同者案鄉射記云大夫與則以公士爲賓謂在朝著朝服是其常此賓是鄉人子弟未仕雖著朝服仍以鄉服言之故鄭云不言朝服未服以朝也

主人如賓服以拜辱。拜賓復自屈辱也鄉射禮曰賓朝服以拜賜于門外主人不見如賓服遂從之拜辱於門外乃退【疏】主人至拜辱○注拜賓至乃退○釋曰引鄉射者於此文不具故引以爲證明彼此賓主皆不相見造門外拜謝而已

主人釋服。釋朝服更服玄端也古文釋作舍【疏】主人釋服○釋曰自此已下至鄉樂唯所欲論後日息司正徵唯所欲更行飲酒之禮○注釋朝至作舍○釋曰言釋朝服更服玄端也者以其昨日正行賓舉飲酒之禮相尊敬故朝服此乃燕私輕故玄端勞也

乃息司正。息勞也勞賜昨日贊執事者獨云司正司正庭長也【疏】注息勞至長也○釋曰鄭云勞賜昨日贊執事者案下記云主人之贊者西面北上不與鄭注云主人之屬佐助主人禮事徹冪沃盥設薦俎者與及也不及謂不獻酒明此時勞可知今獨言司正司正是庭長故獨言之也

無介。勞禮略也司正爲賓【疏】注勞禮至爲賓○釋曰此勞時司正爲賓當立介以輔賓無介者勞禮略故也

不殺。市買若因所有可也不殺則無俎【疏】注市買至無俎○釋曰市買無正文鄭以意言之云不殺則無俎者其殺則俎以盛骨體既言不殺故知無俎也

薦脯醢。羞同也【疏】注羞同也○釋曰以其脯醢與正行飲酒同有此薦故云羞同也

羞唯所有。在有何物【疏】注在有何物○釋曰羞謂上文正行飲酒之時用狗胾今不殺故言羞唯所有也云在有何物者雜物皆是也

徵唯所欲。徵召也【疏】注徵召也○釋曰昨日正行飲酒不得喚親友故今禮食之餘別召知友故言徵唯所欲也

以告於先生君子可也。告請也先生不以筋力爲禮於是可以來君子國中有盛德者可者召不召唯所欲【疏】注告請至所欲○釋曰案曲禮云老者不以筋力爲禮此先生老人教學者故云先生不以筋力爲禮於是可以來也云君子國中有盛德者此君子即曲禮博聞強識敦善行而不殆謂之君子也又玉藻云居士錦帶鄭云居士道藝處士亦一也云可者召不召唯所欲者上文云徵唯所欲上下相成解也

賓介不與。禮瀆則褻古文與爲預【疏】注禮瀆至爲預○釋曰賓介昨日正行禮今又召之則是數數則瀆瀆則不敬故云禮瀆則褻是以不與

鄉樂唯欲。鄉樂周南召南六篇之中唯所欲作不從次也不歌鹿鳴魚麗者辟國君也【疏】注鄉樂至君也○釋曰云鄉樂周南召南者上注以二南爲鄉大夫之樂小雅爲諸侯之樂故知二南也但鄉燕同樂上正行飲酒歌小雅今燕不歌鹿鳴魚麗是避國君也

記。鄉朝服而謀賓介。皆使能不宿戒。鄉人謂鄉大夫也朝服冠玄端緇帶素韠白屨今郡國行鄉飲酒之禮玄端而衣皮弁服與禮異再戒爲宿戒禮將有事先戒而又宿戒【疏】記鄉至宿戒○釋曰上經直云主人與先生謀賓介不云服衣不云使能及不宿戒之事故記之也○注鄉人至宿戒○釋曰鄉人謂鄉大夫者以鄉大夫爲主人故知鄉大夫知朝服冠玄端緇帶素韠白屨者玄端即朝服之衣裳又與韠同色屨亦同裳色故知義然也云再戒爲宿戒禮將有事先戒而又宿戒者此即士冠先戒賓及宿是也此直戒而不宿與冠禮異

蒲筵緇布純。筵席也純緣也【疏】釋曰公食記云蒲筵常緇布純此不言常文不具也倍尋曰常丈六尺也

尊綌冪。賓至徹之。綌葛也冪覆尊巾

其牲狗也。狗取擇人

亨于堂東北。祖陽氣之所始也陽氣主養易曰天地養萬物聖人養賢以及萬民【疏】注祖陽至萬民○釋曰此據鄉飲酒義而言以正月三陽生之月萬物出地盛於東南故云祖陽氣之所始也引易頤彖辭者義取養賢能而賓舉之事也

獻用爵。其他用觶。爵尊不褻用之【疏】注爵尊不褻用之○釋曰案上獻賓獻衆賓等皆用一升之爵至酬及旅酬之等皆用三升之觶以獻爲初相敬故用爵以酬之等皆用爲相勸故用觶是以鄭云爵尊不褻用之也

薦脯五挺。橫祭于其上。出自左房。挺猶膱也鄉射禮曰祭半膱膱長尺有二十左在東陽也陽主養房饌陳處也冠禮之饌脯醢南上曲禮曰以脯脩置者左朐右末【疏】注挺猶至右末○釋曰此橫祭于其上者於脯爲橫於人爲縮其挺有五通祭者六故鄉射記云薦脯用籩五膱祭半膱橫于上膱長尺二寸則祭半膱者長六寸此脯不言長短者記文不具也云冠禮之饌脯醢南上者欲見此房中之饌亦南上也引曲禮者欲見此脯與曲禮脯羞雖朐挺有異其設之皆橫於人前鄭彼注云屈中曰朐以左手案之右手擘之便

俎由東壁。自西階升。亨狗既孰載之俎饌於東方【疏】俎由至階升○注亨狗至東方○釋曰亨狗於東方孰乃載之於俎饌陳於東壁既饌於東方恐由東階升故記辯之云自西階升也

賓俎脊脅肩肺。主人俎脊脅臂肺。介俎脊脅肫胳肺。肺皆離。皆右體進腠。凡牲前脛骨三肩臂臑也後脛骨二膞胳也尊者俎尊骨卑者俎卑骨祭統曰凡爲俎者以骨爲主骨有貴賤凡前貴後賤離猶捶也腠理也進理謂前其本也今文胳作骼【疏】賓主至進腠○注凡牲至作骼○釋曰此序體賓用肩主人用臂介用胳其間有臑肫在而介不用者蓋爲大夫俎故此闕焉是以鄉射記云賓俎脊脅肩肺主人俎脊脅臂肺注云賓俎用肩主人用臂尊賓也若有尊者則俎其餘體臑肫爲大夫明矣大夫雖尊不奪賓主正禮故用體無常若主人與賓而尊於介也或有介俎肫胳不言者欲見用體無常若有一大夫即介用肫若有二大夫則介用胳故肫胳兩見亦是也云一脛骨二膞胳也者此皆如特牲少牢不取殽也云祭統者據祭祀歸俎之法也此據飲酒生人之禮引之者取一邊骨有貴賤之義以其賓用肩主人用臂介用胳前貴於後也

以爵拜者不徒作。作起也言拜既爵者不徒起起必酢主人【疏】以爵拜者不徒作○注作起至主人○釋曰經直云以爵拜者不徒作鄭知拜既爵者不徒起起必酢主人者以其拜受爵者有不酢主人法故上經衆賓之長一人受爵而不酢主人故此是拜既爵起必酢主人者也

坐卒爵者拜既爵。立卒爵者不拜既爵。降殺各從其宜不使相錯唯工不從此禮【疏】坐卒至既爵○注降殺至此禮○釋曰以其工無目不使立卒爵雖坐卒爵不拜既爵與立卒爵者同故云唯工不從此禮也

凡奠者於左。不飲者不欲其妨【疏】凡奠者於左○注不飲至其妨○釋曰奠於左者謂主人酬賓之觶主人奠於薦右客不盡主人之歡奠之於左是不欲其妨後奠爵也

將舉於右。便也【疏】將舉於右○注便也○釋曰謂若上文一人舉觶爲旅酬始二人舉觶爲無筭爵始皆奠於右是其將舉者於右以右手舉之便也

衆賓之長。一人辭洗。如賓禮。於三人之中復差有尊者餘二人雖爲之洗不敢辭其下不洗【疏】衆賓至賓禮○注於三至不洗○釋曰此記上主人獻衆賓時主人揖升坐取爵于西楹下降洗爵衆賓長一人降亦進東向主辭洗如賓禮是於三人之中復差尊者得辭洗餘二人雖爲之洗不敢辭也云其下不洗者謂其堂下立者不爲之洗獻之而已

立者東面北上。若有北面者則東上。賢者衆寡無常也或統於堂或統於門【疏】立者至東上○注賢者至於門○釋曰此謂堂下立者鄉人賢者或多或少若少則東面北上統於堂也若多東面立不盡即門西北面東上統於門也

樂正與立者皆薦以齒。謂其飲之次也尊樂正同於賓黨不言飲而言薦以明飲也既飲皆薦於其位樂正位西階東北面【疏】樂正至以齒○注謂其至北面○釋曰云謂其飲之次也者謂樂正與立者以齒受旅是飲之次也云薦者以次先飲乃薦依飲之次而薦之故以明飲也必有飲薦相將者案上經云衆賓偏有脯醢鄭注云以尊獻於其位位在下此言樂正與立者皆薦以齒明受獻乃薦於衆賓在下者同也

凡舉爵三作而不徒爵。謂獻賓獻大夫獻工皆有薦【疏】凡舉至徒爵○釋曰徒空也謂獻賓獻大夫獻工○不空以爵獻之而

九九〇

已皆有薦脯醢樂作。大夫不入。後樂賢者。【疏】樂作大夫不入○注後樂賢者○釋曰大夫之入當一人舉觶之後未樂作之前以助主人樂賢若樂作之後後樂賢者故不入也獻工與笙。取爵于上篚。既獻奠于下篚。明其異器敬也如是則獻大夫亦然上篚三爵【疏】獻工至下篚○注明其至三爵○釋曰鄭知上篚三爵者以上經初主人獻賓時云取爵於篚降洗獻賓受酢主人奠爵于序端酬賓訖又取爵於東序端以獻介受酢訖奠爵於西楹南降三拜衆賓訖猶升取爵于西楹下獻堂上堂下衆賓訖主人以爵降奠于篚是其上篚一爵也此記又云獻工與笙取爵于上篚既獻奠于下篚是上篚二爵也又鄉射禮獻大夫云主人揖讓以大夫升拜至大夫荅拜主人以爵降洗獻大夫此篇亦有大夫故知上篚有三爵也其笙則獻諸西階上。謂主人拜送爵也於工拜于阼階上者以其坐於西階東也古文無上【疏】其笙至階上○注謂主至無上○釋曰上經主人獻笙于西階上此記人又言之也為拜送送爵而言也故鄭云主人拜送爵也云於工拜于阼階上者以其坐於西階東也者以工坐於西階東主人不得西階上拜送爵故也此笙在西階獻於西階工嫌亦阼階拜送故此明之也磬階間縮霤。北面鼓之。縮從也霤以東西為從鼓猶擊也大夫而特縣方賓鄉人之賢者從士禮也射則磬在東古文縮為蹙【疏】磬階至鼓之○注縮從至為蹙○釋曰言大夫而特縣者案周禮小胥半為堵全為肆鄭注云鍾磬者編縣之二八十六枚而在一虡謂之堵鍾一堵磬一堵謂之肆半之者謂諸侯之卿大夫士也諸侯之卿大夫西縣鍾東縣磬今諸侯卿大夫合鍾磬俱有今直云磬是以鄭云大夫而特縣方賓鄉人之賢者從士禮也云射則磬在東者據鄉射而言避射位故在東與此階間異也主人介。凡升席自北方。降自南方。席南上升由下降由上由便【疏】主人至南方○注席南至由便○釋曰案曲禮云席南鄉北鄉以西方為上東鄉西鄉以南方為上鄭注云坐在陽則上左在陰則上右是以主人與介席南方為上故升由下降由上者便也若然席坐在陛以東為上者統於主人也司正既舉觶而薦諸其位。司正主人之屬也無獻因其舉觶而薦之【疏】司正至其位○注司正至薦之○釋曰案下文云主人之贊者西面北上不與無筭爵然後與是其無獻也故因舉觶薦諸其位凡旅不洗。敬禮殺也【疏】○凡旅不洗○注敬禮殺也○釋曰案上二人舉觶皆為旅始不可不自絜故洗自此以後旅酬皆不洗故云凡旅不洗也不洗者不祭。不甚絜也既旅。士不入。後正禮也既旅則將燕矣【疏】既旅士不入○注後正至燕矣○釋曰旅謂旅酬所酬獻皆拜受故云正禮既旅之後無筭爵行燕飲之法非正禮故士不入後正禮故也徹俎。賓介遵者之俎。受者以降。遂出授從者。以送之【疏】徹俎至從者○釋曰以上文正經賓介遵者之俎直云降自西階無出之文故記之上之必授從者以其已所當得也主人之俎以東。藏於東方【疏】主人之俎以東○注藏於東方○釋曰已上文三云主人授弟子俎弟子以降自西階不言以東故記人辨之云藏於東方者以其主人故云藏之樂正命奏陔。賓出至于階。陔作。【疏】樂正至陔作○釋曰陔謂陔夏○詩篇名命擊鼓者賓降自西階恐賓醉失禮故至階奏之若有諸公。則大夫於主人之北西面。其西面者北上統於公【疏】若有至北面○注其西至於公○釋曰若無諸公則大夫南面西上統於遵也主人之贊者西面北上不與。贊佐也謂主人之屬佐助主人禮事徹鼎沃盥設薦俎者西面北上統於堂也與及也不及謂不獻酒【疏】主人至不與○注贊佐至獻酒○釋曰云西面北上統於堂也者以其主人之屬故也無筭爵。然後與。燕乃及之【疏】注燕乃及之○釋曰以其主人之屬非主人所敬故無筭爵乃得酒也

儀禮卷第四　經二千六百三十八 注三千九百三十八

儀禮疏卷第十

元缺第七葉今補

儀禮注疏卷十挍勘記　阮元撰盧宣旬摘録

賓北面

謂不及獻酒　浦鏜云及字當衍文

故鄭君連引無算爵旅酬　通解要義同毛本爵下有與字

主人西階上酬介

其酬酌介實觶　介閩本作并

司正升

則以且字別之　毛本且字作其序徐本作且字與此本合是也集釋作某字通解作且序楊氏敖氏俱作其字皆非也

衆受酬者

今文無衆酬者　毛本者作也徐氏集釋通解俱作者與此本標目合○按衆字疑當作受

幷堂下衆賓　通解要義同毛本下作上

辯卒受者　辯唐石經作辨

引鄉射者　引監本誤作升

司正升自西階

至大禮也　毛本也誤作曰

未得安坐飲食也　食要義作酒

喻無算爵以後坐食　盧文弨改食為飲

坐以禮謂之殺　浦鏜云行誤以

司正升立于席端　席唐石經楊氏敖氏俱作序徐本集釋通解毛本俱作席石經考文提要曰鄉射禮亦云升立于序端○按疏內標目云司正至席端疏云卽升立于席端皆誤也然單疏本已如是則誤久矣非始于通解

賓降席北○遵者降席席東南面　唐石經徐本集釋通解楊氏敖氏俱重席字石經考文提要曰鄉射禮大夫降席席東南面大夫卽遵者也亦疊席字毛本不疊

賓降階至南面　階字疑衍或是席字之誤毛本無階字

言來之與不來　毛本之作者

賓取俎○則使人受俎　受唐石經集釋俱作授

說屨

屨賤不空居堂　空楊本作宜

然後升坐也　閩本通解要義同毛本坐作堂

無筭爵　唐石經徐監同毛本筭作算案此二字諸本錯出後不悉挍

使二人舉觶于賓　徐監葛本集釋通解同毛本二作主楊氏作一

賓出奏陔

此且語鍾鼓　要義作此且論鼓

賓若有遵者

至不加席　浦鏜云不下脫去字

正禮謂賓主獻酢是也　閩本無正禮二字

席于賓東

以德為次　次閩本作比

此是天子貢人鄉飲酒法　此要義作彼

一命已上至三命　毛本至誤作三

與六十已上齒於堂　通解要義同毛本無與字

公如大夫入○使一人去之　敖氏作主人去之

是其當公則非當　兩當字盧文弨俱改常

大夫則如介禮

以其鄉大夫賢者　賢上閩本有貢字擠入

又上注云　浦鏜云下誤上

明日賓服鄉服以拜賜　通解敖氏俱無上服字朱子曰注云今文曰賓服鄉服明古經文無服今

有之衍文也

主人如賓服以拜辱

拜賓復自屈辱也復集釋楊氏俱作服張氏曰注曰拜賓服自屈辱也按釋文復扶又反近湖北本作腹訛益甚○按張氏以嚴本爲據楊氏又沿嚴本之誤徐鍾俱不誤

主人釋服

王鄉樂唯所欲浦鏜云所衍字

故元端勞也通解毛本無勞字

無介

勞禮略也毛本略下有故字閩本作勞禮殺也

薦脯醢

羞同也按敖氏注云薦同也雖非引鄭注然竊疑鄭注羞字亦薦字之誤

以告于先生君子可也

則曲禮博聞強識閩本要義同毛本則作即

賓介不與

禮瀆則褻徐本集釋通解楊氏俱作褻與疏合毛本褻作變

古文與爲預預徐本集釋俱作豫毛本通解作預

鄉朝服而謀賓介

先戒而又宿戒又徐本集釋俱作又與疏合通解楊氏毛本俱作復張氏曰注曰先戒而又宿戒按釋文復字注曰而復同此又必復字也

鄉人至宿戒按人當作鄉

尊綌冪冪宋本釋文作冪按當以冪爲正

薦脯五挺釋文云挺本亦作脡同

挺猶膱也按今本釋文云猶膱本亦作樴宋本云猶樴本亦作膱張淳識誤載樴字而缺其說蓋從釋文作從木之樴也

左在東徐本集釋通解楊氏同毛本在上無左字

以脯脩置者毛本徐本脩誤作修

與曲禮脯羞盧文弨改羞爲脩

俎由東壁壁唐石經作辟誤

賓俎脊脅肩肺○介俎脊脅肫胳肺胳上唐石經徐本集釋楊氏俱有肫字毛本通解敖氏無朱子曰印本胳上有肫字然釋文無音疏又云有臑肫而介不用明本無此字也成都石經亦誤今據音疏刪去敖氏曰疏云或有肫胳兩言者云則是作疏之時或本已有兩言肫胳二字者矣是蓋後人妄增之而當時無有是正之者故二本並行其後石經與印本但以或本爲據所以皆誤○按賈云肫胳兩見亦是也又前疏云下有介俎脊脅肫胳仍有肫字則賈氏所據之本雖無肫字亦不以有肫爲非　進腠釋文作奏云本又作腠同

膊胳也盧文弨改膊爲膊按膊即肫字說文肫面頯也从肉屯聲膊切肉也从肉專聲皆非脛骨之義蓋假借用之專屯同音膊肫同字今注疏刊本俱誤作膞膊以專爲聲不得與肫通用周禮醢人豚拍杜子春讀爲膊

以骨爲主徐本集釋通解敖氏同毛本主作上

謂前其本也集釋無其字

蓋爲大夫俎毛本爲作以

或有介俎肫胳不言者不敖氏引作兩

此據飲酒生人之禮毛本生作主

坐卒爵者

以其工無目閩本無其字

不使立卒爵通解不上有故字

將舉於右

爲旅酬始通解要義楊氏同毛本始作使

樂正與立者

以明飲也以下集釋敖氏俱有薦字

樂作

後樂賢者毛本後上有則字監本脫則字閩本後下有於字

其笙

此記人又言之也毛本也作者此本與閩本誤作也

爲拜送送爵而言也毛本通解不重送字按重者非也

磬

言大夫而特縣者案周禮小胥半爲堵全爲肆小上周禮二字從要義補入毛本云鄭知此是諸侯之卿大夫者案春官小胥掌樂縣之法而云凡縣鐘磬半爲堵全爲肆此乃篇首鄭目錄下疏文通解移置於此而毛本誤從之

鐘磬者縮縣之要義同毛本縣下無之字浦鏜云編誤縮按浦云是也通解亦作編縣無之字

與此階間異也毛本此作兩

既旅士不入

所酬獻皆拜受通解要義同毛本皆下有拜送二字閩本無獻字

徹俎

以送之徐本集釋同毛本無以字通解未刻

若有諸公

統於遵也遵閩本通解俱作賓

主人之贊者

以其主人之屬故也閩本要義同毛本之作自

儀禮疏卷第十一　　儀禮卷第五

唐朝散大夫行大學博士弘文館學士臣賈公彦等撰

鄉射禮第五

（疏）鄉射禮第五○鄭目錄云州長春秋以禮會民而射於州序之禮謂之鄉者州鄉之屬鄉大夫或在焉不改其禮射禮於五禮屬嘉禮大戴十一小戴及別錄皆第五○釋曰鄭云州長春秋以禮會人而射於州序者周禮地官州長職文也鄭引之者證此鄉射是州長射法云謂之鄉者欲見州長射得名鄉射之意云州鄉之屬者周禮大司徒職云五州為鄉是州屬鄉故云州鄉之屬云鄉大夫或在焉者一鄉管五州鄉大夫或宅居一州之內則鄭注禮記云或則鄉之所居州黨而鄉大夫來臨此射禮是為鄉大夫在焉則名鄉射又鄉大夫三年大比與賢者能者詑而以鄉射之禮五物詢眾庶亦行此州長射禮以詢之亦是鄉大夫在焉故名為鄉射云不改其禮者雖鄉大夫在其禮仍依州長射禮故云不改其禮案經鄉大夫射於庠云堂則由楹外又云堂則物當楣又云大夫用兕中其禮與士射於序別而云不改者大射鄉大夫士射先行鄉飲酒禮及未旅而射為不改其賓亦有少異也鄭云射禮於五禮屬嘉禮者案周禮大宗伯云以嘉禮親萬民下有以賓射之禮親故舊朋友故知屬嘉禮也

儀禮　鄭氏注

鄉射之禮。主人戒賓。賓出迎再拜。主人荅再拜。乃請。主人州長也鄉大夫若在焉則稱鄉大夫也戒猶警也語也出迎出門也請告也告賓以射事不言拜辱此為習民以禮樂不主為賓已也不謀賓者時不獻賢能事輕也今郡國行此禮以季春周禮鄉老及鄉大夫三年正月獻賢能之書於王退而以鄉射之禮五物詢眾庶諸侯之鄉大夫既貢士於其君亦用此禮射而詢眾庶乎（疏）鄉射至乃請○釋曰自此至無介論州長將射先戒賓之事案大射前三日宰夫戒宰及司馬又射前一日樂人宿縣此不言日數則戒賓與射同日矣禮同鄉飲酒也以其鄉射先行鄉飲酒鄉飲酒戒賓與飲酒同日知此鄉射戒賓與射亦同日也○注主人至庶乎○釋曰案鄉大夫是諸侯鄉大夫則此州長亦諸侯之州長以士為之是以經云釋獲者執鹿中記云士鹿中是皆為此州長射而言是諸侯州長可知若天子州長中大夫為之若然記云大夫兕中者為鄉大夫詢眾庶而言也云鄉大夫若在焉則稱鄉大夫也者謂大夫來臨禮之時州長戒賓不自稱稱鄉大夫以戒賓也云出迎出門也者謂出序之學門亦如鄉飲酒出庠門皆有一門入門即至堂耳云不言拜辱者此為習民以禮樂不主為賓已也者對鄉飲酒主人戒賓賓拜辱者彼為賓也非為習民以禮樂故也云不謀賓者時不獻賢能事輕也者還決鄉飲酒獻賢能故須就先生而謀賓介禮重對此不獻賢能為輕故不謀賓也云今郡國行此禮以季春者漢時雖無諸侯國而置郡為守其王之子弟猶名國其君曰相故鄭注禮記云如今從大守相臨之禮是也引之者證時節與周異也云周禮至眾庶皆周禮鄉大夫職文引之者證此鄉射中兼有鄉大夫行射禮故有射於堂及兕中之事云五物者案彼云一曰和二曰容三曰主皮四曰和容五曰興舞鄭注云和載六德容包六行也庶民無射禮因田獵分禽則有主皮主皮者張皮射之無侯也主皮和容與舞則六藝之射與禮樂與當射之時民必觀焉因詢之也是也鄭云和載六德者和是六德之下六德大故舉下以載上也容為孝者人有孝行則性行含容故以孝為容孝是六行中之大故舉上以包下故云容包六行也云主皮六藝之射者但六藝中射總言諸射不事據主皮但三物教萬民射唯有主皮此詢眾庶不兼士已上故以主皮為六藝之射以和容為禮者禮之用和為貴又行禮有容儀是以漢時謂禮為容故以禮為和容也以樂為興舞者為樂必興舞故興舞以表樂也若然六德與六行在身所有故可舉少以兼多六藝施於外非獨身所行不可舉一以包六但六者之中御與書數三者於施化民為續之特舉禮樂與射而言之鄭以主皮和容興舞非射及禮樂之正名故云乎以疑也

賓禮辭許。主人再拜。賓荅再拜。主人退。賓送再拜。退還射宮省錄射事（疏）注退還至射事○釋曰射宮者鄉庠州序是也知省錄射事者即下文云乃張侯之等是也下言飲酒之事知不為飲酒事者以飲酒者止為射事故以射為主也

無介。雖先飲酒主於射也其序賓之禮略（疏）無介○注雖先至禮略○釋曰鄭云雖先飲酒者自此已下先言飲酒獻後乃射是以禮記射義云古者諸侯之射也必先行燕禮卿大夫士之射也必先行鄉飲酒之禮是也但鄉飲酒之禮有介一人以輔賓此無介者主於射序賓之禮略故無介以輔賓也

乃席賓南面東上。不言於戶牖之閒者此射於序（疏）乃席至東上○注不言至於序○釋曰自此以下至羹定論將射預前設席位尊罍樂懸及張侯之事也云不言於戶牖之間者此射於序者決鄉飲酒在庠以其序無室序有室此據州長射於序以其無室無戶牖設席亦當戶牖之處耳言東上亦主人在東故席端在東不得以曲禮席南向北向西方為上因陰陽解之也

眾賓之席繼而西。言繼者甫欲習眾庶未有所殊別（疏）眾賓至而西○注言繼至殊別○釋曰甫始也言始欲習眾庶未有所殊別此決鄉飲酒三賓之席不屬殊別彼有德之人故各自特不繼有所殊別

席主人於阼階上西面。阼階東階

尊於賓席之東。兩壺斯禁。左玄酒。皆加勺。篚在其南東肆。斯禁禁切地無足者也設尊者北面西曰左尚之也肆陳也（疏）尊於至東肆○注斯禁至陳也○釋曰云斯禁禁切地無足者也者案州長是士應言禁制不言者其中兼有卿大夫禮故舉大夫斯禁與鄉飲酒同云設尊者北面西曰左尚之也者經云左玄酒據人設尊北面故以西為左若據酒則以南面為正地道尊右以西為右玄酒在右故云尚之若然云左據設尊又云尚之據酒尊也

設洗于阼階東南。南北以堂深。東西當東榮。水在洗東。篚在洗西南肆。榮屋翼也

縣于洗東北西面。此縣謂磬也縣於東方辟射位也但縣磬者半天子之士無鍾（疏）注此縣至無鍾○釋曰云此縣謂磬也者對大射縣鍾磬鎛具有也云縣於東方辟射位也者此言決鄉飲酒無射事縣於階間也云但縣磬者半天子之士無鍾者案周禮小胥職云半為堵全為肆鄭云鍾磬者編縣之二八十六枚而在一虡謂之堵鍾一堵磬一堵謂之肆半之者謂諸侯之卿大夫士也諸侯之卿大夫半天子之卿大夫天子之卿大夫判縣東西各有鍾磬為肆諸侯之卿大夫判縣者分一肆於兩廂東縣磬西縣鍾若天子之士特縣者直東廂有鍾磬二虡為一肆諸侯之士分取磬而已縣於東方為特縣故云無鍾對大夫及天子之士有鍾若然此既兼鄉大夫詢眾庶當為判縣宜有鍾而總云無鍾者方以禮樂化民雖大夫亦同士特縣也若鄉飲酒方賓鄉人之賢者從士禮也其天子諸侯鍾磬鎛具卿大夫天子士已下亦無鎛知者以其諸侯卿大夫士半天子卿大夫士若有鎛添鍾磬為三半不得故知卿大夫已下皆無鎛也

乃張侯下綱。不及地武。侯謂所射布也綱持舌繩也武迹也中人之迹尺二寸侯象人綱即其足也是以取數焉（疏）乃張至地武○注侯謂至數焉○釋曰此已下論預張侯之事鄭知侯用布案下記云獸侯二大夫士皆言布侯則餘賓射大射其侯皆用布此鄉射采侯二正亦用布可知云綱持舌繩也者周禮梓人云上綱與下綱出舌尋縱寸焉注云綱所以繫侯於植者也故云綱持舌繩也云武迹也中人之迹尺二寸者無正文蓋目驗當時而言似也云中人定抿圍九寸也漢禮云五武成步步六尺或據此而言也云侯象人者案鄭注梓人云上下皆出舌一尋者亦人張手之節也以其張侯之法下兩舌半上舌兩頭網皆出一尋即是上廣下狹象人張足六尺張臂八尺故云象人也云綱即其足也者謂經下綱象足云是以取數焉者以下綱象足張之六尺是取數於武也

不繫左下綱。中掩束之。事未至也（疏）不繫至束之○注事未至也○釋曰案下記云東方謂之右个注云侯以向堂為面也則此左下綱以西畔而言云中掩束之者案記云鄉侯一丈倍中以為躬躬二丈倍躬以為左右舌舌四丈兩舌各出一丈又云下舌半上舌則左右各出五尺今將此五尺與下綱不繫者中掩左廂向東待將射乃解之故云事未至也

乏參侯道。居侯黨之一。西五步。容謂之乏所以為獲者御矢也侯道五十步此乏去侯北十丈西三丈（疏）乏參至五步○注容謂至三丈○釋曰乏參侯道者謂三分侯道云居侯黨之一者黨旁也謂在侯西北邪向之故以旁言之其居旁之一者謂侯道內三分之居一分之地十丈也云西五步者據侯之正北落西有五步即三丈也云容謂之乏者案周禮射人職云王以六耦射三侯三獲三容五正彼據王三侯有三容者以革為之可以容身故云容也云乏者謂矢於此匿乏不去故云乏也云獲者御矢也者謂唱獲者恐矢至身故云獲者御矢也云侯道五十步者記云鄉侯五十弓弓之下制六尺與步相應故鄭云步也云此乏去侯北十丈者五十步計之步六尺五十步則三十丈三分取一為十丈云西三丈者經云西五步五六三十故云三丈也遠近如此者一得避矢一得去堂二十丈聞唱獲聲是其節也

羹定。肉謂之羹定猶孰也謂狗孰可食（疏）羹定○注肉謂至可食○釋曰云謂狗孰者此與鄉飲酒同亨狗於東方是也

主人朝服乃速賓。賓朝服出迎再拜。主人荅再拜。退。賓送再拜。速召也射賓輕也戒時玄端今郡國行此鄉射禮皮弁服與禮為異（疏）主人至再拜○釋曰自此至當楣北面荅再拜論主召賓從己之事此主人與賓俱朝服案鄉飲酒賓主俱不言服者以彼賓禮重故戒與速賓俱朝服故不言此習禮輕是故戒時玄端召時乃朝服故須言之也必此戒時玄端者見公食大夫云賓朝服即位于大門外如聘注云於是朝服則初時玄端宜與彼同皆是戒時不言服後速時朝服故知此亦戒時玄端矣且鄉飲酒戒速俱不言服知皆朝服者下記云鄉朝服而謀賓介是也云今郡國

已下引之者，欲見與周異也。賓及衆賓遂從之。及門。主人一相。出迎于門外。再拜。賓荅再拜。相，主人家臣，擯贊傳命者。〔疏〕賓及至再拜。○注相主至命者。○釋曰：鄉飲酒云賓及衆賓皆從之，彼衆介，故云皆；此無介，故不言皆也。云主人一相出迎于門外，注與鄉飲酒同，此亦主人自迎而言一相者，使之傳賓言兼相禮也。揖衆賓。差卑，禮宜異。〔疏〕揖衆賓。○注差卑禮宜異。○釋曰：此賓與衆賓同是鄉人無爵者，而云差卑者，雖據立爲賓者尊，衆賓即不爲卑，不論有爵無也。云禮宜異者，賓則拜之，衆賓則揖之，是其異也。主人以賓揖先入。以，猶與也。先入，入門右，西面。〔疏〕主人至先入。○注以猶至西面。○釋曰：云以猶與者，案左氏傳云蔡人以吳子與楚人戰于柏舉，彼以者，能東西之曰以，以謂驅使前人之稱。此言嫌有驅使之稱，故以爲與，謂主人與賓是以爲平敵之義，故須訓之。云先入入門右西面者，此注亦與鄉飲酒同，以其賓入東面，故西面待之。賓厭衆賓。衆賓皆入門左。東面北上。賓少進。引手曰厭。少進，差在前也。今文皆曰揖衆賓。〔疏〕賓厭至少進。○注引手至衆賓。○釋曰：此經亦與鄉飲酒同，此云賓少進，彼亦宜然，不言者，文不具也。主人以賓三揖。皆行。及階。三讓。主人升一等。賓升。三讓而主人先升者，是主人先讓於賓。不俱升者，賓客之道，進宜難也。〔疏〕主人至賓升。○注三讓至難也。○釋曰：言皆行者，賓主既行，衆賓亦行，故云皆行。鄉飲酒亦皆行，不言者，文畧也。知主人先讓於賓者，經以其主人之法先升導賓，賓後升，進宜難，禮之常然，故知主人先讓賓也。此先升一等，禮之常；燕禮君升二等者，尊君故也。主人阼階上。當楣。北面再拜。賓西階上。當楣。北面荅再拜。主人拜賓至此堂。〔疏〕注主人拜賓至此堂。○釋曰：知拜是拜至者，鄉飲酒義云拜至、拜洗，公食亦云當楣北鄉再拜，故知拜是拜至。主人坐取爵於上篚以降。將獻賓也。〔疏〕主人至以降。○注將獻賓也。○釋曰：自此至主人阼階上荅拜，論主人獻賓之事。凡取爵于篚以降者，皆是上篚。鄉飲酒不言上者，文畧也。賓降。從主人也。主人阼階前西面坐奠爵。興。辭降。重以主人事煩賓也。今文無阼階。賓對。對，荅。〔疏〕賓對。○注對荅。○釋曰：鄉飲酒注云賓主之辭未聞，此不注，從可知。主人坐取爵興。適洗南面。坐奠爵于篚下。盥洗。盥手又洗爵，致絜敬也。古文盥皆作浣。賓進東北面辭洗。必進者，方辭洗，宜違位也。言東北面，則位南於洗矣。主人坐奠爵于篚。興對。賓反位。反，從降之位也。鄉飲酒曰當西序東面。主人卒洗。壹揖壹讓。以賓升。賓西階上。北面拜洗。主人阼階上。北面奠爵。遂荅拜。乃降。乃降，將更盥也。古文壹皆作一。賓降。主人辭降。賓對。主人卒盥。壹揖壹讓升。賓升西階上疑立。疑，止也。有矜莊之色。〔疏〕注疑止至之色。○釋曰：鄉飲酒注疑讀爲疑然從於趙盾之疑，疑正立自定之貌。此言疑止也，有矜莊之色，二注相兼乃具也。主人坐取爵。實之賓席之前。西北面獻賓。進酒於賓也。凡進物曰獻。〔疏〕注進酒至曰獻。○釋曰：云凡進物曰獻者，欲見此賓乃是鄉民而已，無尊卑上下，猶言獻者，此獻直是進物而言獻，進之也。案周禮玉府注云古者致物於人，尊之則曰獻，彼據尊敬前人，雖卑亦曰獻，若齊侯獻捷於魯之類，義與此別也。賓西階上北面拜。主人少退。少退，猶少辟也。〔疏〕注少退猶少辟也。○釋曰：鄉飲酒文與此同。注云少退，少辟，及下文云賓少退，注云少退，逡遁，義亦與此同。賓進受爵于席前。復位。復位，西階上位。主人阼階上拜送爵。賓少退。薦脯醢。薦，進。賓升席自西方。賓升降由下也。〔疏〕注賓升降由下也。○釋曰：凡席升由下，降由上。下文降席不由上者，以主人在東，敬主人，不得降由上，又於席西拜，便使升降皆由下，故云賓升降由下也。乃設折俎。牲體枝解節折，以實俎也。主人阼階東疑立。賓坐左執爵。右祭脯醢。奠爵于薦西。興。取肺。坐絕祭。郤左手執本，右手絕末以祭也。肺離，上爲本，下爲末。〔疏〕注郤左至爲末。○釋曰：鄭皆約鄉飲酒知之也。尚左手嚌之。嚌，嘗也。右手在下，絕以授口嘗之。興。加于俎。坐挩手。執爵。遂祭酒。興。席末坐啐酒。挩，拭也。啐，嘗也。古文挩作說。降席。坐奠爵。拜告旨。降席，席西也。旨，美也。執爵興。主人阼階上荅拜。賓西階上北面坐卒爵。興。坐奠爵。遂拜。執爵興。卒，盡。主人阼階上荅拜。賓以虛爵降。將洗以酢主人。〔疏〕賓以虛爵降。○注將洗以酢主人。○釋曰：自此至賓西階上荅拜，論賓酢主人之事。鄉飲酒不言虛爵，直云降洗，此直云虛爵降，不言洗，互見爲義，相兼乃具也。主人降。從賓也。降立阼階東，西面，當東序。〔疏〕注從賓至東序。○釋曰：皆鄉飲酒文也。賓西階前東面坐奠爵。興辭降。主人對。賓坐取爵適洗。北面坐奠爵于篚下。興盥洗。賓北面盥，洗自外來。〔疏〕注賓北至外來。○釋曰：對主人自內出，南面是也。上文主人坐取爵適洗南面是也。主人阼階之東南面辭洗。賓坐奠爵于篚。興對。主人反位。反位，從降之位也。主人辭洗進。〔疏〕注反位至洗進。○釋曰：云反位從降之位也者，即上東序之西南面位。云主人辭洗進者，經直言反不言進，鄭以言反位由前進，乃反位，故鄭却本之主人辭洗進也。賓卒洗。揖讓如初升。〔疏〕賓卒至初升。○釋曰：言如初，則亦一揖一讓也。主人拜洗。賓荅拜。興。降盥。如主人之禮。賓升。實爵主人之席前。東南面酢主人。酢，報。主人阼階上拜。賓少退。主人進受爵。復位。賓西階上拜送爵。薦脯醢。主人升席自北方。乃設折俎。祭如賓禮。祭薦俎及酒，亦嚌啐。不告旨。酒，己物。自席前適阼階上。北面坐卒爵。興。坐奠爵。遂拜。執爵興。賓西階上北面荅拜。自由也。啐酒於席末，由前降便也。〔疏〕注自由至便也。○釋曰：鄭知義然者，亦約鄉飲酒得知也。主人坐奠爵于序端。阼階上再拜崇酒。賓西階上荅再拜。序端，東序頭也。崇，充也。謝酒惡相充滿也。〔疏〕主人坐奠爵于序端。○釋曰：奠爵于序端，此擬下獻衆賓，故云取爵于序端，與鄉飲酒同也。主人坐取觶于篚以降。將酬賓。〔疏〕主人至以降。○注將酬賓。○釋曰：自此至當西序，論酬賓之事。賓降。主人奠觶辭降。賓對。東面立。主人坐取觶洗。賓不辭洗。不辭洗，以其將自飲。卒洗。揖讓升。賓西階上疑立。主人實觶酬之。阼階上北面坐奠觶。遂拜執觶興。酬，勸酒。賓西階上。北面荅拜。主人坐祭。遂飲。卒觶。興。坐奠觶。遂拜執觶興。賓西階上北面荅拜。主人降洗。賓降辭。如獻禮。以將酌己。〔疏〕注以將酌己。○釋曰：鄭言此者，前不辭洗，主人自飲，至此辭洗，以將酌己，故辭也。升不拜洗。酬禮殺也。賓西階上立。主人實觶賓之席前。北面。酬賓。賓西階上拜。主人坐奠觶于薦西。賓辭。坐取觶以興。反位。賓辭，辭主人復親酌己。〔疏〕注賓辭至酌己。○釋曰：此射前獻時親酌己，今復親酌己。主人阼階上拜送。賓北面坐奠觶于薦東。反位。酬酒不舉。〔疏〕主人阼階上拜送。○注酬酒不舉。○釋曰：鄉飲酒注引曲禮不盡人之歡之事，此不言，亦從鄭注可知。主人揖降。賓降。東面立于西階西。當西序。主人將與衆賓爲禮，賓謙不敢獨居堂。主人西南面。三拜衆賓。衆賓皆荅壹拜。三拜，示徧也。壹拜，不備禮也。獻賓畢，乃與衆賓拜，敬不能並。〔疏〕主人至壹拜。○注三拜至能並。○釋曰：云三拜示徧也經者，衆賓無問多少，止爲三拜而已，是示徧也。云壹拜不備禮也者，衆賓人皆一拜，是拜不備禮。此亦荅大夫拜，注以其此禮中含卿大夫法，若荅士拜則亦再拜，見於特牲也。云獻賓畢乃與衆賓拜者，自爾來雖與賓

拜未與衆賓拜今始拜之故云敬不能並主人揖升。坐取爵于序端。降洗。升實爵西階上。獻衆賓。衆賓之長升。拜受者三人。長其老者言三人則衆賓多矣國以多德行道藝爲榮何常數之有乎【疏】主人至三人。注長其至有乎。釋曰衆賓之長升拜受者三人此雖非賓賢能其衆亦三人在堂上與鄉飲酒數同其堂上衆賓無定數故鄭云言三人則衆賓多矣云國以多德行道藝爲榮者案周禮大司徒以鄉三物教萬民一曰六德二曰六行三曰六藝此既鄉人則德行亦據六德六行道藝則六藝也此並與鄉飲酒賓介與衆賓之類並來與在射中是以孔子射於矍相之圃觀者如堵墻彼亦據孔子爲鄉大夫習人以禮樂之射至於誓之於後僅有存焉亦無常數之事也。主人拜送。送拜爵於衆賓右【疏】主人拜送。注拜送至賓右。釋曰知在衆賓右者約鄉飲酒獻衆賓皆於西階上賓右知之也坐祭立飲。不拜。既爵。授主人爵。降復位。既盡【疏】坐祭至復位。釋曰此還上三人者降復賓南東面位。衆賓皆不拜。受爵。坐祭。立飲。自第四已下又不拜受爵禮彌畧【疏】衆賓至立飲。注自第至彌畧。釋曰此謂堂下衆賓無數者故鄭云自第四以下云又不拜受爵禮彌畧者三賓雖坐祭立飲不拜既爵仍拜受此衆賓非直坐祭立飲不拜既爵又不拜受爵故云禮彌畧也每一人獻。則薦諸其席。諸於【疏】每一至其席。釋曰此還據堂上三人有席者故云薦諸其席謂席前也。衆賓辯有脯醢。薦於其位【疏】衆賓辯有脯醢。注薦於其位。釋曰還據堂下無席者故鄭云薦於其位不席也主人以虛爵降。奠于篚。不復用揖讓升。賓厭衆賓升。衆賓皆升。就席。【疏】揖讓至就席。釋曰自此以下至舉觶者降論旅酬之事一人洗。舉觶於賓。一人主人之吏【疏】一人洗舉觶于賓。注一人主人之吏。釋曰主人之吏亦謂府史以下非屬官也升實觶西階上。坐奠觶。拜。執觶。興。賓席末荅拜。舉觶者坐祭。遂飲。卒觶。興。坐奠觶。拜。執觶。興。賓荅拜。降洗。升實之西階上北面。將進奠觶賓拜。拜受觶舉觶者進。坐奠觶于薦西。不授賤不敢也【疏】注不授賤不敢也。釋曰以其是主人之吏既賤故不敢親授奠之也賓辭。坐取以興。若親受然【疏】注若親受然。釋曰云若親受然者賓辭即坐取以興故云若親受然也舉觶者西階上拜送。賓反奠于其所。舉觶者降。【疏】舉觶至舉觶者降。釋曰云反奠于其所者還於薦西以其射後賓北面舉之爲旅酬故不奠于薦東也大夫若有遵者。則入門左。謂此鄉之人爲大夫者也謂之遵者方以禮樂化民欲其遵法之也其士也於旅乃入鄉大夫士非鄉人禮亦然主於鄉人耳今文遵爲

僎【疏】大夫至門左。注謂此至爲僎。釋曰云大夫若有遵者言若者或無不定故云若也。鄭知是當鄉大夫者以其鄉射既與人行射禮而言大夫者當鄉大夫可知云其士也於旅乃入者下記云士既旅不入明未旅開皆得入是以未旅而射其士皆在也知鄉大夫士非鄉人禮亦然者以其同是鄉大夫士禮無異故也但異鄉不助主人樂賓爲別也主人降。迎大夫於門內也不出門別於賓【疏】主人降。注迎大至於賓。釋曰鄭知迎大夫於門內者以其上文大夫入門左此經直云主人降不云出故知迎大夫在門內可知賓及衆賓皆降。復初位。不敢居堂俟大夫入也初位門內東面【疏】賓及至初位。注不敢至東面。釋曰知初位門內東面者上文賓厭衆賓皆入門左東面北上故知也主人揖讓。以大夫升。拜至。大夫荅拜。主人以爵降。大夫降。主人辭降。大夫辭洗。如賓禮。席于尊東。尊東明與賓夾尊也不言東上統於尊也【疏】主人至尊東。注尊東至尊也。釋曰上云尊於賓席之東則在尊西今大夫言席於尊東明爲賓夾尊可知云不言東上統於尊也者於尊東繼尊而言又不言東上西上是以下云大夫降席東南面降由下故知西上統於尊也升不拜洗。主人實爵席前。獻于大夫。大夫西階上。拜。進受爵。反位。主人大夫之右拜送。大夫辭加席。主人對。不去加席。辭之者謙不以己尊加賢者也不去者大夫再重席正也賓一席重【疏】升不至加席。注辭之至重席。釋曰云升不拜洗者以大夫尊故不拜洗也云反位者大夫反西階上位云主人大夫之右拜送者謂在大夫之東拜送爵也云辭之者謙不敢以己尊加賢者鄉射之禮鄉人爲賓下記云若大夫與則以公士爲賓亦選賢者爲之故辭加席又不以己尊加賢者也云不去者大夫再重席正也者鄉飲酒云公三重大夫再重故知大夫再重席禮之正也云賓一重席者鄉人故一重縱公士爲賓亦一重也乃薦脯醢。大夫升席。設折俎。祭如賓禮。不嚌肺。不啐酒。不告旨。西階上卒爵拜。主人荅拜。凡所不者殺於賓也大夫升席由東方【疏】乃薦至荅拜。注凡所至東方。釋曰云凡所謂經中三事以其殺於賓若然上云不拜洗亦是殺於賓之類也云大夫升席由東方者以其大夫席西上升由下故知大夫升席由東方也大夫降洗。將酢主人也大夫若衆則辯獻長乃酢【疏】大夫降洗。注將酢主人至乃酢。釋曰自此至皆升就席論大夫酢主人訖賓主皆升就席之事知大夫若衆則辯獻長乃酢者此經據一大夫而言故獻大夫即酢案有司徹主人洗爵獻長賓于西階上然後衆賓長升拜受爵宰夫贊主人酌若是以辯乃升長賓主人酌于長賓西階上北面賓在左注云主人酌自酢序賓意賓卑不敢酢賓尸與凡平飲酒禮同可以相參亦是辯獻長乃酢也主人復阼階。降辭如初。卒洗。主人盥。盥者雖將酌自飲尊大夫不敢褻【疏】主人至人盥。注盥者至不敢褻。釋曰云盥者雖將酌自飲者以其下文大夫洗

爵升授主人爵是主人酌以自酢故云雖將酌自飲云不敢褻者決有司徹主人自酌不盥是此爲尊大夫雖自酢亦不敢褻也揖讓升。大夫授主人爵于兩楹間。復位。主人實爵以酢于西階上。坐奠爵。拜。大夫荅拜。坐祭。卒爵。拜。大夫荅拜。主人坐奠爵于西楹南。再拜崇酒。大夫荅拜。主人復阼階。揖降。將升賓【疏】揖讓至揖降。注將升賓。釋曰云主人坐奠爵於西楹南者前獻賓賓酢主人主人訖奠爵于東序端將後獻衆賓不得奠于篚中此受大夫酢不奠于篚者爲士於旅乃入擬獻士故奠爵于此也大夫降立于賓南。雖尊不奪人之正禮【疏】大夫至賓南。注雖尊至正禮。釋曰大夫尊在堂則席之于尊東特尊之今降而在賓下者欲使賓主相對行禮若在北則妨賓主揖讓之正禮故云不奪主人之正禮主人揖讓。以賓升。大夫及衆賓皆升。就席。席工于西階上少東。樂正先升。北面立于其西。言少東者明樂正西側階不欲大東辟射位【疏】席工至其西。注言少至射位。釋曰自此至告于賓論作樂之事云席工者謂爲工設席下文乃升席也云言少東者明樂正西側階者既言席工于西階上少東矣復云樂正立于其西則近席西其言從近故知樂正側近西階東則不欲大東辟射位大射亦同此注燕禮注亦然者燕亦容有射法鄉飲酒工位與此同注不言者不射故也工四人。二瑟。瑟先。相者皆左何瑟。面鼓。執越。內弦。右手相。入。升自西階。北面東上。工坐。相者坐授瑟。乃降。瑟先賤者先就事也相扶工也面前也鼓在前變於君也執越內弦右手相由便也越瑟下孔所以發越其聲也前越言執者內有弦結手入之淺也相者降立西方【疏】工四至乃降。釋曰云四人二瑟則是二人歌可知經不言相歌二人者以其空相亦與瑟者同故不言直言瑟之難者也。注瑟先至西方。釋曰知云瑟先賤者先就事也者案大射大師少師歌衆工瑟是瑟者賤也凡工者皆先瑟後歌是賤者先即事故序亦在前若然者得獻亦在前以隨其先後而取之故也云鼓在前變於君也者鄉射與大射相對大射君禮而後首此臣禮前首故云變於君燕禮與鄉飲酒相對是以燕禮面鼓又與鄉飲酒後首相變云執越內弦右手相者案鄉飲酒注云內弦側擔之者據瑟體而言燕禮注云弦爲主者據弦體而說此言內弦右手相由便語異義同也云前越言執者內有弦結手入之淺也者瑟首寬尾狹內越孔雖長廣狹亦等但弦居瑟上近首鼓處則寬近尾不鼓處弁而狹側持之法近鼓持之瑟入則近首手入則深是以通與燕禮言面鼓則云執之手鼓入淺也大射與鄉飲酒言後首則云挎越手入深故也云者降立西方者其相者是弟子位在西者是以下文云樂正適西方命弟子贊工遷樂于下故知此相工是弟子故降立于西方也笙入。立于縣中西面。堂下樂相從也縣中磬東立西面【疏】笙入至西面。注堂下至西面。釋曰云堂下樂相從也者案上文

云縣于洗東北西面此云立于縣中明是堂下相從皆在東方也云縣中磬東立西面者謂在磬東當磬之東鄭知不在磬西西面者若磬西西面則笙者背磬不可故知在磬東西面也

乃合樂。周南關雎葛覃卷耳。召南鵲巢采蘩采蘋。不歌不笙不閒志在射畧於樂也不畧合樂者周南召南之風鄉樂也不可畧其正也昔大王王季文王始居岐山之陽躬行召南之教以成王業至三分天下乃宣周南召南之化本其德之初刑于寡妻至于兄弟以御于家邦故謂之鄉樂用之房中以及朝廷饗燕鄉射飲酒此六篇其風化之原也是以合金石絲竹而歌之

【疏】乃合至采蘋○釋曰言乃者以其作樂之法先歌後乃合樂今不歌不笙不閒唯合樂故言乃以見非常故也○注不歌至歌之○釋曰據鄉飲酒燕禮作樂有四節今不歌不笙不閒唯有合樂故云志在射畧於樂也云合樂者周南召南之風鄉樂也者上注已云須及大雅天子樂小雅諸侯樂此二南鄉大夫樂但鄉飲酒鄉射是大夫士為主人故大夫士樂為鄉樂者也云不可畧其正也者二南是大夫士之鄉樂已之正樂故云不可畧其正者也云昔大王已下於鄉飲酒注已說義具於彼此注畧言之耳若然者燕禮與鄉飲酒交同注又與燕禮不異者以其鄉射與鄉飲酒同是大夫士禮鄉大夫士行射禮先行鄉飲酒禮鄉飲酒與鄉射自為首尾故鄉飲酒注具於此畧言燕禮是諸侯禮天子諸侯射先行燕禮則燕禮與大射自為首尾是以燕禮歌笙閒合鄭亦具注之大射又畧言之也

工不興告于樂正曰正歌備。不興者瞽矇禮畧也

【疏】工不至歌備○注不興至畧也○釋曰言正歌者升歌也升歌鹿鳴是上歌諸侯樂非已正樂故以二南為正歌也言備者凡作樂皆三終此備明亦三終也云不與者瞽矇禮畧也者以工告樂正以卑告尊當興今以瞽矇無目不可責其備禮故不與者於禮畧也

樂正告于賓乃降。樂正降者堂上正樂畢也降立西階東北面

【疏】樂正至乃降○注樂正至北面○釋曰言告于賓者作樂主為樂賓今歌備故告賓言歌備也言樂正降者堂上正樂畢也者以其鄉飲酒燕禮但升歌笙閒合樂皆是正歌今畧去升歌笙閒三者唯有合樂於堂上故云堂上正樂畢也云正樂者對後無筭樂非正樂也下射雖歌騶虞亦是堂下非堂上故以堂上決之也云降立西階東北面者此無正文約堂上樂正位在西階東北面今降亦當在西階東北面也

主人取爵于上篚獻工。大師則為之洗。尊之也君賜大夫樂又從之以其人謂之大師

【疏】主人至之洗○注尊之至大師○釋曰自此至反升席論主人獻工笙之事但天子諸侯官備有大師少師瞽人作樂之長大夫士官不備不合有大師君有賜大夫士樂器之法故春秋左氏云晉侯歌鍾二肆取半以賜魏絳魏絳於是乎始有金石之樂禮也時以樂人賜之故鄭云君賜大夫樂又從之以其人謂之大師也

賓降。主人辭降。大夫不降尊也

【疏】賓降主人辭降○注大夫不降尊也○釋曰云大夫不降尊也者此賓降大夫若降直與賓共文今不言大夫降鄉飲酒亦云賓介不言大夫降明大夫皆不降以其尊故也

工不辭洗。卒洗升。實爵。工不興左瑟。一人拜受爵。左瑟辟主人授爵也一人無大師則工之長者

【疏】工不至受爵○釋曰此言工不辭洗及一人拜受爵皆上大師也不言大師言工一人者欲見有大師則大師不辭洗拜受爵若無大師則凡工不辭洗拜受爵故變言工與一人假令大師左瑟先獻若歌則後獻亦先獻工一人是以鄭云一人無大師則工之長者以鄉飲酒獻工時云一人不與受爵注云一人笙之長者也大師為歌者未得獻先獻瑟工之長者也

主人阼階上拜送爵。薦脯醢。使人相祭。人相者

【疏】主人至相祭○注人相者○釋曰云人相者則弟子相之既相工明祭亦相之可知

工飲不拜既爵。授主人爵。眾工不拜受爵祭飲辯。有脯醢不祭。祭飲不興受爵坐祭坐飲

【疏】工飲至不祭○注祭飲至坐飲○釋曰云工飲不拜既爵者還是上一人拜受爵者雖不拜既爵仍拜受也下眾工又對上一人拜受爵眾工不拜受爵也鄭云祭飲不與受爵坐祭坐飲者對上賓主坐祭立飲故云坐祭坐飲亦不拜既爵可知也

不洗。遂獻笙于西階上。不洗者賤也眾工而不洗矣而著笙不洗者笙賤於眾工正君賜之猶不洗也

【疏】不洗至階上○注不洗至洗也○釋曰云眾工而不洗矣而著笙不洗者笙賤於眾工正君賜之猶不洗也鄭云此者欲見工在上貴君賜之大師為之洗笙賤位在下正謂君賜之笙人猶不為之洗況眾笙乎欲取賜笙人不為之洗之意不取眾笙不為洗也

笙一人拜于下。盡階。不升堂受爵。主人拜送爵。階前坐祭立飲。不拜既爵。升。授主人爵。眾笙不拜受爵坐祭立飲。辯。有脯醢不祭。主人以爵降奠于篚。

【疏】笙一至于篚○釋曰此經總獻笙人雖賤中亦有尊卑故一人升階受爵餘者不升不拜既爵則同也

反升就席。亦揖讓以賓升眾賓皆升

【疏】反升就席○注亦揖至皆升○釋曰云亦揖讓以賓升眾賓皆升者謂亦前大夫若有遵者則入門左主人降賓及眾賓皆降主人共大夫行禮訖主人揖讓以賓升大夫及眾賓皆升就席相似故云亦若然上賓降時雖不言眾賓降眾賓畢從降可知故今從賓升也

主人降席自南方。禮殺由便

【疏】主人至南方○注禮殺由便○釋曰自此盡未旅論立司正之事也云禮殺由便者對上文主人受作爵時禮盛故主人降席自北方啐酒於席末亦然今此立司正禮殺故降席自南方故云禮殺由便也

側降。賓不從降

【疏】側降○注賓不從降○釋曰側降猶特降故云賓不從降也

作相為司正。司正禮辭許諾。主人再拜。司正荅拜。爵備樂畢將留賓以事為有解倦失禮立司正以監之察儀法也詩云既立之監或佐之史

【疏】作相至荅拜○注爵備至之史○釋曰云爵備者謂賓及眾賓與尊者并工笙並得獻是爵備也云樂畢者合樂訖是樂畢以無升笙與閒故不言樂成而云畢而已也云將留賓以事者下有射事射訖行旅無筭之事故須立司正以監之但中閒為射繫變司正為司馬射訖反為司正以監察儀法也引詩者證監與正為一物皆察儀法也

主人升就席。司正洗觶。升自西階。由楹內適阼階上。北面受命于主人。洗觶者當酧以表其位顯其事也楹內楹北

【疏】主人至主人○注洗觶至楹北○釋曰云受命于主人者謂受主人請安賓之命是以下云請安于賓鄭注云傳主人之命也

西階上。北面請安于賓。傳主人之命

賓禮辭許。司正告于主人。遂立于楹閒以相拜。相謂贊主人及賓相拜之辭

主人阼階上再拜。賓西階上荅再拜。皆揖就席。為已安也今文揖為升

司正實觶。降自西階中庭。北面坐奠觶。興。退少立。奠觶表其位也少立自脩正慎其位也古文曰少退立

【疏】司正至少立○注奠觶至退立○釋曰此云北面坐奠觶鄉飲酒亦然者此二者皆臣禮故北面奠觶燕禮大射皆司正南面奠觶者彼是君禮欲取還不背君故南面奠觶故大射云南面坐奠觶興右還北面少立坐取觶興坐不祭卒觶奠之興再拜稽首左還南面坐取觶洗南面反奠于其所北面立注云皆所以自昭明於眾也將於觶南北面則右還於觶北南面則左還如是得從觶西往來也必從觶西往來者為君在阼不背之也又取威儀多此及鄉飲酒在阼非君直北面奠觶又威儀簡故也

進坐取觶。興。反坐不祭。遂卒觶興。坐奠觶。拜執觶。興。洗。北面坐奠于其所。今文坐取觶無進又曰坐奠之拜

興。少退。北面立于觶南。立觶南亦其故擯位

【疏】興少至觶南○注立觶至擯位○釋曰云立觶南亦其故擯位者案上未有擯位此云擯位者案射禮云擯者退中庭是擯者在中庭有位燕禮大射皆擯者為司馬則此鄉射及鄉飲酒云作相為司正相即擯者也故知觶南者中庭故擯位也

未旅。旅序也未以次序相酬以將射也旅則禮終也

【疏】未旅○注旅序至終也○釋曰旅眾也而言序者謂眾以次序相酬必於未旅而射者旅則醉禮終恐不得射故於未旅而射也此大夫士禮將射先行鄉飲酒行旅酬而已故射前未旅而射後乃始行旅酬燕禮大射國君禮故先行燕禮雖行一獻以其辨尊卑故行四舉旅大射主為射故再拜訖即射燕禮主為燕故三舉旅乃射彼皆與此不同也

三耦俟于堂西。南面東上。司正既立司射選弟子之中德行道藝之高者以為三耦使俟事於此

【疏】三耦至東上○注司正至於此○釋曰自此已下盡樂正北面立于其南論三番射事鄭知司正既立司射即選弟子之中為三耦俟事於此者經云俟於堂西明此時始選故知既立司正司射乃選弟子使俟事於此也故記云三耦者使弟子司射前戒之注云弟子賓黨之少者也前戒謂先射請戒之

司射適堂西。袒決遂。取弓于階西。兼挾乘矢。升自西階。階上北面告于賓曰。弓矢既具。有司請射。司射主人之吏也於堂西袒決遂者主人無次隱蔽而已袒左免衣也決猶闓也以象骨為之著右大擘指以鉤弦闓體也遂射韝也以韋為之所以遂弦者也其非射時則謂之拾拾斂也所以蔽膚斂衣也方持弦矢曰挾乘矢四矢也大射曰挾乘矢於弓外見鏃於弣右巨指鉤弦古文挾皆作接

【疏】司射至請射○注司射至作接○釋

日云司射取弓于階西兼挾乘矢者以其司射之弓矢豫陳於西階故司射於堂西袒決遂訖即取弓矢於階西是以下記云司射之弓矢與扑倚西階之西是也云有司請射者此有司謂司馬故大射云司射自阼階前曰爲政請射注爲政謂司馬司馬政官主射禮諸侯之州長無司馬官直言有司請射以比司馬也云司射主人之吏也者大射諸侯禮有大射正爲長射人次之司射又次之小射正次之皆是士爲也則此大夫士禮不得用士故知是主人之吏爲之可知云於堂西袒決遂者主人無次隱蔽而已者此對大射人君禮有次在東方不須適堂西也云袒左免衣也知袒左者凡事無問吉凶皆袒左是以士喪主人左袒此及大射亦皆袒左不以吉凶相反雖有受刑袒右故覲禮云乃右肉袒于廟門之東注云右肉袒者刑宜施於右是也云決猶闓也以象骨爲之者大射注亦然案繕人云掌王之用弓弩矢箙矰弋決拾鄭注云士喪禮決用正王棘若檡棘則天子用象骨與無正文故引士喪禮又言與以疑之若然諸侯及大夫生用象死用棘天子無問死生皆用象者蓋取其滑也云著右大擘指以鉤弦闓體也知者以右巨指鉤弦故知著於右大擘指也以右擘著極是以大射云朱極三注云以朱韋爲之三者食指將指無名指是也云遂射韝也以韋爲之以遂弦者也者大射注亦云遂射韝也以朱韋爲之著左臂所以遂弦也云其非射時則謂之拾拾斂也所以蔽膚斂衣也者此篇及大射將射云袒決遂射訖則云說決拾於公雖射亦謂之拾故大射云公就物小射正奉決拾以笥大射正執弓皆以從於物彼亦臨時而云拾以公射袒朱襦言拾以見斂衣故變文以見義也云所以蔽膚斂衣也者言蔽膚據士斂衣據大夫已上是以下記大夫與士射袒薰襦燕禮記云君射袒朱襦若對君大夫亦與士同亦蔽膚也云方持弦矢曰挾知者下記云凡挾矢於二指之閒橫之是言其方可知引大射挾乘矢於弓外見鏃於弣是其方也若側持弓矢則名執故下文云司射猶袒決遂左執弓右執一个兼諸弦面鏃注云側持弓矢曰執面猶尚也并矢於弦尚其鏃是也云乘矢四矢也者下云司射搢三挾一个又詩云四矢反兮是四矢曰乘凡物四皆曰乘也引大射者欲見挾爲方持弦矢

賓對曰。某不能爲二三子許諾。言某不能謙也二三子謂衆賓已下【疏】賓對至許諾。注言某至已下。釋曰二三子謂衆賓以下者謂除三耦之外通射者而言故云謂衆賓以下也若然投壺禮賓固辭乃許者彼因燕而爲之再辭乃許此爲衆書禮不專爲已故一辭即許大射不請者彼爲擇士而射故不須云許直告射節而已此爲衆庶書禮故云爲二三子許諾亦一辭而許也

司射適阼階上東北面告于主人曰。請射于賓。賓許。司射降自西階階前西面命弟子納射器。弟子賓黨之年少者也納內也射器弓矢決拾旌中籌楅豐也賓黨東面主人之吏西面【疏】司射至射器。注弟子至西面。釋曰鄭知弟子是賓黨之年少者以其賓黨西方東面今以西面命之明是賓黨是以鄭云賓東矢面主人之吏西面也言弟子故知少者知射器弓九以下者並案下文所陳用者知之也云賓黨東面主人之吏西面者案投壺賓黨及主黨皆爲弟子皆得與投壺者彼燕法主歡心故皆與今此射與鄉人習禮鄉飲酒同上下經文黨皆不與也

乃納射器皆在堂西。賓與大夫之弓倚于西序。矢在弓下北括。衆弓倚于堂西。矢在其上。上堂西廉矢亦北括【疏】乃納至其上。注上堂至北括。釋曰云賓與大夫之弓倚于西序矢在弓下北括衆弓倚于堂西矢在其上者以其序在堂上故矢在弓下堂西矢在堂上隨其弓在堂下隨其所宜而已云上堂西廉者以其在堂西故矢在上者還在堂上之廉稜也云矢亦北括者其在堂上西序者北括故知堂下者於上亦北括也

主人之弓矢在東序東。亦倚于東序也矢在其下北括【疏】主人至序東。注亦倚至北括。釋曰上賓大夫弓矢在西序矢在北括此主人弓矢如上也

司射不釋弓矢遂以比三耦於堂西。三耦之南北面命上射曰。某御於子。命下射曰。子與某子射。比選次其才相近者也古文曰某從於子【疏】司射至子射。注比選至於子。釋曰言遂以者司正因上階前令弟子納射器不釋弓矢遂比三耦因曰遂故云遂以也云比選次其才相近者也者才雖各自用乃因選其力相近爲宜也

司正爲司馬。兼官由便也立司正爲涖酒爾今射司正無事【疏】司正爲司馬。注兼官至無事。釋曰言兼官者若以諸侯對大夫大夫兼官諸侯具官特以諸侯對天子天子具官諸侯兼官各有所對故云兼官云由便也者使司正爲司馬不煩餘官也案射義云孔子射於矍相之圃射至於司馬使子路執弓矢出延射又使公罔之裘序點揚觶而語但此篇是州長春秋習射法兼士有鄉大夫三年貢士之後以五物詢衆庶射於庠鄉大夫五物詢衆而引孔子射於矍相之事則孔子魯之鄉大夫也以其天子鄉鄉大夫爲之諸侯鄉大夫使下大夫爲之是其差也但鄉飲酒之禮二人舉觶爲無筭爵據此篇未旅先射射訖行旅酬酬訖賓始二人舉觶爲無筭爵未射時詢衆庶得使公罔之裘序點二人揚觶者揚觶賓在射後一酬訖始行之今孔子詢衆庶之時借取無筭爵時於旅也語故使公罔之裘序點二人揚觶以詢衆庶此篇司射恒執弓矢子路亦執弓矢則子路爲司射也射於矍相時云射至司馬此司文又云司正爲司馬則使子路詢衆庶時當此節也

司馬命張侯。弟子說束。遂繫左下綱。事至也今文說皆作稅【疏】司馬至下綱。注事至也。釋曰上張侯時不繫左下綱中掩束之今弟子說其束不致地遂繫左下綱於植事至故也

司馬又命獲者倚旌于侯中。爲當負侯也獲者亦弟子也謂之獲者以事名之【疏】司馬至侯中。注爲當至名之。釋曰案下記云司馬階前命張侯遂命倚旌以記言之司馬命張侯與命倚旌其事相因故云遂明同是西階前也云爲當負侯也者下云司馬命獲者執旌以負侯是也知獲者亦弟子者堂下位主人之黨在東賓黨弟子在西下云獲者由西方坐取旌倚于侯中言由西方是賓黨弟子可知亦上張侯者也云以事名之者以其唱獲故名獲者也

獲者由西方坐取旌倚于侯中。乃退。樂正適西方命弟子贊工遷樂于下。當辟射也贊佐也遷徙也弟子相工如初入。降自西階阼階下之東南堂前三笴西面北上坐。笴矢幹也今文無南【疏】弟子至上坐。注笴矢幹也。釋曰言如初入者亦如上升堂時相者亦在左何瑟面鼓內弦右手以如入升時也云笴矢幹也者案矢人注矢幹長三尺是去堂九尺也

樂正北面立于其南。北面鄉堂不與工序也【疏】樂正至其南。注北面至序也。釋曰云不與工序也者工西面北上以南北爲序樂正北面則東西爲列故云不與工序也

儀禮注疏卷十一挍勘記　阮元撰盧宣旬摘録

鄉射禮第五

大射鄉大夫士射　上射字要義俱作判毛本通解作射鄉陳閩要義俱作鄉毛本作卿

鄉射之禮

鄉大夫若在焉　毛本鄉誤作卿

彼爲賓也　浦鏜云賓當已字誤

故須就先生而謀賓介　陳閩要義同毛本生作王○按作生是也

漢時雖無諸侯　要義無諸字

其王之子弟　毛本王誤作上

但六藝中射　毛本通解藝下有之字

於施化民爲綏　浦鏜改於施爲皆於

故云乎以疑也　毛本乎作與也作之

賓禮辭許

乃張侯之等是也　毛本是誤作事

乃席賓南面東上

樂懸及張侯之事也　毛本懸作縣○按懸是俗字

云不言於戶牖之間者　毛本牖作牖下同

衆賓之席

此決鄉飲酒三賓之席　毛本決誤作沃

故各自特　陳閩要義同毛本特作持

尊於賓席之東

則以南面爲正　通解同毛本正作上

縣於洗東北

對大射縣鐘磬鎛具有也　毛本鎛作鏄當作鎛按凡鎛字諸本或誤或否參差不一

今不具挍
此言 毛本言下有射字
亦無鎛 鎛陳閩俱作鏄
乃張侯
繽寸焉 通解要義俱作繽盧文弨云周禮釋文繽于貧反或九粉反劉俟犬反一音古犬反是別本有作絹字者故劉音侯犬反朱子亦云繽與絹字異音同音同或是義同之譌毛本於他卷亦作絹○按盧引釋文有脫誤今據元文正之繽乃正字載在說文自當從繽爲是集韻絹𤇾絹切射侯綱紐則繽之誤爲絹其來久矣
益目驗當時而言 陳本要義同毛本目作者
中人定扼圍九寸也 定浦鏜改作之盧改作之足非也
上下皆出舌一尋者 皆閩本誤作者要義無一字
不繫左下綱
東方謂之右个注云 通解要義同毛本注下無云字
倍躬以爲左右舌舌四丈 要義俱重舌字毛本不重○按重舌字是也
之參侯道
恐矢至身 要義同毛本通解至下有其字
羹定
猶孰也 徐本通解俱作孰下同毛本作熟按此二字諸本錯出宜從孰後不具挍
主人朝服
自此至當楣北面荅再拜 毛本面作而荅作各陳閩監本要義而俱作面要義各作荅
必此戒時元端者 必下要義有以字
鄉朝服而謀賓介是也 要義同毛本介作戒○按作介與鄉飲酒記合
揖衆賓
衆賓卽不爲甲不論有爵無也 毛本卽下無不字無下有爵字
主人以賓揖
故西面待之 陳閩要義同毛本待作侍
主人以賓三揖

禮之常然 要義同毛本常作當要義然作法
燕禮君升二等者 要義同毛本二作一
主人坐取爵於上篚 通解無坐字
主人坐取爵
飲潔敬也 飲徐陳通解俱作致
主人坐奠爵于篚
當西序東面 徐本通解敖氏同毛本面作西
主人坐取爵實之賓席之前 敖氏曰席之當作之席
進酒於賓也 毛本通解進下無酒字
注進酒至曰獻 毛本酒作於
而言獻進之也 陳本通解要義同毛本獻進作進獻
賓西階上北面拜
猶少辟也 少釋文作小
注少退猶少辟也 陳閩監本同毛本猶少作至
賓升席自西方
注賓升降由下也 毛本降由作至陳閩監本俱作降由按以上二條毛本欲與監本字位均齊故減字以就之耳
賓以虛爵降
將洗以酢主人 酢釋文要義俱作醋說見後
主人阼階之東南面
注反位至洗進 毛本洗進作進也
主人拜洗○東南面酢主人 酢要義作醋注同魏氏曰賓以虛爵降注將洗以醋主人賓東南面醋主人注醋報經與注以酢爲醋唯此○按如魏氏說則醋字經一見注兩見也釋文云醋主才各反報也劉云與酢同音義此當爲前注作音而不言下同則此節經注釋文仍作酢歟
主人阼階上拜
亦嚌啐 徐陳通解同毛本嚌作齊
賓降
以其將自飲 毛本其誤作兵

賓西階上立○北面 北葛閩監本俱誤作不
賓西階上拜
此射前獻時親酌已 浦鏜改射爲辭
主人西南面○衆賓皆荅壹拜 徐本通解要義同敖氏毛本壹作一石經補缺亦誤作一
以其此禮中含卿大夫法 卿要義作鄉
則亦再拜 亦下要義有無字
主人揖
其堂上衆賓無定數 要義同毛本上作下陳閩衆俱作與○按毛本是
衆賓辯有脯醢
不席也 毛本不下有云字
升實觶西階上 實石經補缺葛閩俱作賓
大夫若有遵者
既與人行射禮 人上浦鏜增鄉字
主人降
故知迎大夫在門內可知 毛本在作於
主人揖讓
降由下 通解同毛本下作上
升不拜洗
謙不以已尊加賢者也 按不下疏有敢字
大夫降洗
主人酌于長賓西階上 毛本酌下有酢字○按酢字當有
賓尸與凡平飲酒禮同 毛本平作卑
大夫降
若在北北 要義同毛本北北作其北○按毛本是也
故云不奪主人之正禮 要義同毛本無主字
工四人
越瑟下孔 毛本孔誤作此
云四人二瑟 要義毛本云下有工字

以隨其先後而取之故也　浦鏜云取疑次字誤

鄉射與大射相對　通解要義同毛本射作飲

但弦居瑟上　弦通解作越

乃合樂

躬行召南之教以成王業　徐本同通解毛本無召南之教四字瞿中溶云燕禮注有此四字此亦宜有

卿大夫士行射禮　閩本要義同毛本卿作鄉

則燕禮與大射　陳閩俱無則燕禮三字

工不興

瞽矇禮略也　矇諸本俱誤作朦疏同唯徐本不誤

言備者　備陳本作葡

樂正告于賓　張爾岐曰監本樂字誤細書混疏文內

唯有合樂於堂上　毛本有誤作付

主人取爵于上篚

自此至反升席　要義同毛本升下有就字

賓降

鄉飲酒亦云賓介　毛本介作降○按毛本是

工不辭洗

辟主人授爵也　辟陳閩監葛俱誤作辭

一人笙之長者也　浦鏜據鄉飲酒注改笙爲工刪者字○按此涉一人拜盡階不升堂受爵注文而誤浦鏜是也

不洗

而著笙不洗者　徐本同毛本通解著作衆

而著笙不洗者　毛本著作衆

反升就席

上賓降時　毛本時誤作詩

作相爲司正

爲有解倦失禮　釋文徐陳通解同毛本解作懈

但中間爲射繫　陳閩通解俱無繫字

未旅　未徐本作末注同恐誤

禮終恐不得射　終恐誤倒

行旅酬而已　毛本行上有後字要義旅下衍酢字

以其辯尊卑　辯陳本作辨

故再拜訖卽射　盧文弨改拜爲獻

司射適堂西

右巨指鉤弦　右諸本俱誤作南唯徐本與毛本同作右

以其司射之弓矢　要義同毛本司作同

司射之弓矢與扑　扑陳本作朴按此字當从手若从木則爲厚朴字矣諸本有从木者皆誤

後放此

小射正次之　通解要義同毛本正下有又字

決用正王棘若檡棘　檡諸本俱作擇似誤

著左臂　臂通解要義同毛本臂作擘○按大射儀注正作

小射正奉決拾以笥　陳閩通解要義同毛本奉作舉○按大射儀正作奉

司射適阼階上

籌楅豐也　楅監本誤作福後並同

乃納射器

注上堂至北括　今本俱脫此六字

隨其弓在堂下　監本同毛本下作上陳閩俱無此六字

司射不釋弓矢

因曰遂　浦鏜云因當脫事字

司正爲司馬

天子具官　閩本無天子二字

以其天子鄉卿大夫爲之　毛本卿字在夫字下○按毛本是

儀禮疏卷第十二

唐朝散大夫行大學博士弘文館學士臣賈公彥等撰

司射猶挾乘矢以命三耦各與其耦讓取弓矢拾。猶有故之辭拾更也〔疏〕司射至矢拾○注猶有至更也○釋曰自此盡取扑搢之以反位論司射誘射教三耦射法之事大射有次三耦取弓矢於次注云取弓矢不拾者次中隱蔽處則此無次取弓矢拾者拾更也遍取弓矢見威儀故也云猶有故之辭者前已云司射兼挾乘矢此云猶是有故之辭云此者欲見司射恒執弓矢未放之意

三耦皆袒決遂。有司左執弣。右執弦而授弓。有司弟子納射器者也凡納射器者皆執以俟事〔疏〕三耦至授弓○注有俟事○釋曰前有司解爲司馬此有司爲弟子者以有事者皆有司故鄭以有司請射與大射爲政請射同故解爲司馬此經以使弟子不見出文則弟子執射器入者卽使守之以故知有司還是弟子是以鄭云凡納射器者皆執以

遂授矢。受於納矢而授之〔疏〕遂授矢○注受於至授之○此授矢者則上文有司授弓其弟子執弓矢故授弓訖復授矢是以鄭云受於納矢而授之

三耦皆執弓。搢三而挾一个。未違俟處也搢插也插於帶右〔疏〕三耦至一个○注未違右○釋曰上云三耦俟西又云遂以比三耦於堂西此云三耦皆執弓搢三个前後皆因前位去未違俟處下文乃云三耦皆進之西立于其西南東面北上是移本位者也云搢插帶右者以其左手執弓右手抽矢而射故知插於帶云左旋右抽是也

司射先立于所設中之西南東面。

皆進。由司射之西。立于其西南東面北

俟。司射東面立于三耦之北。搢三而挾爲當誘射也固東面矣復言之者明卻時還〔疏〕司射至一箇○注爲當○釋曰云固東面矣復明卻時還者司射先在中西南東面今三耦立定司卻來向三耦之北東面明司射卻時右還西南東面

進。當階北面揖。及階揖。升堂揖。豫則鉤

堂則由楹外。當左物北面揖。鉤楹繞楹而東無室可以深也四代之學於國而又以有虞氏之庠爲鄉學鄉飲酒義人迎賓於庠門外是也庠之制有堂有室也今言豫學也讀如成周宣謝災之謝周禮作序凡屋無室曰謝州立謝者下鄉也左物下物也今文豫爲序序乃夏之學亦非也〔疏〕揖進至面揖○注鉤楹至非也○釋曰凡禮耦耦各相對揖故司射誘射發東面當西階北面揖及階揖升堂揖訖東行向兩楹閒物楹是以豫則鉤楹內北過以記云序則物當棟物近由楹北也堂則由楹外過而東行以記云堂則物當南故過由楹南也云當左物者以南面爲正東爲左又揖也云鉤楹繞楹而東也者北而東也云序無室也者據州立序而言云周立四代之學於國者案王

虞氏上庠下庠，夏后氏東序西序，殷人左學右學，周人東膠虞庠。周立四代者，通已爲四代，但質家貴右，故虞殷大學在西郊，小學在國中；文家貴左，故夏周大學在國中王宮之東，小學在西郊。周所立前代學者，立虞夏殷三代大學。若然，則虞氏上庠則周之小學，爲有虞氏之庠制，在西郊也；立殷之右學則瞽宗，周立之亦在西郊；立夏后氏之東序，則周之東膠之在王宮之東，以其改東序爲東膠，東膠二代名，故云周立四代學。文王世子亦論四代學中學樂之事。云「而又以有虞氏之庠爲鄉學」者，與周立虞庠同制，故引鄉飲酒義爲證鄉立庠之義也。云「庠之制有堂有室也」者，則此篇云「堂則由楹外」，又記云「堂則物當楣」是也。論語云「由也升堂矣，未入於室」，室堂相將，有室必有堂，言此者，見庠則室堂俱有，對榭則有堂無室也。云「今言豫者，謂州學也」者，周禮地官州長職云「春秋以禮會民而射于序」是也。云「讀如成周宣榭災之榭」者，案宣公十六年經書「成周宣榭火」，彼雖不據學，以其無室，與爾雅「無室曰榭」同，故引以爲證也。云「周禮作序」者，據州長職文。云「凡屋無室曰榭」，宜從榭者，鄭解榭名。爾雅云：「闍謂之臺，有木者謂之榭。」及成周宣謝及此州立謝，皆是無室，故云凡以該之，不得從豫及序，故云宜從榭也。云「州立榭者，下鄉也」者，以其鄉之庠有室有堂，州謝則有堂無室，故云下鄉也。云「今文豫爲序，序乃夏后氏之學，亦非也」，不從今文者，以其虞庠夏序皆是有室，州之序則無室，故云非。言亦者，古文爲豫已非，今文作夏后氏之序亦非。若然，禮記學記及州長職幷下記皆作序，鄭不破之者，以鄉立虞庠依虞有室，州立夏序去室猶取序名，是以鄭注州長云「序，州黨之學也」，故不破之也。

及物揖。左足履物，不方。足還視侯中。俯正足。方猶併也。志在於射，左足至，右足還併足，則是立也。南面視侯之中，乃俯視併正其足。

【疏】「及物至正足」。○注「方猶至其足」。○釋曰：云「志在於射」者，解足還併足，未正先視侯中之意。言「左足至」者，解左足履物也。「右足還併足則是立也」者，解經不方足還及正足之言。若然，云還時兼視侯中也。此不言畫物早晚，案大射納射器之下即言工人士與梓人升自北階，兩楹間疏數容弓，若丹若墨，度尺而午，此不言者，早者文畧，亦當在納射器後即畫之也。

不去旌。以其不獲。

【疏】「不去旌」。○注「以其不獲」。○釋曰：以其旌擬唱獲，今以三耦誘射不唱獲，故不去旌也。

誘射。誘猶教也。將乘矢。將，行也。行四矢，象有事於四方。

【疏】「將乘矢」。○注「將行至四方」。○釋曰：云「象有事於四方」者，詩云「四矢反兮，以御亂兮」，是四矢有事於四方。

執弓不挾。右執弦。不挾，矢盡。

【疏】「執弓至執弦」。○注「不挾矢盡」。○釋曰：案上文司射將射時云「搢三而挾一个」，又云「將乘矢」，故知矢盡，空執弦也。

南面揖。揖如升射。降出于其位南。適堂西。改取一个挾之。改，更也。不射而挾之，示有事也。今文曰適序西。

【疏】「南面至挾之」。○釋曰：云「出于其位南，適堂西」者，上文司射位設于所設中之西南東面，今乃適位南而北迴適堂西者，取教衆耦威儀之法故也。云「改取一个挾之」者，此不在西階而在堂西，故適堂西即云改取一个也。

遂適階西。取扑搢之以反位。扑所以撻犯教者。書云：「扑作教刑。」

【疏】「遂適至反位」。○注「扑所至教刑」。○釋曰：引書者，舜典文也。彼謂教學之刑，此爲教射法，教雖不同，用扑是一，故引爲證也。

司馬命獲者。執旌以負侯。欲令射者見侯與旌，深有志於中。

【疏】「司馬至負侯」。○注「欲令至於中」。○釋曰：自此盡揖扑，論三耦爲第一番射法。云「欲令射者見侯與旌，深有志於中」者，凡射主欲中侯，使獲者舉旌唱獲，以是豫使見之，望深有志於中也。

獲者適侯。執旌負侯而俟。俟，待也。今文俟爲立。

【疏】「獲者至而俟」。○釋曰：俟，待也。而待者，謂待司馬命去侯。

司射還當上耦西面。作上耦射。還，左還也。作，使也。

【疏】「司射至耦射」。○注「還左還也」。○釋曰：知左還者，經云「還當上耦」，上耦位在司射之西南東面，司射還欲西面與上耦相當，故知左還，迴身當之，取便可知也。

司射反位。上耦揖進。上射在左。並行。當階北面揖。及階揖。上射先升三等。下射從之。中等。中猶閒也。

【疏】「司射至中等」。○釋曰：云「司射反位」者，反中西南東面位也。

上射升堂。少左。下射升。上射揖。並行。並，併也。併東行。

【疏】「上射至並行」。○注「併東行」。○釋曰：知併行併東行者，以其既言升，乃言併行，故知併東行向物也。云「少左」者，言上射先升少左，避下射升階也。

皆當其物北面揖。及物揖。皆左足履物。還視侯中。合足而俟。司馬適堂西。不決遂。袒執弓。不決遂，因不射，不備。

【疏】「皆當至執弓」。○注「不決至不備」。○釋曰：「皆左足履物」者，謂先以左足履物，東頭合足而俟司馬命去侯。云「因不射，不備」，此決司射誘射行事，袒即決遂，執弓挾矢，今司馬不射，故不備，直袒而已也。若然，大射司馬正不射而袒，又復決遂者，彼大射志於射，故司馬正雖不射，袒復決遂，以其不爲射，仍不挾矢也。

出于司射之南。升自西階。鉤楹。由上射之後。西南面立于物閒。右執簫。南揚弓。命去侯。鉤楹，以當由上射者之後也。簫，弓末也。大射曰：左執弣。揚猶舉也。

【疏】「出于至去侯」。○注「鉤楹至舉也」。○釋曰：「鉤楹」者，於西楹西而北東行，過由上射之後，乃西南面立于物閒者，欲取南揚弓向侯便故也。「右執簫」者，不可一手揚弓，故引大射曰「左手執弣」，左當卻手，則右執簫者，右當覆手也。

獲者執旌許諾。聲不絕。以至于乏。坐。東面偃旌。興而俟。聲不絕，不以宮商。不絕而已，鄉射威儀省。偃猶仆也。

【疏】「獲者至而俟」。○注「聲不至仆也」。○釋曰：云「而俟」者，待射者發矢，當坐，故下云「獲者坐而獲」也。云「鄉射威儀省」者，決大射云「負侯皆許諾，以宮趨直西，及乏南又諾以商，至乏聲止」，是其唱諾爲宮商，是其威儀多，此不者，威儀省故也。

司馬出于下射之南。還其後。降自西階。反由司射之南。適堂西。釋弓。襲。反位。立于司射之南。圍下射者，明爲二人命去侯。

【疏】「司馬至之南」。○注「圍下至去侯」。○釋曰：司馬由上射之後立於物閒，命去侯訖，物閒南行，西向適階降，是其順矣。今命去侯訖，乃圍下射之後，繞下射之東南行而適西階去，若出物閒西行，則似直爲上射命去侯，是以幷下射圍繞之，明爲二人命去侯也。

司射進與司馬交于階前相左。由堂下西階之東北面視上射。命曰：無射獲。無獵獲。射獲，謂矢中人也。獵矢從傍。上射揖。司射退。反位。

【疏】「司射至反位」。○注「射獲至從傍」。○釋曰：云「交于階前相左」者，既云司射與司馬交于階前相左，乃云由堂下西階適東北面，則相左之時在西階之西，司馬由北而西行，司射由南而東行，各以左相迎，故云相左也。司射既不升堂，不得云司射向北，司馬向南而相左也。云「射獲，謂矢中人也」者，人謂獲者，亦以事名。云獵矢從傍者，謂從傍也。

乃射。上射既發。挾弓矢而后下射射。拾發以將乘矢。古文而后作後，非也。孝經說然后曰：后者，後也。當從后。

【疏】「乃射至乘矢」。○注「古文至從后」。○釋曰：引孝經說，取孝經緯援神契文。彼說孝經云「然後能保其社稷」之等，皆作后，后者後也，故不從古文後，是以云當從后。

獲者坐而獲。射者中則大言獲。獲，得也。射講武田之類，是以中爲獲也。

【疏】「獲者坐而獲」。○注「射者至獲也」。○釋曰：此未釋筭，故下經云「獲而未釋獲」，鄭云「但大言獲，未釋其筭」是也。云「獲，得也。射講武田之類，是以中爲獲也」者，詩云「舍拔則獲」，謂射著禽獸爲獲，獲則得也。戰伐得囚俘亦曰獲，射著正鵠亦曰獲。但舉旌以宮，大言獲也；偃旌以商，小言獲也。

舉旌以宮。偃旌以商。宮爲君，商爲臣，聲和律呂相生。

【疏】注「宮爲至相生」。○釋曰：宮爲君，商爲臣，禮記樂記文。宮數八十一，數最濁，故爲君，配中央土；商數七十二，次君，故爲臣，配西方金。云「聲和律呂相生」者，以其以黃鍾之初九下生林鍾之初六，林鍾又上生大蔟之九二，初九與九二雖非以次相生，大蔟亦由黃鍾所生，故云聲和由律呂相生，故舉旌以宮，偃旌以商，不取其餘律呂也。

獲而未釋獲。但大言獲，未釋其筭。

卒射。皆執弓不挾。南面揖。揖如升射。不挾，亦右執弦，如司射。

上射降三等。下射少右。從之。中等。並行。上射於左。降下

【疏】「上射至於左」。○釋曰：此上射下射升與降，皆上射爲先，又上射升降皆在左。

與升射者相左。交于階前相揖。由司馬之南。適堂西。釋弓。說決拾。襲而俟于堂西。南面東上。三耦卒射亦如之。司射去扑。倚于西階之西。升堂北面告于賓曰：三耦卒射。去扑乃升，不敢佩刑器即尊者之側。

【疏】「與升至卒射」。○注「去扑至之側」。○釋曰：云「不敢佩刑器即尊者之側」者，此司射將升堂即賓前，故去扑於階西乃升，是不敢佩刑器即於尊者之側也。大射司射去扑倚于階西，適阼階下北面告于公曰三耦卒射，不升堂亦去扑者，國君尊，雖堂下亦去扑也。

賓揖。以揖然之。

【疏】「賓揖」。○注「以揖然之」。○釋曰：大射司射告公三耦卒射，不見公揖然之者，公尊故也。

司射降。搢扑反位。司馬適堂西。

【疏】「司馬適堂西」。○釋曰：自此盡「加于楅」，論三耦射訖取矢之事。

袒執弓。由其位南。進與司射交于階前相左。升

自西階鉤楹。自右物之後。立于物閒西南面。揖弓命取矢。揖推之也【疏】注揖推之也○釋曰推手曰揖引手曰厭故周禮司儀天揖時揖土揖鄭注皆以推手解之是以推手爲揖但揖弓者向侯而揖之以其命取矢故也揚弓者向乏而揚之以其命去侯故也獲者執旌許諾。聲不絕。以旌負侯而俟。俟弟子取矢以旌指教之【疏】注俟弟至教之○釋曰此即下文弟子取矢委于楅是也司馬出于左物之南。還其後。降自西階。遂適堂前。北面立。于所設楅之南。命弟子設楅。楅猶幅也所以承笴矢者【疏】司馬至設楅○注楅猶至矢者○釋曰云楅猶幅也訓楅爲幅者義取若布帛有邊幅整齊之意故云所以承笴齊矢即下云委于楅北括又大射云旣拾取矢梱之注云梱齊等之是其承笴也乃設楅于中庭南。當洗東肆。東肆統於賓【疏】乃設至東肆○注東肆統於賓○釋曰此弟子設楅之時司馬敎之故大射云小臣師設楅司馬正東面以弓爲畢鄭注云畢所以敎助執事者明此亦然云東肆統於賓者然則楅有首尾故下記云楅長如笴博三寸厚寸有半龍首鄭注云兩端爲龍首若然則有首無尾而言西上者應有刻飾記之爲首尾也司馬由司射之南。退釋弓于堂西。襲反位。弟子取矢。北面坐委于楅。北括。乃退。司馬襲進當楅南。北面坐。左右撫矢而乘之。撫拊之也就委矢左右手撫而四四數分之也上旣言襲矣復言之者嫌有事即袒也凡事外堂乃袒【疏】司馬至乘之○注撫拊至乃袒○釋曰云司射之南退釋弓者司馬往堂西釋弓還依三耦所行之處亦取威儀進止之事故曰司射之南也云委矢于楅北括者順射時矢南行也云撫拊之也者言撫者撫拍之義言拊者取拊近之理故轉從拊也云就委矢左右手撫而四四數分之也者謂司馬北面所委矢之南北面以右手撫四矢於東以左手撫四矢於西是四四數而分之也云上旣言襲矣復言之者嫌有事即袒也者案上文命弟子設楅退時已襲今復言襲進者嫌有事則袒故重言之也云凡事外堂乃袒者堂下雖有事亦不袒若司射不問堂上堂下有事即袒司馬與司射遞行事恐同故明之也若矢不備。則司馬又袒執弓如初。升命曰取矢不索。索猶盡也弟子自西方應曰諾。乃復求矢加于楅。增故曰加鄉獲者許諾至此弟子曰諾事同互相明【疏】注增故至相明○釋曰上言獲者執旌許諾故曰鄉獲者許諾至此弟子曰諾以其事同互相明也言互者獲者執旌許諾不言弟子許諾則弟子亦許諾此直言弟子自西方應曰諾不言獲者應諾則獲者亦應諾可知以其事同省文故互相明之司射倚扑于階西。升請射于賓。如初。賓許諾。賓主人大夫若皆與射。則遂告于賓。適阼階上。告于主人。主人與賓爲耦。言若者或射或否在時欲耳射者繹己之志君子務焉大夫遵者也告賓曰主人御于子告主人曰子與賓射【疏】司射至爲耦○注言若至賓射○釋曰自此盡比衆耦辯論次番將射比衆耦之事但射禮三而止第一番直司射與三耦誘射不釋筭第二番三耦與衆耦俱射釋筭第三番兼有作樂爲射節云言若者或射或否者以若是不定之辭故知或射或否射者繹己之志者禮記射義文繹謂陳己之志意也云大夫遵者也者上云大夫有遵者是也故與賓主同在任情之限云告賓曰主人御于子告主人曰子與賓射此約下大夫與士射之辭以賓比大夫以主人比士尊賓之義也遂告于大夫。大夫雖衆。皆與士爲耦。以耦告于大夫曰。某御於子。大夫皆與士爲耦謙也來觀禮同爵自相與耦則嫌自尊別也大夫爲下射而云御於子尊大夫也士謂衆賓之在下者及羣士來觀禮者也禮一命已下齒於鄉里【疏】遂告至於子○注大夫至鄉里○釋曰云大夫爲下射而云御於子尊大夫也者上命三耦云命上射曰某御於子命下射曰子與某子射今命大夫云某御于子與上射同者尊大夫也大夫雖爲下射其辭不與下射同也云士謂衆賓之在下者言衆賓則與賓俱來者也下記云大夫與則公士爲賓鄭注云公士在官之士則衆賓之內亦有士矣與賓俱至則得主人之所命者也其將射而至者非主人之所命直來觀禮者也但是一命已下莫問先後而至皆齒于堂下故鄭總云士謂衆賓之在下者及羣士來觀禮者也云禮一命以下齒于鄉里者周禮黨正禮十月行正齒位之禮云一命齒于鄉里再命齒于父族三命不齒案鄉飲酒注云此篇無正齒位之禮則鄉射先行鄉飲酒之禮亦無正齒位之法而云一命以下齒于鄉里者鄉飲酒鄉射雖無正齒位之禮士立于下是以一命者在下與鄉里齒是其常法諸侯之士無再命以上若爲公卿大夫自在尊東爲遵也言士與衆賓之在下者則堂上三賓不與大夫爲耦矣亦皆射故下文云衆賓與射者皆降是也西階上北面。作衆賓射。作使司射降搢扑。由司馬之南。適堂西立。比衆耦。衆耦大夫耦及衆賓也命大夫之耦曰子與某子射其命衆耦如三耦【疏】司射至衆耦○注衆耦至三耦○釋曰云衆耦大夫耦及衆賓也者言大夫之耦雖謂堂下之士言衆賓則兼堂上三賓故下云衆賓皆降云命大夫之耦曰子與某總射此即上文命下射之辭也云其命衆耦如三耦者上命三耦云命上射曰某御於子命下射曰子與某子射是也以其俱是士故命辭同衆賓將與射者皆降。由司馬之南。適堂西。繼三耦而立東上。大夫之耦爲上。若有東面者。則北上。言若有者大夫士來觀禮及衆賓多無數也【疏】衆賓至北上○注言若至數也○釋曰言由司馬之南適堂西者上文司馬位在司射之南東面是也云多無數也者以其言若亦是不定之辭故無常數也衆賓若少以南面爲正若多不受則西邊東面北上若然大夫來在尊東爲遵而此言之者鄭總解來觀禮之意不謂大夫輒在此位也賓主人與大夫皆未降。言未降者見其志在射【疏】賓主至未降○注言未至在射○釋曰言未降後有降階之理故下云三耦卒射賓主人大夫揖皆由其階降與耦俱升射也言志在射者以其射在於堂上故也司射乃比衆耦辯。衆賓射者降比之耦乃徧【疏】司射至耦辯○注衆賓至乃徧○釋曰云衆賓射者降比之耦乃徧者以上文司射降比衆耦下文乃云衆賓將與射者皆降鄭恐衆賓堂上後降者不比故兼堂上後降亦比乃徧也遂命三耦拾取矢。司射反位。反位者俟其袒決遂來【疏】遂命至反位○注反位至遂來○釋曰自此盡爲上論拾取矢并衆耦皆就射位之事云反位者俟其袒決遂來者下文云三耦拾取矢進立于司馬之西南是也此司射反位不言先下將欲爲下番射司射堂西命三耦及衆賓皆袒決遂執弓就位司射先反位鄭注云言先三耦及衆賓鄉不言先三耦未有拾取矢位無所先以此言之明言先反者對未反位之辭俱有位若得言先一有一無亦不得言先即此文是以下文注決此也若俱無亦得言先故上云司射比三耦於堂西云司射先立於所設中之西南東面三耦皆進由司射之西立于其西南東面北上而俟是其皆未有位亦得言先三耦拾取矢。皆袒決遂。執弓進立于司馬之西南。必袒決遂者明將有射事【疏】三耦至西南○注必袒至事者○釋曰立于司馬之西南者案上文射位在中西南司馬位在司射之南東面是也云必袒決遂者明將有射事者[illegible]司射作上耦取矢。作之還當上耦如作射【疏】司射至取矢○注作之至作射○釋曰案上文司射作射之時左還當上耦西面作上耦射今作取矢亦如之故云還當上耦如作射司射反位。上耦揖進。當楅北面揖。及楅揖。當楅楅正南之東西【疏】司射至楅揖○注當楅至東西○釋曰此上耦發位東行時一南一北並行及將至楅南下耦在南稍進上當前楅南俱北面揖其時上射稍西下射稍東東西相當故云當楅楅正南之東西也上射東面。下射西面。上射揖進坐。橫弓卻手。自弓下取一个。兼諸弣順羽。且興執弦而左還。退反位。東面揖。橫弓者南踣弓也卻手由弓下取矢者以左手在弓表右手從裏取之便也兼并矢於弣當順羽既又當執弦也順羽者手放而下備不整理也不言毋周在阼非君周可也【疏】上射至面揖○注橫弓至可也○釋曰言順羽且興者謂以[illegible]下射進坐。橫弓覆手。自弓上取一个。興。其他如上射。覆手由弓上取矢者以左手在弓裏右手從表取之亦便【疏】下射至上射○注覆手至亦便○釋曰云以左

手在弓裏右手從表取之亦便者上射在西云南踣弓此不云踣弓則亦南踣弓知者以其亦用左手執弓覆右手取矢則執弓卻左手可知旣仰左手向上執弓而南踣故用右手弓上向下取矢亦便也旣拾取乘矢。揖皆左還。南面揖。皆少進。當楅南。皆左還北面。揖三挾一个。楅南鄉當楅之位〔疏〕旣拾至一个○注楅南至之位○釋曰云楅南鄉當楅之位者上云進當楅北面揖今至此位皆還北面也揖皆左還。上射於右。上射轉居右便其反位也下射左還少南行乃西面〔疏〕揖皆至於右○注上射至西面○釋曰云上射轉居右便其反位也者此決射時升降上射皆居左彼自堂西不復庭位故也此復庭位故上射轉在右是以鄭云便其反位也云下射左還少南行乃西面者以其初北面時東西相當今西行宜並故下射少南行乃西面取並行故也與進者相左。相揖反位。相左皆由進者之北〔疏〕與進至反位○注相左至之北○釋曰云由進者之北者以其進取矢者東行此則西行由進者之北則得相左也三耦拾取矢亦如之。後者遂取誘射之矢。兼乘矢而取之。以授有司于西方。而后反位。取誘射之矢挾五个弟子逆受於東面位之後〔疏〕三耦至反位○注取誘至之後○釋曰云三耦拾取矢亦如之者上云三耦之中上耦外而言之云取誘射之矢挾五个者以其前拾取矢皆進三挾一个乃反位此則先取四矢亦搢三挾一个乃并取誘射四矢兼挾之故五个也云弟子逆受於東面位之後者弟子即納射器者因留主授受於堂西西方今見下耦將司射矢來向位仍西面弟子即往逆受之訖下射乃反東面故云授有司于西方而后反位謂反向東面位是以鄭亦云弟子逆受於東面位之後也衆賓未拾取矢。皆袒決遂。執弓搢三挾一个。由堂西進繼三耦之南而立。東面北上。大夫之耦爲上。未猶不也衆賓不拾者未射無楅上矢也言此者嫌衆賓三耦同倫初時有射者後乃射有拾取矢禮也〔疏〕衆賓至爲上○注未猶至禮也○釋曰云未猶不也者若言未謂此第一番初時未有拾取矢禮以其第一番唯有三耦射無賓射法不得云未是以轉爲不以其全不拾取矢也云言此者嫌衆賓三耦同倫初時有射者此解經云衆賓不拾之意有此嫌故明之云後乃射有拾取矢禮也者據第三番衆賓乃射自然有楅上拾取矢禮後文見之也司射作射如初。一耦揖升如初。司馬命去侯。獲者許諾。司馬降。釋弓反位。司射猶挾一个。去扑。與司馬交于階前。升請釋獲于賓。猶有故之辭司射旣誘射恒執弓挾矢以掌射事備尚未知當敎之也今三耦卒射衆足以知之矣猶挾之者君子不必也〔疏〕司射至于賓○注猶有至必也○釋曰自此盡共而俟論第二番射之事案大射第二番射司馬命去侯云如初此司馬命去侯不言如初者此臣禮威儀省司馬初命去侯時獲者許諾聲不絕以至于乏再番三番命去侯獲者直許諾無不絕聲故不言如初大射君禮威儀多故第二番與前同獲者以宮商趨之故言如初於第三番禮殺復不以宮商直許諾又不得言如初云今三耦卒射衆足以知之矣猶挾矢者君子不必也者三耦教射者三耦卒射衆賓足知射禮猶挾矢教之者君子不必也者案論語孔子云君子無必無固無我以不必即知故仍教之賓許降。搢扑。西面立于所設中之東北面。命釋獲者設中。遂視之。視之當教之〔疏〕賓許至視之○注視之當教之○釋曰云當教之者謂教其釋筭安置左右及數筭告勝負之事亦教之也釋獲者執鹿中。一人執筭以從之。鹿中謂射於榭也於庠當兕中〔疏〕釋獲至從之○注鹿中至兕中○釋曰以州長是士射于榭鄉大夫是大夫爲之射于庠下記云士則鹿中大夫兕中故云鹿中謂射於榭也於庠當兕中也釋獲者坐。設中南當楅西。當西序東面。興受筭。坐實八筭于中。橫委其餘于中西南末。興共而俟。興還北面受筭反東面實之〔疏〕釋獲至而俟○注興還至實之○釋曰云設中南當楅南北節西當西序東西節云興還北面受筭反東面實之者以其所納射器皆在堂西執中與筭皆從堂西來向西序之南南面執中者旣東面坐設訖興還向北面受筭迴向東面實之也司射遂進由堂下北面命曰。不貫不釋。貫猶中也不中正不釋筭也古文貫作關〔疏〕司射至不釋○注貫猶至作關○釋曰言不貫者以其以布爲侯故中者貫穿布侯故以中爲貫也是以鄭云貫猶中也中則貫也上射揖。司射退反位。釋獲者坐取中之八筭。改實八筭于中。興執而俟。執所取筭〔疏〕上射至而俟○注執所取筭○釋曰八筭者人四矢一耦八矢雖不知中否要須一矢則一筭改實八筭擬後來者用之乃射。若中則釋獲者坐而釋獲。每一个釋一筭。上射於右。下射於左。若有餘筭。則反委之。委餘筭禮尚異也委之合於中西〔疏〕乃射至委之○注委餘至中西○釋曰云上射於右下射於左者以釋筭者東面爲正依投壺禮賓黨於右主黨於左是以上射於右賓黨也下射於左主黨也云委餘筭禮尚異也者手中餘筭未知有幾不可盡中所有餘亦得於後釋要委餘於地別取中內八筭者禮尚異故不用餘者云委之合於中西者筭法多少視射人多少不定要橫委其餘於中西手中餘者與之合也又取中之八筭。改實八筭于中。興。執而俟。三耦卒射。賓主人大夫揖。皆由其階降揖。主人堂東袒決遂。執弓搢三挾一个。賓於堂西亦如之。皆由其階。階下揖。升堂揖。主人爲下射。皆當其物。北面揖。及物揖。乃射。卒南面揖。皆由其階。階上揖。降階揖。賓序西。主人序東。皆釋弓說決拾。襲反位。升及階揖。升堂揖。皆就席。或言堂或言序亦爲庠榭互言也賓主人射大夫止於堂西〔疏〕又取至就席○注或言至堂西○釋曰上云榭則鉤楹內謂射於榭者也堂則由楹外謂射於庠者也此當有鄉大夫射於庠亦有州長射於庠故互見其義互言者今袒決遂則言堂東西見在序在榭亦然釋弓說決拾則言序東序西序則榭也在庠亦然故言互言之周公省文欲兩見之也云大夫止於堂西者上賓主人大夫俱降無堂西之文下云大夫袒決遂就其耦故知此時止於堂西故記云大夫降立于堂西以俟射也大夫袒決遂。執弓搢三挾一个。由堂西出于司射之西。就其耦。大夫爲下射。揖進。耦少退。揖如三耦。及階。耦先升。卒射揖。如升射。耦先降。降階。耦少退。皆釋弓于堂西。襲。耦遂止于堂西。大夫升就席。耦於庭不並行尊大夫也在堂如上射之儀近其事得申〔疏〕大夫至就席○注耦於至得申○釋曰言在堂如上射之儀者謂揖先升是如上射身先升法以其近射事故得申也衆賓繼射。釋獲皆如初。司射所作唯上耦。於是言唯上耦者嫌賓主人射亦作之大射三耦卒射司射請于公及賓〔疏〕衆賓至上耦○注於是至及賓○釋曰云於是言唯上耦者嫌賓主人射亦作之鄭言此者若二耦射下即言所作唯上耦則賓主人射作之未可知故於衆賓射訖乃言此明賓主射不作可知故於此乃言所作唯上耦明除賓主矣故鄭云於是言唯上耦嫌賓主射亦作之引大射者公尊公與賓射不作直請記云賓主人射則司射擯升降是雖不作猶爲擯相之但不請也卒射。釋獲者遂以所執餘獲升自西階。盡階不升堂。告于賓曰。左右卒射。降反位。坐委餘獲于中西。興。共而俟。司射不告卒射者釋獲者於是有事宜終之也餘獲餘筭也無餘筭則空手耳俟俟數也〔疏〕卒射至而俟○注司射至數也○釋曰云宜終之也者決前番射司射告卒射此二番射不告卒使獲者告是宜終之也云餘獲餘筭者一耦不必盡中故有餘筭也云無餘筭則空手耳者或賓主八矢盡中釋八筭故空手告也司馬袒決執弓升。命取矢如初。獲者許諾。以旌負侯如初。司馬降。釋弓反位。弟子委矢如初。大夫之矢。則兼束之。以茅上握焉。兼束大夫矢優之是以不拾也束於握上則兼取之順羽便也握謂中央也不束主人矢不可以殊於賓也言大夫之矢則矢有題識也肅慎氏貢楛矢銘其括今文上作尚〔疏〕司馬至握焉○注兼束至作尚○釋曰自此盡司馬乘矢論取矢之事云束于握上則兼取之順羽便也者握上則兼取之順持之處今

東於握之上取持於中央握之向下順羽便故乘矢總束之也云不束主人矢不可以殊於賓也者主人鄉大夫則是大夫官當束之不敢殊別於賓若主人是州長則士自然不束也肅愼氏者國語文引之者證矢有題識以有題識故束者得知是大夫之矢也

司馬乘矢如初。司射遂適西階西。釋弓去扑。襲。進由中東。立于中南北面視筭。釋弓去扑射事已【疏】司馬至視筭○注釋弓至事已○釋曰凡言遂者因上事司射於上無事而言遂適者以司射與司馬遞行事今以司馬進乘矢司射遂適西階西釋弓去扑也云射事已此始再番射未已而言已者前番不釋獲今據第二釋獲之功成則爲已是以下記云司射釋弓矢視筭與獻釋獲者釋弓矢注云唯此二事休武主文休武者射訖數筭主文者洗爵獻釋獲者是也

釋獲者東面于中西坐。先數右獲。固東面矣復言之者爲其少南就右獲【疏】釋獲至右獲○注固東至右獲○釋曰釋獲者在中西東面釋筭之時賓黨於右主黨於左今將數筭宜就之是以少南就右獲更東面也

二筭爲純。純猶全也耦陰陽【疏】二筭爲純○注純猶至陰陽○釋曰云耦陰陽者陰陽對合故二筭爲耦陰陽也

一純以取實于左手。十純則縮而委之。縮從也於數者東西爲從古文縮皆爲蹙【疏】注縮從至爲蹙○釋曰凡言從橫者南北爲從東西爲橫今釋筭者東面而言從橫則據數筭東爲正是以東西者爲從南北者爲橫故鄭云於數者東西爲從也

每委異之。易校數

有餘純則橫於下。又異之也自近爲下【疏】有餘至於下○釋曰此則以南北爲橫也

一筭爲奇。奇則又縮諸純下。奇猶虧也又從之

興自前適左東面。起由中東就左獲少北於故東面鄉之【疏】注少北至鄉之○釋曰云少北於故故則右筭也又移至左筭之後東面鄉之是以云少北於故

坐兼斂筭實于左手。一純以委。十則異之。變於右【疏】注變於右○釋曰云變於右者右則一一取之於地實于左手此則總斂於左手一一取之於左手委於地是變也必變之者禮以變爲敬也

其餘如右獲。謂所縮所橫

司射復位。釋獲者遂進取賢獲。執以升自西階。盡階。不升堂。告于賓。賢獲勝黨之筭也齊之而取其餘【疏】司射至于賓○注賢獲至其餘○釋曰云齊之而取其餘者解經取賢獲以筭爲獲以其唱獲則釋筭故名筭爲獲左右數齊有餘則賢獲故以告也

若右勝。則曰右賢於左。若左勝。則曰左賢於右。以純數告。若有奇者亦曰奇。賢猶勝也言賢者射之以中爲儁也假如右勝告曰右賢於左若干純若干奇【疏】若右至曰奇○注賢猶至干奇○釋曰若干者數不定之辭凡數法一二已上得稱若干奇則一也一外無若干鄭亦言若干者因純有若干奇亦言若干奇言若干者衍字也

若左右鈞。則左右皆執一筭以告。曰左右鈞。降復位。坐兼斂筭。實八筭于中。委其餘于中西。興。共而俟。【疏】若左至而俟○釋曰此將爲第三番射故豫設之或實或委一如前法也

司射適堂西。命弟子設豐。將飲不勝者設豐所以承其爵也豐形蓋似豆而卑【疏】司射至設豐○注將飲至而卑○釋曰自此盡徹豐與觶論罰爵之事云設豐所以承其爵也者案燕禮君尊有豐此云承爵豐則兩用之燕禮注豐形似豆卑而大此不言大彼以承尊故言大此承爵不言大或小耳

弟子奉豐升。設于西楹之西。乃降。勝者之弟子。洗觶升酌。南面坐奠于豐上。降袒執弓。反位。勝者之弟子其少者也耦不酌下無能也酌者不授爵畧之也執弓反射位不俟其黨已酌有事【疏】弟子至反位○注勝者至有事○釋曰知弟子是少者以其執弟子禮使令故知少者也云執弓反射位不待其黨已酌有事者以此弟子由堂西固在射賓中矣黨即衆賓是也案下文三耦及衆射者皆與其耦進立于射位今酌者不待其黨與俱進而先反射位者由已酌酒有事訖其黨未得司射命又無事不得共酌者同就射位故酌者先得反射位也

司射遂袒執弓。挾一个。搢扑。北面于三耦之南。命三耦及衆賓勝者。皆袒決遂。執張弓。執張弓言能用之也右手執弦如卒射【疏】司射至張弓○注執張至卒射○釋曰云右手執弦如卒射者上文卒射執弓不挾右執弦矢盡故也此非卒射亦執張弓爲無矢亦右執弦也故注云如卒射

不勝者。皆襲說決拾。卻左手。右加弛弓于其上。遂以執弣。固襲說決拾矣復言之者起勝者也執弛弓言不能用之也兩手執弣又不得執弦【疏】注固襲至執弦○釋曰云固襲說決拾矣者謂前降堂時既襲說決拾矣云起勝者也者謂至此復言不勝者謂以此襲說決拾以不能用也起發勝者袒決遂能用也云兩手執弣又不得執弦者上勝者言執張弓如卒射則左手執弓右手執弦此則云執弣明仰弓於左手之上執弣又弣橫之而不得執弦則宜右手共執弓弣故云兩手執弣又不得執弦也

司射先反位。居前俟所命來【疏】司射先反位○注居前俟所命來○釋曰云居前俟所命來者以衆射者皆止於堂西未向射位而司射先反位於下文衆耦等乃來就射位是得命即來故云俟所命來也來說司射乃作之也

三耦及衆射者。皆與其耦進。立于射位北上。司射作升飲者如作射。一耦進揖。如升射及階。勝者先升。升堂少右。先升尊賢也少右辟飲者也亦相飲之位【疏】三耦至少右○注先升至之位○釋曰云少右辟也者以其豐於西楹之西正當西階飲者升少西又當辟豐上之爵故云少右辟飲酒也云亦相飲之位者以其相飲者皆北面於西階授者在東飲者在西故云亦相飲之位

不勝者進北面。坐取豐上之觶。興。少退。立。卒觶。進坐奠于豐下。興揖。立卒觶不祭不拜受罰爵不備禮也右手執觶左手執弓【疏】注右手至執弓○釋曰此無正文以祭禮皆左手執爵用右手以祭故知此亦用左手執弓右手執觶可知也

不勝者先降。後升先降畧之不由次【疏】注後升至由次○釋曰此對射時升降皆有上射在先今後升先降故云畧之不由次第也

與升飲者相左。交于階前相揖。出于司馬之南。遂適堂西釋弓。襲而俟。俟復射【疏】注俟復射○釋曰待復射者謂待第三番射也

有執爵者。主人使贊者代弟子酌也於既升飲而升自西階立于序端【疏】有執爵者○注主人至序端○釋曰以初使勝黨弟子酌酒於豐上以發首故使弟子今云有執爵者明主人使贊者代弟子酌於豐上以次至終也贊者謂主人之賤不射者此則代鄉飲酒云主人之贊者之類也云於既升飲而升自西階立于序端者謂於上耦既飲訖贊者乃升自西階酌訖奠於豐上如下文贊者即立于序端立于序端文出于大射也

執爵者坐取觶實之。反奠于豐上。升飲者如初。每者輒酌以至於徧【疏】執爵至如初○注每者至於徧○釋曰云執爵者坐取觶實之者謂初飲訖反奠於豐上贊者取此觶實之反奠于豐上云升飲者如初已下皆如初故鄭云每者輒酌以至於徧也

三耦卒飲。賓主人大夫不勝。則不執弓。執爵者取觶降洗升實之以授于席前。優尊也

受觶以適西階上。北面立飲。受罰爵者不宜自尊別

卒觶。授執爵者。反就席。大夫飲則耦不升。以賓主人飲耦在上嫌其升

若大夫之耦不勝。則亦執弛弓。特升飲。尊者可以孤無能對

衆賓繼飲。射爵者辯。乃徹豐與觶。徹猶除也設豐者反豐於堂西執爵者反觶於篚

司馬洗爵升實之以降。獻獲者于侯。鄉人獲者賤明其主以侯爲功得獻也【疏】司馬至于侯○注鄉人至獻也○釋曰自此盡負侯而俟論司馬獻獲者之節云鄉人獲者賤明其主以侯爲功得獻也者案大射云司馬正洗散遂實爵獻服不服不侯西北三步北面拜受爵注云近其所爲獻彼國君禮使服不士官唱獲故就其所爲唱獲獻之此鄉人獲者賤故獻於侯明以侯爲功得獻也

薦脯醢。設折俎。俎與薦皆三祭。皆三祭爲其將祭侯也祭侯三處也【疏】薦脯至三祭○注皆三至處也○釋曰三處者下文右與左中是也

獲者負侯北面拜受爵。司馬西面拜送爵。負侯負侯中也拜送爵不同面者辟正主也其設薦俎西面錯以南爲上爲受爵于侯薦之於位古文曰再拜受爵【疏】獲者至送爵○注負侯至受爵○釋曰知負侯中者以下云適右个又適左个後言中明先居中可知云拜送爵不同面者辟正主也者案上文正主獻賓獻衆賓皆北面與受獻者同面今此與受獻不同面故云辟正主也云

其設薦俎西面錯以南爲上者獲者據文東面而云西面錯據設人而言以南爲上者特牲少牢東面籩豆皆以南方爲上故知此亦然云受爵於侯薦之於位者此云負侯北面拜受爵是受爵于侯云薦之於位者下云左个之西北三步東面設薦是薦之於位也若然不薦亦在侯者以其酒在人首可得就侯獻獲者薦乃設之於地若與酒俱在侯所則正祭侯何名獻獲也若大射則獻與薦俱在乏乃適侯祭之君禮與此異也

獲者執爵。使人執其薦與俎從之。適右个。設薦俎。獲者以侯爲功是以獻焉人謂主人贊者上設薦俎者也爲設籩在東豆在西俎當其北也言使設新之【疏】獲者至薦俎。○注獲者至新之。○釋曰此將祭侯也云獲者以侯爲功是以獻焉者以獲者卑賤因侯有功乃得獻今還以得獻之酒獻侯故云是以獻也云人謂主人贊者以其前使爲獲者設薦俎是主人之贊者今還使之設薦俎故知人是主人贊者知籩在東豆在西俎當其北也者以其侯以北面爲正依特牲少牢皆籩在右故知籩在東右廂豆在西左廂可知也云言使設新之者鄭意嫌更使人設之其實薦此者仍前人而云使人設薦俎示新之而已故云言使設也

獲者南面坐。左執爵。祭脯醢。執爵興。取肺坐祭。遂祭酒。爲侯祭也亦二手祭酒反注如大射【疏】獲者至祭酒。○注爲侯至大射。○釋曰此正祭侯故獲者南面鄉侯祭故鄭云爲侯祭也云亦二手祭酒反注如大射者案大射云獲者左執爵右祭薦俎二手祭酒鄭注云二手祭酒者南面於俎之北當爲侯祭於豆閒爵反注爲一手不能正也此薦俎之設如於北面人焉此祭亦然故云如大射也

興。適左个。中皆如之。先祭左个後中者以外即之至中若神在中也

左个之西北三步東面設薦俎。獲者薦右東面立飲。不拜。既爵。不就乏者明其享侯之餘也立飲薦右近司馬於是司馬北面【疏】左个至既爵。○注不就至北面。○釋曰云不就乏者明其享侯之餘也者若就乏則已所當得今不就乏近侯者明享侯之餘云立飲于薦右近司馬者解在薦右之意也知於是司馬北面者此約獻釋獲者司射之位案下文司射獻釋獲者釋獲者薦右東面拜受爵司射北面拜送爵故知此時司馬亦北面也若然釋獲者在司射之西北面立飲此獲者不北面飲者案大射注此鄉受獻之位也不北面者嫌爲侯卒爵此亦然故不北面也

司馬受爵奠于篚。復位。獲者執其薦。使人執俎從之。辟設于乏南。遷設薦俎就乏明已所得禮也言辟之者不使當位辟舉旌偃旌也設于南右之也凡他薦俎皆當其位之前【疏】司馬至乏南。○注遷設至之前。○釋曰云遷設薦俎就乏明已所得禮也者前設近侯見享侯之餘此近乏之者乏者已所有事之處遷近之是明其己所得禮故也云設于南右之也者以右取之便也云凡他薦俎皆當其位之前者言凡見廣解薦處謂凡燕及食并祭祀之薦俎皆當其位之前唯此與大射獲者與釋獲者薦俎辟設不當前也

獲者負侯而俟。【疏】獲者負侯而俟。○釋曰獲者既受獻負侯而俟俟第三番射也

司射適階西。釋弓矢。去扑。說決拾。襲。適洗。洗爵升。實之以降。獻釋獲者于其位少南。薦脯醢。折俎有祭。不當其位辟中【疏】司射至有祭。○注不當其位辟中。○釋曰自此盡反位論司射獻釋獲之事此薦脯醢及折俎有肺祭一與獻獲者同但彼三祭此一祭爲異也一祭者亦薦有肺祭一俎有祭肺以爲將食而祭故言有祭也云不當其位辟中者以釋獲者位在中西故獻之於其位少南所以辟中也

釋獲者薦右東面拜受爵。司射北面拜送爵。釋獲者就其薦坐。左執爵。祭脯醢。興。取肺坐祭。遂祭酒。興。司射之西北面立飲。不拜。既爵。司射受爵奠于篚。釋獲者少西辟薦。反位。辟薦少西之者爲復射妨司射視筭也亦辟俎【疏】釋獲至反位。○注辟薦至辟俎。○釋曰云亦辟俎者上獻獲者訖獲者執其薦使人執俎從之設于乏南此釋獲者受獻訖釋獲者少西辟薦不云辟俎亦辟俎與獲者同可知故云亦辟俎也

司射適堂西。袒決遂。取弓于階西。挾一个。搢扑以反位。爲將復射【疏】司射至反位。○注爲將復射。○釋曰自此盡反位論將爲下番射作之使拾取矢之事

司射去扑。倚于階西。升請射于賓。如初。賓許。司射降搢扑。由司馬之南適堂西。命三耦及衆賓皆袒決遂。執弓就位。位射位也不言射者以當序取矢【疏】司射至就位。○注位射至取矢。○釋曰云位射位者知是射者下云各以其耦反於射位故知此是射位在司射之西南東面者也云不言射位者以當序取矢者以此當次序拾取矢射故不言射位也

司射先反位。言先三耦及衆賓也既命之即反位不俟之也鄉不言先三耦未有拾取矢位無所先【疏】司射先反位。○注言先至所先。○釋曰言先三耦及衆賓也者此下有三耦及衆賓故知先三耦及衆賓也云鄉不言先三耦未有拾取矢位無所先者案前第二番將射命三耦拾取矢司射反位不言先未有位無所先故決之第二番無位者以司射之西南有三耦射位至再番司射反於故位三耦將移於司馬之西南拾取矢之位未往之時未有故位三耦既無故位故司射不得言先故以此決之也凡射大射與鄉射各有三位此鄉射無次有堂西取弓矢袒決遂及比耦之位又有三耦射位在司射位西南又有拾取矢及再番射位是三位大射有次次內有袒決遂取弓矢之位又有堂東次比耦之位又有射位并拾取矢之位是亦有三位但君臣禮異故位事不同也

三耦及衆賓皆袒決遂執弓。各以其耦進。反于射位。以猶與也今文以爲與【疏】三耦至射位。○注以猶與也。○釋曰訓以爲與者春秋之義能東西之曰以若存以字謂言尊卑不同任意以之故轉爲與則平敵之義也

司射作拾取矢。三耦拾取矢如初。反位。賓主人大夫降揖如初。主人堂東。賓堂西。皆袒決遂。執弓。皆進階前揖。南面相俟而揖行也【疏】司射至前揖。○注南面至行也。○釋曰言南面者謂賓主各於堂東西南面立相待言揖行者謂各於堂上北面相見而揖揖訖行向楅也

及楅揖。拾取矢如三耦。及楅當楅東西也主人西面賓東面相揖拾取矢不北面揖由便也【疏】及楅至三耦。○注及楅至便也。○釋曰云及楅當楅東西也者賓主出堂東西相見揖訖東西行至楅所也云不北面揖由便也者以三耦及衆賓皆於楅南北面揖及楅揖此則無楅南北面揖賓主各由東西便故也

卒北面搢三挾一个。亦於三耦爲之位【疏】卒北至一个。○注亦於三耦爲之位。○釋曰經云搢三挾一个與上三耦取矢訖搢三挾一个同又同處故云亦於三耦爲之位也

揖退。皆已揖左還各由其塗反位【疏】揖退。○注皆已至反位。○釋曰云皆已揖左還各由其塗反位者謂賓主北面揖退之時賓主皆左還相背各向堂塗反堂東西之位知左還者約上三耦也

賓堂西。主人堂東。皆釋弓矢。襲。及階揖。升堂揖。就席。將袒先言主人將襲先言賓尊賓也【疏】賓堂至就席。○注將袒至賓也。○釋曰袒是盡敬之事襲是脩容之禮故上經將袒先言主人此經襲則先言賓是尊賓故也

大夫袒決遂。執弓。就其耦。降袒決遂於堂西就其耦於射位與之拾取矢【疏】大夫至其耦。○注降袒至取矢。○釋曰知於堂西者上文賓主人大夫降賓堂西袒決遂又上文大夫射時堂西袒決遂故知也

揖。皆進如三耦。耦東面。大夫西面。大夫進坐。說矢束。說矢束者下耦以將拾取【疏】揖皆至矢束。○注說矢至拾取。○釋曰大夫西面者爲下射故也

興。反位。而后耦揖進坐。兼取乘矢。順羽而興。反位。揖。兼取乘矢者尊大夫不敢與之拾也相下相尊君子之所以相接也【疏】興反至位揖。○注兼取至接也。○釋曰此大夫與耦取矢踣弓覆手仰手一如上三耦法其揖退之儀亦如上左還而西也

大夫進坐。亦兼取乘矢。如其耦。北面搢三挾一个。亦於三耦爲之位

揖退。耦反位。大夫遂適序西。釋弓矢。襲。升即席。大夫不序於下尊也

衆賓繼拾取矢。皆如三耦。以反位。司射猶挾一个。以進。作上射如初。一耦揖升如初。進前也鄉言還當上耦西面是言進終始互相明也今文或言作升射【疏】司射至如初。○注進前至升射。○釋曰自此盡退中與筭而俟論第三番用樂射之事云鄉言還當上耦西面是言進終始互相明也者上番將射時云司射還當上耦西面作上耦射不言進明還當上耦時者進近上耦乃作之此直進作射不言還當上耦明進時亦還當上耦而作之故言終始互相明也

司馬升。命去侯。獲者許諾。司馬降。釋弓反位。司射與司馬交于階前。去扑。襲。升。請以樂

樂于賓。賓許諾。司射降。搢扑東面。命樂正曰。請以樂樂于賓。賓許。東西於西階之前也不就樂正命之者傳尊者之命於賤者適正號令之可也樂正亦許諾猶北面不還以賓在堂（疏）司馬至賓許○注東面至在堂○釋曰知在西階之前不就樂正命之者以經云司射降搢扑即言東面命樂正無行進之事故知西階之前遙命之也云樂正亦許諾知者案大射云司射東面命樂正曰命用樂樂正曰諾是樂正許諾之事此不言者文不具故言之云猶北面不還以賓在堂者此亦無文樂正位東階東南北面大師位東北西面賓在堂南面樂正猶北面不還西面是以下文特云東面命大師明此時不西面受命矣大射鄭注彼云樂正西面受命左還東面命大師與此禮異者雖無正文鄭以義言在阼故也

司射遂適階閒。堂下北面。命曰不鼓不釋。不與鼓節相應不釋筭也鄉射之鼓五節歌五終所以將八矢一節之間當拾發四節四拾其一節先以聽也（疏）司射至不釋○注不與至聽也○釋曰云鄉射之鼓五節者以鄉大夫士用五節是以射人云王以騶虞九節諸侯以貍首七節卿大夫以采蘋五節士以采蘩五節是卿大夫士同五節云歌五終所以將八矢者下記云歌騶虞若采蘋歌五終是也云一節之閒當拾發四節四拾其一節先以聽也者尊卑樂節雖多少不同四節以盡乘矢則同其餘外皆以聽以知樂終始長短也王九節者五節先以聽諸侯七節者三節先以聽卿大夫士五節者一節先以聽皆四節拾將乘矢但尊者先以聽則多卑者先以聽則少優至尊先知審政也此節亦取侯道之數故鄭注射人云九節七節五節者奏樂以爲射耦之差言節者容侯道之數也凡射皆與臣下共爲若與尊者同耦自然與尊者同節若不與尊者同耦則各自用其節樂當與射義同

上射揖司射退反位。樂正東面命大師曰。奏騶虞閒若一。東面者進還鄉大師也騶虞國風召南之詩篇也射義曰騶虞者樂官備也其詩有一發五豝五豵于嗟騶虞之言樂得賢者衆多嘆思至仁之人以充其官此天子之射節也而用之者方有樂賢之志取其宜也其他賓客鄉大夫則歌采蘋閒若一者重節（疏）上節○至若一○注東面至重節○釋曰云東面者進還鄉大師也者以其大師西面樂正北面明知進身鄉大師乃命之云此天子之射節也者周禮射人而知云取其宜也者騶虞喻得賢者多此鄉射亦樂賢故云樂取其宜也云其他賓客鄉大夫則歌采蘋者采蘋是卿大夫樂節其他謂賓射與燕射若州長他賓客自奏采蘩若然此篇有鄉大夫州長射法則同用騶虞以其同有樂賢之志也云閒若一者重節者閒若一謂五節之閒長短希數皆如一則是重樂節也

大師不興。許諾。樂正退反位。乃奏騶虞。以射。三耦卒射。賓主人大夫衆賓繼射。釋獲如初。卒射降。皆應鼓與歌之節乃釋筭降者衆賓（疏）大師至射降○注皆應至衆賓○釋曰云樂正退反位者反工南北面位也云降者衆賓者亦當射時賓與主人大夫卒射皆升堂此降者衆賓也釋獲者執餘獲升告。左右卒射如初。卒已也今文曰告于賓司馬升。命取矢。獲者許諾。司馬降。釋弓反位。弟子委矢。司馬乘之。皆如初。司射釋弓視筭如初。筭獲筭也今文曰視數也釋獲者以賢獲與鈞告如初。降復位。司射命設豐。設豐。實觶如初。遂命勝者執張弓。不勝者執弛弓。升飲如初。司射遂袒決遂。左執弓。右執一个。兼諸弦面鏃。適堂西。以命拾取矢如初。側持弦矢曰執面猶尚也并矢於弦尚其鏃將止變於射也（疏）釋獲至如初○注側持至射也○釋曰言猶袒者亦是有故之辭以其常袒恐不袒故言猶以連之也云側持弦矢曰執者對方持弦矢曰挾并矢於弦尚其鏃將止變於射也者亦是對將射挾矢而言

司射反位。三耦及賓主人大夫衆賓皆袒決遂。拾取矢如初。矢不挾。兼諸弦弣以退。不反位。遂授有司于堂西。不挾亦謂執之如司射也不以反射位授有司者射禮畢（疏）司射至堂西○注不挾至禮畢○釋曰云不挾亦謂執之如司射也者執之如司射兼諸弦弣則與司射異以執其司射直執一个無三矢兼於弣三耦以下則執一个并於弦又以三矢并於弣所以異也

辯拾取矢。揖皆升就席。謂賓大夫及衆賓也相俟堂西進立于西階之前主人以賓揖升大夫及衆賓從升立時少退于大夫三耦及弟子自若雷下（疏）辯拾至就席○注謂賓至雷下○釋曰知相俟于堂西者以經言辯拾取矢訖乃言揖皆升就席則知先取矢者皆相待堂西其主人則在堂東徧取矢訖乃揖而升堂就席也云主人以賓揖升大夫及衆賓從升立時少退于大夫三耦及弟子自若雷下者衆賓則三賓也皆依上文獻後升及雷在下之法

司射乃適堂西。釋弓去扑。說決拾。襲反位。（疏）司射至反位○釋曰司射之扑在階西今來去扑於堂西之等以其不復射故也

司馬命弟子。說侯之左下綱而釋之。說解也釋之不復射奄東之（疏）司馬至釋之○注說解至東之○釋曰上初張侯時云乃張侯下綱不及地武不繫左下綱中掩束之鄭云事未至也又至將射時司馬命張侯弟子說束遂繫左下綱鄭注云事至今言司馬命弟子說侯之左下綱而釋之直言說侯之左下綱而釋之明未全去備復射故鄭下注云諸所退皆俟於堂西備復射也故知此釋之爲三番射畢不復射若有射則行燕射旅酬以後乃爲之故於此時中掩左下綱如初張時也

命獲者以旌退。命弟子退福。司射命釋獲者。退中與筭而俟。諸所退皆俟堂西備復射也旌言以者旌恒執也獲者釋獲者亦退其薦俎（疏）命獲至而俟○注諸所至薦俎○釋曰獲者釋獲者亦退薦俎者上獻時皆有薦俎辟之於右今獲者以旌退釋獲者退中故知亦退薦俎也

司馬反爲司正。退復觶南而立。當監旅酬（疏）司馬至而立○注當監旅酬○釋曰自此盡司正降復位論射訖行旅酬之事故司馬反爲司正鄭云當監旅酬也

樂正命弟子贊工即位。弟子相工如其降也。升自西階反坐。贊工遷樂也降時如初入樂正反自西階東北面（疏）樂正至反坐○注贊工至北面○釋曰前爲將射遷工于東方西面樂正北面今將旅酬作樂故遷升於堂上也云降時如初入者以經直云如其降也降時威儀不見故取上文降時如初入初入則上云工四人已下是也云樂正反自西階東北面者上初升於西階之東樂正立于其西合樂訖工告樂正曰正歌備樂正告于賓乃降立于西階東北面又將射時樂正命弟子贊工遷樂于下弟子相工如初入降自西階東北面近其事知不升者以正樂畢上無告請於賓之事宜與正歌備已後同也

賓北面坐取俎西之觶。興。阼階上北面酬主人。主人降席立于賓東。賓坐奠觶拜。執觶興。主人荅拜。賓不祭。卒觶。不拜。不洗。實之。進東南面。所不者酬而禮殺也賓立飲（疏）賓北至南面○注所不至立飲○釋曰賓北面坐取俎西之觶者謂上一人舉觶于賓賓奠于薦西者也云賓立飲者鄉飲酒當此賓酬主人時云賓不祭立飲是也

主人阼階上北面拜。賓少退。少退少逡遁也主人進受觶。賓主人之西北面拜送。旅酬而同階禮殺也（疏）注旅酬至殺也○釋曰對獻酬之時賓主各於其階故云同階禮殺也

賓揖就席。主人以觶適西階上酬大夫。大夫降席。立于主人之西。如賓酬主人之禮。其既實觶進西南面立鄉所酬（疏）賓揖至之禮○注其既至所酬○釋曰云主人以觶適西階上酬大夫者旅酬恒執此觶以相酬故言以知義然者上文命獲者以旌退鄭注云旌言以者旌恒執也是也云其既實觶進西南面立鄉所酬知者以上賓酬主人阼階上實觶進南面則知此主人酬大夫西階上實觶而亦進西面可知也

主人揖就席。若無大夫。則長受酬。亦如之。長謂以長幼之次酬衆賓（疏）主人至如之○釋曰云若無大夫者鄉人爲公卿大夫來觀禮者爲遵或有或無不定故云若有大夫先酬之無大夫則酬長以鄉射無介直有三賓以長幼之次受酬此言酬衆賓則三賓也

司正升自西階。相旅。作受酬者。曰某酬某子。某者字也某子者氏也稱酬者之字受酬者曰某子旅酬下爲上尊之也春秋傳曰字不若子此言某酬某子者射禮畧於飲酒飲酒言某子受酬以飲酒爲主（疏）司正至某子○注某者至爲主○釋曰云旅酬下爲上尊之也者以旅酬者少長以齒逮下之道人雖卑其司正命之飲酒呼之稱謂尊於酬者故受酬者爲某子他爲某也云春秋傳曰者案莊十年秋九月經書荊敗蔡師于莘以蔡侯獻舞歸公羊傳曰荊者何州名也州不若國國不若氏氏不若人人不若名名不若字字不若子何休云爵最尊也鄭引之者證旅酬下爲上之義酬者稱字受酬者稱子是以尊稱云此言某酬某子者射禮畧於飲酒飲酒言某子受酬以飲

酒爲主者此鄉射主於射畧於飲酒故稱酬他者字又稱受酬飲酒者爲子是字不若子飲酒言某子受酬直以飲酒爲主故也受酬者降席。司正退立于西序端東面。退立俟後酬者也始升相立階西北面（疏）受酬至東面○注退立至北面○釋曰云始升相立階西北面者鄉飲酒注亦然知者以司正升自西階與西階之酬者立故知始時在西階西北面也衆受酬者拜。興。飲。皆如賓酬主人之禮。辯。遂酬在下者。皆升受酬于西階上。在下謂賓黨也鄉飲酒記曰主人之贊者西面北上不與無筭爵然後與此異於賓（疏）衆受至階上○注在下至於賓○釋曰引鄉飲酒記者欲見賓黨在西主黨在東主黨不與酬之義卒受者。以觶降奠于篚。

儀禮注疏卷十二挍勘記　阮元撰盧宣旬摘錄

三耦皆執弓

插也插於帶右　兩插字釋文陳本通解要義俱作捷按今本釋文亦作插唯宋本作捷見張淳士冠禮識誤

前後皆因前位　陳閩通解同毛本因作用

去未違侯處　毛本去作乃

司射先立于所設中之西南

云固東面矣　毛本面誤作西

揖進

而又以有虞氏之庠爲鄉學　徐本通解同敖氏庠作序按敖引鄭注雖作序然其說云序州黨之學堂卽庠也鄭氏以爲鄉學是也是敖氏所見本亦作庠偶誤寫作序耳

讀如成周宣謝災之謝　毛本謝作榭徐本通解要義楊氏同作謝下並同按春秋左氏經作成周宣榭火公羊經作成周宣謝災鄭引公羊經而疏以左氏經釋之非鄭意也且說文無榭字左氏穀梁之作榭未必非後人所改當從言爲正

物須過西楹　陳閩通解要義同毛本西作兩按兩字是

宜從榭者　毛本宜誤作以

及成周宣謝及此州立謝　兩謝字俱从言下州謝則有堂有室同毛本謝作榭按此疏榭字凡十有三毛本依通解槩從木此本從言者三從木者十要義唯故云宜從榭也及州榭則有堂有室兩榭字从言餘俱从大皆不可解當槩从言後放此

南面揖○改取一个挾之　唐石經徐本通解敖氏楊氏同毛本取作作

設于所設中之西南　中上陳閩俱有之字

云改取一个挾之者　取陳閩俱作作按陳閩因經文既誤遂併疏改之惟毛及監本仍作取尚可以証經誤

上射升堂

知併行併東行者　毛本併作並下同按當作並

皆當其物

不射而袒　陳閩同毛本不上有跣字

司射進

獵矢從傍　陸氏曰傍或作旁○按敖氏作旁

在西階之西　陳閩通解同毛本在作左○按在字是

各以左相迎　通解同毛本迎作近

不得云司射向北　毛本云作與陳本誤作六

乃射

古文而后作後非也孝經說然后曰后者後也當從后　徐本如是與此本標目合要義節錄注云古文后作後非通解與毛本同○按依疏當作孝經說說然后曰各本少一說字

注古文至從后　毛本古文作后後

后者後也　者後此本譌作孝經誤據要義與毛本改正

獲者坐而獲

此未釋算　毛本未誤作失

謂射著禽獸爲獲　著通解要義毛本俱作著此本作諸今從各本

舉旌以宮

配中央　毛本配誤作酌

上射降三等

升與降皆　毛本皆作階

司馬出于左物之南

所以承笴矢者　徐本同聶氏通解楊氏毛本笴下俱有齊字朱子曰注脫齊字據疏文補之

是其承笴也　毛本承誤作乘

弟子自西方

歸獲者許諾　陸氏曰歸又作鄉下皆同

遂告于大夫○以耦告于大夫曰　石經徐陳通解楊氏敖氏同毛本告上無以耦二字

則與賓俱來者也　則陳閩俱作射

十月行正齒位之禮　禮要義作事

衆賓將與射者皆降

輒在此位也　閩本無在字

三耦拾取矢

亦東面北上也　毛本面誤作南

以其取矢卽説有射　毛本矢下無卽字說下有卽字

上射東面

南踣弓也　踣釋文作[弓咅]似誤

不言毋周　陸氏曰毋又作無同

故知不北踣弓也　毛本北誤作比

右手御在裏取矢　毛本右誤作在按監本右字亦係剜改

下射進坐橫弓

向上執弓而南踣　弓陳閩俱作手

與進者相左相揖反位　揖下唐石經有退字○按錢大昕云宋本亦有之大射云退者與進者相左相揖退釋弓矢于次說決拾襲反位較此文稍詳此處退字亦不可少

三耦拾取矢○而后反位　毛本后誤作後

因留主授受於堂西西方　陳本通解同毛本主作圭

衆賓未拾取矢

謂此第一番初時　初陳閩俱作射

唯有三耦射　毛本唯誤作誰

司射作射如初

衆足以知之矣　徐本通解楊氏同毛本矣作俟陳本作㚣按㚣卽矣之譌

司馬命去侯　陳閩俱無命字

賓許

及數筭告勝負之事　毛本數筭誤倒

釋獲者坐
執中者毛本執上有故字監本故字擠入
又取中之八算
故言互言之要義同毛本作故曰序東西通解作皆互言之也陳閩監本曰字亦俱作言
大夫袒決遂
耦於庭徐本通解楊氏同毛本庭下有下字
衆賓繼射
則司射擯升降通解同毛本擯作賓
司馬袒決
肅慎氏貢楛矢楛釋文作枯云字又作楛
司馬乘矢如初
前番未釋獲未陳閩監本通解俱作不　休武主文毛本主誤作上
射訖數算陳本同毛本通解訖作記
釋獲者
就右獲更東面也更字毛本通解作東
與自前
故東面鄉之陸氏曰鄉本或作嚮
故則右算也通解同毛本右作又
坐兼斂算〇十則異之毛本十誤作實
司射復位
故名算爲獲毛本名誤作明
若右勝
以中爲雋也嚴本同毛本雋作儁
司射適堂西
論罰爵之事要義同毛本罰作二
彼以承尊毛本以誤作此
不勝者皆襲
謂以此襲說決拾謂陳閩俱作請

三耦及衆射者〇勝者先升升堂少右徐本楊氏敖氏俱重升字唐石經通解毛本俱不重
與升飲者相左
待復射者謂待第三番射也毛本兩待字俱作俟通解止載下句亦作俟〇按上待字當作俟疏標起訖云俟復射下待字正解上俟字也
有執爵者
即立於序端序要義作席
若大夫之耦不勝
無能對徐本無對字
衆賓繼飲毛本繼誤作既
司馬洗爵
使服不士官唱獲陳本通解同閩監士俱誤作俟毛本作俟
獲者負侯
以下云陳閩通解同毛本以作已〇按此以字訓因不可與已字通
獲者南面坐
亦二手祭酒反注反徐本作及通解楊氏毛本俱作反
右祭薦俎右當從毛本作又
興適左个中皆如之唐石經徐本楊氏同通解敖氏毛本皆作亦按敖云謂適左个又適侯中皆如適右个而祭之儀也則敖所見本亦作皆刻集說者誤改爲亦耳
左个之西北三步
若就乏乏諸本俱作之唯毛本作乏
此約獻釋獲者司射之位通解同毛本之作乏
司馬受爵
此近乏者此本與通解此下俱更有乏者二字要義無
司射適階西
此薦脯醢毛本薦誤作獻
司射去扑
云不言射位者毛本射下無位字〇按毛本是

司射先反位
第二番無位者陳本要義同毛本二作三
三耦及衆賓
以猶與也毛本作注以猶至爲與
興反位而后耦揖毛本后作後
司馬升
遥號令之可也徐陳通解楊氏同毛本令作命
司射遂適階間
以卿大夫士用五節陳本要義同毛本用作同
先知審政也要義同毛本通解政作故
上射揖司射退〇樂正東面命大師曰毛本命字誤在東上
大師不興
次番射時毛本番誤作審
釋獲者〇司射命設豐設豐實觶如初通解設豐二字不重出按大射設豐不重通解因彼而誤敖氏注大射云當更有設豐二字如鄉射之文
故言猶以連之也猶諸本俱作有〇按作猶是也
司馬命弟子
奄束之奄諸本俱作奄毛本作掩
樂正命弟子
合樂訖毛本合誤作令
主人阼階上
少逡遁也少釋文作小
賓揖就席
鄉所酬鄉徐陳通解楊氏俱作鄉毛本作嚮
實觶進南面毛本南上有東字
而亦進西面可知也毛本西下有南字
衆受酬者
主人之贊者贊徐本通解要義楊氏敖氏俱作贊毛本作奠

儀禮疏卷第十三

唐朝散大夫行大學博士弘文館學士臣賈公彦等撰

司正降復位。【疏】司正降復位○釋曰自此盡唯賓論舉觶於賓與大夫爲無筭爵之事云司正降復位者司正當監旅酬訖故降使二人舉觶于賓與大夫爲無筭始也

使二人舉觶于賓與大夫。二人主人之贊者 舉觶者皆洗觶升實之。西階上北面。皆坐奠觶拜。執觶興。賓與大夫皆席末荅拜。舉觶者皆坐祭。遂飲卒觶。興。坐奠觶拜。執觶興。賓與大夫皆荅拜。舉觶者逆降洗。升實觶。皆立于西階上。北面東上。賓與大夫拜。舉觶者皆進。坐奠于薦右。坐奠之不敢授 【疏】舉觶至薦右○注坐奠之不敢授○釋曰賓與大夫皆席末荅拜者皆席西南面荅拜云皆進坐奠于薦右者以其將飲者於右故也云坐奠之不敢授者對獻酬時親授主人之贊者卑不敢親授觶也 賓與大夫辭。坐受觶以興。辭辭其坐奠觶 【疏】賓與至以興○注辭辭其坐奠觶○釋曰必辭者贊者不敢親授賓與大夫不可自尊故辭之不言取而言受者亦是若親受之然 舉觶者退反位。皆拜送乃降。賓與大夫坐反奠于其所。興。不舉者盛禮已崇古文曰反坐 【疏】舉觶至所興○注不舉至反坐○釋曰崇重也凡飲酒禮成於酬前已旅酬所盛禮已重今主人復舉觶爲無筭爵盡歡情客不盡主人歡故且奠之未舉之故不奠薦左 若無大夫則唯賓。長一人舉觶如燕禮媵爵之爲 【疏】若無大夫則唯賓○注長一至之爲○釋曰歸二人舉觶爲賓與大夫今若無大夫當闕一人故云則唯賓也云長一人舉觶如燕禮媵爵之爲者燕禮初二大夫媵觶至旅酬復使二人君命長媵一爵於君與此同故云如燕禮之爲彼旅酬此爲無筭爵不同但一人是同故引爲證也 司正升自西階。阼階上受命于主人。適西階上北面。請坐于賓。請坐欲與賓燕盡殷勤也至此盛禮以成酒清肴乾強有力者猶倦焉 【疏】司正至于賓○注請坐至倦焉○釋曰自此盡少退北上論請坐徹俎之事云酒清肴乾強有力者猶倦焉者此禮記聘義文案彼云故強有力者將以行禮也酒清人渴而不敢飲也肉乾人飢而不敢食也日莫人倦引之者證此賓須坐之義 賓辭以俎。俎者肴之貴者也辭之者不敢以燕坐褻貴肴 【疏】賓辭以俎○注俎者至貴肴○釋曰俎所盛骨體骨體是肴之貴者故辭之也 反命于主人。主人曰。請徹俎。賓許。司正降自西階。階前命弟子俟徹俎。弟子賓黨也俎者主人贊者設之今賓辭之使其黨俟徹順賓意也上言請坐于賓此言主人曰互相備耳 【疏】反命至徹俎○注弟子至備耳○釋曰知弟子是賓黨者以其司正降自西階階前命之明賓黨弟子在西階東面也必使賓黨弟子者徹俎是賓請之故鄭云俎者主人贊者設之今賓辭之使其黨俟徹順賓意也云上言請坐于賓此言主人曰互相備耳者凡辭皆司正請于主人主人有命司正乃傳告賓今上文云司正請坐于賓直見司正傳主人辭不見主人曰請坐于賓之辭此經直見主人曰請徹俎不見司正傳主人以告賓是互相備也不言互文而云互相備者凡言互文者各舉一事一事自周是互文此據一邊禮一邊禮不備文相續乃備故云互相備若云糗餌粉餈鄭注云餌言糗餈言粉互相足之類也

司正升立于序端。賓降席北面。主人降席自南方阼階上北面。大夫降席。席東南面。俟弟子升受俎 【疏】司正至南面○注俟弟子升受俎○釋曰云俟弟子升受俎者下云司正以俎出授從者注云授賓家從來者也所以厚禮之則此弟子升受俎者案下文據大夫與主人而言若賓俎授司正非弟子也

賓取俎還授司正。司正以降自西階。賓從之降。遂立于階西東面。司正以俎出授從者。授賓家從來者也古者與人飲食必歸其盛者所以厚禮之 【疏】注授賓至禮之○釋曰云古者與人飲食必歸其盛者所以厚禮之者鄉飲酒燕禮大射賓客皆有俎徹歸客之左右俎是肴之貴是歸其盛者公食大夫既食有司卷三牲之俎歸于賓館故總云古者與人飲食必歸其盛者所以厚禮之也 主人取俎還授弟子。弟子受俎降自西階以東。主人降自阼階西面立。以東授主人侍者 【疏】主人至面立○注以東至侍者○釋曰云以東授主人侍者弟子是賓黨非主人之贊者故知徹主人俎還授主人侍者歸入於內也 大夫取俎還授弟子。弟子以降自西階。遂出授從者。大夫從之。降立于賓南。凡言還者明取俎各自鄉其席 衆賓皆降。立于大夫之南。少退北上。從降亦爲將燕 【疏】注從降亦爲將燕○釋曰賓主人大夫有俎從俎而降此三賓無俎亦從大夫而降亦如賓主人大夫將燕故同降同升也 主人以賓揖讓。說屨乃升。大夫及衆賓皆說屨升坐。說屨者將空坐屨褻賤不宜在堂也說屨則攝衣爲其被地 【疏】主人至升坐○注說屨至被地○釋曰自此盡門外再拜論升坐行無筭爵賓醉送出之事云說屨則攝衣爲其被地者曲禮云攝衣趨隅彼謂升席時引之證說屨低身亦然若不攝衣恐衣被地履之但對文上曰衣下曰裳散文衣裳通此衣即裳也案少儀云排闔說屨於戶內一人而已矣鄭注云雖衆敵猶有所尊也彼尊卑在室則尊者說屨在戶內自餘說屨於戶外若尊卑在堂則亦尊者一人說屨在堂自餘說屨於堂下是以燕禮大射臣皆說屨於階下公不見說屨之文明公舄在堂矣此乃鄉飲酒臣禮賓主人行敵禮故皆說屨於堂下也 乃羞。羞進也所進者狗胾醢也燕設啗具所以案酒 【疏】乃羞○注羞進至案酒○釋曰云所進者狗胾醢也者以其牲用狗故知狗胾醢醢未必狗以其醢醬造乃成非臨時之物故知非狗連言之也

無筭爵。使二人舉觶。賓與大夫不興。取奠觶飲。卒觶不拜。二人謂舉者二人也使之升立于西階上賓與大夫將旅當執觶也卒觶者固不拜矣著之者嫌坐卒爵者拜既爵此坐于席禮既殺不復崇 【疏】無筭至不拜○注二人至復崇○釋曰經賓上有于字者誤以此二觶仍是前二人所舉者今以二人升者舉發使行無筭爵非新觶以鄭注可知故誤有也若然舉觶上屬賓下屬爲句也云卒觶者固不拜矣著之者嫌坐卒爵者拜既爵者上正旅酬時賓酬主人賓不祭卒觶不拜不洗今此二人舉觶禮彌殺故云卒觶者固不拜矣嫌坐卒爵者拜既爵者以正獻酬時皆坐卒爵拜既爵嫌此無筭爵飲卒觶亦有拜義故明之云坐于席禮既殺不復崇者此決正行獻酬時在於階下有拜既爵此說屨就席禮既殺不復崇重故無拜爵也

執觶者受觶。遂實之。賓觶以之主人。大夫之觶長受。長衆賓長 而錯皆不拜。錯者賓主人之觶以之次賓也賓長之觶以之次大夫其或多者迭飲於坐而已皆不拜受禮又殺也 【疏】注錯者至殺也○釋曰云其或多者迭飲於坐而已者衆賓之長在賓西者三人大夫則大夫若一大夫亦三人則與衆賓等得交錯相酬言其或多者若有一大夫則衆賓二人無所酬直二人迭飲而已若大夫四人已上多於三賓自三人之外亦無所酬則亦自相酬迭飲而已云皆不拜受禮殺也者上二人舉觶於賓與大夫皆拜受及飲卒不拜是其殺也今衆賓與大夫不拜受觶故言禮又殺也 辯。卒受者興。以旅在下者于西階上。衆賓之末飲而酬主人之贊者大夫之末飲而酬賓黨亦錯焉不使執觶者酌以其將旅酬不以已尊孤人也其末若皆衆賓則先酬主人之贊者若皆大夫則先酬賓黨而已執觶者酌在上辯降復位 【疏】辯卒至階上○注衆賓至復位○釋曰經云辯謂堂上衆賓已上皆飲訖云卒受者謂最末後飲者云衆賓之末飲而酬主人之贊者大夫之末飲而酬賓黨亦錯焉者此亦若堂上交錯也云不使執觶者酌謂不使二人執觶者酌云以其將旅酬不以已尊孤人也者其堂上皆坐行酒至此立階上旅在下解經與以旅在下者云其末若皆衆賓則先酬主人之贊者謂大夫或少或無則衆賓爲末飲也云若皆大夫者謂大夫多衆賓偏後二觶並酬大夫則大夫爲末飲也云執觶者酌在上辯降復位者謂二人舉觶酌堂上衆賓已上辯其堂下自酌相旅二人無事故降復于東階前西面北上位也故鄉飲酒記云主人之贊者西面北上不與無筭爵然後與必知復位者下經云執觶者皆與旅是也 長受酬。酬者不拜。乃飲。卒觶以實之。言酬者不拜者嫌酬堂下異位當拜也古文曰受酬者不拜 【疏】長受至實之○注言酬至不拜○釋曰謂堂下或賓黨之長或主人贊者之長受堂上酬酬者不拜鄭云酬者不拜者嫌酬堂不異位當拜也者嫌堂下異位堂上酬堂下當拜故明之也 受酬者不拜受。禮殺進受尊者之酬猶不拜 【疏】受酬者不拜受○注禮殺至不拜○釋曰堂下卑者受堂上尊者酒當拜由禮殺雖尊者之酬猶不拜也 辯旅皆不拜。主人之贊者於此始旅嫌有拜 【疏】辯旅皆不拜○注主人至有拜○釋

曰以鄉飲酒記云主人之贊者不與無筭爵然後與故鄭偏言主人之贊者於此始旅嫌有拜故明之也執觶者皆與旅。嫌己飲不復飲也上使之勸人耳非逮下之惠也亦自以齒與於旅也〔疏〕執觶者皆與旅○注嫌已至旅也○釋曰此即上文二人舉觶者於西階上已卒觶故鄭云嫌已飲不復飲也卒受者以虛觶降奠于篚。執觶者洗升實觶，反奠于賓與大夫。復奠之者燕以飲酒爲歡醉乃止主人之意也今文無執觶及賓觶大夫之觶皆爲爵實觶觶爲之〔疏〕卒受至大夫○注復奠至爲之○釋曰今文此經云執觶者無此執觶又今文無執觶及賓觶大夫之觶皆爲爵不從者以其皆在無筭爵之科明不爲爵云實觶爲之者亦不從也無筭樂。合鄉樂無次數〔疏〕無筭樂○注合鄉樂無次數○釋曰知合鄉樂二南者約上正歌時不畧其正已歌鄉樂但上有次第先歌關雎次歌葛覃卷耳次歌鵲巢采蘩采蘋皆三終有次數今無次數在賓主所好也賓興。樂正命奏陔。陔陔夏其詩亡周禮賓醉而出奏陔夏陔夏者天子諸侯以鍾鼓大夫士鼓而已〔疏〕賓興至奏陔○注陔陔至而已○釋曰此賓興即命奏下文賓降乃作樂也云陔陔夏其詩亡者九夏皆詩篇鄭注鍾師云歌之大者載在樂章樂崩亦從而亡云周禮者鍾師云陔夏杜子春云客醉而出奏陔夏雖非正文亦據周禮而言云陔夏者天子諸侯以鍾鼓者鍾師云以鍾鼓奏九夏是天子法襄公四年穆叔如晉晉侯饗之金奏肆夏之三不拜則陔夏奏用鍾矣大夫士尚有鼓明諸侯亦有鼓故云天子諸侯以鍾鼓知大夫士用鼓者此鄉射鄉飲酒皆有鼓故知以鼓奏陔而已也賓降及階，陔作。賓出，衆賓皆出。主人送于門外，再拜。拜送賓于門東西面賓不荅拜禮有終〔疏〕賓降至再拜○注拜送至有終○釋曰知拜送賓于門東西面者此約迎賓時於此拜也云不荅拜禮有終者以行禮有終故不荅也明日，賓朝服以拜賜于門外。拜賜謝恩惠也〔疏〕明日至門外○釋曰自此盡經末論息勞司正之事主人不見，如賓服，遂從之。拜辱于門外，乃退。不見不褻禮也拜辱謝其自屈辱〔疏〕主人至乃退○注不見至屈辱○釋曰不見不褻禮者禮不欲數數則瀆今主人不見恐相褻故不見也主人釋服，乃息司正。釋服說朝服玄端也息猶勞也勞司正謂賓之與之飲酒以其昨日九勞倦也月令曰勞農以休息之〔疏〕主人至司正○注釋服至息之○釋曰上文主人如賓服則主人亦朝服矣今言釋服謂釋去朝服之下衣則次玄端故知釋服說朝服玄端也玄端即朝服之下易其裳爲異也月令者彼是十月農功畢勞農以休息之爲息田夫之臘祭引之者證息勞來休息之義也無介。勞禮畧貶於飲酒也此已下皆記禮之異者〔疏〕無介○注勞禮至異者○釋曰云勞禮畧貶於飲酒也者謂貶於鄉飲酒鄉飲酒禮有介此上司正飲酒及此勞禮皆無介是貶於鄉飲酒也云此以下皆記禮之異者謂息司正之禮與上飲酒禮異之事也不殺。無俎故也〔疏〕不殺○注無俎故也○釋曰下文云無俎無俎故不殺殺即有俎也使人速。速召賓〔疏〕使人速○注速召賓○釋曰若

公食使人召之還司正爲擯也迎于門外。不拜入，升不拜至。不拜洗。薦脯醢。無俎。賓酢主人。主人不崇酒。不拜衆賓。既獻衆賓一人舉觶，遂無筭爵。言遂者明其閒闕也賓坐奠觶于其所擯者遂受命于主人請坐于賓賓降說屨升坐矣不言遂請坐者請坐主於無筭爵〔疏〕迎于至筭爵○注言遂至筭爵○釋曰云言遂者明其閒也者閒謂閒一人舉觶下有工升歌立司正旅酬及二人舉觶及徹俎之事以其闕此數事故云遂無筭爵也云賓奠觶于其所擯者遂受命于主人請坐于賓賓降說屨升坐矣此並依正飲酒禮不言遂請坐者請坐主於無筭爵以其請坐主於無筭爵今言無筭爵自然請坐可知故不須言請坐于賓也無司正。使擯者而已不立之〔疏〕無司正○注使擯至立之○釋曰不立司正亦是與飲酒禮異也賓不與。昨日至尊不可褻也古文與作豫〔疏〕賓不與○注昨日至作豫○釋曰賓者主人所尊敬不可復召之復召之亦是褻瀆也徵唯所欲。徵召也謂所欲請呼〔疏〕徵唯所欲○注徵召至請呼○釋曰須止則止須召則召在主人之意故云所欲請呼也以告於鄉先生君子可也。告請也鄉先生鄉大夫致仕者也君子有大德行不仕者〔疏〕以告至可也○注告請至仕者○釋曰云鄉大夫致仕者也此即鄉飲酒注云先生謂老人教學者云君子有大德行不仕者大德行謂六德六行可貢而不仕者此即居士縞帶亦曰處士羞唯所有。用時見物〔疏〕羞唯所有○注用時見物○釋曰謂昨日所有之餘見物鄉樂唯欲。不歌雅頌取周召之詩在所好〔疏〕鄉樂唯欲○注不歌至所好○釋曰此即與上無筭樂同而云不歌雅頌者以其上飲酒主於射畧於樂不用小雅此非鄉射而亦不歌雅頌者亦不可過于正飲酒禮故云周召之詩在所好也記大夫與，則公士爲賓。不敢使鄉人加尊於大夫也公士在官之士鄉賓主用處士〔疏〕記大至爲賓○注不敢至處士○釋曰據此鄉射使處士無爵命者爲賓故有大夫來不以鄉人加尊於大夫故易去之使公士爲賓若然鄉飲酒貢士法賢者爲賓其次爲介又其次爲衆賓有大夫來不易去之以其賓擬貢故也云鄉賓主用處士即君子者也使能不宿戒。能者敬於事不宿戒而習之〔疏〕使能不宿戒○注能者至習之○釋曰解上賓用處士云能者敬於事者孝經云參不敏鄭云敬猶達也則此通達於事其牲狗也。狗取擇人〔疏〕其牲狗也○注狗取擇人○釋曰鄉飲酒鄉射義取擇人賢士爲賓天子已下燕亦用狗亦取擇人可與燕者亨于堂東北。鄉飲酒義曰祖陽氣之所發也〔疏〕亨于堂東北○注鄉飲至發也○釋曰於東北而盛於南方亨狗于東北飲酒是陽故法之尊綌冪，賓至徹之。以綌爲冪取其堅絜〔疏〕尊綌至徹之○注以綌至堅絜○釋曰凡用冪皆爲塵埃加故設之但用冪不同者凡用醴皆質用冪禮賓禮子婦聘禮冠禮用醴者皆無冪也即士冠禮醮用酒有冪昏禮賓用醴亦無冪是以尊於房戶外爲媵御賤故方圜壺則無冪鄉飲酒鄉射有冪燕禮君尊有冪於室內有冪卑亦無冪

者無所厭故也若祭祀之冪冪人云以疏布冪八尊鄭云天地之神尚質以畫布冪六彝鄭云宗廟可以文凡王巾皆黼注云周尚武其用文德則黻可諸侯無文或與王同其喪中之冪皆用疏布士喪禮小斂徹用功布大斂亦同士虞用絺冪與吉同大夫亦當然也云賓至徹之者巾冪必布執冪賓未至恐塵加賓至徹去不復用以其鄉射飲酒不見更用之文故也燕禮君命徹冪則未命之前重用之者君尊久設恐塵故重覆之蒲筵緇布純。筵席也純緣〔疏〕蒲筵緇布純○注筵席也純緣○釋曰鄉大夫州長與鄉人習禮雖有公卿之尊無加席唯一種故記人然其記之云筵席者鄭注周禮序官云鋪陳曰筵藉之曰席然其言之筵席通但在地者爲筵取鋪陳之義在上曰席取相承西序之席，北上。衆賓統於賓〔疏〕西序之席北上○注衆賓統於賓○釋曰云西序之席北上者謂衆賓之席繼賓己西南面東上今云西序之席北上此東面北上者設席雖不言衆賓之數上文云三拜衆賓記云若然此鄉射則衆賓亦三人矣而復有東面者若公卿大夫多尊東不偏則於尊西賓近於西則三賓東面北上統於賓也獻用爵，其他用觶。爵尊不褻也以爵拜者不徒作。以爵拜謂拜既爵徒猶空也作起也不空起言起必酢主人薦脯用籩，五膱。祭半膱橫于上。醢以豆，出自東房。膱長尺二寸。脯用籩籩宜乾物也醢以豆豆宜濡物也膱猶脡也爲記者異耳祭橫于上殊之也於人爲縮膱廣狹未聞也古文膱爲胾今文或作植〔疏〕薦脯至二寸○注脯用至未聞○釋曰云豆宜濡物也者以案王制云一爲乾豆鄭云謂腊之以爲祭祀豆實遵者以其豆實則醢也鄭注周禮醢人云作醢及臡者必先膊乾其肉乃後細莝之雜以粱麴及鹽漬以美酒塗置甄中百日則成矣是乾以爲豆實醢以爲祭祀豆實與此同也者鄉飲酒記云膊以五挺者異名不同非別有義故鄭云膱猶脡也法於人爲縮者鄉飲酒記引曲禮云以脯脩置者左朐右末鄭注曲禮云屈中曰朐取左手案之右手擘脩之便故左朐於人爲縮橫祭半膱橫於上於人則爲縱也方俎由東壁，自西階升。〔疏〕俎由至階升○注狗既至東方○釋曰云狗既亨于堂東北今云俎由東壁者亨狗既載於東方者上云東北實俎曰載者既載則由東壁故云俎由東壁自西階升者賓俎由東方賓東階故由東階升以其特牲少牢若是祭饌則東階升故記人明之也若是祭尊則神東故東階阼階升賓俎脊脅肩肺，主人俎脊脅臂肺。肺皆離。皆右體也。進腠。以骨名肉貴骨也賓俎用肩主人用臂〔疏〕賓俎至進腠○注以骨至用臂○釋曰云以骨名肉者有肉必有骨者爲本有名肉無名以骨名肉也云貴骨也者周禮體臂膊也所離猶捲也腠理也進理謂前其腠也若有體肉即明云故○釋曰云以骨名肉貴骨也者以有骨三體皆連而言尊賓有肩爲其尊以特牲饋食禮有肩爲云周人貴肩云羊牛之肺離而不提心者中央少者以肺爲食少者云少儀云牛羊之肺離而不提心鄭云提猶絕也離猶捲也到離之不絕中央少者此與公食同生人食法少牢進下者此是鬼神食法前云進理謂之法云

右體周所貴也者對左殷所貴云若有尊者則俎其餘體也者前有三肩臂臑以次用之賓主已用肩臂有一大夫則用臑二大夫則取後體用膞若有三大夫已上則用胳其脊脅與賓主同故下文云獲者之俎折脊脅肺臑注云臑若膞胳殽折之以爲大夫之餘體是也

凡舉爵。三作而不徒爵。謂獻賓獻大夫獻工皆有薦〔疏〕注謂獻至有薦。○釋曰知此三人者以其言三作故知唯此三人而已

凡奠者於左。不飲不欲其妨〔疏〕凡奠者於左。○釋曰謂若酬賓奠於右賓奠之於左

將舉者於右。便其舉也〔疏〕將舉者於右。○釋曰謂若酬一人二人舉奠之於薦右後舉之者也

衆賓之長。一人辭洗。如賓禮。尊之於其黨〔疏〕衆賓至賓禮。○注尊之於其黨。○釋曰此獻三賓之時主人唯爲長者一人洗爵如經文恐已後更洗故記人明之也

若有諸公。則如賓禮。大夫如介禮。無諸公。則大夫如賓禮。尊卑之差諸公大國之孤也

樂作。大夫不入。後樂賢也

樂正與立者齒。謂其飲之次也尊樂正同於賓黨鄉飲酒記曰與立者皆薦以齒

三笙一和而成聲。三人吹笙一人吹和凡四人也爾雅曰笙小者謂之和〔疏〕三笙至成聲。○注三人至之和。○釋曰云爾雅曰笙小者謂之和者案爾雅釋樂云大笙謂之巢孫氏注云巢高大又云小者謂之和注云和小笙是也

獻工與笙。取爵于上篚。既獻。奠于下篚。其笙則獻諸西階上。奠爵于下篚不復用也今文無與笙〔疏〕獻工至階上。○注奠爵至與笙。○釋曰云奠爵于下篚不復用也者謂堂上不復用無妨堂下更入用之知者獻獲及釋獲者皆取而獻之是也大射獻服不氏用散不用爵者彼君禮與此異也

立者東面北上。賓黨〔疏〕立者東面北上。○注賓黨。○釋曰此謂一命及不命來觀禮者與堂下衆賓齒東面北上而立

司正既舉觶而薦諸其位。薦於觶南〔疏〕司正至其位。○注薦於觶南。○釋曰知薦於觶南不薦於觶北者以司正觶南北面立若薦觶北與觶相隔非位前故知觶南位北也

三耦者。使弟子司射前戒之。弟子賓黨之少者也前戒謂先射請戒之〔疏〕三耦至戒之。○注弟子至戒之。○釋曰云使弟子司射前戒之者謂請射之前戒之以其經云三耦俟於堂西故鄭云前戒謂先射請戒之也

司射之弓矢與扑。倚于西階之西。便其事也〔疏〕司射至之西。○注便其事也。○釋曰此矢謂挾一个者初司射適堂西袒決遂取弓矢于階西兼挾一矢則誘射之弓矢亦在階西矣若然誘射訖適堂西改取一个挾之遂適階西取扑此一个實在堂西至視筭之時於西階西釋弓矢去扑獻釋獲者此亦在西階西故鄭云便其事也

司射既袒決遂而升。司馬階前命張侯。遂命倚旌。著並行也古文曰遂命獲者倚旌〔疏〕司射至倚旌。○注著並至倚旌。○釋曰云著並行者謂司射與司馬有不並行事時案上文將射適堂西袒決遂取弓矢於西階上北面告賓曰弓矢既具有司請射其時司馬即階前令倚旌此皆同時故鄭云著並行事如上經納射器及比三耦以前司射獨行事後及司正爲司馬與司射並行事故記人記之也

凡侯。天子熊侯。白質。諸侯麋侯。赤質。大夫布侯。畫以虎豹。士布侯。畫以鹿豕。此所謂獸侯也燕射則張之鄉射及賓射當張采侯二正而記此者天子諸侯之燕射各以其鄉射之禮而張此侯由是云焉白質赤質皆謂采其地其地不采者白布也熊麋虎豹鹿豕皆正面畫其頭象於正鵠之處耳君畫一臣畫二陽奇陰偶之數也燕射射熊虎豹不忘上下相犯射麋鹿豕志在君臣相養也其畫之皆毛物之〔疏〕凡侯至鹿豕。○注此所至物之。○釋曰云此所謂獸侯也者周禮梓人云張獸侯以息燕注云息者休農息老物也燕謂勞使臣若與羣臣飲酒而射是也云燕射則張之者燕禮大射正爲司射如鄉射之禮是諸侯燕燕用鄉射之禮故云燕射則張之也天子雖無文據記天子燕射記明天子燕射亦用鄉射之法也云鄉射及賓射當張采侯二正者案周禮射人掌賓射大夫士同二正是賓射二正鄉射無文知亦采侯二正者周禮賓射與賓客爲射此鄉射雖與鄉人習禮亦如賓主行射禮又非私相燕勞故約與賓射同也言采侯者梓人云張五采之侯則遠國屬是賓射之侯故云采侯也云而記此者天子諸侯之燕射各以其鄉射之禮者以天子自用鄉射之禮諸侯自用鄉射之禮大夫士亦各隨其君用鄉射之禮也用鄉射之禮謂張侯道五十步及三耦一與鄉射同云張此侯則經獸侯是也云由是云焉者謂由是用鄉射法故云獸侯於此鄉記也云白質赤質皆謂采其地者案周禮掌蜃云共白盛之蜃則此以蜃灰塗之使白爲地赤質者亦以赤塗之使赤爲地云不采者白布也者謂大夫士直云布侯者也云熊麋虎豹鹿豕皆正面畫其頭者知皆畫首者以其言貍首者射不來者之首明此獸侯等亦正面畫其頭也云象於正鵠之處耳者案梓人云參分其廣而鵠居一焉據大射之侯若賓射之侯則三分其侯正居一焉若燕射之侯則獸居一焉故云象其正鵠之處耳云君畫一臣畫二陽奇陰偶之數也者禮記郊特牲云君之南鄉答陽之義也臣之北面荅君也是君陽臣陰又天一生水地二生火是一二陰陽之數故云君一臣二陽奇陰偶之數也云燕射射熊虎豹不忘上下相犯者三者皆猛獸不苟相下若君臣之道亦獻可者替否者不苟相從輒當犯頗而諫似獸等故用之云射麋鹿豕志在君臣相養也者案內則云麋鹿豕皆有軒並是可食之物故云相養也云其畫之皆毛物之者此無正文但畫五三三正之侯各以其色明畫獸侯亦以毛物畫之可知也

凡畫者丹質。賓射之侯燕射之侯皆畫雲氣於側以爲飾必先以丹采其地丹淺於赤〔疏〕凡畫者丹質。○注賓射至於赤。○釋曰云賓射之侯燕射之侯者此鄉射以采侯二正是賓射之侯也此獸侯也又是燕射之侯故鄭並言之云皆畫雲氣於側以爲飾者鄭解經凡言畫者皆畫雲氣故以雲氣解之也蓋象雲色若賓射之侯天子九十步侯朱白蒼黃玄五正者還畫此五色雲氣於其側七十步侯朱白蒼三正者還畫此三色雲氣於其側五十步侯朱絲二正者還畫此二色雲氣於其側以爲飾也云必先以丹采其地者欲畫此五色三色雲氣時必先用丹采此地乃於其上畫雲氣也天子侯九十步之內更有七十五十步侯畿內諸侯七十步侯內更有五十步侯畿外諸侯者之九十步侯之內更有七十五十步侯其畫之采皆如其數也以侯數非一尊卑又不同故云凡以廣之言凡畫雲氣以丹爲質地者也云丹淺於赤者案月令云乘朱路駕赤騮載赤旂衣朱衣朱與赤互言之即爲一物又案冬官鍾氏云以朱湛丹秫三入爲朱色深而湛丹秫故知丹淺於赤鄭言此者欲見以丹爲地丹上得見赤色雲之義故言此也

射自楹閒。物長如笴。其閒容弓。距隨長武。楹閒者中央東西之節也物謂射時所立處也謂之物者物猶事也君子所有事也長如笴者謂從畫之長短也笴矢幹也長三尺與跬相應射者進退之節也閒容弓者上下射相去六尺也距隨者物橫畫也始前足至東頭爲距後足來合而南面爲隨武跡也尺二寸〔疏〕[illegible]

序則物當棟。堂則物當楣。是制五架之屋也正中曰棟次曰楣前曰庪〔疏〕[illegible]庠序皆然但有室無室爲異

命負侯者由其位。〔疏〕[illegible]位。○釋曰其位者正據司馬自在已[illegible]侯者賤畧之故色也對司射比耦則就[illegible]之位故記之也

凡適堂西。皆出入于司馬之南。唯賓與大夫降階。遂西取弓矢。尊者宜逸由便也〔疏〕[illegible]

旌各以其物。旌總名也雜帛爲物大夫士之所建也言各者鄉射或於庠或於謝〔疏〕[illegible]旌總名也者以周禮司常云九旗對[illegible]全羽爲旞析羽爲旌各別今名物爲[illegible]名也云雜帛爲物大夫士之所建也[illegible]並是絳帛周所尚赤也雜帛者中絳[illegible]故鄭彼注云言先王正道佐職也云[illegible]謝者諸侯鄉大夫是大夫詢衆庶射[illegible]侯州長是士春秋晉射于謝大夫士[illegible]者雖同建物仞則大夫五仞士三仞[illegible]

無物。則以白羽與朱羽糅杠。長三仞。以鴻脰韜上。二尋。無物者謂小國之州長也其[illegible]不命不命者無物此翿旌也[illegible]雜也杠橦也七尺曰仞鴻鳥之長脰[illegible]者也八尺曰尋今文糅爲縮韜爲翿[illegible]〔疏〕[illegible]曰云無物者謂小國之州長也者案[illegible]夫一命士不命大夫一命得建物士[illegible]與上各以其物同別爲此旌云此翿[illegible]翿旌也下云君國中射則皮樹中以[illegible]君同者士卑不嫌命士以上尊卑自[illegible]衆者此非直用之於獲案喪大記君[illegible]亦所以進退衆人也云七尺曰仞者[illegible]長三丈高一丈則牆高一丈禮記祭[illegible]

高一丈云仞有三尺除三尺之外只有七尺挾知七尺曰仞也王肅則依小爾雅四尺曰仞孔君則八尺曰仞所見不同也云鴻鳥之長脰者也脰則項也云八尺曰尋者亦無正文冬官云車有六等之數云殳長尋有四尺長丈二而云尋有四尺除四尺則尋長八尺矣

凡挾矢於二指之閒橫之。二指謂左右手之第二指此以食指將指挾之【疏】凡挾至橫之○注二指至挾之○釋曰云二指謂左右手之第二指知左右手皆挾之者以云二指之閒橫之則知左右手也云此以食指將指挾之者以左擘指拓弓右擘指鉤弦故知挾矢以第二第三指閒第二指為食指左傳云子公之食指動是也第三指為將指左傳云吳王闔閭傷於將指是也故云食指將指之閒挾之知不在無名指閒者以無名指短與將指不相應故知不是也

司射在司馬之北。【疏】司射在司馬之北○釋曰經不明言司射與司馬南北相當故明之也

司馬無事不執弓。以不主射故也始射獲而未釋獲。復釋獲。復用樂行之。君子取人以漸【疏】始射至行之○釋曰始射獲而未釋獲據三耦射時云復釋獲者據第二番射時復用樂行之據第三番射時

上射於右。於右物射楅長如笴。博三寸。厚寸有半。龍首。其中蛇交。韋當。博廣也兩端為龍首中央為蛇身相交也蛇龍君子之類也交者象君子取矢於楅上也直心背之衣曰當以丹韋為之司馬左右撫矢而乘之分委於當【疏】楅長至韋當○注博廣至於當○釋曰云蛇龍君子之類也者易云龍戰于野其血玄黃鄭注云聖人喻龍君子喻蛇是蛇龍總為君子之類也云直心背之衣曰當者直通身之言其楅兩頭為龍首於背上通身著當言當心中央也知丹韋為之者周尚赤上云凡畫者丹質又周禮九旗之帛皆用絳故知此當亦以丹韋為之云司馬左右撫矢而乘之分委於當者若未分時總在於當今則四四在一邊不謂分訖乃至於兩當也

楅髹。橫而奉之。南面坐而奠之。南北當洗。髹赤黑漆也【疏】楅髹至當洗○注髹赤黑漆也○釋曰云南面坐而奠之者取向弟子持矢北面故南面奠之云南北當洗者恐南北不知遠近故記言南北當洗南北節也

射者有過則撻之。過謂矢揚中人凡射時矢中人當刑之今鄉會衆賢以禮樂勸民而射者中人本意在侯去傷害之心遠是以輕之以扑撻於中庭而已書曰扑作教刑【疏】射者至撻之○注過謂至教刑○釋曰云是以輕之以扑撻於中庭而已引書者謂尚書堯典之文彼據教學故彼注云不勤道業則撻之引之者於射時司射搢扑亦是教射法故引證撻犯禮之過者是以尚書亦云侯以明之撻以記之是也

衆賓不與射者不降。不以無事亂有事古文與為豫【疏】衆賓至不降○注不以至為豫○釋曰鄉射不得與射者雖誓僅有存焉三賓已上容其有文無武者許其不射故記者言之也

取誘射之矢者。既拾取矢。而后兼誘射之乘矢而取之。謂反位已禮成乃更進取之不相因也【疏】取誘至取之○注謂反至因也○釋曰云不相因者既自拾取已之乘矢反位東西望訖上射乃更向前兼取誘射之矢禮以變為敬故不相因

賓主人射。則司射擯升降。卒射。即席而反位卒事。擯賓主人升降者皆尊之也不使司馬擯其升降主於射【疏】賓主至卒事○注擯賓至於射○釋曰云不使司馬擯其升降主於射者必以司射決之者以司馬本是司正不主射事司射主射事故使司射也

鹿中髹。前足跪。鑿背容八筭。釋獲者奉之先首。前足跪者象教擾之獸受負也【疏】注前足至負也○釋曰服不氏教擾猛獸猛獸不堪受負其有合負物者教擾則屈前足以受負若今騶受負則四足俱屈之類也

大夫降立于堂西。以俟射。尊大夫不使久列於射位【疏】大夫至俟射○注尊大至射位○釋曰謂主人大夫降時賓主先射大夫則立于堂西其耦在司馬之西射位大夫且立於堂西射至乃取其耦共升射

大夫與士射。袒薰襦。不肉袒殊於耦耦少退于物。下大夫也既發則然

司射釋弓矢。視筭。與獻釋獲者釋弓矢。唯此二事休武主文釋弓矢耳然則擯升降不釋【疏】司射至弓矢○注唯此至不釋○釋曰此二者經文自具記之者以唯此二事釋欲顯出賓主升降時不釋故言之是以鄭云然則擯升降不釋也

禮。射不主皮。主皮之射者。勝者又射。不勝者降。禮射謂以禮樂射也大射賓射燕射是矣不主皮者貴其容體比於禮其節比於樂不待中為備也言不勝者降則不復升射也主皮者無侯張獸皮而射之主於獲也尚書傳曰戰鬭不可不習故於蒐狩以閑之也閑之者貫之也貫之者習之也凡祭取餘獲陳於澤然後卿大夫相與射也中者雖不中也取不中者雖中也不取何以然所以貴揖讓之取也而賤勇力之取嚮之取也於圃中勇力之取也今之取也於澤宮揖讓之取也澤習禮之處非所於行禮其射又主中此主皮之射與天子大射張皮侯賓射張五采之侯燕射張獸侯【疏】禮射至者降○注禮射至獸侯○釋曰云禮射謂以禮樂射也者射時有禮兼作樂故連樂言之不言鄉射者鄉射用采侯賓射中兼之故不言也云不主皮者貴其容體比於禮其節比於樂者此即九節七節五節應於樂節是也云言不勝者降不復升射也者據主皮射者也禮射二番不勝仍待三番復升射也尚書傳者濟南伏生為尚書作傳云已祭取餘獲陳於澤然後卿大夫相與射也者此則周禮山虞田訖虞人植旗於中屬禽焉每禽擇取三十餘將向園以祭謂若大司馬云仲春祭社仲夏享礿仲秋祀方仲冬享烝已祭乃以餘獲陳於澤宮中卿大夫士共以主皮之禮射取之云雖不中雖中者據因田時也云非所於禮者云云揖讓取即是行禮而云非所於行禮者揖讓雖是禮對大射之等其體比於禮其節比於樂為非所行禮也云此主皮之射與者書傳不言主皮以義約同故云與以疑之也云天子大射已下者案梓人云張皮侯而棲以鵠則春以功即此鄭云天子大射張皮侯一也梓人又云張五采之侯遠國屬即此鄭云賓射張五采之侯也梓人又云張獸侯以息燕即此鄭云燕射張獸侯也鄭言此者證此是禮射與主皮異也若然天子有澤宮又有射宮二處皆行射禮者澤宮之內有班餘獲射又有試弓習武之射若西郊學中射者行大射之禮張皮侯者是也澤宮中射將欲向射宮先向澤宮中試弓習武之射此習武之射無侯直射甲革椹質故司弓矢職云王弓弧弓以授射甲革椹質而注引圍人職曰射則充椹質是也

主人亦飲于西階上。就射爵而飲也已無俟才不可以辭罰【疏】主人至階上○注就射至辭罰○釋曰此謂主人在不勝之黨受罰爵之時也云就射爵而飲也者謂西楹西豐上射爵也云已無俟才不可以辭罰者以主人尊恐不受罰爵故言此也

獲者之俎。折脊脅肺臑。臑若膊胳觳之折以大夫之餘體【疏】獲者至肺臑○注臑若至餘體○釋曰上賓主人已用肩臂唯有臑及膊胳觳若脊脅骨多尊卑皆有自臑已下各得其一今鄭具言之欲見科取其一不定以其若無大夫獲者得臑即經所云者故臑在肺下欲見無大夫已合得若大夫一人大夫得臑獲者得膊若大夫二人獲者即得胳若大夫三人獲者即得觳若大夫公卿更多則折之不得整體或更取餘體也故鄭又云折以大夫之餘體也

東方謂之右个。侯以鄉堂為面也【疏】東方謂之右个○注侯以鄉堂為面也○釋曰以其經直云左右个不辨東西故記人明之也

釋獲者之俎。折脊脅肺。皆有祭。皆皆獲者也祭祭肺也以言肺謂刌肺不離嫌無祭肺【疏】釋獲至有祭○注皆皆至祭肺○釋曰云以言肺謂刌肺不離者即經中脊脅肺是切肺與祭肺同也云嫌無祭肺者此明記人之意見上已有刌肺不離者即經中脊脅肺是刌肺與祭肺同嫌更不別有祭肺故言皆有祭肺言皆皆獲者欲見釋獲者與主獲者二者皆別有祭肺故云皆也若然上肺即舉肺案公食大夫有切肺與祭肺者優賓使賓祭此二者亦以舉肺為祭肺者睪賤者之義是以有司徹侑俎羊切肺一侑豕俎亦切肺一鄭云豕又祭肺不嚌肺不備禮則是睪賤之類也

大夫說矢束。坐說之。明不自尊別也

歌騶虞。若采蘋。皆五終。射無筭。謂衆賓繼射者衆賓無數也每一耦射歌五終也【疏】歌騶至無筭○注謂衆至終也○釋曰上用騶虞以化民下用采蘋大夫之樂節亦可皆五終者大夫士皆五節一節一終故云五終也鄭言衆賓無數者謂堂下衆賓繼射者故無數若堂上衆賓則三人也

古者於旅也語。禮成樂備乃可以言語先王禮樂之道也疾今人慢於禮樂之盛言語無節故追道古也

凡旅不洗。敬殺不洗者不祭。不盛

既旅。士不入。後正禮也既旅則將燕矣士入齒於鄉人【疏】注士入齒於鄉人○釋曰以其士立于下故齒於鄉人也

大夫後出。下鄉人不于其賓主之禮【疏】大夫後出○注不于其賓主之禮○釋曰賓主之禮及衆賓出後乃出故云不于其賓主之禮

主人送于門外。再拜。拜送大夫尊之也主人送賓還入門揖大夫乃出送拜之【疏】主人至再拜○注拜送至拜之○釋曰上文大夫後出是大夫意不于賓主之禮此經主人意故鄭云拜送大夫尊之也知主人送賓還入門揖大夫乃出送拜之者以其上經云賓出主人送于門外再拜此記又云大夫後出主人送于門外再拜故知主人送賓還入門揖大夫乃出送再拜之也

鄉侯。上个五尋。上个謂最上幅也八尺曰尋上幅用布四丈【疏】鄉侯上个五尋○注上个至四丈○釋曰以五尋尋八尺五八四十故四丈也

中十尺。方者也用布五丈今官布幅廣二尺二寸旁削一寸考工記曰梓人為侯廣與崇方謂中也【疏】中十尺○注方者至中也○釋曰云

方者也者謂侯中正方十尺云用布五丈今官布幅廣二尺二寸旁削一寸者鄭意此言十尺用布五幅幅廣二尺二寸兩畔各削一寸爲縫幅各二尺在故五幅爲一丈也漢法幅二尺二寸亦古制存焉故舉以爲況若然周禮鄭志純三只只八寸二尺四寸者據繒幅也士喪禮云亡則以緇長半幅注云半幅一尺終幅二尺亦謂繒而幅二尺者幅有二種喪禮畧用其狹者故周禮鄭云凡爲神之衣物必沽而小是也引梓人者彼總據三侯侯中皆廣與崇方引之證經十尺是方也

侯道五十弓。弓二寸。以爲侯中。言侯中所取數也量侯道以貍步而云弓者侯之所取數宜於射器也正二寸骸中之博也今文改弓爲肱也　疏　侯道至侯中○注言侯至肱也○釋曰云言侯中所取數也者謂侯中大小取數于侯道云量侯道以貍步者大射文故彼云以貍步張三侯是用步耳而云弓者六尺爲步弓之下制六尺與步相應而云弓者侯之所取數宜於射器也故此經云弓也云正二寸者骸中之博也者案周禮弓人云骸解中有變焉謂弓附把中側骨之處博二寸故於此處取數焉

倍中以爲躬。躬身也謂中之上下幅也用布各二丈　疏　倍中以爲躬○注躬身至二丈○釋曰身謂中上中下各橫接一幅布者故鄭云中之上下幅用布各二丈也

倍躬以爲左右舌。謂上个也居兩旁謂之个左右出謂之舌　疏　倍躬以爲左右舌○注謂上至之舌○釋曰言謂上个者對下个不得倍躬故謂上个也云兩旁謂之个在躬之兩傍則謂之个云左右出謂之舌謂躬外兩相各出一丈若人舒舌故下云下舌半上舌據之出者而言也

下舌半上舌。半者半其出於躬者也用布三丈所以半上舌者侯人之形類也上个象臂下个象足中人張臂八尺張足六尺五八四十五六三十以此爲衰也凡鄉侯用布十六丈數起侯道五十弓以計道七十弓之侯用布二十五丈二尺道九十弓之侯用布三十六丈　疏　注半者至六丈○釋曰半者半其出於躬者也者以其言舌故知半其出者也云用布三丈者上舌兩相各一丈今下舌兩相各五尺過躬二丈故云用布三丈也云侯人之形類也者人形上廣下狹故也云五八四十據上个四丈五六三十據下个三丈以此上下爲衰差也云凡鄉侯用布十六丈數起侯道五十弓以計者用布十六丈者中五幅幅一丈用布五丈上下躬各二丈總四丈上个四丈下个三丈是總十六丈也云道七十弓之侯用布二十五丈二尺者道七十弓弓取二寸二七十四侯中丈四尺七幅幅有丈四尺中用布九丈八尺上下躬各用布二丈八尺上下總用布五丈六尺上个倍躬爲五丈六尺下舌半上舌上舌出者兩相各出丈四尺下舌半之兩相各出七尺下舌用布一丈四尺過躬二丈八尺總計用布四丈二尺也過計用布二十五丈二尺云道九十弓之侯用布三十六丈者弓取二寸九十弓侯中丈八尺侯中用布九幅幅別丈八尺中用布十六丈二尺倍中以爲躬上下躬各用布三丈六尺上下總七丈二尺倍躬以爲左右舌上舌用布亦七丈二尺下舌亦半上舌上舌出者丈八尺下舌半之則下舌總用布五丈四尺以此計之總用布三十六丈也

箭籌八十。箭篠也籌筭也筭八十者畧以十耦爲正貴全數其時衆寡從賓　疏　箭籌八十○注箭篠至從賓○釋曰云箭篠也者謂以箭爲籌射之耦隨賓多少今言八十舉成數以十耦爲文但一者數之始十者數之終以十耦爲成數也

長尺有握。握素。握本所持處也素謂刊之也刊本一膚　疏　長尺有握握素

○注握本至一膚○釋曰云長尺復云有握則握在一尺之外則此籌尺四寸矣云刊本一膚者公羊傳僖三十一年云觸石而出膚寸而合不崇朝而徧雨乎天下者唯泰山爾何休云側手爲膚又投壺云室中五扶注云鋪四指曰扶一指案寸皆謂布四指一指一寸四指則四寸引之者證握膚爲一謂刊四寸也

楚扑長如笴。刊本尺。刊其可持處

君射則爲下射。上射退于物一笴。既發則荅君而俟。荅對也此以下雜記也今文君射則爲下

君樂作而后就物。君袒朱襦以射。君尊

小臣以巾執矢以授。君尊不搢矢不挾矢授之稍屬

若飲君。如燕則夾爵。謂君在不勝之黨也賓飲君如燕賓媵觚于公之禮則夾爵夾爵者君既卒爵復自酌

君國中射。則皮樹中。以翿旌獲。白羽與朱羽糅。國中城中也謂燕射也皮樹獸名以翿旌獲尚文德也今文皮樹繁豎糅爲縚古文無以　疏　以翿旌獲○注國中至無以○釋曰知城中是燕射者以其下有賓射大射不在國故國中是燕射以其燕在寢故也云以翿旌獲尚文德也者以其燕主歡心故旌從不命之士亦取尚文德之義必知取尚文德者以其以文德者舞文舞羽舞也以武德者舞武舞干舞也此既用羽知取尚文德也

於郊。則閭中。以旌獲。於郊謂大射也大射於大學王制曰小學在公宮之左大學在郊閭獸名如驢一角或曰如驢歧蹄周書曰北唐以閭析羽爲旌　疏　於郊至旌獲○注於郊至爲旌○釋曰知於郊謂大射也者案大射云公入鶩從外來入此既言於郊故知大射在郊也云大射於大學者據諸侯而言也天子大射在虞庠小學以其天子大學在國中小學在郊諸侯不得立大學在國立大學在郊故鄭引王制小學在公宮之左大學在郊是殷法諸侯用焉故引爲證必知諸侯立大學在郊者見詩魯頌有頖宮禮記云故魯人將有事於上帝必先有事於頖宮鄭云頖宮郊之學也則詩泮宮此郊學是也云閭獸名如驢一角或曰如驢歧蹄周書曰北唐以閭者歧蹄已上山海經文周書見於國語也

於竟則虎中。龍旜。於竟謂與鄰國君射也畫龍於旜尚文章也通帛爲旜　疏　於竟則虎中龍旜○注於竟至爲旜○釋曰與鄰國君射則賓射也以其君有送賓之事因送則射云尚文章也者亦若翿旌也云通帛爲旜司常文鄭注云凡九旗之帛皆用絳則通帛者正幅爲縿長尋曰旐繫旐曰旆通體皆用絳帛爲之名旜

大夫兕中。各以其物獲。兕獸名似牛一角　疏　大夫至物獲○注兕獸名似牛一角○釋曰下有士則此專據大夫爲文而云各以其物者公侯伯大夫再命子男之大夫一命爲卿大夫刃數雖同旐依命數不同故云各又下云士翿旌以獲唯小國之州長不命者則公侯之州長一命有旌亦入物中則各內兼之矣故云各兕似牛一角案爾雅及山海經知之

士鹿中。翿旌以獲。謂小國之州長也用翿爲旌以獲無物也古文無以獲

唯君有射于國中。其餘否。臣不習武事於君側也古文有作又今文無其餘否　疏　唯君至餘否○注臣不至餘否○釋曰天子諸侯皆燕射在國又天子賓射在朝亦在國大夫士燕射賓射不在國大夫又得行大射雖無郊學亦不得在國是以孔子爲鄉射射於矍相之圃是其一隅若然此鄉射

君在大夫射則肉袒。不袒纁襦厭於君也今文無射　疏　君在至於君○釋曰上云大夫與士射袒纁襦今與君射爲厭與士同故肉袒也

亦不在國射亦宜在國外故記人於此見之也

儀禮卷第五　經六千六百四十五　注六千九百十五

儀禮注疏卷十三挍勘記

阮元撰盧宣旬摘錄

司正降復位

　司正當監旅酬訖　當陳閩通解俱作掌監本要義毛本俱作當

　舉觶者退○賓與大夫坐反奠于其所　夫下石經徐本要義楊氏敖氏俱有坐字通解毛本無

司正升自西階

　至此盛禮以成　徐本通解同毛本以作已

　日莫人倦　通解此下有齊莊正齊而不敢解惰九字要義亦無

主人取俎

　歸入於內也　入陳閩俱作人

衆賓皆降立

　亦如賓主人大夫將燕　要義同毛本如作知

主人以賓揖讓

　彼謂升席時　毛本時誤作者

　則尊者說屨在戶內　毛本屨誤作屢

　自餘說屨於戶外　陳本要義同毛本自作其

　此乃鄉飲酒臣禮　浦鏜改乃爲及

　賓主人行敵禮　敵陳本作敬

無算爵

　以正獻酬時　要義同毛本正作上

而錯

　迭飲於坐而已　按宋本釋文出迭於二字疑誤今本釋文作迭飲

　禮殺也者　浦鏜云禮脫又字

辯卒受者與

衆賓之末 末徐葛俱作未似誤下兩末字徐亦俱作未葛本其末仍作末

不以巳尊孤人也 孤徐葛陳閩通解楊氏俱作孤毛本作於

不以巳尊孤人也者 孤陳閩要義俱作孤毛本作於

必知復位者 毛本復誤作後

受酬者

進受尊者之酬 徐本楊氏同毛本通解進作雖

辯旅

故鄭徧言主人之贊者 徧陳閩皆作偏按作偏爲是

無算樂

任賓主所好也 任要義作在

主人釋服

卽朝服之下 下一本改作衣

使人速

還司正爲擯也 毛本擯作賔

以告于鄉先生

謂老人教學者 毛本作謂鄉中致仕者○按鄉飲酒禮注作鄉中致仕

尊絺冪 冪釋文宋本作鼏

則撤可 撤要義俱作徹與周禮冪人注合毛本作㯙

則未命之前 陳閩通解要義同毛本則作列

蒲筵

唯一種 要義同毛本唯下有此字

然其言之 毛本其作共

取相承藉之義耳 毛本取相誤倒

西序之席

衆賓之席 通解要義同毛本席作序

獻用爵 通解句首有凡字

薦脯

膱猶脡也 膱陳本作職○按釋文曰膱音職若以鄉飲記音義正之此膱乃樴之誤

鄭注周醢人云 毛本周下有禮字此本脫

雜以粱麴 粱陳閩俱作梁

橫祭于膱橫上 膱誤作脯橫上浦鏜改作于上

俎由東壁

上云亨于堂 毛本亨誤作享

實俎曰載 陳閩通解同毛本曰載作由在監本作由載

凡侯

則經獸侯是也 徐本通解楊氏俱無此句按此乃疏文誤入

皆謂采其地 毛本地誤作也

不忘上下相犯 徐本通典聶氏通解同毛本下作不朱子曰疏解忘爲苟然則乃妄字也○按疏云不苟相從輒當犯顔而諫正是不忘相犯之意似非妄字又按禮記射義疏引作上下相犯

又非私相燕勞 毛本勞誤作射

於此鄉記也 浦鏜云鄉下疑脫射字

象於正鵠之處耳者 毛本於作其

則三分其侯 毛本三作參

不忘上下相犯者 下陳閩俱作不誤也

三者皆猛獸 毛本三誤作二

各以其色明畫 陳閩俱無明字

凡畫者

此獸侯也 陳本通解同毛本獸作燕

射自楹間 毛本間誤作問

中央東西節也者 要義同毛本西下有之字○按注有之字凡疏登注語間有增損不必悉依原文

而弗忘孝也 毛本而弗誤作面不

凡適堂西○遂西取弓矢 唐石經徐葛陳閩通解楊氏敖氏俱作遂毛本遂作送

旌各以其物

射於謝於序 陳閩俱無於序二字

無物

糅雜也 徐本敖氏同毛本通解楊氏糅下俱有者字

杠橦也 毛本杠誤从手

鞀爲鞠 鞀閩監俱作縚

故知七尺曰仞也 陳閩俱無故知七尺四字毛本有

始射

據第三番射時 二陳閩通解俱作一

楅髤橫而拳之 拳釋文唐石經徐本俱作拳通解楊氏敖氏毛本俱作奉朱子曰拳當作奉字之誤也陸氏音拳亦非是石經考文提要云拳訓曲言制楅之法漆而橫曲之其蛇交之處著地龍首尾拳曲向上更設韋當於其背與上蛇交韋當文義相屬非設楅時兩手奉之也釋文明注拳音權通解但云拳當作奉而注仍作拳不改字○按朱子曰拳當作奉則未嘗改經也毛本通解經文竟作奉却於疏末綴楅橫而拳之五字疑非朱子原文

鹿中髤

猛獸不堪受負 毛本猛獸二字不重出

大夫與士射袒薰襦 唐石經徐本通解楊氏敖氏同毛本薰作纁按宋本釋文亦作薰前有司請射疏亦引作薰據士冠禮纁裳注云今文纁皆作熏則此薰字當爲熏

禮射不主皮

不待中爲備也 徐本要義同毛本備作雋○按備蓋儁字之誤

凡祭取餘獲陳於澤 凡要義作巳取上有則字○按段玉裁云射義天子將祭必先習射於澤下文又云射中者得與於祭不中者不得與於祭是射澤必在祭之先況禽待祭後而班則委積日久巳字非也許宗彥云苟非巳祭何稱餘乎當作巳

鬻之取也 鬻釋文作鄉

不言鄉射者 通解同毛本不作下

賓射中兼之 射陳閩俱作燕

仍待三番復升射也 通解要義毛本三作後○按後番即三番也如諸本則在三番後矣恐非

巳祭 要義同毛本巳作凡段玉裁云此巳字乃賈誤解

云非所於禮者云云 毛本禮上有行字云字不重要義悉與毛本同

天子大射張皮侯也 要義同毛本無一字

獲者之俎折脊脅肺 毛本肺下有臑字敖氏刪臑字其正誤曰今本肺下有臑字繼公謂臑在肺下非其次且與折文不合蓋傳寫者因注首言臑而衍也大射注引此無臑字今據以刪之周學健云臑在折中不應又出臑字但賈疏自作有臑字解故仍其舊而加圈別之○按此與鄉飲酒介俎肫字同意皆以用體無常故立文不定且此文變例臑在肺下其意尤明故鄉飲酒肫字尚可刪而此經臑字不可去又大射注云卿折俎用脊脅臑折肺與此正同明無衍字

則折之不得整體陳閩監本同毛本整作正
東方
侯以鄉堂爲面也毛本堂誤作黨
釋獲者之俎
侑豕俎亦切肺一此本誤倒俎豕爲豕俎按毛本是
古者於旅也語
禮成樂備諸本俱作種成樂億唯徐本同此
既旅
後正禮也徐本同毛本通解後作從
主人送于門外
大夫乃出送拜之毛本送拜誤倒
中十尺
考工記曰毛本工誤作功
云用布五丈毛本丈誤作尺
純三只只八寸要義同毛本只作尺○按咫與只古字通只八寸鄭康成荅趙商語見天官內宰及聘禮疏
亡則以緇長半幅毛本亡作云緇作緇陳本要義俱作緇按作緇與士喪禮原文合
必沽而小毛本沽誤作治
侯道五十弓
宜於躬器也徐本同毛本於躬作用射聶氏通解楊氏俱作於射
弓之下制毛本下誤作古
倍中以爲躬
身謂中上中下中下陳閩俱作下中
下舌半上舌
半其出于射者也徐本同毛本射作躬
箭籌八十
箭篠也毛本篠誤從竹
筭八十者徐本楊氏同毛本筭作籌

其時衆寡從賓寡字毛本作賓徐本通典通解俱作寡
以十耦爲文要義同毛本文作云陳閩俱作正
長尺有握
刊本一膚毛本一下有作字徐本通解楊氏俱無與此本標目及述注合通典作刊本一云膚敖氏作刊一本膚許宗彦云此猶云刊本四寸耳與下經文刊本尺義同禮作扶鄭用公羊膚字故疏述公羊而曰引之者證握膚爲一也
楚扑
刊其可持處可通典作所
君國中射
今文皮樹繁豎徐本同毛本樹下有爲字豎作豎通解兩見二十一卷有爲字二十卷無爲字豎俱從豆
不在國聶氏要義同毛本國下有中字
於郊
如驢通典作大於驢
歧蹄陳本通解同徐閩監本毛本歧作岐按釋文宋本亦作歧是俗字
公八鶩各本俱誤鶩爲鶩
在虞庠小學陳閩俱無小學二字
於竟則虎中龍旜中下通典有以字
大夫兕中
刃數雖同旌依命數不同毛本刃作其旌作旌按刃即仞字前云旌各以其物疏言大夫五仞士三仞不同故云各也此經專據大夫爲文故仞數同而公侯伯之大夫與子男之大夫命數不同故其旌異
士鹿中翿旌以獲七字唐石經徐本通典通解楊氏敖氏俱有毛本脫
謂小國之州長也用翿爲旌以獲無物也古文無以獲十二字毛本俱脫徐本通解俱有通典引謂小至無物十五字盧文弨云疏無可考○按此本此節無疏
唯君有射于國中
是其一隅陳本要義同毛本隅作耦
此鄉射亦不在國射此閩本誤作比下射字毛本作中要義作射
君在
不袒薰襦毛本薰作纁襦作襦徐陳閩監通解俱從衣要義從糸按要義載疏亦從衣則從糸者誤也

儀禮疏卷第十四　儀禮卷第六

唐朝散大夫行大學博士弘文館學士臣賈公彦等撰

燕禮第六〔疏〕燕禮第六。鄭目録云諸侯無事若卿大夫有勤勞之功與羣臣燕飲以樂之燕禮於五禮屬嘉。大戴第十二小戴及別録皆第六。釋曰案上下經注燕有四等目録云諸侯無事而燕一也卿大夫有王事之勞二也卿大夫又有聘而來還與之燕三也四方聘客與之燕四也若然目録云卿大夫有勤勞之功聘使之勞兼王事之勞二也者知臣子煩聘還與之燕者四牡勞使臣是也知有王事之勞燕者下記云若以樂納賓則賓及庭奏肆夏鄭注云卿大夫有王事之勞則奏此樂焉是也知君臣無事有燕者案魯頌云夙夜在公在公明明振振鷺鷺于下鼓咽咽醉言舞于胥樂兮鄭箋云君臣無事則相與明義明德而已絜白之士羣集於君之朝君以禮樂與之飲酒燕樂以盡其歡是其無事而燕也又知賓及庭奏肆夏是已之臣子有王事之勞者案郊特牲云賓入大門而奏肆夏鄭注云賓朝聘者是異國聘賓入大門奏肆夏故知記云賓及庭奏肆夏者是己之臣子也又知異國聘賓有燕者聘禮所云燕與時賜者是也

儀禮　鄭氏注

燕禮。小臣戒與者。小臣相君燕飲之法。與者謂留羣臣也。君以燕禮勞使臣若臣有功故與羣臣樂之小臣則警戒告焉飲酒以合會爲歡也〔疏〕燕禮小臣戒與者○釋曰自此已下盡射人告具論告于羣臣及陳饌之事必使小臣戒與者以其燕爲聘使者爲主兼與舊在者歡樂之故今戒可與之人使依期而至○注小臣至歡也○釋曰云小臣相君燕飲之法者案周禮大僕職云王燕飲則相其法又案小臣職云凡大事佐大僕則王燕飲大僕相小臣佐之此諸侯禮降於天子故宜使小臣相是以下云小臣師一人在東堂下注云師長也小臣之長一人猶天子大僕正君之服位者也是諸侯小臣當大僕以之事云與者謂留羣臣也者謂羣臣留在國不行者也云君以燕禮勞使臣若臣有功者此即目録卿大夫有勤勞之功勞使臣即四牡勞使臣也若臣有功即王事之勞也故鄭總云卿大夫勤勞之功若然鄭不言與羣臣無事燕者以其經云戒與者功勞之外與及之爲有事之臣燕不得云無事燕者故不言之案大射云君有命戒射者以其大射辨尊卑故云君有命明政教由尊者出燕禮主歡心不辨尊卑故不言君有命

膳宰具官饌于寢東。膳宰天子曰膳夫掌君飲食膳羞者也具官饌具其官之所饌謂酒也牲也脯醢也寢露寢〔疏〕膳宰至寢東○注膳宰至路寢○釋曰以其燕在寢故膳宰具官饌于寢東擬燕時設之云膳宰天子曰膳夫掌君飲食膳羞者也以其天子有宰夫兼有膳夫掌君飲食諸侯亦有宰夫復有膳宰掌君飲食與天子膳夫同故引天子膳夫並之云具官饌具官之所饌者謂卿大夫士之饌總饌之大射亦用燕禮直云官饌不言膳宰與此同不言者文不具云謂酒也牲也脯醢也知者案下所設亦有此三者牲即其牲狗也云寢路寢寢者以其饗在廟服朝服下記云燕朝服於寢正處在路寢不在燕寢可知故云路寢也案公食大夫云凡宰夫之具饌于東房不使膳宰者彼食異國之大夫敬之故使宰夫具饌此燕己臣子故使膳宰卑者具饌必知膳宰卑於宰夫者案天子宰夫下大夫膳夫上士天子膳夫卑於宰夫則知諸侯膳宰亦卑於宰夫者也

樂人縣。縣鍾磬也國君

無故不徹縣言縣者爲燕新之

〔疏〕樂人縣○注縣鍾至新之○釋曰案大射樂人宿縣在射前一日又具辨樂縣之位者以其大射在學宮學官不常縣樂射乃設之故射前一日縣之又辨樂縣之位此燕在路寢有常縣之樂今言樂人縣者爲燕新之而已故不在燕前一日又不辨樂縣之處又直云樂人未知樂人意是何官案周禮春官大司樂云凡樂事宿縣又案樂師云凡樂成則告備是天子有大司樂并有樂師之官案序官樂師下大夫四人上士八人下士十有六人以此知天子有大司樂樂師諸侯無大司樂直有大樂正小樂正以其諸侯兼官此二者皆當天子樂師大夫及士則諸侯樂師不用大夫大樂正當上士小樂正當下士爲之故鄭下注云樂正于天子樂師也大射注亦云小樂正於天子樂師若然縣之法案周禮眡瞭職云掌大師之縣則鄭注云大師當縣則爲之案下僕人相大師則諸侯無眡瞭則使僕人縣樂大師以聲展之樂師又監之云縣鍾磬也者案小胥天子宮縣諸侯軒縣面皆鍾磬鏄各一虡大夫判縣士特縣不得有鏄故云鍾磬案下唯有磬而無鍾而云鍾磬者鄭汎解樂縣注故兼言鍾其實諸侯之士特縣磬而已云國君無故不徹縣者案曲禮唯有大夫無故不徹縣士無故不去琴瑟不言國君但大夫無故不徹縣則國君無故亦不徹縣可知鄭以燕禮爲國君注故以義約之也云言縣者爲燕新之者更整理樂縣之法爲新之也

設洗篚于阼階東南。當東霤。罍水在東。篚在洗西。南肆。

設此不言其官賤也當東霤者人君爲殿屋也亦南北以堂深

設膳篚在其北。西面。

肆陳也膳篚者君象觚所饌也亦南陳言西面尊之異其文

〔疏〕設洗至西面○注設此至其文○釋曰云設此不言其官賤也者決膳宰具官饌樂人縣司宮設尊皆言其官獨此不言官故知賤也案少牢司宮設罍水大夫兼官此國君禮或可別人爲之但無文故鄭不細辨云當東霤者人君爲殿屋也者漢時殿屋四向流水故舉漢以況周言東霤明亦有西霤對大夫士言東榮兩下屋故也云亦南北以堂深者亦士冠禮鄉飲酒等也云膳篚者君象觚所饌也者案下文洗象觚升實之東北面獻于公是也但尊君不可與臣同篚故別釋之也云亦南陳者亦陳之南肆者也言西面尊之異其文者欲見膳篚西面南肆者亦西面此不可言南肆而言西面是尊君之篚故異其文也

司宮尊于東楹之西。兩方壺。左玄酒。南上。公尊瓦大兩。有豐。冪用綌若錫。在尊南。南上。尊士旅食于門西。兩圜壺。

司宮天子曰小宰聽酒人之成要者也尊方壺爲卿大夫士也臣道直方於東楹之西予君專此酒也玉藻曰唯君面尊玄酒在南順君之面也瓦大有虞氏之尊也禮器曰君尊瓦甒豐形似豆卑而大冪用綌若錫冬夏異也在尊南在方壺之南也尊士旅食者用圜壺變於卿大夫也旅衆也士衆食謂未得正祿所謂庶人在官者也今文錫爲緆

〔疏〕司宮至圜壺○注司宮至爲緆○釋曰云司宮天子曰小宰聽酒人之成要者也者案天官小宰職掌建邦之宮刑以治王宮之政令是小宰掌宮事此諸侯無小宰有司宮明司宮亦當掌宮刑治宮之政令可知是司宮掌宮事與小宰同又案酒正云酒正之出日入其成月入其要小宰聽之此司宮亦設酒尊當掌酒事與小宰同是以知此諸侯司宮當天子小宰者也若然案酒正云酒正之出日入其成月入其要小宰聽之案彼文則是小宰聽酒正之成要此注云聽酒人成要者案彼注云出謂授酒材及用酒之多少也受用酒者日言其計於酒正酒正月盡言於小宰云日言其計於酒正者是酒人也酒正月盡總言於小宰則是小宰所聽者並是酒人所言故鄭之此注據酒人而言也云尊方壺爲卿大夫士也者以其燕總有卿大夫士又別有公尊瓦大兩故知方尊爲此人也云於東楹之西予君專此酒也者此決鄉飲酒鄉射皆於房戶之閒賓主共之此於東楹之西向君設之人君尊專大惠故云予君專此酒也引玉藻者欲見尊面向君順君面非賓主共之意案少儀云尊壺者面其鼻鄭注云鼻在面中言鄉人也鄉人者據此燕禮尊面向君而言少儀又云尊者以酌者之左爲上尊鄉飲酒云尊兩壺于房戶之間玄酒在西又鄉射云尊於賓席之東兩壺斯禁左玄酒鄭注云設尊者北面西曰左此等皆據酌者北面而言玄酒在左若據設尊之人及尊面而言即南面以右爲尊此燕禮尊面向君據君面以左爲尊玄酒在南若據酌者不得背君而西面當設尊東面則酌者之右爲上尊是以下文幐爵于公者交於東楹北也云瓦大有虞氏之尊也者明堂位文引禮器君尊瓦甒大射亦云膳尊兩甒不引大射而引禮器者鄭欲同此三者之文皆是一物故也云豐形似豆卑而大者據漢法而知但豆徑尺柄亦長尺此承尊之物不可同於常豆故知卑而大取其安穩也云冪用綌若錫冬夏異也者夏宜用綌冬宜用錫葛之粗者曰綌按喪服傳云錫者何也麻之有錫者也錫者十五升抽其半無事其縷有事其布曰錫鄭注云治其布使之滑易是也云在尊南在方壺之南也者其冪本爲瓦大設今未用陳在方壺之南者不可在方壺瓦大之間相雜故也瓦大不言玄酒者以其言瓦太兩又言南上有玄酒在南可知凡無玄酒者直陳之而已不言上下是以此尊士旅食直云兩圜壺大射亦云兩圜壺特牲尊兩圜壺於阼階西方亦如之皆是無玄酒不言上下也又凡用醴者無玄酒士冠禮醴子昏禮醴婦聘禮醴賓醴皆無玄酒質故也昏禮房外之尊無玄酒鄭云畧之此及大射尊士旅食無玄酒鄭云賤也特牲少牢陽厭納一尊無玄酒鄭注云禮殺也士喪旣夕士虞皆有酒醴無玄酒者以凶變於吉故也特牲東西階兩壺無玄酒者注云優之云士衆食謂未得正祿者以其士大夫已上得正祿王制云下士九人祿中士倍下士上士倍中士下大夫倍上士卿四大夫祿皆正祿此則未得正祿云所謂庶人在官者也者所謂王制文故王制云庶人在官者其祿以是爲差謂府史胥徒謂府八人祿史七人祿胥六人徒五人皆非正祿號爲士旅食者也

司宮筵賓于戶西。東上。無加席也。

筵席也席用蒲筵緇布純無加席燕私禮臣屈也諸侯之官無司几筵也

〔疏〕司宮至席也○注筵席至筵也○釋曰云筵席也者案周禮序官司几筵鄭注云鋪陳曰筵藉之曰席然其言之筵席通若然鋪陳曰筵者先鋪一席在地者藉之曰席據重巳上相承藉者筵席一也故鄭云筵席通云席用蒲筵緇布純者案公食大夫記云蒲筵常緇布純加萑席尋玄帛純彼有加席故有萑在上此無加席故言席用蒲云無加席燕私禮臣屈也者對公食大夫禮異國之賓有加席禮得申云諸侯之官無司几筵也者對天子有司几筵布席諸侯兼官使司宮設尊并設席

射人告具。

告事具於君射人主此禮以其或射也

〔疏〕射人告具○注告事至射也○釋曰云射人主此禮以其或射也者案公食大夫禮贊者負東房告具以其無射故使贊者此乃射人告具與大射同案下文若射則不獻庶子言若者或射或不故此鄭注云以其或射言或亦是不定之義案大射告具之上有羹定此不言羹定者文不具也

小臣設公席于阼階上。西鄉。設加席。公升即位于席。西鄉。

周禮諸侯酢席莞筵紛純加繅席畫純後設公席者凡禮卑者先即事尊者後也

〔疏〕小臣至西鄉○注周禮至後也○釋曰自此下盡諸公卿者論君臣位次及命羞者之事注引周禮者司几筵之文也彼諸侯祭祀神席及受酢之席此乃燕飲之席引之者欲見燕飲與受酢席同若饗諸侯來朝則郊特牲云大饗君三重席而酢焉是也燕他國之臣即郊特牲云三獻之介君專席而酢焉此降尊以就卑也故君單席受酢也云後設公席者凡禮卑者先即事尊者後也者此燕私禮故賤者先即事大射辨尊卑故先設公席後設賓席也

小臣納卿大夫。卿大夫皆入門右。北面東上。士立于西方。東面北上。祝史立于門東。北面東上。小臣師一人。在東堂下南面。士旅食者立于門西。東上。

納者以公命引而入也自士以下從而入即位耳師長也小臣之長一人猶天子大僕正君之服位者也凡入門而右由闑東左則由闑西

〔疏〕小臣至東上○注納者至闑西○釋曰云卿大夫皆入門右北面東上者此是擬君揖位故下經君始爾之就庭位云士立於西方東面北上者此是士之定位士賤故不待君指入門即就定位云祝史立於門東北面東上者案大射大史在豻侯之東北北面不言祝此言祝史不言大史者大射及下文云大史侯於所設中之西東面以聽政濂其位初在此不在豻侯之東北故著大史以明之其餘視彼史彼不言者以其大射先行燕禮此燕禮有祝史故於彼不言省文也云納者以公命引而入也者雖無正文進止由君故知以公命者也云自士巳下從而入即位耳者對大夫以上小臣引之就西東指位未就庭位自士巳下不須引從大夫而入徑即庭位云師長也小臣之長一人猶天子大僕正君之服位者也者案夏官大僕職云掌正王之服位出入王之大命彼下文有小臣之官上士四人其職云掌王之小命詔相王之小法儀諸侯兼官無大僕唯有小臣出入君之敎命正君之服位但諸侯小臣之官有上下是以大射云小臣師從者在東堂下南面西上又云小臣正贊祖若然諸侯小臣正次有小臣師大射禮小臣正相君小臣師佐之常在君左右不在堂下之位故唯云小臣師從者在堂下南面此燕輕宜有小臣師及從者相君燕飲小臣正一人無事得在堂下此言小臣師即大僕小臣正一也故鄭以爲當天子大僕云凡入門而右由闑東左則由闑西者鄭云凡入門者廣解賓主人入門之義案曲禮云大夫士出入君門由闑右又玉藻云公事自闑西私事自闑東言私事即大夫士出入君門一也又與此經卿大夫士入君門亦由闑右同公事自闑西者即聘禮聘賓入由闑西是也若然此注云入門而右由闑東者是臣朝君之法也左即由闑西者是聘賓入門之法

公降立于阼階之東南。南鄉爾卿。卿西面北上。爾大夫。大夫皆少進。

爾近也移也揖而移之近之也大夫猶北面少前

〔疏〕公降至少進○注爾近至少前○釋曰曲禮云揖人必違其位是以公將揖卿大夫降立於阼階之東南南面揖之變揖言爾者爾訓近也移也卿大夫得揖移近中庭也是以鄭云揖而移之近之也云大

夫猶北面少前者三卿五大夫初入門右同北面三卿得揖東相西面五大夫得揖中庭少進北面不敢故云大夫猶北面少前射人請賓。命當由君出也。疏射人請賓○注命當由君出也○釋曰案大射云大射正擯者請賓此直云射人請賓不云擯者但射人有大小大者爲大射正其次爲射正又其次爲司正悉監射事見於大射禮大射尊卑故云大射正射正爲擯此燕禮或因燕而射以其禮輕或大射正爲擯或小射正爲擯此二者皆是射人故直云射人請賓不定尊卑也既當請君不辨射人面位者以其君南面射人北面可知故不言公曰命某爲賓。某大夫也。疏公曰命某爲賓○注某大夫也○釋曰知大夫非卿者以其賓主相對宰夫爲主人是大夫明賓亦是大夫燕義云不以公卿爲賓而以大夫爲賓爲疑也故知是大夫射人命賓。賓少進禮辭。命賓者東面南顧禮辭辭不敢也。疏射人至禮辭○注命賓至敢也○釋曰鄭知命賓者東面南顧者少儀云詔辭自右明知在君之右東面者向君南顧者向賓便也知禮辭辭不敢者取孝經曾子云參不敏爲義反命。射人以賓之辭告於君。又命之。賓再拜稽首。許諾。又復射人反命。告賓許賓出。立于門外東面。當更以賓禮入。疏賓出至東面○注當更以賓禮入○釋曰前卿大夫從臣禮相從而入故出更以賓禮入是以下經賓入及庭公降一等揖之公揖卿大夫。乃升就席。揖之人之也。疏公揖至就席○注揖之人之也○釋曰言人之者公將及升堂故以人意相存偶是以揖之乃升小臣自阼階下北面。請執冪者與羞膳者。執冪者執瓦大之冪也方圜壺無冪羞膳羞於公謂庶羞。疏小臣至膳者○注執冪至庶羞○釋曰云執冪者執瓦大之冪也方圜壺無冪鄭知者以其上文冪用綌文承瓦大之下方圜壺不言冪故知義然云羞於公謂庶羞者知羞於公者以其言羞膳據君而言又與執冪者連文冪據君明羞膳據公可知又知是庶羞者以其脯醢稱薦明羞是庶羞乃命執冪者。執冪者升自西階。立於尊南北面東上。以公命於西階前命之也東上玄酒之冪爲上也羞膳者從而東由堂東升自北階房中西面南上不言之者不升堂略之也。疏乃命至東上○注以公至略之也○釋曰鄭知西階前命之者案下記云羞膳者與執冪者皆士也士位在西方東面故知西階前以君命命之云東上玄酒之冪爲上者以其雅瓦大兩有冪玄酒尊於正酒經云東上故知玄酒之冪爲上羞膳者以下盡略之鄭知義然者以經直云執冪者升自西階羞膳者無升文又且東面階西面階婦人之階非男子之所升則羞者升自北階知由堂東者以羞在房又大射云工人士與梓人升自北階知房中西面南上者約士冠禮脯醢在房中服北贊者盥于洗西升立于房中西面南上下注云近其事也言略之者辭不由前堂升執冪與羞膳臨時請者以其諸侯兼官有常職先定亦有臨時命之者是以經與記直云士不言其官不請羞賓者下記約與君同亦用士也膳宰。請羞于諸公卿者。小臣不請而使膳宰於卑者彌略也禮以異爲敬。疏膳宰至卿者○注小臣至爲敬○釋曰言彌略者上請賓使射人請執冪使小臣已是其略今羞諸公卿

乃使膳宰膳宰卑於小臣故云彌略也知膳宰卑於士者周禮膳夫是上士此諸侯膳宰明非上士且禮之大例薦羞者尊於設俎者公士爲薦羞膳宰設俎故知膳宰卑也射人納賓。射人爲擯者也今文曰擯者。疏射人納賓○注射人至擯者○釋曰自此至賓以虛爵降論與賓升堂主人獻賓之事案大射大射正擯此云射人爲擯與上射人請賓義同還是小射正也賓入及庭。公降一等揖之。及至也至庭謂既入而左北面時。疏賓入至揖之○注及至至面時○釋曰鄭知至庭謂既入而左北面時者以其云賓入及庭賓入謂入門時及庭謂賓入門而當堂塗北面是其當公降揖之節故知北面時也公升就席。以其將與主人爲禮不參之也。疏公升就席○注以其至之也○釋曰鄭知將與主人爲禮不參之者下經云賓升主人亦升是其賓與主人爲禮不得相參之也賓升自西階。主人亦升自西階。賓右北面至再拜。賓荅再拜。主人宰夫也宰夫大宰之屬掌賓客之獻飲食者也其位在洗北西面君於其臣雖爲賓不親獻以其尊莫敢伉禮也至再拜者拜賓來至也天子膳夫爲獻主。疏賓升至再拜○注主人至獻主○釋曰知主人是宰夫者案禮記燕義云使宰夫爲獻主是也云宰夫大宰之屬者案天官云大宰卿一人小宰中大夫二人宰夫下大夫四人宰夫屬大宰故云大宰之屬云掌賓客之獻飲食者也者案宰夫職云凡朝覲會同賓客掌其牢禮委積膳獻飲食引之者證宰夫爲主人之義云其位在洗北西面者案下文獻大夫胥薦主人于洗北西面是也云君於其臣雖爲賓不親獻以其尊莫敢伉禮也者此略取燕義文設賓主飲酒之禮使宰夫爲獻主臣莫敢與君伉禮也不以公卿爲賓而以大夫爲賓爲疑明嫌之義也是君不親爲主人之事也云天子膳夫爲獻主者案膳夫職云王燕飲酒則爲獻主是也案燕義注云天子使膳宰爲主人則是膳宰膳夫一人也上文注云膳宰天子曰膳夫者欲見天子諸侯之臣名異其實同也主人降洗。洗南西北面。賓將從降鄉之。疏主人至北面○釋曰此宰夫代君爲獻主升降不由阼階與賓同由西階升降故降自西階當洗南北面今西北面者鄭云賓將從降鄉之當辭賓降故也案鄉飲酒鄉射主人降洗爵在階下辭賓降者彼賓主異階故在階下不在洗南也賓降階西東面。主人辭降。賓對。對荅主人北面盥。坐取觚洗。賓少進。辭洗。主人坐奠觚于篚。興對。賓反位。賓少進者又辭宜違其位也獻不以爵辟正主也古文觚皆爲觶。疏主人至反位○注賓少至爲觶○釋曰賓少進者又辭宜違其位也者言又辭對前主人辭降今又賓辭洗言少進者前賓降賓在階下曲禮云揖人必違其位以其賓又辭洗宜違本位也云獻不以爵避正主也者此宰夫爲主人非正主故用觚對鄉飲酒鄉射是正主皆用爵主人卒洗。賓揖乃升。賓每先升尊也。疏主人至乃升○注賓每先升尊也○釋曰每先升者前賓初升時先云賓升自西階後云主人亦升自西階此賓揖乃升下云主人升故云賓每先升賓先升者尊賓故也主人升。賓拜洗。主人賓右奠觚荅拜。降盥。主人復盥爲拜

手坋塵也。疏主人至降盥○注主人至塵也○釋曰言復盥者前盥爲洗爵此盥爲汙手賓降。主人辭。賓對。卒盥。賓揖升。主人升。坐取觚。取觚將就瓦大酌膳執冪者舉冪。主人酌膳。執冪者反冪。君物曰膳膳之言善也酌君尊者尊賓也。疏注君物至賓也○釋曰言君物曰膳膳之言善也者言君物總眾物之名上云設膳篚設膳尊膳之言善所以別於臣子之篚也云酌君尊者尊賓也者大夫爲賓賓亦臣子而酌膳尊尊賓故也必尊之者立賓以對君故也主人筵前獻賓。賓西階上拜。筵前受爵反位。主人賓右拜送爵。賓既拜前受觚退復位。膳宰薦脯醢。賓升筵。膳宰設折俎。折俎牲體骨也鄉飲酒記曰賓俎脊脅肩肺。疏膳宰至折俎○注折俎至肩肺○釋曰引鄉飲酒記者燕禮不言賓之牲體之數此燕禮既與鄉飲酒同用狗則與此賓之牲體數同故引以爲證也賓坐左執爵。右祭脯醢。奠爵于薦右。興。取肺坐絕祭。嚌之。興。加于俎。坐捝手執爵。遂祭酒。興。席末坐啐酒。降席。坐奠爵拜。告旨。執爵興。主人荅拜。降席席西也旨美也。疏賓坐至荅拜○注降席至美也○釋曰云降席坐奠爵拜鄭云降席席西不言面案前體例降席席西拜者皆南面拜訖則告旨賓西階上北面坐卒爵。興。坐奠爵。遂拜。主人荅拜。遂拜拜既爵也。疏賓西至荅拜○注遂拜拜既爵也○釋曰經云坐卒爵又云興坐奠爵遂拜遂拜之文隔坐奠爵嫌遂拜不爲拜既爵故鄭明之云遂拜拜既爵也賓以虛爵降。將酢主人。疏賓以虛爵降○注將酢主人○釋曰自此已下盡序內東面論賓酢主人之事鄭知將酢主人者下經論酢主人之事故知也主人降。賓洗南坐奠觚。少進。辭降。主人東面對。上既言爵矣復言觚者嫌易之也大射禮曰主人西階西東面少進對今文從此以下觚皆爲爵。疏主人至面對○注上既至爲爵○釋曰云上既言爵矣復言觚者嫌易之也者上文主人洗觚獻賓云賓以虛爵降此經又云坐奠觚中間言爵者欲見對文一升曰爵二升曰觚散文即通觚亦稱爵以此言之此觚即前爵周公作經嫌易之故復言觚也引大射禮者此經直有主人降又云主人東面對不辨主人立處又無少進之文大射先行燕禮與此同故引以爲證賓坐取觚。奠于篚下。盥洗。篚下篚南主人辭洗。謙也今文無洗賓坐奠觚于篚。興對。卒洗。及階揖升。主人升。拜洗如賓禮。賓降盥。主人降。賓辭降。卒盥。揖升酌膳。執冪如初。以酢主人于西階上。主人北面拜受爵。賓主人之左拜送爵。賓既南面授爵

乃之左〔疏〕賓坐至送爵○注賓既至之左○釋曰鄭云賓既南面授爵乃之左鄭知南面授爵與主人者以經言主人北面拜受爵明賓於東楹之西東面酌膳訖向西階南面授主人可知授爵訖乃之主人之左北面拜送爵故鄭云南面授爵乃之左也

主人坐祭。不啐酒。辟正主也未薦者臣也〔疏〕主人坐祭不啐酒○注辟正至臣也○釋曰案鄉飲酒鄉射皆是正主經直云祭如賓禮亦不見有啐酒之事未知正主有啐不此云不啐辟正主者案文可知以燕禮大射啐酒告旨並不為者經云不啐酒不告旨並言不鄉飲酒鄉射直云不告旨不言不啐酒明主人啐矣有司徹儐尸之禮尸酢主人云席末坐啐酒特牲少牢尸酢主人主人皆有啐酒是其雖不告旨雖有啐酒之事云未薦者臣也者對賓禮獻訖則薦脯醢此主人是臣故獻訖不薦至獻大夫下胥薦主人于洗北是也

不拜酒。不告旨。主人之義〔疏〕不拜酒不告旨○注主人之義○釋曰拜酒主人為告旨但告旨者賓拜訖主人告酒美鄉飲酒鄉射正主人不拜酒不告旨主人無自告美故此主人代君為主不得直云主人故云主人之義

遂卒爵興。坐奠爵拜。執爵興。賓荅拜。主人不崇酒。以虛爵降。奠于篚。崇充也不以酒惡謝賓甘美君物也賓降立于西階西。既受獻矣不敢安盛射人升賓。賓升立于序內東面。東西牆謂之序大射禮曰擯者以命升賓〔疏〕射人至東面○注東西至升賓○釋曰東西牆謂之序者爾雅文引大射禮者證此經云射人升賓之時亦得君命

主人盥洗。象觚。升實之東北面。獻于公。象觚觚有象骨飾也取象觚者東面〔疏〕主人至于公○注象觚至東面○釋曰自此下盡奠于膳篚論主人獻公之事云取象觚者東面者以膳篚南有臣之篚不得北面取又不得南面背君取從西階來不得篚東西面取以是知取象觚者東面也

公拜受爵。主人降自西階。阼階下北面。拜送爵。士薦脯醢。膳宰設折俎。升自西階。薦進也大射禮曰宰胥薦脯醢由左房〔疏〕公拜至西階○注薦進至左房○釋曰凡此篇內公應先拜者皆後拜之尊公故也是以下舉旅行酬皆受酬者先拜公乃荅拜此公先拜受爵者受獻禮重故也是以下云主人受公酢得酌膳燕上歡故也大射主人受公酢者辨尊卑故也云士薦脯醢膳宰設折俎者案前獻賓薦脯醢及設折俎皆使膳宰者賓卑故也今於公士薦脯醢膳宰設折俎異人以其士尊於膳宰君尊故使士薦必知士尊於膳宰者以其諸侯膳宰當天子膳夫上士二人諸侯降等膳宰則卑故下記云羞膳者與執冪者皆士也鄭注云尊君也膳宰卑於士是其士尊也大射主於射略於飲酒故公及賓同使宰胥薦脯醢庶子設折俎此燕禮燕私主於羞故賓之薦俎庶羞同使膳宰君之脯醢庶羞同使士尊官為之大射必使庶子設折俎者案周禮庶子下大夫大射序尊卑變於燕禮故尊官為之引大射禮者證此經脯醢從左房而來天子諸侯有左右房故得言左房大夫士無右房故言東房而已

公祭如賓禮。膳宰贊授肺。不拜酒。立卒爵。坐奠爵拜。執爵興。凡異者君尊變於賓也〔疏〕公祭至爵興○注凡異至賓也○釋曰云凡異者君尊變於賓也者云凡非一謂膳宰贊授肺立卒爵又上文士薦脯醢皆是異於賓故言凡以廣之

主人荅拜。升受爵以降。奠于膳篚。更爵洗。升酌膳酒以降。酢于阼階下北面。坐奠爵。再拜稽首。公荅再拜。更爵者不敢襲至尊也古文更為受〔疏〕更爵至再拜○釋曰自此已下盡主人奠爵于篚論主人受公酢之事主人受公酢而自酌者不敢煩公尊君之義○注更爵至為受○釋曰獻君自酢同用觚必更之者襲因也不敢因君之爵喪服傳云君至尊也故以君為至尊也

主人坐祭。遂卒爵。再拜稽首。公荅再拜。主人奠爵于篚。主人盥洗升。媵觚于賓。酌散西階上。坐奠爵拜賓。賓降筵北面荅拜。媵送也讀或為揚揚舉也酌散者酌方壺酒也於膳為散今文媵皆作騰〔疏〕主人至荅拜○釋曰自此盡東南面立論主人酬賓之事案前受獻訖立于序內以來未有升筵之事案鄉飲酒大射酬時皆主人西階上坐奠爵拜賓西階上北面荅拜酬前賓皆無逆在席者又以下文賓奠于薦東賓降筵西東南面立以此約之則此無升筵之事或言降筵者蓋誤○注媵送至作騰○釋曰云媵送也讀或為揚揚舉也者案禮記檀弓下云知悼子卒未葬平公飲酒師曠李調侍鼓鐘杜蕢自外來升酌曰曠飲斯又酌曰調飲斯注云皆罰平公曰寡人亦有過焉酌而飲寡人杜蕢洗而揚觶注云舉爵於君也禮揚作騰揚舉也媵送也揚近得之若然此注今文媵作騰騰與媵皆是送義讀從檀弓杜蕢揚觶之揚揚訓為舉義勝於媵送故讀從之也

主人坐祭。遂飲。賓辭。卒爵拜。賓荅拜。辭者辭其代君為酒不立飲也此降於正主酬也〔疏〕主人至荅拜○注辭者至酬也○釋曰案鄉飲酒鄉射主人酬賓皆坐卒觶此主人酬賓亦坐飲賓辭之者上文獻君君立卒爵此主人代君酬賓亦宜立飲今主人坐祭遂飲故鄭云辭者辭其代君行酒不立飲云此降於正主酬也者正主謂鄉射飲酒正主酬處

主人降洗。賓降。主人辭降。賓辭洗。卒洗。揖升。不拜洗。不拜洗酬而禮殺主人酌膳。賓西階上拜。拜者拜其酌已受爵于筵前。反位。主人拜送爵。賓升席。坐祭酒。遂奠于薦東。遂者因坐而奠不北面也奠之者酬不舉也〔疏〕主人酌膳○釋曰自此至薦東此為酬賓若然案鄉飲酒鄉射主人酬賓皆主人實觶席前北面賓始西階上拜此及大射主人始酌膳時賓已西階上拜者以其燕禮大射皆是主人代君勸酒其賓是臣急承君勸不敢安暇故先拜也主人又不坐奠於薦西賓祭訖遂南面奠於薦東不北面奠也

主人降復位。賓降筵西東南面立。賓不立於序內位彌尊也位彌尊者其禮彌卑記所謂一張一弛者是之類與〔疏〕主人至面立○注賓不至類與○釋曰云賓不立于序內位彌尊也位彌尊者其禮彌卑者案上初賓得獻降升之時序內立是不敢近賓席是禮彌尊而賓卑至此酬訖立於席西是賓位彌尊禮漸殺故云彌卑也云記所謂一張一弛者禮記雜記文案彼孔子謂子貢黨正飲酒百日之蜡一日之澤以弓弩喻是一張一弛之注此獻時為盛是一張也酬時為殺是一弛也無正文故云是之類與言與以疑之

小臣自阼階下請媵爵者。公命長。命長使選卿大夫之中長幼可使者〔疏〕小臣至命長○注命長至使者○釋曰自此盡公荅再拜論使下大夫媵爵於公之事此旅酬從公而起故須大夫之中長幼可使者知非卿大夫最長而云長幼可使者案下文大夫長升受旅是長幼次第非專最長則此命長非最長是長幼之中可使者也

小臣作下大夫二人媵爵。作使也卿為上大夫不使之者為其尊〔疏〕小臣至媵爵○注作使至其尊○釋曰案王制上大夫卿是卿為上大夫云不使之者為其尊者謂若主人與賓使下大夫不使卿之類也

媵爵者阼階下皆北面。再拜稽首。公荅再拜。再拜稽首拜君命也媵爵者立于洗南。西面北上。序進。盥洗角觶。升自西階。序進。酌散。交于楹北。降阼階下。皆奠觶。再拜稽首。執觶興。公荅再拜。序次第也猶代也楹北西楹之北也交而相待於西階上既酌右還而反往來以右為上〔疏〕媵爵至再拜○釋曰西面北上者是未盥相待之位序進盥則北面向洗○注序次至為上○釋曰云楹北西楹之北也者二大夫盥于洗爵訖先者升西階由西楹之北向東楹之西東面酌酒訖右還由西楹北向西階上北面後者升西階亦由西楹之北向東楹之西酌酒訖亦由西楹之北西階上北面相待乃次第而降故云交而相待於西階之上既酌右還而反往來以右為上云以右為上者謂在洗南西面及階上北面時先者在右地道尊右故也

媵爵者皆坐祭。遂卒觶興。坐奠觶。再拜稽首。執觶興。公荅再拜。媵爵者執觶待于洗南。待君命也〔疏〕媵爵至洗南○注待君命也○釋曰云執觶待于洗南待君命者以其君尊臣卑雖自飲訖故執觶待于洗南以待君命也

小臣請致者。請使一人與二人與優君也〔疏〕小臣請致者○注請使至君也○釋曰案下二人俱致禮法當然是以不敢必君舉也故云一人與二人與取君進止是優君也

若君命皆致。則序進。奠觶于篚。阼階下。皆再拜稽首。公荅再拜。媵爵者洗象觶。升實之。序進。坐奠于薦南。北上。降阼階下。皆再拜稽首。送觶。公荅再拜。序進往來由尊北交于東楹之北奠于薦南不敢必君舉也大射禮曰媵爵者皆退反位〔疏〕若君至再拜○注序進至反位○釋曰云序進進往來由尊北交于東楹之北者前二人酌酒降自西階故交于西楹之北此酌酒奠于君所故交于東楹之北交于東楹北者以其酒尊所陳在東楹之西西向而陳其尊有四并執冪者在南不得南頭以之君所又唯君面尊尊東西面酌酒以背君故先酌者東面酌訖由尊北又

楹北往君所奠訖右還而反後酌者亦於尊北又於楹北與反者而交先者於南西過後者於北東行奠訖亦右還而反相隨降自西階云奠于薦南不敢必君舉也者案鄉射皆云奠者於左將舉者於右是鄉飲酒一人舉觶及二人舉觶皆奠于薦右今言媵爵於公是將舉旅當奠於薦右而奠於薦左故云不敢必君舉也引大射禮者此經二人階下再拜稽首送觶無反位之文故引大射媵爵者皆退反門右北面位

公坐取大夫所媵觶興。以酬賓。賓降西階下。再拜稽首。公命小臣辭。賓升成拜。興以酬賓就其階而酬之也升成拜復再拜稽首也先時君辭之於禮若未成然

【疏】公坐至成拜○注興以至成然○釋曰自此至奠于篚論公爲賓舉旅之節公坐取大夫所媵觶者取上楹北觶云興以酬賓就其階而酬之也者經但云興以酬賓鄭云公就西階者以其賓降拜不於阼階下而言西階下故知公在賓西階上也不言西階者以公尊空其文也云升成拜復再拜稽首也先時君辭之於禮若未成然者凡臣於君雖爲賓與君相酬受爵不敢拜於堂上皆拜於堂下若君辭之聞命即升若堂下拜訖君辭之即升堂復再拜稽首所以然者以堂下再拜而君辭之若未成然故復升堂再拜稽首以成之升則不云再拜稽首直云成拜以堂下既有再拜稽首則不此文是也若堂下未拜之閒聞命則升升乃再拜稽首則不得言升成拜以其堂下未拜即下經云小臣辭賓升再拜稽首鄭注不言成拜者爲拜故下實未拜是也凡臣拜於君有三等初受獻拜於堂下或親辭或遣小臣辭成與不成如上說至於酬酒雖下堂拜未即拜待君辭即此下經云公坐奠觶荅再拜執觶興立卒觶賓下拜小臣辭賓升再拜稽首注云不言成拜者爲拜故下實未拜也下不輒拜禮殺也此篇末無筭爵受公賜爵者皆下席堂上拜稽首不堂下拜者禮末又輕於酬時

公坐奠觶。荅再拜。執觶興。立卒觶。賓下拜。小臣辭。賓升。再拜稽首。不言成拜者爲拜故下實未拜也下不輒拜禮殺也此賓拜于君之左不言之者不敢敵偶于君

【疏】公坐至稽首○注不言至於君○釋曰云此賓拜于君之左不言之者不敢敵偶于君者上云公酬賓于西階上則此賓升再拜者拜于君之左可知經不言拜于君之左者若言再拜于君之左則臣與君敵偶故鄭云不言之者不敢敵耦于君闕其文也

公坐奠觶。荅再拜。執觶興。賓進。受虛爵。降奠于篚。易觶洗。君尊不酌故也凡爵不相襲者也於尊者言更自敵以下言易更作新易有故之辭進受虛爵尊君也不言公酬賓於西階上及公反位者亦尊君空其文也

【疏】公坐至觶洗○注君尊至文也○釋曰云君尊不酌故也者以其君酬賓當親酌以授賓今賓自酌者君尊不酌故也云凡爵不相襲者也於尊者言更自敵以下言易者於尊者言更謂受尊者之爵及與尊者爵皆言更上文主人獻公訖受爵以降奠于膳篚更爵洗酌膳以自酢是受尊者之爵言更也下文云賓酬卿若膳觶也則降更觶鄭注云言更觶卿尊也是與尊者之爵言更云自敵以下言易者謂與卑者之爵及受卑者之爵皆云易此文公酬賓云賓進受虛爵降奠于篚易觶洗言易者賓尊以公舉觶酬賓是與卑者故言易也上文大夫二人媵爵于公者卒觶執觶待于洗南小臣請致者若君命皆致則序進奠觶于篚阼階下再拜稽首媵爵者洗象觶升賓之序進坐奠于薦南是受卑者之爵合言易而不言者理自明若不言易者奠散觶洗象觶隔再拜稽首故不復言易也若然主人受公酢賓受公酬二者之爵皆從尊者來所以受酢爲受尊者之爵言更受酬爲與卑者之爵言易者以其主人受酢由己獻公公報己已所當得是以爲受尊者之爵言更也賓受公酬以公舉媵觶就西階上以酬賓特爲賓舉旅故以爲尊者與卑者之爵言易案下士舉旅公坐取賓所媵觶唯公所賜受者如初受酬之禮降更爵洗升酌膳彼亦是尊者與卑者之爵不言易而言更者旅酬下爲上尊前人故不言易而言更也云更作新者欲見此爵前人已用今不復用更新用一爵故云更作新也云易有故之辭者言此爵我先嘗用今由前人後用已不用亦以爲爵故云易有故之辭也案特牲賓長致爵于主人主婦言更爵酢者欲得嘉賓美客以事其先故言更少牢不儐尸云致爵于主人主婦賓易爵酢者大夫禮尊于賓有君道故言易若然又案少牢不儐尸主婦致爵于主人主婦更爵酢注云更循易也若然更與易似不別者但更易不殊以尊卑不同設文有異云不言公酬賓於西階及公反位者亦尊君空其文也者以其公就西階是降尊就卑敬公不言降尊故空文不言

公有命。則不易不洗。反升酌膳觶。下拜。小臣辭。賓升。再拜稽首。下拜下亦未拜凡下未拜有二或禮殺或君親辭君親辭則聞命即升升乃拜是亦不言成拜

【疏】公有至稽首○注下拜至成拜○釋曰云凡下未拜有二或禮殺或君親辭云禮殺者謂若酬時下爲拜實未拜辭之即升再拜稽首是也云或君親辭者謂若公食大夫云公拜至賓降西階東北面荅拜公降一等辭賓不拜直言階上北面再拜稽首是階下未拜不得言升成拜直言再拜稽首而已

公荅再拜。拜於阼階上也於是賓請旅侍臣

【疏】注拜於至侍臣○釋曰云於是賓請旅侍臣者案下記云凡公所酬既拜請旅侍臣鄭注云既拜謂自酌升拜時也擯者阼階下告于公還西階下告公許旅行也請行酒於羣臣必請者不專惠也大射於此時賓請旅於諸臣此不言者文不具故記人辨之

賓以旅酬於西階上。旅序也以次序勸卿大夫飲酒

【疏】賓以至階上○注旅序至飲酒○釋曰此經論旅酬先尊後卑之法仍未行旅下經射人作大夫長乃始旅酬

射人作大夫長。升受旅。言作大夫則卿存矣長者尊先而卑後

【疏】射人至受旅○注言作至卑後○釋曰遣人作大夫者燕或射故使之云言作大夫則卿存矣者以其卿稱上大夫言大夫長故知卿亦存在作中矣云長者尊先而卑後者賓則旅三卿三卿徧次第至五大夫大夫徧不及士

賓大夫之右坐奠觶。拜。執觶興。大夫荅拜。賓在右者相飲之位

【疏】賓大至荅拜○注賓在至之位○釋曰言賓在右者賓在西階上酬卿賓與卿並北面賓在東卿在西是賓在大夫之右賓位合在西今在東故云賓在右者相飲之位也

賓坐祭。立飲。卒觶。不拜。酬而禮殺

【疏】賓坐至不拜○注酬而禮殺○釋曰此對酢之時坐卒爵拜既爵是禮盛也今旅酬立卒觶不拜既爵故云禮殺也

若膳觶也。則降更觶。洗升實散。大夫拜受。賓拜送。言更觶卿尊也

【疏】若膳至拜送○注言更觶卿尊也○釋曰案上文體例與卑者之爵稱易與尊者之爵稱更雖立爲賓仍是大夫爲之是賓卑於卿故言更觶者卿尊也

大夫辯受酬。如受賓酬之禮。不祭。卒受者。以虛觶降奠于篚。卒猶後也大射禮曰奠于篚復位今文辯皆作徧

【疏】大夫至于篚○注卒猶至作徧○釋曰言不祭者亦是酬禮殺也引大射禮者此經云降奠于篚不言反位故引大射奠爵於篚訖當復門右北面位

主人洗升實散。獻卿于西階上。酬而後獻卿別尊卑也飲酒成於酬也

【疏】主人至階上○釋曰自此盡無加席論主人獻孤卿之節○注酬而至酬也○釋曰此酬非謂尋常獻酬乃是君爲賓舉旅行酬以其主人獻君君酢主人主人不敢酬君故使二大夫媵爵于公以當酬處所以覆獻也但君恩既大爲賓舉旅飲酒之禮成於酬故酬辨乃獻卿以君尊卿卑是以君禮成卿乃得獻故云別尊卑也

儀禮注疏卷十四校勘記

阮元撰　盧宣旬摘録

燕禮第六

於五禮屬嘉　毛本嘉下有禮字

燕樂以盡其歡　陳本要義同毛本歡作勸

燕禮

與者　徐本同集釋通解楊氏毛本與上有戒字

戒與者　戒要義作云按疏云留羣臣謂羣臣留在國不行者也朱子曰留羣臣謂羣臣朝畢將退君欲與之燕故使小臣留之疏說非是如朱子說則留字卽釋戒字如賈氏說則留羣臣正釋與者疑賈氏所見注亦無戒字此疏戒字當從要義作云

君有命戒射者　毛本戒誤作教

膳宰具官饌于寢東

寢露寢　徐本同毛本露作路張氏曰注曰寢露寢按疏露作路後記之注亦作路○按後注路堵父國語作露則露路古多通用

燕朝服於寢正處在路寢　朱子曰於寢下疑脫既朝服則宜於六字

樂人縣

縣鍾磬也　鍾俗本作鐘徐葛集解通解俱作鍾後賓執脯以賜鍾人於門內霤周學健云鍾鼓之鍾古皆作鍾三禮無鐘字俗本或作鐘皆後人所改也○按後凡言鍾字放此不悉校磬徐本作磬後同

言縣者　徐本集釋楊氏同毛本言作宮

未知樂人意是何官　要義同毛本意作竟

云言縣者　毛本言作宮

設洗篚于阼階東

此不可害南肆毛本無可字
司宮尊于東楹之西〇左元酒南上南聶氏作東
冪用綌若錫毛本冪作羃徐本楊氏作鼏通解敖氏作冪
爲卿大夫士也者要義同毛本無士字
故知方尊爲此人也人陳作入
胥六人徒五人兩人下聶氏並有祤字
司宮筵賓于戶西筵唐石經作之誤
然其言之毛本其作具〇按作其與周禮序官注合
射人告具
亦是不定之義亦上要義有以字
小臣設公席于阼階上西鄉陸氏曰鄉本又作嚮下及注同
諸侯胙席胙徐陳集釋楊氏同毛本胙作酢嚴閩監本通解敖氏俱作胙
小臣納卿大夫
故下經君始爾之就庭位毛本始爾之作爾之始通解同
不須引要義同毛本不上有從而入三字引陳閩俱誤作次
小臣正贊袒毛本袒作祖
公降立于阼階之東南
云大夫猶北面少前者要義同毛本猶作由
射人請賓毛本人誤作入
不云爲擯者要義同毛本不作下
其次爲射正要義同毛本爲下有小字
或因燕而射要義同毛本或作以
公曰命某爲賓
宰夫爲主人要義同毛本通解宰上有既以二字
明賓亦是大夫亦是大夫陳閩俱作亦當用大夫也
乃命執冪者
注以公至冪之也毛本無冪字
又且東面階且陳閩俱作是

又大射云工人士與梓人毛本通解無云字
賓升自西階〇賓右北面毛本右誤作又
大宰之屬張氏曰巾箱杭本大作人從監嚴本
膳宰薦脯醢
既與鄉飲酒同用狗毛本狗作物陳閩監本俱誤作拘
則與此賓之牲體數同陳閩監本同毛本與作於
主人降
嫌易之也者毛本者誤作對
觚亦稱爵毛本亦誤作言
不拜酒
拜酒主人爲告旨拜酒主人四字陳本雙行夾書閩本無拜酒二字
但告旨者陳閩俱無但告旨三字
（附考）集釋此節之下有經文不殺二字鄭注無俎故也四字盧文弨云各本皆無廁此不倫
遂卒爵
崇充也徐葛集釋通解楊氏同毛本充作克
不以酒惡謝賓徐本集釋俱無惡字似誤
主人盥〇升實之唐石經徐陳集釋通解要義楊氏敖氏同毛本實作賓
不得北面取又通解同毛本取又作又取
公拜受爵
燕上歡故也要義同毛本上作主
今於公士薦脯醢於要義作以
主人盥洗升〇拜賓賓降筵北面荅拜賓唐石經敖氏俱不重徐本集釋通解要
義楊氏毛本俱重石經考文提要云大射禮當此節曰西階
上坐奠爵拜賓西階上北面荅拜不疊賓字例同〇按疏無
降筵二字
則此無升筵之事陳閩要義同毛本此作比
義勝於媵送要義同毛本作義騰與媵決通解作義勝於送無媵字陳本騰作勝
主人酌膳
拜其酌巳徐陳集釋通解楊氏同毛本巳作也

受爵于筵前
主人酌膳釋曰　按此疏當在上節今附此節非也
主人降復位
其禮彌卑徐陳集釋通解楊氏同毛本禮作體〇按大射疏引此亦作禮
媵爵者立于洗南
西階上北面相待段玉裁挍本西上有向字
若君命皆致〇升實之毛本實作賓唐石經徐陳集釋通解楊氏敖氏俱作實
云序進進往來由尊北要義毛本不重進字
西向而陳而要義作南
由尊北又楹北又陳閩俱作及
按鄉射皆云按下一本增鄉飲二字周學健云既有皆
字則當兼鄉飲明矣浦鏜改皆爲記〇按
下云是鄉飲酒一人舉觶云云則鄉射上固當有鄉飲
酒三字浦鏜非
公坐
此篇末無算爵陳閩通解要義同毛本末作未
公有命
是亦不言成拜徐本集釋通解楊氏同毛本亦作以
賓不拜通解要義毛本賓下有升字〇按公食大夫禮有升字
公荅再拜
賓請旅于諸臣諸要義作羣
射人作大夫長
遣人作大夫者要義毛本遣下有射字
大夫徧要義無大夫二字
賓大夫之右
賓在右者諸本同毛本在作左
賓在西階上酬卿陳本同毛本在作有
主人洗升
君酢主人通解要義同毛本酢作作
故使二大夫媵爵于公二大夫陳閩俱作二人

儀禮疏卷第十五

唐朝散大夫行大學博士弘文館學士臣賈公彥等撰

司宮兼卷重席。設于賓左東上。言兼卷則每卿異席也重席重蒲筵緇布純也卿坐東上統於君也席自房來〔疏〕司宮至東上○注言兼至房來○釋曰此經設三卿之席在於賓東言兼卷則每卿異席也者若三卿同席則直云卷重席不須言兼今云兼卷則兼三卿重席皆卷之故知每卿皆異席也云重席重蒲筵者案公食大夫記云司宮具几與蒲筵常緇布純加萑席尋玄帛純彼為異國之賓有蒲筵萑席兩種席故稱加上小臣設公席與公食大夫席及賓皆稱加亦是兩種席兩種而稱加此燕已臣子一種席重設之故不稱加若然案鄉飲酒云席于賓東公三重大夫再重公升如賓禮大夫則如介禮有諸公則辭加席鄉射亦云大夫辭加席案彼二文雖稱加上文云三重再重則無異席故記直云蒲筵彼云加者以上席加於下席故鄭彼云加席上席也故此下注云重席雖非加猶為其重累去之是其一種席也云卿坐東上統於君也者決鄉飲酒鄉射諸公大夫席于尊東西上彼遵於尊於主人故鄭注云統於尊此為君尊故統於君而東上也云席自房來者案公食記云宰夫筵出自東房故知也

卿升拜受觚。主人拜送觚。卿辭重席。司宮徹之。徹猶去也重席雖非加猶為其重累去之辭君也〔疏〕卿升至徹之○注徹猶至君也○釋曰云重席雖非加猶為其重累去之辭君也者案鄉射云大夫辭加席之等皆是異席而辭之此重席重蒲筵不合辭以君有加席兩重故辭之以辟君

乃薦脯醢。卿升席坐。左執爵。右祭脯醢。遂祭酒。不啐酒。降席西階上北面。坐卒爵。興。坐奠爵拜。執爵興。主人荅拜。受爵。卿降復位。不酢辟君也卿無俎者燕主於羞〔疏〕乃薦至復位○釋曰此云卿薦脯醢不言其人畧之故下記辯之云羞卿者小膳宰是也○注不酢至於羞○釋曰案上主人獻公主人酢于阼階下此即不酢故決之云卿無俎者燕主於羞者決大射庶子設俎辯尊卑故與此異

辯獻卿。主人以虛爵降奠于篚。今文無奠于篚射人乃升卿。卿皆升就席。若有諸公。則先卿獻之。如獻卿之禮。諸公者謂大國之孤也孤一人言諸者容牧有三監〔疏〕射人至之禮○注諸公至三監○釋曰云諸公者謂大國之孤也知者周禮典命云公之孤四命侯伯已下不言孤故據大國而言云孤一人者鄭司農注典命云上公得置孤卿一人後鄭從之故此亦云一孤一人與司農義同云言諸者容牧有三監者以其言諸非一人案王制云天子使其大夫為三監監於方伯之國國三人彼是殷法同之周制使伯佐牧不置監周公制禮因殷不改者若士冠醮用酒之類故鄭云容言容有異代之法據周禮天子大夫四命與孤等故同稱公

席于阼階西。北面東上。無加席。席孤北面為其大尊屈之也亦因阼階西位近君近君則屈親寵苟敬私昵之坐〔疏〕席于至加席○注席孤至之坐○釋曰案上文卿初設重席辭之乃徹此孤北面初無加席者皆是為大尊屈之也云親寵苟敬私昵之坐者案下記云賓為苟敬席于阼階之西以為敬此孤亦席於阼階之西故為苟敬私昵之坐也

小臣又請媵爵者。二大夫媵爵如初。又復〔疏〕小臣至如初○釋曰自此至送觶公荅再拜論一人致爵于公之事云二大夫媵爵如初者亦上二人媵爵者阼階下皆北面再拜稽首公荅再拜媵爵者立于洗南西面北上序進盥洗角觶升自西階序進酌散交于楹北降阼階下皆奠觶再拜稽首執觶興公荅再拜媵爵者皆坐祭遂卒觶興坐奠觶再拜稽首執觶興公荅再拜媵爵者執觶待于洗南相似也故言二大夫媵爵如初也

請致者。若命長致。則媵爵者奠觶于篚。一人待于洗南。長致。致者阼階下再拜稽首。公荅再拜。命長致者公或時未能舉自優暇也古文云阼階下北面再拜〔疏〕請致至再拜○注命長至暇也○釋曰上文小臣請媵爵則此請致者亦小臣也云命長致者公或時未能舉自優暇也者脫屨升坐以前公為賓為卿大夫三舉旅也燕禮之正不得損益而云公或時未能舉自優暇者正謂周公作經以優之非實也故云若命長致言若者不定之辭優君之義故唯命長致不然似言皆致以其三舉旅雖有此三觶故也

洗象觶。升實之。坐奠于薦南。降與立于洗南者二人皆再拜稽首送觶。公荅再拜。奠于薦南者於公所用酬賓觶之處二人俱拜以其共勸君〔疏〕洗象至再拜○注奠于至勸君○釋曰云奠于薦南者於公所用酬賓觶之處者案前大夫二人媵觶奠于公薦南北上其上觶已取為賓舉旅下觶仍在今二大夫又媵一觶而云奠于薦南明知是所用酬賓觶之處云二人俱拜以其共勸君者上云媵爵者二大夫媵爵如初是共勸君酒今始命長致故俱拜以其共勸君故也

公又行一爵。若賓若長。唯公所酬。一爵先媵者之下觶也若賓若長則賓禮殺矣長公卿之尊者也賓則以酬長長則以酬賓〔疏〕公又至所酬○釋曰自此至奠于篚論為卿舉旅之事○注一爵至酬賓○釋曰知一爵是先媵者之下觶者以其前大夫二人媵爵皆奠于薦南以其上觶者已為賓舉旅今又行一爵故知先媵者之下觶也其後媵一觶者留之後為大夫舉旅也云若賓若長則賓禮殺矣者前為賓舉旅不云若賓若長專為賓禮盛至此為卿舉旅不專為賓舉旅科從其一是賓禮殺也云長公卿之尊者也者有諸公公為尊若無諸公三卿為尊長中可以兼此二者云賓則以酬長長則以酬賓者釋經若賓若長言若不定或先或後故兩言之

以旅于西階上如初。大夫卒受者。以虛觶降奠于篚。〔疏〕以旅至于篚○釋曰言如初者一如上為賓舉旅之節

主人洗升獻大夫于西階上。大夫升拜受觚。主人拜送觚。大夫坐祭。立卒爵。不拜。既爵。主人受爵。大夫降復位。既盡也不拜之者禮又殺〔疏〕主人至復位○釋曰自此盡皆升就席論獻大夫之節○注既盡至又殺○釋曰云不拜之者禮又殺者前卿受獻不酢辟君已是禮殺今大夫受獻不但不酢主人又不拜既爵故云禮又殺

胥薦主人于洗北西面。脯醢無脀。胥膳宰之吏也主人大夫之下先大夫薦之尊之也不於上者上無其位也脀俎實〔疏〕胥薦至無脀○注胥膳至俎實○釋曰云胥膳宰之吏也者案周禮有府史胥徒鄭注天官胥讀如諝謂其有才知為什長是庶人在官者所羞薦者皆膳宰胥是膳宰之吏云主人大夫之下先大夫薦之尊之也者案大射注直云主人大夫不云下此云大夫之下者謂大夫之中位次在下下經云辯獻大夫乃薦此薦文在上是先大夫薦之尊之也云不於上者上無其位也者案此燕禮大夫堂上士在下獨此宰夫言堂上無位者以其主人位在阼階君已在阼故主人辟之位在下是以大射注云不薦於上辟正主也云脀俎實者脀者升也謂升特牲體於俎故云俎實也

辯獻大夫。遂薦之。繼賓以西東上。徧獻之乃薦畧賤也亦獻而后布席也〔疏〕辯獻至東上○注徧獻至席也○釋曰凡大夫升堂受獻訖即降獻徧不待大夫升遂薦於其位大夫始升故言遂也云徧獻之乃薦畧賤也者決上卿與賓得獻即薦貴故也云亦獻而後布席也者亦上獻卿之時司宮兼卷重席設於賓左此大夫不言設席明亦得獻後即布席也若言重席案大射席小卿賓西東上注云席於賓西射禮辨貴賤也以此言之燕禮主歡不辨貴賤小卿與大卿皆在賓東故此賓西無小卿位

卒射人乃升大夫。大夫皆升就席。

席工于西階上少東。樂正先升。北面立于其西。工瞽矇歌諷誦詩者也凡執技藝者稱工少牢饋食禮曰皇尸命工祝樂記師乙曰乙賤工也樂正于天子樂師也凡樂掌其序事樂成則告備〔疏〕席工至其西○釋曰自此至降復位論作樂之事此上下作樂之中有四節升歌一笙二間三合樂四○注工瞽至告備○釋曰工瞽矇歌諷誦詩者也者案周禮瞽矇掌播鼗諷誦詩鄭云諷誦詩謂闇讀之不依詠也彼不依琴瑟闇讀之即爾雅徒歌曰謠此作樂之時依於瑟即詩注云曲合樂曰歌一也故下云工歌鹿鳴之類是也云凡執技藝者稱工者執技藝文出於王制但能其事者皆稱工是以引少牢饋食祝稱工記師乙為大師樂官亦稱工至於冬官巧作者皆稱工云樂正於天子樂師也知樂正當天子樂師者案周禮樂師職云凡樂成則告備此樂正告樂備故知樂正當天子樂師也下大夫四人上士八人下士十六人樂師大小多矣此諸侯樂正亦有大小之名也故大射云小樂正從之鄭注云小樂正於天子樂師也是其諸侯樂正雖有大小當天子樂師知大樂正不當天子大司樂者以其天子大司樂不告樂備故不得以大樂正當之但大射主於射畧於樂故小樂正告樂備此燕主歡心故大樂正告樂備故不同

小臣納工。工四人。二瑟。小臣左何瑟。面鼓執越。內弦右手。相入。升自西階北面東上坐。小臣坐授瑟乃降。工四人者燕禮輕從大夫制也面鼓者燕尚樂可鼓者在前也越瑟下孔也內弦弦為主也相扶工也後二人徒相天子大僕二人也小臣四人祭僕六人御僕十二人皆同官〔疏〕小臣至乃降○注工四至同官○釋曰工四人者燕禮輕從大夫制也者鄭言

此者決大射禮重工六人從諸侯制案公羊傳諸公六諸侯四若然知非大射是諸公制此燕禮是諸侯制者案鄉射之工四人是大夫制則諸侯不得有工四人五等諸侯同六人彼公羊六人四人不同者自是無人之數不得以彼決此也云面鼓者燕尚樂可鼓者在前也者此使鄉飲酒左何瑟後首臣降於君故也引天子大僕二人也者周禮序官文引之者此經小臣相工大射云僕人正徒相大師僕人師相少師僕人士相上工僕人以下同官既多遞換相工但大射辨尊卑故僕人正等相工此燕禮輕故小臣相工是以別周禮同官人多得相參之意

工歌鹿鳴、四牡、皇皇者華。三者皆小雅篇也鹿鳴君與臣下及四方之賓燕講道脩政之樂歌也此采其己有旨酒以召嘉賓嘉賓既來示我以善道又樂嘉賓有孔昭之明德可則傚也四牡君勞使臣之來樂歌也此采其勤苦王事念將父母懷歸傷悲忠孝之至以勞賓也皇皇者華君遣使臣之樂歌也此采其更是勞苦自以爲不及欲諮謀於賢知而以自光明也

【疏】「工歌至者華」。○注「三者至明也」。○釋曰此經歌詩之類鄭於鄉飲酒已注此注與彼同但此燕禮歌小雅亦合鄉樂下就卑也鄉飲酒升歌鹿鳴之等饗或上取故彼此詩同注亦不異也

卒歌。主人洗，升獻工。工不興，左瑟。一人拜受爵。主人西階上拜送爵。工歌乃獻之賤者先就事也左瑟便其右一人工之長者也工拜於席

【疏】「卒歌至送爵」。○注「工歌至於席」。○釋曰云工歌乃獻之賤者先就事也者歌詩是其事先施功勞乃始獻之是賤者先就事對工以上不就事而得獻也故大射注云工歌而獻之以事報之是也云左瑟便其右者工北面以西爲左空其右受獻便者酒從東楹之西來故以右爲便案大射云獻工工左瑟鄭注云大師無瑟於是言左瑟者節也以其經云僕人正徒相大師無瑟言大師左瑟者爲飲酒之節此與鄉飲酒同無所分別大師或瑟或歌是以不得言節之案鄉飲酒大師則爲之洗則衆工不洗也此經主人洗升獻工不辨大師與衆工則皆爲之洗爵又案鄉飲酒記不洗者不祭此篇與大射羣工與衆笙皆言祭故知皆爲之洗云工拜於席者以經云工與左瑟即云一人拜受爵不見有降席之文明工拜於席可知

薦脯醢。輒薦之變於大夫也

【疏】「薦脯醢」。○注「輒薦至夫也」。○釋曰案上獻大夫之時云辯獻大夫遂薦之鄭注云徧獻之乃薦略賤也此獻工之長一人即薦脯醢非謂貴工即獻之正是禮尚異變於大夫也

使人相祭。使扶工者相其祭薦祭酒

【疏】「使人相祭」。○注「使扶至祭酒」。○釋曰上云小臣相則此扶工相祭是小臣也此據相長一人交承受爵薦脯醢之下故知祭薦脯醢及祭酒二事對下衆工祭酒不祭脯醢也

卒受不拜。賤不備禮主人受爵。將復獻衆工也衆工不拜。受爵坐祭。遂卒爵。辯有脯醢。不祭。主人受爵。降奠于篚。遂猶因也古文曰卒爵不拜公又舉奠觶。唯公所賜。以旅于西階上如初。言賜者君又彌尊賓長彌卑

【疏】「公又至如初」。○注「言賜至彌卑」。○釋曰此燕尚飲酒故工歌之後笙奏之前而爲大夫舉旅大射雖行燕禮主於射故笙之間至射乃爲大夫舉旅云言賜者君又彌尊賓長彌卑者案上爲賓舉旅直云公與以酬賓爲卿舉旅而云若賓若長言若不定科酬其一不專爲賓是君禮漸尊賓禮漸殺辟然猶言酬至此言唯公所賜者以上下言之是君又彌尊賓長彌卑也

卒。旅畢也

【疏】「卒」。○注「旅畢也」。○釋曰言旅畢者謂爲大夫舉旅酬行於西階之上或從賓或從卿次第盡大夫故云旅畢也

笙入，立于縣中，奏南陔、白華、華黍。以笙播此三篇之詩縣中縣中央也鄉飲酒禮曰磬南北面奏南陔白華華黍皆小雅篇也今亡其義未聞昔周之興也周公制禮作樂采時世之詩以爲樂歌所以通情相風切也其有此篇明矣後世衰微幽厲尤甚禮樂之書稍稍廢棄孔子曰吾自衛反魯然後樂正雅頌各得其所謂當時在者而復重雜亂者也惡能存其亡者乎且正考父校商之名頌十二篇於周大師歸以祀其先王至孔子二百年之間五篇而已此其信也

【疏】「笙入至華黍」。○注「以笙至信也」。○釋曰此笙奏南陔白華華黍三篇等經注與鄉射同亦不復重釋但此云笙入立于縣中以其諸侯軒縣闕南面而已故得言縣中鄉飲酒唯有一磬縣而已不得言縣中而云磬南注引鄉飲酒者欲見此雖軒縣近北面縣之南也

主人洗，升，獻笙于西階上。一人拜，盡階，不升堂，受爵，降。主人拜送爵。階前坐祭，立卒爵，不拜。既爵，升授主人。一人笙之長者也鄉射禮曰笙一人拜于下

【疏】「主人至主人」。○注「一人至于下」。○釋曰引鄉射禮者證笙一人拜此與鄉飲酒皆直云一人拜不言拜于下故鄉飲酒與此注皆引鄉射以爲證欲見拜者拜於階下

衆笙不拜受爵。降坐祭。立卒爵。辯有脯醢。不祭。

【疏】「衆笙至不祭」。○釋曰言不卒受爵降者於階下受爵者亦盡階不升堂云辯有脯醢者亦獻訖薦于位之前

乃閒歌魚麗，笙由庚；歌南有嘉魚，笙崇丘；歌南山有臺，笙由儀。閒代也謂一歌則一吹也六者皆小雅篇也魚麗言大平年豐物多也此采其物多酒旨所以優賓也南有嘉魚言大平君子有酒樂與賢者共之也此采其能以禮下賢者賢者纍蔓而歸之與之宴樂也南山有臺言大平之治以賢者爲本也此采其愛友賢者爲邦家之基民之父母既欲其身之壽考又欲其名德之長也由庚崇丘由儀今亡其義未聞

【疏】「乃閒至由儀」。○注「閒代至未聞」。○釋曰此經注一與鄉飲酒同彼已釋訖不復重解

遂歌鄉樂：周南關雎、葛覃、卷耳，召南鵲巢、采蘩、采蘋。周南召南國風篇也王后國君夫人房中之樂歌也關雎言后妃之德葛覃言后妃之職卷耳言后妃之志鵲巢言國君夫人之德采蘩言國君夫人不失職也采蘋言卿大夫之妻能脩其法度也昔大王王季居于岐山之陽躬行召南之教以興王業及文王而行周南之教以受命大雅云刑于寡妻至于兄弟以御于家邦謂此也其始一國耳文王作邑于豐以故地爲卿士之采地乃分爲二國周周公所食召召公所食也於時文王三分天下有其二德化被於南土是以其詩有仁賢之風者屬之召南焉有聖人之風者屬之周南焉夫婦之道者生民之本王政之端此六篇者其教之原也故國君與其臣下及四方之賓燕用之合樂也鄉樂者風也小雅爲諸侯之樂大雅頌爲天子之樂鄉飲酒升歌小雅禮盛者可以進取燕合鄉樂者禮輕者可以逮下也春秋傳曰肆夏繁遏渠天子所以享元侯也文王大明緜兩君相見之樂也然則諸侯之相與燕升歌大雅合小雅也天子與次國小國之君燕亦如之與大國之君燕升歌頌合大雅其笙閒之篇未聞

【疏】「遂歌至采蘋」。○注「周南至未聞」。○釋曰云遂歌鄉樂者鄉飲酒云乃合樂與此文不同者以其二南是大夫士樂大夫士或作鄉大夫或作州長故名鄉大夫樂飲酒不言鄉樂者以其是己之樂不須言鄉故直言合樂此燕禮是諸侯禮下歌大夫士樂故以鄉樂言之又鄉飲酒注云合樂謂歌與衆聲俱作彼經有合樂之字故也此經無合樂之字故闕而不言其實此歌鄉樂亦與衆聲俱作是以彼處解合爲歌與衆聲俱作耳此歌而解合明同也自周南以下所注亦與鄉飲酒同亦不復重釋

大師告于樂正曰：正歌備。大師上工也掌合陰陽之聲教六詩以六律爲之音者也子貢問師乙曰吾聞聲歌各有宜也如賜者宜何歌也是明其掌而知之也正歌者聲歌及笙各三終閒歌三終合樂三終爲一備備亦成也

【疏】「大師至歌備」。○注「大師至成也」。○釋曰云大師上工也者案春官大師下大夫二人小師上士四人又云上瞽四十人中瞽百人下瞽百有六十人注云凡樂之歌必使瞽矇爲焉命其賢知者以其大師對小師已下二百人爲上士也云掌合陰陽之聲教六詩以六律爲之音者也者並大師職文案彼云掌六律六同以合陰陽之聲注云陽聲黃鍾大蔟姑洗蕤賓夷則無射陰聲大呂應鍾南呂林鍾中呂夾鍾又云皆文之以五聲宮商角徵羽皆播之以八音金石土革絲木匏竹又云教六詩曰風曰賦曰比曰興曰雅曰頌以六德爲之本以六律爲之音云子貢問師乙以下至何歌也並樂記文師乙魯之大師以掌樂事故子貢問焉引之者證大師知樂節故告歌備故鄭云是明其掌而知之也知升歌以下四節皆三終者案禮記鄉飲酒義云工入升歌三終主人獻之笙入三終主人獻之閒歌三終合樂三終工告樂備故知皆三終彼與此經閒歌合樂不獻之者但閒歌合樂還是始升歌笙奏之前已得獻故不復重獻云備亦成也者案周禮樂師職云凡樂成則告備故云亦成也

樂正由楹內，東楹之東，告于公，乃降復位。言由楹內者以其立於堂廉也復位位在東縣之北

【疏】「樂正至復位」。○注「言由至之北」。○釋曰言由楹內者以其樂正與工俱在堂廉則楹南無過處故由楹內適東楹之東告于公云復位位在東縣之北者案大射畧於樂小樂正升堂經有左右正則知亦有大樂正至席工於西階上少東東面時小樂正亦降立於其南北面卒管工向東坫之東南西面北上坐時鄭注云於是時大樂正還北面立於其南臣位尊東明工升堂時小樂正升大樂正東方西面工來東坫之東南西面時大樂正東縣之北北面其小樂正則立於西階下東面此燕禮主於樂故大樂正升堂今降明復於東縣之北北面也

射人自阼階下，請立司正。公許。射人遂爲司正。君許其請因命用爲司正君三舉爵樂備作矣將留賓飲酒更立司正以監之察儀法也射人俱相禮其事同

【疏】「射人至司正」。○注「君許至事同」。○釋曰自此盡旨反坐論立司正遂行所監之事云君三舉爵者爲賓爲卿爲大夫舉旅云樂備作矣者歌笙閒合四者備作各三終矣案鄉飲酒鄉射立司正後始行旅酬者彼是士饗禮饗禮之法莫問尊卑徧獻之後乃行旅酬故立司正之後乃行旅酬此燕禮國君燕其臣子雖一獻以辨尊卑故主人獻君而受酬主人卑不敢酬公獻之禮成於酬故使大夫媵觶於公當酬公君行大惠

即舉之爲賓賓得觶請旅諸臣徧卿大夫乃成一獻之禮復獻卿大夫皆爲之舉旅行酬皆成其獻但卿大夫皆堂上有位近君不敢失禮故雖舉旅行酬而未立司正作樂後將獻羣士士職卑位在堂下將爲士舉旅恐失禮故未獻之前即立司正監之故不同也

司正洗角觶。南面坐奠于中庭。升東楹之東受命。西階上北面命卿大夫。君曰。以我安卿大夫。皆對曰諾。敢不安。洗奠角觶于中庭明其事以自表威儀多也君意殷勤欲留賓飲酒命卿大夫以我故安或亦其實不主意於賓〔疏〕司正至不安○注洗奠至於賓○釋曰云洗奠角觶于中庭明其事以自表威儀多也者此奠觶于中庭威儀多決鄉飲酒不奠是以鄉飲酒作相爲司正洗觶執以升自西階是不奠威儀少也云君意殷勤欲留賓飲酒命卿大夫以我故安者以上人安客乃安故欲安賓先語卿大夫以我意故須安也云或亦其實不主意於賓者鄭意兩解前解主意爲賓故使卿大夫爲賓安或亦其實不專主爲賓兼羣臣共安也

司正降自西階南面。坐取觶。升酌散。降南面坐奠觶。右還北面少立。坐取觶。興坐不祭。卒觶奠之。興。再拜稽首。右還將適觶南先西面也必從觶西爲君之在東也少立者自嚴正愼其位〔疏〕司正至稽首○注右還至其位○釋曰右還將適觶南先西面也者右還謂奠時南面乃以右手向外而西面乃從觶西南行而右還北面云必從觶西爲君之在東也者若從觶東而左還北面則背君以其君在阼故也云自嚴正愼在位者以司正監察主爲使人嚴正謹愼故先自嚴正謹愼也

左還南面。坐取觶洗。南面反奠于其所。反奠虛觶不空位也〔疏〕左還至其所○注反奠至位也○釋曰必使不空者亦欲使衆人覩知司正嚴正之處

升自西階東楹之東。請徹俎。降。公許。告于賓。賓北面取俎以出。膳宰徹公俎。降自阼階以東。膳宰降自阼階以賓親徹若君親徹然〔疏〕升自至以東○注膳宰至徹然○釋曰云降自阼階以賓親徹若君親徹然者臣之升降當西階今見賓親徹膳宰代君徹不降西階而降自阼階當君降處故云若君親徹降自阼然也

卿大夫皆降東面北上。以將坐降待賓反也〔疏〕卿大至北上○注以將至反也○釋曰案大射云大夫降復位注云門東北面位不與卿同東面位者彼卿有俎卿取俎以出故大夫不敢獨在西階下故復位復門東北面位此燕卿無俎故大夫與卿同降西階下東面北上位也云以將坐降待賓反者上文賓以俎出當反入升坐故卿大夫待賓反亦升坐也

賓反入。及卿大夫。皆說屨升。就席。公以賓及卿大夫皆坐乃安。凡燕坐必說屨屨賤不在堂也禮者向敬敬多則不親燕安坐相親之心〔疏〕賓反至乃安○注凡燕至之心○釋曰凡在堂立行禮不說屨安坐則說屨故鄭云凡燕坐必說屨以其屨在足賤不宜在堂陳於尊者之側也云禮者向敬敬多則不親燕安坐相親之心者左氏傳云饗以訓恭儉設几而不倚爵盈而不飮燕以示慈惠饗在廟立行禮是敬多則不親者也燕在寢以醉爲度是相親之心者也若然直云賓及卿大夫說屨不云君降說屨則君說屨之在堂上席側是以禮記少儀云排闔說屨於戶內者一人而已矣彼據尊者坐在室則尊者一人說屨在戶內今此燕在堂上則君尊說屨於席側可知也

羞庶羞。謂膷肝膋狗胾醢也骨體所以致敬也庶羞所以盡愛也敬之愛之厚賢之道〔疏〕羞庶羞○注謂膷至之道○釋曰案大射云羞庶羞注云所進衆羞謂膷肝膋狗胾醢也或有炮鼈膾鯉雉免鶉鴽大射先行燕禮明與彼同此注不言炮鼈已下注文不具鄭知有此物者以經云庶羞不唯二豆而已案內則爲肝膋取狗肝一幪之以其膋濡炙之舉燋其膋不蓼注云膋腸閒脂此及大射其牲皆用狗故知有肝膋狗胾知有炮鼈膾鯉者詩云吉甫燕喜飮御諸友炮鼈膾鯉又狗胾則及公食大夫上大夫二十豆有雉免鶉鴽禮記王制云庶羞不踰牲此燕用狗必可有此物而已鄉飮酒鄉射亦有云狗但經直云羞不云庶是以注云胾醢明二豆無餘物也云狗骨體所以致敬也者據未坐以前庶羞所以盡愛據說屨已後也

大夫祭薦。燕乃祭薦不敢於盛成禮也〔疏〕大夫祭薦○注燕乃至禮也○釋曰不敢於盛成禮謂未立司正之前立行禮受獻之時不祭脯醢祭先是成禮不敢成禮於盛時

司正升受命皆命。君曰無不醉。賓及卿大夫皆興。對曰諾。敢不醉。皆反坐。皆命者命賓命卿大夫也起對必降席司正退立西序端〔疏〕司正至反坐○注皆命至序端○釋曰云起對必降席者經云反坐不云降明起對必降席既對乃反坐也是以孝經云曾子避席曰參不敢亦是起對也知司正退立西序端者此無降文見鄉飮酒云司正升相旅退立于序端東面故知此亦然也

主人洗。升獻士于西階上。士長升。拜受觶。主人拜送觶。獻士用觶士賤也今文觶作觚〔疏〕主人至送觶○注獻士至作觚○釋曰自此盡立飮論獻士之事云獻士用觶士賤也者對上大夫已上獻用觚旅酬乃用觶此獻士卽用觶故云士賤也不從今文觚者若從觚與大夫已上何異故不從

士坐祭立飮。不拜。既爵。其他不拜。坐祭立飮。他謂衆士也亦升受爵不拜〔疏〕士坐至立飮○注他謂至不拜○釋曰云他謂衆士也者上云士長明此士長之外皆衆士也知亦升受爵者以其士尊於羣之長尚受爵於階上明士得升堂受爵也言不拜者以其士長得拜明衆士不拜也

乃薦司正。與射人一人。司士一人。執冪二人。立于觶南東上。天子射人司士皆下大夫二人諸侯則上士其人數亦如之司正爲上〔疏〕乃薦至東上○注天子至爲上○釋曰此等皆士而先薦者以其皆有事故先得薦司士亦先薦者案周禮司士掌羣士爵祿廢置之事故士中之尊故亦先得薦也鄭引周禮序官射人司士下大夫二人約出此諸侯則上士者天子官尊諸侯宜降一等以是諸侯射人司士得在上士位中云其人數亦如之者案周禮序官射人下大夫二人上士四人下士八人皆名射人案周禮諸侯雖使士爲之數亦等以其畿外諸侯張三侯與天子同故知射人之數亦同也言此者欲見射時射人有事非一故下文注云大射正射人之長是以大射禮大射正及小射正皆有事也云司正爲上者雖同是士以其爲庭長故設在上先薦之此經三者當官雖多皆取長先薦其餘在於衆位依齒也又士位在西有事者別在觶南北面東上也

辯獻士。士既獻者立于東方。西面北上。乃薦士。每已獻而即位于東方蓋尊之畢獻薦于其位〔疏〕辯獻至薦士○注每已至其位○釋曰云即位于東方蓋尊之者以其庭中之位卿東方西面大夫北面士西方東面是東方尊今卿大夫得獻升堂位空故士得獻即東方卿位是尊之以無正文故云蓋以疑之也知畢獻薦之者以其經云辯獻士乃薦士故知當畢獻後乃薦也

祝史小臣師。亦就其位而薦之。次士獻之已不變位位自在東方〔疏〕祝史至薦之○注次士至東方○釋曰云次士獻之已不變位者對先獻士士即變位鄉東方也云位自在東方者案上設位之時祝史在門東小臣在東堂下是先在東方也

主人就旅食之尊而獻之。旅食不拜受爵。坐祭立飮。北面酌南鄉獻之於尊南不洗者以其賤略之也亦畢獻乃薦之主人執虛爵奠于篚復位〔疏〕主人至立飮○注北面至復位○釋曰云北面酌南鄉獻之於尊南者案大射旅食尊在西鑮之南北面則此主人在南亦北面以陳尊向君若東楹之東北面酌亦是向君爲正彼酌者尊後東面酌此亦尊後北面南面獻之於尊南也云不洗者以其賤者此乃庶人在官府史胥徒之輩故云賤略之也云亦畢獻乃薦之者亦上文士畢獻乃薦可知云主人執虛爵奠於篚復位者此約大射獻旅食訖云執虛爵奠于篚復位故知也

若射。則大射正爲司射。如鄉射之禮。大射正射人之長者也如鄉射之禮者燕爲樂卿大夫宜從其禮也如者如其告弓矢既具至退中與筭也納射器而張侯其告請先于君乃以命賓及卿大夫其爲司正者亦爲司馬君與賓爲耦鄉射記曰自君射至龍旜亦其異者也薦旅食乃射者是燕射主於飮酒〔疏〕若射至之禮○注大射至飮酒○釋曰此一經論燕末行射之節云大射正爲司射者燕禮輕又不主爲射故射人爲擯又爲司正至射時大射正爲司射大射之時畧於燕主於射故大射正爲擯又爲司正至射又親其職故不同爲司射也云宜從之者鄉射是卿大夫禮故樂之還從之也云如者如其告弓矢既具至退中與筭也者經云如鄉射之禮明從始至末皆如之案鄉射初司射告弓矢既具至三番射訖而退中與筭故如之也云納射器而張侯者欲見此與鄉射因納射器後即張侯大射納射器之後無張侯之事是以特言此也云告請先於君乃以命賓及鄉大夫者此燕禮與大射皆國君之禮此燕禮每事皆先請於君大射亦先請於君故故大射初司射自阼階前請於公公許乃命賓及卿大夫鄉射西階上告賓曰弓矢既具乃告於主人遂告大夫是先後異也云其爲司正者亦爲司馬者鄉射將射云司正爲司馬此亦於將射司正爲司馬亦射之也若然則上文射人告具射人請賓又云射人請立司正公許射人遂爲司正皆一人也必云司正爲司馬者諸侯有常官嫌與鄉射異故言此也若士射則司正不爲司馬云君與賓爲耦者欲見鄉射賓與主人爲耦此君與賓爲耦亦是異於鄉射也引鄉射記君射至龍旜亦其異者也者謂旌與中異何者彼因記國君三處射旌與中各不同云君國中射則皮樹中以翿旌獲白羽與朱羽糅言國中則此燕射也又

云於郊則閭中以旌獲謂諸侯大射在郊又云於竟則虎中龍旜謂諸侯賓射在竟此皆諸侯禮射雖記在鄉射皆與鄉射異也云薦旅食乃射者是燕射主於飲酒者此獻士旅食後乃射射是燕射於飲酒決大射未爲大夫舉旅之前則射是彼大射主於射故也賓降洗。升媵觚于公。酌散。下拜。公降一等。小臣辭。賓升再拜稽首。公荅再拜。此當言媵觶酬之禮皆用觶言觚者字之誤也古者觶字或作角旁氏由此誤爾【疏】賓降至再拜○注此當至誤爾○釋曰自此盡賓反位論賓媵爵於公之節云古者觶字或作角旁氏由此誤爾者案冬官梓人爲飲器勺一升爵一升觚二升獻以爵而酬以觚一獻而三酬則一豆矣鄭引南郡大守馬季長云觚當爲觶豆當爲斗鄭康成云古者觶角傍氏似觚故誤爲觚時人又多聞觚寡聞觗是以誤爲觚此注與彼同也賓坐祭。卒爵。再拜稽首。公荅再拜。賓降洗象觶。升酌膳。坐奠于薦南。降拜。小臣辭。賓升成拜。公荅再拜。賓反位。反位反席也今文曰洗象觚【疏】賓坐祭至反位○注反位至象觚○釋曰知反位是反席者以其堂下無席堂上乃有之而云賓升成拜不云降明上反位者反席可知也公坐取賓所媵觶興。唯公所賜。至此又言與者明公崇禮不倦也今文觶又爲觚【疏】公坐至所賜○注至此至爲觚○釋曰自此盡士旅酌卒論君爲士舉旅之事云唯公所賜者辭與爲大夫舉旅同也云至此又言與者明公崇禮不倦也者以其說屨升坐之後理當倦今言與明不倦矣受者如初受酬之禮。降更爵洗。升酌膳。下拜。小臣辭。升成拜。公荅拜。乃就席。坐行之。坐行之若今坐相勸酒有執爵者。士有盥升主酌授之者【疏】有執爵者○注士有至之者○釋曰無筭爵有執爵行之者今此爲士舉旅亦有執爵行之若無筭爵然後士有盥升主酌授之者若然前三舉旅皆酬者自酌授人也唯受于公者拜。公所賜者也其餘則否司正命執爵者。爵辯卒受者興以酬士。欲令惠均【疏】司正至酬士○注欲令惠均○釋曰此所命者命大夫也以前三舉旅辯大夫則止今此爲士舉旅故及之云欲令惠均者惠均於室及均於庭也士特牲爵止欲得神惠均於室及均於庭此據人君之惠均於庭也大夫卒受者。以爵與西階上酬士。士升。大夫奠爵拜。士荅拜。與酬士者士立堂下無坐位【疏】大夫至荅拜○注與酬至坐位○釋曰此即上文司正所命者也云與酬士者士立堂下無坐位者凡禮堂上有席者坐堂下無席者立是以禮記檀弓工尹商陽是士而云朝不坐堂下無坐位者也大夫立卒爵。不拜。實之。士拜受。大夫拜送。士旅于西階上。辯。祝史小臣旅食皆及焉【疏】大夫至上辯○注祝史至及焉○釋曰知旅食皆及者以士未得獻時旅酬不及得獻之後旅則及之旅食亦次士得獻故知

亦酬及之其庶子以下未得獻者至獻後無筭爵及焉士旅酌。旅序也士以次序自酌相酬無執爵者卒。主人洗。升自西階。獻庶子于阼階上。如獻士之禮。辯降洗。遂獻左右正與內小臣。皆於阼階上。如獻庶子之禮。庶子掌正六牲之體及舞位使國子脩德學道世子之官也而與膳宰樂正聯事樂正亦學國子以舞左右正謂樂正僕人正也小樂正立于西縣之北僕人正僕人師僕人士立于其北北上大樂正立于東縣之北若射則僕人正僕人士陪于工後內小臣奄人掌君陰事陰令后夫人之官也皆獻于阼階上別於外內臣也獻正下及內小臣則磬人鍾人鑮人鼓人僕人之屬盡獻可知也凡獻皆薦也【疏】卒主至之禮○注庶子至薦也○釋曰此一經獻庶子以下之節云庶子掌正六牲之體及舞位使國子脩德學道世子之官也者案周禮諸子職云大祭祀正六牲之體凡樂事正舞位國子存遊倅使之脩德學道彼天子諸子之官屬大子若據諸侯爲世子之官引之者天子謂之諸子諸侯謂之庶子掌公卿大夫士之適子掌事是同故取諸子職解此庶子之事云而與膳宰樂正聯事者以掌正六牲之體得與膳宰聯事掌國子脩德學道得與樂正聯事以其樂正亦掌教國子故也言此者欲見膳宰得獻此庶子亦得獻之意云樂正亦教國子之舞者欲見庶子掌國子得與樂正聯事云左右正謂樂正僕人正也僕人正以下至北上鄭知義然者見大射禮而知云左右正者據中庭爲左右大射禮工遷於東僕人正亦與樂正同處名曰左正復云右正明是小樂正在西爲一也若小樂正不在西大射之禮不得有左右正之文又兩面俱縣明大小樂正各監一縣又知僕人正以下在小樂正之北北上者以鄉射弟子相工皆在西今僕人正以下亦是相工之人故知亦在西方也又工堂上西階之東相工者宜近其事故在西方樂正之北也又知北上者以大射鄉射工遷在下之時皆北上統於樂正今相者以工爲主明在堂下則宜北統於堂上矣下又知大樂正在東縣北者約鄉射云縣于洗東北至射時遷樂於阼階下之東南堂前三笴西面北上坐樂正北面立于其南是得爲一證也云若射以下至工後者案大射將射之時工遷於下東坫之東南西面北上坐相者以工爲主故知相工陪於東即在工後也云內小臣奄人掌君陰事陰令后夫人之官也者案天官小臣序官云內小臣奄上士四人其職云掌王之陰事陰令鄭注云陰事羣妃御見之事陰令王所求爲於北宮彼后之官兼云夫人者欲見諸侯夫人內小臣亦與后之內小臣職同故雙言之云皆獻於阼階上別於外內臣也者臣云外內者案周禮有外內命夫鄭注云外命夫六鄉以出案內命夫朝廷卿大夫則諸侯臣在鄉遂及采地者爲外臣在朝廷者爲內臣但外內臣皆獻於西階上此獻於阼階故云別於外內臣也云則磬人以下至盡獻可知也者此據周禮天子有此官諸侯並以下士爲之則諸侯亦有此官以其庭中之樂軒縣別有鍾磬鑮鼓故知也兼言僕人者此經直見僕人正不見僕人師僕人士大射見之內小臣奄人之賤者尚得獻明此等皆得獻可知也知凡獻皆薦者以經云如獻士獻士有薦凡此等獻詑明皆有薦也無筭爵。筭數也爵行無次無數唯意所勸醉而止【疏】無筭爵○注筭數至而止○釋曰自此盡無筭樂論酒行樂作無次數之節云爵行無次無數者此對四舉旅以前皆有次有數此則無次數也士也。有執膳爵者。有執

散爵者。執膳爵者。酌以進公。公不拜受。執散爵者。酌以之公命所賜。所賜者興受爵。降席下奠爵。再拜稽首。公荅拜。席下席西也古文曰公荅再拜【疏】士也至荅拜○注席下至再拜○釋曰自旅酬已前受公爵皆降拜升成拜至此不復降拜者禮殺故也云席下席西也者賓與卿大夫席皆南面統於君皆以東爲上故知席下爲席西也受賜爵者。以爵就席坐。公卒爵。然後飲。不敢先虛爵明此勸惠從尊者來也【疏】受賜至後飲○注不敢至來也○釋曰上已言君命所賜至此經云受賜自然惠從尊者來但先君受爵似惠不由君來故後飲然後授虛爵是由尊者來故後飲之也此執爵者皆酌行之以偏唯卒爵者與以酬士自酌與之是以鄉飲酒鄉射皆云辯卒受者與以旅在下者注云不使執觶者酌以其將旅不以已尊孤人也執膳爵者。受公爵。酌反奠之。宴歡在於飲酒成其意【疏】執膳至奠之○注宴歡至其意○釋曰云成其意者君意欲得皆醉今執膳者酌反奠於君前望當君心故云宴歡在於飲酒成其意也受賜爵者興授執散爵。執散爵者。乃酌行之。于其所勸者唯受爵於公者拜。卒受爵者興。以酬士于西階上。士升。大夫不拜。乃飲實爵。乃猶而也【疏】注乃猶而也○釋曰轉乃爲而者乃是緩辭此將勸士士已升階大夫即飲不可爲乃故從而解之也士不拜受爵。大夫就席。士旅酌亦如之。公有命徹冪。則卿大夫皆降西階下北面東上。再拜稽首。公命小臣辭。公荅再拜。大夫皆辟。命徹冪者公意殷勤必盡酒小臣辭不升成拜明雖醉正臣禮也不言賓賓彌臣也君荅拜於上示不虛受也【疏】士至皆辟○注命徹至受也○釋曰云士旅酌亦如之者亦如大夫相酬之法云公有命徹冪者此君尊在東楹之西專大惠故待無筭爵乃徹冪鄉飲酒尊在房戶之間賓主共之故賓至則徹之與此異也云小臣辭不升成拜明雖醉正臣禮也者臣之禮當下拜爲正今不言升成拜者於下已拜是雖無筭爵已醉而不倦行臣禮之正也云不言賓賓彌臣也者經直言卿大夫皆降不別言賓是燕末賓同於臣言彌者上旅酬云若賓若長猶言賓但言賜不言酬已是賓卑今乃設賓不言賓是賓彌臣故同臣例也云君荅拜於上示不虛受也者案燕義云禮無不荅言上之不虛取於下也彼釋此言也但彼言不虛取於下者總申此燕禮君荅拜之事不獨爲此言也遂升反坐。士終旅於上。如初。卿大夫降而爵止於其反席卒之【疏】遂升至如初○注卿大至卒之○釋曰云卿大夫降而爵止者上文已云大夫不拜乃飲實爵士不拜受爵是大夫飲詑爵止也云於其反席卒之者謂上士受得大夫爵此經云士終旅於上如初是於大夫反席士卒之也無筭樂。升歌閒合無數也取歡而已其樂章亦然【疏】無筭樂○注升歌至亦然○釋曰此

無筭對上升歌笙閒合各依次第而三終有次有數此則任君之情無次無數其詩樂章亦然亦無次無數宵則庶子執燭於阼階上。司宮執燭於西階上。甸人執大燭於庭。閽人爲大燭於門外。宵夜也燭燋也甸人掌共薪蒸者庭大燭爲位廣也閽人門人也爲作也作大燭以俟賓客出〔疏〕宵則至門外○注宵夜至客出○釋曰凡燕法設燭者或射之後終燕則至宵也或冬之日不射亦宵夏之日不射未必至宵也云燭燋也者古者無麻燭而用荊燋故少儀云主人執燭抱燋鄭云未爇曰燋但在地曰燎執之曰燭於地廣設之則曰大燭其燎亦名大燭故詩云庭燎之光毛云庭燎大燭也鄭云夜未央而於庭設大燭毛鄭並指此甸人執大燭之文也司烜氏云凡邦之大事共墳燭庭燎玄謂墳大也樹於門外曰大燭於門內曰庭燎言樹則大燭亦在地廣設之而已此閽人爲大燭於門外者亦是大燭在地者案郊特牲云庭燎之百由齊桓公始也注云僭天子也庭燎之差公蓋五十侯伯子男皆三十文出大戴禮也此亦諸侯禮以燕禮輕故不言庭燎設大燭而已云甸人掌共薪蒸者天官甸師氏職文引之者以其內有燭燋故使之在門爲大燭也云閽人門人也者案天官閽人掌守王中門之禁諸侯亦當然賓醉。北面坐。取其薦脯以降。取脯重得君賜奏陔。陔陔夏樂章也賓出奏陔夏以爲行節也凡夏以鍾鼓奏之〔疏〕奏陔○注陔夏至奏之○釋曰云陔陔夏者案鍾師九夏之中有陔夏九夏皆是詩詩爲樂章故知樂章也云賓出奏陔夏以爲行節也者此及鄉飲酒皆於賓出奏陔夏明此爲行節戒之使不失禮云凡夏以鍾鼓奏之者案周禮鍾師云以鍾鼓奏九夏鄭注云先奏鍾次擊鼓是凡夏皆以鍾鼓奏之賓所執脯以賜鍾人于門內霤。遂出。必賜鍾人鍾人掌以鍾鼓奏九夏今奏陔以節己用賜脯以報之明雖醉不忘禮古文賜作錫卿大夫皆出。隨賓出也公不送。賓禮訖是臣也公與客燕。謂四方之使者〔疏〕公與客燕○注謂四方之使者○釋曰自此盡敢拜賜命論與異國臣將燕使卿大夫就館戒客之辭事但燕異國卿大夫與臣子同唯戒賓爲異故於禮末特見之也云謂四方之使者以其云客以寡君對之故知四方使卿大夫來聘主君將燕之也曰。寡君有不腆之酒。以請吾子之與寡君須臾焉。使某也以請。君使人戒客辭也禮使人各以其爵寡鮮也猶言少德謙也腆膳也上介出請入告古文腆皆作殄今文皆曰不腆酒無之〔疏〕曰寡至以請○注君使至無之○釋曰云禮使人各以其爵者案公食大夫云使大夫戒各以其爵以其大聘使卿小聘使大夫爵不同故主君亦以其爵戒之也云上介出請入告者亦約公食使者至館門外客使者上介出請事入告賓但彼食禮重故三辭此燕禮輕故再辭爲異耳又彼見賓出拜辱大夫不荅拜此不言者文不具對曰。寡君。君之私也。君無所辱賜于使臣。臣敢辭。上介出荅主國使者辭也私謂獨有恩厚也君無所爲辱賜於使臣謙不敢當也敢者怖懼用勢決之辭〔疏〕對曰至敢辭○注上介至之辭○釋曰云敢者怖懼用勢決之辭也者謂若怖懼之事不避危難用勢往

決之故云用勢決之辭也寡君固曰不腆。使某固以請。寡君。君之私也。君無所辱賜于使臣。臣敢固辭。重傳命固如故寡君固曰不腆。使某固以請。某固辭不得命。敢不從。許之也於是出見主國使者辭以見許爲得命今文無使某致命曰。寡君使某有不腆之酒。以請吾子之與寡君須臾焉。親相見致君命辭也君貺寡君多矣。又辱賜于使臣。臣敢拜賜命。貺賜也猶愛也敢拜賜命從使者拜君之賜命猶謙不必辭也〔疏〕注敢拜至辭也○釋曰主君使卿大夫往戒只爲燕事今客從之者來就燕而云拜主君賜燕之命者謙不必有燕事

記。燕朝服於寢。朝服者諸侯與其羣臣日視朝之服也謂冠玄端緇帶素韠白屨也燕於路寢相親暱也今辟雍十月行此燕禮玄冠而衣皮弁服與禮異也〔疏〕記燕朝服於寢○注朝服至異也○釋曰凡記皆記經不具者以經不言燕服及燕處故記人言之也云謂冠玄端緇帶素韠白屨者皆士冠禮文案屨人注天子諸侯吉事皆舄諸侯朝服素裳素韠應白舄而云白屨者引士冠禮成文其實諸侯當白舄其臣則白屨也鄭注周禮屨人云複下曰舄禪下曰屨下謂底以此爲異也云燕於路寢相親暱也知燕於寢者以其饗在廟明燕在寢私處可知也引漢法欲見與古異者周時玄冠服則緇布衣今衣皮弁服是其異也其牲狗也。狗取擇人也明非其人不與爲禮也亨于門外東方。亨於門外臣所掌也〔疏〕亨于門外東方○注亨于至掌也○釋曰此君禮故云臣使掌案公食記云亨于門外東方注云必於門外若大夫之事也注不同者以其饗食在廟嚴凝宜親臨視不得言臣所掌故注云大夫之事也鄉飲酒亨狗于堂東北者井君禮是臣於堂東北不在外者宜主人親供又法陽氣之所始故三者注皆不同也若與四方之賓燕。則公迎之于大門內。揖讓升。四方之賓謂來聘者也自戒至於拜至皆如公食亦告饌具而後公即席小臣請執冪請羞者乃迎賓也〔疏〕若與至讓升○注四方至賓也○釋曰云自戒至於拜至皆如公食者此燕用狗彼用大牢此戒賓再辭彼三辭至於卿大夫立位皆不同而云如公食者謂除此之外如之若然依公食從首使大夫戒各以其爵上介出請入告已下至北面再拜稽首皆如之饌具之等不如之也云亦告饌具而後公即席小臣請執冪請羞者乃迎賓也者言此者欲見燕四方賓此等依上文與燕己臣子同亦不如公食以其公食公無席又無入廟之事又公食無請執冪羞膳故別言此也賓爲苟敬。席于阼階之西北面。有脀。不嚌肺。不啐酒。其介爲賓。苟且也假也主國君鄉時親進醴于賓今燕又宜獻焉人臣不敢褻煩尊者至此升堂而辭讓欲以臣禮燕爲恭敬也於是席之如獻諸公之位言苟敬者賓實主國所宜敬也脀折俎也不嚌不啐似若尊者然也介門西北面西上公降迎上介以爲賓揖讓升如初禮主人獻賓獻公既獻苟敬乃媵觚羣臣即位如燕也〔疏〕賓爲至爲賓○注苟且至燕也○釋曰云主國君饗時親進醴于賓

者謂行聘享訖禮賓之時君親酌醴進于賓若然前有饗食不言之者饗禮亡無以可言食禮又無酒醴所獻之事故不言而云饗時也云今燕又宜獻焉者案上燕己臣子使宰夫爲主人知此親獻者若不親獻即同己臣子賓何須辭之而爲苟敬故知君當親獻焉云至此升堂而辭讓者若此時外堂不辭即行燕賓之禮故知辭之在初升堂時云欲以臣禮燕爲恭敬也者此謂在阼西北面故云席之如諸公之位也云言苟敬者賓實主國所宜敬也者賓實主國所宜敬但爲辭讓故以命介爲賓不得敬之今雖以介爲賓不可全不敬於是席之於阼階西且敬也故云苟敬也云不嚌啐似若尊者然也者案此燕禮與大射鄉射皆不嚌啐是諸公如鄉禮今聘卿在諸公之坐亦不嚌不啐是爲似若諸公尊者然也云介門西北面西上者約聘禮而知也云公降迎上介以爲賓揖讓升如初禮者此如上文燕己臣子以大夫爲賓者同故云如初禮也云主人獻賓獻公既獻苟敬乃媵觚者若上燕己臣子之時獻賓獻公既即媵觶以酬賓但苟敬之前宜有薦有俎實與君同明知獻公後即獻苟敬乃可酬賓也云羣臣即位如燕者如上燕己臣子同若然羣臣不待迎賓入乃從君入者以其皆蒙獻酬故因其先至寢門故小臣引之即入不待賓入後也無膳尊。無膳爵。降尊以就卑也〔疏〕無膳尊無膳爵○注降尊以就卑○釋曰郊特牲云三獻之介君專席而酢焉此降尊以就卑也注云三獻卿大夫來聘主君饗燕之以介爲賓賓爲苟敬則徹重席而受酢也專猶單也彼與此事同故鄭引彼經以證此燕己臣子不見有君親受賓酢若燕異國臣子得有專席受酢者獻卿大夫之後依次各爲此三人舉旅獻士之後賓乃媵觶於公賓取所媵觶爲士舉旅應以爲酢君君專席而受之也與卿燕。則大夫爲賓。與大夫燕。亦大夫爲賓。不以所與燕者爲賓者燕爲序歡心賓主敬也公父文伯飲南宮敬叔酒以路堵父爲客此之謂也君恆以大夫爲賓者大夫卑雖尊之猶遠于君今文無則下無燕〔疏〕與卿至爲賓○注不以至無燕○釋曰此謂與己臣子燕法若與異國賓燕皆用上介爲賓如上說也云公父文伯已下是魯語文此三人皆魯大夫自相燕法云此之謂也者此謂不使所爲燕者爲賓之義云君恆以大夫爲賓者大夫卑雖尊之猶遠於君者案禮記燕義云不以公卿爲賓而以大夫爲賓爲疑也明嫌之義也注云公卿尊矣復以爲賓則尊與君大相近是不用公卿爲賓恐逼君用大夫爲賓雖尊之猶遠於君不畏逼君也羞膳者。與執冪者。皆士也。尊君也膳宰卑於士〔疏〕羞膳至士也○注尊君至於士○釋曰經直云請執冪與羞膳不辨其人故記人言之云尊君也膳宰卑於士者言膳宰別小膳宰也以其下云羞卿者小膳宰明於君者士也士尊於小膳宰也若然士則膳宰之長者故下注小膳宰云膳宰之佐也羞卿者。小膳宰也。膳宰之佐也若以樂納賓。則賓及庭奏肆夏。賓拜酒。主人荅拜而樂闋。公拜受爵而奏肆夏。公卒爵。主人升受爵以下而樂闋。肆夏樂章也今亡以鍾鎛播之鼓磬應之所謂金奏也記曰入門而縣興示易以敬也卿大夫有王事之勞則奏此樂焉〔疏〕若以至樂闋○注肆夏至樂焉○釋曰自此盡若舞則勺論臣子有王事之勞與之燕之事云若者不定之辭以其常燕

已臣子無樂王事之勞或有或無故言若也云肆夏樂章也今亡者鄭注鍾師云九夏皆詩篇名頌之族類也此歌之大者載在樂章樂崩亦從而亡是以頌不能具也云以鍾鑮播之鼓磬應之者鍾師云掌金奏鄭注云擊金以爲奏樂之節金謂鍾及鑮又云凡樂事以鍾鼓奏九夏鄭注云先擊鍾次擊鼓是奏肆夏時有鍾鑮鼓磬彼經注雖不言磬但縣內有此四者故鄭兼言磬也言所謂金奏也者所謂鍾師掌金奏也云記曰者此鄭引二記之文何者云入門而縣興是仲尼之文仲尼燕居云兩君相見揖讓而入門入門而縣興揖讓而升堂升堂而樂闋郊特牲云賓入大門而奏肆夏示易以敬也必引二記文者以燕在寢賓及庭及寢庭與仲尼燕居入門而縣興事相類故引之證賓及庭樂作之義也此肆夏以金奏之故引郊特牲示易以敬證用肆夏之義也不取賓入大門者大門非寢門故也云卿大夫有王事之勞則奏此樂焉知者以發首陳君與臣子常燕及聘使之臣燕次論四方賓燕今此言賓及庭奏肆夏則非尋常大夫爲賓與宰夫爲主人相對者謂若賓爲苟敬四方賓之類特奏肆夏其事既重若非有王事之勞何以致此故知是臣有王事之勞者乃奏此樂也

升歌鹿鳴。下管新宮。笙入三成。新宮小雅逸篇也管之入三成謂三終也〔疏〕升歌至三成○注新宮至終也○釋曰鹿鳴不言工歌新宮不言笙奏而言升歌下管者欲明笙奏異於常燕常燕即上所陳四節是也今工歌鹿鳴三終與笙奏全別故特言下管新宮乃始笙入三成者止謂笙奏新宮三終申說下管之義云新宮小雅逸篇也知在小雅者以配鹿鳴而言鹿鳴是小雅明新宮小雅可知

遂合鄉樂。鄉樂周南召南六篇言遂者不間也

若舞則勺。勺頌篇告成大武之樂歌也其詩曰於鑠王師遵養時晦又曰實維爾公允師既合鄉樂萬武而奏之所以美王侯勸有功也〔疏〕若舞則勺○注勺頌至功也○釋曰言若者或爲之舞或不爲之舞在於君意故以不定而言云舞則勺者謂爲之舞則歌勺詩以爲曲云勺頌篇告成大舞之樂歌也者勺詩序文云其詩曰於鑠王師遵養時晦者鑠美也言於呼美武王之師遵循也循養晦昧之紂三分天下猶服事於殷又曰實維爾公允師者公事允信也言武王伐紂實維汝武王之事信得用師之道云既合鄉樂者以文承合鄉樂之下故知既合鄉樂也云萬舞而奏之者釋經舞時作周萬舞之舞而奏勺詩宣八年公羊傳云壬午猶繹萬入去籥傳曰萬者何干舞也謂兼于舞以奏勺詩也云所以美王侯勸有功也者天子諸侯作之是美王侯亦所以勸有功也

唯公與賓有俎。主於燕其餘可以無俎〔疏〕唯公與賓有俎○注主於至無俎○釋曰主於燕其餘可以無俎者對大射辨尊卑公卿皆有俎其牲用狗則同

獻公曰。臣敢奏爵以聽命。授公釋此辭不敢必受之〔疏〕獻公至聽命○注授公至受之○釋曰謂若主人獻公賓媵爵於公雖非獻亦釋此辭也

凡公所辭皆栗階。栗蹙也謂越等急趨君命也

凡栗階不過二等。其始升猶聚足連步越二等左右足各一發而升堂〔疏〕凡栗階不過二等○注其始至升堂○釋曰凡堂及階尊者高而多卑者庳而少案禮器云天子之堂九尺諸侯七尺大夫五尺士三尺士冠禮降三等受爵弁鄭注云降三等下至地則士三等階以此推之則一尺爲一階大夫五尺五等階諸侯七尺七等階天子九尺九等階可知今云凡栗階不過二等言凡則天子九等已下至士三等皆有栗階之法栗階不過二等據上等而言故鄭云其始升猶聚足連步一也故曲禮云涉級聚足連步以上鄭注云涉等聚足謂前足躡一等後足從之併連步謂足相隨不相過也此即聚足一也天子已下皆當上等爲栗階左右足各一發而升堂其下無問多少皆連步雜記云主人之升降散等鄭注云散等栗階則栗階亦名散等凡升階之法有四等連步一也栗階二也歷階三也歷階謂從下至上皆越等無連步若禮記檀弓云杜蕢入寢歷階而升是也越階四也越階謂左右足越三等若公羊傳云趙盾避靈公躇階而走是也

凡公所酬既拜請旅侍臣。既拜謂自酢升拜時也擯者阼階下告于公還西階下告公許旅行也請行酒于羣臣必請者不專惠也〔疏〕凡公至侍臣○注既拜至惠也○釋曰云既拜謂自酢升拜時也者此即上賓得君酬酒飲訖自酢降拜升時請旅侍臣云擯者阼階下告于公還西階下告公許旅行者此約大射而知也

凡薦與羞者。小膳宰也。謂於卿大夫以下也上特言羞卿者小膳宰者欲絕於賓羞賓者亦士〔疏〕凡薦至宰也○注謂於至亦士○釋曰云謂於卿大夫以下者以其執冪與羞膳於君是士則知此凡者於卿大夫也云上特言羞卿者小膳宰者欲絕於賓羞賓者亦士者鄭意於此言凡總卿大夫於文足矣上文君下特言羞卿者小膳宰者欲見直言君不須言賓以其賓之薦俎與君同明羞膳亦與君同不使小膳宰故云欲絕於賓爲羞賓者亦士也

有內羞。謂羞豆之實酏食糝食羞籩之實糗餌粉餈〔疏〕有內羞○注謂羞至粉餈○釋曰云謂羞豆之實酏食糝食者天官醢人云羞豆之實酏食糝食鄭注云酏餈也內則曰取稻米舉糔溲之小切狼臅膏以與稻米爲餈又曰糝取牛羊豕之肉三如一小切之與稻米稻米二肉一合以爲餌煎之是也云羞籩之實糗餌粉餈者籩人職云羞籩之實糗餌粉餈鄭注云此二物者粉稻米黍米所爲也合蒸曰餌餅之曰餈糗者擣粉熬大豆爲之爲餌餈之黏著以粉之耳餌言糗餈言粉互相足是也糗熬之亦粉之其粉擣之亦糗之是互相足也

君與射。則爲下射。袒朱襦。樂作而后就物。君尊 小臣以巾授矢。稍屬。君尊不搢矢 不以樂志。辟不敏也 既發。則小臣受弓以授弓人。俟復發也不使大射正燕射輕 上射退于物一笴。既發則荅君而俟。荅對 若飲君燕則夾爵。謂君在不勝之黨賓飲之如燕媵觚則又夾爵〔疏〕若飲君燕則夾爵○釋曰夾爵者將飲君先自飲及君飲訖又自飲爲夾爵

君在。大夫射則肉袒。不纏襦厭於君〔疏〕注不纏襦厭於君○釋曰鄉射記大夫對士射袒纏襦此對君肉袒故云厭於君也

若與四方之賓燕。媵爵曰。臣受賜矣。臣請贊執爵者。受賜謂公卿者酬之至燕主人事賓之禮殺賓降洗升媵觶于公荅恩惠也〔疏〕若與至爵者○注受賜至惠也○釋曰謂公取二大夫所媵觶上者以酬賓是也云賓降洗升媵觶于公者謂上獻士訖賓媵觶于公是荅恩惠也

相者對曰。吾子無自辱焉。辭之也對荅也亦告公以公命荅之也

有房中之樂。弦歌周南召南之詩而不用鍾磬之節也謂之房中者后夫人之所諷誦以事其君子〔疏〕有房中之樂○注弦歌至君子○釋曰云弦歌周南召南之詩而不用鍾磬之節者此文承四方之賓燕下而云有明四方之賓而有之知不用鍾磬者以其此二南本后夫人侍御于君子用樂師是本無鍾磬今若改之而用鍾磬當云有房中之奏樂今直云有房中之樂明依本無鍾磬也若然案磬師云教縵樂燕樂之鍾磬注云燕樂房中之樂所謂陰聲也二樂皆教其鍾磬房中樂得有鍾磬者彼據教房中樂待祭祀而用之故有鍾磬也房中及燕則無鍾磬也

儀禮卷第六　經三千三百二十三　注四千六百二十

儀禮注疏卷十五挍勘記　阮元撰盧宣旬摘錄

司宮兼卷重席

有蒲筵萑席兩種席　通解要義同毛本種作重下並同

三重再重　下重字陳本作種非也

決鄉飲酒鄉射　陳閩通解要義同毛本鄉作卿

彼遵尊於主人　陳本要義同毛本遵作尊

乃薦脯醢○右祭脯醢　脯唐石經作醢誤

射人乃升卿

上公得置孤卿一人　毛本公誤作命要義作國亦誤

彼是殷法同之　要義同毛本同作用

故同稱公　通解要義同毛本公作云

席于阼階西

初無加席者　要義無初字

云親寵苟敬私昵之坐者　要義云下有亦爲阼階西位近君君則屈十一字

此孤亦席於阼階之西　通解要義同毛本亦作一○按亦是也

小臣又請媵爵者二大夫媵爵如初　唐石經大夫下重出大夫二字按疏讀二大夫媵爵如初爲句則亦無大夫二字大射亦無前經小臣請媵爵者公命長小臣作下大夫二人媵爵媵爵者阼階下云云此經不言公命不言小臣作俱省文也

請致者

自優暇也古文云阼階下北面再拜　古文以下十字毛本並脫徐本集釋通解俱有

公又行一爵

已爲賓舉旅已要義作以
主人洗升
不酢辟君不下要義有酬字毛本通解辟作爵要義作辟
辯獻大夫
亦獻而後布席也後徐葛陳閩監本集釋通解俱作后
卒○大夫皆升就席唐石經徐本集釋楊氏敖氏同毛本通解無升字石經考文提要云前主人洗升節疏述經起訖云自此盡皆升就席明有升字○按大射亦有升字
席工于西階上
瞽矇歌諷誦詩者也矇嚴鍾葛本俱从目毛本徐本誤从月
小臣納工
燕禮輕毛本燕作按徐本集釋通解楊氏俱作燕與疏合
得相參之意意要義作禮
工歌鹿鳴
及四方之賓宴張氏曰注曰鹿鳴君與臣下及四方之賓宴又曰宴歡在于飲酒成其意監本宴並作宴
可則傚也釋文徐本集釋通解要義同毛本傚作效陸氏曰傚本又作效同
此采其更是勞苦集釋通解要義毛本同徐本是作自
公又舉奠觶
笙奏之前前陳閩俱作間
笙入
且正考父徐陳集釋通解要義同毛本且作宜
遂歌鄉樂○葛覃覃宋本釋文作蕈○采蘩蘩陳閩監本俱作繁
能修其法度也盧文弨改修爲循金曰追云修鄉飲作循詩序亦作循○按鄉飲注之循徐本作修此注之修諸本無作循者
於時文王毛本時誤作是
德化被于南土徐陳集釋通解要義同毛本南作西鍾本西土作南山
夫婦之道者集釋無者字
然則諸侯之相與燕徐本集釋要義俱無之字通解有

飲酒不言鄉樂者要義同毛本飲上有鄉字
大師告于樂正曰告下唐石經徐本集釋要義楊氏敖氏俱有于字通解毛本無
教六詩以六律爲之音者也徐本集釋通解楊氏同毛本六詩作大師陳葛俱誤作六師疏同
對小師已下二百人爲上士也周學健依春官大師小師職文改二百爲三百改上士爲上工
大蔟陳本同毛本蔟作簇按毛本非
教六詩以六律爲之音者也者毛本六詩作大師
樂正由楹內
西面北上坐時時上陳閩俱有一字
故大樂正升堂要義同毛本故下有知字
射人自阼階下
乃行旅酬故立司正之後乃行旅酬毛本脫故立以下十字通解要義俱有
司正洗角觶
前解主意爲賓陳閩要義同毛本主作立
賓反入
則君脫屨之在堂上席側浦鏜云之字當衍文按或之字下有脫字
羞庶羞
取狗肝一蒙之以其膋要義同毛本一蒙作以幪○按內則作幪此本非也一字不誤
主人洗升○主人拜送觶唐石經徐本集釋通解要義楊氏敖氏同毛本送作受
乃薦
當官雖多官陳閩俱作宮
主人就旅食之尊
在西鑮之南要義同毛本鑮作鎛○按作鑮與大射儀合
若射
鄉射記曰曰集釋作云按戴氏以云字爲衍文
是以特言此也毛本此作之

故故大射初毛本故故作故曰通解直云故大射初無曰字○按毛本是
於竟則虎中龍旜毛本竟作境陳本通解俱作竟下同射於飲酒決射下脫主字
大夫立卒爵不拜實之唐石經徐陳集釋通解楊氏敖氏同毛本實作賓
旅則及之陳本通解同毛本則作酬
主人洗
鑮人陸氏曰本又作鎛下同○按諸本鑮鎛雜出後不悉校
凡獻皆薦也毛本薦誤作爵
掌事寔同寔要義作是
堂前三笴毛本無三字
即在工後也毛本此下有工內相三字
按天官小臣序官云內小臣奄陳閩通解俱無小臣序官云五字
受賜爵者
但先君受爵顧廣圻云受當作虛宋單疏本已誤
以其將旅通解同毛本旅下有酬字
唯受爵於公者
乃是綴辭毛本乃是誤倒
士不拜受爵
今乃設賓不言賓要義同陳閩設俱作沒周學健云謂經沒其文而不見也大射儀卿大夫皆降節疏亦有沒賓之語可証
彼釋此言也陳閩俱無言字
胥則庶子○閽人爲大燭於門外唐石經無大字按六射亦無大字
廣設之而已要義同毛本廣作廉
奏陔
注陔夏至奏之案陔夏宜作陔陔
對曰
謂獨有恩厚也徐本同集釋通解毛本有作受
君貺寡君多矣

拜主君賜燕之命者 毛本賜作用

〔記〕燕朝服於寢

皆記經不具者 具陳閩俱作言

複下曰鳥 毛本曰誤作白

其牲狗也 毛本並脫唐石經徐本集釋楊氏敖氏俱有

狗取擇人也明非其人不與爲禮也 毛本並脫徐本集釋楊氏俱有按此節經注通解無

若與四方之賓燕

不如之也 要義同毛本如作入

賓爲苟敬

主國君鄉時 徐本同釋文集釋通解楊氏鄉俱作饗陸氏曰或作鄉非○按疏亦作鄉然以聘禮記賓爲苟敬注考之作饗爲是彼注與此注文異義同彼言饗食此專言饗者春秋僖二十五年左氏傳曰晉侯朝王王饗醴命之宥是饗有進禮之事與燕同類故對言之且饗食與燕其事相違若聘後禮賓自爲一事何容相較乎又聘禮注云今文饗皆作鄉則鄉饗古通用此注即作鄉亦當讀爲饗不當讀爲鄉也

今燕又宜獻焉 徐本集釋通解楊氏同毛本宜作且

云主國君饗時 按疏以禮賓之時釋鄉時則讀鄉爲饗矣此句及下文而云饗時也兩饗字似當作鄉然此本與要義俱作饗許宗彥云疏又曰饗禮亡無以引證則此饗字不誤

無以可言 要義同毛本可言作引證

此謂在阼西北面 此要義作正

如諸公之位也 陳本要義同毛本如下有獻字

賓實主國所宜敬也者賓實主國所宜敬 要義同毛及監本俱脫下七字陳閩通解俱脫上九字

無膳尊

卿大夫來聘 毛本卿作鄉陳閩通解要義俱作卿與郊特牲注合

故鄭引彼經以証此 要義同毛本通解此作出○按此是也

獻士之後 陳閩通解要義同毛本士作主

與卿燕

君恒以大夫爲賓者 恒徐本集釋通解楊氏俱作恒與述注合陳本毛本作但

爲賓之義 要義同毛本義作儀

云君恒以大夫爲賓者 毛本恒作但要義誤桓

若舞則勺

告成大武之樂歌也 毛本武誤作舞疏同

唯公與賓有俎 徐本同毛本通解唯俱作惟按諸本惟唯錯出不悉校

凡栗階

猶聚足連步一也 要義同毛本通解無一字

此即聚足一也 要義同毛本無一字

凡薦與羞者 通解無與字

有內羞

擣粉熬大豆爲之 爲之二字毛本通解誤作爲餌按周禮注無爲之二字

餈之黏著以粉之耳 通解同作黏著與周禮注合陳本作粘著毛本作粘者

上射退于物一笴

荅對 徐本集釋俱有此注通解無毛本並脫

若與四方之賓燕

謂公卿者酬之 卿諸本俱作鄉唯嚴鍾楊氏毛本作卿酬毛本作酌徐本集釋通解楊敖俱作酬

有房中之樂

弦歌周南召南之詩 毛本弦作絃徐本作弦與標目合

注弦歌至君子 毛本弦作絃○按諸本弦絃錯出不悉校

明四方之賓而有之 浦鏜云明下疑脫爲字

明依本無鍾磬也 要義同毛本依作彼閩監俱誤作衣 毛本鍾作鐘

儀禮疏卷第十六　儀禮卷第七

唐朝散大夫行大學博士弘文館學士臣賈公彥等撰

大射第七〔疏〕大射第七○鄭目録云名曰大射者諸侯將有祭祀之事與其羣臣射以觀其禮數中者得與於祭不數中者不得與於祭射義於五禮屬嘉禮大戴此第十三小戴及別録皆第七○釋曰云諸侯將有祭祀之事以下文出於射義

儀禮　鄭氏注

大射之儀。君有命戒射。將有祭祀之事當射宰告於君君乃命之言君有命政教宜由尊者〔疏〕大射至戒射○注將有至尊者○釋曰自此盡西紘論射前預戒諸官及張侯設樂懸之事不言禮言儀者以射禮盛威儀多故以儀言之是以射義云孔子曰射者何以射何以聽循聲而發發不失正鵠者其唯賢者乎若夫不肖之人則彼將安能以中是其射容難故稱儀也云將有祭祀之事當射者按射義云天子將祭必先習射於澤澤者所以擇士也已射於澤而后射於射宮射中者得與於祭不中者不得與於祭是其將祭必射也云宰告於君君乃命之者鄭意不云宰戒百官者宰先告君君之使戒乃戒即云戒百官是也云言君有命政教宜由尊者其經云戒射此戒亦政教之類故以政教言之也

宰戒百官。有事於射者。宰於天子冢宰治官卿也作大事則掌以君命戒於百官〔疏〕宰戒至射者○注宰於至百官○釋曰按周禮大宰職云掌百官之誓戒此言宰戒百官其事同故鄭以天子冢宰言之也其實諸侯兼官無冢宰立地官司徒以兼之故聘禮云宰命司馬注云宰上卿貳君事者也諸侯謂司徒爲宰是諸侯立司徒兼冢宰之事也言大事則掌以君命戒於百官者周禮大宰職云作大事則戒于百官贊王命是鄭之所引以證宰戒之事也

射人戒諸公卿大夫射。司士戒士射。與贊者。射人掌以射法治射儀司士掌國中之士治凡其戒命皆司馬之屬也殊戒公卿大夫與士辨貴賤也贊佐也謂士佐執事不射者〔疏〕射人至贊者○注射人至射者○釋曰上文宰官尊總戒此射人司士色別重戒之謂若天官冢宰戒百官宗伯大司寇之等重戒也云射人掌以射法治射儀者夏官射人文云司士掌國中之士治凡其戒令者此司士職文云國中之士彼士總公卿大夫士而言此射人已戒公卿大夫則司士戒士贊者唯有士不兼大夫已上不同者斷章取義故與本職不同也云皆司馬之屬也者射人司士皆屬司馬故云司馬屬也此上下文所云戒者皆謂祭前旬有一日知者祭統云先期旬有一日宮宰宿夫人夫人亦散齋七日致齋三日若然卜及戒皆在旬有一日是大宰云前期十日帥執事而卜日遂戒注云前期前所諏之日也十日容散齋七日致齋三日其天子又有天地及山川社稷宗廟諸侯直有境內山川社稷宗廟卜日及戒皆同也按郊特牲云卜郊受命于祖廟作龜于禰宮卜之日王立于澤親聽誓命又云獻命庫門之內戒百官也大廟之命戒百姓也注云王自澤宮而還以誓命重相申勑也王自此還齋路寢之室若然卜日在澤宮又至射宮皆同在旬有一日空十日故後日乃齋也

前射三日。宰夫戒宰及司馬。射人宿視滌。宰夫冢宰之屬掌百官之徵令者司馬於天子政官之卿凡大射則合其六耦滌謂溉器埽除射宮〔疏〕前射至視

滌○注宰夫至射官○釋曰此宰夫戒是再戒之宿不云宿者辟下宿視滌何者宰夫戒是申戒下宿是夕宿是以宗伯云凡祀大神享大鬼祭大示帥執事而卜日宿視滌濯注云宿申戒也此前有射人戒是七日前期此宰夫戒是申戒又知宿是夕宿者以戒宿同文明不同日以其上云前射三日戒明此非三日是前一日矣云宰夫冢宰之屬者按大宰云小宰中大夫二人宰夫下大夫四人屬冢宰故云冢宰之屬云掌百官之徵令者宰夫職文云司馬於天子政官之卿者小宰職云四曰司馬其屬六十掌邦政是也云凡大射則合其六耦者大司馬職云若大射合諸侯之六耦云將祭而射故使諸侯爲耦若其餘射則卿大夫以下爲耦也云滌謂溉器埽除者以其諸侯射先行燕禮不視滌器明滌器是射器及埽除射宮也

司馬命量人。量侯道。與所設乏。以貍步。大侯九十。參七十。干五十。設乏各去其侯西十北十。

量人司馬之屬掌量道巷塗數者侯謂所射布也尊者射之以威不寧侯卑者射之以求爲侯量侯道謂去堂遠近也容謂之乏所以爲獲者之禦矢貍之伺物每舉足者止視遠近爲發必中也是以量侯道取象焉鄉射記曰侯道五十弓考工記曰弓之下制六尺則此貍步六尺明矣大侯熊侯謂之大者與天子熊侯同參讀爲糝糝雜也雜侯者豹鵠而麋飾下天子大夫也干讀爲豻豻侯者豻鵠豻飾也大夫將祭於已射麋侯士無臣祭不射

【疏】司馬至北十○注量人至不射○釋曰云量人司馬之屬掌量道巷塗數者量人職文量人屬司馬故云司馬之屬也云侯謂所射布也者以其三侯皆以布以皮爲鵠旁又飾以皮也云尊者射之以威不寧侯者即梓人云毋或若汝不寧侯不屬于王所故抗而射汝是也云卑者射之以求爲諸侯者射義云故天子之大射謂之射侯射侯者射爲諸侯也射中則得爲諸侯射不中則不得爲諸侯是也容謂之乏所以爲獲者之禦矢者此云乏周禮射人云容所以爲獲者之禦矢解容乏之義以其容身故得禦矢言乏矢於此乏匱不去也云則此貍步六尺明矣鄭云此者陰破先鄭故先鄭注射人貍步謂一舉足爲步於今爲半步故鄭注彼亦引弓之下制六尺以非之也云大侯熊侯謂之大者與天子熊侯同者司裘職云王大射則共虎侯熊侯豹侯設其鵠諸侯則共熊侯豹侯彼畿內諸侯二侯以熊侯爲首此畿外諸侯三侯與天子同不得與天子同其大射時所用物宜與畿內諸侯同用熊又與天子熊侯同故云大侯也云參讀爲糝糝雜也雜侯者豹鵠而麋飾下天子大夫也者司裘云卿大夫則共麋侯此則以豹皮爲鵠以麋飾其側不用純麋是下天子大夫也必知以豹爲鵠以麋爲飾者天子卿大夫用麋侯諸侯卿大夫亦用麋侯並據已家用之若助祭亦射君之第二侯明君之第二侯用麋飾其側侯以飾得名又畿內諸侯第二侯用豹爲鵠故知畿外諸侯亦以豹皮爲鵠可知云干讀爲豻豻侯者豻鵠豻飾也者亦取捷騶意大夫將祭於已射麋侯者司裘云卿大夫共麋侯是天子卿大夫以孝經云大夫有爭臣三人以有臣故將祭得大射擇士鄭言此者以已射用麋侯又見助君祭亦射君之麋侯云士無臣祭不射者孝經云士有爭友不言臣以僕隸爲友司裘卿大夫下不言士故祭不言士大射若然士有賓射燕射不得大射雖不得大射得與君賓射故射人注不言士者此與諸侯之賓射士不與也若然諸侯之士亦然也

遂命量人巾車張三侯。大侯之崇見鵠於參。參見鵠於干。干不及地武。不繫左下綱。設乏西十北十。凡乏用革。

巾車於天子宗伯之屬掌裝衣車者亦使張侯侯巾類崇高也高必見鵠鵠所射之主射義曰爲人君者以爲君鵠爲人臣者以爲臣鵠爲人父者以爲父鵠爲人子者以爲子鵠言射中此乃能任已位也鵠之言較較直也射者所以直已志或曰鵠鳥名射之難中中之爲俊是以所射於侯取名也淮南子曰鳱鵠知來然則所云正者正也亦鳥名齊魯之閒名題肩爲正正鵠皆鳥之捷黠者考工記曰梓人爲侯廣與崇方參分其廣而鵠居一焉則大侯之鵠方六尺糝侯之鵠方四尺六寸大半寸豻侯之鵠方三尺三寸少半寸及至也武迹也中人之足長尺二寸以豻侯計之糝侯去地一丈五寸少半寸大侯去地二丈二尺五寸少半寸凡侯北面西方謂之左前射三日張侯設乏欲使有事者豫志焉

【疏】遂命至用革○注巾車至志焉○釋曰上文直命量人量侯道及乏遠近之處此經論張侯高下之法也云設乏西十北十者鄉射云乏參侯道居侯黨之一西五步注云此乏去侯北十丈西三丈云西十北十則西與北皆六丈不得爲三分居侯黨之一者以其三侯入堂深故也若然此三侯之下總云西十北十則三侯之乏皆西十北十矣西亦六丈者以三侯恐矢揚傷人與一侯亦異也云巾車於天子宗伯之屬者周禮巾車屬宗伯故云宗伯之屬也云掌裝衣車者天子五路木路無革鞔革路有革無異飾玉路金路象路有革鞔又有玉金象爲飾孤乘夏篆卿乘夏縵皆以物爲飾故云裝衣車者也云侯巾類者侯亦有飾故鄉射記云凡畫者丹質及正鵠之飾故云巾類也引射義者欲證射以鵠爲主也云鵠之言較較直也射者所以直已志并下注云然則所云正者正也此取射義解之故射義云射者內志正外體直然後持弓矢審固注云內正外直正鵠之名出自此是也云或曰鵠鳥名射之難中中之爲俊是以所射於侯取名也并下云亦鳥名齊魯之閒名題肩爲正正鵠皆鳥之捷黠者鄭以正鵠之名有此二義故兩解之也云考工記梓人爲侯廣與崇方參分其廣而鵠居一焉者三等皆高廣等引之者鄭欲解經見鵠之義故先知侯鵠廣狹尺寸也云則大侯之鵠方六尺者以侯道九十弓弓取二寸二九十八侯中丈八尺三分其侯而鵠居一故知鵠方六尺也云糝侯之鵠方四尺六寸大半寸者以侯道七十弓弓取二寸則侯中丈四尺三分其侯鵠居其一丈四取丈二三分得四尺又於二尺之內取尺八寸又得六寸又二寸一寸爲三分揔六分取二分二分於三分爲三分寸之二三分寸之二即是大半寸故云糝侯之鵠方四尺六寸大半寸也云豻侯之鵠方三尺三寸少半寸者豻侯侯道五十弓弓取二寸則侯中方一丈三分其侯鵠居一焉一丈且取九尺得三尺一尺取九寸得三寸一寸分爲三分得一分則是三分寸之一三分寸之一則是少半寸故云豻侯之鵠方三尺三寸少半寸也云中人之足長尺二寸者無文以目驗而知云以豻侯計之者以大侯糝侯高下無文豻侯云下綱不及地武則豻侯下綱去地尺二寸以是從豻侯計之也豻侯侯中一丈上下躬及上下舌各二尺合八尺是丈八尺矣又下不及地尺二寸則豻侯上綱去地丈九尺二寸也糝侯侯中丈四尺中上中下各四尺得八尺并之二丈二尺也鵠居侯中三分之一則鵠下亦有四尺六寸大半寸通躬身四尺爲八尺六寸三分寸之二矣張法糝鵠下畔與豻侯之上綱齊所謂見鵠於豻自餘糝侯鵠下畔八尺六寸大半寸在掩豻侯亦如之豻侯上豻本去地丈九尺二寸直掩八尺上有一丈一尺二寸在復掩六寸上有一丈六寸在復掩三分寸二雖有一丈五寸三分寸一在少半寸者即三分寸一也言大半寸者即三分寸二也故知糝侯下綱去地一丈五寸少半寸也大侯中丈八尺中之上下各四尺即八尺矣中方丈八尺更加八尺二丈六尺也糝侯去地丈五寸少半寸本上綱下綱相去二丈二尺其舉也上綱去地三丈二尺五寸少半寸也大侯鵠下畔與糝侯上綱齊所謂見鵠於糝也侯中丈八尺三分之則鵠下亦有六尺下躬身四尺一丈矣則大侯自鵠以下掩糝侯一丈也自一丈以下猶有二丈二尺五寸少半寸在是大侯下綱去地亦然故注於此數也云前射三日張侯設乏知三日者前文云前射三日下云樂人宿縣下云厥明自前射三日以後論事不著異日故知張侯與設乏同是射前三日矣

樂人宿縣于阼階東。笙磬西面。其南笙鍾。其南鑮。皆南陳。

笙猶生也東爲陽中萬物以生春秋傳曰大蔟所以金奏贊陽出滯姑洗所以脩絜百物考神納賓是以東方鍾磬謂之笙皆編而縣之周禮曰凡縣鍾磬半爲堵全爲肆有鍾有磬爲全鑮如鍾而大奏樂以鼓鑮爲節

【疏】樂人至南陳○注笙猶至爲節○釋曰云東爲陽中萬物以生者陽氣起於子盛於午故東方爲陽中也萬物以生以其正月三陽生大蔟用事故萬物生焉云春秋傳者是外傳伶州鳩對周景王辭引之者證鍾磬爲笙之事大蔟者寅上候氣之管度律均鍾金即鍾也故奏之所以贊陽出滯云姑洗所以脩絜百物考神納賓者亦據度律均鍾姑洗在辰三月百物脩絜而出考神納賓謂祭祀而有助祭之賓客但東方陽管唯有此二律故據此二律言之是以名東方鍾磬爲笙也云皆編而縣之者言皆者欲解磬非應律之物與鍾同言之者以其鑮與鼓雖同西面與鍾同不編之而磬與鍾同十六枚而在一虡與鍾同編又同宮故兼言磬是以磬師職云掌教擊磬擊編鍾注云磬亦編於鍾言之者鍾有不編不編者鍾師擊之是其磬與鍾編之此東方云笙而西方言頌者以其夷則無射主西方成功收藏故稱頌頌者美盛德之形容故云頌也但天有十二次地有十二辰按書傳云天子出撞黃鍾之鍾右五鍾皆應入則撞甤賓之鍾左五鍾皆應左右云五則除黃鍾甤賓並爲陽而應鍾林鍾巳西爲右五也大呂中呂巳東爲左五也云周禮曰凡縣鍾磬半爲堵全爲肆者周禮小胥職文鼓鑮亦縣而直言鍾磬者據編縣者爲文鼓鑮筍虡之上各縣一而巳不編之鄭彼注云半之者謂諸侯之卿大夫士也諸侯之卿大夫半天子之卿大夫天子之卿大夫判縣東西各有鍾磬是全之爲肆諸侯卿大夫雖同判縣半天子卿大夫取一相鍾磬分爲兩相西縣鍾東縣磬而天子之士特縣直東有鍾磬且是全之爲肆諸侯之士直特縣半天子之士縣磬而巳或於階閒或於東方又天子宮縣四面皆有諸侯軒縣闕南面面皆有鍾磬鑮及鼓具有也卿大夫士皆無鑮者若有鑮則諸侯臣半天子臣不得具是以闕之云鑮如鍾而大者特牲注亦云鑮如鍾而大並據國語而注之以言鑮形如鍾而復大以大故特一縣不編之也云奏樂以鼓鑮爲節者按周禮鑮師云掌金奏之鼓注云謂主擊晉鼓以奏其鍾鑮也以此言之則先擊鼓後擊鍾鑮皆是與樂爲節故鄭注以鼓鑮爲節不言鍾磬巳注解故不言也

建鼓在阼階西南鼓。應鼙在其東南鼓。

建猶樹也以木貫而載之樹之跗也南鼓謂所伐面也應鼙應朔鼙也先擊朔鼙應之鼙小鼓也在東便其先擊小後擊大也鼓不在東縣南爲君也

【疏】建鼓至南鼓○注建猶至君也○釋曰下西面北面建鼓皆言一此建鼓不言一者彼在本方故須言一見無他鼓此鼓本東方以爲君故移來在北方

故異其文不言一也云建猶樹也以木貫而載之樹之跗也者按明堂位云殷楹鼓周縣鼓注云楹爲之柱貫中上出也縣縣之於簨虡也此云以木貫而載之則爲之柱貫中上出一也周人縣鼓今言建鼓則殷法也若醮用酒之類主於射畧於樂故用先代鼓云鼓不在東縣南爲君者決下一建鼓在其南東鼓者爲賓復不在東縣北者取順君面故也西階之西。頌磬東面。其南鍾。其南鑮。皆南陳。一建鼓。在其南東鼓。朔鼙在其北。言成功曰頌西爲陰中萬物之所成春秋傳曰夷則所以詠歌九則平民無貳無射所以宣布哲人之令德示民軌義是以西方鍾磬謂之頌朔始也奏樂先擊西鼙樂爲賓所由來也鍾不言頌鼙不言東鼓義同省文也古文頌爲庸〔疏〕西階至其北○注言成至爲庸○釋曰言春秋傳者亦是外傳文云詠歌九則者謂六府三事九功之德是也以此九則平民使無差慝云無射所以宣布哲人之令德者哲人謂后稷后稷以稼穡之功成於季秋先王之業以農爲本故云示民軌義謂軌法義理也云先擊西鼙樂爲賓所由來也者解先擊朔鼙之意賓向外來位在西其樂主爲樂賓故先擊朔鼙應鼙應之也云鍾不言頌鼙不言東鼓義同省文也者決上東方言笙鍾應鼙言南鼓此當言頌鍾東鼓義與上文同亦合有而不言者省文也云古文頌爲庸者此雖疊古文不從亦通義是尚書云笙庸以間笙東方鍾磬西方是庸亦功也亦有成功之義也一建鼓在西階之東南面。言面者國君於其羣臣備三面爾無鍾磬有鼓而已其爲諸侯則軒縣〔疏〕一建至南面○注言面至軒縣○釋曰云言面者國君於其羣臣備三面爾者言國君合有三面爲辟射位又與羣臣射闕北面無鍾磬鑮直有一建鼓而已故不言南鼓而言南面也云其爲諸侯則軒縣者若與諸侯饗燕之類則依諸侯軒縣三面皆有鼓與鍾磬鑮簜在建鼓之閒。簜竹也謂笙簫之屬倚於堂〔疏〕簜在建鼓之閒○注簜竹至於堂○釋曰按禹貢云篠簜既敷注云簜竹故知此簜亦竹也其器則管也是以下云乃管新宮注云管謂吹簜故知竹管也按小師職注云管如篴而小併兩而吹之今大予樂官有焉爾雅云大笙謂之巢小者謂之和簫大者二十三管長尺四寸小者十六管長尺二寸大笙十九簧小者十三簧若然笙簫與管器異以其皆用竹故云笙簫之屬也云倚於堂者管擬吹之不倚在兩建鼓閒者以不得倚於鼓故知倚於堂也鼗倚于頌磬西紘。鼗如鼓而小有柄賓至搖之以奏樂也紘編磬繩也設鼗於磬西倚于紘也王制曰天子賜諸侯樂則以柷將之賜伯子男樂則以鼗將之〔疏〕鼗倚至西紘○注鼗如至將之○釋曰知鼗如鼓而小者按那詩云猗與那與置我鼗鼓傳云猗歎辭那多也鄭讀置爲植植鼗鼓者爲楹貫而樹之美湯受命伐桀定天下而作濩樂故歎之多其改夏之制乃始植我殷家之樂鼗與鼓也鼗雖不植貫而搖之亦植之類以其殷人植鼓以木貫之而下有柄鼗亦以木爲柄而貫之但手執而不植爲異故云亦植之類鼗與鼓同文是鼗如鼓而小也知有柄賓至搖之以奏樂者按眡瞭職云掌凡樂事播鼗擊頌磬笙磬磬言擊鼗言播播爲搖之可知鼗所以節樂賓至乃樂作故云賓至搖之以奏樂也云紘編磬繩也者紘若天子諸侯冕而朱紘用組之類磬又編縣之用紘故知紘編磬繩也知設鼗於磬西倚於紘者以其鍾磬皆面向東人居其前西面故知鼗在磬西倚之於紘也引王制者證鼗爲節樂之器柷狀如漆筩中有推所以

節樂鼗亦節樂柷大於鼗故賜公侯樂則以柷將命賜伯子男樂則以鼗將命自餘樂器陳於外也厥明。司宮尊于東楹之西。兩方壺。膳尊兩甒在南。有豐。冪用錫若絺。綴諸箭。蓋冪如勺。又反之。皆玄尊。酒在北。膳尊君尊也後陳之尊之也豐以承尊也說者以爲若井鹿盧其爲字從豆曲聲近似豆大而卑矣冪覆尊巾也錫細布也絺細葛也箭篠也爲冪蓋卷辟綴於篠橫之也又反之爲覆勺也皆玄尊二者皆有玄酒之尊重本也酒在北尊統於君南爲上也唯君面尊言專惠也今文錫或作緆絺或作綌古文箭作晉〔疏〕厥明至在北○注膳尊至作晉○釋曰自此盡羹定論豫設尊洗具饌之事案禮記燕義諸侯射先行燕禮此以下至東陳皆陳設器之物與燕禮同但文有詳畧耳云說者以爲若井鹿盧者鹿盧之形即葬下棺碑閒重鹿盧之輩今見井上豎柱夾之以索繞而挽之是也云其爲字從豆曲聲者此謂上聲下形之字年和轂豆多有故從豆爲形也豐者承尊之器象形也是以豐年之字曲下著豆今諸經皆以承尊爵之曲不用本字之曲而用豐年之豐故鄭還旅豐字解之故云其爲字從豆爲形以曲爲聲也云近似豆大而卑矣者既用豆爲形還近似籩豆之豆與漢法而知但豆口徑尺柄亦長尺口徑小而又高此承尊之物口足徑各宜一差寬中央亦大共高尺比常豆而下故云近似豆而卑但頸一大木爲之取其安穩此豐若在宗廟或兩君燕亦謂之坫致爵在於上故論語云邦君爲兩君之好有反坫鄭注云反坫反爵之坫是也必用豐年之豐爲坫者以其時和年豐萬物成孰粢盛豐備以共郊廟神歆其祀祝嘏其福至鄉飲酒鄉射燕禮大射或君與臣下及四方之賓燕家富民足人情優暇言酒嘉肴盈尊滿俎於以講道論政既獻酬侑酢至無算爵行禮交樂和上下相歡勸飲爲樂故也云錫細布也者喪服記曰錫者十五升抽其半無事其縷有事其布曰錫故知錫是細布也謂之錫者治其布使之滑易也云唯君面尊者玉藻文注云面嚮也彼謂人君燕臣子專其恩惠此大射亦謂人君燕臣下與彼是同專惠之道故皆尊鼻嚮君云言專惠者決鄉飲酒尊于房戶之閒賓主夾之不得專惠故也尊士旅食于西鑮之南。北面。兩圜壺。旅衆也士衆食未得正祿謂庶人在官者圜壺變於方也賤無玄酒〔疏〕尊士至圜壺○注旅衆至玄酒○釋曰前設縣時鑮南更有一建鼓今設尊不應在鼓北而云鑮南者其實在鼓南門西北面與燕禮同而云鑮南者遙繼鑮而言必繼鑮者樂以縣爲主故也又尊于大侯之乏東北。兩壺獻酒。爲隸僕人巾車縿侯豻侯之獲者獻讀爲沙沙酒濁特泲之必摩沙者也兩壺皆沙酒郊特牲曰汁獻涚于醆酒服不之尊侯時而陳於南統於侯皆東面〔疏〕又尊至獻酒○注爲隸至東面○釋曰知爲隸僕人巾車縿侯豻侯之獲者以其此人皆有功又下文以此尊獻之故知也知沙酒濁者以五齊從下向上差之醍沈清於醴之鬯鬱又在五齊之上故知沙酒濁也云特泲之必摩沙者也者此解名沙酒之意云郊特牲曰汁獻涚于醆酒者此以五齊中取醆酒盎齊泲鬱鬯之事獻沙也泲鬱鬯之時和以盎齊以手摩沙出其香汁涚清也泲之使清也此爲隸僕以下卑賤之人而獻之鬱鬯者此所得獻皆因祭侯謂侯之神故用鬱鬯也云服不之尊侯時而陳於南統於侯皆東面知此不爲大侯服不設者案下文云服不之尊東面南上故鄭云侯時而陳於南統於

侯皆東面也設洗于阼階東南。罍水在東。篚在洗西。南陳。設膳篚在其北。西面。或言南陳或言西面異其文也〔疏〕設洗至西面○注或言至文也○釋曰云異其文也者洗篚言南陳亦西面膳篚言西面亦南陳其實所從言異尊君故也又設洗于獲者之尊西北。水在洗北。篚在南。東陳。亦統於侯也無爵因服不也有篚爲奠虛爵也服不之洗亦侯時而陳於其南〔疏〕又設至東陳○注亦統至其南○釋曰云亦統於侯也者前設尊兩獻酒亦云服不之尊侯時而陳於南統於侯今此設篚在南後設服不之洗在南亦統於侯小臣設公席于阼階上。西鄉。司宮設賓席于戶西。南面。有加席。卿席賓東。東上。小卿賓西。東上。大夫繼而東上。若有東面者。則北上。席工于西階之東。東上。諸公阼階西。北面。東上。雖賓及公席布之也其餘樹之於位後耳小卿命於其君者也席於賓西射禮辨貴賤也諸公大國有孤卿一人與君論道亦不典職如公矣〔疏〕小臣至東上○注唯賓至公矣○釋曰知賓及公席布之其餘樹之於位後者下文更有孤卿大夫席文故知也此賓未布而言布之者欲辨尊卑故先言也孤尊而後言之者言若是有無不定故後言也云小卿命於其君者也者按王制云大國三卿皆命於天子次國三卿二卿命於天子一卿命於其君小國亦三卿一卿命於天子二卿命於其君若言小卿據次國已下有之云射禮辨貴賤也者決燕禮大小卿皆在尊東西無小卿位彼主於燕不辨貴賤故也云與君論道亦不典職如公矣者成王周官云立大師大傅大保茲惟三公論道經邦燮理陰陽是三公論道無職此大國立孤一人論道與公同亦無職故云不典職如公也縱鄭不見周官於周禮三公亦無職考工記云或坐而論道亦通及三公矣官饌。百官各饌其所當共之物〔疏〕官饌○釋曰燕禮宰饌此不言宰而言官者欲見非獨宰故鄭云百官各饌羹定。亨肉孰也射義曰諸侯之射也必先行燕禮燕禮牲用狗射人告具于公。公升即位于席西鄉。小臣師納諸公卿大夫。諸公卿大夫皆入門右。北面東上。士西方。東面北上。大史在干侯之東北。北面東上。士旅食者在士南。北面東上。小臣師從者在東堂下。南面西上。大史在干侯東北士旅食者在士南爲有侯入庭深也小臣師正之佐也正相君出入君之大命〔疏〕射人至西上○注大史至大命○釋曰自此盡少進論羣臣立位之事云大史在干侯東北士旅食者在士南爲有侯入庭深也者決燕禮士旅食者立于門西東上此不繼門而在士南繼士者爲有侯故入庭深也云小臣師正之佐也者下有小臣正長也故以師爲佐云正相君出入君之大命者小臣正小臣中尊如天子大僕故引大僕職解之也公降立于阼階之東南。南鄉。小臣師詔揖諸公卿

大夫諸公卿大夫西面北上。揖大夫。大夫皆少進。詔告也。變爾言揖，亦以其入庭深也。上言大夫誤衍耳。[疏]注詔告至衍耳。○釋曰：燕禮言爾，以其近門去君遠而言爾，爾近也，移也，揖之使移近。此入庭深，故不言爾而言揖，揖之而已，不須移近之也。云上言大夫誤衍者，以其大夫與公卿面有異，故下別言大夫少進，明上有大夫誤衍大夫大夫四字也。大射正擯。大射正，射人之長。[疏]大射正擯。○注大射正射人之長。○釋曰：自此盡門外北面，論請立賓之事。大射正對射人爲長，若小臣正對小臣師亦爲長。擯者請賓。公曰命某爲賓。某，大夫名。擯者命賓。賓少進。禮辭。命賓者東面南顧。辭，辭以不敏。反命。以賓之辭告於君。又命之。賓再拜稽首受命。又，復。擯者反命。賓出立于門外北面。公揖卿大夫升就席。小臣自阼階下北面。請執冪者與羞膳者。請士可使執君兩甒之冪及羞脯醢庶羞於君者。方圜壺獻無冪。[疏]公揖至膳者。○注請士至無冪。○釋曰：自此盡公卿者，論卿大夫定位及請執冪之事。云請士可使者，鄭知請士者，據燕禮而知。云方圜壺獻無冪者，方圜壺臣尊，獻獲者尊，皆無冪。乃命執冪者。執冪者升自西階。立于尊南。北面東上。命者於西階前以公命命之。東上，執玄尊之冪爲上。羞膳者從而東，由堂東升自北階，立于房中，西面南上。不言命者，不升堂，畧之。[疏]乃命至東上。○注命者至畧之。○釋曰：知命之在西階前者，以其小臣位在東堂下，於阼階請公命，乃就西階請執冪者，以其執冪者士位在西故也。云羞膳者從而東者，已於燕禮釋訖。云不升堂者，但不由南方升，畧之，升自北堂，是亦升堂矣。膳宰請羞于諸公卿者。膳宰請者，異於君也。[疏]膳宰至卿者。○釋曰：不言命者，對君言命，於臣畧之。擯者納賓。賓及庭。公降一等揖賓。賓辟。及，至也。辟，逡遁，不敢當盛。[疏]擯者至賓辟。○注及至至當盛。○釋曰：自此盡賓荅再拜，論主人迎賓拜至及獻賓之事。云公降一等揖賓，不言請賓至位就席者，亦是以賓與主人爲禮，禮不參，故不請也。此言賓辟，燕禮不言，文畧也。公升即席。以賓將與主人爲禮，不參之。奏肆夏。肆夏，樂章名，今亡。呂叔玉云：肆夏，時邁也。時邁者，大平巡守祭山川之樂歌。其詩曰：明昭有周，式序在位。又曰：我求懿德，肆于時夏。奏此以延賓，其著宣王德勸賢與。周禮曰：賓出入奏肆夏。[疏]奏肆夏。○注肆夏至肆夏。○釋曰：云肆夏樂章名今亡者，案周禮鍾師云以鍾鼓奏九夏，杜子春引呂叔玉以爲肆夏時邁也，繁遏執僆也，渠思文也。後鄭云以文王鹿鳴言之，則九夏皆詩篇名，頌之族類也。此歌之大者，載在樂章，樂崩亦從而亡，是以頌不能具。鄭彼注破呂叔玉，此注亦云肆夏樂章名今亡，與彼注亦同。今此又引呂叔玉於下者，以無正文，叔玉或爲一義，故鄭於此兩解之也。云祭山川之樂歌者，以其時適序云巡守告祭柴望也。謂巡守祭當方山川，用則王制及尚書云望秩於山川是也。云明昭有周者，美武王有明明於周。云式序在位者，式用也，任賢用能，序之使在官位。云我求懿德者，懿美也，我求取美德之人也。云肆于時夏，肆遂也，夏大也，能如此遂於王道之大。云奏此以延賓，其著宣王德勸賢與者，今國君歌此詩延賓入者，其欲著明諸侯宣布王之德以勸賢人使有德。言與者，鄭以義解之，無正文，故云與以疑之也。云周禮曰賓出入奏肆夏者，按大司樂云王出入則令奏王夏，尸出入則令奏肆夏，牲出入則令奏昭夏。下云大饗不入牲，其他皆如祭祀。鄭注云：大饗，饗賓客也。彼賓客謂諸侯來朝者也。不入牲，牲不入亦不奏昭夏也。其他謂王出入、賓客出入亦奏王夏、肆夏。以此言之，王用肆夏以饗諸侯來朝。今引之者，證燕時納賓亦奏之。按燕禮記云：若以樂納賓，則賓及庭奏肆夏。鄭云：卿大夫有王事之勞，則奏此樂焉。此亦同彼注也。若臣無王事之勞，則如常燕，無以樂納賓法也。又此納賓樂，故諸侯亦得用。若升歌則不可。若賓醉而出，奏陔夏，與此異也。賓升自西階。主人從之。賓右北面至再拜。賓荅再拜。主人，宰夫也，又掌賓客之獻飲食。君於臣雖爲賓，不親獻，以其莫敢亢禮。主人降洗。洗南西北面。賓將從降，鄉之。不於洗北，辟正主。[疏]主人至北面。○注賓將至正主。○釋曰：自此至虛爵降，論主人獻賓之事也。云不於洗北辟正主者，按鄉飲酒、鄉射，主人降洗，洗北南面，是正主。此宰夫代君爲主，故不於洗北南面也。賓降階西東面。主人辭降。賓對。對，荅。主人北面盥。坐取觚洗。賓少進。辭洗。主人坐奠觚于篚。興。對。賓反位。賓少進者，所辭異，宜違其位也。獻不用爵，辟正主。主人卒洗。賓揖。升。賓每先升，尊也。主人升。賓拜洗。主人賓右奠觚荅拜。降盥。賓降。主人辭降。賓對。卒盥。賓揖升。主人升。坐取觚。取觚將就瓦甒酌膳。執冪者舉冪。主人酌膳。執冪者蓋冪。酌者加勺。又反之。反之，覆勺。筵前獻賓。賓西階上拜。受爵于筵前。反位。主人賓右拜送爵。賓既拜於筵前，受爵，退復位。[疏]注賓既至復位。○釋曰：云賓既拜於筵前受爵者，鄭恐讀者以拜下讀爲句。宰胥薦脯醢。宰胥，宰官之吏也。不使膳宰薦，不主於飲酒，變於燕。[疏]注宰胥至於燕。○釋曰：云不使膳宰薦者，不主飲酒，變於燕者，決燕禮使膳宰薦，主於飲酒故也。賓升筵。庶子設折俎。庶子，司馬之屬，掌正六牲之體者也。鄉射記曰：賓俎脊脅肩肺。不使膳宰設俎，爲射變於燕。賓坐左執觚。右祭脯醢。奠爵于薦右。興。取肺。坐。絕祭。嚌之。興。加于俎。坐挩手。執爵。遂祭酒。興。席末坐啐酒。降席坐奠爵。拜。告旨。執爵興。主人荅拜。降席，席西也。旨，美也。樂闋。闋，止也。樂止者，尊賓之禮盛於上也。[疏]樂闋。○注闋止至上也。○釋曰：此上經云奠爵拜告旨，下經云賓卒爵，則此經者是賓啐酒節，即樂闋。燕禮記亦云賓及庭奏肆夏，賓拜酒，主人荅拜而樂闋，亦據啐酒時。按郊特牲賓入大門而奏肆夏，又曰卒爵而樂闋，與此啐酒樂闋不同者，彼注謂朝聘者，故卒爵而樂闋；此燕己臣子法，故啐酒而樂闋也。云尊賓之禮盛於上也者，賓及庭奏肆夏，乃至升堂飲酒乃樂止，是尊賓之禮盛於堂上者也。賓西階上北面坐卒爵。興。坐奠爵。拜。執爵興。主人荅拜。

儀禮注疏卷十六校勘記　阮元撰盧宣旬摘錄

大射第七　毛本射下有儀字陳閩監葛俱無與此本合釋文唐石經徐本俱有儀字

射義於五禮　浦鏜按改義爲儀

大射之儀

發不失正鵠者　要義同毛本發下有而字○按射義有而字

其唯賢者乎　毛本唯誤作維

鄭意不云　陳本要義同毛本不作下

射人戒諸公卿大夫射

凡其戒命　命閩監俱作令與疏合按周禮原文亦作令

致齋三日若然　毛本三誤作二

王自澤宮而還　毛本宮誤作官

前射三日

冢宰之屬　之通解作官

司馬命量人

掌量道巷塗數者　塗釋文作涂按涂塗古今字

止視遠近　陳閩監葛通解楊氏同徐本聶氏毛本止俱作正按周禮射人注云貍善搏者也行則止而擬焉其發必獲

大侯熊侯　大侯下通解有者字

皆以布以皮爲鵠　要義同毛本通解布下有爲之而三字

容謂之乏　要義同毛本容上有云字

則此貍步六尺明矣　自此至以非之也五十一字要義祇少鄭云此故先故注彼亦也十字餘與毛本同陳閩通解俱作則此貍步六尺明矣者先鄭注射人貍步謂一舉足爲步於今爲半步後鄭注引鄉射考工爲證者所以明步爲六尺而非三尺也

遂命量人巾車

有革韇　陳閩監本同毛本韇作韥

并下云亦烏名陳閩監本同毛本下作正○按當作并下云正亦烏名

通躬身四尺毛本通解身作與舌二字

張法㕘鵠鵠下畔通解同毛本重鵠字○按上鵠字當作侯

卽三分寸一也毛本寸一作一寸

樂人宿縣

沽洗釋文徐本同毛本沽作姑

考神納賓者納陳閩監本俱作內

大呂中呂巳東中要義作仲

謂諸侯之卿大夫士也要義謂下俱有諸侯之卿大夫士也入字○按有此入字與周禮注合毛本無此入字

且是全之爲肆要義同毛本且作亦通解且是作是亦

以言鏄形如鍾而復大要義同毛本鏄作鐘

建鼓在阼階西

應之徐本同毛本應上有應鼙二字通解楊敖俱有

西階之西

解先擊朔鼙之意要義同毛本意作義

故先擊朔鼙應鼙應之也要義同毛本鼙下無應鼙二字按此與上節注文互誤也

簜在建鼓之閒

今大予樂官有焉予閩本要義俱作子周學健云大予漢樂官名或本作子者誤

小者謂之和陳閩監本同毛本者作笙

鼗倚於頌磬西紘

而作護樂要義同毛本護作濩

故至賓至摇之通解毛本至作於

則以鼗將命要義同毛本以鼗作鼗鼓

厥明○冪用錫若絺陸氏曰絺劉作綌音御盧文弨疑綌爲絺之誤詳釋文挍勘記

爲冪葢卷辟綴於篠冪宋本釋文作鼏

此以下至東陳要義同毛本此以下作自此

說者以爲若井鹿盧者鹿盧之形要義同毛本盧下誤脫者鹿盧三字

卽葬下棺碑閒重鹿盧之輩陳閩通解要義碑俱作碑毛本作捭陳閩通解輩俱作類要義毛本作輩○按當作碑

其形兩頭大而中央小此本要義俱無此九字通解有

豐者承尊之器豐字諸本皆同以下文考之當作豐然疏此說甚謬按說文有豐無豐豐豆之豐滿者也从豆象形鄭以爲諧聲者葢其字从二丰既象豐滿之形復諧丰聲非別有豐字也賈以豐爲豐年豐爲承尊之器殊非鄭意至穀豆多有之說尤屬傅會古謂豆爲菽至六國後始言豆禮記投壺篇實小豆焉此七十子後學者所記也

是以豐年之字毛本豐誤作豐

豐下著豆毛本豐誤作豐

比常豆而下要義同陳閩通解常俱作於毛本通解下俱作差短

亦謂之坫要義坫俱从土下並同毛本坫作玷非也

面鄉也也陳閩俱作尊

故皆尊鼻鄉君鼻閩作畀

又尊于大侯之乏東北

䰞鬯又在五齊之上要義同毛本通解䰞鬯作鬱䰞

羹定

亨肉熟也亨釋文作亨

射人告具于公○大史在于侯之東北毛本史作夫釋文唐石經徐本通解楊敖俱作史石經考文提要云釋文大史音泰足以證夫字之誤

大史在干侯東北毛本史作夫徐本通解楊氏俱作史是也與此本標目合

公降立于阼階之東南

以其大夫與公卿面有異陳閩通解同毛本面作而

擯者反命

論卿大夫定位毛本定作庭

擯者納賓

自此盡賓荅再拜毛本再拜作拜再

論主人迎賓拜至別本迎誤作延按下注有延賓之語作延亦非無因

奏肆夏

執儥也毛本儥作競○按作儥與周禮釋文合

武王有明明於周監本作明昭

任賢用能毛本任作用

故諸侯亦得用若要義同毛本若作者○按若字屬下句毛本非也

若賓醉而出毛本醉誤作奏

主人卒洗賓揖升毛本揖下有乃字唐石經徐本通解敖氏俱無乃字

賓每先升尊也徐本通解同毛本尊也作揖之

樂闋

奏肆夏乃至升堂飲酒要義同毛本通解無乃字

儀禮疏卷第十七

唐朝散大夫行大學博士弘文館學士臣賈公彦等撰

賓以虚爵降。既卒爵將酢也。〔疏〕賓以虚爵降。○釋曰：自此盡西序東面，論賓酢主人之事。主人降。賓洗南西北面，坐奠觚，少進，辭降。主人西階西東面少進對。賓坐取觚，奠于篚下。盥洗。篚下，篚南。主人辭洗。賓坐奠觚于篚，興，對。卒洗，及階，揖，升。主人升，拜洗，如賓禮。賓降盥。主人降。賓辭降。卒盥，揖升，酌膳，執冪如初，以酢▲主人于西階上。主人北面拜受爵。賓主人之左拜送爵。賓南面授爵，乃於左拜。凡授爵，鄉所受者。〔疏〕注賓南至受者。○釋曰：知者，以經云主人北面，明凡授爵鄉所受者。鄉飲酒、鄉射獻酬酢皆然，故云凡，謂南面授，與所受者也。主人坐祭，不啐酒。辟正主也。未薦者，臣也。不拜酒。主人之義。燕禮曰：不拜酒，不告旨。遂卒爵，興，坐奠爵，拜，執爵興。賓荅拜。主人不崇酒，以虚爵降，奠于篚。不崇酒，辟正主也。崇，充也。謂謝酒惡相充實。賓降，立于西階西東面。既受獻矣，不敢安盛。〔疏〕賓降至東面。○注既受至安盛。○釋曰：以堂上爲盛，故降下。下文於酬賓降筵西東南面立，注云：不立於序內，位彌尊。燕禮注云：位彌尊，禮彌卑。是未酬已前禮盛者也。擯者以命升賓。賓升，立于西序，東面。命，公命也。東西牆謂之序。〔疏〕注命公至之序。○釋曰：知公命者，命由尊者出故也。云東西牆謂之序者，爾雅釋宮文。主人盥洗象觚，升酌膳，東北面獻于公。象觚，觚有象骨飾者也。取象觚東面，不言實之，變於燕。〔疏〕主人至于公。○注象觚至於燕。○釋曰：自此盡于篚，論主人獻公之事。云取象觚東面者，鄉公爲敬故也。云不言實之變於燕者，燕禮云實之，主於飲酒，此云酌，不云實之，主於射，略於飲酒故也。公拜受爵，乃奏肆夏。言乃者，其節異於賓。〔疏〕公拜至肆夏。○注言乃至於賓。○釋曰：言異者，賓及庭奏，此君受爵乃奏，是其節異故也。云乃者，緩辭也。主人降自西階，阼階下北面拜送爵。宰胥薦脯醢，由左房。庶子設折俎，升自西階。自，由也。左房，東房也。人君左右房。鄉射記曰：主人俎，脊、脅、臂、肺也。〔疏〕注人君左右房。○釋曰：以人君左右房，故云左房，對大夫士東房而已，故云東房不言左，以無右所對故也。公祭如賓禮，庶子贊授肺。不拜酒，立卒爵，坐奠爵，拜，執爵興。凡異者，君尊，變於賓。〔疏〕注凡異至於賓。○釋曰：言異者，使庶子授肺，不拜酒，立卒爵之等，皆異於賓也。主人荅拜。

樂闋。升受爵，降奠于篚。更爵洗，升酌散以降。酢于阼階下，北面坐奠爵，再拜稽首。公荅拜。更，易也。易爵不敢襲至尊。古文更爲受。〔疏〕更爵至荅拜。○注更易至爲受。○釋曰：自此盡于篚，論主人受公酢之事。主人坐祭，遂卒爵，興，坐奠爵，再拜稽首。公荅拜。主人奠爵于篚。主人盥洗，升，媵觚于賓。酌散，西階上坐奠爵，拜。賓西階上北面荅拜。媵，送也。散，方壺之酒也。古文媵皆作騰。〔疏〕主人至荅拜。○注媵送至作騰。○釋曰：自此盡南面立，論主人受賓爵之事。主人坐祭，遂飲。賓辭。卒爵，興，坐奠爵，拜，執爵興。賓荅拜。辭者，辭其代君行酒。不立飲也，比於正主酬也。〔疏〕注辭者至酬也。○釋曰：上文公飲立卒爵，此則坐飲，故以公決之。云比於正主酬也者，謂於鄉飲酒、鄉射，下正主酬賓之節也。主人降洗。賓降。主人辭降。賓辭洗。卒洗，賓揖升。不拜洗。不拜洗，酬而禮殺也。主人酌膳。賓西階上拜受爵于筵前。反位。主人拜送爵。賓升席，坐祭酒，遂奠于薦東。遂者，因坐而奠之，不北面也。奠之者，酬不舉也。〔疏〕主人至薦東。○注遂者至舉也。○釋曰：云不北面也者，此決鄉飲酒、鄉射賓北面坐奠觶于薦東，注皆云酬酒不舉，引曲禮君子不盡人之歡，不竭人之忠，以全交也。主人降復位。賓降筵西，東南面立。賓不立於序內，位彌尊。〔疏〕注賓不至彌尊。○釋曰：案鄉飲酒注云：位彌尊，禮彌卑。引雜記一張一弛。此對酬時立于西序之時，不降于下，禮稍卑，位稍尊；此在席西東面，位彌尊，禮彌卑也。小臣自阼階下請媵爵者。公命長。命之使選於長幼之中也。卿則尊，士則卑。〔疏〕小臣至命長。○注命之至則卑。○釋曰：自此盡反位，論將爲賓舉旅，使二大夫媵爵之事。云命之使選於長幼之中，知不取卿大夫之年長者，以其下作大夫，不取年長。又知不取臣中位長者，以其不取卿，故鄭云卿則尊，士則卑，故不取之，而取下大夫尊卑處中者。小臣作下大夫二人媵爵。作，使也。媵爵者阼階下皆北面再拜稽首。公荅拜。再拜稽首，拜君命。媵爵者立于洗南，西面北上，序進，盥洗角觶，升自西階，序進，酌散，交于楹北，降適阼階下，皆奠觶，再拜稽首，執觶興。公荅拜。序，次第也。猶代也。先者既酌，右還而反，與後酌者交於西楹北，相左，俟於西階上，乃降。往來以右爲上。古文曰降造阼階下。媵爵者皆坐祭，遂卒觶，興，坐奠觶，再拜稽首，執觶興。公荅再拜。媵爵者執觶待于洗南。待待君命。

小臣請致者。請君使一人與二人與，不必君命。若命皆致，則序進，奠觶于篚，阼階下，皆北面再拜稽首。公荅拜。媵爵者洗象觶，升實之，序進，坐奠于薦南，北上，降適阼階下，皆再拜稽首送觶。公荅拜。既酌而代進，往來由尊北，交於東楹北，亦相左。奠於薦南，不敢必君舉。〔疏〕注既酌至君舉。○釋曰：言亦者，亦前酬酌自飲時相左於西楹之北。時後者南相東向，先者北相西向，西階右旋北面，待後至降也。今此二人，先者於尊西東面酌訖，於東楹之北東向向公前奠之，右旋于東楹之北，北畔西過；後者亦於尊西東面酌訖，於東楹之北南過東向於公前奠之，是亦交於楹北相左也。云奠於薦南不敢必君舉者，凡舉者於右，不舉者於左，今奠於薦左，是不舉之處，故云不敢必君舉也。媵爵者皆退反位。反門右北面位。〔疏〕注反門右北面位。○釋曰：但大夫初與卿在門右北面，得揖少進中庭北面，今當反庭中位而立。云門右北面位者，大夫雖得揖少進，仍是門右北面位，少進而已，故鄭還以門右北面言之。公坐取大夫所媵觶，興以酬賓。賓降西階下，再拜稽首。小臣正辭。賓升成拜。公起酬賓於西階，降尊以就卑也。正，長也。小臣長辭，變於燕。升成拜，復再拜稽首，先時君辭之，於禮若未成然。〔疏〕公坐至成拜。○注公起至成然。○釋曰：自此盡復位，論爲賓舉旅下及大夫之事。云小臣長辭變於燕者，燕禮直使小臣辭，亦是燕主歡；此射禮辨尊卑，故使小臣長辭，異於飲酒禮，故云變於燕也。公坐奠觶，荅拜，執觶興。公卒觶，賓下拜。小臣正辭。賓升，再拜稽首。不言成拜者，爲拜故下，實未拜也。下不輒拜，禮殺也。下亦降也。發端言降拜，因上事言下拜。〔疏〕公坐至稽首。○注不言至下拜。○釋曰：自此已下皆云公荅拜，不言再拜；燕禮皆言公荅再拜，不同者，燕主歡，不用尊卑，故公拜皆再拜；此射禮主辨尊卑，故直云荅拜，一拜。此一拜者，正禮也。故周禮大祝辨九拜，一曰稽首，首至地，臣拜君。注二曰頓首，首平敵相拜。注三曰空首，君荅臣下拜。復不爲再拜，即七曰奇拜是也。云下亦降也者，此非訓下爲降，故以發端言降拜，因上事言下拜，直因降有上文，即云下也。經云公卒觶，賓下拜者，公尊不拜既爵，賓降拜，若爲君拜既爵也。公坐奠觶，荅拜，執觶興。賓進受虚觶，降奠于篚，易觶興洗。賓進以臣道就君受虚爵，君不親酌。凡爵不相襲者，於尊者言更，自敵以下言易。更作新，易有故之辭也。不言公酬賓於西階上及公反位者，尊君空其文也。公有命，則不易不洗，反升酌膳，下拜。小臣正辭。賓升，再拜稽首。公荅拜。不易，君義也。不洗，臣禮也。賓告于擯者請旅諸臣。擯者告于公。公許。旅，序也。賓欲以次序勸諸臣酒。賓以旅大夫于西階上。擯者作大夫長升受旅。作，使也。使之以長幼之次，先孤卿後大夫。賓大夫之

右坐奠觶拜。執觶興。大夫荅拜。賓在右相飲之位。〔疏〕注"賓在右相飲之位"。○釋曰：賓位在左而在大夫之右者，是相飲之位，非賓主之位也。觶不拜。酬而禮殺。若膳觶也，則降更觶洗，升實散。大夫拜受。賓拜送。遂就席。言更觶，尊卿。尊卿則賓禮殺。〔疏〕注"言更至禮殺"。○釋曰：上注云不相襲者，於尊言更，自敵以下言易。此賓於卿是自敵以下，當言易，今言更者，尊卿尊則卑賓禮殺也。大夫辯受酬。如受賓酬之禮。不祭酒。卒受者以虛觶降奠于篚。復位。卒猶已也。今文辯作徧。〔疏〕大夫至復位。○釋曰：言復位者，亦如上復門右北面位，即中庭北面位也。主人洗觚。升實散。獻卿于西階上。酬賓而後獻卿，飲酒禮成於酬。〔疏〕主人至階上。○注"酬賓至於酬"。○釋曰：自此盡無加席，論獻公卿之事。司宮兼卷重席。設于賓左。東上。言兼卷，則每卿異席。重席，蒲筵緇布純。卿言東上，統於君。席自房來。〔疏〕司宮至東上。○注"言兼至房來"。○釋曰：上文設席之下注謂雖賓及公席布之也，其餘樹之於位後耳者，以至獻卿乃布之。若然，此云兼卷者，不謂始卷之，直是鋪設之時兼卷而設之也。卿升拜受觚。主人拜送觚。卿辭重席。司宮徹之。徹猶去也。重席雖非加，猶爲其重累，辟之。辟君。乃薦脯醢。卿升席。庶子設折俎。卿折俎未聞。蓋用脊脅臑折肺。卿有俎者，射禮尊。〔疏〕乃薦至折俎。○注"卿折至禮尊"。○釋曰：云卿折俎未聞者，以燕禮卿無俎，故云未聞。又云蓋用脊脅臑折肺者，案鄉射記云賓俎脊脅肩肺，主人俎脊脅臂肺，又獲者之俎脊脅肺臑，彼注云臑若膊胳觳之折，以大夫之餘體。以此言之，則此賓俎亦用脊脅肩肺，君俎亦脊脅臂肺。前體有臂臑，後體有膊胳觳，尊卑以次用之，故卿宜用臑。若有公，公用臑，卿宜用膊也。云卿有俎者射禮尊者，對燕禮不辨尊卑，故公卿等皆無俎也。卿坐。左執爵。右祭脯醢。奠爵于薦右。興。取肺。坐絕祭。不嚌肺。興。加于俎。坐捝手。取爵。遂祭酒。執爵興。降席西階上。北面坐卒爵。興。坐奠爵。拜。執爵興。陳酒肴，君之惠也。不嚌啐，事在射，臣之意。〔疏〕注"陳酒至之意"。○釋曰：案燕禮不在射，亦不啐者，彼爲臣有功，君與之燕，恩及於卿，故卿不敢啐也。卿有無俎者，自然不嚌也。主人荅拜受爵。卿降復位。復西面位。不酢，辟君。辯獻卿。主人以虛爵降奠于篚。擯者升卿。卿皆升就席。若有諸公。則先卿獻之。如獻卿之禮。席于阼階西。北面東上。無加席。公，孤也。席之北面，爲大尊屈之也。亦因阼階上近君，近君則親寵，苟敬私昵之坐。小臣又請媵爵者。二大夫媵爵如初。

請致者。若命長致。則媵爵者奠觶于篚。命長致者，使長者一人致也。公或時未能舉，自優暇。〔疏〕小臣至于篚。○注"命長至優暇"。○釋曰：自此盡奠于篚，論舉旅之事。一人待于洗南。不致者。長致者阼階下再拜稽首。公荅拜。再拜稽首，拜君命。洗象觶。升實之。坐奠于薦南。降與立于洗南者二人。皆再拜稽首送觶。公荅拜。奠於薦南，先媵者上觶之處也。二人皆拜，如初共勸君飲之。公又行一爵。若賓若長。唯公所賜。一爵，先媵者之下觶也。若賓若長，禮殺也。長，孤卿之尊者也。於是言賜，射禮明尊卑。〔疏〕注"於是言至尊卑"。○釋曰：案燕禮爲卿舉旅言賜若賓若長唯公所酬。燕禮主於飲酒，此言所賜，是以訣之也。以旅于西階上。如初。賜賓則以酬長，賜長則以酬賓。大夫長升受旅以辯。大夫卒受者。以虛觶降奠于篚。主人洗觚升。獻大夫于西階上。大夫升拜受觚。主人拜送觚。大夫坐祭。立卒爵。不拜。既爵。主人受爵。大夫降復位。既，盡也。大夫卒爵不拜，賤也，不備禮。〔疏〕主人至復位。○釋曰：自此盡就席，論獻大夫之事。○注"大夫至備禮"。○釋曰：此注云大夫卒爵不拜賤不備禮，燕禮注云禮殺者，兩注相兼乃足。對公卿拜既爵，此不拜，此獻卿後是禮殺，亦是賤不備禮也。胥薦主人于洗北西面。脯醢無脀。胥，宰官之吏。主人，下大夫也。先大夫薦之，尊之也。不薦于上，辟正主。脀，俎實。辯獻大夫。遂薦之。繼賓以西東上。若有東面者則北上。卒擯者升大夫。大夫皆升就席。辯獻乃薦，略賤也。亦獻後布席也。〔疏〕辯獻至就席。○注"辯獻至席也"。○釋曰：既言辯獻大夫遂薦之後，乃云繼賓以西東上以下云云者，上總言獻大夫辯乃一時薦之，下文更明布席位次就席之儀，故云辯獻乃薦略賤也。略賤則是獻訖降階，獻辯擯者乃總升之就席，就席訖乃薦之。乃席工于西階上少東。小臣納工。工六人四瑟。工謂瞽矇善歌諷誦詩者也。六人，大師、少師各一人，上工四人。四瑟者，禮大樂衆也。〔疏〕乃席至四瑟。○注"工謂至衆也"。○釋曰：自此盡西面北上坐，論作樂及獻工之事。云六人者，大師、少師各一人，上工四人，皆據文而言也。云禮大樂衆也者，對燕禮工四人而言也。僕人正徒相大師。僕人師相少師。僕人士相上工。徒，空手也。僕人正，僕人之長。師，其佐也。士，其吏也。天子視瞭相工，諸侯兼官，是以僕人掌之。大師、少師，工之長也。凡國之瞽矇正焉。杜蒯曰：曠也大師也。於是分別工及相者，射禮明貴賤。〔疏〕僕人正至上工。○注"徒空至貴賤"。○釋曰：云僕人正僕人之長，師其佐也者，以正爲長，師爲衆，故僕人正爲長，僕人師爲佐也。云士其吏也者，以其在僕人之下，故知僕人之吏，則府史之類。云天子視瞭相工者，見於眡瞭職文。云大師少師工之長也者，周禮春官大師下大夫二人，小師上士四人，鄭注云凡樂之歌必使瞽矇爲焉，命其賢知者以爲大師小師，是樂工之長也。云杜蒯曰曠也大師也者，禮記檀弓文，引之者，證大師爲樂工之長也。云於是分別工及相者射禮明貴賤者，對燕禮主歡，不明貴賤，故不分別工貴及相賤。相者皆左何瑟。後首。內弦挎越。右手相。謂相上工者。後首，主於射，略於此樂。內弦挎越，以右手相工，由便也。越，瑟下孔，所以發越其聲者也。古文後首爲後手。後者徒相入。上列官之尊卑，此陳先後之位，亦所以明貴賤。凡相者以工出入。〔疏〕後者徒相入。○釋曰：後之位亦是以明貴賤者，上列官之尊卑，大師後言僕人士與上工，是列官尊卑也。此與瑟在前，大師、少師在後，是先後之位。既據升堂坐之先後，亦依此也。云凡相者以工出入，時如此出亦然。小樂正從之。從大師也。小樂正，於天子樂師也。〔疏〕注"從大至師也"。○釋曰：云從大師也，後升者變於燕。燕禮樂正先升，又不使小樂正者，彼主於樂，此則略於樂也，故升自西階。北面東上。工六人坐授瑟。乃降。相者也。降立于西方，近其事，以取之北。立于西縣之北。〔疏〕坐授瑟乃降。○注云降立于西方。小樂正立于西階東。不統於工，明工雖衆，位猶在此。〔疏〕注"不統至在此"。○釋曰：云不統於工，明工雖衆位猶在此者，決燕禮工四人，樂正升立于工之西，在西階東。雖六人衆於彼，猶恐統工，位移近西，故猶統于階，而云西階東不變。小樂正通之於工。乃歌鹿鳴三終。鹿鳴，小雅篇也。人君與臣下及四方之賓燕，講道脩政之樂歌也。言已有旨酒，以召嘉賓，嘉賓之來，示我以善道。又樂嘉賓有孔昭之明德，可則傚也。歌鹿鳴三終，而不歌四牡、皇皇者華，主於講道，略於勞苦與諮事。〔疏〕乃歌鹿鳴三終。○注"鹿鳴至諮事"。○釋曰：云主於講道略於勞苦者，四牡勞使臣，此不用之。云與諮事者，謂皇皇者華有諮謀度詢之事，亦略之也。主人洗升實爵獻工。工不興左瑟。工歌而獻之，以事報之也。洗爵獻工，不用觚，工賤異之也。工不興，不能備禮。左瑟，便其右。大師無瑟，於是言左瑟者，節也。〔疏〕主人至左瑟。○注"工歌至節也"。○釋曰：云洗爵獻工者，鄉飲酒、鄉射云大師則爲之洗，謂君賜之樂者，其餘工不爲之洗，是正主法。今此大射云六人皆爲之洗，故云同洗者，以其更無別獻之文，故知同洗也。云不用觚工賤異之也者，燕禮、大射獻卿大夫皆用觚，而獻工用爵，故云異之。鄉飲酒、鄉射獻賓、獻工同用爵者，變於君也。云於是言左瑟者節也者，上言獻工，下云一人拜受爵，故云大師無瑟，於是言左瑟者，以其六人總當皆在工內，而云工不興左瑟者，於是明大師亦入左瑟文。不一人拜受爵。謂大師也。言一人者，工賤同之也。〔疏〕一人拜受爵。○注"謂大至於席"。○釋曰：云謂大師也，言一人者，工賤同之也者，鄉飲酒、鄉射云大師則爲之洗，則知此一人謂大師。不言大師，對君工賤，不云大師，異其文，故同之而云一人也。主人西階上拜送爵。薦

脯醢。輒薦之變於大夫〔疏〕主人至脯醢。○注輒薦之變於大夫○釋曰案上文云辯獻大夫遂薦之此工得獻不待辯輒薦之故云變於大夫也 使人相祭。使人相者相其祭薦祭酒〔疏〕使人相祭○注使人至祭酒○釋曰知祭薦祭酒者此文承一人受爵薦脯醢之下明二者皆祭也若下文衆工直祭酒不祭脯醢也 卒爵不拜。主人受虛爵。衆工不拜受爵坐祭。遂卒爵。辯有脯醢。不祭。相者相其祭酒而已 主人受爵。降奠于篚。復位。大師及少師上工。皆降立于鼓北。羣工陪于後。鼓北西縣之北也言鼓北者與鼓齊面餘長在後也羣工陪于後三人爲列也於是時小樂正亦降立於其南北面工立僕人立於其側坐則在後考工記曰鼓人爲皐陶長六尺有六寸〔疏〕大師至于後○注鼓北至六寸○釋曰知鼓北是西縣之北者以其下文大師少師始遷向東明此降者降在西縣之北可知云言鼓北者與鼓齊面餘長在後也者案前列樂縣之時鼓在鑮南今不言在鍾磬之北遥據鼓而言之者欲取形大又面向東工亦面向東故遥取鼓面也言餘長在後者欲見鼓長六尺六寸工面與鼓面齊鼓有餘長在人後矣言此者工與鼓前面齊後面不齊之意也云羣工陪于後三人爲列也者大師少師二人上工四人今若立時三人爲列大師後有工二人少師後亦有工二人故云三人爲列也云於是時小樂正亦降立於其南北面者亦約遷樂於東方工西面樂正北面言亦者亦東方也云工立僕人立于其側坐則在後者亦約遷樂東方時面位得知也云考工記曰鼓人爲皐陶長六尺有六寸者彼云韗人爲皐陶先鄭云韗書或爲鞠玄謂鞠者以皐陶名官鞠即陶字從革今云鼓人者誤當作鞠人鞠人掌鼓後人誤言鼓人自在地官掌教六鼓矣云爲皐陶者鼓木之名其穹隆二十板謂鼓木長六尺六寸賈侍中彼解爲晉鼓引之者證鼓東西長工齊前面於後有餘之義也 乃管新宮三終。管謂吹簜以播新宮之樂其篇亡其義未聞笙從工而入既管不獻畧下樂也立于東縣之中〔疏〕乃管新宮三終○注管謂至之中○釋曰云管謂吹簜者此云管上云簜故鄭合爲一事解之云其篇亡其義未聞者以其堂下詩故與由庚之等同亡但上由庚由儀之等有序無詩同云有其義而亡其辭此則辭義皆亡故云其義未聞云笙從工而入者案燕禮云笙入立于縣中有笙入之文此上下不見笙入之文故知笙從工而入也上云簜解爲竹謂笙簫之屬竹即管也今此經云管已解簜爲管復云笙從工而入者燕禮記云下管新宮笙入三成則吹管者亦吹笙故兼言笙欲見笙管相將也云立于東縣之中者燕禮笙入立于縣中則於此縣而言此辟射位故知立于東縣之中也 卒管。大師及少師上工。皆東坫之東南。西面北上坐。不言縣北統於堂也於是時大樂正還北面立于其南〔疏〕卒管至上坐。○注不言至其南○釋曰工人前不即遷于東者爲管笙所作不以無事亂有事故待卒管大師乃東坫西面北上坐不言去堂遠近當如鄉射遷工阼階下之東南堂前三笴西面北上云不言縣北統于堂也者上云鼓北不統於堂者彼權立非正位故也 擯者自阼階下。請立司正。三爵既備上下樂作君將留羣臣而射宜更立司正以監之察儀法也〔疏〕擯者至司正○注三爵至法也○釋曰自此盡北面立論將射立司正察儀安賓之事 公許。擯者遂爲司正。君許其請因命用之不易之者俱相禮其事同也 司正適洗。洗角觶南面坐奠于中庭。奠觶者著其位以顯其事威儀多也〔疏〕注奠觶至多也○釋曰燕禮及此射禮司正不以觶升而奠之於地比鄉飲酒及鄉射爲顯其威儀多自此已後還與二鄉同也 升東楹之東。受命于公。西階上北面命賓諸公卿大夫。公曰。以我安賓。諸公卿大夫皆對曰。諾。敢不安。以我安者君意殷勤欲留之以我故安也 司正降自西階南面。坐取觶升。酌散降。南面坐奠觶。奠於中庭故處 興右還北面少立。坐取觶興。坐不祭。卒觶奠之。興。再拜稽首。左還南面坐取觶洗。南面反奠于其所。北面立。皆所以自昭明於衆也將於觶南北面則右還於觶北南面則左還如是得從觶西往來也必從觶西往來者爲君在阼不背之也 司射適次。袒決遂。執弓。挾乘矢於弓外。見鏃於弣。右巨指鉤弦。司射射人也次若今時更衣處張幃席爲之耦次在洗東南袒左免衣也決猶闓也以象骨爲之著右巨指所以鉤弦而闓之遂射韝也以朱韋爲之著左臂所以遂弦也方持弦矢曰挾乘矢四矢弣弓把也見鏃焉順其射也右巨指右手大擘以鉤弦弦在旁挾由便也古文挾皆作接〔疏〕司射至鉤弦○注司射至作接○釋曰自此至于次論射事將至誓射者及比三耦之事云司射射人也者案燕禮射人告具注云射人主此禮以其或射又云射人納賓又云射人請立司正公許射人遂爲司正則射人司正一人也又云乃薦司正與射人一人注天子射人司士皆下大夫二人諸侯則上士其人數亦如之又射人則大射正爲司射注大射正射人之長此篇云射人告具又曰大射正擯自此以後皆止云擯擯者自阼階下請立司正公許遂爲司正則此篇司正與大射正爲一人也下云公就物小射正奉決拾以笥大射正執弓注云大射正舍司正親其職乃薦司正注云司正大射正是也云耦次在洗東南者此無正文案鄉射記云設楅橫奉之南面坐奠之南北當洗此下云三耦出次西行拾取矢又當北行向楅則次在洗東南矣云方持弦矢曰挾者以矢橫爲方鄉射記云凡挾矢於二指間橫之是也 自阼階前曰。爲政請射。爲政謂司馬也司馬政官主射禮〔疏〕自阼至請射○注爲政至射禮○釋曰云爲政謂司馬也者案大宰云四曰夏官其屬六十掌邦政是爲政謂司馬也云司馬政官主射禮者其屬有射人主射事故司馬政官主射禮也 遂告曰。大夫與大夫。士御於大夫。因告選三耦於君御猶侍也大夫與大夫爲耦不足則士侍於大夫與爲耦也今文於爲于〔疏〕遂告至大夫○注因告至爲于○釋曰云不足則士侍於大夫與爲耦也者是以曲禮云君使士射注謂以備耦是也 遂適西階前。東面右顧。命有司納射器。納內也〔疏〕遂適至射器○釋曰命謂司射命之也言有司則前文司士戒士射與贊者注云謂士佐執事不射者是也鄉射西階前西面命弟子納射器此言東面者君在阼宜向之故東面右顧者以其有司是士士在西階南東面是以右顧向之 射器皆入。君之弓矢適東堂。賓之弓矢與中籌豐皆止于西堂下。衆弓矢不挾。總衆弓矢楅。皆適次而俟。中閭中筭器也籌筭也豐可奠射爵者衆弓矢三耦及卿大夫以下弓矢也司射矢亦止西堂下衆弓矢不挾則納公與賓弓矢者挾之楅承矢器今文俟作待〔疏〕射器至而俟○注中閭至作待○釋曰云中閭中筭器也者鄉射記云於郊則閭中據此大射故知閭中中所以盛筭故云筭器也云司射矢亦止西堂下者下文云司射卒誘射遂適堂西改取一个挾之是也若然司射有矢無弓在堂西有弓者誤或則據司射將獻釋獲者適阼階西去朴適堂西釋弓脫決拾是時弓在西堂下也 工人士與梓人。升自北階兩楹之間。疏數容弓。若丹若墨。度尺而午。射正莅之。工人士梓人皆司空之屬能正方圜者一從一橫曰午謂畫物也射正司射之長〔疏〕工人士至莅之○注工人至之長○釋曰知工人士與梓人皆司空之屬能正方圜者冬官雖亡不知官屬之號見今考工記有三十官有梓人之官此工人士又與梓人同事故知冬官未亡時屬司空也云能正方圜者以工巧之能知也繢人職云火以圜土以黄其象方梓人職張五采之侯之類是知方圜也云一從一橫曰午謂畫物也者則上文橫與距隨是也但未知從者橫者若爲用丹若爲用墨或科用其一云午十字謂之先以左足履物右足隨而並立也云度尺者即鄉射記從如笴三尺橫如武尺二寸是也 卒畫自北階下。司宮埽所畫物。自北階下。埽物重射事也工人士梓人司宮位在北堂下〔疏〕卒畫至階下○注埽物至堂下○釋曰知工人梓人司宮位在北堂下雖無正文南方不見有位其人升降自北階明位在北堂下 大史俟于所設中之西。東面以聽政。中未設也大史俟焉將有事也鄉射禮曰設中南當楅西當西序東面〔疏〕大史至聽政○注中未至東面○釋曰注引鄉射者欲見大史位之所在在此也 司射西面誓之曰。公射大侯。大夫射參。士射干。射者非其侯。中之不獲。卑者與尊者爲耦。不異侯。大史許諾。誓猶告也古文異作辭〔疏〕司射至許諾○注誓猶至作辭○釋曰卑者尊者射不異侯言此者以其誓云君射大侯大夫射參侯士射干侯恐與尊爲耦亦各射已侯故覆言此賓與君爲耦同射大侯士與大夫爲耦同射參侯以其既與尊者爲耦不可使之別侯別侯者則非耦類故也 遂比三耦。比選次之也不言面者大夫在門右北面士西方東面〔疏〕遂比三耦○注比選至東面○釋曰云不言面者以下云面故決之云大夫在門右北面士西方東面者仍依朝位以其設朝之班位以來其位未改明知司射命誓及比次須還依舊位司射面皆向之而比次也若耦及侯數天子大射賓射六耦三侯

畿内諸侯則二侯四耦畿外諸侯大射賓射皆三侯三耦但諸侯畿外畿内各有一申一屈故畿外三侯遠尊得申與天子同三耦則屈畿内二侯近尊則屈四耦則申若燕射則天子諸侯側同三耦一侯而已以其燕私屈也若卿大夫士則同一侯三耦畧言之數備禮記射義也三耦俟于次北西面北上。未知其耦今文俟爲立【疏】三耦至北上○注未知至爲立○釋曰云未知其耦者下經始命之故云未知其耦若然此經已言面位者三耦雖未知與誰爲耦要知爲三耦故立於此司射命上射曰。某御於子。命下射曰。子與某子射。卒遂命三耦。取弓矢于次。取弓矢不拾者次中隱蔽處【疏】司射至于次○注取弓至蔽處○釋曰云取弓矢不拾者次中隱蔽處者對鄉射堂西顯露之處拾取矢也司射入于次。搢三挾一个。出于次。西面揖。當階北面揖。及階揖。升堂揖。當物北面揖。及物揖。由下物少退。誘射。搢扱也挾一个挾於弦也个猶枚也由下物而少退謙也誘猶教也夫子循循然善誘人【疏】司射至誘射○注搢扱至誘人○釋曰自此至東面論司射誘射之事此射人誘射與鄉射同但鄉射往階西取弓矢此則入次取弓矢爲異然此云入次搢三挾一个則已前皆挾乘矢不改鄉射亦然引論語者彼夫子教弟子學問事司射教人射事雖不同同是教注故引爲證也射三侯。將乘矢。始射干。又射參。大侯再發。將行也行四矢象有事於四方詩云四矢反兮以御亂兮卒射。北面揖。揖於當物之處不南面者爲不背卿【疏】注不南至背卿○釋曰案鄉射誘射射卒南面揖者彼尊東或公或卿大夫位同不別故司射不特尊之此大射辨尊卑尊東唯有天子命卿其餘小卿及大夫皆賓西故特尊之不背之也及階揖。降如升射之儀。遂適堂西。改取一个挾之。改更也不射而挾矢示有事也遂取扑搢之。以立于所設中之西南東面。扑所以撻犯教者也於是言立著其位也鄉射記曰司射之弓矢與扑倚于西階之西【疏】注扑所至之西○釋曰云於是言立著其位者案鄉射司射先立所設中之西南三耦從之立於西南司射却就之搢三挾一个乃誘射此則誘射卒乃始來就位者由此有次就次取弓矢射訖無事此乃於此立故云於是言立著其位也引鄉射記者此不言司射倚弓矢之處引之證此與彼記文同也司馬師命負侯者。執旌以負侯。司馬師正之佐也欲令射者見侯與旌深志於侯中也負侯獲者也天子服不氏下士一人徒四人掌以旌居乏待獲析羽爲旌【疏】司馬至負侯○注司馬至爲旌○釋曰自此盡而侯論司馬師命服不負侯之事也引天子服不氏下士一人徒四人者欲見諸侯亦三侯亦使服不氏與徒爲獲者也云析羽爲旌周禮司常文負侯者皆適侯。執旌負侯而俟。司射適次。作上耦射。作使也司射反位。【疏】司射反位○釋曰此不言先反位者爲三耦始出次未有次前位無所先故不言先也

上耦出次。西面揖。進上射在左並行。當階北面揖。及階揖。上射先升三等。下射從之中等。上射在左便射位也中猶間也【疏】注上射至間也○釋曰云上射在左便射位也者鄉射亦云上射在左不云便射位者彼東面位上射在北故在左不取便射位之義此次北西面位亦上射在北居右故上射須在左以其發位並行及升北面就物位皆言居左履物南面上射乃在右故云上射在左便射位也上射升堂少左。下射升。上射揖並行。並併也併東行皆當其物。北面揖。及物揖。皆左足履物。還視侯中。合足而俟。視侯中各視其侯之中大夫耦則視參中參中十四尺士耦則視干干中十尺【疏】注視侯至十尺○釋曰弓二寸以爲侯中參侯七十弓故侯中十四尺干侯五十弓故侯中十尺司馬正適次。袒決遂。執弓右挾之出。升自西階。適下物。立于物間。左執弣。右執簫。南揚弓。命去侯。司馬正政官之屬簫弓末揚弓者執下末揚猶舉也適下物由上射後東過也命去侯者將射當獲也鄉射禮曰西南面立于物間【疏】司馬至去侯○注司馬至物間○釋曰云司馬正政官之屬者非大司馬故云司馬之下屬大司馬故云司馬屬案天子有大司馬卿一人小司馬中大夫二人此雖諸侯禮亦應有小司馬號爲司馬正也知適下物由上射後東過也者案鄉射司馬命去侯時由上射後過至下射西西南面揚弓命去侯故引鄉射證此亦在物間西南面也負侯皆許諾。以宮趨直西及乏南。又諾以商至乏聲止。宮爲君商爲臣其聲和相生也鄉射禮曰獲者執旌許諾古文聲爲磬【疏】負侯至聲止○注宮爲至爲磬○釋曰云宮爲君商爲臣樂記文云聲和相生者宮生徵徵生商而云相生者雖隔徵亦是相生之義也云聲和者宮數八十一商數七十二彈宮則商應故云聲和也引鄉射者彼臣禮下云諾聲不絕不言宮商引之證與此不同之意授獲者退立于西方。獲者興。共而俟。大侯服不氏負侯徒一人居乏之相代而獲參侯干侯徒負侯居乏不相代鄉射禮曰獲者執旌許諾聲不絕以至于乏坐東面偃旌興而俟古文獲皆作護非也【疏】授獲至而俟○注大侯至非也○釋曰云大侯服不氏負侯徒一人居乏之相代而獲者上注引周禮服不氏下士一人徒四人是以鄭分之於三侯之上大侯尊故使服不氏與一徒居乏自餘徒三人分之於二侯徒以少一人不得相代也引鄉射者此文不具宜與彼同司馬正出于下射之南。還其後。降自西階。遂適次。釋弓說決拾。襲。反位。拾遂也鄉射禮曰司馬反位立于司射之南【疏】司馬至反位○注拾遂至之南○釋曰引鄉射者於此司馬不言位宜與鄉射同故引爲證司射進。與司馬正交于階前相左。由堂下西階之東北面視上射。命曰。

毋射獲。毋獵獲。上射揖司射退反位。射獲矢中之也從旁爲獵乃射。上射既發。挾矢。而后下射。射。拾發以將乘矢。拾更也將行也獲者坐而獲。坐言獲也舉旌以宮。偃旌以商。再言獲也獲而未釋獲。但言獲未釋筭古文釋爲舍【疏】獲而未釋獲○注但言至爲舍○釋曰云但言獲未釋筭者鄭注鄉射云但大言獲此注不言大省文也卒射。右挾之。北面揖。揖如升射。右挾之右手挾弦上射降三等。下射少右。從之。中等並行。上射于左。與升射者相左交于階前。相揖適次。釋弓說決拾。襲。反位。上射於左由下射階上少右乃降待之言襲者凡射皆袒【疏】上射至反位○注上射至皆袒○釋曰云上射降三等者諸侯階有七等言三等者欲明下射中等是降一等之上下射過向西畔由右故上射至地待之乃得二人並行上射於左也云與升射者相左交于階前者降射者仍南行故得階前交往來也云上射於左由下射階上少右乃降待之者此鄭解在階下而上射得在左之意由下射階上少右向西畔乃降上射於地待之故並行時得上射在左也云凡射皆袒者案鄉射命三耦各與其耦讓取弓矢拾三耦取弓遂至卒射云脫決拾襲而俟于堂西南面此則前遂命三耦取弓矢于次不言袒至此亦言襲故須言凡射皆袒決在此不見袒亦袒可知也三耦卒射。亦如之。司射去扑。倚于階西。適阼階下。北面告于公曰。三耦卒射。反搢扑反位。【疏】三耦至反位○釋曰云司射去扑倚于西階西適阼階下北面告于公者案鄉射司射去扑倚于西階之西升堂北面告于賓曰三耦卒射注云去扑乃升不敢佩刑器即尊者之側此不升堂而在阼階下而亦去扑者尊公故也司馬正袒決遂。執弓右挾之。出與司射交于階前相左。出出於次也袒時亦適次【疏】司馬至相左○注出出至適次○釋曰自此至與反位論取矢設楅云出於次也袒時亦適次者以此而言則袒時入次今更出次知不在位上袒而入次取弓者凡袒襲皆隱處鄉射無次司馬適堂西袒執弓矢不在此大射有次明入次袒不在位可知升自西階。自右物之後。立于物間。西南面揖弓。命取矢。揖推之負侯許諾如初。去侯。皆執旌以負其侯而俟。俟小臣取矢以旌指教之司馬正降自西階北面。命設楅。此出于下射之南還其後而降之【疏】注此出至降之○釋曰此出于下射之南還其後而降之者鄉射文此亦然故引爲證也小臣師設楅。司馬正東面以弓爲畢。畢所以教助執事者鄉射記曰乃設楅于中庭南當洗東肆【疏】小臣至爲畢○注畢所至東肆○釋曰云畢所以教助執事者以畢是助載鼎實之物故司馬執弓

為畢以指授若周禮執殳以為鞭度然引鄉射禮文者證經設楅故亦當洗既設楅。司馬正適次。釋弓說決拾。襲反位。小臣坐委矢于楅北括。司馬師坐乘之。乘四四數之卒。若矢不備。則司馬正又袒執弓升。命取矢如初。曰取矢不索。乃復求矢加于楅。卒。司馬正進坐。左右撫之。興反位。左右撫分上下射此坐皆北面司射適西階西倚扑。升自西階東面。請射于公。倚扑者將即君前不敢佩刑器也升堂者欲諸公卿大夫辯聞也 疏 司射至于公。○注倚扑至聞之。○釋曰自此盡未降請君行第二番射并命謂之為云倚扑者將即君前不敢佩刑器也者上以去扑告君不注至此乃注者彼告在阼階下遠君故不注此升堂乃注義與彼同也上不升者以告以三耦射卒事緩故在下此告欲諸公卿大夫徧聞也故升但升者是其正故鄉射升堂大射告公故前在堂下此升者欲公卿聞之故也公許。遂適西階上。命賓御于公。諸公卿則以耦告于上。大夫則降。即位而后告。告諸公卿於堂上尊之也司射自西階上北面告于大夫曰。請降。司射先降。搢扑反位。大夫從之降。適次。立于三耦之南。西面北上。適次由次前而北西面立 疏 司射至北上。○注適次至面立。○釋曰云告于大夫曰請降者以諸公卿在上故請大夫降鄉射降告主人與賓為耦遂告于大夫又曰賓主人與大夫皆未降注云言未降者見其志在射大夫未降者彼臣禮主人與賓皆卑故大夫未降與此異也云適次由次前而北西面立者上云司射等適次謂入次中此適次者大夫降自西階東行適次所過向堂東西面立因過次為適次非入次也司射東面于大夫之西比耦。大夫與大夫。命上射曰。某御於子。命下射曰。子與某子射。卒。遂比眾耦。眾耦士也眾耦立于大夫之南。西面北上。若有士與大夫為耦。則以大夫之耦為上。為上居羣士之上 疏 司射至為上。○注為上至之上。○釋曰可為上居羣士之上者若是士與大夫之尊者為耦故居羣士之上也鄭云羣士之上者既為上射恐在大夫之上故云羣士之上是以下注云士雖為上射其辭猶尊大夫也若然國皆有三卿五大夫三耦六人而已而云使士為耦者卿大夫或有故或出使容其不足使士備耦之法也命大夫之耦曰。子與某子射。告於大夫曰。某御於子。士雖為上射其辭猶尊大夫命眾耦。如命三耦之辭。諸公卿皆未降。言未降者見其志在射 疏 注言未至在射。○釋曰言未者後當降故云未也若終六射不得言未是以鄉射記云眾賓不與射者不降注不以無事亂有事是不射不得云未也

遂命三耦各與其耦拾取矢。皆袒決遂。執弓右挾之。此命入次之事也司射既命而反位不言之者上射出當作取矢事未訖 疏 遂命至挾之。○注此命至未訖。○釋曰自此盡襲反位論命拾取矢之事鄭知此是命入次之事者上來未有三耦入次袒決遂之事又下文乃云一耦出明此是命入次之事若然司射命訖當反位不言者以其三耦入次出乃當作取矢待作取矢即是事未訖故不言反位也仍未知令入次之後未出之間且在西方位且在階下位三者雖無文以事緩急言之三耦入次出則作之宜在階下位於義可也又鄉射云司射反位者司射反位則有三耦位得言反位此日射位在西方去次遠又日射位若階下去次亦遠不得言反故不言也一耦出。西面揖。當楅北面揖。及楅揖。三耦同入次其出也一一上射出西面立司射作之乃揖行也當楅楅正南之東西上射東面。下射西面。上射揖進坐。橫弓卻手。自弓下取一个。兼諸弣。興。順羽且左還。毋周。反面揖。橫弓者南踣弓也卻手自弓下取矢者以左手在弓表右手從裏取之便也兼并也并矢於弣當順羽既又當執弦順羽者手放而下備不整理也左還反其位毋周右還而反東面也君在阼還周則下射將背之古文且為阻 疏 上射至面揖。○注橫弓至為阻。○釋曰云左還反其位毋周右還而反東面也者毋周者左還行至位即位右還而反東面是還不周也云君在阼還周則下射將背之者上射左還已還背君而據下射而言者上射去君遠故據下射而言以其下射若右還周為背君若左還向東覆即右還西面是不背君周即背故也下射進坐。橫弓覆手。自弓上取一个。兼諸弣。興。順羽且左還。毋周。反面揖。橫弓亦南踣弓也人東西鄉以南北為橫覆手自弓上取矢以左手在弓裏右手從表取之便也 疏 下射至面揖。○注橫弓至便也。○釋曰云橫弓亦南踣弓也者謂南踣弓以左手仰執弓裏以覆右手於弓表向下取矢亦便也上射下射俱南踣弓者取背君向南為順故也既拾取矢梱之。梱齊等之也古文梱作魁兼挾乘矢。皆內還。南面揖。內還者上射左下射右不皆右還亦以君在阼嫌下射故左還而背之也上以陽為內下以陰為內因其宜可也 疏 兼挾至面揖。○注內還至可也。○釋曰云不皆右還亦以君在阼嫌下射故左還而背之者若上下俱向內是相向為順若上射左還是不故背君若下射右還背君少亦左還初時面向君轉身南向背君多似故背君故不左還也云上以陽為內下以陰為內因其宜可也者上射東面左還時以左手還取東相陽方為內下射西面右還時以右手還取西相陰方為內隨其陰陽得左右相向是因其宜也適楅南。皆左還。北面揖。搢三挾一个。楅南鄉當楅之位也揖。以耦左還。上射於左。以猶與也言以者耦之事成於此意相人耦也上射轉居左便其反位也上射少北乃東面 疏 揖以至於左。○注以猶至東面。○釋曰云言以者耦之事成於此意相人耦也者揖不須言以今云以者必有義意故鄭云言以者耦之事成於此謂成於此拾取矢以其取矢後一番了更無事故云成於此人意相存耦也云上射轉居左便其反位也者位在次北西面是以上射居左至次北右還西面便也云上射少北乃東面知不少南者以其次在楅東南北面揖時已在次西面故知上射少北乃東面得東當次也退者與進者相左。相揖。退釋弓矢于次。說決拾。襲反位。二耦拾取矢。亦如之。後者遂取誘射之矢。兼乘矢而取之。以授有司于次中。皆襲反位。有司納射器因留主授受之司射作射如初。一耦揖升如初。司馬命去侯。負侯許諾如初。司馬降。釋弓反位。司射猶挾一个。去扑。與司馬交于階前。適阼階下。北面請釋獲于公。猶守故之辭於此言之者司射既誘射恒執弓挾矢以掌射事備尚未知當教之也今三耦卒射眾足以知之矣猶挾之者君子不必也公許。反搢扑。遂命釋獲者設中。以弓為畢。北面。北面立于所設中之南當視之也鄉射禮曰設中南當楅西當西序大史釋獲。小臣師執中。先首坐設之。東面退。大史實八筭于中。橫委其餘于中西。興。共而俟。先猶前也命大史而小臣師設之國君官多也小臣師退反東堂下位鄉射禮曰橫委其餘于中西南末 疏 大史至而俟。○注先猶至南末。○釋曰此不見執筭之人案鄉射命釋獲者執鹿中一人執筭以從之彼臣禮官少釋獲者自執中設之尚使人執筭況國君官臣多大史不自執中豈得自執筭明亦使人執之云小臣師退反東堂下位者其位已見篇首也引鄉射者證筭以南末為順也司射西面命曰。中離維綱。揚觸梱復。公則釋獲。眾則不與。離猶過也獵也侯有上下綱其邪制躬舌之角者為維或曰維當為絹絹綱耳揚觸者謂矢中他物揚而觸侯也梱復謂矢至侯不著而還復復反也公則釋獲優君也正當中鵠而著古文梱作魁 疏 司射至不與。○注離猶至作魁。○釋曰中謂中侯注不言可知云離猶過也獵也者謂矢過獵因著維與綱二者云侯有上下綱其邪制躬舌之角者為維者案梓人云上綱與下綱出舌尋絹寸焉注綱所以繫侯於植者也上下皆出舌一尋者亦人張手之節也鄭司農云絹籠綱者維持侯者若然則綱與維皆用繩為之又以布為絹籠綱然後以上个下个邊綴著絹兩頭以綱繫著植維者於上个下个上下躬兩頭皆有角又以小繩綴角繫著植故矢或離綱或離維也云或曰維當為絹絹綱耳者鄭更為一解絹則維也云絹綱耳者以絹為綱耳離著絹也云眾當中鵠者大射鵠則梓人云張皮侯而棲鵠是也唯公所中。中三侯皆獲。值中一侯則釋獲 疏 唯公至皆獲。○注值中至釋獲。○釋曰云中三侯皆釋獲則離維綱及揚觸梱復亦釋之不言者以中為主也釋

獲者命小史。小史命獲者。傳告服不使知此司射所命（疏）注傳告服不。釋曰據在大侯而言告服不則參侯干侯告可知舉遠見近司射遂進由堂下。北面視上射。命曰不貫不釋。上射揖。司射退反位。貫猶中也射不中鵠不釋筭古文貫作關（疏）司射至反位。注貫猶至作關。釋曰案上文離維綱公則釋獲言之則此云不中不釋筭者據除君而言也釋獲者坐取中之八筭。改實八筭。興執而俟。執所取筭乃射若中。則釋獲者每一个釋一筭。上射於右。下射於左。若有餘筭。則反委之。委餘筭禮貴異又取中之八筭。改實八筭于中。興執而俟。

儀禮注疏卷十七挍勘記

阮元撰盧宣旬摘録

主人辭洗○以酢主人于西階上　酢釋文作醋云本亦作酢

遂卒爵興

　辟正主也　徐本同毛本主作君

小臣自阼階下

　使二大夫媵爵之事　要義同毛本大夫作人

　以其下作大夫　要義同毛本下作作作下

若命皆致

　亦於罇西東面酌訖　罇閩本通解俱作鐏

媵爵者皆退反位　者皆石經補缺誤作爵者

　仍是門右北面位　通解同毛本仍作乃按仍字是也

公坐○賓升成拜　按顧炎武張爾岐俱云拜唐石經誤作跤然石經實作拜

公坐奠觶

　下不輒拜禮也　毛本輒作就徐本通解俱作輒禮下徐本通解俱有殺字

　復不爲再拜　毛本復作後○按毛本是也

　故以發端言降拜　毛本以作云○按毛本是也

公坐奠觶荅拜

　賓進以臣道就　毛本就作也徐本通解俱作就陳閩監葛俱無

賓以旅大夫于西階上

先孤卿後大夫　卿後大夫四字毛本脫徐本通解俱有

若膳觶也

　注言更至禮殺　釋曰上注云不相襲者於尊言更自敵以下言易此賓於卿是自敵以下當言易今言更者尊卿尊則卑賓禮殺也　通解於尊言更作於尊者言更尊則尊卿尊下有卿字

大夫辯受酬

　大夫至復位　釋曰言復位者亦如上復門右北面位即中庭北面位也　通解中庭作庭中此節及下節注疏毛本俱脫

主人洗觚　毛本觚作酬唐石經徐本通解敖氏俱作觚

司宮兼卷重席

　其餘樹之於位後耳者以　毛本無耳者以三字

　若然此云　毛本若然作則

　不謂始卷之　毛本謂下有至是二字

乃薦脯醢

　主人俎脊脅肺　通解要義同毛本俎下有脊字○按鄉射記有脊字

　脊脅肺臑也　通解要義同毛本脊上有折字○按無者非

卿坐左執爵

　自在射臣之意　徐本通解同毛本作亦自貶於君

　不在射亦不啐者　通解同毛本君作不射亦作不齊陳本君字空不齊作不亦

主人洗觚升

　乃足　要義同毛本通解乃上有其義二字

辯獻大夫

　上總言獻大夫辯　通解同毛本辯字在獻字上

　乃一時薦之　通解同毛本乃上有大夫二字

僕人正

　故僕人正爲長　要義同毛本通解故下有云字

　以爲大師小師　毛本小作少

後者徒相入

　亦據升堂坐之先後　亦據陳閩通解俱作既然則與坐先後之位毛本作亦據升堂與坐之先後之位通解作與坐之位

坐授瑟乃降　授石經補缺誤作受

小樂正

　猶統于階而　陳閩通解同而字屬下句毛本而作西

乃歌鹿鳴

　可則傚也　傚釋文作詨云亦作傚

主人洗升實爵獻工　實石經補缺誤作賓

　辟正主也　辟陳本作别

主人受爵降

　其穹隆二十板　毛本穹作窮要義作穹板作版

乃管新宮

　故與由庚之等同亡　要義同毛本庚下有肉儀二字亡作云

　此辟射位　毛本此作北

司正降自西階○南面坐取觶　毛本取作奠石經補缺敖氏俱誤作取

　奠于中庭故處　徐本通解楊氏同毛本處作也

興右還○南面坐取觶洗　六字石經補缺脫

　如是得從觶西往來也　從通解作於

司射適次袒決遂　袒唐石經作祖誤

　張幃席爲之　徐本通解楊敖同毛本張作帳○按張是也

　所以遂弦也　所聶氏作裹

　弣弓把也　把釋文楊氏俱作把

　大射正舍　舍上陳閩監本俱有射字

遂告曰　曰石經補缺誤作于

　御猶侍也　猶陳閩監葛通解俱作由

射器皆入

　司射矢亦止西堂下　按疏所據本矢上似有弓字故賈氏辨其誤然述注仍無弓字未詳

工人士○射正莅之　莅陳閩監葛俱作蒞按莅蒞涖蒞諸本錯出後不悉挍

一從一橫曰午按釋文一作壹

冬官雖亡要義同毛本亡作士

卒畫

知工人毛本人下有士字

司射西面誓之曰〇射者非其侯其下徐本有字未刻

卑者尊者射毛本要義卑者下有與字要義射作爲耦

遂比三耦

例同三耦一侯而已毛本三誤作一

司射入于次

搢扱也扱釋文作捷云本又作扱

自此至東面此閩本誤作比

卒射

按鄉射誘射射卒通解同毛本不重射字

故司射不特尊之通解同毛本特作待非也

其餘小卿陳本通解同毛本小作少非也

遂取扑盧文弨云唐石經初並作朴後改從才

司馬師命負侯者

欲令射者通解無欲字

深志於侯中也徐本通解楊氏同毛本於作與

上耦出次

亦上射在北居右通解同毛本右作左周學健云次北西面時上射居右既揖而進上射乃之左

皆當其物〇還視侯中視通解誤作候

則視參中毛本視誤作射

則視干中干于二字易溷後凡可以意會者不悉校

司馬正適次〇命去侯侯石經補缺閩監葛本俱誤作侯按提要云監本沿唐石經之誤今石經巳缺後人所補不足憑侯得舊本攺之

授獲者

相代而獲者毛本代誤作待

舉旌以宫

再言獲也徐本楊氏同毛本通解再作等

上射降三等毛本三作二唐石經徐本通解楊敖俱作三是也石經考文提要云疏明釋三等及下文中等之義〇上射于左于陳閩監葛俱誤作與

司馬正袒決遂

論取矢設楅毛本楅下有之事二字

皆隱處要義同毛本通解皆下有於字

升自西階〇揖弓命取矢揖楊氏作挾注同

小臣師設楅司馬正東面面通解誤作南

鄉射記曰浦鏜云禮誤記

卒若矢不備唐石經徐本通解楊敖俱有卒字毛本無

司射適西階西

以告以三耦射射卒毛本通解作以告三耦卒射

公許〇即位而后告唐石經徐陳閩葛通解楊敖同毛本后作後

司射東面于大夫之西比耦釋文唐石經徐本同毛本通解楊敖比俱作北〇許宗彦云比誤也下云耦大夫與大夫有與大夫三字則句首不必有比字可知又司射居大夫之西北不正向大夫者大夫尊也

一耦出西面揖

一一上射出徐本同毛本通解不重一字

上射東面

并矢於拊毛本拊誤作跗

以其下射若右還周陳閩通解同毛本右作又

下射進

向下取矢亦便也要義同毛本矢下無亦字

既拾取矢梱之唐石經徐陳同毛本梱作梱

退者與進者〇相揖退毛本揖下有還字唐石經徐本通解楊敖俱無

司射作射如初毛本射作揖唐石經徐陳通解楊氏敖氏俱作射

司射猶挾一个

衆足以知之矣徐本通解同毛本無足字

司射西面命曰

維當爲絹絹綱耳朱子曰綱耳即籠綱以布爲之梓人謂之縜而此謂之絹字雖異而音則同敖氏曰絹字恐是縜字之誤〇按敖說是也釋文於周禮縜字不云與絹同於此絹字復不云與縜同而音則無异又此疏引周禮處皆作縜至述注則仍作絹似縜與絹爲二物者皆足以滋後人之疑不可不辨綱上通解有爲字

謂矢至侯不著而還復徐本通解楊敖同毛本謂作爲

縜寸焉要義同毛本縜作絹下云縜爲縜著縜並同陳本唯著縜作絹餘同此本

唯公所中

注値中至釋獲毛本値誤作植

釋獲者

注傳告服不毛本服不作至所命〇按毛本是

儀禮注疏卷第十八

唐朝散大夫行大學博士弘文館學士臣賈公彦等撰

三耦卒射。賓降，取弓矢于堂西。不敢與君並俟告取之以升俟君事畢。〔疏〕三耦至堂西○注不敢至事畢○釋曰自此盡共而俟論第二番射三耦訖次公卿大夫之事但此賓先降取弓矢即升堂者以其不敢與君並待告故下云司射告射于公小射正取公之決拾并授弓拂弓是君得告乃取弓矢是不敢與君並俟告也云取之以升俟君事畢者案下文云公將射則賓降適堂西袒決遂執弓搢三挾一个升自西階是君事畢君事畢賓降袒決遂乃更升若然賓於此不即袒決遂者去射時遠故不可即袒也

諸公卿則適次，繼三耦以南。言繼三耦明在大夫北〔疏〕諸公至以南○注言繼至夫北○釋曰言適次者但射位在堂東次在洗東南今諸公卿東南適次前北至三耦之南以次西面立云繼三耦明在大夫北者以其三耦在北大夫在南而言繼三耦明在大夫之北也

公將射，則司馬師命負侯，皆執其旌以負其侯而俟。君尊若始焉〔疏〕公將至而俟○注君尊若始焉○釋曰云君尊若始焉者案上始時司馬命負侯三耦將射司馬命去侯今三耦卒射君將射司馬使更命負侯是君尊若始焉

司馬師反位。隸僕人埽侯道。新之

司射去扑，適阼階下，告射于公。公許。適西階東，告于賓。告當射也今文曰阼階下無適

遂搢扑，反位。小射正一人取公之決拾于東坫上。一小射正授弓拂弓，皆以俟于東堂。授弓當授大射正拂弓去塵〔疏〕小射至東堂○注授弓至去塵○釋曰據此經上下或云大射正或云司射或云小射正不同者今行射禮大射正一人爲上司射次之或云小射正若然大射正與司射各一人據其行事小射正不止一人而已此云小射正一人取公之決拾於東坫上下云小射正奉決拾以笥與此一人此又云小射正授弓與取決拾別則小射正二人也云授弓當授大射正者下云大射正執弓以袂以授公明此小射正授弓者當授大射正也

公將射，則賓降，適堂西，袒決遂，執弓，搢三挾一个，升自西階，先待于物北，一笴，東面立。不敢與君併笴矢幹東面立鄉君也〔疏〕公將至面立○注不敢至君也○釋曰云公將射則賓降者案前文賓降適堂西取弓矢無賓升堂之文但文不具其實即升矣是以此文云賓降云笴矢幹者案周禮矢人矢幹長三尺則此賓立於物北三尺矣

司馬升，命去侯，如初。還右，乃降，釋弓反位。還右還君之右也猶出下射之南還其後也今文曰右還〔疏〕注還右至右還○釋曰云還右還君之右也者君爲下射賓爲上射司馬在君之西南揚弓命去侯訖還君之右東而南西向降自西階猶出下射之南還其後也者由如上文初將射時司馬立於物間南揚弓命去侯訖出於下射之南還其後降自西階前後是同故取彼解此云今文曰右還不從右還者若右還則右還於上射不得還君故不從也

公就物。小射正奉決拾以笥。大射正執弓，皆以從於物。笥葦器大射正舍司正親其職〔疏〕公就至於物○注笥萑至其職○釋曰前解大射正與司射別人案此注大射正舍司正親其職則大射正與司正爲一人又案上文司射請立司正遂立司射爲司正則司射正與大射正爲一人與上解似相違者以大射正與射人俱掌射事相當則大射正與司射別若通而言之射人不對大射正射人亦名大射正故此以射人爲大射正也

小射正坐奠笥于物南。遂拂以巾，取決，興，贊設決，朱極三。極猶放也所以韜指利放弦也以朱韋爲之三者食指將指無名指無極放弦契於此指多則痛小指短不用

小臣正贊袒。公袒朱襦。卒袒，小臣正退俟于東堂。小射正又坐取拾，興，贊設拾，以笥退奠于坫上，復位。既袒乃設拾拾當以韝襦上〔疏〕注既袒至襦上○釋曰案上文設決訖乃云公袒朱襦始云小臣正贊設拾拾當斂膚體宜在朱襦之上故鄭云既袒乃設拾拾當以韝襦上鄉射云袒決遂以其無襦故遂與決得俱時設若大夫對士射袒纁襦設遂亦常在袒後

大射正執弓，以袂順左右隈，上再下壹，左執弣，右執簫，以授公。公親揉之。順放之也隈弓淵也揉宛之觀其安危也今文順爲循古文揉爲紐〔疏〕大射至揉之○注順放至爲紐○釋曰云順放之也者以袂向下於弓隈順放之云觀其安危也者案考工記弓人云其弓安其弓危者以弓弱者爲危其弓強者爲安則此云觀安危者謂試弓之強弱

小臣師以巾內拂矢，而授矢于公，稍屬。內拂恐塵及君也稍屬不搢矢

大射正立于公後，以矢行告于公。若不中使君當知而改其度下曰畱，上曰揚，左右曰方。畱不至也揚過去也方出旁也

公既發，大射正受弓而俟，拾發以將乘矢。公下射也而先發不畱尊也〔疏〕公既至乘矢○注公下至尊也○釋曰案上三耦射者上射射訖乃次下射此公爲下射當後射今君射前於賓故鄭云先發不畱尊也

公卒射，小臣師以巾退，反位。大射正受弓。受弓以授有司於東堂小射正以笥受決拾，退奠于坫上，復位。大射正退，反司正之位。小臣正贊襲。公還而后賓降，釋弓于堂西，反位于階西東面。階西東面賓降位〔疏〕注階西至降位○釋曰案上文賓受獻訖降立於階西東面此云反位於階西東面故云反位也

公即席，司正以命升賓。賓升，復筵。〔疏〕公即至復筵○釋曰此公與賓復升即位者公卿以下當繼射公與賓當觀之故升就位也

而后卿大夫繼射。諸公卿取弓矢于次中，袒決遂，執弓，搢三挾一个，出，西面揖，揖如三耦，升射，卒射，降，如三耦，適次，釋弓，說決拾，襲，反位。衆皆繼射，釋獲皆如初。諸公卿言取弓矢衆言釋獲互言也

卒射，釋獲者遂以所執餘獲適阼階下，北面告于公，曰：「左右卒射。」司射不告者釋獲者於是有事宜終之也餘獲餘筭也無餘筭則無所執古文曰餘筭反位，坐委餘獲于中西，興，共而俟。

司馬袒執弓，升，命取矢如初。負侯許諾，以旌負侯如初。司馬降，釋弓如初。小臣委矢于楅，如初。司馬司馬正於是司馬師亦坐乘矢〔疏〕司馬至如初○釋曰自此盡就席論射訖取矢委於楅之事○注司馬至乘矢○釋曰知司馬是司馬正司馬師亦坐乘矢者此經皆言如初案上番射司馬正與司馬師乘矢故知也

賓諸公卿大夫之矢，皆異束之以茅。卒，正坐左右撫之，進束，反位。異束大夫矢尊殊之也正司馬正也進前也又言束整結之示親也〔疏〕注異束至殊之也○釋曰公卿皆異束但言大夫者公卿自相對其矢俱束之及其脫之亦拾取但三耦之內大夫以士耦之士矢不束大夫束之故曰尊殊之下注云不言君矢小臣以授矢人於東堂下可知知者以其小臣取矢明取之以授矢人

賓之矢，則以授矢人于西堂下。是言矢人則納射器之有司各以其器名官職不言君矢小臣以授矢人于東堂下可知

司馬釋弓，反位，而后卿大夫升就席。此言其升前小臣委矢於楅〔疏〕注此言至於楅○釋曰云此言其升前小臣委矢於楅者案上文司馬降釋弓如初在小臣委矢之上其司馬降釋弓之時卿大夫即升就席委矢當依司馬命取矢之下不失其次故不即見卿大夫升事是以於此特言司馬降釋弓與卿大夫升爲節耳故鄭亦言其次第也

司射適階西，釋弓，去扑，襲，進由中東，立于中南，北面視筭。釋弓去扑射事已也〔疏〕司射至去扑○釋曰自此盡共而俟論數筭之事直言去扑不言去矢矢亦去之是以下文司射執弓挾一个搢扑明此時去矢後更挾之

釋獲者東面于中西坐，先數右獲。固東面矣復言之者少南就右獲二筭爲純，純猶全也耦陰陽也一純以取，實于左手，十純則縮而委之，縮從也於數者東西爲從古文縮皆作蹙每委異之。易校數有餘純，則橫諸下。又異之也自近爲下一筭爲奇，奇則又縮諸純下。又從之興，自前適左，從中前北也更端故起東面坐。少北於故

坐兼斂筭實于左手。一純以委。十則異之。變於右也其餘如右獲。謂所縮所橫者司射復位。釋獲者遂進取賢獲執之。由阼階下北面告于公。賢獲勝黨之筭也執之者齊而取其餘若右勝。則曰右賢於左。若左勝。則曰左賢於右。以純數告。若有奇者。亦曰奇。告曰某賢於某若干純若干奇若左右鈞則左右各執一筭以告曰。左右鈞。還復位。坐兼斂筭。實八筭于中。委其餘于中西。興。共而俟。司射命設豐。當飲不勝者射爵【疏】司射命設豐。○釋曰自此盡徹豐與觶論二番射訖行射爵之事司宫士奉豐由西階升。北面坐設于西楹西。降復位。勝者之弟子洗觶升酌散。南面坐奠于豐上。降反位。弟子其少者也不授者射爵猶罰爵畧之【疏】注弟子至畧之。○釋曰自此以上其疏見於鄉射於此不復言云不授者射爵猶罰爵畧之者案詩云兕觥其觩旨酒思柔注云觩陳設貌觥罰爵不手授此飲射爵亦不手授故云猶罰爵也案獻酬之爵皆手授之此不手授故云畧之也若然士以下飲罰爵者取於豐大夫已上皆手授尊之故下注云授爵而不奠豐尊大夫也其三耦之內雖大夫亦取於豐者以其作三耦與衆耦同事故不復殊之司射遂袒執弓挾一个。搢扑東面于三耦之西。命三耦及衆射者。勝者皆袒決遂。執張弓。執張弓言能用之也右手挾弦不勝者皆襲。說決拾。卻左手。右加弛弓于其上。遂以執弣。固襲說決拾矣復言之者起勝者也不勝者執弛弓言不能用之也兩手執弣無所挾也【疏】注固襲至挾也。○釋曰云固襲說決拾矣復言之者起勝者也者以射畢之時降堂皆就次襲說決拾矣故云固襲今復言之者以其勝者更袒決遂故復言不勝襲說決拾欲與勝者相起復發故復言之也司射先反位。前居俟所命入次而來飲三耦及衆射者皆升。飲射爵于西階上。不勝之黨無不飲【疏】注不勝之黨無不飲。○釋曰以其經云三耦及衆射者皆升飲射爵者言升之明知不勝之黨無不飲但大射者所以擇士以助祭今若罰爵在於不勝之黨雖數中亦受罰及其助祭雖飲射爵亦得助祭但在勝黨雖不飲爵若不數中亦不得助祭以其飲罰據一黨而言取其助祭取一身之藝義故不同也小射正作升飲射爵者。如作射。一耦出。揖如升射。及階。勝者先升。升堂少右。先升尊賢也少右辟飲者亦因相飲之禮然【疏】注先升至禮然。○釋曰云亦因相飲之禮然者案鄉飲酒鄉射獻酬之禮獻者在右酬者在左故云亦也不勝者進北面坐取豐上之觶興。少退立卒觶。進坐奠于豐下。興揖。立卒觶不祭不拜受罰不備禮也右手執觶左手執弓【疏】注立卒至執弓。○釋曰案鄉飲酒皆祭坐卒爵拜既爵故此決之受罰不備禮也云右手執觶左手執弓者以其執弛弓不釋於地明知未飲時兩手執弓今受罰爵右手執爵爲便左手執弓可知不勝者先降。後升先降畧之不由次也降而少右復並行【疏】注後升至並行。○釋曰云後升先降畧之不由次也者案上文勝者先升此文不勝者先降故云畧之不由次云降而少右復並行者見下文與升飲者相左明降至堂下此二人少右復並行以其辟升者在左故也與升飲者。相左。交于階前。相揖。適次釋弓。襲反位。僕人師繼酌射爵。取觶實之。反奠于豐上。退俟于序端。僕人師酌者君使之代弟子也自此以下辯爲之酌升飲者如初。三耦卒飲。若賓諸公卿大夫不勝則不降。不執弓。耦不升。此耦謂士也諸公卿或闕士爲之耦者不升其諸公卿大夫相爲耦者不降席重恥尊也【疏】若賓至不升。○注此耦至尊也。○釋曰知此耦謂士者以大夫坐於上士立於下經云耦不升故云此耦謂士也是以鄭解其意云諸公卿或闕士爲之耦者不升其諸公卿大夫相爲耦者不降席以其大夫在堂上故云不降席云重恥尊也者解士不升大夫已上不降席意以其卑者對飲尊者是可恥之事不對飲是重恥尊者也僕人師洗升實觶。以授賓諸公卿大夫受觶于席以降。適西階上北面立飲。卒觶。授執爵者。反就席。雖尊亦西階上立飲不可以己尊枉正罰也授爵而不奠豐尊大夫也【疏】注雖尊至夫也。○釋曰云不可以己尊枉正罰也者正罰謂上文飲者在左勝者在右於西階之上北面跪取豐上之觶飲之是也今雖不取於豐亦於西階北面是不可以己尊枉正罰也若飲公。則侍射者降洗角觶。升酌散降拜。侍射賓也飲君則不敢以爲罰從致爵之禮也【疏】若飲至降拜。○注侍射至禮也。○釋曰云侍射賓也者以其賓與君對射耦自相飲故知侍射者賓也云飲君則不敢以爲罰從致爵之禮也者罰爵如上文罰者飲之而已今則從燕臣致爵於君之禮下文所謂夾爵者是也但此經云角觶與上文觶皆是三升曰觶與角連故謂之角觶或單言角或單言觶是以禮記少儀云侍射則約矢侍投則擁矢勝則洗爵而請不角注云角謂觥罰爵也於尊長與客如獻酬之爵又詩云我姑酌彼兕觥毛傳云兕觥角爵箋云兕觥罰爵是其角觶兕觥皆罰爵此角觶以兕角爲之非謂四升曰角者也若然此角觶對下文飲君云象觶故云角觶謂賓酌如兕自飲君即下文賓降洗象觶亦從獻酬之爵不敢用罰爵也公降一等。小臣正辭。賓升再拜稽首。公荅再拜。賓坐祭卒爵。再拜稽首。公荅再拜。賓降。洗象觶。升酌膳以致下拜。小臣正辭。升再拜稽首。公荅再拜。公卒觶。賓進受觶。降。洗散觶。升實散下拜。小臣正辭。升再拜稽首。公荅再拜。賓復酌自飲者夾爵也但如致爵則無以異於燕也夾爵亦所以恥公也所謂若飲君燕則夾爵【疏】注賓復至夾爵。○釋曰云所謂若飲君燕則夾爵者言所謂鄉射文彼云燕者則此經夾爵也賓坐不祭。卒觶。降。奠于篚階西東面立。不祭象射爵【疏】注不祭象射爵。○釋曰案上文受罰者取爵於豐飲之不祭此云君爵不祭是以賓飲夾爵亦不祭皆與射同故云象擯者以命升賓。賓升就席。擯者司正也今文席爲筵若諸公卿大夫之耦不勝。則亦執弛弓。特升飲。此耦亦謂士也特猶獨也以尊與卑爲耦而又不勝使之獨飲若無倫匹孤賤也衆皆繼飲射爵。如三耦。射爵辯。乃徹豐與觶。徹除也司宫尊侯于服不之東北兩獻酒。東面南上。皆加勺。設洗于尊西北。篚在南東肆。實一散于篚。爲大侯獲者設尊也言尊侯者獲者之功由侯也不於初設之者不敢必君射也君不射則不獻大侯之獲者散爵名容五升【疏】司宫至于篚。○注爲大至五升。○釋曰自此盡侯而俟論設尊獻服不之事云不於初設之者不敢必君射也君不射則不獻大侯之獲者若然此設大侯之獲者君不射則不設之不豫設者不敢必君射一案上張侯先設大侯君射大侯張之必君射者但聖人設法一與一奪以大射者爲祭擇士所以助祭人君不可不親故奪其尊使之必射故豫張大侯至此設大侯之尊君射訖乃設之者許其自優暇容有不射之理是以不射則不設射訖乃設之云散爵名容五升者案韓詩傳云一升曰爵二升曰觚三升曰觶四升曰角五升曰散是其散容五升也司馬正洗散。遂實爵。獻服不。言服不者著其官尊大侯也服不司馬之屬掌養猛獸而教擾之者洗酌皆西面【疏】司馬至服不。○注言服至西面。○釋曰云服不者著其官尊大侯也者自此已前皆以事名之於此而言服不著其言尊大侯故也云服不司馬之屬者以其服不在大司馬下六十官之屬者云掌養猛獸而教擾之者猛獸熊羆之屬教之使擾馴人意象王者服不服諸侯使歸服王者云洗酌皆西面者以其設尊設洗皆東面故知洗爵酌酒皆西面向之也若然獻旅食尊後酌者爲背君此西面不嫌背君以其南統於侯故也服不侯西北三步。北面拜受爵。近其所爲獻【疏】服不至受爵。○注近其所爲獻。○釋曰云近其所爲獻者以其服不得獻由侯所爲故不近之而近侯獻之故云近其所爲獻也司馬正西面拜送爵。反位。不俟卒爵畧賤也此終言之獻服不之徒乃反位【疏】司馬至反位。○注不俟至反位。○釋曰云不俟卒爵畧賤也者案上文獻服不訖又案下文卒祭左个之西北三步東面設薦俎立卒爵若然卒爵禮祭侯訖今司馬反位在未祭侯之前故畧賤也云此終言之獻服不之

徒乃反位者但大侯尊服不與其徒二人共在獲所獻服不亦兼獻徒此經唯見獻服不不見獻其徒即云司馬反位明獻徒後始反位是以知反位者終言之其實獻徒後乃反位故下注云司馬正皆獻之是也。宰夫有司薦庶子。設折俎。宰夫有司宰夫之吏也鄉射記曰獲者之俎折脊脅肺。[疏]宰夫至折俎。注宰夫至脅肺脛。釋曰云宰夫有司宰夫之吏也者諸侯宰夫是士而宰夫有司明是宰夫之吏府史也引鄉射記者此俎實無文故引之爲證。卒錯獲者適右个。薦俎從之。不言服不言獲者國君大侯服不負侯其徒居乏待獲變其文容二人也司馬正皆獻之薦俎已錯乃適右个明此獻已已歸功於侯也適右个由侯內鄉射記曰東方謂之右个。[疏]卒錯至從之。注不言至右个。釋曰云國君大侯服不負侯其徒居乏待獲變其文容二人也者案上注云天子服不氏下士一人徒四人掌以旌居乏待獲鄭言容二人者欲見服不與徒二人皆得獻故鄭云司馬正皆獻之云適右个由侯內者以其既祭左个次祭右个乃祭於中故云適右个由侯內。獲者右執爵。右祭薦俎。二手祭酒。祭俎不奠爵不備禮也二手祭酒者獲者南面於俎北當爲侯祭於豆間爵反注爲一手不能正也此薦俎之設如於北面人焉天子祝侯曰唯若寧侯無或若女不寧侯不屬於王所故抗而射女強飲強食詒女曾孫諸侯百福諸侯以下祝辭未聞。[疏]獲者至祭酒。注祭俎至未聞。釋曰云祭俎不奠爵不備禮也者言祭俎者謂祭俎上肺但肺有二種此云祭是祭肺也非是離肺知者案鄉射記云獲者之俎折脊脅肺臑又曰釋獲者之俎折脊脅肺皆有祭則此俎祭肺亦離肺若然凡祭肺皆不奠爵是其常云此不奠爵不備禮者但祭肺離肺兩有祭肺不奠爵若空有祭肺亦不奠爵今祭俎不奠故云不備禮云天子祝侯曰以下周禮梓人文云諸侯以下祝辭未聞知諸侯不與天子祝辭同而云未聞者以本所射侯天子中之則能服諸侯諸侯中之則得爲諸侯若天子云抗而射女諸侯則不得云抗而射女是以知祝辭有異但未聞耳。適左个。祭如右个。中亦如之。先祭个後中者以外即之至中若神在中。鄉射禮曰獻獲者俎與薦皆三祭。[疏]注鄉射至三祭。釋曰以其左右及中故三者皆三祭非謂一處有三祭。卒祭左个之西北三步東面。此鄉受獻之位也不北面者嫌爲侯卒爵。[疏]卒祭至東面。注此鄉至卒爵。釋曰云不北面者嫌爲侯卒爵者前服不受獻之時侯西北面者欲歸功於侯故也今卒爵雖同舊處而東面者以其前受獻爲已今卒爵還爲已卒爵故東面是以云不北面者嫌爲侯卒爵也。設薦俎。立卒爵。不言不拜既爵司馬正已反位不拜可知也鄉射禮曰獲者薦右東面立飲。[疏]設薦至卒爵。注不言至立飲。釋曰云不言不拜既爵司馬正已反位不拜可知也者決鄉射獲者薦右東面立飲不拜既爵此則不言之以其司馬在對司馬不拜既爵司馬已反位不拜既爵可知故不言引鄉射禮者此不言立位之處當同鄉射薦者東面立。司馬師受虛爵。洗獻隸僕人與巾車獲者。皆如大侯之禮。隸僕人埽侯道巾車張大侯及參侯干侯之獲者其受獻之禮如服不也隸僕人巾車於服不之位受之功成於大侯也不言量人者此自後以及先可知。[疏]司馬

至之禮。注隸僕至可知。釋曰云隸僕人埽侯道者謂君射時初埽之時亦是隸僕人也云巾車張大侯者舉尊者而言其參侯干侯亦張之是以上文司馬遂命量人巾車張三侯此直云大侯舉尊而言也云及參侯干侯之獲者以其上文以獻大侯服不獲者明此經獲者是摻侯豻侯可知云隸僕人巾車於服不之位受之知者以其隸僕人巾車素無其位而經云如大侯之禮明就大侯之位受獻是以鄭云功成於大侯也云不言量人者此自後以及先可知者案上張侯之時先言量人後言巾車君射之時乃有隸僕人埽侯道受獻先言隸僕人後言巾車是自後以及先隸僕尚得獻明量人在巾車之先得獻可知。卒司馬師受虛爵奠于篚。獲者之篚。獲者皆執其薦。庶子執俎從之。設于乏少南。少南爲復射妨旌也隸僕人巾車量人自服不而南。[疏]注隸僕至而南。釋曰知自服不而南者雖無正文以其受獻於服不之位明繼服不而南可知。服不復負侯而俟。司射適階西去扑。適堂西。釋弓說決拾襲。適洗。洗觚升實之。降獻釋獲者于其位少南。獻釋獲者與獲者異文武不同也去扑者扑不升堂也少南辟中。[疏]司射至少南。釋曰自此盡反位論獻釋獲者之事。注文武不同。釋曰言文武不同者以其獻獲者於侯西北面受獻歸功於侯是其武獻釋獲者升堂酌酒東面獻之就釋筭之所是其文故云文武不同。脯醢折俎皆有祭。俎與服不同唯祭一爲異。[疏]注俎與至爲異。釋曰云俎與服不同者以其俱用一俎云唯祭一爲異者上祭侯之俎引鄉射獲者俎與薦皆三祭鄭鄉射注云祭侯三處至此獻釋獲者不主祭侯正唯一祭俎耳故云唯祭一爲異。釋獲者薦右東面拜受爵。司射北面拜送爵。釋獲者就其薦坐。左執爵。右祭脯醢。興取肺坐祭。遂祭酒。祭俎不奠爵亦賤不備禮。[疏]注祭俎至備禮。釋曰上祭侯之時祭俎不奠爵不備禮至此祭俎亦祭肺不奠爵賤亦不備禮。興。司射之西北面立卒爵。不拜既爵。司射受虛爵奠于篚。釋獲者少西辟薦。反位。辟薦少西之者爲復射妨司射視筭亦辟俎也。[疏]注亦辟俎也。釋曰以其薦俎相將薦既辟俎亦辟可知。司射適堂西。袒決。遂取弓挾一个。適階西。搢扑以反位。爲將復射。[疏]司射至反位。注爲將復射。釋曰自此盡于公如初論司射請公爲二番射事。司射倚扑于階西。適阼階下北面。請射于公如初。不升堂賓諸公卿大夫既射矣聞之可知。[疏]注云不升堂賓諸公卿大夫既射矣聞之可知者決前司射升堂請射于公今不升者諸公卿大夫前已射聞之矣。反搢扑。適次。命三耦皆袒決遂。執弓序出取矢。鄉言拾是言序互言耳。[疏]反搢至取矢。注鄉言至言耳。釋曰自此盡

襲反位論三耦與卿大夫取矢之事云鄉言拾者謂第一射時三耦云拾取矢云是言序者謂序出次時一耦先後互者三皆次序出次至庭拾取矢。司射先反位。言先先三耦也司射既命三耦入次袒決遂執弓挾矢乃出反次外西面位鄉不言司射先反位三耦未有次外位無所先也。[疏]司射先反位。注言先至先也。釋曰云鄉不言司射先反位三耦未有次外位無所先也者凡言反位者謂前已有位今乃反之是今禮反於舊位舊位第一番之時三耦次外舊無位司射雖先有位不得言先反位是以決之。三耦拾取矢如初。小射正作取矢如初。小射正司射之佐作取矢禮殺代之。[疏]三耦至如初。注小射至代之。釋曰云禮殺代之者決第一番不言小射正作取矢。三耦既拾取矢。諸公卿大夫皆降。如初位。與耦入於次。皆袒決遂執弓。皆進當楅。進坐。說矢束。上射東面。下射西面。拾取矢如三耦。皆進當楅進揖之位也凡繼射命耦而已不作射取矢從初。[疏]三耦至三耦。注皆進至從初。釋曰云凡繼射命耦者前三耦卒射後大夫與大夫降至三耦之南西面北上司射東面于大夫之西比耦大夫與大夫命上射曰某御於子命下射曰子與某子射卒遂比衆耦云云至公即席後賓升階復位筵而後卿大夫繼射後衆耦皆繼射釋獲皆如初注云諸公卿言取弓矢衆言釋獲互言也既司射注司射所作唯上耦是此文小射正但作三耦拾取矢公以下亦無作拾文故曰不作取矢從初從三耦法也。若士與大夫爲耦。士東面。大夫西面。大夫進坐。說矢束。退反位。說矢束自同於三耦謙也。[疏]注說矢至謙也。釋曰云自同於三耦謙也者以云說矢束自同於三耦謙也卿射坐說矢束注云說矢束耦者下耦以將拾取彼不言同三耦者彼三耦非大夫故也。耦揖進坐。兼取乘矢。興。順羽且左還。毋周。反面揖。兼取乘矢不敢與大夫拾。大夫進坐。亦兼取乘矢。如其耦。北面搢三挾一个。揖進大夫。與其耦皆適次。釋弓說決拾。襲反位。諸公卿升就席。大夫反位諸公卿乃升就席大夫與已上下位。[疏]注大夫至下位。釋曰諸公卿大夫自爲耦者拾取矢在前大夫與士耦者說矢束拾取矢在後今待大夫反位公卿乃升就席者以其上大夫與下大夫同是大夫爵但上下有異耳故上大夫待下大夫反位乃後升就席。衆射者繼拾取矢。皆如三耦。遂入于次。釋弓矢。說決拾。襲反位。司射猶挾一个以作射如初。一耦揖升如初。司馬升命去侯。負侯許諾。司馬降。釋弓反位。司射與司馬交于階

前。倚扑于階西。適阼階下。北面。請以樂于公。公許。請奏樂以爲節也始射獲而未釋獲復釋獲復用樂行之君子之於事也始取苟能中課有功終用成法教化之漸也射用應樂爲難孔子曰射者何以聽循聲而發發而不失正鵠者其唯賢者乎〔疏〕注請奏至者乎○釋曰云請奏樂以爲節也者謂若天子騶虞九節諸侯貍首七節大夫采蘋士采蘩皆五節云始射獲而未釋獲者謂第一番三耦射中時雖唱獲未釋筭云復釋獲者謂第二番衆耦皆射釋釋筭未作樂云復用樂行之者謂第三番射非直釋筭復用樂焉云射用應樂爲難者但禮射其容體比於禮其節奏比於樂又須中於侯名爲應樂節云孔子曰者禮記射義文引之者證射用應樂而爲難之意　司射反搢扑。東面命樂正曰。命用樂。言君有命用樂射也樂正在工南北面〔疏〕注言君至北面○釋曰云樂正在工南北面者此時工在洗東西東樂正在工南北面司射在西階下東面經云命樂正者東面遥命之　樂正曰。諾。司射遂適堂下北面視上射。命曰不鼓不釋。不與鼓節相應不釋筭也鼓亦樂之節學記曰鼓無當於五聲五聲弗得不和凡射之鼓節投壺其存者也周禮射節天子九諸侯七卿大夫以下五〔疏〕注不與至下五○釋曰引學記者證鼓得與樂爲節之事云凡射之鼓節投壺其存者也者射之鼓節多少無文案今禮記投壺篇圖出魯鼓薛鼓云取半以下爲投壺節盡用之爲射節是其投壺存者云周禮射節天子九以下者是射人樂師皆有此支引之者證射節多少　上射揖司射退反位。樂正命大師曰。奏貍首閒若一。樂正西面受命左還東面命大師以大射之樂章使奏之也貍首逸詩曾孫也貍之言不來也其詩有射諸侯首不朝者之言因以名篇後世失之謂之曾孫曾孫者其章頭也射義所載詩曰曾孫侯氏是也以爲諸侯射節者采其既有弧矢之威又言小大莫處御於君所以燕以射則燕則譽有樂以時會君事之志也閒若一者調其聲之疏數重節〔疏〕上射至若一○注樂正至重節○釋曰云貍首逸詩曾孫也者以其貍首是篇名曾孫是章頭知者以其射義上文云其節天子以騶虞諸侯以貍首卿大夫以采蘋士以采蘩以類言之騶虞采蘋是篇名貍首篇名可知射義下文諸侯君臣盡志於射又云故詩曰曾孫侯氏四正具舉小大莫處御於君所注云此曾孫之詩諸侯之射節也四正正爵四行也四行者獻賓獻公獻卿獻大夫乃後樂作而射也上云貍首下云曾孫章頭也是以鄭云曾孫其章頭射義所載曾孫侯氏是也云後世失之謂之曾孫者以曾孫爲篇名是失之云曾孫其章頭也是正世人也云小大莫處已下則燕則譽以上皆射義文彼注以燕以射先行燕禮乃射是也云閒若一者調其聲之疏數重節者謂九節七節五節中閒相去或希疏或密數中閒使如一必疏數如一者重此樂故也　大師不興。許諾。樂正反位。奏貍首以射。三耦卒射。賓待于物如初。公樂作而后就物。稍屬不以樂志。其他如初儀。不以樂志君之射儀遲速從心其發不必應樂辟不敏也志意所擬度也春秋傳曰吾志其目〔疏〕大師至初儀○注不以至其目○釋曰此經云如初者皆如上第二番射法唯作樂爲異耳云辟不敏也者若以樂志不與樂節相應則見君不敏今不以樂志遲速從心其發不必應樂是辟不敏也引春秋傳者定八年左氏傳文正月公侵齊門于陽州其時魯人顏息射人中眉退曰我無勇吾志其目也服氏注云志中其目是非其誠詐以自矜引之者證志是意所擬度也　卒射如初。賓就席。諸公卿大夫衆射者皆繼射。釋獲如初。卒射降。反位。釋獲者執餘獲進告。左右卒射如初。司馬升。命取矢。負侯許諾。司馬降。釋弓反位。小臣委矢。司馬師乘之。皆如初。司射釋弓視筭如初。釋獲者以賢獲與鈞告如初。復位。司射命設豐。實觶如初。遂命勝者執張弓。不勝者執弛弓。升飲如初。卒退豐與觶如初。司射猶袒決遂。左執弓。右執一个。兼諸弦面鏃。適次。命拾取矢如初。側持弦矢曰執面猶尚也兼矢於弦尚鏃將止變於射也〔疏〕注側持至射也○釋曰上文皆云挾一个此經云執一个故上注云方持弦矢曰挾以其將射故也此注云側持弦矢曰執謂鏃向上故云兼矢於弦尚鏃將止變於射也案鄉射禮云矢不挾兼諸弦弣不言面鏃此言面鏃不言兼弦弣各舉一邊省文之義言兼弦弣者一矢兼弦三矢兼弣也　司射反位。三耦及諸公卿大夫衆射者。皆袒決遂。以拾取矢如初。矢不挾。兼諸弦面鏃。退適次。皆授有司弓矢。襲反位。不挾亦謂執之如司射　卿大夫升就席。司射適次。釋弓說決拾。去扑。襲反位。司馬正命退楅解綱。小臣師退楅。巾車量人解左下綱。司馬師命獲者以旌與薦俎退。解猶釋也今文司馬師無司馬　司射命釋獲者退中與筭而俟。諸所退射器皆俟備若復射釋獲者亦退其薦俎〔疏〕注諸所至薦俎○釋曰云皆俟備若復射者但射已三番於後或射或否但臣不敢必君射故備擬於君也云釋獲者亦退其薦俎者前辟薦俎今既退中與筭薦俎不可虛留明亦退之可知　公又舉奠觶。唯公所賜。若賓若長。以旅于西階上如初。大夫卒受者。以虛觶降奠于篚。反位。〔疏〕公又至反位○釋曰此一節論射訖爲大夫舉旅之事　司馬正升自西階東楹之東。北面告于公。請徹俎。公許。射事既畢禮殺人倦宜徹俎燕坐〔疏〕司馬至公許○釋曰自此盡反位坐論徹俎升坐安燕之事　遂適西階上。北面告于賓。賓北面取俎以出。諸公卿取俎如賓禮。遂出授從者于門外。自其從者　大夫降復位。門東北面位〔疏〕大夫降復位○注門東北面位○釋曰云大夫降者大夫雖無俎以賓及公卿皆送俎不可獨立於堂故降復位云門東北面位者謂初小臣納卿大夫門東北面揖位案下文賓諸公卿皆入門東面北上謂在西階下知大夫不復在西階下位者以其言復位者復前位其西階下舊無位故知非西階下若然公卿入西階下鄭云諸公卿不入門而右以將燕亦因從賓者也大夫以公卿未入不可猶居西階故在門東北面位也　庶子正徹公俎。降自阼階以東。降自阼階若親徹也以東去藏　賓諸公卿皆入門東面北上。諸公卿不入門而右以將燕亦因從賓　司正升賓。賓諸公卿大夫皆說屨。升就席。公以賓及卿大夫皆坐乃安。命以我安臣於君尚猶踧踖至此乃敢安　羞庶羞。羞進也庶衆也所進衆羞謂膷肝膋狗胾醢也或有炮鼈膾鯉雉兔鶉鴽〔疏〕羞庶羞○注羞進至鶉鴽○釋曰知有膷肝膋者此大射先行燕禮燕法其牲唯有狗又案內則云肝膋取狗肝一幪之以其膋濡炙之舉燋其膋不蓼注云膋腸閒脂故知此羞中有肝膋也又知有狗胾醢者以其公食大夫有牛胾炙羊胾炙豕胾炙此燕無三牲故知胾醢亦用狗知有炮鼈膾鯉者案六月詩云吉甫燕喜既多受祉又云飲御諸友炰鼈膾鯉故知有此也公食大夫有王事之勞乃有之故六月詩鄭注以吉甫遠從鎬地來又日月長久今飲之酒使其諸友恩舊者侍之又加其珍美之饌所以極勸之也是有王事之勞乃有之無王事之勞則無故公食大夫不見也又知有雉兔鶉鴽者公食大夫二十豆有此四者此仍引內則上大夫二十豆者不引二十豆盡以其二十豆有三牲之物此狗故唯引此四者　大夫祭薦。燕乃祭薦不敢於盛成禮〔疏〕大夫祭薦○注燕乃至成禮○釋曰云燕乃祭薦不敢於盛成禮者此大夫卑不敢與公卿同時於盛成禮也　司正升受命。皆命。公曰。衆無不醉。賓及諸公卿大夫皆興。對曰。諾。敢不醉。皆反位坐。皆命者命賓命諸公卿大夫皆鄉其位也興對必降席敬也司正退立西序端〔疏〕司正至位坐○注皆命至序端○釋曰云興對必降席者經直云興不言降席鄭知降席者以爲反坐故知降席也言敬也者決上文司正命賓與大夫以我安雖未坐不云降而對故以此爲敬若然上不降席者彼直云安未盡殷勤故不降此命使醉是盡殷勤故與降加敬也知司正退立西序端者案司正監酒此將獻士事未訖亦如鄉飲酒監旅時立于西序端也　主人洗酌獻士于西階上。士長升拜受觶。主人拜送。獻士用觶士賤也今文觶作觚〔疏〕主人至拜送○注獻士至作觚○釋曰自此盡士坐祭立奠于篚論獻士及祝史等之事云獻士用觶士賤也者言獻士用觶對上獻大夫已上觚觚二升觶三升用大者賤用小者尊故云士賤也　士坐祭立

飲。不拜。既爵。其他不拜。坐祭立飲。其他謂衆士也升不拜受爵〔疏〕注其他至受爵○釋曰云其他謂衆士也者長謂士中之長次云士謂長已下下云其他謂衆士者亦謂二十七士以其下經旅食謂庶人在官故知此非府史以下乃薦司正與射人于觶南。北面東上。司正爲上。司正射人士也以齒受獻既乃薦之也司正大射正也射人小射正畧其佐〔疏〕注司正至其佐○釋曰案燕禮薦司正與射人一人司士一人執冪二人此不言其數又不言司士與執冪者以射人是小射正非一人互見執事執事者皆同獻不言其數不言執冪者二人文不具辯獻士。士既獻者。立于東方。西面北上。乃薦士。士既獻易位者以卿大夫在堂臣位尊東也畢獻薦之畧賤〔疏〕注士既至畧賤○釋曰云畢獻薦之畧賤者案上獻士立飲是畢獻訖乃云乃薦司正與射人于觶南是獻士又獻司正已下若然薦士當在乃薦司正上至此言之者其實薦士在乃薦司正上今此更言士得獻訖立在東方立畢乃薦不畢獻待司正薦乃薦士也是以薦司正言乃者綏辭明司正已下薦在士後也祝史小臣師。亦就其位而薦之。亦者亦士也辯獻乃薦也祝史門東北面東上主人就士旅食之尊而獻之。旅食不拜。受爵。坐祭立飲。主人既酌西面士旅食北面受之不洗者於賤畧之〔疏〕注主人至畧之○釋曰知主人既酌西面士旅食北面受之者以其不可背君南面授故知位之如此若然大史等亦北面則亦西面授酒也其小臣師等案上文位在阼階東面自然北面授主人執虛爵奠于篚。復位。賓降洗。升媵觶于公。酌散下拜。公降一等。小臣正辭。賓升再拜稽首。公荅再拜。賓受公賜多矣禮將終宜勸公序厚意也今文觶爲觚公荅拜無再拜〔疏〕賓降至再拜○釋曰自此盡旅酌論賓舉爵爲士舉旅行酬之事○注賓受至再拜○釋曰云賓受公賜多矣禮將終宜勸公序厚意也者上文爲賓爲卿爲大夫舉旅皆臣自致爵今此其賓爲士舉旅行酬因得爲賓致爵於君故鄭云序賓厚意也賓坐祭卒爵。再拜稽首。公荅再拜。賓降。洗象觚升。酌膳。坐奠于薦南。降拜。小臣正辭。賓升成拜。公荅拜。賓反位。反位反席也此觚當爲觶〔疏〕注反位至爲觶○釋曰自此已前賓位在西階下東面無席戶牖之閒位則有席此賓升成拜不言降反位明反位者反於戶牖之閒席位云此觚當爲觶者凡旅酬皆用觶獻士尚用觶故知觚當爲觶下經觚亦當爲觶公坐取賓所媵觶。興。唯公所賜。受者如初受酬之禮。降。更爵洗。升。酌膳。下再拜稽首。小臣正辭。升成拜。公荅拜。乃就席。坐行之。坐行之若今坐相勸酒有執爵者。士有盥升主酌授之

〔疏〕有執爵者○注士有至授之○釋曰知士有盥升者以其爲公卿大夫使行旅不可不絜知是士者案下文云士有執膳爵者有執散爵者故知士有盥升主酌授之唯受于公者拜。公所賜者拜其餘則否司正命執爵者爵辯。卒受者興以酬士。欲令惠均〔疏〕注欲令惠均○釋曰以堂上公卿大夫旅偏并堂下之士故云欲令惠均也大夫卒受者以爵興。西階上酬士。士升。大夫奠爵拜。受荅拜。興酬士者士立堂下與上坐者異也〔疏〕注興酬至異也○釋曰云興酬士者決向來堂上相旅皆坐相酬執爵者行之大夫未能受酬者輒興西階上故鄭云士立堂下與上坐者異也大夫立卒爵。不拜實之。士拜受。大夫拜送。士旅于西階上。辯。祝史小臣師旅食皆及焉〔疏〕注祝史至及焉○釋曰鄭知祝史以下皆得旅酬者前得獻祝史與旅皆得獻明此旅酬得之可知士旅酌。旅序也士以次自酌相酬無執爵者〔疏〕士旅酌○注旅序至爵者○釋曰云無執爵者對上文卿大夫等有執爵者以其坐故也士無執爵者以其賤不坐故以次自酌以相酬無執爵者也若命曰復射。則不獻庶子。獻庶子則正禮畢後無事〔疏〕注獻庶至無事○釋曰獻酬之禮庶子以下最後得獻若獻庶子之後正禮畢不得更有射事故命復射在獻庶子之前司射命射唯欲。司射命賓及諸公卿大夫射欲者則射不欲者則止可否之事從人心也〔疏〕注司射至心也○釋曰此乃三番射後爵行無筭非直慊怠復有醉者是以不可恣心所欲卿大夫皆降。再拜稽首。公荅拜。拜君樂與臣下執事無已不言賓賓從羣臣禮在上〔疏〕注拜君至在上○釋曰云不言賓賓從羣臣禮在上者謂初酬賓直言賓再舉旅言若長不專於賓已是禮殺第三舉旅云唯公所賜若賓若長至此賓士舉旅直云唯公所賜復不言若賓若長賓從羣臣禮在上壹發中三侯皆獲。其功一也而和者益多尚歡樂也矢揚觸或有參中者〔疏〕注其功至中者○釋曰上文第二番第三番唯公得中三侯皆釋獲至此燕後一復射禮殺臣與君同是以鄭云和者益多尚歡樂也云其功一也者謂三侯所中皆是功故云一也云矢揚觸或有參中者卿大夫主射參侯士主射豻侯其中或揚觸容中別侯皆與釋主人洗升自西階。獻庶子于阼階上。如獻士之禮。辯獻降洗。遂獻左右正與內小臣。皆於阼階上。如獻庶子之禮。庶子既掌正六牲之體又正舞位授舞器與膳宰樂正聯事又掌國子戒令教治世子之官也左右正謂樂正僕人正也位在中庭之左右小樂正在頌磬之北右也工在西卽北面工遷於東則東面大樂正在笙磬之北左也工在西則西面工遷於東則北面僕人正相大師工升堂與其師士降立於小樂正之北北上工遷於東則陪其工後國君無故不釋縣二正君之近官也內小臣奄人掌君陰事陰令后夫人之官也獻三官於阼階別內外臣也同獻更洗以時事不聯也獻正下及內小臣則磬人鍾人鑮人鼓人僕人師僕人士盡獻可

知也庶子內小臣位在小臣師之東少退西上〔疏〕主人至之禮○注庶子至西上○釋曰云小樂正在頌磬之北右也工在西即北面者工在西謂遷樂於下時大師少師上工立於鼓北也云工遷於東則東面者案上遷樂於東之時直云大師少師上工皆東坫之東不見小樂正從之明留在西縣之北東面向工矣云大樂正在笙磬之北左也工在西則西面者案上文司射東面命樂正單言樂正者謂大樂正既東面命之則大樂正元立於東矣以其工在西階下故知西面向之矣云工遷於東則北面者案上文樂正及位大師既西面明樂正北面可知是以鄉射工遷於東西面北上樂正北面立于其南此亦與彼同北面也云國君無故不釋縣二正君之近官也言此者人君路寢之廷樂縣不釋樂正與僕人正同掌樂事是君之近官也云同獻更洗以時事不聯也者以其雖同獻於阼階上獻有前後故更爵洗之是以云時事不聯也云庶子內小臣位在小臣師之東者案公食堂上夾北有宰夫內宰在東北此射禮堂上夾北無宰位又案執事者堂上又非樂人不得在樂正位以其與小臣師同名小臣故知小臣師之東也又云少退西上者見公食在宰東北少退故知此亦少退知西上者以此位皆西上故也無筭爵。筭數也爵行無次數唯意所勸醉而止〔疏〕無筭爵○釋曰自此盡無筭樂論爵與樂恣意無數之事士也有執膳爵者。有執散爵者。執膳爵者酌以進公。公不拜受。執散爵者。酌以之公命所賜。所賜者興受爵。降席下奠爵。再拜稽首。公荅再拜。席下席西受賜爵者。以爵就席坐。公卒爵。然後飲。酬之禮爵代舉今爵並行嫌不代也並行猶代者明勸惠從尊者來〔疏〕注酬之至者來○釋曰凡行酬之法轉爵遞飲今膳散兩有宜得即飲猶待公卒爵乃飲猶代飲然明惠從公來嫌得即飲不代故著嫌不卒爵然後飲故曰嫌不代執膳爵者受公爵。酌反奠之。燕之歡在飲酒成其意也〔疏〕注燕之至意也○釋曰云燕之歡在飲酒者謂安燕之歡正在於飲酒故受公爵者更酌反奠於公所擬公更賜爵是其歡燕成之意也受賜者興。授執散爵者。執散爵者。乃酌行之。與其所勸者唯受于公者拜。卒爵者興。以酬士于西階上。士升。大夫不拜。乃飲實爵。乃猶而也〔疏〕注乃猶而也○釋曰鄭轉乃爲而者乃是緩辭於禮不切故爲之也士不拜。受爵。大夫就席。士旅酌亦如之。公有命徹冪。則賓及諸公卿大夫皆降西階下。北面東上。再拜稽首。命徹冪者公意殷勤欲盡酒公命小臣正辭。公荅拜。大夫皆辟。升反位。升不成拜於將醉正臣禮〔疏〕注升不至臣禮○釋曰於例臣於堂下再拜稽首得小臣以君命辭其拜不成當升成拜今直升不成拜者以其拜於下是臣之正禮故鄭云於將醉正臣禮士終旅於上。如初。卿大夫降而爵

止於其反席卒之〔疏〕注卿大至卒之○釋曰上文卿大夫酬辯始酬士公命徹冪公卿以下降而爵止是以卿大夫升反席士以下相酬而卒之無筭樂。升歌間合無次數唯意所樂宵則庶子執燭於阼階上。司宮執燭於西階上。甸人執大燭於庭。閽人爲燭於門外。宵夜也燭燋也甸人掌共薪蒸者庭大燭爲其位廣也爲作也作燭候賓出〔疏〕宵則庶子執燭○釋曰自此盡篇終論禮畢容公卿出入之事賓醉。北面坐。取其薦脯以降。取脯重得君之賜奏陔。陔夏樂章也其歌頌類也以鍾鼓奏之其篇今亡賓所執脯以賜鍾人于門內霤。遂出。必賜鍾人鍾人以鍾鼓奏陔夏賜之脯明雖醉志禮不忘樂〔疏〕賓所至遂出○釋曰案鄉飲酒鄉射賓出無取脯賜鍾人之事者彼是臣禮此爲君法故詳畧不同卿大夫皆出。從賓出公不送。臣也與之安燕交歡嫌亢禮也〔疏〕公不送○注臣也至禮也○釋曰案燕義云使宰夫爲獻主臣莫敢與君亢禮繇來安燕交歡君若送之是臣與君亢禮故君不送賓也故燕禮注云賓禮訖臣禮是也公入驁。驁夏亦樂章也以鍾鼓奏之其詩今亡此公出而言入者射宮在郊以將還爲入燕不驁者於路寢無出入也〔疏〕公入驁○注驁夏至入也○釋曰云驁夏亦樂章也者案周禮鍾師有九夏皆樂章其中有驁夏如陔夏故云亦樂章也云以鍾鼓奏之者案鍾師以鍾鼓奏九夏鄭云先擊鍾次擊鼓故云以鍾鼓奏之云其詩今亡者鄭注鍾師云九夏皆詩篇名頌之族類也此歌之大者載在樂章樂崩亦從而亡是以頌不能具是其今亡云此公出而言入者射宮在郊以將還爲入者天子射在虞庠周之小學在西郊案鄉射記於郊則閭中鄭注云諸侯大學在郊是諸侯大射所故言入者射宮在郊以將還爲入也鄭知燕在路寢者燕禮記云燕朝服於寢與羣臣賓客燕不合在燕燕在路寢故知從路寢也此篇所解多不具者以其諸侯大夫射先行燕禮大射三番多依鄉射是以與禮同者於此不復重釋之也

儀禮卷第七　經六千八百九十　注七千三百八

儀禮注疏卷十八校勘記　阮元撰盧宣旬摘錄

諸公卿

至三耦之南 通解同毛本至下有其字

公將射

君尊若始焉 毛本作君尊若爲始者

公就物

司射請立司正 毛本射作舍要義作射毛本請作親諸本俱作請○按作請是也

則司射又與大射正爲一人 要義同毛本又作人

小臣正贊袒 袒重脩監本誤作祖

乃云公袒朱襦 毛本袒誤作襦

乃設拾 通解要義同毛本設作決

卒射

司射不告者 徐本通解同毛本不下有言字

司射適階西○北面視筭 視釋文作眡云本亦作視

每委異之

易校數 徐本通解同毛本校作枝陳閩監葛俱誤作效

東面坐

少北於故 徐陳通解同毛本北作比

若左右鈞○賓八算于中 賓石經補缺誤作賓

司射遂袒執弓 唐石經徐本楊敖同毛本無遂字

不勝者皆襲

欲與勝者 通解陳本同毛本欲上有邦字閩監俱作郤

三耦及衆射者

雖不飲爵 要義同毛本通解飲下有罰字

若不數中 要義通解同毛本數誤作教

小射正○勝者先升升堂少右 升通解不重

不勝者進

明知未飲時 通解同毛本未誤作來

與升飲者相左○退俟于序端 毛本俟誤作次

若賓諸公卿大夫

以其大夫在堂上 毛本無其字

僕人師洗升實觶 毛本實作賓唐石經徐本通解楊敖俱作實是也

若飲公

兕觥角爵 要義同毛本角作司與毛傳不合

故云角觶謂賓酌如兕自飲君卽下文賓降洗象觶亦從獻酬之爵不敢用罰爵也 要義同通解畧有刪潤與此稍異毛本作故云角爵也無觶謂以下二十九字非也

賓坐

故云象 毛本象作也按象字是

若諸公卿大夫之耦

以尊與卑爲耦 徐本楊氏同毛本通解無與卑二字

司宮尊侯

但聖人設法 要義同毛本設法作射決

二升曰觚 閩監本通解同毛本觚作觥

司馬正洗散

皆以事名之 毛本名誤作明

司馬正西面拜送爵

卒爵禮祭侯訖 毛本侯上有諸字　亦兼獻徒 毛本獻下有其字

獲者右執爵

強飲強食 徐本同毛本強作彊

祭肺不奠爵 要義同毛本肺下有皆字　今祭俎不奠 奠下要義有爵字

是以知祝辭有異 毛本異作之

適左个

注鄉射至三祭 毛本鄉射作先祭○按毛本是

卒祭

此鄉受獻之位也 徐本楊敖同毛本鍾本通解此俱作北

司馬師受虛爵

擧尊而言也 也要義作之

以獻大侯服不獲者 要義同毛本通解以作巳

明此經獲者是糝侯豻侯可知 要義同通解作明此是糝侯豻侯之獲者可知毛本此作知餘與通解同

受獻先言隸僕人 要義同毛本受作交

卒司馬師受虛爵 唐石經徐本通解楊敖同毛本無師字

司射適階西 毛本適誤作釋

辟中 徐本通解楊敖同毛本辟作辨

歸功於侯 通解同毛本於下有此字

反揞扑適次

云歸言拾者閩本作鄉　謂第一射時毛本一下有番字

司射先反位

乃出反次外西面位位楊氏作立

三耦未有次位徐本同毛本通解次下有外字與疏合

三耦次外毛本外下有位字　是以決之通解同毛本決作次

三耦拾取矢毛本三誤作二

三耦既拾取矢

司射東面于大夫西比耦毛本比作北閩本作比按前經諸本或作比此疏則各本皆作北疑賈氏所據之經獨爲北耳閩本作比殆因形似偶誤非有意也○按此義見前第十八葉司射東面于大夫之西北耦條下許宗彥說

賓升階復位還筵通解要義同毛本賓作擯○按作賓與上文經合

大夫進坐

待大夫反位通解待下有下字毛本反作及陳本通解俱作反皆是也

衆射者繼拾取矢毛本繼誤作既

司射與司馬

君子之於事也徐本通解楊氏同毛本無也字

云復用樂行之者通解同毛本云復作一獲按云復是也

證射用應樂而爲難之意毛本無樂字

樂正曰諾○北面視上射唐石經徐本通解楊敖同毛本視作眂按釋文于前視算作眂注云本亦作視于此無則亦作視也眂當从目从耳非也

五聲不得不和徐本通解楊氏同毛本無五聲二字非也

是其投壺存者通解要義同毛本無其字

大師不興○公樂作而后就物毛本后誤作後

意所儗度也毛本儗作擬釋文徐本俱从人與述注合

證志是意所儗度也儗毛本作擬

司射命設豐

尚鏃毛本通解作而鏃向上四字○按尚鏃是也

此言面鏃不言兼弦附毛本無鏃不言三字

大夫降復位

故在門東北面位也毛本無位字○按有位字與注合

司正升賓○皆說屨毛本屨誤作履

羞庶羞

或有炮鼈膾鯉炮嚴本作炰釋文徐本俱作炮釋文云炮或作炰焦

骨腸閒脂毛本脂誤作腊　知有炮鼈膾鯉者要義炮作炰

炰鼈膾鯉陳閩監本要義同毛本炰作炮○按作炰與詩合

使其諸友恩舊者侍之要義同毛本侍作待○按作侍與毛詩六月箋合

司正升受命

未盡殷勤通解同毛本殷勤作慇懃下同　此將獻士毛本通解士作主非也

主人洗酌

對上獻大夫已上觚要義同毛本已上作用字通解已上之下仍有用字

乃薦司正

又不言司士與執冪者以射人是小射正非一人互見

執事執事者皆同獻不言其數不言執冪者二人文不

具自以射至冪者二十九字毛本脫

賓降洗升

無再拜按拜字疑衍

賓坐祭○公荅拜賓反位唐石經徐本通解要義敖氏同毛本無賓字石經考文提要云上云賓升成拜升與反位相承

公坐○如初受酬之禮毛本酬誤作成

有執爵者

士有執膳爵者通解同毛本膳下有散字○按下文無散字

有執散爵者通解同毛本無散字○按下文有散字

司正命執爵者

并堂下之士故云欲令惠均也毛本無故云欲令惠均六字

大夫立卒爵

得之可知要義同毛本得下有獻字

司射命射唯欲

非直懈怠非直此本倒依毛本訂正

卿大夫皆降

不專於賓已毛本已作也

若長此下二十五字此本唯有從羣臣禮在上六字依毛本通解補入

壹發

而和者益多徐本通解楊氏同毛本益作亦○按益與疏合

尚歡樂也歡陳本作勸

上文第二番通解同毛本上文作士云陳閩俱作上云

主人洗升

不見小樂正從之陳本通解同毛本小作少

按上文樂正及位浦鏜云反誤及

無算爵

論爵與樂恣意無數之事毛本無樂字

受賜爵者

故着嫌不卒爵要義同毛本作故必卒爵通解與毛本同

執膳爵者

成之意也之陳閩通解俱作其

唯受于公者拜

故爲之也陳閩通解同毛本之作而

士不拜受爵○北面東上石經補缺誤作北北面上

宵則庶子執燭於阼階上

俟賓出徐陳通解同毛本俟作候

賓所執脯

此爲君法毛本同陳閩俱作此謂君臣法○按上句云彼是臣禮故云此爲君法陳本閩本並誤衍臣字

公不送

臣禮是也浦鏜云是臣誤臣禮○按或當作是臣也無禮字

儀禮疏卷第十九　儀禮卷第八

唐朝散大夫行大學博士弘文館學士臣賈公彥等撰

聘禮第八

〔疏〕聘禮第八○鄭目録云大問曰聘諸侯相於久無事使卿相問之禮小聘使大夫周禮曰凡諸侯之邦交歲相問殷相聘也世相朝也於五禮屬賓禮大戴第十四小戴第十五別録第八○釋曰鄭云大問曰聘者則此篇發首所論是也云久無事者案下記云久無事則聘焉注云事謂盟會之屬若有事上相見故鄭據久無事而言云小聘使大夫者下經云小聘曰問其禮如爲介三介是也周禮曰者大行人文鄭彼注云小聘曰問殷中也久無事又於殷朝者及而相聘也父死子立曰世凡君即位大國朝焉小國聘焉此皆所以習禮考義正刑一德以尊天子也必擇有道之國而就脩之然歲相問殷相聘聘義所云比年小聘三年大聘是也大行人云上公九介侯伯七介子男五介又云凡諸侯之卿其禮各下其君二等聘義上公七介侯伯五介子男三介是諸侯之卿介各下其君二等者也若小聘曰問使大夫又下其卿二等此聘禮是侯伯之卿大聘以其經云五介上介奉束錦士介四人皆奉玉錦又云入竟張旜孤卿建旜據侯伯之卿之聘者必見侯伯之卿聘者周公作經互見爲義此見侯伯之卿大聘玉人云琢圭璋八寸璧琮八寸以規聘上公之臣公食大夫組賓云倫膚七據子男之臣是各舉一邊而言明五等俱有是其互見爲義也

儀禮　鄭氏注

聘禮。君與卿圖事。圖謀也謀聘故及可使者謀事者必因朝其位君南面卿西面大夫北面士東面〔疏〕聘禮至圖事○注圖謀至東面○釋曰自此盡官具論聘人及用幣之事云謀聘故及可使者謀聘者爲久無事須聘故謂有事故或因聘或特行若記云若有故則卒聘束帛加書將命是因聘者也晉侯使韓穿來言汶陽之田之類是特行者也言及可使者謂於三卿之中選可使者即經云遂命使者是也其總三事皆須謀者也言謀事者必因朝者欲取對衆共詢之意云其位君南面已下知面位者然此儀禮之內見諸侯三朝燕朝燕禮是也又射朝大射是也不見路門外正朝正朝當與二朝面位同案燕禮大射皆云卿西面大夫北面士東面公降階南面揖之是以知正朝面位然也若天子三朝射人見射朝司士見正朝不見燕朝以諸侯正朝與燕朝同明天子燕朝亦與正朝同也

遂命使者。遂猶因也既謀其人因命之也聘使卿〔疏〕遂命至使者○注遂猶至使卿○釋曰云既謀其人因命之也者謂謀其人人亦在謀事之中故云因命即上注可使者是也云聘使卿者以其經云及竟張旜周禮司常云孤卿建旜故知使卿也若然使者自在謀內審知所聘之國遠近何以下記云使者既受行出遂見宰問幾月之資注云古者君臣謀密草創未知所之遠近問行用多少但所謀之時經云出聘不言其國使者不得審知故更問之是以左氏吳公子季札遂聘齊晉衞鄭之等下文云無行則重賄反幣是亦有歷聘之事也

使者再拜稽首辭。辭以不敏〔疏〕使者至首辭○注辭以不敏○釋曰云辭以不敏者鄭取孝經曾子曰參不敏之辭爲義也

君不許。乃退。退反位也受命者必進〔疏〕君不許乃退○注退反至必進○釋曰知受命者必進者以其云退故知進乃有退法是受命前進近君也

既圖事。戒上介亦如之。既已也戒猶命也已謀事乃命上介難於使者易於介〔疏〕既圖至如之○注既已至於介○釋曰既謀事乃命介在謀後別命之謀使者是難謀後命介是易也

宰命司馬戒衆介。衆介皆逆命不辭。宰上卿貳君事者也諸侯謂司徒爲宰衆介者士也士屬司馬周禮司馬之屬司士掌作士適四方使爲介逆猶受也〔疏〕宰命至不辭○注宰上至受也○釋曰天子有六卿天地四時之官是諸侯兼官而有三卿立地官司徒兼冢宰立夏官司馬兼春官立冬官司空兼秋官是以左氏杜泄云吾子爲司徒叔孫爲司馬孟孫爲司空故禮記內則云后王命冢宰降德于衆兆民鄭云周禮冢宰掌飲食司徒掌十二教今一云冢宰記者據諸侯也諸侯并六卿爲三或兼職焉是其諸侯并六卿爲三諸侯以司徒爲冢宰義與此同宰上卿貳君事諸侯謂司徒爲宰者也云士屬司馬引周禮者案司士屬司馬而云作士適四方使爲介諸侯之司馬亦然故引以證諸侯司馬戒衆介也云不辭者是其副使之賤者故不敢辭

宰書幣。書聘所用幣多少也宰又掌制國之用〔疏〕宰書幣○注書聘至之用○釋曰宰即上命司馬兼官者也云書聘所用幣多少也者謂聘鄰國享君及夫人問卿之等幣周禮司儀云凡諸侯之交各稱其邦而爲之幣以其幣爲之禮鄭云幣享幣也於大國則豐於小國則殺是也云宰又掌制國之用者案王制云冢宰制國用必於歲之杪是以使之書幣也

命宰夫官具。宰夫宰之屬也命之使衆官具幣及所宜齎〔疏〕命宰夫官具○注宰夫至宜齎○釋曰所命者冢宰司徒命之以宰夫屬司徒周禮宰夫掌百官府之徵令故命諸官云官具者謂使宰夫命諸官各具所行幣在官之府其司非一故言衆官幣謂享幣及問大夫問卿總具之及所宜齎者謂行道所用多少皆是

及期夕幣。及猶至也夕幣先行之日夕陳幣而視之重聘也〔疏〕及期夕幣○注及猶至聘也○釋曰自此盡受書以行論陳幣付使者之事云夕幣先行之日夕知者此下云厥明釋幣于禰是行日明此夕是先行之日夕也云視之者正謂賓及衆介視之故下云使者朝服帥衆介夕注云視視其事是也

使者朝服。帥衆介夕。視其事也古文帥皆作率

管人布幕于寢門外。管猶館也館人謂掌次舍帷幕者也布幕以承幣寢門外朝也古文管作官今文布作敷〔疏〕管人至門外○注管猶至作敷○釋曰云館人謂掌次舍帷幕者也者案天官有掌舍掌次幕人等掌次云有邦事則張幕設案掌舍職云爲帷宮設旌門又幕人云掌帷幕幄帟綬之事鄭云在旁曰帷在上曰幕幕或在地揔言之也云幕以承幣者即下文官陳幣是也云寢門外朝也者謂路門外即正朝之處也下記云宗人授次次以帷則館人與宗人共掌之若賓客則宗人掌之也

官陳幣皮北首西上。加其奉於左皮上。馬則北面奠幣于其前。奉所奉以致命謂束帛及玄纁也馬言則者此享主用皮或時用馬馬入則在幕南皮馬皆乘古文奉爲卷今文無則〔疏〕官陳至其前○注奉所至無則○釋曰云官陳幣者即上文官具者也館人布幕於地官陳幣於其上云奉所奉以致命謂束帛及玄纁也者所奉謂後享時奉入以致命故知是以下文享時所致束帛加璧以享君玄纁加琮以享夫人鄭不言璧琮者璧琮不陳厥明乃授之也云馬言則者此享主用皮或時用馬者主用皮謂有皮之國國無皮者乃用馬故下云庭實皮則攝之鄭注云皮言則者或用馬也記云皮馬相間可也注猶代也土物有宜也云馬入則在幕南者以經云馬則北面奠幣于其前也是馬在幕南故下展幣時云馬則幕南北面奠幣于其前也知皮馬皆乘者案下賓覿時云總乘馬又云禮玉束帛乘皮是皆乘也

使者北面。衆介立于其左。東上。既受行同位也位在幕南〔疏〕使者至東上○注既受至幕南○釋曰云既受行同位者對未受命行已前卿大夫士面位各異是以記云使者既受行日朝同位鄭注云謂前夕幣之間同位者使者北面介立于其左少退別其處臣也是知在幕南者幣在幕上使者須視幣故在幕南也

卿大夫在幕東。西面北上。大夫西面辟使者〔疏〕卿大至北上○注大夫至使者○釋曰此謂處者大夫常北面今與卿同西面故云辟使者

宰入告具于君。君朝服出門左南鄉。入告入路門而告〔疏〕注入告至而告○釋曰朝在路門外故知入路門至路寢而告君以其在路寢聽政處故也

史讀書展幣。展猶校録也史幕東西面讀書賈人坐撫其幣每者曰在必西面者欲君與使者俱見之也〔疏〕史讀書展幣○注展猶至之也○釋曰知史幕東西面者以其君南面使者北面故知幕東西面讀之可知是以鄭云欲君與使者俱見之也知賈人撫幣者以其人主幣行者故知賈人撫幣受之其幣謂官具之者非直所奉而已若然賈人當在幕西東面撫之亦欲使君與賓俱見之也

宰執書告備具于君。授使者。使者受書授上介。史展幣畢以書還授宰宰既告備以書授使者其受授皆北面〔疏〕注史展至北面○釋曰云史展幣畢以書還授宰者以其宰在幕東西面史居前西面讀書展幣訖明迴還授宰宰以書授使者云其受授皆北面者當宰以書授使者之時宰來至使者之東北面授使使者北面授介三者皆北面向君故也

公揖入。揖禮羣臣〔疏〕公揖入○釋曰以展幣授使者訖禮畢故入於寢也

官載其幣舍于朝。待旦行也〔疏〕官載至于朝○注待旦行也○釋曰此云官謂官人從賓行者與前官陳幣者異必知以下文入竟又展之又有司展羣幣以告注云有司載幣行者自展自告是也云待旦行者下文厥明釋幣遂行是也

上介視載者。監其安處之畢乃出〔疏〕上介至乃出○釋曰經直云上介視載者注云監其安處之畢乃出不言餘人出則上文舍於朝不載者待旦則行以其須守幣故也

所受書以行。爲當復展〔疏〕所受書以行○注爲當復展○釋曰書謂前宰授使者此書將行爲當復展故也

厥明。賓朝服。釋幣于禰。告爲君使也賓使者謂之賓尊之也天子諸侯將出告羣廟大夫告禰而已凡釋幣設洗盥如祭〔疏〕厥明至于禰○注告爲至如祭○釋曰自此盡亦如之論賓與上介將行告禰之事云朝服者卿大夫朝服祭故還服朝服告也云天子諸侯將出告羣廟者案禮記曾子問云孔子曰諸侯適天子必告于祖奠于禰注云皆奠幣以告之是諸侯出告羣廟案彼下文又云孔子曰天子諸侯將出必以幣帛皮圭告于祖禰遂奉以出是天子與諸侯同告羣廟之事云大夫告

禰而已者大夫三廟降天子不得並告故直告禰而已若父在則告祖知者下記云賜饔唯羹飪筮一尸若昭若穆注云筮尸若昭若穆容父在父在則祭祖父卒則祭禰以此言之明初行時父在釋幣於祖廟可知案昭元年楚公子圍聘於鄭云布几筵於莊共之廟而來服氏云莊謂楚莊王圍之祖共王圍之父是大夫並告羣廟者彼不告聘直告娶故得並告古者大夫得因聘而娶故傳云且娶於公孫段氏是也云凡釋幣設洗盥如祭者案曾子問云凡告用牲幣注云牲當爲制則告無牲直用幣而已但執幣須絜當有洗而盥手其設洗如祭祀之時亦洗當東榮南北以堂深水在洗東篚在洗西必知無祭事者下文還時云乃至于禰筵几于室薦脯醢觴酒陳鄭云行釋幣反釋奠畧出謹入是其差也

有司筵几于室中。祝先入。主人從入。主人在右再拜。祝告。又再拜。更云主人者廟中之稱也祝告告以主人將行也〔疏〕有司至再拜○注更云至行也○釋曰云更云主人者廟中之稱也者上云賓至此更云主人是廟中之稱故特牲少牢皆稱主人對聘稱賓也

釋幣制玄纁束。奠于几下。出。祝釋之也凡物十曰束玄纁之率玄居三纁居二朝貢禮云純四只制丈八尺〔疏〕釋幣至下出○注祝釋至八尺○釋曰知祝釋幣者案曾子問君薨而世子生大祝裨冕執束帛升自西階命無哭告曰某之子生敢告奠幣於殯東則知此亦大祝釋之可知也云凡物十曰束者案昏禮玄纁束則每卷二丈自餘行禮云束者每卷一丈八尺爲制幣帛錦十卷者皆名束至於脯十脡亦曰束故云凡物十曰束也云玄纁之率玄居三纁居二者言率皆如是也玄三纁二者象天三覆地二也云朝貢禮云純四只制丈八尺者純謂幅之廣狹制謂舒之長短周禮趙商問只長八寸四八三十二幅廣三尺二寸大廣非其度鄭志荅云古積畫誤爲四當爲三三咫則二尺四寸矣雜記云納幣一束束五兩兩五尋然則每卷二丈若作制幣者每卷丈八尺爲制合卷爲匹也

主人立于戶東。祝立于牖西。少頃之閒示有俟於神〔疏〕注少頃至於神○釋曰案士虞禮無尸者出戶而聽若食閒此無祭事故云有俟於神也

又入取幣降卷幣實于笲埋于西階東。又入者祝也埋幣必盛以器若藏之然

又釋幣于行。告將行也行者之先其古人之名未聞天子諸侯有常祀在冬大夫三祀曰門曰行曰厲喪禮有毀宗躐行出于大門則行神之位在廟門外西方不言埋幣可知也今時民春秋祭祀有行神古之遺禮乎〔疏〕又釋幣于行○注告將至禮乎○釋曰云行者之先其古人之名未聞者此謂平地道路之神云古人名未聞者謂古人教人行道路者此其人名字未聞云天子諸侯有常祀在冬者月令祀行是也言此者欲見大夫雖三祀有行無常祀因行使始出有告禮而已至於出城又有軷祭祭山川之神喻無險難也大夫三祀曰門曰行曰厲者見祭法文云喪禮有毀宗躐行出于大門者檀弓文案彼云掘中霤而浴毀竈以綴足及葬毀宗躐行出于大門殷道也下文周柩入毀宗雖不云躐行亦有行可知所毀者毀廟門西而云躐行明行神在廟門西矣不云埋幣可知者承上宗廟埋之此亦埋可知云今時民春秋祭祀有行神古之餘禮乎者鄭以行神無正文雖約檀弓猶引漢法爲況乎者猶疑之矣若然城外祭山川之神有軷壇此禮行神亦當有軷壤是月令冬祭行注云行在廟門外之西爲軷壇厚二寸廣五尺輪四尺是也

遂受命。賓須介來乃受命也言遂者明自是出不復入〔疏〕遂受命○注賓須至復入○釋曰下云上介及衆介俟于使者之門外是其賓須介來乃受命也云自是出不復入者自釋幣於門不復更入若然則待介於門矣

上介釋幣亦如之。如其於禰與行

上介及衆介俟于使者之門外。俟待也待於門外東面北上〔疏〕上介至門外○注俟待至北上○釋曰自此盡斂旜爲使者與介向君朝受命即行之事知待於門外東面北上者上云賓釋幣訖不復入明介待賓於大門外賓出則向君也言東面北上者依賓容門外之位

使者載旜帥以受命于朝。旜旌旗屬也載之者所以表識其事也周禮曰通帛爲旜又曰孤卿建旜至於朝門使者北面東上古文旜皆爲膳〔疏〕使者至于朝○注旜旌至爲膳○釋曰云載之者所以表識其事者人見張旜則知是孤卿爲使之事是表識其事也云周禮曰者司常文云至於朝門者凡平諸侯三門皋應路路門外有常朝位下文君臣皆朝列位乃使卿進使者使者乃入至朝即此朝門者皋門外矣知北面東上者還依展幣之位也

君朝服南鄉。卿大夫西面北上。君使卿進使者。進之者使者謙不敢必君之終使已〔疏〕君朝服至使者○注進之至使已○釋曰此還依展幣之位知大夫與卿同西面避賓下文使者還亦同展幣北面東上位

使者入。及衆介隨入。北面東上。君揖使者進之。上介立于其左。接聞命。進之者有命宜相近也接猶續也

賈人西面坐啓櫝。取圭垂繅。不起而授宰。賈人在官知物賈者繅所以藉圭也其或拜則奠于其上今文繅作璪〔疏〕賈人至授宰○注賈人至作璪○釋曰云賈人在官知物賈者謂若王制云庶人之在官府史胥徒之類以知物賈故名賈云其或拜則奠于其上者故覲禮記云奠圭于繅上是也但繅有二種一者以木爲中幹以韋衣之天子五采公侯伯三采子男二采采爲再行下記及典瑞皆有其文此爲繅也下記云絇組尺及曲禮下文執玉其有藉者則裼鄭亦爲之繅若韋版爲之者奠玉於上此則無垂繅屈繅之事若絇組爲之者所以繫玉於韋版使不失墜此乃有屈垂之法則此經所云者是也案向來所注皆以韋版繅藉解之者鄭意以承玉及繫玉二者所據雖異所用相將又同名爲繅是以和合解之故以韋版爲之者以解絇組之繅也

宰執圭屈繅。自公左授使者。屈繅者斂之禮以相變爲敬也自公左贊幣之義〔疏〕宰執至使者○注屈繅至之義○釋曰云自公左贊幣之義者禮記少儀云詔辭自右贊幣自左取地道尊右之法是贊幣之義故於公左也

使者受圭。同面垂繅以受命。同面者宰就使者北面並授之既授之而君出命矣凡授受者授由其右受由其左〔疏〕使者至受命○注同面至其左○釋曰知宰就使者北面者以經言同面不見使者進文使者既先北面故知就使者北面並面授之既授與使者即言受命明知則出命矣云凡授受者授由其右受由其左者據此宰由其右授使者使者受由其左又據鄉飲酒鄉射燕禮獻酢酬皆授由其右受由其左故云凡以廣之若有所因由則有授由左受由右是以使者反命之時宰自公左受玉鄭云亦於使者之東同面並受不右使者由便也又賓授覲時士受馬適右受鄭云適牽者之右而受由便又鄉飲酒云受酬者自介右鄭云尊介使不失故位如此者皆是變例鄭據平常行事而言也

既述命。同面授上介。述命者循君之言重失誤〔疏〕既述至上介○注述命至失誤○釋曰上文授玉訖君出命命辭雖不知何語要知使者既受命使者又重述君命爲述命述命者重失誤

上介受圭屈繅。出授賈人。衆介不從。賈人將行者在門外北面〔疏〕上介至不從○注賈人至北面○釋曰云衆介不從者以上介送圭向外與賈人反來故衆介不從以待之云賈人將行者知者經言授賈人使受之則是行人主掌此玉故知將行者對上云賈人出玉者是留者也知在門外北面者以其使者在門外時皆北面此賈人不入明依本北面可知

受享束帛加璧。受夫人之聘璋。享玄纁束帛加琮。皆如初。享獻也既聘又獻所以厚恩惠也帛今之璧色繒也夫人亦有聘享者以其與已同體爲國小君也其聘用璋取其半圭也君享用璧夫人用琮天地配合之象也圭璋特達瑞也璧琮有加往德也周禮曰瑑圭璋璧琮以覜聘〔疏〕受享至如初○注享獻至覜聘○釋曰此經中三事上經已受聘君圭此經受享君束帛加璧又受聘夫人璋又受享夫人琮案上文夕幣時云官陳幣皮北首西上加其奉於左皮上鄭注云奉所奉以致命謂束帛及玄纁也則知所陳直陳束帛及玄纁不陳璧琮是以此經受璧而連言束帛玄纁者以其享時束帛加璧於其上玄纁加琮於其上以相配之物故兼言束帛玄纁若然璧琮右受者以其璧琮與圭璋同類尊之故也云帛今之璧色繒者周禮大宗伯云孤執皮帛鄭注亦然又案宗伯云以蒼璧禮天下云牲幣各放其器之色幣即幣帛禮天之璧用蒼色則幣帛之色亦蒼色是璧色繒於漢時云璧色繒者亦因周法則此束帛亦與璧色同以其相配但未知正用何色耳云聘用璋取其半圭知半曰璋者案周禮典瑞云四圭有邸以祀天兩圭有邸以祀地圭璧以祀日月璋邸射以祀山川以上向下差之以兩圭半四圭圭璧半兩圭璋邸射又半圭璧是半圭曰璋也云圭璋特達瑞也者聘義云圭璋特達德也鄭云特達謂以朝聘也言瑞者大宗伯云以玉作六瑞公執桓圭以下皆是瑞故尚書云班瑞於羣后言特達者不加束帛也云璧琮有加往德也者謂加於束帛之上言往德者郊特牲云束帛加璧往德也謂以束帛加璧致厚往爲主君有德故以玉致之君子於玉比德故言往德也往德義出於彼鄭言此者欲見朝聘享用玉之意也周禮曰玉人文云瑑圭璋璧琮以覜聘者欲見此篇聘賓不用君之所執圭璋以其公則執桓圭侯執信圭伯執躬圭子執穀璧男執蒲璧臣出聘圭璋璧琮則瑑之而已無此桓信躬穀蒲之文又所執皆降其君一等故引之爲證也

遂行。舍于郊。於此脫舍衣服乃即道也曲禮曰凡爲君使已受命君言不宿於家〔疏〕遂行舍于郊○注於此至於家○釋曰言遂行者受命則行不留停故云遂行言於此脫舍衣服乃即道者上文云賓朝服告禰及遂朝君受命至此衣服未改鄭注云吉時道路深衣則此脫舍朝服服深衣而行故云於此脫舍衣服乃即道也引曲禮者見受君命及君言言別有告請之事遂行舍於郊則彼云不宿于家也

斂旜。此行道耳未有事也斂藏也〔疏〕斂旜○注此行至藏也○釋曰云此行道耳未有事也者案下

文云及竟張旝是有事也故此自郊已後未有事斂藏也若過邦至于竟使次介假道。束帛將命于朝。曰。請帥。奠幣。至竟而假道諸侯以國爲家不敢直徑也將猶奉也帥猶道也請道已道路所當由〔疏〕若過至奠幣○注至竟至當由○釋曰自此盡執策於其後論過他國竟假道之事云諸侯以國爲家不敢直徑者案左氏傳僖三十三年秦師襲鄭不假道於晉爲晉所敗是其不假道直徑過天子之師行過無假道以其天子以天下爲家所在如主人故也天子微弱則有之是以周語定王使單襄公聘於宋遂假道於陳以聘楚服氏注云是時天子微弱故與諸侯相聘同是也下大夫取以人告。出許。遂受幣。言遂者明受其幣非爲許故也容其辭讓不得命也〔疏〕下大夫至受幣○注言遂至命也○釋曰云言遂者明受其幣非爲許故也者幣本爲行禮非爲求許若許受幣當云出許受幣不須言遂今不以許道受幣云遂是以容其辭讓不受此幣不得命遂受之故云遂也餼之以其禮。上賓大牢。積唯芻禾。介皆有餼。凡賜人以牲生曰餼餼猶稟也給也以其禮者尊卑有常差也常差者上賓上介牲用大牢羣介用少牢米皆百筥牲陳于門內之西北面米設于中庭上賓上介致之以束帛羣介則牽羊焉上賓有禾十車芻二十車禾以秣馬〔疏〕餼之至有餼○注凡賜至秣馬○釋曰此謂主國所致禮云凡賜人以牲生曰餼者一言凡者總解諸文案此下經云主國使卿歸饔餼五牢云飪一牢腥二牢餼二牢陳于門西鄭注云餼生也牛羊右牽之豕東之是牲生曰餼上介及士亦皆牲生爲餼論語云告朔之餼羊鄭注亦云牲生曰餼春秋傳云餼臧石牛服氏亦云牲生是凡牲生曰餼春秋僖三十三年鄭皇武子云餼牽竭矣服氏以爲腥曰餼以其對牽故以餼爲腥詩序云雖有牲牢饔餼鄭云腥曰餼以其對生是活故以餼爲腥又不爲牲生者鄭望文爲義故注不同也餼猶稟也給也者於賓爲稟稟受也於主人爲給給賓客也云以其禮者尊卑有常差常差者上賓上介牲用大牢經不言上介知與賓同大牢者若上介與羣介同當爲介皆少牢是以下文大夫餼賓云上賓上介皆大牢米八筐衆介皆少牢米六筐是上介與賓同之義也云米皆百筥以下盡二十車皆約下文君使卿致饔餼禮若然上介與賓同大牢依大夫餼賓禮米不依大夫餼賓與上介米八筐而依君致饔餼者以此經有芻禾大夫餼賓禮無芻禾故還依主國歸饔餼之禮也案下歸饔餼上賓上介米陳于門內衆介米百筥設於門外鄭不言者畧而不辨之也云上賓上介致之以束帛羣介則牽羊者案大夫餼賓禮使者宰牛以致之上介亦如之不依此依歸饔餼者以其彼此皆是國君禮唯牽以行道之閒不依歸饔餼之法致之用束帛宜與歸饔餼同也云羣介則牽羊焉者致禮於士無用束帛之法但歸饔餼則用大牢禮盛宰夫朝服牽牛以致之此衆介皆少牢當與大夫餼賓少牢亦牽羊以致之同也無正文故言則也上賓有禾十車芻二十車亦與下歸饔餼同也若然大牢則上介與上賓同芻禾不同者以經上賓云唯芻禾言唯著異明上介無也但下文設飧時大夫之禮禾視死牢而已此餼賓用生牢不用死牢得有禾者此過國致禮異於常禮故生致而有芻禾也以芻薪倍禾故禾十車芻二十車也士帥沒其竟。沒盡誓于其竟。賓南面。上介西面。衆介北面東上。史讀

書。司馬執策。立于其後。此使次介假道止而誓也賓南面專威信也史於衆介之前北面讀書以勑告士衆爲其犯禮暴掠也禮君行師從卿行旅從司馬主軍法者執策示罰〔疏〕誓于至其後○注此使至示罰○釋曰此誓當在使次介假道之時止而誓言今在士帥沒其竟之後言之者此文因上設彼國禮法詑乃更却本而言之不謂此士帥沒竟後是以鄭云此使次介假道止而誓也言賓南面專威信者此聘禮雖非軍事亦是梱外之事使專威信故南面若君然也知史於衆介之前北面讀書者以經言衆介北面則言史讀書明亦北面與衆介同北面又賓南面復對之故也云君行師從已下定四年召陵之會祝佗辭引之者此聘使有旅從恐暴掠也未入竟。壹肆。謂於所聘之國竟也肆習也習聘之威儀重失誤〔疏〕未入竟壹肆○注謂於至失誤○釋曰自此盡私事論雖未至主國預習聘享威儀之事此與下文爲目所習之禮事在下云謂於所聘之國者鄭解未入境境謂所聘之國境未入也爲壝壇畫階。帷其北無宮。壝土象壇也帷其北宜有所鄉依也無宮不壝土畫外垣也〔疏〕爲壝至無宮○注壝土至垣也○釋曰案覲禮與司儀同爲壇三成宮方三百步此則無外宮其壇壝土爲之無成又無尺數象之而已云帷其北宜有所鄉依者雖不立主人賓介習禮宜有所向故帷其北也云無宮不壝土畫外垣也者不壝土爲宮是畫外垣垣牆壝土爲外牆土今則不畫宮也朝服無主。無執也。不立主人主人尊也不執玉不敢褻也徒習其威儀而已〔疏〕朝服至執也○注不立至而已○釋曰云不立主人主也者主人則注國君受聘享者不立臣作君故云主人尊也介皆與北面西上。入門左之位也古文與作豫〔疏〕介皆至西上○注入門至作豫○釋曰此所習之禮不習大門外內及廟門內之禮者以其於外威儀少而易行故畧之但習入廟聘享揖讓升降布幣授玉之禮是以直云北面西上之位也云入門左之位者案下文云賓入門左介皆入門右北面西上是也習享。士執庭實。士士介也庭實必執之者皮則有攝張之節〔疏〕習享士執庭實○注士執士庭至之節○釋曰享時庭實旅百獻國所有非止於皮知所執是皮者以其金龜竹箭之等皆列之於地不執之所執者唯有皮而已是以下聘時賓升致命授玉之時執皮者張之以見文是以特言執也是以云皮有攝張之節習夫人之聘享亦如之。習公事。不習私事。公事致命者也〔疏〕習夫至私事○注公事致命者也○釋曰云習夫人之聘享亦如之者以其行聘君訖則行聘夫人行享君訖即行享夫人還君受之一如受君禮故云亦如之也云習公事者謂君聘享夫人聘享及問大夫皆致君命故鄭云公事致命者是以下文行君聘享及夫人聘享訖擯出請賓告事畢鄭注云公事畢又問卿時云卿大夫升堂北面聽命賓東面致命鄭注云致其君之命皆公事致命者也私事者謂私覿於君私面於卿大夫故下文賓覿入門右注云私事自闑右是又問卿訖賓西面如覿幣入門右大夫辭賓遂左注云見私事賓雖敵謙入門右爲若降等然是也若然大夫之幣不在朝付之至郊乃付之避君禮不謂非公事及竟。張旝誓。及至也張旝明事在此國也張旝謂使人維之〔疏〕及竟張旝誓○注及至至維之○釋曰自此盡入境斂旝論賓至主國之境謁關人見威儀之事云張旝明事

在此國者以其行道斂旝及境張旝明所聘之事在此國故張旝以表其事也是以鄭云明事在此國也云張旝使人維之者案禮緯稽命徵云大夫杠五刃齊於較較崇八尺人又長八尺人維得手及之者蓋以物接之乃得維持之案節氏掌祭祀朝覲六人維王之大常諸侯則四人但大常十二旒八人有六則一人維持二旒鄭云維之以縷用縷維之大夫無文諸侯四人不依命數大夫或一人或二人維持之乃謁關人。謁告也古者竟上爲關以譏異服識異言〔疏〕乃謁關人○注謁告至異言○釋曰古者境上爲關者王城十二門則亦通十二辰有一門一關諸侯未知幾關魯廢六關半天子則餘諸侯亦或然也云關譏異言案王制云關譏而不征注亦云幾異服異言二注皆無正文案周禮司門云幾出入不物注云不物衣服視占不與衆同鄭以出入不物幾之則不物中含有此異服異言云衣服視占不與衆同則是異也但周禮司關上士二人中士四人又云每關下士二人但司關爲都總主十二關居在國都每關下士二人者各主一關今所謂關人者謂告每關關人來告司關司關爲之告王故司關職云凡四方之賓客叩關則爲之告是也關人問從者幾人。欲知聘問且爲有司當共委積之具〔疏〕關人至幾人○注欲知至之具○釋曰不問使人而問從者關人卑者不敢輕問尊者故問從者云欲知聘問者問得一從者即知使者是大聘亦知使者是小聘知者以君行師從一州之民卿行旅從一黨之人若大夫小聘當一旅之人百人也且謂有司當共委積之具者賓客入竟當於廬宿市設少曰委多曰積是爲行道之具也以介對。以所與受命者對謙也聘禮上公之使者七介侯伯之使者五介子男之使者三介以其代君交於列國是以貴之周禮曰凡諸侯之卿其禮各下其君二等〔疏〕以介對○注以所至二等○釋曰云以所與受命者對謙也者上問從者幾人當爲卿行旅從對今不云而以介與受命者對是謙也聘禮上公之使七介至三介皆禮記聘義文而云聘禮者聘義亦得言聘禮也云以其代君交於列國是以貴之貴之者隨國大小節級與之介以副使者是貴之也引周禮者欲見貴之殺下其君二等而已也鄭注周禮二等謂介與朝位賓主之間也君使士請事。遂以入竟。請猶問也問所爲來之故也遂以入因道之〔疏〕君使至入竟○注請猶至道之○釋曰君得關人告即知爲聘來使士迎之故聘義云君使士迎于竟是也而云使士請事君子不必人故知而猶問也云遂以入竟者若然向來賓之問猶停關外君使士請訖乃導以入竟入竟。斂旝乃展。復校錄幣重其事斂旝變於始入〔疏〕入竟斂旝乃展○注復校至始入○釋曰自此盡賈人之館論三度展幣之事云重其事者亦恐有脫漏失錯故云重其事不可輕也斂旝變於始入者上及竟張旝注云事在此國也此則入竟後乃斂斂之者謂若初出至郊斂旝鄭云行道耳未有事也此亦及竟示有事於此國張之始入張之去國遠更是行道未有事故鄭云變於始入始入時示有事於此國今是行道去之故云變於始入也布幕。賓朝服立于幕東西面。介皆北面東上。賈人北面坐。拭圭。拭清也側幕而坐乃開櫝〔疏〕布幕至拭圭○注拭清至開櫝○釋曰賓西面者雖不對君由是臣道與於前誓時示威信也知賈人側幕者以其幕所陳皆賈人所主此主雖不陳亦宜側近於幕以開圭也知賈人坐者下文聘時於廟門外

賈人開圭坐授上介故知此亦坐遂執展之。持之而立告在〔疏〕遂執展之。注持之而立。○釋曰此經告訖下文乃云上介北面視之則此所告者告賓云在上介乃視之上介北面視之。退復位。言退復位則視圭進違位〔疏〕上介至復位。○注言退至違位。○釋曰鄭言此者見經直有退文不見其進故云則視圭進也違位之言出於曲禮曲禮云揖人必違其位鄭云禮以變爲敬今此進違位亦是敬也退圭。圭璋尊不陳之〔疏〕退圭。○注圭璋尊不陳之。○釋曰尊不陳對下文拭璧加于左皮上陳之爲卑故也上不言璋直言圭下乃言夫人之聘享則璋未拭而并言璋者欲見皆不陳故陳皮。北首西上。又拭璧。展之。會諸其幣。加于左皮上。上介視之。退。會合也諸於也古文曰陳幣北首〔疏〕陳皮至之退。○注會合至北首。○釋曰壁言合諸幣者享時當合故今亦合而陳之故小行人云合六幣六幣亦是所享之物故也北面奠幣于其前。前當前幕上展夫人之聘享亦如之。賈人告于上介。上介告于賓。展夫人聘享上介不視貶於君也賈人既拭璋琮南面告於上介上介於是乃東面以告賓亦所謂放而文之類〔疏〕展夫至于賓。○注展夫至之類。○釋曰知面位如此者其賈人北面在幕南上介亦北面明賈人既拭夫人聘璋享琮訖乃迴身南面告上介上介於是還東面告賓可知也云所謂放而文之類者所謂禮器文案禮器云有放而文也注云謂若天子服日月以至黼黻是天子衣放象日月以下而爲文今夫人聘享展訖但上介不視至於賈人南面告上介上介東面告賓放象君禮而爲文變是其類也有司展羣幣以告。羣幣私覿及大夫者有司藏幣者自展自告〔疏〕有司至以告。○注羣幣至自告。○釋曰云羣幣私覿及大夫者上展君及夫人幣訖此言有司展羣幣故知是私覿及大夫者私覿者行君夫人聘享訖賓以私禮已物見主君云及大夫者亦謂賓以已物面主國之卿必知私覿之幣是賓介自將已物者以經記上下雖有君及夫人聘享及問大夫聘之幣付使者之文不見有付賓介私覿之幣又案下文賓將遂云遂行舍于郊公使卿贈如覿幣使下大夫贈上介亦如之使士贈衆介如其覿幣還至本國陳幣于朝云上賓之公幣私幣皆陳上介公幣陳他介皆否注云此幣使者及介所得於彼國君卿大夫之贈賜也其禮於君者不陳公幣君之賜也私幣卿大夫之幣也至於賓反命訖君使宰賜使者及介幣以此言之彼國所報私覿之幣還與賓介明知私覿是賓介私齎行可知也夏官校人云凡國之使者皆供其幣馬鄭注使者所用私覿若然彼使者謂天子使卿大夫存覜省問諸侯之事使者得之行私覿私覿之馬校人供之與諸侯禮異也及郊。又展如初。郊遠郊也周制天子畿內千里遠郊百里以此差之遠郊上公五十里侯伯三十里子男十里也近郊各半之〔疏〕及郊至如初。○注郊遠至半之。○釋曰云周制天子畿內千里者周禮大司徒云制其畿方千里據周禮而言其自殷已上亦畿方千里商頌云邦畿千里唯民所止夏亦千里王制云天子縣內方千里鄭據夏時禹貢方千里曰甸服據唐虞畿內是也云遠郊百里者司馬法文畿方千里王城面五百里以百里爲遠郊若公百里中置國城面二百五十里故遠郊五十里自此已下至子男差之可知云近郊各半之者亦約周天子遠郊百里近郊五十里亦無正文尚書君陳序云命君陳分正東郊成周鄭注周之近郊五十里今河南洛陽相去則然鄭以目驗知之若然天子近郊半遠郊則諸侯近郊各半遠郊可知也及館。展幣於賈人之館如初。館舍也遠郊之內有候館可以小休止沐浴展幣不于賓館者爲主國之人有勞問已者就焉便疾也〔疏〕及館至如初。○注館舍至疾也。○釋曰案周禮遺人職云十里有廬三十里有宿五十里有市市有候館畿內道路皆有候館鄭云遠郊之內有候館者據此候館在遠郊之內指而言之不謂於此獨有也以行道之間停息故云小休止沐浴又得展幣也云展幣不于賓館者爲主國之人有勞問已者就焉便疾也者若并在賓館則事煩不疾若展幣於賈人之館其賓館受勞問是以就賈人之館展幣便疾也案大行人諸侯朝天子上公三勞侯伯再勞子男一勞孤不問一勞諸侯自相朝無過如朝天子遣臣相聘無過一勞此下文使卿近郊勞此乃遠郊之內得有此勞問已者謂同姓舅甥之國而加恩厚者別有遠郊之內問勞也賓至于近郊。張旜。君使下大夫請行。反。君使卿朝服。用束帛勞。請行問所之也雖知之謙不必也士請事大夫請行卿勞彌尊賓也其服皆朝服〔疏〕賓至至帛勞。○注請行至朝服。○釋曰自此盡遂以賓入論主君使大夫及卿行請勞之事入近郊張旜者示將有事以自表也知皆朝服者以卿勞禮重尚朝服明以外士大夫輕者朝服可知也故舉後以明前也上介出請入告。賓禮辭。迎于舍門之外。再拜。出請出門西面請所以來事也入告入北面告賓也每所及至皆有舍其有來者皆出請入告于此言之者賓彌尊事彌錄〔疏〕上介至再拜。○注出請至彌錄。○釋曰云入北面告賓也者此時賓當在館阼階西面故上介北面告賓也云每所及至皆有舍其有來者皆出請入告于此言之者賓彌尊事彌錄者道皆有廬宿市來之舍前出請士大夫請行亦當出請入告於此始言之者先士次大夫後卿以是先卑後尊今復見此言故云賓彌尊事彌錄也勞者不荅拜。凡爲人使不當其禮〔疏〕勞者至其禮。○注凡爲至其禮。○釋曰言凡者非直此卿爲君勞賓不敢當其禮不荅拜聘賓亦初入大門主君拜賓辟不荅拜也如此之類皆然故云凡以該之至後儐勞者與之荅拜爲已故也賓揖先入受于舍門內。不受于堂此主於侯伯之臣也公之臣受勞於堂〔疏〕賓揖至門內。○注不受至於堂。○釋曰知公之臣受勞於堂者案司儀云諸公之臣相爲國客及大夫郊勞三辭拜辱三讓登聽命是公之臣受勞於堂之事勞者奉幣入。東面致命。東面鄉賓〔疏〕勞者至致命。○注東面鄉賓。○釋曰賓在館如主人當入門西面故勞者東面向之也賓北面聽命。還少退。再拜稽首。受幣。勞者出。北面聽命若君南面然少退象降拜〔疏〕賓北至者出。○注北面至降拜。○釋曰云北面聽命若君南面然云少退象降拜者下文歸饔餼大夫東面致命賓階西面再拜稽首是此象之也若然此行尊卑禮訝受法歸饔餼時上北面受幣此在庭亦當北面訝受幣勞者南面可知也授老幣。老賓之臣〔疏〕授老幣。○注老賓之臣。○釋曰大夫家臣稱老若趙魏臧氏老之類也出迎勞者。欲儐之〔疏〕出迎勞者。○注欲儐之。○釋曰司儀注云上於下曰禮敵者曰儐此言儐者欲見賓以禮禮使者故云欲儐之勞者禮辭。賓揖先入。勞者從之。乘皮設。設於門內也物四曰乘皮麋鹿皮也〔疏〕勞者至皮設。○注設於至皮也。○釋曰庭實當三分庭一在南設之今以儐勞者在庭故設於門內也云皮麋鹿皮者鄭於下注云君於臣臣於君麋鹿皮可者以無正文知用麋鹿皮者案郊特牲云虎豹之皮示服猛也彼諸侯朝享天子法用虎豹此臣聘君降於享天子法用麋鹿皮故齊語云齊桓公使諸侯輕其幣用麋鹿皮四張亦一隅也賓用束錦儐勞者。言儐者賓在公館如家之義亦以來者爲賓〔疏〕賓用至勞者。○注言儐至爲賓。○釋曰云言儐者賓在公館如家之義亦以來者爲賓者凡言儐者謂報於賓今以賓在公館故若主人故云儐勞者即以勞者爲賓故也勞者再拜稽首受。稽首尊國賓也〔疏〕勞者至首受。○注稽首尊國賓。○釋曰周禮大祝辨九拜一曰稽首首至地臣拜君法二曰頓首頭叩地平敵相拜法三曰空首首至手君荅臣下拜法郊特牲云大夫之臣不稽首非尊家臣以辟君也今此勞者與賓同類不頓首而稽首故云尊國賓也下賓亦稽首送者以是爲君使故亦稽首以報之也賓再拜稽首送幣。受送拜皆北面象階上〔疏〕注受送至階上。○釋曰知受送拜皆北面象階上者此經面位無文案歸饔餼賓大夫時賓楹閒北面授幣大夫西面受此賓亦宜與彼同北面授還北面拜送若然云受送拜皆北面者誤當云授送拜皆北面並據賓而言也勞者揖皮出。乃退。賓送再拜。揖皮出東面揖執皮者而出〔疏〕勞者至再拜。○注揖皮至而出。○釋曰知東面揖執皮者以其執皮者在門內當門勞者在執皮之西故知東面揖皮可知揖之若親受之又執皮者是賓之使者執皮者得揖從出勞者從人當訝受之是以公食大夫禮云賓三飯公侑食以束帛庭實設乘皮賓受幣賓出揖庭實出鄭云揖執皮者若親受云上介受賓幣從者訝受皮則此從者亦訝受可知也

儀禮注疏卷十九校勘記　阮元撰盧宣旬摘錄

聘禮第八

歲相問　毛本通解有也字

入竟張旜　陳本通解要義同毛本入作及

瑑圭璋八寸　毛本瑑誤從土

聘禮

爲久無事須聘　毛本須作明○按須是也

遂命使者

使者自在謀內　要義同毛本在作其

宰命司馬戒衆介

諸侯謂司徒爲宰 張氏曰注曰諸侯謂司徒爲宰又曰宰夫宰之屬也按釋文云大宰音泰下放此自宰命司馬而下皆不見大字古者天子有大宰諸侯則以司徒兼爲之疑注司徒爲宰之句合稱大宰又燕禮注曰宰夫大宰之屬又大射注曰宰夫冢宰之屬公食大夫注曰甸人冢宰之屬又曰司宮大宰之屬彼不兼大則兼冢此不應獨稱宰之屬故又疑注宰之屬也之句亦有大字增二大從釋文○按集釋此注有大字下注無

吾子爲司徒 要義同通解楊氏毛本吾子俱作季孫

司徒掌十二教今 陳監要義同毛本今作令

宰書幣

宰卽上命同馬兼官者也 馬要義作徒

管人布幕于寢門外

云館人 要義同毛本館作管○按作館是也

爲帷宮 毛本同陳閩監本要義宮俱作官○按周禮掌舍作宮

云幕以承幣者 要義同毛本云下有布字○按注文有布字

使者北面

使者須視幣 陳閩本通解同毛本視作親○按視是也

宰執書告備具于君

云史展幣畢 要義同毛本無史字○按有史字與注合

釋幣

象天三覆地二也 要義同毛本二下有載字

鄭志荅云 要義同毛本通解楊氏志俱作元

又釋幣于行

此謂平地道路之神 要義同毛本地作治

喻無險難也 金曰追云諭今誤喻按喻者諭之或作字

今時民春秋祭祀 要義同毛本祀作神○按祀與注合

古之餘禮乎者 要義同毛本餘作遺○按遺與注合

此禮行神 毛本同通解禮作祭

行在廟門外之西 要義同毛本在作至○按在字與月令孟冬注合

使者載旜

凡平諸侯三門 要義同毛本凡下無平字○按平字誤

賈人西面坐啟櫝

在官知物賈者 賈楊氏作價○按賈正字價俗字

下記云絢組尺 陳閩通解要義楊氏同毛本記作謂○按記是也

鄭亦爲之繅 要義同毛本通解爲作謂

受享

取其半圭也 諸本同毛本圭作珪

天地配合之象也 配釋文作妃云本亦作配集釋作妃

瑑圭璋璧琮以覜聘 覜葛本集釋俱作頫

則此束帛 要義同毛本帛作幣○按帛是也

但未知正用何色耳 要義同毛本正作圭○按正是也

遂行舍於郊

凡爲君使 使下楊氏有者字

乃卽道者 要義同毛本者作也○按依下文述注則此處當作也者

及遂朝君受命 陳本通解要義同毛本及作乃

於此所脫舍衣服 毛本無所字○按所疑衍文

若過邦

直徑過 要義同毛本徑作經○按徑是

故與諸侯相聘同 同要義作問

下大夫取以入告

若許受幣 毛本通解若下有因字許下有道字

餼之以其禮

牛羊右牽之 要義同毛本右下有手字○按曲禮云效馬效羊者右牽之此涉彼文而誤脫也下文注疏並作牛羊右手牽之

餼臧石牛 要義同毛本臧作藏

稟受也 要義同毛本稟下有者字

而依君致饔餼者 毛本君作者○按君是也

大夫餼賓禮無芻禾 毛本無字在餼下

致之用束帛 毛本帛在之下

士帥沒其竟 毛本帥誤作師

誓于其竟○司馬執策 徐本敖氏同釋文毛本策作筴云音策集釋通解楊氏亦俱是筴

史於衆介之前 徐本集釋通解楊氏敖氏同毛本史作使

復對之故也云 毛本故也作也故○按毛本是

未入竟壹肄 壹釋文集釋俱作一

介皆與

布幣授玉之禮 通解要義楊氏同毛本授作受

介皆入門右 浦鏜云左誤右○按浦云是也

習享

皆列之於地 通解要義同毛本無之字

習夫人之聘享

及夫人聘享訖 陳本要義同毛本夫人作大夫○按夫人是也

又問卿時云 卿閩本作鄉

及竟

大夫杠五刃 通解同毛本杠作扛

乃謁關人

以譏異服 釋文作幾云本亦作譏集釋亦作幾

亦或然也 亦要義作理

云關譏異言 要義同毛本作云關譏異服譏異言者

幾幾異服異言 要義同毛本上幾字作譏陳閩俱無○按今王制注作譏譏異服識異言

凡四方之賓客 要義無之字○按周禮有

關人問從者幾人

當共委積之具 陸氏曰共本或作供同後放此

當一族之人百人也 毛本族作旅陳閩俱誤作放監本作族之下陳閩俱無人字○按旅是也

且謂有司 要義同按各本注俱作爲

以介對

是以貴之貴之者貴之二字陳閩俱不重
欲見貴之毛本欲作彼
乃導以入竟毛本導作道○按導是也
君使士請事
乃歛歛之者陳閩毛本俱不重歛字
入竟
馬則幕南北面
當前幕上上楊作南
展夫人之聘享
所謂禮器文案禮器云毛本無案字陳閩俱無禮器文三字
至于賈人南面告上介上介東面告賓毛本上介二字不重出
有司展羣幣以告
不見有付賓介私覿之幣陳閩要義同毛本有作其○按有是
及郊
畿方千里王城面五百里要義同毛本王字在畿上
若公百里要義同毛本公下有五字通解同
鄭以目驗知之要義同毛本目作自按目是
及館
有候館者據此候館要義同毛本者作若據此作此據通解要義俱作據此
諸侯自相朝無過如朝勞按宋本已誤如朝當作無過再
上介出請入告
其有來者者皆出請入告毛本下者字作與徐楊集釋俱無與字與疏合嚴本與作者張氏曰注曰其有來者者巾箱杭本同監本無一者字按釋文云者與音餘盍傳寫者誤以與字作者爾監本以其重複遂去其一尤非也從釋文朱子曰此非疑詞不當音餘疑本介字
出請士要義同毛本作士請事
賓北面聽命
云少退毛本無云字○按此本有云字非也
賓降階西面浦鏜云誤衍面字

上北面受幣毛本通解上上有堂字
授老幣
若趙魏臧氏老之類也通解要義同毛本臧作藏非也
勞者再拜稽首受
平敵相於法通解要義同毛本於作拜
賓再拜稽首送幣
賓楹閒北面授幣通解同毛本授誤作受
大夫西面受朱子曰西面當作南面
當云授送拜背北面送拜通解倒

儀禮疏卷第二十

唐朝散大夫行大學博士弘文館學士臣賈公彥等撰

夫人使下大夫勞以二竹簋方。玄被纁裏有蓋。竹簋方者器名也以竹爲之狀如簋而方如今寒具筥筥者圜此方耳〔疏〕夫人至有蓋○注竹簋至方耳○釋曰自此盡以賓入論夫人勞賓之事夫人勞使下大夫者降于君故不使卿凡簋皆用木而圓受斗二升此則用竹而方故云如簋而方受斗二升則同如今寒具筥者寒具若籩人先鄭云朝事謂清朝未食先進寒具口實之籩賓以冬食故謂之寒具筥圓此方者方圓不同爲異也案玉人云案十有二棗栗十有二列諸侯純九大夫純五夫人以勞諸侯彼有玉案者謂王后法有玉案并有竹簋以盛棗栗故彼引此爲證此諸侯夫人勞卿大夫故無案直有竹簋以盛棗栗

其實棗蒸栗擇。兼執之以進。兼猶兩也右手執棗左手執栗〔疏〕其實至以進○注兼猶至執栗○釋曰云兼猶兩者謂一人執兩事知右手執棗左手執栗者見下文云賓受棗大夫二手授栗則大夫先度右手乃以左手共授栗便也明知右手執棗可知必用右手執棗先度之者鄭注士虞禮云棗美故用右手執棗也

賓受棗大夫二手授栗。受授不游手愼之也〔疏〕注受授至之也○釋曰初兩手俱用既受棗不共授栗游暇一手不愼也今右手授棗訖即共授栗不游手爲謹愼也

賓之受如初禮。如卿勞之儀儐之如初。下大夫勞者遂以賓入。出以東錦授從者因東面釋辭請道之以入然則賓送不拜〔疏〕儐之至賓入○注出以至不拜○釋曰云出以東錦授從者因東面釋辭請導之者儐下大夫如前有東錦則此大夫亦受得東錦經言遂以賓入明知有辭請導之雖無文鄭以意言之大夫在西明出時授東錦與已從者乃得因東面釋請導之辭也云然則賓送不拜者以其云遂以賓入即從之明賓送不拜謂若公食大夫使人戒賓不拜送遂從之其類也案上君使士請遂以賓入鄭云因導之鄭不言賓送不拜者士請事空手無幣賓亦不儐請導賓賓從入無再拜送之理故鄭不言賓送不拜此大夫勞儐與卿同有拜送之理故云賓送不拜也覲禮大夫勞侯氏侯氏即從大夫入拜送大夫天子使尊故雖從亦拜送與此異

至于朝。主人曰。不腆先君之祧。既拚以俟矣。賓至外門下大夫入告出釋此辭主人者公也不言公而言主人主人接賓之辭明至欲受之不敢稽賓也腆猶善也遷主所在曰祧周禮天子七廟文武爲祧諸侯五廟則祧始祖也是亦廟也言祧者祧尊而廟親待賓客者上尊者〔疏〕至于至俟矣○釋曰自此盡俟閒論賓初至主君請行聘禮賓又請俟閒之事云至于朝者鄭云賓至外門者外門即諸侯之外朝故下云以柩造朝亦謂大門外爲外朝也云下大夫入告出釋此辭者此下大夫即夫人勞賓導賓入者也云明至欲受之不敢稽賓案覲禮云侯氏遂從之天子賜舍鄭云且使即安不即言欲受之者彼天子以諸侯爲臣故使且安此鄰國聘賓不臣人之臣故言不敢稽賓也云遷主所在曰祧者此摠解天子諸侯稱祧也云周禮天子七廟文武爲祧者案周禮大宗伯序官守祧職云奄八人鄭注云遠廟曰祧又守祧職云掌守先王先公之廟祧

鄭注云廟謂大祖之廟及三昭三穆遷主所藏曰祧先公之遷主藏于后稷之廟先王之遷主藏于文武之廟云奄八人廟有一奄周立七廟通姜嫄廟爲八故奄八人祭法鄭注云祧之言超也超上去意也不毁之也云遷主所藏曰祧天子有二祧以藏遷主諸侯無二祧遷主藏于大祖廟故此名大祖廟爲祧也云既拚者少儀云埽席前曰拚拚者埽除之名云諸侯五廟王制與祭法文云則祧始祖是亦廟也言祧者祧尊而廟親待賓客者上尊者下文迎賓於大門揖入及廟門受賓聘享皆在廟此云先君之祧明下云廟是大祖廟可知是以於大祖廟受聘享尊之若饗食則於禰廟燕又在寢彌相親也此鄭義若孔君王肅則以高祖之父及祖爲二祧非鄭義也

賓曰。俟閒。

賓之意不欲奄卒主人也且以道路悠遠欲沐浴齊戒俟閒未敢聞命

〔疏〕賓曰俟閒○注賓之至聞命○釋曰此鄭以意解之上文以意解主君不欲稽留於賓此經解賓意不欲奄卒主人故云俟閒必知有齊戒沐浴者案玉藻云將適公所宿齊戒沐浴彼謂臣見已君入廟必須齊戒沐浴此有齊戒沐浴可知也云未敢聞命者謂不腆先君之祧既拚以俟之命不敢聞之也

大夫帥至于館。卿致館。

致至也賓至此館主人以上卿禮致之所以安之也

〔疏〕大夫至致館○注致至至之也○釋曰自此盡送再拜論主君遣卿致館之事云賓至此館主人以上卿禮致之者案覲禮云侯氏遂從之天子賜舍辭曰賜伯父舍侯氏再拜稽首受儐之束帛乘馬注云王使人以命致館無禮猶儐之者尊王使也無禮謂無束帛此云以上卿禮明有束帛致亦可知若然有禮則稱致覲禮不稱致無禮故也案司儀云諸公相爲賓主君郊勞云三辭拜受拜受謂拜受幣又云致館亦如之鄭云使大夫授之君又以禮親致焉亦是有幣可知又云諸侯諸伯諸子諸男之相爲賓也各以其禮相待也如諸公之儀是五等相待致館同有幣矣天子待諸侯無幣則其臣來無幣可知據此文侯伯之卿聘郊勞致館有幣則五等待臣皆同有幣也司儀諸侯之臣相爲國客亦皆有幣與此同若諸侯遣大夫小聘曰問下云小聘曰問不享有獻不及夫人不筵几不禮面不升不郊勞注云記貶於大聘所以爲小也獻私獻也面猶覿也雖不言不致館畧之耳亦不致也又諸臣朝覲天子天子無禮以致猶儐尊王使又五等自相朝主國皆有禮皆有儐故司儀云賓繼主君皆如主國之禮鄭玄謂繼主君者儐主君也儐之者主君郊勞致館饔餼還圭贈郊送之時也此等皆主君親致館又云致館亦如之亦如郊勞時亦有儐矣以此言諸臣致者皆有儐也若諸侯遣卿大夫聘王國有用幣致館無儐也故司儀云諸公之臣相爲國客致館如初之儀鄭注云如郊勞也不儐耳是也

賓迎再拜。卿致命。賓再拜稽首。卿退賓送再拜。

卿不俟設飧之畢以不用束帛致故也不用束帛致之者明爲新至非大禮也

〔疏〕賓迎至再拜○注卿不至禮也○釋曰云賓迎再拜者賓在館如主人故先拜也卿不言荅拜荅拜可知但文畧耳雖不言入言迎則入門可知言卿致命者亦東面致君命也云卿不俟設飧之畢以不用束帛致故也者下直云宰夫朝服設飧不言致則此卿致館兼致飧矣致館有束帛致飧空以辭致君命無束帛者案下記云飧不致鄭注云不以束帛致命草次饌飧具輕若然卿以空拜致飧既即退不待宰夫設畢也以不用束帛致故也云非大禮也者對下聘日致饔鄭云急歸大禮也若然此侯伯之卿禮其公之臣亦以幣帛致案司儀云諸公之臣相爲國客致館如初之儀鄭注云不言致飧者君於聘大夫不致飧也聘禮曰飧不致賓不拜是也其子男之臣不致可知又案司儀云君親致館至於致飧如致積之禮鄭注云俱使大夫禮同也以此言之致館致飧似別人者但致積在道致飧在館所致別人若致館與致飧同時致館者兼致飧無嫌也言俱使大夫者言積與飧同使大夫決君不親之義何妨致館與致飧一人也其臣致飧無幣其五等諸侯致飧則有幣案司儀諸侯相於致飧如致積致積有幣知致飧亦有幣也

宰夫朝服設飧。

食不備禮曰飧詩云不素飧兮春秋傳曰方食魚飧皆謂是

〔疏〕宰夫朝服設飧○注食不至謂是○釋曰云食不備禮曰飧者對饔餼也生與腥飪俱有餘物又多此飧雖有腥飪而無生餘物又少故云不備禮也引詩傳者案詩云彼君子兮不素飧兮毛云熟食曰飧鄭云讀如魚飧之飧則詩飧與傳魚飧同是直食魚與飯爲飧彼少牢小禮中不備此則兩大牢大禮中不備不備是同故引證一邊不備其實備禮有異也春秋傳曰方食魚飧者案宣六年經書晉趙盾衛孫免侵陳公羊傳曰趙盾弒君此其復見何親弒君者趙穿也親弒君者趙穿則曷爲加之趙盾不討賊也復國不討賊此非弒君如何趙盾之復國奈何靈公爲無道靈公使膳宰以能膳不熟公殺之盾入諫公見盾再拜盾拜稽首歸公使勇士某者往殺之勇士入大門不見人闚其戶方食魚飧勇士曰嘻子誠仁人也是子之儉也吾不忍殺子也雖然吾不可復見吾君矣遂刎頸而死是魚飧之事

餼一牢。在西鼎九。羞鼎三。腥一牢。在東鼎七。

中庭之饌也飪孰也孰在西腥在東象春秋也鼎西九東七凡其鼎實與其陳如陳饔餼羞鼎則陪鼎也以其實言之則曰羞以其陳言之則曰陪

〔疏〕飪一至鼎七○注中庭至曰陪○釋曰云中庭之饌也者對下文是堂上及門外之饌也云象春秋也者腥之言生也象春物生飪孰也象秋物有成孰故云象春秋也云鼎西九東七者九謂正鼎九牛羊豕魚腊腸胃膚鮮魚鮮腊東七者腥鼎無鮮魚鮮腊故七云凡其鼎實與其陳如陳饔餼者如其死牢故掌客云諸侯之禮饔餼九牢七牢五牢其死牢如飧之陳凡介行人皆有飧饔餼此則如介禮也是飧之死牢與饔餼一死牢實與飧陳同亦於東西階也云羞鼎則陪鼎也知是一物者此云羞鼎下饔餼言陪鼎故知一也陪鼎三則下云膷臐膮是也

堂上之饌八。西夾六。

八六者豆數也凡饌以豆爲本堂上八豆八簋六鉶兩簠八壺西夾六豆六簋四鉶兩簠六壺其實與其陳亦如饔餼

〔疏〕堂上至夾六○注八六至饔餼○釋曰堂上與西夾所陳六八非一知六八是豆數者凡設饌皆先設豆乃設餘饌故鄭云凡饌以豆爲本無妨六八之內兼有餘饌故鄭言簋鉶之等也凡鄭所云皆約饔餼故云亦如饔餼也鄭必約與陳饔餼同者以其陳鼎饔餼同故知餘亦同也

門外米禾皆二十車。

禾槀實并刈者也諸侯之禮車米視生牢禾視死牢牢十車大夫之禮皆視死牢而已雖有生牢不取數焉米陳門東禾陳門西

〔疏〕門外至十車○注禾槀至門西○釋曰諸侯之禮車米視生牢禾視死牢牢十車者案掌客云上公之禮飧五牢饔餼九牢其死牢如飧之陳牽四牢車米視生牢牢十車車乘有五籔車禾視死牢牢十車侯伯飧四牢饔餼七牢其死牢如飧之陳牽三牢子男飧三牢饔餼五牢其死牢如飧之陳牽二牢皆米視生牢牢十車禾視死牢牢十車是其義也云大夫之禮皆視死牢而已雖有生牢不取數焉者知然者見下歸饔餼五牢饔三牢餼二牢饔三牢死牢也門外米禾皆三十車與死三牢同不取餼二牢生之數故知義然也云米陳門東禾陳門西者此亦約下歸饔餼知之上皆云陳如饔餼此不云如饔餼者至下經與薪芻并云凡此之陳亦如饔餼是也

薪芻倍禾。

各四十車凡此之陳亦如饔餼

上介飪一牢。在西鼎七。羞鼎三。堂上之饌六。門外米禾皆十車。薪芻倍禾。

西鼎七無鮮魚鮮腊

〔疏〕上介至倍禾○注西鼎至鮮腊○釋曰六者與賓西夾數同但言堂則西夾無矣云西鼎七無鮮魚鮮腊者此亦約饔餼時賓飪鼎數故下文賓腥鼎七無鮮魚鮮腊此亦鼎七故知無鮮魚鮮腊也

衆介皆少牢。

亦飪在西鼎五羊豕腸胃魚腊新至尚孰堂上之饌四豆四簋兩鉶四壺無簠

〔疏〕衆介皆少牢○注亦飪至無簠○釋曰知亦飪者依上介知然知鼎五者以賓九上介七衆介當五降殺以兩又約少牢五鼎此亦少牢故知亦五鼎也知鼎實有羊豕魚腊與腸胃者以上介無鮮魚鮮腊此又無牛故從羊豕以下數之得五案少牢有膚此無者生人食與祭異故玉藻朔月少牢五俎亦云羊豕魚腊腸胃不數膚也案上注皆不言新至尚熟於此言之者上文賓與上介皆言飪一牢在西下歸饔餼亦言飪一牢在西此衆介直言少牢不言飪下文歸饔餼亦直言餼一牢無飪恐衆介飧饔前後皆無飪故特言之新至尚熟對後無饔直有餼不尚熟也必知少牢是飪者承上介一牢飪知此亦飪云堂上之饌四豆四簋兩鉶四壺無簠知數如此者以賓與上介降殺以兩故然也知無簠者以賓簠有二曲禮云歲凶大夫不食粱非歲凶大夫食粱粱大夫常食大夫禮多與賓同簠盛稻粱則上介亦二簠與賓同士非直不合食粱差降亦無簠也

厭明。訝賓于館。

此訝下大夫也以君命迎賓謂之訝訝迎也亦皮弁

〔疏〕厭明至于館○注此訝至皮弁○釋曰自此盡每曲揖論將行聘禮主君迎賓向廟之事云此訝下大夫也者案周禮有掌訝中士八人爲之此訝下大夫非彼掌訝也案下記云卿大夫訝大夫士訝士皆有訝又周禮掌訝云凡賓客諸侯有卿訝卿有大夫訝大夫有士訝士皆有訝此大聘是卿故使下大夫訝也天子諸侯雖有掌訝之官朝聘之賓不使掌訝爲訝直以尊卑節級爲訝故云此訝下大夫也言以君命迎者凡舉事皆以承君命故知迎賓待君命也云亦皮弁者下文君及賓皮弁明此大夫亦皮弁服也

賓皮弁。聘至于朝。賓入于次。

服皮弁者朝聘主相尊敬也諸侯視朔皮弁服入于次者俟辦也次在大門外之西以帷爲之

〔疏〕賓皮至于次○注服皮至爲之○釋曰云服皮弁者朝聘主相尊敬也者周禮大行人諸侯朝天子各服冕服廟中將幣三享覲禮亦云侯氏裨冕在廟覲天子此諸侯待四方朝聘皆皮弁者入天子廟得申其上服入已廟不可以冕服又不可服常朝之服故服天子之朝服諸侯以爲視朔之服在廟待朝聘之賓是相尊敬故也知此皮弁是諸侯視朔服者以其玉藻云諸侯皮弁以聽朔於大廟是也云次在大門外之西以帷爲之者下記云宗人授次次以帷少退于君之次以賓位在西故知也

乃陳幣。

有司入于主國廟門外以布幕陳幣如展幣焉圭璋賈人執櫝而俟

〔疏〕乃陳幣○注有司至而俟○釋曰有司入于主國廟門外者案下文行聘時幣在主國廟門外知在此也知有幕者以言陳幣如展幣明亦布幕陳幣也云圭璋賈人執櫝而俟者案下文云賈人東面坐啓櫝取圭鄭注賈人鄉入陳幣東面俟於此言之就有其事也是也

卿爲上擯。

大夫爲承擯。士爲紹擯。擯者出請事。擯謂主國之君所使出接賓者也紹繼也其位相承繼而出也主君公也則擯者五人侯伯也則擯者四人子男也則擯者三人聘義曰介紹而傳命君子於其所尊不敢質敬之至也既知其所爲來之事復請之者賓來當與主君爲禮爲其謙不敢斥尊者啓發以進之於是時賓出次直闑西北面上擯在闑東閾外西面其相去也公之使者七十步侯伯之使者五十步子男之使者三十步此旅擯耳不傳命上介在賓西北東面承擯在上擯東南西面各自次序而下末介末擯旁相去三丈六尺上擯之請事進南面揖賓俱前賓至末介上擯至末擯亦相去三丈六尺止揖而請事還入告于公天子諸侯朝覲乃命介紹傳命耳其儀各鄉本受命反面傳而下及末則鄉受之反面傳而上又受命傳而下亦如之此三丈六尺者門容二徹參个旁加各一步也今文無擯〔疏〕卿爲至請事○注擯謂至無擯○釋曰此擯陳在主國大門外主君之擯與賓之介東西相對南北陳之云其位相承繼而出也者從門向南陳爲繼而出云主君公也則擯者五人侯伯也則擯者四人子男也則擯者三人者案周禮大行人天子待諸侯云上公之禮擯者五人侯伯之禮擯者四人子男則擯者三人令以諸侯待聘賓用天子待已之擯數者以諸侯自相待無文鄭以意解之但天子尊得分辨諸侯尊卑以待之諸侯卑降天子不敢分辨前人故據已國大小而爲擯數且春秋又有大國朝焉小國聘焉又有卿出並聘之事則小國有朝大國法無大國下朝小國之禮若相聘問大小皆得若然待其臣據此文與待君等天子待諸侯之臣亦宜與君同也又案周禮大宗伯爲上擯小行人爲承擯覲禮嗇夫爲末擯若待子男三人足矣若侯伯少一人待上公少二人一人二人皆以士充數也引聘義者案彼鄭注質謂正自相當故設擯介通情乃相見是敬之至引之者證須擯介之意也云既知其所爲來之事者在道已遣士請事大夫問行郊勞致館之等是足知來事矣云復請之者賓來當與主君爲禮爲其謙不敢斥尊者啓發以進之者亦解所以立擯介通情及進相見之義也云於是時賓出次直闑西北面者案玉藻云君入門介拂闑大夫中棖與闑之閒士介拂棖此謂朝君又云賓入不中門此謂聘賓云不中門則此闑西北面者若然聘賓入門還依作介入時同亦拂闑也云上擯在闑東閾外西面者主位在東故賓在闑西上擯在闑東以擯位並門東西面故上擯亦西面向君也云其相去也公之使者七十步侯伯之使者五十步子男之使者三十步者此依大行人云諸侯之卿其禮各下其君二等鄭注云所下者介與賓主之間是以步數與介數亦降二等也云此旅擯耳者案司儀云三問旅擯鄭云旅陳陳擯介不傳辭故鄭此云不傳命也若然上注下注皆引聘義云介紹而傳命者若交擯傳命則是賓介傳命此旅擯傳命者直是賓來至末介下對上擯傳本君之命也其介相紹繼則交擯旅擯同唯傳命不傳辭有異矣是以司儀云及將幣交擯鄭注亦引聘義介紹而傳命爲證以其皆是相連繼於位也云上介在賓西北東面承擯在上擯東南西面此謂賓直闑西北面主君在門內南面列位時云西北東南者據賓西北望上介仍向正北陳之矣上擯東南望承擯等仍向正南陳之矣不謂介西北邪陳擯東南邪陳也云各自次序而下者賓之介或七或五或三從南向北次序上次下至末介主人之擯或五或四或三從承擯向南上次下至末擯也東西相去三丈六尺云上擯之請事進南面揖賓俱前者謂上擯入向公前北面受命出門南面遥揖賓使前擯者漸南行賓至末介北東面上擯至末擯南西面東西相去亦三丈六尺云止揖而請事者二人俱立定乃揖而請所爲來之事云還入告于公者賓對訖上擯入告公公乃有命納賓也云天子諸侯朝覲乃命介紹傳命耳者此引聘義文自此以下論天子諸侯交擯法云紹者亦謂使介相紹繼以傳命傳命即擯介相傳賓主之命也此交擯謂在大門外初未迎賓時案曲禮注春夏受贄於朝受享於廟秋冬一受之於廟覲禮天子不下堂而見諸侯則秋冬受摯受享皆無迎法無迎法則無此交擯之義若春夏受摯於朝無迎法受享於廟則迎之故大行人云廟中將幣三享鄭注朝先享不言朝者朝正禮不嫌有等也是正朝無迎法若然覲禮無迎法此云朝覲彼言覲者覲雖無迎法饗食則有迎法故齊僕云朝覲宗遇饗食皆乘金路其法儀各以其等爲車送逆之節故連覲也云其儀各鄉本受命反面傳而下者雖言各鄉本受命非一時之事先上擯人受命出傳與承擯承擯傳與末擯此是上擯鄉本受命反面傳而下末介於末擯邊受命傳與次介次介傳與上介上介傳與賓是及其末則鄉受之反面傳而上也云又受命傳而下亦如之者此乃發賓傳向主君一如前發主君傳而向下故云亦如之者此三迴爲交擯三辭此則司儀云諸公相爲賓交擯三辭者也諸侯伯子男相爲賓如諸公之儀其交擯三辭也云此三丈六尺者此則却計前云相去三丈六尺云門容二徹參个者冬官匠人云天子五門匠人直計應門直舉應門則皐庫雉亦同云二徹參个者轍廣八尺參个三八二十四門容二丈四云傍加各壹步也者此無正文但人之進退周旋不過再舉足一步故門傍各空一步丈二添二丈四尺爲三丈六尺

公皮弁迎賓于大門內。大夫納賓。公不出大門降于待其君也大夫上擯也謂之大夫者上序可知從大夫總無所別也於是賓主人皆裼〔疏〕注公不至皆裼○釋曰云降于待其君也者案司儀諸公相爲賓公皮弁交擯車迎拜辱出大門此於門內是降於待其君也云從大夫總無所別也者春秋之義卿稱大夫王制云上大夫卿是總無別也云於是賓主人皆裼者案玉藻云不文飾也不裼又云執龜玉襲下文行聘時執玉賓主人皆襲此時未執玉正是交飾之時明賓主人皆裼也

賓入門左。內賓位也衆介隨入北面西上少退擯者亦入門而右北面東上上擯進相君〔疏〕賓入門左○注內賓至相君○釋曰知衆介隨入北面西上少退者約下文

公再拜。南面拜迎〔疏〕公再拜○注南面拜迎○釋曰知君南面

賓辟，不答拜。辟位逡遁不敢當其禮

公揖入，每門每曲揖。每門輒揖者以相人偶爲敬也凡君與賓入門賓必後君介及擯者隨之並而鴈行既入則或左或右相去如初玉藻曰君入門介拂闑大夫中棖與闑之閒士介拂棖賓入不中門不履閾此謂聘卿大夫也門中門之正也不敢與君並由之敬也介與擯者鴈行卑不踰尊者之迹亦敬也賓之介猶主人之擯〔疏〕公揖至曲揖○注每門至之擯○釋曰諸侯三門皐應路則應門爲中門左宗廟右社稷入大門東行即至廟門其得有每門者諸侯有五廟大祖之廟居中二昭居東二穆居西廟皆別門門外兩邊皆有南北隔牆隔牆中夾通門若然祖廟已西隔牆有三則閤門亦有三東行經三門乃至大祖廟門

及廟門，公揖入，立于中庭。

賓立接西塾。

塾○注接猶至於士○釋曰云門側之堂謂之塾者爾雅釋官文云立近塾者已與主君交禮將有出命俟之於此者對在大門外時未與主君交禮直使擯傳命故去門七十步五十步三十步此將與君交禮故近門也云於此介在幣南北面西上者以上文入竟展幣時布幕賓西面介北面東上統於賓今此陳幣賓在門西北面明介北面西上統於賓也云上擯隨公入門東東上少進於上者案下几筵既設擯者出請命更不見上擯別入之文明隨公入可知也知門東有士者案公食云士立于門東北面西上鄭云統於門者非其正位也故知此亦然以擯者是卿又相君故知進於士在士前也

几筵既設。擯者出請命。有几筵者以其廟受宜依神也賓至廟門司宮乃于依前設之神尊不豫事也席西上上擯待而出請受賓所以來之命重停賓也至此言命事彌至言彌信也周禮諸侯祭祀席蒲筵繢純右彫几〔疏〕几筵至請命○注有几至彫几○釋曰云有几筵者以其廟受宜依神也者此對不在廟受不几筵故下云聘遭喪入竟則遂也不郊勞不几筵注云致命不於廟就尸柩於殯宮又不神之下小聘不几筵注云記貶於聘是以記云唯大聘有几筵覲禮不云几筵文不具也又案曲禮注春夏受摯於朝受享於廟秋冬一受之於廟諸侯無此法四時皆在於廟亦無四時朝覲之別名同皆曰朝也云賓至廟門司宮乃于依前設之神尊不豫事也者此對公食宰夫設筵加席几而後迎賓彼食禮與此異也知在扆前者案司几筵云大朝覲大饗射王位依前南鄉設筵几覲禮亦云依前諸侯亦然爾雅釋宮云牖戶之閒謂之扆但天子以屏風設於扆諸侯無屏風爲異席亦不同也云至此言命事彌至言彌信也者上入竟士請事近郊下大夫請行皆是謙問不敢以必來之已國不正言之至此事益至言則信矣故正問之而言請命是其事至言信矣云周禮至彫几者周禮司几筵文彼諸侯祭祀席三重上更有加莞筵紛純不引之者文略可知引之者證此所設者設常祭祀之席也

賈人東面坐啓櫝。取圭垂繅不起而授上介。賈人鄉入陳幣東面俟於此言之就有事也授圭不起賤不與爲禮也不言裼襲者賤不裼也繅有組繫也〔疏〕賈人至上介○注賈人至繫也○釋曰賈人鄉入陳幣東面俟於此言之就有事也者上文賓入次乃陳幣在門外不言者彼賈人未有事今此有事故就此言面位以此東面明初亦東面矣故舉此明前東面也云授圭不起賤不與爲禮也者以賈人是庶人在官者故云賤不與爲禮爲禮當起而授也云不言裼襲者賤不裼也者若不賤以垂繅當裼以賤故不裼也云繅有組繫也知有組者下記云所以朝天子圭與繅皆九寸問諸侯朱綠繅八寸皆玄纁繫長尺絢組是也

上介不襲執圭。屈繅授賓。上介北面受圭進西面授賓不襲者以盛禮不在於已也屈繅并持之也曲禮曰執玉其有藉者則裼無藉者則襲〔疏〕上介至授賓○注上介至則襲○釋曰上介裼於賈人處垂繅受得圭而不襲者鄭云以盛禮不在於已故也以賓執圭升堂致命爲盛禮在已者也云上介北面受圭進西西面授賓者以上介本位北面故北面受圭賓東面故上介西面授賓引曲禮者彼記人據此絢組尺爲繅藉不據韋皮衣木板畫以五采之繅藉也云執玉其有藉者則裼據此賈人垂繅以授上介上介不襲受之時也云其無藉者則襲者據此上介屈繅以授賓賓襲受之時也記人直記裼襲之義不論盛禮在已之意故各舉一邊而言也

賓襲執圭。執圭盛禮而又盡飾爲其相蔽敬也玉藻曰服之襲也充美也是故尸襲執玉龜襲也〔疏〕賓襲執玉○注執圭至襲也○釋曰云執圭盛禮者玉藻云執玉龜襲注重寶瑞也若然云盛禮者以其圭瑞以行禮故爲盛禮也云又盡飾爲其相蔽敬也者玉藻又云君在則裼盡飾也注云臣於君所今聘賓於主君亦是臣於君所合裼以盡飾今既執圭以瑞爲敬若又盡飾而裼則掩蔽玉之敬故不得裼也云服之襲也充美也者彼注云充猶覆也是故尸襲者爲尸尊故去飾也不裼云執玉龜襲也者彼注云重寶瑞也以龜玉爲寶瑞若裼則盡飾爲蔽敬故引之以證不裼也

擯者入告。出辭玉。擯者上擯也入告公以賓執圭將致其聘命圭贄之重者辭之亦所以致尊讓也〔疏〕擯者至辭玉○注擯者至尊讓○釋曰知擯是上擯者案上相禮者皆上擯故知此亦據上擯云圭贄之重者大宗伯云以玉作六瑞君之所執又云以禽作六贄臣之所執總而言之皆是贄故左氏傳云男贄不過玉帛禽鳥但君之所執爲贄之重者也云辭之亦所以致尊讓也致尊讓鄉飲酒義文彼爲賓主三辭三讓是致尊讓此辭玉亦是致尊讓之事故引之爲證也案文公十二年左氏傳云秦伯使西乞術來聘襄仲辭玉賓對曰不腆敝器不足辭也彼主人無三辭者文不具亦當三辭也

納賓賓入門左。公事自闑西〔疏〕納賓賓入門左○注公事自闑西○釋曰案玉藻云公事自闑西注云聘享也又云私事自闑東注云覿面也故鄭引之以證此入門左是聘享賓入自闑西入門左也

介皆入門左北面西上。隨賓入也介無事止於此今文無門〔疏〕介皆至西上○注隨賓至無門○釋曰案司儀云諸公之臣相爲國客及將幣每門止一相及廟唯君相入注云唯君相入客臣也相不入矣此介皆入不同者彼云每門止一相鄭云絕行在後耳非是全不入廟又云唯君相入者謂前相君禮須入故言之臣相不前相禮故不言入其實皆入與此同也

三揖。君與賓也入門將曲揖既曲北面又揖當碑揖〔疏〕三揖○注君與至碑揖○釋曰前云公揖入立于中庭三分庭一在南賓後獨入得云入門將曲揖者謂公先在庭南面賓既入門至碑曲揖賓既曲北面賓又揖主君揖主君二者皆向賓揖之再揖訖亦主君東面向堂塗北行當碑乃得賓主相向而揖是以得君行一臣行二非謂賓入門時主君更向內霤相近而揖若然何得云君行一臣行二也

至于階。三讓。讓升**公升二等。**先賓升二等亦欲君行一臣行二〔疏〕公升二等○注先賓至行二○釋曰諸侯階有七等公升二等在上仍有五等而得云君行一臣行二者但君行少臣行多大判而言非謂即君行一臣行二此文出齊語晏子辭

賓升西楹西東面。與主君相鄉

擯者退中庭。鄉公所立處退者以公宜親受賓命不用擯相也〔疏〕擯者退中庭○注鄉公至相也○釋曰上文公揖入立于中庭今公與賓升堂云擯者退中庭此文與君立中庭同故云鄉公所立處

賓致命。致其君之命也

公左還北鄉。當拜〔疏〕公左還北鄉○注當拜○釋曰言左還北鄉者公升受賓致命時西鄉以左手鄉外迴身北面乃拜故云當拜

擯者進。進阼階西釋辭於賓相公拜也〔疏〕擯者進○注進阼至拜也○釋曰知阼階西者以其擯者在中庭公立處直言進則進至阼階西不得更向阼階前亦不可更進西階故知進阼階西釋辭於賓復得相公拜也

公當楣再拜。拜貺也貺惠賜也楣謂之梁〔疏〕公當楣再拜○注拜貺至賜也○釋曰拜貺之言文出聘義彼云北面拜貺拜君命之辱是也

賓三退負序。三退三逡遁也不言辟者以執圭將進授之〔疏〕賓三退負序○注三退至授之○釋曰案上文賓入門公再拜賓辟不答拜又下文云賓訝受几於筵前公一拜送賓以几辟皆言辟此不言辟故決之也案司儀云諸公之臣相爲國客及將幣客登拜客三辟授幣注云客三辟三退負序也者彼諸公之臣相聘之禮與侯伯之卿聘於鄰國之禮少異故也

公側襲受玉于中堂與東楹之閒。側猶獨也言獨見其尊賓也他日公有事必有贊爲之者凡襲于隱者公序坫之閒可知也中堂南北之中也入堂深尊賓事也東楹之閒亦以君行一臣行二〔疏〕公側至之閒○注側猶至行二○釋曰云他日公有事必有贊爲之者案大射云公卒射小臣正贊襲是其贊爲之也云凡襲於隱者案士喪禮小斂主人袒于戶內襲于序東喪禮遽於事尚襲於序東況吉事乎明知襲於隱者也云公序坫之閒可也者士喪襲于序東謂於堂東地上此則公在堂上堂東南角爲坫鄭以意斟酌隱處無過於序東坫北可也無正文故云可也云中堂南北之中也入堂深尊賓事也者凡廟之室堂皆五架棟南北皆有兩架棟北一架下有壁開戶棟南一架謂之楣則楣北有二架楣南有一架今於當楣北面拜訖乃更前北侵半架於南北之中乃受玉故云南北之中乃入堂深尊賓事故也云東楹之閒亦以君行一臣行二者兩楹之閒爲賓主處中今乃於東楹之閒更侵東半閒故云君行一臣行二也

擯者退負東塾而立。反其等位無事

賓降介逆出。逆出由便

賓出。聘事畢

公側授宰玉。使藏之授於序端〔疏〕公側授宰玉○注使藏至序端○釋曰鄭知授於序端者凡公授受皆於序端是以下文公升側受几于序端故知此亦授于序端也

裼降立。裼者免上衣見裼衣凡當盛禮者以充美爲敬非盛禮者以見美爲敬禮尚相變也玉藻曰裘之裼也見美也又曰麛裘青豻褎絞衣以裼之論語曰素衣麛裘皮弁時或素衣其裘同可知也裘者爲溫表之爲其褻也寒暑之服冬則裘夏則葛凡禮裼者左降立俟享也亦於中庭古文裼皆作賜〔疏〕裼降立○注裼者至作賜○釋曰云裼者免上衣見裼衣者案玉藻云君衣狐白裘錦衣以裼之注云君衣狐白毛之裘則以素錦爲衣覆之使可裼也袒而有衣曰裼必覆之者裘褻也詩云衣錦絅衣裳錦絅裳然則錦衣復有上衣明矣天子狐白之上衣皮弁服與凡裼衣象裘色也若然凡服四時不同假令冬有裘襯身禪衫又有襦袴襦袴之上有裘裘上有裼衣裼衣之上又有上服皮弁祭服之等若夏則以絺絺綌之上則有中衣中衣之上復有上服皮弁祭服之等若春秋二時則衣袷褶袷褶之上加以中衣中衣之上加以上服也言見裼衣者謂袒衿前上服見裼衣也故玉藻云裘之裼也見美也襲者掩之故玉藻云襲充美是也故云凡當盛禮者以充美爲敬非盛禮者以見美爲敬禮尚相變也者玉藻云執龜玉襲是禮之盛者充美爲敬玉藻又云君在則裼盡飾也是非盛禮者以見美爲敬據此二者是禮尚有相變也引玉藻者證禮不盛者以裼見美也又曰麛裘青豻褎絞衣以裼之引論語素衣麛裘又云皮弁時或素衣其裘同可知也鄭并引二文者欲見諸侯與其臣視朔與行聘禮皆服麛裘但君則麛裘還用麛褎臣則不敢純如君麛裘則青豻褎裼衣君臣亦有異時若在國視朔君臣同素衣爲裼故鄉

黨云素衣纁裳彼一篇是孔子行事鄭兼見君臣視朔之服是其君臣同用素裼可知若聘禮亦君臣同用麛裘但主君則用素衣爲裼使臣則用絞衣爲裼是以鄭總云皮弁時或素衣其裘同可知也言或素衣者在國則君臣同素衣聘時主君亦素衣唯臣用絞衣爲裼也依雜記云朝服十五升布皮弁亦天子朝服與諸侯朝服同用十五升布亦同素積以爲裳白舄臣用白屨也云裘者爲溫表之爲褻者案月令云孟冬天子始裘是裘爲溫云表之者則裼衣是也裼衣象裘色復與上服色同也云凡禮裼者左者吉凶皆袒左是也是以士喪禮主人左袒檀弓云吳季札左袒右還其封大射亦左袒若受刑則袒右故覲禮侯氏袒右受刑是也知降立俟享也者下文賓行享是也

儀禮注疏卷二十校勘記　阮元撰盧宣旬摘錄

夫人使下大夫勞以二竹簋方　唐石經徐本聶氏集釋敖氏俱作簋注同釋文作簠云本或作簋外圓內方曰簠內圓外方曰簋通解楊氏載經注要義載經俱作簠張氏曰釋文明著內外方圓之制蓋辨或本之誤也鄭氏注曰以竹爲之狀如簋而方若取鄭注易簋以簠字讀之簠義甚明鄭氏固作簠字解矣今諸本猶從或本或之甚也從釋文○按冬官玉人注疏及覲禮疏引此經並作簋地官舍人注云方曰簠圓曰簋疏謂皆據外而言審此則釋文之誤顯然張氏從之非也說文曰簋黍稷方器也簠黍稷圓器也此許君之義與鄭不同

注竹簋至方耳　簋毛本俱誤作簠按此疏聶氏通解要義楊氏俱作簋

自此盡以賓入　陳本要義同毛本入作人

寒具若籩人先鄭云　要義同毛本通解若作見

案十有二　毛本二下有寸字此本與要義無○按毛本是

其實棗蒸栗擇　蒸敖作烝

賓受棗

不共授栗　毛本不上有而字不下有兩手二字

游暇一手　毛本游上有則是二字

卽共授栗　毛本卽下有兩手二字

儐之如初

請道之以入　徐本通解楊氏敖氏同毛本道作導

賓亦不儐　通解同毛本儐作賓非也

王于朝

賓又請俟間之事　要義同毛本又作之○按又字是

受聘享尊之　要義同毛本享下有以字

賓曰俟問

欲沐浴齊戒　毛本齊作齋釋文作齊云本亦作齋徐本集釋亦俱作齊通解楊氏俱作齋按通解曰齋側皆反蓋本齊字故特音之若作齋則不必音矣

大夫帥至于館

猶儐尊王使　儐陳閩俱作賓

主國皆有禮　要義同毛本主作王

賓迎再拜

其臣致飱無幣　陳閩通解要義同毛本臣作君

門外米禾皆二十車　唐石經二十作廿

牢十車　徐本無牢字與疏不合

車秉有五籔　毛本籔誤作藪

薪芻倍禾

凡此之陳　此之楊作上所

厥明

非彼掌訝也　陳本無彼字

凡畢事皆以承君命　要義同毛本作凡畢皆是以承君命

賓皮弁聘

俟辨也　張氏曰監杭本作辨○按作辨是也說見士相見禮

在廟待朝聘之賓　要義同毛本待作視

乃陳幣

就有其事也　浦鏜云誤衍其字

卿爲上擯

擯謂主國之君　徐本集釋通解同毛本謂作爲○按謂與疏合

亦相去三丈六尺　毛本三誤作二

則鄉受之　徐陳集釋同毛本鄉作卿○按禮記聘義引作鄉

反面傳而上　徐葛集釋通解同毛本而作面○按聘義引作而

此三丈六尺者　徐本集釋通解楊氏同毛本三作二

與賓之介　通解要義同毛本賓作君非也

得分辨諸侯尊卑以待之　要義同毛本辨作辦通解作別下同

大夫問行　毛本問誤作聞

云西北東南者　陳本通解同毛本者作面

亦謂使介相紹繼以傳命傳命卽擯介相傳賓主之命也　要義同毛本傳命二字不重

春夏受贄於朝　要義同毛本夏作秋春上有若字

爲車送逆之節　通解要義同毛本逆作迎○按周禮作逆

則鄉受之　鄉陳閩俱作卿按注中卿字亦或作鄉釋文無音當從鄉爲正

云門容二徹參个者　毛本徹作轍陳閩通解要義俱作徹下同唯轍廣之轍仍從車楊氏並作徹盧文弨云老子道經云善行無徹迹說文無轍字○按述注則從古作徹自下語則從俗作轍亦古人不苟處

則皐庫雉亦同　要義同毛本雉作推○按雉是也

公皮弁迎賓于大門內

云降于待其君也者　云下要義有公不出大門五字

是降於待其君也　要義同毛本於作以

賓入門左

注由賓至相君　毛本由作內○按毛本與注合

隨賓入門左相　毛本無相字○按相字不當有

賓辟不荅拜　毛本賓作客釋文唐石經陳徐閩葛通解楊敖俱作賓石經考文提要云下賓三退負序疏引此亦曰賓辟

公揖入

賓入不中門　入楊作立

云門中門之正也者　通解要義同毛本門中二字倒

及廟門

公迎賓于大門內　徐本集釋同毛本通解無于字

住主君先立　監本要義同毛本住作在

巳上仍有五階　毛本階作等○按階是

及賓來大門外陳介之時　陳閩通解要義同毛本及作乃○按及是

宰夫授公几　陳閩通解要義同毛本授作受

賓立接西塾

此將與君交禮 要義同毛本無將字

云於此介在幣南 要義同毛本無於此二字

凡筵既設

司官乃于依前設之 陸氏曰依本又作扆○按宋本釋文扆作衣

就尸柩於殯宮 要義同毛本殯作殯○按作殯與下注合

至此事益至言則信矣故正問之而言請命 事益至矣故八字陳閩俱無○毛本則作益

是其事至言信矣 陳本同毛本其作以

更有加莞筵紛純 通解要義同毛本筵作席○按筵字與周禮合

賈人東面坐啟櫝

賈人鄉入陳幣 鄉釋文作曏張氏曰釋文云曏許亮反下同前釋南鄉云下以意求之以二音攷之對鄉之鄉從鄉曏之曏加日此曏之曏也宜加日後鄉公鄉將鄉時鄉以皆同從釋文

賓襲執圭

若又盡飾而裼 通解要義楊氏同毛本若作君

則掩蔽玉之敬 要義同毛本蔽作執○按蔽字是通解楊氏俱兼有蔽執二字

三揖

賓既入門至碑曲揖賓既曲北面賓又揖主君揖主君二者 陳閩通解俱作賓既入門至將曲之時既曲北面之時主君二者朱子曰疏說蓋印本差誤今以文義考之更定如此○按一本與毛本略同但改碑曲爲將曲賓又揖主君爲賓又向主君揖揖主君二者刪揖字

亦主君東面向堂塗北行當碑 陳閩俱無亦字

非謂賓入門時主君更向內霤相近而揖若然何得云君行一臣行二也 陳本無賓入至得云十九字閩本作非謂卽君行一臣行二也

賓三退

客三辟授幣 陳本要義同毛本授作受○按周禮作授

三退負序也者 要義同毛本退上有辟字○按無辟字與周禮注合

公側襲

言獨見其尊賓也 獨要義作側

云公序坫之間可也者 要義同毛本可下有知字按疏云無正文故云可也則無知字明矣各本注俱有知字誤也

擯者退

反其等位無事 敖無等字

公側授宰玉 毛本授誤作受

裼降立

麛裘青豻褎 陸氏曰褎本又作褏

凡禮裼者左 張氏曰監本以禮爲禮

亦於中庭 於楊作如

古文裼皆作賜 浦鏜云賜疑緆字之誤

則以素錦爲衣 要義無爲字○按玉藻注有爲字

覛身襌衫 要義同毛本覛作視襌作禪通解作禪敖氏作單

襲者掩之 要義同毛本掩作掩○按掩是

執龜玉襲 要義同俱倒毛本龜玉作玉龜與玉藻合

是禮尚有相變也 要義同毛本無有字

引論語素衣麛裘 要義同毛本麛作麑○按作麛是正字下文並同此作麑依今本論語改

鄭并引二文者 要義同毛本鄭下有一字

鄭兼見君臣視朔之服 要義同毛本見作言

依雜記云 要義同毛本依作案

表之爲褻者 要義同毛本爲下有其字

儀禮疏卷第二十一

唐朝散大夫行大學博士弘文館學士臣賈公彥等撰

擯者出請。不必賓事之有無〔疏〕○擯者出請○注不必至有無○釋曰自此盡以束帛如享禮論享禮之事賓裼奉束帛加璧享。擯者入告出許。許受之庭實皮則攝之。毛在內。內攝之。入設也。皮虎豹之皮攝之者右手并執前足左手并執後足毛在內不欲文之豫見也內攝之者兩手相鄉也入設亦參分庭一在南言則者或以馬也凡君於臣臣於君麋鹿皮可也〔疏〕○庭實至設也○注皮虎至可也○釋曰知皮是虎豹皮者經云毛在內不欲文之豫見是有文之皮郊特牲云虎豹之皮示服猛也束帛加璧往德也文無所屬則天子諸侯皆得用之此聘使爲君行之故知皮是虎豹之皮也齊語云桓公知諸侯歸己令諸侯輕其幣用麋鹿皮非其正也云攝之者右手并執前足左手并執後足者下云皮右首故云右手執前兩足必以一手執兩足者取兩足相向得掩毛在內俱放又得毛向外故鄭云內攝之者兩手相鄉也知入設參分庭一在南者見昏禮記納徵執皮攝之內文兼執足左首隨入西上參分庭一在南故知此亦然但此右首彼左首者昏禮象生故與此異也云則者或以馬也者以其皮馬相閒有皮則用皮無皮則用馬故云則見其不定故也云凡君於臣臣於君麋鹿皮可也者云凡君於臣謂使者歸若使卿贈如覿幣及食饔以侑幣酬幣庭實皆有皮故云凡也臣於君謂私覿庭實設四皮及介用儷皮此皆有麋鹿皮故亦云凡也若然大宗伯云孤執皮帛鄭云天子之孤用虎皮諸侯之孤用豹皮得用虎豹者彼所執以爲贄與庭實不同故得用虎豹也

賓入門左。揖讓如初。升致命。張皮。張者釋外足見文也〔疏〕○賓入至張皮○注張者至文也○釋曰案昏禮記賓致命釋外足見文主人受幣士受皮注云賓致命主人受幣庭實所用爲節此亦然下受皮以授幣爲節也公再拜受幣。士受皮者自後右客。自由也從東方來由客後西居其左受皮也執皮者既授亦自前西而出〔疏〕○公再至右客○注自由至而出○釋曰云執皮者既授亦自前西而出者此約下私覿時牽馬者自前西向出相類故云亦也賓出當之。坐攝之。象受于賓〔疏〕○賓出至攝之○注象受于賓○釋曰云坐攝之者向張皮見文今攝之者還如入時執前後足內文也公側授宰幣皮。如入右首而東。如入左在前皮右首者變于生也〔疏〕○公側至而東○注如入至生也○釋曰云公側授宰幣者上云公側襲側猶獨也此已上側亦獨無人贊之也云如入左在前者皮四張三人入門時先者北面在左西頭爲上餘取皮向東者亦左在前向東爲次第也云皮右首者變于生也者曲禮云執禽者左首士相見贄用雉左頭奉之下大夫執鴈上大夫執羔如執雉皆左首雉雖死以不可生服執之如羔鴈亦從左首象陽今此皮則右首變於生昏禮左首昏禮取象生與此異也聘于夫人。用璋。享用琮。如初禮。如公立于中庭以下若有言。則以束帛如享禮。有言有所告請若有所問也記曰有故則束帛

加書以將命。春秋臧孫辰告糴于齊，公子遂如楚乞師，晉侯使韓穿來言汶陽之田，皆是也。無庭實也。〔疏〕若有至享禮。○注有言至實也。○釋曰：云「有言，有所告請，若有所問也」者，言有所告，即告糴之類是也；請，即乞師之類是也；問，即言汶陽之田之類是也。據傳而言，有此三事，皆是有言者。言即記云有故一也。云有言即有書致之，故記云有故則束帛加書以將命也。云「春秋臧孫辰告糴于齊」者，在莊公二十八年也。云「公子遂如楚乞師」者，在僖二十六年也。云「晉侯使韓穿來言汶陽之田」者，在成公八年也。此三者皆見春秋經，引之者，證此有言以束帛加書之事也。云「無庭實也」者，以經直云束帛如享禮，則除束帛之外更無所有，故知無庭實也。國語云臧孫辰以鬯圭與玉磬如齊告糴，非享禮之物，故注云無庭實也。又哀七年左傳云邾茅夷鴻以束帛乘韋自請救于吳，求救非法，故有乘韋為庭實也。

擯者出請事。賓告事畢。公事畢。賓奉束錦以請覿。覿，見也。鄉將公事，是欲交其歡敬也。不用羔，因使而見，非特來。〔疏〕擯者至事畢。○注覿見至特來。○釋曰：此盡從者訝受馬，論賓將私覿，主人不許，不行私禮之事。云「鄉將公事，是欲交其歡敬也」者，聘是公禮，非是交歡，此行私覿為交歡敬也。案郊特牲云「為人臣者無外交」，不敢貳君也。彼謂臣無外交，若行聘則得私覿，非外交也。故彼上經云「大夫執圭而使，所以申信也」，注云「其君親交，其臣不敢私見於主國君，以君命聘，則有私見」是也。云「不用羔，因使而見，非特來」者，謂若特來，則卿用羔也。若然，案士相見卿初見己君及鄉執羔，大夫執鴈，彼見天子法，從朝君而見，得有羔。若二生，卿執羔，大夫執鴈，彼見天子法，從君朝而見，有羔。若諸侯相朝，其臣從君，亦得執羔見主君，故鄭云因使而見，非特來。案定公八年經，得執羔見主君可知。其為君聘則不用羔，故晉皆執束錦以為見也。

擯者入告，出辭。客有大禮，未有以待之，謂主人未有以待之之禮，即下文行禮賓也。故止客私覿，即下行聘享是也。〔疏〕擯者入告出辭。○注客有至待之。○釋曰：云「客有大禮，未有以待之」者，即禮賓也。云「請禮賓」，即下禮賓是也。

請禮賓。賓禮辭，聽命。擯者入告。許也。宰夫徹几改筵。宰夫又主酒食者也。將禮賓，徹神几，改神席，更布也。賓席東上。公食大夫禮曰：「蒲筵常，緇布純，加萑席尋，玄帛純。」此筵上下大夫也。周禮曰：「筵國賓于牖前，莞筵紛純，加繅席畫純，左彤几。」孤也。彫几，卿大夫其漆几與？〔疏〕宰夫至改筵。○注宰夫至几與。○釋曰：云「宰夫又主酒食者也」，案序官云宰夫下大夫，又主酒食，是公食大夫禮云宰夫之等，設黍稷於席前之類，是以云又主酒食也。云「更布也」者，以神席不可以賓，故更布也。云「賓席東上」者，案公食大夫記云「蒲筵常，緇布純，加萑席尋，玄帛純」，是上大夫之法，引之者證經筵是上下大夫同用。又鄭云國賓諸侯來朝之臣與孤卿大夫聘者，周禮國賓于牖前，莞筵紛純，加繅席畫純，左彤几，諸侯之臣也。莞筵紛純加繅席畫純，乃是諸侯朝聘之法，天子孤卿大夫來聘者也，又云國賓者，諸侯之臣，以此言之，則天子孤卿大夫與諸侯同，則孤卿大夫是諸侯來朝聘之臣也。此上下大夫同用蒲筵萑席，與此席不同。鄭注此國賓中，卿大夫得與孤同，几筵與諸侯同，若然，公食大夫筵上下大夫，此亦上下大夫也。鄭必知卿大夫漆几者，司几筵有五几，從上向下序之，大夫用漆几也。

天子玉几，諸侯彫几，孤彤几，卿大夫漆几，下有素几，喪事所用，差次然也。無正文，故云「與」以疑之。

公出迎賓以入，揖讓如初。公出迎者，己之禮更端也。〔疏〕公出至如初。○注公出至端也。○釋曰：云「公出迎者，己之禮更端也」者，前聘享俱是公禮，故不出迎；此禮賓私禮，改更其端序，故公出迎也。

公升，側受几于序端。側受几，漆几也。今文無升。宰夫內拂几三，奉兩端以進。內拂几，不欲塵坋尊者。以進，自東箱來授君。〔疏〕宰夫至以進。○注內拂至授君。○釋曰：知几自東箱來者，案覲禮記云「几俟于東箱」，又此經直云進，不言升，明不從下來，從東箱來可知也。

公東南鄉，外拂几三，卒，振袂，中攝之，進，西鄉。〔疏〕公東至西鄉。○釋曰：云中攝之者，擬賓用兩手在公手外取之故也。擯者告。告賓以公授几。賓進，訝受几于筵前，東面俟。未設也。今文訝為梧。〔疏〕賓進至面俟。○注未設至為梧。○釋曰：未設而俟者，待公拜送乃設之故也。公壹拜送。公尊也。文壹作一。〔疏〕注公尊至作一。○釋曰：賓再拜，公乃壹拜，當答再拜稽首，故注云公尊也。賓以几辟，辟位逡遁。北面設几，不降，階上荅再拜稽首。不降，以主人禮未成也。凡賓左几。〔疏〕注不降至左几。○釋曰：云「不降，以主人禮未成」者，案鄉飲酒義云「啐酒，成禮也」，於席末。據此而言，則啐酒為成禮。此設几，主人未啐醴，故云禮未成也。云「凡賓左几」者，對神右几也。

宰夫實觶以醴，加柶于觶，面枋。酌以授君也。君不自酌，尊也。〔疏〕宰夫至面枋。○釋曰：宰夫亦洗升實觶，經無宰夫洗升之文，以理亦宜洗，自東箱而升，實觶以授君，故云酌以授君也。云「君不自酌，尊也」者，下記云醴尊于東箱，瓦大一有豐。宰夫自東箱酌來，在箱來不面擸，不訝授也。

公側受醴。將以飲賓。賓不降，壹拜，進筵前受醴，復位。公拜送醴。賓壹拜者，醴質，以少為貴。〔疏〕注賓壹至為貴。○釋曰：禮器云「禮有以少為貴者」，今壹拜，以少為貴也。故鄭據大古之禮質，無不以質為貴也。

宰夫薦籩豆脯醢。賓升筵，擯者退，負東塾。事未畢，擯者不退中庭，以有宰夫也。〔疏〕宰夫至東塾。○釋曰：云「事未畢，擯者不退中庭」者，案上文擯者進相幣，事未畢猶得負東塾，故云事未畢擯者不退中庭，以有宰夫也。若然，此云「擯者退負東塾」，以其有宰夫相事故也。

賓祭脯醢，以柶祭醴三，庭實設。乘馬。〔疏〕注庭實乘馬。○釋曰：鄭知乘馬者，下文云賓執左馬以出，故知也。

降筵，北面以柶兼諸觶，尚擸，坐啐醴。降筵，就階上。〔疏〕注降筵就階上。○釋曰：以左手執觶，右手以柶祭醴，訖，降筵，北面以柶兼并於觶，兩手奉之。尚擸，不作上字者，尚古今通用也。云「降筵，就階上」者，以鄉飲酒賓以降筵北面啐醴，明亦在西階之上也。

公用束帛。致幣也。言用，尊於下也。亦受之于序端。〔疏〕注致幣至序端。○釋曰：上文郊勞，賓用束錦，致之者，亦云用。獨於此言用者，下文歸饔餼於上介下大夫，言致之者，亦尊君之使者，自尊之可知。今君親用束帛禮賓，故言用。知亦受之於序端者，以受几於序端，則知此幣亦受之於序端也。

建柶，北面奠于薦東。不啐醴。擯者進相幣。賓以賓降辭幣。不敢當公禮。公降一等辭。賓降，栗階升，聽命。栗階，趨君命，尚疾，不連步。〔疏〕注栗階至連步。○釋曰：凡栗階者，其始升亦連步，於上栗階，不過二等，今云不連步者，謂不從下向上皆連步，其始升連之也。

降拜，公辭。受幣，不降一等，殺也。〔疏〕注不降一等殺也。○釋曰：案前辭幣，公降一等，今不降一等，故云殺也。

升，再拜稽首，受幣，當東楹，北面。亦訝受，西面。〔疏〕釋曰：前行聘享時，賓東面，公西面，授受但以奉君命，故賓不北面。此以主君禮己，已臣也，故北面受，異於聘享時也。若然，北面者禮主於已，已是臣也，故以禮成也。

退，東面俟。俟君拜也。不北面者，謙也。公壹拜，賓降也，公再拜。不俟公再拜者，事畢成禮也。〔疏〕注不俟至禮也。○釋曰：此賓主俱謙，公本欲再拜，賓見公一拜，止則降，不敢當公再拜者，事畢成禮也。公再拜者，以前受几及醴，公不逆而亦自尊，亢苟，賓不敢當也。今事畢，則賓降，不可亦再拜也。云「公尊也」者，以前受几及醴公一拜，今事畢成禮，故亦自尊也。

賓執左馬以出。受尊者之禮，宜親之也。效馬者，並左右靮授之。餘三馬，主人牽者從出也。〔疏〕注受尊至出也。○釋曰：案下賓覿，大夫庭實設馬，乘馬，賓執左馬以出，是尊國賓，故也。唯上文郊勞亦執左馬以出，故云受尊者之禮，宜親之也。云「效馬者，並左右靮授之」者，曲禮云「效馬效羊者右牽之」，馬是物異，故云效馬。云「餘三馬，主人牽者從出也」者，以是主人之物，故牽者從之出也。

上介受賓幣，從者訝受馬。從者，士介。〔疏〕注從者士介。○釋曰：鄭云從者，士介者，下記云「明日，賓拜於朝，主人牽者從出」，可知此訝受馬，即是士介，以下文云庭實，乃有從者訝受賓幣，從者明主人牽者從出可知也。公食大夫禮云「士羞庶羞」，注云「士羞者，賓之屬，皆府史之屬，以下故知從者士介也。」府史之屬，士既不受馬，則受者皆是士也。鄭注：「士謂胥徒之長」，小聘賓，士受馬。不應更有其屬士。故以為胥徒之長。言之也。若禮記云「士受皮」，鄭注「士謂若中士、下士不命者，以其主人為官長，據上士而言也。」

賓覿，奉束錦，總乘馬，二人贊。入門右，北面奠幣，再拜稽首。不請不辭，鄉時已請也。覿，用束錦，辟享幣也。總者，總八轡，牽之贊者。居馬閒，扣馬也。入門而右，私事，自闑右。奠幣再拜，以臣禮見也。贊者，賈人之屬介特覿也。〔疏〕自此盡公降立，論行私覿之事。云「不請」至「覿也」。○釋曰：

不辭鄉時已請也者云不請賓不請不辭主君不辭所以不辭者鄉時已請覿主人辭之以禮賓故今不復請亦不辭之也云覿用束錦辟享幣也者以上文享主君用束帛享夫人用玄纁束帛以今用束錦是辟享幣也云總者至扣馬也者賓總入鄉在前牽之二人贊者各居兩馬閒各用左右手扣一匹故云在馬閒扣馬也云入門而右私事自闑右者玉藻云公事自闑西鄭注云聘享也又云私事自闑東注云覿面也此行覿禮故引之也云奠幣再拜以臣禮見也者謂由闑東介又不從又自牽馬又不升堂入幣皆是以臣禮見也云贊者賈人之屬者既行臣禮不使介從明贊者是賈人之屬從行者云介特覿也者主君辭賓賓入門左則介五人隨入門西北面西上其介五人行覿禮各自特行無介從爲特覿也擯者辭。辭其臣賓出。事畢擯者坐取幣出。有司二人牽馬以從。出門西面于東塾南。將還之也贊者有司受馬乃出凡取幣于庭北面〔疏〕注將還至北面○釋曰云贊者有司受馬乃出者賓出之時贊扣馬者未得出待人受馬乃得出所以然者幣可奠之於地其馬不可散放故待人受之乃可以出故云有司受馬乃出也云凡取幣于庭北面者言凡非一此時辭賓更出取幣後門右禮訖又取幣皆北面又衆介奠幣擯者取亦北面故云凡以廣之也擯者請受。請以客禮受之賓禮辭。聽命。賓受其幣贊者受馬牽馬右之入設。庭實先設客禮也右之欲人居馬左任右手便也於是牽馬者四人事得申也曲禮曰效馬效羊者右牽之〔疏〕牽馬右之入設○注庭實至牽之○釋曰云庭實先設客禮也者對前入門右時賓奉束錦總乘馬一時入無先後之別是臣禮今此入設下經乃云賓奉幣是先設庭實客禮也云於是牽馬者四人事得申也者知四人者若如前贊者二人則不得云右之既言右之明人牽一匹不須賓牽之事得申人牽一匹賓不總牽是也引曲禮者欲見牽馬在右禮之常彼效馬效羊謂尊者之物使養之今來呈見此取一邊牽之法義不與彼同也賓奉幣入門左。介皆入門左西上。以客禮入可從介〔疏〕注以客至從介○釋曰對入門右行臣禮不得從介也公揖讓如初。升。公北面再拜。公再拜者以其初以臣禮見新之也〔疏〕公揖至再拜○注公再拜至之也○釋曰臣禮見謂初入門右是以今再拜新之也知此不爲拜至者下記云禮不拜至鄭注云以賓不於是始至私覿固非始至而爲再拜明爲臣禮見新之也賓三退。反還負序。反還者不敢與授圭同〔疏〕賓三至負序○注反還至圭同○釋曰云反還者不敢與授圭同者上行聘時三退負序不言反還故決之也振幣進授當東楹北面。不言君受畧之也〔疏〕注不言至之也○釋曰此決聘享皆言公受此乃私覿故畧之不言其公受也士受馬者自前還牽者後適其右受。自由也適牽者之右而受之也此亦並授者不自前左由便也便其已授而去也受馬自前變於受皮〔疏〕士受至右受○注自由至受皮○釋曰此庭實之馬四匹在庭北面西上牽馬者亦四人各在馬西以右手執馬而立士受馬者從東方來由馬前各適牽馬者之前還遶其後適牽馬者之東馬西而受之牽馬者自前行而出之云此亦並授者不自前左由便也者鄉飲酒之等於西階之上皆授由其右受由其左今乃受馬者不自左而由其右受者使授馬者授訖右迴其身於出時爲便故鄭注云便其已授而去也云受馬自前變於受皮者上受享庭實之皮受皮者自後右客鄭注云自由也從東方來由客後西居其左受皮也此亦從東而來由馬前者馬是生物恐驚故由前是變於受皮也牽馬者自前西乃出。自由也〔疏〕牽馬至乃出○釋曰四馬並北面牽馬者皆在馬西士既受馬其最西頭者便卽出門不須由馬之前其次東三匹者皆由西於馬前而出故云牽馬者自前西乃出據三人而言也賓降階東拜送。君辭。拜送幣于階東以君在堂鄉之〔疏〕賓降至君辭○注拜送至鄉之○釋曰此言賓拜送幣者私覿已物故也前享幣不拜送者致君命非已物故也拜也。君降一等辭。君乃辭之而賓由拜敬也〔疏〕注君乃至敬也○釋曰經上云拜送而云君辭君復云拜也是其君乃辭之而賓由拜者敬主國君故也擯者曰。寡君從子。雖將拜。起也。此禮固多有辭矣未有著之者是其志而煥乎未敢明說〔疏〕注此禮至明說○釋曰云此禮固多有辭矣者謂此儀禮之內賓主之辭固多有辭矣但周公作經未有顯著明言之者直云辭耳此及公食皆著其辭此二者是志記之言煥乎可見云未敢明說者據此二者觸類而長之餘辭亦可以意量作但疑事無質未可造次明說故上注每云其辭未聞也栗階升。公西鄉。賓階上再拜稽首。成拜公少退。爲敬賓降出。公側授宰幣。馬出。廟中宜清〔疏〕賓降至馬出○注廟中宜清○釋曰云公側授宰幣不言出言馬出者以廟中宜清潔出就廄幣不言出與上皮幣同皆以東入藏之故記云賓之幣唯馬出其餘皆東注云馬出當就廄也餘物皆東藏之內府是幣不出之義也公降立。擯者出請。上介奉束錦。士介四人。皆奉玉錦束。請覿。玉錦錦之文纖縟者也禮有以少文爲貴者後言束辭之便也〔疏〕公降至請覿○注玉錦至便也○釋曰自此盡舉皮以東論上介衆介行私覿之事云玉錦錦之文纖縟者也案聘義孔子論玉而云縝密以栗知也是玉有密致錦之纖縟似玉之密致者云禮有以少文爲貴者禮器直云有以文爲貴者有以少爲貴者無少文爲貴之語但有以少爲貴以文爲貴明亦有以少文爲貴故鄭以義而言之也擯者入告。出許。上介奉幣儷皮。二人贊。儷猶兩也上介用皮變於賓也皮麋鹿皮〔疏〕注上介用皮變於賓○釋曰賓用馬今上介用皮故云變於賓也皆入門右。東上。奠幣。皆再拜稽首。皆者皆衆介也贊者奠皮出〔疏〕注贊者奠皮出○釋曰鄭知贊者奠皮出者下云有司二人舉皮從其幣出無人授之明贊者奠卽出可知擯者辭。亦辭其臣介逆出。亦事畢也擯者執上幣。士執衆幣。有司二人舉皮從其幣出請受。此請受請于上介也擯者先卽西面位請之釋辭之時衆執幣者隨立門中而俟〔疏〕注此請至而俟○釋曰云此請受請于上介也者對前賓此請上介亦不請衆介也知擯者先卽西面位請之者以其上介等先立門西東面故擯面對之云釋辭之時衆執幣者隨立門中而俟者以其請受之下經云委皮南面執幣者西面故知當請之時立于門中可知言隨者謂相隨從故昬禮記云納徵執皮隨入注云爲門中阨狹記云凡庭實隨入左先皮馬相間可也案匠人云廟門容大扃七个注大扃牛鼎之扃長三尺七个則二丈一尺闑東明不得並出也委皮南面。擯者卽位便其復入也委皮當門〔疏〕注擯者至當門○衆幣者進卽位有云舉皮者從其幣出皮在後可知隨明執幣者進卽位乃得委皮也云委皮當門者此決執幣者西面其皮不西面先故南面橫委於門中當門北上執便故也執幣者西面北上。擯者請受。上言其次此言其位互約文也〔疏〕注請受至文也○釋曰此請受請于上介尊故也云上言其次此言其位互上幣士執衆幣有司二人舉皮從其言委皮南面執幣者西面北上是其北上則上當有北面東上之文下云上坐取幣立是也此宜有士執衆幣互文也言約者雖互見其文文猶不賓幣之文下取歸士介幣之文以理當言擯者執幣士四人北面東上坐皮從其幣出隨立於門中擯者出門執幣者進立擯南西面北上執皮者如是乃爲文備也介禮辭。聽命。皆進訝受其幣。者一一也授之〔疏〕注此言至授之○釋曰一一授之者案上受享云皆此獨云皆者嫌擯者獨請上介明不一一授同時訝受可知也享幣不言皆上介奉幣皮。先入門左。奠皮。門左介至揖位而立執皮者奠皮以有不敢授之義古文重入〔疏〕賓覿時幣入門左介皆入門左西上待揖而後進明此介亦至揖位而立敢授之義者案享時庭實使人執之亦皆東不奠於地以其得親授王人下二人坐舉皮明不授也公再拜。拜中庭也不于堂介賤也〔疏〕注拜中至賤也○釋曰知拜中庭者上云公降立不見更有進退之文自受享以來降立皆在中庭故知此公拜亦中庭介振幣。自皮西進。北面授幣。退復位。再拜稽首送幣。進者北行參分庭一而東行當君乃復北行也〔疏〕注進者至行也○釋曰介初在揖位在中庭奠皮近西故介發揖位經皮西北出三分一乃東北行至君所乃授幣故云自皮西進宰自公左受幣。不側授介禮輕〔疏〕云側授宰幣此不云側授故云介禮輕側不云側者當有贊者於公受轉授有

司一人坐舉皮以東。擯者又納士介。納者出道入也。〔疏〕擯者又納士介○注納者出道入也○釋曰自此盡序從之論士介行私覿之事云納者出道入也者謂若燕禮大射小臣納卿大夫出道入之也士介入門右奠幣。再拜稽首。終不敢以客禮見。〔疏〕注終不至禮見○釋曰上介奠幣訖辭之終以客禮是士介畢奠幣出私覿即了終不敢以客禮見也擯者辭。介逆出。擯者執上幣以出。禮請受賓固辭。禮請受者一請受而聽之也賓爲之辭士介賤不敢以言通於主君也固衍字當如面大夫也〔疏〕擯者至固辭○注禮請至大夫也○釋曰知固衍字當如面大夫者案下士介面大夫時擯者執上幣出禮請受賓辭無固字故知此固衍字當如士介面大夫公荅再拜。擯者出立于門中以相拜。擯者以賓辭入告還立門中闑外西面公乃遙荅拜也相者贊告之〔疏〕注擯者至告之○釋曰鄭知擯立門中闑外西面者以公在內賓在門外之西東面擯者兩處相之明居闑外西面向賓告之也士介皆辟。辟於其東面位逡遁也士三人東上。坐取幣立。俟擯者執上幣來也〔疏〕士三至幣立○注俟擯至來也○釋曰上文擯者執上幣以出賓辭之士介皆辟之乃云士三人取幣立擯者執上幣始來明士三人立俟之可知也擯者進。就公所也〔疏〕擯者進○注就公所也○釋曰以公在庭故擯者自門外來進向公左授幣與宰也宰夫受幣于中庭以東。使宰夫受于士士介幣輕也受之于公左賓幣公側授宰上介幣宰受于公左士介幣宰夫受于士敬之差〔疏〕注使宰至之差○釋曰云使宰夫受于士者以上文士三人取幣明此宰夫所受受于士也知受之於公左者禮記少儀云贊幣自左是以凡受幣皆於公左也云賓幣公側授宰者即上文公側授宰幣于序端是也云上介幣宰受於公左者即上云庭中宰自公左受之是也云士介幣宰夫受于士者即經文是也在公左受之是尊卑不同敬之差也[illegible]所受之雖不同及其以東其藏并是宰夫宰夫幣所主故也執幣者序從之。序從者以宰夫當一一受之擯者出請賓告事畢。賓既告事畢衆介逆道賓而出也〔疏〕擯者至事畢○注賓既至出也○釋曰自此盡不顧論事畢送賓之事云衆介逆道賓而出也者介爲首賓爲尾謂逆道也必知有逆出者上文聘訖云賓降介逆出又聘夫人私覿亦介逆出諸聘禮之等皆逆出故知此亦逆出可知也擯者入告。公出送賓。公出衆擯亦逆道紹擯及賓並行閒亦六步及大門內。公問君。鄉以公禮將事無由問也賓至始入門之位北面將揖而出衆介亦在其右少退西上於此可以問君居處爲於序殷勤也時承擯紹擯亦於門東北面東上上擯往來傳君命南面蘧伯玉使人於孔子孔子問曰夫子何爲此公問君之類也〔疏〕及大至問君○注鄉以至類也○釋曰云衆介亦在其右少退西上者案上賓初入門左鄭注云由賓位也衆介隨入北面西上少退今賓出至入門之位將北面拜君而後出故知其位亦當初入門之位此位前後皆約聘享入廟北面西上之位也云時承擯紹擯亦於門東北面東上上擯往來傳君命者亦約常朝入門門東北面東上之擯位上擯往來相君自是其常引論語者彼雖非聘亦是大夫使人往來法問夫子何爲亦是問君之類故云之類也

賓對。公再拜。拜其無恙公拜賓亦辟〔疏〕注拜其至亦辟○釋曰案爾雅釋言恙憂也言亦者亦初迎賓入門主君拜賓辟故云亦也公問大夫。賓對。公勞賓。賓再拜稽首。公荅拜。勞以道路之勤公勞介。介皆再拜稽首。公荅拜。賓出。公再拜送。賓不顧。公既拜客趨辟君命上擯送賓出反告賓不顧於此君可以反路寢矣論語說孔子之行曰君召使擯色勃如也足躩如也賓退必復命曰賓不顧矣〔疏〕公勞至不顧○注公既至顧矣○釋曰云賓不顧據上擯送賓復迴謂君云賓不顧矣故引孔子事爲證若然此送賓是上擯則卿爲上擯孔子爲下大夫得爲上擯者以孔子有德君命使攝上擯若定十年夾谷之會令孔子爲相同也賓請有事於大夫。請問問卿也不言問聘聘亦問也嫌近君也上擯送賓出賓東面而請之擯者反命因告之〔疏〕賓請至大夫○注請問至告之○釋曰自此盡亦如之論賓請問大夫訖即館卿大夫勞賓介之事云不言問聘聘亦問也嫌近君也者對文大聘曰聘小聘曰問總而言之問聘一也不得云問卿若言問近君矣故云有事于大夫也鄭云擯者反命因告之者但從朝以來行聘享行禮賓之事已頫矣今日即請未可即行故云反命因告之使知而已是以賓至館行勞賓介及受饔餼終日有事明日乃行問卿之禮也賓所請問卿宜云有事于某子故下記云幣之所及皆勞鄭云所以知及不及者賓請有事固曰某子某子是也公禮辭許。禮辭一辭賓即館。小休息也即就也〔疏〕賓即館○注小休息也○釋曰言休息者據此一日之閒其事多矣明旦行問卿暫時止息故云小休息也卿大夫勞賓。賓不見。以已公事未行上介以賓辭辭之〔疏〕注以己至辭之○釋曰以已公事未行者其聘享公事已行仍有問大夫之等公事未行故不敢見云上介以賓辭辭之者以經云賓不見明上介以賓辭辭之可知是以下言上介受明此上介辭也大夫奠鴈再拜。上介受。不言卿卿與大夫同執鴈下見于國君周禮凡諸侯之卿見朝君皆執羔〔疏〕大夫至介受○注不言至執羔○釋曰云周禮者案周禮秋官掌客云凡諸侯之禮上公五積卿皆見以羔侯伯四積卿皆見以羔是主國之卿見朝君皆執羔引之證主國卿見聘客不得執羔與大夫同用鴈不見朝君故也勞上介亦如之。君使卿韋弁歸饔餼五牢。變皮弁服韋弁敬也韋弁韎韋之弁兵服也而服之者皮韋同類取相近耳其服蓋韎布以爲衣而素裳牲殺曰饔生曰餼今文歸或爲饋〔疏〕君使至五牢○注變皮至爲饋○釋曰自此盡無儐論主君使卿歸饔餼於賓介之事云變皮弁服韋弁敬也者案周禮春官司服王之吉服有九祭服之下先云兵事韋弁服後云視朝皮弁服則韋弁尊於皮弁今行聘享之事等皆皮弁至歸饔餼則韋弁故云敬也云韋弁韎韋之弁兵服也者鄭知弁用韎韋者案司服注鄭引春秋傳曰晉郤至衣韎韋之跗注又云今時五伯緹衣古兵服之遺色故知用韎韋也韎即赤色以赤韋爲弁也云兵服者司服云凡兵事韋弁服故云兵服也云服之者皮韋同類取相近耳者有毛則曰皮去

毛孰治則曰韋本是一物有毛無毛爲異故云取相近耳云其服蓋韎布以爲衣而素裳者此無正文但正服則鄭注司服云韋弁以韎韋爲弁又以爲衣裳又晉郤至衣韎韋之跗注鄭志解此跗注以跗爲幅以注爲屬謂制韋如布帛之幅而連屬爲衣及裳今此鄭云以韎布爲衣而素裳全與兵服異者鄭以意量之此爲賓館於大夫士之廟既爲入廟之服不可純如兵服故爲韎布爲衣而素裳鄭志兵服以其與皮弁同自易故以素裳解之此言素裳又與鄭志同若然唯變其衣耳以無正文故云蓋以疑之也云殺曰饔生曰餼者周禮有內饔外饔皆掌割亨之事詩云有母之尸饔故知殺曰饔生曰餼者以其對饔是腥飪故知餼是生故下云餼二牢皆活陳之也上介請事。賓朝服禮辭。朝服示不受也受之當以尊服〔疏〕上介至禮辭○注朝服至尊服○釋曰鄭知義然者案下云賓皮弁迎大夫是受之用皮弁爲尊服明此著朝服朝服卑於皮弁是示不受言示不受終受之也有司入陳。入賓所館之廟陳其積〔疏〕有司入陳○注入賓至其積○釋曰案上文直云致館及即館不辨廟與正客館之名案下記云卿館於大夫大夫館於士皆是大夫士之廟下文又云揖入及廟鄭據此而言明陳之於廟也曾子問孔子云自卿大夫士之家曰私館即卿大夫士之廟一也孔子又云公館與公所爲曰公館鄭注云公館若今縣官宮也彼是正客館此兩言之者若朝聘使少則皆於正客館若使多則有在大夫廟多少不定兩言之也案大行人及掌客積與饔餼別此注以饔餼爲陳其積者對文饔餼與積別散文總是委積故云積也饔。謂飪與腥〔疏〕饔○注謂飪與腥○釋曰知者上總言饔餼五牢下陳有三處據此饔下云飪一牢腥二牢下又別云餼二牢故知饔別飪腥二者也若然飪與腥共以饔目之者以其同是死列之以鼎故也飪一牢。鼎九。設于西階前。陪鼎當內廉東面北上。上當碑南陳。牛羊豕魚腊腸胃同鼎。膚鮮魚鮮腊設扃鼏。膷臐膮蓋陪牛羊豕。陪鼎三牲臛膷臐膮陪之庶羞加也當內廉辟堂塗也腸胃次腊以其出牛羊也膚豕肉也唯燖者有膚此饌先陳其位後言其次重大禮詳其事也宮必有碑所以識日景引陰陽也凡碑引物者宗廟則麗牲焉以取毛血其材宮廟以石窆用木〔疏〕注陪鼎至用木○釋曰案公食大夫庶羞也以非正饌故在正鼎後而言加也云當內廉辟堂塗也者正鼎九雖大判繼階而言其云于階前則階東稍遠故陪鼎猶當內廉也而辟堂塗堂塗之內也云腸胃次腊以其出牛羊也鄭言此者以其膚是豕肉腸胃是腹內之物而在肉前者以其腸胃出於牛羊故在膚前列之也云膚豕肉也唯燖者有膚者君子不食圂腴犬豕曰圂若然牛羊有腸胃而無膚豕則有膚而無腸胃也且豕則有膚豚則無膚故士喪禮豚皆無膚以其皮薄故也縱豕以四解亦無膚故既夕大遣奠少牢無膚以其豚解故也云此饌先陳其位後言其次重大禮詳其事也者先陳其位者南陳已上是也後言其次者牛羊豕已下是也案設飧時直云飪一牢在西鼎九羞鼎三腥一牢在東鼎七直言西九東七不言次陳位飧是小禮輕之故也云宮必有碑所以識日景引陰陽也者言宮必有碑者案諸經云三揖者鄭注皆云入門將曲揖既北面揖當碑揖若然士昏及此聘禮是大夫士廟內皆有碑矣鄉飲酒鄉射言三揖則庠序之內亦有碑矣祭義云君牽牲

麗于碑則諸侯廟內有碑明矣天子廟及庠序有碑可知但生人寢內不見有碑雖無文兩君相朝燕在寢豈不三揖乎明亦當有碑矣言所以識日景者周禮匠人云爲規識日出之景與日入之景者自是正東西南北此識日景唯可觀碑景邪正以知日之早晚也又云引陰陽者又觀碑景南北長短十一月日南至景南北最長陰盛也五月日北至景南北最短陽盛也二至之閒景之盈縮陰陽進退可知云凡碑引物者宗廟則麗牲焉以取毛血者云凡碑引物則識日景引陰陽皆是引物則宗廟之中是引物但廟碑又有麗牲繫也案祭義云君牽牲麗于碑以其鸞刀以取血毛毛以告純血以告殺兼爲此事也云其材宮廟以石窆用木者此雖無正文以義言之葬碑取縣縴暫時之閒往來運載當此用木而已其宮廟之碑取其妙好又須久長用石爲之理勝於木故云宮廟以石窆用木也是以檀弓云公室視豐碑三家視桓楹時魯與大夫皆僭言視桓楹桓楹桓楹宮廟兩楹之柱是葬用木之驗也 腥二牢。鼎二七。無鮮魚鮮腊。設于阼階前西面南陳。如飪鼎二列。有腊者所以優賓也。〔疏〕腥二至二列。注有腥至賓也。釋曰云優賓者案下文士四人皆餼大牢無腥是不優之也 堂上八豆。設于戶西西陳。皆二。以並東上。韭菹其南。醓醢屈。戶室戶也東上變于親食賓也醓醢汁也屈猶錯也今文並皆爲併〔疏〕堂上至醓屈。注戶室至爲併。釋曰云設于戶西西陳皆二以並東上韭菹其南醓醢屈者謂其南東上醓醢醓醢西昌本昌本西麋臡麋臡西菁菹菁菹北鹿臡鹿臡東葵菹葵菹東蝸醢蝸醢東韭菹案周禮天官醢人朝事之豆有入韭菹醓醢昌本麋臡菁菹鹿臡茆菹麋臡饋食之豆葵菹蠃醢此經直云韭菹醓醢昌本麋臡以下入豆者案公食下大夫六豆韭菹醓醢昌本麋臡菁菹鹿臡又云上大夫八豆鄭注云記公食上大夫異於下大夫之數豆加葵菹蝸醢以充入豆若然案朝事八豆菁菹鹿臡下仍有茆菹麋臡不取而取饋食之葵菹蝸醢者案少牢正祭用韭菹醓醢葵菹蝸醢朝事饋食之豆兼用之明此賓上大夫亦兼用朝事饋食之豆以充八豆可知云東上者變於親食賓也者案公食大夫公親食賓云宰夫自東房薦豆六設于醬東西上此云東上是變於親食賓也云屈猶錯也者下經錯黍此經菹菹不自相當皆交錯陳之故云錯也 八簋繼之。黍其南稷錯。黍在北〔疏〕八簋至稷錯。注黍在北。釋曰云繼者繼八豆以西陳之云八簋者此陳之次第與八豆同故鄭云屈猶錯也八豆言屈八簋言錯者以八豆之實各別直次第屈陳之則得相變故云屈也八簋唯有黍稷二種雖屈陳之則閒雜錯陳之使當行黍稷閒錯不得並陳設亦相變故鄭下注凡饌屈錯要相變是也 六鉶繼之。牛以西羊豕。豕南。牛以東羊豕。鉶羹器也〔疏〕六鉶至羊豕。注鉶羹器也。釋曰此不言綪屈錯者綪文自具故不言之也案此文上下綪屈錯似各別鄭此注屈猶錯士喪禮陳衣於房中南領西上綪注云綪猶屈又似不別者云綪屈二者下手陳之少異屈者句而屈陳之綪者直屈陳之不爲句陳訖則相似故注士喪禮云綪猶屈言錯者閒雜而陳之與綪屈同或句屈陳而錯此文是也或綪陳如錯公食大夫是也故公食大夫云宰夫設黍稷六簋于俎西二以並東北上黍當牛俎其西稷錯以終南陳是其直綪錯之也 兩簠繼之。粱在北。簠不次簋者粱稻加也凡饌屈錯要相變〔疏〕注凡饌至相變。釋曰凡豆及簋之數皆耦兩自相對而陳之屈錯不相對者欲使陳設者其要殺各得相變不使相當其六鉶綪者牛及豕二者相變羊豕相當不相變以其大牢牛羊豕不耦故羊豕不得變也 八壺設于西序北上。二。以並南陳。壺酒尊也酒蓋稻酒粱酒不錯者酒不以雜錯爲味〔疏〕八壺至南陳。注壺酒至爲味。釋曰鄭云蓋稻酒粱酒也者以下夫人歸禮醙黍清各兩壺此中若有黍不得各二壺若三者各二壺則止有六壺與夫人歸禮同又不得各三壺若三者各三壺則九壺不合八數止有稻粱無正文故云蓋以疑之鄭知不直有稻黍而爲稻粱者稻粱是加相對之物故爲稻粱也此陳饔餼堂上及東西夾簋有二十簠六上文設飧時與此堂上及西夾其對則簋十四簠四案掌客設飧公侯伯子男同十二公簋十侯伯簋八子男簋六又皆陳饔餼其死牢加飧之陳如何此中飧之簋數及饔餼之簋數皆多於君者彼是禮自上下爲差此乃臣禮或多或少自是一法不可以彼相並又此中致饔餼於賓醯醢百甕米百筥周禮上公甕筥百二十侯伯甕筥百子男甕筥八十子男少於此卿大夫禮或損之而益此其類也 西夾六豆。設于西墉下北上。韭菹其東醓醢屈。六簋繼之。黍其東稷錯。四鉶繼之。牛以南羊。羊東豕。豕以北牛。兩簠繼之。粱在西。皆二。以並南陳。六壺西上二。以並東陳。東陳在北墉下統於豆〔疏〕西夾至東陳。釋曰六豆者先設韭菹其東醓醢又其東昌本南麋臡麋臡西菁菹又西鹿臡此陳還取朝事之豆其六簋四鉶兩簠六壺東陳其次可知義復與前同也

儀禮疏卷第二十一 元缺第四葉第八葉今補

儀禮注疏卷二十一挍勘記　阮元撰盧宣旬摘錄

庭實

下云皮右首 毛本首誤作手

兩手相鄉也 閩本鄉誤作卿

彼所執以爲贄 要義無彼字

故得用虎豹也 毛本豹下有皮字

公側授宰幣 毛本授誤作受

以不可生服 以陳閩俱作亦

若有言

若有所問也 張氏曰監本無有字

請卽乞師之類是也 要義無卽字

事在僖二十六年也 要義同毛本僖下有公字

服注云無庭實也 也要義作者

擯者入告

卽下文行禮賓也 毛本通解文下有先字

宰夫徹几改筵

加萑席尋 萑陳本注作莞疏作萑閩本注疏俱作莞

使不蒙如也 要義同毛本也作世

諸侯彫几 通解要義同毛本彫作雕

宰夫內拂几三

不欲塵坋尊者 陸氏曰坋或作被

公東南鄉

云中攝之者 毛本作宰夫奉几兩端故公中攝之通解楊氏俱同

擬賓用兩手 楊氏同毛本通解擬上有復字

在公手外取之故也 在陳閩俱作自

北面設几

几賓左几 從疏 上几字集釋通解俱作几張氏曰疏上几作凡

云凡賓左几者 云凡此本誤倒陳本楊氏凡俱作几按張氏曰疏上几作几則張氏所據本凡字亦在云下

宰夫實觶以醴

不訝授也 授楊氏作受

今又從下升 又陳本作亦

醴尊于東箱 要義同毛本醴作禮○按作醴與記文合下句瓦泰一有豐泰作大是也

賓不降壹拜 壹楊氏作一注同

宰夫薦籩豆脯醢

以其閑有事宰夫相 毛本無事字

在中庭矣 在上陳閩通解楊氏俱有則字

降筵北面○尚擸 擸聶氏從木按說文無擸字手部擸理持也又擖刮也士冠禮面葉注云古文葉爲擖然則今文作葉古文作擖或作擸擸擖雖皆說文所有宜以擸爲正凡字之从巤者俗皆从葛如臘蠟獵之類故又爲

擖後人以扌从木并擖字亦从木非也少儀曰執箕膺擖揭箕舌也字亦當作擖弟子職作楪楪卽葉耳其字亦從手

公用束帛

賓用束錦儐勞者　儐陳閩監本俱作擯

獨於此言用尊於下者儐勞者及歸饔餼皆是賓敬君之使者自尊之可知　自尊於至者自二十字陳閩俱無

建柶

糟醴不啐　張爾岐曰啐字誤周學健云當作卒上言啐醴則非不啐明矣不卒爵故建柶而奠之他篇疏文引此者亦誤○按此本士冠疏引此作卒集釋此節釋辭已缺尚存不卒解三字戴震云似集釋所見本亦作卒

公壹拜

賓見公一拜止　陳閩通解俱無止字

上介受賓幣

據上士而言也　也要義作之

賓覿

居馬間扣馬也　按疏引注故云下居作在而誤爲居乃疏文居誤爲在也

公揖讓如初

禮不拜至　不陳閩俱作右按記文作至

士受馬者

士受馬者從東方來　要義同毛本馬下無者字陳閩從下俱有者字

使授馬者授訖　要義同毛本授作受

拜也

而賓由拜　由楊敖俱作猶浦鏜云由古通猶

擯者執上幣

對前賓此請上介　毛本賓此作擯出陳閩出俱作者

隨立門中而俟者　門中陳閩俱倒下立于門中可知同

闑東明不得並出也　朱子曰闑東下當有脫字

委皮南面

委皮當門者　當陳閩俱誤作南

執幣者

當上取歸賓幣之文　上取二字陳閩俱倒

下取歸士介幣之文　陳閩俱無取字

介禮辭

嫌擯者一一授之　一一徐本作二張云注曰嫌擯者一一授之監杭本以一一爲二從巾箱嚴本

上介奉幣

故下二人坐舉皮　二人要義作云○按當作故下云二人坐舉皮

公再拜

拜中庭也　拜下敖有於字

介出

不側授　徐本集釋同毛本授作受

擯者辭

一請受而聽之也　楊無受字

公問大夫　毛本問誤作門

賓請有事於大夫

不言問聘　盧文弨云此聘字疑衍

賓卽館

小休息也　徐本通解同毛本小作少

君使卿韋弁

自此盡無儐　儐陳閩俱作擯

今時五伯緹衣　五百五伯通用

鄭志解此䟽注　志通解作注

此爲賓館於大夫士之廟　爲賓陳閩俱作賓而

皆掌劏亨之事　毛本亨作烹○按亨與周禮合

上介請事

賓皮弁迎大夫　陳本同毛本賓作賔

有司入陳

若今縣官宮也　浦鏜云舍誤宮

則有在大夫廟　有陳閩俱作自

饔

列之以鼎故也　之陳閩俱作予也陳閩俱作出

飪一牢

三牲臛　諸本同釋文集釋毛本臛作腱

唯燖者有膚　陸氏曰燖一本作爓音潛膚嚴本作獻

引陰陽也　朱子曰引疑當作別周學健云別字固直截或以繩著碑引之而定方位則引字亦可解敖氏集說改別

凡碑引物者　引嚴本作別按上引字可作別此引字不可作別嚴本誤也

而辟堂塗堂塗之內也　堂塗陳閩俱不重

縱豕以四解　縱上陳閩俱有故字

以其豚解故也　要義同毛本其作比○按其字是

案設飧時直云　要義同毛本無時字

旣北面揖　要義同通解毛本旣下有曲字

此識日景　陳本要義同毛本此作比

是葬用木之驗也　要義同毛本是上有腥字○按毛本非也

腥二牢

有腊者所以優賓也　毛本腊作腥徐本作腊張曰注曰有腊者所以優賓按疏腊作腥經曰無鮮魚鮮腊今注作有腊傳寫誤也當從疏

堂上八豆

謂其南東上醓醢　毛本無南字

異於下大夫之數豆　毛本數豆作豆數○按此本倒

仍有茆菹麋臡　有字閩本擠入陳本無茆字

此經菹菹不自相當　毛本菹作醢○按菹字不當有此本非也

儀禮疏卷第二十二

唐朝散大夫行大學博士弘文館學士臣賈公彥等撰

饌于東方。亦如之。東方東夾室西北上。亦韭菹其東醢醢也【疏】饌于至北上○釋曰云西北上者則於東壁下南陳西北有韭菹東有醢醢次昌本次南麋臡次西有菁菹次北有鹿臡亦屈錯也上西夾饌六豆直言北上不云西北上此東夾獨云西北上者以其西夾言北上其東醢醢是西北上可知此東夾饌若不言西北上恐東夾饌從東壁南陳以東北爲上其西有醢醢與西夾相對陳之故云西北上見雖東夾其陳亦與西夾同是以鄭云亦韭菹其東醢醢也

壺東上西陳。亦在北墉下統於豆

醯醢百甕。夾碑十以爲列。醯在東。夾碑在鼎之中央也醯在東醯穀陽也醢肉陰也【疏】醯醢至在東○注夾碑至陰也○釋曰案既夕禮云甕三醯醢屑鄭注云甕瓦器其容亦蓋一穀旅人云簋實一穀又云豆實三而成穀四升曰豆則甕與簋同受升二升也禮器云五獻之尊門外缶門內壺君尊瓦甒注云壺大一石瓦甒五升即此壺大一石也云夾碑在鼎之中央也者上陳鼎云西階前陪鼎當內廉東面北上上當碑南陳下腥鼎亦如之此言夾碑自然在鼎之中央可知云醯在東醯穀陽也醢肉陰也者醯是釀穀爲之酒之類在人消散故云陽醢是釀肉爲之在人沈重故云陰也大宗伯云天產作陰德地產作陽德注云天產六牲之屬地產九穀之屬以六牲爲陽九穀爲陰與此醯是穀物爲陽違者物各有所對六牲動物行蟲也故九穀爲陰郊特牲云鼎俎奇而籩豆偶陰陽之義也又以籩豆醯醢等爲陰鼎俎肉物總爲陽者亦各有所對以鼎俎之實以骨爲主故爲陽籩豆穀物故爲陰也有司徹注又以庶羞爲陽內羞爲陰者亦羞中自相對內羞雖有糝食是肉物其中有酏餌粉餈食物故爲陰庶羞肉物故爲陽也

饌二牢。陳于門西。北面東上。牛以西羊豕。豕西牛羊豕。饌生也牛羊右手牽之豕束之寢右亦居其左【疏】饌二至羊豕○注饌生至其左○釋曰先言饔後言饌者陳者先以孰爲主是以先陳饔饔下即陳孰物繼之故六豆以下相次此饌是生物其下次陳芻薪米禾之等相繼也云牛羊右手牽之者曲禮云效馬效羊者右牽之以不噬齧人用右手便也言右手牽之則人居其左也云豕束之寢右亦居其左者豕束縛其足亦北首寢臥其右亦人居其左案特牲云牲在其西北首東足鄭注云東足者尚右也與此不同者彼祭禮法用右胖故寢左上右士虞記云陳牲于廟門外北首西上寢右鄭注寢右者當升左胖也變吉故與此生人同也

米百筥。筥半斛。設于中庭。十以爲列。北上。黍粱稻皆二行。稷四行。庭實固當庭中言當中庭者南北之中也東西爲列列當醯醢南亦相變也此言中庭則設碑近如堂深也【疏】米百至四行○注庭實至深也○釋曰云庭實固當庭中言當中庭者南北之中也者上享時直言庭實入設不言中庭則在東西之中其南北三分庭一在南此更言中庭欲明南北之中也上文公立於中庭宰受幣於中庭皆南北之中也知北上東西爲行者以經云北上黍粱稻皆兩行稷四行若南北縱陳止得言東西不得言北上何者以黍粱稻及稷當行皆一種無上下故也明橫陳可知黍兩行在北次粱兩行次稻兩行次南稷四行所以不用稻爲上者稻粱是加黍稷是正故黍爲上端稷爲下端以見上下而稻粱居其閒亦相變者亦上緇屈錯之義云此言中庭則設碑近如堂深也者陳鼎上當其碑南向陳之醯醢夾碑在鼎中央亦南向陳之今米爲筥在醯醢之南北之中則碑近北可知言堂深者猶若設洗南北以堂深相似若然碑東當洗矣

門外米三十車。車秉有五籔。設于門東。爲三列。東陳。大夫之禮米禾皆視死牢秉籔數名也秉有五籔二十四斛也籔讀若不數之數今文籔或爲逾【疏】門外至東陳○注大夫至爲逾○釋曰云大夫之禮米禾皆視死牢者上文飪一牢腥二牢是三牢死故米三十車并下禾三十車亦是視死牢也云秉籔數名也秉有五籔二十四斛也者下記云十斗曰斛十六斗曰籔十籔曰秉若然一秉十六斛又有五籔爲八斛總二十四斛也云籔讀若不數之數者鄭君時以籔爲數名數名有數有不數故云不數之數此從音讀其字仍竹下爲之得爲十六斗爲籔故下記注云今江淮之閒量名有爲籔者是十六斗量器之名

禾三十車。車三秅。設于門西。西陳。秅數名也三秅千二百秉【疏】注秅數至百秉○釋曰下記云四秉曰筥十筥曰稷十稷曰秅四百秉爲一秅三四十二爲千二百秉也

薪芻倍禾。倍禾者以其用多也薪從米芻從禾四者之車皆陳北輈凡此所以厚重禮也聘義曰古之用財不能均如此然而用財如此其厚者言盡之於禮也盡之於禮則內君臣不相陵而外不相侵故天子制之而諸侯務焉爾【疏】薪芻倍禾○注倍禾至焉爾○釋曰云薪從米芻從禾者以其薪可以炊爨故從米陳之芻可以食馬故從禾陳之鄭言此者以經云倍禾恐並從禾陳之故也云四者之車皆陳北輈者以其向內爲正故也引聘義者欲見主君享禮聘賓外內皆善故引爲證也

賓皮弁迎大夫于外門外。再拜。大夫不荅拜。大夫使者卿也【疏】賓皮至荅拜○注大夫使者卿也○釋曰云外門外者謂於主人大門外入大門東行即至廟門也云不荅拜者亦以爲君使不敢當故也云大夫使者卿也者即上卿韋弁者也

揖入。及廟門。賓揖入。賓與使者揖而入使者止執幣賓俟之于門內謙也古者天子適諸侯必舍於大祖廟諸侯行舍于諸公廟大夫行舍于大夫廟【疏】揖入至揖入○注賓與至夫廟○釋曰云使者止執幣者下經始云大夫奉東帛入明此賓揖入時使者止執幣可知云賓俟之于門內謙也者聘時主君揖入立于庭尊卑法此賓與使者敵故賓在門內讓也云門內即宁下故下賓問卿云及廟門大夫揖入鄭注入者省內事也既而俟于宁下是也云古者天子適諸侯必舍于大祖廟者案禮運云天子適諸侯必舍其祖廟下記云卿館於大夫大夫館于士士館于工商鄭注云不館於敵者之廟爲大尊也以此差之諸侯無正文鄭注舍于諸公廟者諸公大國之孤云大夫行舍于大夫廟者謂卿舍于大夫也若無孤之國諸侯舍於卿廟也

大夫奉東帛。執其所以將命入。三揖皆行。皆猶並也使者尊不後主人【疏】入三揖皆行○注皆猶至主人○釋曰云使者尊不後主人者主人則賓所在若主人也然君與使者行當後君也

至于階。讓。大夫先升一等。讓不言三不成三也凡升者主人讓于客三敵者則客三辭主人乃許升亦道賓之義也使者尊主人三讓則許升矣今使者三讓則是主人四讓也公雖尊亦三讓乃許升不可以不下主人也古文曰三讓【疏】至于至一等○注讓不至三讓○釋曰云讓不言三不成三也凡升者主人讓于客三敵者則客三辭主人乃許升者是三讓三辭成也今賓三讓大夫即升無三辭則不成三也云使者尊主人三讓則許升矣者即此經主人讓大夫先升是也云今使者三讓則是主人四讓也者經雖言讓大夫先升大夫之讓不明故鄭君兩言之但使尊終先升若主人三讓使人亦三讓主人又一讓則主人四讓使者乃升故鄭復言此也案周禮司儀云諸公之臣相爲國客大夫郊勞三讓登聽命又云致饔餼如勞之禮即得行三讓之禮此中古文云三讓與彼合鄭不從者周禮統心舉其大率而云三讓此儀禮據屈曲行事覩此經直云讓大夫先升是主人或三讓大夫無三讓故不從古文也云公雖尊亦三讓乃許升不可以不下主人也者此據公爲主人亦有三讓故上行聘時云至於階三讓公升二等賓升亦是公先讓先升故成三讓是以聘義云三讓而後升公尊必三讓者不下賓客主人之義故也

賓從升。堂北面聽命。北面于階上也

大夫東面致命。賓降階西。再拜稽首。拜餼亦如之。大夫以束帛同致饔餼也賓殊拜之敬也重君之禮也【疏】注大夫至禮也○釋曰大夫以束帛同致饔餼五牢及陳豆壺車米之等今賓拜饔三牢及庭實又別拜餼二牢及門外米禾殊拜之者敬主君以重禮故也

大夫辭升成拜。尊賓

受幣堂中西北面。趨主君命也堂中西中央之西

大夫降出。賓降授老幣。出迎大夫。老家臣也賓出迎欲儐之

大夫禮辭。許。入。揖讓如初。賓升一等。大夫從升堂。賓先升敵也皆北面【疏】大夫至升堂○注賓先至北面○釋曰前大夫奉君命歸饔餼故先升一等今賓私儐使者無君命體敵故賓先升在館如主人之儀故也知皆北面者以其體敵又下始云賓奉幣西面大夫東面明此北面可知

庭實設馬乘。乘四馬也

賓降堂受老束錦。大夫止。止不降使之餘尊【疏】注止不至餘尊○釋曰凡賓主體敵之法主人降賓亦降今賓降使者不降者使之餘尊雖合降而不降

賓奉幣西面。大夫東面。賓致幣。不言致命非君命也

大夫對。北面當楣再拜稽首。稽首尊君客也致對有辭也【疏】注稽首至辭也○釋曰賓主既行敵體之禮當行頓首今大夫稽首於賓爲拜君之拜尊君客故也致者賓致幣當有辭對者大夫對亦當有辭所以無辭者文不具故也

受幣于楹閒南面。退東面俟。賓北面授尊君之使【疏】受幣至面俟○注賓北至之使○釋曰此賓儐使者是體敵之義經云受幣于楹閒南面知賓不南面並授而云賓北面授者凡敵體授之義授由其右受由其左今尊君之使是以大夫南面賓北面故知賓北面授幣

賓再拜稽首送幣。大夫降。執左馬以出。出廟門從者亦訝受之【疏】注出廟至受之○釋曰言亦者上賓受禮時受幣馬云賓降執左馬以出上介受賓幣從者訝受馬此亦

從者訝受馬，故云亦也。賓送于外門外，再拜。明日，賓拜于朝，拜饔與餼，皆再拜稽首。拜謝主君之恩惠於大門外。周禮曰：凡賓客之治，令訝聽之。此拜亦皮弁服。【疏】賓送至稽首。○注拜謝至弁服。○釋曰：知拜謝在大門外者，以其直言賓拜於朝，無入門之文，故知在大門外。若然，諸侯外朝在大門外明矣。引周禮者，秋官掌訝職云：賓客至于國，賓入館，次于舍門外，待事于客。及將幣，爲前驅，至于朝，詔其位。凡賓客之治，令訝訝治之。引之者，欲見賓客發館至朝，來往皆掌訝前驅爲之導。知此拜亦皮弁者，以其受時皮弁，故知此拜亦皮弁也。故公食大夫云：若不親食，使大夫各以其爵朝服以侑幣致之，賓朝服以受。明日，賓朝服以拜賜于朝。彼朝服受，還朝服拜，則知此皮弁受，亦皮弁拜可知。

上介饔餼三牢。餼一牢在西，鼎七，羞鼎二。餼鼎七，無鮮魚鮮腊也。賓介皆異館。【疏】上介至鼎二。○釋曰：自此盡兩馬束錦，論主君使下大夫歸饔餼於上介之事。○注餼鼎至異館。○釋曰：云餼鼎七無鮮魚鮮腊也者，對上賓九鼎有鮮魚鮮腊也。云賓介皆異館者，案下記云：卿館於大夫，大夫館於士，士館於工商。彼云卿，即此賓一也；彼云大夫，即此上介也；彼云士，即此衆介也。故知賓介各異館。必異館者，所陳饔餼厚，無所容故也。

腥一牢在東，鼎七。堂上之饌六。六者，賓西夾之數。西夾亦如之。筥及甕，如上賓。凡所不貶者，尊介也。言如上賓者，明此賓客介也。【疏】西夾至上賓。○注凡所至介也。○釋曰：云如上賓者，明此賓客介也者，案下云賓之公幣私幣皆陳，上介公幣陳，是上介有與賓同者。前經不言如上賓，獨此經言如上賓，以其此饔餼大禮，西夾筥及甕如上賓，以其客此上介如上賓之禮也。

餼一牢。門外米禾視死牢，牢十車。薪芻倍禾。凡其實與陳，如上賓。凡餼以下。下大夫韋弁，用束帛致之。上介韋弁以受，如賓禮。介不皮弁者，以其受大禮，似賓，不敢純如賓也。儐之兩馬束錦。【疏】儐之兩馬束錦。○釋曰：此下大夫使者受上介之儐禮，如卿使者受賓儐禮當庭同，不言如上大夫者，省文也。

士介四人，皆餼大牢，米百筥，設于門外。牢米不入門，略之也。米設當門，亦十爲列，北上。牢在其南，西上。【疏】士介至門外。○注牢米至西上。○釋曰：自此至無儐，論使宰夫歸餼於衆介之事。上文賓與上介米陳碑南，餼陳門內，此不入門，陳於門外者，鄭云略之也。云米設當門，亦十爲列，北上，彼亦當門，此直云設於門外，不云東西，明當門北上，與賓同。云牢在其南，西上者，以此餼本設於庭，在門內，由士介賤，不得入門。且賓與上介門東有米三十車，薪六十車，門西禾三十車，芻六十車，皆統門爲上。此餼本非門外東西之物，制不在門外東西，宜當門陳之。云牢在其南西上，知如此設之者，以其賓上介餼在米南，門西東上，明知此牢亦在米南而西上，爲異耳。

宰夫朝服，牽牛以致之。執紲牽之，東面致命。朝服，無束帛，亦略之。士介西面拜迎。【疏】宰夫至致之。○注執紲至拜迎。○釋曰：案下記云士館于工商，則此致者在工商之館，宰夫從外來，即爲賓客，宜在門西東面。此就大牢之中取以致餼。云朝服無束帛亦略之者，決上賓與上介皮弁有束帛，故以爲略之也。云士介西面拜迎者，以其士介爲主人，故西面。每上賓與上介米禾皆視死牢，具有芻薪米禾，此士直有生餼，無死牢，則無芻薪米禾矣。

士介朝服，北面再拜稽首受。受於牢東，拜自牢後，適宰夫右受，由前東面授從者。【疏】士介至首受。○注受於至從者。○釋曰：知自牢後適宰夫右受者，以其牢東北面拜，明在宰夫東南，從牢後來適宰夫，至宰夫之後受取牛便故也。必知在宰夫右受者，見前君使士受私覿之馬，適其右受，知此亦在右受也。若然，君使士受私覿由前，此由牢後，與受馬不同者，牛畜擾，則與馬有異，故得從其後適宰夫右取便也。云由前東面授從者，於宰夫之後受牛，遂由宰夫之前東授從者，亦是取便也。

無儐。既受拜送之矣。明日，衆介亦各如其受之服，從賓拜於朝。【疏】無儐。○注既受至於朝。○釋曰：言無儐者，決上賓與上介皆有儐。士介賤，故略之。知明日衆介亦各如其受之服從賓拜於朝者，案下夫人使下大夫韋弁歸禮，賓受如受饔之禮，儐之乘馬束錦。又歸禮於上介，上介受之如賓禮，儐之兩馬束錦。明日，賓拜禮於朝。鄭注云：於是乃言賓拜，明介從。拜夫人歸禮，介尚從拜，則君饔餼介皆從拜可知。

賓朝服問卿。不皮弁，別於主君。卿每國三人。【疏】賓朝服問卿。○注不皮至三人。○釋曰：自此盡無儐，論賓齎聘君之幣問主國卿之事。云不皮弁別於主君者，對上文行聘享私覿皆皮弁，此朝服降一等，故鄭注云別於主君。云卿每國三人者，每國三卿，是其常。鄭言此者，欲見三卿皆以幣問之。其主國下大夫嘗使向己國者，乃得幣問之，與卿異。

卿受于祖廟。重賓禮也。祖，王父也。【疏】卿受于祖廟。○注重賓至父也。○釋曰：卿受鄰國君所問之禮不辭讓者，以其初君送客之時，賓請有事於大夫，君禮辭許，是以卿不敢更辭，故下記云大夫不敢辭。云祖王父也者，大夫三廟，有別子者立大祖廟，非別子者并立曾祖廟。王父即祖廟也。今不受於大祖廟及曾祖廟而受於祖廟者，以其天子受於文王廟，諸侯受於祖廟，大夫下君，故受於王父廟。

下大夫擯。無士擯者，既接於君所，急見之。【疏】下大夫擯。○注無士至見之。○釋曰：行聘享於主國君時，全君擯者三人以上，并有士擯，賓又設介。今直云大夫擯，無士擯者，以其設擯介多者，不敢質，示行事有漸。但賓行聘享於主君之時，卿以與賓相接，故急見之，不須士擯。

擯者出請事。大夫朝服，迎于外門外，再拜。賓不荅拜。揖。大夫先入，每門每曲揖。及廟門，大夫揖入。入者，省內事也。既而俟于宁也。【疏】擯者至揖入。○注入者至宁也。○釋曰：大夫三門，入大門東行，即至廟門，未及廟門而有每門者，大夫三廟，每廟兩旁皆南北豎牆，牆皆闢門。假令王父廟在東，則有每門每曲之事。云入者省內事也者，曲禮云請入爲席是也。云既而俟于宁者，宁，門屋宁也。知俟于宁者，下云賓入三揖皆行，鄭注云：皆猶並也。賓與卿並行，以卿俟于宁，故得並行。與卿三揖，不俟于庭者，下君也。案曲禮云：客至於寢門，則主人請入爲席，然後出迎客，主人肅客而入。此卿既入不重出迎客者，彼曲禮平常賓客，故重出迎客。此聘問之賓與平常賓客異，上君揖賓不重出，此卿亦不重出，與彼同，但在庭與在宁不同矣。

擯者請命。亦從入而出請，不几筵，辟君也。【疏】注亦從至君也。○釋曰：亦者，亦君受聘時擯者從君而入，几筵既設，擯者出請。此擯者亦從卿而入，省內然後出請。

庭實設四皮。麋鹿皮也。賓奉束帛入。三揖皆行，至于階，讓。皆猶並也。古文曰三讓。【疏】注古文曰三讓。○釋曰：不從古文者，亦是不成三，故賓先升一等，大夫從升堂，故不從三讓也。

賓升一等，大夫從，升堂，北面聽命。賓先升，使者尊。賓東面致命。致其君命。大夫降階西，再拜稽首。賓辭，升成拜。受幣堂中西，北面。於堂中央之西受幣，趨聘君之命。

賓降出。大夫降，授老幣。無擯。不擯賓，辟君也。【疏】注不擯賓辟君也。○釋曰：上文賓行聘享訖，而君禮賓，有束帛乘馬，敵者曰擯。今卿不擯賓者，辟國君也。

擯者出請事。賓面，如覿幣。面亦見也。其謂之面，威儀質也。【疏】擯者至覿幣。○注面亦至質也。○釋曰：自此至授老幣，論賓行私面於卿之事。賓私面於卿，其幣多少與私覿於君同，故云如覿幣。覿幣，賓私覿之時用束錦乘馬，則此私面於卿亦用束錦乘馬可知也。云面亦見也，其謂之面，威儀質也者，覿面並文，其面爲質；若散文，面亦爲覿。故鄭司儀注云：私面，私覿也。又左傳云楚公子棄疾以乘馬八匹私面鄭伯是也。

賓奉幣。庭實從。庭實，四馬。【疏】賓奉幣庭實從。○注庭實四馬。○釋曰：以其言如覿幣，故知庭實四馬也。

入門右。大夫辭。大夫於賓入，自階下辭迎之。【疏】注大夫至迎之。○釋曰：知階下辭者，以其授老幣時降故也。知迎者，下文揖讓如初，明[illegible]迎之可知。

賓遂左。見私事也。雖敵，賓猶謙，入門右，爲若降等然。曲禮曰：客若降等，則就主人之階，主人固辭於客，然後客復就西階。【疏】注見私至西階。○釋曰：云爲若降等者，主人是大夫，客是士，降等法，士就東階。今此賓與卿覿者，就門右，若士於大夫降等。引曲禮者，主人辭賓，賓遂左，就門右西階，復正也。

庭實設，揖讓如初。大夫至庭中，旋並行。【疏】庭實至如初。○注大夫至並行。○釋曰：云大夫至庭中旋並行者，賓初入門右，大夫階下辭，賓遂門左，大夫至庭中迎賓，大夫迴旋，與賓揖而並行北出。言如初者，大夫不出門，唯有庭中一揖，至碑[illegible]又揖，再揖而已。

大夫升一等。賓從之。大夫先升，道賓。大夫西面。賓稱面。稱，舉也。舉相見之辭以相接。大夫對。北面當楣再拜。受幣于楹間。南面退。西面立。受幣楹間，敵也。賓亦振幣進，北面授。【疏】注受幣至面授。○釋曰：知賓北面授者，以云大夫南面退西面立，言退，明賓不得南面；又見下文賓當楣再拜，明北面授，因拜可知。云受幣楹間敵也者，凡授受之義，在於兩楹之間者，皆是體敵，故昏禮云授于楹間南面，注云：授於楹間，明爲合好，其節同也；南面並授也。謂賓主俱至楹間，南面並而授。是以曲禮云：鄉與客並，然後受。注云：於堂上則俱南面，禮敵者並授。此是敵者之常禮也。雖是敵者，於兩楹之間或有訝受者，皆是相尊敬之。注則此云大夫南面，賓北面授，雖是敵禮，是尊大夫，故訝受。又前致饔餼不儐，使者於楹間，賓北面授幣，鄭云賓北面授，尊君之使。自餘不在楹間，別相尊敬，是以前云公受玉于中堂與東楹之間，鄭注云：東楹之間，亦以君行一，臣行二。又云公禮賓，賓受幣當東楹北面，注云亦訝受。又賓覿公云振

幣進授當東楹北面如此之類不在兩楹之閒者皆非敵注就文解之賓當楣再拜送幣。降出。大夫降授老幣。擯者出請事。上介特面幣如覿。介奉幣。特面者異於主君士介不從而入也君尊衆介始覿不自別也上賓則衆介皆從之〔疏〕擯者至奉幣。○注特面至從之。○釋曰自此盡再拜送幣論上介私面於鄰國卿之事云特面者異於主君者介初覿主君之時不敢自尊別與衆介同執幣而入今私面於鄰國卿不與衆介同而特行禮焉故云特面者異於主君也云士介不從而入者對覿君時衆介從而入故鄭云君尊於衆介始覿不自別也云上賓則衆介皆從之者上介言特面則賓問卿與私面介皆從可知皮二人贊。亦儷皮也〔疏〕皮二人贊。○注亦儷皮也。○釋曰案經云幣如覿則上介私面亦與私覿於君幣同故云亦儷皮也入門右奠幣再拜。降等也〔疏〕入門至再拜。○注降等也。○釋曰言降等者主人是卿上介是大夫故入門右不敢自同賓客大夫辭。於辭上介則出擯者反幣。出還于上介也〔疏〕擯者反幣。○注出還于上介也。○釋曰不言反皮出還於上介皮出可知但文不具庭實設。介奉幣入大夫揖讓如初。大夫亦先升一等今文曰入設〔疏〕注大夫至入設。○釋曰云亦者亦上賓行私面大夫升一等賓乃升此上介私面亦然故云亦也介升。大夫再拜受。亦於楹閒南面而受〔疏〕注亦於至而受。○釋曰亦者賓行私面大夫受幣於楹閒南面故云亦得在楹閒為敵法上介是下大夫與卿小異大同明得行敵法在楹閒可知介降拜。大夫降辭。介升。再拜送幣。介既送幣降出也大夫亦授老幣擯者出請衆介面。如覿幣。入門右奠幣。皆再拜。大夫辭。介逆出。擯者執上幣出。禮請受。賓辭。賓亦為士介辭〔疏〕擯者至賓辭。○注賓亦為士介辭。○釋曰自此至拜辱論士介私面於鄰國卿之事云賓亦為士介辭者亦士介私覿於主國君時故云亦也大夫荅再拜。擯者執上幣。立于門中以相拜。士介皆辟。老受擯者幣于中庭。士三人坐取羣幣以從之。擯者出請事。賓出。大夫送于外門外。再拜。賓不顧。不顧言去擯者退。大夫拜辱。拜送也下大夫嘗使至者。幣及之。嘗使至已國則以幣問之也君子不忘舊〔疏〕下大至及之。○注嘗使至忘舊。○釋曰自此盡于卿之禮論主國下大夫嘗使至已國者聘君使上介以幣問之事諸侯之國皆有三卿五大夫其三卿不問至已國不至已國皆以幣及之上已論訖其五大夫者或作介或特行至彼國者乃以幣及之畧於三卿故也言君子不忘舊者此大夫嘗與彼國君相接即是故舊也今以幣及之故云君子不忘舊也上介朝服。三介問下大夫。下大夫如卿受幣之

禮。上介三介下大夫使之禮也〔疏〕注上介至禮也。○釋曰云上介三介下大夫使之禮也者下經云小聘曰問其禮如為介三介是下大夫小聘之禮也據此篇大聘使卿五介小聘使大夫三介若大國之卿七介小聘使大夫五介小國之卿三介小聘使大夫一介也曲禮云儗人必於其倫故問下大夫還使上介是各於其爵易以相尊敬者也其面如賓面于卿之禮。大夫若不見。有故也〔疏〕大夫若不見。○注有故也。○釋曰自此盡不拜論主國卿大夫有故不得親受聘君之幣之事言有故者或有病疾或有哀慘不得受其問禮君使大夫各以其爵為之受。如主人受幣禮。不拜。各以其爵主人卿也則使卿大夫也則使大夫不拜代受之耳不當主人禮也〔疏〕君使至不拜。○注各以至禮也。○釋曰云各以其爵主人卿也則使卿大夫也則使大夫者若然經云君使大夫大夫中有卿大夫總名也云各以其爵亦是易以相尊敬故也云不拜代受之耳不當主人禮也者案周禮宗伯云大賓客則攝而載裸鄭注云宗伯代王為祼拜送則王亦此類拜是致敬之事不可代人之拜故直受之而已不當主人之禮拜之夕。夫人使下大夫韋弁歸禮。夕問卿之夕也使下大夫下君也君使之云夫人者以致辭當稱寡小君〔疏〕夕夫至歸禮。○注夕問至小君。○釋曰自此盡賓拜禮於朝論主君夫人歸禮於賓與上介之事云夕問卿之夕也者案下記云聘日致饔明日問大夫夕夫人歸禮是其問卿之夕也云使下大夫下君也者歸饔餼使卿此夫人使下大夫故云下君也云君使之云夫人者以致辭當稱寡小君者案隱二年傳九月紀裂繻來逆女何以不稱使婚禮不稱主人又云紀有母乎曰有有則何以不稱母母不通也何休注云禮婦人無外事明知此使下大夫歸禮者是君使之可知而稱夫人使者以其致辭於賓客時當稱寡小君故稱夫人使下大夫其實君使之也堂上籩豆六。設于戶東。西上。二以並東陳。籩豆六者下君禮也臣設于戶東又辟饌位也其設脯其南醢屈六籩六豆〔疏〕堂上至東陳。○注籩豆至六豆。○釋曰言籩豆六東陳者其饌自戶東為首二以並東陳先於北設脯即於脯南設醢又於醢東設脯以次屈而陳之皆如上也云籩豆六者下君禮也者君歸饔餼八豆此六豆故云下君也云設於戶東又辟君饌位故也云其設脯其南醢屈六籩六豆者此約君禮設豆法云韭菹其南醢屈醢在南屈陳之又知籩豆各六者下文上介四豆四籩降殺以兩明夫人多二六豆六籩可知壺設于東序北上二以並南陳。醙黍清皆兩壺。醙白酒也凡酒稻為上黍次之粱次之皆有清白以黍閒清白者互相備明三酒六壺也先言醙白酒尊先設之〔疏〕壺設至兩壺。○注醙白至設之。○釋曰其設壺於東序自北向南而陳稻酒黍酒粱酒皆兩壺也云以黍閒清白者互相備者醙白也上言白明黍清皆有白也稻黍亦有清故也於清白中言黍明醙即是稻清即是粱也故言互相備也三酒既有清白二色故言六壺必先言醙者以白酒尊重故先設之也大夫以東帛致之。致夫人命也此禮無牢下朝君也〔疏〕大夫至致之。○注致夫至君也。○釋曰案周禮掌客云上公之禮夫人致禮八籩膳大牢致饗大牢侯伯以下亦皆有牢

是朝君來時有牢此卿來聘無牢故云下朝君也賓如受饔之禮。儐之乘馬束錦。上介四豆四籩四壺。受之如賓禮。四壺無稻酒也不致牢下於君也〔疏〕注四壺無稻酒。○釋曰知者案上致於賓六壺稻黍粱皆有清白今上介四壺明從上去之無稻米之酒清白俱去之故四壺也儐之兩馬束錦。明日賓拜禮於朝。於是乃言賓拜明介從拜也今文禮為醴〔疏〕注於是至為醴。○釋曰上文賓下言之則介從拜可知下乃云明日賓拜禮於朝大夫餼賓大牢米八筐。其陳於門外黍粱各二筐稷四筐二以並南陳無稻牲陳於後東上不饌於堂庭辟君也〔疏〕注其陳至君也。○釋曰[illegible]

之賓再拜稽首受。老退。賓再拜送。老室老大夫之貴臣〔疏〕注老室至貴臣。○釋曰案喪服公士大夫之衆臣為其君布帶繩屨傳曰室老士貴臣其餘皆衆臣也鄭注云室老家相也士邑宰也即此室老士貴臣者也家相邑宰之屬故為貴臣也賓迎再拜。老牽牛以致之。上介亦如之。衆介皆少牢。米六筐。皆士牽羊以致之。米六筐者又無粱也士亦大夫之貴臣〔疏〕注米六至貴臣。○釋曰言又無粱者上文八筐無稻此又無粱是加故去之云士亦大夫之貴臣者即是大夫之貴臣也公於賓壹食再饗。饗謂亨大牢以飲賓也公食大夫禮曰設洗如饗則饗與食互相先後也古文壹皆為一〔疏〕注饗謂至為一。○釋曰此篇據侯伯之卿聘使五介也五等諸侯相朝其臣聘使牢禮皆同無大國次國之別是以掌客五等諸侯其下皆云羣介行人宰史皆有飧饔餼以其爵等為之牢禮之陳數以待之鄭注云則如其介之禮以待之則飧饔大牢饔餼三牢士也則飧少牢饔餼大牢也此降小禮豐大禮也以命數則參差難等略於臣用爵而已以此言之公侯伯子男大聘使卿主君一食再饗小聘使大夫則主君一食一饗若然案掌客子男之卿再饗多於

君者以其君臣各自相望不得以君決臣也云饗謂亨大牢以飲賓也者以其饗禮與食禮同食禮既亨大牢明饗禮亨大牢可知但以其饗禮無酒饗禮有酒故以飲賓言之引公食饗與食互相先後者此經先言食後言饗則食在饗前公食言設洗如饗禮則饗在食前饗先後出於主君之意故先後不定也

燕與羞俶獻無常數。羞謂禽羞鴈鶩之屬成孰煎和也俶始也始獻四時新物聘義所謂時賜無常數由恩意也古文俶作淑

〔疏〕燕與至常數。注羞謂至作淑。釋曰案周禮掌客上公三燕侯伯再燕子男一燕皆有常數此臣無常數者亦是君臣各爲一不得相決知羞謂禽羞鴈鶩之屬者案下記云禽羞俶獻故知是禽知成孰煎和者以其言羞鼎臐之類故知成孰煎和者也知禽是鴈鶩之屬者案下記云宰夫歸乘禽日如饔餼之數鄭注乘禽乘行之禽也亦云鴈鶩之屬以無正文故以意解之

賓介皆明日拜于朝。上介壹食壹饗。饗食賓介爲介從饗獻矣復特饗之客之也

〔疏〕注饗食至之也。釋曰不言從食者公食介雖從入不從食賓食畢介逆出是不得從食矣知從饗者下記云大夫來使無罪饗之過則餼之其介爲介注云饗賓有介者賓尊行敵禮也故知介從饗案襄二十七年宋公兼享晉楚之大夫趙孟爲客子木與之言弗能對使叔向侍言焉子木亦不能對也叔向爲趙孟介而得從饗是其義也云復特饗之即此經是也

若不親食。使大夫各以其爵朝服致之以侑幣如致饔。無儐。君不親食謂有疾及他故也致之不廢其禮也致之必使同班敵者易以相親敬也致禮於卿使卿致禮於大夫使大夫非必命數也無儐以已本宜往古文侑皆作宥

〔疏〕若不至無儐。注君不至作宥。釋曰案上文云君使卿歸饔餼於賓館賓儐之今君有故不親食使卿生致其牢禮亦於賓館但無儐爲異云謂有疾及他故也者他故之中兼及有哀慘云非必命數也者依典命公侯伯之卿三命大夫再命子男之卿再命大夫一命經云各以其爵故知不依命數云無儐以已本宜往者饔餼之等不宜召賓故君使人致禮賓則儐使者此饗食之禮主君無故合速賓之來就主君入廟賓無儐禮今主君有故生致於賓亦無儐故云本宜往此篇據侯伯之卿來聘是使卿致禮鄭兼云使大夫於大夫者小聘使大夫來使大夫致禮也若然經直言使大夫者大夫中兼有上大夫兼卿也

致饗以酬幣。亦如之。酬幣饗禮酬賓勸酒之幣也所用未聞也禮幣束帛乘馬亦不是過也禮器曰琥璜爵蓋天子酬諸侯

〔疏〕致饗至如之。注酬幣至諸侯。釋曰云禮幣束帛乘馬亦不是過也者鄭以饗之酬幣無文故約上主君禮賓之時用束帛乘馬此饗酬幣亦不過是故云亦不是過引禮器者案彼經云有以少爲貴者圭璋特琥璜爵鄭注云圭璋特朝聘以爲瑞無幣帛也琥璜爵者天子酬諸侯諸侯相酬以此玉將幣也彼經不云天子諸侯相酬之幣故此注云蓋言酬諸侯者公侯伯用琥於子男用璜引之者證與此酬卿大夫不同之義

大夫於賓。壹饗壹食。上介若食若饗。若不親饗。則公作大夫致之以酬幣。致食以侑幣。作使也大夫有故君必使其同爵者爲之致之列國之賓來榮辱之事君臣同之

〔疏〕大夫至侑幣。注作使至同之。釋曰此一經論主

國卿大夫饗食聘賓及上介之事此直言饗食不言燕亦有燕是以鄭詩羔裘云知子之來之雜佩以贈之鄭注云與異國賓客燕時雖無此物猶言之以致其厚意其若有之固將行之士大夫以君命出使主君之臣必以燕禮樂之助君之歡是也又昭二年左傳云韓宣子來聘宴于季氏傳無譏文明鄭國大夫有相燕之法又此大夫相禮饗食有常數雖有燕之亦無常數亦無酬幣矣

儀禮疏卷第二十二 元缺第九葉今補

儀禮注疏卷二十二挍勘記 阮元撰盧宣旬摘錄

西北上

則於東壁下南陳 壁陳本通解俱作壁是也下同毛本作壁

次北有鹿臡 通解同毛本鹿作麋○按鹿是

醯醢百甕

陪鼎當內廉東面北上 要義同毛本面作西○按上文是面字

與此醯是穀物爲陽違者 毛本陳本醯誤作醢陳本違誤作遠

又以籩豆醯醢等爲陰 醯閩本作醢

餼二牢

豕東之 張曰注曰豕東之按疏云豕東縛其足亦北首經云牛以西羊豕以西牛羊豕則豕在羊西言東非也東字誤作東爾從疏○按嚴徐鍾本俱作東

當升左胖也 通解要義楊氏同毛本升作外○按升是

米百筥

當行皆一種 陳本通解要義同毛本當作每

門外米三十車 三十唐石經作卅下同

秉有五籔 五徐陳閩葛俱作伍

故米三十車 要義同毛本通解米下有禾皆二字○按疏云米三十車并下禾三十車通解刪作一句故其文如此毛本多遵通解而不顧上下文義大率類此

并下禾三十車 禾三陳本作米二閩本禾亦作米○按米字誤

得爲十六斗爲籔也 陳本要義同毛本籔作數○按籔是

量名有爲籔者 有陳閩俱作亦

薪芻倍禾

古之用財 毛本財誤作材

鄭言此者 言陳閩俱作信

以其向內爲正故也 要義同毛本向內作內向○按此本倒

揖入

此賓與使者敵 敵陳本通解俱作幣朱子曰幣疑當作敵

至于階讓

周禮統心舉其大率 要義同毛本統心作則通解無監本作刪

大夫東面致命

又別拜餼二牢 陳本通解同毛本別作引

大夫降出

欲儐之 儐徐本集釋俱作擯

受幣于楹間

是體敵之義 要義同毛本無是字

凡敵體授之義 要義同毛本授下有受字

授由其右受由其左 受陳本要義俱作授要義無上四字

賓送于外門外

令訝訝治之 要義同毛本不重訝字○按周禮秋官掌訝字重

彼朝服受 要義同毛本彼作故

上介饔餼三牢

厚無所容故也 陳閩同毛本厚作後

西夾亦如之

明此賓客介也 客集釋作容盧文弨云疏兩客字同亦當作容許宗彥云客不誤明以此介爲賓客耳

是上介有與賓同者 毛本通解有下有不字○按不字當有

士介四人

此不入門陳於門外者 陳閩俱無陳於門外四字

宰夫朝服

士介西面拜迎 士徐本通解俱作上許宗彥云當作士

具有芻薪米禾 通解同毛本具作且○按當作具

無擯毛本擯作儐唐石經徐陳閩葛集釋通解楊敖俱作擯與述注合李氏曰擯當作儐下經記無擯及注不擯賓同○按篇中言無儐者舊本俱作擯今本俱作儐殆因李說而改

言無擯者陳本同毛本擯作儐

皆有儐儐陳本作擯

賓朝服問卿

曾使向己國者使陳本誤作受向閩本作至陳閩俱無者字

卿受于祖廟

諸侯受於祖廟要義同毛本通解楊氏於下俱有太字按有是也

下大夫擯夫唐石經作大誤

無士擯者士陳本作上

擯者出請事

墻皆閣門要義同毛本通解閣作閤○按閤是也

此卿既入陳閩俱無此字

賓降出○無擯毛本擯作儐唐石經徐陳閩葛集釋通解楊敖俱作擯注同

注不擯賓辟君也陳閩同毛本擯作儐下同

賓遂左

主人與辭於客徐陳通解同毛本與作固

賓遂左就門右西階復正也陳本遂作迎閩本作賓遂就門左由西階復正也

庭實設

而並行北出陳監通解同毛本出作面○按出是也

大夫對

鄉與客並要義通解同毛本鄉誤作卿

就文解之陳本要義同毛本就上有故字

擯者出請事

君尊於衆介各本注俱無於字

下大夫嘗使至者

聘君使上介以幣問之事毛本幣誤作聘

君使大夫

亦是易以相尊敬故也陳本無敬字閩本無故字

堂上籩豆六

又於醢東設脯陳閩俱無又於醢三字

公於賓

爲之牢禮之數陳要義同毛本數陳作陳數○按此本倒

則飧二牢二陳閩俱作三

賓介皆明日拜于朝

公食介雖從入陳閩同毛本入作人

若不親食○無儐儐敖氏作擯

大夫於賓

其若有之若陳本作君

儀禮疏卷第二十三

唐朝散大夫行大學博士弘文館學士臣賈公彦等撰

君使卿皮弁還玉于館。玉圭也君子於玉比德焉以之聘重禮也還之者德不可取於人相切厲之義也皮弁者始以此服受之不敢不終也〔疏〕君使至于館○注玉圭至終也○釋曰自此盡賓送不拜論主君使卿詣館還玉及報享之事云玉圭也者舉聘君之圭云君子於玉比德焉以之聘重禮也并相切厲之義並聘義文案聘義云天子制諸侯比年小聘三年大聘相厲以禮又云已聘而還圭璋此輕財而重禮之義又云夫昔者君子比德於玉焉是其義也云還之者德不可取於人相切厲之義也者既以玉比德德在於身不取於人彼既將玉來似將德與己己不可取彼之德故還之不取德也既不得取而將玉往來者相切磋相磨厲以德而尊天子故用之也云皮弁者始以此服受之不敢不終也者始謂受聘享在廟時今還以皮弁還玉是終之也賓皮弁襲。迎于外門外。不拜。帥大夫以入。迎之不拜示將去不純爲主也帥道也今文曰迎于門外古文帥爲率〔疏〕賓皮至以入○注迎之至爲率○釋曰云帥大夫以入者大夫即卿卿亦大夫也云不純爲主也者客在館如主人卿往如賓今不拜迎是不純爲主也決上君使卿歸饔餼時賓拜迎是純爲主八故也大夫升自西階鉤楹。鉤楹由楹內將南面致命致命不東面以賓在下也必言鉤楹者賓在下嫌楹外也〔疏〕大夫至鉤楹○注鉤楹至外也○釋曰云不東面以賓在下也者決歸饔餼時大夫東面致命行聘時賓亦東面致命也云必言鉤楹者賓在下嫌楹外也若然不在楹外近之者以初行聘時在堂上楹內故今還在楹內也賓自碑內聽命。升自西階。自左南面受圭。退負右房而立。聽命於下敬也自左南面右大夫且並受也必並受者若鄉君前耳退爲大夫降逡遁今文或曰由自西階無南面〔疏〕賓自至而立○注聽命至南面○釋曰云聽命於下敬也者此決賓受禮時公用東帛賓西階上聽命歸饔餼時賓阼階上聽命此特於下聽命故云敬也云自左南面右大夫且並受也者以鄉飲酒獻酢之時授者在右受者在左故右大夫也且並受者欲取如向君前然也云若向君前耳者謂於本國君前並受圭璋時北面並受今還南面並受面位受不同並受一邊不異故云若向君前耳云退爲大夫降逡遁者以大夫降爲之逡遁而退因即負右房南面而立大夫士直有東房西室天子諸侯左右房今不在大夫廟於正客館故有右房也大夫降中庭。賓降自碑內東面。授上介于阼階東。大夫降出言中庭者爲賓降節也授於阼階東者欲親見賈人藏之也賓還阼階下西面立〔疏〕大夫至階東○注大夫至面立○釋曰云大夫降出言中庭者爲賓降節也者以其大夫授賓圭訖降自西階將出門至中庭不止今云大夫降出中庭者大夫中庭賓乃降故鄭云爲賓降節也云授於阼階東者欲親見賈人藏之也者賈人是啓櫝者是掌玉之人此時無事在堂東待此玉故賓向阼階東得見之云賓還阼階下西面立者以其賓在館如主人在階下西面立是其常處立者以待授璋也上介出請。賓迎大夫

還璋。如初入。出請，請事於外，以入告也。賓雖將去，出入猶東，唯升堂由西階，凡介之位未有改也。〔疏〕注唯升堂至改也○釋曰：案上文云賓自碑內聽命，升自西階，是其升堂由西階也。云凡介之位未有改也者，以其賓唯升自西階，明介猶在東方，故上文授上介于阼階東也，故言未有改。

賓裼。迎大夫賄。用束紡。賄，予人財之言也。紡，紡絲為之，今之縛也。所以遺聘君，可以為衣服，相厚之至。〔疏〕賓裼至束紡○注賄予至至也○釋曰：此則未知何用之財。若是報享之物，不應在禮玉之上。今言此束紡者，以其上圭璋是彼國之物，下云禮玉束帛報聘君之享物，彼君厚禮於此，此亦當厚禮於彼，故特加此束紡，是以鄭云相厚之至也。云賄予人財之言也者，案下記云賄在聘于賄，又云無行則重賄反幣，鄭注周禮云布帛曰賄，是賄為財物，是與人財物謂之賄也。云紡紡絲為之者，因名此物為紡。云今之縛也者，鄭注周禮內司服亦云素紗者今之白縛也，則此束紡者素紗也，故據漢法況之。

禮。玉束帛乘皮。禮，禮聘君也。所以報享也。亦言玉璧可知也。今文禮皆作醴。〔疏〕禮玉束帛乘皮○注禮禮至作醴○釋曰：云禮禮聘君也者，此謂報享之物，以其彼持享物來禮此主君，此主君亦以物禮彼君，故云禮禮聘君也。云所以報享也者，彼以物享此君，此君亦以物享彼君。曲禮云往而不來非禮也，來而不往亦非禮也。今以來而往，是相享之法，故云報享也。云亦言玉璧可知也者，上文聘賓行享之時，束帛加璧，束錦加琮，今報享物亦有璧琮致之，故云亦言玉璧可知。此玉則琮也，以其經言玉，故以玉言之。若然，經言束帛，兼有束錦矣。案下記云賄在聘于賄，又云無行則重賄反幣，則此禮也。

皆如還玉禮。大夫出。賓送。不拜。公館賓。為賓將去，親存送之，厚殷勤，且謝聘君之意也。公朝服。〔疏〕公館賓○注為賓至朝服○釋曰：自此盡賓退，論明日賓將發，主君就館拜謝聘君使臣來禮已國之事。云公朝服者，以其行聘享在廟之時，相尊敬重，故著皮弁。此拜謝之禮輕，故知著朝服。

賓辟。不敢受主國君見已於此館也。此亦不見，言辟者，君在廟門，敬也。凡君有事於諸侯臣之家，車造廟門乃下。〔疏〕賓辟○注不敢至乃下○釋曰：云此亦不見言辟者，君在廟門敬也者，此言亦者，亦勞賓時，故上文賓即館，卿大夫勞賓，賓不見，以其不見，故遣上介聽命，故知此賓亦不見。凡言辟者，將見而不見，則謂之辟。此本不見而言辟者，以其君在廟門外，雖不見而言辟，故鄭云敬也。云凡君有事於諸臣之家，車造廟門乃下者，以其卿館于大夫之廟，此館則是諸臣之家。案公食記云賓之乘車在大門外，又曲禮云客車不入大門，以此言之，君車入大門矣。大夫士有兩門，入門東行，則是廟門矣。既至廟門，須與賓行禮，故鄭云造廟門乃下也。

上介聽命。聽命於廟門中，西面，如相拜然也。擯者毋贊，君辭則曰：敢不承命，告于寡君之老。〔疏〕上介聽命○注聽命至之老○釋曰：云聽命於廟門中西面如相拜然也者，案前受士介幣之時，賓固辭，公荅再拜，擯者出立于門中以相拜，注云立門中閬外西面。此中賓不見，使介聽命，明如相拜然，取其視外便也。必知在門中西面者，以其君來如賓禮，東面，介西面面公可知。云擯者毋贊君辭則曰敢不承命告于寡君之老者，以其君尊，不自出辭，以是故君之擯者毋事贊君出辭，則曰敢不承命者，謂上介荅君之辭。知告賓云告于寡君之老者，案玉藻云擯者曰寡君之老，注云擯者之辭主於見他國君。今上介當擯者之處，故知告于賓稱告于寡君之老。

聘享。夫人之聘享。問大夫。送賓。公皆再拜。拜此四事，公東面拜，擯者北面。〔疏〕聘享至再拜○注拜此至北面○釋曰：云聘享者，謂賓聘君以圭，享君以璧。夫人聘享者，謂聘夫人以璋，享夫人以琮。問大夫者，問三卿及嘗聘彼國之下大夫。送賓，以登路。云拜此四事者，君禮一，夫人禮二，大夫禮三，送賓禮四，四事皆再拜。云公東面者，公如賓禮門西東面，擯者向公向介，故知北面為相而言也。

公退。賓從。請命于朝。賓從者，實為拜主君之館已也。言請命者，以已不見，不敢斥尊者之意。〔疏〕公退至于朝○注賓從至之意○釋曰：云言請命者以已不見不敢斥尊者之意者，案司儀云君館客，客辟，介受命，遂送客，從拜辱于朝。此經不言拜辱而言請命，凡言請者不由君，君聽則拜。此下經直云公辭賓退，不見拜文，是君不受其謝，故云請命者，以已不敢斥尊者之意，故不言辱而言請。

公辭。賓退。辭其拜也。退，還館裝駕，為且將發也。周禮曰：賓從拜辱于朝，明日客拜禮賜，遂行之。〔疏〕公辭賓退○注辭其至行之○釋曰：云退還館裝駕者，以明且將發，故裝束駕乘。引周禮者，證明日客拜禮賜遂行之事。鄭彼注云禮賜者謂乘禽，即此下文賓拜乘禽是也。

賓三拜乘禽於朝。訝聽之。發去乃拜乘禽，明已受賜大小無不識。〔疏〕賓三至聽之○注發去至不識○釋曰：自此盡送至于竟，論賓介發行，主國贈送之事。云明已受賜大小無不識者，以其乘禽是禮以細小，尚記識而拜之，況饔餼食禮之大者，記識可知，故云大小無不識。

遂行。舍于郊。始發，且宿近郊。自展軨。〔疏〕遂行舍于郊○注始發至展軨○釋曰：曲禮云已駕，僕展軨。鄭注云：具視也。彼是君車，故使僕展之。此卿大夫，故鄭云自展軨，恐不得所故也。

公使卿贈。如覿幣。贈，送也，所以好送之也。言如覿幣，見為反報也。今文公為君。〔疏〕公使至覿幣○注贈送至為君○釋曰：所以好送之者，來而不往非禮，以禮來往，皆是和好之事，故云好送之也。云言如覿幣見為反報也者，以其贈之多少一如覿幣，故鄭云見為反報也。

受于舍門外。如受勞禮。無儐。不入無儐，明去而宜有已也。如受勞禮，以贈勞同節。〔疏〕注不入至同節○釋曰：言不入無儐，對歸饔餼入設而有儐。此則不入無儐，明賓去禮宜有已。云如受勞禮以贈勞同節者，賓來勞之，去有贈之，皆在近郊，禮又不別，故言同節也。

使下大夫贈上介。亦如之。使士贈衆介。如其覿幣。大夫親贈。如其面幣。無儐。贈上介亦如之。使人贈衆介。如其面幣。士送至于竟。使者歸。及郊請反命。郊，近郊也。告郊人使請反命於君也。必請之者，以已久在外，嫌有罪惡不可以入。春秋時鄭伯惡其大夫高克，使之將兵，逐而不納，此蓋請而不得入。〔疏〕使者至反命○注郊近至得入○釋曰：自此盡拜其辱，論使者反命之事。知郊是近郊者，以下文云朝服載旜，鄭云行時稅舍於此郊，今還至此，正其故行服以俟君命，敬也者，初行云舍於郊斂旜，今至此載旜而入，故知近郊也。云告郊人使請反命於君者，以其使者至所聘之國謁關人，明此至郊告郊人使請可知。引春秋者，案閔二年公羊傳云：鄭伯惡高克，使之將，逐而不納，棄師之道也。何休云：使將師救衛，隨後逐之。彼無大夫文，言大夫者，鄭君加之也。

朝服載旜。行時稅舍于此郊，今還至此，正其故行服以俟君命，敬也。古文旜作膳。

禳乃入。禳，祭名也。為行道累歷不祥，禳之以除災凶。〔疏〕禳乃入○注禳祭至災凶○釋曰：案春官小祝云掌侯禳禱祠之祝號，鄭注云禳禳卻凶咎，故鄭此云禳是祭名也。

乃入陳幣于朝。西上。上賓之公幣私幣皆陳。上介公幣陳。他介皆否。皆否者，公幣私幣皆不陳。此幣，使者及介所得於彼國君卿大夫之贈賜也。其或陳或不陳，詳尊而略卑也。其陳之及卿大夫處者，待之如夕幣。其禮於君者不陳。上賓，使者。公幣，君之賜也。私幣，卿大夫之幣也。他介，士介也。言他，容衆從者。〔疏〕乃入陳至皆否○注皆否至從者○釋曰：云此幣使者及介所得於彼國君卿大夫之贈賜也者，於君所得為公幣，於卿大夫所為私幣。賓之公幣有八：郊勞幣一也，禮賓幣二也，致饔餼三也，夫人歸禮幣四也，侑食幣五也，再饗幣六也，夕幣七也，贈賄幣八也。此入者皆主君禮賜使者，皆用束錦，故曰公幣。賓之私幣略有十九：主國三卿五大夫皆一食有侑幣，饗有酬幣，皆用束錦，則是十六，有三卿郊贈，則十九也。其上介公幣則有五：致饔餼一也，夫人致禮幣二也，侑食幣三也，饗酬幣四也，郊贈幣五也。降於賓者，以其上介無郊贈幣，又無禮賓幣，又闕一饗幣，故賓八上介五也。上介私幣有十一：主國三卿五大夫，或饗或食，不備，要有其一，則其幣入也，又三卿皆有郊贈如其面幣，通前則十一也。主國下大夫嘗使已國者，聘亦有幣及之，則亦有報幣之事，其數不定。士介四人，直有郊贈報私幣，主國卿大夫報士介私面，士介私幣數不甚明。云禮於君者不陳者，謂賄用束紡，禮用束帛乘皮。不陳之者，以經云公幣，又云上介公幣，他介皆否，若禮於君者，一統於賓，不得云介之幣，故知禮於君者不陳。必禮於君不陳、禮於已始陳者，以其禮於君者是其正，故不陳之；禮於已者以其榮，故陳之。是以下注云不加於其皮上，榮其多，是其義也。若然，聘君以幣問卿，而其卿不見報聘君之幣者，以其尊卑不敵，若報之，嫌其敵體故也。

束帛各加其庭實皮左。不加於其皮上，榮其多也。〔疏〕注不加至多也○釋曰：此決初夕幣時束帛皆加于左皮上，今不言加於皮上者，若加於皮上相掩蔽，故不加於皮上，榮其多也。

公南鄉。亦宰告于君，君乃朝服出門左南鄉。〔疏〕公南鄉○注亦宰至南鄉○釋曰：此陳幣當如初夕幣之時，管人布幕于寢門外，使者北面，衆介立于其左，東上，卿大夫在幕東，西面北上，宰告於君，君朝服出門左南鄉，是以鄭此注亦依夕幣而言之。

卿進使者。使者執圭垂繅北面。上介執璋屈繅立于其左。此主於反命，士介亦隨入，並立東上。〔疏〕卿進至其左○注此主至東上○釋曰：案上行聘禮之時，上介屈繅授賓，賓襲受之。今此賓執圭垂繅，賓則裼，變於彼國致命時也。上介執璋屈繅者，變於賓故也。必變之者，反命致敬少於鄰國致命時，故賓於君前得裼見美為敬也。云士介亦隨入並立東上者，此言亦者，亦初行受於朝時，君使卿進使者入，衆介隨入，北面東上。此中雖不云士介入，明亦隨入可知。

反命曰。以君命聘于某君。某君受幣于某宮。某君再拜。以享某君。某君再拜。君亦揖使者進之，乃進反命也。某君，某國名也。某宮，若言桓宮。

儐宮也某君再拜謂再拜受也必言此者明彼君敬君已不辱命〔疏〕反命至再拜○注君亦至辱命○釋曰云君亦揖使者進之乃進反命也者亦謂亦受命於朝位立定時君揖使者乃進受命明反命亦然某君某某國名者若云鄭國君齊國君云某宮若言桓宮僖宮者左傳有桓宮之楹宮是廟名其受聘享於廟故以宮言之但受聘享在大祖廟不在親廟四而云桓宮僖宮者畧舉廟名而言也宰自公左受玉。亦於使者之東同面並受也不右使者由便也〔疏〕宰自公左受玉○注亦於至便也○釋曰此言亦者亦於出使初受玉時宰自公左授使者圭同面注云北面並授之凡並授者授由其右受由其左此中受由其右者因東藏之便故鄭云不右使者由便也受上介璋。致命亦如之。變反言致者若云非君命也致命曰以君命聘於某君夫人某君再拜以享于某君夫人某君再拜不言受幣于某宮可知畧之〔疏〕受上至如之○注變反至畧之○釋曰云變反言致者若云非君命也者君與夫人聘於鄰國君與夫人各有所當聘鄰國君受命於君今使者還反命於君聘於鄰國夫人當受命於夫人使者還反命於夫人但婦人無外事雖聘夫人亦君命之今使還反命不云反命於君變反言致命者若本非君命猶夫人之命然故變反言致也若然夫人既無外事而承君命聘鄰國夫人者以其夫婦一體共事社稷故下記云君以社稷故在寡小君拜是賓主相對之辭也云致命曰已下聘夫人反命無文此鄭君依記上文反命於君之辭而言之云不言受幣於某宮可知畧之者以其夫人受聘享皆因君聘享同時同宮故畧之也執賄幣以告曰。某君使某子賄。授宰。某子若言高子國子凡使者所當以告君者上介取以授之賄幣在外也〔疏〕執賄至授宰○注某子至外也○釋曰此賄幣者即上文賄用束紡是也云某子若言高子國子者案閔公二年冬齊高子來盟僖三十三年經書齊國歸父來聘左傳曰國子為政齊猶有禮者是也云凡使者所當以告君者上介取以授之者以上受上介璋是上介授賓明其餘皆上介取以授之云賄幣在外者以其上文云禮於君者不陳此賄幣即是禮於君前明在外也禮玉亦如之。亦執束帛加璧也告曰某君使某子禮宰受之士隨自後左士介受乘皮如初上介出取玉束帛士介從取皮也〔疏〕禮玉亦如之○注亦執至皮也○釋曰此即上云禮玉束帛乘皮鄭注云禮禮聘君也所以報享也云亦執束帛加璧也者言亦亦上文行享時束帛加璧者也云宰受之士隨自後左士介受乘皮者此約初行享之時公側授宰幣士受皮皆自後右客今執享皮幣玉宰受之可知言宰受之士隨自後隨宰自後謂自士介後其在東上者不須云自後其餘三人皆後乃得左之必左士介者取向東藏之便故也云上介出取玉束帛士介從取皮也者此亦初享之時賓奉束帛加璧是上介取以授賓明士介從取皮可知執禮幣。以盡言賜禮。禮幣主國君初禮賓之幣也以盡言賜禮謂自此至於贈〔疏〕注禮幣至於贈○釋曰云禮幣主國君初禮賓之幣也者謂從郊勞已後至於贈賄八度禮賓皆有幣是自郊勞為初也云以盡言賜禮謂自此至於賄者此則郊勞也公曰。然。而不善乎。善其能使於四方而猶女也授上介幣。再拜稽首。公荅再拜。授上介幣當拜公言也不授宰者當復陳之〔疏〕授上至再拜○注授上至陳之○釋曰云不授

宰者當復陳之者此幣皆先陳之今賓執以告君賓釋辭君日勤勞使於四方故授上介幣當拜荅君言此幣不授與宰者當復陳之於本處此幣入於己者故不授宰也上賄幣禮君者反命訖皆授宰故以此決之私幣不告。亦畧卑也君勞之。再拜稽首。君荅再拜。勞之以道路勤苦若有獻。則曰某君之賜也。言此物某君之所賜予為惠者也其所獻雖珍異不言某為彼君服御物謙也其大夫出反必獻忠孝也〔疏〕若有至賜也○注言此至孝也○釋曰此獻物謂入賓者故下記云既覿賓若私獻奉獻將命注云時有珍異之物或賓奉之猶以君命致之則是賓亦言有私獻於彼君則彼君亦有私獻報賓則此獻者也云大夫出反必獻忠孝也者案下曲禮云大夫私行出疆必請反必有獻彼私行出疆反必有獻此以公聘出疆反亦有獻故云大夫出反必獻此以入己之物獻於君者忠孝也事君言忠事父言孝此獻君忠也而兼言孝者忠臣出孝子之門故連言孝也君其以賜乎。不必其當君也獻不拜者為君之荅己也〔疏〕君其以賜乎○注不必至己也○釋曰言君其以賜乎者大夫所獻之物謙不必當君所須此物君其以賜臣下乎言乎者或當君意或不當君意故言乎以疑之云不拜者為君之荅己也者士拜國君國君不拜士賤故也大夫拜國君國君即荅拜大夫尊故也故云不拜者為君之荅己拜若然自反命以來盡於賜禮之等或拜或不拜無荅己之嫌獨此不拜為君之荅己者自此以前皆是彼國報己之物賓直告事而已君受之而無言故賓不拜君有言及己者乃拜之拜君言也此獻是彼國君賜於己理須拜送是以玉藻云凡獻於君大夫使宰士親皆再拜稽首送之又郊特牲云大夫有獻弗親不面拜為君之荅己亦此類故鄭云獻不拜者為君之荅己若然玉藻不親此親者此因反命故親獻也上介徒以公賜告。如上賓之禮。徒謂空手不執其幣君勞之。再拜稽首。君荅拜。勞士介亦如之。士介四人旅荅壹拜又賤也〔疏〕注士介至賤也○釋曰鄭知旅荅士介共一拜者君勞上介上介再拜稽首君荅拜不言再拜則君荅上介一拜矣勞士亦如之不言皆則總荅一拜矣勞賓君荅再拜勞上介君荅一拜對賓再拜已是賤矣今此士介四人共荅一拜故云又賤也此一拜荅臣下則周禮大祝辨九拜七曰奇拜是也是以彼注云一拜荅臣下也案曲禮云君於士不荅拜此君荅拜士者以其新行反命君勞苦之故荅拜異於常也君使宰賜使者幣。使者再拜稽首。以所陳幣賜之也禮臣子人賜之而必獻之君父不敢自私服也君父因以予之則拜受之如更受賜也既拜宰以上幣授之〔疏〕君使至稽首○注以所至授之○釋曰云禮臣子人賜之而必獻之君父不敢自私服也君父因以予之則拜受之如更受賜也者案內則云婦或賜之衣服則受而獻諸舅姑舅姑受之則喜若反賜之則辭不得命如更受賜臣子於君父亦然言此者證此經君使宰以所獻之物反賜使者者辭不得命再拜稽首受之如更受賜云既拜宰即以上幣授之者以其上文云執禮幣授上介者是執上幣不執下幣明知宰所執授之者是上幣可知賜介。介皆再拜稽首。士介之幣皆載以造朝不陳之耳與上介同受賜命俱拜既拜宰亦以上幣授上介乃退。君揖入皆出去〔疏〕乃退○注君揖入皆

出去○釋曰知君揖入皆出去者初賓將行君前受命訖君揖入揖賓介出故知此君退者亦反命訖賓介出可知介皆送至于使者之門。將行俟于門反又送于門與尊長出入之禮也〔疏〕介皆送至之門○注將行至禮也○釋曰云將行俟於門是出之禮初行之時介皆至賓門俟賓同行今行反又送至于門是入之禮故云與尊長出入之禮乃退揖。揖別也使者拜其辱。隨謝之也再拜上介三拜士介〔疏〕注再拜上介三拜士介○釋曰上介是大夫與已同類故知再拜士卑與已異類各一拜故言三拜士介釋幣于門。門大門也主于闑布席于闑西閾外東面設洗于門外東方其餘如初于禰時出于行入于門不兩告告所先見也〔疏〕釋幣于門○注門大至見也○釋曰自此盡亦如之論賓上介使還禮門神及奠于禰之事知門是大門者以其從外來先至大門即禮門神故知門是大門也案特牲筮時云席於門中闑西閾外故知此亦席于闑西閾外知東面者神居東面為正故也云設洗于門外東方者以其廟在學設洗皆云洗當東榮故在門外亦在東方也云其餘如初于禰時者初出亦釋幣於行不如之者以其初出於廟禮文具設于行其文畧故此云如禰時也言如者謂釋幣於禰先入已下埋于西階東是也云出于行入于門不兩告告所以先見也者出時自廟出先見行即告行入時先見門故告門也出入皆告一故云不兩告也乃至于禰。筵几于室。薦脯醢。告反也薦進也〔疏〕乃至至脯醢○注告反也薦進也○釋曰云筵几于室者還以特牲少牢司宮設席于奧東面右几但無牲牢進脯醢而已以告祭非常故也觴酒陳。主人酌進奠一獻也言陳者將復有次也先薦後酌祭禮也行釋幣反釋奠畧出謹入也〔疏〕觴酒陳○注主人至入也○釋曰云言陳者將復有次也者但云主人一獻當言奠今不言奠而言陳者以其下仍有室老及士獻以備三獻故言陳陳有次第之言以其三時次第皆列于坐者也云先薦後酌祭禮也者以其特牲少牢皆先薦饌乃後獻奠于鉶南此與彼同故云先薦後酌祭禮也云行釋幣反釋奠畧出謹入也者必畧出謹入者出時以禱祈入時以祠報故不同也席于阼。為酢主人也酢主人者祝取爵酌不酢於室異於祭〔疏〕席于阼○注為酢至於祭○釋曰鄭知祝取爵酌者案特牲少牢尸酢主人祝取爵以酢主人但此無尸為異也云不酢於室異於祭者此決特牲少牢皆主人於室內尸東西面受酢此乃於室外行來告反故在阼不在室與正祭異也又於正祭時有尸以尸飲卒爵以尸爵酢主人此吉祭無尸爵兼奠故別取爵以酢主人亦異也薦脯醢。成酢禮也〔疏〕薦脯醢○注成酢禮也○釋曰此薦謂若特牲少牢主人受酢時皆席于戶內有薦俎此雖無俎亦薦脯醢于主人之前以成此酢禮也三獻。室老亞獻士三獻也每獻奠輒取爵酌主人自酢也〔疏〕三獻○注室老至自酢也○釋曰鄭注喪服云室老家相士邑宰知無主婦而取士者以其自外來主於告反即釋奠於禰廟故知主婦不與而取士備三獻必知有室老與士者以其下文大夫餼賓而使老牽牛以致之鄭注云皆大夫之貴臣故知此亦貴臣為獻也云每獻奠輒取爵酌者此通三獻皆獻奠訖別取爵自酢故云輒取爵酌也別云主人自酢者對正祭有尸三獻皆獻尸訖尸酢主人主婦賓長今此無尸皆自酢獨云主人為首正故舉前以包後一人舉爵。三獻禮成更起酒也主人奠之未舉也〔疏〕一人舉爵

○注三獻至舉也○釋曰云三獻禮成者大夫士家祭三獻特牲少牢禮是也云更起酒者此欲獻酬從者不得酌神之尊是以特牲行酬時設尊兩壺於阼階東西方亦如之鄭注云謂酬賓及兄弟則此亦當然故知別取酒也云主人與之未舉者以其下文云獻從者乃云行酬似鄉飲酒鄉射一人舉觶未舉待獻介衆賓後乃行酬亦然也

獻從者。從者家臣從行者也主人獻之勞之也皆升飲酒於西階上不使人獻之辟國君也〈疏〉○獻從者○注從者至君也○釋曰知升飲於上者案特牲禮獻衆賓及兄弟之等皆升飲於西階上故此獻從者亦於階上可知云不使人獻之避國君者若正祭雖國君亦自獻故祭統云尸飲五君洗玉爵獻卿尸飲七君洗瑤爵獻大夫之等若然則告祭非常今獻從者從燕法案燕禮使宰夫爲獻主是國君不親獻此大夫親獻故云避國君也

行酬乃出。主人舉奠酬從者下辯室老亦與焉也〈疏〉○注室老亦與○釋曰知知者案燕禮使者勞者在者亦與故知此室老亦與不言士者文不具亦與可知

上介至亦如之。

聘遭喪。入竟則遂也。遭喪主國君薨也入竟則遂國君以國爲體士既請事已入竟矣關人未告則反〈疏〉聘遭喪入竟則遂也○注遭喪至則反○釋曰自此盡卒殯乃歸上陳告行聘之事此以下論或遭主國君喪或聘君薨於後或使者與介身卒安不忘危故見此非常之事從此盡練冠以受論主國君或夫人薨或世子死行變禮之事云以國爲體者謂公羊傳宋人執鄭祭仲使之逐忽而立突仲以逐忽則國存不逐則國滅故逐忽而立突是以國爲體但聘君以聘國故君雖薨而遂入關人未告則反者聘使至關乃謁關人關人入告君君知乃使士請事已入關自然入矣若關人未告君君不知使者又未入聞主國君死理當反矣

不郊勞。子未君也〈疏〉不郊勞○注子未君也○釋曰案文公八年天王崩九年毛伯來求金公羊傳曰何以不稱使當喪未君也踰年矣何以謂之未君即位矣而未稱王也未稱王何以知其即位以諸侯踰年即位亦知天子踰年即位也以天子三年然後稱王亦知諸侯於其封內三年稱子即若然云子未君公羊傳文但彼據踰年即位之後此據新遭父喪引之者以其同是子未君故也

不筵几。致命不於廟就尸柩於殯宮又不神之〈疏〉不筵几○注致命至神之○釋曰不筵几致命不於廟決正聘設几筵也就尸柩於殯宮者國君雖以國爲體主聘其國但聘亦爲兩君相好今君薨當就尸柩故不就祖廟也云又不神之者以其鬼神所在曰廟則殯宮亦得爲廟則設几筵亦可矣但始死不忍異於生不神之故於殯傍無几筵也曾子問云君薨世子生告殯殯東有几筵者鄭云明雖禮也然則尋常則殯東不設几筵當在室內矣

不禮賓。喪降事也〈疏〉不禮賓○注喪降事也○釋曰云不禮者謂既行聘享訖不以醴酒禮賓也

主人畢歸禮。賓所飲食不可廢也禮謂饔餼饗食〈疏〉主人畢歸禮○注賓所至饗食○釋曰知歸禮中兼有饔食者主人有故雖饔食亦有生致注故主人亦歸之且下文云賓唯饔餼之受明本并饔食亦歸賓乃就中受饔餼若本不歸饗食空歸饔餼何頓云饔餼之受明其時并致饔食也

賓唯饔餼之受。受正不受加也〈疏〉賓唯饔餼之受○注受正不受加也○釋曰饔餼大禮是其正自饔食之等是其加也

不賄。不禮玉。不贈。喪殺禮爲之不備〈疏〉不賄不禮玉不贈○注喪殺禮爲之不備○釋曰云不賄者皆據上文謂不以束紡不禮玉者謂不以束帛乘皮以報享不贈者賓出至郊不以物贈之也

遭夫人世子之喪。君不受。使大夫受于廟。其他如遭君喪。夫人世子死君爲喪主使大夫受聘禮不以凶接吉也其他謂禮所降〈疏〉遭夫至君喪○注夫人至所降○釋曰云夫人世子死君爲喪主者案禮記服問云君所主夫人妻大子適婦鄭注云言妻見大夫以下亦爲此三人爲喪主也故云君爲喪主既爲喪主是以使大夫受聘禮不以凶接吉也云其他謂禮所降者謂不禮以下不贈以上皆闕之

遭喪。將命于大夫。主人長衣練冠以受。遭喪謂主國君薨夫人世子死也此三者皆大夫攝主人長衣素純布衣也去衰易冠不以純凶接純吉也吉時在裏爲中衣中衣長衣繼皆掩尺表之曰深衣純袂寸半耳君喪不言使大夫受子未君無使臣義也〈疏〉遭喪至以受○注遭喪至義也○釋曰此經總說上三人死主君不得受命故使將命於大夫主人即大夫故鄭云此三者皆大夫攝主人也云長衣素純布衣者此長衣則與深衣同布但袖長素純爲異故云長衣素純布衣也此長衣之緣以素爲之故云素純也去衰易冠者謂脫去斬衰之服而著長衣脫去六升九升之冠而著練冠故云去衰易冠也云不以純凶接純吉者聘禮是純吉禮爲君三升衰裳六升冠爲夫人世子六升衰裳九升冠是純凶禮麻絰與屨不易直去衰易冠而已故云不以純凶接純吉云吉時在裏爲中衣中衣長衣繼皆掩尺表之曰深衣純袂寸半耳鄭言此者欲廣解長衣中衣深衣三者之義此三者之衣皆用朝服十五升布六幅分爲十二幅而連衣裳袖與純緣則異故云吉時在裏爲中衣中衣與長衣繼皆掩尺者案玉藻云長中繼掩尺鄭注云其爲長衣中衣則繼袂掩一尺此鄭云吉時之服純袂寸半者純爲衣裳之側袂爲口緣皆寸半表裏共三寸案深衣目錄云深衣連衣裳而純以綵純素曰長衣有表則謂之中衣以此言之則長衣中衣皆用素純云君喪不使大夫受子未君無使臣義也者其疏見於上若然臣爲君斬爲夫人世子期輕重不同今受鄰國之聘禮同用長衣練冠者但接鄰國者禮不可以純凶故權制此服畧爲一節耳向來所釋皆是君主始薨假令君薨踰年嗣子即位鄰國朝聘以吉禮受之於廟故成十七年經書邾子貜且卒十八年邾宣公來朝傳云即位而來見踰年可以朝他國他國來朝亦得以吉禮受之於廟矣雖踰年而未葬則不得朝人人來朝巳亦使人受之於廟於夫人世子亦然以其本爲死者來故也

聘君若薨于後。入竟則遂。既接於主國君也〈疏〉聘君至則遂○注既接於主國君也○釋曰自此盡唯稍受之論聘者遭己君之喪行非常之禮事云接於主國者謂謁關人關人告君君使士請事是接於主國矣故入境則遂也

赴者未至。則哭于巷。衰于館。未至謂赴告主國君者也哭于巷者哭于巷門未可爲位也衰于館未可以凶服出見人其聘享之事自若吉也今文赴作訃〈疏〉赴者至于館○注未至至作訃○釋曰未至謂赴告主國君者也以其本國遭喪赴者有兩使一使告聘者一使告主國云未可爲位者以其赴主國之使未至是以未可爲位受人弔禮云衰于館未可以凶服出見人者對下經赴者至則衰而出云其聘享之事自若吉者下云受饔餼之禮故知先行聘享乃後受禮以其主國未得赴告故自若吉也

受禮。受饔餼也〈疏〉受禮○注受饔餼也○釋曰上文遭主國之喪賓唯饔餼之受受禮亦饔餼之禮

不受饗食。亦不受加〈疏〉不受饗食○注亦不受加○釋曰上文遭主國之喪云唯饔餼之受注云受正不受加也加即此饗食也故此云亦不受加也

赴者至。則衰而出。禮爲鄰國闕於是可以凶服將事也〈疏〉赴者至而出○注禮爲至事也○釋曰云禮爲鄰國闕者案襄二十三年春秋左氏傳云杞孝公卒晉悼夫人喪之平公不徹樂非禮也禮爲鄰國闕服注云鄰國尚爲之闕樂況舅甥之親乎若然赴者至主國君使者衰而出則主國可以闕樂云於是可以凶服將事者謂主人所歸禮則賓可以凶服受之其正行聘享則著吉服矣故雜記云執玉不麻是也

唯稍受之。稍稟食也〈疏〉唯稍受之○注稍稟食也○釋曰禮君行師從卿行旅從從者既多不可闕於稍食案周禮每云稍事皆謂米稟以其稍稍給之故謂米稟爲稍

歸。執圭復命于殯。升自西階。不升堂。復命于殯者臣子之於君父存亡同〈疏〉歸執至升堂○注復命至亡同○釋曰自此盡即位踊論使者喪還執圭還國復命之事云臣子之於君父存亡同者案禮記奔喪父母之喪升自西階此復命於殯亦升自西階注生時出必告反必面故云臣子於君父存亡同也

子即位。不哭。將有告請之事宜清淨也不言世子者君薨也諸臣待之亦皆如朝夕哭位〈疏〉子即位不哭○注將有至哭位○釋曰云不言世子者君薨也者案公羊傳君存稱世子君薨稱子某既葬稱子踰年稱君案上文稱世子此文單稱子是知其君薨故君不稱某而與此既葬同號者以其既不得稱世子畧云子而已故不言某其實正法稱子某是以雜記在殯待鄰國之使皆稱某云諸臣待之亦皆如朝夕哭位者但臣子一列上下文唯言子不言羣臣與子同知如朝夕哭位者案奔喪云奔父之喪在家者待之皆如朝夕哭位故知此亦然

辯復命。如聘。自陳幣至于上介以公賜告無勞〈疏〉辯復命如聘○注自陳至無勞○釋曰言辯復命如聘者上文君存時使者復命自陳公幣已下至勞賜告之等今復命於殯所亦盡陳之故言辯知無勞者勞主君出命今君薨不可代君出命故知無勞也

子臣皆哭。使者既復命子與羣臣皆哭〈疏〉子臣皆哭○注使者至皆哭○釋曰此據子在位哭亦兼羣臣故鄭云子與羣臣皆哭

與介入。北鄉哭。北鄉哭新至別於朝夕〈疏〉與介入北鄉哭○注北鄉至朝夕○釋曰使者升階復命訖不見出文而言與介入者以其復命之時介在幣南北面去殯遠復命訖除去幣賓更與介前入近殯北鄉哭鄉內爲入故云與介入北鄉哭也云北鄉哭新至別於朝夕者朝夕哭位在阼階下西面今於殯前北鄉故云別於朝夕也

出。袒括髮。悲哀變於外臣也〈疏〉出袒括髮○注悲哀變於外臣也○釋曰案奔喪云至於家入門左升自西階東面哭括髮袒於殯東是於內者子故也此使者出門袒括髮變於外者臣故也

入門右。即位踊。從臣位自哭至踊如奔喪禮〈疏〉入門右即位踊○注從臣至喪禮○釋曰案奔喪云袒括髮於西階東即位踊襲絰於序東此門外袒括髮入門右即位踊亦當襲絰於序東故鄭云自哭至踊如奔喪禮也

若有私喪。則哭于館。衰而居。不饗食。私喪謂其父母也哭于館衰而居不敢以私喪自聞于主國凶服于君之吉使春秋傳曰大夫以君

命出聞喪徐行而不反〔疏〕若有至饗食。注私喪至不反。釋曰自此盡從之論使者有父母之喪行變禮之事云不敢以私喪自聞于主國者解哭于館又云凶服于君之吉使者亦取不敢解之言衰而居謂服衰居館行聘享即皮弁吉服故不敢凶服于君之吉使也引春秋傳者案宣八年經書夏六月公子遂如齊至黃乃復公羊傳云其言至黃乃復何有疾也何言乎有疾乃復譏何譏爾大夫以君命出聞喪徐行而不反何氏注聞大喪而不反重君命也徐行者爲君當使人追代之以喪喻疾者喪猶不還而況疾乎是也以此言之使雖未出國境聞父母之喪遂行不敢以私廢王事君使人代之可也以此言之明至彼所使之國雖聞父母之喪不反可知是以哭于館衰而居

歸。使衆介先。衰而從之。己有齊斬之服不忍顯然趨於往來其在道路使介居前歸又請反命己猶徐行隨之君納之乃朝服既反命出公門釋服哭而歸其佐如奔喪之禮吉時道路深衣〔疏〕歸使至從之。注已有至深衣。釋曰云已有齊斬之服者以其私喪之內有爲父斬爲母齊衰故齊斬並言之也云不忍顯然趨於往來者解經並使衆介先衰而從之意經云歸據反國時兼云往者鄭意去時聞父母之喪不敢即反亦使衆介先衰而從之故往來並言云在道路使介居前者謂去向彼國時云歸又請反命己猶徐行隨之者此謂還國至近郊使人請反命君許入猶使介居前徐行於後隨介至國也云君納之乃朝服者以其行聘之時猶不以凶服于君之吉使而服吉服知此反命時亦不以凶服于君之吉使而服朝服如吉時反命矣云出公門釋服哭而歸者案雜記云大夫士將與祭於公既祝濯而父母死則猶是與祭也次於異宮既祭釋服出公門外哭而歸亦云其它如奔喪之禮明此亦出公門釋朝服而歸但彼祭服不可著出故門內釋服此朝服可以著出門乃釋服爲異也云其他如奔喪之禮者案奔喪云至於家入門左升自西階殯東西面坐哭盡哀括髮袒降堂東即位西鄉哭成踊襲經于序東絞帶反位拜賓成踊送賓反位有賓後至者則拜之成踊送賓皆如初衆主人兄弟皆出門出門哭止闔門相者告就次於又哭括髮袒成踊於三哭猶括髮袒成踊三日成服拜賓送賓皆如初云吉時道路深衣者以其朝服之下唯有深衣庶人之常服既以朝服反命出門去朝服還服吉時深衣三日成服乃去之

儀禮注疏卷二十三挍勘記　阮元撰盧宣旬摘錄

君使卿皮弁

似將德與已　毛本與作於

賓皮弁襲

云不純爲主也者　云下要義有將去二字

大夫升自西階

故今還在楹內也　內陳本作外按當作內

賓自碑內聽命

面位受不同　毛本通解無受字

大夫降中庭

賈人是上啟櫝者　毛本是作至

賓裼

今之縳也　縳釋文作繻云劉音須一本作縳息絹反案說文白鮮色也居掾反聲類以爲今正絹字戴震曰周禮內司服注素沙者今之白縳也釋文劉音絹聲類以爲今作絹字此獨作繻繻乃縳之俗體縳因有須音然與周禮音義剌謬以聲類證之音絹是也須乃絹之訛以周禮證之作縳是也釋文訛而爲繻○按注宜作縳不宜作繻此說是也劉于此注亦作縳而音絹耳釋文誤讀劉音遂誤改注字監本作繻亦誤

相厚之至　徐陳通解敖氏同集釋楊氏毛本至下俱有也字○按疏有也字

今之白縳也　陳閩通解楊氏同毛本縳作縛魏氏曰溫本作縳○按要義鈔本亦誤作縛

禮玉束帛乘皮皆如還玉禮　下五字徐本通解俱在下節之首與此本標目合集釋楊氏毛本皆同在一節

來禮此主君此主君亦以物禮彼君　要義同毛本此主君三字不重出○

賓辟

不敢受主國君見已於此館也　徐本集釋通解楊氏同毛本無主字

凡君有事於諸侯臣之家　徐本通解同毛本無侯字張曰疏無侯字當從疏

上介聽命

介西面面公可知　上面字陳閩通解俱作面毛本作命下面字毛本作向

聘享

及嘗聘彼國之下大夫　毛本嘗作常鍾云嘗誤常

賓三拜乘禽於朝

明已受賜　張曰監本已作己從諸本○按刻本己已二字不甚有別大抵皆作己張所說恐亦未能審諦

是禮以細小　以要義作之

遂行舍于郊

具視也　要義同毛本具作其○按曲禮注云展軨具視也作具是

受于舍門外

明去而宜有已也　張曰注曰明去而宜有已也按疏云賓去禮宜有已已當爲已從疏○按嚴徐鍾本亦俱作已古者辰巳之巳與已然之已同字可無辨也

使者歸

使之將兵　釋文無兵字云一本作使之將兵將則後加字○按當云兵則後加字据公羊本文無兵字陸說是

逐而不納　逐要義作遂云一本遂作逐監本作遂張曰鄭伯于高克不召使歸而已非逐也遂者謂遂其將兵之事而終不召也於義爲得○按何休去隨後逐之則當作逐明矣張說殊迂

使之將　毛本將下有兵字○按無兵字與釋文合

禳乃入

掌侯禳禱祠之祝號　陳本同毛本祠作祝閩本作祀○按作祠與周禮小祝合

乃入陳幣于朝

於卿大夫所爲私幣　要義同毛本所下有得字

夕幣七也　朱子曰主國禮賜無有夕幣疏於上介公幣云無郊贈及無禮賓幣又闕一饗幣故賓入上介五則此夕字當是饗字之誤而其次亦當在再饗之前

又云上介公幣　幣下要義有陳字

卿進使者

變於賓彼國致命時也　毛本通解無賓字

反命曰

某國名也　名集釋敖氏俱作君字按君字是

謂再拜受也　謂再拜三字陳閩監葛通解俱脫

明彼君敬君已不辱命　君已二字閩監葛本集釋俱倒

某君　要義同毛本某上有云字

但受聘享在太祖廟　陳本通解要義同毛本在作於

不在親廟　毛本在作出陳閩通解要義俱作在廟下四字要義有通解毛本無

受上介璋

若本非君命猶夫人之命然　要義無猶夫人之命五字

夫人既無外事　夫要義作婦

執賄幣以告曰

是上介授賓　陳閩同毛本授作受

禮玉

士介從取皮也　徐本集釋同毛本通解從作後○按通解於疏仍作從則注中後字偶誤耳

士隨自後隨宰在後　毛本後下有者字而無隨宰在後四字
士介從取皮也者　毛本從作後下同通解作從
君其以賜乎
云不拜者　要義同毛本云下有獻字○按獻字當有
君勞之
鄭知旅荅士介共一拜者　要義同毛本知作此○按知是也
君使宰賜使者幣
不敢自私服也　敖氏曰服字恐誤○按服字敖改作之
賜介
士介之幣　士陳本作上
釋幣于門
以其廟在學設洗　要義同毛本通解無在字
不如之者　要義同毛本不作云○按不字是
于行其文略　要義同毛本行作見○按行字是也
告所以先見也者　毛本要義無以字按各本注俱無以字
席于阼
知與正祭異也　正陳本誤作鄭按鄭或是奠字之誤
此吉祭　毛本吉作告○按吉是也
無尸　補案尸下誤空一字
三獻
皆大夫之貴臣　臣下陳閩俱有爲獻二字按前注無爲獻字此涉下文而誤衍也
故知此亦貴臣爲獻也　陳閩俱無故字
獻從者
則告祭非常　告閩本作吉
聘遭喪
乃謁關人關人告君　要義同陳閩謁誤作請毛本關人二字不重出
不郊勞
亦知天子之踰年卽位也　陳本要義同毛本知作如

不筵几
但聘亦爲兩君相好　要義同毛本亦作則
主人畢歸禮
賓所飲食　所集釋作於
雖饗食亦有生致法　要義同毛本饗作饔○按饗字是
賓唯饔餼之受　要義同毛本唯作雖○按唯字與下文合
何頓云饔餼之受　頓要義作須
遭喪
不以純凶接純吉也　徐陳閩葛集釋通解楊敖同毛本以作必○按以字與疏合
君喪不言使大夫受　按疏無言字
爲夫人世子六升衰裳　自此句子字起至下略爲一節耳句止共二百九十三字此本誤錯喪服傳疏
而純以緣純素曰長衣　陳本以作衣緣純二字倒
聘君若薨于後
云接於主國者　要義同毛本國下有君字○按疏標起訖則注文當有君字
謂謁關人關人告君　要義同毛本關人二字不重出
是接於主國矣　要義同毛本通解國作君
子卽位不哭
以其既不得稱世子　監本要義同毛本既作記○按既字是也
但臣子一列　要義同毛本列作例
若有私喪
凶服于君之吉使　于徐陳監本集釋敖氏俱作干嚴鍾閩本通解楊氏毛本俱作于
歸
解經並使衆介先衰而從之意　要義同毛本並作歸
猶不以凶服于君之吉使　于陳本要義俱作干下同閩監毛本俱作于下同
明此亦出公門　此陳閩俱作之

儀禮疏卷第二十四

唐朝散大夫行大學博士弘文館學士臣賈公彥等撰

賓入竟而死。遂也。主人爲之具而殯。具謂始死至殯所當用。〔疏〕賓入至而殯○注具謂至當用○釋曰自此盡卒殯乃歸論賓介死之事云賓入境而死遂也者若未入境即反來云主人爲之具而殯者謂從始死至殯所當用者主人皆供之鄭云具謂始死至殯所當用直云至殯所當用明不殯於館取其至殯節主人供喪具以其大斂訖即殯故連言殯故下文歸介復命之時柩止門外明斂於棺而已

介攝其命。爲致聘享之禮也初時上介接聞命〔疏〕介攝其命○注爲致至聞命○釋曰云初時上介接聞命者鄭解介得代賓致命之意以其命出於君初賓受命於君之時賓介同北面上介接聞君命矣以是今賓死得攝其命

君弔。介爲主人。雖有臣子親因猶不爲主人以介與賓並命於君尊也〔疏〕君弔介爲主人○注雖有至尊也○釋曰古者賓聘家臣適子皆從行是以延陵季子聘於齊其子死葬於嬴博之閒故鄭云雖有臣子親因猶不爲主人以其介尊故也

主人歸禮幣。必以用。當中貟贈諸喪具之用不必如賓禮〔疏〕主人至以用○注當中至賓禮○釋曰賓既死主人所歸禮與幣必以當喪者之用云當中貟贈者解經中小斂大斂之用云當中貟贈諸喪具之用者具謂襲與小斂大斂解經幣云不必如賓禮者不必如致饔餼之禮束紡皮帛之類不堪喪者之用故也

介受賓禮。無辭也。介受主國賓己之禮無所辭也以其當陳之以反命也有賓喪嫌其辭之〔疏〕介受賓禮無辭也○注介受至辭之○釋曰云介受主國賓己之禮者謂公幣私幣之屬故鄭云當陳之以反命也言無辭者雖無三辭以其賓受饔餼之時禮辭受食三辭明介亦有禮辭云無所辭也者以有賓喪嫌介有三辭故云介受賓禮無辭也

不饗食。〔疏〕不饗食○釋曰案上遭君喪受饔餼不受饗食鄭云受正不受加此云不饗食介不就君受饗食明受饔餼正禮也

歸。介復命。柩止于門外。門外大門外也必以柩造朝達其忠心〔疏〕歸介至門外○注門外至忠心○釋曰知門外是大門外者國君有三門皐應路又有三朝內朝在路寢庭正朝在路門外應門外無朝外朝當在皐門外經直云止於門外無入門之言明知止於大門外外朝之上是以上賓拜賜皆云於門外亦在外朝矣故鄭云必以柩造朝達其忠心也

介卒復命。出。奉柩送之。君弔卒殯。卒殯成節乃去〔疏〕介卒至卒殯○注卒殯成節乃去○釋曰當介復命之時賓之尸柩在外朝上介卒復命謂復命訖出君大門奉賓之柩送至賓之家屍柩入殯於兩楹之閒君往就弔卒殯者謂殯訖是喪之大節故云卒殯成節乃去謂君與大夫盡去

若大夫介卒。亦如之。不言上介者小聘上介士也〔疏〕若大至如之○注不言至士也○釋曰云不言上介者小聘上介士也者案經大夫介卒據大聘上介是大夫而言今鄭以經不言上介則大夫介卒中兼有聘使大夫其卒亦如之故鄭云不言上介小聘上介士也欲兼見小聘之法也若小聘上介末介皆士則入下文士介死中以其下文更不見小聘賓介死法故此兼言之也

士

介死。爲之棺斂之。不具佗衣物也。自以時服也。疏注不具至服也○釋曰以其士介卑其禮降於賓與上介非直具棺他衣物亦具之此士介直具棺不具他物也其士介從者自用時服斂之

君不弔焉。主國君使人弔不親往。疏注主國至親往○釋曰云主國君使人弔不親往者對上經賓死君弔介爲主人此士云不弔者明不親弔使人弔之可知也

若賓死。未將命。則既斂于棺。造于朝。介將命。未將命謂俟閒之後也以柩造朝以已至朝志在達君命疏若賓至將命○注未將至君命○釋曰前云賓入境而死謂在路死未至國此經更說賓至朝俟閒之後使大夫致館未行聘享而賓在館死之事故鄭云俟閒之後是以鄭云以柩造朝以其既至朝志在達君命則知上國外死不以柩造朝可知

若介死。歸復命。唯上介造于朝。若介死。雖士介。賓既復命。往卒殯乃歸。往謂送柩

小聘曰問。不享有獻不及夫人。主人不筵几。不禮面。不升。不郊勞。記貶於聘所以爲小也獻私獻也面猶覿也疏小聘至郊勞○注記貶至覿也○釋曰自此盡三介論侯伯行小聘之事云不享者謂不以束帛加璧獻國所有云不禮者聘訖不以醴酒禮賓面不升者謂私覿庭中受之不升堂此對大聘升堂受若然不言私覿而言面者對大聘言覿故辟之而言面也

其禮如爲介。三介。如爲介如爲大聘上介疏其禮至三介○注如爲至上介○釋曰云其禮如爲介者謂特問使大夫得主國之禮多少如大聘卿此大夫爲上介之時即上文介之禮飧饔餼及食燕之等三介者大夫降於卿二等故也舉此侯伯之小聘則公之臣子男之臣小聘禮數其義可知也

記。

久無事則聘焉。事謂盟會之屬疏記久至聘焉○注事謂盟會之屬○釋曰此云久無事則聘焉者則周禮殷聘也是以周禮大行人云凡諸侯之邦交歲相問也殷相聘也世相朝也注云小聘曰問殷中也久無事又於殷朝者及而相聘也云事謂盟會之屬者案春秋有事而會不協而盟是以春秋有會而不盟盟必因會若有盟會相見故云久無事則聘焉

若有故則卒聘。束帛加書將命。百名以上書於策。不及百名書於方。故謂災患及時事相告請也將猶致也名書文也今謂之字策簡也方板也疏若有至於方○注故謂至板也○釋曰云故謂災患及時事相告請者此即上經云若有言一也言災患上注引春秋臧孫辰告糴于齊公子遂如楚乞師此云及時事者即上注引春秋晉侯使韓穿來言汶陽之田是也云名書文今謂之字者鄭注論語亦云古者曰名今世曰字許氏說文亦然言此者欲見經云名名者即今之文字也云策簡方板也者簡謂據一片而言策是編連之稱是以左傳云南史氏執簡以往是簡者未編之稱此經云百名以上書之於策是其衆簡相連之名鄭作論語序云易詩書禮樂春秋策皆尺二寸孝經謙半之論語八寸策者三分居一又謙焉是其策之長短鄭注尚書三十字一簡之文服虔注左氏云古文篆書一簡八分字是一簡容字多少者云方板者以其百名以下書之於方若今之祝板不假連編之策一板書盡故言方板也

主人使人與客讀諸門外。受其意既聘享賓出而讀之不於內者人稠處嚴不得審悉主人主國君也人內史也書必璽之疏主人至門外○注受其至璽之○釋曰云既聘享賓出而讀之者上經云若有言則以束帛如享禮文承聘享之後故知此讀諸門外故云既聘享也鄭知人是內史者案內史職云凡四方之事書內史讀之此云使人與客讀諸門外者亦是四方事書故知人是內史也知書必璽之者案襄二十九年左傳云公如楚還及方城季武子取卞使公冶問璽書追而與之故知此書亦璽之也

客將歸。使大夫以其束帛反命于館。爲書報也疏客將至于館○注爲書報也○釋曰此爲書報上有故之事彼以束帛加書將命此亦以束帛加書反命于館

明日君館之。既報館之書問尚疾也疏明日君館之○注既報至疾也○釋曰昨日爲書報之今日君始就館送客者書問之道尚疾故也必須尚疾者以其所報告請多是密事是以鄭云既報館之書問尚疾也

既受行出。遂見宰。問幾月之資。資行用也古者君臣謀密草創未知所之遠近問行用當知多少而已古文資作齎疏既受至之資○注資行至作齎○釋曰使者受命於君但知出聘不知遠近故云古者君臣謀密草創未知所之遠近故問宰行糧多少即知遠近也故知須問之

使者既受行。日朝同位。謂前夕幣之間同位者使者北面介立于左少退別其處臣也疏使者至同位○注謂前至臣也○釋曰云既受行日者謂已受命日夕幣之前使者及介朝君之時皆同位北面東上在朝處臣東方西面北上故鄭云同位者北面介立于左少退以別處臣也

出祖釋軷。祭酒脯。乃飲酒于其側。祖始也既受聘享之禮行出國門止陳車騎釋酒脯之奠於軷爲行始也詩傳曰軷道祭也謂祭道路之神春秋傳曰軷涉山川然則軷山行之名也道路以險阻爲難是以委土爲山或伏牲其上使者爲軷祭酒脯祈告也卿大夫處者於是餞之飲酒於其側禮畢乘車轢之而遂行舍於近郊矣其牲犬羊可也古文軷作祓疏出祖至其側○注祖始至作祓○釋曰云既受聘享之禮行出國門止陳車騎釋酒脯之奠於軷者凡道路之神有二在國內釋幣於行者謂平適道路之神出國門釋奠於軷者謂山行道路之神是以委土爲山象國中不得軷名國外即得軷稱引詩傳曰者是軷祭道路之神也引春秋傳曰者案襄二十八年左氏傳子大叔云軷涉山川蒙犯霜露引之者證軷是山行之名涉者水行之稱故鄘詩云大夫軷涉我心則憂毛傳云草行曰軷水行曰涉云是以委土爲山者案月令冬祀行鄭注行廟門外之西爲軷壤厚二寸廣五尺輪四尺祀行之禮北面設主於軷上國外祀山行之神爲軷壤大小與之同鄭注夏官大馭云封土爲山象以菩芻棘柏爲神主既祭之以車轢之而去喻無險難也云或伏牲其上者案周禮犬人云掌犬牲凡祭祀供犬牲用牷物伏瘞亦如之鄭注云伏謂伏犬以王車轢之故知有伏牲其上云使者爲軷祭酒脯祈告也者案周禮大馭掌馭玉路以祀及犯軷王自左馭馭下祝登受轡彼天子禮使馭祭此大夫禮故使者自祭犯軷而去云卿大夫處者於是餞之者案詩云飲餞于禰是處者送行人而飲酒名曰餞也云遂行舍于郊者即上經云舍于近郊是也云其牲犬羊可也者犬人職云伏瘞亦如之是用犬也詩云取羝以軷是用羊也是犬羊各用其一未必並用之言可者人君有牲大夫無牲直用酒脯若然此見出行時祭軷案韓奕詩云韓侯出祖出宿于屠顯父餞之清酒百壺是韓侯入覲天子出京城爲祖道又左氏傳鄭忽逆婦嬀于陳先配而後祖陳鍼子曰是不爲夫婦誣其祖矣鄭志以祖爲祭道神是亦將還而後祖道此聘使還亦宜有祖但文不具

所以朝天子。圭與繅皆九寸。剡上寸半。厚半寸。博三寸。繅三采六等。朱白倉。圭所執以爲瑞節也剡上象天圜地方也雜采曰繅以韋衣木板飾以三色再就所以薦玉重慎也九寸上公之圭也古文繅或作藻今文作璪疏所以至白倉○注圭所至作璪○釋曰云圭所執以爲瑞節者案周禮大宗伯云以玉作六瑞以等邦國又云王執鎮圭公執桓圭侯執信圭伯執躬圭子執穀璧男執蒲璧是以其圭爲瑞又案周禮掌節有玉節之節即是節與瑞別矣今此云瑞節但連言節者案節不得言瑞瑞亦是節故連言節也云剡上象天圜地方也者下不剡象地方上剡象天圜案雜記贊大行曰博三寸厚半寸剡上左右各寸半此經直剡上寸半不言左右文不具也凡圭天子鎮圭公桓圭侯信圭皆博三寸厚半寸剡上左右各寸半唯長短依命數不同云雜采曰繅者凡言繅者皆象水草之文天子五采公侯伯三采子男二采皆是雜采也云以韋衣木板飾以三色再就者依漢禮器制度而知也但木板大小一如玉制然後以韋衣之大小一如其板經云三采六等注云三色再就者就即等也是一采爲再就三采即六等也是以鄭注典瑞云一帀爲一就典瑞云侯伯三采三就者以一采雖有再帀併爲一就覲禮注云朱白倉爲六色者亦是一采一帀爲二色三采故六色三采據公侯伯子男則二采故典瑞云子男皆三采再就是也所以薦玉重慎者玉者寶而脆今以繅藉薦之是其重慎也

問諸侯。朱綠繅八寸。二采再就降於天子也於天子曰朝於諸侯曰問記之於聘文互相備疏問諸至八寸○注二采至相備○釋曰此諸侯使臣聘繅藉之等云二采再就者上云三采六等此二采不云四就者此臣禮與君禮異此二采雖與子男同子男即一采爲一帀二采爲再帀爲四等今臣一采爲一就二采共爲再就是二采當君一采之處是以典瑞云瑑圭璋璧琮繅皆二采一就以覲聘亦是臣二采共當君一采一帀之處云降於天子者案典瑞王執鎮圭繅藉五采五就言五就者據一采爲一等若據一采一帀而言即五采十等此二采二等是降於天子也此亦降於諸侯而言降於天子者此鄭君指上文朝天子而言故言聘諸侯降於朝天子也云於天子曰朝者據上文所以朝天子是也則諸侯自相朝亦同圭與繅九寸侯伯以下亦依命數云於諸侯曰問者諸侯遣臣自問若遣臣問天子圭與繅亦八寸是以云記之於聘文互相備案玉人云瑑圭璋八寸璧琮八寸以覲聘無所依據則於天子諸侯同言八寸者據上公之臣侯伯之臣則六寸子男之臣則四寸各降其君二等若然經言八寸者據上公之臣也

皆玄纁。繫長尺。絢組。采成文曰絢繫無事則以繫玉因以爲飾皆用五采組上以玄下以絳爲地今文絢作約疏皆玄至絢組○注采成至作約○釋曰上文繅藉尊卑不同此之組繫尊卑一等云采成文曰絢鄭注論語文成章曰絢與此語異義同云繫無事則以繫玉因以爲飾者無事謂在積之時亦以繫玉因以爲飾此組繫亦名繅藉即上文反命之時使者執圭垂繅上介執璋屈繅又曲禮下云執玉其有藉者則裼無藉者則襲鄭注亦云藉繅也裼襲皆據有繅無

繅之時是其因以爲飾云皆用五采組者以其言絇絇是文章之名經又言皆復無尊卑之别故知皆用五采組也云上以玄下以絳爲地者以其皆用五采而經直云玄纁爲地上加五采上下皆據垂之爲上下必知上玄下絳者上玄以法天下絳以法地故也經云纁注云絳者爾雅三入赤汁爲纁絳則赤也故本絳以解纁

問大夫之幣。俟于郊。爲肆。又齎皮馬。肆猶陳列也齎猶付也使者既受命宰夫載問大夫之禮待於郊陳之爲行列至則以付之也使者初行舍于近郊幣云肆馬云齎因其宜亦互文也不於朝付之者辟君禮也必陳列之者不夕也古文肆爲肆〔疏〕○問大夫至皮馬○注肆猶至爲肆○釋曰知載大夫幣是宰夫者以其初宰衆官具幣故知載幣於郊付使者亦是宰夫可知云幣云肆馬云齎因其宜亦互文也者以其幣是財賄易可陳列故言肆不言齎亦付使者矣馬是難陳之物故直言齎亦付使者亦陳之是因其宜互文也

辭無常。孫而說。孫順也大夫使受命不受辭辭必順且說〔疏〕○注受命不受辭○釋曰受命謂受君命聘於鄰國不受賓主對荅之辭必不受辭者以其口及則言辭無定準以辭無常故不受之也

辭多則史。少則不達。史謂策祝〔疏〕注史謂策祝○釋曰案周禮大史內史皆掌策書尚書金縢云史乃策祝是策書祝辭故辭多爲文史

辭苟足以達。義之至也。至極也今文至爲砥

辭曰。非禮也敢。對曰。非禮也敢辭。辭不受也對荅問也二者皆卒曰敢言不敢〔疏〕辭曰至敢辭○注辭不至不敢○釋曰辭謂賓辭主人荅謂賓荅主人介則在旁曰非禮也敢故易旅卦初六云瑣瑣斯其所取災鄭云瑣瑣猶小小爻互體艮艮小石小小之象三爲聘客初與二其介也介當以篤實之人爲之而用小人瑣瑣然客主人爲言不能辭曰非禮不能對曰非禮每者不能以禮行之則其所以得罪是其義也

卿館於大夫。大夫館於士。士館於工商。館者必於廟不館於敵者之廟爲大尊也自官師以上有廟有寢工商則寢而已〔疏〕卿館至工商○注館者至而已○釋曰云館者必於廟案上歸饔餼云於廟明其禮皆在廟可知云不館於敵者之廟爲大尊也者以其在廟尊則尊矣故就降等而已若又在敵者之廟以上是其大尊云自官師以上有廟有寢者案祭法云適士二廟官師一廟鄭云官師謂中士下士是其官師有廟知有寢者案周禮隸僕云掌五寢之埽除鄭注云五寢五廟之寢天子七廟唯祧無寢詩云寢廟奕奕相連之貌故左傳云大叔之廟在道南其寢在道北是其前曰廟後曰寢工商則寢而已者案爾雅釋宮云室有東西廂曰廟注云夾室前堂又云無東西廂有室曰寢注云但有大室是其自士以上有廟者必有寢庶人在官者工商之等有寢者則無廟故祭法云庶士庶人無廟祭於寢是也

管人爲客三日具沐。五日具浴。管人掌客館者也客謂使者下及士介也飧不致。不以束帛致命草次饌飧具輕〔疏〕飧不致○注不以至其輕○釋曰君不以束帛致命者對饔餼以束帛致之此不以束帛致草次饌具輕者以其客始至則致之故言草次也對聘日致饔餼生死俱有禮物又多爲重故以此物爲輕而不致賓不拜。以不致命〔疏〕賓不拜○注以不致命○釋曰云不拜者宰夫朝服設食賓無拜受之文以其不以束帛致故也

沐浴而食之。自絜清尊主國君賜也記此重者沐浴可知〔疏〕沐浴而食之○注自絜至可知○釋曰云記此重者沐浴可知者以其食禮輕尚沐浴而食饔餼食重者沐浴而食可知

卿大夫訝。大夫。士訝士。皆有訝卿使者大夫上介也士衆介也訝主國君所使迎待賓者如今使者護客〔疏〕卿大至有訝○注卿使至護客○釋曰云卿大夫訝者謂大聘使卿主人使大夫迎士訝者小聘使大夫主人使士迎言皆有訝者自介已下皆迎之云卿使者大夫上介士衆介也者據此篇是侯伯之卿大聘而言其實小聘使大夫亦使士迎之所迎者謂初行聘及饔食燕皆迎之故鄭君無所止定

賓即館。訝將公命。使已迎待之命〔疏〕○賓即館訝將公命○注使已迎待之命○釋曰案秋官掌訝職云賓入館次于舍門外待事于客注云次如今宮府門外更衣處待事于客通其所求索彼謂天子有掌訝之官共承客禮此諸侯使無掌訝是以還遣所使大夫士訝將公命有事通傳于君

又見之以其摯。又復也復以私禮見者訝將舍於賓館之外宜相親也大夫訝者執鴈士訝者執雉〔疏〕又見之以其摯○注又復至執雉○釋曰云復以私禮見者訝將舍於賓館之外宜相親也者禮掌訝舍於賓之館門外此大夫士君使爲訝雖非掌訝之官亦爲次舍于賓之館外宜相親故執摯以相見大夫訝者執鴈士訝者執雉案士相見及大宗伯文也

賓既將公事。復見之以其摯。既已也公事聘享問大夫復報也使者及上介執鴈羣介執雉各以見其訝〔疏〕賓既至其摯○注既已至其訝○釋曰云以公事聘享問大夫者此並行君物享主國君及問大夫故云公事也云復報也者有報訝者以摯私見已今還以摯私報之知使者及上介同執鴈不執羔者見上文主國卿大夫勞賓同執鴈則知此使者及上介同執鴈可知各以見其訝者謂使者見大夫之訝者上介見士之訝者士介亦見士訝者

凡四器者。唯其所寶。以聘可也。言國獨以此爲寶也四器謂圭璋璧琮〔疏〕凡四至可也○注言國至璧琮○釋曰案以公事宗伯云以玉作六瑞王執鎮圭公執桓圭以下人執之曰瑞又云以玉作六器以禮天地四方謂禮神曰器此四者人所執不言瑞而言器者對文執之曰瑞禮神曰器散文則通雖執之亦曰器是以尚書云五器卒乃復與此文皆稱器云言四國獨此以爲寶者案周禮天府職凡邦國之玉鎮大寶器藏焉注云玉鎮大寶器玉瑞玉器之美者是其玉稱寶云四器謂圭璋璧琮者是據上經圭璋以行聘璧琮以行享而言此據公侯伯之使者用圭璋璧琮若子男使者聘用璧琮享用琥璜

宗人授次。次以帷。少退于君之次。主國之門外諸侯及卿大夫之所使者次位皆有常處〔疏〕宗人至之次○注主國至常處○釋曰主國門外以其行朝聘陳賓介皆在大門外故次亦在大門外可知云諸侯及卿大夫之使者次位皆有常處者以其上公九十步侯伯七十步子男五十步使其臣聘使大聘小聘又各降二等其次皆依其步數就西方而置之未行禮之時止於次中至將行禮賓乃出次凡爲次君次在前臣次在後故云少退於君之次故云皆有常處

上介執圭。如重。授賓。慎之也曲禮曰凡執主器執輕如不克〔疏〕上介至授賓○注慎之至不克○釋曰此謂當將聘於主君廟門外上介屈繅以授賓賓襲受之節引曲禮者彼器即此玉欲證執玉如重之義也

賓入門皇。升堂讓。將授志趨。皇自莊盛也讓謂舉手平衡也志猶念也念趨謂審行步也孔子之執圭鞠躬如也如不勝上如揖下如授勃如戰色足蹜蹜如有循古文皇皆作王〔疏〕賓入至志趨○注皇自至作王○釋曰賓入門皇謂未至堂時升堂讓謂升堂東面向主君之時將授志趨謂賓執玉向楹將授玉之時念鄉入門在庭時執玉徐趨今亦然若降堂後趨進翼如則疾趨也云讓謂舉手平衡也者謂若曲禮云凡奉者當心下云執天子之器則上衡注云謂高於心國君則平衡注云謂與心平則此亦執國君器也故引之爲證引孔子之執圭者鄉黨論孔子爲君聘使法彼足蹜蹜如有循謂徐趨據入彼國廟門執玉行步之時以足容重退之在降堂之下與此趨同故爲證也

授如爭承。下如送。君還而后退。重失隊也而后猶然後也〔疏〕授如至後退○注重失至後也○釋曰授謂就東楹授玉於主君時如與人爭承取物恐失墜云下如送君還而后退者以上文次言之此下如送者止謂聘享每訖君實不送而賓之敬如君送然故云下如送也君迴還賓則退出廟門更行後事非謂賓出大門也

下階。發氣怡焉。再三舉足。又趨。發氣舍息也再三舉足自安定乃復趨也至此云舉足則志趨卷遯而行也孔子之升堂鞠躬如也屏氣似不息者出降一等逞顏色怡怡如也沒階趨進翼如也〔疏〕下階至又趨○注發氣至如也○釋曰云下階發氣怡焉者即論語云出降一等逞顏色怡怡如也云再三舉足自安定乃復趨也者謂降時再三舉足故又趨進翼如也云發氣舍息者以將授玉屏氣似不息今既授玉降階縱舍其氣怡然和悅也云至此舉足則志趨卷遯而行也者是釋志趨爲徐趨此舉足爲疾趨也

及門正焉。容色復故此皆心變見於威儀〔疏〕及門正焉○注容色至威儀○釋曰此謂聘說將更有享而出門時云心變見於威儀者以其貌從心起觀威儀省禍福觀貌可以知心故也

執圭。入門。鞠躬焉。如恐失之。記異說也〔疏〕執圭至失之○注記異說也○釋曰亦謂將聘執圭入廟門時云鞠躬焉則鞠躬如也如恐失之者即執輕如不克也云記異說者以上文已記執圭此又記執圭之儀以同記事而言有差異人記事說有不同也

及享。發氣焉盈容。發舍氣也孔子之於享禮有容色〔疏〕及享至盈容○注發舍至容色○釋曰云及享發氣焉盈容者即孔子行享禮有容色一也故注引爲證也此發氣即上注云舍息一也

衆介北面蹌焉。容貌舒揚〔疏〕衆介北面蹌焉○注容貌舒揚○釋曰此謂賓行聘衆介從入門左北面曲禮云大夫濟濟士蹌蹌鄭云皆行容止之貌故此注亦云容貌舒揚也但彼大夫云濟濟諸侯云皇皇上文賓入門皇得與諸侯同者以其執君圭璋志在重玉故行容得與君同若尋常行則大夫濟濟也

私覿。愉愉焉。容貌和敬〔疏〕私覿愉愉焉○注容貌和敬○釋曰上文享時盈容對聘時儀貌戰色顏舒緩此私覿對享時又愉愉和敬舒於盈容也

出如舒鴈。威儀自然而有行列舒鴈鵝〔疏〕出如舒鴈○注威儀至鴈鵝○釋曰此出廟門之外行步如鵝又紓緩於愉愉也云舒鴈鵝者爾雅釋鳥文

皇且行。入門主敬。升堂主慎。復記執玉異說〔疏〕皇且至主慎○注復記執玉異說○釋曰

上已二度記執玉行步之法今又云皇且行是别有人更記此執玉行法故云復記執玉異説也凡庭實隨入。左先。皮馬相閒可也。隨入不並行也閒猶代也土物有宜君子不以所無爲禮畜獸同類可以相代古文閒作干疏○凡庭至可也○注隨入至作干○釋曰云左先者以皮馬以四爲禮北面以西頭爲上故左先入陳也云君子不以所無爲禮者案禮器云天不生地不養君子不以爲禮言當國有馬而無虎豹皮則用馬或有虎豹皮弁有馬則以皮爲主而用皮也云畜獸同類可以相代者畜謂馬獸謂虎豹爾雅釋云在家曰畜在野曰獸云同類者爾雅又云二足而羽謂之禽四足而毛謂之獸若然則馬畜亦是四足之類故云同類可以相代也賓之幣唯馬出。其餘皆東。馬出當從廄也餘物皆東藏之內府疏○賓之至皆東○注馬出至內府○釋曰云馬出當從廄也者若有皮之國用皮則不出亦從餘物東藏也知東藏之內府者案天官內府職云凡四方之幣獻之金玉齒革兵器凡良貨賄入焉注云諸侯朝聘所獻國珍彼天子禮諸侯亦當有內府諸侯自朝聘其貨獻珍異亦入內府故注依之也多貨則傷于德。貨天地所化生謂玉也君子於玉比德焉朝聘之禮以爲瑞節重禮也多之則是主於貨傷敗其爲德疏○多貨則傷于德○注貨天至爲德○釋曰此經主論聘享所用圭璋璧琮不得過多之事也云貨天地所化生謂玉也者鄭注周禮九職亦云金玉曰貨布帛曰賄故此注云貨天地所化生謂玉也下注云幣人所造成幣則布帛曰賄對金玉是自然之物也云君子於玉比德焉者聘義文云重禮也亦聘義文云多之則是主於貨傷敗其爲德者以玉比德故朝聘用之相厲以德不取重寶珍美之意若多之則是主於貨物不取相厲以德是傷敗其爲德是以圭璧聘享主國君璋琮聘享主國夫人各用一而已也幣美則沒禮。幣人所造成以自覆幣謂束帛也愛之斯欲衣食之君子之情也是以享用幣所以副忠信美之則是主於幣而禮之本意不見也疏○幣美則沒禮○注幣人至見也○釋曰此主論享時用束帛故享君用束帛享夫人用束錦皆不得過美云幣人所造成以自覆幣謂束帛也者案禮記檀弓伯高之喪孔氏之使者未至冉子攝束帛乘馬而將之孔子曰異哉徒使我不誠於伯高鄭注云禮所以副忠信也忠信而無禮何傳乎是知自覆者覆忠信而已若更美則主意於財美而禮不見故沒禮也云愛之斯欲衣食之君子之情也者禮記檀弓云愛之斯錄之矣彼據愛父母而作此亦微取彼文但此云愛之斯欲衣食之兼言食謂以幣欲之君子之情則忠信賄在聘于賄。賄財也于讀曰爲言主國禮賓當視賓之聘禮而爲之財也賓客者主人所欲豐也若苟豐之是又傷財也周禮曰凡諸侯之交各稱其邦而爲之幣以其幣爲之禮古文賄皆作悔疏○賄在聘于賄○注賄財至作悔○釋曰鄭轉于作爲者欲就司儀之文爲解故也云言主國禮賓者釋經賄是主國禮賓也云當視賓之聘禮者釋經在聘謂在賓聘財多少云而爲之財也者釋經于賄也謂主人視賓多少爲財賄報賓云若苟豐之是又傷財也者凡行禮用財者取不豐不儉取於折中若苟且豐多則傷於貪財引周禮者秋官司儀職文案彼注云幣謂享幣也於大國則豐於小國則殺解經各稱其邦而爲之幣彼又注云主國禮之如其豐殺之禮解經以其幣爲之禮謂賄用束紡禮玉束帛乘皮及贈之屬是也凡執玉無藉者襲。藉謂繅也繅所以縕藉玉疏○凡執玉無藉者襲○注藉謂至藉玉○釋曰凡繅藉有二種若以木爲中幹施五采三采者此繅常有不得云無藉今此云無藉者襲據絢組尺繅藉而言若廟門外賈人啓櫝取玉垂繅以授上介上介裼受上介屈繅以授賓賓即襲受即此執玉無藉者是也此文與曲禮同故曲禮凡執玉其有藉者則裼無藉者則襲是也禮不拜至。以賓不於是始至今文禮爲醴疏禮不拜至○注以賓至爲醴○釋曰此文承執玉帛之下聘臣事據鄉飲酒賓主升堂主人有拜至之禮此賓昨日初至之時主人請賓行禮賓言俟閒此時賓已至矣故聘時不拜至是以鄭云以賓不於是始至醴尊于東箱瓦大一有豐。瓦大瓦尊豐承尊器如豆而卑薦脯五膱。祭半膱。橫之。膱脯如版然者或謂之脡皆取直貌焉疏注膱脯至貌焉○釋曰此脯禮賓時所用薦脯是也案鄉飲酒禮云薦脯五脡故云或謂之脡皆取直貌醴再扱。始扱一祭。卒再祭。卒謂後扱主人之庭實。則主人遂以出。賓之士訝受之。此謂餘三馬也左馬賓執以出矣士介從者疏主人至受之○注此謂至從者○釋曰此主人之庭實者謂主人禮賓時設乘馬也經云賓執左馬以出三馬在後主人從者牽之遂從賓以出於門外賓之士介迎受之故鄭云此謂餘三馬也知士是士介從者以其經云從者訝受馬此既云士故知士介從者也既覿。賓若私獻。奉獻將命。時有珍異之物或賓奉之所以自序尊敬也猶以君命致之疏既覿至將命○注時有至致之○釋曰云猶以君命致之者以經云將命是以知雖是私獻己物與君物同皆云君命致之臣統於君故擯者入告。出禮辭。辭其獻也賓東面坐奠獻。再拜稽首。送獻不入者奉物禮輕疏注送獻至禮輕○釋曰云奉物禮輕者謂以奉私獻入則是主於貨傷敗於享覿故不入擯者東面坐取獻。舉以入告。出禮請受。東面坐取獻者以宜並受也其取之由賓南而自後右客也疏擯者至請受○注東面至客也○釋曰擯者東面坐取獻舉以入告者謂擯者從門東適南方西行於賓北舉幣入告於君及出一請於賓而受之故云出禮請受云東面坐取獻者以宜並受也者獻物在門外擯者出受之擯者與賓敵並受故云宜並受也云其取之由賓南而自後右客也者案上受享之時受皮者自後右客鄭注云自由也從東方來由客後西居其左受皮也此賓門西東面奠獻擯者從東由賓南自客後居賓左取獻物故云自後右客也賓固辭。公荅再拜。拜受於賓也固亦衍字疏注固亦衍字○釋曰知固是衍字者以其上擯者禮請受不云固明知賓不固辭故云固衍字云亦者亦士介私覿時賓固辭鄭注云固衍字當如面大夫也擯者立于閾外以相拜。賓辟。相贊也古文閾爲蹙擯者授宰夫于中庭。東藏之既乃介覿若兄弟之國。則問夫人。兄弟謂同姓若昏姻甥舅有親者問猶遺也謂獻也不言獻者變於君也非兄弟獻不及夫人疏注兄弟至夫人○釋曰云兄弟謂同姓者若魯於晉鄭之等同姓也云若昏姻甥舅有親者若魯取齊女以爲舅齊則以晉爲甥是有親者也云非兄弟獻不及夫人者以其經云兄弟之國則問夫人則非兄弟問不及夫人可知若君不見。君有疾若他故不見使者疏若君不見○注君有至使者○釋曰云他故者病之外或新有哀慘也使大夫受。受聘享也大夫上卿也疏○使大夫受○注受聘至卿也○釋曰知受聘享者以其在後雖有覿獻之法聘享在前是以據在先者而言云大夫上卿也者以其卿上大夫故以卿爲大夫必知使卿不使下大夫者以其君無故君親受今既有故明使上卿代君受之自下聽命。自西階升受。負右房而立。賓降亦降。此儀如還圭然而賓大夫易處耳今文無而疏注此儀至處耳○釋曰案上使大夫還玉於館大夫升自西階鉤楹賓自碑內聽命升自西階自左南面受圭退負右房而立大夫降中庭賓降自碑內東面授上介于阼階東此中與彼還玉皆升自西階此非易處也但還玉時賓自大夫左受之此中大夫於賓左受之其賓主之位皆易處於還玉時故云易處也不禮。辟正主也古文禮作醴疏不禮○注辟正主也○釋曰案上聘享及私覿訖主君禮賓此大夫代君不禮故云辟正主也幣之所及皆勞。不釋服。以與賓接於君所賓又請有事于己不可以不速也所不及者下大夫未嘗使者也不勞者以先是賓請有事於己同類既聞彼爲禮所及則已往有嫌也所以知及不及者賓請有事固曰某子某子疏幣之至釋服○注以與至某子○釋曰云不可以不速也者釋經不釋服即注云所不及者下大夫未嘗使者以其經云下大夫嘗使至者幣及之故知所不及者是下大夫未嘗使者也云不勞者以先是賓請有事於己同類既聞彼爲禮所及則已往有嫌也者此勞賓在後賓請有事於大夫在聘日云先是賓請有事於己同類同類謂幣所及者故鄭云既聞彼爲禮所及云則已往有嫌者彼國幣及已是以禮加於己今勞賓者是以禮報之若幣不及已若往勞賓則是已有禮於賓是議賓無禮於己之嫌是以不往勞之故云已往有嫌也云所以知及不及者賓請有事固曰某子某子者當賓請事於大夫之時顯此張子李子之等使受禮者預知爾時不道已姓則知已乃幣所不及賜饔。唯羹飪。筮一尸。若昭若穆。羹飪謂飪一牢也肉謂之羹唯是祭其先大禮之盛者也筮尸若昭若穆容父在父在則祭祖父卒則祭禰腥餼不祭則士介不祭也士之初行不釋幣于禰不祭可也古文羹爲羔飪作腍疏賜饔至若穆○注羹飪至作腍○釋曰古者天子諸侯行載廟木主大夫雖無木主亦以幣帛主其神是以受主國饔餼故筮尸祭然後食之尊神以求福故也昭穆言若者以其昭穆不定故云若也云腥餼不祭則士介不祭也者上致饔餼之時云上介饔餼三牢則飪腥餼三者皆有故云士介四人皆餼大牢無飪可祭故知士介不祭也僕爲祝。祝曰。孝孫某。孝子某。薦嘉禮于皇祖某甫。皇考某子。僕爲祝者大夫之臣攝官也疏僕爲至某子○注僕爲至官也○釋曰經並云孝孫孝子皇祖皇考以其不定故兩言謂上經若昭若穆亦兩言之云僕爲祝者大夫之臣攝官也者若然諸侯不攝官使祝祝策矣案定四年祝佗云嘉好之事君行師從卿行旅從則臣無事若君到主國祭饔之時得不攝官乎諸侯不使人攝是以覲禮云侯氏裨冕釋幣于禰注云釋幣于禰之禮既則祝藏其

祭歸乃埋之於祧西階之東大夫使僕攝祝則是本無祝官與諸侯異矣其諸侯禮大祝不行知不使小祝行者以其掌客云羣介行人宰史是諸侯從官不言祝明大小祝俱不行矣

如饋食之禮。如少牢饋食之禮不言少牢今以大牢也今文無之

【疏】如饋食之禮。注如少牢至無之。釋曰云如少牢饋食之禮者案少牢禮有尊俎籩豆鼎敦之數陳設之儀陰厭陽厭之禮九飯三獻之注上大夫又有正祭於室儐尸於堂此等皆宜有之至於致爵加爵及獻兄弟弟子等固當略之矣

假器於大夫。不敢以君之器爲祭器

【疏】假器於大夫。注不敢至祭器。釋曰案曲禮云大夫士去國大夫寓祭器於大夫士寓祭器於士注云與得用者言寄覲已後還若然卑者不得用尊者之器是以此大夫聘使不得將己之祭器而行致饔餼雖是祭器人臣不敢以君之器爲祭器是以聘使是大夫還於主國大夫假祭器而行之

肦肉及廋車。肦猶賦也廋廋人也車巾車也二人掌視車馬之官也賦及之明辯之古文肦作紛

【疏】肦肉及廋車。注肦猶至作紛。釋曰此謂祭訖歸胙在下云廋廋人也車巾車也者案周禮天子夏官有廋人職掌養馬春官有巾車職諸侯雖兼官亦當有廋人巾車是故引周禮爲證

聘日致饔。急歸大禮明日問大夫。不以殘日問人崇敬也古文曰問夫人也夕。夫人歸禮。與君異日下之也今文歸作饋既致饔旬而稍。宰夫始歸乘禽。日如其饔餼之數。稍稟食也乘禽乘行之禽也謂鴈鶩之屬其歸之以雙爲數其實與上介也古文既爲餼

【疏】既致至之數。注稍稟至爲餼。釋曰云既致饔旬而稍者以其賓客之道十日爲正行聘禮既訖合歸一旬之後或逢凶變或主人畱之不得時反即有稍禮故下文云既將公事賓請歸注云謂已問大夫事畢請歸不敢自專謙也主國留之饗食燕獻無日數盡殷勤也是主人留之是以周禮槀人亦共賓客之稍禮注云稍禮非饔餼之禮留閒王稍所給賓客者槀人所給亦六飲而已諸侯相待亦如之是其留閒致稍者也云乘禽乘行之禽也者別言此者欲見此乘非物四曰乘言如其饔餼之數者一牢當一雙故聘義云乘禽日五雙是此饔餼五牢者也云鴈鶩之屬者案爾雅二足而羽若然上介三牢則三雙也士介一牢則一雙也謂之禽故以禽爲鴈鶩之屬云其實與上介也者以其下文別有士介故也

士中日則一雙。中猶閒也不一日一雙大寡不敬也

凡獻執一雙。委其餘于面。執一雙以將命也面前也其受之也上介受以入告之士舉其餘從之賓不辭拜受于庭上介執之以相拜于門中乃入授人上介受亦如之士介拜受于門外

【疏】凡獻至于面。注執一至門外。釋曰云上介受以入告之士舉其餘從之者此乘禽而云凡獻宜約私獻私獻擯者取獻以入士舉其餘此若上介受入明其餘士舉從入可知云不辭拜受于庭者以其經無辭文又饔餼云禮辭明此禽禮輕無辭受于庭可知上介執之以相拜于門中乃入授人者以此亦約私獻私獻一時擯者取獻以入又云擯者立于闑外以相拜賓辭擯者授宰夫是其約也云上介受亦如之者以受饔餼之時擯上介受已如賓禮故知受乘禽亦如賓也云士介拜受於門外者以其受餼在門外此受乘禽在門外可知

禽羞俶獻比。比放也其致之禮如乘禽也禽羞謂成孰有齊和者俶獻四時珍美新物也俶始也言其始可獻也聘義謂之時賜

【疏】禽羞俶獻比。注比放至時賜。釋曰云禽羞謂成孰有齊和者以其稱羞謂若庶羞內羞之等故稱禽則以鴈鶩等爲之故以成孰解之聘義謂之時賜者案聘義云燕與時賜無數時賜謂四時珍異以賜諸賓客與此俶獻是一物故引以爲證

歸大禮之日。既受饔餼。請觀。聘於是國欲見其宗廟之好百官之富若尤尊大之焉

訝帥之。自下門入。帥猶道也從下門外入游觀非正也

各以其爵朝服。此句似非其次宜在凡致禮下絕爛在此

【疏】各以其爵朝服。注此句至在此。釋曰云宜在凡致禮下者以其各以其爵朝服爲致禮而言故知義然

士無饔。無饔者無擯。謂歸餼也

【疏】士無至無擯。注謂歸餼也。釋曰案上經直云宰夫朝服以致之是其無饔宰夫退去士介不饋之是也

大夫不敢辭。君初爲之辭矣。此句亦非其次宜在明日問大夫之下

【疏】大夫至辭矣。注此句至之下。釋曰此謂賓問卿之時卿不敢辭者以賓聘享訖出大門請有事於大夫君禮辭許是君初爲之辭故卿不辭也

凡致禮。皆用其饗之加籩豆。凡致禮謂君不親饗賓及上介以酬幣致其禮也其實與上介也加籩豆謂其實也亦實於罋饗禮今亡

【疏】凡致至籩豆。注凡致至今亡。釋曰云其實與上介也者案上經賓壹食壹饗上介若食若饗唯上介不言饗故知其中唯有賓與上介耳云加籩豆謂其實也亦實于罋者案致饔餼醯醢是豆實實于罋明此饗之豆實亦實于罋可知也案昭六年夏季孫宿如晉拜莒田也晉侯享之有加籩武子退使行人告曰小國之事大國也苟免於討不敢求貺得貺不過三獻今豆有加下臣弗堪無乃戾也此中致饗有加籩豆者饗使者無加籩豆之正禮此云加籩豆者殷勤之義也云饗禮今亡者以其食禮在知其豆數饗禮亡無文以知之

無饔者無饗禮。士介無饗禮

【疏】無饔者無饗禮。注士介無饗禮。釋曰無饔者無饗禮者文承饗下故鄭以無饗禮解之以其賓與上介饔餼俱有故有饗士介唯有餼而已無饔故無饗禮也

凡餼大夫。黍粱稷筐五斛。謂大夫餼賓上介也器寡而大畧

【疏】凡餼至五斛。注謂大至大畧。釋曰案上經云大夫餼賓大牢米八筐衆介米八筐不辨大小故此記人辨之云筐五斛云器寡而大畧者以其君歸饔餼于賓與大夫介筥米小而多者是尊者所致以多器爲榮今大夫致禮於賓介器寡而大是畧之於卑者也

既將公事。賓請歸。謂已問大夫事畢請歸不敢自專謙也主國留之饗食燕獻無日數盡殷勤也

【疏】既將公事賓請歸。注謂已至勤也。釋曰云已問大夫者請問三卿與下大夫嘗使於彼國幣所及皆是君命及以君物行禮者皆是公事事訖故請歸也云主國留之饗食燕獻無日數盡殷勤也者亦謂至旬賓乃將歸主君乃留賓有此饗食燕獻之等故燕禮注云今燕又宜獻焉是也云無日數者謂行此饗食之等相去希數無常日數盡主人殷勤也

凡賓拜于朝。訝聽之。拜拜賜也唯稍不拜

【疏】凡賓至聽之。注拜拜至不拜。釋曰案上經云賓三拜乘禽於朝訝聽之遂行舍于郊又案司儀云明日客拜禮賜遂行是臨行大小禮皆拜賜則知唯米稟芻薪等不拜也

燕則上介爲賓。賓爲苟敬。饗食君親爲主尊賓也燕私樂之禮崇恩殺敬也賓不欲主君復舉禮事禮已于是辭爲賓君聽之從諸公之度命爲苟敬苟敬者主人所以小敬也更降迎其介以爲賓介大大也雖爲賓猶卑於君君則不與亢禮也主人所以致敬者自敵以上

【疏】燕則至苟敬。注饗食至以上。釋曰云饗食君親爲主尊賓也者以其饗食在廟爲賓故君親爲主至後燕禮在寢又以辭爲庶崇於恩殺於敬故賓辭而使介爲賓也以苟敬爲小敬者以阼階西近主爲位諸公坐位故我小敬對戶牖南面爲大敬云更降迎其介以爲賓者介在廟門內西北面降至庭迎之云不與亢禮也者畧取燕義文解君不親爲獻主而使宰夫之意也云主人所以致敬者自敵以上者謂兩君相見兩大夫兩士以上則主人親獻也

宰夫獻。爲主人代公獻

無行則重賄反幣。無行謂獨來復無所之也必重其賄與反幣者使者歸以得禮多爲榮所以盈聘君之意也反幣謂禮玉束帛乘皮所以報聘君之享禮也昔秦康公使西乞術聘于魯辭孫而說襄仲曰不有君子其能國乎厚賄之此謂重賄反幣者也今文曰賄反幣

【疏】無行至反幣。注無行至反幣。釋曰云重其賄即上賄在聘于賄是也反幣謂上禮玉束帛乘皮是也云秦康公者案文公十二年左氏傳云秦伯使西乞術來聘云云是也此特來非歷聘歷聘則吳公子札聘於上國聘齊聘魯是也

曰。子以君命在寡君。寡君拜君命之辱。此贊君拜聘享辭也在存也

【疏】曰子至之辱。釋曰此及下三經即上經云公館賓賓辟上介聽命聘享夫人之聘享問大夫送賓公皆再拜注云拜此四事彼見其拜此見其贊辭也

君以社稷故在寡小君。拜。此贊拜夫人聘享辭也言君以社稷故者夫人與君體敵不敢當其惠也其卒亦曰寡君拜命之辱

【疏】君以至君拜。注此贊至之辱。釋曰云言君以社稷故者夫人與君體敵不敢當其惠也者釋經云社稷故以其禮記哀公問孔子云取夫人爲社稷主婦人無外事天地并社稷后夫人雖不與以夫婦一體故夫人亦得云社稷主是其云社稷故者見夫人與君體敵今夫人使致禮來主人不敢當下文云君貺寡君延及二三老是與君不敵敢當之也

君貺寡君。延及二三老。拜。此贊拜問大夫之辭貺賜也大夫曰老

又拜送。拜送賓也其辭蓋云子將有行寡君敢拜送自拜聘享至此亦非其次宜承上君館之下

【疏】又拜送。注拜送至之下。釋曰此即上經君館拜送賓故鄭云此宜承上君館之下

賓於館堂楹閒。釋四皮束帛。賓不致。主人不拜。賓將遂去是館留禮以禮主人所以謝之也不致不拜不以將別崇新敬也

【疏】注不致至敬也。釋曰若賓敬主宜致主人敬賓宜拜皆是崇敬若致與拜即是崇新敬故不爲若鄉飲酒送賓不若禮有終相類也

大夫來使。無罪饗之。樂與嘉賓爲禮

【疏】大夫至饗之。注樂與嘉賓爲禮。釋曰案鹿鳴序燕羣臣嘉賓此無罪饗之亦是樂賓爲禮者也

過則餼之。餼之腥致其牢禮也其致之辭不云君之有故耳聘義曰使者聘而誤主君不親饗食所以愧厲之也不言罪者罪將執之

【疏】過則餼之。注餼之至執之。釋曰云過則餼之謂禮有失誤故引聘義使者聘而誤主君云不言罪者罪將執之者春秋之義聘賓有罪皆執之若然上經云無罪饗之有罪非

但不饗又執之此過則餼之雖不饗猶生致過輕故也若然上云罪下云過互見其義也**其介爲介。**饗賓有介者賓尊行敵禮也〔疏〕其介爲介○注饗賓至禮也○釋曰謂饗賓於廟之時還以聘之上介爲介若然上經上介主人別行饗則是從賓爲介得介則饗復別饗也云賓尊行敵禮也者若鄉飲酒賓主行敵禮而有介然也**有大客後至則先客不饗食致之。**畢不與尊者齊禮〔疏〕有大至致之○注畢不至齊禮○釋曰此據聘禮而言則無君朝之事若然則前有小國之卿大夫來聘將行饗食有大國卿大夫來聘則廢小國饗食之禮以其畢不與尊齊禮並行之**唯大聘有几筵。**謂受聘享時也小聘輕雖受于廟不爲神位〔疏〕唯大聘有几筵○注謂受至神位○釋曰案上經云几筵既設擯者出請命者行聘享及私覿禮畢云宰夫徹几改筵是行聘享爲神位今小聘不爲神位屈也**十斗曰斛。十六斗曰籔。十籔曰秉。**秉十六斛今江淮之閒量名有爲籔者今文籔爲逾**二百四十斗。**謂一車之米秉有五籔**四秉曰筥。**此秉謂刈禾盈手之秉也筥稰名也若今萊陽之閒刈稻聚把有名爲筥者詩云彼有遺秉又云此有不斂穧〔疏〕四秉曰筥○注此秉至斂穧○釋曰云此秉爲刈禾盈手之秉也對上文秉爲量名也引詩者證此秉爲盈手穧即此筥亦一即今人謂之一鋪兩鋪也**十筥曰稯。十稯曰秅。四百秉爲一秅。**一車之禾三秅爲千二百秉三百筥三十稯也古文稯作緵〔疏〕注一車至作緵○釋曰云一車之禾三秅即經致饔餼時云禾三十車車三秅也

儀禮卷第八　經五千三百四　注一萬九百六十一

儀禮注疏卷二十四校勘記　阮元撰盧宣旬摘錄

賓入竟而死

　謂始死至殯　始陳本作如

　論賓介死之事　要義同毛本無論字

　直云至殯所當用明不殯於館取其至殯節　自至殯至取其十二字陳閩俱無通解毛本有惟殯下多一爲字要義與此本同

　以是今賓死　要義同毛本無賓字

介攝其命

君弔

　雖有臣子親因　徐本同毛本集釋通解楊氏因俱作姻

　猶不爲主人　要義同毛本無猶字○按有猶字與注合

主人歸禮幣

　不必如致飧饔之禮　要義無如字

　束紡皮帛之類　類要義作贈

介受賓禮

　當陳之以反命也　要義同毛本無命字○按命字與注合

　以有賓喪　陳閩要義同毛本有作其

歸介復命

　外朝當在皐門外　陳閩通解要義同毛本當作應

士介死爲之棺斂之　爲上要義有則字

　不具他衣物也　物通解作服

　他衣物亦具之　物要義作服○按當作衣物

　不具他物也　要義同毛本物上有衣字

若賓死未將命　未唐石經作來誤

　謂侯間之後也　徐本集釋通解楊敖同毛本謂作請

　以巳至朝　張氏曰監本巳作已從監本

　則知上國外死　要義同毛本上下有介字監本介字擠入○按上猶言上文也

小聘曰問不享　陸氏曰享本又作饗

　面猶覿也　浦鏜云下脫今文禮作醴五字集釋依正誤盧文弨云此下敖有今文禮作醴五字案下記不禮注古文禮作醴敖乃移於此而改古文爲今文今按集釋者亦依敖氏而增此五字非是○按敖氏聘禮正誤不醴一條在醴不拜至之後明係記中之不禮非此經之不禮也不知按者何以皆誤認

　此對大聘升堂受　要義同毛本聘下有時字

若有故

方板也　板釋文集釋通解楊氏俱作版陸氏云版音板

　及時相告請者　要義同毛本時下有事字按各本注俱有事字

　簡謂據一片而言　毛本簡作皆陳閩要義皆上俱有簡字要義無皆字陳閩俱無謂字監本皆謂誤作謂謂

　南史氏執簡以往　要義同毛本無氏字

　皆尺二寸　按春秋序疏云鄭元注論語序以鉤命決云春秋二尺四寸書之孝經一尺二寸書之故知六經之策皆稱長二尺四寸然則此云尺二寸乃傳寫之誤當作二尺四寸下云孝經謙半之乃一尺二寸也又云論語八寸策者三分居一又謙焉謂論語八寸居六經三分之一比孝經更少四寸故云又謙焉

　古文篆書一簡八分字　要義同毛本無分字

主人使人

　賓出而讀之讀之不於內者　徐本集釋楊氏同毛本通解不重出讀之二字

　主國君也　徐本集釋通解要義楊氏俱無主字敖氏毛本有

客將歸

　此爲書報上有故之事　閩本同毛本此爲作爲此

明日

　爲昨日爲書報之　要義同毛本通解楊氏俱無上爲字

既受行出

　未知所之遠近　遠上陳閩俱有以字

使者既受行日　唐石經無既字按疏有既字

　少退別其處　毛本別下有於字徐本集釋通解楊氏俱無張氏曰注曰少退別其處按釋文別于之注云別處同別處謂此也無其字從釋文○按張引注亦無於字又據釋文去其字與疏合惟前經使者北面節疏引此注無於字而有其字

　皆同位北面東上　陳閩俱無同字

　北面　毛本北上有使者二字○按無使者二字非也

出祖

　軷涉山川　張氏曰釋文釋經釋軷之注云注跋涉音同此軷益跋字也從釋文

　或伏牲其上　毛本無或字徐本集釋通解楊氏俱有與疏合上陳閩葛本俱誤作十

　謂平敵道路之神　要義同毛本通解敵作適按適是也

　鄭注行廟門外之西　要義同毛本注下有云字行下有在字○按月令注有在字

　用牲物　毛本用作命○按作用與周禮秋官大人合

　云其有牲犬羊可者　毛本無有字○按各本注俱無有字

　所以朝天子○朱白倉　雜記疏三采六等以朱白蒼畫之再行也者案聘禮記云朝天子圭與繅皆九寸繅三采六等朱白蒼朱白蒼是也既重云朱白蒼是一采爲二等相間而爲六等也朱子曰記只有朱白蒼三字而雜記疏所引乃重有之不知何時傳寫之誤失此三字蒼唐石經嚴本集釋敖氏俱作倉與單疏標目合通解楊氏毛本俱作蒼

象天圜地方也 徐本通解楊氏同毛本圜作圓
以韋衣木板 板陳本作版
上公之圭也 嚴本集釋通解楊氏敖氏同毛本上作三
子執穀璧男執蒲璧 兩璧字要義俱作圭按圭非
瑞亦是節信 通解要義同毛本是作皆
剡上左右各寸半 通解要義同毛本寸半作半寸○按寸半是也
然後以韋衣之 通解同毛本衣下有包字
問諸侯
子男即一采爲一帀 毛本作但一采爲一帀○按此本是也
繅皆二采一就以覜聘 陳閩通解同毛本覜作頫
繅藉五采五就 毛本五作伍○按五與周禮合
諸侯遣臣自問 要義同毛本問上有相字
皆元纁繫
無事則以繫玉 重修監本玉誤作王
上以元 元下聶有爲天二字
鄭注論語文成章曰約 要義同毛本文作云○按文成章三字當連讀
此組繫亦名繅藉 陳閩要義同毛本繅作襍
故本降以解纁 毛本本作畢
辭多則史
故辭多爲文史 爲要義作則
辭曰非禮也敢對曰非禮也敢辭 毛本敢下無辭字唐石經徐本俱有與此本標目合集釋通解楊敖俱無要義載經亦無辭字張氏曰經曰辭曰非禮也敢對曰非禮也敢辭按注云辭不受對荅問也二者皆卒曰敢言不敢又按疏云辭謂賓辭主人荅謂賓荅主人介則在旁曰非禮也敢以注及疏文義攷之下羨一辭字審矣又嘗疑注辭不受也之句上更有一辭字傳寫者誤以注文作經文今減經以還注石經考文提要云細繹經文賓辭主人既稱辭則敢下可省文賓對主人亦辭既稱對則敢下當有辭字若省辭字是爲非禮也敢對矣監本以經辭字混入注首而疏中仍作非禮也敢辭卽一本中可證今從唐石經宋本儀禮鄭注○按張說是也注以辭爲不受對爲荅爲截然兩事二者皆曰不敢一則不敢不辭一則不敢不對疏引易注其義甚明故朱子敖氏皆從張說疏中非禮也敢辭句此本無辭字毛本於經注既依通解而疏中反增一辭字適滋後人之惑然此本標經文起止仍有辭字葢自唐石經之後誤讀已久按疏者不知而誤改耳
辭不受也 毛本重辭字徐本不重要義敖氏載注亦不重集釋通解楊氏俱同毛本按經末辭字卽因注首辭字而誤衍在經宜刪在注不必重雖魏氏敖氏得之張氏引注無也字
非禮也敢 張氏通解要義同毛本敢下有辭字
瑣瑣斯其所取災 瑣瑣上要義有旅字
交互體艮 要義無體字按王應麟輯周易鄭注亦有體字
管人爲客
管人 管通解作館
飧不致
君不以束帛致命者 按君疑云字之誤
草次饌具輕者 要義同毛本饌作飧
賓不拜
以不致命 命敖氏作也
卿大夫訝大夫
主人使大夫迎士訝者 陳閩通解楊氏俱無迎士者三字
主人使士迎 迎閩本作迓陳本通解俱作訝
及饗食燕皆迎之 通解要義楊氏同毛本無燕字
故鄭君無所止定 要義同毛本通解止作指
賓卽館
如今宮府門外更衣處 通解同毛本要義楊氏宮俱作官要義無門外二字○按毛本不誤否則與周禮注不合
賓既將公事復見之以其摯 唐石經徐本集釋要義敖氏俱作之通解楊氏俱作訝石經考文提要曰監本作見訝此因儀禮經傳通解之誤通解引此記與上文又見之以其摯不相屬故改爲訝傳寫者不知其意而沿之
此並行君物享主國君 要義同毛本物作聘
有報訝者 要義同毛本有上有向字
凡四器者
云言四國獨此以爲寶者 毛本要義無四字按各本注俱無四字又此以注作以此
是其玉稱寶 要義同毛本其作以
宗人授次
云諸侯及卿大夫之使者 要義同毛本之下有所字○按注有所字
使其臣聘使大聘小聘 通解要義楊氏同毛下使字作侯
止於次中 止要義作至次陳閩通解俱作其
賓乃出次 次陳閩通解俱作也
上介執圭如重
此謂當將聘於主君廟門外 毛本當下有時字
賓入門皇
鞠躬如也 躬釋文作窮云劉音弓本亦作躬集釋亦作窮張氏曰尒疋云鞠究窮也鞠窮葢襍語自論語作鞠躬學者遂不復致思于其間安知非鞠窮若踧踖之謂者乎如是則劉音亦誤矣從釋文盧文弨云廣雅匑匑謹敬也上邱六下邱弓反與此鞠窮字異音義同○按說文匑曲脊也匑卽匑之俗體說文無匑古葢通用窮字左傳宣十二年有山鞠窮乎此借常語爲物名也二字本雙聲今讀左傳者音鞠爲芎則與窮同音史記魯世家匑匑如畏然徐廣訓與廣雅同殆以二字音本相同故祇重言匑歟又按羣經音辨云鞠窮容謹也音弓鄭康成說孔子之執圭鞠窮如也今本作躬此說當卽本之釋文其曰今本作躬則賈氏時儀禮經注已俱作躬矣
下如授 授陳本作受
今亦然 要義同毛本通解今下有當字
故引之爲證 爲上要義有以字
引孔子之執圭者 要義同毛本無引字
授如爭承
謂就東楹授玉於主君時 陳閩同毛本授作受
如與人爭承取物 毛本通解承作接
下階
至此云舉足 徐本集釋俱無至字通解有按疏有至字無云字
則志趨卷遯而行也 徐本同毛本遯作豚釋文亦然張氏從之
則志趨卷遯而行也者 毛本要義遯作豚
及門
容色復故 容陳本作客

此謂聘訖 要義同毛本訖作畢

執圭入門鞠躬焉 魏氏曰温本作鞠窮焉○按以躬爲窮與釋文合考鞠躬字經注凡三見釋文於前注作音不云下同蓋偶遺之實皆作窮耳

亦謂將聘執圭入廟門時 要義同毛本將作方

及享

發舍氣也 徐本同毛本發下有氣字

私覿愉愉焉 愉愉釋文作俞俞

出如舒鴈

文舒緩於愉愉也 舒陳本作紓

賓之幣

其貨獻珍異 貨陳本作貢

多貨則傷于德

傷敗其爲德 徐本集釋俱無敗字與疏不合通解楊氏毛本俱有

對金玉是自然之物也 要義無是字

幣美則沒禮

忠信而無禮何傳乎 毛本何傳作可傳魏作何傳按檀弓注原文作何傳釋文云傳直專反本亦作傳音附

云愛之 愛要義俱作愛與注合下同毛本作受

此亦微取彼文 毛本取彼作改

賄在聘于賄

禮玉束帛乘皮 毛本作禮用玉帛乘皮要義作禮用束帛乘皮

凡執玉

據絢組尺纔藉而言 毛本尺字在據字下

醴尊于東箱 毛本箱作廂唐石經徐陳集釋俱作箱○按上經宰夫實觶以醴疏引作箱是正字廂是俗字

既覿

皆云君命致之 云要義作以

擯者東面

於賓北舉幣 毛本北下有坐字陳閩通解坐上俱有東面二字

擯者與賓敵並受 毛本通解楊氏俱無並受二字

故云自後右客也 毛本云作亦無客字

賓固辭公答再拜 再唐石經作再誤

注固亦衍字 陳本同毛本作注拜受至衍字○按毛本是

若君不見

君有疾 疾陳閩俱誤作宮葛本作病

自下聽命自西階升受 階唐石經作門誤

自左南面受圭 左閩本作下

不禮

辟正圭也古文禮作醴 下五字諸本俱脫嚴本集釋通解敖氏俱有敖氏古誤作今

幣之所及

是下大夫未嘗使者也 陳本無下字閩本擠入

賜饔

故云士介四人 陳監同毛本故作後

儐爲祝

諸侯不使人攝 要義毛本不作亦許宗彥云疏意始終謂諸侯亦攝雖引覲禮而後申之以大小祝俱不行是其意謂覲禮釋幣之祝亦是使人攝之者

聘日致饔 日唐石經作自誤

急歸大禮 此注毛本俱脫徐本集釋通解楊氏俱有浦鏜云四字脫從周禮外饔司儀掌客諸疏挍○按前賓迎再拜節亦引此注又按此經通解三見一在歸饔餼章一在問卿章一在夫人歸禮章前一條有注後兩條無注挍者止據後兩條遂逸其注

既致饔

乘禽乘行之禽也 嚴本集釋敖氏同毛本上禽字作謂

饔食燕獻無日數 要義同毛本獻作饗○按作獻與下文注與疏並合

王稍所給賓客者 要義同毛本王作主○按周禮槀人注正作王

乘禽日五雙 要義同毛本五作伍○按聘義作五

云鴈鶩之屬者案爾雅二足而羽 十三字盧文弨移置下文則一雙也下刪一羽字按疏意欲以二足釋雙字之義故引尒疋而截出之不必如盧所改要義毛本俱同

凡獻

其受之也上介受以入告之 徐本集釋楊敖同毛本通解也作止下之字敖在以字上

各以其爵朝服

此句似非其次宜在凡致禮下絕爛在此 毛本通解俱脫似非其次絕爛在此八字徐本集釋敖氏俱有與此本標目合

注此句至在此 毛本在此作禮下

士無饔○無擯 擯唐石經徐陳閩葛集釋通解楊敖俱作擯毛本作儐李氏曰當爲儐

大夫不敢辭

此句亦非其次宜在明日問大夫之下 毛本脫亦非其次四字徐本集釋俱有通解作此宜在明日問大夫下

凡致禮

案上經賓壹食壹饗 要義同毛本壹作一

亦實於罋者 要義同毛本罋下有筐字魏氏曰温本罋下有筐字○按下文兩言豆實實于罋則無筐是也注內筐字恐係衍文經不言筐實不必有筐字

明此饗之豆實 要義同毛本無饗字○按有饗字是也

晉侯享之以加籩 浦鏜云有誤以

得既不過三獻 得既要義作云云小字旁書

今豆有加 要義同毛本豆作臣

無饔者

故鄭以無饗禮解之 以下要義有士介二字

凡餼大夫

衆介米八筐 八聶氏作六○按六字與上經合

凡賓拜於朝

則知唯米禾芻薪等不拜也 通解要義同毛本無等字

燕則上介爲賓

以阼階西近主爲位 階陳本作間

對戶牖南面爲大敬 陳本無牖字閩本牖字擠入

曰子以君命在寡君 曰上集釋通解俱有辭字

又拜送 此節經注唐石經徐本集釋俱在君貺寡君節下敖同毛本

自拜聘享至此亦非其次宜承上君館之下 徐本集釋俱如是毛本脫九字通解祇有下七字

賓於館主人不拜 毛本主誤作正

若賓敬主宜致 賓敬陳本作不拜

大夫來使

此無罪饗之 陳本同毛本饗作享

過則餼之

腥致其牢禮也 徐陳通解楊氏同毛本集釋腥作生

主君 毛本君下有不親饗食所以愧厲之也十字要義有云云二字按既無下十字則主君下必加云云二字文義方足當從要義

云不言罪者罪將執之者 毛本無者罪二字要義無云字有者罪二字按上既有云云二字故此句之首不加云字凡疏例述注亦有無云字者

其介爲介

則是從賓爲介得介則饗 毛本無得介則饗四字介下有之外二字通解楊氏同

有大客後至

畢不與尊者齊禮 徐本集釋通解同毛本楊氏無者字

則無君朝之事 要義同毛本則作而

十斗曰斛

今文籔爲逾 徐陳集釋通解敖氏同毛本文作入

四秉曰筥

若今萊陽之間 陽通解楊敖俱作易釋文宋本亦作易今本作易按萊易二地名故云之間或誤作易遂誤作陽

十筥曰稯

古文稯作緵 緵閩本作稯釋文通解俱作緵

儀禮注疏卷二十四挍勘記終

儀禮疏卷第二十五　儀禮卷第九

唐朝散大夫行大學博士弘文館學士臣賈公彦等撰

公食大夫禮第九

【疏】公食大夫禮第九○鄭目録云主國君以禮食小聘大夫之禮於五禮屬嘉禮大戴第十五小戴第十六別録第九○釋曰鄭知是小聘大夫者案下文云宰夫自東方薦豆六於醬東設黍稷六簋又設庶羞十六豆此等皆是下大夫小聘之禮下乃別云上大夫八豆八簋又云上大夫庶羞十六豆是食上大夫之法故知此篇據小聘大夫也若然聘禮據侯伯之大聘此篇據小聘大夫者周公設經互見爲義案篇末云魚腸胃倫膚若九若十有一下大夫則若七若九鄭注云此以命數爲差九謂再命者十一謂三命者七謂一命者九或上或下者再命謂小國之卿次國之大夫也卿則曰上大夫則曰下大國之孤視子男以此言之魚腸胃倫膚皆七者謂子男小聘之大夫此公食序在聘禮之下是因聘而食之不言食賓與上介直云大夫者若云食賓與上介則小聘使下大夫上介乃是士是以直云大夫兼得大夫聘賓與上介亦兼小聘之賓若然聘禮據大聘因見小聘此公食先見小聘後言大聘者欲見大聘小聘或先或後不常之義

儀禮　鄭氏注

公食大夫之禮。使大夫戒各以其爵。戒猶告也告之必使同班敵者易以相親敬 【疏】公食至其爵○注戒猶至親敬○釋曰自此盡如聘論主君使大夫就館戒聘客使來行食禮之事云各以其爵者此篇雖據子男大夫爲正兼見五等諸侯大聘使卿之事故云各以其爵也

上介出請入告。問所以來事 【疏】上介出請入告○注問所以來事○釋曰據大夫就賓館之門外賓使上介出請大夫所爲來之事

三辭。爲既先受賜不敢當 【疏】三辭○注爲至敢當○釋曰既先受賜者謂聘日致饔受賜大禮故今辭食不敢當之但受饔之時禮辭而已至於饗食皆當三辭

賓出拜辱。拜使者屈辱來迎已 大夫不荅拜將命。不荅拜爲人使也將猶致也

賓再拜稽首。受命 大夫還。復於君 賓不拜送。遂從之。不拜送者爲從之不終事 【疏】賓不至從之○注不拜至終事○釋曰案鄉飲酒主人拜送賓不荅拜云禮有終此賓不拜送爲從之不終事故賓不拜送也若然鄉飲酒鄉射戒賓不遂從之而云拜辱拜送者以其主人先反不相隨故得拜辱拜送覲禮使者勞賓於門外侯氏再拜遂送之使者既不先反猶拜送者尊天子使故也

賓朝服即位于大門外。如聘。於是朝服則初時玄端如聘亦入于次俟 【疏】賓朝至如聘○注於是至次俟○釋曰云大門外如聘者則賓主設擯介以相待如聘時云於是朝服則初時玄端者初時謂賓發館時服玄端若鄉射主人朝服乃速賓鄭注云射賓輕也戒時玄端以此言之亦賓在館拜所戒大夫即玄端賓送從大夫至君大門外入次乃去玄端著朝服出次即位也云如聘亦入於次俟者案聘禮賓皮弁聘至于朝賓入于次注云入于次者俟辦則此入次亦俟主人辦也若然聘禮重賓發館即皮弁此食禮輕及大門乃朝服

即位具。主人也擯者俟君於大門外卿大夫士序及宰夫具其饌物皆於廟門之外 【疏】即位具○注主人至之外○釋曰云擯者俟君於大門外者解即位之事云卿大夫士序及宰夫具其饌物皆於廟門之外者以其君迎賓入始言卿大夫以下廟內之位則知此具饌物時皆在廟門外也故鄭下文注云自卿大夫至此不先即位從君而入者明助君饗食賓自無事故不在大門內是其義也

羹定。肉謂之羹定猶孰也著之者下以爲節 【疏】羹定○注肉謂至爲節○釋曰云肉謂之羹者爾雅文云著之者下以爲節者羹定與下文陳鼎之節爲目也

甸人陳鼎七。當門南面西上。設扃鼏。鼏若束若編。七鼎一大牢也甸人冢宰之屬兼亨人者南面西上以其爲賓統於外也扃鼎扛所以舉之者也凡鼎鼏蓋以茅爲之長則束本短則編其中央今文扃作鉉古文鼏皆作密 【疏】甸人至若編○注七鼎至作密○釋曰云七鼎一大牢也者案聘禮致飧與饔餼皆九鼎此亦一大牢而七鼎者此食禮輕無鮮魚鮮腊與聘禮腥一牢鼎七同也云甸人冢宰之屬兼亨人者案天官有甸師氏兼有亨人皆屬冢宰彼天子禮諸侯比天子爲兼官故甸人兼亨人也必使甸人陳鼎兼亨人者案亨人職云掌共鼎鑊又案甸師職云掌帥其徒以薪蒸役外內饔之事故使甸人兼亨人陳鼎若然案少牢羹定饔人陳鼎者以其無甸人故饔人陳鼎也既夕士禮云甸人抗重又云甸人築坅坎以士無臣使屬吏攝甸人之事非謂置此官也云凡鼎鼏蓋以茅爲之者諸文多言鼏鼏皆不言所用之物此經雖言若束若編亦不指所用之體故鄭云蓋以疑之然必知用茅者詩曰白茅苞之尚書孔傳云苴以白茅茅是絜白之物故疑用茅也

設洗如饗。必如饗者先饗後食如其近者也饗禮亡燕禮則設洗於阼階東南古文饗或作鄉 【疏】設洗如饗○注必如至作鄉○釋曰云必如饗者先饗後食如其近者也鄭據此文行食禮而云如饗明先饗設洗訖乃後食故鄉前如之是先饗後食也案聘禮云公於賓壹食再饗則食在饗前矣不言如燕禮者饗食在廟燕在寢則是饗食重先行之故二者自相先後是以不得用燕禮決之也引燕禮者欲見設洗之法燕與饗食同故無饗禮引燕禮而言也

小臣具槃匜。在東堂下。爲公盥也公尊不就洗小臣於小賓客饗食掌正君服位 【疏】小臣至堂下○注爲公至服位○釋曰知此爲公盥者案特牲尸尊不就洗盥用槃匜故知此所設槃匜亦爲公盥不就洗也云小臣於小賓客饗食掌正君服位者按夏官小臣職云小祭祀賓客饗食如大僕之法此諸侯之聘客饗食故亦小臣掌之也

宰夫設筵。加席几。設筵於戶西南面而左几公不賓至授几者親設湆醬可以畧此 【疏】宰夫至席几○注設筵至畧此○釋曰云設筵於戶西南面而左几者以其賓在戶牖之間南面又生人左几異於神右几故也云公不賓至授几者親設湆醬可以畧此者決聘禮禮賓時公親授几者以無設湆醬之事故也故下記云不授几鄭云異於醴也

無尊。主於食不獻酬 飲酒漿飲。俟于東房。飲酒清酒也漿飲截漿也其俟奠於豐上也飲酒先言飲明非獻酬之酒也漿飲先言漿別於六飲也 【疏】飲酒至東房○注飲酒至飲也○釋曰云飲酒清酒也者按周禮酒正注先鄭云清酒祭祀之酒後鄭從之則此賓客用之者優賓故也云漿飲截漿也者截之言載以其汁滓相載故云截漢法有此名故也云其俟奠於豐上也者下云飲酒實於觶加于豐是也此云奠即彼加也云飲酒先言飲明非獻酬之酒也者以其鄉飲酒燕禮等獻酬之酒皆不言飲飲之可

知此擬酳口故言飲是異於獻酬酒故也是以酒人云共賓客之禮酒飲酒鄭注云禮酒饗燕之酒不言飲食之酒云飲亦是其義也云漿飲先言漿別於六飲也者按漿人云共王六飲水漿醴涼醫酏彼先云六飲後云水漿與此先云漿不同故云先云漿別於六飲必別於六飲者彼六飲爲渴而飲此漿爲酳口不爲渴故異之

凡宰夫之具。饌于東房。凡非一也飲食之具宰夫所掌也酒漿不在凡中者雖無尊猶嫌在堂〔疏〕凡宰至東房。○注凡非至在堂。○釋曰云酒漿不在凡中者雖無尊猶嫌在堂者以其酒漿常在堂若不特言之則凡中不含之言謂酒漿仍在堂故上特言之

公如賓服。迎賓于大門內。不出大門降於國君〔疏〕公如至門內。○注不出至國君。○釋曰自此盡階上北面再拜稽首論主君迎賓入拜至之事云不出大門降於國君者按周禮司儀云將幣交擯三辭車逆拜辱賓車進荅拜又云致饔餼饗食皆如將幣之儀是國君來則出迎也

大夫納賓。大夫謂上擯也納賓以公命 公入門左。公再拜。賓辟。再拜稽首。左西方賓位也辟逡遁不敢當君拜也 公揖入。賓從。揖入道之 及廟門。公揖入。廟禰廟也〔疏〕及廟門公揖入。○注廟禰廟也。○釋曰儀禮之內單言廟者皆據禰廟是以昏禮納采云至于廟記云凡行事必用昏昕受諸禰廟以此而言則言廟皆禰廟也若非禰廟則言廟祧若聘禮云不腆先君之祧問卿云受于祖廟之類是也但受聘在祖廟食饗在禰燕輕於食饗又在寢是其差次也

賓入三揖。每曲揖及當碑揖相人偶 至于階。三讓。讓先升〔疏〕至于階三讓。○釋曰按曲禮云客若降等則就主人之階主人固辭然後客復就西階此亦降等初即就西階者此君與客食禮之正彼謂大夫士以小小燕食之禮故與此不同也

公升二等。賓升。遠下人君〔疏〕公升二等賓升。○注遠下人君。○釋曰言遠下人君者亦取君行一臣行二之義也

大夫立于東夾南。西面北上。東夾南東西節也取節於夾明東於堂〔疏〕大夫至北上。○注東夾至於堂。○釋曰此謂主國卿大夫立位云取節於夾明東於堂者序已西爲正堂序東有夾室今大夫立于夾室之南是東於堂也

士立于門東。北面西上。統於門者非其正位辟賓在此〔疏〕士立至西上。○注統於至在此。○釋曰案燕禮大射士在西方東面北上不統於門又在門東北面宜東統於君今在門東西上統於門者以賓在門西辟賓在此非正位故也

小臣東堂下南面西上。宰東夾北。西面南上。宰宰夫之屬也古文無南上〔疏〕小臣至南上。○注宰宰至南上。○釋曰云宰東夾北西面南上者謂在北堂之南與夾室相當故云夾北也云宰宰夫之屬也者以經云南上則非止一人但宰官之內有宰夫之等是以下有宰夫之官皆於此立可知故云之屬也若然宰尊官在小臣之下者以其小臣位在北南故先見之非謂尊卑先後爲次也

內官之士。在宰東北。西面南上。夫人之官內宰之屬也自卿大夫至此不先即位從君而入者明助君饗食賓自無事〔疏〕內官至南上。○注夫人至無事。○釋曰云夫人之官內宰之屬也者經云內官按周禮天官內宰下大夫掌王后已下彼天子內官諸侯未必有內宰以其言內官之士以士爲之明當天子內宰故舉內宰況之也云自卿大夫至此不先即位從君而入者明助君饗食賓自無事者按前聘時君迎客于大門內時卿大夫已下入廟即位者受聘事重非饗食之事故先入廟即位此已下雖有宰及宰夫者皆有事及大夫二牲士庶羞之等皆助君食賓非已之事故後入也

介門西。北面西上。西上自統於賓也然則承擯以下立於士西少進東上〔疏〕介門至西上。○注西上至東上。○釋曰云然則承擯以下立于士西少進東上者以其介統於賓而西上則擯統於君而東上可知承擯以下既是有事之人承擯是大夫又尊於士故知少進東上不言上擯者上擯有事其位不定故不言

公當楣北鄉。至再拜。賓降也。公再拜。楣謂之梁至再拜者興禮俟賓嘉其來也公再拜賓降矣〔疏〕公當至再拜。○注楣謂至降矣。○釋曰自此盡稽首論公拜至賓荅拜之事云公再拜賓降矣者釋經賓降在至再拜下公再拜上以其至再拜者公已一拜賓即降下公再拜者賓降後又一拜雖一拜本當再拜故皆以再拜言之猶下侑幣之時公一拜賓降公再拜注云賓不敢俟成拜也若然鄭云公再拜賓降矣者解經至再拜者賓降也

賓西階東。北面荅拜。西階東少就主君敬也 擯者辭。辭拜於下 拜也。公降一等。辭曰。寡君從子。雖將拜。興也。賓降一拜公降擯者釋辭矣賓猶降終其再拜稽首興起也〔疏〕賓西至荅拜。○釋曰自此盡稽首論賓降荅拜之事此云荅拜下云拜也並據公未降之前賓爲一拜以其賓始一拜之間公降一等故間在一辭之中是以鄭云賓降再拜釋經北面拜荅及拜也云公降擯者釋辭矣者解經辭曰寡君從子雖將拜興也鄭注云賓猶降終其再拜稽首者按下文賓栗階升不拜升既不拜署於下雖辭賓猶終降再拜稽首也若然擯者辭拜於下之時其位在下故下記云卿擯由下注云不升堂是也按下文云擯者退負東塾而立注云無事又云擯者進相幣然則擯者有事則進無事則退故負東塾也

賓栗階升。不拜。自以已拜也栗寔栗也不拾級連步趨主國君之命不拾級而下曰辵〔疏〕賓栗階升不拜。○注自以至曰辵。○釋曰云自以已拜也者於堂下終爲再拜稽首故於堂上不拜也云栗寔栗也者謂疾之意也云不拾級連步者曲禮云拾級聚足連步以上鄭注云拾當爲涉聲之誤也級等也涉等聚足謂前足躡一等後足從之併此涉級也連步鄭云重蹀跌也連步謂足相隨不相過也其連步據足而言涉級據階而說其實一也此等尋常升法此栗階據趨君命而上按燕禮記云凡栗階所辭皆栗階注云栗蹙也謂越等急趨君命也又曰凡栗階不過二等注云其始升猶聚足連步越二等左右足各一發而升堂是栗階之法也云不拾級而下曰辵者凡升降有四種云辵者君臣急諫諍則越三等爲辵階越一等爲歷階又有連步又有栗階爲四等也義已具於燕禮記疏也

命之成拜。階上北面再拜稽首。賓降拜主君辭之賓雖終拜於主君之意猶爲不成〔疏〕命之至稽首。○注賓降至不成。○釋曰按論語孔子云拜下禮也今拜乎上泰也是以上交主君雖辭賓猶終拜於下盡臣之禮爲成拜主君之意猶以爲不成故命之升成拜賓遂主君之意故升更拜也

士舉鼎。去冪于外。次入。陳鼎于碑南。西面西上。右人抽扃。坐奠于鼎西南順出。自鼎西。左人待載。入由東出由西明爲賓也今文奠爲委古文待爲持〔疏〕士舉至待載。○注入由至爲持。○釋曰自此盡逆退復位論鼎入已載之事云去冪於外次入者次入謂序入也故少牢云序入去冪於外者以其入當載於俎故去之也士喪士虞皆入乃去冪者喪禮變于吉故也

雍人以俎入。陳于鼎南。旅人南面加匕于鼎。退。旅人雍人之屬旅食者也雍人言入旅人言退文互相備也出入之由亦如舉鼎者匕俎每器一人諸侯官多也〔疏〕雍人至鼎退。○注旅人至多也。○釋曰云旅人雍人之屬者即燕禮云尊士旅食于門西兩圜壺鄭云士旅食者所謂庶人在官者也引王制解之者是也云雍人言入旅人言退文互相備也者雍人言入亦退旅人言退亦入皆入而退去故云文互相備也云每器一人諸侯官多也者按少牢云鼎序入雍正執一匕以從雍府執四匕以從司士合執二俎以從司士贊者二人皆合執二俎以相從是大夫官少故每人兼執也若然特牲云贊者執俎及匕從鼎入士虞亦云匕俎從士昏禮亦云匕俎從設彼注云執匕者執俎者從鼎而入設之不言并合者士官彌少并合可知不言者文不具或可士禮又異於大夫執鼎人兼執匕俎故士喪禮小斂大斂與舉鼎者兼執俎也若依前釋則士喪禮畧威儀故也

大夫長盥。洗東南。西面北上。序進盥。退者與進者交于前。卒盥。序進。南面匕。長以長幼也序猶更也前洗南〔疏〕大夫至面匕。○注長以至洗南。○釋曰云進盥退者與進者交于前鄭云前謂洗南但言前不云北鄉飲酒鄉射賓盥北面則此大夫亦皆北面可知云長以長幼也者若燕禮云命長之類皆據長幼爲長不謂衆中之長者也

載者西面。載者左人亦序自鼎東西面於其前大夫匕則載之〔疏〕載者西面。○注載者至載之。○釋曰前云左人待載其時鼎東南面今大夫鼎北面南匕之左人當載故序自鼎東西面於其前矣俎正當鼎南則載者在鼎南稍東也

魚腊飪。飪孰也食禮宜孰饗有腥者〔疏〕魚腊飪。○注飪孰至冗孰。○釋曰上文直云羹定肉謂之羹恐魚腊不在羹定之中故此特著魚腊飪也以食禮尚孰故皆飪也○注饗有腥者○釋曰樂記云大饗而俎腥魚鄭注云以腥魚爲俎實不臑孰之是饗禮有腥也又宣公十一年冬晉侯使士會平王室定王享之原襄公相禮殽烝武子私問其故王聞之召武子曰季氏而弗聞乎王享有體薦宴有折俎公當享卿當宴王室之禮也又國語云禘郊之事則有全烝王公立飫則有房烝親戚宴饗則有殽烝以此觀之明饗有腥以饗禮用體薦體薦則腥矣故禮記云腥其俎謂豚解而腥之豚解者皆腥也

載體進奏。體謂牲與腊也奏謂皮膚之理也進其理本在前下大夫體七个〔疏〕載體進奏。○注體謂至七个。○釋曰三牲與腊皆載體直言體不辨體形及數以下魚腸胃倫膚皆言七則此亦七體故鄭云下大夫體七个若然七个此不言體形按士虞記云升左肩臂臑肫骼脊脅七體彼喪禮用左又按鄉飲酒鄉射記皆云右胖進腠則此亦用右胖肩臑臂肫骼脊脅可知既用右胖則左胖爲庶羞其庶羞者此下大夫十六豆上大夫二十豆是也若致飧及歸饔餼腥鼎皆無庶羞鄉飲酒鄉射燕禮大射雖同用狗一牲以其亨亭亦皆有庶

羞也云奏謂皮膚之理進其理本在前者此謂生人食法故進本本謂近上者若祭祀則進末故少牢云進下鄭云變於食生是也

魚七。縮俎寢右。右首也。寢右進鬐也。乾魚近腴多骨鯁。〔疏〕魚七縮俎寢右○注右首至骨鯁○釋曰云縮俎者於人爲橫縮縱也魚在俎爲縱於人亦橫云寢右鄭云右首也寢右進鬐也實在戶牖之閒南面俎則東西陳之魚在俎首在右腹腴鄉南鬐脊也進脊在北鄉賓必以脊鄉賓者鄭云乾魚近腴多骨鯁故不欲以腴鄉賓取脊少骨鯁者鄉賓優賓故也若祭祀則進腴以鬼神尚氣腴者氣之所聚故少牢進腴是也

腸胃七。同俎。以其同類也。不異其牛羊腴賤也。此俎實凡二十八。〔疏〕腸胃七同俎○注以其至十八○釋曰云以其同類也者釋經同俎以其一羊同是畜類也云不異其牛羊腴賤也者以牲體則異俎及此腸胃即同俎以其腹腴賤故畧之同俎也云此俎實二十八者牛羊各有腸胃各七四七二十八也但此腸胃與牲或同鼎同俎或別鼎別俎何者據此下文七鼎腸胃與牲別鼎別俎是其正法取其鼎俎奇也少牢五俎腸胃與牲同鼎者以其有鮮獸若腸胃別鼎則六不得奇故并腸胃與牲同鼎有司徹亦然此腸胃七者以其與牲體別鼎故取數於牲亦七少牢并腸胃於牲鼎故云腸三胃三取數於脊脅各三也賓尸禮殺於正祭故腸胃各一既夕盛葬奠故腸胃五也

倫膚七。倫理也謂精理滑脃者今文倫或作論〔疏〕倫膚七○釋曰倫膚謂豕之皮革爲之但此公食大夫爲賓用爲美故膚與腸胃皆別鼎俎特牲腥有三鼎魚腊不同鼎故膚從牲同鼎有司徹雖同少牢亦止三鼎而已羊豕魚皆一鼎故用還從於牲鼎也又此膚與牲體之數亦七而少牢膚九者此食禮故膚從體數少牢大夫之祭膚出下牲故取數於牲之體而九也

腸胃膚。皆橫諸俎垂之。順其在牲之性也腸胃垂及俎拒〔疏〕腸胃至垂之○注順其至俎拒○釋曰腸胃得在牲而垂膚亦言順牲之性者從多而言云垂及俎拒者少牢云腸三胃三垂及俎拒是也

大夫既匕。匕奠于鼎。逆退復位。事畢宜由便也士匕載者又待設俎〔疏〕大夫至復位○注事畢至設俎○釋曰士匕載者又待設俎者以上文云士舉鼎又云左人待載下文云士設俎于豆南是載者又待設俎可知也

公降盥。將設醬〔疏〕公降盥○注將設醬○釋曰自此盡各卻于其西論公與宰夫爲賓設正饌之事云將設醬者下云公設之是以盥手也

賓降。公辭。辭其從己卒盥。公壹揖壹讓。公升。賓升。揖讓皆壹殺於初古文壹皆作一

宰夫自東房授醯醬。授授公也醯醬以醯和醬〔疏〕宰夫至醯醬○注授授至和醬○釋曰按記云蒲筵常長丈六尺於堂上戶牖之閒南面設之乃設正饌於中席已東自中席已西設庶羞也云醯醬以醯和醬者按歸饔餼醯醢別知此醯醬不別而以醯和醬者此經所陳物異者皆別器此醯醬下但言醬不別言醯明以醯和醬可知祭祀無此法以生人尚褻味故有之

公設之。以其爲饌本

賓辭。北面坐遷而東遷所。東遷所奠之東側其故處〔疏〕賓辭至遷所○注東遷至故處○釋曰云東遷所者謂以西爲上君設當席中故東遷之辟君設處側近也近其故處

公立于序。內西鄉。不立阼階上示親饌〔疏〕公立至西鄉○注不立至親饌○釋曰云不立阼階上示親饌者以其君之行事皆在阼階上今近阼北者以其設饌在戶西近北今君亦近北是亦親監饌故也

賓立于階西。疑立。不立階上以主君離阼也疑正立也自定之貌今文曰西階

宰夫自東房薦豆六。設于醬東。西上。韭菹以東。醓醢。昌本。昌本南麋臡。以西菁菹鹿臡。醓醢醢有醓昌本昌蒲本菹也醢有骨謂之臡菁蔓菁菹也今文臡皆作麋〔疏〕宰夫至鹿臡○注醓醢至作麋○釋曰云醓醢醢有醓者按周禮醢人云朝事之豆韭菹醓醢已下依此爲次彼注云醓肉汁也則此醓醢是肉之汁昌本者彼注云昌蒲根又按彼注韲菹之稱菜肉通又云細切爲韲全物若牒爲菹又按彼經爲菹者經言菹不言韲菹者即是韲也彼言昌本亦即韲也此注云菹者韲菹麤細爲異通而言之韲亦得爲菹故云菹也云醢有骨者謂爲臡案爾雅釋器云肉謂之醢有骨者謂之臡又鄭司農云有骨爲臡無骨爲醢也云菁菁菹也者即今之蔓菁也

士設俎于豆南。西上。牛羊豕。魚在牛西。腊腸胃亞之。亞次也不言綼錯俎尊〔疏〕士設俎至亞之○注亞次至俎尊○釋曰云不言綼錯俎尊者上設豆綼陳之下設黍稷錯陳之此設俎不綼不錯者但尊故也

膚以爲特。直豕與腸胃東也特膚者出下牲賤〔疏〕膚以爲特○注直豕至牲賤○釋曰云出下牲賤者以豕在牛羊之下賤膚豕之所出故云出下牲賤特之於俎東也

旅人取匕。甸人舉鼎。順出奠于其所。以其空也其所謂當門〔疏〕旅人至其所○釋曰前旅人以匕入加於鼎退出今還使之取匕前士舉鼎入今不使士舉鼎出者以其士載訖遂設俎於賓前事未畢故甸人舉鼎而出也

宰夫設黍稷六簋于俎西。二以並。東北上。黍當牛俎。其西稷。錯以終。南陳。並併也今文曰併古文簋皆作軌

大羹湆不和。實于鐙。宰右執鐙。左執蓋。由門入。升自阼階。盡階不升堂。授公以蓋。降出。入反位。大羹湆煮肉汁也大古之羹不和無鹽菜瓦豆謂之鐙宰謂大宰宰夫之長也有蓋者饌自外入爲風塵今文湆爲汁又曰入門自阼階無升〔疏〕大羹至反位○注大羹至無升○釋曰云以蓋降出入反位者宰位在東夾北西面南上今以蓋降出送於門外乃更入門反於東夾北位也云大羹湆煮肉汁也大古之羹者謂是大古五帝之羹云不和無鹽菜也大古質故不和以鹽菜對鉶羹調之以鹽菜者也云瓦豆謂之鐙詩云于豆于登毛亦云木曰豆瓦曰登云宰謂大宰宰夫之長者以單言宰諸侯三卿無大宰以司徒兼大宰大宰之下有宰夫故云宰夫之長也

公設之于醬西。賓辭。坐遷之。亦東遷所〔疏〕公設至遷之○注亦東遷所○釋曰言亦者亦前醬東遷所以醬既東遷所今於醬西遷之明亦東遷所移之故醬處也

宰夫設鉶四于豆西。東上。牛以西羊。羊南豕。豕以東牛。鉶菜和羹之器〔疏〕宰夫至東牛○注鉶菜和羹之器○釋曰云鉶菜和羹之器者下記云牛藿羊苦豕薇是菜和羹以鉶盛此羹故云之器也據羹在鉶言之謂之鉶羹據器言之謂之鉶鼎正鼎之後設之謂之陪鼎據入庶羞言之謂之羞鼎其實一也

飲酒實于觶。加于豐。豐所以承觶者也如豆而卑宰夫右執觶。左執豐。進設于豆東。食有酒者優賓也設于豆東不舉也燕禮記曰凡奠者於左〔疏〕宰夫至豆東○注食有至於左○釋曰云食有酒者優賓也者按下文宰夫執觶飲賓與受唯用觶酳口不用酒今主人猶設之是優賓引燕禮者彼據酒主人奠於薦左賓不飲取奠於薦右此酒不用故亦奠於豆東酒義雖異不舉是同故引爲證也按燕禮無此文鄉飲酒鄉射記皆云凡奠者於左舉者於右不同之而引燕禮記者此必轉寫者誤鄭本引鄉飲酒鄉射之等也

宰夫東面坐。啓簋會。各卻于其西。會簋蓋也亦一一合卻之各當其簋之西〔疏〕注會簋至之西○釋曰云亦一一合卻之者卻者仰也簋蓋有六兩兩皆相重而仰之謂之卻合故云一一卻合之各當其簋之西爲兩處亦者亦少牢故少牢云佐食啓會蓋二以重設于敦南也

贊者負東房。南面告具于公。負東房負房戶而立也南面者欲得鄉公與賓也〔疏〕贊者至于公○注負東至賓也○釋曰自此盡醬湆不祭論賓所祭饌之事經直云負東房鄭知負房戶而立者以公在東序內賓在戶西雖告具于公且欲使賓聞之故知於房近西是以鄭云得鄉公與賓也

公再拜。揖食。再拜拜賓饌具賓降拜。荅公拜公辭。賓升再拜稽首。不言成拜降未拜

賓升席。坐取韭菹以辯。擩于醢。上豆之閒祭。擩猶染也今文無于

贊者東面坐取黍實于左手。辯。又取稷。辯。反于右手。興以授賓。賓祭之。取授以右手便也賓亦興受坐祭之於豆祭也獨云贊興優賓也少儀曰受立授立不坐〔疏〕贊者東面至祭之○注取授至不坐○釋曰此所授者皆謂遠賓者故菹醢及鉶皆不授以其近賓取之易故不言按曲禮云殽之序辯祭之故知雖不授亦祭可知也經直云祭知祭之於豆祭者按少牢云尸取韭菹辯擩于三豆祭于豆閒故知於豆祭也云獨云贊興優賓者欲見賓坐而不興是優賓其實俱興也引少儀者欲見贊興賓亦興之義以其賓坐贊亦坐故也

三牲之肺不離。贊者辯取之。壹以授賓。肺不離者刌之也不言刌刌則祭肺也此舉肺不離而刌之便賓祭也祭離肺者絕肺祭也壹猶稍也古文壹作一〔疏〕三牲至授賓○注肺不至作一○釋曰云肺不離者刌之也者按少儀云牛羊之肺離而不提心鄭云提猶絕也刌之不絕中央少者此即爲食而舉肺也少牢云舉肺一長終肺祭肺三皆切之是祭肺切舉肺不切云不言刌刌則祭肺也者是與祭肺同其實舉肺云祭離肺者絕肺祭也者此鄭解舉肺將祭之時絕末而祭之與祭肺異也凡舉肺有二名一名離肺亦名舉肺祭肺亦名刌肺也

賓興受。坐祭。於是云賓興受坐祭重牲也賓亦每肺興受祭於豆祭

挩手扱上鉶以柶。辯擩之。上鉶之閒祭。扱以柶扱

其鉶芼也抁拭也拭以巾〔疏〕云抁手至閒祭。注扱以至以巾。釋曰此云上鉶之閒祭者著其異於餘者。餘祭於上豆之閒此鉶別自祭鉶閒云抁拭也拭以巾者案內則左佩紛帨帨即佩巾而云抁拭手以巾似帨不名巾者本名帨者以拭手為名其實巾故鄭舉其實稱也此有四鉶而云扱上鉶辯擩則雖有一柶優賓故用一柶而已少牢二鉶祭神故宜各有柶也祭飲酒於上豆之閒。魚腊醬湆不祭。不祭者非食物之盛者〔疏〕祭飲至不祭。注不祭至盛者。釋曰此不祭者以正在饌之內以其有三牲之體魚腊湆醬非盛者故不祭也若入庶羞則以祭之故下文云士羞庶羞皆有大又云辯取庶羞之大典一以授賓賓受兼壹祭之少儀云祭膴膴詁為大魚肉之臠是亦祭之宰夫授公飯粱。公設之于湆西。賓北面辭。坐遷之。既告具矣而又設此殷勤之加也遷之遷而西之以其東上也〔疏〕宰夫至遷之。注既告至上也。釋曰自此盡降出論設加饌粱與庶羞之事云遷之遷而西之以其東上也知粱東上者下文宰夫膳稻于粱西是以粱在東為上也公與賓皆復初位。位序內階西〔疏〕公與賓皆復初位。注位序內階西。釋曰按上公設醬時立于序內賓立於階西此云公與賓復初位故知公還在序內賓還在階西也宰夫膳稻于粱西。膳猶進也進稻粱者以簠〔疏〕宰夫至粱西。注膳猶至以簠。釋曰知進稻以簠者下記云簠有蓋冪鄭注云稻粱將食乃設去會於房蓋以冪上云設黍稷訖云卻會此稻粱不云卻會者先於房去之故也士羞庶羞皆有大蓋。執豆如宰。羞進也庶衆也進衆珍味可進者也大以肥美者特為臠所以祭也魚或謂之膴膴大也唯醢醬無大如宰如其進大羹湆右執鐙左執蓋〔疏〕士羞至如宰。注羞進至執蓋。釋曰云皆有大者中有二物三物之肉兼有魚也云魚或謂之膴膴大也者或有司徹云尸俎五魚侑主人皆一魚皆加膴祭于其上是也少儀云膴祭也云唯醢醬無大者鄭注周禮醢人作醢之法先膊乾其肉乃後莝之雜以粱麴及鹽漬以美酒塗置甀中百日則成矣何大臠之有也醬則醢也亦無大臠也先者反之。由門入。升自西階。庶羞多羞人不足則相授於階上復出取也〔疏〕先者反之。釋曰反之者以其庶羞十六豆羞人不足故先至者反取之下文云先者一人升設於稻南其人不反則此云先者反之謂第二已下為先者也先者一人升。設于稻南。簋西。閒容人。簋西黍稷西也必言稻南者明庶羞加不與正豆併也閒容人者賓當從閒往來也〔疏〕注簋西至往來也。釋曰簋西黍稷西也必言稻南者以其黍稷西近北有稻故庶羞設黍稷西南陳之是稻粱與庶羞俱是加故南北相繼而在黍稷正饌之西是下不與正豆併也云閒容人者賓當從閒往來也者下文賓左擁簠粱右執湆以降公辭升反奠于其所是賓往來也旁四列。西北上。不統於正饌者雖加自是一禮是所謂羹胾中別〔疏〕旁四列西北上。注不統至中別。釋曰云所謂羹胾中別者按曲禮云左殽右胾彼云殽骨體也此肉謂之羹亦一也殽為正饌胾謂切肉則庶羞云左殽右胾則曰此正饌在東庶羞在西閒容人同故謂所謂羹胾中別也膷以東。臐。

膮。牛炙。膷臐膮今時臛也牛曰膷羊曰臐豕曰膮皆香美之名也古文膷作香臐作薰炙南醢以西。牛胾醢牛鮨。先設醢絹之以次也內則謂鮨為膾然則膾用鮨今文鮨作鰭〔疏〕注先設醢絹之以次也。釋曰此云先設醢絹之次而特牲注云以有醢不得絹也與此設設醢絹之以次違者大凡醢配胾是其正而醢卑于胾今牛羊豕胾皆在醢下者直是絹之次非尊卑之列特牲以一有醢若絹之當醢在胾上不成錯故不得絹少牢四豆羊胾醢故得絹而錯與此同也鮨南羊炙。以東羊胾醢。豕炙。炙南醢以西。豕胾。芥醬。魚膾。芥醬芥實醬也內則曰膾春用蔥秋用芥衆人騰羞者。盡階不升堂。授以蓋。降出。騰當作媵媵送也授授先者一人贊者負東房。告備于公。復告庶羞具者以其異饌〔疏〕贊者至于公。釋曰自此盡兼壹祭之論贊告饌具賓祭之事贊升賓。以公命命賓升席〔疏〕贊升賓。注以公命命賓升席。釋曰前設饌訖贊者告具于公公再拜揖食此使贊升賓者以其禮殺故也是以上文正饌公先拜賓荅拜此賓先拜公荅拜為異也賓坐席末。取粱即稻祭于醬湆閒。即就也祭稻粱不於豆祭祭加宜於加〔疏〕注即就至於加。釋曰云祭稻粱不於豆祭祭加宜於加者按下文云賓三飯以湆醬注云每飯歠湆以肴擩醬食正饌也三飯而止又云不以湆醬注云不復用正饌也則此湆醬是正饌而云加者但湆醬與粱皆是加故公親設之下文為正饌而此云加者為湆醬雖是加以在正饌之上得與正饌為本故名正饌其實是正饌之加故公親設之也贊者北面坐奠取庶羞之大。興一以授賓。賓受兼壹祭之。壹壹受之而兼一祭之庶羞輕也自祭之之於膷臐之閒以異饌也〔疏〕贊者至祭之。注壹壹至饌也。釋曰壹壹受之而兼一祭之庶羞輕也者決上三牲之膊祭之今此庶羞并之故云輕也云自祭之於膷臐之閒以異饌也者不云於豆祭而云於膷臐之閒以祭宜於加故也賓降拜。拜庶羞〔疏〕賓降拜。注拜庶羞。釋曰自此盡魚腊不與論賓正食受侑幣至於食終之事公辭。賓升再拜稽首。公荅再拜。賓北面自閒坐。左擁簠粱。右執湆以降。自閒坐由兩饌之閒也擁抱也必取粱者公所設也以之降者堂尊處欲食於階下然也公辭賓。西面坐奠于階西。東面對。西面坐取之。栗階升。北面反奠于其所。降辭公。奠而後對成其意也降辭公敬也必辭公者為其尊而親臨己食侍食贊者之事〔疏〕注奠而至之事。釋曰云成其意者謂成其食降階下之意故奠乃對此決下文大夫相食賓執粱與湆之西序端主人辭賓反之而不奠也公許。賓升。公揖退于箱。箱東夾之前俟事之處〔疏〕注箱東至之處。釋曰按爾雅有東西廂曰廟其夾皆在序外故也知是俟事之處者正以此文公揖退于廂而俟賓食即待事之處也擯者退。負東塾

而立。無事賓坐。遂卷加席。公不辭。贊者以告公公聽之重來優賓〔疏〕賓坐至不辭。注贊者至優賓。釋曰知云贊者以告公公聽之者公既在序外賓食在戶西若不告公公何以知之明知贊者告公也云重來優賓者若公來則勞賓不來則賓不勞故難重來而不來則優饒賓也賓三飯以湆醬。每飯歠湆以肴擩醬食正饌也三飯而止君子食不求飽不言其肴優賓〔疏〕賓三飯以湆醬。注每飯至優賓。釋曰云每飯歠湆以殽擩醬者按曲禮三飯主人延客食胾然後辯殽鄭注云先食胾後食殽殽尊此先食殽者彼鄭云大夫士與客燕食之法其禮食宜放公食大夫禮云若然此為禮食故先食殽大夫士與客燕食則先食胾故不云又按昏禮同牢云贊爾黍授肺脊皆食以湆醬皆祭舉食舉也注云皆食黍也以用也用者謂歠湆咂醬而不食殽者此公食賓禮解體折節明食殽可知彼豚解者不主為食故彼不食殽也是以彼又云三飯卒食注同牢示親不主食故起三飯而成禮也故不食殽也但湆言啜淡故也醬言擩殽故也云三飯而止君子食不求飽者解三飯而上故下宰夫進粱是不求飽故引論語學者食不求飽為證也云不言其殽優賓者案特牲少牢尸食時舉殽皆言次第此不言者任賓取之是優賓也宰夫執觶漿飲與其豐以進。此進漱也非為卒食為將有事緣賓意欲自絜清賓抁手興受。受觶宰夫設其豐于稻西。酒在東漿在西是所謂左酒右漿〔疏〕宰夫至稻西。注酒在至右漿。釋曰云酒在東漿在西者案上飲酒實于觶宰夫設于豆東是酒在東也云漿在西者即此經設於稻西是也云是所謂左酒右漿者按曲禮云酒漿處右鄭云此言若酒若漿耳兩有之則左酒右漿云兩有者據此公食而言左酒右漿也庭實設。乘皮賓坐祭。遂飲。奠於豐上。飲漱公受宰夫束帛以侑。西鄉立。束帛十端帛也侑猶勸也主國君以為食賓殷勤之意未至復發幣以勸之欲用深安賓也西鄉立序內位也受束帛于序端〔疏〕公受至鄉立。注束帛至序端。釋曰云西鄉立序內位也者按上文公設醬公立于序內西鄉此經亦云西鄉立故知亦在序內位也云受束帛于序端者按大射禮公凡受於序端故每云公之所受者皆約之受於序端賓降筵北面。以君將有命也北面於階上〔疏〕賓降筵北面。注以君至階上。釋曰云以君將有命者謂有束帛侑食之命故賓降筵北面於西階上以待主君之命擯者進相幣。為君釋幣辭於賓賓降辭幣。升聽命。降辭幣主國君又命之升聽命釋許辭〔疏〕賓降至聽命。注降辭至許辭。釋曰云主國君又命之外知者約聘禮禮賓賓降辭幣公降一等辭栗階升聽命是也降拜。當拜受幣公辭。賓升再拜稽首受幣。當東楹北面。主國君南面授之當東楹者欲得君行一臣行二也退西楹西。東面立。俟主國君送幣也退不負序以將降〔疏〕退西楹西東面立。注俟主至將降。釋曰按聘禮賓三退負序注云三退三逡遁也不言辟者以執圭將進授之彼皆當楣再拜故賓退負序此亦為公拜送幣但在楹西耳故賓在階西不負序以將降故也公壹拜。賓降也。公再拜。賓不敢俟成拜介

逆出。以賓事畢 賓北面揖。執庭實以出。揖執者示親受 公降立。俟賓反 上介受賓幣。從者訝受皮。從者府史之屬訝迎也今文曰梧受 〔疏〕注從者至梧受。釋曰云從者府史之屬知非士介者此子男小聘使大夫士介一人而已介已受賓幣故知訝受者非士介是府史之屬也 賓入門左。沒霤。北面再拜稽首。便退則食禮未卒不退則嫌更入行拜若欲從此退 〔疏〕賓入至稽首。注便退至此退。釋曰云便退則食禮未卒不退則嫌者此鄭探解賓意食禮自有常法三飯之後當受侑幣更入以終食禮故送庭實而後入是以鄭云便退則食禮未卒解經賓入之意云不退則嫌者謂有食之嫌解再拜稽首將辭之意是以更入行拜若欲從此退者待公設辭留賓之意也 公辭。止其拜使之卒食 揖讓如初。升。如初入也 賓再拜稽首。公荅再拜。賓拜拜主國君之厚意賓揖介入復位 〔疏〕注賓揖介入復位。釋曰上文云介逆出下更云介逆出明知中閒介復入可知但復入之節當此賓入之時也 賓降辭公如初。將復食 賓升。公揖退于箱。賓卒食會飯三飲。卒已也已食會飯三漱漿也會飯謂黍稷也此食黍稷則初時食稻粱 〔疏〕注卒已也至稻粱。釋曰知會飯是黍稷者見上文云宰夫東面坐啓簋會各卻於其西此云食會飯故知會飯者是黍稷也前賓三飯不云會以其簋盛稻粱以其稻粱無會故鄭云此食黍稷則初時食稻粱矣 不以醬湆。不復用正饌也初時食加飯用正饌此食正飯用庶羞互相成也後言湆者湆或時後用 〔疏〕不以醬湆。注不復至後用。釋曰云初時食加飯用正饌此食正飯用庶羞互相成也者按上文賓三飯以湆醬注云每飯歠湆以殽擩醬是正饌稻粱是其加此云卒食會飯三飲不以醬湆鄭意以庶羞黍稷是其正庶羞是其加互相成而已言相成者既非互文直取饌食互相成而已云後言湆者湆或時後用者前文賓三飯以湆醬先言湆後言醬是先用湆此後言湆或容前三飯後用湆也故作文有先後也 挩手興。北面坐取粱與醬以降。西面坐奠于階西。示親徹也不以出者非所當得又以已得侑幣 〔疏〕注示親至侑幣。釋曰云不以出者非所當得又以已得侑幣者云不以出者決士昏禮賓取脯出以授從者彼是已所當得此非直已得侑幣下文有司卷三牲之俎歸于賓館是已所當得鄭不言三牲而言侑幣者據已得者而言之 東面再拜稽首。卒食拜也不北面者異於辭 〔疏〕東面再拜稽首。注卒食至於辭。釋曰云卒食拜也不北面者按上文賓受侑幣出入門左沒霤北面再拜稽首其時辭欲退公留之卒食故決之以其待公留故北面此卒食禮終故東面為意有異故面位不同是以鄭云不北面者異於辭也 公降再拜。荅之也不辭之使升堂明禮有終 介逆出。賓出。公送于大門內。再拜。賓不顧。初來揖讓而退不顧退禮畧也示難進易退之義擯者以賓不顧告公公乃還也 〔疏〕介逆至不顧。注初來至還也。釋曰云擯者以賓不顧告公公乃還也者知擯者告公者按經公送于大門內公不見賓矣而云賓不顧明知擯者告公公還入宴寢也此擯者告賓不顧即論語云賓退必復命曰賓不顧矣但彼據聘享訖此據食禮訖事雖不同復命云賓不顧矣即不異 有司卷三牲之俎。歸于賓館。卷猶收也無遺之辭也三牲之俎正饌尤尊盡以歸賓尊之至歸俎者實于篚它時有所釋故 〔疏〕有司至賓館。注卷猶至釋故。釋曰云歸俎者實于篚者此食禮無肵俎而言卷三牲之俎不言用俎唯云實于篚按士虞禮亦無肵俎尸舉牲體皆盛於篚吉凶雖不同無肵俎是一故知同用篚也云它時有所釋故者解三牲之俎言卷案特牲及士虞尸卒食取俎歸於尸三个是有所釋此無所釋故稱卷也彼注云釋猶遺也遺者君子不盡人之歡不竭人之忠也 魚腊不與。以三牲之俎無所釋故也禮之有餘為施惠不言腸胃膚者在魚腊下不與可知也古文與作豫

儀禮注疏卷二十五挍勘記　阮元撰盧宣旬摘錄

公食大夫禮第九

此篇據小聘大夫者　通解楊氏篇下俱有據字毛本無

上介出請入告

問所以來事　毛本以下有為字嚴本集釋要義俱無為字張氏曰注曰問所以來事按釋文云以為于偽反今本于以字下脫一為字從釋文盧文弨云疏云賓使上介出請大夫所為來之事無以字釋文或本是所為誤作以為也

賓朝服

入于次者俟辦　陳本通解要義同毛本辦作辨下同

甸人陳鼎七〇鼏若束若編　鼏聶氏作冪注同

案少牢羹定　毛本牢作宰。按牢字是

甸人築坅坎　陳本同毛本坅作埳。按坅五錦反宜從陳本

詩云白茅苞之　云陳本作曰苞要義作苞毛本作包。按作苞是也

設洗如饗

故鄉前如之　毛本鄉誤作饗

公於賓壹食再饗　要義同毛本壹作一。按聘禮作壹

凡宰夫之具

言謂酒漿仍在堂　浦鏜云言疑嫌字誤

及廟門

問卿云　陳監通解要義同毛本卿作鄉。按卿字是

燕輕於食饗　通解要義同毛本輕作禮。按輕字是

小臣東堂下

宰尊官在小臣之下者　在上陳閩通解俱有反字

內官之士

及大夫二牲　浦鏜云七誤二

公當楣北鄉

賓不敢俟成拜也　通解要義同毛本俟作候。按作俟與後注文合

解經至再拜者賓降也　陳閩要義同毛本也作矣。按者字衍文

賓栗階升　唐石經無賓字集釋按云此承上賓西階東北面荅拜不必更言賓當從石經去之。按上有公降一等擯者釋辭則此賓字不宜刪燕禮公有命節疏引亦有賓字石經非也

栗蹇栗也　嚴本通解同毛本蹇作賓按蹇與述注合

士舉鼎去冪於外次　冪唐石經嚴本俱作冪釋文毛本作鼏

〇入陳鼎于碑南面西上　南字唐石經嚴本集釋通解敖氏俱不重徐本楊氏毛本俱重敖氏曰碑下脫一南字

論鼎八已載之事　浦鏜云七誤巳

云去冪於外次入者　毛本冪作鼏

士喪士虞皆入乃去冪者　士喪士虞陳本作士喪禮字下空一字閩本作士喪禮云

雍人以俎入

皆合執二俎以相從　監本通解同毛本從下有入字

或可士禮又異於大夫　監本同毛本可作云

大夫長盥洗東南〇南面匕　瞿中溶云石本原刻南面下有西上二字後磨改刪去

魚腊飪

以饗禮用體薦體薦則腥矣　要義同毛本體薦二字不重出

載體進奏

則此亦用右胖肩臑臂肫骼脊脅可知　骼閩本作胳

魚七

乾魚近腴　近陳閩葛本通解楊氏俱誤作進釋文為近字作音

腸胃七

既夕盛葬奠　通解同毛本葬作陳。按葬是

倫膚七
謂精理滑脃者肥徐陳閩監葛本集釋通解俱作脃釋文毛本嚴本俱作脆按說文脃从肉从絕省作脆非也
釋曰倫膚毛本倫誤作論
亦止三鼎而已陳閩通解要義同毛本亦作一○按亦字是
卒盥
揖讓皆壹徐本集釋通解楊氏同毛本壹作一
公立于序內
是亦親監饌故也毛本通解亦作示
宰夫自東房
謂之鸛毛本之作為
卽今之蔓菁也菁陳閩俱作青
士設俎于豆南
不言紼錯張氏曰釋文云不紼中無言字從釋文○按疏有言字
但尊故也毛本但作俎
膚以為特
直豕與腸胃東也也通解作北
宰夫設鉶四于豆西鉶釋文作鈃
注鉶菜和羹之器陳閩監本同毛本菜下有至字無和羹字按毛本亦因欲均齊字數而改
宰夫右執觶
引燕禮者禮下要義有記字
不同之而引燕禮記者按同字疑誤或是引字
此必轉寫者誤通解要義同毛本轉作傳者下有之字張淳作傳無之字
宰夫東面坐
簋蓋有六蓋要義作會
謂之𨚍合𨚍合二字要義倒下同
三牲之肺不離
刌之也徐本集釋通解同毛本刌作刊下並同

壹猶稍也古文壹作一古上今本有一圈不知何故通解亦無按此節經注據士冠疏則經當云一以授賓注當云古文一作壹今本與賈說不合當由後人妄改然諸本皆然其誤久矣
刲之毛本通解刲下有離字
絕末而祭之通解同毛本末作未
祭飲酒于上豆之間
以正在饌之內正在毛本作在正○此本倒
賓受兼壹祭之通解同毛本壹作一
士羞庶羞
或有司徹云毛本通解無或字
先者反之
釋曰反之者此段疏五十五字今本俱誤作注通解載此疏於下節注下
先者一人升
以其黍稷西近北有稻閩本通解同毛本近作之○按近字是
是稻粱與庶羞俱是加毛本通解無粱字
而在黍稷正饌之西監本同毛本而作俱
是下不與正豆併也浦鏜云誤衍下字
下文賓左擁簠粱通解同毛本簠作簋○按簋盛黍稷簠盛稻粱下經簋字舊本俱作簠
旁四列
胾謂切肉通解同毛本謂作為
炙南醢
肉則謂鮨為膾張氏曰注曰內則謂鮨為膾按監本毛本肉作內膾徐陳俱作會張淳通解楊敖俱作膾
然則膾用鮨膾徐本作鱠誤集釋上句作鱠此句作膾
衆人騰羞者
授先者一人一人二字監本誤作經在下節首
贊者負東房
復告庶羞具者復徐本作随集釋通解楊敖俱作復
自此盡兼壹祭之毛本壹作一

賓坐席末
祭稻粱不於豆祭嚴本楊氏同與述注合毛本於作以陳本重以字
祭加宜於加加宜二字徐本倒陳本無宜字集釋通解楊氏俱同毛本
而此云加者毛本此云作云此按此本與要義俱倒
贊者北面坐
壹壹受之集釋壹壹作一一下兼一作兼壹
決上三牲之脯祭之盧文弨改脯為肺
賓北面自間坐左擁簠粱左監本誤作右擁誤作擯毛本簠俱作簋與前先者一人升節所引合徐本楊氏俱與毛本同石經考文提要曰曲禮執食興辭注引公食禮正作左擁簠粱
賓三飯以湆醬
以肴擩醬肴徐陳通解楊氏俱作肴下同毛本作殽按殽者相雜錯也俗借為肴饌字閩葛於此作殽於下不言其殽又作肴可見其無定也後不悉按
主人延客食胾客陳閩俱作之食毛本作有通解要義俱作食○按作有與曲禮異
大夫士與客燕食要義同毛本通解大上有彼字按彼字當有
注云皆食黍也浦鏜云脫一食字
故下宰夫進漿毛本漿作醬○按漿是也
賓捝手捝唐石經初从木後改
宰夫設其豐于稻西
云酒在東漿在西者要義同毛本通解無漿在西三字按無者非
公受宰夫束帛以侑
按大射禮大閩本作上按射亦當作聘
公凡受於序端盧文弨改作公受凡於序端按公凡受三字當作一逗言公凡有所受必於序端也觀疏下文自明
賓降筵北面
北面於階上嚴本敖氏同徐本集釋通解楊氏毛本於下有西字張氏曰疏云西階上從疏
賓降辭幣
栗階升聽命栗陳閩通解俱作東○按東字非也鄭於彼注云栗階趨君命尙疾不連步

退西楹西

三逡遁也 毛本遁作巡○按聘禮注作遁

賓降

將復食 毛本食誤作入

賓升

已食會飯三漱漿也 入字閩本夾行細書

以其稻粱無會 要義無以其稻粱四字

不以醬湆

後言湆者湆 嚴本楊氏同毛本無者湆二字

鄭意以庶羞黍稷是其正 要義同毛本無庶羞二字

云後言湆者湆或時後用者 毛本無者湆二字要義刪存云後言湆者五字

捝手興

云不以出者非所當得又以已得侑幣者 下十一字諸本俱脫

東面再拜稽首

入門左沒霤 毛本通解入上有更字

有司卷三牲之俎

它時有所釋故 毛本它作他釋文作它云本又作他

云它時有所釋故者 它要義作它與釋文合毛本作他

儀禮注疏卷二十五挍勘記終

儀禮疏卷第二十六

唐朝散大夫行大學博士弘文館學士臣賈公彥等撰

明日賓朝服拜賜于朝。拜食與侑幣。皆再拜稽首。朝謂大門外。〔疏〕明日至稽首。○注朝謂大門外。○釋曰自此盡訏聽之論賓拜謝主君之事云朝謂大門外者以其經云拜賜于朝無賓入之文又聘禮以柩造朝亦無喪入之故皆言朝云云朝謂大門外也若然案閔三年左氏傳云季友將生使卜楚丘之父卜之曰男也其名曰友在公之右閒於兩社爲公室輔注兩社周社亳社之閒朝廷執政所在但諸侯左宗廟右社稷在大門之內則諸侯外朝不在大門內者但外朝在大門外兩社之閒遥繫外朝而言執政所在又此食禮拜侑幣聘禮歸饔餼直言拜饔與餼不拜束帛者彼使人致之故不拜此食禮君親賜不拜之

訏聽之。受其言入告出報也此下大夫有士訏〔疏〕訏聽之○注受其至士訏○釋曰云此下大夫有士訏者此篇是子男使下大夫小聘又案周禮掌訏大夫有士訏故云此下大夫有士訏也

上大夫八豆。八簋。六鉶。九俎。魚腊皆一一俎。記公食上大夫異於下大夫之數豆加葵菹蝸醢四四爲列俎加鮮魚鮮腊三三爲列無特〔疏〕上大夫至二俎○注記公至無特○釋曰云豆加葵菹蝸醢者案周禮醢人朝事之豆云韭菹醓醢昌本麋臡菁菹鹿臡茆菹麋臡案上文下大夫六豆用鹿臡以下仍有茆菹麋臡在今上大夫八豆不取茆菹麋臡而取饋食之豆葵菹蝸醢者鄭以特牲少牢參之彼二篇俱以饋食爲始皆用周禮饋食之豆特牲兩豆用饋食葵菹蝸醢少牢四豆二豆與特牲同兩豆用朝事之豆韭菹醓醢注云韭菹醓醢朝事之豆也而饋食用之豐大夫禮以此觀之故此公食大夫兼用饋食之豆亦是豐大夫禮也云俎加鮮魚鮮腊者上文下大夫七俎牛羊豕魚腊腸胃與膚此云九俎明加鮮魚鮮腊云無特者陳饌要方上七俎者東西兩行爲六俎一俎在特予俎東此九俎爲三行故無特雖無特膚亦爲下

魚腸胃倫膚若九。若十有一。下大夫則若七若九。此以命數爲差也九謂再命者也十一謂三命者也七謂一命者也九或上或下者再命謂小國之卿次國之大夫也卿則曰上大夫則曰下大國之孤視子男〔疏〕魚腸至若九○注此以至子男○釋曰云此以命數爲差也者案周禮典命公侯伯之卿三命大夫再命士一命子男之卿再命大夫一命士不命則諸侯之臣分爲三等三命再命一命不命與一命同此經魚腸胃倫膚亦分爲三等有十一有九有七則十一當三命九當再命七當一命若然唯有上下二文者以公侯伯之大夫與子男之卿同再命卿爵尊爲上大夫爵卑爲下則上言若九者子男之卿也下言若九者公侯伯大夫也故鄭云卿則曰上大夫則曰下云大國之孤視子男者欲見此經唯見三命以下案周禮典命大國之孤四命又大行人云大國之孤執皮帛以繼子男又云其他皆視小國之君若然孤與子男同十三侯伯十五上公十七差次可知

庶羞西東。毋過四列。謂上下大夫也古文毋爲無〔疏〕庶羞至四列○注謂上至爲無○釋曰上文云庶羞旁四列此上大夫饌內言庶羞西東毋過四列則東西橫行上下大夫皆四以爲行下大夫四四十六東西四行南北亦四行上大夫東西四行南北五行矣

上大夫庶羞二十。加於下大夫以雉兔鶉鴽。鴽無母〔疏〕上大至鶉鴽○注鴽無母○釋曰云鴽無母者案爾雅釋鳥云鴽鴾母郭氏曰鶴也青州人呼曰鴾母莊子曰田鼠化爲鶉淮南子云蝦蟆所化也月令曰田鼠化爲鴽然則鴽鶉一物也

若不親食。謂主國君有疾病若它故〔疏〕若不親食○注謂主至它故○釋曰自此盡聽命論主君不親食使大夫致禮於賓館之事疾病之外別云他故者君有死喪之事故聘禮云主人畢歸禮賓唯饔餼之受謂畢致饗食但賓不受之

使大夫各以其爵朝服以侑幣致之。執幣以將命

豆實實于罋。陳于楹外二。以並北陳。簋實實于筐。陳于楹內兩楹閒二。以並南陳。陳罋筐於楹閒者象授受於堂中也南北相當以食饌同列耳罋北陳者變於食罋數如豆醢芥醬從焉筐米四今文並作併〔疏〕豆實至南陳○注陳罋至作併○釋曰云南北相當以食饌同列耳者案上文正食之時黍稷亦南陳今於楹閒陳筐米亦南陳是正食及此饌陳是同列也云罋北陳者變於食者上文正食之時宰夫自東房薦豆六設於醬東西上陳之今於楹閒二以併北陳故云變於食也云罋數如豆者以菹醢各異物不可同罋故罋數如豆上大夫八豆則八罋下大夫六豆則六罋云醢芥醬從焉者以其三牲不殺則生列於門內醢經百日乃成不由不殺故有醢庶羞之醢同是醬類故使之相從但庶羞之醢更無別種宜同一罋芥醬宜亦一罋知有芥醬者以其有生魚故知有也云筐米四者上文上大夫八簋今乃生致之黍稷宜各一筐稻粱又二筐故云筐米四

庶羞陳于碑內。生魚也魚腊從焉上大夫加鮮魚鮮腊雉兔鶉鴽不陳于堂辟正饌〔疏〕庶羞陳于碑內○注生魚至正饌○釋曰云生魚者上文魚膾是魚之中膾者皆是生魚也案鄭注周禮云燕人膾魚方寸切其腴以啗所貴是也此則全生不膾何者十膾在豆與截炙俱設今截炙在牲未殺膾全不破可知若然庶羞之內衆羞俱有鄭獨云生魚者以其截炙在牲不殺於此無矣雖有乾腊雉兔之等以生魚爲主故云生魚也云魚腊從焉者雖無三牲之肉有乾魚腊可知云上大夫加鮮魚鮮腊雉兔鶉鴽者以其下大夫七鼎無鮮魚鮮腊上大夫九鼎加鮮魚鮮腊可知雉兔鶉鴽亦生致之矣云不陳于堂辟正饌者以其庶羞本在堂上正饌亦西今在碑內故云辟正饌也若然不陳於碑南者以其本在堂今宜近堂故在碑北

庭實陳于碑外。執乘皮者也不參分庭在南者以言歸宜近內〔疏〕庭實陳于碑外○注執乘至近內○釋曰執乘皮者不參分庭一在南者以言歸宜近內者庭實正法皆參分庭一在南而陳之故昏禮記云納徵執皮者參分庭一在南今云碑外參碑而言近北矣彼參分庭一在南陳之者謂在主人之庭參分庭陳之擬與賓向外故近南此陳於客館擬與賓入內故鄭云以言歸故在內也

牛羊豕陳于門內。西方東上。爲其踐汙館庭使近外〔疏〕牛羊至東上○注爲其至近外○釋曰案上庶羞與庭實在碑之內近內陳之此牛羊豕陳於門內繼門言之云爲其踐汙館庭使近外也若然致饔餼牛羊豕亦在此此云使近外者以饔餼有腥有熟故暑其生者近門是其常此既不殺牛羊豕宜近內故決之也

賓朝服以受。如受饔禮。朝服食禮輕也。【疏】賓朝至饔禮。注朝服食禮輕。也。釋曰云朝服食禮輕者以其歸饔餼時卿韋弁賓皮弁受此食禮賓朝服受不皮弁故云食禮輕

無擯。以已本宜往。【疏】無擯。注以已本宜往。釋曰云以已本宜往者明主君無故速賓在廟行食禮而有侑幣賓無儐法主君有故致食禮幷有侑幣亦不合有儐故云以已本宜往

明日。賓朝服以拜賜于朝。訝聽命。賜亦謂食侑幣。【疏】注賜亦謂食侑幣。釋曰云亦者亦上速賓食時拜食與侑幣今亦然故云亦

大夫相食。親戒速。記異於君者也速召也先就告之歸具既具復自召之【疏】大夫至戒速。注記異至召之。釋曰自此盡大夫之禮論主國大夫食賓之禮別於主君之事云記異於君者案下文其他皆如公食大夫之禮故知自此已下皆記異於君法是以此經大夫親戒速決君不親戒速此則異於君也以其下諸文皆異故云記異於君者也云先就告之歸具既具復自召之者以其戒具兩有皆親為之故為此解與鄉飲酒鄉射同故彼二文皆云戒賓既歸布筵設尊乃親速賓是也

迎賓于門外。拜至。皆如饗拜。饗大夫相饗之禮也今亡古文饗或作鄉

降盥受醬湆。侑幣束錦也。皆自阼階降堂受。授者升一等。皆者謂受醬受湆受幣也侑用束錦大夫文也降堂謂止階上今文無束

賓止也。主人三降賓不從【疏】賓止也。注主人三降賓不從。釋曰云主人三降者案上文鄭注皆者謂受醬受湆受幣皆自阼階降此鄭云主人三降即上三者不數主人降盥者案鄉飲酒所言降盥者皆為洗爵故賓從降此降盥不為洗爵故鄭不數之案聘禮致饔餼賓降堂受老束錦大夫止注云止不降使之餘尊此賓不降者雖賓主敵以主人降堂不至地故賓止不降也

賓執粱與湆之西序端。不敢食於尊處【疏】賓執至序端。注不敢食於尊處。釋曰此兩大夫敵故之西序端上公食大夫大夫降階下臣卑故也

主人辭。賓反之。卷加席。主人辭。賓反之。辭幣降一等。主人從。從辭賓降

受侑幣。再拜稽首。主人送幣亦然。敵也【疏】受侑至亦然。注敵也。釋曰案郊特牲云大夫之臣不稽首非尊家臣以辟君也又案左氏傳哀十七年公會齊侯盟于蒙孟武伯相齊侯稽首公拜齊人怒武伯曰非天子寡君無所稽首若然臣於君乃稽首平敵相於當頓首今言敵而稽首者以食禮相尊敬雖敵亦稽首與臣拜君同故也

辭於主人降一等。主人從。辭謂辭其臨己食

卒食。徹于西序端。亦親徹

東面再拜。降出。拜亦拜卒食

其他皆如公食大夫之禮。【疏】其他至之禮。釋曰云其他謂豆數俎體陳設皆不異上陳但禮異者謂親戒速君則不親迎賓公不出此大夫出大門公受醬湆幣不降此大夫則降也公食大夫大夫降食於階下此言西序端上公食卷加席公不辭此則辭之皆是異也

若不親食。則公作大夫朝服以侑幣致之。作使也大夫有故君必使其同爵者為之致禮列國之賓來榮辱之事君臣同

賓受于堂無擯。與受君禮同【疏】賓受于堂無擯。注與受君禮同。釋曰云與受君禮同者聘禮賓受致饔幣云堂中西北面注趨主君之命也堂中西中央之西此雖無儐受幣亦與之同也

記不宿戒。食禮輕也此所以不宿戒者謂前期三日之戒申戒為宿謂前期一日【疏】記不宿戒。注食禮至一日。釋曰祭祀散齊七日為戒致齊三日為宿此則與祭祀異此不宿戒者謂不為三日之戒又不為一日之宿故鄭云此所以不宿戒者謂前期三日之戒申戒為宿謂前期一日者若然必知三日之戒一日之宿者大射前期三日宰夫戒宰及司馬又少牢筮人君有前期一日之宿此雖人君禮以食禮輕故知有三日之戒一日之宿既無前日之事宜與鄉飲酒鄉射禮同當日為之故皆不言日數故下注云食賓之朝夙興戒之賓則從戒而來不復召是也

戒不速。食賓之朝夙興戒之賓則從戒者而來不復召

不授几。異於醴也【疏】不授几。注異於醴也。釋曰決禮賓時公親授几也

無阼席。公不坐

亭于門外東方。必於門外者大夫之事也東方者主陽【疏】亭于門外東方。注必於至主陽。釋曰案上經甸人亭人之等亭人是士官不得言大夫之事言大夫之事者解亭在門外之禮也燕禮注云亭於門外臣所掌也言臣亦是大夫事少牢廪爨饔爨皆在門外亦大夫事特牲云主婦視饎爨于西堂下者以其無廪人主之故在內若然鄉飲酒雖是大夫之事以其取祖陽氣之始故亦於門內

司宮具几與蒲筵常。緇布純。加萑席尋。玄帛純。皆卷自末。司宮大宰之屬掌宮廟者也丈六尺曰常半常曰尋純緣也萑細葦也末經所終有以識之必長筵者以有左右饌也今文萑皆為莞【疏】司宮至自末。注司宮至為莞。釋曰云司宮大宰之屬掌宮廟者案燕禮云司宮尊于東楹之西注司宮天子曰小宰聽酒人之成要者也司注雖不同其義一也但燕禮司宮云設尊故以小宰解之此司宮設几席故以大宰之屬解之案大宰之下有宮人掌宮中除汙穢之事即此司宮彼不言設几席者以天子具官別有司几筵又有小宰諸侯兼官故司宮兼司几筵及小宰也云丈六尺曰常半常曰尋者此皆無正文案周禮考工記云車有六等之數云軫崇四尺謂之一等又云戈長六尺六寸既建而迆崇於軫四尺謂之二等人長八尺崇於戈四尺謂之三等殳長尋有四尺崇於人四尺謂之四等車戟常崇于殳四尺謂之五等酋矛常有四尺崇於戟四尺謂之六等自軫至矛皆以四尺為差以是約之即知常是丈六尺尋是八尺也云萑細葦者以類言之其實全別知是以詩云葭菼注云葭蘆菼薍則葦一名蘆一名薍一名萑一名菼此萑又與莞席之莞不同彼莞謂蒲也云有以識之者席無異物為記但纖之自有首尾可為記識耳云必以長筵者以有左右饌者雖不在戶牖之間南面上陳饌之時正饌在左庶羞在右陳饌雖不在席上皆陳於席前當席左右其間容人故謂長筵也

宰夫筵出自東房。筵本在房宰夫敷之也天子諸侯左右房【疏】宰夫至東房。注筵本至右房。釋曰上云司宮具几筵具之在房宰夫敷之而已天子諸侯左右房以其言東房對西房若大夫士直有東房而已故直云在房也

賓之乘車。在大門外西方北面立。賓車不入門廣敬也凡賓即朝中道而往將至下行而後車還立于西方賓及位而止北面卿大夫之位當車前凡朝位賓主之間各以命數為遠近之節也【疏】賓之至面立。注賓車至節也。釋曰云賓車不入門廣敬也者曲禮云客車不入大門與此同覲禮云偏駕不入王門偏駕謂同姓金路之等乘墨車以朝墨車亦云不入大門與此亦同云凡賓即朝中道而往者內則云男子由右女子由左車從中央故賓乘車中道云而後車還立于西方者案少儀云僕於君子君子乘則式君子下行然後還立注云還車而立以俟其去是還立于西方鄉外云賓及位而止北面者案玉藻云賓立不當門彼亦謂聘使也云卿大夫之位當車前者案大行人云上公立當軹侯伯立當前疾子男立當衡又云大國之孤朝位當車前者則卿大夫立亦與孤同一節兼云大夫者小聘曰問使下大夫立與孤卿同當車前故遠言也云凡朝位賓主之間各以命數為遠近之節者案大行人云上公朝位賓主之間九十步侯伯七十步子男五十步注云朝位謂大門外賓下車及王車出迎所立處又云凡諸侯之卿其禮各下其君二等以下及大夫士皆如之若然如諸侯則依命數臣下其君二等則不得依命數矣而云依命數者依命數據君而言其臣依君命數而降之故鄭總以命數言之也

鉶芼牛藿羊。苦豕薇皆有滑。藿豆葉也苦苦荼也滑堇荁之屬今文苦為芐【疏】鉶芼至有滑。注藿豆至為芐。釋曰云滑堇荁之屬者案士虞記云鉶芼用苦若薇有滑夏用葵冬用荁鄭注云荁堇類也乾則滑夏秋用生葵冬春用乾荁此經云皆有滑不言所用之物故取士虞記解之云之屬者其中兼有葵也

贊者盥。從俎升。俎其所有事【疏】贊者盥從俎升。注俎其所有事。釋曰直言此者豆亦從下升不言從豆升者贊者不佐祭豆直佐祭俎故云俎其所有事是以上經云三牲之肺不離贊者辯取之壹以授賓若然黍稷亦贊祭不從黍稷升者黍稷設之在後故也黍稷雖後升先祭者以其先食黍稷後食肉故也

簠有蓋冪。稻粱將食乃設去會於房蓋以冪冪巾也今文或作幕【疏】簠有蓋冪。注稻粱至作幕。釋曰簠簋相將簋既有會明簠亦有會可知但黍稷先設故卻會於敦南簠盛稻粱將食乃設故鄭云去會于房蓋以冪冪巾也至於陳設冪亦去之經云有蓋冪者據出房未設而言

凡炙無醬。已有鹹和【疏】凡炙無醬。注已有鹹和。釋曰云凡者欲解儀禮一部之內牛羊豕炙皆無醬配之云已有鹹和者若今人食炙然

上大夫蒲筵加萑席。其純皆如下大夫純。謂三命大夫也孤為賓則莞筵紛純加繅席畫純也【疏】上大至夫純。注謂三至純也。釋曰經云上大夫不辨命數則子男之卿再命其席亦同下大夫鄭言謂三命大夫者欲見公侯伯之卿三命亦與子男下大夫同公之孤四命其席則異鄭據三命而言云孤為賓則莞筵紛純加繅席畫純者案周禮司几筵云筵國賓于牖前莞筵紛純加繅席畫純云左彤几與此記三命已下席不同故知彼國賓謂筵孤也無正文故云則也

卿擯由下。不升堂也【疏】卿擯由下。注不升堂也。釋曰此謂上擯擯詔賓主升降周還之事故云不升堂

上贊下大夫也。上謂堂上擯贊者事相近以佐上下為名【疏】上贊下大夫也。注上謂至為名。釋曰案上經云贊者告具於公而贊賓食故云上贊使下大夫為之

上大夫庶羞酒飲漿飲庶羞可也。於食庶羞

宰夫又設酒漿以之食庶羞可也以優賓〔疏〕上大夫至可也○注於食至優賓○釋曰案上經云上大夫庶羞二十豆此記人復記之者欲見上大夫食加飯之時得兼食庶羞又食會飯及庶羞之時宰夫更設酒飲漿飲故鄭云於食庶羞宰夫又設酒漿所以食庶羞可也所以然者優賓故也　拜食與侑幣皆再拜稽首嫌上大夫不稽首

儀禮卷第九 經二千七百六十注二千七百八十三　儀禮疏卷第二十六上

元通後今分依要義

儀禮注疏卷二十六上挍勘記　阮元撰盧宣旬摘錄

上大夫

茆菹麇臡 毛本通解要義麇俱作麋○按周禮注作麇是也

仍有茆菹麇臡在 毛本麇作鹿陳閩監本通解要義俱作麋下同

一俎在特于俎東 陳閩同毛本于作干

魚腸胃倫膚

公侯伯大夫也 伯下要義有之字

庶羞西東

古文毋為無 為鍾本作作

豆實實于甕○籩實實于筐 筐徐陳閩葛楊氏俱作篚唐石經集釋通解敖氏俱作筐按注及疏內筐字各本皆同則經文亦當作筐

故甕數如豆 陳閩俱無甕

庶羞陳于碑內

於此無矣 陳閩通解要義同毛本此作免○按此是也

庭實陳于碑外

宜近內 宜徐本作且集釋通解楊氏俱作宜

參分庭陳之 監本要義同毛本庭下有一字

擬與賓八內 通解要義同毛本與作於

無擯 擯唐石經徐本集釋敖氏俱作擯通解楊氏毛本俱作儐說見聘禮

明日賓朝服

亦謂食侑幣 食下敖氏有與字

拜食與侑幣 毛本拜誤作賓

大夫相食

皆記異於君者 者單疏陳監俱作法

賓執粱與湆

上公食大夫大夫降階下 陳閩通解同毛本大夫二字不重出

受侑幣

又案左氏傳哀十七年 哀下陳閩俱有公字

平敵相於 陳本通解要義同毛本於作施

其他

釋曰云其他 此段疏八十六字今本俱誤作注

賓受于堂無擯 擯唐石經集釋敖氏俱從手徐本通解楊氏毛本俱从人

〔記〕亨于門外東方

主婦視饎爨於西堂下者 陳本通解同閩監俱誤饎作饎毛本要義作膳○按特注饎食作饎不作膳

司官具几

今文萑皆為莞 為釋文作作與疏異

賓在戶牖之間 通解同毛本賓作實

故謂長筵也 浦鏜云必誤謂

宰夫筵出自東房 毛本房誤作方

賓之乘車

侯伯立當前疾 按大行人疾字詩疏引作侯是唐初人所見本作侯也此疏亦作疾未知賈氏原本如是抑後人誤改歟

鉶芼 鉶釋文作鈃○牛藿 周學健云石經牛字作牛○按石經牛字今已刓缺盖初作牛而後改為牛也 藿徐陳閩葛通解俱作藿集釋作藿徐本注仍作藿

今文苦為芐 芐徐葛俱誤作芐

上大夫庶羞

所以食庶羞可也 毛本所以作以之

儀禮疏卷第二十六下　儀禮卷第十

覲禮第十〔疏〕覲禮第十○鄭目録云覲見也諸侯秋見天子之禮春見曰朝夏見曰宗秋見曰覲冬見曰遇朝宗禮備覲遇禮省是以享獻不見焉三時禮亡唯此存爾覲禮於五禮屬賓大戴第十六小戴十七別録第十○釋曰鄭云春見曰朝等大宗伯文云朝宗禮備覲遇禮省者按曲禮下云天子當扆而立諸侯北面而見天子曰覲天子當宁而立諸公東面諸侯西面曰朝鄭注諸侯春見曰朝受摯於朝受享於廟生氣文也秋見曰覲一受之於廟殺氣質也朝者位於内朝而序進覲者位於廟門外而序入王南面立於扆宁而受焉夏宗依春冬遇依秋春秋時齊侯唁魯昭公以遇禮相見取易畧也覲禮今存朝宗遇禮今亡據此彼而言是朝宗禮備覲遇禮省可知鄭又云是以享獻不見焉者享謂朝覲而行三享獻謂二享後行私覿私覿後即有私獻獻其珍異之物故聘禮記云既覿賓若私獻奉獻將命注云時有珍異之物或賓奉之所以自序尊敬也猶以君命致之臣聘猶有私獻況諸侯朝覲有私獻可知是以周禮大宰職云大朝覲會同贊玉幣玉獻注云幣諸侯享幣玉獻國珍異亦執玉以致之大朝覲會同既有私獻者四時常朝有私獻可知案下文有享亦當有獻而云享獻不見者案周禮大行人云上公冕服九章介九人賓主之閒九十步廟中將幣三享侯伯子男亦云鄭云朝先享不言朝者朝正禮不嫌有等彼據春夏朝宗而言不見秋冬者以四時相對朝宗禮備故見之覲遇禮省故畧而不言此下文見享者不對春夏故言之鄭云是以享獻不見者據周禮大行人而說也必知鄭據大行人者以其引周禮四時朝見即云是以享獻不見明鄭據周禮大行人而言也有人解享字上讀以獻不見為義者苟就此文有享無獻不辭之甚也

儀禮　鄭氏注

覲禮。至于郊。王使人皮弁用璧勞。侯氏亦皮弁迎于帷門之外。再拜。郊謂近郊去王城五十里小行人職曰凡諸侯入王則逆勞于畿則郊勞者大行人也皮弁者天子之朝朝服也璧無束帛者天子之玉尊也不言諸侯言侯氏者明國殊舍異禮不几之也郊舍狹寡為帷宮以受勞掌舍職曰為帷宮設旌門〔疏〕覲禮至再拜○注郊謂至旌門○釋曰自此盡乃出論侯氏至近郊天子使使者勞侯氏之事云郊謂近郊者案聘禮云至於近郊君使卿勞故知此郊者亦近郊也知近郊去王城五十里者成周與王城相去五十里而君陳序云分正東郊成周鄭云今河南洛陽相去則然是近郊五十里也引小行人職者約近郊勞是大行人以其尊者宜逸小行人既勞于畿明近郊使大行人也案大行人上公三勞侯伯再勞子男一勞此雖不辨勞數案小行人云凡諸侯入王則逆勞于畿不辨尊卑則五等同有畿勞其子男唯有此一勞而已侯伯又加遠郊勞上公又加近郊勞則此云近郊據上公而言若然聘禮使臣聘而云近郊勞者臣禮異於君禮君禮宜先遠臣禮宜先近故也若然書傳畧說云天子之子十八曰孟侯者於四方諸侯來朝迎於郊孝經注亦云天子使世子郊迎者皆異代法非周禮也案玉人職云案十有二寸棗栗十有二列諸侯純九大夫純五夫人以勞諸侯注云夫人謂王后勞諸侯皆九勞大夫皆五此文不見者以其聘禮於聘客主國夫人尚有勞以二竹篋方明后亦有畧言王勞不言后文不具也云皮弁者天子之朝朝服者司服云眂朝則皮弁故知在朝服皮弁至入廟乃裨冕也云璧無束帛

者天子之玉尊者，此對諸侯玉卑，故聘禮云束帛加璧，是諸侯臣所執。小行人合六幣云璧以帛，琮以錦，琥以繡，璜以黼，是諸侯所執以致享，皆有束帛配之，諸侯玉卑故也。此乃行勞所用，以享禮況之耳。云「不言諸侯言侯氏者，明國殊舍異」之也，而所勞之處或非一，國舍之總稱同，故不總言諸侯而云侯氏也。云「郊舍狹寡，為帷宮以受勞」者，周禮十里有廬，三十里有宿，五十里有市，市有館，郊之所各自有舍，或來者多，館舍狹寡，故不在館舍，以帷為宮以受勞禮也。云「掌舍職曰為帷宮設旌門」者，謂為帷宮則設旌旗以表門，彼天子所禮，平地不凡，此引之證帷宮也。案聘禮使卿勞賓，受於舍門內，司儀云諸侯臣相為國客，亦受勞於館，不為帷宮者，彼臣禮行旅從之，故在館。此諸侯禮，君行師從，卿行旅從，徒衆多，故為帷宮也。云襄二十八年左氏傳云：子產相鄭伯以如楚，舍不為壇。注云：至敵國郊，除地封土為壇，以受郊勞。又外僕言曰：昔先大夫相先君適四國，未嘗不為壇，今子草舍，無乃不可乎？子產曰：大適小則為壇，小適大苟舍而已，焉用壇？彼亦是諸侯相朝，當為壇，以帷宮受勞之事。

使者不荅拜。遂執玉，三揖至于階。使者不讓，先升。侯氏升聽命，降，再拜稽首，遂升受玉。不荅拜者，為人使不當其禮也。不讓先升，奉王命，尊也。升者，升壇。使者東面致命，侯氏東階上西面聽之。【疏】「使者」至「受玉」。○注「不荅」至「聽之」。○釋曰：云「升者，升壇」者，以其無堂可升，故知升壇也。云「使者東面致命，侯氏東階上西面聽之」者，知面位如此者，約下文就館賜侯氏車服而知也。

使者左還而立。侯氏還璧，使者受。侯氏降，再拜稽首，使者乃出。左還，還南面，示將去也。立者，見侯氏將有事於己。【疏】「使者」至「乃出」。○注「左還」至「於己」。○釋曰：云「左還，還南面，示將去也」者，經直云左還，不云南面，知南面者，以其使者東面致命，而左還即南面，示將去也。云「立者，見侯氏將有事於己」者，以其侯氏之不降，云私覿，知立者，見侯氏將有事於己也。若身自拜送，即是事畢，不須立待也。

還玉，重禮。【疏】注「還玉重禮」。○釋曰：凡奉命使者皆不還玉，還玉者，重禮也。聘禮還玉於館，亦此類也。案聘禮云賓還玉，使者受玉，重禮者，案聘義云以圭璋聘，重禮也，已聘而還圭璋，此輕財而重禮之義也。彼還玉，此亦還之，故為重禮也。則還之者，以其璧琮加束帛，故為輕財。

侯氏乃止使者，止使者，所以崇恩厚也。【疏】注「止使」至「厚也」。

使者乃入。侯氏與之讓升。侯氏先升，授几。侯氏拜送几，使者設几，荅拜。侯氏先升，賓禮統焉。几者，安賓，所以崇優厚也。上介出止使者，則已布席也。【疏】「侯氏」至「荅拜」。○注「侯氏」至「席也」。○釋曰：自此盡「送從之」，論侯氏儐使者之禮。云「侯氏先升，賓禮統焉」者，以其侯氏為主人，主人先升者，使者為賓，賓禮統焉，故云賓禮統焉。云「几者，安賓，所以崇優厚也」者，几者所以安賓，云崇優厚者，亦是以賓禮也。云「上介出止使者，則已布席也」者，經云侯氏乃止使者，不云上介出，此云上介出止使者，以其已布席，故知上介出止使者也。案聘禮賓主人皆不當使上介出請，是侯氏與之讓，升，是侯氏使上介出請事，又見使者已出，故知使上介出止使者也。云則已布席也者，經不言布席而云設几，則已布席也。云「安賓，所以崇優厚也」者，以其賓不設几，設几所以安賓，故云所以崇優厚也。

上介出止使者也。云則已布席者，以其素不云布席，而云設几，尋常故使相循故事之常也。

侯氏用束帛乘馬儐使者。使者再拜受。侯氏再拜送幣。儐使者，所以致尊敬也。【疏】注「儐使」至「尊敬」。○釋曰：云「儐使者，所以致尊敬也」者，案聘禮使卿用束帛勞賓，賓用束錦儐之，此使者以束帛勞侯氏，侯氏還以玉，是亦致尊敬天子之使，故知致尊敬也。知拜各於其階者，此賓與使者是致尊敬於其階也。

使者降，以左驂出。侯氏送于門外，再拜。侯氏遂從之。騑馬曰驂，左驂設在西者，其餘三馬，侯氏之士遂以出授使者之從者于外。從之者，遂隨使者以至朝。【疏】「使者」至「從之」。○注「騑馬」至「至朝」。○釋曰：云「騑馬曰驂」者，以其東上四馬，車之兩騑為驂，明其左驂設在西者。案聘禮賓以玉錦授賓，設在庭，知此亦然。云其餘三馬，侯氏之士遂以出授使者之從者于外者，案聘禮云士受馬，其餘三馬，若依之，明知此亦侯氏之士遂以出授使者之從者于外也。云從之者遂隨使者以至朝者，下云侯氏亦皆如其義。

天子賜舍。以其新至，道路勞苦，未受其禮，且使即安也。賜舍，猶致館也。所使者，司空與？小行人為承擯。【疏】「天子賜舍」。○注「以其」至「承擯」。○釋曰：此盡乘馬，論王使人賜侯氏舍之事。云「賜舍，猶致館也」者，此亦是鄭以尊卑為義。然賜皆作錫，賜舍者，致館也。云所使者，司空與者，以其司空主地，故云所使者司空，不言致館者，天子尊，故言賜也。司空主人，掌地，致館者，司空之事。云「小行人為承擯」者，以其小行人掌賓客之禮，故知小行人為承擯也。

曰：伯父，女順命于王所，賜伯父舍。此使者致館辭。【疏】注「此使」至「館辭」。○釋曰：此及下經皆云伯父者，案曲禮云同姓大國則曰伯父，其異姓則曰伯舅。同姓小國則曰叔父，其異姓小國則曰叔舅。

侯氏再拜稽首。受館。儐之束帛乘馬。王使人以命致館，無禮，猶儐之者，尊王使也。侯氏受館於外，既則儐使者於內。【疏】注「王使」至「於內」。○釋曰：云「王使人以命致館無禮，猶儐之者，尊王使也」者，案聘禮大夫帥至館，卿致館，無儐使之禮。今此王使者致館，亦無禮，而儐之，故云尊王使也。云「侯氏受館於外，既則儐使者於內」者，案聘禮卿致館，賓迎再拜，卿致命，賓再拜稽首，卿退，賓送再拜，是賓受館於外也。以此知侯氏亦受館於外，既受館，乃儐使者於內。明可知也。

天子使大夫戒，曰：某日，伯父帥乃初事。大夫者，卿為訝者也。掌訝職曰：凡訝者，賓客至而往，詔相其事。戒猶告也。其為告使順循其事也。初猶故也，故事，諸侯覲天子之禮也。【疏】注「大夫」至「事也」。○釋曰：云「大夫者，卿為訝者也」者，以其周禮秋官掌訝職云諸侯有卿訝，故知大夫即卿為訝者也。以其為告使順循其事也。初，猶故也。故事者，以其四時朝覲自是尋常故事。云帥作率，古文帥作率。

侯氏再拜稽首。受覲日也。

諸侯前朝，皆受舍于朝。同姓西面北上，異姓東面北上。言諸侯者，明來朝者衆矣。顧其入覲，不得並耳。受舍於朝，受次於文王廟門之外。聘禮記曰：宗人授次，次以帷，少退于君之次。則是次也，言舍者，尊舍也。天子使掌次為之。諸侯上介先朝受焉，此覲也。言朝者，覲遇之禮雖簡，其來之心猶若朝也。分別同姓異姓，受之將有先後也。春秋傳曰：寡人若朝于薛，不敢與諸任齒。則周禮先同姓。【疏】「諸侯」至「北上」。○釋曰：此一經論諸侯遣介於朝受次之事。○注「言諸」至「同姓」。○釋曰：云「言諸侯者，明來朝者衆矣」者，經言諸侯，明同時來朝者衆，故不言侯氏而言諸侯也。云「顧其入覲，不得並耳」者，明雖同時來，覲則前後別入，不得並也。云「受舍於朝，受次於文王廟門之外」者，以其覲在文王廟，明受次於文王廟門外也。云聘禮記曰宗人授次，次以帷，少退于君之次，則是次也者，引之證受舍是受次也。云言舍者，尊舍也者，以諸侯尊，言舍者，尊而言之也。案王制云天子七廟，三昭三穆與太祖之廟而七，太祖后稷也，文武二祧。周之禮，文王廟為祧，武王廟為祧，二祧亦當在遷主藏於文武二廟，以其始祖不遷，文王、武王亦不遷，故特立文武二廟，其遷主藏焉。云天子使掌次為之者，掌次職無此文，此以意言之。云諸侯上介先朝受焉者，以其諸侯尊，不自往，故知上介受焉。云此覲也，言朝者，覲遇之禮雖簡，其來之心猶若朝也者，案曲禮云天子當依而立，諸侯北面而見天子曰覲，天子當宁而立，諸公東面，諸侯西面曰朝。覲禮簡，朝禮備，而經言朝者，其來之心猶若朝也。云分別同姓異姓，受之將有先後也者，以其同姓西面北上，異姓東面北上，故知受之將有先後也。云春秋傳曰寡人若朝于薛，不敢與諸任齒者，隱十一年滕侯、薛侯來朝，爭長。薛侯曰：我先封。滕侯曰：我周之卜正也，薛庶姓也，我不可以後之。公使羽父請於薛侯曰：君與滕君辱在寡人，周諺有之曰：山有木，工則度之；賓有禮，主則擇之。周之宗盟，異姓為後。寡人若朝于薛，不敢與諸任齒。君若辱貺寡人，則願以滕君為請。薛侯許之，乃長滕侯。引之者，證周禮先同姓也。

侯氏裨冕，釋幣于禰。裨冕者，衣裨衣而冠冕也。裨之為言埤也。天子六服，大裘為上，其餘為裨，以事尊卑服之，而諸侯亦服焉。上公衮無升龍，侯伯鷩，子男毳，孤絺，卿大夫玄。此差司服所掌也。禰謂行主，遷主矣，而云禰，親之也。釋幣者，告將覲也。其釋幣如聘大夫將受命，釋幣于禰之禮。既則祝藏其幣，歸乃埋之於祧西階之東。今

文冕皆作繅

【疏】侯氏至于禰○注將覲至爲繅○釋曰此經明諸侯之在館內將覲於王先釋幣告於行主之禮知將覲質明時者案聘禮賓厭明釋幣于禰故知此亦質明時也云裨之言埤者讀從詩政事一埤益我取裨陪之義云天子六服大裘爲上其餘爲埤者天子吉服有九而言六服者據六冕而言以大裘爲上無埤義衮冕以下皆爲裨故云其餘爲裨云以事尊卑服之者即司服所云王祀昊天上帝則大裘而冕祀五帝亦如之祀先王則衮冕以下至羣小祀則玄冕舉天子而言故云以事尊卑服之云而諸侯亦服焉者亦據司服而言諸侯唯不得有大裘上公則衮冕以下故鄭云此差司服所掌也云上公衮無升龍者案白虎通引禮記曰天子乘龍載大旗象日月升龍傳曰天子升龍諸侯降龍以此言之上得兼下下不得僭上則天子升降俱有諸侯直有降龍而巳若然彼升龍文承大旗之下知不施於旗而據衣服者案司常云交龍爲旂又云諸侯建旂注云諸侯畫交龍一象其升朝一象其下復則旌旗升降俱有而白虎通云諸侯降龍者據衣服而言案玉藻諸侯玄冕以祭下得服衮冕以下是以鄭注司服云諸侯自於其家則降若然諸侯自家祭降魯與二王之後皆不得用衮冕鷩冕毳冕則此及孤卿大夫絺冕玄冕者是入君廟及入天子之廟故服也今云諸侯告禰用裨冕者將入天子之廟故服以告禰謂若曾子問云諸侯裨冕以朝鄭注云爲將廟受亦斯之類也云禰謂行主遷主矣者案禮記曾子問云師行必以遷廟主行乎孔子曰天子巡守以遷廟主行載于齊車言必有尊也彼雖據天子其諸侯行亦然以其皆有遷廟木主若然大夫無木主聘禮賓釋幣于禰者大夫雖無木主以幣帛主其神亦爲行主也而云禰親之者以其在外唯有遷主可事故不言遷主而云禰也云其釋幣如聘大夫將受命釋幣于禰之禮者案聘禮將行釋幣于禰此禰無文故約與之同乃受命即出行故云將受命釋幣于禰皆是告將行無祭祀知既則祝藏其幣歸乃埋之於祧西階之東者此無正文案聘禮祝告祝又入取幣降卷幣實于笲埋于西階東此亦與彼同云祧者諸侯遷主藏於始祖之廟諸侯既以始祖之廟爲祧遷主歸還入祧廟故知此幣埋於祧西階之東也

乘墨車。載龍旂。弧韣乃朝。以瑞玉有繅。墨車大夫制也乘之者入天子之國車服不可盡同也交龍爲旂諸侯之所建弧所以張縿之弓也弓衣曰韣瑞玉謂公桓圭侯信圭伯躬圭子穀璧男蒲璧繅所以藉玉以韋衣木廣袤各如其玉之大小以朱白蒼爲六色今文玉爲圭繅或爲璪

【疏】乘墨至有繅○注墨車至爲璪○釋曰自此盡乃出論諸侯發館至天子廟門之外以次行覲禮之事云墨車大夫制也者案周禮巾車職云孤乘夏篆卿乘夏縵大夫乘墨車士乘棧車庶人乘役車故知乘車大夫制也必言墨車大夫制者對玉路金路象路之等天子諸侯之制也云乘之者入天子之國車服不可盡同者巾車云同姓金路異姓象路四衛革路並得與天子同據在本國所乘下記云偏駕不入王門偏駕金路象路等是也旣不入王門舍於客館乘此墨車以朝也云交龍爲旂諸侯之所建者司常職文也云弧所以張縿之弓也者爾雅說旌旗正幅爲縿故以此弧弓張縿之兩幅故云張縿之弓也云弓衣曰韣者案月令云后妃帥九嬪御乃禮天子所御帶以弓韣授以弓矢于高禖之前言帶以弓韣是弓衣可知云瑞玉謂公桓圭之等皆大宗伯典瑞職文云繅所以藉玉至爲六色其義疏已見於聘禮記

天子設斧依於戶牖之閒。左右几。依如今綈素屏風也有繡斧文所以示威也斧謂之黼几玉几也左右者優至尊也其席莞席紛純加繅席畫純加次席黼純

【疏】天子至右几○注依如至黼純○釋曰云依如今綈素屏風也者案爾雅牖戶之閒謂之扆以屏風爲斧文置於依地孔安國顧命傳云扆屏風畫爲斧文置戶牖閒是也言綈素者綈赤也素白也漢時屏風以綈素爲之象古者白黑斧文故鄭以漢法爲況云有繡斧文所以示威也者案周禮繢人云青與赤謂之文赤與白謂之章白與黑謂之黼黑與青謂之黻五色備謂之繡此白黑斧以比方繡次爲之故云有繡斧文所以示威也云斧謂之黼者據繡次言之白與黑謂之黼即爲此黼字也據文體形質言之刃白而銎黑則爲此斧字故二字不同也云几玉几也者案周禮司几筵云左右玉几故知此几是玉几也注左右有几優至尊也亦與此同又案大宰云贊玉几鄭注云玉几王所依也立而設几優尊者但几唯須其一又几坐時所以馮依今左右及立而設之皆是優至尊也兩注相兼乃具云其席莞席以下亦司几筵文案彼云大朝覲大饗射凡封國命諸侯王位設黼依依前南鄉設莞席紛純等鄭注云紛純者紛如綬有文而狹繅席者削蒲蒻展之編以五采若今合歡矣畫純者謂畫雲氣次席者桃枝蓆有次列成文此次席即顧命所謂篾席也篾謂竹青據竹而言次謂次列據文體而說是以顧命云牖閒南嚮敷重篾席孔傳云桃枝竹義與鄭同

天子衮冕負斧依。衮衣者裨之上也繢之繡之爲九章其龍天子有升龍有降龍衣此衣而冠冕南鄉而立以俟諸侯見

【疏】天子衮冕負斧依○注衮衣至侯見○釋曰云負斧依者負謂背之南面也云衮衣者裨之上也者但裨衣者自衮冕至玄冕五者皆裨衣故云裨之上也上文云裨衣者總五等諸侯指其衣有三等不得定其衣號故言總裨衣此據天子一身故指其衣體言衮冕云繢之繡之爲九章者衣繢而裳繡衣在上爲陽陽主輕浮故對方爲繢次裳在下爲陰陰主沈深故刺之爲繡次是以尚書衣言作繢裳言紩繡爲九章者鄭注司服云冕服九章登龍於山登火於宗彝尊其神明也九章初一曰龍次二曰山次三曰華蟲次四曰火次五曰宗彝皆畫以爲繢次六曰藻次七曰粉米次八曰黼次九曰黻皆絺以爲繡則衮之衣五章裳四章凡九也云南鄉而立者此文及司几筵雖不云立案下曲禮云天子當宁而立又云當扆而立在朝在廟皆云立故知此南面而立以俟諸侯之見也

嗇夫承命。告于天子。嗇夫蓋司空之屬也爲末擯承命於侯氏下介傳而上上擯以告于天子天子見公擯者五人見侯伯擯者四人見子男擯者三人皆宗伯爲上擯春秋傳曰嗇夫馳

【疏】嗇夫至天子○注嗇夫至夫馳○釋曰云嗇夫蓋司空之屬也者無正文知司空屬者案五官之內無嗇夫之名故知是司空之屬但司空職亡故言蓋以疑之云末擯承命於侯氏下介傳而上上擯以告于天子者案周禮司儀職兩諸侯相朝皆爲交擯則此諸侯見天子交擯可知此所陳擯介當在廟之外門東陳擯從北鄉南門西陳介從南鄉北各自爲上下此經先云嗇夫承命告于天子則命先從侯氏出下文天子得命呼之而入命又從天子下至侯氏即令入故下注云君乃許入若然此覲遇之禮畧唯有此一辭而已無三辭之事司儀云交擯三辭者據諸侯自相見於大門外法其天子春夏受享於廟見於大門外亦可交擯三辭矣云天子見公擯者五人以下並大行人文云皆宗伯爲上擯者案大宗伯職云朝覲會同則爲上相鄭注云相詔王禮也出接賓曰擯入詔禮曰相若四時常朝則小行人爲承擯故小行人職云將幣爲承而擯此文嗇夫爲末擯若子男三擯此則足矣若侯伯四擯則增一士若上公五擯更別增二士若時會殷同則肆師爲承擯故肆師職云大朝覲佐擯鄭注云爲承擯是其義也引春秋傳者案左氏傳昭十七年夏六月朔日有食之叔孫昭子救日食引夏書云辰不集于房瞽奏鼓嗇夫馳庶人走鄭引者欲見嗇夫是卑官得爲末擯之意也

天子曰。非他。伯父實來。予一人嘉之。伯父其入。予一人將受之。言非他者親之辭嘉之者美之辭也上擯又傳此而下至嗇夫侯氏之下介受之傳而上上介以告其君君乃許入今文實作寔嘉作賀

【疏】天子至受之○注言非至作賀○釋曰此經直云伯父其入不云迎之禮記郊特牲云覲禮天子不下堂而見諸侯故無迎法若然案夏官齊僕云掌馭金路以賓朝覲宗遇饗食皆乘金路其法儀各以其等爲車送逆之節者覲遇雖無迎法至於饗即與春夏同故連言之

侯氏入門右。坐奠圭。再拜稽首。入門而右執臣道不敢由賓客位也卑者見尊奠摯而不授

【疏】侯氏至稽首○注入門至不授○釋曰云卑者見尊奠摯而不授者案士昏禮云壻執鴈升奠鴈又云若不親迎則婦入三月然後壻見主人出壻入門奠摯再拜出鄭注云奠摯者壻有子道不敢授也士相見凡臣見於君奠摯再拜與此奠圭皆是卑者不敢授而奠之

擯者謁。謁猶告也上擯告以天子前辭欲親受之如賓客也其辭可易者曰伯父其升

【疏】擯者謁○注謁猶至其升○釋曰云其辭所易者曰伯父其升者謁以上辭云天子曰非他伯父實來予一人嘉之伯父其入予一人將受之是擯者於門外傳王辭告之使入此謁告還用彼辭所改易者唯改入字爲升云伯父其升也以其與使升堂親受之也

侯氏坐取圭。升致命。王受之玉。侯氏降階東北面再拜稽首。擯者延之曰升。升成拜。乃出。擯者請之侯氏坐取圭則遂左降拜稽首送玉也從後詔禮曰延延進也

【疏】侯氏至乃出○注擯者至進也○釋曰云侯氏坐取圭則遂左者以經侯氏得擯者之告坐取圭即言升致命無出門之文明知遂向門左從左堂塗升自西階致命也云從後詔禮曰延延進也者以其賓升堂擯者不升若特牲少牢祝延尸使升尸升祝從升與此文同皆是從後詔禮之事

儀禮注疏卷二十六下挍勘記　阮元撰盧宣旬摘錄

覲禮第十

覲禮第十　此本與上同卷

覲禮於五禮屬賓　賓下集釋有禮字

據此彼而言　陳閩俱無彼字要義有盧文弨改彼爲注

是以周禮大宰職云　要義無職字

覲禮○迎于帷門之外　帷石經補缺誤作惟

小行人職曰　張氏曰注曰小行人職曰按監本曰作日從監本○按嚴鍾本俱作曰

則逆勞于畿　逆徐本作迎

案玉人職云　毛本玉作王唯陳本作玉不誤

主國夫人　主陳閩俱作王

市有館　有下要義有郊字非

司儀諸侯之臣　侯陳本作公

以帷爲宮受勞之事也　要義同帷爲二字毛本倒

侯氏乃止使者

則已布席也　張氏曰注曰上介出止使者則已布席也按杭本已作巳從杭本○按嚴徐鍾本集釋俱作巳

遂從入朝之事　陳閩要義同毛本朝作廟

經不云上介出止使者　要義無出字

使者降

其餘三馬　三徐陳閩葛通解楊氏俱作二集釋作三○按疏作三

天子賜舍

今文賜皆作錫　嚴本集釋同毛本無皆字

但司空亡無正文　陳閩監本要義楊氏同毛本無無字

曰伯父　唐石經無曰字

儐之束帛乘馬

無禮猶儐之者　儐徐陳閩葛俱作擯誤陳閩疏同

天子使大夫戒曰

卿爲訝者也　陸氏曰卿或作鄉非張氏曰監巾箱杭本皆作鄉從釋文嚴本

古文帥作率　嚴本同毛本古作今

諸侯前朝

次以帷　帷徐陳閩本俱作惟誤葛本亦作帷

天子七廟　七陳閩俱作太○按大字非

掌王次舍之灋　要義無王字○按周禮作掌王次之灋疏云次者次則舍也此本誤衍舍字

侯氏裨冕　裨閩監俱誤从示注疏並同

孤絺　陸氏曰絺劉本作希○按司服註讀希爲絺以希爲字之誤

今文冕皆作絻　注末嚴本有此六字與此本標目合毛本脫徐本亦脫按作標目作爲

其餘爲埤者　毛本要義埤作裨

衮冕以下皆爲裨故云其餘爲裨　毛本下裨字作埤要義裨作埤埤作裨按註云大裘爲上其餘爲裨以裨對上則似當作埤疏內除云裨之外凡裨字疑皆當作埤

諸侯直有降龍而已　直陳本作宜

則此及孤卿大夫絺冕元冕者　毛本要義此下有等字

知既則視藏其幣　要義同毛本既作祇○按既與注合

卷幣實于笲　毛本笲作篚要義作笄○按聘禮作笲

乘墨車

以朱白蒼爲六色　此本聘禮疏引此句蒼作倉

今文玉爲圭　嚴本通解同毛本圭作璧

對玉路金路象路之等　要義同毛本對作封

故以此弧弓張縿之兩幅　陳閩俱無此字縿陳本誤作縿閩空

云弓衣曰韣者　韣誤從韋

云瑞玉　陳閩同毛本玉作王

云繅　云上要義有后字

至爲六色　爲要義作於

天子設斧依于戶牖之間

有繡斧文　繡徐陳閩葛俱作屏集釋通解楊敖俱作黼與疏合

置於依地　地要義作也

象古者白黑斧文　陳閩俱脫古字

以此方繡次爲之　毛本此作此

今左右及立而設之　要義同毛本而作兩○按而是也

紛如綬　陳本同毛本綬作授○按周禮注作綬

削蒲弱展之　浦鏜云蒻誤弱○按蒻弱古字通考工記輪人曰故竑其幅廣以爲之弱注云弱蒻也今人謂蒲本在水中者爲弱

天子衮冕

桃枝席　毛本席作簾浦鏜云席誤簾

故言總裨衣　言總要義倒

爲九章者　者陳閩俱作首是也

嗇夫承命

上擯以告于天子　嚴本集釋同毛本無于字

門西陳介　陳本要義同毛本門作行

若時會殷同　同陳閩俱作門

天子曰非他　石經補缺脫曰字

侯氏入門右坐奠圭　圭閩監葛本俱作主

入門而右　嚴本集釋通典楊敖同毛本通解無而字

不敢由賓客位也　張氏曰監本客作之從監本

卑者見尊　張氏曰釋文見侯注云早見同早見謂此也中無者字

侯氏坐取圭〇乃出　出通解作退

儀禮疏卷第二十七

唐朝散大夫行大學博士弘文館學士臣賈公彥等撰

四享皆束帛加璧。庭實唯國所有。

四當爲三古書作三四或皆積畫此篇又多四字字相似由此誤也大行人職曰諸侯廟中將幣皆三享其禮差又無取於四也初享或用馬或用虎豹之皮其次享三牲魚腊籩豆之實龜也金也丹漆絲纊竹箭也其餘無常貨此地物非一國所能有唯所有分爲三享皆以璧帛致之

〔疏〕四享至所有。○注四當至致之。○釋曰自此盡事畢論侯氏行覲禮訖相隨即行三享之事云四當爲三古書作三四或皆積畫此篇又多四字字相似由此誤也者知四當爲三者諸文唯謂三享無四享之事所以誤作四者由古書作三四之字皆積畫者堯典云帝曰次三岳阜陶云外薄三海泰誓序云作泰誓三篇是古書三四皆積畫也云此篇又多四字者下有四傳擯又云路下四亞之又云東帛四馬四門四尺四字既多積畫三又似三由此故誤爲四字也引大行人者欲證三享爲正文云其禮差又無取於四也者案聘禮小聘曰問不享大聘雖有享不言數明一享而已案大行人五等諸侯皆同三享若然三與一及不享是其禮之差是無取於四之義故從三爲正云初享或用馬或虎豹之皮者案下經先陳馬聘禮特言皮故知初享以此二者爲先言或者聘禮記云皮馬相閒可也又聘禮經夕幣時皮則左首展幣時更云馬則幕南北面此下經亦用馬案郊特牲云虎豹之皮示服猛也是其或用馬或用虎豹之皮爲初享也云其次享三牲魚腊籩豆之實以下皆禮器文是以禮器云大饗其王事與三牲魚腊四海九州之美味也籩豆之薦四時之和氣也內金示和也束帛加璧尊德也龜爲前列先知也金次之見情也丹漆絲纊竹箭與衆共財也其餘無常貨各以其國之所有則致遠物也彼諸侯國王爲祫祭而致之與此因覲致之同以其因覲即助祭因祭即致享物若不當三年祫祭即特致三享也云皆以璧帛致之者案聘禮束帛加璧享君束錦加琮享夫人小行人亦云璧以帛琮以錦是五等諸侯享天子與后此云璧帛致之者據享天子而言若享后即用琮錦但三享在庭分爲三段一度致之據三享而言非謂三度致之爲皆也凡享者貢國所有或因朝而貢或歲之常貢歲之常貢則小行人云春入貢及大宰九貢是也因朝而貢者則大行人云侯服歲一見其貢祀物之等是也皆有璧帛以致之案小行人云合六幣圭以馬璋以皮璧以帛琮以錦琥以繡璜以黼此六物者以和諸侯之好故注云合同也六幣所以享也五等諸侯享天子用璧享后用琮其大各如其瑞皆有庭實以馬若皮皮虎豹之皮用圭璋者二王之後也二王後尊故享用圭璋而特之禮器曰圭璋特義亦通於此其於諸侯亦用璧琮耳子男於諸侯則享用琥璜下其瑞也凡二王後諸侯相享之玉大小各降其瑞一等若如此言鄭知五等享玉各如其瑞者見玉人職云璧琮九寸諸侯以享天子言九寸據上公琮以享后不言者文不具公依命數與瑞等則侯伯子男之享玉亦如其瑞可知又知五等自相享各降其瑞一等者又見玉人職云瑑琮八寸諸侯以享夫人鄭云獻於所朝聘君之夫人兼言聘者欲見聘使亦下君之瑞一寸與君同直言瑑琮享夫人不言瑑璧以享君亦文不具若然侯伯子男自相享各降其瑞一寸可知圭璋據二王後享天子與后者五等諸侯既用璧琮二王後尊明用圭以享天子用璋以享后可知又知二王後自相享亦用璧琮者以五等諸侯降於享天子明二王後退用璧琮可知子男自相享用琥璜者以其子男瑞用璧享天子可與瑞同自相享不得與瑞等降用琥璜可知若然子男之臣自相聘亦享一用琥璜不得踰君故也又知五等之臣聘享之玉皆降其君一寸者又見玉人云瑑圭璋八寸璧琮八寸以覜聘八寸據上公之臣則侯伯子男臣各降其君一寸可知案孝經緯援神契云二王後稱公大國稱侯則二王之後爲公而則前謂公者案典命云上公九命爲伯其國家宮室車旗衣服禮儀皆以九爲節鄭注云上公者謂王之三公有德者加命爲二伯二王之後亦爲上公若然典命云王之三公八命有功加一命爲二伯則周公召公是也本國猶稱侯則魯侯燕伯是也

奉束帛匹馬。卓上。九馬隨之。中庭西上。奠幣。再拜稽首。

卓讀如卓王孫之卓卓猶的也以素的一馬以爲上書其國名後當識其何產也馬必十匹者不敢斥王之乘用成數敬也

〔疏〕奉束至稽首。○注卓讀至敬也。○釋曰云中庭西上者案昏禮云參分庭一在南又聘禮云庭實皮則攝之注云參分庭一在南又米筥設于中庭鄭注云言當中庭者南北之中也則此云中庭亦是南北之中不參分庭一在南者以其三享同陳須入庭深設之故也云卓讀如卓王孫之卓卓猶的也者以音字既同而讀從之卓王孫是司馬相如之妻文君之父也於十馬之內以素的一馬以爲上故訓卓爲的也云書其國名後當識其何產也者謂若晉有鄭之小駟復有屈產之類是也云馬必十匹者不敢斥王之乘用成數敬也者此爲庭實故用十匹案康王之誥二伯率諸侯而入皆布乘黃朱而陳四匹者彼據二王之後以國所有享新王享物陳於庭用圭以馬致享馬不得上堂亦陳於庭直以圭升堂致命乘馬若乘皮故以四爲禮非所享之物故用四馬與此異也

擯者曰。予一人將受之。

亦言王欲親受之

〔疏〕擯者至受之。○注亦言至受之。○釋曰云亦言王欲親受之者亦上親受之也

侯氏升致命。王撫玉。侯氏降自西階東面。授宰幣西階前。再拜稽首。以馬出授人。九馬隨之。

王不受玉撫之而已輕財也以馬出隨侯氏出授王人於外也王不使人受馬者主于享王之尊益君侯氏之卑益臣

〔疏〕侯氏至隨之。○注王不至益臣。○釋曰云授宰幣王既撫玉不受幣幣即束帛加璧并玉言幣故小行人合六幣皮馬與玉皆爲幣此單言宰即大宰大宰主幣故周禮大宰職云大朝覲會同贊玉幣玉獻玉几玉爵注云助王受此四者是也云王不受玉撫之而已輕財也者案聘義圭璋還之爲重禮璧琮不還爲輕財是以圭璋親受璧琮初即不受爲輕財故也云以馬出隨侯氏出授王人於外也者謂侯氏牽馬而出馬隨侯氏之後出授王人於外也云王之尊益君侯氏之卑益臣者春夏受贄於朝雖無迎法王猶在朝至受享又迎之而稱賓主至覲禮受享皆無迎法不下堂而見諸侯已是王尊爲君禮臣卑爲臣禮王猶親受其玉今至于三享貢國所有行供奉之節故使自執其馬王不使人受之於庭者是王之尊益君侯氏之卑益臣故也聘禮享用皮及賓私覿馬皆使人受之者見他國之君不臣人之臣故與此異也若然聘禮享君尚有幣問卿大夫此諸侯覲天子享天子訖亦當有幣問公卿大夫是以隱七年左氏傳云初戎朝于周發幣于公卿凡伯不賓服注云戎以朝禮及公卿大夫發陳其幣凡以諸侯爲王卿士不修賓主之禮敬報於戎是以冬天王使凡伯來聘還戎伐之於楚丘以歸是諸侯朝天子亦有聘及公卿大夫之事也

事畢。

三享訖

乃右肉袒于廟門之東。乃入門右。北面立。告聽事。

右肉袒者刑宜施於右也凡以禮事者左袒入更從右者臣益純也告聽事者告王以國所用爲罪之事也易曰折其右肱无咎

〔疏〕乃右至聽事。○注右肉至無咎。○釋曰自此盡降出論侯氏受刑王免之降出之事刑袒於右者右是用事之便又是陰陰主刑以不能用事故刑袒於右也云凡以禮事者左袒左袒者無問吉凶禮皆袒左知者士喪禮云凡主人出南面左袒扱諸面之右檀弓云延陵季子葬其子於嬴博之閒葬訖左袒故云凡以該之引易曰折其右肱无咎者案易豐卦九三云折其右肱无咎凡卦爻二至四三至五兩體交互各成一卦先儒謂之互體故鄭隨其義而注云三至五艮爻艮爲手互體爲巽巽又爲進退手而便於進退右肱也猶大臣用事於君君能誅之故无咎引之者證刑理宜於右之義云告聽事者告王以國所用爲罪之事也者加得字解之當云告王以國所用爲者得非罪之事也正是罪之一辭解擬受刑之意又解云告王以已無罪引下文伯父無事解之不辭之甚也

擯者謁諸天子。天子辭於侯氏曰。伯父無事。歸寧乃邦。

謁告寧安也乃猶女也

侯氏再拜稽首。出自屏南。適門西。遂入門左。北面立。王勞之。再拜稽首。擯者延之曰升。升成拜。降出。

王辭之不即左者當出隱於屏而襲之也天子外屏勞之勞其道勞也

〔疏〕侯氏至降出。○注王辭至勞也。○釋曰云當出隱於屏而襲之也者以屏外不見天子爲隱向者右袒今王辭以無事故宜襲也云天子外屏者據此文出門乃云屏南即是外屏云天子外屏取禮緯之文故禮緯云天子外屏諸侯內屏大夫以簾士以帷是也

天子賜侯氏以車服。迎于外門外。再拜。

賜車者同姓以金路異姓以象路服則衮也鷩也毳也古文曰迎于門外也

〔疏〕天子至再拜。○注賜車至外也。○釋曰自此盡亦如之論王使人賜侯氏車服之事云同姓金路異姓象路案周禮巾車掌五路自玉路至木路玉路以祀尊之不賜諸侯金路云同姓以封象路云異姓以封革路云以封四衛木路云以封蕃國鄭云同姓謂王子母弟率以功德出封雖爲侯伯其畫服猶如上公若魯侯鄭伯服則衮冕得乘金路以下與上公同則大公與杞宋雖異姓服衮冕乘金路矣異姓謂舅甥之國與王有親者得乘象路異姓侯伯同姓子男皆乘象路以下四衛謂要服以內庶姓與王無親者自侯伯子男皆乘革路以下蕃國據外爲總名皆乘木路而已鄭直言金路象路者略之也云服則衮也鷩也毳也據而下而言案司服上陳王之吉服有九下云公之服自衮冕而下如王之服侯伯自鷩冕而下如公之服子男自毳冕而下如侯伯之服也

路先設西上。路下四亞之。重賜無數。在車南。

路謂車也凡君所乘車曰路路下四謂乘馬也亞之次車而東也詩云君子來朝何錫予之雖無予之路車乘馬又何予之玄衮及黼重猶善也所加賜善物多少由恩也春秋傳曰重錦三十兩

〔疏〕路先至車南。○注路謂至十兩。○釋曰云凡君乘車曰路者鄭注周禮云路大也君之居以大爲名是以云路寢路門之等引春秋者閔

二年左氏傳云狄人伐衛又云及狄人戰于熒澤衛師敗績遂滅衛夜與國人出狄入衛遂從之又敗諸河宋桓公逆諸河宵濟立戴公以廬於曹齊侯使公子無虧帥車三百乘甲士三千人以戍曹歸公乘馬祭服五稱牛羊豕雞狗皆三百與門材歸夫人魚軒重錦三十兩鄭引之證重賜無數在車南也

諸公奉篋服。加命書于其上。升自西階。東面。大史是右。言諸公者王同時分命之而使賜侯氏也右讀如周公右王之右是右者始隨入於升東面乃居其右古文是爲氏也〔疏〕諸公至是右○注言諸至氏也○釋曰云言諸公者王同時分命之而使賜侯氏也者以其言諸非一之義以諸侯來覲者衆各停一館故命諸公分往賜之云右讀如周公右王之右者案襄公二十一年左氏傳晉欒盈出奔楚范宣子殺羊舌虎囚伯華於是祁奚老矣聞之乘馹而見宣子曰夫謀而鮮過惠訓不倦者叔向有焉社稷之固也猶將十世宥之以勸能者今壹不免其身以棄社稷不亦惑乎鯀殛而禹興伊尹放太甲而相之卒無怨色管蔡爲戮周公右王若之何其以虎也棄社稷鄭引此者證大史是右是佐公而在公右之義也云是右者始隨入於升東面乃居其右者大史卑明始時隨公後升訖公東面大史乃居其右故云是右謂於是乃居公右而並東面知並立者以其在公右宣王命故也

侯氏升。西面立。大史述命。讀王命書也侯氏降兩階之閒。北面再拜稽首。受命升成拜。大史辭之降也春秋傳曰且有後命以伯舅耋老毋下拜此辭之類〔疏〕升成拜○注大史至之類○釋曰引春秋者僖九年經夏公會宰周公齊侯宋子衛侯之等于葵丘傳云王使宰孔賜齊侯胙曰天子有事于文武使孔賜伯舅胙齊侯將下拜孔曰且有後命天子使孔曰以伯舅耋老加勞賜一級無下拜對曰天威不違顏咫尺小白余敢貪天子之命無下拜恐隕越于下以遺天子羞敢不下拜下拜登受鄭引之者證此大史述王辭侯氏下拜亦如此故鄭云此辭之類也但彼以齊侯年老故未降已辭此下拜禮也故降拜乃辭之彼齊侯不升成拜者亦以年老故也

大史加書于服上。侯氏受。受篋服使者出。侯氏送。再拜。儐使者。諸公賜服者。東帛四馬。儐大史亦如之。既云拜送乃言儐使者以勞有成禮畧而遂言〔疏〕使者至如之○注既云至遂言○釋曰云既云拜送乃言儐使者以勞有成禮畧而遂言者經云侯氏送再拜者事勢宜終故連言之其實儐使者在拜送前必以之儐後畧言者以儐有成禮可依故後畧言案上篇以來每有儐禮皆是成篇之法是成禮也

同姓大國。則曰伯父。其異姓。則曰伯舅。同姓小邦。則曰叔父。其異姓小邦。則曰叔舅。據此禮云伯父同姓大邦而言〔疏〕同姓至叔舅○注據此至而言○釋曰案周禮冢宰職云掌建邦之六典以佐王治邦國注云大曰邦小曰國邦之所居亦曰國者彼經或邦國連言或單言國則邦國連言據諸侯單言國據王以邦在國上故云大曰邦小曰國唯王建國是邦之所居亦曰國彼對文則例散文則通故此大國言國小國言邦也鄭云據此禮云伯父同姓大邦而言者鄭欲解稱伯父叔父不要同姓爲定之意云據此云伯父者即上文云伯父此文即云同姓大國則曰伯父是以云據此禮云伯父同姓大邦而言若也據文則不要同姓與大國案下曲禮東西二伯不問同姓異姓皆稱伯父州牧而稱叔父鄭云牧尊於大國之君而謂之叔父辟二伯亦以此爲尊是也又云同姓大國則曰伯父者唯據此禮而云伯父而言不據他文故鄭此注決爲不定之意

饗禮。乃歸。禮謂食燕也王或不親以其禮幣致之畧言饗禮互文也掌客職曰上公三饗三食三燕侯伯再饗再食再燕子男一饗一食一燕〔疏〕饗禮乃歸○注禮謂至一燕○釋曰云禮謂食燕也者案聘禮及諸文言饗皆單云饗無云禮鄭所引掌客五等饗食燕三者具有今饗下有禮故以禮爲食燕也云王或不親以其禮幣致之鄭言此者欲解經變食燕而言之禮見王有故不親食燕則以禮幣致之故言之禮云畧言饗禮互文者直言饗見王無故親饗之若王有故亦以侑幣之禮致之食燕公之禮見王有故以幣之禮致之亦宜有王無故親食燕故云互文也引掌客者見五等諸侯饗食燕皆具有證經之禮是食燕之義也以此文爲互則饗食燕皆有酬幣侑幣是以掌客職三饗三食三燕云云即云若弗酌則以幣致之鄭注云若弗酌謂君有故不親饗食燕彼是諸侯自相待法此鄭引之證經天子待諸侯法則天子待諸侯三者皆有幣可知案掌客云王巡守從者三公眡上公之禮卿眡侯伯之禮大夫眡子男之禮則天子使公卿大夫存覜省至諸侯之國諸侯與之饗食燕皆有幣與諸侯同可知也若大國之孤聘於天子及鄰國其饗食燕有侑幣酬幣亦與子男同故大行人云凡大國之孤執皮帛以繼小國之君出入三積不問一勞又云其他皆眡小國之君鄭注云他謂貳車及介牢禮賓主之閒擯者將幣祼酢饗食之數故知饗食燕亦有幣也案聘禮云若不親食使大夫各以其爵朝服致之以侑幣如致饗無儐致饗以酬幣亦如之是親饗食之有幣可知又云燕與羞俶獻無常數又不言致以幣則無致之禮親燕亦無酬幣鹿鳴序云燕羣臣嘉賓也既飲食之又實幣帛筐篚以將其厚意則飲食據饗食有幣若然發首云燕羣臣嘉賓者以文王於羣臣嘉賓恩厚燕之無數故先言其實無幣也若然天子燕已臣及四方卿大夫諸侯燕已臣及四方卿大夫皆無酬幣也

諸侯覲于天子。爲宮方三百步。四門。壇十有二尋。深四尺。加方明于其上。四時朝覲受之於廟此謂時會殷同也宮謂壝土爲埒以象壇壝也爲宮者於國外春會同則於東方夏會同則於南方秋會同則於西方冬會同則於北方八尺曰尋十有二尋則方九十六尺也深謂高也從上曰深司儀職曰爲壇三成成猶重也三重者自下差之爲三等而上有堂焉堂上方二丈四尺上等中等下等每面十二尺方明者上下四方神明之象也上下四方之神者所謂神明也會同而盟明神監之則謂之天之司盟有象者猶宗廟之有主乎王巡守至于方嶽之下諸侯會之亦爲此宮以見之司儀職曰將會諸侯則命爲壇三成宮旁一門詔王儀南鄉見諸侯也〔疏〕諸侯至其上○注四時至侯也○釋曰自此盡篇末論會同王爲壇見諸侯之事云四時朝覲受之於廟者案曲禮下經言之春夏朝宗在朝不在廟而言四時朝覲皆在廟者朝宗雖在朝受享則在廟故并言之云此謂時會殷同也者以司儀職云將合諸侯則令爲壇三成與此爲一事則合者合諸侯也故知此爲壇見諸侯謂時會殷同也案大宗伯云時見曰會殷見曰同鄭注云時見者言無常期諸侯有不順服者王將有征討之事則既朝覲王爲壇於國外合諸侯而命事焉春秋傳曰有事而會不協而盟是也殷猶衆也十二歲王如不巡守則六服盡朝朝禮既畢王亦爲壇合諸侯以命政焉所命之政如王巡守殷見四方四時分來終歲則遍若如此注則時會殷同亦有朝覲在廟而獨云四時朝覲在廟者以其周禮大行人諸侯依服數來朝時會無常期假令當方諸侯有不順服則順服者皆來朝王其中則有當朝之歲者復有不當朝之歲者若當朝之歲者自於廟朝覲若不當朝之歲者當在壇朝若十二年王不巡守則殷朝亦云既朝乃於壇者六服之內若以當歲者即在廟則依服數十二歲合有侯服年年朝者在廟朝覲其五服自甸男采衛要五服若以十二歲王巡守總合朝服不得獨在廟在壇朝故鄭會同皆言既朝覲乃爲壇於國外也朝事儀未在壇朝而先言帥諸侯拜日亦謂帥已朝者諸侯而言也云爲宮者於國外春會同則於東方云云者經直言爲壇鄭知逐四方爲之者案司儀云將合諸侯則令爲壇三成鄭注云合諸侯謂有事而會也爲壇於國外以命事天子春帥諸侯拜日於東郊則爲壇於國東夏禮日於南郊則爲壇於國南秋禮山川丘陵於西郊則爲壇於國西冬禮月與四瀆於北郊則爲壇於國北既拜禮而還加方明於壇上而祀焉鄭引此文下及朝事儀而言故知爲壇皆依方爲之但四方之壇並宜在四郊之內以其拜日之等於近郊退來就壇明壇在近郊之內但去城不知遠近或四方皆依成數東方八里南方七里西方九里北方六里四方此其定分案職方王會同或出畿在諸侯之國故職方氏令諸侯共待之事則無常數云八尺曰尋者依考工記云殳長尋有四尺從軫差之知尋長八尺云三重者自下差之爲三等而上有堂焉堂上方二丈四尺上等中等下等每面十二尺者此以下基九十六尺上下三等每等兩相各丈二尺共二丈四尺三等總七丈二尺通堂上二丈四合九丈六尺也云方明者上下四方神明之象也者謂合木爲上下四方故名方此則神明之象故名明此樂解得名方明神之義也云所謂明神也者所謂秋官司盟之職云北面詔明神既盟則貳之是也云則謂之天之司盟有象者案春秋襄十一年經書公會晉侯宋公之等伐鄭鄭人懼行成秋七月同盟于亳范宣子曰不慎必失諸侯乃盟載書曰凡我同盟毋蘊年毋壅利毋保姦毋留慝救災患恤禍亂同好惡獎王室或閒茲命司慎司盟名山名川明神殛之注云二司天神司盟司慎不敬者盟司察明者是爲天之司盟也云有象者猶宗廟之有主乎者以其宗廟木主亦上下四方爲之故云猶宗廟之有主無正文約同之故云乎以疑之雖同四方爲之但宗廟主止一神而已此下文以六色爲六神用六玉禮之有此別但取四方同而已云王巡狩至於方岳之下諸侯會之亦爲此宮以見之者案下文祭天燔柴祭山丘陵升祭川沈祭地瘞鄭注云升沈必就祭者也則是謂王巡守及諸侯之盟祭也者是王巡守在方岳亦爲此宮可知是以司儀注云王巡守殷國而同則其爲宮亦如此與以其與宮同也案司儀云王合諸侯令爲宮據時會而言其巡守據王就方岳殷國此王有故不行諸侯同來此二者其壇文約與時會同故云與以疑之是以鄭注大宗伯云殷同王亦爲壇於國外亦時會有文者也引司儀者彼此同是一事但文有詳畧此文言者取司儀以足之云南鄉見諸侯也者王在堂上公於上等侯伯於中等子男於下等奠玉拜皆升堂授玉乃降也

方明者。木也。方四尺。設六色。東方青。南方赤。西方白。北方黑。上玄。下黃。設六玉。上圭。下璧。南方璋。西方琥。

北方璜。東方圭。六色象其神六玉以禮之上宜以蒼璧下宜以黃琮而不以者則上下之神非天地之至貴者也設玉者刻其木而著之〔疏〕方明至方圭○注六色至著之○釋曰云上宜以蒼璧下宜以黃琮者案大宗伯云蒼璧禮天黃琮禮地青圭禮東方赤璋禮南方白琥禮西方玄璜禮北方據彼文上宜用蒼璧下宜用黃琮今於四方還依宗伯唯上不用璧下不用琮故鄭云而不以者則上下之神非天地之至貴者也案宗伯注此禮天以冬至謂天皇大帝在北極者也禮地以夏至謂神在崐崘者也鄭云非天地之貴其天地之貴即昊天崐崘是也既非天地之貴即日月之神故下云祭天燔柴祭地瘞鄭注天地謂日月也若然日月之用圭璧者典瑞云圭璧以祀日月故用圭璧也四方用圭璋之等案大宗伯注云禮東方以立春謂蒼精之帝而大昊句芒食焉餘三方皆據天帝人帝人神則此亦非彼神也以其下文有日月四瀆山川丘陵之神迎拜以爲明神故知非天帝人帝之等是以司盟云凡邦國有疑會同則掌其盟約之載及其禮儀北面詔盟神鄭注云有疑不協也明神神之明察者謂日月山川也覲禮加方明於壇上所以依之也是鄭解方明之神明日月山川之等非天帝也若然四方禮神還用圭璋琥璜非天神還用禮玉者尊此明神而與天神同故用之也云刻其木而著之者雖無正文以意言之以其非置於坐以禮神於上下猶南北爲順刻木於四方亦順不刻木安於中則不可故知義然也

上介皆奉其君之旂置于宮。尚左。公侯伯子男。皆就其旂而立。置於宮者建之豫爲其君見王之位也諸公中階之前北面東上諸侯東階之東西面北上諸伯西階之西東面北上諸子門東北面東上諸男門西北面東上尚左者建旂公東上侯先伯伯先子子先男而位皆上東方也諸侯入壝門或左或右各就其旂而立王降階南鄉見之三揖土揖庶姓時揖異姓天揖同姓見揖位乃定古文尚作上〔疏〕上介至而立○注置於至作上○釋曰云上介皆奉其君之旂置于宮尚左者此雖不言前期鄭云豫爲其君見王之位也則亦前期一日可也公侯就旂據臨朝之時也此旂鄭雖不解鄭注夏官中夏辨號名此表朝位之旂與銘旌及在軍微幟同皆以尺易刃小而爲之也云中階之前已下皆朝事儀明堂位文以朝事儀論會同之事明堂位周公朝諸侯于明堂不在宗廟皆與此同故鄭依之也言上者皆以近王爲上云尚左者建旂公東上侯先伯伯先子子先男而位皆上東方者以其侯伯別階相對子男雖隔門門亦相對皆以東爲上故云侯先伯子先男也云諸侯入壝門或左或右各就其旂而立者案下注云諸侯初入門王官之伯帥之則此云諸侯入壝門或左或右者是二伯初帥之各依左右若康王之誥云大保帥西方諸侯入應門左畢公帥東方諸侯入應門右皆北面此雖無應門亦二伯帥諸侯初入官門或左或右亦皆北面立定乃始各就其旂而立王乃降南面見之而揖必知王有降揖之事者燕禮大射公降揖羣臣使定位故知王亦然又知王土揖庶姓之等者此是司儀職王在壇揖諸侯之事彼與此同鄭彼注云土揖推手小下之也時揖平推手也天揖推手小舉之以推手曰揖引手曰撎故爲此解也若然覲禮天子不下堂而見諸侯今王降者以在壇會同相見與覲異故也以其覲禮廟門設擯此則堂壝門設擯是以雖繼覲禮之下覲禮無降揖法此與諸侯對面相見故有降揖之事

四傳擯。王既揖五者升壇設擯升諸侯以會同之禮其奠瑞玉及享幣公拜於上等侯伯於中等子男於下等擯者每延之升堂致命王受玉撫玉降拜於下等及請事勞皆如覲禮是以記之覲云四傳擯者每一位畢擯者以告乃更陳列而升其次公也侯也伯也各一位子男俠門而俱東上亦一位也升至庭乃設擯則諸侯初入門王官之伯帥之耳古文傳作傅〔疏〕四傳擯○注王既至作傅○釋曰知奠瑞玉及享幣公拜於上等侯伯於中等子男於下等擯者每延之升堂致命王受玉撫玉降拜於下等者三等拜禮皆司儀職文擯者延之升堂以下約上覲禮之法云王受玉謂朝時撫玉謂享時是以司儀三等之下云其將幣亦如之鄭云將幣享也又云及請事勞皆如覲禮者請事謂上文侯氏奠圭擯者請侯氏王欲親受之勞謂侯氏受刑後王勞之故云皆如覲禮云公也侯也伯也各一位者以其面位同故各自設擯云子男俠門而俱東上亦一位也者以其雖隔門相去近又同北面東上故共一位設擯故有四傳擯云至庭乃設擯者對上覲禮門外設擯案此上經諸侯各就其旂而立乃云四傳擯則在諸侯之北故知至庭乃設擯云則諸侯初入門王官之伯帥之耳者約顧命而知之

天子乘龍。載大旂。象日月。升龍降龍。出拜日於東門之外。反祀方明。此謂會同以春者也馬八尺以上爲龍大旂大常也王建大常縿首畫日月其下及旒交畫升龍降龍朝事儀曰天子冕而執鎮圭尺有二寸繅藉尺有二寸搢大圭乘大路建大常十有二旒樊纓十有二就貳車十有二乘帥諸侯而朝日於東郊所以教尊尊也退而朝諸侯由此二者言之已祀方明乃以會同之禮見諸侯也凡會同者不協而盟司盟職曰凡邦國有疑會同則掌其盟約之載書及其禮儀北面詔明神既盟則藏之言北面詔明神則明神有象也象者其方明乎及盟時又加於壇上乃以載辭告焉詛祝掌其祝號〔疏〕天子至方明○注此謂至祝號○釋曰自此盡西門外論諸侯先禮日月山川之事云此謂會同以春者也者案下文於南門北門西門之外禮日月四瀆會同以夏秋冬此云拜日於東門之外故知會同以春者也云馬八尺以上爲龍者是周禮廋人職文案彼云馬八尺以上爲龍七尺以上爲騋六尺以上爲馬五尺以上爲駒云大旂大常也者案周禮司常云日月爲常交龍爲旂則旂與常別此既象日月則是大常而云大旂者九旂各有定稱亦有通名故桓二年藏哀伯云三辰旂旗服氏注云九旂之總名故大常亦謂之大旂是以諸侯建交龍爲旅亦謂之常大行人云五等諸侯亦曰建常九旂亦是通稱也云王建大常縿首畫日月其下及旒交畫升龍降龍知義然者以其先言日月後言龍故知縿首畫日月下屬爾雅說旌旗云正幅爲縿長尋曰旐謂旌旗身也其下屬旒乃畫日月交龍案左傳云三辰旂旗服注云三辰謂日月星孔君尚書傳亦云畫日月星於衣服旌旗鄭注司服亦云王者相變至周而以日月星辰畫於旌旗所謂三辰旂旗昭其明也若然大常當有星所以司常及此直云日月不云星者既言三辰則日月星俱有周禮司常不言星者司常九旂皆以二字爲名故畧不言星是以此文亦畧不言星案文大常之上又有交龍則諸侯交龍爲旂無日月王之大常非直有日月兼有交龍司常不言交龍亦是於文畧引朝事儀以下至朝諸侯此亦同法故引之證此拜日於東門之事云天子冕而執鎮圭者案玉藻天子玄冕拜日於東門之外則知此亦玄冕也搢大圭者則周禮玉人職大圭長三尺杼上終葵首是也云乘大路者則周禮玉路也以周之玉路因殷之大路飾之以玉故猶以大路爲名云樊纓十有二就者案巾車鄭注云樊馬大帶纓馬鞅就成也以五采罽飾之一帀爲一成樊與纓各飾爲十二帀十二就也云貳車十有二乘者案周禮大行人云上公貳車九乘侯伯七乘子男五乘而天子十二以爲節故十二乘貳車者飾皆與正路同當亦飾之以玉使人乘之少儀云乘貳車則式佐車則否是也云帥諸侯朝日於東郊者朝日即拜日一也以其朝必有拜云所以教尊尊也者天子至尊猶往朝日是教天下尊敬其所尊者故云教尊尊也云退而朝諸侯者朝日於東郊退就壇使諸侯朝已云由此二者言之已祀方明乃以會同之禮見諸侯也者言二者諸侯朝事儀與此覲禮其朝事儀朝日退乃始朝諸侯此覲禮加方明於壇上公侯伯子男就其旂而立王乃四傳擯見之是已祀方明乃始見諸侯二者同故云由此二者言之若然朝事儀直有朝日禮畢退見諸侯此覲禮祀方明禮畢乃朝諸侯不同者以其邦國有疑則有盟事乃升壇與諸侯方明於壇祀方明禮畢退去方明於下天子朝日既畢乃祀相見朝禮既畢乃更加方明於壇與諸侯行盟誓之禮若邦國無疑王帥諸侯朝日而已無祀方明之事是以朝事儀直云朝日教尊尊而朝諸侯不言祀方明之事鄭云已祀方明者據此覲禮上下有盟誓而言此天子乘龍及下文禮日之等若有盟誓文當在宮方三百步之上今退文在下者欲見盟誓非常尋常無盟誓之事直朝日而已故也云凡會同者不協而盟者左氏傳云有事而會不協而盟故引此解此經反祀方明之意反祀方明者爲不協而盟故也故引同盟證之云既盟則藏之者盟誓既訖寫此盟辭頒之於六官司盟之官覆寫一通自藏擬後覆驗云言北面詔明神則明神有象也象者其方明乎鄭云此者司盟云詔明神不言方明此文直言方明不言明神鄭欲合爲一事故云言北面詔明神則明神有形象可告以其方明有四方四色是其象無正文以義約爲一事故言乎以疑之云及盟時又加於壇上乃以載辭告焉者以對前祀方明加於壇上祀訖退而乃朝諸侯訖又加於壇上以載辭告之云詛祝掌其祝號者案春官詛祝職云掌盟詛類造攻說禬禜之祝號注云八者之辭皆所以告神明也盟詛主要誓大事曰盟小事曰詛又云作盟詛之載辭以敘邦國之信是也

禮日於南門外。禮月與四瀆於北門外。禮山川丘陵於西門外。此謂會同以夏冬秋者也變拜言禮者容祀也禮月於北郊者月大陰之精以爲地神也盟神必云日月山川焉者尚著明也詩曰謂予不信有如皦日春秋傳曰縱子忘之山川神祇其忘諸乎此皆用明神爲信也〔疏〕禮日至門外○注此謂至信也○釋曰知此謂會同夏秋冬者以經禮日之等各於其門外上經禮日於東門之外已是春會同明知此是夏秋冬也既所禮各於門外爲壇亦各合於其方是以司儀云將合諸侯則令爲壇三成宮旁一門鄭注云天子春率諸侯拜日於東方則爲壇於國東夏禮日於南郊則爲壇於國南秋禮山川丘陵於西郊則爲壇於國西冬禮月四瀆於北郊則爲壇於國北云變拜言禮者容祀也者言拜無祀祀則兼拜上經云拜日無盟誓不加方明於壇直拜日教尊尊而已此經三時皆言禮見有盟誓之事加方明於壇則有祀日與四瀆及山川之事故言禮是以或言拜或言禮云禮月於北郊者月大陰之精以爲地神也者鄭據經三時先北後西不以次第以其祭地於北郊祭月四瀆亦於北郊與地同但日者大陽之精故於東郊南郊於陽方而禮之以月是地神四瀆與山陵俱是地神以山陵出見爲微陰故配西方四瀆爲極陰故月同配北方又以月尊故先言之而又祭於北郊也云盟神必云日月山川焉者爲其著明也者以山川是著見日月是其明故同爲盟神也引詩者

曰明詩人以爲明證引春秋者定元年二月孟懿子會城成周宋仲幾不受功即云士彌牟曰晉之從政者新子姑受功歸吾視諸故府仲幾曰縱子忘之山川鬼神其忘諸乎引之者山川神爲盟神義也不言月者諸文無以月爲盟神之事故不引據此覲禮言月以月明爲盟神可知

祭天燔柴。祭山丘陵升。祭川沈。祭地瘞。升沈必就祭者也就祭則是謂王巡守及諸侯之盟祭也其盟揭其著明者燔柴升沈瘞祭禮終矣備矣郊特牲曰郊之祭也迎長日之至也大報天而主日也宗伯職曰以實柴祀日月星辰則燔柴祭天謂祭日也柴爲祭日則祭地瘞者祭月也日月而云天地靈之也王制曰王巡守至于岱宗柴是王巡守之盟其神主日也春秋傳曰晉文公爲踐土之盟而傳云山川之神是諸侯之盟其神主山川也月者大陰之精上爲天使臣道莫貴焉是王官之伯會諸侯而盟其神主月與古文瘞作殪

【疏】祭天至地瘞○注升沈至作殪○釋曰上論天子在國行會同之禮於國之四郊拜禮於日月山川之神以爲盟主巳備於上今更言祭日月山川者據天子巡守於四岳各隨方向祭之以爲盟主故重見此文云升沈必就祭者也者對上經山川丘陵但於四郊望祭之故不言升沈之事此經言升沈必是就山川丘陵故言升沈案爾雅云祭山曰庪懸祭川曰浮沈不言升此山丘陵云升者升即庪懸也此祭川直言沈不言浮者以牲體或沈或浮不言浮亦文畧也云就祭則是謂王巡守及諸侯之盟神也者此經主爲天子春東郊夏南郊皆禮日即此經祭天燔柴也秋西郊即此經祭山丘陵升是也冬北郊即此經祭川沈祭地瘞也以其川即四瀆也鄭兼言諸侯之盟者以其諸侯自盟亦祭山川爲神主故兼言之此經兼有王官之伯以月爲神主不言者無正文故不言也云其盟揭於著明者亦如上釋以日月爲明山川爲著也云燔柴升沈瘞祭禮終矣者案周禮禋祀實柴燎是歆神始禮未終而言禮終者以其祭禮有三始樂爲下神始禋柴爲歆神始牲體爲薦饌始燔柴是樂爲下神之後是下神之禮終故云禮終案爾雅祭天曰燔柴祭地曰瘞埋柴與瘞相對則瘞埋亦是歆神若然則升沈在柴瘞之開則升沈亦是歆神之節皆據樂爲下神之後而爲祭禮終矣或可周禮此三者爲歆神至祭祀之後更有此柴瘞升沈之事若今時祭祀訖始有柴瘞之事者也引郊特牲者案易緯三王之郊一用夏正春分以後始日長於建寅之月郊天云迎長日之至者預迎之文云大報天而主日也者鄭注云大猶徧謂郊天之時祭尊可以及畢日月以下皆祭以日爲主又云大宗伯職曰以實柴祀日月星辰者此所引不取月與星辰之義直取日而巳與此經燔祭文同鄭引此諸文者欲證此經祭天燔柴是祭日非正祭天神以其日亦是天神故以祭天言之是以鄭云則燔柴祭天謂祭日也又云柴爲祭日則祭地瘞者祭月也者以其前文天子在國祀日月燔祭旣是日祭地是月可知亦非正地神也云日月而云天地靈之者以其尊之欲爲方明之主故變日月而云天地是神靈之也云王制曰王巡守至於岱宗柴是王巡守之盟其神主日也者案彼注以爲告至案祀典歲二月東巡守至於岱宗柴注爲考績燔燎柴此又爲祭日柴不同者但巡守至岱宗之下有此三種之柴告至訖別有考績皆正祭之神別有祭日以爲方明之主尚書與王制并此文唯有柴之文故注不同互見爲義明皆有是以此引王制之柴以爲祭日引春秋者僖公二十八年晉文公敗楚於城濮爲踐土之盟傳云山川之神引之證諸侯之盟用山川爲主此不言宋仲幾者所引之言皆是諸侯之事云月者大陰之精上爲天使臣道莫貴焉者鄭注

周禮九嬪職引孔子云日者天之明月者地之理陰契制故月上屬爲天使婦從夫放月紀此二處俱是緯文鄭言此者證王官之伯臣中最尊奉王使出與諸侯盟其神主月以其無正文故言與以疑之鄉來所解諸侯以山爲主王官之伯以月爲主案襄十一年左傳云秋七月諸侯同盟於亳云司愼司盟名山名川彼非直有山川兼有二司則此所云日月山川者兼有此二司可知又王官之伯非直奉王使出會諸侯而盟若受弓矢之賜得專征伐亦與諸侯爲盟

記。

几俟于東箱。王即席乃設之也東箱東夾之前相翔待事之處

【疏】記几俟于東箱○注王即至之處○釋曰云王即席乃設之也者案公食大夫記宰夫筵出自東房則此天子禮几筵亦在東房其席先敷其几且俟于東箱待王即席乃設之謂若聘禮賓即席乃授几若然公食大夫宰夫設筵加席几同時預設者公親設湆可以畧几故以几與席同時設之若爲神几筵亦同時而設故聘禮几筵設擯者出請命云東箱東夾之前者案上文觀在文王廟中案鄭周禮注宗廟路寢制如明堂明堂有五室四堂無箱夾則宗廟亦無箱夾之制此有東夾者此周公制禮據東都乃有明堂此文王廟仍依諸侯之制是以有東夾室若然樂記注云文王廟爲明堂制者彼本無制字直云文王廟爲明堂云相翔待事之處者翔謂翱翔無事故公食賓將食辭於公親臨己食公揖退於箱以俟賓食是相翔待事之處也

偏駕不入王門。在旁與己同曰偏同姓金路異姓象路四衛革路蕃國木路駕之與王同謂之偏駕不入王門乘墨車以朝是也偏駕之車舍之於館與

【疏】偏駕不入王門○注在旁至館與○釋曰云在旁與己同曰偏者依周禮巾車掌王五路玉路以祀不賜諸侯金路以賓同姓以封象路以朝異姓以封革路以即戎以封四衛木路以田以封蕃國此五路者天子所乘爲正四路者諸侯乘之爲偏是據諸侯在旁與王同爲偏云不入王門乘墨路以朝是也者據上文而言云偏駕之車舍之於館與者偏駕既云不入王門又云乘墨車而至門外諸侯各停於館明舍在館無正文故言與以疑之

奠圭于繅上。謂釋於地也古文繅作璪

【疏】奠圭于繅上○釋曰此解侯氏入門右奠圭釋於地時當以繅藉承之享乃釋於地此繅謂韋衣木版朱白蒼與朱綠畫之者非謂絇組尺爲繫者彼所以繫玉固者也

儀禮卷第十　經八百三十九　注二千六百八十一

儀禮注疏卷二十七校勘記

阮元撰盧宣旬摘錄

四享

此地物　集釋無地字

惟所有　惟下集釋有國字

欲證三享爲正文　正文陳閩俱作文也

與此因覲致之同　毛本同作與按今本似誤讀上與字爲平聲屬上句故下句亦作與

因祭卽致享物　陳閩俱脫因祭二字

各降其瑞一寸可知　寸陳閩俱作等按降一寸卽降一等也小行人疏云上公九寸降一等至八寸是也此疏上下言降一寸者屢矣何獨於此而作等乎

奉東帛

不敢斥王之乘　之通典作所

侯氏升致命

授王人於外也　王閩葛通解俱作玉

主于享　徐陳閩葛集釋通解同毛本楊氏主作至張氏曰按疏云今至于三享云云詳其義主字當作至

助王受此四者　陳本同毛本王作玉

璧琮不還爲輕財　要義同毛本不下有授字陳閩授俱作受

而凡伯不賓　陳閩俱無而字不俱作弗

乃右肉袒于廟門之東

无咎　无通解作無與此本標目合

葬其子於嬴博之間　陳本要義同毛本嬴作羸○按嬴是也

擯者謁諸天子○歸寧乃邦　邦唐石經嚴本通典集釋通解楊敖俱作邦毛本徐本誤作拜

乃猶女也　女葛本作汝

天子賜侯氏以車服

革路云以封四衛木路云以封蕃國　陳閩俱脫以封四衛木路云七字

路先設

次車而東也　毛本東誤作束

又何予之　嚴本集釋楊敖同毛本予作與

云凡君乘車曰路者　閩監同毛本凡作几○按乘上注有所字

諸公奉篋服

乘駟而見宣子　毛本駟作驛○按駟是驛非詳左傳注疏校勘記

太史乃居其右　毛本乃誤作又

升成拜

亦如此故鄭云此辭之類也　陳閩俱無故鄭云此四字

同姓大國

據此禮云伯父　毛本云誤作曰據字敖在伯父下屬下句

同姓大邦而言若也據文　若要義作者許宗彥云若也據文乃若據他文之訛

亦以此爲尊是也　也要義作此

饗禮乃歸

略言饗禮　饗楊氏作享下並同

上公三饗　徐陳閩葛集釋通解敖氏同毛本饗作享

欲解經變食燕而言之禮　要義同毛本之作饗。按之是也下同

見王無故親饗之　陳閩要義同毛本饗作享

至諸侯之國　國陳閩俱作禮

諸侯與之饗食燕皆有幣　陳閩要義同毛本燕作禮

諸侯覲於天子

宮謂壝土爲埒　張氏曰注曰官謂壝土爲埒按諸本官皆作宮從諸本。按嚴徐鍾本俱作宮

從上曰深　浦鏜云按秋官司儀職疏引此作從上向下爲深義尤悉。按通典巡守篇引此亦有向下二字

所謂神明也　神明監本集釋楊氏俱作明神與疏合

則命爲壇　集釋通解楊氏毛本同命字徐本未刻陳閩監本俱作會爲徐本作焉

般見四方四方四時分來　四方二字陳閩俱不重出

若如此注　要義同毛本無此字

冬禮月與四瀆於北郊　陳閩同毛本與作於。按與是也

故職方氏令諸侯供待之事　供待陳閩俱作共待

此樂解得名方明神之義也　樂要義作鄭

司盟司慎不敬者盟司察明者　毛本同惟明字作盟要義作司慎司不敬者司盟司察盟者

及諸侯之盟祭也者　陳閩俱無及字

方明者木也

而不以者　以下通典有此字

迎拜以爲明神　拜閩本作帝

故知非天帝人帝之等　陳閩俱無帝人帝三字

北面詔盟神　毛本盟作盥。按盟字亦非周禮作明鄭注云明神神之明察者

上介皆奉其君之旂

偝左者建旂　毛本者作皆徐本無皆字陳閩葛本集釋通解俱作者與疏合楊氏作皆

土揖庶姓　徐陳集釋通解同毛本土作上閩葛誤作士閩本疏同

以其覲禮廟門設擯　要義同毛本擯作儐下同陳本此作擯下作儐

此與諸侯對面相見　毛本面誤作門

四傳擯

王受玉撫玉　徐閩監葛集釋通解同毛本下玉字作王陳本受玉撫玉俱作王尢誤

王官之伯帥之耳　張氏曰注曰王官之伯帥之耳吉觀國所按監本改王爲曰未知孰據篇末之注有是王官之伯會諸侯而盟從諸本官通解作官

古文傳作傅　傳重脩監本誤刻作傳

王既至作傳　此本要義傳俱作傳與釋文不合

天子乘龍載大旆　旆唐石經集釋楊敖俱作旂注同與疏合張氏曰載大旆諸本旆作旂從諸本

王建大常　毛本大誤作太按大讀如字大常猶大旂也今人讀他蓋切非是釋文無音

繅藉尺有二寸　藉徐閩葛本俱從竹按藉籍諸本錯出不悉挍

既盟則藏之　盧文弨云藏戴校集釋依本文改貳但疏云司監之官覆寫一通自藏擬後覆驗則注疏本自作藏然藏即是貳兩者俱可通而藏字義較顯。按前諸侯覲於天子節疏引此句作貳

長壽曰旐　旐監本誤作辰

杅上終葵首　毛本杅誤作扞

以其朝必有拜　陳閩俱重朝字

是教天下尊敬其所尊者　下陳閩俱作子

則有盟事　盟陳閩俱作明

王帥諸侯朝日而已　自此句朝字起至下文而朝諸侯句止凡二十六字陳閩俱脫

爲不協而盟故也　陳閩同毛本爲作會。按爲是

言北面詔明神　明陳閩俱作盟

則明神有象也　自此句起至下文詔明神句止凡二十二字陳閩俱脫

禮日於南門外

此謂會同以夏冬秋者也　按冬秋疏作秋冬

容祀也　容嚴本集釋通解俱作容與述注合毛本作客通典誤作祭

容祀也者　要義同毛本容作客

上經云拜日　經要義作春

則有祀日與四瀆　與閩本作月

鄭據經三時　時陳閩俱作等

故同爲盟神也　毛本盟作明

引詩者曰明　毛本曰作日

即云　毛本云字重

諸文無以月爲盟神之事　盟陳閩俱作明按盟誓必以明神爲信故稱明神爲盟神篇內盟明二字諸本錯出義既兩通今悉挍之以備參改

祭天燔柴

其盟愒其著明者　愒徐陳通解俱作愒與述注合集釋楊氏毛本从手按釋文音苦蓋反是讀爲忨歲愒日之愒明係愒字今本釋文亦誤作揭唯宋本不誤或曰愒當作楬職金注曰今人之書有所表識謂之楬槷下其字疏作於

月者太陰之精　者通解作乃

是王官之伯　王通解作五

各隨方向祭之　要義無向字浦鏜改向爲而。按此本向誤作西今從毛本

故兼言之　自此句起至下文以月爲神主句止凡十七字監本脫

云其盟愒於著明者　毛本愒作揭。按於注作其

是樂爲下神之後　後陳閩俱作神

三王之郊　三閩本要義俱作二

鄭注云大猶徧　注要義作彼陳本作披

燔祭既是日　祭要義作柴

祡祀典歲二月東巡守　按段玉裁校本作堯典

諸侯以山爲主　毛本山下有川字

〔記〕凡俟于東箱　記徐本要義俱作設按此下三句爲記文無疑石經補缺亦作記徐本作設者殆因注而誤也嚴本與徐本同而張氏不加論辨豈宋時諸本俱誤作設歟俟石經補缺徐陳閩葛俱作侯亦誤集釋通解俱作俟

文王廟爲明堂制者　毛本制誤作注

偏駕不入王門

在旁與已同曰偏　在監本集釋通解楊氏俱作在與疏標目合毛本作左

謂之偏駕集釋楊氏俱重偏字按重偏字則當讀謂之偏爲句而以偏駕二字屬下句以疏攷之此句宜作謂之偏下句却無偏駕二字

云在旁與已同曰偏者監本要義同毛本在作左

掌王五路路要義俱作路下竝同毛本作輅按陳閩唯四輅者諸侯乘之爲偏句作路○按路是正字周禮本作路

乘墨路以朝是也者毛本路作車此本作路似誤要義亦作車

乘墨車而至門外至閩本作舍

奠圭于繅上

謂釋於地也古文繅作璪注末五字諸本俱脫嚴本有

此解侯氏入門右毛本右作在

謂韋衣木版毛本謂下有以字

非謂絢組尺爲繫者毛本絢誤作約

彼所以繫玉固者也毛本玉下有使字

儀禮注疏卷二十七校勘記終

儀禮疏卷第二十八　儀禮卷第十一

唐朝散大夫行大學博士弘文館學士臣賈公彥等撰

喪服第十一

疏喪服第十一○案鄭目録云天子以下死而相喪衣服年月親疏隆殺之禮不忍言死而言喪喪者棄亡之辭若全存居於彼焉已亡之耳大戴第十七小戴第九劉向別録第十一○釋曰案禮器云經禮三百曲禮三千鄭云經禮謂周禮也曲猶事也事禮謂今禮也禮篇今亡本數未聞其中事儀三千若然未亡之時有天子諸侯卿大夫士之喪服其篇各別今皆亡唯士喪禮在若然據喪服一篇總包天子以下服制之事故鄭目録云天子以下相喪衣服親疏之禮喪服之制成服之後宜在士喪始死之下今在士喪之上者以喪服總包尊卑上下不專據士故在士喪之上是以喪服爲第十一喪服所陳其理深大今之所釋且以七章明之第一明黃帝之時朴畧尚質行心喪之禮終身不變第二明唐虞之日淳朴漸虧雖行心喪更以三年爲限第三明三王以降澆僞漸起故制喪服以表哀情第四明既有喪服須明喪服二字第五明喪服章次以精麤爲序第六明作傳之人并爲傳之意第七明鄭玄之注經傳兩解之第一明黃帝之時朴畧尚質行心喪之禮終身不變者案禮運云昔者先王未有宮室食鳥獸之肉衣其羽皮此乃伏羲之時也又云後聖有作治其絲麻以爲布帛養生送死以事鬼神此謂黃帝之時也又案易繫辭云古之葬者厚衣之以薪葬之中野不封不樹喪期無數在黃帝九事章中亦據黃帝之日言喪期無數是其心喪終身者也第二明唐虞之日淳朴漸虧雖行心喪更以三年爲限者案禮記三年問云將由夫患邪淫之人與則彼朝死而夕忘之然而從之則是曾鳥獸之不若也夫焉能相與羣居而無亂乎將由夫脩飾之君子與則三年之喪二十五月而畢若駟之過隙然而遂之則是無窮也故先王焉爲之立中制節壹使足以成文理則釋之矣然則何以至期也曰至親以期斷是何也曰天地則已易矣四時則已變矣其在天地之中者莫不更始焉以是象之也鄭注云法此變易可以期也又云然則何以三年也注云言法此變易可以期何以乃三年爲又云曰加隆焉爾也焉使倍之故再期也注云言於父母加隆其恩使倍期也據此而言則聖人初欲爲父母期加隆焉故爲父母三年必加隆至三年者孔子荅宰我云子生三年然後免於父母之懷是以子爲之三年報之三年問又云三年之喪人道之至文者也夫是之謂至隆是百王之所同古今之所壹也未有知其所由來者也注云不知其所從來驗此三年之喪前世行之久矣既云驗前世行之久則三年之喪實知其所從來但腧久爾故虞書云二十八載帝乃殂落百姓如喪考妣三載四海遏密八音是心喪三年未有服制之明驗也第三明三王已降澆僞漸起故制喪服以表哀情者案郊特牲云大古冠布齊則緇之鄭注云唐虞已上曰大古又云冠而敝之可也注云此重古而冠之耳三代改制齊冠不復用也以白布冠質以爲喪冠也據此而言則唐虞已上吉凶同服惟有白布衣白布冠而已故鄭注云白布冠爲喪冠又案三王以來以唐虞白布冠爲喪冠又案喪服記云凡衰外削幅裳內削幅注云大古冠布衣布先知爲上外殺其幅以便體也後知爲下內殺其幅稍有飾也後世聖人易之以此爲喪服據此喪服記與郊特牲兩注而言則鄭云後世聖人夏禹也是三王用唐虞白布冠白布衣爲喪服矣第四明既有喪服須明喪服二字者案鄭目録云不忍言死而言喪喪者棄亡之辭若全存於彼焉已棄亡之耳又案曲禮云天子曰崩諸侯曰薨大夫曰卒士曰不祿庶人曰死爾雅曰崩薨卒不祿皆訓死也是士以上爲義稱庶人言死得其總名鄭注曲禮云死之言澌精神澌盡又案檀弓孔子云喪欲速貧春秋左氏傳魯昭公出居乾侯齊侯唁公於野井公曰喪人其何稱是喪棄亡之辭棄於此存於彼是孝子不忍言父母精神盡澌雖棄於此猶存於彼以此鄭義言之其喪字去聲讀之人或以平聲讀之者雖不與同義亦通也死者既喪生人制服服之者但貌以表心服以表貌故禮記問傳云斬衰何以服苴苴惡貌也所以苴其內見諸外斬衰貌若苴齊衰貌若枲大功貌若止小功緦麻容貌可也下又云斬衰三升三升半齊衰四升以下是其孝子喪親以衣服表心但吉服所以表德凶服所以表哀德有高下章有升降哀有淺深布有精麤不同者也第五明喪服章次以精麤爲敘者案喪服上下十有一章從斬至緦麻升數有異異者斬有二義不同爲父以三升爲正爲君以三升半爲義其冠同六升三年齊衰惟有正服四升冠七升繼母慈母雖是義以配父故與因母同是以畧爲節有正而已杖期齊衰有正而已父在爲母與爲妻同正服齊衰五升冠八升不杖齊衰期章有正有義二等正則五升冠八升義則六升冠九升齊衰三月章皆義服齊衰六升冠九升曾祖父母計是正服但正服合以小功以尊其祖不服小功而服齊衰非本服故同義服也殤大功有降有義爲夫之昆弟之長子殤是義其餘皆降服也降服衰七升冠十升義服衰九升冠十一升大功章有降有正有義姑姊妹出適之等是降婦人爲夫之族類爲義自餘皆正衰冠如上釋也繐衰唯有義服四升半皆冠七升而已以諸侯大夫爲天子故同義服也殤小功有降有義婦人爲夫之族類是義自餘皆降服降則衰冠同十升義則衰冠同十二升小功亦有降亦有正有義如前釋緦麻亦有降有正有義皆如上陳但衰冠同十五升抽去半而已自斬以下至緦麻皆以升數升數少者在前升數多者在後要不得以此升數爲敘者一則正義及降升數不得同在一章又繐衰四升半在大功之下小功之上鄭下注云在小功之上者欲審著縷之精麤若然喪服章次雖以升數多少爲前後要取縷之精麤爲次第也第六明作傳之人又明作傳之義傳曰者不知是誰人所作人皆云孔子弟子卜商字子夏所爲案公羊傳是公羊高所爲公羊高是子夏弟子今案公羊傳有云者何何以曷爲孰謂之等今此傳亦云者何何以孰謂曷爲等之問師徒相習語勢相遵以弟子却本前師此傳得爲子夏所作是以師師相傳蓋不虛也其傳內更云傳者是子夏引他舊傳以證己義儀禮見在一十七篇餘不爲傳獨爲喪服作傳者但喪服一篇總包天子已下五服差降六術精麤變除之數既繁出入正殤交互恐讀者不能悉解其義是以特爲傳解第七明鄭玄之注經傳兩解之云鄭氏者北海郡高密縣人姓鄭名玄字康成漢僕射鄭崇八世孫也後漢徵爲大司農而不就年七十四卒於家云注者注義於經傳之下辨其義意若傳不釋經者則注在傳上以釋經若傳義難明者則在傳下以釋傳又在傳下注皆須題云玄謂以別傳若在傳上注者不須題玄義可知或云注或云傳出注述者意耳或有解云前漢以前云傳後漢以後云注若然王弼王肅之等後漢之人云傳此說非也

傳　子夏

儀禮　鄭氏注

喪服。斬衰裳。苴絰杖絞帶。冠繩纓。菅屨者。者明爲下出也凡服上曰衰下曰裳麻在首在要皆曰絰絰之言實也明孝子有忠實之心故爲制此服焉首絰象緇布冠

之缺項要經象大帶又有絞帶象革帶齊衰以下用布

〔疏〕喪服至屨者○釋曰題此二字於上者與此一篇為總目言斬衰裳者謂斬三升布以為衰裳不言裁割而言斬者取痛甚之意知者案三年問云創鉅者其日久痛甚者其愈遲雜記縣子云三年之喪如斬期之喪如剡謂哀有深淺是斬者痛深之義故云斬也若然斬衰先言斬下疏衰後言齊者以斬衰先斬布後作之故先言斬疏衰先作之後齊之故後云齊斬齊既有先後是以作文有異也云苴經杖絞帶者以一苴目此三事謂苴麻為首經要經又以苴竹為杖又以苴麻為絞帶知此三物皆同苴者以其冠繩纓不得用苴明此三者皆用苴又喪服小記云苴杖竹也記人解此杖是苴竹也又絞帶與要經象大帶與革帶二者同在要要經既苴明絞帶與要經同用苴可知又喪服四制云苴衰不補則衰裳亦同苴矣云冠繩纓者以六升布為冠又屈一條繩為武垂下為纓冠在首退在帶下者以其衰用布三升冠六升冠既加飾故退在帶下又齊衰冠纓用布則知此繩纓不用苴麻用枲麻故退冠在下更見斬義也云菅屨者謂以菅草為屨詩云白華菅兮白茅束兮鄭云白華已漚名之為菅濡亦中用則此菅亦是已漚者也已下諸章並見年月唯此斬章不言三年者以其喪之痛極莫甚於斬故不言年月表創鉅而已是以衰設人功之疏經又言麻之形體至於齊衰已下非直見人功之疏又見經去麻之狀貌舉齊衰云三年明上斬衰三年可知然此一經為次若此者以先喪而後服故服在喪下又先斬後乃為衰裳故斬文在衰裳之上經杖絞帶俱蒙於苴故苴又在前經中經有二事仍以首經為主故經文在上杖者各齊其心故在絞帶之前冠纓雖加於首以其不蒙於苴故退文在下屨乃服中之賤最後為宜聖人作文倫次然○注者者至用布○釋曰云者者明為下出也者周公設經上陳其服下列其人此經所陳服者明為下人所出故服下出者明臣子為君父等所出也案下諸章皆言者鄭止一解餘皆不釋義皆如此也云凡服上曰衰下曰裳者言凡者鄭欲兼解五服案下記云衰廣四寸長六寸綴之於心總號為衰非正當心而已故諸言衰皆與裳相對至於弔服三者亦謂之為衰也云麻在首在要皆曰經知一經而兼二者以子夏傳要首二經俱解禮記諸文亦首要並陳故士喪禮云要經小焉故知一經而兼二文也云經之言實也明孝子有忠實之心故為制此服焉檀弓云經也者實也明孝子有忠實之心故為制此服焉案問喪云斬衰貌若苴齊衰貌若枲之等皆是心內苴惡貌亦苴惡服亦苴惡是服以象貌貌以象心是孝子有忠實之心若服苴而貌美心不苴惡者是中外不相稱無忠實之心者也云首經象緇布冠之缺項者案士冠禮緇布冠青組纓屬於缺鄭注云缺讀如有頍者弁之頍緇布冠之無笄者著頍圍髮際結項中隅為四綴以固冠也此所象無正文但喪服法吉服而為之吉時有二帶凶時有二經以要經象大帶明首經象頍項可知以彼頍項為吉時緇布冠無笄故用頍項以固之今喪之首經與冠繩纓別材而不相綴今言象之者直取經法象頍項而為之至於喪冠亦無笄直用六升布為冠一條繩為纓與此全異也云要經象大帶者案玉藻云大夫以下大帶用素天子朱裹終禪以玄黃士則練帶禪下末三赤用緇是大帶之制今此要經下傳名為帶明象吉時大帶也云又有絞帶象革帶者案玉藻韠之形制云肩革帶博二寸吉備二帶大帶申束衣革帶以佩玉佩及事佩之等今於要經之外別有絞帶明絞帶象革帶可知案士喪禮云苴經大鬲要經小焉又云婦人之帶牡麻結本注云婦人亦有首經但言帶者記其異此齊衰婦人斬衰婦人亦有苴經以此而言則婦人吉時雖云女摯絲以絲為帶而無頍項今於喪禮哀痛甚亦有二經與絞帶以備喪禮故此經具陳於上男女俱言於下明男女共有此服也云齊衰已下用布者即下齊衰章云削杖布帶是也若然案此經凶服皆依舊名唯衰與經特制別名者案禮記檀弓云有以故興物者鄭云衰經之制以經表孝子忠實之心衰明孝子有哀摧之義故制此二者而異名見其哀痛之甚故也

傳曰。斬者何。不緝也。苴經者。麻之有蕡者也。苴經大搹。左本在下。去五分一以為帶。齊衰之經。斬衰之帶也。去五分一以為帶。大功之經。齊衰之帶也。去五分一以為帶。小功之經。大功之帶也。去五分一以為帶。緦麻之經。小功之帶也。去五分一以為帶。苴杖。竹也。削杖。桐也。杖各齊其心。皆下本。杖者何。爵也。無爵而杖者何。擔主也。非主而杖者何。輔病也。童子何以不杖。不能病也。婦人何以不杖。亦不能病也。絞帶者。繩帶也。冠繩纓。條屬右縫。冠六升。外畢。鍛而勿灰。衰三升。菅屨者。菅菲也。外納。居倚廬。寢苫枕塊。哭晝夜無時。歠粥。朝一溢米。夕一溢米。寢不說經帶。既虞。翦屏柱楣。寢有席。食疏食。水飲。朝一哭。夕一哭而已。既練。舍外寢。始食菜果。飯素食。哭無時。

盈手曰搹搹扼也中人之扼圍九寸以五分一為殺者象五服之數也爵謂天子諸侯卿大夫士也無爵謂庶人也擔猶假也無爵者假之以杖尊其為主也非主謂眾子也屬猶著也通屈一條繩為武垂下為纓著之冠也布八十縷為升升字當為登登成也今之禮皆以登為升俗誤已行久矣雜記曰喪冠條屬以別吉凶三年之練冠亦條屬右縫小功以下左縫外畢者冠前後屈而出縫於武也二十兩曰溢為米一升二十四分升之一楣謂之梁柱楣所謂梁闇疏猶麤也舍外寢於中門之外屋下壘墼為之不塗墍所謂堊室也素猶故也謂復平生時食也斬衰不書受月者天子諸侯卿大夫士虞卒哭異數

〔疏〕傳曰至無時○釋曰云斬者何問辭以執所不知故云者何云不緝也者荅辭此對下疏衰裳齊齊是緝此則不緝也云苴經者麻之有蕡者也案爾雅釋草云蕡枲實孫氏注云蕡麻子也以色言之謂之苴以實言之謂之蕡下言牡者對蕡為名言枲者對苴生稱也是以云斬衰貌若苴齊衰貌若枲也若然枲是雄麻蕡是子麻爾雅云蕡枲實者舉類而言若圓曰簞方曰笥鄭注論語云簞笥亦舉其類也下傳云牡麻者枲麻也不連言經此苴連言經者欲見苴經別於苴杖故下傳別云苴杖後傳牡麻不連言經此直連言經者彼無他物之嫌獨有經故不須連言經也云苴經大搹左本在下者士喪禮文與此同彼此皆云苴經大搹連言苴者但經連言苴經經中有此二言經大搹先據首經而言也雷氏以搹搤不言寸數則各從其人大小為搤非鄭義據鄭注無問人之大小皆以九寸圍之為正若中人之跡尺二寸也云左本在下者本謂麻根案士喪禮鄭注云下本在左重服統於內而本陽也以其父是陽主亦陽言下是內故云重服統於內以言痛從心內發故也此對為母右本在上輕服統於外而本陰也云去五分一以為帶者以其首經圍九寸取五寸去一寸得四寸餘四寸寸為五分總二十分去四分餘十六分取十五分五分為寸為三寸添前四寸為七寸并一分總七寸五分寸之一也云齊衰之經斬衰之帶也者以其大小同故疊而同之也云去五分一以為帶者謂七寸五分寸之一也中五分去一為齊衰之帶今計之以七寸中取五寸去一寸得四寸餘二寸寸分為二十五分二寸合為五十分餘一分者又破為五分添前為五十五分亦五分去一總去一十一分餘四十四分在又二十五分為一寸餘十九分在齊衰之帶總五寸二十五分寸之十九也云大功之經齊衰之帶也去五分一以為帶者就五寸中去一寸得四寸前二十五分破寸今大功百二十五分破寸則以十九分者各分破為五分十九分總破為九十五與百二十五分破寸相當就九十五分中五分去一去十九餘七十六則大功之經五寸二十五分寸之十九帶則四寸百二十五分寸之七十六又云小功之經大功之帶也去五分一以為帶者又就四寸百二十五分寸之七十六中五分去一前百二十五分破寸今亦四倍加之以六百二十五分破寸然後五分去一為小功帶又云緦麻之經小功之帶去五分一以為帶則亦四倍加之前六百二十五分破寸今則三千一百二十五分破寸五分去一取四以為緦麻之帶經帶之等皆以五分破寸既有成法何假盡言然斬衰有二齊衰有四大功小功成人與殤各有二等緦麻殤與成人章又不別若使經帶各依升數則參差難等是以子夏作傳五服各為一節計之似周禮掌客云羣介行人宰史各以爵等為牢禮之數鄭云以命數則參差難等畧於臣用爵而已此經亦然也士喪禮云苴經大鬲下本在左要經小焉鄭注云經帶之差自此出焉謂子夏言經帶之差出於士喪之經故鄭指而言之也但斬衰之經圍九寸者首是陽故欲取陽數極於九自齊衰以下自取降殺之義無所法象也云苴杖竹也削杖桐也者傳意見經唯云苴杖不出杖體所用故言苴杖者竹也下章直云削杖亦不辨木名故因釋之云削杖者桐也若然經言苴杖因釋削杖唯上下二章不通於下是以兼釋之至於經帶五服自明故不兼釋然為父所以杖竹者父者子之天竹圓亦象天竹又外內有節象子為父亦有外內之痛又竹能貫四時而不變子之為父哀痛亦經寒溫而不改故用竹也為母杖桐者欲取桐之言同內心同之於父外無節象家無二尊屈於父為之齊衰經時而有變又案變除削之使方者取母象於地故也此雖不言杖之麤細案喪服小記云經殺五分而去一杖大如經鄭注云如要經也鄭知如要經者以其先云經五分為殺為要經其下即云杖大如經明如要經也如要經者以杖從心已下與要經同處故如要經也云杖各齊其心者杖所以扶病病從心起故杖之高下以心為斷也云皆下本者本根也案士喪禮下本注云順其性也云杖者何爵也者自此已下有五問五荅皆為杖起文云者何者亦是執所不知以其吉時五十已後乃杖所以扶老今為父母之喪有杖有不杖不知故執而問之云爵以爵荅之以其有爵之人必有德有德則能為父母致病深故許其以杖扶病云無爵而杖者何問辭也庶人無爵亦得杖云檐主

也者荅辭也以其雖無爵無德然以適子故假取有爵之杖爲之喪主拜賓送賓成喪主之義也云非主而杖者何問辭也輔病也荅辭也鄭云謂衆子雖非爲主子爲父母致病是同亦爲輔病也云童子何以不杖者案此子夏之問辭有不同或云者何或云何以或云何如或云孰後或云孰謂或云何大夫或云曷爲有此七者荅有義意凡言者何皆謂執所不知故隱元年公羊傳云元年者何何休云諸據疑問所不知故曰者何即此問杖者何是也稱何以者皆據彼決此即下云父爲長子何以三年據期章爲衆子期適庶皆子長子獨三年是據彼決此也此即公羊傳云何以不言即位何休云據文公言即位隱不稱即位是也云何如者問比類之辭即下傳云何如而可爲人後者同宗則可爲人後是其問比類也云孰後者不問比類依不杖章子夏傳云孰後後大宗禮有大宗小宗故問誰爲後云孰謂者亦是問比類但舊君有二等一是待放之臣二是致仕之臣俱爲舊君是以齊衰三月章云舊君傳曰爲舊君者孰謂也仕焉而已者也由其有二等故問比類也即公羊傳云王者孰謂謂文王是也云何大夫者亦是據彼決此即齊衰三月章云大夫爲舊君傳曰何大夫之謂乎言其以道去君而猶未絕也由其大夫有致仕者有待放者不同故舉何大夫之問也言曷爲者亦是據彼決此故不杖章云大夫曷爲不降命婦也云謂據大夫於姑姊妹出嫁宜降不降故舉曷爲之問也今云童子何以不杖問辭也不能病也荅辭也此庶童子非直不杖以其未冠首加免而已故問喪云免者以何爲也曰不冠者之所服也言何以者據當室童子及成人皆杖唯此庶童子不杖故云何以決之也知當室童子杖者案問喪云禮曰童子不緦唯當室緦緦者其免也當室則免而杖矣謂適子也案雜記云童子哭不偯不踊不杖不菲不廬注云未成人者不能備禮也此獨云不杖餘不言者此上下皆釋杖故言杖不云餘者其實皆無直有衰裳絰帶而已又云婦人何以不杖亦不能病也者此亦謂童子婦人若成人婦人正杖知者此喪服上陳其服下陳其人喪服之下男子婦人俱列男子婦人同有苴杖又喪大記云三日子夫人杖五日大夫世婦杖諸經皆有婦人杖文故知成人婦人正杖也明此童子婦人案喪服小記云女子子在室爲父母其主喪者不杖則子一人杖鄭注云女子子在室亦童子也無男昆弟使同姓爲攝主不杖則子一人杖謂長女也許嫁及二十而笄笄爲成人成人正杖也是其童女爲喪主則亦杖矣若然童子得稱婦人者案小功章云爲姪庶孫丈夫婦人之長殤是未成人稱婦人也雷氏以爲此喪服妻爲夫妾爲君女子子在室爲父女子子嫁反在父之室爲父三年如傳所云婦人者皆不杖喪服小記婦人不爲主而杖者唯著此一條明其餘不爲主者皆不杖此說非何者此四等婦人皆在杖科之內何得不杖又禮記諸文說婦人杖者甚衆何言無杖也云絞帶者繩帶也者以絞麻爲繩作帶故云絞帶也王肅以爲絞帶如要絰焉鄭不言當依王義雷氏以爲絞帶在要絰之下言之則要絰五分去一爲帶但首絰象頍項之布又在首要絰象大帶用續又在要故須五分去一以爲帶今絞帶象革帶與要經同在要一則無上下之差二則無麤細可象而云去要絰五分一爲絞帶失其義也但絰帶至虞後變麻服葛絞帶虞後雖不言所變案公士衆臣爲君服布帶又齊衰已下亦布帶則絞帶虞後變麻服布於義可也云冠繩纓條屬者喪用繩爲纓屬著也著之冠垂之爲纓也云外畢者前後兩畢之末而向外攝之也云鍛而勿灰者以冠爲首飾布倍衰裳而用六升又加以水濯勿用灰而已冠六升勿灰則七升已上故灰矣故大功章鄭注云大功布者其鍛治之功麤沽之則七升

已上皆用灰也云衰三升者不言裳裳與衰同故舉衰以見裳爲君義服衰三升半不言者以縷如三升半成布三升故直言三升舉正以包義也云菅屨者菅菲也外納居倚廬者周公時謂之屨子夏時謂之菲案士喪禮屨外納鄭注云納收餘也王謂正向外編之居倚廬孝子所居居在門外東壁倚木爲廬故既夕記云居倚廬鄭注云倚木爲廬在中門外東方北戶又喪大記云凡非適子者自未葬以於隱者爲廬注云不欲人屬目蓋廬於東南角若然適子則廬於其北顯處爲之以其適子當應接弔賓故不於隱者若然此下有臣爲君則亦居廬案周禮宮正云大喪授廬舍辨其親疏貴賤之居注云親者貴者居倚廬疏者賤者居堊室又雜記朝廷卿大夫士居廬都邑之士居堊室見諸侯之臣爲其君之禮案喪大記云婦人不居廬若然此經云居倚廬專據男子生文云寢苫枕塊既夕文與此同彼注云苫編藁塊堛也彼又云不說絰帶鄭注云哀戚不在於安若然在中門外者哀親之在外寢苫者哀親之在草故也此之衰三升枕塊據大夫已上若士則大夫適子爲士者得行大夫禮若正士則枕草衰則縷三升半成布三升雜記所云齊晏平仲爲其父麤衰斬枕草是也但平仲謙爲父服士服耳云哭晝夜無時者哭有三無時始死未殯已前哭不絕聲一無時既殯已後卒哭祭已前阼階之下爲朝夕哭在廬中思憶則哭二無時既練之後無朝夕哭唯有廬中或十日或五日思憶則哭三無時也卒哭之後未練之前唯有朝夕哭是一有時也云歠粥朝一溢米夕一溢米者孝子遭父母之喪當爲父母致病故喪大記云水漿不入口三日之後乃始食必三日許食者聖人制法不以死傷生恐至滅性故禮許之食雖食猶節之使朝夕各一溢米而已也曾子有母之喪水漿不入於口七日者失禮之法故子思非之云先王制禮過之者俯而就之不至者跛而及之故君子執親之喪水漿不入於口者三日杖而後能起是禮之常法也云寢不說絰帶者案雜記孔子云少連大連善居喪三月不解鄭注云不解倦也又案既夕文與此同鄭注云哀戚不在於安絰帶在衰裳之上而云不說則衰裳在內不說可知此據未葬前故文在虞上既虞後寢有席衰絰說可知也云既虞翦屏柱楣者案王制云天子七月而葬諸侯五月而葬大夫士三月而葬又案士虞禮既葬反日中而虞鄭注士喪三虞云虞安也葬時送形而往迎魂而反反哭之時入廟中上堂不見入室又不見乃至適寢之中舊殯之處爲虞祭以安之禮記檀弓云葬日虞不忍一日離也是日也以虞易奠是也依公羊傳云天子九虞諸侯七虞大夫五虞士三虞今傳言既虞謂九虞七虞五虞三虞之後乃改舊廬西鄉開戶翦去戶傍兩廂屏之餘草柱楣者前梁謂之楣楣下兩頭豎柱施梁乃夾戶傍之屏也云寢有席者案間傳云既虞卒哭柱楣翦屏芐翦不納鄭云芐今之蒲苹即此寢有席謂蒲席加於苫上也云食疏食水飲者未虞以前朝一溢米夕一溢米而爲粥今既虞之後用麤疏米爲飯而食之明不止朝一溢夕一溢而已當以足爲度云飲水者未虞以前渴亦飲水而在既虞後與疏食同言水飲者恐虞後飲漿酪之等故云飲水而已也云朝一哭夕一哭而已者此當士虞禮卒哭之後彼云卒哭者謂卒去廬中無時之哭唯有朝夕於阼階下有時之哭喪服之中三無時哭外唯此卒哭之後未練之前一節之閒是有時之哭故云而已言其不足之意云既練舍外寢者謂十三月服七升冠男子除首絰而帶獨存婦人除於帶而絰獨存又練布爲冠著繩屨止舍外寢之中不復居廬也云始食菜果飯素食者案喪大記祥而食肉間傳云大祥有醯醬中月而禫而飲醴酒始飲酒者先飲醴酒始食肉者先食乾肉曲禮云父母之喪有疾飲

酒食肉疾止復初皆爲不以死傷生也云哭無時者此三無時哭中謂練後堊室之中或十日或五日思憶則哭大記云祥而外無哭者禫而內無哭者皆在哭無時之限也○注盈手至異數○釋曰云以五分一爲殺者象五服之數也者鄭五服之內外數至多若絰帶象升數降殺參差難等若五服服爲一節則降殺易明故鄭云象五服之數也云爵謂天子諸侯卿大夫士也者案白虎通云天子爵號又夏殷之士無爵周之道爵及命士卿大夫自然皆爵也是天子以下皆曰爵也云屬猶著也通屈一條繩爲武垂下爲纓著之冠也者案禮記云喪冠條屬以別吉凶若然吉冠則纓武別材凶冠則纓武同材是以鄭云通屈一條繩爲武謂將一條繩從額上約之至項後交過兩相各至耳於武綴之各垂於頤下結之云著之冠者武纓皆上屬著冠冠六升外畢是也云布八十縷爲升者此無正文師師相傳言之是以今亦云八十縷謂之宗宗即古之升也云今之禮皆以登爲升俗誤已行久矣者案鄭注儀禮之時古今二禮並觀疊古文者則從經今文若疊今文者則從經古文今此注而云今之禮皆以登爲升與諸注不同則今古禮皆作升字俗誤已行久矣也若然論語云新穀既升升亦訓爲成今從登不從升者凡纖維之法皆縷縷相登上乃成繒布登義強於升故從登也引雜記者證條屬是喪冠若吉冠則纓武異材云三年之練冠亦條屬者欲見條屬以至大祥除衰杖大祥除喪之際朝服縞冠當纓武異材從吉法也云右縫小功以下左者案大戴禮云大功已上唯唯小功已下額額然孝子朝夕哭在阼階之下西面弔賓從外入門北面見之大功以上哀重其冠三辟積鄉右爲之從陰陰唯唯然順小功緦麻哀輕其冠亦三辟積鄉左爲之從陽弔賓入門北鄉望之額額然遂鄉賓二者皆條屬但從吉從凶不同也云外畢者冠前後屈而出縫於武也者冠廣二寸落頂前後兩頭皆在武下鄉外出反屈之縫於武而爲之兩頭縫畢鄉外故云外畢案曲禮云厭冠不入公門鄭注云厭猶伏也喪冠厭伏是五服同名由在武下出反屈之故得厭伏之名檀弓云古者冠縮縫今也衡縫故喪冠之反吉非古也是吉冠則辟積無殺橫縫亦兩頭皆在武上鄉內反屈而縫之不得厭伏之名云二十兩曰溢爲米一升二十四分升之一者依算法百二十斤曰石則是一斛若然則十二斤爲一斗取十斤分之升得一斤餘二斤斤爲十六兩二斤爲三十二兩升取三十兩十升升得三兩添前一斤十六兩爲十九兩餘二兩兩爲二十四銖二兩爲四十八銖取四十銖十升升得四銖餘八銖一銖爲十纍八銖爲八十纍十升升得八纍添前則是一升得十九兩四銖八纍於二十兩仍少十九銖二纍則別取一升破爲十九兩四銖八纍分十兩兩爲二十四銖則爲二百四十銖又分九兩兩爲二十四銖則九兩者二百一十六銖并四銖八纍添前四百六十銖八纍總爲二十四分直取二百四十銖餘二百二十銖八纍在又取二百一十六銖二十四分分得九銖添前分得十九銖有四銖八纍四銖銖爲十纍總爲四十纍通八纍爲四十八纍二十四分分得二纍是一升爲二十四分分得十九銖添前四銖爲二十三銖將二纍添前八纍則爲十纍則十纍爲一銖以此一銖添前二十三銖則爲二十四銖爲一兩一兩添十九兩外二十兩曰溢云楣謂之梁所謂梁闇者所謂書傳文案喪服四制云高宗諒闇三年鄭注云諒古作梁楣謂之梁闇讀如鶉鵪之鵪闇謂廬也廬有梁者所謂柱楣也即此柱楣者也云舍外寢於中門之外屋下壘墼爲之不塗塈所謂堊室也者今至練後不居舊廬還於廬處爲屋但天子五門諸侯三門得有中門大夫士唯有大門內門兩門而已無中門而云中門外者案士喪禮及既夕外位唯

在寢門外其東壁有盧堊室若然則以門爲中門據內外皆有哭位其門在外內位中故爲中門非謂在外門內門之中爲中門也言屋下壘墼爲之者東壁之所舊本無屋而云屋下爲之者謂兩下爲屋謂之屋下對盧偏加東壁非兩下謂之盧也云不塗墍者謂翦屏而已不泥塗墍飾也云所謂堊室者開傳云父母之喪既虞翦屏期而小祥居堊室彼練後居堊室即此外寢故鄭云所謂堊室也云謂復平生時食也者此食爲飼讀之不得爲食讀之知者天子已下平常之食皆有牲牢魚腊練後始食菜果未得食肉飲酒何得平常時食明專據米飯而言也以其初據一溢米而言既虞飯疏食食亦米飯也此既練後復平生時食食亦據米飯而言以其古者名飯爲食與公食大夫者同音也云斬衰不書受月者云云凡喪服所以表哀哀有盛時殺時服乃隨哀以降殺故初服麤至葬後練後大祥後漸細加飾是以冠爲受斬衰裳三升冠六升既葬後以其冠爲受衰裳六升冠七升小祥又以其冠爲受衰裳七升冠八升自餘齊衰以下受服之時差降可知然葬後有受服有不受服案下齊衰三月章及殤大功章皆云無受正大功章即云三月受以小功衰即葛九月者今此斬衰章及齊衰章應言受月而不言故鄭君特解之案雜記云天子七月而葬九月而卒哭諸侯五月而葬七月而卒哭大夫三月而葬五月而卒哭士三月而葬是月而卒哭是天子巳下虞卒哭異數尊卑皆葬訖反日中而虞天子九虞諸侯七虞大夫五虞虞訖即受服士三虞待卒哭乃受服必然者以其大夫巳上卒哭在後月虞在前月日巳多是以虞即受服不得至卒哭士葬月卒哭與虞同月故受服待卒哭後也今不言受月者喪服合包天子以下若言七月唯據天子若言五月唯據諸侯皆不該上下故周公設經沒去受服之文欲見上下俱合故也

儀禮注疏卷二十八校勘記　阮元撰盧宣旬摘録

喪服第十一　毛本一下有子夏傳三字釋文作喪服經傳第十一無子夏傳三字瞿中溶云石本原刻作喪服經傳第十一後磨改○按隋書經籍志馬融等注喪服其題皆曰喪服經傳此則四字乃舊題也疏云傳曰者不知何人所作人皆云孔子弟子卜商字子夏所爲師師相傳蓋不虛也若題中本有子夏傳三字則賈氏何必云爾此蓋唐石經誤改而後人習焉不察也

案鄭目録云　要義同毛本無案字案禮記疏引鄭目録俱有案字儀禮惟此篇有之正與禮記同例今本删去蓋誤認鄭目録云云爲注也

若全存居於彼焉已亡之耳　按下文又引此二句無居字已下有乗字

大數未聞　大要義作本按大字不誤

葬之中野　中陳閩俱作於

將由夫脩飾之君子與　要義同毛本飾作飭○按作飾與禮記三年問合

人道之至文者也　也陳本要義同毛本文作大○按大是

是士以上爲義稱　爲上聶氏有各字是也

雖不與同　陳閩俱無與字

生人制服　制上陳閩俱有爲字

斬有二義不同　陳閩要義同毛本二作正通解作斬有二有正有義無不同二字

惟有正之四升　聶氏要義同毛本通解之作服

以配父　父上陳閩俱有其字

爲夫之昆弟之長子殤　長子陳閩通解俱倒

故同義服也　故陳閩俱作皆

小功亦有降亦有正有義　要義同毛本無下亦字

要不得以此升數爲敘者　敘陳閩俱作殺

又明作傳之義　陳閩同毛本義作意

傳曰者　通解無曰字○按此本因題中無傳字故舉篇中傳曰二字釋之黃氏删曰字蓋未達賈氏之意

語勢相遵　要義同毛本遵作連

以證已義　通解要義楊氏同毛本義作意

六術精麤　陳閩通解楊氏俱無六術二字

若傳義難明者　陳閩俱無義字

又在傳下注皆　此本皆字屬下句毛本皆作者屬此句

出注述者意耳　述下陳閩俱有之字

喪服

者者　上者字鍾本誤作屨

明孝子有忠實之心故爲制此服焉　下六字毛本脱徐本通典聶氏集釋通解俱有與本疏及疏序合惟楊氏無

以一苴目此三事　以一二字陳閩俱倒

謂苴麻爲首經要經　苴麻二字陳閩俱倒

濡刃中用　通解要義同毛本刃作韌

是以衰設人功之疏　浦鏜云没誤設從下疏挍○按段玉裁校本作說

屨乃服中之賤　通解同毛本賤下有者字

鄭止一解　陳閩同毛本止作君○按止字是

衰廣四寸　通解要義同毛本衰作裳○按衰字是

非正當心而已　正通解作止按篇中止字多誤作正盧文弨謂唐人書止多作正不必改未知何據俟考

知一經而兼二者　二下要義有文字

亦首要並陳　首要二字要義倒

結項中　結陳閩俱作頍○按士冠禮注作結不作頍疏同

以彼頍項　彼陳閩俱作後

天子朱裏終裨　裨陳閩俱作辟按玉藻作辟

下末三赤用緇　要義同毛本赤作尺

革帶以佩玉佩及事佩之等　玉下要義無佩字

苴經大鬲　要義同毛本鬲作搹下同

故此經具陳於上　經陳閩俱作經

案此經凶服　陳閩俱無案字凶俱作喪

傳曰斬者何　此傳三節徐本釋文集釋要義俱合爲一節注總在傳後與疏合通解楊氏俱與毛本同

左本在下　毛本本誤作右

絞帶者○冠繩纓　繩徐本作纓誤○外畢　畢通典作縪按既夕記作縪

居倚廬寢苫枕塊　釋文云塊本又作凷

盈手曰搹　按篇題疏云在傳下注皆須題云元謂以別傳若在傳上注者不須題元義可知若然傳下之注注首本有元謂二字士喪禮衆婦人戶外北面疏引喪服記傳曰小功以下爲兄弟元謂於此發兄弟傳者云云尤可爲証今本俱無蓋後人所删也又疑鄭氏原本傳注連寫故題元謂以示識別與周禮同例亦猶毛詩之箋云也但詩箋必在傳後故傳首不加傳字此則有於傳上作注者故傳首復加傳曰以別之凡傳與注皆連寫故傳下之注必總在傳末不得分一傳爲數節

扼也　扼釋文要義俱作搤下同

壘墼爲之　壘集釋作纍

不塗墍　塗釋文作涂

牡麻者枲麻也　陳閩俱無者字○按下傳有者字

又案變除　除下聶氏有云字案隋志有喪服變除一卷葛洪撰

削之使方者　使下聶氏有下字

鄭知如要經者　要義同毛本知作云聶氏鄭云作必知

以其吉時五十已後乃杖　毛本要義已作以

亦得杖　要義同毛本亦上有何字

爲之喪主　陳閩俱無之字

輔病也　要義同毛本輔上有云字也下有者字

此七者荅有義意　浦鏜云荅當各字之誤

即此問杖者何是也　陳閩俱無此字

皆據彼決此　決此陳閩俱作所決

俱爲舊君　爲閩本作是

言髺爲者　毛本言作云

緦者其免也　陳閩俱無緦字。按陳閩非也問服有緦

此亦謂童子婦人　此字下陳閩俱有蓋字

弁爲成人成人正杖也　成人二字陳閩俱不重出。按喪服小記重成人二字陳閩非也

王肅以爲絞帶如要經馬　馬通解要義俱作馬屬下句毛本作焉屬此句

其鍛治之功麤沽之　通解要義同毛本沽作治。按作沽與大功章注合

菅菲也外納居倚廬者　要義同通解毛本無外納居倚廬五字。按毛本分節既與疏異不得不删易疏文

孝子所居居在門外東壁　要義同通解楊氏毛本俱不重居字

自未葬以於隱者爲廬　陳本通解要義同毛本以作倚通解以下有前字。按喪大記作以無前字

此之衰三升枕塊　毛本要義之作云

雖食猶節之　猶通解作由

水漿不入於口七日者　毛本者字在七日上

云食疏食水飲者　陳閩通解俱無上食字

婦人除於帶　陳本要義同毛本於作要

中月而禫而飲醴酒　陳閩俱重禫字。按閒傳重禫字

鄭五服之内　浦鏜云鄭下當脫以字

垂下爲纓著之冠也者　陳閩俱無著之冠也四字

兩相各至耳　通解同毛本相作廂

從吉法也　吉陳閩俱作古

小功以下左者　通解要義同毛本左下有縫字。按各本注俱有縫字

大功已上唯唯　唯字陳閩俱不重毛本已作以下同

小功已下額額然　聶氏通解要義同毛本額額作領領下同

弔賓從外入門　聶氏通解要義同毛本入作大

落頂前後　通解要義同毛本頂作項。按項字誤頂字是也

檀弓云古者冠縮縫　檀上陳閩俱有禮字

則辟積無殺橫縫　殺通解作數

一銖爲十纍　纍陳閩監俱作絫下同通解作參下同。按絫累古今字參者絫之誤

并四銖八纍　通解同毛本并作幷

復平生時食食　通解要義同毛本不重食字

以其古者名飯爲食　陳閩俱重食字

欲見上下俱含故也　毛本欲作亦含作合通解同

儀禮疏卷第二十九

唐朝散大夫行大學博士弘文館學士臣賈公彥等撰

父傳曰。爲父何以斬衰也。父至尊也。（疏）父○釋曰周公設經上陳其服下列其人即此文父已下是爲其人服上之服者也先陳父者此章恩義並設忠臣出孝子之門義由恩出故先言父也又下文諸侯爲天子妻爲夫妾爲君之等皆兼擧著服之人於上乃言所爲之人於下若然此父與君直單擧所爲之人者餘者若直言天子臣皆爲天子故擧諸侯也若直言夫則妾於君體敵亦有夫義妾爲君若直言君與前臣爲君文不殊已外亦皆嫌疑故兼擧著服之人子爲父臣爲君二者無嫌疑故單擧所爲之人而已云傳曰爲父何以斬衰也父至尊也者言何以者問比例以父母恩愛等母則在齊衰父則入於斬比並不例故問何以斬不齊衰荅云父至尊者天無二日家無二尊父是一家之尊尊中至極故爲之斬也

諸侯爲天子。（疏）諸侯爲天子○釋曰此文在父下君上者以下文君中雖言天子兼有諸侯及大夫此天子不兼餘君君中最尊上故特著文於上也

傳曰。天子至尊也。（疏）傳曰天子至尊也○釋曰不發問而直荅之者義可知故直荅而云天子至尊同於父也

君。（疏）君○釋曰臣爲之服此君內兼有諸侯及大夫故文在天子下鄭注曲禮云臣無君猶無天則君者臣之天故亦同之於父爲至尊但義故還著義服也

傳曰。君至尊也。天子諸侯及卿大夫有地者皆曰君（疏）注天子至曰君○釋曰卿大夫承天子諸侯則天子諸侯之下卿大夫有地者皆曰君案周禮載師云家邑任稍地小都任縣地大都任畺地是天子卿大夫有地者若魯國季孫氏有費邑叔孫氏有郈邑孟孫氏有郈邑晉國三家亦皆有韓趙魏之邑是諸侯之卿大夫有地者皆曰君以其有地則有臣故也天子不言公與孤諸侯大國亦有孤鄭不言者詩云三事大夫謂三公則大夫中含之也但士無臣雖有地不得君稱故僕隸等爲其長弔服加麻不服斬也

父爲長子。不言適子通上下也亦言立適以長（疏）父爲長子○釋曰君父尊外次長子之重故其文在此○注不言至以長○釋曰言長子通上下則適子之號唯據大夫士不通天子諸侯若言大子亦不通上下案服問云君所主夫人妻大子適婦鄭注云言妻見大夫已下亦爲此三人爲喪主也則大子下及大夫之子不通士若言世子亦不通上下唯據天子諸侯之子是以鄭云不言適子通上下非直長子得通上下家子亦通上下故內別云家子則大牢注云家子猶言長子通於下也是家子亦通上下也云亦言立適以長者欲見適妻明生皆名適子第一子死也則取適妻所生第二長者立之亦名長子若言適子唯據第一者若云長子通立適以長故也

傳曰。何以三年也。正體於

三年者斬重而三年輕長子非尊極故舉輕以問之輕者尚問明重者可知故舉輕以明重也云正體於上又乃將所傳重也者此是荅辭也以其父祖適適相承於上已又是適承之於後故云正體於上云又乃將所傳重者為宗廟主是有此二事乃得三年云庶子不得為長子三年不繼祖也者此明適適相承故須繼祖乃得為長子三年也○注此言至共廟○釋曰云此言為父後者然後為長子三年者經云繼祖即是為祖後乃得為長子三年鄭云為父後者然後為長子三年不同者周之道有適子無適孫適孫猶同庶孫之例要適子死後乃立適孫乃得為長子三年是為父後者然後為長子三年也云重其當先祖之正體者解經正體於上又云又以其將代已為宗廟主也者釋經傳重也云庶子者為父後者之弟也者謂兄得為父後者是適子其弟則是庶子是為父後者之弟不得為長子三年此鄭據初而言其實繼父祖身三世長子四世乃得三年也云言庶者遠別之也者庶子妾子之號適妻所生第二者是衆子今同名庶子遠別於長子故與妾子同號也云小記曰不繼祖與禰此但言祖不言禰容祖禰共廟者案祭法云適士二廟官師一廟鄭注云官師中下之士祖禰共廟則此容祖禰共廟據官師而言若然小記所云祖禰并言者是適士二廟者也祖禰共廟不言禰直言祖舉尊而言也鄭注小記云言不繼祖禰則長子不必五世者鄭前有馬融之等解為長子五世鄭以義推之已身繼祖與禰適已三世即得為長子斬長子唯四世不待五世也此徵破先師馬融之義也以融是先師故不正言而云不必而已也若然雖承重不得三年有四種一則正體不得傳重謂適子有廢疾不堪主宗廟也二則傳重非正體庶孫為後是也三則體而不正立庶子為後是也四則正而不體立適孫為後是也案喪服小記云適婦不為舅後者則姑為之小功鄭注云謂夫有廢疾他故若死而無子不受重者婦既小功不大功則夫死亦不三年期可知也

為人後者。

【疏】為人後者○釋曰此出後大宗其情本疏故設文次在長子之下也案喪服小記云繼別為大宗繼禰為小宗大宗即下文為宗子齊衰三月彼云後大宗者則此所後亦後大宗者也

傳曰。何以三年也。受重者必以尊服服之。何如而可為之後。同宗則可為之後。何如而可以為人後。支子可也。為所後者之祖父母妻。妻之父母昆弟。昆弟之子若子。

若子者為所為後之親如親子

【疏】傳曰至若子○釋曰云何以三年者以生己父母三年彼不生己亦為之三年故發問比例之傳也云受重者必以尊服服之者荅辭也雷氏云此文當云為人後者為所後之父闕此五字者以其所後之父或早卒今所後其人不定或後祖父或後曾高祖故闕之見所後不定故也云何如而可為之後問辭同宗則可為之後荅辭此問亦問比類以其取後取何人為之荅以同宗則可為之後以其大宗子當收聚族人非同宗則不可謂同承別子之後一宗之內若別宗同姓亦不可以其收族故也又云何如而可以為人後問辭云支子可也荅辭以其他家適子當家自為小宗小宗當收斂五服之內亦不可闕則適子不得後他故取支子支子則第二已下庶子也不言庶子云支子者若言庶子妾子之稱言謂妾子得後人適妻第二已下子不得後人是以變庶言支支者取支條之義不限妾子而已若然適子不得後人無後亦當有立後之義也云為所後者之祖父母已下之親至若子謂如死者之親子則死者祖父母則當已曾祖父母齊衰三月也妻謂死者之妻即後人之母也妻之父母昆弟昆弟之子並據死者妻之父母妻之昆弟妻之昆弟之子於後人為外祖父母及舅與內兄弟皆如親子為之著服也若然上經直言為人後不言為父此經直言為所後者之祖父母及妻及死者外親之等不言死者緦麻小功大功及期之骨肉親者子夏作傳舉疏以見親言外以包內骨肉親者如親子可知

妻為夫。

傳曰。夫至尊也。

【疏】妻為夫傳曰夫至尊也○釋曰自此已下論婦人服也婦人卑於男子故次之案曲禮云天子曰后諸侯曰夫人大夫曰孺人士曰婦人庶人曰妻后以下皆以義稱士庶人得其總名妻者齊也婦人無爵從夫之爵坐以夫之齒是言妻之尊卑與夫齊者也若然此經云妻為夫者上從天子下至庶人皆同為夫斬衰也傳言夫至尊者雖是體敵齊等夫者猶是妻之尊敬以其在家天父出則天夫又婦人有三從之義在家從父出嫁從夫夫死從子是其男尊女卑之義故云夫至尊同之於君父也

妾為君。傳曰。君至尊也。

妾謂夫為君者不得體之加尊之也雖士亦然

【疏】妾為君傳曰君至尊也○釋曰妾賤於妻故次妻後案內則云聘則為妻奔則為妾鄭注云妾之言接聞彼有禮走而往焉以得接見於君子是名妾之義但其並后匹適則國亡家絕之本故深抑之別名為妾也既名為妾故不得名婿為夫故加其尊名名之為君也亦得接於夫又有尊事之故亦服斬衰也云君至尊也者既名夫為君故同於人君之至尊也○注妾謂至亦然○釋曰云不得體之加尊之也者以妻得體之得名為夫妾雖接見於夫不得體敵故加尊之而名夫為君是以服斬也云雖士亦然者案孝經士言爭友則屬隸不得為臣則士身不合名君至於妾之尊夫與臣為異是以雖士妾得稱夫為君故云雖士亦然也

女子子在室為父。

女子子者子女也別於男子也言在室者謂已許嫁

【疏】女子至為父○注女子至許嫁○釋曰自此盡為父三年論女子子為父出及在室之事制服又與男子不同云女子子者子女也別於男子也者男子女子各單稱子是對父母生稱今於女子別加一字故雙言二子以別於男一子者云言在室者關已許嫁者鄭意經直云女子子為父得矣而別加在室者關已許嫁關通也通已許嫁內則女子十年不出又云十有五年而笄女子子十五許嫁而笄謂女子子年十五笄四德已備許嫁與人即加笄與丈夫二十而冠同死而不殤則同成人矣身既成人亦得為父服斬也雖許嫁為成人及嫁要至二十乃嫁於夫家也

布總箭笄髽衰三年。

此妻妾女子子喪服之異於男子者總束髮謂之總者既束其本又總其末箭笄篠竹也髽露紒也猶男子之括髮斬衰括髮以麻則髽亦用麻以麻者自項而前交於額上卻繞紒如著幓頭焉小記曰男子冠而婦人笄男子免而婦人髽凡服上曰衰下曰裳此但言衰不言裳婦人不殊裳衰如男子衰下如深衣深衣則衰無帶下又無袪

【疏】布總至三年○注此妻至無袪○釋曰上文不言布不言三年至此言之者上以哀極故沒其布名與年月至此須言之故也以其笄既用箭則總不可不言用布又上文經至練有除者此經三者既與男子有殊並終三年乃始除之矣案喪服小記云婦人帶惡笄以終喪彼謂婦人期服者帶與笄終喪此斬衰帶亦練而除笄亦終三年矣故以三年言之云此妻妾女子子喪服之異於男子者鄭據經上下婦人服斬者而言若然周公作經越妻妾而在女子子之下言之者雷氏云服者本為至情故在女子之下為文也若然經之體例皆上陳服下陳人此服之異在下言之者欲見與男子同者如前與男子異者如後故設文與常不例也以上陳服下陳人則上服之中亦有女子子今更言女子子是言其異者若然上文列服之中冠繩纓非女子所服此布總笄髽等亦非男子所服是以為文以易之也云謂之總者既束其本又總其末者鄭解此經云布總者只為出紒後垂為飾者而言以其布總六升與男子冠六升相對故知據出見者而言是以鄭云謂之總者既束其本又總其末也云箭笄篠竹也者案尚書禹貢云篠簜既敷孔云篠竹箭是箭篠為一也又云髽露紒也猶男子之括髮者髽有二種案士喪禮曰婦人髽于室注云始死婦人將斬衰者去笄而纚將齊衰者骨笄而纚今言髽者亦去笄纚而紒也齊衰以上至笄猶髽髽之異於括髮者既去纚而以髮為大紒如今婦人露紒其象也其用麻布亦如著幓頭然是婦人髽之制也二種者一是未成服之髽即士喪禮所云者是也將斬衰者用麻將齊衰者用布二者成服之後露紒之髽即此經注是也云斬衰括髮以麻則髽亦用麻者案喪服小記云斬衰括髮以麻免而以布男子髺髮與免用布有文婦人髽用麻布無文鄭以男子髺髮婦人髽同在小斂之節明用物與制度亦應不殊但男子陽以外物為名名為括髮婦人陰以內物為稱稱為髽為異耳鄭引漢法幓頭況者古之括髮其髽之狀亦如此故鄭注士喪禮云其用麻布亦如著幓頭也引喪服小記者彼男子冠婦人笄相對有二時一者男子二十而冠婦人許嫁而笄吉時相對也一者成服後男子喪服婦人箭笄喪中相對也今此小記所云參上下衣是據喪中冠笄相對而言引之者證經箭笄是與男冠相對之物也云男子免而婦人髽者亦小記之文此免既齊衰以下用布為免則髽是齊衰以下亦同用布為髽相對而言也但男子陽多變斬衰名括髮齊衰以下名免耳婦人陰少變故齊斬婦人同名髽案士喪禮鄭注云衆主人免者齊衰將祖以免代冠免之制未聞舊說以為如冠狀廣一寸亦引小記括髮及漢幓頭為說則括髮及免與髽三者雖用麻布不同皆如著幓頭不別若然成服以後斬衰至緦麻皆冠如著幓頭婦人皆露紒而髽也云凡服上曰衰下曰裳此但言衰不言裳婦人不殊裳者以其男子殊衣裳是以衰綴於衣衣統名為衰故衰裳並見案周禮內司服王后六服皆單言衣不言裳以連衣裳不別見裳則此喪服亦連裳於衣衰亦綴於衣而名衰故直名衰無裳之別稱也云衰如男子衰者婦人衰亦如下記所云凡衰外削幅以下之制如男子衰也云下如深衣者如深衣六幅破為十二闊頭鄉下狹頭鄉上縫齊倍要也云深衣則衰無帶下者案下記云衣帶下尺注云衣帶下尺者要也廣尺足以掩裳上際也今此裳既縫著衣不見裏衣故不須要以掩裳上際故知無要也云又無袪者又案下記云袪二尺有五寸注云袪所以掩裳際也彼據男子陽多變故衣裳別制裳又前三幅後四幅開兩邊露裏衣是以須袪屬衣兩旁垂之以掩交際之處此既下如深衣縫之以合前後兩邊不開故不須袪以掩之也案深衣云續袪鉤邊注云續猶屬也袪在裳旁者也屬連之不殊裳前後也鉤邊如今曲裾也彼吉服深衣須有曲裾之袪此婦人凶服之衰下連裳雖如深衣不得盡如深衣亦有袪故鄭總云下無袪則非直無喪服之袪亦無吉服深衣之袪也

傳曰。總六升。長六寸。箭笄長尺。吉笄尺二寸。

總六升者首飾象冠數長六寸謂出紒後所垂為飾也

【疏】傳曰總至二寸○釋曰云箭笄長尺吉笄尺二寸者此斬之笄用箭下記

云女子子適人爲父母婦爲舅姑用惡笄鄭以爲榛木爲笄則檀弓南宮縚之妻之姑之喪云蓋榛以爲笄是也吉時大夫士與妻用象天子諸侯之后夫人用玉爲笄今於喪中唯有此箭笄及榛二者若言寸數亦不過此二等以其斬衰尺吉笄尺二寸檀弓南宮縚之妻爲姑榛以爲笄亦云一尺則大功以下不得更容差降鄭注小記云笄所以卷髮既在同卷髮故五服略爲一節皆用一尺而已是以女子子爲父母既用榛笄卒哭之後折吉笄之首歸於夫家以榛笄之外無可差降故用吉笄也若然總不言吉而笄言之者以其喪中有用吉笄之法故小記無折笄之法當記文故小記折吉笄之首是也○注總六升至飾也○釋曰云總六升者首飾象冠數也上云男子冠六升此女子子總用布當男子冠用布之處故同六升以同首飾故也十五升首飾尊故吉服之冕三十升亦倍於朝服十五升也云長六寸謂出紒後所垂爲飾也鄭知者若據其束本人所不見何寸數之有乎故鄭以六寸據垂之者此斬衰六寸南宮縚妻爲姑總八寸以下雖無文大功當與齊同八寸緦麻小功同一尺吉總當尺二寸與笄同也

子嫁反在父之室。爲父三年。謂遭喪後而出者始服齊衰期出而虞則受以三年之喪受既虞而出則小祥亦如之既除喪而出則已凡女行於大夫以上曰嫁行於士庶人曰適人

〔疏〕子嫁至三年○釋曰不言女子子直云子嫁者上文已云女子子別於男子此承上故不須具言直云子嫁是女子子可知直云反爲父足矣而云反在父之室者以其出時父已死初服齊衰不與在室同既服齊衰後反被出更服斬衰即與在室同故須言在室也言三年者亦有事須言以其初死服朞服死後被出向父家更服斬衰三年與上在室者同故須言三年也○注謂遭喪至適人○釋曰鄭知遭喪後被出者若父未死被出自然是在室與上文同何須設此經明是遭喪後被七出者云始服齊衰者以其遭父喪時未出即不杖期麻屨章云女子子嫁爲父母是也云出而虞則受以三年之喪受者若不被出則虞後以其冠爲受嫁女在室爲父五升衰裳八升總今未虞而出是出而乃虞虞後受服與在家兄弟同受斬衰斬衰初死三升衰裳六升冠既葬以其冠爲受受衰六升冠七升此被出之女亦受衰裳六升總七升與在室之女同故云受以三年之喪受也云既虞而出則小祥亦如之者未虞已前未被出至受後受以出嫁之受以八升衰裳九升總今既虞後乃被出至家又與在室女同至小祥練祭在室之女受衰七升總八升此被出之女與之同故云既虞而出小祥亦如之云既除喪而出則已者此謂既小祥而出者以其嫁女爲父母朞至小祥已除矣除服後乃被出不復爲父更著服故云既除而出則已也云凡女行於大夫已上曰嫁行於士庶人者曰適人案齊衰三月章云女子子嫁者未嫁者爲曾祖父母傳曰嫁者嫁於大夫未嫁者成人而未嫁者是行於大夫曰嫁不杖章云女子子適人者爲其父母昆弟之爲父後者傳雖不解喪服本文是士故知行於士庶人曰適人庶人謂庶人在官者府史胥徒名曰庶人至於民庶亦同行士禮以禮窮則同之行大夫以上曰嫁君天子之女嫁於諸侯諸侯之女嫁於大夫出嫁爲夫斬仍爲父母不降知者以其外宗內宗及與諸侯爲兄弟者爲君皆斬明知女雖出嫁反爲君不降若然下傳云婦人不二斬猶曰不二天今若爲夫斬又爲父斬則是二天與傳違者彼不二天者以婦人有三從之義無自專之道欲使一心於其天此乃尊君宜斬不可以輕服服之不得以彼決此若然外宗內宗與諸侯爲兄弟服斬者豈不爲夫服斬乎明爲君斬爲夫亦斬矣

公士大夫之衆臣。爲其君布帶繩屨。士卿士也公卿大夫厭於天子諸侯故降其衆臣布帶繩屨貴臣得伸不奪其正

〔疏〕公士至繩屨○注士卿至其正○釋曰云士卿士也者以其在公之下大夫之上尊卑當卿之位故知是卿士也不言公卿言士者欲見公無正職大夫又承副於卿士之言事卿有職事之重故變言士見斯義也云公卿大夫厭於天子諸侯故降其衆臣布帶繩屨者鄭解公卿大夫天子諸侯並言之者欲見天子諸侯下皆有公卿大夫公卿大夫下皆有貴臣衆臣若然天子諸侯下公卿大夫周禮典命及大宰具有其文此諸侯下公卿典命大國立孤一人是也以其諸侯無公故以孤爲公卿燕禮云若有諸公則先卿獻之鄭注云諸公者大國之孤也孤一人言諸者容牧有三監是以其孤爲公言厭於天子諸侯故除其衆臣布帶繩屨二事其餘服杖冠經則如常也其布帶則與齊衰同其繩屨則與大功等也云貴臣得伸不奪其正者下傳云室老士貴臣故云貴臣得伸得伸者依上文絞帶菅屨故云不奪其正也

傳曰。公卿大夫室老士。貴臣。其餘皆衆臣也。君。謂有地者也。衆臣杖不以即位。近臣。君服斯服矣。繩屨者。繩菲也。室老家相也士邑宰也近臣閽寺之屬君嗣君也斯此也近臣從君喪服無所降也繩菲今時不借也

〔疏〕傳曰公至菲也○釋曰云室老士貴臣其餘皆衆臣也者傳以經直云衆臣不分別上下貴賤故云室老士二者是貴臣其餘皆衆臣也云有地者衆臣杖不以即位欲見公卿大夫或有地或無地衆臣爲之皆有杖但無地公卿大夫其君卑衆臣爲之皆得以杖與嗣君同即阼階下朝夕哭位若有地公卿大夫其君尊衆臣雖杖不得與嗣君同即阼階下朝夕哭位下君故也○注室老至借也○釋曰云室老家相也者左氏傳云臧氏老論語云趙魏老是家臣稱老云家相者案曲禮云大夫不名家相長妾以大夫稱家是室老相家事者也云士邑宰也者雜記云大夫居廬士居堊室鄭注云士居堊室亦謂邑宰也與此同皆謂邑宰爲士也若然孤卿大夫有菜邑者其邑既有邑宰又有家相若魯三卿公山弗擾爲季氏費宰子羔爲孟氏之郕宰之類皆爲邑宰也陽貨冉有子路之等爲季氏家相亦名家宰若無地卿大夫則無邑宰直有家宰則孔子爲魯大夫而原思爲之宰是直有家相者也此等諸侯之臣而有貴臣衆臣之事案周禮載師云家邑任稍地小都任縣地大都任畺地是天子公卿大夫有菜地者也案鄭志荅云天子之卿其地見賜乃有何由諸侯之臣正有此地則天子下有無地者也有菜地者有邑宰復有家相無地者直有家相可知云近臣閽寺之屬者周禮天子宮有閽人寺人閽人掌守中門之禁晨夜開閉墨者使守門者也寺人掌外內之通令奄人使守后之宮門者也是皆近君之小臣又與衆臣不同無所降其服又得與貴臣等不嫌相逼通也是以喪服小記云近臣君服斯服矣其餘從而服不從而稅彼亦是近君小臣與大臣異也云君嗣君也者釋傳云君服但其君以死矣更有君爲死君之服故知是嗣君若然案王制畿內諸侯不世爵而世祿彼則天子公卿大夫未爵命得有嗣君者以世祿降未得爵亦得爲嗣君況其中兼畿外諸侯下卿大夫也且詩云維周之士不顯亦世左氏傳云官有世功則有官族皆是臣有世功子孫得襲爵故雖譏外公卿大夫有嗣君也云繩菲令時不借也者周時人謂之屨子夏時人謂之菲漢時謂之不借者此凶荼屨不得從人借亦不得借人皆是異時而別名也

儀禮注疏卷二十九校勘記　阮元撰盧宣旬摘錄

父

已外亦皆嫌疑　毛本皆作有

傳曰爲父

傳曰　毛本傳上有釋曰二字

以父母恩愛等　以要義作於

比竝不例　不陳閩俱作此例要義作同

諸侯爲天子

不兼餘君君中最尊上　君字陳閩俱不重

傳曰君

卿大夫有地者　陳閩俱作有地者卿大夫

大都任畺地　要義同毛本通解畺作疆○按周禮載師作畺

故僕隸等爲其長　長陳閩通解俱作喪要義無

父爲長子

若言大子　大陳閩俱作天

則大子下及大夫之子　上大字要義作天

不言適子通上下　適陳閩俱作世

傳曰何以三年也

故發何以之傳也　傳陳閩俱作問

長子非尊極　要義同毛本尊極作極尊

以其父祖適適相承爲上　爲陳閩通解俱作於

已又是適　已上陳閩俱有爲字

即是爲祖後　即陳閩俱作只

官師中下之士　按祭法注作官師中士下士

妾爲君　爲唐石經徐陳閩葛集釋通解要義楊敖俱作爲毛本作謂

與臣爲異　毛本通解爲作無

女子子在室爲父

子女也　子女二字通典倒

別於男子也於嚴本作然張氏曰監本然作於從監本

關已許嫁關徐本作謂通典集釋通解俱作關張氏曰監巾箱杭本謂作關疏云關通也通已許嫁從諸本及疏

今於女子別加一字女子二字陳閩俱倒

故雙言二子陳本要義同毛本子作字按子字是

布緫箭笄髽衰三年

筱竹也徐本集釋楊氏同釋文通典通解敖氏毛本俱無竹字按嚴本有竹字與釋文不合而張氏無說盖偶遺之耳○按段玉裁云筱上仍當有箭字

以麻者自項而前徐本集釋楊氏同毛本通解以麻者作盖以麻

深衣則衰無帶下衰集釋作裳

云箭笄筱竹也者要義同毛本無竹字

用布爲免爲要義作而

傳曰緫六升

大夫士與妻用象與浦鏜改作之

故小記無折笄之法當記文周學健云十一字盖緣下文故小記三字而誤衍

入所不見入要義作人通解作入

子嫁反在父之室

故須言三年也陳閩俱無故須二字

鄭知遭喪後被出者陳閩俱無遭字

仍爲父母不降知者知要義作之

公士大夫之衆臣

天子諸侯下公卿大夫公上閩本有有字

傳曰公卿大夫室老士貴臣臣下通典有也字○君謂有地者也通典作君有菜地者皆曰君也按通典八十七卷五服成服篇及八十八卷斬縗三年篇兩引皆同

孤卿大夫有菜邑者通解同毛本菜作采下同要義作采

不嫌相遍通也陳閩通解俱無通字

但其君以死矣要義同毛本以作已

兼畿外諸侯下卿大夫也外陳閩俱作内下毛本作公陳本要義俱作下案以下文考之外字當從陳閩作内以前節疏考之下公二字宜兼有之

儀禮疏卷第三十

唐朝散大夫行大學博士弘文館學士臣賈公彥等撰

疏衰裳。齊牡麻絰。冠布纓。削杖。布帶。疏屨。三年者。疏猶麤也。【疏】疏衰至年者。注疏猶麤也。釋曰此齊衰三年章以輕於斬故次斬後。疏猶麤也麤衰者案上斬衰章中爲君三升半麤衰鄭注雜記云微細焉則屬於麤則三升正服斬不得麤名三升半成布三升微細則得麤稱麤衰爲在三升斬內以斬爲正故沒義服之麤至此四升始見麤也若然爲父哀極直見深痛之斬不沒八功之麤至於義服斬衰之等乃見麤稱至於大功小功更見人功之顯緦麻極輕又表細密之事皆爲哀有深淺故作文不同也斬衰先言斬者一則見先斬其布乃作衰裳二則見爲父極哀先表斬之深重此齊衰稍輕直見造衣之法衰裳既就乃始緝之是以斬衰斬在上齊衰齊在下牡麻絰者斬衰絰不言麻此齊衰絰見麻者彼有杖杖亦苴故不得言麻此絰文摠不兼杖故得言麻也云冠布纓者案斬衰冠繩纓退在絞帶下使不蒙苴齊冠布纓無此義故進之使與絰同處此布纓亦如上繩纓以一條爲武垂下爲纓也云削杖布帶者並不取蒙苴之義故在常處但杖實是桐不言桐者以斬衰杖不言竹使蒙苴故闕竹字此既不取蒙苴亦不言桐者欲見母比父削殺之義故亦沒桐文也布帶者亦象革帶以七升布爲之此即下章帶緣各視其冠是也齊斬不言布此纓帶言布者以對斬衰纓帶用繩故此須言用布之事也疏屨者疏取用草之義即爾雅云疏不熟之疏若然注云疏猶麤者直釋經疏衰而已不釋疏屨之疏若然斬衰章言菅屨見草體者以其重故見草體舉其惡貌此言疏以其稍輕故舉草之摠稱自此以下各舉差降之宜故不杖章言麻屨齊衰三月與大功同繩屨小功緦麻輕又沒其屨號言三年者以其爲母稍輕故表其年月若然父在爲厭降至期今既父卒直申三年之衰猶不申斬者以天無二日家無二尊也是以父雖卒後仍以餘尊所厭直申三年不得申斬也云者者亦如斬衰章文明者爲下出也

傳曰。齊者何。緝也。牡麻者。枲麻也。牡麻絰。右本在上。冠者沽功也。疏屨者。藨蒯之菲也。沽猶麤也冠尊加其麤麤功大功也齊衰不書受月者亦天子諸侯卿大夫士虞卒哭異數【疏】傳曰至菲也。注沽猶至異數。釋曰緝則今人謂之爲緶也上章傳先云斬者何不緝也此章言齊對斬故亦先言齊者何緝也云牡麻者枲麻也者此枲對上章苴苴是惡色則枲是好色故閒傳云斬衰貌若苴齊衰貌若枲也云牡麻絰右本在上者上章爲父左本在下者陽統於內則此爲母陰統於外故右本在上也云疏屨者藨蒯之菲也者藨是草名案玉藻云屨蒯席則蒯亦草類云冠尊加其麤麤功大功也者此鄭雖據齊衰三年而言冠尊加服皆同是以衰裳升數恒少冠之升數恒多冠在首尊既冠從首尊故加飾而升數恒多也斬冠六升不言功者六升雖是齊之末末得沽稱故不見人功此三年齊冠七升初入大功之境故言沽功始見人功沽麤之義故云麤功見人功麤大不精者也云齊衰不書受月者亦天子諸侯卿大夫士虞卒哭異數者其義說與斬章同故云亦也

父卒則爲母。尊得伸也【疏】父卒則爲母。注尊得伸也。釋曰此章專爲母三年重於期故在前也。直云父卒爲母足矣而云則者欲見父卒三年之內而母卒仍服期要父服除後而母死乃得伸三年故云則以差其義也必知義如此者案內則云女子十有五而笄二十而嫁有故二十三年而嫁注云故謂父母之喪言二十三而嫁不止一喪而已故鄭并云父母喪也若前遭母喪後遭父喪自然爲母期爲父三年二十三而嫁可知若前遭父服未闋即得爲母三年則是有故二十四而嫁不止二十三也知者假令女年二十二月嫁要之月將嫁正月而遭父喪并後年正月爲十三月小祥又至後年正月大祥女年二十二欲以三月將嫁又遭母喪至後年正月十三月大祥女年二十三將嫁此是父服將除遭母喪猶不得爲申三年況遭父喪在小祥之前何得即申三年也是父服未除不得爲母三年之驗一也又服問注曰爲母既葬衰八升亦據父卒爲母與父在爲母同五升衰裳八升冠既葬以其冠爲之受衰八升是父卒爲母未得申三年之驗二也間傳云爲母既虞卒哭衰七升者乃是父服除後乃爲母申三年初死衰四升冠七升既葬以其冠爲之受衰七升與此經同是父服除後爲母乃申三年之驗是三也諸解者全不得思此義妄解則文說義多塗皆爲謬也尊得伸者得伸三年猶未伸斬

繼母如母。【疏】繼母如母。釋曰繼母本非骨肉故次親母後謂己母早卒或被出之後繼續己母喪之如親母故云如母但父卒之後如母明父在如母可知下期章不言者舉父沒後明父在如母可知慈母之義亦然皆省文也故皆舉後以明前也若然直言繼母載在三年章內自然如母可知而言如母者欲見生事死事一皆如己母也

傳曰。繼母何以如母。繼母之配父。與因母同。故孝子不敢殊也。因猶親也【疏】傳曰至殊也。釋曰傳發問者以繼母本是路人今來配父輒如己母故發斯問荅云繼母配父即是片合之義既與己母無別故孝子不敢殊異之也

慈母如母。【疏】慈母如母。釋曰慈母非父片合故次後也云如母者亦生禮死事皆如己母

傳曰。慈母者何也。傳曰。妾之無子者。妾子之無母者。父命妾曰。女以爲子。命子曰。女以爲母。若是。則生養之。終其身如母。死則喪之三年如母。貴父之命也。此主謂大夫士之妾妾子之無母父命爲母子者其使養之不命爲母子則亦服庶母慈己之服可也大夫之妾子父在爲母大功則士之妾子爲母期矣父卒則皆得伸也【疏】傳曰至命也。釋曰傳別舉傳者是子夏引舊傳證成己義故也欲見慈母之義舊己如此故須重之如己母也云妾之無子者謂舊有子今無者失子之妾有恩慈深則能養他子以爲己子者也若未經有子恩慈淺則不得立後而養他不云君命妾曰而云父者對子而言父故言父也必先命母者容子小未有所識乃命之或養子是然故先命母也云若是則生養之終其身者案內則云孝子之身終終身也者非終父母之身終其身也彼終其身爲終孝子之身此終其身下乃云如母死則喪之三年則以慈母輕於繼母言終其身唯據終慈母之身而已明三年之後不復如是以小記云慈母不世祭亦見輕之義也云如母貴父之命也者一非骨血之屬二非配父之尊但唯貴父之命故也傳所引唯言妾之子與妾相事者案喪服小記云爲慈母後者爲庶母可也爲祖庶母可也鄭云緣爲慈母後

之義父之妾無子者亦可命己庶子爲後又云即庶子爲後此皆子也傳重而已不先命之與適妻使爲母子也若然此父命妾之文兼有庶母祖庶母但不命女君與妾子爲母子而已。注此謂至伸也。釋曰鄭知此主謂大夫士之妾妾子之無母父命爲母子者知非天子諸侯之妾與妾子者案下記云公子爲其母練冠麻衣縓緣既葬除之父沒乃大功明天子庶子亦然何有命爲母子爲之三年乎故知主謂大夫士之妾與妾子也云其使養之不命爲母子則亦服庶母慈己之服可也者小功章云君子子爲庶母之慈己者注云君子子者大夫及公子之適妻子彼謂適妻子備三母有師母慈母保母慈居中服之則師母保母服可知是庶母爲慈母服小功下云其不慈己則緦可也是大夫之適妻子不命爲母子慈己加服小功若妾子爲父之妾慈己加服小功可知若不慈己則緦麻矣士爲庶母緦麻章云士爲庶母傳曰以名服也故此云不命爲母子則亦服庶母慈己者之服可也云大夫之妾子父在爲其母大功者大功章云大夫之庶子爲其母是大功也云士之妾子爲其母期矣者期章云父在爲母不可言士之妾子爲其母鄭知者推究其理大夫妾子厭降爲母大功士無厭降明如衆人服期也云父卒則皆得伸也者士父在已伸矣但大夫妾子父在大功者父卒則與士皆得伸三年也

母爲長子。〔疏〕母爲長子。釋曰長子卑故在母下但父。爲長子在斬章母爲長子在齊衰以子爲母服齊衰母爲之不得過於子爲己故亦齊衰也若然長子與衆子爲母父在期若夫在爲長子豈亦不得過於子爲己服期乎然者子爲母有降屈之義父母爲長子本爲先祖之正體無厭降之義故不得以父在屈至期明母爲長子不問夫之在否也

傳曰。何以三年也。父之所不降。母亦不敢降也。不敢降者不敢以己尊降祖禰之正體〔疏〕傳曰至降也。釋曰云何以三年者此亦問比例父母爲衆子期等是子此何以獨三年云父之所不降母亦不敢降也者斬章又云何以三年荅云正體於上將所傳重不降故降也者云不敢降故荅云父之所不降母亦不敢降若然夫不敢降妻亦不敢降而云父母者以其父母各自爲子故父不母各何以三年而問之是以荅各據父母爲子而言不據夫妻也。注不敢至正體。釋曰云不敢以己尊降祖禰之正體者上傳於父已荅云正體於上是以鄭解母不降亦與父同以夫婦一體故不降之義亦等

疏衰裳齊。牡麻絰。冠布纓。削杖。布帶。疏屨。期者。〔疏〕疏衰至期者。釋曰案下章不言疏衰已下者還依此經所陳唯言不杖及麻屨異於上者此章疏衰已下與前章不殊唯期一字與前三年有異今不直言其異而還具列之者以其此一期與前三年懸絕恐服制亦多不同故須重列七服者也但此章雖止一期而禫杖具有案下雜記云期之喪十一月而練十三月而祥十五月而禫注云此謂父在爲母即是此章者也母之與父恩愛本同爲父所厭屈而至期是以雖屈猶申禫杖也爲妻亦申妻雖義合妻乃天夫爲夫斬衰爲妻報以禫杖但以夫尊妻卑故齊斬有異

傳曰。問者曰。何冠也。曰。齊衰大功。冠其受也。緦麻小功。冠其衰也。帶緣各視其冠。問之者見斬衰有二其冠同今齊衰有四章不知其冠之異同爾緣如深衣之緣今文無冠布纓〔疏〕傳曰至其冠。釋曰云問者曰何冠也者此還子夏之問荅而言問者曰者子夏欲起發前人使之開悟故假他問荅已之言也云曰齊衰大功冠其受也者降服齊衰四升冠七升既葬以其冠爲受衰七升冠八升正服齊衰五升冠八升既葬以其冠爲受衰八升冠九升義服齊衰六升冠九升既葬以其冠爲受受服衰九升冠十升降服大功衰七升冠十升既葬以其冠爲受受衰十升冠十一升正服大功衰八升冠十升既葬以其冠爲受受衰十升冠十一升義服大功衰九升冠十一升既葬以其冠爲受受衰十一升冠十二升以其初死冠升皆與既葬衰升數同故云冠其受也大功亦然云緦麻小功冠其衰也者以其降服小功衰十升正服小功衰十一升義服小功衰十二升緦麻十五升抽其半七升半冠皆與衰升數同故云冠其衰也義疏備於下記也云帶緣各視其冠者帶謂布帶象革帶者緣謂喪服之內中衣緣用布緣之二者之布升數多少視猶比也各比擬其冠也然本問齊衰之冠因荅大功與緦麻小功并荅帶緣者子夏欲因問博陳其義是以假問荅異常例也。注問之至布纓。釋曰云問之者見斬衰有二其冠同者下記云斬衰三升三升有半冠六升是其冠同也云今齊衰有四章不知其冠之異同爾者下記云齊衰四升其冠七升既葬以其冠爲受受衰七升冠八升唯見此降服齊衰不見正服義服及三月齊衰一章不見以不知其冠之異同故致此問也云緣如深衣之緣者案深衣目錄云深衣連衣裳而純之以采素純曰長衣有表則謂之中衣此既在喪服之內則是中衣矣而云深衣以其中衣與深衣同是連衣裳其制大同故就深衣有篇目者而言之案玉藻云其爲長中繼袪尺注云其爲長衣中衣則繼袂袪一尺若今褎矣深衣則緣而已若然中衣與長衣袂皆手外長一尺案檀弓云練時鹿裘衡長袪注云袪謂褎緣袂口也練而爲裘橫廣之又長之又爲袪則先時狹短無袪可知若然此初喪之中衣緣亦狹短不得如玉藻中衣繼袂袪一尺者也但吉時麛裘即凶時鹿裘吉時中衣深衣目錄云大夫以上用素士中衣不用布緣皆用采況喪中緣用布明中衣亦用布也其中衣用布雖無明文亦當視冠若然直言緣視冠不言中衣緣用采故特言緣用布何妨喪時中衣亦用布乎云今文無冠布纓者鄭注儀禮從經今文者注內疊出古文不從古文若從經古文者注內疊出今文不從今文此注既疊出今文明不從今文從經古文有冠布纓爲正也

父在爲母。〔疏〕父在爲母。釋曰斬章直言父即知子爲之可知今此言母亦知子爲之而言父在爲母者欲明父母恩愛等爲母期者由父在厭故爲母屈至期故須言父在爲母也

傳曰。何以期也。屈也。至尊在。不敢伸其私尊也。父必三年然後娶。達子之志也。〔疏〕傳曰至之志也。釋曰上章已論斬衰不同詭故傳直言何以期而不三年決之也屈也者荅辭以家無二尊故於母屈而爲期是以云至尊在不敢伸其私尊也解父在母屈之意也言不敢伸其私尊明子於父母本尊若然不直言尊而言私尊者其父非直於子爲至尊妻於夫亦至尊母則於子爲尊夫不爲尊之直據子而言故言私也若然夫妻敵體而言屈公子爲母練冠在五服之外不言屈者舉尊以見卑屈可知大夫妾子爲母大功亦斯類也云父必三年然後娶達子之志也者子於母屈而期心喪猶三年故父雖爲妻期而除三年乃娶者通達子之心喪之志故也不云心而言志者心者萬慮之總喜怒哀樂好惡六情皆是情則爲志母雖一期哀猶未絕是六情之中而哀偏在故云志也不云心也左氏傳晉叔向云一歲王有三年之喪二據大子與穆后天子爲后亦期而云三年喪者據達子之志而言三年也

妻傳曰。爲妻何以期也。妻至親也。適子父在則爲妻不杖以父爲之主也服問曰君所主夫人妻大子適婦父在子爲妻以杖即位謂庶子〔疏〕妻傳曰至親也。釋曰妻卑於母故次之夫爲妻年月禫杖亦與母同故同章也以其出嫁天夫爲夫斬故夫爲之亦與父在爲母同傳曰何以期也者傳意以妻擬母母是血屬得期怪妻義合亦期故發此之傳也此問異於常例上問母直云何以期今云爲妻乃云何以期者雷氏云妻卑以擬同於母故問深於常也云妻至親也荅以妻至親故同於母言妻至親者妻既移天齊體與己同奉宗廟爲萬世之主故云至親也。注適子至庶子。釋曰云適子父在則爲妻不杖以父爲之主也者不杖章之文也又引服問者鄭彼注云言妻見大夫已下亦爲此三人爲喪主也若士卑爲此三人爲喪主可知若然至此經爲妻非直是庶子爲妻欲見兼有適子父沒爲妻在其中云父在子爲妻以杖即位謂庶子者案喪服小記云父在子爲妻以杖即位可是也引之者證經云是天子以下至士庶人父皆不爲庶子之妻爲喪主故夫皆爲妻杖得伸也

出妻之子爲母。出猶去也〔疏〕出妻之子爲母。釋曰此謂母犯七出去謂去夫氏或適他族或之本家子從而爲服者也七出者無子一也淫泆二也不事舅姑三也口舌四也盜竊五也妒忌六也惡疾七也天子諸侯之妻無子不出唯有六出耳雷氏云子無出母之義故繼夫而言出妻之子也

傳曰。出妻之子爲母期。則爲外祖父母無服。傳曰。絕族無施服。親者屬。出妻之子爲父後者。則爲出母無服。傳曰。與尊者爲一體。不敢服其私親也。在旁而及曰施親者屬母子至親無絕道〔疏〕傳曰至私親也。釋曰云出妻之子爲母期則爲外祖父母無服者傳意似言出妻即是絕族故於外祖可以無服恐人疑爲之服故傳明言之也又云傳曰者子夏引他舊傳證成己義云絕族者嫁來承奉宗廟與族相連綴今出則與族絕故云絕族也無施服者傍及爲施以母爲族絕即無傍及之服也云親者屬者舊傳解母被出猶爲母之服也云出妻之子爲後者則爲出母無服者舊傳釋爲父後者謂父沒適子承重不合爲出母服意云傳曰者子夏釋舊傳意云與尊者爲一體者不言與父爲體而言與尊者上斬衰章已有傳云正體於上將所傳重釋相承父祖已上皆是尊者故不言父也但事宗廟祭祀者不欲聞見凶人故雜記云有死於宮中三月不祭況有故可得祭乎是以不敢服其私親也父已與母無親子獨親之故云私親也。注在旁至絕道。釋曰云在旁而及曰施者詩云莫莫葛藟施于條枚葛與女蘿施于松上皆是在旁而及曰施此以母爲主旁及外祖今母已絕族不復及在旁故云無施服也云親者屬母子至親無絕道者屬猶續也孝經云父母生之續莫大焉故謂母子爲無絕道屬對父與母義合有絕道故云母子至親無絕道者

父卒。繼母嫁。從爲之服報。傳曰。何以期也。貴終也。嘗爲母子貴終其恩〔疏〕父卒繼母嫁從爲之服報。釋曰云父卒繼母嫁者欲見此母爲父已服斬衰三年恩意之極故子爲之一期得伸禫杖但以不生已父卒改嫁故降於已母雖父卒後不伸三年一期而已云從爲之服者亦爲本是

路人暫時之與父片合父卒還嫁便是路人子仍著服故生從爲之文也報者喪服上下幷記云報者十有二無降殺之差感恩者皆稱報若此子念繼母恩終從而爲服母以子恩不可降殺即生報文餘皆放此

不杖麻屨者。此亦齊衰言其異於上【疏】不杖麻屨者○注此亦至於上○釋曰案上斬章布總箭笄亦是異於上鄭不言之至此乃注者彼亦是異於上不言者以下文更有公士大夫之衆臣爲其君布帶繩屨亦是異於上同是斬衰而有二文皆異故不得言異於上直注云此妻妾女子子異於男子而已此則雖是別章唯此二事異於上故得言之也此不杖章輕於上禫杖故次之又云此章與上章雖杖與不杖不同其正服齊衰裳皆同五升而冠八升則不異也必知父在爲母不衰四升冠七升與上三年齊衰同者見鄭注雜記云士以臣從君服之齊衰爲其母與兄弟是父在爲母與兄弟同正服五升八升之驗也又鄭注服問云爲母既葬衰八升是初死衰五升冠八升既葬以其冠爲受受衰八升冠九升是亦爲母同正服衰五升之驗也又案此章云不杖麻屨鄭云言其異於上則上章下疏衰之等亦同又是爲母同正服五升之驗也案下記云齊衰四升冠七升及閒傳云爲母既虞受衰七升者唯據上章父卒爲母齊衰三年者也

祖父母。【疏】祖父母○釋曰孫爲之服喪服條例皆親而尊者在先故斬章先父三年齊衰先母此不杖期先祖亦是其次若然此章有降有正有義服之本制若爲父期祖合大功爲父母加隆至三年祖亦加隆至期是以祖在於章首得其宜也

傳曰。何以期也。至尊也。【疏】傳曰至尊也○釋曰云何以期也至尊也者此據母而問所生之母至親唯期而已祖爲孫止大功孫爲祖既疏何以亦期荅云至尊也者祖爲孫降至大功似父母於子降至期祖雖非至親是至尊故期若然不云祖至尊而直云至尊者以是父之至尊非孫之至尊故直云至尊也

世父母。叔父母。【疏】世父母叔父母○釋曰世叔既卑於祖故次之伯言世者欲見繼世爲昆弟之子亦期不言報者以昆弟之子猶子若言報爲疏故不言報也

傳曰。世父叔父何以期也。與尊者一體也。然則昆弟之子何以亦期也。旁尊也。不足以加尊焉。故報之也。父子一體也。夫妻一體也。昆弟一體也。故父子首足也。夫妻牉合也。昆弟四體也。故昆弟之義無分。然而有分者。則辟子之私也。子不私其父。則不成爲子。故有東宮。有西宮。有南宮。有北宮。異居而同財。有餘則歸之宗。不足則資之宗。世母叔母何以亦期也。以名服也。宗者世父爲小宗典宗事者資取也爲姑姊妹在室亦如之【疏】傳曰至名服也○釋曰傳發何以期問比例者雷氏云非父之所尊嫌服重故問也不直云何以言世父叔父者以經總言而傳離釋故二文欲別問也云與尊者一體也者雖非至尊既與尊者爲一體故服期不言與父爲一體者直言尊者明父爲一體也爲與一尊

故加期也云然則昆弟之子何以亦期也者以世叔父與二尊爲體故加期昆弟之子無此義何以亦期故怪而致問也云旁尊也不足以加尊焉故報之也者凡得降者皆由已尊也故降之世叔非正尊故生報也云父子一體已下云云傳云此者上既云一體故傳又廣明一體之義凡言體者若人之四體故傳解父子夫妻兄弟還比人四體而言也云父子一體也者謂子與父骨血是同爲體因其父與祖亦爲一體又見世叔與祖亦爲一體也云夫妻一體也者亦見世叔母與世叔父爲一體也云昆弟一體也者又見世叔與父亦爲一體也故馬云言一體者還是至親因父加於世叔故云昆弟一體因世叔加於世叔母故以夫妻一體也因上世叔是旁尊故以下廣明尊有正有旁之義也人身首足爲上下父子亦是尊卑之上下故父子比於首足因父子兼見祖孫故馬云首足者父尊若首加祖在期子卑若足胥孫在總也云夫婦牉合也者郊特牲云天地合而后萬物與焉是夫婦半合子惰生爲是半合爲一體也云昆弟四體也者四體謂二手二足在身之旁昆弟亦在父之旁故云四體也云故昆弟之義無分者此傳兄弟有合離之義以手足四體本在一身不可分別若昆弟共成父身亦不可分別是昆弟之義不合分也云然而有分者則辟子之私也者昆弟理不合分然而分者則辟子之私也使昆弟之子各自私朝其父故須分也云子不私其父則不成爲子者內則云子事父母鷄初鳴咸盥潄櫛纚笄總朝事父母若兄弟同在一宮則尊崇諸父之長者第二己下其子不得私其父不成爲人人之子之法也云故有東宮有西宮云云案內則云命士以上父子異宮不命之士父子同宮繼同宮亦有隔別亦爲四方之宮也云世母叔母何以亦期也以名服也者二母是路人以來配世叔父則生母名既有母名則當隨世叔而服之故云以名服也○注宗者至如之○釋曰案喪服小記云繼別爲大宗繼禰爲小宗夫宗繼別子之後百世不遷之宗在五服之中者族人爲之月筭如邦人如爲齊衰齊衰三[illegible]章宗子是也小宗有四皆據五服之內依常著服五世別[illegible]祖則別事親者今宗子在期章之內明非大宗子是世父[illegible]小宗典宗事者也云爲姑姊妹在室亦如之者大功章云[illegible]姑嫁大功明未嫁在此期章若然不見姑者雷云不見姑者欲見時早出之義

大夫之適子爲妻。【疏】大夫之適子爲妻○釋曰云大夫之適[illegible]爲妻在此不杖章則上杖章爲妻者是庶子爲妻父沒後[illegible]子亦爲妻杖亦在彼章也

傳曰。何以期也。父之所不降。子亦不敢降也。何以不杖也。父在則爲妻不杖。大夫不以尊降適婦者重適也凡不降者謂如其親服服之[illegible]有四品君大夫以尊降公子大夫之子以猒降公之昆弟以[illegible]旁尊降爲人後者女子子嫁者以出降【疏】傳曰至不杖○釋曰怪[illegible]以期發比例而問者大夫衆子爲妻皆大[illegible]今令適子爲妻期故發問也云父之所不降子亦不敢降[illegible]者大功章有適婦注云適子之妻是父不降適婦也云子[illegible]不敢降者謂不敢降至大功與庶子同也云何以不杖也[illegible]既不降怪不杖故發問也父在爲妻不杖者父爲適子之[illegible]爲喪主故適子不敢伸而杖也服問云君所主夫人妻夫[illegible]適婦是大夫爲適婦爲喪主也故子不杖也若然此適子[illegible]妻通貴賤今不云長子通上下而云適子唯據大夫者以[illegible]子始爵爲降服之始嫌降適婦其子亦降其妻故明卑大[illegible]不降天子諸侯雖尊不降可知○注大夫至出降○釋曰[illegible]大夫不以尊降適婦者重適也者此解經文所不降適子[illegible]婦對大夫爲庶子之婦小功是尊降也云凡不降者謂[illegible]

昆弟。[illegible]

爲衆子。[illegible]

昆弟之子。傳曰。何以期也。報之也。[illegible]

大夫之庶子爲適昆弟。兩言之者適子或爲兄或爲弟【疏】[illegible]

傳曰。何以期也。父之所不降。子亦不敢降也。大夫雖尊不敢降其適重之也適子爲庶昆弟庶昆弟相爲亦如大夫爲之

〔疏〕傳曰至降也○釋曰云父之所不降者即斬章父爲長子是也云子亦不敢降者於此服期是也發何以傳者餘兄弟相爲皆大功獨爲適服期故發問比例之傳也○注大夫至爲之○釋曰云大夫雖尊不敢降其適重之也者釋傳父之所不降云適子爲庶昆弟已下鄭廣明大夫與適子所降者以大夫適子得行大夫禮故父子俱降庶庶又自相降也如大夫爲之皆大功也

適孫。〔疏〕適孫○釋曰孫卑於昆弟故次之此謂適子死其適孫承重者祖爲之期

傳曰。何以期也。不敢降其適也。有適子者無適孫。孫婦亦如之。周之道適子死則立適孫是適孫將上爲祖後者也長子在則皆爲庶孫耳孫婦亦如之適婦在亦爲庶孫之婦凡父於將爲後者非長子皆期也〔疏〕傳曰至如之○釋曰傳云何以問比例者亦爲衆孫大功此獨期故發問也云有適子者無適孫者謂適子在不得立適孫爲後也云孫婦亦如之亦謂不立之故云亦如之也○注周之至期也○釋曰云周之道適子死則立適孫是適孫將上爲祖後者也者此釋祖爲孫服重之義言周之道對殷道則不然以其殷道適子死弟乃當先立故言周之道也云長子在則爲庶孫耳者既適子在不得立孫明同庶孫之例云凡父於將爲後者非長子皆期也者案喪服小記云適婦不爲舅後者則姑爲之小功注云謂夫有廢疾他故若死而無子不受重者小功庶婦之服也凡父母於子舅姑於婦將不傳重於適及將傳重者非適服之皆如衆子庶婦也是以鄭云凡父母於子舅姑於婦非長子皆期明非長子婦及於非適孫傳重同於庶孫大功可知也若然長子爲父斬父亦爲斬適孫承重爲祖斬祖爲之期不報之斬者父子一體本有三年之情故特爲祖斬祖爲孫本非一體但以報期故期不得斬也

爲人後者。爲其父母報。〔疏〕爲人後者爲其父母報○釋曰此謂其子後人反來爲父母在者欲其厚於所後薄於本親抑之故次在孫後也若然既爲本生不降斬至禫杖章者亦是深抑厚於大宗也言報者既深抑之使同本疏往來相報之法故也

傳曰。何以期也。不貳斬也。何以不貳斬也。持重於大宗者。降其小宗也。爲人後者孰後。後大宗也。曷爲後大宗。大宗者。尊之統也。禽獸知母而不知父。野人曰。父母何筭焉。都邑之士。則知尊禰矣。大夫及學士則知尊祖矣。諸侯及其大祖。天子及其始祖之所自出。尊者尊統上。卑者尊統下。大宗者。尊之統也。大宗者。收族者也。不可以絶。故族人以支子後大宗也。適子不得後大宗。都邑之士則知尊禰近政化也大祖始封之君始祖者感神靈而生若稷契也自由也及始祖之所由出謂祭天也上猶遠也下猶近也收族者謂别親疏序昭穆大傳曰繫之以姓而弗别綴之以食而弗殊雖百世昏姻不通者周道然也〔疏〕傳曰至大宗○釋曰問者本生父母應斬及三年今乃不

杖期故問比例也云不貳斬者荅辭又不貳斬者持重於大宗者降其小宗此解不貳斬之意也此問荅雖兼母專據父故荅以斬而言案喪服小記云别子爲祖繼别爲大宗謂君魯桓公適夫人文姜生大子名同後爲君次子慶父叔牙季友此三子謂之别子别子者皆以臣道事君無兄弟相宗之法與大子有别又與後世爲始故稱别子也大宗有一小宗有四大宗一者别子之子適者爲諸弟來宗之即謂之大宗自此以下適適相承謂之百世不遷之宗五服之内親者月筭如邦人五服之外皆來宗之爲之齊衰齊衰三月章爲宗子之母妻是也小宗有四者謂大宗之後生者謂别子之弟小記注云别子之世長子兄弟宗之弟二已下長者親弟來宗之爲繼禰小宗更一世長者非直親兄弟又從父昆弟亦來宗之爲繼祖小宗更一世長者非直親昆弟從父昆弟又有從祖昆弟來宗之爲繼曾祖小宗更一世長者非直有親昆弟從父昆弟從祖昆弟來宗之又有從曾祖昆弟來宗之爲繼高祖小宗也更一世絶服不復來事以彼自事五服内繼高祖已下者也四者皆是小宗則家家皆有兄弟相事長者之小宗雖家家盡有小宗仍世事繼高祖已下之小宗也是以上傳云有餘則歸之宗亦謂當家之長爲小宗者也云爲人後者孰後後大宗也者此問小宗大宗二者與何者爲後後大宗也案何休云小宗無後當絶與此義同也又云後大宗者降其小宗此則繼爲人後爲父母父母尚降明餘皆降也故大功章云爲人後者爲其昆弟是降小宗之類也云曷爲後大宗大宗者尊之統者此問必後大宗何意也明宗子尊統領是以書傳云宗子燕族人於堂宗婦燕族人於房序之以昭穆既有族食族燕齒序族人之事是以須後不可絶也故云尊之統也云禽獸已下者因上尊宗子遂廣申尊祖宗子之事也云禽獸知母不知父者爾雅云兩足而羽謂之禽四足而毛謂之獸彼對文而言之也若散文言之獸亦名禽禽獸所生唯知隨母不知隨父是知母不知父云野人曰父母何筭焉者野人謂若論語鄭注云野人粗畧與都邑之士相對亦謂國外爲野人野人稍遠政化都邑之士爲近政化周禮云野自六尺之類者不知分别父母尊卑也云都邑之士則知尊禰者士下對野人上對大夫則此士所謂在郭之士弁在城郭士民知義禮者總謂之爲士也云大夫及學士則知尊祖者此學謂鄉庠序及國之大學小學之學士文王之世子亦云學士雖未有官爵以其貴知四術閑知六藝知祖義父仁之禮故徹父遂尊祖得與大夫之貴同也諸侯及其大祖天子及其始祖皆是爵尊者其德所及遠之義也云大宗收族已下謂論大宗立後之意也云適子不得後大宗者以其自當主家事并承重祭祀之事故也○注都邑至道然也○釋曰都邑之士者對天子諸侯曰國采地大夫曰都邑故周禮載師有家邑小都大都春秋左氏諸侯下大夫采地亦云邑曰築都曰城散文天子已下皆名都邑都邑之内者其民近政化若然天子諸侯施政化民無以遠近爲異但近者易化遠者難感故民近政化者識深則知尊父遠政化者識淺不知父母有尊卑之别也大祖始封之君者案周禮典命云三公八命卿六命大夫四命其爵皆加一等加一等者八命爲上公九命爲牧八命爲侯伯七命爲子男五命此皆爲大祖後世不毁其廟若魯之周公齊之大公衞之康叔鄭之桓公之類皆是大祖者也云始祖感神靈而生若后稷契也自由也及始祖所由出謂祭天者謂祭所感帝還以始祖配之案大傳云王者禘其祖之所自出以其祖配之是后稷感東方青帝靈威仰所生契感北方黒帝汁光紀所生易緯云三王之郊一用夏正郊特牲云兆日於南郊就陽位則王者建寅之月祀所感帝於南郊還以感生祖配祭周

以后稷殷以契配之故鄭云謂祖配祭天也又鄭注大傳云王者之先祖皆感大微五帝之精以生則不止后稷與契而已但后稷感青帝所生即生民詩云履帝武敏歆據鄭義帝嚳後世妃姜原履青帝大人跡而生后稷殷之先母有娀氏之女簡狄吞燕卵而生契此二者文著故鄭據而言之其實帝王皆有所感而生也云上猶遠也下猶近者天子始祖諸侯及大祖並於親廟外祭之是尊統遠大夫三廟適士二廟中下士一廟是卑者尊統近也若然此論大宗子而言天子諸侯大夫士之等者欲見大宗子統領百世而不遷又上祭别祖子大祖而不易亦是尊統遠小宗子唯統五服之内是尊統近故傳言尊統遠近而云大宗者尊之統也又云大宗者收族是大宗統遠之事也引大傳者案彼稱姓謂正姓若殷子周姬之類綴之以食者以食禮相連綴使不相疏若宗子與族人行族食族燕者也云百世婚姻不通周道然者對殷道則不然謂殷家不繫之以正姓但五世絶服以後庶姓别於上而戚單於下下婚姻通也引之者證周之大宗子統領族人序以昭穆百世不亂之事也

女子子適人者。爲其父母昆弟之爲父後者。〔疏〕女子子至父後者○釋曰女子卑於男子故次男子後

傳曰。爲父何以期也。婦人不貳斬也。婦人不貳斬者。何也。婦人有三從之義。無專用之道。故未嫁從父。既嫁從夫。夫死從子。故父者子之天也。夫者妻之天也。婦人不貳斬者。猶曰不貳天也。婦人不能貳尊也。爲昆弟之爲父後者。何以亦期也。婦人雖在外。必有歸宗。曰小宗。故服期也。從者從其教令歸宗者父雖卒猶自歸宗其爲父後持重者不自絶於其族類也曰小宗者言是乃小宗也小宗明非一也小宗有四丈夫婦人之爲小宗各如其親之服辟大宗〔疏〕傳曰至服期也○釋曰經兼言父母傳特問父不問母者家無二尊故父在爲母期今出嫁仍期但不杖禫而已未多懸絶故不問女子子在室斬衰三年今出嫁與母同在不杖麻屨懸絶故問云爲父何以期也婦人不貳斬也荅辭云婦人不貳斬者何更問不貳斬之意也云婦人有三從之義已下荅辭前斬章云爲人後不云丈夫不貳斬至此女子子云婦人不貳斬者則丈夫容有貳斬故有爲長子皆斬又喪服四制云門内之治恩揜義門外之治義斷恩至於君父别時而喪仍得爲父申斬則丈夫有二斬至於女子子在家爲父出嫁爲夫唯一無三故特言婦人是異於男子故也若然案雜記云與諸侯爲兄弟者服斬是婦人爲夫并爲君得二斬者然則此婦人不貳斬者在家爲父斬出嫁爲夫斬爲父期此其常事彼爲君不可以輕服服君非常之事不得決此也言婦人有三從之義者欲言不貳斬之意婦人從人所從即爲之斬若然夫死從子不爲子斬者子爲母齊衰母爲子不得過齊衰故亦不斬也云婦人不能二尊者欲見不貳斬之義云曰小宗故服期者欲見大宗子百世不遷婦人所歸雖不歸大宗宗内丈夫婦人爲之齊衰三月小宗宗内兄弟父之適長者爲之婦人之所歸宗者歸此小宗遂之期與大宗别傳恐人疑爲大宗故辨之曰小宗故服期也○注從者至大宗○釋曰歸宗者父

雖卒猶自歸宗知義然者若父母在嫁女自當歸寧父母何須歸宗于傳言婦人雖在外必歸宗明是據父母卒者故鄭據父母卒而言若然天子諸侯夫人父母卒不得歸宗以其人君絶宗故許穆夫人衛侯之女父死不得歸賦載馳詩是也云小宗者言是小宗也者鄭解傳意言曰小宗者傳重釋歸宗是乃小宗也云明非一者欲見家家皆有也云小宗有四者已於上釋云丈夫婦人爲小宗各如其親之服者謂各如五服尊卑服之無所加減云遊大宗者大宗則齊衰三月云丈夫婦人五服外皆齊衰三月五服内月筭如邦人亦皆齊衰無大功小功緦麻故云遊大宗也

儀禮注疏卷三十挍勘記　阮元撰盧宣旬摘錄

疏衰裳齊　三年者　唐石經每章皆跳行

以輕於斬　陳閩俱作輕於斬衰章

麤衰者　陳閩俱脫麤字

爲君三升半麤衰　陳閩俱無衰字

云冠布纓者案斬衰下七字陳閩俱脫

疏取用草之義　陳閩俱無疏字

若然注云疏　五字陳閩俱脫

直釋經疏衰而已不釋疏屨之疏　通解同毛本經作經陳閩俱脫疏衰而已不釋六字

傳曰齊者何

此枲對上章苴　此陳閩俱作以

屨蒯席　屨陳閩通解要義俱作屨○按玉藻作屨

始見八功沽麤之義　始陳閩俱作姑

父卒則爲母

若前遭父服未闋　服要義作喪通解喪服二字並有

女年二十三將嫁　要義同通解年作是毛本通解將作而○按而字是

爲母乃申三年之驗是三也　要義同毛本通解無是字

全不得思此義　要義無思字

妄解則文說義多塗　通解無義字按此八字當四字爲一句妄解則文者謂妄解經文則字之義也黃氏刪義字則七字作一句讀恐非

傳曰繼母何以如母

卽是片合之義　片通解要義俱作片下節疏同毛本作牉魏氏曰片合下經云牉合普半反

傳曰慈母者何也○如母死則喪之三年　如閩葛通解俱作慈按傳文兩言如母疏俱屬下讀於文義未順宜俱屬上讀謂生養死喪皆如母也如此則通解以如爲慈之誤不辨自明

此主謂大夫士之妾妾子之無母父命爲母子者其使養之不命爲母子則亦服庶母慈已之服可也　徐本通典集釋通解要義敖氏俱如此與疏合毛本脫二十字衍一也字楊氏與毛本同○通典通解敖氏已下俱有者字

父在爲母大功　浦鏜云爲母疏作爲其母下句同

則不得立後而養他　要義同毛本通解他下有子字

一非骨血之屬　陳本要義同毛本通解敖氏血俱作肉

故知主謂大夫士之妾　謂閩本作爲

母爲長子

然者　陳閩通解俱作而母爲長子不問夫之在否皆三年者按此盖黃氏臆改

疏衰裳齊

故須重列七服者也　七陳閩俱作士

傳曰問者曰

見斬衰有二　徐本集釋通解要義同毛本無見字二作三

正服大功衰八升　八陳閩俱作七

皆與既葬衰升數同　通解要義同毛本無皆字

緦麻十五升抽其半七升半　陳閩俱無七升半三字

見斬衰有二　要義同毛本二作三

又爲袪　袪陳閩俱作袂○按陳本非也檀弓上注作袪

士中衣不用布　陳閩通解要義同毛本無本字○按不字疑衍文

若從經古文者注内疊出今文　陳閩俱無下七字閩本從作然

傳曰何以期也屈也

故父雖爲妻期而除　陳閩俱無而除二字

妻傳曰

怪妻義合亦期　怪妻陳閩通解俱作妻惟

故發此之傳也　此下陳閩俱有何以二字通解有何以二字無此字

父在子爲妻以杖卽位可是也　要義同毛本是作知○按作是是也喪服小記作父在庶子爲妻此脫庶字

出妻之子爲母

此謂母犯七出去　去要義作出

子從而爲服者也　陳閩俱無爲字通解爲下有之字

子無出母之義　陳閩通解俱無子字

傳曰出妻之子爲母期

傳意似言出妻　似陳閩俱作是

不合爲出母服意　陳閩俱無爲字

已有傳云正體於上　於陳閩俱作與

況有故可得祭乎　要義同毛本通解故作服按故字是

父卒繼母嫁

暫時之與父片合　要義同毛本通解無之字毛本片作牉要義通解俱作片

無降殺之差　差陳閩通解俱作義

從而爲服　陳本通解要義同毛本服作報

不杖麻屨者

彼亦是異於上　彼陳閩俱作從

不衰四升冠七升　七陳閩俱作十

傳曰何以期也

祖爲孫止大功　止陳閩俱作正

傳曰世父叔父

爲姑姊妹在室　徐本集釋俱有姊妹二字與疏合毛本無盧文弨校疏云姊妹二字衍宋本注中已誤金日追云鄭於下昆弟節注云爲姊妹亦如之疏云義同於上章姑在室也則此之誤衍明矣○許宗彥云姑姊妹連文或姑姊或姑妹通稱姑姊妹左傳以公之姑姊妻之是也應是注脫二字非疏衍也

故加期也　陳閩俱無加字

以世叔父與二尊爲體　要義無父字

與世叔父爲一體也　陳閩俱無父字

故以夫妻一體也　要義同毛本以作云

是夫婦半合　要義同毛本半作牉下同

不成爲人人之子之法也要義毛本不重人字陳閩通解敖氏人下俱無之字

如爲齊衰齊衰三月章齊衰二字陳閩俱不重

傳曰何以期也

女子子嫁者以出降嫁上通典有許字

昆弟

爲姊妹在室爲下通典有姑字

弟弟也下弟字要義作弟下同毛本作第通解此作弟下作第按說文無第字古者兄弟之弟與次弟之弟同字後人不達六書之恉妄爲分別遂改此文

爲衆子

女子子在室徐本集釋敖氏同通解楊氏毛本俱不重子字盧文弨云在室二字疏無

注兼云女子之義按之疑子字之誤

喪服平文是士要義同毛本平作本

故知不服陳閩俱無知字

釋曰翦髮爲鬌陳閩毛本俱誤釋曰爲釋日要義作日下其曰同毛本鬌作鬙要義作鬌與內則合

昆弟之子

是以檀弓爲證按要義此下有滕伯文爲孟虎齊衰云云入字今疏無此說唯通解於經傳後附載檀弓一條要義蓋本諸此當附注篇末或別記於上方抄本誤與疏文相連耳

傳曰何以期也不敢降其適也○孫婦亦如之之石經補缺誤作適

則爲庶孫耳者要義同毛本則下有皆字按各本注俱有皆字

故期不得斬也陳閩通解俱無期字

爲人後者爲其父母報

反來爲父母在者按在下疑脫此字

傳曰何以期也○持重於大宗者毛本持作特唐石經徐陳通典集釋通解要義楊氏敖氏俱作持與單疏述傳合○適子不得後大宗毛本子作人唐石經徐陳閩通典集釋通解要義楊氏敖氏俱作子

感神靈而生張氏曰監本感作咸從監本

繫之以姓而弗別繫徐本通解要義俱作繼通典集釋敖氏俱作繫

持重於大宗者陳本要義同毛本持作特

非直親兄弟又從父昆弟直下陳閩通解俱有有字下同

下復來事通解要義同毛本復作服

明宗子尊統領要義同毛本通解領下有族人二字

遂廣申尊祖宗子之事也祖下陳閩通解俱有以及二字

文王之世子之字衍

閑知六藝閩通解要義同毛本知作之

謂論大宗立後之意也謂論二字要義倒按論謂疑當作論爲

亦云邑曰築要義作亦日邑邑曰築

八命爲上公九命爲牧八命爲侯伯七命爲子男五命要義同毛本作三公爲上公九命卿爲牧爲侯伯七命大夫爲子男五命

帝嚳後世妃姜原毛本原作嫄

履青帝大人跡而生后稷陳閩同毛本履作屨

又上祭別祖子大祖而不易陳本要義同毛本子作於按當云又上祭別子爲大祖而不易

謂殷家不繫之以正姓陳閩俱無殷字

下婚姻通也陳閩俱無下字

傳曰爲父何以期也○婦人不能貳尊也毛本貳作二唐石經徐本通典集釋通解要義楊氏敖氏俱作貳按疏作二恐亦是後人所改

其爲父後持重者持徐本要義俱作特通典集釋俱作持毛本通解作服

各如其親之服通典服下有服之二字

與母同在不杖麻屨要義同毛本屨作履

遂之期要義同毛本通解遂下有爲字

儀禮疏卷第三十一

唐朝散大夫行大學博士弘文館學士臣賈公彥等撰

繼父同居者。【疏】繼父同居者○釋曰繼父本非骨肉故次在女子子之下案郊特牲云夫死不嫁終身不改詩恭姜自誓不許再歸此得有婦人將子嫁而有繼父者彼不嫁者自是貞女守志而有嫁者雖不如不嫁聖人許之故齊衰三年章有繼母此又有繼父之文也傳曰。何以期也。傳曰。夫死妻稺子幼。子無大功之親。與之適人。而所適者。亦無大功之親。所適者。以其貨財爲之築宮廟。歲時使之祀焉。妻不敢與焉。若是則繼父之道也。同居則服齊衰期。異居則服齊衰三月。必嘗同居。然後爲異居。未嘗同居。則不爲異居。妻稺謂年未滿五十子幼謂年十五已下子無大功之親謂同財者也爲之築宮廟於家門之外神不歆非族妻不敢與焉恩雖至親族已絶矣夫不可二此以恩服爾未嘗同居則不服之【疏】傳曰至異居○釋曰何以期也者以本非骨肉故致問也傳曰已下並是引舊傳爲問荅自此至齊衰朞謂子家無大功之內親繼父家亦無大功之內親繼父以財貨爲此子築宮廟使此子四時祭祀不絶三者皆具即爲同居子爲之朞以繼父恩深故也言妻不言母者已適他族與已絶故言妻欲見與他爲妻不合祭已之父故也云異居則服齊衰三月必嘗同居然後爲異居者此一節論異居繼父言異者昔同今異謂上三者若闕一事則爲異居假令前三者仍是具後或繼父有子即是繼父有大功之內親亦爲異居矣如此父死爲之齊衰三月入下文齊衰三月章繼父是也云必嘗同居然後爲異居者欲見前時三者具爲同居後三者一事闕即爲異居之意云未嘗同居則不爲異居謂子初與母往繼父家時或繼父有大功內親或已有大功內親或繼父不爲已築宮廟三者一事闕雖同在繼父家亦名不同居繼父全不服之矣○注妻稺至服之○釋曰鄭知妻稺謂年未滿五十者案內則妾年五十閉房不復御何得更嫁故未滿五十也云子幼謂年十五已下者案論語云可以託六尺之孤鄭亦云十五已下知者見周禮鄉大夫職云國中自七尺以及六十野自六尺以及六十有五皆征之七尺謂年二十六尺謂年十五十五則受征役何得隨母則知子幼十五已下言已下則不通十五以其十五受征明據十四至年一歲已上也云大功之親謂同財者下記云小功已下爲兄弟則小功已下疏故得兄弟之稱則大功之親容同財共活可知云爲之築宮廟於家門之外者以其中門外有已宗廟則知此在大門外築之也必在大門外築之者神不歆非族故也若在門內於鬼神爲非族恐不歆之是以大門外爲之隨母嫁得有廟者非必正廟但是鬼神所居曰廟若祭法云庶人祭於寢也神不歆非族大戴禮文云夫不可二者據傳云妻明據繼父而言以其與繼父爲妻不可更於前夫爲妻而祭故云夫不可二也云此以恩服爾者并解爲繼父期與三月云未嘗同居則不服之者以其同居與異居有服明未嘗同居不服可知

爲夫之君。傳曰。何以

期也。從服也。〔疏〕爲夫之君傳曰至從服也。釋曰此以從服故次繼父下但臣之妻皆稟命於君之夫人不從服小君者欲明夫人命亦由君來故臣妻於夫人無服也不直言夫之君而言爲者以夫之君而言爲者以夫之君從服輕故特言爲夫之君也傳曰何以期者問比例者怪人疏而同親者故發問云從服也以夫爲君斬故妻從服期也

姑姊妹女子子適人無主者。姑姊妹報。〔疏〕姑姊至姊妹報。釋曰此等親出適已降在大功雖矜之服期不絕於夫氏故次義服之下女子子開在上不言報者女子子出適大功反爲父母自然猶期不須言報故不言也姑對姪姊妹對兄弟出適反爲姪與兄弟大功姪與兄弟爲之降至大功今還相爲期故須言報也

傳曰。無主者。謂其無祭主者也。何以期也。爲其無祭主故也。無主後者人之所哀憐不忍降之〔疏〕傳曰至主者也。釋曰云無主者謂其無祭主者無主有二謂喪主祭主傳不言喪主者喪有無後無無主者若當家無喪主或取五服之內親又無五服親則取東西家若無則里尹主之今無主者謂無祭主也故可哀憐而不降也。注無主至降之。釋曰云人之所哀憐者謂行路之人見此無夫復無子而不嫁猶生哀愍況姪與兄弟及父母故不忍降之也若然除此之外餘人爲之服者仍依出降之服而不服加以其餘人恩疏故也不言嫁而云適人者若言適人即謂士也若言嫁之嫁之乃嫁於大夫於本親又以尊降不得言報故云適人不言嫁

爲君之父母妻長子祖父母。〔疏〕爲君之父母妻長子祖父母。釋曰此亦從服輕於夫之君及姑姊妹女子子無主故次之言爲者亦如爲夫之君也

傳曰。何以期也。從服也。父母長子君服斬。妻則小君也。父卒然後爲祖後者服斬。此爲君矣而有父若祖之喪者謂始封之君也若是繼體則其父若祖有廢疾不立父卒者父爲君之孫宜嗣位而早卒今君受國於曾祖〔疏〕傳曰至者服斬。釋曰云父母長子君服斬者欲見臣從君服期若然君之母當在齊衰與君父同在斬者以母亦有三年之服故并言之云妻則小君也者欲見臣爲小君期是常非從服之例云父卒然後爲祖後者服斬者傳解經臣爲君之祖父母服期若君在則爲君祖父母從服期。注此爲至尊祖。釋曰云此爲君矣而有父若祖之喪者謂始封之君也者若周禮典命三公八命其卿六命大夫四命出封皆加一等是五等諸侯爲始封之君非繼體容有祖父不爲君而死君爲之斬臣亦從服期也云若是繼體則其父若祖有癈疾不立者此祖與父合立爲癈疾不立已當立是受國於曾祖若然此二者自是不立今君立不關父祖又云父卒者父爲君之孫宜嗣位而早卒今君受國於曾祖者此解傳之父卒耳鄭意以父祖有癈疾必以今君受國於曾祖不取受國於祖者若今君受國於祖祖薨則羣臣爲之斬何得從服期故鄭以新君受國於曾祖若然曾祖爲君薨羣臣自當服斬若君之祖薨君爲之服斬臣從服期也若然父卒者父爲君之孫宜嗣位而早卒則君之祖亦是癈疾或早死不立是以君之父受國於祖復早卒今君乃受國於曾祖也趙商問已爲諸侯父有癈疾不任國政不任喪事而爲其祖服制度之宜年月之斷云何荅云父卒爲祖後者三年斬何疑趙商又問父卒爲祖後者三年已聞命矣所問者父在爲祖如何欲言三年則父在欲言期復無主斬杖之宜主喪之制未知所定荅曰天子諸侯之喪皆斬衰無期彼志與此注相兼乃具也

妾爲女君。〔疏〕妾爲女君。釋曰妾事女君使與臣事君同故次之也以其妻既與夫體敵妾不得體夫故名妾妾接也接事適妻故妾稱適妻爲女君也

傳曰。何以期也。妾之事女君與婦之事舅姑等。女君君適妻也女君於妾無服報之則重降之則嫌〔疏〕傳曰至姑等。釋曰傳意謂妾或是妻之姪娣同事一人忽爲之重服故發問也荅曰妾之事女君與婦之事舅姑等者婦之事舅姑亦期故云等但並后匹適領覆之階故抑之雖或姪娣使如子之妻與婦事舅姑同也。注女君至則嫌。釋曰云女君於妾無服者諸經傳無女君服妾之文故云無服必無服者鄭解其不服之意是以云報之則重還報以期無尊卑降殺大重也云降之則嫌者若降之大功小功則似舅姑爲適婦庶婦之嫌故使女君爲妾無服也

婦爲舅姑。〔疏〕婦爲舅姑。釋曰文在此者既欲抑妾事女君使如事舅姑故婦事舅姑在下欲使妾情先於婦故婦文在後也

傳曰。何以期也。從服也。〔疏〕傳曰至從服也。釋曰問之者本是路人與子判合則爲重服服夫之父母故問也云從服也者荅辭既得體其子爲親故重服爲其舅姑也

夫之昆弟之子。男女皆是〔疏〕夫之昆弟之子。注男女皆是。釋曰檀弓云兄弟之子猶子也蓋引而進之進同已子故二母爲之亦如已子服期也云男女皆是者據女在室與出嫁與二母相爲服同期與大功故子中兼男女但以義服情輕同婦事舅姑故次在下也

傳曰。何以期也。報之也。〔疏〕傳曰何以期也報之也。釋曰報之者二母與子本是路人爲配二父而有母名爲之服期故二母報子還服期若然上世叔之下不言報至此言之者二父本是父之一體又引同已子不得言報至此本疏故言報也

公妾大夫之妾爲其子。〔疏〕公妾大夫之妾爲其子。釋曰二妾爲其子應降而不降重出此文故次之

傳曰。何以期也。妾不得體君。爲其子得遂也。此言二妾不得從於女君尊降其子也女君與君一體唯爲長子三年其餘以尊降之與妾子同也〔疏〕傳曰至遂也。釋曰傳嫌二妾承尊應降今不降故發問荅云妾不得體君爲其子得遂也者諸侯絕旁期爲衆子無服大夫降一等爲衆子大功其妻體君皆從夫而降之至於二妾賤皆不得體君君不厭妾故自爲其子得伸遂而服期也。注此言至同也。釋曰云唯爲長子三年更云其餘謂已所生第二已下以尊降與妾子同諸侯夫人無服大夫妻爲之大功也

女子子爲祖父母。〔疏〕女子子爲祖父母。釋曰章首已言爲祖父母兼男女彼女據成人之女此言女子子謂十五許嫁者亦以重出其文故次在此也

傳曰。何以期也。不敢降其祖也。經似在室傳似已嫁明雖有出道猶不降〔疏〕傳曰至祖也。釋曰祖父母正期也已嫁之女可降旁親祖父母正期故不降也故云不敢降其祖也。注經似至不降。釋曰知經似在室者以其直云女子子無嫁文故云似在室云傳似已嫁者以其言不敢則有敢者敢謂出嫁降旁親是已嫁之文此言不敢是雖嫁而不敢降祖故云傳似已嫁也經傳互言之欲見在室出嫁同不降故鄭云明雖有出道猶不降也云出道者女子子雖十五許嫁始行納采問名納吉納徵四禮即著笄爲成人得降旁親要至二十乃行請期親迎之禮以其笄而未出故云明雖有出道猶不降不直言出而言道者實未出故云出道猶如鄭注論語云雖不得祿亦得祿之道是亦未得祿而云之道亦此類也

大夫之子。爲世父母叔父母子昆弟昆弟之子。姑姊妹女子子無主者。爲大夫命婦者。唯子不報。

傳曰。大夫者。其男子之爲大夫者也。命婦者。其婦人之爲大夫妻者也。無主者。命婦之無祭主者也。何以言。唯子不報也。女子子適人者。爲其父母期。故言不報也。言其餘皆報也。何以期也。父之所不降。子亦不敢降也。大夫曷爲不降。命婦也。夫尊於朝。妻貴於室矣。命者加爵服之名自士至上公凡九等君命其夫則后夫人亦命其妻矣此所爲者凡六命夫六命婦無主者命婦之無祭主謂姑姊妹女子子也其有祭主者如衆人唯子不報男女同不報爾傳以爲主謂女子子似失之矣大夫曷爲不降命婦據大夫於姑姊妹女子子既以出降其適士者又以尊降在小功也夫尊於朝與已同妻貴於室從夫爵也〔疏〕大夫之子至於室矣。釋曰此言大夫之子爲此六大夫六命婦服期不降之事其中雖有子女重出其文其餘並是應降而不降故次在女子爲祖下但大夫尊降旁親一等此男女皆合降至大功爲作大夫與已尊同故不降還服期若姑姊妹女子子若出嫁大功適士又降至小功今嫁大夫雖降至大功爲無祭主哀憐之不忍降還服期也傳云無主者命婦之無祭主者也者鄭兼言命婦欲見既爲命婦不降又無祭主更不降服期之意也傳云何以言唯子不報也鄭云子中兼男女傳唯據女子子鄭不從也云何以期也父之所不降子亦不敢降也者欲見此經云大夫之子得行大夫禮降與不降一與父同故傳據父爲大夫爲本以子亦之也云大夫曷爲不降命婦也已下欲見大夫是尊同大夫妻是婦人非尊同亦不降者傳解妻亦與夫同尊卑之意是以云夫尊於朝妻貴於室以其大夫以上貴士以下賤此中無士與士妻故以貴言之也。注命者至夫爵也。釋曰云命者加爵服之名者見公羊傳云錫者何賜也命者何加我服也又案覲禮諸公奉篚服加命書於其上以命侯氏是命者加爵服之名也云自士至上公凡九等者不據爵皆據命而言故大宗伯云以九儀之命正邦國之位壹命受爵再命受服三命受位四命受器五命賜則六命賜官七命賜國八命作牧九命作伯伯則分陝上公者是九等者也以其典命上公九命侯伯七命子男五命大國孤四命公侯伯卿三命大夫再命士一命子男卿二命大夫一命士不命天子三公八命其卿六命大夫四命上士三命中士二命下士一命此經雖無士鄭總解天子諸侯命臣后夫人命妻之事故兼言士也云君命其夫者君中總天子諸侯云后夫人亦命其妻矣者案禮記云夫人不命於天子自魯昭公始也由昭公娶同姓不告天子天子亦不命明臣妻皆得后夫人命也鄭言此者經云

命夫命婦不辨天子諸侯之臣則天子諸侯下但是大夫大夫妻皆是命夫命婦也云此所爲者凡六大夫六命婦者六命夫謂世父一也叔父二也子三也昆四也弟五也昆弟之子六也命婦者世母一也叔母二也姑三也姊四也妹五也女子子六也云無主者命婦之無祭主謂姑姊妹女子子也鄭言此者經六命婦中有世母叔母故鄭辨之以其世母叔母無主有主皆爲之期故知唯據此四人而言也云其有祭主者如衆人者自爲之大功矣云唯子不報男女同不報爾者以其男女俱爲父母三年父母唯爲長子斬其餘降何得言報故知子中兼男女是知傳唯據女子子失之矣云大夫曷爲不降命婦者據大夫於姑姊妹女子子既以出降其適士者又以尊降在小功也者此亦六命婦中有二母故鄭辨之也云夫尊於朝已下鄭亦解姑姊妹女子子之夫貴與已同之義若然案曲禮云四十強而仕五十艾服官政爲大夫何得大夫子又爲大夫又何得爲弟之子爲大夫者五十命爲大夫自是常法大夫之子有德行茂盛者豈待五十乃命之乎是以殤小功有大夫爲其昆弟之長殤大夫既爲兄弟殤明是幼爲大夫舉此一隅不得以常法相難也。

大夫爲祖父母適孫爲士者。【疏】大夫至爲士者。釋曰祖與孫爲士卑故次在此也。

傳曰。何以期也。大夫不敢降其祖與適也。不敢降其祖與適則可降其旁親也。【疏】注不敢至親也。○釋曰大夫以尊降其旁親雖有差約不顯著故於此更明之經云不降祖與適明於餘親降可知大夫降旁親明矣。

公妾以及士妾爲其父母。【疏】公妾至父母。○釋曰以出嫁爲其父母亦重出其文故次在此云公謂五等諸侯皆有入妾士謂一妻一妾中間猶有孤猶有卿大夫妻不言之者舉其極尊卑其中有妾爲父母可知。

傳曰。何以期也。妾不得體君。得爲其父母遂也。然則女君有以尊降其父母者與春秋之義雖爲天王后猶曰吾季姜是言子尊不加於父母此傳似誤矣禮妾從女君而服其黨服是嫌不自服其父母故以明之。【疏】傳曰至遂也。○釋曰傳曰何以期也問者以公子爲君君厭爲已母不在五服又爲已母黨無服公妾既不得體君君不厭故妾爲父母得伸遂而服期也。○注然則至明之。○釋曰鄭欲破傳義故據傳云妾不得體君得爲其父母遂也然則女君體君者有以尊降其父母者與言與猶不正執之辭也云春秋之義者案桓九年左傳云紀季姜歸于京師杜云季姜桓王后也季字姜紀姓也書字者伸父母之尊是王后猶不待降其父母是子尊不加父母傳何云妾不得體君乎豈可女君降其父母是以云傳似誤矣言似亦是不正執故云似其實誤也云禮妾從女君而服其黨服者雜記文也云是嫌不自服其父母故以明之者鄭既以鄭爲誤故自解之鄭必不從傳者一則以女君不可降父母二則經文兼有卿大夫士何得專據公子以決父母乎是以傳爲誤也。

疏衰裳。齊牡麻絰。無受者。無受者服是服而除不以輕服受之不著月數者天子諸侯葬異月也小記曰齊衰三月與大功同者繩屨。【疏】疏衰至受者。○釋曰此齊衰三月章以其義服日月又少故在不杖章下上皆言冠帶此及下傳大功皆不言冠帶者以其輕故畧之至正大功言冠見其正猶不言帶緦麻又直言緦麻餘又畧之若然禮記云齊衰居堊室者據期故譏周亦云齊衰三月不居堊室。○注無受至繩屨。○釋曰云無受者服是服而除不以輕服受之者凡變除皆因葬練祥乃行但此服至葬即除無變服之理故云服是服而除若大功已上至葬後以輕服受之若斬衰三升冠六升葬後受衰六升是更以輕服受之也云不著月數者天子諸侯葬異月也者大夫士三月葬此章皆三月葬後除之故以三月爲主三月者法一時天氣變可以除之但此經中有寄公爲所寓又有舊君舊君中兼天子諸侯又有庶人爲國君鄭云天子畿內之民服天子亦如之也但天子七月葬諸侯五月葬爲之齊衰者皆三月藏其服至葬更服之葬後乃除是以不得言少以包多亦不得言多以包少是以不著月數者天子諸侯葬異月故也云小記者彼記人見此喪服齊衰三月與大功皆不言屨故解此二章同繩屨是以鄭還引之證此章著繩屨也。

寄公爲所寓。寓亦寄也爲所寄之國君服。【疏】寄公爲所寓。○注寓亦至君服。○釋曰此章論義服故以踈者爲首故寄公在前言寓亦寄者詩式微云黎侯寓於衛寓即寄其義同故云寓亦寄也作文之勢不可重言寄公爲所寄故云寓也。

傳曰。寄公者何也。失地之君也。何以爲所寓服齊衰三月也。言與民同也。諸侯五月而葬而服齊衰三月者三月而藏其服至葬又反服之既葬而除之。【疏】傳曰至同也。○釋曰傳依上例執所不知稱者何問比例者等是諸侯各有國土而寄在他國故發問也失地之君也荅辭也失地君者謂若禮記射義貢士不得其人數有讓數有讓黜爵削地削地盡君則寄在他國詩式微黎侯寓於衛彼爲狄人所迫逐寄在衛黎之臣子勸以歸是失地之君爲衛侯服齊衰三月藏其服至葬更服葬訖乃除也云言與民同也者以客在主國得主君之恩故報主君與民同則民亦服之三月藏其服至葬又反服之既葬訖乃除也。○注諸侯至除之。○釋曰上以釋變除要待葬後諸侯五月葬而言三月故知三月藏服至葬更服葬後乃除可知不於章首言之欲就三月之下解之故也。

丈夫婦人爲宗子宗子之母妻。婦人女子子在室及嫁歸宗者也宗子繼別之後百世不遷所謂大宗也。【疏】丈夫至母妻。○釋曰此與大宗同親如寄公爲所寓故次在此言丈夫婦人者謂同宗男子女子皆爲大宗子并宗子母妻齊衰三月也。○注婦人至大宗也。○釋曰此經爲宗子謂與大宗別高祖之人皆服三月也案斬章女子子在室及女反在父室者又不杖章中歸宗婦人爲當家小宗親者期爲大宗疏者三月也云宗子繼別之後者案喪服小記及大傳云繼別爲大宗又云有五世則遷之宗小宗有四是也有百世不遷之宗繼別爲大宗是也云所謂大宗也者即上文大宗者尊之統是也。

傳曰。何以服齊衰三月也。尊祖也。尊祖故敬宗。敬宗者。尊祖之義也。宗子之母在。則不爲宗子之妻服也。【疏】傳曰至妻服也。○釋曰傳以丈夫婦人與宗子服絶而越大功小功與曾祖同怪其大重故問比例何以服齊衰三月云尊祖也至之義也荅辭也祖謂別子爲祖百世不遷之祖當祭之日同宗皆來陪位及助祭故云尊祖也云尊祖故敬宗者是百世不遷之宗大宗者尊之統故同宗敬之云敬宗者尊祖之義也以宗子奉事別子之祖是尊祖之義也宗子之母在則不爲宗子之妻服也者謂宗子父已卒宗子主其祭王制云八十齊喪之事不與則母七十亦不與今宗子母在未年七十母自與祭母死宗人爲之服宗子母七十已上則宗子妻得與祭宗人乃爲宗子妻服故云然也必爲宗子母妻服者以宗子燕食族人於堂其母妻亦燕食族人之婦於房皆序以昭穆故族人爲之服也。

爲舊君君之母妻。【疏】爲舊君君之母妻。○釋曰舊君舊蒙恩深以對於父今雖退歸田野不忘舊德故次在宗子之下也但爲舊君有二一則致仕二則待放未去此則致仕者也不云舊臣而云舊君者若云舊臣言謂舊君爲之非喪服體例故云舊君若斬章云父君者則臣子爲之此不復言臣法如君也。

傳曰。爲舊君者。孰謂也。仕焉而已者也。何以服齊衰三月也。言與民同也。君之母妻。則小君也。仕焉而已者謂老若有廢疾而致仕者也爲小君服者恩深於民。【疏】傳曰至小君也。○釋曰云爲舊君者孰謂也者此經上下臣爲舊君有二故發問云孰謂也云仕焉而已者也者荅辭也傳意以下爲舊君是待放之臣以此爲致仕之臣也云何以服齊衰三月者怪其舊服斬衰今服三月也云言與民同也者以本義合且今義已斷故抑之使與民同也云君之母妻則小君也者雖前後不得同時皆是小君故齊衰三月恩深於人故也。○注仕焉至於民。○釋曰云仕焉而已者謂老若有廢疾而致仕者也者此解仕焉而已有仕已老者曲禮云大夫七十而致仕云有廢疾者謂未七十而有廢疾亦致仕是致仕之中有二也云爲小君服者恩深於民也者下文庶人爲國君無小君是恩淺此爲小君是恩深於民也。

庶人爲國君。不言民而言庶人庶人或有在官者天子畿內之民服天子亦如之。【疏】庶人爲國君。○注不言至如之。○釋曰案論語云民可使由之不可使知之注云民者冥也其見人道遠案王制云庶人在官者其祿以是爲差也庶人謂府史胥徒經不言民而言庶人庶人或有在官者據在官者而言之檀弓云君之喪諸達官之長杖謂士大夫爲君杖則庶人不爲君杖斬則下同於民三月也云天子畿內之民亦如之者以其畿外上公五百里侯四百里已下其民皆服君三月則畿內千里是專屬天子故知爲天子亦如諸侯之境內也。

大夫在外。其妻長子爲舊國君。在外待放已去者。【疏】大夫至國君。○注在外待放已去者。○釋曰此大夫在外不言爲本君服與不服者案雜記云違諸侯之大夫不反服違大夫之諸侯不反服以其尊卑不敵若然其君尊卑敵乃反服舊君服則此大夫已去他國不言舊服者是其君尊卑不敵不反服者也是以直言其妻長子爲舊國君注云在外待放已去者知是待放已去者對上下文而知以其上傳以爲仕焉而已下傳云而猶未絶此傳云長子言未去明身是已去他國與本國絶者故鄭云待放已去者也。

傳曰。何以服齊衰三月也。妻言與民同也。長子言未去也。妻雖從夫而出古者大夫不外娶婦人歸宗往來猶民也春秋傳曰大夫越竟逆女非禮君臣有合離之義長子去可以無服。【疏】傳曰至未去也。○釋曰并君臣而問者怪其重何者妻本從夫服君今夫已絶妻不合服而服之長子本爲君斬者亦大夫之子得行大夫禮從父而服之今父已絶於君亦當不服矣而皆服衰三月故發問也。○注妻雖至無服。○釋曰云妻雖從夫而出古者大夫不外娶者鄭欲解傳云妻言與民同之意以古者不外娶是當國娶婦婦是當國之女今身與妻俱出他國大

夫雖絶而妻歸宗往來猶是本國之民其歸者則期章云爲昆弟之爲父後者曰小宗者是也云春秋者案春秋公羊傳莊二十七年莒慶來逆叔姬傳曰大夫越竟逆女非禮彼云婦此云女鄭以義言之以其未至夫家故云女引之者證古者大夫不外娶之事云君臣有合離之義者謂諫爭從臣是有義則合三諫不從是無義則離子旣隨父故去可以無服矣

繼父不同居者。甞同居今不同。【疏】繼父不同居者○注甞同居今不同○釋曰此則期章云必甞同居然後爲異居者也但章皆有傳唯庶人爲國君及此繼父不傳者以其庶人已於寄公與上下舊君釋訖繼父已於期章釋了是以皆不言也

曾祖父母。傳曰。何以齊衰三月也。小功者兄弟之服也。不敢以兄弟之服服至尊也。正言小功者服之數盡於五則高祖宜緦麻曾祖宜小功也據祖期則曾祖宜大功高祖宜小功也高祖曾祖皆有小功之差則曾孫玄孫爲之服同也重其衰麻尊尊也減其日月恩殺也【疏】曾祖父母○釋曰曾高本合小功加至齊衰故次繼父之下此經直云曾祖不言高祖案下緦麻章鄭注云族祖父者亦高祖之孫則高祖有服明矣是以此注亦兼曾高而說也若然此曾祖之内合有高祖可知不言者見其同服故也○傳曰至尊也○釋曰云何以齊衰三月也者問者怪其三月大輕齊衰已重故發問也云小功者兄弟之服也案下記傳云凡小功已下爲兄弟是以云小功者兄弟之服也云不敢以兄弟之服服至尊也者傳釋服齊衰之意也○注正言至恩殺也○釋曰云正言小功者服之數盡於五者自斬至緦是也云則高祖宜緦麻曾祖宜小功也據爲父期而言故三年問云何以至期也曰至親以期斷是何也曰天地則已易矣四時則已變矣其在天地之中莫不更始焉以是象之也彼又云然則何以三年也曰加隆焉爾也焉使倍之故再期也是本爲父母加隆至三年故以父爲本而上殺下殺也是故言爲高祖緦麻者謂爲父期爲祖宜大功曾祖宜小功高祖宜緦麻又云據祖期是爲父加隆三年爲祖宜期曾祖宜大功高祖宜小功故鄭云高祖曾祖皆有小功之差此鄭總釋傳云小功者兄弟之服其中含有曾高二祖而言之也又云則曾孫玄孫爲之服同也者曾祖中既兼有高祖是以云曾孫玄孫各爲之齊衰三月也云重其衰麻尊尊也者既不以兄弟之服服至尊故云重其衰麻謂以義服六升衰九升冠尊此尊者也云減其日月恩殺也者謂減五月爲三月者因曾高於已非一體恩殺故也

大夫爲宗子。【疏】大夫爲宗子○釋曰大夫尊降旁親皆一等尊祖故敬宗是以大夫雖尊不降宗子爲之三月宗子既不降母妻不降可知一

傳曰。何以服齊衰三月也。大夫不敢降其宗也。【疏】傳曰至其宗也○釋曰以大夫於餘親皆降獨不降宗子故并服而問荅云不敢降其宗也者於餘親則降也

舊君。大夫待放未去者。【疏】舊君○注大夫待放未去者○釋曰此舊君以重出故次在此也鄭知此舊君是待放未去之大夫者鄭據傳而言也案上下四經皆爲舊君不言國庶人爲國君言國其妻長子爲舊國君言國此舊君又不言國者據繼在土地而爲之服正如爲舊君止是不敢進同臣例故服之三月非爲土地故不言國庶人本繼土地故言國也其妻長子本爲繼土地故言國此待放未去本爲君埽其宗廟爲服不繼土地故不言國也

傳曰。大夫爲舊君。何以服齊衰三月也。大夫去君埽其宗廟。故服齊衰三月也。言與民同也。何大夫之謂乎。言其以道去君。而猶未絶也。以道去君爲三諫不從待放於郊未絶者言爵祿尚有列於朝出入有詔於國妻子自若民也【疏】傳曰至絶也○釋曰此爲舊君服對前已去不服舊君此雖未去已在境而爲服故怪其重所以并服而問也又餘皆不并人問直云何以齊衰雖此與寄公并人而問者所怪深重者并人而言至如寄公本是體敵一朝重服故并言寄公此待放之臣已在國境可以不服而服之故并言大夫也○注以道至若民也○釋曰云以道去君謂三諫不從待放者此以道去君據三諫不從在境待放得環則還得玦則去如此者謂之以道去君有罪放逐若晉放胥甲父於衛之等爲非道去君云未絶者言爵祿有列於朝出入有詔於國者下曲禮文爵祿有列謂待放大夫舊位乃在出入有詔於國者謂兄弟宗族猶存吉凶之事書信往來相告不絶引之者證大夫去君埽其宗廟詔使宗族祭祀爲此大夫雖去猶爲舊君服若然君不使埽宗廟爵祿已絶則是得玦而去則亦不服矣云妻子自若民也者此鄭還約上大夫在外其妻長子爲舊國君也上下舊君皆不言士者上士爲者有士可知是以傳亦不言大夫次云大夫在外言大夫者以其士妻亦歸未與大夫同其大夫長子父在朝長子得行大夫禮未去爲君服斬若士之長子與衆子同父去子雖未去即無服矣與大夫長子異故特言大夫也此不言士者此主爲待放未絶大夫有此法士雖有三諫不從出國之時案曲禮踰竟素服乘髦馬不蚤鬋不御婦人三月而後即向他國無待放之法是出國即不服舊君矣是以此舊君唯有大夫也若然不言公卿及孤者詩云三事大夫則三公亦號大夫則大夫中總兼之矣

曾祖父母爲士者如衆人。傳曰。何以齊衰三月也。大夫不敢降其祖也。【疏】曾祖父母爲士者如衆人○傳曰至其祖也○釋曰問者以大夫尊皆降旁親今怪其服故發問經不言大夫傳爲大夫解之者以其言曾祖爲士者故知對大夫下爲之服明知曾孫是大夫

女子子嫁者未嫁者爲曾祖父母。【疏】女子子至未嫁○釋曰此亦重出故次在男子曾孫下也但未嫁者同於前故曾祖父母今并言者女子子有嫁逆降之理故因已嫁并言未嫁

傳曰。嫁者其嫁於大夫者也。未嫁者。其成人而未嫁者也。何以服齊衰三月。不敢降其祖也。言嫁於大夫者明雖尊猶不降也成人謂年二十已笄醴者也此著不降明有所降【疏】注言嫁至所降○釋曰云言嫁於大夫者明雖尊猶不降也者以舉尊以見卑欲明適士者以下不降可知也云成人謂年二十已笄醴者也者以其云成人明據二十已笄以醴禮之若十五許嫁亦并爲成人亦得降與出嫁同但鄭據二十不許嫁者而言之案上章爲祖父母本無降理不須言不敢又女子子爲祖父母傳亦不敢言降其祖父母傳不言不敢降其祖者至此乃言者謂曾祖輕尚不降況祖父母重者不降可知是舉輕以見重也云此著不降明有所降者案大功章女子子嫁者未嫁者爲世叔父母如此類是有所降也餘者皆不

次大功布。衰裳。牡麻絰。無受者。大功布者其鍛治之功麤沽之【疏】大功至受者○釋曰章次此者以其本服齊斬爲殤死降在大功故在正大功之上義齊衰之下也不云月數者下文有纓絰無纓絰須言七月九月彼已見月故於此畧之且此經與前不同前期章具文於前杖章下不杖章直言其異者此殤大功章首爲文畧於正具文者欲見殤不成人故故前畧後具亦見相參取義云無受者以傳云殤文不縟不以輕服受之○注大功至沽之○釋曰云大功布者其鍛治之功麤沽之者斬麤皆不言布與功以其哀痛極未可言布體與人功至此輕可以見之言大功者斬衰章傳云冠六升不加灰則此七升言鍛治可以加灰矣但麤沽而已若然言大功者用功麤大故沽疏其言小者對大功是用功細小

子女子子之長殤中殤。殤者男女未冠笄而死可殤者女子子許嫁不爲殤也【疏】子女子子之長殤中殤○注殤者至殤也○釋曰子女子子在章首者以其父母於子哀痛情深故在前云殤者男女未冠笄者案禮記喪服小記云男子冠而不爲殤女子笄而不爲殤故知男女未冠笄而死可哀殤者女子子許嫁不爲殤者女子笄與男子冠同明許嫁笄雖未出亦爲成人不爲殤可知兄弟之子亦同此而不別言者以其兄弟之子猶子明同於子故不言且中殤或從上或從下是則殤有三等制服唯有二等者欲使大功下殤有服故也若服亦三等則大功下殤無服故聖人之意然也

傳曰。何以大功也。未成人也。何以無受也。喪成人者其文縟。喪未成人者其文不縟。故殤之絰不樛垂。蓋未成人也。年十九至十六爲長殤。十五至十二爲中殤。十一至八歲爲下殤。不滿八歲以下。皆爲無服之殤。無服之殤。以日易月。以日易月之殤。殤而無服。故子生三月。則父名之。死則哭之。未名。則不哭也。縟猶數也其文數者謂變除之節也不樛垂者不絞其帶之垂者雜記曰大功以上散帶以日易月謂生一月者哭之一日也殤而無服者哭之而已爲昆弟之子女子子亦如之凡言子者可以兼男女又云女子子者殊之以子關適庶也【疏】傳曰至不哭也○釋曰云何以大功也問者以成人皆期今乃大功故發問也云未成人也者荅辭以其未成人故降至大功云何以無受也問者以其成人至葬後皆以輕服受之今喪未成人即無受故發問也云喪成人者其文縟已下荅辭逐固廣解四等之殤年數之別并哭與不哭具列其文但此殤次成人是以從長以及下與無服之殤又三等殤皆以四年爲差取法四時穀物變易故也又以八歲已上爲有服七歲已下爲無服者案家語本命云男子八月生齒八歲齔齒女子七月生齒七歲齔齒今傳據男子而言故八歲已上爲有服之殤也傳必以三月造名始哭之者以其三月一時天氣變有所識眄人所加憐故據名爲限也云未名則不哭也者不止依以日易月而哭初死亦當有哭而已○注縟猶至庶也○釋曰云其文數者謂變除之節也者成人之喪既葬以輕服受之又變麻服葛緦麻者除之至小祥又以輕服受之

男子除於首婦人除於帶是有變除之數也今於殤人喪象物不成則無此變除之節數月滿則除之又云不樛垂者不絞帶之垂者凡喪至小斂皆服未成服之麻麻絰麻帶人功以上散帶之垂者至成服乃絞之小功以下初而絞之今殤大功亦於小斂服麻散垂至成服後亦散不絞以示未成人故與成人異亦無受之類故傳云蓋不成也引雜記者證此殤大功有散帶要至成服則與成人異也云以日易月謂生一月者哭之一日也若至七歲歲有十二月則八十四日哭之此既於子女子子下發傳則唯據父母於子不關餘親云殤而無服哭之而已者此鄭揔解無服之殤以日易月哭之事也云昆弟之子女子子亦如之者以其成人同是期與衆子同今經傳不言者以其亦猶子故也云凡言子者可以兼男女者謂若期章云子又云昆弟之子是子中兼男女也又云女子子者殊之以子關適庶關通也爲子中通有長之適若然成人爲之齊衰三年今殤死與衆子同者以其殤不成人與數物未熟故同入殤大功也故別言子見斯義也王肅馬融以爲日易月者以哭之日易服之月殤之期親則以旬有三日哭緦麻之親者則以三日爲制若然哭緦麻三月喪與七歲同又此傳承父母子之下而哭緦麻孩子疏失之甚也叔父之長殤中殤。姑姊妹之長殤中殤。昆弟之長殤中殤。夫之昆弟之子女子子之長殤中殤。適孫之長殤中殤。大夫之庶子爲適昆弟之長殤中殤。公爲適子之長殤中殤。大夫爲適子之長殤中殤。公君也諸侯大夫不降適殤者重適也天子亦如之【疏】叔父至中殤。○釋曰自此盡大夫庶子爲適昆弟之長殤中殤皆是成人齊衰朞長殤中殤降一等在功故於此總見之又皆尊卑爲前後次第作文也云公爲適子大夫爲適子皆是正統成人斬衰今爲殤死不得著代故入大功特言適子者天子諸侯於庶子則絕而無服大夫於庶子降一等故於此不言唯言適子也若然二適在下者亦爲重出其文故也○注公君至如之○釋曰云公君也者直言公恐是公士之公及三公與孤皆號公故訓爲君見是五等之君故言諸侯言天子亦如之者以其天子與諸侯同絕宗故也其長殤皆九月。纓絰。其中殤七月。不纓絰。絰有纓者爲其重也自大功以上絰有纓以一條繩爲之小功已下絰無纓也【疏】其長殤至纓絰。○注絰有至無纓也。○釋曰絰之有纓所以固絰猶如冠之有纓以固冠亦結於頤下也五服之正無七月之服唯此大功中殤有之故禮記云九月七月之喪三時是也云絰有纓者爲其重也者以經云九月纓絰七月不纓絰故知絰有纓爲其情重故也自大功已上絰有纓此鄭廣解五服有纓無纓之事但諸文唯有冠纓不見絰有纓之文鄭檢此經長殤有纓法則知成人大功已上絰有纓明矣鄭知一條繩爲之者見斬衰冠繩纓通屈一條繩屈之武垂下爲故知此絰之纓亦通屈一條屬之絰垂下爲纓可知小功已下絰無纓也者亦以此經中殤七月絰無纓明小功五月已下絰無纓可知大功布衰裳。牡麻絰纓布帶。三月。受以小功衰。即葛九月者。受猶承也傳曰。大功布九升。小功布十一升。此受之下也以發傳者明受盡於此也又受麻絰以葛絰閒傳曰大功之葛與小功之麻同凡天子諸侯卿大夫既虞士卒哭而受服正言三月者天子諸侯無大功主於大夫士也此雖有君爲姑姊妹女子子嫁於國君者非主喪也古文依此禮也【疏】大功至月者。○注受猶承也。○釋曰此成人大功章輕於前殤章既畧於此具言。○傳曰至十一升。○注此受之至禮也。○釋曰云大功布九升小功布十一升者此章有降有正有義則衰七升冠十升正則衰八升冠亦十升義則衰九升冠十一升者降小功十一升者正小功傳以受服不言降大功與正大功直云義大功之受者鄭云此受之下正據受之下發傳者明受盡於此義服大功以其小功至葬唯有變麻服葛因故衰無受服之注故傳據義大功而言也云又受麻絰以葛絰者言受衰麻俱受而傳唯發衰不言受麻以葛故鄭解之云又受麻以葛絰引閒傳者證經大功既葬其麻絰受以小功葛者以其大功既葬變麻爲葛五分去一大小與小功初死同即閒傳云大功之葛小功之麻同一也故引之爲證耳云凡天子諸侯卿大夫既虞士卒哭而受服者以於斬章釋訖言此者欲見天子七月而葬諸侯五月而葬虞而受服若然經正三月者以其天子諸侯絕旁朞無此大功喪以此而言經言三月者主於大夫士三月葬者若然大夫除死月數亦得爲三月也云此雖有君爲姑姊妹女子子嫁於國君者非內喪也者彼國自以五月葬後服此諸侯爲之自以三月受服同於大夫士故云主於大夫士也姑姊妹女子子適人者。【疏】姑姊至人者。○釋曰此等並是本朞出降大功故次在此傳曰。何以大功也。出也。出必降之者蓋有受我而厚之者【疏】傳曰至出也。○釋曰問之者以本朞今大功故發問也○注出必至之者○釋曰案檀弓云姑姊妹之薄也蓋有受我而厚之者也鄭取以爲說若然女子子出降亦同受我而厚之皆是於彼厚夫自爲之禫杖朞故於此薄爲之大功從父昆弟。世父叔父之子也其姊妹在室亦如之【疏】從父昆弟。○注世父至如之。○釋曰昆弟親爲之朞此從父昆弟降一等故次姑姊妹之下云其姊妹在室亦如之者義當然也謂之從父昆弟世叔父與祖爲一體又與己父爲一體緣親以致服故云從也降於親兄弟一等是其常故不傳問爲人後者爲其昆弟。【疏】爲人至昆弟。○釋曰在此者以其小宗之後大宗欲使厚於大宗之親故抑之在從父昆弟之下傳曰。何以大功也。爲人後者。降其昆弟也。【疏】傳曰至昆弟也。○釋曰案下記云爲人後者於兄弟降一等者故大功也若然於本宗餘親皆降一等也庶子。男女皆是下殤小功章曰爲姪庶孫丈夫婦人同【疏】庶孫。○注男女至婦人同。○釋曰卑於昆弟故次之庶孫從父而服祖朞故祖從子而服孫大功降一等亦是其常故傳亦不問也云男女皆是者女孫在室與男孫同其義然也引殤小功者欲見彼殤既男女同證此成人同不異也

儀禮注疏卷三十一挍勘記　阮元撰盧宣旬摘錄

繼父同居者

而有嫁者　通解要義同毛本而作亦

傳曰何以期也○異居則服齊衰三月　月下唐石經有也字

爲之築宮廟於家門之外　家門之外通典作家之門外

夫不可二　徐陳閩葛通典集釋通解楊氏敖氏同毛本夫作天

假令前三者仍是具　要義同毛本通解仍是作皆

後或繼父有子　通解要義同毛本後上有其字

如此父死爲之齊衰三月　通解要義同毛本如作知

爲夫之君

問比例者　陳本要義同毛本比作此

姑姊妹女子子適人無主者

女子子閒在上不言報者　陳閩通解要義同毛本閒作問

傳曰無主者

仍依出降之服而不服加　不服要義作不復

若言嫁之嫁之乃嫁於大夫　要義同毛本通解無之嫁之三字

傳曰何以期也

則其父若祖有廢疾不立　徐本通典集釋通解楊氏敖氏同毛本無祖字

父爲君之孫　孫上通典有子字

必以今君受國於曾祖　以要義作於

不取受國於祖者若今君受國於祖　下八字今本俱脫要義有但無上六字按通解楊氏此處俱經刪潤尚存下七字

傳曰何以期也妾之事女君

故云無服必無服者　毛本無必無服三字

婦爲舅姑

使如事舅姑故婦事舅姑在下　通解同毛本無故婦事舅姑五字

傳曰何以期也

與子判合　陳本通解同毛本判作胖

傳曰何以期也

上世叔之下　叔下要義有父字

大夫之子　徐本集釋俱經傳合爲一節注總在傳後與標目合通解楊氏俱同毛本　○姑姊妹

女子子無主者　女子子下通典有適人二字
凡六命夫　命通典作大按經傳皆以大夫與命婦對言此命字當依通典作大
爲此六大夫六命婦服期不降之事　通解同毛本大字作命字○按大與通典合
壹命受爵　毛本壹作一按周禮作壹
經云命夫命婦　按經不云命夫此命夫亦當作大夫
但是大夫大夫妻　要義同毛本大夫不重出
皆是命夫命婦也　要義同毛本無命夫二字○按疏內惟此命夫不誤蓋此乃作疏者解說之詞非述經注也
凡六大夫六命婦者　毛本大作命
六命夫謂世父一也　按上句述注既作大夫則此句命字亦當作大
傳曰大夫者○女子子適人者　張氏曰經曰女女子適人者爲其父母期按前章云女子子適人者爲其父母此經下女字當作子從前章○按唐石經正作女子子張氏不引以爲證蓋不見唐石經故也嚴徐鍾本亦皆作女子子
傳以爲主謂女子子　徐本通典集釋通解楊氏同毛本作傳唯據女子子
旣以出降　以徐本通典集釋通解俱作以與疏合毛本作已毛本降下有大功二字徐本集釋俱無與述注合通典通解俱有通典大上有在字按以下句考之則此句當依通典
妻貴於室　徐本通典集釋通解同毛本妻作婦
故傳據父爲大夫爲本　毛本據下有其字
此中無士與士妻　毛本下士字作主
故知唯據此四人而言也云其有祭主者如衆人者自爲之大功矣　下十六字毛本脫通解有其有祭主者自爲大功矣十字
旣以出降　毛本降下有大功二字
傳曰何以期也
不敢降其祖與適　通典無敢字與疏合
傳曰何以期也妾不得體君
豈可女君降其父母　要義同毛本無可字
疏衰裳齊牡麻絰無受者
又有舊君舊君中兼天子諸侯　毛本通解舊君二字不重出

傳曰寄公者何也
又反服之　徐本通典集釋敖氏同毛本反作更○按疏云至葬更服
等是諸侯　毛本等作尊
黜爵削地削地盡　要義同毛本削地二字不重出
傳曰何以服齊衰三月也　通解無服字　○宗子之母在　子石經補缺誤作祖字
八十齊喪之事不與　要義同毛本喪作衰通解作衰○按王制是喪字
傳曰爲舊君者
且今義巳斷　要義楊氏同毛本且作但
恩深於人故也　毛本人作民○按賈疏應諱民字
亦致仕是致仕之中有二也　要義同毛本無是致仕三字
庶人爲國君
庶人或有在官者　通典作庶人或有自在宫者下有謂工匠之屬也六字
天子畿內之民　畿釋文作圻云本又作畿
傳曰何以服齊衰三月也妻言與民同也
大夫越竟逆女非禮　女要義作婦○按公羊傳是女字要義非也後曙云來內辭當作女
故去可以無服矣　陳本通解同毛本矣作也
繼父不同居者
繼父巳於期章釋了　毛本通解了作訖楊氏誤作子
傳曰何以齊衰三月也
則曾祖宜大功　徐本通典集釋通解楊氏同毛本無宜字
高祖曾祖　通典作曾祖高祖盧文弨云通典先曾後高與下言曾孫元孫語相貫
其中含有曾高二祖而言之也　要義同毛本通解曾高作高曾○按曾高正與通典所引注合
尊此尊者也　通解要義同毛本尊此作此尊按毛本是
舊君
庶人本繼土地　監本同毛本土作上
本爲君埽其宗廟爲服　要義同毛本埽作歸下節疏並同
傳曰大夫爲舊君○埽其宗廟　毛本埽作歸唐石經徐本通典集釋通解楊氏敖氏俱作埽○嚴杰云檀弓穆公問於子思節疏引亦作埽
爲三諫不從　徐陳通解楊氏同毛本通典集釋爲俱作謂
故并言寄公　毛本無故字　可以不服而服之　陳閩俱無而服二字
是以此舊君　通解同毛本無此字
傳曰嫁者
此著不降　徐陳通典集釋通解楊氏同毛本著作者嚴本作止者恐誤
又女子子爲祖父母　陳閩又作及毛本無母字通解有
傳亦不敢言降其祖父母傳不言不敢降其祖者　毛本無者字按此二句疑有誤當云傳亦不言不敢降其祖諸本衍九字此本者字亦衍通解祇有傳不言不敢降六字又按前女子子傳明言不敢降其祖也此疏云云亦不可解
云此著不降　通解同毛本著作者
大功布衰裳
欲見殤不成人故前略後具　毛本不重故字
殤文不縟　毛本文作女　未可言布體與人功　毛本通解人作大
子女子子之長殤中殤
可殤者　殤戴按集釋改作傷按疏云可哀殤者亦當爲可哀傷者
欲使大功下殤有服故也　陳本通解同毛本殤作爲
則大功下殤無服故　毛本通解故作矣
傳曰何以大功也未成人也何以無受也　瞿中溶云石本原刻也何作何也
○其文縟　文石經補缺誤作未　○故殤之絰不樛垂　瞿中溶云石本原刻作摎从手傍
○皆爲無服之殤　毛本爲上無皆字唐石經徐本聶氏集釋要義楊氏敖氏俱有皆字　○則父名之　通解脫則字
有所識眄　要義同毛本眄作盼陳閩監本通解俱作盼按玉篇云眄俗作眄說文眄目偏合也今俗以眄盼盼混爲一字故遂誤爲盼盼宜作眄
至小祥又以輕服受之　要義同毛本又作及按又是也
不絞帶之垂者　要義同毛本通解無者字
皆服未成服之麻麻絰麻帶　要義同毛本無麻絰二字
蓋不成也　要義同毛本作蓋未成人也閩本作蓋末成人也
又云女子子者　毛本又作及通解無及字亦無又字

叔父之長殤中殤

自此盡大夫庶子　自此盡通解楊氏俱作自叔父至

殤降一等　殤降二字楊氏倒要義無殤字　在功　要義楊氏同毛本通解在下有大字

其長殤

則知成人大功已上經有纓明矣　陳本通解同毛本上作下

通屈一條繩屈之武　通解毛本屈之武作為武聶氏作誤通解作為武與前注合按此本屈字蓋屬字之

垂下為纓　此本為下脫纓字據聶氏通解毛本補入

傳曰大功布九升

凡天子諸侯卿大夫既虞　自此以下五十四字徐本集釋俱在此節注末與此本合通解楊氏俱在上節與毛本同盧文弨云金曰追亦謂脫誤在上文弨細審當以在上者為是宋本不可從○按此亦可為傳注通寫之証鄭於經下注云受猶承也即載傳而釋之曰此受之下也經注與傳注一氣相承以下或釋經或釋傳皆發明受服之義此注之變例不必與他節同也

非內喪也古文依此禮也　毛本脫下六字徐本集釋俱有通解楊氏俱無載校集釋云古文下當有誤脫

於此具言　通解同毛本具作其

因故衰無受服之法　受陳閩俱作之

不言受麻以葛　要義楊氏同毛本無以字

云凡天子諸侯卿大夫既虞　自此至末共一百五十四字毛本在上節注下

經正三月者　毛本通解楊氏正下有言字

傳曰何以大功也

以本朞　毛本以下有其字

故於此薄為之大功　通解楊氏同毛本此下有從字功下有也字

從父昆弟

昆弟親為之朞　昆要義作兄

為人後者為其昆弟

故抑之　陳閩監本通解同毛本抑作次

傳曰何以大功也

於兄弟降一等者　要義同毛本通解兄作昆

儀禮疏卷第三十二

唐朝散大夫行大學博士弘文館學士臣賈公彥等撰

從子而服其婦大功降一等者也

適婦。適婦適子之妻。【疏】○注適婦適子之妻。○釋曰：疏於孫故大之其婦從夫而服其舅姑期其舅姑婦言適者從夫名。

傳曰：何以大功也？不降其適也。【疏】○釋曰：此傳問者，以其適庶之子，其妻等是婦，而為庶婦小功，特為適婦大功，故發問也。○答不降其適故也。若然，父母為適長子本為正體於上，故加至三年。婦直是適子之妻，無正體之義，故直加一等大功而已。

女子子適人者為衆昆弟。【疏】○釋曰：女子子反為昆弟在此者，抑之欲使厚於夫氏，故次在此也。為父後者服期，已在不杖章，此不言者，降一等是其常，故無傳也。

姪丈夫婦人報。為姪男女服同。【疏】注為姪男女服同。○釋曰：在此者，姑與姪男女服同也。不杖章云姑姊妹女子子出適者，故次在此也。不言男女而言丈夫婦人者，對姪女男人見姪出嫁同以姪言男女也。

傳曰：姪者何也？謂吾姑者，吾謂之姪。【疏】○釋曰：云謂吾姑者吾謂之姪者，名雖對姑，生稱若對世叔唯得言昆弟之子，不得姪名也。

夫之祖父母、世父母、叔父母。【疏】○釋曰：故次在此。記云夫之所為兄弟服，妻降一等，此皆夫之朞，故妻為之大功也。

傳曰：何以大功也？從服也。夫之昆弟何以無服也？其夫屬乎父道者，妻皆母道也。其夫屬乎子道者，妻皆婦道也。謂弟之妻婦者，是嫂亦可謂之母乎？故名者，人治之大者也，可無慎乎？道猶行也。言婦人棄姓無常秩，嫁於父行，則為之母；嫁於子行，則為之婦。嫂猶叟也，叟，老人稱也。是為序男女之別爾，若己以母婦之服服兄弟之妻，兄弟之妻以舅子之服服己，則是亂昭穆之序也。治猶理也。父母兄弟夫婦之理，人倫之大者，可不慎乎？大傳曰：同姓從宗，合族屬；異姓主名，治際會。名著而男女有別。【疏】○釋曰：云何以大功者，怪其輕重。云從服也者，答辭。從夫而服，故大功。若然，夫之祖父母世父母叔父母為夫期，故致問也。云夫之昆弟何以無服也，案下總麻章云夫之諸祖父母報鄭注云為夫之諸祖父母報，見夫之所服朞亦小功者則此夫之兄弟之服非自宜有，而此夫之兄弟之妻不為夫之兄弟服，夫之昆弟不為兄弟之妻服，弟妻不為兄弟服者，已在大傳。下總麻章云夫之所服妻同可知。夫之昆弟何以無服已下，總論兄弟之妻不相為服之事。云其夫屬乎父道者，妻皆母道也；其夫屬乎子道者，妻皆婦道也，此二者尊卑之敘，並依昭穆相為服，即此經為夫之祖父母世叔父母之等是也。云謂弟之妻婦者，若嫂叔，是嫂亦可謂之母乎者，欲論不著服之意，以著服則相親近，於淫亂，故不著服推而遠之，遠乎淫亂，故無服也。又云名者人治之大

者也可無慎乎者，欲明母婦之名，人理之大，可不慎乎。母之與婦本是路人，今來嫁於父子之行，則生母婦之名，即有本服，有服則相尊敬，遠於淫亂者也。是母婦之名若兄弟之妻本無母婦之名，今名為嫂者，尊嚴之稱。名弟妻為婦者，假此號使遠於淫亂，故不相為服也。注道猶行至有別。○釋曰：云謂弟之妻為婦者，卑遠之故謂之婦者，使下同子妻，則本無婦名，假號使遠之也。云嫂者尊嚴之稱，是嫂亦可謂之母乎者，此因兄弟之妻名嫂，致斯問者不可也。云嫂猶叟也，叟老人稱也者，案孔注尚書云西蜀叟，是叟為老人之稱，故云趙叟在秦，頭屬是老人云是為人之善名，以為嫂者婦人之老稱也。云是為序男女之別爾者，謂不名嫂之妻為母，以兄弟之妻為婦以其是亂昭穆之序也。云若已以母婦之服服兄弟之妻，兄弟之妻以舅子之服服已，則是亂昭穆之序也者，此解不得以母婦之服服兄弟之妻意，何者以兄弟之妻為母，兄弟之妻以兄弟為子，夫又使兄妻以兄弟之妻本無母婦之名不得以母婦之服也。引大傳者云同姓從宗合族屬異姓主名治際會者，類屬聚也，合聚族人於宗子之家，在堂上行食燕之禮，即繫屬之以姓，不別，主名治際會者，謂母婦之名不正，婦之名不得相親接也。以母婦之名，明著則男女有別而無淫亂也。

大夫為世父母、叔父母、子、昆弟、昆弟之子為士者。子謂庶子。【疏】注子謂庶子。○釋曰：大夫為此八者本朞，今以為士，故降至大功。亦為重出此文，故次在此也。云子謂庶子者，若長子在斬章，故謂庶子也。

傳曰：何以大功也？尊不同也。尊同，則得服其親服。尊同，謂亦為大夫者。親服，期。【疏】注尊同至服期。○釋曰：云尊同謂亦為大夫者，經言大夫為之，明尊同是亦為大夫也。云親服期者，此八者並見期章是也。

公之庶昆弟、大夫之庶子為母、妻、昆弟。公之庶昆弟，則父卒也。大夫之庶子，則父在也。其或為母，謂妾子也。【疏】注公之至子也。○釋曰：云公之庶昆弟、大夫之庶子，此二人各自為母妻昆弟，並受厭降，故次在此。云公之庶昆弟則父卒也者，以其繼父而言昆弟，故知父卒也。公子父在為母妻在五服之外，今服大功，故知父卒也。云大夫之庶子則父在也者，以其繼父而言，又於適妻母皆得伸，今在大功，明妾子自為己母也。

傳曰：何以大功也？先君餘尊之所厭，不得過大功也。大夫之庶子，則從乎大夫而降也。父之所不降，子亦不敢降也。言從乎大夫而降，則於父卒如國人也。昆弟，庶昆弟也。舊讀昆弟在下，其於厭降之義宜蒙此傳也，是以上而同之。父所不降，謂適也。【疏】傳曰至降也。○釋曰：云先君餘尊之所厭，不得過大功也者，此直答公之庶昆弟，以其公在為母妻厭在

五服外公卒猶爲餘尊之所厭不得過大功其大夫之子據父在有厭從於大夫降一等大夫若卒則得伸無餘尊之厭也云父之所不降子亦不敢降也者此傳云而降遂言不降者也此傳雖文承大夫下亦兼解公之昆弟未悉公爲何人不降弟公不降子亦不降與大夫同也○注言從至適也○釋曰以大夫尊少身在降一等身沒其庶子則得伸如國人也云昆弟庶昆弟也者若適則在父之所不降之中故知庶昆弟也云舊讀昆弟在下其於厭降之義宜蒙此傳也是以上而同之者言舊讀謂鄭君以前馬融之等以昆弟二字抽之在傳下今皆易之在上鄭檢經義昆弟乃是公之庶昆弟大夫之庶子所爲者父以尊降庶子則庶子亦厭而爲昆弟大功是知宜蒙此傳則昆弟二字當在傳上與母妻宜蒙此傳同爲厭降之文不得如舊讀也云父之所不降謂適也者不指不降之人而云謂適者欲見適中非一謂父爲適妻適子之等皆是也

皆爲其從父昆弟之爲大夫者。皆者言其互相爲服尊同則不相降其爲士者降在小功適子爲之亦如之疏○注皆者至如之○釋曰此文承上公之庶昆弟大夫之庶子之下則是上二人爲此從父昆弟之爲大夫者以其二人爲父所厭降親今此從父昆弟爲大夫故此二人不降而服大功依本服也言皆者鄭云互相爲服者以彼此相爲同是從父昆弟相爲著服故云皆互相見之義故也云其爲士者降在小功者降亦等故也云適子爲之亦如之者雖適不降同故也

爲夫之昆弟之婦人子適人者。婦人子者女子子也不言女子子者因出見恩疏疏○注婦人至恩疏○釋曰此亦重出故次從父昆弟下此謂世叔母爲之服在家期出嫁大功云不言女子子者因出見恩疏者女在家室之名是親也婦者事人之稱是見疏也今不言女與母而言夫之昆弟與婦人子者是因出見恩疏故也

大夫之妾爲君之庶子。下傳曰何以大功也妾爲君之黨服得與女君同指爲此也妾爲君之長子亦三年自爲其子期異於女君也士之妾爲君之衆子亦期疏○注下傳至亦期○釋曰妾爲君之庶子輕於爲夫之昆弟之女故次之引下傳曰何以大功也妾爲君之黨服得與女君同指爲此也者彼傳爲此經而作故云指爲此在下者鄭彼云文爛在下爾故也云妾爲君之長子亦三年者妾從女君服得與女君同故亦同女君三年又云自爲其子期異於女君也者以其女君從夫降其庶子大功夫不厭妾故自服其子期是異於女君也云士之妾爲君之衆子亦期謂亦得與女君期者亦是與己子同故也

女子子嫁者未嫁者爲世父母叔父母姑姉妹。舊讀合大夫之妾爲君之庶子女子子嫁者未嫁者言大夫之妾爲此三人之服也疏○注舊讀至服也○釋曰此是女子子逆降旁親又是重出故次之於此知逆降者此經云嫁者爲世父已下出降大功自是常法更言未嫁者亦爲世父已下非未嫁逆降如何云舊讀合大夫之妾爲君之庶子女子子嫁者未嫁者言大夫之妾爲此三人之服也者此馬融之輩舊讀如此鄭以此爲非故此下注破之也

傳曰。嫁者。其嫁於大夫者也。未嫁者。成人而未嫁者也。何以大功也。妾爲君之黨服。得與女君同。下言爲世父母叔父母姑姉妹者。謂妾自服其私親也。此不辭即實爲妾遂自服其私親當言其以明之齊衰三月章曰女子子嫁者未嫁者爲曾祖父母經與此同足以明之矣傳所云何以大功也妾爲君之黨服得與女君同文爛在下爾女子子成人者有出道降旁親及將出者明當及時也疏○釋曰云嫁者其嫁於大夫者也未嫁者成人而未嫁者也此二者依鄭爲世父已下七人本服皆期未嫁者逆降之服大功也云何以大功也妾爲君之黨服得與女君同者此傳當在上大夫之妾爲君之庶子下爛脱誤在此但下言二字及者謂妾自服其私親也九字總十一字既非子夏自著又非舊讀者自安是誰置之也今以義必是鄭君置之鄭君欲分別舊讀者如此意趣然後以注破之云此不辭者謂此分別文句不是解義言辭也云即實爲妾遂自服其私親當言其以名之者此鄭欲就舊章讀破之案不杖期章云女子子適人者爲其父母昆弟之爲父後者也又云公妾以及士妾爲其父母自爲其親皆言其以明妾爲私親今此不言其明非妾爲私親一人逆降一人合降不得合云二人是二人爲此七人等逆降者又引齊衰三月章曰女子子嫁者未嫁者爲曾祖父母經與此同足以見之矣者彼二人爲曾祖是正尊雖出嫁亦不降此則爲旁親雖未嫁亦逆降聖人作文是同足以明之明是二人爲此七人不得以嫁者未嫁者上同君之庶子下文爲世父以下爲妾自服私親也云傳所云何以大功也妾爲君之黨服得與女君同文爛在下爾者此傳爲大夫之妾爲君之庶子而發應在女子子之上君之庶子之下以簡札韋編爛斷後人錯置於下是以舊讀將爲本在於此是以遂誤也云女子子成人者有出道降旁親者此鄭依經正解之以其嫁者降旁親是其常而云未嫁者成人未嫁亦降旁親者謂女子子十五已後許嫁笄爲成人有出嫁之道是以雖未出即逆降世父已下旁親也云及將出者明當及時也者謂女子子年十九後年二月冠子娶妻之月其女當嫁今年遭此世父已下之喪若依本服期者過後二月不得及時逆降在大功大功之未可以嫁子則於二月得及時而嫁是以云明當及時也

大夫。大夫之妻。大夫之子。公之昆弟。爲姑姉妹女子子嫁於大夫者。君爲姑姉妹女子子嫁於國君者。疏○釋曰此等姑姉已下應降而不降又兼重出其文故次在此也此大夫大夫妻大夫之子公之昆弟四等人尊卑同皆降旁親姑姉已下一等大功又以出降當小功但嫁於大夫尊同無尊降直有出降故皆大功也但大夫妻爲命婦若夫之姑姉妹在室及嫁皆小功若不爲大夫妻又降在緦麻假令彼姑姉妹亦爲命婦唯小功耳今得在大夫科中者此謂命婦爲本親姑姉妹已之女子子因大夫大夫之子爲姑姉妹女子子寄文於夫與子姑姉妹之中不煩別見也云君爲姑姉妹女子子嫁於國君者國君絶期已下今爲尊同故亦不降依嫁服大功

傳曰。何以大功也。尊同也。尊同則得服其親服。諸侯之子稱公子。公子不得禰先君。公子之子稱公孫。公孫不得祖諸侯。此自卑別於尊者也。若公子之子孫有封爲國君者。則世世祖是人也。不祖公子。此自尊別於卑者也。是故始封之君。不臣諸父昆弟。封君之子。不臣諸父而臣昆弟。封君之孫。盡臣諸父昆弟。故君之所爲服。子亦不敢不服也。君之所不服。子亦不敢服也。不得禰不得祖者不得立其廟而祭之也卿大夫以下祭其[illegible]祖公子者後世爲君者祖此受封[illegible]若在高祖以下則如其親服後世[illegible]其廟爾因國君以尊降其親故終[illegible]釋曰云何以大功也問者以諸侯[illegible]此大功故發問也荅曰云尊同也[illegible]夫與諸侯所以亦爲服者各自以[illegible]夫之下則云命婦大夫之子自君[illegible]國君不降可知云諸侯之子稱公[illegible]不同之義也但得侯之子適適相[illegible]爲諸侯所絶不得稱諸侯子變名[illegible]公卑遠之是以子與孫皆言公見[illegible]別於尊者也者謂適既立廟支庶[illegible]尊者也云若公子之子孫有封爲[illegible]公入命卿六命大夫四命其出封[illegible]爲天子臣出封爲五等諸侯是公[illegible]世世祖是人也不祖公子此自尊[illegible]此始封之君世世祖是人也不祖[illegible]是故始封之君不臣諸父昆弟者[illegible]之一體又是父之一體其昆弟既[illegible]體故不臣此二者仍爲之著服也[illegible]臣昆弟者以其諸父尊故未得臣[illegible]不爲之服亦既不臣當服本服期[illegible]斬以其與諸侯爲兄弟者雖在外[illegible]服王尊明諸父昆弟雖不臣亦不[illegible]可知云封君之孫盡臣諸父昆弟[illegible]盡臣之不言不降而言不臣君是[illegible]故雖未臣子孫終是爲臣故以臣[illegible]亦不敢不服也者此欲釋臣與不[illegible]君之所爲服者謂君之所不臣者[illegible]云子亦不敢不服也云君之所不[illegible]謂君所臣之者君不爲之服子亦[illegible]降故也○注不得至義云○釋曰[illegible]立其廟而祭之也者鄭恐人以傳[illegible]之不得將爲禰祖故云不得者不[illegible]得也以其廟已在適子爲君者立[illegible]云不得也云卿大夫以下祭其祖[illegible]孫若立爲卿大夫得立三廟若作[illegible]得立一廟並得祭其祖禰既不祖[illegible]其公子公孫並是別子若魯桓公[illegible]父叔牙季友等謂之公子公子並[illegible]之廟慶父等雖爲卿大夫未有廟[illegible]爲大祖不毁廟已下二廟祖禰之[illegible]大夫已下祭其祖禰也雖得祭祖[illegible]則世世祖是人不得祖公子者此[illegible]君者祖此受封之君不得祀別子[illegible]世爲君祖此受封君解世世祖是[illegible]子者也以其別子卑始封君尊是[illegible]

子若在高祖以下則如其親服者此解始封君得立五廟五廟者大祖與高祖已下四廟今始封君後世乃不毁其廟爲大祖於此始封君未有大祖廟唯有高祖以下四廟則公子爲别子者得入四廟之限故云公子若在高祖以下則如其親如其親謂自禰已上至高祖以次立四廟云後世遷之乃毁其廟者謂始封君死其子立即以父爲禰廟前高祖者爲高祖之父當遷之又至四世之後始封君爲高祖父當遷之時轉爲大祖通四廟爲五廟定制也故云後世遷之乃毁其廟也云因國君以尊降其親故終說此義云者自諸臣之子已下既非經語而傳汎說降與公子之義故云終說也

緦衰裳。牡麻絰。既葬除之者。疏○釋曰此緦衰是諸侯之臣爲天子在大功下小功上者以其天子七月葬既葬除故在大功九月下小功五月上又縷雖如小功升數又少故在小功上也此不言帶屨者以其傳云小功之緦也則帶屨亦同小功可知

傳曰。緦衰者何以。小功之緦也。治其縷如小功而成布尊四升半細其縷者以恩輕也升數少者以服至也凡布細而疏者謂之緦今南陽有鄧緦 疏○注治其至鄧緦○釋曰傳問者正問縷之麤細不問升數多少故荅云小功之緦也若然小功緦知據縷麤細非升數者下記人記出升數而緦衰四升有半鄭彼注云服在小功之上者欲著其縷之精麤也故云注亦云治其縷如小功而成布四升半也云細其縷者以恩輕也者以其諸侯大夫是諸侯臣於天子爲陪臣唯有聘問接見天子天子禮之而已故服此服是恩輕也云升數少者以服至尊也者諸侯爲天子服至尊義服斬縷加三升半陪臣降君改服至尊加一升四升半也云凡布細而疏者謂之緦者此喪服謂之緦由緦而疏若非喪服細而疏亦謂之緦故云凡以總之云今南陽有鄧緦者謂漢時南陽郡鄧氏造布有名緦言此者證凡布細而疏即是緦之義

諸侯之大夫爲天子。疏○釋曰此經直云大夫則大夫中有孤卿以其小聘使下大夫大聘或使孤或使卿也故大行人云諸侯之孤以皮帛繼子男故知大夫中兼孤卿

傳曰。何以緦衰也。諸侯之大夫以時接見乎天子。接猶會也諸侯之大夫以時會見於天子而服之則其士庶民不服可知 疏○注接猶至可知○釋曰傳問者怪其重此既陪臣何意服四升半布七月乃除荅云以時接見乎天子者爲有恩故服之云接猶會也諸侯之大夫以時會見於天子而服之者案周禮大宗伯有時見曰會彼諸侯聘時見曰會無常期日時會此鄭云以時會見者直據諸侯大夫時復會其問覜天子禮此即周禮大宗伯云時聘曰問殷覜曰視鄭注云時聘者亦無常期天子有事乃聘之焉竟外之臣既非朝歲不敢瀆爲小禮是天子有事乃遣大夫來聘彼又注云殷覜謂一服朝之歲以朝者少諸侯乃使卿以大禮衆聘焉一服朝在元年七年十一年此時唯有侯服一服朝故餘五服並使卿來見天子此並是以時會見天子天子待之以禮皆有委積飱饔饗食燕與時賜加恩既深故諸侯大夫報而服之也云則其士庶民不服可知者上文云庶人爲國君注云天子畿內之民服天子亦如之即知畿外之民不服可知今又言之者以畿外內民庶於天子有服無服無明文今因畿外諸侯大夫接見天子者乃有服不聘天子者即無服明民庶不爲天子服可知故重明之若然諸侯之士約大夫不接見天子則無服明士不接見亦無服可知其有士與卿大夫聘時作介者雖亦得禮介本副使不得天子接見亦不服可知

小功布衰裳。澡麻帶絰五月者。澡者治去莩垢不絕其本也小記曰下殤小功帶澡麻不絕其本屈而反以報之 疏 小功至月者○釋曰此殤小功章在此者本齊衰大功之親爲殤降在小功故在成人小功之上也但言小功者對大功是用功麤大則小功是用功細小精密者也自上以來皆帶在絰下今此帶在絰上者以大功已上絰帶有本小功以下斷本此殤小功中有下殤小功帶不絕本與大功同故進帶於絰上倒文以見重故與常例不同也且上文多直見一絰包二此別言帶者亦欲見帶不絕本與絰不同故兩見之也又殤大功直言無受不言月數此直言月不言無受者聖人作經欲互見爲義大功言無受此亦無受此言五月彼則九月七月可知又且下章言即葛此章不言即葛亦是兼見無受之義也又不言布帶與冠文略也不言屨者當與下章同吉屨無絇也○注澡者至報之○釋曰云澡者治去莩垢者謂以枲麻又治去莩垢使之滑淨以其入輕竟故也引小記者欲見下殤小功中有本是齊衰之喪故特言下殤若大功下殤則入緦麻是以特據下殤云屈而反以報之者謂先以一股麻不絕本者爲一條展之爲繩報合也以一頭屈而反鄉上合之乃絞垂必屈而反以合者見其重故也引之者證此帶亦不絕本屈而反以報之也若然此章亦有大功長殤在小功者未知帶得與斬衰下殤小功同不絕本不案服問云小功無變也又云麻之有本者變三年之葛彼云小功無變據成人小功無變三年之葛有本得變之則知大功殤長中在小功者輕帶無本也以此而言經注專據齊斬下殤小功重者而言其中無有大功之殤在小功帶麻絕本者似若斬衰章兼有義服傳直言衰三升冠六升不言義服衰三升半者也若然姑姊妹出適降在小功者以其成人非所哀痛帶與大功之殤同亦無本也

叔父之下殤。適孫之下殤。昆弟之下殤。大夫庶子爲適昆弟之下殤。爲姑姊妹女子子之下殤。爲人後者。爲其昆弟從父昆弟之長殤。疏○釋曰此經自叔父已下至女子子之下殤八人皆是成人期長殤中殤大功已在上殤大功章以此下殤小功故在此章也仍以尊者在前卑者居後云爲人後者爲其昆弟從父昆弟之長殤此二者以本服大功今長殤中殤小功故在此章從父昆弟情本輕故在出降昆弟後也

傳曰。問者曰。中殤何以不見也。大功之殤中從上。小功之殤中從下。問者據從父昆弟之下殤在緦麻也大功小功皆謂服其成人也大功之殤中從上則齊衰之殤亦中從上也此主謂丈夫之爲殤者服也凡不見者以此求之也 疏○注問者至求之也○釋曰不直云何以而云問者曰者以其傳總問大功小功所問非一故云問者曰與常例不同鄭云問者據從父昆弟之下殤在緦麻也者以其緦麻章見從父昆弟之下殤此章見從父昆弟之長殤唯中殤不見故致問是以據從父昆弟也云大功小功皆謂服其成人也者以其緦麻章傳云齊衰之殤中從上大功之殤中從下據此二傳言之禮無殤在齊衰則下齊衰之殤與大功之殤據成人明此大功與小功之殤據服其成人可知也若然此經大功之殤唯有爲人後者爲昆弟及從父昆弟二者長殤中殤在此小功其成人小功之殤中從下自在緦麻於此言之者欲使小功與大功相對故兼言之也云大功之殤中從上則齊衰之殤亦中從上也者以此傳云大功之殤中從上小功之殤中從下而言則大功重者中從上齊衰重於大功明從上可知故謂舉輕以明重也又云此主謂丈夫之爲殤者服也者鄭以此云大功之殤中從上小功之殤中從下緦麻章云齊衰之殤中從上大功之殤中從下兩文相反故鄭以彼謂婦人爲夫之族類此謂丈夫爲殤者服也鄭必知義然者以其此傳發在從父昆弟丈夫下下文發傳在婦人爲夫之親下故知義然也云凡不見者以此求之也者周公作經不可具出畧舉以明義故云不見者以此求之也

爲夫之叔父之長殤。不見中殤者中從下也 疏○注不見至下也○釋曰夫之叔父義服故次在此成人大功故長殤降一等在小功云不見中殤者中從下也者下傳云大功之殤中從下主謂此婦人爲夫之黨類故知中從下在緦麻也

昆弟之子。女子子。夫之昆弟之子。女子子之下殤。爲姪庶孫丈夫婦人之長殤。疏○釋曰云昆弟之子女子子夫之昆弟之子女子子之下殤者此皆成人爲之齊衰期長中殤在大功故下殤在此小功也云爲姪庶孫丈夫婦人之長殤者謂姑爲姪成人大功長殤在此小功不言中殤中從上不言男子女子而言丈夫婦人亦是見恩疏之義庶孫者祖爲之大功長殤中殤亦在此小功言丈夫婦人亦是見恩疏也

大夫公之昆弟大夫之子。爲其昆弟庶子姑姊妹女子子之長殤。大夫爲昆弟之長殤小功謂爲士者若不仕者也以此知爲大夫無殤服也公之昆弟不言庶者此無服無所見也此大夫之子不言庶者關適子亦服此殤也云公之昆弟爲庶子之長殤則知公之昆弟猶大夫 疏○釋曰云大夫公之昆弟大夫之子爲其昆弟庶子姑姊妹女子子之長殤者謂此三人爲此六種人成人以尊降至大功故長殤小功中亦從上此一經亦尊卑爲次序也○注大夫至大夫○釋曰云大夫爲昆弟之長殤小功謂爲士者若不仕者也者凡爲昆弟成人期長殤在大功今大夫爲昆弟長殤小功明大夫爲昆弟降一等成人大功長殤中殤在小功若昆弟亦爲大夫同等則不降今言降在小功明是昆弟爲士若不仕者也云以此知爲大夫無殤服也者已爲大夫則冠矣丈夫冠而不爲殤是以知大夫無殤服矣若然大夫身用士禮已二十而冠而有兄姊殤者已與兄姊同十九而見姊於年終死已至明年初二十固喪而冠是已冠成人而有兄姊殤也且五十乃爵命今未二十已得爲大夫者五十乃爵命自是禮之常法或有大夫之子有盛德謂若甘羅十二相秦之等未必要至五十是以得有幼爲大夫者也若然曲禮云四十強而仕則四十然後爲士今云殤死者爲士若不仕則爲士而殤死亦是未二十得爲士者謂若士冠禮鄭目錄云士之子任士職居士位二十而冠則亦是有德未二十爲士至二十乃冠故鄭引管子書四民之業士亦世爲是也云公之昆弟不言庶者此無服無所見也者經云公之昆弟多兼言庶此特不云公之庶昆弟直云公之昆弟者若爲母則兼云庶以其適母適庶之子皆同服妾子爲母見厭不申今此經不爲母服爲昆弟已下並同長殤故不言庶也云大夫之子不言庶者關適子亦服此殤也者若言大夫庶子爲昆弟謂言適子不服之若不言庶子則兼適庶是以鄭云不言庶子者關適子關通也通適子亦服此服也云公之昆弟爲庶子之長殤則知公之昆弟猶大夫者舊疑大夫與公

之昆弟尊卑異今案此經云公之昆弟與大夫同降昆弟已下成人大功長殤同小功則知此二人尊卑同故云猶大夫也

大夫之妾。爲庶子之長殤。君之庶子（疏）○注君之庶子○釋曰妾爲君之庶子成人在大功已見上章今長殤降一等在此小功云君之庶子者若適長則成人隨女君三年長殤在大功與此異故言君之庶子以別之也

儀禮疏卷第三十二 元缺卷今補依要義分

儀禮注疏卷三十二挍勘記　阮元撰盧宣旬摘錄

夫之祖父母 案此本自三十二卷至三十七卷並鈌今據要義分

故妻爲之大功也 通解要義同毛本無妻字

傳曰何以大功也從服也

道猶行也言婦人棄姓無常秩嫁於父行則爲母行嫁於子行則爲婦行 下二十四字毛本脫徐本通典集釋通解俱有楊氏無浦鏜云爾疋疏亦有

是嫂亦可謂之母乎嫂猶叟也 上八字毛本脫徐本通典集釋通解俱有與疏合通典乎下更有言不可三字按若無言不可三字則空述傳文殊覺無謂注意言嫂者雖是尊嚴之稱然竟謂之母則不可也不過比之以老人耳賈疏曰云嫂者尊嚴之稱是嫂亦可謂之母乎者此因弟妻名爲婦以致斯問言不可也此首尾述注而中間釋其義疏家每有此例非杜氏取賈氏疏羼入鄭注也宜補入叟釋文作傻

叟老人稱也 人下集釋有之字

婦爲夫之諸祖父母報 陳本要義同毛本報作服

則此夫所服朞不報限 要義同毛本報限作服報

引大傳者云 要義同毛本無者字

姬姜之類 之陳閩俱作子

大夫爲世父母○子昆弟昆弟之子 昆弟二字通典不重

公之庶昆弟

今繼兄而言昆弟 要義通解楊氏同毛本無昆字

傳曰何以大功也○不得過大功也 瞿中溶云石本原刻無過字

則庶子亦厭而爲昆弟大功 要義同毛本無子字

不得如舊讀也 陳閩俱脫讀字

爲夫之昆弟之婦人子適人者

婦人子者 徐陳通典通解要義楊敖同毛本集釋無子字

大夫之妾

妾爲君之長子亦三年 徐陳通典集釋通解楊氏同毛本年作等

女子子嫁者未嫁者 瞿中溶云石本原刻無女子

傳曰嫁者○妾爲君之黨服 爲下通典有女字前經及本傳兩注並同按喪服小記妾從女君而出則不爲女君之子服注云妾爲女君之黨服得與女君同亦有女字。按有女字非是經云君之庶子女子子則是君之黨而非女君之黨也 ○下言爲世父母叔父母姑姊妹者謂妾自服其私親也 按此二十一字乃鄭所引舊讀之文與下此不辭相連皆爲注文而上節鄭注舊讀以下三十二字當次於傳文女君同之下則一氣相連曰言曰下言文義顯然矣鄭引此舊讀而破之曰此不辭蓋鄭破舊說而欲顛倒傳文也自寫者誤分注爲兩截舊讀三十二字於傳曰之前而又誤鄭注下言二十一字爲傳文遂爲學者大疑向使此二十一字爲傳則舊讀甚是鄭若破之是破傳非破舊讀矣鄭謂傳不言傳誤而但言舊讀誤是傳必不與舊讀合矣蓋鄭意謂何以至君同十六字爲庶子以下之傳文而誤爛在女子子節嫁者至者也十九字傳文之下唐以前寫校之人麤淺不審因爛下之文遂疑下言二十一字爲傳文而爛在下耳今依舊讀則少其字爲不辭依鄭讀則顛倒傳文未嫁逆降更招駮議然不必論此是非但論鄭注古本爲何如必是誤注爲傳也新舊二說是非與此無涉也元於乾隆五十八年校大學石經即立此說刪此二十一字見石經校勘記中及元督學山東覆校石經者又復增入此外近儒諸說紛歧皆非也

當言其以明之 徐本通典集釋敖氏同毛本明作見張氏曰注曰當言其以明之又曰足以明之矣按釋文見思注云下以見同下無以見字必是誤作以明也從釋文。按疏述注亦作見

傳曰何以大功也尊同也

不得祖公子者 張氏曰注曰不得祖公子又曰不得禰別子按釋文云不復扶又反復謂此二句得字誤也不得者禁止之辭也公子禰先君公孫祖諸侯于禮爲僭禁之可也其曰不得禰不得祖宜也若公子之子孫有封爲國君者則後世不祖公子人情然也何用禁爲不復云者蓋既祖此則不再祖彼焉爾經于上禰先君祖諸侯皆云不得于下止言不祖義可見矣今改二句之得爲復從釋文。按張說當矣但疏以則世世祖是人不得祖公子者兩句爲疊傳則得字者字宜俱屬衍文下句得字乃當作復爾釋文不云下同明注中止一復字

以其初升爲君 初閩本作祖

又是父之一體 父下陳閩俱有子字

以其與諸侯爲兄弟者 其閩本作昔

漸爲貴重 通解要義同毛本漸作斬。按漸字是

云卿大夫以下 云陳閩俱作六

不得祖公子者 按得字亦疑衍

此謂鄭登傳文也 謂字疑衍

不得祀別子也者 按此得字亦當作復後人既改注併改疏

此解始封君得立五廟五廟者 要義同毛本五廟二字不重出

大祖 要義同毛本祖下有一廟二字

則如其親如其親謂自禰已上 要義同毛本如其親三字不重出

云因國君以尊降其親 要義同毛本以下有大祖二字

總衰裳牡麻絰

以其傳云 要義通解楊氏同毛本以其作案下

傳曰總衰者何以小功之總也 段玉裁云之縷唐石經已譌之總程瑤田曰据注亦當依段改正之檀弓下云請總衰而環絰注總衰小功之縷而四升半之衰疏以爲約喪服傳文則此總字當爲縷字之誤許宗彥云傳解爲小功之總注解治縷如小功此遞相解若傳文爲縷則可不更注矣蓋總兼縷及升數兩層也段程皆誤

而成布尊四升半 徐本同毛本無尊字

以服至也 徐本同毛本至下有尊字張氏曰注曰治其縷如小功而成布尊四升半又曰以服至也按疏上句多一尊字下句少一尊字後記總衰之注云不敢以兄弟之服服至尊也與疏下句之義合並從疏

故云注亦云 上云字疑當作此

傳曰何以總衰也

何意服四升半布七月乃除 要義同毛本布作而

其有士與卿大夫聘時作介者 要義同毛本通解無有字

小功布衰裳澡麻帶絰五月者

爲殤降在小功 聶氏通解要義同毛本在下有外字

自上以來 聶氏要義同毛本上作土

且上文多直見一絰包二 包要義作苞是也通解作包

又不言布帶與冠 通解要義敖氏同毛本又作入

吉屨無絇也 吉陳閩通解俱作言

經注專據斬衰下殤小功重者而言 斬衰陳閩監本俱作齊斬通解作齊衰斬

叔父之下殤

八人皆是成人期 陳閩通解楊氏同毛本八作入

長殤中殤大功通解楊氏同毛本中作下

云爲人後者爲其昆弟之長殤要義同毛本無之長殤三字按經云爲人後者爲其昆弟李氏以爲昆弟下少之長殤三字盖据疏知之也

今長殤中殤小功通解要義同毛本無中殤二字

傳曰問者曰

此主謂丈夫之爲殤者服也丈徐本通典集釋俱作大通解楊敖毛本俱作丈張氏曰疏作丈從疏

在婦人爲服之親下服通解要義俱作夫

昆弟之子女子子

中從上上要義作下通解楊氏俱作上

大夫公之昆弟

此無服通典無下有母字通解無作庶張氏曰注曰公之昆弟不言庶者此無服無所見也按疏云若爲母則兼云庶以其適母適庶之子皆同服妾子爲母見厭不申今此經不爲母服爲昆弟以下長殤並同故不言庶也考疏之義無盖庶字也從疏○按須如通典作此無母服乃與疏合張氏改無爲庶雖云從疏實非疏意

同等則不降通解要義同毛本則作期

而有兄姊殤者陳本通解要義同毛本姊作弟○按姊是也

是已冠成人而有兄姊殤也要義同毛本通典已作以

則四十然後爲士士要義作仕通解作士

爲昆弟已下並同長殤下四字張氏識誤引作長殤並同

儀禮注疏卷三十二挍勘記終

儀禮疏卷第三十三

唐朝散大夫行大學博士弘文館學士臣賈公彦等撰

小功布衰裳。牡麻絰即葛五月者。即就也小功輕三月變麻因故衰以就葛絰帶而五月也閒傳曰小功之葛與緦之麻同舊說小功以下吉屨無絇也疏○注即就至絇也○釋曰此是小功成人章輕於殤小功故次之此章有三等正降義其衰裳之制澡絰等與前同故畧也云即葛五月者以此成人文縟故有變麻從葛故云即葛但以日月爲足故不變衰也不列冠屨承上大功文畧小功又輕故亦不言也言日月者成人文縟故具言也云即就也者謂去麻就葛也引閒傳欲見小功有變麻服葛法既葬大小同故變同之也引舊說云小功以下吉屨無絇也者以小功輕非直喪服不見屨諸經亦不見其屨以輕畧之是以引舊說爲證絇者案周禮屨人職屨舄皆有絇繶純純者於屨口緣繶者牙底接處縫中有絛絇者屨鼻頭有飾爲行戒吉時有行戒故有絇喪中無行戒故無絇以其小功輕故從吉屨爲其大飾故無絇也

從祖祖父母。從祖父母報。祖父之昆弟之親疏○注祖父至之親○釋曰此亦從尊向卑故先言從祖祖父母已上章已先言父次言祖次言曾此從祖祖父母是曾祖之子祖之兄弟故次之是以鄭言祖父之昆弟之親者云從祖父母者是從祖祖父之子是父之從父昆弟之親故鄭幷言祖父之昆弟之親云報者恩輕欲見兩相爲服故云報也

從祖昆弟。父之從父昆弟之子疏○注父之至之子○釋曰此是從祖父之子故鄭云父之從父昆弟之子已之再從兄弟以上三者爲三小功也

從父姊妹。父之昆弟之女疏○注父之昆弟之女○釋曰此謂從父姊妹在家大功出適小功不言出適與在室姊妹既逆降宗族亦逆降報之故不辨在室及出嫁也

孫適人者。孫者子之子女孫在室亦大功也疏○注孫者至功也○釋曰以女孫在室與男孫同大功故出適小功也

爲人後者爲其姊妹適人者。不言姑者舉其親者而恩輕者降可知疏○注不言至可知○釋曰云不言姑者舉其親者而恩輕者降可知案詩云問我諸姑遂及伯姊注云先姑後姊尊姑也是姑尊而不親姊妹親而不尊故云不言姑舉姊妹親者也

爲外祖父母。傳曰。何以小功也。以尊加也。疏○釋曰發問者是傳之不得決此以云外親之服不過緦今乃小功故發問云以尊加也者以言祖者祖是尊名故加至小功言爲者以其母之所生情重故言爲猶若衆子恩愛與長子同退入朞故特言爲衆子也

從母丈夫婦人報。從母母之姊妹疏○注從母母之姊妹○釋曰母之姊妹與母一體從於已母而有此名故曰從母言丈夫婦人者母之姊妹之男女與從母兩相爲服故曰報云丈夫婦人者馬氏云從母報姊妹之子男女也丈夫婦人者異姓無出入降若然是皆成人長大爲號

傳曰。何以小功也。以名加也。外親之服皆緦也。外親異姓正服不過緦丈夫婦人姊妹之子男女同疏○注外親至女同○釋曰云以名加也者以有母名故加至小功云外親之服皆緦也者以其異姓故云外親以本非骨肉情疏故聖人制禮無過緦也言此者見有親與母名即加服之意耳注云外親異姓者從母與姊妹子舅與外祖父母皆異姓故總言外親也

夫之姑姊妹娣姒婦報。夫之姑姊妹不殊在室及嫁者因恩輕畧從降疏○注大夫至從降○釋曰夫之姑姊妹夫爲之朞妻降一等出嫁小功因恩疏畧從降故在室及嫁同小功若此釋恐謂未當報然文不爲娣姒設以其娣姒婦兩見更相爲服自明何言報也既報字不爲娣姒其報於娣姒上者以其於夫之兄弟使之遠別故無名使不相爲服要娣姒婦相爲服亦因夫而有娣姒婦下云報使娣姒上蒙夫字以冠之也

傳曰。娣姒婦者。弟長也。何以小功也。以爲相與居室中。則生小功之親焉。娣姒婦者兄弟之妻相名也長婦謂稺婦爲娣婦娣婦謂長婦爲姒婦疏○注娣姒至姒婦○釋曰傳云娣姒婦者弟長也者此二字皆以女爲形以弟爲聲則據二婦立稱謂年小者爲娣故云娣弟是其年幼也年大者爲姒故云姒長是其年長假令弟妻年大稱之曰姒兄妻年小謂之曰娣是以左氏傳穆姜是宣公夫人大婦也聲伯之母是宣公弟叔肸之妻小婦也聲伯之母不聘穆姜云吾不以妾爲姒是據二婦年大小爲娣姒不據夫年爲小大之事也

大夫大夫之子。公之昆弟。爲從父昆弟庶孫姑姊妹女子子適士者。從父昆弟及庶孫亦謂爲士者疏○注從父至士者○釋曰從父昆弟庶孫本大功此三等以尊降入小功姑姊妹女子子本期此三等出降入大功若適士又降一等入小功也此等以重出其文姑姊妹又以再降故在此鄭云爲父昆弟及庶孫亦謂爲士者以經女子子下總云適士鄭恐人疑故鄭別言之以其從父昆弟及庶孫已見於大功章今在此故三等人降親一等故知此文亦謂爲士者也

大夫之妾爲庶子適人者。君之庶子女子子也庶女子子在室大功其嫁於大夫亦大功疏○注君之至大功○釋曰此云適人者謂士是以本在室大功出降故小功鄭云嫁於大夫亦大功者直有出降無尊降故也

庶婦。夫將不受重者疏○注夫將不受重者○釋曰經云於支庶舅姑爲其婦小功鄭云夫將不受重則若喪服小記注云世子有廢疾不可立而庶子立其舅姑皆爲其婦小功則亦兼此婦也

君母之父母從母。君母父之適妻也從母君母之姊妹疏○注君母至姊妹○釋曰此亦謂妾子爲適妻之父母及君母姊妹知適妻子爲之同也

傳曰。何以小功也。君母在。則不敢不從服。君母不在。則不服。不敢不服者恩實輕也凡庶子爲君母如適子疏○注不敢至適子○釋曰何以發問者以既不生已母又非骨肉怪爲小功故發問也若云不敢不從服者言無情實但畏敬故云不敢不從服也云君母不在者或出或死故直云不在容有數事不在也鄭云不敢不服者恩實輕也者以解不敢意也云如適子者則如適妻之子非正適長而據君母在而云如若君母不在則不如若然君母在既爲君母父母其已母之父母或亦兼服之若馬氏義君母不在乃可申妾

君子子爲庶母慈己者。君子子者大夫及公子之適妻子疏○注君子至妻子○釋曰鄭云

君子子者大夫及公子之適妻子者禮之通例云君子與貴人皆據大夫已上公子尊卑比大夫故鄭據而言焉又國君之子爲慈母無服士又不得稱君子亦復自養子無三母具故知此二人而已必知適妻子者妾子賤亦不合有三母故也

傳曰。君子子者。貴人之子也。爲庶母何以小功也。以慈已加也。

云君子子者則父在也父沒則不服之矣以慈已加則君子子亦以士禮爲庶母緦也內則曰異爲孺子室於宮中擇於諸母與可者必求其寬裕慈惠溫良恭敬愼而寡言者使爲子師其次爲慈母其次爲保母皆居子室他人無事不往又曰大夫之子有食母庶母慈已者此之謂也其可者賤於諸母謂傅姆之屬也其不慈已則緦可矣不言師保慈母居中服之可知也國君世子生卜士之妻大夫之妾使食子三年而出見於公宮則劬非慈母也士之妻自養其子

〔疏〕〇注云君至其子〇釋曰云爲庶母何以小功也發問者以諸侯與士之子皆無此服唯此貴人大夫與公子之子猶有此服故發問也荅云慈已加也故以緦麻上加至小功也云君子子者則父在也者以其言子繼於父故云父在且大夫公子不繼世身死則無餘尊之厭如凡人則無三母慈已之義故知父在也云父沒則不服之矣者以其無餘尊雖不服小功仍服庶母緦麻也如士禮故鄭又云以慈已加則君子子以士禮爲庶母緦也是其本爲庶母緦麻也內則已下至非慈母也皆內則文彼文承國君與大夫士之子生之下鄭彼注云爲君養子之禮今此鄭所引證大夫公子養子之法以其大夫公子適妻亦得立三母故也云異爲孺子室於宮中者鄭注云特埽一處以處之更不別室還於側室生子之處也云擇於諸母與可者諸母謂父之妾即此經庶母者也云可者彼注云可者傅御之屬也謂母之外別有傅母御妾之等有德行者可以充三母也云必求其寬裕慈惠溫良恭敬愼而寡言者寬謂寬弘裕謂容裕慈謂恩慈惠謂惠愛溫謂溫潤良謂良善恭謂恭恪敬謂敬肅愼謂能謹愼寡言謂審詞語有此十行者得爲子師始終與子爲模範故取德行高者爲之也故彼注云子師教示以善道者云其次爲慈母彼注云慈母知其嗜欲者德行稍劣者爲慈母即此經慈母是也又云其次爲保母者德行又劣前者爲保母彼注云保母安其居處者云皆居子室者以皆是子母是以居子之室也云他人無事不往者彼注云爲見精氣微弱將驚動也又云大夫之子有食母者彼注云選於傅御之中喪服所謂乳母也案下章云乳母注云謂養子者有他故賤者代之慈已者若然大夫三母之內慈母有他故使賤者代慈母養子謂之乳母死則服之三月與慈母服異引之者證三母中又有此母也君與士皆無此事云庶母慈已者此之謂也者謂此經庶母慈已則內則所云之謂也云其可者賤於諸母謂傅姆之屬也者傅姆謂女師鄭注昏禮云姆婦人年五十無子出而不復嫁能以婦道教人者若今時乳母矣鄭注內則云可者傅御之屬與此注不同者無正文故注有異相兼乃具云其不慈已則緦可矣者覆解子爲三母之服謂諸母也傳云以慈已加若不慈已則不加明本當緦也云不言師保慈母居中服之可知也者周公作經舉中以見上下故知皆服之矣云國君世子生卜士之妻大夫之妾使食子三年而出見於公宮則劬非慈母者引此者彼既總據國君與卿大夫士養子法向來所引唯據大夫與公子養子之法故更見國君子之禮但國君子之三母具如前說三母之外別有食子者二者之中先取士妻無堪者乃取大夫妾不并取之案彼注謂先有子者以其須乳故也劬勞三年子大出見公宮則勞之以束帛此經慈母以其無服故也知國君子於三母無服者案曾子問孔子曰古者男子外有傅內有慈母君命所使教子也何服之有以此而言則知天子諸侯之子於三母皆無服也云士之妻自養其子者此亦內則文取之者以其君大夫養子已具故因論上之養子法彼注云賤不敢使人也

緦麻三月者。

緦麻布衰裳而麻絰帶也不言衰絰畧輕服省文

〔疏〕〇注緦麻至省文〇釋曰此章五服之內輕之極者故以緦如絲者爲衰裳又以澡治莩䔸之麻爲絰帶故曰緦麻也三月者凡喪服變除皆法天道故此服之輕者法三月一時天氣變可以除之故三月也云緦麻布衰裳者緦則絲也但古之緦麻字通用故作緦字直云而麻絰帶也案上殤小功章云澡麻絰帶此緦服輕明亦澡麻可知云不言衰絰畧輕服省文者據上殤小功言絰帶故成人小功與此緦麻有絰帶可知故云畧輕服省文也

傳曰。緦者十五升。抽其半。有事其縷。無事其布曰緦。

謂之緦者治其縷細如絲也或曰有絲朝服用布何衰用絲乎抽猶去也雜記曰緦冠繰纓

〔疏〕〇注謂之至繰纓〇釋曰云緦者十五升抽其半者以八十縷爲升十五升千二百縷抽其半六百縷縷細如朝服數則半之可謂緦而疏服最輕故也云有事其縷無事其布曰緦者案下記云大夫弔於命婦錫衰傳曰錫者十五升抽其半無事其縷有事其布曰錫鄭注云謂之錫者治其布使之滑易也不錫者不治其縷哀在內也緦者不治其布哀在外若然則二衰皆同升數但錫衰重故治布不治縷哀在內故也此緦麻衰治縷不治布哀在外故也云謂之緦者治其縷細如絲也者以其麤細與朝服十五升同故細如絲也云或曰有絲者有人解有用絲爲之故云緦又曰朝服用布何衰用絲乎者此鄭以義破或解朝服謂諸侯朝服緇布衣及天子朝服皮弁服白布衣皆用布至於喪衰何得反絲乎故不可也引雜記緦冠繰纓者以其斬衰纓纓重於冠齊衰已下纓與冠等上傳曰齊衰大功冠其受也緦麻小功冠其衰也則此云緦冠者冠與衰同用緦布但繰纓者以灰繰治布爲纓與冠別以其冠與衰皆不治布纓則繰治以其輕故持異於上也

族曾祖父母。族祖父母。族父母。族昆弟。

族曾祖父者曾祖昆弟之親也族祖父者亦高祖之孫則高祖有服明矣

〔疏〕〇注族曾至明矣〇釋曰此即禮記大傳云四世而緦服之窮也名爲四緦麻者也云族曾祖父母者已之曾祖親兄弟也云族祖父母者已之祖父從父昆弟也云族父母者已之父從祖昆弟也云族昆弟者已之三從兄弟皆名爲族族屬也骨肉相連屬以其親盡恐相疏故以族言之耳云祖父之從父昆弟之親者欲推出高祖有服之意也以已之祖父與族祖父相與爲從父昆弟族祖父與已之祖俱是高祖之孫此四緦麻又與已同出高祖已上至高祖爲四世旁亦四世旁此四世既有服高祖有服明矣鄭言此者舊有人解見齊衰三月章直見曾祖父母不言高祖以爲無服故鄭從下鄉上推之高祖有服可知上章不言者鄭彼注高祖曾祖皆有小功之差服同故舉一以見二也然則又云族祖父者鄭意以族祖父者上連祖父之從父昆弟爲義句也故下亦高祖之孫也明已之祖父即高祖之正孫族祖父高祖之旁孫也

庶孫之婦。庶孫之中殤。

庶孫者成人大功其殤中從上此當爲下殤言中殤者字之誤爾又諸言中者皆連上下也

〔疏〕〇注庶孫至下也〇釋曰庶孫之婦緦者以其適子之婦大功庶子之婦小功適孫之婦小功庶孫之婦緦是其差也云庶孫之中殤注云庶孫者成人大功其殤中從上者則長中殤皆入小功章中故云此當爲下殤言中殤者字之誤爾又諸言中者皆連上下也者謂大功之殤中從上小功緦麻之殤中從下謂殤之內無單言中殤者此經單言中殤故知誤宜爲下也

從祖姑姊妹適人者。報。從祖父從祖昆弟之長殤。

不見中殤者中從下

〔疏〕〇注不見至從下〇釋曰此一經皆本服小功是以此經或出適或長殤降一等皆緦麻云不見中殤者中從下者以其小功之殤中從下故也其云從祖父長殤謂叔父者也

外孫。

女子子之子

〔疏〕〇注女子子之子〇釋曰云外孫者以女出外適而生故云外孫

從父昆弟姪之下殤。夫之叔父之中殤下殤。

言中殤者明中從下

〔疏〕〇注言中至從下〇釋曰從父昆弟成人大功長中殤在小功故下殤在此章也姪者爲姑之出降大功長中殤小功故下殤在此也夫之叔父成人大功長殤在小功故中下殤在此以下傳言之婦人爲夫之族類大功之殤中從下故鄭據而言之也

從母之長殤。報。

〔疏〕〇釋曰從母者母之姊妹成人小功故長殤在此中下之殤則無服故不言云報者以其疏亦兩相爲服也案小功章已見從母報服此殤又云報者以前章見兩俱成人以小功相報此章見從母與姊妹子亦俱在殤死相爲報服故二章並言報也

庶子爲父後者爲其母。

〔疏〕〇釋曰此爲無冢適唯有妾子父死庶子承後爲其母緦也

傳曰。何以緦也。傳曰。與尊者爲一體。不敢服其私親也。然則何以服緦也。有死於宮中者。則爲之三月不舉祭。因是以服緦也。

君卒庶子爲母大功大夫卒庶子爲母三年也士雖在庶子爲母皆如衆人

〔疏〕傳曰至緦也〇釋曰傳發問者怪其親重而服輕故問引舊傳者子夏見有成文引以爲證云與尊者爲一體者父子一體如有首足者也云不敢服其私親也者妾母不得體君不得爲正親故言私親也云然則何以服緦也又發此問者前荅既云不敢服其私親即應全不服而又服緦何也荅曰有死於宮中者則爲之三月不舉祭因是以服緦也者云有死宮中者縱是臣僕死於宮中亦三月不舉祭故此庶子因是爲母服緦也有死即廢祭者不欲聞凶人故也〇注君卒至衆人〇釋曰云君卒庶子爲母大功者大功章云公之庶昆弟爲其母是也以其先君在公子爲母在五服外記所云是也先君卒則是今君庶昆弟爲其母大功先君餘尊之所厭不得過大功今庶子承重故緦云大夫卒庶子爲母三年也者以其母在大功父卒無餘尊所厭故伸三年士雖在庶子爲母皆如衆人者士卑無厭故也鄭并言大夫士之庶子者欲見不承後者如此服若承後則皆緦故并言之也向來經傳所云者據大夫士之庶子承後法若天子諸侯庶子承後爲其母所服云何案曾子問云古者天子練冠以燕居鄭云謂庶子王爲其母無服案服問云君之母非夫人則羣臣無服唯近臣及僕驂乘從服唯君所服服也注云妾先君所不服也禮庶子爲後爲其母緦言唯君所服申君也春秋之義有以小君服之者時若小君在則益不可據彼二文而言曾子問所云據小君在則練冠五服外服問所云據小君沒後其庶子爲得申故鄭云申君是

以引春秋之義母以子貴若然天子諸侯禮同與大夫士禮有異也

士爲庶母。【疏】◎釋曰上下體例乎文皆士若非士則顯其名位傳云大夫已上爲庶母無服則爲庶母是士可知而經云士者當云大夫已上不服庶母庶人又無庶母爲庶母服者唯士而已故詭例言士也

傳曰。何以緦也。以名服也。大夫以上爲庶母無服。【疏】◎釋曰發問者除士以外皆無服庶母服獨士有服故發問荅云以名服也以有母名故有服云大夫以上爲庶母無服者以其降故無服此傳解特稱士之意也

貴臣貴妾。【疏】貴臣貴妾◎釋曰此貴臣貴妾謂公士大夫爲之服緦以等非南面故服之也

傳曰。何以緦也。以其貴也。此謂公士大夫之君也殊其臣妾貴賤而爲之服貴臣室老士也貴妾姪娣也天子諸侯降其臣妾無服士卑無臣則士妾又賤不足殊有子則爲之緦無子則已【疏】◎釋曰發問者以臣妾言不應服故發問之也荅云以其貴也以非南面故簡貴者服之也◎注此謂至則已◎釋曰云此謂公士大夫之君也者若士則無臣又不得簡妾貴賤天子諸侯又以此二者無服則知爲此服者是公卿大夫之君得殊其臣妾貴賤而爲之服也云貴臣室老士也者上斬章鄭已注云室老家相也士邑宰也云貴妾姪娣也者案曲禮云大夫不名家相長妾士昏云雖無娣媵先是士姪娣不具卿大夫有姪娣爲長妾可知故以貴妾姪娣也云天子諸侯降其臣妾無服者以其絶朞已下故也云士卑無臣者孝經以諸侯天子大夫皆云爭臣士有爭友是士無臣也云妾又賤不足殊者以大夫已上身貴妾亦有貴士身賤妾亦隨之賤者故云妾又賤不足殊也云有子則爲之緦無子則已者喪服小記文

乳母。謂養子者有他故賤者代之慈已【疏】◎注謂養至慈已◎釋曰案內則云大夫之子有食母彼注亦引此云喪服所謂乳母以天子諸侯其子有三母具皆不爲之服士又自養其子若然自外皆無此法唯有大夫之子有此食母爲乳母其子爲之緦也云爲養子者有他故者謂三母之內慈母有疾病或死則使此賤者代之養子故云乳母也

傳曰。何以緦也。以名服也。【疏】◎釋曰怪其餘人之子皆無此乳母獨大夫之子有之故發問也荅以名服有母名即爲之服緦也

從祖昆弟之子。族父母爲之服【疏】◎注族父母爲之服◎釋曰云從祖昆弟之子者據已於彼爲再從兄弟之子云族父母爲之服者據彼來呼已爲族父母爲之服緦也

曾孫。孫之子【疏】◎注孫之子◎釋曰據曾祖爲之緦不言玄孫者此亦如齊衰三月章直見曾祖不言高祖以其曾孫玄孫爲曾高同曾高亦爲曾孫玄孫同故二章皆畧不言高祖玄孫也

父之姑。歸孫爲祖父之姊妹【疏】◎注歸孫至姊妹◎釋曰案爾雅云女子謂晜弟之子爲姪謂姪之子爲歸孫是以鄭據而言焉

從母昆弟。傳曰。何以緦也。以名服也。【疏】◎釋曰傳問者怪外親輕而有服者荅云以名服者因從母有母名而服其子故云以名服也必知不因兄弟名以其昆弟非尊親之號是以上小功章云爲從母小功云以名加也爲外祖父母以尊加也知此以名者亦因從母之名而服其子爲義

甥。姊妹之子【疏】◎注姊妹之子◎釋曰云甥者舅爲姊妹之子

傳曰。甥者何也。謂吾舅者吾謂之甥。何以緦也。報之也。【疏】◎釋曰發問者五服未有此名故問之荅云謂吾舅者吾謂之甥以其父之昆弟有世叔之名母之昆弟不可復謂之世叔故名爲舅舅既得別名故謂姊妹之子爲甥亦爲別稱也云何以緦也報之也者此怪其外親而有服故發問也荅曰報之者甥既服舅以緦舅亦爲甥以緦也

壻。女子之夫也

傳曰。何以緦。報之也。【疏】◎釋曰發問之者怪女之父母爲外親女夫服荅云報之者壻既從妻而服妻之父母妻之父母遂報之服前疑姪及甥之名而發問此不疑壻而發問者姪甥本親而疑異稱故發問而壻本是疏人宜有異稱故不疑而問之也

妻之父母。傳曰。何以緦。從服也。從於妻而服之【疏】◎注從於妻而服之◎釋曰傳發問者亦怪外親而有服荅云從服故有此服若然上言甥不次言舅此言壻次即言妻之父母者舅甥本親不相報故在後別言舅此壻本疏恐不是從服故即言妻之父母也

姑之子。外兄弟也傳曰。何以緦。報之也。【疏】◎釋曰云外兄弟者姑是內人以出外而生故曰外兄弟傳發問者亦疑外親而服之故問也荅云報之者姑之子既爲舅之子服舅之子復爲姑之子兩相爲服故云報之也

舅。母之昆弟傳曰。何以緦。從服也。從於母而服之【疏】◎注從於母而服之◎釋曰傳發問者亦疑於外親而有服荅從服者從於母而服之不言報者既是母之懷抱之親不得言報也

舅之子。內兄弟也傳曰。何以緦。從服也。【疏】◎釋曰云內兄弟者對姑之子云舅之子本在內不出故得內名也傳發問者亦以外親服之故問也荅云從服者亦是從於母而服之不言報者爲舅既言從服其子相於亦不得言報也

夫之姑姊妹之長殤。夫之諸祖父母。報。諸祖父者夫之所爲小功從祖祖父母外祖父母或曰曾祖父母曾祖於曾孫之婦無服而云報乎曾祖父母正服小功妻從服緦【疏】◎注諸祖至服緦◎釋曰夫之姑姊妹成人婦爲之小功長殤降一等故緦麻也云諸祖父者夫之所爲小功者妻降一等故緦麻者以其本疏兩相爲服則生報名云從祖祖父母外祖父母者此依小功章夫爲之小功者也云或曰曾祖父母者或人解諸祖之中兼有夫之曾祖父母凡言報者兩相爲服曾祖爲曾孫之婦無服何得云報乎鄭破或解也云曾祖父母正服小功妻從服緦者此鄭既破或解更爲成人而言若今本不爲曾祖齊衰三月而依差降服小功其妻降一等得有緦服今既齊衰三月明爲曾孫妻無服

君母之昆弟。【疏】◎釋曰前章不云君母姊妹而云從母者以其上連君之父母故也此昆弟單出不得直云舅故云君母之昆弟也

傳曰。何以緦。從服也。從於君母而舅服之也君母在則不敢不從服君母卒則不服也【疏】◎注從於至服也◎釋曰傳發問者怪非已母而服之荅云從服者雖本非已親敬君之母故從於君母而服緦也云君母在則不敢不從服君母卒則不服也者君母之昆弟從服與君母之父母故亦同取於上傳解之也皆徒從故所從亡則已也

從父昆弟之子之長殤。昆弟之孫之長殤。

爲夫之從父昆弟之妻。【疏】◎釋曰從父昆弟之子之長殤昆弟之孫之長殤此二人本皆小功故長殤在緦麻中殤從下殤無服夫之從父昆弟之妻同堂娣姒降於親娣姒故緦也

傳曰。何以緦也。以爲相與同室。則生緦之親焉。長殤中殤降一等。下殤降二等。齊衰之殤中從上。大功之殤中從下。同室者不如居室之親也齊衰大功皆服其成人也大功之殤中從下則小功之殤亦中從下也此主謂妻爲夫之親服也凡不見者以此求之【疏】傳曰至從下◎釋曰何以緦發問者以本路人夫又不服之今相爲服故問之荅云以爲相與同室則生緦之親焉者以大功有同室同財之義故云相與同室則生緦之親焉云長殤中殤降一等下殤降二等者即云齊衰之殤中從上乃是婦人爲夫之族著殤法則此一等二等之傳雖文承上男子爲殤之下要此傳爲下婦人著殤服而發之若云長殤中殤降一等者據下齊衰中殤從上在大功也下殤降二等者亦是齊衰下殤在小功者也◎注同室至求之◎釋曰云同室者不如居室之親也者言同室者直是舍同未必安坐言居室者非直舍同又是安坐以上小功章親娣姒婦發傳云相與居室此從父昆弟之妻相爲即云相與同室是親疏相並同室不如居室中故輕重不等也云齊衰大功皆服其成人也者以其無殤在齊衰之服明據成人齊衰既是成人明大功亦是成人可知也云大功之殤中從下則小功之殤亦中從下者則舉上以明下上殤小功注云大功之殤中從上則齊衰之殤亦中從上彼注舉下以明上皆是省文之義故言一以包二也云此主謂妻爲夫之親服也者此傳又承婦人在夫家相爲著服之下又上文殤小功章已發傳據大功小功不據齊衰以其重故據男子爲殤服而言此不言小功上取齊衰對大功以其輕故知婦人義服爲夫之親而發也云凡不見者以此求之者以其婦人爲夫之親從夫服而降一等而經傳不見者以此求也事意盡可知前章注爲丈夫而言此章更爲婦人出故兩處並見也

記。【疏】◎釋曰儀禮諸篇有記者皆是記經不備者也作記之人其疏已在士冠篇

公子爲其母練冠麻。麻衣縓緣。爲其妻縓冠葛絰帶。麻衣縓緣。皆既葬除之。公子君之庶子也其或爲母謂妾子也麻者緦麻之絰帶也此麻衣者如小功布深衣爲不制衰裳變也詩云麻衣如雪縓淺絳也一染謂之縓練冠而麻衣縓緣三年練之受飾也檀弓曰練練衣黃裏縓緣諸侯之妾子厭於父爲母不得伸權爲制此服不奪其恩也爲妻縓冠葛絰帶妻輕【疏】◎注公子至妻輕◎釋曰云練冠麻麻衣縓緣者以練布爲冠麻者以麻爲絰帶又云麻衣者謂白布深衣云縓緣者以繒爲縓色與深衣爲領緣爲其妻縓冠者以布爲縓色爲冠葛絰帶者又以葛爲絰帶云麻衣縓緣者與爲母同皆既葬除之者與緦麻所除同也云公子君之庶子也者則君之適夫人第二已下及八妾子皆名庶子云其或爲母謂妾子也者以其適夫人所生第二已下爲母自與正子同故知爲母妾子也云麻者緦麻之絰帶也者以經有二麻上麻爲首絰腰絰知一麻而含二絰者斬衰云苴絰鄭云麻在首在要皆曰絰故知此絰亦然知如緦之麻者以其此言麻緦麻亦云麻又見司服弔服環絰鄭云大如緦之絰則此云子爲母雖在五服外絰亦當如緦之絰故鄭以此麻兼緦言之也云此麻衣者如小功布深衣知者案士之妾子父在爲母朞大夫之妾子父在爲母大功則諸侯妾子父

在小功是其差次故知此當小功布也云爲不制衰裳變也者此記不言衰明不制衰裳變者以其爲深衣不與喪服同故云變也詩云麻衣如雪者彼麻衣及禮記檀弓云子游麻衣幷閒傳云大祥素縞麻衣注皆云十五升布深衣與此小功布深衣異引之者證麻衣之名同取升數則異禮之通例麻衣與深衣制同但以布緣之則曰麻衣以采緣之則曰深衣以素緣之袖長在外則曰長衣又以采緣之袖長在衣內則曰中衣又以此爲異也皆以六幅破爲十二幅連衣裳則同也云縓淺絳也者對三入爲纁爲淺絳云一染謂之縓者爾雅文案彼云一染謂之縓再染謂之赬三染謂之纁也云縓緣三年練之受飾也知者引檀弓云練衣黃裏縓緣注云練中衣以黃爲內縓爲飾爲中衣之飾據重服三年變服後爲中衣之飾也此公子爲母在五服之外輕故將爲人初死深衣之飾輕重有異故不同也云諸侯之妾子厭於父爲母不得申權爲制此服不奪其恩也者諸侯尊絕朞已下無服公子被厭不合爲母服不奪其母子之恩故五服外權爲制此服必服麻衣縓衣者麻衣大祥受服縓緣練之受飾雖被抑猶容有三年之哀故也云爲妻縓冠葛絰帶妻輕者以縓布爲冠對母用練冠以葛是葬後受服而爲經帶對母用麻皆是爲妻輕故也

傳曰。何以不在五服之中也。君之所不服，子亦不敢服也。君之所爲服，子亦不敢不服也。君之所不服謂妾與庶婦也君之所爲服謂夫人與適婦也諸侯之妾貴者視卿賤者視大夫皆三月而葬【疏】○注君之至而葬○釋曰傳發問者怪親母與妻其服大輕故問之荅云君之所不服者以尊降諸侯絕旁朞已下故不服妾與庶婦也公子以厭降亦不敢私服母與妻又云君之所爲服子亦不敢不服也者謂君之正統者也注云君之所不服謂妾與庶婦也者此傳意還釋上公子爲母與妻者也云君之所爲服謂夫人與適婦也者正統故不降也云諸侯之妾貴者視卿賤者視大夫皆三月而葬者大戴禮文鄭不於上經葬之下注之至於此傳下乃引之者鄭意注傳云君之所不服謂妾與庶婦也下乃解妾有貴賤葬有早晚故至此引之見此意也云妾貴者謂諸侯一娶九女夫人與左右媵各有姪娣二媵與夫人之娣三人爲貴妾餘五者爲賤妾也卿大夫三月而葬之王制文

大夫公之昆弟。大夫之子於兄弟降一等。兄弟猶言族親也凡不見者以此求之【疏】○注兄弟至求之○釋曰此三人所以降者大夫以尊降昆弟以旁尊降大夫之子以厭降是以總云降一等上經當已言訖今又言之者上雖言之恐猶不盡記人總結之是以鄭云凡不見者以此求之云兄弟猶言族親也者以下云小功已下爲兄弟恐此兄弟亦據小功已下得降故曰猶族親也則此兄弟及下文爲人後者爲兄弟皆非小功已下猶族親所容廣也

爲人後者於兄弟降一等。報於所爲後之兄弟之子。若子。言報者嫌其爲宗子不降【疏】○注言報至不降○釋曰謂支子爲大宗子後反來爲族親兄弟之類降一等云於所爲後之兄弟之子若子者此等服其義已見於斬章云言報者嫌其爲宗子不降者以其出降本親又宗子尊重恐本親爲宗子有不敢降服之嫌故云報以明之言報是兩相爲服者也

兄弟皆在他邦。加一等。不及知父母與兄弟居。加一等。皆在他邦謂行仕出遊若辟仇不及知父母父母早卒【疏】○注皆在至早卒○釋曰云在他邦加一等者二人共在他國一死一不死相愍不得辟於親昏故加一等也云不及知父母與兄弟居加一等者謂各有父母或父母有早卒者與兄弟共居而死亦當愍其孤幼相育特加一等云皆在他邦謂行仕者孔子身行七十二國不見仕者以古者有出他國之法故云行仕也又云出遊者謂若孔子弟子朋友同周遊他國兄弟容有死者又云若辟仇者周禮調人云從父兄弟之仇不同國兄弟之仇辟諸千里之外皆有兄弟共行之法也云不及知父母父母早卒者或遺腹子或幼小未有知識而父母早死者也

傳曰。何如則可謂之兄弟。傳曰。

小功以下爲兄弟。於此發兄弟傳者嫌大功已上又加也大功以上若皆在他國則親自親矣若不及知父母則固同財矣【疏】○注於此至財矣○釋曰發問者上經及記已有兄弟皆是降等唯此兄弟加一等故怪而致問引舊傳者以有成文故引之云小功已下爲兄弟者以其加一等故也鄭云於此發兄弟傳者嫌大功以上又加也者鄭亦據於此兄弟加一等發傳者嫌大功已上親則親矣又加之故於小功發傳也云大功以上若皆在他國則親自親矣者不可復加者也云若不及知父母則固同財矣者據經不及知父母與兄弟居既親重則財食是同雖無父母恩自隆重不可復加也

儀禮疏卷第三十三　元缺卷今補依要義分

儀禮注疏卷三十三挍勘記

阮元撰盧宣旬摘錄

小功布衰裳牡麻絰即葛五月者　唐石經徐陳聶氏集釋通解要義楊敖俱有者字石經考文提要云五服提綱凡十見俱有者字毛本無

因故衰以就葛絰帶　徐陳聶氏集釋通解要義楊敖同毛本故作攺案前後疏內多言故衰並據此注也

但以日月爲足　足聶氏作促

從祖祖父母

祖之兄弟　此句下故次之是以鄭言祖父之昆弟之親者云十六字毛本通解楊氏俱無按上云從尊向卑此云故次之謂次在前也其曰是以鄭言云云乃承上起下之辭注內祖父二字平讀從祖祖父母是祖之昆弟之親從祖父母是父之昆弟之親注一語包經兩句故賈氏下文別釋從祖父母以明之聶氏引此疏云從祖祖父母是曾祖之子故知是祖父之昆弟之親也此删節疏文而失其意

是從祖祖父之子　父下聶氏要義俱有母字

從祖昆弟

此是從祖父之子　父下聶氏有母字通解楊氏俱無要義父下有祖字似誤

以上三者　通解楊氏毛本同聶氏要義以作此

爲外祖父母

不過緦　通解要義楊氏同毛本緦下有麻字

故言爲　此句下毛本無猶若衆子恩愛與長子同退入期故特言爲衆子十九字作故言爲也

傳曰娣姒婦者弟長也　釋文云弟大計反本亦作娣敖氏亦作娣按傳意似以弟訓娣以長訓姒謂此句釋娣婦之爲長婦也下有脫文此說誤甚娣婦婦未之前聞

以弟爲聲　陳閩俱無以字聶氏作弟似爲聲按當作弟以爲聲似字卽以字之誤

則據二婦立稱　要義同毛本立稱作五稱聶氏作立名

謂之曰娣　要義同毛本通解謂作稱

大夫大夫之子

姑姊妹女子子本期　通解要義同毛本不重子字

大夫之妾爲庶子適人者　爲下唐石經初刻及通典俱有君之二字通典庶子下有女子子三字按大功章云大夫之妾爲君之庶子又殤小功章云大夫之妾爲庶子之長殤注云君之庶子此經注云君之庶子女子子也二經皆蒙大功章文省去君之二字注特補之通典以注入經故於注不載首八字

傳曰何以小功也君母在

若君母不在則不如　陳本要義同毛本如作加

傳曰君子子者

此之謂也其可者賤於諸母謂傅姆之屬也　下十三字毛本脫徐本通典集釋俱有與疏合○按釋文重出傅姆二字

則君子子以士禮爲庶母緦也　聶氏要義同毛本不重子字

子師教示以善道者　陳本要義同毛本教作敬按內則注作教

云其次爲慈母　要義同毛本云作至此句下彼注云慈母五字毛本無

其次爲保母者　要義同毛本無次字

則內則所云之謂也云　要義同毛本無之謂也云四字

傳云以慈已加若　傳陳閩要義俱作傅毛本作傳若要義作若毛本作者

別有食子者　食陳閩俱作養

緦麻三月者

況緦服輕明亦澡麻可知　明要義作服通解作明

與此緦麻　通解要義同毛本與作於

傳曰緦者

不錫者不治其縷　聶氏無上不字

哀在內也　陳本聶氏通解要義同毛本哀作衰下兩言在內一言在外三哀字俱放此

謂諸侯朝服緇布衣　要義無上五字通解無朝服二字緇陳閩俱譌作之

族曾祖父母

族祖父者　通典父下有母字又此句上有祖父之從父昆弟之親十二字按通典與疏合惟重出父昆弟三字當爲衍文

高祖曾祖皆有小功之差　要義同毛本無曾祖二字

從父昆弟姪之下殤

明中從下　徐本通典集釋敖氏同毛本通解無明字

長中殤在小功　通解要義楊氏同毛本無中字

傳曰何以緦也傳曰與尊者爲一體

怪其親重而服輕　要義同毛本怪作恠

因是以服緦也者　陳閩俱無緦字者字

庶子爲母大功者　要義重子字通解不重閩本無大功者三字

傳曰何以緦也以名服也

以有母名　陳本通解要義同毛本有作其

貴臣貴妾

釋曰此貴臣貴妾　毛本無貴臣二字

傳曰何以緦也以其貴也

此謂公士大夫之君也　此節全注徐本通典集釋俱在傳下通解楊氏毛本俱在傳前

以臣妾言　毛本作以臣與妾

注此謂至則已　此節疏要義在傳疏之後與徐本注合

士昏云　要義同毛本通解昏下有禮字

故以貴妾姪娣也　要義同毛本通解以作曰

傳曰何以緦也以名服也

獨大夫之子有之　子要義作注

曾孫

據曾祖爲之緦　據下要義有彼字通解無

父之姑

女子謂晜弟之子爲姪　要義同毛本通解楊氏晜俱作昆

從母昆弟

因從母有母名而服其子　通解要義楊氏同毛本因作用

傳曰甥者何也

故謂姊妹之子爲甥　要義同毛本謂下有之字

傳曰何以緦報之也　唐石經徐本集釋通解要義敖氏同楊氏毛本緦下有也字

爲外親女夫服　要義同毛本女下有之字

妻之父母

不次言舅　要義同毛本不作下

傳曰何以緦報之也

以出外而生故曰　通解要義楊氏同毛本曰作也

舅

母之昆弟　昆徐本集釋通解俱作晜毛本楊氏作兄戴震按集釋云考篇內及爾雅釋親皆不稱兄弟母妻之黨始稱之又爲小功以下通稱不宜溷同

傳曰何以緦　舅之子

對姑之子云舅之子　通解要義同毛本無下之字

其子相於　陳本要義同毛本通解於作施

夫之諸祖父母報　閩葛俱脫報字

諸祖父者　徐陳通解要義同毛本通典集釋父下有母字閩本父母二字擠刻

從祖祖父母　按通典此句下有即祖之兄弟也從祖父母即父之堂兄弟也十七字又注末妻從服緦下有於夫皆有名於已從輕遠故不復條目而總言諸祖也唯曾祖外祖父母不報三十字皆不類鄭注蓋杜氏所附益唯從祖父母四字宜據補

外祖外母　程瑶田曰注及疏外祖字皆當爲從祖之譌前小功章連言從祖祖父母從祖父母故此疏云云從祖祖父母從祖父母者此依小功章夫爲之小功者也凡服必由近及遠不當舍從祖父母而服從祖祖父母況據傳外親之服皆緦爲外祖父母小功者以尊加也其夫本加服妻亦不當從服緦又檢記文夫之所爲兄弟服妻降一等條下賈疏云妻從夫服其族親即上經夫之諸祖父母見於緦麻章據此族親字則注疏兩外字爲從字之譌無疑矣。按段玉裁校本云當作外祖父母正服小功妻從服緦此以外祖父母破曾祖父母之譌也外祖父母正服小功見小功章妻從服緦見禮記服問從無服而有服注賈作疏時未能正譌字耳經明言諸祖父母則祖父母三字成文故注於內親舉從祖祖父母於外親舉外祖父母皆見小功章妻從服緦麻而兩祖父母報之或欲以曾祖父母易去外祖父母故鄭復辨之言假令曾祖父母在內則不得云報言外祖父母在內則與本經禮記合舉從祖祖父母可以關從祖父母舉外祖父母可以關從母皆見小功章妻皆從服緦皆報許宗彥云曾祖父母齊衰三月是尊尊之義其正服是小功若外祖父母小功乃是加服其正服當緦此明載上傳鄭氏不誤段說非也

曾祖爲曾孫之婦無服　無下要義有降字通解無

故緦麻也　此句下云諸祖父者夫之所爲小功者妻降一等故緦麻者廿字毛本無通解有十四字

君母之昆弟

以其上連君之父母故也　浦鏜云君下脫母字

傳曰何以緦

從於君母而舅服之也　徐本同而舅服之也集釋通解毛本俱作而服緦也

君母之昆弟　要義無之字

父母故亦同　同字誤在故亦下

取於上傳解之也　要義無於字

皆從從之　要義無之字

從父昆弟之子之長殤

同堂娣姒　堂要義作室通解作堂

故緦也　要義同毛本緦下有麻字通典作故服緦也通解與毛本同

傳曰何以緦也

皆服其成人也　服徐本通典集釋要義敖氏俱作服與疏合毛本通解作明通典服上有謂字與前小功殤注同

若云長殤中殤降一等者　若下通解有然字

上殤小功注云　小通解要義俱作大

【記】公子爲其母

云練冠麻麻衣縓緣者　陳閩通解要義同毛本縓作緣按縓是也

君之庶子也者　要義無者字通解者作然

自與正子同　正通解要義俱作出。按正子有誤作出子者無作世子者此本作世子誤也今改從毛本蓋長適固多爲世子然左氏云誓於天子則爲世子未誓於天子則爲公子故有世子而非適長者可

知適長不得輒稱世子也鄭故以正子言之

麻在首在腰皆曰絰　要義同毛本首下無在字按鄭注有在字要義是

以其此言麻緦麻　緦麻下通解要義俱有亦言麻三字要義言作云毛本無此三字

又見司服　要義同毛本司作緦

故知此當小功布也　毛本此作已要義作此

麻衣與深衣制同　要義同毛本無與深衣三字

此服必服麻衣縓衣者　段玉裁校本下衣字作綠

傳曰何以不在五服之中也

公子以厭降　毛本以誤作亦

餘五者爲賤妾也　按要義於此下云下又引齊王子有其母死云云今疏無此語惟通解於經傳後附載孟子一條與前不杖期章昆弟之子疏引孟皮事同但要義於此云下又引則似疏元有此語尤不可曉

三月而葬之王制文　之字衍

大夫公之昆弟

上雖言之　上通解作以

皆非小功已下　非下通解有專據二字

爲人後者於兄弟降一等　於要義作爲與上節疏合按各本俱作於賀循引亦作於古於爲二字通用前注云曾祖於曾孫之婦無服疏亦作爲

○於所爲後之兄弟之子若子　戴震按集釋云古人昆弟不稱兄弟凡稱兄弟皆疏遠者上節注云兄弟猶言族親是也所爲後之子者其女子子也所爲後之兄弟則其族親也舉遠以該近之辭若言兄弟之子則義不可通矣通典載賀循引喪服制曰爲人後者爲兄弟降一等報於所爲後者之子兄弟若子其所見記文未舛誤今據以訂正盧文弨云石經已誤疏亦沿誤此條當附載於後○按援通典以正此節之誤始於金榜而戴震云所爲後之子者其女子子也其解未見的確善乎程瑤田之言曰所爲後之子設言所後者之真子也真子之兄弟小功以下之親也今爲之服如真子一般故云若子兩子字非有二物如是而後此經可定蓋合傳記兩若子而爲人後者之服畢舉矣許宗彥云昆弟之子舉其親兄弟之子舉其疏記文本不誤

反來爲族親兄弟之類降一等　反要義作及通解作又俱誤

有不敢降服之嫌　通解要義同毛本無敢字

兄弟皆在他邦

同周遊他國　要義同毛本無周字

從父兄弟之仇　兄要義作昆

儀禮疏卷第三十四

唐朝散大夫行大學博士弘文館學士臣賈公彥等撰

朋友皆在他邦。袒免。歸則已。謂服無親者當爲之主每至袒時則袒袒則去冠代之以免舊說云以爲免象冠廣一寸已猶止也歸有主則止也主若幼少則未止小記曰大功者主人之喪有三年者則必爲之再祭朋友虞祔而已 疏 ○注謂服至而已○釋曰謂同門曰朋同志曰友或其遊學皆在他國而死者每至可袒之節則爲之袒而免與宗族五世袒免同云歸則已者謂在他國袒免爲死者無主歸至家自有主則止不爲袒免也鄭云謂服無親者當爲之主者以其有親入五服今言朋友故知是義合之輕無親者也既孤在外明爲之作主可知云每至袒時則袒者凡喪至小斂節主人素冠環絰以視斂說投冠括髮將括髮先袒乃括髮括髮據正主人齊衰已下皆以免代冠以冠不居肉袒之禮故也云舊說云以爲免象冠廣一寸者鄭注士喪禮云免之制未聞舊說以爲如冠狀廣一寸引喪服小記曰齊衰括髮以麻免而以布此用麻布爲之狀如今之著幓頭矣自項中而前交於項上卻繞紒也是著之義也云歸有主則止也主若幼少則未止者本以在外爲無主與之爲主今至家主若幼少不能爲主則朋友猶爲之主未止引小記者證主幼少不能主喪朋友爲主之義以雖有子是三年之人小不能爲主大功爲主者爲之再祭謂練祥朋友輕爲之虞祔而已以其又無大功已下之親此朋友自外來及在家朋友皆得爲主虞祔乃去彼鄭注以義推之又云小功緦麻爲之練祭可也是親疏差降之法也

朋友麻。朋友雖無親有同道之恩相爲服緦之絰帶檀弓曰羣居則絰出則否其服弔服也周禮曰凡弔當事則弁絰服弁絰者如爵弁而素加環絰也其服有三錫衰也緦衰也疑衰也王爲三公六卿錫衰爲諸侯緦衰爲大夫士疑衰諸侯卿及大夫亦以錫衰爲弔服當事乃弁絰否則皮弁辟天子也士以緦衰爲喪服其弔服則疑衰也舊說以爲士弔服布上素下或曰素委貌冠加朝服論語曰緇衣羔裘又曰羔裘玄冠不以弔何朝服之有乎然則二者皆有似也此實疑衰也其弁絰皮弁之時則如卿大夫然又改其裳以素辟諸侯也朋友之相爲服即士弔服疑衰素裳庶人不爵弁則其弔服素冠委貌 疏 ○注朋友至委貌○釋曰云朋友麻者上文據在他國加袒免今此在國相爲弔服麻絰帶而已注云朋友雖無親有同道之恩相爲服緦之絰帶者案禮記禮運云人其父生而師教之朋友成之又學記云獨學而無友則孤陋而寡聞論語云以文會友以友輔仁以此而言人須朋友而成也故云朋友雖無親有同道之恩故爲之服知緦之絰帶者以其緦是五服之輕爲朋友之絰帶約與之等故云緦之絰帶也云檀弓曰羣居則絰出則否者彼注羣謂七十二弟子相爲朋友彼亦是朋友相爲之法云居則絰絰謂在家居止則爲之絰出家行道則否引之者證此亦然也彼又云孔子之喪二三子皆絰而出是爲師出行亦絰也云其服弔服也者以其不在五服五服之外唯有弔服故即引周禮弔服之等也周禮者司服職文彼云凡弔事弁絰服鄭注亦云弁絰者如爵弁而素加環絰也言爵弁者制如冕以木爲中朝廣八寸長尺六寸前低一寸二分以三升布上玄下纁爵弁之體廣長亦然亦以三升布但染作爵頭色赤多黑少之色置之於版上今則以素爲之又加環絰者一股麻爲骨又以一股麻爲繩纏之如環然謂之環絰加於素弁之上彼注云絰大如緦之絰是弔服之絰但此文云朋友麻鄭引周禮王弔諸臣之絰及三衰證此者以其王於諸臣諸侯於諸[illegible]誓武王謂諸侯云我友邦冢君是謂[illegible]武王云孺子其明是王以諸臣爲朋[illegible]義可知故引周禮弁絰與三衰證此[illegible]一衰則有三則一弁冠三衰也云其[illegible]疑衰也者案彼云王爲三公六卿錫[illegible]士疑衰鄭司農云錫麻之滑易者也[illegible]布無事其縷緦亦十五升去其半有[illegible]十四外玄謂無事其縷哀在內無事[illegible]也擬於吉者也云諸侯及卿大夫文[illegible]弁絰否則皮弁辟天子也者案禮記[illegible]衰以居出亦如之當事則弁絰大夫[illegible]服之出則否注云出謂以他事不至[illegible]亦以錫衰爲弔服也天子常弁絰諸[illegible]斂及殯時乃弁絰非此時則皮弁是[illegible]爲衰服者士卑無降服是以緦爲喪[illegible]復將緦爲弔服故向下取疑衰爲弔[illegible]無文故舊說云以爲士弔服布上素[illegible]朝服者前有此二種解者故鄭引論[illegible]羔裘言此者欲解緇衣羔裘與下羔[illegible]服是以云又曰羔裘玄冠不以弔何[illegible]言朝服不合首加素委貌又布上素[illegible]不言首所加故非之也云然則三者[illegible]斂已前容有著朝服弔法則子游曾[illegible]之服又布上素下近士之弔服素下[illegible]此實疑衰也者總破二者也云弁絰[illegible]然者以其三衰共有弁絰當事著皮[illegible]大夫然也云又改其裳以素辟諸侯[illegible]則皮弁辟天子此諸侯之士不著疑[illegible]云朋友之相爲服即士弔服疑衰素[illegible]服云庶人不爵弁者則其冠素委貌[illegible]以白布深衣庶人之常服又尊卑始[illegible]庶人得爲弔服也向來所釋皆據鄭[illegible]侯如王之服言之鄭則諸侯皆如王[illegible]弔用錫衰未襚緦衰疑衰所施用案[illegible]服臣卿大夫死則皮弁錫衰以居往[illegible]疑衰同姓則緦衰若然案士喪禮君[illegible]賜恩惠也斂大斂君視大斂皮弁服[illegible]則錫衰也注又與文王世子違者士[illegible]與此士有師友之恩特加與卿大夫[illegible]錫衰士唯疑衰其天子卿大夫士既[illegible]弔服亦同也天子孤與卿同六命又[illegible]命與卿異及其聘之介數與卿降君[illegible]與卿同也天子三公與王子母弟得[illegible]外諸侯同三衰也凡弔服直云素弁[illegible]有絰無帶但弔服既著衰首有絰不[illegible]之大帶既有采矣麻既不加于采采[illegible]可也案此絰注服緦之絰帶則三衰[illegible]衰所用皆是朋友故知凡弔皆有帶[illegible]必如環但亦五分去一爲帶糾之免[illegible]君於卿大夫比葬不食肉比卒哭不[illegible]服亦當依氣節而除並與緦麻同三[illegible]矣爲士雖比殯不舉樂其服亦當既[illegible]

君之所爲兄弟服。室老降一等。公士大夫之君 疏 ○注公士至之君○釋曰天子諸侯

絕朞今言爲兄弟服明是公士大夫之君於旁親降一等者室老家相降一等不言士士邑宰遠臣不從服若然室老似正君近臣故從君所服也

夫之所爲兄弟服。妻降一等。庶子爲後者。爲其外祖父母。從母舅無服。不爲後。如邦人。

【疏】○釋曰妻從夫服其族親即上經夫之諸祖父母見於緦麻章夫之世叔見於大功章云之昆弟之子不降嫂叔又無服今言從夫降一等記其不見者當是夫之從母之類乎云庶子爲後者爲其外祖父母從母舅無服者以其與尊者爲一體既不得服所出母是以母黨皆不服之不言兄弟而顯尊親之名者雷氏云爲父後者服其本族若言兄弟恐本族亦無服故汎著其尊親之號以別於族人也

宗子孤爲殤。大功衰。小功衰。皆三月。親則月筭如邦人。言孤有不孤者不孤則族人不爲殤服服之也不孤謂父有廢疾若年七十而老子代主宗事者也孤爲殤長殤中殤大功衰下殤小功衰皆如殤服而三月謂與宗子絕屬者也親謂在五屬之內筭數也月數如邦人者與宗子有期之親者成人服之齊衰期長殤大功衰九月中殤大功衰七月下殤小功衰五月有大功之親者成人服之齊衰三月卒哭受以大功衰九月其長殤中殤大功衰五月下殤小功衰三月有小功之親者成人服之齊衰三月卒哭受以小功衰五月其殤與絕屬者同有緦麻之親者成人及殤皆與絕屬者同

【疏】○注言孤至者同○釋曰宗子謂繼別爲大宗百世不遷收族者也云孤爲殤者謂無父未冠而死者也云大功衰小功衰者以其成人齊衰故長殤中殤皆在大功衰下殤在小功衰也云皆三月者以其衰雖降月本三月法一時不可更服故還依本三月也云親則月筭如邦人者上三月者是絕屬者若在五屬之內親者月數當依本親爲限故云如邦人也注云言孤有不孤者鄭以記文云孤明對不孤者故曲禮注云是謂宗子不孤彼不孤對此孤也云不孤則族人不爲殤服服之也者以父在猶如周之道有適子無適孫以其父在爲適子則不爲適孫服同於庶孫明此本無服父在亦不爲之服殤可知也云不孤謂父有廢疾者案喪服小記云適婦不爲舅後者則姑爲之小功注云謂夫有廢疾他故若死而無子不受重者是子不孤謂父有廢疾不立其子代父主宗事云若年七十而老子代主宗事者案曲禮云七十曰老而傳注云傳家事任子孫是謂宗子不孤是父年七十子代主宗事者云與宗子有期之親者成人服之齊衰期者謂宗子親昆弟及伯叔昆弟之子姑姊妹在室之等皆是也自大功親以下盡小功親以上成人月數雖依本皆服齊衰者以其絕屬者猶齊衰三月明親者無問大功小功緦麻皆齊衰者也既皆齊衰故三月既葬受服乃始受以大功小功齊衰也至於小功親已下殤與絕屬者同者以其成人小功五月殤即入三月是以與絕屬者同皆大功衰小功衰三月故與絕屬者同也云有緦麻之親者成人及殤皆與絕屬者同者以其絕屬者爲宗子齊衰三月緦麻親亦三月是以成人及殤死皆與絕屬者同也

改葬緦。謂墳墓以他故崩壞將亡失尸柩也言改葬者明棺物毀敗改設之如葬時也其奠如大斂從廟之廟從墓之墓禮宜同也服緦者臣爲君也子爲父也妻爲夫也必服緦者親見尸柩不可以無服緦三月而除之

【疏】○注謂墳至除之○釋曰云謂墳墓以他故崩壞將亡失尸柩者也者鄭解改葬之意云他故者謂若遭水潦漂蕩之等墳墓崩壞將亡失尸柩故須別處改葬也云改葬者明棺物毀敗改設之如葬時也者直言棺物毀敗而改設不言依服則所設者唯此棺如葬時也云其奠如大斂者案既夕記朝廟至廟中更設遷祖奠云如大斂奠即此移柩向新葬之處所設之奠亦如大斂之奠士用肫三鼎則大夫已上更加牲牢大夫用特牲諸侯用少牢天子用大牢可知云從廟之廟從墓之墓禮宜同也者即設奠之禮朝廟是也又朝廟載柩之時士用輁軸大夫已上用輴不用蜃車飾以帷荒則此從墓之墓亦與朝廟同可知故云禮宜同也云服緦者臣爲君也子爲父也妻爲夫也知者若更言餘服無妨更及齊衰已下今直言緦之輕服明知唯據極重而言故以三等也不言妾爲君以不得體君差輕故也不言女子子婦人外成在家又非常故亦不言諸侯爲天子諸侯在畿外差遠改葬不來故亦不言也云必服緦者親見尸柩不可以無服者君親死已多時哀殺已久可以無服但親見君父尸柩暫時之痛不可不制服以表哀故皆服緦也故云三月而除者謂葬時服之及其除也亦法天道一時故亦三月除也若然鄭言三等舉痛極者而言父爲長子子爲母亦與此同也

童子唯當室緦。童子未冠之稱也當室者爲父後承家事者爲家主與族人爲禮於有親者雖恩不至不可以無服也

【疏】○注童子至服也○釋曰此云當室者周禮謂之門子與宗室往來故爲族人有緦服云童子未冠之稱者謂十九已下案內則年二十敦行孝弟十九已下未能敦行孝弟非當室則無緦麻以當室故服緦也云當室者爲父後承家事者以其言當室是代父當家事故云爲家主與族人爲禮於有親者則族內四緦麻以來皆是也云雖恩不至不可以無服也者以其童子未能敦行孝弟故云恩不至與族爲禮而爲服故服之也若然不在緦章者若在緦章則外內俱報此當室童子直與族人爲禮有此服不及外親故不在緦章而在此記也

傳曰。不當室則無緦服也。

【疏】○釋曰記自云唯當室緦自然不當室則無緦服而傳言之者案曲禮云孤子當室冠衣不純采但是孤子皆不純以采曲禮言之者嫌當室與不當室異故言之此傳恐不當室與當室者同故明之也

凡妾爲私兄弟。如邦人。嫌厭降之也私兄弟自其族親也然則女君有以尊降其兄弟者謂士之女爲大夫妻大夫之女爲諸侯夫人諸侯之女爲天王后也父卒昆弟之爲父後者宗子亦不敢降也

【疏】○注嫌厭至降也○釋曰妾言凡者總天子以下至士故凡以該之也云嫌厭降之也者解記之意君與女君不厭妾故云嫌厭之其實不厭故記人明之云私兄弟自其族親也者以其兄弟總外內之稱若言私兄弟則妾家族親也云然則女君有以尊降其兄弟者以其女君與君體敵故得降其兄弟旁親之等子尊不加父母唯不降父母則可降其兄弟旁親云謂士之女爲大夫妻大夫之女爲諸侯夫人諸侯之女爲天王后者此等皆得降其兄弟旁親也云父卒昆弟之爲父後者宗子亦不敢降也者雖得降其兄弟此爲父後者不得降容有歸宗之義歸於此家故不降

大夫弔於命婦。錫衰。命婦弔於大夫。亦錫衰。弔於命婦命婦死也弔於大夫大夫死也小記曰諸侯弔必皮弁錫衰服問曰公爲卿大夫錫衰以居出亦如之當事則弁絰大夫相爲亦然爲其妻往則服之出則否

【疏】○注弔於至則否○釋曰云弔於命婦命婦死也者鄭恐以記云大夫弔命婦者以爲大夫死其妻受弔於命婦故云命婦死也知不弔命婦爲命婦夫死者以其記人作文宜先弔大夫身然後弔其婦故以命婦死弔其夫解之也引小記者以記人直言身上衰不言首服故引小記也言諸侯弔必皮弁者言諸侯不言君謂諸侯因朝弔異國之臣著皮弁錫衰雖成服後亦不弁絰也引服問者有已君弁有卿大夫與命婦相弔法云以居者君在家服之出亦如之出行不至喪所亦服之云當事則弁絰者謂當大小斂及殯皆弁絰也云大夫相爲亦然者一與君爲卿大夫同爲其妻降于大夫出則否引之者證大夫與命婦相弔服錫衰同也

傳曰。錫者何也。麻之有錫者也。錫者十五升。抽其半。無事其縷。有事其布曰錫。謂之錫者治其布使之滑易也不錫者不治其縷哀在內也緦者不治其布哀在外君及卿大夫弔士雖當事皮錫衰而已士之相弔則如朋友服矣疑衰素裳凡婦人相弔吉笄無首素總

【疏】○注謂之至素總○釋曰問者先問其名荅云麻之有錫者也荅以名錫之意但言麻者以麻表布之縷也又云錫者十五升抽其半者以其縷之多少與緦同云無事其縷有事其布者事猶治也謂不治其縷治其布以哀在內故也緦則治縷不治布哀在外以其王爲三公六卿重於畿外諸侯故也鄭云謂之錫者治其布使之滑易以治解事以滑易解錫謂使錫錫然滑易也云君及卿大夫弔士雖當事皮弁錫衰而已者是士輕無服弁絰之禮有事無事皆皮弁衰而已見其不足之意也若然文王世子注諸侯爲異姓之士疑衰同姓之士緦衰今言士與大夫又同錫衰者此言與士喪禮注同亦是君於此士有師友之恩者也云士之相弔則如朋友服矣者朋友麻是朋友服也上注士弔服用疑衰素裳署首服麻弔亦朋友服也云凡婦人相弔吉笄無首素總者上文命婦弔於大夫錫衰未解首服至此乃解之者婦人弔之首服無文故特傳釋錫衰後下近婦人吉笄無首布總乃解之必知用吉笄無首素總者下文女子子爲父母卒哭折吉笄之首布總此弔服用吉笄無首素總又男子冠婦人笄相對婦人喪服又笄總相對上注男子弔用素冠故知婦人弔亦吉笄無首素總也

女子子適人者。爲其父母。婦爲舅姑。惡笄有首。以髽。卒哭。子折笄首。以笄布總。言以髽則髽有著笄者明矣

【疏】○注言以至明矣○釋曰此二者皆期服但婦人以飾事人是以雖居喪內不可頓去脩容故使惡笄而有首至卒哭女子子哀殺歸於夫氏故折吉笄之首而著布總也案斬衰章吉笄尺二寸斬衰以箭笄長尺檀弓齊衰笄亦云尺則齊衰已下皆與斬同一尺不可更變故折吉笄首而已其緦斬衰已六升長六寸鄭注緦六升象冠數則齊衰緦亦象冠數正服齊衰冠八升則正齊衰緦亦八升是以緦長八寸笄緦與斬衰長短爲差但笄不可更變折其首緦可更變宜從大功緦十升之布緦也言以髽者則髽有著笄明矣鄭言此者舊有人解喪服小記云男子免而婦人髽免而無笄則髽亦無笄矣但免髽自相對不得以婦人與男子有笄無笄相對故鄭以經云惡笄有首以髽髽笄連言則髽有著笄明矣

傳曰。笄有首者。惡笄之有首也。惡笄者。櫛笄也。折笄首者。折吉笄之首也。吉笄者。象笄也。何以言子折笄首而不言婦。終之也。櫛笄者以櫛之木爲笄或曰榛笄有首者若今時刻鏤摘頭矣卒哭而喪之大事畢女子

子可以歸於夫家而著吉笄吉笄尊變其尊者婦人之義也折其首者爲其大飾也據在夫家宜言婦終之者終子之道於父母之恩也【疏】○注櫛笄至之恩○釋曰案記自云惡笄之有首也即惡笄自有首明矣而傳更云笄有首重言之者但惡者直木理麤惡非木之名若然斬衰用箭齊衰用櫛俱是惡傳恐名通於箭故重疊言之名不通於箭直謂此齊衰櫛木爲惡木也又云惡笄者櫛笄也者既疊不通箭乃釋木名故云櫛木之笄也云折笄首者折吉笄之首也者以記折笄首文承惡笄之下恐折惡笄首故傳辨之以折首去飾不可以初喪重時有首至卒哭哀殺之後乃更去首應輕更重於義不可故傳以爲初死惡笄有首至卒哭更著吉笄嫌其大飾乃折去首而著之也又云吉笄者象笄也者明吉時之笄以象骨爲之據大夫士而言案弁師天子諸侯笄皆玉也鄭云櫛笄者以櫛之木爲笄者此櫛亦非木名案玉藻云沐櫛用樿櫛髮晞用象櫛鄭云樿白理木爲櫛櫛即梳也以白理木爲梳櫛也彼樿木與象櫛相對此櫛笄與象笄相對故鄭云櫛笄者以櫛之木爲笄云或曰榛笄者案檀弓云南宮縚之妻之姑之喪夫子誨之髽曰爾毋從從爾爾毋扈扈爾蓋榛以爲笄長尺而總八寸彼爲姑用榛木爲笄此亦婦人爲姑與彼同但此用櫛木彼用榛木不同耳蓋二木俱用故鄭兩存之也云笄有首者若今刻鏤擿頭矣鄭時擿頭之物刻鏤爲之此笄亦在頭而去首爲大飾明首亦刻鏤之故擧漢法況之也云卒哭而喪之大事畢女子子可以歸於夫家者但以出適女子與在家婦俱著惡笄婦不言卒哭折吉笄首女子子即言折吉笄之首明女子子有所爲故獨折笄首耳所爲者以女子外成既以哀殺事人可以加容故著吉笄仍爲大飾折去其首故以歸於夫家解之若然喪大記云女子子既練而歸此注違者彼小祥歸是其正法此歸者容有故許之歸故云可以權許之耳云吉笄尊變其尊者婦人之義也婦人之事人不可頓凶居喪不可盡飾故著吉笄又折笄首是婦人事人之義異於男子也若然案服問云男子重首婦人重要此云笄尊者彼男女相對故云婦人重要若婦人不同對男子然亦是上體尊於下體故云笄尊也云據在夫家宜言婦者傳解記文女子適人猶云子折笄首云終之者終子道於父母之恩者子對父母生稱父對舅姑立名出適應稱婦故雖出適猶稱子終初未出適之恩也

妾爲女君君之長子。惡笄有首。布總。

【疏】○釋曰妾爲女君之服得與女君同爲長子亦三年但爲情輕故與上文婦事舅姑齊衰同惡笄有首布總也

凡衰外削幅。裳內削幅。幅三袧。

削猶殺也大古冠布衣布先知爲上外殺其幅以便體也後知爲下內殺其幅稍有飾也後世聖人易之以此爲喪服袧者謂辟兩側空中央也祭服朝服辟積無數凡裳前三幅後四幅也【疏】○注削猶至幅也○釋曰自此已下盡袪尺二寸記人記衰裳之制用布多少尺寸之數也云凡者總五服而言故云凡以該之云衰外削幅者謂縫之邊幅向外裳內削幅者亦謂縫之邊幅向內云幅三袧者據裳而言爲裳之法前三幅後四幅幅皆三辟攝之以其七幅布幅二尺二寸幅皆兩畔各去一寸爲削幅則二七十四尺若不辟積其要中則束身不得就故須辟積其要中也要中廣狹在人麤細故袧之辟攝亦不言寸數多少但幅別以三爲限耳鄭云大古冠布衣布者案禮記郊特牲云大古冠布齊則緇之鄭注云唐虞以上曰大古也是大古冠布衣布也云先知爲上外殺其幅以便體也後知爲下內殺其幅稍有飾也者此亦唐虞已上黃帝已下故禮運云未有麻絲衣其羽皮謂黃帝已前下文云後聖有作治其絲麻以爲布帛後聖謂黃帝是黃帝始有布帛是時先知爲上後知爲下便體者邊幅向外於體便有飾者邊幅向內觀之美也云後世聖人易之以此爲喪服者又案郊特牲云緇布冠冠而敝之可也注此重古而冠之耳三代改制齊冠不復用也以白布冠質以爲喪冠也以此言之唐虞以下冠衣皆白布吉凶同齊則緇之鬼神尚幽闇三代改制者更制牟追章甫委貌爲行道朝服之冠緇布冠三代將爲始冠之冠白布冠質三代爲喪冠也若然此後世聖人指夏禹身也以其三代最先故也云袧者謂辟兩側空中央也者案曲禮以脯脩置者左朐右末鄭云屈中曰朐則此言袧者亦是屈中之稱一幅凡三處屈之辟兩邊相著自然中央空矣幅別皆然也云祭服朝服辟積無數者朝服謂諸侯與其臣以玄冠服爲朝服天子與其臣以皮弁服爲朝服祭服者六冕與爵弁爲祭服不云玄端亦是士家祭服中兼之凡服唯深衣長衣之等六幅破爲十二幅狹頭向上不須辟積其實要閒已外皆辟積無數似喪冠三辟積吉冠辟積無數也然凡裳前三幅後四幅者前爲陽後爲陰故前三後四各象陰陽也唯深衣之等連衣裳十二幅以象十二月也

若齊。裳內衰外。

齊緝也凡五服之衰一斬四緝緝裳者內展之緝衰者外展之【疏】○注齊緝至展之○釋曰據上齊斬五章有一斬四齊此據四齊而言不一斬者上文已論五服衰裳縫之外內斬衰裳亦在其中此據衰裳之下緝之用針功者斬衰不齊無針功故不言也若言者不定辭以其上有斬不齊故云若也言裳內衰外者上言衰外削幅此齊還向外展之上言裳內削幅此齊遂向內展之並順上外內而緝之此先言裳者凡齊據下裳而緝之裳在下故先言裳順上下也鄭云齊緝也者據上傳而言之也云凡五服之衰一斬四緝者謂齊衰至總麻並齊齊既有針功總之名則沒去齊名亦齊可知也言展之者若今亦先展訖乃行針功者也

負廣出於適寸。

負在背上者也適辟領也負出於辟領外旁一寸【疏】○注負在至一寸○釋曰以一方布置於背上上畔縫著領下畔垂放之以在背上故得負名適辟領即下文適也出於辟領外旁一寸總尺八寸也

適博四寸。出於衰。

博廣也辟領廣四寸則與闊中八寸也兩之爲尺六寸也出於衰者旁出衰外不著寸數者可知也【疏】○注博廣至知也○釋曰此辟領廣四寸據兩相而言云出於衰者謂比胷前衰而言出也云博廣也者若言博博是寬狹之稱上下兩旁俱名爲博若言廣則唯據橫而言今此適四寸據橫故博爲廣見此義焉云辟領廣四寸者據項之兩相向外各廣四寸云則與闊中八寸也者謂兩身當縫中央總闊八寸一邊有四寸幷辟領四寸爲八寸云兩之爲尺六寸也者一相闊與辟領八寸故兩之總一尺六寸云出於衰者旁出衰外者以兩旁辟領向前望衰之外也云不著寸數者可知也者以衰廣四寸辟領橫廣總尺六寸除中央四寸當衰衰外兩旁各出衰六寸故云不著寸數可知也

衰長六寸。博四寸。

廣袤四寸也前有衰後有負板左右有辟領孝子哀戚無所不在【疏】○注廣袤至不在○釋曰袤長也據上下而言也綴於外衿之上故得廣長當心云前有衰後有負板者謂負廣出於適寸及衰長六寸博四寸云左右有辟領者謂左右各四寸云孝子哀戚無所不在者以衰之言摧孝子有哀摧之志負在背上者荷負其悲哀在背也云適者以哀戚之情指適緣於父母不兼念餘事是其四處皆有悲痛是無所不在也

衣帶下尺。

衣帶下尺者要也廣尺足以掩裳上際也【疏】○注衣帶至際也○釋曰謂衣要也云衣者即衰也但衰是當心廣四寸者取其哀摧在於偏體故衣一名爲衰今此云據在上曰衣舉其實稱云帶者此謂帶衣之帶非大帶革帶者也云衣帶下尺者據上下闊一尺若橫而言之不著尺寸者人有麤細取足爲限也云足以掩裳上際也者若無要則衣與裳之交際之閒露見表衣有要則不露見故云掩裳上際也言上際者對兩旁有衽掩旁兩廂下際也

衽二尺有五寸。

衽所以掩裳際也二尺五寸與有司紳齊也上正一尺燕尾二尺五寸凡用布三尺五寸【疏】○注衽所至五寸○釋曰云掩裳際也者對上要而言此掩裳兩廂下際不合處也云二尺五寸與有司紳齊也者玉藻文案彼士已上大帶垂之皆三尺又云有司二尺有五寸謂府史紳即大帶也紳重也屈而重故曰紳此但垂之二尺五寸故曰與有司紳齊也云上正一尺者取布三尺五寸廣一幅留上一尺爲正正者正方不破之言也一尺之下從一畔旁入六寸乃向下邪向下一畔一尺五寸去下畔亦六寸橫斷之留下一尺爲正如是則用布三尺五寸得兩條衽衽各二尺五寸兩條共用布三尺五寸也然後兩旁皆綴於衣垂之向下掩裳際此謂男子之服婦人則無以其婦人之服連衣裳故鄭上斬章注云婦人之服如深衣則衰無帶下又無衽是也

袂屬幅。

屬猶連也連幅謂不削【疏】○注屬猶至不削○釋曰屬幅者謂整幅二尺二寸凡用布爲衣物及射侯皆去邊幅一寸爲縫殺令此屬連其幅則不削去其邊幅取整幅爲袂必不削幅者欲取與下文衣二尺二寸同縱橫皆二尺二寸正方者也故深衣云袂中可以運肘二尺二寸亦足以運肘也

衣二尺有二寸。

此謂袂中也言衣者明與身參齊二尺二寸其袖足以容中人之肱也衣自領至要二尺二寸倍之四尺四寸加辟領八寸而又倍之凡衣用布一丈四寸【疏】○注此謂至四寸○釋曰云此謂袂中也者上云袂據從身向袪而言此衣據從上向掖下而言云言衣者明與身參齊者袂所以連衣爲之衣即身也兩旁袂與中央身總三事下與畔皆等故變袂言衣欲見袂與衣齊參也故云與身參齊云二尺二寸其袖足以容中人之肱也者案深衣云袂中可以運肘鄭注云肘不能不出入彼云肘此云肱也凡手足之度鄭皆據中人爲法故云中人也云衣自領已下云云者鄭欲計衣之用布多少之數自領至要皆二尺二寸者衣身有前後今且據一相而言故云衣二尺二寸倍之爲四尺四寸總前後計之故云倍之爲四尺四寸也云加闊中八寸者闊中謂闊去中央安項處當縫兩相總闊去八寸若去一相正去四寸若前後據長而言則一相各長八寸通前兩身四尺四寸總五尺二寸也云而又倍之者更以一相五尺二寸并計之故云又倍之云凡衣用布一丈四寸者此唯計身不計袂與祛及負衽之等者彼當丈尺寸自見又有不全幅者故皆不言也

祛尺二寸。

祛袖口也尺二寸足以容中人之併兩手也吉時拱尚左手喪時拱尚右手【疏】○注祛袖至右手○釋曰云祛袖口也者則袂末接祛者也云尺二寸者據複攝而言圍之則二尺四寸與深衣之祛同故云尺二寸足以容中人之併兩手也吉時拱尚左手喪時拱尚右手者案檀弓云孔子與門人立拱而尚右二三子亦皆尚右孔子曰我則有姊之喪故也二三子皆尚左鄭云復正也喪尚右右陰也吉尚左左陽也是其吉時拱尚左喪時拱尚右也以祛橫既與深衣尺二寸既據橫而言不言緣之深淺尺寸者同故緣口深淺亦與深衣同寸半可知故記人畧不言也

衰三升。三升有半。其冠

六升。以其冠爲受。受冠七升。衰斬衰也或曰三升半者義服也其冠六升齊衰之下也斬衰正服變而受之此服也三升三升半其受冠皆同以服至尊宜少差也〔疏〕○注衰斬至差也○釋曰自此至篇末皆論衰冠升數多少也以其正經言斬與齊衰及大功小功緦麻之等並不言布之升數多少故記之也云衰三升三升有半其冠六升者衰異冠同者以其三升半謂縷如三升半成布還三升故其冠同六升也云以其冠爲受受冠七升者據至虞變麻服葛時更以初死之冠六升布爲衰更以七升布爲冠以其葬後哀殺衰冠亦隨而變輕故也云衰斬衰也者斬二衰皆在斬衰章也云或曰三升半者義服也者以其斬章有正義子爲父父爲長子妻爲夫之等是正斬云諸侯爲天子臣爲君之等是義斬此三升半實是義服但無正文故引或人所解爲證也上章子夏傳亦直云衰三升冠六升亦據正斬而言不言義服者欲見義服成布同三升故也云六升齊衰之下也者齊衰之降服四升正服五升義服六升以其六升是義服故云下也云斬衰正服變而受之此服也者下注云重者輕之故也云三升三升半其受冠者同以服至尊宜少差也者以父與君尊等恩情則別故恩深者三升恩淺者三升半成布還三升故云少差也

齊衰四升。其冠七升。以其冠爲受。受冠八升。言受以大功之上也此謂爲母服也齊衰正服五升其冠八升義服六升其冠九升亦以其冠爲受凡不著之者服之首主於父母〔疏〕○注言受至父母○釋曰此據父卒爲母齊衰三年而言也云言受以大功之上也者以其降服大功衰七升正服大功衰八升故云大功之上云此謂爲母服也者據父卒爲母而言若父在爲母在正服齊衰前已解訖云齊衰正服五升其冠八升義服六升其冠九升亦以其冠爲受凡不著之者服之首主於父母者上斬言三升主於父此言四升主於母正服以下輕故不言從可知也

繐衰四升有半。其冠八升。此謂諸侯之大夫爲天子繐衰也服在小功之上者欲著其縷之精麤也升數在齊衰之中者不敢以兄弟之服至尊也〔疏〕○注此謂至尊也○釋曰云諸侯之大夫爲天子繐衰也者是正經文也云服在小功之上者欲著其縷之精麤也者據升數合在杖期上以其升數雖少以縷精麤與小功同不得在杖期上故在小功之上也云升數在齊衰之中者不敢以兄弟之服服至尊也者據縷如小功小功已下乃是兄弟故云不敢以兄弟之服服至尊至尊則天子是也

大功八升若九升。小功十升若十一升。此以小功受大功之差也不言七升者主於受服欲其文相值言服降而在大功者衰七升正服衰八升其冠皆十升義服九升其冠十一升亦皆以其冠爲受也斬衰受之以下大功受之以正者重者輕之輕者從禮聖人之意然也其降而在小功者衰十升正服衰十一升義服衰十二升皆以即葛及緦麻無受也此大功不言受者其章既著之〔疏〕○注此以至著之○釋曰云此以小功受大功之差也者以其小功大功俱有三等此唯各言二等故云此以小功受大功之差也以此二小功衰受二大功之冠爲衰二大功初死冠還用二小功之衰故轉相受也云不言七升者主於受服欲其文相值者以其七升乃是殤大功殤大功章云無受此主於受故不言七升者也云欲其文相值值者當也以其正大功衰八升冠十升降服小功衰十升與同既葬受衰十升冠十一升義服大功衰九升其冠十一升與正服小功衰同既葬以其冠爲受受衰十一升冠十二升初死冠皆與小功衰相當故云文相值也是冠衰之文相值云言服降而在大功者衰七升正服衰八升其冠皆十升義服九升其冠十一升亦皆以其冠爲受也鄭言此者既解爲文相值又覆解文相值之事若然降服既無受而亦覆言之者欲見大功正服與降服冠升數同之意必冠同者以其自一斬及四齊衰與降大功冠皆校衰三等及至正大功衰八升冠十升冠與降大功同上校二等者若不進正大功冠與降同則冠宜十一升義大功衰九升者冠宜十二升則小功緦麻冠衰同則降小功衰冠當十二升正服小功冠衰同十三升義服小功當冠衰十四升緦麻冠衰當十五升十五升即與朝服十五升同與吉無別故聖人之意進正大功冠與降大功同則緦麻不至十五升若然正服大功不進之使義服小功至十四升緦麻十五升抽其半豈不得爲緦乎然者若使義服小功十四升則與疑衰同非五服之差故也又云斬衰受之以下大功受之以正者重者輕之輕者從禮聖人之意然也者聖人之意重者恐至滅性故抑之受之以輕服義服齊衰六升是也輕者從禮者正大功八升冠十升既葬衰十升受以降服小功義服大功衰九升冠十一升既葬衰十一升受以正服小功二等大功皆不受以義服小功是從禮也是聖人有此抑揚之義也云其降而在小功者衰十升正服衰十一升義服衰十二升皆以即葛及緦麻無受者此鄭云皆以即葛及無受文出小功緦麻章以其小功因故衰雖變麻服葛爲異也其降服小功已下升數文出閒傳故彼云斬衰三升齊衰四升五升六升大功七升八升九升小功十升十一升十二升緦麻十五升去其半有事其縷無事其布曰緦此哀之發於衣服者也鄭注云此齊衰多二等大功小功多一等服主於受是極列衣服之差也鄭彼注顧此文校多少而言云服主於受據此文不言降服大功小功緦麻之受以其無受又不言正服義服齊衰者二者雖有受齊斬之受主於父母故亦不言若然此言十升十一升小功者爲大功之受而言非小功有受彼注云是極列衣服之差者據彼經總言是極盡陳列於服之差降故其言之與此異也

儀禮卷第十一 經四千四百二十八 注五千九百七十八

儀禮疏卷第三十四

元缺卷今補 依要義分

儀禮注疏卷三十四校勘記　阮元撰盧宣旬摘錄

朋友皆在他邦

舊說云 集釋要義敖氏俱無云字盧文弨云疏亦當刪

主若幼少 少要義作小

主人素冠環絰以視斂訖 毛本重斂字陳閩斂斂二字俱誤作見

主若幼少則未止者 少要義亦作小下證主幼少仍作少陳本惟證主幼少作小餘俱作少

主若幼少不能爲主 要義無少字

是三年之人小 陳閩要義同毛本三作二○按三是也

以其又無大功已下之親 要義同毛本又作有

朋友麻

則弁絰服 自服字起至下文環絰也止凡十三字陳閩監葛俱脫

緦衰也 徐本集釋同毛本衰作麻

當事乃弁絰 乃徐本集釋俱作乃與疏合毛本作則

緇衣羔裘又曰 六字陳閩監葛俱脫

疑衰素裳 此句下集釋有冠則皮弁加絰六字浦鏜云下按周禮司服疏引此注有冠則皮弁之絰六字

則其弔服素冠委貌 陳閩監葛俱作則其冠素委貌與疏合

以三升布上元下纁 三上浦鏜云脫十字

亦以三升布 亦字陳閩俱在升下

一股麻爲骨又以一股麻爲繩 毛本上一字上有以字陳閩俱無兩一字

故泰誓武王謂諸侯云 陳本要義同毛本泰誤作秦謂作告

緦麻也 麻要義作衰與徐本注合

元謂無事其縷 要義同毛本元下有蓋字

無事其布哀在外 要義同毛本無作有

及殯時乃弁絰 毛本乃作及浦鏜亦作乃段玉裁校本作則

非此時則皮弁 要義同毛本無時字

故向下取疑衰爲弔服也 要義同毛本無向字

近是天子之朝服 要義同毛本近是作是近

其服則白布深衣 要義無其服二字毛本深衣下無以白布深衣五字

未辨緦衰疑衰所施用 疑衰二字陳閩俱重出

則君與此士有師友之恩 要義同毛本恩作惠

有絰無帶 要義同毛本無作有

但弔服既著衰 要義同毛本但作袒

其以三衰所用 按其以疑當作以其

皆是朋友 要義同毛本是作于

則其帶未必如環 其陳閩俱作有

君之所爲兄弟服

室老似正君近臣 通解要義同毛本正作止○按止疑是字之誤
故從君所服也 故陳閩俱作敬
夫之所爲兄弟服
是以母嫡皆不服之 通解要義同毛本無之字
宗子孤爲殤
以其父在爲適子 通解要義同毛本爲作無
五月殤卽八三月 通解要義楊氏同毛本五月作至下陳本誤作王小
改葬緦
將亡失尸柩也 尸釋文作屍毛本聶氏柩下有者字徐本集解要義敖氏俱無
言改葬者 徐本集釋同毛本無言字
其奠如大斂 奠要義作斂按釋文云大斂力驗反宋本釋文大作其張氏從之改奠爲斂與疏不合
卽設奠之禮朝廟是也又朝廟載柩之時 陳閩俱無朝廟是也又五字
飾以帷荒 陳閩同毛本荒作幠
童子唯當室緦 按此節及下凡妾爲私兄弟如邦人要義併作一條其注亦併爲一未知何義
案內則年二十敦行孝弟 毛本敦作故浦鏜改故爲敦
傳曰不當室
此傳恐不當室與當室者同 通解不字在與字下
凡妾爲私兄弟
自其族親也 自徐本集釋要義敖氏俱作自與疏不合毛本作目
然則女君有以尊降其兄弟者 徐本集釋要義同毛本無然則二字
大夫之女 徐本集釋要義同毛本大上有與字
爲天王后也 徐本集釋同毛本也作者要義無
大夫弔於命婦錫衰
知不弔命婦 不字陳閩俱在婦字下
傳曰錫者何也麻之有錫者也 敖氏曰有錫疑當作滑易蓋二字各有似以傳寫而誤也鄭司農注司服職云錫麻之滑易者也其據此記未誤之文與○按錫者滑易也有錫者治其布使之滑易也有事其布之有若但云麻之滑易則麻自滑易不見有事其布之意敖言先鄭作滑易殊屬傳會恐後人併據以改後鄭之本
故附論之
不錫者不治其縷 徐本楊氏同毛本錫上無不字按前緦麻三月者疏引此注惟聶氏無不字各本俱有
士雖當事 雖徐陳集釋俱作雖與疏合毛本作唯重脩監本誤作惟
皮錫衰而已 毛本皮下有弁字徐本無張氏曰監本云皮弁錫衰從監本
皆皮弁衰而已 衰要義作言
亦是君於此士 士上要義有公字
上注士弔服 弔服要義作喪禮
又笄總相對 對要義作肘
女子子適人者
故使惡笄而有首 陳閩俱脫有字
則齊衰已下 通解要義同毛本無則字
鄭注總六升象冠數 此句下通解要義俱有則齊衰總亦象冠數八字毛本無
傳曰笄有首者○吉笄者象笄也 毛本吉誤作言
卒哭而喪之大事畢 喪閩監葛本俱誤作笄
吉笄尊變其尊者婦人之義也 十二字徐本集釋俱在折其首者上毛本在下通解無許宗彥云變者以吉笄易惡笄也注先解吉笄爲婦人之義後乃解折首爲其太飾語勢相承徐本是也
若然斬衰笄用箭 若陳閩俱誤作笄無用箭二字
齊衰用櫛 陳閩俱無齊衰二字
乃折去首而著之也 首要義作笄
彼樿木與象櫛相對 此句下通解要義俱有此櫛笄與象笄相對八字毛本無
但此用樿木彼用櫛本 按櫛疑當作榛
妾爲女君
妾爲女君之服 程瑤田曰妾爲女君見不杖麻屨章爲君之長子經不見其服故賈疏曰妾爲君之黨服得與女君同爲長子亦三年也今疏作妾爲女君之服蓋君之黨三字轉寫譌作女君之三字也今據經傳服例參考改正○按大功章大夫之妾爲君之庶子疏云妾爲君之長子亦三年者妾從女君服得與女君同故亦同女君三年此疏與彼正同然則此句但須改爲字作從若據小記注妾爲女君之黨服得與女君同則可於之下加黨字
凡衰外削幅
裳內削幅者 通解要義楊氏同毛本無裳字
則二七十四尺 要義同毛本通解楊氏四下有丈四二字案要義是
故須辟積其要中也 通解要義同毛本無其字
在人麤細 要義同毛本通解敖氏在作任
治其絲麻 按禮運當作麻絲
觀之美也 毛本聶氏同通解要義俱作覩之善也
唐虞以下 毛本以作已聶氏下作上
六冕與爵弁爲祭服 陳本通解要義同毛本六作衮
其實要閒已外 實通解作它毛本作餘
似喪冠三辟積吉冠辟積無數也 陳本要義同毛本上冠字作服無吉冠辟積四字通解有
君齊裳內衰外
而言不一斬者 陳閩通解要義同毛本言不作不言○按而言二字屬上此據四齊爲句一字疑亦當作言
以其上有斬 上陳閩俱作止
不齊 通解要義同毛本不上有下字陳本作不不齊
亦齊可知也 陳閩通解要義同毛本亦作而
適博四寸
則與闊中八寸也 李氏曰濶中或作闕中謂闕去中央以安項也
旁出衰外 徐陳集釋通解楊敖俱有外字與疏合毛本無
博是寬狹之稱 是通解作見
衰長六寸
負在背上者 通解要義同毛本無上字
衣帶下尺
取足爲限也 陳閩通解要義敖氏同毛本足作定
露見表衣 表陳閩俱誤作喪通解作裏
衽二尺有五寸

燕尾二尺五寸 二敖氏作一按敖氏是也用布三尺五寸兩端各留正一尺中間一尺五寸邪裁之爲燕尾也但諸本皆誤惟敖氏不誤豈以意改之與抑別有所據與

乃向下 通解楊敖俱無向下二字要義有

袂屬幅

謂整幅二尺二寸 聶氏要義楊氏同毛本上二字作三通解誤作一

衣二尺有二寸

加辟領八寸 徐本集釋通解楊氏同毛本辟領作闊中李氏曰賈氏作闊中

此衣據從上向掖下而言 通解無此字

欲見袂與衣齊參也 要義同毛本通解參作三

云加闊中八寸者 闕聶氏通解要義俱作闕是也下同毛本作闊按盧文弨校引李云闕賈氏作闕疏內皆作闕中

祛尺二寸

既與深衣尺二寸既據橫而言 通解無兩既字按此處疑有錯簡當云以祛橫據橫而言既與深衣尺二寸同許宗彥云當作不言緣之深淺尺寸者以祛據橫而言既與深衣尺二寸同故緣云云

不言緣之深淺尺寸者 者下要義有同故二字毛本無按同字當在上文既與深衣尺二寸下故即疏末故記人之故要義節去末句遂升故字於緣口之上耳

衰三升

此三升半 半閩本作并陳本初作并後改半

實是義服 要義同毛本實是作是實

齊衰之降服四升 毛本衰作服通解要義俱作衰

總衰四升有半

此謂諸侯之大夫 徐本集釋通解要義敖氏同毛本無謂字

大功八升若九升

以此二小功衰衰 功下陳閩俱有大功二字毛本不重衰字

受衰十一升 衰陳閩俱作冠

此衰之發於衣服者也 衰通解作衰是也毛本作衰

儀禮注疏卷三十四校勘記終

儀禮疏卷第三十五　儀禮卷第十二

唐朝散大夫行大學博士弘文館學士臣賈公彥等撰

士喪禮第十二【疏】士喪禮第十二○鄭目錄云士喪其父母自始死至於既殯之禮喪於五禮屬凶大戴第四小戴第八別錄第十二○釋曰鄭云自始死至於既殯之禮者自從也既已也謂從始死已殯之後未葬之前皆錄之是已下殯後論朔奠筮宅井槨卜葬日之事也又云喪於五禮屬凶者案周禮大宗伯掌五禮吉凶賓軍嘉此於五禮屬凶若然天子諸侯之下皆有士此當諸侯之士知者下云君若有賜不言王又喪大記云君沐粱大夫沐稷士沐粱鄭云士喪禮沐稻此云士沐粱蓋天子之士也又大斂陳衣與喪大記不同鄭亦云彼天子之士此諸侯之士以此言之此篇諸侯之士可知但公侯伯之士一命子男之士不命一命與不命皆分爲三等各有上中下及行喪禮其節同但銘旌有異故下云爲銘各以其物亡則以緇長半幅物謂公侯伯之士一命已上生時得建旌旗亡謂子男之士生時無旌旗之物者唯此爲異又鄭直云士喪父母不言妻與長子二者亦依士禮故下記云赴曰君之臣某死赴母妻長子則曰君之臣某之某死是禮同故得同附於君之臣記不云父者以其經主於父死故記不言也

儀禮　鄭氏注

士喪禮死于適室。幠用斂衾。適室正寢之室也疾者齊故于正寢焉疾時處北墉下死而遷之當牖下有牀衽幠覆也斂衾大斂所并用之衾衾被也小斂之衾當陳喪大記曰始死遷尸于牀幠用斂衾去死衣【疏】○注適室至死衣○釋曰自此盡帷堂論始死招魂綴足設奠帷堂之事云適室正寢之室也者若對天子諸侯謂之路寢卿大夫士謂之適室亦謂之適寢故下記云士處適寢總而言之皆謂之正寢是以莊三十二年秋八月公薨于路寢公羊傳云路寢者何正寢也穀梁傳亦云路寢正寢也言正寢者對燕寢與側室非正寢喪大記云君夫人卒於路寢大夫世婦卒於適寢內子未命則死于下室遷尸于寢士之妻皆死于寢鄭注云言死者必皆於正處也以此言之妻皆與夫同處若然天子崩亦於路寢是以顧命成王崩延康王於翼室翼室則路寢也若非正寢則失其所是以僖三十三年冬十二月公薨於小寢左氏傳云即安也是譏不得其正云疾者齊故於正寢焉疾時處北墉下死而遷之當牖下有牀衽者此並取下記文但文有詳畧文次不與本同云疾者齊故于正寢焉以其齊須在適寢是以故在正寢鄭彼注云正情性也衽是臥席故彼云下莞上簟設枕焉云幠覆也斂衾大斂所并用之衾者經直云衾不辯大小鄭知非小斂衾是大斂衾者鄭云小斂之衾當陳者不用小斂衾以其大斂未至故且覆尸是以小斂訖大斂之衾當陳則用夷衾覆尸是其次也此所覆尸尸襲後將小斂乃去之是以下襲訖亦云幠用衾鄭注云始死時斂衾必覆之者爲其形褻言大斂所用之衾者案喪大記君大夫士皆小斂一衾大斂二衾今始死用大斂一衾以覆尸及至大斂之時兩衾俱用一衾承薦於下一衾以覆尸故云大斂所并用之衾引喪大記者欲見加斂衾以覆尸以去死衣鄭彼注云去死衣病時所加新衣及復衣也去之以俟沐浴是也

復者一人。以爵弁服。簪裳于衣左。何之。扱領于帶。復者有司招魂復魄也天子則夏采祭僕之屬諸侯則小臣爲之爵弁服純衣纁裳也禮以冠名服簪連也【疏】○注復者至連也○釋曰言復者一人者諸侯之士一命與不命並皆一人案雜記云復西上者鄭注云北面而西上陽長左也復者多少各如其命之數若然案典命諸侯卿大夫三命再命一命天子三公八命其卿六命大夫四命上士三命中士再命下士一命上公九命侯伯七命子男五命皆依命數九人以下則天子宜十二爲節當十有二人也云復者有司者案喪大記復者小臣則士家不得同僚爲之則有司府史之等也不言所著衣服者案喪大記小臣朝服下記亦云復者朝服則尊卑皆朝服可知必著朝服者鄭注喪大記云朝服而復所以事君之衣也復者庶其生氣復既不蘇方始爲死事耳愚謂朝服平生所服冀精神識之而來反衣以其事死如事生故復者皆朝服也若然天子崩復者皮弁服也云招魂復魄也者出入之氣謂之魂耳目聰明謂之魄死者魂神去離於魄今欲招取魂來復歸于魄故云招魂復魄也云天子則夏采祭僕之屬者案周禮天官夏采職云大喪以冕服復于大祖以乘車建綏復於四郊鄭注云求之王平生常所有事之處乘車玉路於大廟以冕服不出宮也又夏官祭僕職云大喪復於小廟鄭注云小廟高祖以下也始祖曰大廟又隷僕云大喪復於小寢鄭注云小寢高祖以下廟之寢也始祖曰大寢此不言隷僕以其隷僕與祭僕同僕官之屬中兼之案檀弓君復於小寢大寢小祖大祖庫門四郊鄭注云尊者求之備也亦他日所嘗有事是諸侯復法言庫門據魯作說若凡平諸侯則皐門舉外門而言三門俱復則天子五門及四郊皆復不言者文不具卿大夫以下復自門以內廟及寢而已婦人無外事自王后以下所復處亦自門以內廟及寢而已云諸侯則小臣爲之者喪大記文也云爵弁服純衣纁裳也者案士冠禮云陳服於房中西墉下東領北上爵弁服纁裳純衣是也士用爵弁者案雜記云士弁而祭於公冠而祭於已是士服爵弁助祭於君玄冠自祭於家廟士復用助祭之服則諸侯以下皆用助祭之服可知故雜記云復諸侯以褒衣冕服爵弁服鄭注云復招魂復魄也冕服者上公五侯伯四子男三褒衣亦始命爲諸侯及朝覲見加賜之衣也褒猶進也則衮冕之類若然冕服者有六除大裘有衮冕鷩冕毳冕絺冕玄冕上公衮冕而下侯伯鷩冕而下子男毳冕而下皆爵弁若然孤自絺冕而下卿大夫玄冕而下士爵弁而已天子孤卿大夫士其衣亦與之同三公執璧與子男同其服亦同若然大夫是祭天地之服又與四郊建綏而復不用大裘而冕則門及廟寢等用玄冕以下與上公同但復者依命數衣服不足覆取上服重用之以充其數王后以下案雜記云復衣夫人稅衣揄狄鄭鞠衣展衣祿衣至揄狄是侯伯夫人案周禮內司服掌王后六服褘衣揄狄闕狄鞠衣展衣祿衣王后及上公夫人二王後及魯之夫人皆用褘衣下至祿衣侯伯夫人與王之三夫人同揄翟以下至祿衣子男夫人與三公夫人自闕狄以下至祿衣孤之妻與九嬪鞠衣展衣祿衣卿大夫妻與王之世婦展衣祿衣士妻與女御祿衣而已云禮以冠名服者案士冠禮皮弁爵弁並列於階下執之而空陳服於房云皮弁服爵弁服是以冠名服鄭言此者欲見復時唯用緇衣纁裳不用爵弁而經言爵弁服是禮以冠名服也云簪連也者若凡常衣服衣裳各別今此招魂取其便故連裳於衣

升自前東榮中屋。北面招以衣。曰皐某復。三。降衣于前。北面招求諸幽之義也皐長聲也某死者之名也復反也降衣下之也喪大記曰凡復男子稱名婦人稱字【疏】○注北面至稱字○釋曰案喪大記

復有林麓則虞人設階無林麓則狄人設階鄭云階所乘以升屋者虞人主林麓之官也狄人樂吏之賤者階梯也簨虞之類有林麓謂君與夫人有國有采地者無林麓謂大夫士無采地者則此升屋之時使狄人設梯復聲必三者禮成於三北面招求諸幽之義也者禮記檀弓文以其死者必歸幽暗之方故北面招之求諸幽之義引喪大記者證經復時所呼名字云男子稱名者據大夫以下若天子崩則云皐天子復若諸侯薨則稱皐某甫復若婦人稱字則尊卑同此經含有男子婦人之喪故言男子稱名婦人稱字案喪服小記云男子稱名婦人書姓與伯仲是也**受用篋。升自阼階。以衣尸。**受者受之於庭也復者其一人招則受衣亦一人也人君則司服受之衣尸者覆之若得魂反之【疏】○注受者至反之○釋曰鄭知受之於庭者以其降衣簷前受而升自阼階明知受之於堂下在庭可知云復者其一人招則受衣亦一人也者以其服唯一領明知各一人也自再命以上受者亦各依命數云人君則司服受之者案喪大記云北面三號捲衣扱于前司服受之以其大夫士無司服之官明據君也云衣尸者覆之若得魂反之者此服衣浴而去之不用襲斂故喪大記云始死遷尸于牀幠用斂衾去死衣鄭注云死衣病時所加新衣及復衣也彼又云復衣不以衣尸不以斂鄭注云不以衣尸謂不以襲也斂謂小斂大斂而云覆之直取魂魄反而已**復者降自後西榮。**不由前降不以虛反也降因徹西北厞若云此室凶不可居然也自是行死事【疏】○注不由至死事○釋曰云不由前降不以虛反也者凡復者緣孝子之心望得魂氣復反復而不蘇則是虛反今降自後是不欲虛反也云降因徹西北厞者案此文及喪大記皆言降自西北榮皆不言徹厞鄭云徹厞者案喪大記將沐甸人為垼于西牆下陶人出重鬲管人受沐乃煮之甸人取所徹廟之西北厞薪而爨之諸文更不見徹厞薪之文故知復者降時徹之故鄭云降因徹西北厞也西北名為厞者案特牲尸謖之後改饌於西北隅以為陽厭而云厞用筵鄭云厞隱也故以西北隅為厞也必徹毀之者鄭云若云此室凶不可居然也自是行死事者復而不蘇下文楔齒綴足之等皆是行死事也**楔齒用角柶。**為將含恐其口閉急也【疏】○注為將至急也○釋曰案記云楔貌如軛上兩末鄭云事便也此角柶其形與扱醴角柶制別故屈之如軛中央入口兩末向上取事便也以其兩末向上出入易故也**綴足用燕几。**綴猶拘也為將屨恐其辟戾也今文綴為對【疏】○注綴猶至為對○釋曰案記云綴足用燕几校在南御者坐持之鄭注云校脛也尸南首几脛在南以拘足則不得辟戾矣以此言之几之兩頭皆有兩足今豎用之一頭以夾兩足恐几傾倒故使御者持之案喪大記小臣楔齒用角柶綴足用燕几君大夫士一也又案周禮天官玉府大喪共含玉復衣裳角枕角柶則自天子以下至於士其禮同言燕几者燕安也當在燕寢之內常憑之以安體也**奠脯醢醴酒。升自阼階。奠于尸東。**鬼神無象設奠以憑依之【疏】○注鬼神至依之○釋曰案檀弓曾子云始死之奠其餘閣也與鄭注云不容改新也則此奠是閣之餘食為之案下小斂一豆一籩大斂兩豆兩籩此始死俱言亦無過一豆一籩而已下記云若醴若酒鄭注云或卒無醴用新酒此醴酒雖俱言亦科用其一不並用以其小斂酒醴具有此則未具是其差**帷堂。**事小訖也【疏】○注事小訖也○釋曰云事小訖也者以其未

襲斂必帷之者鬼神尚幽闇故也**乃赴于君。主人西階東南面。命赴者拜送。**赴告也臣君之股肱耳目死當有恩【疏】○注赴告至有恩○釋曰此及下經論使人告君之事云臣君之股肱耳目者案虞書云帝曰臣作朕股肱耳目注云大體若身云死當有恩是以下有弔及贈襚之事也案檀弓云父兄命赴者鄭注云謂大夫以上也士主人親命之是尊卑禮異也**有賓則拜之。**賓僚友羣士也其位猶朝夕哭矣【疏】○注賓僚至哭矣○釋曰此謂因命赴者有賓則拜之若不因命赴者則不出是以下云唯君命出鄭云始喪之日哀戚甚在室故不出也云賓僚友羣士也者同官為僚同志為友羣士即僚友也以其始死雖赴君此僚友未蒙赴及即來是先知疾重故未赴即來明是僚友之士非大夫及疏遠者若有大夫則經辨之而稱大夫是以下文因君襚即云有大夫則特拜之是也云其位猶朝夕哭矣者謂賓弔位猶如賓朝夕哭位其主人之位則異於朝夕而在西階東南面拜之拜訖西階下東面下經所云拜大夫之位是也**入坐于牀東。衆主人在其後西面。婦人俠牀東面。**衆主人庶昆弟也婦人謂妻妾子姓也亦適妻在前【疏】○注衆主至在前○釋曰自此盡北面論主人以下哭位之事云入坐者謂上文主人拜賓訖入坐于牀東是其衆主人直言在其後不言坐則立可知婦人雖不言坐案喪大記婦人皆坐無立法言俠牀者男于牀東婦人牀西以近而言也案喪大記士之喪主人父兄子姓皆坐于東方主婦姑姊妹子姓皆坐于西方此義恐錯此經有不命士喪大記無不命士又與大記文不同釋亦不合予姓皆坐于西方注云士賤同宗尊卑皆坐此除主人之外不坐者此據命士彼據不命之士知者案喪大記云大夫之喪主人坐于東方主婦坐于西方其有命夫命婦則坐無則皆立是大夫喪尊者坐卑者立是知此非主人皆立據命士大記云尊卑皆坐據不命之士云婦人謂妻妾子姓者下云親者在室其中有姑姊故此注直言妻妾子姓也喪大記兼言姑姊妹者彼無別文見親者在室故注總言之也言亦適妻在前者亦主人在衆主人前也**親者在室。**謂大功以上父兄姑姊妹子姓在此者【疏】○注謂大至此者○釋曰知親者謂大功以上者以大功以上有同財之義相親暱之理下有衆婦人戶外據小功以下疏者故知此為大功以上也云父兄姑姊妹在此者上注據死者妻妾子姓也此注據主人之兄弟姑姊妹子姓而言若然父謂諸父兄謂諸兄從父昆弟姑謂主人之姑姊妹謂從父姊妹子姓謂主人之孫於死者謂曾孫玄孫曾孫為曾祖高祖齊衰三月當在大功親之內故云子姓在此者**衆婦人戶外北面。衆兄弟堂下北面。**衆婦人衆兄弟小功以下【疏】○注衆婦人至以下○釋曰案喪服記云兄弟皆在他邦加一等傳曰小功以下為兄弟玄謂於此發兄弟傳者嫌大功以上又加也大功以上若皆在他國則親自親矣是大功以上為親者則上文是也以知此婦人在戶外是小功以下可知若然同是小功以下而男子在堂下者以其婦人有事自堂及房不合在下故男子在堂下婦人戶外堂上耳**君使人弔。徹帷。主人迎于寢門外。見賓不哭。先入門右。北面。**使人士也禮使人必以其爵使者至使人入將命乃出迎之寢門內門也徹帷扆之事畢則下之【疏】

○注使人士至下之○釋曰自此盡不辭入論君使人弔襚之事鄭知禮使人必以其爵者案聘禮使人歸饔餼及致禮皆各以其爵此君使人則弔士明亦[illegible]禮見諸侯弔法若天子[illegible]僕職云掌三公孤卿之[illegible]大夫之弔勞又御僕職[illegible]之弔事掌其戒令與幣器[illegible]爵也云使者至使小人將命[illegible]之言擯者也案下小斂後云[illegible]注云喪禮署於威儀既小斂[illegible]者未用辭故此下經不云主[illegible]使者使人入將命所使之人[illegible]門內門也者以其大夫士唯[illegible]下云主人拜送于外門外故[illegible]者謂褰帷而上非謂全徹[illegible]者案下君使人襚徹帷明此事畢下之可知**弔者入。升自西階東面。主人進中庭。弔者致命。**主人不升賤也致命曰君聞子之喪使某如何不淑【疏】○注主人至不淑○釋曰上云主人迎于寢門外此云弔者入謂入寢門[illegible]死在適寢云主人不升賤也者對大夫之喪其子得升堂受命知者案喪大記大夫於君命迎于寢門外使者升堂致命主人拜于下言拜于下明受命之時得升堂必知大夫之子得升堂受命者案喪大記云大夫之喪將大斂君至主人迎先入門右君即位于序端主人房外南面卒斂宰告主人降北面於堂下君撫之主人拜稽顙鄭注云大夫之子尊得升視斂下文又云士之喪將大斂君不在其餘禮猶大夫也以君常視士殯故言君不在若有恩賜君視大斂則不得如大夫言君不在者謂士之子不升堂在君側以此言之士受君命不得升堂以其賤明大夫之子得升受命乃降拜是也云以大戴禮云大夫於君命[illegible]鄭知有此辭者案雜記諸侯使人弔鄰國之喪而云弔者入升自西階東面致命曰寡君聞君之喪寡君使某如何不淑彼據隣國之君故稱寡此使士弔已國之士故直云君不言寡**主人哭拜稽顙成踊。**稽顙頭觸地成踊三者三【疏】○注稽顙至者三也○釋曰云稽顙頭觸地者案禮記檀弓曰稽顙而后拜頎乎其致也為稽首之拜但觸地無容即名稽顙云成踊三者三案曾子問君薨世子生三日告殯云衆主人卿大夫士哭踊三者三凡九踊也**賓出。主人拜送于外門外。君使人襚。徹帷。主人如初。襚者左執領。右執要。入升致命。**襚之言遺也衣被曰襚致命曰君使某襚【疏】○注襚之至某襚○釋曰云主人如初者如上弔時迎于寢門外以下之事也云襚之言遺也者謂君有命以衣服遺與主人云衣被曰襚者案左傳隱元年秋七月天王使宰咺來歸惠公仲子之賵穀梁傳曰乘馬曰賵衣衾曰襚貝玉曰含錢財曰賻是也云致命曰君使某襚者亦約雜記文此君襚雖在襲前主人襲與小斂俱不得用君襚大斂乃用之知者案喪大記云君無襚大夫士畢主人之祭服親戚之衣受之不以即陳注云無襚者不陳不以斂謂不用之為小斂至大斂乃用之故下文大斂之節云君襚不倒注云至此乃用君襚主人先自盡是也**主人拜如初。襚者入衣尸出。主人拜送如初。唯君命**

出。升降自西階。遂拜賓。有大夫則特拜之。即位于西階下。東面不踊。大夫雖不辭入也。唯君命出以明大夫以下時來弔襚不出也始喪之日哀戚甚在室故不出拜賓也大夫則特拜別於士旅拜也即位西階下未忍在主人位也不踊但哭拜而已不辭而主人升入明本不為賓出不成禮也 疏◎注唯君至禮也◎釋曰云主人拜如初者亦如上主人進中庭哭拜稽顙成踊云襚者入衣尸出者案既夕記襚者委衣于牀不坐衆襚者委于牀上不坐則此襚者左執領右執要以衣尸亦不坐云唯君命出者欲見孤卿大夫士雖有弔襚來皆不出故云唯著異也云遂拜賓者因事曰遂以因有君命故拜賓若無君命則不出戶云大夫雖不辭入也者謂主人小斂後賓致辭云如何不淑乃復位踊今以初死大夫雖不辭主人升入室云以明大夫以下時來弔襚不出也者言唯君命出明大夫已下時來弔襚不出可知經云拜大夫者以因君命出見故也云未忍在主人位也者至小斂後始就東階下西南面主人位也云明本不為賓出不成禮也者揔解不為之踊及雖不辭而入二事

親者襚。不將命。以即陳。大功以上有同財之義也不將命不使人將之致於主人也即陳陳在房中 疏◎注大功至房中◎釋曰自此盡適房論大功兄弟及朋友弔襚之事云大功以上謂并異門齊衰故云以上云即陳陳在房中者下云如襚以適房故知此陳陳在房中也

庶兄弟襚。使人以將命于室。主人拜于位。委衣于尸東牀上。庶兄弟即衆兄弟也變衆言庶容同姓耳將命曰某使某襚拜于位室中位也 疏◎注庶兄至位也◎釋曰知庶兄弟即衆兄弟者見上文云親者在室又云衆兄弟堂下北面注云是小功以下又云親者襚此云庶兄弟襚以文次而言故知庶兄弟即衆兄弟也云變衆言庶容同姓耳者以同姓絕服者有襚法鄭必知變衆言庶即容同姓者見喪服不杖麻屨章士言衆子大夫言庶子鄭云士謂之衆子未能遠別也是庶者蹤遠之稱故知言庶容同姓云將命曰某使某襚者某謂庶兄弟名使某襚者名但庶兄弟是小功緦麻之親在堂下使有司歸家取服致命於主人若同姓容不在始來弔襚也云拜于位室中位也者以其非君命不出故知拜于室中位也

朋友襚。親以進。主人拜委衣如初。退哭不踊。親以進親之恩也退下堂反賓位也主人徒哭不踊別於君襚也 疏◎注親以至襚也◎釋曰云別於君襚者上文君襚之時主人哭拜稽顙成踊此朋友襚主人徒哭不踊故云別於君襚

徹衣者執衣如襚以適房。凡於襚者出有司徹衣 疏◎注凡於至徹衣◎釋曰云執衣如襚者上文君襚之時襚者左執領右執要此徹衣者亦左執領右執要故云如襚也云凡於襚者出有司徹衣者案此徹衣之文在諸襚者之下言之故雜記諸侯使人弔含襚賵訖乃云主人有司故云凡於襚者出有司徹衣

為銘。各以其物。亡則以緇長半幅。䞓末。長終幅。廣三寸。書銘于末曰。某氏某之柩。銘明旌也雜帛為物大夫之所建也以死者為不可別故以其旗識識之愛之斯錄之矣亡無也無旌不命之士也半幅一尺終幅二尺在棺為柩今文銘皆為名末為旆也 疏◎注銘明至旆也◎釋曰自此至西階上論書死者銘旌之事此士喪禮記公侯伯之士一命亦記子男之士不命故此銘旌總見之也云為銘各以其物者案周禮司常大夫士同建雜帛為物今云各以其物而不同者雜帛之物雖同其旌旗之杠長短則異故禮緯云天子之旗九刃諸侯七刃大夫五刃士三刃但死以尺易刃故下云竹杠長三尺長短不同故言各以別之此據侯伯之士一命者也云銘明旌也者檀弓文雜帛為物大夫之所建也者此司常文也言雜帛者為旗旌之參以絳帛為之以白色之帛以禪緣之鄭彼注云大夫士雜帛言以先王正道佐職是也云以死者至錄之矣者檀弓文案彼自銘明旌至錄之矣引之者事恰盡重與奠自為下事之別不得以周禮小祝之職杜子春解熬為重鄭不從其義故以證破子春又鄭注檀弓云謂重與奠此引證銘旌者鄭君兩解之以彼兼有重與奠亦是錄死者之義此銘旌是錄死者之名故兩注不同案周禮小祝云設熬置銘杜子春引檀弓曰銘明旌也以死者為不可別故以其旗識之愛之斯錄之矣子春亦為此解云無旌不命之士也者謂子男之士也云半幅一尺終幅二尺者經直云長半幅不言廣則亦三寸云䞓末長終幅廣三寸則廣三寸總結之但布幅二尺二寸今云二尺者鄭君計侯與深衣皆除邊幅一寸此亦兩邊除二寸而言之凡書銘之法案喪服小記云復與書銘自天子達於士其辭一也男子稱名婦人書姓與伯仲鄭注云此謂殷禮也殷質不重名復則臣得名君周之禮天子崩復曰皋天子復諸侯薨復曰皋某甫復其餘及書銘則同以此而言除天子諸侯之外其復男子皆稱姓名是以此云某氏某之柩云在棺為柩者下曲禮文以其銘旌表柩不表屍故據柩而言

竹杠長三尺。置于宇西階上。杠銘橦也宇梠也 疏◎注杠銘至梠也◎釋曰此始造銘訖且置於宇下西階上待為重訖以此銘置於重又下文卒塗始置於肂若然此時未用權置於此及於重也云宇梠也者案爾雅釋宮云檐謂之樀郭云屋梠謂當檐下故特牲記云饎爨在西壁鄭注云西壁堂之西墻下舊說云南北直屋梠稷在南是也

甸人掘坎于階間。少西。為垼于西墻下。東鄉。甸人有司主田野者垼塊竈西墻中庭之西今文鄉為面 疏◎注甸人至為面◎釋曰自此盡西階下論掘坎為垼竈陳沐浴之具此坎不論淺深及所盛之物案既夕記云掘坎南順廣尺輪二尺深三尺南其壤下文沐浴餘潘及巾柶等棄埋之於此坎也云甸人有司主田野者士無臣所行事皆是有司屬吏之等言主田野者案周禮甸師其徒三百人掌帥其屬而耕耨王藉是掌田野士雖無此官亦有掌田野之人謂之甸人云垼塊竈者案既夕記云垼用塊是以塊為竈名為垼用之以煑沐浴者之潘水知在中庭之西者經直云于西墻下不繼階宇明近南中庭之西也

新盆。槃。瓶。廢敦。重鬲。皆濯造于西階下。新此瓦器五種者重死事盆以盛水槃承渜濯瓶以汲水也廢敦敦無足者所以盛米也重鬲鬲將縣重者也濯滌溉也造至也猶饌也以造言之喪事遽 疏◎注新此至事遽◎釋曰云盆以盛水者案下文祝淅米時所用槃以盛渜濯者謂置於尸牀下時餘潘水名為渜濯知以此槃盛者下文別云士有冰用夷槃彼是冪尸之槃故知此承渜濯云瓶以汲水也者下文管人汲用此瓶也知廢敦敦無足者若有足直名敦故下文徹朔奠云敦啓會面足注云面足執之令足閒鄉前也是其有足直名敦凡物無足稱廢是以士虞禮云主人洗廢爵主婦洗足爵廢爵注云爵無足是也云所以盛米也者以下文而知云重鬲鬲將縣重者也下文鬻餘飯乃縣於重此時先用煑沐潘故云將縣重者也以其事未至故言將也云以造言之喪事遽者以其不言饌造者造是造次故以造言之喪事遽也

陳襲事于房中。西領南上不綪。襲事謂衣服也綪讀為䋭䋭屈也襲事少上陳而下不屈江沔之閒謂縈收繩索為䋭古文綪皆為精 疏◎注襲事至為䋭◎釋曰自此至繼陳不用論陳襲所用之事云襲事謂衣服也者此先陳之至下文商祝襲時乃用之但用者三稱而已其中庶襚之等雖不用亦陳之以多為貴案下小斂大斂先陳先用後陳後用依次第而陳此襲事以其初死先成先陳後成後陳喪事遽備之而已故不依次也云襲事少上陳而下不屈者所陳之法房戶之內於戶東西領南上以衣裳少從南至北則盡不須䋭屈知戶東陳之者取之便故也云江沔之閒者案禹貢云嶓冢導漾東流為漢孔傳云泉始出山為漾水南東流為沔水至漢中東行為漢水南有江水北有沔水故云江沔之閒以縈收繩索為䋭取䋭為屈義也

明衣裳用布。所以親身為圭絜也 疏◎注所以至絜也◎釋曰案下記云明衣裳用幕布注云幕布帷幕之布則此布用帷幕之布但外數未聞知親身者下浴訖先設明衣故知親身也云為圭絜也者以其言明明者絜淨之義故知取圭絜者也

鬠笄用桑。長四寸。繐中。桑之為言喪也用為笄取其名也長四寸不冠故也繐笄之中央以安髮 疏◎注桑之至安髮◎釋曰以鬠為鬠義取以髮會聚之意云桑之為言喪也者為喪所用故用桑以聲名之是以云取其名也云長四寸不冠故也者凡笄有二種一是安髮之笄男子婦人俱有即此笄是也一是為冠笄皮弁笄爵弁笄唯男子有而婦人無也此二笄皆長不唯四寸而已今此笄四寸者僅取入髻而已以其男子不冠冠則笄長矣此注及下注知死者不冠者下記云其母之喪鬠無笄注云無笄猶丈夫之不冠也以此言之生時男子冠婦人笄今死婦人不笄則知男子亦不冠也家語云孔子之喪襲而冠者家語王肅之增改不可依用也云繐笄之中央以安髮者兩頭闊中央狹則於髮安故云以安髮也

布巾環幅不鑿。環幅廣袤等也不鑿者士之子親含反其巾而已大夫以上賓為之含當口鑿之嫌有惡古文環作還 疏◎注環幅至作還◎釋曰此為飯含而設所以覆死者面云廣袤等也者布幅二尺二寸鄭計布廣狹例除邊幅二寸以二尺為率則此廣袤等亦二尺也云不鑿者士之子親含反其巾而已者下經云主人左扱米實于右三實一貝左中亦如之是士之子親含此經云不鑿明反其巾而已也又知大夫以上賓為之含當口鑿之嫌有惡者案雜記云鑿巾以飯公羊賈為之也鄭云記士失禮所由始也士親飯必發其巾大夫以上賓為飯焉則有鑿巾以此經云不鑿則大夫以上鑿謂若士用半不殷奠則大夫以上月半殷奠可知以其大夫以上有臣臣為賓賓飯含嫌有惡故鑿之也

掩練帛。廣終幅。長五尺。析其末。掩裹首也析其末為將結於頤下又還結於項中 疏◎注掩裹至項中◎釋曰掩若今人幞頭但死者以後二腳於頤下結之與生人為異也此陳之耳若設之案下經云商祝掩瑱設幎目注云掩者先結頤下既瑱幎目乃還結項是

瑱用白纊。瑱充耳纊新綿 疏◎注瑱充耳纊新綿◎釋曰案下記云瑱

塞耳詩云充耳充即塞也生時人君用玉臣用象又著詩云充耳以素充耳以黃之等注云所以懸瑱則生時以黃以素又以玉象等爲之示不聽讒今死者直用纊塞耳而已異於生也云纊新綿者案禹貢豫州貢絲纊故知纊新綿對組是舊絮也

幎目用緇。方尺二寸。䞓裏。著組繫。幎目覆面者也幎讀若詩云葛藟縈之縈䞓赤也著充之以絮也組繫爲可結也古文幎爲涓疏○注幎目至結也○釋曰鄭讀從葛藟縈之縈者以其葛藟縈于樹木此面衣亦縈於面目故讀從之也云組繫爲可結也者以四角有繫於後結之故有組繫也

握手用玄纁裏。長尺二寸。廣五寸。牢中旁寸。著組繫。牢讀爲樓樓謂削約握之中央以安手也今文樓爲緣旁爲方疏○注牢讀至爲方。○釋曰名此衣爲握以其在手故言握手不謂以手握之爲握手云牢讀爲樓樓謂削約握之中央以安手也者經云廣五寸牢中旁寸者則中央廣三寸廣三寸中央又容四指而已四指指一寸則四寸四寸之外仍有八寸皆廣五寸也讀從樓者義取樓斂挾少之意云削約者謂削之使約少也

決用正王棘若檡棘。組繫。纊極二。決猶闓也挾弓以橫執弦詩云決拾既佽正善也王棘與檡棘善理堅刃者皆可以爲決極猶放弦也以沓指放弦令不挈也生者以朱韋爲之而三死用纊又二明不用也古文王爲玉今文檡爲也世俗謂王棘死鼠疏○注決猶至死鼠。○釋曰云挾弓以橫執弦者方持弓矢曰挾未射時已然至射時還依此注以闓弦故云挾弓以橫執弦也引詩者證決是闓弦之物云王棘與檡棘者科用其一皆得不謂兼用二者云以沓指放弦令不挈也者謂以此二者與決爲藉令弦不決挈傷指耳云生者以朱韋爲之而三者大射所云朱極三者是也彼但爲君設文引證此士禮則尊卑同生時俱三皆用朱韋死者尊卑同二用纊也

冒緇質長與手齊。䞓殺掩足。冒韜尸者制如直囊上曰質下曰殺質正也其用之先以殺韜足而上後以質韜首而下齊手上玄下纁象天地也喪大記曰君錦冒黼殺綴旁七大夫玄冒黼殺綴旁五士緇冒䞓殺綴旁三凡冒質長與手齊殺三寸疏○注冒韜至三尺。○釋曰云制如直囊者經云設冒囊之故云如直囊云上曰質下曰殺質正也者案此經以冒爲總目下別云質與殺自相對則知上曰質質正者以其在上故以正爲名引喪大記君與大夫士皆以冒對殺不云質則冒既總名亦得對殺爲在上之稱皆云綴旁者以其冒無帶又無紐一定不動故知旁綴質與殺相接之處使相連尊卑降殺而已云其用之先以殺韜足而上後以質韜首而下齊手者凡人著服先下後上又質長與手齊殺長三尺人有短者質下覆殺故後韜質也

爵弁服純衣。謂生時爵弁之服也純衣者纁裳古者以冠名服死者不冠疏○注謂生至不冠。○釋曰云謂生時爵弁之服也者凡襲斂之服無問尊卑皆先盡上服生時服即士之常服以助祭者也云纁裳者士冠禮文云古者以冠名服死者不冠者以死者不冠而經云爵弁皮弁此直取以冠名服不用其冠故云此也

皮弁服。皮弁所衣之服也其服白布衣素裳也疏○注皮弁至裳也。○釋曰云皮弁所衣之服也者亦見死者不冠不用皮弁今直取以冠名服是皮弁所衣著之服也知其服白布衣素裳者士冠禮注衣與冠同色裳與屨同色以皮弁白而白屨故士冠禮云素積白屨是也雜記云朝服十五升則皮弁天子朝服與諸侯朝服同十五升布也

褖衣。黑衣裳赤緣謂之褖褖之言緣也所以表袍者也喪大記曰衣必有裳袍必有表不禪謂之一稱古文褖爲緣疏○注黑衣至爲緣。○釋曰知此褖衣是黑衣裳者此褖衣則玄端知者以其士冠禮陳三服玄端皮弁爵弁有玄端無褖衣此士喪襲亦陳三服與彼同此無玄端有褖衣故知此褖衣則玄端者也玄端有三等裳此喪禮質畧同玄裳而已但此玄端連衣裳與婦人褖衣同故變名褖衣也若然連衣裳者以其用之以表袍袍連衣裳故也是以雜記云子羔之襲也繭衣裳與稅衣纁袡爲一不襲婦服彼曾子譏用纁袡不譏其稅衣是稅衣以表袍故連衣裳而名褖衣引喪大記者欲見褖衣以表袍之意若然雜記云繭衣大記云袍不同者玉藻云纊爲繭縕爲袍鄭云衣有著之異名也其實連衣裳一也云赤緣謂之褖者爾雅文彼釋婦人嫁時褖衣此引之者證此褖衣雖不赤緣褖衣之名同故引爲證也

緇帶。黑繒之帶疏○注黑繒之帶。○釋曰上雖陳三服同用一帶者以其士唯有此一帶而已案玉藻云士練帶緇辟是黑繒之帶據裨者而言也但生時著服不重各設帶此襲時三服俱著共一帶爲異也

韎韐。一命緼韍疏○注一命緼韍。○釋曰韎者據色而言以韎草染之取其赤韐者合韋而爲之故名韎韐也云一命緼韍者玉藻文但祭服謂之韍他服謂之韠士一命名爲韎韐亦名緼韍不得直名韍也但士冠禮玄端爵韠皮弁素韠爵弁服韎韐今亦三服共設韎韐者以其重服亦如帶矣

竹笏。笏所以書思對命者玉藻曰笏天子以球玉諸侯以象大夫以魚須文竹士以竹本象可也又曰笏度二尺有六寸其中博三寸其殺六分而去一又曰天子搢珽方正於天下也諸侯荼前詘後直讓於天子也大夫前詘後詘無所不讓今文笏作忽疏○注笏所至作忽。○釋曰云笏所以書思對命者亦玉藻文引玉藻者證天子以下笏之所用物不同及長短廣狹有異言公侯不言伯子男亦與公侯同案彼鄭云謂之珽珽之言挺然無所屈也或謂之大圭長三尺或者或玉人職文鄭又云荼讀爲舒遲之舒舒懦者所畏在前也詘謂圜殺其首不爲椎頭諸侯唯天子詘焉是以謂笏爲荼大夫前詘後詘無所不讓也鄭注云大夫奉君命出入者也上有天子下有己君又殺其下而圜前後皆詘故云無所不讓彼雖不言士士與大夫同

夏葛屨。冬白屨。皆繶緇絇純。組綦。繫于踵。冬皮屨變言白者明夏時用葛亦白也此皮弁之屨士冠禮曰素積白屨以魁柎之緇絇繶純純博寸綦屨係也所以拘止屨也綦讀如馬絆綦之綦疏○注冬皮至之綦。○釋曰云變言白者明夏時用葛亦白也者案士冠禮云屨夏用葛冬用皮今此變言白者欲互見其義以夏言葛冬當用皮冬言白明夏亦用白又士冠禮云爵弁纁屨素積白屨玄端黑屨以三服各自用屨屨從裳色其色自明今死者重用其服屨唯一故須見色若然三服相參帶用玄端屨用皮弁韎韐用爵弁各用其一以當三服而已云此皮弁之屨者以其色白即所引士冠禮曰素積白屨者爲證是也引緇絇繶純者欲解士冠禮繶絇純同用緇此經繶雖在緇上明亦用緇可知繶謂條在牙底相接之縫中絇在屨鼻純謂緣口皆以條爲之但舄則對方爲績次屨則比方爲繡次爲異耳云綦屨係也者經云繫于踵則綦當屬于跟後以兩端向前與絇相連于腳跗踵足之上合結之名爲繫于踵也云讀如馬絆綦之綦此無正文蓋俗讀馬有絆名爲綦拘止馬使不得復去此屨綦亦拘止屨使不縱誕也

庶襚繼陳不用。庶衆也不用不用襲也多陳之爲榮少納之爲貴疏○注庶衆至爲貴。○釋曰直云庶襚即上經親者襚庶兄弟襚朋友襚皆是故云庶襚云繼陳謂繼襲衣之下陳之云不用不用襲也者以其繼襲衣而言不用明不用襲至小斂則陳而用之唯君襚至大斂乃用也云多陳之爲榮者庶襚皆陳之是也少納之爲貴者襲時唯用三陳是也

貝三實于笄。貝水物古者以爲貨江水出焉笄竹器名疏○注貝水至器名。○釋曰自此盡夷槃可也論陳飯含沐浴器物之事此云貝三下云稻米則士飯含用米貝古檀弓云飯用米貝亦據士禮也案喪大記云君沐粱大夫沐稷士沐粱鄭云士喪禮沐稻此云士沐粱蓋天子之士也飯與沐米同則天子之士飯用粱大夫用稷諸侯用粱鄭又云以差率而上之天子沐黍與則飯亦用黍可知但士飯用米不言兼有珠玉大夫以上飯時兼用珠玉也雜記云天子飯九貝諸侯七大夫五士三鄭注云此蓋夏時禮也周禮天子飯含用玉案典瑞云大喪共飯玉含玉雜記云含者執璧彼據諸侯而用璧唯大夫含無文哀十一年左氏傳云公會吳子伐齊陳子行命其徒具含玉示必死者春秋時非正法若趙簡子云不設屬椑之類文五年王使榮叔歸含且賵何休云天子以珠諸侯以玉大夫以璧士以貝春秋之制也禮緯稽命徵云天子飯以珠含以未釋周大夫所用以玉蓋亦異代法云貝水物者按書傳云紂因文王散宜生等於江淮之閒取大貝如車渠以獻于紂遂放文王是貝水物出江水也又云古者以貝爲貨者漢書食貨志云五貝爲朋又云有大貝壯貝之等以爲貨用者是古者以爲貨也知笄是竹器名者以其字從竹又聘禮云夫人使下大夫勞以二竹篋方其實棗烝栗婚禮婦見舅姑執笄以盛棗栗此雖盛貝不盛棗栗其笄並竹器也

稻米一豆實於筐。豆四升疏○注豆四升。○釋曰昭公三年晏子辭

沐巾一。浴巾二。皆用綌於笄。巾所以拭汙垢浴巾二者上體下體異也綌麤葛疏○注巾所至麤葛。○釋曰云浴巾二者上體下體異也此士禮上下同用綌案玉藻云浴用二巾上絺下綌彼據大夫以上分別上下爲貴賤故上用細下用麤也

櫛於簞。簞葦笥疏○注簞葦笥。○釋曰案曲禮云凡以弓劍苞苴簞笥問人者注云圓曰簞方曰笥則簞笥別此注云簞葦笥者舉其類論語云顏回一簞食注云簞笥也亦舉其類謂若黃麻與枲麻雌雄異而鄭注云黃麻枲麻也亦舉其類也

浴衣於篋。浴衣已浴所衣之衣以布爲之其制如今通裁疏○注浴衣至通裁。○釋曰知浴衣已浴所衣之衣者下經云浴用巾挋用浴衣是以既浴所著之衣用布爲之云如今通裁者以其無殺即布單衣漢時名爲通裁故舉漢法爲況

皆饌于西序下。南上。皆者皆貝以下東西牆謂之序中以南謂之堂疏○注皆者至之堂。○釋曰謂從序半以北陳之云東西牆謂之序者爾雅釋宮文云中以南謂之堂者謂於序中半以南乃得堂稱以其堂上行事非專一所若近戶即言戶東戶西若近房即言房外之東房外之西若近楹即言東楹西楹若近序即言東序下西序下若近階即言東階西階若自半以南無所繼屬者即以堂言之即下文淅米于堂是也其實戶外房外皆是堂故論語云由也升堂矣未入于室是室外皆名堂也

儀禮疏卷第三十五　元缺卷今補依要義分

儀禮注疏卷三十五挍勘記　阮元撰盧宣旬摘錄

士喪禮第十二

喪於五禮屬凶 凶下集釋有禮字

亡則以緇長半幅 毛本半誤作百

士喪禮

疾時處北墉下 毛本墉作牖釋文集釋俱作牖陸氏曰本又作墉徐本通典通解敖氏俱作墉

死而遷之當牖下 徐陳釋文通典集釋通解楊敖同毛本當作南○按室制南有牖而北無牖或亦有之謂之向毛詩傳及說文皆云向北出牖也故既夕記作北墉下喪大記作北牖下若作北牖則近室之屬宜稱南以別之若作北墉則不必言南牖也據疏內稱南牖北牖者非一似可兩通

大斂所并用之衾 通典無并字

必皆於正處也 皆通解作歸○按喪大記作皆不作歸

疾時處北墉下死而遷之當牖下 毛本墉作牖當作南要義牖作墉南作當

並與徐本注合

復者一人

當十有二人也 十有二字誤倒

識之而來反 反下衍衣字

故復者皆朝服也 監本要義同毛本無朝字

鄭鞠衣展衣褖衣至褕狄 許宗彥云當作鄭注云用稅衣上至褕狄

孤之妻與九嬪 毛本嬪作殯盧文弨改殯為嬪

若凡常衣服 要義同毛本常下有時字

受用篋 篋唐石經徐本通解楊敖俱作篋釋文集釋毛本俱作篋陸氏曰本或作篋石經考文提要定作篋云喪大記注司服以篋待衣于堂前可證

復者降自後西榮

降因徹西北厞 釋文云厞扶未反本或作扉音非

而爨之 通解要義楊氏俱同毛本而作用○按喪大記作用毛本是也

楔齒用角柶

為將含 釋文曰含本亦作唅後放此

恐其口閉急也 急楊氏作結

綴足用燕几

為將屨 徐陳通典集釋通解楊氏同毛本屨作履

又按周禮天官玉府 禮要義作官

奠脯醢醴酒 此節疏內此始死俱言之下脫脯醢二字

奠脯至尸東 要義有此五字按此本殘缺每節標目皆無可考要義偶有此五字故錄之

乃赴于君

赴告也 告上敖氏有走字鍾本告作古誤按敖氏蓋據既名注增入

入坐于牀東 毛本牀誤作堂

是其衆主人直言在其後 要義無是其二字

親者在室

父兄姑姊妹子姓在此者 在上楊氏有之字

謂大功以上 此句下要義有者以大功以上六字毛本無

君使人弔

掌三公孤卿之弔勞 此句下要義有鄭云王使往五字毛本無○按五字當有

有寢門者外門者 要義無外門者三字毛本有○案似當作知寢門非外門者

主人哭拜稽顙成踊

凡九踊也 此句下要義有喪服小記為父母長子稽顙大夫弔之雖緦必稽顙者三廿二字蓋從他書錄入非疏文

君使人襚

按左傳隱元年 要義同毛本隱下有公字

主人拜如初○升降自西階 自下徐本有階字○即位于西階下 于唐石經徐陳集釋通解楊敖俱作于毛本作如

親者襚

論大功兄弟 陳本無弟字閩本弟字擠入

庶兄弟襚○委衣于尸東牀上 尸閩葛俱誤作戶

即衆兄弟也 即通典作則

朋友襚

親之恩也 通典重親字

為銘

大夫之所建也 夫下通典集釋敖氏俱有士字○按據周禮司常注則士字當有

無旌 徐本通典集釋通解楊氏同毛本旌作旗

今文銘皆為名末為旆也 毛本末作未徐本集釋末作末通解末為二字未刻鍾與徐本同案未乃末字之誤

此引證銘旌者 要義同毛本證銘作銘證

云無旌 旌要義作旌與徐本注合毛本作旗

下曲禮文 要義同毛本無下字

竹杠長三尺置于宇西階上 敖氏曰宇屋檐也不宜與西階上連文宇字蓋因于字而衍也周官小祝職鄭司農注引此無宇字浦鏜云記檀弓設披節疏引此亦無宇字敖言是也○按先鄭本或與後鄭異檀弓疏所引自據小祝注爾

甸人掘坎于階間

皆是有司屬吏之等 毛本無是字要義有

新盆槃瓶廢敦重鬲 盆通典作瓫注及下同

槃承湅濯 張氏曰監本湅誤作漂案釋文湅奴亂反從釋文及諸本

鬲將縣重者也 徐本敖氏同通典集釋楊氏毛本縣下有於字張氏曰釋文前重字注云於重同則此重字上有於字從釋文

此時先用煮沐潘 要義同毛本沐潘作潘沐

陳襲事于房中

讀為綪綪屈也 徐本集釋通解楊氏同毛本敖氏不重綪字

江沔之閒為沱 釋文云沔音緬水名也一本作沱大何反江別

於戶東西領南上 戶閩本誤作尸南上要義作西鄉

鬠笄用桑

皮弁笄爵弁笄 要義同毛本無上笄字

布巾環幅不鑿

及其巾而已 徐本同集釋通解毛本及俱作反張氏曰注曰及其巾而已案疏及作反從疏○按通典亦作反

掩練帛廣終幅 毛本廣誤作續○長五尺 五陳閩葛本俱誤作伍

掩裹首也　也通典作者

爲將結於頤下　於徐本作放

又還結於項中　張氏曰注曰又還結于項巾按監杭本毛本巾作中從監杭本

瑱用白纊

對纊是舊絮也　要義同毛本絮作綿

幎目用緇

讀若詩云葛藟縈之縈　云徐本聶氏集釋通解楊氏俱作云毛本作曰之字徐本通解俱不重聶氏集釋楊敖毛本俱重

爲可結也古文幎爲涓　下五字毛本脫徐本集釋通解俱有。按釋文出爲涓二字

鄭讀從葛藟縈之縈者　之字要義不重與徐本注合毛本重

握手用元纁裏

牢讀爲樓　案尒疋釋詁摟聚也釋文云摟从手本或作樓非然則此注樓字亦當从手說文手部摟曳聚也又毛詩角弓式居婁驕箋云婁斂也婁與摟古字通

樓謂削約握之中央　毛本謂作爲徐本通典聶氏集釋通解楊敖俱作謂與疏合

今文樓爲緌　樓集釋作牢按鄭既讀牢爲樓因曰今文樓爲緌少牢上佐食以綏祭注云綏或爲挼挼讀爲墮古文墮爲肵與此同例

義取樓斂挾少之意　毛本樓誤作縷挾浦鏜改約盧文弨改挾

決用正王棘

決拾既次　徐本同集釋通解楊氏毛本次俱作依

極猶放弦也　通典聶氏俱無弦字金曰追云大射儀朱極三注極猶放也無弦字則有者誤衍也

合不挈也　釋文曰挈苦結反劉本作契苦計反案徐本挈下無指字與疏合釋文通典聶氏毛本俱有

古文王爲玉　玉徐本集釋俱作王通解毛本作三

今文檡爲也　檡爲也徐本作澤爲也毛本集釋通解俱作檡爲澤張氏曰注曰今文澤爲也案杭本云檡爲澤從杭本。按也疑宅字之誤

云王棘與檡棘者　毛本檡誤作擇

冒緇質

君錦冒黼殺　徐陳集釋通解楊敖同毛本錦作綿。按喪大記作錦徐本是

大夫元冒黼殺　黼楊氏作黻張氏曰監杭本黼作黻巾箱嚴本之爲黼其以禮記喪大記之文予禮經曰君黼大夫黻喪大記之本蓋誤也從監杭本

綴旁三　三敖氏作二

爵弁服純衣

謂生時爵弁之服也　毛本弁下有所衣二字徐本通典集釋俱無與疏合通解楊氏俱有。按釋文所衣注云下所衣同是爲此節作音也

褖衣

黑衣裳赤緣謂之褖　徐本通典同毛本謂之作之謂集釋通解楊氏之謂下俱復有之字張氏曰注曰黑衣裳赤緣謂之褖案釋文云緣之則緣下有之字從釋文。按張氏但言緣下有之字不言謂下無之字黃楊二家俱得之今本誤會張意遂刪去下之字

不禪　徐本集釋通解楊氏同毛本禪作襌

以其士冠禮陳三服　要義楊氏同毛本士下有是字

竹笏

天子以球玉　球徐本楊氏俱作球釋文集釋通解毛本俱作璆盧文弨云玉藻文本作球下搢珽依玉藻此璆亦當作球

天子搢珽　珽釋文作珵云本又作珽同張氏曰監本作珵。按說文有珽無珵

舒懦者　陳本通解同毛本懦作儒

夏葛屨○皆繶緇絇純　張氏曰釋文云緇純中無絇字鄭氏注周禮屨人全引此文亦無絇字鄭氏又云言繶必有絇純言絇亦有繶純今之有絇字後人加之也從釋文。按疏有絇字

明夏時用葛亦白也　集釋重葛字無也字

比皮弁之屨　徐本楊氏同集釋通解敖氏毛本比俱作此張氏曰監杭本作此從監杭本

貝三實于笄

但士飯用米　要義同毛本米作稻

哀十一年左氏傳云　毛本哀下有公字要義無下文文公同

沐巾一

巾所以拭汙垢　汙徐陳葛本通典集釋楊氏俱作洿

櫛於簞　於唐石經徐陳閩葛釋文通典集釋通解要義楊敖俱作於毛本作用

簞葦笥　葦徐陳釋文通典集釋通解楊氏俱從艸毛本從竹

皆饌于西序下

皆具以下　徐陳集釋通解楊氏同毛本具作貝張氏曰上文云貝三盆自貝三以下皆饌于西序傳寫者誤以貝爲具後經云奠具按諸本亦作具

儀禮疏卷第三十六

唐朝散大夫行大學博士弘文館學士臣賈公彦等撰

管人汲。不說繘。屈之。管人有司主館舍者不說繘將以就祝濯米屈縈也

疏。注管人至縈也。釋曰自此盡明衣裳論沐浴之事云不說繘屈之者以其喪事遽則知吉尚安舒矣云管人有司主館舍者士既無臣所行事皆府史故知管人是有司也聘禮記云管人爲容三日具沐五日具浴此爲死者故亦使之汲水也云不說繘將以就祝濯米者以下經云祝淅米明此管人將以就堂授祝濯米可知

祝淅米于堂。南面用盆。祝夏祝也淅汏也

疏。注祝夏至汏也。釋曰知是夏祝者見下記云夏祝淅米差盛之是也

管人盡階不升堂受潘煑于垼。用重鬲。盡階三等之上喪大記曰管人受沐乃煑之甸人取所徹廟之西北厞薪用爨之

疏。注盡階至爨之。釋曰云盡階者三等之上鬲者以其先煑潘後煑米爲鬻懸于重也云取所徹廟之西北厞薪用爨之者此薪即復人降自西北榮所徹者也

祝盛米于敦。奠于貝北。復於筐處

疏。注復於筐處。釋曰云復於筐處者向未淅米時盛于敦所置之處還於筐所以擬飯之所用也

士有冰。用夷槃可也。謂夏月而君加賜冰也夷槃承尸之槃喪大記曰君設大槃造冰焉大夫設夷槃造冰焉士併瓦槃無冰設牀襢第有枕

疏。注謂夏至有枕。釋曰謂夏月者以周禮凌人臣而言月令二月出冰此云有冰據君爲說云而君加記云士無冰用水此注云有冰明據士得賜之槃者案喪大記注禮自仲春之後尸既襲槃中乃設牀於其上不施席而遷尸焉秋涼而大記已下欲證士有賜乃有冰又取用冰之內夷槃小爲第爲簀謂無席如浴時牀也特若然凌人云大喪共夷槃冰則天子有夷槃禮器制度大槃廣八尺長丈二尺深三尺漆槃辟天子其大夫言夷槃此士喪又用夷槃故鄭云夷槃小焉

外御受沐入。外御小臣侍從者沐管人所煑潘也

疏。注外御至潘也。釋曰此云外御者對內御爲名故下記內御者浴則此外御是士之侍御僕從者其予命汝作大正正于羣僕侍御之臣此雖無從者也知沐管人所煑潘也者以其上文管受沐人明所受之於管人也

主人皆出戶外北面。象平生沐浴倮裎子孫不在旁主人出而襢第

疏。注象平至襢第。釋曰云象者裸謂赤體裎猶袒也將浴孫不在旁主人出也下記云御者四人抗衾爲其倮裎蔽之也以浴尸時袒露無衣故抗衾而襢第者又下記云襢第鄭云襢袒也袒簀去席盝水便是也

乃沐。櫛。挋用巾。挋晞也清也古文挋皆作振

疏。注挋晞至作振。釋曰挋謂拭也晞清也者以其櫛訖又以巾拭髮乾又使清淨無𡰪櫛抆訖仍未作紒下文待蚤揃訖乃鬠用組是其次也

浴用巾。挋

之也。喪大記曰：御者二人浴，浴水用盆，沃水用枓。【疏】注用巾至用枓。釋曰：枓，酌水器，受五升，方有柄。今用大匏不方，用挹盆中水以沃尸。又案喪大記浴水用盆，沃水用枓，沐用瓦盆。明沐浴俱有盤及枓，此沐浴盤枓亦皆有也。引喪大記者，證人之數及浴之器物也。

渜濯棄于坎。沐浴餘潘水、巾、櫛、浴衣，亦并棄之。古文渜作緣，荊沔之閒語。【疏】注沐浴至閒語。釋曰：潘水既經溫煑，名之為渜；已將沐浴，謂之為濯；已沐浴訖，餘潘水棄于坎。知巾櫛浴衣亦棄之者，以其已經尸用，恐人褻之，若棄杖者棄于隱者，故知亦棄于坎。云古文渜作緣荊沔之閒語者，禹貢云荊河惟豫州，則鄭見豫州人語渜為緣，是以古文誤作緣也。

蚤揃如他日。蚤讀為爪，斷爪揃鬚也。人君則小臣為之。他日，平生時。【疏】注蚤讀至生時。釋曰：鄭讀蚤從爪者，此蚤乃是詩云其蚤獻羔祭韭，古早字，鄭讀從手爪之爪。知人君則小臣為之者，喪大記云小臣爪足，注云爪足，斷足爪是也。

鬠用組，乃笄，設明衣裳。用組，組束髮也。古文鬠皆為括。【疏】注用組至為括。釋曰：鬠紛乃可設明衣以蔽體，是其次也。

主人入即位。已設明衣，可以入也。【疏】釋曰：自此盡反位，論布襲衣裳并飯含之事。

商祝襲祭服，褖衣次。商祝，祝習商禮者。商人教之以敬，於接神宜。襲，布衣牀上。祭服，爵弁服、皮弁服，皆從君助祭之服。大蜡有皮弁素服而祭，送終之禮。襲衣於牀，牀次含牀之東，衽如初也。喪大記曰：含一牀，襲一牀，遷尸於堂又一牀。【疏】注商祝至一牀。釋曰：云商祝，祝習商禮者，雖同是周祝，仰習夏禮則曰夏祝，仰習商禮則曰商祝也。云商人教之以敬於接神宜者，案表記云殷人尊神，率民以事神，尊而不親，言尊敬，故知殷人教以敬，是以使之襲於接神宜。若然，此篇及既夕以夏人教忠，從小斂奠、大斂奠及朔半薦新、祖奠、大遣奠，皆是夏祝為之，其閒雖不言祝名，亦夏祝可知。其徹之者，皆不言祝名，則周祝徹之也。殷人教以敬，但是接神皆商祝為之。其閒行事若祝取銘之類，不言祝名者，亦周祝可知。唯既夕啓殯時以周祝徹饌，而堂下二事不可並使周祝，故夏祝取銘置于重。案周禮有大祝、小祝、喪祝、詛祝、甸祝，此篇及既夕言夏祝、商祝，周禮以喪祝行事，皆當喪祝者也。天子以下喪禮云亦當喪祝行事也。云襲布衣牀上者，喪大記云襲一牀，故知襲時布衣牀上也。此雖布衣，未襲，待飯含訖乃襲，下經為次是也。云祭服爵弁服皮弁服皆從君助祭之服者，以其爵弁從君助祭宗廟之服，雜記云士弁而祭于公是也。皮弁從君聽朔之服，玉藻云皮弁以聽朔於大廟是也。云大蜡有皮弁素服而祭送終之禮也者，郊特牲文。引之者，證皮弁之服有二種：一者皮弁時，白布衣積素為裳，是天子朝服，亦是諸侯及臣聽朔之服；二者皮弁時，衣裳皆素，葛帶榛杖，大蜡時送終之禮凶服也。此士之襲及士冠所用聽朔者，不用此素服。引者，欲見郊特牲皮弁素服是大蜡送終之服，非此襲時所用者也。知襲衣於牀，牀次含牀之東者，以其死于北墉下，遷尸于當牖下沐浴而飯含，引大記云含一牀，襲一牀，遷尸于堂又一牀者，喪事所以即遠，故知襲牀次含牀之東。云衽如初也者，衽，臥席，下莞上簟，彼一牀之下又云皆有枕席，君大夫士一也，故知衽如初含時也。

主人出，南面，左袒，扱諸面之右。盥于盆上，洗貝，執以入。宰洗柶，建于米，執以從。俱入戶西鄉也。今文宰不言執。【疏】注俱入至言執。釋曰：云扱諸面之右者，面前也，謂袒左袖扱於左腋之下帶之內，取便也。云洗貝執以入者，洗訖還於笄內執以入。云宰洗柶建于米者，亦於廢敦之內建之。鄭知俱入戶西鄉者，以下經始云主人與宰牀西東面，故知此時西鄉也。

商祝執巾，從入，當牖北面，徹枕，設巾，徹楔，受貝，奠于尸西。當牖北面，值尸南也。設巾，覆面，為飯之遺落米也。如商祝之事位，則尸南首明矣。【疏】注當牖至明矣。釋曰：云受貝者，就尸東主人邊受取笄貝，從尸南過，奠尸西牀上，以待主人親含也。鄭云當牖北面值尸南也者，知尸當牖者，見既夕記設牀第當牖，衽下莞上簟，遷尸於上，是尸當牖。今言當牖北面，故知值尸南可知。云設巾覆面為飯之遺落米也者，但士之子親含，發其巾不嫌穢惡，今設巾覆面者，為飯時恐有遺落米在面上，故覆之也。云如商祝之事位則尸南首明矣者，舊有解云遷尸於南牖時北首，若北首，則祝當在北頭而南鄉，以其為徹枕設巾，要須在尸首便也。今商祝事位以北面，則尸南首明矣。若然，未葬已前不異於生，皆南首。檀弓云葬于北方北首者，從鬼神尚幽闇，鬼道事之故也。雖有喪朝廟時北首，順死者之孝心，故北首也。

主人由足西，牀上坐，東面。不敢從首前也。祝受貝米奠之，口實不由足也。【疏】注不敢至足也。釋曰：云祝受貝米奠之口實不由足也者，前文祝入當牖北面，是由尸首，故受主人貝奠之，并受米奠于尸西，故主人空手由足過。以其口實不可由足，恐褻之故也。

祝又受米，奠于貝北。宰從立于牀西，在右。米在貝北，便扱者也。宰立牀西，在主人之右，當佐飯事。【疏】注米在至飯事。釋曰：云米在貝北便扱者，以其祝先奠貝于尸西，祝又受米從首西過奠于貝南，便矣。今不於貝南奠之而奠于貝北，故云便主人之扱也。云宰立牀西在主人之右當佐飯事者，此不敢取詔辭自右之義，直以米在主人之右，故宰亦在右，故云當佐飯事也。

主人左扱米，實于右，三實一貝。左、中亦如之。又實米，唯盈。于右，尸口之右。唯盈，取滿而已。【疏】注于右至而已。釋曰：云于右尸口之右者，以經左右及中，尸南首，云右謂口東邊也。云唯盈取滿而已者，以經左右及中各三扱米，更云實米唯盈，則九扱恐不滿，是以重云唯盈也。

主人襲，反位。襲，復衣也。位在尸東。【疏】注襲復至尸東。釋曰：云襲復衣也者，以其鄉袒則露形，今云襲，是復著衣，故云復衣也。知位在尸東者，以其鄉者在尸西，今還尸東西面位也。

商祝掩，瑱，設幎目，乃屨，綦結于跗，連絇。掩者，先結頤下，既瑱、幎目，乃還結項也。跗，足上也。絇，屨飾，如刀衣鼻，在屨頭上，以餘組連之，止足坼也。【疏】注掩者至坼也。釋曰：自此盡于坎，論襲尸之事。云掩者先結頤下既瑱幎目乃還結項也者，經先言掩，後言瑱與幎目，鄭知後結項者，以其掩有四脚，後二脚先結頤下，無所妨，故先結之；若即以前二脚向後結於項，則掩於耳及面兩邊，瑱與幎目無所施，故先結頤下，待設瑱塞耳，并施幎目，乃結項後也。云跗足上也者，謂足背也。云絇屨飾如刀衣鼻在屨頭上者，以漢時刀衣鼻況絇在屨頭上，以其皆有孔，得穿繫于中而過者也。若無絇，則謂之鞮屨，是以鄭注周禮鞮鞻氏云鞮屨者，無絇之屝。云以餘組連之者，以其綦繫既結，有餘組穿連兩屨之絇，使兩足不相恃離，故云止足坼也。

乃襲三稱。遷尸於襲上而衣之。凡衣死者，左衽不紐。襲不言設牀，又不言遷尸於襲上，以其俱當牖，無大異。【疏】注遷尸至大異。釋曰：云遷尸於襲上而衣之者，以其上文已布衣於含東牀上，而未襲，今已飯含，乃遷尸於襲上[illegible]而衣之也。云凡衣死者左衽不紐者，案喪大記云小斂大斂，祭服不倒，皆左衽，結絞不紐，注云左衽，衽鄉左，反生時也。云不言設牀又不言遷尸於襲上以其俱當牖無大異者，此[illegible]

明衣不在筭。筭，數也。不在數，明衣禪衣不成稱也。【疏】注筭數至稱也。釋曰：云不在數明衣禪衣不成稱也者，喪大記云袍必有表，不禪；衣必有裳，謂之一稱。其褖衣雖禪，以袍為表，故云稱。明衣禪衣無裏，不成稱，故不數也。

設韐帶，搢笏。韐帶，韎韐、緇帶。不言韎緇者，省文，亦欲見韐自有帶。韐帶用革。搢，插也，插於帶之右旁。古文韐為合也。【疏】注韐帶至合也。釋曰：[illegible]

設決，麗于掔，自飯持之，設握，乃連掔。麗，施也。掔，手後節中也。飯，大擘指本也。決，以韋為之籍，有彄，彄內端為紐，外端有橫帶，設之，以紐擐大擘本也。因沓其彄，以橫帶貫紐，結於掔之表也。設握者，以綦繫鉤中指，由手表與決帶之餘連結之。此謂右手也。古文麗亦為連，掔作捥。【疏】[illegible]

重宜於上掩者屬一繫於下角乃以繫繞手一帀當手表中指向上鉤中指又反而上繞取繫鄉下與決之帶餘連結之云此謂右手也者以其右手有決今言與決同結明是右手也下記所云設握者此謂左手鄭云手無決者也。設冒櫜之。幠用衾。櫜韜盛物者取事名焉衾者始死時斂衾今文櫜爲橐。疏○注櫜韜至爲櫜。釋曰云取事名焉者此本名冒而云櫜櫜是韜盛之名今以此冒櫜盛尸故名爲櫜是取盛物之事名焉云衾者始死時斂衾者篇首始死云幠用斂衾注云大斂之衾今雖襲訖乃用大斂衾以其襲時無衾小斂之衾陳之與前未襲同不言斂衾單言衾是斂衾可知故不言也。巾柶鬠蚤埋于坎。坎至此築之也將襲辟奠既則反之。疏○注坎至反之。釋曰云坎至此築之也者上文直云瘞濯棄于坎不言埋以其未築故也至此言埋者事訖當築之故也必至此乃築之者以其斂事遠無暇即埋又慮更有須埋者故至此覆尸訖乃埋之前爲坎者是甸人也則此埋之亦甸人也云將襲辟奠既則反之者言此者以初死脯醢醴酒之奠爾來不言恐不知所安之處但始死設于尸東方襲事必當辟之襲訖反之於尸東以其不可空無所依故也案下記云小斂辟奠不出室彼還是襲奠辟小斂則此辟襲奠亦不出室仍不言處大斂時辟小斂奠于序西南則此宜室西南隅至大斂辟小斂奠則言于序西南有文可知也若然此奠襲後因名襲奠故下鄭注云將小斂則避襲奠。重木刊鑿之。甸人置重于中庭。參分庭一在南。木也縣物焉曰重刊斲治鑿之爲縣簪孔也士重木長三尺。疏○注木也至三尺。釋曰自此至于重論設重之事云木也縣物焉曰重者解名爲重之意以其木有物縣於下相重累故得重名云鑿之爲縣簪孔也者下云繫用軨用軨內此孔中云簪者若冠之笄謂之簪使冠連屬於紒此簪亦相連屬於木之名也云士重木長三尺者鄭言士重木長三尺則大夫以上各有等當約銘旌之杠士三尺大夫五尺諸侯七尺天子九尺據竪之者橫者宜半之鄭不言大夫以上無正文故也。夏祝鬻餘飯。用二鬲于西牆下。夏祝祝習夏禮者也夏人教以忠其於養宜鬻餘飯以飯尸餘米爲鬻也重主道也士二鬲則大夫四諸侯六天子八與簋同差。疏○注夏祝至同差。釋曰云于西牆下者西牆下有竈即上文甸人爲垼是也云夏人教以忠其於養宜者案禮記表記云夏道尊命敬神而遠之近人而忠焉書傳略說亦云夏后氏主教以忠是夏人教以忠也曲禮云君子不盡人之歡不竭人之忠鄭云歡謂飲食忠謂衣服若忠不對歡亦飲食故此飲食使夏祝忠者養宜也前商祝奠米飯米夏祝徹之今乃鬻之而盛於鬲是以下記云夏祝徹餘飯注云徹去鬻是也云重主道也者檀弓文彼注云始死未作主以重主其神也即是虞祭之後以木主替重處故云重主道也引之者證此重是木主之道也云士二鬲則大夫四諸侯六天子八與簋同差者亦無正文鄭言之者以其同盛黍稷故知同差也案特牲用二敦少牢用四敦同姓之大夫士用簋故皆以簋言之明堂位云周之八簋詩云陳饋八簋皆天子禮自上降殺以兩明諸侯六祭統諸侯禮而云四簋黍見其脩於廟中也二簋留陽厭不用餕故不言也。冪用疏布。久之。繫用軨。縣于重。冪用葦席。北面左衽。帶用軨。賀之。結于後。久讀爲灸謂以蓋塞鬲口

也軨竹篾也以席覆重辟屈而反兩端交於後左衽西端在上賀加也今文冪皆作密。疏○注久讀至作密。釋曰云冪用疏布久之者鄭久讀爲灸灸塞義謂直用麤布蓋鬲口爲塞也云軨竹篾也者案顧命云牖閒南嚮敷重篾席即此軨篾一也謂竹之青可以爲繫者云以席覆重辟屈而反兩端交於後左衽西端在上者據人北面以席先於重北面南掩之然後以東端爲下向西西端爲上向東是爲辟屈而反兩端交於後爲左衽右衽然後以篾加束之結於後也。祝取銘置于重。祝習周禮者也。疏○釋曰以銘未用待殯訖乃置於肂今且置於重必且置于重者重與主皆是錄神之物故也。厥明陳衣于房南領西上。綪。絞橫三縮一。廣終幅。析其末。綪屈也絞所以收束衣服爲堅急者也以布爲之縮從也橫者三幅從者一幅析其末者令可結也喪大記曰絞一幅爲三。疏○注綪屈至爲三。釋曰自此盡東柄論陳小斂衣物之事云厥明者對昨日始死之日爲厥明此陳衣將陳并取以斂皆用篋是以喪大記云凡陳衣者實之篋取衣者亦以篋升降者自西階是也云絞所以收束衣服爲堅急者此總解大小斂之絞若細而分之則別故鄭注喪大記云小斂之絞也廣終幅析其末以爲堅之強也大斂之絞一幅三析用之以爲堅之急也云以布爲之知者下記云凡絞紟用布倫如朝服注云倫比也此絞直言從橫幅數不言長短者人有短長不定取足而已引喪大記證絞爲三析之事。緇衾赬裏無紞。紞被識也斂衣或倒被無別於前後可也凡衾制同皆五幅也。疏○注紞被至幅也。釋曰云斂衣或倒者案下文云祭服不倒則餘服有倒者皆有領可記也云被無別於前後可也者被本無首尾生時有紞爲記識前後恐於後互換死者一定不須別其前後可也云凡衾制同皆五幅也者此無正文喪大記云紟五幅無紞衾是紟之類故知亦五幅。祭服次。爵弁服皮弁服。疏○注爵弁服皮弁服。釋曰凡陳斂衣先陳絞紟於上次陳祭服於下故云祭服次。至大斂陳衣亦先陳絞紟衾次陳君襚祭服所以然者以絞紟爲裹束衣故皆絞紟爲先但小斂美者在內大斂美者在外故小斂先布散衣後布祭服大斂則先布祭服後布散衣是小斂美者在內大斂美者在外也襲時美者在外是三者相變也。散衣次。襚衣以下袍繭之屬。疏○注襚衣至之屬。釋曰袍繭有著之異名同入散衣之屬也。凡十有九稱。祭服與散衣。疏○釋曰士之服唯有爵弁皮弁褖衣而已云十九稱當重之使充十九必十九者案喪大記小斂衣十有九稱君陳衣于序東大夫士陳衣于房中注云衣十有九稱法天地之終數也則天子以下皆同十九稱言法天地之終數者天地之初數天一地二終數則云天九地十人在天地之間而終故取終數爲斂衣稱數尊卑共爲一節也。陳衣繼之。庶襚。疏○注庶襚。釋曰知庶襚者以其襲時陳衣訖乃云庶襚繼陳不用此亦陳衣訖乃云陳衣繼之明亦是庶襚。不必盡用。取稱而已不務多。疏○釋曰襲時言庶襚繼陳則全不用此陳衣繼之下云不必盡用則兼用之不必盡而已以其小斂用衣多主人自盡不足故容用之也云取稱而已不務多者衣服雖多不得過十九耳。饌于東堂下。脯醢醴酒。冪奠用功布。實于簞。在饌東。功布鍛濯灰治之布也凡在東西堂下者

南齊坫古文奠爲尊。疏○注功布至爲尊。釋曰知功布鍛濯灰治之布者案喪服傳云冠六升鍛而勿灰七升已下鍛濯灰治之是以殤大功章云大功布衰裳注云大功布者其鍛治之功麤治之則此云功布者大功之布故云鍛濯灰治之也云凡在東西堂下者南齊坫知者既夕記云設棜于東堂下南順齊于坫饌于其上兩甒醴酒若然則凡設物於東西堂下者皆南與坫齊北陳之堂隅有坫以土爲之或謂堂隅爲坫也。設盆盥于饌東。有巾。爲奠設盥也喪事畧故無洗也。疏○注爲奠至洗也。釋曰云爲奠設盥也者謂爲設奠人設盥洗及巾云喪事畧故無洗也直以盆爲盥器也下云夏祝及執事盥執醴先酒即是於此盥也但諸文設洗篚者皆不巾至於設洗篚不言巾者以其設洗篚篚內有巾可知故不言凡不就洗篚皆言巾者既不就洗篚恐揮之不用故言巾是以特牲少牢尸尊不就洗篚及此喪事畧不設洗篚皆見巾是也。苴絰大鬲。下本在左。要絰小焉。散帶垂長三尺。牡麻絰右本在上。亦散帶垂。皆饌于東方。苴絰斬衰之絰也苴麻者其貌苴以爲絰服重者尚麤惡絰之言實也鬲搤也中人之手搤圍九寸絰帶之差自此出焉下本在左重服統於內而本陽也要絰小焉五分去一牡麻絰者齊衰以下之絰也牡麻絰者其貌易服輕者宜差好也右本在上輕服本於陰而統於外散帶之垂者男子之道文多變也饌于東方東坫之南苴絰爲上。疏○注苴絰至爲上。釋曰此陳絰帶者以其小斂訖當服未成服之麻故也云亦散帶垂者不言尺寸亦與苴絰同垂三尺云苴絰斬衰之絰也者案喪服斬衰章云喪服斬衰裳苴絰杖故知此苴絰斬衰之絰云苴麻者其貌苴以爲絰者案禮記間傳云斬衰貌若苴彼據人之形貌若苴麻明麻之形貌亦苴可知故此指麻之貌苴者以爲絰云服重者尚麤惡者對齊衰已下服輕不尚麤惡故間傳云齊衰貌若枲大功貌若止是不尚麤惡也云絰之言實也者檀弓云絰也者實也鄭注喪服云明孝子有忠實之心是明孝子之心與服相稱不虛服此服也云鬲搤也中人之手搤圍九寸者此無正文喪服及此皆言苴絰大鬲鬲是搤物之稱故據中人一搤而言大者據大拇指與大巨指搤之故言大也云絰帶之差自此出焉者案喪服傳云苴絰大搤左本在下去五分一以爲帶齊衰之絰斬衰之帶也自此斬衰之帶差至緦麻之帶故云絰帶之差自此出焉云下本在左重服統於內而本陽也者謂斬衰統於內以解本在下而本陽以解在左對齊衰之絰右本在上輕服本於陰而統外案雜記云親喪外除鄭云日月已竟而哀未忘兄弟之喪內除注云日月未竟而衰已殺此言統內統外者亦據哀在內外而言本陽本陰者亦據父者子之天爲陽母者子之地爲陰而言也云要絰小焉五分去一者亦據喪服傳而言首絰圍九寸五分之五寸正去一寸得四寸餘四寸每寸爲五分四寸爲二十分去四分得十六分取十五分爲三寸餘一分在總得七寸五分寸之一彼傳因即分之至緦麻云齊衰之絰斬衰之帶也以其俱七寸五分寸之一又去五分一以爲帶七寸取五寸去一寸得四寸彼二寸一寸爲二十五分二寸爲五十分一分爲五分添前爲五十五分總去十一分餘有四十四分二十五分爲一寸添前四寸爲五寸仍有十九分在是齊衰之帶總有五寸二十五分寸之十九彼又云大功之絰齊衰之帶以其俱五寸二十五分寸之十九又去五分一以爲帶五寸去一寸得四寸餘二十五分寸之十九者一分爲五分十分爲

五十分又九分者爲四十五分添前五十總爲九十五分去一者五十去十四十五去九總得七十六據整寸破之而言此四寸百二十五分寸之七十六以爲小功之絰大功之帶以下仍有小功之帶但小功之帶以小功之絰又五分去一下至緦麻之帶皆以五倍破寸計之可知耳云牡麻絰者齊衰以下之絰也者案喪服齊衰大功皆言牡麻絰小功又言澡麻則齊衰以下皆牡麻絰傳曰牡麻者枲麻也對苴絰爲麻之有蕡色如苴黎則此雄麻色好者故閒傳云齊衰貌若枲是以鄭云牡麻絰者其貌易服輕者宜差好也云散帶之垂者男子之道文多變也者此小斂絰有散麻帶垂之至三日成服絞之對婦人陰質初而絞之與小功以下男子同知饌于東方東坫之南苴絰爲上者以其對下牀笫夷衾之等在西坫南故此亦在東坫南也若然經直言東方知不在東堂下東方者以其小斂陳饌皆在東堂下若此亦在東堂下當言陳于饌東饌北何須言東方乎明此非東堂下也知苴絰爲上者以其經先言苴絰明依此爲首南陳之也　婦人之帶牡麻結本在房。婦人亦有苴絰但言帶者記其異此齊衰婦人斬衰婦人亦苴絰也〔疏〕○注婦人至絰也○釋曰知婦人亦有苴絰者喪服首云苴絰杖下絰男子婦人俱陳則婦人亦有苴絰禮記服問之等每云婦人麻絰之事故知婦人亦有絰今此經不言婦人苴絰者記其異謂男子帶有散麻婦人則結本無異者且男子小功緦麻小斂有帶則絞之亦結本婦人帶結本可以兼之矣云此齊衰婦人者以其牡麻且言齊衰以下至緦麻皆同牡麻也云斬衰婦人亦苴絰也者此亦據帶而言以其帶亦名絰則喪服云苴絰杖鄭云麻在首在要皆曰絰彼絰既兼男女則婦人有苴麻爲帶絰可知經不言者以義可知故省文也此帶牡麻兼男子小功以下陳之則別處以其男子陳之于坫南此經云在房明知異處也　牀笫夷衾饌于西坫南。笫簀也夷衾覆尸之衾喪大記曰自小斂以往用夷衾夷衾質殺之裁猶冒也〔疏〕○注笫簀至冒也○釋曰云夷衾覆尸之衾者小斂訖奉尸夷於堂幠用夷衾小矣故陳之於西坫南案曲禮云在牀曰尸在棺曰柩此夷衾小斂以往用之覆尸柩今直言覆尸者鄭據此小斂未入棺而言云喪大記曰自小斂以往用夷衾者對小斂已前用大斂之衾今小斂以往大斂之衾當陳之故用夷衾證小斂不用之兼明夷衾之制鄭言小斂以往則此夷衾本爲覆尸覆柩不用入棺矣是以將葬啓殯覆棺亦用之矣云夷衾質殺之裁猶冒也者案上文冒之材云冒緇質長與手齊赬殺掩足注云上曰質下曰殺此作夷衾亦如此上以緇下以赬連之乃用也其冒則韜下韜上訖乃爲綴旁使相續此色與形制大同而連與不連則異也　西方盥如東方。爲舉者設盥也如東方者亦用盆布巾饌於西堂下〔疏〕○注爲舉至堂下○釋曰云爲舉者謂將舉尸者則下經士盥二人是也云西堂下知者以其東方盥在東堂下則知此西方亦在西堂下可知　陳一鼎于寢門外。當東塾少南西面。其實特豚。四鬄去蹄。兩胉脊。肺。設扃鼏。鼏西末。素俎在鼎西。西順覆匕東柄。鬄解也四解之殊肩髀而已喪事畧去蹄去其甲爲不絜清也胉脅也素俎喪尚質既饌將小斂則辟襲奠今文鬄爲剔胉爲迫古文鼏爲密〔疏〕○注鬄解至爲密○釋曰此亦爲小斂奠陳之鼏用茅爲編言西末則茅本在東方四解之殊肩髀而已喪事畧者凡牲

體之法有二一者四解而已此經直云四鬄即云去蹄明知殊肩髀爲四段案士冠禮云若殺則特豚載合升注云合左右胖此下文大斂亦云豚合升則吉凶之禮豚皆合升而鄭云喪事畧者但喪中之奠雖用成牲亦四解故既夕葬奠云其實羊左胖豕亦如之是以鄭總釋喪中四解之事故云喪事畧者若禘郊大祭雖吉祭亦先有豚解後爲體解是以禮運云腥其俎孰其殽鄭云腥其俎謂豚解而腥之孰其殽謂體解而爛之國語亦云禘郊之事則有全脅王公立飫則有房俎親戚燕飲則有殽脅者若然禘郊雖先有全脅後有體解豚解禮運所云者是也若然此經云四鬄并兩胉脅與脊總爲七體若豚解皆然也云既饌將小斂則辟襲奠者既始死之奠襲後改爲襲奠以恐妨斂事故知辟襲奠前襲時已辟之今將小斂亦辟之亦當於室之西南隅如將大斂辟小斂奠於序西南也凡奠在室外經宿者皆辟之於序西南是以小斂奠與祖奠等皆辟之於序西南朝廟遷祖之奠不設於序西南以其以再設爲褻是以遷之即設新之也　士盥二人。以並東面。立于西階下。立俟舉尸也今文並爲併〔疏〕○注立俟舉尸也○釋曰舉尸謂小斂從襲牀爲遷尸於戶內服上即下文士舉遷尸反位是也　布席于戶內。下莞上簟。有司布斂席也　商祝布絞衾。散衣祭服。祭服不倒。美者在中。斂者趨方或顚倒衣裳祭服尊不倒之也美善也善衣後布於斂則在中也既後布祭服而又言善者在中明每服非十稱也〔疏〕○注斂者至稱也○釋曰云斂者趨方或顚倒衣裳者以其襲時衣裳少不倒小斂十九稱衣裳多取其要方除祭服之外或倒或否云祭服尊不倒者士之助祭服則爵弁服皮弁服并家祭服玄端亦不倒也云善衣後布於斂則在中也者以其斂衣半在尸下半在尸上今於先布者在下則後布者在中可知也云既後布祭服而又言善者在中明每服非一稱也者欲見祭服文在散衣之下即是後布祭服祭服則是善者復云善者在中則祭服之中更有善者可知故云每服非一稱以其總十九稱之中善者非一稱也　士舉遷尸。反位。遷尸於服上　設牀笫于兩楹之閒。衽如初。有枕。衽寢臥之席也亦下莞上簟〔疏〕○注衽寢至上簟○釋曰曲禮云請席何鄉請衽何趾鄭云坐問鄉臥問趾因於陰陽是衽爲臥席云亦下莞上簟者詩斯干宣王寢席而言下莞上簟是尋常寢席無問貴賤者下莞上簟　卒斂徹帷。尸已飾　主人西面馮尸踊無筭。主婦東面馮亦如之。馮服膺之　主人髻髮袒。眾主人免于房。始死將斬衰者雞斯將齊衰者素冠今至小斂變又將初喪服也髻髮者去笄纚而紒眾主人免者齊衰將袒以免代冠冠服之尤尊不以袒也免之制未聞舊說以爲如冠狀廣一寸喪服小記曰斬衰髻髮以麻免而以布此用麻布爲之狀如今之著幓頭矣自項中而前交於額上卻繞紒也于房于室釋髻髮宜於隱者今文免皆作絻古文髻作括〔疏〕○注始死至作括○釋曰知始死將斬衰者雞斯者案禮記問喪云親始死雞斯徒跣鄭注云雞斯當爲笄纚以成服乃斬衰是始死未斬衰故云始死將斬衰者雞斯也云將齊衰者素冠者喪服小記云男子冠而婦人笄冠笄相對問喪親始死男子云笄纚明齊衰男子素冠可知云今至小斂變者謂服麻之節故云變也

云又將初喪服也髻髮者去笄纚而紒者此即喪服小記云斬衰髻髮以麻爲母髻髮以麻免而以布是母雖齊衰初亦髻髮與斬衰同故云去笄纚而紒紒上著髻髮也云眾主人免者齊衰將袒以免代冠者此亦小斂節與斬衰髻髮同時此皆據男子若婦人斬衰婦人以麻爲髽齊衰婦人以布爲髽髽與髻髮皆以麻布自項而向前交於額上卻繞紒如著幓頭焉免亦然但以布廣一寸爲異也云于房于室釋髻髮宜於隱者并下文婦人髽于室兼言之也　婦人髽于室。始死婦人將斬衰者去笄而纚將齊衰者骨笄而纚今言髽者亦去笄纚而紒也齊衰以上至笄猶髽髽之異於髻髮者既去纚而以髮爲大紒如今婦人露紒其象也檀弓曰南宮縚之妻之姑之喪夫子誨之髽曰爾毋縱縱爾毋扈扈爾其用麻布亦如著幓頭然〔疏〕○注始死至頭然○釋曰知婦人將斬衰者去笄而纚者喪服小記云男子冠而婦人笄冠笄相對將斬衰男子既去冠而著笄纚則婦人將斬衰亦去笄而纚可知又知將齊衰者骨笄而纚者上引男子齊衰始死素冠則知婦人將齊衰骨笄而纚也云今言髽者亦去笄纚而紒也者謂今至小斂節亦如上將斬衰男子去笄纚而髻髮則此將斬衰婦人亦去笄纚而麻髽齊衰婦人去骨笄與纚而布髽矣鄭不云斬衰婦人去纚而云去笄纚者專據齊衰婦人而言文畧故也鄭所以云而紒紒即髽也故喪服注亦云髽露紒也云齊衰以上至笄猶髽者謂從小斂著未成服之髽至成服之笄猶髽不改至大斂殯後乃著成服之髽代之也云髽之異於髻髮者既去纚而以髮爲大紒如今婦人露紒其象也者古者男子婦人吉時皆有笄纚有喪至小斂則男子去笄纚著髻髮婦人去纚而著髽髽形先以髮爲大紒紒上斬衰婦人以麻齊衰婦人以布其著之如男子髻髮與免故鄭依檀弓縱縱扈扈之後乃云其用麻布亦如著幓頭然既髻髮與髽皆如著幓頭而異爲名者以男子陽外物爲名而謂之髻髮婦人陰內物爲稱而謂之髽也但經云婦人髽于室者男子髻髮與免在東房若相對婦人宜髽于西房大夫士無西房故於室內戶西皆於隱處爲之也　士舉男女。奉尸侇于堂。幠用夷衾。男女如室位。踊無筭。侇之言尸也夷衾覆尸柩之衾也堂謂楹閒牀笫上也今文侇作夷〔疏〕○注侇之至作夷○釋曰云侇之言尸也者尸之衾曰夷衾尸之牀曰夷牀并此經侇尸不作移字皆作侇者侇人旁作之故鄭注喪大記皆是依尸爲言也云幠用夷衾者初死幠用大斂之衾以小斂之衾當陳今小斂後大斂之衾當擬大斂故用覆棺之夷衾以覆尸也　主人出于足。降自西階。眾主人東即位。婦人阼階上西面。主人拜賓。大夫特拜。士旅之。即位踊。襲絰于序東。復位。拜賓鄉賓位拜之也即位踊東方位襲絰于序東東夾前〔疏〕○注拜賓至夾前○釋曰云眾主人東即位者雖無降階之文當從主人降自西階主人就拜賓之時眾主人遂東即位於阼階以主人位南西面也於時阼階空故婦人得向阼階上西面也云復位者復阼階下西面位云拜賓鄉賓位拜之也者經云主人降自西階即云主人拜賓明不即位而先拜賓是主人鄉賓位拜賓可知云即位踊東方位者謂主人拜賓訖即鄉東方阼階下即西面位踊踊訖襲絰也云襲絰于序東東夾前者經云主人降自西階更無升降之文而云序東東夾前者主人即位踊訖而去襲絰于序東謂鄉堂東

東西當序牆之東又當東夾之前非謂就堂上東夾前也云復位者復阼階下西面位

乃奠。祝與執事爲之

舉者盥右執匕卻之。左執俎橫攝之。入阼階前西面錯。錯俎北面。舉者盥出門舉鼎者右人以右手執匕左人以左手執俎因其便也攝持也西面錯錯鼎於此宜西面錯俎北面俎宜西順之【疏】○注舉者至順之○釋曰右執匕左執俎者謂鄉北入內東方爲右人西方爲左人故鄭云右人以右手執匕左人以左手執俎各用內手舉鼎外手執匕俎故云便也云錯鼎於此宜西面者對在門外時北面陳鼎鄉內爲宜也

右人左執匕。抽扃予左手兼執之。取鼏委于鼎北。加扃不坐。抽扃取鼏加扃於鼏上皆右手今文扃爲鉉古文予爲與鼏爲密【疏】○注抽扃至爲密○釋曰云抽扃予左手兼執之不言用右手者以其經云左執匕即云抽扃予左手兼執之不言用右手故鄭明之以其右人用左手執匕即知抽扃已下用右手似若左執爵用右手祭脯祭薦取便也

乃朼。載兩髀于兩端。兩肩亞。兩胉亞。脊肺在於中。皆覆。進柢。執而俟。乃朼以朼次出牲體右人也載受而載於俎左人也亞次也凡七體皆覆爲塵柢本也進本者未異於生也骨有本末古文朼爲匕髀爲脾今文胉爲迫柢皆爲胝【疏】○注乃朼至爲胝○釋曰凡七體者前左右肩臂臑屬焉後左右髀肫胳屬焉并左右脅通脊爲七體也案下文大斂豚合升言合升則髀亦升之矣凡言合升多言皆升髀升非獨喪禮若體解升者皆髀不升鄭云近竅賤也云皆覆爲塵者諸進體皆不言覆此言覆者由無尸而不食故覆之也云進本者未異於生也者公食大夫亦進本是生人法今以始死故未異於生也

夏祝及執事盥。執醴先。酒脯醢俎從。升自阼階。丈夫踊。甸人徹鼎。巾待于阼階下。執事者諸執奠事者巾功布也執者不升已不設祝既錯醴將受之【疏】○注執事至受之○釋曰云甸人徹鼎巾者以其空無事故徹案公食大夫云甸人舉鼎順出奠于其所謂當門也或云徹鼎者誤何者前陳饌于東堂下脯醢醴酒鼏奠用功布實于簞何徹之有也云執者不升已不設祝既錯醴將受之者此執者不升唯據執巾者故鄭云祝既錯醴將受之當以覆酒醴故下云祝受巾是也

奠于尸東。執醴酒北面西上。執醴酒者先升尊也立而俟後錯要成也

豆錯。俎錯于豆東。立于俎北西上。醴酒錯于豆南。祝受巾巾之。由足降自西階。婦人踊。奠者由重南東。丈夫踊。巾之爲塵也東反其位【疏】○注東反其位○釋曰云由足降自西階婦人踊者主人位在阼階下婦人位在上故奠者升丈夫踊奠者降婦人踊各以所見先後爲踊之節也云奠者由重南東丈夫踊者此奠者設訖主人見之更與主人爲踊之節也奠者降反位必由重南東者以其重主道神所馮依不知神之所爲故由重南而過是以主人又踊也注云東反其位者其位蓋在盆盥之東南上

賓出。主人拜送于門外。廟門外也【疏】○注廟門外也○釋曰廟門者士死于適室以鬼神所在則曰廟故名適寢爲廟也

乃代哭。不以官。代更也孝子始有親喪悲哀憔悴禮防其以死傷生使之更哭不絕聲而已人君以官尊卑士賤以親疏爲之三日之後哭無時周禮挈壺氏凡喪縣壺以代哭【疏】○注代更至代哭○釋曰此經論君及大夫士於小斂之後隨尊卑代哭之事注云人君以官尊卑士賤以親疏爲之者案喪大記云君喪縣壺乃官代哭大夫官代哭不縣壺士代哭不以官注云自以親疏哭也此注不言大夫舉人君與士其大夫有大記可參以官可知故不言也云三日之後哭無時者禮有三無時始死未殯哭不絕聲一無時殯後葬前朝夕入於廟阼階之下哭又於廬中思憶則哭是二無時既練之後在堊室之中或十日或五日一哭是三無時練則葬後有朝夕在阼階下哭唯此有時無無時之哭也引挈壺氏者證人君有縣壺爲漏尅分更代哭法大夫士則無縣壺之義也

有襚者。則將命擯者出請入告。主人待于位。喪禮畧於威儀既小斂擯者乃用辭出請之辭曰孤某使某請事【疏】○注喪禮至請事○釋曰云喪禮畧於威儀既小斂擯者乃用辭者案上文始死云有賓則拜之君使人弔皆不云擯者出請入告之事至此乃云擯者出請入告是喪禮畧於威儀既小斂擯者乃用辭也云出請之辭曰孤某使某請事者此約雜記諸侯使人弔鄰國諸侯之喪嗣君在阼階之下使擯者出請云孤某使某請事此亦宜然故引爲證也

擯者出告須以賓入。須亦待也出告之辭曰孤某須矣【疏】○注須亦至須矣○釋曰云出告之辭曰孤某須矣者此約雜記辭爲證也

賓入中庭。北面致命。主人拜稽顙。賓升自西階。出于足西面。委衣如於室禮。降出。主人出拜送。朋友親襚如初儀。西階東北面哭踊三。降。主人不踊。朋友既委衣又還哭於西階上不背主人【疏】○注朋友至主人○釋曰云朋友親襚如初儀者謂初死時庶兄弟襚使人以將命于室朋友襚親以進親之恩是也云西階東北面哭踊三降主人不踊者案前初死朋友襚親以進退哭不踊注云主人徒哭不踊以爲朋友不哭主人徒哭此朋友堂上北面哭據朋友哭知上文退哭非朋友哭者前文朋友君命俱來君之使者不哭朋友亦不哭故退哭據主人此朋友特來無君命故哭與彼異不可相決

襚者以褶則必有裳。執衣如初。徹衣者亦如之。升降自西階以東。帛爲褶無絮雖複與禪同有裳乃成稱不用表也以東藏以待事也古文褶爲襲【疏】○注帛爲至爲襲○釋曰案喪大記云小斂君大夫複衣複衾大斂君褶衣褶衾大夫士猶小斂也若然則士小斂大斂皆同用複而襚者有用褶者所以襚主人未必用之襚耳云帛爲褶無絮雖複與禪同有裳乃成稱不用表也者此決雜記云子羔之襲也繭衣裳與稅衣乃爲一稱以其絮褻故須表此雖有表裏爲褶衣裳則裳又無絮非褻故有裳乃成稱不須表也言雖複與禪同者案喪大記君大夫士褶衣與複衣相對有著爲複無著爲褶散文褶亦爲複也案喪大記有衣必有裳乃成稱據禪衣祭服之等而言此褶雖複與禪同亦得裳乃成稱也云不用表也者見異於袍繭也云藏以待事也者以待大斂事而陳之也

宵爲燎于中庭。宵夜也燎火燋【疏】○注宵夜也燎火燋○釋曰案少儀云主人執燭抱燋注云未爇曰燋古者以荊燋爲燭故云燎火燋也或解庭燎與手執爲燭別故郊特牲云庭燎之百由齊桓公始也注云僭天子也庭燎之差公蓋五十侯伯子男皆三十大夫士無文大燭或云以布纏葦以蠟灌之謂之庭燎則此云庭燎亦如之云大者對手執者爲大也

儀禮疏卷第三十六 元缺卷今補依要義分

儀禮注疏卷三十六挍勘記　阮元撰盧宣旬摘錄

管人汲

則知吉尙安舒　則要義作明

祝淅米于堂

祝夏祝也淅汏也　此注閩本誤作小字於淅西麻反下作圈隔之不標注字葛本因之竟缺此注汏徐本釋文集釋俱作汏通解毛本作沃○按釋文音徒賴反則作汏是也

管人盡階不升堂

甸人取所徹廟之西北厞薪用爨之　廟毛本誤作朝無用字徐陳釋文集釋通解楊敖俱有用字與疏合○按喪大記原文有用字○此節疏內三階上也階乃等字之訛

士有冰

尸既襲既小斂　陳閩俱無既襲二字○按喪大記注有既襲二字

主人皆出戶外北面

象平生沐浴倮裎　倮徐本釋文通解楊氏俱作倮集釋毛本作裸裎徐本通解楊氏俱作程鍾本釋文集釋毛本俱作程張氏曰注曰象平生沐浴倮程案監本及釋文程作裎既夕禮謂其倮程監本亦作裎並從監本及釋文○按鍾本既夕注亦作程

下記云　毛本下作大下又下記云同

乃沐

爲其倮裎　爲陳閩監本要義俱作爲毛本作謂案上條張氏引既夕注亦作謂字倮要義作倮與徐本注合毛本作裸

渜濯棄于坎

又以巾拭髮乾　要義同毛乾作訖○按此句釋晞字之義晞乾也

古文渜作緣　緣釋文集釋俱作湪

棄于隱者　毛本隱作坎陳閩通解要義俱作隱按隱字是

蚤揃如他日

斷爪揃鬚也　釋文云鬚本亦作須案須鬚古今字

鄭讀從手爪之爪　要義無之爪二字

鬠用組

古文鬠皆爲括　浦鏜云周禮弁師注括引作檜檜栝字異義同疑括乃栝字之誤

商祝襲祭服

以其死於北墉下　毛本墉作牖段玉裁按本牖作墉

商祝執巾從

不言穢惡　言陳閩俱作嫌

從鬼神尚幽闇　從楊氏作於

主人左扱米○又實米唯盈　盧文弨云又楊倞注荀子禮論引作凡

以經左右及中　毛本經誤作今

商祝掩瑱

後二腳先結頤下　二要義作三誤通解楊氏毛本俱作二

無絇之屝　毛本屝作屨陳本作履要義作屝○按屝字是

以其綦繫旣結　要義同毛本綦作屨

使兩足不相恃離　毛本無恃字要義有

乃襲三稱

以其俱當牖　俱徐陳閩葛集釋通解楊氏俱作俱按作俱與疏合毛本作居

明衣不在算

不在數　張氏曰注曰不在數明衣案釋文云不數中無在字從釋文盧文弨云疏亦無在字○按張從釋文無在字故讀不數明衣爲句疏雖有故不數也之語其述注仍有在字

以袍爲表　陳本要義同毛本表作裏○按表是也　不成稱　陳本無成字閩本無稱字

設韐帶搢笏

搢插也　插釋文集釋俱作揷下同

設決麗于掔　掔唐石經嚴徐集釋俱作擥下及注同鍾本誤作掔通解毛本作擥按擥掔二字形近易訛卽說文掔字注中已誤作掔矣

決以韋爲之藉　釋文通典通解俱無之字

結於掔之表也　毛本掔作擥集釋作擥

乃以橫帶繞手一二　二楊氏作帀

巾柶鬠蚤埋于坎

方襲事　盧文弨改事爲時案安知方字非㕫字之譌古書有疑則闕之勿遽改

重木刊鑿之○參分庭一　參唐石經徐本集釋通解要義楊敖俱作參通典聶氏毛本俱作三

許宗彥云下節夏祝注重主道也四字及疏五十三字皆屬此節之文傳寫者誤入下節經文注疏之內宜改正

夏祝鬻餘飯　陸氏曰鬻本又作粥

二篕䍃陽厭不用餕　陽監本誤作之

冪用疏布　陸氏曰冪本又作鼏

今文冪皆作密　徐本集釋通解同毛本今作古作作用○按通部皆古文作密此不當作今

祝取銘置于重

以銘未用　銘要義作重

厥明陳衣于房

從者一幅　從楊氏作縮

倫如朝服　陳閩通解要義同毛本如作之○按下記正作如陳本是也

緇衾赬裏無紞

紞被也　徐本同釋文通典集釋通解楊敖毛本被下有識字張氏曰紞被之識也所以識前後也無識字則句不成文

被無別於前後可也　徐本通典集釋楊敖同毛本通解無可字按有可字與疏合

散衣次

袍繭之屬　繭釋文集釋要義俱作襽

饌于東堂下○冪奠用功布　奠通典作尊○在饌東　東通典作北下節同

古文奠爲尊　案釋文出爲奠二字則陸本盖作古文尊爲奠與通典相應

設盆盥于饌東

爲奠設盥也　奠下敖氏有者字

至於設洗篚不言巾者　陳本要義同毛本至於作凡

凡不就洗篚皆言巾者　陳本要義同毛本凡作至於

苴経大鬲　鬲敖氏作搹陸氏曰鬲又作搹同○按敖據喪服傳定作搹然喪服傳疏內搹字此本要義皆作鬲

服重者尚麤惡　惡通解作焉○按疏作惡

中人之手搤圍九寸　陸氏曰搤本又作扼

牡麻経者　楊氏無経字下同敖氏此有下無

輕服本於陰而統於外　徐本集解通解同毛本輕服作服輕○按作輕服不誤

輕服本於陰而統外　毛本輕作經金曰追改作輕服云若作服輕與上注重服統於內本陽不一例

又去五分一以爲帶　毛本去誤作云　彼二寸　按彼疑破字之誤

婦人之帶

婦人亦有苴経　苴敖氏作首周學健云與帶對言自宜爲首経但疏似作苴今仍監本

亦苴経也　亦下監本衍有字

且男子小功緦麻　陳閩俱無且字

宜言齊衰以下至緦麻　陳監要義同毛本宜作直

陳一鼎于寢門外○覆匕東柄　柄敖氏作枋

辟小斂奠於序西南也　案後經其餘取先設者節疏云將設後奠則徹先奠於西序南毛本西序誤作序西此句序西疑亦當作西序諸本皆誤

商祝布絞衾○祭服不倒　倒唐石經作到顧炎武張爾岐並云石經誤石經攷文提要云釋文傎倒乃發注文音則經文非倒字明矣

或傎倒衣裳　陸氏曰傎本又作顛　旣後布祭服　布祭二字誤倒

牛在戶下牛在戶上　要義同毛本無牛在戶下四字

主人髺髮袒　髺鍾本誤作髻注及後竝同

又將初喪服也　喪楊氏作變通典集釋通解俱作喪張氏曰監本喪作變從監本

云又將初喪服也　喪要義作變

主人出于足

襲経於序東東夾前　兩東字之間通解有一圈疏亦然案圈處疑有當字當東夾前明在堂下

卽位於阼階以主人位南西面也　以閩本通解敖氏俱作下是也

踊訖襲経也　陳閩俱無踊字

更無升降之文　升陳閩俱誤作外浦鏜云降字疑階字之誤

主人卽位踊訖　陳閩俱重踊字　而去襲経于序東　浦鏜改去爲云

東西當序牆之東　陳閩俱無西字案西字衍文

舉者盥

錯鼎於此宜西面　錯下要義有七故二字此楊氏作北

右人左執匕

古文予爲與　徐本要義同毛本與作于通解誤作午集釋作于

卽云抽扃予左手兼執之於　浦鏜云予監本誤于毛本誤于○按陳閩俱作于

乃朼載載兩髀于兩端　載通解不重

凡七體皆覆爲塵　徐監通典集釋通解七俱作七與疏合毛本楊氏作匕

今文胉胉爲迫　嚴本重胉字徐本爲上空一字鍾本爲上有皆字集釋通解毛本胉字不重張氏曰注曰今文胉胉爲迫按監本無一胉字從監本

夏祝及執事盥○匃人徹鼎　鼎或誤作鼏見疏○巾待於阼階下　監待本誤作侍

已不設　已通典作朼

云匃人徹鼎巾者　閩本無巾字

或云徹鼎者誤　鼎閩本作鼏按此及上條皆當從閩本鼏故特辨之下云鼏鼎用功布實于簞何徹之有正辨鼏字之誤也後人誤斷經句併改疏文失之遠矣一說賈氏讀匃人徹鼎爲句因或本誤鼎爲鼏上條巾字當移補此句鼎字下亦通

豆錯俎錯于豆東

主人位在阼階下　陳閩俱無阼字

乃代哭不以官

禮防其以死傷生　防釋文作坊云本亦作防瞿中溶云說文防或从土作坠坊卽坠之省文要義同毛本在作有案在字是

有朝夕在阼階下哭

賓入中庭北面致命　毛本中誤作出

襚者以褶○徹衣者亦如之　敖氏無者字

雖複與禪同　複通典敖氏俱作復

宵爲燎于中庭

燎火燋　火監本釋文集釋俱作大陸氏曰燋本作燭案大字是

注宵夜也燎火燋　火監本要義俱作大下同

古者以荊燋爲燭　者要義作人

以蠋灌之　陳閩監本蠋俱作膈毛本作蠟

儀禮疏卷第三十七

唐朝散大夫行大學博士弘文館學士臣賈公彦等撰

厥明滅燎。陳衣于房南領西上。綪絞給衾二。君襚祭服散衣庶襚凡三十稱。給不在筭。不必盡用。給單被也。衾二者始死斂衾今又復制也。小斂衣數自天子達大斂則異矣喪大記曰大斂布絞縮者三橫者三。〔疏〕○注給單至者三。○釋曰云君襚祭服散衣者非祭服朝服之等云庶襚者謂朋友兄弟之等來襚者也云給不在筭者案喪大記給五幅無紞鄭云今之單被也以其不成稱故不在數內云不必盡用者案周禮守祧職云其遺衣服藏焉鄭云遺衣服大斂之餘也卽此不盡用者也云衾二者始死斂衾今又復制者此大斂之衾二始死幠用斂衾以小斂之衾當陳之故用大斂衾小斂已後用夷衾覆尸故知更制一衾乃得二也云小斂衣數自天子達者案喪大記小斂已下同云十九稱則天子亦十九稱注云十九法天地之終數也案易繫辭生成之數從天一地二天三地四天五地六天七地八天九地十是十九爲天地之終數云大斂則異矣者案此文士喪大斂三十稱喪大記士三十稱大夫五十稱君百稱不依命數是亦喪數畧則上下之大夫及五等諸侯各同一節則天子宜百二十稱此鄭雖不言之衣數案雜記注云士襲三稱大夫五稱公九稱諸侯七稱天子十二稱與以其無文故云與以疑之推約爲義

東方之饌兩瓦甒。其實醴酒。角觶木柶。毼豆兩。其實葵菹芋蠃醢。兩籩無縢。布巾。其實栗不擇。脯四脡。此饌但言東方則亦在東堂下也脯四脡者爲句古文縢爲縢。〔疏〕○注此饌至爲句○釋曰云此饌但言東方則亦在東堂下也者案上小斂之饌云于東堂下此直言東方則亦東堂下鄭云亦者亦上小斂饌也云齊人或名全菹爲芋者案鄭注周禮醢人注云細切爲齏全物若腜爲菹若然全菹者全物不得名芋也此云芋者芋菹爲長者自然切切之名不得若全菹之解也引詩者欲見全之若長於四寸者亦切之則全物若腜爲菹但喪中之菹芋齏若然菹者長四寸不切而取齏人則全之者不切以名菹芋葵長雖於四寸則全菹爲芋之解也緣義云籩豆具而有巾盛之也者使小斂一豆一籩不具不無巾若然籩有巾豆無巾者以豆盛菹醢濕物不嫌無巾故不言其實有巾此注引特牲記籩巾鄭彼注云籩有巾者果實之物多皮核優尊者此言盛之不同引之者以其彼爲尸尸食故云優尊者此爲神神不食故云盛之同之引之直取證有巾覆之

奠席在饌北。斂席在其東。大斂奠而有席彌神之。〔疏〕○注大斂至神之。○釋曰云大斂奠而有席彌神之者以其小斂奠無巾大斂奠有巾已是神之今於大斂又有席是彌神之也

掘肂見衽。肂埋棺之坎也掘之於西階上衽小要也喪大記曰君殯用輴欑至于上畢塗屋大夫殯以幬欑置于西序塗不暨于棺士殯見衽塗上帷之又曰君蓋用漆三衽三束大夫蓋用漆二衽二束士蓋不用漆二衽二束。〔疏〕○注肂埋至二東。○釋曰云肂埋棺之坎者肂訓爲陳謂陳尸於坎鄭即以肂爲埋棺之坎也知於西階上者檀弓孔子云夏后氏殯於東階殷人殯於兩楹之閒周人殯於西階之上故知士亦殯于西階之上此殯時雖不言南首南首可知鄭注上文云如商祝之事位則尸南首以檀弓又云葬於北方北首三代之達禮也禮運云故死者北首生者南鄉亦據葬後而言則未葬已前不忍異於生皆南首至朝廟時北首故旣夕云正柩于兩楹閒用夷牀注云是時柩北首必北首者朝事當不背父母以首鄉之故也引喪大記者云畢塗屋者畢盡也四面及上盡塗之如屋然云大夫殯以幬橫置于西序者大夫不得如人君於西階離序而四面橫之大夫但遍西序以木幬覆棺營置於西序云塗不暨于棺者彼注云欑中狹小裁取容棺暨及也但欑木不及棺云士殯見衽塗上者即此經掘肂而見其小要於上塗之已云帷之者鬼神尚幽闇君大夫士皆同也云又曰君蓋用漆三衽三束者古者棺不釘彼鄭注云用漆者塗合牝牡中也衽小要也棺蓋每一縫爲三道小要每道爲一束之故云君蓋用漆三衽三束大夫士降于君故二衽二束大夫有漆士無漆也引之者證經肂與衽之義也

棺入。主人不哭。升棺用軸。蓋在下。軸輁軸也輁狀如牀軸其輪輓而行。〔疏〕○注軸輁至而行○釋曰云輁狀如牀軸其輪文畧案旣夕云遷于祖用軸注云軸輁軸也輁狀如轉轔刻兩頭爲軹輁狀如長牀穿桯前後著金而關軸焉大夫諸侯以上有四周謂之輴天子畫之以龍是也

熬黍稷各二筐。有魚腊。饌于西坫南。熬所以惑蚍蜉令不至棺旁也爲舉者設盆盥於西。〔疏〕○注熬所至於西○釋曰喪大記四種八筐大夫三種六筐士二種魚腊焉注云熬者煎穀也將塗設於棺旁所以惑蚍蜉使不至棺也引此士喪禮曰熬黍稷各二筐又云設熬旁一筐大夫三種加以粱君四種加以稻四筐則首足皆一其餘設於左右若然則此士二筐首足各一筐其餘設於左右可知也云爲舉者設盆盥於西者以小斂旣云設盆盥于饌東明大斂用西方之盆盥矣以其先陳盥後陳鼎故於鼎上言之也

陳三鼎于門外。北上。豚合升。魚鱄鮒九。腊左胖。髀不升。其他皆如初。合升合左右體升於鼎其他皆如初謂豚體及匕俎之陳如小斂時合升四鬄亦相互耳。〔疏〕○注合升至互耳○釋曰云其他皆如初謂豚體及匕俎之陳如小斂時者謂豚七體之等一依前斂時也云合升四鬄亦相互耳者小斂云四鬄四解爲七體亦左右體合升今升左右胖亦四解可知也故云相互也

燭俟于饌東。燭燋也饌東方之饌有燭者堂雖明室猶闇火在地曰燎執之曰燭。〔疏〕○注堂雖至曰燭○釋曰云堂雖明室猶闇前小斂陳衣于房無燭者近戶得明故也此大斂於室之奧故有燭以待之云在地曰燎者謂若郊特牲云庭燎之百又詩云庭燎之光如此之類皆在地曰燎此云執之曰燭及少儀云主人執燭抱燋此之類皆是人手執燭也庭燎且燕禮亦謂之大燭也司烜氏亦謂之墳燭

祝徹盥于門外。入升自阼階。丈夫踊。祝徹祝與有司當徹小斂之奠者小斂設盥于饌東有巾大斂設盥于門外彌有威儀。〔疏〕○注祝徹○釋曰此直云祝徹于門外者不知何時設此案上小斂陳饌訖即言設盥則陳大斂饌訖亦設盥於門外也祝徹

執事者以待。授執巾者於尸東使先待於阼階下爲大斂奠又將巾之祝還徹醴也〔疏〕○注授執至醴也○釋曰云授執巾者於尸東使先待於阼階下者此巾前爲小斂奠巾之今祝徹巾還爲大斂奠巾之前小斂奠升自阼階設于尸東祝受巾於阼階下而升今大斂奠亦升自阼階設于奧亦宜受巾於阼階下而升故知祝授巾於執巾者使先待於阼階下也又知祝還徹醴者下文徹饌先取醴故也

徹饌。先取醴酒。北面。北面立相待俱降其餘取先設者出于足降自西階。婦人踊。設于序西南。當西榮。如設于堂。爲求神於庭孝子不忍使其親須臾無所馮依也堂謂尸東也凡奠設于序西南者畢事而去之〔疏〕○注爲求至去之○釋曰云堂謂尸東也者謂如尸東堂上陳設之次第故云尸東也云凡奠設于序西南者畢事而去之者言凡奠謂小斂奠大斂奠遷柩奠祖奠但將設後奠則徹先奠於西序南待後奠事畢則去之故小斂奠設之於此不巾以不久設故也

醴酒位如初。執事豆北南面東上。如初者如其醴酒北面西上也執醴尊不爲便事變位〔疏〕○注如初至變位○釋曰前設小斂奠于尸東時醴酒先升北面西上執豆俎者立於俎北西上至此執豆俎者豆北東上爲便事訖向東爲便故東上變位以執醴者尊仍西上是不得爲便事變位也

乃適饌。東方之新饌〔疏〕○注東方之新饌○釋曰以其將設大斂新饌於室故知是新饌也

帷堂。徹事畢

婦人尸西東面。主人及親者升自西階。出于足。西面袒。袒大斂變也不言髽免髻髮小斂以來自若矣〔疏〕○注袒大至若矣○釋曰知袒爲大斂變者前將小斂袒今言袒下文即行大斂事故知爲大斂變也云不言髽免髻髮小斂以來自若矣者決前小斂袒男有髻髮婦人有髽今大斂袒不言者自小斂以來有此至成服乃改若如也自如常有故不言之也

士盥位如初。亦既盥並立西階下〔疏〕○注亦既至階下○釋曰言亦者亦如小斂時士盥二人並立于西階下以待遷尸也

布席如初。亦下莞上簟鋪於阼階上於楹閒爲少南〔疏〕○注亦下至少南○釋曰布席如初初謂小斂時下莞上簟云鋪於阼階上者案喪大記云小斂於戶內大斂於阼是也云於楹閒爲少南者取南北節以其言阼階上故知於楹閒爲少南近阼階也

商祝布絞紟衾衣。美者在外。君襚不倒。至此乃用君襚主人先自盡〔疏〕○注至此至自盡○釋曰云至此乃用君襚主人先自盡者喪大記君無襚大夫士注云不陳不以斂彼無襚大夫士止謂不陳爲小斂用之故云無襚大夫士以共上文士喪始死君使人襚何得云君全無襚大夫士也故以不陳不以斂解之至大斂乃用君襚於小斂所用主人先自盡也

有大夫則告。後來者則告以方斂非斂時則當降拜之〔疏〕○注後來至拜之○釋曰案檀弓大夫弔當事而至則辭焉注云辭猶告也擯者以主人有事告也主人無事則爲大夫出喪大記云士之喪於大夫不當斂則出注父母始死悲哀非所尊不出也上文有君命則出迎于門外是始死唯君命出若小斂後則爲大夫出故雜記云當袒大夫至雖當踊絶踊而拜之反改成踊若士來即成踊乃拜之也

士舉遷尸復位。主人踊無筭。卒斂。徹帷。主人馮如初。主婦亦如之。主人奉尸斂于棺。踊如初。乃蓋。棺在肂中斂尸焉所謂殯也檀弓曰殯於客位〔疏〕○釋曰士舉遷尸謂從戶外夷牀上遷尸於斂上下云奉尸斂于棺謂從阼階斂上遷尸鄉西階斂於棺中乃加蓋於棺上也○注棺在至客位○釋曰云棺在肂中斂尸焉者欲見先以棺入肂中乃奉尸入棺中云所謂殯也者即所引檀弓殯於客位者是也以尸入棺名斂亦名殯也

主人降拜大夫之後至者。北面視肂。北面於西階東〔疏〕○注北面於西階東○釋曰小斂後主人阼階下今殯後拜大夫後至者殯訖不忍即阼階因拜大夫即於西階東北面視肂而哭也

衆主人復位。婦人東復位。阼階上下之位〔疏〕○注阼階上下之位○釋曰衆主人與婦人於賓無事故殯後即鄉東阼階上下之位也

設熬旁一筐乃塗。踊無筭。以木覆棺上而塗之爲火備

卒塗。祝取銘置于肂。主人復位。踊襲。爲銘設柎樹之肂東〔疏〕○注爲銘至肂東○釋曰上文始死則作銘訖置于重今殯訖取置于肂上銘所以表柩故也云肂東者以不使當肂於東可知

乃奠燭升自阼階。祝執巾席從設于奧東面。執燭者先升堂照室自是不復奠于尸祝執巾與執席者從入爲安神位室中西南隅謂之奧執燭南面巾委於席右〔疏〕○注執燭至席右○釋曰云執燭者先升堂照室者以其設席于奧當先照之爲明也云自是不復奠于尸者鄭欲解自始死已來襲奠小斂奠皆在尸旁今大斂奠不在西階上就柩所故於室內設之則自此已下朝夕奠朔月奠新奠皆不於尸所總解之知執燭南面者以其燭先入室南面照之便故也云巾委於席右者以巾爲神故知委於席右也

祝反降。及執事執饌。東方之饌

士盥舉鼎入。西面北上。如初。載魚左首。進鬐三列。腊進柢。如初如小斂舉鼎執匕俎扃鼏朼載之儀魚左首設而在南鬐脊也左首進鬐亦未異於生也凡未異於生者不致死也古文首爲手鬐爲耆〔疏〕○注如初至爲耆○釋曰云左首進鬐亦未異於生也者案公食右首進鬐此云左首則與生異而云亦未異於生者下文注載者統於執設者統於席彼公食言右首據席而言此左首據載者統於執若設於席前則亦右首也云不致死也者檀弓云之死而致死之不仁而不可爲也今進魚不異於生則亦是之死不致死之故引爲證也

祝執醴如初。酒豆籩俎從升自阼階。丈夫踊。甸人徹鼎。如初祝先升〔疏〕○注如初祝先升○釋曰以其小斂祝執醴在先此云如初故知祝先升也

奠由楹內入于室。醴酒北面。亦如初〔疏〕○注亦如初○釋曰以其小斂之醴酒先升北面西上此經亦言北面明與小斂同故云亦如初謂如初小斂經不言如初文畧也

設豆右菹。菹南栗。栗東脯。豚當豆。魚次。腊特于俎北。醴酒在籩南。巾如初。右菹菹在醢南也此左右異於魚者載者統於執設者統於席醴當栗南酒當脯南〔疏〕○注右菹至脯南○釋曰云設豆右菹者凡設醢菹常在右今特言之者此從北鄉南而陳嫌先設者在北故言右言右菹則醢自然在左是以鄭云右菹菹在醢南也注云此左右異於魚者載者統於執設者統於席者鄭以上文魚言左首據載者統於執故云左首及設則右首此言設豆右菹據設者統於席前若執來即左菹也云醴當栗南酒當脯南者以其陳饌要成尊者後設故先設栗脯於北乃於南設醴酒酒在東故醴在栗南酒在脯南也

既錯者出。立于戶西西上。祝後。闔戶。先由楹西降自西階。婦人踊。奠者由重南東。丈夫踊。爲神馮依之也〔疏〕○注爲神至之也○釋曰鄭解丈夫見奠者至重即踊者重主道爲神馮依之故丈夫取以爲踊節也

賓出。婦人踊。主人拜送于門外。入。及兄弟北面哭殯。兄弟出。主人拜送于門外。小功以下至此可以歸異門大功亦存焉〔疏〕○注小功至存焉○釋曰云北面哭殯者案喪大記云大夫士哭殯則杖哭柩則輯杖注云哭殯謂既塗也哭柩謂啓後也此哭不言杖者文畧也云小功以下至此可以歸者案喪服記云小功以下爲兄弟則此兄弟可以兼男女也云異門大功亦存焉者大功容有同門有同財故喪服以小功以下爲兄弟但大功亦容不同門不同財之義以異門跡至此亦可以歸故云亦存焉謂存在家之注也既殯雖歸至朝夕朔奠之日近者亦入哭限也若至葬時皆就柩所故既夕哭云兄弟出主人拜送注云兄弟小功以下也異門大功亦可以歸是也

衆主人出門。哭止。皆西面于東方。闔門。主人揖就次。次謂斬衰倚廬齊衰堊室也大功有帷帳小功緦麻有牀第可也〔疏〕○注次謂至可也○釋曰凡言次者廬堊室以下總名是賓客所在亦名次也故引禮記閒傳爲證案閒傳云父母之喪居倚廬寢苫枕甴不說絰帶齊衰居堊室芐翦不納大功寢有席小功緦麻牀可也齊衰既居堊室故大功以下有帷帳也

君若有賜焉。則視斂。既布衣。君至。賜恩惠也斂大斂君視大斂皮弁服襲裘主人成服之後往則錫衰〔疏〕○注賜恩至錫衰○釋曰案雜記云公視大斂公升商祝鋪席乃斂注引喪大記曰大夫之喪將大斂既鋪絞紟衾君至此君升乃鋪席則君至爲之改始新之此經上下不言改新者文不具也云斂大斂者案喪大記云君於士既殯而往爲之賜大斂焉此經云若有賜明君於士視大斂也云君視大斂皮弁服襲裘者案喪服小記云諸侯弔必皮弁錫衰言諸侯不言君者以其彼是弔異國之臣法案服問云公爲卿大夫錫衰以居出亦如之當事則弁絰不見君弔士服案文王世子注君爲同姓之士緦衰異姓之士疑衰並據成服後今大斂未成服緣弔異國之臣有服皮弁之法則君弔士未成服之前可服皮弁襲裘裘之文出檀弓子游弔小斂後襲裘帶絰而入此小斂後亦宜然也云成服之後往則錫衰者亦約服問君弔卿大夫之法若然文王世子注同姓之士緦衰異姓之士疑衰不同者彼謂凡平之士此士於君有師友之恩特賜與大夫同也

主人出迎于外門外。見馬首不哭。還入門右北面。及衆主人袒。不哭厭於君不敢伸其私恩〔疏〕○注不哭至私恩。○釋曰案喪大記云男子出寢門見人不哭平常出門時此迎君宜哭

巫止于廟門外。祝代之。小臣二人執戈先。二人後。巫掌招弭以除疾病小臣掌正君之法儀者周禮男巫王弔則與祝前檀弓曰君臨臣喪以巫祝桃茢執戈以惡之所以異於生也皆天子之禮諸侯臨臣之喪則使祝代巫執茢居前下天子也小臣君行則在前後君升則俠阼階北面凡宮有鬼神曰廟〔疏〕○注巫掌至曰廟○釋曰云巫掌招彌以除疾病者周禮春官男巫職文彼注云招招福也彌讀爲敉敉安也謂安凶禍也云小臣掌正君之法儀者夏官小臣職文云男巫王弔則與祝前者亦男巫職文云祝者則周禮喪祝職云王弔則與巫前是也引之者證經巫祝小臣之事也引檀弓者證彼與此經異故云皆天子之禮也以其巫祝桃茢具故爲天子禮也云諸侯臨臣之喪則使祝代巫執茢居前下天子也者此據喪大記而言案彼云大夫既殯而君往焉巫止于門外祝代之先君釋菜于門內祝先升自阼階負墉南面君即位于阼小臣二人執戈立于前二人立于後文與此經同文有詳畧耳云小臣君行則在前後者非直爲弔喪則凡平行皆有此小臣從以其與君爲儀衛者云君升則俠阼階案顧命云二人雀弁夾階是其類也云凡宮有鬼神曰廟者以經云廟謂適寢爲廟故云有鬼神曰廟

君釋采入門。主人辟。釋采者祝爲君禮門神也必禮門神者明君無故不來也禮運曰諸侯非問疾弔喪而入諸臣之家是謂君臣爲謔〔疏〕○注釋采至爲謔○釋曰引禮運者證君無故而入臣家故將入必禮門神也彼注引陳靈公與孔甯儀行父數如夏氏以取弒焉是君臣相謔致禍之事也

君升自阼階西鄉。祝負墉南面。主人中庭。祝南面房中東鄉君牆謂之墉主人中庭進益北〔疏〕○注祝南至益北○釋曰祝必負墉南面鄉君者案喪大記云君稱言視祝而踊鄭注視祝相君之禮當節之也故須鄉君也云主人中庭進益北者前主人先入門右中庭之南今云中庭明益北至庭也

君哭。主人哭。拜稽顙成踊。出。出不敢必君之卒斂事君命反行事。主人復位。大斂事

君升主人。主人西楹東北面。命主人使之升升公卿大夫繼主人東上。乃斂。公大國之孤四命也春秋傳曰鄭伯有耆酒爲窟室而夜飲酒擊鍾焉朝至未已朝者曰公焉在其人曰吾公在壑谷伯有者公子良之孫良霄〔疏〕○注公大至壑谷○釋曰案典命云公之孤四命故云大國之孤四命也引春秋者襄三十年左氏傳文鄭爲伯爵不合立孤但良霄鄭之公族大夫貴重之極以比大國之孤故臣子尊其君亦號爲公引之者證經公是公之孤也以其天子有三孤副貳三公大國無公唯有孤亦號爲公是以燕禮亦謂之爲公也

卒公卿大夫逆降復位。主人降出。逆降者後升者先降位如朝夕哭弔之位〔疏〕○注逆降至之位○釋曰卒者謂卒斂也云主人降出者亦是不敢久留君先出下文君反主人主人反鄉中庭君乃撫尸主人乃拜稽顙踊出出謂主人出鄉門外立

君反主人。主人中庭。君坐撫當心。主人拜稽顙成踊。出。撫手案之凡馮尸興必踊今文無成〔疏〕○注撫手至無成○釋曰云凡馮尸興必踊者喪大記文此經直云君坐撫當心主人直踊又不言馮尸而鄭云凡馮尸興必踊者欲見撫即馮之類與亦踊故得與主人拾踊也是以喪大記君於臣撫之父母於子執之子於父母馮之婦於舅姑奉之舅姑於婦撫之馮尸不當君所又云凡馮尸興必踊是馮爲摠名故君撫之亦踊也

君反之。復初位。衆主人辟于東壁南面。以君將降也南面則當坫之東〔疏〕○注以君至之東○釋曰云君反之復初位初位即中庭位知者以其文承中庭位故也云以君將降也南面則當坫之東者下文君降西鄉命主人馮尸則君降當在阼階下西面命之故衆主人辟君東壁南面南面則西頭爲首者當堂角之坫故云當坫之東也

君降西鄉。命主人馮尸。主人升自西階。由足西面馮尸。不當君所。踊。主婦東面。馮亦如之。君必降者欲孝子盡其情奉尸斂于棺。乃蓋。主人降出。君反之。入門左。視塗。肂在西階上入門左由便趨疾不敢久留君君升即位。衆主人復位。卒塗。主人出。君命之反奠。入門右。亦復中庭位〔疏〕○注亦復中庭位○釋曰經云入門右注復中庭位謂在門右南北當中庭也

乃奠。升自西階。以君在阼〔疏〕○注以君在阼○釋曰以其凡奠皆升自阼階是爲君在阼故辟之而升西階也

君要節而踊。主人從踊。節謂執奠始升階及既奠由重南東時也〔疏〕○注節謂至時也○釋曰云節謂執奠始升階及既奠由重南東時也者案上文大斂奠升時丈夫踊降時婦人踊由重南而東丈夫踊此注不云降時踊者以經直有君與主人丈夫踊節故不言降時踊節也

卒奠。主人出。哭者止。以君將出不敢讙譁聒尊者也君出門。廟中哭。主人不哭。辟君式之。辟逡遁辟位也古者立乘式謂小俛以禮主人也曲禮曰立視五巂式視馬尾〔疏〕○注辟逡至馬尾○釋曰君入臣家至廟門乃下車則貳車本不入大門下云貳車畢乘主人哭拜送者明出大門矣云辟逡遁辟位也者案曲禮云君出就車左右攘辟則此云辟亦是主人攘辟故云逡遁辟位也云古者立乘者以其坐乘則不得式而小俛故云古者立乘也知式是禮主人者曲禮云式宗廟曾子問卿大夫見君之尸皆下之尸必式是凡式皆是禮前物爲式引曲禮者欲見式小俛彼注巂猶規也車輪轉之一市爲一規案周禮冬官輪崇六尺六寸圓三徑一三六十八一市則一丈九尺八寸五規則五箇一丈九尺八寸總爲九丈九尺六尺爲一步摠十六步半凡平立視視前十六步半若小俛爲式則低頭視馬尾故連引曲禮云式視馬尾也

貳車畢乘。主人哭拜送。貳車副車也其數各視其命之等君出使異姓之士乘之在後君弔蓋乘象路曲禮曰乘君之乘車不敢曠左左必式〔疏〕○注貳車至必式○釋曰云其數各視其命之等者案周禮大行人云上公貳車九乘侯伯貳車七乘子男貳車五乘故知視命數也云君出使異姓之士乘之在後者禮記坊記云君不與同姓同車與異姓同車彼謂與君同在一車爲御與車右者也此經云貳車畢乘明亦使異姓之士乘之在後可知云君弔蓋乘象路者案周禮巾車職王有五路玉金象革木諸侯則同姓金路已下異姓象路已下四衛革路已下蕃國唯有木路若然唯王與同姓異姓得弔乘象路今云蓋乘象路者以諸侯言之唯據上公與侯伯於王有親者得用象路弔臨其臣以巾車又云象路以朝釋曰王以朝及燕出入雖不言弔臨然弔臨亦是出入之事故云蓋以疑之若四衛諸侯侯伯已下與王無親者亦各乘已所賜之車革路木路之等今鄭於貳車之下言所乘車者以其言貳車其飾皆與正車同故於貳車以下言君之所乘車也引曲禮者乘君之乘車則貳車是也以其與君爲副貳即是君之乘車也彼注云君存惡空其位則此乘車亦居左以其人君皆左載無御者在中鄭注周禮亦有車右也云左必式者不敢立相視巂常爲式耳

襲入即位。衆主人襲拜。大夫之後至者。成踊。後至布衣而後來者〔疏〕○注後至至來者○釋曰知布衣而後來者若未布衣時來即入前卿大夫從君之內今承上君大夫之下別君拜大夫之後至者明布衣後來不得與前卿大夫同時從君入者故鄭以布衣之後解之

賓出。主人拜送。自賓出以下如君不在之儀〔疏〕○注自賓至之儀○釋曰上經君在之時卿大夫士從君者不得與主人爲禮君出後有賓來即乃得別與主人爲禮故云自賓出以下如君不在之儀也

三日。成服。杖。拜君命及衆賓。不拜。棺中之賜。既殯之明日全三日始歠粥矣禮尊者加惠明日必往拜謝之棺中之賜不施已也曲禮曰生與來日〔疏〕○注既殯至來日○釋曰云既殯之明日者上厥明滅燎者是三日之朝行大斂之事今別言三日成服則除上三日更加一日是四日矣而言三日者謂除死日數之爲三日也云全三日始歠粥矣者謂成服日乃食粥除此日已前是未全三日不食至四日乃食也案喪大記云三日不食謂通死日不數成服日故云三日不食孝經三日而食者是除死日數故云三日而食也云禮尊者加惠明日必往拜謝之者案既夕記云主人乘惡車注云拜君命是也引曲禮者彼注云與猶數也生數來日謂成服杖以死明日數也死數往日謂殯斂以死日數也此士禮取於大夫者大夫以上皆以來日數引之以證此士喪禮與大夫已上異也

朝夕哭。不辟子卯。既殯之後朝夕及哀至乃哭不代哭也子卯桀紂亡日凶事不辟吉事闕焉〔疏〕○注既殯至闕焉○釋曰云既殯之後朝夕及哀至乃哭者此據殯後阼階下朝夕哭廬中思憶則哭云不代哭也者決未殯以前大夫以上以官代哭士以親疏代哭不絕聲云子卯桀紂亡日者詩云韋顧既伐昆吾夏桀左傳云乙卯昆吾稔之日昆吾與夏桀同時誅則桀以乙卯亡案尚書牧誓序云時甲子昧爽武王伐紂之日是紂以甲子日死王者以爲忌日云凶事不辟者即此經是也云吉事闕焉者檀弓云子卯不樂是吉事闕也

婦人即位于堂南上。哭。丈夫即位于門外。西面北上。外兄弟在其南。南上。賓繼之北上。門東北面西上。門西北

面東上。西方東面北上。主人即位辟門。外兄弟異姓有
服者也辟開也凡廟門有事則開無事則閉〔疏〕。注外兄至則閉。釋曰喪大記云祥而外無哭者則此外位
皆有哭今直云婦人哭則丈夫亦哭矣但文不備也案下注云兄弟齊衰大功者主人哭則哭小功緦麻亦即位乃哭是
也云外兄弟異姓有服者謂若舅之子姑姊妹從母之子等皆是有服者也云凡廟門有事則開無事則閉者有事謂朝
夕哭及設奠之時無此事等則閉之鬼神尚幽闇故也　婦人拊心不哭。方有事止讙譁
〔疏〕。注方有事止讙譁。釋曰云方有事者謂下經徹大斂奠設朝奠之事也　主人拜賓
旁三。右還入門哭。婦人踊。先西面拜乃南面拜東面拜也〔疏〕。注
先西至拜也。釋曰知先西面後東面者以經云旁三右還入門故知先西面後乃東遂北面入門以一面故云旁　主
人堂下直東序西面。兄弟皆即位如外位。卿
大夫在主人之南。諸公門東少進。他國之異
爵者門西少進。敵則先拜。他國之賓凡異爵
者拜諸其位。賓皆即此位乃哭盡哀止主人乃右還拜之如外位矣兄弟齊衰大功者主人哭則
哭小功緦麻亦即位乃哭上言賓此言卿大夫明其亦賓爾少進前於列異爵卿大夫也他國卿大夫亦前於列尊之拜
諸其位就其位特拜〔疏〕。注賓皆至特拜。釋曰既云如外位又案外位主人之南有外兄弟其南乃有賓此內
位主人之南即有卿大夫不言兄弟者以外兄弟雖在主人之南以少退故卿大夫繼主人而言也云諸公門東少進者
謂門東有士故云少進少進於士此所陳位不言士之屬吏者案大夫家臣位在門右則士之屬吏亦在門右又在賓之
後也云賓皆即此位乃哭盡哀止主人乃右還拜之如外位矣者以其云外位明拜之亦右還如外位也云兄弟齊衰大
功者主人哭則哭者以其大功已上親無門外內位但主人哭則亦哭矣小功緦麻疏故入即進前於士之列也云異爵
卿大夫也者以主人是士明異爵是卿大夫也云他國卿大夫亦前於列者以經云他國之異爵者門西少進亦當前於
士之位也云拜諸其位就其位特拜者以其異爵則亦卿大夫故知特拜一一拜諸其位也　徹者盥
于門外。燭先入。升自阼階。丈夫踊。徹者徹大斂之宿奠
祝取醴北面取酒立于其東。取豆籩俎南面
西上。祝先出。酒豆籩俎序從降自西階。婦人
踊。序次也〔疏〕。注序次也。釋曰序次者次第人使相當此經所言先後則祝執醴在先次酒次豆籩
次俎爲次第也　設于序西南。直西榮。醴酒北面西上。豆
西面錯。立于豆北南面。籩俎既錯。立于執豆
之西東上。酒錯。復位。醴錯于西。遂先由主人
之北適饌。遂先者明祝不復位也適饌適新饌將復奠〔疏〕。注遂先至復奠。釋曰云遂

先者明祝不復位也者以其云遂先先即祝不得復位遂適東相新饌也　乃奠醴酒脯醢
升。丈夫踊。入如初設。不巾。入入於室也如初設者豆先次籩次酒次醴也
不巾無菹無栗也菹栗具則有俎有俎乃巾之〔疏〕。注入入至巾之。釋曰注云入入於室也者以其設奠在室
中故也云如初設者豆先次籩次酒次醴也者以其大斂有俎籩豆又多今言如初設直豆籩酒醴見用者先後次第耳
云不巾無菹無栗也者以大斂奠兼有菹栗則巾之是以檀弓云喪不剝奠也與祭肉也與其大斂皆有俎俎有祭肉故
巾之也若然朝廟之奠亦是宿奠無菹栗有巾者爲在堂而久設塵埃故也　錯者出立于戶
西西上。滅燭出。祝闔戶。先降自西階。婦人踊。
奠者由重南東。丈夫踊。賓出。婦人踊。主人拜
送。哭止乃奠奠則禮畢矣今文無拜〔疏〕。注哭止至無拜。釋曰云祝闔戶先降者以其出戶時祝闔
戶在後故須云祝先降也云哭止乃奠者謂朝夕哭止拜賓乃奠奠則禮畢矣是以檀弓云朝奠日出是也　衆
主人出。婦人踊。出門哭止。皆復位。闔門。主人
卒拜送賓。揖衆主人。乃就次。朔月奠用特豚
魚腊。陳三鼎。如初。東方之饌亦如之。朔月月朔日也自大
夫以上月半又奠如初者謂大斂時〔疏〕。注朔月至斂時。釋曰知大夫以上月半又奠者下經云月半不殷奠
士不者大夫以上則有之謂若下文云不述命大夫已上則有之又若特牲云士不諏日大夫已上則諏諸士言不者大
夫已上則皆有之故知大夫以上又有月半奠也云如初者謂大斂時者以其上陳大斂事此言如初故知如大斂時也
無籩有黍稷。用瓦敦有蓋當籩位。黍稷併於甒北也於是始
有黍稷死者之於朔月月半猶平常之朝夕大祥之後則四時祭焉〔疏〕。注黍稷至祭焉。釋曰云於是始有黍
稷者始死以來奠不言黍稷至此乃言之故云於是始有黍稷也云死者之於朔月月半猶平常之朝夕者謂猶生時朝
夕之常食也案既夕記云燕養饋羞湯沐之饌如他日注云燕養平常所用供養也饋朝夕食也羞四時之珍異若然彼
謂下室中不異於生時殯宮中則無黍稷今至朔月月半乃有之若朔月月半殯宮中有黍稷下室則無故既夕記云朔
月若薦新則不饋于下室注云以其殷奠有黍稷也下室如今之內堂是也是以云猶平常朝夕決之也云大祥之後則
四時祭焉者士虞禮禫月吉祭猶未配是大祥之後得四時祭若虞祭之後卒哭之等雖不四時亦有黍稷是其常也
主人拜賓。如朝夕哭。卒徹。徹宿奠也　舉鼎入升皆
如初奠之儀。卒朼。釋匕于鼎。俎行。朼者逆出。
甸人徹鼎。其序醴酒菹醢黍稷俎。俎行者俎後執執俎者行
鼎可以出其序升入之次〔疏〕。注俎行至之次。釋曰云俎行者俎後執執俎者行鼎可以出者案下文設時豆
錯俎錯黍稷後設則俎宜在黍稷前今在黍稷後而言俎行者欲見俎雖在黍稷前設以執之在後欲與鼎匕出爲節故

云俎行即匕鼎出也云其序升入之次者謂如經醴已下次第也　其設于室。豆錯俎
錯腊。特黍稷當籩位。敦啓會。郤諸其南。醴酒
位如初。常籩位俎南黍黍東稷會蓋也今文無敦〔疏〕。注當籩至無敦。釋曰知當籩位俎南黍黍
東稷者依特牲所設爲之也　祝與執豆者巾。乃出。共爲之也　主人要
節而踊。皆如朝夕哭之儀。月半不殷奠。殷盛也士月半
不復如朔盛奠下尊者〔疏〕。注殷盛至尊者。釋曰云下尊者以下大夫以上有月半奠故也　有薦
新。如朔奠。薦五穀若時果物新出者〔疏〕。注薦五至出者。釋曰案月令仲春開冰先薦寢
廟季春云薦鮪于寢廟孟夏云以彘嘗麥先薦寢廟仲夏云羞以含桃先薦寢廟皆是薦新如朔奠者牲牢籩豆一如上
朔奠也　徹朔奠。先取醴酒。其餘取先設者。敦啓
會。面足。序出如入。啓會徹時不復蓋也面足執之令足閒鄉前也敦有足則敦之形如
今酒敦〔疏〕。注啓會至蓋也。釋曰以前設時即不蓋至徹亦不蓋今經云敦啓會嫌先蓋至徹重啓之故云
不復蓋也　其設于外。如於室。外序西南　筮宅。冢人營之。
宅葬居也冢人有司掌墓地兆域者營猶度也詩云經之營之〔疏〕。注宅葬至營之。釋曰案周禮有冢人掌公
墓之地辨其兆域此士亦有冢人掌墓地兆域故云冢人營之也　掘四隅。外其壤。掘中。
南其壤。爲葬將北首故也〔疏〕。注爲葬至故也。釋曰云爲葬將北首者解掘中南其壤爲葬時
北首故壤在足處案檀弓云葬於北方北首三代之達禮也是葬時北首也　既朝哭。主人皆
往兆南。北面。免絰。兆域也所營之處免絰者求吉不敢純凶〔疏〕。注兆域至純
凶。釋曰案雜記云大夫卜宅與葬日有司麻衣布衰布帶因喪屨緇布冠不蕤占者皮弁下又云如筮則史練冠長衣
以筮占者朝服彼有司與占者之服不純吉亦不純凶此乃主人之服不純吉免絰亦不純凶也　命筮者
在主人之右。命尊者宜由右出也少儀曰贊幣自左詔辭自右〔疏〕。注命尊者自右。釋曰
云命尊者宜由右出也者對贊幣卑者在左故引少儀爲證也　筮者東面抽上韇。兼
執之。南面受命。韇藏筴之器也兼與筴執之今文無兼〔疏〕。注韇藏至無兼。釋曰
云抽上韇者則下韇未抽待用筮時乃并抽也　命曰哀子某。爲其父某甫
筮宅。度茲幽宅。兆基無有後艱。某甫且字也若言山甫孔甫矣
宅居也度謀也茲此也基始也言爲其父筮葬居今謀此以爲幽冥居兆域之始得無後將有艱難乎艱難謂有非常若
崩壞也孝經曰卜其宅兆而安厝之古文無兆基作期〔疏〕。注某甫至作期。釋曰云某甫且字也者謂二十
加冠時且字云若言山甫孔甫矣者此亦二十加冠所稱故士冠禮云伯某甫仲叔季唯其所當與亦以孔甫之字解某
甫則孔甫之等是實字以某甫擬之是且字也是以諸侯薨復者亦言某甫鄭云某甫且字是爲之造字也引孝經卜其

宅兆者證宅爲葬居又見上大夫以上卜而不筮故雜記云大夫卜宅與葬日下文云如筮則史練冠鄭注云謂下大夫若士也則卜者謂上大夫上大夫卜則天子諸侯亦卜可知但此注兆爲域彼注兆爲吉兆不同者以其周禮大卜掌三兆有玉兆瓦兆原兆孝經注亦云兆塋域此文主人皆往兆南北面兆爲塋域之處義得兩全故鄭注兩解俱得合義

筮人許諾。不述命。右還。北面指中封而筮。卦者在左。述循也既受命而申言之曰述不述者士禮畧凡筮因會命筮爲述命中封中央壤也卦者識爻卦畫地者古文述皆作術〔疏〕○注述循至作術○釋曰云不述者士禮畧者但士禮命筮辭有一命龜辭有二大夫巳上命筮辭有二命龜辭有三士命筮辭有一者即上經是直有命筮無述命又無即席西面命筮辭是命筮辭唯有一也下文卜日有族長涖卜爲事命龜直云哀子某以下又有即席西面一命龜注云不述命亦士禮畧是士命龜辭有二又知大夫以上命筮辭有二命龜辭有三者案少牢是大夫筮禮彼上文云主人曰孝孫某來日丁亥以下是爲一事命筮下又云遂述命曰假爾大筮有常是直云孝孫某來日丁亥巳下將即西面命筮冠於述命之上共爲一辭通前爲事命筮有二若卜則有爲事命龜通述命又有卿當席西面命爲三知大夫龜亦有述命士云不者士喪禮士之卜筮皆云不述命士云不者大夫巳上皆有謂若士月半不殷奠大夫則殷奠之類知大夫命龜不將述命與即西面命龜共爲一命龜亦只有二者案此士喪注述命命龜異龜重威儀多也對少牢述命與命龜爲二通前命龜爲三若然則天子諸侯亦命筮辭有二命龜辭有三可知也知士不述命非爲喪禮畧者特牲之吉禮亦云不述命故知士吉凶皆不述命非爲喪禮畧也

卒筮執卦。以示命筮者。命筮者受視。反之。東面旅占。卒。進告于命筮者。與主人。占之曰從。卒筮卦者寫卦示主人乃受而執之旅衆也反與其屬共占之謂掌連山歸藏周易者從猶吉也〔疏〕○注卒筮至吉也○釋曰經云卒筮執卦以示命筮者不言主人注云寫卦示主人不言命筮者其實皆示經者直云命筮者以命筮人於卦吉凶審故據而言之是以下覆告命筮與主人二人并告明與前不異也云與其屬共占之謂掌連山歸藏周易者案洪範卜筮云三人占則從二人之言注云卜筮各三人大卜掌三兆三易以其龜有三兆玉兆瓦兆原兆筮有三易連山歸藏周易連山者夏家易以純艮爲首艮爲山山象山之出雲連連不絶故易名連山歸藏者殷之易以純坤爲首坤爲地萬物歸藏於地故易名歸藏周以十一月爲正月一陽爻生爲天統故以乾爲首乾爲天天能周帀於四時故易名周易也

主人經。哭不踊。若不從。筮擇如初儀。更擇地而筮之歸。殯前北面哭。不踊。易位而哭明非常〔疏〕○注易位至非常○釋曰朝夕哭當在阼階下西面今筮宅來北面哭者是易位非常故也

既井椁。主人西面拜工。左還椁。反位。哭不踊。婦人哭于堂。既巳也匠人爲椁刊治其材以井構於殯門外也反位拜位也既哭之則往施之竁中矣主人還椁亦以既朝哭矣〔疏〕○注既巳至哭矣○釋曰自此盡亦如之論將葬須觀知椁材與明器之樣善惡之事案禮記檀弓云既殯旬而布材與明器注云木工宜乾腊則此云井椁及明器之材布之巳久故云既巳也又須作之豈今始獻材也但至此時將用故主人親看視是以云既哭之則往施之竁中也云匠人爲椁刊治其材者此解經主人拜工之事以其冬官主百工百工之内匠人主木工之事所云者拜匠人以其爲椁刊治其材有功故主人拜之也云以井構於殯門外也者以下文獻材於殯門外則此亦在殯門外此不言下言者以明器之材多并有獻素獻成之事故具言處所也反位拜位者謂反西面拜位知既哭施之竁中者以其文承筮宅以下見其即入壙故也知主人還椁亦以既朝哭矣者以其筮宅與卜日皆在朝哭訖明還椁亦既朝哭言亦者亦彼二事也

獻材于殯門外。西面北上。綪。主人徧視之。如哭椁。獻素獻成亦如之。材明器之材視之亦拜工左還形法定爲素飾治畢爲成〔疏〕○注材明至爲成○釋曰上經巳言椁此經言材故鄭言明器之材也檀弓云既殯旬而布材與明器此明器與材別言故彼言材爲椁材也又此下別言素與成則此明器之材未斲治先獻之驗其堪否也云形法定爲素飾治畢爲成知義然者以其言素素是未加飾名又經言獻材是斲治明素是形法定斲治訖可知又言成是就之名明知飾治畢也此明器須好故有三時獻法上椁材既多故不須獻直還觀之而巳

卜日。既朝哭。皆復外位。卜人先奠龜于西塾上。南首。有席。楚焞置于燋。在龜東。楚荆也荆焞所以鑽灼龜者燋炬也所以然火者也周禮菙氏掌共燋契以待卜事凡卜以明火爇燋遂灼其焌契以授卜師遂以役之〔疏〕○注楚荆至役之○釋曰云楚荆也者荆本是草之名以其與荆州之荆名同楚又是荆州之國故或言荆也荆焞所以鑽灼龜者古法鑽龜用荆謂之荆焞也云燋炬也者謂存火者爲炬亦用荆爲之故鄭云所以然火者也周禮菙氏掌共燋契以待卜事者案彼下注杜子春云明火以陽燧取火於日玄謂焌讀如戈鐏之鐏謂以契柱燋火而吹之也契既然以授卜師用作龜也役之使助之是楚焞與契爲一皆謂鑽龜之荆讀爲戈鐏之鐏者取其鋭頭爲之灼龜也

族長涖卜。及宗人吉服立于門西東面。南上。占者三人。在其南北上。卜人及執燋席者在塾西。族長有司掌族人親疏者也涖臨也吉服服玄端也占者三人掌玉兆瓦兆原兆者也在塾西者南面東上〔疏〕○注族長至東上○釋曰云族長有司掌族人親疏者也者以其言族長故知掌族人親疏也云吉服服玄端也者案雜記云大夫卜宅與葬日有司麻衣又云如筮則史練冠長衣此宗人直云吉服不言服名則士之吉服祭服爲吉服士之祭服玄端而巳宗人掌禮之官非卜筮者著玄端則筮史亦服練冠長衣雜記所云是求吉故筮者不純凶也云占者三人掌玉兆瓦兆原兆者案周禮大卜掌三兆之法注云兆者灼龜發於火其形可占者其象似玉瓦原之璺鏬是用名之焉上古以來作其法可用者有三原原田也杜子春云玉兆帝顓頊之兆瓦兆帝堯之兆原兆有周之兆此三兆者當代之别名及占之又有體色墨坼之等故占人云君占體大夫占色史占墨卜人占坼注云體兆象也色兆氣也墨兆廣也坼兆璺也體有吉凶色有善惡墨有大小坼有微明尊者視兆象而巳卑者以次詳其餘也周公卜武王占之曰體王其無害凡卜體吉色善墨大坼明則逢吉是其卜專據此三兆也云在塾西者南面東上者以其取堂南行事明不得背之北面故知南面取近爲尊故知東上也

闔東扉。主婦立于其内。扉門扇也席于闑西閾外。爲卜者也古文闑作槷閾作蹙宗人告事具。主人北面。免絰。左擁之。涖卜即位于門東。西面。涖卜族長也更西面當代主人命卜〔疏〕○注涖卜至命卜○釋曰云涖卜族長也者上文所云是也以其改鄉西面下文受龜受視受命許即云命曰哀子某則族長非直視高兼行命龜之事也故云當代主人命卜也周禮天子卜法則與士異假使大事則大宗伯涖卜小宗伯陳龜貞龜命龜大卜眡高作龜次事小事以下各有差降也

卜人抱龜燋。先奠龜西首。燋在北。既奠燋又執龜以待之〔疏〕○注既奠至待之○釋曰云卜人抱龜燋者謂從塾上抱鄉闑外待也先奠龜於席上乃復奠燋在龜北云既奠燋又執龜以待之者鄉時先奠龜次奠燋既奠燋又取龜執之以待者下經授與宗人宗人受之是也

宗人受卜人龜。示高。以龜腹甲高起所當灼處示涖卜也〔疏〕○注以龜至卜也○釋曰凡卜法案禮記云禎祥見乎龜之四體鄭注云春占後左夏占前左秋占前右冬占後右今云腹甲高者謂就龜之四體腹下之甲高者部之處鑽之以示涖卜也

涖卜受視。反之。宗人還。少退。受命。受涖卜命授龜宜近受命宜卻也命曰。哀子某。來日某。卜葬其父某甫。考降。無有近悔。考登也降下也言卜此日葬魂神上下得無近於咎悔者乎〔疏〕○注考登至者乎○釋曰云某甫者亦上孔甫之類且字也云魂神上下者摠指一切神無所偏指也云咎悔者亦謂冢墓有所崩壞也

許諾。不述命。還即席。西面坐。命龜。興。授卜人龜。負東扉。宗人不述命亦士禮畧凡卜述命命龜異龜重威儀多也負東扉俟龜之兆也〔疏〕○注宗人至兆也○釋曰云宗人不述命亦士禮畧者以少牢述命此云不述命故云士禮畧云凡卜述命命龜異龜重威儀多也者言凡非一則大夫巳上皆有述命述命與命龜異故知此不述而有即席西面命龜若大夫以上有述命者自然與西面命龜異可知言凡卜述命命龜異龜重威儀多對筮時述命命筮同筮輕威儀少云俟龜之兆也者下文告于主婦主婦哭是也

卜人坐作龜。興。作猶灼也周禮卜人凡卜事示高揚火以作龜致其墨興起也〔疏〕○注作猶至起也○釋曰周禮卜師凡卜揚火以作龜致其墨者此據小事故不使大卜眡高作龜

宗人受龜。示涖卜。涖卜受視。反之。宗人退東面。乃旅占。卒。不釋龜。告于涖卜與主人。占曰某日從。不釋龜復執之也古文曰爲日〔疏〕○注不釋至爲日○釋曰云不釋龜者似元執不釋注云復執之也者似釋後重執之二疑之間謂宗人退東面旅占之時授人傳占占訖授宗人宗人復執之與本不釋相似故經云不釋龜也

授卜人龜。告

于主婦主婦哭不執龜者下主人也告于異爵者使人告

于衆賓衆賓僚友不來者也（疏）○釋曰上云既朝哭皆復外位外位中有異爵卿大夫等故就位告之云使人告于衆賓者既言使人告明不在此故鄭云不來者也卜人徹龜宗人告

事畢主人經入哭如筮宅賓出拜送若不從

卜宅如初儀▲

儀禮卷第十二經三千三百九十六注三千四百五十九儀禮疏卷第三十七

元缺卷今補依要義分

儀禮注疏卷三十七挍勘記　阮元撰盧宣旬摘錄

厥明滅燎

橫者三案喪大記作橫者五

自家祭元端服陳閩俱無祭字通解自下元上止有一字未刻

東方之饌○甒豆兩豆通解誤作鬲

竹柲緄縢柲通典作閟案詩作閟陸於彼釋云本亦作䩛

盛之也段玉裁挍本作神之也云下文注云彌神之正蒙此疏同

鄭云亦者亦上小斂也要義無亦者二字

掘肂見衽

肂埋棺之坎者也徐本通解俱有者字與疏不合毛本集釋敖氏俱無楊氏坎下空一字

君殯用輴輴宋本釋文从木張氏曰此必後人因禮記之文改從車爾既夕禮注謂之楯同

欑至于上毛本欑誤从手下及疏同陸氏曰劉本作挫音同

欑置于西序徐陳閩監葛本集釋同與疏合毛本置作至案大記欑至于西序宋本及日本古本足利本皆作置見山井鼎七經孟子考文與孔疏合

塗不曁于棺陸氏曰曁其器反劉本作塈古慨反

以檀弓又云要義同毛本無以字

不忍異於生陳閩俱無忍字

營欑置於西序陳閩通解俱無營字

但欑木不及棺而已已下要義有也字○按通解欑作塗是也

棺入主人不哭

軸輁軸也上軸字嚴本作輴張氏曰監杭本輴作軸從監杭本○按既夕禮遷于祖用軸疏引此注亦作軸

輁而行陸氏曰輁本又作拱

穿桯前後著金桯毛本誤作程案既夕注桯字諸本亦有作程者

陳三鼎于門外

合左右體升於鼎體通典作胖

謂豚體及七俎之陳七徐本作上通典集釋俱作七張氏曰監杭本上作七從監杭本

謂豚七體之等七監本誤作七

燭俟于饌東

又詩曰曰要義作云

皆在地曰燎閩監通解要義同毛本曰作爲

祝徹盥于門外○丈夫踊丈石經補缺誤作大

其餘取先設者○南當西榮毛本當作堂榮誤從水

則徹先奠於西序南西序二字誤倒

待後奠事畢要義無事畢二字

乃適饌毛本適誤作設

主人奉尸斂于棺

釋曰云要義此節疏與上節疏合爲一條此云字上有下字

旁一筐金曰追云敖繼公曰旁一筐喪大記引作旁各一筐各謂各黍稷也

乃奠

朔月奠新奠毛本上奠字作荐陳閩監本通解俱作薦要義作奠案奠字當在薦字上

祝反降毛本祝誤作燭

設豆右菹

菹在醢南也醢徐本集釋俱作醢通解敖氏俱作醢

嫌先設者在北毛本北作左陳本作此要義作北

言右菹則醢自然在左毛本菹作俎陳閩要義俱作菹案菹字是

菹在醢南也醢要義作醢與徐本注合

此言設豆右菹陳閩監本通解要義同毛本菹作俎○案菹字是下同

卽左菹也陳閩通解要義同毛本菹作俎

賓出婦人踊

但大功亦容不同門不同財之義毛本容作有陳閩監本俱作容要義容下有有字

異門大功亦可以歸毛本門下有者字要義無與既夕注合○按通解亦無者字

君若有賜焉則視斂斂嚴徐俱作劒鍾本集釋通解俱作斂張氏曰監本劒作斂注云斂大斂從注斂及監本

○君至二字鍾本在下節之首

此士於君有師友之恩陳本要義同毛本於作與

巫止于廟門外

巫掌招弭以除疾病弭徐陳集釋楊氏俱作弭釋文毛本作彌云又作弭通解脫此句盧文弨云彌亦通用○按說文有弭無彌周禮亦作弭

小臣掌正君之法儀者小上徐本通典集釋楊氏俱有周禮二字通解無

周禮男巫周禮通典作春官按以上三句皆見周禮首句亦男巫職文下既別引男巫故首句不加周禮字小臣男巫皆周之職官故稱周禮然小臣上既有周禮字則下句不宜疊出依通典作春官取文相變亦可

喪祝王弔則與巫前此八字此本徐本通典集釋楊氏俱無通解毛本有金曰追云是誤以疏爲注也

彌讀爲敉敉安也要義同毛本不重敉字

君釋采采釋文通典俱作菜案敖氏曰采讀爲菜盍從釋文也

升公卿大夫

春秋傳曰鄭伯有耆酒爲窟室而夜飲酒擊鍾焉朝至未已朝者曰公焉在其人曰吾公在壑谷伯有者公子子耳之孫良霄毛本脫三十九字徐本集釋俱有通解楊氏俱與毛本同浦鏜云疏不引全文知注已見也○按釋文有耆酒窟室朝至公焉四條

貴重之極要義無重字

證經公是公之孤也要義無上公字

副貳三公毛本貳誤作二

大國無公大要義作公誤

卒公卿大夫逆降復位逆石經補缺誤作送

君反主人○君坐撫當心君石經補缺誤作坐

君要節而踊
由重南東時也　由楊氏作猶
由重南面東　重毛本誤作二面陳本通解俱作而
君出門
則貳車本不入大門　毛本貳誤作二下同
卿大夫見君之尸皆下之尸必式　陳閩俱無皆下之尸四字
凡乎立視視前十六步半　要義同毛本不重視字
貳車畢乘　毛本貳誤作二注疏並同
爲御與車右者也　要義同毛本與作於
以巾車又云　要義以字下有其字無巾車又云四字
釋曰王以朝　五字要義無
雖不言弔臨然弔臨亦是出入之事　要義無上六字案周禮司常云道車載旞注云道車象路也王以朝夕燕出入巾車疏備引其文賈氏此疏亦兼引巾車及司常注其中似有後人增竄之詞當悉從要義
不敢立相視巂常爲式耳　浦鏜云衍相字巂字陳閩通解俱誤作舊
三日成服
謂殯斂以死日數也　謂上要義有此字案陳本於上句日字作見乃誤合日此二字爲一耳
朝夕哭
朝夕及哀至乃哭　乃楊氏作則
婦人即位于堂
辟開也　開要義楊氏俱作門誤
皆是有服者也　要義同毛本皆是作是皆
主人堂下直東序西面
就其位特拜　位毛本誤作拜特敖氏作而
亦當前於士之位也　要義同毛本無之字
徹者盥于門外燭先入　毛本燭誤作獨
朔月奠　月鍾本誤作日注中月字仍不誤

月半又奠　又通解作有
又有月半奠也　毛本有作用要義作有案有是
舉鼎入升○卒朼　毛本卒誤作執
其設于室
常遵位　嚴本同毛本常作當張氏曰監本常作當從監本
俎南黍　俎敖氏作菹
黍東稷　黍陳本誤作稷疏同
有薦新
以彘嘗麥先薦寢廟仲夏云　要義無下七字似誤
筮宅
注宅葬至營之　此段疏陳閩俱無通解亦不載
既朝哭
所營之處　徐本集釋敖氏同毛本通解所作新○按所字是
命曰哀子某
某甫且字也　且徐鍾陳閩葛本楊氏俱作其嚴監通典集釋敖氏俱作且通解作某○按且字是其某並誤
謂二十加冠時且字　加上毛本誤衍五字案疏內唯此且字也二且字諸本皆同其餘唯監本要義作且他本竝作其
孝經注亦云兆塋域　陳閩俱脫孝字注字按陳閩固誤然上文云此注兆爲域彼注兆爲吉兆彼注者謂孝經注也豈鄭解孝經兆字有二說歟唐御注孝經曰兆塋域也邢疏以爲依孔傳則似非鄭義
兆爲營域之處　營通解作塋
筮人許諾○右還北面　毛本右誤作左
又有即席西面一命龜　陳監要義同毛本一作坐○案作一是也下有共爲一命龜之語
是爲一事命筮　陳本要義同毛本一作因
通前爲事命筮有二　事陳本要義俱作士按爲事命筮即上文所謂因事命筮也
知大夫命龜　知陳閩俱誤作如

亦只有二者　毛本只作知要義作只似誤
通前命龜爲三　陳閩俱脫前命龜爲四字
特牲之吉禮　吉陳閩俱作士
卒筮
則從二人之吉　吉要義作言
艮爲山　要義同毛本無此三字
既井椁
則往施之竁中矣　毛本施誤作於
又須作之　陳閩要義同毛本又作久
以其爲椁刊治其材有功　要義同毛本材下有者字
謂反西面拜位　毛本西誤作四
獻材于殯門外
形法定爲素　形葛本作刑與毛本疏誤同
明素是形法定　毛本形誤作刑
又言成成是就之名　要義同毛本成是作是成
卜日既朝哭○卜人先奠龜于西塾上　毛本塾作墊唐石經徐陳閩葛俱作塾
○楚焞置于燋　燋石經補缺誤作焦
荆焞所以鑽灼龜者　集釋無灼字陸氏曰鑽一本作灼○按沈彤云按釋文是鑽灼二字當衍其一本疏有鑽龜之文集釋又無灼字則所衍必灼字也
掌共燋契　徐本集釋楊敖同毛本契作挈釋文作挈云本又作契○按周禮作契
遂灼其焌契以授卜師　毛本遂誤作燧灼集釋作歙
役之使助之　下之字陳閩俱作人
皆謂鑽龜之荆　要義同毛本荆作焌
族長涖卜
其象似玉瓦原之璺罅　毛本瓦誤作兆
及占之　毛本及誤作今
坼有微明　毛本坼誤作折下同
是其卜事據此三兆也　毛本卜下有不字金曰追云今本脫不字與上文義不貫依通

解補

闑東扉

扉門扉也　上扉字毛本誤作屝下扉字楊氏作肩

席于闑西閾外

爲卜者也　也通典作席

古文闑作槷　毛本古誤作故槷作縶徐本集釋俱作槷通解作縶○按徐本是

宗人告事具

下文受龜受視受命訖　要義同毛本下文作宗人陳本作辛文

次事小事以下　下要義作上誤

卜人抱龜燋

又取龜執之以待待者　陳閩同毛本下待字作之字

宗人受卜人龜

高者部之處　要義同毛本作高起之處○按疑當作部起之處

命曰哀子某來日　日下唐石經徐本通典楊敖俱有某字集釋通解俱無石經考文提要云某者某甲子○按聶氏三禮圖引此句日字上下甚稀蓋本有某字按者据今本删之耳○卜葬其父某甫　其通解楊氏俱作某

亦上孔甫之類　毛本亦誤作以

許諾不述命還即席　毛本還誤作送

下文告于主婦主婦哭是也　主婦二字陳閩俱不重出

卜人坐作龜興

周禮卜人　人集釋敖氏俱作師是也與疏合

卜宅如初儀　宅唐石經徐本通解俱作宅集釋楊敖毛本俱作擇張氏曰上文有云筮擇如初儀此卜日爾非卜宅也擇宅音同故誤顧炎武云擇當依石經作宅張爾岐云擇石本誤作宅

儀禮注疏卷三十七挍勘記終

儀禮疏卷第三十八　儀禮卷第十三

唐朝散大夫行大學博士弘文館學士臣賈公彦等撰

既夕禮第十三

【疏】既夕第十三○鄭目録云士喪禮之下篇也既已也謂先葬二日已夕哭時與葬間一日凡朝廟日請啓期必容焉此諸侯之下士一廟其上士二廟則既夕哭先葬前三日大戴第十五小戴第十四別録名士喪禮下篇第十三○釋曰鄭目録云士喪禮下篇者依別録而言以其記下士之始死乃記葬時而摠記之故名士喪禮下篇也鄭又云先葬二日與葬間一日者驗經云既夕哭請啓期告于賓明旦夙興開殯即遷于祖一日又厥明即葬故知是葬前二日與葬間一日也云必容者請啓期在葬前二日中間容朝廟一日故云必容焉鄭又云此諸侯下士一廟其上士二廟則既夕哭先葬前三日者以其一廟則一日朝二廟則二日朝故葬前三日中間容二日故三日若然大夫三廟者葬前四日諸侯五廟者葬前六日天子七廟者葬前八日差次可知

儀禮　鄭氏注

既夕哭。既已也謂出門哭止復外位時【疏】既夕哭○注既已至位時○釋曰此經論既夕哭請啓期之事夕哭者是主人朝夕哭在殯宫阼階之下禮將請啓殯之時主人於夕哭訖出寢門復外位故鄭云謂出門哭止復外位時者鄭知復外位請者見上篇卜日禮云既朝哭皆復外位朝夕之哭其禮並同明知此請啓期亦在復外位時若然上篇卜日禮云既朝哭皆復外位此不於既朝哭而待既夕哭者謂明日之朝始啓殯又不可隔夕哭故於既夕請也但復外位之時必有弔賓來亦在外位故請期因告賓也

請啓期。告于賓。將葬當遷柩于祖有司於是乃請啓肂之期於主人以告賓賓宜知其時也今文啓爲開【疏】請啓期告于賓○注將葬至爲開○釋曰云將葬當遷柩于祖有司於是乃請啓肂之期於主人以告賓者鄭解時未至而豫前二日夕哭之後出於門外位請期者明旦須啓肂以柩朝于祖故有司於此時請啓肂之期告賓使知而來赴弔之事也

夙興。設盥于祖廟門外。祖王父也下士祖禰共廟【疏】夙興至門外○注祖王至共廟○釋曰自此盡階間論豫於祖廟陳饌之事言夙興者謂夕哭請期訖明旦早起豫設盆盥於祖廟門外疑舉鼎之人盥手案小斂設盆盥在東堂下大斂設盥於門外雖不言東方約小斂盥在東堂下則大斂盥亦門外東方此下陳鼎如大斂奠則此設盥亦在門外東方如大斂也云祖王父也者案祭法云曰考廟曰王考廟此云王父王父之言出於彼云下士祖禰共廟者又祭法云適士二廟官師一廟鄭注云官師中士下士案下記云其二廟則饌于禰則此經所朝據一廟者而言設盥于祖是下士一廟祖禰共廟據尊者而言也

陳鼎皆如殯。東方之饌亦如之。皆皆三鼎也如殯如大斂既殯之奠【疏】陳鼎至如之○注皆皆至之奠○釋曰案上文殯後大斂之陳三鼎有豚魚腊在廟門外西面北上此陳鼎亦如之云東方之饌亦如之者彼大斂時云東方之饌兩瓦甒其實醴酒觶豆兩其實葵菹芋蠃醢兩籩無縢布巾其實栗不擇脯四脡故今云東方之饌亦如之云皆皆三鼎也者以其言皆明非一鼎皆三鼎可知又不言外內即門外及陳於阼階下亦西面北上外內同云如殯如大斂既殯之奠者以其大斂於阼階即移于棺而殯之殯訖乃于室中設大斂之奠即大斂奠在殯後恐於殯時别有奠故明之云如殯如大斂既殯之奠也

夷牀饌于階間。夷之言尸也朝正柩用此牀【疏】夷牀饌于階間○注夷之至此牀○釋曰云夷之言尸也者遷尸於堂亦言夷尺盤衾皆依尸而言故云夷之言尸也云朝正柩用此牀者謂柩至祖廟兩楹之間尸北首之時乃用此牀故名夷牀也

二燭俟于殯門外。早闇以爲明也燭用烝【疏】二燭至門外○注早闇至用烝○釋曰自此盡夷衾論啓殯及變服之事二燭者以其發殯宫二者下云燭入注云炤徹與啓肂者故於此豫備之云燭用烝者案周禮甸師氏云以薪烝役外內饔注云大曰薪小曰烝又案少儀云主者執燭抱燋鄭云未爇曰燋燋即烝故云燭用烝也

丈夫髽。散帶垂。即位如初。爲將啓變也此互文以相見耳髽婦人之變喪服小記曰男子免而婦人髽男子冠而婦人笄如初朝夕哭門外位【疏】丈夫至如初○注爲將至外位○釋曰云爲將啓變也者凡男子免與括髮散帶垂婦人髽皆當小斂之節今於啓殯時亦見尸柩故變同小斂之時故云爲將啓變也云此互文以相見耳髽婦人之變者既是婦人之變則免是男子之變今丈夫見其人不見免則丈夫當免矣婦人見其髽不見人則婦人當髽矣故云互文以相見耳引喪服小記者證見未成服已前男子免而婦人髽既成服以後男子冠婦人笄若然小斂之時斬衰男子括髮齊衰以下男子免不言男子括髮者欲見啓殯之後雖斬衰亦免而無括髮知者案喪服小記云緦小功虞卒哭則免注云棺柩已藏嫌恩輕可以不免也言則免者則既殯先啓之間雖有事不免以此而言先啓不免則啓當免矣又喪服小記云君弔雖不當免時也主人必免不散麻雖異國之君免也親者皆免注云不散麻者自若絞垂爲人君變貶於大斂之前既啓之後也親者大功以上也注直言不散麻貶於既啓之後則主人著免不貶矣以此言之啓後主人著免可知若啓後著免亦是貶矣若然後至卒哭其服同矣以其反哭之時更無變服之文故知同也云婦人髽及婦人笄者若未成服之時婦人髽無笄故空云髽成服之後婦人髽即有笄故喪服斬衰婦人云箭笄檀弓云南宫縚之妻之姑之喪夫子誨之髽蓋榛以爲笄是成服有笄明矣是以婦人成服云笄也云散帶垂者小斂節大功已上男子皆然若小功已下及婦人無問輕重皆初而絞之云如初朝夕哭門外位者但經直云即位如初知如門外位者以下經始云主人拜賓入即位袒明知此未入門在門外如朝夕哭位也

婦人不哭。主人拜賓。入即位袒。此不蒙如初者以男子入門不哭也不哭者將有事止讙囂【疏】婦人至位袒○注此不至讙囂○釋曰云此不蒙如初者以男子入門不哭者案上篇朝夕哭云主人即位辟門婦人撫心不哭主人拜賓旁三右還入門哭婦人踊此主人入門不哭婦人不哭不踊故不得蒙如初也云將有事者謂將有啓殯之事也

商祝免袒。執功布入。升自西階。盡階不升堂。聲三。啓三。命哭。功布灰治之布也執之以接神爲有所拂扐也聲三三有聲存神也啓三三言啓告神也舊說以爲聲噫興也今文免作絻【疏】商祝至命哭○注功布至作絻○釋曰云功布灰治之布也者亦謂七升以下之布云執之以接神爲有所拂扐也者拂扐猶言拂拭下經云商祝拂柩用功布是拂拭去塵也此始告神而用功布拂扐

者謂拂扮去凶邪之氣也云三有聲存神也者案曾子問亦云祝聲三鄭云警神也即此存神也云舊說以爲聲噫與者鄭注曾子問云聲噫歆也不云舊說亦是舊說也

燭入。炤徹與啓肂者〔疏〕燭入○注炤徹與啓肂者○釋曰上云二燭此鄭云炤徹與啓肂則一燭於室中炤徹奠一燭於堂照開肂也

祝降。與夏祝交于階下。取銘置于重。祝降者祝徹宿奠降也與夏祝交事相接也夏祝取銘置于重爲啓肂遷之吉事交相左凶事交相右今文銘皆作名〔疏〕祝降至于重○注祝降至作名○釋曰此祝不言商夏則周祝也燭既入室周祝從而入室徹宿奠降時夏祝自下升取銘降置于重爲妨啓殯故也云祝降者祝徹宿奠降也者謂昨暮所設夕奠經宿故謂之宿奠也此宿奠擬朝廟所用即下云重先奠從者是也此奠所徹所置之處雖不言案上篇大斂遷小斂奠于序西南此亦序西南可也云吉事交相左者則鄉射大射皆云降與射者交於階下相左是也云凶事交相右者此凶事不言交相左者以凶事反於吉明交相右可知交相右者周祝降階時當近東夏祝升階當近西是交相右也云今文銘皆作名者此銘及下陳明器云取銘置于茵二者皆名但銘書作名亦通一塗也

踊無筭。主人也〔疏〕踊無筭○注主人也○釋曰下文云商祝拂柩則踊無筭當知開棺柩之時以其爲哀號之已甚故知主人也

商祝拂柩。用功布。幠用夷衾。拂去塵也幠覆之爲其形露〔疏〕商祝至夷衾○注拂去至形露○釋曰開柩已出時是棺南首夷衾本擬覆柩故斂時不用今得覆棺於後朝廟及入壙雖不言用夷衾又無徹文以覆棺言之當隨柩入壙矣

遷于祖。用軸。遷徙也徙於祖朝祖廟也檀弓曰殷朝而殯於祖周朝而遂葬蓋象平生將出必辭尊者軸輁軸也軸狀如轉轔刻兩頭爲軹輁狀如長牀穿程前後著金而關軸焉大夫諸侯以上有四周謂之輴天子畫之以龍〔疏〕遷于祖用軸○注遷徙至以龍○釋曰自此盡由足西面論以柩朝廟之事云遷于祖用軸者謂朝廟之時從殯宮遷移于祖廟朝時用輁軸載之案士喪禮將殯云棺入主人不哭升棺用軸則遷于祖時亦升輁軸於階上載之挽柩而下若然未升饌陳之當在堂下是以下記云夷牀輁軸饌于西階東注云明階閒者位近西夷牀饌于祖廟輁軸饌于殯宮而言階閒明在堂下也云檀弓曰殷朝而殯于祖者殷人將殯之時先朝廟說乃殯至葬時不復朝也云周朝而遂葬者周人殯于路寢至葬時乃朝朝說而遂葬引之者證經將葬朝祖之事云蓋象平生將出必辭尊者曲禮云出必告反必面是也案聘禮大夫將出聘告于禰乃行介無告禰之事故不得象之云軸輁軸也者下記云夷牀輁軸是也云軸狀如轉轔者此以漢法況之漢時名轉軸爲轉轔轔輪也故士喪禮云升棺用軸注云軸輁軸也輁狀如牀軸其輪輓而行是以輪爲轔也云刻兩頭爲軹者以軸頭爲軹刻軸使兩頭細穿入輁之兩髀前後二者皆然云輁狀如長牀穿程前後著金而關軸焉者此輁既云長如牀則有先後兩畔之木狀如牀髀厚大爲之兩畔爲孔著金釧於中前後兩畔皆然然後開軸於其中言程者以其厚大可以容軸故名此木爲程也云大夫諸侯以上有四周謂之輴者大夫殯葬雖不用輴士朝廟用輁軸則大夫朝廟當用輴諸侯天子殯葬朝廟皆用輴但天子畫轅爲龍謂之龍輴檀弓諸侯云輴天子云菆塗龍輴是也此輴皆有四周爲輴故名爲輴也

重先。奠從。燭從。柩從。燭從。主人從。行之序也主人從者丈夫由右婦人由左以服之親疏爲先後各從其昭穆男賓在前女賓在後〔疏〕重先至人從○注行之至在後○釋曰此論發殯宮鄉祖廟之次序柩之前後皆有燭者以其柩車爲隔恐闇故各有燭以炤道若至廟燭在前者燭升者炤正柩在後者在階下炤升柩故下記云燭先入者升堂東楹之南西面後入者西階東北面在下是也云先主人者從者丈夫由右婦人由左以服之親疏爲先後者經直云主人從者以主人爲首而言故鄭揔舉男子婦人并五服而言知男子由右婦人由左者以內則云道路男子由右女子由左鄭云地道尊右者彼謂吉時此雖凶禮亦依之也云親疏爲先後各從其昭穆者假令昭親則在先昭疏則在後就同昭穆之中又以年之大小爲先後男從主人後女從主婦後云男賓在前女賓在後者謂無服者亦各從五服男子婦人之後爲序也

升自西階。柩也猶用子道不由阼也〔疏〕升自西階○注柩也至阼也○釋曰云猶用子道不由阼也者案曲禮云爲人子者升降不由阼階今以柩朝祖故用子道不由阼也

奠俟于下。東面北上。俟正柩也〔疏〕奠俟至北上○注俟正柩也○釋曰既升階當正之於夷牀之上北首既正乃設奠故云俟正柩也

主人從升。婦人升。東面。衆主人東即位。東方之位〔疏〕主人至即位○注東方之位○釋曰主人主婦從柩而升言婦人升東面不言主人西面舉主婦東面主人西面可知故下文云主人西面也云衆人東即位者唯主人主婦一自衆主人以下從柩至西階下遂鄉東階下即西面位

正柩于兩楹閒。用夷牀。兩楹閒象鄉戶牖也是時柩北首〔疏〕正柩至夷牀○注兩楹至北首○釋曰云兩楹閒象鄉戶牖也者以其戶牖之閒賓客之位亦是人君受臣子朝事之處父母神之所在故於兩楹之閒北面鄉之若言鄉戶牖則在兩楹閒而近西矣故下記云夷牀輁軸饌于西階東饌夷牀俟正柩而言西階東則正柩于楹閒近西可知矣云是時柩北首者既言朝祖不可以足鄉之又自上以來設奠皆升自阼階今此下文設奠升降皆自西階下鄭注云奠升不由阼階柩北首辟其足以此而言此時柩北首明矣

主人柩東。西面。置重如初。如殯宮時也〔疏〕主人至如初○注如殯宮時也○釋曰主人主婦從柩升即當西面東面鄉柩主婦上文即言東面至此乃言主人西面者以其主婦東面位不改故從柩升因言東面男子在柩東西面者既改西面位故待正柩訖乃言西面也其重依上文序從之時重先不先置者以其上待正柩訖乃置之云如初者亦如上篇三分庭一在南二在北而置之故鄭云如殯宮時也

席升設于柩西。奠設如初。巾之。升降自西階。席設于柩之西直柩之西當西階也從奠設如初東面也不統於柩神不西面也不設柩東東非神位也巾之者爲禦當風塵〔疏〕席升至西階○注席設至風塵○釋曰此論設宿奠於柩西云席設于柩之西直柩之西當西階也者知當西階以其柩當戶牖之南席北鋪之自然當西階之上云從奠設如初東面也者如初謂如殯宮朝夕設奠于室中者從柩而來此還是彼朝夕奠脯醢醴酒據神東面設之於席前也云不統於柩神不西面也者謂不近柩設奠若近柩則統於柩爲神不西面故不近東統於柩知神不西面者特牲少牢皆設席于奧東面則天子諸侯亦不西面可知云不設柩東東非神位也者此亦據神位在奧不在東面言也若然小斂奠設于尸東者以其始死未忍異於生大斂以後奠皆設于室中亦不統於柩此奠不設于室者室中神所在非奠死者之處故也云巾之者爲禦當風塵者案禮記檀弓云喪不剝奠也與祭肉也與據小斂大斂之等也有牲肉故不倮露故巾之以此宿奠脯醢醴酒無祭肉巾之者以朝夕奠在室不巾此雖無祭肉爲在堂風塵故巾之異於朝夕在室者也

主人踊無筭。降拜賓。即位踊襲。主婦及親者由足西面。設奠時婦人皆室戶西南面奠畢乃得東面親者西面堂上迫疏者可以居房中〔疏〕主人至西面○注設奠至房中○釋曰云降拜賓即位踊襲者賓謂在殯宮看主人開殯朝祖之賓襲者從殯宮中拜賓入即位祖至此乃襲襲者先即位踊踊訖乃襲經于序東云設奠時婦人皆室戶西南面奠畢乃得東面者知婦人戶西南面者案下記云將載柩祝及執事舉奠戶西南面東上則知此設之時婦人辟之亦戶西南面待設奠訖乃由柩足向柩東西面不即鄉柩東西面者以主人在柩東待設奠訖主人降拜賓婦人乃得東也若然云親者西面則大功以上相隨同西面也又云堂上迫疏者可以居房中者以其言親者西面明疏者小功以下不得堂上西面爲堂上迫狹自然在房中西面矣

薦車直東榮北輈。薦進也進車者象生時將行陳駕也今時謂之魂車輈轅也車當東榮東陳西上於中庭〔疏〕薦車至北輈○注薦進至中庭○釋曰自此盡遷出論薦車馬設遷祖奠之事薦車者以明旦將行故豫陳車云進車者象生時將行陳駕也者案曲禮云君車將駕則僕執策立於馬前已駕僕展軨是生時將行陳駕今死者將葬亦陳車象之也云今時謂之魂車者鄭舉漢法況之以其神靈在焉故謂之魂車也云輈轅也者周禮考工記有輈人爲輈輈亦謂之轅故云輈轅也云車當東榮東陳西上於中庭者此車既非載柩之車即下記云薦乘車道車槀車以次言之則先陳乘車次陳道車次陳槀車知東陳西上者下云陳明器于乘車之西明器繼乘車而西明乘車在上已東有道車槀車故知三者西上也乘車既當東榮則三者不當中庭而云中庭者據南北之中庭不據東西爲中庭也何者以下經云薦馬入門三分庭一在南馬右還出薦馬者當車南在庭近南明車近北當中庭矣

質明滅燭。質正也〔疏〕質明滅燭○釋曰自啓殯至此時在殯宮在道及祖廟皆有二燭爲明以尚早故也今至正明故滅燭也

徹者升自阼階。降自西階。徹者辟新奠不設序西南已再設爲褻〔疏〕徹者至西階○注徹者至爲褻○釋曰云新奠者謂遷祖之奠將設新故徹去從奠以辟新奠也云不設序西南已再設爲褻者爲徹從奠不設于序西南爲再設褻瀆故不設也其再設者未啓殯前夕時一設至此朝廟又設是再設也

乃奠如初。升降自西階。爲遷祖奠也奠升不由阼階柩北首辟其足〔疏〕乃奠至西階○注爲遷至其足○釋曰云爲遷祖奠也者謂遷柩朝祖之奠也云如初者亦於柩西當階之上東面席前爲之則同其饌則異以其上三鼎及東方之饌皆大斂之奠是也云奠升不由阼階柩北首辟其足者以前大斂小斂及朝夕奠皆升自阼階降自西階今此遷祖奠升不由阼階故云辟足辟足者以其來往不可由首又飲食之事不可褻之由足故升自西階也若然徹時所以由足者奠畢去之由足無嫌也

主人要節而踊。節升降〔疏〕主人要節而踊○注節升降○

釋曰云節外降者奠外時主人踊降時婦人踊由重南主人踊此不言婦人文不具也**薦馬纓三就。入門北面交轡。圉人夾牽之。**駕車之馬每車二匹纓今馬鞅也就成也諸侯之臣飾纓以三色而三成此三色者蓋條絲也其著之如罽然天子之臣如其命數王之革路條纓圉人養馬者在左右曰夾既奠乃薦馬者爲其踐汙廟中也凡入門參分庭一在南〔疏〕薦馬至牽之○注駕車至在南○釋曰薦馬并薦纓者纓爲馬設故與馬同時薦之案下記云薦乘車又云纓轡貝勒縣于衡又云道車載朝服槀車載蓑笠注云道車槀車之纓轡及勒亦縣于衡也若然薦車之時纓縣于衡此薦馬得有纓者以薦車時縣于衡至此薦馬時又取而用之故兩見之也云駕車之馬者即上文薦車之馬也云每車二匹者下經云公賵兩馬注云兩馬士制也故知此車有三乘馬則六匹矣云纓今馬鞅也者古者謂之纓漢時謂之鞅故舉漢法爲況也云諸侯之臣飾纓以三色而三成者以此下士薦馬纓三就則不依命數則大夫亦同三色知者案巾車上公纓九就侯伯纓七就子男纓五就諸侯之臣不得與子男同五就故知與士同三就此三色則如聘禮記三色朱白蒼也云此三色者蓋條絲也者謂以絲爲條無正文故云蓋以疑之云其著之如罽然者鄭注巾車云玉路之樊及纓皆以五采罽飾之十二就其下金路九就象路七就注皆云五色罽飾之此則三采絲爲條飾之但著之則同故云其著之如罽然也云天子之臣如其命數者案典命云三公八命其卿六命大夫四命出封皆加一等命數雖卑於諸侯以王人雖微猶序諸侯之上故得與同依命數就依命數其色則無過五采罽以其金路以下與諸侯其飾與王同諸侯之臣既同三色明天子大夫以上亦五采罽與諸侯同但天子之士三命以下不得依命少於諸侯之臣當同色與諸侯之臣同矣若然公之孤四命以降於天子大夫宜與三卿同三色也云王之革路條纓者至革路木路不用罽而用條絲爲纓與此纓三色者同故引爲證也云圉人養馬者案周禮校人職云乘馬一師四圉是圉人以養馬以其養馬故使之薦也云在左右曰夾者以車三乘馬則六匹每馬二人交轡牽之故云在左右曰夾云既奠乃薦者爲其踐汙廟中者車馬相將之物前薦車在奠上今此薦馬在奠後者欲其既薦即出恐踐汙廟中故後薦之也云凡入門參分庭一在南者大斂陳事在庭分爲三分一分在北則繼堂而言一分在南則繼門而言此既繼門故云三分庭一在南又不言門左門右則當門之北矣**御者執策立于馬後。哭成踊。右還出。**主人於是乃哭踊者薦車之禮成於薦馬〔疏〕御者至還出○注主人至薦馬○釋曰云主人於是乃哭踊者薦車之禮成於薦馬者以其車得馬而成故前薦車時主人不哭踊至薦馬乃哭是由車成於薦馬故也主人哭踊訖馬則右還而出右者亦取便故也**賓出。主人送于門外。有司請祖期。**亦因在外位請之當以告賓每事畢輒出將行而飲酒曰祖祖始也〔疏〕賓出至祖期○注亦因至始也○釋曰自此盡屬引論祖時飾柩車之事此賓即上來弔主人啓殯者朝廟事畢而出主人送之云亦因在外位請之者上既夕哭訖因外位請啓期故云亦也此經不言告賓知告賓者若不告賓時主則設何須請期故知擬告賓故云當以告賓也云每事畢輒出者有司請期之禮每事皆待事畢因主人出在外位乃請之言每事者篇首云請期此云請祖期下文請葬期皆因出在外請之故云每事也云將行而飲酒曰祖祖

始也者案詩有韓侯出祖出宿于屠顯父餞之清酒百壺又云出宿于泲飲餞于禰皆是將行飲酒曰祖此死者將行亦日祖爲始行故曰祖也**曰日側。**側昳也謂將過中之時〔疏〕曰日側○注側昳至之時○釋曰此主人辭以上文有司請主人祖期主人荅之曰日側者昃是傍側亦爲特義轉爲昃者取差跌之義故從昃也云過中之時者則尚書無逸云文王至于日中昃昃即側也**主人入袒。乃載。踊無筭。卒束襲。**袒爲載變也乃舉柩卻下而載之束束棺於柩車賓出遂匠納車于階間謂此車〔疏〕主人至束襲○注袒爲至此車○釋曰云袒爲載變也者將載主人先袒乃載故云爲載變也云乃舉柩卻下而載之者御猶卻也鄉柩在堂北首今卻下以足鄉前下堂載於車故謂之爲卻也云束束棺於柩車者案禮記喪大記云君蓋用漆三衽三束檀弓曰棺束縮二橫三彼是棺束此經先云載下乃云卒束則束非棺束是載柩訖乃以物束棺使與柩車相持不動也云賓出遂匠納車于階間謂此車者案下記云既正柩賓出遂匠納車于階間此經不辨納車時節故鄭明之**降奠當前束。**下遷祖之奠也當前束猶當尸腢也亦在柩車西束有前後也〔疏〕降奠當前束○注下遷至後也○釋曰束卒乃云降奠則未束以前其奠使人執之待束訖乃降奠之當束也云當前束猶當尸腢也者下記云即牀而奠當腢彼在尸東此在柩車西當前束亦當腢故取當腢而言也云束有前後也者以經既言前束則有後束可知故云有前後也**商祝飾柩。一池。紐前赬後緇。齊三采。無貝。**飾柩爲設牆柳也巾奠乃牆謂此也牆有布帷柳有布荒池者象宮室之承霤以竹爲之狀如小車笭衣以青布一池縣於柳前士不揄絞紐所以聯帷荒前赤後黑因以爲飾左右面各有前後齊居柳之中央若今小車蓋上蕤矣以三采繒爲之上朱中白下蒼著以絫元士以上有貝〔疏〕商祝至無貝○注飾柩至有貝○釋曰此並飾車之事其柩車即周禮蜃車也四輪迫地其轝亦一牀如長牀兩畔豎幹子以帷繞之上以荒一池縣於前面荒之爪端荒上於中央加齊云飾柩爲設牆柳也者即加帷荒是也云巾奠乃牆下記文鄭引之者以此經直云飾柩不言設牆時節故記人辨之以巾覆奠乃牆謂此飾柩者也云牆有布帷柳有布荒者案喪大記云飾棺君龍帷黼荒大夫畫帷畫荒士布帷布荒鄭注云布帷布荒者白布也君大夫加文章爲此注牆柳別案喪大記注又云在旁曰帷在上曰荒皆所以衣柳也則帷荒揔名爲柳者案縫人云衣翣柳之材鄭注必先纚衣其木乃以張飾也柳之言聚諸飾之所聚若然對則帷爲牆象宮室有牆壁荒爲柳以其荒有黼黻及齊三采諸色所聚故得柳名揔而言之皆得爲牆巾奠乃牆及檀弓云周人牆置翣皆牆中兼有柳縫人衣翣柳之材柳中兼牆矣鄭注喪大記云荒蒙也取蒙覆之義云池者象宮室之承霤以竹爲之者生人宮室以木爲承霤仰之以承霤水死者無水可承故用竹而覆之直取象平生有而已云狀如小車笭衣以青布者此鄭依漢禮而言云一池縣於柳前者案喪大記君三池大夫二池士一池君三池三面而有大夫二池縣於兩相士一池縣於柳前面而已云士不揄絞者案雜記云大夫不揄絞屬於池下揄者依爾雅釋鳥云江淮而南青質五采皆備成章曰鷂絞者蒼黃之色則人君於蒼黃色繢上又畫鷂雉之形縣於池下大夫則闕之故云大夫則不揄絞屬於池下池下揄絞一名振容故喪大記云大夫不振容振容者車行振動以爲容儀但大夫不振容池

下仍有銅魚縣之士不但不揄絞又無銅魚故喪大記大夫有魚躍拂池士則無鄭注云士則去魚云左右面各有前後者柩車左右以有帷分兩相各爲前後故云前赬後緇云齊居柳之中央者雖無正文以其言齊若人之齊亦居身之中央也云若今小車蓋上蕤矣者漢時小車蓋上有蕤在蓋之中央故舉以爲說云以三采繒爲之上朱中白下蒼者案聘禮記云三采朱白蒼彼據繅藉用三采先朱次白下蒼此爲齊用三采亦當然故取以爲義也云著以絫者既云齊當人所覩見故知以絫著之使高知元士以上有貝者案喪大記云君齊五采五貝大夫齊三采三貝士齊三采一貝鄭注云齊象車蓋蕤縫合雜采爲之形如瓜分然綴貝落其上及旁見彼士爲天子元士元士已上皆有貝也此諸侯之士故云無貝也**設披。**披輅柳棺上貫結於戴人居旁牽之以備傾虧喪大記曰士戴前纁後緇二披用纁今文披皆爲藩〔疏〕設披○注披輅至爲藩○釋曰云披輅柳棺上貫結於戴者案喪大記注云戴之言值也所以連繫棺束與柳材使相值因而結前後披也此注云披柳棺上貫結於戴以此而言則戴兩頭皆結于柳材又以披在棺上輅過然後貫穿戴之連繫棺束者乃結于戴餘披出之於外使人持之一畔有二爲前後披故下記云執披者旁四人注云前後左右各二人是也人君則三披各三人持之備傾虧也引喪大記者證披連戴而施之也云二披用纁者與戴所用異大夫與君則後戴與披用物同故喪大記云君纁戴六纁披六大夫戴前纁後玄披亦如之是其用物同也云今文披皆爲藩者言皆者此文披及下文商祝御柩執披并下記執披者三字皆爲藩今不從之也**屬引。**屬猶著也引所以引柩車在軸輴曰紼古者人引柩春秋傳曰坐引而哭之三〔疏〕屬引○注屬猶至之三○釋曰引謂紼繩屬著於柩車云在軸輴曰紼者士朝廟時用軸大夫已上用輴故并言之言紼見繩體言引見用力故鄭注周禮亦云在車曰紼行道曰引云古者人引柩者雜記乘人專道而行又云諸侯五百大夫三百皆是引人也言古者人引對漢以來不使人引也引春秋者案定公九年左氏傳云齊侯伐晉夷儀敝無存死之齊侯與之犀軒而先歸之坐引者以師哭之親推之三注云坐而飲食之此鄭引之云坐引者亦謂飲食之而哭之亦以師哭之三者亦謂公親推之三也引之者證古者人引也**陳明器於乘車之西。**明器藏器也檀弓曰其曰明器神明之也言神明者異於生器竹不成用瓦不成味木不成斵琴瑟張而不平竽笙備而不和有鐘磬而無筍虡陳器於乘車之西則重北也〔疏〕陳明至之西○注明器至北也○釋曰云明器藏器也者自筲以下皆是藏器故下云器西南上綪又云茵注云茵在抗木上陳器夾而北也則自包筲以下揔曰藏器以其俱入壙也引檀弓者案彼注成猶善也竹不可善用謂邊無縢味當作沬沬靧也又云琴瑟張而不平竽笙備而不和注云無宮商之調又云有鐘磬而無簨虡注云不縣之也橫曰簨植曰虡云陳器乘車之西則重北者無正文上薦車云直東榮繼廟屋而言上注云中庭不得云近北明車近不在重今東陳於乘車之西明重北可知**折橫覆之。**折猶庋也方鑿連木爲之蓋如牀而縮者三橫者五無簀窆事畢加之壙上以承抗席橫陳之者爲苞筲以下緈於其北便也覆之見善面也〔疏〕折橫覆之○注折猶至面也○釋曰云折橫覆之者鄭云蓋如牀則加於壙上時南北長東西短今經云橫明知其長者東西陳之言覆者謂善面則折加於壙時擬鄉上看之爲面故善者鄉下今陳之取鄉下看之故反覆善面鄉上也云折猶庋也者以其空舉

加之於壙上所以承抗席若庋藏物然故云折猶庋也云方鑿連木爲之蓋如牀而縮者三橫者五無簀者此無正文以經云橫覆之明有縱對之旣爲縱橫即知有長短廣狹以承抗席故爲如牀解之又知縮者三橫者五亦約茵與抗木但於壙口承抗席宜大於茵與抗木故知縮三橫五也知無簀者以其縮三橫五以當簀處故無簀也知窆事畢加之壙上以承抗席者下葬時窆事畢云加折卻之加抗席覆之是折窆事畢加之壙上承抗席者也云橫陳之者爲苞筲以下縪于其北便也者鄭解折不縮者南北順陳而橫陳之意爲折橫陳則東西廣是以苞筲陳之於北便也

抗木橫三縮二。抗禦也所以禦止土者其橫與縮各足掩壙〔疏〕○抗木橫三縮二○注抗禦至掩壙○釋曰云所以禦止土者以其在抗席之上故知以禦土也其橫與縮各足掩者以其壙口大小雖無文但明器之等皆由羨道入諸侯已上又有輴車亦由羨道人壙口唯以下棺則壙口大小容棺而已今抗木亦足掩壙口也

加抗席三。席所以禦塵〔疏〕加抗席三○注席所以禦塵○釋曰既陳抗木於折北又加此抗席三領於抗木之上知抗木不在折上者以抗木直言橫三縮二不言加明別陳於折北抗木之下而此云加加於抗木之上可知抗席之下而云加茵明又加於抗席之上此三者以後陳者先用故先陳抗木於下次陳抗席而後陳茵先用取後陳於上者便故也是以下文及葬時茵先入壙窆事訖加折壙上則先用抗席後用抗木是其次也若然折於抗席前用而不加於抗席之上者以長大故別陳於南用之仍在茵後其茵用之在明器前入而陳之於明器上者以其同葬具故與抗木同陳於上也但抗席茵相重陳者以其入壙時相當又皆是縱橫重累之物故重加陳之也云席所以禦塵者上云抗木所以禦土此抗席云禦塵者以此二者但壙口以承土承塵但抗木在上故云禦塵抗席在下隔抗木慮有塵鄉下故云禦塵是以釋之有異也

加茵用疏布。緇翦有幅。亦縮二橫三。茵所以藉棺者翦淺也幅緣之亦者亦抗木也及其用之木三在上茵二在下象天三合地二人藏其中焉今文翦作淺〔疏〕加茵至橫三○注茵所至作淺○釋曰云加茵者謂以茵加於抗席之上此說陳器之時云用疏布者謂用大功疏麤之布云緇翦者緇則七入黑汁爲緇翦淺也謂染爲淺緇之色言有幅者案下記云茵著用荼實綏澤焉此鄭注云有幅以緣之者則用一幅布爲之縫合兩邊幅爲帒不去邊幅用之以盛著也故云有幅也云茵所以藉棺者下葬時茵先屬引乃窆則茵與棺爲藉故先入在棺之下也鄭云幅緣之者蓋縫合既訖乃更以物緣此兩邊幅縫合之處使之牢固不坼壞因爲飾也云亦者亦抗木也者抗木云縮二橫三此亦縮二橫三故知亦者亦抗木也云及其用之木三在上茵二在下者上抗木先云橫三後云縮二此茵先云縮二後云橫三並據此陳列之時鄭據入壙而言故云其用之也木三在上茵二在下各舉一邊而言其實皆有二三云象天三合地二者渾天言之則地之上下內外周帀皆有天若然云木二則在下及其用之則茵三在下茵二在上以此天而言木與茵皆有天三合地二也云人藏其中焉者亦謂渾天而言上下俱有天地人尸柩藏其中故說卦云參天兩地又云立天之道立地之道立人之道爲三材也

器西。南上綪。器目言之也陳明器以西行南端爲上綪屈也不容則屈而反之〔疏〕器西南上綪○注器目至反之○釋曰云器目言之也者器與下爲目即下文苞以下是也

茵。茵在抗木上陳器次而北也〔疏〕茵○注茵在至北也○釋曰茵非明器而言之者陳器從此茵鄉北爲次第故言之故鄭云茵在抗木上陳器次而北是也

苞二。所以裹奠羊豕之肉〔疏〕苞二○注所以至之肉○釋曰下文既設遣奠而云苞牲取下體故知苞二所以裹奠羊豕之肉也

筲三。黍稷麥。筲畚種類也其容蓋與簋同一觳也〔疏〕筲三黍稷麥○注筲畚至觳也○釋曰案下記云菅筲三則筲以菅草爲之筲三各盛一種黍稷麥也云筲畚種類也者舊說云畚器所以盛種此筲與畚盛種同類故舉以爲況也云其容蓋與簋同一觳也者案考工記旊人爲簋實一觳又云豆實三而成觳案昭三年晏子云四升曰豆豆實三而成觳則觳受斗二升此筲與簋同盛黍稷知受一觳斗二升約同之無正文故云蓋以疑之也

甕三。醯醢屑。幂用疏布。甕瓦器其容亦蓋一觳屑薑桂之屑也內則曰屑桂與薑幂覆也今文幂皆作密〔疏〕甕三至疏布○注甕瓦至作密○釋曰云甕瓦器者以甕與甒等字從缶瓦故知是瓦器云其容亦蓋一觳者聘禮記致饔餼云甕斗二升則此甕約同之故云蓋以疑之也知屑是薑桂者以其與內則屑桂與薑同云屑故引內則爲證也

甒二。醴酒。幂用功布。甒亦瓦器也古文甒皆作廡〔疏〕○甒二至功布○注甒亦至作廡○釋曰謂二者所盛須繼甕三而陳之言亦瓦器亦上甕三也

皆木桁久之。桁所以庪苞屑甕甒也久當爲炙炙謂以蓋案塞其口每器異桁〔疏〕皆木桁久之○注桁所至異桁○釋曰云言木桁久之者則自苞屑以下皆塞之置於木桁也若然既皆久塞而甕甒獨云幂者以其苞筲之等燥物宜苞塞之而無幂甕甒濕物非直久塞其口又加幂覆之云久當爲炙炙謂以蓋案塞其口者此亦如上設重鬲亦與之同故讀從炙也云每器異桁者以其言皆木桁故知每器別桁也

用器。弓矢耒耜。兩敦兩杅槃匜。匜實于槃中南流。此皆常用之器也杅盛湯漿槃匜盥器也流匜口也今文杅爲桙〔疏〕○用器至南流○注此皆至爲桙○釋曰謂常用之器弓矢兵器耒耜農器敦杅食器槃匜洗浴之器皆象生時而藏之也

無祭器。士禮略也大夫以上兼用鬼器人器也〔疏〕無祭器○注士禮至器也○釋曰知大夫以上兼用鬼器人器也者案檀弓云宋襄公葬其夫人醯醢百甕曾子曰既曰明器矣而又實之注云言名之爲明器而與祭器皆實之是亂鬼器與人器以此而言則明器鬼器也祭器人器也士禮略無祭器空有明器而實之大夫以上尊者備故兩有若兩有則實祭器不實明器宋襄公既兩有而并實之故曾子非之

有燕樂器可也。與賓客燕飲用樂之器也〔疏〕有燕樂器可也○注與賓至器也○釋曰言可者許其得用故云可也云與賓客燕飲用樂之器也者則升歌有琴瑟庭中有特縣縣磬也

役器。甲冑干笮。此皆師役之器甲鎧冑兜鍪干楯笮矢箙〔疏〕役器甲冑干笮○注此皆至矢箙○釋曰此役器中有干笮無弓矢示不用故不具上用器是常用之器故具陳之也云甲鎧冑兜鍪者古者用皮故名甲冑後代用金故名鎧兜鍪隨世爲名故也但上下役用之器皆麤沽爲之故下記云弓矢之新沽功注云設之宜新沽示不用弓矢云沽餘雖不言皆沽可知也但此笮是送死之具下記云薦乘車鹿淺幦干笮革靾者是魂車所載象生者與此別也

燕器。杖笠翣。燕居安體之器也笠竹䇘蓋也翣扇〔疏〕燕器杖笠翣○注燕居至翣扇○釋曰云燕居安體之器也者以杖者所以扶身笠者所以禦暑翣者所以招涼而在燕居用之故云燕居安體之器也云笠竹䇘蓋也者䇘竹青之皮以竹青皮爲之

徹奠。巾席俟于西方。主人要節而踊。巾席俟於西方祖奠將用焉要節者來象升丈夫踊去象降婦人踊徹者由明器北西面既徹由重南東不設於序西南者非宿奠也宿奠必設者爲神馮依之久也〔疏〕徹奠至而踊○注巾席至久也○釋曰自此盡入復位論還車爲祖奠之事此徹遷祖奠者爲將還車更設祖奠云巾席俟於西方祖奠將用焉者以下經云祖還車還車訖布席設祖奠則布此巾席也故巾席俟祖奠在西方也云節者來象升丈夫踊去象降婦人踊者案上篇徹小斂大斂奠時皆升自阼階丈夫踊降自西階婦人踊今奠在庭無升降之事直有來往經云要節而踊明來象升丈夫踊以去象降婦人踊但此經直云主人要節知有婦人亦踊者以下經徹祖奠時云徹者入丈夫踊設于西北婦人踊注云猶阼階升時也徹設於柩車西北亦猶序西南是男子婦人並有踊文則知此要節踊內亦兼婦人也云徹者由明器北西面既徹由重南東者凡奠於堂室者皆升自阼階降自西階奠於庭者亦由重北東方來陳由重北而西徹訖由重南而東象升自阼階降自西階也但設奠於柩車西則東面而徹者由奠東而西面徹之也云不設于序西南者非宿奠也者以其大斂小斂奠及夕奠乃皆經宿故皆設之于序西南爲神馮依此遷祖奠且始設之今日側徹之未經宿即徹故不設于序西南也

祖。爲將祖變〔疏〕祖○注爲將祖變○釋曰下經商祝御柩乃祖是將祖故此主人祖祖即變也

商祝御柩。亦執功布居前爲還柩車爲節〔疏〕商祝御柩○注亦執至爲節○釋曰云商祝御柩者謂居柩車之前却行詔傾虧使執披人知其節度云亦執功布者下經商祝執功布以御柩執披故此亦如之故執布

乃祖。還柩鄉外爲行始〔疏〕乃祖○注還柩至行始○釋曰商祝既執功布爲御乃還柩車使轅鄉外也祖者始也爲行始去載處而已也

踊。襲少南。當前東。主人也柩還則當前東南〔疏〕踊襲至前東○注主人至東南○釋曰前祖爲祖變今既祖訖故踊而襲云主人也者前祖是主人則此襲亦主人也經云少南鄭云則當前東南者以其車未還之時當前東近北今還車亦當前東少南

婦人降即位于階間。爲柩將去有時也位東上〔疏〕婦人至階間○注爲柩至東上○釋曰婦人降者以柩還鄉外階間空故婦人從堂上降在階間云爲柩將去有時者去有時即明旦遣而行之是時也今此爲行始也云位東上者以堂上時婦人在阼階西面統於堂下男子今柩車南還男子亦在車東故婦人降亦東上統于男子也婦人不鄉車西者以車西有祖奠故辟之在車後

祖。還車。不還器。祖有行漸車亦宜鄉外也器之陳自已南上〔疏〕祖還車不還器○注祖有至南上○釋曰祖還車者爲載時鄉北今爲行始故須還鄉南故鄭云祖有行漸車亦宜鄉外也不還器者鄭云器之陳自已南上南上者即上文茵下注云茵在抗木上陳器次而北是也

祝取銘置于茵。重不藏故於此移銘加於茵上〔疏〕祝取銘置于茵○注重不至茵上○釋曰初死爲銘置于重啓殯祝取銘置于重祖廟又置于重今將行置于茵者重不藏擬埋于廟門左茵是入壙之物銘亦入壙之物故置于茵也是以鄭云重不藏故於此

移銘加於茵上也士無旜旌唯有乘車所建攝盛之旃弁二此銘旌而已大夫以上有旜旌通此二旌則皆備三旌也

人還重左還。重與車馬還相反由便也。〔疏〕二人還重左還○注重與至便也○釋曰云重與車馬還相反由便也者以車馬至中庭之東以右還鄉門爲便重在門內面鄉北人在其南以左還鄉門爲便是以二者雖相反各由其便

布席。乃奠如初。主人要節而踊。車已祖可以爲之奠也是之謂祖奠〔疏〕布席至而踊○注車已至祖奠○釋曰云主人要節而踊者祖奠既與還祖奠同車西又皆從車而來則此要節而踊一與還祖奠同云車已祖可以爲之奠也者奠本爲柩設其柩未安不得設奠今車已還名之爲祖尸柩已定可以爲奠也云是之謂祖奠者下記云祝饌祖奠于主人之南是謂彼祖奠

薦馬如初。柩動車還宜新之也〔疏〕薦馬如初○注柩動至之也○釋曰上已薦馬今又薦馬者以柩車動而鄉南爲行始宜新之故薦馬如初也

賓出。主人送。有司請葬期。亦因在外位時〔疏〕賓出至葬期○注亦因在外位時○釋曰云亦因在外位時者亦上啓期祖期事畢在外位故此亦因事畢出在外位時請葬期也

入復位。主人也自死至於殯自啓至於葬主人及兄弟恒在內位〔疏〕入復位○注主人至內位○釋曰云主人者以其送賓據主人入今送賓訖入復位明主人也云自死至於殯自啓至於葬主人及兄弟常在內位者自死至於殯在內位在殯宮中自啓至於葬在內位據在祖廟中處雖不同在內不異故總言之云在內位者始死未小斂已前位在尸東小斂後位在阼階下若自啓之後在廟位亦在阼階下也

儀禮注疏卷三十八校勘記　阮元撰盧宣旬摘錄

既夕禮第十三　夕下唐石經徐本釋文楊敖俱有禮字集釋毛本無案既夕摘取篇首二字爲題與有司徹同例似不必有禮字舊本俱有惟單疏標題獨無明刻注疏因之

大戴第十五　毛本作大戴第五冊○案大戴第十五乃公食大夫此當作第五也冊字似後人校語誤入正文○按卷一疏云大戴既夕爲第五

乃記葬時而總記之　通解要義同毛本記作計

開殯卽還於祖　陳本通解要義同毛本卽作既

既夕哭

鄭知復外位請者　通解要義同毛本請作時

請啓期告于賓

明旦須啓殯　陳閩監本要義同毛本旦作日

夷牀饌于階間　唐石經徐本通典要義楊敖俱作夷釋文集釋通解毛本俱作侇陸氏曰侇音夷本亦作夷○按今本經文及注疏夷侇錯出

朝正柩用此牀　釋文無正字通典有與疏合

二燭俟于殯門外

燭用烝　徐本同毛本烝作蒸張氏曰注曰燭用蒸案釋文云蒸之承反薪也從釋文案今本釋文亦作蒸又嚴本與徐本同而張氏所引作蒸亦不可解○按說文云蒸或省火作蒸

案周禮甸師氏云　要義無氏字○按要義是也

主者執燭抱燋　毛本執誤作報

丈夫髽

啓後主人著免可知　通解要義同毛本無著字

婦人不哭

此不象如初者　徐本同毛本象作蒙集釋通解楊敖俱作蒙張氏曰疏作蒙從疏

商祝免袒

爲有所拂扐也　毛本扐作仿徐本聶氏集釋敖氏俱作扐與此本述注合釋文亦作扐云拂扐本又作仿佛上芳味反下芳丈反楊氏拂仿作彷佛通典仿作柩通解與毛本同金曰追云釋文正作拂扐注云本又作佛仿今上字既作拂則下字自當作扐且疏云猶言拂拭亦於佛仿義遠案楊氏作彷佛義或與此異○按釋文注仿佛二字金引作佛仿未知何據疏別見後

爲有所拂扐也者　聶氏要義同毛本通解扐作仿下同

不云舊說　毛本通解無此句

燭入

則一燭於室中炤徹　通解楊敖同毛本於作入

祝降

燭既入室　要義同毛本通解室下有時字

卽下云重先奠從者是也　奠從下要義有燭從二字○按有則與下文合要義是也

此銘及下陳明器云　毛本明誤作銘

二者皆名　毛本二誤作巳名作銘

商祝拂柩用功布

幠覆之　徐本通典集釋通解要義楊敖同毛本無幠字

雖不言用夷衾　陳閩俱無雖字

遷于祖用軸

蓋象平生將出必辭尊者　毛本集釋生下有時字徐本楊氏俱無與疏合

穿程前後　徐葛通典通解楊氏同毛本聶氏集釋俱作程案疏內程字單疏及識誤所引俱與毛本同

著金而關軹焉　關通典作關軹徐本集釋俱作軹通典毛本聶氏通解楊氏俱作軸張氏曰疏軹作軸監本亦作軸從疏及監本○按敖氏於士喪禮載此注亦作軹

亦升輁軸於階上　亦陳閩俱作以

夷牀輁軸饌于西階東　要義同毛本無饌字○按下記有饌字

云周朝而遂葬者　陳閩通解要義同毛本遂作隨非也

云軸輁軸也者　下軸字陳本無閩本擠入

漢時名轉軸爲轉轔　毛本時作法案玉海引作漢時不誤

主人從升○衆人東卽位　人上唐石經有主字敖氏曰東卽位者乃衆主人也脫一主字耳以記攷之可見顧炎武曰當依石經盧文弨曰疏疊注亦無主字下云自衆主人以下云以下則不專指衆主人

主人柩東西面

故待正柩訖　毛本待誤作特

席升設于柩西

席設于柩之西　毛本席誤作序

云從奠設如初東面也者　此句下如初二字毛本通解無要義有

據神東面　毛本神作室中通解要義俱作神楊氏作神位陳本無室字閩本室字擠入

主人踊無算

乃得東面　面閩葛通解俱作也案疏云乃由柩足鄉柩東正釋注東字之義又云主人降拜賓婦人乃得東也據此則注面字當依通解作也爲是

襲者從殯宮中拜賓　要義同毛本者下有主人二字中下有降字通解有主人二字無襲者二字

乃得東面者　面通解作也

祝及執事舉奠　毛本祝誤作所

相隨同西面也　毛本通解同作向

薦車直東榮

君車將駕　要義同毛本通解君作君案若字非也

質明滅燭

今至正明　陳閩通解同毛本今作令

徹者升自阼階
未啓殯前夕時一設 要義同毛本無未字
乃奠如初
亦於柩西當階之上 陳閩通解要義同毛本於作爲
及朝夕奠 通解要義同毛本無夕字
薦馬纓三就
其著之如罽然 著通典作飾
王之革路絛纓 徐本通典集釋通解楊敖俱作絛纓與疏合毛本作絲絛
注云兩馬士制也 通解要義同毛本無注云兩馬四字案毛本非也
故云蓋以疑之 通解同毛本疑作擬○案疑是也
云其著之如罽然者 通解同毛本無其字○案其字當有
至革路木路不用罽 毛本通解楊氏至俱作王
車馬相將之物 通解同毛本相將作將祖
有司請祖期
何須請期 要義同毛本期作啓
皆因出在外請之 毛本通解外下有位字
顯父餞之 通解同毛本餞作薦○按餞是也
曰日側
側昳也 案段玉裁云當作側讀爲昃昃昳也漢人用昳不用昳
謂將過中之時 敖氏無將字似與疏合過陳本誤作滿
主人入祖 祖石經補缺誤作祖
乃舉柩卻下而載之 徐本通典集釋楊敖俱有乃字與疏合通解毛本無
降奠當前束
下遷祖之奠也 祖通典作柩
此在柩車西當前 毛本通解前作束
故取當腢而言也 毛本無當腢二字
商祝飾柩
衣以青布 毛本布誤作自

其轝亦一狀如長牀 要義同毛本無一字陳閩俱有删字案删字亦後人校語誤入正文
縣於前面荒之爪端 要義同毛本爪作瓜
荒上於中央加齊 要義楊氏同毛本無於字陳本有於無中
謂此飾柩者也 謂監本誤作於此各本誤比
若然對 要義同毛本通解對下有而言之三字
象宮室之承霤 陳本通解要義同毛本象作兼
縣於柳前面而已 陳閩俱無前字
云士不褕絞者 褕要義作褕下竝同毛本通解竝作揄○按褕正字揄假借字
絞者倉黃之色 通解要義同毛本無絞字○按絞字當有
則入君於倉黃色繒上 毛本繒誤作繪下同
故云大夫則不褕絞屬於池下池下 毛本池下二字不重出此本要義俱重出是也
若人之齊 齊楊氏作臍案封禪書天主祠天齊索隱曰言如天之腹齊也齊齋古蓋通用
上朱中白下倉者 倉要義俱作倉毛本作蒼通解載下朱白著句亦作倉案各本注俱作蒼
見彼士爲天子元士 要義同毛本見作是
設披
披輅柳棺上貫結於戴 輅通典集釋俱作絡案輅絡古字通
以備傾虧 徐陳通典集釋通解楊敖俱有虧字與疏合毛本無
屬引
坐引而哭之三 引下通典有者字案者字似不可省疏亦似有者字
釋曰 毛本曰下有云引所以引柩車者八字通解要義俱無
屬著於柩車 陳閩俱無著字
亦謂飲食之而哭之 通解食下無之字要義無而字此句下毛本無亦以師哭之五字通解要義有
陳明器於乘車之西
有鐘磬而無筍虡 筍集釋作簨虡毛本作簴下同徐本集釋俱作虡與此本疏文合案說文虡字在虍部不从竹
則重之北也 徐本通典集釋通解俱無之字與此本述注合楊氏有

自筲以下 自字下要義有包字
謂鑁無縢 毛本鑁作邊金曰追邊改鑁
折橫覆之
言覆者謂善面 毛本通解者謂作之見
故善者鄉下 下陳閩俱作人
亦約茵與抗木 陳閩通解同毛本與作爲
抗木橫三縮二
其橫與縮各足掩者 要義同毛本通解掩下有壙字
加抗席三
以承土承塵 毛本作以上承塵
加茵用疏布
縫合兩邊幅爲帒 通解要義同毛本帒作袋
下葬時茵先 要義同毛本通解先下有入字
使之牢固不坼壞 坼閩本作拆毛本通解作折
爲三材也 毛本材作才
筲三
則筲以菅草爲之 陳閩通解同毛本菅作管○案菅字是
罋三 罋釋文聶氏俱作甕按疏云罋與甒等字從缶瓦蓋罋字從缶甒字從瓦也聶氏既作甕遂改疏云甕甒二字皆從瓦
○冪用疏布 冪通典作冪注及下同釋文作冪云本又作鼏
罋斗二升 陳本通解要義同毛本斗作十
皆木桁久之
謂以蓋案塞其口 毛本同通解無案字○按疏有案字
而罋甒獨云冪者以其苞筲之等燥物 者以其陳閩俱誤作覆之云案下文有覆之云三字相連此因彼而誤
用器○兩杅 杅監本誤作杅注同陸氏曰杅音于本又作芋音同
今文杅爲桙 爲要義作作
役器
矢箙 箙楊氏作服陸氏曰箙本又作服○按經傳多假服爲箙

燕器杖笠翣　張氏曰案釋文云翣所甲反扇也此非牆翣之翣故從竹從釋文○按說文有翣無箑箑亦翣扇字也牆翣之翣本取象於扇今本釋文作翣張說恐非

笠竹篣蓋也　錢大昕曰釋文篣字無音賈疏釋篣爲竹青皮則篣當爲篛字之譌陸所見本亦必作篛篛字禮記屢見故不更加音爾說文無篣字五經文字亦不收惟集韻始收之蓋此注之譌始於北宋矣○按篣與篛形聲俱不相近不知何以致誤

徹奠

直有來往　來往毛本作往來此本通解要義俱倒

由重南東者　南東毛本作東南此本通解要義俱倒

由重北而西徹訖　要義重徹字

祖

爲將祖變　徐本通解同集釋要義楊敖毛本祖俱作祖張氏曰疏作祖從疏

商祝御柩

故執布　毛本通解作而執功布

乃祖　祖通解誤作祖

婦人降

即明旦遣而行之　通解要義同毛本而作奠

今柩車南遷　要義同毛本通解遷作還

布席乃奠如初

又皆從車而來　陳本通解要義同毛本又作人

今車已還　通解同毛本已作既

是謂彼祖奠　陳本要義同毛本彼作之

入復位

云主人者　陳本同毛本人下有也字

以其送賓據主人入　陳本要義同毛本無入字按無入字者是以疏但釋注主人也況疏義方明送賓出在外亦不當遠用入字

儀禮注疏卷三十八校勘記終

儀禮疏卷第三十九

唐朝散大夫行大學博士弘文館學士臣賈公彥等撰

公賵。玄纁束馬兩。公國君也賵所以助主人送葬也兩馬士制也春秋傳曰宋景曹卒魯季康子使冉求賵之以馬曰其可以稱旌繁乎〔疏〕公賵至馬兩○注公國至繁乎○釋曰自此盡入復位杖論國君賵法之事云公國君也者公及大夫皆有臣臣皆尊其君呼之曰公故左氏傳伯有之臣曰吾公在壑谷今此云公則國君非大夫君也以下云主人釋杖迎于廟門外與喪大記如此迎送者皆據國君也云賵所以助主人送葬也者案兩小傳皆云車馬曰賵施于生及送死者故云助主人送葬者也是以下注云賵奠於死生兩施是也云兩馬士制也者謂士在家常乘之法若出使及征伐則乘駟馬其大夫以上則常乘駟馬故鄭駮異義云天子駕駟尚書康王之誥康王始即位云諸侯皆布乘黃朱詩云駟騵彭彭武王所乘魯頌云六轡耳耳僖公所乘小雅云駟牡騑騑大夫所乘是大夫以上駕駟之文也引春秋者左氏傳哀公二十三年春宋景曹卒注云景曹宋元公夫人小邾女季桓子外祖母又云季康子使冉有弔且送葬曰敝邑有社稷之事使肥與有職競焉是以不得助執紼使求從輿人注云輿衆也又云曰以肥之得備彌甥也注云彌遠也康子父之舅氏故稱彌甥又云有不腆先人之產馬使求薦諸夫人之宰其可以稱旌繁乎注云稱舉也繁馬飾繁纓也引之者證公有賵馬助人之事

擯者出請入。告主人釋杖。迎于廟門外。不哭。先入門右北面。及衆主人祖。尊君命也衆主人自若西面〔疏〕擯者至人祖○注尊君至西面○釋曰云尊君命也者謂釋杖迎入是尊君命也故下文賓賵擯者出告須注云不迎則此經皆是尊君命故鄭無所指屬君命故鄭解經不哭又前文祖襲皆據主人此則衆主人亦祖亦是尊君命云衆主人自若西面者以其主人一人迎賓入門門東而右其餘衆主人不迎賓明自若常位柩東西面可知也

馬入設。設於庭在重南〔疏〕馬入設○注設於庭在重南○釋曰以馬是庭實故云設於庭知在重南者以庭實法皆參分庭一在南設之又重北陳明器不得設馬故知在重南

賓奉幣。由馬西。當前輅。北面致命。賓使者幣玄纁也輅轅縛所以屬引由馬西則亦當前輅之西於是北面致命得鄉柩與奠柩車在階間少前參分庭之北輅有前後〔疏〕賓奉至致命○注賓使至前後○釋曰云賓使者案此使者即士也知者士喪禮君使人弔注使人士也禮使人各以其爵故知是士也云輅轅縛所以屬引者以木縛於柩車轅上以屬引於上而挽之故名轅縛也云由馬西則亦當前輅之西者以經直云當前輅不言輅之東西及前後鄭以義言之以其馬在重南當門柩車在階間少南亦當門賓由馬西北行當前輅致命明在輅西可知云於是北面致命得鄉柩與奠者以賓當輅西經云北面致命明當奠柩之南北面是得鄉柩與奠也云柩車在階間少前參分庭之北者案下記云遂匠納車于階間是柩車在階間也云少前者上經祖還車訖云婦人降即位于階間明柩車少南是少前也云參分庭之北者以其中庭陳明器不得在中庭故知在參分庭之北謂參分庭在北分之北此解賓致命之處云輅有前後者以經云前輅明有後以對前故知輅有前後也

主人哭拜稽顙。成踊。賓奠幣于棧。左服出。棧謂柩車也凡士車制無漆飾左服象授人授其右也服車箱今文棧作輚〔疏〕主人至服出○注棧謂至作輚○釋曰主人哭拜者仍於門右北面以賓致命訖遂哭拜也云成踊者三者三凡九踊云棧謂柩車也凡士車制無漆飾者此棧車即柩車以其賓由輅西而致命云奠幣於棧者明此棧車柩車即蜃車四輪迫地無漆飾故言棧也云左服象授人授其右也者案聘禮宰授使者圭時云同面使者在左宰在右而授其右也此車南鄉以東爲左尸在車上以東爲右故授左服容授尸之右也

宰由主人之北舉幣以東。柩東主人位以東藏之〔疏〕宰由至以東○注柩東至藏之○釋曰云柩東主人位者解經由主人之北以幣在車東主人在車東故宰由主人位北而鄉左服上取幣以東藏之於內也但此時主人仍在門東北面此位雖無主人既有定位故宰由位北而取幣不得履主人之位故由主人之北也

士受馬以出。此士謂胥徒之長也有勇力者受馬聘禮曰皮馬相間可也〔疏〕此士受馬以出○注此士至可也○釋曰云此士謂胥徒之長也有勇力者受馬不得爲屬士以其受幣者宜尊受馬者宜卑故知受馬是胥徒之長以其受馬故知有勇力者也若然婚禮記云士受皮注云士謂中士下士不爲胥徒者彼主人親受幣明受皮非胥徒是正士也引聘禮者欲見此用皮亦可也

送于外門外。拜襲。入復位杖。〔疏〕主人至位杖○釋曰主人既送賓還入廟門車東復位杖也

賓賵者將命。賓卿大夫士也〔疏〕賓賵者將命○注賓卿大夫士也○釋曰自此盡知生者賵論賓及兄弟賵奠之事云賓卿大夫士也者以其上云君下有兄弟則此賓是國中三卿五大夫二十七士可知言將命者身不來遣使者將命告主人

擯者出請入告。出告須。不迎告曰孤某須〔疏〕注不迎至某須○釋曰案雜記諸侯使卿弔鄰國諸侯主人使擯者告賓云孤某須矣故引之爲義

馬入設。賓奉幣。擯者先入。賓從致命如初。初公使者

主人拜于位。不踊。柩車東位也既啓之後與在室同〔疏〕注柩車至室同○釋曰云既啓之後與在室同者案上篇始死時云庶兄弟襚使人以將命于室主人拜于位此主人亦拜于位俱是不爲賓出故云與在室同至于有君命亦出迎也

賓奠幣如初。舉幣受馬如初。擯者出請。賓出在外請之爲其復有事〔疏〕注賓出至有事○釋曰云賓出在外請之爲其復有事者以其賓既行賵訖出更請之爲其復有事若無事賓報事畢送去也

若奠。賓致可以奠也〔疏〕若奠○注賓致可以奠也○釋曰謂賓不辭此釋所致之物或可堪爲▲二字缺奠於祭祀者也

入告。出。以賓入。將命如初。士受羊如受馬。又請。士亦謂胥徒之長又復也〔疏〕注士亦至復也○釋曰以其受羊與馬同是畜類故知亦胥徒之類但受羊不須勇力故鄭不言也

若賻。賻之言補也助也貨財曰賻〔疏〕若賻○注賻之至曰賻○釋曰云貨財曰賻者公羊傳文也

入告。主人出門左西面。賓東面

將命。主人出者賻主施於主人〔疏〕注主人至主人。釋曰鄭知施於主人者以下經云知生者賻是施於主人也案春秋文五年春王使榮叔歸含且賵傳譏一人兼二事此賓所以兼事者彼譏一人獨行不與介各行故譏若雜記云上客弔即其介各行含禭賵則不譏則卿大夫士禮一人行數事可也主人拜。賓坐委之。宰由主人之北東面舉之。反位。坐委之明主人哀戚志不在受人物反位反主人之後位〔疏〕注坐委至後位。釋曰鄭知反位主人之後位者以主人在門東西面而云宰由主人之北鄉賓奠幣之處舉幣明宰位在主人之後故得由主人之北西行是以宰位在主人之後也若無器。則捂受之。謂對相授不委地〔疏〕若無至受之。注謂對至委地。釋曰以堂上授有並受法以其在門外若有器盛之則坐委於地若無器則對面相授受故云捂受之捂即逆也對面相逢受也又請。賓告事畢。拜送入。贈者將命。擯者出請。贈送納賓如初。如其入告出告須〔疏〕注如其至告須。釋曰謂如上賓賵時擯者出請入告出告須也賓奠幣如初。亦於棧左服若就器。則坐奠于陳。就猶善也贈無常唯玩好所有陳明器之陳〔疏〕若就至于陳。注就猶至之陳。釋曰知贈無常者案下記云凡贈幣無常注云賓之贈也玩好曰贈在所有言玩好者謂生時玩好之具與死者相知皆可以贈死者故此經云若就器則坐奠于陳者就器則是玩好之器也云陳明器之陳者以其廟中所陳者唯明器即陳于車之西以外或言薦或言設無言陳者故指明器而言也凡將禮。必請而后拜送。雖知事畢猶請君子不必人意〔疏〕凡將至拜送。注雖知至人意。釋曰云君子不必人意者蓋取孔子云無必無固之言也兄弟。賵奠可也。兄弟有服親者可且賵且奠許其厚也賵奠於死生兩施〔疏〕兄弟賵奠可也。注兄弟至兩施。釋曰知兄弟有服親者喪服傳云凡小功以下為兄弟既言兄弟明有服親者也知非大功以上者以大功以上有同財之義無致賵奠之法云可且賵且奠許其厚也者若然此所知許其賵不許其奠兄弟許其貳賵兼奠而上經亦賓而有賵有奠有賻三者彼亦不使並行俱見之見三禮之中有則任行其一故揔見之云賵奠於死生兩施者以下經云知死者贈知生者賻注云各主於所知此賵奠不偏言所主明於生死兩施也所知。則賵而不奠。所知通問相知也降於兄弟奠施於死者為多故不奠〔疏〕所知至不奠。注所知至不奠。釋曰云所知通問相知也者言所知明是朋友通問相知言降於兄弟者許賵不許奠也云奠施於死者為多故不奠者但賵與奠皆生死兩施其奠雖兩施施於死者為多知者以其言奠為死者而行故知疏所知為疏不許行之也知死者贈。知生者賻。各主於所知〔疏〕知死至為賻。注各主於所知。釋曰云各主於所知者以其贈是玩好施於死者故知死者行之賻是補主人不足施於生者故知生者行之是各施於所知也書賵於方。若九若七若五。方板也書賵奠賻贈之人名與其物於板每板若九行若七行若五行〔疏〕書賵至若五。注方服至五行。釋曰以賓客所致有賻有賵有贈有奠直云書賵者舉首而言但所送有多少故行數不同

書遣於策。策簡也遣猶送也謂所當藏物茵以下〔疏〕書遣於策。注策簡至以下。釋曰云策簡者編連為策不編為簡故春秋左氏傳云南史氏執簡以往上書賵云方此言書遣於策不同者聘禮記云百名以上書於策不及百名書於方以賓客贈物名字少故書於方則盡遣送死者明器之等并贈死者玩好之物名字多故書之於策策書明器之物應在上文而於此言之者遣中并有贈物故在賓客贈賻與賵之下特書也乃代哭如初。棺柩有時將去不忍絕聲也初謂既小斂時〔疏〕乃代哭如初。注棺柩至斂時。釋曰案喪大記大夫以上官代哭士無官以親疏代哭云初謂既小斂時者案喪大記小斂之後乃代哭初死直主人哭哭不絕聲士二日小斂小斂主人懈息容更代而哭也宵為燎于門內之右。為哭者為明〔疏〕宵為至之右。注為哭者為明。釋曰燎大燭必於門內之右門東者負於柩車西鬼神尚幽闇不須明柩車東有主人階間有婦人故於門右照之為明而哭也厥明。陳鼎五于門外如初。鼎五羊豕魚腊鮮獸各一鼎也士禮特牲三鼎盛葬奠加一等用少牢也如初如大斂奠時〔疏〕厥明至如初。注鼎五至奠時。釋曰自此盡主人要節而踊論葬日之明陳大遣奠於廟門外之事知五鼎是羊豕魚腊鮮獸各一鼎者以下經云羊左胖豕亦如之魚腊鮮獸皆如初與少牢禮同故知也云士禮特牲三鼎者特牲饋食禮陳三鼎故知也云盛葬奠加一等用少牢也者以其常祭用特牲今大遣奠與大夫常祭用少牢同是盛此葬奠故加一等用少牢也云如初如大斂奠時者以其上遷祖奠時云如殯謂如大斂明此云如初亦如大斂在廟門外及東方之饌也雖如大斂鼎數仍不同以其大斂三鼎此則五鼎然大小斂時無黍稷朔月則有黍稷此葬奠又無黍稷者大斂前無黍稷者以其初死至朔月乃有之故鄭注云至此乃有黍稷今葬奠更無黍稷者以其始死至殯自啓至葬其禮同故無黍稷亦同也凡牢鼎數或多或少不同若用特豚者或一鼎或三鼎若士冠禮醮子及婚禮盥饋并小斂之奠與朝禰之奠皆一鼎也三鼎者婚禮同牢士喪大斂朔月遷祖及祖奠皆三鼎而以魚腊配之是也其用少牢者或三鼎或五鼎三鼎者則有司徹云陳三鼎如初以其繹祭殺之於正祭故用少牢而鼎三也五鼎者少牢五鼎大夫之常事此葬奠士攝之奠用少牢亦五鼎聘禮致飧眾介皆少牢亦五鼎玉藻諸侯朔月少牢亦五鼎其用大牢者或七或九或十或十二其云七鼎九鼎者公食大夫下大夫大牢七鼎上大夫九是也鼎十與十二者聘禮致飧於賓飪一牢鼎九羞鼎三是其十二也又云上介飪一牢鼎七羞鼎三是其十若然案郊特牲云鼎俎奇而籩豆偶以象陰陽鼎有十與十二者以其正鼎與陪鼎各別數則為奇數也其實羊左胖。反吉祭也言左胖者體不殊骨也〔疏〕其實羊左胖。注反吉至骨也。釋曰云反吉祭也者以其特牲少牢吉祭皆升右胖此云左胖故云反吉祭也云言左胖者體不殊骨也者既言左胖則左邊共為一段故云體不殊骨雖然下云髀不升則除髀以下膊胳仍升之則與上肩脅脊別升則左胖仍為三段矣而云體不殊骨據脊脅以上膊胳已下共為一亦得為體不殊骨也髀不升。周貴肩賤髀古文髀作脾〔疏〕髀不升。注周貴肩賤髀。釋曰云髀不升者則膊已上去之取膊胳已下云周貴肩賤髀者案祭統云殷人貴髀周人貴肩故云髀不升腸五胃

五。亦盛之也〔疏〕腸五胃五。注亦盛之也。釋曰亦盛之者以其不用特牲而用少牢是盛葬奠案少牢用腸三胃三今加至五亦是盛此奠也離肺。捀〔疏〕離肺。注離捀。釋曰此非直升腸胃又升離肺者案少儀云牛羊之肺離而不提心注云提猶絕也刲離之不絕中央少者使易絕以祭耳此為食而舉亦名舉肺也豕亦如之。豚解無腸胃。如之如羊左胖髀不升離肺也豚解解之如解豚亦前肩後肫脊脅而已無腸胃者君子不食溷腴〔疏〕豕亦至腸胃。注如之至溷腴。釋曰云亦如之鄭云如之如羊左胖髀不升離肺也者謂豕與羊同者左胖雖同仍與羊異以其羊則體不殊骨上下共為二段此豕之左胖則為四段矣故別云豚解豚解揔有七段今取左胖仍為四段矣云亦前肩後肫脊脅而已者鄭欲為四段與羊異也云君子不食溷腴者禮記少儀文彼鄭注云謂大豕之屬食米穀者也腴有似人穢引之者證不取腸胃之義也魚腊鮮獸皆如初。鮮新殺者士腊用兔加鮮獸而無膚者豕既豚解畧之〔疏〕魚腊至如初。注鮮新至畧之。釋曰云士腊用兔者謂此腊是其乾者云鮮新殺者二者皆用兔必知士腊用兔者雖無正文案少牢禮大夫腊用麋鄭云大夫用麋士用兔與以無正文故云與以疑之此亦云士腊用兔雖不云與亦同疑可知但士腊宜小故疑用兔也云加鮮獸而無膚者豕既豚解畧之者以葬奠用少牢攝盛則當有膚與少牢同以豕既豚解四段喪事畧則無膚者亦畧之而加鮮獸也東方之饌。四豆。脾析。蜱醢。葵菹。蠃醢。脾讀為雞脾肶之脾脾析百葉也蜱蜯也今文蠃為蝸〔疏〕東方至蠃醢。注脾讀至為蝸。釋曰陳鼎既訖又陳東方之饌于主人之南前輅之東其豆有四脾析一蜱醢二葵菹三蠃醢四案周禮鄭注醢人云細切為虀全物若牒為菹又云虀菹之稱菜肉通又經不云菹者類皆是虀則此經云脾析者即虀也云脾讀為雞脾肶之脾者鄭讀之欲見此脾雖與脾腎之脾同正謂百葉名為脾析故讀音從雞脾肶之脾時俗有此語故讀從之也案醢人注云脾析牛百葉也此不云牛者彼天子禮容有牛此用少牢無牛當是羊百葉故不云牛也云蜱蜯也者即蛤也知蜱即蛤者以周禮醢人云蠃醢注云蠃蛤也此注云蜱蜯也以蜱蠃是一物故知蜱蜯即蠃蛤也四籩。棗。糗栗脯。糗以豆糗粉餌〔疏〕四籩棗糗栗脯。注糗以豆糗粉餌。釋曰云糗以豆糗粉餌者案籩人云羞籩之實糗餌粉餈鄭云此二物皆粉稻米黍米所為也合蒸曰餌餅之曰餈糗者擣粉熬大豆為餌餈之粘著以粉之耳餌言糗餈言粉互相足者此本一物餌言糗謂熬之亦粉之餈言粉擣之亦糗之不言互文而云互相足者凡言互文者是二物各舉一邊而省文故云互文此糗與粉唯一物分為二文皆語不足故云互相足也又案籩人羞有二籩糗餌及粉餈此經直言糗則舉糗以見餌而無餈故鄭云糗以豆糗粉餌也醴酒。此東方之饌與祖奠同在主人之南當前輅北上巾之〔疏〕醴酒。注此東至巾之。釋曰鄭知義然者案下記云祝饌祖奠于主人之南當前輅北上巾之注云既祖祝乃饌以此言之祝饌祖奠即是還柩鄉外乃饌之于主人之南自還柩車至此饌葬奠柩車未動則此葬奠東方之饌亦饌于主人之南當與前同處故注云與祖奠同在主人之南但祖奠與大斂奠同二豆二籩此葬奠四豆四籩籩豆雖不同而同處耳云北上者蓋兩甒在北次南饌四豆豆南饌四籩也陳器。明器也夜

斂藏之。〔疏〕陳器。注明器至藏之。釋曰陳饌已訖又陳明器也本作夜斂適似寫誤云適斂者以其上朝祖之日已陳明器此復陳之者由朝祖至夜斂藏之至此厥明更陳之也

滅燎執燭。俠輅北面。炤徹與葬奠也。〔疏〕滅燎至北面。注炤徹與葬奠也。釋曰昨日朝祖日至夕云宵爲燎于門內之右至此滅燎既滅二人執燭俠輅北面一人在輅東一人在輅西輅西者炤祖奠輅東者炤葬奠之饌故注云炤徹與葬奠也。

賓入者拜之。明自啓至此主人無出禮。〔疏〕賓入者拜之。注明自至出禮。釋曰此時有弔葬之賓主人皆不出迎但在位拜之所以不出迎者既啓之後既覲尸柩不可離位以迎賓唯有君命乃出故注云明自啓至此主人無出禮也。

徹者入。丈夫踊。設于西北。婦人踊。猶阼階升時也亦既盥乃入入由重東而主人踊猶其升也自重北西面而徹設於柩車西北亦由序西南。〔疏〕徹者至人踊。注猶阼至西南。釋曰云徹者入者謂將設葬奠先徹祖奠故云徹者入入謂視與執事徹祖奠者亦既盥乃入由重東而主人踊至徹訖設柩車西北則婦人踊也云猶阼階升者謂徹小斂奠者門外盥訖入升自阼階丈夫踊今徹者亦門外盥訖入由重東主人踊故云猶其升也云自重北西面而徹設於柩車西北亦猶序西南者此徹祖奠設於柩車西北亦猶小斂大斂朔月奠設于序西南也。

徹者東。由柩車北東適葬奠之饌。〔疏〕徹者東。注由柩至之饌。釋曰以其徹訖當設葬奠故徹者由柩車北東適葬奠之饌取而設于柩車西也知由柩車北而東者以其徹者設于柩車西北而云徹者東若柩車南不得云徹者東故知在柩車北東行也。

鼎入。舉入陳之也陳之蓋於重東北西面北上如初。〔疏〕鼎入。注舉入至如初。釋曰以其徹者既祖當設葬奠故五鼎皆入陳也云陳之也蓋於重東北西面北上如初者以其上篇小斂奠舉鼎入阼階前西面錯大斂奠云舉鼎入西面北上又朔月奠云鼎入皆如初其遷祖奠云陳鼎皆如殯則皆在阼階下西面北上今此但云鼎入不言如初無正文故云蓋以疑之既疑而知在東北西面北上者以其奠祭在室掌設者皆陳鼎於阼階下西面如大小斂故知也。

乃奠。豆西上綪。籩蠃醢南。北上綪。籩蠃醢南辟醴酒也。〔疏〕乃奠至上綪。注籩蠃至酒也。釋曰云籩蠃醢南辟醴酒也者如上所饌則先饌脾析於西南次北脾醢次東葵菹次南蠃醢陳設要方則四籩宜亦設於脾析已南綪之爲次今不於脾析已南爲次而發蠃醢已南爲次故知辟醴酒醴酒當設在脾析之南可知也。

俎二以成南上。不綪。特鮮獸。成猶併也不綪者魚在羊東腊在豕東古文特爲俎。〔疏〕俎二至鮮獸。注成猶至爲俎。釋曰知俎二以併不綪者若綪則宜先設羊於西南次北設豕次東設魚次南設腊今於西南設羊次北豕以魚設于羊東設腊于魚北還從南爲始是不綪也其鮮獸在北北無偶故云特也是以鄭云不綪者魚在羊東腊在豕東也

醴酒在籩西。北上。統於豆也。〔疏〕醴酒至北上。注統於豆也。釋曰云統於豆者豆即脾析也以其云北上上謂二甒醴酒繼豆言北上故云統於豆也

奠者出。主人要節而踊。亦以往來爲節奠由重北西既奠由重南東。〔疏〕奠者至而踊。注亦以至南東。釋曰自上已來堂下設奠徹奠皆云主人要節而踊注皆云往來爲節此主人要節而踊亦以往來爲節奠來時由重北而西既奠由重南而東此奠饌在輅之東言由重北者亦是由車前明器之北鄉柩車西設之設訖由柩車南而來者禮之常也

甸人抗重出自道。道左倚之。還重不言甸人抗重言之者重既虞將埋之言其官使守視之抗舉也出自道出從門中央也不由闑東西者重不反變於恒出入道左主人位今時有死者鑿木置食其中樹於道側由此〔疏〕甸人至倚之。注還重至由此。釋曰自此盡徹者出踊如初論將葬重及車馬之等以次出之事云道左倚之者當倚於門東北壁云還重不言甸人者上云二人還重不言甸人至此乃言甸人也云重既虞將埋之者雜記文彼注云就所倚處埋之但天子九虞諸侯七虞大夫五虞士三虞未虞以前以重主其神虞所以安神雖未作主初虞其神即安於寢不假重爲神主又士大夫無木主明亦初虞即埋之也云不由闑東西者重不反變於恒出入者恒出入則闑東闑西也云道左主人位者檀弓云重主道注云始死未作主以重主其神也則重主死者故於主人之位埋之也鄭云今時以下者引漢法證重倚道左之事也

薦馬。馬出自道。車各從其馬。駕于門外。西面而俟。南上。南上便其行也行者乘車在前道稾序從〔疏〕薦馬至南上。注南上至序從。釋曰云南上者謂於門外之時南上云便其行也者以其葬於國北在路則南上上者常在前故云便其行也云行者乘車在前道稾序從者案下記云乘車載旜道車載朝服稾車載蓑笠是序從也

徹者入。踊如初。徹巾苞牲。取下體。苞者象既饗而歸賓俎者也取下體者脛骨象行又俎實之終始也士苞三个前脛折取臂臑後脛折取骼亦得俎釋三个雜記曰父母而賓客之所以爲哀〔疏〕徹者至下體。注苞者至爲哀。釋曰云苞者象既饗而歸賓俎者也案雜記文而言之云取下體者脛骨象行者以父母將行鄉壙故取前脛後脛下體行者以送之故云象行也云又俎實之終始也者此盛葬奠用少牢其載牲體亦當與少牢同案少牢載俎云肩臂臑膊骼在兩端又云肩在上以此言之則肩臂臑在俎上端爲俎實之始膊胳在俎下端爲俎實之終今取此兩端脛骨包以歸父母直取脛骨爲象行又兩端爲俎實之終始也云士包三个者自上之差案檀弓云國君七个遣車七乘大夫五个遣車五乘注云人臣賜車馬者乃得有遣車遣車之差大夫五諸侯七則天子九諸侯不以命數喪數略也个謂所包遣奠牲體之數也雜記曰遣車視牢具彼注云言車多少各如所包遣奠牲體之數也然則遣車載所包遣奠而藏之者與遣奠天子大牢包九个諸侯亦大牢包七个大夫亦大牢包五个士少牢包三个大夫以上乃有遣車以此而言士無遣車則所包者不載于車直持之而已士有一包而云包三个鄭又云个謂所包遣奠則士一包之中有三个牲體故云前脛折取臂臑後脛折取骼者若然大夫云遣車五乘包五个則一包之中有五个五五二十五一大牢而爲二十五體則亦取下體前脛取臂臑後脛取骼三牲有九體又就九體折分爲二十五个五包包各五个諸侯亦大牢而包七个天子亦一大牢又加以馬牲牲别有三體則十二體就十二體中細分爲八十一个九包包各九个大夫以上皆不得全體謂若少儀云大牢則以牛左肩臂臑折九个之類亦爲不全體也云亦得俎釋三个者羊俎上注云體不殊骨也其脾又不幷則骼别爲一段在俎今前脛折取臂臑其肩仍著胖爲一段後脛折取骼仍有肫一節在俎則羊俎仍有兩段在俎豕則左胖豚解爲四段在俎今前脛折取臂臑後脛折取骼仍有四段在俎若然羊俎有二段豕俎有四段相通則二俎俎有三段在故得爲俎釋三个案特牲俎釋三个注云爲改饌於西北隅遺之則此奠雖不改爲饌西北隅厞之亦爲分禱五祀也引雜記者案彼云曾子謂或人曰吾子不見大饗乎夫大饗既饗卷三牲之俎歸于賓館父母而賓客之所以爲哀也注云既饗歸賓俎所以厚之也言父母家之主今賓客之是孝子哀親之去也取此者以證此包牲歸父母亦是賓客父母之事也

不以魚腊。非正牲也〔疏〕不以魚腊。注非正牲也。釋曰云非正牲也者正牲謂上三牲魚腊非正牲故不以魚腊載之故云非正牲

行器。目葬行明器在道之次〔疏〕行器。注目葬至之次。釋曰包牲訖明器當行鄉壙故云行器云目葬行明器者即下云茵包已下是也故云目葬行也

茵苞器序從。如其陳之先後〔疏〕茵包器序從。注如其陳之先後。釋曰此直云序從者序從即上文器西南上茵包已下是也故此亦言茵包以其爲首故也

車從。次器〔疏〕車從。注次器。釋曰上陳明器訖次列車以從明器故云次器也

徹者出。踊如初。於是廟中當行者唯柩車〔疏〕徹者出踊如初。注於是至柩車。釋曰徹者謂包牲訖當徹去所釋者出廟門分禱五祀者徹者出時主人踊云於是廟中當行者唯柩車者以其上文明器及車馬鄉壙者皆出唯有柩車在廟未出故云於是廟中當行者唯柩車也

主人之史。請讀賵執筭。從柩東。當前東西面。不命毋哭。哭者相止也。唯主人主婦哭。燭在右南面。史北面請既而與執筭西面於主人之前讀書釋筭燭在右南面炤書便也古文筭皆爲筴〔疏〕主人至南面。注史北至爲筴。釋曰自此盡滅燭出論讀賵讀遣之事經直云史請讀賵鄭知史北面請者以其主人於車東北面所請者請於主人明史北面問之故知史北面也又知在主人之前讀之對面當柩故知在主人之前西鄉柩也請訖乃西面請時及入時書在前筭在後則史西面之時筭在史南西面今燭在史北近史炤書爲便若在左則隔筭不便也

讀書釋筭則坐。必釋筭者榮其多〔疏〕讀書釋筭則坐。注必釋至其多。釋曰讀書者立讀之敬也釋筭者坐爲釋之便也云必釋筭者榮其多者以其所賵之物言之亦得今必釋筭顯其數者榮其多故也

卒命哭。滅燭書與筭。執之以逆出。卒已〔疏〕卒命至逆出。釋曰言逆出則入時長在前出時長在後燭言滅不言出者以其燭已滅不得言燭出其人亦出可知

公史自西方東面。命毋哭。主人主婦皆不哭。讀遣卒。命哭。滅燭出。公史君之典禮書者遣者入壙之物君使史來讀之成其得禮之正以終也燭俠輅〔疏〕公史至燭出。注公史至俠輅。釋曰知公史是君之典禮書者以其言公史故知君史案周禮大史小史皆掌禮則諸侯史亦掌典禮可知云成其得禮之正以終者以其死葬之以禮是死者得禮之終事故以君史讀而成之也知燭俠輅者上陳設葬奠云執燭夾輅北面故知也

商祝執功布以御柩。執披。居柩車之前若

道有低仰傾虧則以布爲抑揚左右之節使引者執披者知之士執披八人今文無以〔疏〕商祝至執披○注居柩至無以○釋曰自此盡杖乃行論柩車在道發行之事云執功布者謂執大功之布纛者也云以御柩執披者葬時乘人故有柩車前引柩者及在傍執披者皆御治之故云御柩執披也云柩車之前若道有低仰傾虧則以布爲抑揚左右之節者道有低謂下坂時道有仰謂上坂時傾虧謂道之兩邊在車左右轅有高下云以布爲抑揚左右之節者道有低則抑下其布使知下坂道有仰則揚舉其布使知上坂云左右者謂道傾虧高下則左右其布使知道之有傾虧也若東轅下則下其布向東西邊執披者持之西轅下則下其布向西東邊執披者持之若然鄭云使引者執披者知之者執披者知其左右引者知其上下也知士執披入人者案下記云執披者旁四人注云前後左右各二人是士執披者入人也

主人袒。乃行。踊無筭。祖爲行變也乃行謂柩車行也凡從柩者先後左右如遷于祖之序〔疏〕主人至無筭○注祖爲至之序○釋曰云乃行謂柩車行者經云乃行文承主人祖下嫌主人行故云乃行謂柩車行以行處據柩爲主柩車行主人行可知故舉柩車行也云凡從柩者先後左右如遷于祖之序者上遷于祖時注云主人從者丈夫由右婦人由左以服之親疏爲先後各從其昭穆男賓在前女賓在後此從柩向壙之序一如遷于祖之序故如之也

出宮踊襲。哀次〔疏〕出宮踊襲○注哀次○釋曰云哀次者以經云出宮踊襲以出宮有此踊襲以出宮有此踊者止爲出宮大門外有賓客次舍之處父母生時接賓之所故主人至此感而哀此次是以有踊踊訖即襲襲訖而行也故檀弓云哀次亦如之注云次他日賓客所受大門外舍也孝子至此而哀是也

至于邦門。公使宰夫贈玄纁束。邦門城門也贈送也〔疏〕至于至纁束○注邦門至送也○釋曰云邦門者案檀弓云葬于北方北首三代之達禮也此邦門者國城北門也贈用玄纁束帛者即是至壙窆訖主人贈死者用玄纁束帛也以其君物所重故用之送終也

主人去杖不哭。由左聽命。賓由右致命。柩車前輅之左右也當時止柩車〔疏〕主人至致命○注柩車至柩車○釋曰此謂宰夫將致命主人乃去杖不哭由柩車前輅之左右若然在廟柩車南鄉左則在東此出國北門柩車鄉北左則在前輅之西也賓由右致命則在柩車之東矣經直云左右鄭必知據前輅左右者次柩車在廟門時賓在柩車右主人在柩車左故知此亦當前輅左右也云當時止柩車者下記云唯君命止柩于堩其餘則否注云不敢畱神明此宰夫致命時柩車止也

主人哭拜稽顙。賓升。實幣于蓋。降。主人拜送。復位。杖。乃行。升柩車之前實其幣於棺蓋之柳中若親受之然復位反柩車後〔疏〕主人至乃行○注升柩至車後○釋曰賓既致公贈命訖主人乃哭拜稽顙賓乃升車實幣于棺之蓋中載以之壙上文在廟所贈之幣皆奠於左服此實于蓋中者彼贈幣生死兩施故奠左服此贈專爲死者故實于蓋中若親授之然云復位反柩車後者上在廟位在柩車東此行道故在柩車後也

儀禮注疏卷三十九校勘記　阮元撰盧宣旬摘錄

公賵元纁束馬兩

故云助主人送葬者也是以下注云　陳閩俱作故下注云脫中間十字通解併刪故字

擯者出請入告

云衆主人自若西面者　人下陳閩俱有不迎賓明四字案毛本亦無此四字陳閩非

馬入設

皆參分庭一在南設之　要義同毛本通解參作三

賓奉幣

參分庭之北　徐本集釋楊敖同毛本通典通解參俱作三下並同北徐本作此通典集釋通解楊敖俱作北張氏曰注曰參分庭之此案監杭本此作北從監杭本

柩車在階間少南　陳本通解同毛本柩作輅

上經祖還車訖云　毛本通解云下有少南二字

故知輅有前後也　知陳閩俱作此

主人哭拜

容授尸之右也　容陳閩通解俱作客

士受馬以出

有勇力者受馬　有通解作言

擯者出請入告　唐石經徐陳通典集釋通解楊氏同毛本敖氏無出字

馬入設□賓從致命　致通解作將

主人拜于位

與在室同　毛本在誤作左

若奠

或可堪爲奠於祭祀者也　爲下此本空一字毛本祀作祝陳閩通解俱作祀

入告主人出門左

王使榮叔歸含且賵　賵要義作賻○按春秋文五年作賵

若無器則捂受之　捂釋文作梧

謂對相授　授下集釋敖氏俱有受字與疏合案張氏士昏禮引此注無受字

捂即選也　要義同毛本選作逆下同

又請　又鍾本作三金日追謂上已有又請此當作三請爲正

所知

許賵不許奠也　通解要義同毛本賵作贈

故知　此本知下元缺一字陳本知下有多字毛本楊氏知下有於死者爲多五字通解於上更有施字

所知爲疏　閩本無此四字

書賵於方

有賻有賵　聶氏敖氏俱作有賵有賻

書遣於策

故在賓客贈賻與賵之下特書也　毛本通解作贈賻與賵要義與此本同

宵爲燎于門內之右

階間有婦人　通解同毛本階作皆○宋階字是

其實羊左胖

體不殊骨也　徐陳集釋通解楊氏同毛本體作禮

則與上肩脅脊別升　通解要義同毛本與作於

離肺

刲離之　楊氏同毛本刲作挂○按少儀注作刲

不絕中央少者　通解同毛本者作許案者是也

豕亦如之

君子不食溷腴　溷集釋作圂

上下共爲二段　陳本通解同毛本二作一盧文弨云據下疏羊俎有二段則作二爲是

魚腊鮮獸皆如初

豕既豚解略之者　毛本豕誤作鄭

東方之饌

讀爲雞脾肶之脾　肶徐本作膍釋文通典集釋通解俱作肶案說文膍牛百葉也从肉毘聲或从比徐鍇曰周禮謂之脾析借脾字據此則脾肶實一字此注脾肶連文疑有誤說文膍字下注云一曰鳥膍胵疑脾肶當作膍胵徐本作肶或此至聲近相借耶

齏菹之稱菜肉通　毛本菜誤作米

彼天子禮容有牛　毛本容誤作云

云蜱蜯也者　陳閩通解同毛本蜱作脾按蜱是也

醴酒

乃饌之于主人之南　通解同毛本乃作仍

陳器

夜斂藏之　周學健云疏云本作夜斂適似寫誤據此則改適斂爲夜斂反與疏語不符

滅燎

炤徹與葬奠也　炤徐本集釋俱作炤與此本標目合後同毛本通解作照

二人執燭俠輅北面　陳閩通解同毛本二作一

輅西者炤祖奠　通解同毛本楊氏炤下有徹字○按徹字當有此本誤脫

炤徹與葬奠也　毛本葬誤作祖

徹者入

亦由序西南　由閩監葛本通典集釋楊氏俱作猶陳本通解俱作曰案由猶古字通用曰即由字之譌

亦猶小斂大斂朔月奠　陳閩通解同毛本月作日

徹者東

東適葬奠之饌　毛本適誤作設

故知在柩車北東行也　在閩本作由

鼎入

則皆在阼階下西面北上　通解要義同毛本皆作此閩本上誤作士

既疑而知在東北　要義同毛本通解在下有重字

故知也　通解要義同毛本故下有可字

乃奠

次北脾醢　盧文弨改脾爲蜱是也

則四籩　毛本通解籩下有豆字

宜亦設於脾析已南　宜亦毛本作亦宜此本倒

俎二以成

腊在豕東　徐陳閩葛集釋通解楊敖同毛本腊作蜡監本誤作醋

奠者出

由柩車南而來者　陳本通解同毛本來作東

徹者入踊如初

包以歸父母　包要義俱作包下同毛本作苞

个謂所苞遣奠　个要義作包

天子亦一大牢　通解同毛本無一字按通解是也

就十二體中　毛本十誤作于

則羊俎仍有兩段在俎　通解同毛本在下無俎字

不以魚腊

故云非正牲　毛本牲誤作也

主人之史○柩東當前束西面　毛本束誤作車

論讀賵讀遣之事　要義同毛本賵下無讀字

鄭知史北面請者　史陳閩通解要義俱作史是也毛本作使監本誤作始

明史北面問之　問閩本作同

故知在主人之前西鄉柩也　陳本通解同毛本西作面

卒命哭

不得言燭出　陳本通解同毛本得作待

商祝執功布

葬時乘人　通解要義同毛本人作車

出宮踊襲

以出宮有此踊襲　襲陳閩俱作者此句下要義毛本無以出宮有此踊者七字

主人去杖不哭

次柩車在廟門時　毛本通解次作以

不敢留神明　案下記注明作也

主人哭拜稽顙

若親受之然　徐陳通解楊氏同通典集釋敖氏毛本受俱作授

實幣于棺之蓋中載以之壙　自載字起至下此實於蓋中者中字止凡二十二字陳閩俱脫

儀禮疏卷第四十

唐朝散大夫行大學博士弘文館學士臣賈公彥等撰

至于壙。陳器于道東西北上。統於壙〔疏〕至于至北上○注統于壙○釋曰自此盡拜送論至壙陳器及下棺訖送賓之事云統于壙者對廟中南上此則北上故云統于壙也

茵先入。當藉柩也元士則葬用輁軸加茵焉〔疏〕茵先入○注當藉至茵焉○釋曰云當藉柩也者解茵先入之意以其茵人乃後屬引下棺於其上以須藉柩故茵先入云元士則葬用輁軸加茵焉者元士謂天子之士葬時先以輁軸由羨道入乃加茵於其上乃下棺於中知元士葬用輁軸者檀弓云孺子䵣之喪哀公欲設撥注云撥可撥引輴車所謂紼問於有若有若曰其可也君之三臣猶設之顏柳曰天子龍輴而椁幬諸侯輴而設幬爲榆沈故設撥三臣者廢輴而設撥竊禮之不中者也以此言之天子諸侯殯葬皆用輴朝廟用輴可知大夫雖殯葬不用輴朝廟亦用輴以其士殯葬不用輁軸朝廟得用之明大夫朝廟得用輴故士注云大夫諸侯以上有四周謂之輴以其大夫諸侯以上有四周謂之輴以其大夫朝廟得用輴故言之也諸侯之大夫有三命再命一命殯葬不得用輴天子之元士亦三命再命一命葬得用輁軸者春秋之義王人雖微猶在諸侯之上明天子之士尊謂之爲元元者善之長故得用輁軸不與諸侯大夫同也

屬引。於是說載除飾更屬引於縅耳古文屬爲燭〔疏〕屬引○注於是至爲燭○釋曰云於是說載者謂柩車至壙解說去載與披及引之等除飾者解去帷荒池組之等然後下棺云更屬引於縅耳者案喪大記云君窆以衡大夫士以咸鄭注云衡平也人君之喪又以木橫貫縅耳居旁持而平之今齊人謂棺束爲縅以此而言則棺束君三衽三束大夫士二衽二束束有前後於束末皆爲縅耳以紼貫結之而下棺人君又於橫木之上以屬紼也

主人袒。衆主人西面北上。婦人東面皆不哭。依羨道爲位〔疏〕主人至不哭○注依羨道爲位○釋曰主人袒者爲下棺變婦人不言北上亦如男子北上可知不哭者爲下棺宜靜云依羨道爲位者羨道謂入壙道上無負土爲羨道天子曰隧塗上有負土爲隧僖二十五年晉文公請隧弗許是也

乃窆。主人哭踴無筭。窆下棺也今文窆爲封〔疏〕乃窆至無筭○注窆下棺也○釋曰主人哭踴不言處還於壙東西面也云窆下棺者春秋謂之塴皆是下棺之夕也

襲贈用制幣玄纁束。拜稽顙。踴如初。丈八尺曰制二制合之束十制五合〔疏〕襲贈至如初○注丈八至五合○釋曰云丈八尺曰制者朝貢禮及巡狩禮皆有此文以丈八尺名爲制昏禮幣用二丈取成數凡禮幣皆用制者取以儉爲節聘禮云釋幣制玄纁束注云凡物十曰束玄纁之率玄居三纁居二此注云二制合之束十制五合者則每一端丈八尺二端爲一匹五匹合爲十制也

卒袒。拜賓。主婦亦拜賓。即位。拾踴三。襲。主婦拜賓拜女賓也即位反位〔疏〕卒袒至三襲○注主婦至反位○釋曰卒謂贈卒更袒拜賓云反位者各反羨道東西位其男賓在衆主人之南女賓在衆婦之南

賓出則拜送。相問之賓也凡弔賓有五去皆拜之此舉中焉

【疏】賓出則拜送○注相問至中焉○釋曰鄭知賓是相問之賓也凡弔賓有五此舉中者案雜記云相趨也出宮而退相揖也哀次而退相問也既封而退相見也反哭而退朋友虞祔而退注云此弔者恩薄厚去遲速之節也相趨謂相聞姓名來會喪事也相揖嘗會於他也相問嘗相惠遺也相見嘗執贄相見也以此而言此經既葬而退是相見問遺之賓舉中以見上下五者去即皆拜送可知

藏器於旁加見。器用器役器也見棺飾也更謂之見者加此則棺柩不復見矣先言藏器乃云加見者器在見內也內之者明君子之於事終不自逸也檀弓曰有虞氏之瓦棺夏后氏堲周殷人棺槨周人牆置翣

【疏】藏器於旁加見○注器用至置翣○釋曰云器用器役器也者用器即上弓矢耒耜之等役器即上甲冑干笮之屬此器中亦有樂器不言者省文知有用器役器者以下別云包筲之等則所藏者是此器也云見棺飾也者見則帷荒以其與棺為飾是以喪大記云飾棺君龍帷黼荒大夫畫帷畫荒士布帷布荒注云飾棺者以華道路及壙中不欲衆惡其親也此柩入壙還以帷荒加於柩故鄭注云及壙中也云更謂之見者加此則棺柩不復見矣者以其唯見此帷荒故名帷荒為見見是棺柩不復見也云先言藏器乃云加見者器在見內也內之者明君子之於事終不自逸也者以用器役器近身陳之是不自逸也引檀弓者見帷荒在柩外周人名為牆若牆屋然其外又置翣為飾也

又藏苞筲於旁。於旁者在見外也不言甕甒饌相次可知四者兩兩而居喪大記曰棺槨之間君容柷大夫容壺士容甒

【疏】藏包筲於旁○注於旁至容甒○釋曰云於旁者在見外也者以其加見乃云藏包筲故知見外也云不言甕甒饌相次可知者以其陳器之法後陳者先用甕甒後用包筲包筲藏明甕甒先藏可知故云相次可知云四者兩兩而居者謂包筲居一旁甕甒居一旁故云兩兩而居也引喪大記者欲見槨內棺外所容寬狹得容器物之意也

加折卻之加抗席覆之加抗木。宜次也

【疏】加折至抗木○注宜次也○釋曰云宜次也者宜謂折上陳之美面鄉上今用即美面鄉下抗席又覆之又折宜承席席宜承木皆是其宜也次者木則先陳後用席則後陳先用是其次也

實土三。主人拜鄉人。謝其勤勞

【疏】實土至鄉人○注謝其勤勞○釋曰案雜記云鄉人五十者從反哭四十者待盈坎注云非鄉人則少長皆反以此而言於時主人未反哭鄉人並在故今至實土三徧主人拜謝之謝其勤勞勤勞者謂在道助執紼在壙助下棺及實土也

即位踊襲如初。哀親之在斯

【疏】即位踊襲如初○注哀親之在斯○釋曰謂既拜鄉人乃於羨道東即位踊無筭如初也云哀親之在斯者以親之在斯故哀號甚踊無筭

乃反哭。入。升自西階東面。衆主人堂下。東面北上。西階東面反諸其所作也反哭者於其祖廟不於阼階西面西方神位

【疏】乃反至北上○注西階至神位○釋曰自此盡門外拜稽顙論主人反哭賓弔之事反哭者拜鄉人訖反還家哭於廟入升西階東面哭云西階東面反諸其所作也者案檀弓云反哭升堂反諸其所作也注云親所行禮之處是也云反哭者於其祖廟者謂下士祖禰共廟故下經賓出主人送于門外遂適于殯宮適士二廟者自殯宮先朝禰後朝祖今反哭則先於祖後于禰遂適殯宮也案春秋僖八年經書用致夫人左氏云凡夫人不殯於廟者春秋之世多行殷法不與禮合也云不於阼階西面西方神位者以特牲少牢主人行事升降皆由阼階今不於阼階故決之以西方神位知者特牲少牢皆布席于奧殯又在西階是西方神位主人非行事直哭而已故就神位

婦人入。大夫踊。升自阼階。辟主人也

【疏】婦人至阼階○注辟主人也○釋曰反哭之禮主人男子等先入主婦婦人等後入故婦人入丈夫在位者皆踊婦人不升西階者由主人在西階故鄭云辟主人

主婦入于室。踊出即位。及丈夫拾踊三。入于室反諸其所養也出即位堂上西面也拾更也

【疏】主婦至踊三○注入于至更也○釋曰案檀弓云主婦入于室反諸其所養也鄭注云親所饋食之處但主人既在西階親所行禮之處以婦人無外事故於饋食之處哭也云出即位堂上西面也者自小斂奉尸夷于堂已後主婦等位皆在阼階上西面是以知出即位者阼階上西面也云拾更也者凡成踊而拾皆主人踊主婦人踊賓乃踊故云更也

賓弔者升自西階。曰如之何。主人拜稽顙。賓弔者衆賓之長也反而亡焉失之矣於是為甚故弔之弔者北面主人拜於位不北面拜賓東者以其亦主人位也今文無曰

【疏】賓弔至稽顙○注賓弔至無曰○釋曰知賓弔是衆賓之長者以其弔賓皆在堂下今升堂釋詞故知賓中為首者賓之長也云反而亡焉失之矣於是為甚者亦檀弓文引之證周人反哭而弔哀之甚也云弔者北面者以經云賓弔者升自西階云曰如之何不見弔者改面之文明升堂北面可知云主人拜于位者拜于西階上東面位知者以其上經主人升自西階東面故知仍東面位也云不北面拜賓東者以其亦主人位也者鄉飲酒鄉射主人酬賓皆於賓東主人位特牲少牢助祭之賓主人皆拜送于西階東面故於東面不移以其亦主人位故也

賓降出。主人送于門外。拜稽顙。賓降至稽顙○釋曰此於雜記五賓當相見之賓故鄭上注云舉中焉明五賓皆依節而弔也

遂適殯宮。皆如啓位。拾踊三。啓位婦人入升堂丈夫即中庭之位

【疏】遂適至踊三○注啓位至之位○釋曰案上喪禮朝夕哭位云婦人即位于堂南上主人堂下直東序西面啓殯時云主人位如初又云主人入即位則此主啓位婦人亦即位于堂東面主人即位于堂下直東序西面直東序西面即中庭位也

兄弟出。主人拜送。兄弟小功以下也異門大功亦可以歸

【疏】兄弟至拜送○注兄弟至以歸○釋曰丈夫婦人在殯宮拾踊既訖兄弟入門者出主人拜而送之知兄弟小功以下也者此兄弟等始死之時皆來臨喪殯訖各歸其家朝夕哭則就殯所至葬開殯而來喪所至此反哭亦各歸其家至虞卒祭還來預焉故喪服小記云緦小功虞卒哭則皆免是也云異門大功亦可以歸者大功以上同財之義為異門則恩輕故可歸也

衆主人出門哭止。闔門。主人揖衆主人。乃就次。次倚廬也

【疏】衆主至就次○注次倚廬也○釋曰云衆主人出門者則主人拜送兄弟因在門外云闔門者鬼神尚幽闇云次倚廬也者以未虞以前仍依於初東壁下倚木為廬齊衰居堊室大功張幃喪服傳云既虞柱楣翦屏此直云倚廬據主人斬衰者而言

猶朝夕哭。不奠。是日也以虞易奠

【疏】猶朝夕哭不奠○注是日至易奠○釋曰自啓殯已來常奠今反哭至殯宮猶朝夕哭如前不奠耳檀弓云葬日虞弗忍一日離也是日也以虞易奠故不奠也

三虞。虞喪祭名虞安也骨肉歸於土精氣無所不之孝子為其彷徨三祭以安之朝葬日中而虞不忍一日離

【疏】三虞○注虞喪至日離○釋曰云虞喪祭名日中而虞不忍一日離皆檀弓文案彼云葬日虞弗忍一日離也又云卒哭曰成事是日也以吉祭易喪祭則三虞也云虞安也者主人孝子葬之時送形而往迎魂而返恐魂神不安故設三虞以安之云骨肉歸于土精氣無所不之者案檀弓云延陵季子葬其長子於嬴博之間既窆左袒右還其封云骨肉歸復于土命也若魂氣則無不之也是其骨肉歸于土精氣無所不之事言此者欲見迎魂而返以虞祭安之是以鄭云孝子為其彷徨三祭以安之云朝葬日中而虞即檀弓所云葬日虞弗忍一日離又下士虞記亦云日中而行事是也

卒哭。卒哭三虞之後祭名始朝夕之間哀至則哭至此祭止也朝夕哭而已

【疏】卒哭○注卒哭至而已○釋曰云卒哭三虞之後祭名者再虞用柔日後虞改用剛日又隔柔日卒哭用剛日故云卒哭三虞之後祭名也云始朝夕之間哀至則哭至此祭止也者始死主人哭不絕聲小斂之後以親代哭亦不絕聲至殯後主人在廬中思憶則哭又有朝夕於阼階下哭至此為卒哭祭唯有朝夕哭而已言其哀殺也然則喪有三無時哭者始死至殯哭不絕聲一無時既殯廬中思憶則哭二無時卒哭祭後唯有朝夕哭為有時至練祭之後又止朝夕哭唯有堊室之中或十日或五日一哭通前為三無時之哭也是以檀弓云哭無時使必知其反也是據練後哭無時也

明日以其班祔。班次也祔卒哭之明日祭名祔猶屬也祭昭穆之次而屬之今文班為胖

【疏】明日以其班祔○注班次至為胖○釋曰云班次也者謂昭穆之次第云卒哭之明日祭名者以卒哭用剛日祔用柔日是以下士虞記云卒哭祭即云明日以其班祔故云卒哭之明日祭名云祔猶屬也祭昭穆之次而屬之者以其孫祔於祖孫與祖昭穆同故以孫連屬於祖而就祖而祭之也

記。

【疏】記○釋曰凡記者皆是經不具記之使充經文理備足也

士處適寢。寢東首于北墉下。將有疾乃寢於適室今文處為居于為於

【疏】士處至墉下○注將有至為於○釋曰云將有疾乃寢於適室者以士喪篇首云士死于適室此記云適寢者適室一也故互見其文若不疾則在燕寢將有疾乃寢臥于適室故變室為寢也云東首者鄉生氣之所云墉下者謂之牆喪大記謂之北牖下必在北墉下亦取十一月一陽生於北生氣之始故也士喪禮論其死事故不云疾此記人記其不備凡人死皆因疾故記其疾疾之所在也

有疾。疾者齊。正情性也適寢者不齊不居其室

【疏】有疾疾者齊○注正情至其室○釋曰云有疾疾者齊者既有疾當齊戒正情性故也云適寢者不齊不居其室者案鄉黨孔子齊居必遷坐又祭義云致齊於內散齊於外皆在適寢但散齊得鄉外故云於外耳是其齊居適寢也

養者皆齊。憂也

【疏】養者皆齊○注憂也○釋曰案曲禮云父母有疾冠者不櫛行不翔笑不至矧怒不至詈不飲酒食肉疾止復故男女養疾皆齊戒正情性也

徹琴瑟。去樂

【疏】徹琴瑟○注去樂○釋曰君子無大故琴瑟不離其側今以父母有疾憂去之案喪大記云疾病內外皆埽君大夫徹縣士去琴瑟云凡樂器天子宮縣諸侯軒縣大夫判縣士特縣去琴瑟者不命之士亦謂子男之士不命者也

疾病。外

內皆埽。為有賓客來問也疾甚曰病〔疏〕疾病外內皆埽○注為有至曰病○釋曰云疾甚曰病者則外內皆埽為賓客來問疾自絜清也 徹褻衣加新衣。故衣垢汙為來人穢惡之〔疏〕徹褻衣加新衣○注故衣至惡之○釋曰此文承疾病者及養病者則徹褻衣據死者而言則生者亦去故衣服新衣矣徹褻衣謂故玄端已有垢汙故來人穢惡是以徹去之加新衣者謂更加新朝服喪大記亦云徹褻衣加新衣鄭注云徹褻衣則所加者新朝服矣互言之也加朝服者明其終於正也互者褻衣是玄端新衣是朝服朝服言新則褻衣是故玄端言褻朝服是絜不褻矣各舉一邊而言明皆有兼也必知褻衣是玄端新衣是朝服者案司服士之齊戒服玄端則疾者與養疾者皆齊明服玄端矣檀弓云始死羔裘玄冠者易之而已羔裘玄冠即朝服故知臨死所著新衣則朝服也故鄭云終於正也 御者四人皆坐持體。為不能自轉側御者今時侍從之人〔疏〕御者至持體○注為不至之人○釋曰案喪大記云體一人注云為其不能自伸屈也若然四體各一人亦為不能自轉側詩云輾轉反側據身云不能自屈伸據手足二文相兼乃具云御者今時侍從之人者士雖無臣亦有侍御僕從之人終於其手也 屬纊以俟絕氣。有其氣微難節也纊新絮〔疏〕屬纊以俟絕氣○注有其至新絮○釋曰案喪大記注云纊今之新綿易動搖置口鼻之上以為候亦二注相兼乃具云纊新絮即新綿禹貢豫州貢纖纊明纊新綿也 男子不絕於婦人之手。婦人不絕於男子之手。備褻〔疏〕男子至之手○注備褻○釋曰案喪大記注云君子重終為其相褻若然疾時使御者持體并死于其手若婦人則內御者持體還死于其手故喪大記云其母之喪則內御者抗衾而浴僖三十三年冬公薨于小寢左氏傳曰即安服注云小寢夫人寢也禮男子不絕于婦人之手今僖公薨于小寢譏其近女室是男子不絕于婦人之手備褻也 乃行禱于五祀。盡孝子之情五祀博言之士二祀曰門曰行〔疏〕乃行禱于五祀○注盡孝至曰行○釋曰云盡孝子之情者死期已至必不可求生但盡孝子之情故乃行禱之五祀望祐助病者使之不死也云五祀博言之士二祀曰門曰行者祭法文今禱五祀是廣博言之望助之者衆其言五祀則與諸侯五祀同則祭法云諸侯五祀是也 乃卒。卒終也〔疏〕○乃卒○注卒終也○釋曰自此盡遷尸論上篇始死遷尸於南牖之事曲禮與爾雅皆云大夫曰卒士曰不祿今士不言不祿而云卒者義取君子曰終小人曰死故鄭云卒終也美言之使與大夫同稱也 主人啼兄弟哭。哀有甚有否於是始去笄纚服深衣檀弓曰始死羔裘玄冠者易之〔疏〕主人啼兄弟哭○注哀有至易之○釋曰云哀有甚有否者啼即泣也檀弓云高柴泣血三年注云言泣無聲如血出則啼是哀之甚發聲則氣竭而息之聲不委曲若往而不反對齊衰以下直哭無啼是其否也知於是始去笄纚服深衣者禮記問喪云親始死雞斯徒跣扱上衽注云雞斯當為笄纚上衽深衣之裳前是其親始死笄纚服深衣也引檀弓者證服深衣易去朝服之事也 設牀第當牖衽。下莞上簟設枕。病卒之間廢牀至是設之事相變衽臥席古文第為茨〔疏〕設牀至設枕○注病卒至為茨○釋曰經直云士死于適室幠用斂衾不云此等之事故記人言之也云病卒之間廢牀至是設之

者喪大記云疾病寢東首於北牖下廢牀是其始死亦因在地無牀復而不蘇乃設牀於南牖下有枕席是病卒之間廢牀於是設之云事相變者謂疾病時去牀既死設牀是生死事相變也衽臥席者曲禮云請席何鄉請衽何趾鄭云坐問鄉臥問趾因於陰陽是衽為臥席昏禮注云衽臥席也 遷尸。徙於牖下也於是幠用斂衾〔疏〕遷尸○注徙於至斂衾○釋曰云徙於牖下者即上文牀第當牖者也於是幠用斂衾者釋士喪禮幠用斂衾之時節也 復者朝服。左執領。右執要。招而左。衣朝服服未可以變〔疏〕復者至而左○注衣朝至以變○釋曰云招而左者以左手執領還以左手以領招之必用左者招魂所以求生左陽陽主生故用左也復者士之有司著朝服左執領謂爵弁服也云衣朝服服未可以變者謂始死未可以變之服凶服以其復所以求生故也喪大記小臣復復者朝服彼言小臣據君則上下尊卑復者皆朝服也 楔貌如軛上兩末。事便也今文軛作厄〔疏〕楔貌至兩末○注事便至作厄○釋曰云如軛者軛謂馬鞅軛馬領亦上兩末令以扼處入口取出時易故鄭云事便也此用柶異於吉時所用也 綴足用燕几。校在南。御者坐持之。校脛也尸南首几脛在南以拘足則不得辟戾矣古文校為枝〔疏〕綴足至持之○注校脛至為枝○釋曰云几脛在南以拘足則不得辟戾矣者古者几兩頭各施兩足今以夾足則暨用之尸南首足鄉北故以几脚鄉南以夾足恐几欹側故使生存侍御者一人坐持夾之使足不辟戾可以著屨也 即牀而奠。當腢用吉器。若醴若酒。無巾柶。腢肩頭也用吉器器未變也或卒無醴用新酒〔疏〕即牀至巾柶○注腢肩至新酒○釋曰即就也謂就尸牀而設之尸南首則在牀東當尸肩頭也此即檀弓云始死之奠其餘閣也與云用吉器器未變也者謂未忍異於生故未變至小斂奠則變籩豆之等為變矣云或卒無醴用新酒者釋經若醴若酒則科有其一不得並有之事以其始死卒未有醴則用新酒若然醴酒俱有容有醴則用之不更用酒以其始死不備故也若小斂以後則酒醴具設甒二醴酒是也 赴曰。君之臣某死。赴母妻長子。則曰。君之臣某之某死。赴走告也今文赴作訃〔疏〕赴曰至某死○注赴走至作訃○釋曰云母妻長子則曰君之臣某之某死者上某是士名下某是母妻長子假令長子則云長子某甲母妻則婦人不以名行直云母與妻也云赴走告也者言赴取急疾之意故云赴走告也云今文赴作訃者雜記作訃者義取以言語相通亦一塗也 室中唯主人主婦坐。兄弟有命夫命婦在焉亦坐。別尊卑也〔疏〕室中至亦坐○注別尊卑也○釋曰云兄弟有命夫命婦在焉亦坐者若無命夫命婦則皆立可知此士喪禮故鄭云別尊卑也尊謂命夫命婦案大記君之喪主人主婦坐以外皆立若大夫喪主人主婦命夫命婦皆坐以外皆立也士之喪主人父兄主婦姑姊妹皆坐鄭云士賤同宗尊卑皆坐此命夫命婦之外立而不坐者此謂有命夫命婦來兄弟為士者則立若命夫命婦則同宗皆坐也 尸在室。有君命。衆主人不出。不二主〔疏〕尸在至不出○注不二主○釋曰經直云主人唯君命出不言衆主人故記人辨之

云衆主人不出在尸東耳云不二主者曾子問云喪有二孤廟有二主為非禮不云不二孤而云不二主者彼廟主與喪孤相對此孤不對廟主孤亦是喪主故以主言之也 襚者委衣于牀。不坐。牀高由便〔疏〕襚者至不坐○注牀高由便○釋曰云牀高由便者曲禮云授立不跪授坐不立此委衣於牀者不坐委之以牀高亦如授立不坐之義故云由便也 其襚于室。戶西北面致命。始死時也〔疏〕其襚至致命○注始死時也○釋曰云始死時者謂未小斂之前尸在室中戶西故北面致命若小斂之後奉尸夷於堂則中庭北面致命 夏祝淅米。差盛之。差擇之〔疏〕夏祝至盛之○注差擇之○釋曰經直云祝淅米于堂南面用盆不言夏與盛之故記人言之 御者四人。抗衾而浴。襢第。抗衾為其倮裎蔽之也襢袒也袒簀去席盝水便 其母之喪。則內御者浴。鬠無笄。內御女御也無笄猶丈夫之不冠也〔疏〕注內御至冠也○釋曰云內御女御者以婦人稱內故以女御為內御婦人不死男子之手故知內御女御也天子八十一御妻亦曰女御與此別也云無笄猶丈夫之不冠也者喪服小記云男子冠而婦人笄士喪禮男子免不冠此云婦人不笄與男子不冠同故云猶丈夫不冠也 設明衣。婦人則設中帶。中帶若今之褌襂〔疏〕設明至中帶○注中帶至褌襂○釋曰經直云設明衣不辨男子與婦人故此記人云設明衣者男子其婦人則設中帶鄭云中帶若今褌襂者鄭舉目驗而言但男子明衣之狀鄭不明言亦當與中帶相類有不同之處故別雖名中帶亦號明衣取其圭絜也 卒洗。貝反于笄。實貝柱右齻左齻。象齒堅〔疏〕卒洗至左齻○注象齒堅○釋曰經直云實貝於尸左右及中不言遠近故記人辨之云右齻左齻謂牙兩畔最長者象生時齒堅也 夏祝徹餘飯。徹去鬻〔疏〕夏祝徹餘飯○釋曰經不言夏祝徹故記人記之 瑱塞耳。塞充室〔疏〕瑱塞耳○釋曰經直云瑱用白纊用掩之不云塞耳恐同生人縣于耳旁故記人言之也 掘坎南順。廣尺。輪二尺。深三尺。南其壤。南順統於堂輪從也今文掘為坅也〔疏〕掘坎至其壤○釋曰經直云甸人掘坎于階間不辨大小故記人明之 塈用塊。塊堛也古文塈為役〔疏〕注塊堛也○釋曰云塊堛者爾雅釋言文孫氏云堛土塊也 明衣裳。用幕布。袂屬幅。長下膝。幕布帷幕之布升數未聞也屬幅不削幅也長下膝又有裳於蔽下體深也〔疏〕明衣至下膝○注幕布至深也○釋曰云明衣裳用幕布則衣裳同用幕布云袂屬幅長下膝者唯據衣而言以其下別云裳故也云幕布帷幕之布者周禮幕人掌帷幕幄帟綬鄭云帷幕皆以布為之帷帟皆以繒為之以其帷幕所以張之於外恐不相勝畢故須用布鄭亦取此文用幕布為義也故此云帷幕之布云升數未聞者以其不云疏布直云幕布故云未聞也云屬幅不削幅者布幅二尺二寸凡用布皆削去邊幅旁一寸為二寸計之則此不削幅謂繚使相著還以袂二尺二寸云長下膝者謂為此衣長至膝下云又有裳於蔽下體深者凡平為衣以其有裳故不至膝下此又有裳而言膝下故云於蔽下體深也蔽下體解此經衣

至膝下也有前後裳。不辟。長及轂。不辟積也轂足跗也凡他服短無見膚長無被土【疏】有前至及轂○注不辟至被土○釋曰云不辟積也者以其凡男子裳不連衣故皆前三幅後四幅辟積其要間示文今此亦前三後四不辟積者以其一服不動不假上狹下寬也云凡他服短無見膚長無被土者他服謂深衣深衣云短毋見膚注云衣取蔽形又云長無被土注云爲汙辱是也此裳及轂至足跗亦是不被土故引爲證也縓綼緆。一染謂之縓今紅也飾裳在幅曰綼在下曰緆【疏】縓綼緆○注一染至曰緆○釋曰云一染謂之縓者爾雅文謂一入赤汁染之即漢時紅故舉以爲況也云飾裳在幅曰綼者案深衣云袂緣純邊注云純謂緣之也緣邊衣裳之側廣各寸半則表裏共三寸矣此在幅亦衣裳之側緣法如彼也緇純。七入爲緇緇黑也飾衣曰純謂領與袂衣以緇裳以縓象天地也設握裏親膚。繫鉤中指。結于掔。掔掌後節中也手無決者以握繫一端繞掔還從上自貫反與其一端結之【疏】設握至于掔○注掔掌至結之○釋曰手無決者以其經已云設握麗于掔與決運結據右手有決者不言左手無決者故記之云以握繫一端繞掔還從上自貫反與其一端結之者案上文握手用玄纁裏長尺二寸今裏親膚據從手內置之長尺二寸中掩之手纔相對也兩端各有繫先以一端繞掔一帀還從上自貫又以一端鄉上鉤中指反與繞掔者結於掌後節中甸人築坅坎。築實土其中堅之穿坎之名一曰坅【疏】甸人築坅坎○注築實至曰坅○釋曰經直云甸人掘坎不云還使甸人築故記人明之還使甸人築之也隸人涅廁。隸人罪人也今之徒役作者也涅塞也爲人復往褻之又亦鬼神不用【疏】隸人涅廁○注隸人至不用○釋曰知隸人罪人者案周禮司厲職云其奴男子入於罪隸則中國罪人對夷隸蠻隸貉隸之等是征四夷所得也故鄭舉漢法今之徒役作者也云爲人復往褻之又亦鬼神不用者若然古者非直不共偪浴亦不共廁故得云死者不用也既襲宵爲燎于中庭。宵夜【疏】既襲至中庭○釋曰士之喪死日而襲經不云中庭設燎故記明之也厥明。滅燎陳衣。記節【疏】厥明滅燎陳衣○注記節○釋曰云記節者爲小斂陳衣當襲之明旦滅燎之時故記節正經不云故記人以明之也凡絞紟用布。倫如朝服。凡凡小斂大斂也倫比也今文無紟古文倫爲輪【疏】凡絞至朝服○注凡凡至爲輪○釋曰言凡非一之言以其唯小斂至大斂有絞大斂又有紟故知凡中有大小斂也言類如朝服者雜記云朝服十五升是也

儀禮注疏卷四十挍勘記

阮元撰盧宣旬摘錄

茵先入

大夫諸侯以上有四周謂之輴以其十四字此本要義俱複出案疏文冗蔓多類此似非刊本誤衍

屬引

大夫士以咸 陳閩監本通解要義同毛本楊氏咸作緘○按喪大記經文作咸

襲贈用制幣

以丈八尺名爲制 要義同毛本通解無名字

卒祖拜賓

反位 毛本位下有也字徐本楊敖俱無與疏合集釋有案注末楊敖俱有拾更也三字浦鏜說見後

賓出則拜送

謂相聞姓名 通解要義同毛本聞作問○按雜記下作聞

藏器於旁

檀弓曰有虞氏之瓦棺夏后氏堲周殷人棺槨周人牆置翣 徐本集釋敖氏俱如是通解刪有虞至棺槨十五字毛本因之盧文弨云陸氏爲堲周作音則有者是

其外又置翣爲飾也 陳本通解要義同毛本又作反按又是也

藏苞筲於旁 苞監本誤從竹

君容祝 徐本要義楊氏同毛本釋文通典集釋通解敖氏祝俱作柷

後陳者先用䙴甒 楊氏同毛本通解要義俱重出先用二字

引喪大記者 通解要義同毛本引作云

乃反哭入 盧文弨云士虞禮注引下有門字

入升西階 毛本升下有自字

反哭升堂 通解要義同毛本升作於○按檀弓下作升

今不於阼階 陳閩監本通解同毛本於作由要義作以

殯又在西階 陳閩俱無西字

婦人入大夫踊 徐本同毛本集釋通解楊敖大俱作丈張氏曰監本大作丈當從監本

主婦入于室

拾更也 浦鏜云三字儀禮圖集說皆在前卒祖拜賓節下今案釋文次第當在此

親所饋食之處 要義同毛本通解處下有哭也二字○按通解以意增檀弓注無哭也二字

主婦人踊 毛本通解無人字

賓弔者

今文無曰 徐本集釋同毛本通解作古文無曰字

以其上經 通解要義同毛本經下有云字

故知仍東面位也 陳本通解要義同毛本仍作乃

遂適殯宮

則此主啓位 要義同毛本通解主作如

婦人亦卽位于堂東面 陳本通解要義同毛本東下有西字閩本西字擠入

兄弟出

主虞卒祭 要義同毛本通解楊氏卒下有哭字

衆主人出門哭止

因在門外 陳本通解要義同毛本在作依○案在是

既虞柱楣前屏 浦鏜云翦誤前

三虞

若魂氣則無不之 毛本之下有也字

明日以其班祔

而屬之今文班爲胖 下五字毛本俱脫徐本集釋俱有與單疏標目合

記士處適寢

必在北墉下 必閩本重脩監本俱作此墉要義作牖

生氣之始故也 毛本氣誤作器無故字通解要義俱有

養者皆齊

憂也 通解無此注

疾病外內皆埽 毛本外內作內外唐石經徐陳閩葛集釋通解要義楊敖俱倒與單疏標目合石經考文提要云疏作外內與禮記喪大記文同

徹褻衣

新衣是朝服朝服言新 朝服二字毛本不重出

羔裘元冠卽朝服 卽通解要義俱作則

御者四人

今時侍從之人 侍徐陳閩葛集釋通解楊敖俱作侍與單疏述注合毛本作待

男女改服 此節經注唐石經及徐本集釋敖氏俱無通解楊氏毛本俱有石經考文提要云此因通解而誤蓋通解於士喪禮雜附本經記及喪大記之文此節乃喪大記誤入儀禮又此記五節與喪大記同鄭兩注各異獨此節注不異明係移彼注此又因與士喪禮不合妄改庶人爲主人又彼注上文有新朝服故曰亦朝服此上文無朝服字何以云亦足證羼入盧文弨云通解庶字尚未改○按改庶人爲主人自楊氏始

屬纊以俟絶氣

有其氣微難節也 嚴本同毛本有作爲

男子不絶於婦人之手

若婦人則內御者持體還死於其手 陳閩俱無此十四字

卽安服注云 毛本服作也通解也服二字竝有金曰追云首句雖與杜注不殊而禮男子以下二十二字全非杜注則其爲服氏注無疑

乃行禱于五祀 五陳閩葛本俱作伍

乃卒

士曰不祿 通解同毛本無曰字案有曰字與曲禮合

主人啼 張氏曰釋文云諦大兮反從釋文○按今本釋文仍作啼玩大兮之音乃讀諦爲啼也若本是啼不須作音

於是始去笄纚 徐本與單疏述注合集釋通解楊氏毛本去下有冠而二字

知於是始去笄纚 毛本去下有冠而二字

笄纚服深衣也 通解同毛本笄作雞

設牀第

寢東首於北牖下 陳閩同毛本通解牖作墉

楔貌如軛

軛謂馬鞅軛馬領 毛本通解謂下有如字

此用柶 陳本同毛本用作角

綴足用燕几

今以夾則監用之 毛本通解以作則則作以

赴曰君之臣某死

上某是士名 陳閩通爲同毛本士作書○按士是也

則云長子某甲母妻 甲陳本通解俱作甲屬上句是也毛本作若

室中唯主人主婦坐

此士喪禮 毛本喪作之陳閩監本通解要義俱作喪案喪字是

若命夫命婦 要義同毛本通解若下有無字按毛本是也

其襚

奉尸夷於堂則 陳本通解同毛本夷作侇則作前○按當作則屬下句

御者四人

爲其倮裎 徐本通解俱作倮裎集釋敖氏毛本俱作裸裎張氏士喪禮識誤云既夕禮謂其倮裎監本亦作裎○按張氏以爲爲謂

盝音祿 此本徐本集釋俱無此三字毛本有葛本通解俱於盝上加圈

其母之喪

周禮九嬪注云 此本無此六字毛本在女御女之下

設明衣

中帶若今之禪襂 若通解作者禪徐本作禪與單疏標目合釋文集釋通解敖氏毛本俱作褌陸氏曰褌音昆

注中帶至禪襂 毛本禪作褌下同通解要義載下疏亦作褌案通解於注作禪於疏作褌蓋宋時注疏別行黃氏各據本文未暇畫一

明衣裳用幕布

謂繚使相著 謂繚聶氏作但繚之

還以袂二尺二寸 陳閩以俱作一聶氏作爲二尺二寸

凡平爲衣 毛本通解無平字

有前後裳

不辟質也 質徐本通典通解楊氏俱作質與單疏述注合集釋毛本作積下同

短無見膚長無被土 兩無字釋文俱作不集釋上作不下作無

云不辟質也者 毛本質作積

縓綼緆

純袂緣純邊 毛本通解無緣字○按通解非也深衣有緣字

緣法如被也 通解同毛本法作注案毛本凡注字俱从言此獨從水明爲法字之誤也監本作註則益誤矣

緇純

緇黑也 徐本集釋同毛本通解楊氏黑下俱有色字

設握裏親膚 裏唐石經徐本集釋通解要義楊氏俱作裏敖氏毛本作裹

結于掔 毛本掔作擊唐石經嚴本集釋俱作掔注同說詳士喪禮

設握麗于掔 毛本掔作擊下竝同

按上文握手用元纁裏 裏閩本通解要義俱作裹是也下同毛本作裹

先以一端繞掔一匝 要義同毛本掔作擊

隸人涅廁

又亦鬼神不用 盧文弨云亦一作以

按周禮司厲職云 毛本通解厲作隸○按毛本誤

其奴男子入於罪隸 毛本通解隸下有者字○按不當有者字

既襲

故記明之也 毛本明誤作名閩本之誤作文

儀禮疏卷第四十一

唐朝散大夫行大學博士弘文館學士臣賈公彦等撰

設棜于東堂下南順。齊于坫。饌于其上。兩甒。醴酒。酒在南。篚在東。南順。實角觶四。木柶二。素勺二。豆在甒北。二以並。籩亦如之。棜今之轝也角觶四木柶二素勺爲少進醴酒兼饌之也勺二醴酒各一也豆籩二以併則是大斂饌也記於此者明其他與小斂同陳古文角觶爲角柶【疏】設棜至如之○注棜今至角柶○釋曰自此盡出室論陳大小斂奠記經不備之事云角觶四木柶二爲夕進醴酒兼饌之也者以其大小斂之奠皆有醴酒醴一觶又用一柶酒用一觶計醴酒但用二觶一柶矣而觶有四柶有二者朝夕酒醴及器別設不同器朝夕一二奠各饌其器也云豆籩二以併則是大斂饌者以其小斂一豆一籩大斂乃有二豆二籩故知二爲大斂饌者云記於此者明其他與小斂同陳者鄭意大斂饌不在大斂節內陳之而在小斂節陳之者以其陳此籩豆之外皆與小斂同故就小斂節內陳之取省文之義也云同陳者謂多少同陳不謂大斂饌陳之亦在小斂節內也

凡籩豆實具設皆巾之。籩豆偶而爲具具則於饌巾之巾之加飾也明小斂一豆一籩不巾【疏】凡籩至巾之○注籩豆至不巾○釋曰云實具設皆巾之者謂於東堂實之於奠設之二處皆巾故云皆巾之云籩豆偶而爲具具則於饌巾之巾之加飾也者此鄭指解大斂之實饌於堂東之時巾之加飾對小斂之實於堂東不巾不加飾云明小斂一豆一籩不巾者以其云籩豆具據大斂奠二豆二籩實與奠二處皆巾明小斂奠一豆一籩堂東饌時不巾若然小斂奠設于牀東巾之爲在堂經久設塵埃加故雖一豆一籩亦巾之即禮記檀弓云喪不剝奠也與祭肉也與以其有牲肉故也

觶俟時而酌。柶覆加之。面枋。及錯建之。時朝夕也檀弓曰朝奠日出夕奠逮日【疏】觶俟至建之○注時朝至逮日○釋曰言此者記人恐饌時已酌於觶故記云俟時而酌也引檀弓者謂時是朝夕之時必朝奠待日出夕奠須日未沒者欲得父母之神隨陽而求故也

小斂辟奠不出室。未忍神遠之也辟襲奠以辟斂既斂則不出於室設于序西南畢事而去之【疏】小斂辟奠不出室○注未忍至去之○釋曰云未忍神遠之也者釋奠不出室之義始死猶生事之不忍即爲鬼神事之故奠不出室云辟襲奠以辟斂者以經云小斂辟奠故知辟襲奠只爲辟斂也云既斂則不出於室設於序西南者又解襲奠不出室若將大斂則辟小斂奠於序西南此將小斂辟奠於室至於既小斂則亦不出於室設于序西南故言不出室若然奠不出室爲既斂而言也云事畢而去之者斂事畢奉尸夷于堂乃去之而設小斂奠于尸東

無踊節。其哀未可節也【疏】○無踊節○注其哀未可節也○釋曰自死至此爲節賓主拾踊有三者三有踊節而云無踊節者除三者三之外其間踊皆無節即上文踊無筭是也云其哀未可節也亦謂三者三之外無踊節而言也

既馮尸。主人袒髺髮。絞帶。衆主人布帶。衆主人齊衰以下【疏】既馮至布帶○注衆主至以下○釋曰小斂于戶內訖主人袒髺髮散帶垂絰不云絞帶及齊衰以下布帶事故記者言之案喪服苴絰之外更有絞帶鄭注云絰象大帶又有絞帶象革帶齊衰以下用布齊衰無等皆是布帶也知衆主人非衆子者以其衆子皆斬衰絞帶故知衆主人齊衰以下至緦麻首皆免也

大斂于阼。未忍便離主人位也主人奉尸斂于棺則西階上賓之【疏】大斂于阼○注未忍至賓之○釋曰經大斂云布席如初不言其處故記云大斂于阼阼是主人位故鄭云未忍便離主人位也云主人奉尸斂于棺則西階上賓之者喪事所以即遠斂訖即奉尸斂于棺賓客之故檀弓云周人殯于西階則猶賓之是也

大夫升自西階。階東北面東上。視斂【疏】大夫至東上○注視斂○釋曰知視斂者以其文承大斂下故知大夫升爲視斂也

既馮尸。大夫逆降復位。中庭西面位【疏】既馮至復位○注中庭西面位○釋曰知大夫位在中庭西面者上篇朝夕哭云主人入堂下直東序西面卿大夫在其南卿大夫與主人同西面向殯故知大夫位在中庭西面也

巾奠。執燭者滅燭。出。降自阼階。由主人之北東。巾奠而室事已【疏】巾奠至北東○注巾奠而室事已○釋曰上篇大斂奠時直云乃奠燭升自阼階無執燭降由主人之北故記人言之云由主人之北東也云巾奠而室事已者既巾訖是室事已故執燭者出也

既殯。主人說髦。既殯置銘于肂復位時也今文說皆作稅兒生三月鬋髮爲鬌男角女羈否則男左女右長大猶爲飾存之謂之髦所以順父母幼小之心至此尸柩不見喪無飾可以去之髦之形象未聞【疏】既殯主人說髦○注既殯至未聞○釋曰自此盡乘車論孝子衣服飲食乘車等之事云既殯置銘于肂復位時也者案上篇云主人奉尸斂于棺乃蓋主人降拜大夫之後至者北面視肂卒塗祝取銘置于肂主人復位復位者從西階下復阼階下位也凡說髦尊卑同三日喪大記云小斂主人即位于戶內乃斂卒斂主人馮之袒說髦髺髮以麻注云士既殯說髦此云卒斂蓋諸侯之禮士之既殯諸侯之小斂於死者俱三日也是尊卑同三日也必三日說髦者案禮記問喪云三日而不生亦不生矣以髦是子事父母之飾父母既不生故去之云今文說皆作稅者此說及下經不說絰帶二字皆作稅凡釋今古之文皆在注後此在注中者以其釋經義盡者於注未言之以文更有義者釋今古字訖乃更況說即此注已解今古字訖更釋髦義是也云兒生三月鬋髮爲鬌男角女羈否則男左女右者內則文彼注云夾囟曰角午達曰羈引之者證髦象幼時鬌之義故云長大猶爲飾存之謂之髦所以順父母幼少之心是以舜年五十不失孺子之心者也云髦之形象未聞者詩云髧彼兩髦鄭云髦者髮至眉子事父母之飾以其云髧者垂之貌又云兩髦故以髮至眉解之其狀則未聞

三日絞垂。成服日絞要絰之散垂者【疏】三日絞垂○注成服至垂者○釋曰以經小斂日要絰大功以上散帶垂不成服之時絞之故記人言之云成服日者士禮生與來日則除死三日則經云三日成服此云三日絞垂之日也小功緦麻初而絞之不待三日也

冠六升。外緄纓條屬厭。緄謂縫著於武也外之者外其餘也纓條屬者通屈一條繩爲武垂下爲纓屬之冠厭伏也【疏】冠六至屬厭○注緄謂至伏也○釋曰云冠六升者據斬衰者而言齊衰以下冠衰各有差降云緄謂縫著於武者古者冠吉凶皆冠武別材武謂冠卷以冠前後皆縫著於武若吉冠則從武上鄉內縫之緄餘在內謂之內緄若凶冠從武下鄉外縫之謂之外緄故云外之者外其餘也云纓條屬者通屈一條繩爲武垂下爲纓屬之冠者吉冠則纓武別材凶冠則纓武同材以一繩從前額上以兩頭鄉項後交通至耳各綴之於武使鄉下纓結之云屬之冠者先爲纓武訖乃後以冠屬著武故也云厭伏也者以其冠在武下過鄉上反縫著冠在武下故云厭也五服之冠皆厭但此文上下據斬衰而言也

衰三升。衣與裳也【疏】衰三升○注衣與裳也○釋曰經直云衰鄭兼言裳者以其衰裳升數同故經舉衰而通裳但首對身首爲尊故冠六升衰三升衰裳同三升也是以吉時朝服十五升至於麻冕亦爲三十升布與服一倍而解之

屨外納。納收餘也【疏】屨外納○注納收餘也○釋曰案喪服斬衰而言此則菅屨也云外納者謂收餘末鄉外爲之取醜惡不事飾故也

杖下本。竹桐一也。順其性也【疏】杖下至一也○注順其性也○釋曰案喪服爲父斬衰以苴杖竹爲母齊衰以削杖桐杖桐竹皆下本本謂根本鄭云順其性者謂下其根本順木之性但爲父杖竹者義取父者子之天竹性自然圓象天父子自然至孝爲母杖桐者義取桐者同也同之於父言至孝同之於父故喪服貶於父非自然之意也

居倚廬。倚木爲廬在中門外東方北戶【疏】○居倚廬○注倚木至北戶○釋曰知在中門外東方北戶者一釋案喪服傳云居倚廬既虞翦屏既練舍外寢於彼注云舍外寢於中門之外屋下壘墼爲之不塗墍所謂堊室鄭以子夏傳以既練居堊室而言外爲中門外則初死居倚廬亦中門外可知也東方者以中門內殯宮之主哭位在阼階下西面鄉殯明廬在中門外亦東方鄉殯是以主人及兄弟卿大夫外位皆西面云北戶者以倚東壁爲廬一頭至地明北戶鄉陰至既虞之後柱楣翦屏乃西鄉開戶也

寢苫枕塊。苫編藁塊堛也【疏】寢苫枕塊○注苫編藁塊堛也○釋曰孝子寢臥之時寢於苫以塊枕頭必寢苫者哀親之在草枕塊者哀親之在土云苫編藁者案爾雅白蓋謂之苫郭云白茅苫也與此不同者彼取絜白之義此不取絜白故鄭因時人用藁爲苫而言編藁云塊堛也者亦爾雅文

不說絰帶。哀戚不在於安【疏】不說絰帶○注哀戚不在於安○釋曰云不說絰帶者冠衰自然不說以其絰帶在冠衰之上故周公設經舉絰帶而言也

哭晝夜無時。哀至則哭非必朝夕【疏】哭晝夜無時○注哀至至朝夕○釋曰此謂殯後在廬中除朝夕入哭於廬中思憶則哭無時節故鄭云哀至則哭非必朝夕也

非喪事不言。不忘所以爲親【疏】非喪事不言○注不忘所以爲親○釋曰喪服四制云不言而事行者扶而起言而后事行者杖而起庶人面垢而已則天子諸侯有臣而不言而喪事得行者杖而起亦不言大夫士是臣降於君言而事行若然此士禮亦言而事行故於喪事不言也孝經云言不文亦據大夫士也云不忘所以爲親者則喪事也是以曲禮云居喪未葬讀喪禮既葬讀祭禮喪復常讀樂章喪事而言亦兼此也

歠粥。朝一溢米。夕一溢米。不食菜果。不在於飽與滋味粥糜也二十兩曰溢爲米一升二十四分升之一實在木曰果在地曰蓏【疏】歠粥至菜果○注不在至曰蓏○釋曰云不在於飽者案周禮廩人中歲人食三鬴注云六斗四升曰鬴三鬴爲米一斛

九斗二升三十日之食則日食米六升四合今日食米二溢二升有餘是不在於飽又案檀弓云必有草木之滋焉以爲薑桂之謂也彼薑桂爲滋味此鄭以菜果爲滋味則薑桂之外菜果亦爲滋味也云粥糜也者案爾雅饘糜謂粥之稀者故鄭舉其類謂性不能食粥者糜亦一溢米同也云二十兩曰溢爲米一升二十四分升之一者依筭法百二十斤曰石則是一斛若然則十二斤爲一斗取十二斤分之升得一斤餘二斤斤爲十六兩二斤爲三十二兩取三十兩十升升得三兩添前一斤十六兩爲十九兩餘二兩兩二十四鉄二兩爲四十八鉄取四十鉄十升升得四鉄餘八鉄鉄爲十絫十升升得八絫則是一升得十九兩四鉄八絫於二十兩仍小十九鉄二絫則別取一升破爲十九兩四鉄八絫分十兩兩爲二十四鉄則爲二百四十鉄又分九兩兩爲二十四鉄則爲二百一十六鉄并四鉄八絫添前得四百六十鉄八絫總分爲二十四分且取二百四十鉄分得十鉄餘二百二十鉄八絫在又取二百一十六鉄二十四分分得九鉄添前分得十九鉄餘有四鉄八絫四鉄鉄爲十絫總爲四十絫通八絫二十四分得二絫是一升爲二十四分分得十九鉄二絫將十九鉄添前四鉄爲二十三鉄將二絫添前八絫則爲十絫爲一鉄以此一鉄添前二十三鉄則爲二十四鉄爲一兩以一兩添十九兩總二十兩曰溢云實在木曰果在地曰蓏者案周禮九職云二曰園圃毓草木鄭云樹果蓏曰圃案食貨志臣瓚以爲在地曰蓏在樹曰果張晏又云有核曰果無核曰蓏則此云在木曰果在地曰蓏用臣瓚之義在木曰果棗栗之屬在地曰蓏瓜瓠之屬

主人乘惡車。拜君命拜衆賓及有故行所乘也雜記曰端衰喪車皆無等然則此惡車王喪之木車也古文惡作堊〔疏〕主人乘惡車○注拜君至作堊○釋曰云拜君命拜衆賓及有故行所乘也者以其主人在喪恒居廬哭泣非有此事則不行知義然也引雜記者證喪事上下同無別義以其貴賤雖異於親一也故孝經五孝不同及其喪親唯有一章而已亦斯義也云然則此惡車主喪之木車者案巾車云王之喪車五乘發首云木車蒲蔽是王始喪所乘木車無飾與此惡車同故引之見尊卑同也

白狗幦。未成豪狗幦覆笭也以狗皮爲之取其臑也白於喪飾宜古文幦爲幂〔疏〕白狗幦○注未成至爲幂○釋曰案玉藻云士齊車鹿幦此喪車無飾故用白狗幦以覆笭云未成豪狗者爾雅釋畜文也

蒲蔽。蔽藩〔疏〕蒲蔽○注蔽藩○釋曰藩謂車兩邊禦風爲藩蔽以蒲草亦無飾也

御以蒲菆。不在於驅馳蒲菆牡蒲莖古文菆作騶〔疏〕御以蒲菆○注不在至作騶○釋曰云不在於驅馳者以其士乘惡車之時御車用蒲菆以策馬喪中示不在於驅馳云蒲菆牡蒲莖者案宣十二年楚雄負羈囚知罃知莊子以其族反之廚武子御每射抽矢菆納諸廚武子之房服注云菆好箭又云廚子怒曰非子之求而蒲之愛注云蒲楊柳可以爲箭以此而言蒲非直得策馬亦爲矢榦也

犬服。笭間兵服以犬皮爲之取堅也亦白今文犬爲大〔疏〕犬服○注笭間至爲大○釋曰云笭間兵服者凡兵器建之於車上笭間喪家乘車亦有兵器自衛以白犬皮爲服故云以犬皮爲之取其堅固也云亦白者用白狗皮明此亦用白犬皮也

木錧。取少聲今文錧爲錯〔疏〕木錧○注取少至爲錯○釋曰其車錧常用金喪用木是也取少聲也

約綏約轡。約繩綏所以引升車〔疏〕約綏約轡○注約繩至升車○釋曰知約是繩者案哀十一年左傳云人尋約吳髮短杜注云約綯也故知此約亦謂繩也平常吉時綏轡用索爲之今喪中取其無飾故皆用繩爲之也

木鑣。亦取少聲古文鑣爲苞〔疏〕木鑣○注亦取至爲苞○釋曰平常用馬鑣以金爲之今用木故知亦取少聲也

馬不齊髦。齊翦也今文髦爲毛主人之惡車如王之木車則齊衰以下其乘素車繅車駹車漆車與〔疏〕馬不齊髦○注齊翦至車與○釋曰此注解文不於未者亦以釋不齊髦訖別記釋車義故也云齊衰以下其乘素車繅車駹車漆車與案巾車王之喪車五乘木車始死所乘素車卒哭所乘繅車既練所乘駹車大祥所乘漆車禫所乘此士之喪車亦當五乘主人乘惡車齊衰乘素車與卒哭同大功乘繅車與既練同小功乘駹車與大祥同總麻乘漆車與禫同主人至卒哭已後哀殺故齊衰以下節級約與主人同故鄭爲此義也若然士尋常乘棧車不革輓而漆之今既禫亦與王以下同乘漆車者禮窮則同故也

主婦之車亦如之。疏布襚。襚者車裳幃於蓋弓垂之〔疏〕主婦至布襚○注襚者至垂之○釋曰疏布襚在亦如之之下見不與男子同云襚者車裳幃者案衛詩云漸車幃裳注云幃裳童容又案巾車后之翟車有容蓋則童容也若然則襚與幃裳及容一也故注者互相曉也云於蓋弓垂之者案巾車云皆有容蓋相將其蓋有弓明於蓋弓垂之也

貳車白狗攝服。貳副也攝猶緣也狗皮緣服差飾〔疏〕貳車白狗攝服○注貳副至差飾○釋曰依正禮大夫以上有貳車士卑無貳車但以在喪可有副貳之車非常法則有兵服又加白狗皮緣之謂之攝服云狗皮緣服差飾者對主人服無緣此則有緣是差也

其他皆如乘車。如所乘惡車〔疏〕其他皆如乘車○注如所乘惡車○釋曰云其他者唯白狗攝服爲異其他謂惡車白狗幦以下齊髦以上皆同主人惡車也

朔月。童子執帚卻之。左手奉之。童子隸子弟若內豎寺人之屬執用左手卻之示未用〔疏〕朔月至奉之○注童子至未用○釋曰此盡下室論饋奠埽絜之事案曲禮埽地者箕帚俱執此直執帚不執箕者下文埽室聚諸窔故不用箕也云童子隸子弟者案桓二年左傳云士有隸子弟服注云士卑自以其子弟爲僕隸不足以及宗是其有隸子弟也知有內豎及寺人者士雖無臣亦有內外之言寺人奄者以通宮中之命也云示未用者用之則用右手也

從徹者而入。童子不專禮事〔疏〕從徹者而入○注童子不專禮事○釋曰案論語憲問云童子將命先生並行注引玉藻無事則立主人之南北面皆不專以禮事故從徹者而入也

比奠。舉席埽室聚諸窔。布席如初。卒奠。埽者執帚。垂末內鬣。從執燭者而東。比猶先也室東南隅謂之窔〔疏〕比奠至而東○注比猶至之窔○釋曰案上文童子從徹者入及此經則從執燭者出者以其入則燭在先徹者在後出則徹者在先執燭者在後童子常在成人之後故出入所從不同也云室中東南隅謂之窔者爾雅釋宮文

燕養饋羞。湯沐之饌如他日。燕養平常所用供養也饋朝夕食也羞四時之珍異湯沐所以洗去汙垢內則曰三日具沐五日具浴孝子不忍一日廢其事親之禮於下室日設之如生存也進徹之時如其頃〔疏〕燕養至他日○注燕養至其頃○釋曰云燕養者謂在燕寢之中平生時所有共養之事則饋羞湯沐之饌是也如他日者今死不忍異於生平之日也云饋朝夕食也者鄭注鄉黨云不時非朝夕日中時一日之中三時食今注云朝夕不言日中者或鄭略言亦有日中也或以死後略去日中直有朝夕食也知羞四時之珍異者聘禮有禽羞俶獻聘義云時賜鄭云時賜四時珍異故知此羞亦四時珍異也引內則者證經湯沐亦依內則之日數知下室日設之者言其燕養在燕寢又下經云朔月不饋於下室明非朔月在下室設之也以其燕養在燕寢中設之可知云進徹之時如其頃者一如其平生子進食於父母故雖死象生時若一食之頃也

朔月若薦新。則不饋于下室。以其殷奠有黍稷也下室如今之內堂正寢聽朝事〔疏〕朔月至下室○注以其至朝事○釋曰云以其殷奠有黍稷也者大小斂奠朝夕奠等皆無黍稷故上篇朔月有黍稷鄭注云於是始有黍稷唯有下室若生有黍稷今此殷奠大奠也自有黍稷故不復饋食於下室也若然大夫已上又有月半奠有黍稷亦不饋食於下室可知云下室如今之內堂者下室既爲燕寢故鄭舉漢法內堂況之云正寢聽朝事者天子諸侯路寢以聽政燕寢以燕息案玉藻云朝玄端夕深衣鄭注云謂大夫士也則亦在正寢也

筮宅。冢人物土。物猶相也相其地可葬者乃營之〔疏〕筮宅冢人物土○注物猶至營之○釋曰自此盡不哭論筮宅卜日之事正經筮宅之事不物土故記人言之云相其地可葬者乃營之者凡葬皆先相乃筮之吉乃掘坎今直云營之不言筮宅者營之中兼筮故經云筮宅冢人物土是使冢人物土乃筮者也

卜日吉。告從于主婦。主婦哭。婦人皆哭。主婦升堂。哭者皆止。事畢〔疏〕卜日至皆止○注事畢○釋曰正經直云闔東扉主人哭不云主婦升堂哭者皆止之事故記明之云卜日吉宗人告從于主婦主婦哭時堂上婦人皆哭主婦升堂堂上婦人皆止不哭

啓之昕。外內不哭。將有事爲其讙囂既啓命哭古文啓爲開〔疏〕啓之至不哭○注將有至爲開○釋曰自上皆記士喪上篇事自此以下皆記此篇葬首將啓殯唯言婦人不哭不云男子故記以明之云內外男女不哭止讙囂故也

夷牀輁軸。饌于西階東。明階間者位近西也夷牀饌於祖廟輁軸饌於殯宮其二廟者於禰亦饌輁軸焉古文輁或作拱〔疏〕夷牀至階東○注明階至作拱○釋曰其夷牀在祖廟輁軸在殯宮以其西階東是同故并言之鄭云明階間者位近西也者以正經直云階間恐當兩階之間故記人明之是以鄭云明階間者位近西以其柩當殯奠位之處故夷牀在西還當牖輁軸以載柩故近西皆在西階東云其二廟者於禰亦饌輁軸焉者以其先禰故至禰廟一移柩升堂明且乃移柩於輁軸上載以朝祖廟朝祖廟時下柩訖明日用蜃車輁軸不復更用不饌之故云二廟者於禰亦饌輁軸焉

其二廟。則饌于禰廟。如小斂。奠乃啓。祖尊禰卑也士事祖禰上士異廟下士共廟〔疏〕其二至乃啓○注祖尊至共廟○釋曰自此盡主人踊如初論上士二廟先朝禰奠設及位次之事云其二廟則饌于禰廟者以上士先朝禰後朝祖故於禰廟饌至朝設之故也云如小斂奠者則亦門外特豚一鼎東上兩甒醴酒一豆一籩之等也云祖尊禰卑也者欲見上文朝祖時如大斂奠此朝禰如小斂奠多少不同之意也云士事祖禰者總上士及中下之士而言云上士異廟據此經而言下士共廟

據經而言中士亦共廟而唯言下士者畧之其實中士亦共廟故祭法云適士二廟官師一廟鄭云官師中下之士是也

朝于禰廟重止于門外之西東面柩入升自西階正柩于兩楹閒奠止于西階之下東面北上主人升柩東西面衆主人東即位婦人從升東面奠升設于柩西升降自西階主人要節而踊。重不入者主於朝祖而行若過之矣門西東面待之便也〔疏〕朝于至而踊○注重不至便也○釋曰此是上士二廟先朝禰之事雖言正柩于兩楹閒奠位在戶牖之閒則此于兩楹閒稍近西乃得當奠位亦如輁軸饌于階閒而近西然也云衆主人東即位者柩未升之時在西階下東面北上柩升主人從升衆主人已下乃即阼階下西面位云婦人從升不云主人婦者以其婦人皆升故總言之云主人要節而踊者奠升主人踊降時婦人踊也云門西東面待之便也者以其祖廟在東柩入禰廟明旦出門東鄉朝祖時其重於柩車先東鄉祖廟便也若先在門東西面及柩入乃迴鄉東則不便故云東面待之便也

燭先入者升堂東楹之南西面後入者西階東北面在下。炤在柩者先先柩者後後柩者適祖時燭亦然互記於此〔疏〕燭先至在下○注炤在至於此○釋曰此燭本是殯宮中炤開殯者在道時一在柩前一在柩後今又一升堂一在堂下故鄭云先先柩者後後柩者適祖時燭亦然互記於此者上適祖時直有朝廟在道柩前後之燭至廟直云質明滅燭不見燭之升堂不升堂此文見至廟燭升與不升不見在道燭故云適祖時燭亦然互記於此以其皆有在道及至廟燭升與不升之事也

主人降即位徹乃奠升降自西階主人踊如初。如其降拜賓至於要節而踊不薦車不從此行〔疏〕主人至如初○注如其至此行○釋曰云如其降拜賓至於要節而踊者案上經朝祖時既正柩設從奠訖主人降拜賓至於要節而踊故此如之也云不薦車不從此行者案上祖禰共廟者朝廟日即薦車此二廟明日於祖廟薦車馬以其從祖廟行故薦今此禰不從此行故不薦也

祝及執事舉奠巾席從而降柩從序從如初適祖。此謂朝禰明日舉奠適祖之序也此祝執醴先酒脯醢俎從之巾席爲後既正柩席升設設奠如初祝受巾巾之凡喪自卒至殯自啓至葬主人之禮其變同則此日數亦同矣序從主人以下今文無從〔疏〕祝及至適祖○注此謂至無從○釋曰自此盡不煎論至祖廟陳設及贈之事云此謂朝禰明日者以其下文朝祖之時序從如初中有燭若同日則朝祖之時已自明矣何須更有燭也以此言之則此朝祖與朝禰別日可知故鄭云舉奠適祖之序也云此祝執醴先酒脯醢俎從之巾席爲後者此禰奠與小斂奠同小斂奠時云夏祝及執事盥執醴先酒脯醢俎從此經亦祝及執事舉奠明此亦執醴先酒脯醢俎從之此經所云巾席爲後云既正柩席升設設奠如初祝受巾巾之者上正經朝祖時正柩于兩楹閒訖席升設於柩西奠設如初巾之以經直云巾之無祝受巾知受巾巾之者以上篇設小斂奠訖祝受巾巾之此與小斂奠同明設奠訖祝受巾巾之可知云凡喪自卒至殯自啓至葬主人之禮其變同者主人常在喪位不出唯君命乃出迎及送其變同則此日數亦同以其此二篇者啓日朝禰又明日朝祖又明日乃葬與始死日襲明日小斂又明日大斂而殯亦同日主人主婦變服亦同以其小斂主人散帶主婦髽自啓至葬主人主婦亦同於未殯也云序從主人以下者案上注云主人與男子居右婦人居左以服與昭穆爲位是也

薦乘車鹿淺幦干笮革靾載旜載皮弁服纓轡貝勒縣于衡。士乘棧車鹿淺鹿夏毛也幦覆笭玉藻曰士齊車鹿幦豹犆干盾也笮矢箙也靾轡也旜旌旗之屬通帛爲旜孤卿之所建亦攝焉皮弁服者視朝之服貝勒貝飾勒有干無兵有箙無弓矢明不用古文靾爲殺旜爲膳〔疏〕薦乘至于衡○注士乘至爲膳○釋曰此并下車三乘謂葬之魂車云士乘棧車者巾車之文云鹿淺幦爲車前式覆笭者子云以鹿夏皮淺毛者爲幦以覆式是以詩韓奕云鞹鞃淺幭傳云鞹革也鞃軾中也淺虎皮淺毛也幭覆軾也引玉藻者彼注云犆謂緣也士之齊車與朝車同引之欲證此鹿幦亦以豹皮爲緣飾云旜旌旗之屬云云者案司常云孤卿建旜大夫士建物此士而用旜故云攝焉云皮弁服者視朝之服者案玉藻云諸侯皮弁以聽朔於大廟鄉黨孔子云素衣麑裘亦是視朝之服君臣同服是以此士亦載皮弁視朝之服也云貝勒貝飾勒者以其貝水物故以貝飾勒云有干無兵有箙無弓矢明不用者以其干與戈戟兵器及箙與弓矢皆相須乃用今有干無兵有箙無弓矢明死者不用故闕之也

道車載朝服。道車朝夕及燕出入之車朝服日視朝之服也玄衣素裳〔疏〕道車載朝服○注道車至素裳○釋曰知道車朝夕及燕出入之車者但士乘棧車更無別車而上云乘車下云稾車此云道車雖有一車所用各異故有乘車道車稾車之名知道車朝夕者案玉藻云朝玄端夕深衣鄭注云謂大夫士也私朝之服春秋左氏傳云朝而不夕據朝君於是有朝無夕若然云朝夕者士家朝朝暮夕當家私朝之車又云及燕出入者謂士家游燕出入之車案周禮夏官有道右道僕皆據象路而言道又案司常云道車載旞鄭注云王以朝夕燕出入與此道車同則士乘棧車與王乘象路同名道云朝服日視朝之服者案鄉黨云緇衣羔裘是孔子所服鄭注云諸侯視朝之服是君臣同服故玉藻云諸侯朝服以日視朝士之道車而用朝君之服不用私朝玄端服者乘車既載孤卿之旜故道車亦載朝服攝盛也云玄衣素裳者士冠禮云主人玄冠朝服緇帶素韠注云不云衣衣象冠色則不云裳裳象韠色可知故云玄衣素裳也

稾車載蓑笠。稾猶散也散車以田以鄙之車蓑笠備雨服今文稾爲潦凡道車稾車之纓轡及勒亦縣于衡也〔疏〕稾車載蓑笠○注稾猶至衡也○釋曰云稾猶散也者案上乘車道車皆據人之乘用爲名不取車上生稱則此散車亦據人乘爲號知散車以田以鄙之車者案司常云斿車載旌注云斿車木路也王以田以鄙謂王行小小田獵巡行縣鄙此散車與彼斿車同是游散所乘故與斿車同解若然士亦與王同有以田以鄙者亦謂從王乘以田以鄙也若正田獵自用冠弁服乘棧車也云蓑笠備雨服者案無羊詩云爾牧來思何蓑何笠彼注云蓑所以備雨笠所以御暑而此并云備雨者非直蓑以御雨笠亦以備雨故都人士詩注云笠所以御雨喪事不辟暑是以并云備雨之服云今文稾爲潦者案周禮輪人爲蓋鄭云禮所謂潦車謂蓋車與若然彼注此文則爲潦車者義亦通矣凡道車稾車之纓轡及勒亦縣於衡者以車三乘皆當有馬有馬則有此三者但記人舉上以明下乘車云纓轡貝勒縣於衡即此三者亦縣於衡可知

將載祝及執事舉奠戶西南面東上卒束前而降奠席于柩西。將於柩西當前束設之〔疏〕將載至柩西○注將於至設之○釋曰經載柩時不云去奠設席之事故記人明之云將於柩西當前束設之者經雖先云舉奠後云降席要須設席乃設奠故云將於柩西當前束設之正經云降奠當前束是也

巾奠乃牆。牆飾柩也〔疏〕巾奠乃牆○注牆飾柩也○釋曰正經直云降奠當前束商祝飾柩不云巾奠故記人辨之巾奠訖商祝乃飾棺牆即帷荒與棺爲飾故變飾棺云牆也

抗木刊。剝削之古文刊爲竿〔疏〕抗木刊○注剝削之○釋曰刊削也而云剝者木無皮者直削之有皮者剝乃削之故兼言剝

茵著用茶實綏澤焉。茶茅秀也綏廉薑也澤澤蘭也皆取其香且御濕〔疏〕茵著至澤焉○注茶茅至御濕○釋曰茵內非直用茅秀兼實綏澤取其香知且御濕者以其在棺下須御濕之物故與茶皆所以御濕

葦苞長三尺一編。用便易也〔疏〕葦苞長三尺一編○注用便易也○釋曰言便易者葦草即長截取三尺一道編之用便易故也

菅筲三其實皆淪。米麥皆湛之湯未知神之所享不用食道所以爲敬〔疏〕菅筲三其實皆淪○注米麥至爲敬○釋曰經直云筲三黍稷麥不辨苞之所用及黍稷生熟故記人明之是以云筲用菅草黍稷皆淹而漬之云未知神之所享者以其鬼神幽暗生者不見故淹而不熟以其不知神之所享故也云不用食道所以爲敬者案檀弓云飯用米貝不以食道食道褻則不敬故云不用食道所以爲敬也

祖還車不易位。爲鄉外耳未行〔疏〕祖還車不易位○注爲鄉外耳未行○釋曰案正經乃祖還乘車道車稾車不辨還之遠近故記人明之雖還車不易位爲鄉外耳還車未行者皆不易位上經未還奉車在階閒婦人在堂上還車去階閒婦人降堂下若然則是還車易位而云不易位者以其三分其庭爲三位車雖去階閒猶不離三分其庭一在北之位據大判而言不易位也

執披者旁四人。前後左右各二人〔疏〕執披者旁四人○注前後左右各二人○釋曰前後左右各二人者謂前之左右後之左右則一旁四人兩旁則八人上經鄭注云備傾虧也

凡贈幣無常。賓之贈也玩好曰贈在所有〔疏〕凡贈幣無常○注賓之至所有○釋曰正經云公賵用玄纁束帛是贈有常矣上又云賓賵奠幣如初直云奠幣如初不云物色與多少故記人明之以其賓客非一故云凡贈幣無常鄭云賓之贈也云玩好曰贈在所有者詩云知子之來之雜佩以贈之是贈在所有也

凡糗不煎。以膏煎之則褻非敬〔疏〕凡糗不煎○注以膏至非敬○釋曰正經葬奠直云四籩棗糗栗脯不云糗之煎不故記人明之凡糗直空糗而已不用脂膏煎和之是以鄭云以膏煎之則褻褻非敬故云不煎此篇唯葬奠有糗而云凡者記人通記大夫以上

唯君命止柩于堩其餘則否。不敢留神也堩道也曾子問曰葬既引至於堩〔疏〕唯君至則否○注不敢至於堩○釋曰正經直云柩至邦門君使宰夫贈不云止柩之事故記人明之引曾子問者彼爲日食此爲君命雖不同止柩是同故引之證止柩之事

車至道左。

北面立東上。道左墓道東先至者在東〔疏〕車至至東上○注道左至在東○釋曰正經直云陳器于道東西北上統于壙以其入壙故也不云三等之車面位之事故記人明之以其不入壙故東上不統於壙也云道左墓道東者據墓南面爲正故知道左是墓道東也當是陳器之南云先至者在東者以乘車道車槀車三者次第爲先後先至謂乘車也必知此車是乘車之等者以其下有柩車故知此是三等者也柩至于壙。斂服載之。柩車至壙祝說載除飾乃斂乘車道車槀車之服載之不空之以歸送形而往迎精而反亦禮之宜〔疏〕柩至至載之○注柩車至之宜○釋曰正經直云柩至于壙屬引乃窆不云柩車斂服載之故記人明之云柩車至壙祝說載除飾乃斂乘道槀車服載之不空之以歸者此解說載謂下棺於地除飾謂除去帷荒柩車既空乃斂乘車皮弁服道車朝服槀車蓑笠三者之服載之於柩車示不空之以歸者也云送形而往迎精而反者禮記問喪文引之證此不空歸之義云亦禮之宜者形往則送之主人隨柩路是也精反則迎之主人隨精而反是亦禮之宜然也故云禮之宜也卒窆而歸。不驅。孝子往如慕反如疑爲親之在彼〔疏〕卒窆而歸不驅○注孝子至在彼○釋曰此文解上斂服載之下棺說實土三孝子從柩車而歸不驅馳而疾者疑父母之神不歸云孝子往如慕反如疑者亦禮記問喪文云孝子往如慕者如嬰兒隨母而啼慕反如疑者孝子不見其親不知精魂歸否故疑之云爲親之在彼者謂疑精魂在彼不歸言此者解經不驅之事君視斂。若不待奠。加蓋而出。不視斂。則加蓋而至卒事。爲有他故及辟忌也〔疏〕君視至卒事○注爲有至忌也○釋曰君於士既殯而往有恩則與大斂既布衣君至奠訖乃出不禪不得終視斂之事故記人明之是以經二事皆見於禮而言云君視斂若不待奠加蓋而出者一爲君有急事他故是以不得待奠云不視斂則加蓋而至卒事者亦是君有辟忌不用見尸柩是以加蓋乃來云卒事者待大斂訖乃出既正柩。賓出。遂匠納車于階間。遂匠遂人匠人也遂人主引徒役匠人主載柩窆職相左右也車載柩車周禮謂之蜃車雜記謂之團或作輇或作摶聲讀皆相附耳未聞孰正其車之轝狀如牀中央有轅前後出設前後輅轝上有四周下則前後有軸以輇爲輪許叔重說有輻曰輪無輻曰輇〔疏〕既正至階間○注遂匠至曰輇○釋曰正經不云納柩車時節故記人明之既朝正柩於兩楹之間當此之時遂匠納柩車於階間云遂人匠人也者以其周禮有遂人匠人天子之官士雖無臣亦有遂人匠人主其葬事云遂人主引徒役匠人主載柩窆職相左右也者案周禮遂人職云大喪帥六遂之役而致之掌其政令及葬帥而屬六綍及窆陳役注云致役致於司徒給墓上事陳役者主陳列之耳是遂人主引徒也又鄉師職云及葬執纛以與匠師御匶而治役謂監督其事又此遂人與匠人同納車于階間即匠人主載窆與遂人職相左右也云車載柩車者以其此云納車于階間正謂載柩若乘車道車之等則當東榮不在階間故知此是柩車也云周禮謂之蜃車者案遂師職云大喪使帥其屬以幄帟先及蜃車之役注云蜃車柩路四輪迫地而行有似於蜃因取名焉是也云雜記謂之團或作輇或作摶聲讀皆相附耳未聞孰正者言或作輇或作摶者皆或禮記別本故云皆相附耳但未知孰正也云其車之轝狀如牀中央有轅前後出者觀鄭此注其轝與輴車同亦一轅爲之云設前後輅者正經唯云前輅言前以對後明知亦有後輅云轝上有四周者此亦與輴車同云下則前後有軸以輇爲輪者此則與輴異以其輴無輪直有轉轔此有輇輪引許叔重說者案許氏說文云有輪無幅曰輇證此輇無輻也祝饌祖奠于主人之南。當前輅。北上。巾之。言饌於主人之南當前輅則既祖祝乃饌〔疏〕祝饌至巾之○注言饌至乃饌○釋曰正經直云祖還車及還重訖乃奠如初不云饌處故記人明之祝饌祖奠於主人之南當前輅云則既祖祝乃饌者以其未祖以前柩車鄉北輅在主人之北今云饌于主人之南明知既祖還乃鄉饌之弓矢之新沽功。設之宜新沽示不用今文沽作古〔疏〕弓矢之新沽功○注設之至作古○釋曰自此盡篇末論死者用器弓矢麤惡之事以其正經直云用器弓矢不辨弓矢善惡及弓矢之名故記人明之設之宜新者爲死者宜用新物云沽示不用者沽謂麤爲之有弭飾焉。弓無緣者謂之弭弭以骨角爲飾〔疏〕有弭飾焉○注弓無至爲飾○釋曰案爾雅云弓有緣謂之弓無緣謂之弭孫氏云緣繫約而漆之無緣不以繫約骨飾兩頭是此弭也詩云象弭魚服是用象骨弭既用角明兩頭亦得用故鄭揔云骨角爲飾亦張可也。亦使可張〔疏〕亦張可也○注亦使可張○釋曰生時之弓有張弛此死者之弓雖不射而沽畧亦使可張故曰亦也有柲。柲弓檠弛則縛之於弓裹備損傷以竹爲之詩云竹柲緄縢古文柲作柴〔疏〕有柲○注柲弓至作柴○釋曰柲弓檠者案冬官弓人造弓之時弓成納之檠中以定往來體此弓檠謂凡平弛弓之時以竹狀如弓縛之於弓裹亦名之爲柲者以若馬柲然馬柲所以制馬弓柲所以制弓使不頓傷故謂之柲引詩云竹柲緄縢者緄繩也縢約也謂以竹爲柲以繩約之此經之柲雖麤畧用亦如此故引之爲證設依撻焉。依纏弦也撻弣側矢道也皆以韋爲之今文撻爲銛〔疏〕設依撻焉○注依纏至爲銛○釋曰言依者謂以韋依纏其弦即今時弓彄是也云撻弣側矢道者所以撻矢令出謂生時以骨爲之弣側今死者用韋云皆以韋爲之者謂依與撻皆以韋爲之異於生者也有韣。韣弓衣也以緇布爲之〔疏〕有韣○注韣弓至爲之○釋曰知韣弓矢者案月令云帶以弓韣故知韣弓衣也鄭知用緇布爲之者此無正文鄭驗當時弓衣用緇布而言也翭矢一乘。骨鏃短衛。翭猶候也候物而射之矢也四矢曰乘骨鏃短衛亦示不用也生時翭矢金鏃凡爲矢五分笴長而羽其一〔疏〕翭矢至短衛○注翭猶至其一○釋曰言候物而射之者案司弓矢鄭注云可以司候射敵之近者及禽獸鄭君兩注語異義同云骨鏃短衛亦示不用也者案上文沽功鄭云示不用故此亦之云生時翭矢金鏃者此亦爾雅釋器文案彼云金鏃翦羽謂之翭是也此言短羽即翦羽也云凡爲矢五分笴長而羽其一者案周禮矢人上陳五矢下乃云五分其長而羽其一故云凡以廣之也案鄭彼注云矢笴長三尺五分羽一則六寸也謂之羽者指體而言謂之衛者以其無羽則不平正羽所以防衛其矢不使不調故名羽爲衛志矢一乘。軒輖中。亦短衛。志猶擬也習射之矢書云若射之有志輖摯也無鏃短衛亦示不用生時志矢骨鏃凡爲矢前重後輕也〔疏〕志矢至短衛○注志猶至輕也○釋曰云志猶擬也者凡射志意有所準擬故云志猶擬也云習射之矢者案司弓矢鄭注云恒矢之屬軒輖中所謂志以此言之則此恒矢也在八矢之下知是習射矢者以其矢中特輕於習射宜也案六弓唐弓大弓亦授習射者則此矢配唐大也引尚書盤庚者證志爲準擬之事輖摯者鄭讀輖從摯以其車傍周非是軒摯之摯故讀從執下至云無鏃短衛亦示不用者知此矢無鏃者上經翭矢言骨鏃此經不云鏃故知無鏃示不用也若然翭矢生時用金鏃死用骨鏃志矢生時用骨鏃死則令去之云生時志矢骨鏃者亦爾雅釋器文案彼云骨鏃不翦羽謂之志此志矢是也云凡爲矢前重後輕也者案司弓矢鄭注云凡枉矢之制枉矢之屬五分二在前三在後殺矢之屬參分一在前二在後增矢之屬七分三在前四在後恒矢之屬軒輖中若然前重後輕者據殺矢翭矢枉矢絜矢增矢茀矢而言引之者證此志是恒矢庫矢無前重後輕之義但周禮有八矢唯用此二矢者以其八矢之內翭矢居前最重恒矢居後最輕既不盡用故取其首尾者也

儀禮注疏卷四十一校勘記　阮元撰盧宣旬摘錄

設棜于東堂下

　素勺　徐本同毛本勺下有二字楊氏無此句與疏合集釋通解俱與毛本同

　爲少進醴酒　徐本同集釋通解楊氏毛本少俱作夕張氏曰疏少作夕從疏

　云豆籩二以併　豆籩二字毛本倒

凡籩豆實具設

　故雖一豆一籩　通解要義同毛本豆籩二字俱倒

小斂辟奠不出室

　至於既小斂　於陳閩俱作此

　爲既斂而言也　爲閩本作以言下陳閩俱有者字

既馮尸

　更有絞帶　要義同毛本通解更作又

　鄭注云經象大帶　經上陳閩通解俱有要字依喪服注增

巾奠

　升自阼階　阼要義作西

既殯

　鬋髮爲鬠　毛本鬋作翦陳閩監本集釋敖氏俱作鬋疏放此

三日絞垂

　以經小斂日　經要義作垂毛本通解作經日毛本陳本通解俱作日○按作日非也經誤垂

冠六升

外之者有徐本集釋俱無之字通解楊氏毛本俱有○按疏
垂下爲纓垂下二字毛本誤倒
但此文上下陳閩通解要義同毛本文作冠
屨外納
此則菅屨也毛本無則字菅誤作萓
杖下本
桐竹皆下本本謂根本通解同毛本不重本字
居倚廬
一釋按喪服傳云要義同毛本無一釋二字
以旣練居堊屋而言外陳閩俱無居字毛本屋作室陳本作屋
則初死居倚廬倚廬亦中門外可知也倚廬二字要義不重出亦下毛
本有知字要義無
一頭至地通解要義同毛本地作北
寢苫枕塊
苫編藁藁釋文从禾無艸監本亦從禾案從禾是無艸非
不說絰帶說監本誤作設
故周公說經陳閩通解俱無周公說經四字○按設譌說
歠粥
今日食米二溢二監本誤作一
云二十兩曰溢毛本十下有四字要義無與注合
銖爲十絫絫要義作參下同
則爲二百一十六銖要義同毛本一作二按一是也
主人乘惡車
非有此事則不行行陳閩俱作出
白狗幦
覆笭也陸氏曰笭本或作軨
古文幦爲冪冪釋文作冪云音莫集釋亦作幕
此喪車無飾陳閩俱無喪字

御以蒲菆
楚雄負羈囚知罃要義同毛本雄作熊
服注云通解要義同毛本服作杜
犬服
亦白今文犬爲大下五字毛本脫徐本集釋俱有與此本標目合通解未刻
凡兵器陳本通解要義同毛本凡作用按凡是也
故云以犬皮爲之犬皮二字毛本誤倒
取其堅固也通解要義同毛本固作故○案注無固字
云亦白者要義同毛本云作幦○按要義是
幦用白狗皮通解要義同毛本狗作犬
馬不齊髦
此士之喪車毛本此上有按字
亦與王以下同乘漆車者陳閩俱無同字
貳車
可有副貳之車陳閩通解要義楊氏同毛本有作以
其他皆如乘車
謂惡車白狗幦以下通解同毛本謂作爲案謂是也
皆同主人惡車也皆同主人毛本誤作主人皆同
從徹者而入
無事則立主人之南北面浦鏜云北南字誤倒
比奠○聚諸窔毛本窔作窔徐陳釋文集釋通解具作窔注同陸氏曰本又作窔○埽者執
帚垂末末徐本作未唐石經集釋通解要義楊敖俱作末張氏曰監巾箱杭本未作末從諸本
室東南隅謂之窔室下集釋有中字張氏曰疏室下有中字○按少牢注亦有中字
按上文童子從徹者入毛本童誤作男
及此經則從執燭者出者出者陳閩俱作在後
燕養饋羞湯沐之饌
所以洗去汙垢陸氏曰洗悉禮反劉本作滓七對反
謂在燕寢之中陳閩俱無寢字

平生時所有共養之事陳閩俱無平字毛本共作供
或鄭略言陳閩監本通解要義同毛本言作云盧文弨云疑是之字○按草書言云俱似之字
云進徹之時毛本通解不重進字
若一食之頃也通解楊氏同毛本食作時○按食是也
朔月若薦新
則亦在正寢也要義同毛本通解則下有聽私朝三字
筮宅
吉乃掘陳閩俱無乃字
冢人物土是引記文許宗彥云物土乃營之之訛此引經文非
卜日吉毛本日作曰通解敖氏俱作日與此本標目合周學健云敖氏注云曰人質反蓋恐人誤讀耳○按唐石經作日
主人哭人陳閩通解俱作婦
啓之昕外內不哭外內要義倒與疏合
夷牀輁軸
古文輁或作拱張氏云監本云爲拱從監本○按張說與此本標目合
明旦乃移柩於輁軸上毛本移下無柩字
其二廟
先朝禰奠設禰陳閩俱作祖
朝于禰廟
雖言正柩于兩楹間雖閩本作雖
主人從升衆主人以下要義同毛本無衆字通解有衆無升
燭先入者升堂
一在柩前陳本無此四字
互記於此者互要義作旦下同
主人降卽位○升降自西階唐石經徐本通典集釋楊敖俱有降字通解毛本無石經考文提要云監本沿通解之誤
按上經毛本通解經下有云字
故此如之也毛本通解此下有記所云三字

祝及執事舉奠
酒脯醢俎從之 俎通典作葅
則此日數亦同矣 亦通解作應
論至祖廟陳設及贈之事 要義同毛本及作既
此禰奠與小斂奠同 毛本禰作彌盧文弨改彌作禰
知受巾巾之者 知下陳閩通解俱有視字
云序從主人以下者 毛本序誤作席
薦乘車○干笮 干石經補缺誤作于
鹿幦 徐本通典集釋通解要義楊敖俱作幦毛本作辟按釋文辟字無音是亦作幦
靾韁也 陸氏曰韁劉本作繮
有箙無弓矢 要義無弓字
此并下車三乘 陳閩通解要義同毛本并作拜○按并是也
云鹿淺幦爲車前式豎者 鹿淺幦陳本通解要義俱作幦覆笭閩本作幦覆笭者楊氏與毛本同爲作謂
鞃軾中也 毛本軾作式○案詩傳式作軾下同
淺虎皮淺毛也 毛陳閩通解俱作色案陳閩通解非也
道車載朝服
日視朝之服也 集釋通解毛本同之服二字徐本倒
謂大夫士也私朝之服 要義同毛本通解無也字服監本誤作朝
稾車載蓑笠 稾嚴鍾通解要義楊敖俱从木唐石經徐本聶氏集釋毛本俱从禾注文同蓑唐石經徐本釋文聶氏集釋通解要義楊敖俱从艸注同毛本從簑○按檀弓上孔子之喪節疏引作蓑
稾車載蓑笠 稾字蓑字下竝放此要義與此本同
謂王行小小田獵巡行縣鄙 陳閩通解要義楊氏俱重小字毛本不重○按小字當重周禮司常疏云今以小小田獵及巡行縣鄙正與此文同
同是游散所乘 要義同毛本通解楊氏游作斿
笠所以御暑 陳閩通解要義同毛本御作備
茵著用荼 荼者單疏標目從竹
茅秀也 浦鏜云秀釋文作莠○按茅莠見釋文注中非摘鄭注

且御溼 陸氏曰御魚呂反劉本作銜音樂
葦苞
葦草卽長 浦鏜改卽作既
管筲三
黍稷皆淹而漬之 陳本通解要義同毛本漬作清○按作漬不誤
飯用米貝 貝要義作具閩本米貝作芊具○按要義閩本竝誤
祖還車
上經未還奉車在階間 奉浦鏜改作車
凡贈幣無常
玩好曰贈 徐本同毛本曰作日
凡糗不煎
不云糗之煎不 煎不二字毛本誤倒
柩至于壙
不空之以歸者 要義空作窆下柩車既空示不空之竝同通解與毛本同作空○案要義盍誤合空之兩字爲窆耳下兩空字遂亦作窆浦鏜按謂柩車既空空字應作窆
卒窆而歸
云孝子往如慕 陳閩要義同毛本如作而○按如是也
既正柩
或作搏 徐陳通解同毛本搏作摶集釋作槫
及葬執翿 通解要義同毛本及作既○按周禮作及葬執纛
正謂載柩 謂通解要義俱作爲
蜃車柩路 通解要義同毛本路下有也柩車載柳五字案周禮注有此五字柩車作柩路
其轝與輴車同 監本通解要義同毛本輴作輲○案輴字是
弓矢之新
爲死者宜用新物 陳閩俱無宜字
有弭飾焉
弓隈既用角 隈閩本通解俱作服角通解作骨
亦張可也 唐石經徐本集釋楊敖同毛本通解張可作可張唐石經考文提要云監本沿通解之誤○按也字唐

石經初刻作以後改
古文柲作柴 作集釋作爲柴字毛本通解作柴徐本集釋俱作柴與單疏標目合釋文作柴金日追云尚書費誓古文作柴○按集韻柴兵媚切地名疑卽柴之別字
使不頓傷 陳閩監本通解同毛本頓作損
猴矢一乘 張氏曰釋文猴字上更有一矢字從釋文盧文弨云猴上有矢字當是爲猴矢志矢之目○按今本釋文出猴矢二字張氏所見當作矢猴也
亦示不用也 徐本集釋楊敖同毛本通解示作云
可以司候射敵之近者 陳本同毛本通解司作伺○按周禮注作司
云生時猴矢金鏃者 毛本猴誤作鏃金誤作今案監本金作今益欲改今爲金而未全也
志矢一乘
輖摯也 摯徐本敖氏俱作摯釋文集釋通解楊氏毛本俱作摯陸氏云本又作贄○按贄卽俗摯字因借而誤
非是軒輊之輊 陳監通解要義同毛本兩輊字作輕閩本作輕案輕形似輕故毛本誤作輕下文云故讀從執下至則此句不當作輊疏意從車之輊與從執之輊二字不同故特分別言之
志矢生時用骨鏃 骨陳閩俱作金
凡枉矢之制 陳閩通解俱無枉字
殺矢之屬參分 要義同毛本通解參作三
但周禮有八矢 通解要義同毛本但作按
猴矢居前 陳閩俱無矢字

儀禮疏卷第四十二　儀禮卷第十四

唐朝散大夫行大學博士弘文館學士臣賈公彥等撰

士虞禮第十四〔疏〕士虞禮第十四。○鄭目錄云虞安也士既葬父母迎精而反日中祭之於殯宮以安之虞於五禮屬凶大戴第六小戴第十五別錄第十四○釋曰案此經云側亨于廟門外之右又記云陳牲于廟門外皆云廟目錄云祭之殯宮者廟則殯宮也故鄭注士喪禮凡宮有鬼神曰廟以其虞卒哭在寢祔乃在廟是以鄭注喪服小記云虞於寢祔於祖廟是也

儀禮　鄭氏注

士虞禮。特豕饋食。饋猶歸也〔疏〕士虞禮特豕饋食○注饋猶歸也○釋曰自此盡南順論陳鼎鑊祭器几筵等之事案左氏傳云十日日牲是以特牲云牲大夫已上稱牲亦稱牢故云少牢此虞爲喪祭又葬日虞因其吉日故略無卜牲之禮故指豕體而言不云牲大夫以上亦當然雜記云大夫之虞也犆牲又此下記云陳牲於廟門外檀弓云與有司視虞牲皆言牲者記人之言不依常例故也然少牢云司馬刲羊士擊豕不言牲者據殺特須指事而言亦非常例也云饋猶歸者謂以物與神及人皆言饋是以此虞及特牲少牢皆言饋坊記云父母在饋獻不及車馬是生死皆言饋又案周禮王府云掌凡王之獻金玉兵器注謂百工爲王所作可以獻遺諸侯古者致物於人尊之則曰獻通行曰饋以此而言獻雖主於尊其春秋齊侯來獻魯戎捷尊魯也其云饋者上下通稱故祭祀於神而言饋陽貨饋孔子豚而言饋鄉黨云朋友之饋是上下通之言饋膳夫云凡王之饋食用六穀注云進物於尊曰饋此饋之盛者王舉之饌也彼鄭據當文是進于王故云進物於尊其實通也

側亨于廟門外之右。東面。側亨一胖也亨於爨用鑊不於門東未可以吉也是日也以虞易奠祔而以吉祭易喪祭鬼神所在則曰廟尊言之〔疏〕側亨至東面。○注側亨至言之○釋曰云側亨一胖也知者案吉禮皆全左右胖皆亨不云側此云側明亨一胖而已必亨一胖者以其虞不致爵自獻賓已後則無主人主婦及賓已下之俎故唯亨一胖也若然特牲亦云側殺者彼雖亨左右胖少牢二特牲一故以一若一牲爲側各有所對故也云亨於爨用鑊者亦案少牢有羊鑊故亨在鑊云不於門東未可以吉也者以虞爲喪祭不於門東對特牲吉禮鼎鑊皆在門東此云門外之右是門之西未可以吉也云是日也至喪祭皆檀弓文云是日謂葬日日中而虞易去奠以死事之故立尸而祭之云祔而以吉祭易喪祭者案下記云三虞卒哭他用剛日亦如初曰哀薦成事鄭注引檀弓文葬日中而虞不忍一日離也是日也以虞易奠卒哭曰成事是日也以吉祭易喪祭如是則卒哭即是吉祭而鄭此注云祔爲吉祭者卒哭對虞爲吉祭卒哭比祔爲喪祭故下記云卒哭祭乃餞云尊兩甒於廟門外之右少南洗在尊東南水在洗東篚在西注云在門之左又少南則鼎鑊亦在門左又云明日以其班祔沐浴又云其他如饋食則是祔乃與特牲吉祭同以祔爲吉祭是以云祔而以吉祭易喪祭也云鬼神所在則曰廟尊言之者對時廟與寢別今雖葬既以其迎魂而反神還在寢故以寢爲廟虞於中祭之也

魚腊爨亞之。北上。爨竈〔疏〕魚腊至北上○注爨竈○釋曰上豕爨在門右東面此魚腊各別爨言北上則次在豕爨之北而云爨竈者周公經爲爨至孔子時爲竈故王孫賈問孔子曰與其媚於奧寧媚於竈是前後異名故鄭舉後決前也

饎爨在東壁西面。炊黍稷曰饎饎北上上齊於屋宇於虞有亨饎之爨彌吉〔疏〕饎爨至西面○注炊黍至彌吉○釋曰以三鑊在西方反吉案特牲云主婦視饎爨于西堂下宗婦主之在西方今在東亦反吉也少牢廩爨在饔爨之北在門外者是大夫主之廩人掌男子之事故與牲爨同在門外東方也知炊黍稷曰饎者案周禮饎人云掌凡祭祀共盛齊盛即黍稷故知也云北上上齊于屋宇者此案特牲記云饎爨在西壁鄭注云西壁堂之西牆下舊說云南北直屋梠稷在南彼此東西皆言壁彼云屋梠此云屋宇故知此亦齊屋也云於虞有亨饎之爨彌吉者以其小斂大斂未有黍稷朔月薦新之等始有黍稷向吉仍未有爨至此始有亨饎之爨故云彌吉

設洗于西階西南。水在洗西。篚在東。反吉也亦當西榮南北以堂深〔疏〕設洗至在東○注反吉至堂深○釋曰如其上文設爨反吉此亦反吉又上篇吉時設洗皆當東榮南北以堂深今在西階西南亦當西榮南北以堂深可知也

尊于堂中北墉下當戶。兩甒醴酒。酒在東。無禁。冪用絺布。加勺南枋。酒在東上醴也絺布葛屬〔疏〕尊于至南枋○注酒在至葛屬○釋曰云酒在東上醴也者醴法上古酒是人所常飲故在東吉禮玄酒在酒上今以喪祭禮無玄酒則醴代玄酒在上故云上醴也云絺布葛屬者絺綌以葛爲之布則以麻爲之今絺布並言則此麻葛雜故有兩號是以鄭云葛屬也

素几葦席。在西序下。有几始鬼神也〔疏〕素几至序下。○注有几始鬼神也○釋曰經几席具有注唯云几者以其大斂奠時已有席至此虞祭乃有几故也然案檀弓云虞而立尸有几筵則虞祭始有者以几筵相將故連言筵其虞有几若天子諸侯始死則几席具故周禮司几筵云每敦一几據始殯及葬時是始死即几席具也

苴刌茅。長五寸。束之。實于篚。饌于西坫上。苴猶藉也〔疏〕苴刌至坫上。○注苴猶藉也。○釋曰此苴而云藉祭故易云藉用白茅無咎

饌兩豆菹醢于西楹之東。醢在西。一鉶亞之。醢在西南面取之得左取菹右取醢便其設之〔疏〕饌兩至亞之。○注醢在至設之。○釋曰此饌繼西楹言之則以西楹爲主向東陳之云一鉶亞之者菹以東也云醢在西南面取之得左取菹取醢便其設之者以其尸在奧東面設者西面設於尸前菹右在南醢在北今於西楹東饌之菹在東醢在西是南面取之得左取菹右取醢至尸前西面又左菹右醢故云便也

從獻豆兩亞之。四籩亞之。北上。豆從主人獻祝籩從主婦獻尸祝北上菹與棗不東陳別於正〔疏〕從獻至北上。○注豆從至於正。○釋曰此從獻豆籩雖文承一鉶之下而云亞之下別云北上是不從鉶東爲次直於鉶東北以北爲上向南陳之若然文承一鉶下而云亞之者以其次在鉶以東北去楹漸遠故云亞不謂亞鉶以東也據此陳之次然則東北菹爲首次南醢醢東栗栗北棗棗東棗棗南栗此以東面取之而入北面設之祝前得右菹左醢其籩亦然先陳者先設後陳者後設棗在左亦得其設故鄭云北上菹與棗也云豆從主人獻祝者以其尸前正豆已設訖以爲陰厭不名爲從此二豆主人先獻祝酒後乃薦豆故言從云籩從主婦獻尸祝者以其四籩二籩從主婦獻尸二籩從主婦獻祝亦是從也云不東陳別於正者以二豆與鉶在尸爲獻前爲正此皆在獻後爲非正故東北別也

饌黍稷二敦于階間。西上。藉用葦席。藉猶薦也古文藉爲席〔疏〕饌黍至葦席。○注藉猶薦○釋曰云藉猶薦也者謂先陳席乃陳黍稷於上是席藉薦黍稷也

匜水錯于槃中南。流在西階之南。簞巾在其東。流匜吐水口也

陳三鼎于門外之右。北面北上。設扃鼏。門外之右門西也今文扃爲鉉〔疏〕陳三至扃鼏○注門外至爲鉉○釋曰此扃雖先云設其設扃在後知者案士喪禮小斂云右人左執匕抽扃予左手兼執之取鼏委於鼎北加扃則扃在鼏上故先抽扃後去鼏則鼏先設可知扃鼏雖在三鼎之下摠言其實陳一鼎訖即設之知者案下記云皆設扃鼏注云嫌既陳乃設扃鼏也

匕俎在西塾之西。不饌於塾上統於鼎也塾有西者是室南鄉〔疏〕匕俎在西塾之西○注不饌至南鄉○釋曰云不饌於塾上統於鼎也者決下文羞燔俎在內西塾上而在塾上又云賓降反俎于西塾至於主婦亞獻訖直云賓燔從如初明亦在西塾可知尸受燔訖賓亦反俎于西塾上是互見義也

羞燔俎在內西塾上。南順。南順於南面取縮執之便也肝俎在燔東

主人及兄弟如葬服。賓執事者如弔服。皆即位于門外。如朝夕臨位。婦人及內兄弟服。即位于堂。亦如之。葬服者既夕曰丈夫髽散帶垂也賓執事者賓客來執事也〔疏〕主人至如之。○注葬服至執事。○釋曰自此盡北面論將虞祭於位及衣服之事云葬服者既夕曰丈夫髽散帶垂也者此唯謂葬日反日中而虞及三虞時其後卒哭即服其故服是以既夕記注云自卒至殯自啓至葬主人之禮其變同則始虞與葬服同三虞皆同至卒哭卒去無時之哭則依其喪服乃變麻服葛也云賓執事者賓客來執事也者以其虞爲喪祭主人未執事故云賓客來執事也案下注云士之屬官爲其長弔服加麻則此執事如弔服是也若然此士屬官中有命于其君者中有公有司鄭注云公有司亦士之屬命於其君者也曾子問士則朋友奠不足取於大功以下者不足則取於兄弟大功以下者鄭云祭謂虞卒哭時則公有司與此執事一物以僚友言之

祝免。澡葛絰帶。布席于室中。東面右几。降出。及宗人即位于門西。東面南上。祝亦執事免者祭祀之禮祝所親也澡治也治葛以爲首絰及帶接神宜變也然則士之屬官爲其長弔服加麻矣至於既卒哭主人變服則除右几於席近南也〔疏〕祝免至南上。○注祝亦至南也○釋曰云祝亦執事者謂亦上執事也云免者祭祀之禮祝所親也者禮記喪服小記云緦麻小功虞卒哭則免則大功以上至斬衰皆免今祝是執事屬吏之等上同著免嫌其大重故云祭祀之禮祝所親而可以受服也

宗人告有司具。遂請拜賓如臨。入門哭。婦人哭。臨朝夕哭

哭○釋曰朝夕哭祭時門外送賓訖入門男子婦人共哭也主人即位于堂。衆主人及兄弟賓。即位于西方。如反哭位。既夕曰乃反哭入門升自西階東面衆主人堂下東面北上此則異於朝夕〔疏〕主人至哭位○注既夕至朝夕○釋曰此明賓將與祭主人及兄弟等即位之事云如反哭位鄭引既夕者證主人等面位之事也祝入門左北面。不與執事同位接神尊也〔疏〕祝入門左北面○注不與至尊也○釋曰云不與執事同位接神尊也者執事即上兄弟賓即位于西方如反哭位皆是執事故曾子問喪祭不足則取兄弟故云不與執事同位接神尊也宗人西階前北面。當詔主人及賓之事〔疏〕宗人至北面○注當詔至之事○釋曰此宗人在堂下是主人在堂時若主人在室宗人即升堂是以下記云主人在室則宗人升戸外北面注云當詔主人室事是也祝盥升取苴降洗之升入設于几東席上東縮。降洗觶升止哭。縮從也古文縮爲蹙〔疏〕祝盥至止哭○注縮從也○釋曰自此盡哭出復位論設饌於神杖不入於門之事也案此文陰厭時主人倚杖入祝從在左西面下記云尸入祝從尸注云祝在主人前也嫌如初時主人倚杖入祝從之初時主人之心尚若親存宜自親之今既接神祝當詔侑尸也主人前自西人向東在階下未得倚杖于序今主人在西階將人室故倚杖于西序主人倚杖入。祝從在左西面。主人北旋倚杖西序乃入喪服小記曰虞杖不入於室祔杖不升於堂然則練杖不入於門明矣贊薦菹醢。醢在北。主婦不薦衰斬之服不執事也曾子問曰士祭不足則取於兄弟大功以下者〔疏〕贊薦至在北○注主婦至下者○釋曰案特牲主婦盥于房中薦兩豆此主婦不薦故決之既引曾子問士祭不足則取於兄弟大功以下者彼文承奠下故引之下卒哭既取大功以下則齊衰不執事可知此齊衰不執事唯爲今時至于尸入之後亦執事兩籩棗栗設於會南至於祔祭雖陰厭亦主婦薦主人自執事也知者下記云其他如饋食案特牲云主人在右及佐食舉牲鼎是也若大夫已上尊不執事故少牢云主人出迎鼎注云道之也是不執事也佐食及執事盥出舉。長在左。舉舉鼎也長在左西方位也凡事宗人詔之鼎入。設于西階前東面北上。匕俎從設。左人抽扃鼏匕。佐食及右人載。載載於俎佐食載則亦在右矣今文扃爲鉉古文鼏爲密卒朼者逆退復位。復賓位也俎入設于豆東。魚亞之。腊特。亞次也今文無之贊設二敦于俎南。黍其東稷。篚實尊黍也〔疏〕贊設至東稷○注篚實尊黍也○釋曰云篚實尊黍也者以經西黍東稷西上故云尊黍也經云敦注云篚者案特牲云佐食分篚鉶注云分篚者分敦黍於會爲有對也敦有虞氏之器也周制士用之變敦言篚容同姓之士得從周制耳然則此注變敦言篚者亦謂同姓之士得用篚故也設一鉶于豆南。鉶菜羹也〔疏〕注鉶菜羹也○釋曰此對泰是湇羹佐食出。立于戸

西。饌已也今文無于戸西〔疏〕佐食至戸西○注饌已至戸西○釋曰佐食出者以無事不可以空立故出立于戸西不從今文無于戸西三字者若無此文不知立之所在故不從也贊者徹鼎。反于門外祝酌醴。命佐食啓會。佐食許諾。啓會。卻于敦南。復位。會合也謂敦蓋也復位出立于戸西今文啓爲開〔疏〕祝酌至復位○注會合至爲開○釋曰特牲少牢直言酌奠不言酌醴者以彼直有酒故不言酒是酒可知此酒醴兩有今所奠者醴故須言醴也若然彼單酒此兩有者以其同小斂大斂朔月遷祖祖奠大遣奠等皆酒醴並有故此虞之喪祭亦兩有異於吉祭也祝奠觶于鉶南。復位。主人再拜稽首。復位復主人之左〔疏〕祝奠至稽首○注復位至之左○釋曰云復主人之左者上主人倚杖入祝從在左不見祝更有位故復主人左也祝饗。命佐食祭。饗告神饗此祭祭於苴也饗神辭記所謂哀子某哀顯相夙興夜處不寧下至適爾皇祖某甫尚饗是也〔疏〕祝饗命佐食祭○注饗告至是也○釋曰下云祝祝卒注云祝祝者釋孝子祭辭又下文迎尸後尸墮祭云祝祝主人拜如初此等三者皆有辭此文饗神辭下文迎尸上釋孝子辭者經記無文案少牢迎尸祝孝子辭云孝孫某敢用柔毛剛鬣嘉薦普淖用薦歲事于皇祖伯某以某妃配某氏尚饗此是釋孝子辭此迎尸上釋孝子辭宜與彼同但稱哀爲異其迎尸後祝辭者即下記饗辭云哀子某圭爲而哀薦之饗鄭注云饗辭勸強尸之辭也凡吉祭饗尸曰孝子是以特牲迎尸後云祝饗注云饗勸強之也其辭取於士虞記則宜云孝孫某圭爲孝薦之饗是也下二虞卒哭記皆有辭至彼別釋佐食許諾。鉤袒。取黍稷祭于苴三。取膚祭。祭如初。祝取奠觶。祭亦如之。不盡益反奠之。主人再拜稽首。鉤袒如今擐衣也苴所以藉祭也孝子始將納尸以事其親爲神疑於其位設苴以定之耳或曰苴主道也則特牲少牢當有主象而無何乎〔疏〕佐食至稽首○注鉤袒至何乎○釋曰云鉤袒如今擐衣也者經云鉤袒若漢時人擐衣以露臂故云如今擐衣也云孝子始將納尸以事其親爲神疑於其位設苴以定之耳者案上文祝取苴降洗設於几東者至此乃祭于苴下文乃延尸是孝子迎尸之前用苴以將納尸以事其親爲神疑於其位故設苴以定之解預設苴之意也云或曰苴主道也則特牲少牢當有主象而無何乎者解舊有人云苴主道似重爲主道然故鄭破之云若是苴爲主道特牲少牢吉祭亦當有主象亦宜設苴今而無苴何乎是鄭以苴爲藉祭非主道也若然此據文有尸而言將納尸有苴案下記文無尸者亦有苴又特牲少牢吉祭無苴案司巫祭祀則供匰主及蒩館常祀亦有苴者以天子諸侯尊者禮備故吉祭亦有苴凶祭有苴可知祝祝卒。主人拜如初。哭出復位。祝祝者釋孝子祭辭祝迎尸。一人衰絰奉篚。哭從尸。尸主也孝子之祭不見親之形象心無所繫立尸而主意焉一人主人兄弟檀弓曰既封主人贈而祝宿虞尸〔疏〕祝迎至從尸○注尸主至虞尸○釋曰自此盡如初設論迎尸入九飯之事鄭知一人衰絰是主人兄弟者以主人哭出復位無從尸之理又云衰絰且非疏

遠故知一人衰絰是主人兄弟也引檀弓者證祝隨主人葬先反宿虞尸故得有祝迎尸之事云既封者封當爲窆窆下棺也尸入門。丈夫踊。婦人踊。踊不同文者有先後也尸入主人不降者喪事主哀不主敬〔疏〕尸入至人踊○注踊不至主敬○釋曰云踊不同文者有先後也者主人在西序東面衆兄弟西階下亦東面婦人堂上當東序西面故主人與兄弟見尸先踊婦人後見尸故後踊是有先後云尸入主人不降者喪事主哀不主敬者決特牲少牢尸入主人皆降立于阼階東敬尸故此不降爲主哀淳尸盥。宗人授巾。淳沃也沃尸盥者賓執事者也〔疏〕淳尸至授巾○注淳沃至者也○釋曰此直言盥不言面位案特牲云尸入門左北面盥宗人授巾上陳器時匜水之等在西階之東合在門左則以器就特牲注云侍盥者執其器就之若然特牲設尸盥在門內之右注云尸尊不就洗門內之右象洗在東此虞禮反吉祭故在西階東少牢禮異於士禮故尸盥在西階東與此虞禮同也云沃尸盥者賓執事者也案上文賓與主人皆在執事之中旣宗人授巾明沃盥亦賓執事也尸及階。祝延尸。延進也告之以升〔疏〕尸及階祝延尸○注延進至以升○釋曰案特牲云祝延尸注云延進也在後詔侑曰延又案少牢注云由後詔相之曰延然則延者皆在後也若然記云尸謖祝前鄉尸又曰降階還及門如出戸注云降階如升時以此言之降在尸前云如升者直取與尸升同不取後同故禮器詔侑無方是也尸升。宗人詔踊如初。言詔踊如初則凡踊宗人詔之〔疏〕尸升至如初○注言詔至詔之○釋曰云言詔踊如初則凡踊宗人詔之者以其上無宗人詔踊之事以此宗人詔踊云如初明前踊并明下文踊皆宗人詔之故鄭云凡也尸入戸。踊如初。哭止。哭止尊尸婦人入于房。辟執事者〔疏〕婦人入于房○注辟執事者○釋曰以其婦人在堂上執事者由堂東故辟之入房也主人及祝拜妥尸。尸拜遂坐。妥安坐也〔疏〕主人至遂坐○釋曰案郊特牲注云尸即至尊之坐或時不自安則以拜安之此亦然安安坐也爾雅文從者錯篚于尸左席上。立于其北。北席北也〔疏〕從者至其北○注北席北也○釋曰此虞禮篚象特牲肵俎肵俎置于席北明此篚亦在席北以擬盛尸之饌也尸取奠左執之。取菹擩于醢。祭于豆間。祝命佐食墮祭。下祭曰墮墮之猶言墮下也周禮曰既祭則藏其墮謂此也今文墮爲綏特牲少牢或爲羞失古正矣齊魯之閒謂祭爲墮〔疏〕尸取至墮祭○注下祭至爲墮○釋曰云尸取奠左執之者以右手將墮故也云下祭曰墮者以其凡祭皆手舉之向下祭之故云下祭曰墮云墮之猶言墮下也者案左傳云子路將墮三都以三都大高故墮下之取墮爲下祭之義故讀從之引周禮守祧職云既祭藏其墮謂此也者謂此墮祭一也引之者證守祧同之耳云今文墮爲綏又云特牲少牢或爲羞失古正矣者此二字皆非墮下之義故云失古正也云齊魯之閒謂祭爲墮者齊南魯北謂祭爲墮者由墮下而祭因即謂祭爲墮是鄭從墮不從綏與羞之意也案特牲云祝命挼祭注云士虞禮古文曰祝命佐食墮祭周禮曰既祭則藏其墮墮與挼讀同耳今文改挼皆爲綏古文此皆爲擩祭也又少牢尸將酢主人時上佐食以綏

祭鄭注云綏讀爲墮此三處經中墮皆不同者此五字或爲墮或爲挼或爲羞或爲綏或爲攜此五者鄭既以挼綏及羞三者已從墮復云古文作攜以其特牲及此士虞皆有攜祭故亦兼攜解 佐食取黍稷肺祭授尸。尸祭之，祭奠。祝祝，主人拜如初。尸嘗醴，奠之。如初亦祝祝卒乃再拜稽首〔疏〕佐食至奠之○注如初至稽首○釋曰云如初亦祝祝卒乃再拜稽首者亦如上文迎尸前祝祝卒也 佐食舉肺脊授尸。尸受，振祭，嚌之，左手執之。右手將有事也尸食之時亦奠肺脊于豆〔疏〕佐食至執之○注右手至于豆○釋曰案特牲祝命爾敦佐食爾黍稷于席上舉肺脊以授尸尸受振祭嚌之彼舉肺脊在爾敦後此舉肺脊在爾敦前者彼吉祭吉凶相變故也云右手將有事也者爲下文祭鉶嘗鉶是也云尸食之時亦奠肺脊於豆者解經無奠文知不執以食卒者案下文云尸卒食佐食受肺脊實于篚在尸手當云受肺脊文知在豆者特牲云尸實舉於菹豆是也案特牲尸乃食食舉注云舉言食者明凡解體皆連肉少牢云食舉注云舉牢肺正脊也先飯啗之以爲道也此喪祭不言食舉亦食舉可知是以特牲注云肺氣之主也脊正體之貴者先食啗之所以道食通氣也案下文注云尸不受魚腊以喪不備味則亦不食庶羞矣 祝命佐食邇敦。佐食舉黍，錯于席上。邇近也 尸祭鉶，嘗鉶。右手也少牢曰以柶祭羊鉶遂以祭豕鉶嘗羊鉶〔疏〕尸祭鉶嘗鉶○注右手至羊鉶○釋曰知以右手者上經云佐食舉肺脊授尸尸受振祭嚌之左手執之鄭云右手將有事指此嘗鉶用右手也引少牢者證此經嘗祭之時亦用柶案下記云鉶芼用苦若薇有滑夏用葵冬用荁有柶是用柶祭之義 泰羹湆自門入，設于鉶南；胾四豆，設于左。博異味也湆肉汁也胾切肉也〔疏〕泰羹至于左○注博異至肉也○釋曰云設于鉶南者以泰羹湆未設故繼鉶而言之其實鉶北西空處以待泰羹云胾四豆設于左者案特牲四豆設于左南上云左者正豆之左又少牢云上佐食羞胾兩瓦豆有醢設于薦豆之北注云設於薦豆之北以其加也言北亦是左也云博異味者以其有湆有胾故也 尸飯，播餘于篚。不反餘也古者飯用手吉時播餘于會古文播爲半〔疏〕尸飯播餘于篚○注不反至爲半○釋曰云古者飯用手者案曲禮云無摶飯又云無放飯飯黍毋以箸故知古者飯用手言此者證播飯去手爲放飯云吉時播餘于會者可知故決之 三飯，佐食舉幹；尸受，振祭，嚌之，實于篚。飯間啗肉安食氣〔疏〕三飯至于篚○注飯間至食氣○釋曰云飯間啗肉安食氣者以其胳脅骨體連肉又在三飯之間故云飯間啗肉安食氣 又三飯，舉胳，祭如初。佐食舉魚腊，實于篚。尸不受魚腊以喪不備味〔疏〕又三至于篚○注尸不至備味○釋曰云尸不受魚腊者案經佐食舉魚腊不云尸受嚌之明尸不受魚腊可知云以喪不備味者案特牲三舉魚腊尸皆振祭嚌之此佐食舉魚腊實於篚尸不嚌故云喪不備味 又三飯，舉肩，祭如初。後舉肩者貴要成也〔疏〕又三至如初○注後舉至成也○釋曰云後舉肩者貴要成也者案禮記祭統云周人貴肩故云貴者要成也要成者據後食即飽也 舉魚腊俎，俎釋三个。釋猶遺也遺之者君子不盡人之歡不竭人之忠个猶枚也今俗或名枚曰個音相近此腊亦七體如其牲也〔疏〕舉魚至三个○注釋猶至牲也○釋曰此經直舉魚腊俎盛於篚俎釋三个不言盛牲體者案下記云羹飪升左肩臂臑肫胳脊脅七體此上經佐食初舉脊次舉幹又舉胳終舉肩四體唯有臂臑肫三者佐食即不當俎釋三个不復盛牲體故直舉魚腊而已云遺之者君子不盡人之歡不竭人之忠此上曲禮文案彼注歡謂飲食忠謂衣服於此引之并據飲食者彼注對文此注散文則歡與忠通故揔證牲體也又案特牲釋三个注云謂改饌於西北隅遺之與此注不同者此注亦有改饌之義又兼有此不盡歡忠之禮云今俗或名枚曰個音相近者經中个人下一豎牽俗語名枚曰個者人傍著固字雖不同音聲相近同是一个之義云此腊亦七體如其牲也者案下記有七體此腊亦不過特牲體故云如其牲言此以對彼案彼特牲吉祭十一體是以特牲記云腊如牲骨乃有十一體與此不同吉禮異故也 尸卒食。佐食受肺脊，實于篚；反黍，如初設。九飯而已士禮也篚猶吉祭之有肵俎〔疏〕尸卒至初設○注九飯至肵俎○釋曰云反黍如初設者案上設黍稷在俎南西黍東稷次上文佐食舉黍錯于席上此尸卒故反黍于本處如初設云九飯而已士禮也者少牢十一飯諸侯十三飯天子十五飯故云九飯士禮也云篚猶吉祭之有肵俎者案特牲少牢尸舉牲體振祭嚌之皆加於肵俎此尸舉牲體振祭嚌之皆實於篚故云篚猶吉祭之有肵俎 主人洗廢爵，酌酒酳尸。尸拜受爵，主人北面荅拜。尸祭酒，嘗之。爵無足曰廢爵酳安食也主人北面以酳酢變吉也凡異者皆變吉古文酳作酌〔疏〕主人至嘗之○注爵無至作酌○釋曰自此盡升堂復位論主人初獻尸并獻祝及獻佐食之事云爵無足曰廢爵者案下文主婦洗足爵鄭云爵有足輕者飾也則主人喪重爵無足可知凡諸言廢者皆是無足廢敦之類是也云主人北面以酳酢變吉也者案特牲少牢尸拜受主人西面拜送與此面相反故云變吉也案特牲直有主人送拜雖不見主人面位約與少牢同皆西面也云凡異者皆變吉者案特牲云主人拜送此云主人荅拜特牲云尸卒角祝受尸角曰送爵此不云送爵特牲嚌肝訖加於菹豆此嚌肝訖加於俎皆是異於吉時故云凡異者皆變吉 賓長以肝從，實于俎，縮，右鹽。縮從也從實肝炙於俎也喪祭進柢右鹽於俎近北便尸取之也縮執俎言右鹽則肝鹽并也〔疏〕賓長至右鹽○注縮從至并也○釋曰云縮從也從實肝炙於俎也喪祭進柢者案下記云載猶進柢柢本也謂肝之本頭進之向尸云右鹽於俎近北便尸取之也者從執俎一頭向尸據執俎之人左畔有肝右畔有鹽西面向尸尸東面以右手取肝於俎右畔擩鹽於左畔是以鹽於俎之近北便尸取之云縮執俎言右鹽則肝鹽并也者謂俎既縮執則狹肝鹽不容相遠是執俎人右畔有鹽左畔有肝故云并也 尸左執爵，右取肝，擩鹽，振祭，嚌之，加于俎。賓降，反俎于西塾，復位。取肝右手也加于俎從其牲體也以喪不志於味〔疏〕尸左至復位○注取肝至於味○釋曰復位者謂賓長也尸既振肝訖復西階前衆兄弟之南東面位云以喪不志於味者決特牲少牢尸嚌肝訖加菹豆以近身此虞禮尸嚌肝訖不加于菹豆而遠加於俎以同牲體者以喪志不在於味故遠身加俎也若然特牲少牢祝不敢與尸同加於菹豆嚌肝訖加于俎與此尸同者祝無不在位之嫌禮窮則同故也 尸卒爵，祝受，不相爵。主人拜，尸荅拜。不相爵喪祭於禮略者特牲曰送爵皇尸卒爵 祝酌授尸。尸以醋主人。主人拜受爵，尸荅拜。醋報 主人坐祭，卒爵，拜。尸荅拜。筵祝，南面。祝接神尊也筵用萑席〔疏〕筵祝南面○注祝接至萑席○釋曰上文尸用葦席其祝席經記雖不言以尸用在喪故不用萑今祝宜與平常同故用萑也云祝接神尊也者解先得獻之事 主人獻祝。祝拜，坐受爵。主人荅拜。獻祝因反西面位〔疏〕主人至荅拜○注獻祝至面位○釋曰云獻祝因反西面位者以少牢云主人受酢時主人拜受爵尸荅拜主人西面奠爵特牲云主人拜受角雖不言西面彼注云退者進受爵反位則西面也是吉祭時主人西面故上注云北面以酳酢變吉也今至酳酢及獻祝訖明因反西面位可知也 薦菹醢，設俎。祝左執爵，祭薦，奠爵，興，取肺，坐祭，嚌之，興，加于俎，祭酒，嘗之。肝從。祝取肝擩鹽，振祭，嚌之，加于俎，卒爵，拜。主人荅拜。今文無擩鹽〔疏〕薦菹至荅拜○釋曰此直言薦菹醢設俎者不見薦徹之人案下文云祝薦席徹入于房注云徹薦席者執事者則此設者亦執事可知 祝坐受主人。主人酌獻佐食。佐食北面拜，坐受爵。主人荅拜。佐食祭酒，卒爵，拜。主人荅拜，受爵，出，實于篚。升堂，復位。篚在庭不復入事已也亦因取杖乃東面立〔疏〕注篚在至面立○釋曰云篚在庭者此雖無文約同薦車設遷奠之等也云不復入事已也亦因取杖乃東西面立者上文哭時主人升堂西序東面又上文云主人倚杖入今升堂復位不復入室以其事已因得取杖復東面位也 主婦洗足爵于房中，酌亞獻尸，如主人儀。爵有足輕者飾也昏禮曰內洗在北堂直室東隅〔疏〕主婦至人儀○注爵有至東隅○釋曰自此盡入于房論主婦獻尸并獻祝及佐食之事云如主人儀者即上主人酳尸尸拜受爵主人北面荅拜之等今主婦亞獻亦然故云如主人儀也云爵有足輕者飾也者主人之婦爲舅姑齊衰是輕於主人故爵有足爲飾也引昏禮者證經洗爵于房中不言設洗處宜與昏禮同也 自反兩籩棗栗，設于會南，棗在西。尚棗棗美〔疏〕自反至在西○注尚棗棗美○釋曰案特牲宗婦執兩籩主婦受設于敦南此主婦自反兩籩不使宗婦者以喪尚纖縱反吉故然上主人獻使贊薦菹醢注云齊斬之服不執事者彼爲主人獻故不使主婦薦此亞獻已所有事故自薦可知 尸祭籩，祭酒如初。賓以燔從，如

初。尸祭爓。卒爵如初。酌獻祝。籩爓從。獻佐食皆如初。以虛爵入于房。初主人儀〔疏〕尸祭至于房○注初主人儀○釋曰此尸祭籩已下至籩爓從獻佐食皆舉主人獻尸賓長以肝從至佐食祭酒卒爵拜主人荅拜受爵出實于篚並如主人儀故皆云如初也賓長洗繶爵三獻。爓從如初儀。繶爵口足之閒有篆又彌飾〔疏〕賓長至初儀○注繶爵至彌飾○釋曰此一節論賓長終三獻之事云繶爵口足之閒有篆又彌飾者案屨人繶是屨之牙底之閒縫中之飾則此爵云繶者亦是爵口足之閒有飾可知云又彌飾以其主婦有足是有飾今口足之閒又加飾也婦人復位。復堂上西面位事巳尸將出當哭踊〔疏〕婦人復位○注復堂至哭踊○釋曰自此盡拜稽顙論祭訖送尸及改饌爲陽厭之事云復堂上西面位者上云主人即位於門外如朝夕臨位婦人及內兄弟服即位於堂亦如之以下更不見別有婦人位明復位者還此位可知又案士喪禮凡臨位婦人即位于堂南上即面位也云尸將出當哭踊者以哭送此喪祭故踊特牲吉祭不哭踊故亦無此復位之事也祝出戶。西面告利成。主人哭。西面告告主人也利猶養也成畢也言養禮畢也不言養禮畢於尸閒嫌〔疏〕祝出至人哭○注西面至閒嫌○釋曰云西面告告主人也者以處主人東面故祝西面對而告之云不言養禮畢於尸閒嫌者若言養禮畢即於尸中閒有嫌諷去之或本閒作閑音以養尸事畢而尸空閑嫌諷去之皆哭。丈夫婦人於主人哭斯哭矣〔疏〕皆哭○注丈夫至哭矣○釋曰言上云主人哭則主人之外緦麻以上在位者皆哭故鄭揔丈夫婦人於主人哭斯哭矣祝入。尸謖。謖起也祝入而無事尸則知起矣不告尸者無遺尊者之道也古文謖或爲休〔疏〕祝入尸謖○注謖起至爲休○釋曰云祝入而無事尸則知起矣者雖不告尸無事尸亦知無事禮畢而起矣云不告尸者無遺尊者之道也者謂不告尸以禮畢者尸尊若告之則如發遣尊者故云不告尸者無遺尊者之道也從者奉篚哭如初。初哭從尸祝前。尸出戶。踊如初。降堂。踊如初。出門亦如之。前道也如初者出如入降如升三者之節悲哀同〔疏〕祝前至如之○注前道至哀同○釋曰案上文尸入門丈夫踊婦人踊尸及階祝延尸尸升宗人詔踊如初尸入戶踊如初故此鄭云出如入降如升三者之節悲哀同是以如之得有三者也祝反入徹設于西北隅。如其設也。几在南。厞用席。改設饌者不知鬼神之節改設之庶幾歆饗所以爲厭飫也几在南變古文明東面不南面漸也厞隱也于厞隱之處從其幽闇〔疏〕祝反至用席○注改設至幽闇○釋曰祝反入謂送尸出門而反入徹神前之饌故設於西北隅也云如其設也者謂設于西北隅次第一如奧中東面設云几在南變古文者上文陰厭時設几席于室中東面右几今云几在南明其同必變文者案少牢大夫禮陽厭時南亦几在右此言右几嫌與大夫同南面而右几故變文云几在南與前在奧同故云明東面也又以特牲云祝筵几于室中東面至於改饌云佐食徹尸薦俎敦設于西北隅几在南是與此同也云不南面漸也者以特牲東面右几今虞爲喪祭是向吉有漸故設几與吉祭同厞隱也于厞隱之處從其幽闇者謂以席爲障使之隱故云厞隱從其幽闇也祝薦席。徹入于房。祝自執其俎出。徹薦席者執事者祝薦席則初自房來〔疏〕祝薦至俎出○注徹薦至房來○釋曰云徹薦席者執事者但祝之薦席設與徹不言其人知使執事者以其主人之士不言官者皆爲之故也云祝薦席則初自房來者以其上文神席在西序下此祝經記俱不言今知自房來者見公食大夫記云筵出自房昏禮與士冠席皆亦在于房故比祝席亦自房來今還于房可知也贊闔牖戶。鬼神尚居幽闇或者遠人乎贊佐食者〔疏〕贊闔牖戶○注鬼神至食者○釋曰云或者遠人者乎禮記郊特牲文此鄭立之義非直取鬼神居幽闇或取遠人之意故也知是生人之意云贊佐食者自上以來行事唯有祝與佐食以其云祝自執其俎出故知闔牖戶者是佐食也主人降。賓出。宗人詔主人降賓則出廟門主人出門。哭止。皆復位。門外未入位〔疏〕注門外未入位○釋曰知是門外位者以經云出門乃更云皆復位明門外未入位可知宗人告事畢。賓出。主人送。拜稽顙。送拜者明于大門外也賓執事者皆去即徹室中之饌者兄弟也〔疏〕宗人至稽顙○注送拜至弟也○釋曰云送拜者明于大門外也者以其上文云復位是殯門外未出大門此云送拜是大門外送拜可知知徹室中之饌者兄弟也者賓即執事而云賓出則室中無執事之人唯有兄弟故徹室中之饌者兄弟可知也記。虞。沐浴不櫛。沐浴者將祭自絜清不櫛未在於飾也唯三年之喪不櫛期以下櫛可也今文曰沐浴〔疏〕記虞沐浴不櫛○注沐浴至沐浴○釋曰云唯三年之喪不櫛期以下櫛可也者經云不據三年爲主案下文班祔而明期以下虞而沐浴櫛可也陳牲于廟門外。北首西上。寢右。言牲腊在其中西上變吉寢右者當升左胖也腊用棜檀弓曰既反哭主人與有司視虞牲〔疏〕陳牲至寢右○注言牲至虞牲○釋曰知腊在牲中者士虞唯有一豕而云西上明知兼免腊得云西上也云西上變吉者案少牢二牲東上是吉祭東上今此西上是變吉也云寢右者當升左胖也者若然特牲腊在東置於棜東首牲在西尚右今虞禮反吉故寢右升左胖知腊用棜者案特牲陳鼎於門外北面北上棜在南南順實獸于其上東首是也引檀弓者證虞時有牲之事日中而行事。朝葬日中而虞君子舉事必用辰正也再虞三虞皆質明〔疏〕日中而行事○注朝葬至質明○釋曰云辰正者謂朝夕日中也以朝有葬事故至日中而行虞事也云再虞三虞皆質明者以朝無葬事故皆質明而行虞事是用朝之辰正也殺于廟門西。主人不視豚解。主人視牲不視殺凡爲喪事畧也豚解解前後脛脊脅而已孰乃體解升於鼎也今文無廟〔疏〕殺于至豚解○注主人至無廟○釋曰云主人視牲不視殺凡爲喪事畧也者案特牲饋食禮宗人告濯具賓出主人出皆復外位鄭云爲視牲也又曰告事畢賓出主人拜送夙興主人服如初立于門外東方南面視側殺然則特牲吉祭故主人視牲又視殺今虞爲喪事故主人視牲不視殺是其畧也凡者衆辭但此經與特牲饋食不同者皆爲喪事畧故云凡以廣之豚解解前後脛脊脅而巳孰乃體解升於鼎也者體解下文七體是也羹飪升。左肩。臂。臑。肫。胳。脊。脅。離肺。膚祭三。取諸左膉上。肺祭一。實于上鼎。肉謂之羹飪孰也脊脅正脊正脅也喪祭畧七體耳離肺舉肺也少牢饋食禮曰舉肺一長終肺祭肺三皆切膉脰肉也古文曰左股上此字從肉殳殳矛之殳聲〔疏〕羹飪至上鼎○注肉謂至殳聲○釋曰肉謂之羹爾雅釋器文飪孰釋言文云脊脅正脊正脅也者案特牲注云不貶正脊不奪正也然則此爲喪祭體數雖畧亦不奪正故知脊脅正脊正脅也云喪祭畧七體耳者案特牲尸俎右肩臂臑肫胳正脊二骨橫脊長脅二骨短脅注云士之正祭禮九體貶於大夫有併骨二亦得十一之名合少牢之體數此所謂放而不致者然則此所升唯七體故云喪祭畧七體耳云離肺舉肺也者案特牲注云離猶挃也小而長午割之亦不提心謂之舉肺是也引少牢饋食禮者證離肺舉肺之異也云膉脰肉也者案少牢云雍人倫膚九實于一鼎注云倫擇也膚脅革肉擇之取美者案下注今以脰肉貶於純吉則此用膉爲貶於純吉之事也云古文曰左股上此字從肉殳殳矛之殳聲者鄭注儀禮疊古文從經今文又說古文解之者鄭欲兩從故也但字從肉義可知而以殳與股不是形人之類其理未審升魚鱄鮒九。實于中鼎。差減之〔疏〕升魚至中鼎○注差減之○釋曰差減之者案特牲魚十有五今爲喪祭畧而用九故云差減之也升腊左胖。髀不升。實于下鼎。腊亦七體牲之類〔疏〕升腊至下鼎○注腊亦七體牲之類○釋曰云腊亦七體牲之類者牲上文升左肩臂臑肫胳脊脅是牲之七體今升腊左胖亦然特牲記云腊如牲骨是也皆設扃鼏陳之。嫌既陳乃設扃鼏也今文扃作鉉古文鼏作密〔疏〕皆設扃鼏陳之○注嫌既至作密○釋曰云嫌既陳乃設扃鼏也者經云陳三鼎後言設扃鼏有嫌故記人辨之皆先扃鼏後陳之也載。猶進柢。魚進鬐。猶猶士喪既夕言未可以吉也柢本也鬐脊也今文柢爲胝古文鬐爲耆〔疏〕載猶至進鬐○注猶猶至爲耆○釋曰鬐柢二者皆變於吉是以少牢云下利升豕其載如羊皆進下注云變於食也又曰腊一純而俎亦進下又曰魚用鮒十有五而俎縮載右首進腴注云亦變於食生也是皆與此反矣是變於吉也云猶猶士喪既夕言未可以吉也者云與吉反則明與生人同士喪禮小斂云皆覆進柢注云柢本也進本者未異於生也至大斂載魚左首進鬐腊進柢鄭注云亦未異於生也又葬奠云如初皆未異於生故記人以猶之是以鄉飲酒鄉射記皆云右體進腠是也祝俎。髀。脰。脊。脅。離肺。陳于階閒敦東。不升於鼎賤也統於敦明神惠也祭以離肺下尸〔疏〕祝俎至敦東○注不升至下尸○釋曰云不升於鼎賤也者祝對上尸俎羹飪升於鼎爲貴者也云統於敦明神惠也者案上文饌黍稷二敦於階閒西上是神之黍稷今陳祝饌于神饌之東統于神物明惠由神也云祭以離肺下尸者以其尸祭用刌肺祝不用刌肺用離肺故云下尸也淳尸盥執槃。西面執匜。東面執巾。在其北。東面。宗人授巾。南面。槃以盛棄水爲淺汙人也執巾不授巾卑也〔疏〕淳尸至南面○注槃以至卑也○釋曰上經直云淳尸盥宗人授巾不云執槃與執匜執巾及宗人授巾等面位故記人明之主人在

室。則宗人升戶外北面。當詔主人室事〔疏〕主人至北面○注當詔主人室事。○釋曰上經唯言宗人告有司具及詔主人踊皆堂下之事今主人入室宗人當升戶外詔主人室中之事故升堂也

佐食無事。則出戶負依南面。室中尊不空立戶牖之間謂之依〔疏〕佐食至南面○注室中至之依○釋曰云戶牖之間謂之扆此爾雅文謂戶西南面也

鉶芼用苦。若薇有滑。夏用葵。冬用荁。有柶。苦苦荼也荁堇類也乾則滑夏秋用生葵冬春用乾荁古文苦爲枯今文或作芐〔疏〕鉶芼至有柶○注苦苦至作芐○釋曰案公食記三牲具則牛藿羊苦豕薇各用其一若一牲者容兼用其二是以及特牲一豕皆云鉶芼苦薇是科用其一也知荁堇類者內則云堇荁枌榆同爲滑物故知荁堇類也云乾則滑者以其冬用之故知乾則滑于堇也云夏秋用生葵冬春用乾荁者以其秋與夏同有生葵春初未生者故春約與冬同是以經直云冬明舉夏以兼秋舉冬以兼春也

豆實葵菹。菹以西。嬴醢。籩。棗烝栗擇。棗烝栗擇則菹刌也棗烝栗擇則豆不揭籩有縢也〔疏〕豆實至栗擇○注棗烝至縢也○釋曰云棗烝栗擇則菹刌也棗烝栗擇則豆不揭籩有縢也者此雖無正文案士喪禮大斂云毼豆兩其實葵菹芋嬴醢兩籩無縢布巾其實栗不擇脯四脡自大斂後皆云如初則葬奠四豆脾析葵菹亦長矣四籩棗糗栗脯亦不擇也至此乃云棗烝栗擇則菹亦切矣豆籩有飾可知

尸入。祝從尸。祝在主人前也嫌如初時主人倚杖入祝從之初時主人之心尚若親存宜自親之今既接神祝當詔侑尸也〔疏〕尸入祝從尸○注祝在至尸也○釋曰上經陰厭時主人先祝入戶至此迎尸祝在主人前先後有異故記人明之是以鄭云祝在主人前也嫌如初時主人倚杖入祝從之也云今既接神祝當詔侑尸也者尸神象是以云既接神祝當詔侑尸即上祝命佐食爾敦舉黍稷及祝酌授尸及祝出告利成祝入尸謖之等是也

尸坐不說屨。侍神不敢燕情也今文說爲稅〔疏〕尸坐不說屨○注侍神至爲稅○釋曰案鄉飲酒燕禮之等凡坐降說屨乃升坐今尸雖坐不說屨者爲侍神不敢燕情故也

儀禮注疏卷四十二挍勘記　阮元撰盧宣旬摘錄

士虞禮第十四

虞安也　安上集釋楊氏俱有猶字按釋文有猶字李楊自據釋文勿以改疏

士既葬父母　通解要義同毛本楊氏葬下有其字○按此其字與下句而字亦俱見釋文

日中祭　要義楊氏同毛本通解中下有而字

小戴第十五　當作第八第十五乃聘禮

士虞禮

其云饋者　者陳閩俱作也

側亨于廟門外之右

云側亨亨一胖也　毛本胖誤作判

云是日也至喪祭　毛本作云是日也以虞易奠祔而以吉祭易喪祭通解與毛本同

尊兩甒於廟門外之右少南　南下陳閩通解俱有水尊在酒西五字

則鼎鑊亦在門左　要義同毛本此下更有以此知卒哭對虞爲吉祭也十一字通解同

明日以其班祔沐浴又云　要義同毛本無沐浴又云四字有用專膚爲折俎取諸脰膉十字通解同

魚腊爨亞之

故王孫賈問孔子曰　問下要義有於字

素几葦席

每燾一几　陳閩通解要義同毛本燾作敦○按周禮司几筵作每敦一几鄭注敦讀曰燾卽改爲燾字此正義例也

饌兩豆菹醢于西楹之東

又左菹右醢　陳閩通解同毛本菹作俎按菹是也

匜水錯于槃中○簞巾在其東　巾唐石經徐本釋文集釋楊敖俱作巾通解毛本作布石經考文提要云特牲少牢皆有簞巾

陳三鼎于門外之右

今文扃爲鉉　爲釋文要義俱作作

七俎在西塾之西

在內西塾上　此句下而在塾上四字毛本通解無

主人及兄弟如葬服○皆卽位于門外　外下通典有之左二字

卒去無時之哭　陳本通解要義同毛本去作云

則依其喪服　陳本通解要義同毛本依作作

卽此經賓執事者弔服是也　要義同毛本是作士

取於大功以下　要義同毛本通解取上有則字○按此本誤脫曾子問有則字

祝免澡葛絰帶

祝所親也　祝閩監葛本俱誤作祝

然則士之屬官　浦鏜云吏誤官從雜記疏按盧文弨云疏作吏○按此節疏引此注作官

宗人告有司具

朝夕哭祭時　毛本通解無祭字

主人卽位于堂

乃反哭入門升自西階　徐本集釋通解楊敖同毛本門作則浦鏜云既夕經無此字

此則異於朝夕　徐本楊敖同毛本通解無此則二字

贊薦菹醢

衰斬之服　徐本集釋通解同通典要義楊氏毛本衰俱作齊按疏作齊

佐食及執事盥出

西方位也　徐本集釋楊敖同毛本通解西上有在字

主人再拜稽首

復位復主人之左　此注徐本通典集釋楊敖俱在稽首下與單疏標目合通解與毛本同按通解截經文復位以上爲設饌節主人再拜以下爲饗神節遂移此注于復位下

祝從在左　毛本左下有右字通解誤作左屬下句

祝饗

告神饗　徐本集釋楊氏同通解毛本饗下有也字

下至適爾皇祖某甫尚饗　徐本集釋楊氏同毛本通解無尚字

佐食許諾

如今擐衣也　擐釋文作揎云音宣手發衣曰揎又作擐音患古患反要義𢧵洗及疏亦俱作揎

當有主象而無何乎　徐本集釋要義楊氏同毛本通解何作可

按上文祝取苴降洗設于几東者　要義同毛本洗作席按洗是也

祝迎尸一人衰絰奉篚　陸氏曰篚本亦作筐

心無所繫　徐本集釋通解楊敖同毛本心作公○按儀禮圖亦作心

無從尸之理　陳閩通解要義同毛本理作禮

尸及階

如出戶　毛本戶誤作尸

云如升者　毛本通解如作以

從者錯篚于尸左

象特牲肵俎肵俎置于席北　肵俎二字毛本通解不重出

尸取奠左執之

隋之猶言隋下也　猶言二字集釋倒張氏曰按釋文云猶墮則言字當在猶字上墮下之隋當作

隮今本以隋解隓其誤不待辨從釋文識誤按云隋古通用隋周禮守祧之文可證卽儀禮中亦皆作隋故注以隓解之若隳乃隋之俗體耳注文當作隋之言猶隳張氏不知上隋字與經竝應爲隋而改下隋字以從俗疏矣○按儀禮內隋祭之隋或作隋或作隋諸本不能畫一說文隋裂肉也唐韻徒果切此字惟周禮有之他經罕見自隋以來借爲隨字而本音本義亡矣此注以隋下釋隋祭世遂以隋代隋聞有作隋者據周禮正之也

既祭藏其隋 通解要義同毛本祭下有則字按周禮有則字

謂此隋祭一也 此要義作比

不從綏與羞之意也 通解同毛本意作義

隋與挼讀同耳 陳本通解要義同毛本挼作綏挼挼是也

佐食舉肺脊授尸

祝命爾敦 楊氏同毛本通解爾作邇下同

尸祭鉶嘗鉶

冬用荁 閩監同毛本陳本通解荁俱作苴○按記文是荁字

尸飯播餘于篚

飯黍毋以箸 陳本通解要義同毛本箸作著○按說文有箸無著

證播飯去手爲放飯 通解要義同毛本播作搏

三飯

飯門啗肉安食氣 毛本門作間張氏曰監巾箱杭本間作門從諸本

主人洗廢爵

古文酳作酌 錢大昕曰說文無酳字說文酌少少飲也音與酳同學者多聞酌少聞酌故注文譌爲酌釋文於酌無音蓋陸所見本已譌爲酌矣

賓長以肝從

與此面相反 毛本通解此作北

從實肝炙於俎也 從通解敖氏俱作縮

喪祭進柢 柢嚴本敖氏俱从手似誤

尸左執爵

祝不敢與尸同加於菹豆 毛本菹誤作俎

加于俎 通解同毛本于作與

祝酌授尸尸以錯主人 陸氏曰醋本亦作酢

主人坐祭

解先得獻之事 毛本通解先得作得先

主人獻祝

獻祝因反西面位 面徐本集釋楊氏俱作面與此本標目合通解毛本作南周學健云上主人倚杖入西面是其西面位也

主人拜受角 毛本通解角下有尸拜送主人退六字此本無

主人酌獻佐食

約同薦車設遷奠之等也 通解同毛本遷奠作薦奠閩本誤作薦尊

乃東西面立者 毛本通解無西字

主婦洗足爵于房中

尸拜受爵 尸陳閩俱作及

自反兩籩棗栗

設于敦南此 此通解楊氏俱作此屬下句毛本作北

賓長洗繶爵

口足之間有篆 篆下通典有文字是也

婦人復位

卽面位也 要義同毛本通解卽下有西字

祝出戶

以處主人東面 以字下陳閩通解俱有其字面陳閩俱無

故祝西面對而告之 面閩本作南

祝入尸謖

謖起也祝入而無事 上三字毛本俱脫徐本通典集釋楊氏俱有與單疏標目合通解無按通解載釋文於注前已有此三字遂刪注首

祝前尸出戶

尸入戶踊如初 陳閩通解要義同毛本戶作尸○按戶是也

祝反入

庶幾歆饗 毛本饗作響徐陳閩葛集釋通解俱作饗

變古文明東面 古通典集釋俱作右張氏曰疏云上文設几席于室中東面右几今云几在南明其同必變文者少牢大夫禮亦几在南此言右几嫌與大夫同予以爲鄭氏稱作經者變上右几之文而已未必及大夫也然古必作右從疏盧文弨按引方云古乃吉之譌文乃又之譌○按張說與通典合方說恐非

變古文者 古要義作右按右字是

今云几在南 要義楊氏同毛本通解云作文按識誤引疏亦作云

陽厭時南 要義同通解楊氏毛本南下有面字

祝薦席徹

以其主人之士 毛本通解士作事

今還于房可知也 毛本通解于作與

贊闔牖戶

鬼神尚居幽闇 通典無居字

或者遠人乎 張氏曰疏者作諸特牲饋食禮注亦曰或諸遠人乎從疏

云或者遠人者乎 上者字要義作諸與識誤合毛本者乎作乎者

知是生人之意 要義同通解毛本無

主人出門哭止 止上通典有者字

宗人告事畢

未出大門 陳閩通解楊氏同毛本大作入監本作人俱誤

記虞沐浴不櫛 敖氏無沐字云本云沐浴而鄭注乃云今文曰沐浴則是鄭氏但從古文元無沐字也毛本記與注首櫛云沐浴蓋傳寫者誤衍之盧文弨云沐浴當倒爲浴沐疏云期以下虞而浴沐櫛可證蓋浴而沐沐而櫛而搔翦其次弟如是後人見經書多言沐浴遂誤易之耳○許宗彥云今文曰沐浴蓋無不櫛二字異于古文耳觀後經文沐浴櫛搔揃注曰今文曰沐浴搔揃對勘自明矣蓋後注言今文無櫛字此注言今文無不櫛二字以後證前毫無可疑諸校者皆誤

虞而沐浴櫛可也 陳本要義同毛沐浴作浴沐

陳牲于廟門外

證虞時有牲之事 陳閩要義同毛本有作右

日中而行事

再虞三虞皆質明 毛本質誤作執疏同

故至日中而行虞事也 要義同毛本通解至作云

羹飪

此字從肉殳殳矛之殳聲 徐本集釋字上俱有此字與疏合肉下俱無殳字與單疏述注

合毛本通解無此字肉下有從字○按此句當云此字從肉殳聲復於殳下加殳子之殳四字乃注中之注也後人連讀更衍一從字則聲字如贅旒然

擇之取美者　通解同毛本美作羹○按美字是也

貶於純吉　毛本純作肫浦鏜云純誤肫

此字從肉殳　毛本肉下有從字

不是形人之類　是閩本誤作足人一本改作聲按說文股從肉殳聲與鄭注合賈氏於偏傍之學甚疏

升腊左胖

牲上文升左肩臂臑肫胳脊脅　要義同毛本無牲字

載猶進柢

今文柢爲胝　徐本釋文集釋同毛本胝作眡通解作眂亦誤

下利升豕　通解同毛本升作生○按少牢是升字生字誤

變於食也　毛本通解食下有生字按當有生字

是皆與此反矣　通解同毛本與作於

皆覆進柢　通解要義同毛本覆作復

祝俎髀脰脊脅離肺　脰唐石經初刻作豆後加月

鉶芼○冬用荁　荁徐本作苴誤注同

古文苦爲枯　陸氏曰劉本作枯○按劉本疑作姑姑枯古通用易大過枯楊鄭以爲無姑山榆

今文或作芐　作釋文作爲芐嚴本毛本作苄徐本釋文並作芐閩葛俱作苄

豆實葵菹

則豆不揭　毛本揭作朅嚴陳監本釋文集釋通解俱作揭與單疏述注合徐本楊氏俱作揭閩葛俱作朅陸氏曰揭本又作朅

籩有縢也　縢嚴本集釋俱作縢與單疏述注合毛本作縢徐陳閩葛監本通解俱作藤楊氏作藤俱誤

則豆不揭　陳閩監本俱作楬毛本作朅

籩有縢也　縢陳閩監本作縢毛本作縢下同

甒豆兩　陳閩監本通解同毛本甒作甒○按士喪禮作甒

尸入祝從尸　瞿中溶云祝唐石經原刻作執

尸坐不說屨

侍神不敢燕惰也今文說爲稅　下六字徐本集釋通解俱有與單疏標目合楊氏無

按毛本脫也字以今文說爲稅五字誤爲釋文

儀禮疏卷第四十三

唐朝散大夫行大學博士弘文館學士臣賈公彦等撰

尸謖祝前鄉尸。前道也祝道尸必先鄉之爲之節。【疏】尸謖祝前鄉尸○注前道至之節○釋曰此記尸謖之時祝前尸之儀也云必先鄉之爲之節者言必先面鄉尸者爲之節度也

還出戶。又鄉尸。還過主人又鄉尸。還降階又鄉尸。過主人則西階上不言及階明主人見尸有踧踖之敬【疏】還出至鄉尸○注過主至之敬○釋曰過主人則西階上不言及階明主人見尸有踧踖之敬者以其經出戶降階及門皆指物而言主人者欲見階上不言西階而言主人者欲見主人見尸有踧踖之敬故沒去階名而云主人也

降階還及門。如出戶。及至也言還至門明其閒無節也降階如升時將出門如出戶時皆還鄉尸也每將還必有辟退之容凡前尸之禮儀在此【疏】降階至出戶○注及至至在此○釋曰言還至門明其閒無節也者以經自階已前皆不言及從階到門言及者以其自階到門其中道遠故特言及以殊之是以鄭云言還至門明其閒無節謂無還鄉尸之節也云降階如升時將出門如出戶時皆還鄉尸也經直云及門如出戶雖不言降階如升時以將出門如出戶時故鄭約出門以明降階也云皆還鄉尸者欲見經還者皆還鄉尸也謂鄉尸乃前道也云每將還必有辟退之容者辟退即逡巡謙讓之容貌也云凡前尸之禮儀在此者以儀禮一部所云前尸之禮儀在此經爲其悉者

尸出。祝反。入門左。北面復位。然後宗人詔降。【疏】尸出至詔降○釋曰尸出祝反入門左北面復位者謂祝既送尸出反入門復位復上文祝入門左北面位故云復位也云然後宗人詔降者謂祝復位宗人乃詔告主人降以其無事故也

尸服卒者之上服。上服者如特牲士玄端也不以爵弁服爲上者祭於君之服非所以自配鬼神士之妻則宵衣耳【疏】尸服卒者之上服○注上服至宵衣耳○釋曰上經直見主人服不見尸服故記人明之云上服對深衣在下玄端者案特牲經筮日云主人冠玄端至祭日夙興主人服如初是士之正祭服玄端即是卒者生時所著之祭服故尸還服之云不以爵弁服爲上者祭於君之服非所以自配鬼神者案曾子問孔子曰尸弁冕而出卿大夫士皆下之注云爲君尸或弁者先祖或有爲大夫士者彼君之先祖爲士尸服爵弁不服玄端者子孫爲諸侯先祖尸在中故先祖爲士者尸還服助祭於君之服也云士之妻則宵衣耳者以其經直云尸不辨男女士虞既男女別尸明經云尸可以兼男女故鄭併云士之妻也案特牲正祭主婦著纚笄宵衣明女尸亦宵衣可知

男。男尸。女。女尸。必使異姓。不使賤者。異姓婦也賤者謂庶孫之妾也尸配尊者必使適也【疏】男男至賤者○注異姓至適也○釋曰虞卒哭之祭男女別尸故男女別言之也云異姓婦也者以男無異姓之禮故也知經云必使異姓者據與婦爲尸者也不使同姓與婦爲尸者尸須得孫列者孫與祖爲尸孫婦還與夫之祖姑爲尸故不得使同姓女爲尸也云賤者謂庶孫之妾也尸配尊者必使適也者男尸先使適孫無適孫乃使庶孫女尸先使適孫妻無適孫妻使適孫妾又無妾乃使庶孫妻即不得使庶孫妾以庶孫之妾是賤之極者若然庶孫妻亦容用之而鄭云必使適也者據經不使賤有適孫妻則先用適而言其實容用庶孫妻法也必知無容用庶孫者以曾子問孔子曰祭成喪者必有尸尸必以孫孫幼使人抱之無孫則取于同姓可也彼不言適是容無適而用庶此經男女別尸據虞祭而言至卒哭已後自禫已前喪中之祭皆男女別尸知者案司几筵云每敦一几鄭注云雖合葬及同時在殯皆異几體實不同祭於廟同几精氣合少牢吉祭云某妃配是男女共尸篇末則云是月也吉祭猶未配注云是月是禫月也當四時之祭月則祭猶未以某妃配某氏哀未忘也則引少牢吉祭妃之事爲證明禫月不當四時祭月則不云某妃配則共尸可知

無尸。則禮及薦饌皆如初。無尸謂無孫列可使者也殤亦是也禮謂衣服即位升降【疏】無尸至如初○注無尸至升降○釋曰自此盡詔降如初論喪祭無尸之事云無尸謂無孫列可使者知謂無孫列者禮記云無孫則取同姓之適則大夫士祭先取孫無孫取同姓之適是有孫列可使復無同姓之適是無孫列可使者也云殤亦是也者禮記曾子問云祭成喪者必有尸明殤死無尸可知曾子問又云宗子直有陰厭庶殤直有陽厭是無尸也云禮謂衣服即位升降者雖無尸主人亦如葬所服即位於西序及升降與有尸相似

既饗祭于苴。【疏】既饗祭于苴○釋曰云既饗者正謂祝釋饗神辭告之使含祔之安之釋饗訖佐食取黍稷祭于苴

祝祝卒。記異者之節【疏】祝祝卒○注記異者之節○釋曰云記異者謂記無尸者異於有尸何者有尸祝釋孝子辭釋辭訖爲祝祝卒別有迎尸已後之事今無尸者祝祝卒饗神訖無迎尸已後之事故下文云不綏祭之等是記異者之節也

不綏祭。無泰羹湆胾從獻。不綏言獻記終始也事尸之禮始於綏祭終於從獻綏當爲墮【疏】不綏至從獻○注不綏至爲墮○釋曰此四事皆爲尸是以上文有尸者云迎尸而入祝命佐食綏祭又泰羹湆自門入設于鉶南胾四豆設于左又尸食之後主人獻之後賓長以肝從主婦亞獻賓長以燔從賓長獻後亦如之無尸闕此四事自羹已下三事皆蒙無字解之也云不綏言獻記終始也者以見經無尸具陳四事凡祭禮以獻爲終舉終以見始亦得爲義今不但言獻記其終始具言四事者欲明始於綏祭終於從獻故鄭即云事尸之禮始於綏祭終於從獻者故具言之云綏當爲墮者周禮守祧職云既祭藏其墮字爲正取減爲義

主人哭。出復位。於祝祝卒【疏】主人哭出復位○注於祝祝卒○釋曰謂祝祝卒無尸可迎既無上四事主人遂即哭出復戶外東面位也

祝闔牖戶。降復位于門西。門西北面位也【疏】祝闔至門西○注門西北面位也○釋曰鄭此及下注皆云復位者門西北面位者據上交尸出祝反入門左北面復位也

男女拾踊三。拾更也三更踊【疏】男女拾踊三○注拾更也三更踊○釋曰凡言更踊者主人踊主婦踊賓乃踊三者三爲拾也

如食閒。隱之如尸一食九飯之頃也【疏】如食閒○注隱之至頃也○釋曰隱之者謂闔牖戶也九飯之頃時節也

祝升。止哭聲三。啓戶。聲者噫歆也將啓戶警覺神也今文啓爲開【疏】祝升至啓戶○注聲者至爲開○釋曰云聲者噫歆也者若曲禮云將上堂聲必揚故云將啓戶警覺神也

主人入。親之【疏】主人入○注親之○釋曰

云親之者啓牖鄉是親之事主人無事而入者是主人親至神所恭敬之事也**祝從。啓牖鄉。如初。**牖先闔後啓扇在內也鄉牖一名也如初者主人入祝從在左〔疏〕注牖先至在左○釋曰云牖先闔後啓扇在內也者見上文闔牖戶闔時牖先言此經上云主人入祝從乃言啓牖是戶先開乃啓牖故須解之扇在內也云鄉牖一名也者案詩云塞鄉墐戶注云鄉北出牖也與此注不同者語異義同北牖名鄉鄉亦是牖故云牖一名也云如初者主人入祝從入在左者鄭以經如初之文在牖鄉之下恐人以爲啓牖鄉如初上飪無啓牖鄉之事明據主人與祝位如初也**主人哭。出復位。**堂上位也〔疏〕主人哭出復位○注堂上位也○釋曰案下文云宗人詔降如初注云詔主人降之降堂明此復位者復堂上東面位也**乃卒徹。祝佐食降復位。**祝復門西北面位佐食復西方位不復設西北隅者重閉牖戶褻也〔疏〕注祝復至褻也○釋曰鄭知祝與佐食位如此者見上經云主人即位于堂衆主人及兄弟賓即位于西方佐食即賓也故知佐食言復位復西方可知知祝復位復門西北面位者上經祝入門左北面注不與執事同位接神尊也明此祝復位復門西北面位可知云不復設西北隅者重閉牖戶褻也者上經有尸者有陰厭有陽厭無闔牖戶之事今無尸者陰厭時闔牖戶今更設饌於西北隅復更闔牖戶爲褻瀆故不爲也**宗人詔降如初。**初贊闔牖戶宗人詔主人降之〔疏〕宗人詔降如初○注初贊至降之○釋曰此降謂禮畢降堂也上經云贊闔牖戶主人降賓出注云宗人詔主人降彼謂降堂故鄭知此云如初亦如上經詔降也**始虞用柔日。**葬之日日中虞欲安之柔日陰陰取其靜〔疏〕始虞用柔日○注葬之至其靜○釋曰自此下盡哀薦成事論初虞二虞三虞卒哭明三者之祭饗神辭及用日不同之事云葬之日日中者上文云日中行事是也葬用丁亥是柔日葬始虞用日中故云始虞用柔日也**曰。哀子某。哀顯相。夙興夜處不寧。**曰辭也祝祝之辭也喪祭稱哀顯相助祭者也顯明也相助也詩云於穆清廟肅雍顯相不寧悲思不安**敢用絜牲剛鬣。**敢昧冒之辭豕曰剛鬣〔疏〕注敢昧至剛鬣○釋曰敢昧冒之辭者凡言敢者皆是以卑觸尊不自明之意故云昧冒之辭云豕曰剛鬣者下曲禮文**香合。**黍也大夫士於黍稷之號合言普淖而已此言香合蓋記者誤耳辭次黍又不得在薦上〔疏〕香合○注黍也至薦上○釋曰案下曲禮云黍曰香合粱曰香萁稷曰明粢是也云大夫士於黍稷之號合言普淖而已此言香合蓋記者誤耳者曲禮所云黍稷之別號者是人君法特牲少牢黍稷合言普淖此別號黍爲香合下特號稷爲普淖故知記誤也云辭次黍又不得在薦上者依設薦法先設菹醢次設俎後設黍稷今黍在嘉薦之上此亦記者之誤故鄭非之也若然俎在後今絜牲在黍上者祭以牲爲主故先言非設時在前也**嘉薦普淖。**嘉薦菹醢也普淖黍稷也普大也淖和也德能大和乃有黍稷故以爲號云〔疏〕嘉薦普淖○注嘉薦至號云○釋曰言故以爲號云者鄭以意解之無正文故言云以疑之**明齊溲酒。**明齊新水也言以新水溲釀此酒也郊特牲曰明水涚齊貴新也或曰當爲明視爲兔腊也今文曰明粢粢稷也皆非其次今文溲爲醙〔疏〕明齊溲酒○注明齊至爲醙○釋曰云言以新水溲釀此酒也者鄭以溲水邊爲之與縮字義異謂

以新水漬麴乃溲釀此酒又引郊特牲明水涚齊貴新也者彼注云涚猶清也五齊濁泲之使清謂之涚齊及取明水皆貴新也據彼注明水則周禮司烜氏所取月中之水與此明齊新水別鄭引之者彼此雖異引之直取新義是同故引爲證非謂爲一物也云或曰當爲明視謂兔腊也者士祭有兔腊是故或有人作如此說云今文曰明粢粢稷也皆非其次者若以明齊常爲明視作兔腊解者應在上與牲爲次何因退在下今文又爲稷解者上已云普淖兼黍稷何用又見稷也故知二者皆非其次也若然特牲少牢無腊號以小物畧之**哀薦祫事。**始虞謂之祫事者主欲其祫先祖也以與先祖合爲安今文曰古事〔疏〕哀薦祫事○注始虞至古事○釋曰云虞謂之祫事者主欲其祫先祖也者案公羊傳文二年云大祫者何合祭也合先君之主於大廟故此鄭亦以祫爲合而言但三虞卒哭後乃有祔祭始合先祖始虞而已言祫者鄭云以與先祖合爲安故下文云適爾皇祖某甫是始虞預言祫之意也**適爾皇祖某甫。**爾女也女死者告之以適皇祖所以安之也皇君也某甫皇祖字也若言尼甫**饗。**勸強之也**再虞皆如初。曰。哀薦虞事。**丁日葬則己日再虞其祝辭異者一言耳〔疏〕注丁日至言耳○釋曰己日再虞者以其後虞用剛日初虞再虞皆用柔日始虞用丁日隔戊日故知再虞用己日云祝辭異者一言耳者一言或有一句爲一言若論語云一言以蔽之曰思無邪是也今此一言則一字爲一言謂數一虞云祫再虞云虞三虞云成是也**三虞。卒哭。他用剛日。亦如初。曰。哀薦成事。**當祔於祖廟爲神安於此後虞改用剛日剛日陽也陽取其動也士則庚日三虞壬日卒哭其祝辭異者亦一言耳他謂不及時而葬者喪服小記曰報葬者報虞三月而後卒哭然則虞卒哭之閒有祭事者亦用剛日其祭無名謂之他者假設言之文不在卒哭上者以其非常也令正者自相亞也檀弓曰葬日中而虞弗忍一日離也是日也以虞易奠卒哭曰成事是日也以吉祭易喪祭明日祔於祖父如是虞爲喪祭卒哭爲吉祭今文他爲它〔疏〕三虞至成事○注當祔至爲它○釋曰鄭云當祔於祖廟爲神安於此者卻解初虞再虞稱祫稱虞之意今三虞改用剛日將祔於祖取其動義故也云士則庚日三虞壬日卒哭者以其己日爲再虞後改用剛日故次取庚日爲三虞也卒哭亦用剛日故庚日後降一辛日取壬日爲卒哭云祝辭異者亦一言耳者故虞爲成是一言也云他謂不及時而葬者謂有故及家貧不及三月因三日殯日即葬於國北引喪服小記者彼鄭注云報讀爲赴疾之赴謂不待三月因殯日虞所以安神以送形而往迎魂而反而須安之故疾虞三月而後卒哭者謂卒哭無時之哭鄭云卒哭待哀殺故至三月待尋常葬後乃爲卒哭祭云然則虞卒哭之閒有祭事者亦用剛日者以虞卒哭是剛日他祭在後故亦用剛日也云其祭無名謂之他者謂已虞卒哭祔祥皆有名此則無名故謂之他云文不在卒哭上者此他祭在卒哭上令退在卒哭下者以其非常又非祭故也引檀弓者證卒哭辭稱成事之義但卒哭爲吉祭者喪中自相對若據二十八月後吉祭而言禫祭已前揔爲喪祭也若然此經三虞與卒哭哀薦成事明文而鄭注檀弓云卒哭而祭其辭蓋曰哀薦成事言蓋疑之者以鄭君以前有人解云三虞與卒哭同爲一事解之者鄭故疑卒哭之辭而云蓋也是以雜記云上大夫之虞也少牢卒哭成事祔皆大牢鄭注云卒哭成事祔言皆則卒哭成事祔與虞異矣是微破前人三虞與卒哭同解

者也**獻畢。未徹。乃餞。**卒哭之祭既三獻也餞送行者之酒詩云出宿于濟飲餞于禰尸旦將始祔于皇祖是以餞送之古文餞爲踐〔疏〕獻畢未徹乃餞○注卒哭至爲踐○釋曰自此盡不脫帶論卒哭之祭未徹餞尸於寢門外之事鄭云卒哭之祭者案上文直云獻畢未徹乃餞不言卒哭鄭知是卒哭之祭者以其三虞無餞尸之事明旦祔於祖入廟乃有餞尸之禮故鄭據卒哭而言若然三虞不餞尸者以其三虞與卒哭同在寢祔則在廟以明旦當入廟以其易處鄉尊所故特有餞送尸之禮也引詩者彼生人餞行人之禮爲行始此祭祀餞尸之禮亦鄉祖廟爲行始事雖異餞送飲酒是同故引爲證也知旦將始祔於皇祖者下云明日以其班祔鄭云卒哭之明日也是明日之旦也**尊兩甒于廟門外之右。少南。水尊在酒西。勺北枋。**少南將有事於北有玄酒即吉也此在西尚凶也言水者喪質無鼏不久陳古文甒爲廡也〔疏〕注少南至廡也○釋曰云少南將有事於北者正謂下文云尸出門右南面已下是也云有玄酒即吉也者以其虞祭用醴酒無玄酒至卒哭云如初則與虞祭同今至餞尸用玄酒則尋常祭祀之酒非醴酒故云即吉也云此在西尚凶也者以其吉祭祭尊在房戶之閒至於虞祭尊在室是凶今卒哭餞尸尊在門西不在門東是尚凶故變於吉也**洗在尊東南。水在洗東。篚在西。**在門之左又少南**饌籩豆。脯四脡。**酒宜脯也古文脡爲挺**有乾肉。折俎。二尹。縮祭半尹。在西塾。**乾肉牲體之脯也如今涼州烏翅矣折以爲俎實優尸也尹正也雖其折之必使正縮從也古文縮爲蹙〔疏〕注乾肉至爲蹙○釋曰云涼州烏翅者經云乾肉折俎則漢時乾脯似之故鄭以今曉古也**尸出。執几從。席從。**祝入亦告利成入前尸尸乃出几席素几葦席也以几席從執事也〔疏〕尸出至席從○注祝入至事也○釋曰云祝入亦告利成入前尸尸乃出者雖餞行飲酒尸將起之時祝亦如虞祭告云利成尸乃與以前尸也知几席素几葦席也者上經初虞云素几葦席在西席至及再虞三虞及卒哭皆如初不見更設几席之文明同初虞用素几葦席今卒哭祭未餞尸於門外明是卒哭之几席故知是素几葦席也**尸出門右。南面。**俟設席也〔疏〕尸出門右南面○注俟設席也○釋曰知俟設席者尸在門右南面在坐北立下即云設席之事明俟設席也**席設于尊西北。東面。几在南。賓出。復位。**將入臨之位士喪禮賓繼兄弟北上門東北面西上門西北面東上西方東面北上**主人出。即位于門東。少南。婦人出。即位于主人之北。皆西面哭。不止。**婦人出者重餞尸〔疏〕注婦人出者重餞尸○釋曰婦人有事自堂及房而已今出寢門之外故云重餞尸也**尸即席坐。唯主人不哭。洗廢爵。酌獻尸。尸拜受。主人拜送。哭復位。薦脯醢。設俎于薦東。胊在南。**胊脯及乾肉之屈也屈者在南變於吉〔疏〕尸即至在南○注胊脯至於吉○釋曰云主人拜送者案上祭云主人其拜特牲亦云拜送則

拜送吉凶同也云屈者在南變於吉者案曲禮云以脯脩置者左朐右末鄭云屈中曰朐則吉時屈者在左今尸東面而云朐在南則是凶禮屈者在右末頭在左故云變於吉也

尸左執爵取脯擩醢祭之。佐食授嚌。授乾肉之祭。尸受振祭嚌反之。祭酒卒爵。奠于南方。反之反於佐食佐食反之於俎尸奠爵禮有終【疏】注反之至有終。釋曰鄭知反之反於佐食者經云佐食授嚌尸受振祭嚌嚌訖而云反之明反與佐食佐食乃反於俎可知也云尸奠爵禮有終者上經云三獻尸皆有酢今餞尸三獻皆不酢而奠之是爲禮有終謂若主人拜送賓不荅拜亦是禮有終也

主人及兄弟踊。婦人亦如之。主婦洗足爵亞獻。如主人儀。婦人踊如初。賓長洗繶爵三獻。如亞獻。踊如初。佐食取俎實于篚。尸謖。從者奉篚。哭從之。祝前。哭者皆從。及大門內。踊如初。男女從尸男由左女由右及至也從尸不出大門者由庿門外無事尸之禮也古文謖作休【疏】注男女至作休。釋曰鄭知男女從尸男由左女由右者約上文男子在南婦人在北南爲左北爲右因從此位便故知男子由左婦人由右也云從尸不出大門者由廟門外無事尸之禮也者在廟以廟爲限在寢門外以大門爲限正祭在廟廟門外無事尸之禮今餞尸在寢門外則大門外無事尸之禮故鄭舉正祭況之從尸不出大門外取正祭比之故注云由廟門外無事尸之禮也

尸出門。哭者止。以餞於外大門猶廟門【疏】尸出門哭者止。注以餞至廟門。釋曰鄭意所以尸出大門哭者便止者正以餞於寢門以大門爲限似事尸在廟門爲限故鄭云大門猶廟門也

賓出。主人送拜稽顙。送賓拜於大門外【疏】賓出至稽顙。注送賓至門外。釋曰上從尸不出大門者有事尸限故不出大門送之送賓於大門外自是常禮故云送賓拜于大門外但禮有終賓無荅拜之禮也

主婦亦拜賓。女賓也不言出不言送拜之於闈門之內闈門如今東西掖門【疏】主婦亦拜賓。注女賓至掖門。釋曰上主人送男賓故知此主婦拜女賓也云不言出送拜之於闈門之內者決上文男主拜男賓言出送此明主婦送女賓于門之內以其婦人送迎不出門見兄弟不踰閾故也云闈門如今東西掖門者案爾雅釋宮云宮中之門謂之闈則闈門在宮內漢時宮中掖門在東西若人左右掖故舉以爲況也

丈夫說經帶于庿門外。既卒哭當變麻受之以葛也夕日則服葛者爲祔期今文說爲稅【疏】丈夫至門外。注既卒至爲稅。釋曰云既卒哭當變麻受之以葛也者喪服鄭注云大夫以上虞而受服士卒哭而受服士亦約此文而言也云夕日則服葛者爲祔期者今日爲卒哭祭明旦爲祔前日之夕爲祔祭之期變麻服葛是變重從輕明旦亦得變不要夕期之時變之夕時言變麻服葛者鄭云爲祔期亦因祔期即變之使賓知變節故也

入徹主人不與。入徹者兄弟大功以下言主人不與則知丈夫婦人在其中古文與爲豫【疏】入徹主人不與。注入徹至爲豫。釋曰鄭知入徹是大功以下者見曾子問云士祭不足則取於兄弟大功以下者經云入徹主人不與明取大功小功緦麻之等大徹也云言主人不與則知丈夫婦人在其中者上文直言丈夫說經不辨親疏下文婦人脫首經不辨齊衰婦人此云入徹據大功以下則此文入徹主人不與之中丈夫婦人兼有可知以其平常祭時諸宰君婦廢徹不遲則內祭丈夫婦人亦在但齊斬不與徹耳

婦人說首經。不說帶。不說帶齊斬婦人帶不變也婦人少變而重帶帶下體之上也大功小功者葛帶時亦不說者未可以輕文變於主婦之質至祔葛帶以即位檀弓曰婦人不葛帶【疏】婦人至說帶。注不說至葛帶。釋曰知齊斬婦人帶不變也者案喪服小記云齊衰帶惡笄以終喪鄭云有除無變舉齊衰則斬衰帶不變可知齊斬帶不變則大功以下變可知云婦人少變者以其男子既葬首經要帶俱變男子陽多變婦人既葬直變首經不變帶故云少變也云而重帶帶下體之上也者對男子陽重首在上體婦人陰重要要是下體以重下體故帶不變也云大功小功者葛帶者案大功章云布衰裳牡麻經纓布帶三月受以小功衰即葛九月者又案小功章云布衰裳澡麻帶經五月者二章內皆男女俱陳明大功小功婦人皆葛帶可知云時亦不說者未可以輕文變於主婦之質者變是文不變是質不可以大功以下輕服之文變主婦重服之質故經直見主婦不見大功以下也云至祔葛帶以即位者此鄭解大功以下雖夕時未變麻服葛至祔日亦當葛帶即位也知大功以下夕時未變麻服葛者以其與主婦同在廟門外主婦不變大功以下亦不變若然夕時不變夕後入室可以變故至祔且以葛帶即位也引檀弓者亦證齊衰婦人不葛帶之事

無尸則不餞。猶出几席。設如初。拾踊三。以餞尸者本爲送神也丈夫婦人亦從几席而出古文席爲筵【疏】無尸至踊三。注以餞至爲筵。釋曰自此至賓出論卒哭祭無尸可餞之事云几席設如初者雖無尸送神不異故云如初故鄭云餞尸者本爲送神也云丈夫婦人亦從几席而出者以其云出几席設如初拾踊三明在門外有尸行禮之處即如丈夫婦人從几席出可知言亦者亦餞尸之時也

哭止。告事畢。賓出。死三日而殯。三月而葬。遂卒哭。謂士也雜記曰大夫三月而葬五月而卒哭諸侯五月而葬七月而卒哭此記更從死起異人之聞其義或殊【疏】死三至卒哭。注謂士至或殊。釋曰自此盡他辭一也論記人所記其義或殊是以更有此文也云遂卒哭不言三虞者是記人略言之注云謂士也者以其此篇是士虞故知三日三月據士而說引雜記者見大夫已上與士異者以其王制大夫士同有三日而殯三月而葬之文雜記云大夫亦同三月而葬卒哭則士云三月大夫五月卒哭之月不同者曲禮云生與來日死與往日鄭云與猶數也生數來日謂成服杖以死來日數也死數往日謂殯斂以死日數也大夫以上皆以來日數若然士云三日殯三月葬皆通死日死月數大夫以上殯葬皆除死日死月數是以士之卒哭得葬之三月內大夫三月葬除死月通死月則四月大夫有五虞卒哭在五月諸侯已上以義可知云此記更從死起異人之聞其義或殊者上已論虞卒哭此記更從始死記之明非上記人是異人之聞其辭或殊更見此記之事其實義亦不異前記也

將旦而祔。則薦。薦謂卒哭之祭【疏】將旦而祔則薦。注薦謂卒哭之祭。釋曰謂卒哭之祭日將旦而祔則薦薦謂卒哭之祭云祔則者記人見卒哭之祭爲祔而設故連文云將旦而祔則爲此卒哭而祭也

卒辭曰。哀子某。來日某隮祔爾于爾皇祖某甫。尚饗。卒辭卒哭之祝辭隮升也尚庶幾也不稱饌明主爲告祔也今文隮爲齊【疏】卒辭至尚饗。注卒辭至爲齊。釋曰云卒辭卒哭之祝辭者謂迎尸之前祝釋孝子辭云爾云不稱饌明主爲告祔也者但卒哭之祭實有牲饌而不稱者以其卒哭祭主爲告神將附於祖而設牲饌故不言也

女子曰。皇祖妣某氏。女孫祔於祖母【疏】女子至某氏。注女孫祔於祖母。釋曰此女子謂女未嫁而死或出而歸或未廟見而死歸葬女氏之家既葬祔于祖母也

婦曰。孫婦于皇祖姑某氏。不言爾曰孫婦差疏也今文無某氏【疏】注不言至某氏。釋曰此對上文孫祔于祖而云祔于爾皇祖某甫此不曰爾而變曰孫婦婦差疏故不云爾也若然上女子亦不云爾者文承孫下云爾可知直言其皇祖妣異者耳

其他辭一也。來日某隮祔尚饗【疏】其他辭一也。注來日至尚饗。釋曰他辭一者正謂來日某隮祔尚饗女子及孫婦皆有此辭故云其他辭一也其祔女子云來日某隮祔爾于爾皇祖妣某氏尚饗其孫婦云來日某隮祔孫婦於皇祖姑某氏尚饗

饗辭曰。哀子某。圭爲而哀薦之饗。饗辭勸強尸之辭也圭絜也詩曰吉圭爲饎凡吉祭饗尸曰孝子【疏】饗辭至之饗。注饗辭至孝子。釋曰饗辭勸強尸之辭也者案特牲禮迎尸入室尸即席坐主人拜妥尸尸荅拜執奠祝饗鄭云饗勸強之也其辭引此士虞記則宜云孝孫某圭爲孝薦之饗當此時爲之凡吉祭饗尸曰孝子者此一辭說三虞卒哭勸尸辭若祔及練祥吉祭其辭亦用此但改哀爲孝耳故鄭云凡以該之也

明日。以其班祔。卒哭之明日也班次也喪服小記曰祔必以其昭穆亡則中一以上凡祔已復于寢如既祫主反其廟練而後遷廟古文班或爲辨辨氏姓或然今文爲胖【疏】明日以其班祔。注卒哭至爲胖。釋曰引喪服小記者彼解中猶間也一以上祖又祖孫祔祖爲正若無祖則祔于高祖以其祔必以昭穆孫與祖昭穆同故間一以上取昭穆相當者若婦則祔于夫之所祔之妃無亦間一以上若妾祔亦祔于夫之所祔之妾無則易牲祔女君也云凡祔已復于寢如既祫主反其廟者案文二年公羊云大事者何大祫也大祫者何合祭也毀廟之主陳于大祖未毀廟之主皆升合食于太祖又案曾子問云天子諸侯既祫祭主各反其廟今祔于廟祔已復于寢若大夫士無木主以幣主其神天子諸侯有木主者以主祔祭訖主反于寢如祫祭訖主反廟相似故引爲證也云練而後遷廟者案文二年經云丁丑作僖公主穀梁傳云作僖公主譏其後也作主壞廟有時日於練焉壞廟壞廟之道易檐可也改塗可也是練而遷廟引之者證練乃遷廟祔遷于寢案左氏僖公三十三年傳云凡君薨卒哭而祔祔而作主特祀於主烝嘗禘於廟服注云特祀于主謂在寢烝嘗禘於廟者三年喪畢遭烝嘗則行祭皆於廟言遭烝嘗乃於廟則自三年已前未得遷於廟而禘祭此貫服之義不與鄭同案春官鬯人職云廟用卣鄭注云廟用卣者謂始禘時自饋食始以此言之鄭義若於三年後四時當祭在廟用彝盛鬱必用卣中尊獻象等以盛鬯酒而已故鄭取穀梁練而遷廟特祀新死者於廟故用卣也若然唯祔祭與練祭祭在廟祭訖主反於寢其大祥與禫祭其主自然在寢祭之案下文禫月逢四時吉祭之月即得在廟祭但未配而已又

玄鳥詩鄭注云君喪三年既畢禘於其廟而後祫祭于大祖明年春禘于羣廟若如此言則三年喪畢更有特禘者鄭意除練時特禘三年喪畢更有此特禘之禮也 沐浴櫛搔翦。彌自飾也搔當爲爪今文曰沐浴搔翦或爲蚤揃揃或爲鬋〔疏〕沐浴櫛搔翦。注彌自至爲鬋。釋曰云彌自飾也者上文虞沐浴不櫛注云自絜清不櫛未在於飾鄭雖不言不在於飾沐浴少飾今祔時櫛是彌自飾也 用專膚爲折俎。取諸脰膉。專猶厚也折俎謂主婦以下俎也體盡人多折骨以爲之今以脰膉貶於純吉今文字爲折俎而說以爲肵俎亦已誣矣古文脰膉爲頭嗌也〔疏〕用專至脰膉。注專猶至嗌也。釋曰云折俎謂主婦以下俎者鄭知折俎是主婦以下俎者特牲記云主婦俎觳折佐食俎觳折少牢云主婦俎臑折是也 其他如饋食。如特牲饋食之事或云以左胖虞右胖祔今此如饋食則尸俎所俎皆有肩臂豈復用虞臂乎其不然明矣〔疏〕其他如饋食。注如特至明矣。釋曰云如特牲饋食之事者知不如士虞饋食禮者虞不致爵則夫婦無俎矣上文有俎則祔時夫婦致爵以祔時變麻服葛其辭稱孝夫婦致爵與特牲同故云如特牲饋食之事也或云以左胖虞右胖祔者當鄭君時有人解者云虞祭不祭與祔祭共用一牲各用一胖以左胖爲虞祭右胖爲祔祭是故鄭破之之云今此經云如饋食謂如特牲饋食之禮尸俎用右胖解主人俎左臂左胖之臂以爲虞祭主人豈得復取虞時左胖之臂而用之乎明不然矣 用嗣尸。虞祔尚質未暇筮尸〔疏〕用嗣尸。注虞祔至筮尸。釋曰言用嗣尸則從虞以至祔祭唯用一尸而已云虞祔尚質未暇筮尸者以其哀未殺故云尚質未暇筮尸若然練祥則筮尸矣故喪服小記云練筮日筮尸大祥筮尸可知是以鄭上文注云餞尸且將始祔于皇祖是用一尸也 曰。孝子某。孝顯相。夙興夜處。小心畏忌。不惰其身。不寧。稱孝者吉祭〔疏〕注稱孝者吉祭。釋曰對虞時稱哀案檀弓虞爲喪祭卒哭爲吉祭卒哭既爲吉祭祔在卒哭後亦是吉祭故鄭以吉祭言之也 用尹祭。尹祭脯也大夫士祭無云脯者今不言牲號而云尹祭亦記者誤矣〔疏〕用尹祭。注尹祭至誤矣。釋曰鄭知尹祭是脯者下曲禮云脯曰尹祭故知也但曲禮所云是天子諸侯禮用脯號案特牲少牢無云用脯者故云大夫士祭無云脯者唯上餕尸有脯此非餕尸今不言牲號而云尹祭亦記者誤也以其上文初虞云敢用絜牲剛鬣今不言牲號而云尹祭是記人誤云亦者亦上香合也 嘉薦普淖。普薦溲酒。普薦鉶羹不稱牲記其異者今文溲爲醙〔疏〕注普薦至爲醙。釋曰知普薦是鉶羹者案上文虞禮及特牲皆云祝酌奠于鉶南則鉶在酒前而設此亦普薦在酒上故知也但虞禮一鉶此云饋食則與特牲同二鉶故云普薦也云不稱牲記其異者對與初虞之等稱牲但記其異雖不說牲之號有號可知也若然云記其異者所以嘉薦普淖普薦溲酒與前不異記之以其普薦與前異將言設薦在普淖後溲酒前故并言其次耳 適爾皇祖某甫。以隮祔爾孫某甫。尚饗。欲其祔合兩告之曾子問曰天子崩國君薨則祝取羣廟之主而藏諸祖廟禮也卒哭成事而後主各反其廟然則士之皇祖於卒哭亦反其廟無主則反廟之禮未聞以其幣告之乎〔疏〕適爾至尚饗。注欲其至之乎。釋曰云欲其祔合兩告之者欲使死者祔於皇祖又使皇祖與死者合食故須兩告之是以告死者曰適爾皇祖又告皇祖曰隮祔爾孫某甫二者俱饗是其兩告也引曾子問者案彼鄭注象有凶事者聚也云卒哭成事而後主各反其廟者至祔須得祖之木主以孫祔祭故也天子諸侯有木主可言聚與反廟之事大夫無木主聚而反之故云無主則反廟之禮未聞云以其幣告之乎者曾子問云無遷主將行以幣帛爲主命此大夫士或用幣以依神而告使聚之無正文故云乎以疑之 朞而小祥。小祥祭名祥吉也檀弓曰歸祥肉古文朞皆作基〔疏〕朞而小祥。注小祥至作基。釋曰自祔以後至十三月小祥故云朞而小祥引檀弓者彼謂顏回之喪饋祥肉於孔子而言彼云饋今云歸者饋即歸也故變文言之引之者證小祥是祭故有肉也 曰。薦此常事。祝辭之異者言常者朞而祭禮也古文常爲祥〔疏〕曰薦此常事。注祝辭之異者謂小祥辭與虞祔之辭有異異者以虞祔之祭非常一期天氣變易孝子思之而祭是其常事故祝辭異也云朞而祭禮也者喪服小記文案彼云期而祭禮也期而除喪道也祭不爲除喪也注云此謂練祭也禮正月存親親亡至今而期期則宜祭期天道一變哀惻之情益衰衰則宜除不相爲也以是謂小祥祭謂常事也 又朞而大祥。曰。薦此祥事。又復也〔疏〕又朞至祥事。注又復也。釋曰此謂二十五月大祥祭故云復朞也變言祥事亦是常事也 中月而禫。中猶間也禫祭名也與大祥間一月自喪至此凡二十七月禫之言澹澹然平安意也古文禫或爲導〔疏〕中月而禫。注中猶至爲導。釋曰知與大祥間一月二十七月禫徙月樂二十八月復平常正作樂也云禫之言澹澹然平安意也者禫月得無所不佩又於禫月將鄉吉祭又得樂懸故云平安意也但至後月乃是即吉之正也 是月也。吉祭猶未配。是月是禫月也當四時之祭月則祭猶未以某妃配某氏哀未忘也少牢饋食禮祝祝曰孝孫某敢用柔毛剛鬣嘉薦普淖用薦歲事于皇祖伯某以某妃配某氏尚饗〔疏〕是月至未配。注是月至尚饗。釋曰謂是禫月禫祭仍在寢此月當四時吉祭之月則于廟行四時之祭於羣廟而猶未得以某妃配哀未忘若喪中然也言猶者如祥祭以前不以妃配也案禮記云吉事先近日喪事先遠日則大祥之祭仍從喪事先用遠日下旬爲之故檀弓云孔子既祥五日彈琴而不成聲十日而成笙歌注踰月且異旬也祥亦凶事先遠日案此禫言澹然平安得行四時之祭則可從吉事先近日用上旬爲之若然二十七月上旬行禫祭於寢當祭月即從四時祭於廟亦用上旬爲之引少牢禮者證禫月吉祭未配後月吉如少牢配可知也

儀禮卷第十四 經二千七十九 注三千四百四三

儀禮注疏卷四十三挍勘記

阮元撰盧宣旬摘錄

尸服卒者之上服

不服元端若 若陳閩通解俱作若屬下句毛本若作者

先祖尸在中故先祖爲士者 要義同毛本通解無先祖尸在中故六字

男男尸

不使同姓與婦爲尸者 要義同毛本通解姓下有孫字○按通解删下尸須得孫列者孫與祖爲尸二句故此句加孫字今注疏本既不删下二句仍依通解加孫字則贅矣

必知無容用庶孫者 此本無下空一字要義無下有容字通解毛本無無字按要義似得之必知無三字畧逗

自禫已前 陳本通解要義同毛本禫作禪下竝同○按禫是也

祭於廟同几 通解要義楊氏同毛本几作凡○按几是也

既饗祭于苴

釋曰云既饗者正謂祝釋饗神辭告之使令祔之安之

釋饗訖佐食取黍稷祭於苴 疏凡三十二字注疏本毛本俱脫通解要義有

祝祝卒

記異者之節 嚴本毛本同監巾箱杭本記作既

不綏祭○胾從獻 陸氏曰胾莊吏反劉本作酨酢再反

又黍羹湆自門入 通解要義同毛本又作有

主人獻之後 陳閩通解俱無之後二字

以見經無尸也 陳本通解要義同毛本經作綏○按經是

主人哭

出復戶外東面位也 陳本通解要義同毛本戶作尸○按戶字是

祝升止哭

警覺神也 警通典通解楊氏俱作驚疏同

主人入

啓牖鄉是親之事 毛本鄉作嚮顧廣圻云當作祝之事宋本已誤

祝從

鄉牖一名也 徐本無一字集釋通解俱有與疏合

故須解之 解陳閩俱作辭

在牖鄉之下 毛本鄉作饗

卒徹祝佐食降復位 毛本無復字唐石經徐本通典集釋通解要義楊敖俱有石經考文提要云鄭注祝復門西北面位佐食復西方位明有復字

始虞用柔日

柔日陰陰取其靜 徐本通典楊氏同集釋通解毛本俱不重陰字

敢用絜牲剛鬣
敢昧冒之辭 昧冒二字通典倒
香合 香通典作薌陸氏曰香本又作薌音同
蓋記者誤耳 徐本通解楊敖同毛本集釋耳作爾。案徐本非耳作而已解爾作如此解二字絕不同
梁曰香萁 萁要義从艸通解毛本從竹。按萁是也曲禮從艸不從竹
祭以牲爲主 通解要義同毛本牲作生。按牲不誤
嘉薦普淖
言故以爲號云者 陳閩要義同毛本以作言
明齊溲酒
謂以新水漬麴 要義同毛本麴作麯
直取新義是同 要義同毛本通解無是字
應在上與牲爲次 毛本與誤作特
哀薦祫事
主欲其祫先祖也 徐本通典集釋通解楊敖同與疏合毛本無其字其祫通典作合於
今文曰古事 古集釋作合周學健云祫之言合也作合字文義方協
合先君之主於大廟 君要義作祖
始虞而已言祫者 要義同毛本始上有今字通解有今無已
饗 唐石經徐陳閩葛俱作饗毛本作響
再虞皆如初日哀薦虞事 日唐石經作日下同毛本作日
三虞卒哭
報葬者報虞 徐本同通典集釋通解楊氏毛本無下者字
謂之他者 徐陳葛本通典集釋通解楊氏俱作他與疏合毛本作也
令正者自相亞也 令徐陳楊氏俱作令釋文集釋俱作令張氏曰監本令誤作今從諸本
卒哭曰成事 日徐本作日集釋通解楊氏毛本俱作曰張氏曰注曰卒哭曰成事按檀弓曰作日此引檀弓文也從檀弓
卻解初虞再虞稱祫稱虞之意 通解要義同毛本卻作卽
故次取庚日爲三虞也 陳本通解要義同毛本三作二。按三是也
降辛日取壬日爲卒哭 通解同毛本降作隔。按降是也

謂不待三月 通解要義同毛本月下有喪字
三月而後卒哭者 陳本通解要義同毛本月作日。按月字不誤
乃爲卒哭祭 要義同通解毛本祭下有也字
以鄭君以前 陳閩要義同毛本君誤作若
獻畢
出宿于濟 宿徐本通典集釋通解楊敖俱作宿是也毛本誤作縮濟徐本釋文通典敖氏俱作濟集釋通解楊氏毛本俱作泲
飲餞于禰 陸氏曰禰乃禮反劉本作泥音同
尸且將始祔于皇祖 且徐本作且集釋通解楊氏俱作且張氏曰疏且作旦其辭曰是明日之旦也從疏
彼生人餞行人之禮 生陳閩俱作行
尊兩甒于廟門外之右
無鼏不久陳 徐陳閩葛集釋通解楊氏同毛本鼏作鼎
酒則尋常祭祀之酒 通解要義同毛本無上酒字
祭尊在房戶之間 毛本戶誤作尸
饌籩豆
古文脡爲挺 毛本挺誤作梃
有乾肉折俎
如今涼州烏翅矣 徐本集釋通解要義楊氏同釋文毛本烏作鳥下同盧文弨云李與周禮合。按釋文作烏恐亦刊本之誤
尸出
今卒哭祭末餞尸於門外 卒哭二字毛本誤倒浦鏜云末誤未。按疑末下脫微字
尸卽席坐唯主人不哭 唯唐石經徐本通典楊敖俱作唯陳本集釋通解俱作惟毛本作帷按惟帷相似故誤作帷
主人其拜 毛本通解其作荅
尸受振祭嚌 受唐石經徐本集釋通解楊敖俱作受與疏合毛本作授石經考文提要云上句乃佐食授嚌授受相承
經云佐食授嚌 通解同毛本授作受
明反與佐食 通解同毛本與作於
主人及兄弟踊

由廟門外無事尸之禮也 由集釋敖氏俱作猶疏同盧文弨云疏云鄭舉正祭況之則固當作猶猶由通
古文謏作休 休陳閩監葛集釋通解俱作休按前經注云古文謏作休則此亦當作休字鍾本誤作古文作爲沐毛本休亦誤作沐
婦人在北 婦人要義作女子
南爲左 毛本南誤作男
在廟以廟爲限 爲上要義有門字
取正祭比之 陳閩通解同毛本比作北
尸出門哭者止 者通典作則按疏云尸出大門哭者便止則作則亦有理
以餞於外 毛本餞誤作薦
主婦亦拜賓
云不言出送拜之於闈門之內者 送拜二字要義倒
丈夫說經帶于廟門外
使賓知變節故也 通解要義楊氏同毛本節作卽。按節字是
婦人說首經
帶不變也 變徐本通典集釋楊氏俱作變與疏合通解毛本作說
未可以輕文變於主婦之質 未閩本誤作末文徐本通典集解通解楊氏俱作文與疏合毛本作又
知齊斬婦人帶不變也者 毛本婦誤作衰
齊衰帶惡笄以終喪 陳閩俱無帶字。按陳閩據今喪服小記刪非也喪服布總箭笄疏云喪服小記云婦人帶惡笄以終喪
重首在上體 通解要義同毛本楊氏首字重出
雖夕時未變麻服葛 毛本夕誤作久
無尸則不餞猶出几席設如初 几監本誤作凡
本爲送神也 通解要義同毛本本作不
哭止告事畢賓出死三日而殯 上七字毛本脫徐本通典集釋通解楊敖俱有張爾岐云唐石經剝蝕尚有賓出二字脚可辨補字缺或亦承監本之誤
是以更有此文也 要義同毛本是作事
死與往日鄭云 自鄭字起至下死數往日句止月二十四字陳閩俱脫
皆除死日死月數 通解同毛本除作殊

卒辭曰
以其卒哭祭　卒哭二字毛本誤倒
女子曰
歸葬女氏之家　陳閩俱無葬字
婦曰
曰孫婦婦差疏也　徐本通典集釋通解俱重婦字與疏合毛本不重
今文無某氏　此五字毛本脫徐本集釋俱有與單疏標目合通解無
其他辭一也
皆有此辭　通解同毛本無此字
隮祔爾于爾皇祖妣某氏　陳閩通解要義同毛本于作王○按于字是
饗辭曰
勸強尸之辭也者　要義同毛本尸作神浦鏜云尸誤神
執奠祝饗　陳閩通解要義同毛本祝作祀○按特牲饋食作祝
明日以其班祔
孫與祖昭穆同　通解要義同毛本同字在昭字上
云凡祔已復于寢　毛本復誤作夫
易檐可也　要義楊氏同毛本檐作擔○按穀梁文二年傳作檐
按左氏僖公三十三年傳云　傳字要義在氏字下
則行祭皆於廟言　言要義作言屬下句毛本作焉
用彝盛鬱必用卣　要義同毛本鬱作鬯必下陳閩俱衍日字
祔於其廟　要義同毛本祔作歸
沐浴櫛搔翦　搔監本誤從木翦釋文作揃張氏曰經曰沐浴櫛搔鬋按釋文云揃子淺反注鬋同既曰注鬋同則鬋非經文也又注云揃或爲鬋此揃必指經也從釋文○按經文翦字張氏作鬋考嚴徐鍾諸本俱作翦與張氏不合未詳其故注云搔翦或爲蚤揃如釋文及張氏說則翦揃互倒乃與經相應戴校集釋刪注中翦揃二字但云搔或爲蚤以爲据釋文不知翦字習見揃鬋難識故但爲揃鬋作音非必注中無翦字也
當爲爪　徐本集釋通解要義楊敖同毛本爲作音
未在於飾　陳本通解要義同毛本未作末○按上文注作未
用專膚爲折俎

古文脰膉爲頭嗌也　嗌監葛俱誤作益集釋作膉亦誤
注專猶至嗌也　毛本嗌誤作益
鄭知折俎是主婦以下俎者　通解要義同毛本無折字
用嗣尸
餕尸且將始祔于皇祖　且陳閩俱作且
用尹祭
今不言牲號　陳本要義同毛本今作故
嘉薦普淖
故并言其次耳　要義同毛本通解耳作矣
適爾皇祖某甫
而後主各反其廟者　主陳閩監本俱誤作王
聚而反之　通解要義同毛本聚作祭
朞而小祥
祥吉也　吉通解作祭誤
曰薦此常事
注祝辭之異者　毛本注下有祝辭至爲祥釋曰七字按要義亦直云注祝辭之異者不載釋曰二字
禮正月存親　通解要義同毛本存作有○按存是也喪服小記作存
期則宜祭　要義同毛本宜下有用字○按喪服小記無用字
以是謂小祥祭謂常事也　以是毛本作是以下謂字要義作爲
中月而禫
自喪至此　徐陳閩葛通典集釋通解楊氏同毛本此作中
古文禫或爲導　張氏曰釋文前道之注云爲道同此導當爲道從釋文○按說文谷部丙字注云讀若三年導服之導與此注合不必從釋文作道
徙月樂　通解要義同毛本徙作後○按檀弓作徙
二十八月復平常正作樂也　通解要義同毛本復平常正作後月半常主
又於禫月將鄉吉祭　毛本鄉誤作卿
是月也
謂是禫月禫祭　通解要義同毛本月下有得字

儀禮疏卷第四十四　　儀禮卷第十五

唐朝散大夫行大學博士弘文館學士臣賈公彥等撰

特牲饋食禮第十五〔疏〕特牲饋食禮第十五○鄭目錄云特牲饋食之禮謂諸侯之士祭祖禰非天子之士而於五禮屬吉禮○釋曰鄭知非天子之士而云諸侯之士者案曲禮云大夫以索牛士以羊豕彼天子大夫士此儀禮特牲少牢故知是諸侯大夫士也且經直云適其皇祖某子不云考鄭云祖禰者祭法云適士二廟官師一廟官師謂中下之士祖禰共廟亦兼祭祖故經舉祖兼有禰者鄭達經意祖禰俱言也若祭無問一廟二廟皆先祭祖後祭禰是以文二年左傳云文武不先不窋子不先父是也若祭無問尊卑廟數多少皆同日而祭畢以此及少牢唯筮一日明不別日祭也

儀禮　鄭氏注

特牲饋食之禮。不諏日。祭祀自孰始曰饋食饋食者食道也諏謀也士賤職褻時至事暇可以祭則筮其日矣不如少牢大夫先與有司於廟門諏丁巳之日今文諏皆爲詛〔疏〕特牲饋食之禮不諏日○注祭祀至爲詛○釋曰自此至事畢論士將筮日之事云祭祀自孰始曰饋食饋食者食道也者案檀弓云飯用米貝弗忍虛也不用食道用美焉爾鄭注云食道褻米貝美若然食道是生人飲食之道孝子於親雖死事之若生故用生人食道饋之也此釋經不言祭祀而言饋食之意耳云祭祀自孰始者欲見天子諸侯饋食已前仍有灌鬯朝踐饋獻之事但饋食見進黍稷云饋孰見牲體而言天子諸侯堂上朝踐饋獻後迎尸於堂亦進黍稷牲體其犬豕牛羊亦孰之同節也云士賤職褻時至事暇可以祭則筮其日矣者此解經不諏日謂不如大夫以上預前十日與臣諏日而筮之是以鄭云不如少牢大夫先與有司於廟門諏丁巳之日也凡士言不者對大夫以上爲之此士言不諏日少牢大夫諏日士喪禮月半不殷奠則大夫已上殷奠如此之類皆是也鄭云時至事暇可以祭者若祭時至有事不得暇則不可以私廢公故也若大夫已上尊時至唯有喪故不祭自餘吉事皆不廢祭若有公事及病使人攝祭故論語孔子云吾不與祭如不祭注云孔子或出或病不自親祭使攝者爲之不致肅敬於心與不祭同又祭統云是故君子之祭也必身親進之有故則使人可也雖使人也君不失其義者君明其義故也是君大夫有病故皆得使人攝祭若諸侯有朝會之事則不得使人攝故王制云諸侯礿則不禘禘則不嘗嘗則不烝烝則不礿鄭注云虞夏之制諸侯歲朝廢一時祭又明堂位云是故夏礿秋嘗冬烝鄭注云不言春祠魯在東方王東巡守以春或闕之是諸侯朝會不得攝以諸侯禮大故也案桓八年經書正月己卯烝公羊傳云烝者何冬祭也春曰祠夏曰礿秋曰嘗冬曰烝常事不書此何以書譏何譏爾譏亟也亟則黷黷則不敬君子之祭也敬而不黷疏則怠怠則忘士不及茲四者則冬不裘夏不葛何休云禮本下爲士制四者士有公事不得及茲四時祭者則不敢美其衣服若然則士不暇不得祭又不得使人攝大夫已上有公事乃有攝可知

及筮日。主人冠端玄。即位于門外西面。冠端玄玄冠玄端下言玄者玄冠有不玄端者門謂廟門〔疏〕及筮至西面○注冠端至廟門○釋曰云冠端玄玄冠玄端下言玄者玄冠有不玄端者不玄端則朝服下記云助祭者朝服不著玄端故也若然玄端一冠冠兩服也對文則玄端有

纁裳玄裳黄裳雜裳若朝服緇布衣而素裳但六入爲玄七入爲緇大判言之緇衣亦名玄是以散文言之朝服亦名玄端故論語云端章甫鄭云端玄端也諸侯日視朝之服以端是正幅非直服稱端六冕亦有端稱故禮記魏文侯曰吾端冕而聽古樂則唯恐臥是冕服正幅亦名端也云門謂廟門知者士冠禮云筮於廟門爲冠禮筮尚在廟門此爲祭廟筮在廟門可知若然士冠言廟非祭恐不在廟故言廟此不言廟者爲祭廟筮可知不須言廟也

子姓兄弟如主人之服。立于主人之南。西面北上。所祭者之子孫言子姓者子之所生小宗祭而兄弟皆來與焉宗子祭則族人皆侍〔疏〕子姓至北上。○注所祭至皆侍。○釋曰云子姓者子之所生者案鄭注喪大記云姓之言生也云子之所生則孫是也云小宗祭而兄弟皆來與焉者案喪服小記云繼別爲宗繼禰者爲小宗鄭注云小宗有四或繼高祖或繼曾祖或繼祖或繼禰皆至五世則遷若然繼禰者長者爲小宗親弟等雖異宮皆來祭繼祖者從父昆弟皆來祭繼曾祖者從祖昆弟皆來祭繼高祖者族祖昆弟皆來祭是皆據小宗而言也云宗子祭則族人皆侍者此鄭據書傳而言案書傳康誥云天子有事諸侯皆侍尊卑之義注云事謂祭祀又云宗室有事族人皆侍終日大宗已侍於賓與然後燕私注云謂卿大夫以下宗室大宗之家引禮記別子爲祖繼別爲大宗繼禰爲小宗賓寮友助祭者若然大宗子祭一族之內皆來助祭引之者證經子姓兄弟若據小宗有服者若據大宗兼有絶服者也

有司羣執事如兄弟服。東面北上。士之屬吏也〔疏〕有司至北上。○注士之屬吏也。○釋曰云如兄弟服者如主人冠端玄左傳云士有隸子弟謂此言爲屬吏而已

席于門中。闑西閾外。爲筮人設之也古文闑作槷閾作蹙〔疏〕席于至閾外。○注爲筮人設之也。○釋曰案士冠禮云筮與席所卦者具饌于西塾乃言布席于門中筮人執筴抽上韇兼執之此不言具饌于西塾而經但言席于門中取筮于西塾又不云抽上韇者皆是互見省文之義

筮人取筮于西塾。執之東面受命于主人。筮人官名也筮問也取其所用問神明者謂蓍也〔疏〕注筮人至蓍也。○釋曰案周禮春官有卜人筮人此士禮亦云筮人故云官名也云筮問也取其所用問神明者謂蓍也者案周禮天府職云季冬陳玉以貞來歲之美惡注云問事之正曰貞凡卜筮實問於鬼神謂卜用龜龜知生數一二三四五之神筮用蓍蓍知成數七八九六之神則此鄭云神明者也若然神既爲生成之神鄭云謂蓍者則蓍亦有神易繫辭有蓍之德圓而神非直筮有成數之神亦有蓍之神也

宰自主人之左贊命。命曰。孝孫某筮來日某諏此某事。適其皇祖某子。尚饗。宰羣吏之長自由也贊佐也達也贊命由左者爲神求變也士祭曰歲事此言某事又不言妃者容大祥之後禫月之吉祭皇君也言君祖者尊之也某子者祖字也伯子仲子也尚庶幾也〔疏〕宰自至尚饗。○注宰羣至庶幾也。○釋曰云宰羣吏之長者贊命之事非長不爲又天子諸侯宰皆尊官故知羣吏之長也云贊命由左者爲神求變也者決士冠禮宰自右少退贊命鄭注云宰有司主政教者自由也贊佐也命告也佐主人告所以筮也少儀曰贊幣自左詔辭自右此祭祀故宰自左贊命爲神求吉故變於常禮也云士祭曰歲事此言某事又不言妃者容大祥之後禫月之吉祭者案下宿賓云薦歲事據吉祭而言又少牢吉祭云以某妃配即與士虞記云中月而禫是月也吉祭猶未配此與彼文同故知是禫月吉祭也云言君祖者尊之也者天子諸侯名曾祖爲皇考此士亦云皇祖故云尊之也云某子者祖字也伯子仲子者以其某在子上爲男子美稱故以某爲伯仲叔季五十字下篇云皇祖伯某鄭注云伯某且字也不爲五十字者以某在伯下故爲且字解之與此異也

筮者許諾。還即席西面坐。卦者在左。卒筮寫卦。筮者執以示主人。士之筮者坐蓍短由便卦者主畫地識爻爻備以方寫之〔疏〕注士之至寫之。○釋曰云士之筮者坐蓍短由便者決下少牢云史曰若遂述命既乃釋韇立筮鄭注云卿大夫之蓍長五尺立筮由便與士不同知蓍有長短者案三正記云天子蓍長九尺諸侯七尺大夫五尺士三尺是也云卦者主畫地識爻爻備以方寫之者案士冠禮云筮人許諾右還即席坐西面卦者在左卒筮書卦執以示主人鄭云卒已也書卦者筮人以方寫所得之卦彼云書卦即云執以示主人則筮者書寫以示主人此經云卒筮寫卦乃云筮者執以示主人則書寫卦者非筮人也故此鄭云卦者主畫地識爻爻備以方寫之也

主人受視。反之。反還

筮者還東面。長占。卒告于主人。占曰吉。長占以其屬長幼旅占之〔疏〕注長占至占之。○釋曰經直云長占知非長者一人而云長幼旅占之者士冠禮云筮人還東面旅占明此亦是長幼旅占經直云長者見從長者爲始也

若不吉。則筮遠日。如初儀。遠日旬之外日〔疏〕若不至初儀。○注遠日旬之外日。○釋曰案曲禮云吉事先近日喪事先遠日此尊卑禮同也又云旬之內日近某日旬之外日遠某日此尊卑有異云旬之內日近某日據士禮吉事先近日謂祭祀假令孟月先於孟月上旬內筮不吉乃用中旬之內更筮中旬又不吉更於下旬內筮不吉即止大夫已上假令孟月祭於前月下旬筮來月之上旬不吉又於孟月之上旬筮中旬中旬不吉又於中旬筮下旬下旬又不吉即止不祭今云遠日旬之外日者謂上旬不吉更於上旬外筮中旬爲旬之外日非謂如大夫已上旬之外謂旬前爲旬外也

宗人告事畢。

前期三日之朝。筮尸。如求日之儀。命筮曰。孝孫某諏此某事。適其皇祖某子。筮某之某爲尸。尚饗。三日者容宿賓視濯也某之某者字尸父而名尸連言其親庶幾其馮依之也大夫士以孫之倫爲尸〔疏〕前期至尚饗。○注三日至爲尸。○釋曰自此盡主人退論祭前筮尸宿尸之事云三日者容宿賓視濯也者謂前期二日宿賓一日視濯是以下云厥明夕陳鼎于門外下至夙興皆祭前一日視濯之事以其夙興上事是祭前一日也宿賓又是厥明夕爲期上則宿賓與視濯別日又知宿賓是祭前二日此經乃祭前三日筮尸故鄭云容宿賓視濯言容者爲筮尸之後祭日之前有二日容此二事也若然筮尸在祭前三日宿尸云乃乃是緩辭則與筮尸別日矣以此而言則宿尸與宿賓中無厥明之文則二者同日矣二者既同日鄭直言容宿賓視濯不言容宿尸者以其宿賓在厥明之上故不嫌宿尸與宿賓別日也云某之某者字尸父而名尸者經直云某之某鄭知字尸父而名尸者曲禮云爲人子者祭祀不爲尸鄭彼注云尊者之處爲其失子道然則尸卜筮無父者又云卒哭乃諱諱則不稱名故知尸父云某是字[illegible]連言其親庶幾其馮依之也者尸父又前世與所祭之父同時必相識知今又筮其子爲尸[illegible]同類故連言其親庶幾其神馮依之也云大夫士以孫之倫爲尸者案祭統云夫祭之道孫爲王父尸所使爲尸者於祭者子行也父北面而事之所以明子事父之道也注云祭祖則用孫列皆取於同姓之適孫也天子諸侯之祭朝事延尸於戶外是以有北面[illegible]亦用孫之倫爲尸而[illegible]取卿大夫有爵者爲[illegible]子問云卿大夫將爲[illegible]成人與幼皆得爲[illegible]必以孫孫幼則使人抱之是也

乃宿尸。宿讀爲肅肅進也進之者使知祭日當來古文宿皆作羞凡宿或作速記作肅周禮亦作宿〔疏〕乃宿尸。○注宿讀至作宿。○釋曰云古文宿皆作羞疊之不從古文云凡宿或作速謂一部之內或作速者若公食大夫速賓之類是也云記作肅者曲禮云主人肅客而入是也又云周禮亦作宿者大宗伯文宿眡滌濯是也是以鄭注云或也

主人立于尸外門外。子姓兄弟立于主人之後。北面東上。不東面者來不爲賓客子姓立于主人之後上當其後〔疏〕主人至東上。○注不東至其後。○釋曰云不東面者來不爲賓客者爲尸者父象也主人有子道故主人北面不爲賓客不敢當尊故不東面此決冠禮宿賓主人東面此中北面不同也云上當其後者子姓兄弟北面陪主人後東頭爲上者不得過主人故爲上者當主人之後也

尸如主人服。出門左。西面。不敢南面當尊〔疏〕尸如至西面。○注不敢南面當尊。○釋曰此決少牢云主人即位於廟門外之東方南面以其大夫尊於尸有君道故南面當尊此士之孫倫爲尸雖被宿猶不敢當尊也

主人辟。皆東面北上。順尸主人再拜。尸答拜。主人先拜尊尸〔疏〕注主人先拜尊尸。○釋曰此決下文宿賓賓先拜主人乃答拜故云尊尸是以主人先拜也案少牢云吉則遂宿尸祝擯主人再拜稽首祝告曰孝孫某云云尸拜許諾祝先釋辭訖尸乃拜許此尸答拜後宗人乃擯辭者士尸卑主人先拜尸即答拜不得擯辭訖大夫之尸尊尊得釋辭訖乃拜

宗人擯辭如初。卒曰。筮子爲某尸。占曰吉。敢宿。宗人擯者釋主人之辭如初如宰贊命筮尸之辭卒曰者著其辭所易也今文無敢〔疏〕宗人至敢宿。○注宗人至無敢。○釋曰云如初者如宰贊命筮尸之辭者案筮尸時雖不見宰贊命以其云筮尸如求日之儀筮日時有宰贊命則筮尸時亦有宰贊命可知故此得如之也云卒曰者著其辭所易也者前筮尸辭云筮某之某爲尸尚饗易已上之辭也

祝許諾。致命。受宗人辭許之傳命於尸始宗人祝北面至於傳命皆西面受命東面釋之〔疏〕祝許至致命。○注受宗人至釋之。○釋曰云始宗人祝北面至於傳命皆西面受命東面釋之者[illegible]文始時主人與子姓兄弟立于尸門外北面重行則宗人與祝相隨亦皆北面故云始宗人祝北面至於尸出門左西面主人避之門西東面定位訖宗人祝進主人之前西面鄉之受命受

命訖尸既西面明宗人旋鄉東面釋之可知

尸許諾，主人再拜稽首。其許亦宗人受於祝而告主人。〔疏〕尸許至稽首。注其許至主人。釋曰云其許亦宗人受於祝而告主人者謂祝受尸許諾辭旋西面告宗人宗人告主人尸許諾主人乃再拜稽首

尸入。主人退。相揖而去尸不拜送尸尊〔疏〕注相揖至尸尊。釋曰鄭知有相揖而去者約下篇少牢云主人退尸送揖不拜是也但彼有送文此經尸入後乃言主人退則尸不送可知此尸不送者士卑故尸被宿之後不送也大夫尊故尸雖受宿猶送大夫也

宿賓。賓如主人服。出門左。西面再拜。主人東面荅再拜。宗人擯曰。某薦歲事。吾子將涖之。敢宿。薦進也涖臨也言吾子將臨之知賓在有司中今特肅之尊賓耳〔疏〕宿賓至敢宿。注薦進至賓耳。釋曰自此盡賓拜送論士將祭宿屬吏內一人爲備三獻賓之事也云言吾子將臨之知賓在有司中者以其云將臨之明前筮尸在其中可知以上無戒文今宿之云吾子將涖之明知賓在有司內可知案前文有司羣執事如兄弟服東面北上鄭云士之屬吏此云賓在有司內則賓是士之屬吏可知下記云公有司門西北面東上獻次衆賓私臣門東北面西上獻次兄弟賓及衆賓行事在西階之下復似賓不在有司中者但賓是士之屬吏內言私臣據已自辟除者言公有司者亦是士之屬吏命於其君者言賓在有司中者諸士此獻者之中選以爲賓又選爲衆賓以下若在門外時同在門西東面北上及其入爲賓及衆賓者適西階以俟行事公有司不選爲賓者門西北面私臣不選爲賓門東北面門外不列者以其未有事入門而列者爲將行事公有司門西私臣門東二者皆無事故經不見記人乃辨之見其與於獻也云今特肅之尊賓耳者賓有司之內不嫌不助祭今特宿之者將使爲賓也

賓曰。某敢不敬從。主人再拜。賓荅拜。主人退。賓拜送。

厥明夕。陳鼎于門外。北面北上。有鼏。厥其也宿賓之明日夕門外北面當門也古文鼏爲密〔疏〕注厥其至爲密。釋曰自此盡主人拜送論祭前一日之夕視濯與視牲之事云門外北面當門也者以其經直云門外不言門之東西故知當門下篇少牢陳鼎在門東此當門者士卑避大夫故也

棜在其南。南順。實獸于其上。東首。順猶從也棜之制如今大木轝矣上有四周下無足獸腊也〔疏〕棜在至東首。注順猶至腊也。釋曰下篇云少牢牲北首東上司馬封羊司士擊豕宗人告備方退不言獸少牢五鼎明有獸可知不言之者已有二牲畧其小者故不言之也案士虞記陳牲于廟門外北首西上鄭注云言牲腊在其中西上變吉此亦其西北首東足與彼文同彼云變吉者彼牲云北首西上明腊亦北首可知此實獸棜上東首不與牲相統故云變吉云棜之制如今大木轝矣上有四周下無足者鄭舉漢法以曉古諸禮禮記及此儀禮而言棜者以無足解之云獸腊也者特牲鼎有豕魚腊案周禮腊人鄭注云小物全乾爲腊故知豕云牲魚水物云獸是腊可知

牲在其西。北首。東足。其西棜西也東足者尚右也牲不用棜以其生〔疏〕注其西至其生。釋曰豕不可牽之縛其足陳於門外首北出棜東其足寢其左以其周人尚右將祭故也云牲不用棜以其生者對腊死用棜而言之

設洗于阼階東南。壺禁在西序。豆籩鉶在東房。南上。几席兩敦在西堂。東房房中之東當夾北西堂西夾室之前近南耳〔疏〕注東房至南耳。釋曰大夫士直有東房西室若言房則東房矣故士冠禮陳服于房中西墉下東領北上不言東又昬禮側尊甒醴于房中亦不言東如此之類皆不言東以其直有一房不嫌非東房故不言東今此經特言東房明房內近東邊故云東房也夾室半以南爲之以壁外相望則當夾北也又與少牢籩豆所陳相反少牢近於西方此經則房中之東也言當夾北者以其夾室在房近南東故云房中之東當夾北也云西堂西夾之前近南耳者案爾雅注夾室前堂堂謂之相此在西堂在西相故云西夾之前近南也

主人及子姓兄弟。即位于門東。如初。初筮位也

賓及衆賓。即位于門西。東面北上。不象如初者以宰在而宗人祝不在〔疏〕注不象至不在。釋曰云不象如初者此決上經主人及子姓兄弟即位于門東如初筮位今賓及衆賓者即是前者有司羣吏執事當言如初不言者以宰前筮時在門東贊主人辭今宰在門西同行又宗人祝離位賓西北東面南上異於筮位時故不言如初也

宗人祝立于賓西北。東面南上。事彌至位彌異宗人祝於祭宜近廟〔疏〕注事彌至位彌異。釋曰云事彌至者謂祭事彌至位彌異者謂宗人祝近門離本位故云位彌異

主人再拜。賓荅再拜。三拜衆賓。衆賓荅再拜。衆賓再拜者士賤旅之得備禮也〔疏〕注衆賓至禮也。釋曰云旅之得備禮者謂衆賓無問多少揔三拜之旅衆也衆賓共得三拜故云旅之也衆賓再拜者士賤衆賓得備禮案有司徹主人降南面拜衆賓于門東三拜衆賓門東北面皆荅一拜注云言三拜者衆賓賤旅之也衆賓一拜賤也卿大夫尊賓賤純臣也經云皆荅一拜明人人從上至下皆一一獨荅拜以其純臣故也所以不再拜者避國公故也此士賓莫問多少皆得一時再拜者以其士賤衆賓得備禮故也

主人揖入。兄弟從。賓及衆賓從。即位于堂下。如外位。爲視濯也

宗人升自西階。視壺濯及豆籩。反降。東北面告濯具。濯溉也不言敦鉶者省文也東北面告緣賓意欲聞也言濯具不言絜以有几席〔疏〕主人至濯具。注濯溉至几席。釋曰云不言敦鉶者省文也者決上文初饌時云豆籩鉶在東方明敦及鉶亦視可知文不言者省文故也上陳時經有几席鄭注所以不并言几席省文者經言告濯具几席不在濯內故不得云几席爲省文也云東北面告緣賓意欲聞也者經云即位于堂下如外位則主人在東階之下宗人降自西階宜東面告濯具以賓在西亦欲聞之故也所以不正面告者爲主人告故也云言濯具不言絜以有几席者几洗濯當告絜不洗者告具而已几席不在洗內故直告濯具不言絜嫌通几席亦在洗濯之限此決下經門外舉鼎鼏云告絜

賓出。主人出。皆復外位。爲視牲也今文復爲反

宗人視牲。告充。雍正作豕。充猶肥也雍正官名也北面以策動作豕視聲氣〔疏〕注充猶至聲氣。釋曰云北面以策動作豕者此無正文經云作是動作之言故知以策動作豕云視聲氣者案禮記內則周禮庖人唯云豕望視而交睫腥不云豕之聲氣而鄭云視聲氣者但祭祀之牲當充盛肥若聲氣不和即是疾病不堪祭祀故云視聲氣也

宗人舉獸尾告備。舉鼎鼏告絜。備具

請期。曰羹飪。肉謂之羹飪孰也謂明日質明時而曰肉孰重豫勞賓宗人既得期西北面告賓有司〔疏〕請期曰羹飪。注肉謂至有司。釋曰案少牢云宗人曰旦明行事此不云旦明行事而云羹飪者彼大夫尊有君道可以豫勞賓故云時節此士卑無君道故不云旦明而云羹飪是以鄭云重豫勞賓羹飪乃來也云宗人既得期西北面告賓有司者此案少牢云主人門東南面宗人朝服北面曰請祭期主人曰比於子宗人曰旦明行事上文門外賓位在門西東面今既得期鄉西在賓南北面告賓與有司使知祭日當來也

告事畢。賓出。主人拜送。

夙興。主人服如初。立于門外東方。南面視側殺。夙早也興起也主人服如初則其餘有不玄端者側殺殺一牲也〔疏〕夙興至側殺。注夙早至牲也。釋曰自此盡於中庭論祭日夙興主人主婦陳設及行位之事云主人服如初則其餘有不玄端者案下記云特牲饋食其服皆朝服玄冠緇帶緇韠注云於祭服此也皆者謂賓及兄弟筮日筮尸視濯亦玄端至祭而朝服朝服者諸侯之臣與其君日視朝之服大夫以祭今賓兄弟緣孝子欲得嘉賓尊客以事其祖禰故服之緇韠者下大夫之臣夙興主人服如初則固玄端是也鄭云其餘有不玄端者明亦有著玄端者是以下記人辨之云唯尸祝佐食玄端玄裳黃裳雜裳可也皆爵韠鄭注云與主人同服是有同服者有著朝服者故鄭云其餘有不玄端者也云側殺殺一牲也者案少牢主人即位於廟門之外司馬封羊司士擊豕皆主人不視殺案楚語云諸侯宗廟之事必自射其牲封羊擊豕又司弓矢云凡祭祀共射牲之弓矢注云射牲示親殺也殺牲非尊者所親唯射爲可又國語云禘郊之事天子必自射其牲玉藻云凡有血氣之類君子弗身翦也者據凡常非祭祀天子尊于郊射牲諸侯降天子故宗廟亦親殺大夫士不敢與君同故視之而不親殺之側殺殺一牲者案冠禮云側尊一甒醴在服北鄭注云側猶特也無偶曰側以其無玄酒是以少牢云司馬封羊司士擊豕以其二牲不云側也

主婦視饎爨于西堂下。炊黍稷曰饎宗婦爲之爨竈也西堂下者堂之西下也近西壁南齊于坫古文饎作糦周禮作饎〔疏〕注炊黍至作饎。釋曰知宗婦爲之者以經言主婦視饎爨明主婦自爲也是以下記云宗婦贊薦者執以坐于戶外授主婦尸卒食而祭饎爨鄭以祭饎爨用黍而已是宗婦爲之可知也云爨竈也者周公制禮之時謂之爨至孔子時則謂之竈故論語王孫賈云與其媚於奧寧媚於竈是孔子時爲竈也云西堂下者堂之西下也者以其爲爨不可正在堂下當逼西壁爲之故云堂之西下近西壁也又知南齊于坫者案既夕記云設棜于東堂下南順齊于坫明在東西堂下皆齊於坫可知又鄭下注引舊說云南北直屋梠稷在南是也案少牢云雍人槪鼎匕俎于雍爨雍爨在門東南北上廩人槪甑甗匕與敦於廩爨廩爨在雍爨之北廩爨既在門外不見主婦有視文主婦未知視之以否主婦視饎爨猶主人視殺牲故易歸妹上六云女承筐無實士封羊無血鄭注宗廟之禮主婦奉筐米如饎之時兼視之可知云周禮作饎者所

謂故書者或作鼏也亨于門外東方。西面北主。亨煑也煑豕魚腊以鑊各一爨詩云誰能亨魚溉之釜鬵〔疏〕注亨煑至釜鬵。釋曰知用鑊者下少牢云羹定雍人陳鼎五三鼎在羊鑊之西二鼎在豕鑊之西故用鑊也羹飪實鼎。陳于門外如初。初視濯也尊于戶東。玄酒在西。戶東室戶東玄酒在西尚之凡尊酌者在左〔疏〕注戶東至在左。釋曰知戶東是室戶東者若據房戶東西則舉東房而言今直云戶東故知室戶東也云玄酒在西尚之凡尊酌者在左者左爲上尊今云玄酒在西故云尚之是以鄉飲酒鄉射皆玄酒在西事酒在東若燕禮大射唯君面尊不從此義也實豆籩鉶。陳于房中如初。如初者取而實之既而反之〔疏〕注如初至反之。釋曰經云實豆籩者謂取豆籩實之又言陳于房中如初者明既而反之可知也執事之俎陳于階間。二列北上。執事謂有司及兄弟二列者因其位在東西祝主人主婦之俎亦存焉不升鼎者異於神〔疏〕執事至北上。注執事至於神。釋曰鄭知經執事之俎祝主人主婦亦存焉者見士虞記祝俎陳於階間敦東彼虞不致爵故見主人主婦俎明此吉祭有致爵主人主婦陳於階間可知以主婦亦是執事之人也若然少牢主人主婦無俎者以三獻禮成別爲儐尸正祭無致爵故主人主婦無俎儐尸行三獻致爵乃有俎下大夫不儐尸者亦於三獻尸爵止行致爵乃有俎也云不升鼎者異於神者前俎升鼎而入設於階前此鼎在門外不入而言陳於階閒二列故知不升鼎盛兩敦。陳于西堂。藉用萑。几席陳于西堂如初。盛黍稷者宗婦也萑細葦古文用爲于〔疏〕注盛黍稷者宗婦也。釋曰知盛黍稷是宗婦者以其黍稷是宗婦所主故知也尸盥匜水。實于槃中。簞巾在門內之右。設盥水及巾尸尊不就洗又不揮門內之右象洗在東統于門東西上凡鄉內以入爲左右鄉外以出爲左右〔疏〕尸盥至之右。注設盥至左右。釋曰云不揮者揮振去水使手乾今有巾故不揮也是以僖二十三年左氏傳云公子重耳在秦秦伯納女五人懷嬴與焉奉匜沃盥既而揮之懷嬴怒是也云門內之右象洗在東者東謂門東據向內爲右故鄭云統於門東西上云凡鄉內以入爲左右鄉外以出爲左右者欲明門內據鄉內以入爲右者也祝筵几于室中東面。爲神敷席也至此使祝接神〔疏〕注爲神至接神。釋曰案上視濯時云宗人祝立於賓西北東面南上鄭注云事彌至位彌異宗人祝於祭宜近廟至入廟時宗人獨升視濯及出門外視牲告充未有使祝之文至此臨祭使祝敷神席故鄭云至此使祝接神故也主婦纚笄宵衣。立于房中南面。主婦主人之妻雖姑存猶使之主祭祀纚笄首服宵綺屬也此衣染之以黑其繒本名曰宵詩有素衣朱宵記有玄宵衣凡婦人助祭者同服也內則曰舅沒則姑老冢婦所祭祀賓客每事必請於姑〔疏〕主婦至南面。注主婦至於姑。釋曰云雖姑存猶使之主祭祀者謂姑老不堪祭祀故姑存猶使之主祭祀也云纚者謂若士冠禮廣終幅長六尺笄安髮之笄非冠冕之笄冠冕之笄男子有婦人無若安髮之笄男子婦人俱有婦人笄對男子冠故內則云男女未冠笄又喪服小記云男子冠而婦人笄是也云宵綺屬也此衣染之以黑其繒本名曰宵者謂此宵衣是綾綺之屬鄭注內司服云男子之褖衣黑則是亦黑也以其士喪禮有褖衣與士冠玄端爲一玄端黑是男子褖衣亦黑則此婦人宵衣亦黑可知其玄則黑之類也故鄭引玉藻君子狐青裘玄宵衣以裼之證婦人玄宵衣亦黑也云其繒本名宵者此字據形聲爲綃從絲省聲但詩及禮記儀禮皆作宵字故鄭云其繒本名曰宵故引詩及禮記爲證引詩者直取字爲證引記謂禮記玉藻非直取證字爲宵亦以證婦人宵衣爲玄也云凡婦人助祭者同服也者經及記不見主婦及宗婦異服之文故知同服對男子助祭祝佐食等與主人服異也少牢云主婦贊者一人亦髲鬄衣移袂與主婦同其餘雖不移袂同亦宵衣可知依內司服天子諸侯王后以下助祭皆不同者人君尊卑差等大夫士卑服窮則同也引內則者彼舅沒時年七十以上姑雖有年六十已上而當傳之家事故子之妻代姑祭雖代姑每事必請於姑引之者證經主婦而舍姑未老自爲主婦姑老則子妻爲主婦也主人及賓兄弟羣執事。即位于門外如初。宗人告有司具。具猶辦也主人拜賓如初。揖入。即位如初。初視濯也佐食北面立于中庭。佐食賓佐尸食者立于宗人之西〔疏〕佐食至中庭。注佐食至之西。釋曰案下記云佐食當事則戶外南面無事則中庭北面據此而言則此經謂無事時也云立于宗人之西者案士虞禮云主人及兄弟賓即位于西方如反哭位注引既夕禮云反哭入門升自西階東面經又云宗人西階前北面注云當詔主人此特牲吉禮主人行事由阼階宗人亦在阼階階南擯主人佐食北面於中庭明在宗人之西可知

儀禮注疏卷四十四挍勘記　阮元撰盧宣旬摘錄

特牲饋食禮第十五

諸侯之士祭祖禰非天子之士而於五禮屬吉禮　集釋按云此條有脫誤釋文引鄭云諸侯之士以歲時祭其祖庿之禮又疏云鄭知非天子之士而云諸侯之士者似釋文所引乃鄭目錄本文此云非天子之士及而字皆疏內字訛入注文十五禮屬吉禮下又脫大戴第七小戴第十三別錄第十五凡十四字。按釋文庿字誤當從疏作禰

特牲饋食之禮

於廟門諏丁巳之日今文諏皆爲詛　下六字毛本脫徐本集釋俱有與此本標目合通解無按釋文摘爲詛二字

食道是生人飲食之道　通解要義同毛本無生字

耳云祭祀自孰始者　毛本耳作且要義作耳屬上句

欲見天子諸侯饋食已前　食要義作孰

吾不與祭如不祭　要義同毛本無如不祭三字

諸侯礿則不禘　要義同毛本礿作祠。按王制作礿

常事不書　要義同毛本常作嘗。按公羊作常

及筮日

諸侯日視朝之服　毛本日作曰浦鏜云日誤曰

云門謂廟門　陳閩同毛本謂作爲

士冠禮云　陳閩同毛本士作是。按士字是

爲冠禮筮　毛本爲作而。按此本是

席于門中

古文闑作槷　文徐陳集釋通解俱作文毛本作人槷徐本釋文集釋通解俱作槷毛本作槷

筮人取筮于西塾

神既爲生成之神　通解同毛本下神字作人

圓而神非是也　通解同毛本非字在神上。按非字屬下句

宰自主人之左贊命

祖字也　浦鏜改祖爲且非是說見下

贊命之事　通解同毛本事作辭陳本誤作辛

決士冠禮　毛本決作法

據吉祭而言　通解要義同毛本無祭字。按通解是也

此與彼文同　毛本彼誤作本

伯某且字也　要義無伯字且此本要義俱作且下同毛本且作祖陳本此句誤作但下句亦作且段玉裁云特牲祖字少牢且字皆不誤且之言薦也薦其字也賈疏分別此稱祖字少牢稱且字之指而刻本疏內誤且爲祖致學者不能讀浦鏜之說二篇互訛。按凡言且字者皆謂二十字非謂五十字也少牢疏言之甚明少牢云伯某某在伯下是二十字也此云某子某在子上是五十字也故少牢爲且字此爲祖字

筮者許諾

與士不同　通解同毛本與作於。按與字是

筮者還

以其屬之長幼　徐本同集釋通解楊氏毛本屬俱作年

若不吉

又云旬之內曰近某日　日字毛本作曰下同通解此句作日下兩句仍誤作曰

前期三日之朝

上則宿賓與視濯別日 上陳閩俱作士

宿尸云乃乃是綴辭 毛本不重乃字

二者旣同日 毛本無旣字

今又筮其子爲尸 陳閩通解要義同毛本又作有

朝事延尸於戶外 要義同毛本延作筵

乃宿尸

古文宿皆作羞凡宿或作速 上六字毛本脫徐本集釋俱有與疏合通解無

疊之不從古文 要義同毛本疊作曡

謂一部之內 通解要義同毛本部作布

主人肅客而入 毛本肅誤作速

是以鄭沉云或也 通解要義同毛本沉作況○按沉字是

主人立于戶外門外

此中北面 要義同毛本通解監本無中字

尸如主人服

以其大夫尊於恩有君道 要義同毛本通解無於恩二字

主人再拜

故云尊尸 要義同毛本通解故云作今此

尸乃拜許 要義同毛本通解無許字

不得擯辭訖 得當作待

宗人擯辭如初

著其辭所易也今文無敢 下四字毛本脫徐本集釋俱有與此本標目合通解併無也字

宿賓

諸士此獻者之中 士要義作在通解作士刪下五字

記人乃辨之 人陳本通解要義俱作人毛本作久辨通解要義俱作辨毛本作辦

厥明夕

下篇少牢陳鼎在門東 鼎陳本通解要義俱作鼎是也毛本誤作鼏

棜在其南

如今大木轝矣 轝宋本釋文作輿

下篇云少牢 要義同毛本通解無云字

少牢五鼎 鼎陳本通解要義俱作鼎是也毛本作鼏

特牲鼎 要義同毛本通解牲下有三字

有豕魚腊 有通解作言

設洗于阼階東南

西夾室之前近南耳 張氏曰疏無室字此篇末注云東堂食大夫立于東夾南注曰東夾之前聘禮經曰西夾亦如之公夾之前士喪禮注曰襲絰于序東東夾前亦不帶室字從疏○按夾室古祇稱夾顧命云東夾西夾無室字至雜記釁廟始稱夾室

當夾北也 通解要義同毛本北作之○按北字是

夾室前堂謂之相 通解要義同毛本堂作當相作廂下同○按堂是也

賓及衆賓

不象如初者 象集釋楊氏俱作蒙張氏曰疏象字于旣夕禮作蒙從旣夕禮

以宰在 徐本集釋楊氏同通解毛本宰作賓

注不象至不在 按此象字當作蒙下同

主人再拜賓答再拜 唐石經徐陳閩葛集釋通解要義楊敖同毛本答再二字倒

以其純臣故也 通解要義同毛本無臣字

衆賓得備禮故也 要義同毛本備作致○按備是也

宗人升自西階

泱上文初饌時云 陳本通解同毛本上誤作下

文不言者 毛本文作經監本同通解無○按經是也

凡洗濯當告絜 通解同毛本無凡字

故直告濯具 陳閩通解同毛本告作言

亦在洗濯之限 通解同毛本無在字

賓出

爲視牲也今文復爲反 下五字毛本脫徐本集釋俱有通解無

宗人視牲告充

周禮庖人唯云 毛本唯作職○按唯字是

而鄭云 毛本鄭誤作正

請期

而日肉熟 徐本同集釋通解毛本監本日俱作日按日是也

告賓與有司 通解同毛本重賓字

夙興○立于門外東方南面 方唐石經徐本集釋通解要義楊敖俱作方毛本作房

緇韠者 毛本韠誤作之

是以下記人辨之 陳本通解要義同毛本辨作辯

司士繫豕 繫要義作擊下同按疏內繫字凡三見通解祇載最後一條亦作擊○按少牢作司士擊豕

君子弗身翦也者 毛本翦作踐○按玉藻注云踐當爲翦聲之誤故賈氏即改作翦○按翦是也

主婦視饎爨于西堂下

南齊于坫 釋文楊氏俱無于字按疏有

又知南齊于坫者 要義同毛本無者字通解自者字起至皆齊于坫竝刪

廩人摡甑甗匕與敦於廩爨 要義同毛本甑作甑○按作甑與少牢文合

兼視之可知 要義同毛本視作事

亨于門外東方

漑之釜鬵 張氏曰釋文漑作摡古愛反從釋文○按今本釋文仍作漑

尊于戶東

若據房戶東西 毛本戶誤作中

事酒在東 毛本事誤作尊

唯君面尊 毛本通解面作西

實豆籩鉶

經云實豆籩者 者下此本空一字按空處疑是明字

執事之俎

故見主人主婦俎 要義同毛本通解故下有不字

以三獻禮成 三獻二字通解要義同毛本作獻三

盛兩敦陳于西堂藉用萑 萑唐石經初刻作雚

尸盥匜水

東謂門東　通解同毛本謂作爲

欲明門內據鄉內以入爲右者也　閩本同毛本右者作左右

祝筵几于室中東面

爲神敷席也　陸氏曰敷音孚本又作鋪普禾反後同

至此使祝接神　徐葛集釋通解楊氏同毛本祝作親

東面南上　通解同毛本面作西

至此使祝接神故也　毛本無故字

主婦纚笄宵衣○南面　毛本南誤作東

此衣染之以黑　此徐本作比集釋通解楊氏俱作此張氏曰諸本比作此從諸本

狐青裘　通解要義同毛本裘下有豹褎二字

從絲省　省當作肖

亦髲鬄衣移袂　髲通解作髲要義毛本誤作髮移毛本作侈通解要義俱作移下同○按少牢作衣侈釋文云侈本又作移疑移乃移之誤

天子諸侯王后以下助祭　通解要義同毛本無下字

證經主婦而含姑　要義同毛本含作舍

未老自爲主婦　毛本未作夫要義作未○按疏意經言主婦兼姑與子妻言之故曰證經主婦而含姑也曲禮云七十日老而傳傳家事也祭祀猶自主之是舅未没則姑未老舅爲主人姑爲主婦舅没則姑老子爲主人子妻爲主婦

佐食北面立于中庭

即位于西方　陳閩俱無方字

升自西階東面　要義同毛本升作外○按既夕作升

主人行事由阼階　要義同毛本無由字通解由誤作面

宗人亦在阼階階南擯　要義同毛本通解階字不重

儀禮注疏卷四十四挍勘記終

儀禮疏卷第四十五

唐朝散大夫行大學博士弘文館學士臣賈公彥等撰

主人及祝升。祝先入。主人從。西面于戶內。祝先入接神宜在前也少牢饋食禮曰祝盥于洗升自西階主人盥升自阼階祝先入南面〔疏〕主人至戶內。注祝先至南面。釋曰自此盡稽首論主人主婦及祝與佐食陳設陰厭之事云主人從西面于戶內注引少牢者證主人戶內西面其時祝北墉下南面之事以其未有祝行事之法直監納祭而已下文乃云祝在左爲孝子釋辭乃有事也

主婦盥于房中。薦兩豆葵菹蝸醢。醢在北。主婦盥盥於內洗昏禮婦洗在北堂直室東隅

宗人遣佐食及執事盥出。命之盥出當助主人及賓舉鼎

主人降。及賓盥出。主人在右。及佐食舉牲鼎。賓長在右。及執事舉魚腊鼎。除鼏。及與也主人在右統於東主人與佐食者賓尊不載少牢饋食禮魚用鮒腊用麋士腊用兔〔疏〕注及與至用兔。釋曰鼎在門外北上東爲右人西爲左人右人尊入時在鼎前左人卑入時在鼎後又盡載牲體於俎又設俎于神坐之前主人升乃以東爲主今在堂下主人在右故云統於東也云主人與佐食者賓尊不載者以賓主當相對爲左右以賓尊不載牲體故使佐食對主人使賓爲右人而使執事在左而載也

宗人執畢先入。當阼階南面。畢狀如叉蓋爲其似畢星取名焉主人親舉宗人則執畢導之既錯叉以畢臨匕載備失脫也雜記曰枇用桑長三尺畢用桑三尺刊其本與末枇畢同材明矣今此枇用棘心則畢亦用棘心舊說云畢以御他神物神物惡桑叉則少牢饋食及虞無叉何哉此無叉者乃主人不親舉耳少牢大夫祭不親舉虞喪祭也主人未執事祔練祥執事用桑叉自此純吉用棘心叉〔疏〕○宗人至南面。注畢狀至心叉。○釋曰云畢狀如叉者下引舊說有他神物惡桑叉之言故以叉而言云蓋爲其似畢星取名焉者案詩云有捄天畢載施之行無正文故云蓋以疑之也云主人親舉宗人則執畢導之既錯叉以畢臨匕載備失脫也知義然者以經言宗人執畢先入是導之也又知既錯叉以畢臨匕載備失脫也者以經云當阼階南面明鄉主人執事臨匕備失脫可知也云今此枇用棘心則畢亦用棘心者案下記云棘心匕刻是也知畢亦棘心者以雜記匕畢同用桑據喪祭今吉祭匕用棘心則畢亦棘心也云舊說云畢以御他神物神物惡桑叉舊說如此又引少牢士虞已下破舊說之意也云此無叉者乃主人不親舉耳者摠解士虞少牢二禮云少牢大夫祭不親舉者大夫尊主人不親舉云虞喪祭也主人未執事者對吉祭主人執事有畢彼無也云祔練祥執事用桑叉者以其虞時主人不執事則祔已執事執事用桑叉則雜記所云是也云自此純吉用棘心叉者除祥後則禫月及吉祭用棘心也案易震卦彖辭云震來虩虩笑言啞啞震驚百里不喪匕鬯鄭注云雷發聲於百里古者諸侯象諸侯出教令能警戒國內則守其宗廟社稷爲之祭主不亡其匕鬯人君於祭匕牲體薦鬯而已其餘不親爲也若然諸侯親匕牲體大夫不親者辟人君士卑不嫌得與人君同親匕也

鼎西面錯。右人抽扃。委于鼎北。右人謂主人及二賓既錯皆西面俟也贊者錯俎加匕。贊者執俎及匕從鼎入者其錯俎東縮加匕東柄既則退而左人北面也〔疏〕注贊者至北面。釋曰云其錯俎東縮加匕東柄者少牢云俎皆設于鼎西西肆又云匕皆加于鼎東枋則此加匕於鼎東柄可知云既則退而左人北面也知者以其俎從於鼎西其人當北面於其南載之便是以昏禮亦云北面載執而俟是也

乃枇。右人也尊者於事指使可也左人載之

佐食升肵俎。鼏之。設于阼階西。肵謂心舌之俎也郊特牲曰肵之爲言敬也言主人之所以敬尸之俎古文鼏皆作密〔疏〕注肵謂至作密。釋曰知肵謂心舌者下記云肵俎心舌皆去本末午割之實於牲鼎載心立舌縮俎是也引郊特牲者見敬有所俎送于尸前

卒載。加匕于鼎。卒已也已載畢亦加焉〔疏〕注卒已至加焉。釋曰主人匕牲體宗人以畢助之主人匕事訖加之於鼎則宗人既事亦加於鼎可知

主人升入復位。俎入設于豆東。魚次。腊特于俎北。入設俎載者腊特饌要方也凡饌必方者明食味人之性所以正〔疏〕注入設至以正。釋曰知載人設俎者以其經卒載下即云入設不見別人明是載者設之可知云腊特饌要方也者案經豆在神坐之前豕俎入設於豆東魚俎又次其東若腊俎復在東則饌不得方故腊俎特于俎北取其方故也

主婦設兩敦黍稷于俎南西上。及兩鉶芼設于豆南南陳。宗婦不贊敦鉶者以其少可親之芼菜〔疏〕注宗婦至菜也。釋曰案少牢主婦設金敦宗婦贊三敦以其多故使宗婦贊此士祭祀二敦少故不使宗婦贊主婦可親之也若然案少牢佐食贊鉶宗婦不贊鉶此不以佐食決之而并云宗婦者此決有司徹故有司徹云主婦洗于房中出實爵尊南西面拜獻尸尸拜于筵上受主婦西面于主人之席北拜送爵入于房取一羊鉶坐奠于韭菹西主婦贊者執豕鉶以從主婦不興受設于羊鉶之西又下至主婦致爵于主人主婦設二鉶與糗脩如尸禮皆是也

祝洗酌奠。奠于鉶南。遂命佐食啓會。佐食啓會。郤于敦南。出立于戶西南面。酌奠奠其爵觶也少牢饋食禮啓會乃奠之〔疏〕注酌奠至奠之。釋曰引少牢者案少牢祝酌奠遂命佐食佐食啓會乃奠者彼大夫禮與此士禮相變是以與此奠乃啓會異也

主人再拜。稽首。祝在左。稽首服之甚者祝在左當爲主人釋辭於神也祝祝曰孝孫某敢用剛鬣嘉薦普淖用薦某事於皇祖某子尚饗〔疏〕注稽首至尚饗。釋曰引少牢祝祝已下者欲見迎尸之前釋孝子之辭也

卒祝。主人再拜稽首。

祝迎尸于門外。尸自外來代主人接之就其次而請不拜不敢與尊者爲禮周禮掌次凡祭祀張尸次〔疏〕祝迎尸于門外。注尸自至尸次。釋曰自此盡反黍稷于其所論陰厭後迎尸于正祭之事云尸自外來代主人接之者下注云主人不迎尸成尸尊故也云就其次而請不拜不敢與尊者爲禮者凡平賓客皆在門西主人出門左西面拜今此經直云迎尸於門外不言祝拜尸荅拜是祝出就次尸乃出次迎之而入門是不敢與尊者爲禮引

周禮者，證門外張尸次之事也。主人降，立于阼階東。主人不迎尸，成尸尊。尸，所祭者之孫也。祖之尸則主人乃宗子，禰之尸則主人乃父道。事神之禮，廟中而已，出迎則為厭。疏注「主人」至「為厭」。○釋曰：云「主人不迎尸，成尸尊」者，案祭統云：「君迎牲而不迎尸，別嫌也。尸在廟門外則疑於臣，在廟中則全於君；君在廟門外則疑於君，入廟門則全於臣、全於子。」鄭云：「不迎尸者，欲全其尊也。尸，神象也。鬼神之尊在廟中，人君之尊出廟門則伸。」此士禮雖無君道，亦尊尸。主人不迎，迎之尊不成，不迎之則成尸之道尊也。云「尸，所祭者之孫也」者，禮記云「孫為王父尸」是也。云「祖之尸則主人乃宗子」者，以其祭祖兄弟來助祭，故知宗子，小宗、大宗、五宗皆然。書傳云「宗子將有事，族人皆入侍」也。云「禰之尸則主人乃父道」者，禮記祭統云：「夫祭之道，孫為王父尸。所使為尸者，於祭者子行也。父北面而事之，所以明子事父之道也。此父子之倫也。」注云「祭祖則用孫列，皆取於同姓之適孫」，是其禰之尸則主人乃父道也。云「事神之禮，廟中而已，出迎則為厭」，有出廟門主人有君，是是厭臣之義，故不迎也。

尸入門左，北面盥。宗人授巾。侍盥者執其器就之。執箄者不授巾，賤也。宗人授巾，庭長尊。少牢饋食禮曰：「祝先入門右，尸入門左。」疏注「侍盥」至「門左」。○釋曰：引少牢者，見上經陳盥在門右，今尸入門左，尸尊，不就盥，槃匜巾等鄉門右，就尸之義也。

尸至于階，祝延尸。尸升，入，祝先，主人從。延，進，在後詔侑曰延。禮器所謂「詔侑武方」者也。少牢饋食禮曰：「尸升自西階，入，祝從。主人升自阼階，祝先入，主人從。」疏「尸至」至「人從」。○注「延進」至「人從」。○釋曰：云「在後詔侑曰延」者，案士虞禮「尸謖，祝前，鄉尸」，鄭注云「前，道也。祝道尸，必先鄉之，為之節」。彼祝居尸前道之，此則在尸後詔之，故云延也。云「禮器所謂詔侑武方」者，彼注「武，無也。祝詔侑尸，無常」，謂若檀弓「子事父母，左右就養無方」。今祝延尸、道尸，尸亦無常也。引少牢者，見祝從尸，主人又從祝入之事。

即席坐。主人拜妥尸。妥，安坐也。尸荅拜，執奠。祝饗，主人拜如初。饗，勸強之也。其辭取于士虞記，則宜云「孝孫某，圭為孝薦之，饗」。舊說云：明薦之。疏「尸荅」至「如初」。○注「饗勸」至「薦之」。○釋曰：云「其辭取于士虞記，則宜云孝孫某，圭為孝薦之，饗」者，但喪祭稱哀，吉祭稱孝，故士虞記卒哭饗尸辭曰「哀子某，圭為哀薦之，饗」。此既吉祭，宜云「孝孫某，圭為孝薦之，饗」，以其改哀云孝，故曰宜云也。引舊說者，證圭為絜明之義也。

祝命授祭。尸左執觶，右取菹擩于醢，祭于豆閒。命，詔尸也。授祭，祭神食也。士虞禮古文曰「祝命佐食墮祭」，周禮曰「既祭則藏其墮」，墮與挼讀同耳。今文改挼皆為綏，古文此皆為挼祭也。擩醢者，染於醢。疏「祝命」至「豆閒」。○注「命詔」至「於醢」。○釋曰：云「授祭，祭神食也」者，鄉者設饌，未迎尸，陰厭，厭飫神。今尸來升席而授祭，祭訖，當食神餘。引周禮而云「墮與挼讀同」，則二字通用。云「今文改挼皆為綏」，不從今文，引古文者，欲見擩下有祭無醢，故疊之而不從也。云「擩醢者，染於醢」，從經為正也。

佐食取黍稷肺祭授尸。尸祭之，祭酒，啐酒，告旨。主人拜。尸奠觶，荅拜。肺祭，刌肺也。旨，美也。祭酒，穀味之芬芳者，齊敬共之，唯恐不美。告之美，達其心，明神享之。疏注「肺祭」至「享之」。○釋曰：知「肺祭，刌肺也」者，下記「刌肺三」，鄭注「為尸、主人、主婦」，祭明是刌肺，非舉肺也。

祭鉶，嘗之，告旨。主人拜，尸荅拜。鉶，肉味之有菜和者。曲禮曰：「客絮羹，主人辭不能亨。」疏注「鉶肉」至「能亨」。○釋曰：云「鉶，肉味之有菜和者」，此即公食大夫牛藿、羊苦、豕薇之等是也。以其盛之鉶器，因號羹為鉶，故云肉味有菜和者。引曲禮者，證鉶羹有五味調和，不合絮調之義。故告旨。若大羹不調以鹽菜，無絮調之理也。

祝命爾敦。佐食爾黍稷于席上。爾，近也。近之，便尸之食也。設大羹湆于醢北。大羹湆，煮肉汁也。不和，貴其質。設之，所以敬尸也。不祭，不嚌，大羹不為神，非盛者也。士虞禮曰：「大羹湆自門入。」今文湆皆為汁。疏「設大羹湆于醢北」。○注「大羹」至「為汁」。○釋曰：云「醢北」者，為薦左。案公食大夫、昏禮大羹湆皆在薦右，此在左者，神禮變於生人。士虞禮大羹湆設于鉶南，在右，與生人同，有不忍異於生故也。云「不和，貴其質」者，案桓二年左氏傳云「大羹不和」，以鹽菜，是貴其質也。云「不為神」者，陰厭時未設，尸來始設，為尸，故士虞記云「無尸，則禮及薦饌皆如初，不授祭，無大羹湆、胾、從獻」。有尸即有大羹湆、從獻。縱有，亦不祭，不嚌，是不為神，為尸，非盛者也。引士虞禮曰「大羹湆自門入」者，證迎尸後乃從獻來也。

舉肺脊以授尸。尸受，振祭，嚌之，左執之。肺，氣之主也。脊，正體之貴者。先食啗之，所以導食通氣。乃食，食舉。舉言食者，明凡解體皆連肉。疏「乃食食舉」。○注「舉言」至「連肉」。○釋曰：乃食，謂食肺。云「食舉」，謂骨體正脊從俎舉鄉口，因名體為舉。凡牲體或七或二十七，皆據骨節而言。今言食，不可空食骨，以體皆連肉也。

主人羞肵俎于腊北。肵俎主於尸，主人親羞，敬也。神俎不親設者，貴得賓客以神事其先。疏注「肵俎」至「其先」。○釋曰：云「肵俎主於尸」者，以其入後乃設之，故知主於尸。主人親進者，敬尸故也。前神俎使載者設之者，欲得尊賓嘉客以事其先故也。

尸三飯，告飽。祝侑，主人拜。三飯告飽，禮一成也。侑，勸也。或曰：又勸之，使又食。少牢饋食禮侑辭曰：「皇尸未實，侑也。」

佐食舉幹。尸受，振祭，嚌之。佐食受，加于肵俎。舉獸幹、魚一，亦如之。幹，長脅也。獸腊，其體數與牲同。疏注「幹長」至「牲同」。○釋曰：云「長脅」，文出下記也。云「獸腊，其體數與牲同」，知者，亦見下記云「腊如牲骨」是也。

尸實舉于菹豆。為將食庶羞。舉，謂肺脊。佐食羞庶羞四豆，設于左，南上，有醢。庶，眾也。眾羞以豕肉，所以為異味。四豆者，膮、炙、胾、醢。南上者，以膮炙為上，以有醢，不得縪也。疏注「庶眾」至「縪也」。○釋曰：案公食大夫云「旁四列，西北上。膷以東，臐、膮、牛炙。炙南醢，以西牛胾、醢」，注云「先設醢，縪之次也」。此四豆有醢，則不得先設，非縪之次故也。又復一醢，不得與胾炙相對。相對之法，炙在南，醢在北，胾在北，醢南，如此見得縪。故少牢云「韭菹、醓醢，葵菹、蠃醢」，韭菹在南，葵菹在北，注云「葵菹在北，縪」。又云「羞胾兩瓦豆，有醢，亦用瓦豆，設于薦豆之北」，注云「四豆亦縪，羊胾在南，豕胾在北」。此皆有醢亦得縪者，以其四豆胾醢具相對，故鄭皆云縪也。

尸又三飯，告飽。祝侑之如初。禮再成也。舉骼及獸魚如初。尸又三飯，告飽。祝侑之如初。禮三成。獸魚如初者，獸骼、魚一也。舉肩及獸魚如初。不復飯者，三三者士之禮大成也。舉先正脊，後肩，自上而卻下，縪而前，終始之次也。疏注「不復」至「次也」。○釋曰：云「舉先正脊，後肩，自上而卻下，縪而前，終始之次也」者，先舉正脊，自上也；次舉脅，即卻也；後舉骼，即下縪也；終舉肩，即前也。前者牲體之始，後者牲體之終，故云終始之次也。

佐食盛肵俎，俎釋三个。佐食取牲魚腊之餘，盛於肵俎，將以歸尸。俎釋三个，為改饌於西北隅遺之。所釋者，牲腊則正脊一骨、長脅一骨及臑也，魚則三頭而已。个，猶枚也。今俗言物數有云若干个者，此讀然。疏注「佐食」至「讀然」。○釋曰：云「俎釋三个，為改饌於西北隅遺之。所釋者，牲腊則正脊一骨、長脅一骨及臑也」，知者，案下記云「尸俎：右肩、臂、臑、肫、骼，正脊二骨，橫脊，長脅二骨，短脅」。今以舉正脊一骨、長脅一骨及骼，脊、脅各一骨。在前脚三節，後脚二節，各舉其一。說前脚舉肩，說宜次盛臂；後脚舉骼，說宜次盛肫。前後各一節以歸。脡脊以其次正脊故也。前脚唯一有臑，在并脊脅各一骨為三也。

舉肺脊加于肵俎，反黍稷于其所。尸授佐食，佐食受而加之，反之也。肺脊初在菹豆。疏注「尸授」至「菹豆」。○釋曰：經直云「肺脊加於肵俎」，鄭知尸不自加而授與佐食，佐食受而加之者，約少牢云「上佐食受尸牢肺正脊，加于肵」，鄭注云「受者，尸授之也」是。云「肺脊初在菹豆」者，上文云「尸實舉于菹豆」是也。

主人洗角，升，酌，酳尸。酳，猶衍也。是獻尸也。謂之酳者，尸既卒食，又欲頤衍養樂之。不用爵者，下大夫也。因父子之道，質而用角，角加人事畧者。今文酳皆為酌。疏「主人」至「酳尸」。○注「酳猶」至「為酌」。○釋曰：自此盡「入復位」，論主人獻尸及祝、佐食之事。知是獻尸者，下有主婦洗爵獻尸，并賓長獻尸，故知此是主人酳尸也。云「不用爵者，下大夫也」者，此決少牢云「主人降，洗爵，酌酒，乃酳尸」，用爵不用角也。云「因父子之道，質而用角，角加人事畧」者，既辟大夫不用爵，次當用觚而用角者，因無臣助祭，父子相養之道，而用角者，父子是質，角加人事畧，得用功少故也。

尸拜受，主人拜送。尸祭酒，啐酒。賓長以肝從。肝，肝炙也。今文曰「啐之」，古文無「長」。疏「尸拜」至「肝從」。○注「肝肝」至「無長」。○釋曰：此直言肝從，亦當如少牢賓長羞牢肝，用俎，縮執俎，肝亦縮，進末，鹽在右。此亦不言者，文不具也。

尸左執角，右取肝，擩于鹽，振祭，嚌之，加于菹豆，卒角。祝受尸角，曰：「送爵，皇尸卒爵。」主人拜，尸荅拜。曰送爵者，節主人拜。

祝酌授尸，尸以醋主人。醋，報也。祝酌不洗，尸不親酌，尊尸也。尸親醋，相報之義。古文醋作酢。疏注「醋報」至「作酢」。○釋曰：云「祝酌不洗」者，尸當酢主人，宜親洗爵酌酒。不親洗酌，尸尊故也。授代酌由祝，代酌故不洗也。

主人拜受角，尸拜送。主人退。佐食授挼祭。退者，進受爵，反位。妥亦當為挼。尸將報主人，佐食授之挼祭，亦使祭尸食也。其授祭，亦取黍稷肺祭。今文或皆改妥作挼。疏注「退者」至「作挼」。○釋曰：云「挼祭亦使祭尸食也」者，前祝命尸挼祭，祭神食；今命主人祭尸食，亦如尸祭神食，故云亦也。云「其授祭亦取黍稷肺祭」者，亦如上佐食取黍稷肺祭授尸，尸祭之相似，故云亦也。

主人坐，左執角，受祭，祭之。祭酒，啐

酒。進聽嘏。聽猶待也受福曰嘏嘏長也大也待尸授之以長大之福佐食摶黍授祝。祝授尸。尸受以菹豆。執以親嘏主人。獨用黍者食之主其辭則少牢饋食禮有焉〔疏〕佐食至主人。注獨用至有焉。釋曰案少牢云祝與二佐食皆出盥于洗入二佐各取黍於一敦上佐食兼受摶之以授尸尸執以命祝卒命祝祝受以東北面于戶西以嘏于主人但少牢不親嘏者大夫尊又大禮文此親嘏者士尸卑禮質故也云其辭則少牢饋食禮有焉者案少牢云祝以嘏于主人曰皇尸命工祝承致多福無疆于女孝孫來女孝孫使女受祿于天宜稼于田眉壽萬年勿替引之是也云獨用黍者食之主者案上文云爾黍于席上不云爾稷者以稷雖五穀之長不如黍之美故云食之主是以喪大記云君沐粱大夫沐稷士沐粱士喪禮士沐稻諸侯之士鄭注云差率而上天子沐黍是黍爲穀之貴也主人左執角。再拜稽首。受。復位。詩懷之。實于左袂。挂于季指。卒角。拜。尸答拜。詩猶承也謂奉納之懷中季小也實于左袂挂袪以小指者便卒角也少牢饋食禮曰興受黍坐振祭嚌之古文挂作卦〔疏〕注詩猶至作卦。釋曰云挂袪以小指者便卒角也但右手執角左手挂袪以小指不于左手言便卒角者飲酒之時恐其遺落故挂以小指故云便卒角也主人出寫嗇于房。祝以籩受。變黍言嗇因事託戒欲其重稼嗇者農力之成功〔疏〕主人至籩受。注變黍至成功。釋曰案少牢云主人出宰夫以籩受嗇黍主人嘗之納諸內此大夫尊不似有入房直見大夫出宰夫以籩受此主人寫嗇于房祝以籩受以其士賤故也云變黍言嗇因事託戒欲其重稼嗇者以黍者五穀之名非農力成功之稱故以黍爲嗇欲其重稼嗇故少牢鄭注云收斂曰嗇是用農力之言也筵祝南面。主人自房還時主人酌獻祝。祝拜受角。主人拜送。設菹醢俎。行神惠也先獻祝以接神尊之菹醢皆主婦設之佐食設俎〔疏〕注行神至設俎。釋曰此決佐食以佐食接尸故後獻之祝接神先獻之云菹醢皆主婦設之佐食設俎知者前獻尸時菹醢主婦設之亞獻及致爵於主人籩豆亦皆主婦設之則此設菹醢亦主婦可知又知佐食設俎約少牢主人獻祝佐食設俎故此亦佐食設俎可知祝左執角祭豆興取肺坐祭嚌之興。加于俎。坐祭酒。啐酒。以肝從。祝左執角。右取肝。擩于鹽。振祭。嚌之。加于俎。卒角。拜。主人荅拜。受角。酌獻佐食。佐食北面拜受角。主人拜送。佐食坐祭。卒角。拜。主人荅拜。受角。降。反于篚。升。入。復位。〔疏〕祝左至復位。釋曰云主人荅拜受角酌獻佐食者案上獻祝有俎此獻佐食不言俎者上經云執事之俎陳於階閒二列北上鄭注云執事謂有司以佐食亦在有司內者下記云佐食俎觳折脊脅也又下經賓長獻節鄭注云凡獻佐食皆無從其薦俎獻兄弟以齒設之若少牢獻佐食俎即設于兩階之閒西

上大夫將賓尸故即設佐食俎至於賓尸時佐食無俎也主婦洗爵于房。酌亞獻尸。亞次也次猶貳主婦貳獻不夾拜者士妻儀簡耳〔疏〕注亞次至簡耳。釋曰自此盡以爵入于房論主婦獻尸祝及佐食之事云主婦貳獻不夾拜者士妻儀簡耳者此決少牢主婦亞獻尸時夾拜此士妻下之故云儀簡尸拜受。主婦北面拜送。北面拜者辟內子也大夫之妻拜於主人北西面〔疏〕注北面至西面。釋曰案少牢云主婦洗于房中出酌入戶西面拜獻尸鄭注云入戶西面拜由便也不北面者辟人君夫人也拜而後獻者當夾拜也又云尸拜受主婦主人之北西面拜送爵是也若大夫妻貴辟人君夫人士妻賤不嫌得與人君夫人同也宗婦執兩籩戶外坐。主婦受設于敦南。兩籩棗栗棗在西〔疏〕注兩籩至在西。釋曰知者案下記云籩巾以綌也纁裏棗烝栗擇是也知棗在西者依士虞禮云主婦亞獻尸時云自反兩籩棗栗設于會南棗在西鄭云尚棗棗美故知也祝贊籩祭。尸受祭之。祭酒。啐酒。籩祭棗栗之祭其祭之亦於豆祭也〔疏〕注其祭之亦於豆祭。釋曰知者見上經尸挼祭時云若平取菹擩于醢祭于豆閒又佐食取黍稷肺祭授尸尸祭之不言其處明亦祭於豆閒今此祝贊籩祭不言其處亦祭於豆閒可知又案有司徹云尸取韭菹擩于豆祭于豆閒又尸取麷蕡宰夫贊者取白黑以授尸尸受兼祭于豆祭是籩豆同祭於豆閒也兄弟長以燔從。尸受振祭嚌之。反之。燔炙肉也〔疏〕注燔炙肉也。釋曰云反之者謂反燔于長兄弟羞燔者受加于肵。出。出者俟後事也〔疏〕注出者俟後事也。釋曰云俟後事者謂俟主婦獻祝之時更當羞燔于祝知者約上文主人獻尸云賓長以肝從至獻祝時但云以肝從不言其人明亦賓長可知此下文主婦獻祝籩燔從如初儀明獻祝時亦長兄弟羞燔可知故鄭注云俟後事也尸卒爵。祝受爵。命送如初。送者送卒爵酢如主人儀。尸酢主婦如主人儀者自祝酌至尸拜送如酢主人也不易爵辟內子〔疏〕注尸酢至內子。釋曰云尸酢主婦如主人儀者自祝酌至尸拜送如酢主人也者言此上則如之其異者不並取也謂主人受佐食挼自祭之此佐食錯挼于地主婦撫之而已是也云不易爵辟內子者以經云酢如主人儀上尸酢主人時不易爵故此主婦受酢亦不易爵可知男女不相襲爵所以今襲爵者辟內子是以少牢云祝受尸爵尸荅拜易爵洗酌授尸主婦拜受爵尸荅拜是其易爵也主婦適房。南面。佐食挼祭。主婦左執爵。右撫祭。祭酒。啐酒。入。卒爵。如主人儀。撫挼祭示親祭佐食不挼而祭於地亦儀簡也入室卒爵於尊者前成禮明受惠也〔疏〕注撫挼至惠也。釋曰云佐食不挼而祭於地亦儀簡也者少牢大夫妻云上佐食挼祭主婦西面於主人之北受祭祭之此佐食祭於地主婦撫之而已故云亦儀簡云亦者亦前不夾拜也獻祝。籩燔從。如初儀。及佐食。如初。卒以爵入于房。及佐食如初如其獻佐食則拜主人之北西面也〔疏〕注及佐至面也

○釋曰此無正文以佐食北面拜受主婦不宜與佐食同面拜送又言如初明與主人同西面拜故鄭云拜主人之北西面與內子同賓三獻如初。燔從如初。爵止。初亞獻也尸止爵者三獻禮成欲神惠之均於室中是以奠而待之〔疏〕賓三至爵止。注初亞至待之。釋曰自此盡卒復位論賓長獻尸及佐食并主人主婦致爵之事此一科之內乃有十一爵賓獻尸一也主婦致爵于主人二也主人酢主婦三也主人致爵于主婦四也主婦酢主人五也尸舉奠爵酢賓長六也賓長獻祝七也又獻佐食八也賓又致爵于主人九也又致爵于主婦十也賓獻主人酢十一也云初亞獻也者知不初獻者以主婦亞獻承初獻後賓長又承亞獻後故知如亞獻不得如初獻也又面位及燔從皆如亞獻也云三獻禮成欲神惠之均於室中是以奠而待之者謂尸得三獻而禮成言其實飲三爵祝與佐食亦得三獻主人主婦各得一酢而已未得獻是神惠未均奠而待之者待主人主婦致爵乃均也案下文衆賓長爲加爵如初爵止鄭注云尸止爵者欲神惠之均于在庭止得一獻亦言均則不以爵數爲均直據得一獻則爲均也席于戶內。爲主人鋪之西面席自房來主婦洗爵酌。致爵于主人。主人拜受爵。主婦拜送爵。主婦拜拜於北面也今文曰主婦洗酌爵〔疏〕注主婦至酌爵。釋曰云主婦拜拜於北面也者約有司儐尸於堂主婦致爵于主人主人致爵于主婦北面于阼階上荅拜是也宗婦贊豆如初。主婦受設兩豆兩籩。初贊亞獻也主婦薦兩豆籩東面也〔疏〕注初贊至面也。釋曰上主婦亞獻時但云宗婦執兩籩又云祝贊籩祭無豆此云贊豆如初明贊豆之時與贊籩同故得言如初知東面者以主人西面故知也俎入設。佐食設之〔疏〕俎入設。注佐食設之。釋曰知佐食設之者見有司下大夫不儐尸者主婦致爵於主人時佐食設俎彼室內行事與士禮略同故鄭約之知佐食設之也主人左執爵祭薦。宗人贊祭。奠爵興。取肺坐絕祭。嚌之。興加于俎。坐。挩手。祭酒。啐酒。絕肺祭之者以離肺長也少儀曰牛羊之肺離而不提心豕亦然挩拭也挩手者爲絕肺染汙也刌肺不挩手古文挩皆作說〔疏〕注絕肺至作說。釋曰引少儀者彼注云提猶絕也不絕中央少許者引之證離肺長而不絕故須絕之云刌肺不挩手者以已斷絕取祭之不須以手絕之故不挩手也肝從。左執爵。取肝。擩于鹽。坐振祭。嚌之。宗人受加于俎。燔亦如之。興。席末坐。卒爵。拜。於席末坐卒爵敬也一酌而備再從而次之示均〔疏〕注於席至示均。釋曰此決上主人獻尸賓長以肝從主婦獻尸兄弟以燔從今一酌而肝燔從則與尸等故云亦均亦者亦上酒均於堂內主婦荅拜。受爵酌醋。左執爵。拜。主人荅拜。坐祭。立飲。卒爵。拜。主人荅拜。主婦出。反于房。主人降洗。酌致爵于主婦。席于房中。南面。主婦拜受爵。主人

西面荅拜。宗婦薦豆俎。從獻皆如主人。主人更爵酌醋。卒爵降。實爵于篚。入復位。主人更爵自酢男子不承婦人爵也祭統曰夫婦相授受不相襲處酢不易爵明夫婦之別古文更爲受〔疏〕注主人至爲受○釋曰云主人更爵自酢男子不承婦人爵也者案上主婦獻尸尸酢主婦不易爵鄭注云辟內子致爵于主人則易爵也若然案下記設洗篚在洗西實二爵鄭注云二爵者爲賓獻爵止主婦當致也此賓長所獻爵尸奠之未舉其篚唯有一爵得云易者上主婦亞獻洗爵洗爵于房中則房中有爵又主婦獻祝及佐食訖以爵入于房後主婦致爵于主人還是房內爵後主人致爵于主婦者是下篚之爵主婦飲訖實于房中之篚主人更取房內之爵以酌酢酢訖奠于下篚云主人更爵者謂酌酢爵與房內爵相更鄭注下記云主婦當致者謂主人致爵於主婦則用下篚內爵也三獻作止爵。賓也謂三獻者以事命之作起也舊說云賓入戶北面曰皇尸請舉爵尸卒爵。酢酌獻。洗及佐食。洗爵酌致于主人。主婦。燔從皆如初。更爵酢于主人。卒。復位。洗乃致爵爲異事新之燔從皆如初者如亞獻及主人主婦致爵也凡獻佐食皆無從其薦俎獻兄弟以齒設之賓更爵自酢亦不承婦人爵今文曰洗致古文更爲受〔疏〕注洗乃至爲受○釋曰此決上文賓獻尸獻祝及佐食皆不洗今致于主人洗故決之也案下篇不及儐尸洗爵致于主人注云以承佐食賤新之此云爲異事新之注不同者但爲異事異事則是承賤承賤後則事異言雖不同理則一也云燔從皆如初者如亞獻及主人主婦致爵者謂如上主婦亞獻尸及祝皆燔從此言皆燔從如初故云如亞獻及主人主婦致爵雖云如初則無肝從故經釋云燔從皆如初云凡獻佐食皆無從者謂主人主婦及賓長獻佐食皆無從故云凡鄭言此者以經獻祝及佐食洗爵致于主人主婦燔從皆如初在獻佐食下嫌獻佐食亦然有燔從故鄭辨之若然佐食得獻與祝得獻同亦得如初但無從爲異云其薦俎獻兄弟以齒設之者以上佐食得獻時不見有設薦俎之文下記云佐食於旅也齒於兄弟故佐食薦俎亦與兄弟同時設之也主人降阼階西面拜賓。如初洗。拜賓而洗爵爲將獻之如初如視濯時主人再拜賓荅拜三拜衆賓衆賓荅再拜者〔疏〕主人至初洗○注拜賓至拜者○釋曰自此盡賓爵于篚論獻賓及衆賓之事也賓辭洗。卒洗。揖讓升。酌西階上獻賓。賓北面拜受爵。主人在右荅拜。就賓拜者此禮不主於尊也賓卑則不專階主人在右統於其位今文無洗〔疏〕賓辭至荅拜○注就賓至其位○釋曰云就賓拜者此禮不主於尊也者案鄉飲酒鄉射賓主獻酢各於其階至酬乃同階此因祭如初賓非爲尊之所尊者謂尸也又賓是士家有司卑不得專階故就之使不得專階也對鄉飲酒鄉射得專階也云主人在右統於其位者以其賓得在西階土北面以東爲右主人位在阼階故云統於其位鄭言此者主人就西階異於飲酒主人在右則與飲酒禮同以言主人常居右也薦脯醢。設折俎。凡節解者皆曰折俎不言其體畧云折俎非貴體也上賓骼衆賓儀公有司設之〔疏〕薦脯醢設折俎○注凡節

至設之○釋曰案下記云賓骼鄭云骼左骼也賓俎全體尊賓也折骨而曰折俎明凡節解牲體皆曰折升于俎故名折俎與臑折同名其折義則異彼折骨云不言其體畧云折俎非貴體也者案下記云賓骼骼是牲體此經云折俎者亦用骼非貴體故畧云折俎若然經尸俎祝佐食及主人主婦俎體皆不言之而鄭注獨云賓俎不言體者尸祝等經不言牲體亦不言折以其體貴故也此賓俎不言牲體而言折明非貴體也云上賓骼衆賓儀者案下記唯云賓骼其衆賓已下皆殽脅不言儀者鄭見有司徹主人獻賓儀司士設俎羊骼一又云衆賓長拜受爵其脅體儀也注云儀者尊體盡儀度餘骨可用而用之尊者用尊體卑者用卑體而已是也云公有司設之者此即有司徹云司士設俎羊骼一衆賓脅體儀是也此下文云公有司在門西則此設俎者也賓左執爵。祭豆。奠爵。興。取肺。坐絕祭。嚌之。興。加于俎。坐挩手。祭酒。卒爵拜。主人荅拜。受爵酌酢。奠爵拜。賓荅拜。主人酌自酢者賓不敢敵主人主人達其意〔疏〕注主人至其意○釋曰云賓不敢敵主人主人達其意者以其賓是士之有司之中以卑不敢與主人爲敵酢之是以主人酌以自酢達賓意故也若鄉飲酒鄉射賓皆親酢主人以其賓尊行敵禮故也主人坐祭。卒爵拜。賓荅拜。揖執祭以降。西面奠于其位。位如初。薦俎從設。位如初復其位東面少牢饋食禮宰夫執薦以從設于祭東司士執俎以從設于薦東是則皆公有司爲之與〔疏〕注位如至之與○釋曰以賓位在西階下東面今受獻於西階上經云執祭以降西面奠于其位又言位如初明復西階下東面位可知也衆賓升拜受爵。坐祭立飲。薦俎設于其位。辯。主人備荅拜焉。降。實爵于篚。衆賓立飲賤不備禮鄉飲酒記曰立卒爵者不拜既爵備盡盡人之荅拜尊兩壺于阼階東。加勺南枋。西方亦如之。爲酬賓及兄弟行神惠不酌上尊卑異之就其位尊之兩壺皆酒優之先尊東方示惠由近禮運曰澄酒在下〔疏〕尊兩至如之○注爲酬至在下○釋曰自此盡揖復位論堂下設尊酬賓之事云行神惠不酌上尊卑異之者決上文獻賓及兄弟皆酌上尊者獻是嚴正故得與神靈共尊至此旅酬禮褻故不敢酌上尊案司尊彝職四時之祭云皆有罍諸臣之所酢少牢上下大夫堂下皆無尊者士卑得與人君同大夫尊辟人君故也云兩壺皆酒優之者設尊之法皆有玄酒今兩壺皆酒無玄酒優之也案玉藻云唯饗野人皆酒鄭云飲賤者不備禮與此注無玄酒爲優之異者此士之祭禮欲得尊賓嘉客以事其先非賤者故以皆酒爲優之彼饗野人野人是賤者故以不備禮解之也云先尊東方示惠由近者東方主人位西方賓位今先設東方乃設西方者見酒由主人來故云示惠由近爲始也引禮運者彼注澄爲沈齊酒是三酒酒所以欽諸臣證此壺尊亦飲在下者也主人洗觶。酌于西方之尊。西階前北面酬賓。賓在左。先酌西方者尊賓之義主人奠觶拜。賓荅拜。主人坐祭。卒觶拜。賓荅

拜。主人洗觶。賓辭。主人對。卒洗酌西面。賓北面拜。西面者鄉賓位立於西階之前賓所荅拜之東北〔疏〕注西面至東北○釋曰以經云主人對卒洗酌西面賓北面拜主人西面授賓北面荅拜明主人之待南過於賓故鄭以義言之云立於西階之前賓所荅拜之東北也主人奠觶于薦北。奠酬於薦左非爲其不舉行神惠不可同於飲酒〔疏〕注奠酬至飲酒○釋曰以其神惠右不舉生人飲酒左不舉今行神惠不可同於飲酒故奠於左與生人相變故有司徹云二人舉觶酬尸侑侑奠觶于右鄭注云奠于右者不舉也神惠右不舉變於飲酒是也此酬奠於薦左下文賓舉爲旅酬以其神惠故也言不可同飲酒者謂不可同於鄉飲酒故鄉飲酒記云將舉者於右奠者於左其義與此別此下文奠觶於薦南明將舉以初在北飲酒將舉奠於薦南便其復舉賓坐取觶。還東面拜。主人荅拜。賓奠觶于薦南。揖復位。還東面就其位薦西奠觶薦南明將舉〔疏〕賓坐至復位○注還東至將舉○釋曰云揖復位者則初奠時少南於位可知云還東面者則初賓坐取觶薦東西面可知故鄭注云還東面就其位薦西也主人洗爵。獻長兄弟于阼階上。如賓儀。酬乃獻長兄弟者獻之禮成於酬先成賓禮此主人之義亦有薦脅設于位私人爲之與〔疏〕主人至賓儀○注酬賓至之與○釋曰自此盡如衆賓儀論主人獻長兄弟及衆兄弟之事云酬賓乃獻長兄弟者獻之禮成於酬者以其獻賓之禮以酬副之乃禮成故冠禮云乃禮賓以一獻之禮鄭注云獻酢酬賓主人各兩爵而禮成又鄉飲酒獻及酬賓訖乃獻介又此文獻賓即酬賓乃獻兄弟故鄭注獻之禮成於酬也云亦有薦脅設于位者以經云獻長兄弟于阼階上如賓儀則長兄弟初受獻于阼階上時亦薦脯醢設折俎於阼階上祭訖乃執以降設于下位皆當如賓儀鄭下注云設薦俎於其位者據執祭以降及其位而言也言亦者亦賓鄭必知有薦俎者見於下記云長兄弟及宗人折是也云私人爲之與者私人者即私臣下記云私臣門東北面西上是也以賓薦公有司設之則兄弟薦俎私人可知以無正文故言與以疑之也洗獻衆兄弟。如衆賓儀。獻卑而必爲之洗者顯神惠此言如衆賓儀則如獻衆賓洗明矣〔疏〕注獻卑至明矣○釋曰云此言如衆賓儀則如獻衆賓洗明矣者以其上獻衆賓時雖不言洗此云洗獻衆兄弟如衆賓儀明獻衆賓洗可知不言之者舉下以明上省文之義故也洗獻內兄弟于房中。如獻衆兄弟之儀。內兄弟內賓宗婦也如衆兄弟如其拜受坐祭立飲設薦俎於其位而立內賓其位在房中之尊北不殊其長畧婦人者也有司徹曰主人洗獻內賓於房中南面拜受爵〔疏〕洗獻至之儀○注內兄至受爵○釋曰自此盡入復位論主人獻姑姊妹及宗婦之事云內賓宗婦也者此揔云內兄弟下記云內賓宗婦案彼注云內賓姑姊妹宗婦族人之婦若然兄弟者服名故號婦人爲兄弟也云其位在房中之尊北者案下記云尊兩壺于房中西墉下南上內賓立于其北東面南上宗婦北堂東面北上是也云不殊其長畧婦人者決上文獻賓於西階上獻兄弟於阼階上皆殊其長此不殊故云畧之引有司徹者欲見此內賓受獻時亦南面拜受爵故下注云內賓之長亦南面

荅拜言亦者亦前受獻時前雖無文約有司徹內賓之長亦南面荅拜主人西面荅拜。更爵酢。卒爵降。實爵于篚。入復位。爵辨乃自酢以初不殊其長也內賓之長亦南面荅拜〔疏〕注爵辨至荅拜。釋曰云爵辨乃自酢以初不殊其長也者對上賓與長兄弟不得獻眾賓眾兄弟偏主人先自酢也云內賓之長亦南面荅拜者獻眾賓時不殊其長酢時猶如賓及兄弟殊其長與男子同男子婦人眾賓以下皆無酢也長兄弟洗觚爲加爵。如初儀。不及佐食。洗致如初。無從。大夫士三獻而禮成多之爲加也不及佐食無從殺也致於主人主婦〔疏〕長兄至無從。注大夫至主婦。釋曰此一經論士三獻之外爲加獻尸之事云如初儀者如賓長三獻之儀但賓長獻十一爵此兄弟之長加獻則降唯有六爵以其闕主人主婦致爵并酢四爵及獻佐食五唯有六在者洗觚爲加獻一也尸酢長兄弟二也獻祝三也致爵於主人四也致爵於主婦五也受主人酢六也云大夫士三獻而禮成者天子大祫十有二獻四時與禘唯有九獻上公亦九獻侯伯七獻子男五獻卿大夫士畧同三獻而祭禮成也是以多之者爲加若主人飲酒禮卿大夫三獻士唯一獻而已祭禮士與大夫同者攝盛葬與亦與元缺一字大夫同少牢五鼎又乘車建旜亦與卿大夫同也眾賓長爲加爵。如初。爵止。尸爵止者欲神惠之均於在庭〔疏〕眾賓至爵止。注尸爵至在庭。釋曰庭賓及兄弟雖得一獻未得旅酬其已得三獻又別受加爵故停之使庭行旅酬是以云尸爵止者欲神惠之均於在庭也

儀禮疏卷第四十五 元缺第六葉今補

儀禮注疏卷四十五挍勘記　阮元撰盧宣旬摘錄

宗人執畢先入

宗人則執畢導之 導釋文作道云音導

乂以畢臨匕載 乂徐本作乂與述注合集釋通解楊氏毛本俱作又匕釋文作朼張氏曰監本匕誤作上從諸本。按上字因匕而誤疏亦作匕唯釋文作朼張氏恪遵釋文而此不從朼何耶

三尺刊其本與末 徐本集釋通解楊敖同毛本三上有長字

畢以御他神物 以徐葛集釋俱作以與述注合毛本以作似

虞喪祭祭也 徐本同與述注合葛本集釋楊敖俱作虞喪祭也毛本作虞者祭也

主人未執事 張氏曰監本未誤作求從諸本

有捄天畢 捄陳閩監本俱作求天閩監俱誤作夫

乂以畢臨 要義同通解毛本乂作又下同

以經言宗人執畢先入 陳閩通解同毛本畢作事

備失脫也者 通解同毛本無失字

棘心匕刻是也 通解同毛本匕作巳。按作匕與記文合

畢以御他神物也 陳閩要義同毛本以作似閩本他誤作也

舊說如此 要義同毛本如作知

破舊說之意也 要義同毛本破作彼。按破是也

云虞喪祭祭也 要義同毛本不重祭字

則祔已執事執事用桑乂 要義同毛本已作以執事二字不重

則雜記所云是也 要義同毛本是作事。按是是也

贊者錯俎加匕

東柄 柄釋文集釋楊氏俱作枋敖氏作柄陸氏曰枋本亦作柄

佐食升肵俎

肵謂心舌之俎也 肵下集釋敖氏俱有俎字

實於牲鼎 通解要義同與記文合毛本無於字

卒載加匕于鼎 毛本于誤作去

主人升入復位

知載人設俎者 陳閩通解同毛本人作入

豕俎入設於豆東 通解要義同毛本無俎字

主婦設兩敦黍稷于俎南〇及兩鉶芼 唐石經重鉶字張氏曰監本云及兩鉶鉶芼多一鉶字從諸本

主婦洗于房中 要義同毛本洗下有爵字

拜獻尸 要義同毛本拜作升。按有司徹是拜字

主婦設二鉶與糗脩 毛本與誤作于

祝洗酌奠〇立于戶西南面 唐石經徐本集釋通解要義楊敖同毛本無戶字

遂命佐食佐食啓會乃奠者 通解要義同毛本佐食二字不重出

主人再拜稽首

當爲主人釋辭於神也 陳閩監葛通解俱脫人字又神誤作主

祝迎尸于門外

凡乎賓客 毛本乎誤作來

主人降

疑於君 通解要義同毛本疑上有則字。按祭統有則字

皆取於同姓之適孫 通解要義同毛本無於字。按祭統注有於字

有出廟門 要義同通解毛本無有字。按有字疑當作者屬上句

主人有君是是厭臣之義 通解毛本無是是二字要義是是作是君。按當云主人是君是有厭臣之義

尸入門左北面盥

見上經陳盥在門右 通解同毛本上作士

尸至于階

祝從主人升自阼階 毛本阼誤作祚

尸荅拜

孝孫某圭爲孝薦之饗 毛本圭作圭嚴本作主張氏曰監本圭作圭從監本。按少牢疏引此注爲下有而字

以其改哀云孝 陳閩通解要義同毛本云作爲

祝命挼祭〇右取菹換于醢 釋文無于字與注合。按公食大夫擩于醢注云今文無于此經不疊今文古文是今古俱無于也又公食有于字故注但釋擩義云擩猶染也此經無于字故注補之云換醢者染於醢

士虞禮古文曰 徐本集釋通解楊氏同毛本士作古

祝命佐食墮祭 墮集釋作隋下同張氏曰注曰士虞禮古文曰祝命佐食墮祭周禮曰既祭則藏其墮按釋文釋挼祭云音墮後隋祭挼祭皆放此後少牢饋食禮經曰墮祭爾敦按釋文亦作隋許規反下同注又曰挼讀爲藏其墮之墮按釋文音綏字注云隋亦放此有司注曰挼讀爲藏其墮之墮按釋文音綏字注云并注挼及墮皆許恚反後放此然則三篇之墮皆隋字也與周禮守祧之文合至于士虞禮之墮祭與舉周禮之文釋文于彼自作墮從釋文。按墮祭當槩作隋祭釋文字例雜糅張氏曲從之非是

隋與挼讀同耳今文改挼皆爲綏古文此皆爲挼祭也 下十五字毛本脫徐本集釋楊氏俱有通解無周學健云士虞禮尸取奠節疏引此注有。按士虞疏引此注挼祭作擩祭故有五字不同之說

云今文改挼皆爲綏 要義同毛本綏作餒

欲見換下有祭無醢 要義同毛本換作挼。按換卽擩之俗字挼祭換醢本屬兩事疏恐人誤涵故特辨之說文云擩染也周禮六曰擩祭然則挼祭之挼與換醢之換本俱作擩此節經文換醢注中挼祭宜皆改作擩

故疊之而不從也　要義同毛本疊作壘
云換醢者染於醢　毛本換誤作挼於誤作欲按疏意擩祭之擩當爲挼擩醢之擩則爲擩未
知果鄭意否
佐食取黍稷肺祭授尸
祭酒穀味之芬芬者　集釋楊氏毛本同張氏曰注曰祭酒穀味之芳芳者按監本作芬芬從監
本○按徐鍾亦俱作芬芬張氏所據之嚴本獨作芳芳
告之美　美上楊氏有以字
主人主婦祭　通解毛本婦下祭上有此經云肺四字
祭鉶嘗之
不合絜調之義　通解毛本作絜者調和之義
不調以鹽菜　毛本通解不上有則字
祝命爾敦佐食爾黍稷于席上　黍唐石經初刻作稷
設大羹湆于醢北
士虞禮大夫羹湆　陳閩通解俱無夫字要義有
佐食舉幹
云長脅　陳閩監本同毛本通解云下有幹字
文出下記也云　毛本也作下通解無
佐食羞庶羞四豆
膷以東　毛本通解膷誤作脚
膮胾牛炙　通解同毛本膮作纁○按公食大夫禮作臐
醢南　毛本通解醢下有在字
葵菹在北　毛本通解北下有縡字
故鄭皆云縡也　鄭下衍云字通解并無皆字
舉骼及獸魚如初　毛本骼誤作酪
佐食盛肵俎　肵徐本作所誤
有云若干個者　徐本集釋俱有云字通解毛本無集釋無者字
牲腊　牲閩本誤作特
今尸舉正脊一骨　陳閩通解同毛本尸作以○按尸是也

及骼脊脅各一骨在　陳閩通解骼下俱有肩則二字各下俱有有字
舉肺脊
肺脊初在俎豆　徐本同集釋通解楊氏毛本俎俱作菹張氏曰注曰肺脊初在俎豆按疏作菹豆經
上文云尸實舉于菹豆注云舉謂肺脊今自菹豆加于肵俎也從疏○按此本述注作菹標目仍作俎毛本則與此相反要以菹爲正
授之也是　當作授之是也
云肺脊初在菹豆者　毛本菹作俎通解作菹下菹豆同按菹是也
主人洗角
謂之酳者　徐本集釋楊氏同通解謂之作云
又欲頤衍養樂之　徐陳集釋通解楊氏同毛本欲作却
今文酳皆爲酌　錢大昕曰少牢士虞注竝云古文酳爲酌特牲注今文亦當爲古文之譌
故知此是主人酳尸也　浦鏜云酳當獻字誤
加人事略者　此本通解加上俱重角字毛本不重
尸拜受
今文曰啐之古文無長　上五字毛本脫徐本集釋俱有案古文徐本誤作古又嚴鍾俱不誤
通解此節無注
肝亦縮進末　陳本通解同毛本末作未
祝酌授尸
尊尸也尸親醋相報之義　下七字毛本脫徐本集釋楊氏俱有通解無
主人拜受角○佐食授挼祭　張氏曰注云妥亦當爲挼又云今文或皆改妥作挼則經文挼
蓋妥字也從注○按士虞疏所舉五字獨不及妥大抵挼擩綏妥四字古今文既參差不一今本又復譌不可致詰
進受爵反位妥亦當爲挼　下五字毛本脫徐本集釋俱有楊氏作妥亦當爲挼通解無
佐食授之挼祭　挼徐本作受集釋通解楊氏俱作挼
今文或皆改妥作挼　毛本作古文挼作綏徐本集釋俱作今文或皆改妥作挼與此本標目合
通解無
亦如上佐食取黍稷肺祭授尸　陳本通解同毛本授作挼
佐食摶黍授祝
宜稼于田　通解同毛本稼誤作嫁○按少牢作稼是也

天子沐黍　要義同毛本無沐字○按有沐字與喪大記注合
主人左執角
季小也　小釋文作少云詩召反下同○按要義載注亦作少載疏仍作小
嚌之古文挂作卦　下五字毛本脫徐本集釋要義俱有與此本標目合通解無
但右手執角左手挂祛以小指　陳閩要義同毛本右左互倒監本俱作左
不干左手　干陳閩監本通解俱作于
主人出
此大夫尊　毛本尊誤作爭
不似有入房　當作不自入房
收斂曰嗇　毛本收作秋○按少牢注作收
主人酌獻祝
此汝佐食　毛本汝作女○按此句疑有譌脫浦鏜改女爲先亦未是
祝左執角
佐食俎㲉折脊脅也　㲉陳閩俱作獻○按獻字非也下記文作㲉
主婦洗爵于房酌亞獻尸　毛本酌誤作祝
祝賛籩祭
若平取菹換于醢　浦鏜云右手誤若平經無手字
酢如主人儀
自祝酌至尸拜送　酌要義作獻
云不易爵辟內子者　爵辟二字毛本誤倒
賓三獻如初
三獻禮成　集釋無此四字
席於戶內
爲主人鋪之　按前經祝筵几於室中注云爲神敷席也陸氏曰本又作鋪後同然則此鋪釋文亦作敷
俎入設
時佐食設俎　毛本時作待陳本通解俱作時屬上句
主人左執爵祭薦
扐肺不挩手　集釋同毛本扐作忖

云忖肺不挩手者 毛本挩作扺陳閩通解俱作挩按挩字是
以已斷絕 毛本以下有其先二字通解同毛本
肵從
示均 示徐本楊氏俱作示與此本標目合集釋通解毛本俱作亦盧文弨云示非疏甚明
主婦出反于房
古文更爲受 徐本集釋同毛本古文更作今文投
上主婦亞獻洗爵洗爵于房中 要義同毛本通解洗爵二字不重出
則用下篚內爵也 內下陳閩通解俱有之字
三獻作止爵
賓入戶北面曰 徐陳集釋楊敖同毛本通解戶作尸
尸卒爵酢酌獻洗及佐食 徐本同集釋通解楊敖毛本洗俱作祝張氏曰經曰獻洗及佐食巾箱杭本洗作況監本作祝從監本
○復位 毛本復誤作二
亦不承婦人爵今文曰洗致古文更爲受 下十字毛本脫徐本集釋俱有與此本標目合通解無
尸及祝皆燔從此言皆燔從如初 毛本無此言皆燔從五字
主人降阼階
如初如視濯時 徐本集釋楊敖同毛本通解無下如字
賓辭洗
統於其位今文無洗 下四字毛本脫徐本集釋俱有通解無按疏標目無
薦脯醢
公有司在門西 通解同毛本無公字
賓左執爵祭豆 左唐石經作佐誤
以其賓尊行敵禮故也 毛本敵禮誤作二干
主人坐祭卒爵拜
今受獻於西階上 通解同毛本今作令
尊兩壺於阼階東
皆有元酒 通解要義同毛本元作大
故云示惠由近爲始也 毛本爲誤作二

主人奠觶拜
明主人之得南過於賓 毛本通解之作不
主人奠觶于薦北
生人飲酒左不舉 毛本生作主陳本通解要義俱作生下同
侑奠觶於右 奠上通解要義俱重侑字毛本不重○按依有司徹奠上當有侑字
主人洗爵
論主人獻長兄弟及衆兄弟之事 毛本衆誤作長
洗獻衆兄弟 毛本無衆字唐石經徐本集釋通解楊敖俱有石經考文提要云疏述經明有衆字
此言如衆賓儀 儀徐陳集釋通解楊氏俱作儀與疏合毛本作獻
則如獻衆賓洗明矣 如集釋作知按作知是也觀疏自明疏述注亦誤作如字通解無獻字
以其上獻衆賓時 通解同毛本上作士
洗獻內兄弟于房中
其位在房中之尊北 徐本集釋楊敖同通解毛本無其字
尊兩壺于房中西墉下 毛本墉作牖陳本通解要義俱作墉○按當作墉
長兄弟洗觚爲加爵
并酢四爵 酢要義作酬
天子大祫十有二獻 要義同毛本通解二作三
祭禮士與大夫同者 與通解要義俱作與下同毛本作於
衆賓長爲加爵
欲神惠之均於在庭也 陳閩通解要義同毛本於在二字倒

儀禮疏卷第四十六

唐朝散大夫行大學博士弘文館學士臣賈公彦等撰

嗣舉奠。盥入。北面再拜稽首。嗣主人將爲後者舉猶飲也使嗣子飲奠者將傳重累之者大夫之嗣子不舉奠辟諸侯〔疏〕嗣舉至稽首。注嗣主至諸侯。釋曰自此盡出復位論嗣子飲奠酌獻之事云嗣主人將爲後者不言適而言將爲後者欲見無長適立庶子及同宗爲後皆是故汎言將爲後也云舉猶飲也者非謂訓舉爲飲直是嗣子舉而飲之耳云將傳重累之者謂將使爲嗣牽累崇敬承重祭祀之事是以使飲之而獻也云大夫之嗣子不舉奠辟諸侯者案文王世子云其登餕獻受爵則以上嗣注云上嗣君之適長子以特牲饋食禮言之受爵謂上嗣舉奠也獻謂舉奠洗爵酌入也餕謂宗人遣舉奠盥祝命之餕也大夫之嗣無此禮辟君也今案少牢無嗣子舉奠之事故此注云辟諸侯士卑不嫌得與人君同故有嗣子舉奠之事也奠者即上文祝酌奠奠於鉶南是也郊特牲云舉斝角詔妥尸鄭注云始人舉奠斝若奠角將祭之祝則詔主人拜安之使之坐尸即至尊之坐或時不自安則以拜安之天子奠斝諸侯奠角彼鄭注意亦引此特牲祝酌奠于鉶南也尸執奠進受復位。祭酒啐酒。尸舉肝舉奠。左執觶。再拜稽首。進受肝。復位。坐食肝。卒觶拜。尸備荅拜焉。食肝受尊者賜不敢餘也備猶盡也每拜荅之以尊者與卑者爲禮畧其文耳古文備爲復〔疏〕尸執至拜焉。注食肝至爲復。釋曰直言受肝明有鹽是以下記云嗣舉奠佐食設豆鹽是也云食肝受尊者賜不敢餘也者食之當盡以其食若不盡直云嚌之而已此經云食肝明不敢餘也舉奠洗酌入。尸拜受。舉奠荅拜。尸祭酒啐酒。奠之。舉奠出。復位。啐之者荅其欲酢已也奠之者復神之奠觶嗣齒於子姓凡非主人升降自西階〔疏〕舉奠至復位。注啐之至西階。釋曰云啐之者荅其欲酢已也者鄉飲酒鄉射主人獻賓賓皆啐酒洗爵即酢主人此嗣子獻賓賓啐之亦欲酢已故啐之其實無酢也云嗣齒於子姓者姓之言生子之所生謂孫行者今嗣亦孫之流故齒之也云凡非主人升降自西階者案曲禮云爲人子者升降不由阼階是以雖嗣子亦宜升降自西階適子孫不升阼階故於此揔言凡也兄弟弟子。洗酌于東方之尊。阼階前。北面舉觶于長兄弟。如主人酬賓儀。弟子後生也〔疏〕兄弟至賓儀。注弟子後生。釋曰自此盡乃羞論弟子舉觶將行旅酬之事云如主人酬賓儀者謂如上文主人酬賓就其階同北面並拜乃飲卒爵拜洗酌乃西面賓北面拜位故言如此亦然弟子洗觶酌於東方之尊阼階前東面獻長兄弟長兄弟北面拜受弟子奠于薦南長兄弟坐取觶還西面拜弟子北面荅拜長兄弟奠于薦北揖復位若有司徹云兄弟之後生者舉觶於其長長在左弟子自飲訖升酌降長拜受於其位舉爵者東面荅拜鄭注云拜受荅拜不北面者儐尸禮殺此不儐尸則拜送皆北面可知也弟子後生者此即有司徹云兄弟之後生者是也宗人告祭脀。脀俎也所告者衆賓衆兄

弟內賓也獻時設薦俎于其位至此禮又殺告之祭使成禮也其祭皆離肺不言祭豆可知〔疏〕注脅俎至可知。釋曰云告祭脅者謂告衆賓之等知無長賓者以其初得獻時即祭肺於階上此獻時乃設薦俎于其位故此無長賓也上文下長兄弟如賓儀則亦獻時祭可知故云宗人所告告衆賓衆兄弟內賓也云獻時設薦俎於其位者得獻時乃薦于堂下及房內之位云至此禮又殺告之祭使成禮也者案上文加爵致爵不及佐食無從殺也此告之祭使成禮也是再殺故云又殺也云其祭皆離肺者已於記文解之也云不言祭豆可知者以衆賓言薦俎從設言薦即豆也故云不言祭豆可知

乃羞。羞庶羞也下尸胾醢豆而已此所羞者自祝主人至於內賓無內羞〔疏〕乃羞。注羞庶至內羞。釋曰知羞非薦羞者上文受獻時皆設薦俎於其位故知此羞乃是庶羞非薦羞也云下尸胾醢豆而已者上爲尸佐食羞庶羞四豆設於左鄭注四豆膮炙胾醢此祝以下薦羞降下尸當去膮炙故云胾醢豆而已云此所羞者自祝主人至於內賓者言自祝下及內賓及衆賓兄弟皆在可知又下記云公有司獻次衆賓私臣獻次兄弟則內賓亦及之是以少牢下篇云乃羞庶羞于賓兄弟內賓及私人不儐尸亦云乃羞于賓兄弟內賓及私人辯是也若然少牢與有司徹儐尸與不儐尸庶羞與房中羞皆與尸佐食及祝主人主婦皆同時羞之者彼上大夫禮尊故得與尸同時羞此士禮卑故不得與尸同也云內羞者以其尸尊尚無內羞況祝卑故無內羞也

賓坐取觶阼階前北面酬長兄弟長兄弟在右。薦南奠觶〔疏〕賓坐至在右。注薦南奠觶。釋曰自此盡實觶于篚論行旅酬之閒作止爵之事但此特牲之禮堂下行旅酬無算爵並在室中者不與旅酬之事上大夫儐尸與旅酬不與無算爵之事故別使二人舉觶於尸侑尸侑得舉爲旅酬徧及堂下尸與旅酬者以其儐尸在堂禮殺故也若下大夫不儐尸者堂下無旅酬直行無算爵於堂下而已尸則不與之所以下大夫無旅酬直有無算爵者以其禮尸於室中辟國君堂下不設尊故無旅酬直行無算爵而已以其堂上與神靈共尊不得與尸行旅酬故屈之此特牲堂下得旅酬無算爵並行者以其堂下與神靈別尊故爲加爵禮尸於室中酌上尊堂下旅酬行神惠酌下尊故上大夫及士之祭禮旅酬行無算爵或行或不皆參差不等也賓酬長兄弟長兄弟在右下文長兄弟酬衆賓長自左受旅如初是賓主相酬主人常在東其同在賓中則受酬者在左若鄉飲酒賓酬主人主人立於賓東主人酬介介立於主人之西其衆賓受介酬者自介右鄭注云尊介使不失故位衆受酬者受自左異其義也賓主相酬各守其位不以尊卑變同類之中受者于左尊右也

賓奠觶拜。長兄弟荅拜。賓立卒觶。酌于其尊。東面立。長兄弟拜受觶。賓北面荅拜。揖復位。其尊長兄弟尊也此受酬者拜亦北面〔疏〕注其尊至北面。釋曰以其旅酬無算爵以飲者酌已尊酬人之時酌彼尊是各自其酒故無算爵賓弟子及兄弟弟子舉觶於其長各酌于其尊也云此受酬者拜亦北面者以經長兄弟拜受觶不言面位故鄭云受酌者拜亦者亦賓北面也

長兄弟西階前北面。衆賓長自左受旅如初。旅行也受行酬也初賓酬長兄弟長兄弟卒觶。酌于其尊。西面立。受旅者拜受。長兄弟北面荅拜。揖復位。衆賓及衆兄弟交錯以辯。皆如初儀。交錯猶言東西爲加爵者。作止爵。如長兄弟之儀。於旅酬之閒言作止爵明禮殺並作〔疏〕爲加至之儀。注於旅至並作。釋曰前衆賓之長爲加爵如初爵止今還使爲加爵者作止爵也故云如長兄弟之儀云於旅酬之閒言作止爵明禮殺並作者此決上文賓三獻爵止鄭注云三獻禮成欲神惠之均于室中是以奠而待之故有室中主人主婦致爵訖乃三獻作止爵此衆賓長爲加爵如初爵止鄭注云尸爵止者欲神惠之均于在庭而堂下庭中行旅酬未訖爲加爵者作止爵故鄭注云禮殺並作也

長兄弟酬賓。如賓酬兄弟之儀。以辯。卒受者實觶于篚。長兄弟酬賓亦坐取其奠觶此不言交錯以辯賓之酬不言卒受者實觶于篚明其相報禮終於此其文省〔疏〕注長兄至文省。釋曰云長兄弟酬賓亦坐取其奠觶者亦上賓坐取薦南奠觶此長兄弟所舉奠觶者即上弟子舉觶於其長是也云明其相報禮終於此其文省者以其賓舉奠觶於長兄弟行旅酬盡皆徧長兄弟舉觶於賓行旅酬亦皆徧故云相報禮終言明者嫌其不終所以嫌者嫌其不終所以嫌者賓之酬不言卒受者此不言交錯以辯嫌其不卒不辯其實賓之酬亦卒受者實觶于篚此亦交錯以辯故鄭云文省

賓弟子及兄弟弟子洗。各酌于其尊。中庭北面西上。舉觶於其長。奠觶拜。長皆荅拜。舉觶者祭。卒觶拜。長皆荅拜。舉觶者洗。各酌于其尊。復初位。長皆拜。舉觶者皆奠觶于薦右。奠觶進奠之于薦右非神惠也今文曰奠于薦右〔疏〕賓弟至薦右。注奠觶至薦右。釋曰自此盡爵無算論二觶並行無算爵之事云奠觶進奠之於薦右非神惠也者案上尊兩壺於阼階東加勺南柄西方亦如之鄭注云爲酬賓及兄弟行神惠至此云非神惠者彼三獻止爵欲得神惠均于室中衆賓長爲加爵止爵者欲神惠均于在庭故止爵行旅酬雖以尸而奠爵待之亦得爲神惠至此別爲無算爵在下自相勸故得爲非神惠故奠於薦右同於生人飲酒舉者奠於薦右也

長皆執以興。舉觶者皆復位荅拜。長皆奠觶于其所。皆揖其弟子。弟子皆復其位。復其位者東西面位弟子舉觶於其長所以序長幼教孝弟凡堂下拜亦皆北面〔疏〕長皆至其位。注復其至北面。釋曰云復其位者東西面位者上既言皆復位荅拜此復重云復位則上文復位復在庭初舉北面位此重言復位者當復東西面位可知云凡堂下拜亦皆北面者前主人酬賓弟子舉於其長行旅酬及無算爵兄弟弟子賓弟子舉觶皆北面則知凡堂下雖不見面位者皆北面拜可知云凡賓以下至於私人拜受送皆北面故云凡也

爵皆無算。算數也賓取觶酬兄弟之黨長兄弟取觶酬賓之黨唯已所欲亦交錯以辯無次第之數因今接會使之交恩定好優勸之

利洗。散獻于尸。酢及祝如初儀。降。實散于篚。利佐食也言利以今進酒也更言獻者以利待尸禮將終宜一進酒嫌於加酒亦當三也不致爵禮又殺也〔疏〕利洗至于篚。注利佐至殺也。釋曰自此盡西序下論佐食獻尸祭祀畢之事云利佐食也言利以今進酒也者利與佐食乃有二名者以上文設俎啓會爾敦之時以黍稷爲食故名佐食今進以酒酒所以供養故名利利即養也故鄭云以今進酒也若然少牢名佐食上利執羊俎下利執豕俎者大夫禮文故即兩見其名云更言獻者以利待尸禮將終宜一進酒嫌於加酒亦當三也者此決兄弟長及衆賓長爲加爵於尸不言獻今進酒更言獻不言加爵故鄭君解其義意以利事尸禮將終宜一進酒不似長兄弟助宗子祭祀爲加爵衆賓之長助主人祭祀設爲加爵嫌此佐食同彼二者爲加爵故變言獻是以鄭云嫌亦當三也亦者亦上主人獻主婦獻賓長爲三獻也長兄弟爲加爵衆賓長爲加爵通洗散獻尸亦三都并尸飲六士祭事尸禮畢也云不致爵禮又殺也者上文云長兄弟洗觚爲加爵如初儀不及佐食洗致如初無從注云不及佐食無從殺也此又不致故云又殺也

主人出。立于戶外西南。事尸禮畢祝東面。告利成。利猶養也供養之禮成不言禮畢於尸閒之嫌〔疏〕祝東面告利成。注利猶至之嫌。釋曰少牢云主人出立于阼階上南面祝出立于西階上東面祝告曰利成此戶外告利成彼階上告利成以尊者稍遠於尸若天子諸侯禮畢於堂下告利成故詩楚茨云禮儀既備鍾鼓既戒孝孫徂位工祝致告鄭注云鍾鼓既戒戒諸在廟中者以祭禮畢孝孫往位堂下西面位也祝於是致孝孫之意告尸以利成是尊者告利成遠於尸也云不言禮畢於尸閒之嫌者閒閒暇無事若然禮畢則於尸閒暇無事有發遣尸之嫌故直言利成而已也

尸謖。祝前。主人降。謖起也前猶導也少牢饋食禮曰祝入尸謖主人降立于阼階東西面祝先尸從遂出于廟門前尸之儀士虞禮備矣〔疏〕尸謖至人降。注謖起至備矣。釋曰引少牢者證大夫禮主人立位與士不同又證前尸出廟之事云前尸之儀士虞禮備矣者彼有室中出戶降階出廟前尸之事故云備矣

祝反。及主人入。復位。命佐食徹尸俎。俎出于廟門。俎所以載肵俎少牢饋食禮曰有司受歸之〔疏〕注俎所至歸之。釋曰引少牢者是少牢下篇有司徹下大夫不賓尸之禮彼云佐食徹尸俎佐食乃出尸俎于廟門外有司受歸之此士禮不儐尸與下大夫同故引以相證也

徹庶羞。設于西序下。爲將餕去之庶羞主爲尸非神饌也尚書傳曰宗室有事族人皆侍終日大宗已侍於賓奠然後燕私燕私者何也已而與族人飲也此徹庶羞置西序下者爲將以燕飲與然則自尸祝至於兄弟之庶羞宗子以與族人燕飲于堂內賓宗婦之庶羞主婦以燕飲於房〔疏〕徹庶至序下。注爲將至于房。釋曰知非神饌而云爲尸者以其尸三飯後始薦庶羞故徹之乃餕也凡餕者尸餕鬼神之餘祭者餕尸之餘義取鬼神之惠徧廟中庶羞非鬼神惠故不用也引尚書傳已下者是彼康誥傳文大宗已侍於賓奠者或有作養或有作暮者皆誤以奠爲正也引之者證徹庶羞不入于房而設於西序下以擬燕故也必知祭有燕者案楚茨詩云鼓鍾送尸下云備言燕私鄭注云祭祀畢歸賓客之俎同姓則留與之燕所以尊賓客親骨肉也其上大夫當日儐尸安有燕故有司徹上大夫云主人退注云反於寢也是無燕

私若下大夫不儐尸與此士禮同亦當有燕也云與者以經直言設于序下不言燕疑之引書傳爲證有燕故言與以疑之也云然則自尸祝以下知義如此者以兄弟受獻於堂上主婦內賓受獻於房中尸出之後堂房無事故知燕時男子在堂婦人在房可也筵對席。佐食分簋鉶。爲將餕分之也分簋者分敦黍於會爲有對也敦有虞氏之器也周制士用之變敦言簋容同姓之士得從周制耳祭統曰餕者祭之末也不可不知也是故古之人有言曰善終者如始餕其是已是故古之君子曰尸亦餕鬼神之餘惠術也可以觀政矣〔疏〕筵對至簋鉶。○注爲將至政矣。○釋曰自此盡戶外西面論嗣子共長兄弟對餕之事云敦有虞氏之器者禮記明堂位云有虞氏之兩敦上文黍稷之敦是周制士用之云言簋容同姓之士得從周制耳者大夫異姓既用異代之器故少牢特牲皆用敦則同姓之士當同周制用簋故經言分簋是以文王世子鄭注亦云同姓之士緦衰異姓之士疑衰亦同姓與異姓別也引祭統者證餕是鬼神之惠偏廟中若國君之惠偏境內是可以觀政之事也宗人遣舉奠及長兄弟盥。立于西階下。東面北上。祝命嘗食。養者舉奠許諾。升入東面。長兄弟對之。皆坐。佐食授舉各一膚。命告也士使嗣子及兄弟養其惠不過族親也古文養皆作餕〔疏〕注命至作餕。○釋曰此決下篇少牢二佐食及二賓長餕明惠大及異姓不止族親而已主人西面再拜。祝曰。養有以也。兩養奠舉于俎。許諾皆答拜。以讀如何其久也必有以也之以祝告養釋辭以戒之言女養于此當有所以也以先祖有德而享于此祭其坐養其餘亦當以之也少牢饋食禮不戒者非親昵也舊說曰主人拜下養席南〔疏〕注以讀至席南。○釋曰云以讀如何其久也必有以也之以者此辭在詩邶風旄丘篇必有以從之者以此經云有以也者以先祖有功德子孫當嗣之而廟食先祖有德亦合享此祭故讀從之也是以彼注亦云我君何以久留於二佐必以衞有功德故也云其坐養其餘亦當以之也者亦謂亦似其先祖已上皆爲以爲似者誤也云少牢饋食禮不戒者非親昵也者謂二佐食與二賓長是非親昵也引舊說者以經直言主人西面拜不見其處故引舊說以明下養席南面若是者三。丁寧戒之皆取舉祭食。祭舉。乃食。祭鉶食舉。食乃祭鉶禮殺〔疏〕注食乃祭鉶禮殺。○釋曰前正祭之時尸祭鉶嘗之告旨訖佐食爾黍於席上尸始食今餕食乃祭鉶故抉之云禮殺故也卒食。主人降洗爵。宰贊一爵。主人升酌。酳上養。上養拜受爵。主人答拜。酳下養亦如之。少牢饋食禮曰贊者洗三爵酌主人受于戶內以授次養舊說云主人北面授下養爵〔疏〕注少牢至養爵。○釋曰引少牢者欲見此禮主人亦受于戶內以授次養引舊說以此經云酳下養主人面位無文當北面也主人拜。祝曰。酳有與也。如初儀。主人復拜爲戒也與讀如諸侯以禮相與之與言女酳此當有所與也與者與兄弟也既知似先祖之德亦當與女兄弟謂教化之〔疏〕注主人至

化之。○釋曰云讀如諸侯以禮相與之與者案禮運云諸侯以禮相與者諸侯會同聘問一德以尊天子言此者戒嗣子與長兄弟及衆兄弟相教化相與以尊先祖之德也兩養執爵拜。答主人也祭酒。卒爵拜。主人答拜。兩養皆降。實爵于篚。上養洗爵升酌。酢主人。主人拜受爵。下養復兄弟位不復升也上養即位坐。答拜。既授爵戶內乃就坐〔疏〕注既授至就坐。○釋曰以其主人位在戶內下餕席南西面故知上餕授爵於戶內乃就坐主人坐祭。卒爵拜。上養答拜。受爵降。實于篚。主人出。立于戶外西面。事餕者禮畢祝命徹阼俎豆籩。設于東序下。命命佐食阼俎主人之俎宗婦不徹豆籩徹禮略各有爲而已設于東序下亦將燕也〔疏〕祝命至序下。○注命命至燕也。○釋曰自此盡畢出論徹薦俎改設饌於西北隅爲陽厭之事云祝命徹阼俎者是佐食徹之當徹阼俎之時堂下賓兄弟俎畢出故下文云佐食徹阼俎堂下俎畢出是也者然祝命徹阼俎時堂下俎畢出又退在下者欲見先徹室內俎乃徹堂下是以祝命佐食徹阼俎及豆籩又祝自執俎以出又宗婦徹祝豆籩入於房即佐食改饌西北隅是以作經并說室內行事乃到本云上佐食徹阼俎時堂下俎畢出也云命命佐食者此命命使徹阼俎下文云佐食徹俎故知祝命者命佐食也云宗婦不徹豆籩徹禮略各有爲而已者以豆籩宗婦贊設之佐食設俎理應佐食還自徹俎宗婦徹豆籩以徹禮略各自有爲而已故宗婦豆籩今佐食并徹之故云徹禮略也各有爲而已者謂宗婦徹祝俎豆籩佐食徹阼俎豆籩是各自有爲何必依前所設之時也祝執其俎以出。東面于戶西。俟告利成少牢下篇曰祝告利成乃執俎以出〔疏〕注俟告至以出。○釋曰案有司徹下大夫不儐尸改饌于西北隅訖主人出立于阼階上西面祝執其俎以出立于西階上東面司宮闔牖戶祝告利成乃執俎以出于廟門外有司受歸之彼不儐尸之禮亦與此特牲禮同故引爲證也宗婦徹祝豆籩入于房。徹主婦薦俎。宗婦既並徹徹其卑者士虞禮曰祝薦席徹入于房〔疏〕宗婦至薦俎。○注宗婦至于房。○釋曰宗婦不徹主人豆籩而徹祝豆籩入房者爲主婦將用之爲燕祝兩豆籩而主婦用之者祝接神尸之類主婦燕姑姊妹及宗女宜行神惠故主人以薦羞并及祝庶羞燕宗人於堂主婦以祝籩豆用之燕內賓於房是其事也云宗婦既並徹徹其卑者以宗婦不徹主人籩豆而徹祝與主婦是徹其卑者故得並徹引士虞禮者以經自有入房之文注更引士虞禮者有嫌也嫌者以主婦薦俎先在房嫌經入房又爲徹佐食徹尸薦俎。敦設于西北隅。几在南。厞用筵。納一尊。佐食闔牖戶。降。厞隱也不知神之所在或諸遠人乎尸謖而改饌爲幽闇庶其饗之所以爲厭飫少牢饋食禮曰南面而饋之設此所謂當室之白陽厭也則尸未入之前爲陰厭矣曾子問曰殤不備祭何謂陰厭陽厭也〔疏〕注厞隱至厭也。○釋曰云不知神之所在或諸遠人乎禮記郊特牲之文彼論正祭與繹祭之事此爲陽厭引之者欲見孝子求神非一

處故先爲陰厭後爲陽厭之事也引少牢者見彼大夫禮陽厭南面此士禮東面雖面位不同當室之白則同案曾子問庶殤爲陽厭之事故彼云凡殤與無後者祭於宗子之家當室之白尊於東房是謂陽厭鄭注云當室之白謂西北隅得戶之明者也凡言厭者謂無尸直厭飫神故鄭云則尸未入之前爲陰厭矣謂祭于奧中不得戶明故名陰厭對尸謖之後改饌於西北隅爲陽厭以向戶明故爲陽厭也引曾子問云殤不備祭何謂陰厭陽厭也彼上文孔子曰有陰厭有陽厭謂宗子有陰厭無陽厭凡殤有陽厭無陰厭曾子言謂殤死陰厭陽厭並有故問孔子孔子引宗子一有陰厭凡殤一有陽厭引之證成人陰厭陽厭並有之義也祝告利成。降出。主人降。即位。宗人告事畢。賓出。主人送于門外。再拜。拜送賓也凡去者不答拜〔疏〕注拜送至答拜。○釋曰云凡去者不答拜者云凡揔解諸文主人拜送賓皆不答拜鄭注鄉飲酒云禮有終是也若賓更答拜是更崇新敬禮故不答也佐食徹阼俎。堂下俎畢出。記俎出節兄弟及衆賓自徹而出唯賓俎有司徹歸之尊賓者〔疏〕注記俎至賓者。○釋曰云唯賓俎有司徹歸尸侑之俎不儐尸尸歸尸俎皆不見歸賓俎鄭所以知歸賓俎者正見賓出主人送於門外再拜明賓不自徹俎主人使歸之若助君祭必自徹其俎鄭注曲禮大夫以下或使人歸之是以孔子世家云魯郊不致膰俎于大夫孔子不稅冕而行士大夫家尊賓則使歸之自餘亦自徹而去也記。特牲饋食。其服皆朝服。玄冠。緇帶。緇韠。於祭服此也皆者謂賓及兄弟筮日筮尸視濯亦玄端至祭而朝服朝服者諸侯之臣與其君日視朝之服大夫以祭今賓兄弟緣孝子欲得嘉賓尊客以事其祖禰故服之緇韠者下大夫之臣夙興主人服如初則固玄端〔疏〕記特牲至緇韠。○注於祭至玄端。○釋曰此退玄冠在朝服下者欲令近緇色士冠在朝服上從而正也云皆者謂賓及兄弟筮日筮尸視濯亦玄端者見上經云筮日主人冠玄端子姓兄弟如主人之服有司羣執事如兄弟服筮尸云如求日之儀至於視濯又不見異服故知皆玄端至祭日夙興云主人服如初初即玄端明其餘不如初是朝服可知是以此注云皆者謂賓及兄弟也云朝服者諸侯之臣與其君日視朝之服大夫以祭者案玉藻云諸侯朝服以日視朝下少牢云主人朝服是也緇韠者下大夫之臣者士冠禮云主人玄冠朝服緇帶素韠韠與裳同色此朝服緇韠大夫之臣朝服素韠此緇韠故云下大夫之臣云夙興主人服如初則固玄端引上經者直言皆朝服恐主人亦在其中故引證主人服玄端與兄弟異也唯尸祝佐食玄端。玄裳。黃裳。雜裳可也。皆爵韠。與主人同服周禮士之齊服有玄端素端然則玄裳上士也黃裳中士雜裳下士〔疏〕注與主至下士。○釋曰周禮司服文引之者欲見士之齊服有一玄端而裳則異故鄭云然則玄裳以下見玄端一而裳有三也彼注云素端者亦謂札荒有所禱請服之於此經無所當而連引之耳若然士冠亦有玄端三等裳而引司服者以此特牲祭祀時彼據齊時四命已上齊祭異冠大夫齊祭同冠故就此祭祀引齊時冠服爲證也設洗南北以堂深。東西當東榮。榮屋翼也水在洗東。祖天地之左海篚在洗西。

南順。實二爵二觚四觶一角一散。順從也言南從統於堂也二爵者爲賓獻爵止主婦當致也二觚長兄弟酬衆賓長爲加爵二人班同宜接並也四觶一酌奠其三長兄弟酬賓卒受者與賓弟子兄弟弟子舉觶於其長禮殺事相接禮器曰貴者獻以爵賤者獻以散尊者舉觶卑者舉角舊說云爵一升觚二升觶三升角四升散五升〔疏〕注順從至五升○釋曰云二爵者爲賓獻爵止主婦當致也者以一爵獻尸尸奠之未舉又一爵主婦當致者案經主婦致爵於主人婦人不見就堂下洗當於內洗則主婦致爵於主人時不取堂下一爵而云主婦當致者謂主婦當受致之時用此爵也云四觶一酌奠其三長兄弟酬賓卒受者與賓弟子兄弟弟子舉觶於其長禮殺事相接者酌奠于鉶南是嗣子雖飲還復神之奠觶也餘有三在主人洗一觶酬賓奠於薦北賓舉奠於薦南此未舉也下篚有二觶在又長兄弟洗觶爲加爵衆賓長獻爲加爵如初爵止此亦未舉也下篚仍有一觶在尸羞之後賓始舉奠觶行旅酬辯卒受者以虛觶奠於下篚還有二觶至爲加爵者作止爵長兄弟亦坐舉其奠觶酬賓如賓酬兄弟之儀以辯卒受者未實觶于篚時賓弟子兄弟子洗觶各酌舉觶於其長即用其篚二觶卒受者未奠之故三觶並用也故注云卒受者與賓弟子兄弟弟子舉觶於其長也云禮器曰貴者獻以爵者謂賓長獻尸主人致爵於主婦是也賤者獻以散是上利洗散是也尊者舉觶謂若酌奠之及長兄弟酬賓之等是也卑者舉角謂主人獻用角鄭云不用爵者下大夫也則大夫尊用爵士卑用角是也引舊說者爵觚已下升數無正文韓詩雖有升數亦非正經故引舊說爲證也

壺棜禁饌于東序。南順。覆兩壺焉。蓋在南。明日卒奠。冪用綌。即位而徹之。加勺。覆壺者盝瀝水且爲其不宜塵冪用綌以其堅絜禁言棜者祭尚厭飫得與大夫同器不爲神戒也〔疏〕注覆壺至戒也○釋曰未奠不設冪卒奠乃設之故曰卒奠冪用綌云禁言棜者祭尚厭飫得與大夫同器不爲神戒也者器本無名人與作號棜之與禁因物立名是以大夫尊以厭飫爲名士卑以禁戒爲稱復以有足無足立名故禮記注云無足有似於棜或因名云耳但經已有棜字注云世人因名者誤當無世人字也士曰禁由有足以士虞禮云尊于室中兩甒醴酒無禁禁由足生名禮記云大夫用棜士用禁及鄉飲酒鄉射皆非祭禮是以雖大夫去足猶存禁名至祭則去足名爲棜禁不爲神戒也

籩巾以綌也。纁裏。棗烝栗擇。籩有巾者果實之物多皮核優尊者可烝裹之也烝擇互文舊說云纁裏者皆玄被〔疏〕注籩有至玄被○釋曰言多皮核者栗多皮棗多核

鉶芼用苦若薇。皆有滑。夏葵冬荁。苦苦荼也荁堇屬乾之冬滑於葵詩云周原膴膴堇荼如飴今文苦爲芐芐乃地黃非也〔疏〕注苦苦至非也○釋曰云乾之冬滑於葵者以其冬乾用之不用葵而用荁明知冬則滑於葵也引詩證之詩言堇荼即經荁苦之類也云今文苦爲芐芐乃地黃非也者爾雅釋草云芐地黃非者以其與薇葵等菜爲不類故知非也

棘心匕刻。刻若今龍頭

牲爨在廟門外東南。魚腊爨在其南。皆西面。饎爨在西壁。饎炊也西壁堂之西牆下舊說云南北直屋梠稷在南〔疏〕注饎炊至在南○釋曰云西壁堂之西牆下者案上經云主婦視饎爨于西堂下遍西壁爲之故以舊說稱之也舊說者案爾雅釋宮曰檐謂之樀孫氏云謂室梠周人謂之梠齊人謂之檐謂承檐行材士喪禮銘置于宇西階上鄭注云宇梠是也

肵俎心舌。皆去本末。午割之。實于牲鼎。載心立舌縮俎。午割從橫割之亦勿沒立縮順其牲心舌知食味者欲尸之饗此祭是以進之〔疏〕注午割至進之○釋曰云載心立舌縮俎者少牢云舌皆切本末亦午割勿沒其載于肵橫之此言縮俎者彼言橫據俎上云爲橫此言縮據鄉人爲縮是以少牢云皆進下是也云亦勿沒者亦少牢文謂四面皆鄉中央割之不絕中央少許謂之勿沒也

賓與長兄弟之薦。自東房。其餘在東堂。東堂東夾之前近南〔疏〕注東堂至近南○釋曰其餘謂衆賓兄弟之薦也

沃尸盥者一人。奉槃者東面。執匜者西面淳沃。執巾者在匜北。匜北執匜之北亦西面每事各一人淳沃稍注之今文淳作激

宗人東面取巾振之三。南面授尸。卒。執巾者受。宗人代授巾庭長尊

尸入。主人及賓皆避位。出亦如之。避位逡遁

嗣舉奠。佐食設豆鹽。肝宜鹽也

佐食當事則戶外南面。無事則中庭北面。當事將有事而未至

凡祝呼佐食。許諾。呼猶命也

宗人獻與旅齒於衆賓。尊庭長齒從其齒幼之次

佐食於旅齒於兄弟。尊兩壺于房中西墉下。南上。爲婦人旅也其尊之節亞西方〔疏〕注爲婦至西方○釋曰先尊東方者亦惠由之也西方雖是賓以其男子故在前設尊此處爲房內婦人設尊故知亞次西方又經云尊兩壺于阼階東又云西方亦如之明其相亞次此房內婦人之尊上文不見者異之於婦人

內賓立于其北。東面南上。宗婦北堂東面北上。二者所謂內兄弟內賓姑姊妹也宗婦族人之婦其夫屬于所祭爲子孫或南上或北上宗婦宜統於主婦主婦南面北堂中房而北〔疏〕注二者至而北○釋曰言所謂者上經云主人洗獻內兄弟于房中如獻衆兄弟之儀是也云其夫屬于所祭爲子孫者以其在父行則謂之爲母今言宗婦則其夫屬於所祭死者之子孫之妻皆稱婦也云或南上或北上云內賓姑姊妹賓客之類南上自取曲禮云東鄉西鄉以南方爲上宗婦雖東鄉取統于主婦故北上主婦南面故也云北堂中房而北者謂房中半已北爲北堂也

主婦及內賓宗婦。亦旅西面。西面者異於獻也男子獻於堂上旅於堂下婦人獻於南面旅於西面內賓象衆賓宗婦象兄弟其節與其儀依男子也主婦酬內賓之長酌奠于薦左內賓之長坐取奠於右宗婦之娣婦舉觶於其姒婦亦如之內賓之長坐取奠觶酬宗婦之姒交錯以辯宗婦之姒亦取奠觶酬內賓之長交錯以辯內賓之少者宗婦之娣婦各舉奠於其長並行交錯無筭其拜及飲者皆西面主婦之東南〔疏〕注西面至東南○釋曰云西面者異於獻也者以受獻時南面也云男子獻於堂上旅於堂下者見上經云婦人獻於南面旅於西面者見於有司徹云其節與其儀依男子也者謂依上經旅酬及無筭爵早晚行事之節皆依男子也云主婦酬內賓之長酌奠于薦左內賓之長坐取奠于右者此約上經主人洗觶酌于西方之尊西階前酬賓時主人奠觶于薦北賓坐取觶奠觶于薦南是也云宗婦之娣婦舉觶於其姒婦亦如之者此亦約上經兄弟弟子洗酌于東方之尊阼階前北面舉觶于長兄弟如主人酬賓儀是也云內賓之長坐取奠觶酬宗婦之姒交錯以辯者此亦上經正行旅酬節賓坐取奠觶阼階前北面酬長兄弟交錯以辯皆如初儀是也云宗婦之姒亦取奠觶酬內賓之長交錯以辯者此亦約旅酬節云長兄弟酬賓如賓酬兄弟之儀以辯卒受者實觶于篚是也云內賓之少者宗婦之娣婦各舉觶於其長者此亦約上經正行無筭爵時云賓弟子及兄弟弟子各酌于其尊舉觶於其長下云爵皆無筭是也云其拜及飲者皆西面主婦之東南者此經云亦旅西面故知其拜受及拜受飲皆西面又亦旅酬之法飲皆西面知在主婦之東南者以其不背主婦又得邪角相向也

宗婦贊薦者。執以坐于戶外。授主婦尸。卒食而祭饎爨雍爨。雍孰肉以尸享祭竈有功也舊說云宗婦祭饎爨亨者祭雍爨用黍肉而已無籩豆俎禮器曰燔燎於爨夫爨者老婦之祭盛於盆尊於瓶〔疏〕注雍孰至於瓶○釋曰云亨者則周禮亨人之官其職主實鑊水爨亨之事以供外內饔故使之祭饔爨也云用黍肉而已無籩豆俎者亦約禮器云盆瓶之引禮器者案彼云孔子曰臧文仲焉知禮燔柴於奧鄭注云奧當爲爨字之誤也或作竈禮尸卒食而祭饎爨雍爨也時人以爲祭火神乃燔柴又云夫爨者老婦之祭也盛於盆尊於瓶注云老婦先炊者也盆瓶炊器也明此祭先炊非祭火神燔柴似失之引之者證祭爨之事也

賓從尸。俎出廟門。乃反位。賓從尸送尸也士之助祭終其事也俎尸俎也賓既送尸復入反位者宜與主人爲禮乃去之〔疏〕注賓從至去之○釋曰云士之助祭終其事也者謂送尸爲終其事則更無儐尸之禮若上大夫有儐尸者尸出賓不送以其事終於儐尸故也

尸俎。右肩臂臑肫胳。正脊二骨。橫脊。長脅二骨。短脅。尸俎神俎也士之正祭禮九體貶於大夫有併骨二亦得十一之名合少牢之體數此所謂放而不致者凡俎實之數奇脊無中脅無前貶於尊者不貶正脊不奪正也正脊二骨長脅二骨者將舉於尸尸食未飽不欲空神俎〔疏〕注尸俎至神俎○釋曰云亦得十一之名合少牢之體數者謂少牢正體之數十一若牢並骨并數則十七鄭云此所謂放而不致者致至也所謂禮器彼鄭注云謂若諸侯自山龍以下皆有放象諸侯山龍以下至日月星辰卿大夫又不山龍此士併骨二數乃得十一除此唯九而已亦是放而不至也云凡俎實之數奇者有九有七有五是奇數以其鼎俎奇故實數亦奇而相稱也云脊無中脅無前貶於尊者不貶正脊不奪正也者以少牢大夫禮三脊脅具有此但有二體貶於大夫大夫即尊者也等貶牲體不貶正脊者不奪其正長脅亦不貶者義與正脊同云正脊二骨長脅二骨者將舉於尸尸食未飽不欲空神俎者此脊與脅二骨本爲餼厭飫所設也又次尸既舉脊脅而猶有脊脅在既不空神俎義得兩施

膚三。爲養用二厭飫一也

離肺一。離猶捘也小而長午割之亦不提心謂之舉肺

【疏】離肺一。注離猶至舉肺。○釋曰：云亦不提心者言亦謂亦少儀云牛羊之肺離而不提心鄭注云提猶絕也挳離之不絕中央少許者是也**刌肺三。**爲尸主人主婦祭今文刌爲切**魚十有五。**魚水物以頭枚數陰中之物取數於月十有五日而盈少牢饋食禮亦云十有五而俎尊卑同此所謂經而等也【疏】注魚水至等也。○釋曰：云魚水物以頭枚數者對三牲與腊以體數也云取數於月十有五日而盈者案禮運云月三五而盈三五而闕文出於彼也云此所謂經而等者亦所謂禮器彼鄭注云謂若天子以下至士庶人爲父母三年是也引之者謂魚數亦尊卑同也**腊如牲骨。**不但言體以有一骨二骨者【疏】注不但至骨者。○釋曰：云不但言體以有一骨二骨者若但言體體有九有十一則不兼二骨者若言牲骨則一骨二骨兼在其中故直言如牲骨也**祝俎髀脡脊二骨脅二骨。**凡接於神及尸者俎不過牲三體以特牲約加其可併者二亦得奇名少牢饋食禮羊豕各三體【疏】祝俎至二骨。注凡接至三體。○釋曰：云祝俎直云脊二骨謂代脊也知者以尸俎無脡脊祝則有之尸俎無代脊祝俎有代脊可知云凡接於神及尸者俎不過牲三體以特牲約加其可併者二亦得奇名者言凡者凡祝佐食賓長長兄弟宗人之等是也接神者謂祝與佐食佐食尸未入爲神設俎卻會祝酌奠於鉶南故曰接神也接尸者賓爲三獻長兄弟爲加爵尸盥宗人授巾皆是與尸相接也知皆三體者下佐食俎瞉折脊脅也賓骼長兄弟及宗人折其餘如佐食俎故知皆三體也衆賓之長亦有加爵接於尸亦應三體下文但言兄弟及宗人而衆賓長亦在焉可知故下文直云衆賓及衆兄弟皆殽脅注云不備三者賤也則衆賓長爲加爵不在賤限以特牲約加其可併者二骨者是尊祝也佐食也已下卑無加故下注云三體卑者從正是也云少牢饋食禮羊豕各三體者以少牢二牲故祝俎無加者直三體引之以證此特牲約三體之外加其併骨也若然俎實奇數二牲各三體共六體不奇者通腊髀爲七則亦奇數也以其腊既兩髀屬于尻不殊故爲一體也**膚一。離肺一。胙俎臂。正脊二骨橫脊長脅二骨短脅。**主人尊欲其體得祝之加數五體又加其可併者二亦得奇名臂左體臂【疏】膚一至短脅。注主人至體臂。○釋曰：云臂左體臂者以其尸用右不云折明全升主人又云臂明左臂可知脊骨多不嫌得與尸同用右體猶脊然也**膚一。離肺一。主婦俎瞉折。**瞉後足折分後右足以爲佐食俎不分左臑折辟大夫妻古文瞉皆作穀【疏】注瞉後至作穀。○釋曰：云瞉後足者案既夕記云明衣裳長及瞉鄭注云瞉足跗也是瞉後足也云分後右足以爲佐食俎者經不云後右足鄭知者以少牢主婦用左臑此士妻辟之不用左臑用後右足不用後左足左足大卑故知用後右足故知用後右足故鄭云辟大夫妻也**其餘如胙俎。**餘謂脊脅膚肺**佐食俎瞉折脊脅。**三體卑者從正【疏】左食至脊脅。注三體卑者從正。○釋曰：直云脊脅不定體名欲見得便用之少牢佐食俎設于兩階之閒其俎折一膚鄭注云折者擇取牢正體餘骨折分用之有脊而無薦亦遠下尸是無定體也**膚一。離肺一。賓骼。長兄弟及宗人折。其餘如佐食俎。**骼左骼也賓俎全體尊賓不用尊體爲其已甚卑而全之其宜可也長兄弟及宗人折不言所分畧之【疏】注骼左至畧之。○釋曰：知骼是左骼者以其尸用右骼故知賓所用骼是左骼可知也云長兄弟及宗人折不言所分畧之者此決上文主婦俎瞉折佐食俎亦名瞉折此不言所分故知畧之也**衆賓及衆兄弟內賓宗婦。若有公有司私臣。皆殽脅。**又畧此所折骨直破折餘體可殽者升之俎一而已不備三者賤祭禮接神者貴凡骨有肉曰殽祭統曰凡爲俎者以骨爲主貴者取貴骨賤者取賤骨貴者不重賤者不虛示均也俎者所以明惠之必均也善爲政者如此故曰見政事之均焉公有司亦士之屬命於君者也私臣自己所辟除者【疏】注又畧至除者。○釋曰：云又畧者上文長兄弟及宗人直言折不言所折骨體已是畧此又不言折而言殽脅是又畧也言此所折骨值有餘體即破之可也云祭禮接神者貴者謂長兄弟及宗人已上俎皆三皆有脅肺以接神及尸貴故三體不止接神尸神象所接尸者亦貴可知自衆賓已下折體而已不接尸神賤無獻故也宗人雖不獻執巾以接尸亦名接尸也引祭統者見貴賤皆有骨示均之義云已所辟除者則府史之等不命於君者也**膚一。離肺一。公有司。門西。北面東上。獻次衆賓。私臣門東。北面西上。獻次兄弟。升受降飲。**獻在後者賤也祭祀有上事者貴之亦皆與旅【疏】注獻在至與旅。○釋曰：公有司獻在衆賓後私臣獻在兄弟後故云獻在後者賤也云祭祀有上事者貴之者謂衆賓兄弟次賓之卑得獻衆賓擇取公有司可執事者謂前舉鼎七載羞從獻衆賓擇取公有司酬爵之屬如此者門外在有司羣執事中入門列在東面爲衆賓餘者在門西位也兄弟雖無上事亦皆在西面位族親故也私臣獻在兄弟後者職賤公有司在衆賓後不執事賤於執事者故曰有上事者貴之宗人獻與旅齒於衆賓則公有司爲之佐食於旅齒於兄弟則私臣之中擇爲賓使爲佐食也是以前文佐食北面立于中庭注云佐食賓佐尸食者是也案前賓得獻薦膳醢設折俎注云公有司設之及獻兄弟薦脅注云私人爲之與二者皆使執事云非執事者以受獻者不得自設組暫使二者設之非本執事之人然則公有司私臣薦組皆使徒隸爲之與云皆與旅者上宗人獻旅云齒於衆賓佐食旅齒於兄弟是但言獻次不言旅以宗人佐食約之與旅者亦此二人也若天子諸侯祭祀其位無文此公有司在門西北面東上私臣在門東北面西上天子諸侯祭祀可依此位矣同姓無爵者在阼階前西面北上卿西階前東面北上大夫在門東北面士門西北面旅食在其後少牢下篇云衆賓位在門東北面既獻在西階西南衆賓繼上賓而南天子諸侯之賓其位或依此與案祭統云凡賜爵昭爲一穆爲一昭與昭齒穆與穆齒凡羣有司皆以齒此之謂長幼有序此不見昭穆位與主人衆兄弟非昭穆乎故彼注昭穆猶特牲少牢饋食之禮主人之衆兄弟也羣有司猶衆賓下及執事者君賜之爵謂若酬之是也若其有爵者則以爵序之何故然也案文王世子其在外朝則以官其在宗廟之中則如外朝之位宗人授事以爵以官是不以姓其獻之亦以官故祭統云尸飲五君洗玉爵獻卿尸飲七以瑤爵獻大夫尸飲九以散爵獻士及羣有司皆以齒明尊卑之等是也其酬蓋因此位而昭穆得獻蓋依少牢下篇主人洗升酌獻兄弟昨階上注云兄弟長幼立飲賤不別大夫之賓尊於兄弟又曰禘受爵其位在洗東西面北上升受爵其薦脅設于其位注云先著其位於上乃後云薦脅設于其位明位初在是也此中皆無爵者以此二者差之知無爵者從昭穆有爵者則以官矣鄉釋執事者貴即衆賓無事者公有司私臣注祭統云羣有司猶衆賓下及執事者似衆賓不執事言下及殊卑者指謂公有司私臣是亦得名爲執事言衆賓據尊言謂之不執事者或衆賓中容有不執事者也

儀禮卷第十五　經三千三百單五　注五千五百一十七　儀禮疏卷第四十六

元缺第八葉　第九葉今補

儀禮注疏卷四十六挍勘記　阮元撰盧宣旬摘録

嗣舉奠盥入

舉猶飲也　猶飲陳閩監葛俱誤作飲酒

欲見無長適　通解要義同毛本長適二字倒

獻謂舉奠洗爵酌入也　通解要義同毛本謂作爲

舉奠洗酌入〇尸祭酒啐酒　唐石經徐本通解楊敖同集釋毛本無尸字按集釋無者疑近刻譌脫

此嗣子獻賓賓啐之　兩賓字通解並作尸毛本賓下有皆字通解要義俱無

亦欲酢已　要義同通解毛本酢作酳

故於此揔言凡也　通解要義同毛本無凡字

宗人告祭脅

衆賓衆兄弟內賓也　徐本集釋楊敖同毛本通解兄上無衆字

上又下長兄弟如賓儀　毛本又作文

乃羞

自祝主人至於內賓　毛本祝誤作酌

言自祝下及內賓及衆賓兄弟　通解要義同毛本內賓下無及字

乃羞庶羞于賓兄弟　毛本乃誤作薦

不儐尸　陳本通解要義同毛本儐作殯

云內羞者　毛本通解要義云下有無字

禮殺故也　陳本通解要義同毛本禮下有後改二字

賓坐取觶〇長兄弟在右　上三字陳閩葛本俱脫

以其堂上與神靈共尊　通解要義毛本上俱作下與通解要義俱作與毛本作於

禮尸於室中　通解要義同毛本於作與

賓酬長兄弟　毛本酬誤作旅

同類之中　毛本類誤作上

賓奠觶拜○賓立卒觶　毛本卒作于唐石經徐本集釋通解要義楊敖俱作卒○按卒字是

長兄弟西階前北面衆賓長自左受旅　唐石經徐本集釋楊敖同毛本通解無自字

長兄弟酬賓

此長兄弟所舉奠觶者　通解同毛本無弟字

所以嫌者　此句下此本誤複嫌其不終所以嫌者入字通解毛本無

賓弟子及兄弟弟子洗○長皆荅拜舉觶者祭卒觶拜長皆荅拜　下十一字毛本脫唐石經徐本集釋通解楊敖俱有○各酌于其尊　唐石經徐陳閩葛集釋通解楊敖同毛本尊作奠

同於生人飲酒　陳本通解要義同毛本生作主

長皆執以興

亦皆北面　徐本集釋通解楊敖同毛本皆下有作字

行旅酬及無算爵　通解要義同毛本及作又

爵皆無算

亦交錯以辯　毛本錯誤作醋

利洗散

以利待尸禮將終　待集釋作侍按疏作事

衆賓長爲加爵　通解同毛本無爲字

通洗散獻尸亦三　陳本通解同毛本三作二

主人出立于戶外西南　南集釋敖氏俱作面張氏曰下文有云上養荅拜受爵降實于篚主人出立于戶外西面此南字亦當爲面從下文○按唐石經亦作南張氏以意改爲面而李氏敖氏從之

祝東面告利成

立于阼階上南面　浦鏜云西誤面

此戶外告利成　毛本利誤作禮

徹庶羞

孝孫往位堂下西面位也　通解要義同毛本往作祖

大宗已侍於賓奠　張氏曰監本已誤作巳字陸氏曰奠本或作暮或作養○按賈疏謂暮養皆誤以奠爲正

已而與族人飲也　已上集釋有祭字

以其尸三飯後　毛本三誤作及飯要義作飯通解毛本作飲

其上大夫當日儐尸　通解要義同毛本日作曰

是無燕私若　通解要義同毛本若作者屬此句

以兄弟受獻于堂上　通解要義同毛本上作下

筵對席

周制士用之　徐本集釋通解楊氏同毛本之作虞

可以觀政矣　徐陳閩葛集釋通解楊氏同毛本觀作勸

當同周制用簋　周制二字要義重出

主人西面再拜

祝告養　告徐本集釋俱作日通解楊氏毛本作告

言女養于此　徐本楊氏同集釋于作乎通解毛本無于字

亦當以之也　疏云亦謂亦似其先祖已上皆爲以爲似者誤也盧文弨云字作以其義爲似陸於經文云以依注音似疏釋此句云謂亦似其先祖下注似先祖之德皆作似字乃復云似誤殊所不解○按必有以也毛詩作以不作似鄭注禮時未見毛詩此注引詩必作似後人妄據毛詩改之陸釋經有以云以依注音似或如字固已爲騎墻之解矣至賈疏當云已上皆爲似爲以者誤也今本互易二字遂不可通然疏引詩箋爲解亦不合蓋不知鄭氏注禮與箋詩不同而欲强同之轉覺牽溷

我君何以久留於二佐　浦鏜據原文改二佐爲此乎

已上皆爲以爲似者誤也　說見上陳閩以俱作已尤誤

不見其處　通解同毛本處作惠

以明下養席南面　毛本通解無面字

卒食

贊者洗三爵酌　徐本集釋通解楊敖同毛本無酌字

主人北面授下養爵　集釋楊氏同徐本通解下作于

主人坐祭卒爵拜○立于戶外西面　唐石經徐本集釋通解楊敖同毛本外作內

事餕者禮畢　毛本餕誤作人

祝命徹阼俎豆籩

者然祝命徹阼俎時　要義者作若毛本無者字

今佐食并徹之　通解同毛本今作命

祝執其俎以出

乃執俎以出于廟門外　通解同毛本無外字

佐食徹尸薦俎敦

南面而饋之設　徐本要義同集釋通解楊氏毛本而俱作如按古書假借通用後人多改從本字閒有一二存者宜仍其舊

當室之白則同　陳閩通解要義同毛本當作堂○按當字是

陰厭陽厭並有　毛本無竝字要義竝字作具字

孔子引宗子一有陰厭　引陳閩俱作別毛本一作死要義作一下同

祝告利成

拜送賓也　徐本集釋通解要義楊氏同毛本拜作荅

若賓更荅拜　要義無更字

佐食徹阼俎

唯實俎　徐本同集釋通解楊氏毛本實俱作賓張氏曰監本實作賓從監本

孔子不稅冕而行　陳本要義同毛本通解稅作脫

[記]特牲饋食

今賓兄弟　徐本集釋楊氏同通解毛本今作命

士冠在朝服上　要義同毛本服上二字倒陳閩俱脫上字

明其餘不如初　不要義作亦

此緇韠　通解同毛本韠作帶○按韠是也

唯尸祝佐食

然則元裳以下見元端一而裳有三也　陳閩俱無下見二字三陳閩通解俱作三毛本作二

亦謂札荒有所禱請服之　毛本札作禮○按作札與鄭注司服注合後人疑札爲禮之譌遂改爲禮

設洗○東西當東榮　毛本榮誤作營

水在洗東

祖天地之左海左陳閩監葛通解俱作右集釋作左按右非也

篚在洗西

長兄弟酬衆賓長爲加爵酬徐本要義楊氏俱作酬集釋作及通解毛本作酌周學健云及監本作酌楊氏儀禮圖作酬竝譌推尋文義應作及字爲是

宜接竝也徐本集釋要義楊氏同通解毛本宜作迎

其三長兄弟酬賓卒受者毛本酬作酌

又長兄弟洗觶爲加爵通解同毛本又作及

在尸羞之後尸陳閩通解俱作乃

畢者舉角通解要義同毛本角作爵

壺棜禁饌于東序○冪用綌張氏曰經曰冪用綌按注作鼏從注○按冪鼏之淆已久毛本注亦作冪其不足憑明矣

且爲其不宜塵且徐本釋文集釋通解楊敖俱作且是也陳閩監葛俱誤作宜毛本作盈

鼏用綌徐本通解同集釋楊氏毛本鼏俱作冪

邊巾以綌也纁裏唐石經徐陳集釋通解楊敖同毛本裏作裹按作裹因注文烝裹字而誤

可烝裹之也裹徐本作裏下同釋文集釋通解楊氏毛本俱作裹按當作裏

鉶芼○夏葵冬荁荁徐本作荁誤注同

云今文苦爲芐毛本今誤作經

牲爨在廟門外東南○饎爨在西壁壁釋文作辟云步歷反又音壁

稷在南徐陳集釋通解同毛本稷作禝

肵俎

是以進之毛本進誤作祭

沃尸

今文淳作激陸氏曰激一本作浮劉本作徼音敫○按浮與淳形相似而誤徼者又專之譌故其字音敫也

尊兩壺于房中西墉下徐陳集釋通解楊敖同石經補缺闕監葛本俱誤作牖毛本作牖

內賓立于其北東面西上徐本同集釋通解要義楊敖毛本西俱作南張氏曰監巾箱杭本西作南從諸本

如獻衆兄弟之儀如陳閩監本要義俱作知

主婦及內賓宗婦

宗婦之娣婦娣釋文作弟云大計反或作娣下弟同

舉觶於其姒婦陸氏曰姒音似本或作似

各舉奠於其長奠集釋作觶與疏合

皆西面主婦之東南面下集釋敖氏俱有于字按疏亦脫于字

皆西面主婦之東南者南陳本作南竝與注合毛本作面

尸卒食而祭饎爨雍爨

亨者祭雍爨亨徐本楊氏俱作享集釋通解要義俱作亨

尸俎右肩臂臑肫胳

凡俎實之數奇實徐陳集釋通解楊氏俱作實與此本述注合毛本作食下同

貶於尊者徐陳集釋通解楊氏同毛本尊作奠按疏是尊字

三脊脅具有通解同毛本具作俱

魚十有五

謂魚數亦尊卑同也毛本通解謂作諸

祝俎髀脡脊二骨髀唐石經徐本集釋通解楊敖俱作髀毛本作脾脡閩監葛本俱誤作脡

祝俎直云脅二骨謂代脅也知者以尸俎無脡脊祝則

有之尸俎無代脅祝俎有代脅可知自也知至代脅十八字毛本脫此本有通解無知者二字尸俎無代脅下有祝俎有代脅五字餘與此本同按就此本言之但移祝俎有代脅五字置於尸俎無代脅下而以也字屬上讀代脅爲句則文勢自順通解增刪未當

言凡者陳閩同毛本言作亦

下佐食俎轂折脊脅也轂陳閩俱作穀

約三體之外毛本約下有有字

胙俎

又加其可併者二徐本集釋楊氏同毛本加作於通解加字在於字下

主人又云臂通解同毛本又作右

主婦俎轂折

折分後右足以爲佐食俎分下要義有也字按疏述注無折字疑此注折下脫分也二字

辟大夫妻古文轂皆作穀張氏曰監本辟誤作臂字下六字毛本脫徐本集釋俱有與此本標目合

注轂後至作轂作轂毛本作夫妻非也

左足大卑故知用後右足故知用後右足故鄭云辟大

夫妻也毛本作左足大卑故也脫中間十八字按復句疑衍故知二字

衆賓及衆兄弟

所以明惠之必均也徐本集釋通解要義同毛本無明字

私臣自己所辟除者按段玉裁云自當是目字此與喪服注私兄弟目其親族也同

執巾以授尸巾閩本誤作申授毛本作按通解要義俱作授

公有司門西北面東上

祭祀有上事者貴之此句下集釋有非執事者四字按注上云獻在後者賤也故此句釋之有事爲貴則無事者賤矣下云亦皆與旅即承賤者言古人文簡似不必如集釋所增

謂前舉鼎七載羞從獻衆賓擇取公有司酬爵之屬七通解要義俱作匕是也毛本誤作已屬毛本作事陳閩通解要義俱作屬按此句疑有誤一本改作謂執前舉鼎匕載所從燔從加爵之事

及獻兄弟薦脅毛本及誤作乃

及羣有司皆以齒毛本羣誤作於

鄉釋執事者貴鄉釋毛本作卿擇陳本作鄉擇○按鄉讀曰曏曏釋猶言舊解也

儀禮疏卷第四十七　儀禮卷第十六

唐朝散大夫行大學博士弘文館學士臣賈公彥等撰

少牢饋食禮第十六〔疏〕少牢饋食禮第十六○鄭目錄云諸侯之卿大夫祭其祖禰於廟之禮羊豕曰少牢少牢於五禮屬吉禮大戴第八小戴第十一別錄第十六○釋曰鄭知諸侯之卿大夫者曲禮下云大夫以索牛用大牢是天子卿大夫明此用少牢爲諸侯之卿大夫可知賓尸是卿不賓尸爲下大夫爲異也

儀禮　鄭氏注

少牢饋食之禮。禮將祭祀必先擇牲繫于牢而芻之羊豕曰少牢諸侯之卿大夫祭宗廟之牲〔疏〕少牢饋食之禮○注禮將至之牲○釋曰自此盡如初儀論卿大夫祭前十日先筮日之事云禮將祭祀必先擇牲繫于牢而芻之者案周禮地官充人職云掌繫祭祀之牲牷祀五帝則繫于牢芻之三月享先王亦如之注云牢閑也必有閑者防禽獸觸齧養牛羊曰芻三月一時節氣成案楚語諸侯卿大夫等雖不得三月亦皆有養牲之法故鄭據焉言芻之唯據羊若豕則曰豢故地官槀人職云掌豢祭祀之犬樂記亦云豢豕作酒非以爲禍不言豕曰豢文畧也云羊豕曰少牢者對三牲具爲大牢若然豕亦有牢稱故詩公劉云執豕於牢下經云上利升牢心舌注云牢羊豕也是豕亦稱牢也但非一牲即得牢稱一牲即不得牢名故郊特牲與士特牲皆不言牢也

日用丁巳。內事用柔日必丁巳者取其令名自丁寧自變改皆爲謹敬必先諏此日明日乃筮〔疏〕日用丁巳○注內事至乃筮○釋曰云內事用柔日曲禮文彼云外事以剛日內事以柔日內事謂冠昏祭祀出郊爲外事謂征伐巡守之等若然以甲丙戊庚壬爲剛日乙丁巳辛癸爲柔日今直言丁巳者鄭云取其令名自丁寧自變改皆爲謹敬之義故也云必先諏此日明日乃筮者以其舉事尚朝且不可今日謀日即筮是以此文云日用丁巳乃云筮旬有一日是別於後日乃筮也

筮旬有一日。旬十日也以先月下旬之巳筮來月上旬之巳〔疏〕筮旬有一日○注旬十至之巳○釋曰知旬十日者此云旬有一日以先月下旬之巳筮來月上旬之巳者除後巳之前通前巳爲十日爲齊後巳來日則祭若然筮日即齊乃可故下文筮日即云乃戒官不云厥明也鄭直云下旬巳上旬巳據用巳一日而言若用丁言先月下旬丁筮來月上旬丁若丁巳之外辛乙之等皆然鄭必言來月上旬不用中旬下旬者吉事先近日故也

筮於廟門之外。主人朝服西面于門東。史朝服。左執筮右抽上韇。兼與筮執之。東面受命于主人。史家臣主筮事者〔疏〕筮於至主人○注史家至事者○釋曰云主人朝服西面于門東者此爲將筮故西面案下文爲期于廟門外主人門東南面注云主人不西面者大夫尊於諸臣有君道也者彼不爲卜筮之事故主人南面也又主人朝服者爲祭而筮還服祭服是以上篇特牲筮亦服祭服玄端以此而言天子諸侯爲祭卜筮亦服祭服案司服云享先王則袞冕祭義云易抱龜南面天子袞冕北面雖有明知之心必進斷其志焉是爲祭而卜還服祭服則諸侯爲祭卜筮服祭服可知若爲他事卜筮則異於此孝經注云卜筮冠皮弁衣素積百王同之不改易士則冠主人朝服注云尊蓍龜之道是也云史家臣主筮事者案雜記大夫士筮亦云史練冠長衣是史主筮事也

主人曰。孝孫某。來日丁亥。用薦歲事于皇祖伯某。以某妃配某氏。尚饗。丁未必亥也直舉一日以言之耳禘于大廟禮曰日用丁亥不得丁亥則己亥辛亥亦用之無則苟有亥焉可也薦進也進歲時之祭事也皇君也伯某且字也大夫或因字爲謚春秋傳曰魯無駭卒請謚與族公命之以字爲展氏是也某仲叔季亦曰仲某叔某季某某妃某妻也合食曰配某氏若言姜氏子氏也尚庶幾饗歆也〔疏〕主人至尚饗○注丁未至歆也○釋曰云丁未必亥也直舉一日以言之耳者以日有十辰有十二以五剛日配六陽辰以五柔日配六陰辰若云甲子乙丑之等以日配辰丁日不定故云丁未必亥經云丁亥者不能具載直舉一日以丁當亥而言餘日或以己當亥或以丁當丑此等皆得用之也云禘于大廟禮曰日用丁亥者大戴禮文引之證此祭用丁亥之義也云不得丁亥則己亥辛亥亦用之者鄭云此吉事先近日唯用上旬若上旬之內或不得丁巳以配亥或上旬之內無亥以配日則餘陰辰亦用之故春秋宣八年經書辛巳有事於大廟文二年經書八月丁卯大事于大廟昭十五年經書二月癸酉有事于武宮桓十四年乙亥嘗此等皆不獨用丁巳之日與亥辰也云無則苟有亥焉可也者此即乙亥是也必須亥者案月令云乃擇元辰天子乃耕注云元辰蓋郊後之吉亥也陰陽式注亥爲天倉祭祀所以求福宜稼于田故先取亥上旬無亥乃用餘辰也云伯某且字也者以某在伯下若其在子上者某是伯仲叔季以某且字不得在子上故也云大夫或因字爲謚者謂因二十冠而字爲謚知者以某且字者觀德明功若五十字人人皆有非功德之事故知取二十字爲謚也春秋者案隱八年左氏傳云無駭卒羽父請謚與族公問族於衆仲衆仲對曰天子建德因生以賜姓胙之土而命之氏諸侯以字爲謚因以爲族公命以字爲展氏彼無駭之祖公子展以展爲謚在春秋前其孫無駭取以爲族故公命爲展氏若然無駭賜族不賜謚引之者大夫有因字爲謚證伯某某或且字有謚者即某爲謚也此經云伯某是正祭之稱也若時有告請而非常祭祀則去伯直云且字言某甫則聘禮賜饔唯羹飪筮一尸若昭若穆僕爲祝祝曰孝孫某薦嘉禮于皇祖某甫是也若卿大夫無謚正祭與非常祭一皆言五十字在子上與士正祭禮同則云某子故聘禮記云皇考某子是也特牲士禮無謚正祭稱皇考某子若士告請之祭則稱且字故士虞記云適爾皇祖某甫是也

史曰諾。西面于門西。抽下韇。左執筮。右兼執韇以擊筮。將問吉凶焉故擊之以動其神易曰蓍之德圓而神〔疏〕史曰至擊筮○注將問至而神○釋曰云史曰諾西面于門西者謂既云諾乃之於門西闑外西面述命乃筮也云左執筮及下云擊筮筮者皆是蓍以其用蓍爲筮因名蓍爲筮云兼執韇者上文已用右手抽上韇此經又用右手抽下韇是二韇兼執之也云易曰蓍之德圓而神者彼注云蓍形圓而可以立變化之數故謂之神也引之者證蓍有神故擊而動之也

遂述命曰。假爾大筮有常。孝孫某。來日丁亥。用薦歲事于皇祖伯某。以某妃配某氏。尚饗。述循也重以主人辭告筮也假借也言因蓍之靈以問之常吉凶之占繇〔疏〕遂述至尚饗○注述循至占繇○釋曰云遂述命者史既受主人命乃右還向闑外西面遂述上主人之辭謂之述命述命訖乃連言曰假爾大筮有常此是即席西面命筮與述命同爲一辭者對士喪禮卜葬日云不述命若述命即與即席西面命龜異異者鄭注云述命命龜異龜重威儀多也對此大夫少牢述命命筮同筮輕威儀少爲文也云常吉凶之占繇者謂應凶告吉應吉告凶則不常此吉凶之占依龜之繇辭繇辭則占龜之長若易之爻辭以占筮也

乃釋韇立筮。卿大夫之蓍長五尺立筮由便〔疏〕乃釋韇立筮○注卿大至由便○釋曰云卿大夫之蓍長五尺者大戴禮三正記皆有此文立筮由便以其蓍長立筮爲便對士之蓍三尺坐筮爲便若然諸侯蓍七尺天子蓍九尺立筮可知

卦者在左坐。卦以木。卒筮。乃書卦于木。示主人。乃退占。卦者史之屬也卦以木者每一爻畫地以識之六爻備書於版史受以示主人退占東面旅占之〔疏〕卦者至退占○注卦者至占之○釋曰云卦者史之屬也者以其筮是史故知卦者是史之屬也云書於版者釋經書卦于木木即版也云史受以示主人者以經書卦是畫卦者恐是卦者以示於主人以卦者卑宜還使筮史受以示主人也

吉則史韇筮。史兼執筮與卦。以告于主人。占曰從。從者求吉得吉之言〔疏〕注從者至之言○釋曰以主人之祭本以求吉今以疑而問筮筮而得吉是從主人本心故曰從者是求吉得吉之言也

乃官戒宗人命滌。宰命爲酒。乃退。官戒戒諸官也當共祭祀事者使之具其物且齊也滌溉濯祭器埽除宗廟〔疏〕乃官至乃退○注官戒至宗廟○釋曰云官戒戒諸官也當共祭祀事者使之具其物且齊也滌溉濯祭器埽除宗廟者此其筮祭日得吉當以祟祭事故知官戒戒諸官有此數事此等皆事見於下文故鄭總而言也

若不吉。則及遠日。又筮日。如初。及至也遠日後丁若後巳〔疏〕若不至如初○注及至至後巳○釋曰云遠日後丁若後巳者案上曲禮云喪事先遠日吉事先近日近日即上旬丁巳是也若上旬丁巳不吉則至上旬又筮中旬丁巳不吉至中旬又筮下旬丁巳不吉則止不祭以其卜筮不過三也是以鄭云後丁若後巳也

宿。宿讀爲肅肅進也大夫尊儀益多筮日既戒諸官以齊戒矣至前祭一日又戒以進之使知祭日當來古文宿皆作羞〔疏〕宿○注宿讀至作羞○釋曰自此盡改筮尸論筮尸宿尸及宿諸官之事云大夫尊儀益多者其大夫宿戒兩有士有宿而無戒是儀畧故云大夫儀多也此直是儀多而云益多者據士尸一宿下文大夫尸再宿是儀益多猶云彌多也此云前祭一日又戒以進之使知祭日當來并下文明日朝服筮尸並是前祭一日唯下文前宿一日宿戒尸者是前祭二日以言前宿一日明祭前二日可知也

前宿一日。宿戒尸。皆肅諸官之日又先肅尸者重所用爲尸者又爲將筮〔疏〕注皆肅至將筮○釋曰云皆肅諸官之日者解經宿是肅諸官之日云又先肅尸者總解經前宿一日宿戒尸謂是肅諸官之日前又先肅尸校一日當祭前二日也云重所用爲尸者諸官唯一肅尸有再肅是重所用爲尸者故也云又爲將筮者亦是肅之使知祭日當來故也若然宿與戒前後名不同今合言之者以前有十日之戒後有一日之宿若單言戒嫌同十日若單言

宿嫌同一日故宿戒並言明其別也或可此是初戒尸云宿戒尸者故加宿字於戒上也明日朝筮尸。如筮日之禮。命曰。孝孫某。來日丁亥。用薦歲事于皇祖伯某。以某妃配某氏。以某之某爲尸。尚饗。筮卦占如初。某之某者字尸父而名尸也字尸父尊鬼神也不前期三日筮尸者大夫下人君祭之朝乃視濯與士異〔疏〕○明日至如初。○注某之至士異。○釋曰云某之某者字尸父而名尸也者案曲禮云父在不爲尸注云爲其失子道然則尸卜筮無父者若然凡爲人尸者父皆死矣死者當諱其名今對尸故知不稱尸父之名故上某是尸之父字下某爲尸名是生者可稱名是以云字尸父而名尸也云字尸父尊鬼神也者以不稱名是尊鬼神也云不前期三日筮尸者大夫下人君者決上篇特牲士禮云前期三日筮尸此祭前一日筮尸吉遂宿尸不同之事但天子諸侯前期十日卜得吉日則戒諸官散齊至前祭三日卜尸得吉又戒宿諸官使之致齊士卑不嫌故得與人君同三日筮尸但下人君不得散齊七日耳大夫尊不敢與人君同直散齊九日前祭一日筮尸并宿諸官致齊一也云祭之朝乃視濯與士異者亦是士卑得與人君同祭前一日視濯大夫尊不敢與人君同故與士異也云與士異亦是下人君下人君亦是與士異互換省文爲義也吉則乃遂宿尸。祝擯。筮吉又遂肅尸重尸也既肅尸乃肅諸官及執事者祝爲擯者尸神象〔疏〕吉則至祝擯。○注筮吉至神象。○釋曰云筮吉又遂肅尸重尸也者以其諸官一肅其尸再已宿訖今筮吉又肅再肅者是重尸者也云既肅尸乃肅諸官及執事者此重解上文宿是此宿尸後事置於上文者彼爲前宿一日宿戒尸之事故云也其實當在此重肅尸之後也云祝爲擯者尸神象者決前筮尸時皆主人出命至此使祝擯以尸是神象故使祝擯也案特牲使宗人擯主人辭又有祝共傳命者士卑不嫌兩有與人君同此大夫尊下人君故闕之唯有祝擯而已又此尸不言出門面位案特牲主人宿尸時尸如主人服出門左西面鄭注云不敢南面當尊則大夫之尸尊尸出門徑南面故主人與尸皆不在門東門西也主人再拜稽首。祝告曰。孝孫某。來日丁亥。用薦歲事于皇祖伯某。以某妃配某氏。敢宿。告尸以主人爲此事來肅尸拜許諾。主人又再拜稽首。主人退。尸送。揖不拜。尸不拜者尸尊〔疏〕注尸不拜者尸尊。○釋曰凡賓主之禮賓去主人皆拜送今云尸送揖不拜者以大夫尸尊故也若不吉。則遂改筮尸。即改筮之不及遠日〔疏〕注即改至遠日。○釋曰此決上文筮日不吉筮遠日者以日爲祭祀之本須取丁巳之類故須取遠日後旬丁此筮尸不吉不須退至後旬故筮不待遠日也既宿尸。反爲期于廟門之外。爲期肅諸官而皆至定祭早晏之期爲期亦夕時也言既肅尸反爲期明大夫尊肅尸而已其爲賓及執事者使人肅之〔疏〕既肅至之外。○注爲期至肅之。○釋曰自此盡曰諾乃退論宗人請祭期之事云爲期肅諸官而皆至者此即上文宿同時之事以其後宿尸及宿諸官與爲期皆於祭前之日也知爲期亦夕時也者案特牲云厥明夕陳

鼎于門外又下文同日夕時而云請期曰羹飪是夕時則此大夫禮爲期亦夕時可知也知大夫尊直肅尸餘使人肅之者以經云宿尸反即云爲期明大夫不自肅賓以下可知故云使人肅之也主人門東南面。宗人朝服北面。曰。請祭期。主人曰。比於子。比次早晏在於子也主人不西面者大夫尊於諸官有君道也爲期亦唯尸不來也〔疏〕注比次至來也。○釋曰言比次早晏者一日一夜辰有十二冬日夏夜長短不同是以推量比次日辰之早晏也云主人不西面者大夫尊於諸官有君道也者決特牲主人門外西面士卑於屬吏無君道故也云爲期亦唯尸不來也者言亦特牲爲期時賓及衆賓即位于門西時無尸此大夫禮餘賓之等並來亦唯尸不來是以主人南面亦爲無尸也宗人曰。旦明行事。主人曰諾。乃退。旦明旦日質明明日。主人朝服即位于廟門之外。東方南面。宰宗人西面北上。牲北首東上。司馬刲羊。司士擊豕。宗人告備乃退。刲擊皆謂殺之此實既省告備乃殺之文互者省也尚書傳曰羊屬火豕屬水〔疏〕明日至乃退。○注刲擊至屬水。○釋曰自此盡東榮論視殺視濯之事案特牲視牲與視殺別日今少牢不言視牲直言刲擊告備乃退者省此大夫禮視牲告充即刲擊殺之下人君士卑不嫌故異日矣必知人君視殺別日者大宰職云及執事眡滌濯及納亨贊王牲事注云納亨納牲將告殺謂鄉祭之晨既殺以授亨人又云及祀之日贊玉幣爵之事注云日旦明也是其視牲與殺別日案祭義云君牽牲穆荅君卿大夫序從既入門麗于碑卿大夫袒而毛牛尚耳諸侯禮殺于門內此大夫與特牲士皆殺于門外者辟人君云刲擊皆謂殺之者豕言擊動之使鳴是視牲也羊言刲謂殺之是視殺也大夫視牲視殺同日故互見皆有故鄭云刲擊皆謂殺之又云此實既省告備乃殺之文互者省也者亦是視牲訖即視殺如鄉所解下言告備欲見兼有也云尚書傳曰羊屬火豕屬水者此尚書大傳文引之者解司馬刲羊以其司馬火官還使刲羊羊屬火故也案周禮鄭注司空奉豕司士乃司馬之屬官今不使司空者諸侯猶兼官大夫又職職相兼況士無官僕隷爲司馬司士兼其職可知故司士擊豕也雍人概鼎匕俎于雍爨。雍爨在門東南北上。雍人掌割亨之事者爨竈也在門東南統於主人北上羊豕魚腊皆有竈竈西有鑊凡概者皆陳之而後告絜〔疏〕注雍人至告絜。○釋曰云雍人掌割亨之事者周禮饔人職文云凡概者皆陳之而後告絜者案特牲視濯時皆陳之視訖告絜此亦當然廩人概甑甗匕與敦于廩爨。廩爨在雍爨之北。廩人掌米入之藏者甗如甑一孔匕所以匕黍稷者也古文甑爲烝〔疏〕注廩人至爲烝。○釋曰云廩人掌米入之藏者周禮地官廩人職文以其穀入倉人米入廩人故也云甗如甑一孔者案冬官陶人職云甗實二鬴厚半寸脣寸甑實二鬴厚半寸脣寸七穿鄭司農云甗無底甑以其無底故以一孔解之云匕所以匕黍稷者也者上雍人云匕者所以匕肉此廩人所掌米故云匕黍稷也司宮概豆籩勺爵觚觶几洗篚于東堂下。勺

爵觚觶實于篚。卒概。饌豆籩與篚于房中。放于西方。設洗于阼階東南。當東榮。放猶依也大夫攝官司宮兼掌祭器也〔疏〕司宮至東榮。○注放猶至器也。○釋曰案特牲云宗人升自西階視壺濯及豆籩反降東北面告濯具鄭注云不言絜以有几席若然彼几席不概則凡洗篚三者亦不概而并言之者以其同降于東堂下故繼觚觶連言之其實不概也云大夫攝官司宮兼掌祭器者下文司宮筵神席於奧此又掌豆籩之等故鄭云攝官案內則鄭注云諸侯兼官者彼對天子天子六卿諸侯三卿兼六卿此則大夫對諸侯諸侯具官大夫攝官也羹定。雍人陳鼎五。三鼎在羊鑊之西。二鼎在豕鑊之西。魚腊從羊膚從豕統於牲〔疏〕羹定至之西。○注魚腊至於牲。○釋曰自此盡簞巾于西階東論鼎及豆籩盤匜等之事云魚腊從羊膚從豕統於牲者案公食大夫云甸人陳鼎鄭注云甸人冢宰之屬兼亨人者此大夫雍人陳鼎者周禮甸人掌供薪烝與亨爨聯職相通是以諸侯無亨人故甸人陳鼎此大夫又無甸人故使雍人與亨人聯職故亨人云職外內饔之爨亨故使饔人也云魚腊從羊膚從豕者上文概鼎時鄭云羊豕魚腊皆有竈今陳鼎宜各當其鑊此三鼎在羊鑊之西二鼎在豕鑊之西故云魚腊從羊膚從豕也其實羊豕魚腊各有鑊也此直有羊豕言皆有鑊前注何知魚腊皆有竈案士虞禮云側亨於廟門外之右東面魚腊爨在廟門外東南魚腊爨在其南士之魚腊皆有爨則大夫魚腊皆有鑊可知故羊豕魚腊皆有竈也司馬升羊右胖。髀不升。肩臂臑。膊骼。正脊一。脡脊一。橫脊一。短脅一。正脅一。代脅一。皆二骨以並。腸三。胃三。舉肺一。祭肺三。實于一鼎。升猶上也上右胖周所貴也髀不升近竅賤也肩臂臑肱骨也膊骼股骨脊從前爲正脅旁中爲正脊先前脅先後屈而反猶器之綼也並併也脊脅骨多六體各取二骨併之以多爲貴舉肺一尸食所先舉也祭肺三爲尸主人主婦古文胖皆作辯髀皆作脾今文並皆爲併〔疏〕司馬至一鼎。○注升猶至爲併。○釋曰上十一體言一者見其體也下言皆二骨以並見一體皆有二骨也云脊從前爲正脅旁中爲正脊先前脅先後屈而反猶器之綼也云先前者正脊是也先後者即短脅是也故特牲記云尸俎正脊二骨橫脊長脅二骨短脅鄭注云脊無中脅無前貶也明代脅最在前也脊先前脅先後者取綼屈之義若然脊以前爲正其次名脡脊後名橫者取脡脡然直後言橫者取闕於脡凡名骨皆隨形名之唯言正者以義取稱焉此言綼者指解脊不取肩胳也若尸舉牲體則脊肩胳爲綼故鄭注特牲云舉先正脊後肩自上而卻下綼而前終始之次也故尸舉牲體如綼也案下注云升之以尊卑此注云猶器之綼也若綼則不得見尊卑若以尊卑升復不得見綼兩注似乖者凡牲體四支爲貴故先序肩臂臑膊胳爲上是尊然後序脊脅於下體是卑次應先言正而先言短者又取綼之義也但所序骨體各有宜不可準定也若然既以尊卑升之而祭肺貴序在下者腸胃及肺在內不得與外體爲尊卑之次當以腸內自爲先後之次也云脊脅骨多六體各取二骨併之以多爲貴者此經肩臂已下皆言一至十一體之下總言皆二骨知二骨據脊脅骨多六體

各取二骨者案特牲記肩臂臑肫胳不言二骨至序脊脅即言二骨以並故知此言皆二骨亦據脊脅可知也

司士升豕右胖。髀不升。肩臂臑膊骼。正脊一。脡脊一。橫脊一。短脅一。正脅一。代脅一。皆二骨以並。舉肺一。祭肺三。實于一鼎。豕無腸胃君子不食溷腴〔疏〕注豕無至溷腴。○釋曰云君子不食溷腴禮記少儀文彼注云腴有似於人穢故樂記注去以穀食犬豕曰豢是似人也

雍人倫膚九。實于一鼎。倫擇也膚脅革肉擇之取美者〔疏〕注倫擇至美者○釋曰知脅革肉者下文云膚九而俎亦橫載革順故知膚者是脅革肉也

司士又升魚腊。魚十有五而鼎。腊一純而鼎。腊用麋。司士又升副倖者合升左右胖曰純純猶全也〔疏〕司士至用麋○注司士至全也○釋曰云司士又升副倖者謂是第三俎其司士與前文司士升豕者別知者以下經云司士三人升魚腊膚則此豕魚腊宜各一人又此升鼎宜俱時明是副倖者非升豕者可知云倖者案諸子職云掌國子之倖鄭云是公卿大夫之副貳則此云倖亦副之別名以其副牲鼎故云副倖也

卒脀。皆設扃鼏。乃舉。陳鼎于廟門之外。東方北面北上。北面北上鄉內相隨古文鼏皆爲密

司宮尊兩甒于房戶之閒。同棜。皆有冪。甒有玄酒。房戶之閒房西室戶東也棜無足禁者酒戒也大夫去足改名優尊者若不爲之戒然古文甒皆作廡今文鼏作冪〔疏〕司宮至玄酒○注房戶至作冪○釋曰云棜無足禁者酒戒也大夫去足改名優尊者若不爲之戒然者此決特牲用棜仍云禁此改名曰棜是優尊者若不爲神戒然鄉飲酒雖是大夫禮猶名斯禁者尋常飲酒異於祭祀也

司宮設罍水于洗東。有枓。設篚于洗西南肆。枓斢水器也凡設水用罍沃盥用枓禮在此也〔疏〕司宮至南肆○注枓斢至此也○釋曰云凡設水用罍沃盥用枓禮在此也者言凡總儀禮一部內用水者皆須罍盛之沃盥水者皆用枓爲之鄭言禮在此者以士冠禮直言水在洗東士昏禮亦直言水在洗東鄉飲酒特牲記亦云然皆不言罍器亦不云有枓其燕禮大射雖云罍水又不言有枓故鄭注總云凡此等設水用罍沃盥用枓其禮具在此故餘文不具省文之義也

改饌豆籩于房中南面。如饋之設。實豆籩之實。改更也爲實之更之威儀多也如饋之設如其陳之左右也饋設東面〔疏〕改饌至之實○注改更至東面○釋曰前司宮摡豆籩訖饌豆籩放於西方今欲實之乃更設豆籩於房中南面如饋之禮東面設然者此大夫禮威儀多決特牲士禮視濯時豆籩鉶在東房至實豆籩時直云豆籩鉶陳於房中如初鄭云如初者取而實之既而反之是其不改豆籩之處因而實之是士禮威儀畧也

小祝設槃匜與簞巾于西階東。爲尸將盥〔疏〕小祝至階東○注爲尸將盥○釋曰案特牲直云尸盥匜水實于槃中簞巾在門內之右不言其人未聞也知非祝者彼下文始言祝筵几于室中注云至此使祝接神明前非祝也

主人朝服。即位于阼階東西面。爲將祭也〔疏〕主人至西面○注爲將祭也○釋曰自此盡革順論祭時將至布設舉鼎匕載之事

司宮筵于奧。祝設几于筵上。右之。布陳神坐也室中西南隅謂之奧席東面近南爲右〔疏〕司宮至右之○注布陳至爲右○釋曰案特牲云祝筵几鄭云使祝接神此使司宮者此大夫禮異於士故司宮設席祝設几大夫官多故使兩官若共其事亦是接神故祝設几也

主人出迎鼎。除鼏。士盥。舉鼎。主人先入。道之也主人不盥不舉〔疏〕注道之至不舉○釋曰此決特牲主人降及賓盥士禮自舉鼎此大夫尊不舉故不盥也

司宮取二勺于篚。洗之。兼執以升。乃啓二尊之蓋冪。奠于棜上。加二勺于二尊。覆之。南柄。二尊兩甒也今文啓爲開古文柄皆爲枋〔疏〕司宮至南柄○注二尊至爲枋○釋曰云二尊兩甒者即上司宮尊兩甒于房戶之閒是也知二勺兩尊用之者玄酒雖有不酌重古如酌者然也

鼎序入。雍正執一匕以從。雍府執四匕以從。司士合執二俎以從。司士贊者二人。皆合執二俎以相從入。相助

陳鼎于東方。當序南于洗西。皆西面北上。膚爲下。匕皆加于鼎東枋。膚爲下以其加也南于洗西陳於洗西南〔疏〕陳鼎至東枋○注膚爲至西南○釋曰此云膚爲下門外陳鼎時不言至此言之者以膚者豕之實前陳鼎在門外時未有俎據鼎所陳則膚在魚上今將載於俎設之最在後故須分別之也云膚爲下以其加者以羊無別俎而豕有膚俎故謂之加以爲下也云南于洗西陳于洗西南者洗當東榮近東也其陳鼎鼎當東序則近西也而言南于洗西則鼎陳于洗西稍近南東西不得與洗相當也

俎皆設于鼎西。西肆。所俎在羊俎之北。亦西肆。所俎在北將先載也異其設文不當鼎〔疏〕俎皆至西肆○注所俎至當鼎○釋曰云異其設文不當鼎者羊俎在羊鼎西今云所俎在羊俎北不繼鼎明不當鼎也若繼鼎言者即在鼎西也

宗人遣賓就主人。皆盥于洗長朼。長朼者長賓先次賓後也主人不朼言就主人者明親臨之古文朼作匕

佐食上利升牢心舌。載于所俎。心皆安下切上。午割勿沒。其載于所俎。末在上。舌皆切本末。亦午割勿沒。其載于所。橫之。皆如初。爲之于爨也。牢羊豕也安平也平割其下於載便也凡割本末食必正也午割使可絕也勿沒爲其分散也所之爲言敬也所以敬尸也周禮祭尚肺事尸尚心舌知滋味今文切皆爲刌〔疏〕佐食至爨也○注牢羊至爲刌○釋曰言皆如初爲之于爨也者以前膚鼎時不見心舌嫌不在爨故明之云皆如初爲之于爨皆者皆羊豕羊豕皆有心舌也案特牲記云所俎心舌皆去本末午割之實于牲鼎載心立舌縮俎即是未入鼎時則制此心舌然也既未入鼎時先制之是以雖出爨亦得爲皆如初爨也云凡割本末食必正也者鄉黨孔子云割不正不食故割本末爲食必正也云所之爲言敬也者郊特牲文彼云所之爲言敬也言所以敬尸也云周禮祭尚肺者禮記明堂位云有虞氏祭首夏后氏祭心殷祭肝周祭肺是周之禮法祭肺而此所俎不取肺而用心者以其事尸尚心舌知滋味者故特牲記鄭注亦云心舌知食味者欲尸之饗此祭是以進之若然舌之所嘗五味乃是心之所知酸苦也故心舌併言之

佐食遷所俎于阼階西。西縮。乃反。佐食二人。上利升羊載右胖。髀不升。肩臂臑膊骼。正脊一。脡脊一。橫脊一。短脅一。正脅一。代脅一。皆二骨以並。腸三。胃三。長皆及俎拒。舉肺一。長終肺。祭肺三。皆切。肩臂臑膊骼在兩端。脊脅肺肩在上。升之以尊卑載之以體次各有宜也拒讀爲介距之距俎距脛中當橫節也凡牲體之數及載備於此〔疏〕佐食至在上○注升之至於此○釋曰升羊載右胖者準例實鼎曰升實俎曰載今此實俎而言升者以其上也是以載俎升載兩言之也但此經所載牲體多少依上文升鼎不異而重序之者以其載俎之時恐與入鼎時多少有異故重序之舉肺祭肺上已言今又言之者以其上升鼎時直言舉肺一祭肺三不言長短上所以不言長短者以其入鼎時二者未制故不辯長短至此載俎乃制長短及切之故具辯之也若然上升鼎時不制者若升鼎制之恐二肺雜亂是以升俎乃制之若然心舌未升鼎時已午割切沒不言至載俎乃言午割者彼二者其體殊異不雜亂故俎乃一辯之而已云肩臂臑膊胳在兩端脊脅肺肩在上者此是在俎之次俎有上下猶牲體有前後故肩臑在上端膊胳在下端脊脅肺在中其載之次序肩臂臑正脊脡脊橫脊代脅長脅短脅肺胃腸膊胳也云升之以尊卑者即上文上利升羊以下序其在鼎也云載之以體次者俎法四體尊於脊脅即經四體在兩端脊脅肺在中者故云各有宜也云拒讀爲介距之距者案左氏傳昭二十五年云季郈之雞闘季氏介其雞服氏云擣芥子播其雞羽鄭氏云介甲爲雞著甲又云郈氏爲之金距注云金距以金踏距今鄭君合取季氏之介又取郈氏之距而云介距之距也引之者彼距在雞足爲距此俎距在俎爲橫也是以云俎距脛中當橫節也案明堂位云俎有虞氏以梡夏后氏以嶡殷以椇周以房俎注云梡斷木爲四足而已嶡之言蹷也謂中足爲橫距之象周禮謂之距彼注云周禮謂之距即指此俎距而言是距爲俎足中央橫者也此言俎距脛中當橫節者案明堂位夏后氏以嶡謂中足之橫下仍有殷之椇謂橫下仍有曲橈之足下又有周之房俎謂四足下更有跗鄭云上下兩閒有似於堂房是橫下更有二事故言脛中當橫節也云凡牲體之數及載備於此者案此經即折前體肩臂臑兩相爲六後體膊胳兩相爲四短脅正脅代脅兩相爲六脊有三總爲十九體唯不數觳二通之爲二十一體二觳正祭不薦於神尸故不言是牲體之數備於此言及載備於此者上經云升於鼎此經云載於俎是其及載備於此也

下利升豕。其載如羊。無腸胃。

體其載于俎皆進下。進下變於食生也所以交於神明不敢以食道敬之至也鄉飲酒禮進腠羊次其體豕言進下互相見〔疏〕下利至進下○注進下至相見○釋曰云進下變於食生也者決公食大夫鄉飲酒牲體皆進腠腠是本是食生人之法此言進末末爲終謂骨之終食鬼神法故云變於食生也云所以交於神明元缺此至敬也者郊特牲文云不敢以食道檀弓文云羊次其體豕言進下互相見者羊次其體即上終上利升羊以下是次其體言互相見者羊言體亦進下豕言進下亦次其體也

司士三人升魚腊膚。

魚用鮒十有五而俎縮載右首進腴。右首進腴亦變於食生也有司載魚橫之少儀曰羞濡魚者進尾〔疏〕注右首至進尾○釋曰云右首進腴亦變於食生也者凡載魚爲生人首皆向右進鰭其祭祀亦首皆在右進腴生人死人皆右首陳設在地地道尊右故也鬼神進腴者腴是氣之所聚故祭祀進腴也生人進鰭者鰭是脊生人尚味故公食大夫云魚七縮俎寢右鄭注云右首也寢右進鰭也乾魚近腴多骨鯁是也云有司載魚橫之少儀曰羞濡魚者進尾引之者欲見正祭與儐尸有司載魚禮異又與生人食禮不同以其尸之禮上大夫載魚橫之於人爲縮於俎爲橫既見乾魚則進首可知復取少儀者濡魚進尾見與乾魚異有司徹進首是上大夫繹祭儐尸之禮有乾魚橫於俎宜進其首則少儀羞濡魚者是天子諸侯繹祭可知以其天子諸侯繹祭乾濕皆有乾魚則進首鮮魚則進尾必知是天子諸侯繹祭者以其大夫儐尸云加膴祭少儀云祭膴又與儐尸加膴祭於上同故知義然也

腊一純而俎亦進下。肩在上。如羊豕凡腊之體載禮在此〔疏〕注如羊至在此○釋曰以其諸經唯有腊文無升載之事唯有此經所載之法故云載禮在此也

膚九而俎亦橫。載革順。列載於俎令其皮相順亦者亦其骨體〔疏〕注列載至骨體○釋曰云列載於俎令其皮相順者解經革順也載革順謂以此膚之體相次而作行列以膚革相順而載也云亦者亦其骨體者上牲體橫載文不明故舉膚亦橫載以明之此膚言橫則上羊豕骨體亦橫載可知也

儀禮疏卷第四十七 元缺第十葉今補

儀禮注疏卷四十七挍勘記　阮元撰盧宣旬摘錄

少牢饋食禮第十六

少牢饋食之禮

唯據羊若豕則曰參 豕上要義有犬字按疏下引槁人職明犬得稱參也

故地官槀人職云 通解要義槀作槁○按槀乃槀之誤槁與槀同宋本周禮釋文作槁人不誤

非以爲禍 通解要義同毛本禍作禮○按樂記是禍字

故郊特牲與士特牲 通解要義俱作與士特牲毛本作特牲與士

日用丁巳 魏氏曰巳音紀陸音祀○按今本釋文祀亦誤作紀

謂冠昏祭祀 通解要義同毛本謂作爲

筮旬有一日

知旬十日者 要義同毛本通解旬下有爲字

吉事先近日故也 通解要義同毛本吉事作言是

主人曰孝孫某

某仲叔季 某集釋敖氏俱作其

桓十四年乙亥嘗 通解要義同毛本乙誤作巳○按春秋桓十四年作乙

陰陽式法 式陳閩俱作武非也

若其在子上者 通解要義毛本其作某

若五十字 要義同通解毛本字下有以伯仲三字

故知取二十字爲謚也 要義同通解毛本十下有冠而二字

因生以賜姓 毛本生誤作主陳閩俱脫以字

胙之土而命之氏 通解要義同毛本氏誤作事○按左傳作氏

證伯某某或且字 證陳閩要義俱作證毛本誤作謚

而非常祭祀 而通解要義俱作及按而字誤

史曰諾

蓍之德圜而神 徐本釋文集釋通解楊氏同毛本圜作圓

云易曰蓍之德圓而神者 魏氏曰圓本作圜

遂述命曰

謂之述命述命訖 通解要義同毛本述命二字不重出

卽與卽席西面命龜異 此句下異者二字通解毛本無要義有

繇辭則占龜之長 毛本占誤作古

乃釋韇立筮

以其蓍長立筮爲便 通解同毛本無立字非也

若然諸侯蓍七尺 通解同毛本無然字

卦者在左○乃書卦于木示主人 李氏曰示主人石本上有以字

六爻備書於版 毛本版作板張氏曰疏作版從疏

受以示主人也 毛本無受字

乃官戒

滌溉濯祭器 許宗彥云疏有濯字盍陸本作溉祭器一本作濯祭器賈本則作溉濯祭器耳盧文弨云濯字衍者非

若不吉

近日卽上旬丁巳 此句下是也若上旬丁巳七字毛本無要義有

宿

使知祭日當來 來陳閩俱作求

以言前宿一日 言前二字毛本誤倒

前宿一日

總解經前宿一日宿戒尸 陳閩監本通解同毛本宿作肅

明日朝 按張爾岐謂朝下有服字石本監本並脫今考各本俱無服字

筮尸如筮日之禮 禮唐石經徐本集釋通解敖氏俱作禮是也楊氏毛本作儀

用薦歲事於皇祖伯某 唐石經徐本集釋楊敖同通解毛本薦作爲

前祭一日筮尸 通解同毛本筮下有宿字

吉則乃遂宿尸

以其諸官一肅 陳閩監本通解要義同毛本肅作宿下肅尸同

其尸巳宿訖 尸下此本空一字通解作上巳宿尸訖按此本所空疑是上字

主人再拜稽首

告尸以主人爲此事來肅 徐本集釋要義楊氏同敖氏肅作宿通解毛本無肅字

既宿尸反

言既肅尸 徐陳閩葛集釋通解楊敖同毛本既作及○按及非也

明日主人朝服

省也 通解毛本省下有文字徐本釋文集釋楊敖俱無與疏合

直言封擊告備乃退者省 要義同通解毛本省下有文字

必知人君視殺別日者 毛本知誤作如別作引要義亦作別

謂鄉祭之晨 陳本要義同毛本鄉作卿○按作鄉與周禮注合

及祀之日 陳本要義同毛本祀作禮非也

辟人君云 毛本君下有一字通解一作也

文互者省也者毛本互者作元云○按毛本非也
如鄉所解陳本同毛本鄉作卿
還使刲羊羊屬火故也要義同毛本不重羊字
大夫又職職相兼要義同毛本無又字
廪人摡甑甗匕與敦于廪爨
甗實二鬴監本通解要義敖氏同毛本二作一○按考工記作二
七穿七通解監本俱作七陳本要義敖氏俱作匕閩本誤作士○按戴震考工記補注云一穿爲甗七穿爲甑作匕非也
司宮摡豆籩勺爵觚觶几洗篚于東堂下几唐石經徐陳通解俱作凡誤集釋楊敖俱作几與疏合
羹定
故使饔人也要義同毛本無人字○按毛本非也
二鼎在豕鑊之西監本通解要義同毛本二作三陳閩俱誤作一
前注何知魚腊皆有竈通解要義同毛本何作可
司馬升羊
上十一體十上陳閩俱有有字
者取脡脡然直毛本通解者上有脡字
次應先言正脊陳本通解同毛本正作二
按特牲記肩臂臑肫胳陳本通解同毛本胳作格○按裕字誤
司士升豕
君子不食溷腴溷集釋作圂按少儀作圂俗作溷
卒脀皆設扃鼏鼏唐石經徐本集釋楊敖俱作鼏注同通解毛本作冪
司宮尊兩甒于房戶之間○皆有冪張氏曰經曰同棜皆有冪按注云今文鼏作冪鼏指經也經字必鼏後乃啟二尊之蓋鼏同從注
棜無足毛本棜誤作於
今文鼏作冪徐本張氏同與此本標目合毛本通解集釋鼏冪二字俱倒○按鼎冪尊冪在今文則皆作冪在古文則皆作密後人妄爲分別而刊本又復淆譌不可致詰此注當有誤字張氏据注以改經固非李黃据經以改注亦未爲得蓋以冪爲古鼏爲今儀禮中無此例
司宮設罍水於洗東
枓㪺水器也㪺徐陳閩葛集釋通解楊敖俱作㪺疏同毛本作剩

故鄭注總云通解要義同毛本無注總二字
主人朝服
布設舉鼎匕載之事要義同毛本匕作上非也
司宮筵於奥
席東面近南爲右徐本集釋同通解楊氏毛本面俱作西面○按當作面
故司宮設席通解要義同毛本席下有神字
故使兩官若共其事毛本通解無若字
司宮取二勺於篚○加二勺於二尊徐陳通解俱無下二字唐石經集釋楊敖俱有與注合
今文啓爲開古文柄皆爲枋徐本集釋俱如是枋與此本標目合毛本脫六字又誤枋爲方按釋文有作枋二字
佐食上利升牢心舌
言皆如初爲之于爨也者毛本無于字
云皆如初爲之于爨皆者陳閩監本通解要義同毛本皆作也
皆羊豕羊豕皆有心舌也要義同通解毛本無皆羊豕三字
佐食遷所俎于阼階西
故俎乃一辯之而已毛本通解無之字
代脅長脅短脅通解同毛本上脅字作脊○按脅是也
是以云以要義作以是也通解毛本作距
周禮謂之距通解同毛本謂作爲下同要義誤脫
是距爲俎足中央橫者也央陳本通解要義俱作央是也毛本誤作夬
謂四足下更有跗陳本通解要義同毛本跗作距非也
按此經卽折前體肩臂臑兩相爲六毛本卽折作節斵陳本作節折通解作節折○按卽折是也
上經云升於鼎此經云載於俎陳本通解同毛本兩云字並作文
司士三人升魚腊膚
右首進腴毛本腴誤作魚
凡載魚爲生人生閩本誤作主下生人死人放此
故祭祀進腴也陳本通解要義同毛本祀作初○按祀是也

儀禮疏卷第四十八

唐朝散大夫行大學博士弘文館學士臣賈公彥等撰

卒脀。祝盥于洗。升自西階。主人盥。升自阼階。祝先入南面。主人從戶內西面。將納祭也。【疏】卒脀至戶內西面。○注將納祭也。○釋曰自此盡主人又再拜稽首論先設置爲陰厭之事也

主婦被錫衣移袂。薦自東房。韭菹醓醢。坐奠于筵前。主婦贊者一人。亦被錫衣移袂。執葵菹蠃醢。以授主婦。主婦不興。遂受陪設于東。韭菹在南。葵菹在北。主婦興。入于房。被錫讀爲髲鬄。古者或剔賤者刑者之髮。以被婦人之紒爲飾。因名髲鬄焉。此周禮所謂次也。不纚笄者。大夫妻尊。亦衣綃衣而侈其袂耳。侈者蓋半士妻之袂以益之。衣三尺三寸。袪尺八寸。韭菹醓醢。朝事之豆也。而饋食用之。豐大夫禮。葵菹在綼。今文錫爲緆。蠃爲蝸。【疏】主婦被錫衣至入于房。○注被錫至爲蝸。○釋曰云主婦贊者一人亦被錫者。此被錫移袂與主婦同。既一人與主婦同。則其餘不得如主婦。當與士妻同纚笄綃衣。若士妻與婦人助祭一皆纚笄綃衣。以綃衣下更無服。服窮則同。故特牲云凡婦人助祭者同服是也。云被錫讀爲髲鬄者。欲見鬄取人髮爲之之義也。云古者或剔賤者刑者之髮以被婦人紒爲飾因名髲鬄焉者。此解名髲鬄之意。案哀公十七年左傳說衛莊公登城望戎州。見巳氏之妻髮美。使髡之。以爲呂姜髢。是其取賤者髮爲鬄之事也。云此周禮所謂次也者。案周禮追師云掌王后以下副編次三翟者首服副。鞠衣襢衣首服編。褖衣首服次。鄭彼注副首飾若今步搖。編。編列髮爲之。若今假紒。次。次第髮長短爲之。所謂髲鬄。鄭云所謂髲鬄者。指此文也。是彼此相曉也。云不纚笄者大夫妻尊者。此決特牲主婦纚笄。士妻卑故也。云亦衣綃衣者。亦如特牲士妻主婦綃衣也。綃衣者。六服外之下者。云而侈其袂耳侈者蓋半士妻之袂以益之衣三尺三寸袪尺八寸者。士妻之袂二尺二寸。袪尺二寸。三分益一。故三尺三寸。袪尺八寸也。故內司服注亦爲此解也。或云衣三尺三寸。或云袂。俱合義。是以喪服記云亦名袂爲衣也。云韭菹醓醢朝事之豆也者。案周禮醢人職朝事之豆。韭菹醓醢。昌本麋臡。菁菹鹿臡。茆菹麇臡。彼天子八豆。今大夫取二豆爲饋食用之。豐大夫禮故也。若然。葵菹蠃醢亦天子饋食之豆。今大夫用之。鄭不言者。彼饋食當其節。天子八豆。此大夫取二而已。故不須言之。云葵菹在綼者。以其韭菹在南。醓醢在北。今於次東。葵菹在北。蠃醢在南。是其綼次之也

佐食。上利執羊俎。下利執豕俎。司士三人執魚腊膚俎。序升自西階。相從入設俎。羊在豆東。豕亞其北。魚在羊東。腊在豕東。特膚當俎北端。相助也主婦自東房。執一金敦黍。有蓋。坐設于羊俎之南。婦贊者執敦稷以授

主婦。主婦興受。坐設于魚俎南。又興受贊者敦黍。坐設于稷南。又興受贊者敦稷。坐設于黍南。敦皆南首。主婦興。入于房。敦有首者尊者器飾也飾蓋象龜周之禮飾器各以其類龜有上下甲今文曰主婦入于房【疏】注婦至于房○注敦有至于房○釋曰敦有首者尊者器飾也飾蓋象龜知有此義者以其經曰敦南首明象龜蟲獸之形故云首知象龜者以其蓋形龜象故也云周之禮飾器各以其類者案周禮梓人云外骨內骨以脰鳴者以胃鳴者之等類鄭云刻畫祭器博庶物也又周禮司尊彝有雞彝之等是周之禮飾器各以其類也云龜有上下甲者欲言此敦蓋象之意以龜有上下甲故敦蓋象之是亦取其類也敦蓋既象龜明簋亦象龜爲之故禮器云管仲鏤簋朱紘注云謂刻而飾之大夫刻爲龜耳諸侯飾以象天子飾以玉言以玉飾之還依大夫象形爲飾也天子則簋敦兼有九嬪職云凡祭祀贊玉齍注云玉齍玉敦受黍稷器是天子八簋之外兼用敦也特牲云佐食分簋鉶注云爲將餕敦有虞氏之器也周制士用之變敦言簋容同姓之士得從周制耳則同姓大夫亦用簋特牲少牢用敦者異姓大夫士也明堂位云有虞氏之兩敦夏后氏之四璉殷之六瑚周之八簋鄭注云皆黍稷器制之異同未聞案周禮舍人注圓曰簋孝經注直云外方曰簋者據而言若然云未聞者據殷已上未聞周之簋則聞矣故易損卦云二簋可用享注云離爲日日圓巽爲本木器象是其周器有聞也孝經緯鉤命決云敦規首上下圓相連簠簋上圓下方法陰陽是有聞而鄭云未聞者鄭不信之故也

祝酌奠。遂命佐食啓會。佐食啓會蓋二以重設于敦南。酌奠酌酒爲神奠之後酌者酒尊要成也特牲饋食禮曰祝洗酌奠奠于鉶南重累之【疏】注酌奠至累之○釋曰酌奠酌酒爲神奠之者以其迎尸之前將爲陰厭爲神不爲尸故云爲神奠之也云後酌者酒尊要成也者上經先設餘饌此經乃酌者酒尊物設饌要由尊者成故後設之也引特牲者酌奠之處當在鉶南此經不言故引爲證也云重累之者以黍稷各二二者各自當重累於敦南御合之也

主人西面。祝在左。主人再拜稽首。祝祝曰。孝孫某。敢用柔毛剛鬣。嘉薦普淖。用薦歲事于皇祖伯某。以某妃配某氏。尚饗。主人又再拜稽首。羊曰柔毛豕曰剛鬣嘉薦菹醢也普淖黍稷也普大也淖和也德能大和乃有黍稷春秋傳曰奉粢以告曰絜粢豐盛謂其三時不害而民和年豐也【疏】注羊曰至豐也○釋曰云羊曰柔毛豕曰剛鬣下曲禮文羊肥則毛柔濡豕肥則鬣剛也彼注云號牲物者異於人用也引春秋者證黍稷大和之義案彼左氏桓六年傳文楚武王侵隨使薳章求成焉軍於瑕以待之隨人使少師入楚軍董成楚以羸師而納少師少師還請追楚師季梁止之曰天方授楚楚之羸其誘我也臣聞小之能敵大也小道大淫所謂道忠於民而信於神也上思利民忠也祝史正辭信也今民餒而君逞欲祝史矯舉以祭臣不知其可也公曰吾牲牷肥腯粢盛豐備何則不信對曰夫民神之主也是以聖王先成民而後致力於神故奉牲以告曰博碩肥腯謂民力之普存也奉盛以告曰絜粢豐盛謂其三時不害而民和年豐也則此之所言隨季梁辭也

祝出迎尸于廟門之外。主人降立于阼階東西面。祝先入門右。尸入門左。主人不出迎尸伸尊也特牲饋食禮曰尸入主人及賓皆辟位出亦如之祝入門右者辟尸盥也既則後尸【疏】注主人至後尸○釋曰自此盡牢肺正脊加于所論尸入正祭之事云主人不出迎尸伸尊也者禮記云君迎牲而不迎尸別嫌也尸在廟門外則疑於臣在廟中則全於君故主人皆不出迎尸尸在廟門外爲臣道故主人不出迎尸伸尊也引特牲者尸出入時主人與賓西位上皆逡巡辟位敬尸也云既則後尸者下經云祝延尸尸升自西階入祝從注云由後詔相之曰延是後尸者也

宗人奉槃。東面于庭南。一宗人奉匜水。西面于槃東。一宗人奉簞巾。南面于槃北。乃沃尸。盥于槃上。卒盥。坐奠簞取巾。興。振之三。以授尸。坐取簞。興。以受尸巾。庭南沒霤【疏】注庭南沒霤○釋曰庭南者於庭近南是沒盡門屋霤近門而盥也是以特牲亦云尸入門北面盥繼門而言即亦此沒霤者也

祝延尸。尸升自西階。入。祝從。由後詔相之曰延延進也周禮曰大祝相尸禮祝從從尸升自西階【疏】祝延至祝從○注由後至西階○釋曰周禮曰大祝相尸禮者案職云相尸禮注云延其出入詔其坐作是也

主人升自阼階。祝先入。主人從。祝接神先入宜也尸升筵。祝主人西面立于戶內。祝在左。主人由祝後而居右尊也祝從尸尸即席乃卻居主人左【疏】注主人至人左○釋曰祝先入至主人入而居祝之右者以祝從尸後詔侑之故在尸後主人前及尸即筵主人與祝西面則主人尊故也云祝從尸尸即席乃卻居主人左者解祝在先居左之意也

祝主人皆拜妥尸。尸不言。尸荅拜。遂坐。拜妥尸拜之使安坐也尸自此荅拜遂坐而卒食其間有不啐奠不嘗鉶不告旨大夫之禮尸彌尊也不告旨者爲初亦不饗所謂曲而殺【疏】祝主至遂坐○注拜妥至而殺○釋曰案爾雅妥安坐也故云拜妥尸拜之使安坐也案特牲云尸啐酒告旨主人拜尸荅拜祭鉶嘗之告旨不得遂坐此經云荅拜遂坐故鄭解其遂坐而卒食之意以其間有不啐奠不嘗鉶不告旨也大夫之禮尸彌尊故無拜事特牲所云嘗鉶謂嘗豕鉶此不嘗鉶謂不嘗豕鉶也知非不嘗羊鉶者案下云嘗羊鉶故知不嘗豕鉶也不告旨者既不啐奠故無告也言彌尊者既不啐奠一尊又不嘗鉶不告者是彌尊也云不告旨者爲初亦不饗者案特牲迎尸即席坐主人拜妥尸尸荅拜執奠祝饗主人拜如初注云饗勸強之也其辭取於士虞記則宜云孝孫某圭爲而孝薦之饗是士賤不嫌得與人君同大夫尊嫌與人君同故初不饗後亦不告旨故云不告旨者爲初亦不饗也云所謂曲而殺者禮器文彼注云謂若父在爲母期不得申大夫不得者亦不得申故引爲證若然曲而殺爲初不饗而言也

祝反南面。未有事也墮祭爾敦官各肅其職不命【疏】注未有至不命○釋曰云未有事也者釋祝反南面也云墮祭爾敦文在下經官各肅其職不命者言祝無事之義案宿諸官各肅其事不須命故祝得反南面

尸取韭菹辯擩于三豆。祭于豆間。上佐食取黍稷于四敦。下佐食取牢一切肺于俎。以授上佐食。上佐食兼與黍以授尸。尸受同祭于豆祭。牢羊豕也同合也合祭於俎豆之祭也黍稷之祭爲墮祭將食神餘尊之而祭之今文辯爲徧【疏】注牢羊至爲徧○釋曰云黍稷之祭爲墮祭者肺與黍稷俱得爲墮故周禮守祧職既祭則藏其墮墮中豈不能兼肺肺與黍稷俱祭于菹上上既藏之明肺與黍稷器不動人就器減取之故特得墮名舉肺則全取因上絕之不得墮稱及其藏之井有墮名也云將食神餘尊之而祭之者謂陰厭是神食後尸來即席食尸餕鬼神之餘故尸亦尊神而祭之以其凡祭者皆不是盛主人之饌故以祭之爲尊也

上佐食舉尸牢肺正脊以授尸。上佐食。爾上敦黍于筵上右之。爾近也或曰移也右之便尸食也重言上佐食明更起不相因【疏】上佐至右之○注爾近至相因○釋曰曲禮云飯黍無以箸是古者飯食不用匙箸若然器即不動器中取之故移之於席上便尸食也云重言上佐食明更起不相因者前舉尸牢肺時坐而取之興以授尸不因此坐取肺即爾敦黍明更坐爾黍而起不因前坐也案特牲云黍稷此及虞皆不云稷者此後皆黍稷連言明并黍稷食之不虛陳而不食不言爾之者文不具其實亦爾之也

主人羞肵俎。升自阼階。置于膚北。羞進也肵敬也親進之主人敬尸之加【疏】主人至膚北○注羞進至之加○釋曰郊特牲訓肵爲敬今此主人親進之故鄭云敬尸之加以其爲尸特加故云加也若然特牲三俎膚從豕俎故肵在腊北此五俎有膚俎故肵在膚北

上佐食羞兩鉶。取一羊鉶于房中。坐設于韭菹之南。下佐食。又取一豕鉶于房中。以從。上佐食受。坐設于羊鉶之南。皆芼。皆有柶。尸扱以柶祭羊鉶。遂以祭豕鉶。嘗羊鉶。芼菜也羊用苦豕用薇皆有滑【疏】上佐至羊鉶○注芼菜至有滑○釋曰芼菜者菜是地之芼知羊用苦豕用薇皆有滑者案公食大夫記云鉶芼牛藿羊苦豕薇皆有滑是也

食舉。舉牢肺正脊也先飯啗之以爲道也【疏】食舉○注舉牢至道也○釋曰此食舉在羞肵之下特牲食舉在羞肵之上不同者彼特牲食舉下乃云羞肵俎者是其正以食舉後尸即嚌𣚥之屬即加於肵俎故食舉後即進肵是正也此食舉不在羞肵之上上佐食羞鉶羹尸祭鉶訖乃得食舉故退食舉在祭鉶之下又不退羞大羹在食舉下者由主人敬尸故不退在下也特牲爾敦下設大羹此不云者大羹不爲神直是爲尸者故此不言儐尸乃有也云舉牢肺正脊也者上文云上佐食舉尸牢肺正脊以授尸尸受祭肺明今食先云食舉是上牢肺正脊也云先食啗之以爲道也者案特牲舉肺脊以授尸尸受振祭嚌之左執之注肺氣之主也脊體之貴者先食啗之所以道食通氣是也

三飯。食以黍【疏】三飯○注食以黍○

釋曰知先食黍者以前文先言爾黍故知先食黍也上佐食舉尸牢幹。尸受振祭嚌之。佐食受加于肵。幹正脅也古文幹爲肝〔疏〕注幹正脅也○釋曰上文序體先言短脅次言正脅則正脅在中上食舉是正脅故知此食幹亦先取正脅也特牲云食幹鄭注爲長脅也彼記序九體有長脅無代脅者案鄭注云脊無中脅無前貶於尊者故與此異也上佐食羞胾兩瓦豆有醢亦用瓦豆設于薦豆之北。設于薦豆之北以其加也四豆亦綪羊胾在南豕胾在北無膷臐膮者尚牲不尚味〔疏〕上佐至之北○注設于至尚味○釋曰特牲畧於少牢故有豕膮此少牢二牲故不尚味而無膷臐膮也尸又食食胾。上佐食舉尸一魚。尸受振祭嚌之。佐食受加于肵橫之。又復也或言食或言飯食大名小數曰飯魚橫之者異於肉〔疏〕尸又至橫之○注又復至於肉○釋曰云食大名者以其論語文多言食故云食大名也云小數曰飯者此少牢特牲言三飯五飯九飯之等據一口謂之一飯五口謂之五飯之等據小數而言故云小數曰飯也云魚橫之者異於肉者魚在俎縮肉在俎則橫其同在肵俎仍橫之魚本縮今則橫矣與牲體異故云魚橫異於肉也必知肉在肵仍橫者但言加于肵不云縮則與本俎同橫可知也大夫不儐尸者於此時亦當設大羹此主爲大夫不儐尸者大羹之文也又食。上佐食舉尸腊肩。尸受振祭嚌之。上佐食受加于肵。腊魚皆一舉者少牢二牲畧之腊必舉肩以肩爲終也別舉魚腊崇威儀〔疏〕注腊魚至威儀○釋曰云腊魚皆一舉者少牢二牲畧之者以特牲三舉獸魚以其牲少故也此少牢二牲畧之者體足可舉故腊魚一舉以畧之云腊必舉肩以肩爲終也者以腊如牲骨但舉一肩尊以爲終取其成義牲體舉肩爲終云別舉魚腊崇威儀者特牲云尸三飯佐食舉獸幹魚一亦如之尸又三飯舉骼及獸魚如初尸又三飯舉肩及獸魚如初獸魚常一時同舉而此獸魚別舉大夫之禮故云崇威儀案特牲先舉腊後魚此少牢後舉腊者彼特牲三俎腊三舉故後舉魚此少牢腊魚皆一舉故使腊在後肩取其終義故也又食。上佐食舉尸牢骼如初。如舉幹也又食。不舉者卿大夫之禮不過五舉須侑尸〔疏〕注不舉至侑尸○釋曰云五舉者舉牢肺一也又舉牢幹二也又舉一魚三也又舉腊肩四也又舉牢骼五也是卿大夫之禮五舉也尸告飽。祝西面于主人之南。獨侑不拜。侑曰皇尸未實侑。侑勸也祝獨勸者更則尸飽實猶飽也祝既侑復反南面〔疏〕注侑勸至南面○釋曰云侑勸也祝獨勸者更則尸飽者此決特牲九飯三侑皆祝主人共侑不更以侑者欲使尸飽若其重侑則嫌相褻特牲一重侑人不更者以士禮九飯縱更亦不飽故不更此大夫禮十一飯更則飽故有更是以使祝獨侑與主人更之義云祝既侑復反南面者戶內主人及祝有事之位尸席北祝無事之位今侑訖亦復尸北南面位也此與特牲皆有尸飯法天子諸侯亦當有之故大祝九拜之下云以享侑祭祀注云侑勸尸食而拜若然士三飯即告飽而侑大夫七飯告飽而侑諸侯九飯告飽而侑天子十一

飯而侑也尸又食。上佐食舉尸牢肩。尸受振祭嚌之。佐食受加于肵。四舉牢體始於正脊終於肩尊於終始〔疏〕注四舉至終始○釋曰正脊及肩此體之貴者故先舉正脊爲食之始後舉肩者爲食之終故云尊於終始尸不飯告飽。祝西面于主人之南。祝當贊主人辭〔疏〕注祝當贊主人辭○釋曰以其西面是祝之有事之位故從南向西面位也主人不言。拜侑。祝言而不拜主人不言而拜親疏之宜〔疏〕注祝言至之宜○釋曰云親疏之者云祝言而不拜者疏也云主人不言而拜者親也事相成故云親疏之宜也尸又三飯。爲祝一飯爲主人三飯尊卑之差凡十一飯下人君也上佐食受尸牢肺。正脊加于肵。言受者尸授之也尸授牢幹而實舉于俎豆食畢操以授佐食焉〔疏〕注言受至食焉○釋曰此案上文初食舉謂正脊與牢肺不言置舉之所下文即言三飯上佐食舉尸牢幹尸受振祭嚌之佐食受加于肵至此尸十一飯後乃言上佐食受尸牢肺正脊加于肵者是却本初食約特牲舉肺脊其時尸實舉于菹豆今尸食畢尸乃於菹豆上取而授上佐食上佐食受而加于肵故言受尸牢肺正脊加于肵也主人降洗爵。升北面酌酒。乃酳尸。尸拜受。主人拜送。酳猶羨也既食之而又飲之所以樂之古文酳作酌〔疏〕注酳猶至作酌○釋曰自此盡折一膚謂主人酳尸之事云酳猶羨也者取饒羨之義故以爲樂之也尸祭酒。啐酒。賓長羞牢肝。用俎。縮執俎。肝亦縮。進末。鹽在右。羞進也縮從也鹽在肝右便尸換之古文縮爲蹙〔疏〕注羞進至爲蹙○釋曰云鹽在肝右便尸換之者鹽在肝右據賓長西面手執而言尸東面若至尸前鹽在尸之左尸以右手取肝鄉左擩換之是其便也尸左執爵。右兼取肝。換于俎鹽。振祭嚌之。加于菹豆。卒爵。主人拜受尸爵。尸荅拜。兼兼羊豕祝酌受尸。尸醋主人。主人拜受爵。尸荅拜。主人西面奠爵。又拜。主人受酢酒俠爵拜彌尊尸〔疏〕注主人至尊尸○釋曰云彌尊尸者此少牢與特牲尸酢主人使祝代尸酌者已是尊尸今主人拜受訖又拜爲俠拜是彌尊尸也上佐食。取四敦黍稷。下佐食取牢一切肺。以授上佐食。上佐食以綏祭。綏或作挼挼讀爲墮將受嘏亦尊尸餘而祭之古文墮爲肵〔疏〕注綏或至爲肵○釋曰經中綏是車綏或有禮本作挼者故亦讀從周禮守祧既葬則藏其墮取墮減之義也云將受嘏者下文主人受嘏之時先墮祭是以佐食授黍稷與主人爲墮禮主人佐執爵。右受佐食。坐祭之。又祭酒。不興。遂啐酒。右受佐食右手受墮於佐食也至此言坐祭之者明尸與主人爲禮也尸恒坐有事則起主人恒立有事則坐〔疏〕注右手至則坐○釋曰云

尸常坐有事則起主人常立有事則坐者案禮器云周坐尸曲禮云立如齊鄭云齊謂祭祀時則是尸常坐主人祭時則常立經云坐祭之謂墮祭尸餘是尸與主人爲禮是主人有事乃坐也尸荅主人拜乃立是尸有事則起也祝與二佐食皆出盥于洗入。二佐食各取黍于一敦。上佐食兼受摶之以授尸。尸執以命祝。命祝以嘏辭〔疏〕注命祝以嘏辭○釋曰謂命祝使出嘏辭以嘏於主人下文是也卒命祝。祝受以東北面于戶西。以嘏于主人曰。皇尸命工祝。承致多福無疆于女孝孫。來女孝孫。使女受祿于天。宜稼于田。眉壽萬年。勿替引之。嘏大也予主人以大福工官也承猶傳也來讀曰釐釐賜也耕種曰稼勿猶無也替廢也引長也言無廢止時長如是也古文嘏爲格祿爲福眉爲微替爲袂袂或爲載載替聲相近〔疏〕卒命至引之○注嘏大至相近○釋曰云嘏大也者郊特牲云嘏長也大也故鄭云予主人以大福案特牲尸親嘏主人此尸使祝嘏主人者大夫尸尊故不親嘏特牲無嘏。文不具也主人坐奠爵。興。再拜稽首。興受黍。坐振祭嚌之。詩懷之。實于左袂。挂于季指。執爵以興。坐卒爵。執爵以興。坐奠爵。拜。尸荅拜。執爵以興出。宰夫以籩受嗇黍。主人嘗之。納諸內。詩猶承也實於左袂便右手也季猶小也出出戶也宰夫掌飲食之事者收斂曰嗇明豐年乃有黍稷也復嘗之者重之至也納猶入也古文挂作卦〔疏〕○主人至諸內○注詩猶至作卦○釋曰云出出戶也者以主人位在戶內西面今云出故知是出戶也此宰夫以籩受嗇大夫之禮特牲主人出寫嗇于房祝以籩受彼士禮與大夫異也案春官鬱人云大祭祀與量人受舉斝之卒爵而飲之鄭云斝受福之嘏聲之誤也王酳尸尸嘏王此其卒爵也少牢饋食禮主人受嘏詩懷之卒爵執爵以興出宰夫以籩受嗇黍主人嘗之乃還獻祝此鬱人受王之卒爵亦王出房時也是王受嘏與大夫同也案楚茨詩既齊既稷既匡既勑注云嘏之禮祝徧取黍稷牢肉魚擩於醢以授尸孝孫前就尸受之天子使宰夫受之以筐祝則釋嘏辭以勑之天子嘏辭與大夫同也云復嘗之者重之至也者前已嚌之是已嘗今復言嘗是重受福之至也特牲不言復嘗者文不具也主人獻祝。設席南面。祝拜于席上。坐受。室中迫狹〔疏〕○主人至坐受○注室中迫狹○釋曰言迫狹大夫士廟室也皆兩下五架正中曰棟棟南兩架北亦兩架棟南一架名曰楣前承簷以前名曰庪棟北一架爲室南壁而開戶即是一架之開廣爲室故云迫狹也必知棟北一架後乃爲室者昏禮主人延賓升自西階當阿東面致命鄭云阿棟也入堂深明不入室是棟北乃有室也主人西面荅拜。不言拜送下尸〔疏〕主人西面荅拜○注不言拜送下尸○釋曰上主人酳尸尸拜受主人拜送今主人獻祝祝拜受主人荅拜拜送禮重荅拜禮輕今言荅拜故

云不言拜遂下尸也薦兩豆菹醢。葵菹蠃醢〔疏〕薦兩豆菹醢。注葵菹蠃醢。釋曰知者上云韭菹醓醢鄭云朝事之豆也而饋食用之豐大夫禮上亦云葵菹蠃醢是饋食之豆當饋食之節是其常事故不言豐大夫之禮今祝用之亦其常事故知用葵菹蠃醢也佐食設俎牢髀。橫脊一。短脅一。腸一。胃一。膚三。魚一橫之。腊兩髀屬于尻。皆升下體祝賤也魚橫者四物共俎殊之也腊兩髀屬于尻尤賤不殊〔疏〕注皆升至不殊。釋曰言升下體者髀與短脅橫脊皆羊豕之下體屬于尻又腊之下體爲祝賤故也云魚橫者四物共俎殊之也者以其魚猶在俎縮載今橫者爲四物共俎橫而殊之也縮其七物而云四物者據羊豕魚腊故云四物也云尤賤者羊豕體不屬於尻以腊用左右胖故有兩髀言髀屬于尻尻在中謂髀與尻相連屬不殊是尤賤也周祝賤常連之也祝取菹擩于醢。祭于豆閒。祝祭俎。大夫祝俎無肺祭用膚遠下尸不嚌之膚不盛〔疏〕祝取至祭俎。注大夫至不盛。釋曰云大夫祝俎無肺祭用膚遠下尸者案特牲尸俎有祭肺離肺祝俎有離肺無祭肺是下尸今大夫尸俎亦皆有祝則離肺祭肺俱無是遠下尸也云不嚌之膚不盛者決離肺祭訖嚌之加于俎今以無肺祭不盛故也凡膚皆不嚌獨於此言之者以其以膚替肺肺則嚌此則不嚌故須言之也祭酒。啐酒。肵牢從。祝取肵擩于鹽。振祭嚌之。不興。加于俎。卒爵興。亦如佐食授爵乃興不拜既爵大夫祝賤也〔疏〕注亦如至賤也。釋曰亦如佐食授爵乃興者此經直云卒爵興不云授爵故特明之案下文主婦獻祝祝卒爵坐授主婦又獻二佐食二佐食坐授主婦爵主婦獻祝與獻二佐食同明主人獻祝祝授主人爵亦與二佐食同可知云不拜既爵大夫祝賤也者此決特牲祝卒角拜主人荅拜以士卑故祝不賤此大夫尊故祝賤不拜既爵也主人酌。獻上佐食。上佐食戶內牖東北面拜。坐受爵。主人西面荅拜。佐食祭酒。卒爵拜。坐授爵興。不啐而卒爵者大夫之佐食賤禮畧〔疏〕注不啐至禮畧。釋曰特牲士之佐食亦啐大夫佐食賤禮畧天子諸侯禮雖亡或可對天子諸侯佐食啐乃卒爵貴故也俎設于兩階之閒。其俎折一膚。佐食不得成禮於室中折者擇取牢正體餘骨折分用之有脅而無薦亦遠下尸〔疏〕俎設至一膚。注佐食至下尸。釋曰云有脅而無薦亦遠下尸者有脅即經俎實是也無薦謂無菹醢也既無肺已是下尸又無薦是遠下尸也主人又獻下佐食。亦如之。其脅亦設于階閒西上。亦折一膚。上佐食既獻則出就其俎特牲記曰佐食無事則中庭北面謂此時有司贊者取爵于篚以升。授主婦贊者于房戶。男女不相因特牲饋食禮曰佐食卒角主人受角降反于篚〔疏〕有司至房戶。注男女至于篚。釋曰云自此盡入于房論主婦亞獻祝獻尸與佐食之事此直云有司授婦贊者于房案禮記內則云非祭非喪不相授器其相授則女受以篚其無篚則皆坐奠之而后取之此經雖不言受以篚及奠於地之事亦當然也云男女不相因者案特牲佐食卒角主人受角降反于篚升入復位訖主婦乃洗爵于房酌亞獻尸是不相因爵也引特牲者證男女不相因爵主婦不取此爵也婦贊者受以授主婦。主婦洗于房中。出酌。入戶西面拜獻尸。入戶西面拜由便也不北面者辟人君夫人也拜而後獻者當俠拜也昏禮曰婦洗在北堂直室東隅〔疏〕注入戶至東隅。釋曰云入戶西面拜由便也者下注云此拜於北則上拜於南矣由便也云不北面者辟人君夫人也者案特牲主婦北面拜注云北面拜者辟內子也則是士妻卑不嫌得北面與人君夫人同也尸拜受。主人之北西面拜送爵。拜於主人之北西面婦人位在內此拜於北則上拜於南矣由便也尸祭酒卒爵。主婦拜。祝受尸爵。尸荅拜。易爵洗酌授尸。祝出易爵男女不同爵主婦拜受爵。尸荅拜。上佐食綏祭。主婦西面于主人之北。受祭。祭之。其綏祭如主人之禮。不嘏。卒爵拜。尸荅拜。不嘏夫婦一體綏亦當作挼古文爲肵主婦以爵出。贊者受。易爵于篚。以授主婦于房中。贊者有司贊者也易爵亦以授婦贊者婦贊者受房戶外入授主婦〔疏〕注贊者至主婦。釋曰知贊者有司贊者也者上文云有司贊者取爵於篚此還是上有司贊者也主婦洗酌獻祝。祝拜。坐受爵。主婦荅拜于主人之北。卒爵不興。坐授主婦。不俠拜下尸也今文曰祝拜受主婦受酌。獻上佐食于戶內。佐食北面拜。坐受爵。主婦西面荅拜。祭酒。卒爵。坐授主婦。主婦獻下佐食亦如之。主婦受爵以入于房。不言拜於主人之北可知也爵奠於內篚賓長洗爵獻于尸。尸拜受爵。賓戶西北面拜送爵。尸祭酒。卒爵。賓拜。祝受尸爵。尸荅拜。祝酌授尸。賓拜受爵。尸拜送爵。賓坐奠爵。遂拜。執爵以興。坐祭。遂飲。卒爵。執爵以興。坐奠爵拜。尸荅拜。賓酌獻祝。祝拜。坐受爵。賓北面荅拜。祝祭酒。啐酒。奠爵于其筵前。啐酒而不卒爵祭事畢示醉也不獻佐食將儐尸禮殺〔疏〕賓長至筵前。釋曰云尸祭酒卒爵者案特牲賓長獻爵止注云欲神惠之均於室中待夫婦致爵此大夫禮或有賓尸者致爵在儐尸之上故不致爵爵不止也若然有司徹尸作止爵三獻致爵於主人主人不酢主婦又不致爵于主婦下大夫不儐尸賓獻尸止爵主婦致爵于主人酢主婦主人不致於主婦特牲主人與主婦交相致爵參差不同者此以尊卑爲差降之數故有異也上大夫得儐尸故致爵上辟人君下大夫不儐尸故增酢主婦而已士卑不嫌與君同故致爵具也。注啐酒至禮殺。釋曰云不獻佐食將儐尸禮殺者以其祝與佐食俱是事神及尸是以獻尸并及之故主人主婦獻祝與佐食今賓獻祝不及佐食者但爲待儐尸故於賓長獻是祭末禮殺故不及佐食闕之也主人出。立于阼階上西面。祝出。立于西階上東面。祝告曰。利成。利猶養也成畢也孝子之養禮畢祝入。尸謖。主人降。立于阼階東西面。謖起也謖或作休祝先尸。從遂出于廟門。事尸之禮訖於廟門〔疏〕主人至廟門。釋曰自此盡廟門論祭祀畢尸出廟之事注事尸之禮訖於廟門者上祝迎尸於廟門今禮畢又送尸於廟門案禮記尸在廟門外則疑於臣是以據廟門爲斷祝反。復位于室中。主人亦入于室。復位。祝命佐食徹肵俎。降設于堂下阼階南。徹肵俎不出門將儐尸也肵俎而以儐尸者其本爲不反魚肉耳不云尸俎未歸尸〔疏〕祝反至階南。注徹肵至歸尸。釋曰自此盡篇末論徹肵俎行餕之事云徹肵俎不出門將儐尸也者決特牲佐食徹尸俎出廟門者送尸者也云肵俎而以儐尸者其本爲不反魚肉耳者案曲禮云毋反魚肉謂食時魚肉不反俎故尸食亦加肵俎本爲尸不反魚肉今賓尸將更食魚肉當加於肵俎未得即送尸家故云本爲不反魚肉也故儐尸訖并後加者得歸之也司宮設對席。乃四人餕。大夫禮四人餕明惠大也〔疏〕注大夫至大也。釋曰案祭統云凡餕之道而興施惠之象也是故上有大澤則惠必及下是以特牲二人餕惠之小者大夫四人餕明惠之大者也上佐食盥升。下佐食對之。賓長二人備。備四人餕也三餕亦盥升〔疏〕上佐至人備。注備四至盥升。釋曰下佐食對之者不謂東西相當直取上佐食東面下佐食西面爲對以其下佐食西面近北故不得東西相當也云賓長二人備者亦不東西相當以其一賓長在上佐食之北一賓長在下佐食之南是亦不東西相當也故云備不言對也司士進一敦黍于上佐食。又進一敦黍于下佐食。皆右之于席上。右之者東面在南西面在北〔疏〕注右之至在北。釋曰東面在南據上佐食西面在北據下佐食右之者飯用手右之便故也資黍于羊俎兩端。兩下是餕。資猶減也減置於羊俎兩端則一賓長在上佐食之北一賓長在下佐食之南今文資作齋〔疏〕注餕猶至作齋。釋曰云兩下是餕者據二賓長以二佐食爲下故云一賓長在上佐食之北一賓長在下佐食之南以地道尊右故二佐食皆在右若然羊俎兩開南北面置之故二賓長於俎一端取黍也必知上佐食東面近南下佐食西面近北者以其尸東面近南今尸起上佐食居尸坐處明知位次如此司士乃辯舉膚者。皆祭黍祭

舉。舉舉膚今文辯爲徧〔疏〕司士至祭舉○注舉舉至爲徧○釋曰知舉是舉膚者以其尸舉肺餕者下尸明不舉肺當舉膚是以特牲云佐食授餕者各一膚明此大夫禮亦舉膚也主人西面三拜餕者。餕者奠舉于俎。皆荅拜。皆反取舉。三拜旅之示徧也言反者拜時或去其席在東面席者東面拜在西面席者皆南面拜〔疏〕主人至取舉○注三拜至面拜○釋曰知面位如此者以主人在戶內西面三拜餕者餕者在東面而荅主人拜可知在西面位者以主人在南西面不得與主人同面而拜明迴身南面向主人而拜故鄭以義解之如此也司士進一鉶于上餕。又進一鉶于次餕。又進二豆湆于兩下。乃皆食。食舉。湆肉汁也〔疏〕司士至食舉○釋曰云又進二豆湆于兩下者以其神坐之上止有羊豕二鉶一進與上佐食一進與下佐食故更羞二豆湆于兩下湆者從門外鑊中來以兩下無鉶故進湆也卒食。主人洗一爵。升酌以授上餕。贊者洗三爵。酌。主人受于戶內。以授次餕。若是以辯。皆不拜受爵。主人西面三拜餕者。餕者奠爵。皆荅拜。皆祭酒。卒爵。奠爵。皆拜。主人荅壹拜。不拜受爵者大夫餕者賤也荅壹拜畧也古文一爲壹也〔疏〕注不拜至壹也○釋曰云不拜受爵者大夫餕者賤也者決特牲使嗣子與兄弟餕爲貴故拜受爵也云荅壹拜畧也者特牲亦無再拜法此云畧者以其四餕皆拜主人總荅一拜故云畧也餕者三人興出。出降實爵于篚反賓位上餕止。主人受上餕爵。酌以酢于戶內。西面坐奠爵。拜。上餕荅拜。坐祭酒。啐酒。主人自酢者上餕獨止當尸位尊不酌也〔疏〕注主人至酌也○釋曰特牲上餕親自酌酢主人此上餕不酌者上餕將報主人故在尸位不可親酌特牲上餕酌者以上餕不報主人旣卒爵三餕俱出上餕酢主人少牢禮備又報主人故不酌也上餕親嘏。曰。主人受祭之福。胡壽保建家室。親嘏不使祝授之亦以黍〔疏〕注親嘏至以黍○釋曰言亦者亦上皇尸命工祝嘏主人以黍此亦以黍上文司士進敦乃分黍于羊俎兩端下不言稷故知亦黍也主人興。坐奠爵。拜。執爵以興。坐卒爵。拜。上餕荅拜。上餕興。出。主人送。乃退。送佐食不拜賤〔疏〕注送佐食不拜賤○釋曰賓主之禮賓出主人皆拜送此佐食送之而不拜故云賤也

儀禮卷第十六 經二千九百七十九 注二千七百八十七 儀禮疏卷第四十八

元缺第五葉今補

儀禮注疏卷四十八挍勘記　阮元撰盧宣旬摘錄

卒脀祝盥於洗

注將納祭也 要義同毛本誤脫

主婦被錫衣移袂 移唐石經嚴本要義楊氏俱作移與疏文合徐本釋文集釋通解敖氏毛本俱作侈下同陸氏曰侈本又作移魏氏曰移本又作侈段玉裁云釋文當云移袂本又作侈後人倒之耳張忠甫依釋文改移爲侈非也作移者自是相傳古本羣經音辨曰移廣也音侈禮主婦人衣移袂此賈昌朝本作移也葉抄釋文移從衣殆非也臧庸云移字當作移說文移衣張也○按移乃正字移卽移之假借字作侈誤也葉本釋文移从示蓋因示而誤通志堂本從木又因不而誤段謂釋文當云移袂本又作侈正與要義合追師注引此經亦作移表記衣服以移之注云移讀如水氾移之移移猶廣大也此古本作移之証

讀爲髲鬄 段玉裁挍本鬄作鬎下同

以被婦人之紒爲飾 段玉裁挍本被作髲

衣三尺三寸 徐陳集釋通解楊氏同毛本三作二

葵菹在緆今文錫爲緆蠃爲蝸 今文二字陳閩監葛俱誤在葵字上在下集釋有比字按特牲疏引此注今本有北字單疏本則有北字而無緆字也毛本無鬄爲緆三字徐本通解俱有嚴本集釋俱與徐本同惟鬄字作錫釋文有爲緆二字云音羊○按緆字不當從易疑陸誤

此被錫移袂與主婦同 要義同毛本通解移作侈

因名髲鬄焉者 陳閩通解同要義毛本髲作髮

是其取賤者髲爲鬄之事也 髲爲鬄陳本通解俱作髮爲鬄要義作髮爲髲按當作髲爲鬄

鄭云所謂髲鬄者 上六字此本重出通解毛本無按疏意蓋謂此注云周禮所謂次者指追師文追師注云所謂髲鬄者卽指此文也傳寫錯誤複衍六字

六服外之下者 外之下毛本誤作下之外

故三尺三寸 通解毛本故下有衣字

昌本麋臡 陳本通解同毛本昌作菖○按周禮作昌

茆菹麋臡 浦鏜云麋作麇

云葵菹在緆者 按在下亦當有北字或北誤爲緆

今於次東 毛本次誤作二

主婦自東房執一金敦黍○又興受贊者敦稷 毛本興誤作十

明象龜蟲獸之形 通解要義同毛本無蟲字聶氏有蟲字無龜字

外骨內骨 內閩本通解俱作肉誤

管仲鏤簋朱紘 通解要義同毛本紘作紭○按當作紘字今本禮器亦有作弦者非也

據而言 據下要義空一字一本增外字

祝酌奠

設饌要由尊者成 陳閩通解要義同毛本饌作餕

卻合之也 陳閩通解同毛本卻作欲

主人西面

羊肥則毛柔濡 要義同毛本通解無濡字

證黍稷大和之義 大陳閩監本要義俱作大是也通解毛本作太

宗人奉槃○振之三以授尸坐取簞興以受尸巾 自以至興七字毛本脫唐石經徐本集釋楊敖俱有通解無

卽亦此沒霤者也 通解同毛本無此字

祝延尸 延唐石經鍾本俱作筵誤

祝主人皆拜妥尸 拜上要義有再字

故鄭解其遂坐而卒食之意 通解要義同毛本無故字按毛本非也

故無拜事 拜乃三字之訛

知非不嘗羊鉶者 非要義作非是也毛本作此

故知不嘗豕鉶也 要義同毛本無不字

旣不啐奠 通解要義同毛本旣作卽

云不告旨者 通解要義俱有不字與注合毛本無

祝反南面

墮祭爾敦 墮釋文作隋下同

尸取韭菹○尸受同祭于豆祭 唐石經徐本集釋要義楊敖同通解毛本受同二字倒

合祭於俎豆之祭也 李氏曰俎豆當作菹豆張氏說見後

今文辯爲徧 爲釋文作作與疏標目異

俱祭于苴上上 浦鏜云菹誤苴要義重上字屬下句通解毛本上字不重

謂陰厭是神食後 神食二字要義重出

上佐食舉尸牢肺正脊以授尸 李氏曰授尸下賈氏有尸受祭肺四字

按特牲云黍稷毛本無云字
主人羞所俎○置于膚北置于釋文作直於云音值下注直室同
食舉
先飮啗之飮釋文集釋楊氏俱作食陸氏曰作飮飯者皆非○按疏亦作食
上佐食羞鉶羹陳閩俱無上字羞下有於字
上佐食舉尸牢幹
故知此食幹通解同毛本知此二字倒
尸又食食胾
此少牢特牲言三飯五飯九飯之等通解要義同毛本無牲字
五口謂之五飯之等要義同毛本無之字
今則橫矣通解同毛本橫下有之字
則與本俎同橫可知也毛本與誤作於
此主爲大夫不儐尸者大羹之文也浦鏜云不當衍字者上當脫故無設三字
又食
卿大夫之禮徐陳集釋通解楊氏同毛本卿作鄉
尸告飽
祝獨勸者毛本獨誤作南
亦當有之通解要義同亦當二字毛本倒
諸侯九飯告飽而侑毛本飽誤作飯
尸又三飯
凡十一飯徐本集釋通解楊敖同毛本凡作尸
上佐食受尸牢肺正脊
而實舉于俎豆俎集釋楊氏俱作菹與疏合張氏曰疏于特牲之肺脊初在俎豆既作菹于此又作菹則此篇之上文注合祭于俎豆之祭也之俎亦必菹字並從疏
尸祭酒啐酒○肝亦縮進末末陳閩俱誤作未葛本作末
祝酌受尸受集釋要義楊敖俱作授張氏曰經曰祝酌受尸按經上文祝受尸爵今酌以授尸作受非也從經○按唐石經作受

俠爵拜彌尊尸徐本集釋通解楊氏同毛本拜下有爵字
上佐食取四敦黍稷
古文墮爲肵張氏曰經云上佐食以綏祭墮當爲綏後注有云綏亦當爲挼古文爲肵此綏爲肵之證也從經○按注似非誤說詳士喪禮今文挼爲綏下
則藏其隋取隋減之義也通解要義同毛本無取隋二字
下文主人受嘏之時毛本受誤作守
是以佐食授黍稷通解要義同毛本授作受
主人佐執爵徐本同毛本佐作左張氏曰經前後文執爵皆左此佐當爲左從經前後文
齊謂祭祀時通解要義同毛本祀作禮○按曲禮注作祀
祝與二佐食○摶之以授尸摶唐石經陳本集釋通解楊氏俱作摶徐本毛本誤作搏
卒命祝
嘏大也此句上要義有命祝以嘏辭五字
來讀曰釐曰要義作爲
言無廢止時徐本集釋要義楊敖同通解毛本止作上
替爲抰抰或爲戜抰徐本並从木與宋本釋文合集釋通解要義毛本俱並从衣段玉裁云釋文抰音決今本乃作袂音決袂不當有決音此葉鈔本之可貴也儀禮嘉靖本鍾人傑本皆作抰錢大昕曰袂當爲抰字形相涉而譌也說文戜爲戜詩秩秩大猷說文引作戜戜大猷是秩與戜通
主人坐奠爵興○主人嘗之張氏曰巾箱杭本嘗誤作當從監嚴本
云出出戶也者通解重出字毛本不重
特牲主人出寫嗇于房通解同毛本寫作爲
祝徧取黍稷牢肉魚擩於醢擩陳本通解要義俱作擩是也閩本誤作儒毛本作臑
佐食設俎
縮其七物陳閩通解同毛本其作有
祭酒啐酒肝牢從
主婦獻祝與獻二佐食同通解要義同毛本與作興
以士卑故祝不賤卑要義作賤
主人酌獻上佐食○坐授爵興李氏曰授石本作受

不啐而卒爵者張氏曰監本啐誤作卒從諸本
有司贊者○授主婦贊者于房戶毛本戶誤作中
論主婦亞獻祝獻尸與佐食之事毛本論誤作中尸要義作祝按要義固非
然獻尸宜在獻祝前諸本亦有誤
其相授則女受以筐其陳本通解要義楊氏俱作其毛本作且受此本通解要義楊氏俱作受毛本作授
尸拜受
拜於主人之北徐本集釋通解楊氏同毛本無人字
此拜於北徐本集釋敖氏俱作此拜於北與上節疏合通解作始拜於北毛本北作此楊氏作也拜於北
尸祭酒卒爵○酌授尸周學健云授石經作受字按唐石經作授
賓長洗爵獻于尸○賓戶西北面拜送爵戶唐石經徐本集釋楊敖俱作戶通解要義毛本俱作尸
啐酒而不卒爵卒徐本集釋楊氏俱作啐通解毛本作卒李氏曰啐爵當作卒爵○按飮酒之法或啐酒而不卒爵或不啐而卒爵各有所宜鄭注甚明舊本多誤此注卒爵嚴徐諸本以卒爲啐前主人獻佐食注不啐宋監本以啐爲卒聘禮注糟醴不卒本或多作不啐其誤並同
但爲待賓尸陳本通解同毛本但作俱待作拜賓作儐
祝入○主人降降唐石經徐陳閩葛集釋通解楊氏俱作降監本誤作祭毛本作出
謖或作休按士虞注云古文謖或爲休此注謖上疑脫古文二字
祝先尸從
訖於廟門毛本門下有外字徐本無與疏合集釋通解俱有楊氏有外無廟
主人至廟門按主人者指前節主人出立于阼階上句也凡儀禮皆以一疏配一注此獨摠三節爲一疏亦變例也然標目既云主人至廟門而疏乃云自此盡廟門論祭祀畢尸出廟之事殊不可解一本移自此句置前注孝子之養禮畢下則標目當改云主人至利成
上祝迎尸於廟門今禮畢通解要義同毛本無今禮二字
祝反復位于室中
決特牲佐食徹尸俎出廟門者通解要義同毛本佐作饌
謂食時魚肉不反俎時要義作時是也毛本作將
今賓尸將更食魚肉毛本通解賓作儐

司宮設對席

大夫禮四人餕　徐本集釋通解同楊氏毛本餕作養

上佐食盥升

不謂東西相當　陳閩通解楊氏同毛本當作對

資黍于羊俎兩端兩下是餕　李氏曰餕當如上下文作養

據二賓長以二佐食爲下　毛本通解以作於

卒食主人洗一爵升○主人荅壹拜　壹唐石經徐本集釋俱作壹注同楊氏經作壹注作一通解敖氏毛本俱作一

大夫餕者賤也　毛本大誤作夫

古文一爲壹也　毛本作壹爲一徐本通解俱作一爲壹與此本標目合集釋與毛本同按經有兩一字一拜徐本作壹拜則所謂古文一爲壹者自指一爵言李氏誤認爲指壹拜言故倒注文耳至毛本經注不相應其誤更不待辨矣

上養親嘏曰

亦上皇尸命工祝嘏主人以黍　亦通解作亦毛本誤作以工陳本通解俱作工毛本誤作二

儀禮注疏卷四十八挍勘記終

儀禮疏卷第四十九　儀禮卷第十七

唐朝散大夫行大學博士弘文館學士臣賈公彦等撰

有司第十七（疏）有司徹第十七。釋曰鄭目録云少牢之下篇也大夫既祭儐尸於堂之禮祭畢禮尸於室中天子諸侯之祭明日而繹有司徹於五禮屬吉大戴第九小戴第十二別録少牢下篇第十七。釋曰言大夫既祭儐尸於堂之禮者謂上大夫室內事尸行三獻禮畢別行儐尸於堂之禮又云祭畢禮尸於室中者據下大夫室內事尸行三獻無別行儐尸於堂之事即於室內爲加爵禮尸即下文云若不儐尸以下是也

儀禮　鄭氏注

有司徹。徹室中之饋及祝佐食之俎卿大夫既祭而賓尸禮崇也賓尸則不設饌西北隅以此薦俎之陳有祭象而亦足以厭飫神天子諸侯明日祭於祊而繹春秋傳曰辛巳有事于大廟仲遂卒于垂壬午猶繹是也爾雅曰繹又祭也（疏）有司徹。注徹室至祭也。釋曰自此盡如初論徹室內之饋并更整設及温尸俎之事云徹室中之饋及祝佐食之俎者室內之饋主於尸饌薦俎黍稷皆名饋下大夫不儐尸餕訖云有司官徹饋饌於室中西北隅彼鄭注云官徹饋者司馬司士舉俎宰夫取敦及豆則此饋內兼數物唯無肵俎肵其上篇佐食徹之先設於堂下也又言及祝佐食之俎者殊其尊卑爲文祝亦有薦在室內北墉下佐食之俎在兩楹之閒無薦此等見於上篇今徹祝與佐食并爲文者賤者省文之義其實祝薦俎在室內佐食俎在階閒此直云有司不言官下大夫不儐尸云官徹者彼爲更饌西北隅爲陽厭故見官也肵俎亦用儐尸不使有司同時徹者肵俎本爲尸故設之徹之此不與正俎同時而後設先徹案楚茨詩云諸宰君婦廢徹不遲此不言者彼人君禮故不同也云卿大夫既祭而儐尸禮崇也者此對下大夫不儐尸禮不崇也云以此薦俎之陳有祭象而亦足以厭飫神者對下大夫尸出之後改饌西北隅爲厭飫神今儐尸者雖不設饌西北隅以此薦俎之陳有祭象亦足以厭飫神亦下大夫也云天子諸侯明日祭於祊而繹者欲見天子諸侯尊別日爲之與卿大夫禮異但祊與繹二者俱時爲之故郊特牲云繹之於庫門內祊之於東方失之矣鄭注云祊之禮宜於廟門外之西室繹又於其堂神位在西此二者同時而大名曰繹其祭禮簡而事尸禮大引春秋傳者此宣八年左氏傳辛巳有事于大廟仲遂卒于垂卿佐卒輕于正祭不合廢但繹祭禮輕宜廢而不廢故譏之云壬午猶繹引之者證人君別日爲繹又見二者雖同時而大名繹故孔子書繹不書祊引爾雅者爾雅釋天文彼云周曰繹商曰彤夏曰復胙復胙者復昨日之胙祭殷曰彤者義取彤彤祭不絶周曰繹者取尋繹前祭之事但祊者禮器云爲祊乎外注祊祭明日之繹祭也謂之祊者於廟門之旁因名焉其祭之禮既設祭於室而事尸於堂孝子求神非一處是也此祊是明日又祭故於廟門外若然正祭祊即於廟門內故楚茨詩云祝祭于祊祀事孔明毛傳云祊門內也鄭云孝子不知神之所在故使祝博求之于廟門內之旁待賓客之處祀禮於是甚明是正祭祊在門內也郊特牲云索祭祝于祊不知神之所在於彼乎於此乎或諸遠人乎祭于祊尚曰求諸遠者與亦是祭之明日祊故云求諸遠者但此大夫儐尸同日正祭之是天子諸侯禮大別日又別牲故牛人云享牛求牛鄭云享獻也獻神之牛謂所以祭者也求終也終事之牛謂所以繹者也是其別牲也

埽堂。爲賓尸新之少儀曰汛埽曰埽埽席前曰拚（疏）埽堂。注爲賓至曰拚。釋曰爲賓尸新之者正祭於室之時堂亦埽訖今將儐尸又埽之故云爲儐尸新之引少儀者若直埽席前止可云拚今云埽不云拚明于堂廟汛埽引之見汛埽爲義也

司宮攝酒。更洗益整頓之今文攝爲聶（疏）司宮攝酒。注更洗至爲聶。釋曰鄭云更洗益整頓之者案士冠禮再醮攝酒注云攝猶整也整酒謂撓之此更添益整頓則此洗當作撓此謂賓尸唯徹室中之饋亦因前正祭之酒更撓攪添益整新之也

乃𤏡尸俎。𤏡温也温尸俎於爨所亦温焉獨言温尸俎則祝與佐食不與賓尸之禮古文𤏡皆作尋記或作燖春秋傳曰若可燖也亦可寒也（疏）乃𤏡尸俎。注𤏡温至寒也。釋曰知温尸俎於爨者見下文云卒𤏡乃升羊豕魚三鼎故知先温於爨之鑊乃後升之於鼎也所亦温焉知者案下文載俎所舉在所肩胳脊脅皆在載於俎明亦温可知又云獨言温尸俎則祝與佐食不與賓尸之禮者但正祭時尸祝及佐食皆有俎今獨言温尸俎欲見賓尸時祝與佐食不與而別立侑也云古文𤏡皆作尋者論語及左傳與此古文皆作尋論語不破至此疊古文不從者彼不破者或古文通用至此見有今作𤏡有火義故從今文也云記或作燖者案郊特牲云有虞氏之祭也尚用氣血腥爓祭用氣也注云爓或爲燖今此義指彼記或讀之故云記或作燖也引春秋傳者案哀公十二年左傳夏公會吳于槖皐吳子使大宰嚭請尋盟公不欲使子貢對曰盟所以周信也故心以制之玉帛以奉之言以結之明神以要之寡君以爲苟有盟焉弗可改也已若猶可改日盟何益今吾子曰必尋盟若可尋也亦可寒也服注云尋之言重也温也寒歇也亦可寒而歇之云𤏡鄭引之者證𤏡尸俎是重温之義

卒𤏡。乃升羊豕魚三鼎。無腊與膚。乃設扃鼏。陳鼎于門外如初。腊爲庶羞膚從豕去其鼎者賓尸之禮殺於初如初者如廟門之外東方北面北上今文扃爲鉉古文鼏爲密（疏）卒𤏡至如初。注腊爲至爲密。釋曰云腊爲庶羞者鄭解不𤏡腊之義案上𤏡尸俎則皆在其內今升鼎言無腊下載又不見腊體明從庶羞可知云膚從豕去其鼎知者下載體時膚猶在豕鼎不爲庶羞可知但正祭時五鼎今二者皆去其鼎故云賓尸之禮殺於初也

乃議侑于賓以異姓。議猶擇也擇賓之賢者可以侑尸必用異姓廣敬也是時主人及賓有司已復內位古文侑皆作宥（疏）乃議至異姓。注議猶至作宥。釋曰自此盡侑荅拜論選侑并迎尸及侑之事云是時主人及賓有司已復內位者下文侑出俟于廟門之外又云主人出迎尸侑言侑即賓之賢者明賓有司主人皆復內位矣若然知賓主不先在內必知出復內位者上篇云四餕者二佐食二賓長餕訖皆出未見入主人送上餕言退皆有出事今議侑在內故云是時賓主人已復內位也

宗人戒侑。戒猶告也南面告於其位戒曰請子爲侑（疏）宗人戒侑。注戒猶至爲侑。釋曰知南面告於其位者以賓位在門東北面請以爲侑明面鄉其位可知知賓位在門東北面者下文將獻賓時云主人降南面拜衆賓門東三拜衆賓門東北面皆荅壹拜是也云戒曰請子爲侑者案燕禮公曰命某爲賓射人傳公命當云請子爲賓此處命侑當先云主人曰命某爲侑宗人傳主人辭戒曰請子爲侑鄭以互文約之故云然也

侑出俟于廟門之外。俟待也待於次當與尸更入主人興禮事

尸極敬心也〔疏〕侑出至之外。注俟待至心也。釋曰云主人典禮事尸極敬心也者正謂立侑以輔尸使出便迎之是極其敬心也司宮筵于戶西南面。爲尸席也又筵于西序東面。爲侑席也尸與侑北面于廟門之外。西上。言與殊尊卑北面者賓尸而尸益卑西上統於賓客〔疏〕注言與至賓客。釋曰云尸益卑者以儐尸之禮以尸爲賓客當在門西東面北上今執臣道門外北面故云益卑也主人出迎尸。宗人擯。賓客尸而迎之主人益尊擯贊〔疏〕主人至人擯。注賓客至擯贊。釋曰案少牢宿尸祝擯此宗人擯者以祝不與儐尸故使宗人爲擯也云賓客尸而迎之主人益尊者上篇正祭時主人不迎尸以申尸之尊至此賓客尸而迎之以尸同賓客是主人益尊故也主人拜。尸荅拜。主人又拜侑。侑荅拜。主人揖。先入門右。道尸尸入門左。侑從。亦左。揖。乃讓。沒霤相揖至階又讓〔疏〕注沒霤至又讓。釋曰經直云揖乃讓鄭知沒霤相揖至階又讓者案上篇鄉飲酒之等入門三揖至階又讓故知也主人先升自阼階。尸侑升自西階。西楹西北面東上。東上統於其席〔疏〕注東上統於其席。釋曰尸在門外北面西上統於賓客至此升堂亦應西上故決之云東上統於其席以其賓席以東爲上故也主人東楹東北面拜至。尸荅拜。主人又拜侑。侑荅拜。拜至喜之乃舉。舉舉鼎也舉者不盥殺也〔疏〕乃舉。注舉舉至殺也。釋曰自此盡西枋論門外舉鼎匕俎入陳于廟門之事云舉者不盥殺也者決正祭時皆盥訖乃舉鼎此儐尸禮殺舉者不盥故云殺也司馬舉羊鼎。司士舉豕鼎。舉魚鼎。以入。陳鼎如初。如初如阼階下西面北上〔疏〕注如初至北上。釋曰云如初者此如上經正祭時陳鼎之事也雍正執一匕以從。雍府執二匕以從。司士合執二俎以從。司士贊者亦合執二俎以從。匕皆加于鼎。東枋。二俎設于羊鼎西。西縮。二俎皆設于二鼎西。亦西縮。雍正羣吏掌辨體名肉物者府其屬凡三匕鼎一匕四俎爲尸侑主人主婦其二俎設于豕鼎魚鼎之西陳之宜具也古文縮皆爲蹙〔疏〕注雍正至爲蹙。釋曰云雍正羣吏掌辨體名肉物者案周禮內饔職云掌割亨煎和之事辨體名肉物注云體名脊脅肩臂臑之屬肉物胾燔之屬此士之雍正所掌亦依之也知四俎據尸侑主人主婦者據下文四者皆有俎知之也云陳之宜具者此四俎當俱陳于鼎之西分二俎陳豕鼎魚鼎之西者欲使三鼎之西並有俎故云陳之宜具也雍人合執二俎。陳于羊俎西。並。皆西縮。覆二疏匕于其上。皆縮俎西枋。並并也其南俎司馬以羞羊匕湆羊肉湆其北俎司士以羞豕匕湆豕肉湆豕脅湆魚疏匕匕柄有刻飾者古文並皆作併〔疏〕注並并至作併。釋曰云其南俎司馬以羞羊匕湆羊肉湆者匕湆謂無肉直汁以其在匕湆也即下文司馬在羊鼎之東二手執挑匕枋以挹湆注于疏匕是也云肉湆者直是肉從湆中來實無汁下文云羊肉湆臑折正脊一正脅一腸一胃一是也案下文次賓羞羊匕湆司馬羞羊肉湆此注并云司馬不云次賓者案上經正祭時云司馬刲羊據此正文沒次賓不言其實羞羊匕湆者是次賓也又云其北俎司士以羞豕匕湆豕肉湆豕脅湆魚者此經陳二俎以爲益送之俎南俎已是司馬所用於羊湆之等則此北俎是司士羞豕湆之等若然案下文次賓羞豕匕湆司士羞豕脅此并云司士者亦據上經正文司士擊豕而言實次賓羞豕匕湆也云疏匕匕柄有刻飾者以其言疏是疏通刻飾之名若禮記云疏屏之類故知柄有刻飾亦通柄刻雲氣以飾也主人降受宰几。尸侑降。主人辭。尸對。几所以坐安體周禮大宰掌贊玉几玉爵〔疏〕注几所至玉爵。釋曰引大宰者證宰授主人几之義宰授几。主人受。二手橫執几。揖尸。獨揖尸几禮主於尸主人升。尸侑升。復位。位阼階賓階上位〔疏〕注位阼至上位。釋曰鄭言此者主人位常在阼階上其賓位在戶西及在西階上今恐尸復位在戶西以其未得在戶西故言賓階上位也主人西面左手執几。縮之。以右袂推拂几三。衣袖謂之袂推拂去塵示新二手橫執几。進授尸于筵前。尸進。二手受于手閒。受從手閒謙也主人退。尸還几。縮之。右手執外廉。北面奠于筵上。左之。南縮。不坐。左之者異於鬼神生人陽長左鬼神陰長右不坐奠之者几輕〔疏〕主人至不坐。注左之至几輕。釋曰云主人退尸還几縮之者以主人橫執几進授尸時尸二手受於主人手閒時亦橫受之將欲縱設於席故還之使縮以右手執几外廉故鄉北面縮設于席也云左之者異於鬼神者謂若上篇以來設神几皆在右爲生人皆左几之等是其生人陽故尚左鬼神陰故尚右也云不坐奠之者几輕者此決下文啐酒坐奠之不言坐是重之此言坐執之故也主人東楹東北面拜。拜送几也尸復位。尸與侑皆北面荅拜。侑拜者從於尸〔疏〕注侑拜者從於尸。釋曰以主人授几止爲尸故主人拜送其尸獨荅拜今侑亦拜故云從於尸以其立侑以輔尸故侑從尸拜也主人降洗。尸侑降。尸辭洗。主人對。卒洗。揖。主人升。尸侑升。尸西楹西北面拜洗。主人東楹東北面奠爵。荅拜。降盥。尸侑降。主人辭。尸對。卒盥。主人揖。升。尸侑升。主人坐取爵。酌獻尸。尸北面拜受爵。主人東楹東北面拜送爵。降盥者爲上汙手不可酌〔疏〕主人至送爵。釋曰自此盡與退論主人主婦獻於尸之事云主人降洗尸侑降尸辭洗者案鄉飲酒主人降洗賓降主人辭降賓對此中亦應主人降洗賓降主人辭降主婦自東房薦韭菹醢。坐奠于筵前。菹在西方。婦贊者執昌菹醢以授主婦。主婦不興受。陪設于南。昌在東方。興。取籩于房。麷蕡坐設于豆西。當外列。麷在東方。婦贊者執白黑以授主婦。主婦不興受。設于初籩之南。白在西方。興。退。昌昌本也韭菹醓醢昌本麋臡麷熬麥也蕡熬枲實也白熬稻黑熬黍此皆朝事之豆籩大夫無朝事而用之賓尸亦豐大夫之禮主婦取籩興者以饌異親之當外列辟鉶也退退入房也〔疏〕主婦至興退。注昌昌至房也。釋曰案此上下經主人先獻主婦乃後薦者若正祭則先薦後獻若繹祭則先獻後薦故祭義云君獻尸夫人薦豆鄭注云謂繹日也則此儐尸禮與天子諸侯繹祭同故亦先獻後薦也云昌本已下等物至此皆朝事豆籩麷蕡白黑形鹽膴鮑魚鱐醢人云朝事之豆韭菹醓醢昌本麋臡菁菹鹿臡茆菹麇臡故鄭注此皆據彼而言又案彼注昌本昌蒲根有骨爲臡無骨爲醢云蕡熬枲實也者案喪服傳云苴者麻之有蕡者也牡麻者枲麻也若然蕡麻有實枲麻無實鄭云蕡枲實者舉其類耳其實枲是雄麻無實若竹器圓曰簞方曰笥鄭注論語亦云簞笥亦是舉其類也白黑之等無正文鄭以形色而言之云大夫無朝事而用之賓尸亦豐大夫之禮者案禮記坐尸於堂子北面而事之注云天子諸侯之祭朝事延尸於戶外是以有北面事尸之禮是特牲少牢正祭無朝事於堂直有室中之事若然大夫雖用天子諸侯朝事之籩豆以其禮殺故八籩八豆之中各取其四耳其韭菹醓者則無骨之醢昌菹醢者即周禮麋臡散文亦名醢又案周禮鄭注云齏菹之稱菜肉通全物若䐑爲菹細切爲齏彼昌本不言菹是細切爲齏此云昌菹則大夫以昌本爲菹異於天子諸侯所用也云主婦取籩興者以饌異親之者鄭意以籩豆俱時設而籩不使婦贊者取籩以授主婦者以籩與豆不同所實又別故主婦宜親就房親取之也乃升。升牲體於俎也〔疏〕乃升。釋曰自乃升盡于其上論司馬載俎因歷說十一俎之事司馬朼羊。亦司馬載。載右體。肩。臂。肫。骼。臑。正脊一。脡脊一。橫脊一。短脅一。正脅一。代脅一。腸一。胃一。祭肺一。載于一俎。言燅尸俎復序體者明所舉肩骼存焉亦著脊脅皆一骨也臑在下者折分之以爲肉湆肵也一俎謂司士所設羊鼎西第一俎〔疏〕注言燅至一俎。釋曰云言燅尸俎復序體者明所舉肩骼存焉者上篇少牢載牲體十一脊脅皆加並骨二尸食特舉脊肩骼在於肵俎上文直言燅尸俎嫌所舉在所者不在故復序其體所舉肩骼則存焉所舉未知此正俎爲在下羊肉湆以以本脊脅皆二骨以並今皆一骨故鄭云明所舉肩骼存焉以肩骼一骨前尸所舉今復序之明在可知脊脅雖舉以其二以肩骼並今脊脅載一骨在正俎一骨在湆俎故鄭云亦著脊脅皆一骨也以其前所舉者未知在何俎故直注云著脊脅皆一骨不云存耳云一俎謂司士所設羊鼎西第一俎者此俎在侑俎之南故下文注侑俎云羊鼎西

之北俎也鄭君知尸俎在南見羊肉湆俎在豕俎之南羊尊豕卑明尸俎在侑俎之南或解云言第一者最在北故侑俎下注云司士所設羊鼎西之北俎也明北俎在俎之南已下所注俎之次第皆據司士雍人所陳爲次義可知也

羊肉湆。臑折。正脊一。正脅一。腸一。胃一。嚌肺一。載于南俎。

肉湆肉在汁中者以增俎實爲尸加也必爲臑折上所折分者嚌肺離肺也南俎雍人所設在南者此以下十一俎俟時而載於此歷說之爾今文湆爲汁

〔疏〕羊肉至南俎。注肉湆至爲汁。釋曰云肉湆肉在汁中者以增俎實爲尸加也者以其正祭之鼎直升牲體無湆者以正祭之俎非加今儐尸增俎實爲尸加故有湆也凡牲體皆出汁不言湆又下豕脅亦出于汁皆不言湆此特得湆名者特牲少牢正祭升牲體於鼎時皆無匕湆故直云升體於俎設於尸前鼎內亦無匕湆升文今此升牲體於尸前匕湆亦升焉故得湆名以其俎實無汁故進羊肉湆必先進羊匕湆然後進羊肉湆見此湆爲肉而有故在羊肉湆前進之使尸嘗之故鄭下注云嚌湆者明湆肉加耳嘗之以其汁尚味是也若然豕亦有匕湆不名肉湆而名豕脅者互見爲文言脅者見在俎無汁言肉湆者見在鼎內時有汁也若然羊豕互見爲文魚何以不言魚湆而云湆魚者羊先言肉後言湆使肉前進匕湆明是湆從肉來可知魚前無進匕湆故先言湆以明魚在湆可知魚無匕湆者鄭下注云不羞魚匕湆略小味也羊有正俎羞匕湆肉湆豕無正俎魚無匕湆隆汙之殺云必爲臑折上所折分者上經退臑在下者以折分故退之今此經云臑折即上經所退臑在下者也左右體之臑而必取右體之臑折分用之貴神俎故也若然脊脅二骨亦分一骨爲肉湆者亦是貴神俎故也云此以下十有一俎俟時而載於此歷說之爾者案下文卒升賓長設羊俎於豆南賓降尸升筵唯設此一俎餘十一俎皆未又主人主婦升席時乃設之是其俟時而載今於此已下雖未載因前俎遂歷陳說之耳十一俎者即尸之羊肉湆一也豕脅俎二也侑之羊俎三也豕俎四也主人羊俎五也羊肉湆俎六也豕脅七也主婦羊俎八也尸侑主人三者皆有魚俎是其十一通尸羊正俎爲十二俎其四俎尸侑主人主婦載羊體俎皆爲正俎其餘八俎雍人所執二俎益送往還故有八其實止二俎也

司士朼豕。亦司士載。亦右體肩臂肫骼臑。正脊一。脡脊一。橫脊一。短脅一。正脅一。代脅一。膚五。嚌肺一。載于一俎。

臑在下者順羊也俎謂雍人所設在北者

〔疏〕司士至一俎。注臑在至北者。釋曰云臑在下者順羊也者以其豕脅不折臑臑亦在下順上文羊臑在下由折分此雖不折順羊故亦在下也豕肉湆所以不折者由豕無正俎皆是肉湆故不順所折也

侑俎。羊左肩。左肫。正脊一。脅一。腸一。胃一。切肺一。載于一俎。侑俎。豕左肩折。正脊一。脅一。膚三。切肺一。載于一俎。

侑俎用左體侑賤其羊俎過三體有肫尊之加也豕左肩折折分爲長兄弟俎也切肺亦祭肺互言之爾無羊湆下尸也豕又祭肺不嚌肺不備禮俎司士所設羊鼎西之北俎也豕俎與尸同

〔疏〕侑俎至一俎。注侑俎至尸同。釋曰侑俎用左體者案少牢載尸俎皆右體脊脅皆二骨舉肺一切肺三尸主人主婦盡用腸三胃三尸正俎用一湆俎用一唯有一在此是以自侑已下及主人主婦皆用左體脊脅若然羞尸俎時左體亦同升於鼎上不云者文不具是以前陳俎時皆設于鼎西若不同升鼎則侑主人主婦俎如特牲執事之俎陳在階閒不應在鼎側也若然特牲執事與主人主婦之俎亦不升鼎彼爲自異於神少牢祝與佐食俎亦不升鼎亦自異於神此自侑已下悉與尸同鼎者以儐尸禮益卑唯尸尊禮詳侑已下禮畧故也云其羊俎過三體有肫尊之加也者鼎俎數奇今體數四故云加若禮緯云禮六十已上籩豆有加是以少牢祝羊豕體各三又下文主人羊肉湆俎體亦三今儐尸之有侑猶正祭之有祝侑四體必知以肫爲加者侑豕俎無肫主人羊肉湆俎亦無肫故知有肫爲加以立侑以輔尸尊之故以肫爲加體也云豕左肩折折分爲長兄弟俎也者以下文設薦俎而注云衆兄弟儀禮文薦脅皆不云折唯兄弟云先生之脅折鄭云先生長兄弟折豕左肩之折是以知義然也云無羊湆下尸也者直云無羊湆不云肉者以上湆肉湆皆無故直云無羊湆以包二者皆無此二湆尸皆有侑皆無故云下尸也云豕又祭肺不嚌肺不備禮者上尸羊俎有祭肺豕俎有嚌肺是備禮侑羊俎豕俎皆切肺故曰不備禮也

阼俎。羊肺一。祭肺一。載于一俎。羊肉湆。臂一。脊一。脅一。腸一。胃一。嚌肺一。載于一俎。豕脅。臂一。脊一。脅一。膚三。嚌肺一。載于一俎。

阼俎主人俎無體遠下尸也以肺代之肺尊也加羊肉湆而有體崇尸惠亦尊主人臂左臂也侑用肩主人用臂下之也不言左臂者大夫尊空其文也降於侑羊體一而增豕膚三有所屈有所申亦所謂順而摭也阼俎司士所設豕鼎西俎也其湆俎與尸俎同豕俎又與尸豕俎同

〔疏〕阼至一俎。注阼俎至俎同。釋曰無體遠下尸者尸用右體主人用左體是其相下之義今主人正俎全無牲體故云遠下尸也云以肺代之肺尊也者尸侑一肺今主人一俎有兩肺故知以肺代體肺者氣之主食所先祭尊於腸胃故以肺代體云加羊肉湆而有體崇尸惠亦尊主人者以俎物雖與尸不同者肉湆與尸同至尸酢主人而設之故曰崇尸惠正俎所以不崇尸惠者遠下尸故無正俎遠下則無肉湆者近下尸故侑無羊肉湆注但云下此非直崇尸惠亦見尊主人者侑無羊匕湆無豕匕湆而主人盡有是其尊主人所有者尊見下文受酢致爵時云不言左臂者大夫尊空其文者牲右體貴左體賤侑用左體皆言左肩左肫今主人用左臂直云臂不云左者大夫尊故空其文似若得用右體然必知是左臂者以右臂在尸俎故也云降於侑羊體一而增豕膚三有所屈有所申亦所謂順而摭也者案禮器注云謂若君沐粱大夫沐稷士沐粱大夫不沐粱屈於君士則申與君同是亦屈申之義故引爲證也云其湆俎與尸俎同豕俎又與尸豕俎同者以其共用益送之俎故知同也

主婦俎。羊左臑。脊一。脅一。腸一。胃一。膚一。嚌羊肺一。載于一俎。

無豕體而有膚以主人無羊體不敢備也無祭肺有嚌肺亦下侑也祭肺尊言嚌羊肺者文承膚下嫌也膚在羊肺上則羊豕之體名同相亞也其俎司士所設在魚鼎西者

〔疏〕主婦至一俎。注無豕至西者。釋曰云無豕體而有膚以主人無羊體不敢備也者以主人俎無羊體故主婦俎亦無豕體以主人遠下尸主婦亦遠下尸也云無祭肺有嚌肺亦下侑也祭肺尊者言亦者亦主人下侑也侑用肩主人用臂祭肺尊嚌肺卑侑俎皆祭肺主婦皆嚌肺故云下侑也云嚌羊肺者文承膚下嫌也者肺文承膚下有豕肺之嫌故須辨之云嚌羊肺者以別之也云膚在羊肺上則羊豕之體名同相亞也者羊豕雖異脊脅之等體名則同今豕雖直言膚不言體以豕膚在羊肺之上使繹羊之體故云相亞若然下文主人獻賓之時司士設俎羊骼一腸一胃一切肺一膚一所以膚又在肺下者彼取用之先後故退膚在下

司士朼魚。亦司士載。尸俎五魚。橫載之。侑主人皆一魚。亦橫載之。皆加膴祭于其上。

橫載之者異於牲體彌變於神膴讀如殷冔之冔刳魚時割其腹以爲大臠也可用祭也其俎又與尸豕俎同

〔疏〕司士至其上。注橫載至俎同。釋曰案上歷說十一俎尸侑主人之下皆次言豕俎魚俎亦是歷說十一俎獨不陳魚俎於豕俎之下而陳并於此者欲見魚水物別於正牲又欲見魚獨副賓長獻三故并於此序之云橫載之者異於牲體彌變於神者以其牲體皆橫載於俎於人爲縮鬼進下生人進腠上篇少牢正祭升體時云下利升豕其載如羊無腸胃體其載于俎皆進下鄭注進下變於食生也所以交於神明不敢以食道敬之至也引鄉飲酒禮進腠羊次其體豕言進下互相見明正祭之時牲體皆橫載進下可知至此儐尸事神禮簡儐尸禮隆以尸爲賓客故從生人禮牲體皆進腠橫載於俎異於載魚於正祭之時縮載故少牢云司士升魚十有五而俎縮載右首進腴於俎爲縮於尸爲橫首向右腹腴向尸鄭注云右首進腴亦變於食生也若生人則亦縮載於人爲橫首亦向右進鰭脊向人腹腴向外今儐尸之禮載魚宜亦同生人縮載進鰭今橫載於人爲縮不與正祭同又與生人異欲見儐尸之禮異於正祭又不得全與生人同鄭云彌變於神者牲體既進腠是已變於神至於魚載又橫於俎是彌變於神也云膴讀如殷冔之冔者讀從士冠禮郊特牲周弁殷冔冔覆也可以覆首此亦取魚腹反覆於上以擬祭云其俎又與尸豕俎同者謂上司士所設於豕鼎之西者也

卒升。

卒已也已載尸羊俎

〔疏〕卒升。注卒已至羊俎。釋曰自此盡立于筵末論薦獻於尸之事云卒升者案上有主人酌獻尸主婦薦籩豆又升羊俎進於尸前因歷說十一俎之事今言卒升還計上升羊俎故云卒是以鄭亦云已載尸羊俎而言之此事從上文獻尸下盡乃卒爵有五節五節者從主人獻酒於尸并主婦設籩豆是其一也賓長設俎二也次賓羞羊燔尸乃卒爵五也

賓長設羊俎于豆南。賓降。尸升筵自西方。坐。左執爵。右取韭菹擩于三豆。祭于豆閒。尸取麷蕡。宰夫贊者。取白黑以授尸。尸受兼祭于豆祭。

賓長上賓

〔疏〕賓長至豆祭。注賓長上賓。釋曰上文載羊俎退卒升於十一俎下者欲就此賓長設羊俎之事故此言賓長設羊俎于豆南賓乃降注云賓長上賓者案下三獻時云上賓洗爵注云上賓賓長也是以鄭上下交相曉爲一人者也

雍人授次賓疏匕與俎。受于鼎西。左手執俎。左廉縮之。卻右手執匕枋。縮于俎上。以東面受于羊鼎之西。司馬在羊鼎之東。二手

執桃匕枋。以挹湆注于疏匕。若是者三。桃謂之歃讀如或舂或抌之抌字或作桃者秦人語也此二匕者皆有淺升狀如飯橾桃長枋可以抒物於器中者注猶寫也今文桃作抌挹皆爲扱〔疏〕注桃謂至爲扱。釋曰云讀如或舂或抌之抌者讀從詩或舂或抌彼注抌抒臼也云此二匕者皆有淺升狀如飯橾此以漢法況之言淺升對尋常勺升深此淺耳尸興。左執爵。右取肺坐祭之。祭酒興。左執爵。肺羊祭肺〔疏〕注肺羊祭肺。釋曰知羊祭肺者見上載尸羊正俎而云祭肺一故知此羊俎上祭肺其羊肉湆雖有嚌肺一此下經乃升此時未升故知非嚌肺也次賓縮執匕俎以升。若是以授尸。尸卻手授匕枋。坐祭嚌之。興。覆手以授賓。賓亦覆手以受。縮匕于俎上以降。嚌湆者明湆肉加耳嘗之以其汁尚味〔疏〕次賓至以降。注嚌湆至尚味。釋曰云嚌湆者明湆肉加耳嘗之以其汁尚味者此匕湆似大羹案特牲大羹不祭不嚌以不爲神非盛此嚌之者明湆肉加先進其汁而嘗之尚味故也以湆肉加在鼎有汁在俎無汁故以匕進汁是以上注云肉湆肉在汁中者以增俎實爲尸加是也特牲大羹自門入本不在鼎不調之此肉湆在鼎已調之故云尚味也尸席末坐啐酒。興。坐奠爵。拜。告旨。執爵以興。主人北面于東楹東荅拜。旨美也拜告酒美荅主人意古文曰東楹之東〔疏〕尸席至荅拜。注旨美至之東。釋曰案上篇少牢尸不啐奠不告旨大夫之禮尸彌尊至於儐尸啐酒告旨者異於神奠具尸禮彌儐故也司馬羞羊肉湆。縮執俎。尸坐奠爵。興。取肺坐絕祭。嚌之。興。反加于俎。司馬縮奠俎于羊湆俎南。乃載于羊俎。卒載俎。縮執俎以降。絕祭絕肺末以祭周禮曰絕祭湆使次賓肉使司馬大夫禮多崇敬也〔疏〕司馬至以降。注絕祭至敬也。釋曰引周禮者案大祝職辨九祭七曰絕祭注云絕末以祭引之證絕祭與此同也云湆使次賓肉使司馬大夫禮多崇敬也者司馬火官羊又火畜則羊湆與肉皆當司馬載之案上文次賓載湆此經司馬羞肉者以大夫官多各所載其一是以云大夫禮多崇敬也尸坐執爵以興。次賓羞羊燔。縮執俎。縮一燔于俎上。鹽在右。尸左執爵。受燔。擩于鹽。坐振祭。嚌之。興。加于羊俎。賓縮執俎以降。燔炙〔疏〕注燔炙。釋曰案詩云載燔載烈注云傅火曰燔貫之加于火曰烈烈則炙也彼以燔炙相對則異此云燔炙者燔之傅火亦是炙類故曰燔炙尸降筵。北面于西楹西。坐卒爵。執爵以興。坐奠爵拜。執爵以興。主人北面于東楹東荅拜。主人受爵。尸升

筵。立于筵末。主人酌。獻侑。侑西楹西北面拜受爵。主人在其右。北面荅拜。不洗者俱獻閒無事也主人就右者賤不專階〔疏〕主人至荅拜。注不洗至專階。釋曰自此盡主人荅拜論主人獻侑并薦俎從獻之事也此節內從獻有三事主人獻時主婦薦籩豆一也司馬羞羊俎二也次賓羞羊燔三也侑降於尸二等無羊匕湆又無肉湆云不洗者俱獻閒無事也者此則以其獻尸訖即獻侑中閒無別酢酬之事故不洗凡爵行爵從尊者來向卑者俱獻閒無事則不洗爵從卑者來向尊雖獻閒無事亦洗是以此文獻尸訖俱獻侑不洗是爵從尊者來故特牲賓致爵於主人洗爵者鄭云洗乃致爵爲異事新之以其承佐食賤雖就獻閒以其爵從卑者來故洗之故不儐尸鄭注云洗致爵者以承佐食賤新之是爵從卑者來故洗也云主人就右者賤不專階者對主人不就尸階者尸尊得專階故也主婦薦韭菹醢。坐奠于筵前。醢在南方。婦贊者執二籩麷蕡。以授主婦。主婦不興。受之。奠麷于醢南。蕡在麷東。主婦入于房。醢在南方者立侑爲尸使正饌統焉〔疏〕注醢在至統焉。釋曰凡設菹常在右便其擩今菹在醢北者以其立侑以輔尸故菹在北統於尸也侑升筵自北方。司馬橫執羊俎以升。設于豆東。侑坐。左執爵。右取菹。擩于醢。祭于豆閒。又取麷蕡同祭于豆。祭。興。左執爵。右取肺。坐祭之。祭酒。興。左執爵。次賓羞羊燔。如尸禮。侑降筵自北方。北面于西楹西。坐卒爵。執爵以興。坐奠爵。拜。主人荅拜。荅拜拜於侑之右〔疏〕注荅拜至之右。釋曰知拜於侑之右者以其前拜爵時尸在侑之右尸受侑爵。降洗。侑降。立于西階西東面。主人降自阼階。辭洗。尸坐奠爵于篚。興。對。卒洗。主人升。尸升自西階。主人拜洗。尸北面于西楹西。坐奠爵。荅拜。降盥。主人降。尸辭。主人對。卒盥。主人升。尸升。坐取爵酌。酌者將酢主人〔疏〕尸受至爵酌。注酌者將酢主人。釋曰自此盡就筵論主人受尸酢并薦籩豆及俎之事此事中亦有五節行事尊主人故與尸同者尸酢主人時主婦亦設籩豆一也賓長設羊俎二次賓羞羊匕湆三司馬羞肉湆四也次賓羞羊燔主人乃卒爵五也但特牲少牢主人獻尸尸即酢主人主人乃獻祝及佐食此尸待主人獻侑乃酢主人不同者此尸卑達主人之意欲得先進酒於侑乃自飲彼尸尊不達主人欲自達已意故先酢主人乃使主人獻祝與佐食故不同是以下文賓長獻尸致爵主人尸乃酢之遂賓意亦此類也司宮設席于東序西

面。主人東楹東北面拜受爵。尸西楹西北面荅拜。主婦薦韭菹醢。坐奠于筵前。菹在北方。婦贊者執二籩麷蕡。主婦不興。受。設麷于菹西北。蕡在麷西。主人升筵自北方。主婦入于房。設籩于菹西北亦辟鉶今文無二籩〔疏〕司宮至于房。注設籩至二籩。釋曰此乃陳主人受酢設席之位案特牲爲士案少牢下大夫皆致爵乃設席此儐尸受酢即設席者以其儐尸尸益卑主人益尊故明一等受酢即設席案上設尸籩云與取籩於房麷蕡注云以饌異親之與此婦贊者執二籩麷蕡主婦不興受文不同者凡執籩豆之法皆兩雙執之此侑與主人皆二籩故主婦與婦贊者各執其二於事便故主婦不興受設之上尸籩豆各四故主婦與取籩豆于房亦見異饌親之義也云設籩于菹西北亦辟鉶者上設侑籩正當豆此在西北明辟鉶云亦亦尸籩當豆西外列以辟鉶故也長賓設羊俎于豆西。主人坐。左執爵。祭豆籩。如侑之祭。興。左執爵。右取肺。坐祭之。祭酒。興。次賓羞匕湆。如尸禮。席末坐啐酒。執爵以興。司馬羞羊肉湆。縮執俎。主人坐奠爵于左。興。受肺。坐絕祭。嚌之。興。反加于湆俎。司馬縮奠湆俎于羊俎西。乃載之。卒載。縮執虛俎以降。奠爵于左者神惠變於常也言受肺者明有授言虛俎者羊湆俎訖於此虛不復用〔疏〕注奠爵至復用。釋曰云言虛俎者羊湆俎訖於此虛不復用者此俎雍人所執陳奠於羊俎西在南者自此賓羞匕湆司馬羞羊肉湆於尸次賓又羞匕湆於主人同用此俎三降皆不言虛欲見後將更用至於此言虛俎明其不復用此俎又見下次賓羞羊燔於主人則北之豕俎用北之豕俎而得羞羊燔者以其禮殺故也主人坐取爵以興。次賓羞燔。主人受如尸禮。主人降筵自北方。北面于阼階上。坐卒爵。執爵以興。坐奠爵。拜。執爵以興。尸西楹西荅拜。主人坐奠爵于東序南。不降奠爵於篚急崇酒〔疏〕主人至序南。注不降至崇酒。釋曰直云次賓羞燔者燔即羊燔知者以其主人與尸侑皆用羊體鄉主婦獻尸以後悉用豕體賓長獻尸後悉用魚從是以知主人之燔羊燔也云不降奠爵于篚急崇酒者此下唯有崇酒之文更無餘事故云急崇酒案鄉飲酒介荅拜主人卒爵坐奠於西楹南介右再拜崇酒注云奠爵西楹南以當獻衆賓與此不同者彼賓有獻衆賓之事故云當獻衆賓亦得見急崇酒兩見之也侑升。尸侑皆北面于西楹西。見主人不反位知將與已爲禮主人北面于東楹東。再拜崇酒。崇充也拜謝尸侑以酒薄充滿

尸侑皆荅再拜。主人及尸侑皆升就筵。司宮取爵于篚，以授婦贊者于房東，以授主婦。房東，房戶外之東。［疏］「司官」至「主婦」。注「房東至之東」。○釋曰：自此盡主婦荅拜，論主婦亞獻尸，并見從獻之事。上文主人獻節，凡有三爵，有主人獻尸獻侑并受酢，此主婦獻內凡有四爵，即分爲四節解之。四者，主婦獻尸一也，獻侑二也，致爵於主人三也，受尸酢四也。下文賓長爲三獻，爵止，故與主婦亞獻同。此主婦亞獻尸一節之內，從獻有五，五者，主婦亞獻，主婦設兩鉶一也，主婦又設糗與脩二也，次賓羞豕匕湆三也，司士羞豕脀四也，次賓羞豕燔，尸乃卒爵五也。主婦洗于房中，出實爵，尊南西面拜獻尸。尸拜于筵上受。尊南西面，拜由便也。［疏］「尸拜于筵上受」。注「尊南至便也」。○釋曰：賓主獻酢無在筵上受法，今尸於筵上受者，以婦人所獻，故尸不與行賓主之禮，故不得各就其階。若然，少牢主人親拜於席上坐受者，注云「室內迫狹，故拜筵上」，與此禮異。云「尊南西面拜由便也」者，此決下文西面於主人之北拜送爵，今酌尊因在尊南西面拜獻尸者，便也。言便者，便其西面授尸，故不退主人之北。主婦西面于主人之北拜送爵。入于房，取一羊鉶，坐奠于韭菹西。主婦贊者執豕鉶以從，主婦不興，受，設于羊鉶之西，興，入于房，取糗與腶脩，執以出，坐設之，糗在蕡西，脩在白西，興，立于主人席北，西面。飲酒而有鉶者，祭之餘。鉶無黍稷，殺也。糗，糗餌也。腶脩，擣肉之脯。今文腶爲斷。［疏］注「飲酒」至「爲斷」。○釋曰：云「無黍稷，殺也」者，決正祭時有黍稷故也。尸坐，左執爵，祭糗脩，同祭于豆祭，以羊鉶之柶挹羊鉶，遂以挹豕鉶，祭于豆祭，祭酒。次賓羞豕匕湆，如羊匕湆之禮。尸坐啐酒，左執爵，嘗上鉶，執爵以興，坐奠爵，拜。主婦荅拜，執爵以興。司士羞豕脀，尸坐奠爵，興受，如羊肉湆之禮，坐取爵，興。次賓羞豕燔，尸左執爵，受燔，如羊燔之禮，坐卒爵，拜。主婦荅拜，受爵，酌獻侑。侑拜受爵，主婦主人之北西面荅拜。酌獻者，主婦。今文無西面。［疏］「酌獻」至「荅拜」。○注「酌獻至西面」。○釋曰：同有三等，降於尸二等，無鉶羹與豕匕湆。云三等者，主婦酌獻侑，主婦羞糗脩一也，司士羞豕脀二也，次賓羞燔，侑乃卒爵三也。主婦羞糗脩，坐奠糗于蕡南，脩在蕡南。侑坐，左執爵，取糗脩兼祭于豆祭。司士縮執豕脀以升。侑興，取肺，坐祭之。司士縮奠豕脀于羊俎之東，載于羊俎，卒，乃縮執俎以降。侑興。豕脀無湆，於侑禮殺。［疏］「主婦」至「侑興」。○注「豕脀至禮殺」。○釋曰：案上下文尸與侑及主人主婦，但是正俎，皆橫執俎以升，又橫設於席前，若益送之俎，皆縮執之，又縮於席前。今司士所羞豕脀，是益送之俎，縮執是其常，而言縮執者，以其文承上主人獻侑時無羊肉湆，故主婦獻侑司士羞豕脀不得相如，是以經特著縮執俎，見異於正俎。諸文特云橫執、縮執者，皆此類。次賓羞豕燔，侑受如尸禮，坐卒爵，拜。主婦荅拜，受爵，酌以致于主人。主人筵上拜受爵，主婦北面于阼階上荅拜。主婦易位，拜于阼階上，辟併敬。［疏］「受爵」至「荅拜」。○注「主婦至併敬」。○釋曰：自此盡「荅拜受爵」，論主婦致爵於主人之事。此科亦有五節行事，主婦致爵于主人時，主婦設二鉶一也，又設糗脩二也，豕匕湆三也，豕脀四也，豕燔主人卒爵五也。云「主婦易位，拜於阼階上，辟併敬」者，前主婦獻尸侑，拜送於主人北，今致爵於主人，拜於阼階上者，辟併敬主人與尸侑，故易位也。若然，案特牲三獻爵止，乃致爵，此未三獻已致爵者，以上篇已有獻於尸，故此不待三獻，又見儐尸禮殺，故早致。主婦設二鉶與糗脩，如尸禮。主人其祭糗脩，祭鉶，祭酒，受豕匕湆，拜啐酒，皆如尸禮。嘗鉶不拜。主人如尸禮，尊也。其異者，不告旨。［疏］「主婦」至「不拜」。○注「主人至告旨」。○釋曰：云主人拜啐酒，嘗鉶不拜，若然，則啐酒有拜，嘗鉶無拜。案前主婦獻尸，尸坐啐酒，左執爵，嘗上鉶，執爵以興，坐奠爵拜，拜在嘗鉶之下，則嘗鉶有拜，啐酒不拜，與此違者，彼拜雖在嘗鉶下，其拜仍爲啐酒拜，在嘗鉶下者，以因坐啐酒不興，即嘗鉶，嘗鉶訖，執爵興，坐奠爵拜，拜仍爲啐酒。是以特牲、少牢尸嘗鉶皆不拜。或此經啐酒之上無拜文，有者衍字也。其受豕脀，受豕燔，亦如尸禮。坐卒爵，拜。主婦北面荅拜，受爵。尸降筵，受主婦爵以降。將酢主婦。［疏］「尸降」至「以降」。○注「將酢主婦」。○釋曰：自此盡「皆就筵」，論尸酢主婦之事。此科內從酢有三，三者，主婦受酢之時，婦贊者設豆籩一也，司馬設羊俎二也，次賓羞羊燔，主婦卒爵三也。以其主婦受從與侑同三，主人受從與尸同五，尊卑差也。主人降，侑降。主婦入于房。主人立于洗東北，西面，侑東面于西階西南。俟尸洗。尸易爵于篚，盥洗爵。易爵者，男女不相襲。主人揖尸侑。將升。主人升，尸升自西階，侑從。主人北面立于東楹東，侑西楹西北面立。俟尸酌。尸酌。主婦出于房，西面拜受爵。尸北面于侑東荅拜。主婦入于房。司宮設席于房中，南面。主婦立于西席。設席者，主婦尊。今文曰南面立于席西。［疏］注「設席者主婦尊」。○釋曰：以賓長以下皆無設席之文，唯主婦與主人同設席，故云主婦尊。特牲及下大夫主婦設席，亦是主婦尊。婦贊者薦韭菹醢，坐奠于筵前，菹在西方。婦人贊者執麷蕡以授婦贊者，婦贊者不興，受，設麷于菹西，蕡在麷南。婦人贊者，宗婦之少者。［疏］注「婦人至少者」。○釋曰：案特牲記云「宗婦北堂東面北上」，注云「宗婦，族人之婦，其夫屬于所祭爲子孫者」是也。彼直云宗婦，是特牲宗婦一人而已，不言贊，或少，未可定。此大夫禮隆，贊非一人，而稱贊，贊主婦及長婦，故云宗婦之少者。主婦升筵。司馬設羊俎于豆南。主婦坐，左執爵，右取菹㨎于醢，祭于豆間，又取麷蕡兼祭于豆祭。主婦奠爵，興，取肺，坐絕祭，嚌之，興，加于俎，坐挩手，祭酒，啐酒。挩手者，于帨。帨，佩巾。內則曰：「婦人亦左佩紛帨。」古文帨作說。次賓羞羊燔。主婦興，受燔，如主人之禮。主婦執爵以出于房，西面于主人席北立，卒爵，執爵拜。尸西楹西北面荅拜。主婦入，立于房。尸、主人及侑皆就筵。出房立卒爵，宜鄉尊。不坐者，變於主人也。執爵拜，變於男子也。［疏］注「出房至子也」。○釋曰：云「不坐者，變於主人也」者，上主人受酢，坐卒爵，故云變於主人也。「執爵拜，變於男子」者，上下經凡男子拜卒爵，皆奠爵乃拜，故云變於男子也。上賓洗爵以升，酌獻尸。尸拜受爵，賓西楹西北面拜送爵。尸奠爵于薦左。賓降。上賓，賓長也。謂之上賓，以將獻異之。或謂之長賓。奠爵，爵止也。［疏］「上賓」至「賓降」。○注「上賓至止也」。○釋曰：此一經論賓長備三獻，獻尸，其尸奠於薦左，未舉之事。尸不舉者，以三獻訖，正禮終，欲使神惠均於庭，徧得獻，乃舉之。故下文主人獻及衆賓以下訖，乃作止爵。若然，特牲及下大夫尸在室內，始行三獻，未行致爵，尸奠爵，欲得神惠均於室。此儐尸之禮，室內已行三獻，至此儐尸，夫婦又已行致爵訖，儐尸又在堂，故爵止者，欲得神惠均於庭，與正祭者異。云「上賓，賓長」者，上文云賓長設羊俎，是此與上文長賓互見爲一人。云「謂之上賓，以將獻異之」者，言長賓，賓中長，尊稱輕；若言上賓，賓中上，尊稱重，故以將獻變言上賓。云「或謂之長賓」者，或少牢文。案彼云「長賓洗爵獻于尸」，此異之稱上賓者，少牢尸有父尊，屈之，故但云長賓耳。若然，不儐尸亦云長賓，特牲云「賓三獻如初」，又不言長賓者，士賓卑，又闕之。云「奠爵，爵止」者，特牲云「賓三獻如初，燔從如初，爵止」，不儐尸者亦然，是其爵止之事。案下經爵止者多，非爲均神惠之事，故此特解之。主人降洗觶。尸侑降。主人奠爵于篚，辭，尸對。卒洗，揖。尸升，侑不升。侑不升，尸禮益殺，不從。［疏］○「主人」至「不升」。○注「侑不至

不從。釋曰自此盡皆左之論主人酬尸設羞之事云侑不升尸禮益殺者儐尸之禮殺於初今侑不升又殺故云益殺也主人實觶酬尸。東楹東北面坐奠爵拜。尸西楹西北面荅拜。坐祭遂飲卒爵拜。尸荅拜。降洗。尸降辭。主人奠爵于篚對。卒洗。主人升。尸升。主人實觶。尸拜受爵。主人反位荅拜。尸北面坐奠爵于薦左。降洗者主人〔疏〕尸北至薦左。○注降洗者主人。○釋曰此主人酬尸尸奠於薦左者不舉案下經不舉二人舉觶于尸侑侑奠爵于右注云奠於右者不舉也神惠右不舉變於飲酒與此不同者特牲及下不儐尸皆無酬尸之事此特有之由儐尸如與賓客飲酒無故有酬異於神惠神惠右不舉侑奠於右是也侑一名加者少牢無侑尸此乃有故無加稱是以主人酬賓賓奠於左亦是神惠故即舉之特牲及不儐尸皆有酬賓同是神惠故皆奠於左也尸侑主人皆升筵。乃羞宰夫。羞房中之羞于尸侑。主人主婦皆右之。司士羞庶羞于尸侑。主人主婦皆左之。二羞所以盡歡心房中之羞其籩則糗餌粉餈其豆則酏食糝食庶羞羊臐豕膮皆有胾醢房中之羞內羞也內羞在右陰也庶羞在左陽也〔疏〕注二羞至陽也○釋曰以二羞是內羞房中之羞以儐尸用之故云盡歡心云房中之羞其籩是周禮籩人職云羞籩之實案彼鄭注云此二物皆粉稻米黍米所爲也合蒸曰餌餅之曰餈糗者擣粉熬大豆爲餌餈之粘著以粉之耳餌言糗餈言粉互相足是也云其豆則酏食糝食者周禮醢人職羞豆之實案彼鄭云酏餈也內則曰取稻米舉糔溲之小切狼臅膏以與稻米爲餈又曰糝取牛羊豕之肉三如一小切之與稻米稻米二肉一合以爲餌煎之是也若然案王制云庶羞不踰牲注云祭以羊則不以牛肉爲羞依內則羞用三牲者據得用大牢者若大夫巳下不用大牢者則無牛矣而此引之者舉其成文以曉人耳云庶羞羊臐豕膮皆有胾知者案公食大夫牲皆膷及炙胾今此鄭直云臐胾不言炙者此儐尸飲酒之禮故主人獻尸皆羊燔從當主婦獻皆豕燔從公食大夫是食禮故庶羞竝陳此飲酒之禮故先以臘從酬賓之後乃言司士羞庶羞則知止有羊臐豕膮羊胾豕胾以其燔炙前巳從獻訖故知止有臐胾而巳云房中之羞內羞也者衆下大夫不儐尸云乃羞宰夫羞房中之羞司士羞庶羞于尸祝主人主婦內羞在右庶羞在左是也云內羞在右陰也者以其是穀物故云陰也云庶羞在左陽也者以其是牲物故云陽大宗伯亦云天產作陰德地產作陽德鄭亦云天產六牲之屬地產九穀之屬是其穀物陰牲物陽者也

儀禮注疏卷四十九挍勘記　阮元撰盧宣旬摘錄

有司徹第十七　唐石經徐本釋文俱無徹字集釋通解俱有陸氏曰本或作有司徹。按此本卷四十九起篇題有徹字他篇注疏引此篇亦多有徹字

釋曰鄭目錄云　按此獨有釋曰二字下文又重出釋曰正與考工記篇題疏同例明鄭目錄乃作疏者所引非鄭氏自引也

大夫既祭　通解要義楊氏同毛本大上有上字按疏下云言大夫既祭儐尸于堂之禮者則無上字明矣釋文引鄭目錄亦無上字此大夫兼上下言之儐尸于堂上大夫也禮尸于室中下大夫也

若下大夫　此本通解要義楊氏俱無此四字集釋毛本有在之禮二字下。按毛本上句既加上字則此句不得不增此四字

無別行儐尸于堂之事　此本要義通解楊氏俱無此句毛本集釋有按此乃賈氏語誤入

有司徹于五禮屬吉　吉下集釋有禮字

謂上大夫室內事尸　通解要義同毛本內作中

有司徹

卿大夫既祭而賓尸　徐本同毛本賓作儐。按通篇儐尸之儐或作賓或作儐諸本錯互今不悉挍據經文作儐則當以儐爲正賓儐或古字通用其作擯者誤

在室內北墉下　通解要義同毛本墉作牖

賤者省文之義　通解要義同毛本義作事

繹之于庫門內　通解要義同毛本庫作廟。按郊特牲是庫字

又于其堂神位在西此二者同時　要義同毛本通解此作北

博求之于廟門內之旁　于廟陳本要義俱作平生與楚茨箋合通解作乎廟按平字似乎因改爲乎并改生爲廟

祀禮于是甚明　陳閩通解同毛本祀作祝

同日正祭之牲　日通解要義俱作用

埽堂

汎埽曰埽　張氏曰釋文云汎芳劒反與禮記同從釋文。按毛本釋文作氾亦誤

司宮攝酒

更洗益整頓之　按疏謂此洗當作撓

整酒謂撓之　毛本撓作橈通解要義楊氏俱從手。按士冠禮注作撓毛本誤

亦因前正祭之酒　通解要義同毛本無亦字

更撓攪添益整新之也　通解要義同毛本攪作擾

乃燅尸俎

乃後升之於鼎也　通解要義同毛本乃作及

而別立侑也　通解要義同毛本立作豆

彼不破者或古文通用　要義同毛本不破者或作尋者論語

至此見有今作燅　要義同毛本今作人

案哀公十二年左傳　通解要義同毛本無公字

卒燅

今文扃爲鉉　徐本集釋同通解始誤鉉作錢毛本亦誤從通解

乃議侑于賓

言侑即賓之賢者明賓有司主人皆復內位矣若然知賓主不先在內必知出復內位者　下二十七字毛本脫通解要義俱有

主人送上餕言退　通解要義同毛本無上字

宗人戒侑

戒曰　張氏曰注曰戒曰請子爲侑按疏曰作日從疏。按徐本作日

知賓位在門東北面者　通解要義同毛本無知字

皆荅壹拜　要義同毛本通解壹作一

侑出

待於次　次徐本楊敖俱作次是也集釋通解毛本俱作外

尸與侑

以儐尸之禮　毛本通解無以字

以尸爲賓客　通解同毛本客誤作各

乃舉

自此盡西枋　陳本要義同毛本枋作祊

雍正執一匕以從○司士合執二俎以從　毛本士誤作事　○匕皆加于鼎　匕鍾本誤作從

羣吏掌辨體名肉物者　辨徐本作辯集釋通解楊氏俱作辨

雍人合執二俎　二聶氏作貳下二疏匕同　○西枋　枋閩監葛本俱誤作祊

竝并也　毛本竝作並徐本釋文集釋通解要義楊氏并俱作併按併并今多溷用此注下云古文竝皆作併此云竝併也是以古文解今文也不得岐出故辨之

主人降受宰几

證宰授主人几之義　通解同毛本證作正

主人升尸侑升

其賓位在戶西 毛本戶作尸下同通解唯未得在尸西作口餘亦竝作戶
生人退尸還几縮之
尸二手 毛本二作一陳本通解要義俱作二
若上篇 通解要義同毛本上下有一字
不言坐是重之此言坐執之 許宗彥云上句衍不字下句脫不字執乃埶字之訛
主人降洗
爲上汚手不可酌 上徐陳集釋通解楊氏毛本俱誤作士
主婦自東房薦韭菹醓 菹石經補缺誤作葅
韭菹醓醢 毛本醢誤作醓
昌本麋臡 麋徐本作糜釋文集釋通解楊敖俱作麋與醢人合案徐本臡下空一字
蕡熬枲實也 釋文無實字
案此上下經 要義同毛本無下字
至此皆朝事豆籩 毛本事下有之字通解有之字無豆字
茆菹麇臡 浦鏜云麋誤麇〇按注道毘翻刻岳板周禮亦作麇
苴者麻之有蕡者也 毛本苴誤作菹
細切爲齏 通解要義同毛本齏作虀
司馬朼羊〇載右體肩臂肫骼臑 骼釋文敖氏俱作胳陸氏曰本亦作骼
折分之以爲肉湆貶也 徐本集釋同通解楊氏毛本貶俱作俎
皆二骨以並 毛本二作上浦鏜云二骨誤上骨
今皆二骨 毛本二作一
今復序之 陳本通解同毛本復作後
羊肉湆臑折
以增俎實爲尸加也 通解要義同毛本無實字
必先進羊匕湆 通解要義同毛本湆下有焉字
豕無正俎魚無匕湆 通解要義同毛本無魚字
云必爲臑折 毛本爲作有
上經通臑在下者 通解同毛本臑作縮
司士朼豕〇亦右體肩臂肫骼臑 亦監本作載

豕肉湆所以不折者 湆所二字毛本倒
侑俎〇膚三 楊氏作一周學健云下阼俎注云降于侑羊體一而增豕膚三謂膚三爲增於侑俎似侑俎無膚三也然諸本皆同無可取正存疑於此〇按楊氏獨作膚一不知何據
唯有一在此 唯陳閩俱誤作雖
是以少牢視羊豕體各三 毛本豕誤作尸下侑豕俎無肫豕俎有脅肺二句並同
阼俎
阼俎主人俎 毛本上俎字誤作階
亦所謂順而摭也 毛本摭作樜徐陳釋文集釋通解楊氏俱作摭按从才是也
故知以肺代體 通解要義同毛本故知以誤作故以已
以俎物雖與尸不同者 通解同毛本與作有
至尸酢主人而設之 通解同毛本酢作胙
此非直崇尸惠 通解同毛本直作值
見下文受酢致爵時云 通解同毛本無時字
似若得用右體 通解同毛本右作左
以右臂在尸俎故也 通解同毛本在作左
主婦俎
有嚌肺亦下侑也 通解同毛本重肺字〇按通解與注合
云嚌羊肺者 嚌通解作嚌與注合毛本作祭
司士朼魚
皆次言豕俎魚俎 陳本通解要義同毛本魚作多〇按魚是也
而陳并於此者 陳并二字要義倒
生人進膝 毛本生誤作主
所以交於神明 通解要義同毛本交作變〇按交是也
牲體皆進膝 通解要義同毛本皆下有自字
謂上司士所設於豕鼎之西者也 通解同毛本者作首
卒升
賓長設俎二也 此句下通解毛本有次賓羞羊匕湆三也司馬羞肉湆四也十五字此本與要義俱無

賓長設羊俎于豆南
上賓長也 浦鏜云脫一賓字
宰人授次賓疏匕與俎〇二手執桃匕枋以挹湆 桃唐石經徐陳通解要義楊氏俱作桃注同釋文集釋敖氏毛本俱作挑盧文弨云注云字或作挑則經文本作挑明矣〇按經文自當以桃爲正諸本經文作桃者注中四桃字亦俱作桃注云字或作挑蓋對今文作挑言之盧說未是
讀如或舂或抌之抌 抌集釋通解敖氏並從手下同楊氏作揄注疏本抌誤杬
字或作桃者 毛本桃作挑宋本釋文作桃云本或作抌〇按釋文於經作挑於注中此句作桃與盧說相反若依或本作抌則或字指今文言似亦有理
狀如飯糝 糝集釋敖氏俱作操要義作操疏同宋本釋文作操今本釋文作操楊氏誤作糝魏氏曰操當如此摻七消反周學健云操摻經史互譌操慘等字亦然蓋曹魏時避諱所改其實音義迥別〇按方言卷五云甂燕之東北朝鮮洌水之間謂之瓺趙魏之間謂之臬然則歃桃操猶甂瓺臬也此操字當從臬之證也操摻俱从手橾摻俱从木今本作摻从木此橾字當从木之證也
可以抒物於器中者 徐本釋文集釋通解同毛本楊氏抒作杼盧文弨云杼亦非誤
注猶寫也 徐本聶氏集釋通解楊氏同毛本寫作瀉
今文桃作抌 毛本桃作挑抌作枕監本唯此桃作挑嚴本唯此抌作抗
彼注抌抒臼也 抌毛本作枕抒要義作杼
尸興左執爵
故知非嚌肺也 通解同毛本肺作味
次賓縮執匕俎以升〇尸卻手授匕枋 授楊敖俱作受張氏曰按經文次第次賓執俎授尸尸卻手受以祭復覆手授賓賓亦覆手受以降諸本誤以受爲授周學健云石經亦作授而剜其才旁知受字是也
〇覆手以授賓 授嚴本作受按如張說則嚴本誤也張氏於此字無辨何也
〇賓亦覆手以受 受唐石經徐本集釋通解楊敖俱作受毛本作授
此嚌之者明湆肉加 陳本通解同毛本湆肉二字倒
司馬羞羊肉湆〇卒載俎縮執俎以降 周學健云石經載下無俎字〇按今本石經載縮二字已壞補缺誤補俎字遂脫縮字周所据猶未壞本也又戴校集釋謂唐石經執下無俎字亦不然
絕肺末以祭 末徐作未張氏曰諸本未作末從諸本
七曰絕祭 通解同毛本曰作日
尸坐執爵以興〇賓縮執俎以降 毛本降誤作爵
傅火曰燔 毛本傅作傳通解作傅是也下同

彼以燔炙相對則異 通解同毛本無炙字

尸受侑爵

主婦亦設籩豆 毛本婦誤作人

乃自飲 要義同通解毛本乃作迺

司宮設席于東序

亦辟鉶今文無二籩 下五字毛本脫徐本集釋俱有通解無

此儐尸受酢即設席者 陳本通解要義同毛本酢作酌

長賓設羊俎于豆西〇席末坐啐酒 毛本末作未唐石經徐陳閩葛集釋通解楊敖俱作末

次賓又羞匕湇於主人 毛本又作及浦鏜云又誤及

則北之豕俎 毛本作則用此之豕俎通解有用字此作北此句上俱有北之豕俎四字楊氏與毛本無

主人坐取爵以興

此下唯有崇酒之文 下陳閩通解俱作不

與此不同者 毛本此上無與字

司宮取爵于篚

房戶外之東 毛本戶誤作屋

凡有四爵 通解要義同毛本爵作節

主婦設兩鉶 主通解要義俱作生是也毛本誤作三

主婦洗於房中 唐石經徐本集釋通解敖氏同要義楊氏毛本洗下有爵字〇按嚴杰云特牲饋食主婦設兩敦節疏引無爵字與石經合

此決下文 通解同毛本決作法

主婦西面于主人之席北〇取糗與腶脩 陸氏曰腶本又作段音同

西面 唐石經徐本集釋通解楊敖同毛本作面西

擣肉之脯 陸氏曰擣劉本作搗同

主婦羞糗脩

但是正俎 陳本通解要義同毛本但作俱

以其文承上主人獻侑時 通解要義同毛本時作尸

不得相如 陳監通解要義同毛本相作湇

受爵酌以致于主人

故早致 毛本早誤作畢

主婦設二鉶與糗脩〇主人其祭糗脩 其唐石經徐本楊敖俱作具集釋通解毛本俱作共張氏曰經曰主人其祭糗脩竊疑其者共字之誤上文尸兼祭于豆祭侑同祭于豆祭下文主婦兼祭于豆祭彼得以言兼言同此不得以言共乎今改其爲共從上下文兼同之義金曰追云其今誤共依唐石經改正按下經云其受豕脀受豕燔亦如尸禮又後經云其綏祭其脤亦如儐其獻祝與二佐食其位其薦脀皆如儐主婦其洗獻于尸亦如儐並可證此經用其字之例然則其改作共是識誤始集解從之非也

〇拜啐酒 敖氏無拜字云從疏之所謂或本者〇按疏云或此經啐酒之上無拜文有者衍字也或者疑而不定之辭敖氏以爲或本非也經文拜疑當作坐

尸降筵 尸字唐石經在上句爵字上顧炎武張爾岐皆云石經誤

此科內從酢有三 此句下要義俱有三者二字通解毛本無

尸酌主婦出于房

南面立於席西 徐本集釋通解同毛本立作尸

主婦升筵

古文帨作說 帨集釋作挩

上賓洗爵以升

此與上文長賓互見爲一人 要義同毛本長賓二字倒

非爲均神惠之事 毛本均作賓〇按均是也

主人降洗觶 觶唐石經徐本集釋要義敖氏俱作觶通解楊氏毛本俱作爵石經考文提要云正德嘉靖舊監本尚作觶下同

主人實觶酬尸 觶唐石經徐本集釋通解楊氏毛本俱作爵下實爵同

按下經不舉二人舉觶於尸侑 通解毛本無不舉二字

尸侑主人皆升筵

其籩 要義楊氏同通解毛本籩下有則糗餌粉餈者六字

皆粉稻米黍米所爲也 皆此本作持似誤通解毛本作皆今從之

庶羞不踰牲 通解要義同毛本牲作特〇按作牲與王制合

公食大夫是食禮故庶羞並陳 此十二字毛本在皆豕燔從前此下此飲酒之禮故先以燔從十字通解毛本俱無

當主婦獻皆豕燔從 要義同毛本無當字

故云陰也 陰陳閩俱誤作陽

大宗伯亦云 毛本大誤作大

儀禮疏卷第五十

唐朝散大夫行大學博士弘文館學士臣賈公彥等撰

主人降南面拜衆賓于門東。三拜衆賓。門東北面。皆荅壹拜。拜于門東明少南就之也言三拜者衆賓賤旅之也衆賓一拜賤也卿大夫尊賓賤純臣也位在門東古文壹爲一

〔疏〕主人至壹拜〇注拜于至爲一〇釋曰自此盡賓降論主人獻長賓已下并主人受酢之事云拜于門東明少南就之也者以其繼門言之明少南就之也云言三拜者衆賓賤旅之也者案周禮司士職孤卿特揖大夫以其等旅揖注云特揖一一揖之旅衆也大夫爵同者衆揖之此云旅之者旅衆也衆人共得一拜云衆賓一拜賤也者以賤不得備禮故云賤也云純臣也位在門東者此對特牲記云公有司門西北面東上獻次衆賓私臣門東北面西上獻次兄弟此賓皆在門東故云純臣者指北面時也得獻訖在西階下亦不純臣故下經云獻私人于阼階上注云私人家臣已所自謁云獻私人于阼階上注云私人家臣已所自謁除也大夫言私人明不純臣也若然大夫云私人見不純臣士言私臣不言人者大夫尊近君若言私臣則臣與君不異故名私人士卑無辟君臣之名不嫌故名私臣

主人洗爵。長賓辭。主人奠爵于篚。興對。卒洗升。酌獻賓于西階上。長賓升拜受爵。主人在其右北面荅拜。宰夫自東房薦脯醢。醢在西。司士設俎于豆北。羊骼一。腸一。胃一。切肺一。膚一。羊骼羊左骼上賓一體賤也薦與設俎者既則俟于西序端古文骼爲胳

〔疏〕注羊骼至爲胳〇釋曰云設俎者既則俟于西序端者案鄉飲酒司正升相旅受酬者降席司正退立于序端然則先事既設後事未至其退立之位當在於序端知此不降者下文賓執祭以降宰夫執薦以從司士執俎以從無升文明此不降退立於序端可知

賓坐。左執爵。右取肺。擩于醢。祭之。執爵興。取肺坐祭之。祭酒。遂飲卒爵。執以興。坐奠爵拜。執爵以興。主人荅拜。受爵。賓坐取祭以降。西面坐委于西階西南。成祭於上尊賓也取祭以降反下位也反下位而在西階西南已獻尊之祭脯肺

〔疏〕注成祭至脯肺〇釋曰云取祭以降反下位也反下位而在西階西南已獻尊之者凡言反位者或反初位或上下位異亦爲反此則初位在門東今得獻反在西階南與主人相對已獻尊之故也若燕禮士得獻位于東方亦是尊之者也云祭脯肺者案經云取脯取肺祭之明祭是脯肺

宰夫執薦以從。設于祭東。司士執俎以從。設于薦東。衆賓長升。拜受爵。主人荅拜。坐祭立飲。卒爵不拜。既爵。既盡也長賓升者以次第升受獻言衆賓長拜則其餘不拜

〔疏〕注既盡至不拜

○釋曰：云長賓升者，以次第升受獻者，知不直次上賓後一人爲衆賓長時受獻，必以次第受獻者，以其下文云宰夫贊主人酌，若是以辯，鄭云每獻一人，奠空爵于棜，宰夫酌授於尊南，是奠爵，故以長幼次第受獻也。

宰夫贊主人酌。若是以辯。主人每獻一人，奠空爵于棜，宰夫酌授於尊南。今文若爲如，辯皆爲徧。辯受爵。其薦脯醢與脀，設于其位。其位繼上賓而南，皆東面。其脀體，儀也。徧獻乃薦，略之，亦宰夫薦。司士脀用儀者，尊體盡，儀度餘骨可用而用之，尊者用尊體，卑者用卑體而已。亦有切肺膚。今文儀皆作騰，或爲議。

【疏】辯受至儀也○注徧獻至爲議○釋曰：即薦，謂若燕禮三卿已上得獻即薦，大夫徧獻乃薦，亦其類。云亦宰夫薦司士脀者，此約上賓，此衆賓亦同此二人爲之。云儀者，尊體盡，儀度餘骨可用而用之，尊者用尊體，卑者用卑體而已者，以其言儀，取尊卑得其儀，但尊體既盡，就卑體之中度尊卑之儀而用之，不可辯其尊體，故鄭以意解之，尊者用尊體，卑者用卑體而已也。云亦有切肺膚者，案特牲用離肺，知此衆賓用切肺膚者，以其侑用切肺，不敢殊於尸，明衆賓亦不敢殊於侑。若然，不儐尸者亦用切肺者，亦是不敢變於儐尸禮也。

乃升長賓，主人酌酢于長賓，西階上北面，賓在左。主人酌自酢，序賓意。賓卑不敢酢。

【疏】乃升至在左○注主人至敢酢○釋曰：特牲主人獻長賓訖即酢，此辯獻乃酢者，主人益尊，先自達其意。特牲主人獻內賓辯乃自酢，注云爵辯乃自酢，以初不殊其長也。則此大夫尊，初則殊其長故也。

主人坐奠爵拜，執爵以興。賓荅拜。坐祭，遂飲。卒爵，執爵以興，坐奠爵拜。賓荅拜。賓降。降反位。宰夫洗觶以升。主人受酌，降。酬長賓于西階南，北面。賓在左。主人坐奠爵拜。賓荅拜。坐祭，遂飲。卒爵拜。賓荅拜。宰夫授主人觶，則受其虛爵奠于篚。古文酌爲爵。

【疏】宰夫至荅拜○注宰夫至爲爵○釋曰：自此盡于薦左，論主人酬長賓於堂下之事也。云宰夫授主人觶，則受其虛爵奠于篚者，謂上主人受賓之酢爵，今宰夫既授觶訖，因取酢之虛爵降奠於篚也。知然者，上文主人受爵訖，賓降，主人無降文，即云宰夫授觶，主人受之，明主人手中虛爵，宰夫受之奠于篚可知。若然，不待酬賓虛觶受之奠於篚者，以其下文賓之虛觶奠於薦左，故知非賓虛觶。其賓奠薦左者，後舉之以爲無筭爵也。

主人洗。賓辭。主人坐奠爵于篚。對。卒洗，升酌，降復位。賓拜受爵。主人拜送爵。賓西面坐奠爵于薦左。主人洗，升酌，獻兄弟于阼階上。兄弟之長升拜受爵。主人在其右荅拜。坐祭立飲。不拜既爵。皆若是以辯。兄弟長幼立飲，賤不別。大夫之賓尊於兄弟，宰夫不贊酌者，兄弟以親暱來，不以官待之。

【疏】○主人至以辯○注兄弟至待之○釋曰：自此盡其衆儀也，論主人獻兄弟於阼階之事。云兄弟長幼立飲賤不別者，案特牲云獻長兄弟于阼階上，如賓儀者，士卑，長兄弟爲貴，殊貴賤，故云如賓儀，長賓坐飲。此大夫禮，長賓坐飲，衆賓立飲，賤故云如賓儀，兄弟賤，兄弟長幼皆立飲，不得如賓儀，故立飲，賤不別也。云大夫之賓尊於兄弟，宰夫不贊酌者，兄弟以親暱來，不以官待之者，決上文大夫賓貴，使宰夫贊酌，今兄弟酌不使宰夫贊酌者，爲兄弟是親暱，不以官待之，故兄弟雖賤於賓，不得使人贊酌而親之也。

辯受爵。其位在洗東，西面北上。升受爵。其薦脀設于其位。亦辯獻乃薦。既云辯矣，復言升受爵者，爲衆兄弟言也。衆兄弟升不拜受爵，先著其位於上，乃後云薦脀設於其位，明位初在是也。位不繼於主人，而云洗東，卑不統於尊。此薦脀皆使私人。

【疏】辯受至其位○注亦辯至私人○釋曰：云既云辯矣，復言升受爵者，爲衆兄弟言也者，以上經云兄弟之長升拜受爵，嫌衆兄弟亦升拜受爵，是以此更云升受爵，直爲衆兄弟不拜受爵而言，鄭即云衆兄弟升不拜受爵也。若然，上賓拜受爵，又拜既爵，衆賓拜受爵，不拜既爵，長兄弟得與衆賓同，衆兄弟又不拜受爵，是其差也。云先著其位於上，乃後云薦脀設於其位，明位初在是者，初位謂經云其位在洗東，西面北上，是先著其位於上，乃云升受爵者，謂發此位升堂受爵，又云薦脀設於其位者，謂受爵時設薦脀於其東西面位，是先著其位於上，乃後云薦脀設於其位，明位初在是也。故先云洗東位，以此而言，則衆賓亦先有位在門東，北面繼上賓，後獻訖，亦薦脀於位，皆是先有位，不繼於門東而在西階西南者，彼謂已獻薦之故也。云位不繼於主人，而云洗東，卑不統於尊者，案特牲主人卑，故兄弟助祭之位得繼主人於阼階下南陳，又得辟夫人不敢自尊故也。此以大夫尊，故兄弟之位在洗東，不繼主人，卑不統於尊故也。云此薦脀皆使私人者，上獻賓長及衆賓，使宰夫設薦，司士設俎，又使宰夫贊酌，至於此獻兄弟，爲親暱，不以官待之，主人親酌，明亦不以官，使私人薦脀可知。

其先生之脀，折脅一，膚一。先生，長兄弟。折，豕左肩之折。

【疏】注先生至之折○釋曰：知先生是長兄弟者，以其文承長兄弟之下，故知先生非老人教學者。知折是豕左肩之折者，以上初亨牲體，明侑俎豕左肩折，注云折分爲長兄弟俎是也。

其衆儀也。主人洗，獻內賓于房中，南面拜受爵。主人南面于其右荅拜。內賓，姑姊妹及宗婦。獻于主婦之席東，主人不西面，尊，不與爲賓主禮也。南面於其右，主人之位恒左人。

【疏】主人至荅拜○注內賓至左人○釋曰：自此盡亦有薦脀，論主人獻姑姊妹之等於房中之事。知內賓是姑姊妹及宗婦者，約特牲記而知也。云獻於主婦之席東，主人不西面，尊，不與爲賓主禮也者，案特牲獻內兄弟於房中，如獻衆兄弟之儀，主人西面荅拜，此大夫禮，主人南面拜，故決之，不與爲賓主之禮也。云南面於其右，主人之位恒左人者，謂人在主人左，若鄉飲酒、鄉射之等，於西階上北面，主人在東，賓在西，此南面，則主在西，賓在東，故云恒左人也。

坐祭立飲。不拜既爵。若是以辯。亦有薦脀。亦設薦脀於其位。特牲饋食禮記曰：內賓立于房中西墉下，東面南上；宗婦北堂，東面北上。

【疏】坐祭至薦脀○注亦設至北上○釋曰：云亦設薦脀於其位者，言亦者，亦上先生之等。引特牲記者，欲見內賓設薦之位處。

主人降洗，升，獻私人于阼階上，拜于下，升受。主人荅其長拜。乃降，坐祭立飲。不拜既爵。若是以辯。宰夫贊主人酌。主人於其羣私人不荅拜。其位繼兄弟之南，亦北上，亦有薦脀。私人，家臣，已所自謁除也。大夫言私人，明不純臣也。士言私臣，明有君之道。北上，不敢專其位。亦有薦脀，初亦北面在衆賓之後爾。言繼者，以爵既獻爲文。凡獻位定。

【疏】主人至薦脀○注私人至位定○釋曰：自此盡主人就筵，論主人獻私人之事。云私人，家臣，已所自謁除也者，此對公士得君所命者，此乃大夫自謁請於君，除其課役以補任爲之。云大夫言私人，明不純臣也者，大夫尊近於君，故屈已之臣名爲私人。云士言私臣，明有君之道者，士卑不嫌近君，故得名屬吏爲私臣也。云北上不敢專其位者，以其兄弟北上，今繼兄弟之南亦北上，與兄弟位同，故云不敢專其位。云兄弟位定者，與上衆兄弟云其位在洗東，西面北上，升受爵，其薦脀設于其位，注云先著其位於上，明位初在是，此不先著位於上，俱言繼，凡獻者，是據獻位爲言，則未獻時在衆賓後矣。案特牲記云私臣位在門東，北面，是衆賓後也。云凡獻位定，則是凡獻以前非定位也。

主人就筵。古文曰升就筵。尸作三獻之爵。上賓所獻爵，不言三獻作之者，賓尸而不言尸，益卑，可以自舉。

【疏】尸作三獻之爵○注上賓至自舉○釋曰：自此盡降實于篚，論舉三獻之爵，賓長又獻侑，并致爵之事。云上賓所獻爵者，若然，三獻是上賓，不言上賓而言三獻者，以其主人、主婦并此賓長備三獻，因號上賓爲三獻，是以事名官者也。云不言三獻作之者，對特牲云三獻作止爵，故決之。下大夫不儐尸，自作爵者，順上大夫爲文。作其爵者，以神惠均於庭訖，欲使尸飲此酒。但此一節之內有四爵行事，四者，尸作三獻之爵一也，獻侑二也，致爵於主人三也，受尸酢四也。

司士羞湆魚，縮執俎以升。尸取膴祭祭之，祭酒，卒爵。不羞魚匕湆，略小味也。羊有正俎，羞匕湆、肉湆，豕無正俎，魚無匕湆，隆汙之殺。

【疏】注不羞至之殺○釋曰：云不羞魚匕湆，略小味也者，對羊豕牲之大有匕湆之等，魚無，以魚爲小味，故略之也。云隆汙之殺者，以有者爲隆盛，無者爲殺少也。

司士縮奠俎于羊俎南，橫載于羊俎。卒，乃縮執俎以降。尸奠爵拜。三獻北面荅拜。受爵，酌獻侑。侑拜受。三獻北面荅拜。司馬羞湆魚一，如尸禮。卒爵拜。三獻荅拜。受爵。司馬羞湆魚，變於尸。

【疏】注司馬至於尸○釋曰：上文尸使司士羞魚，此侑使司馬羞魚，故云變於尸也。

酌致主人。主人拜受爵。三獻東楹東北面荅拜。賓拜於東楹東，以主人拜受於席，就之。

【疏】注賓拜至就之○釋曰：就之者，賓於禮當在西階上，今在東楹之東，以主人席在於阼階，是以賓拜於東楹東就之也。

司士羞一湆魚，如尸禮。卒爵拜。三獻荅拜。受爵。尸降

筵受。三獻爵酌以酢之。既致主人尸乃酢之遂賓意【疏】注既致至賓意〇釋曰遂賓意者賓雖不言其意欲得與主人抗獻酢之禮今尸見致爵於主人訖即酌以酢賓是遂達賓之意三獻西楹西。北面拜受爵。尸在其右以授之。尸升筵。南面荅拜。坐祭。遂飲卒爵拜。尸荅拜。執爵以降實于篚。二人洗觶升實爵西楹西北面東上。坐奠爵拜。執爵以興。尸侑荅拜。坐祭遂飲。卒爵。執爵以興。坐奠爵拜。尸侑荅拜。皆降。三獻而禮小成使二人舉爵序殷勤於尸侑【疏】二人至皆降〇注三獻至尸侑〇釋曰自此盡及私人論旅酬從尸及上下無不徧之事云三獻而禮小成者以此獻爲正後仍有舉奠加爵之等終備乃是禮之大成故云小成也云使二人舉爵序殷勤於尸侑者飲酒之禮酬與無筭爵乃盡歡心故以旅酬及無筭乃爲殷勤於尸侑也案鄉飲酒及鄉射特牲等皆一人舉觶爲旅酬始二人舉觶爲無筭爵始今儐尸乃以二人爲旅酬始者此儐尸別一禮與彼不同以其初時主人酬尸尸奠之侑未得酬故使二人舉觶侑乃得奠而不舉即與亦奠一爵一爵遂酬於下是以須二人舉觶兄弟之後生者舉觶於其長爲無筭爵者以其賓長所舉奠酬亦爲無筭爵以此二觶者皆在堂下故爲無筭爵尸不與無筭爵故舉堂下觶爲無筭爵其爲旅酬皆從上發尸爲首故特牲等使一人舉觶爲旅酬與賓長所舉薦右之觶此賓不舉旅酬皆從尸舉故所奠者爲無筭一爵亦是異於特牲洗升酌。反位。尸侑皆拜受爵。舉觶者皆拜送。侑奠觶于右。奠于右者不舉也神惠右不舉變於飲酒尸遂執觶以興。北面于阼階上酬主人。主人在右。尸拜於阼階上酬禮殺【疏】注尸拜至禮殺〇釋曰決上文尸酢主人主人東楹東北面拜受爵尸西楹西北面荅拜是各各於其階今尸酬主人同于阼階故云禮殺也坐奠爵拜。主人荅拜。不祭立飲。卒爵不拜。既爵。酌就于阼階上酬主人。言就者主人立待之【疏】注言就至待之〇釋曰言立待之者以其不言適阼階上酢主人明主人不去立待之可知主人拜受爵。尸拜送。酬不奠者急酬侑也【疏】注酬不至侑也〇釋曰此決上主人酬賓奠之也尸就筵。主人以酬侑于西楹西。侑在左。坐奠爵拜。執爵興。侑荅拜。不祭。立飲。卒爵不拜。既爵。酌復位。侑拜。受。主人拜送。言酌復位明受於西階上主人復筵。乃升長賓。侑酬之。如主人之禮。遂旅也言升長賓則有贊呼之【疏】注遂旅至呼之〇釋曰知者若不贊呼之則當如上文衆賓長升兄弟之長升拜受爵故知有贊呼之也至于

衆賓。遂及兄弟。亦如之。皆飲于上。上西階上遂及私人拜受者。升受下飲。私人之長拜於下升受兄弟之爵下飲之【疏】注私人至飲之〇釋曰私人位在兄弟之南今言下飲之則私之長一人在西階下飲之其餘私人皆飲於其位故下經云卒爵升酌以之其位相酬辯是也卒爵升酌以之。其位相酬辯。其位兄弟南位亦拜受拜送升酌由西階卒飲者實爵于篚。末受酬者雖無所旅猶飲【疏】卒飲至于篚〇注末受至猶飲〇釋曰凡旅酬之法皆執觶酒以酬前人前人領受其意乃始自飲此私人末受酬者後雖無人可旅猶自飲之訖乃實爵於篚以其酒是前人所酬不可不飲故也乃羞庶羞于賓兄弟內賓及私人。無房中之羞賤也此羞同時羞則酌房中亦旅其始主婦舉酬於內賓遂及宗婦【疏】乃羞至私人〇注無房至宗婦〇釋曰此經論無筭爵時羞庶羞於賓及兄弟之等事云此羞同時羞則酌房中亦旅者旅酬之下云乃羞庶羞內賓羞在私人之上私人得旅酬則房中內賓亦旅可知兄弟之後生者舉觶于其長。後生年少也古文觶皆爲爵延熹中設校書定作觶【疏】兄弟至其長〇注後生至作觶〇釋曰自此盡爵止論後生舉觶於長兄弟主人酬兄弟之事洗升酌。降北面立于阼階南。長在左。坐奠爵拜。執爵以興。長荅拜。長在左辟主人【疏】注長在左辟主人〇釋曰凡獻酬之法主人常左人若北面則主人在東今長兄弟北面云長在左則在西故辟主人坐祭遂飲。卒爵。執爵以興。坐奠爵拜。執爵以興。長荅拜。洗升酌降。長拜受于其位。舉爵者東面荅拜。爵止。拜受荅拜不北面者儐尸禮殺長賓言奠兄弟言止互相發明相待也【疏】注拜受至待也〇釋曰云儐尸禮殺者案特牲兄弟之後生舉觶於其長爲旅酬又兄弟子舉觶於其長爲無筭爵拜送皆北面此云東面決上儐尸禮殺也云長賓言奠兄弟言止互相發明者上文主人酬賓奠于薦左是長賓言奠此言爵止是兄弟言止長賓言奠明止而未行此言止明亦奠薦左故云互相發明也云相待也者酬賓雖在前及其行之相待俱時舉行故下文云賓及兄弟交錯其酬皆遂及私人爵無筭是也若二人舉觶于尸侑奠于右不舉尸即酬主人主人酬侑侑酬長賓至于衆賓遂及兄弟遂及私人依次第行徧不交錯所謂旅酬也賓長獻于尸如初。無湆爵不止。如初如其獻侑酌致主人受尸酢也無湆爵不止別不如初者不使兄弟不稱加爵大夫尊也不用觚大夫尊者也【疏】賓長至不止〇注如初至者也〇釋曰此一經論衆賓長加爲爵數多與上賓異何者上賓獻侑致爵於主人時皆有湆魚從今無湆魚從故經云無湆也云爵不止者上賓獻尸時亦止爵待獻堂下畢乃舉觶今尸不止爵即飲故云爵不止云賓長者賓之長次上賓者非即上賓者以其上賓將獻異之言上賓此不異其文明非上文上賓爲賓長者故以爲次上賓者也經云無湆爵不止文在如初之下不蒙如初之文則知與上異故文在如初下也云

不使兄弟不稱加爵大夫尊也者此決特牲云長兄弟爲加爵又衆賓長爲加爵不言獻此言獻者尊大夫若三獻之外更容其獻故云大夫尊也云不用觚大夫尊者此亦決特牲云長兄弟洗觚爲加爵此用爵尊於觚故云大夫尊者也賓一人舉爵于尸。如初。亦遂之於下。一人次賓長者如初如二人洗觶之爲也遂之於下者遂及賓兄弟下至于私人是言亦遂之于下言上無湆爵不止互相發明【疏】賓一至於下〇注一人至發明〇釋曰此一經論次賓舉觚于尸更爲旅酬如上旅酬之事但前二人舉觶於尸侑尸舉旅酬從上至下皆偏飲今亦從上至下故云亦遂之於下云上言無湆爵不止互相發明者上經云爵止與上賓奠爵云互相發明今此又與上文無湆爵不止相發明是以二交皆在如初之下賓及兄弟交錯其酬。皆遂及私人。爵無筭。筭數也長賓取觶酬兄弟之黨長兄弟取觶酬賓之黨唯已所欲無有次第之數也【疏】賓及至無筭〇注筭數至數也〇釋曰自此盡有司徹論堂下行無筭爵禮終尸侑出主人送於廟門外之事云長賓取觶者是主人酬賓觶云長兄弟取觶者是兄弟之後生者舉觶于其長之觶也尸出。侑從。主人送于廟門之外。拜。尸不顧。拜送之【疏】尸出至不顧〇注拜送之〇釋曰儐尸之禮尸侑賓也故孔子亦云賓不顧矣長賓。亦如之。衆賓從。從者不拜送也司士歸尸侑之俎。尸侑尊送其家主人退。反於寢也有司徹。徹堂上下之薦俎也外賓尸雖堂上婦人不徹【疏】有司徹〇注徹堂至不徹〇釋曰云徹堂上下之薦俎也者案上文堂上有尸侑之薦俎堂下有賓及兄弟之薦俎皆徹之也云外賓尸雖堂上婦人不徹者案特牲云宗婦徹祝豆籩入于房徹主婦薦俎此篇首云有司徹鄭注云徹室中之饋及祝佐食之俎爲將儐尸故使有司徹之下大夫不儐尸改饋饌于西北隅云有司官徹饋饌於室中西北隅至篇末禮終云婦人乃徹注云徹祝之薦及房中薦俎不使有司者下上大夫之禮然則此篇首云有司徹別無婦人也下大夫有司饌陽厭婦人徹之篇末云徹室中之饌注云有司饌之婦人徹之外內相兼禮殺此戶外儐尸亦禮殺嫌婦人亦徹之故云雖堂上婦人不徹婦人必不徹者異於下大夫也堂上儐尸猶如堂內之陽厭故鄭注篇首云賓尸則不設饌西北隅以此薦俎之陳有祭象而亦足以厭飫神是也若不賓尸。不儐尸謂下大夫也其牲物則同不得備其禮耳舊說云謂大夫有疾病攝昆弟祭曾子問曰攝主不厭祭不旅不假不綏祭不配布奠于賓賓奠而不舉而此備有似失之矣【疏】若不賓尸〇注不賓至之矣〇釋曰自此盡牢舉如賓論下大夫不賓尸之事云不賓尸謂下大夫者從尸飲七巳前皆與上大夫賓尸者同巳後則以此祝侑續之是儐尸之禮故云不賓尸謂下大夫也云其牲物則同不得備其禮耳者謂不備儐尸禮也引曾子問者破舊說案彼上云若宗子有罪居于他國庶子爲大夫其祭也祝曰孝子某使介子某執其常事攝主不厭祭不旅不假不綏祭不配注云皆辟正主厭厭飫神也厭有陰有陽迎尸之前祝酌奠奠之且饗是陰厭也尸謖之後徹薦俎敦設于西北隅是陽厭也此不厭者不陽厭也不旅不旅酬也假讀爲嘏不嘏不嘏主人也不綏祭謂今主人也又云布奠於賓賓奠而不舉是也云而此備有似失之矣者謂此

不儐尸者不厭巳下皆有則非如舊說使昆弟攝者故云似失之矣則祝侑亦如之。謂尸七飯時。〔疏〕則祝侑亦如之○注謂尸七飯時○釋曰案上篇尸食七飯告飽祝西面于主人之南獨侑不拜侑曰皇尸未實侑尸也尸食。八飯〔疏〕尸食○注八飯○釋曰上巳七飯故知此當八飯也乃盛俎。臑。臂。肫。脡脊。橫脊。短脅。代脅。皆牢。盛者盛於肵俎也此七體羊豕其脊脅皆取一骨也與所舉正脊幹骼凡十矣肩未舉既舉而俎猶有六體焉〔疏〕乃盛至皆牢○注盛者至體焉○釋曰案特牲尸食訖乃盛今八飯即盛者大夫禮與士相變若然此先言臑者見從下起不言盛肩肩未舉舉乃盛不言骼骼巳舉先在肵俎有司徹不盛俎者更無所用全以歸尸故也云盛者盛於肵俎也者以特牲云盛肵俎釋三个故知盛於肵以歸尸故也云此七體羊豕者以其五鼎下有魚腊膚又不升故唯羊豕也云其脊脅皆取一骨也與所舉正脊幹骼凡十矣者案上篇載時皆二骨以並今但盛一骨不云正脊長脅者先舉一骨故不序也凡骨體之數左右合爲二十一體案少牢注云肩臂臑肱骨也膞骼股骨鄉飲酒注前脛骨三肩臂臑也後脛骨二膞骼也又後有髀觳折特牲記云主婦俎觳折注云觳後足也昬禮不數者凡體前貴於後觳賤於臑故數臑不數觳是以不升於鼎又以髀在肫上以竅賤正俎不用又脊有三分一分以爲正脊次中爲脡脊後分爲橫脊脅亦爲三分前分爲代脅次中爲中脅後分爲短脅是其二十一體也云而俎猶有六體焉者謂三脊三脅皆取一骨盛於肵各有一骨體在俎不取以備陽厭也故云而俎猶有六體焉也魚七。盛半也魚十有五而俎其一已舉必盛半者魚無足翼於牲象脊脅而已〔疏〕魚七○注盛半至而巳○釋曰云魚十有五而俎者案少牢載魚鮒云十有五而俎云其一巳舉者謂尸食時巳舉其一唯有十四在云必盛半者魚無足翼於牲象脊脅而巳者案中候云魚者水精隨流出入得申朕意鄭注引春秋緯璇璣樞曰魚無足翼紂如魚乃討之是也紂雖有臣無益於股肱若魚雖有翼不能飛若然此注云魚無翼者亦從彼文魚雖有翼不能飛云象脊脅者六體十二骨盛六是半魚無足象牲脊脅亦盛半盛半相似數則不同以其牲之脊脅則六魚之半則七也腊辯無髀。亦盛半也所盛者右體也脊屬焉言無髀者云一純而俎右嫌有之古文髀作脾〔疏〕腊辯無髀○注亦盛至作脾○釋曰云亦盛半者謂除尸舉其餘兩半亦似魚十四盛七爲半必知盛者以其此腊在魚下明盛半與魚同此腊亦盛右體知者以其牲用右故此亦盛右體知脊屬焉者案上篇少牢云腊一純而俎脊不折直爲一段代脅長脅短脅各一骨左右三脅脅骨合爲六體并脊爲七通肩臂等十爲十七體與牲體同如腊肩尸食既舉而俎唯有十六在言盛半明脊屬又且凡牲載體者脊皆屬焉下經云乃摭于魚腊俎釋三个其餘皆取之明不盡盛可知若然案士虞禮升腊左胖髀不升實于下鼎注云腊亦七體牲之類又特牲記云腊如牲骨鄭注云不但言體以有一二骨者以此言之腊與牲體設骨多少盡同而云腊脊脅皆一骨者以其左右盡升欲使祝及主婦巳下俱取於此腊體故下云祝主人之魚腊取于是注云祝主人主婦俎之魚腊取於此者大夫之禮文待神餘也三者各取一魚其腊主人臂主婦臑祝則骼也今若復分一骨二骨則數多於特牲祝以下俎無腊體不升腊右胖故云腊如牲骨與右胖同皆祝俎所不用上篇少牢雖祝俎有腊兩髀屬竅上大夫禮又異於此士虞禮上祝以下亦無腊體故鄭注士虞禮腊亦七體牲之類鄭注云凡腊用純者據上下大夫以上祭祀及士之嘉禮士祭禮則腊不用純辟大夫云言無髀者云一純而俎嫌有之者案上篇少牢載腊云一純而俎不云髀不升故此明之而云腊辯無髀也案上篇少牢祝俎云腊兩髀在祝俎不升於鼎不在神俎已自明矣今此更明之者以少牢陳鼎上下大夫皆同今此下大夫不儐尸其祝俎腊骼不云無髀何以明之卒盛。乃舉牢肩。尸受振祭嚌之。佐食受加于肵。卒巳佐食取一俎于堂下以入奠于羊俎東。不言魚俎東主於尊〔疏〕注不言至於尊○釋曰案少牢云設俎羊在豆東豕亞其北魚在羊東腊在豕東特膚當俎北端今摭魚腊宜在魚俎東而繼羊俎言之以羊尊爲主也乃摭于魚腊俎。俎釋三个。其餘皆取之。實于一俎以出。个猶枚也魚摭四枚腊摭五枚其所釋者腊則短脅正脅代脅魚三枚而巳古文摭爲撫〔疏〕乃摭至以出○注个猶至爲撫○釋曰知魚摭四枚腊摭五枚者以魚盛半其俎猶有七个在故摭去四枚釋三个腊盛半而俎猶有八體在摭去五枚釋三个皆爲改饌西北隅也云腊則短脅正脅代脅魚三枚而巳者以腊右體巳盛脊又屬焉唯有左在下文云主人腊臂主婦腊臑祝則骼所釋者故知脅又牲體所釋者是脅脊此腊脊巳在盛半限故知所釋唯有三脅耳祝主人之魚腊取于是。祝主人主婦俎之魚腊取於此者大夫之禮文待神餘也三者各取一魚其腊主人臂主婦臑祝則骼也與此皆於鼎側更載焉不言主婦未聞〔疏〕祝主至于是○注祝主至未聞○釋曰案特牲士禮不待神餘故主人主婦祝皆無腊上大夫之祝當有腊俎至於儐尸腊爲庶羞又不載於俎與此異此下大夫待神餘故祝主人主婦皆有腊體也云其腊主人臂主婦臑祝則骼也與者主人用臂主婦用臑見於下經祝無文而知用骼者其骼無正文故云與以疑之也云此皆於鼎側更載焉者上摭時共在一俎以出及下設時主人主婦及祝各異俎又不同時故知更載俎云鼎側則不復升鼎也云不言主婦未聞者下有主婦俎腊臑則主婦用腊可知此經直云祝主人不云主婦未聞其義或轉寫者脫耳尸不飯告飽。主人拜。侑不言。尸又三飯。凡十一飯士九飯大夫十一飯其餘有十三飯十五飯〔疏〕尸不至三飯○注凡十至五飯○釋曰上篇士禮九飯少牢上下大夫同十一飯士大夫既不分命數爲尊卑則五等諸侯同十三飯天子十五飯可知佐食受牢舉。如儐。舉肺脊主人洗酌醑尸。賓羞肝。皆如儐禮。卒爵。主人拜。祝受尸爵。尸荅拜。祝酌授尸。尸以醋主人。亦如儐。其綏祭。其嘏亦如儐。肝牢肝也綏皆當作挼挼讀爲藏其墮之墮古文爲挼〔疏〕主人至如儐○釋曰自此盡薦脅皆如賓禮論主人獻尸祝及佐食之事此主人獻有五節主人獻尸一也酢主人二也獻祝三也獻上佐食四也獻下佐食五也○注肝牢至爲挼○釋曰云綏皆當作挼者案經唯有一綏而云皆者鄭并下佐食綏總破之故云皆也云讀爲藏其墮之墮者讀從周禮守祧職云既祭則藏其隋必讀從之者義取墮減之事也其獻祝與二佐食。其位其薦脅皆如儐。主婦其洗獻于尸。亦如儐。自尸侑不飯告飽至此與賓同者在上篇〔疏〕主婦至如儐○注自尸至上篇○釋曰自此盡入于房論主婦亞獻尸及祝并獻二佐食之事此一節之內獻數與主人同唯不受嘏爲異云與儐同者經既云如儐而注復云與儐同者爲事在上篇而發也主婦反。取籩于房中。執棗糗坐設之。棗在稷南。糗在棗南。婦贊者執栗脯。主婦不興。受設之。栗在糗東。脯在棗東。主婦興反位。棗饋食之籩糗羞籩之實雜用之下賓尸也栗脯加籩之實也反位反主人之北拜送爵位〔疏〕主婦至反位○釋曰此設籩實繼在少牢室內西南隅陰厭神饌也○注棗饋至爵位○釋曰案周禮籩人職云饋食之籩棗栗桃乾藜榛實羞籩之實糗餌粉餈又加籩之實蔆芡栗脯是鄭據籩人職而言也云雜用之下儐尸也者案上儐尸者麷蕡白黑糗餌之等朝事之籩羞籩之實各用之而不雜也案上賓尸主婦亞獻尸設籩籩直有脯脩二籩下大夫之禮主婦亞獻有四籩者賓尸之禮主人獻尸主婦設四籩麷蕡白黑故至主婦獻時直設糗餌與脯脩二籩通前四籩六籩此主人初獻如上篇無籩從故至主婦亞獻設四籩猶自少於賓尸兩籩尸左執爵。取棗糗。祝取栗脯。以授尸。尸兼祭于豆祭。祭酒啐酒。次賓羞牢燔。用俎鹽在右。尸兼取燔。揳于鹽。振祭嚌之。祝受加于肵。卒爵。主婦拜。祝受尸爵。尸荅拜。自主婦反籩至受加于肵此異于賓〔疏〕注自主至于賓○釋曰上篇主婦但有獻而巳無籩燔從之事此篇首儐尸主婦亞獻尸乃有籩餌之事其物又異唯糗同耳故云此異于儐也上注云自尸侑不飯告飽至此與儐同者在上篇此注云此異于儐者上注云至此與儐同者皆與儐禮同在上篇故注云至此也此自卒爵下至荅拜與儐同在上篇自祝受加于肵以上至主婦反籩儐尸異所得相從鄭所以不在卒爵上注而在尸荅拜下注者取終一事故也祝易爵洗酌授尸。尸以醋主婦。主婦主人之北。拜受爵。尸荅拜。主婦反位。又拜。上佐食綏祭如儐。卒爵拜。尸荅拜。主婦夾爵拜爲不賓尸降崇敬今文酢曰酌〔疏〕注主婦至曰酌○釋曰案特牲主婦獻尸不夾爵拜上篇上大夫賓尸主婦獻尸夾爵拜此下大夫既不賓尸主婦宜與士妻同今夾爵拜者爲拜賓尸降崇敬故夾爵拜與上大夫同言降謂降賓尸之禮也主婦獻祝。其酌如儐。拜坐受爵。主婦主人之北荅拜。自尸卒爵至此亦與賓同者亦在上篇〔疏〕注自尸至上篇○釋曰經無尸卒爵之文鄭注云尸者以經有卒爵之文多故言尸以別之也宰夫薦棗糗。坐設棗于菹西。糗在棗南。祝左執

爵。取棗糗祭于豆祭。祭酒啐酒。次賓羞燔。如尸禮卒爵。內子不薦籩祝賤使官可也自宰夫薦至賓羞燔亦異于賓〔疏〕注內子至于賓○釋曰案特牲主婦設籩者士妻卑也案上尸與主人籩皆主婦設之至此祝不使主婦而使宰夫設籩故云祝賤使官可也案禮記注內子卿妻引春秋趙姬請逆叔隗以爲內子證卿妻爲內子今此下大夫妻得稱內子者欲見此下大夫妻於祝不薦籩兼見上大夫妻亦不薦籩故變言內子也或可散文下大夫妻亦得爲內子也云自宰夫薦至賓羞燔亦異于賓者少牢主婦獻祝亦無籩燔從一事此有籩燔從者亦異于賓也主人受爵。酌獻一佐食。亦如儐。主婦受爵以入于房。賓長洗爵獻于尸。尸拜受。賓戶西北面荅拜。爵止。尸止爵者以三獻禮成欲神惠之均於室中是以貫而待之〔疏〕賓長至爵止。○注尸止至待之。○釋曰自此盡庶羞在左論賓長獻尸祝佐食并致爵之事此一節之內凡有十爵獻尸一也主婦致爵於主人二也主人酢主婦三也尸作止爵飲訖酢賓長四也賓獻長五也又獻上佐食六也又獻下佐食七也賓致爵於主人八也又致爵于主婦九也賓受主人酢十也云賓戶西北面荅拜者案上少牢正祭賓獻與此篇首賓長獻皆云拜送此特言荅拜者下大夫故也言拜送者禮重云荅拜者禮輕主婦洗于房中。酌致于主人。主人拜受。主婦戶西北面拜送爵。司宮設席。拜受乃設席變於士也〔疏〕主婦至設席。○注拜受至士也。○釋曰此下大夫夫婦致爵之禮祭統云夫祭有十倫之義七曰見夫婦之別焉又曰尸酢夫人執柄夫人受尸執足夫婦相授受不相襲處酢必易爵彼據夫婦致爵而言又詩既醉序云醉酒飽德謂見十倫之義志意充滿是天子諸侯皆有夫婦致爵之事但少牢上大夫受致不酢下大夫受致又酢不致士受致自致是上大夫尊辟君受致不酢下大夫與士卑不嫌得與人君同夫婦致爵也云拜受乃設席變於士也者案特牲禮未致爵已設席故云異於士其上大夫正祭未致爵至賓尸尸酢主人設席以有尸賓故設席在前也案周禮司几筵云祀先王胙席亦如之鄭注云謂祭祀及王受酢之席彼受酢時已設席與大夫禮異也鄭注周禮司几筵又云后諸臣致爵乃設席與此禮同者士卑不嫌多與君同故也主婦薦韭菹醢。坐設于席前。菹在北方。婦贊者執棗糗以從。主婦不興受。設棗于菹北。糗在棗西。佐食設俎臂脊脅肺皆牢。膚三。魚一。腊臂。臂左臂也特牲五體此三者以其牢與腊臂而七牢腊俱臂亦所謂腊如牲體〔疏〕注臂左至牲體。○釋曰知是左臂者右臂尸所用故知左臂也云特牲五體此三者以其牢與腊臂而七者以經云臂脊脅皆牢牢謂羊豕也既羊豕臂脊脅俱有是六也通腊臂而七是以牲體唯有三也云牢腊俱臂亦所謂腊如牲體者腊如牲體特牲記文案彼云腊如牲骨骨即體也故以體言之以其上腊摭五枚左肩臂臑肫骼今主人不用肩而用臂者以其羊豕皆用臂故腊亦用臂是以鄭云腊如牲體但此腊臂直一骨無並故須云腊如牲體也

主人左執爵。右取菹。擩于醢。祭于豆閒。遂祭籩。奠爵。興取牢肺。坐絕祭。嚌之。興加于俎。坐挩手。祭酒。執爵以興。坐卒爵拜。無從者變於士也亦所謂順而摭也〔疏〕主人至爵拜。○注無從至摭也。○釋曰云無從者變於士也者案特牲主婦致爵於主人肝燔並從此無肝燔從故云變於士也主婦荅拜。受爵。酌以醋。戶內北面拜。自酢不更爵殺〔疏〕注自酢不更爵殺。○釋曰此決上主婦受酢時祝易爵洗酌授尸尸以醋主婦今自酢又不更爵故云殺也主人荅拜。卒爵拜。主人荅拜。主婦以爵入于房。尸作止爵。祭酒。卒爵。賓拜。祝受爵。尸荅拜。作止爵乃祭酒亦變於士自爵止至作止爵亦異於賓〔疏〕注作止至於賓。○釋曰云作止爵乃祭酒亦變於士者特牲賓三獻如初燔從如初爵止無祭酒之文至三獻作止爵尸卒爵亦無祭酒之文知特牲祭酒訖乃止爵者以經云燔從如初乃云爵止鄭注云初亞獻也亞獻時祭酒訖乃始燔從則三獻燔從如初始云爵止明是祭酒既訖乃始止爵今大夫作止爵乃祭酒故云變於士云自爵止至作止爵亦異於賓者此篇首賓尸禮賓長獻尸奠爵又云尸作三獻之爵不解以爲與賓同云異者賓尸止爵在致爵後其作之在獻私人後欲神惠之均於庭此止爵在主婦致爵前作之在致爵後欲神惠均於室中與特牲燔從如初爵止同少牢上篇所以不致爵者爲賓尸尸止爵者欲室中神惠均於庭故止爵也特牲再止爵者一止爵欲神惠均於室中一止爵者順上大夫之禮也祝酌授尸。賓拜受爵。尸拜送。坐祭遂飲。卒爵拜。尸荅拜。獻祝及二佐食。洗致爵于主人。洗致爵者以承佐食賤新之主人席上拜受爵。賓北面荅拜。坐祭遂飲。卒爵拜。賓荅拜。受爵。酌致爵于主婦。主婦北堂。司宮設席東面。北堂中房以北東面者變於士妻賓尸不變者賓尸禮異矣內子東面則宗婦南面西上內賓自若東面南上〔疏〕注北堂至南上。○釋曰云東面者變於士妻者案特牲記宗婦北堂東面北上注云宗婦宜統於主婦主婦南面此東面故云變於士妻云內子東面則宗婦南面西上者此無正文鄭以意解之何者宗婦位繼於主婦今主婦準特牲在宗婦位易處則宗婦位亦易處在主婦位南面西上可知云內賓自若東面南上者亦約特牲記文主婦席北東面。拜受爵。賓西面荅拜。席北東面者北爲下〔疏〕注席北至爲下。○釋曰案特牲宗婦東面北上今主婦在宗婦之位東面鄭以北爲下者若宗婦之衆則北爲上今主婦特位立則依曲禮席東鄉西鄉以南方爲上因於陰陽故北爲下婦贊者薦韭菹醢。菹在南方。婦人贊者執棗糗。授婦贊者。婦贊者不興受。設棗于菹

南。糗在棗東。婦人贊者宗婦之弟婦也今文曰婦也贊者執棗糗授婦贊者不興受佐食設俎于豆東。羊臑。豕折。羊脊脅。祭肺一。膚一。魚一。腊臑。豕折豕折骨也不言所折略之特牲主婦殼折豕無脊脅下主人羊豕四體與腊臑而五〔疏〕注豕折至而五。○釋曰云豕折骨也者謂不全體就體骨中折之故云折骨云不言所折略之者謂不言所折骨名是略之引特牲主婦殼折者證略而不言骨名其折是殼折也云豕無脊脅下主人者主人於上文有脊脅也云羊豕四體與腊臑而五者上主人牢與腊臂而七此五是其略也主婦升筵坐。左執爵。右取菹擩于醢。祭之。祭籩。奠爵。興。取肺。坐絕祭嚌之。興加于俎。坐挩手。祭酒。執爵興。筵北東面立。卒爵拜。立飲拜既爵者變於大夫賓荅拜。賓受爵。易爵于篚。洗酌醋于主人。戶西北面拜。主人荅拜。卒爵拜。主人荅拜。賓以爵降。奠于篚。自賓及二佐食至此亦異於賓〔疏〕注自賓至於賓。○釋曰異者謂賓獻及二佐食以下至此奠于篚異於少牢賓長獻直及祝不及佐食故鄭彼注云不獻佐食將儐尸禮殺是也乃羞。宰夫羞房中之羞。司士羞庶羞于尸祝主人主婦。內羞在右。庶羞在左。主人降拜衆賓。洗獻衆賓。其薦脀。其位其酬醋。皆如儐禮。主人洗獻兄弟與內賓與私人。皆如儐禮。其位其薦脀。皆如儐禮。卒乃羞于賓兄弟內賓及私人。辯。自乃羞至私人之薦脀此亦與儐同者在此篇不儐尸則祝猶侑耳卒已也乃羞者羞庶羞〔疏〕主人降至人辯。○注自乃至庶羞。○釋曰此一經論主人獻堂下衆賓兄弟下及私人并房中內賓皆與上大夫禮同之事賓長獻于尸。尸醋獻。祝致醋。賓以爵降。實于篚。致謂致爵于主人主婦不言如初者爵不止又不及佐食〔疏〕賓長至于篚。○注致謂至佐食。○釋曰此經論次賓長獻尸已下之事以其上賓長上已獻尸訖明此是次賓長爲加爵也云不言如初者爵不止又不及佐食者謂不言同上文云賓長獻于尸如初無湆爵不止注云如初如其獻侑酌致主人受尸酢也無湆爵不止別不如初者此文不與彼同者爲經不可如一故鄭注彼此各申經意賓兄弟交錯其酬。無筭爵。此亦與儐同者在此篇〔疏〕賓兄至筭爵。○注此亦至此篇。○釋曰此一經論堂下賓及兄弟行無筭爵之事此堂下兄弟及賓行無筭爵似上大夫無旅酬故鄭云此亦與儐同者在此篇若此經兼有旅酬鄭不得言與儐同案特牲尸在室內亦不與旅酬之事而堂下賓及兄弟行旅酬又使弟子二人舉觶爲無筭爵者下大夫雖無儐尸之禮堂下亦與神靈共尊不敢與人君之禮同既

與神靈共尊故闕旅酬直行無筭爵而已特牲堂下得獻之後與神別尊故旅酬無筭爵並皆行之士賤不嫌與君同故得禮備也 利洗爵獻于尸。尸酢。獻祝。祝受祭酒啐酒奠之。 利獻不及主人殺也此亦異於賓 【疏】利洗至奠之○注利獻至於賓○釋曰此一經論佐食事尸禮將畢爲加爵獻尸及祝之事云利獻不及主人殺也者此對上文賓長爲加爵及主人此不及主人是殺也又云此亦異於賓者案上少牢無利獻賓三獻尸即止此篇首儐尸之禮佐食又不與故無佐食獻故云異也 主人出。立于阼階上西面。祝出。立于西階上東面。祝告于主人曰。利成。祝入。主人降立于阼階東西面。尸謖。祝前。尸從。遂出于廟門。祝反復位于室中。祝命佐食徹尸俎。佐食乃出尸俎于廟門外。有司受歸之。徹阼薦俎。 自主人出至此與賓雜者也先蓋徹主人薦俎者變于士特牲饋食禮曰徹阼俎豆籩設于東序下 【疏】釋曰云自主人出至此與賓雜者也者謂有同者不同故上少牢直云祝告曰利成此云祝告于主人曰利成上少牢云祝入尸謖主人降立于阼階東西面此云祝入主人降立于阼階東西面尸謖彼云祝先此云祝前彼云祝命佐食徹肵俎降設于堂下此云祝反復位于室中祝命佐食徹尸俎佐食乃出尸俎于廟門外有司受歸之故云雜云先蓋徹主人薦俎者變於士者特牲既餕祝命佐食徹阼俎此餕前徹阼薦俎故云變於士引特牲者證徹阼薦俎所置之處也 乃蓑。如儐。 謂上篇自司官設對席至上餕興出也古文蓑作餕 卒蓑。有司官徹饋。饌于室中西北隅。南面。如饋之設。右几。厞用席。 官徹饋者司馬司士舉俎宰夫取敦及豆此於尸謖改饌當室之白孝子不知神之所在庶其饗之於此所以爲厭飫不令婦人改徹饌敦豆變於始也尚使官也佐食不舉羊豕俎親餕尊也厞隱也古文右作侑厞作茀 【疏】卒蓑至用席○注官徹至作茀○釋曰自此下盡篇末論餕訖改饌於西北隅爲陽厭之事云官徹饋者司馬司士舉俎者經云官徹則司馬主羊司士主豕明還遣此二人舉俎可知即上經云司馬刲羊司士擊豕是之云宰夫取敦及豆者以其宰夫多主主婦之事此敦及豆本主婦設之今云官徹明非婦人知是宰夫爲之也是以上文云宰夫羞房中之羞又上主婦獻祝宰夫薦鄭注云內子不薦籩祝賤使官可也以此言之則宰夫代主婦設籩豆及敦可知云當室之白孝子不知神之所在庶其饗之於此所以爲厭飫者此言雖取曾子問郊特牲祭義之文案曾子問說陽厭之事云當室之白尊于東房鄭云得戶明者也郊特牲云索祭祝于祊不知神之所在於彼乎於此乎尚曰求諸遠者與祭義云勿勿乎其欲饗之是鄭所取陽厭及祊祭求神之事云不令婦人改饌敦豆變於始也尚使官也者此決少牢初設饌主婦薦兩豆宗婦一人贊兩豆主婦設一敦宗婦贊三敦是其始時婦人設之今使宰夫徹豆敦者尚使官故也 納一尊于室中。 陽厭殺無玄酒 司宮埽祭。 埽豆閒之祭舊說云埋之西階東 【疏】注埽豆至階東○釋曰引舊說者案曾子問凡幣帛皮圭爲主命埋之階閒此豆閒之祭案舊說埋之西階東以神位在西故近西階是以鄭亦依用也 主人出。立于阼階上西面。祝執其俎以出。立于西階上東面。司宮闔牖戶。 閉牖與戶爲鬼神或者欲幽闇 祝告利成。乃執俎以出于廟門外。有司受歸之。衆賓出。主人拜送于廟門外。乃反。 拜送賓者亦拜送其長不言長賓者下大夫無尊賓也 【疏】注拜送至賓也○釋曰此決賓尸時尸出侑從主人送於廟門之外拜尸不顧拜侑於長賓亦如之衆賓從鄭注云從者不拜送也言從者不拜送則此云拜送者拜送長可知不言長者下大夫賤無尊賓故不別其長也 婦人乃徹。 徹祝之薦及房中薦俎不使有司者下上大夫之禮 【疏】注徹祝至之禮○釋曰云不使有司者下上大夫之禮者決上大夫祭畢將儐尸有司徹賓尸禮終亦有司徹今婦人徹故云下上大夫之禮也 徹室中之饌。 有司饌之婦人徹之外內相兼禮殺 【疏】注有司至禮殺○釋曰云有司饌之婦人徹之外內相兼禮殺者此室中之饌者於上經有司徹饋饌於室中西北隅者今使婦人徹之故云外內相兼外者謂有司官改饌西北隅內者謂今婦人[illegible]徹饋故云相兼也

儀禮卷第十七。 ○經四千七百九十注三千四百五十六 經共五萬六千一百十五注共七萬九千八百一十八

儀禮疏卷第五十 計肆拾柒萬伍阡捌伯肆拾捌字○推忠協謀翊戴佐理功臣特進守司空兼門下侍郎同中書門下平章事昭文館大學士上柱國東平郡國公食邑五千七百戶臣呂蒙正○推忠協謀佐理功臣光祿大夫尚書右僕射兼門下侍郎同中書門下平章事監脩國史上柱國隴西郡開國公食邑三千八百戶臣李沆○朝散大夫守尚書刑部侍郎參知政事柱國瑯瑘郡開國侯食邑一千戶食實封四伯戶賜紫金魚袋臣王旦○朝散大夫給事中參知政事柱國大原縣開國伯食邑八百戶食實封貳伯戶賜紫金魚袋臣王欽若○大宋景德元年六月[illegible]日翰林侍講學士大中大夫守尚書工部侍郎兼國子監祭酒權同句當官院事柱國河閒郡開國侯食邑一千戶食實封四伯戶賜紫金魚袋臣邢昺都校○朝奉郎守國子博士騎都尉臣李慕清再校○南宮[illegible]朝請郎中守大理寺丞臣[illegible]文再校○朝請大夫尚書虞部郎中崇文院檢討[illegible]護軍臣杜鎬校定○朝散大夫行尚書職方員外郎祕閣校理上柱國臣舒雅校定○承奉郎守尚書屯田員外郎直集賢院騎都尉臣李維校定○諸王府侍講承奉郎守尚書屯田員外兼國子監直講賜金魚袋臣孫奭校定○通直郎守太子洗馬國子監直講騎都尉杭州監彫印版臣王煥校定○宣德郎守大理寺丞國子監直講賜緋魚袋臣崔偓佺校定

儀禮注疏卷五十挍勘記

阮元撰盧宣旬摘録

主人降

衆賓一拜　一集釋作壹按經文雖作壹注自從省作一不必與經同也諸本俱作一集釋恐係臆改

古文壹爲一　徐本集釋同毛本古作今按全部注內壹爲一並云古文

亦不純臣　要義同毛本亦作卽

故下經云獻私人于阼階上注云私人家臣已所自謁云獻私人于阼階上注云私人家臣已所自謁除也　自云獻至自謁十八字此本要義俱誤複當從毛本

主人洗爵

司正升相旅　毛本通解旅作依

下文賓執祭以降　陳本通解同毛本賓作實

賓坐左執爵右取肺　肺集釋楊敖俱作脯張氏曰注云祭脯肺疏曰按經云取脯取肺祭之明祭是脯肺今諸本右取脯作肺從注疏石經考文提要云監本作取肺沿唐石經之誤

○卒爵執以興　執下唐石經有爵字敖氏曰執以興似脫一爵字○按敖氏蓋未見唐石經

宰夫執薦以從　唐石經徐本集釋楊敖同毛本通解薦作爵

衆賓長升

是奠爵故以長幼次第受獻也　通解毛本無奠爵故三字

宰夫贊主人酌

辯皆爲徧　徐本集釋通解同毛本爲作作

辯受爵

用儀者尊體盡　徐本楊敖同集釋通解毛本無用字按疏亦無

今文儀皆作⿰月義　毛本作⿰月義作爲曦徐本釋文集釋敖氏俱作作⿰月義通解作爲⿰月義按五經文字九經字樣俱無⿰月義字○按葉抄釋文作⿰月義集韻⿰月義曾羈切度牲體骨也曦字非也

若然不儐尸者　下句亦用切肺者五字毛本無

乃升長賓

主人酌自酢　此句上集釋敖氏俱有言升長賓則有贊者爲之十字按各本俱無未知二家復何所据下旅酬章主人復筵節注云言升長賓則有贊呼之敖氏引注往往彼此移易此或敖氏所增按集釋者轉据敖氏補入非李氏之舊矣敖氏增此刪彼李則於後重出因襲之迹顯然

宰夫洗觶以升主人受酌降　酌要義作爵

奠于篚古文酌爲爵　下五字毛本脫徐本集釋通解俱有與此本標目合

今宰夫既授觶訖　陳本要義同通解毛本授作受

故知非賓虛觶　通解要義同毛本非作升

以爲無筭爵也　毛本脫以字

主人洗升

士畢　陳監通解要義同毛本士作十閩本誤作上

長兄弟爲貴　貴要義作賓誤

辯受爵

設薦脀於其東　通解毛本其作洗

而在西階西南者　而陳閩俱作面

上獻賓長及衆賓　陳本通解要義同毛本衆作求○按衆是也

其先生之脀　唐石經徐本集釋通解要義楊敖同毛本無其字

故知先生非老人教學者　非字通解要義俱在先生上

知折是豕左肩之折者　通解要義同毛本無知字○按知字當有

以上初亨牲體　陳監要義同通解毛本亨作享

坐祭立飲

東面南上　毛本面誤作西

主人降洗升獻私人于阼階上　阼石經補缺誤作降

云兄弟位定者　通解毛本兄弟作凡獻

俱言繼凡獻者　通解毛本凡獻作兄弟

是衆賓後也　通解同毛本無後字○按後字當有

尸作三獻之爵

注上賓至自舉　毛本作注上賓所獻爵至可以自舉陳閩監本俱作注上賓至自舉按此因監本司士縮奠俎節有衍文十四字毛本刪去乃於各節標目增多字數以就之自此至乃羞庶羞於賓凡增字者七節陳閩監本俱依常例

論舉三獻之爵　要義同毛本三作主

并致爵之事　毛本并誤作升致陳閩俱作取

司士縮奠俎于羊俎南○侑拜受三獻北面荅拜　此下陳閩監葛通解俱誤複受爵酌獻侑侑拜受三獻北面荅拜十四字石經考文提要云崇正重補監本已刪此十四字○按康熙重脩監本仍有

司士羞一湇魚○受三獻爵酌以酢之　唐石經徐本集釋楊敖同通解毛本無爵字石經考文提要云正德舊監本尙有爵字案酢唐石經作醋

今尸見致爵於主人訖　通解毛本尸作乃

是遂達賓之意　賓陳閩通解俱作之

二人洗觶

乃爲殷勤於尸侑也　乃要義作爵

故特牲等使一人舉觶　要義同通解毛本一作二

與賓長所舉薦右之觶　要義同通解毛本右作君

尸遂執觶以與

是各各於其階　通解要義同毛本不重各字

主人拜受爵　唐石經無爵字

卒飲者

末受酬者　末集釋敖氏俱作未與單疏疏文合

此私人末受酬者　要義同通解毛本末作未

後雖無人可旅　後通解要義俱作後是也毛本作彼

乃羞庶羞于賓兄弟

其始主婦舉酬於內賓　徐本通解要義同毛本集釋楊氏酬俱作觶

羞庶羞於賓　通解要義同毛本庶下無羞字

兄弟之後生者舉觶于其長　觶張氏從古文作爵按注既云古文觶爲爵則鄭本自從今文作觶張氏識誤務存鄭舊而此條顯與鄭背殊不可解今刪其說而存其異字以備參攷

後生年少也　生下楊氏有者字

古文觶皆爲爵　爲要義作作

延熹中　熹徐本釋文集釋要義俱作熹通解毛本作景盧文弨云延熹漢桓帝年號然此實熹平之誤○今按延熹校書熹平刊石似屬兩事

洗升酌

主人常左人　陳本通解要義同毛本左人作在左

坐祭遂飲卒爵○爵止　止徐本作上誤

此言止明亦奠薦左　左陳閩通解俱作右

賓長獻于尸

賓長者賓之長次上賓者非卽上賓也　此本徐本楊氏俱無此十五字集釋通解毛本俱有按疏內述注有之李氏蓋據疏補入唯非卽上賓句乃賈氏語非注也通解引疏刪非卽上賓者五字蓋亦知爲賈氏語故可刪

上賓獻尸時亦止爵　要義同毛本止作於陳本通解俱誤作並

賓一人舉爵于尸如初　此下陳閩俱有無字葛本有無湇二字皆誤

是言亦遂之于下　徐本集釋楊氏同通解毛本是作故下有也字

上言無湇爵不止　毛本楊氏同上言二字徐本倒與疏不合通解誤作止言

有司徹

宗婦徹祝豆籩入于房　通解要義同毛本豆籩二字倒○按特牲作豆籩

改饌饌于西北隅　通解要義同毛本于下有室中二字

若不賓尸　賓唐石經作儐石經考文提要云此以下注疏中儐賓雜出然經文儐凡十三見皆作儐不應此獨作賓

不綏祭　陸氏曰綏本亦作隋同

厭厭飫神也　陳本通解要義同毛本上厭字作獻○按曾子問注作厭不作獻

乃盛俎

此七體羊豕　七閩監葛本俱誤作士疏同

更無所用　通解毛本更上有賓尸之禮四字此本與楊氏無

魚七

得申朕意　監本同毛本朕作侯

乃討之　通解同毛本討作紂

腊辯無髀

士虞禮祝以下　毛本以作與

不云無髀　通解同毛本髀作脾陳閩作骼

卒盛乃舉牢肩

卒已　徐本集釋通解同毛本楊氏卒已作舉七

乃摭于魚腊俎

古文摭爲揲　古徐本集釋通解俱作古毛本作今揲徐本作揲毛本作楪葛本集釋俱作揲按宋本釋

文亦作擩今本作㨾五經文字手部有擩字云之石反見禮經

祝主人之魚腊

主婦用臑　毛本婦誤作人

尸不飯告飽

凡十一飯　一陳閩監葛俱誤作三

士九飯　徐陳集釋通解楊氏同毛本飯作飲

佐食受牢舉如儐　儐石經補缺作賓

主人洗酌酳尸　酳石經補缺閩監葛本俱誤作酪

挼讀爲藏其墮之墮　墮徐本楊氏並作隓與述注合陳本釋文集釋並作隋通解上作隨下作隋毛本作惰按當以釋文爲正

古文爲挼　徐陳集釋通解同毛本挼作捼

云讀爲藏其墮之墮者　墮毛本並作惰陳本通解並作隋要義並作隓按唐人書隓字多從心後遂誤爲惰

既祭則藏其隋　陳本通解要義同毛本隋作惰

義取墮減之事也　墮減毛本作惰藏要義作隋減陳本通解俱作隋藏

其獻祝與二佐食

論主婦亞獻尸及祝　及要義作并

主婦反取籩于房中

反主人之北拜送爵位　送陳閩監葛通解俱作還

尸左執爵

至受加于肵　徐本同集釋通解毛本至下有祝字

至此與儐同者　毛本無同字

儐尸異　通解毛本儐上有與字此句下無所得相決四字

祝易爵洗酌授尸　授唐石經徐本集釋通解楊敖俱作授鍾本毛本作受

今文酢曰酌　徐陳通解同酢曰酌集釋作醋曰酌閩監葛本俱作酌曰酌按曰酌二字諸本俱與疏標目合毛本作醋曰酢

宰夫薦棗糗

引春秋趙姬請逆叔隗以爲內子　通解要義同毛本逆作送

於祝不薦籩　不陳閩俱作至

主人受爵酌獻二佐食　人陳閩葛本集釋通解楊敖俱作婦石經考文提要云監本沿唐石經之誤此節乃主婦亞獻其獻二佐食與少牢饋食主婦獻二佐食同非主人也

賓長洗爵獻于尸○賓戶西北面荅拜　毛本戶作尸唐石經徐陳集釋通解要義楊敖俱作戶疏同

主婦洗于房中

上大夫受致不酢下大夫受致又酢　陳閩俱脫不酢下大夫受致七字

祀先王胙席亦如之　胙此本通解俱作昨要義毛本作胙今從要義

鄭注云　通解毛本云下有胙讀如酢四字此本要義無

主婦薦韭菹醢

以其牢與腊臂而七　徐本集釋通解楊氏同毛本臂作脅

以其上腊摭五枚　毛本枚作牧浦鏜云枚誤牧

主婦荅拜受爵

尸以醋主婦　通解同毛本醋作酢

酌致爵於主婦

在主婦位南面西上可知　通解同毛本在作則

婦贊者薦韭菹醢

宗婦之弟婦也今文曰婦也贊者執棗糗授婦贊者不與受　下十七字毛本脫徐本集釋俱有通解無今文曰婦也五字棗誤作景餘與徐本同

佐食設俎于豆東○祭肺一　唐石經無祭字敖氏曰此肺齊羊肺也曰祭者誤衍爾○按此亦敖氏未見唐石經之證

證略而不言骨名　毛本證作鄭○按證是也

主婦升筵坐

變於大夫　周學健云一本作丈夫此謂主婦故對丈夫而言丈夫則兼尸賓非專指大夫也

易爵于篚

自賓及二佐食至此　徐本楊氏同集釋毛本賓下有獻字通解有獻無自

賓長獻于尸

以其上賓長上已獻尸訖　要義通解同毛本楊氏無下上字

賓兄弟交錯其酬　錯陳閩監葛俱誤作醋

似上大夫無旅酬　上通解要義俱作下

案特牲尸在室內　通解要義同毛本尸作只○按尸不誤

士賤不嫌與君同　士陳閩俱誤作事

主人出立于阼階上○尸謖祝前　祝徐本作祀誤

祝命佐食徹阼俎　通解同毛本俎下有者字

乃養如儐

至上餕與出也　徐本集釋敖氏同通解楊氏毛本上俱作此

卒養

司士擊豕是之　之要義作也

云當室之白　毛本室誤作設

司宮埽祭

凡幣帛皮圭爲主命　毛本主作王浦鏜云主誤王

祝告利成○衆賓出　毛本出誤作及

拜侑於長賓　陳閩同毛本於誤作與

拜送長可知　通解楊氏毛本送下有其字

婦人乃徹

下上大夫之禮者　毛本者作有

欽定四庫全書總目禮記正義六十三卷

漢鄭元注唐孔穎達疏隋書經籍志曰漢初河間獻王得仲尼弟子及後學者所記一百三十一篇獻之時無傳之者至劉向考校經籍檢得一百三十篇第而敘之又得明堂陰陽記三十三篇孔子三朝記七篇王史氏記二十一篇樂記二十三篇凡五種合二百十四篇戴德刪其煩重合而記之爲八十五篇謂之大戴記而戴聖又刪大戴之書爲四十六篇謂之小戴記漢末馬融遂傳小戴之學融又益月令一篇明堂位一篇樂記一篇合四十九篇云云其說不知所本今考後漢書橋元傳云七世祖仁著禮記章句四十九篇號曰橋君學仁卽班固所謂小戴授梁人橋季卿者成帝時嘗官大鴻臚其時已稱四十九篇無四十六篇之說又孔疏稱別錄禮記四十九篇樂記第十九四十九篇之首疏皆引鄭目錄鄭目錄之末必云此於劉向別錄屬某門月令目錄云此於別錄屬明堂陰陽記明堂位目錄云此於別錄屬明堂陰陽記樂記目錄云此於別錄屬樂記蓋十一篇今爲一篇則三篇皆劉向別錄所有安得以爲馬融所增疏又引元六藝論曰戴德傳記八十五篇則大戴禮是也戴聖傳禮四十九篇則此禮記是也元爲馬融弟子使三篇果融所增元不容不知豈有以四十九篇屬於戴聖之理況融所傳者乃周禮若小戴之學一授橋仁一授楊榮後傳其學者有劉祐高誘鄭元盧植融絕不預其授受又何從而增三篇乎知今四十九篇實戴聖之原書隋志誤也元延祐中行科舉法定禮記用鄭元注故元儒說禮率有根據自明永樂中敕修禮記大全始廢鄭注改用陳澔集說禮學遂荒然研思古義之事好之者終不絕也爲之疏義者唐初尚存皇侃熊安生二家案明北監本以皇侃爲皇甫侃以熊安生爲熊安二人姓名並誤足徵校刊之疎謹附訂於此貞觀中敕孔穎達等修正義乃以皇氏爲本以熊氏補所未備穎達序稱熊則違背本經多引外義猶之楚而北行馬雖疾而去愈遠又欲釋經文惟聚難義猶治絲而棼之手雖繁而絲益亂也皇氏雖章句詳正微稍繁廣又旣遵鄭氏乃時乖鄭義此是木落不歸其本狐死不首其邱此皆二家之弊未爲得也故其書務伸鄭注未免有附會之處然採摭舊文詞富理博說禮之家鑽研莫盡譬諸依山鑄銅煮海爲鹽卽衛湜之書尚不能窺其涯涘陳澔之流益如莛與楹矣

禮記正義序

國子祭酒上護軍曲阜縣開國子臣孔穎達等奉　勑撰

夫禮者經天緯地本之則大一之初原始要終體之乃人情之欲夫人上資六氣下乘四序賦清濁以醇醨感陰陽而遷變故曰人生而靜天之性也感物而動性之欲也喜怒哀樂之志於是乎生動靜愛惡之心於是乎在精粹者雖復凝然不動浮躁者實亦無所不爲是以古先聖王鑒其若此欲保之以正直納之於德義猶襄陵之浸修隄防以制之覂方用切駕之馬設衘策以驅之故乃上法圓象下參方載道之以德齊之以禮然飛走之倫皆有懷於嗜慾則鴻荒之世非無心於性情燔黍則大享之濫觴土鼓乃雲門之拳石冠冕飾於軒初玉帛朝於虞始夏商革命損益可知文武重光典章斯備洎乎姬旦負扆臨朝述曲禮以節威儀制周禮而經邦國禮者體也履也郁郁乎文哉三百三千於斯爲盛綱紀萬事彫琢六情非彼日月照大明於寰宇類此松筠負貞心於霜雪順之則宗祏固社稷寧君臣序朝廷正逆之則紀綱廢政教煩陰陽錯於上人神怨於下故曰人之所生禮爲大也非禮無以事天地之神辯君臣長幼之位是禮之時義大矣哉暨周昭王南征之後彝倫漸壞彗星東出之際憲章遂泯夫子雖定禮正樂頹綱暫理而國異家殊異端並作畫蛇之說文擅於縱横非馬之談辨離於堅白暨乎道喪兩楹義乖四術上自游夏之初下終秦漢之際其間岐塗詭說雖紛然競起而餘風曩烈亦時或獨存於是博物通人知今温古考前代之憲章參當時之得失俱以所見各記舊聞錯總鳩聚以類相附禮記之目於是乎在去聖逾遠異端漸扇故大小二戴共氏而分門王鄭兩家同經而異注爰從晉宋逮于周隋其傳禮業者江左尤盛其爲義疏者南人有賀循賀瑒庾蔚崔靈恩沈重宣皇甫侃等北人有徐道明李業興李寶鼎侯聰熊安等其見於世者唯皇熊二家而已熊則違背本經多引外義猶之楚而北行馬雖疾而去逾遠矣又欲釋經文唯聚難義猶治絲而棼之手雖繁而絲益亂也皇氏雖章句詳正微稍繁廣又既遵鄭氏乃時乖鄭義此是木落不歸其本狐死不首其丘此皆二家之弊未

爲得也然以熊比皇皇氏勝矣雖體例既别不可因循今奉勑刪理仍據皇氏以爲本其有不備以熊氏補焉必取文證詳悉義理精審剪其繁蕪撮其機要恐獨見膚淺不敢自專謹與中散大夫守國子司業臣朱子奢國子助教臣李善信守太學博士臣賈公彦行太常博士臣柳士宣魏王東閤祭酒臣范義頵魏王參軍事臣張權等對共量定至十六年又奉勑與前修疏人及儒林郎守太學助教雲騎尉臣周玄達儒林郎守四門助教雲騎尉臣趙君贊儒林郎守四門助教雲騎尉臣王士雄等對勑使趙弘智覆更詳審爲之正義凡成七十卷庶能光贊大猷垂法後進故敍其意義列之云爾

禮記正義

夫禮者經天地理人倫本其所起在天地未分之前故禮運云夫禮必本於大一是天地未分之前已有禮也禮者理也其用以治則與天地俱興故昭二十六年左傳稱晏子云禮之可以爲國也久矣與天地並但于時質略物生則自然而有尊卑若羊羔跪乳鴻鴈飛有行列豈由教之者哉是三才既判尊卑自然而有但天地初分之後即應有君臣治國但年代縣遠無文以言案易緯通卦驗云天皇之先與乾曜合元君有五期輔有三名注云君之用事五行王亦有五期輔有三名公卿大夫也又云遂皇始出握機矩注云遂皇謂遂人在伏犧前始王天下也矩法也言遂皇持斗機運轉之法指天以施政教既云始王天下是尊卑之禮起於遂皇也持斗星以施政教者即禮緯斗威儀云宫主君商主臣角主父徵主子羽主夫少宫主婦少商主政是法北斗而爲七政七政之立是禮迹所興也鄭康成六藝論云易者陰陽之象天地之所變化政教之所生自人皇初起人皇即遂皇也既政教所生初起於遂皇則七政是也六藝論又云遂皇之後歷六紀九十一代至伏犧始作十二言之教然則伏犧之時易道既彰則禮事彌著案譙周古史考云有聖人以火德王造作鑽燧出火教民熟食人民大悅號曰遂人次有三姓乃至伏犧制嫁娶以儷皮爲禮作琴瑟以爲樂又帝王世紀云燧人氏没包羲氏代之以此言之則嫁娶嘉禮始於伏犧也但古史考遂皇至于伏犧唯經三姓六藝論云歷六紀九十一代其又不同未知孰是或於三姓而

爲九十一代也案廣雅云一紀二十七萬六千年方叔機注六藝論云六紀者九頭紀五龍紀攝提紀合洛紀連通紀序命紀凡六紀也九十一代者九頭一五龍五攝提七十二合洛三連通六序命四凡九十一代也但伏犧之前及伏犧之後年代參差所說不一緯候紛紜各相乖背且復煩而無用今並略之唯據六藝論之文及帝王世紀以爲說也案易繫辭云包犧氏沒神農氏作案帝王世紀云伏犧之後女媧氏亦風姓也女媧氏沒次有大庭氏柏皇氏中央氏栗陸氏驪連氏赫胥氏尊盧氏渾沌氏昊英氏有巢氏朱襄氏葛天氏陰康氏無懷氏凡十五代皆襲伏犧之號然鄭玄以大庭氏是神農之别號案封禪書無懷氏在伏犧之前今在伏犧之後則世紀之文未可信用世紀又云神農始教天下種穀故人號曰神農案禮運云夫禮之初始諸飲食燔黍捭豚蕢桴而土鼓又明堂位云土鼓葦籥伊耆氏之樂又郊特牲云伊耆氏始爲蜡蜡即田祭與種穀相協土鼓葦籥又與蕢桴土鼓相當故熊氏云伊耆氏即神農也既云始諸飲食致敬鬼神則祭祀吉禮起於神農也又史記云黄帝與蚩尤戰於涿鹿則有軍禮也易繫辭黄帝九事章云古者葬諸中野則有凶禮也又論語撰考云軒知地利九牧倡教既有九州之牧當有朝聘是賓禮也若然自伏犧以後至黄帝吉凶賓軍嘉五禮始具皇氏云禮有三起禮理起於大一禮事起於遂皇禮名起於黄帝其禮理起於大一其義通也其禮事起於遂皇禮名起於黄帝其義乖也且遂皇在伏犧之前禮運燔黍捭豚在伏犧之後何得以祭祀在遂皇之時其唐堯則舜典云修五禮鄭康成以爲公侯伯子男之禮又云命伯夷典朕三禮五禮其文亦見經也案舜典云類于上帝則吉禮也百姓如喪考妣則凶禮也羣后四朝則賓禮也舜征有苗則軍禮也嬪于虞則嘉禮也是舜時五禮具備直云典朕三禮者據事天地與人爲三禮其實事天地唯吉禮也其餘四禮並人事兼之也案論語云殷因於夏禮周因於殷禮則禮記總陳虞夏商周則是虞夏商周各有當代之禮則夏商亦有五禮鄭康成注大宗伯唯云唐虞有三禮至周分爲五禮不言夏商者但書篇散亡夏商之禮絶滅無文以言故據周禮有文者而言耳武王沒後成王幼弱周公代之攝政六年致大平述文武之德而制禮也故洛誥云考朕昭子刑乃單文祖德又禮記明堂位云周公攝政六年制禮作樂頒度量於天下但所制之禮則周官儀禮也

鄭作序云禮者體也履也統之於心曰體踐而行之曰履鄭知然者禮器云禮者體也祭義云禮者履此者也禮記既有此釋故鄭依而用之禮雖合訓體履則周官爲體儀禮爲履故鄭序又云然則三百三千雖混同爲禮至於並立俱陳則曰此經禮也此曲禮也或云此經文也此威儀也是周禮儀禮有體履之別也所以周禮爲體者周禮是立治之本統之心體以齊正於物故爲禮賀瑒云其體有二一是物體言萬物貴賤高下小大文質各有其體二曰禮體言聖人制法體此萬物使高下貴賤各得其宜也其儀禮但明體之所行踐履之事物雖萬體皆同一履履無兩義也于周之禮其文大備故論語云周監於二代郁郁乎文哉吾從周也然周既禮道大用何以老子云失道而後德失德而後仁失仁而後義失義而後禮禮者忠信之薄道德之華爭愚之始故先師準緯候之文以爲三皇行道五帝行德三王行仁五霸行義若失義而後禮豈周之成康在五霸之後所以不同者老子盛言道德質素之事無爲靜默之教故云此也禮爲浮薄而施所以抑浮薄故云忠信之薄且聖人之王天下道德仁義及禮並蘊于心但量時設教道德仁義及禮須用則行豈可三皇五帝之時全無仁義禮也殷周之時全無道德也老子意有所主不可據之以難經也既周禮爲體其周禮見於經籍其名異者見有七處案孝經說云禮經三百一也禮器云經禮三百二也中庸云禮儀三百三也春秋說云禮經三百四也禮說云有正經三百五也周官外題謂爲周禮六也漢書藝文志云周官經六篇七也七者皆云三百故知俱是周官周官三百六十舉其大數而云三百也其儀禮之別亦有七處而有五名一則孝經說春秋及中庸並云威儀三千二則禮器云曲禮三千三則禮說云動儀三千四則謂爲儀禮五則漢書藝文志謂儀禮爲古禮經凡此七處五名稱謂並承三百之下故知即儀禮也所以三千者其履行周官五禮之別其事委曲條數繁廣故有三千也非謂篇有三千但事之殊別有三千條耳或一篇一卷則有數條之事今行於世者唯十七篇而已故漢書藝文志云漢初高堂生傳禮十七篇是也至武帝時河間獻王得古禮五十六篇獻王獻之又六藝論云後得孔子壁中古文禮凡五十六篇其十七篇與高堂生所傳同而字多異其十七篇外則逸禮是也周禮爲本則聖人體之儀禮爲末賢人履之故

鄭序云體之謂聖履之爲賢是也旣周禮爲本則重者在前故宗伯序五禮以吉禮爲上儀禮爲末故輕者在前故儀禮先冠昏後喪祭故鄭序云二者或施而上或循而下其周禮六藝論云周官辟中所得六篇漢書説河間獻王開獻書之路得周官有五篇失其冬官一篇乃購千金不得取考工記以補其闕漢書云得五篇六藝論云得其六篇其文不同未知孰是其禮記之作出自孔氏但正禮殘缺無復能明故范武子不識殽烝趙鞅及魯君謂儀爲禮至孔子没後七十二之徒共撰所聞以爲此記或録舊禮之義或録變禮所由或兼記體履或雜序得失故編而録之以爲記也中庸是子思伋所作緇衣公孫尼子所撰鄭康成云月令吕不韋所修盧植云王制謂漢文時博士所録其餘衆篇皆如此例但未能盡知所記之人也其周禮儀禮是禮記之書自漢以後各有傳授鄭君六藝論云案漢書藝文志儒林傳云傳禮者十三家唯高堂生及五傳弟子戴德戴聖名在也又案儒林傳云漢興高堂生傳禮十七篇而魯徐生善爲容孝文時徐生以容爲禮官大夫瑕丘蕭奮以禮至淮陽太守孟卿東海人事蕭奮以授戴德戴聖六藝論云五傳弟子者熊氏云則高堂生蕭奮孟卿后倉及戴德戴聖爲五也此所傳皆儀禮也六藝論云今禮行於世者戴德戴聖之學也又云戴德傳記八十五篇則大戴禮是也戴聖傳禮四十九篇則此禮記是也儒林傳云大戴授琅邪徐氏小戴授梁人橋仁字季卿楊榮字子孫仁爲大鴻臚家世傳業其周官者始皇深惡之至孝武帝時始開獻書之路旣出於山巖屋壁復入祕府五家之儒莫得見焉至孝成時通人劉歆校理祕書始得列序著于録略爲衆儒排棄歆獨識之知是周公致太平之道河南緱氏杜子春永平時初能通其讀鄭衆賈逵往授業焉其後馬融鄭玄之等各有傳授不復繫言也

禮記注疏挍勘記序

小戴禮記隋唐志並二十卷唐石經所分是也貞觀中孔穎達等爲正義舊新唐志皆云七十卷晁氏讀書志陳氏書錄解題皆同案古人義疏皆不附於經注而單行猶古春秋三傳詩毛傳不附於經而單行也單行之疏北宋皆有鐫本今僅有存者儀禮穀梁爾雅間存藏書家而他經多亡正義多附載經注之下其始謂之兼義其後直謂之某經注疏其始本無釋文其後又附以釋文謂之附釋音某經注疏最後又去附釋音三字蓋皆紹興以後所爲而北宋無此也有在兼義之先爲之者今所見吳中藏本有春秋禮記二種春秋曰春秋正義卷第幾禮記曰禮記正義卷第幾皆不標爲某經注疏其卷數則春秋三十六卷禮記七十卷皆與唐志正義卷數合蓋以單行正義爲主而以經注分置之此紹興初年所爲非如兼義注疏之以經注爲主而以疏附之既不用經注之卷數又不用正義之卷數春秋爲六十卷禮記爲六十三卷遂使唐人正義之卷次不可知蓋古今之遷變如此禮記七十卷之本出於吳中吳泰來家乾隆間惠棟用以挍汲古閣本識之云譌字四千七百有四脫字一千一百四十有五闕文二千二百一十有七文字異者二千六百二十有五羨文九百七十有一點勘是正四百年來闕誤之書犂然備具爲之稱快今記中所云惠棟挍宋本者是也其眞本今藏曲阜孔氏近年有巧僞之書賈取六十三卷舊刻添注塗改綴以惠棟跋語鬻於人鏤板京師者乃贋本耳今屬臨海生員洪震煊以惠棟本爲主並合元舊挍本及新得各本考其異同元復定其是非爲挍勘記六十有三卷釋文則別爲四卷後之爲小戴學者庶幾有取於是阮元記

引據各本目錄

經本

石經 唐開成二年刻石所謂唐國子學石經是其中虎淵世民豫誦純恒湛等字及偏傍涉者皆缺末一筆惟月令經明皇更定與本經乖違不足據

南宋石經 宋高宗御書禮記止中庸一篇今又止存一碑自必自邇譬如登高起至篇末止

經注本

岳本 宋岳珂刻本 武英殿翻刻仿宋本

嘉靖本 此本不著刊板人姓氏書分二十卷每卷後詑經若干字注若干字段玉裁定爲嘉靖時仿宋刻本但中如曲禮上情不正之言五字羼入正義檀弓下曾桓公依注音宣一條羼入釋文即宋本當亦在附音本之後

注疏本

附釋音本　此即所謂十行本據十行本以挍各本故又稱十行本爲此本此本爲南宋時原刻中有明正德時補頁山井鼎即據以爲正德本是也

閩本　明嘉靖時閩中李元陽刻每頁中縫著記疏字尚沿十行本舊式七經孟子考文補遺所稱嘉靖本是也

監本　明神廟時國子監刻本每卷首有監臣田一儁吳士元等挍刊重脩字樣

毛本　即汲古閣本書末有明崇禎十二年歲在屠維單閼古虞毛氏鐫題字一行

衛氏集說　宋衛湜禮記集說通志堂刻本其中載注疏不全亦間有刪節改次不可盡據惟當其未經刪節改次之處所據之本究係眞宋本

挍本

惠棟挍宋本　宋刊本禮記正義七十卷不附釋音惠棟據以挍汲古閣本

盧文弨挍本

孫志祖挍本　挍汲古閣本

段玉裁挍本　挍監本

考文宋板　日本山井鼎物觀七經孟子考文補遺所載宋板禮記正義與惠棟挍所據宋本是一書間有不合處不及千分之一亦傳寫之譌非二書有不同也茲旣據惠棟挍宋本凡惠棟挍所有者不復載入必惠棟挍所無者始采之

浦鏜挍本　浦鏜十三經正誤禮記正誤十五卷其以各本挍者仍歸各本錄其以意挍爲各本所無而不誤者稱浦鏜挍

釋文

通志堂本　經典釋文禮記音義

葉本　明葉林宗影寫宋本

撫州公使庫本　宋淳熙四年刊本

附釋音禮記注疏卷第一

國子祭酒上護軍曲阜縣開國子臣孔穎達等撰

學博士兼太子中允贈齊州刺史吳縣開國男臣陸德明釋文

禮記

陸德明音義曰此記二禮之遺闕故名禮記

【疏】正義曰夫禮者經天地理人倫本其所起在天地未分之前故禮運云夫禮必本於大一是天地未分之前已有禮也禮者理也其用以治則與天地俱興故昭二十六年左傳稱晏子云禮之可以爲國也久矣與天地並但于時質略物生則自然而有尊卑若羊羔跪乳鴻鴈飛有行列豈由教之者哉是三才既判尊卑自然而有但天地初分之後即應有君臣治國但年代緜遠無文以言案易緯通卦驗云天皇之先與乾曜合元君有五期輔有三名注云君之用事五行王亦有五期輔有三名公卿大夫也又云遂皇始出握機矩注云遂皇謂遂人在伏犧前始王天下也矩法也言遂皇持斗機運轉之法指天以施政教既云始王天下是尊卑之禮起於遂皇也持斗星以施政教者即禮緯斗威儀云宮主君商主臣角主父徵主子羽主夫少宮主婦少商主政是法北斗而爲七政七政之立是禮迹所興也鄭康成六藝論云易者陰陽之象天地之所變化政教之所生自人皇初起人皇即遂皇也既政教所生初起於遂皇則七政是也六藝論又云遂皇之後歷六紀九十一代至伏犧始作十二言之教然則伏犧之時易道既彰則禮事彌著案譙周古史考云有聖人以火德王造作鑽燧出火教民熟食人民大悅號曰遂人次有三姓乃至伏犧制嫁娶以儷皮爲禮作琴瑟以爲樂又帝王世紀云燧人氏没包犧氏代之以此言之則嫁娶嘉禮始於伏犧也但古史考遂皇至于伏犧唯經三姓六藝論云歷六紀九十一代其文不同未知孰是或於三姓而爲九十一代也案廣雅云一紀二十七萬六千年方叔機注六藝論云六紀者九頭紀五龍紀攝提紀合洛紀連通紀序命紀凡六紀也九十一代者九頭一五龍五攝提七十二合洛三連通六序命四凡九十一代也但伏犧之前及伏犧之後年代參差所説不一緯候紛紜各相乖背且復煩而無用今並略之唯據六藝論之文及帝王世紀以爲説也案易繫辭云包犧氏没神農氏作案帝王世紀云伏犧之後女媧氏亦風姓也女媧氏没次有大庭氏柏皇氏中央氏栗陸氏驪連氏赫胥氏尊盧氏渾沌氏昊英氏有巢氏朱襄氏葛天氏陰康氏無懷氏凡十五代皆襲伏犧之號然鄭玄以大庭氏是神農之别號案封禪云無懷氏在伏犧之前今在伏犧之後則世紀之文未可信用世紀又云神農始教天下種穀故人號曰神農案禮運云夫禮之初始諸飲食燔黍捭豚蕢桴而土鼓又明堂位云土鼓葦籥伊耆氏之樂又郊特牲云伊耆氏始爲蜡蜡即田祭與種穀相協土鼓葦籥又與蕢桴土鼓相當故熊氏云伊耆氏即神農也既云始諸飲食致敬鬼神則祭祀吉禮起於神農也又史記云黃帝與蚩尤戰於涿鹿則有軍禮也易繫辭黃帝九事章云古者葬諸中野則有凶禮也又論語撰考云軒知地利九牧倡教既有九州之牧當有朝聘是賓禮也若然自伏犧以後至黃帝吉凶賓軍嘉五禮始具皇氏云禮有三起禮理起於太一禮事起於遂皇禮名起於黃帝其禮理起於太一其義通也其禮事起於遂皇禮名起於黃帝其義乖也且遂皇在伏犧之前禮運燔黍捭豚在伏犧之後何得以祭祀在遂皇之時其唐堯則舜典云修五禮鄭康成以爲公侯伯子男之禮又云命伯夷典朕三禮五禮其文亦見經也案舜典云類于上帝則吉禮也百姓如喪考妣則凶禮也羣后四朝則賓禮也舜征有苗則軍禮也嬪于虞則嘉禮也是舜時五禮具備直云典朕三禮者據事天地與人爲三禮其實事天地唯吉禮也其餘四禮並入事兼之也案論語云殷因於夏禮周因於殷禮則禮記總陳虞夏商周則是虞夏商周各有當代之禮則夏商亦有五禮鄭康成注大宗伯唯云唐虞有三禮至周分爲五禮不言夏商者但書篇散亡夏商之禮絕滅無文以言故據周禮有文者而言耳武王没後成王幼弱周公代之攝政六年致太平述文武之德而制禮也故洛誥云考朕昭子刑乃單文祖德又禮記明堂位云周公攝政六年制禮作樂頒度量於天下但所制之禮則周官儀禮也鄭作序云禮者體也履也統之於心曰體踐而行之曰履鄭知然者禮器云禮者體也祭義云禮者履此者也禮記既有此釋故鄭依而用之禮雖合訓體履則周官爲體儀禮爲履故鄭序又云然則三百三千雖混同爲禮至於並立俱陳則曰此經禮也此曲禮也或云此經文也此威儀也是周禮儀禮有體履之别也所以周禮爲體者周禮是立治之本統之心體以齊正於物故爲體賀瑒云其體有二一是物體言萬物貴賤高下小大文質各有其體二曰禮體言聖人制法體此萬物使高下貴賤各得其宜也其儀禮但明體之所行踐履之事物雖萬體皆同一履履無兩義也于周之禮其文大備故論語云周監於二代郁郁乎文故吾從周也然周既禮道大用何以老子云失道而後德失德而後仁失仁而後義失義而後禮禮者忠信之薄道德之華爭愚之始故先師準緯候之文以爲三皇行道五帝行德三王行仁五霸行義若失義而後禮豈周之成康在五霸之後所以不同者老子盛言道德質素之事無爲静默之教故云此也禮爲浮薄而施所以抑浮薄故云忠信之薄且聖人之王天下道德仁義及禮並蘊于心但量時設教道德仁義及禮須用則行豈可三皇五帝之時全無仁義禮也殷周之時全無道德也老子意有所主不可據之以難經也既周禮爲體其周禮見於經籍其名異者見有七處案孝經説云經禮三百一也禮器云經禮三百二也中庸云禮儀三百三也春秋説云禮經三百四也禮説云有正經三百五也周官外題謂爲周禮六也漢書藝文志云周官經六篇七也七者皆云三百故知俱是周官周官三百六十舉其大數而云三百也其儀禮之别亦有七處而有五名一則孝經説春秋及中庸並云威儀三千二則禮器云曲禮三千三則禮説云動儀三千四則謂爲儀禮五則漢書藝文志謂儀禮爲古禮經凡此七處五名稱謂並承三百之下故知即儀禮也所以三千者其履行周官五禮之别其事委曲條數繁廣故有三千也非謂篇有三千但事之殊别有三千條耳或一篇一卷則有數條之事今行於世者唯十七篇而已故漢書藝文志云漢初高堂生傳禮十七篇是也至武帝時河間獻王得古禮五十六篇獻王獻之又六藝論云後得孔子壁中古文禮凡五十六篇其十七篇與高堂生所傳同而字多異其十七篇外則逸禮是也周禮爲本則聖人體之儀禮爲末賢人履之故鄭序云體之謂聖履之爲賢是也既周禮爲本則重者在前故宗伯序五禮以吉禮爲上儀禮爲末故輕者在前故儀禮先冠昏後喪祭故鄭序云二者或施而上或衛而下其周禮六藝論云周官壁中所得六篇漢書説河間獻王開獻書之路得周官有五篇失其冬官一篇乃購千金不得取考工記以補其闕漢書云得五篇六藝論云得其六篇其文不同未知孰是其禮記之作出自孔氏但正禮殘缺無復能明故范武子不識殽烝趙鞅及魯君謂儀爲禮至孔子没後七十二之徒共撰所聞以爲此記或錄舊禮之義或錄變禮所由或兼記體履或雜序得失故編而錄之以爲記也中庸是子思伋所作緇衣公孫尼子所撰鄭康成云月令呂不韋所修盧植云王制謂漢文時博士所錄其餘衆篇皆如此例但未能盡知所記之人也其周禮儀禮是禮記之書自漢以後各有傳授鄭君六藝論云案漢書藝文志儒林傳云傳禮者十三家唯高堂生及五傳弟子戴德戴聖名在也又案儒林傳云漢興高堂生傳禮十七篇而魯徐生善爲容孝文時徐生以容爲禮官大夫瑕丘蕭奮以禮至淮陽太守孟卿東海人事蕭奮以授戴德戴聖六藝論云五傳弟子者熊氏云則高堂生蕭奮孟卿后倉及戴德戴聖爲五也此所傳皆儀禮也六藝論云今禮行於世者戴德戴聖之學也又云戴德傳記八十五篇則大戴禮是也戴聖傳禮四十九篇則此禮記是也儒林傳云大戴授琅邪徐氏小戴授梁人橋仁字季卿楊榮字子孫仁爲大鴻臚家世傳業其周官者始皇深惡之至孝武帝時始開獻書之路既出於山巖屋壁復入祕府五家之儒莫得見焉至孝成時通人劉歆校理祕書始得列序著于錄略爲衆儒排棄歆獨識之知是周公致太平之道河南緱氏杜子春永平時初能通其讀鄭衆賈逵往授業焉其後馬融鄭玄之等各有傳授不復繁言也

曲禮上第一

陸曰本或作曲禮上者後人加也檀弓雜記放此曲禮者是儀禮之舊名委曲説禮之事

【疏】正義曰案鄭目錄云名曰曲禮者以其篇記五禮之事祭祀之説吉禮也喪荒去國之説凶禮也致貢朝會之説賓禮也兵車旌鴻之説軍禮也事長敬老執贄納女之説嘉禮也此於别錄屬制度案鄭此説則此曲禮篇中有含五禮之義是以經云禱祠祭祀之説當吉禮也送喪不由徑歲凶年穀不登又云大夫士去國如此之類是喪荒去國之説當凶禮也五官致貢曰享天子當宁而立曰朝相見於郤地曰會如此之類是致貢朝會之説當賓禮也兵車不式前有水則載青旌如此之類是兵車旌鴻之説當軍禮也侍坐於長者故君子式黃髮婦人之贄椇榛棗栗納女於天子如此之類是事長敬老執贄納女之説當嘉禮也必知執贄當婦人之贄者以其士相見鄭目錄以士執贄爲賓禮故也此篇既含五禮故其篇名爲曲禮曲禮之與儀禮其事是一以其屈曲行事則曰曲禮見於威儀則曰儀禮但曲之與儀相對周禮統心爲號若揔而言之則周禮亦有曲名故藝文志云帝王爲政世有損益至周曲爲之防事爲之制故曰經禮三百威儀三千是二禮互而相通皆有曲稱也云上者對下生名本以語多簡策重大分爲上下更無義也第一者小爾雅云第次也呂靖云一者數之始禮記者一部之大名曲禮者當篇之小目既題曲禮於上故著禮記於下以配注耳鄭氏者姓鄭名玄字康成北海高密縣人前漢僕射鄭崇八世之孫也後漢徵爲大司農年七十四乃卒然鄭亦附盧馬之本而爲之注注者即解書之名但釋義之人多稱爲傳傳謂傳述爲義或親承聖旨或師儒相傳故云傳今謂之注者謙也不敢傳授直注已意而已若然則傳之與注各出已情皇氏以爲自漢以前爲傳自漢以後爲注然王肅在鄭之後何以亦謂之傳其義非也

曲禮曰。毋不敬。禮主於敬。陸曰毋音無説文云止之詞其字從女内有一畫象有姦之形禁止之勿令姦古人云毋猶今人言莫也案毋字與父母字不同俗本多亂讀者皆朱點母字以作無音非也後放此疑者特復音之

儼若思。儼矜莊貌人之坐思貌必儼然。嚴魚檢反本亦作儼同矜莊貌思如字徐息嗣反矜君冰反

安定辭。審言語也易曰言語者君子之樞機。樞昌朱反

安民哉。此上三句可以安民

說曲禮者美之云耳

【疏】正義曰此一節明人君立治之本先當肅心謹身慎口之事○曲禮曰者案下文安民哉是爲君上所行故記人引儀禮正經毋不敬以下三句而爲實驗也○毋不敬者人君行禮無有不敬行五禮皆須敬也儼若思者儼矜莊貌也若如也思計慮也夫人計慮狀必端慤今明人君矜莊之貌如人之思也○安定辭者安定審也辭言語也人君出言必當慮之於心然後宣之於口是詳審於言語也○安民哉者但人君發舉不離口與身心既心能肅敬身乃矜莊口復審慎三者依於德義則政教可以安民也云哉者記人美此三句者也○注禮主於敬○正義曰孝經云禮者敬而已矣是也又案鄭目録云曲禮之中體含五禮今云曲禮曰毋不敬則五禮皆須敬故鄭云禮主於敬然五禮皆以拜爲敬禮則祭極敬主人拜尸之類是吉禮須敬也拜而後稽顙之類是凶禮須敬也主人拜迎賓之類是賓禮須敬也軍中之拜肅拜之類是軍禮須敬也冠昏飲酒皆有賓主拜荅之類是嘉禮須敬也兵車不式乘玉路不式鄭云大事不崇曲敬者謂敬天神及軍之大事故不崇曲小之敬熊氏以爲唯此不敬者恐義不然也既云曲禮曰是引儀禮正經若引春秋曰詩曰之類所引者若冠禮戒辭云壽考惟祺介爾景福之等今不見者或在三千散亡之中也○注儼矜至儼然○正義曰經唯云儼若思不云坐鄭必知坐思者案大學云定而後能靜靜而後能安安而後能慮慮卽思故知思必當坐也○注審言至樞機○正義曰論語云駟不及舌故審言語也易曰者易繫辭之文也故彼云君子出其言善則千里之外應之況其邇者乎出其言不善則千里之外違之況其邇者乎言行者君子之樞機鄭注樞謂戶樞機謂弩牙戶樞之發或明或闇弩牙之發或中或否以喻君子之言或榮或辱引之者證審言語之事彼爲言行鄭云言語者既證經辭無取於行故變文爲語也

○敖不可長。欲不可從。志不可滿。樂不可極。 四者慢遊之道桀紂所以自禍○敖五報反慢也王肅五高反遨遊也長丁丈反盧植馬融王肅並直良反欲如字一音喻從足用反放縱也樂音洛皇侃音岳極如字皇紀力反桀其列反夏之末主名癸紂直丑反殷之末主名辛

【疏】敖不至可極○正義曰此一節承上人君敬慎之道此亦據人君恭謹節儉之事故鄭引桀紂以證之○敖不可長者敖者矜慢在心之名長者行敖著迹之稱夫矜我慢物中人不免若有心而無迹則於物無傷若迹著而行用則侵虐爲甚傾國亡家必由乎此故戒不可長○欲不可從者心所貪愛爲欲則飲食男女人之大欲存焉是也人皆有欲但不得從之也○志不可滿者六情徧覩在心未見爲志凡人各有志意但不得自滿故六韜云器滿則傾志滿則覆○樂不可極者樂者天子宮懸以下皆得有樂但主歡心人情所不能已當自抑止不可極爲故樂記云樂盈而反以反爲文○注四者至自禍○正義曰案尚書史記說紂惡甚多不可具載皇氏云斮朝涉之脛剖賢人之心是長敖也糟丘酒池之等是從欲也玉杯象箸之等是志滿也靡靡之樂是樂極也桀之爲惡唯有民隊塗炭淫於妹嬉之事雖史傳不言四事亦應俱有四者之惡故紂焚宣室桀放南巢但天作孽猶可違自作孽不可逭桀紂皆自身爲惡以致滅亡故云自禍也

○賢者狎而敬之。 狎習也近也謂附而近之習其所行也月令曰雖有貴戚近習○狎戶甲反近附近之近下注內不出者皆同慼音戚本亦作戚

畏而愛之。 心服曰畏曾子曰吾先子之所畏

愛而知其惡。憎而知其善。 謂凡與人交不可以已心之愛憎誣人之善惡○誣音無後並同

積而能散。 謂已有蓄積見貧窮者則當能散以賙救之若宋樂氏○蓄勑六反賙音周樂音岳謂宋司城樂喜

安安而能遷。 謂已今安此之安圖後有害則當能遷晉咎犯與姜氏醉重耳而行近之○害如字本亦作難乃旦反咎其九反重直龍反

臨財毋苟得。 爲傷廉也○爲于僞反下爲傷爲近皆同

臨難毋苟免。 爲傷義也○難乃旦反

很毋求勝。分毋求多。 爲傷平也很鬩也謂爭訟也詩云兄弟鬩於牆○很胡懇反勝舒證反分扶問反鬩呼歷反狠鬩也爭爭鬭之爭下文皆同

疑事毋質。 質成也彼已俱疑而已成言之終不然則傷知○知音智

直而勿有。 直正也已若不疑則當稱師友而正之謙也

【疏】賢者至勿有○正義曰此一節揔明愛敬安危忠信之事各隨文解之○賢者狎而敬之者賢是有德成之稱狎謂近也習也賢者身有道藝朋類見賢思齊焉必須附而近之習其德藝儕倫易相褻慢故戒令相敬也○注狎習至近習○正義曰引月令者案月令仲冬之月禁戒婦功不得奢慢貴戚謂王之姑姊妹近習謂王之所親幸嬪御之屬言近習者王附而近之君其色引之者證賢者附而近之習其道藝連引貴戚於義無所當也○畏而愛之○正義曰賢者有其德行人皆心服畏之既有所畏必當愛其德義不可疏之○注心服至所畏○正義曰引曾子曰吾先子之所畏者孟子云或問曾西曰吾子與子路孰賢曾西蹴然曰吾先子之所畏也先子謂祖曾參不在四科○而子路入四科故曾參心服子路引之者證經畏是心服之義○愛而知其惡憎而知其善○正義曰愛謂已所親幸憎謂已所嫌慢人多愛而不知其惡憎而不知其善故記人戒之云凡人雖愛必當知其心懷惡行崔氏云若石碏知子厚是也心雖憎疾亦當知其善能若祁奚知其解狐是也若然乃可審知人之賢愚○積而能散○正義曰凡人貪嗇皆好積而不好散今謂已有畜積能賑乏賙無則是仁惠也○注謂已至樂氏○正義曰引宋樂氏者案襄二十九年左傳云鄭國飢子皮貸民粟戶一鍾樂氏者宋司城官姓樂名喜字子罕宋亦飢樂喜請於平公云鄰於善民之望請貸民粟并使諸大夫亦貸之今不引鄭罕氏而引宋樂氏者鄭罕氏施而斂之宋樂氏施而不斂故晉叔向聞之曰鄭之罕宋之樂施而不德樂氏加焉熊氏云禮家施不及國大夫不收公利二家皆非也今鄭爲能散者直取一邊能散之義是同不據家施非禮之事則不言是而言若者但禮與諸經事實是一惟文字不同鄭則言是若檀弓云諸侯伐秦曹桓公卒於會鄭注引春秋傳云曹伯盧卒於師是也以其一事故云是也此禮本不爲樂氏而作但事類相似引以爲證故云若也○安安而能遷○正義曰上安據心下安據處凡人多居危如安故記人戒之云謂已心安於此所處之安當圖謀於後有害以否若後當有害必須早遷則離害也○注謂已至近之○正義曰晉舅犯者案左傳僖二十三年晉重耳自翟之齊齊桓公妻之有馬二十乘重耳心安於齊不欲歸晉從者重耳之舅字子犯謀於桑下蠶妾在其上以告姜氏姜氏殺之而謂公子曰子有四方之志其聞之者吾殺之矣公子曰無之姜氏曰行也懷與安實敗名公子不可姜氏與子犯謀醉而遣之醒以戈逐子犯至秦秦伯納之卒爲霸主是安安而能遷之事鄭不云是又不云若而言近之者安安能遷亦不爲重耳而作不得云是遷又非重耳之意不得云若故云近之也○臨財毋苟得○正義曰財利人之所貪非義而取謂之苟得故記人戒之今有財利元非兩人之物兩人俱臨而求之若苟得入已則傷廉隅故鄭云爲傷廉也○臨難毋苟免○正義曰難謂有寇仇謀害君父爲人臣子當致身授命以救之故記人戒之云若君父有難臣子若苟且免身而不鬭則陷君父於危亡故云毋苟免見義不爲無勇也故鄭云爲傷義也○很毋求勝分毋求多○正義曰很謂小小鬩很凡人所爭皆欲求勝故記人戒之云而有小小鬩很當引過歸已不可求勝○分毋求多者此元是衆人之物當共分之人皆貪欲望多入已故記人戒之云所分之物毋得求多也○注爲傷至於牆○正義曰所引詩者是小雅常棣閔管蔡失道之詩也彼云兄弟鬩於牆外禦其侮引之者證經很亦是小小鬩很之事若大很則當報之故論語孔子云以直報怨是也○疑事毋質○正義曰人多專固未知而爲已知故戒之云彼已俱疑而來問已質成也若已亦疑則無得成言之若成言疑事後爲賢人所譏則傷已智也故孔子戒子路云不知爲不知也○直而勿有○正義曰此謂彼疑已不疑者仍須謙退直正也彼有疑事而來問已已若不疑而荅之則當稱師友所說以正之勿爲已有此義也

○若夫。 言若欲爲丈夫也春秋傳曰是謂我非夫○夫方于反丈夫也

坐如尸。 視貌正

立如齊。 磬且聽也齊謂祭祀時○齊側皆反本亦作齋音同注同

禮從宜。 事不可常也晉士匄帥師侵齊聞齊侯卒乃還春秋善之○匄本亦作丐音蓋還音旋後放此

使從俗。 亦事不可常也牲幣之屬則當從俗所出禮器曰天不生地不養君子不以爲禮鬼神不饗○使色吏反幣徐扶世反饗許兩反

【疏】若夫至從俗○正義曰此一節論爲丈夫之法當坐如尸以下四行並備乃可立身各依文解之○若夫者凡人若爲丈夫之法必當如下所陳故目丈夫於上下乃論其行以結之○注言若至非夫○正義曰案左傳宣十二年邲之戰楚侵鄭晉救之及河聞鄭既及楚平中軍將荀林父欲還不戰上軍將士會曰善中軍佐先穀曰不可成師以出聞敵疆而退非夫也又哀十一年齊伐魯魯武叔初不欲戰爲冉求所非武叔曰是謂我不成丈夫也退而蒐乘二傳之言當是先穀之辭也彼無是謂我鄭君足之也○坐如尸者尸居神位坐必矜莊言人雖不爲尸若所在坐法必當如尸之坐故鄭云視貌正也○立如齊者人之倚立多慢不恭故戒之云倚立之時雖不齊亦當如祭前之齊必須磬折屈身○注磬且至祀時○正義曰磬且聽案士虞禮云無尸者主人哭出復位祝闔牖戶如食閒是祭時主人有聽法云磬者謂屈身如磬之折殺案考工記云磬氏爲磬倨句一矩有半鄭云必先度一矩爲句一矩爲股而求其弦既而以一矩有半觸其弦則磬之倨句也是磬之折殺其形必曲人之倚立亦當然也又云齊謂祭祀時者凡齊皆在祭前自整齊之名並於適寢之中坐而無立今云立如齊者齊有立者但祭前有齊所以自整齊也則祭日神前亦當齊則齋者是先後通稱此言立如齋非祭前坐齋故鄭云齋謂祭祀時也若然此立謂侍尊者之時故玉藻云凡侍於君紳垂足如履齊視下聽上是也○禮從宜者皇氏云上二事丈夫爲儼恪之儀此下二事丈夫爲君出使之法義或然也禮從宜者謂人臣奉命出使征伐之禮雖奉命出征梱外之事將軍裁之知可而進知難而退前事不可準定貴從當時之宜也○注事不至善之○正義曰案春秋襄十九年齊侯還卒晉士匄帥師侵齊至穀聞齊侯卒乃還公羊云還者何善辭也何善爾大其不伐喪也此受命於君而伐齊則何大其不伐喪大夫以君命出進退在大夫也○使從俗者使謂臣爲君出聘之法皆出土俗牲幣以爲享禮土俗若無不可境外求物故云使從俗也皇氏

云上禮從宜與此使從俗互而相通皆是以禮而使義或然也○注亦事至不饗○正義曰牲幣之屬當從俗所出者謂若郊特牲及聘禮朝聘皆有皮馬龜金竹箭璧帛之等有則致之無則已故云不可常也禮器曰天不生者謂天不以四時而生若李梅冬實地不養者謂居山以魚鼈居澤以鹿豕君子不以爲禮者謂天不生地不養之等君子不將爲饗禮鬼神不饗者言君子不以爲禮者祗由鬼神不歆饗此非常之物明鬼神依人也

○夫禮者。所以定親疏。決嫌疑。別同異。明是非也。禮不妄說人。爲近佞媚也君子說之不以其道則不說也○夫音扶凡發語之端皆然後放此疏所居反或作疎決徐古穴反嫌戶恬反別彼列反下注下文同說音悅又始悅反注同佞乃定反口才曰佞媚眉忌反意向曰媚不辭費。爲傷信君子先行其言而後從之○辭本又作詞同說文以詞爲言詞之字辭不受也後皆放此費芳味反言而不行爲辭費禮不踰節。不侵侮。不好狎。爲傷敬也人則習近爲好狎○侮徐云撫反輕慢也好呼報反注同脩身踐言。謂之善行。踐履也言履而行之○行下孟反下行脩同行脩言道。禮之質也。言道言合於道質猶本也禮爲之文飾耳禮聞取於人。不聞取人。謂君人者取於人謂高尚其道取人謂制服其身○取於舊七樹反謂趣就師求道也皇如字謂取師之道取人如字謂制師使從己禮聞來學。不聞往教。尊道藝

【疏】夫禮至往教○正義曰此一節總明治身立行交接得否皆由於禮故以禮爲目各隨文解之○夫禮者所以定親疏者五服之內大功已上服麤者爲親小功已下服精者爲疏故周禮小史掌定繫世辨昭穆也○決嫌疑者若妾爲女君期女君爲妾若報之則太重降之則有舅姑爲婦之嫌故全不服是決嫌疑者孔子之喪門人疑所服子貢曰昔者夫子喪顏回若喪子而無服喪子路亦然請喪夫子若喪父而無服是決疑也○別同異者賀瑒云本同今異姑姊妹是也本異今同世母叔母及子婦是也○明是非也者得禮爲是失禮爲非若主人未斂子游裼裘而弔得禮是也曾子襲裘而弔失禮非也但嫌疑同異是非之屬在禮甚衆各舉一事爲證而皇氏具引今亦略之○禮不妄說人者禮動不虛若說人之德則爵之問人之寒則衣之若無爵無衣則爲妄說近於佞媚也○注君子至說也○正義曰此論語文孔子曰君子說之不以其道則不說也不以其道說之是妄說故君子不說也引證經禮不妄說人之事○不辭費者正義曰凡爲人之道當言行相副今直有言而無行爲辭費○禮不至好狎○禮者所以辨尊卑別等級使上不逼下下不僭上故云禮不踰越節度也不侵侮者禮主於敬自卑而尊人故戒之不得侵犯侮慢於人也○不好狎者賢者當狎而敬之若直近而習之不加於敬則是好狎故鄭云習近爲好狎也○行脩至質也○凡爲禮之法皆以忠信仁義爲本禮以文飾行脩者忠信之行脩言道者言合於仁義之道質本也則可與禮爲本也○禮聞取於人不聞取人者熊氏以爲此謂人君在上招賢之禮當用賢人德行不得虛致其身禮聞取於人者謂禮之所聞既招致有賢之人當於身上取於德行用爲政教不聞直取賢人授之以位制服而已故鄭云謂君人者皇氏以爲人君取師受學之法取於人謂自到師門取其道藝○禮聞來學不聞往教○禮聞來學者凡學之法當就其師處北面伏膺不聞往教者不可以屈師親來就已故鄭云尊道藝也

○道德仁義。非禮不成。教訓正俗。非禮不備。分爭辨訟。非禮不決。君臣。上下。父子。兄弟。非禮不定。宦學事師。非禮不親。班朝治軍。涖官行法。非禮威嚴不行。禱祠祭祀。供給鬼神。非禮不誠不莊。分辨皆別也官仕也班次也涖臨也莊敬也學或爲御○辨皮勉反徐方勉反上下上謂公卿下謂大夫士宦音患朝直遙反涖本亦作莅徐音利沈力二反又力位反禱丁老反鄭云求福曰禱祠音詞求得曰祠共音恭本或作供莊側良反徐側亮反學或爲御鄭此注爲見他本也後放此是以君子恭敬撙節。退讓以明禮。撙猶趨也○撙祖本反趨士俱反就也向也鸚鵡能言。不離飛鳥。猩猩能言。不離禽獸。今人而無禮。雖能言。不亦禽獸之心乎。夫唯禽獸無禮。故父子聚麀。聚猶共也鹿牝曰麀○嬰本或作鸚厄耕反母本或作鵡同音武諸葛恪茂后反離力智反下同猩本又作狌音生禽獸盧本作走獸麀音憂牝鹿也牝頻忍反徐扶盡反舊扶允反是故聖人作。爲禮以教人。使人以有禮。知自別於禽獸。

【疏】道德至禽獸○正義曰此一節明禮爲諸事之本言人能有禮然可異於禽獸也○道德仁義非禮不成者道者通物之名德者得理之稱仁是施恩及物義是裁斷合宜言人欲行四事不用禮無由得成故云非禮不成也道德爲萬事之本仁義爲羣行之大故舉此四者爲用禮之主則餘行須禮可知也道是通物德是理物理物由於開通是德從道生故道在德上此經道謂才藝德謂善行故鄭注周禮云道多才藝德能躬行非是老子之道德也熊氏云此是老子失道而後德失德而後仁失仁而後義今謂道德大而言之則包羅萬事小而言之則人之才藝善行無問大小皆須禮以行之是禮爲道德之具故云非禮不成然人之才藝善行得爲道德者以身有才藝事得開通身有美善於理爲得故稱道德也○教訓正俗非禮不備者熊氏云教謂教人師法訓謂訓說義理以此教訓正其風俗非得其禮不能備具故云非禮不備但教之與訓小異大同分爭辨訟非禮不決者周禮司寇以兩造禁民訟又云以兩劑禁民獄故鄭云爭罪曰獄爭財曰訟則萬事通名故左傳云凡有血氣皆有爭心又云錐刀之末將盡爭之是也此爭財曰訟對文異耳散則通名故左傳云衛侯與元咺訟是爭罪亦曰訟也○君臣上下父子兄弟非禮不定者上謂公卿大夫下謂士也君父南面臣子北面公卿大夫則列位於上士則列位於下兄前弟後唯禮能定也白虎通云君羣也羣下之所歸心也臣堅也厲志自堅也父矩也以法度教子也子孳也孳孳無已也兄況也況父法也弟悌也心順行篤也宦學事師非禮不親者熊氏云宦謂學仕官之事學謂習學六藝此二者俱是事師非禮不親左傳宣二年趙盾見靈輒餓問之云宦三年矣服虔云宦學也是學職事爲宦也○班朝治軍涖官行法非禮威嚴不行者班次也朝朝廷也次謂司士正朝儀之位次也治軍謂師旅卒伍各正其部分也涖臨也官謂卿大夫士各有職掌行法謂司寇士師明刑法也皆用禮威嚴乃行也○禱祠祭祀供給鬼神非禮不誠不莊者周禮都宗人云國有大故則令禱祠鄭注云祠謂報塞又小宗伯注云求福曰禱得求曰祠熊氏云祭祀者國家常禮牲幣之屬以供給鬼神唯有禮乃能誠敬○是以君子恭敬撙節退讓以明禮者君子是有德有爵之通稱王肅云君上位子下民又康成注少儀云君子卿大夫若有異德者凡禮有深疑則舉君子以正之恭敬者何胤云在貌爲恭在心爲敬何之所說從多舉也夫貌多心少爲恭心多貌少爲敬所以知者書云奉先思孝接下思恭又云貌曰恭又少儀云賓客主恭祭祀主敬論語云巧言令色足恭又云至於犬馬皆能有養不敬何以別乎又孝經說君父同敬爲母不同敬以此諸文言之凡稱敬多爲尊故知貌多爲恭心多爲敬也又通而言之則恭敬是一左傳云敬恭父命士昏禮云敬恭聽宗父母之言孝經云恭敬安親此並恭敬連言明是一也撙者趨也節法度也言恒趨於法度退讓以明禮者應進而遷曰退應受而推曰讓以明禮者既道德仁義已下並須禮以成故君子之身行恭敬趨法度及退讓之事以明禮也○猩猩至禽獸○正義曰爾雅云猩猩小而好啼郭注山海經云人面豕身能言語今交阯封谿縣出猩猩狀如貛狁聲似小兒啼今案禽獸之名經記不同爾雅云二足而羽謂之禽四足而毛謂之獸今鸚鵡是羽曰禽猩猩四足而毛正可是獸今並云禽獸者凡語有通別別而言之羽則曰禽毛則曰獸所以然者禽者擒也言鳥力小可擒捉而取之獸者守也言其力多不易可擒先須圍守然後乃獲故曰獸也通而爲說鳥不可曰獸獸亦可曰禽故鸚鵡不曰獸而猩猩通曰禽也故易云王用三驅失前禽則驅走者亦曰禽也又周禮司馬職云大獸公之小禽私之以此而言則禽未必皆鳥也又康成注周禮云凡鳥獸未孕曰禽周禮又云以禽作六摯卿羔大夫鴈白虎通云禽者鳥獸之揔名以此諸經證禽名通獸者以其小獸可擒故得通名禽也

○太上貴德。大上帝皇之世其民施而不惟報○大音泰注同大上謂三皇五帝之世其次務施報。三王之世禮始興焉○施始豉反下同禮尚往來。往而不來。非禮也。來而不往。亦非禮也。人有禮則安。無禮則危。故曰禮者不可不學也。夫禮者。自卑而尊人。雖負販者。必有尊也。而況富貴乎。負販者尤輕佻志利宜若無禮然○販方萬反佻吐彫反富貴而知好禮。則不驕不淫。貧賤而知好禮。則志不懾。懾猶怯惑○好呼報反下同懾之涉反怯去劫反何胤云懼所行爲怯○

【疏】大上至不懾○正義曰此一節明世變道殊所貴有異雖負販者必須有禮各隨文解之○大上貴德者大上謂三皇五帝之世其德時猶淳厚其德不尚往來之禮所貴者在於有德故曰貴德也德主務施其事但施而不希其反也皇是三皇帝是五帝不云皇帝者恐是一事不分故鄭升帝於皇上以殊異代矣然五帝雖有三禮五玉陟方朝會而猶是揖讓故上同三皇是以禮運注謂五帝爲大道之時也熊氏云三皇稱皇者皆行合天皇之星故詩緯含神務宋均注云北極天皇大帝其精生人然則稱皇者皆得天皇之氣也鄭玄意則以伏犧女媧神農爲三皇故注中候勑省圖引運斗樞伏犧女媧神農爲三皇也然宋均注援神契引甄燿度數燧人伏犧神農爲

三皇譙周古史考亦然白虎通取伏犧神農祝融爲三皇孔安國則以伏犧神農黃帝爲三皇並與鄭不同此皆無所據其言非也鄭數伏犧女媧神農非謂其人身自相接其間代之王多矣六藝論云燧人至伏犧一百八十七代宋均注文燿鉤云女媧以下至神農七十二姓譙周以爲伏犧以次有三姓始至女媧女媧之後五十姓至神農神農至炎帝一百三十三姓是不當身相接譙周以神農炎帝爲別人又以神農爲木德女媧爲水德皆非鄭義也其五帝者鄭注中候勑省圖云德合五帝坐星者稱帝則黃帝金天氏高陽氏高辛氏陶唐氏有虞氏是也實六人而稱五者以其俱合五帝坐星也五帝所以稱帝者坤靈圖云德配天地在正不在私稱之曰帝三王稱王者莊三年穀梁傳曰其曰王者人所歸往也散而言之則三皇亦稱帝則月令云其帝太昊是也五帝亦稱皇則呂刑云皇帝淸問下民是也至三王德劣不得上同於天唯稱王而已此云太上貴德鄭云帝皇之世則帝皇以上皆行德也所以中候握河紀云皇道帝德非朕所事是三皇行道五帝行德不同者但德由道生道爲其本故道優於德散而言之德亦是道故揔云貴德既三皇行道五帝行德以次推之則三王行仁五霸行義五帝雖行德亦能有仁故大學云堯舜率天下以仁是也案老子云道常無名河上公云能生天地人則當大易之氣也道德經云上德不德其德稍劣於常道則三皇之世法大易之道行之也然則可行之道則伏犧畫八卦之屬是也三皇所行者也下德不失德河上公云下德謂號諡之君則五帝所行者也但三皇則道多德少五帝則道少德多此皆熊氏之說也今謂道者開通濟物之名萬物由之而有生之不爲功有之不自伐虛無寂莫隨物推移則天地所生微妙不測聖人能同天地之性其愛養如此謂之爲道此則常道人行大道也其如此善行爲心於己爲得雖不矜伐意恒爲善謂之爲德此則劣於道也既能推恩濟養惻隱矜恤於物謂之爲仁又劣於德若其以仁招物物不從己征伐刑戮使人服從謂之爲義又劣於仁以義服從恐其叛散以禮制約苟相羇縻是之謂禮又劣於義此是人情小禮非大禮也聖人之身俱包五事遇可道行道可德行德可仁行仁可義行義皆隨時應物其實諸事並有非是有道德之時無仁義有仁義之時無道德也此道德以大言之則天地聖人之功也以小言之則凡人之行也故鄭注周禮云道多才藝德能躬行謂於一人之上亦能開通亦於己爲德以此言之則周禮三德六德及皐陶九德及洪範三德諸經傳道德皆有分域小大殊名不足怪也○注其民施而不惟報○正義曰惟思也世既貴德但有施惠而不恩求報也○其次務施報○正義曰其次謂三王之世也務猶事也三王之世獨親其親獨子其子貨力爲己施則望報以爲恒事故云務施報○禮尚往來者言三王之世其禮主尚往來○貧賤而知好禮則志不懾者懾怯也或貧者之容好怯惑以畏人使心志不遂若知禮者則持禮而行之故志不懾怯是以於負販之中必有所尊也○注懾猶怯惑○正義曰何胥云懾所行爲怯迷於事爲惑義或當然

○人生十年曰幼學。名曰幼時始可學也內則曰十年出就外傳居宿於外學書計 二十曰弱。冠。三十曰壯。有室。有室有妻也妻稱室○冠古亂反 四十曰強。而仕。五十曰艾。服官政。艾老也○艾五蓋反謂蒼艾色也一音刈治也 六十曰耆。指使。指事使人也六十不與服戎不親學○耆渠夷反賀瑒云至也至老境也與音預 七十曰老。而傳。傳家事任子孫是謂宗子之父○傳直專反沈直戀反 八十九十曰耄。耄惛忘也春秋傳曰謂老將知耄又及之○旄本又作耄同亡報反注同本或作八十曰耄九十曰旄後人妄加之惛音昏一音呼困反忘亡亮反又如字知音智 七年曰悼。悼憐愛也○悼徒報反 悼與耄。雖有罪。不加刑焉。愛幼而尊老 百年曰期頤。期猶要也頤養也不知衣服食味孝子要盡養道而已○頤羊時反要於遙反又如字下同養羊尚反又如字 大夫七十而致事。致其所掌之事於君而告老 若不得謝。謝猶聽也君必有命勞苦辭謝之其有德尚壯則不聽耳○聽吐丁反後可以意求皆不音勞如字又力報反 則必賜之几杖。行役以婦人。適四方。乘安車。自稱曰老夫。几杖婦人安車所以養其身體也安車坐乘若今小車也老夫老人稱也亦明君貪賢春秋傳曰老夫耄矣 於其國則稱名。君雖尊異之自稱猶若臣 越國而問焉。必告之以其制。鄰國來問必問於老者以荅之制法度

【疏】人生至其制○正義曰此一節明人幼而從學至於成德終始之行皆遵禮制各隨文解之○人生十年曰幼學者謂初生之時至十歲[illegible]八年始教之讓九年教之數日十年出就外傳居宿於外學書計故以十年爲節也幼者自始生至十九時故以名幼名者三月爲名稱幼冠禮云棄爾幼志是十九以前爲幼喪服傳云子幼鄭康成云二十五已下皆別有義今云十年曰幼學是十歲而就業也○二十曰弱冠者二十成人初加冠體猶未壯故曰弱也至二十九通得名弱冠以其血氣未定故也不曰人生並承上可知也今謂庶人及士之子若卿大夫十五以上則冠故喪服云大夫爲昆弟之長殤是也其冠儀與士同故郊特牲云無大夫冠禮是也其大夫之子亦二十而冠其諸侯之子亦二十而冠天子之子則十二而冠若天子諸侯之身則皆十二而冠具釋在冠義○三十曰壯有室者三十而立血氣已定故曰壯也壯有妻妻居室中故呼妻爲室若通而言之則宮室通名故爾雅云宮謂之室室謂之宮別而言之論其四面穹隆則宮因其貯物充實則曰室室之言實也今不云有妻而云有室者妻者齊也齊爲狹局云室者含妾媵事類爲廣案媒氏云男三十女二十鄭康成云二三者天地相承覆之數也易曰參天兩地而奇數焉白虎通云男三十筋骨堅強任爲人父女二十肌膚充盛任爲人母合爲五十應大衍之數生萬物也○四十曰強而仕者三十九以前通曰壯壯久則強故四十曰強強有二義一則四十不惑是智慮強二則氣力強也○五十曰艾服官政者四十九以前通曰強年至五十氣力已衰髮蒼白色如艾也五十是知天命之年堪爲大夫服事也大夫得事事其官政故曰服官政也鄭康成注孝經云張官設府謂之卿大夫即此之謂也熊氏云案中候運衡云年耆既艾注云七十曰艾言七十者以時堯年七十故以七十言之又中候準識哲云仲父年艾誰將逮政注云七十曰艾者云誰將逮政是告老致政致政當七十之時故以七十曰艾○六十曰耆指使者賀瑒云耆至也至老之境也六十耳順不得執事但指事使人也鄭注射義云耆耋皆老也○注六十至不親學○正義曰此王制文引之者謚不自使也○七十曰老而傳者六十至老境而未全老七十其老已至故言老也既年已老則傳徙家事付委子孫不復指使也○注傳家至之父○正義曰然庶子年老亦得傳付子孫而鄭唯云謂[illegible]有宗子孤爲殤鄭云言孤有不孤者謂父有[illegible]老子代主宗事者也鄭今欲會成喪服義故[illegible]又一云宗子並謂五宗也五宗之子並是傳[illegible]也庶子乃授家事於子非相傳之事此既云[illegible]子也必爲宗子父者以經言傳傳者上受父[illegible]孫子孫之所傳家事祭事爲重若非宗子無[illegible]之時祭祀之事猶親爲之其視濯親則子孫[illegible]父退居田里不能備祭宗廟長子當親視滌[illegible]至八十祭亦不爲故王制云八十齊喪之事[illegible]齊則不祭也○八十九十曰耄耄者僻謬也[illegible]或九十而耄故並言二時也○注耄惛至及[illegible]惛忘也者惛忘即僻謬也○所引春秋案左[illegible]王使劉定公勞晉趙孟定公勸趙孟篡禹之[illegible]趙孟對云老夫罪戾朝不謀夕劉子歸語王[illegible]知而耄及之者其趙孟之謂乎引之者諺老[illegible]悼者悼憐愛也未有識慮甚可憐愛也年七[illegible]者以其同不加刑故退而次之也○悼與耄[illegible]焉者幼無識慮則可憐愛老已耄而可尊敬[illegible]加其刑辟也周禮司刺有三赦一曰幼弱二[illegible]愚鄭注云若今時律令未滿八歲八十以上[illegible]不坐故司刺有三赦皆放免不坐也○百年[illegible]也頤養也人年百歲不復知衣服飲食寒煖[illegible]心要求親之意而盡養道也頤養也易序卦[illegible]致事者七十曰老在家則傳家事於子孫在[illegible]還君退還田里也不云置而云致者置是廢[illegible]朝廷必有賢代已也白虎通云臣年七十懸[illegible]執事趨走爲職七十耳目不聰明是以退老[illegible]長廉遠恥懸車示不用也致事致職於君君[illegible]者尊賢也○若不得謝者謝猶聽許也君若[illegible]謝云在朝日久劬勞歲積是許其致事也今[illegible]德尚壯猶堪掌事不聽去也則必賜之几杖[illegible]聽致事則祭義云七十杖於朝是也聽致事[illegible]杖於國八十杖於朝是也案書傳云七十杖[illegible]當爲國者以其下有八十杖於朝故以朝當[illegible]同並謂聽致事也○行役以婦人者行役謂[illegible]婦人能養人故許自隨也○適四方乘安車[illegible]聘異國時乘安車安車小車也亦老人所宜[illegible]在國及出皆得用之今言行役婦人四方安[illegible]語便故離言之耳○自稱曰老夫者若此老[illegible]方應與人語其自稱爲老夫言已是老大夫[illegible]君貪賢之故而臣老猶在其朝也○注几杖[illegible]曰安車坐乘若今小車者古者乘四馬之車[illegible]故乘一馬小車坐乘也庚蔚云漢世駕一馬[illegible]云案書傳略說云致仕者以朝乘車輲輪鄭[illegible]輪輪明其小也春秋傳曰老夫耄矣者引左[illegible]國人自稱老夫也此是春秋隱四年衛石碏[illegible]與衛州吁遊吁弑其異母兄完而自立未能[illegible]時陳侯有寵於周桓王州吁與石厚往陳欲[illegible]而石碏遣人告陳曰衛國福小老夫耄矣無[illegible]者實弑寡君敢即圖之○於其國則稱名者[illegible]其君言也雖老猶自稱名也○注君雖尊異[illegible]者案玉藻云上大夫曰下臣士相見禮云士[illegible]君曰外臣是上大夫於已君自稱爲下臣於[illegible]外臣又玉藻云下大夫自名又鄭注玉藻云[illegible]他國則曰外臣某是下大夫於已君稱名於[illegible]

此既自稱老夫宜是上大夫而稱名從下大夫者既被君尊異故臣亦謙退從下大夫之例而稱名也且玉藻所云是其從下大夫例然臣於君單稱名無嫌也○越國而問焉必告之以其制者越國猶他國也若他國來問己國君之政君雖已達其事猶宜問於老賢老賢則稱國之舊制以對他國之問也

○**謀於長者。必操几杖以從之。**從猶就也○長丁丈反下皆同操七刀反**長者問。不辭讓而對。非禮也。**當謝不敢若曾子之爲○【疏】謀於至從之○正義曰此一節明有事取謀議於長者各依文解之○操几杖以從之者操執持也杖可以策身几可以扶己俱是養尊者之物故於謀議之時將就也○

凡爲人子之禮。冬溫而夏凊。昏定而晨省。定安其牀衽也省問其安否何如○夏遐嫁反凊七性反字從冫冰冷也本或作水旁非也衽而審反徐而鴆反席也○**在醜夷不爭。**醜衆也夷猶儕也四皓曰陛下之等夷○儕仕皆反等也沈才詣反皓元老反四皓園公綺季夏黃公角里先生【疏】凡爲至不爭○正義曰此一節明人子事親奉養之禮又去爭訟今各隨文解之○昏定而晨省者上云冬溫夏凊是四時之法今說一日之法定安也晨旦也應臥當齊整牀衽使親體安定之後退至明旦既隔夜早來視親之安否何如先昏後晨兼示經宿之禮熊氏云晨省者案內則云同宮則雞初鳴異宮則昧爽而朝○在醜夷不爭者此一句明朋儕禮也醜衆也夷猶儕也皆等類之名風俗語不同故兼言之夫貴賤相臨則存畏懼朋儕等輩嘗爭勝負亡身及親故宜誡之以不爭○注醜衆至等夷○正義曰醜衆也釋詁文謂在衆不忿爭也云四皓曰陛下之等夷者證夷是等類也四皓漢時隱人高士也其四人一東園公二綺里季三夏黃公四角里先生皆老髮白皓素因呼爲四皓隱商山不仕高祖數召不出後爲高祖欲廢呂后之子盈而立戚夫人之子趙王如意爲大子張良使太子卑辭安車遣辨士以請四皓四皓果來舍建城侯所至漢十一年黥布反高祖令太子將兵擊之四皓自相謂曰凡來欲以安太子太子將兵事危矣乃說建城侯曰太子將兵有功則位不益無功則從此受禍且太子所與諸將皆嘗與上定天下驍將也今使太子將之此無異使羊將狼皆不肯爲用其無功必矣臣聞母愛者子抱之今戚夫人日夜侍御趙王常居前上終不使不肖子居愛子之上明乎其代大子之位必矣君何不急請呂后承間爲上泣言黥布天下猛將善用兵諸將皆陛下之等夷今令大子將此屬莫肯爲用於是呂后如四皓言以請高祖高祖時疾自行十二年破黥布還而疾益甚愈欲易太子及燕置酒太子侍四皓從太子高祖驚曰吾召公數歲公逃我今反從我兒乎四皓曰陛下輕士善罵臣等義不受辱故恐而亡匿

○**夫爲人子者。三賜不及車馬。**三賜三命也凡仕者一命而受爵再命而受衣服三命而受車馬車馬而身所以尊者備矣卿大夫士之子不受不敢以成尊比踰於父天子諸侯之子不受自卑遠於君○遠于萬反**故州閭鄉黨稱其孝也。兄弟親戚稱其慈也。僚友稱其弟也。執友稱其仁也。交遊稱其信也。**不敢重受賜者心也如此而五者備有焉周禮二十五家爲閭四閭爲族五族爲黨五黨爲州五州爲鄉僚友官同者執友志同者○僚本又作寮了彫反同官者弟大計反下注同

見父之執。不謂之進。不敢進。不謂之退。不敢退。不問不敢對。敬父同志如事父**此孝子之行也。**【疏】夫爲至行也○正義曰此一節明人子謙卑行著於外所敬及廣今各隨文解之言夫者貴賤悉然也三賜三命也言爲人子雖受三命之尊終不敢受車馬車馬則身有成尊便比踰於父故不受所以許受三命而不許受車馬者命是榮美光顯祖父故受也車馬是安身身安不關先祖故不受也不云不受而云不及者受是已到之日明人子非唯外迹不受抑亦心所不及於此賜也○注三賜至於君○正義曰云三賜不及者受命即受賜故三賜三命故公羊云命者何加我服錫者何賜也是其命賜將相也云凡仕者一命受爵再命受衣服三命受車馬者皆約周禮大宗伯之文案人宗伯一命受職職則爵也又宗伯三命受位鄭康成云始有列位於王朝今言受車馬者但三命受位即受車馬以經云車馬故以車馬言之云卿大夫士之子不受不敢以成尊比踰於父者以公侯伯卿三命其子不受不敢比於父公侯伯大夫子男卿再命公侯伯士一命子男之士不命其子三命不受車馬者皆是不敢踰於父不言天子諸侯之子不敢受者以其父位既尊不得言不敢比踰故云自卑遠於君案周禮九儀一命受職再命受服三命受位四命受器五命賜則六命賜官七命賜國八命作牧九命作伯案含文嘉九賜一曰車馬二曰衣服三曰樂則四曰朱戶五曰納陛六曰虎賁七曰斧鉞八曰弓矢九曰秬鬯宋均注云進退有節行步有度賜以車馬以代其勞言成文章行成法則賜以衣服以表其德動作有禮賜以納陛以安其體長於教誨內懷至仁賜以樂則以化其民居處修理房內不泄賜以朱戶以明其別勇猛勁疾執義堅強賜之虎賁以備非常抗揚威武志在宿衞賜以斧鉞使得專殺內懷仁德執義不傾賜以弓矢使其專行慈孝父母賜以秬鬯以歸祭祀鄭司農以周禮九命與九賜是一也然則此三賜鄭康成知非九賜之第三而云三命之賜者康成以九命與九賜不同九賜謂八命作牧九命作伯之後始加九賜知者王制云三公一命卷若有加則賜二曰衣服之屬是也又宗伯八命作牧注云侯伯有功德加命得專征伐王制云賜弓矢然後征詩云瑟彼玉瓚黃流在中傳曰九命然後賜以圭瓚又尚書文侯仇受弓矢秬鬯左傳晉文公受大路戎路弓矢秬鬯虎賁此皆九命之外始有衣服弓矢秬鬯等之賜故知九賜不與九命同也且此云三賜不及車馬其九賜之一曰車馬何由三賜不及車馬乎故知此三賜非九賜之三賜也若是九賜之三賜即是身八命九命之尊禮絕凡庶何得下文云州閭鄉黨僚友交遊也故康成以爲諸侯及卿大夫之子三命者其公羊說九賜之次與含文嘉不同一曰加服二曰朱戶三曰納陛四曰輿馬五曰樂則六曰虎賁七曰斧鉞八曰弓矢九曰秬鬯異人之說故文有參差大略同也異義許慎說九賜九命鄭康成以爲不同具如前說其大夫賜樂鄉飲酒注云大夫若君賜樂及左傳魏絳有金石之樂非九賜之正法也車馬之賜進退由於君命今言不受者君子仕辭位不辭祿其物終必受之故鄭注下文不敢受重賜者心也○故州閭至稱其信也周禮司徒去王城百置遠郊遠郊之內爲六鄉六鄉之民五家爲比使之相保五比爲閭使之相受四閭爲族使之相葬五族爲黨使之相救五黨爲州使之相賙五州爲鄉使之相賓又遂人職主六遂六遂之民在遠郊之外五家爲鄰五鄰爲里四里爲酇五酇爲鄙五鄙爲縣五縣爲遂今不言六遂者舉近耳若六遂之中有此孝者則亦稱之也○兄弟親戚稱其慈也親指族內戚言族外慈者篤愛之名兄弟外內通稱親疎交接並見其慈而稱之○僚友稱其弟也僚友同官者也弟者事長次弟之名孝子能接同官有所次序不敢踰越等級故同官之友稱之○執友稱其仁也執友執志同者也同師之友意趣相得綢繆切瑳故其見仁恩之心而稱之○交遊稱其信也交遊汎交也結交遊往本資信合故稱信也○熊氏云然此五句上始州閭下及交遊亦其次也前孝後信又爲差序略舉五者餘行可知不敢受賜者心也不受由心故有五稱也○見父之執者此亦承爲人子之事也明非惟見交遊爲善乃徧至父友也自上詣下曰見自下朝上曰見父之執謂執友與父同志者也或故往見或路中相見也

○**夫爲人子者。出必告。反必面。**告面同耳反言面者從外來宜知親之顏色安否○行音下孟反告古毒反○**所遊必有常。所習必有業。**緣親之意欲知之**恒言不稱老。**廣敬**年長以倍。則父事之。**謂年二十於四十者人年二十弱冠成人有爲人父之端今四十於二十者有子道內則曰年二十惇行孝弟○冠工喚反惇都溫反**十年以長。則兄事之。五年以長。則肩隨之。**肩隨者與之並行差退○差初佳反徐初宜反**羣居五人。則長者必異席。**席以四人爲節因宜有所尊【疏】夫爲至異席○正義曰此一節亦明人子事親之法遊方習業及汎交之禮亦各隨文解之○恒言不稱老者老是尊稱若其稱老乃是已自尊大非是孝子卑退之情故注云廣敬言廣者非但敬親因敬親廣敬他人或云子若自稱老父母則甚老則感動其親故舜年五十而慕是也○年長以倍則父事之者此謂鄉里之中非親非友但二十以後年長倍已則以父道事之即父黨隨行也○注謂年至孝弟○正義曰人年三十而娶於後乃有子則三十於六十乃是倍年今鄭言二十於四十者但二十加冠成人責以爲人父爲人子之禮雖未有妻子有爲人父之端又內則云二十乃能敦行孝弟可責以孝子之行故二十於四十約之爲倍年也以二十未合有子故鄭云爲人父之端有子道也○十年以長則兄事之者謂年二十於三十者全倍者父事之半倍故兄事之也凡事之則正差退而鴈行也○五年以長則肩隨之者謂並行而差退若未二十童子則無此禮以其不能惇行孝弟論語云與先生並行王制云父之齒隨行兄之齒鴈行者舉成人有此禮也童子禮則無也此謂二十於二十五者肩隨則齊於鴈行也然則以此肩隨而推之上云父兄事之豈是溫凊如親正言其或行來坐席推前相類耳○羣居五人則長者必異席者謂朋友居處法也羣朋友也子夏曰吾離羣是也古者地敷橫席而容四人四人則推長者居席端若有五人會應一人別席因推長者一人於異席也○注席以至所尊○正義曰熊氏云知四人爲節者以此云羣居五人則長者必異席既長者一人異席餘則四人矣案公食大夫禮云蒲筵常加萑席尋此以蒲席者故得容四人此羣居之法若賓主禮席皆無同坐之法故鄉飲酒賓介異席又云衆賓之席皆不屬焉不相連屬也鄉射衆賓之席繼而西謂相連屬也燕禮及大射公三重大夫再重是皆異席也

○**爲人子者。居不主奧。坐不中席。行不中道。立不中門。**謂與父同宮者也不敢當其尊處室中西南隅謂之奧道有左右中門謂棖闑之中央內則曰由命士以上父子皆異宮

○奧烏報反沈於六反處昌慮反下同棖宜衡反闑也闑魚列五結二反上時掌反凡言以上皆放此**食饗不爲槩。**槩量也不制待賓客饌具之所有○食音嗣饗本又作亯香兩反槩古愛反饌士戀反**祭祀不爲尸。**尊者之處爲其失子之道然則尸卜筮無父者○爲其音于僞反下注除不爲孤皆同**聽於無聲。視於無形。**恒若親之將有教使然**不登高。不臨深。不苟訾。不苟笑。**爲其近危辱也人之性不欲見毀訾不欲見笑君子樂然後笑○訾音紫毀也沈又將知反樂音洛【疏】爲人至苟笑○正義曰此一節明孝子居處及行立待賓祭祀敬慎之事各隨文解之○此明孝子居處閫門之內不言凡者或異居禮則不然○居不主奧者主猶坐也奧者室內西南隅也室嚮南戶近東南角則西南隅隱奧無事故呼其名爲奧常推尊者于閑樂無事之處故尊者居必主奧也既是尊者所居則人子不宜處之也○坐不中席者一席四人則席端爲上今不云上席而言中者舊通有二一云敬無餘席非唯不可上亦不可中也一云共坐則席端爲上獨坐則席中爲尊尊者宜獨不與人共則坐常居中故卑者坐不得居中也○行不中道者尊者常正路而行卑者故不得也男女各路路各有中也○立不中門者中央有闑闑傍有棖棖謂之門椳今云不中門者謂棖闑之中是尊者所行故人子不得當之而行也○注謂與至異宮○正義曰凡上四事皆謂與父同宮者爾若命士以上則父子異宮則不禁所以爾者有命既尊各有臣僕子孫應敬已故也云不敢當其尊處者四事皆尊者之處室中西南隅謂之奧者爾雅釋宮文郭璞注云隱奧之處西北隅謂之屋漏孫氏云日光所漏入東北隅謂之宦孫氏云日側之明是宦明也東隅謂之窔郭氏云隱闇也云內則曰由命士以上父子皆異宮者證有異居之道也○食饗不爲槩者熊氏云謂傳家事任子孫若不傳家事則子孫無待賓之事大夫士或相往來設於饗食槩量也不制設待賓饌其事由尊者所裁而子不得輒豫限量多少也○祭祀不爲尸者尸代尊者之處故人子不爲也○聽於無聲者謂聽而不聞父母之聲此明人子常禮也○視於無形者謂視而不見父母之形雖無聲無形恒常於心想像似見形聞聲謂父母將有教使已然也○不苟訾不苟笑者苟且也相毀曰訾不樂而笑爲苟笑彼雖有是非而已苟譏毀訾笑之皆非彼所欲必反見毀辱故孝子不爲也○注爲其至後笑○正義曰危解不登高不臨深辱釋不訾不笑也云君子樂然後笑者引論語證不苟笑之事也此是公明賈荅孔子云夫子樂然後笑人不厭其笑也**孝子不服闇。不登危。懼辱親也。**服事也闇冥也不於闇冥之中從事爲卒有非常且嫌失禮也男女夜行以燭○暝本亦作冥莫定反下同卒才忽反**父母存。不許友以死。**爲忘親也死爲報仇讎**不有私財。**【疏】孝子至私財○正義曰此一節明孝子自謹慎其身不許友以死及不得有私財之事各隨文解之○不服闇者服事也謂不行事於闇中也一則爲卒有非常一則闇中行事好生物嫌故孝子深戒之○父母存不許友以死者謂不許爲其友報仇讎親存存須供養則孝子不可死也若父母存許友報仇怨而死是忘親也親亡則得許友報仇故周禮有主友之讎視從父兄弟白虎通云親友之道不得行者亦不許友以死耳○不有私財者家事統於尊財關尊者故無私財

○**爲人子者。父母存。冠衣不純素。**爲其有喪象也純緣也玉藻曰縞冠玄武子姓之冠也縞冠素紕既祥之冠也深衣曰具父母衣純以青○純諸允反又之閏反下及注皆同緣悅絹反縞古老反沈又古到反紕婢支反徐補移反【疏】爲人至純素○正義曰此一節明爲人子父母存及孤子衣冠純飾不同之事各隨文解之不言凡者若仕者或遇凶荒雖親存亦須素服非要在親沒故不言凡○父母存冠衣不純素者冠純謂冠飾也衣純謂深衣領緣也禮具父母大父母存冠衣純以繢若有父母無太父母則純以青若少而并無則乃純素也故親存者不得純素也○注爲其至以青○正義曰引玉藻縞冠玄武子姓之冠證冠純有吉凶之別也縞冠者薄繒爲之玄武者以黑繒爲冠卷也子姓者姓生也孫是子所生故謂孫爲子姓父有服未畢子雖已除猶未全吉也故縞冠玄武玄武是吉縞冠爲凶明吉凶兼服也何胤云繒袞卷武也云縞冠素紕既祥之冠也又證有素爲凶也當祥之日朝服縞冠祥祭之後則縞冠素紕何胤云素紕謂緣冠兩邊云深衣曰具父母衣純以青者引證不純以素之事**孤子當室。冠衣不純采。**早喪親雖除喪不忘哀也謂年未三十者三十壯有室有代親之端不爲孤也當室適子也深衣曰孤子衣純以素○早喪息浪反適丁歷反【疏】孤子至純采○正義曰上言有親而不素此言無親而素者也孤子謂二十九以下而無父者當室謂適子也既少孤故雖除服猶自素也然深衣云孤子衣純以素則嫡庶悉然今云當室則似庶子不同所以爾者通者有二云凡子皆然豈唯當室但嫡子內理蒸嘗外交宗族代親既備嫌或不同故特明之所以鄭引深衣爲注會證凡孤子悉同也崔靈恩云指謂當室不當室則純采所以然者當室之孤內理蒸嘗外交宗族所履之事莫不傷心故特純素示哀也深衣不云當室者文略耳○注早喪至以素○正義曰三十以外遭喪者除服後即得純采今所言雖是除喪未三十不得純采若至三十則亦采也故云當室適子也深衣曰孤子衣純以素也然注前解適子後引深衣似崔解也深衣不言冠者從可知也

○**幼子常視毋誑。**視今之示字小未有所知常示以正物以正教之無誑欺○視音示誑本或作迋注同九況反欺也**童子不衣裘裳。**裘大溫消陰氣使不堪苦不衣裘裳便易○衣於既反下同大音泰徐他佐反便婢面反易以豉反**立必正方。不傾聽。**習其自端正**長者與之提攜。則兩手奉長者之手。**習其扶持尊者提攜謂牽將行○提大兮反攜戶圭反奉芳勇反又扶恭反下及注奉扃奉席奉箕皆同**負劍辟咡詔之。**負謂置之於背劍謂挾之於旁辟咡詔之謂傾頭與語口旁曰咡○辟匹亦反側也徐芳益反沈扶赤反注同咡徐如志反何云口耳之間曰咡挾音協**則掩口而對。**習其鄉尊者屏氣也○掩於檢反鄉許亮反本又作嚮後文注皆同屏必領反【疏】幼子至裘裳○正義曰此一節明父母教子及衣裘裳之法也各隨文解之○小兒恒習效長者長者常示以正事不宜示以欺誑恐即學之故曾子兒啼妻云兒莫啼吾當與汝殺豕兒聞輒止妻後向曾子說之曾子曰勿教兒欺即殺豕食兒是不誑也○注視今之示字○正義曰古者觀視於物及以物視人則皆作示傍著見後世已來觀視於物作示傍著見以物示人單作示字故鄭注經中視字者是今之以物示人之示也是舉今以辨古昏禮視諸衿鞶注云視乃正字今文視作示俗誤行之言視正字也言古之以物示人作視字爲正故云視乃正字今文儀禮應爲古視字乃作今示字故言俗誤也○童子不衣裘裳者童子未成人之名也衣猶著也童子體熱不宜著裘裘大溫傷陰氣也又應給役若著裳則不便故並不著也故童子並縕布襦袴也○注裘大至便易○正義曰使不堪苦者熱消陰氣則不堪苦使也此童子不衣裘裳二十則可故內則云二十可以衣裘帛國君十二冠則裘裳早矣女子十五許嫁者則亦衣帛詩云乃生男子載衣之裳是初生暫行此禮○立必至而對○立必正方立宜正嚮一方不得傾頭屬聽左右也張逸云此說其威儀常然○長者與之提攜則兩手奉長者之手者非唯教之聽立至於行步亦宜教之提攜謂牽將行時因牽行之又教之爲節也奉長者之手爲兒長大方當供養扶持長者故先使學之令習便也張逸云說其見與行之法也○負劍辟咡詔之者豈但在行須教正在抱時亦令習也負謂致兒背上也劍謂挾於脇下如帶劍也辟傾也咡口旁也詔告也長者或若負兒之時而與之語當傾頭以告之也不正嚮之令氣不觸兒也亦令見長者所爲而復習之也張逸云辟咡詔之傾頭以告教之也此長者之爲也此負謂兒在人背上曰負兒在懷中亦稱負謂兒負者故內則云三日始負子注云負之謂抱之○注口旁曰咡○正義曰案管子書弟子職云食巳循咡覆手謂弟子食訖以手循咡覆於咡故知是口旁也○則掩口而對者嚮長者告語之此是童子荅長者童子雖未能掩口而對長者亦教其爲之其禮以爲後法掩口恐氣觸人張逸云謂令小者如是所習嚮尊者屏氣也

禮記注疏卷一挍勘記

阮元撰　盧宣旬摘錄

禮記正義序

國子祭酒上護軍曲阜縣開國子臣孔穎達等奉勑撰　此本序題如此與七經孟子考文所記宋板題式同勑字提行閩本同監本改題唐孔穎達撰五字毛本因之非舊式也

燔黍則大享之濫觴　閩監毛本同嘉善浦鏜正誤云享當烹字誤按大享見書盤庚享與饗通大饗見本經者多矣浦鏜非是

而國異家殊　閩監毛本同惠棟挍宋本而作然○凡惠棟挍宋本與監本同者不載

俱以所見　惠棟挍宋本作俱閩監毛本作是此本俱字闕

各記舊聞　閩本同監毛本聞誤門

南人有賀循賀瑒庾蔚崔靈恩沈重宣皇甫侃等北人有徐道明李業興李寶鼎侯聰熊安等　閩監毛本同盧文弨挍本蔚下補之字浦鏜從衞氏集說宣上補范字安下補生字皆是也○按道明當作遵明

恐獨見膚淺　閩監毛本作膚此本膚誤膚

禮記正義

此本於禮記正義序之後別出此篇目閩本脫監毛本無

夫禮者經天地至不復繁言也　案此篇卽曲禮二字下正義考文於曲禮二字

下正義云正德嘉靖二本以此一段別題禮記正義四字以在正義序後亦爲重複也指此篇

附釋音禮記注疏卷第一 惠棟按宋本作禮記正義卷第一

國子祭酒上護軍曲阜縣開國子臣孔穎達等撰 惠棟按宋板撰上有奉勑二字勑字提行

國子博士兼太子中允贈齊州刺史吳縣開國男臣陸

德明釋文 案七十卷正義不附音釋無此行題名此本附釋音故兼題之如此閩本始變此本題式於首行去附釋音三字又削去二臣署銜改題曰漢鄭氏注唐孔穎達疏陸德明釋文監本又削去陸德明釋文五字毛本因之又改卷第一爲卷之一皆不如此本原題之善

禮記 閩監毛本同考文云宋板無禮記二字案此禮記二字不當冠此節正義上當夾在曲禮上第一下如此本二卷以後題式庶爲得之

正義曰夫禮者 閩監毛本同考文引宋板無正義曰三字

故禮運云夫禮必本於大一 惠棟按宋本同閩監毛本大作太案禮運作大經典太字多作大荀子禮論以歸大一楊倞注云大讀爲太

天皇之先與乾曜合元 閩監毛本同浦鏜云元釋史作德天皇下有氏字案今本通卦驗天皇作太皇元亦作元鄭注謂皇君也元天之始也不當如釋史所引

君之用事五行王亦有五期 閩監毛本同浦鏜云君疑天字誤王當皇字誤案今本通卦驗鄭注作君字與此同又王上有代字然則王當讀爲生王之王浦鏜說非也

遂皇謂遂人 閩監毛本同浦鏜從周禮序挍遂人改人皇案通卦驗又云燧人之皇故可稱遂皇可稱遂人可稱人皇其實一也疏下文云自人皇初起人皇卽遂皇也使此處已作遂皇謂人皇下又何必申言人皇卽遂皇也

至伏犧始作十二言之教 閩監毛本同案左氏定四年傳正義引虙羲作十言之教曰乾坤震巽坎離艮兌消息此疏二字誤衍段玉裁挍本云二字衍是也

一紀二十七萬六千年 七六二字誤倒段玉裁云禮運正義可證也

方叔機注六藝論云 閩監毛本同惠棟挍宋本機作璣

案封禪云 閩監毛本同惠棟挍宋本云作書

禮理起於太一 閩監毛本同惠棟挍宋本太作大下其禮理起於太一同按作大是

統之心體以齊正於物故爲體 惠棟按宋本作爲體此本爲體誤爲禮閩監毛本同

然周旣禮道大用 閩監毛本同浦鏜挍云用疑備字誤

案孝經說云經禮三百 閩監毛本同惠棟挍宋本經禮作禮經

或一篇一卷 閩監毛本同惠棟挍宋本或作故

七十二子之徒共撰所聞 惠棟挍宋本有子字此本子字脫閩監毛本同衞氏集說亦作七十二子之徒

其周禮儀禮是禮記之書 閩監毛本同案此是禮記之是猶下則此禮記是也之此非謂周禮儀禮皆爲禮記也浦鏜從衞氏集說挍於是上補亦字大誤

楊榮字子孫仁爲大鴻臚 閩監毛本同惠棟挍宋本孫仁二字倒山井鼎云漢書儒林傳注子孫楊榮字宋板爲非仁卽橋仁。按宋刻漢書作楊子榮子孫師古曰子孫子榮之字也

其周官者始皇深惡之 閩監毛本同惠棟挍宋本皇誤星之字脫

鄭衆賈逵往授業焉 閩監毛本同衞氏集說授改受杜佑通典亦云鄭衆賈逵皆往受業

曲禮上第一 閩監毛本同按此下當有禮記鄭氏注五字石經嘉靖本皆有正義本亦當有觀此節正義云禮記者一部之大名曲禮者當篇之小目既題曲禮於上故著禮記於下以配注耳是解曲禮二字又鄭氏者姓鄭名元云云是解鄭氏二字注者卽解書之名云云是解注字皆隨文詮解也此本二卷以後題當篇小目下多有禮記鄭氏注五字亦刪除之不盡者釋文出曲禮上云本或作曲禮上者後人加也正義本從作曲禮上所謂上者對下生名本以語多簡策重大分爲上下是也

然鄭亦附盧馬之本而爲之注 閩監本同毛本鄭誤後案考文引宋板亦作鄭

曲禮曰節

儼若思 閩監毛本同石經同岳本同嘉靖本同釋文出嚴云本亦作儼正義本作儼。按儼正字嚴假借字

乘玉路不式 閩監毛本同浦鏜挍玉改王

敖不可長節

敖不可長欲不可從 閩監毛本同石經同岳本同嘉靖本同考文引古本同敖作傲從作縱案古傲縱多止作敖從釋文出敖字並引王肅遨遊訓遨遊決不作傲字出可從云放縱也以縱訓從知亦不作縱也

敖不至可極 閩監毛本同惠棟挍宋本無此五字

必由乎此 閩監毛本同惠棟挍宋本乎作於

玉杯象箸之等 閩本同監毛本箸作著案作箸是也

唯有民隊塗炭淫於妹嬉之事 惠棟挍宋本同閩本隊作墜監毛本隊作墜嬉作喜

賢者狎而敬之節

雖有貴戚近習 閩監毛本同岳本同嘉靖本同案釋文出貴慼云音戚本亦作戚正義本作戚

晉咎犯 閩監毛本同岳本同惠棟挍宋本咎作舅嘉靖本同宋監本同案作咎者釋文本也作舅者正義本也今正義本亦作咎則後人依釋文改之疏中舅字尚仍其舊衞氏集說亦作晉舅犯。凡宋監本與監本同者不載

彼已俱疑而已成言之 閩監毛本同嘉靖本同惠棟挍宋本已作巳宋監本同岳本同案巳已二字不同惟唐石經及宋本不誤此本以下率混作之此當作巳下已若不疑同後可意會者不出

賢者至勿有 惠棟挍宋本無此五字

賢是有德成之稱 閩監毛本同浦鏜謂成字衍從衞氏集說也

不在四科而子路入四科 監毛本如此此本而上誤閒一。閩本同

憎謂已所嫌慢 閩監毛本同惠棟挍宋本已作已考文云宋板慢作恨

若祁奚知其解狐是也 惠棟挍宋本同閩監毛本其下有仇字

今謂已有畜積 惠棟挍宋本同已作巳閩監毛本畜作蓄案古蓄多作畜

鄭國飢子皮貸民粟戶一鍾 閩監毛本同浦鏜挍飢改饑鐘改鍾案五經文字云饑穀不熟飢餓也經典或借用飢字是飢饑二字通也

有害以否 惠棟挍宋本同閩監本以作與毛本作於案以與於一聲之轉詩擊鼓不我以歸鄭箋以猶與也儀禮鄉射各以其耦進鄭注今文以爲與以古文與今文於誤字。按唐人正義多作以否

而有小小閱很 閩本同惠棟挍宋本同監毛本而作如案而如一聲之轉古通用

不知爲不知也 閩監毛本同惠棟挍宋本也上有是知二字考文引宋板不知也下有是知也三字

若夫節

晉士匄 閩監毛本同岳本同嘉靖本同釋文出士丐云本亦作匄正義本亦作匄是也丐別爲一字音彌兗切

若夫至從俗 惠棟挍宋本無此五字

退而蒐乘 此本乘字模糊監毛本作乘閩本作集非

齊侯還卒 閩本同監毛本還作環是也

故云不可常也 惠棟挍宋本作也此本也誤云閩監毛本同

夫禮者節

夫禮至往教　惠棟挍宋本無此五字

女君爲妾若報之則太重　惠棟挍宋本同閩監毛本報誤服案喪服有報程瑤田云報者同服相爲之名是故以期報期以大小功報大小功以緦報緦無此重彼輕之殊故謂之報三本不知報義妄改爲服誤甚

是決嫌疑者孔子之喪　閩監毛本同惠棟挍宋本嫌下有也字無疑者二字是也衛氏集說同

若主人未斂　閩監毛本同考文引宋板斂上有小字。按檀弓有小字

不辭費者　閩監毛本同惠棟挍宋本無者字

禮以文飾　閩監毛本同考文引宋板以下有爲字。按當作文下有爲字考文誤

禮聞來學不聞往教　惠棟挍宋本此節以上爲第一卷卷末標禮記正義卷第一終案各本俱六十三卷故無此標題惠棟又記云凡十三頁

道德仁義節　惠棟挍宋本自此節起至幼子常視毋誑節止爲第二卷卷首題禮記正義卷第二

分爭辨訟　石經同嘉靖本同閩監毛本辨作辯岳本同釋文出辯訟衛氏集說亦作辯案五經文字云辯理也辨別也經典或通用之此注辨訓別固當以辨爲本字也

涖官行法　石經同宋監本同岳本同嘉靖本同閩監毛本法作灋衛氏集說同案釋文不爲灋字作音是亦作法不作灋盧文弨挍云此書不應用周官字俱當作法爲是

供給鬼神　閩監毛本同石經同岳本同嘉靖本同釋文出共給云本或作供正義本作供賈誼新書禮篇亦作供給。按供給字古亦借共字爲之

是以君子恭敬撙節退讓以明禮　各本同案說文無撙字錢大昕云撙當爲剸說文剸減也又荀子不苟篇恭敬繜屈仲尼篇尊貴之則恭敬而僔其義皆與撙同。按剸撙古今字

撙猶趨也　段玉裁云案趨同趣疾也當音促非趨走之趨

鸚鵡能言　閩監毛本同石經同岳本同嘉靖本同釋文出嬰母云本或作鸚鵡正義本作鸚鵡。按說文作鸚鴞

不離禽獸　閩監毛本同石經同岳本同釋文出禽獸云盧本作走獸案正義云鸚鵡不曰獸而猩猩通曰禽是正義本從作禽之證

是故聖人作　閩監毛本同岳本同嘉靖本同衛氏集說同石經故作以考文引古本足利本同

道德至禽獸　惠棟挍宋本無此五字

不用禮無由得成　惠棟挍宋本作禮此本禮誤理閩監毛本同

小異大同分爭辨訟　閩監本同惠棟挍宋本同毛本分上有。

爭則萬事通名　惠棟挍宋本有爭字此本脫爭字閩監毛本同

是學職事爲官也　閩監毛本同惠棟挍宋本官作宦案此本注疏中宦字皆作官即經文宦字亦爲有修改疑初是官字後改作宦若閩監毛本則皆作宦唯此一字尚仍作官也

祠謂報塞　惠棟挍宋本同閩監毛本塞作賽案文選勸晉王牋云西塞江源李善注塞謂報神恩也後漢書曹節傳云詔大官給塞具李賢注塞報祠也是古報賽通作邊塞字。按周禮注正作塞塞賽古今字

既道德仁義巳下　閩監毛本同浦鏜挍既作自

今交阯封谿縣　閩監本同毛本阯作趾案交趾古通作交阯說文無趾字爾雅釋木注交阯釋文云本亦作趾

以禽作六摯　閩監毛本作摯此本摯誤鷙考文引宋板作贄五經文字云摯握持也經典通以爲執摯之摯與贄同。按依說文當作埶假借作摯

禽者鳥獸之總名　按白虎通是也王用三驅失前禽則驅者亦曰禽矣

太上貴德節

太上貴德　衛氏集說亦作太閩監毛本太作大石經同岳本同嘉靖本同案釋文出大云音泰五經文字大爲太假借字經典通用。按大太古今字

負販者尤輕恌志利　閩監毛本作恌岳本同嘉靖本同此本恌誤桃釋文作佻

宜若無禮然　惠棟挍宋本同宋監本同岳本同嘉靖本同衛氏集說同閩監毛本然誤焉考文引古本足利本亦作然

太上至不僻　惠棟挍宋本無此五字

故詩緯含神務　閩監毛本同惠棟挍宋本務作霧不誤

皇道帝德非朕所事　惠棟挍宋本作事此本事誤專閩監毛本同

人生十年曰幼節

二十曰弱冠三十曰壯有室　閩監毛本同岳本同嘉靖本同石經二十作廿三十作卅案說文廿二十并也卅三十并也古文省。按段玉裁云廿讀如入卅讀如颯秦刻石文如是并爲一字則不讀爲兩字也

六十曰耆　石經作耆岳本嘉靖本監毛本並同此本耆誤耆閩本同五經文字云耆從老省從旨今或作老下目非則知作耆俗字其來巳久衛氏集說亦作耆

八十九十曰耄　閩監毛本同岳本嘉靖本同石經耄作耄衛氏集說同釋文出八十九十曰旄云本又作耄注同案耄正字耄俗字旄假借字正義本當從作耄釋文又云本或作八十曰耄九十曰旄後人妄加之錢大昕云曲禮有曰耄二字者當是古本而陸氏以爲後人妄加蓋失之矣臧琳經義雜記鄭注本則無曰耄二字故曲禮注不解耄字或又益之鄭本陸氏所以斥爲妄加也案疏云人或八十而耄或九十而耄故並言二時是正義本無曰耄二字。按宋監本作耄後同依說文當作𦒷從老蒿省聲

耄惛忘也　監毛本同岳本同閩本惛作昏案衛氏集說亦作耄惛忘也嘉靖本惛作惽

亦明君貪賢　閩監毛本同岳本同惠棟挍宋本貪作尊嘉靖本同儀禮經傳通解同案考文引古本足利本亦作尊

人生至其制　惠棟挍宋本無此五字

九年教之數日　惠棟挍宋本作日此本日誤目閩監毛本同

冠禮云棄爾幼志　閩監毛本同衛氏集說同惠棟挍宋本禮作義案棄爾幼志四字見儀禮士冠禮禮記冠義無之宋本非也

十五巳下　閩監毛本同惠棟挍宋本巳作以案以與巳字本同見檀弓下注詩文王傳帝乙巳上

論其四面穹隆則宮　案則下脫曰字

參天兩地而倚數焉　閩監毛本如此此本地下誤衍而地二字倚誤奇案易說卦釋文蜀才本作奇此非用別本但偏旁省耳

年者既艾　閩監毛本同浦鏜云北史作堯年耆艾

賀瑒云　閩監毛本作瑒此本瑒誤場

故引宗子之父也　閩監毛本同浦鏜挍云引當云字誤

廣樹之功　閩監毛本如此此本樹上誤隔一〇。考文云宋板作廣遠樹之功

老巳耄而可尊敬　閩監毛本同衛氏集說而作則

人年百歲　閩監毛本同考文引宋板年作生

安車坐乘若今小車者　閩監本同毛本安誤坐考文引宋板作安

謀於長者節　惠棟云宋本此節經長者問至凡爲人子者節疏不敢以成尊比踰於父止闕

几可以扙已　閩本同監毛本扙作扶衛氏集說同

故於謀議之時將就也　閩監毛本將作持考文引宋板作將正德本同

凡爲人子之禮節

安定其牀衽也　閩監毛本作衽此本衽誤在岳本安定作定安嘉靖本同考文引宋板同通典六十八同案以安其牀衽訓定字與以問其安否何如訓省字文法同岳本爲是正義亦云定安也

四角里先生閩本同監毛本角作甪盧文弨禮記音義攷證云甪係俗字宋本作角李匡乂資暇錄云漢四皓其一角里先生角音祿今多以覺音呼誤也至於改角里爲甪里則益謬矣案今所刻隸釋有四老神坐机作角里乃沿俗誤寫非必本來如此

四皓果來舍建城侯所閩本同監毛本城作成下乃說建城侯同案建成侯呂澤也今史記漢書成字俱無土旁

夫爲人子者三賜不及車馬節

車馬而身所以尊者備矣閩監毛本同岳本同嘉靖本同考文引古本足利本車馬上有受字衞氏集說同

不敢重受賜者心也如此閩監毛本亦誤作重受此本賜誤賜此誤北考文引宋板古本足利本作受重岳本嘉靖本同案受重與疏合

執友志同者閩監毛本同岳本同嘉靖本同考文引古本足利本志上有執字案執志同者與疏合

見父之執閩監毛本同石經同岳本同考文引古本足利本執下有友字案疏云父之執謂執友是正義本執下亦無友字

夫爲至行也惠棟挍宋本無此五字

受是已到之日閩監毛本同考文引宋板日作目

云三賜不及者閩監毛本同考文引宋板不及作三命

是其命賜相將也監毛本作相將此本相將二字倒閩本同

以代其勞公羊莊元年疏引作以代其步

內懷仁德公羊疏引作內懷至仁

使其專行閩監毛本行作征公羊疏引作使得專征

以歸祭祀公羊疏引作使之祭祀

鄭司農以周禮九命與九賜是一也閩監本同毛本周誤九

而云三命之賜者閩監毛本云誤亡惠棟挍宋本作云考文引宋板作云並與此本同毛本三字闕上二畫似一字

其物終必受之閩監毛本同惠棟挍宋本物作賜

去王城百里置遠郊惠棟挍宋本作百里置此本里字脫閩監毛本脫置字毛本去誤云

事長次弟之名閩監毛本弟作第案說文次弟字本作弟

絅繆切瑳閩監毛本瑳作磋案磋字說文所無陸氏大學釋文亦作如瑳然大學經疏自作磋此處正義或從瑳二字亦通用也

故稱信也熊氏云閩監毛本熊氏上誤隔一○考文引宋板與此本同

夫爲人子者出必告節

恒言不稱老恒字闕筆閩本同監本作恆毛本作恒岳本作恒石經此恒字漶滅以他處定之此恒字亦當作恒顧炎武謂避穆宗諱是也此本尚沿其缺筆耳

以二十未合有子閩監毛本作合此本合誤今

則正差退而鴈行也閩監本同毛本鴈作雁下鴈行同案依說文當從雁段玉裁云許意隹部雁爲鴻雁鳥部鴈爲鵝

爲人子者居不主奧節

道有左右此本左字闕閩監毛本作左通典六十八左誤宅

爲其失子之道閩監毛本同岳本同衞氏集說無之字嘉靖本同宋監本同

不臨深閩監本同石經同岳本同毛本深作㴱五經文字云㴱說文深經典相承隸省○按依說文當作𥥍𥥍㴱古今字說詳段玉裁說文注

不苟笑閩監毛本同岳本作笑石經作笑案說文竹部笑解闕五經文字笑從竹下犬九經字樣謂笑本字笑經典相承

爲人至苟笑惠棟挍宋本無此五字

人之性不欲見毀訾閩監本同岳本嘉靖本同衞氏集說同毛本欲誤敢考文引宋板古本足利本亦作欲通典六十八同

常推尊者于閒樂無事之處閩監本同毛本閒作間案閒間古通用顏氏家訓書證篇云古無二字又多假借以中爲仲以閒爲閑如此之類亦不勞改是也

故尊者居必主奧也閩監毛本同考文引宋板主作至按至字非

東北隅謂之宧惠棟挍宋本同閩監毛本宧誤宦

東南隅謂之窔惠棟挍宋本有南字此本南字脫閩監毛本同

大夫士或相往來閩監毛本同考文引宋本來作者

孝子不服闇節

闇冥也閩監毛本同岳本嘉靖本同釋文出瞑云本亦作冥正義本從作冥通典六十八亦作冥也

男女夜行以燭閩監毛本同岳本同衞氏集說同考文引古本足利本男上有禮字通典六十八禮字亦無

死爲報仇讎閩監毛本如此岳本嘉靖本同衞氏集說同此本讎誤有考文引古本爲作謂

孝子至私財惠棟挍宋本無此五字

自謹慎其身不許友以死閩監本同毛本死誤私考文引宋板作死是也

爲其友報仇讎親存存須供養閩監毛本親上有也字存字不重是也

白虎通云親友之道不得行者閩監毛本同浦鏜挍謂親爲朋誤道下脫親在二字

爲人子者父母存節

冠衣不純素閩監毛本同岳本同石經純字缺筆作紃後同顧炎武云避憲宗諱

爲人至純素惠棟挍宋本無此五字

具父母大父母存冠衣純以繢閩監毛本作繢此本繢作貴省去糸旁非也浦鏜云存字衍○按浦鏜是也否則與深衣不合

孤子當室節

孤子至純采惠棟挍宋本無此五字

指謂當室閩監毛本同考文引宋板當室下有者字

幼子常視毋誑節

幼子至裘裳惠棟挍宋本無此五字

故曾子見啼妻云監毛本作妻此本妻誤䇳閩本同衞氏集說不誤

以物示人單作示字閩監本同毛本以誤於

所習嚮尊者屏氣也惠棟挍宋本此下另行標禮記正義卷第二終又記云凡十九頁

附釋音禮記注疏卷第二

曲禮上

禮記　　鄭氏注　　孔穎達疏

從於先生。不越路而與人言。尊不二也先生老人教學者○從才用反下皆同

遭先生於道。趨而進。正立拱手。爲有教使○拱俱勇反

先生與之言則對。不與之言則趨而退。爲其不欲與已並行

從長者而上丘陵。則必鄉長者所視。爲遠視不察有所問○上時掌反下同【疏】從於至所視○正義曰此一節明事師長之禮并自恭謹之法今各隨文解之○從於先生者謂從行時先生師也謂師爲先生者言彼先已而生其德多厚也自稱爲弟子者言已自處如弟子則尊師如父兄也故公西華子夏之徒荅孔子皆自稱弟子也雷次宗以爲師如父兄故自稱弟子也今明若從師行不得輒往路傍與他人言也而論語云有酒食先生饌則先生之號亦通父兄崔靈恩云凡言先生謂年德俱高又教道於物者凡云長者直以年爲稱也凡言君子者皆爲有德尊之不據年之長幼故所稱不同也○遭先生至拱手者此明道路與師長相逢之法遭逢也趨疾也拱手見師而起敬故疾趨而進就之也又不敢斥問先生所爲故正立拱手而聽先生之教○注先生老人教學者○正義曰案書傳略說云大夫士七十而致仕大夫爲父師士爲少師教於周禮鄉射注云先生鄉大夫致仕者此云老人教學者則通凡老而教學者是未必皆致仕者○與之言則對者此謂問時事之言則對若問已大事則辭讓然後對故前文云長者問不辭讓而對非禮也○則必鄉長者所視者長者東視則東視長者西視則西視從先生君子亦然

登城不指。城上不呼。爲惑人○呼火故反號叫也

將適舍。求毋固。謂行而就人館固猶常也求主人物不可以舊常致時之無周禮土訓辨地物原其生以詔地求其類

將上堂。聲必揚。警內人也○警京領反【疏】將適舍求毋固○正義曰此以下雖從師長兼明爲賓客禮也適猶往也舍主人家也固猶常也凡往人家不可責求於主人覔常舊有之物故曰求毋固也○注周禮至其類○正義曰案地官土訓職云辨地物鄭注云別其所有所無原其生生有時以告王之求也若地所無及物未生則不求與此相類也故引之證求毋固也

戶外有二屨。言聞則入。言不聞則不入。將入戶。視必下。入戶奉扃。視瞻毋回。不干掩人之私也奉扃敬也○屨紀具反單下曰屨聞音問又如字下同視常止反下同徐音示沈又市志反扃古螢反何云關也一云門扃上鐶鈕瞻毋徐音如字

戶開亦開。戶闔亦闔。不以後來變先○闔胡臘反

有後入者。闔而勿遂。示不拒人○拒其許反

毋踐屨。毋踖席。摳衣趨隅。必慎唯諾。趨隅升席必由下也慎唯諾者不先舉見問乃應○踖在亦反一音席蹴也摳苦侯反提也下及注同趨七俱反向也注同本又作走徐音奏又如字唯于癸反應辭也注同徐于比反沈以水反諾乃各反應應對之應【疏】戶外至唯諾○正義曰此一節明謂室有兩人故戶外有二屨此謂兩人體敵故二屨在外知者以鄉飲酒無筭爵賓主皆降脫屨於堂下以體敵故也若尊卑不同則長者一人脫屨於戶內故少儀云排闔脫屨於戶內者一人而已矣是也案屨人注云複下曰舄禪下曰屨古人言屨以通於複今世言屨以通於禪如鄭此言古人之言無問禪之與複皆名爲屨今人言屨正謂禪者也○言聞則入言不聞則不入者若一屨有一人人無非法之私事則外人可即入若有二屨二屨是有二人或清閑密事若內人語聞於戶外則外人乃可入也熊氏以爲一人之屨在戶內其戶外有二屨則三人也下文云離坐離立無往參焉則知戶內二人不得參之故知戶外有二屨者當有三人義亦通也○將入戶視必下者雖聞言而入亦不得舉目而視恐覩人私故必下○入戶奉扃者奉扃之說事有多家今謂禮有鼎扃所以關鼎今關戶之木與關鼎相似亦得稱扃凡常奉扃之時必兩手向心而奉之今入戶雖不奉扃木其手若奉扃然以其手對戶若奉扃言恭敬故言奉扃也是以注云奉扃敬也○視瞻毋回者初將入時視必下而竟不得迴轉廣有瞻視也○戶開亦開者既入戶不以後來變先若戶本開則今入者不須闔也○戶闔亦闔者戶若本闔則今入者不須開也○有後入者闔而勿遂者有後人者謂已於先入後猶有人又應入者也雖已應還闔當徐徐欲作闔勢以待後入不得遂闔以成拒後人故注云示不拒人○毋踐屨者踐蹋也既並脫屨戶外其人或多若後進者不得蹋先入者屨○毋踖席者踖猶躐也席既地鋪當有上下將就坐當從下而升當已位上不發初從上從上爲躐席也玉藻云升席升席不由前爲躐席也熊氏以爲踖席猶逆席逆席謂從上升故鄭云必由下玉藻所云者自是不由席前升與此別○摳衣趨隅者摳提也衣裳也趨猶向也隅猶角也既不踖席當兩手提裳之前徐徐向席之下角從下而升當已位而就坐也○必慎唯諾者唯吟也吟諾應對也既坐定又慎於應對○注趨隅至乃應○正義曰案鄉飲酒云賓升席自西方注云升由下也升必中席彼謂近主人爲上故以主西爲之下凡席皆升由下降由前云慎唯諾者不先舉見問乃應者舉猶問也謂不先問也

大夫士出入君門。由闑右。臣統於君闑門橛○闑魚列反橛也橛求月反門中木

不踐閾。閾門限也○閾于逼反一音況域反【疏】大夫至踐閾○正義曰此一節明大夫士出入君門之法門以向堂爲正右在東故盧注檀弓下云門以向堂爲正主人位在門東客位在門西今此大夫士是臣臣皆統於君不敢自由賓故出入君門恒從闑東也其士之朝位雖在西方東面入時仍依闑東其大射注云左則由闑西者汎解賓客入門之法也○不踐閾者閾門限也出入不得踐履門限所以爾者一則自高二則不淨並爲不敬

凡與客入者。每門讓於客。下賓也敵者迎於大門外聘禮曰君迎賓於大門內○下遐嫁反

客至於寢門。則主人請入爲席。爲猶敷也雖君亦然○敷芳夫反

然後出迎客。客固辭。又讓先入

主人肅客而入。肅進也進客謂道之○道音導

主人入門而右。客入門而左。右就其右左就其左

主人就東階。客就西階。客若降等。則就主人之階。降下也謂大夫於君士於大夫也不敢輙由其階卑統於尊不敢自專

主人固辭。然後客復就西階。復其正○復音服後此音更不重出

主人與客讓登。主人先登。客從之。拾級聚足。拾當爲涉聲之誤也級等也涉等聚足謂前足躡一等後足從之併○拾依注音涉級音急階等躡女攝反併步頂反

連步以上。重蹉跌也連步謂足相隨不相過也○上時掌反下皆同重直勇反徐治恭反蹉本亦作差同七何反跌大結反過古臥反後不音者放此

上於東階。則先右足。上於西階。則先左足。近於相鄉敬【疏】凡與至左足○正義曰此一節明賓與主人送迎相讓及升堂行步之法各隨文解之○言凡者通貴賤也每門者天子五門諸侯三門大夫二門客敵者主人出門外迎客主人輒先讓不先人故曰每門讓於客也貴賤禮不並存且諸侯自相爲賓之禮凡賓主各有副賓副曰介主副曰擯及行人若諸侯自行則介各從其命數至主國大門外主人及擯出門相接若主君是公則擯者五人侯伯則擯者四人子男則擯者三人所以不隨命者謙也故並用強半之數也賓若是公來至門外直當闑西去門九十步而下車當軹北鄉而立鄭注考工記云軹轂末也其侯伯立當前疾[illegible]下此子男立當衡注衡謂車軛其君當軫而九介立在公之北邐迤西北並東嚮而列主公出直闑東南西嚮立擯在主人之南邐迤東南立並西嚮也使末擯與末介相對中間傍相去三丈六尺列擯介既竟則主君就賓求辭所以須求辭者不敢自許人來詣已恐爲他事而至故就求辭自謙之道也求辭之法主人先傳求辭之言與上擯上擯傳以至次擯次擯繼傳以至末擯末擯傳與賓末介末介以次繼傳上至於賓賓荅辭隨其來意又從上介而傳下至末介末介又至[illegible]末擯末擯傳相次而上至於主人傳辭既竟而後進迎賓[illegible]門知擯介朝位如此者大行人職文又知傳辭拜迎賓前[illegible]門者司儀職文其傳辭司儀之交擯也其列擯介傳辭委[illegible]鄉聘禮文若諸侯使卿大夫相聘其介與主位則大行人[illegible]之大夫之禮各下其君二等鄭注云介與朝位是也主君[illegible]立擯數如待其君其有異者主君至大門而不出限南面[illegible]列也若公之使亦直闑西北嚮七介而去門七十步侯伯[illegible][illegible]五介而去門五十步子男使三介而去門三十步上擯[illegible][illegible]外闑東南西嚮陳介西北東面邐迤如君自相見也而[illegible][illegible]介擯相對亦相去三丈六尺陳擯介竟則不傳命而上擯進至末擯間南揖賓賓亦進至末介間上擯與賓相去亦三丈六尺而上擯揖而請事入告君君在限內後乃相與入也知者約聘禮文不傳辭司儀及聘禮謂之旅擯君自來所以必傳命者聘義云君子於其所尊弗敢質敬之至也又若天子春夏受朝宗則無迎法受享則有之故大行人云廟中將幣三享鄭云朝先享不言朝者朝正禮不嫌有等也若秋冬覲遇一受之於廟則亦無迎法故郊特牲云覲禮天子不下堂而見諸侯明冬遇依秋也此云凡與客入者謂燕也故下文云至寢門謂燕在寢也若相朝饗食皆在廟○每門讓於客者每門讓於客自謙下敬於賓也○注迎於至門內○正義曰迎於大門外證敵者則主人自出聘禮云君迎賓於大門內者證不敵者主人不出門也使者是彼臣故主君迎至門內而不出也客至於寢門則主人請入爲席寢門最內門也謂客與主人入至主人內門也主人請入爲席者爲猶敷也客至於內門而主人請先獨入敷席也然主人嚮已應正席今客至

門方請先入敷席者其意有二一則自謙示不敢逆設席以招賢也二則重慎更宜視之○注雖君亦然○正義曰知君迎臣君亦先入者案聘禮云及廟門公揖入于中庭是也若敵者則更出迎其不敵則不出迎故聘禮云立於中庭注不復出如此得君行一臣行二是也聘禮君使卿歸饔餼於賓賓迎於門外及廟門賓揖俱入是敵禮不重出迎者尊主君之命不敢當也聘禮賓見主國大夫及廟門大夫揖入不出迎者尊聘君之命不敢當也○然後出迎客者入鋪席竟後更出迎客也○客固辭者固如故也禮有二辭初曰禮辭再日固辭三曰終辭主人入鋪席竟出而迎客再辭不先入也○主人肅客而入者肅進也謂先導之也客以再辭故主人進道客也故公食大夫禮云公揖入賓從是也○客若降等則就主人之階者降等卑下之客也不敢亢禮故就主人階是繼屬於主人○注降下至自事○正義曰謂大夫於君士於大夫者此大夫於君大夫謂他國大夫也案聘禮云公迎賓賓不就主人階公食大夫禮公迎賓賓入門左注云左西方此皆是降等不就主人階者以聘禮及公食大夫禮並奉己君之命不可苟下主人故從客禮也若君燕於臣命宰夫爲主人則主人與賓皆從西階升與此異也案聘禮賓面主國大夫他國大夫是敵禮賓亦入門右鄭注見私事雖敵賓猶謙入門右爲若降等然○主人與客讓登者客主至其階又各讓不先升也○主人先登者讓必以三三竟而客不從故主人先登亦肅客之義不言三者略可知也○客從之者言主人前升至第二級客乃升中較一級故云從之也公食禮云公升二等賓升是也案燕禮大射賓先升者公以宰夫爲主人賓尊也故下注云賓每先升尊也案聘禮君使卿歸饔餼於賓館卿升一等賓從於時賓爲主人不先升者卿銜主君之命尊故先升也至於賓設禮擯卿賓升一等大夫從升者以賓作主人故也拾級聚足者此上階法也拾涉也級等也聚足謂每階先舉一足而後足併之不得後過前也涉等聚足謂前足躡一等後足從而併之也○連步以上者上上堂也在級未在堂後足不相過故云連步也涉而升堂故云以上○**帷薄之外不趨。**不見尊者行自由不爲容也入則容行而張足曰趨○帷位悲反帷幔也薄平博反簾也**堂上不趨。**爲其迫也堂下則趨○爲于僞反下並同迫音伯**執玉不趨。**志重玉也聘禮曰上介授賓玉於廟門外○介音界**堂上接武。**武迹也迹相接謂每移足半躡之中人之迹尺二寸**堂下布武。**武謂每移足各自成迹不相躡**室中不翔。**又爲其迫也行而張拱曰翔**並坐不橫肱。**爲害旁人○並如字又步頂反後放此肱古弘反**授立不跪。授坐不立。**爲煩尊者俛仰受之○跪求委反本又作危授坐本又作俛仰〔疏〕帷薄至不立○正義曰此一節言趨步授受之儀帷幔也薄簾也趨謂行而張足疾趨而行敬也貴賤各有臣吏故其敬褻亦各有遠近也禮天子外屏諸侯內屏卿大夫以簾士以帷外屏門外爲之內屏門內爲之邦君樹塞門是也臣來朝君至屏而加肅敬屏外不敬故不趨也今言帷薄謂大夫士也其外不趨則內可趨爲敬也此帷薄外不趨謂平常法也若祭祀之禮爾雅云室中謂之時堂上謂之行堂下謂之步門外謂之趨中庭謂之走大路謂之奔知爾雅是祭祀者以召誥云王朝步自周則至于豐注云告文王廟告文王則告武王可知出廟入廟不以遠爲文是也若迎賓則樂師云行以肆夏趨以采齊行謂大寢之庭至路門趨謂路門至應門○堂上不趨者亦謂不疾趨堂上迫狹故也下階則趨故論語云沒階趨進翼如也然論語云是孔子見於君也執玉不趨者執玉須慎不論堂之上下皆不疾趨也若張足疾趨則或跌跌失玉故不趨注云聘禮曰上介授賓玉於廟門外者引證賓有執玉於堂下時也賓當進聘故上介授賓玉於主人廟門外賓執玉進入門內不疾趨而爲徐趨徐趨者則玉藻云圈豚行不舉足齊如流注云孔子執圭則然也又云執龜玉舉前曳踵蹜蹜如也注云著徐趨之事疾趨者則玉藻云疾趨則欲發而手足毋移注云疾趨謂直行也疏數自若毋移欲其直且正也堂上接武者武跡也既不欲疾趨故跡相接也鄭云每移足半躡之王云足相接也庾云謂接則足連非半也武跡相接謂每移足半躡之也中人跡一尺二寸半躡之是每進六寸也○堂下布武者鄭謂每移足各自成跡不相躡王云謂跡間容足若間容足則中武王說非也○授立不跪者謂尊者立之時卑者以物授尊者不得跪煩尊者俯俛若尊者形短雖卑者得跪以授之故少儀云受立授立不坐性之直者則有之也注云尊者短則跪不敢以長臨之是也

○凡爲長者糞之禮必加帚於箕上。如是得兩手奉箕恭也謂初執而往時也弟子職曰執箕膺擖厥中有帚○爲于僞反擖本又作糞徐音奮帚席前曰擖帚之手反箕音基膺於陵反葉如字箕舌**以袂拘而退。其塵不及長者。**謂埽時也以袂擁帚之前埽而卻行之○袂武世反衣袖末拘古侯反徐音俱謂埽先報反又先早反擁於勇反**以箕自鄉而扱之。**扱讀曰吸謂收糞時也箕去弃物以鄉尊者則不恭○扱依注音吸許急反斂也去丘呂反下注同**奉席如橋衡。**橫奉之令左昂右低如有首尾然橋井上㮰槔衡上低昂○橋居廟反令力呈反卬本又作昂又作仰同五剛反又魚丈反下同㮰本又作契又作絜同音結槔古毫反絜皐依字作桔橰見莊子**請席何鄉。請衽何趾。**順尊者所安也衽臥席也坐問鄉臥問趾因於陰陽○衽而審反趾音止**席南鄉北鄉。以西方爲上。東鄉西鄉。以南方爲上。**布席無常此其順之也上謂席端也坐在陽則上左坐在陰則上右○坐才臥反又如字〔疏〕凡爲至爲上○正義曰此一節明爲尊者埽除布席之儀各隨文解之必加帚於箕上者謂初持箕往時也以帚加置箕上兩手舉箕也○注弟子職曰執箕膺擖厥中有帚○正義曰證加帚箕上弟子職者管子之書篇名也其書述爲弟子職也膺胷前也擖箕舌也厥其也言執箕之禮以箕舌鄉胷而帚置於箕中箕是棄物之器故不持鄉尊也○以袂拘而退者謂埽時也袂衣袂也退遷也當埽時卻遷以一手捉帚又舉一手衣袂以拘障於帚前且埽且遷故云拘而退○以箕自鄉而扱之者扱斂取也謂以箕自鄉斂取糞穢亦不以箕鄉尊也○注扱讀曰吸○正義曰必讀扱爲吸者以其穢物少吸然則盡不得爲一扱再扱故讀從吸也○奉席如橋衡者所奉席頭令左昂右低如橋之衡衡橫也左尊故昂右卑故垂也但席舒則有首尾卷則無首尾此謂卷席奉之時故注云如有首尾然言如有則實無首尾至於舒席之時則有首尾故公食禮云莞席尋卷自末注云末終也終則尾也○請席何鄉請衽何趾者既奉席來當隨尊者所欲眠坐也席坐席也鄉面也衽臥席也趾足也坐爲陽面亦陽也坐故問面欲何所鄉也臥是陰足亦陰也臥故問足欲何所趾也皆從尊者所安也○注衽臥席也○正義曰案昏禮同牢禮畢將臥云御衽於奧媵衽良席有枕北趾此是衽爲臥席也○席南鄉北鄉以西方爲上者謂東西設席南鄉北鄉則以西方爲上頭也所以然者凡坐隨於陰陽若坐在陽則貴左坐在陰則貴右南坐是陽其左在西北坐是陰其右亦在西也俱以西方爲上○東鄉西鄉以南方爲上者謂南北設席皆以南方爲上者坐在東方西鄉是在陽以南方爲上坐若在西方東鄉是在陰亦以南方爲上亦是坐在陽則上左坐在陰則上右此據平常布席如此若禮席則不然案鄉飲酒禮注云賓席牖前南面主人席阼階上西面介席西階上東面與此不同是也

若非飲食之客。則布席。席間函丈。謂講問之客也函猶容也講問宜相對容丈足以指畫也飲食之客布席於牖前丈或爲杖○函胡南反丈如字丈尺之丈王肅作杖畫胡麥反牖羊九反○**主人跪正席。**雖來講問猶以客禮待之異於弟子**客跪撫席而辭。**撫之者答主人之親正**客徹重席。主人固辭。**徹去也去重席謙也再辭曰固○重直龍反注同再辭曰固一本作曰固辭**客踐席。乃坐。**客安主人乃敢安也講問宜坐**主人不問客不先舉。**客自外來宜問其安否無恙及所爲來故○恙羊尚反爾雅云恙憂也爲于僞反下同**將即席。容毋怍。**怍顏色變也○怍才洛反慙也**兩手摳衣去齊尺。**齊謂裳下緝也○齊音咨注同本又作齋緝七立反**衣毋撥。**撥發揚貌○撥半末反發揚**足毋蹶。**蹶行遽貌○蹶本又作蹷居衛反又求月反行急遽貌遽其據反〔疏〕若非至毋蹶○正義曰此一節明客主之禮儀云若非飲食之客者飲食之客謂來共飲食者非飲食客謂來講問者布席謂舒之令相對若飲食之客不須相對若講問之客布席相對須講說指畫使相見也○席間函丈者函容也既來講說則所布兩席中間相去使容一席之地足以指畫也文王世子云侍坐於大司成遠近間三席席之制三尺三寸三分寸之一則三席是一丈故鄭云容丈也○注講問至爲杖○正義曰凡飲食燕饗則賓位在室外牖前列筵南嚮不得布席相對相對者唯講說之客耳不在牖前或在於室云丈或爲杖者王肅以爲杖言古人講說用杖指畫故使容杖也然二家可會○主人跪正席者客雖來講問而主人宜敬故跪而正席示親客之來也雖來講問猶以客禮待之異於弟子也○客跪撫席而辭者撫謂以手按止之也客跪以手按止於席而辭不聽主人之正席也撫之者答主人之親正席也○客徹重席者禮器云諸侯三重大夫再重又鄉飲酒之禮公三重大夫再重是尊者多卑者少故主人爲客設多重席客謙而自徹也○主人固辭者固辭再辭止客之徹也然尊卑有數而客必徹之者既言講說本以德義相接不以尊卑爲用故雖尊猶自徹也客踐席者循履也客起徹重席主人止之故客還履席將坐○乃坐者主人待客坐乃坐也○主人不問客不先舉者舉亦問也客從外來宜問路中寒熱無恙若主人未問則客不可先問也爾雅釋詁云恙憂也○將即席容無作者此明弟子講問初來之法即就也作顏色變也初將來就席顏色宜莊不得變動顏色○兩手摳衣去齊尺者摳提挈也衣謂裳也齊是裳下緝也亦謂將就席之時以兩手當裳前提挈裳使起令裳下緝去地一尺恐衣長轉足躡履之足毋蹶者蹶行急遽貌也亦謂客初至之時勿得以爲行遽恐有蹶躓之貌也**先生書策琴瑟在前。坐而遷之。戒**

勿越。廣敬也在前謂當行之前。○奘本又作策初革反編簡也。虛坐盡後。謙也。○盡津忍反後放此。食坐盡前。爲汙席。○汙汙辱之汙又一故反後放此。坐必安。執爾顏。執猶守也。長者不及。毋儳言。儳猶暫也非類雜。○儳徐仕鑒反又蒼鑒反又蒼陷反。正爾容。聽必恭。聽先生之言既說又敬。○說音悅。毋勦說。勦猶擥也謂取人之說以爲己說。○勦初交反一音初教反擥取說如字注同徐舒銳反擥徐力敢反。毋雷同。雷之發聲物無不同時應者人之言當各由己不當然也孟子曰人無是非之心非人也。○應應對之應下同。必則古昔。稱先王。言必有依據。侍坐於先生。先生問焉。終則對。不敢錯亂尊者之言。○坐才臥反後放此。請業則起。請益則起。尊師重道也起若今摳衣前請也業謂篇卷也益謂受說不了欲師更明說之子路問政子曰先之勞之請益曰無倦。○卷音眷徐久戀反。○父召無諾。先生召無諾。唯而起。應辭唯恭於諾。○唯于癸反徐于比反注同。○侍坐於所尊。敬毋餘席。必盡其所近尊者之端爲有後來者。○爲于僞反下爲饌同。○見同等不起。不爲私敬。燭至起。異晝夜。食至起。爲饌變。上客起。敬尊者。燭不見跋。跋本也燭盡則去之嫌若燼多有厭倦。○見賢遍反跋半末反去起呂反下風去免去同燼才信反厭於豔反下同。尊客之前不叱狗。主人於尊客之前不敢倦嫌若風去之。○叱尺質反狗古口反風音芳鳳反。讓食不唾。嫌有穢惡。○唾吐臥反穢紆廢反徐烏外反惡烏路反。【疏】先生至不唾。○正義曰此一節明弟子事師子事父之禮各隨文解之。○先生書策者策篇簡也坐亦跪也坐通名跪跪名不通坐也越踰也弟子將行若遇師諸物或當已前則跪而遷移之戒慎勿得踰越廣敬也。○虛坐盡後者凡坐各有其法虛空也空謂非飲食坐也盡後不敢近前以爲謙也玉藻云徒坐不盡席尺是也食坐盡前者謂飲食坐也古者地鋪席而俎豆皆陳於席前之地若坐近後則濺汙席故盡前也玉藻云讀書食則齊豆去席尺是也。○坐必安者凡坐好自搖動故戒之令必安坐執爾顏者執守也久坐好異故必戒之宜如觶者無作顏容也故注云執猶守也。○長者不及毋儳言者長者猶先生也互言耳及謂所及之事也儳暫也長者正論甲事未及乙事少者不得輒以乙事雜甲事暫然雜錯師長之說。○正爾容者正謂矜莊也方受先生之道當正已矜莊也顏容通語耳。○聽必恭者聽師長之說宜恭敬也。○毋勦說者語當稱師友而言無得擥取人之說以爲已語。○毋雷同者凡爲人之法當自立己心斷其是非不得聞他人之語輒附而同之若聞而輒同則似萬物之生聞雷聲而應故云毋雷同但雷之發聲物無不同時而應者人之言當各由已不當然也。○必則古昔者則法也雖不雷同又不得專輒故當必法於古昔之正。○稱先王者既法古昔而所言之事必稱先王先王聖人爲天子者也如孔子說孝經稱先王有至德也言必有所依據。○注人之至人也。○正義曰人之言評議是非須自出己情不當然者然謂如此也謂不當如此隨附他意孟子云人無惻隱之心非人也人無是非之心非人也引之者明是非由己不可一

同餘人請益則起者益謂已受說而不解了更諮問審之也尊師重道也起若今摳衣前請也漢時受學有摳衣前請之法故鄭引證之也。○注子路至無倦。○正義曰子路受師說不了故就孔子請益也案論語云子路問爲政之道孔子荅云爲政先行恩惠後乃可使人爲勞役子路嫌少就孔子更請益孔子荅云但勤行前恩惠之事無倦怠則自足爲政引之者證請益也。○注唯恭於諾。○正義曰父與先生呼召稱唯唯吟也不得稱諾其稱諾則似寬緩驕慢但今人稱諾猶古之稱唯則其意急也今之稱吟猶古之稱諾其意緩也是今古異也。○侍坐於所尊敬毋餘席者謂先生坐一席己坐一席己必坐於近尊者之端勿得使近尊者之端更有空餘之席所以然者欲得親近先生似若扶持然備擬先生有顧問不可過遠且擬後人之來故闕其在下空處以待之。○見同等不起者雖見已之同等後來不爲之起任其坐在下空處所以然者尊敬先生不敢曲爲私敬也。○上客起者上客謂尊者之上客也尊者見之則起故侍者宜從之而起然食與燭至起則尊者不起。○燭不見跋者小爾雅云跋本也然本處也古者未有蠟燭唯呼火炬爲燭也火炬照夜易盡盡則把藏所然殘本所以爾者若積聚殘本客見之則知夜深慮主人厭倦或欲辭退也故不見殘本恒如然未盡也。○尊客之前不叱狗者若有尊客至而主人叱罵於狗則似厭倦其客欲去之也卑客亦當然舉尊爲甚。○侍坐於君子。君子欠伸。撰杖屨。視日蚤莫。侍坐者請出矣。以君子有倦意也撰猶持也。○欠丘劒反伸音身撰仕轉反屨紀具反下同蚤音早莫音暮。侍坐於君子。君子問更端。則起而對。離席對敬異事也君子必令復坐。○離力智反令力呈反。侍坐於君子。若有告者曰少間。願有復也。則左右屏而待。復白也言欲須少空間有所白也屏猶退也隱也。○間音閑注同。○毋側聽。嫌探人之私也側聽耳屬於垣。○探音貪屬之玉反垣音袁。毋噭應。毋淫視。毋怠荒。遊毋倨。立毋跛。坐毋箕。寢毋伏。斂髮毋髢。冠毋免。勞毋袒。暑毋褰裳。皆爲其不敬噭號呼之聲也淫視睇眄也怠荒放散身體也跛偏任也伏覆也髢髲也毋垂餘如髲也免去也褰袪也髢或爲肄。○噭古弔反視如字徐市志反倨音據跛彼義反又波我反徐方寄反髢徒細反髲垂如髲袒徒旱反露也褰起連反爲于僞反下爲妨爲于皆爲爲其爲後同號戶高反本又作啼字呼火故反又如字睇大計反眄莫遍反覆芳伏反髲皮義反袪巨魚反肄以二反餘也。【疏】侍坐至褰裳。○正義曰此一節明卑者事君子之禮。○君子欠伸者君子志疲則欠體疲則伸撰杖屨者則君子自執杖在坐著屨升堂脫之在側若倦則自撰持之也。○視日蚤莫者君子或瞻視其庭影望日蚤晚也。○侍坐者請出矣者禮卑者賤者請進不請退退由尊者是以論語云杖者出斯出矣不敢自專若令見尊者爲上諸事皆是欲起之漸故侍坐者得請出矣。○侍坐於君子者此又明卑侍尊事異於上故又言侍坐也。○君子問更端者更端又別事也謂語已畢更問他事則起而對者事異宜新更敬又起對也。○侍坐於君子者此亦卑事於尊所明既異故更言侍坐。○若有告者曰少間願有復也者間謂請閑也復白也卑者正侍坐於君子而忽有一人來告

君子云欲得君子少時無事清閑己願有所白也。○則左右屏而待者屏退也侍者聞告欲有所白則當各自屏退左右避之不得遠也。○毋側聽者此已下亦是侍君子之法凡人宜當正立不得傾欹側聽人之語嫌探人之私故注云側聽耳屬於垣若側聽則耳屬於垣壁聽旁人私言也。○毋噭應者噭謂聲響高急如叫之號呼也應荅宜徐而和不得高急也。○毋淫視者淫謂流移也目當直瞻視不得流動邪眄也。○毋怠荒者謂身體放縱不自拘斂也。○遊毋倨者遊行也倨慢也身當恭謹不得倨慢也。○立毋跛者跛偏也謂挈舉一足一足蹋地立宜如齊雙足並立不得偏也。○坐毋箕者箕謂舒展兩足狀如箕舌也。○寢毋伏者寢臥也伏覆也臥當或側或仰而不覆也。○斂髮毋髢者髢髲也垂如髲也古人重髮以纚韜之不使垂也。○冠毋免者免脫也常著在首不可脫也。○勞毋袒者袒露也雖有疲勞之事厭患其衣而不得袒露身體。○暑毋褰裳者暑雖炎熱而不得褰袪取涼也然上諸事條目誠侍者左右屏隱之人也既屏隱好生上事或私覘清閑或隔尊自恣故宜兼戒亦可通戒爲人之法也。○侍坐於長者。屨不上於堂。屨賤空則不陳於尊者之側。○上時掌反。解屨不敢當階。爲妨後升者。○妨音芳。就屨。跪而舉之。屏於側。謂獨退也就猶著也屏亦不當階。○著丁畧反。鄉長者而屨。跪而遷屨。俯而納屨。謂長者送之也不得屏遷之而已俯俛也納內也遷或爲還。【疏】侍坐至納屨。○正義曰此一節明解屨著屨之法事異於上故別言侍坐也屨不上於堂者長者在堂而侍者屨賤故脫於階下不著上堂若長者在室則侍者得著屨上堂而不得入室戶外有二屨是也或云恐不得上也戶外有二屨是狎客非須擯通也。○解屨不敢當階者解脫也屨既不上於堂故解之於階下也謂脫爲解者案內則云屨著綦鄭云綦屨繫也又冠禮云黑屨青絇鄭云絇之言拘也以爲行戒狀如刀衣鼻在屨頭案內則注有屨繫之文冠禮有絇如刀衣鼻在屨頭及行戒之間故師說云用物穿屨頭爲絇相連爲行戒也今云解屨是解繫也故隱義云古者屨頭鼻綦繩相連結之將升堂解屨之也不敢當階者謂人與屨並不當階側就階邊而解若留屨置階道爲妨後升也就屨跪而舉之此侍者或獨暫退時取屨法也就猶著也初升時解置階則今下著之先往階側跪舉取之故云就屨跪而舉之。○屏於側者屏退也退不當階也。○鄉長者而屨者此明少者禮畢退去爲長者所送之法也既爲長者所送則於階側跪取屨稍移之面鄉長者而著之故云鄉長者而屨。○跪而遷屨者遷徙也就階側跪取稍移近前。○俯而納屨者納內也既取因俯身向長者而內足著之不跪者若跪則足向後不便故俯也雖不並跪亦坐左納右坐右納左耳。○離坐離立。毋往參焉。離立者不出中間。爲干人私也離兩也。○男女不雜坐。不同椸枷。不同巾櫛。不親授。嫂叔不通問。諸母不漱裳。外言不入於梱。內言不出於梱。女子許嫁纓。非有大故。不入其門。姑。姊。妹。女子子。已嫁而反。兄弟弗與同席而坐。弗與同器而食。皆爲重別防淫亂不

雜坐謂男子在堂女子在房也椸可以枷衣者通問謂相稱謝也諸母庶母也漱澣也庶母賤可使漱衣不可使漱裳裳賤尊之者亦所以遠別也外言內言男女之職也不出入者不以相問也梱門限也女子許嫁系纓有從人之端也大故宮中有災變若疾病乃後入也女子有宮者亦謂由命士以上也春秋傳曰羣公子之舍則已卑矣女子十年而不出嫁及成人可以出矣猶不與男子共席而坐亦遠別也○椸羊支反衣架也枷本又作架徐音稼古本無此字櫛側乙反嫂字又作㛮素早反漱悉侯反梱本又作閫苦本反別彼列反下及注同澣戶管反○父子不同席。異尊卑也男女非有行媒。不相知名。見媒往來傳昏姻之言乃相知姓名○媒音梅不相知本或作不相知名名衍字耳傳直專反非受幣。不交不親。重別有禮乃相纏固故日月以告君。周禮凡取判妻入子者媒氏書之以告君謂此也○判普叛反齊戒以告鬼神。昏禮凡受女之禮皆於廟為神席以告鬼神謂此也○齊側皆反為酒食以召鄉黨僚友。會賓客也以厚其別也。厚重慎也取妻不取同姓。為其近禽獸也故買妾不知其姓則卜之。妾賤或時非媵取之於賤者世無本繫○取七住反本亦作娶下賀取妻同媵羊證反又繩證反繫音計又音戶計反寡婦之子。非有見焉。弗與為友。辟嫌也有見謂有奇才卓然衆人所知○見賢遍反辟音避本亦作避下同餘皆放此

【疏】離坐至為友○正義曰此一節總明不干人私并遠別嫌之法今各隨文解之○離坐離立離兩也若見彼或二人併坐或兩人併立既唯二人恐密有所論則己不得輒往參預也○離立者不出中間者又若見有二人併立當己行路則避之不得輒當其中間出也不云離坐者道路中非安坐之地故不云坐也識與不識通如此也○注離兩也○正義曰案易象云明兩作離是離為兩也○男女至而食○不親授者男女有物不親相授也內則云非祭非喪不相授器其相授則女授以篚無篚則皆坐奠之而后取之○諸母不漱裳者諸母謂父之諸妾有子者漱浣也諸母賤乃可使漱浣盛服而不可使漱裳裳卑褻也欲尊崇於兄弟之母故不可使漱裳耳又欲遠別也○外言不入於梱者外言男職也梱門限也男職在於官政各有其限域不得令婦人預之故云外言不入於梱也○內言不出於梱者內言女職也女職謂織紝男子不得濫預故云不出梱也○女子許嫁纓者女子婦人通稱也不要對文故不重云子也婦人質弱不能自固必有繫屬故恆繫纓纓有二時一是少時常佩香纓二是許嫁時繫纓此則為許嫁時繫纓何以知然者內則云男女未冠笄紟纓鄭以為佩香纓不云纓之形制此云許嫁有從人之端也又昏禮主人入親說婦纓鄭注云婦人十五許嫁笄而禮之因著纓明有繫也蓋以五采為之其制未聞又內則云婦事舅姑紟纓鄭云婦人有纓示繫屬也以此而言故知有二纓也但婦人之紟纓即是五采者故鄭云示繫屬也今此許嫁謂十五時○非有大故不入其門者大故謂喪病之屬也女子已許嫁則有官門列為成人唯有喪病等乃可入其門非大故則不入門也○女子子者謂已嫁女子子是已之女不直云女子而云女子子者凡男子女子皆是父生同為父之子男子則單稱子女子則重言子者案鄭注喪服云重言女子子是別於男子故云女子子○兄弟弗與同席而坐者雖已嫁及成人猶宜別席不云姪及父唯云兄弟者姪父尊卑禮殊不嫌也○弗與同器而食者熊氏以為不得傳同器未嫁亦然今嫁或有異於未出故明之皆為重別防淫亂也○注不雜至別也○正義曰謂男子在堂女子在房也○熊氏云謂若大宗收族宗子燕食族人於堂宗子之婦燕食族婦於房也○注春秋傳曰羣公子之舍則已卑矣引公羊傳證女子有別宮也莊元年秋築王姬之館於外公羊傳曰路寢則不可小寢則嫌羣公子之舍則以卑矣何休云路寢是君聽事之處不可嫁他女小寢是夫人所居天王女宜遠別不可往也羣公子之舍則以卑矣者羣公子是魯侯之諸女也魯侯女宮為卑不可處王女也何休又云當築夫人宮下羣公子宮上公羊以為築宮於外非禮也左氏以為築宮於外禮也鄭康成亦以為築宮當於宮外是也○男女非有行媒不相知名者相知男女名者先須媒氏行傳昏姻之意後乃知名見媒往來傳昏姻之言乃相知姓名也故昏禮有六禮二曰問名○非受幣不交不親者幣謂聘之玄纁束帛也先須禮幣然後可交親也○故日月以告君者既男女須辦故婦來則書取婦之年月日時以告國君也注周禮凡取判妻入子者媒氏書之以告君謂此也引媒氏職證必書告君也妻子判合故云判也入子者鄭康成注云入子者謂容媵及姪娣不聘者也妾既非判合但廣其子胤而已故云入子○齊戒以告鬼神者並厚重遠別也齊戒謂嫁女之家受於六禮並在於廟布席告先祖也明女是先祖之遺體不可專輒許人而取婦之家父命子親迎乃並自齊絜但在已寢不在廟也所以爾者白虎通云娶妻不告廟者示不必人女也然夫家若無父母則三月廟見亦是告鬼神故云齊戒以告鬼神○注昏禮至此也○正義曰昏禮納采主人筵於戶西西上右几注為神布席將以先祖之遺體許人不敢不告昏禮又云受諸禮於廟而設几筵也○故買妾不知其姓則卜之○熊氏云卜者卜吉凶既不知其姓但卜吉則取之義或然也○注為其至本繫○正義曰郊特牲云無別無義禽獸之道此不取同姓為其近禽獸故也云妾賤或時非媵取之於賤者如諸侯取一國之女則二國同姓以姪娣媵媵送也妾送嫡行則明知姓氏大夫士取亦各有妾媵或時非此媵類取於賤者不知何姓之後則世無本繫但卜得吉者取之○寡婦之子非有見焉弗與為友者明避嫌也見謂奇才卓異可見也寡婦無夫若其子有奇才異行者則已可與之為友若此子凡庸而已與其往來則於寡婦有嫌也是以鄭注有見謂奇才卓然衆人所知也

○賀取妻者曰。某子使某聞子有客。使某羞。謂不在賓客之中使人往者羞進也言進於客古者謂候為進其禮蓋壺酒束脩若犬也不斥主人昏禮不賀

【疏】賀取至羞○正義曰謂親朋友有昏已有事礙不得自往而遣人往也案郊特牲云昏禮不賀人之序也此云賀者聞彼昏而送筐篚將奉淳意身實不在為賀故云賀而其辭則不稱賀曰某子使某者此使者辭也某子者賀者名使某者使自稱名也言彼使我來也○聞子有客者聞子呼娶妻者為子也昏禮既不稱賀故云聞子有客也客者鄉黨僚友之屬也○使某羞者某是使者名也羞進也子既召賓客或須飲食故使我將此酒食以與子進賓客○注謂不至不賀○正義曰羞進也言進於客也古者謂候為進者證呼送禮為進候猶進也古時謂迎客為進漢時謂迎客為候此記是古法故飲食與彼迎接呼為進也鄭注周禮候人云候候迎賓客之來是也云其禮蓋壺酒束脩若犬也者言於禮物用壺酒及束脩束脩十脡脯也若無脯則壺酒及一犬故云若犬也少儀云其以乘壺酒束脩一犬賜人若獻人則陳酒執脩以將命是酒脩獻人之法也此賀用酒或亦四壺也云不斥主人昏禮不賀者解所以不云賀主人昏而云有客之義主人有嗣代之序故不斥云賀也

○貧者不以貨財為禮。老者不以筋力為禮。禮許儉不非無也年五十始杖八十拜君命一坐再至○筋音斤

○名子者。不以國。不以日月。不以隱疾。不以山川。此在常語之中為後難諱也春秋傳曰名終將諱之隱疾衣中之疾也謂若黑臀黑肱矣疾在外者雖不得言尚可指摘此則無時可辟俗語云隱疾難為醫○臀徒孫反摘徐吐歷反或音的醫於其反

【疏】名子至山川○正義曰此一節明與子造名字之法各依文解之○名子者不以國者不以本國為名故杜氏注春秋桓六年傳云不以本國為名如是他國即得為名故桓十二年衛侯晉卒襄十五年晉侯周卒是也○不以日月者不以甲乙丙丁為名殷家得以為名者殷質不諱名故也然案春秋魯僖公名申蔡莊公名甲午者周末亂世不能如禮或以為不以日月二字為名也○不以隱疾者謂不以體上幽隱之處疾病為名○注謂若黑臀黑肱矣○正義曰案宣二年晉使趙穿迎公子黑臀於周而立之周語單子云吾聞晉成公之生夢神規其臀以黑使有晉國此天所命也有由而得為名昭元年楚公子黑肱昭三十一年邾黑肱得為名或亦有由或亂世而不能如禮云名終將諱之者案桓六年九月丁卯子同生公問名於申繻申繻對曰名有五有信有義有象有假有類以名生為信杜注云若唐叔虞魯公子友以德命為義若文王名昌武王名發以類命為象若仲尼首象尼丘取於物為假若伯魚生人有饋之魚因名之曰鯉取於父為類若魯莊公與桓公同日生名之曰同也按傳文云不以官不以畜牲不以器幣此記文略耳傳云以官則廢職以山川則廢主以畜牲則廢祀以器幣則廢禮晉以僖侯廢司徒宋以武公廢司空先君獻武廢二山杜注云司徒改為中軍司空改為司城魯獻公名具武公名敖按國語范獻子聘魯問具敖之山魯人以鄉名對獻子云何不云具敖乎對曰先君獻武之所諱也此等所以皆為名者以其不能如禮故申繻言之周人以諱事神者謂周人諱神之名而尊神其名終沒為神之後將須諱之故不可以為名也

○男女異長。各自為伯季也男子二十冠而字。成人矣敬其名○冠古亂反父前子名。君前臣名。對至尊無大小皆相名女子許嫁。笄而字。以許嫁為成人○笄古兮反

【疏】男女至而字○正義曰此一節明男女冠笄名字之法各依文解之○男女異長者按冠禮加字之時伯某甫仲叔季唯其所當又檀弓云幼名冠字五十以伯仲知女子亦各自為叔季者春秋隱公二年伯姬歸于紀隱七年叔姬歸于紀是也禮緯含文嘉云文家稱叔質家稱仲以此言之則周有管叔蔡叔之屬是文家故稱叔也禮緯又云嫡長稱伯庶長稱孟○君前臣名者成十六年鄢陵之戰公陷于淖欒書欲載晉侯鍼曰書退鍼是書之子對晉侯而稱書是於君前臣名其父也

○凡進食之禮。左殽右胾。食居人之左。羹居人之右。皆便食也殽骨體也胾切肉也食飯屬也居人左右明其近也殽在俎胾在豆○殽戶交反熟肉有骨曰殽胾側吏反大臠食音嗣飯也注食飯屬同徐音自羹古衡反舊音衡便音婢面反下同近如字

膾炙處外。醯醬處內。殽胾之外內也近醯醬者食之主膾炙皆在豆○膾古外反炙章夜反注同醯徐音海本又作醯呼兮反醬子匠反 葱渫處末。渫烝葱也處醯醬之左言末者殊加也渫在豆○渫以制反烝之承反 酒漿處右。處羹之右此言若酒若漿耳兩有之則左酒右漿此大夫士與賓客燕食之禮其禮食則宜放公食大夫禮云○漿子羊反字亦作將燕本亦作宴於遍反放方兩反公食音嗣此儀禮篇名也後放此下文及注執食同 以脯脩置者。左朐右末。亦便食也屈中曰朐○朐其俱反 客若降等。執食興辭。辭者辭主人之臨己食若欲食於堂下然 主人興辭於客。然後客坐。復坐 主人延客祭。延道也祭祭先也君子有事不忘本也客若降等則先祭○客祭禮飲食必祭示有所先也干寶注周禮云祭五行六陰之神與人起居道音導 祭食。祭所先進。主人所先進先祭之所後進後祭之如其次 殽之序。徧祭之。謂胾炙膾也以其本出於牲體也公食大夫禮魚腊湆醬不祭也○徧音遍下注同腊音昔湆音泣 三飯。主人延客食胾。然後辯殽。先食胾後食殽殽尊也凡食殽辯於肴食肴則飽也○飯扶晚反下注禮飯以手同依字書食旁作卞扶萬反食旁作反符晚反二字不同今則混之故隨俗而音此字辯音遍下同 主人未辯。客不虛口。俟主人也虛口謂酳也客自敵以上其酳不待主人飽主人不先飽也○酳音胤又士覲反嗽口也以酒曰酳以水曰漱

【疏】凡進至虛口○正義曰此一節推明飲食之法也各隨文解之今此明卿大夫與客燕食之禮○左殽右胾者熟肉帶骨而臠曰殽純肉切之曰胾骨是陽故在左肉是陰故在右○食居人之左羹居人之右者食飯燥爲陽故居左羹濕是陰故右設之並在殽胾之內○注皆便至在豆○正義曰皆便食也者此中有三便一則純肉在右先取爲便也二則羹飯並近人之食先取羹飯亦便三則飯在左羹在右右手取羹羹重於右亦便故云皆便食云食飯屬者知食是飯者春秋左氏傳云粢食不鑿論語云一簞食玉藻云子卯稷食皆飯也言屬者諸飯悉然故云屬也云居人左右明其近也者以其繫人言之故云近也云殽在俎者春秋宣十六年王享士會殽烝下云宴有折俎又昏禮及特牲少牢皆骨體在俎是殽在俎知胾在豆者公食大夫禮庶羞十六豆有牛胾羊胾是胾在豆○注殽胾至在豆○正義曰知在殽胾之外內者以此饌之設羹食最近人羹食之外乃有殽胾今云膾炙處外醯醬處內明其不得在羹食之內故知在殽胾之外內此醯醬徐音作海則醯之與醬兩物各別依昏禮及公食大夫禮醬在右醯在左此醯醬處內亦當醬在右醯在左也按公食大夫禮宰夫自東房授醯醬公設之鄭注云以醯和醬也又周禮醯人祭祀共虀菹醯物則醯醬共爲一物也今此經文若作醯字則是一物也醯之與醯其義皆通未知孰是但鄭注葱渫云處醯醬之左則醯醬一物爲勝云膾炙皆在豆者以公食下大夫十六豆有牛炙羊炙及芥醬魚膾故知在豆○注處醯至在豆○正義曰知處醯醬之左者地道尊右既云處末則末在左上繼醯醬文承其下故云在醯醬之左知葱渫殊加者以儀禮正饌唯有菹醯無葱渫故知葱渫爲殊加也以其菹類故知在豆也○注若酒至禮云○正義曰卑客則或酒或漿若尊客則有酒有漿案公食大夫禮云設酒於豆東是酒在左也公食大夫禮又云賓三飯設漿飲於稻西鄭注云酒在東漿在西所謂左酒右漿是也云此大夫與賓客燕食之禮其禮食則宜放公食大夫禮云者從上進食之禮至此所陳饌具皆是卿大夫燕食也其禮食則似公食大夫禮所陳是也案公食大夫禮醯醬陳於席前豆六設於醬東西上韭菹以東醯醢昌本南麋臡以西菁菹鹿臡士設俎於豆南牛俎在西牛俎東羊俎羊俎東豕俎又牛俎南魚俎魚俎東腊俎腊俎東有腸胃俎又有膚俎在兩行俎之東縱設之黍稷六簋設於俎西黍簋當牛俎西其西稷稷西黍黍南稷稷東黍黍東稷屈爲兩行大羹在醬西鉶四設於豆西牛鉶在東牛西羊羊南豕豕東牛飯酒設於豆東粱飯設於湆西稻于粱西庶羞十六豆設於稻南屈折而陳凡爲四行膷東臐臐東膮膮東牛炙炙南醢醢西牛胾胾西醢醢西牛膾膾南羊炙炙東羊胾胾東醢醢東豕炙炙南醢醢西豕胾胾西芥醬醬西魚膾此是公食下大夫禮云若上大夫八豆八簋六鉶九俎庶羞二十也○以脯脩置者設食竟所須也脯訓始始作即成也脩亦脯也脩訓治治之乃成鄭注腊人云薄折曰脯棰而施薑桂曰鍛脩今明置設脯脩與客之法故云以脯脩置者○左朐右末者朐謂中屈也屈脯朐朐然也左朐朐置左也右末末邊際置右右手取際擘之便也脯脩則處酒左以燥爲陽也脯脩皆左邊也注亦便至便也○客若降等者降下等也謂大夫爲卿之客其品等卑下也○執食興辭者執捉也食飯也與起也客既卑故未食必先捉飯而起以辭謝主人之臨己也又若欲往堂下食然也堂下是卑者食處飯爲食主故特執之也公食大夫禮云賓北面自間坐左擁簞粱右執湆以降是也鄭云自間坐由兩饌之間也辭主人臨己食若欲食於堂下然此降等謂大夫於卿故欲降而不降若臣於君則降也故公食云賓擁簞粱以降是也若敵者全無欲降之禮故公食禮云大夫相食賓執粱與湆之西序端故無降法也○主人興辭於客然後客坐者主人見客執飯起故主人亦起辭止之則客從辭而止乃坐食復坐也○主人延客祭者延道也祭者君子不忘本有德必酬之故得食而種種出少許置在豆間之地以報先代造食之人也若敵客則得自祭不須主人之延道今此卑客聽主人先祭道之已乃從之故云延客祭也○祭食祭所先進凡祭食之法隨主人所設前後次第種種而次祭之故主人所先進先祭之所後進後祭之所從如其次也○殽之序徧祭之者序次序也謂膾炙胾之屬也徧匝也炙胾之屬雖同出於牲今祭之故種種次序徧匝祭之○注謂胾至祭也○正義曰案公食大夫禮云三牲之肺不離贊者辯取之壹以授賓賓興受坐祭挩手又云魚腊醬湆不祭也○三飯主人延客食胾者三飯謂三食也禮食三飧而告飽須勸乃更食三飯竟而主人乃道客食胾也公食大夫禮云賓三飯以湆醬鄭云每飯歠湆以殽擩醬食正饌也案彼文是三飯但食醬及他饌而未食胾故三飧竟而主人道客使之食胾也所以至三飧後乃食胾者公食禮亦以胾爲加故客三飧前未食之故鄭注云以殽擩醬食正饌正饌則非胾也然公食禮三飧竟挩手起受漿漱口受束帛之物升降拜禮畢方是升還坐食取飽飽又三漱不云三飯延客食胾者與此異也○然後辯殽者然後謂食胾竟後也辯匝也主人皆道客令食至飽食殽得匝也○注先食至飽也○正義曰純肉爲陰陰卑也帶骨爲陽陽尊也尊故後食之也云凡食殽辯於肩食肩則飽者案特牲少牢云初食殽次食脊次食骼後食肩是辯於肩也故云食肩則飽也鄭云舉前正脊後肩自上而卻下絳而前終始之次也案鄭云是先食脇脊次食骼食骼竟又屈食脇脊竟乃食肩○主人未辯客不虛口者虛口謂食竟飲酒蕩口使清潔及安食也用漿曰漱令口以潔清爲義用酒曰酳酳訓演言食畢以酒演養其氣主人若食殽未辯則客雖已辯而不得輒酳漱也主人恒讓客不自先飽故客待主人辯乃得爲酳也此謂卑客耳敵客以上則不待主人也音義隱云飯畢蕩口也○注俟主至酳也○正義曰案公食禮云賓卒食會飯三飲鄭云三漱漿也明是食竟漱也又初三飯竟設漿稻西賓坐祭遂飲鄭云飲漱也案此漱是三飧竟又有事故用漿漱口若如斯則公食之禮雖設酒爲優賓不得用酳故鄭注彼云設而不舉明但以漿漱口而已也此是私客故用酒以酳所以異於公食禮也故鄭此云謂酳也云客自敵已上其酳不待主人飽者客不敵故待主人主人不先飽者緣主人不先飽故待之也

侍食於長者。主人親饋。則拜而食。勸長者食耳雖賤不得執食與辭拜而已示敬也○饋徐其類反 主人不親饋。則不拜而食。以其禮於己不隆

【疏】侍食至而食。○正義曰嚮是自爲客法此明侍從尊長爲客禮也主人親饋則拜而食者饋謂進饌也已雖侍長尊長而主人若自親饋與已已則拜謝之而後食也○注勸長至敬也○正義曰言已今侍食雖賤不得執食與辭故但拜之以示敬也

共食不飽。謙也謂共羹飯之大器也 共飯不澤手。爲汗手不絜也澤謂挼莎也禮飯以手澤或爲擇○爲于僞反汗下旱反本或作汗挼乃禾反沈耳佳反莎息禾反沈又息隨反

【疏】共食至澤手。○正義曰共食謂同事聚居非禮食則有同器食法共食宜謙不輒厭飫爲飽也共飯不澤手者亦是共器盛飯也澤謂光澤也古之禮飯不用箸但用手既與人共飯手宜絜淨不得臨食始挼莎手乃食恐爲人穢也○注爲汗手不絜○正義曰絜淨也若澤手手必汗生則不絜淨一本汗生不圭圭絜也言手澤汗飯也

毋摶飯。爲欲致飽不謙○摶徒端反爲于僞反下皆同

【疏】毋摶飯○正義曰共器若取飯作摶則易得多是欲爭飽非謙也故注云爲欲致飽不謙也

毋放飯。去手餘飯於器中人所穢○去起呂反 毋流歠。大歠嫌欲疾○歠川悅反 毋咤食。嫌薄之○咤陟嫁反叱咤也 毋齧骨。爲有聲響不敬○齧五結反 毋反魚肉。爲已歷口人所穢 毋投與狗骨。爲其賤飲食之物 毋固獲。爲其不廉也欲專之曰固爭取曰獲○固獲並如字徐云鄭擴霸反一音護 毋揚飯。飯黍毋以箸。毋嚃羹。亦嫌欲疾也嚃爲不嚼菜○飯扶晚反箸直慮反說文云飯攲也嚃他答反一音吐計反又音退嚼疾略反又序略反 毋絮羹。爲其詳於味也絮猶調也○絮勅慮反謂加以鹽梅也 毋刺齒。爲其弄口也口容止○刺七亦反弄魯凍反 毋歠醢。亦嫌詳於味也歠者爲其淡故○淡度敢反 客絮羹。主人辭不能亨。客歠醢。主人辭以窶。優賓○亨普彭反煑也窶其禹反貧也 濡肉齒決。決猶斷也○濡音儒字亦作濡斷音短 乾肉不齒決。堅宜用手 毋嘬炙。爲其貪食甚也嘬謂一舉盡臠特牲少牢嚌之加于俎○嘬初怪反炙章夜反臠力轉反少徐式照反凡少牢皆同嚌音才細反

【疏】毋放至嘬炙○正義曰放飯者手就器中取飯若黏著手不得拂放本器中也去手餘飯於器中人所穢者

當棄餘於篚無篚棄餘於會會謂簋蓋也○毋流歠者謂開口大歠汁入口如水流則欲多而速是傷廉也故鄭云大歠嫌欲疾○毋吒食者吒謂以舌口中作聲也似若嫌主人之食也○毋齧骨者一則有聲二則嫌主人食不足以骨致飽故庾云爲無肉之嫌三則齧之口脣可憎故不齧也爲有聲響不敬鄭舉一隅也毋反魚肉者謂與人同器也已齧殘不可反還器中爲人穢之也故鄭云所已歷口人所穢崔靈恩云不可反於故處是以少牢禮尸所食之餘肉皆別致於所俎不反本處也○毋投與狗骨者投致也狗犬也言爲客之禮無得食主肉後棄其骨與犬故鄭云爲其賤飲食之物○毋固獲者專取曰固爭取曰獲與人共食不可專固獨得及爭取也盧植云固獲取之爲其不廉也○毋揚飯者飯熱當待冷若揚去熱氣則爲貪快傷廉也○飯黍毋以箸者飯黍無用箸當用匕故少牢云廩人溉匕與敦注云匕所以匕黍稷是也○毋嚃羹者人若不嚼菜含而歠吞之其欲速而多又有聲不敬傷廉也故鄭云亦嫌欲疾也嚃爲不嚼菜羹有菜者用挾故不得歠當挾嚃也○毋絜羹者絜謂就食器中調和鹽梅也若得主人羹更於器中調和是嫌主人食味惡也○注爲其詳於味也絜猶調也詳審也謂更詳審嫌淡也○毋刺齒者口容止不得刺弄之爲不敬也謂其弄口少儀曰口容止容儀欲靜止也毋歠醢者醢肉醬也醬宜鹹客若歠之則是醬淡也○客絜羹主人辭不能亨者亨煑也若客失禮而絜羹則主人宜有優賓之辭謝之云已家不能亨貧故羹味不調適也○客歠醢主人辭以窶者窶無禮也若客失禮而歠醢則主人亦致謝云主人作醢淡而無鹽故可歠也詩云終窶且貧毛云窶無禮也箋云君於已祿薄終不足以爲禮也兩辭皆優饒於賓也濡肉齒決者濡濕也濕軟不可用手擘故用齒斷決而食之決猶斷也○乾肉不齒決者乾肉膊屬也堅肕不可齒決斷之故須用手擘而食之鄭注腊人云大物解肆乾之謂之乾肉也毋嘬炙者火灼曰炙炙肉濡若食炙先當以齒嚌而反置俎上不一舉而併食併食之曰嘬是貪食也○注爲其至于俎○正義曰不細齧之是一舉盡臠也特牲少牢嚌之加于俎者嚌至齒也特牲少牢饋食禮尸及祝佐食主人之徒得肉皆嚌之嚌之竟而加疊于俎上也但此所嚌取彼嚌至齒反置于俎則同然前云無反魚肉此得反于俎者上文謂共人同器而食者故鄭云爲其已歷口人所穢特牲少牢獨食故得反也

卒食。客自前跪。徹飯齊。以授相者。謙也自從也齊醬屬也相者主人贊饌者公食大夫禮賓卒食北面取粱與醬以降也○卒子恤反後更不音者同齏本又作齊將兮反相息亮反注同

主人興辭於客。然後客坐。不聽親徹

〔疏〕卒食至相者○正義曰卒食食已也自從也食坐在前面嚮候客食竟加于俎起從坐前北面當以坐而跪自徹已所食飯與齊飯齊食主故荅主人初所親饋者也此是卑者侍食之客耳若敵者則否以授相者相者謂主人所使進食者賓以所徹飯齊以授之○注謙也至降也正義曰齊醬屬也齊醬菹通名耳公食大夫禮賓卒食北面取粱與醬以降者引證自徹是卑客也大夫卑於公所爲客故食竟親取飯及醬以降下當知敵者否○主人至客坐者主人起辭不聽自徹則客亦止而坐也

侍飲於長者。酒進則起。拜受於尊所。降席拜受敬也燕飲之禮鄉尊○鄉音嚮

長者辭。少者反席而飲。長者舉未釂。少者不敢飲。不敢先尊者盡爵曰釂燕禮曰公卒爵而後飲也○少式召反下皆同釂子妙反盡也先悉薦反又如字

〔疏〕侍飲至敢飲○正義曰明侍尊長飲酒法也食竟宜飲酒故次之○酒進則起者謂長者賜侍者酒進至侍者前則起侍者見酒至不敢即飲故起也○拜受於尊所者尊所者以陳尊之處也侍者起而往尊處拜受之也陳尊之所貴賤不同若諸侯燕禮大射設尊在東楹之西自北嚮南陳之酌者在尊東西嚮以酌者之左爲上尊尊面有鼻鼻向君示君專有此惠也若鄉飲酒及鄉大夫燕則設尊陳於房戶之間賓主共之尊面嚮南使賓主得以西爲上尊時主人在阼西嚮賓在戶西牖前嚮南而燕禮不夾尊示不敢專惠也今云拜受於尊所者當是燕禮而燕禮不云拜受於尊所鄉飲酒亦拜無此語正是文不具耳近尊長者故往於尊所嚮長者而拜○注降席至鄉尊○正義曰何胤云尊者主人也拜者在尊所對主人也降席下奠爵再拜稽首尊謂主人尊也崔靈恩云鄉大夫燕飲主人面亦嚮尊若鄉飲酒皆主人與賓夾尊也今案何崔並是解此拜受尊若所嚮長者之證也○長者辭少者反席而飲者長者辭止少者之起長者既止故少者復反還其席而飲賜也○長者舉未釂少者不敢飲者舉猶飲也釂盡也飲酒尊卑異爵故燕禮公執膳爵受賜爵者執散爵今少者雖反席而飲要須待長者盡爵後少者乃得飲也若長者飲未盡則少者不敢飲也○注不敢至飲也○正義曰證長者未盡少者不敢飲也燕禮曰受賜爵者以爵就席坐公卒爵然後飲鄭注云不敢先虛爵明此勸惠從尊者來也然此與燕禮及注合而與士相見及玉藻違案士相見禮云若君賜之爵則下席再拜稽首受爵升席祭卒爵而俟君卒爵然後授虛爵鄭云受爵者於尊所至於授爵坐授人耳必俟君卒爵者若欲其釂然也玉藻云君若賜之爵則越席再拜稽首受登席祭之飲卒爵而俟君卒爵然後授虛爵注云不敢先君盡爵案二文皆先君卒爵而此云後飲者此據燕飲正禮故引燕禮以證之玉藻及士相見禮謂私燕之禮故不同也

長者賜。少者賤者不敢辭。不敢亢禮也賤者僮僕之屬○亢苦浪反僮音同

〔疏〕長者至敢辭○正義曰此明凡受賜禮也少謂幼稚賤謂僮僕之屬也若少者及賤者被尊長之賜則不敢辭謙宜即受也不敢亢禮也敵者亢而有辭少者賤者故不敢也

賜果於君前。其有核者懷其核。嫌棄尊者物也本實曰果○核戶革反

御食於君。君賜餘。器之溉者不寫。其餘皆寫。重汙辱君之器也溉謂陶梓之器不溉謂萑竹之器也寫者傳已器中乃食之也勸侑曰御○溉古愛反重直勇反徐治龍反陶音桃瓦器也沈音遶萑音丸葦也傳直專反侑音又

〔疏〕御食至皆寫○正義曰御者非侍者但是勸侑君食也○君賜餘者謂君食竟以食殘餘賜御者也○器之溉者不寫者溉滌也寫謂倒傳之也若所賜食之器可滌溉者不畏汙則不須倒寫仍於器中食之食訖乃澡絜以還君也○其餘皆寫者其餘謂不可滌溉之器也若不倒寫久則浸汙其器又不可澡絜則壞尊者物也故皆倒寫之○注重汙至曰御○正義曰溉謂陶梓之器者陶是瓦甒之屬梓是杯杅之屬並可滌絜之者何胤云梓漆也不溉謂萑竹之器者萑葦也是織萑爲之器竹是織竹爲之器並謂筐筥之屬並不可澡絜者鄭注司几筵云萑如葦而細云勸侑曰御者何胤云勸侑謂卑者勸美尊者之食也

餕餘不祭。父不祭子。夫不祭妻。食人之餘曰餕餕而不祭唯此類也食尊者之餘則祭盛之○餕子閏反

〔疏〕餕餘至祭妻○正義曰餕者食餘之名祭謂祭先也因前有賜餘故明食人之餘不祭者也凡食人之餘及日晚食饌之餘皆云餕故玉藻云日中而餕鄭云餕食朝之餘也今此明凡食餘悉祭若不祭者唯此下二條也父不祭子夫不祭妻者若父得子餘夫得妻餘不須祭者言其卑故也非此二條悉祭也父得有子餘者熊氏云謂年老致仕傳家事於子孫子孫有賓客之事故父得餕其子餘夫餕其妻餘者謂宗婦與族人婦燕飲有餘夫得食之○

御同於長者。雖貳不辭。謂侍食於長者饌具與之同也貳謂重殽膳也辭之爲長者嫌○重直龍反

〔疏〕御同至不辭○正義曰御謂侍也同謂侍食而與長者同饌也貳謂重也侍者雖獲殽膳重而已不須辭其多也所以然者此饌本爲長者設耳若辭之則嫌當長者何胤云禮當盛饌宜辭以賤不能當之此侍食於長者盛饌不在已故鄭云貳謂重殽膳也辭之爲長者嫌也

偶坐不辭。盛饌不爲已○偶五口反配也一曰副貳也坐才臥反又如字

〔疏〕偶坐不辭○正義曰偶媲也或彼爲客設饌而召已往媲偶於客共食此饌本不爲已設故已不辭之也又一云偶二也若唯獨有已主人設饌已當辭謝若與他人俱坐則已不假辭以主人意不必在已也故鄭云盛饌不爲已並會兩通也

羹之有菜者用梜。其無菜者不用梜。梜猶箸也今人或謂箸爲梜提○梜古協反沈又音甲字林作筴云箸也公洽反箸直慮反

〔疏〕羹之至用梜○正義曰有菜者爲鉶羹是也以其有菜交橫非梜不可無菜者謂大羹湆也直歠之而已其有肉調者犬羹兎羹之屬或當用匕也

爲天子削瓜者副之。巾以絺。副析也既削又四析之乃橫斷之而巾覆焉○爲于僞反下同削息略反瓜古華反副普逼反絺勑宜反細葛析星歷反下同斷音短下同

〔疏〕爲天至以絺○正義曰此爲人君削瓜禮也削刊也副析也絺細葛也謂先刊其皮而析爲四解又橫切之既破又橫解而細葛爲巾覆上而進之也

爲國君者華之。巾以綌。華中裂之不四析也○華胡瓜反綌去逆反麤葛

爲大夫累之。累倮也謂不巾覆也○累力果反一音如字倮力果反沈胡瓦反

士疐之。不中裂橫斷去疐而已○疐音帝去丘呂反

庶人齕之。不橫斷○齕恨沒反徐胡切反

〔疏〕爲國至齕之○正義曰爲國君者華之巾以綌者華謂半破也綌麤葛也諸侯禮降故破而不四析也亦橫斷之與天子俱無文推理亦橫斷而巾用麤葛覆而進之爾雅云瓜曰華之郭璞云食啖治擇之名○爲大夫累之者累倮也不巾覆也大夫降於諸侯直削而中裂橫斷而已不巾覆而進之知對破而橫斷之者鄭云士不中裂橫斷去疐而已則知大夫猶中裂而橫斷倮而已○士疐之者疐謂脫華處士不半破但除疐而橫斷亦不覆也下注庶人云不橫斷則知士橫斷也故鄭云士不中裂橫斷去疐而已○庶人齕之者庶人府史之屬也齕齧也既注云不橫斷故知去疐而齧之也然此削瓜等級不同非謂平常之日當是公庭大會之時也

父母有疾。冠者不櫛。行不翔。憂不爲容也○冠如字徐古亂反爲如字徐于僞反

言不惰。憂不在私好情不正之言○惰徒禾反一音徒臥反好音呼報反

琴瑟不御。憂不在樂

食肉不至變味。飲酒不至變貌。憂不在味

笑

不至矧。怒不至詈。憂在心難變也齒本曰矧大笑則見。○矧本又作哂失忍反又詩忍反詈力智反罵詈則見賢遍反疾止復故。自若常也有憂者側席而坐。側猶特也憂不在接人不布他面席有喪者專席而坐。降居處也專猶單也

【疏】父母至而坐。○正義曰此已下明親疾人子之禮及除喪後之儀各隨文解之。○言不情者情訛不正之言。○注憂不在私好者。○正義曰好謂華好言語戲劇華飾文辭故云不在私好。○食肉不至變味。○正義曰猶許食肉但不許多耳變味者少食則味不變多食則口味變。○有憂者側席而坐者憂亦謂親有病也側猶獨也獨席謂獨坐不舒他面席也明憂不在接人故也平常則舒他面席也。○注側猶特也。○正義曰案聘禮云公禮賓公側受醴是側猶特也。○有喪者專席而坐。○正義曰專猶單也吉時貴賤有重席之禮若父母始喪寢苫無席卒哭後乃有芐翦不納自齊衰以下始喪而有席並不重降居處也

○水潦降不獻魚鼈。不饒多也。○潦音老雨水謂之潦獻鳥者佛其首。為其喙害人也佛戾也蓋為小竹籠以冐之○拂本又作佛扶弗反下同為于偽反下為其同喙吁廢反又陟遘反又知冑反又丁角反戾力計反籠力東反冐莫報反畜鳥者則勿佛也。畜養也養則馴○畜許六反徐況又反馴似遵反狎也徐食倫反沈養純反獻車馬者執策綏。獻甲者執冑。獻杖者執末。獻民虜者操右袂。獻粟者執右契。獻米者操量鼓。獻孰食者操醬齊。獻田宅者操書致。凡操執者謂手所舉以告者也設其大者舉其小者便也甲鎧也冑兜鍪也民虜軍所獲也操其右袂制之契券要也右為尊量鼓量器名○綏音雖執以登車者冑直又反操七刀反持也下及注皆同契苦計反量音亮又音良升斛鼓隱義云樂浪人呼容十二石者為鼓齊本又作齏同子兮反便婢面反鎧苦愛反兜下侯反鍪莫侯反券字又作劵音勸凡遺人弓者。張弓尚筋。弛弓尚角。弓有往來體皆欲令其下曲隤然順也遺人無時已定體則張之未定體則弛之○遺于季反與也注同弛本又作施同式是反謂不張也注同隤本又作頹徒回反順貌右手執簫。左手承弣。簫弭頭也謂之簫簫邪也弣把中○弣音撫徐音甫下同弭亡婢反弓末也邪似嗟反把音霸手執處也尊卑垂帨。帨佩巾也磬折則佩垂授受之儀尊卑一○帨徐始鋭反磬徐苦定反折徐時列反又之列反沈云舊音逝若主人拜。拜受也則客還辟辟拜。辟拜謙不敢當○辟辟上扶亦反下辟音避注同主人自受。由客之左接下承弣。由從也從客之左右客尊之接下接客手下也承弣卻手則簫覆手與○覆芳服反與音餘鄉與客並然後受。於堂上則俱南面禮敵者並授進劍者左首。左首尊也進戈者前其鐏後其刃。進矛戟者前其鐓。後刃敬也三兵鐏鐓雖在下猶為首鋭底曰鐏取其鐏地平底曰鐓取其鐓地○鐏在困反舊子困反注同一讀注音作管反矛本又作鉾音謀兵器鐓本又作錞徒對反注同一讀注丁亂反

【疏】水潦至其鐓。○正義曰此一節明獻遺人物及授受之儀今各隨文解之。○水潦降不獻魚鼈者案定四年左傳云水潦方降今謂水潦降者天降下水潦魚鼈難得故注云不饒多也盧植庾蔚之等並以為然或解鄭云不饒多者以為水潦降下魚鼈豐足不饒益其多。○獻鳥者佛其首者王云佛謂取首戾轉之恐其喙害人也鄭云佛戾也蓋為小竹籠以冐之案王鄭義同而加籠籠之為其喙害人也。○畜鳥者則勿佛也者畜養也養則馴馴善也鳥經人養則不喙害人故獻之不用籠冐及戾之。○獻車馬者執策綏者策是馬杖綏是上車之繩車馬不上於堂不可投進尊者之前但執策綏易呈呈之則知有車馬。○獻甲者執冑者甲鎧也謂鎧為甲者言如龜鼈之有甲也冑兜鍪也鎧大兜鍪小小者易舉執以呈之耳。○獻杖者執末者末杖地頭也柱地不淨可嚮人故執以自嚮持淨頭授與人獻民虜者操右袂者民虜謂征伐所獲彼民以為外虜故云民虜也右袂者右邊袖也獻之以左手操于囚之右邊袂右邊袂右邊有力故此用右手以防其異心凡言執操互言耳。○獻粟者執右契者粟梁稻之屬也契謂兩書一札同而別之鄭注此云契券要也右為尊以先書為尊故也。○獻米者操量鼓者米六米之等量是知斗斛之數鼓是量器名也隱義云東海樂浪人呼容十二斛者為鼓以量米故云量鼓獻米者執器以呈之米云量則粟亦量粟云契則米亦書也但米可即食為急故言量粟可久儲為緩故云書書比量為緩也。○獻孰食者操醬齊者孰食葱渫之屬醬齊為食之主執主來則食可知若見芥醬必知獻魚膾之屬也。○獻田宅者操書致者書致謂圖書於板丈尺委曲書之而致之於尊者也以上諸物可動故不云致而田宅著土故板圖書畫以致之故言書又言致也然古者田宅悉為官所賦本不屬民今得此田宅獻者是或有重勳為君王所賜可為已有故得有獻凡遺人弓者此謂敵體故稱遺者也張弓尚筋者弓之為體以木為身以角為面筋在外面張之時曲來嚮內故遺人之時使筋在上弓身曲嚮其下其弛弓之時曲反張嚮外筋在曲內角在曲外今遺人之時角嚮其上弓形亦曲嚮下故鄭注皆欲令其下曲隤然順也。○注遺人至弛之。○正義曰案稾人云春獻素秋獻成注云矢箙春作秋成矢箙既獻素明知弓亦獻素素形朴也故士喪禮注云形法定為素又弓人云秋合三材冬定體則合三材之時可以獻入故此注云未定體則弛之是也。○右手執簫者簫弓頭頭稍剡差邪似簫故謂為簫也謂弓頭為鞘鞘簫之言亦相似也然執簫謂捉下頭客覆右手執弓下頭也。○左手承弣者弣謂弓把也授在地地道貴右主人推客居右客覆右手執弓下頭又卻下左手以承弓把把當中央而高兩頭頽下以授主人主人在左所以知是執於弓下頭者下頭挂地不淨不可與人故自執之而以上頭授人所以為敬也尊卑垂帨者尊卑謂賓主俱是大夫則為尊若俱是士與為卑帨佩巾也若主人拜者主人將受應當賓前而拜受所遺也。○則客還辟辟拜者還辟猶逡巡也客謙不欲當主人之拜已故少逡巡還延辟之也不云客答拜者執弓不得拜也何肩云執弓者迴還見主人拜而辟之也。○主人自受由客之左者由從也主人既敵故自受也拜客既竟從客左而受之。○接下承弣者主人既還在客左與客並以卻左手接客左手之下而承弣又覆右手提弓下頭。○注由從至下。○正義曰客在右敵云右客也是尊客故使客在右也云接下接客手下也者客卻左手承弣今主人卻左手接客左手之下而取弓必知其客主俱卻左手承弣右手覆簫者若主人用右手承弣便是主人倒執弓故知然也云承弣卻手則簫覆手與者簫謂弓下頭也客以弓上頭授與主人主人以左手卻之接客手下故又覆右手按捉弓下頭也是客主授受皆卻左手承弣覆右手執簫也。○鄉與客並然後受者前漫云由左恐人或相對而左右也今明既拜客竟則還前立處與客俱嚮南而立乃後受弓故云鄉與客並然後受也。○注於堂至並授。○正義曰俱南面解鄉與客並也言於堂上俱南面是嚮明故也若不於堂上則未必南面當隨時便而俱嚮明云禮敵者並授者若不敵則不並授此又證遺人是敵者也然敵者並授案聘禮賓問主國之卿卿北面受幣聘賓南面授幣卿與聘賓是敵不並授者以聘賓銜聘君之命問卿故卿北面受之敬聘君之命也。○進劍者左首者正義曰進亦謂遺也言進授與人時也首劍拊環也少儀曰澤劍首鄭云澤弄也推尋劍刃利不容可弄正是劍環也又云刀卻刃授穎鄭云穎鍭也案少儀而言首則鍭也不以刃授人敬也春秋魯定公十年叔孫之圍人欲殺公若偽不解禮而授劍末杜云以劍鋒末授之案解鋒為末則鍭是首也然劍有匣又有衣也故少儀云劍則啓櫝蓋襲之加夫襓是也鄭云左首尊者客在右主人在左劍首首為尊以尊處與主人也假令對授則亦左首首尊左亦尊為宜也。○進戈者前其鐏後其刃。○正義曰戈鉤孑戟也如戟而橫安刃但頭不嚮上為鉤也直刃長八寸橫刃長六寸刃下接柄處長四寸並廣二寸用以鉤害人也刃當頭而利者也利故不持嚮人也鐏在尾而鈍鈍嚮人為敬所以前鐏後刃也。○進矛戟者前其鐓者矛如鋋而三廉也戟今之戟也古作戟兩邊皆安橫刃長六寸中刃長七寸半橫刃下接柄處又長四寸半並廣寸半鐓為矛戟柄尾平底如鐓柄下也以平嚮人敬也亦應並授不云左右而云前後者互文也若相對則前後也若並授則左右也。○

進几杖者拂之。尊者所馮依拂去塵敬○拂如字馮皮冰反去起呂反○效馬效羊者右牽之。用右手便效猶呈見○效胡教反下同便婢面反見賢遍反○效犬者左牽之。犬齧齧人右手當禁備之○齧本亦作嚙常世反執禽者左首。左首尊飾羔鴈者以繢。繢畫也諸侯大夫以布天子大夫以畫○繢胡對反受珠玉者以掬。慎也掬手中○掬九六反兩手曰掬受弓劍者以袂。敬也飲玉爵者弗揮。為其寶而脆○揮音輝何云振去餘酒曰揮脆七歲反凡以弓劍苞苴簞笥問人者。問猶遺也苞苴裹魚肉或以葦或以茅簞笥盛飯食者圓曰簞方曰笥○苞苴子餘反苞裹也苴藉也簞音單笥思嗣反字林先自反沈息里反簞笥竹器也裹音果葦韋鬼反盛音成圓音員○操以受命如使之容。謂使者○使色吏反注及下使者使也並同

【疏】進几至之容。○正義曰此一節皆謂相獻遺及呈見之儀各依文解之。○進几杖者拂之謂拂去塵埃為當馮執故也前云獻杖執末與此互文也此兼言几者几雖無首末亦拂之或云進几者以彎外授人亦得順也。○效馬效羊者右牽之者效呈見也此亦是遺人而言效亦互文也馬羊多力人右手亦有力故用右手牽掣之也。○效犬者左牽之者犬好齧齧人故左牽之而右手防禦也案少儀云獻犬則右牽之者彼是田犬畜犬不齧人不須防今此是充食之犬故防禦之也然通而言之狗犬通名若分而言之則大者為犬小者為狗故月令皆為犬而周禮有

犬人職無狗人職也故爾雅云未成毫狗是也但燕禮亨狗或是小者或通語耳。執禽者左首者禽鳥也左陽也首亦陽也左首謂橫捧之也凡鳥皆然若並授則主人在左故客以鳥首授之也不牽故執之也。飾羔鴈者以繢者飾覆也羔羊也繢畫也畫布爲雲氣以覆羔鴈爲飾以相見也士相見禮云下大夫以鴈上大夫以羔飾之以布並不言繢此言繢者鄭云彼是諸侯之卿大夫卑但用布此天子之卿大夫尊故畫之也受珠玉者以掬者掬謂手中也珠玉寶重宜愼若受之開匣而出置在手中下用袂承之恐墜落也。受弓劒者以袂者不露手取之故用衣袂承接之以爲敬也。飲玉爵者弗揮者玉爵玉杯也揮振去餘也春秋左氏傳云奉匜沃盥既而揮之揮之是振去餘也。凡以弓劒苞苴簞笥問人者凡謂凡此數事皆同然苞者以草苞裹魚肉之屬也故尚書云厥苞橘柚是其類也苴者亦以草藉器而貯物也簞圓笥方俱是竹器亦以葦爲之問謂因問而有物遺之也問者或自有事問人或謂聞彼有事而問之悉有物表其意故自弓劒以下皆是也。注苞苴至以茅。正義曰知裹魚肉者詩云野有死麕白茅苞之內則云炮取豚編萑以苴之既夕禮云葦苞長三尺是其裹魚肉用茅用葦也。操以受命如使之容者言使者操持此上諸物以進受尊者之命如臣爲君聘使受君命先習其威儀進退令如其至所使之國時之儀容故云如使之容也。

禮記注疏卷二挍勘記　阮元撰盧宣旬摘錄

附釋音禮記注疏卷第二　惠棟挍宋本禮記正義卷第二

曲禮上　三字在禮記鄭氏注之前閩監毛本移置鄭氏注孔穎達疏之後失其舊式

禮記　鄭氏注　孔穎達疏　此本自二卷以後至六十三卷多如此作

題禮記鄭氏注五字閩監毛本無禮記二字改題曰漢鄭氏注唐孔穎達疏皆非其舊

從於先生節　惠棟云從於先生節登城不指節戶外有二屨節宋本合爲一節

先生老人教學者　閩監毛本作老岳本嘉靖本同衞氏集說同此本老誤者

則必鄉長者所視　閩監毛本同石經同岳本嘉靖本同衞氏集說同考文引古本鄉作嚮通典六十八作向。按鄉向古今字嚮俗鄉字

從於至所視　惠棟挍宋本無此五字

又教道於物者　閩監毛本同衞氏集說物作幼

遭先生至拱手者　閩監毛本同惠棟挍宋本無者字

教於州里儀禮鄉射注云　監毛本如此此本作教於周禮鄉射注云字有脫誤也閩本同考文引宋板無儀禮二字盧文弨挍本云儀禮鄉射無此注惟鄉飲酒注云先生鄉中致仕者

登城不指節

不可以舊常致時乏無　閩監本同毛本致作或岳本嘉靖本同

戶外有二屨節

升席必由下也　閩監本同岳本嘉靖本同衞氏集說同考文引宋板古本足利本同毛本必誤也

以鄉飲酒無筭爵　閩本同監毛本筭作算。按段玉裁云說文算數也筭爲算之器算爲筭之用監毛本誤

禪下曰屨　惠棟挍宋本同閩監毛本禪作單下以通於禪無閩禪之與複正謂禪者皆同

或清開客事　惠棟挍宋本作閑此本閑作開閩監本作問毛本清閒作請問

若內人語聞於戶外則外人乃可入也　閩監毛本同衞氏集說則下有非私事三字恐以意添也

奉扃之說事有多家　閩本同毛本事誤奉監本奉誤本事字不誤考文引宋板作事

從上爲蹐席也　閩監毛本同惠棟挍宋本蹐作蹴下蹐席同是也蹐爲蹴之或體說詳下

大夫士出入君門節

大夫至踐閾　惠棟挍宋本無此五字

右在東　閩監毛本同惠棟挍宋本東下有也字衞氏集說同

凡與客入者節

謂前足躡一等　閩監毛本同嘉靖本同衞氏集說同岳本躡作蹴釋文亦作躡

凡與至左足　惠棟挍宋本無此五字

所以不隨命者謙也　閩監毛本同浦鏜挍命下補數字

其侯伯立當前疾　惠棟云詩疏及論語刑疏皆作前侯獨此作前疾非也

下此子男立當衡　閩本同惠棟挍宋本同監毛本此誤地

則主君就賓求辭　閩監毛本同惠棟挍宋本辭作辤下主人先傳求辭之言同五經文字辤辭上說文中古文下籀文經典相承通用上字

各下其君二等　閩監本同毛本二誤一考文引宋板作二不誤

二則重愼更宜視之　閩監本同考文引宋板同毛本視誤親

然後出迎客者　閩監毛本同惠棟挍宋本無者字

禮有二辭　閩本同監毛本二作三。按當作三

帷薄之外不趨節

武謂每移足各自成迹不相躡　閩監毛本同嘉靖本同岳本武上有布字毛居正云注武字當作布蓋上句注已云武迹也此注釋布字義不當又云武按此武上脫布字當從岳本衞氏集說亦作布武

帷薄至不立　惠棟挍宋本無此五字

趨以采齊　閩監毛本同惠棟挍宋本齊作薺案此引周禮樂師當作薺

而爲徐趨徐趨者　監本同毛本徐趨二字不重

疾趨則欲授而手足毋移　閩監本同毛本授作發考文引宋板同案玉藻正作發注云發謂起屨也

凡爲長者糞之禮節

凡爲長者糞之禮　閩監毛本同石經同岳本嘉靖本同釋文出撲云本又作糞正義本從作糞考文引古本作撲

執箕膺擖　閩監毛本同岳本同嘉靖本同衞氏集說同釋文擖作葉考文引古本亦作葉山井鼎云古本作葉管子作揲而今此注作擖者蓋涉少儀篇誤耳當以古本及釋文爲證也案山井鼎說非也正義本自作擖故疏中皆作擖字。按段玉裁云凡梱之盛物箕之底皆謂之葉或作揲譌作揲葉亦謂之擸少儀作擖乃擸之誤古音巤聲葛聲相近故從巤字或多作葛也

以箕自鄉而扱之　閩監毛本同石經同岳本嘉靖本同衞氏集說同考文引古本鄉作嚮案釋文於上出鄉尊云本又作嚮後文注皆同知此鄉字釋文亦作嚮正義本作鄉與釋文本同考文引古本作嚮與釋文又本同。按作嚮非也

扱讀曰吸　閩監毛本同岳本嘉靖本同衞氏集說同惠棟挍宋本扱作扳

箕去弃物　宋監本同岳本同閩監毛本弃作棄嘉靖本同衞氏集說同案此因正義作棄改注弃字亦作棄也

令左昂右低　閩監毛本同岳本嘉靖本同衞氏集說同釋文出卬云本又作昂又作仰正義本作昂考文引古本作仰

凡爲至爲上　惠棟挍宋本無此五字

袂衣袂也退還也　閩監毛本同通解衣袂也下有拘障也三字案衞氏集說亦無此三字

謂南北設席皆以南方爲上者　閩監毛本同浦鏜挍云者疑若字誤

若非飲食之客節

荅主人之親正　閩監毛本同岳本嘉靖本同衞氏集說同通解正下有席字

再辭曰固　閩監毛本同岳本嘉靖本同衞氏集說同釋文云一本作曰固辭考文引古本固下有辭也二字

客踐席乃坐　閩監毛本同石經同岳本同考文引古本作客踐席主人乃坐案疏云乃坐者主人待客坐乃

坐也經無主人字故正義申言之考文據以補入非也

宜問其安否無恙　閩監毛本同岳本嘉靖本同衞氏集說同釋文否作不考文引古本無安否二字

怍顔色變也　閩監毛本同岳本嘉靖本同衞氏集說同宋監本作下補謂字

蹶行遽貌　閩監毛本同岳本嘉靖本同衞氏集說同惠棟挍宋本遽作遂案釋文出行遽音其據反正義亦云行急遽貌也作遂者誤字

若飲食之客　閩監本同考文引宋板同毛本誤若飲之客客

席之制三尺三寸三分寸之一　閩監毛本同衞氏集說同浦鏜挍制下補廣字嚴杰云補廣字與今本文王世子注同釋文云一本作廣三尺三寸三分是陸氏所據之注本無廣字正義正與之合

故使容杖也　閩本同惠棟挍宋本同監毛本使作或衞氏集說同

○乃坐者　閩監本同考文引宋板同毛本無○乃誤入

不得變動顏色　閩監毛本同衞氏集說同惠棟挍宋本色下有也字

先生書策琴瑟在前節

先生書策琴瑟在前　閩監毛本同石經同岳本嘉靖本同衞氏集說同釋文出書筴云本又作策正義本作策考文引古本作筴○按依說文當作冊策者冊之假借字筴者又策之俗字也

毋勦說　閩監毛本同石經同嘉靖本同衞氏集說同岳本勦作勦案勦說之勦曹憲謂當從刀與左傳勦民字從力者不同錢大昕云說文勦訓勞鄭訓爲擥即取勞之而借其義非有異文也說文刀部無勦字曹憲俗儒未達六書之旨故多妄說案五經文字力部勦字云楚交反見禮記當指此文是張參亦不從曹憲說也岳本全改從刀非

不敢倦嫌若風去之　閩監毛本同岳本嘉靖本同考文引古本倦上有厭字風作諷案釋文於上注出有厭云於豔反下同知釋文本此處有厭字正義云則似厭倦其客欲去之也知正義本此處亦有厭字古諷字多作風釋文本亦作風通典六十八引嫌若諷去之古諷風字通

嫌有穢惡　閩監毛本同岳本嘉靖本同衞氏集說同考文引古本作嫌有惡穢釋文出有𧟌惡也二字亦不倒惡下有也字各本所無

先生至不唾　惠棟挍宋本無此五字

既法古昔　閩監毛本同惠棟挍宋本昔作者

古者未有蟎燭　惠棟挍宋本蟎作蠟

侍坐於君子節

少間願有復也　閩監毛本同嘉靖本同石經間作閒岳本同衞氏集說同釋文出少閒云音閑注同五經文字云閒從月經典閑暇字用之則字當作閒爲是然此閒並從日後放此

暑毋褰裳　閩監本同石經同岳本嘉靖本同衞氏集說同考文引宋板古本足利本同毛本褰誤騫釋文出毋騫○按騫正字褰假借字

此又明卑侍尊　閩毛本同惠棟挍宋本尊下有也字監本卑誤異

閒謂清閑也　閩監本同毛本閑作閒下無事清閑同

不得遠也　閩本同考文引宋板同監本作不得迫也毛本作不得近也並誤

不得流動邪盻也　閩本同監毛本盻作眄衞氏集說作不得斜眄

常著在首　閩本同惠棟挍宋本同衞氏集說同監毛本在作於

故宜兼戒亦可通戒爲人之法也　閩監毛本二戒字作誡衞氏集說同案此作戒者省文耳

侍坐於長者節

不得屏遷之而已　閩監毛本同岳本同嘉靖本同衞氏集說同通解遷之作遷就近

侍坐至納屨　惠棟挍宋本無此五字

此侍者或獨暫退時　閩監毛本作侍此本侍誤待今正

離坐離立節

不同椸枷　閩本監本毛本同石經同岳本嘉靖本同衞氏集說同釋文出同杝又出枷云本又作架徐音稼古本無此字正義此句闕疏其本無可考臧琳經義雜記云案注云椸可以枷衣者然則經無枷字矣今內則亦有枷字疑誤衍鄭箋鵲巢云鵲之作巢冬至架之至春乃成記注枷字與詩箋同意並是運動之言非實指器物之名也釋器竿謂之箷亦單稱箷郭注云衣架與鄭合據徐音知此字晉以來已衍古本無此字陸當據徐本云然耳

女子許嫁系纓　閩監毛本系作繫岳本同衞氏集說同嘉靖本同

女子有宮者　閩毛本同岳本嘉靖本同衞氏集說同監本宮誤官

猶不與男子共席而坐　閩監本同岳本同衞氏集說同考文引宋板古本足利本同毛本共誤同

不相知名　閩監毛本同石經同岳本嘉靖本同衞氏集說同釋文出不相知云本或作不相知名名衍字耳正義本作不相知名經義雜記云案注云見媒往來傳昏姻之言乃相知姓名經如本有名字鄭可無庸注矣案臧說非也注正解經名字爲姓名耳當以正義本爲長

辟嫌也　閩監毛本同岳本嘉靖本同衞氏集說同考文引古本辟作避釋文出避嫌云本亦作避正義云明避嫌也字亦作避○按避正字辟假借字

離坐至爲友　惠棟挍宋本無此五字

當祭夫人宮下羣公子宮上○按今公羊注無二宮字

白虎通云娶妻不告廟者示不必人女也　閩本同考文引宋板同監毛本告上有先字人女二字倂作安字與今白虎通同

弗與爲友者明避嫌也　閩監毛本作者此本者誤○

賀取妻者節

賀取妻者　閩監本同石經同岳本嘉靖本同衞氏集說同毛本取作娶釋文於上出取妻云本亦作娶下賀取妻同則作娶者釋文之又本也正義本從作取

古者謂候爲進　閩毛本同岳本嘉靖本同衞氏集說同監本候誤侯

昏禮不賀　閩監本同岳本嘉靖本同衞氏集說同考文引宋板同毛本禮誤賓

碍不得自往　閩監毛本碍作礙衞氏集說同

將奉淳意　閩監毛本奉淳作表厚是也衞氏集說同

以與子進賓客　閩監毛本同惠棟挍宋本客下有也字

貧者節　惠棟云貧者節經注之下接上節賀取至羞疏文

名子者節　惠棟云常語之中至後頁注無大小皆相名相字止宋本闕

迎公子黒臀於周　閩監毛本同惠棟挍宋本迎作逆○按作迎與宜二年傳合

男女異長節

男子二十冠而字　閩監毛本同岳本嘉靖本同衞氏集說同釋文出二十冠石經二十合作廿後並同不復出

男女至而字　惠棟挍宋本無此五字

凡進食之禮節　惠棟挍宋本凡進至虛口疏合下疏十四節在庶人耆之經注之下

醢醬處內　閩監毛本同石經同岳本嘉靖本同衞氏集說同釋文出醢云徐音海本又作醯呼兮反正義云此醢醬徐音作海則醢之與醬兩物各別又云今此經文若作醢字則是一物也又云則醢醬一物爲勝據此正義本從作醢

葱渫處末　閩監毛本同石經同岳本嘉靖本同衞氏集說同釋文出葱渫案渫本字渫唐人避諱字石經中凡偏旁涉世字者多改從云如棄作弃勤作勤葉作莱此渫及楪蘇媟諜堞偞皆是也廣韻葱渫字作渫

言末者殊加也　閩監本同岳本嘉靖本同衞氏集說同考文引宋板同毛本加誤如

酒漿處右 閩本同石經同宋監本同岳本嘉靖本同衛氏集說同惠棟挍宋本同監毛本右誤內石經考文提要云案鄭注云處羹之右王制殷人以食禮疏引此經亦作處右宋大字本宋本九經南宋巾箱本余仁仲本宋劉叔剛本至善堂九經本並作右

客若降等則先祭 閩監毛本同岳本同衛氏集說同惠棟挍宋本若作不嘉靖本同宋監本同考文引古本足利本同是也

如其次 閩監本同岳本嘉靖本同衛氏集說同考文引宋板同毛本如誤所

魚腊湆醬不祭也 閩監毛本同岳本嘉靖本同衛氏集說同浦鏜挍云湆誤湆後同湆醬儀禮作醬湆案五經文字云湆湆並邱及反上從泣下月大羹也上從泣下日幽深也今禮經大羹相承多作大字或傳寫久訛不敢便改此唐人所不敢改者浦鏜輒欲改之非也○按段玉裁云湆字不見於說文則未知張說何本儀禮音義引字林云湆羹汁玉篇廣韻同然則本無異字也

主人延客食胾 各本同此本胾誤諴今正

然後辯殽 惠棟挍宋本同石經同宋監本同岳本嘉靖本同衛氏集說同閩監毛本辯作辨下主人未辯同案五經文字云辯辨並皮勉反上理也下別也經典或通用之禮記亦借辯爲徧字

凡食殽辨於肩 閩監毛本同岳本辨作辯嘉靖本同考文引宋板同

凡進至虛口 惠棟挍宋本無此五字

此一節推明飲食之法也 閩監毛本同惠棟挍宋本推作雜衛氏集說同

但鄭注葱渫云處醢醬之左 閩監本同毛本醢誤醢衛氏集說亦作醢

此皆是公食下大夫禮云 惠棟挍宋本有皆字此本皆字脫閩監毛本同

捶而施薑桂曰鍛脩 閩本同監毛本捶作棰鍛作腶考文引宋板亦作捶作鍛周禮腊人注捶從木鍛從金旁衛氏集說作捶腶

末邊際置右右 惠棟挍宋本作左右是也

左擁簋粱 監毛本同閩本粱作梁

炙胾之屬雖同出於牲 閩監毛本同衛氏集說雖作本

壹以授賓 惠棟挍宋本同閩監毛本壹作一

自上而卻下 閩監本同毛本自誤是考文引宋板亦作自

音義隱云飯畢蕩口也 惠棟挍宋本同閩本同監本音義隱三字闕毛本作酯隱義案疏中屢稱音義隱亦或稱隱義

侍食於長者節

正義曰嚮是自爲客法 閩監毛本同惠棟挍宋本無正義曰三字

以示敬也 惠棟挍宋本此下另行標禮記正義卷第三終記云凡二十七頁

共食不飽節 惠棟挍宋本以下首題禮記正義卷第四惠棟又云宋本共食節毋摶飯節卒食節侍飲節長者節賜果節御食節餕餘節御同於長者節偶坐節羹之有菜節爲天子削瓜節爲國君節凡十三節經注俱在三卷則不拜而食經注之下盧文弨云案自此至爲國君節凡十三節經注俱尙在三卷則不拜而食經注之下截此疏爲四卷起首不可從

爲汗手不絜也 閩監毛本同惠棟挍宋本手作生是也宋監本同岳本作爲汙生不潔也衛氏集說作謂汙手不潔也案疏言汙生知此處當作生古書潔多作絜嘉靖本作爲汙手不潔也○按正義云一本汙生不圭圭絜也

則不絜淨 閩監毛本同惠棟挍宋本淨下有也字

言手澤汗飯也 閩監本作汙此本汙誤汗毛本同今正

毋摶飯節

去手餘飯於器中 閩監毛本同岳本同嘉靖本同衛氏集說同考文引宋板於作放

主人辭不能亨 石經同岳本嘉靖本同閩監毛本同釋文亨作烹考文引古本同

不得拂放本器中也 惠棟挍宋本作也此本也改者閩監毛本同

去手餘飯於器中人所穢者 惠棟挍宋本作者是也此本者改也閩監毛本同

羹有菜者用梜 閩監毛本作梜此本梜作挾下當梜嚼也同

云已家不能亨煮 閩監毛本同惠棟挍宋本已作以衛氏集說同

特牲少牢饋食禮 惠棟挍宋本作饋此本誤館閩監毛本同今正

卒食節

徹飯齊以授相者 閩監毛本同石經同岳本嘉靖本同釋文出䪡云本又作齊正義本作齊

北面取粱與醬以降也 監本同閩毛本粱作梁是也岳本同嘉靖本亦作粱

當已坐而跪 惠棟挍宋本作已衛氏集說同此本已作以閩監毛本同

侍飲於長者節

侍飲於長者 惠棟挍宋本如此此本於長者作王敢飲誤監毛本同閩本作至而食

進至侍者前則起 惠棟挍宋本同閩監毛本則起作於是非也

尊所者以陳尊之處也 閩監毛本同惠棟挍宋本無者字以作謂

侍者起而往尊處拜受之也 惠棟挍宋本作之也此本之也作酒謂非閩監毛本同

卿大夫燕飮 閩監毛本作卿此本卿誤鄉今正

所若所嚮長者之證也 閩監毛本同惠棟挍宋本若字上無所字

長者賜節

不敢亢禮也 各本同通典六十八亢作抗

賜果於君前節

嫌棄尊者物也 閩監毛本同岳本棄作弃嘉靖本同通典六十八作嫌弃尊者之物

御食於君節

寫者傳已器中 閩監毛本同岳本同惠棟挍宋本已作己衛氏集說同

御食於君 惠棟挍宋本如此此本作御食至皆寫誤也閩監毛本同

餕餘不祭節

及日晚食朝饌之餘 惠棟挍宋本有朝字此本朝字脫閩監毛本同

御同於長者節

父母有疾節

情不正之言 閩監毛本同嘉靖本同惠棟挍宋本無此五字宋監本同衛氏集說同考文引古本足利本同通典六十八引同岳本有此五字而別入於釋文挍釋文亦無此五字當因正義誤入

父母至而坐 惠棟挍宋本無此五字

憂亦謂親有病也 閩監毛本同惠棟挍宋本病作疾衛氏集說同是也

水潦降節 惠棟云水潦降節進几杖節宋本合爲一節

獻鳥者佛其首 閩監毛本同石經同岳本嘉靖本同釋文出拂其云本又作佛扶拂反下同正義本作佛考文引古本佛作拂

獻車馬者執策綏 閩監毛本同石經同岳本嘉靖本同釋文出筴綏與正義異考文引古本策作筴與釋文合

契券要也 監本作券岳本同此本券誤劵閩毛本同嘉靖本同

鋭底曰鐏取其鐏地平底曰鐓取其鐓地 惠棟挍宋本作鐏地鐓地嘉靖本同宋監本同此本鐏地字不誤鐓地誤鐓也閩監毛本二地字俱誤也岳本同

水潦至其鐓 惠棟挍宋本無此五字

但執策綏易呈 閩監毛本同惠棟挍宋本策綏下重策綏二字是也

柱地頭也柱地不淨　閩監毛本柱作拄

持淨頭投與人　閩本同惠棟校宋本同監毛本投作授

獻之以左手　閩監毛本同惠棟校宋本以上有而字

操于囚之右邊袂右邊袂　閩監毛本同惠棟校宋本右邊袂三字不重是也

弓形亦曲嚮下　閩監毛本同惠棟校宋本亦作示

由從至手與　閩監毛本如此此本誤作由從至下

客卻左手承弣　閩監毛本如此此本左上衍。

主人以左手卻之接客手下　惠棟校宋本作手下此本手下二字倒閩監毛本同

進劍者左首者　閩監毛本同惠棟校宋本無者字是也

進几杖者節

尊者所馮依　閩監本同岳本嘉靖本同毛本依誤循

爲其實而脆　閩監毛本同嘉靖本同惠棟校宋本脆作脃宋監本同岳本同釋文同五經文字云脃從刀從卪作脆訛

知裹魚肉者　閩本同監毛本知作苞惠棟校宋本作知苞裹魚肉者

言使之容者　閩監毛本同惠棟校宋本無此五字

禮記注疏卷二校勘記

附釋音禮記注疏卷第三

曲禮上　禮記　鄭氏注　孔穎達疏

凡爲君使者。已受命。君言不宿於家。急君使也言謂有故所問也聘禮曰君有言則以束帛如饗禮。○爲于僞反下注爲哀樂爲其廢喪事並同。君言至。則主人出拜君言之辱。使者歸。則必拜送于門外。敬君命也此謂國君問事於其臣。○若使人於君所。則必朝服而命之。使者反。則必下堂而受命。此臣有所告請於其君。○朝直遙反

〔疏〕凡爲至受命○正義曰此一節論相聘問及君臣使人相告之事今各依文解之○受命謂受得君命爲聘使也君言謂受君言宜急去不得停留宿於家也故聘禮既受命遂行舍於郊是也○注言謂至享禮○正義曰解君言也君之所言謂有事故所問也或問其臣或問他人鄭注聘禮記有故謂災患及時事相告也云聘禮曰若有言則以束帛如享禮者又證有言必有物將之也此謂行享禮畢而又有此言而又加束帛也鄭注彼云有言有所告請若有所問也記曰有故則束帛加書以將命春秋臧孫辰告糴於齊公子遂如楚乞師晉侯使韓穿來言汶陽之田是其類也○君言至則主人出拜君言之辱○正義曰此謂君使人問其臣臣對使禮也出出門也君使初至則主人出門拜迎君命也辱者言屈辱尊者之命來也使者歸則必拜送于門外者君之使去而又出拜送門外也去既送出門則知初至迎亦出門也此謂國君問事於其臣也若臣遣人往君所及問他人則送迎亦然○若使人於君所則必朝服而命之者此謂臣有故而遣使告君法也亦有物以將之敬君故朝服命使也然命使者言朝服則君言至亦朝服受之互言也使者反則必下堂而受命者謂已使者從君處反還至也去不下送反而下迎者尊君命也不出門者已使卑於君使也亦當拜之不言從上可知也○

博聞強識而讓。敦善行而不怠。謂之君子。敦厚○識如字又式異反行下孟反皇如字怠音代

君子不盡人之歡。不竭人之忠。以全交也。歡謂飲食忠謂衣服之物

〔疏〕君子至交也○正義曰此明君子所行之事也○鄭云歡謂飲食忠謂衣服飲食是會樂之具承歡爲易衣服比飲食爲難必關忠誠籌度故名忠各有所以也明與人交者不宜事事悉受若使彼罄盡則交結之道不全若不竭盡交乃全也

禮曰。君子抱孫不抱子。此言孫可以爲王父尸。子不可以爲父尸。以孫與祖昭穆同○昭時招反　爲君尸者。大夫士見之。則下之。君知所以爲尸者。則自下之。尊尸也下下車也國君或時幼少不能盡識羣臣有以告者乃下之○少式召反○尸必式。禮之　乘必以几。尊者慎也○乘繩證反下注二處乘車同　齊者不樂不弔。爲哀樂則失正散其思也○齊側皆反樂音洛下無容樂非樂所同思絲嗣反又如字○

〔疏〕禮曰至不弔○正義曰此一節論立尸用人相尊敬之法各依文解之○抱孫不抱子者此以明昭穆之例凡稱禮曰者皆舊禮語也爲下事難明故引舊禮爲證案此篇之首作記之人引舊禮而言曲禮曰此直言禮曰不言曲者從略可知也抱孫不抱子者謂祭祀之禮必須尸尸必以孫今子孫行並皆幼弱則必抱孫爲尸不得抱子爲尸所以然者作記之者既引其禮又自解云此言孫可以爲王父尸子不可以爲父尸故也曾子問云祭成喪者必有尸尸必以孫孫幼則使人抱之無孫則取於同姓可也是有抱孫之法也言無孫取於同姓可者謂無服內之孫取服外同姓也天子至士皆有尸特牲是士禮少牢是大夫禮並皆有尸又祭統云君執圭瓚祼尸是諸侯有尸也又守祧職云若將祭祀則各以其服授尸是天子有尸也天子以下宗廟之祭皆用同姓之嫡故祭統云祭之道孫爲王父尸所使爲尸者於祭者爲子行父北面而事之注云子行猶子列也祭祖則用孫列皆取於同姓之適孫也天子諸侯之祭朝事延尸於戶外是以有北面事尸之禮也雖取孫列用卿大夫爲之故既醉注云天子以卿鄭箋云諸侯入爲天子卿大夫故云公尸天子既然明諸侯亦爾故大夫士亦用同姓嫡者曾子問云無孫取於同姓可也又鄭注特牲禮大夫士以孫之倫爲尸是也言倫明非己孫皇侃用崔靈恩義以大夫用己孫爲尸恐非也天子祭天地社稷山川四方百物及七祀之屬皆有尸也故鳧鷖並云公尸推此而言諸侯祭社稷竟內山川及大夫有菜地祭五祀皆有尸也外神之屬不問同姓異姓但卜吉則可爲尸案曾子問祭成人必有尸則祭殤無尸若新喪虞祭之時男女各立尸故士虞禮云男男尸女女尸至祔祭之後正用男之一尸以其祔祭漸吉故也凡吉祭禰用一尸故祭統云設同几是也若祭勝國之社稷則士師爲尸知者士師職文云用士師者略之故異義公羊說祭天無尸左氏說晉祀夏郊以董伯爲尸虞夏傳云舜入唐郊以丹朱爲尸是祭天有尸也許慎引魯郊祀曰祝延帝尸從左氏之說也○爲君尸者大夫士見之則下之○正義曰此臣爲君作尸者已被卜吉君許用者也下謂下車也古者致齊各於其家散齊亦猶出在路及至祭之日且俱來入廟故羣臣得於路見君之尸皆下車而敬之○君知所以爲尸者則自下之者此亦謂散齊之時君若在路見尸亦自下車敬之不直云君見尸而云君知者言知則初有不知不知謂君年或幼少不能並識羣臣故於路或不識而臣告君君乃知之所以下也所以知是散齊者君致齊不復出行若祭日君先入廟後乃尸至也○尸必式者廟門之外尸尊未伸不敢亢禮不可下車故式爲敬以荅君也式謂俯下頭也古者車箱長四尺四寸而三分前一後二橫一木下去車牀三尺三寸謂之爲式又於式上二尺二寸橫一木謂之爲較較去車牀凡五尺五寸於時立乘若平常則馮較故詩云倚重較兮是也又若應爲敬則落手隱下式而頭得俯俛故後云式視馬尾是也鄭注考工記云兵車之式高三尺三寸較兩輢上出式者也兵車自較而下凡五尺五寸然尸在廟中尊伸向荅主人之拜今在路其尊猶屈君下而已式者以其在路尊未伸故未敢亢禮至於廟中禮伸則亢故荅之○乘必以几者几案在式之上尊者有所敬事以手據之几上有冪君以羔皮以虎緣之也○

居喪之禮。毀瘠不形。視聽不衰。爲其廢喪事形謂骨見○瘠音在昔反瘦也見賢遍反　升降不由阼階。出入不當門隧。常若親存隧道也○阼才故反隧音遂　○居喪

之禮。頭有創則沐。身有瘍則浴。有疾則飲酒食肉。疾止復初。不勝喪。乃比於不慈不孝。勝，任也。○創，初良反，又初亮反。瘍音恙，本或作痒。勝音升。任，而金反。五十不致毀。六十不毀。七十唯衰麻在身。飲酒食肉處於內。所以養衰老人。五十始衰也。○衰，七雷反。

【疏】居喪至於內。○正義曰：此一節明孝子居喪，此先明居喪常之法也。毀瘠不形者，毀瘠，羸瘦也。形，骨露也。骨爲人形之主，故謂骨爲形也。居喪乃許羸瘦，不許骨露見也。○升降不由阼階者，阼階，主人之階也。孝子事死如事生，故在喪思慕，猶若父在，不忍從父阼階上下也。若祔祭以後，即得升阼階，知者，案士虞禮云卒哭以後稱哀子，祔祭稱孝子。祔祭如饋食之禮，既同於吉，則孝子得升阼階也。然雜記云「弔者入，主人升堂西面」，下云「既葬，蒲席」，則升堂西面，未葬也。既言西面，則是升自阼階。此未葬得升阼階者，敬異國之賓也。○不勝喪乃比於不慈不孝者，結所以沐浴酒肉之義也。不勝喪，謂疾不食酒肉，創瘍不沐浴，毀而滅性者也。不留身繼世，是不慈也；滅性又是違親生時之意，故云不孝。不云同而云比者，此滅性本心實非爲不孝，故言比也。○五十不致毀者，致，極也。五十始衰，居喪乃許有毀，而不得極羸瘦。○六十不毀者，轉更衰甚，都不許毀也。魯襄公三十一年經書九月癸巳子野卒，傳云「毀也」，是也。○

生與來日。死與往日。與，猶數也。生數來日，謂成服杖，以死明日數也。死數往日，謂殯斂，以死日數也。此士禮貶於大夫者。大夫以上皆以來日數。士喪禮曰：「死日而襲，厥明而小斂，又厥明大斂而殯。」則死三日而更言三日成服杖，似異日矣。喪大記曰：「士之喪，二日而殯，三日之朝，主人杖。」二者相推，其然明矣。與，或爲予。○數，所主反，下皆同。殯，必刃反，下同。斂，力驗反，下同。貶，彼檢反，字林方犯反。

【疏】生與至往日。○正義曰：生與來日者，此謂士禮。與，數也。謂生人成服杖，數來日爲三日。死與往日者，此謂死者殯斂，數死日爲三日。○注與數至爲予。○正義曰：貶，猶屈也。士卑屈，故降不如大夫，所以厭其殯日。然士惟屈殯日，不屈成服杖日者，成服必在殯後故也。云「大夫以上皆以來日數」者，大夫尊，則成服及殯皆不數死日也。大夫云三日殯，不數死日，則天子諸侯亦悉不數死日也，故鄭云大夫以上。云「士喪禮曰死日而襲」者，注引士喪禮者，證殯與成服不同日，以其未審，故云似異日。又引喪大記者，更證明士殯與成服不同日，故云二者相推，其然明矣。謂以士喪禮、喪大記二者相推校，然，猶是也，殯與成服是異日明矣，無所復疑。言與或爲予者，謂諸本禮記有作予字者，故云與或爲予。

知生者弔。知死者傷。知生而不知死，弔而不傷。知死而不知生，傷而不弔。人恩各施於所知也。弔、傷，皆謂致命辭也。雜記曰：諸侯使人弔辭曰：「寡君聞君之喪，寡君使某，如何不淑。」此施於生者。傷辭未聞也。說者有弔辭云：「皇天降災，子遭罹之，如何不淑。」此施於死者，蓋本傷辭。辭畢退，皆哭。○傷，如字，下同。舊式亮反。

【疏】知生至不弔。○正義曰：此一節論弔傷之法。若存之與亡並識，則遺設弔辭、傷辭兼行。若但識生而不識亡，則唯遺設弔辭而無傷辭。○知死而不知生傷而不弔者，若但識亡，唯施傷辭而無弔辭也。然生弔死傷，其文可悉，但記者丁寧言之，故其文詳也。○注弔傷至皆哭。○正義曰：皆不自往而遣使致己之命也。雜記曰：諸侯使人弔辭曰：「寡君聞君之喪，寡君使某如何不淑。」此施於生者也。引雜記者，證諸侯有鄰國之喪，不得自往，遣使往弔致命弔辭之法也。然弔辭唯使者口傳之於主國孤而已。云「傷辭未聞」者，經典散亡，故未聞也。「說者有弔辭云：皇天降災，子遭罹之，如何不淑」者，既未聞傷辭，有舊說者云有弔辭如此也。「施於死者，蓋本傷辭」也。鄭此云舊說，疑其非弔辭，正是傷辭耳。所以然者，一則不與雜記弔辭同，二則既言皇天降災，子遭罹之，明是傷於亡者自身，非關弔于孝子也。云「辭畢退皆哭」者，然弔辭乃使口致命，若傷辭當書之於板，使者讀之而奠致殯前也。知辭畢皆退而哭者，案雜記行弔之後，致含襚賵，畢乃臨。若不致含襚賵，則弔訖乃臨也。故鄭云弔傷辭畢皆哭。

弔喪弗能賻。不問其所費。問疾弗能遺。不問其所欲。見人弗能館。不問其所舍。賜人者不曰來取。與人者不問其所欲。皆爲傷恩也。見人，行人。館，舍也。與人不問其所欲，己物或時非其所欲，將不與也。○賻音附。公羊傳曰：錢財曰賻。穀梁傳曰：歸生者曰賻。不問其所費，芳味反，一本作有所費，下句放此。遺，于季反，與也。皆爲，于僞反，下爲其皆同。○適墓不登壟。爲其不敬。壟，冢也。墓，塋域。○壟，力勇反。塋音營。助葬必執紼。葬，喪之大事。紼，引車索。○紼音弗，引棺，本亦作引車。索，悉各反。臨喪不笑。臨喪宜有哀色。揖人必違其位。禮以變爲敬。望柩不歌。入臨不翔。哀傷之，無容樂。○柩，求又反。臨，如字，舊力鴆反。當食不歎。食或以樂，非歎所。鄰有喪，舂不相。里有殯，不巷歌。助哀也。相，謂送杵聲。○舂，束容反。相，息亮反，注同。杵，昌呂反。適墓不歌。非樂所。哭日不歌。哀未忘也。送喪不由徑。送葬不辟塗潦。所哀在此。○徑，經定反，邪路也。辟音避，本亦作避，下注同。臨喪則必有哀色。執紼不笑。臨樂不歎。介胄則有不可犯之色。貌與事宜相配。介，甲也。故君子戒慎。不失色於人。色厲而內荏，貌恭心很，非情者也。○荏，而審反，柔弱貌。很，胡懇反。國君撫式。大夫下之。大夫撫式。士下之。撫，猶據也。據式小俛，崇敬也。乘車必正立。○俛音免。禮不下庶人。爲其遽於事，且不能備物。○下，遐嫁反，又如字。遽，其庶反，沈又其於反。刑不上大夫。不與賢者犯法，其犯法則在八議，輕重不在刑書。○上，時掌反。與音預。刑人不在君側。爲怨恨爲害也。春秋傳曰：近刑人，則輕死之道。

【疏】助葬至君側。○正義曰：此一節記人雜記吉凶舉動威儀之事，各依文解之。○助葬必執紼者，助葬本非爲客，正是助事耳，故宜必執紼也。○注葬喪至車索。○正義曰：葬，喪之大事，解所以必執紼之義。云「紼，引車索」者，繩屬棺曰紼，屬車曰引，引、紼亦通名，故鄭云紼引車索也。○揖人必違其位者，位，謂己之位也。於位而見前人，己所宜敬者，當離己位而嚮彼而揖，禮以變爲敬。是以燕禮君降階爾卿大夫，鄭注云：爾，近也，揖而移近之。明雖君臣，皆須違位而揖也。○入臨不翔者，謂入臨人之喪，不得趍翔爲容，不翔，故不歌，歌則猶翔也。○當食不歎者，吉食奏樂，既樂，故不宜歎也。又若助喪事而食，使充飢不令廢事，亦不宜歎，歎則不飽也。○注食或以樂非歎所。○正義曰：人君吉食則有樂，賤者則無，故云或也。○哭日不歌者，哭日，謂弔人日也。哭歌不可共日也。○注哀未忘也。○正義曰：論語云「子於是日哭則不歌」，而鄭此云哀未忘也，則弔日之朝亦得歌樂，但弔以還，其日晚不歌耳。亦得會是日哭則不歌，是先哭後乃不歌也。○送葬不辟塗潦者，前文送喪，此云送葬，上下文勢皆據他人。知者，以上適墓不登壟、入臨不翔及哭日不歌，以文類之，故知此等皆據他人也。而本亦有云送喪不辟塗潦者，義亦通也。○介胄則有不可犯之色者，亦內外宜相稱也。戎容暨暨，若身被甲、首冠胄，則使形勢高岸，有不可干犯之色，以稱其服也。○故君子戒慎不失色於人者，并結前義也，故承上起下之辭。上既言內外宜稱，故君子接人，凡所行用，並使心色如一，不得色違於心，故云不失色於人也。○注色厲而內荏貌恭心很非情者也。○正義曰：此舉失色之事也。小人顏色嚴厲而心內荏弱爲佞，又外乃象恭而心實敖很，此並情不副色也。故論語云：「色厲而內荏，譬諸小人，其猶穿窬之盜也與。」又云：「巧言令色足恭。」書云：「象恭滔天。」○國君撫式大夫下之者，撫，謂手據之，謂君臣俱行，君式宗廟，則臣宜下車。此獨云大夫，則士可知也。大夫撫式士下之者，士爲大夫之臣，亦如大夫於君也。○注乘車必正立。○正義曰：證所式義也。乘車，駟馬之車也。既並立乘，故爲敬時則俯俛據式。○禮不下庶人者，謂庶人貧，無物爲禮，又分地是務，不服燕飲，故此禮不下與庶人行也。白虎通云：禮爲有知制，刑爲無知設。禮謂酬酢之禮，不及庶人，勉民使至於士也。故士相見禮云：庶人見於君，不爲容，進退走，是也。張逸云：非是都不行禮也，但以其遽務不能備之，故不著於經文三百、威儀三千耳。其有事則假士禮行之。○刑不上大夫者，制五刑三千之科條，不設大夫犯罪之目也。所以然者，大夫必用有德，若逆設其刑，則是君不知賢也。張逸云：謂所犯之罪不在夏三千、周二千五百之科，不使賢者犯法也，非謂都不刑其身也。其有罪則以八議議其輕重耳。○注不與至刑書。○正義曰：與，猶許也。不許賢者犯法，若許之，則非進賢之道也。大夫無刑科，而周禮有犯罪致殺者，鄭恐人疑，故出其事，雖不制刑書，不與賢者犯法，其犯法則在八議，輕重不在刑書。若脫或犯法，則在八議。八議有八條，事在周禮：一曰議親之辟，謂是王宗室有罪也。二曰議故之辟，謂與王故舊也。三曰議賢之辟，謂有德行者也。四曰議能之辟，謂有道藝者也。五曰議功之辟，謂有大勳立功者也。六曰議貴之辟，謂貴者犯罪，即大夫以上也。鄭司農云：若今之吏墨綬有罪先請者。案漢時墨綬者是貴人也。七曰議勤之辟，謂憔悴憂國也。八曰議賓之辟，謂所不臣者，三恪二代之後也。異義：禮戴說刑不上大夫。古周禮說士尸肆諸市，大夫尸肆諸朝，是大夫有刑。許慎謹案：易曰「鼎折足，覆公餗，其刑渥，凶」，無刑不上大夫之事，從周禮之說。鄭康成駮之云：凡有爵者，與王同族，大夫以上適甸師氏，令人不見，是以云刑不上大夫。如鄭之言，則於戴禮及周禮二說俱合。但大夫罪未定之前，則皆在八議，此經注是也。若罪已定，將刑殺，則適甸師氏是也。凡王朝大夫以上及王之同姓，皆刑之於甸師氏，故掌戮云：「凡有爵者及王之同族，有罪則死刑焉。」是也。若王之庶姓之士及諸侯大夫，則戮於朝，故襄二十二年楚殺令尹子南，尸諸朝，是大夫於朝也。列國大夫入天子之國曰某士，明天子之士亦在朝也。諸侯大夫既在朝，則諸侯之士在市，故檀弓云「君之臣不免於罪，則將肆諸市朝」，鄭云「大夫於朝，士於市」，是也。○刑人不在君側者，彼刑殘者不得令近君，爲其怨恨也。白虎通云：古者刑殘之人

公家不畜大夫不養士遇之路不與語放諸墝埆不毛之地與禽獸爲伍○注春秋傳曰近刑人則輕死之道○正義曰此引公羊傳證刑人在君側之失者也春秋魯襄公二十九年閽弒吳子餘祭公羊云閽者何刑人也○君子不近刑人近刑人則輕死之道也又左傳云吳伐越獲俘焉以爲閽使守舟吳子餘祭觀舟閽以刀弒之○兵車不式。尚威武不崇敬武車綏旌。盡飾也綏謂垂舒之也武車亦兵車○綏耳隹反德車結旌。不盡飾也結謂收斂之也德車乘車【疏】兵車至結旌○正義曰此一節明德車兵車旌旗之異○兵車革路也兵車尚武猛宜無推讓故不爲式敬也○武車綏旌者武車亦革路也取其建戈刃即云兵車取其威猛即云武車也綏謂舒垂散之也旌謂車上旗幡也尚威武故舒散旗幡垂綏然何胤云垂放旌旗之旒以見於美也○德車結旌者德車謂玉路金路象路木路四路不用兵故曰德車德美在內不尚赫奕故結纏其旒著於竿也何胤云以德爲美故略於飾此坐乘之車也鄭前云乘車必正立此云是乘車則非坐乘也○史載筆。士載言。謂從於會同各持其職以待事也筆謂書具之屬言謂會同盟要之辭前有水。則載青旌。前有塵埃。則載鳴鳶。前有車騎。則載飛鴻。前有士師。則載虎皮。前有摯獸。則載貔貅。載謂舉於旌首以警衆也禮君行師從卿行旅從前驅舉此則士衆知所有所舉各以其類象青青雀水鳥鳶鳴則將風鴻取飛有行列也士師謂兵衆虎取其有威勇也貔貅亦摯獸也書曰如虎如貔士或爲仕○載音戴本亦作戴下及注同埃烏來反鳶悅專反鴟也騎其寄反摯音至貔婢支反徐扶夷反孔安國云貔執夷反虎屬皆猛健貅本亦作貅許求反又虛虯反貔貅摯獸警音景從才用反下同行戶剛反行。前朱鳥而後玄武。左青龍而右白虎。招搖在上。急繕其怒。以此四獸爲軍陳象天也急猶堅也繕讀曰勁又畫招搖星於旌旗上以起居堅勁軍之威怒象天帝也招搖星在北斗杓端主指者○招搖並如字北斗第七星繕依注音勁吉政反陳直覲反杓敷招反徐必遙反進退有度。度謂伐與步數左右有局。各司其局。局部分也分扶問反【疏】史載至其局○正義曰此一節明君以軍行之禮各隨文解之○史謂國史書錄王事者王若舉動史必書之王若行往則史載書具而從之也不言簡牘而云筆者筆是書之主則餘載可知爾雅云不律謂之筆郭云書筆名四方之異言也○士載言者士謂司盟之士言謂盟會之辭舊事也崔靈恩云必載盟會之辭者或尋舊盟或用舊會之禮應須知之故載自隨也○前有水則載青旌者王行宜警衛善惡必先知之故備設軍陳行止之法也軍陳卒伍行則並銜枚無諠聲若有非常不能傳道且人衆廣遠難可周徧故前有變異則舉類示之故宣十二年左傳云前茅慮無是也青旌者青雀旌謂旌旗軍行若前值水則畫爲青雀旌旗幡上舉示之所以然者青雀是水鳥軍士望見則咸知前必值水而各防也○前有塵埃則載鳴鳶者鳶今時鴟也鴟鳴則風生風生則塵埃起前有塵埃起則畫鴟於旌首而載之衆見咸知以爲備也不直言鳶而云鳴者鳶不鳴則風不生故畫作開口如鳴時也不言旌從可知也○前有車騎則載飛鴻者車騎彼人之車騎也鴻鴻鴈也鴈飛有行列與車騎相似若軍前忽遇見彼人有多車騎則畫鴻於旌首而載之使衆見而爲防也然古人不騎馬故經但記正典無言騎者今言騎者當是周末時禮○前有士師則載虎皮者士師兵衆也虎是威猛亦兵衆之象若前有兵衆則舉虎皮於竿首使兵衆見以爲防也○前有摯獸則載貔貅者摯獸猛而能摯謂虎狼之屬也貔貅是一獸亦有威猛也若前有猛獸則舉此貔貅使衆知爲備也但不知爲載其皮爲畫其形耳通有二家一云與虎皮並畫作皮於旌也一云並載其皮○注載謂至如貔○正義曰載謂舉於旌首以警衆也文並爲載而鄭今云舉於旌首是明諸物並在旌旗首也云禮君行師從卿行旅從此是定四年祝佗之辭此嘉好之事若爲其出軍征伐則隨軍多少與此不同云書曰如虎如貔者此尚書牧誓證虎貔同是猛獸也此武王伐紂時於牧野作誓誡士卒爲戰之辭也令士衆皆如虎貔然也鄭注尚書云其威當如獸之將攫搏也貔一名曰豹虎類也爾雅云貔白狐也行前朱鳥而後玄武左青龍而右白虎者前明軍行逢值之禮也此明軍行象天文而作陳法也前南後北左東右西朱鳥玄武青龍白虎四方宿名也軍前宜捷故用鳥軍後須殿捍故用玄武玄武龜也龜有甲能禦侮用也左爲陽陽能發生象其龍變生也右爲陰陰沈能殺虎沈殺也軍之左右生殺變應威猛如龍虎也何胤云如鳥之翔如蛇之毒龍騰虎奮無能敵此四物鄭注四獸爲軍陳則是軍陳之法也但不知何以爲之耳今之軍行畫此四獸於旌旗以標左右前後之軍陳○招搖在上者招搖北斗七星也北斗居四方宿之中以斗末從十二月建而指之則四方宿不差今軍行法之亦作此北斗星在軍中舉之於上以指正四方使四方之陳不差故云招搖在上也然並作七星而獨云招搖者舉指者爲主餘從可知也○急繕其怒者此明軍陳法此舉士卒之用也急堅也勁利也其怒士卒之怒也軍行既張四宿於四方標招搖於中上象天之行故軍旅士卒起居舉動堅勁奮勇如天帝之威怒也然君類前而論四宿之陳畫旌爲勝且鄭云又畫招搖於旌上則知四物是畫故星約言云又畫也崔靈恩云此謂軍行所置旌旗於四方以法天此旌之旒數皆放其星龍旗則九旒雀則七旒虎則六旒龜蛇則四旒皆放星數以法天也皆畫招搖於此四旗之上案崔氏畫四旗皆爲北斗星於義不安何者天唯一斗以指四方何用四斗乎○注以此至指者○正義曰此朱雀是禽而總言獸者通言耳言爲軍陳者則四獸各有軍陳之法故昭二十一年宋人與華亥戰云鄭翩願爲鸛其御願爲鵞又兵書云善用兵者似率然率然者常山蛇擊其首則尾至擊其尾則首至擊其中則首尾俱至是其各有陳法也知招搖在北斗杓端者春秋運斗樞云北斗七星第一天樞第二旋第三璣第四權第五衡第六開陽第七搖光第一至第四爲魁第五至第七爲標案此搖光則招搖也在下云端者明魁以上爲首標則以下爲端也○注度謂伐與步數○正義曰牧誓武王誓衆云今日之事不愆于六步七步乃止齊焉四伐五伐乃止齊焉一擊一刺爲一伐鄭注尚書云伐謂擊刺也始前就敵六步七步當止齊正行列及兵相接少者四伐多者五伐又當止齊正行列也○左右有局者局部分也軍之在左右各有部分不相濫也○各司其局者軍行須監領故主帥部分各有所司部分也爾雅云局分也郭云謂分部也○父之讎。弗與共戴天。父者子之天殺已之天與共戴天非孝子也行求殺之乃止○讎常由反兄弟之讎。不反兵。恒執殺之備○交遊之讎。不同國。讎不吾辟則殺之交遊或爲朋友【疏】父之至同國○正義曰此一節論親疏復讎之法今各依文解之○父之讎弗與共戴天者父是子之天彼殺已父是殺已之天故必報殺之不可與共處於天下也天在上故曰戴又檀弓云父母之仇寢苫枕干不仕弗與共天下也遇諸市朝不反兵而鬭並是不共天下也而調人云父之讎辟諸海外則得與共戴天此不共戴天者謂孝子之心不許共讎人戴天必殺之乃止調人謂逢遇赦宥王法辟諸海外孝子雖欲往殺力所不能故鄭荅趙商云讐若在九夷之東八蠻之南六戎之西五狄之北雖有至孝之心能往討之乎是也○兄弟之讎不反兵者兄弟謂親兄弟也有兄弟之讐乃得仕而報之不反兵者謂帶兵自隨也若行逢讎身不帶兵方反家取之比來則讎已逃辟終不可得故恒帶兵見即殺之也檀弓云父母之讎不反兵兄弟之仇仕弗與共國而此云兄弟不反兵者父母不反兵於普天之下也兄弟不共國謂不同中國也而亦不反兵者父母仇讎則不仕不辟市朝兄弟仇讎則猶仕而辟市朝也而亦同不反兵則同體重之也而調人云兄弟之讎辟諸千里之外二文不同者調人亦謂會遇恩赦之法辟諸千里之外檀弓又云衛君命而使雖遇之不鬭雖同不反兵與父母讐異也○交遊之讐不同國者交遊朋友也爲朋友亦報仇也故前云父母存不許友以死則知父母沒得爲朋友報仇也此云不同國者謂不共五等一國之中也而調人云從父母兄弟之讐不同國與此同又調人云主友之讎視從父兄弟是主友亦同此與調人皆謂會赦故不同國雖不同國國外百里二百里則可其兄弟仕不與共國者必須相去千里之外故調人云兄弟之讐辟諸千里之外是也但從父兄弟及交遊主友報讐之時不自爲首故檀弓云從父兄弟之仇不爲魁主人能則執兵而陪其後也其君之讐調人云視父師長之讐視兄弟則姑姊妹伯叔皆視兄弟異義公羊說復百世之讎古周禮說復讎之義不過五世許愼謹案魯桓公爲齊襄公所殺其子莊公與齊桓公會春秋不譏又定公是魯桓公九世孫孔子相定公與齊會於夾谷是不復百世之讎也從周禮說鄭康成不駮即與許愼同凡君非理殺臣公羊說子可復讎故子胥伐楚春秋賢之左氏說君命天也是不可復讎鄭駮異義稱子思云今之君子退人若將隊諸淵無爲戎首不亦善乎子胥父兄之誅隊淵不足喻伐楚○使吳首兵合於子思之言也是鄭善子胥同公羊之義也○四郊多壘。此卿大夫之辱也。辱其謀人之國不能安也壘軍壁也數見侵伐則多壘○壘徐力軌反又力水反辟本又作壁布狄反數色角反地廣大荒而不治。此亦士之辱也。辱其親民不能安荒穢也【疏】四郊至辱也○正義曰此明食祿所宜任其事也四郊者王城四面並有郊近郊五十里遠郊百里諸侯亦各有四面之郊里數隨地廣狹故云四郊也壘軍壁也言卿大夫尊高任當軍帥若有威德則無敢見侵若尸祿素餐則寇戎充斥數戰郊坰故多軍壘罪各有所歸故爲卿大夫之恥辱也○地廣大荒而不治此亦士之辱也者地采地也荒廢穢也士邑宰也士爲君邑宰必宜地民相得若使土地廣大而荒廢民散而流移亦邑宰之恥辱也而云亦者今謂非但大夫之辱亦是士之辱言四郊多壘獨爲大夫之辱士則職卑位下爲君邑宰勸課耕稼故地荒爲士之辱也○臨祭不惰。爲無神也○爲于僞反下爲不爲其爲有皆同祭服敝則焚之。祭器敝則埋之。龜筴敝則埋之。牲死則埋之。此皆不欲人褻之也焚之必已不用

埋之不知鬼神之所爲。○埋徐武乖反褻息列反慢也○凡祭於公者必自徹其俎。臣不敢煩君使也大夫以下或使人歸之祭於公助祭於君也○使色吏反○【疏】臨祭至其俎○正義曰此一節明接神及歸俎之禮○臨祭不惰者祭如在故臨祭須敬不得怠惰故鄭注云爲無神也鬼神享德祭若怠惰則神不歆不歆是無神也既謂其不敬亦是無神○注此皆不欲人褻之○正義曰若不焚埋人或用之爲心褻慢鬼神之物所以焚之埋之異者服是身著之物故焚之牲器之類並爲鬼神之用雖敗不知鬼神用與不用故埋之猶在焚之則消故焚埋異也○注臣不至君也○正義曰此謂士助君祭也若大夫以上則君使人歸之於俎而禮本並云大夫以下或人歸之是鄭因君以明臣言大夫以下自祭其廟則使人歸賓俎故曾子問云攝主不歸俎明正主則歸也○

卒哭乃諱。敬鬼神之名也諱辟也生者不相辟名衞侯名惡大夫有名惡君臣同名春秋不非○辟音避下皆同○禮不諱嫌名。二名不偏諱。爲其難辟也嫌名謂音聲相近若禹與雨丘與區也偏謂二名不一一諱也孔子之母名徵在言在不稱徵言徵不稱在○禹與雨並于矩反一讀雨音于許反丘與區並去求反一讀區音羌蚪反又丘于反案漢和帝名肇不改京兆郡魏武帝名操陳思王詩云脩阪造雲日是不諱嫌名逮事父母則諱王父母。不逮事父母則不諱王父母。逮及也謂幼孤不及識父母恩不至於祖名孝子聞名心瞿諱之由心此謂庶人適士以上廟事祖雖不逮事父母猶諱祖○逮音代一音大計反瞿本又作懼同俱附反適丁歷反○君所無私諱。謂臣言於君前不辟家諱尊無二○大夫之所有公諱。辟君諱也詩書不諱。臨文不諱。爲其失事正廟中不諱。爲有事於高祖則不諱曾祖以下尊無二也於下則諱上夫人之諱。雖質君之前。臣不諱也。臣於夫人之家恩遠也質猶對也○婦諱不出門。婦親遠於宮中言辟之○大功小功不諱。入竟而問禁。入國而問俗。入門而問諱。皆爲敬主人也禁謂政教俗謂常所行與所惡也國城中也○竟音境惡烏路反【疏】卒哭至問諱○正義曰此一節論諱與不諱之事各依文解之○古人生不諱故卒哭前猶以生事之則未諱至卒哭後服已受變神靈遷廟乃神事之敬鬼神之名故諱之諱避也生不相避名名以名質故言之不諱死則質藏言之則感動孝子故諱之也○注衞侯至不非○正義曰證生不相諱也時君臣同名春秋不譏案魯襄公二十八年衞石惡出奔晉二十九年衞侯衎卒衞侯惡乃即位與石惡不相干熊氏云石字誤當云大夫有名惡知者昭七年衞侯惡卒穀梁傳云昭元年有衞齊惡今衞侯惡何謂君臣同名也君子不奪人親所名也是衞齊惡不得爲石惡也○禮不諱嫌名注若禹與雨丘與區○正義曰今謂禹與雨音同而義異丘與區音異而義同此二者各有嫌疑禹與雨有同音嫌疑丘與區有同義嫌疑如此者不諱若其音異義異全是無嫌不涉諱限必其音同義同乃始諱也○二名不偏諱注孔子之母名徵在言在不稱徵言徵不稱在○正義曰不偏諱者謂兩字作名不一一諱之也孔子言徵不言在言在不言徵者案論語云足

則吾能徵之矣是言徵也又云其在斯是言在也案異義公羊說譏二名謂二字作名若魏曼多也左氏說二名者楚公子弃疾弒其君即位之後改爲熊居是爲二名許慎謹案云文武賢臣有散宜生蘇忿生則公羊之說非也從左氏義也逮事王父母者逮及也王父母謂祖父母也若及事父母則諱祖也何以然孝子聞名心瞿祖是父之所諱則子不敢言既已終不言若父母已亡而已言便心瞿憶父母故諱之也○不逮事父母則不諱王父母者孝子若幼少孤不及識父母便得言之故不諱祖父母庾云諱王父母之恩正應由父所以連言母者婦事舅姑同事父母且配夫爲體諱敬不殊故幼無父而識母者則可以諱王父母也○注此謂至諱祖正義曰適士已上廟事祖者祭法云適士二廟祖之與禰各一廟其中士下士亦廟事祖但祖禰共廟則既夕禮一廟是也熊氏云此適士者包中下士對庶人府史亦稱適也○大夫之所有公諱者今謂人於大夫之所正得避公家之諱不得避大夫諱所以然者尊君諱也君諱也若兼爲大夫諱則君諱不尊也不言士之所諱者士卑人不爲之諱故也或可大夫所有公諱者君及大夫諱耳亦無已之私諱玉藻云於大夫所有公諱無私諱但此文上承君所有私諱之下唯云大夫之所有公諱故略之不云無私諱耳○詩書不諱何胤云詩書謂教學時也臨文謂禮執文行事時也案論語云詩書執禮是教學惟詩書有誦禮則不誦惟臨文行事若有所諱則並失事正故不諱也○廟中不諱者謂有事於高祖廟祝嘏辭說不爲曾祖已下諱也爲尊無二上不諱下也於下則諱上也若有事於禰則諱祖已上也○夫人之諱雖質君之前臣不諱也者夫人君之妻質對也夫人本家所諱臣雖對君前而言語不爲諱也臣於夫人之家恩遠故不諱也○婦諱不出門者門謂婦宮門婦家之諱但於婦宮中不言耳若於宮外則不諱也故臣對君不諱也○注婦親遠於宮中言辟之陳鏗問云雜記母之諱宮中諱妻之諱不舉諸其側也此則與母諱同何也田瓊荅曰雜記方分尊卑故詳言之曲禮據不出門大略言之耳母諱遠妻諱近則亦宜言也但所辟者狹耳○大功小功不諱者古者期親則爲諱陳鏗問曰亦爲父乎自己親乎田瓊荅曰雜記云卒哭而諱王父母兄弟世父叔父姑姊妹子與父同諱父諱齊衰親也然則大功小功不諱矣熊氏云夫功亦諱小功不諱若小功與父同諱則亦諱之知者雜記云王父母兄弟世父叔父姑姊妹子與父同諱是父之世叔父及姑姊妹以下皆爲之小功父爲諱故已從父爲之諱○入境而問禁者此以下並爲敬主人也竟界首也禁謂國中政教所忌凡至竟界當先訪問主國何所禁也入國而問俗者○國城中城中如今國門內也俗謂常所行也入主人之城內亦先問風俗常行也○入門而問諱者門主人之門也諱主人祖先君名宜先知之欲爲避之也問諱而以門爲限者主人出至大門外迎客客入門方應交接故於門爲限也故注云皆爲敬主人也○

外事以剛日。順其出爲陽也出郊爲外事春秋傳曰甲午祠兵○內事以柔日。順其居內爲陰凡卜筮日。旬之外曰遠某日。旬之內曰近某日。旬十日也○筮市制反○喪事先遠日。吉事先近日。孝子之心喪事葬與練祥也吉事祭祀冠取之屬也○冠古亂反○曰。爲日。假爾泰龜有常。假爾泰筮有常。命龜筮辭龜筮於吉凶有常大事卜小事筮○假古雅反下同卜筮不過三。求吉不過三魯四卜郊春

秋譏之○卜筮不相襲。卜不吉則又筮筮不吉則又卜是瀆龜筴也晉獻公卜取驪姬不吉公曰筮之是也○瀆徒木反驪力知反○【疏】外事至相襲○正義曰此一節明卜筮及用日之法各依文解之○外事以剛日者外事郊外之事也剛奇日也十日有五奇五偶甲丙戊庚壬五奇爲剛也外事剛義故用剛日也○注順其至祠兵○正義曰以出在郊外故順用剛日也公羊莊公八年正月師次於郎以俟陳人蔡人甲午祠兵傳云祠兵者何出曰祠兵何休云禮兵不徒使故將出兵必祠於近郊此鄭所引直取甲午證用剛日事耳其祠兵之文鄭所不用故異義公羊說以爲甲午祠兵左氏說甲午治兵鄭駁之云公羊字誤也以治爲祠因爲作說引周禮四時田獵治兵振旅之法是從左氏之說不用公羊也○內事以柔日者內事郊內之事也乙丁己辛癸五偶爲柔也然則郊天是國外之事應用剛日而郊特牲云郊之用辛非剛也又社稷是郊內應用柔日而郊特牲云祀社日用甲非柔也所以然者郊社尊不敢同外內之義故也此言外剛內柔自謂郊社之外他禮則皆隨外內而用之崔靈恩云外事指用兵之事內事指宗廟之祭者以郊用辛社用甲非順其居外內剛柔故也祭社用甲所以召誥用戊者召誥是告祭非常禮也郊之用辛者唯夏正郊天及雩大享明堂耳若圜丘自用冬至日五時迎氣各用其初朔之日不皆用辛○凡卜筮日者凡先聖王之所以立卜筮者下云所以使民信時日敬鬼神決嫌疑定猶與也卜筮必用龜蓍者案劉向云蓍之言耆龜之言久龜千歲而靈蓍百年而神以其長久故能辯吉凶也說文云蓍蒿屬也生千歲三百莖易以爲數天子九尺諸侯七尺大夫五尺士三尺陸機草木疏云似藾蕭青色科生洪範五行傳曰蓍生百年一本生百莖論衡云七十年生一莖七百年十莖神靈之物故生遲也史記曰滿百莖者其下必有神龜守之其上常有雲氣覆之淮南子云上有藂蓍下有伏龜卜筮實問於神龜筮能傳神命以告人故金縢告大王王季文王云爾之許我乃卜三龜一襲吉是能傳神命也又鄭注天府云卜筮實問於鬼神龜筮能出其卦兆之占耳案白虎通稱禮三正記天子龜一尺二寸諸侯一尺大夫八寸士六寸龜陰也故其數偶筮者案少牢大夫立筮鄭云大夫蓍長五尺推此而言天子九尺諸侯七尺士三尺蓍陽也故其數奇所以謂之卜筮者師說云卜覆也以覆審吉凶筮決也以決定其惑劉氏以爲卜赴也赴來者之心筮問也問筮者之事赴問互言之案易繫辭云定天下之吉凶成天下之亹亹者莫大乎蓍龜又云蓍之德圓而神卦之德方以知神以知來知以藏往又說卦云昔者聖人幽贊於神明而生蓍據此諸文蓍龜知靈相似無長短也所以僖四年左傳云筮短龜長不如從長者時晉獻公卜娶驪姬不吉更欲筮之故太史蘇欲止公之意託云筮短龜長耳實無優劣也若杜預鄭玄因筮短龜長之言以爲實有長短故杜預注傳云物生而後有象象而後有滋滋而後有數龜象筮數故象長數短是也象所以長者以物初生則有象去初既近且包羅萬形故爲長數短者數是終末去初既遠推尋事數始能求象故以爲短也又鄭康成注占人云占人亦占筮言掌占龜者筮短龜長主於長者是鄭及杜預皆以爲龜長筮短凡卜筮天子諸侯若大事則卜筮並用皆先筮後卜故筮人云凡國之大事先筮而後卜即事之漸大事者則大卜云國大貞卜立君卜大封大祭祀凡出軍旅喪事及龜之八命一曰征二曰象三曰與四曰謀五曰果六曰至七曰雨八曰瘳此等皆爲大事故鄭注占人云將卜八事皆先以筮筮之是也若次事則唯卜不筮也故表記云天子無筮鄭注云謂征伐出師若巡守天子至尊

大事皆用卜也是天子出行唯卜無筮是也小事無卜唯筮筮人掌九筮之名一曰筮更謂遷都邑也二曰筮咸咸猶僉也謂筮衆心歡不也三曰筮式謂制作法式也四曰筮目謂事衆筮其要所當也五曰筮易謂民衆不說筮所改易也六曰筮比謂與民和比也七曰筮祠謂筮牲與日也八曰筮參謂筮御與右也九曰筮環謂筮可致師不鄭注占人不卜而徒筮者則用九筮是也天子既爾諸侯亦然故春秋傳二十五年晉卜納襄王得黃帝戰於阪泉之兆又筮之得大有之睽哀九年晉卜伐宋亦卜而後筮是大事卜筮並用也但春秋亂世皆先卜後筮不能如禮其禮既先筮後卜尚書先云龜從者以尊卑言之故先言龜也鄭注周禮云筮凶則止不卜所以洪範有筮逆龜從者崔靈恩云凡卜筮天子皆用三代蓍龜若三筮並凶則止而不卜鄭云若一吉一凶雖筮逆猶得卜之也則洪範所云者是也其大夫則大事卜小事筮大事則卜葬地及葬日爲事之大則卜故雜記云大夫卜宅與葬日是也其小事用筮則少牢常祀筮日是也士亦大事卜小事筮故士喪禮卜葬日以喪葬爲重須定吉凶故用卜也其尋常吉祭比葬爲輕故筮日也葬既卜日得吉餘事皆吉可知故唯筮葬地不復用卜也○旬之外曰遠某日者案少牢大夫禮今月下旬筮來月上旬是旬之外日也主人告筮者云欲用遠某日故少牢云日用丁巳筮旬有一日吉乃官戒既云旬有一日是旬外一日此謂大夫禮○旬之內曰近某日者案特牲士禮云不諏日注云士賤職褻時至事暇可以祭則筮其日不如少牢大夫先與有司於廟門諏丁巳之日是士於旬初即筮旬內之日是旬之內日也主人告筮者云用近某日此據大夫士故有旬內旬外之日也若天子諸侯其有雜祭或用旬內或用旬外其辭皆與此同案少牢特牲其辭皆云來日丁亥不云遠某日近某日者彼文不具也○喪事先遠日者喪事謂葬與二祥是奪哀之義也非孝子之所欲但制不獲已故卜先從遠日而起示不宜急微伸孝心也故宣八年左傳云禮卜葬先遠日辟不懷杜云懷思也辟不思親也此尊卑俱然雖士亦應今月下旬先卜來月下旬不吉卜中旬不吉卜上旬○吉事先近日者吉事謂祭祀冠昏之屬故少牢云若不吉則及遠日又筮日如初是先近日也○曰爲至有常者曰命龜筮辭也卜擇吉日故云曰爲日○假爾泰龜有常假爾泰筮有常假因也爾汝也爾謂指蓍龜也泰大中之大也欲褒美此龜筮故謂爲泰龜泰筮也有常者言汝泰龜泰筮決判吉凶分明有常也故云假爾泰龜泰筮有常凡卜筮大夫以上命龜有三命筮有二其一爲事命龜涖卜之官以主人卜事命卜史是一也二卜史既得所卜之命更序述涖卜所陳之辭名曰述命二也卜人即席西面命龜云假爾泰龜有常三也命筮二者一爲事命筮則主人以所爲之事命筮史是一也二則筮史得主人之命遂述之爲述命是二也士則命龜有二命筮有一知士命筮有一者士喪禮云命筮人哀子某爲其父筮宅筮人許諾不述命注云不述者士禮畧是士命筮一也知士命龜二者士喪禮涖卜命曰哀子某卜葬其父無有近悔許諾不述命乃云即席西面坐命龜既云不述命是士命龜三也知大夫命筮二者以士云命筮不述命則知大夫以上述命也故少牢云主人曰孝孫某來日丁亥用薦歲事於皇祖伯某又云史遂述命曰假爾泰筮有常孝孫某來日丁亥云是大夫命筮二但冠即席所命于述命之上也知大夫命龜三者以士喪禮涖卜爲事命龜又有即席西面命龜云不述命明大夫有述命故知大夫命龜三也○注大事卜小事筮○正義曰此大事者謂小事之中爲大事非周禮大貞大封及八事之等故得用卜而已或云大事卜者揔兼大貞大封及八事等雖

卜筮並用揔皆用卜故云大事卜但大事則先筮後卜卜筮俱有若小事筮徒有筮而無卜也○卜筮不過三者王肅云禮以三爲成也上旬中旬下旬三卜筮不吉則不舉也鄭意不過三者謂一卜不吉而因又卜以至於三若不吉則止若筮亦然也故魯有四卜之譏崔靈恩云謂不過三用若大事龜筮並用者先用三王筮次用三王龜始是一也三如是乃爲三也若初始之時三筮三龜皆凶則止或逆多從少或從多逆少如此者皆至於三也單卜單筮其法惟一用而已不吉則擇遠日不至於三也前以用三王之龜筮者有逆有從故至三也此唯用一故不至三也案崔解亦有三王龜筮也○注魯四卜郊春秋譏之○正義曰卜郊之事或三或四或五襄七年夏四月三卜郊不從乃免牲僖三十一年及襄十一年夏四月四卜郊不從成十年夏四月五卜郊不從三傳之說參差不同若左氏之說魯郊常祀不須卜可郊與否俱卜牲與日唯周之三月爲之不可在四月雖三卜亦爲非禮故僖三十一年左傳云禮不卜常祀是常祀不卜也襄七年左傳云啓蟄而郊郊而後耕今既耕而卜郊宜其不從也是用周之三月不可至四月也若公羊之義所云卜者皆爲卜日故僖三十一年公羊傳云三卜禮也四卜非禮也又成十七年公羊傳云郊用正月上辛何休云魯郊搏卜三正三王之郊一用夏正又定十五年禮三卜之運也何休云運轉也巳卜春三正不吉復轉卜夏三月周五月得一吉故五月郊如休之意魯郊轉卜三正假令春正月卜不吉又卜殷正殷正不吉則用夏正郊天若此三正之內有凶不從則得卜夏三月但滿三吉日則得爲郊此公羊及何休之意也穀梁之說春秋卜者皆卜日也哀元年穀梁傳云郊自正月至三月郊之時也或以十二月下辛卜正月上辛如不從則以正月下辛卜二月上辛如不從則以二月下辛卜三月上辛如不從則不郊如是穀梁三正正月卜吉則爲四月五月則不可與公羊之說同與何休意異休以四月五月卜滿三吉則可郊也若鄭玄意禮不當卜常祀與左氏同故鄭箴膏肓云當卜祀日月爾不當卜可祀與否鄭又云以魯之郊天推用周正建子之月牲數有灾不吉改卜後月故或用周之二月三月故有啓蟄而郊四月則不可故駁異義引明堂云孟春正月乘大路祀帝於郊又云魯用孟春建子之月則與天子不同明矣魯數失禮牲數有灾不吉則改卜後月如鄭之言則與公羊穀梁傳三正數不同也此云魯四卜郊春秋譏之用公羊穀梁傳三卜正四卜非正也是四卜爲譏三卜得正與左氏意違左氏三卜亦非故也○卜筮不相襲者襲因也前卜不吉則止不得因更筮若前筮不吉則止不得因更卜是不相襲也若相因不止是瀆龜筮則神不告也王云三筮及三卜不相襲三者初各事其心也○注卜不至是也○正義曰晉獻公初卜不吉故公云更筮之是因襲也表記云卜筮不相襲鄭云襲因也大事則卜小事則筮然與此注不同者明襲有二義故兩注各舉其一則大事小事各有所施不得因龜卜小事因蓍筮大事也二則筮不吉不可復卜卜不吉不可復筮也

龜爲卜。筴爲筮。卜筮者。先聖王之所以使民信時日。敬鬼神。畏法令也。所以使民決嫌疑。定猶與也。故曰。疑而筮之。則弗非也。日而行事。則必踐之。弗非無非之者日所卜筮之吉日也踐讀曰善聲之誤也筴或爲蓍○與音預本亦作豫踐依注音善王如字云履也蓍音尸【疏】龜爲至踐之○正義曰解卜筮所用也龜處筮後龜覆於筮筴爲筮者筮在龜前爲決也謂蓍爲筴者筴以謀筴爲義言用此物以謀於前事也○卜筮者先聖王之所以使民信時日者解所以須卜筮之義也先聖王伏羲以來聖人爲天子者不直云先王又加聖字者夫王未必聖古來非一聖不必王孔子是也明造制卜筮必須聖位兼幷時者四時及一日十二時也日者甲乙之屬聖王制此卜筮使民擇慎而信時日與吉凶也○敬鬼神者乃擇吉而祭祀是敬鬼神也畏法令者法典則也令教訓也君行法令若依卜筮而爲之則民敬而畏之也○所以使民決嫌疑者事既異故更云所以有嫌疑而卜筮決斷之也○定猶與也者說文云猶獸名玃屬與亦是獸名象屬此二獸皆進退多疑人多疑惑者似之故謂之猶與○故曰疑而筮之則弗非也者引舊語以結之卜筮所以定是非也若有疑而筮之則人無非之也不言卜者從可知也○日而行事則必踐之者踐善也言卜得吉而行事必善也王云卜得可行之日必履而行之踐履也弗非無非之者也

○君車將駕。則僕執策立於馬前。監駕且爲馬行○監古銜反爲于僞反○已駕。僕展軨。展軨具視○軨歷丁反一音領盧云車轄頭靼也舊云車闌也效駕。白已駕○奮衣由右上。取貳綏。奮振去塵也貳副也○上時掌反下大馬不上下注而上車同去羌呂反跪乘。未敢立敬也○乘繩證反下乘君不乘奇車乘路馬皆同○執策分轡。驅之五步而立。調試之○轡悲位反四馬入轡故云分○君出就車。則僕并轡授綏。車上僕所主○并必政反左右攘辟。謂羣臣陪位侍駕者攘卻也或者攘古讓字○攘如羊反卻也又音讓辟音避徐扶亦反本或作避字非也○車驅而騶。至于大門。君撫僕之手。而顧命車右就車。門閭溝渠必步。車右勇力之士備制非常者君行則陪乘君式則下步行○驅起俱反徐起遇反騶仕救反又七須反徐仕遘反○凡僕人之禮。必授人綏。若僕者降等則受。不然則否。若僕者降等。則撫僕之手。不然則自下拘之。撫小止之謙也自下拘之由僕手下取之也僕與已同爵則不受○拘古侯反又音俱○客車不入大門。謙也婦人不立乘。異於男子犬馬不上於堂。非摯幣也○贄本亦作摯音至【疏】君車至於堂○正義曰此以下揔明乘車顧式僕御謹敬之事各依文解之○君車將駕者爲君僕御之禮君車君所乘之車也將駕謂始欲駕行時者也○則僕執策立於馬前者僕即御車者也右者僕用好人爲之故孔子曰吾執御矣又云子適衛冉有僕及周禮諸僕皆用大夫士也策馬杖也別有人牽馬駕車而此僕既知車事故監駕也又恐馬奔走故自執馬杖立當馬前也執策是監駕立馬前恐馬行也○已駕僕展軨者已駕駕竟展視也舊解云軨車欄也駕竟僕則從車軨左右四面看視之上至於欄也盧氏云軨轄頭靼也皇氏謂軨是轄頭盧言是也一則車行由轄二則欄之苓字不作車邊爲之鄭云展軨具視謂徧視之○效駕者効白也僕監視駕竟而入白君道駕畢故鄭云白已駕也○奮衣由右上者奮振也由從也從右邊上升也僕入白駕竟先出就車

於車後自振其衣去塵從右邊升上必從右者君位在左故辟君空位○取貳綏者二副也綏登車索綏有二一是正綏擬君之升一是副綏擬僕右之升故僕振衣畢取副二綏而升也詩云淑旂綏章箋云綏所引登車也○跪乘者謂僕先試車時君既未出未敢依常而立所以跪而乘之爲敬也然此是暫試空左不嫌也○執策分轡者策馬杖也轡御馬索也車有一轅而四馬駕之中央兩馬夾轅者名服馬兩邊名騑馬亦曰驂馬故詩云兩服上驤兩驂鴈行鄭云兩服中央夾轅者也鴈行者言與中服相次序是也然每一馬有兩轡四馬八轡以驂馬內轡繫於軾前其驂馬外轡并夾轅兩服馬各二轡六轡在手分置兩手是各得三轡故詩云六轡在手是也今言執策分轡謂一手執杖又六轡以三置空手中以三置杖手中故云執策分轡也○驅之者分轡既竟而試驅行之也○五步而立者僕向跪而驅令馬行之得五步止而僕倚立待君出也何胤云跪以見敬則立調試之也○君出就車者謂君始出上車時也○則僕并轡授綏者君初來欲上而僕并六轡及策置一手中所餘一空手取正綏授與君令登車也當右手并轡左手授綏轉身向後引君上也○左右攘辟者左右謂侍駕陪位諸臣也攘卻也辟遠也君已上車車欲進行故左右侍者悉遷卻以辟車使不妨車行也○車驅而騶者左右已辟故驅車而進則左右從者疾趨從車行也○至於大門者君至外門謂車行至外門時也○君撫僕之手者撫按止也僕手執轡車行由僕君欲令駐車故君抑止僕手也○而顧命車右就車者顧回頭也鄭箋詩云迴首曰顧也車右勇力之士也就車謂君命勇力士令上車也車行則有三人君在左僕人中央勇士在右也初在門內未顧勇士勇士故從趨在車後今車行既至大門方出履險阻恐有非常故迴頭命車右上車也○門閭溝渠必步者是車右勇士之禮也門閭謂凡所過門閭處也溝廣深四尺者渠亦溝也步謂下車也勇士雖即上車車若至門閭溝渠而勇士必下車所以然者一則君子不誣十室過門閭必式君式則臣當下也二則溝渠是險阻恐有傾覆故勇士亦須下扶持之也而僕不下者車行由僕僕下則車無御故不下也凡僕人之禮必授人綏者凡僕人謂爲一切僕非但爲君僕時也車上既僕爲主故爲人僕必授綏與所升之人也○若僕者降等則受者謂士與大夫大夫與卿御也若御者卑降則主人不須謙故受取其綏也不然則否者不然謂僕者敵雖御其人宜謙不受其綏也○若僕者降等則撫僕之手體者僕者雖卑而受其綏不謙猶當撫止僕手若不聽自授然後乃受也○不然則自下拘之者不然不降等者既敵不然受而僕者必授則主人當御手從僕手下自拘取之○注撫止至不受○正義曰由從也此時主人初欲上而僕在車上轉身向主人以授綏主人不就僕手外取之而以手從僕手下進拘取僕手裏上邊示不用僕授也僕與已同爵則不受謂不降等者○客車不入大門者案公食大夫禮云賓之乘車在大門外西方注云賓車不入門廣敬也與此同覲禮云偏駕不入王門謂同姓金路異姓象路之等舍之於賓館謂不得入王門又云墨車龍旂以朝墨車得入大門但不得入廟門耳○婦人不立乘者立倚也婦人質弱不倚乘異男子也男子倚乘婦人坐乘所以異也○犬馬不上於堂者賓主相見之禮也犬馬將爲禮而賤不牽上堂也犬則執紲馬則執勒以呈之耳非贄幣故也贄謂羔鴈錦玉之屬乃上堂也犬馬用充庭實而已非物聘之贄幣故不上堂也

故君子式黃髮。敬老也發句言故明此衆篇雜辭也下卿位。尊賢也卿位卿之朝位也君出過之而上車入未至而下車○朝直遥反下同入

國不馳。愛人也馳善藺人也○藺力刃反入里必式。不誣十室君命召。雖使賤人。大夫士必自御之。御當爲訝訝迎也君雖使賤人來必自出迎之尊君命也春秋傳曰跛者御跛者眇者御眇者皆訝也世人亂之○御依注音訝五嫁反跛波我反眇名小反介者不拜。爲其拜而蓌拜。蓌則失容節蓌猶詐也○爲其于僞反下注爲或爲掩同蓌子臥反又側嫁反挫也沈祖稼反又子猥反盧本作蹲祥車曠左。空神位也祥車葬之乘車乘君之乘車。不敢曠左。左必式。君存惡空其位○惡烏路反僕御婦人。則進左手。後右手。遠嫌○遠于萬反○御國君。則進右手。後左手而俯。敬也國君不乘奇車。出入必正也奇車獵衣之屬○奇車居宜反奇邪不正之車何云不如法之車車上不廣欬。爲若自矜廣猶弘也○欬開代反不妄指。爲惑衆○立視五巂。立平視也巂猶規也謂輪轉之度巂或爲槷○巂本又作巂惠圭反車輪轉一周爲巂一周丈九尺八寸也槷本又作蘂如捶反徐而媿反式視馬尾。小俛顧不過轂。爲掩在後國中以策彗卹勿驅。塵不出軌。入國不馳彗竹帚卹勿搔摩也○彗音遂徐雖醉反又囚歲反卹蘇役反注同勿音沒注同驅如字又羌遇反搔素刀反摩莫何反國君下齊牛。式宗廟。大夫士下公門。式路馬。乘路馬。必朝服。載鞭策。不敢授綏。左必式。步路馬。必中道。以足蹙路馬芻。有誅。齒路馬。有誅。皆廣敬也路馬君之馬載鞭策不敢執也齒欲年也誅罰也○齊側皆反鞭必綿反蹙本又作蹴徐采六反又子六反芻初俱反○【疏】故君至有誅。○正義曰此以下明雜敬禮也君子謂人君也黃髮太老人也人初老則髮白太老則髮黃黃彌老宜敬之故人君見而式敬也人君尚爾則大夫士可知也若與君同行君式則臣下若異行則式而已詩云黃髮兒齒皆謂老人也○注發句言故明此衆篇雜辭也○正義曰謂他篇上舊禮雜辭連上至下所以有故今作曲禮記者引此他篇雜辭而來爲此篇發首存故也○下卿位者卿位路門之內門東北面位故論語鄉黨云入公門又云過位色勃如也注過位謂入門右北面君揖之位故燕禮大射卿大夫門右北面公降阼階南嚮爾卿是也今謂尋常出入故出則過卿位而上車入則未到卿位而下車若迎賓客則案樂師注云登車於大寢西階之前反降於阼階之前或可下卿位是諸侯禮樂師注據天子禮○入國不馳者國中人多若馳車則害人故不馳注云愛人也馳善藺人也○善猶好也藺雷刺也若車馳則好行刺人也何胤云藺蹸也○入里必式者二十五家爲里里巷首有門十室不誣故入里則必式而禮之爲敬也里必式則門閭亦式故門閭必步不誣十室也論語云十室之邑必有忠信如丘者焉是不誣十室也○君命召者謂有君命呼召臣也○雖賤人者君之使者假令是賤人爲之來○大夫士必自御之者御迎也使者雖賤而君命可尊故雖大夫士貴亦自出迎之也○注御當至亂之○正義曰

鄭引春秋證御者迓也成二年季孫行父臧孫許會晉郤克衛孫良夫曹公子首及齊侯戰于鞌公羊傳云前此者晉郤克與臧孫許同時而聘於齊蕭同姪子者齊君之母也踊客或跛或眇於是使跛者迓跛者眇者迓眇者二大夫歸相與率師爲鞌之戰穀梁傳云曹公子手僂同時聘齊齊頃公使跛者御跛者眇者御眇者禿者御禿者僂者御僂者齊頃公母蕭同姪子處臺上而笑之也鄭言彼既以爲訝此御故宜是訝而世人亂之讀云御耳○介者不拜者介甲鎧也著鎧者不爲式敬故宜無所拜之也爲其拜而蓌拜者解所以不拜蓌挫也戎容暨暨著甲而屈拜則坐損其戎威之容也一云蓌詐也言著鎧而拜形儀不足似詐也虛作矯蓌則失容節是蓌猶詐也○祥車曠左者此以下又明僕御之禮祥猶吉也吉車爲平生時所乘也死葬時因爲魂車鬼神尚吉故葬魂乘吉車也曠空也車上貴左故僕在右空左以擬神也○注空神至乘車○知葬之乘車者以其大小二祥生人所乘之車無空左之法言空左唯據葬時魂車故知也○乘君之乘車不敢曠左者乘車謂君之次路也王者五路玉象木金革各一路王自乘一所餘四路皆從行臣若乘此車不敢空左故典路云凡會同軍旅弔于四方以路從鄭云王出於事無常王乘一路典路以其餘路從行亦以華國又戎右職云會同充革車鄭云會同王雖乘金路猶以革路行充之者謂居左也曲禮曰乘君之乘車不敢曠左若曠左則似祥車近於凶時故乘者自居左也○左必式者雖處左而不敢自安故恒馮式云乘車則君皆在左若兵戎革路則君在中央御者居左故成二年韓厥代御居中杜云自非元帥御者皆在中將在左以此而言則元帥及君宜在中也又詩云左旋右抽鄭箋云左左人謂御者右車右也中軍謂將也兵車之法將居鼓下故御者在左君存惡空其位也太僕云王出入則自左馭而前驅注云前驅如今道引也道而居左自馭不參乘辟王也亦有車右焉○僕御婦人則進左手者僕在中央婦人在左僕御之時進左手持轡所以爾者形微相背也○後右手者若進右手則近相嚮相嚮則生嫌故後右手遠嫌也○御國君則進右手後左手者禮以相嚮爲敬故進右手并男女無所嫌也而俯者既御不得恒式故但俯俛而爲敬也并兩御也○國君不乘奇車者國君出入宜正不可乘奇邪不正之車盧氏云不如御者之車也○注出入至之屬○正義曰隱義曰獵車之形今之鉤車是也衣車如鼈而長也漢桓帝之時禁臣下乘之○車上不廣欬者廣弘大也欬聲欬也車已高若在上而聲大欬似自驕矜又驚衆也○不妄指者妄虛也在車上高若無事忽虛以手指麾於四方並爲惑衆也○立視五巂車上依禮巂規也車輪一周爲一規乘車之輪高六尺六寸徑一圍三三六十八得一丈八尺又六寸爲一尺八寸揔一規爲一丈九尺八寸五規爲九十九尺六尺爲步揔爲十六步半在車上所視則前十六步半地○注巂猶規也○正義曰知巂爲規者以巂規聲相近故爲規規是圓故讀從規言或爲槷他本禮記有作槷字者○式視馬尾者引車其尾近在車欄前故車上馮式下頭不得遠矚而令瞻視馬尾○顧不過轂者轂車轂也若轉頭不時過轂則掩後人私也論語云車中不內顧是也○國中以策彗卹勿驅者前云入國不馳此爲不馳故爲遲行也策以馬杖彗竹帚也○注卹勿搔摩也入國不馳故不用鞭策但取竹帚葉者爲杖形如掃帚故云策彗云卹勿者以策微近馬體不欲令疾也但僕搔摩之時其形狀卹勿然○塵不出軌者車轍也車行遲故塵埃不起不飛揚出轍外也○國君下齊牛式宗廟者案齊右職云凡有牲事則前馬鄭注云王見牲則拱而式又引曲禮曰國君下宗廟式齊牛鄭注周官與此文

異者熊氏云此文誤當以周禮注爲正宜云下宗朝式齊牛○大夫士下公門式路馬者公門謂君之門也路馬君之馬也敬君至門下車重君物故見君馬而式之也馬比門輕故有下式之異○乘路馬必朝服者謂臣行儀習禮獨行時也路馬君之車馬臣雖得乘之猶不可慢故必朝服而自御乘之也○載鞭策者又不敢執杖杖馬故但載杖以行也○不敢授綏者君在則僕人授綏今習儀者身既居左自馭而乘雖有車右而不敢授綏與已也○左必式者既不空左故亦居左式而敬之此言不敢授綏與前不敢曠左文互也○步路馬必中道者此謂單牽君馬行時步獨行也若牽行君之馬必在中道正路爲敬也○以足蹙路馬芻有誅○芻食馬草也誅罰也此草擬爲供馬所食若以足蹴蹋之者則有責罰也○齒路馬有誅者齒年也若論量君馬歲數亦爲不敬亦被責罰皆廣敬也

禮記注疏卷三挍勘記　阮元撰盧宣旬摘錄

曲禮上

凡爲君使者節

君有言則以束帛如饗禮　閩監毛本同岳本嘉靖本同衛氏集說同惠棟挍宋本饗作享案享饗古通用宋監本亦作享浦堂挍云若誤君齊召南云君有言當作若有言玩疏則知注引聘禮原文不誤而刊本傳寫以若與君字形相近而訛也案浦挍齊挍皆是也考文引宋板君正作若

此謂國君問事於其臣　閩毛本同岳本嘉靖本同衛氏集說同監本問誤間

凡爲至受命　惠棟挍宋本無此五字

博聞强識而讓節

君子至交也　惠棟挍宋本無此五字

禮曰節

禮曰至不弔　惠棟挍宋本無此五字

作記之者既引其禮　閩本同監毛本者作人衛氏集說無之字作作記者是也

皇偘用崔靈恩義　各本同案偘即侃字五經文字云偘相承作侃訛據此可證正義序皇甫偘衍一甫字

及七祀之屬　閩本同惠棟挍宋本同監毛本祀誤祖

及大夫有菜地　惠棟挍宋本同閩監毛本菜作采案菜地以采取爲義字當從菜匡謬正俗云古之經史采菜相通今之學者見謂之采地字上或加艸

君致齊不復出行　閩監毛本同惠棟挍宋本君作若

居喪之禮節

所以養衰老人五十始衰也　閩監毛本同岳本嘉靖本同惠棟挍宋本養下無衰字人字重衛氏集說亦無人字不重

居喪至於內　惠棟挍宋本無此五字

生與來日節

生與至往日　惠棟挍宋本無此五字

死與往日者　閩監毛本同惠棟挍宋本與作數是也

知生者弔節

知生至不弔　惠棟挍宋本無此五字

二則既言皇天降災子遭罹之　閩毛本同監本罹誤懼

弔喪弗能賻節

皆爲傷恩也　閩監毛本同岳本嘉靖本同衛氏集說爲作謂考文引宋板古本作謂釋文出皆爲

適墓不登壟節　惠棟挍宋本適墓不登壟一句經注合上知生節弔喪節爲一節助葬必執紼以下另爲一節

引車索　閩監毛本同岳本嘉靖本同釋文出引棺云本亦作引車正義本作引車考文引古本車索下有也字衛氏集說亦作引車索也

助葬至君側　惠棟挍宋本無此五字

介胄則有不可犯之色者　閩監毛本同惠棟挍宋本無者字

不服燕飲　閩監本同毛本服作服衛氏集說同

不與賢者犯法其犯法則在八議輕重不在刑書　閩監毛本同考文引宋板無此十九字

鄭司農云若今之　周禮注之作時

謂憔悴憂國也　閩監本同毛本憔悴作顦顇○按周禮注作憔悴

大夫以上適甸師氏　閩監本同毛本上誤下考文引宋本作上

注春秋傳曰近刑人則輕死之道　閩監毛本同惠棟挍宋本作沿春秋至之道

閽弒吳子餘祭　毛本弒作殺按作弒與襄二十九年經合

刑人也君子不近刑人　毛本如此此本刑人也下誤隔一○閩監本同

兵車不式節

兵車至結旌　惠棟挍宋本無此五字

綏謂舒垂散之也　閩本同惠棟挍宋本同監毛本舒垂二字倒

史載筆節

前有摯獸　各本同石經摯初刻作鷙改刻從手釋文出有摯案儒行正義云猛摯從執下著手鳥鷙從執下著鳥此摯獸正義本當亦從執下手

所舉各以其類象　各本同通典七十六象下有之字

鳶鳴則將風　各本同通典七十六作鳶鳴則天將風風生埃起

史載至其局　惠棟挍宋本無此五字

難可周徧　閩監毛本作徧此本徧誤偏今正

猛而能擊　閩監毛本作擊衛氏集說同此本擊誤摯今正

左東右西　閩監毛本同惠棟挍宋本西下有也字

朱鳥元武　惠棟挍宋本同閩監毛本鳥作雀衛氏集說同下故用鳥同

以標左右前後之軍陳　閩監毛本同惠棟挍宋本左右前後作前後左右衛氏集說同

故星約言云又畫也　閩監本同毛本星作皇

第三機　閩監本同毛本機作璣衛氏集說亦作機

明魁以上爲首　閩監本同惠棟挍宋本同毛本上誤此

始前既敵　閩監毛本同惠棟挍宋本既作就是也衛氏集說同

軍之在左右各有部分　閩監毛本作部此本部誤步今正

父之讎節

父之至同國　惠棟挍宋本無此五字

寢苫枕干不仕　閩監毛本同衛氏集說同是也惠棟挍宋本干作士誤

伐楚使吳首兵　惠棟挍宋本如此此本楚下誤隔○閩監毛本同

同公羊之義也　惠棟挍宋本此下標禮記正義卷第四終又記云凡二十四頁

四郊多壘節　惠棟挍宋本自此節起至去國三世爵祿無列於朝節止爲卷五首題禮記正義卷第五

壘軍壁也　閩監毛本同岳本嘉靖本同釋文出軍辟云本又作壁正義本作壁

四郊至辱也　惠棟挍宋本無此五字

此亦士之辱也者　閩監毛本如此此本也者二字誤倒

獨爲大夫之辱不云士辱者但大夫官尊入則與君同

謀出則身爲將帥故多壘爲大夫之辱惠棟挍宋本如此此本不云至之辱三十字脱閩監毛本同

臨祭不惰節

臨祭至其祖惠棟挍宋本無此五字

或人歸之閩監毛本同惠棟挍宋本人上有使字

卒哭乃諱節

大夫有名惡各本同通典一百四作大夫有石惡按疏引熊氏云石字誤當云大夫有名惡據此是注本作石惡

二名不偏諱各本同毛居正云偏本作徧與遍同作偏誤正義云不偏諱者謂兩字不一一諱之也此義謂二字爲名同用則諱之若兩字各隨處用之不於彼於此一一皆諱之所謂不偏諱也按舊杭本柳文載柳宗元新除監察御史以祖名察躬入狀奏奉勅新除監察御史以祖名察躬準禮二名不遍諱不合辭遜據此作遍字是舊禮作徧字明矣今本作偏非也若謂二字不獨諱一字亦通但與鄭康成所注文意不合可見傳寫之誤然仍習既久不敢改也

偏謂二名各本同通典一百四作偏諱二名

言在不稱徵言徵不稱在閩監毛本同岳本同嘉靖本同考文引古本上稱字作言案二稱字俱當作言方與疏合通典一百四引言徵不言在句

孝子聞名心瞿各本同嘉靖本瞿作懼通典一百四引亦作懼釋文出心瞿云本又作懼

不辟家諱尊無二惠棟挍宋本同宋監本同岳本嘉靖本同閩監毛本二下有也字通典一百四引無也字

卒哭至問諱惠棟挍宋本無此五字

改爲熊居惠棟挍宋本同閩監毛本居誤君○按惠棟云熊居謂熊姓居名

從左氏義也逮事王父母者閩監本同毛本逮上有墨丁惠棟挍宋本無者字此本王誤至今正

正得避公家之諱閩本同監毛本正作止衞氏集說同

尊君諱也君諱也毛本同閩監本君諱也三字不重

或可大夫所有公諱者惠棟挍宋本作可閩本同此本可誤何監毛本誤云

言辟之之陳鏗問云閩監毛本下之字作○

問諱而以門爲限者惠棟挍宋本作限此本限誤即閩監毛本誤節今正

外事以剛日節惠棟云外事節龜爲卜節宋本合爲一節

外事至相襲惠棟挍宋本無此五字

陸機草木疏云閩監本同毛本機作璣孫志祖云經典釋文敍錄云陸璣草木鳥獸蟲魚疏二卷璣字元恪吳郡人吳太子中庶子烏程令此與士衡名之從木旁者不同梁元帝作同姓名錄兼收名之音義通用者有兩陸機一吳人字士衡一名璣字元恪注本艸者最分明而元恪又嘗注本艸則僅見於此也李濟翁謂元恪名當從玉旁本不誤宋槧爾雅疏引草木疏作陸機或疑傳寫偶譌近錢大昕據以定元恪之名亦從木旁謂邢叔明諸人識字勝於李濟翁此二字殆古人通借用之

七百年十莖也閩監毛本同惠棟挍宋本年下有生字是

鄭注占人不卜而徒筮者惠棟挍宋本作占此本占誤古閩監毛本同案不卜而徒筮者則用九筮是占人注

假爾泰筮有常假因也閩監毛本同惠棟挍宋本常下有者字此本因字亦漶滅不全

知士命龜二者士喪禮涖卜閩監毛本如此此本二者士三字誤作者二七今正

是士命龜三也閩本同監本三字僅留下畫毛本遂作一非也

何休云魯郊搏卜三正惠棟挍宋本搏作博閩監毛本博作轉案公羊傳注云魯郊博卜春三月作博爲是

周五月得一吉閩監毛本同考文引宋板一作二與公羊注合

龜爲卜節

龜爲至踐之○正義曰閩監毛本同惠棟挍宋本無正義曰三字

定猶與也石經同岳本嘉靖本同釋文出猶與云本亦作豫案正義本當亦作豫觀正義引說文云豫亦是獸名象屬可證後人以釋文本與改正義本豫并改正義中引說文之豫亦作與○按與爲豫之假借字

是敬鬼神也閩監毛本同惠棟挍宋本無也字

君車將駕節惠棟云君車將駕節故君子節宋本合爲一節

謂羣臣倍位侍駕者閩監本同岳本嘉靖本同毛本位誤臣

非摯幣也閩監毛本同岳本嘉靖本同釋文出非贄云本亦作摯正義本作贄衞氏集說同

謂爲君僕御之禮閩監毛本如此此本脫謂字

謂始欲駕行時也閩監毛本如此此本時下衍者字

必從右者君位在左閩本同惠棟挍宋本同監毛本從誤欲此本在誤也

取二綏者二副也閩監本同毛本二作貳下取副二綏同

言與中服相次序是也閩監毛本同惠棟挍宋本無是字

車驅而騶者閩監毛本同惠棟挍宋本騶作驟○按依說文當作驟經文作騶假借字

不然則自下而拘之者閩監毛本同惠棟挍宋本無而字是也

非贄幣故也閩本同惠棟挍宋本同監毛本贄誤執

故君子式黃髮節

馳善藺人也惠棟挍宋本同宋監本同岳本嘉靖本同閩監毛本藺作躪疏同衞氏集說作躪案釋文本亦作藺○按依說文當作蹸从足粦聲藺假借字

御當爲訝訝迎也惠棟挍宋本同宋監本岳本嘉靖本同閩監毛本訝作迓非釋文出自御之云依注音訝五嫁反迎也是釋文本亦作訝也下皆同○按依說文當作訝

爲其拜而蓌拜石經同岳本嘉靖本同釋文出蓌拜云盧本作蹲公羊僖卅三年傳何休注云介冑不拜爲其拜如蹲蓋引此文與盧本同而如古通蹲下無拜然正義本自作而蓌拜

蔿猶規也閩監毛本同岳本嘉靖本同宋監本猶改謂

塵不出軌石經同岳本同閩監毛本同惠棟挍宋本軌作軓嘉靖本同

正義曰此以下閩監毛本同惠棟挍宋本無正義曰三字

注發句言故閩監毛本作句此本句誤向今正

發首有故也閩監毛本作有此本有誤育今正

公降阼階南嚮爾卿閩監毛本作爾此本爾誤以今正

若馳車則害人閩監毛本作若此本若誤君今正

死葬時因爲魂車惠棟挍宋本同閩監毛本因作用

空神至乘車惠棟挍宋本至字作位也祥車葬之六字

乘君之乘車不敢曠左者閩監毛本同惠棟挍宋本無不敢曠左者五字

僕御婦人則進左手者閩監毛本同惠棟挍宋本作僕御婦人則進左手正義曰

則前十六步半地惠棟挍宋本同閩監毛本地誤也

言或爲槩閩監毛本作槩此本槩誤禦

不飛楊出轍外也閩本同監毛本楊作揚

則有責罰也閩監毛本同惠棟挍宋本有作被

附釋音禮記注疏卷第四

曲禮下第二〔疏〕正義曰案鄭目録云義與前篇同簡策重多分爲上下

禮記　鄭氏注　孔穎達疏

凡奉者當心。提者當帶。高下之節○奉本亦作捧同芳勇反提徒兮反〔疏〕凡奉至當帶○正義曰此一節論臣所奉持及俛仰裼襲之節各依文解之○凡奉者當心提者當帶物有宜奉持之者有宜提挈之者各因其宜奉之者謂仰手當心奉持其物提之者謂屈臂當帶而提挈其物帶有二處朝服之屬其帶則高於心深衣之類其帶則下於脇何以知然玉藻說大帶云三分帶下紳居二焉紳長三尺而居帶之下三分之二則帶之下去地四尺五寸矣人長八尺爲限若帶下四尺五寸則帶上所餘正三尺五寸故知朝服等帶則高也而深衣云帶下毋厭髀上毋厭脇當無骨者故知深衣之帶則下也今云提者當帶謂深衣之帶且古人恒著深衣此明平常提奉故益可知也

執天子之器則上衡。謂高於心彌敬也此衡謂與心平○上時掌反國君則平衡。大夫則綏之。士則提之。綏讀曰妥妥之謂下於心○綏依注音妥湯果反又他回反〔疏〕執天至提之○正義曰嚮明常法此以下明臣各爲其君上提奉之禮也執持也上猶高也衡平也平謂人之拱手正當心平故謂心爲衡天子至尊器不宜下故臣爲擎奉皆高於心彌敬也此衡謂與心平也凡言衡有二處若大夫衡視則面爲衡此爲天子執器則上衡謂高心也既有二處不同故鄭云此衡與心平明他衡者不與心平也○國君則平衡者國君諸侯也降於天子故其臣爲奉持器與心齊平也○大夫則綏之者綏下也又降於諸侯故其臣爲奉器下於心也○士則提之者上云大夫綏之已下於心今爲士提之又在綏之下即上提者當帶然凡常提物尚得當帶今爲士提物更在帶下者士臣爲士卑遠於君故厭降在下故禮云大夫之臣不稽首以辟君其義同也

凡執主器。執輕如不克。重慎之也主君也克勝也○勝音升〔疏〕凡執至不克○正義曰嚮明持奉高下之節此辨持奉之容儀也主亦君也禮大夫稱主今此言主上通天子諸侯下含大夫爲君者故并曰主士則不然克勝也尊者之器不論輕重其臣執之唯宜重愼器雖輕小而執之恒如實重如不勝之容也故論語云孔子執圭鞠躬如也如不勝聘禮曰上介執玉如重是也

執主器。操幣圭璧。則尚左手。行不舉足。車輪曳踵。重慎也尚左手尊左也車輪謂行不絶也○操七刀反曳以制反踵支勇反〔疏〕執主至曳踵○正義曰又明提奉用手足之儀也圭璧瑞玉也尚上也謂執持君器及幣玉也若摯奉此物則右手在下左手在上左尊故云尚左手○行不舉足車輪曳踵者曳拽也踵脚後也若執器行時則不得舉足但起前拽後使踵如車輪曳地而行故云車輪曳踵

立則磬折垂佩。主佩倚。則臣佩垂。主佩垂。則臣佩委。君臣俛仰之節倚謂附於身小俛則垂大俛則委於地○折之列反一音逝佩步内反本或作珮非倚於綺反徐其綺反

執玉。其有藉者則裼。無藉者則襲。藉藻也裼襲文質相等耳有藻爲文裼見美亦文無藻爲質襲充美亦質圭璋特而襲璧琮加束帛而裼亦是也○藉在夜反下同裼星歷反藻音早本又作繅琮才冬反〔疏〕立則至則襲○正義曰嚮明奉持及手足之儀此明授受時禮也立倚也佩謂玉佩也帶佩於兩邊臣則身宜僂折如磬之背故云磬折也身既僂折則所著之佩從兩邊出縣垂於前也○主佩倚者主謂君也倚猶附也君宜直立則佩直附倚身而縣垂不出前○則臣佩垂者君若直立佩倚於身則臣宜曲折曲折則佩不得倚身故縣垂於前也○主佩垂則臣佩委者主君也言君若重愼折身而佩垂則臣彌曲故佩磬委於地然臣不發初太曲必待君僂而後方曲者亦授立不跪之義也○執玉其有藉者則裼無藉者則襲○凡執玉之時必有其藻以承於玉若盡飾見美之時必垂藻於兩端令垂向於下謂之有藉當時所執之人則去體上外服以見在内裼衣故云有藉者則裼也其事質充美之時承玉之藻不使下垂屈而在手謂之無藉當時所執之人則掩其上服襲蓋裼衣謂之無藉者則襲此謂執玉之人朝聘行禮或有裼時或有襲時○注圭璋至是也○正義曰鄭云此者以經云裼襲者人之裼襲欲明玉亦有裼襲云圭璋特而襲者上公享王圭以馬享后璋以皮皮馬既不上於堂其上唯特有圭璋圭璋既是寶物不可露見必以物覆襲之故云圭璋特而襲也云璧琮加束帛而裼者謂侯伯子男享天子璧以帛享后琮以錦既有帛錦承玉上唯用輕細之物衆覆以裼之故云璧琮加束帛而裼也云亦是者非但人有裼襲其玉亦有裼襲之義此皇氏之說熊氏以爲上明賓介二人爲裼襲圭璋特以下又明賓主各自爲裼襲謂朝時用圭璋特賓主俱襲行享時用璧琮加束帛賓主俱裼亦是也凡執玉天子執冒四寸以朝諸侯注云德能覆蓋天下四寸者方以尊接卑以小爲貴又孔安國注顧命云方四寸邪刻之用之以冒諸侯之圭以爲瑞信于男執璧蓋亦刻驗覆之但無以言焉又執鎮圭以朝日及祭天地宗廟知者典瑞云王執鎮圭以朝日又鄭志云祭天地宗廟亦執之是朝日既執鎮圭則夕月亦當然也大宗伯云王執鎮圭注以四鎮之山爲繅飾圭長尺有二寸故玉人云鎮圭尺有二寸天子守之是也其五等諸侯大宗伯云公執桓圭注云雙植謂之桓桓宮室之象所以安其上也圭長九寸故玉人云命圭九寸公守之是也宗伯又云侯執信圭伯執躬圭注云蓋皆象以人形爲琢飾文有麤縟耳欲其愼行以保身圭皆長七寸故玉人云命圭七寸謂之信圭侯守之命圭七寸謂之躬圭伯守之江南儒者解云直者爲信其文縟細曲者爲躬其文麤略義或然也宗伯又云子執穀璧男執蒲璧注云穀所以養人蒲爲席所以安人不執圭者未成國也言以爲穀稼及蒲葦之文蓋皆徑五寸故大行人云子執穀璧男執蒲璧五寸是也凡圭廣三寸厚半寸剡上左右各寸半知者是聘禮記文其璧則内有孔外有玉其孔謂之好故爾雅釋器云肉倍好謂之璧好倍肉謂之瑗肉好若一謂之環此謂諸侯所執圭璧皆朝於王及相朝所用也故典瑞前既陳玉則云朝覲宗遇會同於王諸侯相見亦如之是也其公侯伯朝后皆用璋知者以聘禮聘君用圭聘夫人以璋則知於天子及后亦然也其子男既朝王用璧朝后宜用琮以璧琮相對故也鄭注小行人云其上公及二王之后享天子圭以馬享后璋以皮其侯伯子男享天子璧以帛享后琮以錦其玉小大各如其命數知者玉人云璧琮九寸諸侯以享天子是也其諸侯相朝所執之玉與朝天子同其享玉皆以璧享君以琮享夫人知者聘禮璧以享君琮以享夫人明相朝禮亦當然子男相享則降用琥以繡璜以黼故鄭注小行人云其於諸侯亦用璧琮耳子男於諸侯則享用琥璜下其瑞是也其諸侯之臣聘天子及聘諸侯其聘王及享王降其君瑞一等故玉人云瑑圭璋八寸璧琮八寸以覜聘是也其藉玉之藻鄭注周禮云繅所以藉玉以韋衣木廣袤各如其玉之大小天子則以五采畫之諸侯則以三采子男二采其卿大夫亦二采故典瑞云王五采五就公侯伯三采三就子男二采二就又云瑑圭璋璧琮繅皆二采一就是也熊氏云五采五就者采别二行爲一就故五就也三采三就者亦采别二行爲一就故三就也二采二就者亦采别二行爲一就故再就也二采一就者以卿大夫卑二采采則别唯一行共爲一就知然者雜記及聘禮記三采六等則知天子諸侯采别爲二等也此是周法其殷以上則禮緯含文嘉云天子三公諸侯皆以三帛以薦玉宋均注云其殷禮三帛謂朱白倉象三正其五帝之禮薦玉用一色之帛故鄭注虞書三帛高陽氏之後用赤繒高辛氏之後用黑繒其餘用白繒其餘謂堯舜之諸侯既以采色畫韋衣於板上前後垂之又有五采組繩以爲繫其組上以玄爲天下以黃爲地長尺無事則以繫玉有事則垂爲飾故聘禮記皆玄纁繫長尺絢組注云采成文曰絢繫無事則以繫玉因以爲飾皆用五采組上以玄下以絳爲地是也其裼襲之義者藻藉有二種一者以韋衣木畫之也二者絢組垂之若板之藻藉則當有今言無者據垂之也其垂藻之時則須裼屈藻之時則須襲案聘禮賓至主人廟門之外賈人東面坐啓櫝取圭垂繅不起而授上介注云不言裼襲者賤不裼以賈賤故不言裼明貴者垂藻當裼也又云上介不襲執圭屈繅授賓注上介不襲者以盛禮不在於已明屈藻合襲也又云賓襲執圭又云公襲受玉於時圭皆屈藻故賓與公執玉皆襲是屈藻之時皆襲則所謂無藉者襲是也聘禮又云賓出公授宰玉裼降立是授玉之後乃裼也又云賓裼奉束帛加璧享是有藉者裼凡朝之與聘賓與主君行禮皆屈而襲至于行享之時皆裼也知者以聘禮行聘則襲受享則裼凡享時其玉皆無藉藻故崔靈恩云初享圭璋特故有藻其餘則束帛加璧既有束帛不須藻凡諸侯朝天子皆行三享之禮故大行人云公侯伯子男並云廟中將幣三享覲禮云四享者鄭注云四當爲三初享或用虎豹之皮其次享三牲魚腊龜金丹漆唯國所有分爲三享皆以璧帛致之若其臣出聘唯行一享故聘禮致夫人聘享唯一享也裼所以異於襲者凡衣近體有袍襌之屬其外有裘夏月則衣葛其上有裼衣裼衣上有襲衣襲衣之上有常著之服則皮弁之屬也掩而不開則謂之爲襲若開此皮弁及中衣左袒出其裼衣謂之爲裼故鄭注聘禮云裼者左袒也一玉之上若垂藻之時其人則裼屈藻之時其人則襲則裼襲不相因表記云裼襲不相因者彼謂各執其物執龜玉者則襲受享者則裼與此同也○

國君不名卿老世婦。大夫不名世臣姪娣。士不名家相長妾。雖貴於其國家猶有所尊也卿老上卿也世臣父時老臣○姪大節反字林丈一反娣大計反相息亮反長丁丈反下注長老同〔疏〕國君至長妾○正義曰此一節揔明稱謂之事各依文解之○國君不名卿老者人君雖有國家之貴猶宜有所敬不得呼其名者也卿老謂上卿上卿貴故曰卿老世婦者謂兩媵也次於夫人而貴於諸妾也言諸侯雖貴不得呼其名也○大夫不名世臣姪娣者世臣父在時老臣也姪是妻之兄女娣是妻之妹從妻來爲妾也大夫不得呼世臣及貴妾名也然王制云大夫不世爵此有世臣者子賢襲父爵者也○士不名家相長妾者家相謂助知家事者也長妾妾之有子者也士不得呼此二等人名也不名長妾者熊氏云士有一妻二妾言長妾者

當謂姊也故鄭注昬禮云姊尊姪卑義或然也

君大夫之子。不敢自稱曰余小子。辟天子之子未除喪之名君大夫天子大夫有土地者。○辟音避本又作避下同大夫士之子。不敢自稱曰嗣子某。亦辟其君之子未除喪之名不敢與世子同名。辟僭傚也其先之生則亦不改世或爲大。○僭作念反傚胡孝反【疏】君大至同名。○此以下明孝子在喪擯者接對賓客之辭也君大夫謂天子大夫有地者大夫有地者則亦稱曰君故云君大夫也天子未除喪自稱曰余小子今大夫有地雖同曰君而其子在喪不敢同天子稱余小子也。○大夫士之子不敢自稱曰嗣子某者此諸侯稱大夫士之子也諸侯在喪之嗣子某臣之子避之也。○不敢與世子同名者世子謂諸侯之適子也諸侯之臣爲其子作名不得與君適子名同也白虎通云生在稱世子何繫於君也。○注辟僭至爲大。○正義曰若名子與君世子同則嫌其名自比擬於君故云避僭傚也世子貴不得同則與庶子同不嫌又若其子生在君之世子前已爲名而君來同之此是君來同已不須易也故穀梁昭七年傳云何爲君臣同名君子不奪人親之所名重其所由來也是臣先名君後名同之臣不改也又案雜記云與君之諱同則稱字若先生與世子同名亦當然也諸侯之子不可同天子之子故宜不也異義公羊說臣子先死君父猶名之孔子云鯉也死是已死而稱名左氏說既没稱字而不名桓二年宋督弑其君與夷及其大夫孔父先君死故稱其字穀梁同左氏說許慎謹案同左氏穀梁說以爲論語稱鯉也死時實未死假言死耳鄭康成亦同左氏穀梁之義以論語云鯉也死有棺而無椁是實死未葬已前也故鄭駁許慎云設言死凡人於恩猶不然況賢聖乎然鯉也死未滿五十鯉死稱伯魚者案冠禮二十已稱伯某甫未必要五十也但五十直稱伯耳焦氏問案春秋君在稱世子君薨稱子某既葬稱子無言嗣子某者也又大夫之子當何稱張逸荅曰此避子某耳大夫之子稱未聞案稱嗣子某或殷禮也

○君使士射。不能。則辭以疾。言曰。某有負薪之憂。射者所以觀德唯有疾可以辭也使士射謂以備耦也憂或爲疾。○使音史射市夜反則辭以疾如字本又作有疾爲疾如字本又作疾音救【疏】君使至之憂。正義曰射法每兩人相對以決勝負名之曰耦耦貴賤必對故御與御耦大夫與大夫耦或奇餘不足則使士備耦案大射君與賓耦卿大夫自相耦又有士御於大夫又司射誓耦卑者與尊者爲耦不異侯是言士得備預爲耦故此有使士射之禮也。○不能則辭以疾者士若不能不得云不能但當自稱有疾也所以然者夫射以表德士既升朝必宜有德若不能則是素餐之辱兼辱君不知人誤用已也。○言曰某有負薪之憂者此稱疾之辭也某士名也負擔也薪樵也大樵曰薪詩云析薪如之何匪斧不克是大故用斧也憂勞也言已有擔樵之餘勞不堪射也不直云疾而云負薪者若直云疾則似傲慢故陳疾之所由明非假也然士祿代耕且後問庶人子云能負薪而今云士負薪者亦謙辭也兼言昔未爲士時經擔樵今猶發動昔日之勞也白虎通云天子病曰不豫言不復豫政也諸侯曰負子子民也言憂民不復子之也桓十六年衛侯朔出奔齊公羊云有疾曰負茲諸侯之疾所以名不同者蓋子茲聲相近其字相亂未知孰是音義隱云天子曰不豫諸侯曰不茲大夫曰犬馬士曰負薪。○注使士射謂以備耦也憂或爲疾。○正義曰知非士自射而云備耦者熊氏云若其自射不須云使又不應辭以其言使言辭故云備耦

侍於君子。不顧望而對。非禮也。禮尚謙也不顧望若子路帥爾而對【疏】侍於至禮也。○正義曰謂多人侍而君子有問若指問一人則一人直對若問多人則侍者當先顧望坐中或有勝已者宜前而已不得率爾先對先對非禮也。○注禮尚至而對。○正義曰此證問多人而不顧望對者論語云子路曾晳冉有公西華侍於孔子孔子問四人各言其志而子路率爾先對云願治千乘之國而孔子哂之云爲國以禮其言不讓是故哂之。○

君子行禮。不求變俗。求猶務也不務變其故俗重本也謂去先祖之國居他國祭祀之禮。居喪之服。哭泣之位。皆如其國之故。謹脩其法而審行之。其法謂其先祖之制度若夏殷【疏】君子至行之。○正義曰此一節論臣去本國行禮之事各依文解之。○君子行禮者謂去先祖之國居他國者也求猶務也俗者本國禮法所行也明雖居他國猶宜重本行故國法不務變之從新也如杞宋之臣入於齊魯齊魯之臣入於杞宋各宜行已本國禮法也此云不變俗謂大夫出在他國不變已本國之俗案鄭荅趙商以爲衛武公居殷墟故用殷禮即引此云君子行禮不求變俗如鄭之意不變所往之國舊時風俗與此不同者熊氏云若人臣出居他國亦不忘本故云不變本國風俗人君務在化民因其舊俗往之新國不須改也然則不求變俗其文雖一但人君人臣兩義不同熊氏云必知人君不易舊俗者王制云脩其教不易其俗又左傳定四年封魯因商奄之人封康叔於殷虛啓以商政封唐叔於夏虛啓以夏政皆因其舊俗也案有列於朝有詔於國三代之內喪服爲舊君齊衰三月傳曰三諫不從待放未絕者爵祿尚有列於朝出入尚有詔於國如喪服所云大夫待放之時名爲有列有詔不至三世者熊氏云彼據爲舊君著服故以未去之時名爲有列有詔此據去國之後但有列有詔仍行舊國之禮斷章取證故彼此不同。○祭祀之禮者此陳不變之事若祭祀之禮不變即夏立尸殷坐尸周旅酬六尸及先求陰陽犧牲騂黑之屬也居喪之服者殷雖尊貴猶服傍親周則以尊降服。○哭泣之位者殷不重適以班高處上周世貴正嗣孫居其首。○皆如其國之故者謂故俗也凡上諸事悉不改草行之如本國俗也然上既舉三條餘冠昬之屬從可知也。○謹脩其法而審行之者并結前事各令分明謹脩本國之法審慎以行之其法謂其先祖之制度若夏殷子孫在周者悉行其先世之禮是不變俗也

去國三世。爵祿有列於朝。出入有詔於國。三世自祖至孫踰久可以忘故俗而猶不變者爵祿有列於朝謂君不絕其祖祀復立其族若臧紇奔邾立臧爲矣詔告也謂與卿大夫吉凶往來相赴告。○三世盧王云世歲也萬物以歲爲世朝直遙反下皆同復扶又反下復還同紇恨發反徐胡切反沈胡謁反若兄弟宗族猶存。則反告於宗後。謂無列無詔者反告亦謂吉凶也宗後宗子也【疏】去國至宗後。○正義曰此以下明在他國而得變俗者也將明得變改上先明未得者也。○去國三世謂三諫不從及他事礙被黜出入新國已經三世者則鄭注云三世自祖至孫也。○爵祿有列於朝者謂本國君不絕其祖祀復立族爲後有朝者也。○出入有詔於國者出入猶吉凶之事更相往來也詔告也去已三世而本國之君猶爲立後不絕則若有吉凶之事當與本國卿大夫往來出入共相赴告故云出入有詔於國。○注若臧至爲矣。○正義曰引之者證有列位也臧紇武仲也時爲季氏家廢長立少故與孟氏相惡遂出奔邾魯人以臧紇有功復立其異母兄臧爲以守先祀是有列也故魯襄二十三年左傳云臧紇奔邾使告臧賈且致大蔡焉曰紇不佞失守宗祧敢告不弔紇之罪不及不祀子以大蔡納請其可賈曰是家之禍非子之過賈聞命矣再拜受龜使爲以納請遂自爲也魯立臧爲紇致防而奔齊是其事也。○若兄弟至宗後。○此是出已三世而爵祿無列於朝吉凶不相詔告而不仕新國者宗族兄弟謂本國之親宗後大宗之後也已本國不列不告若宗族猶存兄弟尚在已有吉凶當反還告宗適不忘本故也前告國者亦告兄弟耳然既未仕新國猶用本國禮也音義隱云雖無列於朝有吉凶猶反告於宗後其卿無親在故國不復來往也

去國三世。爵祿無列於朝。出入無詔於國。唯興之日。從新國之法。以故國與已無恩興謂起爲卿大夫【疏】去國三世爵祿無列於朝出入無詔至之法。○正義曰此猶是論無列無詔而反告宗後者今得仕新國者也但仕新國有異故重言三世也。○唯興之日從新國之法者唯興謂已始仕也雖有宗族相告已仕新國而本國無列無詔故所行禮俗悉改從新也然推此而言若本國猶有列詔者雖仕新國猶行故俗何以知然既云無列而從新明有列理不從也又若無詔而不仕新者不得從新何以知然既云列唯興不與則不從無列無詔唯興之日三世即從新國之制孔子去宋既久父爲大夫尚冠章甫之冠送葬皆從殷制者熊氏云案句命決云上爲制法之主黑綠不伐蒼黃聖人特爲制法不與常禮同也。○注興謂起爲卿大夫。○正義曰鄭注云起爲卿大夫者則若爲士猶卑不得變本也

○君子已孤不更名。本亦重已孤暴貴。不爲父作諡。子事父無貴賤。○爲于僞反諡音示【疏】君子至作諡。○正義曰此一節論父没不可輒改爲名諡之事已孤不更名者不復改易更作新名所以然者名是父之所作父今已死若其更名似遺棄其父故鄭注云亦重本也言亦者亦上行本國之俗上是重本故云亦也已孤暴貴不爲父作諡者此孤不辨老少唯無父則是也暴貴本爲士庶今起爲諸侯非一等之位故云暴貴也諡者列平生德行而爲作美號若父昔賤本無諡而已今暴貴升爲諸侯乃得制諡而不得爲父作諡所以爾者父賤無諡子今雖貴而忽爲造之如似鄙薄父賤不宜爲貴人之父也或舉武王爲難鄭荅趙商曰周道之基隆於二王功德由之王迹興焉凡爲人父豈能賢乎若夏禹殷湯則不然矣。○注子事父無貴賤。○正義曰子不得言已昔賤今貴父賤不宜爲貴人之父也

居喪未葬。讀喪禮。既葬。讀祭禮。喪復常。讀樂章。爲禮各於其時居喪不言樂。祭事不言凶。公庭不言婦女。非其時也【疏】居喪至婦女。○正義曰此一節明行禮各有時之事各隨文解之。○居喪者居父母之喪也喪禮謂朝夕奠下室朔望奠殯宮及葬等禮也此禮皆未葬以前。○既葬讀祭禮者祭禮虞卒哭祔小祥大祥之禮也。○喪復常讀樂章者復常謂大祥除服之後也樂章謂樂書之篇章謂詩也禫而後吉祭故知禫後宜讀之此上三節事須預習故皆許讀之。○

振書端書於君前。有誅。倒筴側龜於君

前。有誅。臣不豫事不敬也振去塵也端正也倒顛倒也側反側也皆謂甫省視之。○倒多老反去羌呂反下徹猶去去琴瑟同顛丁田反【疏】振書至有誅。○正義曰此一節總明臣當預事并明臣入公門當謹敬之禮也各依文解之。○振書者拂去塵也書簿領也端正也誅責也臣不豫慎若將文書簿領於君前臨時乃拂整則宜誅責也○倒筴側龜於君前有誅者倒顛倒也側反側也龜筴君之卜筮所須也不預周正而來在君前方顛倒反側齊正則有責罰也。○注臣不至視之。○正義曰甫者始也謂不豫整理今於君前始正之

龜筴。几杖。席蓋。重素。袗絺綌。不入公門。龜筴嫌問國家吉凶几杖嫌自長老席蓋載喪車也雜記曰士輤葦席以爲屋蒲席以爲裳帷重素衣裳皆素喪服也袗單也孔子曰當暑袗絺綌必表而出之爲其形褻。○重素直龍反注同重素衣裳皆素袗之忍反輤于見反葦于鬼反爲其于僞反

苞屨。扱衽。厭冠。不入公門。此皆凶服也苞藨也齊衰藨蒯之菲也問喪曰親始死扱上衽厭猶伏也喪冠厭伏苞或爲菲。○苞白表反草也扱初洽反衽而審反厭於涉反藨白表反一音扶苗反齊衰本又作齋音咨下七雷反下文同蒯苦怪反菲扶味反屨也

書方。衰。凶器。不以告。不入公門。此謂喪在內不得不入當先告君耳方板也士喪禮下篇曰書賵於方若九若七若五凶器明器也。○板字又作版音同賵芳仲反車馬曰賵

公事不私議。嫌若姦也【疏】龜筴至公門。○正義曰此以下明臣物不得入君門者也。○龜筴者謂臣之龜筴也將入嫌問國家吉凶。○几杖者臣之几杖也若將入謂欲驕矜嫌自長老。○席蓋者喪車蓋也臣有死於公宮可許將柩出門不得將喪車凶物入也車比棺爲緩宜停外也。○重素者衣裳皆以素謂遣喪之服也亦不宜著入也。○袗絺綌者袗單也絺綌葛也上無衣表則內露見爲不敬故不著入也。○不入公門者并結上諸係事皆不得入也若尸乘以几至廟門及入十杖於朝則几杖得入公門也。○注龜筴至形褻。○正義曰引雜記證席蓋是喪車也輤喪車邊牆也在上曰屋在邊曰裳帷士喪車用葦席爲上屋蒲席以爲邊牆也然天子諸侯染布爲備色大夫但布而不染士用席而亦言輤者因天子輤通名也今言席蓋謂士耳舉士爲例輤大夫喪車亦不得入云重素衣裳皆素喪服此云若臣之待放衣裳皆素既是待放本無得入公門之理也云重素不入公門者謂私服又文王世子公族有死罪公親素服唯君得素服入臣則不可引論語證入公門不單也形褻謂內露見也。○苞屨至公門。○苞屨謂藨蒯之草爲齊衰喪屨。○扱衽者親始死孝子徒跣扱上衽也。○厭冠者喪冠也厭帖無者彊爲五服喪所著也。○不入公門者此并五服之內喪服差次不合入不得著入公門也苞謂杖齊衰之屨故喪服杖齊衰章云疏屨者藨蒯之菲也此云苞屨扱衽不入公門服問云唯公門有稅齊衰注云不杖齊衰也於公門有免齊衰則大功有免絰也如鄭之言五服入公門與否各有差降熊氏云父之喪唯扱上衽不入公門冠絰衰屨皆得入也杖齊衰則屨不得入不杖齊衰衰又不得入其大功絰又不得入其小功以下冠又不得入此厭冠者謂小功以下之冠故云不入公門凡喪冠皆厭大功以上厭冠宜得入公門也凡喪屨案喪服斬衰用菅屨杖齊衰用苞不杖齊衰用麻大功用繩故小記云齊衰三月與大功同者繩屨其小功以下鄭引舊說云小功以下吉屨無絇。○書方者此謂臣有死於公宮應須凶具此下諸物並宜告而後入者也

書謂條錄送死者物件數目多少如今死人移書也方板也百字以上用方板書之故云書方也。○今衰者孝子喪服也。○凶器者棺材及棺中服器也。○不以告不入公門者臣在公宮而死當凶器所須而不得輒。○將入公門故須告也然衰之屬今厭冠苞屨尚不入云衰告乃入者熊氏云上不入謂公官庫雉路之門今此不入公門者國城之門謂卿大夫之喪從外來書方衰凶器須告乃入今謂既同稱公門又國城之內百姓民衆所居方衰凶器須告乃入事恐非也蓋公門非一或是公之外門及百官治事之處君許其在內殯及將葬之禮故有明器書方須告乃入。○注士喪至器也。○正義曰證喪禮書方也送死者車馬曰賵衣服曰襚亦通曰賵若九若七等謂書送物於板行列之數多少物多則九行少則七行五行也

○君子將營宮室。宗廟爲先。廄庫爲次。居室爲後。重先祖及國之用。○廄九又反

凡家造。祭器爲先。犧賦爲次。養器爲後。大夫稱家謂家始造事犧賦以稅出牲凡家造才早反一本作凡家造器器衍字犧許宜反養羊尚反一如字

無田祿者。不設祭器。有田祿者。先爲祭服。祭器可假祭服宜自有

君子雖貧。不粥祭器。雖寒。不衣祭服。爲宮室。不斬於丘木。廣敬鬼神也粥賣也丘壟也。○粥音育衣於既反【疏】凡家至丘木。○正義曰此一節總論大夫所造祭器衣服并明祭器所寄之事各依文解之。○凡家造謂大夫始造家事也大夫稱家。○祭器爲先者崇敬祖禰故在先犧賦爲次者諸侯大夫少牢此言犧謂牛即是天子之大夫祭祀賦斂邑民供出牲牢故曰犧賦。○養器爲後者養器供養人之飲食器也自贍爲私宜後造然諸侯言宗廟大夫言祭器諸侯言廄庫居室大夫言犧賦養器者互言也此據有地大夫故得造祭器若無田祿者但爲祭服耳其有地大夫祭器祭服俱造則先造祭服乃造祭器此言祭器爲先者對犧賦養器爲先其實在祭服之後。○無田至祭服。○嚮明得造祭器此明不得造者不民也若大夫及士有田祿者乃得造器猶不具雖天子大夫四命以上者得備具若諸侯大夫非四命無田祿則不得造故禮運云大夫聲樂皆具祭器不假非禮也據諸侯大夫言之也熊氏以禮運據天子大夫得造不得具非也。○有田祿者先爲祭服者若有田祿雖得造器而先爲祭服後爲祭器耳所以然者緣人形參差衣服有大小不可假借故宜先造而祭器之品量同官可可以共有以其制同既可暫假故營之在後。○

大夫士去國。祭器不踰竟。此用君祿所作取以出竟恐辱親也。○去國祭器不踰竟音境注及下同一本作大夫士去國下去國踰竟亦然

大夫寓祭器於大夫。士寓祭器於士。寓寄也與得用者言寄覬已後還。○寓魚具反覬音冀【疏】大夫至於士。○正義曰此以下明人臣三諫不從去國之禮。○祭器不踰竟者既明出禮先從重物爲始也踰越也此祭器是君祿所造今既放出故不得自隨越竟也注云此用至親也無德而出若猶濫用其器是辱親也隱義云嫌見奪故云恐辱親也大夫寓祭器於大夫士寓祭器於士者寓猶寄也既不將去故留寄其同僚必寄之者冀其復還得用也魯季友奔陳國人復之傳曰季子來歸是也。○注寓寄至後還。○正義曰此解言寄之義也夫物不被用則生蟲蠹故寄於同官令彼得用不使毀敗冀還復用大夫士義皆然也

大夫士去國。踰竟。爲壇位。鄉國而哭。素衣。素裳。素冠。徹緣。鞮屨。素簚。乘髦馬。不蚤鬋。不祭食。不說人以無罪。婦人不當御。三月而復服。言以喪禮自處也臣無君猶無天也壇位除地爲位也徹猶去也鞮屨無絇之菲也簚覆笭也髦馬不鬄落也蚤讀爲爪鬋鬋鬢也不自說於人以無罪嫌惡其君也御接見也三月一時天氣變可以遂去也簚或爲幦。○壇徐音善注同鄉許亮反緣悅絹反鞮都兮反又徒兮反鞮屨屨無絇簚本又作幭莫歷反注同白狗皮覆笭髦音毛蚤依注音爪謂除爪也鬋子淺反絇求俱反笭力丁反車闌鬄吐歷反又他計反說亦劣反又如字惡烏路反見賢遍反下文見國君注謂見同冪莫歷反又音莫【疏】大夫至復服。○正義曰此大夫士三諫而不從出在竟上大夫則待放三年聽於君命若與環則還與玦便去隱義云去國當待於也若士不待放臨去皆行此禮也。○爲壇位鄉國而哭者壇者除地而爲壇臣之無君猶人無天也嫌去父母之邦有桑梓之變故爲壇鄉國而哭以喪禮自變處也所以待放必三年者三年一閏天道一變因天道變望君自改也然在竟未去聽君三玦不謂待歸而謂待放者既已在竟不敢必放言唯待君見放乃去也。○素衣素裳素冠者今既離君故其衣裳冠皆素爲凶飾也。○徹緣者緣中衣緣也素服裏亦有中衣若吉時中衣用采緣此既凶喪故徹緣而純素。○鞮屨者謂無絇飾屨也屨以絇爲飾凶故無絇也士冠禮云玄冠黑屨青絇博寸鄭云絇之言拘也以爲行戒狀如刀衣鼻在屨頭故解者云古屨以物繫之爲行戒故用繢一寸屈之爲絇絇爲絇著屨頭以容受繫穿貫也其屈之形似漢時刀衣鼻也其色或青或黑不同而冠禮屨夏用葛冬用皮又各隨裳色今素裳則屨白色也。○素簚者素白狗皮也簚車覆笭也禮人君羔幦虎犆大夫鹿幦豹犆今此喪禮故用白狗皮也既夕禮云主人乘惡車白狗幦是也然吉凶覆笭不必用皮者象始服牛馬初當用皮爲覆。○乘髦馬者吉則翦剔馬毛爲飾凶則無飾不翦而乘之也。○不蚤鬋者以治手足爪也鬋剔治鬚鬢也吉則治翦爲飾凶故不翦也士虞禮曰蚤翦謂爪翦鬋也。○不祭食者祭祭先也夫食盛饌則祭食之先喪凶故不祭也。○不說人以無罪者善則稱君過則稱已今雖放逐猶不得御人自說道已無罪而君惡故見放退也。○婦人不當御者御接見也吉時婦人以次侍御寢宿今喪禮自貶故不也。○三月而復服者自貶三月然後事反還如吉禮而遂去也。○注三月以三月者爲一時天氣一變故三月人情亦宜易也。○注鞮屨無絇之菲也。○正義曰知鞮是無絇之屨者案周禮屨人屨舄皆有絇繶純案鞮屨氏無絇繶之文故知是無絇之屨也云髦馬不鬄落也者以其稱髦馬與童子垂髦同故知不鬄落鬈鬣案大戴禮王度記云大夫俟放於郊三年得環乃還得玦乃去此踰國三月乃行不同者得玦之後從郊至竟三月之內而行此禮也

大夫士見於國君。君若勞之。則還辟。再拜稽首。謂見君既拜矣而後見勞也聘禮曰君勞使者及介君皆荅拜。○勞力報反注及下君勞同辟婢亦反下同還辟逡巡也使色吏反

君若迎拜。則還辟。不敢荅拜。嫌與君亢賓主之禮迎拜謂君迎而先拜之聘禮曰大夫入門再拜君拜其辱【疏】大夫至荅拜。○正義曰此一節

論君臣男女相荅拜之法各依文解之○大夫士見於國君者謂大夫士出聘他國君之禮君若勞之則還辟再拜稽首者勞慰勞也還辟逡巡也初至行聘享私覿禮畢而主君又別慰勞已在道路之勤故已逡巡而退者辟君之荅已之意也○案聘禮行聘享及私覿訖賓出主君送至大門內主君問聘君問大夫竟乃云公勞賓賓再拜稽首公荅拜公勞介介再拜稽首公荅拜即此大夫出聘他國君勞之是也聘禮無還辟之文者文不備也○注謂見至荅拜○正義曰案聘禮勞賓之前不見賓先拜此云賓既拜矣謂賓初行私覿之時已拜主君矣在後始主君勞故曰既拜矣而後見勞引聘禮者證君勞賓再拜之事熊氏以爲唯云大夫士謂小聘大夫爲賓士爲介故也今謂大聘小聘皆然故鄭引聘禮以證之此大夫之中則含卿也知者以此經皆摠云大夫不別言卿故知大夫含卿也君若迎拜則還辟不敢荅拜者君若迎先拜賓賓是使臣不敢當禮則還辟逡巡不敢荅主君之拜○注嫌與至其辱○正義曰此主君迎拜者謂聘賓初至主國大門外主君迎而拜之故聘禮云賓入門左公再拜賓辟不荅拜是也故鄭引聘禮大夫入門再拜君拜其辱者初入門主君再拜其辱也

大夫士相見。雖貴賤不敵。主人敬客。則先拜客。客敬主人。則先拜主人。尊賢〔疏〕大夫士相見至則先拜主人○正義曰此謂使臣行禮受勞已竟次見彼國卿大夫也唯賢是敬不計賓主貴賤雖爲大夫而德劣亦先拜有德之士也謂異國則爾同國則否又士相見禮若先生異爵者謂士則先拜之此則不必同國也

凡非弔喪。非見國君。無不荅拜者。禮尚往來喪賓不荅拜不自賓客也國君見士不荅其拜士賤○非見賢遍反下大夫見士見下注拜見同〔疏〕凡非至拜者○正義曰此明禮尚往來也已雖賢德而必皆相荅拜也凡拜而不荅拜者唯有弔喪也士見已君此二條耳弔所以賓不荅拜者已本來爲助執於喪事非行賓主之禮故主人雖拜已已不荅也故士喪禮有賓則拜之賓不荅拜是也君不荅士者謂士見已君君尊不荅也○注國君至拜士賤○正義曰案聘禮士介四人君皆荅拜者以其他國之士故也

大夫見於國君。國君拜其辱。士見於大夫。大夫拜其辱。同國始相見。主人拜其辱。自外來而拜拜見也自內來而拜拜辱也君於士。不荅拜也。非其臣。則荅拜之。不臣人之臣大夫於其臣。雖賤。必荅拜之。辟正君○辟音避男女相荅拜也。嫌遠別不相荅拜以明之○相荅拜一本作不相荅拜皇云後人加不字耳別彼列反〔疏〕大夫至相荅拜也○正義曰辱謂見他國君也故聘禮云公在門左拜是拜其辱也○士見於大夫大夫拜其辱者謂平常相荅拜非加敬也故聘禮賓朝服問卿卿迎於廟門外再拜是主人必拜辱也士相見禮士見大夫於其入也主人一拜賓退送又再拜熊氏以爲同國大夫見已君君拜其辱者以初爲大夫敬之故也若尋常則不拜也○同國始相見主人拜其辱者前是異國此明同國同國則主人必先拜辱不論有德也○君於士不荅拜也非其臣則荅拜之君於已士以其賤故不荅拜然聘禮云聘使還士介四人君旅荅拜者敬其奉使而還士相見禮士見國君君荅拜者以其初爲士敬之故也○非其臣則荅拜之者以其他國之士非臣尊所加故荅之也○大夫於其臣雖賤必荅拜之者大夫爲君宜辟正君故不辨已臣貴賤皆荅拜也○男女相荅拜也者男女宜別或嫌其不相荅故明雖別必宜荅也俗本云男女不相荅拜禮男女拜悉相荅拜則有不梁爲非故鄭云嫌遠別不相荅拜以明之○

國君春田不圍澤。大夫不掩羣。士不取麛卵。生乳之時重傷其類○麛音迷卵力管反乳如注反〔疏〕國君至麛卵○正義曰此明貴賤田獵不同國君諸侯也春時萬物產孕不欲多傷殺故不合圍繞取也夏亦當然○大夫不掩羣者羣謂禽獸共聚也羣聚則多不可掩取之○士不取麛卵者麛乃是鹿子之稱而凡獸子亦得通名也卵鳥卵也春方乳長故不得取也然國君春田不圍也則天子春圍大夫春不掩則國君春掩也士春不取麛則大夫春取也而王制云天子不合圍諸侯不掩羣者則與此異者彼上云天子諸侯無事則歲三田鄭云三田者謂夏不田謂夏時也案周禮四時田而云三田者下因云不合圍則知彼亦夏禮也又史記湯立三面網而天下歸仁亦是不合圍也此間所明周制矣○

歲凶。年穀不登。登成也君膳不祭肺。馬不食穀。馳道不除。祭事不縣。大夫不食粱。士飲酒不樂。皆自爲貶損憂民也禮食殺牲則祭先有虞氏以首夏后氏以心殷人以肝周人以肺不祭肺則不殺也天子食日少牢朔月大牢諸侯食日特牲朔月少牢除治也不治道爲妨民取蔬食也縣樂器鍾磬之屬也粱加食也不樂去琴瑟○肺音芳廢反縣音玄下同爲如字舊音于僞反下爲妨音于僞反〔疏〕歲凶至飲酒不樂○正義曰此下明凶荒人君憂民自貶退禮也○歲凶者謂水旱災害也年穀不登者歲既凶荒而年中穀稼不登登成也然年歲雖通其亦有異鄭注太史職中數曰歲朔數曰年釋者云年是據有氣之初歲是舉年中之稱故云朔數曰年中數曰歲也○君膳不祭肺者膳美食名禮天子食日少牢朔月太牢諸侯食日特牲朔月少牢夫盛食必祭周人重肺故食先祭肺歲既凶饑故不祭肺則不殺牲也○馬不食穀者年豐則馬食穀今凶年故不食也○馳道不除者馳道正道如今御路也是君馳走車馬之處故曰馳道也除治也不治謂不除於草萊也所以不除者凶年人各應採蔬食今若使人治路則廢取蔬食故不除也祭事不縣者樂有縣鍾磬因曰縣也凶年雖祭而不作樂也自貶損故先言膳後言祭○大夫不食粱者大夫食黍稷以粱爲加故凶年去之也○士飲酒不樂者士平常飲酒奏樂今凶年猶許飲酒但不奏樂也○君膳不祭肺以下及士飲酒不樂各舉一邊而言其實互而相通但君尊故舉不殺牲及不縣之等大者而言大夫士卑直舉飲酒之小者言耳○注有虞至琴瑟○正義曰此明堂位文引之者證不祭肺天子食日少牢朔月大牢諸侯食日特牲朔月少牢此玉藻文引之者證天子諸侯非凶年常食殺牲之事案周禮膳夫云王日一舉太牢不引膳夫而引玉藻者以膳夫秖有王禮玉藻兼載天子諸侯此經云君膳不祭肺又連言大夫士是其文既廣故引玉藻天子諸侯爲證也玉藻所以異膳夫者膳夫是周之正禮玉藻是衰世之法故鄭志云作記之時或諸侯同天子或天子與諸侯同作記者亂之耳云粱加食也者以其公食大夫禮設正饌之後乃設稻粱以其是加也此歲凶者案襄二十四年冬大饑穀粱傳曰五穀不升爲大饑一穀不升謂之嗛二穀不升謂之饑三穀不升謂之饉四穀不升謂之康五穀不升謂之大侵大侵之禮君食不兼味臺榭不塗弛侯廷道不除百官布而不制鬼神禱而不祀此云歲凶與彼大侵同也此膳不祭肺則食不兼味也此祭事不縣謂祈禱之祭則與大侵禱而不祀一也白虎通云一穀不升徹鶉鷃二穀不升徹鳧鴈三穀不升徹雉兔四穀不升損囿獸五穀不升不備三牲其不備三牲與此君膳不祭肺同也

君無故玉不去身。大夫無故不徹縣。士無故不徹琴瑟。憂樂不相干也故謂災患喪病○樂音洛〔疏〕君無至琴瑟○正義曰此明無災者也君諸侯也玉謂佩也君子於玉比德故恒佩玉明身恒有德也且以玉爲容飾無故則有容飾故佩玉也○大夫無故不徹縣者徹亦去也無災變則不去樂也○士無故不徹琴瑟者此無災則亦不去也故鄭前注士不樂去琴瑟取此文琴瑟此是不命之士爾若其命士則特縣也自士以上皆有玉佩上云君無故不去玉則知下通於士也下言士不去琴瑟亦上通於君也但比德爲重故君上明之也又大夫言縣士言琴瑟亦互言耳但縣勝故大夫言之也○注憂樂至喪病○正義曰災水火也熊氏云案春秋說題辭樂無大夫士制鄭玄箴膏肓從題辭之義大夫士無樂小胥大夫判縣士特縣者小胥所云娛身之樂及治人之樂則有之也故鄉飲酒有工歌之樂是也縣題辭云無樂者謂無祭祀之樂故特牲少牢無樂若然此云大夫不徹縣士不徹琴瑟者謂娛身及治民之樂也

士有獻於國君。他日君問之曰。安取彼。再拜稽首而后對。起敬也〔疏〕士有至后對○正義曰此一節論大夫士饋獻之事各依文解之○士有獻者謂士有物奉貢於君也○他日君問之曰安取彼者他日謂別日也非是獻物之日安取彼猶何處取彼物別日君問士云何處得前所獻之物所以須問者士卑德薄嫌其無有也不即問而待他日者士有貢獻當日乃自致於外而不敢容易見恐君荅已拜故別日乃見君君得問之也○再拜稽首而后對者士聞君問故先拜稽首而後起對得物所由

大夫私行。出疆必請。反必有獻。士私行。出疆必請。反必告。臣不敢自專也私行謂以已事也士言告者不必有其獻也告反而已○疆居良反下同君勞之則拜。問其行。拜而后對。亦起敬也問行謂道中無恙及所經過○恙音羊尚反〔疏〕大夫私行至拜而后對○正義曰私行謂非爲君行也疆界也既非公事故宜必請也然大夫無外交而此有私行出界或是新來大夫婚姻猶在本國故有私行往來但不得執交於外耳○反必有獻者大夫有德必能招人餉遺故還必有獻有獻由德亦示君知賢無異志○士私行出疆必請者出與大夫同也○反必告者還與大夫異也士德劣故不必有獻但必知還而已○君勞之則拜者大夫士通如此謂行還而君若慰勞已之勞苦則已拜之也或有本云士有獻字非也○問其行拜而後對者君若問其行道中無恙及遊涉所至則又拜拜竟而起對也先拜後荅急謝見問之恩也○

國君去其國。止之曰。奈何去社稷也。大夫曰。奈何去宗廟也。士曰。奈何去墳墓也。皆民臣殷勤之言國君死社稷。死其所受於天子也謂見侵伐也春秋傳曰國滅君死之正也大夫死衆。士

死制。死其所受於君衆謂君師制謂君教令所使爲之。〔疏〕國君至死制○正義曰此一節論國君以下去國臣民止留之辭及死其所守之事各依文解之○國君去其國者謂諸侯去國而其臣民止留殷勤之辭也奈何猶言如何也國主社稷君去故云去社稷異義公羊説國滅君死正也故禮運云君死社稷無去國之義左傳説昔大王居豳狄人攻之乃踰梁山邑於岐由故知有去國之義也許慎謹案易曰係遯有疾厲畜臣妾吉知諸侯無去國之義也鄭不駁之明從許君用公羊義也然則公羊之説正禮左氏之説權法義皆通也○大夫曰奈何去宗廟也者大夫去國謂三諫不從或以罪見黜者亦臣民止留之辭也大夫無社稷故云宗廟也故孝經云諸侯保其社稷大夫守其宗廟也○士曰奈何去墳墓也士亦謂三諫不從及或以罪見黜雖無臣民而屬吏止之也士亦有廟辟大夫言墳墓亦與大夫互也然孝經云士保其祿位而守其祭祀今不云祭祀者明雖去此之彼而猶得祭祀但墳墓不隨耳○國君至死制○國君體國國以社稷爲主若有寇難則以死衛之故不可去也注云死其所受於天子也謂見侵伐也鄭又引公羊襄六年傳云國滅君死之正也以證之是也○大夫死衆者大夫職主領衆將軍若四郊多壘則爲己辱故有寇難當保國必率衆禦之以死爲度士死制者制謂君教命所使也雖不得率師若君命使之則唯致死熊氏云上云國君去社稷此云死社稷上云大夫去宗廟士去墳墓此不云大夫死宗廟士死墳墓而云死衆死制者以宗廟墳墓已私有之大夫士爲臣事君不可爲私事而死祇得死君之師衆及君政令然君言死社稷則宗廟墳墓亦死可知也但社稷受於天子故特擧言焉。

○**君天下曰天子。朝諸侯，分職授政任功，曰予一人。**皆擯者辭也天下謂外及四海也今漢於蠻夷稱天子於王侯稱皇帝覲禮曰伯父實來余一人嘉之余予古今字○分方云反徐扶問反擯必刃反予一人依字音羊汝反鄭云余予古今字則同音餘〔疏〕君天至一人○正義曰此一節論天子稱謂之事各依文解之○君天下者天下謂七千里外也天子若接七千里外四海之諸侯則擯者稱天子以對之也所以然者四海難伏宜尊名以威臨之也不言王者以父天母地是上天之子又爲天所命子養下民此尊名也崔靈恩云夷狄不識王化無有歸往之義故不稱王臨之也不云皇者戎狄不識尊極之理皇號尊大也夷狄唯知畏天故擧天子威之也○朝諸侯者此謂接七千里以內諸侯也○授政者謂所縣象魏之法授於諸侯也○任功者謂使人專掌委任之功若五侯九伯汝實征之也○曰予一人者予我也自朝諸侯以下皆是內事故不假以威稱但自謂予一人者我是人中之一人與物不殊故自謙損白虎通云王自謂一人者謙也欲言己才能當一人耳故論語云百姓有過在予一人臣下謂之一人者所以尊王者也以天下之大四海之內所共尊者一人耳○注皆擯至天子○正義曰知擯者之辭者以覲禮云擯者曰伯父實來予一人嘉之此經亦稱予一人故知擯者辭引漢禮於夷狄稱天子者證此經君天下謂夷狄之內也異義天子有爵不易孟京説易有周人五號帝天稱一也王美稱二也天子爵號三也大君者興盛行異四也大人者聖人德備五也是天子有爵古周禮説天子無爵同號於天何爵之有許慎謹案春秋左氏云施於夷狄稱天子施於諸夏稱天王施於京師稱王知天子非爵稱同古周禮義鄭駁云案士冠禮云古者生無爵死無謚自周及漢天子有謚此有爵甚明云無爵失之矣若杜預之義天子王者之通稱故成公八年天子使召伯來賜公命魯非夷狄稱天子莊元年冬王使榮叔來錫桓公命魯非京師而單稱王是無義例其許慎服虔等依京師曰王夷狄曰天子與此不同具有別説

踐阼，臨祭祀，內事曰孝王某，外事曰嗣王某。皆祝辭也雖宗廟稱孝天地社稷祭之郊內而曰嗣王不敢同外內○皆祝辭本或作皆祝祝辭也下祝字之又反又之六反〔疏〕踐阼至王某○正義曰踐履也阼主人階也天子祭祀升阼階天子吉凶之稱凡自稱及擯者之辭曰予一人故玉藻云凡自稱天子曰予一人是也在喪未葬自稱曰小童故僖九年在喪未葬王曰小童是也若既葬之後未踰年則稱名稱子故昭二十二年六月葬景王冬十月王子猛卒是也若踰年之後三年之內稱予小子故下文云天子未除喪曰予小子是也若三年除喪稱王故公羊文九年傳云天子三年然後稱王是也或稱予或稱我故泰誓云予克受又曰我友邦冢君是也或稱朕故湯誥云朕躬有罪是也其祝告神之辭則下文云內事曰孝王某外事曰嗣王某又曰天王某甫是也其史書策辭下文云天王崩其招魂之辭下文云天子復矣是也其謙虛卑退或稱小子湯誓云非台小子是也或曰不穀僖二十四年左傳云不穀不德得罪于母弟之寵子帶是也或曰寡人故中候洛予命湯東觀於洛云寡人慎機是也踰年則稱王者據臣子稱也若王自稱必待三年顧命成王殯未能踰年稱予一人者熊氏云天下不可一日無王故也今謂予一人者以麻冕黼裳即位受顧命從吉故暫稱一人也履主階行事故云踐阼也○臨祭祀者謂天子臨郊廟之祭祀也○內事曰孝王某者內事宗廟是事親事宜言孝故升阼階祭廟則祝辭云孝王某某爲天子名也外事曰嗣王某者外事郊社也天地尊遠不敢同親云孝故云嗣王某言此王繼嗣前王而立也○注皆祝至內外○正義曰天子以四郊爲外圓丘方澤明堂社稷皆在郊內應稱孝而猶同外辭曰嗣王者尊天地雖祭之郊內猶從外辭崔靈恩云天地社稷是外神而祭之郊內不敢外之今案鄭注云而曰嗣王不敢同外內則是唯於嗣王之稱有外內不關祭祀之處崔所云天地祭之在內不敢外恐非鄭義謂不敢外內者若宗廟之祭從內事之例而辭稱孝若凡常山川并岳瀆之神祭之在外之例而辭稱嗣是在內從內辭在外從外辭今天地社稷既尊不敢同外內之例雖

臨諸侯，眕於鬼神，曰有天王某甫。眕致也祝告致於鬼神辭也曰有天王某甫某甫且字也不名者不親往也周禮大會同過山川則大祝用事焉鬼神謂百辟卿士也眕或爲祇○眕之忍反父音甫注同大祝音泰下文注除太宗皆同辟必亦反○〔疏〕臨諸至某甫○正義曰此謂天子巡守祝告神辭也巡守徧於方岳臨視諸侯故曰臨諸侯也鄭云以尊適卑曰臨○眕於鬼神者眕致也王往方岳凡所過山川悉使祝往致辭告於山川鬼神也○曰有天王某甫者既不自往故祝辭不稱名而云某甫者鄭云且字也解且字者云某是天子之字甫是男子美稱也祝稱天子字而下云甫是尼父之類也故穀梁傳云父猶傅也男子美稱也士冠禮注曰甫丈夫美稱而雜記附於殤稱陽童某甫鄭注云尊神不名爲之造字以此而言某者是字甫者丈夫美稱而鄭所以謂爲且字者舊說云未斥其人且以美稱配成其字音義隱云且假借此字也○注眕致至事○正義曰致鬼神謂天子所行過諸侯之國則止於諸侯之廟而使太祝告鬼神云有天王某甫鬼神謂白辟卿士者謂昔爲諸侯卿士者若過山川亦使太祝用事往告曰有某甫故引太祝職以證之○

崩，曰天王崩。史書策辭。**復，曰天子復矣。**始死時呼魄辭也不呼名臣不名君也諸侯呼字○〔疏〕崩曰至復矣○正義曰此謂告王者升假而史書載於方策之辭崩者自而墜下曰崩王者死如從天墜下故曰崩也然崩通於壞敗之稱則防墓崩及春秋沙鹿崩是也復曰天子復矣者復招魂復魄也夫精氣爲魂身形爲魄人若命至終畢必是精氣離形而臣子罔極之至猶望應生故使人升屋北面招呼死者之魂令還復身中故曰復也若漫招呼則無指的故男子呼名婦人呼字令魂識知其名字而還王者不呼名字者一則臣子不可名君二則普天率土王者一人而已故呼天子復而王者必知呼己而返也以例而言之則王后死亦呼王后復也崔靈恩云復所以呼天子者凡王者皆感五精之帝而生是天之子今天王崩是其精氣還復於上呼稱天子望更生之義

告喪，曰天王登假。告赴也登上也假已也上已者若僊去云耳○假音遐注同登上時掌反下同僊音仙○**措之廟，立之主，曰帝。**同之天神春秋傳曰凡君卒哭而祔祔而作主○措七故反置也祔音附**天子未除喪，曰予小子。**謙未敢稱一人春秋傳曰以諸侯之踰年即位亦知天子之踰年即位以天子三年然後稱王亦知諸侯於其封內三年稱子**生名之，死亦名之。**生名之曰小子王死亦曰小子王也晉有小子侯是僭取於天子號也〔疏〕告喪至名之○正義曰此謂天王崩而遣使告天下萬國之辭也登上也假已也言天子上升已矣若僊去然也而史策書云天王崩復曰天子復赴云天王登假三稱不同者爲義然也王是歸往而策及赴告是有存亡往來之義故崩赴並言之也○措之廟立之主者措置也王葬後卒哭竟而祔置於廟立主使神依之也白虎通云所以有主者神無依據孝子以繼心也主用木木有始終又與人相似也蓋記之爲題欲令後可知也方尺或曰尺二寸鄭云周以栗漢書前方後圓五經異義云主狀正方穿中央達四方天子長尺二寸諸侯長一尺○曰帝者天神曰帝今號此主同於天神故題稱帝云文帝武帝之類也崔靈恩云古者帝王生死同稱生稱帝者死亦稱帝生稱王者死亦稱王今云措之廟立之主曰帝者蓋是爲記時有主入廟稱帝之義記者錄以爲法也○注同之至作主○正義曰此是左傳僖三十三年之言也天子七月而葬九月而卒哭諸侯五月而葬七月而卒哭大夫三月而葬五月而卒哭士三月而葬是月而卒哭卒哭者是葬竟虞數畢後之祭名也孝子親始死哭晝夜無時葬後虞竟乃行神事故卒其無時之哭猶朝夕各一哭故謂其祭爲卒哭卒哭明日而立主祔於廟隨其昭穆從祖父食卒哭主暫時祖廟畢更還殯宮至小祥作栗主入廟乃埋桑主於祖廟門左埋重處故鄭云虞而作主至祔奉以祔祖廟既事畢反之殯宮然大夫士亦卒哭而祔而左傳唯據人君有主者言之故云凡君鄭注祭法云大夫士無主也此言凡君明不關大夫士也崔靈恩云大夫士無主以幣帛祔祔竟並還殯宮至小祥而入廟也又檀弓云重主道也鄭注引公羊傳云虞主用桑練主用栗則似虞已有主而左傳云祔而作主二傳不同者案說公羊者朝葬日中則作虞主若鄭君以二傳之文雖異其意則同皆是虞祭揔了然後作主以作主去虞實近故公羊上係之於虞作主謂之虞主又作主爲祔所須故知左氏據祔而言故云祔而作主故異義云古春秋左氏說既葬反虞天子九虞九虞者以柔日九虞十六日也諸侯七虞十二日也大夫五虞八

日也士三虞四日也既虞然後祔死者於先死者祔而作主謂桑主也期年然後作栗主許慎謹案左氏說與禮記同鄭君不駮明同許意故注檀弓云重既虞而埋之乃後作主是揔行虞祭竟乃埋重作主耳下檀弓云虞而立尸有几筵卒哭而諱生事畢而鬼事始已既卒哭宰夫執木鐸以命于宮中曰舍故而諱新鄭云故謂高祖之父當遷者據檀弓文句相連鄭人以爲人君之禮明虞唯立尸未作主也○天子未除喪曰予小子者夫適嗣於初喪但人子當未忍即受天王之稱故不曰予一人而稱予小子者言我德狹小也○注春秋至稱子○正義曰鄭所引者文九年公羊傳文案公羊傳說文八年八月天王崩九年毛伯來求金公羊云踰年矣何以不言王使未稱君也以諸侯踰年即位亦知天子之踰年即位也以天子三年然後稱王亦知諸侯於其封內三年稱子也若然天子踰年即位無文約魯十二公諸侯三年內稱子亦無文約天子踰年不稱使也是天子諸侯互相明也引之者證天子三年之內稱子小子也又準左傳之義諸侯薨而嗣子即位凡有三時一是始喪即適子之位二是踰年正月即一國正君臣之位三是除喪而見於天子天子命之嗣列爲諸侯之位今此公羊踰年即位是遭喪明年爲元年正月即位白虎通云父沒稱子某屈於尸柩也既葬稱子者即尊之漸也踰年稱公者緣民臣之心不可一日無君終始之義不可一年二君故踰年即位保民臣之心也三年後受爵者緣孝子之思未忍安吉故僖三十三年十二月乙巳公薨於小寢文公元年正月公即位四月丁巳葬韓詩內傳曰諸侯世子三年喪畢上受爵命於天子乃歸即位何明爵天子有也臣無自爵之義是也童子亦當受爵命使大夫就其國命之不與童子爲禮也○生名之死亦名之者嗣王既呼爲小子若於喪中而死亦謚爲小子王喪質故不變稱也○注生名至號也○正義曰以晉爲證也晉有小子侯哀侯之子也魯桓公七年左傳曲沃伯誘晉小子侯殺之是在喪而死猶呼爲小子侯也其應稱嗣子某不得同天子稱小子是僭取之耳○

天子有后。有夫人。有世婦。有嬪。有妻。有妾。

妻八十一御妻周禮謂之女御以其御序於王之燕寢妾賤者○嬪音頻

【疏】天子至有妾○正義曰此一節揔論立男官女官之事各隨文解之○天子有后者天子立官則先從后妃爲始所以然者爲治之法刑於寡妻始於家邦終於四海故剛詩則以后妃爲首若論氣先陰後陽故此言天子有后也謂之爲后者后後也言其後於天子亦以廣後胤也○有夫人者夫扶也言扶持於王也○有世婦者婦服也言其進以服事君子也以其猶貴故加以世言之亦廣世胤也○有嬪者嬪婦人之美稱可賓敬也○有妻者鄭注內則云妻之言齊也以禮見問得與夫敵體也案彼是判合齊體者今此言齊者以進御於王之時暫有齊同之義○有妾者鄭注內則云妾之言接也聞彼有禮走而往焉以得接見於君子也周禮則嬪在世婦上又無妾之文也今此所陳與周禮雜而不次者記者之言不可一依周禮或可雜夏殷而言之鄭注檀弓云舜不告而娶不立正配但三夫人夏則因而廣之增九女則十二人所增九女者則九嬪也故鄭云春秋說云天子娶十二人夏制鄭又云殷增三九二十七人揔三十九人所增二十七世婦也周又三二十七人因爲八十一人則女御也○注周禮至賤者○正義曰解周名爲女御之義以其御於王之燕寢御法案周禮王有六寢一是正寢餘五寢在後通名燕寢其一在東北王春居之一在西北王冬居之一在西南王秋居之一在東南王夏居之一在中央六月居之凡后妃以下更以次序而上御王於五寢之中也故鄭注周禮九嬪云凡御見之法月與后妃其象也卑者宜先尊者宜後女御八十一人當九夕世婦二十七人當三夕九嬪九人當一夕三夫人當一夕后當一夕亦十五日而徧云自望後反之孔子云日者天之明月者地之理陰陽契制故月上屬爲天使婦從夫放月紀月紀是星也而婦人上御必有女史彤管以差次之毛詩傳貽我彤管云古者后夫人必有女史彤管之法史不記過其罪殺之后妃羣妾以禮御於君所女史書其日月授之環以進退之生子月辰則以金環退之當御者以銀環進之著左手既御著於右手事無小大記以成法

天子建天官。先六大。曰大宰。大宗。大史。大祝。大士。大卜。典司六典。

典法也此蓋殷時制也周則大宰爲天官大宗曰宗伯宗伯爲春官大史以下屬焉大士以神仕者

天子之五官。曰司徒。司馬。司空。司士。司寇。典司五衆。

衆謂羣臣也此亦殷時制也周則司士屬司馬大宰司徒宗伯司馬司寇司空爲六官○

天子之六府。曰司土。司木。司水。司草。司器。司貨。典司六職。

府主藏六物之稅者此亦殷時制也周則皆屬司徒司土土均也司木山虞也司水川衡也司草稻人也司器角人也司貨丱人也○丱革猛反又音號猛反徐故孟反丱人掌金玉錫石未成器者

天子之六工。曰土工。金工。石工。木工。獸工。草工。典制六材。

此亦殷時制也周則皆屬司空土工陶旊也金工築治鳧栗鍛桃也石工玉人磬人也木工輪輿弓廬匠車梓也獸工函鮑韗韋裘也唯草工職亡蓋謂作萑葦之器○陶音桃陶人爲瓦器也旊方往反旊人爲簠簋之屬築音竹築氏爲書刀冶音也冶氏爲箭鏃鳧音符鳧氏爲鍾也段本又作鍛多亂反段氏爲鎛函音含函人爲甲鎧韗況萬反一音運一音況運反韗人爲鼓萑音丸

五官致貢曰享。

貢功也享獻也致其歲終之功於王謂之獻也周禮大宰歲終則令百官府各正其治受其會聽其致事而詔王廢置○享許兩反舊許亮反後皆放此不復重出治音直吏反會古外反

【疏】天子建天官至致貢曰享○正義曰此以下是殷禮所明異於周法案甘誓云六事之人鄭云周禮六軍皆命卿則三代同矣案甘誓及鄭注則三王同有六卿又鄭注大傳夏書云所謂六卿者后稷司徒秩宗司馬作士共工也而不說殷家六卿之名今此記所言上非夏法下異周典鄭唯指爲殷禮也然天官以下殷家六卿何者大宰司徒司馬司空司士司寇是也但周立六卿放天地四時而殷六卿所法則有異也殷以大宰爲一卿以象天時司徒以下五卿法於地事故鄭志崇精問焦氏云鄭云三王同六卿殷應六卿此云五官何也焦氏荅曰殷立天官與五行其取象異耳是司徒以下法五行并此大宰即爲六官也但大宰既尊故先列大宰并顯大宰之下隸屬大宰之官既法於天故同受大名故云先六大大宰一大宗二大史三大祝四大士五大卜六也典司六典者結上也上典是守典下典是典則之典言立此六官以守主於六事之法○注此蓋至仕者○正義曰知殷制者以其上與夏官不同下與周禮有異故疑殷制也知大士非司士及士師卿士之等者以其下別有司士司寇故知非士師卿士也與大祝大卜相連皆主神之士故知神仕也○天子之五官者嚮立六官以法天之六氣此又置五官以象地之五行也天地五行踐立故復云天子不云建從天官也又天官尊陽故一卿以攝衆地官卑陰故五卿俱陳也不云地者與前互也天尊故沒其數地卑故明言其五也司徒一司馬二司空三司士四司寇五也○典司五衆者結上也言用此上五官使各守其所掌上之羣衆也然此五官亦各有所領羣衆如大宰領大宗以下也而不條出其人者略也天言六典地言五衆者互言也但天尊故云典地卑故云衆也○注衆謂至六官正義曰知此非是天下衆人而爲羣臣也者以經云五衆明官各有所衆如周六官之屬也周禮大宰揔主六官之職司徒主教教其徒衆宗伯者伯長也宗尊也以主鬼神故以尊爲名司馬主征伐馬是征伐所用司寇主除賊寇司空主土居民司士主公卿以下版籍爵祿之等特以司士爲名者士是官之揔首故詩云濟濟多士是也諸官皆云司而大宰宗伯不云司者司主也大宰揔主六官不偏有所司故不言司也宗伯之官不言司者以上天地鬼神之事天地鬼神既尊非人所司故不云司也○天子至六職○殷六卿外復別立此六官也府者藏物之處也既法天地立官天地應生萬物故爲萬物立府也○曰司土一也於周爲土均也均平地稅之政令也土生萬物故爲均也○司木二也於周則爲山虞也虞度也主量度山之大小所生之物○司水三也於周則爲川衡衡平也掌巡行川澤平其禁令○司草四也於周爲稻人也掌稼種下地及除草萊○司器五也於周爲角人也掌以時徵齒角於山澤之農供爲器用也○司貨六也於周爲丱人言鑛器未成者也掌金玉錫石之地而爲之守禁以時取之以供器物金玉曰貨故稱貨人典司六職者結上立此六官使各主其所掌職也○注府主至人也○正義曰此皆與周不同故云亦殷制也司土土均也案周禮土均上士二人司木山虞每大山中士四人中山下士六人小山下士二人不言林衡者略舉山虞耳司水於周爲川衡川衡每大川下士十有二人中川下士六人小川下士二人不言澤虞者亦略舉川衡耳司草稻人者上士二人周禮亦有草人今以司草爲稻人者二官俱主殺草鄭舉稻人欲見司草兼有三官也司器角人者下士二人司貨丱人者中士二人○天子至六材○工能也言能作器物者也前既有六府之物宜立六工以作之爲器物故爲次也亦有六者依府以用事也○曰土工金工木工石工獸工草工者此六官於周禮並屬司空而司空職散亡漢購千金不得令唯有考工記以代之○典制六材者材謂材物結上立此六工使典制六府之材物○注土工至之器○正義曰考工記陶人爲甗實二鬴又甑實二鬴七穿旊人職云旊人爲簋旊是放法陶是陶治互文耳但簋是祭器故取放法之名也云金工謂築氏掌爲削削書刀也冶謂煎金石者冶鑄爲之冶氏掌爲戈戟故因呼煎金爲冶鳧氏世能爲鐘以供樂器故因呼作鐘爲鳧氏也㮚氏爲量器爲豆區鬴鍾之屬也㮚氏世能爲之段氏主作錢鎛田器桃氏爲刃刃謂刀劍之屬云石工玉人磬人者玉人謂作圭璧者磬人作磬也玉及磬同出於石故謂石工也云木工輪輿弓廬匠車梓也者此七物並用木故曰木工也輪車輪也輿車牀也車難不能一人獨成各有所善故輪輿不同也弓能作弓者也廬能作戈戟柲者也匠能作宮室之屬者車謂能作大車及羊車也梓謂杯勺爲笥虡之屬也獸工函鮑韗韋裘者此物並用獸皮故曰獸工函謂能作甲鎧者鮑謂能治皮供作甲者韗謂考工記韗人爲皋陶鼓木謂能以皮冒鼓者韋熟皮爲衣及鞄韐者裘謂帶毛狐裘之屬者考工記韋裘二職存唯草工職亡考工無蓋謂作萑葦之器盛食之器及葦席之屬也或言氏或言人者鄭注考工記云其曰某人者以其事名官也其曰某氏者官有世功若族有

世業者也予寶云凡言司者捴其領也凡言師者訓其徒也凡言職者主其業也凡言衡者平其政也凡言掌者主其事也凡言氏者世其官也凡言人者終其身也不氏不人權其材也通權其才者既云不世又不終身隨其材而權暫用也然案周禮建官列職有司會之屬是言司者也有甸師之屬是言師者也有職內之屬是言職者也有川衡之屬是言衡者也有掌舍之屬是言掌者也有師氏之屬是言師者也有庖人之屬是言人者也有宮正膳夫外饔內饔之屬皆不氏不人者也○五官致貢曰享者五官即前自后以下之五官后一天官二地官三六府四六工五貢功也享獻也歲終則此五官各考其屬一年之功以獻於天子故云致貢曰享也王后之屬致蠶織之功天官以下各獻其職之功○注貢功至廢置○正義曰引周禮證歲終百官各獻其功以禮詔告也周則冢宰至歲終受於百官之簿書所會之最而考一年之功多少以告天子也若功少則廢黜其人功多則遷置其職也今謂五官則上天子五官司徒以下故下云五官之長曰伯與此五官一也但太宰捴攝羣職捴受五官之貢故不入其數也若以五官爲后以下則下云五官之長豈有長於后乎熊氏以爲五等諸侯亦非也

禮記注疏卷四挍勘記　阮元撰盧宣旬摘錄

曲禮下第二

凡奉者當心節　惠棟云凡奉節執天子之器節凡執節執主器節立則磬折節宋本合爲一節

凡奉至當帶　惠棟挍宋本無此五字

此一節論臣所奉持及俛仰裼襲之節　閩監毛本同浦鏜挍云此一節當作自此至則襲五字案宋本連五節爲一節故云此一節云云衛氏集說作自此至則襲一節蓋以意增損之

執天子之器節

正義曰謂明常法　惠棟挍宋本無正義曰三字

凡執主器節

正義曰謂明持奉高下之節　惠棟挍宋本無正義曰三字

執主器節

行不舉足　石經同岳本嘉靖本同正義亦作行不舉足釋文出行舉足云一本作行不舉足

車輪謂行不絕也　閩監毛本同岳本也作地嘉靖本同宋監本同案經傳通解亦作地考文引古本也上有地字正義云如車輪曳地而行注有地字爲是

立則磬折垂佩節

裼襲文質相等耳　閩監毛本等作變岳本嘉靖本同衛氏集說同

正義曰謂明奉持　惠棟挍宋本無正義曰三字

用之以冒諸侯之圭以爲瑞信　惠棟挍宋本閩監毛本並作圭是也此本誤至

注以四鎮之山爲縔飾　惠棟挍宋本縔作琢閩監毛本作瑑案作縔非也作琢亦誤當作瑑浦鏜挍云瑑誤琢下瑑飾瑑同是也

蓋皆象以人形爲瑑飾　閩監毛本同惠棟挍宋本瑑作琢

其文縟細　閩監毛本作縟此本縟誤縛

言以爲穀稼及蒲葦之文　閩監本以作瑑惠棟挍宋本言以作蓋瑑是也

男執蒲璧五寸是也　閩監毛本同惠棟挍宋本是作長此本五誤三

不言裼襲者賤不裼　閩監毛本同惠棟挍宋本不裼下有也字

國君不名卿老世婦節　惠棟云國君節君大夫之子節宋本合爲一節

君大夫之子節

世或爲大　岳本同嘉靖本同閩監毛本大作太考文引宋板古本足利本作大疏標起止注䜡僭至爲大同

此諸侯稱大夫士之子也　閩本同監毛本稱作之案之字是也此稱字與下之嗣子某之字蓋互易

故云避僭倣也　閩監毛本作倣此本誤傚

世子欲不得同　閩監毛本同惠棟挍宋本欲作貴不誤

臣不改也　閩監毛本作改此本誤故

君使士射節

君使至之憂　惠棟挍宋本無此五字

負檐也　閩監本同毛本檐作擔下檐樵同○按依說文當作儋古書多假檐爲之擔俗字也

侍於君子節

若子路帥爾而對　宋監本同嘉靖本同閩監毛本帥作率岳本同考文引宋板作帥足利本作帥爾先對帥字是也先字非也正義標起止云禮倚至而對是正義本不作先

君子行禮節　惠棟云君子行禮節去國三世節去國三世節宋本合爲一節

謹脩其法而審行之　閩監本同石經同岳本嘉靖本同毛本脩作修疏同

君子至行之　惠棟挍宋本無此五字

封魯因商奄之人　閩監毛本同惠棟挍宋本魯下有公字與定四年傳合

封康叔於殷虛　閩監毛本虛作墟惠棟挍宋本亦作虛下封唐叔於夏虛同

去國三世爵祿有列於朝節

將明得變改　閩監毛本同惠棟挍宋本改作故續通解同

出入猶吉凶之事　閩監本同毛本猶作有續通解同

時爲季氏家廢長立少　閩監毛本作家此本家誤冢

曾立臧爲　閩監毛本曾作乃○按作乃與襄廿三年傳合

其都無親在故國　閩監毛本作都此本誤郡

去國三世爵祿無列於朝節

正義曰此猶是論無列無詔而反告宗後者　閩監毛本作論此本誤之惠棟挍宋本無正義曰三字

明有列理不從也　閩本同惠棟校宋本同監毛本理作則

案句命決云　閩本同監毛本句作鉤是也

黑緣不伐蒼黃　閩監毛本同惠棟挍宋本伐作代

鄭注云起爲卿大夫者　閩監本注作意考文引宋板同毛本注字無

不得變本也　惠棟挍宋本此下標禮記正義卷第五終記云凡二十七頁

君子已孤節　惠棟挍宋本自此節起至庶方小侯節止爲卷六首題禮記正義卷第六

已孤暴貴　閩監本同石經同岳本嘉靖本同毛本暴作㬥疏同

不爲父作謚　閩監本同石經同嘉靖本同毛本謚作諡岳本同疏放此○按當作諡

君子至作謚　惠棟挍宋本無此五字

居喪未葬節

喪復常　各本同石經同通典一百五作喪止復常考文云足利本作喪畢復常陳澔注本亦或有畢字

居喪至婦女　惠棟挍宋本無此五字

振書端書於君前節　惠棟云振書節龜筴節君子將營宮室節宋本合爲一節

振書至有誅　惠棟挍宋本無此五字

龜筴節

方板也　閩監本同岳本嘉靖本同毛本板作版釋文出方板云字又作版正義本作板毛本改從釋文又本非

正義曰此以下明臣物不得入君門者也　惠棟挍宋本無正義曰三字

字餘同閩監毛本君作公

厭帖無者彊閩本同惠棟挍宋本彊字同者作耆監毛本者彊作梁纚衛氏集說同案當作耆彊宋本是也古訓耆爲彊逸周書謚法云耆彊也左氏昭廿三年傳不懦不耆杜預注亦云耆彊也疏意蓋謂無耆彊之謂厭帖而已耆作者形近之誤也

唯公門有稅齊閩監毛本同惠棟挍宋本齊下有衰字。按服問有衰字

及棺中服器也閩監毛本同惠棟挍宋本服作明

君子將營宮室節

廄庫爲次閩毛本同監本廄作廐嘉靖本同石經作廏岳本同

凡家造節惠棟云凡家造節大夫士去國節宋本合爲一節

凡家至邱木惠棟挍宋本無此五字

此明不得造者下民也閩監毛本下民作不同

得造不得具閩監毛本作具此本具誤其

同官可可以共有閩本同考文引宋板可字不重衛氏集說同監毛本上可字作同案可字不重是也

大夫士去國節

大夫士去國祭器不踰竟石經同岳本嘉靖本同釋文出去國祭器不踰竟云一本作大夫士去國下去國踰竟亦然

夫物不被用監毛本作被衛氏集說同此本誤彼閩本被作常

大夫士去國踰竟節

鬋鬋鬢也閩監毛本同岳本嘉靖本同考文云古本鬢作鬌釋文出鬋字又云鄭云謂鬋鬢也。按段玉裁云喪大記爪手翦須可證此亦當鬋須非鬋鬢也釋文引鄭注作翦乃鬋之假借字

大夫至復服惠棟挍宋本無此五字

去國當待於也閩監毛本於作玦按此本於當放字之誤

有桑梓之變閩監毛本變作戀衛氏集說同是也

以喪禮自變處也閩監毛本同考文引宋板變作戀非也

不謂待歸而謂待放者閩監毛本作放此本誤於

元冠黒屨儀禮士冠禮冠作端

古屨以物繫之爲行戒惠棟挍宋本同閩本屨誤絇監毛本屨誤絇

絇爲絇著屨頭閩監毛本絇著作拘著

簚車覆蘭也惠棟挍宋本同閩監毛本蘭作闌

不蚤鬋者閩監毛本同惠棟挍宋本鬋作翦假借字

以治手足爪也閩監毛本同惠棟挍宋本以作蚤衛氏集說同

大夫士見於國君節惠棟云大夫士節大夫士相見節凡非弔喪節宋本合爲一節盧文弨云案疏有男女在內則當并合大夫見於國君節或惠本誤記耳

大夫至荅拜惠棟挍宋本無此五字

君若迎先拜賓閩監毛本作君若此本君若誤君君

凡非弔喪節

唯有弔喪也士見已君惠棟挍宋本同閩本同監毛本也作與

大夫見於國君節

正義曰辱惠棟挍宋本無正義曰三字

俗本云男女不相荅拜閩監毛本同惠棟挍宋本拜作也

則有不粱爲非惠棟挍宋本閩本同監毛本粱作字非也

國君春田不圍澤節

國君至麛卵惠棟挍宋本無此五字

不欲多傷殺監毛本作欲衛氏集說同此本欲誤殺閩本同

歲凶節

大夫不食粱石經作粱閩毛本同岳本嘉靖本同此本誤梁監本同疏放此

皆自爲貶損憂民也閩監毛本同岳本同嘉靖本同考文引宋板自爲作爲自古本足利本同案衛氏集說作皆爲歲凶自貶損憂民也歲凶二字是衛氏所增成自字在爲字下則與宋板合正義亦言自貶損

鍾磬之屬也宋監本同嘉靖本同閩監毛本鍾作鐘岳本同疏放此案衛氏集說亦作鍾五經文字云鐘樂器鍾量名又聚也今經典通用鍾爲樂器

歲凶至飲酒不樂惠棟挍宋本無此七字

此膳而不祭肺閩監毛本同惠棟挍宋本無而字

君無故玉不去身節

君無至琴瑟惠棟挍宋本無此五字

故鄭前注士不樂去琴瑟惠棟挍宋本作注是也此本注誤央閩監毛本作云

則知下通於士也惠棟挍宋本同閩監毛本士誤上

故鄉飲酒有工歌之樂是地縣題辭云閩本同監毛本地作也是也考文引宋板縣作說

士有獻於國君節惠棟云士有獻節大夫私行節宋本合爲一節

士有至后對惠棟挍宋本無此五字

大夫私行節

私行謂以已事也閩監毛本同惠棟挍宋本已作巳宋監本同岳本同按作已是也

謂道中無恙閩監毛本同岳本同嘉靖本同釋文出不恙與正義本異

但必知還而已閩本同監毛本知作告

或有本云士有獻字非也閩監毛本同浦鏜挍云十字當在上反必告疏之下

問其行拜而後對者閩監毛本同惠棟挍宋本後作后按古書多假后爲後

國君去其國節

奈何去社稷也閩監毛本同石經同岳本奈作柰嘉靖本同衛氏集說同後放此案此本疏中亦皆作柰字。按作奈俗字也

衆謂君師閩監毛本同岳本嘉靖本同衛氏集說同惠棟挍宋本君作軍

國君至死制惠棟挍宋本無此五字

昔大王居豳惠棟挍宋本作大是也閩監毛本作太乃後出之字

君天下曰天子節惠棟云君天下節踐阼節臨諸侯節崩曰節告喪節宋本合爲一節

天下謂外及四海也閩監本同岳本嘉靖本同毛本下誤子

以天下之大閩監毛本同考文引宋板大作人

天子爵號三也監毛本作天此本天誤太閩本同

踐阼節

正義曰踐履也惠棟挍宋本無正義曰三字

內事曰孝王某惠棟挍宋本作內事此本內事誤天子閩監毛本同

其下文云閩監毛本同惠棟挍宋本無其字

得罪于母弟之寵子帶監毛本作于此本于誤子閩本同

成王殯未能踰年閩監毛本同惠棟挍宋本殯下有後字未下無能字

受顧命從吉閩監本同毛本吉誤古考文引宋板作吉

注皆祝至外内　閩監毛本作外內此本外內二字誤倒

恐非辭義　閩監毛本同考文引宋板辭作鄭是也

臨諸侯節

曰有天王某甫　石經同岳本嘉靖本同案釋文出某父云音甫注同正義本作甫與釋文不同本也○按甫正字父同音假借字

祝告致於鬼神辭也　閩監毛本同岳本同嘉靖本亦作致正義同惠棟按宋本作至宋監本於作于

眕或爲祇　閩監本同岳本嘉靖本同毛本祇作祗案玉篇耳部聄云之忍切埤蒼曰告也禮記曰聄於鬼神亦作眕

正義曰此謂天子巡守　惠棟按宋本無正義曰三字

祝稱天子字而下云甫　閩監毛本如此此本祝誤既下誤不

是尼父之類也　閩監毛本同惠棟按宋本是作猶衞氏集說作猶尼父類也

稱陽童某甫　閩監毛本作童此本誤章今正

正義曰致鬼神　閩監毛本同惠棟按宋本致下有於字

而使太祝告鬼神　閩監毛本太作大下太祝放此

崩曰節

始死時呼魄辭也　閩本同岳本嘉靖本同監毛本魄作魂衞氏集說同通典八十三亦作魄

正義曰此謂告王者　惠棟按宋本無正義曰三字

自而墜下曰崩　閩本同監毛本而作天考文引宋板天作上案上是也衞氏集說亦作自上墜下曰崩

猶望應生　閩本同惠棟按宋本同監毛本應作復

告喪節

告喪至名之　惠棟按宋本作告喪曰天王登假無下正義曰三字

蓋記之爲題　閩監毛本同惠棟按宋本爲上有以字

鄭人以爲人君之禮　閩監毛本同考文引宋板上人字闕盧文弨云人疑當爲又○按宋本是也

天子未除喪曰余小子者　閩監毛本同惠棟按宋本作天子至小子

既葬稱子者　閩監本同此本既誤郎

未忍安吉故僖三十三年　閩監毛本如此此本吉誤葬下三字誤二

天子有后節　惠棟云天子有后節天子見天官節宋本合爲一節

不立正配　閩監毛本配作妃案古妃讀如配故經典釋文中妃本或作配不一而足檀弓注作妃本字此作配假借字

增九女則十二人　閩監毛本作則此本則字闕浦鏜按云合誤則案檀弓注作合

周又三十七人　閩監毛本同惠棟按宋本無人字案依檀弓注無人字是

更以次序　閩監毛本作更以此本更以二字闕惠棟按宋本以作與

陰陽契制　閩監毛本同浦鏜按云衍陽字案考文引宋板陽字黑圈無字山井鼎云鄭九嬪注無陽字宋板爲是○按賈景伯云月乃爲天契制故云陰契制是賈疏亦無陽字也

天子建天官節

司草　閩監本同石經同岳本嘉靖本同毛本草改艸後凡草字放此廣韻云說文作艸經典相承作草是不必改

卝人也　惠棟按宋本作卝岳本嘉靖本同此本卝誤井閩監毛本作卝亦誤此本正義中作卝不誤○按依說文當作磺从石黃聲假借作卝周禮有卝人鄭注云卝之言磺也賈景伯疏云經所云卝是總角之卝字此官取金玉於卝字無所用故轉從石邊廣之字卝之言磺非卝卽磺字也

築冶鳧栗鍛桃也　惠棟按宋本同宋監本同岳本嘉靖本同閩監毛本栗鍛作㮚段衞氏集說同考文引古本足利本亦作栗鍛釋文出段云本又作鍛正義本作段段玉裁云義疏單行無經注宋人以分附經注之下不知始於何人亦不知其所附者爲何本故疏與經注時有牛頭馬脯此類是巳○按作段是也說文金部鍛訓小冶也別是一字

天子建天官至致貢曰享　惠棟按宋本作天子至六典無下正義曰三字

故詩云濟濟多士是也　惠棟按宋本亦有是字閩監毛本脫又於也下誤衍一○

以上天地鬼神之事　閩監毛本上作主

石工木工　閩監毛本如此此本倒作木工石工

今唯有考工記以代之　閩監毛本同惠棟按宋本無以字

陶人爲甗實二鬴　閩監毛本如此此本甗實誤甑賓

冶謂煎金石者冶鑄爲之　閩監毛本同浦鏜按云石疑錫字誤

爲豆區鬴鍾之屬也　閩監毛本作鬴此本鬴字闕又閩監毛本爲作謂鍾作鐘

段氏主作錢鑄田器　閩監毛本鑄作鎛

能作戈戟柲者也　閩監毛本作柲此本柲誤秘

爲筍虡之屬也　閩監本作虡此本誤虞宋本毛本作簴是也

于寶云　閩毛本同惠棟按宋本于作干監本同是也

有師氏之屬是言師者也　閩監毛本同惠棟按宋本下師作氏非也

致蠶職之功　閩監毛本作蠶此本誤品浦鏜按云織誤職

附釋音禮記注疏卷第五

曲禮下

禮記　鄭氏注　孔穎達疏

▲五官之長曰伯。謂爲三公者周禮九命作伯○長丁丈反後皆同是職方。職主也是伯分主東西者春秋傳曰自陝以東周公主之自陝以西召公主之一相處乎內是或爲氏○陝式冉反依字當作陝何休注公羊傳云弘農陝縣是也一云當作郟古洽反▲謂王城郟鄏也召時照反又作邵音同相息亮反○【疏】五▲官至▲職方○正義曰此一節總論二伯及州牧諸侯等稱謂今各依文解之○五官之長曰伯畿外之大莫大於二伯故先言之也五官者即司徒以下五官也云長者謂三公無職故不在五官之中即三公加一命出爲分陝二伯者也伯長也謂朝廷之長言此二伯爲內外官之長是職方者言二伯於是職主當方之事也○注職主至乎內○正義曰引公羊傳證周家二伯所主之事隱五年公羊傳云天子三公者何天子之相也則何以三自陝而東者周公主之自陝而西者召公主之一相處乎內又案三公八命者堯時爲四伯故詩崧高注云當堯時姜氏爲四伯至堯之末分置八伯故虞書傳云元祀巡守四岳八伯舜之元祀有八伯明堯末又置之夏則無文殷則改置二伯與周同故王制云八州八伯云天子之老二人曰二伯是也其擯於天子也。曰天子之吏。擯者辭也春秋傳曰王命委之三吏謂三公也○擯本又作儐必刃反天子同▲姓。謂之伯父。異姓。謂之伯舅。自稱於諸侯。曰天子之老。於外。曰公。於其國。曰君。稱之以父與舅親親之辭也外自其私土之外天子畿內○天子謂之伯父本或有同姓二字衍文【疏】其擯至之吏○正義曰此是二伯也擯謂天子接賓之人也若擯者傳辭於天子則稱此二伯爲天子之吏也亦當言名也記者略可知也然擯呼在朝三公亦爲天子之吏若然玉藻云伯曰天子之力臣者謂介傳命稱天子力臣擯者受辭傳於天子則曰天子之吏○注擯者至公也○正義曰引證呼三公並爲吏之意也此左傳成二年晉使鞏朔獻齊捷于王王命委之三吏杜預注云三吏三公也於時王不見鞏朔王命委付三公接對之故云委之三吏○天子同姓謂之伯父者此三公與王同姓者王呼爲伯父伯者長大之名父乃同姓重親之稱也○異姓謂之伯舅者異族重親之名也異族無父稱故呼爲伯舅亦親之故也案晉文公爲二伯左傳僖二十八年云王曰叔父不稱伯者以州牧之禮命之故稱叔也然晉既稱叔父所以昭九年云伯父惠公歸自秦而誘以來又云我在伯父猶衣服之有冠冕晉稱伯父者以晉既稱伯父又以晉爲州牧又爲二伯若以州牧爲禮稱之則曰叔父若以二伯之禮稱之則曰伯父故晉或稱伯或稱叔也周公分陝爲二伯詩稱王曰叔父者成王以本親命之晉文侯仇爲伯尙書直云父義和不云伯者親親之也又二伯不稱天子之老自敵以下曰寡人僖四年齊桓公對楚屈完稱不穀者謙也凡常諸侯皆稱寡人莊十一年宋災魯往弔之宋閔公稱孤者傳云列國有凶稱孤禮也以有凶災故降名稱孤○自稱於諸侯曰天子之老者二伯若與九州及四夷之諸侯言已自謂天子之老係於天子言之以威遠國也○於外曰公者外

者其私土采地之外也而猶在王畿之內如周公食邑於周謂國外之人其自稱則曰公也○於其國曰君者其國采地內也若與采地內臣民言則自稱曰君其既主分陝又在王朝嫌不正爲采地君故明之也不云自稱承上可知也○注稱之至畿內○正義曰自稱爲公正在畿內耳畿外則曰天子之老也

九州之長。入天子之國。曰牧。每一州之中天子選諸侯之賢者以爲之牧也周禮曰乃施典於邦國而建其牧○牧牧養之牧徐音目

天子同姓謂之叔父。異姓謂之叔舅。於外曰侯。於其國曰君。牧尊於大國之君而謂之叔父辟二伯也亦以此爲尊禮或損之而益謂此類也外自其國之外九州之中曰侯者本爵也二王之後不爲牧○辟音避下同【疏】九州至曰君○正義曰殷曰伯周曰牧此云一牧據周禮也天子於每州之中選取賢侯一人加一命使主一州爲牧若入天子國則自稱曰牧牧養也言其養一州之人故周禮入命作牧是也然伯不云入天子國者伯不出故不言入耳州長云入曰牧出則否也崔靈恩云州長自稱也白虎通云往來牧視諸侯也○天子同姓謂之叔父異姓謂之叔舅者牧劣於二伯故天子謂之叔叔小也父舅義如前一本云天下同姓然則二伯云其擯於天子曰天子之吏此不云擯於天子是訖者略之也故下云諸侯見天子鄭云爲州牧則曰天子之老臣某侯某是也○於外曰侯者外謂其所封外九州內也自稱曰侯侯是本爵不云牧自稱承前可知也○於其國曰君者若與國內臣民言猶自稱爲君也○注牧尊至爲牧○正義曰大國之君是侯使稱伯今選侯之賢者加一命爲牧則是尊貴於不牧之侯而不謂爲伯降呼爲叔父者分陝已稱伯今牧若又呼爲伯則亂於分陝若猶呼本稱則不見其異故呼爲叔亦異常也云禮或損之而益謂此類也者崔云覲禮大國之君同姓謂之伯父異姓謂之伯舅此小者同姓謂之叔父異姓謂之叔舅此各當一國不嫌敵二伯州牧雖爲侯封皆是大國之君本自稱伯牧今揔攝衆國嫌其敵義故更稱叔此是損也叔名雖損即是明其爲牧故謂之爲益故云損之而益謂此類也熊氏云三夫人致飲有醴清醫酏糟不體王故申得二飲后致飲醫酏糟以體王故屈二一飲亦是損之而益之類也云二王之後不爲牧知不爲牧者以二王之後其爵稱公今此經云九州之長曰牧於外曰侯不言於外曰公故知二王之後不爲牧牧用侯以下二王之後所以不爲牧者以其先祖嘗爲天子統領海內若更遣爲牧恐有專權之心故也

其在東夷。北狄。西戎。南蠻。雖大曰子。謂九州之外長也天子亦選其諸侯之賢者以爲之子子猶牧也入天子之國曰子天子亦謂之子雖有侯伯之地本爵亦無過子是以同名曰子【疏】其在至曰子○正義曰此天子亦選其中賢者爲之牧也但不知幾國立一人耳卑不得名爲牧又不得謂爲父舅其本爵不過子男若其本爵子者今朝天子擯辭曰子若本爵是男亦謂爲子也所以爾者其高者言之亦尊異故也不云入天子國及不云擯者略可知也故爾雅云九夷八狄七戎六蠻謂之四海李巡注四海遠於四荒晦冥無形不可教誨故云四海也海者晦也言其晦暗無知案爾雅所列與此同但數異爾○注謂九至曰子正義曰其或有多功益土雖加侯伯之地而爵不得進終守子男以卑遠故也今雖別爲牧長而同呼爲子不得過本爵也

於內。自稱曰不穀。與民言之謙稱穀善也○謙稱尺證反

於外。自稱曰王老。威遠國也外亦其戎狄之中【疏】於內至王老○正義曰謂其國之外夷狄之中也以爲牧長恐夷狄難服須尊名威之故與一切言自稱曰我是天子之老臣也崔云方伯牧稱天子之老四夷之長稱曰王老方伯之職帶三公之任猶謂之內臣化同天子之無有歸往之義故云天子之老四夷之君去王遠由有歸往之義賢始得爲長故以正老爲稱也

庶方小侯。入天子之國。曰某人。於外。曰子。自稱曰孤。謂戎狄子男君也男者於外亦曰男舉尊言之【疏】庶方至曰孤○正義曰庶衆也小侯謂四夷之君非爲牧者也以其賤故曰衆方也若入王國自稱曰某人若牟人介人也六服之內但舉伯之與牧不顯其餘諸侯九州之外既舉大國之子又舉其餘小國者以六服諸侯下文別更具顯故於此略之○於外曰子者此君在其本國外四夷之中自稱依其本爵或子或男今言子是舉其尊稱耳若男亦稱男也○自稱曰孤者若自與臣民言則曰孤孤者特立無德能也凡二伯自稱及介傳命曰天子之力臣故玉藻云伯曰天子之力臣是也若擯者傳命於天子則曰天子之吏故此云擯於天子則曰天子之吏是也於諸侯及朝廷則曰天子之老則此文及昭公十三年劉獻公對晉叔向云天子之老是也九州之長及介傳命則曰某土之守臣某知者玉藻云若其擯者傳命於天子則曰天子之老臣某侯某知者約此文天子之老及下文云某侯某其餘諸侯介傳命云某土之守臣某知者亦約玉藻文也擯者傳命云某侯某知者約下文也凡九州之外大國之子介傳命某屏之守臣某故玉藻又云其在邊邑曰某屏之守臣某是也擯者告天子稱某子某與中國諸侯同庶方小侯介傳命云某土之孤某知者玉藻云小國之君曰孤是也擯者告天子亦應云某孤某知者約尋常諸侯稱某侯某但稱孤爲異耳其二伯以下對天子皆稱名也

天子當依而立。諸侯北面而見天子。曰覲。天子當宁而立。諸公東面。諸侯西面。曰朝。諸侯春見曰朝受摯於朝受享於廟生氣文也秋見曰覲一受之於廟殺氣質也朝者位於內朝而序進覲者位於廟門外而序入王南面立於依宁而受焉夏宗依春冬遇依秋春秋時齊侯唁魯昭公以遇禮相見取易略也覲禮今存朝宗遇禮今亡○依本又作扆同於豈反注同狀如屏風畫爲黼文高八尺見賢遍反下文注除相見皆同覲其靳反宁徐珍呂反又音儲門屏之間曰宁夏戶嫁反唁音彥穀梁傳云弔失國曰唁易以豉反○【疏】天子至曰朝○正義曰此二節論諸侯四時朝覲宗遇之法各隨文解之○天子當依而立者依狀如屏風以絳爲質高八尺東西當戶牖之間繡爲斧文也亦曰斧依故覲禮云天子設斧依於戶牖之間左右凡天子衮冕負斧依鄭注云依如今綈素屏風也有繡斧文所以示威也爾雅云牖戶之間謂之扆郭注云窻東戶西也依此諸解是設依於廟堂戶牖之間天子見諸侯則依而立負之而南面以對諸侯也凡諸侯朝王一年四時案宗伯春曰朝夏曰宗秋曰覲冬曰遇鄭注朝猶朝也欲其來之早宗尊也欲其尊王覲之言勤也欲其勤王之事遇猶偶也欲其若不期而俱至若通而言之悉曰朝從初受名覲禮云諸侯前朝皆受舍于朝又云乘墨車載龍旂弧韣乃朝又春秋僖二十八年夏五月經曰公朝於王所知朝通名也但朝覲宗遇禮異耳案大行人云侯服歲壹見甸服二歲壹見男服三歲壹見采服四歲壹見衛服五歲壹見要服六歲壹見隨服更來周而復

始然而六服分來又每方服別分爲四分一分朝春一分宗夏一分覲秋一分遇冬四方並然故鄭注云其朝貢之歲四方各四分趨四時而來或朝春或宗夏或覲秋或遇冬要服之外有夷鎮藩三服案大行人云九州之外謂之藩國世壹見鄭注云世謂父死子立及嗣王即位乃一來耳六服之中服數朝外又有四名一是時見曰會者若諸侯有不服者王將有征討之事若東方諸侯不服則與東方諸侯共討之若南方諸侯不服則與南方諸侯共討之諸方皆然朝竟王乃爲壇於國外與之會盟春於國東夏南秋西冬北會同隨事無有定期有時而然故曰時見曰會也二曰殷見曰同者天子十二年一巡守或應巡守之歲而天下未平或王有他故不獲自行則四方諸侯並朝京師朝竟亦於國外爲壇以命之政事殷衆也其來既衆故曰殷見曰同也三曰時聘曰問者謂王有事諸侯非朝王之歲不得自來遣大夫來聘因而問王起居此亦無常期故曰時聘曰問也四曰殷覜曰視者謂元年七年十一年唯有侯服來朝朝者既少諸侯遣卿大夫以大禮來聘聘者既衆故曰殷也覜亦見也爲來見王起居故曰覜也殷頫亦並依時春東夏南秋西冬北各隨方逐時但不每方分爲四耳故鄭注大行人云其殷同四方四時分來如平時也鄭既云四時分來如平時而前六服初時唯云四時雖不言四方後又云四方各分趨四時明其同也然所以殷覲不須分見四時者小禮不須更見四時法也天子當依而立是秋於廟受覲禮也諸侯來朝至於近郊王使大行人皮弁用璧以迎勞之諸侯亦皮弁從使者以入天子賜舍諸侯受舍聽天子之命其朝日未出之前諸侯上介受舍于廟門外同姓西面北上異姓東面北上至朝日質明諸侯裨冕先釋幣於其齊車之行主天子衮冕在廟當依前南面而立不迎賓諸侯自廟門外位天子使上擯進諸侯諸侯入廟門右坐奠圭玉而再拜所以奠圭玉者卑見於尊奠贄不授也擯者命升西階親授諸侯於是坐取圭玉升堂王受玉是當依而立之時也○諸侯北面而見天子曰覲者王既受玉而諸侯降階並北面再拜稽首擯者延之使升成拜是北面曰覲時所以同北面者覲遇秋冬陰氣質斂故不布散○天子當宁而立者此爲春夏受朝時也宁者爾雅云門屏之間謂之宁郭注云人君視朝所宁立處李巡云正門內兩塾間曰宁謂天子受朝於路門外之朝於門外而宁立以待諸侯之至故云當宁而立也然路門外有屏者即樹塞門是也爾雅云正門謂之應門又云屏謂之樹李巡云恒當門自蔽名曰樹郭云小牆當門中今案李郭二注以推驗禮文諸侯內屏在路門之內天子外屏在路門之外而近應門者矣○諸公東面諸侯西面曰朝者王既立宁諸侯次第而進諸在西諸侯在東而朝王陽氣文也故因文而分布也崔云地道貴右公故在西也然此是春朝也先受朝竟然後入廟受享也○注諸侯至今亡○正義曰庭實受之於廟生氣文也陽生之時其氣文舒而布散故分於兩處受也云秋見曰覲一受之於廟一并朝享皆廟受之殺氣質也此陰殺之時其氣質斂故并於一處受之也云朝者位於內朝而序進者此內朝即路門外朝也對皐門內三槐九棘之外朝故稱內也者對路寢庭朝又爲外故文王世子云朝於外朝則以官是也崔云諸侯春夏來朝各乘其命車至皐門外陳介也天子車時在大門內傳辭既訖則乘車出大門下車若升朝之時王但迎公自諸侯以下則隨之而入更不別迎也入至文王廟門天子還服朝服立於路門之外諸侯更易服朝服執贄而入應門而行禮故王當宁以待諸侯次第而進故云序進謂入應門諸公東面諸侯西面若熊氏之義則朝無迎法唯享有迎諸侯之禮案覲禮諸侯乘墨車而入朝鄭云墨車者大

夫制也入天子之國車服不可盡同也云覲者位於廟門外而序入者其宿受位次在廟門外至朝之且秋冬王不出迎其尊卑入各在其次中未得相見聽上擯進之乃於位次第而入故云序入也云王南面立於依宁而受焉者二處皆南面也云夏宗依春冬遇依秋者陰陽同各相依也云春秋時齊侯唁魯昭公以遇禮相見取易略也者此引證宗依朝遇依覲非唯並受爲異其禮有難易繁省之殊也穀梁傳曰弔失國曰唁魯昭公伐季氏不勝而出故春秋昭二十五年九月公孫於齊次于陽州齊侯唁公於野井公羊云以人爲菑以幦爲席以鞌爲几以遇禮相見是也分六服隨服而朝則六年一遍此鄭康成之義尚書六年五服一朝而孔注云五服一朝侯甸男采衞六年一朝會京師孔鄭不同孔以昭十三年左傳云歲聘以志業間朝以講禮再朝而會以示威再會而盟以顯昭明以爲諸侯三年一朝六年一會十二年一盟是周之正朝法也其大行人依服數見者是諸侯遣使貢獻而見耳知覲在廟者此云當依而立覲禮又有負斧依及侯氏入廟門告聽事鄭注云告王以國所用爲罪之事大行人云廟中將幣三享故也知在文王廟者聘禮云不腆先君之祧明天子受觀於廟之祧可知也又案覲禮同姓西面異姓東面鄭注分別同姓異姓者受之將有先後也則是覲禮之法先同姓後異姓若然案檀弓注云朝覲爵同同位則爵尊先見覲禮見不同者二文雖異其意則同就爵同之中先受同姓之朝周之盟會亦先同姓也故定四年祝佗稱踐土之盟載書云晉重魯申蔡甲午鄭捷齊潘鄭雖小國而在齊上故隱十一年傳云周之宗盟異姓爲後若其餘盟分國大小爲次故襄二十七年宋之盟晉楚爭先楚人先歃是也必知然者案杜預釋例云若王官之伯主盟異姓爲後其餘則否也凡天子三朝其一在路門內謂之燕朝大僕掌之故大僕云王眡燕朝則正其位文王世子云公族朝於內朝親之也此則王與宗人圖其嘉事及王退侯大夫之朝也其二是路門外之朝謂之治朝司士掌之故司士云正朝儀之位王南鄉三公北面東上孤東面北上卿大夫西面北上王族故士虎士在路門之右南面東上太僕太右太僕從者在路門之左南面西上上此是每日視朝之位其王與諸侯賓射亦與治朝同故射人云三公北面孤東面卿大夫西面諸侯在朝則皆北面不云王族故士虎士大僕大右者文不具耳不云士者鄭注云此與諸侯射士不與案諸侯大射士立於西方東面是天子大射士亦預禮也其三是皋門之內庫門之外謂之外朝朝士掌之故朝士云左九棘孤卿大夫位焉右九棘公侯伯子男位焉面三槐三公位焉此是詢衆庶之朝也朝三公北面者以其貴臣荅王之義也孤及諸侯東面者尊之故從賓位卿大夫西面者君之臣子統於君也士門西東面者以其卑賤故外之其外朝孤與士辟諸侯故就東方西面同其位案燕禮云卿西面大夫北面士門西東面大射亦然知諸侯有路門外朝者案玉藻云君朝服日出而視朝退適路寢是也其外詢衆庶之所經雖無文亦當與天子同其位無三公及諸侯當同燕禮大射之位若然周禮天子有射朝燕儀禮諸侯有燕朝也射雖無正朝當與天子同則天子諸侯皆三朝也○

諸侯未及期相見曰遇。相見於郤地曰會。諸侯使大夫問於諸侯曰聘。約信曰誓。涖牲曰盟。及至也郤間也涖臨也坎用牲臨而讀其盟書聘禮今存遇會誓盟禮亡誓之辭尚書見有六篇○郤上逆反涖音利徐力二反又音類盟音明徐音亡幸反郤間如字又音閒坎苦感反徐又苦敢反後同

【疏】諸侯至曰盟○正義曰今若未至前所期之日及非所期之地而忽相見則並用遇禮相接故曰遇也所以爾者遇禮易略既期未至故用簡易禮也○相見於郤地曰會者此謂及期之禮郤間也既及期又至所期之地則其禮閒暇○諸侯使大夫問於諸侯曰聘者聘問也謂遣大夫往相存問○約信曰誓者亦諸侯事也約信以其不能自和好故用言辭共相約束以爲信也若用言相約束以相見則用誓禮故曰誓也鄭注司寇云約言語之約束也○涖牲曰盟者亦諸侯事也涖臨也臨牲者盟所用也盟者殺牲歃血誓於神也若約束而臨牲則用盟禮故云涖牲曰盟也然天下太平之時則諸侯不得擅相與盟唯天子巡守至方嶽之下會畢然後乃與諸侯相盟同好惡獎王室以昭事神訓民事君凡國有疑則盟詛其不信者及殷見曰同並用此禮後至於五霸之道卑於三王有事而會不協而盟盟之爲法先鑿地爲方坎殺牲於坎上割牲左耳盛以珠盤又取血盛以玉敦用血爲盟書成乃歃血而讀書知坎血加書者案僖二十五年左傳云坎血加書又襄二十六年左傳云歃用牲加書是也知用耳者戎右職云贊牛耳知用左者以馘者用左耳故也知珠槃玉敦者戎右職云以玉敦辟盟又玉府云則共珠槃玉敦知口歃血者隱七年左傳云陳五父及鄭伯盟歃如忘又襄九年云新與楚盟口血未乾是也異義云禮約盟不令春秋公羊說古者不盟結言而退故穀梁傳云誥誓不及五帝盟詛不及三王交質子不及二伯且盟非禮故春秋左氏云周禮有司盟之官殺牲歃血所以盟事神明又云凡國有疑盟詛其不信者是知於禮得盟許君謹案從左氏說以太平之時有盟詛之禮鄭氏不駮從許慎義也盟詛不及三王非鄭所用然盟牲所用許慎據韓詩云天子諸侯以牛豕大夫以犬庶人以雞又云毛詩說君以豕臣以犬民以雞又左傳云鄭伯使卒出豭行出犬雞以詛射穎考叔者又云衞伯姬盟孔悝以豭鄭云詩說及鄭伯皆謂詛小於盟周禮戎右職云盟則以玉敦辟盟遂役之鄭注云役之者傳敦血授當歃者下云贊牛耳桃茢又左傳云孟武伯問於高柴曰諸侯盟誰執牛耳然則盟者人君以牛伯姬盟孔悝以豭下人君也皇氏以爲春秋時盟乃割心取血故定四年鑪金云王割子期之心與隨人盟杜云當心前割取血以盟示其至心是也○注及至至六篇○正義曰鄭注司盟云盟者書其辭於策殺牲取血坎其牲加書於上而埋之謂之載書云聘禮今存遇會誓盟禮亡誓之辭尚書見有六篇者一曰甘誓夏啓伐有扈氏誓羣衆二曰湯誓謂湯伐桀誓羣臣也三曰泰誓武王伐紂度孟津誓勑士衆之辭也四曰牧誓武王伐紂於牧野時所作五曰費誓徐戎作難魯侯伯禽誓羣臣興兵伐之也六曰秦誓秦穆公襲鄭不從蹇叔之謀果敗諸崤後穆公悔過與羣臣自誓也○

諸侯見天子。曰。臣某侯某。謂嗇夫承命告天子辭也其爲州牧則曰天子之老臣某侯某奉珪請覲○嗇音邑 其與民言。自稱曰寡人。謙也於臣亦然○自謂一本作自稱 其在凶服。曰適子孤。凶服亦謂未除喪○適音的 臨祭祀。內事。曰孝子某侯某。外事。曰曾孫某侯某。稱國者遠辟天子 死曰薨。亦史書策辭 復曰某甫復矣。某甫且字 既葬。見天子。曰類見。代父受國類猶象也執皮帛象諸侯之禮見也其禮亡 言謚曰類。使大夫行象聘問之禮也言謚者序其行及謚所宜其禮亡○其行下孟反 諸侯使人使於諸侯。使者自稱曰寡君之老。繫於君以爲尊也此謂諸侯之卿上大夫○使於邑吏反下同

【疏】諸侯至之老○正義曰此一節明諸侯及臣稱謂之法各隨文解之○諸侯謂五等諸侯見天子而擯者將命之辭也同得稱臣故曰臣也○某侯某者若言齊侯衞侯下某是名若伯子男則云曹伯許男某也○注謂嗇至請覲○正義曰嗇夫承命告天子辭也此注並覲禮之文也鄭云嗇夫蓋司空屬也爲末擯承命於侯氏末介傳而上上擯以告於天子也音義隱云嗇夫主諸侯所齎幣帛皮圭之禮奉以白於天子也云其爲州牧則曰天子之老臣某侯某者若爲州牧既尊若來見故擯者加此四字也前州牧闕此故鄭補言之也云奉珪請覲是鄭意衞擯者之辭文無所出也○其與民言自稱曰寡人此亦自與民言法也寡人者言已是寡德之人○其在凶服曰適子孤者謂擯者告賓之辭知者雜記云相者告曰孤某須矣但彼文不云適子文不備此直云適子孤不云名亦文不具也稱孤稱名者皆謂父死未葬之前也故雜記云孤某須矣下則云既葬蒲席明孤某是未葬也凡諸侯在喪之稱公羊未葬稱子某者莊三十二年子般卒襄三十一年子野卒皆是君薨未葬稱子某也既葬稱子則文公十八年子惡卒經書子卒是也踰年稱君者則僖公十年里克殺其君卓及文公元年公即位是踰年稱君也謂臣子稱君也若其君自稱猶曰子故公羊傳文九年諸侯於其封內三年稱子是也案昭十一年楚滅蔡執世子有其時蔡君已死其子仍稱世子者何休云稱世子者不許楚之滅蔡也猶若君存然故猶稱世子文十四年九月齊商人弒其君舍舍爲君商人之弒也襄二十九年吳子使季札來聘先君未踰年吳稱子者贊季子故錄之桓十一年鄭忽出奔衞先君既葬而尚稱名者公羊云何以名伯子男一也辭無所貶何休云直以喪降稱名無餘罪致貶凡以王事出會未踰年皆稱子僖九年會於葵丘宋襄公稱子僖二十八年會於踐土陳共公稱子定四年會召陵陳懷公稱子皆未踰年會王事而稱子也若未踰年非王事而稱爵者皆譏耳成四年鄭伯伐許是也從上以來皆公羊之義也其左氏之義君薨未葬未行即位之禮前稱子其子般子野是也其出會諸侯未葬之前稱子故僖九年左氏傳云凡在喪王曰小童公侯曰子葵丘之會宋襄公稱子踐土之會陳共公稱子是也葬雖未踰年則稱君則晉里克弒其君卓齊商人弒其君舍是也文十八年子惡卒先君葬後稱子者杜預云時史畏襄仲不敢稱君故云子卒其王事出會則稱爵成四年鄭伯伐許是也案桓十三年經書衞惠公稱侯成十三年經書宋公衞侯此並先君未葬而稱爵者賈服注譏其不稱子杜預云非禮也僖二十五年會衞子莒慶盟於洮時先君已葬衞成公猶稱子者杜預云善其成父之志故上繫於父而稱子服虔亦云明不失子道成十年晉侯伐鄭時厲公父景公惠未薨而厲公出會稱爵譏其生代父位不子也此皆左氏之義公羊以奚齊僖九年死卓子十年死以卓子踰年故稱君左氏卓子亦九年死但赴告在十年以葬後故稱君左氏公羊二傳不同也公羊以成四年鄭伯伐許非王事未踰年而稱爵譏之也左氏則以鄭伯伐許爲王事雖未踰年得稱爵當與公羊異鄭駁異義從公羊義以鄭伯伐許爲非禮及公羊未踰年爲王事皆稱子即宋襄公稱子陳共公稱子是也左氏未踰年爲王事皆稱爵鄭駁異義引宋襄公稱子從公羊說以爲稱子禮也○外事曰曾孫某侯某○外事謂社稷山川在封內者也天子外事言嗣王某諸侯不得稱嗣侯但稱曾孫所以然者天子尊謂能繼天德而立也諸侯無德不繼嗣爲

侯故不云嗣但是父祖重孫故言曾孫也○死曰薨者此謂諸侯死而國史策辭也若異國史書之則但云卒也在四夷不言亦賤略也自此以下皆然○注亦史書策辭○正義曰上文云天王崩書策辭今諸侯云薨故亦史策辭若告於諸侯則辭當謙退故雜記云赴於諸侯曰寡君不祿○復曰某甫復矣天子復則曰天子諸侯不可復云諸侯復故呼其字言某甫故鄭注前文諸侯呼字是也○既葬見天子曰類見○此諸侯世子父死葬畢而見於天子禮也類象也言葬後未執玉而執皮帛以象諸侯見故曰類見然春秋之義三年除喪之後乃見而今云既葬者謂天子或巡守至竟故得見也君未葬未正君臣故雖天子巡守亦不見也○言諡曰類○言諡謂將葬就君請諡也凡諡既是表德故由尊者所裁故將葬之前親使人請之於天子若檀弓云其子戌請諡於君曰日月有時將葬矣請所以易其名者是言諡於君也而曰類者王肅云請諡於天子必以其實爲諡類於平生之行也何胤云類其德而稱之如經天緯地曰文也鄭云使大夫行象聘問之禮也今案鄭旨謂吉時遣大夫行則曰聘今請諡使大夫不得曰聘而名曰類言類象聘而行此禮也故云言諡曰類也○注使大至禮亡○正義曰言象聘問之禮者解經中類字言比類聘問之禮請諡於天子○諸侯至之老案玉藻云上大夫曰下臣擯者曰寡君之老下大夫自名擯者曰寡大夫此云自稱曰寡君之老則上大夫擯者傳辭及自稱於他國亦曰寡君之老若於已君則玉藻云下臣某

天子穆穆。諸侯皇皇。大夫濟濟。士蹌蹌。庶人僬僬。 皆行容止之貌也聘禮曰賓入門皇又曰皇且行又曰衆介北面鏘鏘焉凡行容尊者體盤卑者體蹙○齊子禮反蹌本又作鶬或作鏘同士良反僬子妙反盤步丹反蹙子六反

【疏】天子至僬僬○正義曰此一節論天子至庶人行容之貌云天子穆穆者威儀多貌也天子尊重故行止威儀多也○諸侯皇皇者自莊盛也諸侯不及穆穆而猶有莊盛鄭注聘禮云皇皇莊盛也○大夫濟濟者濟濟徐行有節大夫降於諸侯不得自莊盛但徐行而已也○士蹌蹌者鄭注聘禮云容貌舒揚也案鄭意則不得濟濟也但舒揚而已○庶人僬僬者卑盡之貌也庶人卑賤都無容儀並自直行而已崔云凡形容下不得兼上上得兼下故詩有濟濟文王穆穆魯侯者詩人頌美舉盛以言非對例也○注聘禮至體蹙○正義曰引聘禮證皇皇是容儀也此是入門時容也又曰皇且行者又證行時容也然皇是諸侯之容聘禮人臣而云皇者執玉入廟門得進其容亦如其君行禮宜已申也若在本國則濟濟然云又曰衆介北面蹌焉亦聘禮文也衆介士也卑故不得進容猶蹌蹌而已云凡行容尊者體盤卑者體蹙尊者體盤穆穆皇皇卑者體蹙蹌蹌僬僬是也○

天子之妃曰后。 后之言後也○妃芳非反

諸侯曰夫人。 夫之言扶

大夫曰孺人。 孺之言屬○孺而樹反

士曰婦人。 婦之言服

庶人曰妻。 妻之言齊

公侯有夫人。有世婦。有妻。有妾。 貶於天子也無后與嬪去上中○貶皮檢反去羌呂反

夫人自稱於天子。曰老婦。 自稱於天子謂畿內諸侯之夫人助祭若時事見

自稱於諸侯。曰寡小君。 謂饗來朝諸侯之時

自稱於其君。曰小童。自世婦以下。自稱曰婢子。 小童若云未成人也婢之言卑也於其君稱此以接見體敵嫌其當○童本或作僮

子於父母。則自名也。 名父母所爲也言子者通男女

列國之大夫。入天子之國。曰某士。 亦謂諸侯之卿也三命以下於天子爲士曰某士者如晉韓起聘於周擯者曰晉士起○

自稱曰陪臣某。 陪重也○重直恭反

於外曰子。 子有德之稱魯春秋曰齊高子來盟○稱尺證反○

於其國曰寡君之老。使者自稱曰某。 使謂使人於諸侯也某名也○使自稱色吏反注使謂同本或作使者自稱○

【疏】天子至曰某○正義曰此一節論天子以下妃妾及臣子稱謂之法各隨文解之○天子之妃曰后諸侯曰夫人大夫曰孺人士曰婦人庶人曰妻者皆敵其夫如王之后故以后居前耳妃邦君之合配王諸侯以下通有妃義故以妃字冠之以特牲少牢是大夫士之禮皆云某妃配某氏尊卑通稱也白虎通云后君也明配至尊爲海內小君天下尊之故繼其王言之曰王后也○諸侯曰夫人者夫人之名唯諸侯得稱論語云邦君之妻邦人稱之曰君夫人是也○大夫曰孺人者孺屬也言其爲親屬○注孺之言屬也○正義曰案爾雅云孺屬也○士曰婦人者婦之言服也服事其夫也其婦號亦上下通名故春秋逆婦姜於齊是諸侯亦呼婦也穀梁傳云言婦有姑之辭言服事舅姑知通名也○庶人曰妻者妻之言齊也庶人賤無別稱判合齊體而已尊卑如此若通而言之則貴賤悉曰妻故詩曰刑於寡妻是天子曰妻也周家大夫妻曰內子趙姬以叔隗爲內子是也○公侯至有妾○正義曰獨言諸侯舉其上者餘從可知也既下於天子不得立后故以敵體一人正者爲夫人○有世婦者謂夫人之姪娣故公羊云夫人無子立姪娣子也質家先立姪之子文家先立娣之子左氏亦夫人姪娣貴於二媵則此世婦者謂夫人姪娣也其數二人○有妻者謂二媵及姪娣也凡六人有妾者謂九女之外別有其妾知者以上文云天子八十一御妻之外更有妾鄭注云妾賤者不入百二十人數故知此妾不在九女之數也○夫人至婢子此夫人謂畿內諸侯之妻也其助祭於后得接見天子故得自稱也言老而服事也以畿外諸侯夫人無見天子之禮此云自稱於天子故注云畿內諸侯之夫人助祭若時事見謂若獻繭之屬○自稱於諸侯曰寡小君者此諸侯謂他國君也古者諸侯相饗夫人亦出故得自稱也知者坊記云陽侯殺繆侯竊其夫人故大饗廢夫人之禮於此之前有夫人饗法故注云謂饗來朝諸侯之時也君之妻曰小君而云寡者亦從君爲謙也○自稱於其君曰小童者小童未成人之稱也其與夫言自謙稱爲小童若未成人言無知也○自世婦以下自稱曰婢子者降於夫人故並自稱婢子賤故也婢之言卑也鄉其夫自稱言已卑故春秋晉懷嬴謂公曰寡君使婢子侍執巾櫛是也注云接見體敵嫌其當者爲其接見之時暫有體敵嫌若當夫人然也○列國之大夫入天子之國曰某士○謂擯者辭也列國五等諸侯也天子上士三命中士再命下士一命而五等之臣唯公國一孤四命耳自卿大夫從三命而下其命等於王之士故入天子之國則擯者稱爲某國之士也故注引春秋襄二十六年晉韓起聘於周擯者曰晉士起言晉國之士起以證之也○自稱曰陪臣某陪重也某名也其君已爲王臣已今又爲已君之臣故自稱對王曰重臣也若襄二十一年晉欒盈辭於行人曰天子陪臣盈是也○於外曰子者亦擯者辭外謂在他國時也擯者則稱其姓而曰子子是有德之稱故注引閔公二年冬齊高子來盟證於外曰子也高子高侯是

也○於其國曰寡君之老者其[illegible]稱曰寡人故此卿若與國中人[illegible]者自稱曰某者某名也若此卿[illegible]名也若與彼臣民言則自稱寡[illegible]正義曰知者以玉藻云上大夫[illegible]大夫於他國擯者曰寡大夫皆[illegible]私事使私人擯則稱名注云[illegible]私[illegible]若晉韓穿來言汝陽之田彼以[illegible]某稱名與彼相當故知使謂使人於諸侯也

○天子不言出。諸侯不生名。君子不親惡。 天子之言出諸侯之生名皆有大惡君子所遠出名以絕之春秋傳曰天王出居于鄭衛侯朔入於衛是也○遠于萬反

諸侯失地名。滅同姓名。 [illegible]

【疏】天子至姓名○正義曰此一節論天[illegible]隨文解之○天子不言出者天[illegible]出所在稱君○諸侯不生名者[illegible]稱諸侯相見祗可稱爵不可稱[illegible]君子謂孔子書經若見天子大[illegible]名以絕之君子不親比惡人故[illegible]是也○正義曰案僖二十四年[illegible]無外此其言出何不能乎母也[illegible]天子言出大惡用公羊義也案[illegible]朔未爲君之時與其母譏構世[illegible]立公子黔牟朔自齊而入衛以[illegible]曷爲絕之犯命也謂犯王命鄭[illegible]也○諸侯失地名滅同姓名○[illegible]以蔡侯獻舞歸公羊云何以名[illegible]也僖二十五年衛侯燬滅邢公[illegible]爲絕之滅同姓也此滅同姓名[illegible]

爲人臣之禮。不顯諫。 爲奪美也顯[illegible]君惡不幾微[illegible]

三諫而不聽。則逃之。 逃去也君臣有[illegible]則合無義則離

羈出奔陳公羊傳云戎將侵曹[illegible]勿自敵也曹伯曰不可三諫不[illegible]曰諷諫者案定十二年公羊傳[illegible]曰家不藏甲邑無百雉之城季[illegible]休又云二曰順諫曹羈是也即[illegible]從遂出奔陳所謂以道事君不[illegible]云三曰直諫子家駒是也案昭[illegible]弒季氏于家駒諫曰諸侯僭於[illegible]不辟君僭而言之是直諫也何[illegible]是也案宣十五年公羊云楚莊[illegible]語華元謂子反去易子而食之[illegible]軍有七日之糧子反勸楚王赦[illegible]不聽乃引師去楚王亦歸是爭[illegible]里子蹇叔子是也案僖三十三[illegible]里子與蹇叔子諫穆公不從百[illegible]是贛諫也凡諫諷諫爲上贛諫[illegible]微納進善言耳不得顯然明言[illegible]不聽則逃之者聽猶從也逃猶[illegible]則合無義則離若三諫不聽則待放而去也

子之事親也。三諫而不聽。則號泣而隨之。 至親無去志在感動之○號戶刀反

【疏】子之至隨之○正義曰父子天

然理不可逃雖不從則當號泣而隨之冀有悟而改之然論語云事父母幾諫此不云者以其略耳檀弓云事親無犯相互耳又云事君有犯故此論其微檀弓言事親無犯此論其犯亦互言耳故注云至親無去志在感動之○君有疾。飲藥。臣先嘗之。親有疾。飲藥。子先嘗之。嘗度其所堪○度待各反醫不三世。不服其藥。慎物齊也○齊才細反○【疏】君有疾飲藥至醫不三世不服其藥○正義曰凡人病疾蓋以筋血不調故服藥以治之其藥不慎於物必無其徵故宜戒之擇其父子相承至三世也是慎物調齊也又說云三世者一曰黃帝針灸二曰神農本草三曰素女脈訣又云夫子脈訣若不習此三世之書不得服食其藥然鄭云慎物齊也則非謂本草針經脈訣於理不當其義非也儗人必於其倫。儗猶比也倫猶類也比大夫當於大夫比士當於士不以其類則有所褻○儗魚起反注同褻息列反【疏】儗人至其倫○儗人必於其倫○正義曰儗比也倫匹類也凡欲比方於人當以類相並不得以貴比賤則爲不敬也○問天子之年。對曰。聞之始服衣若干尺矣。既不敢言年又不敢斥至尊所能問國君之年。長曰能從宗廟社稷之事矣。幼曰未能從宗廟社稷之事也。問大夫之子。長曰能御矣。幼曰未能御也。問士之子。長曰能典謁矣。幼曰未能典謁也。問庶人之子。長曰能負薪矣。幼曰未能負薪也。皆言其能則長幼可知御猶主也書曰越乃御事謂主事者謁請也謂能儐贊出入以事請告也禮四十強而仕五十命爲大夫○【疏】問天至負薪也○正義曰此謂幼少新立之王或有遠方異域人來不知王年大小問朝廷之臣○對曰聞之始服衣若干尺矣者臣爲荅之必有法則禮齒路馬有誅而至尊體貴故臣不可輕言君年及形長短與才技所堪故依違而對也但云聞之謙不敢言見也云始服衣若干尺既不敢指斥即云服衣若干尺謂或五尺或六尺隨長短而言之也幼則衣短長則衣長問者聞之則知王之長幼也古者謂數爲若干故儀禮鄉射大射數射筭云若干純若干奇若如也干求也言事本不定常如此求之也故云若干也○問國君之年者亦謂幼少新立爲君而他人問其臣也○長曰能從宗廟社稷之事矣幼曰未能從宗廟社稷之事也不言聞之及衣而言所能主國者辟天子也國保宗廟社稷故以所保荅之也人君十五有養子之禮長則能主國聞其能主國則知十五以上爲長也若聞未能主國則知十四以下是爲幼也○問大夫之子者亦他國人問此大夫之子長幼於大夫之臣也天子諸侯繼世象賢其年不定故問其年而大夫五十乃爵故不問大夫而問其子○長曰能御矣幼曰未能御也御謂主事也官有世功子學父業故有御事之因也舉其所能則長幼可知也大夫子早長幼當以二十爲限也○問士之子者亦謂他國人來問此士之屬吏也四十強而仕故問其子也○長曰能典謁矣幼曰未能典謁也謁請也士之子年數長則言能主賓客告請之事幼則言未能也士賤無臣但以子自典告也○問庶人之子者庶人謂府史之屬亦有同僚或他國人問其同僚府史熊

氏云庶人年無長幼亦問其子者順上大夫士而言之○長曰能負薪矣幼曰未能負薪也者少儀云問士之子長幼長則曰能耕矣幼則曰能負薪未能負薪謂士祿薄子猶以能農事爲業也與此不同者亦當有田無田之異此所言之士者是有田者故子免耕負薪而典謁○注書曰越乃御事謂主事者○正義曰引大誥證御事是大夫禮四十強而仕五十命爲大夫曲禮文引之釋所以不問大夫士庶人之身而問其子之義也以大夫士其年既定故不假問其年而問其子也○問國君之富。數地以對。山澤之所出。問大夫之富。曰有宰食力。祭器衣服不假。問士之富。以車數對。問庶人之富。數畜以對。皆在其所制以多少對宰邑士也食力謂民之賦稅○數色主反下數畜同畜許又反鄭注周禮云始養曰畜【疏】問國至以對○正義曰謂問諸侯之臣求知其君封內土地所出也云富者非問其多金帛正是問最所優饒者也不問天子者率土之物莫非王有天下其見故不須問而諸侯止一國故致問也○數地以對者數土地廣狹對之也山澤之所出者又以魚鹽蜃蛤金銀錫石之屬隨有而對之也晉文公謂楚成王曰羽毛齒革則君地生焉是也○問大夫之富者亦他國人問其臣也○曰有宰食力者荅之也宰邑宰也有宰明有采地即公山弗擾爲季氏宰是也食力謂食民下賦稅之力也○祭器衣服不假者謂四命大夫也衣服祭服也若四命大夫得自造祭器衣服故云不假若三命以下有田者造而不備則假借也○問士之富以車數對者士有地不多亦無邑宰故其屬吏但以其車數對也上士三命則得賜車馬也副車隨命中士乘棧車無副車也○問庶人之富數畜以對者謂雞豚之屬閭師云凡庶民不畜者祭無牲不耕者祭無盛不樹者無椁不蠶者不帛不績者不衰故以畜數對鄭注周禮云始養曰畜將用之曰牲引春秋云卜日曰牲○天子祭天地。祭四方。祭山川。祭五祀。歲徧。諸侯方祀。祭山川。祭五祀。歲徧。大夫祭五祀。歲徧。士祭其先。祭四方謂祭五官之神於四郊也句芒在東祝融后土在南蓐收在西玄冥在北詩云來方禋祀方祀者各祭其方之官而已五祀戶竈中霤門行也此蓋殷時制也祭法曰天子立七祀諸侯立五祀大夫立三祀士立二祀謂周制也○徧音遍本亦作遍下同句古侯反芒音亡蓐音辱冥亡丁反禋音因霤力救反【疏】天子至其先○正義曰此一節論天子以下祭祀尊卑不同并論神有廢置之事各隨文解之○天子祭天地者祭天謂四時迎氣祭五天帝於四郊各以當方人帝配之月令春曰其帝大皞夏曰其帝炎帝季夏曰其帝黃帝秋曰其帝少皞冬曰其帝顓頊明爲配天及告朔而言之其雩祭亦然故月令孟夏云大雩帝爲命祀百辟卿士既云祀百辟卿士明五方人帝天子亦雩祀之其夏正郊感生之帝周以后稷配之其於明堂摠享五帝以文王武王配之故孝經說云后稷爲天地之主文王爲五帝之宗是也周人祭明堂時又兼以武王配之故祭法云周人宗武王是也知方岳之神是崑崙者案地統書括地象云地中央曰崑崙又云其東南方五千里曰神州以此言之崑崙在西北別統四方九州其神州者是崑崙東南一州耳於一州中更分爲九州則禹貢之九州是也其配地之神孝經緯既云后稷爲天地之主則后稷配天南郊又配地北郊則

周人以嚳配圓丘亦當配方澤也○祭山川者周禮兆五帝於四郊四望四類亦如之也○祭五祀者春祭戶夏祭竈季夏祭中霤秋祭門冬祭行也○歲徧者謂五方之帝迎氣雩祀明堂及郊雖有重者請神摠徧故云歲徧○諸侯方祀者諸侯既不得祭天地又不得摠祭五方之神唯祀當方故云方祀○祭山川者王制云在其地則祭之亡其地則不祭是也○大夫祭五祀者大夫不得方祀及山川直祭五祀而已○士祭其先不云歲偏者以士祭先祖歲有四時更無餘神故也天子祭天地者天地有覆載大功天子王有四海故得摠祭天地以報其功其天有六祭之一歲有九昊天上帝冬至祭之一也蒼帝靈威仰立春之日祭之於東郊二也赤帝赤熛怒立夏之日祭之於南郊三也黃帝含樞紐季夏六月土王之日亦祭之於南郊四也白帝白招拒立秋之日祭之於西郊五也黑帝汁光紀立冬之日祭之於北郊六也王者各稟五帝之精氣而王天下於夏正之月祭於南郊七也四月龍星見而雩摠祭五帝於南郊八也季秋大饗五帝於明堂九也地神有二歲有二祭夏至之日祭崑崙之神於方澤一也夏正之月祭神州地祗於北郊二也或云建申之月祭之與郊天相對冬至祭昊天上帝者春秋緯云紫微爲天帝北極耀魄寶是也其配之人以帝嚳配之故祭法云周人禘嚳是也其五帝則春秋緯文燿鉤云蒼帝曰靈威仰赤帝曰赤熛怒黃帝曰含樞紐白帝曰白招拒黑帝曰汁光紀○注祭四至制也○正義曰此經直言祭四方知非祭五天帝於四方者以上云祭天地則五帝在其中矣故知非天帝也案宗伯云疈辜祭四方百物知此方祀非四方百物者以此文在山川五祀之上與大宗伯血祭社稷五祀五嶽五祀在五嶽之上此四方亦在山川之上故知是五官之神云祝融后土在南者鄭意以爲黎兼爲后土土位在南方故知祝融后土在南引詩云來方禋祀者是小雅大田之詩以刺幽王之無道追論成王之時太平時和年豐至秋報祭招來四方之神禮禋祭祀引之者證四方之義也云五祀戶竈中霤門行者此月令文大宗伯五祀以爲五官者以其在五嶽之上此五祀在山川之下又與大夫同祭故知是戶竈等云此蓋殷時制也者以天子諸侯大夫同云祭五祀既無等差故疑殷時制也案王制云大夫祭五祀文與此同而鄭云五祀謂司命也中霤也門也行也厲也與此不同者王制之文上云天子祭天地諸侯祭社稷大夫祭五祀既有尊卑等級疑是周禮故引祭法五祀以解之與此不同是有地大夫祭五祀無地大夫祭三祀○凡祭。有其廢之。莫敢舉也。有其舉之。莫敢廢也。爲其瀆神也廢舉謂若殷廢農祀棄後不可復廢棄祀農也後有德者繼之不嫌也○爲于僞反復扶又反非其所祭而祭之。名曰淫祀。淫祀無福。妄祭神不饗○妄本亦作無福○【疏】凡祭至無福○正義曰此明祭有常典不可輒擅廢興如殷時廢柱祀棄則後人不得復舉柱而祭之也○有其舉之莫敢廢也者若已舉棄祀之後人不得復廢棄也○注爲其至嫌也○正義曰農即柱也有農功故曰農也棄即后稷也爲稷官故曰稷也尚書云棄黎民阻飢汝后稷是也云後有德者繼之不嫌也者鄭恐人疑之昔以舉柱何意廢柱祀稷乎故此解之者若後有德者繼之則不在今所言之例也○天子以犧牛。諸侯以肥牛。大夫以索牛。士以羊豕。犧純毛也肥養於滌也索求得而用之○索所百反注同求也牷音全一本作純滌直的反養牲官也徐又同弔反【疏】

天子至羊豕○正義曰此天子以犧牛諸侯以肥牛大夫以索牛皆上得兼下下不得僭上故左傳云聖王先成民而後致力於神故奉牲以告曰博碩肥腯是天子亦得以肥也又公羊云帝牲必在滌三月稷牛惟具稷有災故臨時得別求之是天子諸侯得有索牛○大夫以索牛士以羊豕者天子大夫士也若諸侯大夫即用少牢士則用特牲其喪祭大夫亦得用牛士亦用羊豕故雜記云上大夫之虞也少牢卒哭成事附皆大牢下大夫之虞也特牲卒哭成事附皆少牢是也據此諸侯不得用犧牛祭義云天子諸侯必有養獸之官下云犧牷祭牲必於是取之諸侯有犧牲大牢者諸侯對卿大夫亦得云犧若對天子則稱肥耳其大夫牲體完全亦有犧牲之稱故上云大夫犧賦爲次但不毛色純耳○注肥養於滌也○正義曰案楚語觀射父云大者牛羊必在滌三月小者犬豕不過十日然者即此大夫索牛士羊豕既不在滌三月當十日以上但不知其日數耳

支子不祭。祭必告于宗子。不敢自專謂宗子有故支子當攝而祭者也五宗皆然

疏 支子至宗子○正義曰支子庶子也祖禰廟在適子之家而庶子賤不敢輒祭之也若濫祭亦是淫祀○祭必告於宗子者支子雖不得祭若宗子有疾不堪當祭則庶子代攝可也猶宜告宗子然後祭故鄭云不敢自專○

凡祭宗廟之禮。牛曰一元大武。豕曰剛鬣。豚曰腯肥。羊曰柔毛。雞曰翰音。犬曰羹獻。雉曰疏趾。兔曰明視。脯曰尹祭。槀魚曰商祭。鮮魚曰脡祭。水曰清滌。酒曰清酌。黍曰薌合。粱曰薌萁。稷曰明粢。稻曰嘉蔬。韭曰豐本。鹽曰鹹鹺。玉曰嘉玉。幣曰量幣。號牲物者異於人用也元頭也武迹也腯亦肥也春秋傳作腯腯充貌也翰猶長也羹獻食人之餘也尹正也商猶量也脡直也其辭也嘉善也稻菰蔬之屬也豐茂也大鹹曰鹺今河東云幣帛也○大武如字一音泰鬣力輒反豚徒門反腯徒忽反注同本亦作豚翰戶旦反羹古衡反徐又音衡槀苦老反乾魚鮮音仙脡肥頂反徐唐頂反薌音香合如字或音閣其字又作箕同音姬語辭也王音期期時也稷曰明粢音咨一本作明粱古本無此句疏本又作蔬色魚反韭音久鹹本又作醎音咸鹺才何反量音亮又音良作腯徒忽反翰長如字菰音孤本又作苽音同

疏 凡祭至量幣○正義曰此一節論祭廟牲幣告神之法○凡祭者爲貴賤悉然○牛曰一元大武者元頭也武迹也牛若肥則腳大腳大則迹痕大故云一元大武也○豕曰剛鬣者豕肥則毛鬣剛大也王云剛鬣言肥大也○豚曰腯肥者腯即充滿貌也○羊曰柔毛者若羊肥則毛細而柔弱故王云柔毛言肥澤也○雞曰翰音者翰長也雞肥則其鳴聲長也○犬曰羹獻者人將所食羹餘以與犬犬得食之肥肥可以獻祭於鬼神故曰羹獻也○雉曰疏趾者趾足也雉肥則兩足開張趾相去疏也音義隱云雉之肥則足疏故王云足間疏也○兎曰明視者兎肥則目開而視明也故王云目精明皆肥貌也然自牛至兎凡有六物唯有牛云一頭而豕以下不云數者皆從其所用而言數也則並宜云若干也雞雉爲膳及腊則不數也○脯曰尹祭者尹正也裁截方正而用之祭一通云正謂自作之也脯自作則知肉之所用也論語云沽酒市脯不食言其不正也○槀魚曰商祭者槀乾也商量也祭用乾魚量度燥濕得中而用之也○鮮魚曰脡祭者脡直也祭有鮮魚必須鮮者煮熟則脡直若餒則敗碎不直○水曰清滌者古祭用水當酒謂之玄酒也而云清滌言其甚清皎絜也樂記云尚玄酒是也○酒曰清酌者酌斟酌也言此酒甚清澈可斟酌當爲三酒未必爲五齊○黍曰薌合者夫穀秫者曰黍秫既軟而相合氣息又香故曰薌合也○粱曰薌萁者粱謂白粱黃粱也其語助也○稷曰明粢者稷粟也明白也言此祭祀明白粢也鄭注甸師云粢稷也爾雅云粢稷也注今江東人呼粟爲粢隋祕書監王劭勘晉宋古本皆無稷曰明粢一句立八疑十二證以爲無此一句爲是今尚書云黍稷非馨詩云我黍與與我稷翼翼爲酒爲食以事以祀然則黍稷爲五穀之主是粢盛之貴黍既別有異號稷何因獨無美名爾雅又以粢爲稷此又云稷曰明粢正與爾雅相合又士虞禮云明齊溲酒鄭注云或曰明齊當爲明視謂兎腊也今文曰明粢粢稷也皆非其次也如鄭言云皆非其次由曲禮有明粱之文故注儀禮云非其次王劭既背爾雅之說又不見鄭玄之言苟信錯書妄生同異改亂經籍深可哀哉○注號牲至幣帛○正義曰元頭也案釋古文元首首則頭也武迹也釋訓文春秋傳作腯者桓六年左傳云博碩肥腯是也云羹獻食人之餘也者周禮槀人云掌豢祭祀之犬是也尹正也嘉善也釋言文此等諸號若一祭並有則舉其大者牲牢酒齊而言不應諸事皆道故少牢禮稱敢用柔毛剛鬣嘉薦普淖是也或唯有雞犬或唯魚兎及水酒韭鹽之祭則各舉其美號故此經備載其名必知然者案士虞禮祝辭云尹祭鄭注云尹脯也大夫士祭無云脯者今不言牲號而云尹祭亦記者誤矣如鄭此言明單用脯者稱尹祭以此推之餘亦可知也○

天子死曰崩。諸侯曰薨。大夫曰卒。士曰不祿。庶人曰死。異死名者爲人褻其無知若猶不同然也自上顛壞曰崩薨顛壞之聲卒終也不祿不終其祿死之言澌也精神澌盡也○偵音顛澌本又作澌同音賜**在牀曰尸。**尸陳也言形體在**在棺曰柩。**柩之言究也○柩音舊白虎通云久也

疏 天子至曰柩○正義曰此一節論死後稱謂尊卑不同之事各隨文解之但生時尊卑著見可識而死蔭爲野土嫌若可棄而稱輕褻之故爲制尊卑之名則明其猶有貴賤之異也○崩者墜壞之名譬若天形墜壓然則四海必覩古之王者登假也則卒土咸知故曰崩○諸侯曰薨者薨者崩之餘聲也而詩云蟲飛薨薨是聲也諸侯卑死不得效崩之形但如崩後之餘聲遠劣於形壓諸侯之死知者亦局也○大夫曰卒者卒畢竟也大夫是有德之位仕能至此亦是畢了平生故曰卒也○士曰不祿者士祿以代耕而今遂死是不終其祿○庶人曰死者死者澌也澌是消盡無餘之目庶人極賤生無令譽死絕餘芳精氣一去身名俱盡故曰死今俗呼盡爲澌即舊語有存者也云崩薨異號至葬同者以臣子藏其君父安厝貴賤同也○在床曰尸者尸陳也古人病困氣未絕之時下置在地氣絕之後更還牀上所以如此者凡人初生在地既病將死故下復其初生冀脫得死重生也若其不生復反本床既未殯斂陳列在牀故曰尸也白虎通云失氣亡神形體獨陳是也言形體在也○在棺曰柩者柩究也三日不生斂之在棺死事究竟於此也白虎通云柩究也久也不復變色然尸柩亦通名也案曾子問云如小斂則子免而從柩此謂小斂舉尸在爲柩也春秋左氏傳贈死不及尸是呼未葬之柩爲尸

羽鳥曰降。四足曰瀆。異於人也降落也瀆謂相瀸汙而死也春秋傳曰大災者何大瀆也○降戶江反又音絳注同瀆辭賜反瀸子廉反汙穢汙之汙一作汙戶旦反

疏 羽鳥至曰瀆○鳥獸死異名也降落也羽鳥飛翔之物今云其降落是知死也○四足曰瀆者牛馬之屬也若一箇死則餘者更相染瀆而死今云其瀆則知死也異於人耳春秋傳曰大災者何大瀆也公羊莊二十年夏齊大災大災者何大瘠也大瘠者何痢也注云痢者民疾疫也然此云瀆彼云瘠字異而意同也者

死寇曰兵。異於凡人當饗祿其後

祭王父曰皇祖考。王母曰皇祖妣。父曰皇考。母曰皇妣。夫曰皇辟。更設稱號尊神異於人也皇君也考成也言其德行之成也妣之言媲也媲於考也辟法也妻所取法也○妣必履反辟婢亦反徐扶亦反稱尺證反下之稱皆同行下孟反下同媲普計反

疏 死寇至皇辟○死寇曰兵○謂父祖死君之寇而子孫爲名也言人能爲國家捍難禦侮爲寇所殺者謂爲兵兵器仗之名言其爲器仗之用也故君恒祿恤其子孫異於凡人也故鄭云當饗祿其後春饗孤子是也○祭王至皇辟○此更爲神設尊號亦廣其義也○王父祖父也皇君也考成也此言祖有君德已成之也○王母曰皇祖妣者王母祖母也妣媲也言得媲匹於祖也○父曰皇考母曰皇妣者義如上祖父母也○夫曰皇辟者辟法也夫是妻所取法如君故言君法也○注皇君至法也○正義曰皇君也考成也辟法也皆釋古文也○

生曰父。曰母。曰妻。死曰考。曰妣。曰嬪。嬪婦人有法度者之稱也周禮九嬪掌婦學之法教九御婦德婦言婦容婦功

疏 生曰至曰嬪○生時所稱也不言祖及夫者以生號無別稱也○死曰考曰妣曰嬪者嬪婦人有法度之名也前是宗廟之祭加其尊稱故父母並曰皇也此謂非祭時所稱也○注嬪婦至婦功○正義曰周禮九嬪掌婦學之法教九御者此證嬪有德之名周禮以九嬪教宮內之婦人學四德也謂九御者自世婦而下九九而御者也嬪所教不教后夫人及世婦唯教九御而已云婦德婦言婦容婦功者此九嬪所教之事也婦德謂貞順也婦言謂辭令也婦容謂婉娩也婦功謂絲枲也○此生死異稱出爾雅文言其別於生時耳若通而言之亦通也尚書云大傷其考心又云聰祖考之彝訓倉頡篇云考妣延年書云嬪于虞詩大明云曰嬪于京周禮九嬪之官並非生死異稱矣

壽考曰卒。短折曰不祿。謂有德行任爲大夫士而不爲者老而死從大夫之稱少而死從士之稱○折市設反任音壬又如字

疏 壽考至不祿○此並是有德未經任而死者之稱也壽考老也短折少也若有德不仕老而死者從大夫之稱故曰卒也若少而死者則從士之稱故曰不祿○注有德至之稱○正義曰鄭知有德行任爲大夫士而不爲者若實是大夫士前文已顯今更別云卒與不祿同大夫士之稱故知堪爲大夫士而不爲者檀弓云君子曰終小人曰死與此不同者此據年之老者從大夫之稱少者從士之稱檀弓不據年之老少但據君子取終其成功小人精神盡澌與此別也○

天子視不上於袷。不下於帶。袷交領也天子至尊臣視之目不過此○上時掌反下及注同袷音劫○**國君綏視。**視國君彌高綏讀爲妥妥視謂視上於袷○綏依注音妥他果反**大夫衡視。**視大夫又彌高也衡平也平視謂視面也**士視五步。**士視得旁遊目五步之中也視大夫以上上下遊目不得旁○遊如

字徐音流凡視。上於面則敖。敖則仰○敖五報反下於帶則憂。憂則低○傾則姦。辟頭旁視心不正也傾或爲側○辟本或作僻匹亦反○疏天子至則姦○正義曰此一節論天子以下其臣視君尊卑有異之事○天子視不上於給者給謂朝祭服之曲領也天子至尊臣之所視不得上過於給過給則慢供奉至尊須承候顏色又不得下過於帶若下過於帶則似有憂戚不供其事○國君綏視者國君諸侯也妥下也若臣視君目不得取看於面當視面下給上既卑稍得上視也庾氏云妥頷下之貌前執器以心爲平故以下爲妥此視以面爲平故妥下於面則上於給也○大夫衡視者衡平也人相看以面爲卒若大夫之臣視大夫平看其面也故前云綏視形大夫爲言士視五步者若視大夫以上唯直瞻上下並不得旁視若士之屬吏視士亦不得高面下帶而得旁視左右五步也○凡視上於面則敖者此解所以觀視有界限之義也視入過高則是敖慢定十五年邾子執玉高其容仰高仰驕也○下於帶則憂者若視過下則似有憂有憂頭低垂定十五年魯公受玉卑其容俯卑俯替也又昭十一年秋會於厥憖單子視不登帶是也○傾則姦者傾欹側也若視尊者而欹側旁視流目東西則似有姦惡之意也○君命。大夫與士肄。肄習也君有命大夫則與士展習其事謂欲有所發爲也○君命絕句肄本又作肄同以二反在官言官。在府言府。在庫言庫。在朝言朝。謂君命所在就展習之也官謂板圖文書之處府謂寶藏貨賄之處也庫謂車馬兵甲之處也朝謂君臣謀政事之處也○處昌慮反下皆同藏才浪反賄呼罪反字林音悔朝言不及犬馬。非公議也輟朝而顧。不有異事。必有異慮。心不正志不在君輟猶止也○輟丁劣反故輟朝而顧。君子謂之固。固謂不達於禮也○在朝言禮。問禮對以禮。於朝廷言無所不用禮疏君命至以禮○正義曰此一節論臣事君所在皆當謹習其事各隨文解之○君命謂君有教命有所營爲也其大夫則與士先習學所爲之事備擬君之所使○在官言官者此是君命所使之事言猶議也若君命之在官則臣當展習言議在官之事○在府言府者命之在府亦當習議在府之事也○在庫言庫者命之在庫亦隨而習議在庫之事也○在朝言朝者命之在朝亦隨而習議在朝之事也○注謂君至處也○正義曰知官謂板圖文書者與府相對周禮內府之屬皆主財貨故知官謂板圖文書故周禮八法治官府○朝言至以禮○此以下明在朝言朝之事朝既如此則官及府庫可知也朝是謀於政教之處也不宜私褻辯論以及犬馬也○輟朝而顧不有異事必有異慮者輟止也異事非常之事異慮非常之慮也臣於朝矜莊儼恪視不流目若忽止朝而迴顧此若非見異事則心有異慮也此由不先習也○故輟朝而顧君子謂之固者固陋也若身無異事心無異慮忽止朝而顧君子謂此爲固陋不達禮意也魯哀公荅孔子云寡人固不固是也固謂不達禮也○在朝言禮問禮對以禮者朝事既重謀政不輕殷勤誠之言及問對則宜每事稱禮也故鄭注於朝廷言無所不用禮故論語云孔子謂顏回曰非禮勿動非禮勿言非禮勿視非禮勿聽是也大饗不問卜。祭五帝於明堂莫適卜也郊特牲曰郊血大饗腥○適丁歷反腥音星不饒富。富之言備也備

而已勿多於禮也疏大饗至饒富○正義曰此大饗揔祭五帝其神非一若卜其牲日五帝揔卜而已不得每帝問卜若其一一問卜神有多種恐吉凶不同故鄭云莫適卜揔一卜而已○不饒富者富之言備也雖曰大饗諸帝配以文武然禮數有常取備而已不得以其大饗豐饒其物使之過禮此經直云大饗鄭知祭五帝於明堂者以其上文云不問卜又與月令季秋大饗帝同諸帝皆在不得每帝問卜若其袷之大饗則周禮宗伯享大鬼皆卜不得云不問卜知非大祫也鄭引郊特牲云郊血大饗腥者取大饗二字以證此大饗之文其實彼大饗文在郊下謂祫祭也然此祭五帝莫適卜而雩揔祭五帝得每帝問卜者以雩祭爲百穀祈雨非一帝之功故每帝適卜至於大饗之時歲功揔畢配以文武祭報其功不須每帝皆卜故唯一卜而已○凡摯。天子鬯。諸侯圭。卿羔。大夫鴈。士雉。庶人之摯匹。童子委摯而退。摯之言至也天子無客禮以鬯爲摯者所以唯用告神爲至也童子委摯而退不與成人爲禮也說者以匹爲鶩○摯音至徐之二反本又作贄同鬯勅亮反香酒摯匹依注作鶩音木鴨也野外軍中無摯。以纓拾矢可也。非爲禮之處用時物相禮而已纓馬繁纓也拾謂射韝○樊本又作繁步丹反韝徐音溝又古侯反一音古豆反婦人之摯。椇。榛。脯。脩。棗。栗。婦人無外事見以羞物也椇榛木名椇枳也有實今邳郯之東食之榛實似栗而小○椇俱羽反榛側巾反字林云仕巾反木叢也古本又作蓁音壯巾反云似梓實如小栗也見賢遍反枳居紙反邳被悲反下邳也郯音談東海縣名疏凡摯至棗栗○正義曰天子鬯者釀黑黍爲酒其氣芬芳調暢故因謂爲鬯也天子無客禮必用鬯爲摯者天子弔臨適諸侯必舍其祖廟既至諸侯祖廟仍以鬯禮於廟神以表天子之至故鄭注鬯人亦然也○諸侯圭者謂公侯伯也公侯伯用圭子男用璧以朝王及相朝聘表於至也此唯云圭不言璧者略可知也○卿羔者鄭注宗伯云羔小羊取其羣而不失類也白虎通云羔取其羣而不黨卿職在盡忠率下不黨也周禮云公之孤以皮帛若諸侯適子被王命者各下其君一等公之子如侯伯執圭侯伯之子如子男執璧子男之子與其未命者皆以皮帛繼子男也○大夫鴈者鄭注宗伯云鴈取其候時而行也白虎通云鴈取飛則行列也大夫職在奉命適四方動則當以正道事君也○士雉者雉取性耿介唯敵是赴士始升朝宜爲赴敵故用雉也羔鴈生執雉則死持亦表見危致命書云二生一死是也故鄭注宗伯云雉取其守介而死不失其節也然白虎通云雉取其不可誘之以食挽之以威死不可畜也士行威介守節死義不當移士摯冬雉夏腒也○庶人之摯匹者匹鶩也野鴨曰鳧家鴨曰鶩鶩不能飛騰如庶人但守耕稼而已故鄭注宗伯云鶩取其不飛遷爾雅釋鳥云舒鳧郭景純云鶩音木舍人及李巡云鳧野鴨名鶩家鴨名某氏云在野舒飛遠者爲鳧○童子委摯而退者童子見先生或尊朋友既未成人不敢與主人相授受拜伉之儀但委其摯於地而自退辟之然童子之摯悉用束脩也故論語云孔子自行束脩以上則吾未嘗無誨焉是謂童子也然凡用牲爲摯主人皆食之故司士云掌擯士者膳其摯鄭司農云王食其所執羔鴈之摯玄謂贄者入於王之膳人○注摯之至至也○正義曰鄭知然者以上文云天子臨諸侯眕於鬼神又鬯人云供介鬯是天子於諸侯有告神之義○野外軍中無摯以纓拾矢可也○謂入在野外軍旅之中或應相

見而無物可持爲摯者則不以舊禮當隨時所用纓謂馬繫纓即馬鞅也拾射韝也矢猶箭也軍在野無物故用纓拾矢可也不直云軍中而云野外者若軍在都邑中則宜依舊禮不可用軍物也云若非軍中而在野外亦曰時物則或徒隨所有也舉一隅耳觸類而長之則若士地無正物皆可也○婦人之摯椇榛脯脩棗栗○婦人無外嫁用摯以見舅姑故用此六物爲摯也椇即今之白石李也形如珊瑚味甜美榛似栗而小也脯搏肉無骨而曝之脩肉鍛治而加薑桂乾之如脯者所以用此六物者法榛訓至也脯始也脩治也棗早也栗肅也婦人有身早起肅敬也故后夫人以下皆以棗栗爲摯取其栗自正也必知以名爲義者案莊二十四年左傳云過榛栗棗脩以告虔也見榛是虔義之名明諸物皆義案昏禮婦見舅以棗栗見姑以服脩其榛椇所用○納女於天子。曰備百姓。於國君。曰備酒漿。於大夫。曰備埽灑。納女猶致女也壻不親迎則女之家遣人致之此其辭也姓之言生也天子皇后以下百二十人廣子姓也酒漿埽灑賤婦人之職報反灑所買反又山寄反迎魚敬反賤婦人之職本婦宇者疏納女至埽灑○正義曰納猶致也致者壻不親迎則女之家三月廟見使人致之而爲此辭言致此女備曰王之后妃以下百二十人以生廣子孫故云百姓也○於國君曰備酒漿者致女於諸侯也酒漿是婦人之也故送女而持此爲辭轉卑不敢言百姓也詩云無非無儀唯酒食是議是也○於大夫曰備埽灑彌賤也不敢同故不得言酒漿廣嗣也及大夫不及士者士之職○正義得備入妾重國家使人致女者以成九年二月伯姬歸於宋夏季孫行父如宋致女此云納女故云納女猶致女也知不親迎嫁女之家故魯季孫行父如宋致女是也而天子不時宋公不親迎故親迎以否者異義云禮戴說天子親迎左氏說天子不親迎使上卿迎之諸侯亦不親迎使上大夫迎鄭駁異義云天子迎大姒親迎於渭又引孔子荅哀公合二姓之好以繼先聖之後以爲天地宗廟社稷之主冕而親迎君何謂已重乎此天子諸侯有親迎也若不親迎則宜致女云備百姓也

禮記注疏卷五挍勘記　阮元撰盧宣旬摘錄

曲禮下

五官之長曰伯節　惠棟挍云五官之長節其擯節九州之長節其在東夷節於內自稱節庶方小侯節宋本合爲一節

五官至職方　惠棟挍宋本無此五字

故詩嵩高注云當堯時　監毛本作時此本時誤氏閩本同

明堯末置之　閩監本作末此本誤未毛本同

其擯於天子也節

天子同姓謂之伯父　閩監毛本同石經同岳本嘉靖本同釋文出天子謂之伯父云本或有同姓二字衍文正義本有同姓二字

正義曰此是二伯也　惠棟挍宋本無上三字

九州之長節

正義曰殷曰伯　惠棟挍宋本無上三字

一本云天下同姓　閩本同監毛本下作子

其在東夷節

雖有侯伯之地　惠棟挍宋本同宋監本同閩本同岳本嘉靖本同監毛本侯誤諸

正義曰此天子亦選其中賢者　惠棟挍宋本無上三字

庶方小侯節

正義曰庶衆也　惠棟挍宋本無上三字

曰天子之力臣　閩監毛本同惠棟挍宋本曰上有則字

對天子皆稱名也　惠棟挍宋本此下標禮記正義卷第六終又記云凡二十七頁

天子當依而立節　惠棟挍宋本自此節起至納女於天子節止爲卷七首題禮記正義卷第七

天子至曰朝　惠棟挍宋本無此五字

左右几　監毛本作几此本几誤凡閩本同

負之而南面以對諸侯也　閩本同惠棟挍宋本同監毛本面誤而

欲其來之早　閩本同惠棟挍宋本同監毛本來誤求

殷頫亦並依時　閩監毛本作覜此本誤頫下然所以殷頫不須分四時者同

恆當門自蔽名曰樹　閩監本同考文引宋板同毛本恆誤字衞氏集說恆作垣是也

而近應門者矣　閩本同惠棟挍宋本同監毛本矣誤也

諸公在西　閩監毛本有公字此本脫

公族朝於內朝　閩本同監毛本族作侯與文王世子不合考文引宋板作族

及王退俟大夫之朝也　閩本同監毛本俟誤侯考文引宋板亦作俟

南面西上上　補毛本無重上字此本重疑傳寫之誤

此是每日視朝之位　閩本同監本此字上空闕毛本脫上字並非

諸侯未及期相見節

郤間也　閩本同嘉靖本同監毛本間作閒岳本同

諸侯至曰盟　惠棟挍宋本無此五字

許君謹案　閩監本同毛本君作愼

以詛射潁考叔者　監毛本同閩本潁誤頴○按廣韻於从禾之潁字下云又姓左傳潁考叔亦非說詳左傳挍勘記

不人君也　閩監毛本同惠棟挍宋本不作下是也

故定四年鑪金云　閩監毛本同案鑪金二字不可解準以正義引左傳之例如本節疏所稱僖二十五年左傳云襄二十六年左傳云隱七年左傳云則此當作故定四年左傳云鑪金二字當爲左傳二字但形聲絕不相涉不知何以誤寫至此浦鏜云鑪金云三字當爲衍文

果敢諸峭　監毛本作崤此本崤誤峭閩本同

諸侯見天子節

奉珪請覲　閩監毛本同惠棟挍宋本珪作圭宋監本同岳本嘉靖本同考文云古本足利本作圭

自稱曰寡人　閩監毛本同石經同岳本嘉靖本同釋文出自謂云一本作自稱正義本亦作自稱

遠辟天子　嘉靖本辟作避○按避正字辟假借字

某甫且字　閩監毛本同岳本嘉靖本同衞氏集說且作舉謬

諸侯至之老　惠棟挍宋本無此五字

是鄭意術擯者之辭　閩本同監毛本術作述○按作術用假借字監本初亦作術後改述

不許楚之滅蔡也　閩監毛本作滅此本誤濟今正

舍爲君商人之弒也　閩監毛本同盧文弨挍本舍上增成字商上增惡字

言葬後未執玉而執皮帛　惠棟挍宋本作未執玉衞氏集說同此本未執二字闕玉誤王閩本同監毛本未執玉作見於王非

故得見也若未葬　惠棟挍宋本作也若衞氏集說同此本也若二字闕閩監毛本作天子非

言謚曰類○言謚謂將葬　閩監毛本如此此本○言二字闕惠棟挍宋本○作者字衞氏集說亦作言謚謂將葬

故將葬之前　惠棟挍宋本作故將衞氏集說同此本故將二字闕閩本同監毛本作當未非

使大夫行象聘問之禮也　惠棟挍宋本作行象此本行象二字闕閩監毛本行象作來行與注不合

今請謚使大夫　閩監毛本作謚使此本謚使二字闕惠棟挍宋本使作遣

言類象聘而行此禮也　閩本同惠棟挍宋本同監毛本象誤相

解經中類字　惠棟挍宋本作解經此本解經二字闕閩監毛本同

案玉藻云　惠棟挍宋本作案玉此本案玉二字闕閩監毛本案作○非

若於已君　惠棟挍宋本作若於此本若於二字闕閩監毛本若作稱衞氏集說同

天子穆穆節

皇且行又曰　惠棟挍宋本作行又岳本同嘉靖本同衞氏集說同此本行又二字闕閩監毛本又作者非

衆介北面鏘鏘焉　閩監毛本同岳本同嘉靖本同衞氏集說同惠棟挍宋本鏘鏘焉三字作蹌焉二字宋監本同齊召南考證云按鄭用聘禮記文當作衆介北面蹌焉此下疏亦作蹌焉則鏘鏘二字並譌也○按段玉裁云依說文當作蹡蹡爲行兒蹌訓動也然則禮言行容者皆蹡爲正字蹌爲假借字

天子至僬僬○　惠棟挍宋本無此五字一○

故行止威儀多也　惠棟挍宋本作行止此本行止二字闕閩監毛本行止作穆穆非

而猶有莊盛　惠棟挍宋本作猶有此本猶有二字闕閩監毛本猶有作皇皇非

皇皇莊盛也　閩監毛本同惠棟挍宋本下皇字作自山井鼎曰聘禮注作皇自莊盛也宋板爲是

並自直行而已　惠棟挍宋本作自直衞氏集說同此本自直二字闕閩監毛本同

故詩有濟濟文王　閩監毛本同惠棟挍宋本文作辟是也衞氏集說同

聘禮人臣　閩監毛本同惠棟挍宋本人作是是也

宜已申也　惠棟挍宋本作申此本申字闕閩監毛本同

亦聘禮文也　惠棟挍宋本作也此本也字闕閩監毛本同

天子之妃節

於其君稱此　毛本如此岳本嘉靖本同衞氏集說同此本其君稱三字闕閩監本同

以接見禮敵　閩監本同毛本禮作體岳本嘉靖本同衞氏集說同案依正義作體是也

嫌其當　毛本如此岳本嘉靖本同衞氏集說同此本三字闕閩監本同

言子者通男女　毛本如此岳本嘉靖本同衞氏集說無者字此本六字闕閩本闕五字監本同案考文古本亦無者字

亦謂諸侯之卿也　毛本如此岳本嘉靖本同衞氏集說同此本之卿也三字闕閩監本同

曰某士者如晉韓起聘於周　閩監毛本如此岳本如作若嘉靖本同宋監本同衞氏集說同此本者如晉三字闕

陪重也　毛本如此岳本嘉靖本同衞氏集說同此本三字闕閩監本同

天子至曰某　惠棟挍宋本無此五字

妃邦君之合配王　閩監毛本同惠棟挍宋本邦君之作配也判是也

以特牲少牢是大夫士之禮　惠棟挍宋本作少牢是是也衞氏集說同此本少牢是三字闕閩監毛本同

故繼其王言之曰王后也　惠棟挍宋本作曰王后是也此本曰王后三字闕閩監毛本同

孺屬也言共爲親屬　惠棟挍宋本作也言其閩本言其作與之非監毛本作與人亦非此本也言其三字闕衞氏集說亦作言其

孺屬也○士曰婦人者　毛本如此閩本○士誤大夫監本○闕此本也○上三字闕

其婦號亦上下通名故春秋　惠棟挍宋本作通名故閩監毛本名故作稱按非此本通名故三字闕衞氏集說三字作通稱故

言婦有姑之辭　惠棟挍宋本作有姑之衞氏集說同閩監毛本有姑作通稱非此本有姑之三字闕

則貴賤悉曰妻　惠棟挍宋本作貴賤悉此本貴賤悉三字闕閩監毛本貴賤悉作上下通衞氏集說同

獨言諸侯　閩監毛本作獨言諸惠棟挍宋本獨作今此本獨言諸三字闕考文引宋板獨作今諸作公衞氏集說同

故以敵體一人正者爲夫人　惠棟挍宋本作以敵體衞氏集說同閩監毛本以敵體作但得以此本三字闕

故公羊云夫人無子　惠棟挍宋本作羊云夫閩監毛本羊云作侯之此本羊云夫三字闕

文家先立娣之子左氏亦夫人姪娣　惠棟挍宋本作之子左此本之子左三字闕閩監毛本左字闕

謂夫人姪娣也其數二人　惠棟挍宋本作也其數此本也其數三字闕閩監毛本同

有妾者謂九女之外　惠棟挍宋本作九女是也衞氏集說同閩監毛本九女作六人非此本九女之三字闕

自稱曰陪臣某　閩監本同毛本某下有者字

天子不言出節

天子至姓名　惠棟挍宋本無此五字

所在稱君　閩監毛本同浦鏜挍云居誤君

君子不親比惡人　閩監毛本比作此衞氏集說同

注天至是也　閩監本同毛本天下有子字

故鄭捴言絶之　閩本同惠棟挍宋本同監毛本絶字脫之下有也字

爲人臣之禮節

爲人至逃之　惠棟挍宋本無此五字

五曰贛諫　閩監本同毛本贛作戇下同

若三諫不聽　閩監毛本同惠棟挍宋本聽作從衞氏集說同

子之事親也節

子之至隨之　惠棟挍宋本無此五字

冀有悟而改之　閩監毛本同惠棟挍宋本之作也衞氏集說同

君有疾節

君有疾飲藥至醫不三世不服其藥　惠棟挍宋本無此十四字

儗人必於其倫節

儗人必於其倫○　惠棟挍宋本無此七字

問天子之年節

問天至負薪也　惠棟挍宋本無此六字

謙不敢言見也　監毛本作見衞氏集說同此本見誤用閩本同

數射筭　閩監本同毛本筭作算是正字

但以子自典告也　閩監毛本作告衞氏集說同此本告誤吉

謂主事者　閩本同監毛本主誤王

問國君之富節

問國至以對　惠棟挍宋本無此五字

天子祭天地節　惠棟挍云天子祭天地節凡祭節天子以犧牛節支子節宋本合爲一節

天子至其先　惠棟挍宋本無此五字

周人宗武王是也　閩監毛本同浦鏜挍云下當脫祭地者謂祭崑崙之神及神州地祇也一十五字

於一州中更分爲九州○　惠棟挍宋本作一是也此本誤閩監毛本作神亦非衞氏集說同

紫微爲天帝北極輝魄寶　閩監毛本輝作燿

以刺幽王之無道　閩監毛本同作王是也

既無等差　惠棟挍宋本同閩監毛本等差二字倒

天子以犧牛節

犧純毛也　閩監毛本同岳本嘉靖本同釋文出牷云音全一本作純考文引古本作牷

卒哭成事附皆太牢　閩本同惠棟挍宋本同監毛本附作祔下同

凡祭宗廟之禮節

豚曰腯肥　石經同岳本嘉靖本同釋文出豚曰腯肥云腯徒忽反注同本或作豚案此經文腯字及注腯亦肥也並當從釋文或作豚本盧文弨挍云觀注云春秋傳作腯則此不作腯明矣釋文下又有作腯徒忽反一音若腯字上先見當云注同不必更出矣

槀魚曰商祭　閩監毛本作魚石經同岳本同此本魚誤兎嘉靖本商誤商

稷曰明粢　石經同岳本同各本同程瑤田九穀考云蔡邕獨斷無稷曰明粢句釋文明粢一本作明粱古本無此句案隋王劭勸晉宋古本皆無稷曰明粢句立入疑十二證孔疏非之引鄭氏士虞禮注以斥其妄然考鄭氏注曲禮於稷曰明粢句無解說其注士虞禮曰明齊新水也又曰或曰當爲明視謂兎腊也今文曰明粢粢稷也皆非其次尋其語氣鄭於明視意中有曲禮兎曰明視之說故直斥之曰謂兎腊也於明粢意中無曲禮稷曰明粢之說故必申言粢字據爾雅粢稷之云以斥今文之非由是言之鄭注曲禮時或實無稷曰明粢句而晉宋以後人誤讀士虞之注而加之亦未可知耳王劭所見古本恐未可遽斷其非漢代流傳眞本

稻曰嘉蔬　石經同岳本嘉靖本同釋文出嘉疏云本又作蔬通典四十八引稻曰嘉蔬

號牲物者異於人用也　毛本如此岳本嘉靖本同宋監本同衞氏集說同此本者用二字闕閩監本同

翰猶長也　惠棟挍宋本作猶長宋監本同岳本嘉靖本同閩監毛本猶長作長聲衞氏集說同此本猶長二字闕釋文出翰長通典四十八引翰長也無猶字

其辭也嘉善也　毛本作嘉善岳本嘉靖本宋監本同此本嘉善二字闕閩監本同通典引其辭也嘉善也

凡祭至量幣　惠棟挍宋本無此五字

裁截方正而用之祭　閩本同惠棟挍宋本同監毛本而誤也

量度燥溼得中　閩監毛本溼作濕衞氏集說同

案釋古文　閩監毛本古作詁

鄭注云尹脯也　閩監毛本同考文引宋板尹下有祭字

今不言牲號　閩監毛本作今此本誤令

天子死曰崩節　惠棟按云天子節羽鳥節死寇節生曰節壽考節宋本合爲一節

自上顛壞曰崩　閩監毛本岳本嘉靖本同釋文本顛作傎

言形體在　岳本嘉靖本宋監本同閩監毛本在下有也字考文引宋板足利本無也字

天子至曰柩　惠棟按宋本無此五字

但如崩後之餘聲遠劣於形壓　閩監毛本同考文引宋板餘聲下又有聲字衛氏集說亦有

亦是畢了平生　閩監毛本作了此本誤子

不復變色　閩監毛本同惠棟按宋本色作也

羽鳥曰降節

漬謂相瀸汙而死也　閩監本同岳本同毛本汙誤汗嘉靖本瀸誤纖

今云其降落　閩監毛本作今此本誤令

字異而意同也者　閩監毛本作者也惠棟按宋本無者字

死寇曰兵節

兵器仗之名　監毛本作仗衛氏集說同此本仗誤伏閩本同下倣此

生曰父節

大傷其考心　閩本同惠棟按宋本同監毛本其作厥衛氏集說同

壽考曰卒節

祿謂有德行任爲大夫士而不爲者　閩監毛本同岳本嘉靖本同浦鏜按云祿當衍字衛氏集說無祿字

天子視不上於袷節

謂視上於袷　閩監本同岳本嘉靖本同衛氏集說同毛本上誤止

天子至則袤　惠棟按宋本無此五字

目不得取看於面　閩本取看作平看惠棟按宋本同衛氏集說同監毛本取看作平視

既卑稍得上視也　閩監本同毛本卑作畢

君命節

謂欲有所發爲也　惠棟按宋本同岳本嘉靖本宋監本同衛氏集說同閩本有誤肆監毛本誤肄

謂板圖文書之處　閩本同惠棟按宋本同宋監本同嘉靖本同監毛本板作版岳本同疏倣此

君命至以禮　惠棟按宋本無此五字

大饗不問卜節

大饗至饒富　惠棟按宋本無此五字

凡摯節

所以唯用告神爲至也　各本同通典七十五作所以灌用告神

馬繁纓也　閩監毛本同岳本嘉靖本同釋文出樊纓云本又作繁正義本作繁

椇枳也　閩監毛本同岳本嘉靖本同段玉裁云釋文作枳椇內則注亦有椇枳盧文弨云足利古本作椇枳椇也與釋文合按通典七十五作椇枳根也根當爲椇字之訛

凡摯至棗栗　惠棟按宋本無此五字

子男用璧　閩監毛本同惠棟按宋本用上有則字衛氏集說同

鴈取飛則行列也　閩監毛本則作有

亦曰時物　閩監毛本同惠棟按宋本曰作申衛氏集說同

納女於天子節

賤婦人之職　閩監毛本同岳本嘉靖本同釋文同衛氏集說同考文引宋板無賤字是也

故云姓也　閩監毛本同惠棟按宋本姓上有百字衛氏集說同

親迎於渭　閩監毛本作渭此本誤謂

附釋音禮記注疏卷第五　惠棟按宋本此行題禮記正義卷第七終記云凡二十九頁又宋監本題禮記卷第一經五千七百二十二字注八千三百二十七字嘉靖本題禮記卷第一經五千六百九十字注八千四百一字案嘉靖本每卷尾有此題識作雙行細注與宋監本所記字數不合各附著之以存舊式

附釋音禮記注疏卷第六

檀弓上第三　○陸曰檀弓魯人檀大丹反姓也弓名以其善於禮故以名篇【疏】正義曰案鄭目錄云名曰檀弓者以其記人善於禮故著姓名以顯之姓檀名弓今山陽有檀氏此於別錄屬通論此檀弓在六國之時知者以仲梁子是六國時人此篇載仲梁子故知也案庶子游譏司寇惠子廢適立庶又檀弓亦譏仲子舍適孫而立庶子其事同不以子游名篇而以檀弓爲首者子游是孔門習禮之人未足可嘉檀弓非是門徒而能達禮故善之以爲篇目

禮記　鄭氏注　孔穎達疏

公儀仲子之喪。檀弓免焉。故爲非禮以非仲子也禮朋友皆在他邦乃袒免○公儀仲子公儀氏仲子字魯之同姓也其名未聞免音問注同以布廣一寸從項中而前交於額上又卻向後繞於髻袒音但仲子舍其孫而立其子。此其所立非也公儀蓋魯同姓周禮適子死立適孫爲後○舍音捨下皆同適多歷反下皆同檀弓曰。何居。我未之前聞也。居讀爲姬姓之姬齊魯之間語助也前猶故也○居音基下同趨而就子服伯子於門右。曰。仲子舍其孫而立其子。何也。去賓位就主人兄弟之賢者而問之子服伯子蓋仲孫蔑之玄孫子服景伯蔑魯大夫○蔑音莫結反伯子曰。仲子亦猶行古之道也。昔者文王舍伯邑考而立武王。微子舍其孫腯而立衍也。夫仲子亦猶行古之道也。伯子爲親者隱耳立子非也文王之立武王權也微子適子死立其弟衍殷禮也○腯徐本作遁徒本反又徒遜反衍以善反爲于僞反下爲晉禮爲爲師同子游問諸孔子。孔子曰。否。立孫。據周禮○孔子曰否絕句【疏】公儀至立孫○正義曰此一節論仲子廢適立庶爲檀弓所譏之事公儀仲子而身今喪亡檀弓與之爲友又非處他邦爲之著免故爲重服譏其失禮所以譏者仲子適子既死舍其適孫而立其庶子檀弓居在賓位而言曰何居居是語辭言仲子舍適孫立庶子是何道理乎我未之前聞前猶故也言我未聞故昔有此事既言之後乃從賓位趨而就子服伯子於門右問之曰仲子舍其適孫而立庶子是何禮也伯子爲仲子隱諱乃言曰仲子雖生周世而猶上行古之道也言亦者餘人行古之道仲子亦如餘人故云亦也即引文王微子之事爲古之道也更繼之云仲子亦猶行古之道與文王微子無異子游以此爲疑問諸孔子孔子以仲子周人當從周禮不得立庶子當立孫也○注禮朋友至袒免○正義曰知者喪服記云若他邦來還家而無主猶爲之免故鄭注云歸有主人乃已明無主猶袒免也若朋友俱在家則弔服加麻加麻者素弁上加絰之環絰若一在一否亦然知者以云皆在他邦乃袒免明不皆在者則否○注公儀蓋魯同姓○正義曰知者案史記魯相公儀休此云子服伯子是魯人故疑魯同姓也知同姓者以春秋有公鳥公若公儀同稱公故知同姓也○注去賓至大夫○正義曰案賓位之法隨主人而變小斂之前主人未忍在主位有事在西階下則賓亦入門西弔於西階下故士喪禮君

使人誕主人拜送拜賓即位西階下東面鄭云未忍即主人位也小斂之後尸則出堂廉然後有飾主人位則在阼階下西面賓弔者入門東於東階下弔也故士喪禮小斂訖故士舉男女奉尸侇於堂主人降自西階即位踊襲絰于序東鄭云即位踊東方位也則衆主人不接賓發初在東耳而檀弓之來者當在小斂之前初于西階行譏弔而主人未覺後乃趨嚮門右問伯子焉必知小斂前者以仲子初喪即正適庶之位故也未小斂而著免者故爲非禮之弔亦異常也然則子游之弔惠子是小斂後也故服衰而在門東故鄭云大夫家臣位在賓後又云在門內北面云子服伯子蓋仲孫蔑之玄孫子服景伯者案世本獻子蔑生孝伯孝伯生惠伯惠伯生昭伯昭伯生景伯云蓋者彼云子服景伯此云子服伯子不同故云蓋景是論伯是字也○注文王之立武王權也○正義曰案文王在殷之世殷禮自得舍伯邑考而立武王而言權者殷禮若適子死得立弟也今伯邑考見在而立武王故云權也故中候云發行誅紂且弘道也是七百年之基驗也

○事親有隱而無犯。隱謂不稱揚其過失也無犯不犯顏而諫論語曰事父母幾諫左右就養無方。左右謂扶持之方猶常也子則然無常人○左右徐上音佐下音佑今並如字下同養以向反下同服勤至死。致喪三年。勤勞辱之事也致謂戚容稱其服也凡此以恩爲制○稱尺證反事君有犯而無隱。既諫人有問其國政者可以語其得失若齊晏子爲晉叔向言之○語魚據反又如字向香亮反叔向羊舌肸左右就養有方。不可侵官服勤至死。方喪三年。方喪資於事父凡此以義爲制事師無犯無隱。左右就養無方。服勤至死。心喪三年。心喪戚容如父而無服也凡此以恩義之間爲制○〔疏〕事親至三年○正義曰此一節論事親事君及事師之法臣子者服之義各依文解之○注無犯至幾諫○正義曰據親有尋常之過故無犯若有大惡亦當犯顏故孝經云父有爭子則身不陷於不義是也論語曰事父母幾諫是尋常之諫也○注左右至常人○正義曰凡言左右者據僕從之臣故立有左右僕從之官位此左右言扶持之謂子在親左相右相而奉持之云子則然無常人然猶如是也但是子則須如是或左右奉持不常遣一人在左一人在右故云無常人○注勤勞至爲制○正義曰言服勤者謂服持勤苦勞辱之事故云致謂戚容稱其服也者致之言至也謂哀情至極而居喪禮故云致謂戚容稱其服也上曲禮云五十不致毀與此同云凡此以恩爲制者凡上三事對下君與師故云以恩爲制○注既諫至言之○正義曰知既諫而後人有問其國政可以語其得失者昭三年左傳云晏子謂景公曰小人近市朝夕得所求景公曰子近市何貴何賤於是景公繁於刑有鬻踊者故對曰踊貴屨賤諫景公重刑後及其聘晉與叔向言齊國之政將歸陳氏景公厚斂爲陳氏厚施焉是既諫得言君之過若其未諫而言君過則不可故昭三年子大叔如晉張趯與子大叔言云火星中而寒暑退此其極也能無退乎未曾諫君輒言君德之退故傳云張趯有知其由在君子之後乎是其被譏也魯昭公取同姓孔子不仕昭公既先諫所以論語稱孔子爲昭公諱而稱丘也過者聖人含弘勸獎譬過歸己非實事也若史策書理則不一若其良史直筆不隱君過董狐書趙盾弒君及丹楹刻桷之屬是也若忠順臣則諱君親之惡者春秋辟諱皆是故僖元年左傳云諱國

惡禮也○注不可侵官○正義曰案成十六年左傳云晉楚戰于鄢陵時欒書將中軍欒鍼爲晉侯車右晉侯陷於淖欒書將載晉侯鍼曰書退侵官目也失官慢也離局姦也時欒書弃元帥之任欲載晉侯是侵官也故云不可侵官此謂君有平常小事若有危難當致死故論語云事君能致其身○注方喪資於事父○正義曰方謂比方也有比方父喪禮以喪君故云資於事父資取也取事父之喪禮以喪君但居處飲食同耳不能戚容稱其服○注心喪至爲制○正義曰凡親有冥造之功又有生育之惠故懷哀戚之痛同君衰服之限君則徒有榮身顯親之事而無冥造生育之功故唯服麤衰表盡哀戚師則以恩愛成已有同於親故不爲制服故云心喪戚容如喪父爲恩愛成已故也云而無服者既無親之冥造又無君之榮顯故無服也云以恩義之間爲制者無犯是同親之恩無隱是同君之義兼有親恩君義故言恩義之間爲制但子之事親本主恩愛不欲聞親有過惡故有隱不欲違親顏色故無犯臣之事君利在功義若有惡不諫社稷傾亡故有犯君之過惡衆所同知故云無隱也

○季武子成寢。武子魯公子季友之曾孫季孫夙杜氏之葬在西階之下。請合葬焉。許之。入宮而不敢哭。武子曰。合葬。非古也。自周公以來。未之有改也。自見夷人冢墓以爲寢欲文過之○葬徐才浪反又如字合如字徐音閤後合葬皆同文如字徐音問吾許其大而不許其細。何居。命之哭。記此者善其不奪人之恩〔疏〕季武至之哭○正義曰此一節明不奪人之恩兼論夷人冢墓爲寢欲文過之事各隨文解之○注武子至孫夙○正義曰案世本公子友生齊仲齊仲生無逸無逸生行父行父生夙夙是公子友曾孫也○注自見至文過○正義曰言文過者武子自云合葬之禮非古昔之法從周公以來始有合葬至今未改我成寢之時謂此冢墓是周公以前之事不須合葬故我夷平之以爲寢不肯服理是文飾其過先儒皆以杜氏喪從外來就武子之寢合葬與孔子合葬於防同又案晏子春秋景公成路寢之臺逢於何盆成逆後喪並得附葬景公寢中與此同也○吾許至何居○吾許其大者聽之將喪而入葬是許其大不許其細哭是細也何居居語辭既許其大而不許其細是何道理故云何居

○子上之母死而不喪。子上孔子曾孫子思伋之子名白其母出○不喪如字下同徐息浪反下放此伋音急子思名也孔子之孫門人問諸子思曰。昔者子之先君子喪出母乎。曰。然。禮爲出母期父卒爲父後者不服耳○期居宜反本又作朞後放此子之不使白也喪之。何也。子思曰。昔者吾先君子無所失道。道隆則從而隆。道污則從而污。污猶殺也有隆有殺進退如禮○隆力中反盛也污音烏下同殺所戒反又所例反下同伋則安能。自予不能及○予羊許反許也一云我也又音餘爲伋也妻者。是爲白也母。不爲伋也妻者。是不爲白也母。故孔氏之不喪出母。自子思始也。記禮所由廢非之〔疏〕子上至始也○正義曰此一節論子上不喪出母之事各隨文解之○注禮爲至服耳○正義曰案喪服齊衰杖期章出妻之子爲母又云出妻之子爲父後者則爲出母無服傳云與尊者爲一體不敢服其私親是也子思既在子上當爲出母有服故門人疑而問之云子之先君子謂孔子也令子喪出母乎子思曰然然猶如是也言是喪出母故也伯魚之母被出死期而猶哭是喪出母也○子思至而汙○道猶禮也言吾之先君子無所失道道有可隆則從而隆謂父在爲出母宜加隆厚爲之著服道汙者汙猶殺也若禮可殺則從而殺謂父卒子爲父後上繼至尊不敢私爲出母禮當減殺則不爲之著服伋則安能者子思自以才能淺薄不及聖祖故云伋則何能鄭云自予不能及予猶許也自許不能及也

○孔子曰。拜而后稽顙。頹乎其順也。此殷之喪拜也頹順也先拜賓順於事也○顙素黨反稽顙觸地無容頹徒回反稽顙而后拜。頎乎其至也。此周之喪拜也頎至也先觸地無容哀之至○頎音懇惻隱之貌又音畿觸音昌欲反三年之喪。吾從其至者。重者尚哀戚自期如殷可〔疏〕孔子至至者○正義曰此一節論殷周喪拜之異也拜者主人孝子拜賓也稽顙者觸地無容也頹然不逆之意也拜是爲賓稽顙爲己前賓後己各以爲頹然而順序也○稽顙而后拜頎乎其至也者頎惻隱貌也先觸地無容後乃拜賓是爲親痛深貌惻隱之至也○三年之喪吾從其至者孔子評二代所拜也至者謂先稽顙後拜也重喪主貌惻隱故三年喪則從其頎至者也○注重者至殷可○正義曰三年之喪尚哀戚則從周自期以下如殷可此經直云拜而后稽顙稽顙而后拜鄭知拜而後稽顙是殷之喪拜稽顙而后拜是周之喪拜者於孔子所論每以二代相對故下檀弓云殷人既封而弔周人反哭而弔殷以慤吾從周又云殷朝而殯於祖周朝而遂葬皆以殷周相對故知此亦殷周相對也知並是殷周喪拜者此云三年之喪吾從其至明非三年喪者則從其順故知並是喪拜但殷之喪拜自斬衰以下緦麻以上皆拜而后稽顙以其質故也周則杖期以上皆先稽顙而后拜不期杖以下乃作殷之喪拜鄭知殷先拜而後稽顙周先稽顙而后拜者以孔子所論皆先殷而後周今拜而后稽顙文在其上故爲殷也稽顙而后拜文在其下故爲周也且下檀弓云秦穆公使人弔公子重耳重耳稽顙而不拜示不爲後也若爲後當稽顙而後拜也重耳既在周時明知先稽顙而後拜者若然士喪禮既是周禮所以主人拜稽顙似亦先拜而後稽顙者士喪禮云拜稽顙者謂爲拜之時先稽顙其喪大記每拜稽顙者與士喪禮同案晉語云秦穆公弔重耳重耳再拜不稽顙與下篇重耳稽顙不拜文異者國語之文不可用此稽顙而後拜即大祝凶拜之下鄭注稽顙而後拜謂三年服者此拜而後稽顙即大祝吉拜鄭注云謂齊衰不杖以下者鄭知凶拜是三年服者以雜記云三年之喪以其喪拜喪拜即凶拜鄭又云吉拜齊衰不杖以下則齊衰杖者亦用凶拜者知齊衰杖用凶拜者以雜記云父母在爲妻不杖不稽顙明父母歿爲妻杖得稽顙也是知杖齊衰得爲凶拜若然雜記云三年之喪以其喪拜非三年之喪以吉拜則杖期以下皆用吉拜今此杖期得用凶拜者雜記所云是大判而言雖有杖期亦揔屬三年之內熊氏以爲雜記所論是拜問拜賜故杖期屬吉拜必知然者以鄭注大祝凶拜云三年服者是用雜記之文解以凶拜之義則拜賓拜問拜賜不得殊也且雜記問與賜與於拜文上下不相接次不可用也周禮大祝一曰稽首鄭

云頭至地宋中侯我應云王再拜稽首鄭云稽首頭至手也此即臣拜君之拜故左傳云天子在寡君無所稽首大夫於諸侯亦稽首故下曲禮云大夫之臣不稽首則大夫於君得稽首二曰頓首鄭曰頭叩地不停留也此平敵以下拜也諸侯相拜則然以其不稽首唯頓首也三曰空首鄭云頭至手所謂拜手也以其與拜手是一故爲頭至手也此荅臣下之拜其敵者既用頓首故知不敵者用空首四曰振動鄭云戰栗變動之拜謂有敬懼故爲振動故尚書泰誓火流爲烏王動色變是也五曰吉拜者謂先作頓首拜後作稽顙故鄭康成注與頓首相近六曰凶拜者既重於吉拜當先作稽顙而後稽首七曰奇拜鄭大夫云奇拜謂一拜也鄭康成云一拜荅臣下然燕禮大射公荅再拜者爲初敬之爲賓尊之故再拜燕末無筭爵之後唯止一拜而已八曰褒拜者鄭大夫云褒讀爲報拜再拜也鄭康成云再拜拜神與尸九曰肅拜者鄭司農云但俯下手今時揖是也介者不拜引成十六年爲事故敢肅使者此禮拜體爲空首一拜而已其餘皆再拜也其肅拜或至再故成十六年晉郤至三肅使此肅又謂婦人之拜故少儀云婦人吉事雖有君賜肅拜是也

○孔子既得合葬於防。言既得者少孤不知其墓○少詩召反下文同曰。吾聞之。古也墓而不墳。墓謂兆域今之封塋也古謂殷時也土之高者曰墳○墳扶云反今丘也。東西南北之人也。不可以弗識也。於是封之。崇四尺。東西南北言居無常處也聚土曰封封之周禮也周禮曰以爵等爲丘封之度崇高也高四尺蓋周之士制○識式志反又如字處昌慮反之度本又作之數孔子先反。當脩虞事門人後。雨甚至。後待封也孔子問焉。曰。爾來何遲也。曰。防墓崩。言所以遲者脩之而來○防墓防地之墓也庾云防衛墓崩孔子不應。以其非禮○應應對之應三。三言之以孔子不聞○三息暫反又如字孔子泫然流涕曰。吾聞之。古不脩墓。脩猶治也○泫胡犬反涕音體

【疏】孔子至脩墓○正義曰此一節論古者不脩墓之事各依文解之○天子之墓一丈諸侯八尺其次降差以兩○今丘也東西南北之人也不可以弗識也○今既東西南北不但在鄉若久乃歸還不知葬之處所故云不可以不作封墳記識其處○注周禮至士制○正義曰引周禮冢人云高四尺蓋周之士制者其父梁紇雖爲大夫周禮公侯伯之大夫再命與天子中士同云周之士制者謂天子之士也○曰防墓崩○防地之墓新始積土遇甚雨而崩庾蔚云防守其墓備擬其崩若如庾之言墓實不崩鄭何以言修之而來孔子何以言古不修墓違經背注妄說異同非也○孔子泫然流涕○自傷修墓違古致令今崩弟子重脩故流涕也

○孔子哭子路於中庭。寢中庭也與哭師同親之有人弔者。而夫子拜之。爲之主也既哭。進使者而問故。使者自衛來赴者故謂死之意狀○使色吏反下及注同使者曰。醢之矣。時衛世子蒯聵篡輒而立子路死之醢之者示欲啗食以怖衆○醢音海蒯苦怪反聵五怪反蒯聵衛靈公之太子出公輒之父莊公也篡初患反輒出公名也啗本又作啖待敢反怖普故反遂命覆醢。覆弃之不忍食○覆芳服反注同

【疏】孔子至覆醢○正義曰此一節論師資之恩兼明子路死之意狀○注寢中至親之○正義曰下文云師吾哭諸寢今哭子路於中庭故云與哭師同親之若其不親當哭於寢門外與朋友同故下云朋友哭諸寢門外案奔喪云師於廟門外者謂周禮也下文據殷法也○注故謂死之意狀○正義曰案哀十五年左傳云孔子聞衛亂曰柴也其來由也死矣則是預知所以進使者問故者以子路忠而好勇必知其死難但不知其死之委曲更問之也○注時衛至怖衆○正義曰案哀十五年左傳云蒯聵潛入孔悝之家與伯姬迫孔悝於廁強盟之遂劫以登臺子路入逐之至臺下且曰大子無勇若燔臺半必舍孔叔大子聞之懼下石乞盂黶敵子路以戈擊之斷纓子路曰君子死冠不免○注云不使冠在地遂結纓而死

○曾子曰。朋友之墓。有宿草而不哭焉。宿草謂陳根也爲師心喪三年於朋友期可○期音朞

【疏】曾子至哭焉○正義曰曾子孔子弟子姓曾名參字子輿魯人也宿草陳根也草經一年陳根陳也朋友相爲哭一期草根陳乃不哭也所以然者朋友雖無親而有同道之恩言朋友期而猶哭者非謂在家立哭位以終期年張敷云謂於一成之內如聞朋友之喪或經過朋友之墓及事故須哭如此則哭焉若期之外則不哭也

○子思曰。喪三日而殯。凡附於身者。必誠必信。勿之有悔焉耳矣。三月而葬。凡附於棺者。必誠必信。勿之有悔焉耳矣。言其日月欲以盡心脩備之附於身謂衣衾附於棺謂明器之屬○衾音欽喪三年。以爲極亡。去已久遠而除其喪○以爲極亡並如字極已也徐紀力反王以極字絕句亡作忘向下讀孫依鄭作亡而如王分句則弗之忘矣。則之言曾故君子有終身之憂。念其親而無一朝之患。毀不滅性故忌日不樂。謂死日言忌日不用舉吉事○樂如字又音洛

【疏】子思至不樂○正義曰此一節論喪之初死及葬送終之具須盡孝子之情及思念父母不忘之事今各隨文解之三日而殯者據大夫士禮故云三日也○凡附於身者謂衣衾也夫祀必求仁者之粟故送終之物悉用誠信必令合禮不使少有非法後追悔咎焉耳矣者助句之辭○三月而葬凡附於棺者必誠必信勿之有悔焉耳矣者三月而葬亦大夫士禮也附謂明器之屬亦當必誠信不追悔也○注言其至之屬○正義曰此言其日月欲以盡心修備之鄭意但言凡附身附棺自足又更云三日三月言棺中物少者三日之期家計可使量度則必中棺外物多三月之睬思忖必就故言日月欲見宜愼也云謂明器之屬者衆既夕禮除明器之外有用器弓矢耒耜兩敦兩杅盤匜燕樂器甲胄干笮杖笠翣等故云之屬也○喪三年以爲極亡○此亦子思語辭也言服親之喪以經三年以爲極亡可以弃忘而孝子有終身之痛曾不暫忘於心也注云則之言曾故君子有終竟已身恒慘念親此則是不忘之事雖終身念親而不得有一朝之間有滅性禍患恐其常毀故雖忌日不爲樂事他日則可防其滅性故也所以不滅性者父母生已欲其存寧若滅性傷親之志又身已絕滅無可祭祀故也○注謂死至吉事○正義曰下篇子卯爲人君忌日恐此忌日亦爲子卯故云謂死日也言忌者以其親亡忌難吉事不擧之

○孔子少孤。不知其墓。孔子之父郰叔梁紇與顏氏之女徵在野合而生孔子徵在恥焉不告○郰側留反又作鄹紇恨發反徐胡切反又胡沒反殯於五父之衢。欲有所就而問之孔子亦爲隱焉殯於家則知之者無由怪己欲發問端五父衢名蓋郰曼父之鄰○父音甫注及下同衢求于反爲如字又于僞反曼音萬人之見之者。皆以爲葬也。見柩行於路其愼也。蓋殯也。愼當爲引禮家讀然聲之誤也殯引飾棺以輴葬引飾棺以柳翣孔子是時以殯引不以葬引時人見者謂不知禮○愼依注作引羊刃反輴七見反翣所甲反問於郰曼父之母。然後得合葬於防。曼父之母與徵在爲鄰相善○鄰有喪。舂不相。里有殯。不巷歌。皆所以助哀也相謂以音聲相勸○相息亮反注同喪冠不緌。去飾○緌本又作綏同耳佳反去起呂反

【疏】孔子至於防○正義曰此一節論墓之事云孔子既少孤失父其母之處今母既死欲將合葬不知父墓所在意欲問母於家則禮之常事他人無由怪已故殯於五父他人怪而致問於已外人見柩行路皆以爲葬但時飾棺以郰曼其殯引之禮飾棺以輴當夫子飾棺以輴故云其引也蓋殯也殯不應在外故稱蓋辭於時郰曼父之母素與孔子母相善見孔子殯問孔子孔子因其所怪遂問郰曼父之母始知父後得以父母尸柩合葬於防○注孔子至不告○史記孔子世家云叔梁紇與顏氏女野合而生孔家之文故注言野合不備於禮也若論語云先進人也及野哉由也非謂草野而合也但徵在恥其禮爲妻見孔子知禮故不告言不知其墓者謂不柩之所在不是全不知墓之去郰其或出辭入告而拜今將欲合葬須正知處所故云不知其墓今郰於事大有而講者詭詭競爲異說恐非經記之云叔梁紇年餘七十無妻顏父有三女顏父謂其大夫身長七尺武力絕倫年餘七十誰能與之爲對徵在進曰從父所制將何問焉父曰即爾能矣爲妻而生孔子三歲而叔梁紇卒王肅據家語之記之妄又論語緯撰考云叔梁紇與徵在禱尼丘之精以生仲尼今鄭云叔梁紇與顏氏之女徵在語文義亦無疏何者七十之男始取徵在灼然不名野合又徵在幼少之女而嫁七十之夫是以羞子又叔梁紇生子三歲而後卒是孔子少孤又與禱尼丘山而生孔子於野合之說亦義理無妨鄭記並悉符同而王肅妄生疑難於義非也○注愼當正義曰挽柩爲引無名愼者以愼引聲相近故云云禮家讀然者然猶如是也言禮家讀如是引字云大喪屬其六引是讀引也云殯引飾棺以輴者諸侯行而死於道其輴有禒緇布裳帷輴爲赤色帷士葦席以爲屋蒲席以爲裳帷大夫以下雖無輴同名故飾棺以輴云引葬飾棺以柳翣者衆喪龍帷黼荒黼翣二黻翣二畫翣二大夫畫帷畫荒翣二士布帷布荒畫翣二在上曰荒在旁曰帷摠云飾棺以柳翣

○有虞氏瓦棺。始不用薪也有虞氏上陶○陶大刀反夏后氏聖周。火熟曰聖燒土冶以周於棺也或謂之土周由是也弟子職曰右手折聖○即周本又作聖同子栗反又

音稷注下同何云冶土爲甎四周於棺燒叔招反折之設反管子云左手執燭右手折堲即燭頭燼也弟子職其篇名。

殷人棺椁。椁大也以木爲之言椁大於棺也殷人上梓○棺音官椁音郭梓音子。周人牆置翣。牆柳衣也凡此言後王之制文○牆在良反。周人以殷人之棺椁葬長殤。以夏后氏之堲周葬中殤下殤。以有虞氏之瓦棺葬無服之殤。略未成人○長丁丈反下式羊反十六至十九爲長殤十二至十五爲中殤八歲至十一爲下殤七歲已下爲無服之殤生未三月不爲殤

【疏】有虞至之殤○正義曰此一節論棺椁所起及用棺椁之事各隨文解之○注始不至上陶○正義曰案易下繫辭云古之葬者厚衣之以薪蓋取諸大過大過者巽下兌上巽爲木兌爲木上六在巳巳當巽位又巽爲木二木在外以夾四陽四陽互體爲二乾乾爲君爲父二木夾君父是有棺椁之象氏既造瓦棺故云始不用薪然虞氏瓦棺則未有椁也何以虞氏瓦棺而易云後世聖人易之以棺椁者開而廣之以遠古探後殷世聖人而云易之以棺椁也遏密八音云有虞氏上陶者案考工記云有虞氏上陶證瓦棺之意也○注火熟至故曰堲周○正義曰火熟者以土冶以周於棺燭之炎燼也故云火熟曰堲燒土爲之也者謂鑿土爲甎以周於棺也云堲鑿土爲之者管子云左手秉燭右手折堲是也云之意者案弟子職篇云左手秉燭右手折堲坐聖者謂燭之燼曰堲周字云土周於棺者以土爲甎周於棺云堲周者故知堲周是火熟之土也○注牆柳至後王之制○正義曰柳衣者周禮縫人云衣翣柳之材注云柳之言聚諸飾之所聚也以柳在外謂之牆故云牆柳衣也此荒帷雖荒及加此文與其翣則在外以柳衣總之謂之柳其內爲之材也棺椁周人言之者以殷人在前周人在後周人更加牆翣之飾云置翣者以牆之外加翣故云置翣又王制云殷人以椁旁加柳周人以周於棺云後王之制文者以見前代質後代更文故云後王之制也以其周人加文故周人用之以在後者爲後王以稱後人者以行夏之道王者受之於君故云後王之於君上夏仁者人所歸往故稱王也

夏后氏尚黑。以建寅之月爲正物生色黑○正音征下同又如字後放此大事斂用昏。昏時亦黑此大事謂喪事也○斂力驗反下皆同戎事乘驪。戎兵也馬黑色曰驪爾雅曰小領盜驪○驪力知反牲用玄。玄黑類也

殷人尚白。以建丑之月爲正物牙色白大事斂用日中。日中時亦白戎事乘翰。翰白色馬也易曰白馬翰如○翰胡旦反又音寒牲用白。

周人尚赤。以建子之月爲正物萌色赤○萌亡耕反大事斂用日出。日出時亦赤戎事乘騵。騵騂馬白腹○騵音原駵力求反赤馬黑髦尾牲用騂。騂赤類○騂息營反徐呼營反純赤色也一云赤黃色

【疏】夏后至用騂○正義曰此一節論三代正朔所尚色不同各依文解之○統尚黑殷尚白周尚赤此之謂三統故書傳略說云天有三統物有三變故正色有三天有三生三死故士有三王王特一生一死又春秋緯元命苞及樂緯稽耀嘉云夏以十三月爲正息卦受泰注云物之始其色尚黑以寅爲朔殷以十二月爲正息卦受臨注云物之牙其色尚白以雞鳴爲朔周以十一月爲正息卦受復其色尚赤以夜半爲朔又三正記云正朔三而改文質再而復以此推之自夏以上皆正朔三而改也鄭注尚書三帛高陽氏之後用赤繒高辛氏之後用黑繒其餘諸侯用白繒如鄭此意卻而推之舜以十一月爲正尚赤堯以十二月爲正尚白故曰其餘諸侯用白繒高辛氏以十三月爲正尚黑故云高辛氏之後用黑繒高陽氏以十一月爲正尚赤故云高陽氏之後用赤繒少昊以十二月爲正尚白黃帝以十三月爲正尚黑神農以十一月爲正尚赤女媧以十二月爲正尚白伏羲以上未有聞焉易說卦云帝出乎震則伏羲也建寅之月又以木德王天下之初者也而云文質再而復者文質法天地文法天質法地周文法地而爲天正殷質法天而爲地正者正是天之所統故天統地統者也而二統二正相須天法氣也地法物也文質陽始生爲萬物之本天統之始萬物之質也人爲天地人之所施功當須須萌牙故爲人統物之端也以月爲本人得加功展其業而不敢變改謂之稽其正朔各其天命當用也緯以周朔正以殷爲人統改正朔三統相承文以周爲文以天命者云以月爲本文王之改正朔人統白故作三統衞書命天下之改正朔也者王之所以受命必改正朔易服色殊徽號異器械衞書命曰天命所加衛命以天命不可以繼代故必改正朔也尚書說云王者受命必改正朔所以明變易也其符命則王者所以受之于天也既改正朔各有所尚此正朔之所由與也正朔者王者所改正朔殷以白者尚書大傳云湯伐桀之後改正朔是受命即改正朔書湯承堯舜禪代之後革命創制改正易服是周之受命尚書事不改正朔至於伐紂而改正朔也三代正朔如此王以自古以來皆改正朔至於秦始皇以十月爲正漢初因之至武帝太初元年始改用夏正而行夏之時故知王者必改正朔也以有天命也○注戎兵至之弓○正義曰戎兵也者謂兵事其馬數亦有異也正朔也以其正朔明其所尚之色故三代各異也以殷連文故知雅云是驪也○注翰白至翰如○正義曰易賁卦六四賁如皤如白馬翰如鄭注云六四巽爻也有應於初九欲自飾以適正朔與已連文故知白色也者以其正義曰爾雅釋畜云小領盜驪郭云爾雅曰小領盜驪是也注翰白色至翰如○正義曰小驪以七尺以上爲騋六尺以上爲馬是其馬也者舉翰是白貌牡者其色白也注之在二故云翰是白色也以幹是也○注騵騂至之萌○正義曰騵騂馬白腹者爾雅釋畜文郭云玄駒以上皆驪之類然殷尚白故翰亦白也也郭注云騵騂馬白腹者赤以正義是白故亦之意云翰如此色之白也初九欲來適四四亦欲往之初九正應已有所往之貌是以是萌者殷正建丑物之牙若欲牙而言之萌也故書傳略說云周以至動殷以萌夏以牙此皆據一年之生一種之草大汎而言之鄭以牙據其萌者故舉萌即牙也上元之牙萌言其一也此論始動建寅乃出是言之萌故建子也爾雅云白騵毛也故殷尚白也故表記云虞夏之質殷周之文此萌牙之言也故詩云駟騵彭彭正義曰爾雅釋畜文武王伐紂所乘也

傳云上周下殷故周人戎事乘之若其餘事則明堂位云周人黃馬蕃鬣是也。

穆公之母卒。穆公魯哀公之曾孫使人問於曾子曰如之何。問居喪之禮曾子曾參之子名申○參所金反一音七南反後同對曰申也聞諸申之父曰哭泣之哀齊斬之情饘粥之食自天子達。子喪父母尊卑同○齊音咨本亦作齋齊衰之字後皆放此饘本又作飦之然反說文云糜也周謂之饘宋衞謂之餰又音育字林云糜也布幕衞也。縿幕魯也。幕所以覆棺上也縿讀如綃衞諸侯禮魯天子禮兩言之者僭已久矣幕或爲幦○幕本又作冪音莫徐音覓下同縿音綃徐又音蕭謙古反綃音消又音同○

【疏】穆公至魯也○正義曰此一節論穆公問居喪之禮曾子之子申對以哭泣之哀齊斬之情饘粥之食自天子達於庶人各隨文解之○注穆公至名申○正義曰案世本云穆公名不衍是哀公之曾孫悼公之子元公之子也案世本曾子生申故知申是曾子之子也云不宜言天子達於庶人云達云衞也是周禮云幕人掌帷幕幄帟綬之事鄭注云在旁曰帷在上曰幕幕或在地展陳於上帷幕皆以布爲之四合象宮室曰幄王所居之帳也帟平帳也以上曰帷帟者以在幕若幄中坐上承塵曰幕下云縿幕魯也云縿讀如綃者卿大夫之喪加之以帷幕士則張帷而已加承塵者張之於幕下云周禮掌次云凡喪王則張帟三重諸侯再重孤卿大夫不重是重其幕今君穆公所問重幕幄帟掌次云其喪則張帟覆棺布幕覆棺此之幕布幕與此異也彼謂將葬啓殯案以上諸侯帷幕也鄭注彼云覆棺縿幕覆棺於既夕禮大夫士也

志於公乎。蓋皆當爲盍盍何不也志意也重耳欲使言見譖之意重耳申生異母弟後立爲文公○晉獻公將殺其世子申生。公子重耳謂之曰子蓋言子之志於公乎。蓋音盍戶臘反下同注皆同本作盍同知反又作麗同音力知反驪姬驪戎之女獻公伐驪戎所獲女也申生之母蚤卒驪姬欲立其子奚齊卓子而以罪譖申生驪姬是我傷公之心也。言其意則驪姬必誅也驪姬獻公寵姬依注音盍戶臘反下同重直龍反注皆同子蓋去起呂反曰然則蓋行乎。行猶去也世子曰不可。君安驪姬是謂我欲弒君也天下豈有無父之國哉吾何行如之使。言人有父則皆惡欲弒父者○弒本又作殺音試注同徐云字又作嗣音同惡烏路反

人辭於狐突曰：申生有罪，不念伯氏之言也，以至于死。申生不敢愛其死。辭猶告也。狐突，申生之傅，舅犯之父也。前此者，獻公使申生伐東山皋落氏，狐突謂申生欲使之行，今言此者，謝之。伯氏，狐突別氏。○突，徒忽反。傅音富。咎其九反。皋，古刀反。雖然。吾君老矣，子少，國家多難。子，驪姬之子奚齊。○少，詩召反。難，乃旦反。伯氏不出而圖吾君。圖猶謀也。不出，爲君謀國家之政。然則自皋落氏反後，狐突懼，乃稱疾。○爲，于僞反，下爲時同。伯氏苟出而圖吾君，申生受賜而死。賜猶惠也。再拜稽首乃卒。既告狐突，乃雉經。○雉經，如字，徐古定反。如雉之自經也。是以爲恭世子也。言行如此，可以爲恭，於孝則未之有。○共音恭，本亦作恭，注同。行，下孟反。

【疏】晉獻至子也○正義曰：此一節論獻公殺申生之事，各依文解之。○注信驪姬之譖○正義曰：案僖四年左傳云：姬謂大子曰：君夢齊姜，必速祭之。大子祭於曲沃，歸胙於公，公獵，姬寘諸宮六日，毒而獻之。公祭之地，地墳；與犬，犬斃；與小臣，小臣亦斃。姬泣曰：賊由大子。又晉語云：姬寘鴆於酒，寘堇於肉。堇謂烏頭。是驪姬譖申生之事也。○注蓋皆至文公○正義曰：此云蓋言子志，及下蓋行乎，以蓋非一，故云皆當爲盍。言重耳欲使言見譖之意者，重耳欲使申生言見驪姬所譖之意。左傳云：或謂太子曰：子辭，君必辨焉。杜預云：以六日之狀自理，謂毒酒經宿輒敗，若子申生初則置罪，經六日其酒必壞，何以經六日其酒尚好，明臨王加藥焉。云重耳申生異母弟者，案莊二十八年左傳云：晉獻公烝於齊姜，生太子申生，大戎狐姬生公子重耳，是異母弟也。○注言其至嬖焉○正義曰：案僖四年左傳云大子曰：君非姬氏，居不安，食不飽，君老矣，吾又不樂。謂我若自理，驪姬必誅，姬死之後，公無復歡樂，故此云是我傷公之心。云驪姬獻公伐驪戎所獲女也者，莊二十八年左傳云：初，晉獻公滅驪戎，驪戎男女以驪姬，驪姬嬖，生奚齊，其娣生卓子。是驪姬嬖也。云申生之母蚤卒者，以左傳云姬命大子祭齊姜，是蚤死也。○使人至而死○時狐突謝病在晉都，大子出奔曲沃，於是狐突欲令大子出奔，大子不用其言，故今臨死，使人辭謝，言於狐突曰：申生有愚短之罪，不念伯氏之言，出奔避禍，今日被譖以至於死，申生不敢愛惜其身命之死，言死不受命。雖然不惜身命，猶有所憂，吾君已老，子又幼少，又國家多有危難，伯氏又謝病不出，圖吾君之事，吾以爲憂，伯氏誠能出外而圖謀吾君國家之事，申生受伯氏恩賜，甘心以死。○注前此至別氏○正義曰：案左傳閔二年，獻公使申生伐東山皋落氏，狐突欲令申生行，云雖欲勉之，狄可盡乎。下又云狐突欲行，是狐突欲使行之事。言前此者，此謂僖四年申生將死之時，前謂閔二年伐皋落氏之時，在前五年，故云前。皋落氏在晉都之東，居在山內。皋落氏，杜預云是赤狄別種，故云東山皋落氏。云伯氏狐突別氏者，既言辭狐突，又云伯氏，故云狐突別氏。是揔氏伯仲者，是兄弟之字，字伯者謂之伯氏，字仲者謂之仲氏，故傳云叔氏其忘諸乎，又下云叔氏專以禮許人，是一人身字則別爲氏也。○注圖猶至稱疾○正義曰：圖謀，釋詁文。自皋落氏反後，狐突懼乃稱疾者，以經云伯氏不出而圖吾君，故知稱疾必有所因，自皋落去此不遠，知自皋落反而稱疾也。○注既告至雉經○正義曰：雉，牛鼻繩也。申生以牛繩自縊而死也。故鄭注封人云：緣著牛鼻繩，所以牽牛者也。今時人謂之雉，或爲雉鼻，耿介被人所獲，必自屈折其頭而死。漢書載趙人貫高自絕亢而死，申生當亦然也。傳云申生縊死，晉語申生使猛足辭於狐突，乃雉於新成廟。○注言行至之有○正義曰：春秋左傳云晉侯殺其世子申生，父不義也。孝子不陷親於不義，而申生不能自理，遂陷父有殺子之惡，雖心存孝，而於理終非，故不曰孝，但謚爲恭，以其順於父事而已。謚法曰：敬順事上曰恭。

○魯人有朝祥而莫歌者，子路笑之。笑其爲樂速。○莫音暮。樂音洛，又音岳。○夫子曰：由，爾責於人，終無已夫。三年爲時如此人行三年喪者希，抑子路以善彼。○已夫音扶，絕句，本或作已矣夫。之喪，亦已久矣夫。子路出。夫子曰：又多乎哉。踰月則其善也。又，復也。○復，扶又反。

【疏】魯人至善也○正義曰：此一節論大祥除衰杖之日不得即歌之事，今各依文解之。○魯人有朝祥莫歌者，魯人不辨其姓名。祥謂二十五月大祥，歌哭不同日，故仲由笑之也。故鄭注笑其爲樂速，然祥日得鼓素琴。○夫子至善也○夫子抑子路，呼其名云：由，若人治喪不備三年，各有可責，今此人既滿三年，爾尚責之，女罪於人終無休已之時。夫是三年之喪，計其日月已過，亦已久矣。人人皆廢，此獨能行，其人既美，何須笑之。時孔子抑子路，善彼人，既不當實禮，恐學者致惑，待子路出後，更以正禮言之。夫子曰：魯人可歌之時節，豈有多經日月哉？但踰越後月，即其善，言歌合於禮。案喪服四制祥之日鼓素琴，不識彈琴而譏其歌者，下注云：琴以手，笙歌以氣，手在外而遠，氣在內而近也。

○魯莊公及宋人戰于乘丘。十年夏。○乘，繩證反。夏，戶嫁反。縣賁父御，卜國爲右。縣、卜皆氏也。凡車右，勇力者爲之。○縣音玄，卷內皆同。賁父，上音奔，下音甫。人名字皆同。馬驚敗績。驚奔失列。○馬驚敗，一本無驚字。公隊。佐車授綏。戎車之貳曰佐。授綏，乘公。○隊，直類反。綏，息佳反。公曰：末之卜也。末之，猶微哉，言卜國無勇。縣賁父曰：他日不敗績，而今敗績，是無勇也。公他日戰，其御馬未嘗驚奔。遂死之。二人赴敵而死。圉人浴馬，有流矢在白肉。圉人，掌養馬者。白肉，股裏肉。○圉，魚呂反。股裏，上音古，下音里。公曰：非其罪也。流矢中馬，非御與右之罪。○中，丁仲反。遂誄之。誄其赴敵之功以爲謚。○誄，力軌反。諡也。士之有誄，自此始也。記禮失所由來也。周雖以士爲爵，猶無謚也。殷大夫以上爲爵。○上，時掌反。

【疏】魯莊至始也○正義曰：此一節論魯莊公與士爲謚失禮之事，各依文解之。○戰於乘丘者，乘丘，魯地。莊公十年夏六月，齊師、宋師次于郎。公子偃曰：宋師不整，可敗也。宋敗，齊必還，請擊之。大敗宋師于乘丘，齊師乃還。○注縣卜皆氏也○正義曰：知縣、卜皆氏者，此有縣賁父，下有縣子瑣，七十二弟子傳有卜商，故知皆氏也。○注戎車之貳曰佐○正義曰：案周禮戎僕掌倅車之政，道僕掌貳車之政，田僕掌佐車之政，則戎車之貳曰倅，此云佐者，周禮相對爲文有異，若散而言之，則田獵兵戎俱是武事，故同稱佐車。少儀注：戎獵之副曰佐，是也。熊氏以爲此皆諸侯法。公曰末之卜也者，末，微也；之，哉也。言微弱哉此卜國也，以其微弱無勇，致使我馬敗績。○注二人赴敵而死○正義曰：知二人者，以卜國被責，縣賁父職掌馬事，自稱無勇，既序兩人於上，即陳遂死於下，明兩人俱死也。○注圉人至裏肉○正義曰：圉人掌養馬者，案昭七年左傳云：牛有牧，馬有圉。是圉人掌馬也。云白肉股裏肉者，以股裏白，故謂之白肉，非謂肉色白也。○注周雖至爲爵○正義曰：知周以士爲爵者，案掌客云：凡介、行人、宰、史皆有飧饔餼，以其爵等爲之牢禮之數陳。凡介、行人皆爲士，而云爵等，是士有爵也。故鄭注大行人云：命者五，公侯伯子男；爵者四，孤卿大夫士。云猶無謚也者，以此云士之有誄自此始，故知周士無謚也。云殷大夫以上爲爵者，案士冠禮云：古者生無爵，死無謚。於士冠之下而爲此記，又不云諸侯大夫，明生無爵死無謚據士也。士冠禮是周禮，而云古者，故知是殷以上。

○曾子寢疾，病。病謂疾困。樂正子春坐於牀下，子春，曾參弟子。曾元、曾申坐於足。元、申，曾參之子。童子隅坐而執燭。隅坐不與成人並音並絕句。童子曰：華而睆，大夫之簀與？華，畫也。簀謂牀第也。說者以睆爲刮節目，字或爲刮。○睆，華板反，明貌，孫炎云睆漆也，徐又音刮。簀音責。與音餘，下同。畫，衛賣反。牀第，上音床，下側吏反。刮，古滑反。子春曰：止。以病困，不可動。曾子聞之，瞿然曰：呼。呼，虛憊之聲。○瞿，紀具反，下同。曰呼音虛，注同。吹氣聲也。一音況于反。憊，皮拜反，羸困也。曰：華而睆，大夫之簀與？曾子曰：然。斯季孫之賜也，我未之能易也。元起易簀。未之能易，已病故也。曾元曰：夫子之病革矣，不可以變。幸而至於旦，請敬易之。言夫子者，曾子親沒之後，齊嘗聘以爲卿而不爲也。革，急也。變，動也。幸，覬也。○革，紀力反，并又音極，注同。請，七領反。覬音冀。曾子曰：爾之愛我也不如彼。彼，童子也。君子之愛人也以德，成己之德。細人之愛人也以姑息。息猶安也。言苟容取安也。吾何求哉？吾得正而斃焉，斯已矣。斃，仆也。○斃音弊。仆，蒲北反，又音赴。舉扶而易之。反席未安而沒。言病雖困，猶勤於禮。○沒音歿。

【疏】曾子至而沒○正義曰：此一節論曾子臨死守禮不變之事，各依文解之。○注華畫至爲刮○正義曰：凡繪畫五色必有光華，故云華畫也。云簀謂牀第者，爾雅釋器云：簀謂之第。云說者以睆爲刮節目者，謂在鄭之前解說禮者，說此睆爲刮削木之節目，使其睆然好，故詩云睍睆黃鳥，傳云睍睆，好貌，是也。云字或爲刮者，謂禮記之本有以睆字爲刮，故云字或爲刮。○注未之能易已病故也○正義曰：言此未病之時猶得寢臥，既病之後當須改正，以已今病氣力虛弱，故時復一時未能改易，聞童子之言，乃便驚駭。○注曾子至覬也○正義曰：知齊嘗聘以爲卿者，韓詩外傳云：曾子仕於莒，得粟三秉，方是之時，曾子重其身而輕其祿；親沒之後，齊迎以相，楚迎以令尹，晉迎以上卿，方是之時，曾子重其身而輕其祿。既言輕其祿，是不爲也。但齊以相，楚以令尹，晉以上卿，而鄭言齊嘗聘爲卿者，以三國文連帶爲注耳，且相即是上卿也。革，急也，釋言文。○曾子至已矣○曾參謂曾元曰：爾之愛我也不如彼童子，何者？君子之

愛人也必以善事成已之德則童子是也細小之人愛人也不顧道理且相寧息即汝是也吾今更何求爲唯求正道易換其簀而即仆焉斯已矣者斯此也已猶了也此則正一世事了不陷於惡故君子愼終如始禮云男子不死於婦人之手婦人不死於男子之手故春秋魯僖公薨于小寢譏即安也成公薨于路寢傳曰言道也他人名已得呼爲大夫之稱而言夫子若已不爲大夫則已所爲當須依禮不得寢大夫之牀也

〇**始死。充充如有窮。既殯。瞿瞿如有求而弗得。既葬。皇皇如有望而弗至。練而慨然。祥而廓然。**皆憂悼在心之貌也求猶索物〇慨苦愛反廓苦郭反何云開也索所白反【疏】始死至廓然〇正義曰此記人因前有死事遂廣說孝子形節也事盡理屈爲窮言親始死孝子匍匐而哭之心形充屈如急行道極無所復去窮急之容也〇既殯瞿瞿如有求而弗得者殯後心形稍緩也瞿瞿眼目速瞻之貌求猶覓也親恒瞿瞿如有所失而求覓之不得然也既葬皇皇如有望而弗至者又漸緩也皇皇猶栖栖也至葬後親歸草土孝子心形栖栖皇皇無所依託如有望彼人來而彼人不至也〇練而慨然者轉緩也至小祥但歎慨日月若馳之速也〇祥而廓然者至大祥而寥廓情意不樂而已

〇**邾婁復之以矢。蓋自戰於升陘始也。**戰於升陘魯僖二十二年秋也時師雖勝死傷亦甚無衣可以招魂〇邾音誅婁力俱反或如字邾人呼邾聲曰婁故曰邾婁公羊傳與此記同左氏穀梁但作邾陘音形僖許宜反

魯婦人之髽而弔也。自敗於臺鮐始也。敗於臺鮐魯襄四年秋也臺當爲壺字之誤也春秋傳作狐鮐時家家有喪髽而相弔去纚而紒曰髽禮婦人弔服大夫之妻錫衰士之妻則疑衰與皆吉笄無首素總〇髽側瓜反臺鮐上音胡下音臺去羌呂反纚所買反又所綺反烏縗韜紒音計錫衰上悉歷反下七雷反與音餘笄音雞總音摠【疏】邾婁至始也〇正義曰此一節論二國失禮之事〇注戰於至招魂〇正義曰魯僖公二十二年春伐邾取須句秋八月及邾人戰于升陘左傳云邾人以須句故出師公卑邾不設備而禦之臧文仲曰國無少不可易也無備雖衆不可恃也先王之明德無不懼也況我小國乎君其無謂邾小蜂蠆有毒而況國乎不聽公及邾師戰于升陘是也〇注時師雖勝死傷亦甚者則傳云我師敗績邾人獲公冑縣諸魚門是也鄭云此者解復之以矢之意以其死傷者多無衣可以招魂故用矢招之也必用矢者時邾人志在勝敵矢是心之所好故用所好招魂冀其復反然招魂唯據死者而鄭兼云傷者以其雖勝故連言死傷以浹句耳若因兵而死身首斷絕不生者應無復法若身首不殊因傷致死復有可生之理者則用矢招魂左氏直言邾公羊云邾婁者何休云夷言婁聲相近也〇注敗於至素總〇正義曰案左傳魯襄公四年冬十月邾人伐鄫臧紇救鄫侵邾敗於狐鮐魯人怨而歌之魯襄四年冬也此云秋鄭舉其初也云臺當爲壺字之誤也春秋傳作狐鮐左傳云臧之狐裘敗我於狐鮐我君小子朱儒是使侏儒侏儒使我敗於邾臧紇武仲也言狐裘武仲所服也是時襄公年七歲微弱故云我君小子也侏儒短人也臧武仲短小故云侏儒云去纚而紒曰髽者纚士冠禮纚廣終幅長六尺所以縚髮今以凶事故去之但露紒而已云禮婦人弔服大夫之妻錫衰者喪服傳云大夫弔於命婦錫衰命婦弔於大夫亦錫衰是大夫之妻弔服錫衰也云士之妻則疑衰與者以士妻弔服之文故云疑衰與必以疑衰者案周禮司服有錫衰緦衰疑衰錫衰爲上緦衰次之疑衰爲下案喪服大夫弔服錫衰喪服小記云諸侯弔必皮弁錫衰則君弔大夫大夫相弔皆錫衰其服同也錫衰之下但有緦衰疑衰天子弔諸侯皆以緦衰弔大夫士以疑衰若諸侯弔大夫以錫衰弔同姓士以緦衰弔異姓之士疑衰故鄭注文王世子云同姓士緦衰異姓士疑衰以其士自相弔如一皆疑衰故鄭注司服云舊說士弔服素委貌冠朝服此士不以緦衰爲弔服者以緦衰是士弔喪服不以弔也故注喪服云士以緦衰爲喪服其弔服則疑衰也改其裳以素辟諸侯近庶人弔服而衣猶非也疑衰變其裳以素耳以此言之是士弔服疑衰素裳也故以爲士妻弔服疑衰必知弔服夫妻同者以喪服大夫命婦俱以錫衰弔故也云皆吉笄無首素總者大戴禮文也

〇**南宮縚之妻之姑之喪。**南宮縚孟僖子之子南宮閱也字子容其妻孔子兄女〇縚吐刀反閱音悅〇**夫子誨之髽。曰。爾毋從從爾。爾毋扈扈爾。**誨教爾女也從從謂大高扈扈謂大廣爾語助〇毋音無後同從音揔高也一音崇又仕江反扈音戶廣也大也女音汝大音泰一音勑佐反下大廣已猶大夫重同**蓋榛以爲笄。長尺而總八寸。**總束髮垂爲飾齊衰之總八寸〇榛側巾反木名又土鄰反長直亮反凡度長短曰長皆同此音【疏】南宮至八寸〇正義曰此一節論婦人爲舅姑服髽與笄總之法〇南宮縚之妻之姑之喪者之並是語辭也南宮縚妻姑喪謂夫之母也以是夫子兄之女故夫子誨之作髽法〇曰爾毋從從爾爾毋扈扈爾者上爾爲女下爾語辭言斯之髽稍輕自有常法女造髽時無得從從而大高又無得扈扈而大廣既教以作髽又教以笄總之法其笄用木無定故教之云蓋用榛木爲笄其長尺而束髮垂餘之總垂八寸〇注南宮至兄女〇正義曰知孟僖子之子南宮閱者案左氏昭七年傳云孟僖子將卒召其大夫云屬說與何忌於夫子以事仲尼以南宮爲氏故世本云仲孫獲生南宮縚是也云字子容其妻孔子兄女者論語云以其兄之子妻之是也〇注從從至大廣〇正義曰從從是高之貌狀故楚辭招隱云山氣巃嵸兮石嵯峨則巃嵸是高也扈扈猶廣也爾雅釋山云卑而大扈郭云扈是廣貌也此云無得高廣者謂無得如斬衰高廣也〇注總束至八寸〇正義曰案喪服傳云總六升長六寸謂斬衰也故此齊衰長八寸也以二寸爲差也以下亦當然無文以言之喪服箭笄長一尺吉笄長尺二寸榛笄長尺斬衰齊衰笄同二尺降於吉笄二寸也但惡笄或用櫛或用榛故喪服有櫛笄故夫子稱蓋以疑之

〇**孟獻子禫。縣而不樂。比御而不入。**可以御婦人矣尚不復寢孟獻子魯大夫仲孫蔑〇禫大感反比必利反下比及同蔑迷結反**夫子曰。獻子加於人一等矣。**加猶踰也【疏】孟獻至等矣〇正義曰此一節論獻子除喪作樂得禮之宜也依禮禫祭暫縣省樂而不恒作也至二十八月乃始作樂又依禮禫後吉祭乃始復寢當時人禫祭之後則恒作樂未至吉祭而復寢今孟獻子既禫暫縣省樂而不恒作比可以御婦人而不入寢雖於禮是常而特異餘人故夫子善之云獻子加於人一等矣不謂加於禮一等其祥禫之月先儒不同王肅以二十五月大祥其月爲禫二十六月作樂所以然者以下云祥而縞是月禫徙月樂又與上文魯人朝祥而莫歌孔子云踰月則其善是皆祥之後月作樂也又間傳云三年之喪二十五月而畢又士虞禮中月而禫是祥月之中也與尚書文王中身享國謂身之中間同又文公二年冬公子遂如齊納幣是僖公之喪至此二十六月左氏云納幣禮也故王肅以二十五月禫除喪畢而鄭康成則二十五月大祥二十七月而禫二十八月而作樂復平常鄭必以爲二十七月禫者以雜記云父在爲母爲妻十三月大祥十五月禫爲母爲妻尚祥禫異月豈容三年之喪乃祥禫同月若以父在爲母屈而不伸故延禫月其爲妻當亦不申祥禫異月乎若以中月而禫爲月之中間應云月中而禫何以言中月乎案喪服小記云妾祔於妾祖姑亡則中一以上而祔又學記云中年考校皆以中爲間謂間隔一年故以中月爲間隔一月也下云祥而縞是月禫徙月樂是也謂大祥者縞冠是月禫謂是此月而禫二者各自爲義事不相干故論語云子於是日哭則不歌文無所繼亦云是日文公二年公子遂如齊納幣者鄭箴膏肓僖公母成風主婚得權時之禮若公羊猶譏其喪娶魯人朝祥而莫歌及喪服四制云祥之日鼓素琴及夫子五日彈琴不成聲十日成笙歌并此獻子之禫縣皆據省樂忘哀非正樂也其八音之樂工人所奏必待二十八月也即此下文是月禫徙月樂是也其朝祥莫歌非正樂歌是樂之細別得稱樂故鄭云笑其爲樂速也其三年問云三年之喪二十五月而畢據喪事終除衰去杖其餘哀未盡故更延兩月非喪之正也王肅難鄭云若以二十七月禫其歲末遭喪則出入四年喪服小記何以云再期之喪三年如王肅此難則爲母十五月而禫出入三年小記何以云期之喪二年明小記所云據喪之大斷也又肅以月中而禫案曲禮喪事先遠日則大祥當在下旬禫祭又在祥後何得云中月而禫又禫後何以容吉祭故鄭云二十七月也戴德喪服變除禮二十五月大祥二十七月而禫故鄭依而用焉鄭以二十八月樂作喪大記何以云禫而內無哭者樂作矣以禫後許作樂大記所謂禫後方將作樂釋其內無哭者之意非謂即作樂大記又云禫而從御吉祭而復寢間傳何以云大祥居復寢間傳所云者去堊室復殯宮之寢大記云禫而從御謂禫後得御婦人必待吉祭然後復寢其吉祭者是禫月值四時而吉祭外而爲之其祝辭猶不稱以某妃配故士虞禮云吉祭猶未配〇注孟獻子魯大夫仲孫蔑〇正義曰知者案襄五年經書仲孫蔑會吳于善道傳云孟獻子會吳于善道是孟獻子爲仲孫蔑也仲稱孟者是慶父之後鄭注論語云慶父輔稱死時人爲之諱故云孟氏杜預以爲慶父是莊公長庶兄庶長故稱孟

〇**孔子既祥。五日彈琴而不成聲。**哀未忘〇彈徒丹反**十日而成笙歌。**踰月且異旬也祥亦凶事用遠日五日彈琴十日笙歌除由外也琴以手笙以氣〇笙音生【疏】孔子至笙歌〇正義曰此一節論孔子除喪作樂之限〇十日而成笙歌者上云彈琴而不成聲此云十日而成笙歌之聲音曲和也〇注五日至以氣〇正義曰此者解先彈琴後笙歌之意由彈以手手是形之外故曰除由外也祥是凶事用遠日故十日得踰月若其卜遠不吉則用近日雖祥後十日亦不成笙歌以其未踰月也

〇**有子蓋既祥而絲屨組纓。**譏其早也禮既祥白屨無絇縞冠素紕有子孔子弟子有若也〇屨音句組音祖絇其俱反縞古老反又古報反【疏】有子至組纓〇正義曰此一節明除喪失禮之事有子孔子弟子有若也蓋是疑辭錄記之人傳聞有子既祥而絲屨未知審否意以爲實故云蓋既祥而絲屨以組爲纓也〇注譏其至有若〇正義曰此絲屨組纓禫後

之服今既祥而著故云譏其早也云禮既祥白屨無絇戴德喪服變除禮文云縞冠素紕者玉藻文素紕當用素爲纓未用組今用素組爲纓故譏之案玉藻云玄冠綦組纓知此非綦組纓者若其綦組爲纓則當以玄色爲冠若既祥玄冠則失禮之甚不應直譏組纓也案士冠禮冬皮屨夏用葛無云絲屨者此絲屨以絲爲飾絇繶純之屬故士冠禮云白屨緇絇繶純纁屨黑絇繶純鄭注屨人云絇屨頭飾繶是縫中紃純緣也此有子蓋亦白屨以素絲爲繶純也○死而不弔者三。謂輕身忘孝也畏。人或時以非罪攻已不能有以說之死之者孔子畏於匡厭。行止危險之下○厭于甲反溺。不乘橋舡○溺奴狄反疏死而至厭溺○正義曰此一節論非理横死不合弔哭之事○畏謂有人以非罪攻已已若不有以解說之而死者則不弔○鄭玄注引論語以證之明須解說也案世家云陽虎嘗侵暴於匡時又孔子弟子顔刻爲陽虎御車後孔子亦使刻御車從匡過孔子與陽虎相似故匡人謂孔子爲陽虎因圍欲殺之孔子自說故匡又解圍也自說者謂卑辭遜禮論語注云微服而去謂身著微服潛行而去不敢與匡人鬬以媚悅之也○厭謂行止危險之下爲崩墜所厭殺也○溺謂不乘橋舡而入水死者何胤云馮河潛泳不爲弔也除此三事之外其有死不得禮亦不弔故昭二十年衛齊豹欲攻孟縶宗魯事孟縶是時齊豹欲攻孟縶宗魯許齊豹攻之不告孟縶及孟縶被殺而死宗魯亦死之孔子弟子琴張欲往弔之孔子止之曰齊豹之盜而孟縶之賊女何弔焉杜預云言齊豹所以爲盜孟縶所以見賊皆由宗魯是失禮者亦不弔也○子路有姊之喪。可以除之矣。而弗除也。孔子曰。何弗除也。子路曰。吾寡兄弟而弗忍也。孔子曰。先王制禮。行道之人。皆弗忍也。行道猶行仁義○弗除如字徐治慮反子路聞之。遂除之。疏子路至除之○正義曰庾蔚云子路緣姊妹無主後猶可得反服推已寡兄弟亦有申其本服之理故於降制已遠而猶不除非在室之姊妹欲申服過期也是子路已事仲尼始服姊喪明姊已出嫁非在室也

禮記注疏卷六挍勘記　阮元撰盧宣旬摘録

附釋音禮記注疏卷第六　惠棟挍宋本題禮記正義卷第八

檀弓上第三

公儀仲子之喪節

居讀爲姬姓之姬　閩監毛本同岳本嘉靖本同衞氏集說同考文引古本足利本爲作如

文之立武王權也　閩監毛本同惠棟挍宋本文下有王字宋監本岳本嘉靖本同考文引古本足利本同

公儀仲子而身今喪亡　閩監毛本同考文引宋板無而字

宗賓位之法　閩本同惠棟挍宋本同監毛本法作位非衞氏集說同

事親節

故云致謂戚容稱其服也者　閩監毛本同惠棟挍宋本無故字

其由在君子之後乎　惠棟挍宋本閩監毛本由作猶與昭三年傳合

春秋辟諱皆是　閩監毛本作辟此本誤辭

云而無服者　閩本同惠棟挍宋本同監毛本而誤葬

季武子成寢節

自見東人冢墓以爲寢欲文過之　閩監毛本同嘉靖本寢作宅惠棟挍宋本亦作宅無之字岳本同宋監本同衞氏集說亦無之字宅作寢○按疏標起訖無之字

逢於阿　閩本同惠棟挍宋本同衞氏集說同監毛本阿誤何○按晏子春秋作逢於阿

盆成逆　閩本同惠棟挍宋本同監本逆誤造毛本誤适衞氏集說同

孔子曰節

自期如殷可　閩監毛本作可岳本嘉靖本同此本可誤何

殷以慇　惠棟挍宋本同閩監毛本以作已○按以已多通用

以其質故也　惠棟挍宋本作以其此本以其二字闕閩監毛本作殷尚

不期杖以下　閩本如此此本期字闕監毛本不期杖作不杖期

稽首頭至手也　惠棟挍宋本閩本同監毛本手作地

不停留地　閩監毛本同惠棟挍宋本地作也是也

褻讀爲報拜　閩監毛本同惠棟挍宋本報字重

今時撎是也　惠棟挍宋本同閩監毛本撎作揖

晉郤至三肅使　閩監毛本同考文引宋板使下有者字

孔子既得合葬於防節

言居無常處也　閩監毛本同岳本嘉靖本同衞氏集說同宋監本無處字考文引宋板同案通典一百三引言居無常也亦無處字

爾來何遲也　岳本嘉靖本同石經遲作遲閩監毛本同注倣此通典引爾來何遲

古不脩墓　閩監本同石經同岳本同毛本脩作修嘉靖本同注倣此○按古修治字多假脩字爲之

不但在鄉　閩監毛本同惠棟挍宋本但作恆衞氏集說同

孔子哭子路於中庭節

覆弃之不忍食　岳本同閩監毛本弃作棄衞氏集說同嘉靖本同

由也其死哭　閩本同監毛本哭作矣○按作矣是也否則與哀十五年傳不合

曾子曰節

草經一年陳根陳也　閩監毛本同惠棟挍宋本上陳作則

謂於一歲之內　閩監毛本作歲此本誤成考文引宋板歲作期○按作期是也猶上云一期草根陳乃不哭也下云若一期之外乃不哭也

如聞朋友之喪　閩監毛本作聞此本誤閒

若期之外則不哭也　閩監毛本同考文引宋板若下有一字

子思曰節

悉用誠信　閩監毛本作信此本誤僧

不使少有非法　監毛本作有衞氏集說同此本有誤多閩本同

三月之賖　惠棟挍宋本同閩監毛本賖誤餘

孔子少孤節　惠棟挍云孔子少孤節鄰有喪節宋本合爲一節案此本亦二節合爲一節閩本以下始分

徵在恥焉　徵字上通典引有後叔梁紇七五字疑杜佑以意增耳

然後得以父母尸柩　閩監毛本同惠棟挍宋本然作而衞氏集說同

云引葬飾棺以柳翣者　閩監毛本同惠棟挍宋本引葬作葬引與注合

夏后氏堲周　石經同岳本嘉靖本同釋文出即周云本又作堲注下同正義本作堲

火熟曰堲　閩監毛本同衞氏集說同惠棟挍宋本熟作孰宋監本岳本同嘉靖本同○按熟乃後出之字

牆柳衣也　閩監毛本同岳本嘉靖本衞氏集說同浦鏜云案七卷飾棺牆疏則此注本無衣字

及用棺椁之事　閩監毛本事作差衞氏集說同

其文開廣　閩監毛本同惠棟挍宋本開作既

謂鑿土爲陶治之形　閩本同監毛本鑿作堲衞氏集說同考文引宋板亦作鑿

右手正堲　閩本同惠棟挍宋本同監毛本正作折

夏后氏尚黑節

大事斂用昏　閩監本同石經同岳本嘉靖本同毛本昏作昬注倣此○按段玉裁云昏古音同文與眞臻韻有斂後之別說文字从氏省爲會意絶非從民聲爲形聲也蓋隸書淆亂乃有從民作昬者俗皆遵用之

又春秋緯元命苞　閩監毛本作包非也衞氏集說同惠棟挍宋本包作苞

高辛氏以十二月爲正尚黑　閩監毛本同浦鏜云三誤二

伏犧以上惠棟挍宋本同閩監毛本犧作羲案此本惟此字作犧下二字皆作羲

文法天質法地閩本同考文引宋板同監毛本作文質二字誤倒

爲下物得陽氣閩監毛本同浦鏜從論語疏挍云百誤下是也

湯觀於洛沈璧閩本同惠棟挍宋本亦作璧沈作沉監毛本璧誤壁○按沉又沈之俗字依說文當作湛

案廋人云閩監毛本廋誤庾考文引宋板作廋

凡馬皆有驪牡元閩監毛本同孫志祖云驪上疑脫一牝字

穆公之母卒節

曰哭至子達者閩監毛本同惠棟挍宋本哭下有泣字無者字

元言齊斬饘粥同惠棟挍宋本元作既是也閩監毛本元作先

晉獻公節

信驪姬之譖閩監毛本作譖岳本嘉靖本同衛氏集說同此本譖誤讚下同釋文出孋姬云本又作麗亦作驪正義作驪

子蓋言子之志於公乎閩監毛本同岳本嘉靖本同釋文出子蓋云依注音盍下同石經初刻作盍後加卄作蓋下同注云蓋皆當爲盍是本作蓋

公獵姬宣諸宮閩監毛本同惠棟挍宋本獵作田衛氏集說同○按作田與僖四年左氏傳合

若申生初則置畀閩監毛本畀作毒衛氏集說同惠棟挍宋本毒作藥

初晉獻公滅驪戎閩監毛本滅作伐與莊二十八年左氏傳合

於是狐突欲令大子出奔閩監毛本同浦鏜挍云於當先字誤

故今臨死使人辭謝閩監毛本作今此本今誤合

不念用氏之言閩監毛本用作伯是也

今月被譖閩監毛本月作日是也

言死不受命閩監毛本同惠棟挍宋本受作愛

或爲雉鼻耿介閩本同監毛本鼻作鳥惠棟挍宋本鼻作性是也衛氏集說作或謂雉性耿介

乃雉於新成廟閩監毛本同浦鏜挍作乃雉經於新成之廟云脫經之二字

以其順於父事而已閩監毛本同考文引宋板順上有恭字衛氏集說亦作恭順於父事

魯人有朝祥節

夫是助語也閩監毛本同惠棟挍宋本助語作語助衛氏集說同

氣在內而近也惠棟挍宋本此下另行題禮記正義卷第八終記云凡二十七頁

魯莊公節惠棟挍宋本自此節起至孔子蚤作節止爲第九卷首題禮記正義卷第九

公隊閩監毛本同岳本嘉靖本同衛氏集說同釋文同石經隊作墜宋監本同考文引古本同

般大夫以上爲爵閩監毛本作上岳本嘉靖本同此本上誤士

皆有殘饔餕監毛本如此衛氏集說同此本殘誤食餕誤飲閩本殘亦誤食餕字剜補

爲之牢禮之數陳閩本同監毛本數陳作陳數衛氏集說無之陳數三字

又不云諸侯大夫閩監毛本同惠棟挍宋本無不字

曾子寢疾病節

隅坐不與成人並閩監毛本並作竝嘉靖本同釋文亦作竝衛氏集說並下有也字此本並下脫○

簀謂牀第也諸本作第此本誤策今改正

瞿然曰呼閩監毛本同石經同岳本嘉靖本同衛氏集說同釋文出曰吁云音虛注同

乃便驚駭閩監毛本同考文引宋板便作更

曾子重其郭而輕其祿閩監毛本郭作身是也

已猶了也閩監毛本作了此本了誤子

他人名已閩監毛本同惠棟挍宋本已作己下若已則已同

邾婁復之以矢節

國無少閩監毛本同惠棟挍宋本少作小與僖二十二年左氏傳合

蜂蠆有毒惠棟挍宋本蜂作蠭與左氏傳同

春秋傳作狐鮐閩監本同毛本鮐下有者字

朱儒是使監毛本同閩本朱作侏案閩本此侏字併下侏儒字皆作侏監毛本并下皆作朱此本惟此作朱下皆作侏

以士妻弔服之文惠棟挍宋本之作無衛氏集說同閩監毛本弔上有無字

以緦衰是士弔喪服閩監本同毛本弔作之

南宮縚節

南宮閱也閩監毛本同岳本嘉靖本同釋文閱音悅考文云古本閱作㵣案㵣非也南宮閱即下南宮敬叔反注之仲孫閱同閱字下注不作㵣而此注作㵣亦其滲漏處之顯然者

誨教閩監毛本同衛氏集說同惠棟挍宋本教下有也字岳本同嘉靖本同宋監本同

下爾語辭辭補案辭字誤重

則寵從是高也閩監毛本寵從作龍挺

孟獻子禫節

僖公母成風主婚閩本同監本主誤王

其三年問云閩監本作問此本誤間毛本同

其歲末遭喪監毛本作末此本末誤未閩本同

故鄭云二十六月也閩監毛本同惠棟挍宋本六作七是也

以禫後許作樂者閩監毛本同考文云宋板以作似續通解同

慶父輒稱死閩監毛本同浦鏜挍云稱疑經字誤

孔子既祥節

若其十遠不吉閩監本同毛本十作卜是也衛氏集說同

有子蓋既祥節

案玉藻云云閩監毛本上云作文惠棟挍宋本云字不重

死而不弔者節

不乘橋舡閩本同監毛本舡作船岳本嘉靖本同衛氏集說同疏同

鄭元注引論語以證之閩本同惠棟挍宋本同監毛本元誤云

故匡又解圍也閩本同監毛本又作人

馮河潛泳惠棟挍宋本如此此本誤馮何潛水閩本上三字不誤惟泳字仍誤水監毛本誤水

附釋音禮記注疏卷第七

檀弓上

禮記　鄭氏注　孔穎達疏

大公封於營丘。比及五世。皆反葬於周。齊大公受封留為大師死葬於周子孫生焉不忍離也五世之後乃葬於齊齊曰營丘○大音泰注及下注大史大公皆同離力智反下相離同

君子曰。樂樂其所自生。禮不忘其本。言其似禮樂之義○樂樂並音岳一讀下五教反又音洛

古之人有言曰。狐死正丘首。仁也。正丘首正首丘也仁恩也○首手又反注同

〔疏〕大公至仁也○正義曰此一節論忠臣不欲離王室之事太公封於營丘者周之大師大公封於營丘及其死也反葬於鎬京陪文武之墓其大公子孫比及五世雖死於齊以大公在周其子孫皆反葬於周也言反葬者既從周嚮齊今又從齊反往歸周君子善其反葬似禮樂之意故云先王制禮樂者樂其所自生謂愛樂已之王業所由生以制樂名若舜愛樂其王業所由能紹堯之德即樂名大韶禹愛樂其王業所謂由治水廣大中國則樂名大夏○禮不忘其本者謂先王制禮其王業根本由質而與則制禮不忘其本而尚質也若王業根本由文而與制禮尚文也是不忘其本也禮之與樂皆是重本今反葬於周亦是重本故引禮樂以美之君子既引禮樂又引古之人有遺言云狐死正丘首而嚮丘所以正首而嚮丘者丘是狐窟穴根本之處雖狼狽而死意猶嚮此丘是有仁恩之心也今五世反葬亦仁恩之心也但樂之與禮兩文相互樂云樂其所自生則禮當云反其所自本禮云不忘其本則樂當云不忘其生也樂云樂其所自生者初生王業因民之所樂而得天下今王者制樂自愛樂已之所由得天下樂者是王者自樂不據民之所樂也○注齊大公受封至齊曰營丘○正義曰知留為大師者案詩大雅云維師尚父毛傳云師大師也史記齊世家云大公望呂尚者東海上人也四嶽之後尚佐武王伐紂為大師云死葬於周子孫是大公所生焉故不忍離其先祖非謂子孫生在於周子孫生焉者不忍離其生處必五世者五世之外則服盡也然觀經及注則太公之外為五世便是玄孫之子服盡亦反者其實反葬正四世知者案世本大公望生丁公伋伋生乙公得得生瘠公慈母慈母生哀公不臣案齊世家哀公荒淫被紀侯譖之周周夷王烹哀公亦葬周也哀公是大公玄孫哀公死弟胡公靖立靖死獻公山立山死武公壽立若以相生為五世則武公以上皆反葬於周若以為君五世則獻公以上反葬周二者未知孰是云齊曰營丘者地理志云臨淄縣齊大公所封案釋丘云水出其前而左曰營丘以水營逸故曰營丘然周公封魯其子孫不反葬於周者以其有次子在周世守其采地則春秋周公是也故鄭康成作詩譜云元子伯禽封魯次子君陳世守采地下云延陵季子葬於嬴博之間者古禮也故舜葬蒼梧周則族葬故冢人云先王之葬居中以昭穆為左右凡諸侯居左右以前卿大夫士居後各以其族是也

○伯魚之母死。期而猶哭。伯魚孔子子也名鯉猶尚也○期音基鯉音里夫子聞之曰。誰與哭者。門人曰。鯉也。夫子曰。嘻。其甚也。嘻悲恨之聲○與音餘下餘閣也與同嘻許其反又於其反

伯魚聞之。遂除之。

〔疏〕伯魚至除之○正義曰此一節論過哀之事○注嘻悲恨之聲○正義曰悲恨之聲者謂非責伯魚悲恨之聲也時伯魚母出父在為出母亦應十三月祥十五月禫言期而猶哭則是祥後禫前祥外無哭于時伯魚在外哭故夫子怪之恨其甚也或曰為出母無禫期後全不合哭

○舜葬於蒼梧之野。舜征有苗而死因留葬焉書說舜曰陟方乃死蒼梧於周南越之地今為郡○梧音吾陟知力反升也

蓋三妃未之從也。古者不合葬帝嚳而立四妃矣象后妃四星其一明者為正妃餘三小者為次妃帝堯因焉至舜不告而取不立正妃但三妃而已謂之三夫人離騷所歌湘夫人舜妃也夏后氏增以三三而九合十二人春秋說云天子取十二即夏制也以虞夏及周制差之則殷人又增以三九二十七合三十九人周人上法帝嚳立正妃又三二十七為八十一人以增之合百二十一人其位后也夫人也嬪也世婦也女御也五者相參以定尊卑○嚳苦毒反高辛氏帝也騷素刀反一音蕭湘差初佳反又初宜反嬪婢人反

季武子曰。周公蓋祔。祔謂合葬合葬自周公以來○祔音父

〔疏〕舜葬至蓋祔○正義曰此一節論古者不合葬之事舜葬於蒼梧之野者舜南巡守因征有苗而死以古代不合葬且天下為家故遂葬於蒼梧之野○蓋三妃未之從也者從猶就也古不合葬故舜之三妃不就蒼梧與舜合葬也云蓋者錄記之人傳云舜時如此未知審也故云蓋未之從者記人以周公始附舜時未有此禮故云未之從也記者既論古不合葬與周不同引季武子之言云周公以來蓋始附葬附即合也言將後喪合前喪武子去周公不遠無可疑亦云蓋者意有謙退不敢指斥事雖不疑亦云蓋也故孝經夫子云蓋天子之孝也蓋諸侯之孝也非是不知謙為疑辭○注舜征至為郡○正義曰鄭案淮南子云舜征三苗而遂死蒼梧史記云舜踐帝位三十九年南巡守崩于蒼梧之野葬于九疑山是為零陵案尚書竄三苗于三危在西裔今舜征有苗乃死於蒼梧者張逸荅焦氏問云初竄西裔後分之在南野漢書地理志有蒼梧郡是今為郡名也○注古者至尊卑○正義曰知帝嚳立四妃者案大戴禮帝繫篇云帝嚳卜四妃之子皆有天下長妃有邰氏之女曰姜嫄生稷次妃有娀氏之女曰簡狄生契次妃陳豐氏之女曰慶都生堯次妃陬氏之女曰常宜生帝摯帝嚳崩帝摯即位摯崩而堯立鄭此注用帝繫之文稷為堯之異母弟也及注詩生民之篇與此異也以為姜嫄是高辛之世妃謂高辛後世子孫之妃用命麻序之文以為帝嚳傳十世姜嫄是帝嚳十世以後子孫之妃云象后妃四星案援神契云辰極橫后妃四星縱曲相扶案祭法云帝嚳能序星辰以著衆明象星立妃也云帝堯因焉者以此經云舜三妃未之從明堯亦四妃也云舜不告而取者案孟子萬章問孟子云舜不告而取何也孟子曰告則不得取父母終不為取妻是絕其後也云但三妃而已者案帝王世紀云長妃娥皇無子次妃女英生商均次妃癸比生二女宵明燭光是也云離騷所歌湘夫人者案楚辭九歌第三曰湘夫人云帝子降兮北渚目眇眇兮愁予是也王逸注離騷云娥皇女英隨湘水溺焉又秦紀云死而葬焉非溺也山海經以為二女此云三者當以記為正山海經不可用云周人上法帝嚳立正妃者案昬義后一夫人三是也若然案鄭注尚書帝乙妾生微子後立為正妃生紂殷已有后者謂三妃裏之正仍無后也云夫人也者即舜之三妃也嬪也者即夏所增九女也世婦也者即殷所增二十七人也女御也者即周所增八十一人也自夏以下節級三倍加之

曾子之喪。浴於爨室。見曾元之辭易簀矯之以謙儉也禮死浴於適室○爨七亂反矯居表反儉其檢反適丁歷反

〔疏〕曾子至爨室○正義曰此一節論曾子故為非禮以正其子也○注見曾至適室○正義曰案上易簀之後反席未安而沒焉得有浴爨室遺語者以反席之前欲易之後足可有言但記文不備必知謂曾元之辭易簀故矯之者曾子達禮之人應須浴於正寢今乃浴於爨室明知意有所為故云矯之也云禮死浴於適室者士喪禮死於適室下云甸人掘坎于階間為垼於西牆下新盆槃瓶造于西階下乃浴於適室也於爨室為謙無甸人掘坎為垼之事是儉也

○大功廢業。或曰。大功誦可也。許其口習故也

〔疏〕大功至可也○正義曰此一節論遭喪廢業之事大功廢業者業謂所學習業則身有外營思慮他事恐其忘哀故廢業也誦則在身所為其事稍靜不慮忘哀故許其口習言或曰者以其事疑故稱或曰然錄記之人必當明禮應事無疑使後世作法今檢禮記多有不定之辭仲尼門徒親承聖旨子游裼裘而弔曾子襲裘而弔又小斂之奠或云東方或云西方同母異父昆弟魯人或云為之齊衰或云大功其作記之人多云蓋多云或曰皆無指的並設疑辭者以周公制禮永世作法時經幽厲之亂又遇齊晉之強國異家殊樂崩禮壞諸侯奢僭典法訛舛是以普天率土不閑禮教故子思聖人之冑不喪出母武子晉之賢相不識殺烝作記之人隨後撰錄善惡兼載得失備書但初制禮之時文已不具略其細事舉其大綱況乃時經離亂日月縣遠數百年後何能曉達記人所以不定止為失禮者多推此而論未為怪也亦兼有或人之言也

○子張病。召申祥而語之曰。君子曰終。小人曰死。申祥子張子欲使執喪成己志也死之言澌也事卒為終消盡為澌太史公傳曰子張姓顓孫今曰申祥周秦之聲二者相近未聞孰是○語魚據反澌本又作斯音賜下同顓音專近附近之近

吾今日其庶幾乎。言易以成也○易以豉反

〔疏〕子張至幾乎○正義曰此一節論子張將終戒勗其子之事子張病困召子申祥而語之曰若君子之死謂之為終言但身終功名尚在若小人之死但謂之為死無功名可錄但形骸澌盡也子張言此欲令子執治其喪每事從禮使我得成君子○吾今日其庶幾乎者庶幸也幾冀也言吾若平生為惡不可幸冀為君子之人吾即平生以善自修今日將死其幸冀為君子乎汝但執喪成禮以助我意則功名得存但身終而已○注申祥至孰是○正義曰知申祥子張子者以病而召之與曾子召申元同故知子張子也云大史公傳曰子張姓顓孫者案史記大史公姓司馬名談前漢人作太史官修史未成而卒其子遷續成史記作仲尼七十二弟子傳云子張姓顓孫今曰申祥者謂今禮記作申祥云周秦之聲二者相近者謂周國秦國之人言申與顓聲音相近今不知顓是不知申是故云未聞孰是也

○曾子曰。始死之奠。其餘閣也與。閣庋藏食物○奠田練反閣音各庋字又作庪同九毀反又居偽反

〔疏〕曾子至也與○正義曰此一節論初死奠之所用之事○始死之奠者鬼神所依於飲食故必有祭酹但始死未容改異故以生時庋閣上所餘脯醢以為奠也士喪禮復魄畢以脯醢升自阼階奠于尸東此之謂也○注不容至食物○正義曰閣架橙之屬人老及病飲食不離寢恐

忽須無當故並將近置室裏閣上也若死仍用閣之餘奠者爲時期切促急令奠酹不容方始改新也曾子曰。小功不爲位也者。是委巷之禮也。譏之也位謂以親疏敘列哭也委巷猶街里委曲所爲也○街音佳子思之哭嫂也爲位。善之也禮嫂叔無服○嫂悉早反注同婦人倡踊。有服者娣姒婦小功倡先也○倡昌尚反注同踊音勇娣姒大計反下音似申祥之哭言思也亦然。說者云言思子游之子申祥妻之昆弟亦無服過此以往獨哭不爲位【疏】曾子至亦然。○正義曰此一節論無服爲位哭之禮。○小功不爲位也者曾子以爲哭小功之喪當須爲位時有哭小功不爲位者故曾子非之云若哭小功不爲位者是委細屈曲街巷之禮言禮之末略非典儀正法既言其失乃引得禮之人子思之哭嫂爲親疏之位於時子思婦與子思之嫂有小功之服故子思之婦先踊子思乃隨之而哭非直子思如此其申祥哭妻之兄弟言思亦然是亦如子思也○注位謂至爲也○正義曰知位謂親疏敘列者以其子思哭嫂爲位下云婦人倡踊婦人既在先明知爲位也云委巷猶街里委曲所爲也者謂庶人徵賤在街巷里邑委細屈曲所爲不能方正也此子思哭嫂是孔子之孫以兄先死故有嫂也皇氏以爲原憲字子思若然鄭無容不注鄭既不注皇氏非也孔氏連叢云一子相承以至九世及史記所說亦同者不妨雖有二子相承者稚存一人或其兄早死故得有嫂且雜說不與經合非一也○注娣姒婦小功倡先也○正義曰案喪服小功章娣姒婦報傳云弟長也鄭注娣姒婦者兄弟之妻相名也長婦謂稚婦爲娣婦娣婦謂長婦爲姒婦謂據婦年之長幼則不據夫年之大小故成十一年左傳云聲伯之母不聘穆姜曰吾不以妾爲姒穆姜魯宣公夫人聲伯之母魯宣公弟叔肹之妻是弟妻爲姒又昭二十八年左傳云子容之母走謂諸姑曰長叔姒生男子容之母伯華之妻也長叔姒是伯華之弟叔肹之妻是亦謂弟妻爲姒也皆不繫夫身長幼云倡先也者案詩云倡予和女是倡爲先○注言思子游之子申詳妻之昆弟者謂妻之親昆弟也自此以外皆不爲位故奔喪禮哭妻之黨於寢鄭引逸奔喪禮云一哭而已不爲位矣○古者冠縮縫。今也衡縫。縮從也今禮制衡讀爲橫今冠橫縫以其辟積多○縮所六反縫音逢又扶用反下同衡依注音橫華彭反從子容反故喪冠之反吉。非古也。解時人之惑喪冠縮縫古冠耳○解佳買反【疏】古者至古也○正義曰此一節論記者解時人之惑也古者自殷以上也縮直也殷以上質吉凶冠皆直縫直縫者辟積攝少故一一前後直縫之○今也衡縫者今周也衡橫也周世文冠多辟積下復一一直縫但多作攝而并橫縫之○故喪冠之反吉非古也者周吉冠文故多積襵而橫縫也若喪冠質猶疏辟而直縫是喪冠與吉冠相反故云喪冠之反吉也而時人因謂古時亦喪冠與吉冠反故記者釋云非古也正是周世如此耳古則吉凶冠同從縫曾子謂子思曰。伋。吾執親之喪也。水漿不入於口者七日。言已以疾時禮而不如○伋音急漿子良反子思曰。先王之制禮也。過之者。俯而就之。不至焉者。跂而及之。故君子之執親之

喪也。水漿不入於口者三日。杖而后能起。爲曾子言難繼以禮抑之○俯音甫跂丘豉反爲于僞反【疏】曾子至能起○正義曰此一節論曾子疾時居喪不能以禮子思以正禮抑之之事○曾子謂子思伋誇已居親之喪能行於禮故云吾水漿不入於口七日意疾時人行禮不如已也故子思以正禮抑之云古昔先代聖王制其禮法使後人依而行之故賢者俯而就之不肖者跂而及之以水漿不入於口三日尚以杖扶病若曾子之言即後人難爲繼也○曾子曰。小功不稅。據禮而言也日月已過乃聞喪而服曰稅大功以上然小功輕不服○稅徐他外反注同上時掌反則是遠兄弟。終無服也。言相離遠者聞之恒晚而可乎。以已恩怪之【疏】曾子至可乎○正義曰此一節論曾子怪於禮小功不著稅服之事曾子以爲依禮小功之喪日月已過不更稅而追服則是遠處兄弟聞喪恒晚終無服而可乎言其不可也曾子仁厚禮雖如此猶以爲薄故怪之此據正服小功也故喪服小記云降而在緦小功者則稅之其餘則否鄭康成義若限內聞喪則追全服若王肅義限內聞喪但服殘日若限滿即止假令如王肅之義限內祇少一日乃始聞喪若其成服服未得成即除也若其不服又何名追服進退無禮王義非也○伯高之喪。伯高死時在衞未聞何國人孔氏之使者未至。謂賻賵者○使色吏反賻音附賵芳用反冉子攝束帛乘馬而將之。冉子孔子弟子冉有攝猶貸也○乘繩證反四馬曰乘貸他代反孔子曰。異哉。徒使我不誠於伯高。徒猶空也禮所以副忠信也忠信而無禮何傳乎○副音仆傳直專反一本作傳音附【疏】伯高至伯高○正義曰此一節論禮所以副忠信之事各依文解之○注冉子至貸也○正義曰案仲尼弟子傳冉有名求魯人也攝猶貸也謂冉子見孔子使人未至貸之以束帛乘馬而行禮○孔子至伯高○孔子既聞冉有貸之行禮故怪恨之云空使我不得誠信行禮於伯高○注徒猶至傳乎○正義曰忠信由心禮在外貌若內無忠信禮何所施故云忠信而無禮謂無忠信也既無忠信禮何傳乎言不可傳行也冉有代孔子行弔非孔子本意是非孔子忠信虛有弔禮若孔子重遣人更弔即彌爲不可故云空使我不得誠信行禮於伯高伯高死於衞。赴於孔子。赴告也凡有舊恩者則使人告之孔子曰。吾惡乎哭諸。以其交會尚新○惡音烏惡乎猶於何也兄弟。吾哭諸廟。父之友。吾哭諸廟門之外。別親疏也○別彼列反下同師。吾哭諸寢。朋友。吾哭諸寢門之外。所知。吾哭諸野。別輕重也於野則已疏。於寢則已重。已猶大也夫由賜也見我。吾哭諸賜氏。本於恩哭於子貢寢門之外○夫舊音扶皇如字謂丈夫即伯高見如字皇賢遍反遂命子貢爲之主。明恩所由曰。爲爾哭也。來者拜之。知伯高而來者勿拜也。異於正主○爲于僞反下注爲其疾爲褻爲我我爲皆同來者一本作爲爾哭也來

者【疏】伯高至拜也○正義曰此一節論親疏所哭之處各依文解之○注別親疏也○正義曰兄弟親父友疏必哭諸廟及廟門外者兄弟是先祖子孫則哭之於廟此殷禮周則哭於寢故雜記云有殯聞遠兄弟之喪哭之側室若無殯當哭諸正寢父之友與父同志故哭諸廟門外非先祖之親故在門外也○注別輕重也○正義曰師友爲重所知爲輕所以哭師於寢寢是已之所居師又成就于已故哭之在正寢此謂殷禮若周禮則奔喪云師哭諸廟門外故鄭荅趙商之問亦以爲然孫炎云奔喪師哭諸廟門外是周禮也依禮而哭諸野若不依此禮則不可故下云惡野哭者以違禮爲野哭也○曰爲至拜也○夫子既命子貢爲主又教子貢拜與不拜之法若與女相知之人爲爾哭伯高之故而來弔爾者則爾拜之若與伯高相知而來哭者女則勿拜也凡喪之正主知生知死來者悉拜今與伯高相知而來不拜故鄭云異於正主○曾子曰。喪有疾。食肉飲酒。必有草木之滋焉。增以香味爲其疾不嗜食○滋音咨嗜市志反以爲薑桂之謂也。爲記者正曾子所云草木滋者謂薑桂○薑居良反【疏】曾子至謂也○正義曰此一節論居喪有疾得食美味之事○注爲記至薑桂○正義曰知非曾子之言而云爲記者以上云草木之滋焉下云以爲薑桂之謂也是解上草木之滋豈可曾子自言還自解乎故以爲記者正曾子之言○子夏喪其子而喪其明。明目精○而喪息浪反下喪明喪爾明同曾子弔之。曰。吾聞之也。朋友喪明則哭之。痛之曾子哭。子夏亦哭。曰。天乎。予之無罪也。怨天罰無罪曾子怒曰。商。女何無罪也。吾與女事夫子於洙泗之間。言其有師也洙泗魯水名○女音汝下同洙音殊泗音四洙泗二水名退而老於西河之上。西河龍門至華陰之地○華徐胡化反使西河之民疑女於夫子。爾罪一也。言其不稱師也喪爾親。使民未有聞焉。爾罪二也。言居親喪無異稱○稱尺證反喪爾子。喪爾明。爾罪三也。言隆於妻子而曰。女何無罪與。子夏投其杖而拜。曰。吾過矣。吾過矣。謝之且服罪也○與音餘吾離羣而索居。亦已久矣。羣謂同門朋友也索猶散也○離羣羣朋友也上音詈索悉各反猶散也下注索居同【疏】子夏至久矣○正義曰此一節論子夏恩隆於子之事案仲尼弟子傳云子夏姓卜名商魏人也哀喪其子而哭喪失其明曾子是子夏之友故云朋友喪明則哭之子夏喪子之時曾子已弔今爲喪明更弔故曾子先哭子夏始哭云疑女於夫子者既不稱其師自爲談說辨慧聰睿絕異於人使西河之民疑女道德與夫子相似皇氏言疑子夏是夫子之身然子夏魏人居在西河之上姓卜名商西河之民無容不識而言是魯國孔上不近人情皇氏非也○夫晝居於內。問其疾可也。似有疾○晝知又反夜居於外。弔之可也。似有喪是故君

子非有大故。不宿於外。大故謂喪憂非致齊也。非疾也。不晝夜居於內。內正寢之中○齊側皆反【疏】夫晝至於內○正義曰此一節論君子居處當合於禮各依文解之○注大故謂喪憂○正義曰上文云夜居於外弔之可也○鄭云似有喪此注兼云憂者以其文云大故語意既寬非獨喪也故周禮每云國有大故皆據寇戎災禍故此兼云憂也身既有憂而夜在於外者既憂禍難不暇入內或與臣下外人夜在外圖謀禍患此謂中門外也故禮斬衰及期喪皆中門外爲廬至是有喪夜居中門外也○非致至於內○平常無事之時或出或入雖晝居於外亦有入內雖夜居於內亦有出外時唯致齊與疾無間晝夜恒居於內故云非致齊也非疾也不晝夜居於內○注內正寢之中○正義曰恐內是燕寢故云正寢之中必知正寢者以其經云非致齊不居於內致齊在正寢疾則或容在內寢若危篤亦在正寢上文云晝居於內問其疾可也不問齊者是爲祭之事衆所共知不須問也此齊在內祭統云君致齊於外夫人致齊於內對夫人之寢爲外耳

○高子皐之執親之喪也。子皐孔子弟子名柴泣血三年。言泣無聲如血出未嘗見齒。言笑之微○見賢遍反○君子以爲難。言人不能然【疏】高子至爲難○正義曰此一節論高柴居喪過禮之事各依文解之○注子皐孔子弟子名柴○正義曰史記孔子弟子傳高柴鄭人字子皐○注言泣無聲如血出○正義曰凡人涕淚必因悲聲而出若血出則不由聲也今子皐悲無聲其涕亦出如血之出故云泣血○注言笑之微○正義曰既云泣血三年得有微笑者凡人之情有哀有樂哀至則泣血樂至則微笑凡人大笑則露齒本中笑則露齒微笑則不見齒○君子以爲難○君子以高柴所爲凡人難可爲之何者凡人發聲始涕出樂至爲大笑今高柴恒能如此餘人不能故爲難也

○衰與其不當物也。寧無衰。惡其亂禮不當物謂精麤廣狹不應法制○衰七雷反下同後五服之衰皆放此不復音當丁浪反注同惡烏路反麤本又作麤七奴反狹音洽應應對之應齊衰不以邊坐。大功不以服勤。爲褻喪服邊偏倚也○褻息列反倚於彼反又於寄反【疏】衰與至服勤○正義曰此一節論衰裳升數形制必須依禮及著服不得爲褻之事各依文解之○衰與其不當物也者此語乃通於五服而初發斬衰也衰喪服也當猶應也物謂升縷及法制長短幅數也衰以表情故制有法度若精麤不應廣狹乖法便爲失禮故云寧無衰也是雖有不如無也○齊衰不以邊坐者因上寧無衰以廣其事也邊坐謂偏倚也喪服宜敬坐起必正不可著衰而偏倚也齊衰輕既不偏倚斬衰重不言亦可知也○大功不以服勤者大功雖輕亦不可著衰服以爲勤勞事也齊衰言不邊坐則大功可也大功不勤則齊衰固不可而小功可也

○孔子之衛。遇舊館人之喪。前日君所使舍已入而哭之哀。出。使子貢說驂而賻之。賻助喪用也騑馬曰驂○說本又作稅同他活反徐又始銳反下及注同驂七南反夾服馬也騑芳非反子貢曰。於門人之喪。未有所說驂。說驂於舊館。無乃已重乎。言說驂大重比於門人恩爲偏頗○頗破多反夫子曰。予鄉者入而哭之。遇於一哀。而出涕。遇見也舊館人恩雖輕我入哭見主人爲我盡一哀是以厚恩待我我爲出涕恩重宜有施惠○鄉本又作嚮許亮反出如字徐尺遂反涕音體施始豉反予惡夫涕之無從也。小子行之。客行無他物可以易之者使遂以往○惡烏路反夫音扶【疏】孔子至行之○正義曰此一節論孔子欲示人行禮副忠信之事各依文解之○注前日君所使舍已○正義曰知非舊所經過主人必以爲君所使舍已者若是經過主人當云遇舊主人之喪故禮稱皆云主人是以左傳云以爲東道主又云昔吾主於趙氏皆主人爲主今此云館人明置館舍於已故以爲君所使舍已者○注賻助至曰驂○正義曰謂助生者喪家使用故既夕禮知死者賻知生者賻是賻爲助生也熊氏以此賻助喪用謂助死者因云賻得生死兩施熊氏非也案隱元年穀梁傳云錢財曰賻此用馬者即財也故少儀云賻馬不入廟門云騑馬曰驂者說文云騑旁馬是在服馬之旁又詩云騏駵是中騧驪是驂驂在外也孔子得有驂馬者案王度記云天子駕六馬諸侯四大夫三士二古毛詩云天子至大夫皆駕四孔子既身爲大夫若依王度記則有一驂馬也若依毛詩說則有二驂馬也○子貢至行之以子貢不欲說驂故夫子語其說驂之意云我所說驂者我鄉者入而哭之遇值主人盡於一哀是厚恩待我我爲之出涕既爲出涕當有厚施惠予惡夫涕之無從者謂我感舊館人恩深涕淚交下豈得虛然客行更無他物易換此馬女小子但將驂馬以行之副此涕淚然論語云顏回之喪子哭之慟但比出涕慟則爲甚矣又舊館之恩不得比顏回之極而說驂於舊館惜車於顏回者但舊館情疏厚恩待我須有賵賻故說驂賻之顏回則師徒之恩親乃是常事則顏回之死必當以物與之顏路無厭更請賣車爲椁以其不知止足故夫子抑之

○孔子在衛。有送葬者。而夫子觀之。曰。善哉爲喪乎。足以爲法矣。小子識之。子貢曰。夫子何善爾也。曰。其往也如慕。其反也如疑。慕謂小兒隨父母啼呼疑者哀親之在彼如不欲還然○識式志反又音式下及注章識皆同呼火故反子貢曰。豈若速反而虞乎。速疾子曰。小子識之。我未之能行也。哀戚本也祭祀末也【疏】孔子至行也○正義曰此一節論喪禮以哀戚爲本之事各依文解之○注慕謂至還然○正義曰言慕如小兒啼呼者謂父母在前嬰兒在後恐不及之故在後啼呼而隨之今親喪在前孝子在後恐不逮及如嬰兒之慕疑者謂凡人意有所疑在傍徨不進今孝子哀親在外不知神之來否如不欲還然故如疑問喪云其反也如疑鄭注云疑者不知神之來否與此相兼乃足○子貢曰豈若速反而虞乎○子貢之意葬既已竟神靈須安豈如速反虞祭安神乎但哀親在彼是痛切之本情反而安神是祭祀之末禮故下文夫子不許

○顏淵之喪。饋祥肉。饋遺也○饋其位反遺于季反孔子出受之。入彈琴而后食之。彈琴以散哀也○孔子與門人立。拱而尚右。二三子亦皆尚右。倣孔子也○拱恭勇反倣本又作效胡教反下同孔子曰。二三子之嗜學也。嗜貪○嗜市志反注同我則有姊之喪故也。二三子皆尚左。復正也喪尚右右陰也吉尚左左陽也【疏】孔子至尚左○正義曰此一節論拱手之禮○注喪尚右至陽也○正義曰此既凶事尚右吉事尚左案特牲少牢吉祭皆載右胖士虞禮是凶事載左胖者取義不同吉祭載右胖者從地道尊右士虞禮凶祭載左胖者取其反吉故士虞禮設洗于西階西南鄭注反吉是也

○孔子蚤作。作起○蚤音早負手曳杖。消搖於門。欲人之怪已○抴羊世反亦作曳消搖本又作逍遙歌曰。泰山其頹乎。泰山衆山所仰○頹徒回反梁木其壞乎。梁木衆木所放○放方兩反哲人其萎乎。哲人亦衆人所仰放也以上二句喻之萎病也詩云無木不萎○萎本又作萎同紆危反注同既歌而入。當戶而坐。蚤坐急見人也子貢聞之。曰。泰山其頹。則吾將安仰。梁木其壞。哲人其萎。則吾將安放。夫子殆將病也。覺孔子歌意殆幾也○幾音祈又音機遂趨而入。夫子曰。賜。爾來何遲也。坐則望之夏后氏殯於東階之上。則猶在阼也。殷人殯於兩楹之間。則與賓主夾之也。周人殯於西階之上。則猶賓之也。以三王之禮占已夢○阼才故反楹音盈夾本又作俠古洽反下注同而丘也。殷人也。予疇昔之夜。夢坐奠於兩楹之間。是夢坐兩楹之間而見饋食也言奠者以爲凶象疇發聲也昔猶前也○食如字又音嗣疇直留反夫明王不興。而天下其孰能宗予。予殆將死也。孰誰也宗尊也兩楹之間南面鄉明人君聽治正坐之處今無明王誰能尊我以爲人君乎是我殷家奠殯之象以此自知將死○嚮本又作鄉同許亮反治直吏反坐才臥反又如字處昌慮反蓋寢疾七日而沒。明聖人知命【疏】孔子至而沒○正義曰此一節論孔子自說死之意狀各依文解之○注欲人之怪已○正義曰杖以扶身恒在前面用今乃反手卻後以曳其杖示不復杖也又夫子禮度自守貌恒矜莊今乃消搖放蕩以自寬縱皆是特異尋常陵且如此故云欲人之怪己杖曳於後示不復用消搖寬縱示不能以禮自持並將死之意狀○注梁木衆木所放○正義曰衆木榱桷之屬依放橫梁乃存立放則依也故論語云放於利而行孔曰放依也○注以上至不萎○正義曰泰山梁木並指他物哲人其萎指夫子之身以二物比已故云以上二句喻之詩云無木不萎者此小雅谷風刺幽王之詩言天下俗薄朋友道絕其詩云無草不死無木不萎證萎病○注蚤坐急見人也○正義曰君子壽常不自當戶已歌而入即當戶而坐故云蚤坐坐不在隱處是急欲見人○泰山至安放者上既云泰山梁木哲人三句今子貢所云泰山其頹云吾將安仰梁木哲人摠云言將安放者以泰山梁木共喻哲人子貢意在忽遽不暇句句別

言故直引梁木哲人相喻而足揔云吾將安放○夏后至之也者夏后氏殯於東階則猶在阼周人殯於西階則猶賓之夏與周並言猶者以其既死無所知識孝子不忍以生禮待之猶尚阼階以爲主猶尚西階以爲賓客故言猶也殷人殯於兩楹之間不云猶者庾蔚云東階西階平生賓主所行禮之處故云猶兩楹之間生無此禮故不云猶然禮賓主敵者授受於兩楹之間又是南面聽朝之處庾云生無此禮於義疑也盖以夫子夢在兩楹而見饋食知是凶象無聽朝之事不得云則猶尊之以有賓主二事故云與也鄭注考工記宗廟路寢制如明堂周之明堂東西九筵南北七筵則五室每室二筵則五室之外堂上窄狹得容殯者以路寢廣大故得容之其上圓下方五室之屬如明堂日至明堂具解○注言奠者以爲凶象○正義曰時夫子夢見饋食不夢凶奠也但奠禮既死之後未葬之前柩仍在地未立尸主唯奠停飲食故云奠也○注孰誰至將死○正義曰孰誰也釋詁文禮有大宗小宗故云宗尊也知兩楹之間人君聽治正坐之處者案觀禮天子負斧依南面又顧命云牖間南嚮是天子兩楹治事之處也每日視朝雖在路門外退坐當路寢兩楹也其諸侯視朝亦南面知者以諸侯一國之尊故論語云雍也可使南面鄭注言任諸侯治也則在路寢南面聽政若其燕饗則在阼階西面知禮大射是也案莊子聖人無夢莊子意在無爲欲令靜寂無事不有思慮故云聖人无夢但聖人雖異人者神明同人者五情五情既同焉得無夢故禮記文王世子有九齡之夢尚書有武王夢協之言

孔子之喪。門人疑所服。無喪師之禮子貢曰。昔者夫子之喪顏淵。若喪子而無服。喪子路亦然。請喪夫子。若喪父而無服。無服不爲衰弔服而加麻心喪三年

〔疏〕孔子至無服○正義曰此一節論弟子爲師喪制之禮各依文解之○門人疑所服者依禮喪師無服其事分明今夫子之喪門人疑者以夫子聖人與凡師不等當應特加喪禮故疑所服○注弔服至三年○正義曰知爲師弔服加麻者案喪服朋友麻其師與朋友同故知亦加麻也必知喪師與朋友同者案下云孔子之喪二三子皆絰而出羣居則絰出則否是弟子相爲與爲夫子同但絰出與不出有異明其服同也云弔服而加麻麻謂絰與帶也皆以麻爲之故云加麻也又喪服緦麻章云朋友麻鄭云朋友雖無親而有同道之恩相爲服緦之絰帶是也鄭知服緦之絰帶者緦爲五服之輕又與錫衰等同爲弔服之限故知緦之絰帶也論云爲師及朋友皆既葬除之案司服云王爲三公六卿錫衰爲諸侯緦衰爲大夫士疑衰其首服皆弁絰鄭司農云錫者十五升去其半有事其布無事其縷鄭康成云無事其縷哀在內以服稍重故但治事其布不治事其縷鄭司農又云緦十五升布去其半有事其縷無事其布鄭康成云無事其布哀在外以其稍輕故得治縷也司農又云疑衰十四升康成云疑之言擬也擬於吉服謂比擬吉服十五升也首服弁絰者鄭注司服云弁絰如爵弁而素加環絰鄭知如爵弁者見下文云殷人哻而葬又云弁絰葛而葬與神交之道哻是祭冠也故知弁絰是爵弁也知加環絰者以雜記云小斂環絰公大夫士一也天子弔諸臣之服無問當事與不當事皆弁絰也諸侯以錫衰爲弔服但首服有異弔他國皆首服皮弁故喪服小記云諸侯弔必皮弁錫衰是也若弔已臣當事則弁絰故服問云公弔當事則弁絰於士雖當事亦皮弁諸侯雖以錫衰爲常弔之服其弔士亦有緦衰疑衰故鄭注文王世子云同姓之士則緦衰異姓之士則疑衰卿大夫亦以錫衰爲弔服當事亦弁絰故鄭注喪服云諸侯及卿大夫亦以錫衰爲弔服當事乃弁絰否則皮弁辟天子也其士之弔服則疑衰故鄭注喪服云士以緦衰爲喪服其弔服則疑衰也舊說以爲士弔服布上素下鄭注云此實疑衰也改其裳以素辟諸侯也當事亦弁絰故鄭注喪服云士弁絰皮弁之時如卿大夫凡弔服惟有弁絰皆無帶也知無帶者周禮司服及服問但云弁絰不云帶故知然也其朋友之服諸侯及大夫等則皆疑衰故鄭注喪服云朋友之相爲服則士弔服也既特云士弔服明諸侯大夫等皆用士之弔服唯加緦之絰帶爲異耳是以喪服朋友麻鄭注云服緦之絰帶又下文云子游襲裘帶絰而入鄭注云所弔者朋友是朋友相爲加帶凡朋友相爲者雖不當事亦弁絰故下文云羣居則絰是也其庶人鄭注喪服云庶人不爵弁則其弔服素冠委貌鄭注不顯所著之服文承疑衰素裳之下則庶人亦用疑衰或者庶人布深衣當服布深衣冠素委貌也

○孔子之喪。公西赤爲志焉。公西赤孔子弟子字子華志謂章識飾棺牆。牆柩之障猶垣牆障家置翣。牆柳衣翣以布衣木如攝與○置知吏反翣所甲反衣於既反攝所甲反又所治反與音餘設披。周也。設崇。殷也。綢練設旐。夏也。夫子雖殷人兼用三王之禮尊之披柩行夾引棺者崇牙旌旗飾也綢練以練綢旌之杠此旌葬乘車所建也旌之旒緇布廣充幅長尋曰旐爾雅說旌旗曰素錦綢杠○披彼義反綢吐刀反韜也徐直留反注同旐直小反杠音江竿也乘繩證反廣光浪反凡度廣狹曰廣他皆放此幅方木反

〔疏〕孔子至夏也○正義曰此一節論孔子之喪送葬用三王之禮各依文解之○注公西至子華○正義曰案仲尼弟子傳云公西赤字子華少孔子四十二歲鄭云魯人也○飾棺至夏也○孔子之喪公西赤以飾棺榮夫子故爲盛禮備三王之法以章明志識焉於是以素爲褚褚外加牆車邊置翣恐柩車傾虧而以繩左右維持之此皆周之法也其送葬乘車所建旌旗刻繒爲崇牙之飾此則殷法又韜盛旌旗之竿以素錦於杠首設長尋之旐此則夏禮也既尊崇夫子故兼用三代之飾也○注牆柳至攝與○正義曰牆之障柩猶垣牆障家故謂障柩之物爲牆障柩之物即柳也外旁帷荒中央材木揔而言之皆謂之爲柳也縫人注云柳聚也諸飾所聚前文注云牆柳者以經直云周人牆置翣文無所對故注直云牆柳也此文爲下對設披設崇設旐之事皆委曲備言故亦委曲解之故注云牆柳衣也其實牆則柳也雜記喪從外來雖非葬飾以裳帷障棺亦與垣牆相似故鄭注不毀牆之下云牆裳帷也皆望經爲義故三注不同云翣以布衣木者鄭注喪大記云漢禮翣以木爲筐廣三尺高二尺四寸方兩角高衣以白布畫雲氣柄長五尺云如攝與者攝與漢時之扇與疑辭鄭恐人不識翣體故云如今攝與○注披柩至綢杠○正義曰案喪大記國君熏披六鄭云設之於旁所以備傾虧也故此云披柩行夾引棺者云崇牙旌旗飾也者對下綢練設旐故爲旌旗飾也謂旌旗之旁刻繒爲崇牙殷必以崇牙爲飾者殷湯以武受命恒以牙爲飾云此旌葬乘車所建也者案既夕禮陳車門內右北面乘車載旜道車載朝服槀車載簑笠故知此旌乘車所建也凡送葬之旌經文不具案既夕士禮而有二旌一是銘旌是初死書名於上則士喪禮爲銘各以其物書名於末曰某氏某之柩置於西階上葬則在柩車之前至壙與茵同入於壙也二是乘車之旌則既夕禮乘車載旜亦在柩之前至壙柩既入壙乃斂乘車所載之旌載於柩車而還故鄭注既夕禮云柩車至壙祝脫載除飾乃斂乘車道車槀車之服載之而還不空以歸送形而往迎精而反此是士之二旌也其大夫諸侯則無文其天子亦有銘旌與士禮同故司常云大喪共銘旌鄭注云王則大常也士喪禮曰爲銘各以其物初死亦置於西階將葬移置於茵從遣車之後亦入於壙也是其一旌也司常又云建廞車之旌廞謂興作之則明器之車也其旌則明器之旌止則陳建於遣車之上行則執之以從遣車至壙從明器而納之壙中此二旌也案士禮既有乘車載旜攝孤卿之旜則天子亦當有乘車載大常謂以金路載之至壙載之而歸但禮文不具耳此其三旌也然則天子三旌也士以禮無遣車故無廞車之旌但二旌耳諸侯及大夫無文熊氏以爲大夫以上有遣車即有廞旌有三旌也云旌之旒緇布廣充幅長尋曰旐者爾雅釋天文引之者證經中設旐夏也案鄭注明堂位云有虞氏當言綏夏后氏當言旂以此差之古代尚質有虞氏但注旄竿首未有繒帛故云綏也夏后漸文故有素錦綢杠又垂八尺之旐故夏云旂也旂是大古名非交龍之旂周則文物大備旂有九等垂之以縿繫之以旂又有交龍之旂龜蛇之旐與夏不同夏雖八尺之旐更無餘飾又引爾雅素錦綢杠者亦爾雅釋天文引之者證經文綢練則素錦用以爲綢杠也

○子張之喪。公明儀爲志焉。志亦謂章識褚幕丹質。以丹布幕爲褚葬覆棺不牆不翣○褚張呂反幕音莫褚幕覆棺者蟻結于四隅。畫褚之四角其文如蟻行往來相交錯蟻蚍蜉也殷之蟻結似今蛇文畫○蟻魚綺反又作蛾蚍避尸反徐扶夷反蜉音浮殷士也。學於孔子徵殷禮也

〔疏〕子張至士也○正義曰此一節論孔子弟子送葬車飾學孔子行殷禮之事各隨文解之○子張之喪公明儀爲志焉公明儀是其弟子亦如公西赤爲章識焉此公明儀又爲曾子弟子故祭義云公明儀問於曾子曰夫子可以爲孝乎是也○褚幕丹質者褚謂覆棺之物若大夫以上其形似幄士則無褚今公明儀尊敬其師故特爲褚不得爲幄但似幕形故云褚幕以丹質之布而爲之也○蟻結者蟻蚍蜉也又於褚之四角畫蚍蜉之形交結往來故云蟻結於四隅所以不牆不翣者用殷禮也所以畫蟻者殷禮士葬之飾也棺蓋亦或取蚍蜉夫子聖人雖行殷禮弟子尊之故葬兼三代之禮令公明儀雖尊其師秖用殷法不牆不翣唯特加褚幕而已上葬夫子用三代之飾案士喪禮既非聖人亦用夏祝商祝彼謂祝習夏禮商禮揔是周祝也故鄭注士喪禮云夏祝祝習夏禮者也夏人教以忠其於養宜故主饋食商祝祝習商禮者商人教之以敬於接神宜故主衣服襲斂周人之喪皆有夏商二祝與夫子用三代之禮其義不同夫子用三代之禮不爲僭者用其大夫之禮耳必用三代者夫子聖人德備三代文物故也

○子夏問於孔子曰。居父母之仇。如之何。夫子曰。寢苫。枕干。不仕。雖除喪居處猶若喪也干盾也○仇音求讎也苫始占反草也枕之鴆反楯本又作盾食允反又音允弗與共天下也。不可以並生遇諸市朝。不反兵而鬭。言雖適市朝不釋兵○朝直遙反注同曰。請問居昆弟之仇。如之何。曰。仕弗與共國。銜君命而使。雖遇之不鬭。爲負而廢君命○銜音咸使色吏反爲于僞反下爲其負相爲同曰。請問居從父昆弟之仇。

如之何。曰。不爲魁。魁猶首也天文北斗魁爲首杓爲末○從如字徐才用反魁苦回反杓必遥反又匹遥反主人能。則執兵而陪其後。爲其負當成之○陪步回反【疏】子夏至共後○正義曰此一節論親疏報仇之法各依文解之○遇諸市朝者上既云不仕得有遇諸朝者身雖不仕或有事須入朝故得有遇諸朝也不反兵而鬬者言執殺之備是常帶兵雖在市朝不待反還取兵即當鬬也然朝在公門之內兵器不入公門身得持兵入朝者案閽人掌中門之禁但兵器不得入中門耳其大詢衆庶在皐門之內則得入也且朝文既廣設朝或在野外或在縣鄙鄉遂但有公事之處皆謂之朝兵者亦謂佩刀已上不必要是矛戟皇氏以爲市朝正謂市也市有行肆似朝故謂市朝此辭非也上曲禮唯云不與共載天交不備也上曲禮云兄弟之讎不反兵此父母之仇云不反兵又此昆弟之讎云不反兵者父母與昆弟之仇皆不反兵也上曲禮昆弟之仇不反兵是謂非公事或不仕者故恒執持殺之備此交昆弟之仇據身仕爲君命出使遇之不鬬故不得云不反兵也二交相互乃足○注爲負而廢君命○正義曰負猶不勝也爲其鬬而不勝廢君命也下注云爲其負當成之負亦謂不勝也○注天交北斗魁爲首杓爲末○正義曰案春秋運斗樞云北斗七星第一天樞第二旋第三機第四權第五衡第六開陽第七摇光第一至第四爲魁第五至第七爲杓是魁爲首杓爲末○主人能則執兵而陪其後○謂從父昆弟之仇既不爲報之仇魁首若主人能自報則執兵陪助其後○孔子之喪。二三子皆絰而出。尊師也出謂有所之適然則凡弔服加麻者出則變服○絰大結反羣居則絰。出則否。羣謂七十二弟子相爲朋友服子夏曰吾離羣而索居○易墓。非古也。易謂芟治草木不易者丘陵也○易以豉反注同芟所銜反【疏】易墓非古也○正義曰此一節論墓內不合芟治之事○易謂至陵也○正義曰墓謂冢旁之地易謂芟治草木不使荒穢不易者使有草木如丘陵然言易墓非古也則古者殷以前墓而不墳是不治易也○子路曰。吾聞諸夫子。喪禮。與其哀不足而禮有餘也。不若禮不足而哀有餘也。喪主哀祭禮與其敬不足而禮有餘也。不若禮不足而敬有餘也。祭主敬○【疏】子路至餘也○正義曰此一節論喪主哀祭主敬之事○吾聞諸夫子者諸之也據所聞事於孔子也○喪禮與其哀不足而禮有餘也此所聞事喪禮居喪之禮也與及也禮有餘明器衣衾之屬也言居喪及其哀少而禮物多也不若禮不足而哀有餘也者若物多而哀少則不如物少而哀多也○祭禮與其敬不足而禮有餘也者祭禮謂祭祀之禮也而禮有餘謂俎豆牲牢之屬多也言敬少而牢多也不若禮不足而敬有餘也者若牲器多而敬少則不如牲器少而敬多也○曾子弔於負夏。負夏衛地主人既祖填池。祖謂移柩車去載處爲行始也填池當爲奠徹聲之誤也奠徹謂徹遣奠設祖奠○填池依注音奠徹盧王並如字處昌慮反下同遣奠弃戰反本或作遷奠非推柩而反之。反於載處榮曾子弔欲更始○推昌佳反又吐回反柩其久反降婦人而后

行禮。禮既祖而婦人降今反柩婦人辟之復升堂矣柩無反而反之而又降婦人蓋欲矜賓於此婦人皆非○辟音避下辟賢辟不懷並同復扶又反從者曰。禮與。怪之○從音才用反下同與音餘下同曾子曰。夫祖者且也。且未定之辭○夫音扶且胡爲其不可以反宿也。給說從者又問諸子游曰。禮與。疑曾子言非子游曰。飯於牖下。小斂於戶內。大斂於阼。殯於客位。祖於庭。葬於墓。所以即遠也。故喪事有進而無退。明反柩非○飯煩晩反牖羊久反斂力驗反禮家凡小斂大斂之字皆同不重出阼才故反曾子聞之。曰。多矣乎。予出祖者。善子游言且服○且服本或作且服過【疏】曾子至祖者○正義曰此一節論負夏氏葬禮所失之事○既祖填池者案既夕禮啓殯之後柩遷于祖重先奠從柩從升自西階正柩于兩楹間用夷牀鄭注云是時柩北首設奠于柩西此奠謂啓殯之奠也質明徹去啓奠乃設遷祖之奠于柩西至日側乃卻下柩載於階間乘蜃車載訖降下遷祖之奠設於柩車西當前束時柩猶北首前近北前束者謂棺於車束有前後故云前束乃飾柩設披屬引徹去遷祖之奠遷柩轜外而爲行始謂之祖也婦人降即位于階間乃設祖奠于柩西至厥明徹祖奠又設遣奠於柩車之西然後徹之苞牲取下體以載之遂行此是啓殯之後至柩車出之節也曾子弔於負夏氏正當主人祖祭之明旦既徹祖奠之後設遣奠之時而來弔主人榮曾子之來乃徹去遣奠更設祖奠又推柩少退而返之鄉北又遣婦人升堂至明旦婦人從堂更降而後乃行遣車禮從曾子者以爲疑問曾子云此祖是禮與曾子既見主人榮已不欲指其錯失爲之隱諱云夫祖者且也且是未定之辭祖是行始未是實行且去住二者皆得既得且住何爲不可以反宿明日乃去○注祖謂至祖奠○正義曰祖謂移柩車去載處爲行始者案既夕禮注云束棺於柩車賓出遂匠納車於階間柩從兩楹卻下載於車乃迴車南出是爲祖也祖始也謂將行之始也云奠徹謂徹遣奠設祖奠者案既夕禮祖日明旦徹祖奠設遣奠曾子正當設遣奠時來主人乃徹去遣奠還設祖奠似若不爲遣奠然經云主人既祖祖之明日既徹祖奠之時故謂之既祖鄭云祖謂移柩車去載處者解正祖之名也皇氏熊氏皆云曾子雖今日來弔遷指昨日爲既祖於文繚其義非也○注禮既祖而婦人降○正義曰既夕禮文以既祖柩車南出階間既空故婦人得降立階間今柩車反還階間故婦人辟之升堂婦人既已升堂柩車未迴南出則婦人未合降也今乃降之者以曾子賢人欲矜誇賓於此婦人也言皆非者柩無反而反之是一非既反之未迴車南出婦人不合降而降之是二非也○注給說○正義曰論語云禦人以口給謂不顧道理以捷給說於人也○曾子至祖者○多猶勝也曾子自知已說之非聞子游之荅是故善服子游也故言子游所說出祖之事勝於我所說出祖也○曾子襲裘而弔。子游裼裘而弔。曾子指子游而示人曰。夫夫也。爲習於禮者。如之何其裼裘而弔也。曾子蓋知臨喪無飾夫夫猶言此丈夫也子游於時名爲習禮

○裼星歷反夫夫上音扶下如字一讀並如字注及下同主人既小斂。袒括髮。子游趨而出。襲裘帶絰而入。於主人變乃變也所弔者朋友○袒括徒旱反下古活反曾子曰。我過矣。我過矣。夫夫是也。服是善子游【疏】曾子至是也○正義曰此一節論弔禮得失之事各依文解之○子游趨而出襲裘帶絰而入凡弔喪之禮主人未變之前弔者吉服而弔吉服謂羔裘玄冠緇衣素裳又袒去上服以露裼衣則此裼裘而弔是也主人既變之後雖著朝服而加武以絰又掩其上服若是朋友又加帶則此襲裘帶絰而入是也案喪大記云弔者襲裘加武帶絰注云始死弔者朝服裼裘如吉時也小斂則改襲裘而加武與帶絰矣武吉冠之卷也加武者明不改冠但加絰於武喪大記所云亦據朋友故云帶絰絰帶既在首鄭注加武與帶絰似帶亦加武者其實加武唯絰連言帶耳主人成服之後弔者大夫則錫衰士則疑衰當事皆首服弁絰此子游之弔未知主人小斂以否何因出則有帶絰服之而入但子游既及弔喪豫備其事故將帶絰行也○子夏既除喪而見。見於孔子○見賢遍反注及下同予之琴。和之而不和。彈之而不成聲。樂由人心○予羊汝反下同和音禾或胡臥反下同樂音岳又音洛作而曰。哀未忘也。先王制禮。而弗敢過也。作起○忘音亡子張既除喪而見。予之琴。和之而和。彈之而成聲。作而曰。先王制禮。不敢不至焉。雖情異善其俱順禮【疏】子夏至至焉○正義曰此一節論子夏子張居喪順禮之事此言子夏子張者案家語及詩傳皆言子夏喪畢夫子與琴援琴而絃衎衎而樂閔子騫喪畢夫子與琴援琴而絃切切而哀與此不同者當以家語及詩傳爲正知者以子夏喪親無異聞焉能彈琴而不成聲而閔子騫至孝之人故孔子善之云孝哉閔子騫然家語詩傳云援琴而絃切切以爲正也熊氏以爲子夏居父母之喪異故不同也○司寇惠子之喪。惠子衛將軍文子彌牟之弟惠叔蘭也生虎者○彌亡卑反牟莫侯反子游爲之麻衰。牡麻絰。惠子廢適立庶爲之重服以譏之麻衰以吉服之布爲衰○爲之于僞反注爲之重服下爲之服皆同適丁歷反下文及注同文子辭曰。子辱與彌牟之弟游。謝其存時又辱爲之服。敢辭。止之服也子游曰。禮也。文子退。反哭。子游名習禮文子亦以爲當然未覺其所譏趨而就諸臣之位。深譏之大夫之家臣位在賓後文子又辭曰。子辱與彌牟之弟游。又辱爲之服。又辱臨其喪。敢辭。止之在臣位子游曰。固以請。再不從命文子退。扶適子南面而立。曰。子辱與彌牟之弟游。又辱爲之服。又辱臨其喪。虎也敢不復位。覺所譏也虎適子名

文子親扶而辭敬子游也南面而立則諸臣位在門内北面明矣子游趨而就客位。所譏行〔疏〕司寇至客位○正義曰此一節論子游譏司寇惠子廢適立庶得行之事各依文解之○注惠子至虎者○正義曰案世本靈公生昭子郢郢生文子木及惠叔蘭蘭生虎爲司寇氏文子生簡子瑕瑕生衛將軍文氏然則彌牟是木之字○注爲之至爲衰○正義曰子游既與惠子爲朋友應著弔服加緦麻帶絰今乃著麻衰牡麻絰故云重服譏之云麻衰以吉服之布爲衰者案詩云麻衣如雪又閒傳云大祥素縞麻衣皆吉服之布稱麻故知此麻衰亦吉服之布也案喪服云公子爲其母麻衣鄭注云小功布深衣者以大夫之子爲其母厭降大功則公子爲其母厭降宜小功布衰與此別也案弔服錫衰十五升去其半疑衰十四升今子游麻衰乃吉服十五升輕於弔服而云重服以譏之者據牡麻絰爲重弔服弁絰大如緦之絰一股而環之今乃用牡麻絞絰與齊衰絰同故云重也○注深譏至賓後○正義曰大夫之賓位在門東近北大夫之家臣位亦在門東而南近門並皆北鄉故在賓後也故盧云喪賓後主人同在門東家臣賓後則近南也○注南面至明矣○正義曰然鄭亦不知臣定位今以此爲證故云明矣子游弔在臣位適子既鄉南面對子游故知臣位在門内北面也案鄭注之意前既云大夫家臣位在賓後則此又云臣位在門内北面則凡賓位在門東亦得與盧合也而前檀弓云越而就伯子於門右注云去賓位就主人之兄弟賢者若案彼注云則未越時賓位應在門左者以檀弓之弔當在小斂前同國并異國在門左若諸侯禮大國賓辟寄公故在門右耳或云檀弓爲異國禮譏於中子故自處異國之賓故在門西也○將軍文子之喪。既除喪而后越人來弔。主人深衣練冠。待于廟。垂涕洟。主人文子之子簡子瑕也深衣練冠凶服變也待于廟受弔不迎賓也○涕音他計反洟音夷自目曰涕自鼻曰洟瑕音遐本又作叚音古雅反子游觀之曰。將軍文氏之子。其庶幾乎。亡於禮者之禮也。其動也中。中禮之變○丁仲反注及下注禮中之中同〔疏〕將軍文子之喪至其動也中○正義曰此一節論居喪得中禮之變各依文解之○將軍文子其身終亡既除喪大祥祭之後越人來弔謂遠國之人始弔其喪主人文子之子身著深衣是既祥之麻衣也首著練冠謂未祥之練冠也待賓於廟目垂於涕鼻垂於洟子游觀之曰將軍文氏之子其庶幾乎亡於禮者之禮也者亡無也其始死至練祥來弔是有文之禮祥後來弔是無文之禮言文氏之子庶幾堪行乎無於禮文之禮也所以堪行者以其舉動也中當於禮之變節也○注主人至賓也○正義曰文子之子簡子瑕也知者世本云深衣練冠凶服變也者深衣即閒傳麻衣也但制如深衣緣之以布曰麻衣緣之以素曰長衣緣之以采曰深衣○練冠者謂祭前之冠若祥祭則縞冠也此謂由來未弔者故練冠若曾來已弔祥後爲喪事更來雖不及祥祭之日主人必服祥日之服以受之故雜記云既祥雖不當縞者必縞然後反服注云謂有以喪事贈賵來者雖不及時猶變服服祥祭之服以受之重其禮也其於此時始弔者則衛將軍文子之子爲之雜記經文本爲重來者故縞冠衛將軍之子始來者故練冠故雜記注引此文者證祥後來弔之事一邊耳推此而言禫後始來弔者則著祥冠若禫後更來有事主人則著禫服其吉祭已後或來弔者其服無文除喪之後亦有弔法故春秋文九年秦人來歸僖公成風之襚是也云待于廟受弔不迎賓也者以其死者遷入於廟故今待弔於廟就死者案士喪禮始死爲君命出小斂以後爲大夫出是有受弔迎賓今以除服受弔故不迎賓也或曰此非已君之命以敵禮待之故不迎也或云此是禫後吉時來也故不在寢而待於廟也禮論亦同

幼名。冠字。五十以伯仲。死諡。周道也。絰也者。實也。○所以表哀戚○冠古亂反掘中霤而浴。毀竈以綴足。及葬。毀宗躐行。出于大門。殷道也。明不復有事於此周人浴不掘中霤葬不毀宗躐行毀宗毀廟門之西而出行神之位在廟門之外○掘求月反又求勿反霤力救反綴丁劣反又丁衛反躐力輒反復扶又反學者行之。學於孔子者行之倣殷禮〔疏〕幼名至行之○正義曰此一節論殷周禮異之事各依文解之○幼名冠字者名以名質生若無名不可分別故始生三月而加名故云幼名也○冠字者人年二十有爲人父之道朋友等類不可復呼其名故冠而加字年至五十耆艾轉尊又捨其二十之字直以伯仲別之至死而加諡凡此之事皆周道也然則自殷以前爲字不在冠時伯仲不當五十以殷尚質不諱名故也又殷以上有生號仍爲死後之稱更無別諡堯舜禹湯之例是也周則死後別立諡故捴云周道也士冠禮二十已有伯某甫仲叔季此云五十以伯仲者二十之時雖云伯仲皆配某甫而言五十之時直呼伯仲耳禮緯含文嘉云質家稱仲文家稱叔周代是文故有管叔蔡叔霍叔康叔聃季等末者稱季是也○掘中至道也○此以下三句明殷禮也每一條義兼二事也中霤室中也死而掘室中之地作坎所以然者一則言此室於死者無用二則以牀架坎上尸於牀上浴令浴汁入坎故云掘中霤而浴也○毀竈以綴足者亦義兼二事一則死而毀竈示死無復飲食之事故毀竈也二則恐死人冷強足辟戾不可著屨故用毀竈之甓連綴死人足令直可著屨也○及葬毀宗躐行出于大門者亦義兼二事也毀宗毀廟也殷人殯於廟至葬柩出毀廟門西邊牆而出于大門所以然者一則明此廟於死者無事故毀之也二則行神之位在廟門西邊當所毀宗之外若生時出行則爲壇幣告行神告竟車躐行壇上而出使道中安穩如在壇令鄉毀宗處出仍得躐此行壇如生時之出也故云毀宗躐行出于大門也○殷道也者道禮也上三句皆是殷禮也○注明不至之外○正義曰此謂中霤竈宗所以掘中霤毀竈及宗是明不復有事於此處也云周人浴不掘中霤者用盤承浴汁也是以喪大記浴水用盆沃水用枓沐用瓦盤鄭注云浴沃用枓沐於盤中文相變也案鄭旨則知浴用盤也云葬不毀宗躐行者周殯於正寢至葬而朝廟從正門出不毀宗也故士喪禮不云躐行也然周家亦不毀竈綴足而鄭注不云者以周綴足用燕几其文可見故此不言耳至於毀宗躐行掘中霤周雖不爲而綴文無云云不掘不毀故鄭注言之也但舉首末言之則中從可知也云毀宗毀廟門之西而出者廟門西邊牆也云行神之位在廟門之外者以其毀宗故云躐行故知行神在廟門之外當毀處之外也行神於後更說

禮記注疏卷七挍勘記　阮元撰盧宣旬摘録

檀弓上

大公封於營邱節

故云先王制禮樂者　閩監毛本同惠棟挍宋本無禮字制上有所字續通解同

若舜愛樂其王業所由　閩監毛本作舜此本舜誤爲

禹愛樂其王業所謂　閩監毛本同惠棟挍宋本謂作由續通解同

狐死正邱首而嚮邱　閩監毛本同惠棟挍宋本作狐死正邱首謂狐之死正邱而嚮邱續通解同

雖狠猏而死　閩監本同毛本猏作狽衞氏集說同續通解同

注齊大公受封至齊日營邱　閩監毛本同惠棟挍宋本無受封齊日四字

大公望生丁公伋　監毛本作丁此本誤下閩本同

舜葬於蒼梧之野節

五者相參　閩監毛本同嘉靖本同惠棟挍宋本參作三宋監本同岳本同通典五十八引作五者相參

周公蓋祔　閩監毛本同岳本同嘉靖本同衞氏集說同惠棟挍宋本祔作附石經同注放此

且天下爲家　閩本同惠棟挍宋本同監毛本且誤目

未知審也　閩監毛本也作悉衞氏集說作未之審悉

記人以周公始附　閩監毛本附作祔下蓋始附葬附節合也同

南巡守　閩監本同毛本守作狩

次妃陬氏之女曰常宜　閩監毛本同浦鏜云陬下脫訾字從大戴禮挍也

云舜不告而取者　閩監本同毛本取作娶下而取何也不得取取妻皆同

次妃癸比　閩監毛本作比此本誤北

大功廢業節

謂所學習業則身有外營　閩監毛本同惠棟挍宋本習業下重習業二字

今檢禮記　閩監本同毛本檢作撿○按作撿避所諱全書皆然

子張病節

吾卽平生以善自脩　閩監毛本同浦鏜挍云卽當既字誤

與曾子召申元同　閩本同監毛本申元作元申

始死之奠節

恐忽須無當　閩監毛本同惠棟挍宋本當作常衞氏集說同

小功不爲位也者節

言禮之末略 閩監毛本作末此本末誤未

鄭注娣姒婦者 閩監毛本同惠棟挍宋本注下有云字

故奔喪禮哭妻之黨於寢 閩監毛本如此此本禮誤重

古者冠縮縫節

解時人之惑 閩監毛本作惑岳本嘉靖本同此本惑誤感

辟積攝少 閩監毛本攝作襵衛氏集說同下但多作襵同

曾子謂子思曰節

言已以疾時禮而不如 閩監毛本同岳本嘉靖本同浦鏜挍從衛氏集說改禮而不如作人之不然非也正義云意疾時人行禮不如已也是正疏禮而不如

小功不稅節

若限滿卽止 閩監毛本作卽此本誤節

進退無禮 閩監毛本同惠棟挍宋本禮作理

伯高死於衛節

夫由賜也見我 惠棟挍宋本同石經同宋監本岳本嘉靖本同衛氏集說同釋文出夫由閩監毛本誤猶石經考文提要宋大字本宋本九經南宋巾箱本余仁仲本劉叔剛本禮記纂言至善堂九經本皆作由

爲爾哭也來者 閩監毛本同石經同岳本嘉靖本同正義同釋文出爲爾來者云一本作爲爾哭也來者

依禮而哭諸野 惠棟挍宋本作諸此本諸誤謂閩監毛本同

子夏喪其子節

而曰女何無罪與 閩監毛本同石經同岳本嘉靖本同衛氏集說同釋文於上文女何云音汝下同坊本女作爾石經考文提要云案上文女何無罪也此作爾歧出宋大字本宋本九經南宋巾箱本余仁仲本劉叔剛本禮記纂言皆作女

夫晝居於內節

無閒晝夜 閩監毛本同惠棟挍宋本閒作問衛氏集說同

高子皐節

言人不能然 閩監毛本作能然岳本同此本能誤禮衛氏集說作言人不能然也嘉靖本作言人不能也惠棟挍宋本同

宋史記孔子弟子傳 閩監毛本同惠棟挍宋本孔子作仲尼

衰與其不當物也節

謂精麄廣狹 閩監毛本同嘉靖本同惠棟挍宋本麄作麤宋監本岳本同衛氏集說作粗釋文出精麄云本又作麤。按段玉裁云麤訓不精俗作麄今人既用作粗粗行而麤廢矣

孔子之衛節

使子貢說驂而賻之 閩監毛本同石經同岳本嘉靖本同衛氏集說同正義同釋文出稅驂云本又作說下及注同

予鄉者入而哭之 閩監毛本同石經同岳本嘉靖本同衛氏集說同正義同釋文出正予鄉皆是也云本又作嚮非考文引古本作嚮

故既夕禮知死者贈 閩監毛本作贈此本贈誤賻

惜車於顏回者 閩監毛本作惜此本誤精

須有賵賻 閩監毛本同衛氏集說同考文引宋板賵作贈是也

孔子在衛節 惠棟挍云孔子在衛節顏淵之喪節宋本合爲一節

在傍徨不進 閩本同惠棟挍宋本監毛本在作則衛氏集說同

孔子蚤作節

負手曳杖 閩監毛本同石經同岳本嘉靖本同衛氏集說本同正義同釋文出抴云亦作曳

消搖於門 閩監毛本同石經同岳本嘉靖本同衛氏集說本同正義同釋文出消搖云本又作逍遙考文引古本作逍遙

欲人之怪已 閩監毛本同岳本嘉靖本同惠棟挍宋本已作己宋監本同衛氏集說同

泰山其頹乎 閩監毛本同岳本同衛氏集說同嘉靖本頹作頽釋文出頽石經頹作頽下其頹同

哲人其萎乎 閩監毛本同正義同石經同岳本嘉靖本衛氏集說同釋文出委乎云本又作萎注同

梁木其壞哲人其萎則吾將安放 閩監毛本同石經同岳本嘉靖本同衛氏集說同困學紀聞曰家語終記云泰山其頹則吾將安仰梁木其壞吾將安杖哲人其萎吾將安放檀弓無吾將安杖四字或謂盧陵劉美中家古本禮記梁木其壞之下有則吾將安仗五字蓋與家語合齊召南曰案古本以無此五字故孔疏云子貢意在怨遽不暇別言是也或所見別本必好事者爲之

南面鄉明 閩監毛本同岳本嘉靖本同釋文出嚮明云本又作鄉衛氏集說作嚮考文引古本同

陵且如此 監毛本同閩本且作旦續通解同

子貢意在怨遽 閩監本同惠棟挍宋本怨作忩毛本作恩

如明堂日至明堂其解 惠棟挍宋本日作耳至字同閩監毛本日至作月令

尙書有武王夢協之言 毛本同閩監本協作恊○惠棟挍宋本此下另行標禮記正義

卷第九終記云凡二十五頁

孔子之喪門人疑所服節 惠棟挍宋本自此節起至孔子曰之死而致死之節止爲第十卷卷首題禮記正義卷第十

孔子至無服 惠棟挍宋本無此五字

與神交之道 監毛本同閩本交誤父

卿大夫亦以錫衰爲弔服 閩監毛本作卿此本卿誤鄉

孔子之喪公西赤爲志焉節

牆之障柩猶垣牆障家 閩監毛本同岳本嘉靖本同衛氏集說亦有考文古本無此九字盧文弨云牆下注九字古本無乃疏中語也山井鼎云下注牆柳衣此注爲衍文明矣

如攝與 閩本同岳本嘉靖本同監毛本攝作襵衛氏集說同惠棟挍宋本亦作攝宋監本同釋文同

崇牙旌旗飾也 閩監毛本同衛氏集說同岳本崇字重宋監本同考文引古本足利本同又云宋板崇牙上闕字似脫一崇字嘉靖本亦作崇崇牙

此旌葬乘車所建也 閩監毛本同岳本嘉靖本同衛氏集說同惠棟挍宋本此作是

孔子至夏也 惠棟挍宋本無此五字

注牆柳至攝與 閩本同監毛本攝作襵下皆同

攝與漢時之扇 閩監毛本同浦鏜挍云與當衍字考文引宋板與作是

國君熏披六 閩監毛本熏作纁與喪大記合

橐車載簑笠 閩本同惠棟挍宋本監毛本簑作蓑與宋本儀禮合衛氏集說同

大喪共銘旌 惠棟挍宋本閩監本同毛本共誤其

攝孤卿之旜 惠棟挍宋本閩本同監毛本攝誤襵

夏后漸文 閩監毛本作漸此本漸誤斬考文引宋板后作家

旂是大古名 閩監毛本同浦鏜云古疑共字誤

子張之喪節

似今蛇文畫 閩監毛本同岳本嘉靖本同衛氏集說同惠棟挍宋本蛇作虵宋監本同

做殷禮 續通解做作倣

子張至士也 惠棟挍宋本無此五字

皆有夏商二祝 閩監本同毛本二誤三考文云宋板作二

子夏問於孔子曰節 惠棟挍云子夏問節孔子之喪節宋本合爲一節

干盾也 閩監毛本同岳本嘉靖本同衛氏集說同釋文出干楯云本又作盾考文引古本作楯

不反兵而鬬 石經作鬭衛氏集說同閩本作鬬監本作鬭毛本作鬬岳本同

子夏至其後 惠棟校宋本無此五字

此一節論親疏報仇之法 閩監本同衛氏集說同毛本報誤執

是常帶兵 閩監毛本同惠棟校宋本是作身是也衛氏集說同

不與共載天 閩監毛本載作戴

既不爲報仇魁首 閩監本同衛氏集說同毛本報誤執

易墓節

是不治易也 閩監毛本同衛氏集說治易作易治孫志祖云集說是也

子路曰節

子路至餘也 惠棟校宋本無此五字

明器衣衾之屬也 閩監毛本同衛氏集說作謂明器衣衾之屬多也

言居喪及其哀少而禮物多也 閩本同監毛本及作與

曾子弔於負夏節

善子游言且服 閩監毛本同嘉靖本同岳本服下有也字釋文出且服也云本或作且服過考文引古本作且服過也足利本無也字案正義云故善服子游也服亦屬子游則服善非服過也

曾子至祖者 惠棟校宋本無此五字

賓出遂又納車於階間 閩監毛本如此此本出誤任又誤文按又字亦誤惠棟校宋本作匠○按作匠是也遂匠指遂人匠人而言

祖曰明且徹祖奠設遣奠 閩監毛本同浦鏜挍云之誤曰

曾子襲裘而弔節

服是善子游 此本游下空闕閩監毛本游下有言字衛氏集說同惠棟校宋本無言字是作且宋監本同岳本嘉靖本同考文引古本足利本同

曾子至是也 惠棟校宋本無此五字

小斂則改襲裘而加武與帶絰矣 閩監毛本同考文引宋板無裘字○按無裘是也否則與喪大記不合

帶既在署 閩監毛本署作要考文引宋板作署

子夏既除喪而見節

先王制禮而弗敢過也 石經同岳本嘉靖本同衛氏集說同閩監毛本王誤生

先王制禮不敢不至焉 石經同岳本嘉靖本同衛氏集說同毛本同閩監本王誤生

善其俱順禮 惠棟校宋本作其宋監本同嘉靖本考文引古本足利本同此本其誤○閩監毛本作同岳本同衛氏集說同

子夏至至焉 惠棟校宋本無此五字

援琴而絃衎衎而樂 閩本同惠棟校宋本同監毛本絃作弦衛氏集說同下而絃字同

援琴而絃切切以爲正也 閩監毛本同浦鏜挍云切切下脫而哀二字

司寇惠子之喪節

止之服也 閩本同岳本嘉靖本同衛氏集說同監本止字殘闕不全毛本止誤上

司寇至客位 惠棟校宋本無此五字

今以此爲證 閩監毛本作今此本誤合

將軍文子之喪節

將軍文子之喪至其動也中 惠棟校宋本無此十一字

知者世本云 閩監毛本同惠棟校宋本云上有文字

則衛將軍文子之子爲之 閩本同衛氏集說同監毛本文子作文氏是也

而待於寢也 閩監毛本同惠棟校宋本寢作廟是也

幼名節

明不復有事於此 閩監本同岳本嘉靖本同衛氏集說同考文引宋板同毛本此誤北

學於孔子者行之儆殷禮 閩監毛本同岳本嘉靖本同衛氏集說作學於孔子行之儆殷禮也續通解儆作倣

幼名至行之 惠棟校宋本無此五字

年至五十者艾轉尊 閩監毛本同惠棟校宋本者作耆衛氏集說同

末者稱季是也 監毛本作稱此本誤舞閩本同

以其毀宗故云躐行 閩監毛本如此此本毀故二字實闕惠棟校宋本故作卽

附釋音禮記注疏卷第八

檀弓上

禮記　鄭氏注　孔穎達疏

子柳之母死。子碩請具。其葬之器用。子柳，魯叔仲皮之子。子碩兄。○碩音石子柳曰。何以哉。言無其財子碩曰。請粥庶弟之母。粥謂嫁之也。妾賤，取之曰買。○鬻本又作粥，音育，賣也。注同子柳曰。如之何其粥人之母。以葬其母也。不可。忠恕既葬。子碩欲以賻布之餘具祭器。古者謂錢爲泉布，所以通布貨財子柳曰。不可。吾聞之也。君子不家於喪。惡因死者以爲利。○惡，烏路反請班諸兄弟之貧者。以分死者所矜也。祿多則與鄰里鄉黨【疏】子柳至貧者。○正義曰：此一節論不粥人之母及因死爲利之事，各依文解之。○注「子柳」至「碩兄」。○正義曰：案下檀弓云叔仲皮學子柳，故知子柳是叔仲皮之子。知子碩兄者，以此云子碩曰請粥庶弟之母，故知子碩兄也。○注「古者」至「貨財」。○正義曰：解布名也。言古者謂錢爲泉布，所以然者，言其通流有如水泉而徧布，貨買天下貨財也。鄭注周禮云：藏曰泉，其行曰布，取名於水泉，其流行無不徧也。鄭又云：泉始蓋一品，周景王鑄大泉而有二品，後數變易，不復識本制，至漢唯有五銖久行。案鄭此者，云五銖者，其重五銖，凡十黍爲一參，一參爲一銖，二十四銖爲一兩，故錢邊作五銖字也。鄭又云：王莽改貨而異作泉布，多至十品，今存於民間多者，有貨布、大泉、貨泉。貨布長二寸五分，廣寸，首長八分有奇，廣八分，其圜好徑二分半，足枝長八分，其右文曰貨，左文曰布，重二十五銖，直貨泉二十五。大泉徑一寸二分，重十二銖，文曰大泉，直十五貨泉。貨泉徑一寸，重五銖，右文曰貨，左曰泉，直一也。案食貨志云：今世謂之笮錢是也。邊猶爲貨泉之字。大泉即今大四文錢也，四邊並有文也。貨布之形，今世難識，世人或耕地猶有得者。古時一箇準二十五錢也。然古又有刀，刀有二種，一是契刀，一是錯刀也。契刀直五百，錯刀直一千，契刀無鏤，而錯刀用金鏤之。刀形如錢而邊作刀字形也，故世猶呼錢爲錢刀也。○君子曰。謀人之軍師。敗則死之。謀人之邦邑。危則亡之。利己亡衆，非忠也。言亡之者，雖辟賢，非義退○公叔文子升於瑕丘。蘧伯玉從。二子，衛大夫。文子，獻公之孫，名拔。○蘧本又作璩，其魚反。從，才用反，又如字。拔，皮八反，徐蒲末反文子曰。樂哉斯丘也。死則我欲葬焉。蘧伯玉曰。吾子樂之。則瑗請前。刺其欲害人良田。瑗，伯玉名。○樂音洛，下同。一讀下樂五教反。瑗，于卷反，又於願反。刺，七賜反【疏】公叔至請前。○正義曰：此一節論蘧伯玉仁者，刺文子欲害人良田之事。○注「文子獻公之孫名拔」。○正義曰：案世本云：獻公生成子當，當生文子拔，拔生朱，爲公叔氏。○弁人有其母死。而孺子泣者。言聲無節。○弁，皮彥反。孺，而注反孔子曰。

哀則哀矣。此誠哀而難爲繼也。失禮中夫禮。爲可傳也。爲可繼也。故哭踊有節。○傳直專反〔疏〕弁人至有節○正義曰此一節論孔子譏弁人哀過之事○而難爲繼也者此哀之深後人無能繼學之者也○夫禮爲可傳也爲可繼也故哭踊有節者又廣述其難繼爲失也夫聖人禮制使後人可傳可繼故制爲哭踊之節以中爲度耳豈可過甚皆使後人不可傳繼乎然雜記曾申問於曾子曰哭父母有常聲乎曰中路嬰兒失其母何常聲之有則與此違者云曾子所言是始死之時悲哀志懣未可爲節此之所言在襲斂之後可以制禮故哭踊有節也所以知然者曾申之問泛問於哭時故知舉重時荅也此之所言哭踊有節節哭之時在於後也

○叔孫武叔之母死。武叔公子牙之六世孫名州仇毀孔子者既小斂。舉者出戶。出戶袒。且投其冠。括髮。尸出戶乃變服失哀節冠素委貌○括古活反子游曰。知禮。嗤之○嗤昌之反〔疏〕叔孫至知禮○正義曰此一節論武叔失禮之事各依文解之○注武叔至子者○正義曰案世本桓公生僖叔牙牙生戴伯茲茲生莊叔得臣臣生穆叔豹豹生昭子婼婼生成子不敢敢生武叔州仇仇是公子牙六世孫故云公子牙六世孫也云毀孔子者論語云叔孫武叔毀仲尼是也○注尸出至委貌○正義曰案士喪禮卒斂徹帷主人西面馮尸踊無筭主婦東面馮亦如之主人髺髮袒衆主人免下云士舉男女奉尸侇于堂喪大記亦云卒小斂主人袒說髦括髮以麻下云奉尸侇于堂是括髮在小斂之後奉尸侇于堂之前主人爲欲奉尸故袒而括髮在前今武叔奉尸侇堂之後乃投冠括髮故云尸出戶乃變服失哀節云冠素委貌者案雜記云小斂環絰公大夫士一也注云士素委貌大夫以上素爵弁而加此絰焉鄭知然者以喪大記云君將大斂子弁絰大夫大斂無文明亦弁絰大斂既爾明小斂亦然故云大夫以上弁絰案武叔投冠武叔是諸侯大夫當天子之士故云士素委貌若然案士喪禮主人括髮鄭注云始死將斬衰者雞斯將括髮者去笄纚而紒無素委貌者熊氏云士喪禮謂諸侯之士故無素冠也崔氏云將小斂之時已括髮括髮後大夫以上加素弁士加素委貌至小斂訖乃投去其冠而見括髮今案士喪禮及大記皆小斂卒乃括髮無小斂之前爲括髮者崔氏之言非也案士喪禮小斂括髮鄭注喪服變除云襲而括髮者彼據大夫以上之禮死之明日而襲與士小斂同日俱是死後二日也鄭注士喪禮一括髮之後比至大斂自若所以大記云小斂主人袒說髦括髮是諸侯小斂之時更括髮者崔氏云謂去其髦更正括髮非重爲括髮也○子游曰知禮○子游是習禮之人見武叔失禮反謂之知禮故知嗤之也

○扶君。卜人師扶右。射人師扶左。謂君疾時也卜當爲僕聲之誤也僕人射人皆平生時贊正君服位者○卜人師依注音僕師長也謂大僕也本或無師字者非也前儒如字卜人及醫師也君薨以是舉。不忍變也周禮射人大喪與僕人遷尸〔疏〕扶君至是舉○正義曰此一節論君薨所舉遷尸之人○注謂君至位者○正義曰知是君疾時者以下云君薨以是舉故知君疾時也知卜當爲僕者以卜人無正君之事案周禮大僕職掌正王之服位射人職掌國之三公孤卿大夫之位及王舉動悉隨王故知也

○從母之夫。舅之妻。二夫人相爲服。君子未之言也。二夫人猶言此二人也時有此二人同居死相爲服者甥居外家而非之○從才用反夫人音扶注同爲于僞反注及下注夫爲妻同或曰。同爨緦。以同居生緦之親可○爨緦上七亂反下音思〔疏〕從母至爨緦○正義曰此一節論失禮之事各依文解之○注時有至非之○正義曰知同居者以下云同爨緦故知同居也云甥居外家而非之者以言從母及舅皆是外甥稱謂之辭故知甥也若他人之言應云妻之兄弟婦夫之姊妹夫相爲服不得云從母之夫舅之妻也言甥居外家而非之者謂甥來居在外姓舅氏之家見有此事而非之或云外家者以二人同住甥居外旁之家遥譏之○或曰同爨緦者既將爲非禮或人以爲於禮可許既同爨而食合有緦麻之親此皆據緦麻正衰非弔服也故云相爲服若是弔服疏人皆可何怪此二人何胤以爲弔服加麻絰如朋友然非也凡弔服不得稱服故上云請喪夫子若喪父而無服時朋友弔服而稱無服故知此相爲服非弔服也

○喪事欲其縱縱爾。趨事貌縱讀如揔領之揔○縱依注音揔急遽貌吉事欲其折折爾。安舒貌詩云好人提提○折大兮反注同故喪事雖遽不陵節。吉事雖止不怠。陵躐也止立俟事時也怠惰也○躐力輒反惰徒臥反故騷騷爾則野。謂大疾○騷素刀反急疾貌大音泰一音他佐反下注同鼎鼎爾則小人。謂大舒君子蓋猶猶爾。疾舒之中〔疏〕喪事至猶爾○正義曰此一節論吉凶趨容之事各依文解之○注詩云好人提提○正義曰所引者魏風葛屨之詩也魏俗褊薄遣新來婦人縫作衣裳故述而刺之云美好婦人初來之時提提然引之者證安舒之意○故喪至猶爾○正義曰以上喪事欲疾吉事欲舒因上生下故云喪事雖須促遽亦當有常不得陵越喪禮之節吉事雖有行止住之時不得怠惰寬慢故喪事騷騷爾過爲急疾則如田野之人急切無禮若吉事鼎鼎爾不自嚴敬則如小人然形體寬慢也若君子之人於喪事之內得疾之中於吉事之內得舒之中蓋行禮之時明閑法則志意猶猶然猶猶是曉達之貌

○喪具。君子恥具。辟不懷也喪具棺衣之屬一日二日而可爲也者。君子弗爲也。謂絞紟衾冒○絞戶交反後同紟其蔭反冒莫報反〔疏〕喪具至弗爲也○正義曰此一節論孝子備喪具之事各依文解之○注辟不至之屬○正義曰此辟不懷宣八年左傳云禮卜葬先遠日辟不懷也懷思也葬用近日則是不思念其親今送死百物皆具是速棄其親今未即辦具是辟不思親之事也云喪具棺衣之屬者棺即預造衣亦漸制但不一時頓具故王制云六十歲制七十時制八十月制九十日脩唯絞紟衾冒死而后制是也

○喪服。兄弟之子猶子也。蓋引而進之也。嫂叔之無服也。蓋推而遠之也。或引或推重親遠別○遠于萬反別彼列反姑姊妹之薄也。蓋有受我而厚之者也。欲其一心於厚之者姑姊妹嫁大功夫爲妻期○期音基〔疏〕喪服至者也○正義曰喪服是儀禮正經記者録喪服中有下三事各以釋之其兄弟之子期姑姊妹出適大功皆喪服經文嫂叔無服喪服傳文所以嫂叔無服進在姑姊妹之上者取或引或推二者相對其子服重是引而進之其嫂無服是推而遠之並云蓋者記人雖解其義猶若不審然故謙而言蓋○注或引至遠別○正義曰己子服期今昆弟之子亦服期牽引進之同於己子案喪服傳昆弟之子期報之也此云引者喪服有世父叔父母期又云昆弟之子何以亦期也有相報答之義故云報也己子服期昆弟之子應降一等服大功今乃服期故云引也二文相兼乃備或推者昆弟相爲服期其妻應降一等服大功今乃使之無服是推使疏而斥遠之也言重親解或引言遠別解或推遠別者何平叔云夫男女相爲服不有骨肉之親則有尊卑之異也嫂叔親非骨肉不異尊卑恐有混交之失推使無服也○姑姊妹之薄也者未嫁之時爲之厚今姑姊妹出嫁之後爲之薄蓋有夫壻受我之厚而重親之欲一心事於厚重故我爲之薄

○食於有喪者之側。未嘗飽也。助哀戚也

○曾子與客立於門側。其徒趨而出。徒謂客之旅曾子曰。爾將何之。曰吾父死。將出哭於巷。以爲不可發凶於人之館曰。反哭於爾次。次舍也禮館人使專之若其自有然曾子北面而弔焉。〔疏〕曾子至弔焉○正義曰此一節論館客使如其己有之事○曰反哭於爾次者於時立曾子之門故曾許其反哭於汝次舍之處依禮喪主西面曾子所以北面弔者案士喪禮主人西面其賓亦在東門北面謂同國之賓曾子既許其哭於次故以同國賓禮北面弔焉

○孔子曰。之死而致死之。不仁而不可爲也。之死而致生之。不知而不可爲也。之往也死之生之謂無知與有知也爲猶行也○知音智是故竹不成用。瓦不成味。木不成斲。成猶善也竹不可善用謂邊無縢味當作沬沬靧也○味依注音沬亡曷反斲陟角反縢本又作縢徒登反靧音悔洗面琴瑟張而不平。竽笙備而不和。無宮商之調○竽笙音于下音生和胡卧反調直弔反有鐘磬而無簨虡。不縣之也橫曰簨植曰虡○簨息允反虡音巨植時力反又音值其曰明器。神明之也。言神明死者也神明者非人所知故其器如此〔疏〕孔子至之也○正義曰此一節論生人於死者不可致死致生之事○之死而致死之者之往也謂生者以物往送葬於死者而致死之意謂之無復有知是不仁之事而不可爲也○之死而致生之者謂以物往送葬者而離死猶致生之意是不知之事而不可爲也○注之往至知也○正義曰謂生者以物往送死者故何胤云言往死者處而致此死之者之意謂死如草木無知如此用情則不仁不可行於世也往死者處而致此死者於全生之物則不知而不可行也拾此二塗不仁不知之間聖人之所難言付之不測之竟言無知與有知者即下云夏后氏用明器示民無知殷人用祭器示民有知也○是故竹不成用者聖人爲教使人子不死於亡者不便謂無知不生於死者不便謂有知故制明器以神明求之不死不生不可測也成善也故爲器用並不精善也竹不善用謂竹器邊無縢緣也何胤云若全無知則不應用若全有知則亦不應不成故有器不成是不死不生也○瓦不成味者味猶黑光也今世亦呼黑爲沬也瓦不善

沐謂瓦器無光澤也○木不成斲者斲雕飾也木不善斲鄭注云味當作沬沬靧也靧謂靧面證沬爲光澤也琴瑟張而不平者亦張弦而不調平也○竽笙備而不和者亦備而無宮商之調和也有鍾磬而無簨虡者簨虡縣鍾磬格也亦有鍾磬而不用格縣掛之鄭云不縣之也者案典庸器云大喪廞筍虡明知有而不縣之也云橫曰簨植曰虡者虡距也以用力故曰虡也○注言神至所知○正義曰神明微妙無方不可測度故云非人所知也

有子問於曾子曰。問喪於夫子乎。有子孔子弟子有若也夫子卒後問此庶有異聞也喪謂仕失位也魯昭公孫於齊曰喪人其何稱○問喪問或作聞喪息浪反注及下皆同孫音遜 曰。聞之矣。喪欲速貧。死欲速朽。有子曰。是非君子之言也。貧朽非人所欲○朽許久反 曾子曰。參也聞諸夫子也。有子又曰。是非君子之言也。曾子曰。參也與子游聞之。有子曰。然。然則夫子有爲言之也。曾子以斯言告於子游。子游曰。甚哉有子之言似夫子也。昔者夫子居於宋。見桓司馬自爲石椁。三年而不成。桓司馬宋向戌之孫名魋○有爲于僞反下爲桓司馬爲敬叔則爲之注爲民作爲嫁母皆向向式上反戌音恤魋大回反 夫子曰。若是其靡也。死不如速朽之愈也。死之欲速朽。爲桓司馬言之也。靡侈○侈昌氏反又申氏反 南宮敬叔反。必載寶而朝。敬叔魯孟僖子之子仲孫閱蓋嘗失位去魯得反載其寶來朝於君○朝直遥反注同僖許宜反閱音悅 夫子曰。若是其貨也。喪不如速貧之愈也。喪之欲速貧。爲敬叔言之也。曾子以子游之言告於有子。有子曰。然。吾固曰。非夫子之言也。曾子曰。子何以知之。有子曰。夫子制於中都。四寸之棺。五寸之椁。以斯知不欲速朽也。中都魯邑名也孔子嘗爲之宰爲民作制孔子由中都宰爲司空由司空爲司寇 昔者夫子失魯司寇。將之荆。將應聘於楚○應應對之應 蓋先之以子夏。又申之以冉有。以斯知不欲速貧也。言汲汲於仕得祿○汲音急

【疏】有子至貧也。○正義曰此一節論喪不欲速貧死不欲速朽之事各隨文解之。○有子問於曾子者此孔子卒後弟子相問冀有所異聞也問喪謂問失本位居他國禮也有子問於曾子云汝曾聞失位在他國之禮於孔子否乎。○注有子至何稱。○正義曰案仲尼弟子傳有若少孔子四十三歲彼注云魯人也曾參南武城人字子輿少孔子四十六歲云魯昭公孫於齊曰喪人其何稱者引公羊證失位者稱喪也昭公孫于齊次于楊州齊侯唁公于野井昭公曰喪人其何稱○有子至言也○以曾子云喪欲速貧死欲速朽有子云如是之語非君子之言也夫子既是君子必不爲此言時有子唯問喪不問死曾子以喪死二事報有子者以喪死俱爲惡事貧朽又事類相似既言喪欲速貧遂言死欲速朽案此速貧在前速朽在後而下子游之對先云死欲速朽後言喪欲速貧隨孔子所見言之先後也且孔子爲中都宰之時制其棺椁不用速朽其事在前夫子失魯司寇使子夏冉有先適楚不欲速貧其事在後故子游先言速朽後言速貧亦隨夫子之事前後○注桓司至名魋○正義曰案世本向戌生東鄰叔子超超生左師眅眅即向巢也魋是巢之弟故云向戌孫也○注孔子至司寇○正義曰孔子世家定公九年孔子年五十定公以孔子爲中都宰一年四方皆則之由中都宰爲司空由司空爲司寇定公十年會于夾谷攝相事此云司寇者崔靈恩云諸侯三卿司徒兼冢宰司馬兼宗伯司空兼司寇三卿之下則五小卿爲五大夫故周禮太宰職云諸侯立三卿五大夫也則五大夫者司徒之下立二人小宰小司徒司馬之下以其事省立一人爲小司馬兼宗伯之事司空之下立二人小司寇小司空今夫子爲司空者爲小司空也從小司空爲小司寇也崔所以知然者魯有孟叔季三卿爲政又有臧氏爲司寇故知孔子爲小司寇崔解可依○昔夫至之荆○案世家定十四年齊人歸女樂孔子去魯適衛從衛之陳過匡邑匡人圍之又復去過蒲又反於衛去衛過曹適宋時定公卒宋桓魋欲殺孔子伐夫子所過之樹削夫子所過之跡去宋適鄭去鄭適陳居三歲又適衛既不見用將西見趙簡子至河而聞殺竇鳴犢與舜華也又反於衛復行如陳時哀公三年孔子年六十明年孔子自陳遷于蔡三歲孔子在陳蔡之間楚使人聘孔子陳蔡乃圍孔子絶糧乏食七日於是使子貢至楚楚昭王興師迎孔子將以書社七百里封孔子楚令尹子西諫而止之是歲楚昭王卒孔子自楚反于衛孔子年六十三是魯哀公六年以此言之失司寇在定十四年之楚在哀公六年其間年月甚遠且失司寇之後嚮宋不嚮楚而云失魯司寇將之荆者謂失魯司寇之後將往之荆則哀公六年之荆亦是失司寇之後非謂失司寇之年即之荆也。

○陳莊子死。赴於魯。魯人欲勿哭。君無哭鄰國大夫之禮陳莊子齊大夫陳恒之孫名伯 繆公召縣子而問焉。縣子曰。古之大夫。束脩之問不出竟。雖欲哭之。安得而哭之。以其不外交○繆音木竟音境 今之大夫。交政於中國。雖欲勿哭。焉得而弗哭。言時君弱臣强政在大夫專盟會以交接○焉於虔反 且臣聞之。哭有二道。有愛而哭之。有畏而哭之。以權微勸之 公曰。然。然則如之何而可。縣子曰。請哭諸異姓之廟。明不當哭 於是與哭諸縣氏。

【疏】陳莊至縣氏○正義曰此一節論哭鄰國臣之法○注陳莊至名伯○正義曰案世本成子常生襄子班班生莊子伯鄭依世本知也。

○仲憲言於曾子曰。夏后氏用明器。示民無知也。所謂致死之仲憲孔子弟子原憲 殷人用祭器。示民有知也。所謂致生之 周人兼用之。示民疑也。言使民疑於無知與有知 曾子曰。其不然乎。其不然乎。非其說之非也 夫明器。鬼器也。祭器。人器也。夫古之人胡爲而死其親乎。言仲憲之言三者皆非此或用鬼器或用人器

【疏】仲憲至親乎。○正義曰此一節論不可致意於死人爲生之事各隨文解之○注仲憲孔子弟子原憲○正義曰案仲尼弟子傳云原憲字子思彼注云魯人也其時與曾子評論三代送終器具之義也○曰夏后至親乎○此以下是原憲非也其言夏后氏所以別作明器送亡人者言亡人以不堪用之器送之表示其無知也○殷人用祭器知也者憲又言殷家不別作明器而即用祭祀之器者祭器堪爲人用以言亡者有知與人同故以有用之表示其有知也○周人兼用之示民疑也者憲又并用夏殷二代之器送亡者不知定無知如夏爲當如殷周人爲之致惑不可定者故并用送之是示於不定也○曾子曰其不然乎其不然乎者曾子聞憲是故重稱不然深鄙之也○夫明器鬼器也祭器人曾子鄙憲言畢而自更說其義也言二代用此器送是爲有知與無知也正是質文異耳夏代文言鬼與純用鬼器送之非言爲無知也殷世質言雖復鬼與亦應恭敬是同故用恭敬之器仍是食途之非言爲說二代既了則周兼用之非爲疑可知故不重說尋文言亡者亦宜鬼事亦宜敬事故并用鬼敬二器非言疑惑也然周唯大夫以上兼用耳士唯用鬼器不用人器崔靈恩云此王者質文相變耳○夫古之人胡爲而乎者曾子說義既竟又更鄙於仲憲所言也古謂夏時古人雖質何容死其親乎若是無知則是死之義也言三事皆非而曾子此獨譏無知者以夏后氏尤古故一則餘從可知也

○公叔木有同母異父之昆弟死。問於子游。木當爲朱春秋作戍衛公叔文子之子定公十四年奔魯○木音式樹反又音朱徐之樹反 子游曰。其大功乎。疑所服也親者屬大功是 狄儀有同母異父之昆弟死。問於子夏。子夏曰。我未之前聞也。魯人則爲之齊衰。狄儀行齊衰。今之齊衰。狄儀之問也。

【疏】公叔木有同母異父之昆弟死問於子游至狄儀之問也○正義曰此一節論爲同母異父昆弟死著服得失之事各依文解之○注木當爲朱至十四年奔魯○正義曰案世本衛獻公生成子當生文子拔拔生朱故知木當爲朱也言春秋作戍者定十四年衛公叔戍來奔是也○注疑所服也親者屬大功是○正義曰同母異父昆弟之服喪服無文故子游疑之其大功乎乎是疑辭也云親者屬大功是者鄭意以爲同母之親屬服大功是也所以是者以同父同母則服期今但同母而以母是我親生其兄弟是親者血屬故降一等而服大功案聖證論王肅難鄭稱禮親者血屬謂出母之身不謂出母之子服也若出母之子服大功則出母之父母服應更重何以爲出母之父母無服王肅云同母異父兄弟服大功者謂繼父服齊衰其子降一等故服大功馬昭難王肅云異父

昆弟恩繼於母不繼於父蕭以爲從繼父而服非也張融以爲繼父同居有子正服齊衰三月乃爲其子大功非服之差互說是也○今之齊衰狄儀之問也○不云自狄儀始者庾蔚云狄儀之前魯人先已行之故不云自狄儀始也

○子思之母死於衞。子思孔子孫伯魚之子伯魚卒其妻嫁於衞柳若謂子思曰。子聖人之後也。四方於子乎觀禮。子蓋慎諸。柳若衞人也見子思欲爲嫁母服恐其失禮戒之嫁母齊衰期子思曰。吾何慎哉。吾聞之。有其禮無其財。君子弗行也。謂時可行而財不足以備禮有其禮有其財。無其時。君子弗行也。謂財足以備禮而時不得行者吾何慎哉。時所止則止時所行則行無所疑也喪之禮如子贈襚之屬不踰主人○襚音遂【疏】子思至慎哉○正義曰此一節論爲出嫁母之喪行禮之事○注子思孔子孫伯魚之子○正義曰孔子世家文○鄭言之者以下云子聖人之後故具言之○注柳若至衰期○正義曰云嫁母齊衰期者嫁母之服喪服無文案喪服杖期章云父卒繼母嫁從爲之服報則親母可知故鄭約云齊衰期也又鄭止言齊衰期不言嫡庶故譙周袁準並云父卒母嫁非父所絕嫡子雖主祭猶宜服期而喪服爲出母期嫁母與出母俱是絕族故知與出母同也張逸問舊儒世本皆以孔子後數世皆一子禮適子爲父後爲嫁母無服檀弓說子思從於嫁母服何鄭荅云子思哭嫂爲位必非適子或者兄若早死無繼故云數世皆一子○注謂財至行者○正義曰謂若嫁母之家主人貧乏斂手足形還葬已雖有財不得過於主人故下注喪之禮如于贈襚之屬不踰主人是也

○縣子瑣曰。吾聞之。古者不降。上下各以其親。古謂殷時也上不降遠下不降卑○瑣息果反依字作璅滕伯文爲孟虎齊衰。其叔父也。爲孟皮齊衰。其叔父也。伯文殷時滕君也爵爲伯名文○滕徒登反爲于僞反下及下注爲人同【疏】縣子至父也○正義曰此一節論古者若服上不降遠下不降卑之事各依文解之○瑣縣子名據所聞而言也古者不降所聞之事也古者殷時也周禮以貴降賤以適降庶唯不降正耳而殷世以上雖貴不降賤也上下各以其親不降之事也上謂旁親族曾祖從祖及伯叔之班族下謂從子從孫之流彼雖賤不以己尊降之猶各隨本屬之親輕重而服之故云上下各以其親庾蔚云上下猶尊卑也正尊周禮猶不降則知所明者旁尊也鄭恐尊名亂於正尊故變文言遠也○滕伯至父也○謂滕國之伯名文爲叔父孟虎著齊衰之服其虎是滕伯文叔父也爲孟皮齊衰其叔父也謂滕伯爲兄弟之子孟皮著齊衰之服其滕伯是皮之叔父也言滕伯上爲叔父下爲兄弟之子皆著齊衰是上不降遠下不降卑也

○后木曰。喪。吾聞諸縣子曰。夫喪。不可不深長思也。后木魯孝公子惠伯鞏之後○鞏恭勇反買棺外內易。我死則亦然。此孝子之事非所託○易以豉反○【疏】后木至亦然○正義曰此一節論屬子以死事非禮之事各依文解之○后木云孝子居喪之禮吾聞之於縣子云夫居喪不可不深思長慮也孝子既深思長慮故買棺之時當令精好斷制外內使之平易后木既述縣子之言以語其子又云在後我身若死則亦當然然猶如是我死亦當如是縣子之言買棺外內易也○注后木至之後○正義曰案世本孝公生惠伯革其後爲厚氏世本云革此云鞏世本云厚此云后其字異耳則惠伯之子孫無名木者故鄭直云其後○注此孝至所託○正義曰言買棺外內滑易者此是孝子所爲之事非是父母豫所屬託譏后木也

○曾子曰。尸未設飾。故帷堂。小斂而徹帷。仲梁子曰。夫婦方亂。故帷堂。小斂而徹帷。斂者動搖尸帷堂爲人褻之言方亂非也仲梁子魯人也○帷意悲反

○小斂之奠。子游曰。於東方。曾子曰。於西方。斂斯席矣。曾子以俗說非又大斂奠於堂乃有席小斂之奠在西方。魯禮之末失也。末世失禮之爲【疏】曾子至失也○正義曰此一節論小斂失禮之事各依文解之○注言方至人也○正義曰知方亂非者以小斂之後豈無夫婦方亂之事何故徹帷乃云方亂明爲動搖尸柩故帷堂案春秋定五年魯有仲梁懷是仲梁魯人之姓故知仲梁子魯人也○曾子至西方○依禮小斂之奠設於東方奠又無席魯之衰末奠於西方而又有席曾子見時如是謂將爲禮故云小斂於西方斯此其斂之時於此席上而設奠矣曾子之言失禮故記者正之云小斂奠所以在西方是魯人行禮末世失其法也○注曾子至有席○正義曰知曾子所言非者案士喪禮小斂之奠設於尸東今曾子言西方故爲非也云大斂奠於堂乃有席者案士喪禮大斂之奠設於室今云堂者後人轉寫之誤當云奠於室故鄭荅趙商堂當爲室也

○縣子曰。綌衰繐裳。非古也。非時尚輕涼慢禮○綌衰去逆反麤葛也下七回反繐音歲布細而疏曰繐涼音良【疏】縣子至古也○正義曰此以下論縣子非當時人尚輕涼慢禮之事綌葛也繐布疏者漢時南陽鄧縣能作之當記時失禮多尚輕細故有喪者不服麤衰但踈葛爲衰繐布爲裳故云非古也古謂周初制禮時也

○子蒲卒。哭者呼滅。滅蓋子蒲名子皐曰。若是野哉。非之也唯復呼名子皐孔子弟子高柴○皐音高哭者改之。【疏】子蒲至改之○正義曰此一節論哭者呼名非禮之事滅子蒲名子蒲卒哭者呼其名故子皐曰若是野哉野不達禮也唯復呼名冀其聞名而反哭則敬鬼神不復呼其名而此家哭獨呼滅子皐深譏之故云野哉也非之乃改也

○杜橋之母之喪。宮中無相。以爲沽也。沽猶略也○相息亮反沽音古【疏】杜橋至沽也○正義曰此一節論喪須立相導之事沽麤略也禮孝子喪親悲迷不復自知禮節事儀皆須人相導而杜橋家母死宮中不立相侍故時人謂其於禮爲麤略

○夫子曰。始死。羔裘玄冠者。易之而已。羔裘玄冠。夫子不以弔。不以吉服弔喪○易音亦徐以豉反【疏】夫子至以弔○正義曰此一節論始死易服小斂後不得吉服弔之事但養疾者朝服羔裘玄冠即朝服也始死則易去朝服著深衣故云易之而已記時有不易者又有小斂後羔裘弔者記人引論語鄉黨孔子身自行事之禮以譏當時之事故曰羔裘玄冠夫子不以弔時多失禮唯孔子獨能行之故言之也

○子游問喪具。夫子曰。稱家之有亡。子游曰。有無惡乎齊。惡乎齊問豐省之比○稱尺證反有亡皇如字無也一音無下同惡音烏注同齊才細反又如字注同省所領反比必利反夫子曰。有毋過禮。苟亡矣。斂首足形。形體○毋音無還葬。還之言便也言已斂即葬不待三月○還音旋斂力驗反縣棺而封。不設碑繂不備禮封當爲窆窆下棺也春秋傳作塴○縣音玄封依注作窆彼驗反徐又甫鄧反碑彼皮反繂音律塴北鄧反人豈有非之者哉。不責於人所不能【疏】子游至者哉○正義曰此一節論問送終所須當辦具也夫子曰稱家之有亡稱猶隨也亡無也言各隨其家計豐薄有無也子游曰有無惡乎齊惡乎猶於何也子游言若必隨家之有無貧富於何可齊故子游疑而問之○夫子曰有毋過禮此荅是稱富家也毋猶不也禮有節限設若家富有正禮可依而不得過禮○苟亡矣斂首足形此荅貧家也亡無也家無財也但使衣衾斂於首足形體不令露見而已還葬還便也禮雖衆多葬日有數若貧者斂竟便葬不須停殯待其月數足也還之言便也言已斂即葬不待三月也○縣棺而封封即窆窆下下棺內壙中也貴者則用碑繂若貧而即葬者但手縣棺而下之同於庶人不待碑繂不設碑繂不備禮○注封當至作塴○正義曰春秋傳作塴者案左傳昭十二年鄭簡公卒將爲葬除司墓之室有當道者毀之則朝而塴弗毀則日中而塴杜注云司墓之室鄭之掌公墓大夫徒屬之家塴下棺也

○司士賁告於子游曰。請襲於牀。時失之也禮唯始死廢牀○賁音奔人名子游曰。諾。縣子聞之曰。汏哉叔氏。專以禮許人。當言禮然言諾非也叔氏子游字○汏本又作大音泰自矜大【疏】司士至許人○正義曰此一節論不可以禮許人之事案喪大記始死遷尸及襲皆在於牀當時失禮襲在於地故司士賁告子游子游曰諾者子游知襲在牀爲是故以許諾之縣子聞之曰汏哉叔氏專以禮許人汏自矜大也叔氏子游之別字也言凡有來諮禮事當據禮以荅之今子游不據前禮以荅之專輒許諾如似禮出於己是自矜大故縣子聞而譏之曰汏哉當言禮也言諾非禮也

○宋襄公葬其夫人。醯醢百甕。曾子曰。既曰明器矣。而又實之。言名之爲明器而與祭器皆實之是亂鬼器與人器○醯呼兮反醢音海甕烏弄反【疏】宋襄至實之○正義曰此一節論宋襄公失禮之事案春秋宋襄公卒在僖二十三年案文十六年傳云宋昭公將田孟諸未至襄夫人周襄王之姊使何師攻而殺之則宋襄公夫人卒在襄公後其年極多此得云宋襄公葬其夫人者蓋襄公初取夫人死在襄公之時故得葬之其後取夫人是襄王之姊死在襄公之後義不相妨○曾子曰既曰明器而又實之者曾子不譏器之多但譏其實爲非也言既曰神明之器當虛也故譏云而又實之也言名之爲明器而與祭器皆實之是亂鬼器與人器也案既夕禮陳明器後云無祭器鄭云士禮略也大夫以上兼用鬼器與人器若此大夫諸侯並得人鬼兼用則空鬼而實人故鄭云與祭器皆實之是亂鬼器與人器也士既無人器則亦實明器故既夕

禮云罋三醯醢屑又云甒二醴酒也若夏后氏專用明器則分半以實之殷人全用祭器則亦分半以虛之周人兼用明器人器人器實之明器虛之○孟獻子之喪。獻子魯大夫仲孫蔑司徒旅歸四布。旅下士也司徒使下士歸四方之賻布夫子曰。可也。時人皆貪○善其能廉○讀賵。曾子曰。非古也。是再告也。曾子言非禮祖而讀賵賓致命將行主人之史又讀賵所以存錄之〔疏〕孟獻至可也○正義曰此一節論喪不貪利之事孟獻子之喪送終既具賻布有餘其家臣司徒敬子稟承主人之意使旅下士歸還四方賻主人之泉布也謂四方賻者泉布本助喪用今既有餘故歸還之也時人皆貪獻子之家獨能如此故夫子曰可也善其能廉皇氏以爲獻子有餘布歸之於君君令國之司徒歸賻於四方案春秋魯上卿季氏也仲孫蔑之卒季氏無謚曰敬子者皇氏之言非也熊氏以爲獻子家臣爲司徒故左傳叔孫氏之司馬鬷戾是家臣亦有司徒司馬也○成子高寢疾。成子高齊大夫國成伯高父也慶遺入請曰。子之病革矣。如至乎大病。則如之何。觀其意革急也遺慶封之族○遺于季反又如字革紀力反子高曰。吾聞之也。生有益於人。死不害於人。吾縱生無益於人。吾可以死害於人乎哉。我死。則擇不食之地而葬我焉。不食謂不墾耕○墾苦很反〔疏〕成子至我焉○正義曰此一節論臨死不忘儉之事○注成子至父也○正義曰知者以其有慶遺入請齊有慶氏故知是齊大夫齊有國子高故知姓國又見齊世本懿伯生貞孟貞孟生成伯高父國氏以此知也○子夏問諸夫子曰。居君之母與妻之喪。居處言語飲食衎爾。衎爾自得貌爲小君惻隱不能至○衎苦旦反注同爲于僞反下爲之服爲其久爲君服同○賓客至。無所館。夫子曰。生於我乎館。死於我乎殯。仁者不厄人〔疏〕子夏至衎爾○正義曰此一節論臣服小君儀容之事上子夏問居君之母與妻之喪此居處言語是夫子荅辭不云子曰者記人略也○國子高曰。葬也者。藏也。藏也者。欲人之弗得見也。是故衣足以飾身。棺周於衣。椁周於棺。土周於椁。言皆所以爲深邃難人發見之也國子高成子高也成謚也○邃先遂反難乃旦反見如字又賢遍反反壤樹之哉。反覆也怪不如大古也而反封樹之意在於儉非周禮○壤而丈反復扶又反舊音服非大音泰〔疏〕國子至之哉○正義曰此一節論重古非今之事子高之意人死可惡故備以衣衾棺椁欲其深邃不使人知今乃反更封壤爲墳而種樹以標之哉言不可封壤種樹也國子意在於儉非周禮之法○注怪不至周禮○正義曰唐虞以上謂之大古易繫辭云古之葬者厚衣之以薪不封不樹今既封樹故云怪不如大古也○孔子之喪。有自燕來觀者。舍於子夏氏。

子夏曰。聖人之葬人。與人之葬聖人也。子何觀焉。與及也○燕烏田反昔者夫子言之曰。吾見封之若堂者矣。封築土爲壟堂形四方而高○壟力勇反見若坊者矣。坊形旁殺平上而長○坊音防殺色戒反下同見若覆夏屋者矣。覆謂茨瓦也夏屋今之門廡也其形旁廣而卑○茨徐在私反葺覆屋廡音武卑如字又音婢見若斧者矣。斧形旁殺刃上而長從若斧者焉。孔子以爲刃上難登狹又易爲功○狹戶甲反易以豉反馬鬣封之謂也。俗間名○鬣力輒反今一日而三斬板。而已封。板蓋廣二尺長六尺斬板謂斷其縮也三斷止之旁殺蓋高四尺其廣袤未聞也詩云縮板以載○斷音短下同上時掌反下以上同廣袤古曠反下音茂徐又亡侯反尚行夫子之志乎哉。尚庶幾也〔疏〕孔子至乎哉○正義曰此一節論葬夫子封墳之法○燕國人聞葬聖人恐有異禮故從燕來魯觀之舍於子夏氏舍住也燕人來住子夏家也子夏曰聖人之葬人與人之葬聖人也子何觀焉與及也子夏謂燕人云若聖人葬人及人葬聖人皆用一禮面子遠來何所觀乎王肅云聖人葬人與屬上句以言若聖人葬人與則人庶有異聞得來觀者若人之葬聖人與凡人何異而子何觀之然公西赤爲志偏用三王禮子夏謂葬聖人與凡人不異者今謂聖凡相葬禮儀不殊而孔子葬異此是賢葬聖師別自表義不施世爲法而子夏恐燕人學教此禮故懸而拒之云其禮本應如一也而下又述昔聞夫子見四封之異者此處可共是許燕人學之故備陳其教以赴遠觀之意○昔者夫子言之曰吾見封之若堂者矣既已語燕人無觀又此歷述孔子之言者欲以此語與燕人爲法封謂墳之也若如堂基四方而高○又見若坊者矣坊堤也堤坊水上平而兩旁殺其南北長也言又見有築墳形如坊者也見若覆夏屋者矣殷人以來始屋四阿夏家之屋唯兩下而已無四阿如漢之門廡又言見其封墳如覆夏屋唯兩下而殺卑而寬廣又見封如斧斧之形見其刃斸上長而高也既言四墳之異夫子之意從若斧者焉以爲刃上難登狹又易爲功力子夏既道從若斧形恐燕人不識故舉俗稱馬鬣封之謂也以語燕人馬鬣鬣之上其肉薄封形似之○今一日而三斬板子夏前述明夫子語又引今會古竟更述其今一葬孔子既是從斧之墳今一日者謂今作孔子墳正用一日之功儉約不假多時於一日之中而三斬板者謂作墳法也築墳之法所安板側於兩邊而用繩約板令立後復內土於板之上中央築之令土與板平則斬所約板繩斷而更置於見築土上又載土其中三偏如此其墳乃成故云今一日而三斬板也而已封者爲三偏設板築土而止已其封也故鄭注板蓋廣二尺長六尺板廣二尺疊側三板應高六尺而云四尺者但形旁表漸斂上狹下舒如斧刃之形使三板取高四尺以合周制也○尚行夫子之志乎哉者尚庶幾也言今一日三斬板是庶幾慕行於孔子平生所志也以示燕人○注板蓋至以載○正義曰知板蓋廣二尺案祭義曰築宮仞有三尺是牆高一丈公羊傳云五板爲堵則板廣二尺故五板高一丈也知板長六尺者以春秋左氏說雉長三丈高一丈公羊傳云五板爲堵五堵爲雉按五堵而爲雉則堵長六尺故詩箋云雉長三丈則板六尺知蓋高四尺者以上合葬於防崇四尺今葬夫子不可過之又板廣二尺三板斜殺唯高四尺耳其東西

之廣南北之袤則未聞也引詩縮板以載是大雅緜之篇也引之者證縮爲約板之繩孫毓難云孔子墓魯城北門外西墳四方前高後下形似臥斧高八九尺今無馬鬣封之形不止于三板記似誤者孫毓云據當時所見其墳或後人增益不與元葬墳同無足怪也○婦人不葛帶。婦人質不變重者至期除之卒哭變絰而已〔疏〕婦人不葛帶○正義曰此論齊斬婦人帶要絰也葬後卒哭變麻易葛而婦人重要而質不變所重故不葛帶至期除之卒哭直變絰而已大功以下輕至卒哭並變爲葛與男子同絰首絰也婦人輕首重要故也○有薦新如朔奠。重新物爲之殷奠〔疏〕有薦新如朔奠○正義曰薦新謂未葬中間得新味而薦亡者如朔奠者謂未葬前月朔大奠於殯宮者大奠則牲饌豐也朔禮視大斂士則特豚三鼎今若有新物及五穀始熟薦於亡者則其禮牲物如朔之奠也大夫以上則朔望大奠若士但朔而不望○既葬各以其服除。卒哭當變衰麻者變之或有除者不視主人〔疏〕既葬至服除○正義曰既葬謂三月葬竟後至卒哭重親各隨所受而變服若三月之親至三月數滿應除者葬竟各自除不待主人卒哭之變故云各以其服除也○池視重霤。如堂之有承霤也承霤以木爲之用行水亦宮之飾也柳宮象也以竹爲池衣以青布縣銅魚焉今宮中有承霤云以銅爲之○重直容反衣于既反〔疏〕池視重霤○正義曰池者柳車之池也重霤者屋承霤也以木爲之承於屋霤入此木中又從木中而霤於地故謂此木爲重霤也天子則四注四面爲重霤諸侯四注重霤則差降去後餘三大夫唯餘前後二士則唯一在前而生時既屋有重霤以行水死時柳車亦象宮室而在車覆鼈甲之下牆帷之上織竹爲之形如籠衣以青布以承鼈甲名之爲池以象重霤方面之數各視生時重霤○君即位而爲椑。椑謂杝棺親尸者椑堅著之言也天子椑內又有水兕革棺○椑蒲歷反徐扶益反櫬尸棺杝音移著直略反兕徐里反歲壹漆之。若未成然○漆音七藏焉。虛之不合○令力政反本又作合〔疏〕君即至藏焉○正義曰此一節論人君尊即位得爲棺之事君諸侯也言諸侯則王可知也椑杝棺也漆之堅強鬻鬻然也人君無論少長而體尊備物故亦即位而造爲此棺也椑謂杝棺親尸者也古者天子椑內有水兕而諸侯無但用杝在內以親尸也○歲一漆之者雖爲尊得造交未供用故不欲即成但每年一漆示如未成也唯云漆杝則知不漆杝棺外屬等藏焉者棺中不欲空虛如急有待也虛之不令也令善也言若虛空便爲不善故藏物於其中一本爲虛之不合者謂不以蓋合覆其上既不合覆不欲令人見故藏焉○復楔齒。綴足。飯。設飾。帷堂。並作。設飾謂遷尸又加新衣○楔悉節反綴丁劣反又音丁衛反飯煩晚反唅也父兄命赴者。謂大夫以上也士主人親命之〔疏〕復楔至赴者○正義曰此一節論始死之事復招魂也楔柱也招魂之後用角柶柱亡人之齒令開使舍時不閉也○綴足者復用燕几綴亡人之足令直使著屨時不辟戾也○飯者飯食也設飾者謂襲斂遷尸之時及又加著新衣也○帷堂者謂小斂時○並作者作起爲也自復以下諸事並起以帷堂故云並作○父兄命赴者亦復後之事赴謂死者生時於他人有恩識者今死則其家宜使人往相赴告也士喪禮則孝子自命赴者若大夫以上則父兄命之也何以然尊許其病深故使人代命之也雖代命之猶稱

孝子名也〇君復於小寢。大寢。小祖。大祖。庫門。四郊。尊者求之備也亦他日所嘗有事〇〔疏〕君復至四郊〇正義曰此一節論人君禮備復處又多自小寢以下明招魂處所也君王侯也於小寢者前曰廟後曰寢爾雅云室有東西廂曰廟無東西廂有室曰寢此小寢者所謂高祖以下寢也王侯同大寢謂天子始祖諸侯大祖也小祖高祖以下廟也王侯同大祖天子始祖諸侯大祖廟也兩言於廟求神備也周禮夏采以冕服復於大祖廟是也其小廟則祭僕復之其小寢大寢則隸僕復之故祭僕云復于小廟鄭注云小廟高祖以下也隸僕云復于小寢大寢注云小寢高祖以下廟之寢也始祖曰大寢四郊則夏采復之故夏采云乘車建綏復於四郊此天子之事也其諸侯復則小臣故喪大記云小臣復案周禮內小臣職小臣上士四人案雜記云復西上注各如其命數上公九命侯伯七命則小臣不足明更有餘官又復人雖依命數復處既多則復人不足當於此復了更轉嚮他處〇喪不剝奠也與。祭肉也與。剝猶倮也有牲肉則巾之爲其久設塵埃加也脯醢之奠不巾〇剝邦角反與音餘下同倮力果反謂不巾覆也埃音哀〔疏〕喪不至也與〇正義曰此一節論祭肉不可露見之事剝猶倮露也言喪有奠脯醢不復設巾可得倮露與是語辭謂喪不倮露奠者爲有祭肉也無祭肉即得倮露〇注有牲至不巾〇正義曰案士喪禮小斂陳一鼎小斂既奠于尸東祝受巾巾之是有牲肉則巾之也士喪禮又云始死脯醢醴酒奠于尸東無巾又殯後朝夕乃奠醴酒脯醢如初設不巾是脯醢醴酒不巾也案既夕禮柩朝廟重先奠從奠設如初巾之此亦脯醢之奠巾之者爲其在堂恐埃塵故雖脯醢亦巾之此文脯醢之奠不巾者據室內也既殯旬而布材與明器。木工宜乾腊且豫成材椁材也〇腊音昔〔疏〕既殯至明器〇正義曰此一節論葬禮須豫備之事〇既殯旬謂殯後十日也〇而布材與明器者布班也材謂椁材也殯後十日而班布告下覓椁材及送葬明器之材或云布其木宜乾腊故豫須暴之也士喪禮筮宅吉左還椁獻明器之材于殯門外是也朝奠日出。夕奠逮日。陰陽交接庶幾遇之〇逮音代或大計反父母之喪哭無時。使必知其反也。謂既練或時爲君服金革之事反必有祭〔疏〕父母至反也〇正義曰禮哭無時有三種一是初喪未殯之前哭不絕聲二是殯後除朝夕之外廬中思憶則哭三是小祥之後哀至而哭或一日二日而無復朝夕之時也此云哭無時謂小祥之後也何以知然下云使必知其反是其可使之時也〇使必知其反也者使謂君使之也既小祥無哭時其時可爲君所使服金革之事也反還也若爲使還家當必設祭告親之神令知其反亦出必告反必面之義也〇注謂既練或時爲君服金革之事反必有祭者禮運云三年之喪期不使公羊傳亦期不使是知期內不使則期外可使也而曾子問云卒哭服金革之事無辟此魯侯有爲爲之也喪大記云卒哭而服金革之事鄭云權禮也是知卒哭而使非正禮也〇練練衣黃裏。縓緣。小祥練冠練中衣以黃爲內縓爲飾黃之色卑於纁縓纁之類明外除〇縓七絹反淺赤色今之紅也緣悅絹反下注同纁本又作纁許云反葛要絰。繩屨無絇。角瑱。瑱充耳也吉時以玉人君有瑱〇要絰一遙反下注小要同下大結反絇其俱反屨頭飾瑱吐練反鹿裘。衡

長袪。衡當爲橫字之誤也袪謂褎緣袂口也練而爲裘橫廣之又長之又爲袪則先時狹短無袪可知吉時麛裘〇衡依注作橫華彭反下衡三同袪起魚反一音丘據反褎本又作袖音徐秀反袂面世反袪。裼之可也。裼表裘也有袪而裼之備飾也玉藻曰麛裘青豻褎絞衣以裼之鹿裘亦用絞乎〇裼音昔麛音迷本又作麑同鹿子也豻音岸胡地野犬絞戶交反〔疏〕練練至可也〇正義曰練小祥也小祥而著練冠練中衣故曰練也練衣者練爲中衣黃裏者黃爲中衣裏也正服不可變中衣非正衣但承衰而已故小祥而爲之黃袷裏也縓緣者縓爲淺絳色也緣謂中衣領及褎緣也裏用黃而領緣用縓者領緣外也明其外除故飾見外也葛要絰者亦小祥後事也小祥男子去葛絰唯餘要葛也〇繩屨者謂父母喪菅屨卒哭受齊衰蒯藨屨至小祥受大功繩麻屨也無絇屨頭飾也吉有喪無角瑱者瑱充耳也人君平常吉用玉爲之以掩於耳在初喪亦無至小祥微飾以角爲之〇鹿裘者亦小祥後也爲冬時吉凶衣裏皆有裘吉時則貴賤有異喪時則同用大鹿皮爲之鹿色近白與喪相宜也〇衡長袪者衡橫也袪裘緣口也小祥之前裘狹而短袪又無袪至小祥稍飾則更易作橫廣大者也又長之又設其袪也練而爲裘者爲猶作也前時已有裘但短小至小祥更作大長者橫廣之又長之爲袪更新造之又加此三法也〇袪裼之可也者裼謂裘上又加衣也吉時裘上皆有裼衣喪已後既凶質雖有裘裘上未有裼衣至小祥裘既橫長又有袪爲吉轉文故加裼之可也案如此文明小祥時外有衰裘內有練中衣中衣內有裼衣裼衣內有鹿裘鹿裘內自有常著襦衣〇注黃之至外除〇正義曰纁是赤色也其色華美黃雖是正色質卑於纁爾雅釋器云二染謂之縓三染謂之纁故言纁類也華者在外故云明外除〇注吉時以玉人君有瑱〇正義曰案吉時君大夫士皆有瑱此唯云人君有瑱者以經云角瑱故鄭云吉時以玉據人君吉時又云人君有瑱故知人臣凶時無瑱〇注玉藻至絞乎〇正義曰引玉藻者以此經鹿裘直云裼之可不知裼用何衣大者曰鹿小者曰麛同類之物麛裘既用絞爲裼則鹿裘亦用絞乎者疑辭然麛裘用青豻爲褎則用鹿裘之褎亦用青豻也〇有殯。聞遠兄弟之喪。雖緦必往。親骨肉也非兄弟。雖鄰不往。疏無親也所識。其兄弟不同居者皆弔。就其家弔之成恩舊也〔疏〕有殯至皆弔〇正義曰此一節論哭弔之事〇所識其兄弟不同居者皆弔者此文連上有殯之下若其骨血兄弟雖緦必往若其非兄弟骨血疏外之人雖鄰不往今有既非兄弟又非疏外平生所共知識往來同恩好今若身死者兄弟雖不同居亦就往弔之成其死者之恩舊也其死者兄弟不同居尚往弔之則死者子孫就弔可知舉疏以見親也已有殯得弔之者以其死者與我有恩舊也皇氏以爲別更起文不連有殯之事所識者謂識其死者之兄弟是小功以下之親〇既識兄弟雖不同居皆一一就弔之未知然否故兩存焉天子之棺四重。尚深邃也諸公三重諸侯再重大夫一重士不重〇重直龍反注皆同邃雖遂反水兕革棺被之。其厚三寸。以水牛兕牛之革以爲棺被革各厚三寸合六寸也此爲一重〇被皮寄反注同厚胡豆反度厚薄曰厚皆同此音杝棺一。所謂椑棺也爾雅曰椵杝〇杝羊支反木名椵徒亂反梓棺二。所謂屬與大棺〇梓音子屬音燭四者皆周。周币

也凡棺因能濕之物〇币本又作匝同子荅反能濕乃代反棺束。縮二。衡三。衽每束一。衡亦當爲橫衽今小要衽或作漆或作髹〇衽而審反又而鴆反髹又作髹許求反柏椁以端長六尺。以端題湊也其方蓋一尺〇題徒低反頭也湊七豆反聚也〔疏〕天子至六尺〇正義曰此一節論天子諸侯以下棺椁厚薄長短之事〇天子之棺四重者尊者尚深邃也四重者水牛兕牛皮二物爲一重也又杝爲第二重也又屬爲第三重也又大棺爲第四重也四重凡五物也以坎而差之上公三重則去水牛餘兕杝屬大棺也侯伯子男再重又去兕餘杝屬大棺大夫一重又去杝餘屬大棺也士不重又去屬唯單用大棺也天子大棺厚八寸屬六寸椑四寸又二皮六寸合二尺四寸也上公去水牛之三寸餘兕椑屬大棺則合二尺一寸諸侯又去兕之三寸餘合一尺八寸也列國上卿又除椑四寸餘合一尺四寸也大夫大棺六寸屬四寸合一尺士則不重但大棺六寸耳故庶人四寸矣而天子卿大夫文不見有通者云天子卿大夫並與列國君同若天子之士與諸侯大夫同也喪質不得依吉時祭服也若吉時祭服則天子臣與諸侯同然春秋時多僭趙簡子言罰乃不設屬椑非也水兕二皮並不能厚三寸故合被之令各厚三寸也二皮能溼故最在裏近尸也〇杝棺一者椵杝材亦能溼故次皮也杝唯一種故云一也諸侯無革則杝親尸也所謂椑棺也即前言君即位爲椑是也杝即椵木鄭引爾雅曰椵杝一物二名名椵又名杝也〇梓棺二者杝棺之外又有屬棺屬棺之外又有大棺大棺與屬棺並用梓故云二也則喪大記云屬六寸大棺八寸也〇四者皆周者四四重也周币也謂四重之棺上下四方悉周币也唯椁不周下有茵上有杭席故也〇棺束者古棺木無釘故用皮束合之〇縮二者縮縱也縱束者用二行也〇衡三者橫束者三行也〇衽每束一者衽小要也其形兩頭廣中央小也既不用釘棺但先鑿棺邊及兩頭合際處作坎形則以小要連之令固棺並相對每束之處以一行之衽連之若豎束之處則豎著其衽以連柏蓋及底之木使與棺頭尾之材相固漢時呼衽爲小要也〇柏椁者謂爲椁用柏也天子柏諸侯松大夫柏士雜木也鄭注方相職云天子椁柏黃腸爲裏而表以石焉〇以端者端猶頭也積柏材作椁並葺材頭也故云以端〇長六尺者天子椁材每段長六尺而方一尺天子以下庶人以上鄭注喪大記具之〇注衽或作漆或作髹〇正義曰經之衽字諸禮記本或有作漆字者或有作髹字者〇注以端至一尺〇正義曰以此木之端首題湊鬻內知其方蓋一尺者以庶人四寸之棺五寸之椁椁厚於棺一寸案喪大記君大棺八寸君謂諸侯則天子之大棺或當九寸其椁厚一尺故云其方蓋一尺則椁之厚也如鄭此言椁材並皆從下壘至上始爲題湊湊鬻也言木之頭相鬻而作四阿也如此乃得椁之厚薄與棺相準皇氏以爲壘椁材從下即題湊鄭六尺與椁全不相應又鄭何云其方蓋一尺皇氏之義非也〇天子之哭諸侯也。爵弁絰。紂衣。服士之祭服以哭之明爲變也天子至尊不見尸柩不弔服麻不加於采此言絰衍字也時人聞有弁絰因云之耳周禮王弔諸侯弁絰緦衰也〇紂本又作緇又作純同側其反爲于僞反下文及注爲其變皆同衍以善反或曰。使有司哭之。非也哀戚之事不可虛爲之不以樂食。蓋謂殯斂之間〔疏〕天子至樂食〇正義曰此一節論天子哭諸侯之事〇注服士至衰也〇正義曰天子至尊不見尸柩不弔服者蓋在本國天

子遷哭之不親見尸柩不服緦衰弔而服爵弁絰衣絲衣也則諸侯以下雖不見尸柩仍弔服也○或曰使有司哭之者或人云天子不自哭但令有司哭之耳非也○爲之不以樂食此是記者之言非復或人之說也天子食有樂今以哭諸侯故食不復奏樂也此不以樂食者蓋謂殯斂之間鄭以意斷不用樂之期也諸侯五日殯也然諸侯爲其臣或至葬不食肉卒哭不舉樂蓋臣少而已卑不得同王也○天子之殯也。菆塗龍輴以椁。菆木以周龍輴加椁而塗之天子殯以輴車畫轅爲龍○菆才官反輴勑倫反轅音袁加斧于椁上。畢塗屋。斧謂之黼白黑文也以刺繡於縿幕加椁以覆棺已乃屋其上盡塗之○黼音甫刺七亦反縿音消幕音莫天子之禮也。【疏】天子至禮也○正義曰此一節論菆塗爲古天子殯法也菆叢也謂用木菆棺而四面塗之故云菆塗也○龍輴者殯時輴車載柩而畫轅爲龍故云龍輴也○以椁者亦題湊菆木象椁之形故云以椁○加斧于椁上者謂繡覆也覆棺之衣爲斧文也先菆四面爲椁使上與棺齊而上猶開也以棺衣從椁上入覆於棺故云加斧于椁上也○畢塗屋者畢盡也斧覆既竟又四注爲屋覆上而下四面盡塗之也故云畢塗屋鄭云菆木以周龍輴者謂叢衆木直壘周龍輴至上乃題湊則諸侯至上不題湊也○唯天子之喪。有別姓而哭。使諸侯同姓異姓庶姓相從而爲位別於朝覲來時朝覲爵同同位○別彼列反注同朝直遙反下同【疏】唯天至而哭○正義曰此一節論哭天子之事各依文解之○注使諸至同位○正義曰異姓者鄭注周禮云王昏姻甥舅庶姓者謂與王無親者此言朝覲爵同同位則不分別同姓異姓然覲禮諸侯受舍於朝同姓西面異姓東面鄭注云分別同姓異姓受之將有先後也與此不同者覲禮先公而後侯先侯而後伯是亦爵同同位就同姓之中先爵尊耳與此無別○魯哀公誄孔丘曰。天不遺耆老。莫相予位焉。嗚呼哀哉尼父。誄其行以爲諡也莫無也相佐也言孔子死無佐助我處位者尼父因其字以爲之諡○誄力軌反耆巨支反相息亮反注同父音甫行下孟反【疏】魯哀至尼父○正義曰此一節論哀公誄孔子之事孔子以哀公十六年夏四月己丑日卒哀公欲爲作諡作諡宜先列其生時行狀謂之爲誄○日天不遺耆老莫相予位焉者作誄辭也遺置也耆老謂孔子也莫無也相佐也言上天不置孔子故無復佐助我處於位也○嗚呼哀哉傷痛之辭也○尼父尼則諡也父且字甫是丈夫之美稱稱字而呼之尼父也○國亡大縣邑。公卿大夫士皆厭冠。哭於大廟三日。君不舉。軍敗失地以喪歸也厭冠今喪冠其服未聞○大縣郡縣之縣厭于葉反注同大音泰或曰。君舉而哭於后土。后土社也【疏】國亡至后土○正義曰此一節論人君爲國致憂之事○國亡大縣邑者亡失也國之軍敗亡失土邑也○公卿大夫士皆厭冠哭於大廟三日者公孤也士喪禮云公卿大夫繼主人鄭云公大國之孤四命者是也厭冠喪冠也國既失地是諸侯無德所招故諸臣皆著喪冠而哭於君之大廟三日也失地爲先祖所哀故在廟也○君不舉者舉謂舉樂也臣入廟三日哭故君亦三日不舉樂也或曰君舉而哭於后土者后土社也又有或者言亦舉樂而自於社中

哭之社主土故也然二處之哭鄭皆不非未知孰是庾蔚云舉者謂舉饌引周禮膳夫王日一舉又王齊日三舉注云殺牲盛饌曰舉案庾蔚及前通合而爲用也○孔子惡野哭者。爲其變衆周禮銜枚氏掌禁野叫呼歎嗚於國中者行歌哭於國中之道者○惡烏路反銜枚上音咸下木杯反呼火故火胡二反【疏】孔子惡野哭者○正義曰哭非其地謂之野爲變衆故惡之也○未仕者不敢稅人。如稅人。則以父兄之命。不專家財也稅謂遺于人○稅始銳反謂以物遺人也遺維季反【疏】未仕至之命○正義曰此論人子之法也稅人謂以物遺人也未仕未尊則亦不敢專家財餉人也如稅人謂已仕者也雖得遺人亦當必稱父兄以將遺之○士備入而后朝夕踊。備猶盡也國君之喪嫌主人哭入則踊【疏】士備至久踊○正義曰此一節論朝夕哭踊之事備盡也國君喪羣臣則朝夕卽位哭踊嗣君孝子雖先入卽位哭必待諸臣皆入列位後乃俱踊踊者也士卑最後故舉士入爲畢也所入有前後相待踊者孝子哀深故前人也踊須相視爲節故俟齊也○祥而縞。縞冠素紕也○縞古老反注同紕婢支反是月禫。徙月樂。言禫明月可以用樂○禫大感反樂音岳【疏】祥而至月樂○正義曰祥大祥也縞謂縞冠大祥日著之故小記除成喪者其祭朝服縞冠是也○是月禫徙月樂者鄭志曰既禫徙月而樂作禮之正也孔子五日彈琴自省樂哀未忘耳踰月可以歌皆自身踰月所爲也此非當月所受樂名既禫始得備樂而在心猶未忘能歡從月之樂極歡也哀殺有漸是以樂亦隨之也○君於士有賜帟。帟幕之小者所以承塵賜之則張於殯上大夫以上幕人職供焉○帟音亦共音恭本亦作供【疏】君於士有賜帟○正義曰賜惠也帟者幕之小者也大夫以上喪則幕人職供之也士唯有君恩賜之乃得有帟也

禮記注疏卷八挍勘記　　阮元撰盧宣旬摘録

檀弓上

子柳之母死節

請粥庶弟之母　閩監毛本同石經同岳本嘉靖本同衞氏集說同釋文出請鬻云本又作粥注同正義本作粥

子柳至貧者　惠棟挍宋本無此五字

而鄭注周禮云　閩監毛本同惠棟挍宋本無而字

案鄭此者　閩監毛本同惠棟挍宋本者作旨

足枝長八分　閩監毛本作足此本足誤兄盧文弨云足枝長八分下乞有闕

文曰大泉直十五貨泉　閩監毛本同浦鏜云五十字誤倒

今世謂之笮錢是也　閩監毛本同惠棟挍宋本笮作筰

契刀無縷而錯刀用金縷之　閩監毛本縷作鏤

君子曰謀人之軍師節

利已亡衆　閩監毛本同岳本嘉靖本同衞氏集說亡作忘考文引古本同

弁人有其母死節

此誠哀　閩監毛本同岳本嘉靖本同衞氏集說作謂誠哀也

夫禮爲可傳也　閩監毛本同石經同岳本同嘉靖本同衞氏集說同考文引古本無也字正義本有

夫聖人禮制　閩監毛本同惠棟挍宋本禮制作制禮衞氏集說亦作聖人制禮

可以制禮　閩監毛本同惠棟挍宋本制禮作禮制衞氏集說亦作可以禮制也

叔孫武叔之母死節

舉者出戶出戶袒　石經同宋監本岳本嘉靖本同衞氏集說閩監毛本上戶字作尸誤考文提要云上出戶謂舉尸者下出戶謂武叔歛者舉尸出戶而武叔猶冠隨以出戶急思括髮乃投其冠忽遽失之甚宋大字本南宋巾箱本余仁仲本劉叔剛本俱作舉者出戶出袒

婼生戌子不敢　閩本同監毛本戌作成

踊無筭　閩監毛本筭作算○按士喪禮正作算是正字

男女奉尸夷于堂　閩監毛本夷作侇衞氏集說同○按侇與士喪禮合

將斬衰者雞斯將括髮者去笄　閩監毛本同許宗彥挍本依鄭注括髮上增齊衰者素冠五字

扶君節

皆平生時贊正君服位者　閩監毛本同岳本嘉靖本同衞氏集說同浦鏜云生字衍從續通解挍

從母之夫節

以同居生緦之親可　閩監毛本同岳本嘉靖本同考文引古本足利本緦下有麻字

此皆據緦麻正衰　閩監毛本同浦鏜從續通解作此皆據緦麻之正者

喪事節

縱讀如摠領之摠　宋監本岳本嘉靖本同監本摠作總毛本作總衞氏集說作總釋文云依注作摠案九經字樣云摠說文作總經典相承通用

吉事欲其折折爾　閩監毛本同石經同岳本嘉靖本同衞氏集說同釋文同考文云古本折折作提提案廣韻十二齊折字下引禮記亦作折折

安舒貌詩云好人提提　閩監毛本同岳本嘉靖本同考文引古本足利本安舒貌上有提提爾三字衞氏集說安舒上有折折二字是衞氏增成非本書所有釋文於經出折折云大兮反注同則知注當作折折字引詩作好人折折後人以詩本提提易之遂致釋文注同二字懸而無著正義標起止作提提又云初來之時

提提然從詩本作也

謂大疾閩監毛本同岳本嘉靖本同衞氏集說同惠棟挍宋本大作太下大舒同釋文出謂大云音泰一音他佐反案大兼有他佐音則字不當作太也

吉事雖有行止住之時閩監毛本同衞氏集說無行字續通解同○按無行是也

喪具節

衣亦漸制閩監毛本作漸衞氏集說同此本漸誤斬

喪服節惠棟挍云喪服節食於有喪節宋本合爲一節

蓋有夫壻受我之厚而重親之閩監毛本同衞氏集說同浦鏜云重而字誤倒從續通解挍非也下云欲一必事於厚重是約此句義非此句本如此

曾子與客立於門側節

以爲不可發凶於人之館閩監毛本同岳本嘉靖本同衞氏集說無之字考文引宋板古本同

曾子至弔焉惠棟挍宋本無此五字

曰反哭於爾次者閩監毛本同惠棟挍宋本無者字

故曾許其反哭於汝次舍之處閩監毛本同惠棟挍宋本曾下有子字

其賓亦在東門北面閩監毛本同衞氏集說東門作門東考文引宋板同

孔子曰之死而致死之節

木不成斲閩監本同嘉靖本同衞氏集說同毛本斲作斵釋文同岳本作斵石經闕

有鐘磬而無簨虡監本同岳本嘉靖本同石經鐘字同簨虡字闕閩本亦作虡鐘作鍾衞氏集說同毛本鐘字同虡作簴注放此疏同○按依說文當作虡从虍異象形其下足隸省作虡从竹者非

是不知之事閩監毛本如此此本之事二字倒

而致此死之者之意閩監毛本同惠棟挍宋本死下無之字

非人所知也惠棟挍宋本此下另行標禮記正義卷第十終記云凡二十一頁

有子問於曾子節惠棟挍宋本自此節起至君於士節止爲第十一卷卷首題禮記正義卷第十一

問喪於夫子乎閩監毛本同石經同岳本嘉靖本同衞氏集說同釋文出問喪云問或作聞考文云古本問作聞案正義云冀有所異聞也又云汝曾聞失位在他國之禮於孔子否乎據此則正義經文本作聞喪正義又云問喪謂問失本位居他國禮也此二問字皆當作聞否則岐出

有子至貧也惠棟挍宋本無此五字

次于楊州閩本同惠棟挍宋本監毛本楊作陽

亦隨夫子之事前後閩監本如此此本前字重毛本前作先

嚮宋不嚮楚閩監毛本同孫志祖云宋應作衞

陳莊子死節

繆公召縣子而問焉閩監毛本同石經同岳本嘉靖本同衞氏集說同考文引古本縣作懸下同

束脩之問不出竟閩監毛本同石經同岳本同衞氏集說同釋文竟音境考文引古本竟作境○按竟正字境俗字

焉得而弗哭閩監本同石經同岳本嘉靖本同衞氏集說同足利本同考文引古本無而字毛本弗作勿並非

論哭鄰國臣之法閩監毛本同衞氏集說同惠棟挍宋本論作記

成子當生襄子班閩監毛本同惠棟挍宋本當作常

仲憲言於曾子節

或用人器閩監毛本作或岳本嘉靖本同衞氏集說同此本或誤成

仲憲至親乎惠棟挍宋本無此五字

此以下是原憲所說閩監毛本同惠棟挍宋本無原字

周人爲之致惑閩監毛本作惑此本誤感

故用恭敬之器仍貯食送之惠棟挍宋本作仍財食此本仍貯食三字闕閩監毛本同

說二代既子閩監毛本作了此本誤子

壽周家極文惠棟挍宋本作壽此本壽字闕閩監毛本同

若是無知閩監毛本同衞氏集說是作示

以夏后氏尢古故也監毛本作古此本古誤苦閩本同

公叔木節

春秋作戌閩本同岳本同衞氏集說同監毛本戌誤戍疏同考文引古本春秋下有傳字非也正義引春秋經不引傳可知無傳字

公叔木有同母異父之昆弟死問於子游至狄儀之問也閩監毛本同惠棟挍宋本無此廿二字

注木當爲朱至十四年奔魯閩監毛本同惠棟挍宋本無爲朱十四年五字

注疑所服也親者屬大功是閩監毛本同惠棟挍宋本作注疑所至功是

同母異父昆弟之服閩監毛本同惠棟挍宋本同上有爲字衞氏集說同

互說是也閩監毛本同惠棟挍宋本互作元

子思之母節

子思至愼哉惠棟挍宋本無此五字

論爲出嫁母之喪閩監毛本同惠棟挍宋本無嫁字衞氏集說同

縣子瑣曰節

縣子瑣曰閩本同嘉靖本同監本作瑣石經同岳本同衞氏集說同毛本誤頊釋文出子璅云息果反依字作瑣考文云古本作璅

縣子至父也惠棟挍宋本無此五字

后木曰節

后木至亦然惠棟挍宋本無此五字

曾子曰節

曾子至失也惠棟挍宋本無此五字

依禮小斂之奠設於東方閩監毛本同惠棟挍宋本依作用盧文弨云用疑周

小斂奠所以在西方閩監毛本惠棟挍宋本奠上有之字衞氏集說同

縣子曰節

縣子至古也惠棟挍宋本無此五字

當記時失禮多尚輕細閩監本同毛本當記作記當

子蒲卒節

子蒲至改之惠棟挍宋本無此五字

杜橋之母之喪節

宮中無相以爲沽也閩監毛本同石經同岳本嘉靖本同衞氏集說同考文引古本足利本相下有君子二字案正義云故時人謂其於禮爲麤略使經文有君子二字正義安得僅以時人申說之是孔氏所見本亦無君子二字也

杜橋至沽也惠棟挍宋本無此五字

宮中不立相侍閩監毛本同衞氏集說同浦鏜挍侍改導

夫子曰節

夫子至以弔　惠棟挍宋本無此五字

子游問喪具節

有無惡乎齊　石經同岳本同嘉靖本同考文引宋板同閩監毛本無作亡衛氏集說同釋文出有亡云皇如字無也一音無下同知此處亦作亡字也石經考文提要曰坊本作有無案上稱家之有亡下苟亡矣俱作亡此作無歧出

斂首足形　閩監毛本同石經同岳本嘉靖本同衛氏集說同考文引古本首作手正義本作首石經考文提要宋大字本余仁仲本劉叔剛本至善堂九經本皆作首

還葬　閩監毛本同石經同岳本嘉靖本同衛氏集說同考文引古本足利本葬下有而無椁三字案正義本無

子游至者哉　惠棟挍宋本無此五字

不設碑繂不設碑繂不備禮　閩監毛本同考文引宋板無下不設碑繂四字

司士賁節

汏哉叔氏　閩監毛本同岳本嘉靖本同石經作汱衛氏集說同釋文出汏哉此本疏中亦作汏

司士至許人　閩監本同毛本作司士賁至禮許人惠棟挍宋本無此五字

宋襄公節

宋襄至實之　惠棟挍宋本無此五字

若夏后氏專用明器　惠棟挍宋本作若衛氏集說同此本若誤則閩監毛本同

周人兼用明器人器　閩監毛本作明此本明誤閔

孟獻子之喪節　案此本此節讀賵上有一○閩本同是另爲一節監毛本去○故渾爲一節惠棟挍云孟獻子節宋本分讀賵下另爲一節齊召南云讀賵下當自爲一節注下應有疏而無之刊本遂接孟獻子節而誤錄其疏於下

司徒旅歸四布　閩監毛本同石經同岳本嘉靖本同衛氏集說同考文引古本足利本作司徒敬子使旅歸四方布案正義中屢言敬子僖是皇侃熊安生舊語設經中無此則疏豈空言讀書脞錄續編云經注並無敬子字正義何爲反覆申辨向疑經文有脫譌而未能決今讀古本爲之釋然考文如此類亦所謂披沙揀金也

旅下士也　閩監毛本作下岳本嘉靖本同衛氏集說同此本下誤卜

司徒使下士歸四方之賻布　閩監毛本同岳本嘉靖本同衛氏集說同考文引古本之賻布作之賻賻者布也足利本同但無也字

曾子言非禮祖而讀賵　惠棟挍宋本如此宋監本同此本言非二字闕祖字同閩監毛本非作喪祖作祖岳本作非禮祖嘉靖本同衛氏集說二句倒置惟非字不誤祖亦作祖考文云古本作曾子言非也禮祖而讀賵宋板足利本同但無也字案考文之宋板即惠棟所挍之宋本今惠挍作祖考文作祖疑祖誤也

主人之吏　考文引宋板同嘉靖本同岳本閩本監毛本吏作史衛氏集說同

論喪不貪利之事　閩監毛本同惠棟挍宋本喪上有因字衛氏集說同

故歸還之也　閩監毛本同惠棟挍宋本無也字衛氏集說同

成子高寢疾節

觀其意　閩監毛本同岳本嘉靖本同衛氏集說意下有也字考文引古本同

遺慶封之族　閩監毛本同岳本嘉靖本同衛氏集說同考文引古本遺上有慶字族下有也字

謂不墾耕　閩監毛本同岳本嘉靖本同衛氏集說同考文引古本足利本不下有可字釋文出不墾是陸氏所見本亦無可字也

成子至我焉　惠棟挍宋本無此五字

子夏問諸夫子曰節　案此本此節賓客至上有一○閩本同是另爲一節也監毛本去○故渾爲一節齊召南云賓客至以下當亦自爲一節刊本因無疏誤接上節盧文弨云賓客至一段當另起在疏後自爲一節

子夏至衎爾　惠棟挍宋本無此五字

國子高節

反覆也　閩監毛本同嘉靖本同衛氏集說同惠棟挍宋本覆作復宋監本岳本同考文引古本同釋文出反復

非周禮　閩監毛本同岳本嘉靖本同衛氏集說禮下有也字考文引古本同

國子至之哉　惠棟挍宋本無此五字

欲其深邃　閩監毛本作深衛氏集說同此本深誤經

言不可封壤種樹也　惠棟挍宋本作可衛氏集說同此本可字闕閩監毛本作當非

孔子之喪節

封築土爲壟　閩監毛本作封岳本嘉靖本同此本封誤北

坊形旁殺平上而長　閩監毛本作上岳本嘉靖本同衛氏集說同此本上字闕

其形旁廣而卑　閩監毛本同岳本嘉靖本同衛氏集說同考文引古本足利本旁下有殺字

斬板謂斷其縮也　惠棟挍宋本作其宋監本岳本嘉靖本同衛氏集說同考文引古本岳本嘉靖本同釋文出斷其此本其誤莫閩監毛本同

三斷止之旁殺　閩監毛本同岳本同衛氏集說同嘉靖本止誤正惠棟挍宋本止作上考文引古本足利本同釋文出上之云時掌反下以上同

孔子至乎哉　惠棟挍宋本無此五字

徧用三王禮子夏謂葬聖人　閩監毛本同惠棟挍宋本禮下有而字考文引宋本禮作而下屬與惠棟挍不同

而下又述昔聞夫子見四封之異者　閩監毛本作異此本異誤其

以赴遠觀之意　閩監毛本同許宗彥挍赴作副

馬騣鬣之上　閩監毛本同惠棟挍宋本騣作鬉衛氏集說同盧文弨云騣是說文新附字疑本借鬉字不當改

正用一日之功　按正疑止字之譌

但形旁表漸斂　閩監毛本同惠棟挍宋本表作衰是也續通解同

不與元葬墳同無足怪也　惠棟挍宋本如此此本元誤示也誤同閩監毛本元作原也作者

婦人不葛帶節

婦人不葛帶　惠棟挍宋本無此五字

不變所重　閩監毛本作重衛氏集說同此本重字闕

有薦新節

有薦新如朔奠　惠棟挍宋本無此六字

若士但朔而不望　閩監毛本作士此本誤王衛氏集說亦作士

既葬各以節

既葬至服除　惠棟挍宋本無此五字

池視重霤節

如堂之有承霤也　惠棟挍宋本同岳本嘉靖本同考文引古本足利本同閩監毛本堂作屋

池視重霤　惠棟挍宋本無此四字

而生時既屋有重霤以行水　閩監毛本同衛氏集說無而字浦鏜挍云而衍字

而在車覆鼈甲之下　閩監毛本同惠棟挍宋本在作於衛氏集說同

君卽位節

歲壹漆之　惠棟挍宋本同石經同宋監本岳本同嘉靖本同衛氏集說同儀禮經傳通解同考文引古本足利

本同閩監毛本壹作一石經考文提要宋大字本余仁仲本劉叔剛本至善堂九經本皆作壹○按經傳因壹與一同音假借爲一字學者遂分别一二字作一書專壹字作壹說文从壺吉聲壹乃俗作字也

虛之不合 閩監本同岳本嘉靖本同毛本合作令衛氏集說同考文引古本同釋文出不合云力政反本又作合正義云虛之不令也令善也一本爲虛之不合者謂不以蓋合覆其上然則正義本當亦作令與釋文同今作合注與疏不相謀當由附合注疏時所據注本不同毛本改從令是也衛氏集說令下有也字考文引古本同案正義則也字亦當有

君卽至藏焉 惠棟按宋本無此五字

復楔齒節

復楔至赴者 惠棟按宋本無此五字

用桷柶柱亾人之齒合開 閩監毛本作柶衛氏集說同此本柶誤栖

不辟戾也 閩監毛本作辟衛氏集說同此木辟字闕

飯者飯食也 閩監毛本同惠棟按宋本食作含衛氏集說同案作含是也

謂襲斂遷尸之時 閩監毛本作尸衛氏集說此本尸誤戾

及又加著新衣也 閩本同惠棟按宋本同監毛本及作乃非衛氏集說刪乃字亦非

猶稱孝子名也 惠棟按宋本作稱續通解同此本稱字闕閩監毛本作書非

君復於小寢節

君復至四郊 惠棟按宋本無此五字

喪不剝奠也與節

喪不至也與 惠棟按宋本無此五字

爲有祭肉也 閩監毛本作肉衛氏集說同此本肉誤也

小斂既奠于尸東 閩監毛本同衛氏集說作既斂奠于尸東○按集說是也

視受巾巾之 閩監毛本作視衛氏集說同此本視誤況

設如初巾之 閩監毛本作設此本誤投

既殯旬節 惠棟按云既殯節宋本合下朝奠日出二句爲一節

木工宜乾腊且豫成 毛本作豫成岳本嘉靖本同衛氏集說同此本豫成二字闕閩監本同考文引古本且豫成作且以豫成也

材椁材也 閩監毛本作椁岳本嘉靖本同此本椁誤祖考文引古本作材椁椑材也正義本無椑字

既殯至明器 惠棟按宋本無此五字

此一節論葬禮 惠棟按宋本同衛氏集說同續通解同閩監毛本葬誤喪

須豫備之事 惠棟按宋本作備衛氏集說同此本備字闕閩監毛本誤暴

朝奠日出節 惠棟按宋本父母之喪以下爲一節

父母至及也 惠棟按宋本無此五字

練練衣節

黄之色卑於纁 閩監毛本同岳本嘉靖本同衛氏集說同釋文出於薰云本又作纁正義作纁

麛裘青豻褎 閩監毛本同岳本嘉靖本同衛氏集說同惠棟按宋本豻作犴

練練至可也 惠棟按宋本無此五字

黄拾裏也 閩本同監毛本拾作袷是也衛氏集說同

裏用黄而領緣用縓者 閩監本同衛氏集說同毛本緣下用字誤中惠棟按宋本無下用字

小祥男子去葛絰 閩監毛本同惠棟按宋本葛作首衛氏集說同案首字是也

謂父母喪菅屨 閩監毛本同衛氏集說同惠棟按宋本無母字續通解同案儀禮喪服爲父菅屨父卒爲母與父在爲母皆疏屨此言菅屨當無母字爲是

無絇屨頭飾也 閩監毛本同惠棟按宋本無絇下有者二字考文引宋板無絇下有者絇二字此亦與惠按不同

鹿色近白 惠棟按宋本作色近續通解同此本色近二字闕閩監毛本作鹿皮色白非

衰上未有裼衣 閩監毛本作未此本誤夫

二染謂之縓 閩監毛本同衛氏集說同惠棟按宋本二作一與爾雅合

然麛裘用青豻爲褎 閩監毛本作褎此本誤褏

有殯節

有殯至皆弔 惠棟按宋本無此五字

天子之棺節

凡棺因能濕之物 閩監毛本同岳本因作用嘉靖本同衛氏集說同考文引古本足利本同案集說是也

論天子諸侯以下 閩監毛本同衛氏集說無諸侯二字

屬六寸大棺八寸也 閩監毛本如此此本上寸誤中下寸誤十

唯椁不周 閩監本同衛氏集說同惠棟按宋本唯作惟毛本唯誤雖考文引宋板作唯

上有杭席故也 閩監毛本杭作抗惠棟按宋本衛氏集說同○按作抗是也

縱束者用二行也 閩監毛本作也衛氏集說同此本也誤之

或有作⿱髟彖字者 惠棟按宋本作作此本作誤惟閩監毛本同

案喪大記君大棺八寸 閩監毛本作案此本案誤卒

則椁之厚也 閩監毛本作厚此本厚誤淳

天子之哭諸侯也節

時人間有弁絰 閩監毛本同衛氏集說同惠棟按宋本間作聞岳本嘉靖本同考文引古本足利本同續通解間有作聞著

天子至樂食 惠棟按宋本無此五字

今哭諸侯 閩監毛本同衛氏集說同惠棟按宋本哭作巫

天子之殯也節

菆本以周龍輴加椁而塗之 閩監毛本同嘉靖本同衛氏集說同惠棟按宋本加作如宋監本岳本同續通解同案作如是也正義云象椁之形正申此如字之義○按穀梁傳九年疏引作如

天子至禮也 惠棟按宋本無此五字

謂用木菆棺而四面塗之 此本用誤困閩監毛本不誤惠棟按宋本菆作叢下亦題湊菆木同

畢塗屋者 閩監毛本作畢此本畢誤塗

四面盡塗之也 閩監毛本作塗此本塗誤畢

唯天子之喪節

唯天至而哭 惠棟按宋本無此五字

位就同姓之中 閩監毛三本同惠棟按宋本位作但是也衛氏集說同

魯哀公節

誄其行以爲諡也 閩監毛本同岳本嘉靖本同衛氏集說同考文引古本足利本重誄字宋監本作誄誄其行以爲諡也按左傳哀十六年正義引禮記注作誄累也累列生時行迹讀之以作諡

尼父因其字以爲之諡 閩監毛本同嘉靖本同衛氏集說同惠棟按宋本其作且一岳本亦作且無一字宋監本同考文引古本與宋本同足利本與岳本同段玉裁云且字見儀禮者四見禮記者三見公羊傳者三疏家多不得其解今案說文且薦也凡承藉於下曰且凡冠而字祇有一字耳必五十而後以伯仲故下一字所以承藉伯仲也言伯某仲某是稱其字單言某甫是稱其且字若韓非子於孔子單言尼蓋五十以前事也此

注家且字之說也其說甚詳不可備錄又云檀弓注且字俗本譌作其字今本左傳哀十六年疏引譌作目字宋本禮記注疏譌作且一字三字惟南宋禮記監本及慶元本左傳哀十六年疏作且字不誤

魯哀至尼父　惠棟挍宋本無此五字

稱字而呼之尼父也　惠棟挍宋本作呼此本呼字闕閩本同監毛本作謚非

國亡大縣邑節

哭於大廟三日　閩監本同石經同岳本嘉靖本同衞氏集說本同毛本大作太非疏同釋文亦作大同考文

以喪歸也　閩監毛本同岳本嘉靖本同衞氏集說同考文引古本足利本喪下有禮字

國亡至后土　惠棟挍宋本無此五字

亡失也　監毛本作亡此本亡誤云閩本同

亡失土邑也　閩監毛本作土此本誤士

孔子惡野哭者節

周禮銜枚氏　監毛本作銜岳本嘉靖本同此本銜誤御閩本同

掌禁野叫呼歎呼於國中者　閩監毛本同惠棟挍宋本下呼作嗚宋監本岳本嘉靖本同考文引古本足利本同衞氏集說作掌嘂呼歎嗚於國中者無野字作嘂嗚字與周官經合釋文出叫呼

孔子惡野哭者　惠棟挍宋本無此六字

未仕者節

稅謂遺于人　閩監毛本同嘉靖本同衞氏集說于作於惠棟挍宋本于作予宋監本同岳本同考文引古本足利本亦作予是人下有物字非正義皆云謂以物遺人也是足利本所據補也

未仕未尊　閩監毛本如此此本未仕誤夫任

亦當必稱父兄以將遺之　閩監毛本作稱此本誤類

士備入節

嫌主人哭　毛本作嫌岳本嘉靖本同衞氏集說同此本嫌字闕閩監本同

士備至夕踊　惠棟挍宋本無此五字

雖先入即位哭　閩監毛本作位衞氏集說同此本位誤布

而相待踊者　惠棟挍宋本作而此本而字闕閩監毛本作必非

祥而縞節

祥而至月樂　惠棟挍宋本無此五字

其祭朝服縞冠是也　閩監毛本同惠棟挍宋本祭下有也字衞氏集說同

君於士節

幕人職供焉　閩監毛本同嘉靖本同衞氏集說同岳本供作共釋文出共焉云本亦作供○按供正字共假借字

君於士有賜帟　惠棟挍宋本無此六字

賜惠賜也　惠棟挍宋本作惠此本惠字闕閩監毛本惠作恩衞氏集說同

附釋音禮記注疏卷第八終　惠棟挍宋本此行題禮記正義卷第十一終宋監本題禮記卷第二經五千四百二十二字注五千三百二十字嘉靖本題卷終經五千二百一十九字注五千三百六十五字

附釋音禮記注疏卷第九

檀弓下第四

【疏】正義曰案鄭目錄云義同前篇以簡策繁多故分爲上下二卷

禮記　鄭氏注　孔穎達疏

君之適長殤。車三乘。公之庶長殤。車一乘。大夫之適長殤。車一乘。皆下成人也自上而下降殺以兩成人遣車五乘長殤三乘下殤一乘尊卑以此差之庶子言公卑遠之傳曰大功之殤中從上○適丁歷反下及下適室同長殤丁丈反下及注同下式羊反乘繩證反下及注同皆下戶嫁反殺色戒反遣棄戰反差初佳反又初宜反遠于萬反【疏】君之至一乘○正義曰此一節論諸侯及卿大夫之子送葬遣車之數○君者五等諸侯也今此謂諸侯適子在長殤而死故云君之適長殤也車三乘者遣車也葬柩朝廟畢將行設遣奠竟取遣奠牲體臂臑折之爲段用此車載之以遣送亡者故謂之遣車然遣車之形甚小周禮中車云大喪飾遣車鄭云使人以次舉之以如墓也又雜記遣車視牢具置于四隅鄭云四隅椁中之四隅以此而推故知小也所以必須遣車者雜記云大饗既饗卷三牲之俎歸于賓館父母而賓客之所以爲哀也是言父母方將遠去亦如賓客之義所載牲體所以送之但遣車之數貴賤不同若生有爵命車馬之賜則死有遣車送之諸侯七乘大夫五乘此後有明文鄭惟諸侯既七乘降殺宜兩則國王宜九乘士三乘也今此所明並是殤未成人未有爵命車馬之賜而得遣車者言其父有之得與子也王九乘若適子成人則應七乘在長殤而死則五乘中殤從上亦五乘下殤三乘也若有國王庶子成人則應五乘長殤中殤三乘下殤一乘也諸侯既自得七乘其適子成人五乘長殤三乘故君之適長殤車三乘也中則從上若下殤則一乘也○公之庶長殤車一乘者公亦諸侯也適長殤既三乘庶子若成人乃三乘而長殤則一乘故云車一乘也中殤亦從上若下殤則無大夫之適長殤車一乘者大夫自得五乘適子成人三乘長殤降二故一乘也中殤從上亦一乘若下殤及庶殤並不得也案下注云人臣賜車馬乃得有遣車禮三命始賜車馬然諸侯大夫再命而下則不合有遣車今大夫適子長殤得有遣車一乘者以其身爲大夫德位既重雖未三命得有遣車約鄭注雜記云則士無遣車禮天子上上三命得有車馬之賜而云士無遣車者謂諸侯之士及天子中士下士也但喪禮質略天子之臣與諸侯之臣命數雖殊喪禮不異故鄭云大夫以上乃有遣車文主天子大夫其實兼諸侯大夫也鄭以士無遣車者文主諸侯之士其實亦兼天子中下士也諸侯及大夫之子熊氏云人臣得車馬賜者遣車得及子若不得車馬賜者雖爲大夫遣車不得及子案此經云大夫之適長殤車一乘則大夫之身五乘下云大夫五个遣車五乘二文正同但此摠爲殤而言之故言其子下文爲晏子大儉故舉國君及大夫之身本無及子不及子之義橫生異意無所證據熊氏非也雜記云遣車視牢具則遣車一乘當苞一个士無遣車既夕禮苞三个者亦是豐小殺大禮之義若服虞之意視牢具者視襲篋牢具故襲二十五年崔杼葬莊公下車七乘服注云上公襲篋九牢遣車九乘與此異也○注庶子至從上○正義曰君是對臣之名有地大夫以上皆有君號公則五等之上又同三公之尊今庶子言公就其尊號是卑遠於庶子也此有公君相對故爲此解若文無所對嫡與稱公故喪服云公子嫡子是也又鄭引喪服

傳云大功之殤中從上者證此遺車亦中從上也必知然者服是生人所著哀念死者車亦生者所有被及亡人車服雖殊皆緣生者之事故車馬與服同中從上若其瓦棺堲周之屬本爲死者中殤年實童幼故從於下盧植以爲遺車亦中從下非其宜○

公之喪。諸達官之長杖。謂君所命雖有官職不達於君則不服斬〔疏〕公之至長杖○正義曰此一節論臣爲君杖法公者五等諸侯也諸者非一之辭達官謂國之卿大夫士被君命者也既被君命故稱達官也既達於官而貴有其職此對不達者爲長故云長也若遭君喪則備服衰杖故云諸達官之長杖也不云衰從可知也○注謂君至服斬○正義曰不達於君謂府史之屬也賤不被命是不達於君也不服斬衰但服齊衰三月耳故喪服齊衰三月章有庶人爲國君鄭云不言民而言庶人庶人或有在官者案彼注即是不達者也皆是凡謂庶人在官者若其近臣閽寺之屬雖無爵命但嗣君服斬則亦服斬與此異也故喪服斬衰章云公士大夫之衆臣爲其君布帶繩屨傳曰近臣君服斯服矣鄭注云近臣閽寺之屬若大夫之臣雖不被命於諸侯得爲大夫之君服斬與杖但衆臣降其帶屨用布帶繩屨耳○

君於大夫。將葬。弔於宮。及出。命引之。三步則止。以義奪孝子宮殯宮出謂柩已在路如是者三。君退。退去也三命引之凡移九步朝亦如之。哀次亦如之。君弔不必於宮朝喪朝廟也次他日賓客所受大門外舍也孝子至此而哀君或於是弔焉○朝直遙反注同〔疏〕君於至如之○正義曰此一節論君弔臣之禮君於大夫之喪將至葬時君必親往弔於殯宮謂就殯宮以弔孝子弔禮既畢及其柩出殯宮之門孝子號慕攀轍柩車不動君奪孝子之情命遣引之引者三步則止所以止者引者不忍頻奪孝子之情故且止柩住君又命引之引之者三步而止君又命引之引之者三步而止故如是者三君又命引之柩車遂行君便退去君或來弔參差早晚不必恒在殯宮或當朝廟明日將發之時亦如柩出殯宮命引之三步如是者三之事故云朝亦如之君弔或晚不及朝廟之時朝廟已畢柩出大門至平生待賓客次舍之處孝子哀其平生次舍之處停柩不行君於是始弔弔畢君命引之使行如上來之事故云哀次亦如之○注宮殯至在路○正義曰知此是殯宮者以下云朝及哀次以朝廟及出大門哀次之事此文在其前以事前後故知是殯宮也云出謂柩已在路者對宮中未行今已出殯門將往嚮廟謂之在路賀瑒以路謂載柩之車義亦逼也○注退去至九步○正義曰鄭嫌退謂逡巡且退故云退去也云三命引之凡移九步者以禮成於三故知凡爲九步鄭必分明言九步者以經上云引之三步則止下云如是者三恐別更爲三通前爲四十有二步之嫌故明言九步也九步既停君又須命引之則當四命也或可君既三命柩雖三步暫停孝子更須有事君即退○注君弔至弔焉○正義曰君於大夫恩義或有厚薄或弔有早晚故云君弔不必於宮也宮謂殯宮也從上可知也知朝是喪朝廟者朝與哀次相對故知朝廟也柩之朝廟今日至廟明日乃去此弔謂明日將去之時故有命引之云次他日賓客所受大門外舍也者以覲禮諸侯受次舍于廟門外明大夫大門外亦有賓次也然主位在門東孝子必哀門西賓次者以平生門東待賓客無次孝子見門西張次之處而哀故云哀次云君或於是弔焉者以君弔正禮當於殯宮或於朝祖廟無門外君弔之禮君來弔或晚有避逅於是弔焉故云或或是不定之辭○

五十無車者。不越疆而弔人。氣力始衰○疆居良反本又作彊下越疆同〔疏〕五十至弔人○正義曰此一節論哀老不許徒行遠弔之事所以時不許越疆而弔人者五十既衰越疆則道路遙遠弔人又悲慼哀慼恐增哀恐故不許也○

季武子寢疾。蟜固不說齊衰而入見。曰。斯道也將亡矣。士唯公門說齊衰。季武子魯大夫季孫夙也世爲上卿强且專政國人事之如君蟜固能守禮不畏之矯失俗也道猶禮也○蟜居表反蟜固人姓名說他活反本亦作稅徐又音申銳反下同見賢遍反矯居表反武子曰。不亦善乎。君子表微。時無如之何佯若善之表猶明也及其喪也。曾點倚其門而歌。明己不與也點字晳曾參父○點多忝反倚于綺反徐其綺反晳星厤反〔疏〕季武至而歌○正義曰此一節論季武子無禮蟜固正之事武子魯之執政上卿時人畏之事之如君入其門皆說衰唯蟜固不說齊衰而入見武子謂武子曰我所以著齊衰而入者以此著齊衰之道將亡絕矣以時人畏爾入門者皆說齊衰故此著齊衰入大夫之門其道將絕又語武子若依正禮士唯入公門乃說齊衰而入大夫之門不合說也言將亡者其時嚮餘大夫之門猶有著齊衰者故云將亡將亡者未絕之辭武子既得蟜固之言心雖恚恨身既寢疾無奈之何乃佯言若美之汝之所言不亦善乎所以善者若失禮顯著凡人皆知若失禮微細唯君子乃能表明之今說齊衰失禮之微汝能知之是君子之人故云君子表微及武子之喪曾點慕蟜固之直乃倚武子之門而歌明己不與武子故無哀慼○注季武至禮也○正義曰知是上卿專政者左傳文云國人事之如君者入君門說齊衰今入武子之門亦說齊衰是與君同也此謂不杖齊衰若杖齊衰雖入公門亦不說之具在下曲禮疏云蟜固能守禮不畏之矯失俗也者謂失禮風俗矯而正之據鄭此言則蟜固人之姓名其字從虫若矯正之字從矢熊氏云或有人蟜武子固陋對文不知一何甚也○注時無至善之○正義曰知非實善云佯善者其實善則尋常不合說齊衰故知佯若善蟜固也心實不善而佯善之是無如之何凡外貌爲陽內心爲陰實無內心但有外貌者謂之爲陽故史記韓非說難云陽收其身而實疏之陰用其言而顯棄之是也此陽或言佯者字相假借義亦通也○注點字晳曾參父正義曰此史記仲尼弟子傳文彼文點字作蒧

○大夫弔。當事而至。則辭焉。辭猶告也擯者以主人有事告也主人無事則爲大夫出○擯必刃反本又作儐同後放此爲于僞反下亦爲爲之變同弔於人。是日不樂。君子哀樂不同日子於是日哭則不歌○日人一反樂音岳又音洛注同婦人不越疆而弔人。不通於外行弔之日。不飲酒食肉焉。以全哀也弔於葬者必執引。若從柩。及壙。皆執紼。示助之以力車曰引棺曰紼從柩贏者○引音胤注同車索壙苦晃反又音曠後同紼音弗棺索贏音盈○喪公弔之。必有拜者。往謝之雖朋友州里舍人可也。謂無主後弔曰。寡君承事。示亦爲執事來主人曰臨。君辱臨其臣之喪臨如字徐力鴆反。

君遇柩於路。必使人弔之。君於民臣有父母之恩大夫之喪。庶子不受弔。不以賤者爲有爵者主〔疏〕大夫至受弔○正義曰此一節論弔哭之禮各依文解之○大夫弔者謂大夫弔士也當事當主人有大小斂殯之事也大夫尊來弔士則孝子應出下堂迎之若正有事而至則孝子遣人辭告之道有事不得出也○注辭猶至夫出○正義曰此出者正謂出之於庭不得出門外以男子之事自堂及門故也若未小斂以前唯君命出故士喪禮云唯君命出鄭注云大夫以下時來弔襚不出始喪哀戚甚在室是小斂以前不爲大夫出也正當小斂之節大夫來弔則辭之以有事斂畢當踊之時延大夫而入絕踊而拜之或大夫正當斂後踊時始來則亦絕踊拜之故雜記云當袒大夫至雖當踊絕踊而拜之注云尊大夫來至則拜之不待事已也若士來弔雖當斂不告以有事事畢踊後引士入然後拜之故雜記云於士既事成踊襲而后拜之是也此云不當事則爲大夫出於士雖不當事則不爲之出然士喪禮既小斂以後主人降自西階遂拜賓大夫特拜士旅之得出拜士者以主人將襲經於序東因降階而拜之非故爲士而出拜之不當事爲大夫出謂出迎至庭若大夫退則出送于門外故士喪禮賓出主人拜送于門外鄭注云廟門外也廟門謂殯宮門也○婦人不越疆而弔人此是凡弔之法婦人無外事故不越疆而弔人○弔於葬者必執引引柩車索也弔葬本爲助執事故必相助引柩車也○若從柩及壙皆執紼者及至也紼引棺索也凡執引用人貴賤有數若其數足則餘人不得遂行皆散而從柩也至壙下棺空時則不限人數皆悉執紼是助力也○注示助至贏者○正義曰引者長遠之名故在車車行遠也紼是撥舉之義故在棺棺唯撥舉不長遠也云從柩贏者贏餘也從柩者是執引所餘贏長皆也何東山云天子千人諸侯五百人大夫三百人士五十人贏數外也○喪公弔之必有拜者○喪謂諸侯臣之喪公來親弔或遣人來弔喪家雖無主後必有以次疏親而往拜之以謝其恩疏親亦無雖死者朋友及同州同里及喪家典舍之人而往拜之可也此以無後故許他人拜謝若其有後主人故自當親拜是以既夕禮云主人乘惡車鄭注云拜君命是也○弔曰寡君承事者此是君來語擯者使傳君來之辭也弔爲助事故雖君之尊亦稱承事也○主人曰臨者主人辭謝之曰君屈辱降臨某之喪文稱寡君應是弔他國之臣上承公弔之下則是已國之臣稱寡君者以其示欲供承喪家之事故謙言寡君此謂大夫之喪也若弔士直稱君故士喪禮君使某弔如何不淑是也○君遇柩於路者君於其臣當特弔於家故喪大記於大夫及士皆親弔之又禮譏貴尚受弔及杞梁之妻不受野弔是也其或卑小之臣及庶人之等君不豫知其喪造次遇柩於路既有民臣之恩以此使人弔故鄭荅張逸謂行而遇之謂凡民也雖以民爲主亦兼微小臣君不豫知其喪故此云兼臣也○大夫之喪庶子不受弔者不受弔者謂不爲主人也適子主喪受弔拜賓若適子或有他故不在則雖庶子不敢受弔明已卑辟適也言大夫庶子不受弔則士之庶子得受弔也言不受弔不可以賤者爲有爵者喪主也

○妻之昆弟爲父後者死。哭之適室。以其正也子爲主。袒免哭踊。親者主之○免音問夫入門右。北面辟正主○辟音避下辟難同使人立于門外。告來者。狎則入哭。狎相習知者○使色吏反又如字狎戶甲反父在

哭於妻之室。不以私喪干尊。非爲父後者，哭諸異室。○有殯，聞遠兄弟之喪，哭于側室。嫌哭殯。無側室，哭于門内之右。近南者爲之變位。○近，附近之近。同國則往哭之。喪無外事。

〔疏〕妻之至哭之。○正義曰：此一節論哭無服者之事。適室，正寢也。禮，女子適人者爲昆弟爲父後者不降，以其正故也。故姊妹之夫爲之哭於適室之中庭也。○子爲主者，子已子也。甥服舅緦，故命己子爲主受弔拜賓也。○祖免哭踊者，冠尊不居肉袒上，必先免，故凡哭哀則踊，踊必先祖，祖必先免，故祖免哭踊也。○夫入門右者，夫謂此子之父，即哭妻兄弟者也。言夫者，據妻之爲喪也。子既爲主，位在東階之下，西鄉。父入門右，近南而北鄉，哭也。鄭注知此北面者，鄭推子既爲主，在阼階下西鄉，父不爲主，若又西鄉，便似二主，故入門右而北面，示辟爲主之處也。鄭又所以知父必北面者，曾子問云：衛靈公弔季康子，魯哀公爲主，康子立於門右，北面，辟主人之位故也。鄭知此當北面辟主人之位也。而禮本多將鄭注北面爲經文者，非也。案古舊本及盧王禮亦無北面字，唯鄭注云北面耳。庾蔚亦謂非經文也。○使人立于門外告來者者，以門内有哭，則鄉里聞之，必來相弔，故主人所使人出門外告語來弔者，述所哭之由，明爲主在子，不關入已也。○狎則入哭者，若弔人與此亡者曾經相識狎習，當進入共哭。父在哭於妻之室者，此夫若父在，則適室由父，故但於妻室之前而哭之，亦子爲主，使人立於門外也。故鄭注云不以私喪干尊。○非爲父後者，哭諸異室者，案奔喪禮，妻之黨哭諸寢，此哭於適室及異室者，寢是大名，雖適室及妻室異室，總皆曰寢。此云子爲主，祖免哭踊，則夫入門右，亦哭踊。知者，以其上文申祥之哭，言思婦人倡踊，故知夫入門右亦踊，但文不備耳。○注近南者爲之變位。○正義曰：此哭於門内之右，謂庶人無側室者，故内則云庶人無側室者，言近南爲之變位，以其尋常爲主，當在阼階東西面，今稱門内之右，故知近南爲之變位也。必變之者，以哭於大門内之右，既非常哭之處，故繼門而近於南也。鄭云近南則猶西面，但近南耳。必知西面者，案士喪禮朝夕哭，衆主人衆兄弟繼婦人南，皆西面，明此哭兄弟亦西面也。下云同國則往哭之，上云聞遠兄弟之喪，謂異國也。所以同國則往哭，異國則否者，以其已有喪殯，不得嚮他國，故鄭云喪無外事。

○子張死，曾子有母之喪，齊衰而往哭之。或曰：齊衰不以弔。以其無服，非之。曾子曰：我弔也與哉。於朋友哀痛甚而往哭之，非若凡弔。○與音餘。

〔疏〕子張至與哉。○正義曰：此一節論哭朋友失之禮之事。○注以其至非之。○正義曰：言曾子與子張無服，不應往哭，故或人非之也。若有服者，雖緦亦往也。

○有若之喪，悼公弔焉。悼公，魯哀公之子。○悼音道。子游擯由左。擯相侑喪禮者，喪禮廢亡，時人以爲此儀當如詔辭而皆由右相，是善子游正之。孝經說曰：以身擯侑。○擯，必忍反，注同。相，息亮反，下同。詔音照。侑音又。

〔疏〕有若至由左。○正義曰：此一節論擯相之法。在主人曰擯，在客曰介。○注擯相至擯侑。○正義曰：庾蔚云：相主人以禮接賓皆謂之擯，亦無當於吉凶。鄭以爲相侑喪禮，據此事而言之。大宗伯注：出接賓曰擯，入詔禮曰相。云喪禮廢亡，時人以爲此儀當如詔辭而皆由右相，是善子游正之者，少儀云：詔辭自右。鄭云：爲君出命也，立者尊右。案立者尊右，若已傳君之詔辭，詔辭爲尊，則宜處右。今擯者宜右也。若於喪事則推賓主居右而已自居左，而當時禮廢，言相喪亦如傳君詔辭，已自居右，子游知禮，故推賓居右，己居左也。云孝經說曰以身擯侑者，引孝經說證擯是相侑也。孔子身爲君作擯侑，故論語云君召使擯是也。

○齊穀王姬之喪，穀當爲告，聲之誤也。王姬，周女，齊襄公之夫人。○穀音告，又古毒反。魯莊公爲之大功。或曰：由魯嫁，故爲之服姊妹之服。或曰：外祖母也，故爲之服。春秋：周女由魯嫁，卒，服之如内女，服姊妹是也。天子爲之無服，嫁於王者之後乃服之。莊公，齊襄公女弟文姜之子，當爲舅之妻，非外祖母也。外祖母又小功也。○爲之，于僞反，下及注同。王如字，徐于況反。

〔疏〕齊穀至之服。○正義曰：此一節論諸侯爲王姬著服之事。案莊二年秋，齊王姬卒，齊來告魯，云王姬之喪，魯莊公爲之大功。或人解之云王姬周女也，命魯爲主，由魯嫁，比之魯女，故爲之服出嫁姊妹之服。更有或人解云王姬爲莊公外祖母，故爲之著大功之服。此或人之言乃爲二非也。王姬是莊公舅妻，不得爲外祖母，是一非；假令爲外祖母，正合小功，不服大功，是二非也。○注王姬至夫人。○正義曰：案莊公十一年，王女共姬爲齊桓公夫人，知此王姬非齊桓公夫人者，以桓公夫人經無卒文，是不告於魯。襄公夫人莊二年經書王姬卒，是來告魯。此言齊告王姬之喪，故知是襄公夫人。○注春秋至服之。○正義曰：春秋莊二年，齊王姬卒。穀梁傳云：爲之主者卒之也。案莊元年秋築王姬之館于外，下云王姬歸于齊，是由魯嫁也。喪服大功章：君爲姑姊妹女子子嫁於國君者，著大功之服。王姬既比之内女，故服大功也。云天子爲之無服者，以尊卑不敵故也。若嫁於王者之後，天子以賓禮待之，則亦大功也。其女反爲兄弟爲諸侯者亦大功，以喪服女子子出嫁爲兄弟大功故也。案喪服云：女子子爲父後者期，謂大夫士之妻有往來歸宗之義。故喪服傳云：婦人雖在外，必有歸宗，曰小宗。鄭荅趙商云：自其家之宗言宗及小宗，故知是大夫士也。諸侯夫人父母卒，無復歸寧之理，故知諸侯夫人爲兄弟爲諸侯者但大功耳，不得服期。熊氏以爲服期，非也。案服小記云：與諸侯爲兄弟者服斬。卑賤降等，雖不爲臣，猶服斬衰，與此別也。

○晉獻公之喪，秦穆公使人弔公子重耳。獻公殺其世子申生，重耳辟難出奔，是時在翟，就弔之。○重，直龍反，注及下皆同。難，乃旦反。翟音迪，本又作狄。且曰：寡人聞之，亡國恒於斯，得國恒於斯。言在喪代之際。雖吾子儼然在憂服之中，喪亦不可久也，時亦不可失也，孺子其圖之。勸其反國，意欲納之。喪謂亡失位。孺，稺也。○儼，魚檢反，本亦作儼，同。喪，息浪反，注及下皆同。孺，如樹反，後同。稺，直吏反，本又作稚，同。以告舅犯。舅犯，重耳之舅狐偃也，字子犯。舅犯曰：孺子其辭焉。喪人無寶，仁親以爲寶。寶謂善道可守者。仁親，親行仁義。父死之謂何？又因以爲利，欲反國求爲後，是利父死。而天下其孰能說之？孺子其辭焉。說猶解也。公子重耳對客曰：君惠弔亡臣重耳，身喪父死，不得與於哭泣之哀，以爲君憂。謝之。○與音預。父死之謂何？或敢有他志，以辱君義。

〔疏〕晉獻至君義。○正義曰：此一節論公子重耳不因父喪以取國之事，各依文解之。○且曰至圖之。○使者弔重耳，重耳受弔禮已畢，使者出門則應遂還賓館，使者方須致穆公之命以勸重耳，故言且曰。言且者，非特弔耳，且者兼有餘事。使者且更言曰，稱穆公之命，言寡人聞前古以來，失亡其國恒於此喪禍交代之時，得其國家亦恒在於此交代之時。言此喪禍交代之際，是得國失國之機，求之則得，不求則失。雖吾子儼然端靜在憂戚喪服之中，無求國之意，然身喪在外，亦不可久，爲言辛苦也。得國之時亦不可失，言當求也。欲使重耳從其言，故云孺子其圖之。○父死至君義。○言父身死亡謂是何事，言正是凶禍之事，既是凶禍，豈得又因此凶禍以有爲已利，欲求反國，必其如此而天下聞之，其誰解說我以爲無罪。公子重耳用舅犯之言出而對客，既敘其弔意，又謝其欲納之言。君惠弔亡臣重耳，此一句是敘其弔意。言身喪父死，不得在國與於哭泣之哀，以爲君之憂慮，欲納於我，既謝其恩，又道不可之意。言以父死謂是何事，豈復敢悲哀之外別有他志以屈辱君之義事乎？言已無他志，不敢受君勸以反國之義。言義者，宜也，穆公之意以重耳反國爲宜，故云義也。

稽顙而不拜，哭而起，起而不私。他志謂私心。○稽音啓。顙，桑黨反。子顯以致命於穆公。使者公子縶也。盧氏云：古者名字相配，顯當作韅。○顯依注音韅，呼遍反，徐苦見反。使，色吏反。縶，陟立反，後同。穆公曰：仁夫公子重耳。夫稽顙而不拜，則未爲後也，故不成拜。哭而起，則愛父也。起而不私，則遠利也。夫音符。遠，于萬反。

〔疏〕稽顙至遠利也。○正義曰：此穆公本意勸重耳反國，重耳若其爲後，則當拜謝其恩，今不受其勸，故不拜謝穆公，以其不拜，故云未爲後也。所以稽顙者，自爲父喪哀號也。凡喪禮先稽顙而後拜，乃成拜。今直稽顙而不拜，故云不成拜也。今既聞父死，勸其反國之義，哀慟而起，若欲攀轅然，故云哭而起，則愛父也。以其愛父，故起若欲攀轅，既哭而起，不私與使者言，必無心反國，是遠利也。鄭注知在翟弔之及使者公子縶者，並國語文。云：縶弔重耳而退，弔公子夷吾於梁，如弔重耳之命。夷吾見使者，再拜稽首，起而不哭，退而私於公子縶曰：里克與我矣，吾命之以汾陽之田百萬；丕鄭與我矣，吾命之以負蔡之田七十萬。亡人苟入埽除宗廟，定社稷，且入河外列城五。言亡人之所懷。案國語之說，夷吾則穆公美重耳之言，皆是形夷吾而起。

○帷殯，非古也，自敬姜之哭穆伯始也。穆伯，魯大夫季悼子之子公甫靖也。敬姜，穆伯妻，文伯歜之母也。禮：朝夕哭不帷。○歜，昌蠋反。

〔疏〕帷殯至始也。○正義曰：此一節論哭殯不合帷殯之事。○注穆伯至不帷。○正義曰：知穆伯是季悼子之子公甫靖者，世本文。知敬姜是文伯歜之母者，下文云文伯之喪，敬姜晝夜哭；又國語云敬姜自績，文伯諫之，是也。朝夕哭不帷，是雜記文，以孝子思念其親，故朝夕哭時乃褰徹其帷也。今敬姜之哭穆伯，以辟嫌之故，遂朝夕哭不復徹帷，故下文云穆伯之喪，敬姜晝哭，與此同也。案春秋文十五年，公孫敖之喪，聲已不視，帷堂而哭。公孫敖亦是穆伯，此不云聲已之哭穆伯始者，聲已是帷堂

非帷殯也聲已哭在堂下怨恨穆伯不欲見其堂故帷堂敬姜哭於堂上遠嫌不欲見夫之殯故帷殯案張逸荅陳鏗云敬姜早寡晝哭以辟嫌帷殯或亦辟嫌表夫之遠色也

○**喪禮，哀戚之至也。節哀，順變也。君子念始之者也。**始猶生也念父母生已不欲傷其性

【疏】喪禮至者也。○正義曰此一節記人終論孝子遭喪所爲哭踊復魄飯含重主殯葬反哭之事各依文解之。○喪禮哀戚之至也者言人或有禍災雖或悲哀未是哀之至極唯居父母喪禮是哀戚之至極也既爲至極若無節文恐其傷性故辟踊有節筭裁節其哀也故下文辟踊哀之至有筭爲之節文也所以節哀者欲順孝子悲哀使之漸變也故下文云愠哀之變也所以必此順變者君子思念父母之生已恐其傷性故順變也

復，盡愛之道也。有禱祠之心焉。復謂招魂且分禱五祀庶幾其精氣之反○禱丁老反一音丁報反祠音詞

望反諸幽，求諸鬼神之道也。鬼神處幽闇望其從鬼神所來

北面，求諸幽之義也。鄉其所從來也禮復者升屋北面○鄉本又作嚮同許亮反

【疏】復盡至義也。○正義曰始死招魂復魄者盡此孝子愛親之道也非直招魂又分禱五祀冀精氣之復反故云有禱祠之心焉言招魂之時於平生館舍求魂欲反又於五祀禱請求之復與五祀揔是祈禱故云禱祀之心焉以揔結之又解復魄之時冀望魂神於幽處而來所以望諸幽者求諸鬼神之道也言鬼神處在幽闇故望幽以求之又解望幽所在北方是幽闇復者北面求鬼神之義○注復謂至之反○正義曰招魂者是六國以來之言故楚辭有招魂之篇禮則云復冀精氣反復於身形分禱五祀者既夕禮文直言乃行禱者謂非直招魂兼有分禱俱是求神之義言分遣其人以禱五祀五祀博言之耳士雖二祀

拜稽顙，哀戚之至隱也。稽顙，隱之甚也。隱痛也稽顙者觸地無容

【疏】拜稽至甚也。○正義曰孝子拜賓之時先爲稽顙而後拜者哀戚之至痛就拜與稽顙二事之中稽顙爲痛之甚此拜稽顙拜文在上以周禮言之將拜稽顙或可下文殷周並陳此云拜稽顙或舉殷禮故先言拜也○注隱痛○正義曰釋詁文也

○**飯用米貝，弗忍虛也。不以食道，用美焉爾。**尊之也食道褻米貝美○飯扶晚反褻息列反

【疏】飯用至焉爾。○正義曰死者既無所知所以飯用米貝不忍虛其口既不忍虛其口所以不用飯食之道以實之必用米貝者以食道褻米貝美尊之不敢用褻故用米美善焉爾飯食人所造作細碎不絜故爲褻也米貝天性自然爲美凡含用米貝案喪大記云君沐粱大夫沐稷士沐粱又以所沐之米以飯之故士喪禮祝淅米于堂又云祝受米奠于貝北主人左扱米實于右是飯用沐米也又云是諸侯用粱大夫用稷士用粱士用粱者謂天子之士諸侯之士用稻故士喪禮云稻米一豆實於筐是也以大差之天子當沐黍與是天子飯用黍也其含案周禮典瑞云大喪共飯玉含玉鄭注云含玉如璧形而小耳是天子用璧也又飯玉碎玉以雜米也故云共飯玉雜記云含者執璧將命是諸侯亦含以璧也卿大夫無文案成十七年公孫嬰齊夢贈瓊瑰注云食珠玉含象則卿大夫蓋用珠也案士喪禮貝三實于筭注云貝水物古者以爲貨江水出焉筭竹器名是士用貝三依雜記則大夫當五諸侯七天子九何休注云公羊天子以珠諸侯以玉大夫以碧士以貝又禮緯稽命徵天子飯以珠含以玉諸侯飯以珠含以璧卿大夫飯以珠含以貝此等或是異代禮非周法也

銘，明旌也。神明之精○銘音名旌音精

以死者爲不可別已，故以其旗識之。不可別形貌不見○別彼列反注同本或無已字非識式至反皇如字

愛之斯錄之矣，敬之斯盡其道焉耳。謂重與奠○重與奠也與音如字一本作重與奠奠與二與並音餘

重，主道也。始死未作主以重主其神也重既虞而埋之乃後作主春秋傳曰虞主用桑練主用栗

殷主綴重焉。綴猶聯也殷人作主而聯其重縣諸廟也去顯考乃埋之○綴丁劣反又丁衛反聯音連縣音玄

周主重徹焉。周人作主徹重埋之

【疏】銘明至徹焉。○正義曰案士喪禮爲銘各以其物又司常云大喪共銘旌注云王則大常案司常云王建大常諸侯建旂孤卿建旜大夫士建物則銘旌亦然但以尺易之案士喪禮士長三尺大夫五尺諸侯七尺天子九尺從遣車之差以喪事略故也若不命之士則士喪禮云以緇長半幅經末長終幅長二尺揔長三尺○愛之斯錄之矣○愛之斯錄之者謂孝子思念其親追愛之道斯此也故於此爲重以存錄其神也○敬之斯盡其道焉耳者謂於此設奠盡其孝養之道焉耳鄭以下文有重及奠故此一經爲下張本故云重與奠也此愛之斯錄之矣及敬之斯盡其道焉耳亦得揔焉於明旌之義故士喪禮爲銘之下鄭注引此愛之敬之二事以解節旌以義得兩通故鄭彼此二解○重主至徹焉○言始死作重猶若吉祭木主之道主者吉祭所以依神在喪重亦所以依神故云重主道也○殷主綴重焉者謂殷人始殯置重于廟庭作虞主訖則綴重縣於新死者所殯之廟也○周主重徹焉者謂周人虞而作主而重則徹去而埋之故云周主重徹焉但殷人綴而不即埋周人即埋不縣於廟爲異也○注始死未作至練主用栗○正義曰案士喪禮云士有重無主而此云重主道者此據天子諸侯有主者言之卿大夫以下無主此春秋孔悝爲祏主鄭駮異義云孔悝祭所出君故有主云重既虞而埋之乃後作主者謂既虞之後乃始埋重埋重之後乃始作主案天子九虞九虞之後乃埋重重與祔相近故公羊云虞主用桑謂虞祭之末也左傳云祔而作主謂用主之初俱是喪主其義不異故異義公羊說虞而作主左氏說天子九虞十六日祔而作主謂喪主許慎謹案左氏說與禮同鄭氏不駮則是從左氏之義非是虞祭之日即作主也故此注云埋重之後乃作主也其卒哭之祭已用主也必知然者以卒哭日成事以吉祭易喪祭故知與虞異也○注殷人至埋之○正義曰知縣之廟者周主重徹焉明殷之作主重不徹焉主之與重本爲死者入廟重既不徹故知重隨死者縣於廟云去顯考乃埋之者謂今死者世世遷遷至爲顯考其重恒在死者去離顯考乃埋其重及主以其既遷無復有廟故顯考謂高祖也其遷早晚左氏以爲三年喪畢乃遷廟故僖三十三年左氏傳云烝嘗禘於廟社服皆以爲三年禘祭乃遷此廟鄭則以爲練時則不禘而遷廟主故鄭注士虞禮以其班祔之下云練而遷廟又注鬯人廟用卣謂始禘時鄭必謂以練者以文二年作僖公主穀梁傳云於練焉壞廟壞廟之道易檐可也改塗可也范甯云親過高祖則毀其廟以次而遷將納新神故示有所加是鄭之所據其主之狀范人云正方穿中央達四方天子長尺二寸諸侯長一尺○注周人至埋之○正義曰案既夕禮將葬甸人抗重出自道道左倚之鄭注云重既虞將埋之是鄭埋重於門外之道左也若虞主亦埋之於祖廟門外之道左案異義戴禮及公羊說虞主埋於壁兩楹之間一說埋之於廟北牖下左氏說虞主所藏無明文鄭駮之云案士喪禮重與柩相隨之禮柩將出則重倚於道左柩將入於廟則重止於門西虞主與神相隨之禮亦當然練時既特作栗主則入廟之時祝奉虞主於道左練祭訖乃出就虞主而埋之如既虞埋重於道左是鄭既練埋虞主於廟門之道左也

奠以素器，以生者有哀素之心也。哀素言哀痛無飾也凡物無飾曰素

雖祭祀之禮，主人自盡焉爾。豈知神之所饗，亦以主人有齊敬之心也。哀則以素敬則以飾禮由人心而已○齊側皆反

【疏】奠以至心也。○正義曰奠謂始死至葬之時祭名以其時無尸奠置於地故謂之奠也悉用素器者表主人有哀素之心既因用素表孝子哀素遂論虞祭之後及卒哭練祥之祭故云此等祭祀之禮既見親終於主人自盡致孝養之道焉爾豈知神之所饗須設此祭所以設之者亦以主人有齊敬之心若親存然故設祭亦如生存之有齊敬今死亦齊敬故云亦也○注哀則至以飾○正義曰哀則以素謂葬前敬則以飾謂虞後故士虞禮不用素器也知經中祭祀非尋常吉祭者以上下所論皆是喪事不應吉祭在其間其實吉祭主人亦有齊敬之心也

辟踊，哀之至也。有筭，爲之節文也。筭數也○辟婢亦反踊音勇筭桑亂反下同

【疏】辟踊至文也。○正義曰撫心爲辟跳躍爲踊孝子喪親哀慕至懣男踊女辟是哀痛之至極也若不裁限恐傷其性故辟踊有筭爲準節文章準節之數其事不一每一踊三跳三踊九跳都爲一節士舍死日三日而殯凡有三踊初死日襲襲而踊明日小斂小斂而踊又明日大斂大斂又踊凡三日爲三踊也大夫五踊舍死日四日而殯初死日一踊明日襲又一踊至三日小斂朝一踊至小斂時又一踊至四日大斂朝不踊當大斂時又一踊凡四日爲五踊諸侯七踊舍死日六日而殯初死日一明日襲又一至三日小斂朝一當小斂時又一四日無事一五日又一至六日朝不踊亦當大斂時又一凡六日七踊周禮王九踊舍死日八日而殯死日一明日襲一其間二日爲二至五日小斂爲二其間二日又二至八日大斂則其朝不踊也大斂時又一凡八日九踊故云爲之節文也故雜記云公七踊大夫五踊士三踊鄭注云士小斂之朝不踊君大夫大斂之朝乃不踊是也

袒，括髮，變也。慍，哀之變也。去飾，去美也。袒，括髮，去飾之甚也。有所袒，有所襲，哀之節也。

【疏】袒括至節也。○正義曰言袒衣括髮者是孝子形貌之變也悲哀慍恚者是孝子哀情之變也去其尋常吉時服飾也者是去其華美也孝子去飾雖有多塗袒括髮者就去飾之中最爲甚也孝子悲哀理應常袒何以有所袒有所襲時者表明哀之限節哀甚則袒哀輕則襲

弁絰葛而葬，與神交之道也。接神之道不可以純凶天子諸侯變服而葬冠素弁以葛爲環絰既虞卒哭乃服受服也雜記曰凡弁絰其衰侈袂○括觀闊反慍庾皇紆粉反積也又紆運反恚也徐又音鬱○去羌呂反下及注去樂去桃茢並同衰七雷反侈袂昌氏反下彌世反

【疏】注接神至侈袂。○正義曰葬時居喪著喪冠麻絰身服衰裳是純凶也又尋常弁絰以麻

爲環絰今乃去喪冠著素弁又加環絰用葛不以麻故云交神之道不可以純凶云天子諸侯變服而葬者以下云有敬心焉以日月踰時故敬心乃生大夫與士三月而葬敬心未生故知天子諸侯也云冠素弁以葛爲環絰者素謂素帛爲弁故鄭注周禮司服云弁如爵弁而素不云麻是用素絹也以葛以弁絰連文故云葛環絰然則要帶猶用麻也云卒哭乃服受服也者以受服者無文故鄭解不定喪服注天子諸侯既虞大夫士卒哭乃受服此云卒哭乃受服是不定喪服以大夫以上卒哭與虞其月不同士虞與卒哭同在一月故解爲大夫以上既虞士卒哭受服皇氏云檀弓足本當言既虞與喪服注會云卒哭者誤也引雜記其衰後袂者證既服弁絰其衰亦改案喪服衰袂二尺二寸祛尺二寸則葬時更制其衰袂三尺三寸祛尺八寸是改喪服之衰也熊氏皇氏等並爲錫衰皇氏又引鄭說稱鄭冲云小記曰諸侯弔必皮弁錫衰則此弁絰之衰亦是弔服也案喪服改葬尚服緦麻今葬服錫衰其義疑也**有敬心焉。**踰時哀衰而敬生，敬則服有飾。大夫士三月而葬，未踰時。○衰，所追反。【疏】注「大夫至踰時」。○正義曰：案鄭箴膏肓云人君殯數來日葬數往月大夫以上殯皆以來日數則大夫并死月四月而葬云未踰時者謂未踰一時假令四月而死七月而葬是未踰越夏之一時也非如春秋之踰年也若以爲踰年言之則三月死至四月是亦踰時穀梁傳云古者行役不踰時豈三月行不至四月即須反故知不然也**周人弁而葬，殷人冔而葬。**周弁殷冔俱象祭冠而素，禮同也。○冔，況甫反。【疏】注「周弁至同也」。○正義曰：士冠禮周弁殷冔夏收王制云夏后氏收而祭殷人冔而祭周人弁而祭此弁既對冔故知俱象祭冠**歠主人、主婦、室老，爲其病也，君命食之也。**尊者奪人易也。歠，歠粥也。○歠，徐昌悅反，一音常悅反。爲其，于僞反，下注「爲父母」、「爲有凶」、「爲人甚」同。食音嗣。易，以豉反。粥，之六反，後同。【疏】「歠主」至「之也」。○正義曰：此一節論尊者奪孝子情之法歠者親喪三日之後歠粥之時主人亡者之子主婦亡者之妻室老家之長相此三者並是大夫之家貴者爲其歠粥病困之故君必有命食疏飯也若非三者雖復歠粥致疾病君不命食之以其賤故也其士之主人主婦君不命也喪大記主婦食疏食謂既殯之後此主婦歠者謂未殯前故問喪云鄰里爲之糜粥以飲食之**反哭升堂，反諸其所作也。**親所行禮之處。○處，昌慮反，下同。**主婦入于室，反諸其所養也。**親所饋食之處。○養，徐羊尚反。【疏】「反哭至養也」。○正義曰：謂葬竟反哭升於廟所以升堂者反復於親所行禮之處行禮者謂平生祭祀冠昏在於堂也主婦反哭所以入於室反復於親所饋食供養之處此皆謂在廟也故既夕禮主人反哭入升自西階東面鄭注云反諸其所作也又云主婦入于室注云反諸其所養也下始云遂適殯宮故知初反哭在廟也下云反哭之弔也亦謂在廟也**反哭之弔也，哀之至也。反而亡焉，失之矣，於是爲甚。**哀痛甚。**殷既封而弔，周反哭而弔。**封，當爲窆。窆，下棺也。○封，依注音窆，彼驗反，下同。【疏】注「封當至棺也」。○正義曰：知非既封土爲墳者以既夕禮實土三主人拜鄉人乃反哭周既如此明殷亦然且殷既不爲墳故知封當爲窆之**孔子曰：「殷已慤，吾從周。」**慤者，得哀之始，未見其甚。○慤，本又作殼，苦角反，注及後同。【疏】注「慤者至其甚」。○正義曰：廟是親之平生行禮之處今反哭於廟思想其親而不見故悲哀爲甚壙者非親存所在之處今柩暫來至此始有悲哀未是甚極今弔者於此而來哀情質慤故云慤也**葬於北方，北首，三代之達禮也，之幽之故也。**北方，國北也。○首，手又反。【疏】「之幽之故也」。○正義曰：上之訓往下之語助言葬於國北及北首者鬼神尚幽闇往詣幽冥故也殯時仍南首者孝子猶若其生不忍以神待之**既封，主人贈，而祝宿虞尸。**贈以幣送死者於壙也。於主人贈，祝先歸。【疏】「既封至虞尸」。○正義曰：既封謂葬已下棺鄭不破窆字者從上可知也云主人贈而祝宿虞尸者謂主人以幣贈死者於壙之時祝先歸宿戒虞尸案既夕禮主人贈用制幣玄纁束帛也案士虞禮記云男男尸女女尸是虞有尸也**既反哭，主人與有司視虞牲。**日中將虞，省其牲。**有司以几筵舍奠於墓左。反，日中而虞。**所使奠墓有司來歸，乃虞也。舍奠墓左，爲父母形體在此，禮其神也。周禮冢人凡祭墓爲尸。○舍奠音釋，注同。【疏】「有司至而虞」。○正義曰：此謂既窆之後事也有司脩虞之有司也几依神也筵坐神席也席敷陳曰筵舍釋也奠置也墓道鄉南以東爲左孝子先反脩虞故有司以几筵及祭饌置於墓左禮地神也言以父母形體所託故禮其地神以安之也反日中而虞者反謂所使奠墓左有司歸也虞者葬日還殯宮安神之祭名必用日中者是日時之正也士虞禮云日中而行事注云朝葬日中而虞君子舉事必用辰正也再虞三虞皆用質明案周人尚赤大事用日出故朝葬也。○注「所使至爲尸」。○正義曰：鄭恐奠墓有司未歸即非虞祭故云奠墓有司來歸乃虞也必知歸始虞者以經云奠於墓左反日中而虞是奠墓者迴反日中而虞引周禮冢人凡祭墓爲尸者證葬畢奠墓案周禮冢人爲尸謂祈禱不同者以言凡祭墓凡者非一諸祭皆是**葬日虞，弗忍一日離也。**弗忍其無所歸。○離，力智反，下同。**是月也，以虞易奠。**虞，喪祭也。**卒哭曰成事。**既虞之後，卒哭而祭，其辭蓋曰「哀薦成事」，成祭事也。祭以吉爲成。【疏】注「既虞至爲成」。○正義曰：既虞祭之後至於卒哭其卒哭祭辭蓋曰成事所以稱蓋者以其士虞禮無文唯雜記及此有卒哭成事故鄭約之爲解又稱蓋以疑之以虞祭之時以其尚凶祭禮未成今既卒無時之哭唯有朝夕二哭漸就於吉故云成事祭以吉爲成故也其虞與卒哭尊卑不同案雜記士三月而葬是月而卒哭大夫三月而葬五月而卒哭諸侯五月而葬七月而卒哭又雜記云內此天子七月而葬九月而卒哭雜記又云諸侯七虞大夫五士三謂之虞者鄭注士虞禮云虞安也所以安神虞皆用柔日柔日者鄭注士虞禮云柔日陰陰取其靜最後一虞用剛日故士虞記云三虞卒哭他用剛日鄭注云用剛日剛日陽也陽取其動謂動而將祔廟也雜記云諸侯七虞然則天子九虞也士三虞卒哭同在一月初虞已葬日而用柔第二虞亦用柔日假令丁日葬葬日而虞則已日二虞後虞改用剛則庚日三虞也故鄭注士虞禮云士則庚日三虞三虞與卒哭相接則壬日卒哭也士虞禮云明日祔於祖父則祭明日祔也士之三虞用四日則大夫五虞當八日諸侯七虞當十二日天子九虞當十六日則最後一虞與卒哭例同用剛日大夫以上卒哭者去虞相接兩月則虞祭既終不得與卒哭相接崔氏解既正禮得終其虞後卒哭之前剛日雖多不須設祭以正禮成也故此下云不忍一日末有所歸也謂不成正禮赴葬之赴虞是也崔又一解虞後卒哭之前不可無祭亦以剛日接之恐此解非也**是日也，以吉祭易喪祭。**卒哭吉祭。○易，以致反，徐音亦。**明日，祔于祖父。**祭告於其祖之廟。○祔，音附。**其變而之吉祭也，比至於祔，必於是日也接，不忍一日末有所歸也。**末，無也。日有所用接之。虞禮所謂他用剛日也。○比，必利反。【疏】「其變至歸也」。○正義曰：上云虞卒哭祔皆據正禮此經所云謂迫促不得或正禮故曰之變以其變常禮也所以有變者或時有事有忌諱未及葬期死而即葬者即喪服小記所云赴葬者赴虞者其三月而后卒哭彼據士禮而言速葬速虞之後卒哭之前其日尚賒不可無祭謂之爲變據其既虞之後卒哭之吉祭也以其日接之虞禮所謂他用剛日來必於是日接之恒用剛日以接其祭故云比至於祔必於是日也接間無所歸依故云末有所歸也日者此經所云接之日用剛日也他日用剛日者鄭注士虞記云他謂不及時而葬者也記日用剛日而云他用剛日者是不及時而葬者事禮者以其事之變故虞禮謂之他也崔氏云虞之後卒哭之前其間剛日皆用祭之云其事虞祭之名一也鄭意惟云他用剛日則此經之後至卒哭遠其間不屬於祭也崔氏引小記云赴葬赴虞三月而后卒哭日接其祭據卒哭以後也哭此經據士禮故云三月而后卒哭赴葬赴虞之後至卒哭之前爲接祭亦稱哀薦成事云成事者自虞以前於事皆有凶邪之氣○神期音人情**殷練而祔，周卒哭而祔。孔子善殷。**期而神之，人情。○期音基。**君臨臣喪，以巫祝桃茢執戈，惡之也。**爲有凶邪之氣在側。君聞大夫之喪，去樂卒事而往，未襲也。其已襲，則止巫，去桃茢。桃，鬼所惡。茢，萑苕，可埽不祥。○茢音列。惡，烏路反。注及下注同。邪，似嗟反。去，起呂反。萑音丸。苕，徒彫反。埽，素報反。**所以異於生也。**凶邪之氣。【疏】「君臨」至「生也」。○正義曰：此一節論君臨臣喪之禮君謂天子臣喪未襲之前君往臨弔則以巫執桃祝執茢又使小臣執戈所以然者惡其凶邪之氣必以巫祝桃茢執戈異於生故也若往臨生者但有執戈無巫祝桃茢○注「爲有」至「不祥」○正義曰：凶邪之氣者是鄭意所加之言也云君聞大夫之喪去樂卒事而往者昭十五年公羊傳文案公羊傳云叔弓卒去樂卒事者但執戈無巫祝襄二十九年楚使公親襚鄭注不脫祭服而往是明其聞喪即往故知未襲也云已襲則止巫去桃茢者案喪大記云小斂君往則巫止于門外祝代之入大斂則巫止於門外又云小臣二人執戈先二人後此皆大斂之時明小斂亦然故云巫止則止巫去桃茢也此經所云謂諸侯之禮明天子亦然故云巫止則止巫去桃茢之文明天子與大斂同直言巫止無桃茢之文大記雖言諸侯

天子禮故鄭注士喪禮引檀弓云君臨臣喪以巫祝桃茢執戈以惡之所以異於生也皆天子禮也諸侯臨臣之喪則使祝代巫執茢居前下天子也以此言之知此文據天子禮也鄭注士喪禮云諸侯臨臣之喪則使祝代巫執茢亦謂未襲以前也若已襲之後茢亦去之與天子同是天子未襲之前臨臣之喪巫祝桃茢執戈三者並具諸侯臨臣喪未襲之前巫止祝執茢小臣執戈若既襲之後斂殯以來天子與諸侯同並巫止祝代之無桃茢案士喪禮君弔之時當大斂之節而鄭注云巫祝桃茢執戈天子禮也使祝代巫執茢諸侯禮也以當大斂之時而解爲未襲前者以士喪禮未襲之前君無親弔今大斂君來巫止門外故鄭以未襲之前解天子諸侯之異必知襲後無桃茢者案喪大記大斂唯有巫止之文無桃茢之事故注云此已襲則止巫去桃茢下云荊人使公親襚巫先拂柩時荊王以襄二十八年十二月死至明年正月則殯來已久得有始行襲禮巫先拂柩者彼云襲者謂加衣於殯非爲尸加衣故下云拂柩及左傳云祓殯而襚是既殯也公以楚人無禮於已故公用天子未襲之前君臨臣喪之注以巫祝桃茢也

○喪有死之道焉。言人之死有如鳥獸死之狀鳥獸之死人賤之先王之所難言也。聖人不明說爲人甚惡之○難乃旦反【疏】喪有至言也○正義曰此一節論先王恐生者惡死者之事言人之喪也有如鳥獸死散之道焉先王之所難言死散之義若言其死散則人之所惡故難言也

○喪之朝也。順死者之孝心也。朝謂遷柩於廟○朝直遙反注及下皆同其哀離其室也。故至於祖考之廟而后行。殷朝而殯於祖。周朝而遂葬。【疏】喪之至遂葬○正義曰此一節論殷周死者朝廟之事喪之朝也者謂將葬前以柩朝廟者夫爲人子之禮出必告反必面以盡孝子之情今此所以車載柩而朝是順死者之孝心也然朝廟之禮每廟皆朝故既夕禮云其二廟則饌於禰廟下云降柩如初適祖則天子諸侯以下每廟皆一日至遠祖之廟當日朝畢則爲祖祭至明日設遣奠而行○其哀離其室也者謂死者神靈悲哀弃離其室故至於祖考之廟辭而後行殷人尚質敬鬼神而遠之死則爲神故云朝而殯於祖廟周則尚文親雖亡殁故猶若存在不忍便以神事之故殯於路寢及朝廟遂葬夫子不論二代得失皆合當代之禮無所是非以此言之則周人不殯於廟按僖八年致哀姜左傳云不殯于廟則弗致也則正禮當殯於廟者服氏云不薨於寢寢謂小寢不殯於廟廟謂殯宮鬼神所在謂之廟鄭康成以爲春秋變周之文從殷之質故殯於廟杜預以爲不以殯朝廟未詳孰是

○孔子謂爲明器者。知喪道矣。備物而不可用也。神與人異道則不相傷哀哉。死者而用生者之器也。不殆於用殉乎哉。殆幾也殺人以衛死者曰殉用其器者漸幾於用人○殉辭俊反以人從死曰殉幾音祈又音機不同其曰明器。神明之也。神明死者異於生人塗車芻靈自古有之。芻靈束茅爲人馬謂之靈者神之類○芻初拘反明器之道也。言與明器同孔子謂爲芻靈者善。謂爲俑者不仁。殆於用人乎哉。俑偶人也有面目機發有似於生人孔子善古而非周○俑音勇【疏】孔子至乎哉○正義曰此一節皆記者錄孔子之言善古非殷周之事故云孔子謂夏家爲明器者知死喪之道焉以孝子之事親不可闕故備其器物若似生存以鬼神異於人故物不可用孔子既論夏家之事是又言殷代之非故云可哀哉殷之送死者而用生者之祭器不殆於用生人爲殉乎哉殆近也謂近於用乎生人爲殉所以近者以生人食器而供死者似若用生人而殉死人故云近也既言殷代之事將言周代用偶人爲非禮故先言明器芻靈後論偶人之事故言其曰明器神明之也死者之物還可用塗車芻靈即明器之物一類自古帝王所制而有之此則豈不可爲用故云明器之道也記者記錄孔子之言又說孔子藏否古今得失以其語更端故重言孔子謂古之爲芻靈者善謂周家爲俑者不仁不近於用生人乎哉言近於用生人所以近者謂刻本爲人而自發動與生人無異但無牲靈智識故云近此云用人前言用殉殉是已死之人形貌不動與器物相似故言用殉此云用人者謂用生人入壙今俑者形貌發動有類生人故云用人上文云塗車芻靈此不言塗車直云芻靈者以其束茅爲人與俑者相對故不取塗作車也○注俑偶至非周○正義曰謂造作形體偶類人形故史記有土偶人木偶人是也云孔子善古而非周者古謂周以前虞以後故上云虞氏瓦棺始不用薪明虞氏以來始有塗車芻靈言非周者謂周爲俑人如鄭康成之意則周初即用偶人故冢人職言鸞車象人司農注云象人謂以芻爲人康成注引此謂爲俑者不仁是象人即俑人也其餘車馬器物猶爲塗車芻靈故校人大喪飾遣車之馬及葬埋之鄭注云言埋之則是馬塗車之芻靈是偶人之外猶有塗車芻靈之制雖或用木無機械發動偶人謂之俑者皇氏云機械發動踊躍故謂之俑也

○穆公問於子思曰。爲舊君反服。古與。仕焉而已者穆公魯哀公之曾孫○爲于僞反下爲君爲使人皆同與音餘下同子思曰。古之君子進人以禮。退人以禮。故有舊君反服之禮也。今之君子。進人若將加諸膝。退人若將隊諸淵。毋爲戎首。不亦善乎。又何反服之禮之有。言放逐之臣不服舊君也爲兵主來攻伐曰戎首○膝音悉隊本又作墜直媿反【疏】穆公至之有○正義曰此一節論不爲舊君著服之事○注仕焉至曾孫○正義曰案喪服齊衰三月章爲舊君凡有三條其一云爲舊君君之母妻傳云仕焉而已者也注云謂老若有廢疾而致仕者兼服其母妻其二大夫在外其妻長子爲舊國君注云在外待放已去者傳云妻言與民同也長子言未去也注云妻雖從夫而出古者大夫不外娶婦人歸宗往來猶民也長子去可以無服此則大夫身不爲服唯妻與長子爲舊君耳其三爲舊君注云大夫待放未去者傳曰大夫去君埽其宗廟言其以道去君而猶未絕也注云以道去君爲三諫不從待放於郊未絕者言爵祿尚有列於朝出入有詔於國若已絕則不服也以此言之凡舊君若年老致仕退歸在國不仕者身爲之服齊衰三月并各服其母妻也若三諫不從待放已去而絕者唯妻與長子服之已則無服若待放未去爵位未絕身及妻子皆爲之服然則去仕他國已絕之後不服舊君而雜記云違諸侯之大夫不反服則違諸侯之諸侯反服得爲舊君服者鄭記所云謂不便其居或辟仇讎有故不得在國者故孟子齊宣王問孟子云禮爲舊君有服何如斯可爲服矣孟子對曰諫行言聽膏澤下於民有故而去則君使人導之出疆又先於其所往三年不反然後收其田里此之謂三有禮焉如此者得爲舊君反服矣與雜記同鄭注此云仕焉而已者取喪服第一條謂年老致仕在國者鄭必以第一條解之者以穆公所問爲舊君之反服宜問喪服正禮故以第一條致仕者解之其實亦兼三諫未絕及有故出在他國者故下子思云古之君子進人以禮退人以禮是也云穆公魯哀公之曾孫者○案世本云哀公生悼公寧寧生元公嘉嘉生穆公不衍是也○注言放逐之臣不服舊君也○正義曰言放逐之臣者解經中今之君子進人退人不能以禮也如此者不服舊君謂三諫不從去而已絕及不能三諫辟罪逃亡言放者則宜元年晉放其大夫胥甲父于衛是也言逐者則春秋諸侯大夫言出奔是也

○悼公之喪。季昭子問於孟敬子曰。爲君何食。悼公魯哀公之子昭子康子之曾孫名強敬子武伯之子名捷○捷在接反敬子曰。食粥。天下之達禮也。吾三臣者之不能居公室也。四方莫不聞矣。言鄰國皆知吾等不能居公室以臣禮事君也三臣仲孫叔孫季孫也勉而爲瘠。則吾能。毋乃使人疑夫不以情居瘠者乎哉。我則食食。存時不盡忠喪又不盡禮非也孔子曰喪事不敢不勉○瘠徐在益反夫音扶食食上如字下音嗣

○衛司徒敬子死。司徒官氏公子許之後子夏弔焉。主人未小斂。絰而往。子游弔焉。主人既小斂。子游出。絰反哭。皆以朋友之禮往而二人異子夏曰。聞之也與。曰。聞諸夫子。主人未改服。則不絰。【疏】衛司至不絰○正義曰此一節論弔者主人改服乃改服之事○注皆以至人異○正義曰此唯云絰鄭知是朋友者凡弔者主人成服則客乃服弔絰今此隨主人主人始小斂未成服而已便出著絰故知有緦之恩隨主人變如五服親也又至小斂出絰反哭與子游前裼裘弔朋友同也前子游云帶絰故知是朋友此下不云帶知是朋友者凡弔則應弁絰環絰之屬也此雖不云帶凡單云絰則知有帶猶如喪服云苴絰檀弓爲師二三子皆絰而出及朋友羣居則絰皆是包帶之文也

○曾子曰。晏子可謂知禮也已。恭敬之有焉。言禮者敬而已矣有若曰。晏子一狐裘三十年。遣車一乘。及墓而反。國君七个。遣車七乘。大夫五个。遣車五乘。晏子焉知禮。言其大儉偪下非之及墓而反言其既窆則歸不留賓客有事也人臣賜車馬者乃得有遣車遣車之差大夫五諸侯七則天子九諸侯不以命數喪數略也个謂所包遣奠牲體之數也雜記曰遣車視牢具○遣弃戰反乘繩證反个古賀反焉於虔反大音泰或他佐反偪音逼本或作逼包伯交反

曾子曰。國無道。君子恥

盈禮焉。國奢則示之以儉。國儉則示之以禮。時齊方奢矯之是也【疏】曾子至以禮。○正義曰此一節論晏子故爲非禮以矯齊之事。○有子者孔子弟子有若也聞曾子說晏子知禮故舉晏子不知禮之事以拒曾子也狐裘貴在輕新而晏子一狐裘三十年是儉不知禮也遣車一乘者其父晏桓子是大夫大夫遣車五乘其葬父唯用一乘又是儉失禮也。○及墓而反者及墓謂葬時也禮窆後孝子贈幣辭親辭親畢而親情賓客應是送別別竟乃反于時晏子窆竟則反賓客並去又是儉失禮也。○國君七个遣車七乘大夫五个遣車五乘者此更舉正禮以證晏子失禮也个謂所包遣奠牲體臂臑也折爲七段五段以七乘五乘遣車載之今晏子略不從禮數是不知也。○晏子焉知禮者條失事已竟故此并結晏子焉知禮也。○注言其至非之。○正義曰大儉解三十年一狐裘并及墓而反也偏下解一乘也下謂其子及凡在已下者也大夫五乘適子三乘今其父自用一乘則其子更無是偏下也。○注及墓至牢具。○正義曰經唯云及墓而反鄭知不以及墓而反而云既窆則歸者晏子雖爲儉約不應柩未入壙則歸故云既窆也云不留賓客有事也者案既夕禮乃窆主人哭踊無筭襲贈用制幣玄纁束拜稽顙踊如初卒袒拜賓主婦亦拜賓賓出則拜送藏器於旁加見藏苞筲於旁加折加抗席覆之加抗木實土三主人拜鄉人乃反哭今晏子既窆贈幣拜稽顙踊訖則還不復拜賓及送賓之事故云不留賓客有事也云人臣賜車馬者乃得有遣車者案士喪禮無遣車諸侯之士一命曲禮云三賜不及車馬故諸侯之士無遣車也若諸侯大夫雖未三命以其位尊故得有遣車知天子遣車九乘者案雜記諸侯七月而卒哭天子則九月而卒哭今諸侯七乘故知天子九乘也云諸侯不以命數喪數略也者案大行人上公九乘侯伯七乘子男五乘今總云七乘是不以命數喪事略也引雜記云遣車視牢具者以證經个與遣車數同故云个是牢具也故雜記注云天子大牢包九个諸侯亦大牢包七个大夫亦大牢包五个士少牢包三个案既夕禮苞牲取下體鄭注前脛折取臂臑後脛折取骼是一牲取三體士少牢二牲則六體也分爲三个一个有二體然大夫以上皆用大牢牲有三體凡九體大夫九體分爲十五段三段爲一包凡爲五包諸侯分爲二十一段凡七包天子分爲二十七段凡九包蓋尊者所取三體其肉多卑者雖取三體其肉少鄭又云天子遣奠用馬牲其取个未詳也此遣奠所包皆用左胖以其喪禮反吉士虞禮載左胖也

○國昭子之母死。問於子張曰。葬及墓。男子婦人安位。國昭子齊大夫 子張曰。司徒敬子之喪。夫子相。男子西鄉。婦人東鄉。夾羑道爲位夫子孔子也。○相息亮反下注同鄉許亮反下皆同俠古洽反一音頰羑徐音賤音義隱云羑車道 曰。噫。毋。噫不寤之聲毋禁止之辭。○噫本又作意同于其反毋音無 曰。我喪也斯沾。斯盡也沾讀曰覘覘視也國昭子自謂齊之大家有事人盡視之欲人觀之法其所爲。○斯音賜沾依注音覘勑廉反 爾專之。賓爲賓焉。主爲主焉。專猶司也時子張相 婦人從男子皆西鄉。非也【疏】國昭至西鄉。○正義曰此一節論葬之在壙男女面位之事。○曰噫毋者止子張也子張既相以男子西鄉婦人東鄉而昭子不悟禮意乃曰噫毋得如是男子西鄉婦人東鄉既止子張又自言我居喪也既是齊之大家斯盡也人盡來覘視於我當須更爲別禮豈得以依舊禮專猶同也爾當同此婦人與男子一處若婦女之賓爲賓位焉與男子之賓同處婦女之主爲主位焉與男子之主同處於是昭子家婦人從男子皆西鄉同在主位賓之男子及賓之婦人皆西廂東鄉言非也

○穆伯之喪。敬姜晝哭。文伯之喪。晝夜哭。孔子曰。知禮矣。喪夫不夜哭嫌思情性也 文伯之喪。敬姜據其牀而不哭。曰。昔者吾有斯子也。吾以將爲賢人也。蓋見其有才藝 吾未嘗以就公室。未嘗與到公室觀其行也季氏魯之宗卿敬姜有會見之禮。○行下孟反見賢遍反下文不敢見同 今及其死也。朋友諸臣未有出涕者。而內人皆行哭失聲。斯子也。必多曠於禮矣夫。內人妻妾。○夫音扶下同本亦有無夫字者【疏】穆伯至矣夫。○正義曰此一節論喪夫不夜哭并母知子賢愚之事。○斯子也必多曠於禮矣夫。○正義曰斯此也曠猶疏薄也言此子平生爲行必疏薄於賓客朋友之禮故賓客朋友未有感戀爲之出涕者此不哭者謂暫時不哭故上云晝夜哭是也案家語云文伯歜卒其妻妾皆行哭失聲敬姜戒之曰吾聞好外者士死之好內者女死之今吾子早夭吾惡其好內聞也二三婦共祭祀者無加服孔子聞之曰女智莫若公父氏之婦知禮矣與此不同者彼戒婦人而成子之德此論子之惡各舉一邊相包乃具

○季康子之母死。陳褻衣。褻衣非上服陳之將以斂 敬姜曰。婦人不飾。不敢見舅姑。將有四方之賓來。褻衣何爲陳於斯。命徹之。言四方之賓嚴於舅姑敬姜者康子從祖母。○從才用反【疏】注敬姜者康子從祖母。○正義曰案世本悼子紀生平子意如意如生桓子斯斯生康子肥世本又云悼子紀生穆伯靖靖與意如是親兄弟意如是康子祖穆伯是康子祖之兄弟敬姜是穆伯之妻故云康子從祖母也

○有子與子游立。見孺子慕者。有子謂子游曰。予壹不知夫喪之踊也。予欲去之久矣。情在於斯。其是也夫。喪之踊猶孺子之號慕。○去羌呂反號戶刀反 子游曰。禮有微情者。節哭踊 有以故興物者。衰絰之制 有直情而徑行者。戎狄之道也。哭踊無節衣服無制。○徑古定反 禮道則不然。與戎狄異 人喜則斯陶。陶鬱陶也。陶徒刀反 陶斯咏。咏謳也。○咏音詠謳本亦作嘔烏侯反 咏斯猶。猶當爲搖聲之誤也搖謂身動搖也秦人猶搖聲相近。○猶依注作搖音遙近附近之近 猶斯舞。手舞之 舞斯慍。慍猶怒也 慍斯戚。戚憤恚。○慍斯戚紆運反此喜怒哀樂相對本或於此句上有舞斯慍一句并注皆衍文憤扶粉反恚一瑞反 戚斯歎。歎吟息。○吟本或作唫魚金反 歎斯辟。辟拊心。○辟婢亦反撫心也 辟斯踊矣。踊躍。○躍羊灼反 品節斯。斯之謂禮。舞踊皆有節乃成禮 人死。斯惡之矣。無能也。斯倍之矣。無能謂之無所復能。○惡烏路反倍音佩下同復扶又反 是故制絞衾。設蔞翣。爲使人勿惡也。絞衾尸之飾蔞翣棺之牆飾周禮蔞作柳。○絞戶交反下音欽蔞音柳翣所甲反 始死。脯醢之奠。將行。遣而行之。既葬而食之。將行將葬也葬有遣奠食反虞之祭。○食音嗣注同謂虞祭也 未有見其饗之者也。自上世以來。未之有舍也。爲使人勿倍也。舍猶廢也。○舍音捨注同 故子之所刺於禮者。亦非禮之訾也。訾病也。○訾似斯反【疏】有子至訾也。○正義曰此一節論子游言制禮有節之事。○有子與子游同立見孺子號慕者有子謂子游曰予壹不知夫喪之踊也言我專壹不知夫喪之踊也何須有節直似孺子慕者其事足矣予欲去此踊節其意久矣斯此也言孝子之情在於此小兒直號慕而已其是也夫但如小兒其事即是何須爲哭踊之節子游乃對之曰禮有微情者微殺也言若賢者喪親必致滅性故制使三日而食哭踊有數以殺其內情使之俯就也何胤云哭踊之情發於內謂之微微者不見也○有以故興物者興起也物謂衰絰也若不肖之屬本無哀情故爲衰絰使其覩服思哀起情企及也引由外來故云興物也然衰絰之用一則爲孝子至痛之飾二則使不肖之人企及今止說興物以對微情之義有直情而徑行者戎狄之道也謂直肆己情而徑行之也無哭踊節制乃是戎狄之道。○禮道則不然者然猶如是也言中國禮道則不如是夷狄也。○人喜則斯陶者爲明踊次節而踊由心哀故此以下極言哀樂之本也喜者外竟會心之謂也斯語助也陶者鬱陶鬱陶者心初悅而未暢之意也言人若外竟會心則懷抱欣悅但始發俄爾則鬱陶未暢故云斯陶也爾雅云鬱陶繇喜也何胤云陶懷喜未暢意也孟子曰鬱陶以思君。○陶斯咏者咏歌咏也鬱陶情轉暢故口歌咏之也。○咏斯猶者搖動身也咏歌不足漸至自搖動身體也猶斯舞者舞起舞也搖身不足乃至起舞足蹈手揚樂之極也。○舞斯慍者慍怒也外竟違心之謂也凡喜怒相對哀樂相生故若舞而無節形疲厭倦事與心違故所以怒生怒生由於舞極故云舞斯慍也故曲禮云樂不可極即此謂也何胤云樂終則慍起非始之慍相連繫也○慍斯戚者戚憤恚也怒來戚心故憤恚起也此句對喜斯陶也○戚斯歎者歎吟息也憤恚轉深故因發吟息也此句對陶斯咏○歎斯辟者辟撫心也歎息不泄故至撫心也此句對咏斯猶○辟斯踊矣者撫心不泄乃至跳踊奮擊亦哀之極也此句對猶斯舞也○品節斯斯之謂禮者品階格也節制斷也斯此也此之謂於哀樂也若喜而不節自陶至舞俄傾不慍生若怒而不節從戚至踊踊極則笑故夷狄無禮朝殞夕歌童兒任情倏啼歎笑今若品節此二塗使踊舞有數有數則久長故云此之謂禮如鄭此禮本云舞斯慍者凡有九句首末各四正明哀樂相對中央舞斯慍一句是哀樂相生故一句之中有舞及慍也而鄭諸本亦有無舞斯慍一句者取義不同而鄭又一本云舞斯蹈蹈斯慍益於一句凡有十句當是後人所

加耳亦不得對而盧禮本亦有舞斯慍之一句而王禮本又長云人喜則斯循循斯陶既與盧鄭不同亦當新足耳○人死斯惡之矣者以上明辟踊之節以下明飾喪以奠祭之事人死斯惡之者以人身既死形體腐敗故惡之故倍之以其恐惡之故制絞紟衾設蔞翣以飾之故使人勿惡也以其恐倍之故始死設脯醢之奠以至於葬將行之又設遣奠而行送之既葬反哭設虞祭以食之雖設奠祭未曾見其死者而饗食之也既不饗食自上世以來未之有舍此奠祭而不爲者也所以設奠祭者爲使人勿倍其親故也禮意既然不可無節故子之所譏刺於禮有踊節者亦非禮之病害也言哭踊有節正是禮之所宜非禮之病上有若見孺子之慕雖譏哭踊有節不譏絞衾奠祭之事子游祇應荅以辟踊即止今更陳絞衾脯醢之事者以有若之意欲直同孺子生者不節其哀死者不加其飾故子游既言生節哀遂說死者加飾備言禮之節制與夷狄不同也

○吳侵陳。斬祀殺厲。祀神位有屋樹者厲疫病吳侵陳以魯哀元年秋○疫音役 師還出竟。陳大宰嚭使於師。夫差謂行人儀曰。是夫也多言。盍嘗問焉。師必有名。人之稱斯師也者。則謂之何。大宰行人官名也夫差吳子光之子盍何不也嘗猶試也夫差修舊怨庶幾其師有善名○還音旋竟音境大音泰注及下文注大宰大師大史大廟太傅皆同嚭普彼反使色吏反夫差音扶下初佳反吳王名闔廬子盍戶臘反 大宰嚭曰。古之侵伐者。不斬祀。不殺厲。不獲二毛。獲謂係虜之二毛鬢髮斑白○斑伯山反本又作頒音同 今斯師也。殺厲與。其不謂之殺厲之師與。欲微切之故其言似若不審然正言殺厲重人○與音餘下及注有此與同 曰。反爾地。歸爾子。則謂之何。子謂所獲民臣 曰。君王討敝邑之罪。又矜而赦之。師與。有無名乎。又微勸之終其意吳楚僭號稱王

【疏】吳侵至名乎○正義曰此一節明征伐不合斬祀殺厲之事各依文解之○注吳侵至年秋○正義曰知者案左傳吳伐楚使召陳懷公懷公朝國人而問焉曰欲與楚者右欲與吳者左陳人有田從田無田從黨逢滑當公而進曰楚未可棄吳未可從陳懷公遂不從吳子光之召至今夫差克越乃脩先君之怨秋八月吳侵陳脩舊怨是其事案哀六年吳伐陳鄭知非六年者稱伐不云侵哀元年經雖不見傳云吳侵陳與此文同俱云侵故爲哀元年○夫差至之何○夫差既見陳大宰嚭來謂行人之官名儀曰是夫也多言夫謂大宰嚭言是大宰嚭也博聞強識多有所言盍何不也嘗試也何不試就問焉我脩先君之怨而興此師必有善名在外衆人稱此師也則謂之何欲令行人儀以此辭而問大宰嚭也○注大宰至之子○正義曰據周禮有大宰卿一人又有大小行人故知大宰及行人皆官名此大宰嚭與吳大宰嚭名號同而人異也云夫差吳子光之子者世本及吳世家文也○古之侵伐者不斬祀不殺厲不獲二毛○此謂以至勝攻至暴用兵如此若兩軍相敵則不然左傳云雖及胡耇獲則取之大宰嚭特舉古之善以駭吳師之惡○注正言殺厲重人○正義曰以其殺人故重於斬祀若其不殺直拘四人而已則輕也故穀梁傳云苞人民毆牛馬曰侵斬樹木壞宮室曰伐是侵輕而伐重也○師與有無名乎者既反地歸子其事既善師豈有無善名乎言必有善名也與是語辭○注又微勸之終其意○正義曰上以微切之謂譏斬祀殺厲今復勸之反地歸子故言又也因吳王反地歸子則云師有善名是微勸之也終其意者上譏切斬祀及殺厲是初有其意欲吳哀矜既得吳哀矜則云師有善名是終竟其欲哀矜之意

○顏丁善居喪。顏丁魯人 始死。皇皇焉。如有求而弗得。及殯。望望焉。如有從而弗及。既葬。慨焉。如不及其反而息。從隨也既憊貌○慨皆愛反憊皮拜反

【疏】顏丁至而息正義曰此一節論孝子居喪哀殺有漸之事○始死皇皇焉如有求而弗得者皇皇猶彷徨如所求物不得上檀弓云始死充充如有窮謂形貌窮屈亦彷徨求而不得之心彼此各舉其一○及殯望望焉如有從而弗及者謂殯後容貌望望焉如有從逐人後行而不及之上檀弓云既殯瞿瞿如有求而不得與此亦同也但始死據內心所求殯後據外貌所求故此經始死求而不得據內心也上檀弓云既殯求而不得據外貌也○既葬慨焉如不及者謂既葬之後中心悲慨然如不復所及既不可及○其反而息者上殯後云從而不及似有可及之理既葬慨焉如不及謂不復可及所以文異也上檀弓云既葬皇皇如有望而不至此謂既葬慨焉如不及亦同也此始死皇皇者是皇皇之甚故云如有求而弗得上檀弓云既葬皇皇是輕故云望而不至此既葬則止不說練祥故葬後則慨然上檀弓葬後更說練祥故云練而慨然祥而廓然但親之死亡哀悼在心初則爲甚已後漸輕皆有求而不得望而不及但所據有淺深耳殯後雖據外貌亦猶哀在內心但稍輕耳故鄭注上檀弓云皆哀悼在心之貌

○子張問曰。書云。高宗三年不言。言乃讙。有諸。時人君無行三年之喪禮者問有此與怪之也讙喜說也言乃喜說則民臣望其言久○讙音歡說音悅下同 仲尼曰。胡爲其不然也。古者天子崩。王世子聽於冢宰三年。冢宰天官卿貳王事者三年之喪使之聽朝

【疏】子張至三年○正義曰此一節論世子遭喪冢宰聽政之事○言乃讙者尚書無逸云言乃雍雍讙字相近義得兩通故鄭隨而解之

○知悼子卒。未葬。悼子晉大夫荀盈魯昭九年卒○知音智下同 平公飲酒。與羣臣燕平公晉侯彪○彪彼虬反 師曠李調。侍。侍與君飲也燕禮記曰請旅侍臣○李調如字左傳作外嬖嬖叔 鼓鐘。樂作也燕禮賓入門奏肆夏既獻而樂闋獻君亦如之○闋古穴反止也 杜蕢自外來。聞鐘聲。曰。安在。怪之也杜蕢或作屠蒯○蕢古怪反注蒯同屠音徒 曰。在寢。燕於寢 杜蕢入寢。歷階而升。酌曰。曠飲斯。又酌曰。調飲斯。又酌堂上北面坐飲之。降。趨而出。三酌皆罰○曠飲於鴆反下飲斯飲之飲曠飲調飲寡人皆同 平公呼而進之。曰。蕢。曩者爾心或開予。是以不與爾言。曩嚮也謂始來入時開謂諫爭有所發起○曩乃黨反嚮本亦作鄉同許亮反爭爭鬭之爭 爾飲曠。何也。曰。子卯不樂。紂以甲子死桀以乙卯亡王者謂之疾日不以舉樂爲吉事所以自戒懼○子卯不樂如字賈逵云桀以乙卯日死受以甲子日亡故以爲戒鄭同漢書翼奉說則不然張晏云子刑卯卯刑子相刑之日故以爲忌而云夏殷亡日不推湯武以興乎疾日人一反 知悼子在堂。斯其爲子卯也大矣。言大臣喪重於疾日也雜記曰君於卿大夫比葬不食肉比卒哭不舉樂○比必利反下同 曠也。大師也。不以詔。詔告也大師典奏樂 是以飲之也。爾飲調。何也。曰。調也。君之褻臣也。爲一飲一食。亡君之疾。是以飲之也。言調貪酒食褻嬖也近臣亦當規君疾憂○爲于僞反嬖必計反 爾飲何也。曰。蕢也。宰夫也。非刀匕是共。又敢與知防。是以飲之也。防禁放溢○匕必李反共音供與音預防音房又扶放反 平公曰。寡人亦有過焉。酌而飲寡人。聞義則服 杜蕢洗而揚觶。舉爵於君也禮揚作騰揚舉也騰送也揚近得之○觶之豉反字林音支又云酒器近附近之近下聲相近同 公謂侍者曰。如我死。則必無廢斯爵也。欲後世以爲戒 至于今。既畢獻。斯揚觶。謂之杜舉。此爵遂因杜蕢爲名畢獻獻賓與君

【疏】知悼至杜舉○正義曰此一節論君有大臣之喪不得有作樂飲酒之事各依文解之○注悼子至年卒○正義曰並左傳文下注云平公晉侯彪亦春秋文○注燕禮記曰請旅侍臣○正義曰案燕禮記云凡公所酬既拜請旅侍臣謂公既酬臣臣受酬者既拜謝公恩請行旅酬於侍臣引之者證師曠李調是侍飲之臣也鼓鐘鼓猶奏也謂燕奏鐘樂也○注燕禮至如之○正義曰案燕禮記云若以樂納賓則賓及庭奏肆夏賓拜酒主人荅拜而樂闋是賓入門奏肆夏既獻而樂闋燕禮記又云公拜受爵而奏肆夏公卒爵主人升受爵以下而樂闋是獻君亦如之經雖云鼓鐘燕禮云若舞則勺知非工入升歌下管間歌合樂之後無時奏鐘必以爲賓初入門奏肆夏者以鐘師云以鐘鼓奏九夏故知聞鐘是初奏肆夏也○注杜蕢或作屠蒯○正義曰春秋作屠蒯故云或作屠蒯杜蕢屠蒯聲相近故禮傳不同也○注燕於寢○正義曰燕禮記云燕朝服於寢故知燕於寢也○曰蕢至言曩曏也平公呼蕢而進之呼其名曰蕢曩者汝酌三酌是汝之心或開發於予○予望汝有諫是以不與汝言○注紂以甲子死桀以乙卯亡○正義曰案尚書時甲子昧爽武王朝至于商郊又史記云兵敗紂自焚而死是紂甲子死也案昭十八年二月乙卯周毛得殺毛伯過而代之萇弘曰毛得必亡是昆吾稔之日也詩云韋顧既伐昆吾夏桀同誅昆吾既乙卯而亡明桀亦以乙卯被放也鄭司農注春秋以爲五行子卯自刑非鄭義也今所不用也○斯其爲子卯也大矣者言悼子喪在堂此比其爲子卯之忌大矣言悼子之喪大於子卯○爲一飲一食忘君之疾是以飲之也者調是君之褻嬖之臣臣當規正君過唯欲行燕會貪求一飲一食忘君違禮之疾而不諫是以飲之○非刀匕是供又敢與知防者蕢言調是君之嬖褻臣也當規正君憂疾言已身是宰夫亦當規

正於君若非因刀匕是共又敢與知防諫之事皇氏云非不也杜蕢言各憂其事宰夫不以刀匕是共乃又敢與諫爭越官侵職是以飲也○注舉爵至得之○正義曰知揚觶是舉爵於君以上云平公曰寡人亦有過焉酌而飲寡人即云杜蕢洗而揚觶故知舉爵於君案燕禮獻君之後行酬之初媵爵者洗象觶升實之序進坐奠于薦南是舉爵於君也揚作媵者謂燕禮大射凡舉爵皆為媵此云揚觶鄭云揚舉也燕禮云媵故鄭云媵送也揚媵義得兩通但此云杜舉揚訓為舉故揚近得之此謂舉為得也○公謂至杜舉○公謂侍者云我死之後則必無廢棄此爵恒當留之為後鑒戒當時在未獻之前故又語侍者云至于今既畢獻之後此所揚之觶是謂之杜舉表明此爵實杜蕢所舉○注畢獻獻賓與君○正義曰知獻君與賓者與杜蕢此事舉爵在燕禮之初賓主既入得杜蕢之言不可即廢唯獻君與賓燕事則止皇氏以為至於今謂記錄之人至於今為記之時謂之杜舉春秋云晉侯飲酒樂膳宰屠蒯趨入請佐公使尊許之而遂酌以飲工曰女為君耳將司聰也辰在子卯謂之疾日君徹宴樂學人舍業為疾故也君之卿佐是謂股肱股肱或虧何痛如之女弗聞而樂是不聰也又飲外嬖嬖叔曰女為君目將司明也服以旌禮禮以行事事有其物物有其容今君之容非其物也而女不見是不明也亦自飲曰味以行氣氣以實志志以定言言以出令臣實司味二御失官而君弗命臣之罪也案春秋與此小異亦所聞不同或二文互相足也

禮記注疏卷九挍勘記　阮元撰盧宣旬摘錄

附釋音禮記注疏卷第九　惠棟挍宋本禮記正義卷第十二

檀弓下第四

君之適長殤節

大功之殤小從上　閩監毛本同惠棟挍宋本小作中宋監本岳本嘉靖本同考文引古本足利本同案作中是也正義可證

君之至一乘　惠棟挍宋本無此五字

及天子中士下士也　閩監毛本作天此本天誤大

文主天子大夫　監毛本作主衛氏集說同此本主誤王閩本同下文主諸侯之士同

上公饔餼九牢　閩監毛本作牢此本誤年

嫡與稱公　閩監毛本同惠棟挍宋本與作亦

公之喪節

公之至長杖　惠棟挍宋本無此五字

君於大夫節

君於至如之　惠棟挍宋本無此五字

至平生待賓客次舍之處　閩監毛本作賓此本賓誤殯

十有二步之嫌　閩監毛本同考文引宋板十有作有十

五十無車者節

五十至弔人　惠棟挍宋本無此五字

所以時不許越疆而弔人者　閩監毛本同惠棟挍宋本時作特

恐增哀恐　閩監毛本同惠棟挍宋本下恐作惡衛氏集說同

季武子寢疾節

明已不與也　閩監毛本同岳本同嘉靖本同惠棟挍宋本已作已是也衛氏集說同宋監本亦作已

季武至而歌　惠棟挍宋本無此五字

論季武子無禮蹻固正之事　閩監毛本同衛氏集說無禮作强借

故此著齊衰入大夫之門　閩監毛本同考文引宋板無齊字衛氏集說作著衰入大夫之門亦無齊字

彼文點字作箴　閩本同監本作葴毛本誤蔵

大夫弔節

辭猶告也　閩本同岳本同嘉靖本同衛氏集說同惠棟挍宋本同宋監本同考文引古本足利本同監毛本告誤去

大夫至受弔　惠棟挍宋本無此五字

時來弔襚不出　閩監本同毛本時誤待與儀禮士喪禮注不合考文引宋板作時

及喪家典舍之人　閩本同惠棟挍宋本同衛氏集說同監毛本舍誤含

當特弔於家　閩本同惠棟挍宋本同衛氏集說同監毛本特誤時

妻之昆弟節

妻之至哭之　惠棟挍宋本無此五字

禮女子適人者　惠棟挍宋本同衛氏集說同閩監毛本子字重○按重子字是也

為昆弟為父後者不降　衛氏集說同閩監毛本弟下有之字與儀禮喪服合

冠尊不居肉袒上　衛氏集說同宋本亦同閩監毛本袒下有之字考文云宋板肉作内誤

必先免故几哭哀則踊　惠棟挍宋本同閩監毛本必先免作必先去冠而加免非

述所哭之由　惠棟挍宋本作由衛氏集說同此本由誤市閩監毛本作事非也

申祥之哭言思　閩監本同衛氏集說同毛本祥作詳

子張死節

子張至與哉　惠棟挍宋本無此五字

以其至非之　閩監毛本同惠棟挍宋本作以其無服非之

有若之喪節

有若至由左　惠棟挍宋本無此五字

則惟賓主居右　閩監毛本同考文引宋板惟作推衛氏集說作則推賓居右續通解同

齊穀王姬之喪節

齊穀至之服　惠棟挍宋本無此五字

為齊桓公夫人　閩監毛本作桓此本桓作相下非齊桓公夫人者同

喪服大功章　閩監毛本同惠棟挍宋本喪上有案字

案服小記云　閩本同惠棟挍宋本案下有喪字此本喪字脫耳監毛本改案作喪非也

晉獻公之喪節

亡國恒於斯得國恒於斯　閩毛本同石經同監本作恒岳本作恒嘉靖本作恒衛氏集說同

雖吾子儼然在憂服之中　閩監毛本同岳本同嘉靖本同衛氏集說同石經儼字闕釋文出嚴然云本亦作儼正義本作儼

孺稺也　岳本同嘉靖本同閩監毛本稺作穉衛氏集說同釋文出稺也云本又作稚考文引古本作孺猶稺也○按稺稚古今字

䟽晉獻至君義　此節䟽在以辱君義之下閩監毛本同惠棟挍宋本無此五字云晉獻至君義䟽文一則在下節則遠利也之下

他志謂私心　此五字在起而不私之下惠棟挍宋本同岳本同嘉靖本同閩監毛本移置上以辱君義之下又私字惠棟挍宋本作利宋監本同岳本同考文引古本足利本同續通解同

稽顙至遠利也　惠棟挍宋本無此六字

埽除宗廟定社稷　惠棟挍宋本作埽除此本埽除誤婦祭閩監毛本誤歸祭按考文但云宋板歸作埽不云祭作除非

帷殯節

帷殯至始也　惠棟挍宋本無此五字

案張逸荅陳鏗云　閩本同惠棟挍宋本同監毛本鏗誤鑑

喪禮節　惠棟挍云喪禮節復盡愛節拜稽顙節飯用節銘明旌節奠以節辟踊節袒括節弁絰節有敬節歠主人節反哭節反哭之弔節孔子節葬於節既封節既反哭節葬日節是日節殷練節宋本合

爲一節
喪禮至者也惠棟按宋本無此五字
復盡愛之道也節
禮復者升屋北面此本此下與釋文相接處脫一○
復盡至義也惠棟按宋本無此五字
拜稽顙節
稽顙者觸地無容閩監毛本同岳本同衞氏集說同嘉靖本者作首考文引古本容作答下有也字按荅字非也
正義曰孝子拜賓之時惠棟按宋本無正義曰三字
飯用米貝節
飯用米貝閩監毛本作貝石經同岳本同嘉靖本同衞氏集說同此本貝誤具注疏同
正義曰死者既無所知惠棟按宋本無正義曰三字
故用米美善焉爾閩監毛本同浦鏜按米下補貝字
祝淅米于堂閩監毛本作淅此本淅誤浙
祝受米奠于貝北閩監毛本作貝北此本貝北誤具此
故士喪禮云稻米一豆閩監毛本作云此本誤元
大喪共飯玉含玉閩監毛本如此衞氏集說同此本上玉誤王
何休注公羊云閩監毛本如此此本云字誤在公上盧文弨按删云字疑依北宋本
大夫以碧閩監毛本碧作璧盧文弨云本書作大夫以碧
又禮緯稽命徵閩本同考文引宋板同監本徵誤徵毛本同脫緯字
含以貝閩監毛本作以貝此本以貝誤此具
銘明旌也節
神明之精閩監毛本同嘉靖本同惠棟按宋本精作旌宋監本岳本同衞氏集說同考文引足利本同閩
不可別形貌不見惠棟按宋本岳本宋監本嘉靖本同閩監毛本可誤見衞氏集說作不可別謂
形貌不見也考文引古本足利本亦作不可別
謂重與奠閩監毛本岳本同嘉靖本同衞氏集說同釋文出重與奠也云本作重與奠與考文引古本謂
重與奠下有也字正義云故云重與奠也疑正義本與釋
文本同無謂字有也字
虞主用桑閩監毛本作用岳本同嘉靖本同衞氏集說同此本用誤羽

周主重徹焉閩監毛本同石經同岳本同嘉靖本同衞氏集說同石經考文提要云坊本重徹二字倒置案
陳澔集說本作徹重誤也宋大字本宋本九經南宋巾箱本
余仁仲劉叔剛本俱作重徹
銘明至徹焉閩監毛本同惠棟按宋本作銘明旌也
正義曰按士喪禮惠棟按宋本無上三字
愛之斯錄之矣閩監毛本同惠棟按宋本無此六字
亦得總焉於明旌之義閩監毛本同衞氏集說作亦得總爲明旌之義
以解節旌閩監毛本同惠棟按宋本節作銘是也
猶若吉祭木主之道閩監本同毛本木誤本衞氏集說亦作木考文引宋板同
春秋孔悝爲祏主監毛本如此此本悝誤理祏誤祐閩本祏亦誤祐
重與祔相近閩監毛本祔作祔
謂虞祭之末也閩監毛本作祭此本誤際
俱是喪主閩監毛本同惠棟按宋本喪作桑
祔而作主謂喪主閩監毛本同惠棟按宋本喪作桑
以卒哭日成事閩監毛本同考文引宋板日作曰
故顯考謂高祖也閩監毛本同浦鏜云故衍字
其主之狀范人云閩監毛本同惠棟按宋本人作甯
奠以素器節
正義曰奠謂始死至葬之時惠棟按宋本無正義曰三字
遂論虞祭之後閩監毛本同惠棟按宋本論上有廣字衞氏集說同
於主人自盡致孝養之道焉爾閩監毛本同惠棟按宋本無於字
哀則至以飾閩監毛本同惠棟按宋本作哀則以素敬則以飾
辟踊節
有筭閩監本同石經同岳本同嘉靖本衞氏集說同毛本筭作算注同疏同
正義曰撫心爲辟惠棟按宋本無正義曰三字
袒括髮節
正義曰言袒衣括髮者惠棟按宋本無正義曰三字
弁經葛而葬節
天子諸侯變服而葬冠素弁閩監毛本同岳本同嘉靖本同考文引古本足利本天上

有故字衞氏集說冠上有故字皆以意增正義云云天子
諸侯變服而葬者是天上無故字也云冠素弁以葛爲環
經者是冠上無故字也
正義曰葬時居喪惠棟按宋本無正義曰三字
故云交神之道閩監毛本同惠棟按宋本交作接與注合
檀弓定本閩監毛本作定此本定作足
歠主人主婦室老節
正義曰此一節惠棟按宋本無正義曰三字
反哭升堂節
正義曰謂葬窆訖惠棟按宋本無正義曰三字
反哭之弔也節
封當至棺也閩監毛本同惠棟按宋本作封當爲窆窆下棺也
知非既封土爲墳者閩監毛本作土此本土誤士下賔十三同
葬於北方節
正義曰上之訓往惠棟按宋本無正義曰三字
既封節
贈以幣送死者於壙也閩監毛本同岳本同嘉靖本同衞氏集說同考文引古本幣下有帛
字
既封至虞尸閩監毛本同惠棟按宋本作既封主人贈無下正義曰三字
主人贈用制幣元纁束帛也閩監毛本同浦鏜云帛衍文按浦鏜云衍文與既夕
禮合然疏家正不必拘也
既反哭節
正義曰此謂既窆之後事也惠棟按宋本無正義曰三字
言以父母形體所託惠棟按宋本作託此本誤註閩監毛本作在亦非
案周人尚赤閩監毛本同衞氏集說案作蓋
葬日虞節
其辭蓋曰閩監毛本辤作辭岳本同嘉靖本同衞氏集說同
又雜記云內此天子七月而葬閩監毛本同惠棟按宋本無又雜記云四字內
作約衞氏集說同

則大夫五虞當八日　閩監本同毛本大誤六考文引宋板作大

大夫以上卒哭者去虞相校兩月　閩監本同毛本校作挍非衞氏集說亦作校無者相二字○按毛本全書皆作挍避所諱也

崔又一解虞後卒之前　閩監毛本同惠棟挍宋本卒下有哭字是也

是日也節

虞禮所謂他用剛日也　閩監毛本同岳本同惠棟挍宋本也作者嘉靖本同考文引足利本同

其變至歸也○　閩監毛本如此此本變誤安也上脫歸字無○惠棟挍宋本無下正義曰三字

卽喪服小記所云赴葬者　惠棟挍宋本作所云衞氏集說同此本所云二字闕閩監毛本作篇云按篇字非也

哀薦日成事　閩監毛本日作曰下哀薦日成事同

他謂不及時而葬者　惠棟挍宋本作謂衞氏集說同此本謂誤用閩監毛本同

至常葬之月　閩監毛本同衞氏集說常作當

其祝亦稱哀薦云成事焉　閩監毛本同惠棟挍宋本云作曰衞氏集說云焉二字無

期而神之人情　惠棟挍宋本此下標禮記正義卷第十二終記云凡二十三頁

君臨臣喪節　惠棟挍宋本自此節起至季康子之母死節止爲第十三卷首題禮記正義卷第十三

爲有凶邪之氣在側　閩監毛本同岳本同嘉靖本同衞氏集說同釋文出凶耶云下注同

則止巫去桃茢　閩監毛本同岳本同嘉靖本同盧文弨云足利古本巫下有祝字非案正義云祝代巫而入又云巫止于門外祝先入是巫止而祝不止也足利本非盧挍是

君臨至生也　惠棟挍宋本無此五字

無巫祝執桃茢之事　閩監毛本作事此本事字闕

又云士喪禮亦如此　閩監毛本同考文引宋板無士字盧文弨云或是無云字下又士喪禮大斂而往似當作又大夫士既殯而君往焉

荆人使公親襚　監毛本作荆此本荆誤刔閩本同

喪有死之道焉節

喪有至言也　惠棟挍宋本無此五字

喪之朝也節

喪之至遂葬　惠棟挍宋本無此五字

孔子謂爲明器者節

束茅爲人馬　閩監毛本同岳本同嘉靖本同衞氏集說同惠棟挍宋本馬作焉宋監本同考文引古本馬下有焉字釋文亦云束茅爲人馬曰芻靈

謂爲俑者不仁　石經惠棟挍宋本岳本宋監本嘉靖本閩本同衞氏集說亦作仁監毛本仁誤二

殆於用人乎哉　閩本同監毛本殆上有不字石經同岳本同嘉靖本同衞氏集說同

有似於生人　閩本同宋監本同岳本同嘉靖本同衞氏集說同監毛本有字脫惠棟挍宋本亦有有字考文引古本足利本同

孔子至乎哉　惠棟挍宋本無此五字

記者記錄孔子之言　閩監毛本下記作既考文引宋板作記衞氏集說無此記字按集說是也

謂刻木爲人而自發動　惠棟挍宋本亦作而自閩監毛本而自改面目非

穆公問於子思節　惠棟挍云穆公節悼公節宋本合爲一節

退人若將隊諸淵　閩監毛本同岳本同嘉靖本同衞氏集說同石經隊作墜考文引古本同釋文出將隊云本又作墜

穆公至之有　惠棟挍宋本無此五字

以道去君爲三諫不從　閩監毛本同衞氏集說爲作謂與儀禮喪服注合

未絶者言爵禄尙有列於朝　閩監毛本作未此本未字闕

或辟仇讎　惠棟挍宋本作讎此本讎誤雖閩監毛本作難亦非衞氏集說作或辟寇讎

案者案世本云也　惠棟挍宋本閩監毛本無案者二字是

謂三諫不從去而已絶　閩監毛本作謂此本誤諫

悼公之喪節

母乃使人疑夫不以情居瘠者乎哉　閩本同石經同岳本同衞氏集說同監毛本母誤毋嘉靖本同

衞司徒敬子死節

衞司至不絰　惠棟挍宋本無此五字

此雖不云帶凡單云絰　閩監毛本同惠棟挍宋本無帶凡單云四字盧文弨云宋本脫四字非也

曾子曰晏子節

晏子一狐裘三十年　閩監毛本同岳本同嘉靖本同衞氏集說同石經三十合作卅

喪數略也　閩監毛本同岳本同嘉靖本同衞氏集說同考文引古本喪數作喪禮足利本作喪數禮

曾子至以禮　惠棟挍宋本無此五字

大儉解三十年一狐裘　閩本同監毛本年一二字誤倒考文引宋板作年一

下謂其子及凡在巳下者也　閩監本同毛本及誤反考文引宋板作及

藏苞筲於旁加杭席覆之　閩監本同毛本旁下有加折卻之四字盧文弨云宋本無此四字毛有之是也又閩監毛本杭皆作抗亦是也衞氏集說同下加杭木實土同

乃得有遣車者　閩監毛本同惠棟挍宋本無者字

一个有二體　閩監毛本同考文引宋板二下有个字

國昭子之母死節

夾羨道爲位　閩監毛本同岳本同嘉靖本同衞氏集說同釋文本夾作俠

專猶司也　惠棟挍宋本同嘉靖本同衞氏集說同閩監毛本司誤同岳本同浦鏜云司誤同疏內亦誤同從六經正誤挍

國昭至西鄉　惠棟挍宋本無此五字

專猶同也　監毛本同閩本猶字闕惠棟挍宋本同作司盧文弨云下爾當同此同亦當作司

穆伯之喪節　惠棟挍云穆伯節季康子節宋本合爲一節

嫌思情性也　閩監毛本同岳本同嘉靖本同衞氏集說思作私性作勝

內人妻妾　閩監毛本同岳本同嘉靖本同衞氏集說同妾下有也字惠棟挍宋本妾作室盧文弨云宋板古本俱作妻室不必從

穆伯至矣夫　惠棟挍宋本無此五字

女智莫若　閩監毛本同衞氏集說同惠棟挍宋本若下有婦字案今家語本亦作女智莫若婦

季康子之母死節

褻衣非上服　閩監毛本同岳本同嘉靖本同衞氏集說同考文引足利本上作正

悼子紀生平子意如　閩監毛本同惠棟挍宋本紀作紇

有子與子游立節

陶鬱陶也　閩本同監毛本鬱作欝岳本同嘉靖本同衞氏集說同疏同

舞斯慍慍斯戚　閩監毛本同石經同岳本同嘉靖本同衞氏集說同釋文出慍斯戚云此喜怒哀樂相對

本或於此句上有舞斯愠一句并注皆衍文正義本有舞斯愠一句并注其所稱鄭此禮本鄭諸本鄭又一本盧禮本王禮本綜論最爲詳覈惠棟九經古義但据釋文而不及正義疏矣

哭踊之情必發於內閩監毛本同惠棟挍宋本必作心續通解同

怒來戚心故憤恚起也惠棟挍宋本亦作戚閩監毛本戚作觸

此之謂於哀樂也閩監毛本同惠棟挍宋本謂下有禮生二字續通解同

俄傾不愠生閩本同監毛本不作而衛氏集說傾作頃而是也考文引宋板同

朝殯夕歌惠棟挍宋本同閩監毛本殯作殯衛氏集說同

明飾喪以奠祭之事閩監毛本同惠棟挍宋本以作及衛氏集說同

故使人勿惡也閩監毛本同惠棟挍宋本故作欲衛氏集說同

又設遣奠而行送之閩本同惠棟挍宋本同監毛本遣誤遺衛氏集說無行字

故子游既言生節哀閩監毛本同惠棟挍宋本生下有者字衛氏集說同

吳侵陳節

陳大宰嚭使於師閩監毛本同岳本同嘉靖本同衛氏集說同石經嚭作嚭下同

盍嘗問焉閩監本同嘉靖本嘗作當衛氏集說同毛本作嘗石經作嘗岳本同注同

獲謂係虜之閩監毛本同岳本同嘉靖本同衛氏集說係作繫

正言殺厲重人閩監毛本同岳本同嘉靖本同衛氏集說正作止人下有也字

吳侵至名乎惠棟挍宋本無此五字

雖及胡耇獲則取之閩本作耇衛氏集說同考文引宋板同此本耇誤者字閩毛本同

直拘囚人而已則輕也惠棟挍宋本作則此本則字闕閩本同監毛本作故非

苞人民歐牛馬曰侵閩監毛本同衛氏集說歐作毆

顏丁善居喪節

既憊貌閩本同監毛本既作慨岳本同嘉靖本同衛氏集說同

顏丁至而息惠棟挍宋本無此五字

如所求物不得閩監毛本同考文引宋板如下有有字

亦彷徨求而不得之心閩監毛本同惠棟挍宋本心作意

行而不及之閩監毛本同惠棟挍宋本之下有貌字

子張問曰節

則民臣望其言久惠棟挍宋本宋監本岳本嘉靖本同衛氏集說亦作言閩監毛本言誤長

仲尼曰閩監毛本作尼石經同岳本同嘉靖本同衛氏集說同此本尼作𡰥案上尼父字不作𡰥此歧出

子張至三年惠棟挍宋本無此五字

知悼子卒節

禮揚作騰宋監本岳本嘉靖本惠棟挍宋本同閩監毛本騰作媵衛氏集說同下騰送也同段玉裁云說文佚送也佚即媵字騰非是

揚作騰者考文引宋板同閩監毛本騰作媵是也下揚騰義得兩通同餘俱不作騰

知悼至杜舉惠棟挍宋本無此五字

爲後鑒戒閩監毛本同惠棟挍宋本後下有世字續通解同

與杜蕢此事閩監毛本同惠棟挍宋本與作以

春秋云晉侯飲酒樂閩監毛本同惠棟挍宋本秋下有傳字

服以旌禮禮以行事閩監毛本如此此本脫一禮字

附釋音禮記注疏卷第十

檀弓下

禮記　鄭氏注　孔穎達疏

公叔文子卒。文子衛獻公之孫名拔或作發○拔蒲八反其子戍請謚於君。曰。日月有時。將葬矣。請所以易其名者。謚者行之迹有時猶言有數也大夫士三月而葬○行下孟反君曰。昔者衛國凶饑。夫子爲粥與國之餓者。是不亦惠乎。○君靈公也○粥音祝昔者衛國有難。夫子以其死衛寡人。不亦貞乎。難謂魯昭公二十年盜殺衛侯之兄縶也時齊豹作亂公如死鳥○難乃旦反注同夫子聽衛國之政。脩其班制。以與四鄰交。衛國之社稷不辱。不亦文乎。班制謂尊卑之差故謂夫子貞惠文子。後不言貞惠者文足以兼之【疏】公叔至文子○正義曰此一節論謂君誄臣之謚法各依文解之○注文子至作發○正義曰案世本衛獻公生成子當當生文子拔拔是獻公孫也或作發者以春秋左氏傳作發故云或作發○請所以易其名者生存之日若呼其名今既死將葬故請所以誄行爲之作謚易代其名者○注難謂至死鳥○正義曰案昭二十年左傳云衛公孟縶狎齊豹奪之司寇與鄄公孟惡北宮喜褚師圃欲去之公子朝通于襄夫人宣姜懼而欲以作亂故齊豹北宮喜褚師圃公子朝作亂丙辰衛侯在平壽公孟有事於蓋獲之門外又云齊氏用戈擊公孟宗魯以背蔽之斷肱以中公孟之肩皆殺之公聞亂乘驅自閱門入載寶以出又云公如死鳥注云死鳥衛地○故謂至文子者案謚法愛民好與曰惠外內用情曰貞道德博聞曰文既有道德則能惠能貞故鄭云後不言貞惠者文足以兼之案文先惠後貞此先云貞者以其致死衛君事重故在前上先言惠者據事先後言之○石駘仲卒。駘仲衛大夫石碏之族○駘大來反碏七略反無適子。有庶子六人。卜所以爲後者。莫適立也○適丁歷反注同曰。沐浴佩玉則兆。言齊絜則得吉兆○齊側皆反五人者皆沐浴佩玉。石祁子曰。孰有執親之喪。而沐浴佩玉者乎。不沐浴佩玉。心正且知禮石祁子兆。衛人以龜爲有知也。【疏】石駘至知也○正義曰此一節論龜兆知賢知之事各依文解之○卜所至則兆既有庶子六人莫適立也故卜所以堪爲後者其掌卜之人謂之曰若沐浴佩玉則得吉兆所以須有卜者春秋左氏之義故昭二十六年云年鈞以德德鈞以卜王不立愛公卿無私若公羊隱元年云立適以長不以賢立子以貴不以長何休云適夫人無子立右媵右媵無子立左媵左媵無子立嫡姪娣嫡姪娣無子立右媵姪娣右媵姪娣無子立左媵姪娣質家親親先立娣文家尊尊先立姪嫡子有孫而死

質家親親先立弟文家尊尊先立孫其雙生也質家據見立先生文家据本意立後生何休作膏肓難左氏云若其以卜隱桓以禍皆由此作乃曰古制固亦謬矣鄭箴之云立長以嫡不以賢固立長矣立子以貴不以長固立貴矣若長均貴均何以別之故須卜禮有詢立君卜立君是有卜也是從左氏之義○孰有至者乎○居親之喪必衰絰憔悴安有居親之喪而沐浴佩玉者乎言不可鄭云心正且知禮者不信邪言是心正居喪不沐浴佩玉是知禮也○陳子車死於衛。其妻與其家大夫謀以殉葬。子車齊大夫定而后陳子亢至。以告曰。夫子疾。莫養於下。請以殉葬。子亢子車弟孔子弟子下地下○亢音剛又苦浪反養羊尚反下皆同子亢曰。以殉葬。非禮也。雖然。則彼疾當養者。孰若妻與宰。得已。則吾欲已。不得已。則吾欲以二子者之爲之也。度諫之不能正以斯言拒之已猶止也○度大洛反於是弗果用。果決〔疏〕陳子至果用○正義曰此一節論殉葬非禮之事各依文解之○注子亢至弟子○正義曰知孔子弟子者以論語陳亢問於伯魚與伯魚相問故知孔子弟子又知子車齊大夫者昭二十六年左傳齊師圍成魯師及齊師戰于炊鼻魯人將擊子車子車射之殪鄭蓋據此謂齊大夫知亢是子車弟者以子車之妻謀欲殉葬子車子亢不能止之若是子車之兄當處分由己故知是子車弟也子亢至之也○子亢既見兄家謀殉葬非禮之事自度不能止故云殉葬非禮也又云雖非禮彼疾當養者彼死者疾病當須養侍於下者以外人疏誰若妻之與宰言妻宰最親當須侍養若得休已不須侍養吾意欲休已若其不止必須爲殉葬則吾欲以妻之與宰二子爲之○子路曰。傷哉貧也。生無以爲養。死無以爲禮也。孔子曰。啜菽飲水。盡其歡。斯之謂孝。斂手足形。還葬而無椁。稱其財。斯之謂禮。還猶疾也謂不及其日月○啜昌劣反叔或作菽音同大豆也王云熬豆而食曰啜菽斂力檢反還音旋後同稱尺證反下注之稱同〔疏〕子路至謂禮○正義曰此一節論孝子事親稱家之有無之事孔子至謂禮○孔子以子路傷貧故荅之云啜菽飲水以爲粥以至常啜之飲水更無餘物以水而已雖使親啜菽飲水盡其歡樂之情謂使親盡其歡樂此之謂孝荅上生無以爲養○斂手足形者親亡但以衣棺斂其頭首及足形體不露還速葬而無椁材稱其家之財物所有以送終此之謂禮荅上死無以爲禮○衛獻公出奔。反於衛。及郊。將班邑於從者而后入。欲賞從者以懼居者獻公以魯襄十四年出奔齊二十六年復歸於衛○從才用反注下同柳莊曰。如皆守社稷。則孰執羈靮而從。如皆從。則孰守社稷。言從守若一靮紖也○羈音基靮丁歷反紖陳忍反君反其國而有私也。毋乃不可乎。言有私則生怨弗果班。〔疏〕

衛獻至果班○正義曰此一節論衛君歸國不合私賞從者之事○注欲賞至於衛○正義曰經有云班邑於從者鄭知以懼居者見下柳莊云如皆從則孰守社稷爲居者而言明知獻公欲懼居者也故左傳云獻公反國使人責大叔儀是也知獻公以魯襄公十四年出奔齊者案襄十四年左傳云衛獻公戒孫文子甯惠子食二子皆朝服而朝日旰不召公射鴻於囿二子從之公不釋皮冠而與之言二子怒故攻公公出奔齊二十六年傳云甯惠子之子甯喜以父言攻孫氏而納衛侯二十六年復歸于衛是獻公以魯襄公十四年出奔二十六年復歸于衛也○衛有大史曰柳莊。寢疾。公曰。若疾革。雖當祭必告。革急也○革本又作亟居力反注同公再拜稽首請於尸曰。有臣柳莊也者。非寡人之臣。社稷之臣也。聞之死。請往。急弔賢者不釋服而往。遂以襚之。脫君祭服以襚臣親賢也所以此襚之者以其不用襲也凡襚以斂○襚音遂脫本亦作說又作稅同他活反與之邑裘氏與縣潘氏。書而納諸棺曰。世世萬子孫無變也。所以厚賢也裘縣潘邑名○縣音玄注同潘普干反〔疏〕衛有至變也○正義曰此一節論君急弔臣之事柳莊爲衛大史今寢疾其家自告公報之曰若疾急困雖當我祭必須告也其後柳莊果當公祭之時卒而來告公公祭事雖了與尸爲禮未畢○公再拜稽首請於尸曰有臣柳莊也者才能賢異非唯寡人之臣乃是社稷之臣今聞之身死請往赴之又不釋祭服即往哭遂以所著祭服脫而襚之又與之采邑曰裘氏及縣潘氏此二邑又書錄其賞辭而納之棺云世世恒受此邑至萬世子孫無有改變案禮君入廟門全爲臣請尸得言寡人者是後人作記者之言也○注脫君至以斂○正義曰案士喪禮君使人襚不云祭服襚臣今君以祭服襚故云親賢也得以祭服襚之者禮諸侯玄冕祭廟大夫自玄冕而下以其俱是玄冕故得襚也祭服既尊得以襚臣者以其臣卑不敢用君襚衣而襲之也所以不用襲者以襲是近尸形體褻惡故不敢用君之襚衣也案士喪禮云君襚衣及親者及庶兄弟之襚皆不用襲故士喪禮云庶襚繼陳不用注云不用不用襲也至小斂則得用庶襚故士喪禮小斂凡十有九稱陳衣繼之不必盡用鄭云陳衣庶襚也既云不必盡用明有用者至大斂得用君襚故士喪禮大斂君襚祭服散衣庶襚凡三十稱又云君襚不倒是大斂得用襚也云凡襚以斂者謂庶襚以小斂君襚以大斂也鄭言此者明襚衣不用襲也○陳乾昔寢疾。屬其兄弟。而命其子尊己。曰。如我死。則必大爲我棺。使吾二婢子夾我。婢子妾也○乾音干屬之玉反夾古洽反陳乾昔死。其子曰。以殉葬。非禮也。況又同棺乎。弗果殺。善尊已不陷父於不義〔疏〕陳乾至果殺○正義曰此一節論人病時失禮也○屬其兄弟而命其子尊己者尊己乾昔子名也兄弟言屬子云命輕重之義也○曰如我死者此所屬命辭也欲言其死後事也○則必大爲我棺使吾二婢子夾我者婢子妾也屬命云令大爲已棺又使二婢夾已於棺中也○陳乾昔死者陳乾昔既屬兄弟之後而死且言陳

乾昔者謂亦久纓疾病或陳乾昔揔是人名但先儒無說未知孰是案春秋魏顆父病困命使殺妾以殉又晉趙孟孝伯並將死其語偷又晉程鄭問降階之道鄭然明以將死而有或疾此等並是將死之時其言皆變常而論語曾子曰人之將死其言也善但人之疾患有深有淺深則神正淺則神亂故魏顆父初欲嫁妾是其神正之時曾子云其言也善是其末困之日且曾子賢人至困猶善其中庸已下未有疾病○天奪之魂魄荀欲偷注則趙孟孝伯程鄭之徒不足怪也○仲遂卒于垂。壬午猶繹。萬入去籥。春秋經在宣八年仲遂魯莊公之子東門襄仲先日辛巳有事於太廟而仲遂卒明日而繹非也萬干舞也籥籥舞也傳曰去其有聲者廢其無聲者○繹音亦去羌吕反注同籥羊勺反仲尼曰。非禮也。卿卒不繹。〔疏〕仲遂至不繹○正義曰此一節論卿卒重于繹祭之事○注春秋至聲者○正義曰此經所云者春秋經文案宣八年六月辛巳有事於大廟仲遂卒于垂是也云仲遂魯莊公之子東門襄仲者世本及左傳文也云萬干舞也籥籥舞也者案宣八年公羊傳云萬者何干舞也籥者何籥舞也萬是執干而舞武舞也即文王世子云春夏學干戈是也籥是執羽吹籥而舞文舞也文王世子云秋冬學羽籥是也云傳曰去其有聲者廢其無聲者亦宣八年公羊傳文云去其有聲者廢籥舞以吹籥有聲故也廢其無聲謂廢留萬舞而不去以萬舞無聲故也鄭志荅張逸云廢置也於去聲者爲廢謂去不去也然鄭引萬干舞籥籥舞雖是傳文鄭略其事不全寫傳文故於後始稱傳曰去其有聲廢其無聲以二句全是傳文也○季康子之母死。公輸若方小。公輸若匠師方小言年尚幼未知禮也斂。般請以機封。斂下棺於槨般若之族多技巧者見若掌斂事而年尚幼請代之而欲嘗其技巧○般音班注及下同封彼驗反技其綺反下同將從之。時人服般之巧公肩假曰。不可。夫魯有初。初謂故事公室視豐碑。言視者時僭天子也豐碑斲大木爲之形如石碑於槨前後四角樹之穿中於間爲鹿盧下棺以綍繞天子六綍四碑前後各重鹿盧也○碑彼皮反僭子念反後皆同斲丁角反綍音律繞而沼反重直龍反三家視桓楹。時僭諸侯諸侯下天子也斲之形如大楹耳四植謂之桓諸侯四綍二碑如桓矣大夫二綍二碑士二綍無碑○下戶嫁反植時力反般。爾以人之母嘗巧。則豈不得以。以已字言寧有強使女者與僭於禮有似作機巧非也以與已字本同○爾吕古以字強其丈反女音汝與音餘下苦與同其母以嘗巧者乎。則病者乎。毋無也於女寧有病苦與止之○毋音無噫。不寤之聲○噫於其反弗果從。〔疏〕季康至果從○正義曰此一節論非禮嘗巧不從之事○季康子母死公輸若爲匠師之官年方幼小主掌窆事欲下棺斂於壙中其若之族人公輸般性有技巧請爲以轉動機關窆而下棺時人服般之巧○將從之時有公肩假止而不許曰不可爲機窆之事夫魯有初始舊禮公室之喪視豐碑豐大也謂用大木爲碑三家之葬視桓楹也桓大也楹柱也其用之碑如大楹柱言之舊事其法如此遂呼般之名般女得以人之母而嘗巧乎嘗試也欲以人母試已巧事雖有強偪於女而爲此乎豈不得休已者哉又語之云其無以人母嘗試已巧

則於女病者乎言不得嘗巧豈於女有病公有假既告般爲此言乃更噫而傷歎於是衆人遂止不果從般之事○注公輸若匠師○正義曰以匠師主窆故鄕師云及窆執斧以涖匠師是也○注言視至盧也○正義曰凡言視者不正相當比擬之辭也故王制云天子之三公視公侯卿視伯大夫視子男是也故云言視僭天子也云斲大木爲之形如石碑者以禮廟庭有碑故祭義云牲入麗于碑儀禮每云當碑揖此云豐碑故知斲大木爲碑也云於椁前後四角樹之者謂椁前後及兩旁樹之角落相望故云四角非謂正當椁四角也云穿中於間爲鹿盧所謂穿鑿去碑中之木令使空於此空間者鹿盧鹿盧兩頭各入碑木云下棺以綍繞者綍即紼也以紼之一頭繫棺緘以一頭繞鹿盧既訖而人各背碑負紼末頭聽鼓聲以漸卻行而下之云天子六綍四碑者案周禮大喪屬其六引故知天子六綍也喪大記云君四綍二碑諸侯既二碑故知天子四也云前後各重鹿盧也者以六綍四碑明有一碑兩紼者故知一碑上下重著鹿盧知雖前後碑重鹿盧者以棺之入椁南北豎長前後用力深也案春秋天子有隧以羨道下棺所以用碑者凡天子之葬掘地以爲方壙漢書謂之方中又方中之內先累椁於其方中南畔爲羨道以蜃車載柩至壙說而載以龍輴從羨道而入至方中乃屬紼於棺之緘從上而下棺入於椁之中於此之時用碑綍也○注諸侯下天子也斲之形如大楹耳○正義曰以言視桓楹不云碑知不似碑形故云如大楹耳通而言之亦謂之碑也故喪大記云諸侯大夫二碑是也云四植謂之植者案說文桓亭郵表也謂亭郵之所而立表木謂之桓即今之橋旁表柱也今諸侯二碑兩柱爲一碑而施鹿盧故云四植謂之桓也周禮桓圭而爲雙植者以一圭之止不應四柱但椽爲二柱象道旁二木又宮室兩楹故雙植謂之植也大夫亦二碑但柱形不得豐大所以異於諸侯也○注以已至本同正義曰言經中以用之以義是休已之字所以用之以得爲休已之字者以其本同謂古昔之本用字本同乃得通用謂用謂其兩字本昔是同故得假借而用後世始以已義異也云僭於禮有似作機巧非也者皇氏解云僭濫之事於禮猶有所似作機巧之事全非也○注毋無至止之○正義曰依說文止毋是禁辭故說文毋字從女有人從中欲干犯故禁約之故鄭注論語云毋止其辭讓也故曲禮上篇多言毋毋猶勿也謂勿得如此下無是有無之無此經中之義是有無之無故轉毋作無也○注不窘之聲○正義曰公肩假唱噫是歎公輸般不能窘於禮故傷之而爲此聲也。○戰于郎。郎魯近邑也哀十一年齊國書帥師伐我是也。公叔禺人遇負杖入保者息。遇見也見走辟齊師將入保罷倦加其杖頸上兩手掖之休息者保縣邑小城禺人昭公之子春秋傳曰公叔務人○禺音遇又音務注同辟音避罷音皮倦其卷反頸吉領反掖音亦曰。使之雖病也。謂時繇役○繇本亦作徭音遙任之雖重也。謂時賦稅君子不能爲謀也。士弗能死也。不可。君子謂卿大夫也魯政既惡復無謀臣士又不能死難禺人恥之○弗能弗亦作不爲于僞反下注國爲下爲殤同復扶又反下復射謂不復同難乃旦反我則既言矣。欲敵齊師踐其言與其鄰重汪踦往。皆死焉。奔敵死齊寇鄰鄰里也重皆當爲童童未冠者之稱姓汪名踦鄰或爲談春秋傳曰童汪踦○重依注音童下同汪烏黃反踦魚綺反冠古亂反魯人欲勿殤重汪

踦。見其死君事有士行欲以成人之喪治之言魯人者死君事國爲斂葬○行下孟反問於仲尼。仲尼曰。能執干戈以衛社稷。雖欲勿殤也。不亦可乎。善之【疏】戰于至可乎○正義曰此節論童子死難之事○戰于郎哀十一年齊伐魯魯與齊師戰于郎郎者魯之近邑也案哀十一年魯人公叔禺人逢遇國人走辟齊師兩手負杖於頭走入城保因而止息禺人見而言曰國以徭役使此人雖復病困國以賦稅責任人民雖復煩重若上能竭心盡力憂恤在下則無以負愧今君子卿大夫不能爲謀士又不能致死是自全其身不憂民庶於理不可既嫌他不死欲自爲致死之事故云我則既言矣既已也云我則已言之矣乃踐其言於是與鄰之童子姓汪名踦往赴齊師而死焉依禮童子爲殤魯人見其死寇欲勿殤童汪踦意以爲疑問於仲尼仲尼報之云汪踦能執干戈以衛社稷勿猶不也雖欲不以爲殤不亦可乎言其可爲不殤也○注郎魯至是也○正義曰案桓十年齊魯衛侯鄭伯來戰于郎公羊傳云郎者何吾近邑也哀十一年齊國書帥師伐我戰于郊是郊頭郎邑故知近也案春秋直云戰于郊知與此戰于郎爲一事者以其俱有童汪踦之事故爲一也○注禺人至務人○正義曰案哀十一年傳云公叔務人僮汪錡死昭公傳云昭公子公爲逐季氏公曰務人爲此禍務人郎公爲也故云昭公子此作禺人者禺務聲相近聲轉字異也○注重皆當爲童○正義曰此云重汪踦下云重汪踦以重字有二故云皆當爲童以言魯人欲勿殤故從春秋爲童也注見其至斂葬○正義曰案喪服小功章大夫爲昆弟之長殤注云謂爲士者若不仕者也以此言之雖見爲士猶以殤服服之何以此云死君事有士行欲以成人之喪治之者喪服所論據尋常死者雖見爲士猶以殤服服之注踦能致死於敵故以成人之喪治之云國爲斂葬者以其經稱魯人但指衆辭汪踦非是家無親屬但國家哀其死難爲斂葬之○子路去魯。謂顏淵曰。何以贈我。贈送曰。吾聞之也。去國則哭于墓而后行。反其國不哭。展墓而入。無君事主於孝哭哀去也展省視之謂子路曰。何以處我。處猶安也子路曰。吾聞之也。過墓則式。過祀則下。居者主於敬【疏】子路至則下○正義曰此一節論禮敬祀墓之事各依文解之○注無事君主於孝○正義曰君有君事去國則不得哭墓故上曲禮云已受命君言不宿於家是不哭於墓○過墓則式過祀則下曰墓謂他家墳壟祀謂神位有屋樹者居無事主於恭敬故或式或下也他墳尚式則已先祖墳墓當下也○工尹商陽與陳弃疾。追吳師。及之。工尹楚官名弃疾楚公子弃疾也以魯昭八年帥師滅陳縣之楚人善之因號焉至十二年楚子狩於州來使蕩侯潘子司馬督囂尹午陵尹喜圍徐以懼吳於時有吳師陳或作陵楚人聲○馬督音篤本亦作督陳弃疾謂工尹商陽曰。王事也。子手弓而可。手弓。子射諸。商陽仁不忍傷人以王事勸之○射食亦反下同射之。斃一人。韔弓。不忍復射斃仆也韔韜也○斃本亦作獘婢世反下同韔勑亮反仆蒲北反又音赴韜吐刀反又及。謂之。

又斃二人。每斃一人。揜其目。揜其目不忍視之又及本或作又及一人又一人後人妄加耳止其御曰。朝不坐。燕不與。殺三人。亦足以反命矣。朝燕於寢大夫坐於上士立於下然則商陽與御者皆士也兵車參乘射者在左戈盾在右御在中央○朝直遙反與音預乘繩證反盾食允反又音允孔子曰。殺人之中。又有禮焉。善之【疏】工尹至禮焉○正義曰此一節論殺人有禮之事各依文解之○注工尹至人聲○正義曰案春秋傳楚皆以尹爲官名也故知工尹楚官名也云弃疾楚公子弃疾也者左傳文是楚恭王之子後立爲平王云楚人善之因號焉者案昭十三年左傳晉叔向云弃疾君陳蔡苛慝不作今此云陳弃疾故楚人善之因號爲陳弃疾也云十二年楚子狩于州來者是昭十二年左傳文楚子謂靈王名虔弃疾之兄也使蕩侯一潘子二司馬督三囂尹午四陵尹喜五也五大夫圍徐以偪懼於吳也案昭左傳直有圍徐不見有吳師之事也又弃疾不與圍徐鄭必知有吳師及弃疾追之者以弃疾昭八年縣陳十三年自立爲王於此之間無與吳師相涉今弃疾追吳師復有圍徐懼吳之事故鄭引以明之云陳或作陵楚人聲者謂陳弃疾餘本有作陵弃疾者故云陳或作陵楚人呼陳及陵聲相似故云楚人聲子手弓而可手弓者弃疾謂商陽射吳之弃者云子是手弓之人謂是能弓之手而可手弓者謂其堪可稱此能弓之手謂宜須射也又家語云楚伐吳工尹商陽與弃疾追吳師及之弃疾曰王事也子手弓而可商陽手弓弃疾曰子射諸射之斃一人韔其弓則此分句爲異解義亦別言手弓者令其彀弓而射之未知執是故兩存焉附之以廣聞見也○注朝燕至中央○正義曰朝之與燕皆在於寢若路門外正朝則大夫以下皆立若其燕朝在於路寢如孔子攝齊升堂又詩傳云不脫屨升堂謂之飫明脫屨升堂則坐也是大夫坐於上燕亦在寢故燕禮云燕朝服於寢案燕禮獻卿大夫及樂作之後西階上獻士士既得獻者立於東階下西面無升堂之文是士立於下云兵車參乘射者在左戈盾在右御在中央者謂兵車參乘之法其事如此若非兵車參乘則尊者在左故曲禮乘君之乘車不敢曠左鄭注云君存惡空其位又月令載耒耜於御與車右之間君在左也知兵車參乘射者在左戈盾在右者案宣十二年左傳云楚許伯御樂伯攝叔爲右於時樂伯主射樂伯云左射以菆是射者在左攝叔云右入壘折馘執俘而還是戈盾勇力在右自然御者在中央此謂凡常戰士也若是元帥則在中央鼓下御者在左戈盾亦在右故成二年鞌之戰於時郤克爲中軍將時流血及屨未絕鼓音是將居鼓下也解張御郤克解張云矢貫余手及肘余折以御左輪朱殷是御者在左自然戈盾在右若天子諸侯親爲將亦居鼓下故戎右云贊王鼓成二年齊侯圍龍齊侯親鼓之是也若非元帥則皆在左御者在中故成二年韓厥自其車左居中代御而逐齊侯故杜預云其車自非元帥御者皆在中故熊氏以爲雖非元帥上軍下軍之將亦居鼓下故成十六年鄢陵之戰子重將左而云子重鼓之也故爲將皆在鼓下也以其親鼓故以爲鼓下案周禮諸侯執賁鼓軍將執晉鼓師帥執提旅帥執鼙豈皆居鼓下也其義恐非也孔子曰殺人之中又有禮焉者言其既殺人之中又有禮則韔弓揜目等是也案左氏傳戎昭果毅獲則殺之商陽行仁而孔子善之傳之所云人謂彼勍敵與我決戰雖是胡耇獲則殺之此謂吳師既走而後逐之故云又及一人則是不逐奔之義故以爲有禮也○諸侯

伐秦。曹桓公卒于會。魯成十三年曹伯盧卒於師是也盧諡宜言桓聲之誤也桓依注音宣。諸侯請含。以朋友有相啖食之道○含胡闇反啖徒暫反食音嗣徐音自使之襚。非也襚賤者之事○襄公朝于荊。康王卒。在魯襄二十八年康王楚子昭也楚言荊者州言之荊人曰。必請襚。欲使襄公衣之衣於既反魯人曰。非禮也。荊人強之。欲尊康王○強其丈反下注同巫先拂柩。荊人悔之。巫祝桃茢君臨臣喪之禮○拂芳勿反柩其又反茢音列【疏】諸侯至悔之○正義曰此一節論諸侯失禮之事○注在魯至言之○正義曰不言楚而言荊者楚屬荊故荊言之也春秋莊十年荊敗蔡師于莘公羊傳曰荊者何州名也州不若國國不若氏氏不若人人不若名名不若字字不若子而左氏無此義荊蓋楚之本號魯莊之世告命皆稱荊至僖元年始稱楚故杜預云荊始改號曰楚其巫祝桃茢之事已具于上○滕成公之喪。魯昭三年使子叔敬叔弔。進書。子叔敬叔魯宣公弟叔肸之曾孫叔弓也進書奉君弔書○肸許乙反子服惠伯爲介。惠伯慶父玄孫之子名椒介副也○介音界注及後同及郊。爲懿伯之忌不入。郊滕之近郊也懿伯惠伯之叔父忌怨也敬叔有怨於懿伯難惠伯也春秋傳曰敬叔不入○難乃旦反惠伯曰。政也。不可以叔父之私。不將公事。政君命所爲敬叔於昭穆以懿伯爲叔父○昭常遙反遂入。惠伯強之乃入【疏】滕成至遂入○正義曰此一節論不可以私廢公之事各依文解之○注子叔至弓也○正義曰案世本叔肸生聲伯嬰齊齊生叔老老生叔弓是叔弓爲叔肸曾孫也叔是其氏此記云子叔者是男子通稱故以子冠叔也○注惠伯至副也○正義曰案世本慶父生穆伯敖敖生文伯穀穀生獻子蔑蔑爲慶父曾孫惠伯是蔑之孫是慶父玄孫之子也案春秋傳曰子服椒故知名椒也○及郊至公事○敬叔爲使惠伯爲介至滕之近郊懿伯是惠伯叔父敬叔於先有怨於懿伯今至滕郊爲有懿伯之怨故畏難惠伯不敢入惠伯知其難已遂開釋之今既奉君命政令使滕國不可以叔父私怨遂欲報讎不行公事也○注郊滕至不入○正義曰經直云郊知是滕之近郊者下云不入謂不入國城則郊與國城相近故知郊是近郊也知懿伯是惠伯叔父者以下文惠伯云不可以叔父之私故知懿伯是惠伯叔父也云敬叔有怨於懿伯難惠伯也者謂敬叔殺懿伯被懿伯家所怨恐惠伯殺已故難惠伯不敢入也然敬叔惠伯同在君朝又奉使滕國相隨在路不相畏難入滕始難者雖有怨讎恒爲防備今入滕國是由主人其防備之事不復在已故難之引春秋傳敬叔不入者昭三年左傳文引之者以經直云不入恐是惠伯不入故引以明之○注政君至叔父○正義曰案論語注君之教令爲政臣之教令爲事也故云其事也如有政云敬叔於昭穆以懿伯爲叔父者此後人轉寫鄭注之誤當云敬叔於昭穆以惠伯爲叔父撿勘世本敬叔是桓公七世孫惠伯是桓公六世孫則惠伯是敬叔之父六從兄弟則敬叔呼惠伯爲叔父敬叔呼懿伯爲五從祖此注乃云敬叔於昭穆以懿伯爲叔父故知誤也○哀公使人弔蕢尚。遇諸道。辟於路。畫宮

而受弔焉。哀公魯君也畫宮畫地爲宮象○蕢苦怪反辟音避又婢亦反畫音獲注同曾子曰。蕢尚不如杞梁之妻之知禮也。行弔禮於野非齊莊公襲莒于奪。杞梁死焉。魯襄二十三年齊侯襲莒是也春秋傳曰杞殖華還載甲夜入且于之隧隧奪聲相近或爲兑梁即殖也○于奪徒外反注並兑同杞音豈殖時職反華胡化反且子餘反其妻迎其柩於路。而哭之哀。莊公使人弔之。對曰。君之臣不免於罪。則將肆諸市朝。而妻妾執。肆陳尸也大夫以上於朝士以下於市執拘也○肆殺三日陳尸音四朝直遙反上詩掌反拘音俱君之臣免於罪。則有先人之敝廬在。君無所辱命。無所辱命辭不受也春秋傳曰齊侯弔諸其室○廬力居反○【疏】哀公至辱命○正義曰此一節論蕢尚不如婦人得禮之事○注肆陳至拘也○正義曰案周禮鄉士職云協日刑殺肆之三日是陳尸曰肆也云大夫以上於朝士以下於市者謂諸侯大夫士也故襄二十二年楚殺令尹子南尸諸朝三日大夫既於朝士則於市也其天子臣則有爵者皆適甸師氏不在朝故周禮掌囚職云凡有爵者奉而適甸師氏以待刑殺掌戮云有爵者殺之于甸師氏是也天子士宜在朝與諸侯大夫同○孺子鞼之喪。魯哀公之少子鞼叱孫反哀公欲設撥。撥可撥引輴車所謂紼○撥半末反輴敕倫反問於有若。有若曰。其可也。君之三臣猶設之。猶尚也以臣況子也三臣仲孫叔孫季孫氏顏柳曰。天子龍輴而椁幬。輴殯車也畫轅爲龍幬覆也殯以椁覆棺而塗之所謂菆塗龍輴以椁○椁音郭幬大報反菆才丸反下音從諸侯輴而設幬。輴不畫龍爲榆沈。故設撥。以水澆榆白皮之汁有急以播地於引輴車滑○沈本又作審同昌審反澆古堯反汁之十反滑于八反三臣者廢輴而設撥。竊禮之不中者也。而君何學焉。止其學非禮也廢去也紼繫於輴三臣於禮去輴今有紼是用輴僭禮也殯禮大夫菆置西序士掘肂見衽○輴中丁仲反又如字學如字或音戶教反非注同去羌呂反下同掘求勿反又求月反又戶忽反肂本又作肆以二反棺坎也見賢遍反衽而審反【疏】孺子至學焉○正義曰此論諫哀公不得學僭禮之事○顏柳至學焉○顏柳以有若對非其實恐哀公從之以其正禮而言天子之殯則以龍輴謂畫輴車轅爲龍載柩於上累材作椁而題湊其木幬覆棺上而後塗之其諸侯則以輴載柩不畫爲龍亦累木爲椁設木於上以幬之不爲題湊直橫木復之亦泥塗其上以其有輴須設榆沈備之擬牽引爲有榆沈故須設撥撥謂紼也今三臣者依禮廢輴不合用殯今乃設撥用輴是盜竊於禮不中法式而君何得學焉○注畫轅至以椁○正義曰經直云龍輴知畫轅爲龍者以輴之形狀庳下而寬廣無似龍形唯轅與龍爲形相類故知畫轅也云所謂菆塗龍輴以椁者以其上篇有其文故此言所謂上篇也輴外邊從累其木上與椁齊乃菆木爲題湊爲四阿椁制而塗之○注轅不畫龍○正義曰

以上云龍輴此直云輴故云不畫龍其木亦不題湊故鄭注喪大記云諸侯不題湊○注三臣至見衽○正義曰喪大記大夫二綍二碑是大夫有綍即紼也又注既夕禮云大夫以上始有四周謂之輴是大夫有輴也此云三臣於禮去輴用輴僭禮不同者大夫以柩朝廟之時用輴綍惟殯時用輁軸不得用輴紼此文據殯時及既夕禮謂朝廟及下棺也云大夫菆置西序士掘肂見衽者是喪大記文謂菆叢其木以鄣三面倚於西序肂謂穿地爲坎深淺見其棺蓋上小要之衽言棺上小要之衽出於平地○悼公之母死。哀公之妾哀公爲之齊衰。有若曰。爲妾齊衰。禮與。譏而問之妾之貴者爲之緦耳○爲于僞反下爲妾注爲之下弗爲服皆同與音餘公曰。吾得已乎哉。魯人以妻我。言國人皆名之爲我妻重服嬖妾文過非也○嬖必計反【疏】悼公至妻我○正義曰此一節論哀公爲妾著服非禮之事○注妾之貴者爲之緦耳○正義曰天子諸侯絕旁期於妾無服唯大夫貴妾緦以哀公爲妾著齊衰服故舉大夫貴妾緦以對之耳○公曰吾得已乎哉魯人以妻我者公以有若之譏遂文其過云吾豈得休已而不服之乎所以不得休已者雖是其妾魯人以我無夫人皆以爲我妻故不得不服○季子皋葬其妻。犯人之禾。季子皋孔子弟子高柴孟氏之邑成宰或氏季犯躐也○躐力輒反申祥以告。曰。請庚之。申祥子張子庚償也○庚古衡反償徐音尚子皋曰。孟氏不以是罪予。時僭侈○僭子念反侈昌氏反又赤氏反朋友不以是棄予。言非大故以吾爲邑長於斯也。買道而葬。後難繼也。恃寵虐民非也○長丁丈反【疏】季子皋葬其妻至繼也○正義曰此一節論高柴非禮之事各依文解之○注季子至成宰○正義曰案史記仲尼弟子傳云高柴字子皋少孔子三十歲鄭人也知爲成宰者下文云子皋爲成宰云季者高是其正氏今言季子皋故鄭云或氏季以身處季少故以字爲氏而稱季也猶若子游稱叔氏仲由稱季路皆其例也弟子傳及論語作子羔此文子皋字不同者古字通用○子皋至繼也○子皋見申祥請償故拒之云孟氏不以是犯禾之事罪責於我以孟氏自爲奢暴之故也朋友不以是犯禾之事離弃於我以其小失非大故也斯此也以吾爲邑長於此成邑乃買道而葬請儉大過在後世之人難可繼續也以孟氏不罪於已故鄭云恃寵不肯償禾故云虐民○仕而未有祿者。君有饋焉曰獻。使焉曰寡君。見在臣位與有祿同也君有饋有饋於君○餽本又作饋其位反遺也使色吏反見賢遍反違而君薨。弗爲服也。以其恩輕也違去也【疏】仕而至服也○正義曰此一節論臣之仕未得祿者與得祿之臣有同有不同之事也故王制云位定然後祿之是先位定而後祿也○君有饋焉曰獻者饋餉也君有饋謂臣有物饋獻於君既奉餉君上故曰獻○使焉曰寡君者使焉謂爲君使往他國此臣若出使則自稱已君爲寡君也言臣雖仕未得祿而有物饋君及出使他國所稱則並與得祿者同也嫌其或異故明之也○違而君薨弗爲服也者此一條則異也違而君薨者違去也謂三諫不從以禮去者若已有祿恩重者雖放出仕他國而所仕

者敵則猶反服今此未得祿之臣唯在朝時乃服若放出他邦而故君薨所往雖敵亦不反服也以其本無祿恩輕故也

○虞而立尸。有几筵。卒哭而諱。諱辟其名○辟音避生事畢而鬼事始已。謂不復饋食於下室而鬼神祭之已辭也既卒哭。宰夫執木鐸以命于宮曰。舍故而諱新。故爲高祖之父當遷者也易說帝乙曰易之帝乙爲成湯書之帝乙六世王天之錫命疏可同名○鐸大各反舍音捨自寢門至于庫門。百官所在庫門宮外門明堂位曰庫門天子皐門【疏】虞而立尸有几筵卒哭而諱至自寢門至于庫門○正義曰此一節論葬後當以鬼神事之禮未葬之前生事之故未有尸既葬親形已藏故立尸以係孝子之心也前所云既窆而祝宿虞尸是也○有几筵者未葬之前殯宮雖有脯醢之奠不立几筵其大斂之奠雖在殯宮但有席而已亦無几也此席素席故前云奠以素器其下室之內有吉几筵今葬訖既虞祭有素几云奠筵雖大斂之時已有至於虞祭更立筵與几相配故云有几筵故士虞禮云祝免澡葛絰帶布席于室中東面右几是也然此虞祭而有几謂士大夫禮若天子諸侯則葬前有几故周禮司几筵云喪事素几鄭注云謂殯奠時天子既爾諸侯南面之君其事亦然○卒哭而諱者諱謂神名也古者生不相諱卒哭之前猶生事之故不諱至卒哭乃有神諱也○生事畢而鬼事始已者并解所以虞立尸卒哭而爲神諱義也○既虞卒哭則生事畢鬼神之義方爲始也○注謂不至辭也○正義曰合釋有尸有几筵及諱也下室謂內寢生時飲食有事處也未葬猶生事當以脯醢奠殯又於下室饋設黍稷謝兹云下室之饋器物几杖如平生鄭君荅張逸云未葬以脯醢奠於殯又於下室設黍稷曰饋下室內寢也至朔月月半而殷奠殷奠有黍稷而下室不設也既虞祭遂用祭禮下室遂無事也然不復饋食於下室文承卒哭之下卒哭之時乃不復饋食於下室皇氏以爲虞則不復饋食於下室於理有疑○注政謂至同名○正義曰高祖之父謂孝子高祖之父也於死者高祖也卒哭猶未遷故云當遷也至小祥乃遷毀也易說帝乙曰易之帝乙爲成湯者鄭引易證六世不諱故卒哭而舍高祖之父也易說者鄭引云易緯也凡鄭云說者皆緯候也時禁緯候故轉緯爲說也故鄭志張逸問禮注曰書說說何書也荅曰尚書緯也當爲注時在文網中嫌引祕書故諸所牽圖讖皆謂之說云案易云帝乙歸妹易乾鑿度說易之帝乙謂是殷湯也書之帝乙六世王者亦易緯言也書酒誥有帝乙而乾鑿度說云乙是殷六世王也先儒注皆以酒誥帝乙紂父紂父去湯多世不啻於六世也然史記殷本紀云王名乙者甚衆上皆有配字惟紂父稱帝乙耳而湯名乙其六世孫名祖乙即是六世王也既並爲帝故皆得日帝乙也祖乙是湯六世孫與湯同名是六世得同名云天之錫命疏可同名者此注湯緯語也言帝生之名由天所錫則世疏可同故舉六世以爲證也謂天所錫者殷以生日甲乙爲名則生日是天之命日爲名也白虎通云殷質以生日名子也故殷大甲帝乙武丁○自寢門至于庫門前既執木鐸以命宮中又出宮從寢門至于庫門寢門路門庫門是魯之外門也百官及宗廟所在之㫄至庫門咸使知之也魯三門故至庫門耳若天子五門則至皐門也故鄭引明堂位云庫門天子皐門也若凡諸侯則皐應路也

○二名不偏諱。夫子之母名徵在。言在不稱徵。言徵不稱在。稱舉也雜記曰妻之諱不舉諸其側【疏】二名至稱在○正義曰此一節論不偏諱之事○注稱舉至其側○正義曰引雜記者證稱是舉之義

○軍有憂。則素服哭於庫門之外。憂謂爲敵所敗也素服者縞冠也○敗必邁反赴車不載櫜韔。兵不戢示當報也以告喪之辭言之謂還告於國櫜甲衣韔弓衣○櫜音羔韔衣亦作韔勑亮反戢側立反【疏】軍有至櫜韔○正義曰此一節論軍敗當報之事○赴軍不載櫜韔者軍既有憂從軍赴國之車但露載其甲及弓示有報敵之意故甲則不以櫜戢之弓則不以韔戢之故注云兵不戢示當報也○注以告至弓衣○正義曰案春秋左氏傳禍福稱告崩薨稱赴今軍敗應稱告而稱赴故云以告喪之辭言之案詩云載櫜弓矢春秋傳云右屬櫜鞬皆以櫜爲韜弓此注爲甲衣者以下韔文韔既是弓衣故以櫜爲甲衣

○有焚其先人之室。則三日哭。謂人燒其宗廟哭者哀精神之有虧傷故曰。新宮火。亦三日哭。火人火也新宮火在魯成三年【疏】有焚至日哭○正義曰此一節論哀先人宗廟傷之事○注火人至三年○正義曰案宣十六年左傳云人火曰火天火曰災新宮者魯宣公廟故成三年公羊傳云新宮者何宣公之宮也

孔子過泰山側。有婦人哭於墓者而哀。夫子式而聽之。怪其哀甚使子路問之。曰。子之哭也。壹似重有憂者。而曰然。昔者吾舅死於虎。吾夫又死焉。今吾子又死焉。而猶乃也夫之父曰舅○重直用反夫子曰。何爲不去也。曰。無苛政。夫子曰。小子識之。苛政猛於虎也。苛音何本亦作荷識申志反又如字【疏】孔子至虎也○正義曰此一節論苛政嚴於猛虎之事○子之哭也壹似重有憂者○言子之哭也壹似重疊有憂喪者也壹者決定之辭也○而曰然者而乃也婦人哭畢乃荅之曰然然猶如是是重疊有憂也

○魯人有周豐也者。哀公執摯請見之。下賢也摯禽摯也諸侯而用禽摯降尊就卑之義○贄音志下戶嫁反而曰不可。辭君以尊見卑士禮先生異辭者請見之則辭公曰。我其已夫。已止也重強戀賢○夫音符強其丈反○使人問焉。曰。有虞氏未施信於民而民信之。夏后氏未施敬於民而民敬之。何施而得斯於民也。時公與三桓始有惡懼將不安對曰。墟墓之間。未施哀於民而民哀。社稷宗廟之中。未施敬於民而民敬。言民見悲哀之處則悲哀見莊敬之處則莊敬非必有使之者墟毁滅無後之地○虛本亦作墟同魚起反注同處昌慮反下同殷人作誓而民始畔。周人作會而民始疑。會謂盟也盟誓所以結衆以信其後外恃衆而信不由中則民畔疑之孔子曰其身正不令而行其身不正雖令不從苟無禮義忠信誠慤之心以涖之。雖固結之。民其不解乎。涖臨○涖音利又音類解佳買反舊胡買反【疏】魯人至解乎○正義曰此一節論君之臨臣民當以禮義忠信爲本之事各依文解之○何施而得斯於民也者○有虞氏未施信於民而民信之夏后氏未施敬於民而民敬之言虞之與夏施何政教以化民斯此也而得如此敬信於民也○對曰至民敬○周豐之意以虞之與夏由行敬信於民民見其敬信民自學之不須設言號令故云古昔上墟及墳墓之間是所悲哀之處也人在其所未須施設教化令民使哀而民自哀也社稷宗廟之中嚴凝之處人在其中未須施設教化而民自敬言民之從君在君身所行不在言也若身之不行言亦無益故殷人作誓由身不自行徒有言誓而民始畔也周人作會爲身無誠信而民始疑苟誠也人君之身誠無禮義忠信誠實慤之心以臨化之雖以言辭誓令堅固結之民其不解散離貳乎言當解散離貳也○注周豐此言欲令哀公身行誠信不當以言辭率下而已○注墟毁至之地○正義曰凡舊居皆曰墟故左傳有華氏之墟有昆吾之墟故知毀滅無後者以可悲哀故爲無後也○注會謂至之○正義曰案昭三年左傳云有事而會不協而盟則盟會別也知此會謂盟者以云而民始疑司盟云邦國有疑則盟詛之故以會爲盟也案尚書夏啓作甘誓此言殷人作誓左傳云夏啓有塗山之會又禹會塗山此云周人作會者此據身無誠信徒作誓盟民因誓盟而始疑畔非謂殷人始作誓周人始作會若夏作甘誓禹會塗山皆身有誠信於事善也穀梁傳云告誓不及五帝盟詛不及三王者五帝三王身行德義不專用誥誓盟詛故云不及與此不同云信不由中則民畔疑之者隱三年左傳云信不由中質無益也紂爲苛政而作誓命民乃畔之亦是畔疑之事也

○喪不慮居。謂賣舍宅以奉喪毀不危身。謂憔悴將滅性○憔在遙反悴在醉反喪不慮居。爲無廟也。毀不危身。爲無後也。

○延陵季子適齊。於其反也。其長子死。葬於嬴博之間。季子名札魯昭二十七年吳公子札聘於上國是也季子讓國居延陵因號焉春秋傳謂延陵延州來嬴博齊地今泰山縣是也○爲于僞反下同長丁丈反下官長并注同嬴音盈札側八反孔子曰。延陵季子。吳之習於禮者也。往而觀其葬焉。往弔之其坎深不至於泉。以生恕死○深式鴆反其斂以時服。以時行之服不敗制節既葬而封。廣輪揜坎。其高可隱也。示節也輪從也隱據也封可手據謂高四尺○廣古曠反揜本又作掩於檢反隱於刃反注同從子容反【疏】延陵至隱也○正義曰此一節論仲尼云季子得禮之事各依文解之○注季子至是也○正義曰知季子名札者案襄二十九年吳公子札來聘是名札也又案襄二十九年季札來聘于魯遂往聘齊衛及晉知非此時子死而云昭二十七年聘上國者此云孔子聞之往而觀其葬焉若襄二十九年孔子纔年九歲焉得觀其葬而善之故爲昭二十七年也云讓國居延陵者春秋襄二十九年吳公子札來聘公羊云吳無君無大夫此何以有君有大

夫賢季子也何賢乎季子讓國也謁也餘祭也夷昧也與季子同母者四季子弱而才兄弟皆愛之同欲立之以爲君兄弟迭爲君而致國乎季子皆曰諾故諸爲君者皆輕死爲勇飲食必祝曰天苟有吳國尚速有悔於予身及闔廬使專諸刺僚而致國乎季子季子不受去之延陵終身不入吳國此即季子本封延陵後讓國又居之鄭舉後事言耳延陵一名延州來故左傳云延州來季子聘於上國所以鄭又引以會之云春秋傳謂延陵延州來即此經延陵即左傳延州來明是一也○注以生怨死○正義曰言坎以深不至泉以生時不欲近泉故死亦不至於泉以生時之意以怨於死者○注亦節至尺所○正義曰以上斂以行時之服不更制造是其節也今封墳廣輪揜坎其高可隱又是有其節制故云亦節也云謂高四尺所者言墳之高可四尺之所以人長八尺低而據之半爲四尺且約上墳崇四尺故云四尺所所是不定之辭

既封。左袒。右還其封。且號者三。曰。骨肉歸復于土。命也。若魂氣則無不之也。無不之也。還圍也。號哭且言也。命猶性也。○號戶高反注同 而遂行。行去也。孔子曰。延陵季子之於禮也。其合矣乎。【疏】既封至矣乎○正義曰既封墳已竟季子乃左袒其衣案鄭注覲禮云凡以禮事者左袒若請罪待刑則右袒故覲禮云乃右肉袒于廟門之東在喪亦是禮事故喪禮直云袒不云左右今季子長子之喪而左袒者季子達死生之命云骨肉歸復于土不須哀戚以自寬慰故從吉禮也左袒訖乃右而圍遶其封兼且號哭而遶墳三帀也號哭且言曰骨肉歸復于土此是命也命性也言自然之性當歸復于土言歸復者言人之骨肉由食土物而生今還入土故云歸復若神魂之氣則遊於地上故云則無不之適也言無所不之適上或適於天旁適四方不可更及再言之者慇傷離訣之意

○邾婁考公之喪。考公隱公益之曾孫考或爲定○婁力俱反下同 徐君使容居來弔含。弔且含○含胡闇反注及下同 曰。寡君使容居坐含。進侯玉。其使容居以含。欲親含非也含不使賤者君行則親含夫歸含耳言侯玉者時徐僭稱王自比天子○僭子念反 有司曰。諸侯之來辱敝邑者。易則易。于則于。易于雜者。未之有也。易謂臣禮于謂君禮雜者容居以臣欲行君禮 徐自比天子使大夫敵諸侯有司拒之○易則易並以鼓反下及注同拒本又作距 容居對曰。容居聞之。事君不敢忘其君。亦不敢遺其祖。昔我先君駒王。西討濟於河。無所不用斯言也。言我祖與今君於諸侯初如是不聞義則服駒王徐先君僭號容居其子孫也濟渡也言西討渡於河廣大其國魯魯鈍也言魯鈍者欲自明不妄○頓徒困反本亦作鈍 容居魯人也。不敢忘其祖。【疏】邾婁至其祖○正義曰此一節論徐之僭禮之事○邾婁考公之喪徐君使大夫容居來弔且含容居致其君命云寡君使容居親坐行含進侯玉於邾君此是使致之辭也○其使容居以含者此是記人錄語云其使容居奉玉以行含禮邾人有司乃拒之曰諸侯之來屆辱臨於敝邑者若是臣來其禮簡易者則行臣之簡易之禮于謂廣大若君來其禮廣大者則行君之廣大之禮易于雜者謂應簡易而爲廣大實是臣而行君禮是君臣雜亂者未之有也謂由來未有此禮容居乃對邾之有司云容居聞之謂聞於舊日之言云臣之事君奉命出使不敢忘其君之言子孫事祖當光揚先祖亦不敢遺棄其先祖言即不遺先祖之事也○昔我先君駒王西討濟於河言國土廣大○無所不用斯言也者所謂處所斯此也謂我從先君駒王以來於諸侯無一處不用此稱王之言也言我對諸侯恆稱王也容居恐邾人謂其虛誕故云魯鈍之人不解虛詐雖知不敢忘其先祖容居云此者先祖實有此事不虛也上云不敢忘其君不敢遺其祖下直云不敢遺其祖者祖是久遠猶尚不遺忘君見有是不忘可悉故不言也其言先祖即是不忘君○注君行至天子○正義曰知君行則親含者上云曹桓公卒于會諸侯請含是也言大夫歸含者上雜記諸侯之喪君使人弔含贈襚是也云言侯玉者徐自比於天子以邾君爲已之諸侯言進侯氏以玉故云進侯玉案春秋昭三十年吳滅徐此云徐僭稱王者滅而復興至春秋之後僭號強大稱王猶楚滅陳蔡後更興○注易謂至拒之○正義曰易是簡易故爲臣禮易既爲臣禮以對於于故知于爲君禮也君禮謂之于者于音近迂迂是廣大之義故論語云子之迂也與此同也徐自比天子使大夫敵諸侯者若諸侯使大夫親含與此同則不可若天子使大夫敵諸侯則得親含徐欲自比天子故有司拒之○注言我至不妄○正義曰言我之先祖駒王與今日徐君稱謂于諸侯自初以來如是稱王非始今日云容居其子孫也者以經云不敢遺其祖即云我先君駒王故知容居是駒王子孫云自明不妄者我若是曉利之人或妄稱先祖之善自言魯鈍似若無識知言語朴實故言欲自明不妄凡實行含禮未斂之前以玉實口士則主人親含大夫以上即使人含若既斂已後至殯葬其有含者親自致璧於柩及殯上者謂之親含若但致命以璧授主人主人受之謂之不親含

子思之母死於衛。嫁母也姓庶氏 赴於子思。子思哭於廟。門人至曰。庶氏之母死。何爲哭於孔氏之廟乎。門人弟子也嫁母與廟絕族 子思曰。吾過矣。吾過矣。遂哭於他室。

○天子崩。三日。祝先服。祝佐含斂先病○祝之六反 五日。官長服。官長大夫士 七日。國中男女服。庶人 三月。天下服。諸侯之大夫 虞人致百祀之木。可以爲棺椁者斬之。虞人掌山澤之官百祀畿內百縣之祀也以爲棺椁斬伐也○畿音祈 不至者。廢其祀。刎其人。刎勿粉反徐亡粉反【疏】天子至其人○正義曰此一節論天子崩尊卑服杖及葬備椁材之事天子崩三日祝先服者祝大祝商祝也服服杖也是喪服之數故呼杖爲服祝佐含斂先病故先杖也然云祝服故子亦三日而杖也○五日官長服者大夫士也亦服杖也病在祝後故五日也○七日國中男女服者謂畿內民及庶人在官者服齊衰三月而除之必待七日者天子七日而殯殯後嗣王成服故民得成服也○三月天下服者謂諸侯之大夫爲王繐衰既葬而除之也近者亦不待三月今據遠者爲言耳然四條皆云服何以知其或杖服或衰服案喪大記云君之喪三日子夫人杖五日既殯授大夫世婦杖又喪服四制云三日授子杖五日授大夫杖七日授士杖案如大記及四制則知今云三日五日是服杖明矣其七日及三月者唯服而已無杖四制云七日授士杖此云五日士杖者士若有地德深者則五日若無地德薄則七日崔氏云此據朝廷之士四制是邑宰之士也○虞人致百祀之木可以爲棺椁者斬之謂王殯後事也虞人者主山澤之官也百祀者王畿內諸臣采地之祀也言百者舉其全數也既殯旬而布材故虞人斬百祀之木可以爲周棺之椁者送之也必取祀木者賀瑒云君者德著幽顯若存則人神均其慶歿則靈祇等其哀傷也

○齊大饑。黔敖爲食於路。以待餓者而食之。有餓者。蒙袂輯屨。貿貿然來。蒙袂不欲見人也輯斂也斂屨力憊不能屨也貿貿目不明之貌○饑居宜反字林九依反本又作飢同黔其廉反徐渠嚴反而食音嗣下奉食同袂彌世反輯側立反貿徐亡救反又音茂一音牟斂力檢反下同 黔敖左奉食。右執飲。曰。嗟來食。揚其目而視之。曰。予唯不食嗟來之食。以至於斯也。嗟來食雖閔而呼之非敬辭○奉芳勇反 從而謝焉。終不食而死。從猶就也 曾子聞之曰。微與。其嗟也可去。其謝也可食。微猶無也無與止其狂狷之辭○與音餘注同狷音絹【疏】齊大至可食○正義曰此一節論饑者狂狷之事○黔敖既見餓者而來乃左奉其飯右執其飲見其餓者困咨嗟愍之故曰嗟乎來食餓者聞其嗟已無敬已之心於是發怒揚舉其目而視之曰予唯不食嗟來無禮之食以至於斯斯此也以至於此病困怒而遂去黔敖從逐其後辭謝焉餓者終不食而死曾子聞之曰微與者微無也與語助言餓者無得如是與初時無禮之嗟也可怒之而去其終有禮之謝也可反迴而食曾子嫌其狂狷故爲此辭狂者進取一槩之善仰法夷齊耿介狷者直申已意不從無禮之爲而餓者有此二性故止之

○邾婁定公之時。有弒其父者。定公貜且也魯文十四年即位○有殺本又作弒同式志反下臣殺子殺同貜俱縛反且子餘反 有司以告。公瞿然失席。曰。是寡人之罪也。民之無禮教之罪○瞿本又作懼紀具反 曰。寡人嘗學斷斯獄矣。臣弒君。凡在官者。殺無赦。子弒父。凡在宮者。殺無赦。言諸臣子孫無尊卑皆得殺之其罪無赦○斷丁亂反 殺其人。壞其室。洿其宮而豬焉。明其大逆不欲人復處之豬都也南方謂都爲豬○殺如字壞音怪洿音烏豬音誅復扶又反 蓋君踰月而后舉爵。自貶損【疏】邾婁至舉爵○正義曰此一節論誅弒父之事○曰寡至無赦○定公既見有司告以人弒其父乃言曰寡人嘗試學斷此弒父之獄矣臣之弒君凡在官之人無問貴賤皆得殺此弒君之人無得縱赦之也子之弒父凡在宮者無問尊卑皆得殺此弒父之人不得縱赦之此在宮字諸本或爲在官恐與上在官相涉而誤也○注言諸至無赦○正義

曰言諸臣解在官者言子孫解在官者言此等之人若見弒君弒父之人無問尊卑皆得殺之謂理合得殺若力所不能亦不責也故春秋崔杼弒莊公而晏子不討崔杼而不責晏子若力能討而不討則責之春秋董狐書趙盾云子爲正卿亡不出竟反不討賊書以弒君是也鄭此云子孫無問尊卑皆得殺之則似父之弒祖子得殺父然子之於父天性也父雖不孝於祖子不可不孝於父今云子者因孫而連言之或容兄弟之子耳除子以外皆得殺其弒父之人異義衛輒拒父公羊以爲孝子不以父命辭王父之命許拒其父左氏以爲子而拒父悖德逆倫大惡也鄭駮異義云以父子私恩言之則傷仁恩則鄭意以公羊所云公義也左氏所云是私恩也故知今子之報殺其父是傷仁恩也若妻則得殺其弒父之夫故異義云妻甲夫乙歐母甲見乙歐母而殺乙公羊説甲爲姑討夫猶武王爲天誅紂鄭駮之云乙雖不孝但歐之耳殺之太甚凡在官者未得殺之殺之者士官也如鄭此言歐母妻不得殺之若其殺母妻得殺之。○注豬都至爲豬。○正義曰案孔注尚書云都謂所聚也此經云洿其宮而豬焉謂掘洿其宮使水之聚積焉故云豬都也鄭恐豬不得爲都故引南方之人謂都爲豬則彭蠡既豬豬是水聚之名也。

○晉獻文子成室。晉大夫發焉。文子趙武也作室成晉君獻之謂賀也諸大夫亦發禮以往 張老曰。美哉輪焉。美哉奐焉。心譏其奢也輪輪囷言高大奐言衆多○奐音渙本亦作煥奐爛言衆多也囷起倫反 歌於斯。哭於斯。聚國族於斯。祭祀死喪燕會於此足矣言此者欲防其後復爲 文子曰。武也得歌於斯。哭於斯。聚國族於斯。是全要領以從先大夫於九京也。北面再拜稽首。全要領者免於刑誅也晉卿大夫之墓地在九原京蓋字之誤當爲原○要一遙反注及下注要君同京音原下同下亦作原字 君子謂之善頌善禱。善頌謂張老之言善禱謂文子之言禱求也○禱丁老反祈也〔疏〕晉獻至善禱。○正義曰此一節論文子成室相禱頌之事各隨文解之○晉獻子成室者獻謂慶賀也文子晉卿趙武也成室謂文子作宮室成也文子宮室成晉君往賀也○晉大夫發焉者發禮也晉君既賀則朝廷大夫並發禮同從君往賀之張老曰美哉輪焉者張老亦往慶之一大夫也心譏文子宮室飾麗故佯而美之也輪謂輪囷高大也春秋外傳曰趙文子爲室斲其椽而礱之張老諫之是也○美哉奐焉者奐謂其室奐爛衆多也既高又多文飾故重美之王云奐言其文章之貌也○歌於斯者歌謂祭祀時奏樂也斯此也張老前美其飾麗後又防更造也言此室可以祭祀歌樂也然大夫祭無樂而春秋時或有之也○哭於斯者又言此室亦足居喪哭泣位也○聚國族於斯者又言此室可以燕聚國賓及會宗族也終始永足切勿復更造作○文子曰武也得歌於斯哭於斯聚國族於斯者武文子名也文子覺譏故稱名自陳將自陳數前譏具領述張老之言也○是全要領以從先大夫於九京也者領頸也古者罪重要斬罪輕頸刑也先大夫謂文子父祖以其世爲大夫故稱父祖爲先大夫也九原文子家世舊葬地也文子述張老語竟故說此自陳也言君得保此宅以歌哭終於餘年不被罪討是完全要領壽終而卒以從先大夫葬於九原也○北面再拜稽首者辭畢乃稽首謝過受諫也北面者在堂禮也故鄉飲酒禮賓主皆北面拜。君子謂之善頌善禱者君子者知禮之人也見張老與文子皆能中禮故善之也頌者美盛德之形容禱者求福以自輔也張老因美而譏之故爲善頌文子聞過即服而拜故爲善禱也。○注晉卿至爲原。○正義曰案墓大夫云令國民族葬注云族葬各從其親是卿大夫墓地得同在一處知京當爲原者案韓詩外傳云晉趙武與叔向觀於九原又爾雅云絕高爲京廣平曰原非葬之處原是墳墓之所故爲原也。

○仲尼之畜狗死。畜狗馴守○畜許六反又許又反馴守上音巡下如字又手又反 使子貢埋之曰。吾聞之也。敝帷不棄。爲埋馬也。敝蓋不棄。爲埋狗也。丘也貧無蓋。於其封也。亦予之席。毋使其首陷焉。封當爲窆窆謂沒於土○貢本亦作贛音同爲埋于僞反下亡皆反下並同狗古口反封彼劒反出注 路馬死。埋之以帷。路馬君所乘者其他狗馬不能以帷蓋 ○季孫之母死。哀公弔焉。曾子與子貢弔焉。閽人爲君在。弗内也。閽人守門者○閽音昏弗内上如字下音納 曾子與子貢入於其廄而脩容焉。更莊飾○廄久又反 子貢先入。閽人曰。鄉者已告矣。既不敢止以言下之○鄉許亮反下戶嫁反 ○曾子後入。閽人辟之。見兩賢相隨彌益恭也○辟音避下同 涉内霤。卿大夫皆辟位。公降一等而揖之。禮之○霤力又反 君子言之曰。盡飾之道。斯其行者遠矣。〔疏〕季孫至遠矣。○正義曰此一節論君子加服人乃敬之事。○卿大至遠矣。二子既入涉至内霤卿與大夫皆逡巡辟位公於堂上降階一等揖而禮之於時君子以二子盛飾備禮遂美之云凡人盡其容飾則被崇禮其盡飾之道理斯此其施行可久遠矣所以可久遠者以二子初時不具衣服則閽人拒之二子退而脩容閽人雖是愚鄙猶知敬畏明其不愚之人則敬畏可知是其盡飾之道行之可長遠矣案喪大記君臨大夫之喪君即位於序端卿大夫即位于堂廉楹西北面東上是辟位者盡少西逡巡而東面不當北面之位然君在大夫得斯爲二子辟位者卿大夫等見公將降故先辟位或可此公始入升堂之後卿大夫猶庭中北面辟位者謂辟中庭之位少近東耳又弔有常服而得特爲盡飾者謂更服新衣也。

○陽門之介夫死。陽門宋國門名介夫甲衞士 司城子罕入而哭之哀。宋以武公諱司空爲司城子罕戴公子樂甫術之後樂喜也○罕可旱反 晉人之覘宋者。反報於晉侯曰。陽門之介夫死。而子罕哭之哀。而民說。殆不可伐也。覘闚視也○覘敕廉反下同說音悅下注同闚去規反 孔子聞之曰。善哉覘國乎。善其知微 詩云。凡民有喪。扶服救之。救猶助也○扶服並如字又上音蒲下音蒲北反本又作匍匐音同 雖微晉而已。天下其孰能當之。微猶非也○當丁郎反〔疏〕陽門至當之。○正義曰此一節論善覘國之事各依文解之。○注宋以至喜也。○正義曰宋以武公諱司空者桓六年左傳申繻之辭也知有司城者以春秋之時唯宋有司城無司空又冬官考工記匠人營國是司空主營城郭故知廢司空爲司城服虔杜預注傳皆以爲然云子罕戴公子樂甫術之後者案世本戴公生樂甫術術生石甫願繹繹生夷甫傾傾生東鄉克克生西鄉士曹曹生子罕喜是子罕爲術之五世孫也。○殆不可伐也者言介夫匹庶之賤人而子罕是國之卿相以貴哭賤感動民心皆喜悅與上共同死生若有人伐民必致死故云殆不可伐也殆近也不能正執故云殆不可伐爲疑辭也。○詩云至當之。○引詩邶谷風之篇也時有愛其新昏棄其舊室舊室恨之我初來之時爲女盡力所以盡力者以凡人家死喪鄰里尚扶服盡力往救助之況我於女夫家而何得不盡力今此引詩斷章云凡民有喪則陽門之介夫死是也在上扶服而救助之則子罕哭之哀是也。○雖微晉而已者微非也言晉之強盛猶不能當宋雖非晉之強天下更有強於晉者誰能當之言縱有強者不能當宋而已是助語句也。

○魯莊公之喪。既葬。而絰不入庫門。時子般弒慶父作亂閔公不敢居喪葬已吉服而反正君臣欲以防遏之微弱之至○般音班弒音試遏於葛反 士大夫既卒哭。麻不入。麻猶絰也羣臣畢虞卒哭亦除喪也閔公既吉服不與虞卒哭○與音預〔疏〕魯莊至不入。○正義曰此一節論禮變所由也莊公閔公父也絰以葛絰也諸侯弁絰葛而葬也魯之庫門天子之皐門也莊公以三十二年薨大子般立十月已未共仲使圉人犖賊子般於黨氏立閔公慶父作亂閔公時年八歲不敢居喪三年既葬竟除凶服於外吉服反以正君臣故絰不入庫門也所以至庫門而去絰。○注時子至而反。○正義曰案春秋左氏傳慶父使圉人犖賊子般於黨氏是子般弒慶父作亂之事也云閔公不敢居喪者閔公是莊公之子夫人哀姜之娣叔姜所生以葬畢即除服故云不敢居喪絰云絰不入者謂葛絰故前文云天子諸侯葛絰帶而葬所以云不入庫門者以魯有三門庫雉路庫門最在外以從外來故絰不入庫門絰既不入喪亦不入可知也。○注麻猶至卒哭。○正義曰絰云大夫既卒哭麻不入上云絰不入故云麻猶絰也其實上是君身絰用葛士大夫是臣故絰用麻也云羣臣畢虞卒哭亦除喪也者亦閔公也閔公葬而除喪今羣臣卒哭乃除喪者以閔公既葬須即位正君臣故既葬而除羣臣須行虞卒哭之際故卒哭乃除之云閔公既吉服不與虞卒哭者按論語云羔裘玄冠不以弔虞卒哭並是凶事閔公既服吉服故不與也此云麻不入者承上庫門亦謂不入庫門也謂卒哭已後麻不復入按喪服注卿大夫既虞士卒哭而受服則既虞服葛此卒哭之麻不入者皇氏云時禍亂迫蹙君既服吉服故士大夫既虞不復受服至卒哭總除。

○孔子之故人曰原壤。其母死。夫子助之沐椁。沐治也○壤如丈反 原壤登木曰。久矣予之不託於音也。木椁材也託寄也謂叩木以作音○材音才 歌曰。貍首之班然。執女手之卷然。說人辭也○貍力知反女如字徐音汝卷音權本又作拳 夫子爲弗聞也者而過之。佯不知○佯音羊 從者曰。子未

可以已乎。已猶止也。從才用反以已並音以夫子曰。丘聞之。親者毋失其爲親也。故者毋失其爲故也。【疏】孔子至故也。○正義曰此一節論孔子無大故不遺故舊之事。○原壤登椁材而言曰久矣予之不託於音也託寄也謂我遭喪母以來日月久矣我不得託此木以爲音聲於是乎叩木作音口爲歌曰貍首之班然者言斲椁材文采似貍之首○執女手之卷然者孔子手執斤斧如女子之手卷卷然而柔弱以此歡說仲尼故注云說人辭也然在喪而歌非禮之甚夫子爲若不聞也者而過去之從者見其無禮謂夫子曰彼既無禮子未可休已乎言應可休已不須爲治椁也夫子對從者曰朋友無大故不相遺弃丘聞之與我骨肉親者雖有非禮無失其爲親之道尚得與之和睦故舊者雖有非禮無失其爲故之道尚得往來原壤有非禮既是故舊身無殺父害君之故何以絕之按論語云主忠信無友不如已者左傳吳季札識叔孫穆子好善而不能擇人原壤母死登木而歌夫子聖人與之爲友者論語云無友不如已者謂方始爲交遊須擇賢友左傳云好善而不能擇人者謂不善之人不可委之以政今原壤是夫子故舊爲日已久或平生舊交或親屬恩好苟無大惡不可輒離故論語云故舊無大故則不相遺弃彼注云大故謂惡逆之事殺父害君乃爲大故雖登木之歌未至於此且夫子聖人誨人不倦宰我請喪親一期終助陳桓之亂互鄉童子許其求進之情故志在攜獎不簡善惡原壤爲舊何足怪也而皇氏云原壤是上聖之人或云是方外之士離文弃本不拘禮節妄爲流宕非但敗於名教亦是誤於學者義不可用其云原壤中庸下愚義實得矣

○趙文子與叔譽觀乎九原。叔譽叔向也晉羊舌大夫之孫名○譽音預向許亮反肸許乙反文子曰。死者如可作也。吾誰與歸。作起也叔譽曰。其陽處父乎。陽處父襄公之大傅父音甫注同傅音賦○文子曰。行并植於晉國。不沒其身。其知不足稱也。并猶專也謂剛而專已爲狐射姑所殺沒終也植或爲特○行舊下孟反皇如字并必正反注同植直吏反又時力反注同知音智射音亦又音夜其舅犯乎。文子曰。見利不顧其君。其仁不足稱也。謂久與文公辟難至將反國無安君之心及河授璧詐請亡要君以利是也○難乃旦反要一遥反我則隨武子乎。利其君。不忘其身。謀其身。不遺其友。武子士會也食邑於隨范字季晉人謂文子知人。見其所善於前則知其來所舉文子其中退然如不勝衣。中身也退柔和貌鄉射記曰居二寸以爲侯中退或爲妥○追然音退本亦作退勝音升妥他果反其言吶吶然如不出其口。吶吶舒小貌○吶如悅反徐似劣反所舉於晉國管庫之士。七十有餘家。管庫之士府史以下官長所置也舉之於君以爲大夫士也管鍵也庫物所藏○長丁丈反鍵其展反徐其偃反鑰也生不交利。廉也死不屬其子焉。潔也○屬音燭【疏】趙文至子焉○正義曰此一節論趙文子知人之事各依文解之○注叔譽至名肸○正義曰知叔譽是叔向者案韓詩外傳云趙文子與叔向觀於九原故知叔譽是叔向也云晉羊舌大夫之孫名肸者案左氏羊舌是邑名晉大夫公族爲羊舌大夫也故閔二年左傳云羊舌大夫爲尉羊舌大夫生羊舌職職生叔向是羊舌大夫之孫也又昭三年左傳叔向與齊晏子語云肸又無子是名肸死者如可作也吾誰與歸者○文子云此處先世大夫死者既衆假令生而可作起吾於衆大夫之內而誰最賢可以與歸○文子至稱也者并猶專也植謂剛也文子曰言處父唯行事權剛強於晉國自招殺害不得以理終沒其身是不能防身遠害以其無知故也故云其知不足稱也○注并猶至爲特○正義曰并者謂并也事以爲已有是專權之事故云并猶專也云謂剛而專已者剛經中植也文五年甯嬴從陽處父及溫而還其妻問之嬴曰夫子剛又文六年晉蒐于夷使狐射姑將中軍趙盾佐之陽處父至自溫改蒐于董易中軍以趙盾爲將狐射姑卻爲佐狐射姑恨之使績鞫居殺陽處父故傳云賈季怨陽子之易其班也賈季即狐射姑也賈是采邑季則其字也○見利至稱也者文子云舅犯見君反國恐不與已利祿遂不顧其君詐欲奔去唯求財利無心念君無仁愛之心其仁不足稱也○注謂久至利是○正義曰案左傳僖五年辟驪姬之難至僖二十四年反國是久與文公辟難也又案僖二十四年左傳云及河子犯以璧授公子曰臣負羈紲從君巡於天下臣之罪甚多矣臣猶知之而況君乎請由此亡公子曰所反國不與舅氏同心者有如白水是要君求利之事也○利其至其友者文子稱隨武子之德凡人利君者多性行偏特不顧其身今武子既能利君又能不忘其身利其君者謂進思盡忠不忘其身者保全父母謀其身不遺其友者凡人謀身多獨善於已遺弃故舊今武子既能謀身又能不遺其朋友此二句言武子德行弘廣外內周備故襄二十七年左傳論范武子之德云文子之家事治言於晉國無隱情無隱情則利君也家事治則不忘其身處父舅犯其事顯於春秋故鄭其言之隨武子之事春秋文無指的故鄭亦不言也文七年士會與先蔑俱迎公子雍在秦三年不見先蔑及士會還晉遂不見蔑而歸是遺其友而云不遺者彼謂共先蔑俱迎公子雍懼其同罪禍及於已故不見之非是無故相遺也○文子至其口者作記者美文子知人既美隨士會於前知其所舉還如隨會之比此論文子之貌文子身形退然柔相似不勝其衣言形貌之卑退也其發言舒小似吶吶然如不出諸口謂言語卑下也○注鄉射至侯中○正義曰引之者證中爲身也故儀禮鄉射記曰鄉侯五十弓弓長六尺謂鄉射去射處五十步一步料二寸以爲侯中則侯中方一丈中謂身也○注舉之至鍵也○正義曰知爲大夫士者以經稱家家是大夫士之總號案月令注管籥搏鍵器鍵謂鎖之入內者俗謂之鎖須管謂來取鍵今謂之鑰匙則是管鍵爲一物而云管鍵者對則細別散則大同爲鍵而有故云管鍵○生不交利者謂文子生存之日不交涉爲利是謂不與利交涉也○死不屬其子者謂臨死時不私屬其子於君及朝廷也案禮記文子成室被張老所譏樂奏肆夏從趙文子始禮記顯其奢僭者晉爲霸主總領諸侯武爲晉相光顯威德此乃事勢須然無廢德行之善且仲尼之門尚有柴愚參魯管仲相齊亦有三歸反坫亦何怪也

○叔仲皮學子柳。叔仲皮魯叔孫氏之族學教也子柳仲皮之子○學戶教反注同叔仲皮死。其妻魯人也。衣衰而繆絰。衣當爲齊壞字也繆當爲本樛垂之樛士妻爲舅姑之服也言雖魯鈍其於禮勝學○衣衰依注衣作齊音咨繆依注讀曰樛音居糾反爲舅于僞反下爲舅爲天子不爲兄不爲蠶同魯鈍徒困反亦作頓叔仲衍以告。告子柳言此非也衍蓋皮之弟衍或爲皮○衍以善反注同請繐衰而環絰。繐衰小功之縷而四升半之衰環絰弔服之絰時婦人好輕細而多服者衍既不知禮之本子柳亦以爲然而請於衍使其妻爲舅服之○繐衰上音歲下七雷反縷力主反好呼報反曰。昔者吾喪姑姊妹亦如斯。末吾禁也。衍荅子柳也姑姊妹在室齊衰與婦爲舅姑同末無也言無禁我欲其言行○喪如字末莫曷反退使其妻繐衰而環絰。婦以諸侯之大夫爲天子之衰弔服之絰服其舅非【疏】叔仲至環絰○正義曰此一節論子柳失禮之事○叔仲氏也皮是名言叔仲皮教訓其子子柳雖受父教猶不知禮在後叔仲皮死其妻魯人也其子柳之妻是魯鈍婦人雖曰魯鈍猶知爲舅姑而身著齊衰而首服繆絰也謂絞麻爲絰○叔仲衍以告者衍是皮之弟子柳之叔既見當時婦人好尚輕細見子柳之妻身著齊衰以告子柳汝妻何以著非禮之服子柳見時皆爾亦以爲然以妻非禮遂請於衍欲令其妻身著繐衰首服鐶絰衍答子柳云昔者吾喪姑姊妹亦如斯斯此也謂如此繐衰環絰○末吾禁也者末無也我著繐衰環絰無人於吾而相禁者既無禁明其得著繐衰衍告子柳如此子柳得衍言乃退使其妻著繐衰而環絰○注叔仲至之族○正義曰知者案世本桓公生僖叔牙叔牙生武仲休休生惠伯彭彭生皮爲叔仲氏故云叔孫氏之族○注衣當至勝學○正義曰喪服婦爲舅姑齊衰無衣衰之文故知衣是齊字但齊字壞滅而有衣在云繆讀爲不樛垂之樛者讀從喪服傳不樛垂之樛樛謂兩股相交也五服之絰皆然唯弔服環絰不樛耳云士妻爲舅姑之服也者以子柳以仲叔爲氏則非庶人也又春秋叔仲皮等經傳無文則非鄭大夫也故以爲士妻其實大夫妻爲舅姑亦齊衰○注衍蓋皮之弟○正義曰知者以叔仲衍叔仲皮皆以畢字爲名故疑是兄弟也又子柳請衍則衍尊於子柳是子柳叔也○繐衰至服之○正義曰知繐衰小功之縷而四升半者約喪服傳文云環絰弔服之絰者約周禮司服首服弁絰鄭注云弁絰者如爵弁而素加環絰又鄭注雜記云環絰者一股所謂纓絰也纓而不樛是環絰不樛也云時婦人好輕細而多服此者若時人不服此服則衍與子柳應知繐衰爲非今子柳既受學於父不肯粥庶弟之母非是下愚而不知其非禮明當時皆著輕細故也○注婦以至舅非○正義曰以諸侯之大夫爲天子之衰據喪服謂繐衰也云弔服之絰者謂環絰既以此服服舅故云非也○成人有其兄死而不爲衰者。聞子皋將爲成宰。遂爲衰。成人曰。蠶則績而蟹有匡。范則冠而蟬有緌。兄則死而子皋爲之衰。蚩兄死者言其衰之不爲兄死如蟹有匡蟬有緌不爲蠶之績范之冠也范蜂也蟬蜩也緌爲蜩喙長在腹下○成本或作郕音承蠶七南反蟹戶買反緌耳佳反蚩昌之反蜂孚逢反蜩音條喙呼惠反又丁角反【疏】成人至之衰○正義曰此一節論成人無禮之事成孟氏所食采地也即前犯禾之邑也此邑中民有兄死而弟不爲兄制服者也○聞子皋將爲成宰遂爲衰者此不服兄者聞孔子弟子子皋其性至孝來爲成之宰必當治前不孝之人恐

羿及已故懼之遂制衰服也。○正義曰蠶則績而蟹有匡者成人謂成邑中識禮之人也。譏笑不服兄衰仍爲設二譬也蠶則績絲作繭蟹有匡者蟹背殼似匡仍謂蟹背作匡。○譬范則冠而蟬有緌者范蜂也蜂頭上有物似冠也蟬蜩也緌謂蟬喙長在口下似冠之緌也。○兄則死而子臯爲之衰者以是合譬也蠶則須匡以貯繭而今無匡蟹背有匡匡自著蟹則非爲蠶設蜂冠無緌而蟬口有緌緌自著蟬非爲蜂設亦如成人兄死初不作衰後畏於子臯方爲制服服是子臯爲之非爲兄施亦如蟹匡蟬緌各不關於蠶蜂也。○樂正子春之母死。五日而不食。曰。吾悔之。勉強過禮子春曾子弟子。○強其兩反自吾母而不得吾情。吾惡乎用吾情。惡乎猶於何也。○惡音烏注同〔疏〕樂正至吾情。○正義曰此一節論孝子遭喪哀過之事樂正子春即曾子弟子坐於牀下者是也此其母死五日而不食者禮三日其五日過二日。○日吾悔之者悔其不以實情勉強而至五日。○自吾母而不得吾情吾惡乎用吾情者自吾母死而不得吾之實情而矯詐勉強爲之更於何處用吾之實情乎。歲旱。穆公召縣子而問然。○然之言焉也凡穆或作繆旱音汗縣音懸繆音穆曰。天久不雨。吾欲暴尪而奚若。奚若何如也尪者面鄉天覬天哀而雨之。○雨于付反注及下同暴步卜反下同尪烏光反鄉許亮反覬音冀本又作幾音同曰。天久不雨。而暴人之疾子。虐。毋乃不可與。錮疾人之所哀暴之是虐。○暴人之疾子一讀以子字向下與音餘錮音固然則吾欲暴巫而奚若。曰。天則不雨。而望之愚婦人。於以求之。毋乃已疏乎。已猶甚也巫主接神亦覬天哀而雨之春秋傳說巫曰在女曰巫在男曰覡周禮女巫旱暵則舞雩。○覡胡狄反暵呼旦反雩音于徙市則奚若。曰。天子崩。巷市七日。諸侯薨。巷市三日。爲之徙市。不亦可乎。徙市者庶人之喪禮今徙市是憂戚於旱若喪。○徙市上音死下音是爲于僞反不亦可乎可或作善〔疏〕歲旱至可乎。○正義曰此一節論歲旱變之事。○望之愚婦人於以求之毋乃已疏乎。○縣子云天道遠人道近天則不雨而望於愚鄙之婦人欲以暴之以求其雨已甚也無乃甚疏遠於求雨道理乎言甚疏遠於道理矣。○注春秋至曰覡。○正義曰所引春秋傳者外傳楚語昭王問觀射父絕地通天之事觀射父對云民之精爽不攜貳者明神降之在男曰覡在女曰巫然案楚語精爽不攜貳者始得爲巫此經而云愚婦人者據末世之巫非復是精爽不攜貳之巫也。○注徙市者庶人之喪禮正義曰今徙市是憂戚於旱若居天子諸侯之喪必巷市者以庶人憂戚無復求覓財利要有急須之物不得不求故於邑里之内而爲巷市。孔子曰。衞人之祔也離之。祔謂合葬也離之有以閒其椁中。○祔音附下同合音閤下同閒閒廁之閒魯人之祔也合之。善夫。善夫善魯人也祔葬當合也。○善夫音扶〔疏〕孔子至善夫。○正義曰此一節論魯衞得失各依文解之。○魯衞兄弟應同周法故並之也祔謂合葬也離之謂以一物隔二棺之閒於椁中也所以然者明合葬猶生時男女須隔居處也。○魯人之祔也合之善夫者。魯人則合並兩棺置椁中無別物隔之言異生不須復隔穀則異室死則同穴故善魯之祔也

禮記注疏卷十校勘記

阮元撰盧宣旬摘錄

檀弓下

公叔文子卒節

其子戍　石經同嘉靖本同閩監毛本戍作戌岳本同衞氏集說同浦鏜校云戍誤戌

公叔至文子　惠棟挍宋本無此五字

此一節論謂君誄臣之謚法　閩監毛本同惠棟挍宋本謂作請是也衞氏集說同

若呼其名　閩監毛本同惠棟挍宋本若作君衞氏集說同

故謂至文子者　閩監毛本同惠棟挍宋本無者字

道德博聞曰文　閩監本同衞氏集說同毛本聞誤文

石駘仲卒節

有庶子六人　閩監本同石經同岳本同嘉靖本同衞氏集說同考文引宋板同毛本子誤人

石駘至知也　惠棟挍宋本無此五字

此一節論龜兆知賢知之事　閩監毛本同衞氏集說脫下知字

禮有詢立君　惠棟挍宋本作詢此本詢誤諮閩監毛本同

陳子車死於衞節

陳子至果用　惠棟挍宋本無此五字

度諫之不能正　閩監毛本同惠棟挍宋本正作止宋監本岳本嘉靖本同衞氏集說同考文引古本足利本同案正義云子亢不能止之又云自度不能止據此則作止者爲是

子路曰傷哉貧也節

啜菽飲水盡其歡　閩監毛本同石經同岳本同嘉靖本同衞氏集說同正義亦作菽釋文出啜叔云叔或作菽

斂手足形　閩監毛本同石經同岳本同嘉靖本同衞氏集說同釋文出斂手案正義云斂其頭首及足形體不露是正義本經文當作首今作手與疏標經句合與疏說經義不合盧文弨云首足見上篇此疏内亦以頭首爲言知手字誤秦板作首是也

子路至謂禮　惠棟挍宋本無此五字

斂手足形者　閩監毛本同盧文弨挍手改首

衞獻公出奔節

獻公以魯襄十四年出奔齊　閩監毛本同岳本同嘉靖本同衞氏集說襄下有公字考文引古本足利本同案正義云知獻公以魯襄公十四年出奔齊者又云是獻公以魯襄公十四年出奔據是正義本當有公字

衞獻至果班　惠棟挍宋本無此五字

日旰不召　惠棟挍宋本作旰監本同此本旰誤旴閩毛本同

衞有大史曰柳莊節

所以此襚之者　閩監毛本同岳本同嘉靖本同衞氏集說以下又有以字考文引古本足利本作所以可以此襚之者

衞有至變也　惠棟挍宋本無此五字

其家自告　閩監毛本同衞氏集說自作以

爲禮未畢公再拜稽首　監毛本如此此本畢下衍一○閩本同

是大斂得用襚也　閩監毛本同惠棟挍宋本襚上有君字

陳乾昔寢疾節

陳乾至果殺　惠棟挍宋本無此五字

且言陳乾昔者謂亦久纓疾病　閩本同監毛本纓作嬰餘同惠棟挍宋本且作上謂亦作亦謂

仲遂卒于垂節

又晉趙孟孝伯並將死其語偷　閩監毛本同齊召南云按此引晉趙文子及魯孟孝伯兩事也孝伯上脫魯孟二字

有事於太廟　閩監毛本同惠棟挍宋本太作大宋監本岳本同嘉靖本同廟作庿衞氏集說作有事于大廟

仲遂至不繹　惠棟挍宋本無此五字

故於後始稱傳曰　閩監毛本作始此本始誤如

季康子之母死節

斂下棺於槨　閩本同衞氏集說亦作槨監毛本槨作椁岳本同嘉靖本同下同。○按依說文當作槨從木𩫖亦聲

多技巧者　閩監毛本作技岳本同嘉靖本同衞氏集說同此本技誤技下皆其技巧同釋文出多技云下

同

般爾以人之母嘗巧閩監毛本同石經同岳本同嘉靖本同衛氏集說同釋文出爾呂云古以字

言寧有强使女者與惠棟挍宋本作寧宋監本岳本嘉靖本同此本寧誤强閩監毛本作誰亦非考文云古本足利本作寧

其毋以嘗巧者乎惠棟挍宋本宋監本閩本石經岳本同衛氏集說同監毛本毋誤母嘉靖本同釋文出其毋云音無注亦云毋無也則經不作母明甚盧文弨挍云依注當作毋下放此又禮記音義考證云近人所讀則豈不得以其母以嘗巧者乎爲一句改母爲毋與鄭注不合之矣○按當作毋故陸德明音無今釋文作毋亦非

季康至果從惠棟挍宋本無此五字

時人服般之巧將從之閩監毛本同此本將上衍一○

執斧以涖匠師是也閩監毛本作涖此本涖字闕

不正相當比擬之辭也閩監毛本作比擬衛氏集說同此本比擬二字闕

以禮廟庭有碑惠棟挍宋本作以禮續通解同此本以禮二字闕閩監毛本作儀禮挍儀字非也

牲入麗于碑各本如是此本牲作性誤也

云穿中於間爲鹿盧所閩監毛本作者此本作所屬下讀

鹿盧兩頭各入碑木閩監毛本作各衛氏集說同此本各誤名

聽鼓聲以漸卻行而下之閩監毛本作漸衛氏集說同此本漸誤斬

故云四植謂之桓也監毛本作植衛氏集說同此本植誤桓閩本同

大夫亦二碑閩監毛本作二此本二誤三

所以用之以得爲休已之字者閩監毛本同惠棟挍宋本所以下又有以字

乃得通用謂用閩監毛本同惠棟挍宋本無謂用二字

依說文止毋是禁辭閩監毛本同惠棟挍宋本止作上

毋止其辭讓也惠棟挍宋本閩監毛本讓作議

故傷之而爲此聲也惠棟挍宋本此下標禮記正義卷第十三終

戰于郎節惠棟挍宋本自此節起至孔子曰節止爲第十四卷卷首題禮記正義卷第十四

戰于至可乎惠棟挍宋本無此五字

此節論童子死難之事閩監毛本同考文引宋板節上有一字衛氏集說同

郎者魯之近邑也閩監毛本同惠棟挍宋本無之字

案桓十年齊魯衛侯鄭伯來戰于郎閩監毛本同惠棟挍宋本魯作侯是也

以其俱有童汪踦之事閩監毛本同惠棟挍宋本踦作錡○按此引左氏傳作錡不作踦也

子路去魯節

去國則哭于墓而后行閩監毛本作國石經同岳本同嘉靖本同衛氏集說同此本國誤同

子路至則下惠棟挍宋本無此五字

注無君事主於孝閩監毛本作君事此本君事二字倒

曰墓謂他家墳壟閩監毛本同考文引宋板曰字闕盧文弨挍云宋板無曰字有空疑當作圈浦鏜挍云曰當者誤

工尹商陽節

與陳弃疾閩監本同石經同岳本嘉靖本同衛氏集說同毛本弃作棄下經注及疏同

工尹楚官名閩監毛本同岳本同嘉靖本同衛氏集說同惠棟挍宋本楚作是盧文弨挍云宋本作是不可從○按盧文弨是也疏云楚皆以尹爲官名故知工尹楚官名也

司馬督閩監毛本同岳本同嘉靖本同衛氏集說同釋文出馬殳云本亦作督正義本作督○按依說文當作殳亦作禱督假借字

子手弓而可手弓閩監毛本同石經同岳本同嘉靖本同衛氏集說同石經此處闕考文云古本可下有也字案正義作一句讀則可下不得有也字其讀至可字絶句者家語分句之異也正義所謂附之以廣見聞是也

商陽仁不忍傷人閩本同惠棟挍宋本宋監本岳本嘉靖本同衛氏集說同足利本同監毛本商誤謂傷作殺

以王事勸之閩毛本同岳本同嘉靖本同衛氏集說同監本王誤主考文引足利本王作君

又及閩監毛本同石經同岳本同嘉靖本同衛氏集說同釋文出又及云本或作又及一人又一人後人妄加耳考文引足利本作又及一人案正義云此謂吳師既走而後逐之故云又及一人則是不逐奔之義据是疑正義本及下有一人二字

工尹至禮焉惠棟挍宋本無此五字

苛慝不作今此云陳棄疾惠棟挍宋本如此此本作今此云四字闕陳誤棄閩本作字不闕闕今此云陳四字監本同毛本今此云陳四字闕補盜賊伏隱四字非

云十二年楚子狩于州來者惠棟挍宋本如此此本州來者三字闕閩監毛本補州來使三字挍使字非也

工尹商陽與弃疾追吳師閩監毛本如此此本與疾二字闕

商陽手弓弃疾曰閩監毛本作疾此本疾字闕

傳之所云人閩監毛本同惠棟挍宋本無人字是也衛氏集說同

而後逐之惠棟挍宋本逐之下有義字是也

諸侯伐秦節

聲之誤也此本也下脫一○與釋文接嘉靖本不附釋音而也下有桓依注音宣五字蓋誤以釋文羼入也閩監毛本不誤岳本衛氏集說注亦也字止

襄公朝于荊此本襄上有一○嘉靖本同閩監毛本無

諸侯至悔之○閩監毛本作○此本○誤自下注在魯至言之○同惠棟挍宋本無此五字

故荊言之也閩監毛本同盧文弨挍云當依注改荊爲州

滕成公之喪節

滕成至遂入惠棟挍宋本無此五字

謂敬叔殺懿伯閩監毛本作殺衛氏集說同此本殺字闕

哀公使人弔蕢尚節

行弔禮於野非閩監毛本作非岳本同嘉靖本同此本非誤升衛氏集說非下有也字考文引古本同

魯襄二十二年齊侯襲莒閩本同嘉靖本同監毛本二作三岳本同衛氏集說同案依春秋當作三

哀公至辱命惠棟挍宋本無此五字

謂諸侯大夫士也閩監毛本同惠棟挍宋本無謂字

故襄二十二年楚殺令尹子南閩監本如此此本上二誤一毛本下二誤一

孺子䵍之喪節

孺子䵍之喪各本同毛本孺字闕

殯以輴覆棺而塗之惠棟挍宋本作而宋監本岳本嘉靖本同衛氏集說同此本而字闕閩監毛本而作上非

所謂菆塗龍輴以椁閩監毛本同岳本同嘉靖本同衛氏集說同釋文出欑塗○按喪大記云君殯欑至於上注云欑猶菆也

爲榆沈 閩監毛本作揄石經同岳本同嘉靖本同衞氏集説同此本榆誤揄注同

孺子至學焉 惠棟挍宋本無此五字

以其正禮而言 閩監毛本同衞氏集説以其作故以

注轅不畫龍 閩本同監毛本轅作輴是也

大夫以柩朝廟之時用輴綍 閩監毛本同惠棟挍宋本綍作紼衞氏集説同

悼公之母節

悼公至妻我 惠棟挍宋本無此五字

季子皐葬其妻節

孟氏之邑成宰 閩監毛本同岳本同嘉靖本同衞氏集説邑成作成邑

朋友不以是弃予 石經同岳本同嘉靖本同閩監毛本弃作棄衞氏集説同疏倣此

恃寵虐民 閩監毛本作恃岳本同嘉靖本同衞氏集説同此本恃誤侍

季子皐葬其妻至繼也 惠棟挍宋本無此九字

以孟氏自爲奢暴之故也 閩監本同考文引宋本同毛本自誤白衞氏集説無之字

仕而未有禄者節

君有餽焉曰獻 閩監毛本同石經同岳本同嘉靖本同衞氏集説同釋文出有餽云本又作饋正義本作饋

仕而至服也 惠棟挍宋本無此五字

則自稱己君爲寡君也 閩監本同毛本爲誤謂考文引宋板亦作爲

虞而立尸節

故爲高祖之父當遷者也 閩監毛本同嘉靖本同惠棟挍宋本爲作謂宋監本岳本同衞氏集説同考文引古本足利本同

易説帝乙曰 閩監毛本同岳本同嘉靖本同考文云古本説下又有説字

虞而立尸有几筵卒哭而諱至自寢門至于庫門 惠棟挍宋本無此十九字

故未有尸 閩監毛本作有此本誤百

筵雖大斂之時已有 閩監毛本作筵此本誤庭

喪事素几 閩監毛本作素此本素誤桒

鄭注云謂殯奠時 閩監毛本同衞氏集説同浦鏜挍殯改凡。按浦鏜是也賈景伯云言凡非一之義

天子既爾 閩監毛本作天此本天誤矣

生時飲食有事處也 閩監毛本作事衞氏集説同此本事誤重

然不復饋食於下室文承卒哭之下 閩監毛本如此此本不誤下承誤丞

正義曰高祖之父 閩監毛本作父此本父誤事

嫌引祕書 閩監毛本作祕此本祕誤必

則生日是天之命日爲名也 閩監毛本同惠棟挍宋本日作曰

二名不偏諱節

言在不稱徵言徵不稱在 閩監毛本同石經同岳本同嘉靖本同衞氏集説同考文引古本作言徵不稱在言在不稱徵

軍有憂節

赴車不載櫜韔 閩監毛本同石經同岳本同嘉靖本同衞氏集説同釋文出櫜韔云本亦作韔正義本作韔

軍有至櫜韔 惠棟挍宋本無此五字

但露載其甲及弓 閩監毛本同考文引宋板但作袒衞氏集説亦作但露段玉裁訂説文誤字説云人部曰但裼也故衣部云裼但也羸但也裎但也今本衣部作袒也袒訓衣縫解爲今綻裂字而失其義矣案依段義則但即袒露之本字宋本袒從俗作也

以下韔文 閩監毛本同惠棟挍宋本韔上有有字

有焚其先人之室節

謂人燒其宗廟 閩監毛本同岳本同嘉靖本同惠棟挍宋本人作火是也宋監本衞氏集説同

有焚至日哭 惠棟挍宋本無此五字

論哀先人宗廟毀傷之事 惠棟挍宋本作毀衞氏集説同此本毀字脱閩本毀字闕監毛本毀作虧非

孔子過泰山側節

使子路問之 閩監毛本同嘉靖本同衞氏集説同惠棟挍宋本路作貢石經宋監本岳本同石經考文提要云案九經三傳沿革例云賓使子貢而興國本及建諸本皆作子路疏亦不明言何人及考石本暨監本蜀大字本越上注疏本皆作子貢以文選李善注及藝文類聚白孔六帖太平御覽孔子家語所引證之則作子貢是也

孔子至虎也 惠棟挍宋本無此五字

魯人有周豐也者節 惠棟云魯人節喪不慮居節宋本合爲一節

哀公執摯請見之 閩監毛本同岳本同嘉靖本同衞氏集説同石經闕釋文出執贄

墟墓之間 閩監毛本同嘉靖本同岳本同衞氏集説同惠棟挍宋本墟作虛注同釋文出虛墓云本亦作墟注同正義本作墟。按虛墟古今字

苟無禮義忠信誠慤之心以涖之 閩監毛本同石經同岳本同嘉靖本同衞氏集説同釋文出以莅

魯人至解乎 惠棟挍宋本無此五字

徒作誓盟 監本作誓盟惠棟挍宋本作盟誓

穀梁傳云告誓不及五帝 閩監毛本同衞氏集説穀上有又字

喪不慮居節

謂賣舍宅以奉喪 閩監毛本同嘉靖本同衞氏集説同岳本舍宅作宅舍

延陵季子適齊節 惠棟云宋本延陵至隱也下疏文一則在後其合矣乎經文之下

示節也 閩監毛本同衞氏集説同惠棟挍宋本示作亦宋監本岳本嘉靖本同續通解同考文引古本足利本同案依正義作亦字是也

謂高四尺所 閩監毛本有所字岳本同衞氏集説同此本所字脱嘉靖本同

延陵至隱也 惠棟挍宋本無此五字

論仲尼云季子得禮之事 閩監毛本同衞氏集説云作言得上有葬子二字

及閭廬使專諸刺僚 監毛本作及此本及誤乃閩本同

後讓國又居之 閩監毛本作居此本居誤君

亦節至尺所 惠棟挍宋本同閩監毛本亦誤示下故云亦節也同

命猶性也 惠棟挍宋本作猶宋監本岳本嘉靖本同衞氏集説同此本猶誤須閩監毛本同

既封至矣乎 閩監毛本同惠棟挍宋本作既封至之也無下正義曰三字

案鄭注覲禮云 惠棟挍宋本作覲衞氏集説同此本覲誤覲閩監毛本覲誤覲下故覲禮云同

而遠墳三帀也 閩監毛本同考文引宋板同衞氏集説帀作匝毛本誤市

邾婁考公之喪節

魯鈍也 閩監毛本同岳本同嘉靖本同衞氏集説同釋文出頓也云本亦作鈍正義本作鈍

邾婁至其祖 惠棟挍宋本無此五字

此是使致之辭也 惠棟挍宋本如此衞氏集説無之字此本是使誤居養辭誤盲閩監毛本

同

諸侯之來屈辱臨於敝邑者 惠棟挍宋本作於敝此本於敝誤益弊閩監毛本同

謂應簡易而爲廣大 惠棟挍宋本如此此本應簡誤惡雜閩本同監毛本作惡簡亦非

君見有是不忘可恐 閩監毛本同惠棟挍宋本有作存是也

案春秋昭三十年 閩監本同毛本三誤二考文引宋板作三

故論語云子之迂也 閩監毛本同段玉裁挍本迂改于依鄭本

親自致壁於柩及殯上者謂之親含 惠棟挍宋本作者衛氏集說同此本者字模糊閩監毛本誤若

天子崩節

祝佐含斂先病 宋監本岳本嘉靖本同惠棟挍宋本亦作病閩監毛本病誤服

以爲棺椁作棺椁也 閩監毛本同岳本同嘉靖本同衛氏集說無以字考文引古本足利本棺下有之字案正義云可以爲周棺之椁者疑正義本注文亦有之字

天子至其人 惠棟挍宋本無此五字

祝佐含斂先病故先杖也 考文引宋板同續通解同閩監毛本病誤服下病在祝後同

三日子大夫人杖 閩監毛本子大作太子衛氏集說同惠棟挍宋本無大字

案如大記及四制 惠棟挍宋本同閩監毛本如作喪。按如者如上喪大記及喪服四制也嚴杰云

此據朝廷之士 閩監本作士此本誤七

若存則人神均其慶 閩監毛本作存衛氏集說同此本存誤有

齊大饑節

齊大至可食 惠棟挍宋本無此五字

邾婁定公之時節

有弒其父者 閩監毛本同石經同岳本同嘉靖本同衛氏集說同釋文出有殺云本又作弒同式志反下臣殺子殺同正義本作弒

子弒父凡在宮者殺無赦 閩監毛本同石經同衛氏集說同岳本宮作官嘉靖本同考文引古本足利本同正義云此在宮者宮字諸本或爲在官恐與上在官相涉而誤也據此則作在宮者亦孔氏所見之本而非正義所用之本也

邾婁至舉爵 惠棟挍宋本無此五字

晉獻文子成室節 惠棟挍云晉獻文子節仲尼節宋本合爲一節

禱求也 閩監毛本同岳本同嘉靖本同衛氏集說同考文引古本足利本求下有福字

晉獻至善禱 惠棟挍宋本無此五字

晉獻文子成室者 閩監毛本有文字此本脫

九原文子家世舊葬地也 閩監毛本同惠棟挍宋本原作京

令國民族葬 閩監本同衛氏集說同考文引宋板亦作民毛本民誤名

仲尼之畜狗死節

畜狗馴守 閩監毛本同岳本同嘉靖本同衛氏集說同考文引宋板狗作利盧文弨云觀釋文音狗在後似宋本利字是豈釋文正文無狗字耶

其他狗馬 閩監毛本同岳本同嘉靖本同衛氏集說同考文引古本足利本馬下有死字

季孫之母死節

既不敢止 閩監毛本作止岳本同嘉靖本同衛氏集說同此本止誤圡

見兩賢相隨彌益恭也 惠棟挍宋本作彌益恭宋監本岳本嘉靖本同衛氏集說同閩監毛本作彌敬此本作禮益雷雷字涉下靁字誤也

季孫至遠矣 惠棟挍宋本無此五字

斯此此其施行可久遠矣 惠棟挍宋本同閩監毛本下此誤也

然君在大夫得斯爲二子辟位者 閩監毛本同惠棟挍宋本斯作私案私是也衛氏集說同得上衍不字

陽門之介夫死節

覘闚視也 閩監毛本同岳本同嘉靖本同衛氏集說闚作窺釋文本同

陽門至當之 惠棟挍宋本無此五字

而已是助語句也 閩監毛本同考文引宋板語句作句語衛氏集說同

魯莊公之喪節 此節疏閔公是莊公之子是字起至下節疏左傳吴季札傳字止計失一頁

時子般弒 閩監毛本同岳本同嘉靖本同衛氏集說同釋文本弒作殺考文引古本同宋監本作殺

魯莊至不入 惠棟挍宋本無此五字

既葬竟除凶服於外 閩監毛本同惠棟挍宋本既上有故字

衰亦不入可知也 閩監毛本如此衛氏集說同惠棟挍宋本無亦字

孔子之故人曰原壤節

孔子至故也 惠棟挍宋本無此五字

許其求進之情 惠棟挍宋本作來此本來作求閩監毛本同

妄爲流宕 閩監毛本作宕此本宕誤岩

趙文子節

晉羊舌大夫之孫名肸 閩監毛本有肸字岳本同嘉靖本同衛氏集說同此本肸字脫釋文出名肸

陽處父襄之大傅 閩監毛本襄下有公字大作太衛氏集說同岳本嘉靖本同惟大不作太釋文出大傅考文引古本足利本襄公上有晉字

要君以利是也 閩監毛本同岳本同惠棟挍宋本無也字宋監本嘉靖本同考文引足利本同案此本疏標起止亦無也字

文子其中退然如不勝衣 閩監毛本同石經同岳本同嘉靖本同衛氏集說同釋文出追然云音退本亦作退正義本作退韋昭注國語楚語引禮亦作其中退然

其言吶吶然如不出諸其口 惠棟挍宋本有諸字石經宋監本岳本嘉靖本同衛氏集說同此本諸字脫閩監毛本同石經考文提要云宋大字本宋本九經南宋巾箱本余仁仲本禮記纂言至善堂九經本俱有諸字

官長所置也 閩監毛本作官岳本同嘉靖本同衛氏集說同此本官誤宮

潔也 惠棟挍宋本潔作絜按絜潔正俗字

趙文至子焉 惠棟挍宋本無此五字

文子云此處 閩監毛本同惠棟挍宋本云作言

文子曰言處父唯行專權 惠棟挍宋本作權此本權誤植閩監毛本同盧文弨云曰字衍

不得以理終沒其身 惠棟挍宋本作理此本理誤至閩監毛本同衛氏集說作不能以理終沒其身

云謂剛而專已者 閩監毛本同惠棟挍宋本云下有植字

及溫而還 閩監毛本作還此本還誤邀

見利至稱也者 閩監毛本同惠棟挍宋本無者字

故鄭其言之　閩監毛本其作具

文子至其口者　閩監毛本同惠棟按宋本無者字

如不出諸口　閩監毛本同衞氏集説同惠棟按宋本諸作於

謂鄉射去射處五十步　惠棟按宋本作去此本去誤大閩監毛本同

一步料二寸　閩監毛本同浦鏜云料當科字誤

死不屬其子者　閩監毛本同惠棟按宋本者作焉

從趙文子始　閩監毛本同惠棟按宋本無趙字

叔仲皮學子柳節

衰當爲齊壞字也　惠棟按宋本宋監本嘉靖本同閩監毛本齊作齋岳本同衞氏集説同五經文字云齋説文齋經典相承隸省今經文多借齊字代之案疏中齊字閩監毛本亦皆作齊無作齋者

繆讀爲木樛垂之樛　惠棟按宋本如此疏同宋監本岳本嘉靖本同此本讀誤當閩監毛本同木作不衞氏集説作讀爲不樛垂之樛段玉裁云不樛是也木樛誤岳本禮記考證云案喪服傳作不樛垂孔氏云樛謂兩股相交也五服之絰皆然唯弔服環絰不樛又雜記云纏而不樛是環絰不樛也据此則原本木字乃不字之訛

緦衰小功之縷而四升半之衰　閩監毛本同岳本同嘉靖本同衞氏集説同釋文出之縷宋此縷字不誤喪服傳云緦衰者何以小功之緦也其之縷誤之緦當据此正之

而多服此者　惠棟按宋本有此字宋監本衞氏集説岳本嘉靖本並同此本此字脱閩監毛本同

婦以諸侯之大夫爲天子之衰　閩監毛本同岳本同嘉靖本同衞氏集説同惠棟按宋本婦下有人字考文引古本婦以作使婦人以○按疏標起訖無人字

叔仲至環絰　惠棟按宋本無此五字

欲令其妻身著緦衰　閩監毛本如此此本令誤今緦誤總

云繆讀爲不樛垂之樛者　閩監毛本如此此本樛垂誤言圭惠棟按宋本不誤大下同

知者以叔仲衍　閩監毛本作衍此本衍誤族

如爵弁而素　閩監毛本作衍此本爵字闕

成人有其兄死節

綏爲蜩喙長在腹下　閩監毛本同嘉靖本同岳本爲作謂衞氏集説同考文引宋板古本足利本同

成人至之衰　惠棟按宋本無此五字

聞孔子弟子子皋　閩監毛本如此此本孔誤且

綏謂蟬喙長在口下　閩監毛本作謂此本謂字闕

匡自著蠏　閩監毛本作著衞氏集説同此本著誤若

非爲蜂設亦如成人　閩監毛本作設亦此本設亦二字闕衞氏集説作設譬考文引宋板同

服是子皋爲之　閩監毛本如此衞氏集説同此本皋爲二字闕

樂正子春之母死節

樂正至吾情　惠棟按宋本無此五字

歲旱節

覬天哀而雨之　閩監毛本同岳本同嘉靖本同衞氏集説同釋文出庶覬云本又作幾是釋文本覬上有庶字

毋乃不可與　閩監本同石經同岳本同衞氏集説同毛本毋誤母嘉靖本同下毋乃已疏乎同

歲旱至可乎　惠棟按宋本無此五字

孔子曰節

孔子至善夫　惠棟按宋本無此五字

穀則異室　閩監毛本同衞氏集説穀上有詩云二字

故善魯之祔也　惠棟按宋本作祔衞氏集説同此本祔誤夫閩監毛本同

附釋音禮記注疏卷第十終　惠棟按宋本禮記正義卷第十四終記云凡三十三頁宋監本

禮記卷第三經五千八十一字注四千九百三十六字嘉靖

本禮記卷第三經五千七百四字注四千八百九十八字

附釋音禮記注疏卷第十一

鄭氏注　孔穎達疏

王制第五

○陸曰如字徐于況反盧云漢文帝令博士諸生作此篇【疏】正義曰案鄭目録云名曰王制者以其記先王班爵授禄祭祀養老之法度此於別録屬制度王制之作蓋在秦漢之際知者案下文云有正聽之鄭云漢有正平承秦所置又有古者以周尺之言今以周尺之語則知是周亡之後也秦昭王亡周故鄭荅臨碩云孟子當赧王之際王制之作復在其後盧植云漢孝文皇帝令博士諸生作此王制之書

王者之制禄爵。公。侯。伯。子。男。凡五等。諸侯之上大夫卿。下大夫。上士。中士。下士。凡五等。二五象五行剛柔十日禄所受食爵秩次也上大夫曰卿○王者如字徐于況反十日人一反【疏】王者至五等○正義曰此一經論爲王者之制禄爵公侯卿大夫以下及士之法凡王者之制度禄爵爲重其食禄受爵之人有公侯伯子男並南面之君凡五等也其諸侯之下北面之臣有上大夫卿有下大夫有上士有中士有下士凡五等也南面之君五者法五行之剛日北面之臣五者法五行之柔日不以王朝之臣而以諸侯臣者王朝之臣本是事王今王制統天下故不自在其數謂制統天下之君及天下之臣取君臣自相對故不取王臣也此作記者雖記虞氏皇而祭之文大都摠記三王制度故言王者之制不云帝皇制也不云天子制者白虎通云王是天子爵號穀梁傳曰王者仁義歸往曰王以其身有仁義衆所歸往謂之王王者制統海内故云王制不云天子制也凡王者不得稱官故學記云大德不官而得稱職故詩云袞職有闕考工記云國有六職坐而論道謂之王公是也此並互文以見義既天子不官亦當不主一職若以主天下爲職亦得管天下爲官矣禄者穀也故鄭注司録云禄之言穀年穀豐乃後制禄援神契云禄者録也白虎通云禄者録也上以收録接下下以名録謹以事上是也爵者盡也熊氏云爵盡其才而用之故白虎通云爵者盡也所以盡人才是也按下文云位定然後禄之又大司徒云十有一日以賢制爵十有二日以庸制禄並禄在爵後此禄在爵前者禄是田財之物班布在下最是國之重事須裁節得所王者制度重之故在於先故此經下文先云天子之田乃云諸侯之田次云制農田又云下士視上農夫禄又云君十卿禄並先言禄下始云次國上卿當大國中卿是後云爵也熊氏皇氏以爲試功之禄故在爵前按此王者制度必當舉其正禮何得唯明試功之禄下云君十卿禄豈試功乎熊氏皇氏之説於義疑也公者按元命包云公者爲言平也公平正直侯者候也候王順逆伯者伯之爲言白也明白於德也子者奉恩宣德男者任功立業此五等者謂虞夏及周制殷則三等公侯伯也此公侯伯子男獨以侯爲名而稱諸侯者舉中而言又爾雅侯爲君故以侯言之伯亦居中不言諸伯者嫌是東西二伯及九州之伯故也上大夫卿者見下文云下大夫倍上士卿四大夫禄是下大夫之上則有卿故知上大夫即卿也此上大夫卿外惟有下大夫所以下文除卿之外更有士大夫下大夫者謂就下大夫之中更分爲上下耳卿者白虎通云卿之言嚮也爲人所歸嚮大夫者達人謂扶達於人上者事也皇氏熊氏皆爲任職事其大夫之稱亦得兼三公故詩云三事大夫謂三公也上大夫卿亦兼孤也故春秋陽處父

爲大傳經云晉殺其大夫陽處父是也孤亦稱公故鄉飲酒禮云公三重是孤也卿亦得稱公故春秋襄三十年傳云鄭伯有之臣稱伯有曰吾公在壑谷士既命同而分爲三等者言士職卑德薄義取漸進故細分爲三卿與大夫德高位顯各有別命不復細分其諸侯以下及三公至士揔而言之皆謂之官官者管也以管領爲名若指其所主則謂之職故周禮云設官分職通卿大夫士也知諸侯亦爲官者尚書周官云唐虞稽古建官惟百下云外有州故侯伯是州牧侯伯亦爲官也若細而言之諸侯非偏有所主則非官也故學記云大德不官注云天子諸侯是也諸侯亦稱職故左傳云小有述職大有巡功述職謂諸侯朝天子是諸侯稱職也其爵則殷以前大夫以上有爵故士冠禮云古者生無爵死無謚謂士也周則士亦有爵故鄭注周制以士爲爵死猶不爲謚耳是也○注二五至十日○正義曰知象陰陽者按元命包云周爵五等法五精注云五精是其揔法五行分之則法五剛甲丙戊庚壬其諸侯之臣法五柔乙丁巳辛癸是也

天子之田方千里。象日月之大亦取晷同也此謂縣內以祿公卿大夫元士○晷音軌日影公侯田方百里。伯七十里。子男五十里。不能五十里者。不合於天子。附於諸侯。曰附庸。天子之三公之田視公侯。天子之卿視伯。天子之大夫視子男。天子之元士視附庸。皆象星辰之大小也不合謂不朝會也小城曰附庸附庸者以國事附於大國未能以其名通也視猶比也元善也善士謂命士也此地殷所因夏爵三等之制也殷有鬼侯梅伯春秋變周之文從殷之質合伯子男以爲一也則殷爵三等者公侯伯也異畿內謂之子周武初定天下更立五等之爵增以子男而猶因殷之地以九州之界尚狹也周公攝政致大平斥大九州之界制禮成武王之意封王者之後爲公及有功之諸侯大者地方五百里其次侯四百里其次伯三百里其次子二百里其次男百里所因殷諸侯亦以功黜陟之其不合者皆益之地爲百里焉是以周世有爵尊而國小爵卑而國大者唯天子畿內不增以祿羣臣不主爲治民○朝直遥反卷內皆同畿求衣反狹音洽後文同大平音泰斥昌石反黜陟上丑律反下竹力反主爲于僞反下同爲有亦爲有同

[疏]天子至附庸○正義曰此一節論天子畿內之田及畿外五等諸侯及畿內公卿受地多少之法各隨文解之○注象日至元士○正義曰按元命包云日圖望之廣尺以應千里故云象日月之大亦取晷同也者按考靈耀云地與星辰四遊升降於三萬里之中夏至之景尺有五寸是半三萬里得萬五千里故鄭注司徒云凡日景於地千里而差一寸是千里同一寸也細而言之就千里之內亦斷斷分數不同此云同一寸者大晷而言之非但象日月大小又取晷同故云亦云以祿公卿大夫元士者即下文三公之田視公侯天子之卿視伯以下是也按下注云待封王之子弟此雖言公卿大夫元士者舉正者言之耳○注皆象至治民○正義曰皆象星辰之大小也者按元命包云王者封之上應列宿之位注云若角亢爲鄭房心爲宋之比又云其餘小國不中星辰者以爲附庸是象星辰大小也非但象星辰其百里者又象雷故援神契云王者之後稱公大國稱侯皆千乘象雷震百里是取法於雷也其七十里者倍減於百里五十里者倍減於七十里故孝經云德不倍者不異其爵功不倍者不異其士故轉相半別優劣云不合謂不朝會也者謂不得與諸侯集合朝會天子也云小城曰附庸者庸城也謂小國之城不能自通以其國事附於大國故曰附庸此不能五十里故爲小國之城若詩崇墉言言及易公用射隼于高墉之上是大國之城亦名庸也云元善也善士謂命士也者按易文言云元者善之長也故元爲善也按周禮注天子上士三命中士再命下士一命故云善士謂命士則上中下之士皆稱元士也天子之士所以稱元士者異於諸侯之士也周禮公侯伯之士雖一命不得稱元士其夏殷以上諸侯之士皆不命也故下文云小國之卿與下大夫一命是上不得命也云此地殷所因夏爵三等之制也者以夏會諸侯於塗山執玉帛者萬國若不百里七十里五十里則不得爲萬國也故知夏爵三等之制如此經文不直舉夏時而云殷所因者若經指夏時則下當云萬國不得云凡九州千七百七十三國故以爲殷所因夏爵三等之制也其國則少於夏也云殷有鬼侯梅伯按明堂位云脯鬼侯以呂氏春秋云昔紂爲無道殺梅伯而醢之殺鬼侯而脯之又禮諸侯於廟楚辭云梅伯菹醢是殷有鬼侯梅伯也鄭引此者證殷有侯有伯二王之後稱公則殷亦有公可知也云春秋改周之文從殷之質合伯子男以爲一者按公羊傳桓十一年九月鄭忽出奔衛忽何以名春秋伯子男一也辭無所貶何休云春秋改周之文從殷之質合伯子男爲一一辭無所貶皆從子春秋之時伯亦得稱子子亦得稱伯今鄭是伯爵忽若稱子與成君無異則不見在喪之降貶故在喪降而稱名非爲貶責稱名故云辭無所貶何休之意合伯子男爲一皆從稱子也鄭康成此注之意合伯子男以爲一皆稱伯也與何休不同故鄭云殷爵三等者公侯伯也若殷家夷狄之君大者亦稱伯故書序云巢伯來朝注云伯爵也南方遠國云則殷爵三等者公侯伯也者則公百里侯七十里伯五十里也云異畿內謂之子者畿外既有公侯伯標異畿內特謂之子爵雖爲子若作三公則受百里之地若作卿則受七十里之地若作大夫則受五十里之地殷家雖因於夏畿內之制與夏不同夏之畿內國皆方五十里故鄭注尚書萬國之數云四百國在畿內是皆五十里殷之畿內據下文有百里之國九七十里之國二十有一五十里之國六十有三凡九十三國是與夏不同也張逸問殷爵三等公侯伯尚書有微子箕子何鄭荅云微子箕子實是畿內采地之爵非畿外治民之君故云子也云周武王初定天下更立五等之爵增以子男者按尚書武成云列爵惟五分土惟三既云列爵惟五故知增以子男也云而猶因殷之地以九州之界尚狹也者解所以列爵既五則應五等之土上公五百里以下猶因殷之地公侯百里伯七十里子男五十里爲三等以雖伐紂九州之地尚隘狹未得五等之封故也云周公攝政致太平斥大九州之界制禮成武王之意者斥大謂開斥廣大於先中國方三千里今方七千是斥大九州之界也武王既列爵惟五是意欲爲五等之封但爲界狹今周公爲五等之封是成武王之意云諸侯大者地方五百里以下皆大司徒職文云所因殷之諸侯亦以功黜陟之者謂周之諸侯既以有功封建其國所因殷之諸侯既無大罪不可以絕滅亦如周之諸侯以勲多少黜退之升陟之殷之諸侯大者百里今日有功則升陟或二百里或三百里是陟之也云黜者謂於周家有過諸侯黨紂爲惡者皆黜退之不復得爲諸侯或黜咸至七十五十里或有罪黜爲附庸也云其不合者皆益之地爲百里焉謂其不以功過黜陟者謂平常諸侯皆益之地使滿百里焉云周世有爵尊而國小爵卑而國大者張逸疑而不解以問於鄭鄭荅之云設今有五十里之國於此無功可進無過可退亦就益其地爲百里之國爵尊而國小者若虞虢之君爵爲公地方百里爵卑而國大者侯四百里伯三百里子男二百里皆大於虞虢鄭通言男亦二百里者據男有功得附庸者言之耳大於虞虢百里之意云惟天子畿內不增以祿羣臣不主爲治民者解畿內之地公侯伯子男皆增其地今畿內公卿大夫采地不增益之者本以祿賜羣臣不須增益其地以其不主爲治民者也外土諸侯本爲治民須使民利國故須增益其封周之畿內有百里之國有五十里之國有二十五里之國鄭注小司徒云百里之國凡四都五十里之國凡四縣二十五里之國凡四甸故崔氏云畿內有百里之國有五十里之國有二十五里之國元命包云周爵五等法五精春秋三等象三光說者因此以爲文家爵五等質家爵三等若然夏家文應五等虞家質應三等按虞書輯五瑞修五禮五玉豈復三等乎又禮緯含文嘉云殷爵三等殷正尚白白者兼正中故三等夏尚黑亦從三等按孝經夏制而云公侯伯子男是不爲三等也含文嘉之文又不可用也

○制農田百畝。百畝之分。上農夫食九人。其次食八人。其次食七人。其次食六人。下農夫食五人。庶人在官者。其祿以是爲差也。農夫皆受田於公曰肥墽有五等收入不同也庶人在官謂府史之屬官長所除不命於天子國君者分或爲糞○分扶問反食音嗣下同徐音自差初佳反徐初宜反下注同墽本又作墽苦交反長丁丈反下文及注皆同糞方運反諸侯之下士視上農夫。祿足以代其耕也。中士倍下士。上士倍中士。下大夫倍上士。卿四大夫祿。君十卿祿。次國之卿。三大夫祿。君十卿祿。小國之卿。倍大夫祿。君十卿祿。此班祿尊卑之差

[疏]制農至卿祿○正義曰此一節論制農田有上中下以祿庶人在官及士大夫并卿及君之祿各隨文解之○注農夫至爲糞○正義曰農夫皆受田於公者以經云制農田是王者制度授農以田是農夫受田於公也云肥墽有五等收入不同也者按周禮地有九等故司徒上地家七人中地家六人下地家五人注云有夫有婦然後爲家自二人以至於十人爲九等一家男女七人以上則授之以上地所養者衆也男女五人以下則授之以下地所養者寡也正以七人六人五人爲率者舉中而言如鄭此言上地家七人者爲中地之上家六人者謂中地之中家五人者謂中地之下以此推之下地之上家四人下地之中家三人下地之下家二人則上地之上家十人上地之中家九人上地之下家八人是有九等從十人而以至於二人此經地惟五等自九人而下至五人不同者大司徒所云農夫授田實有九等此據準庶人在官之祿最下者猶五人故從上農夫至五人而已司徒上地家十人此云上農夫食九人九者謂上中之地亦爲上地即上地農夫不言上上者欲取九人當下士祿亦與司徒不異也既有九等按大司徒不易之地家百畮一易之地家二百畮再易之地家三百畮地惟有三等者大司徒言其大綱其實不易一易再易各爲三等則九等也按異義左氏說山林之地九夫爲度九度而當一井藪澤之地九夫爲鳩八鳩而當一井京陵之地九夫爲辨七辨而當一井淳鹵之地九夫爲表六表而當一井疆潦之地九夫爲數五數而當一井偃豬之地九夫爲規

四規而當一井原防之地九夫爲町三町而當一井隰皋之地九夫爲牧二牧而當一井衍沃之地九夫爲井賦法積四十五除山川坑岸三十六井定出賦者九井則千里之識地方百萬井除山川坑岸三十六萬井定出賦者六十四萬井長穀萬乘如異義此說則方十里凡百井三十六井爲山川坑岸六十四井爲平地出稅按鄭注小司徒成方十里緣邊一里治爲溝洫則三十六井其餘方八里爲甸六十四井出田稅與異義不同者異義所云通山林藪澤九等而言之鄭注小司徒者據衍沃平地而言之所以不同也異義九等者據大略國中有山林至衍沃之等言之周禮云等者據授民地肥瘠有九等與異義不同也尚書禹貢注云一井上上出九夫稅上中出八夫稅上下出七夫稅中上出六夫稅中中出五夫稅中下出四夫稅下上出三夫稅下中出二夫稅下下出一夫稅所以又有此九等者以禹貢九州有上中下九等出設不同故以井田許之以一州當一井假令冀州上上出九百萬夫之稅兖州下下出一百萬夫之稅是九州大較相此如此非謂冀州之民皆出上上兖州之民皆出下下與周禮九等又不同也所以上農夫得食九人者以史記云上地畝一鐘鐘六斛四斗百畝百鐘則六百四十斛按食貨志又云上孰其收自四斛則百畝四百斛也按廩人中歲人食三鬴其九人之內老幼相通不皆人食三鬴故食九人也其民之常稅不過什一又庶民喪祭費用又少且年有豐儉不恒上孰崔氏以爲畝皆一鐘人恒食四鬴又爲什二而稅又云祭用數之仂者禮欲計筭使合其義非也云庶人在官謂府史之屬者則周禮大宰云府六人史十有二人云之屬謂工人賈人及胥徒也云官長所除不命於天子國君者官長謂家宰爲天官之長司徒爲地官之長自所命或若大府爲府藏官之長大司樂爲樂官之長是也言所除者謂所命之官除去其舊名籍周禮注云凡府史以下官長所自辟除以其非九命之內故知不命於天子國君也若子男之士雖無命亦當命於國君也以其稱士故也○注此班至之差○正義曰經云下士視上農夫祿足以代其耕也則庶人在官者雖食八人以下不得代耕故載師有官田謂庶人在官之田大夫以下位卑祿少故大小國不殊卿與君祿重位尊故祿隨國之大小爲節按周禮天子卿大夫士與諸侯之臣執贄同則祿亦同也此自下士至小國之卿倍大夫祿皆據無采地者言之故鄭荅臨碩云王畿方千里者凡九百萬夫之地三分去一定受田者三百萬夫出都家之田以其餘地之稅祿無田者下士食九人中士食十八人上士三十六人下大夫七十二人中大夫百四十四人卿二百八十八人○

次國之上卿。位當大國之中。中當其下。下當其上大夫。小國之上卿。位當大國之下卿。中當其上大夫。下當其下大夫。

此諸侯使卿大夫覜聘並會之序也其爵位同小國在下爵異固在上耳○覜吐弔反

〔疏〕次國至大夫○正義曰此一節論諸侯使卿大夫士覜聘班序行列之法各隨文解之○注此諸至上耳○正義曰經文既稱大國小國大小並在則非是特來故知使卿大夫覜聘並會也云其位爵同小國在下者爵同謂同作卿也據經文小國卑於大國故知小國之卿在大國之卿下云爵異固在上耳者謂大國是大夫小國是卿則經云小國之卿位當大國之上大夫是小國之卿爵異於大國之大夫其爵既異固當在大夫之上必知爵異小國在上者以其卿執羔大夫執鴈使卿絺冕大夫玄冕故知小國之卿不得在大國大夫之下也

其有中士下士者。數各居其上之三分。

謂其爲介若特行而並會也居猶當也此據大國而言大國之士爲上次國之士爲中小國之士爲下士之數國皆二十七人各三分之上九中九下九以位相當則次國之上士當大國之中中當其下小國之上士當大國之下凡非命數亦無出會之事春秋傳謂士爲微○三分如字爲介音界

〔疏〕其有至三分○正義曰中士者謂次國之士下士者謂小國之士大國之士既分爲三分次國小國之士亦分爲三分今大國之士既定在朝會若其有中國之士小國之士者其行位之數各居其上國之三分之二謂次國以大國爲上而次國上九當大國中九次國中九當大國下九是當其大國之三分之二小國以次國爲上小國上九當次國中九小國中九當次國下九亦是居上三分之二也是各居上之三分○注謂其至爲微○正義曰言謂其爲介者若聘禮士介四人是也若特行則隱元年及宋人盟於宿是也本國出使其行至他國與諸國並會也云此據大國而言者以經必云中士下士不云上士是文以大國爲主以中國下國來當之故知據大國而言云大國之士爲上次國之士爲中小國之士爲下者解經之中士爲中國之士下士爲下國之士經雖無上士之文以中士下士類之則上士爲大國之士也就上士中士下士之內各分爲上九中九下九言大國之士爲上不解經之上字者自謂次國以大國爲上小國以次國爲上耳云凡非命士亦無出會之事者即祭法庶士是也云春秋傳謂士爲微者隱元年及宋人盟於宿公羊傳云孰及之內之微者也是謂士爲微也○

凡四海之內九州。州方千里。州建百里之國三十。七十里之國六十。五十里之國百有二十。凡二百一十國。名山大澤不以封。其餘以爲附庸間田。八州。州二百一十國。

建立也立大國三十十三公也立次國六十十六卿也立小國百二十十二小卿也名山大澤不以封者其民同財不得障管亦賦稅之而已此大界方三千里三三而九方千里者九也其一爲縣內餘八各立一州此殷制也周公制禮九州大界方七千里七七四十九方千里者四十有九也其一爲畿內餘四十八八州各有方千里者六設法一州封地方五百里者不過四謂之大國又封方四百里者不過六又封方三百里者不過十一謂之次國又封方二百里者不過二十五及餘方百里者謂之小國盈上四等之數并四十九一州二百一十國則餘方百里者百六十四也凡處地方千里者五方百里者五十九其餘方百里者四十一附庸地也○間音閑章之尚反

〔疏〕凡四至十國○正義曰此一節論四海之內九州州別建國多少及附庸間田之法如鄭所注此經云是殷法也周禮則九服夷鎮蕃三服謂之四海四海之內謂要服以內殷則服數無文則必不與周同按爾雅釋地云九夷八狄七戎六蠻謂之四海孫炎云海之言晦晦闇於禮義此言四海之內謂夷狄之內也地方三千里以開方計之三三如九方千里者有九其一爲天子縣內下文具之以外八州州別方千里者有一州建百里之國三十是公國也七十里之國六十是侯國也五十里之國百有二十是伯國也是一州凡二百一十國必二百一十國者按元命包云陽成於三列於七三七二十一故二百一十國也其餘以爲附庸間田謂置二百一十國外之餘地爲附庸間田也若封人附於大國謂之附庸若未封人謂之間田每州二百一十國所餘之地者則下文云方百里者十方十里者六十是也○注建立至地也○正義曰建是樹立之義故建爲立也云立大國三十十三公也者鄭以天子縣內三公之國亦百里今畿外大國亦百里是準擬畿內三公之地故云十三公也每十箇國則準一公是三十國準於三公也云立次國六十十六卿也者亦以畿內六卿之地方七十里今畿外次國亦七十里故知準擬六卿言十於六卿六十也通三孤則謂之九卿據有職事者言之故爲六卿也云立小國百二十十二小卿也者小卿則天子畿內大夫國方五十里今畿外小國亦五十里是準擬大夫當十於十二小卿也定本云十十二小卿重有十字俗本直云十二小卿俗本誤也云名山大澤不以封者與民同財者若封諸侯則諸侯爲主若不得取其財物故不封諸侯使民共取故山虞職云令萬民時斬材有期日是也云不得障管亦賦稅之而已者既不封諸侯其諸侯不得障塞管領禁民取物民既取物隨其所取賦稅而已故澤虞云使其地之人守其財物以時入之于王府是也定本云不得不管亦賦稅而已謂雖不封諸侯諸侯不得不管若如此解則於而已二字爲妨恐定本誤也云此殷制也者以夏時萬國則地餘三千里周又中國方七千里今大界三千非夏非周故云殷制也其實夏之末年亦與殷同方三千里故下云天子之縣內鄭注云縣內夏時天子所居州界名也又云夏末既衰夷狄內侵土地減國數少是也云周公制禮九州大界方七千里者按大行人邦畿方千里其外方五百里謂之侯服甸服男服采服衛服要服服五百里通王畿四面相距爲七千里大行人要服已外卽云九州之外謂之蕃國是要服以內爲中國也云設法一州封地方五百里者不過四者言設法謂假設爲法非實封也故職方云千里封公以方五百里則四公注云每事言則者設法也是不實封必知不實封者以每州有四公八州則三十二公周之上公則惟杞宋耳故知非實封也一州有千里之方六則一箇千里之方爲方百里者百一箇五百里之國爲方百里者二十五四箇二十五用千里之方一是方五百里者不過四也云又封方四百里者不過六者以一箇四百里之國爲方百里者一十六六箇一十六爲九十六是用百里之方九十六爲六箇四百里之國故云方四百里者不過六用千里之方一猶餘百里之方四云又封方三百里者不過十一者以一箇三百里之國爲方百里者九十一箇九爲九十九是用百里之方九十九故云封方三百里者不過十一用千里之方一猶餘百里之方一云又封方二百里者不過二十五者以一箇二百里之國爲方百里者四二十五箇二百里國用千里之方一故云封方二百里者不過二十五云盈上四等之數者謂將此百里小國一百六十四添盈公侯伯子四等之數四十六則爲一州二百一十國也云則餘方百里者百六十四也者以其上惟云餘方百里者謂之小國不顯其數多少直言盈上四等之數四等既有四十六若添滿二百一十少須百六十四故云方百里者百六十四也云凡處地方千里者五方百里者五十九者封公則四是用千里之方一封侯則六又用千里之方一封伯十一又用千里之方一封子二十五又用千里之方一封男百又用千里之方一是處地方千里者五男國更須六十四則應須百里之方六十四但千里之方六封侯之外猶餘百里之方四千里之方封伯十一之外猶餘百里之方一是五箇千里之方內總餘百里之方五得爲五箇男國則五箇千里之方更得五十九外箇百里之方是備六十四也云其餘方百里者四十一附庸地也者以百里之方百去其五十九故餘四十一也按鄭注大司徒云侯

附庸九同伯附庸七同子附庸五同男附庸三同今一州惟有方百里者四十一得備侯伯子男二百一十國附庸者鄭注司徒云凡諸侯爲牧正帥長及有德者乃有附庸非國國皆有且此云州別二百一十國及侯附庸九同皆設法而言非實事也注侯附庸九同者諸侯有功可進爲公爲四百里之上加九同得進爲五百里也伯於三百之上加七同得爲四百里進爲侯也子於二百里之上加五同得爲三百里進爲伯也男於百里之上加三同得爲二百里進爲子也言同者謂積累衆附庸而滿同也非謂一附庸居一同也鄭注司徒云公無附庸以其尊極故也又鄭云魯以周公之故得兼四等加二十四附庸方七百里也

○天子之縣內。方百里之國九。七十里之國二十有一。五十里之國六十有三。凡九十三國。名山大澤不以朌。其餘以祿士。以爲間田。

縣內夏時天子所居州界名也殷曰畿詩殷頌曰邦畿千里維民所止周亦曰畿內大國九者三公之田三爲有致仕者副之爲六也其餘三待封王之子弟次國二十一者卿之田六亦爲有致仕者副之爲十二又三爲三孤之田其餘六亦待封王之子弟小國六十三大夫之田二十七亦爲有致仕者副之爲五十四其餘九亦以待封王之子弟三孤之田不副者以其無職佐公論道耳雖有致仕猶可即而謀焉朌讀爲班○朌音班賦也

【疏】天子至間田○正義曰此經明天子縣內之國數多少及祿士之法按殷之與周稱畿唐虞稱服無云縣者今此特云縣內故鄭云夏時天子所居州界名也按鄭注益稷云禹會諸侯於塗山執玉帛者萬國四百國在畿內今此畿內惟有九十三國者蓋夏之一代畿內稱縣當夏禹之初有四百國至夏之末土地既減故與禹世不同未知於時縣內國數多少湯承夏末之後制爲九十三國記者言縣明其承夏之餘國數是殷湯之制故與四百國不同也名山大澤不以朌者畿外列土諸侯有封建之義故云不以封畿內之臣既不世位有朌賜之義故云以朌亦所以不朌者亦爲與民共財不障管也雖不障民取其財物亦入之王府即周禮山虞澤虞所掌是也其餘以祿士以爲間田者謂九十三國之餘則下文云其餘方百里者六十四方十里者九十六是也以九十三國以封公卿大夫故特云以祿士其實公卿之子父死之後既不世爵得食父祿故下文云大夫不世爵未賜爵視天子之元士以君其國是九十三國之外既云視元士則此祿士包之也其不封公卿大夫及祿士之外並爲間田則周禮云公邑也不云附庸者以縣內無附庸也所以畿外州建二百一十國之外則間田少畿內立九十三國之外間田多者以畿外諸侯有大功德始有附庸故間田少畿內每須朌賜故間田多依周禮間田自二百里之外以至五百里其大夫則於三百里爲采地卿則於四百里爲采地公則於五百里爲小都之載師云以公邑之田任甸地以家邑之田任稍地以小都之田任縣地以大都之田任畺地是也未知殷制如何其周之畿內采邑大小未聞則鄭注小司徒云百里之國凡四都五十里之國凡四縣二十五里之國凡四甸是謂畿內大國百里次國五十里小國二十五里又注大司徒云畿內之制未聞是知疑而不定此云祿士謂無地之士給之以地而當其祿不得爲采邑耳其實春秋之時公卿亦有無地者故春秋經劉子單子是有地者稱爵王子虎卒是無地者不稱爵也○注詩殷至謀焉○正義曰引詩殷頌者是玄鳥祀高宗之篇證殷稱畿也云周亦曰畿者周禮職方云千里曰王畿是也云爲有致仕者副之者以三公在朝既有正田今身既致仕不可仍食三公采邑身又見存不可全無其地故公卿大夫皆有正職之田又有致仕副邑云其餘三待封王之子弟者禮運云天子有田以處其子孫又周禮有都宗人家宗人祭祀皆致福於王是有封王之子弟也但王之子弟有同母異母有親疏之異親寵者封之與三公同平常者與六卿同疏遠者與大夫同故有三等之差也云三孤之田不副者自上差之三公之外其餘有三卿之外其餘有六大夫之外其餘有九皆以次相三若三孤有致仕之副則卿與公同其餘三并差次也云以其無職佐公論道耳雖其致仕猶可即而謀焉者按周禮三公雖無正職猶列於官參六卿之事故司徒云鄉老二鄉則公一人三孤則不列於官故云無職但佐公論道在朝在家其事一等雖退致仕猶可就而謀事不須致仕之後朝上更別立官故知不有致仕之副

○凡九州。千七百七十三國。天子之元士。諸侯之附庸。不與。

不與不在數中也春秋傳云禹會諸侯於塗山執玉帛者萬國言執玉帛則是惟謂中國耳中國而言萬國則是諸侯之地有方百里有方七十里有方五十里者禹承堯舜而然矣要服之內地方七千里乃能容之夏末既衰夷狄內侵諸侯相并土地減國數少殷湯承之更制中國方三千里之界亦分爲九州而建此千七百七十三國焉周公復唐虞之舊域分其五服爲九其要服之內亦方七千里而因殷諸侯之數廣其土增其爵耳孝經說曰周千八百諸侯布列五千里內此文改周之法關盛衰之中三七之間以爲說也終此說之意五五二十五方千里者二十五其一爲畿內餘二十四州各有方千里者三其餘諸侯之地大小則未得而聞○與音預注及下注不與同塗音徒要一遙反下要服皆同并必政反又如字減古斬反關盛衰並讀如字

【疏】凡九至不與○正義曰此一經揔明殷之畿內畿外國數之法前文云凡四海之內明殷之畿外諸侯次經明天子縣內殷之畿內國畿此經揔明殷之畿內畿外故云凡九州千七百七十三國天子之元士諸侯之附庸不在數中故云不與商王大計地方三千里畿外八州每一州二百一十國封爵三等八州一千六百八十國并王畿內九十三國計千七百七十三國天子之元士則下云方百里者六十四方十里者九十六是天子之元士又下云其餘方百里者十方十里者六十是諸侯附庸不在千七百七十三之數○注春秋至而聞○正義曰引春秋傳者哀七年左傳文時魯欲伐邾孟孫不欲諸大夫荅孟孫云禹會諸侯於塗山執玉帛者萬國今其存者無數十焉又襄二十五年傳云若無侯小何以王焉杜預云塗山在壽春東北與會稽別也若鄭康成之意塗山則會稽也故注尚書云禹朝羣臣於會稽執玉帛者萬國是以張逸疑而問鄭按左傳禹會諸侯於塗山執玉帛者萬國外傳云禹朝羣臣於會稽防風氏後至不與注相應何鄭荅云欲明諸侯守土之祀故兼用外傳內傳語者鄭意以塗山會稽爲一以諸侯爲守土之祀故云禹朝羣臣羣臣則諸侯也鄭云兼用外傳內傳語者禹朝羣臣於會稽是外傳語執玉帛者萬國是內傳左氏語云言執玉帛則是惟謂中國耳者按覲禮諸侯享王璧以帛是執玉帛也按大行人侯甸男采衛要各以其服貢物下云九州之外謂之蕃國各以其所貴寶爲摯鄭注貴寶若白狼白鹿夷狄不執玉帛故云執玉帛惟謂中國耳云中國而言萬國則是諸侯之地有方百里有方七十里有方五十里者鄭言此者以周之大國方五百里而下則不得有萬國故云然也按萬國之數鄭注皐陶謨堯初制五服更五百里禹所弼每服五百里故始有百里之封焉猶用要服之內爲九州州立十二人爲諸侯師蓋百國一師則州十有二師則每州千二百國也八州九千六百國其餘四百國在畿內鄭又云百里者三封國七有奇所以百里三封國七者以百里之方一爲公侯之國一又以百里之方一爲伯七十里之國二又以百里之方一爲子男五十里之國四是百里之方三封國七也言有奇者謂百里之方一封七十里之國二有奇者以百里之方一爲十里之方百七十里之國一用十里之方四十九七十里之國二用十里之方九十八餘有十里之方二故云有奇以此計之州有千里之方六以千里之方二爲公侯之國二百又以千里之方二爲伯七十里之國四百有奇又以千里之方二爲子男五十里之國八百𢡆爲一千四百國以二百國及奇餘爲附庸山澤故州有千二百國鄭云四百國在畿內者以大略據子男爲言非實法也趙商不達鄭旨而問鄭云以王制論之畿內之國有百里有七十里有五十里今率以下等計之又有王城關遂郊郭卿大夫之采地數不在中今就四百似頗不合鄭荅之云云代異物王制之法唐虞或不盡然堯舜之德守在四疆鄉遂有無無以言也公卿大夫有田祿者其四百國非采地爲何王城之大郊關之處幾何而子責急也此鄭亦隨問而荅非事實也必知非實者以地形不可方平如圖又有山澤不封之地何有同積基無空缺之處故知略計地爲四百國耳云禹承堯舜而然矣者以堯未遭洪水之前帝德寬廣不制以法故中國五千禹因治水之後德化漸大故中國更廣而有萬國云要服之內地方七千里乃能容之者王畿內五百里又五百里外侯服去城外五百里是一千里又五百里甸服是一千五百里又五百里男服是二千里又五百里采服是二千五百里又五百里衛服是三千里又五百里爲要服是三千五百里要服去王畿三千五百里四面相距爲七千里是九州之內此云要服之內地方七千里也按尚書咎繇注禹弼成五服去王城五百里曰甸服其弼當侯服去王城千里其外五百里爲侯服當甸服去王城一千五百里其弼當男服去王城二千里又其外五百里爲綏服當采服去王城二千五百里其弼當衛服去王城三千里又其外五百里爲要服與周要服相當去王城三千五百里四面相距爲七千里是九州之內也故此云要服之內地方七千里咎繇注又云要服之弼當其夷服去王城當四千里又其外五百里曰荒服當鎮服其弼當蕃服去王城五千里四面相距爲方萬里也云夏末既衰夷狄內侵諸侯相并土地減國數少者以湯承於夏末中國惟方三千里明所因有漸承夏末之地上云天子縣內是夏末殷初其界相似也必知此王制之文以爲殷制者正以百里七十里五十里之國與周不同又千七百七十三國與禹萬國數復異又虞夏及周皆曰牧此經稱伯故知大略皆據殷而言也其天子七廟及下雜論虞夏商周四代之制亦兼載焉云周公復唐虞之舊域分其五服爲九其要服之內亦方七千里者言復唐虞舊域謂治水之後舊域也按周禮職方云方千里曰王畿其外方五百里曰侯服又其外方五百里曰甸服又其外方五百里曰男服又其外方五百里曰采服又其外方五百里曰衛服又其外方五百里曰蠻服又其外方五百里曰夷服又其外方五百里曰鎮服又其外方五百里曰藩服蠻服則要服是分其五服爲九以要服之內方七千里也云因殷諸侯之數廣其土增其爵耳者按洛誥傳云天下諸侯之來進受命於周退見文武尸者千七百七十三諸侯其數與此同是周因殷諸侯之數也按大司徒公五百里侯四百里與此公侯百里不同是廣其土也殷爵三等周爵五等是增其爵耳云孝經說曰周千八百諸侯布列

五千里內者此孝經緯文云千八百者舉成數其實亦千七百七十三諸侯也布列在中國五千里之內云此文改周之法關盛衰之中三七之間以爲說也者此文謂此孝經緯文改周之法謂改周公盛時之法盛謂地方七千里衰謂地方三千里故云關盛衰之中三七之間若指文言之盛謂周公制禮太平時也衰謂夏末殷初之時也盛衰之中謂武王時也若以當代言之衰謂周末幽厲之時與夏末同盛衰之中謂昭王恭王之時與武王同云終此說之意者謂終竟此孝經緯所說之意云其餘諸侯之地大小則未得而聞者謂一州之內千里之方有三而一州建二百一十國但未知國之大小及封建制度故云未聞異義公羊說殷三千諸侯周千八百諸侯古春秋左氏傳說禹會諸侯於塗山執玉帛者萬國唐虞之地萬里容百里地萬國其侯伯七十里子男五十里餘爲天子間田許愼謹按易曰萬國咸寧尚書云協和萬邦從左氏說鄭駁之云而諸侯多少異世不同萬國者謂唐虞之制也武王伐紂三分有二八百諸侯則殷末諸侯千二百也至周公制禮之後準王制千七百七十三國而言周五千八百者舉其全數又異義今尚書歐陽夏侯說中國方五千里古尚書說五服旁五千里相距萬里許愼謹按以今漢地考之自黑水至東海衡山之陽至於朔方經略萬里從古尚書說鄭氏無駮與許同按易下繫云一君二民君子之道二君一民小人之道鄭注一君二民謂黃帝堯舜謂地方萬里爲方千里者百中國之民居七千里七七四十九方千里者四十九夷狄之民居千里者五十一是中國夷狄二民共事一君二君一民謂三代之末以地方五千里一君有五千里之土五五二十五更足以一君二十五始滿千里之方五十乃當堯舜一民之地故云二君一民實無此二君一民假之以地廣狹爲優劣也

○天子百里之內以共官。千里之內以爲御。謂此地之田稅所給也官謂其文書財用也御謂衣食○共音恭

【疏】天子至爲御○正義曰此一節論畿內千里之地田稅所共給之事○注謂此至衣食○正義曰經云百里之內者謂去王城百里四面相距則二百里經云千里之內以爲御者謂四面相距爲千里去王城四面五百里二者相互云此地之田稅所給也者依周禮有口率出泉恐此是口率之泉故云此地之田稅所給也知非口率出泉所給者按周禮大府九賦之泉各有所給故其職云關市之賦以待王之膳服邦中之賦以待賓客四郊之賦以待稍秣家削之賦以待匪頒邦甸之賦以待工事邦縣之賦以待幣帛邦都之賦以待祭祀山澤之賦以待喪紀幣餘之賦以待賜予是口率出泉各有所用也知官謂其文書財用也者以其稱官是官府所須故爲文書財用御是進御所須故爲衣食但官是卑褻故用近物御爲尊重故用遠物此爲殷法也但未知有口率出泉以否

○千里之外設方伯。五國以爲屬。屬有長。十國以爲連。連有帥。三十國以爲卒。卒有正。二百一十國以爲州。州有伯。屬連卒州猶聚也伯帥正亦長也凡長皆因賢侯爲之殷之州長曰伯虞夏及周皆曰牧○帥色類反下及注同卒子忽反下及注同牧音木八州八伯。五十六正。百六十八帥。三百三十六長。八伯各以其屬。屬於天子之老二人。分天下以爲左右。曰二伯。老謂上公周禮曰九命作伯春秋傳曰自陝以東周公主之自陝以西召公主之○陝失冉反一音古洽反召詩照反

【疏】千里至二伯○正義曰此一節論千里之外設方伯及連帥卒正兼二伯之事各隨文解之○注屬連至曰牧○正義曰屬是繫屬連是連接卒是卒伍州是聚居故云屬連卒州猶聚也伯帥正俱是長但異其名云凡長皆因賢侯爲之者既長諸侯非賢不可故知賢侯爲之言因者因其州內賢侯非州外別取州牧則知以賢侯爲之故下曲禮以侯爲牧周制牧下有二伯則侯伯皆得爲之故詩旄丘責衛伯也衛是侯爵而爲州伯張逸疑而問鄭鄭荅云侯德適任之謂衛侯之德適可任州伯也然則伯之賢者亦可進爲牧故周禮宗伯八命作牧注云謂侯伯有功德者加命得專征伐是伯得爲牧也鄭必知州牧之下更有二伯者以左傳云五侯九伯服杜皆爲五等諸侯九州之伯鄭荅志云若征五等諸侯九州之伯何夾輔之有大公爲王官伯分主自陝以東不可分爲四侯半故稱五侯四州有八伯畿內有一伯故爲九伯也按鄭志注尚書爲八伯張逸問云九州而八伯者何鄭荅云畿內之州不置伯有鄉遂之吏主之伯即牧也故周禮大宰云施典于邦國建其牧立其監是畿外邦國有牧畿內不置也畿內既不置牧則應無牧下之伯而立五侯九伯畿內有一伯者但比擬畿外應有而言之其實無也州長既用賢侯爲之則卒正連帥屬長節級用伯子男賢者而爲之鄭注曲禮云二王之後不爲牧則殷亦當然殷既亦有連屬卒等則周亦然也故詩旄丘責衛伯不能修方伯連率之職是也云虞夏及周皆曰牧者按尚書舜典云覲四岳羣牧又云咨十有二牧是虞稱牧也虞雖稱牧亦稱伯故書傳云惟元祀巡此四岳八伯按左傳宣三年云夏之方有德也貢金九牧是夏稱牧也大宰云建其牧是周稱牧也故云虞夏及周皆曰牧○注周禮至主之○正義曰九命作伯大宗伯職文春秋傳曰以下春秋隱五年公羊傳文故傳云三公者何天子之相也自陝而東者周公主之自陝而西者召公主之一相處乎內是也

○千里之內曰甸。服治田出穀稅○甸大薦反千里之外曰采。九州之內地取其美物以當穀稅○采蒼改反當丁浪反又如字曰流。謂九州之外也夷狄流移或貢或不禹貢荒服之外三百里蠻二百里流○蠻莫還反

【疏】千里至曰流○正義曰此一節揔論畿內畿外九州治田及采取美物并九州之外或貢或否之事各隨文解之○注服治至穀稅○正義曰定本直云服治田出穀稅無甸字知甸是服治田出穀稅者按禹貢五百里甸服下又云百里賦納總二百里納銍及精粟米之等是甸爲治田也○注九州至穀稅○正義曰經云千里之外曰采謂規方千里之外若於王城五百里之外以殷制言之中國方三千里而面別去王城千五百里今五百里以爲畿內千里之外惟千里耳采取美物故言曰采周則王畿之外面別三千里采取美物則大行人侯服其貢祀物甸服其貢嬪物男服其貢器物采服其貢服物衛服其貢材物要服其貢貨物是也○注謂九至里流○正義曰流謂九州之外或貢或否流移不定殷則面別千五百里之外二千五百里之內謂之爲流周三千五百里之外五千里之內爲流也

○天子三公。九卿。二十七大夫。八十一元士。此夏制也明堂位曰夏后氏之官百舉成數也

【疏】天子至元士○正義曰此一經論夏天子設公卿大夫元士之數○注此夏至數也○正義曰以周禮其官三百六十此官百二十故云夏制以夏制不明更引明堂位夏后氏之官百以證之直云百不云百二十故云舉成數也王制之文鄭皆以爲殷法此獨云夏制者以明堂殷官二百與此百二十數不相當故不得云殷制也記者故雜記而言之或舉夏或舉殷也

○大國三卿。皆命於天子。下大夫五人。上士二十七人。○次國三卿。二卿命於天子。一卿命於其君。下大夫五人。上士二十七人。○小國二卿。皆命於其君。下大夫五人。上士二十七人。命於天子者天子選用之如今詔書除吏矣小國亦三卿一卿命於天子二卿命於其君此文似誤脫耳或者欲見畿內之國二卿與○選宣戀反與音餘

【疏】大國至七人○正義曰此一節 [illegible] 國卿大夫及士之數前既云夏 [illegible] 數五等之國悉同但大國三卿並 [illegible] 謂公與侯也殷周大國並公也崔氏 [illegible] 謂立司徒兼冢宰之事立司馬兼 [illegible] 之事故春秋左傳云季孫爲司徒 [illegible] 此是三卿也以此推之故知諸侯 [illegible] 也下大夫五人者崔氏云三卿命 [illegible] 君自命之也三卿則上中下三品 [illegible] 八者取卿爲言耳知大夫有上下 [illegible] 當大國之上大夫是也何以五人 [illegible] 人一是小宰一是小司徒司空之 [illegible] 寇一是小司空也司馬之下惟置 [illegible] 襄十一年作三軍三軍者何三卿 [illegible] 士何休云古者諸侯有司徒司空 [illegible] 事省上下卿各一若有軍事上士 [illegible] 爲治今襄公乃益司馬故云作三 [illegible] 大夫也故此云下大夫五上士二 [illegible] 史之屬也周禮五等國悉三卿五 [illegible] 但公國長有四命孤一人故典命 [illegible] 小國之君其卿三命其大夫再命 [illegible] 士亦如之子男之卿再命其大夫 [illegible] 引王制以成彼義嘗恐周之人數 [illegible] 明當時周法而云國家五官則五 [illegible] 不異也且冢宰云施典於邦國設 [illegible] 三人伍謂大夫五人次國三卿二 [illegible] 君下大夫五人上士二十七人者 [illegible] 周則侯伯也而卿大夫士之命及 [illegible] 其君自命爲與也下文備也小國 [illegible] 五人上士二十七人者小國者殷 [illegible] 注言小國亦三卿差次而言應一 [illegible] 君此惟言二卿則似誤也鄭何以 [illegible] 又有上中下三卿位當大國之下 [illegible] 之有乎故知有三卿也按周禮三 [illegible] 卿始有列位於王爲王之臣也若 [illegible] 子男之卿再命不應得一卿命於 [illegible] 者謂子男之卿亦待王命而彼注 [illegible] 此自據侯伯爲言以會彼三命受 [illegible] 正義曰鄭又爲一說畿內之國唯 [illegible] 今記者或欲因子男此文以見畿 [illegible] 命於王者而不言也

○天子使其大夫爲三監。監於方伯

之國。國三人。使佐方伯領諸侯○監古暫反監於古銜反卷末同【疏】天子使其至三人○正義曰此一節論天子遣大夫往監方伯之國州別各置三人之事天子使其大夫者謂使在朝之大夫往監於方伯每一州輒三人八州二十四人崔氏云此謂殷之方伯皆有三人以輔之佐其伯謂監所領之諸侯也周則於牧下置二伯亦或因殷使大夫爲三監故燕禮云設諸公之坐鄭云公孤也大國孤公一人而云諸公者容牧有三監然則天子於州牧之國則置三大夫以輔之其尊卑之差則下文其祿視諸侯之卿其爵視次國之君其祿視諸侯之卿者謂公之孤也故燕禮謂之諸公與公孤同也尚書使管叔蔡叔霍叔爲三監者爲武康也與此別也

天子之縣內諸侯。祿也。選賢置之於位其國之祿如諸侯不得位【疏】天子至祿也○正義曰此一節論天子縣內食采邑諸侯得祿不得繼世之事此言縣內則夏法也言諸侯祿者得采國爲祿而不繼世故云祿也故下云大夫不世爵是也此謂畿內公卿大夫之子父死之後得食父之故國采邑之地不得繼父爲公卿大夫也故經直云祿也則子孫恒得食之有罪乃奪之此云諸侯下云大夫不世爵則諸侯揔據大夫以上而司裘云諸侯則共熊侯豹侯注云諸侯謂三公及王子弟鄭惟據三公及王子弟者以下別云卿大夫則共麋侯故惟止三公及王子弟而已此父死子祿者不在九十三國之數此雖論夏法殷周亦然畿內諸侯父死視元士若有賢德乃復父位若畿外諸侯父死未賜爵亦視元士除服則得襲父故位故下文云未賜爵視天子元士以君其國注云列國及縣內之國也必知列國未賜爵亦視元士者以詩云韎韐有奭以作六師是諸侯世子未爵命服士之韎韐之服是也○外諸侯。嗣也。有功乃封之使之世也冠禮記曰繼世以立諸侯象賢也○冠古亂反【疏】外諸侯嗣也○正義曰此一節論外諸侯父死子得嗣位之事此畿外諸侯世象賢傳嗣其國也故下云諸侯世子世國所以畿內諸侯不世爵而畿外得世者以畿內諸侯則公卿大夫輔佐於王非賢不可故不世也畿外諸侯皆有大功報其勞效又在外少事故得世也異義按公羊穀梁說云卿大夫世則權并一姓妨塞賢路經譏尹氏崔氏是也古春秋左氏說卿大夫得世祿不世位父爲大夫死子得食其故采地如有賢才則復父故位許慎謹按易爻位三爲三公食舊德謂食父故祿尚書云世選爾勞論語云興滅國繼絕世詩云凡周之士不顯亦世孟子云文王之治岐也仕者世祿知周世祿也從左氏義鄭氏無駮與許同殷之大夫亦世祿故祭義云殷人貴富而尚齒注云臣能世祿曰富是也其諸侯之大夫則下文云不世爵祿謂殷禮也若周制諸侯之大夫有功者亦得世祿故隱公八年無駭卒左傳云官有世功則有官族論語云管氏奪伯氏駢邑三百以無功而奪之若有功則不奪也○制三公一命卷。若有加則賜也。不過九命。次國之君。不過七命。小國之君。不過五命。卷俗讀也其通則曰袞三公八命矣復加一命則服龍袞與王者之後同多於此則賜非命服也虞夏之制天子服有日月星辰周禮曰諸公之服自袞冕而下如王之服○命卷音袞古本反復扶又反冕音勉【疏】制三至五命○正義曰此一經論王制三公已下次國小國之君爵命之數制謂王者制度言王者制度三公八命身著鷩冕若加一命則爲上公與王者之後齊同而著袞冕故云一命卷若有加則賜也者謂九命卷龍

之外依制不合有其服若有加益者則是君之特賜非禮法之常也則雜記謂之褒衣也此則禮緯九賜之衣服也與宗伯再命受服不同此篇之作皆是王者之制而於此特言制者以三公位尊又加一命其事極重記者以其重故特云制也不過九命不過七命不過五命者此謂夏殷之制也亦與周同○注卷俗至之服○正義曰禮記文皆作卷字是記者承俗人之言故云卷俗讀也云其通則曰袞者謂以通理正法言之則曰袞故周禮司服及覲禮皆作袞是禮之正經也故云其通則曰袞云虞夏之制天子服有日月星辰者以此經雖以殷爲主亦雜記虞夏之事故鄭引虞夏之制言之按有虞氏皇而祭之下注云虞夏殷未聞此云虞夏之制天子服有日月星辰者此云特謂虞舜與禹相接事相關穿故尚書堯舜禹之書謂之虞夏書伏生書傳有虞夏傳以皐陶謨云予欲觀古人之象皐陶謨是虞夏之書故云虞夏之制其實虞也下文有虞夏殷周四代並陳故云夏殷未聞也云周禮曰諸公之服自袞冕而下如王之服者是司服文引之者證三公一命袞然則此經三公一命袞謂周制也故以周制解之若周以前則山在袞上不得云一命袞也衣服之制歷代不同按易繫辭云黃帝堯舜垂衣裳而天下治蓋取諸乾坤玄衣法天黃裳法地故易坤六五黃裳元吉是也衣裳從黃帝以來而有也虞氏以來其裳用纁故下文歷陳虞夏殷周注云其服皆玄上纁下裳用纁者鄭注易下繫辭云土託位南方南方色赤黃而兼赤故爲纁也按禮祭地牲玉用黃以放地色裳既法地而用纁者凡衣服著其身有章采文物以黃色太質故用纁也衣爲天色玄禮天牲玉用蒼者以天色晝則蒼夜則玄衣不用蒼亦以其太質故也然祭天亦有牲用玄者尚書及論語云敢用玄牡敢昭告于皇皇后帝是也虞夏之制天子祭服自日月而下十有二章故尚書皐陶云予欲觀古人之象日月星辰山龍華蟲作會宗彝藻火粉米黼黻絺繡是也日一也月二也星辰三也山四也龍五也華蟲六也此六者皆畫於衣故言作會以法於天其數六者法天之陽氣之六律也宗彝七也藻八也火九也粉米十也黼十一也黻十二也此六者皆繡於裳故云絺繡絺紩也謂紩刺以爲繡文以法地之陰氣六呂也按鄭注司服云至周登龍於山登火於宗彝尊其神明也龍取其神火取其明然則諸物各有所象故說日月星辰取其明山者安靜養物畫山者必兼畫山物故考工記云山以章龍者取其神化龍是水物畫龍必兼畫水故考工記云水以龍華蟲者謂雉也取其文采又性能耿介必知華蟲是雉者以周禮差之而當鷩冕故爲雉也雉是鳥類其頸毛及尾似蛇兼有細毛似獸故考工記云鳥獸蛇此六者以高遠在上故畫於衣宗彝者謂宗廟彝尊之飾有虎蜼二獸虎有猛蜼能辟害故象之不言虎蜼而謂之宗彝者取其美名按周禮有六彝有雞彝鳥彝斝彝黃彝虎彝蜼彝此直云宗彝知非雞彝鳥彝斝黃必爲虎蜼者按明堂位云夏后氏雞彝殷以斝周以黃目又周禮陳六尊六彝皆遠代者在後故六尊之次犧象著壺大山大是虞氏之尊山是夏后之尊六彝之次亦虎彝蜼彝在後故知虎蜼虞夏已飾於尊但舜時已稱宗彝不得有雞彝斝之等以周禮差之而當毳冕故知虎蜼有毛之物也虎蜼淺毛細毳故也藻者取其絜清有文火者取其明照烹飪粉米取其絜白生養黼謂斧也取其決斷之義黻謂兩已相背取其善惡分辨大意取象如此而皇氏乃繁文曲說橫生義例恐非本旨此是天子之服其諸侯以下未得而聞按皐陶謨云五服五章哉鄭注云五服十二也九也七也五也三也如鄭之意九者謂公侯之服自山而下七也是伯之服自華蟲而下五也謂子男之服自藻而下三也卿大夫之服自粉米而下與孝

經注不同者孝經舉其大綱或云孝經非鄭注以上所云虞舜之制而夏殷注云未聞至周則日月星辰畫於旌旗又登龍於山登火於宗彝故注司服云王者相變至周而以日月星辰畫於旌旗所謂三辰旂旗昭其明也而冕服九章初一曰龍次二曰山次三曰華蟲次四曰火次五曰宗彝皆畫以爲繢六曰藻次七曰粉米次八曰黼次九曰黻皆希以爲繡則袞之衣五章裳四章凡九也鷩之衣三章裳四章凡七也毳之衣三章裳二章凡五也希之衣一章裳二章凡三也玄者衣無文裳刺黻而已是以謂玄焉鄭必知日月星辰於旌旗者以司服王自袞冕而下則袞服最尊尚無日月星辰故知日月星辰不在衣服畫於旌旗也知登龍於山者依舊山在龍上若不登龍則袞冕不爲最尊故知登龍於山也知登火於宗彝者若不登火則五章之服自藻而下不得稱爲毳冕若登火於宗彝之上則五章自宗彝而下與毳冕相當然宗彝之下有藻火兩章知不登藻而必登火者火有光明之盛春秋傳云火龍黼黻禮記殷火周龍章是火貴於藻也故知登火不登藻自九章而下以次相差故知袞之衣五章鷩衣毳衣者三章絺衣一章衣法天故章數奇裳法地章數偶以下其數漸少則裳上之章漸勝於衣事勢須然非有義意皇氏每事曲爲其說恐理非也衣章並畫絺冕之衣獨繡者以粉米地物養人服之以祭社稷又地祇並是陰類故衣章亦繡也周之衣服既無日月而郊特牲云袞冕日月之章者謂魯禮也魯以周公之故袞冕亦日月之章其周之天子所用祭服則司服云王祀昊天上帝則服大裘而冕祀五帝亦如之享先王則袞冕享先公饗射則鷩冕祀四望山川則毳冕祭社稷五祀則希冕祭羣小祀則玄冕鄭司農云大裘羔裘也知羔裘者以祭天至質故知羔裘以天色玄謂黑羔裘其六冕所祀依冕之先後祭神之尊卑以袞冕忠服華故祭先王以絺冕陰類故祭社稷五祀以玄冕質素故祭羣小祀日月雖尊以天神從質故亦玄冕故玉藻云天子玄端以朝日鄭注云端當爲冕其祭地之服無文按詩昊天有成命郊祀天地也天地相對則祭地亦用大裘故孝經援神契云祭地之禮與祭天同亦據衣服同也又有皮弁以日視朝韋弁以即戎冠弁以田獵故司服云凡兵事韋弁服注云韋弁以韎韋爲弁又以爲衣裳詩采芑注云韋弁服朱衣裳則韎韋也其事同鄭志又以韋弁爲素裳未知孰是司服又云眡朝則皮弁服鄭注云視朝視內外朝之事皮弁之服十五升白布衣積素以爲裳王受諸侯朝覲於廟則袞冕其皮弁又以燕諸公故詩云有頍者弁注云弁皮弁詩人責王不以皮弁燕諸公此則朝服燕也又以食故玉藻云皮弁以日視朝遂以食又郊祭之前服之以聽祭報故郊特牲云皮弁以聽祭報又著以舞大夏故明堂位云皮弁素積以舞大夏雖是魯禮王所同之其賓射燕射時亦皮弁也知者按射人職賓射在朝故知用朝服也燕禮記云燕朝服於寢明天子燕亦以朝服故知賓射燕射亦皮弁也司服又云凡甸冠弁服注云甸田獵也冠弁委貌其服緇布衣亦積素以爲裳王卒食而居則玄端此玄端亦縫衣朱裳故玉藻注云天子諸侯玄端朱裳謂之端者已外之服其袂三尺三寸其袪尺八寸其玄端則二尺二寸袪尺二寸端正也以幅廣二尺二寸袂廣二尺二寸與之正方故云玄端也哭諸侯則爵弁故檀弓云天子之哭諸侯也爵弁紂衣爵弁者加爵頭色又有素服凶荒則服之故司服云大札大荒大裁素服其衣服首飾大裘之冕其冕無旒故注弁師云冕服有六而言五冕者大裘之冕蓋無旒不聯數也凡冕之制皆玄上纁下故注弁師云皆玄覆朱裏師說以木版爲中以三十升玄布衣之於上謂之延也以朱爲裏但不知用布繒耳當應以繒爲之以其前後

旒用繅故也按漢禮器制度廣八寸長尺六寸也又董巴輿服志云廣七寸長尺二寸皇氏謂此爲諸侯之冕應劭漢官儀廣七寸長八寸皇氏以爲卿大夫之冕服也若如皇氏言豈董巴專記諸侯應劭專記卿大夫蓋冕隨代變異大小不同今依漢禮器制度爲定也今天子五冕之旒皆用五采之繅爲旒垂五采之玉故弁師云掌王之五冕五采繅十有二就皆五采玉十有二鄭注云每就間蓋一寸旒別有五采玉十有二衮冕故前後各十二旒用玉二百八十八鷩冕九旒用玉二百一十六毳冕七旒用玉一百六十八絺冕五旒用玉百二十玄冕三旒用玉七十二皮弁縫中亦五采玉十二故弁師云王之皮弁會五采玉璂鄭注云會縫中也縫中每貫結五采玉十二以爲飾韋弁亦然故弁師云諸侯及孤卿大夫之冕韋弁皮弁弁絰各以其等爲之則知天子韋弁與皮弁同也其冠弁亦與皮弁同故注弁師云不言冠弁冠弁兼於韋弁皮弁矣自此以前皆王者之服祭服則以衣名冕象上古先有衣後有冕皮弁以下則以弁名衣餘服既輕舉爲重故也其諸侯以下則司服云公之服自衮冕而下侯伯之服自鷩冕而下子男之服自毳冕而下孤之服自希冕而下卿大夫之服自玄冕而下士之服自皮弁而下公之衮冕數與王同其就數則異故鄭注覲禮云上公衮無升龍其旒則九不十二也其三公司服無文按射人三公執璧與子男同則服毳冕也凡此諸侯所著之服皆爲助祭於王若助王祭天地及祭先王大祀之等皆服已上之服若其從王祭祀小祀雖有應著上服皆逐王所著之服不得踰王也自在國祭其先君則皆玄冕故玉藻云諸侯玄端以祭鄭云端當爲冕其二王之後祭受命之王各服已上之服其自祭餘廟與諸侯同有孤之國其孤則絺冕卿大夫玄冕士爵弁此皆謂助君祭服也無孤之國卿絺冕大夫玄冕以注玉藻云諸侯之臣皆分爲三等其夫卿也則服鞠衣其夫大夫則服襢衣其夫士則服褖衣以此言之卿絺冕大夫玄冕士爵弁也此服皆謂助祭君也若其自祭則皆降焉諸侯士則玄端大夫則朝服故儀禮特牲士祭玄端少牢上大夫祭朝服公之孤爵弁以自祭故雜記云大夫冕而祭於公弁而祭於已士弁而祭於公冠而祭於已鄭注云爵弁而祭於已唯孤爾其天子卿大夫則無文諸侯當玄冕以祭其孤卿之等當爵弁也大夫則皮弁知者以諸侯大夫朝服自祭故知天子大夫亦用朝服自祭朝服則皮弁故鄭注玉藻云四命以上齊祭異冠按玉藻云玄冠丹組纓諸侯之齊冠也諸侯既用玄冠而齊則孤卿大夫以下並用玄冠齊也諸侯玄冕而祭天子孤卿及公之孤卿爵弁而祭天子大夫皮弁而祭之皆與齊時玄冠不同故云四命以上齊祭異冠其三命以下玄冠齊玄冠祭是齊祭同冠其諸侯則皮弁以視朔朝服以視朝韋弁以即戎與天子同諸侯田獵亦用韋弁故左傳衛獻公射鴻於圃不釋皮冠而與孫林父言又昭十二年楚子狩於州來皮冠豹舄諸侯又以皮弁受聘享故聘禮公皮弁天子諸侯亦以玄端燕居故玉藻注云天子諸侯玄端朱裳是也諸侯亦以朝服食夕則深衣故玉藻云朝服以食夕深衣祭牢肉又大祥之祭服朝服故喪服小記除成喪者其祭也朝服縞冠大祥以後則麻衣麻衣則白布深衣也但緣之以布耳又有長衣遭喪權時所服故聘禮云主國之喪主人長衣侍賓是也其長衣制與深衣同但緣之以素長衣之袂稍長故玉藻注云長衣中衣繼揜尺深衣則緣而已其中衣制如長衣在上服之自天子以下皆有若祭服中衣用素故詩云素衣朱襮其他服中衣用布故玉藻云以帛裏布非禮也其天子卿大夫上以皮弁爲朝服諸侯卿大夫士以玄冠緇衣素裳爲朝服凡在朝君臣上下同服但士服則謂之玄端袂廣二尺二寸故也其大夫以上則皆侈袂袂三尺三寸故也其大夫以上所論玄端者皆其制與士同其大夫士按玉藻云朝玄端夕深衣其大祥朝服及既祥麻衣並與諸侯同天子祥禫其服無文或亦與諸侯無異其首飾諸侯皆以三采爲藻垂三采之玉公衮冕九旒鷩冕七旒毳冕五旒絺冕三旒玄冕蓋無旒旒皆九玉侯伯鷩冕七旒以下與公同旒皆七玉子男毳冕五旒以下與公同旒皆五玉若熊氏之義公以下諸冕其旒並依命數不減其韋弁皮弁冠弁縫中之玉各依命數玉皆三采朱白蒼也孤絺冕而下其旒及玉皆二采朱綠各依命數其皮弁韋弁冠弁玉亦二采各依其命數其一命大夫玄冕及士則爵弁皆無旒知諸侯以下首飾藻旒玉數如此者按弁師云諸侯及孤卿大夫之冕韋皮弁各以其等爲之故鄭注云繅斿玉璂如其命數也冕則侯伯繅七就用玉九十八子男繅五就用玉五十繅玉皆三采孤繅四就用玉三十二命之卿繅三就用玉十八再命之大夫繅再就用玉八藻玉皆朱綠韋弁皮弁則侯伯璂飾七子男璂飾五玉亦三采孤則璂飾四三命之卿璂飾三再命之大夫璂飾二玉亦二采一命之大夫冕而無斿士變冕爲爵弁其韋弁皮弁之會無結飾不言冠弁冠弁兼於韋弁皮矣是也。

○大國之卿。不過三命。下卿再命。小國之卿。與下大夫一命。不著次國之卿者以大國之下互明之此卿命則異大夫皆同周禮公侯伯之卿三命其大夫再命子男之卿再命其大夫一命

【疏】大國至一命。○正義曰此一節論大國小國卿大夫命數多少不同之事。○注不著至一命。○正義曰經直云大國之卿及小國之卿不云次國故云不著次國之卿云以大國之下互明之者以大國之卿不過三命則知次國之卿不過再命大國下卿再命則知次國下卿一命故云互明之云此卿命則異者以大國上卿三命下卿再命次國上卿再命下卿一命小國上下卿皆一命故云卿命則異云大夫皆同者謂大國次國小國大夫皆同一命今經云小國之卿與下大夫一命既與小國連文知非直據小國下大夫一命者以經云大國下卿再命以次差之明大夫一命自然次國大夫亦一命故云大夫皆同此夏殷制也按周禮云公國之孤四命與餘卿不同則知此大國之卿不過三命亦謂孤也大國下卿再命者謂除孤以外之卿就再命之中分爲中卿下卿也故前文云次國之上卿位當大國之中是也次國之卿再命亦謂上卿執政者若魯之季孫下卿一命亦分爲中下二等故前文云中當其下下當其上大夫是也小國之卿雖同一命亦分爲三等故前文云小國之上卿位當大國之下卿中當其上大夫下當其下大夫其大國次國小國大夫雖同一命當皆分爲上下二等文已具於上今摠云下大夫者對卿言之云周禮公侯伯之卿三命以下者皆周禮典命文以經云大國之卿不過三命故引公侯伯之卿三命以對之周禮公之孤四命不與三命相當故不引之也

○凡官民材。必先論之。論謂考其德行道藝。○行下孟反。論辨。然後使之。辨謂考問得其定也易曰問以辨之。任事。然後爵之。爵謂正其秩次。○任而鴆反。位定。然後祿之。與之以常食。○與如字又音預。

【疏】凡官至祿之。○正義曰此一節論擇賢材任以爵祿之事各隨文解之。○注辨謂至辨之。○正義曰辨謂考問得其定也者謂官其人必先論量德行道藝今論量考問事已分辨得其定實故云辨謂考問得其定也引易曰問以辨之是易文言文。○任事然後爵之。○正義曰爵謂正其秩次言雖考問知其實有德行道藝未明其幹能故試任以事事又幹了然後正其秩次除授位定然後與之以祿。

○爵人於朝。與士共之。刑人於市。與衆棄之。必共之者所以審愼之也書曰克明德愼罰是故公家不畜刑人。大夫弗養。士遇之塗。弗與言也。屏之四方。唯其所之。不及以政。亦弗故生也。屏猶放去也已施刑則放之棄之役賦不與亦不授之以田因之又無賙餼也虞書曰五流有宅五宅三居是也周則墨者使守門劓者使守關宮者使守內刖者使守囿髡者使守積○畜許六反塗音徒本又作塗屏必政反去羌呂反賙音周餼許既反有宅王肅注尚書如字鄭音知嫁反懲艾也下同劓魚氣反刖五刮反又音月囿音又髡五忽反本又作完音同徐戶官反積子智反

【疏】爵人至生也。○正義曰此一節論爵人及刑人之事各依文解之此云爵人於朝謂殷法也周則天子特假祖廟而拜授之故洛誥云烝祭歲文王騂牛一武王騂牛一時冊命周公故特祭文武若諸侯爵人因嘗祭之日故祭統云祭之日一獻君降立于阼階之南南鄉所命北面是也刑人於市與衆棄之者亦謂殷法謂貴賤皆刑於市周則有爵者刑於甸師氏也是故公家不畜刑人者既與衆棄之以是之故天子諸侯之家不畜刑人也大夫不得育養士遇刑人於塗弗與言也謂逢遇於塗不與之言屏之四方惟其所之者屏猶放去也謂已施刑暴故放逐棄去使嚮四方量其罪之輕重合所之適處而居之既是罪人被放不干及以政教之事謂不以王政賦役駈使非但不使意在亦不欲使生圉乏又無賙餼直放之化外任其自死自生也○注役賦至守積○正義曰役賦不與謂役賦之事不干與於刑人解經不及以政云亦不授之以田困乏又無賙餼也者解經亦弗故生也田里所以安其身賙餼所以養其命皆是爲生之具今並不與是不故欲使其生也云虞書曰五流有宅五宅三居是也者證經屏之四方此云虞書者舜典文鄭注云宅讀曰咤懲刈之器謂五刑之流皆有器懲刈五咤者是五種之器謂桎一梏二拳二三居謂周之夷服鎮服蕃服云周則墨者使守門以下是周禮掌戮文按掌戮墨者使守門注云黥者無妨於禁御云劓者使守關注云截鼻亦無妨以貌醜遠之云宮者使守內注云以人道絕也云刖者使守圍注云斷足駈衛禽獸無急行云髡者使守積注云王之同族不官之者髡頭而已守積積在隱者宜也引之者欲明周家畜刑人異於夏殷法也

○諸侯之於天子也。比年一小聘。三年一大聘。五年一朝。比年每歲也小聘使大夫大聘使卿朝則君自行然此大聘與朝晉文霸時所制也虞夏之制諸侯歲朝周之制侯甸男采衞要服六者各以其服數來朝○一朝直遙反數色角反又所具反○天子五年一巡守。天子以海內爲家時一巡省之五年者虞夏之制也周則十二歲一巡守○守手又反本又作狩後巡守皆同省色景反

【疏】諸侯至一朝。正義曰此一經論諸侯遣卿大夫聘問及自親朝之事○注小聘至來朝○正義曰知小聘使大夫者按聘禮記云小聘曰問三介大聘使卿爲介有五人其小聘唯三介故知小聘使大夫云此大聘與朝晉文霸時所制也者按昭三年左傳鄭子大叔曰文襄之霸也其務不煩諸侯令諸侯三歲而聘五歲而朝故云晉文霸時所制而晉文霸時亦應有比年大夫之聘但子大

叔暑而不言此亦據傳文直云大聘與朝不云比年小聘按左傳文三年聘五年朝諸侯相朝之法今此經文云諸侯之於天子三年一大聘五年一朝則文襄之制諸侯朝天子與自相朝同也如鄭此注唯據文襄故鄭云此晉文霸時所制又鄭駮異義云公羊說比年一小聘三年一大聘五年一朝以為文襄之制錄王制者記文襄之制耳非虞夏及殷法也能氏或以此為虞夏法或以為殷法文義雜亂不復相當曲為解說其義非也云虞夏之制諸侯歲朝者按尚書堯典云五載一巡守羣后四朝鄭注云巡守之年諸侯朝於方岳之下其間四年四方諸侯分來朝於京師歲徧是也按孝經注諸侯五年一朝天子天子亦五年一巡守熊氏以為虞夏制法諸侯歲朝分為四部四年又徧摠是五年一朝天子乃巡守故云諸侯五年一朝天子天子亦五年一巡守按鄭注尚書四方諸侯分來朝於京師歲徧則非五年乃徧又孝經之注多與鄭義乖違儒者疑非鄭注今所不取熊氏之說非也虞夏之制但有歲朝之文其諸侯自相朝聘及天子之事則無文不可知也鄭此注虞夏之制即云周之制不云殷者虞夏及周經有明文故指而言之殷則經籍不見故不言也按春秋文十五年左傳云諸侯五年再相朝以脩王命古之制也按鄭志孫皓問云諸侯五年再相朝不知所合典禮鄭荅云古者據時而道前代之言唐虞之禮五載一巡守夏殷之時天子蓋六年一巡守諸侯間而朝天子其不朝者朝罷朝五年再朝似如此制禮典不可得而詳如鄭志之言則夏殷天子六年一巡守其間諸侯分為五部每年一部來朝天子朝罷還國其不朝者朝罷朝諸侯至後年不朝者往朝天子而還前年朝者今既不朝又朝罷朝諸侯是再相朝也故鄭云朝罷朝也如鄭之意此為夏殷之禮而鄭又云虞夏之制諸侯歲朝以夏與虞同與鄭志乖者以羣后四朝文在堯典堯典是虞夏之書故違言夏其實虞也故鄭志云唐虞之禮五載一巡守今知諸侯歲朝唯指唐虞也其夏殷朝天子及自相朝其禮則然其聘天子及自相聘則無文也云周之制以下周禮大行人文故大行人云侯服歲壹見甸服二歲壹見男服三歲壹見采服四歲壹見衛服五歲壹見要服六歲壹見是六者各以其服數來朝皆當方分為四部分隨四時而來鄭注大行人云朝貢之歲四方各四分趨四時而來是方別各為四分也近東者朝春近南者宗夏近西者覲秋近北者遇冬故韓侯是北方諸侯而近於西故稱韓侯入覲鄭云秋見天子曰覲又鄭注明堂位云魯在東方朝必以春魯於東方近東故也以此言之則侯服朝者東方以秋南方以冬西方以春北方以夏以其近京師畢此一隅自外可知悉按大宗伯云春見曰朝注云朝猶朝也欲其來之早夏見曰宗注云宗尊也欲其尊王秋見曰覲注云覲之言勤也欲其勤王之事冬見曰遇注云遇偶也欲其若不期而俱至時見曰會注云時見者言無常期諸侯有不順服者王將有征討之事即春秋左傳云有事而會也殷見曰同注云殷衆也十二歲王如不巡守則六服盡朝四方四時分來歲終則徧每當一時一方摠來不四分也此六者諸侯朝王之禮又諸侯有聘問王之禮故宗伯云時聘曰問注云時聘者亦無常期天子有事乃聘之焉殷覜曰視注云殷覜謂一服朝之歲以朝者少諸侯乃使卿以大禮衆聘焉一服朝在元年七年十一年其諸侯自相朝則大行人云凡諸侯之邦交歲相問也殷相聘也世相朝也注云小聘曰問殷中也久無事又於殷朝者及而相聘也父死子立曰世凡君即位大國朝焉小國聘焉鄭知久無事而相聘者按昭九年左傳稱孟僖子如齊殷聘禮也知凡君即位大國朝焉小國聘焉者以襄元年邾子來朝衛子叔晉知武子來聘左傳云凡諸侯即位小國朝之大國聘焉邾是小國故稱朝衛晉是大國故稱聘若俱是敵國亦得來聘朝故司儀云諸侯相為賓是也若已初即位亦朝聘大國故文公元年公孫敖如齊左傳云凡君即位卿出並聘若已是小國則往朝大國故文十一年曹伯來朝左傳云即位而來見也其天子亦有使大夫聘諸侯之禮故大行人云間問以諭諸侯之志歲徧存三歲徧覜五歲徧省間年一聘以至十一歲按昭十三年左傳云歲聘以志業間朝以講禮再朝而會以示威再會而盟以顯昭明賈逵服虔皆以為朝天子之法崔氏以為朝霸主之法鄭康成以為不知何代之禮故異義云公羊說諸侯此年一小聘三年一大聘五年一朝天子左氏說十二年之間八聘四朝再會一盟許慎謹按公羊說虞夏制左氏說周禮傳曰三代不同物明古今異說鄭駮之云三年聘五年朝文襄之霸制周禮大行人諸侯各以服數來朝其諸侯歲聘間朝之屬說無所出晉文公強盛諸侯耳非所謂三代異物也是鄭以歲聘問聘朝文無所出不用其義也言晉文公但強盛諸侯耳何能制禮而云三代異物乎是難許慎之辭也異義朝名公羊說諸侯四時見天子及相聘皆曰朝以朝時行禮卒而相逢於路曰遇古周禮說春曰朝夏曰宗秋曰覲冬曰遇許慎按禮有覲經詩曰韓侯入覲書曰江漢朝宗于海知有朝覲宗遇之禮從周禮說鄭駮之云此皆有似不為古昔按覲禮曰諸侯前朝皆受舍于朝朝通名如鄭此言公羊言其摠號周禮指其別名異義天子聘諸侯公羊說天子無下聘義周禮說間問以諭諸侯之志許慎謹按禮臣疾君親問之天子有下聘之義從周禮說鄭無駮與許慎同也○注五年至巡守○正義曰知五年是虞夏之制者堯典云五載一巡守此正謂虞也以虞夏同科連言夏耳若夏與殷依鄭志當六年一巡守也云周則十二歲一巡守者大行人云十有二歲王巡守殷國故知周制十二年也按白虎通云所以巡守者何巡者循也守者收也為天子循行守土收民道德大平恐遠近不同化幽隱不得其所者故必親自行之謙敬重民之至也所以不歲巡守何為大煩過五年為其大疏因天道三歲一閏天道小備五歲再閏天道大備故五年一巡守以此言之夏殷六歲者取半一歲之律呂也周十二歲者象歲星一周也○

歲二月東巡守。至于岱宗。岱宗東嶽。○岱音代 柴而望祀山川。柴祭天告至也。○柴仕佳反依字作祡 覲諸侯。覲見也。○覲如字見賢遍反 問百年者就見之。就見老人 命大師陳詩。以觀民風。陳詩謂采其詩而視之。○大音泰後大學大祖大子大樂正大史皆同 命市納賈。以觀民之所好惡。志淫好辟。市典市者賈謂物貴賤厚薄也質則用物貴淫則侈物貴民之志淫邪則其所好者不正○賈音嫁注同好呼報反下及注同惡烏路反辟匹亦反徐芳亦反侈昌氏反又式氏反邪似嗟反 命典禮。考時月定日。同律。禮樂。制度。衣服。正之。同陰律也 山川神祇。有不舉者為不敬。不敬者君削以地。舉猶祭也。○削息約反 宗廟有不順者為不孝。不孝者君絀以爵。不順者謂若逆昭穆。○絀丑律反退也昭常遙反凡言昭穆放此 變禮易樂者為不從。不從者君流。流放也。○樂音岳 ○革制度衣服者為畔。畔者君討。討誅也。○ 有功德於民者。加地進律。律法也 五月南巡守。至于南嶽。如東巡守之禮。八月西巡守。至于西嶽。如南巡守之禮。十有一月北巡守。至于北嶽。如西巡守之禮。歸假于祖禰。用特。假至也特特牛也祖下及禰皆一牛○嶽音岳下同假音格禰乃禮反父廟也

【疏】歲二至用特○正義曰此一經論王者巡守四嶽柴望及絀陟之事各依文解之○歲二月東巡守者皆以夏之仲月以夏時仲月者律麻常得其中也二月八月又晝夜分五月十一月者陰陽終故取四仲月也○注岱宗東嶽○正義曰嶽者何嶽之為言稱也稱功德也必先於此岱山者言萬物皆相代於東方故歲二月東巡守至于岱宗宗者尊也岱為五嶽之首故為尊也○注柴祭天告至也○正義曰柴祭天告至謂燔柴以祭上天而告至其祭天之後乃望祀山川所祭之天則蒼帝靈威仰○覲諸侯○覲見也謂見東方諸侯其見之禮按覲禮云諸侯覲於天子為宮方三百步四門壇十有二尋深四尺鄭注云王巡守至于方嶽之下諸侯會之亦為此宮以見之是也覲禮又云天子乘龍載大旂拜日於東門之外反祀方明鄭注引朝事儀曰天子冕而執鎮圭尺有二寸云帥諸侯而朝日於東郊所以教尊尊也退而朝諸侯由此二者言之已祀方明乃以會同之禮見諸侯也凡會同者不協而盟盟時設方明於壇上乃以載辭告焉如覲禮及鄭注所云既告至之後焉宮加方明於壇天子出宮東門外拜日反祀方明祀方明之後乃徹去方明故鄭云由此二者言之已祀方明乃以會同之禮見諸侯云二者謂覲禮經文朝日東門反祀方明朝事儀云朝日東郊退而朝諸侯故云由此云二者言之已祀方明乃以會同之禮見諸侯也今於覲禮未祀方明之前未有見諸侯之事皇氏以為未祀方明之前已見諸侯非也其祀方明之後見諸侯之時王升立於壇上南面諸公中階之前北面諸侯東階之東西面諸伯西階之西東面諸子門東北面諸男門西北面王降階南面而見之三揖既升壇使諸侯升公拜於上等侯伯於中等子男於下等見諸侯訖若有不協更加方明於壇上諸侯等俱北面戎右傳敦血以授歃者司盟主其職故司盟云掌其盟約之載及其禮儀北面詔明神於時王立無文不可與諸侯同北面當於阼階上西面此是見諸侯之禮祀方明之時祭天則燔柴也天謂日也與此岱宗柴所用事別覲禮云祭天燔柴謂天子之盟也祭地瘞謂王官之伯盟也祭山上陵升及祭川沈者是諸侯之盟也此是巡守及諸侯之盟祭也故注云升沈必就祭者也就祭則是謂王巡守及諸侯之盟祭也祭天柴謂祭日也祭地瘞者祭月也王巡守之盟其神主日諸侯之盟其神主山川則王官之伯會諸侯而盟其神主月與今此王制所主岱宗柴者謂祭天告至而覲禮注引王制云王巡守至于岱宗柴是王巡守之盟其神主日又以柴為盟之所用不同者告至與盟必非一事鄭意證巡守盟時有柴故引岱宗以證之其實別也覲禮云為宮即言加方明經文相連鄭注云王巡守至於方嶽之下諸侯會之亦為此宮則亦有方明但文不具耳故巡守祭天燔柴祭地瘞埋皆是祭方明也故鄭於方明設六玉之下注云上宜以著璧下宜以黃琮而不以者則上下之神非天地之至貴者也以此言之明天子巡守之祭有方明也而皇氏云

諸侯來就王會同有方明王巡守見諸侯無方明皇氏用之爲說其義非也○問百年者就見之○此謂到方嶽之下見諸侯之後問百年者就見之若未至方嶽於道路之上有百年者則亦王先見之故祭義云天子巡守諸侯待於竟天子先見百年者下云八十九十者東行西行者弗敢過道經之則見之則知百年者道雖不經所在執見之與此少別○命大師陳詩以觀民風○此謂王巡守見諸侯畢乃命其方諸侯大師是掌樂之官各陳其國風之詩以觀其政令之善惡若政善詩辭亦善政惡則詩辭亦惡觀其詩則知君政善惡故天保詩云民之質矣日用飲食是其政和若其政惡則十月之交徹我牆屋田卒汙萊是也○命市至好辟○命典市之官進納物賈之書以觀民之所有愛好所有嫌惡若民志淫邪則愛好邪辟之物民志所以淫邪由在上教之不正此陳詩納貢所以觀民風俗是欲知君上善惡也○命典至正之○典禮之官於周則大史也考校四時及十二月之大小時有節氣早晚月有弦望晦朔考之使各當其節又正定甲乙之日陰管之同陽管之律玉帛之禮鍾鼓之樂及制度衣服各有等差當正之使正堯典云協時月正日同律度量衡文辭小異大意與此同也○注同陰律也○正義曰鄭以先儒以同爲齊同此律故辨之云同陰律也故大師云執同律以聽軍聲又典同注云同陰律也不以陽律名管者因其先言耳所以先言者以同爲平聲平爲發語之本今古悉然故先言耳○山川至以爵○山川是外神故云不舉不舉不敬也山川在其國竟故削以地宗廟是内神故云不順不順不孝也宗廟可以表明爵等故紲以爵○注不順至昭穆○正義曰按文二年秋八月丁卯大事于大廟躋僖公逆祀也左傳曰夏父弗忌爲宗伯曰吾見新鬼大故鬼小先大後小順也於是躋僖公於閔公之上是逆昭穆也○變禮至君討○禮樂雖爲大事非是切急所須故以爲不從君惟流放制度衣服便是政治之急故以爲畔君須誅討此四罪先輕後重○注律法也○正義曰律法釋詁文法謂法度諸事皆是即大行人上公九命繅藉九寸冕服九章建常九旌之等是也五月至用特○言五月南巡至于南嶽者孔注尚書云自東岳南巡守五月至則是從東嶽而去故鄭注尚書云每歸格于祖既言每歸似是嶽別一歸若即別一歸而更去便是路遠無由可至尚書既云巡守四嶽即云五載一巡守鄭云每歸者謂每五年巡守而歸也其南嶽西嶽北嶽者按爾雅釋山云泰山爲東嶽郭景純注云泰山爲東嶽在奉高縣西北霍山爲南嶽郭注山在衡陽相南縣南郭又云今在廬江潛縣西漢武帝以說衡山遼曠因識緯皆以霍山爲南嶽故移其神於此其土俗人皆呼爲南嶽南嶽本自兩山爲名非從近也如郭此言則南嶽衡山自有兩名一名衡山一名霍山自魏武帝以來始從南嶽之神於廬江霍山耳華山爲西嶽鄭注云在弘農華陰縣西南恒山爲北嶽郭注云在常山上曲陽縣西北○注假至至一牛○正義曰假至也釋詁文也云祖下及禰皆一牛者謂從始祖下及於禰廟別皆一牛鄭以經云祖禰用特恐同用一牛必知每廟皆一牛者以尚書堯典云歸格于藝祖用特祖既用特明知各用特也唐虞及夏五廟則用五特也殷用六周用七也又尚書洛誥云文王騂牛一武王騂牛一是各用一牛也自此以上皆是巡守之禮雖未大平得爲之故詩時邁巡守告祭柴望也時邁是武王詩邁行也時未大平而巡守也故大司馬云及師大合軍以行禁令以救無辜伐有罪鄭注云師所謂王巡守若會同不言大者未有敵不尚武又注云大師王出征伐也以此故知未大平得巡守皇氏以爲未大平不巡守非也其封禪者必因巡守大平乃始爲之故中侯準識哲云桓公欲封禪管仲曰昔聖王功成道洽符出乃封泰山今皆不至鳳皇不臻麒麟逃遁未可以封又禮器云升中於天鳳皇降龜龍假又鈎命決云刑罰藏頌聲作鳳皇至麒麟應封泰山禪梁甫管子又云封禪者須北里禾鄗上黍江淮之間三脊茅以爲藉乃得封禪是大平祥瑞總至乃得封禪也然武王之時未大平而時邁巡守之下注云天子巡行邦國至于方嶽之下而封禪也似武王得封禪者鄭因巡行連言封禪耳不謂當時封禪也白虎通云封禪所以必於泰山何萬物之始交代之處必於其上何因高告高順其類也故升封者增高也下禪梁甫之基廣厚也天以高爲尊故增泰山之高以報天地以厚爲德附梁甫之基以報地刻石紀號者著已之功跡或曰封以金泥銀繩或曰石泥金繩封之印璽孝經緯云封於泰山考績燔燎禪於梁甫刻石紀號又管子云昔古封禪七十二家夷吾所識十有二焉無懷氏封太山伏犧神農少皞黃帝顓頊帝嚳帝堯帝舜禹湯周成王皆封泰山惟禹禪會稽成王禪社首爲異自外皆禪云云白虎通云三皇禪於繹繹之山明已成功而去有德者居之繹繹者無窮之意五帝禪於亭亭亭亭者制度審諦道德著明也三王禪於梁甫梁甫之山梁者信也甫者輔也信輔天地之道而行之所禪之山與管子不同者異人之說未知孰是云云亭亭繹繹梁甫並泰山旁小山名也

禮記注疏卷十一校勘記　阮元撰盧宣旬摘録

附釋音禮記注疏卷第十一　惠棟按宋本禮記正義卷第十五

王制第五

王者之制祿爵節

王者至五等　惠棟按宋本無此五字

南面之君五者　閩監毛本同考文云宋板者作等盧文弨挍本云按下者字亦當作等而考文不著

故不自在其數　惠棟按宋本同閩監毛本自誤目

熊氏云醮盡其才而用之　惠棟按宋本作云醮此本云醮二字模糊閩監毛本作以爵

公者爲言平也　閩監毛本同衛氏集說者作之

天子之田方千里節

附庸者　閩監毛本同岳本同嘉靖本同衛氏集說同考文引古本足利本者上有城字非也田學紀聞云庸古墉字王莽曰附城蓋以庸爲城也

唯天子畿内不增　閩監毛本同岳本同嘉靖本同衛氏集說同續通解畿内下有千里二字宋監本同考文引古本同案正義無千里二字

天子至附庸　惠棟按宋本無此五字

舉正者言之耳　閩本同惠棟按宋本同監毛本正誤止衛氏集說作舉正者言之爾

按元命包云王者封之　考文引宋本同閩監毛本之作國衛氏集說同盧文弨云封之非

故轉相半別優劣　閩監毛本如此此本轉相半三字模糊衛氏集說半下有以字

如此經文不直舉夏時　閩監毛本同惠棟按宋本如作知是也

云春秋改周之文從殷之質　閩監本同毛本改作變之誤子考文引宋板作之質

或黜減至七十五十里　閩監毛本作減此本減作咸衛氏集說亦作減七十下有里字

○按史漢多假咸爲減

須使民利國　閩監毛本同惠棟按宋本使作便

若然夏家文應五篇　閩監毛本篇作等是也

制農田百畝節

田肥墽有五等收入不同也　閩監毛本如此岳本同嘉靖本同衛氏集說同此本田誤日墽誤墩收誤候釋文出肥墽云本又作墽考文引古本作墝

制農至卿祿　惠棟按宋本無此五字

正以七八六八五八爲率者　考文引宋板同閩監毛本正作止衛氏集說同

是有九等　閩監毛本同衛氏集說同惠棟按宋本是下有則字

此據準庶人在官之祿　惠棟按宋本作準此本準字闕閩監毛本準作制非衛氏集說亦作準據上有經字

司徒上地家十八　閩監毛本同衛氏集說十作七是也浦鏜按云七誤十齊召南云司徒上脫小字上大司徒所云農夫授田實有九等大字乃小字之訛也

再易之地家三百畮　閩監毛本作再此本再誤至

八鳩當一井　閩監毛本同浦鏜按當上補而字

九夫爲數五數而當一井　閩監毛本同惠棟按宋本數作藪是也

賦法積四十五　閩監毛本同惠棟按宋本五下有井字

上地畝一鐘鐘六斛四斗　監毛本同閩本鐘作鍾惠棟按宋本同下同

故載師有官田　閩監毛本作載此本載字闕

次國之上卿節　惠棟按云次國節其有中士節宋本合爲一節

此諸侯使卿大夫覜聘並會之序也　閩本同岳本同嘉靖本同考文引宋板古

本足利本同監毛本覩作頫衞氏集說同釋文出覩聘疏倣此○按爾雅覩視也覩訓視故從見

其爵位同 閩監毛本同嘉靖本同衞氏集說同惠棟按宋本爵位作位爵宋監本岳本同考文引古本同

爵異固在上耳 閩監本同岳本同嘉靖本同衞氏集說同考文引宋板古本足利本同正義亦作固毛本誤故

使卿絺冕 閩監毛本同惠棟按宋本使作又

其有中士下士者節

正義曰中士者 惠棟按宋本無正義曰三字

旣定在朝會 閩監毛本同惠棟按宋本無定字衞氏集說同

本國出使其行至他國 閩監毛本其作是

是文以大國爲主 閩監毛本作主此本主誤王衞氏集說是作此

凡四海之內九州節

州建百里之國三十 閩監毛本同岳本同嘉靖本同衞氏集說同石經三十合作卅後凡三十字放此

五十里之國百有二十 閩監毛本同岳本同嘉靖本同衞氏集說同石經二十合作廿後凡二十字放此

立小國百二十十二小卿也 閩監毛本同岳本同嘉靖本同衞氏集說同惠棟按宋本十十二字下又重十字○按正義云當十於十二小卿也是正義本十字當重又云定本云十十二小卿重有十字俗本直云十二小卿俗本誤也今各本脫一十字反同於正義所譏之俗本大謬也

不得障管 閩監毛本同岳本同嘉靖本同衞氏集說同釋文出章管云本亦作障正義引定本云不得管亦賦稅而已

盈上四等之數并四十九 閩監毛本同衞氏集說同惠棟校宋本九作六岳本同嘉靖本同考文引古本足利本同岳本禮記考證云案盈上四等之數謂湊上公侯伯子四等數也上旣云方五百里者四四百里者六三百里者十一二百里者二十五綜四六十一二十五計之共應四十六并小國一百六十四是爲一州二百一十國則非四十九明矣諸本六作九非

凡四至十國 惠棟按宋本無此五字

故知準擬六卿言十於六卿六十也 閩監毛本同考文引宋板無言十於六卿五字衞氏集說同

定本云十十二小卿 閩監毛本作本此本本字闕

若不得取其財物 閩監毛本同惠棟按宋本若作民衞氏集說同

以時入之于王府是也 閩本同監毛本王作玉是也衞氏集說同監毛本無之字

則五箇千里之方 閩監毛本同惠棟按宋本方下有外字衞氏集說同

更得五十九箇百里之方 閩監毛本如此衞氏集說同此本九下衍外字

伯於三百里之上 閩監毛本有里字此本里字脫考文引宋板同

以其尊極故也 閩監毛本同惠棟宋本無也字

天子之縣內節

雖有致仕猶可卽而謀焉 閩監毛本同嘉靖本同衞氏集說同惠棟按宋本有作其宋監本岳本同案依正義作其

天子至閒田 惠棟按宋本無此五字

惟有九十三國者 閩監毛本作者此本者字闕

土地旣減 閩監毛本作減此本減作咸

亦入之王府 閩監毛本同衞氏集說王作玉考文引宋板同

以大都之田任畺地是也 惠棟按宋本作畺衞氏集說同此本畺誤量閩監毛本同

凡九州節 閩本此節疏十九二十兩頁上下截互易監板斷後聯之者誤也

不與不在數中也 閩監本同考文引宋板同岳本同嘉靖本同衞氏集說同毛本數誤藪

春秋傳云 閩監毛本同惠棟按宋本云作曰宋監本岳本同嘉靖本同衞氏集說同考文引古本足利本同

方千里者二十五 閩監毛本同嘉靖本同惠棟按宋本五下有也字宋監本岳本同

凡九至不與 惠棟按宋本無此五字

次經明天子縣內殷之畿內國畿 閩監毛本同惠棟按宋本下畿作數衞氏集說作次經云天子縣內明殷之畿內國數

引春秋傳者哀七年左傳文 閩監毛本作七衞氏集說同此本七字漶滅

與會稽別也 閩監毛本作會稽此本會稽二字漶滅

按萬國之數鄭注臯陶謨 惠棟按宋本如此衞氏集說同此本數鄭注三字漶滅閩監毛本作數注在脫鄭字衍在字

堯初制五服更五百里 閩監毛本同浦鏜依書疏改更作各

封國七有奇 閩監毛本如此此本七有奇三字漶滅

以千里之方二爲公侯之國 閩監毛本同惠棟按宋本二作三

又以千里之方二爲伯七十里之國 閩監本同毛本二作三

又以千里之方二爲子男五十之國 此本二爲子三字漶滅

以二百國及奇餘爲附庸山澤 惠棟按宋本亦作二閩監毛本二作三

以地形不可方平如圖又有山澤不封之地 閩監毛本同考文引宋板無方字澤字非也

帝德寬廣 閩監毛本同惠棟按宋本廣作遠

要服去王畿三千五百里 閩監毛本同惠棟按宋本畿作城

與周要服相當 閩監毛本同衞氏集說同盧文弨云要當作蠻

又其外方五百里曰藩服 閩本同惠棟按宋本亦作藩是也衞氏集說同監毛本藩作蕃

鄭駁之云而諸侯多少 閩監毛本同盧文弨云而字衍

則殷末諸侯千二百也 惠棟按宋本同閩監毛本二作八又此本二字誤重

天子百里之內以共官節

天子至爲御 惠棟按宋本無此五字

四面相距則二百里 惠棟按宋本同閩監毛本二作五衞氏集說同

千里之外設方伯節

千里至二伯 惠棟按宋本無此五字

鄭荅志云 閩監毛本同浦鏜云當鄭志荅某云之誤盧文弨云合字衍

大公爲王官伯 惠棟按宋本作王此本王誤三閩監毛本作五亦非

而立五侯九伯 閩本同惠棟按宋本同監毛本立作云盧文弨云立字非

其寔無也 閩監毛本同惠棟按宋本寔作實

千里之內曰甸節

服治田出穀稅 閩監毛本同岳本同嘉靖本服誤使衞氏集說作甸謂服治田出穀稅甸謂二字衞氏以意增成之耳考文云古本服上有甸字稅下有者也二字足利本作甸服能治田出穀稅者皆非正義云定本直云服治田出穀稅無甸字可見當時本不一而正義則定從定本也疏中標起止亦無甸字可證

千里至曰流 惠棟按宋本無此五字

服治至穀稅 閩監毛本同惠棟按宋本作服治田出穀稅

經云千里之外曰采閩監毛本云作文非也考文引宋板亦作云

注謂九至里流閩監毛本同惠棟挍宋本作曰流盧文弨云宋本此段標曰流二字乃是釋經文非釋注也

天子三公節

天子至元士惠棟挍宋本無此五字

以明堂殷官二百閩本同惠棟挍宋本同監毛本二誤三衞氏集說亦作二堂下有位字

或畢殷也惠棟挍宋本此下標禮記正義卷第十五終記云凡二十二頁

大國三卿節此本經次國上小國上皆有○嘉靖本同此非也閩監毛本去○是○惠棟挍宋本自此節起至歲二月止爲第十六卷卷首題禮記正義卷第十六

如今詔書除吏矣惠棟挍宋本監本岳本嘉靖本同衞氏集說同閩監毛本矣上衍是字

大國至七八惠棟挍宋本無此五字

但大國三卿並受命於天子也閩監毛本同衞氏集說也作耳

故此云下大夫五上士二十七八閩監毛本同惠棟挍宋本五下有人字是也考文引宋板上作人山井鼎云或作上或作人俱脫一字當作下大夫五人上士二十七人按此考文與惠挍不同

天子使其大夫爲三監節

天子使其至三八惠棟挍宋本無此七字

天子之縣內諸侯節

不得位閩監毛本同衞氏集說同惠棟挍宋本位作世宋監本岳本嘉靖本同○按正義云不得繼世之事則作世是也

天子至祿也惠棟挍宋本無此五字

外諸侯節

外諸侯嗣也惠棟挍宋本無此五字

制三公一命衮節

制三至五命惠棟挍宋本無此五字

又覲禮皆作衮閩監毛本同惠棟挍宋本又作及是也衞氏集說同

按有虞氏皇而祭之下閩監毛本同考文引宋板皇作望

土記位南方閩監本同毛本記作託按玉海集鄭易注作土無正位託于南方是亦作託字

故知虎蜼虞夏已飾於尊閩本同惠棟挍宋本同監毛本蜼誤彝

藻者取其絜清有文閩監毛本絜作潔俗字下絜白同

黻謂兩已相背閩監毛本同浦鏜挍云爲誤謂已當亞誤

皆希以爲繡惠棟挍宋本同閩監毛本希作絺衞氏集說同按周禮注作希釋文云本又作絺○按依說文當作黹

希之衣一章監本同衞氏集說亦作希是也閩毛本希作絺

絺衣一章閩本同惠棟挍宋本同監毛本絺作希

裳法地章數偶閩監毛本同惠棟挍宋本章上有故字衞氏集說同

絺冕之衣獨繡者閩本同監毛本絺作希山井鼎云此疏中希冕之希正嘉二本共作絺宋板或作絺又作希參差不同今不復一一記之但從糸者近是按山井鼎說非也此本疏中凡引經注成文作希者皆仍作希其非引經注成文則皆作絺宋本當同此例閩本一槩改從絺監毛本又一槩改從希皆未知孔氏之意也

其元端則二尺二寸閩監毛本同浦鏜挍則下補袂字

絺冕五旒閩本同監毛本絺作希

舉首爲重故也惠棟挍宋本有首字此本首字脫閩監毛本同

孤之服自希冕而下監毛本同閩本希作絺

公之衮冕章數與王同惠棟挍宋本有章字此本章字脫閩監毛本同

其孤則絺冕閩本同監毛本絺作希下無孤之國卿絺冕以此言之卿絺冕絺冕三旒孤絺冕而下並同

故聘禮云主國之喪閩監毛本同惠棟挍宋本云作王非

諸侯及孤卿大夫之冕韋皮弁閩監毛本同惠棟挍宋本韋下有弁字與周禮弁師合

繅玉皆三采閩監毛本同惠棟挍宋本繅作藻

用玉三十二命之卿繅三就閩監毛本同惠棟挍宋本命上有三字考文記宋板命上復有二字亦與惠挍小異○按二卿三字之誤檢周禮注自得也

冠弁兼於韋弁皮矣是也閩監毛本矣改弁惠棟挍宋本矣上有弁字是

大國之卿節

與下大夫一命閩監毛本同岳本同嘉靖本同衞氏集說同石經闕考文云古本一作壹

大國至一命惠棟挍宋本無此五字

凡官民材節

凡官至祿之惠棟挍宋本無此五字

正義曰爵謂正其秩次惠棟挍宋本無正義曰三字

爵人於朝節

與衆弃之石經同岳本同嘉靖本同閩監毛本弃作棄衞氏集說同

士遇之塗閩監毛本同石經同岳本同嘉靖本同衞氏集說同釋文出之涂云本又作塗○按古道塗字多作涂

亦弗故生也石經岳本嘉靖本宋監本同惠棟挍宋本亦作亦閩監毛本亦誤示衞氏集說同按正義云非但不使意在亦不欲使生正疏經文亦字義石經考文提要云宋大字本余仁仲本劉叔剛本禮記纂言皆作亦

困乏又無䰟餼也閩本惠棟挍宋本同衞氏集說同監毛本又誤及

爵人至生也惠棟挍宋本無此五字

合所之適處而居之閩監毛本同衞氏集說之適作適之

解經亦弗故生考文引宋板同閩監毛本亦誤示

謂梏一梏二拲二考文引宋板同閩監毛本二作三盧文弨云按梏二拲二與梏一是五種從宋本是

以人道絕也惠棟校宋本作入此本入字殘闕閩監毛本人作夫非

諸侯之於天子也節

諸侯至一朝惠棟挍宋本無此五字

四年又徧閩監毛本同考文引宋板又作乃

按鄭注尚書曰方諸侯閩監毛本同惠棟挍宋本曰作四是也

是鄭以歲聘間聘朝文無所出閩監毛本同惠棟挍宋本無下聘字

守者收也爲天子循行守土收民閩監毛本收作牧○按浦鏜云是也作牧字與通典及初學記所引合又孫志祖云李善注東都賦引禮記逸禮曰巡狩者何巡者循也狩牧也謂天子巡行守牧也亦作收之一證

道德大平閩監毛本大作太下大傾大既同

謙敬重民之至也閩監毛本同浦鏜從禮器疏挍謙改謹

歲二月節

舉猶祭也　閩本同惠棟挍宋本同岳本同嘉靖本同衛氏集說同監毛本祭誤宗

歲二至用特　惠棟挍宋本無此五字

嶽之爲言桷也桷功德也　惠棟挍宋本作桷此本桷誤桶閩監毛本改桶作誦亦非也山井鼎云白虎通作桶恐桷字誤風俗通作角盧文弨改從桷云桷與角同浦鏜改作埆

其祭天之後乃望祀山川　本亦作山閩監毛本山誤三惠棟挍宋本亦作山衛氏集說作而後望祀山川

故云由此云二者言之　閩監毛本同惠棟挍宋本無下云字

今此王制所主岱宗柴者　閩監毛本同惠棟挍宋本主作注是也

則亦王先見之　考文引宋板同閩監毛本亦王作王亦衛氏集說同

鍾鼓之樂　閩監毛本鍾作鐘衛氏集說作鼓鍾之樂

宗庿是內神　閩監毛本庿作廟衛氏集說同下宗庿可以表明爵等大事于大庿同

郭注山在衡陽相南縣南　閩監本同相作湘毛本亦作湘山誤云

今在廬江潛縣西　閩監毛本同浦鏜挍潛改灊按爾雅釋山郭注作灊

自魏武帝以來　閩監毛本同齊召南云按魏字誤徙衡之祀於霍自漢武帝始也尚書疏作漢字是

管子又云封禪者　惠棟挍宋本作子此本子誤中閩監毛本因作仲非也

鄭因巡守連言封禪耳　閩監毛本同惠棟挍宋本行作守

孝經緯云　惠棟挍宋本同閩監毛本緯誤諱考文云宋板云字闕

昔古封禪七十二家　閩監毛本同惠棟挍宋本昔作自

附釋音禮記注疏卷第十一終　惠棟挍宋本標禮記正義卷第十六終記云凡二十一頁

禮記注疏卷十一挍勘記

附釋音禮記注疏卷第十二

王制　鄭氏注　孔穎達疏

天子將出。類乎上帝。宜乎社。造乎禰。諸侯將出。宜乎社。造乎禰。帝謂五德之帝所祭於南郊者類宜造皆祭名其禮亡○禷音類造七報反下及注同 疏 天子至乎禰○正義曰此一經論天子巡守之禮也將出謂初出時也知此是巡守者以下別云天子將出征類乎上帝故知此是巡守也類乎上帝者謂祭告天也宜乎社者此巡行方事誅殺封割應載社主也云宜者令誅伐得宜亦隨其宜而告也社主於地又爲陰而誅殺亦陰故於社也故書云弗用命戮于社是也○造乎禰者造至也謂至父祖之廟也然此出歷至七廟知者前歸假既云祖禰明出亦告祖禰也今惟云禰者白虎通云獨見禰何辭從卑不敢留尊者之命至禰不嫌不至祖也皇氏申之云行必有主無則主命載于齊車書云用命賞于祖是也今出辭別先從卑起最後至祖仍取遷主則行也若前至祖後至禰是留尊者之命爲不敬也故曲禮曰已受命君言不宿於家亦其類也若還以先祖後禰如前所言也所以然者先應反主祖廟故也然出告天地及廟還惟告廟不告天地者白虎通云還不復告天者天道無外內故不復告也○諸侯將出者謂朝王及自相朝盟會征伐之事也○宜乎社者不得告天故從社始也亦載社主也○造乎禰者亦告祖及載主也惟言出告則歸亦告也曾子問曰出反必親告于祖禰是也天子用特牲諸侯卑則否也曾子問注云皆奠幣以告之是也○注帝謂至禮亡○正義曰謠天子類帝是祭五德帝也鄭注月令祈穀於上帝爲大微之帝注此上帝爲五德五德似如大皞五人之帝二文不同庾蔚云謂大微五帝應於五行五行各有德故謂五德之帝木神仁金神義火神禮水神知土神信是五德也云所祭於南郊者按五德之帝應祭四郊此獨云祭於南郊者謂王者將行各一祭所出之帝於南郊猶周人祭靈威仰於南郊是五帝之中一帝故上摠云帝謂五德之帝此據特祭所出之帝故云祭於南郊云類宜造皆祭名者按小宗伯云凡天地之大烖類社稷宗廟則爲位鄭注云禱祈禮輕類者於其正禮而爲之是類爲祭名也按爾雅釋天云起大事動大衆必先有事乎社而後出謂之宜孫炎注云求便宜也是宜爲祭名也按大祝六祈一曰類二曰造是造爲祭名也但天道懸遠以事類告之社主殺戮故求其便宜廟爲親近故以奉至言之各隨義立名也

○天子無事。與諸侯相見曰朝。事謂征伐○與如字朝直遙反 考禮正刑。一德以尊于天子。天子賜諸侯樂。則以柷將之。賜伯子男樂。則以鼗將之。將謂執以致命柷鼗皆所以節樂○柷昌六反樂音岳鼗音桃 ○諸侯賜弓矢。然後征。賜鈇鉞。然後殺。賜圭瓚。然後爲鬯。未賜圭瓚。則資鬯於天子。得其器乃敢爲其事圭瓚鬯爵也鬯秬酒也○鈇方于反又音斧鉞音越圭字又作珪按說文珪古字圭今字瓚才旦反鬯勑亮反秬音巨黑黍也 疏 天子至天子○正義曰此一節論諸侯朝天子天子賜之事各隨文解之○注事謂征伐○正義曰知事非喪故而爲征伐者若王室有喪則朝赴不廢故傳云天子七月而葬同軌畢至此朝謂常朝雖四時而來朝朝是摠名也若時會之禮有征伐之事則此常朝別也○考禮正刑一德以尊于天子者考禮謂諸侯相與朝王之時考校禮儀正定刑法專一道德以尊崇天子不言樂者禮中兼之禮刑是施用於人故先言之道德是已之所行故後言之○注將謂至節樂○正義曰凡與人之物置其所與大者於地執其小者以致命於人將行也謂執以行命云柷鼗皆所以節樂者按漢禮器制度柷狀如漆筩中有椎將作樂先擊之鼗如小鼓長柄旁有耳搖之使自擊柷之節樂一曲之始其事寬故以將諸侯之命鼗所以節一唱之終其事狹故以將伯子男之命○諸侯至天子○賜弓矢者謂八命作牧者若不作牧則不得賜弓矢故宗伯云八命作牧注云謂諸侯有功德者加命得專征伐此謂征伐當州之內若九命爲二伯則得專征一方五侯九伯也若七命以下不得弓矢賜者尚書大傳云以兵屬於得專征伐者此弓矢則尚書彤弓一彤矢百盧弓十盧矢千於周禮則當唐弓大弓合七而成規者故司弓矢云唐弓大弓以授使者勞者注云若晉文侯文公受王弓矢之賜者賜鈇鉞者謂上公九命得賜鈇鉞然後鄰國臣弒君子弒父者得專討之晉文侯雖受弓矢不受鈇鉞崔氏云以不得鈇鉞不得專殺故執衛侯歸之於京師○賜圭瓚者亦謂上公九命者若未賜圭瓚者則用璋瓚故周禮小宗伯注云天子圭瓚諸侯璋瓚旣不得鬯則用薰故王度記云天子以鬯諸侯以薰圭瓚之制按玉人職大璋中璋之制云黃金勺青金外朱中鼻寸衡四寸鄭注云鼻勺流也凡流皆爲龍口也三璋之勺形如圭瓚又典瑞注瓚槃大五升口徑八寸下有槃口徑一尺又明堂位注云以大圭爲柄玉人注又云有流前注此是圭瓚之形也鬯者釀秬黍爲酒和以鬱金之草謂之鬱鬯不以鬱和直謂之鬯此鬯者謂鬯也此弓矢鈇鉞圭瓚等八命九命而加九賜也晉文侯雖以州牧之禮[illegible]皆九賜之物但無鈇鉞之賜其前文賜樂者非九賜之樂故伯子男亦得受之魯無弓矢之賜陳恒弒君孔子請討之者春秋之時見鄰國篡逆亦得專征伐若鄰國無罪而輒征之則不可故哀公八年魯伐邾吳子討之是也

○天子命之教。然後爲學。小學在公宮南之左。大學在郊。學所以學士之宮尚書傳曰百里之國二十里之郊七十里之國九里之郊五十里之國三里之郊此小學大學殷之制 天子曰辟廱。諸侯曰頖宮。尊卑學異名辟明也廱和也所以明和天下頖之言班也所以班政教也○辟音壁注同頖音泮 疏 天子至頖宮○正義曰此一節論天子命諸侯立學及學名之事各依文解之○注尚書至之制○正義曰所引書傳者伏生多士傳文假令百里之國國城居中面有五十里二十里置郊郊外仍有三十里七十里之國國城居中面有三十五里九里置郊郊外仍有二十六里五十里之國國城居中面有二十五里三里置郊郊外仍有二十二里此皆以四里爲差此經小學在公宮南之左大學在郊既是殷制故引書傳郊之所在以明之若周制則司馬法云百里郊天子畿內方千里百里爲郊則諸侯之制郊皆計竟大小故聘禮注云遠郊上公五十里侯伯三十里子男十里也近郊各半之鄭必知近郊半遠郊者按書序云命君陳分正東郊成周注云東郊周之近郊也蓋五十里今河南洛陽相去則然以天子近郊半遠郊則知諸侯近郊皆半遠郊也以經文承上諸侯之下故直云天子命之教不云命諸侯從可知云此小學大學殷之制者以下文云殷人養國老於右

學養庶老於左學則左學小右學大此經云小學在公宮南之左故知殷制也周則大學在國小學在四郊下文具也○注辟明至教也○正義曰釋詁云辟君也君則尊明靡和也釋訓文云所以明和天下者謂於此學中習學道藝欲使天下之人悉皆明達諧和故云明和天下云頖之言班也所以班政教也者須是分判之義故爲班於此學中施化使人觀之故云所以班政教也按詩注云土雝水之外圓如璧注又云頖之言半以南通水北無也二注不同者此注解其義詩注解其形於此必解其義者以上云天子命之教是政教治理之事故以義解之詩云王在在靈沼於牣魚躍又云思樂泮水薄采其芹皆論水之形狀故詩注以形言之

○天子將出征。類乎上帝。宜乎社。造乎禰。禡於所征之地。禡師祭也爲兵禱其禮亦亡。○禡馬伯反又音百注同爲于僞反下爲盡物同禱丁老反受命於祖。告祖也受成於學。定兵謀也出征執有罪。反釋奠于學。以訊馘告。釋菜奠幣禮先師也訊馘所生獲斷耳者詩曰執訊獲醜又曰在頖獻馘馘或爲國○訊本又作誶音信注同馘古獲反截耳斷音短下斷殺同

【疏】天子至馘告○正義曰此一經論天子出征所祭之事各依文解之○注禡師至亦亡○正義曰按釋奠云是類是禡師祭也故知禡爲師祭也謂之禡者按肆師注云貉讀如十百之百爲師祭造軍法者禱氣勢之增倍也其神蓋蚩蚘或曰黃帝鄭既云祭造軍法者則是不祭地熊氏以禡爲祭地非師祭皆稱類爾雅類既爲師祭所以上文云天子將出巡守類乎上帝及舜之攝位亦類乎上帝並非師祭皆稱類者但爾雅所釋多爲釋詩以皇矣云是類是禡止釋皇矣類禡爲師祭不謂餘文類皆爲師祭但類者以事類告天若以攝位事類告天亦謂之爲類若以巡守事類告天亦謂之爲類故異義夏侯歐陽說以類祭天者以事類祭之古尚書說非時祭天謂之類許慎謹按周禮郊天無言類者知類非常祭從古尚書說鄭氏無駁與許同也然令尚書及古尚書二說其文雖異其意同也以事類告祭則是非常故孔注尚書亦云以攝位事類告天鄭又以類雖非常祭亦比類正禮而爲之故小宗伯注云類者依其正禮而爲之是也○受命至馘告○受命於祖謂出時告祖是不敢自專有所稟承故言受命祖禰皆告以祖爲尊故特言祖此受命於祖則前文造乎禰也但前文據告行故云造乎禰此據以征伐之事故云受命於祖所以重起其文也然則受命於祖在造乎禰之前但前文類帝宜社禡於所征之地總說出行之時然後郤本初時受命於祖受成於學之事所以文倒也受成於學者謂在學謀論兵事好惡可否其謀成定受此成定之謀在於學裏故云受成於學○出征執有罪者謂出師征伐執此有罪之人還反而歸釋菜奠幣在於學以可言問之訊馘左耳之馘告先聖先師也○注釋菜至獻馘○正義曰按大胥職云春入學舍采合舞文王世子亦云釋菜鄭注云釋菜禮輕也則釋菜惟釋蘋藻而已無牲牢無幣帛文王世子又云始立學者既興器用幣注云禮樂之器成則釁之又用幣告先聖先師以器成此則徒用幣而無菜亦無牲牢也文王世子又云凡始立學者必釋奠於先聖先師及行事必以幣是釋奠有牲牢又有幣帛無用菜之文熊氏以此爲釋菜奠幣者謂釋奠之禮以獻俘馘故云釋菜奠幣言釋奠之時既有牲牢菜幣兩有今按注云釋菜解經中釋字奠幣解經中奠字又云禮先師不云祭先師則以訊馘告之時但有菜幣而已未必爲釋奠有牲牢也於事有疑未知孰是故備存焉然則釋菜奠幣皆告先聖先師此直云先師文不具耳云訊馘所生獲斷耳者以生獲解訊以斷耳解馘按釋言云訊言也故詩注云執其可言問者釋詁云馘獲也訊是生者馘是死而截耳者云詩曰執訊獲醜者詩小雅出車篇文也云又曰在頖獻馘者魯頌泮水篇文也按周禮宗伯師還獻愷於祖司馬職云愷樂獻于社此記不云祖及社者文不具周禮不云獻愷於學者亦文不具

○天子諸侯無事則歲三田。一爲乾豆。二爲賓客。三爲充君之庖。三田者夏不田蓋夏時也周禮春曰蒐夏曰苗秋曰獮冬曰狩乾豆謂腊之以爲祭祀豆實也庖今之廚也○乾音干庖步交反蒐所交反獮息淺反腊音昔無事而不田。曰不敬。田不以禮。曰暴天物。不敬者簡祭祀略賓客天子不合圍。諸侯不掩羣。爲盡物也○合如字徐音閤揜音掩本又作掩天子殺則下大綏。諸侯殺則下小綏。綏當爲緌緌有虞氏之旌旗也下謂弊之○綏依注音緌耳佳反下注同大夫殺則止佐車。佐車止則百姓田獵。佐車驅逆之車○獵力輒反驅丘于反又上遇反獺祭魚。然後虞人入澤梁。豺祭獸。然後田獵。鳩化爲鷹。然後設罻羅。草木零落。然後入山林。昆蟲未蟄。不以火田。取物必順時候也梁絕水取魚者罻小網也昆明也明蟲者得陽而生得陰而藏○獺徐他達反又他瞎反豺仕皆反罻音尉一音鬱零本又作苓音同說文云草曰苓木曰落蟲直隆反下同蟄直立反不麛。不卵。不殺胎。不殀夭。重傷未成物殀斷殺少長曰夭○麛本又作麑音迷同卵力管反胎吐來反殀夭上於表反下烏老反斷丁亂反又音段少長上詩召反下丁丈反不覆巢。覆敗也○覆芳服反注同

【疏】天子至覆巢○正義曰此一節論天子以下田獵之事各隨文解之○天子諸侯無事者謂無征伐出行喪者之事則一歲三時田獵獵在田中又爲田除害故稱田也○一爲乾豆者謂乾之以爲豆實豆實非脯而云乾者謂作醢及臡先乾其肉故云乾豆是上殺者也二爲賓客中殺者也○三爲充君之庖下殺者也故穀梁淵聖御名四年范甯云上殺中心死速乾之以爲豆實次殺射髀骼死差遲故爲賓客下殺中腸污泡死最遲故充庖廚又車攻毛傳云自左膘而射之達於右腢爲上殺射右耳本次之射左髀達於右䯚爲下殺是亦有三等之殺先宗廟次賓客者尊神敬賓之義○注三田至曰狩○正義曰夏不田蓋夏時也者以夏是生養之時夏禹以仁讓得天下又觸其夏名故夏不田鄭之此注取春秋緯運斗樞之文故以爲夏不田若何休猶異於此故穀粱傳淵聖御名四年公狩于郎傳曰春曰田夏曰苗秋曰蒐冬曰狩何休云運斗樞曰夏不田穀粱有夏田於義爲短鄭玄釋之云四時皆田夏殷之禮詩云之子于苗選徒嚻嚻夏田明矣孔子雖有聖德不敢顯然改先王之法以教授於世若其所欲改其陰書於緯藏之以傳後王穀粱四時田者近孔子故也公羊正當六國之亡讖緯見讀而傳爲三時田作傳有先後雖異不足以斷穀粱也如鄭此言三時之田不敢顯露陰書於緯四時之田顯然在春秋之經穀粱爲傳之時去孔子既近不見所藏之緯唯覩春秋見經故以爲四時田也公羊當六國之時去孔子既遠緯書見行於世公羊既見緯文故以爲三時田又鄭釋廢疾云歲三田謂以三事爲田即上一曰乾豆之等是深塞何休之言當以注爲正云周禮春曰蒐以下周禮大司馬職文彼注云夏田爲苗擇取不孕任者若治苗去不秀實者秋田爲獮獮殺也中殺者多也冬田爲狩言守取之無所擇也鄭不釋蒐者蒐擇也亦謂擇取不孕者以義可知故不解也然春秋四時田獵皆曰蒐皆以春蒐之禮行之故也田不以禮曰暴天物者若田獵不以其禮殺傷過多是暴害天之所生之物以禮田者則下文天子不合圍以下至不覆巢皆是也○天子至掩羣○天子四時田獵皆得圍但圍而不合若諸侯惟春田不得圍其夏秋冬皆得圍圍亦不合故下曲禮云國君春田不圍澤○諸侯不掩羣者是畿內諸侯爲天子大夫故下曲禮云大夫不掩羣此皆是熊氏之說若皇氏以此爲夏殷禮下曲禮爲周禮義或然也○注綏當至弊之○正義曰綏字是糸旁妥是登車之索綏字是糸旁委是旌旗之名經作綏字故云綏當爲緌云有虞氏之旌旗也者按明堂位云有虞氏之旂夏后氏之綏鄭注云有虞氏當言綏旌旗無旒者周謂之大麾於周則春夏田用綏故鄭荅趙商云春夏用大麾秋冬用大常云下謂弊之者謂弊仆於地也若初殺時則抗之已殺獵止之時則弊之故詩傳云天子發抗大綏諸侯發抗小綏此抗綏以表天子諸侯之獲周禮大司馬以旗致民注云小旗者立旗期民於其下也山虞云植虞旗澤虞云植虞旌謂田獵罷致禽旗旗也並與此綏不同也○大夫至田獵○大夫殺則止佐車則天子諸侯殺未止佐車也云佐車止則百姓田獵以此推之則天子殺然後諸侯殺諸侯殺然後大夫殺故詩傳云天子發然後諸侯發諸侯發然後大夫士發是也此云佐車止則百姓田獵謂冬獵之時然則大綏小綏者也夏殷之法秋冬皆用綏異於周也○注佐車驅逆之車○正義曰按大司馬云乃設驅逆之車注云驅驅出禽獸使趍亡者也逆逆要不得令走凡四時田獵欲止之時各不同也按大司馬春火弊謂春時田獵殺獲禽獸將畢摠放火焚萊而後止春用火者鄭注因焚萊除陳草皆殺而火止大司馬又云夏車弊注云車弊驅獸之車止也謂獵人殺禽既畢布列車乘摠驅禽獸而後止息鄭云夏田主用車示所取物希皆殺而車止鄭即引王制云大夫殺則止佐車佐車止則百姓田獵是殺禽既畢佐車休止但夏時佐車止百姓未得田獵鄭云百姓田獵者因引王制之成文大司馬又云秋羅弊注云秋田主用罔中殺者多也皆殺而罔止大司馬又云冬徒弊注云冬田主用衆物多衆得取也○獺祭至火田○按月令正月獺祭魚孝經緯云獸蟄伏獺祭魚則十月中也是獺一歲再祭魚此下文鳩化爲鷹草木零落文相連接則獺祭魚然後虞人入澤梁謂十月時按魯語李革云鳥獸孕水蟲成於是乎禁罝罦羅網又云獸長麛夭鳥翼轂卵注云謂季春時然則正月雖獺祭魚虞人不得入澤梁○豺祭獸然後田獵者按月令九月豺乃祭獸夏小正十月豺祭獸則是九月末十月初豺祭獸之後百姓可以田獵鳩化爲鷹然後設罻羅者謂八月時但鳩化有漸故月令季夏云鷹乃學習孟秋云鷹乃祭鳥其鳩化爲鷹則八月時也以月令二月時鷹化爲鳩則八月鳩化爲鷹也故周禮司裘云中秋獻良裘鄭司農注云中秋鳩化爲鷹是也設罻羅者按說文云罻捕鳥網也又爾雅云鳥罟謂之羅罻羅摠是捕鳥之網○草木零落然後入山林者謂十月時按月令季秋草木黃落其零落芟折則在十月也故毛詩傳云草木不折不操斧斤不入山林此謂官民摠取林木若依時取者則山虞云

仲冬斬陽木仲夏斬陰木不在零落之時昆蟲未蟄不以火田者謂未十月之時十月則得火田故羅氏云蜡則作羅襦注云今俗放火張羅從十月以後至仲春皆得火田故司馬職云春火弊是也若陶鑄之火則季春出火季秋內火按司爟云季春出火季秋內火知是陶鑄之火者按春秋昭六年左傳云三月鄭人鑄刑鼎士文伯曰火未出而作火鄭其有災乎刑鼎則陶鑄也○注昆明也○正義曰按說文曰昆同也今云明者以字從日故爲明不麛至殀夭○不麛不卵據春時特甚不殀夭之等亦然故國語云獸長麛夭鳥翼鷇卵是春尤甚此注云重傷未成物則四時皆然也國語既云獸長麛大夭與麛相連故鄭云少長曰夭

○冢宰制國用。必於歲之杪。五穀皆入。然後制國用。制國用如今度支經用杪末也○杪亡小反度大各反下音之

用地小大。視年之豐耗。小國大國豐凶之年各以歲之收入制其用多少多不過禮少有所殺○耗呼報反殺色戒反又色別反

以三十年之通制國用。量入以爲出。通三十年之率當有九年之蓄出謂所當給爲○量音亮率音律又音類本又作綷之畜勑六反後皆同

祭用數之仂。筭今年一歲經用之數用其什一○仂音勒又音力什音十

喪三年不祭。唯祭天地社稷。爲越紼而行事。不敢以卑廢尊越猶蹋也紼輴車索○紼音弗蹋力輒反輴勑倫反索悉各反

喪用三年之仂。喪大事用三歲之什一

喪祭。用不足曰暴。有餘曰浩。暴猶耗也浩猶饒也○浩胡老反

祭豐年不奢。凶年不儉。常用數之仂

國無九年之蓄。曰不足。無六年之蓄。曰急。無三年之蓄。曰國非其國也。三年耕。必有一年之食。九年耕。必有三年之食。以三十年之通。雖有凶旱水溢。民無菜色。然後天子食。日舉以樂。菜色食菜之色民無食菜之飢色天子乃日舉以樂以食○日人一反下同

〔疏〕冢宰至以樂○正義曰此一節論冢宰制國用及年之豐耗并喪祭及所蓄積之法各隨文解之○用地小大視年之豐耗者○用謂制國之用凡制國用多少必計地小大又視年之豐耗若地大年豐則制用多若地小年耗則制用少故鄭云多不過禮少有所殺○以三十年之通制國用量入以爲出者言欲制國用之時先以三十年通融之法留九年蓄外計見在之物以制國用假令一年有四萬斛以一萬斛擬三十年通融積聚爲九年之蓄以見在三萬斛制國之來歲一年之用量其今年入之多少以爲來年出用之數○注通三至給爲○正義曰通三十年之率者每年之率入物分爲四分一分擬爲儲積三分而當年所用二年又留一分三年又留一分是三年揔得三分爲一年之蓄三十年之率當有十年之蓄此云當有九年之蓄者崔氏云三十年之間大畧有閏月十二足爲一年故爲有九年之蓄是王肅以爲二十七年有九年之蓄而言三十者舉全數兩義皆通未知孰是也云出謂所當給爲者給謂給百官賓客及民人也爲謂爲造國家器物也○注筭今至什一○正義曰知用今年一歲經用者以下文云喪用三年之仂此直云數之仂故知是一歲之仂也又知仂爲什一者以仂是分散之名故考工記云石有時以泐考工記又云以其圍之防捎其藪彼注防謂三分之一此云什一者以民稅一歲之十一則國祭所用亦什一也此謂當年經用之內用其什一非是通計擬三年儲積之蓄也故鄭云一歲經用之數○注不敢至車索○正義曰私喪者是其卑天地社稷是其尊今雖遭私喪既殯已後若有天地社稷之祭即行之故云不敢以卑廢尊也越是踐蹋之義故云越猶蹋也但未葬之前屬紼於輴以備火災今既祭天地社稷須越蹋此紼而往祭之故云越紼云紼輴車索者以停住之時指其繩體則謂之紼若在塗人挽而行之則謂之引故鄭注雜記云廟中曰紼在塗曰引天地社稷故有越紼之禮六宗及山川之等卑於天地社稷哀喪終乃祭故鄭志答田瓊云天地郊社至尊不可廢故越紼祭之六宗山川之神則否其宮中五祀在喪內則亦祭之故曾子問云君薨五祀之祭不行既殯而祭之自啓至於反哭五祀之祭不行既葬而祭之但祭時須人既少衆官不皆使盡去不須越紼故鄭荅田瓊云五祀宮中之神喪時朝夕出入所祭不爲越紼也天地社稷之祭豫卜時日今忽有喪故既殯越紼行事若遭喪之後當天地郊社常祭之日其啓殯至於反哭則避此郊社祭日而爲之接禮卒哭而祔練而禘於廟此等爲新死者而爲之則非常祭也其常祭法必待三年喪畢也其春秋之時未至三年而爲吉祭者皆非禮也若杜預之意以爲既祔以後宗廟得四時常祭三年大禘乃同於吉故僖公三十三年凡君薨卒哭而祔祔而作主特祀於主烝嘗禘於廟杜注云新主既特祀於寢則宗廟四時常祀三年禮畢又大禘乃皆同於吉如杜之意與三年不祭違者按釋例云禮記後儒所作不正與春秋同是杜不盡用禮記也○注暴猶至饒也○正義曰暴是殘暴物被殘暴則虛耗故云暴猶耗也浩浩是多大之義故堯典云浩浩滔天故云浩猶饒也○雖有凶旱水溢民無菜色者凶旱謂凶荒遭旱也水溢謂水之汎溢凡水旱之歲厤運有常按律厤志云十九歲爲一章四章爲一部二十部爲一統三統爲一元則一元有四千五百六十歲初入元一百六歲有陽九謂旱九年次三百七十四歲陰九謂水九年以一百六歲并三百七十四歲爲四百八十歲注云六乘八之數次四百八十歲有陽九謂旱九年次七百二十歲陰七謂水七年次七百二十歲陽七謂旱七年又注云七百二十者九乘八之數次六百歲陰五謂水五年次六百歲陽五謂旱五年注云六百歲者以八乘八八八六十四又以七乘八七八五十六相乘爲一千二百歲於易七八不變氣不通故合而數之各得六百歲次四百八十歲陰三次四百八十歲陽三從入元至陽三除去災歲總有四千五百六十年其災歲兩个陽九年一个陰九年一个陰陽各七年一箇陰陽各五年一个陰陽各三年災歲總有五十七年并前四千五百六十年通爲四千六百一十七歲此一元之氣終矣如律厤之言此是陰陽水旱之大數也所以正用七八九六相乘者以水數六火數七木數八金數九故以此交互相乘也以七八九六陰陽之數自然故有九年七年五年三年之災須三年六年九年之蓄也然災歲有陽七陰七陽五陰五此記直云三年六年九年之蓄不云七五者此各以其三相因故不言七五也舉六年則七年五年之蓄可知若貯積滿九年之後則腐壞當隨時給用也

天子七日而殯。七月而葬。諸侯五日而殯。五月而葬。大夫士庶人三日而殯。三月而葬。尊者舒卑者速春秋傳曰天子七月而葬同軌畢至諸侯五月同盟至大夫三月同位至士踰月外姻至

三年之喪。自天子達。下通庶人於父母同天子諸侯降期○期居宜反

庶人縣封。葬不爲雨止。不封不樹。喪不貳事。縣封當爲縣窆縣窆者至卑不得引紼下棺雖雨猶葬以其禮儀少封謂聚土爲墳不封之不樹之又爲至卑無飾也周禮曰以爵等爲丘封之度與其樹數則士以上乃皆封樹貳之言二也庶人終喪無二事不使從政也喪大記曰大夫士既葬公政入於家既卒哭弁絰帶金革之事無辟也○縣封上音玄下音窆彼念反不爲于僞反注又爲同紼音弗上時掌反下大夫以上同辟音避

自天子達於庶人。喪從死者。祭從生者。支子不祭。從死者謂衣衾棺椁從生者謂奠祭之牲器

〔疏〕天子至不祭○正義曰此一節明天子以下殯葬日月不同及衣衾牲器之數各依文解之○注尊者至姻至○正義曰天子諸侯位既尊重送終禮物其數既多身在於喪許其申遂故日月緩也大夫及士禮數既卑送終之物其數簡少又職唯促遽義許奪情故日月促也必至三日者冀其更生三日不生亦不生矣所引春秋傳以下隱元年左氏文同軌者杜預云言同軌以別四夷之國謂中國諸侯車同軌轍盡皆來至同盟者杜預云同在方嶽之盟同位者杜預云古者行役不踰時諸侯以下不言畢至者有來有否不必盡來故不云畢按左傳大夫言三月士言踰月此總云大夫士三月而葬者此記者許以降二爲差故總云三月左傳細言其別故云大夫三月士踰月其實大夫三月者除死月爲三月士三月者數死月爲三月正是踰越一月故言踰月耳按膏肓休以爲士禮三月而葬今左氏云踰月於義左氏爲短玄箴之曰禮人君之喪殯葬皆數來月來日士殯葬皆數往月往日尊卑相下之差數故大夫士俱三月其實不同士之三月及大夫之踰月也鄭箴膏肓以正禮而言故云人君殯葬數來月來日若春秋之時天子諸侯之葬皆數死月故文八年八月天王崩九年二月葬襄王又成十八年八月公薨十二月葬傳云書順也是皆數死月也故鄭又云人君殯數來日葬數往月據春秋爲說其殯日之義巳具在上曲禮疏其諸侯奔喪按異義公羊說天王喪赴者至諸侯哭雖有父母之喪越紼而行事葬畢乃還左氏說王喪赴者聞諸侯既哭問故遂服斬衰使上卿弔上卿會葬經書叔孫得臣如京師葬襄王以爲得禮許慎謹按易下邳傳甘容說諸侯於千里內皆奔喪千里外不奔喪若同姓千里外猶奔喪親親也客說爲近禮鄭駮之云天子於諸侯無服諸侯爲天子斬衰三年尊卑有差按魯夫人成風薨王使榮叔歸含且賵召伯來會葬傳曰禮也襄王崩叔孫得臣如周葬襄王天子於魯既含且賵又會葬爲得禮則是魯於天子一大夫會爲不得禮可知又左傳云鄭游吉云靈王之喪我先君簡公在楚我先大夫印段實往敝邑之少卿也王吏不討恤所無也豈非左氏諸侯奔天子之喪及會葬之明文說左氏者云諸侯不得棄其所守奔喪自違其傳同姓雖千里外猶奔喪又與禮乖鄭之所駮從公羊之義又以左氏傳諸侯亦奔喪但說左氏者自違其傳云不奔喪又難許慎云千里外同姓猶奔喪與禮乖也此是鄭氏之意其諸侯自相奔喪禮按公羊說遣大夫弔君會其葬左氏說諸侯之喪士弔大夫會葬文襄之霸令大夫弔卿共葬事許慎謹按周禮無諸侯會葬義知不相會葬從左氏義鄭氏無駮與許同其諸侯夫人喪公羊說卿弔君自會葬左氏說諸侯夫人喪士弔士會葬

文襄霸士弔大夫會葬叔弓如宋葬宋共姬上卿行過厚非禮許愼謹按公羊說同盟諸侯薨君會葬其夫人薨君又會葬是其不違國政而常在路公羊左氏說俱不別同姓異姓公羊言當會許以爲同姓也左氏云不當會據異姓也鄭駁之云按禮君與夫人尊同故聘禮卿聘君因聘夫人凶時會弔主於相哀愍略於相尊敬故使可降一等士弔大夫會葬禮之正也周禮諸侯之邦交歲相問也殷相聘也世相朝也無異姓同姓親疏之數云夫人喪士會葬說者致之非傳辭者鄭氏意引周禮無同姓異姓之別者破許愼云同姓則會異姓則不會鄭又云夫人喪士會葬說者致之非傳辭破異義左氏說夫人喪士弔士會葬之文也按左氏昭三年傳云君薨大夫弔夫人士弔無士會葬之文故云說者致之言士會葬實非本傳之辭也則鄭氏以爲古者君薨士弔大夫會葬文襄之霸君薨大夫弔卿會葬其夫人之喪則古及文襄之時皆士弔大夫會葬故鄭云士弔大夫會葬禮之正○庶人至貳○庶人之喪賤無碑綷窆謂下棺縣繩下棺故云縣窆感儀既少日又促遠將葬之時不爲雨而止庶人既早小不須顯異不積土爲封不標墓以樹若士以上負國恩重雖在喪中金革無辟庶人既無爵命更無殊禮三年之內許其終喪餘居喪之外不供他事故下云父母之喪三年不從政○注縣封至辟也○正義曰知縣封當爲縣窆者若封是封土無縣繫之理不得與縣相連故知爲窆也不直云封當爲窆而與縣相連者以經有兩封若不連縣言之恐與不封相涉故連縣言之也云不得引紼下棺者士雖無碑猶有二緈今庶人無紼唯以繩縣棺故云不得引紼下棺云雖雨猶葬以其禮儀少者按異義公羊說雨不克葬謂天子諸侯也卿大夫臣賤不能以雨止穀梁說葬既有日不爲雨止左氏說卜葬先遠日辟不懷吾不汲汲葬其親不可行事廢禮不行庶人不爲雨止許愼謹按論語云死葬之以禮以雨而葬是不行禮穀梁說非也從公羊左氏之說鄭氏無駁與許同按釋廢疾云雖庶人葬爲雨止公羊說卿大夫臣賤不能以雨止此等之說則在廟未發之時庶人及卿大夫亦得爲雨止若其已發在路及葬則不爲雨止其人君在廟及在路及葬皆爲雨止云封謂聚土爲墳者以對上封爲窆故明之云封謂聚土爲墳云周禮曰以爵等爲丘封之度者是周禮冢人文既云爵等明有爵者乃有丘封周以士爲爵故云則士以上乃皆封樹是庶人不封樹彼注云王公曰丘諸臣曰封又引漢律曰列侯墳高四丈關內侯以下至庶人各有差又禮記云孔子合葬於防崇四尺鄭云蓋周之士制其樹數則無文按白虎通云天子松諸侯栢大夫栗士槐云貳之言二也者上貳是副貳之貳下二是二三之二喪不貳事者謂不爲兩事故讀從二三之二也引喪大記以下者證大夫士在喪有二事也○注從死至牲器○正義曰盧植解云從生者謂除服之後吉祭之時以子孫官祿祭其父祖故云從生者若喪中之祭虞祔練祥仍從死者之爵故小記云士祔於大夫則易牲又云其妻爲大夫而卒而后其夫不爲大夫而祔於其妻則不易牲又雜記云上大夫之虞也少牢卒哭成事祔皆大牢下大夫之虞也犢牲卒哭成事祔皆少牢是喪中之祭仍從死者之禮而鄭云謂奠祭之牲器云奠則是喪中之祭得從生者之爵與小記雜記違者小記雜記據死者子孫身無官爵生者又無可祭享故喪中之祭皆用死者之禮若其生者有爵則祭從生者之注喪祭尚爾祭喪後吉祭可知奠謂葬前祭謂葬後包喪終吉祭也鄭必知祭兼喪祭與盧植別者以此云祭從生者喪從死者相對又中庸云父爲大夫子爲士葬以大夫祭以士又云父爲士子爲大夫葬以士祭以大夫祭又與葬相對皆祭與喪葬連文是一時之言故祭中兼爲喪奠也或云在喪中祭尚從死者爵至吉祭乃用生者祿耳故知盧解鄭言奠者自吉祭之奠及非時祭耳○

天子七廟。三昭三穆。與大祖之廟而七。此周制七者大祖及文王武王之祧與親廟四大祖后稷殷則六廟契及湯與二昭二穆夏則五廟無大祖禹與二昭二穆而已○祧他彫反契息列反

諸侯五廟。二昭二穆。與大祖之廟而五。大祖始封之君王者之後不爲始封之君廟

大夫三廟。一昭一穆。與大祖之廟而三。大祖別子始爵者大傳曰別子爲祖謂此雖非別子始爵者亦然

士一廟。謂諸侯之中士下士名曰官師者上士二廟

庶人祭於寢。寢適寢也○適丁歷反

【疏】天子至於寢○正義曰此一節明天子以下立廟多少不同之事各隨文解之○注此周至而已○正義曰鄭氏之意天子立七廟唯謂周也鄭必知然者按禮緯稽命徵云唐虞五廟親廟四始祖廟一夏四廟至子孫五殷五廟至子孫六鈞命決云唐堯五廟親廟四與始祖五禹四廟至子孫五殷五廟至子孫六周六廟至子孫七鄭據此爲說故謂七廟周制也周所以七者以文王武王受命其廟不毀以爲二祧并始祖后稷及高祖以下親廟四故爲七也若王肅則以爲天子七廟者謂高祖之父及高祖之祖廟爲二祧并始祖及親廟四爲七故聖證論肅難鄭云周之文武受命之王不遷之廟權禮所施非常廟之數殷之三宗宗其德而存其廟亦不以爲數凡七廟者皆不稱周室禮器云有以多爲貴者天子七廟孫卿云有天下者事七世又云自上以下降殺以兩今使天子諸侯立廟並親廟四而止則君臣同制尊卑不別禮名位不同禮亦異數況其君臣乎又祭法云王下祭殤五及五世來孫則下及無親之孫而祭上不及無親之祖不亦詭哉穀梁傳云天子七廟諸侯五家語云子羔問尊卑立廟制孔子云禮天子立七廟諸侯立五廟大夫立三廟又云遠廟爲祧有二祧焉又儒者難鄭云祭法遠廟爲祧鄭注周禮云遷主所藏曰祧違經正文鄭又云先公之遷主藏於后稷之廟先王之遷主藏於文武之廟便有三祧何得祭法云有二祧難鄭之義凡有數條大略如此不能具載鄭必爲天子七廟唯周制者馬昭難王義云按喪服小記王者立四廟又引禮緯夏無大祖宗禹而已則五廟殷人祖契而宗湯則六廟周尊后稷宗文王武王則七廟自夏及周少不減五多不過七禮器云周旅酬六尸一人發爵則周七尸七廟明矣今使文武不在七數既不同祭又不享嘗豈禮也哉故漢侍中盧植說文云二祧謂文武曾子問當七廟無虛主禮器天子七廟堂七尺王制七廟盧植云皆據周言也穀梁傳天子七廟尹更始說天子七廟據周也漢書韋玄成四十八人議皆云周以后稷始封文武受命石渠論白虎通云周以后稷文武特七廟又張融謹按周禮守祧職奄八人女祧每廟二人自太祖以下與文武及親廟四用七人姜嫄用一人適盡若除文武則奄少二人曾子問孔子說周事而云七廟無虛主若王肅數高祖之父高祖之祖廟與文武而九主當有九孔子何云七廟無虛主乎故云以周禮孔子之言爲本穀梁說及小記爲枝葉韋玄成石渠論白虎通爲證驗七廟斥言玄說爲長是融申鄭之意且天子七廟者有其人則七無其人則五若諸侯廟制雖有其人不得過五則此天子諸侯七五之異也王肅云君臣同制尊卑不別其義非也又王下祭殤五者非是別立殤廟七廟外親盡之祖禘祫猶當祀之而王肅云下祭無親之孫上不及無親之祖又非通論且家語云先儒以爲肅之所作未足可依按周禮推存后稷之廟不毀按昭七年傳云余敢忘高圉亞圉注云周人不毀其廟報祭之似高圉亞圉廟亦不毀者此是不合鄭說故馬融說云周人所報而不立廟○注大祖至君廟○正義曰凡始封之君謂王之子弟封爲諸侯爲後世之大祖當此君之身不得立出王之廟則全無廟也故諸侯不敢祖天子若有大功德王特命立之則可若魯有文王之廟鄭祖厲王是也魯非但得立文王之廟又立姜嫄之廟及魯公文公之廟并周公及親廟除文王廟外猶八廟也此皆有功德特賜非禮之正此始封君之子得立一廟始封六世之孫始五廟備也若異姓始封如大公之屬初封則得立五廟從諸侯禮也云王者之後不爲始封之君廟者以其始封之君非有功德惟因先代之後以封之不得爲後世之大祖得立此君所出王者之廟必知然者以經傳無文云微子爲宋之始祖故也而左傳云宋祖帝乙是也若二王之後郊天之時則得以遠代之祖配天而祭故禮運云杞之郊也禹也宋之郊也契也○注大祖至亦然○正義曰此據諸侯之子始爲卿大夫謂之別子者也是嫡夫人之次子或衆妾之子別異於正君繼父言之故云別子引大傳者證此大祖是別子也云雖非別子始爵者亦然者此事凡有數條一是別子初雖身爲大夫中間廢退至其遠世子孫始得爵命者則以爲大祖別子不得爲大祖也二是別子及子孫不得爵命者後世始得爵命自得爲大祖三是全非諸侯子孫異姓爲大夫者及它國之臣初來任爲大夫者亦得爲大祖故云雖非別子始爵者亦然此總包上三事如鄭志荅趙商此王制所論皆殷制故云雖非別子亦得立大祖之廟若其周制別子始爵其後得立別子爲大祖若非別子之後雖爲大夫但立父祖曾祖三廟而已隨時而遷不得立始爵者爲大祖故鄭荅趙商問祭法云大夫立三廟曰考廟曰王考廟曰皇考廟注非別子故知祖考無廟商按王制大夫三廟一昭一穆與大祖之廟而三注云大祖別子始爵者雖非別子始爵者亦然二者不知所定鄭荅云祭法周禮王制之云或以夏殷雜不合周制是鄭以爲殷周之別也鄭必知周制別子之後得立別子爲大祖者以大傳云別子爲祖繫之以姓而弗別綴之以食而弗殊雖百世而昏姻不通者周道然也故知別子百世不遷爲大祖也周既如此明殷不繫姓不綴食大傳又云其庶姓別於上而戚單於下五世而昏姻可以通明五世之後不復繼以別子但始爵者則得爲大祖也此大夫三廟者天子諸侯之大夫皆同知者以此及祭法歷陳天子諸侯即云大夫更不別云諸侯之大夫故知與天子大夫同也卿即大夫揔號故春秋殺卿經皆揔號大夫其三公即與諸侯同若附庸之君亦五廟故莊三年公羊傳云紀季以酅入于齊傳曰請後五廟以存姑姊妹又附庸得稱朝是與諸侯同○廟謂諸至二廟○正義曰按祭法云適士二廟今此云士一廟故知是諸侯之中士下士祭法云官師一廟故云名曰官師者鄭既云諸侯之中士下士一廟則天子之中士下士皆二廟也必知皆二廟者以其揔稱元士故昏義云八十一元士是不分別上下也鄭又知諸侯中士與下士同一廟者以祭法云適士二廟言適士則不得兼中下也○注寢適寢也○正義曰此庶人祭寢謂是庶人在官府史之屬及尋常庶人此祭謂薦物以其無廟故惟薦而已薦獻不可褻處故知適寢也

○天子諸侯宗廟之祭。春曰礿。夏曰禘。秋曰嘗。冬曰烝。此蓋夏殷之祭名周則改之春曰祠夏曰礿以禘爲殷祭詩小雅曰礿祠烝嘗于公先王此周四時祭宗廟之名○礿余若反夏曰戶嫁反注夏曰礿夏祭曰下云夏薦

同禘大計反烝之承反祠音詞

天子祭天地。諸侯祭社稷。大夫祭五祀。五祀謂司命也中霤也門也行也厲也此祭謂大夫有地者其無地祭三耳○霤力救反天子祭天下名山大川。五嶽視三公。四瀆視諸侯。視視其牲器之數諸侯祭名山大川之在其地者。魯人祭泰山晉人祭河是也

【疏】天子至地者○正義曰此一節論夏殷天子諸侯大夫四時祭宗廟及祭天地山川之事各隨文解之○春曰礿者皇氏云礿薄也春物未成其祭品鮮薄也孫炎云礿者新菜可礿○夏曰禘者皇氏云禘者次第也夏時物雖未成宜依時次第而祭之○秋曰嘗者白虎通云嘗者新穀熟而嘗之○冬曰烝者烝衆也冬之時物成者衆孫炎云烝進也進品物也○注此蓋至之名○正義曰疑爲夏殷祭名者以其祭名與周不同故以爲夏殷祭名其夏殷之祭又無文故稱蓋以疑之此云春礿而郊特牲云春禘者鄭彼注云禘當爲禴從此爲正祭義曰春禘鄭注直云夏殷禮不改禘字者以郊特牲已改禘爲禴故於祭義略之從可知也云周則改之春曰祠夏曰礿者按宗伯云以祠春享先王以禴夏享先王又知周以禘爲殷祭者按公羊傳曰五年而再殷祭又春秋經僖八年秋七月禘于大廟是禘爲殷祭殷猶大也謂五年一大祭引詩小雅者是文王之詩天保之篇謂文王受命已改殷之祭名以夏祭之禘改名曰礿而詩先言礿後祠者從便文嘗在烝下以韵句也于公諡至不窋也先王謂后稷大王王季也○注五祀至王三耳○正義曰知五祀是司命中霤門行厲者按祭法云王立七祀曰司命曰中霤曰國門曰國行曰泰厲曰戶曰竈諸侯五祀無戶竈自外與天子同明大夫五祀與諸侯同知是司命中霤門行厲也云此祭謂大夫有地者以其祭五祀與諸侯同故知大夫有采地者云其無地祭三者以祭法云大夫立三祀曰族厲曰門曰行也鄭意以此及祭法俱是周禮有地者祭五無地者祭三按下曲禮大夫祭五祀謂戶竈中霤門行以爲殷禮此大夫五祀爲有地大夫五祀之神又別者以曲禮天子諸侯大夫皆祭五祀更無等差故以月令五祀當之總爲殷禮此文天子云祭天地諸侯云祭社稷大夫云祭五祀既別爲尊卑之差故以周法解之○注視視至之數○正義曰按夏傳云五嶽視三公四瀆視諸侯其餘山川視伯小者視子男鄭注云謂其牲幣粢盛籩豆爵獻之數非謂尊卑按周禮上公饔餼九牢飧五牢饗禮九獻豆四十侯伯饔餼七牢飧四牢饗禮七獻豆三十有二子男饔餼五牢飧三牢饗禮五獻豆二十有四又五等諸侯膳皆大牢祭亦大牢簋皆十有二祭四望山川用毳冕鄭注禮器五獻察謂祭四望山川也又侯伯無別三公與子男同今此王制云五嶽視三公四瀆視諸侯則三公尊於諸侯夏傳云四瀆視諸侯其餘山川視伯小者視子男是伯與侯別今鄭注此視視其牲器又注夏傳謂其牲幣粢盛籩豆爵獻之數參驗上下並與周禮不同不可強解合之爲一此王制所陳多論夏殷之制夏傳所說又非周代之禮鄭之所注者當據異代法也此經云四瀆視諸侯夏傳視諸侯之下云其餘山川視伯小者視子男則此諸侯謂是侯爵者不得總爲五等諸侯○注魯人至是也○正義曰知魯人祭泰山者以論語云季氏旅於泰山明魯君祭泰山季氏僭之也又公羊云三望祭泰山河海是魯祭泰山但泰山是齊魯之界故齊亦祭之是以禮器云齊人將有事於泰山必先有事於配林禮器又云晉人將有事於河必先有事於惡池是晉人祭河也

天子諸侯祭因國之在其地而無主後者。謂所因之國先王先公有功德宜享世祀今絕無後爲之祭主者昔夏后氏郊鯀至杞爲夏後而更郊禹晉侯夢黃熊入國而祀夏郊此其禮也○鯀古本反能乃登反一本又作熊音雄

【疏】天子至後者○正義曰此一節論天子置都之所及諸侯所封之內皆因古昔先王先公所居之地今其地子孫絕滅而無主後者則天子諸侯祭此先王先公故云祭因國之在其地而無主後者若天子因先公之後亦祭先公若諸侯因先王之後亦祭先王先王先公皆謂有德宜世祀者○注昔夏至禮也○正義曰按祭法夏后氏亦禘黃帝而郊鯀是夏郊鯀云至杞爲夏後而更郊禹者按禮運云杞之郊也禹也是杞郊禹也殷滅夏之時殷則不應郊鯀必應封夏之後但不知名杞以否王周封夏後於杞據禮運成文故云杞更郊禹也不廢殷時夏後已郊禹也云晉侯夢黃熊入國而祀夏郊者按昭七年晉侯有疾夢黃熊入於寢門于時子產聘晉韓宣子問子產其何厲鬼子產曰昔堯殛鯀于羽山其神化爲黃熊以入于羽淵實爲夏郊三代祀之晉爲盟主其或者未之祀也韓子祀夏郊晉侯有間如傳所云夏后之時郊祭鯀以配天至殷周之時鯀雖不配天以其有功列於羣祀故云三代祀之但春秋之時周衰禮廢不能祀鯀晉既爲盟主當代天子祭羣神羣祀傳之意義謂晉當代天子攝羣神之祀不謂因此國在地無主後者今鄭引之以證祭無主後則謂鯀是夏家之先晉居夏之舊地鯀無主後故晉祀之禮之與傳意少異然夏後有杞而云無主後者以杞不祭鯀故云無主後也其黃熊之言稱入羽淵按爾雅鼈三足能先師或以爲黃能義或然也

□天子犆礿。祫禘。祫嘗。祫烝。犆猶一也祫合也天子諸侯之喪畢合先君之主於祖廟而祭之謂之祫後因以爲常天子先祫而後時祭諸侯先時祭而後祫凡祫之歲春一礿而已不祫以物無成者不殷祭周改夏祭曰礿以禘爲殷祭也魯禮三年喪畢而祫於大祖明年春禘於羣廟自爾之後五年而再殷祭一祫一禘○犆音特祫音洽諸侯礿則不禘。禘則不嘗。嘗則不烝。烝則不礿。虞夏之制諸侯歲朝廢一時祭○朝直遙反諸侯礿犆。互明犆礿文○互音戶又戶故反禘一犆一祫。下天子也祫歲不禘○下戶嫁反嘗祫。烝祫。

【疏】天子至烝祫○正義曰此一節論夏殷天子諸侯大祭及時祭之事各隨文解之○天子之祭當祫之歲以春物未成不爲祫祭惟犆爲時祭之礿故云犆礿夏秋冬之時先爲祫祭後爲時祭故云祫禘祫嘗祫烝○注天子至一禘○正義曰按文二年八月丁卯大事于大廟公羊傳云大事者何大祫也按僖公三十三年十二月薨至文二年八月二十一月於禮少四月未得喪畢是喪畢當祫諸侯既爾明天子亦然故云天子諸侯之喪畢合先君之主於祖廟而祭之謂之祫云後用以爲常者按禮緯云三年一祫五年一禘故知每三年爲一祫祭是後因以爲常云天子先祫而後時祭者以經云祫禘祫嘗祫烝天子位尊故先爲大禮也云諸侯先時祭而後祫者以下文云諸侯嘗祫烝祫諸侯位卑取其漸備故云先小禮後大禮此等皆因巳前之制但不知幾年一祫禮緯云三年一祫五年一禘鄭云百王之通義則爲虞夏及殷皆與周同三年爲一祫也皇氏取先儒之義以爲虞夏祫祭每年皆爲云三時祫者謂是秋冬或一時得祫則爲之不三時俱祫然按鄭云三年一祫五年一禘百王通義鄭又注此云春一礿

而已不祫以物無成者不殷祭又禘祫志云王制記先王之法祫爲大祭祫於秋於夏於冬周公制禮祭不欲數如鄭此言則夏殷三時俱殷祭皇氏之說也云魯禮三年喪畢而祫於大祖者僖公以三十三年十二月薨文二年八月大事于大廟於禮少四月文公應合二年十二月而祫大祖廟也是新君即位之二年而云三年喪畢者通死君之年爲三年云明年春禘於羣廟者以僖公八年禘于大廟宣公八年辛巳有事于大廟有事禘也爲仲遂卒略言有事僖也宣也皆八年禘既五年一禘則後禘去前禘五年也前禘當三年今二年而祫故云明年春禘於羣廟按閔二年五月吉禘于莊公昭十五年禘于武宮昭二十五年將禘於襄公禘皆各就廟爲之故云羣廟云自爾之後五年而再殷祭者公羊傳文云自爾者謂自三年禘羣廟之後每五年之內再爲殷祭故鄭禘祫志云閔公之喪僖三年禘僖六年祫僖八年禘凡三年喪畢新君二年爲祫新君三年爲禘皆祫在禘前閔公二年五月吉禘于莊公則祫當在吉禘之前故禘祫志云四月祫五月禘不譏祫者慶父作亂國家多難故莊公既葬絰不入庫門閔公早厭其亂故四月祫不譏五月即禘比月而爲大祭又於禮少四月故書譏其速也鄭禘祫志云魯莊三十二年八月公薨閔二年五月吉禘時慶父殺子般之後公懼於難不得時葬葬則去首絰於門外乃入務自尊成以厭其禍若已練然免喪又速二年四月則閔之祫既又即以五月禘於其廟比月大祭故譏其速也閔公之服凡二十一月於禮少四月又不禫云吉禘譏其無恩也閔公以二年八月薨僖二年除喪始祫大廟明年春禘於羣廟自此而後五年殷祭六年祫故八年禘僖公以三十三年十二月薨至文二年七月間有閏積二十一月明月即祫經云八月丁卯大事于大廟躋僖公於文公之服亦少四月以其逆祀故特譏之文公十八年二月薨宣二年除喪而祫三年禘於羣廟自此之後亦五年再殷祭與僖同六年祫故八年禘昭十一年五月夫人齊歸薨十三年平丘之會冬公如晉至十四年春歸乃祫故十五年春乃禘經云二月癸酉有事于武宮至十八年祫二十年禘二十三年祫二十五年禘于襄公也此是鄭論魯之禘祫鄭又云明堂位曰魯王禮也以此相推兄可知是鄭以天子之禮與魯同也按穀梁傳以年數者不數閏而知鄭數莊公及僖公之喪皆云通閏二十一月者鄭欲盛言日月闕少假令通閏止有二十一月者鄭於禘祫志除莊公之喪少四月而荅趙商云於禮少一六月耳通禫月言之也哀姜之喪僖三年乃除僖二年得除閔公喪而祫者以是喪祭雖在前喪之內亦得爲後喪之祭故雜記云三年之喪則既顓其練祥皆行是也此云三年喪畢祫於太祖廟明年春禘於羣廟按玄鳥箋云三年既畢禘於其廟而後祫祭於太祖更有禘於其廟之文不同者謂練時遷主遞廟新死者當禘祭於其廟以安之故鬯人云廟用脩注云謂始禘時左氏說禘謂既期之後然則禘於其廟在於練時而玄鳥箋云喪三年既畢禘於其廟者鄭將練禘總就喪畢祫於太祖而言之其實禘廟在練時也熊氏一說謂三年除喪特禘新死者於廟未知然否其禘祫大小鄭以公羊傳云大事者何大祫也毀廟之主陳于太祖未毀廟之主皆升合食于太祖故爲大事若王肅張融孔晁皆以禘爲大祫爲小故王肅論引賈逵說吉禘於莊公禘者遞也審遞昭穆遷主遞位孫居王父之處又引禘於太廟逸禮其昭尸穆尸其祝辭總稱孝子孝孫則是父子並列逸禮又云皆升合於其祖所以劉歆賈逵鄭衆馬融等皆以爲然鄭不從者以公羊傳爲正逸禮不可用也又曾子問云七廟五廟無虛主虛主者惟天子崩與祫祭祝取羣廟之主明禘祭不取羣廟之主可知爾雅云禘

大祭也謂此四時爲大也故孫炎等注爾雅云皆以禘爲五年一大祭也若左氏說及杜元凱皆以禘爲三年一大祭在大祖之廟傳無祫文然則祫即禘也取其序昭穆謂之禘取其合集羣祖謂之祫鄭康成祫禘及四時祭所以異者此禘祫祭於始祖之廟毁廟之主及未毁廟之主皆在始祖廟中始祖之主於西方東面始祖之子爲昭北方南面始祖之孫爲穆南方北面自此以下皆然從西爲上禘則太王王季以上遷主祭於后稷之廟其坐位乃與祫相似其文武以下遷主若穆之遷主祭於文王之廟文王東面穆主皆北面無昭主若昭之遷主祭於武王之廟武王東面其昭主皆南面無穆主又祭親廟四其四時之祭惟后稷文武及親四廟也○諸侯至不礿○礿則不禘者虞夏之制歲朝皆闕一時之祭也此從南方始也南方諸侯有礿祭竟夏來朝故闕夏禘故云礿則不禘也○禘則不嘗此西方諸侯秋來朝也行夏祭竟而秋來朝故不嘗也○嘗則不烝此北方諸侯冬來朝者也行秋祭竟而冬來朝故廢烝也烝則不礿此東方諸侯春來朝者也行冬祭竟而春來朝故廢礿也然各廢一時耳餘三時皆祭也今不從東方始而從南方始者欲舉春礿得祭者爲始故也○注虞夏至祭時○正義曰此云虞夏之制者雜明諸代不專殷又此春礿而注云夏殷則知夏殷春祭俱名礿也○諸侯至烝祫○諸侯降於天子故礿在犆上也欲見先時祭故礿在犆上○禘一犆一祫者言諸侯當在夏祭一禘之時不爲禘祭惟犆一祫而已闕時祭也不云一禘而云禘一者禘在礿前與礿在犆前其義同皆見先時祭也○嘗祫烝祫者謂諸侯先作時祭烝嘗然後爲大祭之祫故云嘗祫烝祫鄭既云諸侯祫歲不禘是諸侯當祫之歲注不作禘而皇氏云諸侯夏時若祫則不禘若禘則不祫故違鄭注其義非也

○天子社稷皆大牢。諸侯社稷皆少牢。大夫士宗廟之祭。有田則祭。無田則薦。有田者既祭又薦新祭以首時薦以仲月士薦牲用特豚大夫以上用羔所謂羔豚而祭百官皆足詩曰四之日其早獻羔祭韭○大牢如字又音泰少詩照反日人一反

庶人春薦韭。夏薦麥。秋薦黍。冬薦稻。韭以卵。麥以魚。黍以豚。稻以鴈。庶人無常牲取與新物相宜而已○稻音盜卵力管反

祭天地之牛角繭栗。宗廟之牛角握。賓客之牛角尺。握謂長不出膚○繭字又作璽公典反握厄角反長丁丈反膚方于反

諸侯無故不殺牛。大夫無故不殺羊。士無故不殺犬豕。庶人無故不食珍。故謂祭饗

疏 天子至食珍○正義曰此一節論天子諸侯祭用牲牢及庶人所薦之物各隨文解之○注有田者既祭至祭韭○正義曰知有田既祭又薦新者以月令天子祭廟又有薦新故月令四月以彘嘗麥先薦寢廟又士喪禮有薦新如朔奠謂有地之士大斂小斂以特牲而云薦新故知既祭又薦新也云祭以首時薦以仲月者晏子春秋云天子以下至士皆祭以首時故禮記明堂位云季夏六月以禘禮祀周公於大廟周六月是夏四月也又雜記云七月而禘獻子爲之也譏其用七月明當用六月是也魯以孟月爲祭魯王禮也則天子亦然大夫士無文從可知也其周禮四仲祭者因田獵而獻禽非正祭也服虔注桓公五年傳云魯祭天以孟月祭宗廟以仲月非鄭云也此薦以仲月謂大夫士也既以首時祭故薦用仲月若天子諸侯禮尊物熟則薦之不限孟仲季故月令孟夏薦麥孟秋薦黍季秋薦稻是也大夫既薦以仲月而服虔注昭元年傳祭人君用孟月人臣用仲月不同者非鄭義也南師解云祭以首時者謂大夫士也若得祭天者祭天以孟月祭宗廟以仲月其禘祭祫祭時祭亦用孟月其餘諸侯不得祭天者大祭及時祭皆用孟月既無明據未知孰是義得兩通故並存焉按春秋淵聖御名八年正月己卯烝夏五月丁丑烝書者左氏見其瀆淵聖御名十四年八月乙亥嘗書以御廩災左氏公羊以爲不應嘗僖八年七月禘鄭以爲公會王人于洮故歸七月乃禘昭十五年二月禘于武宮者鄭禘祫志以十一年齊歸薨十五年喪終之禘不擇月定公八年冬十月順祀先公以陽虎作亂求福先公特爲此祭故不用常月此等皆不用孟月者以春秋亂世不能如禮故參差不一難以禮論也云士薦牲用特豚者按儀禮特牲是有地之士用特牲今無地之士薦宜取降不用成牲故用特豚云大夫以上用羔者以諸侯大夫有地祭者用少牢其無地薦者則用羔也言以上則包天子皆用羔也雖用羔天子諸侯亦用餘牲不皆用羔故月令以彘嘗麥以犬嘗麻云所謂羔豚而祭百官皆足者所謂是禮器文士薦而云百官者舉大夫以上而言士之屬吏以衆言之亦曰百官故任厥問云天官司裘注云士不大射士無臣祭無所擇此云百官皆足則有臣矣汜問荅曰此上下兼說之耳士雖無臣猶有屬官佐祭特牲饋食云公有司私臣皆殽脀百官皆足抑謂此也引詩曰者是豳風七月之篇也云四之日謂周之四月夏之二月其朔旦之時獻羔祭用韭薦於廟引之者證薦用羔之義○注新物相宜○正義曰言相宜者謂四時之間有此牲穀兩物俱有故云相宜非謂氣味相宜其相宜者若牛宜稌羊宜黍之屬是也○注握謂長不出膚○正義曰公羊傳曰膚寸而合鄭注投壺禮云四指曰扶扶則膚也○注故謂祭饗○正義曰按膳夫王日一舉鼎十有二物謂大牢也是周公制禮天子日食大牢則諸侯日食少牢大夫日食特牲士日食特豚至後世衰亂玉藻云天子食日少牢朔月大牢諸侯食日特牲朔月少牢則知大夫食日特豚朔月特牲士日食無文朔月特豚故內則曰見子具視朔食注云天子大牢諸侯少牢大夫特豕士特豚是常食有限不得踰越故知謂祭也謂諸侯祭以大牢得殺牛諸侯之大夫祭以少牢得殺羊天子大夫祭亦得殺牛其諸侯及大夫饗食賓得用牛也故大行人掌客諸侯待賓皆用牛也公食大夫禮大夫食賓禮亦用牛也故云謂祭饗也

○庶羞不踰牲。祭以羊則不以牛肉爲羞

燕衣不踰祭服。寢不踰廟。

疏 注祭以至爲羞○正義曰按有司徹是少牢之祭云宰夫羞房中之羞注酏食糝食內則云糝取牛羊豕之肉得用牛者祭既用少牢則糝亦不用牛肉以羊肉爲羞

○古者公田藉而不稅。藉之言借也借民力治公田美惡取於此不稅民之所自治也孟子曰夏后氏五十而貢殷人七十而助周人百畝而徹則所云古者謂殷時○燕伊見反藉在亦反稅式贅反借子夜反

市廛而不稅。廛市物邸舍稅其舍不稅其物○廛直連反邸丁禮反

關譏而不征。譏譏異服識異言征亦稅也周禮國凶札則無門關之征猶譏也○譏居宜反征本又作正音同注下皆同札側八反又音截

林麓川澤以時入而不禁。麓山足也○麓音鹿

夫圭田無征。夫猶治也征稅也孟子曰卿以下必有圭田治圭田者不稅所以厚賢也此則周禮之士田以任近郊之地稅什一○圭音珪

疏 古者至無征○正義曰此一節論古者公田不稅及關市圭田無征之事各[illegible]古者以下至夫圭田無征並非周法故云古[illegible]正謂殷時市廛而不稅以下或兼虞夏殷以[illegible]而不稅者謂民田之外別作公田一井之中[illegible]一夫以爲公田藉之言借也推借八家之力[illegible]惡取於此而不稅民之私田○市廛而不稅[illegible]舍使商人停物於中直稅其所舍之處價不[illegible]之物市內空地曰廛城內空地曰肆○關譏[illegible]也關竟上門也譏謂呵察公家但呵察非違[illegible]此夏殷法周則有關門之征但不知稅之輕[illegible]稅也猶須譏禁禁謂防過○林麓川澤以時[illegible]時入者獮祭魚然後虞人入澤梁謂民庶須[illegible]入官不限禁之○夫圭田無征者夫猶治也[illegible]有圭田卿大夫士皆以治此圭田公家不稅[illegible]必云圭者圭絜白也言卿大夫德行絜白及[illegible]也殷政寬緩厚重賢人故不稅之周則兼通[illegible]周官之士田以任近郊之地稅什一○注藉[illegible]義曰治公田美惡取於此不稅民之所自治[illegible]年初稅畝傳云非禮謂稅民所自治爲非禮[illegible]田之物故云美惡取於此引孟子者證三代[illegible]子滕文公問爲國於孟子孟子對曰夏后氏[illegible]七十而助周人百畝而徹其實皆什一劉氏[illegible]時民多家得五十畝而貢五畝殷時民稍稀[illegible]助七畝周時其民至稀家得百畝而徹十畝[illegible]一而云夏時人衆殷世人稀又十口之家惟[illegible]皆不近人情未知可否熊氏一說以爲夏政[illegible]惟稅五十畝殷政稍急一夫之地稅七十畝[illegible]之地稅皆通稅所稅之中皆十而稅一故云[illegible]則計田雖不得什一理稍可通既古意難知[illegible]鄭注匠人云貢者自治其所受田貢其稅穀[illegible]以治公田又使收斂焉夏則有貢無助殷則[illegible]匠人又云以載師職及司馬法論之周制畿[illegible]稅夫無公田以詩春秋論語孟子論之周制[illegible]法制公田不稅夫此三代所以別也云古者[illegible]秋宣十五年云穀出不過藉藉謂借民力也[illegible]謂借民力也助官治田與殷七十而助相當[illegible]鄭知周之畿內用夏貢法者按載師云以廛[illegible]以場圃任園地以宅田士田賈田任近郊之[illegible]賞田牧田任遠郊之地以公邑之田任甸地[illegible]稍地以小都之田任縣地以大都之田任畺[illegible]邑居里矣廛民居之區域也宅田致仕者之[illegible]田自卿以下所受圭田也賈田在市賈人其[illegible]田庶人在官者其家所受田也牛田牧田畜[illegible]田賞田者賞賜之田公邑謂六遂餘地天子[illegible]邑大夫之采地小都鄉之采地大都公之采[illegible]廛二十而一近郊十一遠郊二十而三旬稅[illegible]二又司馬云井十爲通通爲匹馬三十家士[illegible]十爲成成百井三百家革車一乘士十人徒[illegible]百井井有九家百井即九百家而云一成三[illegible]上中下除宮室塗巷三分之一自餘通率一[illegible]成爲三百家是一井九家爲定無公田也故[illegible]及司馬法論之周制畿內用夏之貢法不稅[illegible]公邑若采地即爲井田稅夫與畿外同知畿[illegible]詩小雅雨我公田遂及我私春秋宣十五年[illegible]

穀出不過藉論語云盍徹乎孟子云方里而井井九百畝其中爲公田八家皆私百畝是皆論公田之事故鄭云以詩春秋論語孟子論之周制邦國用殷之助法制公田不稅夫然畿外諸侯雖立公田其實諸侯郊外亦用貢法故孟子云野九夫之田而稅一即九一而助國中什一使自賦故鄭云邦國亦異外內耳但郊內地少郊外地多從多言之故云畿外制公田不稅夫也凡賦法無過十一故孟子云輕於十一大貉小貉重於十一大桀小桀十一而稅堯舜之道但周之畿內有參差皆不同而言之十一若畿外先儒約孟子樂緯皆九夫爲井八家共治公田八十畝已外二十畝以爲八家井竈廬舍是百畝之外別助是十外稅一郊外既十外稅一郊內亦十外稅一假令治一夫之田得百一十碩粟而貢十碩是亦十外稅一也劉氏以爲匠人注引孟子野九夫而稅一國中什一諸侯謂之徹者通其率以十一爲正則謂野九夫之田而稅一國中十一夫之田而稅一是二十夫之田中而稅二計地言之是十中稅一若計夫實稅猶十外稅一與先儒同也但不知諸侯郊內十夫受十一夫之地若爲周制耳或畿外地寬也一夫受百一十畝之地與畿內異也○注周禮至譏也○正義曰引周禮者證凶荒之時雖無征稅猶須譏禁禁謂防過爲重其殷則雖無凶荒縱不賦稅猶須譏禁與周凶荒時同則門關有稅但不知稅之輕重○注麓山足正義曰按僖十四年沙鹿崩穀梁傳云林屬於山爲鹿鹿山足也按鄭注大司徒云竹木曰林注瀆曰川水鍾曰澤林麓山澤之異也○注征稅至什一○正義曰載師云漆林之征二十而五又云凡任地國宅無征是正謂稅也引孟子書者證卿以下有圭田謂之圭者圭絜也言德行絜白也而與之田殷所不稅者殷政寬厚重賢人周則稅之故鄭云此即周禮之士田以任近郊之地稅什一者載師文也○用民之力。歲不過三日。治宮室城郭道渠〔疏〕正義曰此一經前明以殷法此則兼通周禮三日謂使民治城郭道渠年歲雖豐不得過三日自下皆然按周禮均人云豐年旬用三日中年旬用二日無年旬用一日年歲不同雖豐不得過三日○田里不粥。墓地不請。皆受於公民不得私也粥賣也請求也〔疏〕田里至不請○正義曰田地里邑既受之於公民不得粥賣家墓之地公家所給族葬有常不得輒請求餘處○司空執度度地。司空冬官卿掌邦事者度丈尺也○度度上如字下大洛反量也居民山川沮澤。時四時。觀寒煖燥濕沮謂萊沛○沮將慮反沮沮如也煖乃管反又況袁反下文同萊音來何胥云草所生曰萊庾云草也沛蒲具反何胥云水所生曰沛何休注公羊傳云草棘曰沛量地遠近。制邑井之處○處昌慮反興事任力。事謂築邑廬宿市也○任而鳩反築音竹凡使民。任老者之事。食壯者之食。寬其力饒其食○食壯音嗣只如字下側狀反〔疏〕司空至之食○正義曰此一節論司空居民并以任以事食之事言司空執度度地者謂司空執丈尺之度以量度於地居處於民觀山川高下之宜沮澤浸潤之處又必以時候此四時知其寒煖○注觀寒至萊沛○正義曰言觀寒煖解四時燥濕解山川沮澤燥謂山也濕謂川與沮澤謂萊沛者何胥云沮澤下濕地也草所生爲萊水所生爲沛言沮地是有水草之處也○注制邑井之處○正義曰按小司徒云九夫爲井四井爲邑爲邑之處謂平原之地衍沃之所堪造邑井即左傳所謂井衍沃也若山林藪澤則不堪邑井

也○注事謂至市也○正義曰上云用民之力惟三日而已故注云治宮室城郭道渠此言興事則用力難重故云事謂築邑則築城也又築廬之與宿及市按遺人云凡國野之道十里有廬三十里有宿五十里有市是也○凡使民任老者之事食壯者之食者○凡國家爲役之法老少功程不同老則功少壯則功多今使民之時雖役壯者限以老者之功程故曰任老者之事凡廩餼牲體壯者食多老者食少雖老者給以壯者之料故食壯者之食壯者從老者之功故注云寬其力老給壯糧故云饒其食○凡居民材。必因天地寒煖燥濕。使其材藝堪地氣也○燥素老反廣谷大川異制。謂其形象民生其間者異俗。謂其所好惡○好惡上呼報反下烏路反剛柔輕重遲速異齊。謂其情性緩急○齊才細反緩戶管反五味異和。謂香臭與鹹苦○和胡臥反下同臭尺救反器械異制。謂作務之用○械戶戒反何休注公羊云攻守之器曰械鄭注大傳云禮樂之器及兵甲也郭璞三蒼解詁云械器之揔名衣服異宜。謂旃裘與絺綌○旃裘上之然反下音求絺初宜反綌去逆反脩其教不易其俗。齊其政不易其宜。教謂禮義政謂刑禁中國戎夷五方之民。皆有性也。不可推移。地氣使之然東方曰夷。被髮文身。有不火食者矣。南方曰蠻。雕題交趾。有不火食者矣。雕文謂刻其肌以丹青涅之交趾足相鄉然浴則同川臥則僢不火食地氣煖不爲病○被皮義反下同雕本又作彫同彫刻鏤也題大兮反趾音止刻音克肌音飢涅乃結反相鄉許亮反僢昌戀反西方曰戎。被髮衣皮。有不粒食者矣。北方曰狄。衣羽毛穴居。有不粒食者矣。不粒食地氣寒少五穀○衣於既反下同粒音立中國夷蠻戎狄。皆有安居。和味。宜服。利用。備器。其事雖異各自足五方之民。言語不通。嗜欲不同。達其志。通其欲。東方曰寄。南方曰象。西方曰狄鞮。北方曰譯。皆俗間之名依其事類耳鞮之言知也今冀部有言狄鞮者○嗜市志反寄京義反鞮丁兮反譯音亦如字又間厠之間〔疏〕凡居至曰譯○正義曰此一節論中國及四夷居處言語衣服飲食不同之事各隨文解之○凡居民材必因天地寒煖燥濕者材氣性材藝言五方之人其能各殊五者居處各須順其性氣材藝使堪其地氣故盧植云能寒者使居寒能暑者使居暑即其義也○注情性緩急○正義曰性謂稟性自然故孝經說云性者生之質若木性則仁金性則義火性則禮水性則信土性則知中庸云天命之謂性是賦命自然情者既有識知心有好惡當逐物而遷故有喜怒哀樂好惡此經云剛柔輕重遲速天生自然是性也而連言情者情是性之小別因性連言情者耳若指而言之則上文異俗是情也故注云謂其所好惡今經有剛柔輕重遲速六事而注惟云緩急者細

別則有六大揔惟二剛輕速揔是急也柔重遲揔是緩也此大略而言人性不同亦有柔而蹶者剛而遲者故尚書云皐陶行有九德是也○注謂作務之用○正義曰作務之用者謂民之作務所用五方不同故考工記若粵之用鎛胡之用弓車故云器械異制○器謂揔用之器械謂兵器故公羊傳何休云攻守之器曰械○脩其至其宜○俗謂民之風俗宜謂土地器物所宜教謂禮義教化政謂政令施爲言脩此教化之時當隨其風俗故云不易其俗○齊其政者謂齊其政令之事當逐物之所宜故云不易其宜教主教化故注云教謂禮義政主政令故注云政謂刑禁也○中國至曰譯○正義曰從此以下至北方曰譯揔論四夷中國之異○中國戎夷五方之民者舉戎夷則蠻狄可知五方之民者謂中國與四夷也○文身者謂以丹青文飾其身○有不火食者以其地氣多煖雖不火食不爲害也言有不火食者亦有火食者○彫題交趾者彫謂刻也題謂額也謂以丹青彫刻其額非惟彫額亦文身也故仲雍居吳越左傳云斷髮文身趾足也言蠻臥時頭鄉外而足在內而相交故云交趾不云被髮者斷故也○衣皮有不粒食者矣者以無絲麻惟食禽獸故衣皮地氣寒少五穀故有不粒食者○衣羽毛於穴居者東北方多鳥故衣羽正北多羊故衣毛凝寒至盛林木又少故穴居其有不粒食者與西戎同○中國夷蠻戎狄皆有安居者言中國與四夷雖異各有所安之居○和味宜服利用備器者言中國與四夷皆有所和之味所宜之服所利之用所備之器其事雖異各自充足○五方之民言語不通嗜欲不同者以水土各異故言語不通好惡殊別故嗜欲不同○達其志通其欲者謂帝王立此傳語之人曉達五方之志通傳五方之欲使相領解其通傳東方之語官謂之曰寄言傳寄外內言語通傳南方語官謂之曰象者言放象外內之言其通傳西方語官謂之狄鞮者鞮知也謂通傳夷狄之語與中國相知其通傳北方語官謂之曰譯者譯陳也謂陳說外內之言東方謂之夷者風俗通云東方人好生萬物觝觸地而出夷者觝也其類有九依東夷傳九種一曰玄菟二曰樂浪三曰高驪四曰滿飾五曰鳧臾六曰索家七曰東屠八曰倭人九曰天鄙南方曰蠻者風俗通云君臣同川而浴極爲簡慢蠻者慢也其類有八李巡注爾雅云一曰天竺二曰咳首三曰僬僥四曰跛踵五曰穿胷六曰儋耳七曰狗軹八曰旁春西方曰戎者風俗通云斬伐殺生不得其中戎者兇也其類有六李巡注爾雅云一曰僥夷二曰戎央三曰老白四曰耆羌五曰鼻息六曰天剛北方曰狄者風俗通云父子嫂叔同穴無別狄者辟也其行邪辟其類有五李巡注爾雅云一曰月支二曰穢貊三曰匈奴四曰單于五曰白屋○注彫文至爲病○正義曰按漢書地理志文越俗斷髮文身以辟蛟龍之害故刻其肌以丹青涅之以東方南方皆近於海故俱文身云浴則同川臥則僢者言首在外而足相鄉內按典瑞注云僢而同即正本直云臥則僢無同字俗本有同字誤也○注皆俗至鞮者○正義曰言寄象狄鞮譯皆是四夷與中國皆俗間之名也云依其事類耳者○中國通傳之人各依其當方之事比類而言說之即寄者寄付東方之言象者象似南方之言是依其事類者也云今冀部有言狄鞮者○今日之言必有從於古欲證古有狄鞮之言鞮與知聲相近故鞮爲知也○凡居民。量地以制邑。度地以居民。地邑民居。必參相得也。得猶足也○度大洛反參七南反無曠土。無游民。食節事時。民咸安其居。樂事勸功。尊君

親上。然後興學。立小學大學。○咸行緘反樂音岳又音洛疏凡居至興學　正義曰此一節論居民與地相得及食節事時勸功尊君立學之事。○食節謂食得其節事時謂事得其時樂事謂民樂從事務勸功謂勉勵立功尊君謂臣民尊君親上謂在下親愛長上民富而可教謂民事既得如此然後可得興學也

禮記注疏卷十二挍勘記　阮元撰盧宣旬摘録

附釋音禮記注疏卷第十二　惠棟挍宋本禮記正義卷第十七

王制

天子將出節

類乎上帝　閩監毛本同石經同岳本同嘉靖本同衛氏集說同釋文本類作禷

天子至乎禰　惠棟挍宋本無此五字

先應反主祖廟故也　閩監毛本同惠棟挍宋本反下有行字考文引宋板反上有行字案惠棟挍不誤

類者於其正禮而爲之　閩監毛本同惠棟挍宋本於作依齊召南云小宗伯注類者依其正禮而爲之依字訛於遂不可解

是宜爲祭名也　閩監本同毛本名誤義衛氏集說亦作是宜爲祭名

天子無事與諸侯相見節

天子至天子　惠棟挍宋本無此五字

此一節論諸侯朝天子　閩監本同衛氏集說同毛本一節誤天子

朱中鼻寸　閩監毛本作朱此本朱誤未

三璋之勺形如圭瓚　考文引宋板同閩監毛本三作二字按作二與考工記注不合

天子命之教節

天子曰辟廱　閩監毛本同石經同岳本同嘉靖本同衛氏集說同陳澔集說作辟雍考文引古本同石經考文提要云宋大字本宋本九經南宋巾箱本余仁仲本劉叔剛本禮記纂言俱作廱

天子至頖宮　惠棟挍宋本無此五字

遠郊上公五十里　閩監毛本作上此本上誤止

小學在四郊下文具也　閩監毛本四改西衛氏集說同

土雝水之外圓如璧　惠棟挍宋本土上有築字衛氏集說同雝作廱閩監毛本土誤王無築字雝作廱

是政教治理之事　閩監毛本作政此本政誤故

王在靈沼　閩監毛本如此此本在字重誤也

天子將出征節

定兵謀也　閩監毛本作也岳本同嘉靖本同衛氏集說同此本也誤反

以訊馘告　閩監毛本同岳本同嘉靖本同衛氏集說同石經訊作誶釋文出以誶云本又作誶音信注同案作誶始與誶字形相涉而訛

天子至馘告　惠棟挍宋本無此五字

按釋天云　惠棟挍宋本作天衛氏集說同此本天誤箕閩監毛本同

及舜之攝位亦類于上帝　閩監毛本同惠棟挍宋本于作乎是也

亦比類正禮而爲之　閩監毛本作比此本比誤此

春入學舍釆合舞　閩本亦作釆與周禮大胥合此本釆誤來監毛本作菜衛氏集說同

天子諸侯無事節

諸侯不掩羣　閩監毛本同石經同岳本同嘉靖本同衛氏集說同正義同釋文出不揜云本又作掩考文引古本亦作揜

下謂弊之　閩監毛本作弊嘉靖本同岳本同衛氏集說同此本弊作幣

天子至覆巢　惠棟挍宋本無此五字

故穀梁淵聖御名四年　閩本同惟故字作按考文作故監本毛本作穀梁桓四年衛氏集說同下同

次殺射髀髂　惠棟挍宋本同閩監毛本髂作骼衛氏集說同○按穀梁注作髂髂字見埤蒼說文作骼从骨各聲乃骼之本字

射左髀達於右䯚　閩監毛本同衛氏集說同浦鏜云䯚詩傳作䯚釋文云餘繞反疏謂水臁也○有說詳公羊桓四年挍勘記

當以注爲正　閩監毛本同惠棟挍宋本注上有此字

言守取之無所擇也○　閩監毛本同惠棟挍宋本所作强按周禮注作所買景伯疏同

天子四時田獵皆得圍　閩監毛本如此此本皆得圍三字模糊

下謂弊之者　閩監毛本作弊此本弊誤幣下則弊之同

注云以旗者　閩監毛本作以此本以誤小

注佐車駈逆之車　閩監毛本駈作驅下同

時名不同也　閩監毛本同衛氏集說同惠棟挍宋本名作各是也

按說文曰昆同也　閩監毛本同惠棟挍宋本昆作蚰

冢宰制國用節

用地小大　閩本惠棟挍宋本石經宋監本岳本嘉靖本同衛氏集說同監毛本小大二字倒石經考文提要云宋大字本宋本九經南宋巾箱本余仁仲本劉叔剛本至善堂九經本皆作小大

視年之豐耗　閩監毛本同岳本同嘉靖本同衛氏集說同石經耗作秏宋監本同釋文同石經考文提要引宋大字本同○按作秏是也秏者之無之謂

當有九年之蓄　閩監毛本同岳本同嘉靖本同衛氏集說同釋文出之畜云後皆同

筭今年一歲經用之數　閩監本同岳本同嘉靖本衛氏集說同毛本筭作算

民無食菜之飢色　閩監毛本同岳本同衛氏集說同嘉靖本飢作饑

天子乃日舉以樂以食　惠棟挍宋本無上以字岳本宋監本嘉靖本同考文引足利本同閩監毛本下以改侑衛氏集說同

冢宰至以樂　惠棟挍宋本無此五字

每年之率入物分爲四分　惠棟挍宋本同閩監毛本物作均

三分而當年所用　閩監毛本而作爲衛氏集說同

大略有閏月十三也　閩監毛本同惠棟挍宋本三作二是也衛氏集說同

故惟有九年之蓄是　閩監毛本同惠棟挍宋本是作也衛氏集說同

捐其數　閩監毛本數作藪衛氏集說同○按作數與考工記同

指其繩體則謂之緋　惠棟挍宋本同閩監毛本指誤絙績通解作指其成體其成字亦誤也

則宗廟四時常祀　惠棟挍宋本同閩監毛本常誤當衛氏集說亦作常

次六百歲陰五謂水五年　惠棟挍宋本同閩監毛本二五字皆作三是也

其災歲兩个　閩監本个作箇毛本作個下同

天子七日而殯節

喪不貳事　閩監本同石經同岳本同嘉靖本同衛氏集說同毛本事誤車考文引宋板古本足利本作事

天子至不祭　惠棟挍宋本無此五字

此記者許以降二爲差　閩監毛本同惠棟挍宋本許作皆

今左氏云踰月於義左氏爲短　閩監本同毛本今誤會於誤爲考文引宋板作今

皆數往月往日　惠棟挍宋本作往監本作死非

及大夫之踰月也　閩監毛本同盧文弨云及當是乃

易下邳傳其容說　監毛本同惠棟挍宋本傳其作傅甘閩本其字闕盧文弨云傳當作侍其覆姓也宋板作甘更誤

我先君簡公在楚　閩監毛本作先此本先誤死

庶人至貳事 閩監毛本有事字此本事字脫

不須顯異 閩監毛本作不此本不誤本

餘居喪之外不供他事 閩監毛本同惠棟按宋本餘作除

知縣封當爲縣窆者 惠棟按宋本閩監毛本作窆此本窆誤穿

吾不汲汲葬其親 閩監毛本吾作言是也

不可行事 閩監毛本同惠棟按宋本本不上有兩字

則在廟未發之時 閩監毛本作廟衛氏集說同此本廟字闕

是周禮冢人文 毛本作冢閩監本冢作塚此本冢誤處

上貳是副二之貳 閩監毛本同衛氏集說同惠棟按宋本二作貳

謂除服之後吉祭之時 閩監毛本如此衛氏集說同此本除誤際吉誤告

卒哭成事祔 閩監毛本同衛氏集說同惠棟按宋本祔作附下卒哭成事祔皆少牢同

喪祭尚爾 閩監毛本作尙衛氏集說同此本尙作向閩本同

是一時之言 閩監毛本同衛氏集說同惠棟按宋本言作事

天子七廟節

天子至於寢 惠棟按宋本無此五字

故漢侍中盧植說文云 閩監毛本同惠棟按宋本無文字

禮器天子七廟堂七尺 閩監毛本同惠棟按宋本下七作九與禮器合

故莊三年公羊傳云 監毛本作傳此本傳誤庸閩本傳字闕盧文弨云傳當作經

天子諸侯宗廟之祭節

天子至地者 惠棟按宋本無此五字

論夏殷天子諸侯大夫四時祭宗廟 閩監毛本作時此本時誤命

是禘爲殷祭 惠棟按宋本同衛氏集說同閩監毛本祭誤制

今鄭注此視其牲器 閩監毛本同惠棟按宋本此下有云字續通解同

以韵句也 監毛本同惠棟按宋本作以韻衛氏集說同閩本韵字闕

是晉人祭河也 惠棟按宋本此下標禮記正義卷第十七終記云凡二十二頁

天子諸侯祭因國節 惠棟按宋本自此節起至凡居民量地節止爲第十八卷卷首

題禮記正義卷第十八

昔夏后氏郊鯀 閩監毛本同岳本同嘉靖本同衛氏集說同惠棟按宋本鯀作鮌釋文同○按廣韻云禹父鮌尙書本作鯀段玉裁云鮌乃鯀之譌字

晉侯夢黃熊入國 監本同岳本同嘉靖本同衛氏集說同毛本熊作能閩本熊字闕釋文出黃能云本又作熊○按段玉裁云凡左傳國語中黃能字後人皆改爲黃熊非也

天子至後者 惠棟按宋本無此五字

夏后氏亦禘黃帝而郊鯀是夏郊鮌 監毛本鮌作鯀閩本鮌字模糊按五經文字鯀或作鮌是鯀鮌本一字此注字既作鮌故疏用注文亦作鮌其非用注文則作鯀故疏中惟此一字作鮌諸本不達此旨凡疏中皆改作鯀并注中之鮌亦改從鯀失其意矣

但不知名杞以否 閩監毛本同惠棟按宋本以作與衛氏集說同

儋三足能 毛本同惠棟按宋本能字同而能上又有爲字閩監本能誤熊無爲字是也

天子犆礿節

禘一犆一祫 閩監毛本作祫石經同岳本同嘉靖本同衛氏集說同此本祫誤治

天子至烝祫 惠棟按宋本無此五字

故云祫禘祫嘗祫烝 閩監毛本作嘗衛氏集說同此本嘗誤禘

丁卯大事于大廟 閩監毛本作大廟此本誤天廟

皇氏之說也 閩監毛本同惠棟按宋本說下有非字衛氏集說同

云魯禮三年喪畢 閩毛本同監本畢誤畢

以此相推兄可知 閩監毛本作況此本況作兄○按段玉裁云古矧兄比兄字皆用兄後乃用況字又其後改作况非也

是鄭以天子之禮與魯同也 惠棟按宋本作同此本同誤國閩監毛本同

哀姜之喪僖三年乃除 惠棟按宋本作姜此本姜誤公閩監本同毛本哀姜作閔公亦誤

三年之喪則既穎 惠棟按宋本同閩監毛本穎誤頴

故王肅論引賈逵說 閩監毛本作逵此本逵誤逵

審遞昭穆 閩監毛本同惠棟按宋本遞作諦

皆升合於其祖 閩監毛本同惠棟按宋本其作大

南方諸侯春礿祭竟 閩監毛本作春此本春誤有

欲見先時祭 惠棟按宋本作欲此本欲字模糊閩監毛本欲作此

法不作禘 惠棟按宋本作禘此本作禘二字模糊閩監毛本作重禘按重字非也

天子社稷皆大牢節 惠棟按云天子節庶羞節宋本合爲一節

所謂羔豚而祭 閩監毛本作豚岳本同嘉靖本同衛氏集說同此本豚字闕

四之日其早 閩監毛本同岳本同嘉靖本同衛氏集說早作蚤

稻以鴈 閩監本同石經同岳本同嘉靖本同衛氏集說同毛本鴈作雁

庶人無故不食珍 閩監毛本作珍石經同岳本同嘉靖本同衛氏集說同此本珍誤珎

故謂祭饗 閩監毛本同岳本同嘉靖本同衛氏集說饗作享

天子至食珍 惠棟校宋本無此五字

注有田者既祭至祭韭 閩監毛本同惠棟按宋本無者既祭三字

故禮記明堂位云 惠棟按宋本作位此本位誤泣閩監毛本改泣爲注亦非

譏其用七月 閩監毛本同惠棟按宋本譏作議

非鄭云也 閩監毛本同惠棟按宋本云作義是也

按春秋桓八年 監毛本作桓此本桓作淵聖御名閩本同下桓十四年同

汜閻荅曰 惠棟按宋本作汜此本汜誤記閩監毛本同考文引宋板閻作閣浦鏜從月令疏挍亦改記作汜○按浦鏜是也通典引亦作汜閻

公有司私臣皆殽脊 閩監毛本作殽此本殽誤殺

故知謂祭也 閩監毛本同衛氏集說祭下有享字

其諸侯及大夫饗食賓得用牛也 閩監本同毛本賓作實考文引宋板作賓

庶羞不踰牲節

庶羞不踰牲 閩監本同石經同岳本同嘉靖本同衛氏集說同毛本踰誤用考文引宋板作踰

酏食糝食 閩本同惠棟按宋本同衛氏集說同監毛本酏誤馳考文引宋板馳作酏與惠按不同此考文之誤也

古者公田節

古者至無征 惠棟按宋本無此五字

並非周法 惠棟按宋本作並衛氏集說同此本並誤若閩監毛本同

或兼虞夏以言之 惠棟按宋本同閩監毛本無作殷衛氏集說作或兼虞夏殷言之無以字

關竟上門也 惠棟按宋本同閩監毛本竟作境衛氏集說同

此夏殷法 閩監毛本作殷衛氏集說同此本殷誤於

猶須譏禁 閩監毛本作猶此本猶誤酒

獺祭魚 閩監毛本作獺此本獺誤稅

圭絜白也 惠棟按宋本同閩監毛本絜作潔衛氏集說同下同

故注云周官之士田 閩監毛本官作禮

治公田美惡取於此 閩監毛本作美此本美字模糊

此則計田雖不得什一 惠棟按宋本同閩監毛本計誤井考文引宋板井作圭非也

又鄭注匠人云 惠棟按宋本作鄭注此本鄭注誤葬匠閩監毛本同衛氏集說作案鄭注匠人云

稅夫無公田 惠棟按宋本作夫衛氏集說同此本夫字殘闕閩本同監毛本夫作去誤

制公田不稅夫 惠棟按宋本同閩監毛本制誤惟衛氏集說同

以春秋宣十五年云 閩監毛本作宜衛氏集說同此本宜誤享

以大都之田任畺地 惠棟按宋本同是也閩監毛本畺作疆衛氏集說同

廛邑居里矣 閩本同惠棟按宋本同監毛本居里二字倒衛氏集說同盧文弨云宋本周禮注亦作邑居里

又司馬云 閩監毛本同浦鏜云司馬下當脫法字

通爲匹馬 惠棟按宋本作匹此本匹誤四閩監毛本同衛氏集說同

以此田上中下 閩監毛本作此衛氏集說同此本此誤世

然畿外諸侯雖立公田 惠棟按宋本作畿衛氏集說同此本畿誤郊閩監毛本同

其實諸侯郊外亦用貢法 閩監毛本同衛氏集說同惠棟按宋本外作內

九夫之田而稅一 閩本同惠棟按宋本同衛氏集說同監毛本九誤大

邦國亦異外內耳 閩監毛本如此衛氏集說同此本國亦誤卯齊

大貉小貉 閩監本如此此本二貉字模糊毛本誤大輅小輅

皆九夫爲井八家共治公田八十畝 閩監本同考文引宋板同毛本夫誤家共誤其

但不知諸侯郊內十夫 閩監毛本作夫此本夫誤大

若爲周制耳 監毛本作周此本周誤你閩本此字闕考文引宋板周作作

注麓山足 閩監毛本足下有也字

水鍾曰澤 惠棟按宋本作鍾與周禮大司徒注合衛氏集說同此本鍾作鐘閩監毛本同

林麓川澤之異也 惠棟按宋本作川衛氏集說同此本川誤山閩監毛本同

是征謂稅也 惠棟按宋本作征此本征誤正閩監毛本同

殷政寬厚 閩監毛本作厚此本厚誤辱

用民之力節

年歲雖豐 閩監毛本作豐此本豐誤豊下同

田里不粥節

田里不請 惠棟按宋本無此五字

司空執度度地節

沮謂萊沛 閩監毛本同岳本同嘉靖本同衛氏集說同釋文出沛也是釋文本沛下有也字考文引古本同

司空至之食 惠棟按宋本無此五字

論司空居民并任以事食之事 閩監毛本同衛氏集說同惠棟按宋本并作井

言沮地 閩監毛本如此此本沮地誤祖也

堪造邑井 惠棟按宋本作造此本造誤逵閩監毛本同衛氏集說同

則用力難重 閩監毛本作難此本難誤雖

按遺人云 閩監毛本作遺此本遺誤貴

凡國野之道 惠棟按宋本作野衛氏集說同此本野誤則閩監毛本野誤家

老者食少 閩監毛本作者衛氏集說同此本者誤之

老給壯糧 惠棟按宋本作糧此本糧誤者閩監毛本同

凡居民財節

必因天地寒煖燥濕 閩本同石經同岳本同嘉靖本同衛氏集說同監毛本濕作溼○按依說文當作溼漢隸多以濕爲燥溼字

使其材藝堪地氣也 閩監毛本同岳本同嘉靖本同衛氏集說同惠棟按宋本藝作埶宋監本同

謂其情性緩急 惠棟按宋本宋監本岳本嘉靖本同閩監毛本情性二字倒衛氏集說同

謂旃裘與絺綌 閩監毛本同岳本同嘉靖本同衛氏集說同釋文同惠棟按宋本旃作氈宋監本同○按氈正字旃假借字

卧則僢 閩監毛本同岳本同嘉靖本同衛氏集說同考文引古本足利本僢上有同字正義云正本直云卧則僢足無同字俗本有同字誤也

衣羽毛 閩監毛本同石經同岳本同嘉靖本同衛氏集說同惠棟按宋本羽毛二字倒

凡居至曰譯 惠棟按宋本無此五字

此一節論中國及四夷 閩監毛本如此此本中字誤移入下行此下六行末一字遞移至七行水性則信則誤經而止閩監毛本不誤

各須順其性氣材藝 閩監毛本作藝衛氏集說同此本藝作埶

從此以下至北方曰譯 惠棟按宋本作從此本從誤後閩監毛本後改自

雖不火食 閩監毛本作雖此本雖誤如

非惟彫額 閩監本同毛本額誤刻考文引宋本作額

衣羽毛穴居者 惠棟按宋本如此此本毛下衍於字閩監毛本同

林木又少 閩監毛本作木此本木誤本

依東夷傳九種 閩監毛本同衛氏集說同段玉裁據後漢書九種下補曰畎夷于夷方夷黃夷白夷赤夷元夷風夷陽夷李巡注爾雅云共二十五字而後接一曰元菟句盧文弨依爾雅疏增作依東夷傳夷有九種曰畎夷于夷方夷黃夷白夷赤夷元夷風夷陽夷又共增二十二字

三曰髙驪 閩監毛本同衛氏集說同惠棟按宋本驪作麗

一曰天笁 閩本同監毛本笁作竺是也衛氏集說同

二曰咳首 閩監毛本同衛氏集說同惠棟按宋本首作者

四曰跛踵 閩本同惠棟按宋本同監毛本跛作跂衛氏集說同

八曰旁春 閩監毛本同衛氏集說同惠棟按宋本旁作韋盧文弨云韋亦譌皇侃論語疏作旁脊

戎者兇也 閩監毛本同衛氏集說同惠棟按宋本也作戎

二曰戎央 閩本同考文引宋板同監毛本央作夷衛氏集說同盧文弨云戎夷紺珠作戎夫皇疏作依貊爾雅疏作戎夷

四曰單于 段玉裁按本單作簞

正本直云 閩監毛本同浦鏜按云正疑定字誤

卧則僢無同字 閩監毛本同惠棟按宋本僢下有足字

是依其事類者也 閩監毛本同惠棟按宋本無者字

凡居民量地節

凡居至興學 惠棟按宋本無此五字

附釋音禮記注疏卷第十二終 惠棟按宋本禮記正義卷第十八終記云凡十五頁

附釋音禮記注疏卷第十三

王制　鄭氏注　孔穎達疏

司徒脩六禮以節民性。明七教以興民德。齊八政以防淫。一道德以同俗。養耆老以致孝。恤孤獨以逮不足。上賢以崇德。簡不肖以絀惡。司徒地官卿掌邦教者逮及也簡差擇也○防本又作坊音同恤辛律反逮音代又大計反肖音笑絀敕律反命鄉簡不帥教者以告。帥循也不循教謂敖很不孝弟者司徒使鄉簡擇以告者鄉屬司徒○帥音率循音巡敖本又作傲同五報反很胡墾反弟大計反本又作悌耆老皆朝于庠。元日習射上功。習鄉上齒。大司徒帥國之俊士與執事焉。將習禮以化之使之觀焉耆老致仕及鄉中老賢者朝猶會也此庠謂鄉學也鄉謂飲酒也鄉禮春秋射國蜡而飲酒養老○朝直遥反庠音祥與音預蜡仕詐反不變。命國之右鄉。簡不帥教者移之左。命國之左鄉。簡不帥教者移之右。如初禮。中年考校而又不變使轉徙其居覬其見新人有所化也亦復習禮於鄉學使之觀焉○覬音冀復扶又反下又復移復與同不變移之郊。如初禮。郊鄉界之外者也稍出遠之後中年又爲之習禮於郊學○爲于僞反下爲親爲其大亦爲皆同不變移之遂。如初禮。遠郊之外曰遂遂大夫掌之又中年復移之使居遂又爲習禮於遂之學不變。屏之遠方。終身不齒。遠方九州之外齒猶錄也命鄉論秀士升之司徒。曰選士。移名於司徒也秀士鄉大夫所考有德行道藝者○選宣戀反下皆同行下孟反司徒論選士之秀者而升之學。曰俊士。可使習禮者學大學升於司徒者。不征於鄉。升於學者不征於司徒。曰造士。不征不給其繇役造成也能習禮則爲成士○給音急繇本又作徭音遥樂正崇四術。立四教。樂正樂官之長掌國子之教虞書曰夔命汝典樂教胄子崇高也高尚其術以作教也幼者教之於小學長者教之於大學尚書傳曰年十五始入小學十八入大學○樂音岳長丁丈反下同夔求龜反命女音汝順先王詩書禮樂以造士。順此四術而教以成是士也春秋教以禮樂。冬夏教以詩書。春夏陽也詩樂者聲聲亦陽也秋冬陰也書禮者事事亦陰也互言之者皆以其術相成○夏戶嫁反注及下注夏官同王大子。王子。羣后之大子。卿大夫元士之適子。國之俊選。皆造焉。皆以四術成之王子王之庶子也羣后公及諸侯○適丁歷反下注同造才早反徐七到反凡入學以齒。皆以長幼受學不用尊卑將出學。小胥。大胥。小樂正。簡不帥教者。以告于大樂正。大樂正以告于王。此所簡者謂王大子王子羣后之大子卿大夫元士之適子大胥小胥皆樂官屬也出學謂九年大成學止也○胥息餘反又息呂反下同○王命三公九卿。大夫。元士。皆入學。不變。王親視學。亦謂使習禮以化之不變王又親爲之臨視重棄賢者子孫此習禮皆於大學也○不變。王三日不舉。去食樂重弃人○去丘呂反○屏之遠方。西方曰棘。東方曰寄。終身不齒。棘當爲僰僰之言偪使之偪寄於夷戎不屏於南北爲其大遠○屏必郢反棘依注音僰又作僰蒲北反偪也偪彼力反大音太舊他佐反大樂正論造士之秀者。以告于王。而升諸司馬。曰進士。移名於司馬司馬夏官卿掌邦政者進士可進受爵祿也

〔疏〕司徒至進士○正義曰此一節論司徒脩禮明教上賢絀惡教學升進之事各隨文解之○脩六禮以節民性者六禮謂冠一昏二喪三祭四鄉五相見六性稟性自然剛柔輕重遲速之屬恐其失中故以六禮而節其性也○明七教以興民德者七教即父子一兄弟二夫婦三君臣四長幼五朋友六賓客七也德者得也恐人不得其所故以七教以興舉其民使之皆得其所也此六禮七教並是殷禮周則五禮十二教也齊八政以防淫者八政一曰飲食二曰衣服三曰事爲四曰異別五曰度六曰量七曰數八曰制淫謂過奢侈故以八政禁令之事以防淫淫過之失貴賤同有故不云民淫○一道德以同俗者道履蹈而行謂齊一所行之道以同國之風俗敬養耆老所以致恭孝之心哀恤孤獨所以逮及不足謂以恩惠遂及之不足則孤獨者也尊上賢人所以崇獎有德簡去不肖所以絀退惡人從司徒以下至升諸司馬曰進士皆是司徒所掌教之事既云上賢崇德簡不肖絀惡捴之於此從命鄉簡不帥教者至終身不齒論絀惡之事謂鄉人入學不帥師教屏退絀除也自命鄉論至曰造士論崇德之事謂鄉人入學德業有成升名進於司徒又鄉人所學須有經術自樂正崇四術至詩書明所習業之事非惟鄉人所教如此王子公卿之子亦當須教其不肖者亦當退之自王大子以下至終身不齒論教王子等屏退之事但鄉人既卑節級升之故爲選士俊士至於造士若王子與公卿之子本位既尊不須積漸學業既成即爲造士於是大樂正之官捴論鄉人造士及王子等造士以告於王升諸司馬故云大樂正論造士之秀者以告於王而升諸司馬曰進士是捴包鄉人及王子及公卿之子學業成者○注帥循至司徒○正義曰帥循也爾雅釋詁文云鄉屬司徒者六鄉大夫皆司徒統領周禮鄉皆屬地官是鄉屬司徒也○耆老至事焉○司徒命此鄉學簡擇不帥教者以告司徒司徒乃命鄉內耆老皆聚會於鄉學之庠乃擇善日於鄉學內爲此不帥教之人習其射禮中者在上故云上功又於鄉學習此鄉飲酒之禮令老者居上故云上齒欲使不帥教之人觀其上功自勵爲功觀其上尚則知尊敬長老大司徒帥領國之英俊之士與在鄉射飲酒執行事焉使俊士與之以爲榮惡者慕之而自勵此言國之俊士則非惟鄉內之人○注耆老至養老○正義曰捴言耆老其數則衆故知致仕及鄉中老賢致仕則書傳略說云大夫爲父師士爲少師是也鄉中老賢謂鄉人不仕年老有德行者故鄉飲酒云以告于先生君子可也注云先生鄉中致仕者君子國中有盛德者云朝猶會也者恐有朝王之嫌故云朝猶會也云此庠謂鄉學也者以習射上功在州學習鄉上齒在黨學恐此是州黨之學故云庠鄉學也謂初時耆老聚會於庠學乃擇元日就州學習射就黨學上齒習射習鄉各在一處則不得同日也云鄉謂飲酒也者言經中習鄉謂飲酒者此鄉既有上齒之文故知謂鄉飲酒也云鄉禮春秋射者按州長職云春秋而射干州序然則射在州序而云鄉射者按州屬於鄉雖在州序亦得謂之鄉或可鄉居此州更不立州學若州之有事則就鄉學是鄉學得爲[illegible]之處也云國蜡而飲酒養老者周之十二月國家蜡祭之時黨正鄉飲酒而養老按黨正云國索鬼神而祭祀則以禮屬民而飲酒于序以正齒位[illegible]年則大比故其德行道藝而興賢者能者[illegible]有能有賢者以鄉飲酒之禮興之獻賢能之書於王者則升於天府身則任以官爵則下文云大樂正論造士之秀者以告於王而升諸司馬曰進士彼據鄉人故三年一舉此據學者故中年

考試殷周同也熊氏以爲此中年舉者爲殷禮鄉大夫三年舉者周法其義非也○注可使至大學○正義曰按內則云二十而冠始學禮此升於大學曰俊士之人年以二十故可使習禮云學大學者按尚書周傳云王子公卿大夫元士之適子十三入小學二十入大學又書傳略說餘子十五入小學十八入大學其鄉人當與餘子同故知二十習禮之時在大學也此升於學者謂身升於大學非惟升名而已○注不征至成士○正義曰征謂力役故云不給繇役此繇役者供學及司徒細碎之繇役也上文命鄉論秀士升之司徒曰選士者雖升名司徒猶給鄉之繇役以藝業未成故云司徒論選士之秀者而升之學曰俊士者身雖升學亦以學未成猶給司徒繇役若其學業既成免其繇役定本云升之學無大字升諸司徒則不征於鄉升之於學則不征於司徒皆免其繇役者是爲造成之士云能習禮則爲成士者以二十習禮禮以立身故爲成士然習禮必年二十按書傳適子二十入大學餘子十八入大學然則升名司徒未入大學已能習禮爲造士者二十習禮舉其大網若其性識聰明則亦早能習之○注樂正至大學○正義曰樂正掌國子之教者按周禮大司樂掌成均之法以教國子引虞書命汝典樂教胄子者證以樂官教胄子之義孔注尚書云胄長也謂王子公卿大夫元士之子云高尚其術以作教也者謂樂正之官當光揚尊崇此四術以爲教謂敦暢義理贊明旨趣使學者知之引尚書傳曰以下書傳略說文順先王詩書禮樂以造士樂正之官依順此古昔先王之道則詩書禮樂之等教之造成此士術者是道路之名詩書禮樂是先王之道路謂之術○注春夏至相成○正義曰鄭以經云春秋教以禮樂則秋教禮春教樂冬夏教以詩書則冬教書夏教詩故云春夏陽也詩樂者聲聲亦陽也所以詩得爲聲者詩是樂章詩之文義以樂聲播之故爲聲若以聲對舞則聲爲安靜舞爲鼓動舞之爲陽聲爲陰故大胥云春釋采合舞秋頒學合聲是也就舞之中奮動甚者屬陽奮動靜者屬陰故文王世子云春夏學干戈秋冬學羽籥是也云秋冬陰也書禮者事事亦陰也者書者言事之經禮者行事之法事爲安靜故云書禮者事事亦陰也文王世子云秋學禮冬讀書與此同也云互言之者皆以其術相成者若不互言當云春夏教以樂詩秋冬教以禮書則是春夏但教以樂詩不教禮書秋冬但教以禮書不教以樂詩言其四術不可暫時而闕今交互言之云春教樂明兼有禮秋教禮兼有樂夏教詩兼有書冬教書兼有詩故云皆以其術相成但遂其陰陽以爲偏主耳○注皆以至諸侯○正義曰皆以四術成之解經皆造焉謂王大子公卿大夫元士之子國之俊選皆以四術造焉云王子王之庶子也者以經云王大子乃云王子故知是庶子也云羣后公及諸侯者以經羣后之下即云卿大夫士無諸侯之文故知羣后之中是三公及諸侯也○注皆以長幼受學○正義曰長幼受學雖王大子亦然故文王世子云將君我而與我齒讓何也是其事也○注此所至上也○正義曰此所簡者謂王大子以下者承上鄉之學下恐所簡兼有鄉人故明之也云大胥小胥皆樂官屬也者按周禮大司樂中大夫二人大胥中士四人小胥下士八人皆屬大司樂故云樂官屬也云出學謂九年大成學止也者以上文鄉人中年考校恐此亦中年故明之也知九年者以下即云王親視學不變王三日不舉無移左鄉右鄉及移郊遂之事故知是九年學止也○注習禮皆於大學也○正義曰若殷人習禮在於大學即明堂位云瞽宗殷學文王世子云禮在瞽宗殷之大學也若周則大學曰東膠瞽宗不得爲周之大學也故鄭注儀禮鄉射云周立四代之學於國而又以有虞氏之庠爲鄉學則周之尋常習禮

於殷學之中至九年爲王子不變其習禮當於東膠大學然則餘子十八入大學嫡子二十入大學者皆是殷法也若周法立當代大學在公官左大學即東膠也又立小學於西郊小學即有虞氏之庠其習書於虞氏之學習禮樂於殷之學習舞於夏后氏之學故文王世子云春夏學干戈秋冬學羽籥皆於東序春誦夏弦大師詔之瞽宗又云禮在瞽宗書在上庠詩則無文鄭注云弦謂以絃播詩則習詩亦在瞽宗然詩與禮樂雖各在其學習之至二十入大學之時仍於大學之中兼習四術故此注云習禮皆於大學是周之大學亦習禮也既在瞽宗又在大學則其餘亦可知也○注棘當至王大遠○正義曰焚之言偏者按漢書云西南有焚夷知非彼夷而讀爲偏者以與寄交相對寄非東方夷名是寄旅之意則焚亦非西方夷名故以爲偏迫於夷狄也云不屏於南北爲其大遠者按漢書地理志云南北萬三千里東西九千里又帝王世紀南北萬三千三百六十八里東西九千三百二里漢地既然則古亦應爾皆南北長東西短故鄭此注云不屏於南北爲其大遠○大樂至進士○此大樂正之官論造士之中最秀異者以告於王而升名於司馬論之曰進士言進受爵祿也此文承王子公卿大夫之子下似專據王子等其實鄉人入學爲造士者亦同於此其鄉人不在學者及邦國所貢之士所貢於王亦當升諸司馬以司馬掌爵祿故有司士屬焉其職云以德詔爵以功詔祿即知凡入仕者皆司馬主之下文更不見鄉人及邦國所貢之士故知此中兼之但文不具耳

司馬辨論官材。辨其論官其材觀其所長。其論如字舊力困反

論進士之賢者以告於王。而定其論。各署其所長

論定。然後官之。使之試守

任官。然後爵之。命之○任而金反下注同

位定。然後祿之。大夫廢其事。終身不仕。死以士禮葬之。以不任大夫也

有發。則命大司徒教士以車甲。乘兵車衣甲之儀有發謂有軍師發卒○衣於既反卒子忽反

凡執技論力。適四方。贏股肱。決射御。謂擐衣出其臂脛使之射御決勝負見勇力○技其綺反本或伎後同贏本又作贏力果反肱古弘反擐舊音患今讀宜音宣依字作擐字林云擐擐臂也先全反脛胡定反見賢遍反

凡執技以事上者。祝。史。射。御。醫。卜。及百工。言技謂此七者

凡執技以事上者。不貳事。不移官。欲專其事亦爲不德

出鄉不與士齒。賤也於其鄉中則齒親親也

仕於家者。出鄉不與士齒。亦賤

【疏】司馬至士齒○正義曰此一節主論司馬之官用其人及發兵論射御及居官黜退之事司馬辨論官材大樂正論造士之秀者以告於王王必以樂正所論之狀授與司馬司馬得此所論之狀乃更論辨之觀其材能高下知其堪任何官是準擬其官以其材故云官材也○論進士之賢者謂司馬辨論之後不堪者屏退論量進士賢者以告於王告王之時而正定其論各署其所長若長於禮者署擬於禮官長於樂者署擬於樂官論定然後官之者謂既論擬定然後試之以所能之官○任官然後爵之者謂堪任此官然後爵命之○位定然後祿之者謂既受爵命使有職位然後與之以祿○注以不任大夫也○正義曰以經云大夫廢其事故知不堪任大夫也致仕而退死得以大夫禮葬故論語注云大夫退死葬以士禮致仕以大夫禮葬是也○有發至車甲○有發謂國有軍旅以發士卒是司馬之事王則命大司徒教此士卒以車甲之事謂教士以乘兵車及衣甲之儀容必司徒者以司徒主衆又主教故與司馬相參也○注有發至發卒○正義曰知發是發卒者以經云教士以車甲故知發謂軍師發卒也○凡執至士齒○執技之事凡有三係上係論課試武夫技藝之事中係論執技之人并射御之外祝史醫卜之等下係論執技之人不得更爲二事以其賤故出鄉不與士齒○凡執技論力適四方贏股肱決射御者言此既無道藝惟論力以事上故適往四方境界之外則使之擐露臂脛角材力決射御勝負見勇力○注言技謂此七者正義曰七者謂視一史二射三御四醫五卜六百工七射御前經以顯此重云者上論所試之時此論與視史醫卜並列見其邑目○注欲專其事亦爲不德○正義曰所以不貳事不移官者欲使專一其所有之事非但欲使專事亦爲技藝賤薄不是道德之事故不許之

○司寇正刑明辟以聽獄訟。司寇秋官卿掌刑者辟罪也○辟婢亦反注同

必三刺。以求民情斷其獄訟之中一曰訊羣臣二曰訊羣吏三曰訊萬民○刺七智反殺也斷丁亂反下制斷斷計同中如字又丁仲反○

有旨無簡。不聽。簡誠也有其意無其誠者不論以爲罪○

附從輕。附施刑也求出之使從輕

赦從重。雖是罪可重猶赦之○

凡制五刑。必即天論。制斷也即就也必即天論言與天意合閔子曰古之道不即人心即或爲則論或爲倫○論音倫理也注同

郵罰麗於事。郵過也麗附也過人罰人當各附於其事不可假他以喜怒○郵音尤俗作郵麗郎計反當丁郎反假古雅反

凡聽五刑之訟。必原父子之親。立君臣之義。以權之。權平也○

意論輕重之序。慎測淺深之量。以別之。意思念也淺深謂俱有罪本心有善惡○量徐音亮後皆同別彼列反○

悉其聰明。致其忠愛。以盡之。盡其情○

疑獄。氾與衆共之。衆疑。赦之。必察小大之比以成之。小大猶輕重已行故事曰比○氾本又作汎孚劍反比必利反注同例也

成獄辭。史以獄成告於正。正聽之。史司寇吏也正於周鄉師之屬今漢有平正丞秦所置○平彼命反

正以獄成告于大司寇。大司寇聽之棘木之下。周禮鄉師之屬辨其獄訟異其死刑之罪而要之職聽於朝司寇聽之朝王之外朝也左九棘孤卿大夫位焉右九棘公侯伯子男位焉面三槐三公位焉○棘紀力反要之於妙反謂要最舊一遥反槐回壞二音○

大司寇以獄之成告於王。王命三公參聽之。王使三公復與司寇及正共平之重刑也周禮王欲免之乃命公會其期

三公以獄之成告於王。王三又。然後制刑。又當作宥宥寬也一宥曰不識再宥曰過失三宥曰遺忘○又義作宥忘音妄

凡作刑罰。輕無赦。法雖輕不赦之爲人易犯○爲于僞反易以豉

反後易犯同。刑者侀也。侀者成也。一成而不可變。故君子盡心焉。變更也侀音刑析言破律。亂名改作。執左道以亂政。殺。析言破律巧賣法令者也亂名改作謂變易官與物之名更造法度左道若巫蠱及俗禁○析思歷反亂名如字王肅作循名巧起教反又如字蠱音古作淫聲。異服。奇技。奇器。以疑衆。殺。淫聲鄭衛之屬也異服若聚鷸冠瓊弁也奇技奇器若公輸般請以機窆○鷸伊必反徐音述弁皮戀反般百間反行僞而堅。言僞而辯。學非而博。順非而澤。以疑衆。殺。皆謂虛華捷給無誠者也○行下孟反華戶瓜反又如字假於鬼神。時日。卜筮。以疑衆。殺。今時持喪葬築蓋嫁取卜數文書使民倍禮違制○日入一反此四誅者。不以聽。爲其爲害大而辭不可習凡執禁以齊衆。不赦過。亦爲人將易犯有圭璧金璋。不粥於市。命服命車。不粥於市。宗廟之器。不粥於市。犧牲不粥於市。戎器不粥於市。尊物非民所宜有戎器軍器也粥賣也○璋之羊反用器不中度。不粥於市。兵車不中度。不粥於市。布帛精麤不中數。幅廣狹不中量。不粥於市。姦色亂正色。不粥於市。凡以其不可用也用器弓矢耒耜飲食器也度丈尺也數升縷多少○中丁仲反下皆同幅方服反耒耜上力對反下音似錦文珠玉成器。不粥於市。衣服飲食。不粥於市。不示民以奢與貪也成猶善也五穀不時。果實未孰。不粥於市。物未成不利人木不中伐。不粥於市。伐之非時不中用周禮仲冬斬陽木仲夏斬陰木○夏戶嫁反下春夏同禽獸魚鼈不中殺。不粥於市。殺之非時不中用月令季冬始漁周禮春獻鼈蜃○蜃常忍反雉化爲之關執禁以譏。禁異服。識異言。關竟上門譏呵察○竟音境苛音何又呼河反本亦作呵

【疏】司寇至異言。○正義曰此一節揔明論司寇聽訟刑罰禁止之事各隨文解之從此至赦從重論司寇正刑明辟之法○正刑明辟者謂司寇當正定刑書明斷罪法使刑不差二法不傾邪以聽天下獄訟○必三刺者言正刑明辟聽訟之時刑法宜慎不可專制故必須三刺以求民情有旨無簡不聽求民情既得其所犯之罪雖有旨意無誠實之狀則不聽之不論以爲罪也○附從輕者附謂施刑施刑之時此人所犯之罪在輕重之間可輕可重則當求可輕之刑而附之則罪疑從輕是也○赦從重者謂所犯之罪本非意故爲而入重罪今放赦之時從重罪之上而赦之其意輕故也即尚書云眚災肆赦是也○注一曰至萬民○正義曰按周禮司刺云壹刺曰訊羣臣再刺曰訊羣吏三刺曰訊萬民刺殺也謂欲殺犯罪之人其一問可殺與否於羣臣羣臣謂公卿大夫士其二問可殺與否於羣吏羣吏謂庶人在官者其三問可殺與否於庶人庶人謂萬姓衆來觀者此三刺雖以殺爲本其被刑不殺者亦當問之○注簡誠至爲罪○正義曰旨意也簡誠也言犯罪者雖有其意而無誠實者則不論之以爲罪也○注雖是罪可重猶赦之○正義曰此赦從重與上附從輕皆是從重入輕所以再見其文者附從輕謂施刑從輕赦從重謂放赦從重所以異也○凡制至於事○此一條論造制五刑須合天意輕重施於刑罰必附本情○必即天論者即就也論謂論議言制五刑之時必就上天之意論議輕重天意好生又有時以生有時以殺言論議刑時亦當好生又就天道使生殺得中論或爲倫倫理也謂就天之倫理即是好生及好殺得中之理故鄭云言與天意合○郵罰麗於事者郵過也謂斷人罪過罰謂責罰其身麗附也言斷其罪過及責罰其身皆依附於所犯之事不可離其本事假他別事而爲喜怒也○注制斷至倫○正義曰經云制五刑必論古人造制五刑下云必即天論及郵罰麗於事皆論斷罪之法故以制爲斷非言初制五刑即是裁制故爲斷也引閔子曰古之道不即人心者證經即爲即就之義按宣元年公羊傳云古者臣有大喪則君三年不呼其門已練可以弁冕服金革之事君使之非也臣行之禮也閔子要絰而服事既而曰若此乎古之道不即人心退而致仕孔子蓋善之也閔子性孝以爲在喪從戎不即人情而爲制此禮是古之所制故閔子嫌之言論或爲倫者謂本或有作倫者故云或爲倫也○凡聽至成之○原本也權平也凡犯罪之人或子爲父隱臣爲國諱雖觸刑禁而非其本惡故聽訟者本其宿情立其恩義爲平量之恕而免放意論輕重之序者意謂思念也聽訟者以盡意思念論量罪之輕重次序不有越濫也○愼測淺深之量以別之者謂謹愼測度罪人意之善惡淺深之量以別之謂分別善惡使不相亂○悉其聽明致其忠愛以盡之者謂聽獄之人盡悉已之聰明尋其事之根本又致其忠恕仁愛不使嚴酷枉濫以盡犯罪人情不有抑屈○疑獄汜與衆共之者疑獄謂事可疑難斷者也汜廣也已若疑彼罪而不能斷決當廣與衆庶共論決之也衆疑赦之者若衆人疑惑則當放赦之故書云與其殺不辜寧失不經○必察小大之比以成之者小大猶輕重也比例也已行故事曰比此言雖疑而赦之不可直爾而放當必察按舊法輕重之例以成於事○成獄至制刑○成獄辭者謂獄吏初責覈罪人之辭已成定也史以獄成告於正者史司寇吏也正獄之正也吏以成辭告於正也○正聽之者正得吏告罪成之辭而又聽察也○正以獄成告於大司寇者正聽已竟又劾獄成之辭告於大司寇也○大司寇聽之棘木之下者大司寇得正之告而又聽察於棘木之下謂王之外朝也○大司寇聽獄之成告於王者大司寇與公卿在朝槐棘之下聽獄訟成以告於王也○王命三公參聽之王既得司寇之告成辭而刑辟不可謬妄故王又命三公與司寇及正吏共參準聽之也○三公以獄之成告于王者三公參聽得其情實以獄成辭以告於王也○王三又者三三事也又當爲宥宥寛也王得三公之告則以三事命寛之也○注正所至所置○正義曰按周禮鄉師屬地官不掌獄訟而云鄉師者鄉謂鄉士也師謂士師也云之屬者謂遂士縣士方士之等云今漢有正平丞秦所置者按漢書百官公卿表廷尉秦官掌刑辟有正左右監宣帝地節三年初置左右平鄭見古有正連言平耳此王制多是殷法秦則放殷置之○注周禮至位焉○正義曰周禮鄉師之屬至職聽於朝是鄉士及遂士縣士職文云異其死刑之罪者鄭云異謂殊其文書謂殊異其應死刑之罪別爲簿書而要之鄭云要之爲其罪法之要辭如今劾矣即是囚之狀辭爲要狀云司寇聽之朝王之外朝也者按朝士職掌外朝之法云左嘉石平罷民焉右肺石達窮民焉罷民則是犯罪之人故知聽於外朝也云左九棘至三公位焉皆朝士職文故其職云左九棘孤卿大夫位焉羣士在其後右九棘公侯伯子男位焉羣吏在其後面三槐三公位焉州長衆庶在其後鄭云棘取赤心而外刺槐之言懷也懷來人於此鄭康成以爲此外朝位在臯門內庫門之外○注王使至其期○正義曰經直云王命三公參聽之得知三公復與司寇及正共平之者以參聽之是三公之外共人相參而聽之上既有正與司寇故知司寇及正在焉云周禮王欲免之乃命三公會其期者按周禮鄉士掌六鄉之獄若欲免之則王會其期遂士掌六遂之獄若欲免之則王令三公會其期縣士掌野獄若欲免之則王命六卿會其期此遂士職文也獨舉遂士公會其期者以經云王命三公故舉遂士言之舉中以見上下則六鄉王自會之縣野之獄王命六卿會之六卿以獄告于王也○注一宥至遺忘○正義曰此一宥以下是周禮司刺文鄭康成云識審也不審仇讎當報甲見乙誠以爲甲而殺之者過失若舉刃欲斫伐而軼中人者遺忘若間帷薄忘有在焉而以兵矢投射王恐有此三事致罪故合以三事宥之若不當三事故造罪者然後制刑○凡作刑罰輕無赦此文起側故云凡作刑罰也此非疑獄故雖輕不赦也若輕者輒赦則犯者衆也故書云刑故無小雖輕不赦之爲人易犯也○刑者至心焉○此說刑之不可變改故云刑者侀也上刑是刑罰之刑下侀是侀體之侀訓此刑罰之刑以爲侀體之侀言刑罰之刑加人侀體又云侀者成也言侀體之侀是人之成就容貌容貌一成之後若以刀鋸鑿之斷者不可續死者不可生故云不可變故君子盡心以聽刑焉則上悉其聰明致其忠愛是也○注左道至俗禁○正義曰盧云左道謂邪道地道尊右右爲貴故漢書云右賢左愚右貴左賤故正道爲右不正道爲左若巫蠱及俗禁者按漢書武帝時江充埋桐人於大子宮是也初江充曾犯大子後王將老欲立太子太子立必誅充充遂謀大子爲桐人六枚埋在大子宮中乃譖大子於帝曰臣觀大子宮有巫氣王遂令江充檢之果掘得桐人六枚盡以針刺之太子以自無此事意不服遂殺充武帝怒遣丞相劉屈釐將兵伐大子大子急竄於湖縣民家而藏後事發大子遂自殺而死於其處湖關老人訟大子無罪帝乃悔之因立園陵於湖縣故思子望子歸來蠱者損壞之名故左傳云皿蟲爲蠱是蟲食器皿巫行邪術損壞於人俗禁者若前漢張竦行辟反支後漢書郭躬傳有陳伯子者出辟往亡入辟歸忌是也○注淫聲至機窆○正義曰淫聲鄭衛之屬者以鄭衛多淫風故鄭衛爲淫聲云之屬者則桑間濮上之音故樂記云鄭衛之音亂世之音桑間濮上之音亡國之音是也云異服若聚鷸冠瓊弁者按僖二十四年左傳云鄭子臧好聚鷸冠鄭伯聞而惡之使盜殺之於陳宋之間瓊弁者僖二十八年左傳云初楚子玉自爲瓊弁玉纓服虔注云謂馬飾云若公輸般請以機窆者指其人巧謂之奇技指其機窆謂之奇器故奇技奇器揔謂般也○行僞至衆殺行僞而堅者行此詐僞而守之堅固不肯變改言僞而辯者謂言談僞事辭理明辯不可屈止學非而博者謂習學非違之書而又廣博順非而澤者謂順從非違之事而能光澤文飾以疑於衆如此者殺按史記孔子爲魯司寇七日而誅少正卯之類是也○注皆謂至者也○正義曰習僞習非是虛華辯博而澤是捷給不可依用是無誠也○假於至衆殺○妄陳邪術恐懼於人假託吉凶以求財利假於鬼神時日卜筮者謂假託鬼神假託時日假託卜筮以疑於衆鬼神時日卜筮共有

假文○注今時至違制○正義曰謂今時之人持執此喪葬築蓋嫁娶卜數之文書以惑於衆妄陳禍福浪說妖祥築謂垣牆蓋謂舍宇○注尊物至賣也○正義曰言圭璧金璋及犧牲戎器皆是尊貴所合蓄之物非民所宜有防民之僭偽也軍器防民之賊亂也○注凡以至多少○正義曰此經之物若其合法度則得粥之其不合法度者則不得粥也○布帛精麤者若朝服之布十五升斬衰三升齊衰四升之類是也○廣狹者布廣二尺二寸帛則未聞鄭注周禮引逸巡守禮幅廣四尺八寸爲尺鄭注四當爲二則帛廣三尺四寸用器弓矢耒耜飲食器者既夕禮文既夕敦杅之屬即飲食器也○注不示至貪也○正義曰錦文珠玉成器衣服等不粥者不示民以奢飲食不粥者不示民以貪此衣服飲食與珠玉連文據華美者不得粥之恐民貪若尋常飲食則得粥之不得羣聚耳故周禮司虣云禁屬遊飲食于市者是也前經圭璧金璋之等是貴者之器故注云非民所宜有謂全不合有以其名位卑故也此錦文珠玉等是華麗之物富人合有但不得聚之過多故云不粥於市不示民以奢也前文圭璧金璋各是一物即考工記金飾璋也皇氏以爲用金爲印璋接定本璋字從玉圭璧之類也且周時稱印曰璽未有稱璋皇氏之義非也○注周禮至陰木○正義曰此周禮山虞文鄭注云陽木生山南者陰木生山北者冬斬陽夏斬陰堅濡調○關執禁以譏禁異服識異言司關之官執此戒禁之書以譏察出入之人故云執禁以譏禁此身著異服之人又記識口爲異言之人防姦僞察非違○大史典禮。執簡記。奉諱惡。簡記策書也諱先王名惡忌日若子卯○惡烏路反注同策書側八反○〔疏〕大史至諱惡○正義曰此一經論大史之官典掌禮事國之得失是其所掌執此簡記策書奉其諱惡之事奉謂進也諱謂先王之名惡謂子卯忌日謂奉進於王以所諱所惡○注諱先王名○正義曰下文云天子齊戒受諫傳云名終將諱之故以諱爲先王之名其實餘諱亦大史奉之故禮運云天子適諸侯必舍其祖廟不以禮籍入是謂天子壞法亂紀鄭注云以禮籍入謂大史典禮執簡記奉諱惡是亦諱諸侯之祖父也云惡忌日若子卯者忌日謂先王之亡日及子卯故云若子卯紂以甲子日死桀以乙卯日亡已其下檀弓疏此惡亦兼餘事故誦訓云掌道方慝以詔辟忌鄭注云方慝四方言語所惡是也。○天子齊戒受諫。歲終羣臣奏歲事諫王當所改爲也○齊側皆反本亦○齊下皆同○司會以歲之成質於天子。司會冢宰之屬掌計要者成計要也質平也平其計要○會古外反注同冢宰齊戒受質。質王受之大樂正。大司寇。市。三官以其成從質於天子。大樂正於周宗伯之屬市司市也於周司徒之屬從從於司會也○大司徒。大司馬。大司空。齊戒受質。百官各以其成質於三官。大司徒。大司馬。大司空。以百官之成質於天子。百官此三官之屬○百官齊戒受質。受平報也然後休老勞農。饗養之○勞力報反成歲事。斷計要也制國用。〔疏〕天子至國用○正義曰此下至制國用論歲終天子受質及百官質於天子休老勞農制國用之事也○齊戒受諫者以其歲終舊來所施之事或有不便須有改爲百官以此上

諫於王天子以其事重故先齊戒而後受於諫也司會以歲之成質於天子司會摠主羣官治要故以一歲治要之成質於天子質平也謂奏上文簿聽天子平量之○冢宰齊戒受質者冢宰是貳王治事故亦齊戒贊王受羣官所平之事謂共王論定也大樂正大司寇市三官以其成從質於天子者謂此三官各以其當司成要隨從司會平於天子以周法言之司會摠主羣官簿書則司徒司馬司空簿書亦可會掌之質於天子所以下文司徒司馬司空各質於天子不由司會惟大樂正大司寇市三官從司會質於天子者司會摠主治要先質於王若今時先申帳目樂正司寇司市當司事少即從從司會以質於王其司徒司馬司空摠主萬民其事既大雖司會進其治要仍須各受質屬官親自質於天子百官齊戒受質以司徒司馬司空質於天子天子平斷畢當須報於下故在下百官齊戒受天子所平之要○然後休老勞農者即十月蜡祭之時飲酒勞農也○成歲事者斷定計要一歲事成乃制來歲之國用故云制國用也○注歲終至爲也○正義曰知齊戒受諫是歲終者以下云休老勞農文相連接故知是歲終也以其歲終受質故知諫王當所改爲謂改其舊事更爲新事故用歲終襄十四年左傳師曠云正月孟春於是乎有之諫失常也彼諫王過惡故用正月與此別也○注司會至計要○正義曰按天官司會中大夫二人屬冢宰故云冢宰之屬云成計要也者按周禮注歲計曰會月計曰要日計曰成彼對文耳此則摠而言之故云成計要也謂一歲薄書摠要成就○注大樂至會也○正義曰按上文司會直云冢宰之屬不云於周此大樂正及市皆云於周者以此文司會與周禮正同故不須云於周此大樂正於周是大司樂此市亦於周爲司市與周禮不同故以周禮明之云從從於司會也者以文承上司會質於天子故知從質者從司會也然此大樂正大司寇及市亦當受屬官之質以其事少文不見耳○注百官此三官之屬○正義曰司徒司馬司空受百官質故云三官之屬若以殷法言之按曲禮云司徒司馬司空司寇司士若以周法言之按夏傳司徒司馬司空三官分主九卿則兼羣官焉但大樂正大司寇司市特自質於天子也○凡養老。有虞氏以燕禮。夏后氏以饗禮。殷人以食禮。周人脩而兼用之。兼用之備陰陽也凡飲養陽氣凡食養陰氣陽用春夏陰用秋冬○食音嗣注及下注并下文食之並同養如字徐以上反下同○五十養於鄉。六十養於國。七十養於學。達於諸侯。天子諸侯養老同也國國中小學在王宮之左學大學也在郊小學在國中大學在郊此殷制明矣〔疏〕凡養至諸侯○正義曰此一節論虞夏殷周養老不同之事各依文解之○凡養老者皇氏云人君養老有四種一是養三老五更二是子孫爲國難而死王養死者父祖三是養致仕之老四是引戶校年養庶人之老熊氏云天子視學之年養老一歲有七謂四時皆養老故鄭此注凡飲養陽氣凡食養陰氣陽用春夏陰用秋冬是四時凡四也按文王世子云凡大合樂必遂養老注云大合樂謂春入學舍菜合舞秋頒學合聲通前爲六又季春大合樂天子視學亦養老世子云凡視學必遂養老是摠爲七也○有虞氏以燕禮者虞氏云燕禮脫屨升堂崔氏云燕者殺烝於俎行一獻之禮坐而飲酒以至於醉以虞氏帝道弘大故養老以燕禮○夏后氏以饗禮者崔氏云饗則體薦而不食爵盈而不飲依尊卑而爲獻取數畢而已夏既受禪於虞是三王之首貴尚於禮故養老以饗禮相養敬

也○殷人以食禮者崔氏云不飲酒享大牢以禮食之殷人質素威儀簡少故養老以食禮○周人脩而兼用之者謂周人脩三代之禮而兼用之以養老春夏養老之時用虞氏燕禮夏后氏饗禮之法若秋冬養老之時用殷人食禮之法以周極文故兼用三代之法也皇氏云享有四種一是諸侯來朝天子饗之則周禮大行人職云上公之禮其享禮九獻是也其牲則體薦體薦則房烝故春秋宣十六年左傳云享有體薦又國語云王公立飫則有房烝其所云飫即謂饗也立而成禮謂之爲飫也其禮亦有飫食故舂人云凡饗食共其食米鄭云享有食米則饗禮兼燕與食是也二是王親戚及諸侯之臣來聘王饗之禮亦有飯食及酒者親戚及賤臣不須禮隆但示慈惠故並得飲食之也其酌數亦當依命其牲折俎亦曰殺烝也故國語云親戚宴饗則有餚烝謂以燕禮而饗則有之也又左傳宣十六年云享有體薦宴有折俎公當享卿當宴王室之禮也時定王享士會而用折俎以國語及左傳故知王親戚及諸侯之大夫來聘皆折俎饗也其饗朝廷之臣亦當然也三是戎狄之君使來王享之其禮則委饗也其來聘賤故王不親饗之但以牲全體委與之也故國語云戎翟貪而不讓坐諸門外而體委與之是也此謂戎狄使臣賤之故委饗若夷狄君來則當與中國子男同故小行人職掌小賓小客所陳牲牢當不異也四是享宿衛及耆老孤子則以醉爲度故酒正云凡饗士庶子享耆老孤子皆其酒無酌數鄭云要以醉爲度食禮者有飯有殺餚設酒而不飲其禮以飯爲主故曰食也其禮有二種一是禮食故大行人云諸公三食之禮有九舉及公食大夫禮之屬是也二是燕食者謂臣下自與賓客旦夕共食是也按鄭注曲禮酒漿處右云此大夫士與賓客燕食之禮燕禮者凡正享食在廟燕則於寢燕以示慈惠故在於寢也燕禮則折俎有酒而無飯也其牲用狗謂爲燕者詩毛傳云燕安也其禮最輕升堂行一獻禮畢而說屨升堂坐飲以至醉也儀禮猶有諸侯燕禮一篇也然凡燕禮亦有二種一是燕同姓二是燕異姓若燕同姓夜則飲之於異姓則讓之而止故詩湛露天子燕諸侯篇鄭箋云夜飲之禮同姓則成之其庶姓讓之則止其此燕饗食致仕之老皇氏云則當用正饗正食正燕之禮以其有賢德者不可以褻禮待之其饗死事之老不必有德又是老人不宜久立當用折俎之饗燕食之食老人不合夜飲當用異姓之燕禮○注兼用至秋冬○正義曰兼用之備陰陽者以燕之與饗是飲酒之禮是陽陽而無陰食是飯飯是陰陰而無陽周兼用之故云備陰陽也云凡飲養陽氣凡食養陰氣者郊特牲文所以飲養陽者飲是清虛陽氣之象食是形質陰體之義云陽用春夏陰用秋冬者按郊特牲云饗禘有樂而食嘗無樂是故春禘而秋嘗享與禘連文故知饗在春食與嘗連文故知食在秋彼不云冬夏者彼是殷禮此言冬夏者據周法也或鄭因春而言夏因秋而見冬雖周冬夏不養老也就如熊義去冬夏則一年有五養老也又春合舞秋合聲即是春秋養老之事冬夏更無養老過季春大合樂有三養老也熊氏以爲春秋各再養老故爲一年七養老也去冬夏猶爲五義實可疑皇氏云春夏雖以飲爲主亦有食先行饗次燕次食秋冬以食爲主亦有饗先行食次燕次享一日之中三事行畢義或然也○五十至諸侯○此謂子孫爲國死難而王養其父祖也五十始衰故養於鄉學○六十養於國者六十漸衰養禮彌厚故養之於小學小學在國中也○七十養於學者七十大衰養禮轉重故養於大學○達於諸侯者言此養老之事非惟天子之法乃通達於諸侯盧王等以爲養於鄉云不爲力政養於國云不與服戎皆謂養庶人之老也非鄭義故鄭注云國中小學也○注國國至

明矣○正義曰養於國與養於學文相對故知國亦是學也六十少於七十者六十者宜養於小學七十者宜養於大學故云國中小學云在王宮之左者據上文而知云小學在國中大學在郊此殷制明矣者以上文云小學在公宮南之左大學在郊下文云殷人養國老於右學養庶老於左學貴右而賤左小學在國中左也大學在郊右也與殷同也故云此殷制明矣以此篇從上以來雖解爲殷制無正據可馮因此小學大學是殷制不疑故云明矣○八十拜君命。一坐再至。瞽亦如之。九十使人受。命謂君不親饗食必以其禮致之。○瞽音古五十異粻。六十宿肉。七十貳膳。八十常珍。九十飲食不離寢。膳飲從於遊可也。粻糧也貳副也遊謂出入止觀。粻涉良反離力智反觀古亂反六十歲制。七十時制。八十月制。九十日脩。唯絞紟衾冒死而后制。絞紟衾冒一日二日而可爲者。絞戶交反紟其鴆反冒亡報反五十始衰。六十非肉不飽。七十非帛不煖。八十非人不煖。九十雖得人不煖矣。煖溫。○煖乃管反下同五十杖於家。六十杖於鄉。七十杖於國。八十杖於朝。九十者。天子欲有問焉。則就其室。以珍從。尊養之。○從才用反又如字。七十不俟朝。大夫士之老者揖君則退八十月告存。每月致膳九十日有秩。秩常也有常膳五十不從力政。六十不與服戎。七十不與賓客之事。八十齊喪之事弗及也。力稍衰也力政城道之役也與及也八十不齊則不祭也子代之祭是謂宗子不孤○與音預下及注同五十而爵。賢者命爲大夫六十不親學。不能備弟子禮七十致政。唯衰麻爲喪。致政還君事。○〔疏〕八十至爲喪。○正義曰此一節論老人力衰與少不同之事各隨文解之○七十養於大學至於八十年漸衰弱不堪來學受養君以饗食之禮使人就家致之其受君命之時理須再拜不堪爲勞一坐於地而首再至於地瞽人無目恐其傾倒拜君命之時亦當如此故云亦如之○五十至可也○自此以下雜記卿大夫士及庶人年老節制在家自養之法隨年爲品也○五十異粻者粻糧也五十始衰憊宜自異不可與少壯者同也○六十宿肉者轉老故恒宿肉在帳下不使求而不得也○七十貳膳者貳副也膳善食也恒令善食有儲副不使有闕也○八十常珍者珍謂常食之皆珍奇美食尋常使有○九十飲食不離寢者謂老人飲食無時或急求須得故不離於寢○膳飲從於遊可也者謂美善之膳水漿之飲從於老人所遊之處其理可也○六十至后制○六十歲制者明老而預爲送終之具也年旣衰老故逆辨之也歲制謂棺也不易可成故歲制然此謂大夫以下耳人君即位爲椑不待六十也其椑則死後爲之以其莽尙賒故檀弓云旬而布材是也○七十時制者時制謂一

時可辨是衣物之難得者是年轉老所須辨轉切也○八十月制者月制謂一月可辨衣物易得者也漸老彌切也○九十日脩者至九十棺衣皆畢但日日脩理之爲近於終故也惟絞紟衾冒死而后制者此四物易成故生不逆爲須亡乃制也故檀弓云一日二日而可爲也君子弗爲也○七十至有秩○此謂大夫士老年而聽致仕者則七十杖於國朝君之時入門至朝位君出揖之即退不待朝事畢也若不聽致仕則祭義云七十杖於朝八十不俟朝○八十月告存者告謂問也君每月使人致膳告問存否○九十日有秩者以至年老方極秩常也君則日使人以常膳致之故云日有秩○注大夫至則退○正義曰按儀禮大射卿大夫皆入門右北面公降立于阼階之東南南鄉揖大夫大夫皆少進彼鄭注云變爾言揖使近北者爾揖君則退謂就位君揖之時七十老者則退故祭義注云君揖之即退不待朝事畢其少壯者則待朝事之終也○注每月致膳○正義曰經直云月告存知非直遣人告問存否必知致膳者以下云九十日有秩上文云天子欲有問焉則就其室以珍從明八十每月告存之時必當致膳也○注力稍至不孤○正義曰以上文歲制及杖於家之屬兼含大夫士及庶人之老此五十不從力政及不與服戎惟據庶人之事故云力政城道之役也謂築城垣治道也其大夫士六十未致仕若爲軍將當與服戎故知此據庶人也按異義禮戴說王制云五十不從力政六十不與服戎易孟氏韓詩說年二十行役三十受兵六十還兵古周禮說國中自七尺以及六十野自六尺以及六十有五皆征之許愼謹按云五經說皆不同是無明文所據漢承百王而制二十三而役五十六而免六十五已老而周復征之非用民意是許以周禮爲非鄭駁之云周禮是周公之制王制是孔子之後大賢所記先王之事周禮所謂皆征之者使爲胥徒給公家之事如今之正衞耳六十而不與服戎胥徒事暇坐息之間多其五歲又何太違之云徒給公家之事云非用民意取王制所云力政挽引築作之事所謂服戎謂從軍爲士卒也二者皆勞於胥徒故早舍之如鄭此言力政田役爲重故云五十免之故此五十不從力政祭義云五十不爲甸徒也戎事差輕六十不與服戎及孟氏說六十還兵是也胥徒又輕故野外六十五猶征之若四郊之內以其多役其胥徒之事六十則免初受役之時始年二十也其野王城之外力役又少胥徒之事十五則征之至六十五其力政之事皆二十受之兵革之事則三十受之故易孟氏韓詩皆云二十行役三十受兵也云是謂宗子不孤者以父是宗子年已八十子則代之祭若父不爲宗子則不主祭祀無祭可代今已是父嫡子代父而祭之是有父之宗子按喪服云宗子孤爲殤以無父則稱孤明有父則不孤故云是謂宗子不孤也○注賢者命爲大夫○正義曰經文云五十而爵鄭知非命爲士而云大夫者以王制殷法殷則士無爵此經云而爵故知是大夫也此謂凡常之人有賢德故五十始爲大夫若其有德不必五十則喪服小功章云大夫爲昆弟之長殤是幼爲大夫爲兄之長殤○有虞氏養國老於上庠。養庶老於下庠。夏后氏養國老於東序。養庶老於西序。殷人養國老於右學。養庶老於左學。周人養國老於東膠。養庶老於虞庠。虞庠在國之西郊。皆學名也異者四代相變耳或上西或上東或貴在國或貴在郊上庠右學大學也在西郊下庠左學小

學也在國中王宮之東東序東膠亦大學在國中王宮之東西序虞庠亦小學也西序在西郊周立小學於西郊膠之言糾也庠之言養也周之小學爲有虞氏之庠制是以名庠云其立鄉學亦如之膠或作絿○糾居黝反徐居酉反絿音求又音糾有虞氏皇而祭。深衣而養老。夏后氏收而祭。燕衣而養老。殷人冔而祭。縞衣而養老。周人冕而祭。玄衣而養老。皇冕屬也畫羽飾焉凡冕屬其服皆玄上纁下有虞氏十二章周九章夏殷未聞凡養老之服皆其時與羣臣燕之服有虞氏質深衣而已夏而改之尙黑而黑衣裳殷尙白而縞衣裳周則兼用之玄衣素裳其冠則牟追章甫委貌也諸侯以天子之燕服爲朝服燕禮曰燕朝服服是服也王者之後亦以燕服爲之魯季康子朝服以縞借宋之禮也天子皮弁以日視朝也○冔音皇本又作皇冔況甫反縞古老反又古報反纁許云反牟亡侯反追丁雷反凡三王養老皆引年。已而引戶校年當行復除也老人衆多非賢者不可皆養○復除上音福下如字又直慮反八十者。一子不從政。九十者。其家不從政。廢疾非人不養者。一人不從政。廢廢於人事○養如字又以尙反父母之喪。三年不從政。齊衰大功之喪。三月不從政。將徙於諸侯。三月不從政。自諸侯來徙家。期不從政。自從也○期音基〔疏〕有虞至從政○正義曰此一節明養致仕老及庶人老給賜之事各依文解之○注皆學至如之○正義曰此四代養老之處雖其名不同以殷人云右學左學虞氏云上庠下庠學記云黨有庠文王世子云學干戈羽籥於東序以此約之故知皆學名也養老必在學者以學教孝悌之處故於中養老熊氏云國老謂卿大夫致仕者庶老謂士也皇氏云庶人在官者其致仕之老大夫以上當養從國老之法士養從庶老之法故外饔云邦饗耆老以掌其割亨鄭注引此周人養國老於東膠養庶老於虞庠是也虞殷尙質貴取物成故大學在西小學在東夏周貴文取積漸長養故大學在東小學在西故云上庠右學大學也在西郊下庠左學小學也在國中王宮之東以虞殷質俱貴於西故併言之夏周爲文皆上東故亦併言之云東序東膠亦大學在國中王宮之東西序虞庠亦小學也西序在西郊周立小學於西郊是也云周之小學爲有虞氏之庠制者庠則後有室前有堂若夏后氏之序及周之學所在序者皆與庠制同其州黨之序則歇前而已序則豫也故鄉射云豫則鉤楹內堂則由楹外彼鄭注豫讀如成周宣謝災之謝是也云其立鄉學亦如之者言鄉學亦爲庠制故上文云耆老皆朝于庠是也周大學在國之西郊鄭駁異義云三靈一雍在郊者熊氏云文王之時猶從殷禮故辟廱大學在郊劉氏以爲周之小學爲辟廱在郊○注皇冕至朝也○正義曰以皇與下冕相對故爲冕屬按周禮有設皇邸又云有皇舞皆爲鳳皇之字鳳羽五采故云畫羽飾之按上注云虞夏之制天子服有日月星辰此云夏殷未聞者以皐陶謨謂之虞夏書因彼之成文故云虞夏之制其實惟謂虞也云凡養老之服皆其時與羣臣燕之服鄭知然者以經云夏后氏燕衣而養老周人玄衣而養老周人燕用玄衣故知養老燕羣臣之

服也云有虞氏質深衣而已者深衣謂白布衣以質用白布而已其冠未聞皇氏云以爲養老首還服皇冠崔氏云以爲與夏周同未知然否按郊特牲云大古冠布齊則緇之大古則虞氏或用白布冠也云夏而改之尚黑而黑衣裳者以殷人尚白用縞衣夏旣尚黑燕衣黑衣也云殷尚白而縞衣裳者縞白色生綃亦名爲素此縞衣謂白白布深衣也云周則兼用之玄衣素裳者以經云玄衣而養老若衣裳俱玄則與夏不異又儀禮朝服緇布衣素裳緇則玄故爲玄衣素裳上養老云周人脩而兼用之故養老之衣亦脩而兼用之云其冠則牟追章甫委貌也者按儀禮朝服首著玄冠玄冠即委貌以此推之則殷之朝服則皆著章甫之冠夏之朝服著牟追云諸侯以天子之燕服爲朝服者以燕禮諸侯燕臣子用朝服明天子之燕亦朝服也引燕禮曰燕朝服者證朝燕同云服是服也者言燕時服是玄衣素裳之服崔氏云天子燕譏内諸侯以緇衣燕譏外諸侯以玄冠諸侯各以爲朝服事無明文不可依也云王者之後亦以燕服爲之者玉藻云魯季康子朝服以縞也若當時無朝服以縞康子不應服之明是宋人所著故康子借故之宋旣朝服以縞杞當朝服以玄云天子皮弁以日視朝也者玉藻文引之者證天子以諸侯朝服之別按詩頍弁注云禮天子諸侯朝服以燕天子之朝服以皮弁服以皮弁服燕不用玄衣者詩所謂燕同姓諸公及異姓甥舅等故用皮弁尚質故也若燕其諸侯則用玄衣明諸侯則朝服以日視朝服則玄冕素裳也冠禮注云周弁殷冔夏收鄭云弁名出於槃槃大也言所以自光大也冔名出於憮憮覆也所以自覆飾也收言所以收斂髮也其制之異亦未聞冠禮記又云委貌周道也章甫殷道也母追夏后氏之道也鄭注云委猶安也言所以安正容貌章明也殷質言以表明丈夫也母發聲也追猶堆也夏后氏質以其形名之其制之異同未聞○將徙至從政○此謂大夫采地之民徙於諸侯爲民以其新徙當須復除但諸侯地寬役少爲人所欲故惟三月不從政○自諸侯來徙於家者謂諸侯之民來從於大夫之邑以大夫役多地狹欲令人貪之故期不從政按旅師云新甿之治皆聽之使無征役鄭注引此文以證之是據民之遷徙王肅及庾氏等以爲據仕者從大夫家出仕諸侯從諸侯退仕大夫非鄭義也

○少而無父者謂之孤。老而無子者謂之獨。老而無妻者謂之矜。老而無夫者謂之寡。此四者。天民之窮而無告者也。皆有常餼。餼廩也。○少詩照反下注少者同矜本又作鰥同古頑反廩兵品反【疏】少而至常餼○正義曰此一節論矜恤鰥寡孤獨之事無妻無夫謂之矜寡者按孝經云男子六十無妻曰鰥婦人五十無夫曰寡舜年三十而尚書謂之鰥者以其父頑母嚚無爲娶之端故雖三十而亦稱鰥詩云何草不黃何人不矜據久役在外嫁娶失時亦謂之爲矜矜與鰥同其男子無妻亦謂之寡左傳云崔杼生成及彊而寡按劉熙釋名云無妻曰鰥鰥愁悒不能寐目恒鰥鰥然其字從魚魚目恒不閉無夫曰寡寡倮也倮倮然單獨也無父曰孤孤顧也顧望無所瞻見也無子曰獨獨鹿也鹿鹿無所依也

○瘖。聾。跛。躃。斷者。侏儒。百工各以其器食之。斷謂支節絕也侏儒短人也器能也○瘖於金反啞也聾力東反跛彼我反躄必亦反兩足不能行也侏音朱【疏】瘖聾至食之○正義曰此一節論矜恤疾民之事瘖謂口不能言聾謂耳不聞聲跛躃謂足不能行斷者謂支節解絕侏儒謂容貌短小百工謂有雜技藝此等既非老無告不可特與常餼既有疾病不可不養以其病尚輕不可虛費官物故各以其器食之器能也因其各有所能供官役使以廩餼食之按晉語云文公問八疾胥臣對云戚施權鑄注云使擊鐘蘧除蒙璆注云璆是玉磬使擊之侏儒扶盧注云扶持也盧戟柄也矇瞍脩聲注云歌詠琴瑟聾聵司火注云使主然火其童昏嚚瘖僬僥官師所不材宜於掌土是各以器食之外傳不云跛躃此不云蘧蒢戚施設文不具外傳瘖與僬僥置於掌土此瘖與侏儒其器食之者今古法異也

○道路男子由右。婦人由左。車從中央。道中三塗遠別也○別彼別反下文并注同父之齒隨行。兄之齒鴈行。朋友不相踰。廣敬也謂於塗中○行如字一音戶剛反下鴈行同輕任并。重任分。班白不提挈。皆謂以與少者雜色曰班○并必性反本又作併提音啼挈本亦作挈苦結反【疏】輕任并重任分○正義曰父齒者也任謂有擔負者俱應擔負老少並輕則併與少者擔之也○重任分者老少並重不可併與少者一人則分爲輕重重與少者輕與老者君子耆老不徒行。庶人耆老不徒食。徒猶空也○大夫祭器不假。祭器未成。不造燕器。造爲也【疏】大夫祭器不假○正義曰皇氏云此謂有地大夫故祭器不假若無地大夫則當假之故禮運云大夫祭器不假聲樂皆具非禮也謂無地大夫也

○方一里者。爲田九百畝。一里方三百步方十里者。爲方一里者百。爲田九萬畝。方百里者。爲方十里者百。爲田九十億畝。億今十萬。億於力反方千里者。爲方百里者百。爲田九萬億畝。萬億今萬萬也【疏】方一至億畝○正義曰此一節論開方之法總計天子畿外内諸侯之地大小各依文解之○方一里者爲田九百畝按論語云步百爲畝是長一百步闊一步畝百爲夫是一頃也長闊一百步夫三爲屋是三頃也闊三百步長一百步屋三爲井是九百畝也長闊一里○注億今十萬○正義曰方十里爲田九萬畝方百里者爲方十里者百一箇十里之方既爲田九萬畝則十箇十里之方爲田九十萬畝一百箇十里之方爲田九百萬畝今云九十億畝是一億有十萬十億有二百萬九十億爲九百萬畝故云億今十萬尹文子云百姓千品萬官億醜皆以數相十此謂小億也此鄭氏所用毛詩傳云數萬至萬曰億是大億也非鄭義○注萬億今萬萬也○正義曰計千里之方爲方百里者百一箇百里之方既爲九十億畝則十箇百里方爲九百億畝百箇百里方爲九千億畝今乃云九萬億畝與數不同者若以億言之當云九千億畝若以萬言之當云九萬萬畝但書經戰國及秦之世經籍錯亂此經上下或億或萬字相交涉遂誤爲萬億鄭未注之前書本既爾鄭更不顯言其錯因此錯本萬億之言即云此經萬億者即今之萬萬皇氏以爲億數不定或以十萬爲億或以萬萬爲億或以一萬爲億此云萬億者秖是萬萬也六國時或將萬爲億故云萬億但古事難委未知孰是故備存焉

○自恒山至於南河。千里而近。冀州域自南河至於江。千里而近。豫州域自江至於衡山。千里而遙。荊州域自東河至於東海。千里而遙。徐州域自東河至於西河。千里而近。亦冀州域自西河至於流沙。千里而遙。雍州域雍於用反西不盡流沙。南不盡衡山。東不盡東海。北不盡恒山。凡四海之內。斷長補短。方三千里。爲田八十萬億一萬億畝。九州之大計○斷音短方百里者。爲田九十億畝。山陵林麓川澤溝瀆城郭宮室塗巷。三分去一。其餘六十億畝。以一大國爲率其餘所以授民也山足曰麓○去羌呂反率音律又音類【疏】自恒至億畝○正義曰此一節論四海之內地遠近里數也言千里而近者皇氏云此恒山至南河以千里言之其地稍近言不滿千里下云自江至於衡山千里而遙謂以千里言之其地稍遠言不啻千里熊氏以爲近者謂過千里遙者謂不滿千里其義似非也其餘遙近皆放此也○爲田八十萬億一萬億畝以一州方千里九州方三千里三三如九爲方千里者有九一箇千里有九萬億畝九箇千里九九八十一故有八十一萬億畝但記文詳具於八十整數之下云萬億是八十箇萬億又云一萬億言是詳也以前文誤爲萬億此則因前文之誤更以萬億言之

○古者以周尺八尺爲步。今以周尺六尺四寸爲步。古者百畝。當今東田百四十六畝三十步。古者百里。當今百二十一里六十步四尺二寸二分。周尺之數未詳聞也按禮制周猶以十寸爲尺蓋六國時多變亂法度或言周尺八寸則步更爲八八六十四寸以此計之古者百畝當今百五十六畝二十五步古者百里當今百二十五里○【疏】古者至二分○正義曰古者八寸爲尺今以周尺八尺爲步則一步有六尺四寸今以周尺六尺四寸爲步則一步有五十二寸是今步此古步每步剩出一十二寸以此計之則古者百畝當今東田百五十二畝七十一步者餘與此百四十六畝三十步不相應也又今步每步剩古步十二寸以此計之則古之百里當今百二十三里一百一十五步二十寸與此經百二十一里六十步四尺二寸二分又不相應故鄭云六國時多變亂法度經云錯亂不可用也○注按禮至五里○正義曰王人職云鎮圭尺有二寸又云桓圭九寸是周猶以十寸爲尺也今經云以周尺六尺四寸爲步乃是六十四寸則謂周八寸爲尺也故云蓋六國時多變亂法度或言周尺八寸也鄭即以古周尺十寸爲尺八尺爲步則步八十寸鄭又以今周尺八寸爲尺八尺爲步則今步皆少於古步一十六寸也是今步別剩十六寸云以此計之者謂以古步又以今周尺八寸八尺爲步外剩十六寸而計之則古之四步剩出今之一步古之四十步爲今之五十步古之八十步爲今之一百步計古之一畝之田長百步得爲今田一百二十五步是今田每一畝之上剩出二十五步則方百畝之田從北嚮南每畝剩二十五步揔爲二千五百步從東嚮西每

畝二十五步亦揔爲二千五百步相併爲五千步是揔爲五十畝又西南一角南北長二十五步應南畔所剩之度東西亦長二十五步應西畔所剩之度計方二十五步開方乘之揔積得六百二十五步六百步則爲六畝餘有二十五步故云古者百畝當今百五十六畝二十五步也又古四步剩今一步則古者四里剩今一里爲五里則古者四十里剩今十里爲五十里則古者八十里剩今二十里揔爲百里是古者八十里爲今百里今之百里之外猶有古之二十里四里剩一里其古二十里爲今之二十五里故云古者百里當今百二十五里○方千里者。爲方百里者百。封方百里者三十國。其餘方百里者七十。又封方七十里者六十。爲方百里者二十九。方十里者四十。其餘方百里者四十。方十里者六十。又封方五十里者百二十。爲方百里者三十。其餘方百里者十。方十里者六十。名山大澤不以封。其餘以爲附庸閒田。諸侯之有功者。取於閒田以祿之。其有削地者歸之閒田。【疏】方千至閒田。○正義曰此一經論畿外九州建國之法九州州別方千里凡千里之方以開方計之爲方百里者凡有一百故云爲方百里者百封方百里者三十國者前文云立大國三十故此云封方百里者三十國謂公也以百中去三十故其餘方百里者有七十又封方七十里者六十爲方百里者二十九方十里者四十謂侯國也凡百里之方開方計之爲十里之方百其七十里之國一用十里之方四十九七十里之國二則用十里之方九十八則一箇百里爲七十里之國二剩十里之方二然則二十箇七十里之國用百里之方十剩十里方有二十七十里之國六十用百里之方三十剩十里之方六十今就百里之方三十里之中抽去十里之方六十是用百里之方二十九方十里者四十故其餘方百里者四十方十里者六十又封方五十里者百二十者上云小國百二十謂伯國也凡百里之方一封五十里之國四則十箇百里之方封五十里之國四十今小國百二十故用百里之方三十則其餘方百里者十方十里者六十以爲附庸閒田○天子之縣內。方千里者。爲方百里者百。封方百里者九。其餘方百里者九十一。又封方七十里者二十一。爲方百里者十。方十里者二十九。其餘方百里者八十。方十里者七十一。又封方五十里者六十三。爲方百里者十五。方十里者七十五。其餘方百里者六十四。方十里者九十六。【疏】天子至十六。○正義曰天子縣內地方千里爲方百里者百既用九箇擬封百里之國故其餘方百里者九十一也○又封方七十者二

十一者凡百里之方十爲七十里之國二十剩十里之方二十今以十里之方二十又更取其外十里之方二十九湊前二十爲四十九爲七十里之國一是次國二十一也揔用百里之方十十里之方二十九是其餘方百里者八十方十里者七十一又封方五十里者六十三者謂小國也凡百里之方一爲五十里之國四則百里之方十爲五十里之國四十又百里之方五爲五十里之國二十揔爲五十里之國六十更有五十里之國三凡一箇五十里之國用十里之方二十五則三箇五十里國揔用十里之方七十五是用地方百里者一十五方十里者七十五是其餘方百里者六十四方十里者九十六然畿外千里封國之外所餘地少其畿內千里所餘地多者以畿外之土本擬封建諸侯故國數多餘地少畿內本供天子又有郊關鄉遂準擬公卿王子弟采邑故建國數少餘地多○諸侯之下士。祿食九人。中士食十八人。上士食三十六人。下大夫食七十二人。卿食二百八十八人。君食二千八百八十人。次國之卿。食二百一十六人。君食二千一百六十人。小國之卿。食百四十四人。君食千四百四十人。次國之卿。命於其君者。如小國之卿。天子之大夫爲三監。監於諸侯之國者。其祿視諸侯之卿。其爵視次國之君。其祿取之於方伯之地。方伯爲朝天子。皆有湯沐之邑於天子之縣內。視元士。給齊戒自絜清之用浴用湯沐用潘○閒田音閑下同祿食音嗣又如字下皆同爲朝于僞反清如字徐才性反潘芳袁反米汁也諸侯世子世國。象賢也大夫不世爵。使以德。爵以功。謂縣內及列國諸侯爲天子大夫者不世爵而世祿辟賢也○辟音避○未賜爵。視天子之元士。以君其國。列國及縣內之國也諸侯之大夫不世爵祿。○六禮。冠。昏。喪。祭。鄉。相見。鄉鄉飲酒鄉射○冠古亂反○七教。父子。兄弟。夫婦。君臣。長幼。朋友。賓客。八政。飲食。衣服。事爲。異別。度。量。數。制。飲食爲上衣服次之事爲謂百工技藝也異別五方用器不同也度丈尺也量斗斛也數百十也制布帛幅廣狹也○長丁丈反斛洪谷反福芳服反狹戶甲反○【疏】諸侯至數制○正義曰此一節論士大夫及諸侯等食祿之數兼明臣之世與不世之事今各隨文解之○前以有諸侯之下士以上及大夫卿君故此依前而釋也諸侯之士既明則天子士同之可知故此文發畿外之卿也前云諸侯下士視上農夫故有九人也前云上士倍中士故三十六也前云下大夫倍上士則食七十二人前云卿四大夫祿則二百八十八人○君食二千至之卿○君謂大國之君也前云君十卿祿故

二千八百八十人次國之卿食二百一十六人者謂夏伯殷侯周則侯伯國也此大夫以下亦如大國大夫而卿惟得三大夫祿耳故特言卿也○君食二千一百六十人者君亦十卿祿也○小國之卿食百四十四人者小國謂夏周子男殷之伯國也大夫以下亦如大國大夫而卿則二大夫祿耳○君食千四百四十人者君亦十卿祿也○次國之卿命於其君○大國三卿皆命於天子則其祿各食二百八十八人若次國三卿二卿命於天子祿各食二百一十六人而一卿命於其君爲賤則祿不可等命天子者故視小國卿小國卿食一百四十四人也其若子男一卿命於天子二卿命於其君則祿猶如此其命天子之卿無以異也其國小故不復差降也或云視大夫也其天子之士卿大夫無文宜準大國之卿大夫士也○注給齊至用潘○正義曰以方伯朝天子故給以湯沐之邑按前文云不能五十里以附庸又云天子元士視附庸以湯沐之邑視元士亦五十里以下異義公羊說諸侯朝天子天子之郊皆有朝宿之邑從泰山之下皆有湯沐之邑左氏說諸侯有功德於王室京師有朝宿之邑泰山有湯沐之邑魯周公之後鄭宣王母弟此皆有湯沐邑其餘則否許慎謹按京師之地皆有朝宿邑周千八百諸侯盡京師地不能容之不合事理之宜是許慎不從公羊之說鄭無駁當從許說○注謂縣至賢也○正義曰知此大夫是天子大夫者以下云諸侯之大夫不世爵祿此直云大夫不世爵與諸侯大夫文異故知是天子大夫也知是縣內及列國諸侯入爲天子大夫者按禮運云天子有田以處其子孫則周召畢原之等是縣內諸侯也詩衛武公入相於周又尚書顧命齊侯爲虎賁衛侯爲司寇是列國諸侯也並入爲天子大夫按司裘諸侯則共熊侯豹侯是畿內亦曰諸侯此不云諸侯而云大夫者辟上諸侯世子之文故云大夫然畿內諸侯有爲三公則周召是也列國諸侯入爲六卿則鄭武公是也今揔云爲天子大夫者若言公卿大夫於文爲煩故揔言大夫以包之詩云三事大夫謂三公也春秋諸侯殺大夫謂卿也是大夫爲揔號○未賜爵視天子之元士以君其國○未賜爵謂列國諸侯及縣內諸侯其身既死其子未得爵賜其衣服禮制視天子元士若畿外者君其本國畿內者亦君畿內之國故鄭注云列國及縣內之國鄭必知兼畿外列國者以詩小雅韎韐有奭謂諸侯世子未遇爵命服士服而來此云視天子之元士以君其國故知兼列國也其畿內諸侯有大功德元子出封畿外則王命次子守其采邑若其賢才則世爲公卿則春秋周公召伯之屬是也○諸侯之大夫不世爵祿諸侯降於天子故大夫不世爵祿若有大功德亦得世之故隱八年官有世功則有官族邑亦如之是據諸侯卿大夫也

禮記注疏卷十三挍勘記　阮元撰盧宣旬摘錄

附釋音禮記注疏卷第十三　惠棟挍宋本禮記正義卷第十九

王制

司徒脩六禮節

司徒脩六禮　閩監本同石經同岳本同嘉靖本同衞氏集說同毛本脩作修

司徒使鄉簡擇以告者　閩監本同岳本同嘉靖本同衞氏集說同毛本鄉誤卿

使轉徙其居　閩監本同岳本同嘉靖本同衞氏集說同毛本轉誤專惠棟挍宋本居作序轉字同通典

五十三引亦作轉徙其序居

移居於司徒也 閩監毛本作名岳本同嘉靖本同衛氏集說同此本名誤居

不給其繇後 閩監毛本同岳本同嘉靖本同衛氏集說同釋文出徭役云本又作繇正義作繇○按依說文當作傜从人䍃聲隸變而爲傜或假而爲繇作傜者俗字

隸當爲㯹 惠棟挍宋本有爲字宋監本岳本嘉靖本同衛氏集說同此本爲字脫閩監毛本同

夏官卿掌邦政者 惠棟挍宋本作主宋監本岳本嘉靖本同此本主誤王閩監毛本作掌衛氏集說同案上注司空云冬官卿掌邦事者司徒云地官卿掌邦教者下注司寇云秋官卿掌刑者與此文法正同此亦當以作掌邦政者爲是

司徒至進士 惠棟挍宋本無此五字

謂以恩惠遂及之 閩本同監毛本遂作逮衛氏集說作謂以恩意逮及之

尊上賢人 閩監毛本作賢衛氏集說同此本賢誤貴

簡去不肖 監毛本作去衛氏集說同此本去誤法閩本同

皆司徒統領 閩監本作領考文引宋板同此本領誤須毛本誤理

夫司徒帥領國之英俊之士 閩監毛本作領此本領誤須惠棟挍宋本夫作大是也衛氏集說同

致仕則書傳略說云 監毛本作傳衛氏集說同此本傳誤德閩本同

就黨學上齒 惠棟挍宋本同閩監本上齒作習鄉毛本亦作習鄉就誤卽

各在一處 監毛本作各此本各誤名閩本同

則不得同日也 閩監毛本作日此本日誤曰

言經中習鄉謂飲酒者 惠棟挍宋本作鄉此本鄉誤射閩監毛本同

云鄉禮春秋射者解習射之處也 考文引宋板同閩監本同毛本上射誤弟

不別立黨學 閩監本同考文引宋板同衛氏集說同毛本別誤必

既二百里爲野 閩監本同考文引宋板亦作二毛本二誤一

鄙師主正齒位以否 閩本同惠棟挍宋本同監毛本以作與

遠方至錄也 閩監毛本同惠棟挍宋本作遠方九州之外齒猶錄也

但居夷狄之內畔 惠棟挍宋本作畔此本畔字闕閩本畔作也監毛本畔作地衛氏集說同

曰俊士之人 惠棟挍宋本作俊士此本俊下士字闕閩監本作俊選非毛本俊選作選俊尤非

十三入小學二十入大學 惠棟挍宋本同閩監毛本三作五衛氏集說同

餘子十五入小學 惠棟挍宋本同閩本同監毛本五誤三衛氏集說同

供學及司徒細碎之繇役也 惠棟挍宋本同閩本同衛氏集說監毛本供誤俱

舉其大綱 補各本綱作網案作網誤

教胄子者 閩監毛本作胄此本胄誤冑下胄子胄長同

春釋采合舞 閩監毛本采作菜衛氏集說同○按作采與周禮合

但遂其陰陽以爲偏主耳 閩監毛本衛氏集說同惠棟挍宋本遂作逐浦鏜挍云逐誤遂

皆以四術造焉 閩監毛本作焉此本焉誤馬

云大胥小胥皆樂官屬也者 閩監毛本如此此本胥皆誤有相

故以爲偪迫於夷狄也 考文引宋板同閩本迫字闕監毛本迫作寄非

又帝王世紀南北萬三千三百六十八里 惠棟挍宋本同衛氏集說同閩監毛三本闕帝王紀南北萬三千三百六十八十三字

漢地既然則古亦應爾 惠棟挍宋本同衛氏集說古作周閩監毛本然則古亦四字闕

大樂至進士 閩監毛本如此此本至進二字倒

卽知但入仕者 閩監毛本同衛氏集說但作凡是也

司馬辨論官材節

司馬至士齒 惠棟挍宋本無此五字

故論語注云 閩監本同毛本注誤語考文引宋板作注

有發至發卒 閩監毛本同惠棟挍宋本作有發謂有軍師發卒

執技之事凡有三條 閩監本同衛氏集說同毛本事誤士條字殘闕

司寇正刑明辟節

左九棘 閩監本同岳本同嘉靖本同衛氏集說同毛本九誤右

假於鬼神時日卜筮 閩監本同石經同岳本同嘉靖本同衛氏集說同毛本卜誤不

今時持喪葬築蓋 閩監毛本如此岳本嘉靖本同衛氏集說同此本持誤特築誤葬今訂正

而辭不可習 惠棟挍宋本作明宋監本岳本嘉靖本同考文引足利本同此本明誤習閩監毛本同衛氏集說同

譏呵察 閩監毛本同岳本同嘉靖本同衛氏集說同釋文出苛察云本亦作呵

司寇至異言 惠棟挍宋本無此五字

言斷其罪過 閩監毛本同惠棟挍宋本其作人衛氏集說作謂斷人罪過

可以弁冕服金革之事 閩監毛本作革此本革誤華

閔子性孝 惠棟挍宋本作孝此本孝誤善閩監毛本同蓋涉上孔子蓋善之也善字而譌

正以獄成告於大司寇者 閩監毛本作以此本以誤於

又列獄成之辭 閩監毛本同惠棟挍宋本列作以衛氏集說同

大司寇得正之告 閩監毛本作正此本正誤王

聽獄訟成以告於王也 惠棟挍宋本作聽衛氏集說同此本聽誤一閩監毛本一改以亦非

如今劾矣 惠棟挍宋本亦作矣與周禮鄉士注合閩監毛本矣誤奏

卽是囚之狀辯爲要狀 閩監毛本同惠棟挍宋本上狀作伏辯下有錄字衛氏集說錄字亦有狀字同

槐之言懷也 閩監毛本作槐此本槐誤楞

故知司寇及正在焉 閩監毛本作正此本正誤王

則王令三公會其期 閩本同惠棟挍宋本同監毛本令誤命

左道至俗禁 閩監毛本同惠棟挍宋本作左道若巫蠱及俗禁

右貴左賤 閩監毛本作貴此本貴誤賢

初江充曾犯大子 閩監毛本作子此本子誤人

後王將老欲立大子 閩本同惠棟挍宋本同監毛本後王將作見上年

湖關老人 閩監本同毛本湖作壺盧文弨云壺字是

故思子望子歸來 閩監毛本同齊召南云當作築思子宮刊本相沿誤脫築字宮字耳

鄭子臧好聚鷸冠 監毛本作鄭此本鄭誤辨閩本此字闕

○行僞至衆殺○ 閩本如此此本下○脫監本下○有上○脫毛本作下行僞至衆殺上改二○作下上字大誤

學非而博者 閩監毛本作博此本博誤傳下而又廣博辨博而澤同

皆是尊貴所合蓄之物 惠棟挍宋本作所衛氏集說同此本所誤於閩監毛本同

幅廣四尺八寸爲尺 閩監毛本同惠棟挍本二尺字皆作咫是也

不得羣聚耳 閩監本同毛本耳誤者衛氏集說不上有但字耳字同

大史典禮節

簡記策書也 閩監毛本同岳本同嘉靖本同衛氏集說同釋文策書作札書

大史至諱惡 惠棟挍宋本無此五字

天子齊戒受諫 閩監毛本作戒此本戒誤成

天子適諸侯必舍其祖廟　閩監毛本如此此本侯誤矦必誤甲

是亦諱諸侯之祖父也　惠棟挍宋本同衛氏集說同閩監毛本祖父誤禮籍

紂以甲子日死　閩監毛本作紂此本紂誤純

此惡亦兼餘事　惠棟挍宋本同衛氏集說同閩本兼字闕監毛本兼誤謂

天子齊戒受諫節　惠棟挍云天子齊戒受諫戒字起至疏知齊戒受諫是歲終者是字此宋本闕

質平也　閩監毛本同岳本同嘉靖本同惠棟挍宋本宋監本平上有猶字衛氏集說同

質王受之　閩監毛本同嘉靖本同岳本質作贊衛氏集說同考文引宋板古本足利本同宋監本亦作贊

天子至國用　惠棟挍宋本無此五字

司會揔主羣官治要　閩毛本作主衛氏集說同此本主誤王監本同

若以周法言之　閩監毛本同衛氏集說同盧文弨云周法當作夏法

按夏傳司徒司馬司空三官　惠棟挍宋本作夏傳衛氏集說同此本夏傳誤曲禮閩監毛本同

特自質於天子也　惠棟挍宋本此下標禮記正義卷第十九終記云凡十九頁

凡養老節　惠棟挍宋本自此至請侯之下士節止爲第二十卷卷首題禮記正義卷第二十

凡養至諸侯　惠棟挍宋本無此五字

論虞夏殷周　閩監毛本作周衛氏集說同此本周誤同

徹烝於俎行一獻之禮　閩監毛本同衛氏集說同浦鏜挍於改析

以虞氏帝道宏大　按以乃有字之誤

享大牢以禮食之　惠棟挍宋本同衛氏集說同閩監毛本享作饗按此本此疏享饗二字前後錯出閩監毛本則通作饗

體薦則房烝　閩監毛本作房衛氏集說同此本房誤戻

其禮亦有飫食　閩監毛本同惠棟挍宋本飫作飯衛氏集說同

故春入云　監毛本作春衛氏集說同此本春誤春閩本春字闕

禮亦有飯食及酒者　惠棟挍宋本作飯衛氏集說同此本飯誤飲閩監毛本同

親戚宴饗則有餚烝　監本作餚此本餚誤餚閩本同毛本作殽衛氏集說同

食與嘗連文故知食在秋　惠棟挍宋本作與衛氏集說同此本與誤而閩監毛本同

六十者宜養於小學　閩監毛本作者此本者字闕

八十拜君命節

遊謂出入止觀　閩本同惠棟挍宋本同岳本同嘉靖本同衛氏集說同宋監本同釋文亦作止觀監毛本止誤上

九十日脩　閩監本同石經同岳本同嘉靖本同衛氏集說同毛本脩作修

大夫士之老者揖君則退　閩監毛本同岳本同嘉靖本同衛氏集說同惠棟挍宋本揖君作君揖案正義云君出揖之是君揖老者非老者揖君也朱子云注揖君當作君揖是南宋人所見本已誤倒也

八十至爲喪　惠棟挍宋本無此五字

一坐於地而首再至於地　惠棟挍宋本作至衛氏集說同此本至誤拜閩監毛本同

雜記卿大夫士　閩監毛本作卿此本卿誤㛃

節制在家自養之法　惠棟挍宋本同監毛本自作食衛氏集說同閩本自字闕

故逆辨之也　閩監毛本辨作辦下可辨須辨同

故歲制　閩監毛本作歲此本歲誤威

漸老彌切也　惠棟挍宋本作漸此本漸誤斬閩監毛本漸作轉

故云力政城道之役也　閩監毛本作城此本城誤故

及孟氏說六十還兵是也　閩本同惠棟挍宋本同監毛本及誤又衛氏集說及作如

其野王城之外力役又少　惠棟挍宋本作役衛氏集說同此本役誤徒閩監毛本同

故易孟氏詩韓氏皆云　惠棟挍宋本作詩此本詩誤說閩監毛本同

經文云五十而爵　惠棟挍宋本作文此本文誤在閩監毛本文作直

則喪服小功章云　閩監毛本同衛氏集說則作故

有虞氏養國老於上庠節

虞庠在國之西郊　閩監毛本同石經同岳本同嘉靖本同衛氏集說同讀書脞錄續編云據北史劉芳傳引作四郊蓋西字誤也四郊小學即東西南北之四學豈應偏置於西郊祭義又云天子設四學當入學而太子齒注云四學謂周四郊之虞庠也正義引皇氏云四郊虞庠以四郊皆有虞庠其爲四郊之譌無疑又云文王世子凡語于郊者正義云郊西郊也周以虞庠爲小學在西郊以西方成就之地故也是孔氏所據本已誤○按孫志祖是也上大學在郊正義云周則大學在國小學在四郊下文具也即據此文而言作四郊不作西郊此正文之僅存者文王世子凡語于郊正義既說西爲西方成就又云或徧在四郊亦兩存其義也

有虞氏皇而祭　閩監毛本同石經同岳本同嘉靖本同衛氏集說同正義本亦作皇釋文出皇云音皇本又作皇

縞衣而養老　閩監本同岳本同嘉靖本同衛氏集說同毛本縞誤鎬石經縞字闕

皇冕屬也　閩監毛本作皇岳本同嘉靖本同衛氏集說同此本皇誤元

其冠則牟追　閩監毛本作牟岳本同嘉靖本同衛氏集說同此本牟誤弁釋文出則牟追

將徙於諸侯　閩監本同石經同岳本同嘉靖本同衛氏集說同考文引宋板同毛本徙誤徒

有虞至從政　惠棟挍宋本無此五字

此四代養老之處　閩監本同衛氏集說同毛本四誤三考文引宋板作四

大夫以上當養從國老之法　毛本作當此本誤堂正德本同閩本當字闕監本當誤○衛氏集說無當字

鄭注引此周人養國老於東膠　惠棟挍宋本同衛氏集說同閩本引此二字闕監本誤作○注毛本改作王制二字亦非

貴取物成　惠棟挍宋本同閩監毛本物誤有衛氏集說同

讀如成周宣謝災之謝　閩本同考文引宋本同監毛本謝作榭災作火衛氏集說同鄉射注作如成周宣榭災之榭案說文無榭字經傳通作謝荀子王霸篇臺謝甚高楊倞注云謝與榭同左氏穀梁宣十六年傳成周宣榭火釋文皆云榭本作謝

以臯陶謨謂之虞夏書　惠棟挍宋本同衛氏集說之字同閩毛本之字闕監本之誤○

周人燕用元衣　惠棟挍宋本作用衛氏集說同此本用誤月閩監毛本用誤服

其冠未聞　惠棟挍宋本作共冠衛氏集說同此本其冠誤質衣閩監毛本同

以爲與夏周同　閩監毛本同衛氏集說同惠棟挍宋本無周字同下有冠字續通解同

追猶堆也　監本同衛氏集說同毛本堆誤推閩本堆字滅

新甿之治皆聽之　惠棟挍宋本作甿衛氏集說同此本甿誤而閩監毛本同

少而無父者謂之孤節

少而至常餼　惠棟挍宋本無此五字

崔杍生成及疆而寡　閩監本同衛氏集說同毛本疆作彊

瘖聾節　惠棟挍云瘖聾節道路節宋本分朋友不相踰以上合瘖聾節爲一節

瘖聾至食之　惠棟挍宋本無此五字

戚施植鎛　惠棟挍宋本作植毛本植作直此本植誤權閩監本同衛氏集說同通解亦作植○按作直與國語合

籧除蒙璆　毛本同閩監本籧除作籧篨衛氏集說同下籧篨放此案國語晉語籧篨字從艸補音從竹

盧戟柄也　毛本作戟衛氏集說同此本戟誤戰閩監本同○按韋昭國語注柄作柲

矇瞍循聲　閩監本同衛氏集說同毛本循作修○按作修與國語合韋注云無目於音聲審故使修之

官師所不材　閩監毛本作材衛氏集說同此本材誤林

宜於掌土　閩監毛本同衛氏集說同通解同盧文弨按掌改商下置於掌土同○按盧文弨是也晉語作以實商土注云商荒商

設文不具　本閩監本作具考文引宋板同此本具誤其毛本同衛氏集說作說文不具

道路節　惠棟按云輕任并以下宋本合下節君子耆老二句爲一節

道中三塗　閩監毛本同惠棟按宋本中作有宋監本同岳本作道有三塗嘉靖本同衛氏集說同

兄之齒鴈行　閩監本同石經同岳本同嘉靖本同衛氏集說同毛本鴈作雁

斑白者不提挈　石經如此岳本同嘉靖本同衛氏集說同惠棟按宋本亦有者字此本斑作班者字脫閩監毛本斑字同者字亦脫釋文出提挈云本亦作挈

雜色曰斑　閩監本作斑岳本同嘉靖本同衛氏集說同此本斑作班毛本同

輕任并重任分　惠棟按宋本無此六字

父齒老也　監本作老衛氏集說同此本老誤者閩毛本同

君子耆老節

徒猶空也　閩監本同岳本同嘉靖本同衛氏集說同毛本空誤黨

大夫祭器不假節　陳澔集說移此一節在上文燕衣不踰祭服寢不踰廟下

大夫祭器不假　惠棟按宋本無此六字

方一里者節

方一至億畝　惠棟按宋本無此五字

總計天子畿外内諸侯之地大小　閩監本作大小衛氏集說同此本大小誤大大毛本誤大夫惠棟按宋本作小大

經籍錯亂　閩監本作籍衛氏集說同此本籍誤藉毛本同

字相交涉　閩監毛本作涉衛氏集說同此本涉誤步

鄭未注之前　閩監本作未考文引宋板同此本未誤朱

自恒山至於南河節

山陵林麓　閩監毛本作陵石經同岳本同嘉靖本同衛氏集說同此本陵誤陽

自恒至億畝　惠棟按宋本無此五字

九州方三千里　閩監本同衛氏集說同毛本三誤一考文云宋板作三

古者以周尺八尺爲步節

周尺之數　閩監毛本作尺岳本同嘉靖本同衛氏集說同此本尺誤又

古者至二分　惠棟按宋本無此五字

當今東田百五十二畝　閩監本同考文引宋板同衛氏集說同毛本五十二作二十五

七十一步有餘　惠棟按宋本作有衛氏集說同此本有誤者閩監毛本同

經文錯亂　閩監毛本作文衛氏集說同此本文誤云

鎮圭尺有二寸　閩監毛本作圭此本圭誤吉

乃是六十四寸　閩監毛本作乃此本乃誤刀

則今步皆少於古步　閩監毛本作少此本少誤步

是今步別剩寸六寸　閩監毛本上寸作十衛氏集說同考文引宋板十六寸作六十寸

外剩十六寸而計之　惠棟按宋本作外衛氏集說同此本外誤小閩監毛本同

計古之一畝之田　閩監毛本如此衛氏集說同此本一誤今田誤王

是今田每一畝之上　閩監毛本作田此本田誤日下則方百畝之田同

從北嚮南　閩監毛本作北衛氏集說同此本北誤此

相併爲五千步　惠棟按宋本作併衛氏集說同此本併誤伊閩監毛本同

方千里者節

方千里者　閩毛本同石經同岳本同嘉靖本同衛氏集說同監本方字闕

封方百里者三十國　閩監毛本作三岳本同嘉靖本同衛氏集說同此本三誤二石經三十作卅

方千至間田　惠棟按宋本無此五字

凡千里之方　閩監毛本作千衛氏集說同此本千誤十

前文云立大國三十　惠棟按宋本同衛氏集說同閩本立字闕監毛本立誤○

剩十里方有二十　閩監毛本如此此本下十誤一衛氏集說作剩十里之方二十

則其餘方百里者十　閩監毛本作十衛氏集說同此本十誤一

天子之縣内節

天子至十六　惠棟按宋本無此五字

畿内本供天子又有郊關鄉遂　惠棟按宋本如此此本供字闕又誤之閩監毛本之字同供誤爲衛氏集說同

王子弟采邑　閩監毛本作采衛氏集說同此本采誤木

諸侯之下士節　惠棟按云諸侯之下士節宋本分諸侯之大夫不世爵祿以上爲一節六禮以下宋本另爲一節

卿食二百八十八人　閩監本同石經同岳本同嘉靖本同衛氏集說同考文引宋板同毛本下八誤人下入政同

方伯爲朝天子　閩本同石經同岳本同嘉靖本同宋監本同衛氏集說同監毛本朝誤明釋文作爲朝考文引宋板亦作朝

給齊戒自潔清之用　閩監毛本同嘉靖本同衛氏集說同惠棟按宋本潔作絜岳本同釋文同宋監本同

鄉鄉飲酒　閩本同岳本同嘉靖本同衛氏集說同惠棟按宋本同宋監本同監毛本脫一鄉字

諸侯至數制　惠棟按宋本無此五字

前云諸侯下士視上農夫　閩監毛本作上衛氏集說同此本上誤下

前文下大夫倍上士　考文引宋板同閩監毛本文作云衛氏集說同

君食二千至之卿○　閩監毛本同考文引宋板作君食二千八百八十人者

君食千四百四十人者　惠棟按宋本同衛氏集說同閩監毛本君上衍故字緣此本及宋板君上有空闕誤補也

按司裘諸侯則共熊侯豹侯　閩監毛本如此衛氏集說同此本裘誤袞熊作能

鄭必知兼畿外列國者　惠棟按宋本作者衛氏集說同此本者誤賢閩監毛本同

謂諸侯世子未遇爵命　惠棟按宋本作爵此本爵誤豹閩本同監毛本爵作錫衛氏集說同

則王命次子守其采邑　惠棟按宋本如此衛氏集說同此本守誤行采作秩閩監毛本同

不世爵祿諸侯降於天子　閩監毛本同惠棟按宋本祿下有者字

附釋音禮記注疏卷第十三終　惠棟按宋本禮記正義卷第二十終記云凡十九頁宋監本禮記卷第四經四千三百三十九字注五千一百六十一字嘉靖本禮記卷第四經四千四百三十字注五千一百五十八字

附釋音禮記注疏卷第十四

禮記　鄭氏注　孔穎達疏

月令第六 ○陸曰此是呂氏春秋十二紀之首後人刪合爲此記蔡伯喈王肅云周公所作

【疏】正義曰按鄭目錄云名曰月令者以其記十二月政之所行也本呂氏春秋十二月紀之首章也以禮家好事抄合之後人因題之名曰禮記言周公所作其中官名時事多不合周法此於別錄屬明堂陰陽記此卷所出解者不同今且申鄭旨釋之按呂不韋集諸儒士著爲十二月紀合十餘萬言名爲呂氏春秋篇首皆有月令與此文同是一證也又周無大尉唯秦官有大尉而此月令云乃命大尉此是官名不合周法二證也又秦以十月建亥爲歲首而月令云爲來歲授朔日即是九月爲歲終十月爲授朔此是時不合周法三證也又周有六冕郊天迎氣則用大裘乘玉輅建大常日月之章而月令服飾車旗並依時色此是事不合周法四證也故鄭云其中官名時事多不合周法然按秦始皇十二年呂不韋死十六年并天下然後以十月爲歲首歲首用十月時不韋巳死十五年而不韋不得以十月爲正又云周書先有月令何得云不韋所造又秦并天下立郡何得云諸侯又秦以好兵殺害毒被天下何能帝德施惠春不興兵旣如此不同鄭必謂不韋作者以呂氏春秋十二月紀正與此同不過三五宇別且不韋集諸儒所作爲一代大典亦採擇善言之事遵立舊章但秦自不能依行何怪不韋所作也又秦爲水位其來巳久秦文公獲黒龍以爲水瑞何怪未平天下前不以十月爲歲首乎是鄭以月令不韋所作月令者包天地陰陽之事然天地有上下之形陰陽有生成之理日月有運行之度星辰有次舍之常令旣賛釋其文不得不略言其趣按老子云道生一一生二二生三三生萬物易云易有大極是生兩儀禮運云禮必本於大一分而爲天地易乾鑿度云大極者未見其氣大初者氣之始大始者形之始大素者質之始此四者同論天地之前及天地之始老子云道生一道與大易自然虛無之氣無象不可以形求不可以類取強名曰道強謂之大易也道生一者一則混元之氣與大初大始大素同又與易之大極禮之大一其義不殊皆爲氣形之始也一生二者謂混元之氣分爲二二則天地也與易之兩儀又與禮之大一分而爲天地同也二生三者謂參之以人爲三才也三生萬物者謂天地人旣定萬物備生其間分爲天地說有多家形狀之殊凡有六等一曰蓋天文見周髀如蓋在上二曰渾天形如彈丸地在其中天包其外猶如雞卵白之繞黃楊雄桓譚張衡蔡邕陸績王蕭鄭玄之徒並所依用三曰宣夜舊說云殷代之制其形體事義無所出以言之四曰昕天昕讀爲軒言天北高南下若車之軒是吳時姚信所說五曰穹天云穹暨在上虞氏所說不知其名也六曰安天是晉時虞喜所論注考靈耀用渾天之法今禮記是鄭氏所注當用鄭義以渾天爲說按鄭注考靈耀云天者純陽清明無形聖人則之制璿璣玉衡以度其象如鄭此言則天是大虛本無形體但指諸星運轉以爲天耳但諸星之轉從東而西必三百六十五日四分日之一星復舊處星旣左轉日則右行亦三百六十五日四分日之一至舊星之處即以一日之行而爲一度計二十八宿一周天凡三百六十五度四分度之一是天之一周之數也天如彈丸圍圓三百六十五度四分度之一按考靈耀云一度二千九百三十二里千四百六十一分里之三百四十八周天百七萬一千里者是天圓周之里數也以圓三徑一言之則直徑三十五萬七千里此爲二十八宿周回直徑之數也然二十八宿之外上下東西各有萬五千里是爲四遊之極謂之四表據四表之內并星宿內惣有三十八萬七千里然則天之中央上下正半之處則一十九萬三千五百里地在其中是地去天之數也鄭注考靈耀云地蓋厚三萬里春分之時地正當中自此地漸漸而下至夏至之時地下遊萬五千里地之上畔與天中平夏至之後地漸漸向上至秋分地正當天之中央自此地漸漸而上至冬至上遊萬五千里地之下畔與天中平自冬至後地漸漸而下此是地之升降於三萬里之中但渾天之體雖繞於地地則中央正平天則北高南下北極高於地三十六度南極下於地三十六度然則北極之下三十六度常見不没南極之上三十六度常没不見南極去北極一百二十一度餘若逐曲計之則一百八十一度餘若以南北中半言之謂之赤道去南極九十一度餘去北極亦九十一度餘此是春秋分之日道也赤道之北二十四度爲夏至之日道去北極六十七度也赤道之南二十四度爲冬至之日道去南極亦六十七度地有升降星辰有四遊又鄭注考靈耀云天旁行四表之中冬南夏北春西秋東皆薄四表而止地亦升降於天之中冬至而下夏至而上二至上下蓋極地厚也地與星辰俱有四遊升降四遊者自立春地與星辰西遊春分西遊之極地雖西極升降正中從此漸漸而東至春末復正自立夏之後北遊夏至北遊之極地則升降極下至夏季復正立秋之後東遊秋分東遊之極地則升降正中至秋季復正立冬之後南遊冬至南遊之極地則升降極上冬季復正此是地及星辰四遊之義也星辰亦隨地升降故鄭注考靈耀云夏日道上與四表平下去東井十二度爲三萬里則是夏至之日上極萬五千里星辰下極萬五千里故夏至之日下至東井三萬里也日有九道故考靈耀云萬世不失九道謀鄭注引河圖帝覽嬉云黃道一青道二出黃道東赤道二出黃道南白道二出黃道西黑道二出黃道北日春東從青道夏南從赤道秋西從白道冬北從黑道立春星辰西遊日則東遊春分星辰西遊之極日東遊之極日與星辰相去三萬里夏則星辰北遊日則南遊夏至星辰北遊之極日南遊之極日與星辰相去三萬里以此椎之秋冬放此可知計夏至之日日在井星正當嵩高之上以其南遊之極故在嵩高之南萬五千里所以夏至有尺五寸之景也於時日又上極星辰下極故日下去東井三萬里也然鄭四遊之極元出周髀之文但日與星辰四遊相反春分日在婁則婁星極西日體在婁星之東去婁三萬里以度言之十二度也則日没之時去昏中之星近校十度旦時日極於東去旦中之星遠校十度若秋分日在角則角星極東日體在角星之西去角三萬里則日没之時去昏中之星遠校十度旦時日極於西去旦中之星近校十度此皆厤乖遠於數不合鄭無指解其事有疑但禮是鄭學故具言之耳賢者識焉但二十八宿從東而左行日從西而右行一度逆訟二十八宿按漢書律厤志云冬至之時日在牽牛初度春分之時日在婁四度夏至之時日在東井三十一度秋分之時日在角十度若日在東井則晝極長八尺之表尺五寸之景若春分在婁秋分在角晝夜等八尺之表七尺五寸之景冬至日在斗則晝極短八尺之表一丈三尺之景一丈三尺之中去其一尺五寸則餘有一丈一尺五寸之景是冬夏往來之景也凡於地千里而差一寸則夏至去冬至體漸南漸下相去一十萬五千里又考靈耀云正日假上八萬里假下一十萬四十里所以有假上假下者鄭注考靈耀之意以天去地十五萬三千五百里正月雨水之時日在上假於天八萬里下至地一十一萬三千五百里夏至之時日上極與天表平也後日漸向下故鄭注考靈耀云夏至日與表平冬至之時日下至於地八萬里上至於天十一萬三千五百里也委曲俱見考靈耀注凡二十八宿及諸星皆循天左行一日一夜一周天一周天之外更行一度計一年三百六十五周天四分度之一日月五星則右行日一日一度月一日一十三度十九分度之七此相通之數也今厤象之說則月一日至於四日行最疾日行十四度餘自五日至八日行次疾日行十三度餘自九日至十九日行則遲日行十二度餘自二十日至二十三日又小疾日行十三度餘自二十四日至於晦行又最疾日行一十四度餘此是月行之大率也二十七日月行一周天至二十九日強半月及於日與日相會乃爲一月故考靈耀云九百四十分爲一日二十九日與四百九十九分爲月是一月二十九日之外至第三十日分至四百九十九分月及於日計九百四十分則四百七十爲半今四百九十九分是過半二十九分也但月是陰精日爲陽精故周髀云日猶火月猶水火則外光水則含景故月光生於日所照魄生於日所蔽當日則光盈就日則明盡京房云月與星辰陰者也有形無光日照之乃有光先師以爲日似彈丸月似鏡體或以爲月亦似彈丸日照處則明不照處則闇按律厤志云二十八宿之度角一十二度亢九氐十五房五心五尾十八箕十一東方七十五度斗二十六牛八女十二虛十危十七營室十六壁九北方九十八度奎十六婁十二胃十四昴十一畢十六觜二參九西方八十度井三十三鬼四柳十五星七張十八翼十八軫十七南方一百一十二度丑爲星紀初斗十二度終婺女七度子爲玄枵初婺女八度終於危十五度亥爲娵訾初危十六終於奎四度戌爲降婁初奎五度終於胃六度酉爲大梁初胃七度終於畢十一度申爲實沈初畢十二度終於井十五度未爲鶉首初井十六度終於柳八度午爲鶉火初柳九度終於張六度巳爲鶉尾初張十八度終於軫十一度辰爲壽星初軫十二度終於氐四度卯爲大火初氐五度終於尾九度寅爲析木初尾十度終於斗十一度五星者東方歲星南方熒惑西方太白北方辰星中央鎮星其行之遲速俱在律厤志不更頻說春秋說題辭云天之爲言顛也說文云天顛也劉熙釋名云顯也又云坦也地底也其體底下載萬物又云地諦也五土所生莫不信諦元命包云日之爲言實也月闕也劉熙釋名云日實也大明盛實月闕也滿則缺也說題辭云星精陽之榮也陽精爲日日分爲星故其字日下生也釋名云星散也布散於天又云陰蔭也氣在內奧蔭也陽揚也陽氣在外發揚此等是天地陰陽日月之名也祭法黃帝正名百物其名蓋黃帝而有也或後人更有增是其天高地下日盈月闕觜星度少共斗度多日月右行星辰左轉四遊升降之差二儀運動之法非由人事所作皆是造化自然先儒因其自然遂以人事爲義或據理是實或構虛不經旣無正文可馮今皆署而不錄

孟春之月。日在營室。昏參中。旦尾中。孟長也日月之行一歲十二會聖王因其會而分之以爲大數焉觀斗所建命其四時此云孟春者日月會於諏訾而斗建寅之辰也凡記昏明中星者爲人君南面而聽天下視時候以授民事○參析林反中如字徐丁仲反後放此長丁丈反諏足俱反又足侯反本又作娵同訾子斯反爲人于僞反

【疏】孟春至尾中○正義曰此言孟春者夏正建寅之月也呂不韋在於秦世秦以十月爲歲首不用秦正而用夏時者以夏數得天正故用之也周禮雖以建子爲正其祭祀田獵亦用夏正也日在營室者按三統厤立春日在危十六度正月中日在室十四度元嘉厤立春日在危三度正月中日在室一度○昏

參中者按三統厤立春昬畢十度中去日八十九度正月中昬井二度中去日九十三度元嘉厤立春昬昴九度中月半昬觜觽一度中皆不昬參中者月令昬明中星皆大略而言不與厤正同但有一月之內有中者即得載之計正月昬參中依三統厤在立春之後六日參星初度昬得中也但二十八宿其星體有廣狹相去遠近或月節月中之日昬明之時前星以過於午後星未至正南又星有明暗見有早晚明者昬早見而旦晚沒暗者則昬晚見而旦早沒所以昬明之星不可正依厤法但舉大畧耳餘月昬明從此可知○注孟長至民事○正義曰禮緯謂庶長稱孟故云孟長也若於人言之庶為孟若於物言之直為長也不取庶長之義先儒以孟春亦謂之庶長按尚書康誥云孟侯書傳天子之子十八稱孟侯並皆稱孟豈亦庶長乎先儒以孟春稱庶長者非也云日月之行一歲十二會者日行遲一月行二十九度半餘月行疾一月行天一而三百六十五度四分度之一過而更行二十九度半餘遂及於日而與日會所會之處謂之為辰鄭注周禮大師職云十一月辰在星紀十二月辰在玄枵正月辰在娵訾二月辰在降婁三月辰在大梁四月辰在實沈五月辰在鶉首六月辰在鶉火七月辰在鶉尾八月辰在壽星九月辰在大火十月辰在析木此是一歲十二會也云聖王因其會而分之以為大數焉者聖王因其日月自然之會而分為十二分以為大略之數焉所以為大略之數者以二十九日過半月及於日月不可分兩月各有二十九日又兩月各有強半之日合兩半而成一日是一月有三十日一月二十九日一大一小之外仍有餘分一年十二月六大六小總有三百五十四日是歲十二會之實數也仍少十一日四分日之一末得周天聖王總以三百六十五日四分日之一為十二會之大數一會即一辰也是一辰有三十度十二辰總有三百六十度餘有五度四分度之一度別為九十六分總五度有四百八十分又四分度之一為二十四分并之為五百四分十二辰分之各得四十二分則是每辰有三十度九十六分度之四十二計之日月實行一會唯二十九分過半若過均一歲會數則每會有三十度九十六分度之四十二是以分之為大數也此云孟春者日月會於娵訾而斗建寅之辰者娵訾是亥次之號立春之時日在危十六度月半而水之時日在營室十四度營室號娵訾但星次西流日行東轉東西相逆若月初之時則日在星分之初月半之時則在星分之半月終之時在星分之次凡十二月日之所在或舉月初或舉月末皆據其大略不細與厤數齊同其昬明中星亦皆如此斗謂北斗循天而轉行建一月一辰辰三十度九十六分度之四十二正月建寅二月建卯三月建辰四月建巳五月建午六月建未七月建申八月建酉九月建戌十月建亥十一月建子十二月建丑也其十二辰之名按律厤志云孳萌於子則子孳也又云紐牙於丑則丑紐也又云引達於寅則寅引也又云冒茆於卯則卯冒也又云振美於辰則辰振也又云已盛於巳則巳已也又云蕚布於午則午蕚也又云昧薆於未則未昧也又云申堅於申則申堅也又云留孰於酉則酉留也又云畢入於戌則戌畢也又云該閡於亥則亥該也律厤志又云北伏也陽氣伏於下於時為冬冬終也萬物終藏南任也陽氣任養萬物於時為夏夏假也假大也西遷也陰氣遷落萬物於時為秋秋者揫也物揫斂也東者動也陽氣動物於時為春春蠢也物蠢生也云凡記昬明中星者為人君南面而聽天下視時候授民事者按書緯考靈耀云主春者鳥星昬中可以種稷主夏者心星昬中可以種黍主秋者虛星昬中可以種麥主冬者昴星昬中則入山可以斬伐具器械王者南面而坐視四星之中者而知民之緩急急則不賦力役故敬授民時是觀時候授民事也

其日甲乙。乙之言軋也日之行春東從青道發生萬物月為之佐時萬物皆解孚甲自抽軋而出因以為日名焉乙不為月名者君統臣功也○軋乙入反孚音數

【疏】其日甲乙○正義曰其當孟春仲春季春之時日之生養之功謂為甲乙○注乙之至功也○正義曰乙軋聲相近故云乙之言軋也云日之行春東從青道者以星辰之次謂之黃道春時星辰西遊黃道近西黃道之東謂之青道日體不移依舊而行當青道之上故云東從青道云月為之佐者以日月皆經天而行月亦從青道陰佐於陽故云月為之佐知月亦從青道者以緯云月行九道九道者並與日同而青道二黃道東赤道二黃道南白道二黃道西黑道二黃道北并黃道而為九道也並與日同也云萬物皆解孚甲自抽軋而出因以為日名焉者以日能生養萬物萬物皆抽軋而生因其抽軋以為日功之名也孚甲在前抽軋在後則應孟春甲季春為乙今三春總云甲乙者孚甲抽軋相去不遠早生者即孟春孚甲而抽軋也晚生者即季春孚甲而抽軋也律厤志云出甲於甲則甲是孚甲也又云奮軋於乙則乙軋也又云明炳於丙則丙炳也又云大成於丁則丁成也又云豐茂於戊則戊茂也又云理紀於己則己理也理謂正紀綱也又云改更於庚則庚更也謂物改更也又云悉新於辛則辛新也又云懷任於壬則壬任也又云陳揆於癸則癸揆也謂物之陳列可揆度也云乙不為月名者君統臣功也者月既佐日同有甲乙之功今獨以甲乙為日名不以乙為月名故云君統臣功也謂日也日統領月之功猶若君統領臣之功以為己功俗本云君統臣功定本云君統功無臣字義俱通也

其帝大皞。其神句芒。此蒼精之君木官之臣自古以來著德立功者也大皞宓戲氏句芒少皞氏之子曰重為木官○大皞上音太後文及注大蔟大史大寢大室大徵大廟大祝大尉大宰皆同皞亦作昊胡老反大皞宓戲也句芒古侯反下音亡句芒木正也少皞之子曰重為之後句芒皆放此宓戲音密又音服戲又作虧亦作犧又作羲同許宜反重直龍反

【疏】其帝至句芒○正義曰自孟春之月訖其日甲乙明於天道其事略竟從此以下至鴻鴈來明聖人奉天時及萬物節候也故蔡邕云法象莫大乎天地變通莫大乎四時縣象著明莫太乎日月故先建春以奉天奉天然後立帝立帝然後言佐言佐然後列昆蟲之列物有形可見然後音聲可聞故陳音有音然後清濁可聽故言鐘律音聲可以彰故陳變鐘之屬也羣品以著五行為用於人然後宗而祀之故陳五祀此以上者聖人記事之次也東風以下者效初氣之序也二者既立然後人君承天時行庶政故言帝者居處之宜衣服之制布政之節所明欽若昊天然後奉天時也○其帝大皞者謂自古以來木德之君其帝大皞也謂之皞者按異義古尚書說元氣廣大謂之皞天則皞皞廣大之意以伏犧德能同天故稱皞以東方生養元氣盛大西方收斂元氣便小故東方之帝謂之大皞西方之帝謂之少皞○其神句芒者謂自古以來主春立功之臣其祀以為神是句芒者主木之官木初生之時句屈而有芒角故云句芒言大皞句芒者以此二人生時木王主春立德立功及其死後春祀之時則祀此大皞句芒故言也此之言據死後享祭之時不論生存之日故云其神句芒句芒言其神則大皞亦神也大皞言帝則句芒當云臣也互而相通大皞在前句芒在後相去縣遠非是一時大皞木王句芒有主木之功故取以相配也○注此蒼至木官○正義曰蒼是東方之色故下云駕蒼龍服蒼玉此是蒼精之君也則東方當木行之君也云著德立功者著德謂大皞立功謂句芒也云大皞宓戲氏者以東方立德則謂之大皞德能執伏犧牲謂之伏犧即宓戲也律厤志云大皞作罔罟以田漁取犧牲故天下號曰庖犧氏又帝王世紀云取犧牲以供庖廚食天下故號曰庖犧氏或作宓戲氏者宓字誤也當宀下著必是古之伏字按帝王世紀云大皞帝庖犧氏風姓也母曰華胥遂人之世有大人之迹出於雷澤之中華胥履之生庖犧於成紀蛇身人首有聖德為百王先帝出於震未有所因故位在東主春象日之明是以稱大皞一號黃熊氏云少皞氏之子曰重為木官者按昭二十九年左傳蔡墨云少皞氏有四叔曰重曰該曰脩曰熙重為句芒該為蓐收脩及熙為玄冥顓頊氏有子曰犁為祝融共工氏有子曰句龍為后土是重為句芒若然按楚語云重為南正司天犁為火正司地所以又為南正火正不同者蓋重為木正兼為南正司天犁為火正兼為北正司地故韋昭注國語云火當為北重既顓頊時為南正按楚世家高辛氏誅重犁依帝繫顓頊高辛各有一人為帝則重既事顓頊又事高辛鄭則依命厤序以顓頊傳九世帝嚳傳十世則重何得事顓頊又事高辛者師解重人號雖子孫皆號曰重猶若羿為堯時射官至夏后相之時猶有羿也自古以來紀君臣之號按昭十七年左傳云顓頊以來不能紀遠乃紀於近命以民事服注云自少皞以上天子之號以其德百官之紀以其徵自顓頊以來天子之號以其地百官之紀以其事則伏犧神農黃帝少皞皆以德為號也高陽高辛唐虞皆以地為號也以地為號兼有德號則帝嚳顓頊堯舜是其德號

其蟲鱗。象物孚甲將解鱗龍蛇之屬

其音角。謂樂器之聲也三分羽益一以生角角數六十四屬木者以其清濁中民象也春氣和則角聲調樂記曰角亂則憂其民怨凡聲尊卑取象五行數多者濁數少者清大不過宮細不過羽

【疏】其音角○正義曰其春時之音為當於角取象木之聲不云其聲角而云其音者單出曰聲雜比曰音音則樂曲也以春時調和樂以角為主故云其音角○注謂樂至過羽○正義曰恐是他物之聲故云樂器也但角是抑木之聲但作樂器之體象此抑木之聲云三分羽益一以生角角數六十四者以天地人謂之三才又陽數極於九故律厤志云五聲之本生黃鐘律之九寸為宮於管則九寸於弦則九九八十一絲也律厤志又云或損或益以定宮商角徵羽宮三分去一下生徵徵數五十四徵三分益一上生商商數七十二商三分去一下生羽羽數四十八羽三分益一上生角角數六十四是其損益相生之數也律厤志云商之為言章也物成熟可章度也角觸也觸地而出戴芒角也宮中也居中央暢四方唱始施生為四聲綱也徵祉也物盛大而蕃祉也羽聚也聚藏宇覆之也云屬木者以其清濁中民象也者木之聲清於土金之聲濁於水火之聲今角聲亦清於宮商濁於徵羽故角聲屬木所以清濁中凡數多者濁數少者清今宮數八十一商數七十二徵數五十四羽數四十八角數六十四少於宮商多於徵羽故云清濁中既尊者為濁卑者為清民則卑於君臣尊於事物亦是尊卑之中故云民之象也按樂記及律厤志云宮為君商為臣角為民徵為事羽為物羽屬北方其數少所以黃鐘在子其數多者冬時凝寒之氣在於地上水又清輕羽既稟其寒氣又象水聲故其數少冬至陽氣伏於地下溫積土中黃鐘含藏陽氣又象土聲故其數多各自為義不相須也引樂記曰角亂則憂其民怨者證明角主於人云凡聲尊卑取象五行者宮主土土聲濁其數多故主君商主金金聲稍重其數稍多故為臣角主木木聲清濁中其數多少中故為民徵主火火聲稍輕其數稍少故為事事謂人之所營事務也羽為水水聲極輕其

數最少故爲物也物謂人之所用財物指其所營謂之事論其所用之體謂之物人是萬物之靈事物是人營作故畢於人也云大不過宮細不過羽者按國語景王欲鑄無射伶州鳩諫云大不踰宮細不踰羽踰即過也

律中大蔟。律候氣之管以銅爲之中猶應也孟春氣至則大蔟之律應應謂吹灰也大蔟者林鍾之所生三分益一律長八寸凡律空圍九分周語曰大蔟所以金奏贊陽出滯○中丁仲反律後放此凡如此之例十二月文注皆可以類求蔟七豆反奏也應應對之應下皆放此長直亮反又如字後皆放此律空徐音孔

其數八。數者五行佐天地生物成物之次也易曰天一地二天三地四天五地六天七地八天九地十而五行自水始火次之木次之金次之土爲後木生數三成數八但言八者舉其成數

其味酸。其臭羶。木之臭味也凡酸羶者皆屬焉○羶失然反

其祀戶。祭先脾。春陽氣出祀之於戶內陽也祀之先祭脾者春爲陽中於藏直脾脾爲尊凡祭五祀於廟用特牲有主有尸皆先設席于奧祀戶之禮南面設主于戶內之西乃制脾及腎爲俎奠于主北又設盛于俎西祭黍稷祭肉祭醴皆三祭肉脾一腎再既祭徹之更陳鼎俎設饌于筵前迎尸略如祭宗廟之儀○脾婢支反藏才浪反後放此直丈吏反又如字下宿直同後放此奧烏報反腎時忍反

【疏】律中大蔟　正義曰上從其日甲乙下終其祀戶皆揔主三月一時之事此律中大蔟惟主正月之氣宜與東風解凍文次相連必在於其此者角是春時之音律審正月之氣音由氣成以其音氣相須故律角同處言正月之時候氣之管中於大蔟中猶應也謂候氣飛灰應於大蔟其大蔟夾鍾六律六呂之等皆是候氣管名言正月之時律之候氣應於大蔟之管又計大蔟管數倍而更半鑄之爲鐘名曰大蔟之鐘是大蔟之鍾元生於大蔟之律是律在於前鐘生於後故律厤志云黃帝使伶倫氏自大夏之西崑崙之陰坂竹之解谷斷兩節間而吹之以爲黃鍾之宮制十二篇以聽鳳凰之鳴其雄鳴則爲六律雌鳴則爲六呂是律生在前蔡氏以爲大蔟鍾名先有其鍾後有其律言律中此大蔟之鐘其義非也陽管爲律律法也言陽氣與陰氣爲法鄭云律述也述氣之管陰管爲呂律厤志云呂助也言助陽宣氣又云呂拒也言與陽相承更迭而至又陰律稱同言與陽同也揔而言之陰陽皆稱律故十二月皆云律中是也按律厤志云黃鍾黃者中之色君之服也鍾者種也陽氣施種於黃泉孳萌萬物爲六氣元也變動不居周流六虛位於子在十一月大呂呂旅也言陰氣大旅助黃鍾宣氣而牙物也位在於丑在於十二月大蔟蔟湊也言陽氣大湊地而達物也位於寅在正月夾鍾鍾鍾也夾助也言陰夾助大蔟宣四方之氣而出種物也位於卯在二月姑洗洗之言絜也言陽氣洗物姑絜之也位於辰在三月仲呂言微陰始起未成著於其中旅助姑洗宣氣齊物也位於巳在四月蕤賓蕤繼也賓道也言陽氣始道陰氣使繼養物也位於午在五月林鍾林君也陰氣受任助蕤賓君主種物使長大茂盛也位於未在六月夷則則法也言陽正法度而使陰氣夷當傷之物位於申在七月南呂南任也言陰氣旅助夷則任成萬物也位於酉在八月無射射厭也言陽氣究物而使陰氣畢剝落之終而復始無厭已也位於戌在九月應鍾言陰氣應無射該藏萬物而雜陽閡種也位於亥在十月其十二律則有上生下生同位異位長短分寸之別故鄭注周禮大師職云其相生則以陰陽六體爲黃鍾初九也下生林鍾之初六林鍾又上生大蔟之九二大蔟又下生南呂之六二南呂又上生姑洗之九三姑洗又下生應鍾之六三應鍾又上生蕤賓之九四蕤賓又上生大呂之六四大呂又下生夷則之九五夷則又上生夾鍾之六五夾鍾又下生無射之上九無射又上生中呂之上六同位者象夫妻異位者象子母所謂律取妻而呂生子也黃鍾長九寸其實一龠下生者三分去一生者三分益一五下六上乃一終矣大呂長八寸二百四十三分寸之一百四大蔟長八寸夾鍾長七寸二千一百八十七分寸之千七十五姑洗長七寸九分寸之一中呂長六寸萬九千六百八十三分寸之萬二千九百七十四蕤賓長六寸八十一分寸之二十六林鍾長六寸夷則長五寸七百二十九分寸之四百五十一南呂長五寸三分寸之一無射長四寸六千五百六十一分寸之六千五百二十四應鍾長四寸二十七分寸之二十是也同位象夫妻者則黃鍾之初九下生林鍾之初六同是初位故爲夫婦又是律娶妻也異位爲子母者謂林鍾上生大蔟林鍾是初位大蔟是二位故云異位爲子母又是呂生子也云五下六上者謂林鍾夷則南呂無射應鍾皆被子午已東之管三分減一而下生之六上者謂大呂大蔟夾鍾姑洗中呂蕤賓皆彼子午已西之管三分益一而上生之子午皆屬上生應云七上而云六上者以黃鍾爲諸律之首物莫之先似若無所寘生故不數黃鍾也其實十二律終於仲呂還反歸黃鍾生於仲呂三分益一大略得應黃鍾九寸之數也律厤志云黃鍾爲天統林鍾爲地統大蔟爲人統故數整徐律則各有分數○注律候至出滯○正義曰按司農注周禮云陽律以竹爲管陰律以銅爲管鄭康成則以皆用銅爲之知者按律厤志量者龠合升斗斛本起黃鍾之龠而五量如之其法皆用銅聲中黃鍾以此準之故知用銅也司農云陽律以竹陰律以銅非也云應謂吹灰也者蔡邕云以法爲室三重戶閉塗釁必周密布緹綅室中以木爲案每律各一案內庫外高從其方位加律其上以葭灰實其端其月氣至則灰飛而管通如蔡所云則是爲十二月律則布室內十二辰若其月氣至則其辰之管灰飛而管空也然則十二律各當其長郭埋地下入地處庫出地處高故云內庫外高黃鍾之管埋於子位上頭嚮南以外諸管推之可悉知又律云以河內葭莩爲灰宜陽金門山竹爲管熊氏云按吹灰者謂作十二律管於室中四時位上埋之取蘆莩燒之作灰而實之律管中以羅穀覆之氣至則吹灰動穀矣小動爲氣和大動爲君弱臣強專政之應不動穀爲君嚴猛之應云凡律空圍九分者以黃鍾爲諸律之首諸律雖長短有差其圍皆以九分爲限孟康云林鍾長六寸圍六分則圍之大小逐管長短然則分寸之數不可定也故鄭皆爲圍九分也引周語曰以下者按周語景王欲鑄無射伶州鳩對以此辭按彼注云大蔟正聲商故爲金奏所以助陽出滯物也○注數者至成數○正義曰五行佐天地生成萬物之次者五行謂金木水火土之謂五行者按白虎通云行者言欲爲天行氣也謂之水者白虎通云水訓準是平均法則之稱也言水在黃泉養物平均有準則也木觸也陽氣動躍觸地而出也火之爲言化也陽氣用事萬物變化也金訓禁也言秋時萬物陰氣所禁止也土訓吐也言土居中揔吐萬物也生物者謂木火七八之數也成物者謂金水九六之數也則春夏生物也秋冬成物也故易繫辭上云精氣爲物遊魂爲變也注云精氣謂七八遊魂謂九六則是七八生物九六終物是也引易曰以下者易下繫文也天陽地陰陽數奇陰數耦陽所以奇者陽爲氣氣則渾沌爲一無分別之象又爲日日體常明無虧盈之異故其數奇其陰數所以耦者陰爲形形則有彼此之殊又爲月則有晦朔之別故其數耦按律厤志云天數二十五所以二十五者天一天三天五天七天九總爲二十五律厤志又云地數三十者地二地四地六地八地十故三十也以天地之數相合則易之大衍之數五十五也云五行自水始火次之木次之金次之土爲後者天一生水於北地二生火於南天三生木於東地四生金於西天五生土於中以益五行生之本按尚書洪範云一曰水二曰火三曰木四曰金五曰土故其次如是也所以一曰水者乾貞於十一月子十一月一陽生故水數一也又天地之內水體最微故水爲始也二曰火者坤貞於六月未六月兩陰生陰不敢當午火比於水嚴厲著見故次火也三曰木者正月三陽生是建寅之月故三曰木木比火象有體質故次木也四曰金者八月四陰生是建酉之月故四曰金金比木其體堅剛故次金也五曰土者三月五陽生三月建辰之月辰爲土是四季之首土王四季故五曰土載四行又廣大故次土也水所以在北方者從盛陰之氣所以潤下者下從陰也火所以在南方者從盛陽之氣炎上者從陽也木所以在東者東是半陰半陽曲直以陰陽俱有體質尚柔故可曲可直也金所以在西方者西方亦半陰半陽但物既成就體性堅之雖可改革猶須火柔之土所以在中者以其包載四行含養萬物爲萬物之主稼穡者所以養萬物也云木生數三成數八者鄭注易繫辭云天一生水於北地二生火於南天三生木於東地四生金於西天五生土於中陽無耦陰無配未得相成地六成水於北與天一并天七成火於南與地二并地八成木於東與天三并天九成金於西與地四并地十成土於中與天五并也大衍之數五十有五五行各氣并氣并而減五惟有五十以五十之數不可以爲七八九六卜筮之占以用之故更減其一故四十有九也是鄭注之意水數一成數六火數二成數七木數三成數八金數四成數九土數五成數十故此云木生數三成數八但言八者舉其成數者金木水火以成數爲功皇氏用先儒之義以爲金木水火得土而成以水數一得土數五故六也火數二得土數五爲成數七木數三得土數五爲成數八又金數四得土數五爲成數九此非鄭義今所不取○注木之至屬焉○正義曰通於鼻者謂之臭在口者謂之味臭則氣也所以木味酸尚書孔傳云木實之性然則木實酸凡草木所生其氣羶也夏其味苦其臭焦者尚書孔傳云焦之氣味火燒物焦焦則味苦中央云其味甘其臭香孔傳云甘味生於百穀味甘則氣香秋其味辛其臭腥者孔傳云金之氣味言金臭之氣則腥在口則辛冬云其味鹹其臭朽者孔傳云水鹵所生故味鹹又水受惡穢故有朽腐之氣○注春陽至之儀○正義曰春陽氣出祀之於戶者戶在內從外向內戶又在內故云內陽也戶是人之出入戶則有神故祭法注七祀云小神居人之間司察小過作讒詰者爾此戶神則陽氣在戶內之神故云祀之於戶內陽也由位在戶內又秋其祀門注云秋陰氣出祀之於門者門在外從內向外門又在外故云外陰也則門神陰氣之神是陰陽別氣在門戶者與人作神也又云春爲陽中於藏值脾脾爲尊者以祭戶之時脾腎俱有先用脾以祭之者以春爲陽中於藏值脾脾既春時最尊故先祭之脾爲尊也所以春位當脾者牲立南首肺祭在前而當夏也腎最在後而當冬也從冬稍前而當春從腎稍前而當脾故春位當脾從肺稍却而當心故中央主心從心稍却而當肝故秋位主肝此等直據牲之五藏所在而當春夏秋冬之位耳若其五行所生主五藏則不然矣故異義云今文尚書歐陽說肝木也心火也脾土也肺金也腎水也古尚書說脾木也肺火也心土也肝金也腎水也許愼按月令春祭脾夏祭肺季夏祭心秋祭肝冬祭腎與古尚書同鄭駁之云月令祭四時之位及其五藏之上下次之耳冬位在後而腎在下夏位在前而肺在上春位小前故祭先脾秋位小却故祭

先肝腎也脾也俱在鬲下肺也心也肝也俱在鬲上祭者必三故有先後焉不得同五行之氣今醫疾之法以肝爲木心爲火脾爲土肺爲金腎爲水則有瘳也若反其術不死爲劇如鄭此言五行所主則從今文尚書之說不同許愼之義云凡祭五祀於廟用特牲之下皆中霤禮文云祭五祀於廟者設祭戶祭中霤在於廟室之中先設席於廟堂之奧若祀竈祀門祀行皆在廟門外先設席於廟門之奧雖廟室廟門有別揔而言之皆謂之廟故云凡祭五祀於廟此謂殷禮也若周則七祀加司命與厲也不審祀之處所亦當與竈門行等俱在廟門之外祀也若周揔在宮內故宮正法云祭社稷七祀於宮中此特牲謂特牛故小司徒云小祭祀奉牛牲注云小祭祀王玄冕所祭若諸侯或亦當然其大夫所祭或特羊也云有主有尸者謂天子諸侯若卿大夫廟無主則五祀無主也云祀之禮設主於戶內西者先設席於奧乃更設席於廟戶西夾北竈置主位設主之人南面設主於戶西位上使主北面云乃制脾及腎爲俎奠於主北者謂設主之後以劃制脾之與腎爲俎實奠于主北主既北面奠於主前云又設盛於俎西者盛謂黍稷俎在主前稍東故黍稷之盛在主前稍西云祭黍稷祭肉祭醴皆三者當時惟始設主未有迎尸則是祀官祭簋中黍稷祭俎中脾腎之肉祭薦之醴皆三度祭之黍亦三祭醴亦三祭肉亦三祭故云皆三祭云肉脾一腎再者申明祭肉三度之事其祭肉三者脾尊故一祭腎卑故再祭云既祭徹之更陳鼎俎設饌于筵前者謂既祭黍稷祭肉醴之後徹去俎之與盛更陳列鼎俎設其饌食於初設奧之筵前其時主已移於筵上主人出戶迎尸尸入即筵而坐但宗廟之祭尸入之後始祭籩豆及黍稷醴其祭戶之時已於西祭黍祭肉祭醴今迎尸而入則應坐而饌食不更祭黍稷祭肉祭醴故云略如祭宗廟之儀祭戶所以先設席於奧乃設饌筵迎尸皆在奧者就尊之處也中間設主祭黍○祭肉戶西者就戶處也其餘五祀所祭設主皆就其處也。

東風解凍。蟄蟲始振。魚上冰。獺祭魚。鴻鴈來。皆記時候也振動也夏小正正月啓蟄魚陟負冰漢始亦以驚蟄爲正月中此時魚肥美獺將食之先以祭也鴈自南方來將北反其居今月令鴻皆爲候

[疏]東風至鴈來○正義曰此記正月之時候然十二月之時候體例不一而正月七月記時候凡有五句自餘皆四句多少不同者時候多則五句少則四句無義例也其二至二分之月皆再記於時候者以二至是陰陽之始終二分是陰陽之交會是節之大者故再記之季春亦記時候者蠶之將生故記其蠶候也故季春鳴鳩拂其羽戴勝降于桑注蠶將生之候是也凡記時候先言者則氣候在前後言者則氣候在後言蟄蟲始振者謂正月中氣之時蟄蟲得陽氣初始振動至二月乃大驚而出對二月故云始振云魚上冰者魚當盛寒之時伏於水下逐其溫暖至正月陽氣既上魚游於水上近於冰故云魚上冰也○注夏小至爲候○正義曰夏小正大戴禮之篇名云正月啓蟄者證經中蟄蟲始振始振則啓蟄也云魚陟負冰者陟升也謂魚從水下升於冰上而負冰證經中魚上冰云漢始亦以驚蟄爲正月中者以漢之時立春爲正月節驚蟄爲正月中氣雨水爲二月節春分爲二月中氣至前漢之末以雨水爲正月中驚蟄爲二月節故律厤志云正月立春節雨水中二月驚蟄節春分中是前漢之末劉歆作三統厤攷驚蟄爲二月節鄭以舊厤正月啓蟄即驚也故云漢始亦以驚蟄爲正月中但蟄蟲正月始驚二月大驚故在後移驚蟄爲二月節雨水爲正月中凡二十四氣按三統厤正月節立春雨水中二月節驚蟄春分中三月節穀雨淸明中四月節立夏小滿中五月節芒種夏至中六月節小暑大暑中七月節立秋處暑中八月節白露秋分中九月節寒露霜降中十月節立冬小雪中十一月節大雪冬至中十二月節小寒大寒中按通卦驗及今厤以淸明爲三月節穀雨爲三月中餘皆與律厤志並同謂之雨水者言雪散爲雨水也謂之驚蟄者蟄蟲驚而走出謂之穀雨者言雨以生百穀謂之淸明者謂物生淸淨明潔謂之小滿者言物長於此小得盈滿謂之芒種者言有芒之穀可稼種謂之小暑大暑者就極熱之中分爲小大月初爲小月半爲大謂之處暑者謂暑既將退伏而潛處謂之白露者陰氣漸重露濃色白謂之寒露言露氣寒將欲凝結謂之小雪大雪者以霜雨凝結而雪十月猶小十一月轉大謂之小寒大寒者十二月極寒之時相對爲大小月初寒爲小月半寒爲大凡二十四氣氣有十五日有餘每氣中半分之爲四十八氣氣有七日半有餘故鄭注周禮云有四十八箭是一氣易一箭也凡二十四氣每三分之七十二氣氣間五日有餘故一年有七十二候也故通卦驗冬至之前五日商賈不行兵甲伏匿人主與羣臣左右從東爾五日以五日一候也按通卦驗云立春雨水降條風至雉雊雞乳冰解條風即東風也冰解即解凍也與月令同雨水者謂節氣早月初雨水也雉雊雞乳於月令在季冬若節氣晚亦得退在正月通卦驗云正月中猛風至注云猛風動搖樹木有聲者猛風即東風之甚也獺祭魚與此同按下季冬鴈北鄉據其從南始北正月來至中國故此云鴻鴈來但來有先後後者二月始來故通卦驗二月節云候鴈北云今月令鴻皆爲候者但月令出有先後入禮記者爲古不入禮記者爲今則呂氏春秋是也鴻字皆爲候也○

天子居青陽左个。乘鸞路。駕倉龍。載青旂。衣青衣。服倉玉。食麥與羊。其器疏以達。皆所以順時氣也青陽左个大寢東堂北偏鸞路有虞氏之車有鸞和之節而飾之以青取其名耳春言鸞冬夏言色互文馬八尺以上爲龍凡所服玉謂冠飾及所佩者之衡璜也麥實有孚甲屬木羊火畜也時尚寒食之以安性也器疏者刻鏤之象物當貫土而出也凡此車馬衣服皆所取於殷時而有變焉非周制也周禮朝祀戎獵車服各以其事不以四時爲異又玉藻曰天子龍袞以祭玄端而朝日皮弁以日視朝與此皆殊○个古賀反後放此鸞力官反路本又作輅音路後放此旂巨機反後放此衣青於既反後放此下注衣甲保猶衣同舊本又作器同冬夏此卷內可以意求之璜音黃畜許六反貫古亂反朝直遙反下文注同卷本又作袞古本反玄端音冕

[疏]天子至以達○正義曰此已前明天時氣候早晚此明天子每時居處及所乘車馬所建旂旗所服衣玉所食牲穀及器物之屬龍與玉言蒼者蒼亦青也遠望則蒼旂與衣云青者欲見人功所爲故以近色言之○注皆所至皆殊○正義曰色則順時食與器則順氣也云青陽左个大寢東堂北偏者北偏近北也然則此是明室北偏而云大寢者欲明北堂與大廟大寢制同故兼明於明室聽朔竟又還大廟次還大寢也然云東堂則知聽朔皆堂不於五角之室中也云鸞路有虞氏之車者明堂位云鸞車有虞氏之路也今既云鸞路故知是有虞氏之車也用有虞氏則知非周也云有鸞和之節而飾之以青取其名耳者因其有鸞故不言青而云鸞也云春言鸞冬夏言色互文者春言鸞則夏秋冬並鸞也夏云朱冬云玄則春青秋白可知也云馬八尺以上爲龍者出虞人職云凡所服玉謂冠飾及所佩者之衡璜者冠飾即冕之旒及笄也衡璜即是所佩玉之名也佩玉之制按韓詩外傳云佩玉上有葱衡下有雙璜牙蠙珠以納其間則古之佩玉上以葱爲衡横置於上以貫珠之縄三條縣於衡上垂之而下以雙璜懸於兩畔縄之下端又以牙懸於中縄下端使前後觸璜以爲聲衡之下璜之上皆貫蠙珠故云蠙珠以納其間謂納於衡璜之間也云麥實有孚甲屬木者鄭云黍秀舒散屬火麻實有文理屬金菽實孚甲堅合屬水稷五穀之長屬土是五穀所配之方也云羊火畜也者按尚書五行傳曰貌之不恭則有雞禍注雞畜之有冠翼者屬貌言之不從則有犬禍注犬畜之以口吠守者屬言視之不明則有羊禍注羊畜之遠視者屬視聽之不聰則有豕禍注豕畜之居閑衞而聽者屬聽思之不睿則有牛禍注地厚德載物牛畜之任重者屬思王之不極則有馬禍注天行健馬畜之疾行者屬王極是雞爲木畜羊爲火畜牛爲土畜犬爲金畜豕爲水畜但陰陽取象多塗故午爲馬酉爲雞不可一定也云時尚寒食之以安性也者羊是火畜而春時食之明其有意食以安性也春時尚寒故食火畜以助之夏食菽與雞者以氣尤熱水能尅火木必抑土故食北方之穀與東方之牲減其熱氣亦以安性秋食麻與犬者秋氣既涼又將衞寒不有其害故食當方之穀牲也冬食黍與彘者冬氣極寒故食火穀以減寒寒勝於熱故食當方之牲云器疏者刻鏤之象物當貫土而出也者刻鏤爲文使文理麤疏直而通達也云凡此車馬衣服皆所取於殷時而有變焉非周制也者以虞夏之制有日月星辰十二章之服周之制朝祀戎獵車服各有殊今此下與周禮不同上與虞夏又異故云取殷時也殷乘木路此乘鸞路不純用殷故云而有變焉謂變殷而乘虞路也云周禮朝祀戎獵車服各以其事不以四時爲異者按周禮朝則皮弁服祀則六冕服戎則韋弁服田獵冠弁服又周禮朝乘象路祀乘玉路戎乘革路獵乘木路是車服各以其事不以四時爲異也又引玉藻天子龍袞以祭者證四時皆龍袞玄衣纁裳不隨時而別又引玉藻玄端而朝日者證此朝日不玄端而著青衣又引皮弁以日視朝者皮弁白布衣四時皆然不隨時而變是與此皆殊明月令所云非周法也○

是月也。以立春。先立春三日。大史謁之天子曰。某日立春。盛德在木。天子乃齊。太史禮官之屬掌正歲年以序事謁告也○先悉薦反齊側皆反本亦作齋卷內放此○

立春之日。天子親帥三公。九卿。諸侯。大夫。以迎春於東郊。還反。賞公卿。諸侯。大夫於朝。迎春祭倉帝靈威仰於東郊之兆也王居明堂禮曰出十五里迎歲蓋殷禮也周近郊五十里賞謂有功德者有以顯賜之也朝大寢門外○還音旋後放此

[疏]是月至於朝○正義曰此一節論立春天子迎春氣及行賞之事各依文解之○是月也以立春者十二月節氣有早晚若節氣晚則月之節氣在當月之內若節氣早月之節氣在前月之中故立春爲正月之節有在十二月之時但至立春之時雖在十二月即行立春之事云是月者謂是月之氣不謂是月之日也凡四立之月天子車服之下皆云是月以其爲下立春立夏立秋立冬事重故云是月其非四立之月仲夏即云養壯佼季夏云命漁師十一月云飭死事十二月云命有司大難皆不云是月者或是事爲細小或是事通他月故不云是月季冬難事雖大惟此月爲之亦不云是月者以年事既終惟難而巳故不須云是月或作記之人辭有詳略不爲義例也凡言是月者是月之後若是事相連接辭有首尾則因前是月不別起是月

之文若別事異端則更云是月也他皆倣此云是月下至以初為常是皆立春之時告命之事故不更云是月次云祈穀於上帝至命曰勞酒論祈穀耕藉反迴勞飲是其一事故不更云是月次云是月也命樂正入學習舞至埋胔論習舞小修祭典之事故云是月也毋覆巢毋掩骼可以稱兵與上異事亦相連故不別云是月次云是月也不可以稱兵與上事別又論天地人之大道故別云是月也此為例其餘月或云是月或不云是月就文可知○先立春三日者四時迎氣皆前期十日而齊散齋七日致齋三日今奉法省故三日也盡散齋十二日致齋一日為告也○云盛德在木者天以覆蓋生民為德四時各有盛時春則為生天之生育盛德在木位故云盛德在木○注大史至謁之○正義曰按周禮大史屬春官主禮故云禮官之屬大史云掌正歲年以序事者大史職文鄭注云中數曰歲朔數曰年中朔大小不齊中氣一周摠三百六十五日四分日之一謂之一歲朔數者十二月之朔一周三百五十四日謂之為年此是歲年相對故有朔有中若散而言之歲亦年也年亦歲也故爾雅云唐虞曰載夏曰歲商曰祀周曰年亦據一年之中雅云也于同訓祈為請○天子親帥三公九卿諸侯大夫以迎春於東郊大夫既云諸侯文不備當亦有諸侯故立夏云帥三公九卿大夫孟夏云還乃行賞封諸侯孟秋云還賞軍帥武人於朝孟冬云還乃賞死事恤孤寡四時所賞不同者春陽氣始著仁澤之時故順其時而賞朝臣及諸侯至大夫也夏陽氣尤盛萬物增長故用是時慶賜轉廣師及以無不欣說也秋陰氣始嚴凝之時故從其時賞軍帥及武人也冬陰氣尤盛萬物衰殺故用是時賞死事者及其妻子也○注迎春至帝也○正義曰知迎春祭蒼帝靈威仰者以春秋文耀鉤云蒼帝靈威仰為鄭以為迎春祭蒼帝於東郊而風雨寒暑時是其事器則周禮時服及詩云上帝皆為天帝同服故以為靈威仰也云天子之朝也盛德與周不同云王居明堂禮者逸禮之篇名引之者證春與序周云天子近郊五十里今河南洛陽相去則然是也君三寢治朝則此路寢門外應門之內有三朝燕朝在路寢朝二大寢五門之內大寢則路寢也天子三朝云在大路門在治朝事之朝故云大寢門外三朝是燕朝在大寢宜之外皐門之內大詢眾庶聽斷是外朝之處也○命相布門德和令。行慶施惠。下及兆民。相謂三公相王之事也德謂善教也令謂時禁也慶謂休其善也惠謂恤其不足也兆民也○

慶賜遂行。毋有不當。遂猶達也言使當得者無非其人○息亮反注同下善相并注放此施如字又始豉反下同恤許蚪二反○[疏]命相至不當○正義曰此一經論王者施政教布德美也○注相謂至兆民○正義曰按公羊傳云自陝而東者周公主之自陝而西者召公主之一相處乎內是三公相王之事也至六國時一人知事者特謂之相故史記稱侯相秦相也云天子曰兆民者左傳閔元年晉卜偃之辭後又為丞相也云遂猶至其人○正義曰遂是申遂故尚書云顯忠遂也○

畏商頌云莫遂莫達是遂為達言慶賜之事通達施行使之周徧云使當得者皆得是無非其人也者謂當慶賜之人皆是有功可慶賜無此不合得慶之人非人謂無功無德之徒○乃命大史守典奉法。司天日月星辰之行。宿離不貸。毋失經紀。以初為常。典六典法八法也離讀如儷偶之儷宿儷謂其屬馮相氏保章氏掌天文者相與宿偶當審候伺不得過差也經紀謂天文進退度數○離注音計反儷呂計反偶五口反貸吐得反徐音二又息嗣反○[疏]乃命至為常○正義曰迎春既還行賞以乃命大史之官守典奉法司主天文及日月星辰之行天則左還一日一周天日月星辰並右行日一日行一度月一日行十三度十九分度之七二十八宿亦隨天左行大史令其屬官在其候處有所失變過差若應進退不得依度數而無差也○注典六典至度數○正義曰典謂六典周禮大宰云六典一曰治典二曰教典三曰禮典四曰政典五曰刑典六曰事典法謂八法一曰官屬二曰官職三曰官聯四曰官常五曰官成六曰官法七曰官刑八曰官計云其屬馮相氏保章氏者周禮馮相氏掌十有二歲十有二月十有二辰十日二十有八星之位辨其敘事以會天位保章氏掌天星以志星辰日月之變動以觀天下之遷辨其吉凶是也馮相者相乘也世守天文之變保章者保守也世守天文之變云相與宿偶當審候伺不得過差者言其官各使所掌之天文處相與宿偶其審候伺不得過差也云經紀謂天文進退度數者此之所掌各有常度而恒在候處相與宿偶天之變異也是月

也。天子乃以元日。祈穀于上帝。謂以上辛郊祭天也春秋傳曰夫郊祀后稷以祈農事是故啟蟄而郊郊而後耕上帝大微之帝也○乃擇元辰。天子親載耒耜。措之于參保介之御間。帥三公九卿諸侯大夫。躬耕帝藉。天子三推。三公五推。卿諸侯九推。元辰蓋郊後吉辰也耒耜之上曲也保介車右也置耒於車右與御者之間明已勸農非農者也人君之車必使勇士衣甲居右而參乘備非常也保猶衣也介甲也帝藉為天神借民力所治之田也○耒力對反耜音似措七故反又七路反參七南反乘繩證反衣於既反為于偽反下為仲春為傷為死氣皆同反。執爵于大寢。三公九卿諸侯大夫皆御。命曰勞酒。既耕而宴飲以勞羣臣也大寢路寢御侍也○勞力報反注同[疏]是月至勞酒○正義曰此一節論天子迎春既反春事已起當祈穀親耕燕勞之事各依文解之○注謂以至之帝○正義曰按郊特牲云郊之用辛鄭注凡為人君當齋戒自新又云郊之祭也

迎長日之至鄭注引易說云三王之郊一用夏正春分而日長故云迎長日之至鄭注以為二祭此經言祈穀則以二祭為一恐人疑故引春秋傳以明之按襄七年左傳云孟獻子曰夫郊祀后稷以祈農事是故啟蟄而郊郊而後耕是祈穀之事也後稷大微之帝謂五帝以大微為天庭中有五帝座故即謂大微之帝為五帝為天也其祭之帝蒼帝靈威仰亦有緯文故郊特牲云郊之祭也迎長日之至也大報天而主日也配以月鄭注此據夏正祈穀之郊而言也故云郊之用辛也○注元辰至為耒耜○正義曰知元辰是郊後吉辰者郊既用辛日此云元辰故云郊後吉辰也按左傳云丑寅卯至辰未以來者謂亥日至辰也知元辰天子用亥者耕藉用亥日故也以陰陽式法正月亥為天倉以其耕事故用亥也○云保介車右也○正義曰以其王是保介之御間○正義曰知保介是車右者以其在車右也耕用亥日故大夫勇士衣甲也○注耒耜之上曲也○正義曰以其耒是耜之上曲木也云保介車右也者以人君之車在左御在中央勇士在右故知車右衣甲也王故云保猶衣也介甲也云帝藉為天神借民力所治之田也者按國語云宣王即位不藉千畝虢文公諫曰夫民之大事在農上帝之粢盛於是乎出故云天神借民力所治之田也○注國語云王耕一坺班三之庶民終於千畝其后稷監之膳夫農正陳藉禮大史贊王王敬從之王耕一坺班三之庶民終於千畝注云一坺一耜之發也王無耦以一耜耕班次也謂公卿大夫也三之謂下各三其上也王一坺公三卿九大夫二十七言此者證天子三推公五推卿九推與國語同也注云天子三推三公五推卿諸侯九推者此三公五推卿諸侯九推與國語不同者國語云王耕一坺班三之三公三發卿九發大夫二十七發此不同者國語云庶人終於千畝者謂庶人耕之以終千畝也云既耕而燕飲以勞羣臣也者國語云畢宰夫陳饗膳宰監之膳夫贊王王歆大牢班嘗之庶人終食是耕禮畢宰夫陳饗也按此則耕禮畢而在寢燕飲故知在路寢也云大寢路寢也者此云執爵于大寢明是燕私之禮故知在路寢也

地和同。草木萌動。此陽氣蒸達可耕之候也農書曰土長冒橛陳根可拔耕者急發。○是月也。天氣下降。地氣上騰。天地和同。草木萌動。上時掌反注上同萌莫耕反蒸音證又之丞反冒莫報反覆也橛求月反○王命布農事。命田舍東郊。皆脩封疆。審端經術。田謂田畯主農之官也舍東郊順時

氣而居以命其事也封疆田首之分職術周禮作遂夫間有遂遂上有徑遂小溝也步道曰徑今尚書曰分命義仲宅嵎夷也○疆居良反注皆同徑古定反注同術依注音遂畯音俊分扶問反嵎音愚善相丘陵阪險原隰土地所宜五穀所殖以教道民必躬親之。相視也○阪險上音反又蒲版反下許檢反道音導田事既飭，先定準直，農乃不惑。説所以命國舍東郊之意也準直謂封疆徑遂也夏小正曰農率均田○飭音勑率所類反謂田正反〔疏〕天氣至不惑○正義曰此一節論少陽之月務其始生故既耕之後當勸農事各依文解之○天氣下降者天地之氣謂之陰陽一年之中或升或降故聖人作象各分為六爻以象十二月陽氣之升從十一月為始陽氣漸升陰氣漸下至四月六陽皆升六陰皆伏至五月一陰初升陰氣漸升陽氣漸伏至十月六陰盡升六陽盡伏然則天氣下降地氣上騰五月至十月也地氣下降天氣上騰十一月至四月也今正月云天氣下降地氣上騰者陽氣五月之時為陰從下起上嚮排陽氣第六陽之上極反退至十月之時六陽退盡皆伏於下至十一月陽氣一爻始動地中至十二月陽漸升陽尚微未能生物之極正月三陽既上成為乾卦乾體在下三陰為坤坤體在上乾為天坤為地今天居地下故云天氣下降地在天上故云地氣上騰是陽氣五月初降至正月為天體而在坤下也十一月一陽初生而上排陰陰之上六漸退反歸於下至四月陰爻伏盡六陽在上五月一陰生六月二陰生陰氣尚微成物未具七月三陰生而成坤體坤體在下三陽為乾而體在上則是地氣在下天氣在上故正月為泰泰通也天地交通七月為否否塞也言天地隔塞所以十月云地氣下降天氣上騰者以十月之時純陰用事地體凝凍寒氣通物地又在下故云地氣下降於時六陽從上退盡無復用事天體在上不近於物似若陽歸於天故云天氣上騰其實十月天氣反歸地下若審寀於此不足可疑而劉洽汜闓皇侃之徒既不審知其理又不能定其旨趣諠諠撓撓亦無取焉○注此陽至急發○正義曰經云天氣下降注云陽氣蒸達又似陽氣上升者以陽氣從五月初降至十一月從下初升至正月始成乾體而在三陰之下故云天氣下降其實於時陽從地中升也引農書曰下者按漢書藝文志農書有九家百一十四篇神農二十篇野老十七篇宰氏十七篇董安國十六尹都尉十四趙氏五篇鄭所引農書勝之十八篇王氏六篇蔡癸一篇鄭所引農書先師以為汜勝之書也漢書注汜音汎成帝時為議郎使教田三輔也土長冒橛者謂置橛以候土土長冒橛陳根朽爛可拔而去之耕者急速闓發其地也○王命至徑術○於是春氣既和王命羣官分布檢校農之事命遣田畯官舍於郊之上令農夫皆脩理地之封疆審正田之徑路及田之溝洫故云審端徑術○注田謂至嵎夷○正義曰知田謂田畯者以經云命田田是受之人詩云田畯至喜故知田謂田畯云舍東郊順時氣而居者以其耕作歲時之氣起於東方為始故令田畯舍國之東郊以命其事其諸侯都邑田畯各舍國邑之東郊也云封疆田首之分職者封疆則九夫為井四井為邑各有封境界域部分職掌也云術周禮作遂以田農之事無稱術者術遂聲相近故疑術為遂學記云術有序義同於此云夫間有遂遂上有徑者遂人職文按匠人云廣二尺深二尺遂小溝也步道曰徑遂人職云徑容牛馬云今尚書曰分命義仲宅嵎夷者證命田畯舍東郊之事云今尚書者尚書有古有今璧褢所得膠東庸生所傳者謂之古文尚書晁錯所受伏生二十九篇夏侯歐陽所傳者謂之今文尚書鄭據而引之故云今尚書○田事至不惑○作記之人解説天子所以命田畯舍於東郊者欲明其政理田事若田事既能正又先定其封疆徑遂以勸農夫農夫知田事先後審疆界畔域乃不有疑惑○注準直至均田○正義曰準謂輕重平均直謂繩墨得中也封疆有界限徑遂有闊狹皆先平均正直之故云準直謂封疆徑遂云夏小正曰農率均田者夏小正是大戴禮篇也農率則田畯也均田則審端徑遂也

○是月也，命樂正入學習舞。為仲春將釋菜乃脩祭典。重祭禮歲始省録命祀山林川澤，犧牲毋用牝。為傷妊生之類○牝頻忍反妊而林而鴆二反○禁止伐木。盛德所在毋覆巢，毋殺孩蟲胎夭飛鳥，毋麛毋卵。為傷萌幼之類○覆芳服反孩戶哀反胎吐來反夭烏老反麛音迷卵力管反毋聚大衆，毋置城郭。為妨農之始掩骼埋胔。謂死氣逆生也骨枯曰骼肉腐曰胔○骼江百反胔才賜反蔡云露骨曰骼有肉曰胔胔亦作骴胔扶矩反○是月也，不可以稱兵，稱兵必天殃。逆生氣兵戎不起，不可從我始。為客不利主人則可毋變天之道，以陰政犯陽毋絶地之理，易剛柔之宜毋亂人之紀。仁之時而舉義事〔疏〕是月至用牝○正義曰此一節論此春為四時之首當脩祀典及祭山川之事各依文解之犧牲毋用牝者以山林川澤其祀既卑餘月之時牲皆用牝唯此月不用故注為傷妊生之類若天地宗廟大祭之時雖非正月皆不用牝○禁止至之紀○正義曰此一節論時氣之事各依文解之○禁止伐木者禁謂禁其欲伐止謂止其巳伐者此伐木在山中或在禁障之處十月許人採取至正月之時禁令止息故王制云草木零落然後入山林詩魚麗傳云草木不折不操斧斤不入山林是也若國家隨時所須以為材用者雖非冬月亦得取之故山虞有仲冬斬陽木仲夏斬陰木又云邦工入山林而掄材不禁是也其非是所禁之處春秋亦得取之故周禮云春秋之斬木不入禁鄭注斬四野之木可若於正月皆禁之○毋覆至毋卵○此一節論禮法餘月皆無覆巢因初春施生之時故設戒也巢若其夭鳥之巢則覆之故若蔟氏云掌覆夭鳥之巢此月亦禁之胎謂在腹中未出夭謂生而巳出者故魯語云獸長麛夭此飛鳥謂初飛之鳥故注云為傷萌幼之類麛卵四時皆禁但於此月尤甚若須鷹獻亦得取之故王制云非以卵庖人秋行犢麛是也掩骼埋胔者蜡氏云掌除骴司農云胔骨之尚有肉者也及禽獸之骨皆是康成不注從司農義也骼言掩胔言埋互言耳○注為客至可也○正義曰起兵伐人者謂之客敵來禦捍者謂之主此經云兵戎不合興起之時不可從我而始我為主人也主人既不先起兵彼來伐我我不得不應故云主則可客既先興兵故云為客不利毋變至之紀○天有陰陽之道路恐人政變故云毋變天之道地有剛柔之理恐人斷絶故云毋絶地之理人有禮義綱紀恐其迷亂故云毋亂人之紀按易説卦云立天之道曰陰與陽故鄭此注以陰政犯陽説卦云立地之道曰柔與剛故注地理云易剛柔之宜説卦云立人之道曰仁與義春為仁故注仁之時而舉義事天云道地云理人云紀互辭也

○孟春行夏令，則雨水不時。巳之氣乘之也四月於消息為乾草木蚤落，生日促○蚤音早國時有恐。以火訛相驚○恐丘勇反行秋令，則其民大疫，申之氣乘之也七月始殺○疫音役猋風暴雨總至，正月宿直尾箕箕好風其氣逆也回風為猋○猋必遙反徐芳遙反本又作飆宿音秀好呼報反藜莠蓬蒿並興。○生氣亂惡物茂○藜力兮反莠音酉行冬令，則水潦為敗，雪霜大摯，首種不入。亥之氣乘之也舊説首種謂稷○潦音老摯音至蔡云傷折種章勇反蔡云宿麥〔疏〕孟春至不入○正義曰從上以來論當月施令之事若施之順時則氣序調釋若施令失所則災害滋興故自此而下論政失致災之事上既云毋變天之道毋絶地之理毋亂人之紀今若施之不失則三才相應以人與天地共相感動故也施令有失三才俱應者則此孟春行夏令雨水不時天也草木早落地也國時有恐人也十二月之節內三才俱應者多就三才俱應之中論天地及人亦先後不逮或先言天者則此孟春行夏令雨水不時是也或先言民者則孟春行秋令其民大疫是也或先言地者則孟春行冬令水潦為敗是也所以然者為害重者則在先言之為害輕者後言之大略於文可以意得次第其輕重無義例也皇氏曲為別説非經之旨施令失所亦惟有二才應者故仲春行夏令則國乃大旱燥氣早來蟲螟為害大旱燥氣並為天災如此之類是也以施令失所惟二才應就二才之中或有天有人無地或有地有人無天隨應則書不為義例也行令失之於前氣則應之於後至如春夏及秋施令有失氣來為應惟在當年則孟春行夏令雨水不時草木早落之類是也若其冬時失令則氣應在於後年故仲冬行秋令則天時雨汁瓜瓠不成行春令蝗蟲為敗仲冬非瓜瓠不成之時又非蝗蟲為敗之日是據來年又錄記之人亭行令之事各次第先後則有夏有秋有冬孟春舉夏為始仲春舉秋為始季春舉冬為始至於夏時之下則有秋有冬次有來年之春孟夏則舉秋為始仲夏舉冬為始季夏舉春為始以此推例秋冬亦然不能備説也○注巳之至為乾也○正義曰此風雨不時者謂風雨少不得應時所以風雨不應時者以孟春建寅其宿直箕星箕星好風孟春行夏令寅氣不足故風少巳來乘之四月純陽用事純陽來乘故雨少云四月於消息為乾者陽生為息陰死為消十一月至四月為息言萬物得陽氣蕃息五月至十月為消言萬物得陰氣消盡凡孟月失令則三時孟月之氣乘之仲月失令則仲月之氣乘之季月失令則季月之氣乘之所以然者以同為孟仲季氣情相通如其不和則迭相乘入鄭之所注例亦不同或一句之下則云某之氣乘之即此風雨不時一句之下云已之氣乘之或雨句之下則云某之氣乘之故仲春行秋令則其國大水寒氣揔至注酉之氣乘之以二句俱當酉氣故也或有三句之下始云某之氣乘之者故孟春行冬令則水潦為敗雪霜大摯首種不入注云亥之氣乘之以三句共當亥氣也氣當則言無義例也凡一句為一事亦有兩句共為一事者則孟夏行冬令云後乃大水敗其城郭是也○注火訛相驚○正義曰以巳來乘寅巳為火故火來也寅為天漢之津火雖欲來而畏水終竟不來但訛言道火相恐動也注云申之氣乘之七月始殺○正義曰七月建申陰氣始殺殺氣乘寅故人多大疫○注正月至為猋○正義曰按鄭注洪範中央土氣為風東方木氣為雨箕屬東方木木尅土土為妃尚妃之所好故箕星好風也酉方金氣為陰尅東方木木為妃畢屬

西方尚如之所好故好雨也今申氣乘寅兩相衝破申來逆寅寅爲風風之被逆故爲猋風寅往破申申爲雨雨之被逆故爲暴雨也按爾雅扶搖謂之猋謂風之迴轉也故云迴風爲猋○注生氣亂惡物茂○正義曰惡物所以害生氣今生氣既亂惡物乘之故惡物茂○注首種謂稷○正義曰按考靈耀云日中星鳥可以種稷則百穀之内稷先種故云首種首即先也種在百穀之先也

禮記注疏卷十四挍勘記

阮元撰盧宣旬摘錄

附釋音禮記注疏卷第十四 惠棟挍宋本禮記正義卷第二十一

月令第六 案此本卷首標題如第一卷首標題之失移鄭氏注三字在前又脱去禮記二字十五卷至十九卷盡然石經月令以御删定升爲卷第一删去禮記鄭氏注五字而别標李林甫等銜名與序不可爲典要也

以其記十二月政之所行也 閩監毛本記作紀衛氏集說同

以禮家好事抄合之 惠棟挍宋本同閩監毛本禮家二字倒衛氏集說亦作禮家

集諸儒士著爲十二月紀 惠棟挍宋本同閩監毛本士誤所衛氏集說同

十月爲授朔 惠棟挍宋本同衛氏集說同閩監毛本授誤受

皆爲氣形之始也 閩監本同考文引宋板同毛本始誤氣

楊雄桓譚 閩監本同毛本楊作揚○按當作楊从木不从才

天如彈丸圓圍 閩監毛本作圓衛氏集說同此本圓誤圍

此爲二十八宿周回直徑之數也 閩監本同毛本爲誤圖惠棟挍宋本回作迴衛氏集說同

秋冬放此可知 閩監毛本作放此本放誤故

日體在角星之西 閩監毛本作星此本星誤犀

此皆厤乖違 閩監毛本作違此本違誤遠

鄭無指解 閩監毛本作指衛氏集說同此本指誤楯

故具言之耳 惠棟挍宋本作具衛氏集說同此本具誤其閩監毛本同

正月假上八萬里 閩監毛本作月衛氏集說同此本月誤日

以天去地十五萬三千五百里 惠棟挍宋本作九此本九作五閩監毛本同衛氏集說同

委曲俱見考靈耀注 惠棟挍宋本作見衛氏集說同此本見誤其閩本同監毛本見作具

自五日至八日 閩監毛本作自此本自誤日

行次疾日行十三度餘 惠棟挍宋本作三衛氏集說同此本三誤二閩監毛本同

今四百九十九分 閩監毛本如此衛氏集說同此本上九字誤女

初危十六度 惠棟挍宋本有度字衛氏集說同此本度字脱閩監毛本同

終於張十六度 惠棟挍宋本有於字衛氏集說同此本於字脱閩監毛本同

天顯也 惠棟挍宋本有天字此本天字闕閩監毛本同

星精陽之榮也 閩監毛本同浦鏜挍云陽精字誤倒案爾雅疏亦作陽精

或後人更有增足 閩監毛本同浦鏜從爾雅疏挍是改足

孟春之月節

日月會於諏訾 閩監毛本同岳本同嘉靖本同衛氏集說諏作娵釋文出於陬云本又作娵案正義皆作娵

孟春至尾中 惠棟挍宋本無此五字

但有一月之内 閩監毛本同衛氏集說有作在

前星以過於午 惠棟挍宋本同閩監毛本以作已衛氏集說同

明者昏早見而旦晚沒 閩監本同衛氏集說同毛本晚誤暗

禮緯爲庶長稱孟 閩監毛本同盧文弨挍云爲當作謂下亦爲之庶長同

月不可分 閩監毛本同衛氏集說同惠棟挍宋本月作日

合兩牛而成一日 閩監毛本作一衛氏集說同此本一誤二

則是每辰有三十度 惠棟挍宋本作三衛氏集說同此本三誤二閩監毛本同

斗謂北斗 閩監毛本作北此本誤此

昧儇於未 閩本同監毛本儇作曖惠棟挍宋本儇作薆按漢書作薆

其日甲乙節

君統臣功也 閩監毛本同岳本同嘉靖本同衛氏集說同正義曰君統臣功也者又曰俗本云君統臣功定本云君統功無臣字義俱通也是正義本從俗本也

其日甲乙 惠棟挍宋本無此四字

云月爲之佐者 惠棟挍宋本作爲之衛氏集說同此本爲之二字倒閩監毛本同

則應孟春爲甲 惠棟挍宋本有爲字此本爲字脱閩監毛本同

今三春總云甲乙者 閩本同惠棟挍宋本同監本三字殘缺毛本三字闕

義俱通也 閩監毛本作俱此本俱誤其

其帝大皞節

其帝大皞 衛氏集說同石經皞作皥岳本同閩監毛本作皞嘉靖本同注疏放此

此蒼精之君 閩監毛本同岳本同嘉靖本同衛氏集說同惠棟挍宋本宋監本蒼作倉

自古以來 閩監毛本作自岳本同嘉靖本同衛氏集說同此本自誤官

其帝至句芒 惠棟挍宋本無此五字

然後列昆蟲之别 惠棟挍宋本作别衛氏集說同此本别誤列閩監毛本同

音聲可以彰 閩監毛本同惠棟挍宋本音作均彰作章衛氏集說章字同

木德之君 閩監毛本作木此本木誤不

大皞言帝 閩監毛本作帝此本帝誤宿

句芒有主木之功 閩本同考文引宋板同監毛本主作生衛氏集說同案上云句芒者主木之官此作主字不誤

故天下號曰庖犧氏 閩監毛本作天此本天誤夫

又帝王世紀云 惠棟挍宋本作王此本王誤主閩監毛本同

或作密戲氏者 惠棟挍宋本作密此本密誤宓閩監毛本同

當亼下著必 惠棟挍宋本作亼此本亼誤山閩監毛本同衛氏集說同

誤爲蓐收 閩監毛本作蓐衛氏集說同此本蓐誤犂

自顓頊以來天下之號 閩監毛本同考文引宋板下作子是也

雖以地爲號 閩監毛本同惠棟挍宋本地上有其字

其蟲鱗節 惠棟挍云其蟲節宋本分本句爲一節其音角另爲一節

春氣和則角聲調 閩監毛本作調岳本同嘉靖本同衛氏集說同此本調誤謂

其音角 惠棟挍宋本無此三字

生於黃鍾律之九寸爲宫 惠棟挍宋本有於字衛氏集說同此本於字脱閩毛本同監本鍾作鐘

於弦則九九八十一絲也 監毛本作弦衛氏集說同閩本作絃此本弦誤管

物成熟可章度也 閩監毛本同衛氏集說同惠棟挍宋本熟作孰浦鏜云漢志作孰古熟字○按曹憲云玉篇始有熟字

所以黃鍾在子 閩本同衛氏集說同監毛本鍾作鐘下黃鍾含藏陽氣同

律中大蔟節

林鍾之所生 閩本同岳本同嘉靖本同衛氏集說同監毛本鍾作鐘疏中鍾字放此

木之臭味也 惠棟挍宋本同宋監本同岳本同嘉靖本同閩監毛本作臭味二字倒衛氏集說同

貟于主北 閩監毛本作北岳本同衛氏集說同此本北誤比嘉靖本同

略如祭宗廟之儀 惠棟挍宋本同岳本同嘉靖本同衛氏集說同閩監毛本如誤于宋監本祭作

彔非
律中大蔟惠棟挍宋本無此四字
必在於其此者閩監毛本並同衛氏集說無其字
以聽鳳凰之鳴閩監毛本同衛氏集說同惠棟挍宋本鳳作皇○按皇凰正俗字
姑洗洗之言絜也閩監毛本作姑此本姑誤沽下洗物姑絜旅助姑洗上生姑洗姑洗又下生姑洗長七寸皆同
著於其中閩監毛本作著此本著作署非也
位在午○按在當作於與上下文同上文位在於丑在字亦誤衍
使長大茂盛也閩本同惠棟挍宋本同監毛本茂作楙按漢志作楙
則以陰陽六體爲黃鍾初九也閩監毛本同衛氏集說爲下有之字
其實一籥閩監毛本同惠棟挍宋本籥作龠衛氏集說同○按作龠是也从竹者非管龠字
土生者三分益一監毛本有上字衛氏集說同此本上字脫閩本同
量者籥合升斗斛閩本同惠棟挍宋本監毛本籥作龠下黃鍾之籥同
而五量如之閩監毛本如作加按漢志作而五量嘉矣
戶閉塗釁必周密閩監毛本作閉此本閉誤閑浦鏜挍釁改釁是也
以木爲按閩監毛本按作案是也下一按同
於室中四時位上埋之地惠棟挍宋本作地此本地作取屬下讀閩監毛本同衛氏集說同
形則有彼此之殊又爲月閩監毛本作月此本月誤日
所以二十五者閩監毛本如此此本五下誤空
所以木味酸閩監毛本同考文引宋板酸下有者字衛氏集說同
焦之氣味閩監本同毛本焦作火考文引宋板亦作焦衛氏集說同
在口則辛閩監毛本作口此本口誤日
作譴諮者爾惠棟挍宋本諮作告閩監毛本諮作詰○按作告與祭法注合
所以春位當脾者惠棟挍宋本同衛氏集說同閩監毛本春位作立春非
牲立南首閩本同惠棟挍宋本同監毛本立誤位衛氏集說同
今文尙書歐陽說閩監本同毛本歐誤毆按惠棟云歐陽之說本諸內經
許愼按月令閩監毛本同惠棟挍宋本按上有謹字

雖廟室廟門有別閩監毛本同衛氏集說同浦鏜從續通解挍廟室下補廟堂二字
故宮正注云惠棟挍宋本作注衛氏集說同此本注誤法閩監毛本同
則是祀官閩監毛本祀作祝衛氏集說同
祭戶所以先設席於奧閩監毛本作於衛氏集說同此本於誤度
中閒設主祭黍祭肉閩監毛本同衛氏集說同浦鏜挍祭肉下增祭醴二字盧文弨挍云祭醴按注當有
東風解凍節
魚上冰毛本同石經同岳本同嘉靖本同衛氏集說同閩監本冰作氷注疏放此
記時候凡有五句惠棟挍宋本作凡此本凡誤大閩監毛本同
正月啓蟄卽驚也閩監毛本同惠棟挍宋本蟄下又有啓字
穀雨爲三月中閩監毛本作三此本三誤二
言雪散爲雨水也閩監毛本作水此本水誤東
謂暑旣將退伏而潛處惠棟挍宋本同衛氏集說潛字同無旣字閩監毛本潛誤衝
謂之寒露惠棟挍宋本閩監毛本露下有者字
每氣中半分之爲四十八氣惠棟挍宋本毛本衛氏集說並同閩監本四誤二下四十八箭同
氣閒五日有餘閩監毛本作日此本日誤尺
條風卽東風也閩監毛本如此衛氏集說同此本條風誤也凋
月初雨水也閩監毛本如此此本水誤於
鴻字皆爲候也惠棟挍宋本此下標禮記正義卷第二十一終記云凡二十頁
天子居青陽左个節惠棟挍宋本自此節起至仲春行秋令節止爲第二十二卷卷首題禮記正義卷第二十二
駕倉龍閩監毛本同岳本同嘉靖本同衛氏集說同石經倉作蒼下倉玉同
其器疏以達閩監毛本同石經同岳本同嘉靖本同衛氏集說同釋文出其器云本又作器同案玉篇引作其器延以達
有鸞和之節而飾之以青閩監毛本如此宋監本同岳本同嘉靖本同衛氏集說同此本鸞誤故飾誤節
凡所服玉閩監毛本作玉岳本同嘉靖本同衛氏集說同此本玉誤王
及所珮者之衡璜也岳本同嘉靖本同宋監本閩監毛本珮作佩衛氏集說同案此本正義亦

皆作佩○按佩正字珮俗作字
天子龍衮以祭閩監毛本同岳本同嘉靖本同衛氏集說同釋文出龍卷云本又作衮○按作卷與玉藻合
與此皆殊閩監本同岳本同嘉靖本同衛氏集說同考文引宋板同毛本與誤於
天子至以達惠棟挍宋本無此五字
所建旌旗閩監毛本如此此本旌誤族衛氏集說旗作旂
則知聽朔皆堂閩監毛本作聽衛氏集說同此本聽誤褎
佩玉上有葱衡閩監毛本作上衛氏集說同此本上誤正
以雙璜懸於兩畔繩之下端惠棟挍宋本同閩監毛本璜誤衡衛氏集說同
又以牙懸於中繩下端閩監毛本如此衛氏集說同此本牙誤无繩誤編
稷五穀之長屬土閩監毛本作稷此本稷誤授
王之不極則有馬禍閩本同監毛本王作皇衛氏集說同下屬王極同
冬食黍與彘者閩監毛本如此此本冬誤多彘誤遍
明月令所云惠棟挍宋本作所此本所誤故閩監毛本同
是月也以立春節
天子乃齊閩監毛本同岳本同嘉靖本同衛氏集說同石經齊作齋釋文出乃齊云本亦作齋卷內放此案正義亦作齋
天子親帥三公九卿閩監毛本同岳本同嘉靖本同衛氏集說同石經作天子親率公卿案石經此類皆經刪改非原刻如此後月令中如此類不出
還反賞公卿諸侯大夫於朝閩監毛本同岳本同嘉靖本同衛氏集說同石經反作乃釋文出還乃陳澔集說本脫諸侯二字石經考文提要云宋本正義曰孟夏云還乃行賞封諸侯孟秋云還乃賞軍帥武人於朝孟冬云還乃賞死事恤孤寡是四時皆作還乃也後漢書郎顗傳章懷注禮記正月迎春於東還乃賞公卿諸侯大夫於朝是唐初本如此九經古義云呂覽反作乃案穆天子傳云天子還返還返連文月令是也
祭倉帝靈威仰閩監本同岳本同嘉靖本同閩毛本倉作蒼衛氏集說同案此本正義亦作蒼
是月至於朝惠棟挍宋本無此五字
但至立春之時閩監毛本同惠棟挍宋本時作節
中閒小異閩監本同毛本小誤水考文引宋板作小
周法四時迎氣閩監毛本同衛氏集說同考文引宋板四作五盧文弨挍云通考祀五帝篇引

此亦作五

捴三百六十五日四分之一　閩監毛本同惠棟挍宋本分下有日字

饗帝於郊而風雨寒暑時　閩監毛本同惠棟挍宋本雨下有節字衛氏集說同案此句下申云是人帝何能使風雨寒暑得時但申時不申節是此句中無節字也

則靈威仰之盛德也　惠棟挍宋本同閩監毛本盛誤靈衛氏集說亦作盛

命相布德和令節

毋有不當　閩監毛本同岳本同嘉靖本同衛氏集說同石經毋作無釋文出毋有云本亦作無○按石經作無是據釋文亦作之本也

命相至不當　惠棟挍宋本無此五字

乃命大史節

乃命至爲常　惠棟挍宋本無此五字

日月五星並逆行天右行　閩監本同考文引宋板同毛本右誤左盧文弨挍云逆下行字當誤衍

若其推步不明算厤失所　惠棟挍宋本作算衛氏集說同此本算誤等閩監毛本同

是月也天子乃以元日節

大微之帝也　岳本同嘉靖本同惠棟挍宋本同閩監毛本大作太衛氏集說同

措之于參保介之御間　閩監毛本同岳本同嘉靖本同衛氏集說同段玉裁挍依正義本作御之是也呂覽于參作參于

躬耕帝藉　宋監本同岳本同嘉靖本同惠棟挍宋本同衛氏集說同閩監毛本藉誤籍釋文出帝藉云在亦反石經字亦作藉注放此

蓋郊後吉辰也　閩監毛本同嘉靖本同衛氏集說同惠棟挍宋本辰作亥岳本同考文引古本同岳本禮記考證云吉亥猶詩云吉日維戊疏以陰陽式法亥爲天倉故耕用亥日皇氏云正月建寅日月會辰在亥故耕用亥其明證也本改作吉辰反失其義

耒耜之上曲也　閩毛本同監本同嘉靖本同衛氏集說同段玉裁挍本云蜀大字本耜作耕是也監本誤作耜之上曲也

是月至勞酒　惠棟挍宋本無此五字

含樞紐　惠棟挍宋本作紐衛氏集說同此本紐誤紀閩監毛本同

皆是主參乘　閩監本同毛本主誤王衛氏集說亦作主無是字

王之下各三其上也　監毛本作王衛氏集說同此本王誤三閩本同

是月也天氣下降節

土長冒橛　閩監毛本同岳本同嘉靖本同衛氏集說同釋文出氣上云時掌反注土上同是釋文本作土上正義本作土長也考文引古本足利本長作上同釋文本也

審端經術　閩監毛本經作徑岳本同嘉靖本同衛氏集說同釋文出經術云古定反注同呂覽亦作經此本注疏俱作經

相視也　惠棟挍宋本作也岳本同嘉靖本同衛氏集說同此本也誤之閩監毛本同

說所以命田舍東郊之意也　惠棟挍宋本作田宋監本同岳本同嘉靖本同衛氏集說同此本田誤國閩監毛本同

天氣至不惑　惠棟挍宋本無此五字

而劉洽氾閣皇侃之徒　閩監毛本作洽此本洽誤佮案氾當作氾惟監本不誤

以陽氣從五月下降　惠棟挍宋本如此此本陽下誤衍一○閩監毛本○改之亦非

鄭所引農書勝之十八篇　閩監毛本同浦鏜挍云鄭所引農書五字當衍文勝之上當脫氾字○按浦鏜是也

漢書注氾音汎　監毛本如此此本音汎細書作氾𬺻閩本同考文引宋板同

成帝時爲侍郎　閩監毛本同浦鏜挍侍改議○按浦鏜是也作侍與漢書注不合

謂置橛以候土　監毛本作土此本土誤上閩本同

可拔而去之　閩監毛本作去此本去誤云

命遣田畯官舍於郊之上　閩監毛本同惠棟挍宋本官上有之字是也

審正田之徑路　閩監毛本作審此本審誤容

以田農之事無稱術者　閩監毛本作田此本誤內

膠東庸生所傳者　閩監本同考文引宋板同毛本傳誤復

欲明其政理田事　惠棟挍宋本作理此本理誤謂閩監毛本同

是月也命樂正節　惠棟挍云是月節宋本分禁止伐木以下另爲一節○案此本禁止伐木上有○是月也不可以稱兵上有○嘉靖本同閩監毛本去二○

乃脩祭典　閩監本同岳本同衛氏集說同毛本脩作修嘉靖本同石經同

歲始省錄也　惠棟挍宋本有也字宋監本同岳本同衛氏集說同此本也字脫閩監毛本同嘉靖本同考文云古本也作之

盛德所在　閩監毛本同岳本同嘉靖本同衛氏集說同考文引宋板盛作威盧文弨挍云威字非

掩骼埋胔　閩監毛本同岳本同嘉靖本同衛氏集說同石經同釋文出埋胔云胔本亦作骴洪頤煊云按說文云鳥獸殘骨曰骴從骨此聲明堂月令曰掩骼埋骴周禮蜡氏注引此亦作骴呂氏春秋作髊高誘注云髊讀如水漬物之漬白骨曰骼有肉曰髊髊古同聲通用○按胔髊皆骴字之或體釋文云本亦作骴是正字說詳段玉裁說文注

謂死氣逆生也　閩監毛本同岳本同嘉靖本同衛氏集說同考文引宋板古本足利本同

稱兵必天殃　閩監毛本同岳本同嘉靖本同衛氏集說同石經必下有有字考文引古本足利本同呂覽同

主人則可　閩監毛本作主岳本同嘉靖本同衛氏集說同此本主誤至

是月至用牝　惠棟挍宋本無此五字

若天地宗廟　惠棟挍宋本作若此本若誤者閩監毛本同衛氏集說亦作若

禁止至之紀　閩監毛本同盧文弨挍云疏當分屬禁止五字例不標

若國家隨時所須　閩監毛本作家衛氏集說同此本家誤寧閩本同

巢若其天鳥之巢則覆之　閩監毛本作若此本若誤居

天爲生而已出者　惠棟挍宋本作出衛氏集說同此本出誤生閩監毛本同

故魯語云　閩監毛本作語此本語誤桓

故云無變天之道　閩監毛本作云此本云誤四

春爲仁　閩監毛本作春此本春誤者

孟春行夏令節

則雨水不時　閩監毛本同岳本同嘉靖本同衛氏集說同石經同案呂覽雨水作風雨此正義前既云雨水不時後又云此風雨不時者亦岐出

四月於消息爲乾　閩監毛本作消岳本同嘉靖本同衛氏集說同此本消誤時

孟春至不入　惠棟挍宋本無此五字

並爲天灾　惠棟挍宋本作灾閩監毛本灾作災此本灾誤炎

巳之至爲乾也　閩本同監毛本無也字與注合

寅爲天漢之津　毛本如此衛氏集說同此本津誤律閩本同監本天津誤大律

正月至爲猋　閩監毛本猋作猋是也下猋風謂之猋爲猋皆同

尙妃之所好故好雨也　惠棟挍宋本作妃此本妃誤妻閩監毛本同衛氏集說同又監本故字漶滅

惡物乘之　閩監本同考文引宋板同毛本乘誤乘

附釋音禮記注疏卷第十五

禮記　鄭氏注　孔穎達疏

月令

仲春之月。日在奎。昏弧中。旦建星中。仲中也仲春者日月會於降婁而斗建卯之辰也弧在輿鬼南建星在斗上。○奎苦圭反弧音胡降戶江反 疏 仲春至星中。○正義曰按三統厤云二月節日在奎五度昏井二十二度中去日九十七度旦斗五度中春分日在婁四度昏柳五度中去日一百二度旦斗十六度中按元嘉厤二月節日在壁一度昏井十度中旦箕四度中春分日在奎七度昏東井三十度中旦斗四度中餘月昏旦中星皆舉二十八宿此昏云弧中旦云建星中獨非二十八宿者以弧星近井建星近斗以井斗度多其星體廣不可的指昏旦之中故舉弧建定其昏旦之中也。○注日月至之辰。○正義曰從奎五度至胃六度在戌總曰降婁降降也婁斂也言萬物降落而收斂而斗建卯之辰者斗星隨天而轉一日一夜過轉一周而行一度故正月建寅二月建卯也云弧在輿鬼南建星在斗上者熊氏云石氏星經文弧與建星非二十八宿而昏明舉之者由弧星近井建星近斗井有三十三度斗有二十六度其度既寬若舉井斗不知何日的至井斗之中故舉弧星建星也然春分之時日夜中計春分昏中之星去日九十一度今日在奎五度奎與鬼之初一百九度所以不同者鄭雖云弧在鬼南其實仍當井之分域故皇氏云從奎第五度爲二月節數至井第十五度得九十一度是弧星當井之十六度也若從井星十六度至斗之初一百七十二度計昏中星與明中之星春秋分時相去分天之一半應一百八十二度餘但日入以後二刻半始昏不盡二刻半爲明昏明相去少晝五刻一刻有三度半強五刻有十七度餘則昏之中星去明之中星一百六十五度餘則建星不得在斗初在斗十度也此仲春之月昏弧中按尚書云日中星鳥不同者如鄭康成之意南方七宿總爲鳥星井星則鳥星之分故云星鳥與此同也按仲夏昏亢中尚書云日永星火不同者按鄭荅孫顥云星火非謂心星也卯之三十度總爲大火其曰大火之次有星者月令舉其月初尚書總舉一月故不同也按仲秋之月昏牽牛中尚書云宵中星虛其仲冬之月云東壁中尚書云日短星昴不同者亦是月令舉其初朔尚書總舉一月之中理亦不異孔安國注尚書與此則別尚書所舉星者自取畢見之義不謂南方之中

其日甲乙。其帝大皞。其神句芒。其蟲鱗。其音角。律中夾鍾。其數八。其味酸。其臭羶。其祀戶。祭先脾。夾鍾者夷則之所生三分益一律長七寸二千一百八十七分寸之千七十五仲春氣至則夾鍾之律應周語曰夾鍾出四隙之細○夾古洽反一音頰隙去逆反 疏 注夾鍾至之細。○正義曰夷則長五寸七百二十九分寸之四百五十一今上生夾鍾當三分益一就夷則五寸之中取三寸更益一寸爲四寸餘有整二寸又於七百二十九分寸之中有細分四百五十一此細分各三分之於是一寸分爲二千一百八十七分有四百五十一者爲一千三百五十三則是二千一百八十七分寸之一千三百五十三也以整二寸各二千一百八十七分則二寸總有四千三百七十四分益前一千三百五十三總爲五千七百二十七爲實數但上生者三分益一以實數更三分之各有一千九百九分以三分益一分一千九百九并前五千七百二十七總爲七千六百三十六爲積分總數也然後除之爲寸一寸用二千一百八十七則三寸總用六千五百六十一以三寸益前四寸爲七寸餘有一千七十五分不成寸是爲夾鍾長七寸二千一百八十七分寸之千七十五也云周語曰夾鍾出四隙之細者周語注夾鍾云夾助陽四隙謂黃鍾大呂大蔟夾鍾凡助出四隙之微氣令不滯伏於下也。

○始雨水。桃始華。倉庚鳴。鷹化爲鳩。皆記時候也。倉庚驪黃也。鳩搏穀也。漢始以雨水爲二月節。○倉庚並如字本或加鳥非驪力知反搏音博 疏 始雨至爲鳩。○正義曰此一經記候。○注皆記至月節。○正義曰言皆記時候者謂經中四事言之先後逐氣之早晚故周書時訓驚蟄之日桃始華又五日倉庚鳴又五日鷹化爲鳩至秋則鳩化爲鷹故王制云鳩化爲鷹然後設罻羅司裘注中秋鳩化爲鷹夏小正云正月鷹化爲鳩五月鳩化爲鷹鄭無所言則不信用也按通卦驗云倉庚正月中與此不同者蓋是國土各異氣有早晚云倉庚驪黃者按釋鳥云倉庚商庚郭景純云即鶖黃也釋鳥又云鶖黃楚雀某氏云鶖黃一名倉庚又云商庚李巡云一名楚雀方言云齊人謂之搏黍云鳩搏穀者釋鳥云鳲鳩鴶鵴郭景純云今之布穀也謝氏云布穀者近之彼云此云搏者布搏聲相近謂之搏穀以聲呼之或以爲此鳥鳴布種其穀云漢始以雨水爲二月節者證此雨水爲二月節也但雨水驚蟄據其早作在正月若其晚在二月故漢初驚蟄爲正月中雨水爲二月節至在後以來事稍變改故律厤志云雨水爲正月中驚蟄爲二月節由氣有參差故也。

○天子居青陽大廟。乘鸞路。駕倉龍。載青旂。衣青衣。服倉玉。食麥與羊。其器疏以達。青陽大廟東堂當大室。○是月也。安萌牙。養幼少。存諸孤。助生氣也。○少詩召反 擇元日。命民社。社后土也使民祀焉神其農業也祀社日用甲 命有司省囹圄。去桎梏。毋肆掠。止獄訟。順陽寬也省減也囹圄所以禁守繫者若今別獄矣桎梏今械也在手曰梏在足曰桎肆謂死刑暴尸也周禮曰肆之三日掠謂搒治人。○省所景反注同徐所幸反囹音零圄魚呂反囹圄今之獄去羌呂反桎音質今之械也梏古毒反今之扭也掠音亮考捶械戶戒反暴步卜反捶之樂反 疏 是月至獄訟。○正義曰此一節論助其生氣止其獄刑自玄鳥至之日至高禖之前論天子親祭高禖妃嬪從行之事故更云是月也自日夜分至正權概論日夜既分雷聲將發婦人須戒其容止度量須審正平均故更云是月自耕者少舍至以妨農事論耕者少舍脩理門閭無爲大事以致妨農故更云是月自毋竭川澤云順陽養物至開冰釋菜習舞入學習樂摠是助陽鼓動其物故更云是月自祀不用犧牲○以下論季春犧牲合與上事殊故別云是月各依文解之。○注社后至用甲。○正義曰后土者五官之后土即社神也與左傳僖十五年云君履后土者別也但句龍爲配社之人又爲后土之官也云祀社日用甲者解經元日也按郊特牲云祀社日用甲用日之始也召誥戊午乃社于新邑用戊者周公告營洛邑位成非常祭也。○注囹圄至治人。○正義曰云囹圄所以禁守繫者若今別獄矣者蔡云囹牢也圄止也所以止出入皆罪人所舍也崇精問曰獄周曰圜土殷曰羑里夏曰均臺囹圄何代之獄焦氏荅曰月令秦書則秦獄名也漢曰若盧魏曰司空是也云在手曰梏在足曰桎者按掌囚云上罪梏拲而桎拲爲在手梏與拲連文故知梏亦在手則桎在足也易大畜六四童牛之梏泠剛問云牛四足何以稱梏鄭荅云牛無手前足施梏也云肆謂死刑暴尸者肆陳也謂陳尸而暴之故周禮鄉士縣士皆肆之三日然春陽既動理無殺人何得更有死尸而禁其陳肆者蓋是大逆不孝罪甚之徒容得春時殺之殺則埋之故禁其陳肆。

○是月也。玄鳥至。至之日。以大牢祠于高禖。天子親往。玄鳥燕也燕以施生時來巢人堂宇而孚乳嫁娶之象也媒氏之官以爲候高辛氏之出玄鳥遺卵娀簡吞之而生契後王以爲媒官嘉祥而立其祠焉變媒言禖神之也。○禖音梅施始豉反孚乳如字一音芳付反下而樹反。○季春同娀[illegible]反簡狄有戎氏女契息列反 疏 注高辛至神之。○正義曰知玄鳥遺卵娀簡吞之而生契者按殷本紀云簡狄行浴見玄鳥墮其卵簡狄取吞之因孕生契又中候契握云玄鳥翔水遺卵流娀簡吞之[illegible]故大戴禮云[illegible]嘉[illegible]者鄭志焦喬荅王權云先契之時必自有禖氏祓除之祀位在於南郊蓋以玄鳥至之日祀之矣然其禋祀乃於上帝也娀簡狄吞鳳子之後後王爲媒官嘉祥祀之以配帝謂之高禖據此言之則郊禖之祭契已前祭天南郊以先媒配之故謂之郊[illegible]

后妃帥九嬪御。[illegible]

乃禮天子所御。帶以弓韣。授以弓矢。于高禖之前。天子所御謂今有娠者於祠大祝酌酒飲於高禖之庭以神惠顯之也帶以弓韣授以弓矢求男之祥也王居明堂禮曰帶以弓韣禮之禖下其子必得天材。○韣音獨 [illegible]

所御之人於禖神之前禖在壇上御者在下故云禖下以祭神必福降故云其子必得天材

○是月也。日夜分。雷乃發聲。始電。蟄蟲咸動。啓戶始出。又記時候發猶出也○電大練反

先雷三日。奮木鐸以令兆民曰。雷將發聲。有不戒其容止者。生子不備。必有凶災。主戒婦人有娠者也容止猶動靜○先悉薦反奮方問反鐸大各反

日夜分。則同度量。鈞衡石。角斗甬。正權概。因晝夜等而平當平也同角正皆謂平之也丈尺曰度斗斛曰量三十斤曰鈞稱上曰衡百二十斤曰石甬今斛也稱錘曰權概平斗斛者○度量上音杜下音亮注同甬音勇權概古代反稱尺證反下同錘丈僞反又丈爲反

〔疏〕日夜至始出○正義曰日夜分謂晝夜漏刻馬融云晝有五十刻夜有五十刻據日出日入爲限蔡邕以爲星見爲夜日入後三刻日出前三刻皆屬晝晝有五十六刻夜有四十四刻鄭康成注尚書云日中星以爲日見之漏五十五刻不見之漏四十五刻與蔡校一刻也大略亦同雷乃發聲者雷是陽氣之聲將上與陰相衝蔡邕云季冬雷在地下則雉應而雊孟春動於地之上則蟄蟲應而振出至此升而動於天之下其聲發揚也以雷出有漸故言乃云始電者電是陽光陽微則光不見此月陽氣漸盛以擊於陰其光乃見故云始電○蟄蟲咸動啓戶始出者戶謂穴也謂發所蟄之穴蟄蟲早者孟春乃出則左傳啓蟄而郊是也蟄蟲晚者則二月始出故此云蟄蟲咸動則正月未皆動重記時候者庾蔚云謂蓋先記時候以明應節後言時候以應二分二至所應不同故重記之也○注主戒婦人至動靜○正義曰以其生子不備必有凶災故知主戒婦人也云容止猶動靜者蔡云迅雷風烈孔子必變玉藻云迅雷甚雨則必變雖夜必興衣服冠而坐所以畏天威也小人不畏天威則懈慢褻瀆或至夫婦交接君子制法不可指斥言之故曰有不戒其容止者言此時夫婦交接生子支節性情必不備其父母必有災也注因晝至斛者○正義曰平當平者謂度量鈞衡之等人之所用當須平均人君於晝夜分等之時而平正此當平之物云同角正皆謂平之者經中度量鈞衡石五者搃衆同文云丈尺曰度斗斛曰量三十斤曰鈞稱上曰衡百二十斤爲石皆漢書律厤志文按志文云黑秬一黍爲一分十分爲一寸十寸爲一尺十尺爲一丈十丈爲一引五度審矣又云黃鍾之管長九寸圍九分其實一籥合籥爲合十合爲升十升爲斗十斗爲斛五量加矣志又云黃鍾之管一籥容千二百黍重十二銖二十四銖爲兩十六兩爲斤三十斤爲鈞百二十斤爲石志又云權與物鈞而生衡衡運生規規圓生矩矩方生繩繩直生準注權錘也與物正等則衡平是權爲稱錘稱上曰衡甬與斗連文律厤志十斗爲斛故知甬則斛也云槩平斗斛者今之猶然

○是月也。耕者少舍。乃脩闔扇。寢廟畢備。舍猶止也因蟄蟲啓戶耕事少閒而治門戶也用木曰闔用竹葦曰扇畢猶皆也凡廟前曰廟後曰寢○闔戶臘反閒音閑○

毋作大事。以妨農之事。大事兵役之屬

〔疏〕注用木至曰寢○正義曰按襄十八年左傳云晉州綽以枚數闔是齊城門而云闔是闔用木也此扇與闔相對又此耕者少舍謂庶人庶人蓽門故以爲竹葦曰扇云凡廟前曰廟後曰寢者廟是接神之處其處尊故在前寢衣冠所藏之處對廟爲卑故在後但廟制有東西廂有序牆寢制惟室而已故釋宮云室有東西廂曰廟无東西廂有室曰寢是也

○是月也。毋竭川澤。毋漉陂池。毋焚山林。順陽養物也畜水曰陂穿地通水曰池○漉音鹿竭也陂池彼宜反尚書傳云澤障曰陂停水曰池畜勑六反

○天子乃鮮羔開冰。先薦寢廟。鮮當爲獻聲之誤也獻羔謂祭司寒也祭司寒而出冰薦於宗廟乃後賦之春秋傳曰古者日在北陸而藏冰西陸朝覿而出之其藏冰也深山窮谷固陰沍寒於是乎取之其出之也朝之祿位賓食喪祭於是乎用之其藏之也黑牡秬黍以饗司寒其出之也桃弧棘矢以除其災其出入也時食肉之祿冰皆與焉大夫命婦喪浴用冰祭寒而藏之獻羔而啓之公始用之火出而畢賦自命夫命婦至于老疾無不受冰○鮮依注音獻覿大歷反沍戶故反朝直遙反秬音巨與音預祭寒本或作祭司寒按左氏傳無司字○

〔疏〕注鮮當至受冰○正義曰鮮當爲獻者按詩豳風七月云四之日其蚤獻羔祭韭故知鮮爲獻也云獻羔謂祭司寒者以經云獻羔啓冰先薦寢廟恐是獻羔寢廟故云祭司寒左傳直云獻羔而啓之知祭司寒者以傳云祭寒而藏之既祭司寒明啓時亦祭之云薦於宗廟乃後賦之者薦於宗廟謂仲春也乃後賦之謂孟夏也故凌人云夏頒冰左傳云火出而畢賦是也引春秋傳曰者昭四年左傳申豐之辭也從古者以至無不受冰皆左傳文也按昭四年春大雨雹季武子問於申豐申豐對以此辭云日在北陸者北陸虛也謂十二月日在虛之時而藏冰云西陸朝覿而出之者西陸昴也鄭康成以爲四月之時日在昴畢之星朝見東方於時出冰以須賜百官若其初出薦廟時在二月是也云固陰沍寒者杜預注沍閉也謂堅固之陰閉塞不通陽之處於是取之云朝之祿位賓食喪祭於是乎用之者朝之祿位謂大夫已上故下云命夫命婦無不受冰是也賓謂接迎賓客食謂尋常飲食喪謂死喪祭謂祭祀云黑牡秬黍者以其祭水神色尚黑云桃弧棘矢者桃去不祥棘則刺禦惡云祭寒而藏之者寒謂司寒之神則玄冥水神也所用黑牡秬黍黑牡則黑羔云獻羔而啓之者獻羔則黑牡也亦用秬黍啓之謂二月時也故云公始用之云火出而畢賦者畢盡也謂應是得冰之人無問尊卑盡賦與之按左傳云火出於夏爲三月於商爲四月於周爲五月則火出季春建辰之月以周禮夏頒冰乃建巳之月不同者但建辰火星在卯火星始出至建巳火星漸高揔而言之亦得稱火出早則三月之末晚則四月之初不甚相遠又三月內有得四月節時故據夏而言之按月令季冬藏冰詩豳風三之日納于凌陰三之日是建寅之月不同者鄭注幽地晚寒所以校一月也

○上丁。命樂正習舞。釋菜。樂正樂官之長也命習舞者順萬物始出地鼓舞也將舞必釋菜於先師以禮之夏小正曰丁亥萬舞入學○長丁丈反

天子乃帥三公。九卿。諸侯。大夫。親往視之。順時達物也○

仲丁。又命樂正入學習舞。爲季春將習合樂也習樂者習歌與八音○中丁音仲本亦作仲爲于僞反下注同

〔疏〕注命習舞至入學○正義曰以春陽既動萬物出地故王者習舞所以應之故孟春命樂正入學習舞此仲春又云習舞釋菜皆以陽氣動故此仲春習舞則大胥春入學舍采合舞一也據人所學謂之習舞節奏齊同謂之合舞此亦謂之大合樂故文王世子云凡大合樂注春舍菜合舞秋頒學合聲孟春習之至仲春習而合之自是春秋常所合樂也非爲季春而習舞也故大胥春合舞秋合聲自是春秋之常事也孟春習舞及仲春習舞及仲丁習樂并季春合樂皆在大學仲春釋菜合舞季春大合樂皆天子親往餘則不也孟夏乃命樂師習合禮樂爲當月飲酎也命樂師者以仲春習舞習樂之時既命樂正此則稍輕故惟命樂師此習禮樂在學也其事既輕天子不親往孟夏又云天子飲酎用禮樂鄭注飲之於朝正尊卑是飲酎在朝天子親在不云樂正者文不備也飲酎大禮必樂正在焉熊氏禮本云飲之於廟以爲漢禮獻酎在廟故也若是獻酎祭廟當云天子獻酎不得云飲酎且夏月時祭已用酎也何須別云飲酎故知天子飲酎在朝仲夏云樂師脩鞀鞞爲大雩帝用盛樂故也命樂師者預脩習其事輕其雩帝用樂之時則命樂正天子親往其季夏孟秋仲秋以季夏土王秋又陰始國無大事不用樂也季秋亦得習吹者爲將大享帝也其習吹之時在於學中亦樂師習之但文不備也所以習吹者鄭云春夏重舞秋冬重吹但以重爲主其實春亦有吹秋亦有舞季秋習吹之時天子不親往也按大胥秋須學合聲周禮也月令仲秋無合聲者殷法也故不同或可秋合聲者即此季秋習吹是也孟冬大飲蒸者亦用禮樂也故鄭飲酎之下注云季冬云大飲蒸此言用禮樂互其文明飲蒸亦有禮樂也此飲蒸注大學也天子親往故鄭引詩云十月滌場躋彼公堂以證之公堂則學校也季冬命樂師大合吹而罷者歲終王與族人燕於大寢其事輕故命樂師知與族人燕者鄭注引王居明堂禮云季冬命國爲酒以合三族故知之也云將舞必釋菜於先師者以經文習舞釋菜文在於後恐習舞釋菜共是一事故云將欲習舞必先釋菜必知然者以釋菜之時不爲舞也故文王世子云釋菜不舞不按器是知釋菜無舞也此云習舞在前釋菜在後向知不先習舞乃後釋菜必知先有釋菜者以大胥云舍采合舞舍即釋故知釋菜在合舞之前云夏小正曰丁亥萬用入學者引之證習舞之意謂用此萬舞以入學于舞稱萬者何休注公羊云周武王以萬人服天下商頌萬舞有奕蓋殷湯亦以萬人得天下此夏小正是夏時之書亦云萬者其義未聞或以爲禹以萬人以上治水故樂亦稱萬○注爲季至八音○正義曰此習者爲季春合樂預習之故鄭云然上習舞釋菜鄭不云爲季春合樂則仲春合舞自當爲之不爲季春合樂而習也熊氏以爲仲春習舞爲季春合樂者若然鄭何以不言之又大胥無季春合樂何以亦云春舍采合舞熊氏說非也云習歌與八音者以仲春習舞雖不爲季春而發但孟春仲春習舞以久不須與習故知爲習歌與八音歌謂合聲也八音謂樂器響音

○是月也。祀不用犧牲。用圭璧。更皮幣。爲季春將選而合騰之也更猶易也當祀者古以玉帛而已○

〔疏〕祀不至皮幣○正義曰以季春將騰合牝牲不用殺其犧牲其應祀之時圭璧更易此犧牲非但用圭璧更易又用皮幣以更之故在圭璧皮幣之中上下有也蔡氏云此祀不用犧牲者祈不用犧牲謂祈禱小祀也不用犧牲若大祀則依常法故上云以大牢祠高禖是也

○仲春行秋令。則其國大水。寒氣揔至。酉之氣乘之也八月宿直昴畢昴畢好雨○好呼報反寇戎來征。金氣動也畢又爲邊兵○行冬令。則陽氣不勝。麥乃不熟。子之氣乘之也十一月爲大陰○大音泰民多相掠。陰姦衆也行夏令。則國乃大旱。煖氣早來。午之氣乘之也○煖乃緩反又音暄蟲螟爲

害。暑氣所生爲災害也。螟亡丁反又爾雅云食苗心螟。【疏】其國至來征。正義曰其國大水則地災也寒氣摠至則天災也寇戎來征則人災也○注畢又爲邊兵○正義曰按元命包云畢七星十六度主邊兵○陽氣至相掠○正義曰陽氣不勝天災麥乃不熟地災民多相掠人災也○國乃爲害○正義曰國乃大旱焱氣早來天災蟲螟爲害地災行令失所人災之應故無其災也。

季春之月。日在胃。昬七星中。旦牽牛中。季少也季春者日月會於大梁而斗建辰之辰。胃音謂少詩召反【疏】季春至牛中。正義曰按三統厤云三月之節日在胃七度昬張二度中去日一百七度旦斗二十六度中清明日在昴八度昬翼四度中去日一百一十一度旦女三度中按元嘉厤三月節日在婁六度昬柳十二度中旦斗牛四度中○三月中日在胃九度凡三十度日月行一會凡二十度故三月日在胃七度律厤志云大梁初日在胃七度是也昬七星中者按律厤志云胃十四度昴十一度畢十六度觜二度參九度井三十三度鬼四度柳十五度七星七度從胃七度至七星之初度有九十九度以日漸長日沒之時稍在西北去七星之初九十八度故昬時七星在南方之中旦牽牛中者從七星之初至牽牛之初其日甲乙。其帝大皞。其神句芒。其蟲鱗。其音角。律中姑洗。其數八。其味酸。其臭羶。其祀戶。祭先脾。姑洗者南呂之所生也三分益一律長七寸九分寸之一季春氣王則姑洗之律應周語曰姑洗所以脩絜百物考神納賓○洗素典反【疏】注姑洗至納賓。正義曰南呂六二上生姑洗之九三南呂長五寸三分寸之一就南呂三分益一取三寸益一寸爲四寸餘有整二寸三分寸之一整二寸者各九分之二九爲十八分寸之一者爲三分摠二十一分三七二十一三分益一更益七分摠二十八分以九分爲一寸二十七分爲三寸益前四寸爲七寸餘有一分在故云律長七寸九分寸之一云周語曰至納賓證姑洗之義云脩絜百物考神納賓者按國語注云是月之物脩絜故用之宗廟致神納賓。桐始華。田鼠化爲鴽。虹始見。萍始生。皆記時候也鴽母無螮蝀謂之虹萍蓱也其大者曰蘋○鴽音如母無也蔡云鶉鴾之屬虹音紅又音绛螮蝀也見賢遍反蓱步丁反水上浮萍也母無上音牟又如字螮本又作蝃丁計反亦作蝀同蝀本亦云東同丁孔反萍音平蘋毗人反【疏】注皆記至曰蘋○正義曰鴽母無爾雅釋鳥文某氏云謂鶉也李巡云鴽鴾一名牟母郭景純云鵪也青州呼鴾母舍人云母作無今此注母無當作牟謂牟無也聲轉字誤牟字作母云螮蝀謂之虹者爾雅釋天文郭氏云雄者曰虹雌者曰蜺雄謂明盛者雌謂闇微者虹是陰陽交會之氣純陰純陽則虹不見若雲薄漏日日照雨滴則虹生云萍蓱其大者曰蘋爾雅釋草文郭景純云水中浮蓱也江東謂之薸舍人云蓱一名萍大者名蘋凡云化者若鼠化爲鴽鴽還化爲鼠皇氏云反歸舊形謂之化按易乾道變化謂先有舊形漸漸改者謂之變雖有舊形忽改者謂之化及本無舊形非類而改亦謂之化故鄭注周禮云能生非類曰化也○天子居青陽右个。乘鸞路。駕倉龍。載青旂。衣青衣。服倉玉。食麥與羊。

其器疏以達。青陽右个東堂南偏○是月也。天子乃薦鞠衣于先帝。爲將蠶求福祥之助也鞠衣黃桑之服先帝大皞之屬○鞠居六反如菊華也又去六反如麴塵爲于僞反下文乃爲注爲鳥同○命舟牧覆舟。五覆五反。乃告舟備具于天子焉。舟牧主舟之官也覆反舟者備傾側也○覆芳服反下及注同天子始乘舟。薦鮪于寢廟。進時美物○鮪于軌反乃爲麥祈實。於含秀求其成也不言所祈承寢廟可知【疏】是月至先帝○正義曰從此以下至爲麥祈實論薦衣告帝薦鮪於寢廟舟牧告舟論所告之事故言是月從生氣方盛至禮賢者論陽氣將盛振恤貧窮勉勸諸侯禮聘賢者皆是助陽宣發之事故云是月也自命司空以下論時雨將降道達溝瀆又禁斷羅罼以助時生乳之事事別於上故更云是月自命野虞至無有敢惰論養蠶之事事別於上故云是月也自命工師以下至以蕩上心論工師之官不得爲淫巧之作事異於上故更云是月自擇吉日至親往視之論天子合樂之事事異於上故更言是月也以其月末爲之故變云是月之末自乃合累牛騰馬至以畢春氣論牛馬犧牲含育之事并磔攘九門事雖異於牛馬難事既輕不可別言是月也故繫之牛馬犧牲摠異於上故更云是月也○注爲將至之屬○正義曰依禮祭五帝自服大裘今薦鞠衣與桑同色蓋薦於神坐故知爲蠶求福云鞠衣黃桑之服者鄭注內司服云鞠衣黃桑服也色如鞠塵象桑葉始生菊者草名花色黃故季秋之月云菊有黃華是鞠衣黃也與桑同色又當桑生之時故云黃桑之服也云先帝大皞之屬者以其言先不言上故知非天唯大皞之屬春時惟祭大皞云之屬者以蠶功既大非獨祭大皞故何胤云摠祭五方之帝其所祭之處王權賀瑒熊氏等並以爲在明堂以大皞祭在明堂故也○薦鮪於寢廟○正義曰按爾雅釋魚云鮥鮛郭景純云似鱣而小建平人呼鮥子一本云王鮪似鱣口在頷下音義云大者爲王鮪小者爲鮛鮪似鱣長鼻體無鱗甲○是月也。生氣方盛。陽氣發泄。句者畢出。萌者盡達。不可以內。時可宣出不可收斂也句屈生者芒而直曰萌○泄息列反句古侯反○天子布德行惠。命有司發倉廩。賜貧窮。振乏絕。振猶救也○廩力甚反○開府庫。出幣帛。周天下。勉諸侯。聘名士。禮賢者。周謂給不足也勉猶勸也聘問也名士不仕者【疏】不可以內○正義曰以物遂散之時當順天散物不可積聚納之在內也○發倉至乏絕○正義曰蔡氏云穀藏曰倉米藏曰廩無財曰貧無親曰窮暫無曰乏不續曰絕皇氏云長無謂之貧窮暫無謂之乏絕○勉諸至賢者○正義曰謂王者勉勸此諸侯令聘問有名之士禮接德行之賢蔡氏云名士者謂其德行貞絕道術通明王者不得臣而隱居不在位者也賢者名士之次亦隱者也名士優故加束帛賢者禮之而已○是月也。命司空曰。時雨將降。下水上騰。循行國邑。周視原野。修利隄防。道達溝瀆。開通道路。毋有障塞。廣平曰原國也邑也平野也溝瀆與

道路皆不得不通所以除水潦便民事也古者溝上有路○上時掌反下注以上同行下孟反隄丁兮反防音房道音導障之亮反又音章便婢面反田獵罝罘羅罔畢翳餧獸之藥。毋出九門。爲鳥獸方孚乳傷之逆天時也獸罟曰罝罘鳥罟曰羅罔小而柄長謂之畢翳射者所以自隱也凡諸罟及毒藥禁其出九門明其常有時不得用耳天子九門者路門也應門也雉門也庫門也皐門也城門也近郊門也遠郊門也關門也今月令無罘翳爲弋○罝子斜反罘音浮翳於計反餧於僞反罟音古弋羊職反【疏】注廣平至有路○正義曰廣平曰原爾雅釋地文云國也邑也平野也溝瀆與道路皆不得不通者言國也解經中國邑也解經中邑平野也解經中原野以其各是一物故每以野結之溝瀆道路各兩事共爲一句故云溝瀆與道路摠結之不云隄防者以云不得不通隄防非可通之物故鄭不言之云古者溝上有路者此既爲雨泱水而云開通道路恐道路非泱之物故云溝上有路言道達溝瀆之時須脩此溝上道路按周禮遂人職云溝上有畛川上有路此言溝上有路者是道路之摠名與彼別也○毋出九門○正義曰謂此月非田獵之時其罝罘羅網畢翳之器及餧獸之藥毋得出於九門若路門內有者不得出路門應門內有者不得出應門舉此可知城門內有者不得出城門既不得出城門則近郊之內無所用也若近郊之內先有者不得出近郊之門近郊之門尚不得出則近郊之內雖有亦不得用也舉此而言遠郊關門亦可知是此月之時所在之處遠近皆不得用故云毋出九門○注獸罟至爲弋○正義曰按爾雅云兔罟謂之罝郭景純云罝猶遮也是爲獸罟知罘亦獸罟者按釋器云罬謂之罦罦覆車也孫炎云覆車兩轅網既是兩轅可以網鳥非但網鳥亦可以網獸廣雅云網謂之罟罘兔罟也是獸罟曰罝罘也此罘與畢一也鳥罟曰羅釋器文云網小而柄長謂之畢者以其似天上畢星毛詩傳云畢所以掩兔是也明其常有時不得用耳謂此等之物四時常有於此季春之時不得用之按周禮迹人云禁毒矢射者乃謂四時也云九門路門應門之等者自路門皐門已內皆宮室所在非田獵之處亦禁羅網毒藥不得出者此等門內雖是宮室所在亦有林苑及空閒之處得有羅網及毒藥所施云今月令無罘翳爲弋者以今月令之本云田獵罝羅網畢弋與此經不同○是月也。命野虞無伐桑柘。愛蠶食也野虞謂主田及山林之官○柘之夜反○鳴鳩拂其羽。戴勝降于桑。蠶將生之候也鳴鳩飛且翼相擊趨農急也戴勝織紝之鳥是時恒在桑言降者若時始自天來重之也○戴音帶注同本亦作載戴勝鳥名紝女今反具曲植籧筐。時所以養蠶器也曲薄也植槌也○植直吏反籧居呂反亦作筥筐丘狂反方曰筐圜曰筥槌直追反又直類反又丈僞反后妃齊戒。親東鄉躬桑。禁婦女毋觀。省婦使。以勸蠶事。后妃親採桑示帥先天下也東鄉者鄉時氣也是明其不常留養蠶也留養者所卜夫人與世婦婦謂世婦及諸臣之妻也內宰職曰仲春詔后帥外內命婦始蠶于北郊女外內子女也夏小正曰妾子始蠶執養宮事毋觀去容飾也婦使縫線組紃之事○鄉許亮反注同觀古喚反注同省所景反去起呂反線息賤反組音祖紃音旬蠶事既登。分繭稱絲效功。以共郊廟之服。無有敢

惰。登成也敕往蠶者蠶畢將課功以勸戒之○繭古典反效戶教反共音恭惰徒臥反〔疏〕注鳴鳩飛至之鳥○正義曰鳴鳩且翼相擊者按釋鳥云鶌鳩鶻鵃郭景純云鶌音九物反鶻音嘲鵃似山鵲而小青黑色短尾多聲孫炎云鶻鳩一名鳴鳩月令云鳴鳩拂其羽是也云戴勝織紝之鳥者按釋鳥云鵖鴔戴鵀郭景純云鵀即頭上勝今亦呼爲戴勝者李巡云戴勝一名鵖鴔孫炎云鳴鳩自關而東謂之戴鵀非也○注曲薄也植槌也○正義曰按方言云宋魏陳江淮之間謂之曲或謂之麴自關而西謂之薄故云曲薄方言注槌縣蠶薄柱也宋魏陳楚江淮之間謂之植自關而西謂之槌齊謂之㭒○注東鄉至之事○正義曰若尋常養蠶或東西南北面無所在今后妃東面採桑明知不常留養蠶也暫示法而已留養者所卜夫人與世婦者按祭義云卜三宮之夫人世婦之吉者使蠶是常留養蠶也祭義又云夫人副褘而受之言副褘則據王后言三宮夫人則似據諸侯不同者祭義所云雜明天子諸侯之法副褘據王后上公夫人亦副褘也三宮夫人據諸侯亦得通王之三夫人也云婦謂世婦及諸臣之妻者釋經中婦字知不兼三夫人九嬪者以經云禁婦女無觀則尊者不應在禁限故知無夫人與嬪也及諸御亦當在焉特云世婦者以祭義云世婦之吉者故特言之引內宰職蠶于北郊者證躬桑之事按此經是季春躬桑內宰云仲春者以仲春既帥命婦躬桑浴種至季春又更躬桑浴蠶也故熊氏云案馬質注云蠶爲龍精月直大火則浴其種是二月浴種也祭義云大昕之朝奉種浴于川注云大昕季春朔日是三月又浴蠶也皇氏云二月浴之三月乃躬其義非也云女外內子女者解經中女字外子女謂王外姓甥之女者內子女者王之同姓子女則周禮之外宗內宗皆以嫁有爵者故內宰云帥外內命婦言命婦則未出嫁者不在焉鄭注周禮士妻亦爲命婦則士妻亦在云夏小正曰妾子始蠶執養宮事者引之證明子女養蠶之事皇氏云妾謂外內命婦子謂外內子女執養宮事執操也養長也謂操持養長蠶宮之事云無觀去容飾者以其祭先蠶又志在採桑養蠶無暇爲飾之事故禁之以示法○注登成至戒之○正義曰登成釋詁文以分繭稱絲是課效其功故云以勸戒之○

是月也。命工師。令百工審五庫之量。金。鐵。皮。革。筋。角。齒。羽。箭。幹。脂。膠。丹。漆。毋或不良。工師司空之屬官也五庫藏此諸物之舍也量謂物善惡之舊法也幹器之木也凡輮幹有當用脂良善也○量音亮注同筋音斤幹古旦反輮如九反〔疏〕注工師至善也○正義曰周禮考工記無工師知是司空屬官者以司空掌工巧此稱工巧師長故知司空之屬云量謂物善惡之舊法者言此等之物善惡先有舊法當審察之故云審五庫之量五庫者熊氏云各以類相從金鐵爲一庫皮革筋爲一庫角齒爲一庫羽箭幹爲一庫脂膠丹漆爲一庫義或然云幹器之木者按周禮弓人掌作弓云凡析幹故知幹弓幹此則揔論材幹不獨指弓但器之材樸揔謂之幹故云幹器之木○

百工咸理。監工日號。毋悖于時。毋或作爲淫巧。以蕩上心。咸皆也於百工皆理治其事之時工師則監之日號令之戒之以此二事也悖猶逆也百工作器物各有時逆之則不善時者若弓人春液角夏治筋秋合三材冬定體之屬也淫巧謂僞飾不如法也蕩謂動之使生奢泰也今月令無于時作爲爲詐僞○監古銜反注同悖必內反巧如字又苦孝反注同液音亦○〔疏〕百工至蕩上心○正義曰言於此之時天氣和適百工造作器物當依百工皆治理其事之時監工之官日日號令之言造作器物當節氣序無得悖逆於時使物不牢固又所作器物當依舊常無得有作淫過巧妙以蕩動在上使生奢泰之心者○注若弓至詐僞○正義曰按考工記弓人云春液角言春時先浸液其角豫和濡筋柔於角故於夏暑濕之時始治筋秋合三材者秋時陰陽氣調合膠漆絲之三材角在內面筋在外面幹在中冬定體者謂往來之體冬氣凝寒物皆牢實故內之檠中使弓體堅強云之屬者用時非一故云之屬考工記石有時以泐水有時以凝又云材美工巧然而不良則不時是也

○是月之末。擇吉日大合樂。天子乃率三公。九卿。諸侯。大夫。親往視之。大合樂者所以助陽達物風化天下也其禮亡今天子以大射郡國以鄉射禮代之

○是月也。乃合累牛騰馬。遊牝于牧。累騰皆乘匹之名是月所合牛馬謂繫在廄者其牝欲遊則就牧之牡而合之○累力追反注同騰大登反牝毗忍反徐扶死反乘繩證反廄居又反○

犧牲駒犢。舉書其數。以在牧而校數書之明出時無他故至秋當錄內且以知生息之多少也○數所主反○〔疏〕乃合至其數正義曰累牛謂相累之牛騰馬相騰逐之馬以季春陽將盛物皆產乳故合此所累之牛相騰之馬故遊此繫牧之牝於牧田之中就牡而合之其在廄牝馬須擬乘用者則不放之○犧牲駒犢舉書其數者既遊牝於牧之後畜皆在野所有犧牲及小馬之駒小牛之犢皆書其見在之數所以然者至秋畜產入□時知其舊數不欠少以否又舊數之外知其生息多少

命國難。九門磔攘。以畢春氣。此難難陰氣也陰寒至此不止害將及人所以及人者陰氣右行此月之中日行歷昴昴有大陵積尸之氣氣佚則厲鬼隨而出行命方相氏帥百隸索室毆疫以逐之又磔牲以攘於四方之神所以畢止其災也王居明堂禮曰季春出疫于郊以攘春氣○難乃多反後及注同磔竹伯反攘本又作禳如羊反佚音逸後同索所白反毆疫丘于反○〔疏〕注此難至春氣○正義曰以季春恐有難陽氣之嫌故云難難陰氣也云陰氣右行此月之中日行歷昴昴有大陵積尸之氣者天氣左轉故斗建左行謂之陽氣日月右行日月比天爲陰故云陰氣右行以此月之初日在於胃此月之中從胃歷昴云有大陵積尸者元命包云大陵主尸熊氏引石氏星經大陵八星在胃北主死喪云方相氏帥百隸索室毆疫以逐之者按方相氏云帥百隸而時難以索室毆疫鄭注云時難謂四時難引月令季冬命國難故知於時命方相氏也引王居明堂禮曰以下者證季春國難之事○

○季春行冬令。則寒氣時發。草木皆肅。丑之氣乘之也肅謂枝葉縮栗

國有大恐。以水訛相驚○恐丘勇反〔疏〕季春至大恐○正義曰寒氣時發天災也草木皆肅地災也國有大恐人災也○注肅謂枝葉縮栗○正義曰按詩九月肅霜肅謂嚴肅故云肅縮栗言枝葉減縮而急栗○注以水訛相驚○正義曰按孟春國時有恐注云以火訛相驚知此是水者以上孟春行夏令故爲火訛此季春行冬令故云水訛雖初訛言相驚水竟不至所以然者以冬氣來乘水欲來至以季春行土上能制水故知水不來○

行夏令。則民多疾疫。時雨不降。未之氣乘之也六月宿直鬼鬼爲天尸時又有暑也

山林不收。高者暵於熱也○暵呼旱反又呼旦反○〔疏〕民多至不收○正義曰民多疾疫人災也時雨不降天災也山陵不收地災也

行秋令。則天多沈陰。淫雨蚤降。戌之氣乘之也九月多陰淫霖也雨三日以上爲霖今月令曰衆雨○蚤音早

兵革並起。陰氣勝也〔疏〕天多至並起○正義曰天多沈陰淫雨早降並天災也兵革並起人災也○注淫霖至爲霖○正義曰雨三日以上爲霖隱公九年左傳文○

孟夏之月。日在畢。昏翼中。旦婺女中。孟夏者日月會於實沈而斗建巳之辰○婺音務○〔疏〕孟夏至女中○正義曰三統厤四月節日在畢十二度昏軫四度中去日二百一十四度旦虛三度中四月中日在井初度昏角六度中去日一百一十七度旦危六度中按元嘉麻四月節日在昴十一度昏翼十度中旦女三度中四月中日在畢十五度昏軫十度中旦虛九度中日畢者按律麻志立夏日在畢十二度昏翼中者日既在畢十二度畢有十六度而終則中取五度觜二度參九度井三十三度鬼四度柳十五度七星七度張十八度計從畢十二度至翼初總九十三度言春三月之時昏中之星九十八度四月日漸長校三刻則昏中之星去日多校一刻半餘以度言之則校五度則四月昏中之星去日合有一百二度計翼星中之時當在翼十二度也

其日丙丁。丙之言炳也日之行夏南從赤道長育萬物月爲之佐時萬物皆炳然著見而強大又因以爲日名焉易曰齊乎巽相見乎離○炳音丙長丁丈反此月內除律長長大繼長皆同著見賢遍反

其帝炎帝。其神祝融。此赤精之君火官之臣自古以來著德立功者也炎帝大庭氏也祝融顓頊氏之子曰黎爲火官○炎于廉反炎帝神農也顓頊上音專下音勗○

其蟲羽。象物從風鼓翼飛鳥之屬

其音徵。三分宮去一以生徵徵數五十四屬火者以其徵清事之象也夏氣和則徵聲調樂記曰徵亂則哀其事勤○徵張里反後放此去起呂反○

律中中呂。孟夏氣至則中呂之律應中呂者無射之所生三分益一律長六寸萬九千六百八十三分寸之萬二千九百七十四周語曰中呂宜中氣○中呂音仲又如字射音亦

其數七。火生數二成數七但言七者亦舉其成數

其味苦。其臭焦。火之臭味也凡苦焦者皆屬焉○焦子遙反

其祀竈。祭先肺。夏陽氣盛熱於外祀之於竈從熱類也祀之先祭肺者陽位在上肺亦在上肺爲尊也竈在廟門外之東祀竈之禮先席於門之奧東面設主于竈陘乃制肺及心肝爲俎奠于主西又設盛于俎南亦祭黍三祭肺心肝各一祭醴三亦既祭徹之更陳鼎俎設饌于筵前迎尸如祀戶之禮○肺芳廢反陘音刑○〔疏〕注易曰至乎離○正義曰引易者證丙丁是明之義此易說卦文○注炎帝至火官○正義曰何胤云春秋說云炎帝號大庭氏下爲地皇作耒耜播百穀曰神農也云黎爲火官者按昭二十九年左傳云顓頊氏有子曰犂爲祝融杜注云祝融明貌○注三分至事勤○正義曰三分宮去一以生徵者宮數八十一三分之各二十七去二十七餘有五十四故徵數五十四也云屬火者以其徵清事之象者清者數少爲清羽數最少爲極清徵數次少爲徵清徵於清濁爲第四事於尊卑亦爲第四故云事之象引樂記者證爲事也○注中呂至中氣○正義曰無射之律

長四寸六千五百六十一分寸之六千五百二十四三分益一以生中呂於無射四寸之內取三寸益一寸爲四寸餘有整寸一又有六千五百六十一分寸之六千五百二十四以六千五百六十一各三分之則一寸分爲一萬九千六百八十三分也六千五百二十四分各三分之則爲一萬九千五百七十二又整一寸分爲一萬九千六百八十三併之摠爲三萬九千二百五十五也更三分之一分有一萬三千八十五上生者三分益一以一萬三千八十五益上之數摠爲五萬二千三百四十爲積分之數然後除之爲寸一寸除一萬九千六百八十三則二寸除二萬九千三百六十六爲二寸通前爲六寸餘有一萬二千九百七十四不成寸是中呂長六寸萬九千六百八十三分寸之萬二千九百七十四也○注竈在至之禮○正義曰知竈在廟門外之東者按少牢及特牲禮皆竈在廟門外之東西面北上云祀竈之禮以下皆逸中霤禮文云先席於門之奧謂廟門外西室之奧以神位在西故知在西室之奧以祀戶在戶內故祭在廟室之奧祀竈在門外故設主在門室之奧各從其義云東面設主於竈陘者謂設主人東面也竈陘謂竈邊承器之物以土爲之云乃制肺及心肝爲俎奠於主西者制謂截割之心肝皆爲上之物故從肺類俱置俎上奠此俎於主之西此主位西嚮故置之俎在西而對主也云又設盛于俎南者盛謂黍稷盛之於簋皇氏以爲此祭老婦盛於盆非其義也云亦祭黍三祭肺心肝各一祭醴三者亦上祀戶之禮祭必三者以禮成於三故也上祀戶云祭肉三肺一腎再此云祭肺心肝各一亦爲肉祭三也此醴實於尊祭三者始扱一祭又扱再祭云既祭徹之更陳鼎俎設饌于筵前者筵前謂初設廟室奧之筵前准特牲少牢鼎當陳於廟門室之前稍東西向執俎者以俎就鼎載肉入設於筵前在葅醢之東其黍稷等設於俎南北雖云祭黍或無稷也此配竈神而祭者是先炊之人禮器云竈者是老婦之祭

螻蟈鳴。蚯蚓出。王瓜生。苦菜秀。皆記時候也螻蟈蛙也王瓜萆挈也今月令云王萯生夏小正云王萯秀未聞孰是○螻音樓蟈古獲反螻蟈蛙也蔡云螻螻蛄蟈蛙也蛙烏蝸反即蝦蟇也蚓以忍反萆挈上反八反下起入反萯房九反〔疏〕注螻蟈至孰是○正義曰按周禮蟈氏鄭司農注云蟈蝦蟇玄謂蟈今御所食蛙也李巡注爾雅蟾諸蝦蟆也王瓜萆挈者本草文今月令王萯生者此云王瓜生今月令王萯生疑王萯則王瓜也云夏小正云王萯秀未聞孰是者今月令既云王萯生小正又云王萯秀故鄭以爲疑云未聞孰是未聞孰是凡有二意一疑王瓜是王萯以否二疑生之與秀其文不一故云未聞孰是此物記時先生者在月初後者在月末以次相配餘皆倣此

○天子居明堂左个。乘朱路。駕赤駵。載赤旂。衣朱衣。服赤玉。食菽與雞。其器高以粗。明堂左个大寢南堂東偏也菽實孚甲堅合屬水雞木畜時熱食之亦以安性也粗猶大也器高大者象物盛長○駵音留本又作騮菽本又作叔音同粗七奴反畜許六反下水畜同〔疏〕乘朱路駕赤駵○正義曰路與服言朱駵與旂及玉言赤者色淺曰赤色深曰朱路與衣服人功所爲染必色深故云朱玉與駵馬自然之性皆不可色深故云赤赤旂旂雖人功所爲染之不須色深故亦云赤按詩傳天子純朱諸侯黄朱又鄭注儀禮云朱則四入與是朱深於赤也

○是月也。以立夏。先立夏三日。大史謁之天子曰。某日立夏。盛德在火。天子乃齊。謁告也○先悉薦反立夏之日。天子親帥三公。九卿。大夫。以迎夏於南郊。還反。行賞。封諸侯。慶賜遂行。無不欣説。迎夏祭赤帝赤熛怒於南郊之兆也不言帥諸侯而云封諸侯諸侯時或無在京師者空其文也祭統曰古者於禘也發爵賜服順陽義也於嘗也出田邑發秋政順陰義也今此行賞可也而封諸侯則違於古封諸侯出土地之事於時未可似失之○欣説上許斤反下音悅熛怒必遙反下奴故反〔疏〕注不言至失之○正義曰按上迎春云帥三公九卿諸侯大夫○今此直云三公九卿大夫故云不言帥諸侯既不帥諸侯而云封諸侯故鄭解其意云諸侯當迎夏之時或無在京師者故空其諸侯之文諸侯既無而得封者鄭云或無在京師者言或則容有在者故得封也或可諸侯身雖不在遙封之皇氏以爲迎時不在王還時諸侯或來故得封也然迎夏往反暫時之事不應迎時未到還時則來非其義也引祭統以下證夏時未可封諸侯故云今此行賞可也而封諸侯則違於古也

○乃命樂師。習合禮樂。爲將飲酎○爲于僞反下爲逆爲妨爲傷下文爲天子皆同酎直又反重釀之酒命太尉。贊桀俊。遂賢良。舉長大。助長氣也贊猶出也桀俊能者也遂猶進也三王之官有司馬無大尉秦官則有大尉今俗人皆云周公作月令未通於古○長大如字下繼長同或丁丈反非也行爵出祿。必當其位。使順之也○當丁浪反

是月也。繼長增高。謂草木盛蕃廡○蕃廡音煩下亡甫反下同毋有壞墮。亦爲逆時氣○壞音怪注同墮許規反又作隳下注同毋起土功。毋發大衆。爲妨蠶農之事毋伐大樹。亦爲逆時氣是月也。天子始絺。初服暑服○絺勑其反命野虞出行田原。爲天子勞農勸民。毋或失時。重救之○行下孟反下同勞力報反命司徒巡行縣鄙。命農勉作。毋休于都。急趣於農也縣鄙鄉遂之屬主民者也王居明堂禮曰毋宿于國今月令休爲伏是月也。驅獸毋害五穀。毋大田獵。爲傷蕃廡之氣農乃登麥。天子乃以彘嘗麥。先薦寢廟。登進也麥之新氣尤盛以彘食之散其熱也彘水畜是月也。聚畜百藥。蕃廡之時毒氣盛○畜丑六反又許六反靡草死。麥秋至。斷薄刑。決小罪。舊說云靡草薺亭歷之屬祭統曰草艾則墨謂立秋後也刑無輕於墨者今以純陽之月斷刑決罪與毋有壞墮自相違似非○斷丁亂反注同薺才禮反艾魚廢反後皆同出輕繫。崇寬〔疏〕乃命樂師習合禮樂○正義曰不云是月者以承上是月立夏之文也至行爵出祿必當其位皆立夏之日處分之所爲猶如立春之後云命相布德施惠皆同時之事故不云是月也○自繼長增高至毋伐大樹論順時生養不違逆時氣事異於上故言是月也○自天子始絺至毋休於都論天子初服暑服爲勞農之時亦事異於前故復言是月○自驅獸至寢廟論生長五穀麥成薦寢廟其事相類是事異於上故更言是月○自聚畜百藥至出輕繫論熱毒方盛可以聚蓄百藥斷決小罪因斷之時崇尚寬恕事異於前故言是月蠶事既畢不言是月者以季春養蠶孟夏始了非一月之事故不言是月○天子飲酎事之大者又異於前故言是月○注贊出至於古○正義曰贊是贊佐之義故云出桀俊或未仕沉滯者故云出賢良或卑位下故云遂賢良謂有德行桀俊謂多才藝故鄭注鄉大夫職云賢者有德行者能者有道藝者蔡氏辯名記曰十人曰選倍選曰俊萬人曰傑尹文子及毛詩傳皆云萬人爲英異人之說故不同云三王之官有司馬無大尉者按書傳有司馬公司徒公司空公領三卿此夏制也按曲禮下云司徒司馬司空司士司寇此殷制也周禮則有夏官司馬是三王有司馬無大尉按中候握河紀云舜爲太尉此堯時置之三王不置也云秦官則有大尉者按漢書百官表云大尉秦官是也云今俗人皆云周公作月令未通於古者俗人謂賈逵馬融之徒皆云月令周公所作故王肅用焉此等未通識於古古謂秦已前不知三王無大尉是未通於古經云舉長大者謂用長大之人故王肅云舉形貌壯大者○繼長增高○正義曰是月草木蕃廡王者施化當繼續長養之道謂勸民長養增益高大之物謂勸其種殖○注縣鄙鄉遂之屬主民者○正義曰按地官遂人職云五家爲鄰五鄰爲里四里爲酇五酇爲鄙五鄙爲縣二千五百家鄙五百家是遂之屬今云鄉遂之屬今直云遂屬舉遂以包鄉故鄭兼云鄉也○注舊說至似非○正義曰靡草無文故引舊說以明之葶藶之屬以其枝葉靡細故云靡草引祭統以下者證此月不當斷薄刑決小罪

蠶事畢。后妃獻繭。乃收繭稅。以桑爲均。貴賤長幼如一。以給郊廟之服。后妃獻繭者內命婦獻繭於后妃收繭稅者收於外命婦外命婦雖就公桑蠶室而蠶其夫亦當有祭服以助祭收以近郊之稅耳貴賤長幼如一國服同○〔疏〕蠶事至國服○正義曰天子春養蠶此時畢了故云蠶事畢后妃獻繭者謂后妃受內命婦之獻繭乃收繭稅者謂既受內命婦獻繭乃收外命婦繭之賦稅以桑爲均者言收稅之時以受桑多少爲賦之均齊桑多則賦多桑少則賦少貴賤長幼如一者貴謂公卿大夫之妻賤謂士之妻長幼謂婦老幼無問貴賤長少出之時齊同如一皆以近郊之稅十而稅一也所稅之物以供給天子郊廟之服○注后妃至服同○正義曰內命婦獻繭于后妃者以其經云后妃獻繭恐后妃獻繭於王故明之也知非后妃獻繭於王者祭義曰世婦卒蠶奉繭以示於君遂以獻於夫人是夫人不獻繭也云收繭稅者收於外命婦者內命婦既以獻繭更別云收繭稅故知於外命婦也雖就公桑蠶室而蠶其夫亦有祭服以助祭也皇氏云外命婦既就公家之桑而養蠶則繭當悉輸於公所以惟皆稅其繭餘得自入者以其夫當有國服以助王祭故令繭得自入以供造也今謂夫助祭之服當公家所爲故禮再命受服言外命婦雖就公桑蠶室而蠶既是官家之桑繭應全入於已所以有稅者以其夫亦當有祭服官家所給故輸繭稅以供造之但稅寡少故云收以近郊稅耳知收以近郊稅者載師云近郊十一公桑在國北近郊故知收以近郊云貴賤長幼如一國服同者按泉府云凡賒者以國服爲之息國服謂國家貢賦服事在上各有等限謂之國服言貴賤長幼出繭稅俱以十一等限齊同故云國服同其受桑則貴賤異也貴者桑多賤者桑少爲皆計繭爲稅十一之稅

○是月也。天子飲酎。用禮

樂。酎之言醇也謂重釀之酒也春酒至此始成與羣臣以禮樂飲之於朝正尊卑也孟冬云大飲烝此言用禮樂互其文○醇音純重直龍反或直用反釀女亮反朝直遙反烝之承反後皆同【疏】注酎之至其文○正義曰酎音近稠稠醲厚故爲醇也詩豳風云爲此春酒至此始成以用禮樂故飲之於朝正尊卑故左傳云朝以帥長幼之序若漢嘗酎及春秋見於嘗酎皆謂在廟祭而獻酎與此別也孟冬云大飲烝此言用禮樂明孟冬亦用禮樂故云互其文○

孟夏行秋令。則苦雨數來。五穀不滋。申之氣乘之也苦雨白露之類時物得雨傷○數所角反四鄙入保。金氣爲害也鄙界上邑小城曰保○【疏】孟夏至入保○正義曰苦雨數來大災五穀不滋地災四鄙入保人災也行冬令。則草木蚤枯。長日促○後乃大水。敗其城郭。亥之氣乘之也【疏】行冬至城郭○正義曰草木蚤枯地災後乃天水敗其城郭天災此二句共爲一事也行春令。則蝗蟲爲災。暴風來格。寅之氣乘之也必以蝗蟲爲災者寅有啓蟄之氣行於初暑則當蟄者大出矣格至也○蝗徐華孟反范音橫字林音黃秀草不實。氣更生之不得成也【疏】行春至不實○正義曰蝗蟲爲災及秀草不實地災暴風來格天災也○

禮記注疏卷十五校勘記

阮元撰盧宣旬摘錄

月令

仲春之月節 惠棟校云仲春節其日節始雨節天子節宋本分共器疏以達之上合前三節爲一節

仲春至星中 惠棟校宋本無此五字

言萬物降落而收斂 閩監毛本同惠棟校宋本無萬字衞氏集說同

應一百八十二度餘 閩監毛本作二衞氏集說同此本二誤一

其日甲乙節

律中夾鍾 岳本同嘉靖本同衞氏集說同閩監毛本鍾作鐘石經同釋文出夾鍾注疏放此

是於一寸分爲二千一百八十七分 惠棟校宋本作是於此本是於二字倒閩監毛本同衞氏集說同

始雨水節

釋鳥云鳴鳩鶷鵴 閩監毛本同衞氏集說同浦鏜校鳴改鳲按浦鏜是也

天子居青陽大廟節 惠棟校宋本是月也安萌牙以下合下元鳥節后妃節爲一節

安萌牙 惠棟校宋本同宋監本同岳本同石經同閩監毛本牙作芽嘉靖本同衞氏集說同案呂覽亦作牙○按依說文萌芽字作芽从艸牙聲古多以牙爲芽

是月至獄訟 惠棟校宋本無此五字

自日夜分至正權概 閩監毛本作正此本正誤平惠棟校宋本同

后土者五官之后土 閩監毛本同考文引宋板者下有謂字衞氏集說同

上罪梏拲而桎拲爲在手 閩監毛本如此此本上拲誤拳下拲誤恭爲誤雷

泠剛問云 閩本同惠棟校宋本同監毛本泠作冷盧文弨校云作泠剛非

是月也元鳥至節

以太牢祠于高禖 監毛本同岳本太作大嘉靖本同衞氏集說同石經同石經考文提要宋大字本宋本九經余仁仲本俱作大

嫁娶之象也 惠棟校宋本作嫁娶宋監本同岳本同嘉靖本同衞氏集說同此本嫁娶二字倒閩監毛本同

故娀簡狄也 監毛本同考文引宋板故下有云字

云後王以爲禖官嘉祥 惠棟校宋本同監毛本禖作媒

是爲媒官嘉祥 監毛本同惠棟校宋本媒作禖衞氏集說同○按依注文當作媒不作禖故下云變媒言禖

是高辛已前舊有 監毛本同考文引宋板無是字

高者尊也 監毛本同衞氏集說同惠棟校宋本高誤爲

又生民及元鳥毛詩傳云 監毛本同惠棟校宋本無詩字衞氏集說亦作毛傳云

簡狄從帝而祈于郊禖 監毛本同惠棟校宋本祈作祠衞氏集說亦作祈無而字

必自有禖氏 惠棟校宋本作媒此本作禖監毛本同

娀簡狄吞鳳子之後 監毛本同段玉裁校本鳳改鳦

後王爲媒官嘉祥 監毛本媒作禖下以先媒配之後王以是爲媒官之嘉祥其古昔先媒此立爲媒神者同○按段玉裁校本王下有以字

后妃帥九嬪御節

天子有夫人有嬪 監毛本同岳本同嘉靖本同衞氏集說同惠棟校宋本嬪上有九字

禮之禖下其子必得天材 監毛本如此岳本同衞氏集說同此本材誤林嘉靖本下誤卜

是月也日夜分節 惠棟校云是月也日夜分節耕者少舍節毋竭川澤節宋本合爲一節

則同度量鈞衡石 監本同岳本同衞氏集說嘉靖本同石經同釋文同考文引宋板作度量毛本度量二字倒

角斗甬 閩監毛本作甬岳本同嘉靖本同衞氏集說同此本甬誤角釋文出斗甬呂覽甬作桶盧文弨校云廣疋方斛謂之桶桶與甬同

正義曰日夜分 惠棟校宋本同閩本日上誤有空闕監毛本補此字非也

鄭康成注尚書云日中星 閩監毛本同齊召南云星下當有鳥字

則正月未皆動 監本作未惠棟校宋本作朮

其實一龠 閩本同監毛本龠作會下合龠一龠容同

五量加矣 閩本同惠棟校宋本同監毛本加作嘉

是月也耕者少舍節

乃脩闔扇 閩監本同岳本同嘉靖本同衞氏集說同毛本脩作修石經同

用竹葦曰扇 閩本同岳本同嘉靖本同監毛本葦作葦

是月也毋竭川澤節

以饗司寒 閩監毛本同岳本同嘉靖本同衞氏集說同惠棟校宋本饗作享考文引古本同

但建辰火星在卯 惠棟校宋本作卯此本卯誤昴閩監毛本同

所以校一月也 按校下疑脫遲字

上丁節

萬舞入學 閩監毛本同嘉靖本同衞氏集說同惠棟校宋本舞作用正義同宋監本同岳本同考文引古本足利本同○按大戴記正作用

仲丁 閩監毛本同岳本同嘉靖本同衞氏集說同釋文出中丁云音仲本亦作仲正義本作仲

入學習舞 閩監毛本舞作樂岳本同嘉靖本同衞氏集說同此本誤

爲季春將習合樂也 閩監毛本同嘉靖本同惠棟校宋本無習字宋監本同岳本同衞氏集說同考文引古本足利本同案習字衍

則大胥春入學舍采合舞一也 閩監毛本采作菜衞氏集說則作即采作菜

天子親在不云樂正者 惠棟校宋本同閩監毛本在作往衞氏集說同

樂師脩鞀鞞 閩監毛本作鞀此本鞀字闕

向知不先習舞 惠棟校宋本作何此本誤作向閩監毛本同

舍采合舞舍卽釋 惠棟校宋本作采此本采作菜閩監毛本同下何以亦云春舍采同

萬用入學者 考文引宋板同閩監毛本用作舞案作用是也

于舞稱萬者　毛本于作干考文引宋板同監本同閩本作於九誤

不須與胥　考文引宋板與作更衞氏集說同此本誤與閩監毛本同

是月也祀不用犧牲節　惠棟按云是月節仲春節宋本合爲一節

當祀者古以玉帛而已　閩監毛本同岳本同嘉靖本同衞氏集說同考文引古本足利本古作告

祀不至皮幣　惠棟按宋本無此五字

仲春行秋令節

麥乃不熟　閩監毛本同衞氏集說同石經同惠棟按宋本熟作孰岳本同嘉靖本同宋監本同

其國至來征　閩監毛本同惠棟按宋本國下有大水二字

國乃至爲害　毛本如此此本脫至字閩監本同

故無其災也　惠棟按宋本下標禮記正義卷第二十二終又記云凡二十四頁

季春之月節　惠棟按云季春節其日節桐始華節天子節宋本分其器疏以達之上合前三節爲一節○惠棟按宋本自此節起至仲夏行秋令節止爲第二十三卷卷首題禮記正義卷第二十三

季春至牛中　惠棟按宋本無此五字

旦女三度中　閩本同監毛本三作二衞氏集說同

日在胃九度凡三十度　閩監毛本同衞氏集說同盧文弨按云九度下有缺文當云昏張十度中旦斗二十五度中三統厤二月之節日在奎五度自奎五度至胃七度共補三十二字然後接以凡三十度云云差爲脗合

其日甲乙節

姑洗所以脩絜百物　閩監毛本作姑岳本同嘉靖本同衞氏集說同此本姑誤如

揔二寸八分　閩監本同衞氏集說同考文引宋板寸作十

桐始華節

田鼠化爲鴽　閩監毛本同岳本同嘉靖本同衞氏集說同石經同釋文出爲鴽云音如孫星衍夏小正經文正字云鴽當爲鴽說文鴽牟母也或作鴽今從如誤

萍始生　惠棟按宋本萍作蓱岳本同嘉靖本同衞氏集說同石經同此本作萍誤閩監毛本同釋文出蓱始石經考文提要云按鄭注蓱萍也則經文非萍明甚宋大字本亦作蓱

鴽毋無　閩本同岳本同嘉靖本同考文引古本同足利本同正德本同惠棟按宋本同宋監本毋作毋釋文本作毋無毋監毛本毋無改鴾毋衞氏集說同正義云今此注作毋無毋當作牟謂牟無也可證注文本作毋無不作鴾毋

螮蝀謂之虹　閩監毛本同岳本同嘉靖本同衞氏集說同釋文出蝃云本又作螮亦作蜥正義作螮

正義曰鴽毋無　閩本同惠棟按宋本同監毛本毋無作鴾毋

某氏云謂鴾也　閩本同惠棟按宋本同監毛本其誤郭

一名牟毋　閩本同惠棟按宋本同監毛本牟改鴾

舍人云毋作無　閩監毛本同段玉裁校本云改本是也

按易乾道變化　閩監毛本同惠棟按宋本易下有云字

天子居青陽右个節　惠棟按云是月也天子乃薦鞠衣于先帝以下半節宋本合下是月也生氣方盛至不可以内爲一節案此本是月也上作○嘉靖本同閩監毛本去○

舟牧主舟之官也　監毛本作主閩本同嘉靖本同衞氏集說同此本主閩王閩本同

備傾側也　惠棟按宋本側作漏宋監本同岳本同嘉靖本同考文引古本足利本同此本漏誤側閩監毛本及衞氏集說並作側

是月至先帝　惠棟按宋本無此五字

王權賀瑒熊氏等　惠棟按宋本作瑒此本瑒誤場閩監毛本同

案爾雅釋魚云鮥鮛鮪　惠棟按宋本有鮪字衞氏集說同此本鮪字脫閩監毛本同

王鮪似鱣口在頷下　閩監毛本如此此本似誤以頷作頷

是月也生氣方盛節　惠棟按宋本天子布德行惠以下合下命司空節命野虞節命工師節爲一節盧文弨按云案百工咸理節似亦當併入上節

陽氣發泄　閩監毛本同岳本同嘉靖本同衞氏集說同石經泄作洩釋文出發泄

以物遂散之時　閩監毛本遂作宜衞氏集說同惠棟按宋本亦作宜

納之在内也　閩監毛本同惠棟按宋本無也字衞氏集說同

發倉至乏絕　閩監毛本同惠棟按宋本無此五字

謂其德行貞絕　惠棟按宋本作純衞氏集說同此本誤作絕閩監毛本同

是月也命司空日節

羅罔畢翳　惠棟按宋本同宋監本同岳本同嘉靖本同石經此處殘缺閩監毛本同作網衞氏集說同注同

是月也命野虞無伐桑柘節

趍農急也　嘉靖本同閩監毛本趍作趨岳本同衞氏集說同考文引古本趍作趣

曲薄也　閩監本同岳本同嘉靖本同衞氏集說同毛本薄誤簿

縫線組紃之事　閩監毛本作線岳本同嘉靖本同衞氏集說同此本線誤綫釋文出綫云息賤反

戴勝一名鵀鳩　惠棟按宋本作鵀鳩此本誤鵀鳩閩監毛本同衞氏集說同

齊謂之牂　閩監毛本同盧文弨按牂改牂

若尋常留養蠶　閩監毛本同惠棟按宋本無留字

及諸臣之妻者　閩監毛本作臣此本臣字闕○按注妻下有也字

是謂效其功　閩監毛本同惠棟按宋本謂效作課効衞氏集說亦作課

是月也命工師節

幹器之木也　閩監本同岳本同嘉靖本同衞氏集說同毛本幹作榦下及疏同○按當作榦从木倝聲作幹者俗字也

百工咸理節

百工至蕩上心　惠棟按宋本無此六字

當依氣序　惠棟按宋本作氣是也衞氏集說同此本氣誤器閩監毛本同

是月之末節　惠棟按云是月之末節命國難節宋本合爲一節

天子乃率三公九卿諸侯大夫　惠棟按宋本同岳本同嘉靖本同閩監毛本率作帥衞氏集說同案呂覽亦作率

則就牧之牡而合之　惠棟按宋本宋監本並作牝岳本同衞氏集說同此本牡誤牝閩監毛本同嘉靖本同疏就牡而合之放此

乃合至其數　惠棟按宋本無此五字

皆書其見在之數　閩監本同衞氏集說同毛本見誤先考文引宋板作見

命國難節

命國難九門磔攘　閩監毛本同岳本同嘉靖本同衞氏集說同石經攘字同難作儺考文引古本同釋文出國難出禳云本又作攘

鼎有大陵積尸之氣　閩監毛本如此岳本同嘉靖本同衞氏集說同此本大字闕尸誤尺

索室毆疫以逐之　閩監毛本如此岳本同衞氏集說同此本索誤素毆誤毆嘉靖本索字同毆誤毆釋文出索室毆疫○按依說文當作毆

大陵八星在胃北　閩監本作北此本北誤此毛本同惠棟按宋本亦作北

季春行冬令節

季春至大恐　惠棟按宋本無此五字

寒氣時發天災也 閩監毛本作天此本天誤云

行夏令節

民多至不收 惠棟按宋本無此五字

民多疾疫 閩監毛本同考文引宋板疾作病

行秋令節

陰氣勝也 閩監毛本同岳本同嘉靖本衛氏集說勝作盛考文引古本陰作金

淫雨早降 閩監毛本早作蚤案石經文蚤作早

孟夏之月節 惠棟按云孟夏節其日節螻蟈節天子節是月節以立夏節宋本合爲一節

孟夏至女中 惠棟按宋本無此五字

四月節日在畢十二度 毛本作十衛氏集說同此本十誤止閩監本十誤上

去日二百一十四度 閩監毛本同衛氏集說同惠棟按宋本二作一

日在昴十一度 惠棟按宋本作昴此本昴誤品閩監毛本昴誤畢衛氏集說同

且虛九度中 閩監毛本同衛氏集說同盧文弨校云宋書且虛二度中當從之

七星七度 惠棟按宋本如此衛氏集說同此本誤土星十度閩監毛本同

其日丙丁節

丙之言炳也日之行 閩監毛本同岳本同嘉靖本同衛氏集說同段玉裁云炳也下當補丁之言強也五字

著德立功者也 閩監本同岳本同嘉靖本同衛氏集說同毛本立誤旨考文引宋板亦作立

顓頊氏之子曰黎 惠棟校宋本宋監本並同岳本同嘉靖本同考文引足利本同閩監毛本黎作犁衛氏集說同

以其微清 閩監毛本作微岳本同嘉靖本同衛氏集說同此本微誤徵疏同

祭先胏 惠棟按宋本同嘉靖本同閩監毛本胏作肺岳本同衛氏集說同石經同注放此岳本禮記考證曰姊當改肺案說文肺金藏也从肉市聲無作姊者蓋市與朿同加肉成胏乃乾胏之胏非肺肝之肺也

乃制姊及心肝爲俎 毛本同岳本同嘉靖本衛氏集說同正義亦作俐閩監本制誤祭

祭醴三 惠棟校宋本作三岳本同嘉靖本同衛氏集說同此本三誤二閩監毛本同考文引足利本同

微清者數少爲清 惠棟校宋本有微字此本微字脫閩監毛本同

則二寸除二萬九千三百六十六爲二寸 閩監毛本同衛氏集說同浦鏜校云二萬當三萬誤按浦按是也

此主位西鄉 閩監毛本作位此本位作位

祭醴三者 閩監本同毛本三誤二

上祀戶云祭肉三肺一腎再 惠棟按宋本作脾此本作肺衛氏集說同○按作脾是也

祭三者始扱一祭 閩監毛本三作二衛氏集說同

准特牲少牢 惠棟按宋本同閩監毛本准誤唯衛氏集說同

稍東西向 閩監毛本同衛氏集說同惠棟按宋本向作面

螻蟈鳴節

蚯蚓出 閩監毛本同嘉靖本同衛氏集說同石經同惠棟按宋本蚯作邱岳本同釋文出邱蚓

王瓜萆挈也 閩毛本同岳本同嘉靖本同正義同監本挈誤絜衛氏集說同考文引宋本挈作挈釋文出萆挈

王萯秀 閩監本同岳本同嘉靖本同衛氏集說同考文引宋板同毛本秀作莠○按夏小正亦作王萯秀段玉裁云豳風四月秀葽疑葽卽王萯也

天子居明堂左个節

其器高以粗 閩監本同岳本同嘉靖本同衛氏集說同石經同毛本粗作麤注同釋文出以粗

菽實孚甲堅合屬水 惠棟按宋本宋監本亦作水閩監毛本同岳本同嘉靖本同衛氏集說水作木考文引宋板同○按作木非也鄭注麥屬木黍屬火麻屬金菽屬水稷屬土五穀所配之方如是

亦以安性也 閩監毛本作性岳本同嘉靖本同衛氏集說同此本性字闕

是月也以立夏節

大史謁之天子曰 惠棟按宋本宋監本並作大閩本同岳本同嘉靖本同衛氏集說同監毛本大作太注同石經同

乃命樂師節

命太尉 閩監毛本同惠棟按宋本太作大宋監本同岳本同嘉靖本同衛氏集說同注放此

贊桀俊 宋監本亦作桀惠棟按宋本同岳本同嘉靖本同正義同閩監毛本桀作傑衛氏集說同石經同注放此○按桀正字傑假借字

贊猶出也 惠棟按宋本標起訖作贊出

爲妨蠶農之事 閩監毛本同岳本同嘉靖本同衛氏集說蠶農二字倒

命司徒巡行縣鄙 宋監本亦作巡惠棟按宋本同岳本同嘉靖本同閩監毛本巡作循衛氏集說同

急趍於農也 閩監毛本趍作趨岳本同嘉靖本同衛氏集說同考文引古本作急趨農也

靡草薺亭歷之屬 惠棟按宋本同宋監本同岳本同嘉靖本同考文引足利本同閩監毛本亭歷作葶藶衛氏集說同盧文弨按云初學記皆從艸

乃命樂師習合禮樂○正義曰 閩監毛本同惠棟按宋本乃命樂師習合禮樂在正義曰下又監毛本乃誤及

事異於上故言是月也 閩監毛本同惠棟按宋本無也字

注贊出至於古 惠棟按宋本同閩監毛本出作猶

故鄭注鄉大夫職云 惠棟按宋本作鄉此本誤卿閩監毛本同

蔡氏辨名記曰 閩監毛本同衛氏集說同段玉裁校本云蔡氏之下當有引字

此等未通識於古 惠棟按宋本作識此本誤職閩監毛本同

今直云遂屬 惠棟按宋本作直衛氏集說同此本直誤有閩監毛本同

蠶事畢節 惠棟按云蠶事畢節是月也天子飲酎節宋本合爲一節

蠶事至之服 惠棟按宋本無此五字

是月也天子飲酎節

孟冬云大飲烝 閩監毛本同嘉靖本同岳本烝作蒸衛氏集說同釋文出飲蒸

稠醴厚故爲醇也 閩監毛本同衛氏集說同山井鼎云醴恐醲誤

孟夏行秋令節

申之氣乘之也 閩監毛本作申岳本同衛氏集說同此本申誤中嘉靖本同

行冬令節

孟夏至入保 惠棟按宋本無此五字

行冬至城郭 惠棟按宋本無此五字

行春令節

不得成也 閩監毛本同岳本同嘉靖本同衛氏集說同考文引宋板成作訟非

行春至不實 惠棟按宋本無此五字

附釋音禮記注疏卷第十六

禮記　鄭氏注　孔穎達疏

月令

仲夏之月。日在東井。昏亢中。旦危中。仲夏者日月會於鶉首而斗建午之辰也○亢音剛又苦浪反【疏】仲夏至危中○正義曰按三統麻五月節日在井十六度昏氐二度中去日一百一十九度旦室三度中五月中日在井三十一度昏房二度中去日一百一十九度旦奎十一度中元嘉麻五月節日在井三度昏角十度中旦危九度中五月中日在井十八度昏氐五度中旦室五度中

其日丙丁。其帝炎帝。其神祝融。其蟲羽。其音徵。律中蕤賓。其數七。其味苦。其臭焦。其祀竈。祭先肺。蕤賓者應鍾之所生三分益一律長六寸八十一分寸之二十六仲夏氣至則蕤賓之律應周語曰蕤賓所以安靜神人獻酬交酢○蕤人誰反應應對之應酢才各反【疏】注蕤賓至交酢○正義曰應鍾律長四寸二十七分寸之二十上生蕤賓三分益一取應鍾三寸更益一寸爲四寸其二十七分寸之二十各三分之則一寸分爲八十一分也二十七分寸之二十則爲八十一分寸之六十其整寸一爲八十一分又以六十分益之摠爲一百四十一分更三分益一一分有四十七更以四十七益前一百四十一分摠爲一百八十八分是爲積分之數除之爲寸除八十一分則一百六十二分爲二寸益前四寸爲六寸餘有二十六分不成寸故云蕤賓長六寸八十一分寸之二十六也引周語曰以下者證蕤賓之律何消云乾九四是月陽反於下爲復陰生陽中爲姤各應其時所以安靜是安靜神人也陰生爲主陽謝爲賓賓主之象獻酬之禮獻酢又酬之陰陽代謝之義也

○小暑至。螳蜋生。鵙始鳴。反舌無聲。皆記時候也螳蜋螵蛸母也鵙博勞也反舌百舌鳥○螳音堂蜋音郎鵙古闃反字林工役反反舌蔡伯喈云蝦蟇螵匹遙反蛸音消搏音博又作伯【疏】注螳蜋至舌鳥○正義曰按釋蟲云不過蟷蠰其子蜱蛸舍人云不過名蟷蠰今之螳蜋也孫炎云蟷蠰螳蜋一名不過李巡云其子名蜱蛸則螵蛸故云螵蛸母方言云譚魯以南謂之蟷蠰三河之域謂之螳蜋燕趙之際謂之食厖齊杞以東謂之馬穀然名其子同云螵蛸也云搏勞者詩云七月鳴鵙箋云百勞鳴將寒之候五月則鳴豳地晚寒鳥物之候從其氣焉云百舌鳥者蔡云蟲名蝦蟇也今謂之蝦蟇其舌本前著口側而末鄉內故謂之反舌通卦驗曰搏勞鳴蝦蟇無聲又庾信云昔於長安中與書生數十共往城北水中取蝦蟇剖割視之其舌反鄉後如此鄭君得不通乎蟜夙問曰誠如緯與子言爲蝦蟇五月中始得水適當聒人耳何反無聲此者著時候今猶昔也是以知蝦蟇非反舌反舌鳥春始鳴至五月稍止其聲數轉故名反舌時候言之今人識之故不從緯與俗儒也或蝦蟇舌性自然不必爲反舌也

○天子居明堂太廟。乘朱路。駕赤駵。載赤旂。衣朱衣。服赤玉。食菽與雞。其器高以粗。明堂太廟南堂當太室也養壯佼。助長氣也○佼古卯反長丁丈反下長氣同【疏】養壯佼○正義曰壯謂容體盛大佼謂形容佼好以盛夏長養之時故養壯佼之人助長氣也

○是月也。命樂師脩鞀鞞鼓。均琴瑟管簫。執干戚戈羽。調竽笙篪簧。飭鍾磬柷敔。爲將大雩帝習樂也脩均執調飭者治其器物習其事之言○鞀大刀反本亦作鞉同鞞步西反竽音于篪音池本又作箎同簧音黃飭音勑柷昌六反敔魚呂反本又作圉爲于僞反下文爲民注爲傷爲其皆同雩音于【疏】是月至柷敔○正義曰鞀字或從兆下鼓按周禮小師注云鼗如鼓而小持其柄搖之旁耳還自擊鄭注詩云小鼓在大鼓旁應鞞之屬也鞞鼓者則周禮鼓人職掌六鼓雷鼓神祀之屬是也劉熙釋名云鞀導也所以導樂作鞞裨也裨助鼓節鼓廓也張皮以冒之其中空廓琴者釋樂云大琴謂之離孫炎云聲留離廣雅云琴長三尺六寸六分五絃劉熙釋名云施絃張之瑟者釋樂云大瑟謂之灑孫炎云音之布告如歸灑郭景純云瑟長八尺一寸二十七絃管者釋樂云大管謂之簥音驕郭景純云管長尺圍寸併漆之有底賈氏以爲如篪六孔鄭注周禮云管如篴而小併兩而吹之簫者釋樂云大簫謂之言郭景純云編二十三管長尺四寸鄭注周禮簫編小竹管如今賣飴餳所吹者劉熙釋名簫肅也干盾也戚斧也戈鉤孑戟羽鳥羽周禮羽舞皇舞之屬是也竽者鄭注周禮云竽三十六簧釋名云竽汙也其中汙空笙者鄭注周禮云十三簧釋樂云大笙謂之巢郭景純云列管瓠中施簧管端大者十九簧釋名云笙生也象物出地所生篪者釋樂云大篪謂之沂郭景純云篪以竹爲之長尺四寸圍三寸一孔上出寸三分名翹橫吹之廣雅云八孔鄭司農注周禮云篪七孔釋名云篪啼也聲如嬰兒啼簧者笙之名也氣鼓之而爲聲釋名云簧橫也於管頭橫施之鍾者按釋樂云大鍾謂之鏞釋名云鍾空也內空受氣多磬者釋樂云大磬謂之毊音囂以玉石爲之釋名磬聲也聲堅磬磬然柷者釋樂云所以鼓柷謂之止郭景純云柷如漆桶方二尺四寸深一尺八寸中有椎柄連底桐之令左右擊止者其椎名敔者釋樂云所以鼓敔謂之籈郭景純云敔如伏虎背上有二十七鉏鋙刻以木長尺櫟之○注脩均至之言○正義曰脩者脩理舊物均者均平其聲執者操持營爲調者調和音曲飭者整頓器物故云治其器物習其事之言也

○命有司爲民祈祀山川百源。大雩帝。用盛樂。乃命百縣雩祀百辟卿士有益於民者。以祈穀實。陽氣盛而常旱山川百源能興雲雨者也衆水始所出爲百源必先祭其本乃雩雩吁嗟求雨之祭也雩帝謂爲壇南郊之旁雩五精之帝配以先帝也自鞀鞞至柷敔皆作曰盛樂凡他雩用歌舞而已百辟卿士古者上公若句龍后稷之類也春秋傳曰龍見而雩雩之正當以四月凡周之秋三月之中而旱亦脩雩禮以求雨因著正雩此月失之矣天子雩上帝諸侯以下雩上公周冬及春夏雖旱禮有禱無雩○辟必亦反注同句古侯反見賢遍反下御見同【疏】命有至穀實○正義曰此以將欲雩祭故先命有司爲祈祀山川百源爲將雩之漸重民之義也故先爲民大雩帝用盛樂者爲民祈穀後天子乃大雩天帝用上鞀鞞之等故云用盛樂乃命百縣雩祀百辟卿士者謂天子既雩之後百縣謂諸侯也命此諸侯以雩祀古之百辟及卿士等生存之日能立功有益於人者○注陽氣至無雩○正義曰以四月純陽用事故云陽氣盛而恒旱故制禮此月爲雩縱令雩祭時不旱亦爲雩祭云雩以吁嗟求雨之祭者以雩音近吁又女巫職云凡邦之大烖歌哭而請歌哭則吁嗟之類旱又是大烖故須吁嗟求雨注春秋者以雩爲遠謂遠爲百穀求雨非鄭義也云雩帝謂爲壇南郊之旁雩五精之帝者以雩是祭天當從陽位以五天摠祭不可偏在四方故知在南郊也以春夏秋冬共成歲功不可偏祭一天故雩五精之帝以自外至者無主不正當以人帝配之大皡配靈威仰炎帝配赤熛怒黃帝配含樞紐少皡配白招拒顓頊配汁光紀故云配以先帝也云凡他雩用歌舞而已者按女巫云旱暵則舞雩是用歌舞正雩則非唯歌舞兼有餘樂故論語云舞雩詠而歸是也云百辟卿士古者上公句龍后稷之類也者百辟則古之上公則國語鯀爲崇伯而禮記祭法有祀之文社稷五祀雖爲王朝卿士兼帶上公之官故左氏云封爲上公祀爲貴神是身爲百辟又爲卿士按左傳有社稷五官今直云若句龍后稷不云句芒蓐收之等舉有益於民功之顯者言之引春秋傳曰龍見而雩者欲明正雩以在四月不在五月也云凡周之秋三月之中而旱亦脩雩禮以求雨者釋此經大雩在五月之中爲五月不雨脩雩祭作記者言五月之雩是常雩故記之於五月也云天子雩上帝者以此云大雩帝也云諸侯以下雩上公者此云乃命百縣雩祀百辟卿士是也云周冬及春夏雖旱禮有禱無雩者按春秋周七月八月九月皆書雩穀梁不譏成七年冬大雩穀梁云無爲雩是譏其冬雩是冬無雩也春秋周之春及周之四月五月皆無雩文春夏不雩雖旱不爲脩雩之祭其周季夏當有正雩則龍見而雩是也按春秋桓五年秋大雩傳云書不時服注云雩遠也遠爲百穀祈膏雨言大別山川之雩也僖十一年秋八月大雩十三年秋九月大雩成公三年秋大雩七年冬大雩襄五年秋大雩傳曰旱八年九月大雩傳曰旱十六年秋大雩十七年秋九月大雩二十八年秋八月大雩傳曰旱昭三年秋八月大雩傳曰旱六年九月大雩傳曰旱八年秋大雩十六年秋九月大雩傳曰旱二十四年秋八月大雩傳曰旱二十五年秋七月上辛大雩季辛又雩傳曰秋書再雩旱甚定元年秋九月大雩七年秋大雩九月大雩十二年秋大雩僖二十一年夏大旱宣七年秋大旱莊三十一年冬不雨僖二年冬十月不雨三年正月不雨夏四月不雨六月雨傳曰自十月不雨至于五月不曰旱不爲災文二年自十有二月不雨至于秋七月十年云自正月不雨至于秋七月十三年云自正月不雨至于秋七月是春秋之中不雨有七大旱有二大雩有二十一都并有三十莊三十一年冬不雨以冬時旱氣以過故不數僖二十一年夏大旱宣七年秋大旱二旱成故不數昭二十五年一月再雩祇是一旱之事爲再雩一雩不數定七年秋大雩亦一時之事而爲二雩一雩不數成七年冬大雩穀梁云冬無爲雩明亦不數三十之中去此六事不數唯有二十四在數二十四之中分爲四部桓五年秋大雩說雩禮是一部也僖二年冬十月不雨三年正月不雨夏四月不雨說禱禮是二部也文二年文十年文十三年皆云正月不雨至于秋七月說旱而不爲災是三部也此三部從有七條於二十四去七條餘有十七條說旱氣所由故鄭釋廢疾云春秋凡書二十四旱考異郵說云分爲四部各有義焉是其事也凡正雩在周之六月常事不書書秋大雩傳不云旱者皆過雩也傳言旱者皆爲旱脩雩也雩書月者爲脩旱雩得禮故定元年穀梁傳曰雩月雩之正也秋大雩非正也按玉藻云至于八月不雨君不舉注云建子之月不雨盡建未乃始成災而僖二十一年夏大旱未至建未而爲災者若霧露霑濡中有苗雖靡時不爲災也文二年十年十三年自十二月正月不雨至秋七月是

也至八月不雨乃爲災若無霧露霑濡墾中無苗雖未至八月則爲災故僖十一年夏大旱是也穀梁說云得雨曰雩不得雨曰旱公羊說言雩則旱見言旱則雩不見此二家之說不同鄭釋廢疾從穀梁之義雩之與禱所以異者考異郵說云天子禱九州山川諸侯禱封內大夫禱所食邑又僖公三時不雨帥羣臣禱山川以過自讓凡雩必先禱故此經云乃命百縣祈祀山川百源始大雩帝是也禱者不雩僖公二年冬十月及三年春正月夏四月直爲禱祭不爲雩以非雩月故不雩○農乃登黍。登進也是月也。天子乃以雛嘗黍。羞以含桃。先薦寢廟。此嘗雛也而云以嘗黍不以牲主穀也必以黍者黍火穀氣之主也含桃櫻桃也○雛仕于反又仕俱反雛也爾雅云生豚雛含桃本又作函胡南反含桃櫻桃也櫻於耕反〔疏〕注必以至櫻桃○正義曰黍是火穀於夏時與雛同薦之如鄭此言則黍非新成直取舊黍故下孟秋云農乃登穀注云黍稷於是始孰明仲夏未熟也蔡氏以爲此時黍新孰今蟬鳴黍是也非鄭義也按月令諸月無薦果之文此獨羞含桃者以此果先成異於餘物故特記之其實諸果亦時薦○令民毋艾藍以染。爲傷長氣也此月藍始可別夏小正曰五月啟灌藍蓼○藍力甘反別彼列反下文別羣同〔疏〕注此月至藍蓼○正義曰別種藍之體初必叢生若及早栽移則有所傷損此月藍既長大始可分移布散引小正啟灌藍蓼者證此月養藍熊氏云灌謂叢生也言開闢此叢生藍蓼分移使之稀散毋燒灰。爲傷火氣也火之氣於是爲盛火之滅者爲灰毋暴布。○不以陰功干大陽之事○暴步卜反太音大門閭毋閉。關市毋索。順陽敷縱不難物○索所白反難乃旦反又如字〔疏〕門閭至毋索○正義曰蔡云門謂城門閭謂二十五家爲閭關市無索者關市停物之所商旅或隱蔽其物以避征稅是月從長之時故不搜索其物挺重囚。益其食。挺猶寬也〔疏〕益其食○正義曰益其食挺重囚連文鄭又無注皇氏以爲增益囚之飲食義當然也熊氏以爲益羣臣祿食其義非也○游牝別羣。孕妊之欲止也則縶騰駒。爲其牡氣有餘相蹄齧也○縶如字蔡本作縶蹄大計反踶也本或作踶音同班馬政。馬政謂養馬之政教也廋人職曰掌十有二閑之政教以阜馬佚特教駣攻駒此之謂也○廋所留反駣音兆又音道字林音銚〔疏〕注馬政至攻駒○正義曰廋人職曰掌十有二閑之政教按校人云天子十有二閑諸侯六閑大夫四閑每閑馬有二百一十六匹又阜馬佚特教駣攻駒注云阜盛壯也鄭司農云二歲曰駒三歲曰駣玄謂逸者用之不使甚勞安其血氣也教駣始乘習之攻駒騬其蹄齧者○是月也。日長至。陰陽爭。死生分。爭者陽方盛陰欲起也分猶半也○爭爭鬬之爭注同〔疏〕是月至生分○正義曰長至者謂此月之時日長之至極大史漏刻夏至晝漏六十五刻夜漏三十五刻是日長至也死生分者分半也陰氣既起故物半死半生蔡云感陽氣長者生感陰氣成者死故於夏至日相與分也君子齊戒。處必掩身。毋躁。掩猶隱翳也躁猶動也今月令毋躁爲欲靜止聲色。毋或進。進猶御見也聲謂樂也易及樂春秋說夏至人主與羣臣從八能之士作樂五日今止之非其道也○從子用反〔疏〕君子

至或進○正義曰蔡氏云君子謂人君以下至在位士也齊戒所以敬道萌陰也處必掩身處猶居也掩隱翳也陰既始萌故君子居處不顯露恐干陰也毋躁者躁動也既不顯露又不得躁動宜靜以安萌陰也鄭引今月令無躁爲欲靜欲靜則無躁之義止聲色者歌樂華麗之事爲助陰靜故止之無或進者進御見也既止聲色故嬪房不得進御侍夕也亦爲微陰始動不可動於陰事也蔡云方齊戒故止色內御之屬勿或有所進也○注易及至其道○正義曰按易緯通卦驗云夏至人主從八能之士或調黃鍾或調六律或調五音或調五聲或調五行或調律厤或調陰陽或調正德所行注從八能之士謂選於天下人衆之中取其習曉者而使之調黃鍾者縣黃鍾於子其以大小之差展其聲調六律者六律管陽也又有六呂爲之合管有長短吹之以調樂器之聲調五音者金爲鍾革爲鼓石爲磬竹爲管絲爲絃皆有聲變舒疾也匏也木也土也不言調者聲少變故不調調五聲者宮商角徵羽聲弘殺緩急凡黃鍾六律之聲五音之動與神靈之氣通人君聽之可以察已之得失而知羣臣賢否調五行者五行謂五英調律厤者律厤謂六莖也調陰陽者謂雲門咸池調正德所行者謂之大部大夏大濩大武此鄭云五英謂顓頊樂名云六莖者帝嚳樂名云從八能之士注云從就也謂人主就八能之士於習樂之處而觀之作樂五日者謂日至之前五日令八能之士習作其樂以迎日至樂緯協圖徵亦云從八能之士令月令於日至止聲色與諸緯文違故云非其道必知其緯文作樂爲是者以周禮大司樂冬至祭祭圜丘夏至祭地方澤皆有作樂之文不得云止樂故知月令非也薄滋味。毋致和。爲其氣異此時傷人○和戶臥反〔疏〕注爲其至傷人○正義曰滋味和調氣味殊異他時可食此時傷人節耆欲。定心氣。微陰扶精不可散也○耆市志反百官靜。事毋刑。罪罰之事不可以聞今月令刑爲徑以定晏陰之所成。晏安也陰稱安○晏伊見反〔疏〕以定晏陰之所成○正義曰上從君子齊戒以下至無刑以上皆是清靜止息之事以正定身中安陰之所成就謂初感安陰若不清靜則微陰與人爲病故須定之王肅及蔡氏皆云晏爲以安定陰陽之所成非鄭旨也○鹿角解。蟬始鳴。半夏生。木堇榮。又記時候也半夏藥草木堇王蒸也○解戶買反始市志反夏戶嫁反堇音謹一名舜華蒸之承反〔疏〕注木堇至蒸也○正義曰釋草云椴木槿櫬木槿某氏云別三名可食或呼爲日及亦云王蒸其花朝生暮落○是月也。毋用火南方。陽氣盛又用火於其方害微陰也可以居高明。可以遠眺望。可以升山陵。可以處臺榭。順陽在上也高明謂樓觀也闍者謂之臺有木者謂之榭○榭音謝觀古喚反闍音都〔疏〕注闍者至之榭○正義曰按釋宮云闍謂之臺李巡云積土爲之所以觀望郭景純云積土四方又云無室曰榭李巡云但有大殿無室名曰榭郭景純云榭今之堂堭○仲夏行冬令。則雹凍傷穀。子之氣乘之也陽爲雨陰起脅之凝爲雹○雹步角反凍丁貢反道路不通。暴兵來至。盜賊攻劫亦雹之類〔疏〕仲夏至來至○正義曰雹凍傷穀天災道路不通暴兵來至人災也行春令。則五穀晚熟。卯之氣乘之也生日長百螣時

起。其國乃饑。螣蝗之屬言百者明衆類並爲害○螣音特食苗葉虫饑居疑反又音機〔疏〕行春至乃饑○正義曰五穀晚熟天災百螣時起地災其國乃饑人災也行秋令。則草木零落。酉之氣乘之也八月宿直昴畢爲天獄主殺○零本又作苓音同果實早成。生日短民殃於疫。大陵之氣來爲害也○殃於良反疫音役〔疏〕行秋至於疫○正義曰草木零落果實早成地災民殃於疫人災也季夏之月。日在柳。昏火中。旦奎中。季夏者日月會於鶉火而斗建未之辰也〔疏〕季夏至奎中○正義曰按三統厤六月節日在柳九度昏尾七度中去日一百一十九度旦婁八度中六月中日在張三度昏箕三度中去日一百一十七度旦胃十四度中元嘉厤六月節日在井三十二度昏房四度中旦東壁八度中六月中日在柳十二度昏尾八度中旦奎十二度中其日丙丁。其帝炎帝。其神祝融。其蟲羽。其音徵。律中林鍾。其數七。其味苦。其臭焦。其祀竈。祭先肺。林鍾者黃鍾之所生三分去一律長六寸季夏氣至則林鍾之律應周語曰林鍾和展百物俾莫不任肅純恪○去起呂反後放此任音壬又如字恪苦各反〔疏〕注林鍾至純恪○正義曰按律厤志黃鍾長九寸三分去一下生林鍾故林鍾長六寸引周語曰下者證林鍾之義故周語云林鍾和展百物俾莫不任肅純恪按注云坤初六也林衆鍾聚肅速純大恪敬言時務和審百事無有詭詐使莫不任其職事速其功而大敬其職溫風始至。蟋蟀居壁。鷹乃學習。腐草爲螢。皆記時候也鷹學習謂攫搏也夏小正曰六月鷹始摯螢飛蟲螢火也○蟋蟀上音悉下音率腐扶矩反熒本又作螢戶扃反或作腐草化爲螢者非也攫俱縛反一音九碧反搏音博摯音至本亦作鷙同〔疏〕溫風至爲螢○正義曰蟋蟀居壁者此物生在於土中至季夏羽翼稍成未能遠飛但居其壁至七月則能遠飛在野按爾雅釋蟲云蟋蟀蛬也孫炎曰蜻蛚也梁國謂蛬郭景純云今促織蔡以爲蟋蟀斯螽非也○鷹乃學習者於時二陰既起鷹感陰氣乃有殺心學習搏擊之事按鄭志焦氏問云仲秋乃鳩化爲鷹仲春鷹化爲鳩此六月何言有鷹學習乎張逸荅曰鷹雖爲鳩亦自有真鷹可習矣○腐草爲螢者腐草此時得暑濕之氣故爲螢不云化者蔡氏云鳩化爲鷹鷹還化爲鳩故稱化今腐草爲螢螢不復爲腐草故不稱化○注謂攫至螢火○正義曰攫謂以足取物搏謂以翼擊物云螢飛蟲者按釋蟲云螢火即炤李巡云螢火夜飛腹下如火光故曰即炤○天子居明堂右个。乘朱路。駕赤騮。載赤旂。衣朱衣。服赤玉。食菽與雞。其器高以粗。明堂右个南堂西偏也○命漁師伐蛟。取鼉。登龜。取黿。四者甲類秋乃堅成周禮曰秋獻龜魚又曰凡取龜用秋時是夏之秋也作月令者以爲此秋據周之時也周之八月夏之六月因書於此似誤也蛟言伐者以其有兵衛也龜言登者尊之也鼉言取羞物賤也鼉皮又可以冒鼓今月令漁師爲榜人○蛟音交鼉大多反又徒丹反黿音元冒亡報

反榜必孟反【疏】命漁至取黿○正義曰此命漁師及仲夏養壯佼之等皆是煩細之事或非止一月所爲故不云是月也○注周禮至榜人○正義曰引周禮秋獻龜魚又云四者甲類秋乃堅成則季秋而取之云凡取龜用秋時是夏之秋也者鼈人職文引之者證作記之人謂此禮是周之秋八月當夏之六月故誤書於此言記之者非也

命澤人納材葦。蒲葦之屬此時柔刃可取作器物也○葦于鬼反刃而慎反

○是月也，命四監大合百縣之秩芻，以養犧牲。令民無不咸出其力。四監主山林川澤之官百縣鄉遂之屬地有山林川澤者也秩常也百縣給國養犧牲之芻多少有常民皆當出力爲艾之今月令四爲田○爲艾于僞反下文爲民注爲求福爲其同以共皇天上帝、名山大川四方之神，以祠宗廟社稷之靈，以爲民祈福。牲以供祠神靈爲民求福明使民艾芻是不虛取也【疏】命四至祈福○正義曰此一節論養犧牲之事○皇天北辰耀魄寶冬至所祭於圜丘上帝大微五帝亦共其祭以共皇天上帝異於上故言之等給之度論養犧牲事異於上故言是月○注四監至取也○正義曰按周禮有山虞林衡川衡澤虞之官故云四監主山林川澤之官也冬云乃命四監收秩薪柴亦是四監之屬地有山林川澤者以其取芻養牲不可兼外故知百縣鄉遂之屬其祀百辟卿士者也零祀五帝之屬雖祈福是禱請爲民求福是不虛取民力故云明使民艾芻是不虛取也司服云祀昊天上帝則服大裘而冕祀五帝亦如之故知皇天上帝及五帝也蒙祀上帝之下更無別五帝之文故知上帝之下大微五帝亦共其祭也

命婦官染采，黼黻文章，必以法故，無或差貸。婦官染人也采五色○黼音甫黻音弗差初佳反又初宜反貸他得反又他代反【疏】命婦至差貸○正義曰此月染采以其盛暑濕潤宜可染帛文赤與白謂之章白與黑謂之黼黑與青謂之黻五色備謂之繡青與赤謂之文赤與白謂之章者以其得時故染也若周則於秋染故周禮染人職云夏纁玄秋染夏此云黼黻文章必以法故者謂此月染采必依舊法故事無得有參差貸變必以此時也○注婦官至五色○正義曰按周禮婦官有典婦功典絲典枲染人等此云婦官染人也鄭注云染采者以其盛暑故云染采五色也采已用謂之色染謂之采對文耳散則通也

黑黃倉赤，莫不質良，毋敢詐僞，以給郊廟祭祀之服，以爲旗章，以別貴賤等給之度。質正也良善也所用染者當得真采正善也旗章旌旗及章識也○別彼列反旗音其識申志反及如字【疏】注旗章至章識○正義曰旌旗者則周禮司常云官府各象其事州里象其名家象其號鄭注引士喪禮以緇長半幅赬末長終幅廣三寸詩織文鳥章是也

○是月也，樹木方盛，乃命虞人入山行木，毋有斬伐。爲其未堅刃也○爲其于僞反行下孟反不可以興土功，不可以合諸侯，不可以起兵動衆。土將用事氣欲靜【疏】注土將用事氣欲靜○正義曰土雖寄王四季但南方火生中央土土生西方金火金之間位當建未之月故云土將用事氣欲靜也毋舉大事，以搖養氣。大事興徭役以有爲○徭音遙毋發令而待，以妨神農之事也。發令而待謂出徭役之令以預驚民也民驚則心動是害土神之氣土神稱曰神農者以其主於稼穡【疏】毋發至之事○正義曰毋發令而待者謂預發令以召民乃使也爾時土以用事若預發令民驚心動是妨神農之事也○注土神至稼穡○正義曰土神能吐生萬物成其農事故曰神農知土主稼穡者尚書洪範云土爰稼穡孔傳曰種曰稼斂曰穡是也以炎帝爲神農義也水潦盛昌，神農將持功，舉大事則有天殃。言土以受天雨澤安靜養物爲功動之則致害也【疏】水潦至天殃○正義曰六月土王土主未未在東井東井是水故六月雨水盛昌神農方持其功若舉大事則多神犯土神方持功之時若人君有大事者天罰之天亦殃之者天罰之者猶天殃也云言土以受天雨澤安靜養物爲功動之則致害也者以其受天之雨澤以含養萬物順天之道是土之功也言此地功之致也若煩動則生害故天殃之也○張含萌任萌滋物歸中歸中也爲張衍萌牙也含含育也任萌是於水也【疏】注字或作溽同

是月也，土潤溽暑，大雨時行。潤溽謂塗溼也○溽音辱字本或作溽同燒薙行水，利以殺草，如以熱湯。薙謂迫地芟草也此謂欲稼萊地先薙其草草乾燒之至此月大雨流水潦畜於其中則草死不復生而地美可稼也薙人掌殺草職曰夏日至而夷之又曰如欲其化也則以水火變之○薙他計反又直履反【疏】燒薙至熱湯○正義曰此月大雨流水潦畜於其中則以迫地芟草謂燒薙之時至六月合燒之故云燒薙也行水者行水潦流之使下也云大雨時行降上下皆爲月夏芟殺之當是時利以殺草當此所殺草也先芟後燒又蓄水漬之即草爛死是利益得殺田中之草也如以熱湯者日暴水於爛草根田中水熱而洗沸加熱湯漬之也○注薙人至變之○正義曰引薙人證芟草時節按薙氏云春始生而萌之夏日至而夷之秋繩而芟之冬日至而耜之以鉤鐮迫地芟之也若今取茭矣含實曰繩芟其繩則實不成熟耜之以耜測凍土剗之按鄭司農云夷氏以火焚燒其草在後以水浸漬之變此可以水火變之者謂先以火焚後水漬此水火變之先火後水而云水火者便言也可以糞田疇，可以美土疆。土潤溽暑膏澤易行也糞美互文耳土疆彊檕之地○糞方問反疆其丈反注同易以豉反彊其兩反檕好覽反【疏】可以至土疆○正義曰於此月之中又可以糞田疇可以美土疆也云糞美互文也者以田疇言糞土疆言美是互文也云土疆彊檕之地者土疆謂彊檕之地也

季夏行春令，則穀實鮮落，國多風欬，民乃遷徙。辰之氣乘之也未屬巽辰又在巽位二氣相亂爲害○鮮音仙又息淺反欬苦代反【疏】季夏行春令○正義曰鮮落謂鮮潔殞落也以風多故穀實鮮落國多風欬此地災也民乃遷徙是人災也○注辰之氣乘之也未屬巽辰又在巽位二氣相亂爲害者按易說卦巽爲風故國多風欬行秋令，則丘隰水潦，禾稼不熟，乃多女災。戌之氣乘之也九月宿直奎奎爲溝瀆溝瀆與水潦之象也○鳶於專反【疏】注丘隰至女災○正義曰丘隰水潦及禾稼不熟此地災也乃多女災人災也以其水氣多故也行冬令，則風寒不時，鷹隼蚤鷙，四鄙入保。丑之氣乘之也丑爲鼈蟹之屬而寒氣害之也鷹隼得寒氣之始也蚤鷙鷙擊也○隼息尹反鷙音至保音寶本亦作堡同【疏】注丑之至早鷙○正義曰以丑之月建大寒中故多風寒此天災也鷹隼蚤鷙此物災也四鄙入保此人災也

中央土。火休而盛德在土也○休火虬反【疏】中央土○正義曰夫四時五行同是天地所生而四時是氣五行是物氣是輕虛所以麗天物體質碍所以屬地四時係天年有三百六十日則春夏秋冬各分居九十日五行分配四時布於三百六十日間以木配春以火配夏以金配秋以水配冬以土則每時輒寄王十八日也雖每分寄而位本未宜處於季夏之末金火之間故在此陳之也其日戊己。戊之言茂也己之言起也日之行四時之間從黃道月爲之佐至此萬物皆枝葉茂盛其含秀者抑屈而起故因以爲日名焉【疏】其日戊己○正義曰鄭注云日之行四時之間從黃道者以五行之主不可沒其生用之功故因亦爲之按考靈曜云日月星辰在黃道之西遊也日依常行而行在黃道之東至季春之間日從在西遊至季夏之末而實爲四行之主在黃道之東是春夏之間日從

黃道夏則星辰北遊謂星辰在黃道之北遊也日依常行在黃道之南至季夏星辰入黃道復正位日依常行黃道至夏秋之間日從黃道也秋則星辰東遊謂星辰在黃道東遊日依常行在黃道之西至季秋星辰入黃道還復正位日依黃道而行至秋冬之間日從黃道也冬則星辰南遊謂星辰在黃道南遊日依常行在黃道之北至季冬星辰入黃道還正位日依常行黃道至冬春之間日從黃道也鄭注洪範云四時之間合於黃道也月之行道與日同故云月爲之佐也

其帝黃帝。其神后土。此黃精之君土官之神自古以來著德立功者也黃帝軒轅氏也后土亦顓頊氏之子曰黎兼爲土官〔疏〕注后土至土官○正義曰按昭二十九年左傳云顓頊氏有子曰黎爲祝融共工氏有子曰句龍爲后土后土爲土官知此經后土非句龍而爲犂者以句龍初爲后土後轉爲社后土官闕犂則兼之故鄭注大宗伯云犂食於火土以宗伯別云社稷又云五祀句龍爲社神則不得又爲五祀故云犂兼也

其蟲倮。象物露見不隱藏虎豹之屬恒淺毛○倮力果反又乎瓦反見賢遍反〔疏〕注象物至淺毛○正義曰大戴禮及樂緯云鱗蟲三百六十龍爲之長羽蟲三百六十鳳爲之長毛蟲三百六十麟爲之長介蟲三百六十龜爲之長倮蟲三百六十聖人爲之長云象物露見不隱藏者案仲夏云可以居高明可以處臺榭至六月土王之時物轉盛大露見不隱藏也云虎豹之屬恒淺毛者諸鄭之所云皆象四時之物與鱗羽毛介相似者言之不取五靈之長故中央不言人西云狐貉之屬東方兼言蛇北方兼言龜是不取五靈也

其音宮。聲始於宮宮數八十一屬土者以其最濁君之象也季夏之氣和則宮聲調樂記曰宮亂則荒其君驕〔疏〕注聲始至之象○正義曰按律麻志五聲始於宮陽數極於九九九相乘故數八十一以五聲中最尊故云以其最濁君之象也

律中黃鍾之宮。黃鍾之宮最長也十二律轉相生五聲具終於六十焉季夏之氣至則黃鍾之宮應禮運曰五聲六律十二管還相爲宮〔疏〕律中至之宮○正義曰黃鍾之宮於諸宮爲長季夏土王其聲最重謂土之聲氣應此黃鍾之宮聲非黃鍾一聲也故特云律中者黃鍾之宮也黃鍾候氣之管本位在子此是黃鍾宮聲與中央土聲相應但土無候氣之法取黃鍾宮聲以應土耳非候氣也故賀瑒云黃鍾是十一月管何緣復應此月正以土義居中故虛設律於其月實不用候氣也十二律互相爲宮據律主言之也崔靈恩云凡陰陽之管合有十二律律各爲一調迭相爲宮而生五聲合而成樂黃鍾宮最長爲聲調之始十二宮之主宮音者是五音之長故與黃鍾之調宮聲相應此論宮聲相應非論候此月氣之相應是以注云季夏氣至則黃鍾之宮應不直云黃鍾之律應也然則直言律應不言宮者明主爲所候之氣應也直言律中黃鍾之宮不言律應者明謂中央土聲與黃鍾爲宮音相應非爲氣應也故鄭引禮運云迭相爲宮以證之也四時之律皆取氣應而土王之律獨取聲應者一者欲與四行爲互二者爲無別候土氣之管故也土無候氣之管者以寄王四季之末故從四時之管而不別候也唯以四行末十八日爲土之氣也蔡氏及熊氏以爲黃鍾之宮謂黃鍾少宮也半黃鍾九寸之數管長四寸五分六月用爲候氣按六月林鍾之律長六寸七月夷則長五寸三分有餘何以四寸五分之律於六月候之乎又土聲最濁何得以黃鍾半聲相應乎蔡熊之說非也○注黃鍾至爲宮○正義曰不云黃鍾律最長而云黃鍾之宮最長者唯黃鍾宮聲於諸宮最長故云之宮也云十二律轉相生五聲具終於六十者故黃鍾之調均則黃鍾爲宮黃鍾生林鍾林鍾生大蔟大蔟爲商大蔟生南呂爲羽南呂生姑洗爲角此是黃鍾一調之五聲凡十二律律各有五聲則摠有六十聲故云終於六十聲至禮運更具詳之云季夏氣至則黃鍾之宮應者謂季夏土聲與黃鍾之宮聲相應以其非實候氣故不云黃鍾之律應或本云律應者誤也引禮運還相爲宮者證所明十二律循環爲宮聲調則具而此經得黃鍾之宮

其數五。土生數五成數十但言五者土以生爲本

其味甘。其臭香。土之臭味也凡甘香者皆屬之

其祀中霤。祭先心。中霤猶中室也土主中央而神在室古者複穴是以名室爲霤云祀之先祭心者五藏之次心次肺至此心爲尊也祀中霤之禮設主於牖下乃制心及肺肝爲俎其祭肉心肺肝各一他皆如祀戶之禮○霤力又反複方服反藏才浪反〔疏〕注中霤至之禮○正義曰鄭意言中霤猶中室乃是開牖象中霤之取明則其地不當棟而在室之中央故喪禮云浴於中霤飯於牖下明中霤不關牖下也主中央而神在室者所以必在室中祭土神之義也土五行之主故其神在室之中央也是明中霤所祭則土神也故杜注春秋云在家則祀中霤在野則爲社也又郊特牲云家主中霤而國主社社神亦中霤神也云古者複穴是以名室爲霤云者解所以謂室中爲中霤之由也古者謂未有宮室之時也復穴者謂窟居也古者窟居隨地而造若平地則不鑿但累土爲之謂之爲複言於地上重復爲之也若高地則鑿爲坎謂之爲穴其形皆如陶竈故詩云陶復陶穴是也故毛云陶其土而復之陶其壞而穴之鄭云復者復於土上鑿地曰穴皆如陶然故庾蔚云複謂地上累土謂之穴則穿地也復穴皆開其上取明故雨霤之是以後因名室爲中霤也云祀之先祭心者五藏之次心次肺至此心爲尊也云祀中霤之禮設主於牖下者開牖象霤故設主於牖下也五祀皆先席於室之奥此不言者前祀戶注已備言也此別設主當廟室牖內之下而北嚮也云乃制心及肺肝爲俎其祭肉心肺肝各一他皆如祀戶之禮者亦祭竟徹之更陳鼎俎迎尸如祭戶也

天子居大廟大室。乘大路。駕黃駵。載黃旂。衣黃衣。服黃玉。食稷與牛。其器圜以閎。大廟大室中央室也大路殷路也車如殷路之制而飾之以黃稷五穀之長牛土畜也器圜者象土周帀於四時閎讀如紘紘謂中寬象土含物○圜音于權反閎音宏長丁丈反畜呼又反下金畜同〔疏〕注大廟至含物○正義曰按考工記云周人明堂東西九筵南北七筵凡室二筵則五室並皆二筵無大小也今中央室稱大室者以中央是土室土爲五行之主尊之故稱大以夏之世室則四旁之室皆南北三步東西三步三尺中央土室南北四步東西四步四尺則周之明堂亦應土室在中央大於四角之室也但文不具耳云大路殷路者明堂位文也形制似殷之路者但服色尚黃飾之黃耳四時用鸞路此用大路者以土五行之主故取尊大之名乘殷之大路又尚質之義春有青蒼兩色夏有朱赤二色此及秋惟有黃白不更加他色者黃與白更無餘色相涉故不言之耳牛土畜者按易乾爲馬坤爲牛又五行傳云思之不睿則有牛禍是牛屬土也云器圜者象土周匝於四時者方則有所不足圜則無所不覆故云象土周匝於四時云閎讀如紘紘謂中寬者祭義云天子冕而朱紘故讀從此紘謂組上屬於冕屈從頤下度而還上屬於冕以中央寬緩象土之含物也故云中寬象土含物也

孟秋之月。日在翼。昏建星中。旦畢中。孟秋者日月會於鶉尾而斗建申之辰也〔疏〕孟秋至畢中○正義曰按三統麻七月節日在張十八度昏斗四度中去日一百一十四度旦畢八度中七月中日在翼十五度昏斗十六度中去日一百一十一度旦井初度中元嘉麻七月節日在張五度昏箕二度中旦胃二度中七月中日在翼十度昏斗三度中旦昴七度中

其日庚辛。庚之言更也辛之言新也日之行秋西從白道成熟萬物月爲之佐萬物皆肅然改更秀實新成又因以爲日名焉

其帝少皡。其神蓐收。此白精之君金官之臣自古以來著德立功者也少皡金天氏蓐收少皡氏之子曰該爲金官○少詩召反注下放此少皡黃帝之子蓐音辱〔疏〕注少皡至金官○正義曰案此秋云其帝少皡在西方金位左傳昭元年云昔金天氏有裔子曰昧爲玄冥師生允格臺駘稱金天氏與少皡金位相當故少皡則金天氏也又帝王世紀少皡帝號曰金天氏云少皡氏之子曰該爲金官者按左傳昭二十九年蔡墨云少昊氏之子該又云該爲蓐收是爲金神佐少皡於秋蓐收者言秋時萬物摧辱而收斂

其蟲毛。象物應涼氣而備寒狐貉之屬生旃毛也○應應對之應貉戶各反依字作貈旃之然反

其音商。三分徵益一以生商商數七十二屬金者以其濁次宮臣之象也秋氣和則商聲調樂記曰商亂則陂其官壞○陂彼義反〔疏〕注三分至官壞○正義曰按律麻志云徵數五十四三分之則一分有十八今於徵數五十有四更加十八是商數七十二也凡五聲濁者尊清者卑爲商聲之濁次於宮宮既爲君商則爲臣故云以其濁次宮臣之象也引樂記云者證商爲臣之義云商亂則陂者謂商聲雜亂感動人心令情性傾陂情既不正是以官司敗壞也

律中夷則。孟秋氣至則夷則之律應夷則者大呂之所生也三分去一律長五寸七百二十九分寸之四百五十一周語曰夷則所以詠歌九則平民無貳〔疏〕注夷則至無貳○正義曰大呂長八寸二百四十二分寸之一百四三分去一下生夷則故夷則律長五寸七百二十九分寸之四百五十一也六寸去二寸餘有四寸在又大呂一寸爲二百四十三分今每寸更三分之則一寸爲七百二十九分兩个整寸總有一千四百五十八分其大呂二百四十三分寸之一百四每又三分之此一百四爲三百一十二分益前一千四百五十八則總爲一千七百七十分下生三分去一分作三分則每一分得五百九十去其一分五百九十餘有一千一百八十在是其積分以七百二十九分爲一寸益前四爲五寸餘有四百五十一分在故云夷則律長五寸七百二十九分寸之四百五十一也引周語以下者證夷則之義按周語注云乾九五用事夷平則法也言法度平故可詠歌九功之法平民使不貸也

其數九。金生數四成數九但言九者亦舉其成數

其味辛。其臭腥。金之臭味也凡辛腥者皆屬焉

其祀門。祭先肝。秋陰氣出祀之於門外陰也祀之先祭肝者秋爲陰中於藏直肝肝爲尊也祀門之禮北面設主於門左樞乃制肝及肺心爲俎奠于主南又設盛于俎東其他皆如祭竈之禮〔疏〕注祀之至之禮○正義曰云祀之先祭肝者秋爲陰中於藏值肝者以陰氣始於五月終於十月其七月八月爲陰之中故云秋爲陰中其陽氣始於十一月終於四月正月二月爲陽中故正月云春爲陽中然陰中之時兼有陽陽中之時兼有陰亦是陰陽之中也今五藏肺最在前心次之肝次之脾次之腎爲後肝在心肺

之下脾腎之上故云於藏值肝然脾在肺心肝之下腎之上則是上有肺心肝下唯有腎不當其中而云春爲陽中於藏值脾者但五行相次水則次木故春繼於冬腎後則次脾其火後則次土土後乃次金故秋不得繼夏由隔於土由此脾不得繼肺隔於心也爲此肝之上有肺有心脾之下唯有腎俱得爲藏之中也云北面設主於門左樞者謂廟門外左樞北面以在門外故王得南鄉而北面設之云乃制肝及肺心爲俎奠于主南設盛於俎東者皆約中霤禮文也其他皆如祭竈之禮也謂祭心肺肝各一及祭醴三并設席於奧迎尸之屬也○涼風至。白露降。寒蟬鳴。鷹乃祭鳥。用始行戮。皆記時候也寒蟬寒蜩謂蜺也鷹祭鳥者將食之示有先也既祭之後不必盡食若人君行刑戮之而已○戮音六蜩大彫反蜺五分反寒螿〔疏〕注寒蟬至而已○正義曰按釋蟲云蜺寒蜩郭景純云寒螿也似蟬而小青赤云鷹祭鳥者將食之示有先者謂鷹欲食鳥之時先殺鳥而不食與人之祭食相似猶若供祀先神不敢即食故云示有先也云既祭之後不必盡食若人君行刑戮之而已者以經用始行戮不據事以經唯記時候謂鷹祭鳥之後殺鳥不必盡食猶若人君行刑但戮之而已以人君行戮明鷹之殺言鷹於此時始行戮鳥之事○天子居總章左个。乘戎路。駕白駱。載白旂。衣白衣。服白玉。食麻與犬。其器廉以深。總章左个大寢西堂南偏戎路兵車也制如周革路而飾之以白白馬黑鬣曰駱麻實有文理屬金犬金畜也器廉以深象金傷害物入藏○總子孔反駱音洛鬣音獵本亦作髦音毛又一本作旄毛也○是月也。以立秋。先立秋三日。大史謁之天子曰。某日立秋。盛德在金。謁告○先悉薦反天子乃齊。立秋之日。天子親帥三公。九卿。諸侯。大夫。以迎秋於西郊。還反。賞軍帥武人於朝。迎秋者祭白帝白招拒於西郊之兆也軍帥諸將也武人謂環人之屬有勇力者○帥於類反下同本或作帥注放此朝直遙反拒音矩將子匠反下同天子乃命將帥。選士厲兵。簡練桀俊。專任有功。以征不義。征之言正也伐也詰誅暴慢。以明好惡。順彼遠方。詰謂問其罪窮治之也順猶服也○詰去吉反好惡並如字上呼報反下烏路反是月也。命有司。脩法制。繕囹圄。具桎梏。禁止姦。慎罪邪。務搏執。順秋氣政尚嚴○繕市戰反邪似嗟反搏音博命理瞻傷。察創。視折。理治獄官也有虞氏曰士夏曰大理周曰大司寇創之淺者曰傷○創初良反注同審斷決。獄訟必端平。端猶正也○審斷決丁亂反下同蔡徒管反一讀絕句決字下屬戮有罪。嚴斷刑。天地始肅。不可以贏。肅嚴急之言也贏猶解也○贏音盈注同解古賣反是月也。農乃登穀。天子嘗新。先薦寢廟。黍稷之屬於是始孰〔疏〕是月至寢廟○正義曰按仲秋云以犬嘗麻今不云牲者皇氏云不云牲記文古也命百官始收斂。順秋氣收斂物完隄坊。謹壅塞。以備水潦。備者備八月也八月宿直畢畢好雨○完胡官反隄本又作堤丁兮反防本又作坊音房壅於勇反好呼報反脩宮室。坏牆垣。補城郭。象秋收斂物當藏也○坏步回反垣音袁是月也。毋以封諸侯。立大官。毋以割地。行大使。出大幣。古者於嘗出田邑此其月也而禁封諸侯割地失其義○使疏吏反〔疏〕注古者至其義○正義曰按祭統古者於嘗也出田邑嘗謂秋祭於此嘗祭之時王者割出田邑以與諸侯今正是嘗祭之月而禁封諸侯及割地之事故云失其義也鄭唯偏云不封諸侯及割地失其義則毋立大官毋行大使毋出大幣爲得禮以其收斂之月故也○孟秋行冬令。則陰氣大勝。亥之氣乘之也介蟲敗穀。介甲也甲蟲屬冬敗穀者稻蟹之屬○介音界注同蟹胡買反戎兵乃來。十月宿直營室營室之氣爲害也營室主武事〔疏〕孟秋至乃來○正義曰陰氣大勝天災介蟲敗穀地災戎兵乃來人災也○注介甲至之屬○正義曰按越語云越伐吳吳王使王孫雄請成於越越王欲許之范蠡不許王孫雄謂范蠡曰先人有言曰無助天爲虐助天爲虐者不祥今吳稻蟹無遺種子將助天爲虐乎注稻蟹謂蟹食稻也○注營室至武士○正義曰按元命包云營室星十六度主軍之糧是主武事也行春令。則其國乃旱。寅之氣乘之也雲雨以風除也陽氣復還。五穀無實。陽氣能生而不能成○復還扶又反下音環又音旋〔疏〕其國至無實○正義曰其國乃旱陽氣復還天災也五穀無實地災也行夏令。則國多火災。巳之氣乘之也寒熱不節。民多瘧疾。瘧疾寒熱所爲也今月令瘧疾爲疾疫○瘧魚略反〔疏〕國多至瘧疾○正義曰國多火災寒熱不節天災也民多瘧疾人災也仲秋之月。日在角。昏牽牛中。旦觜觿中。仲秋者日月會於壽星而斗建酉之辰也○觜子斯反又子髓反觿戶圭反又戶規反〔疏〕仲秋至觿中○正義曰三統麻八月節日在軫十二度昏斗二十六度中去日一百六度旦井二度中八月中日在角十度昏女三度中去日一百六度旦井二十一度中按元嘉麻八月節日在翼十七度昏斗十四度中旦畢十六度中八月中日在軫十五度昏斗二十四度中旦井九度中其日庚辛。其帝少皞。其神蓐收。其蟲毛。其音商。律中南呂。其數九。其味辛。其臭腥。其祀門。祭先肝。南呂者大蔟之所生三分去一律長五寸三分寸之一仲秋氣至則南呂之律應周語曰南呂者贊陽秀物〔疏〕注南呂至秀物○正義曰大蔟長八寸三分去一下生南呂三寸去一寸六寸去二寸得四寸又有整二寸在分一寸作三分二寸爲六分更三分去一餘有四分在以三分爲一寸益前四寸爲五寸仍有一分在故云南呂律長五寸三分寸之一也引周語曰以下者證南呂之義按周語注坤六二也南任也陰任陽事助成萬物贊佐也陰佐陽秀成物也○盲風至。鴻鴈來。玄鳥歸。羣鳥養羞。皆記時候也盲風疾風也玄鳥燕也歸謂去蟄也凡鳥隨陰陽者不以中國爲居羞謂所食也夏小正曰九月丹鳥羞白鳥說曰丹鳥也者謂丹良也白鳥也者謂閩蚋也其謂之鳥者重其養者也有翼爲鳥養也者不盡食也二者文異羣鳥丹良未聞孰是○盲亡庚反閩音文依字作蟁又作蚊蚋人銳反又如悅反養餘亮反下同〔疏〕注盲風至孰是○正義曰盲風疾風者皇氏云秦人謂疾風爲盲風玄鳥鷙者釋鳥文玄鳥歸爲仲秋之候玄鳥至爲仲春之候由別與郊禖爲候或可仲春時候非一故記時候之中不載玄鳥云凡鳥隨陰陽者不以中國爲居者凡鳥鴻鴈之屬也故季秋云鴻鴈來賓言來賓是不以中國爲居皇氏之說郎兼云玄鳥以其稱歸故也然玄鳥之蟄不遠在四夷而云不以中國爲居者他物之蟄近在本處今玄鳥之蟄雖不遠在四夷必於幽僻之處非中國之所常見故云不以中國爲居也云羞謂所食者按夏小正云羞者進也若食之珍羞相似故云羞謂所食者也云夏小正曰九月丹鳥羞白鳥者今按大戴禮八月丹鳥羞白鳥今云九月者鄭所見本異也丹鳥以白鳥爲珍羞故云丹鳥羞白鳥云說曰丹鳥也者以下至不盡食皆小正文白鳥也者謂閩蚋也其謂之鳥者重其所養者丹良是蟲乃謂之鳥是重其所養之物不盡食之雖蟲而爲鳥也但未知丹良竟是何物皇氏以爲丹良是螢火今按爾雅釋蟲郭氏等諸釋皆不云螢火是丹良未聞皇氏何所依據云二者文異羣鳥丹良未聞孰是者月令云羣鳥養羞夏小正云丹鳥羞白鳥是二者文異月令云羣鳥夏小正說者云丹良故云羣鳥丹良未聞孰是○天子居總章大廟。乘戎路。駕白駱。載白旂。衣白衣。服白玉。食麻與犬。其器廉以深。總章大廟西堂當大室也○是月也。養衰老。授几杖。行糜粥飲食。助老氣也行猶賜也○糜亡皮反粥之六反字林羊六反○乃命司服。具飭衣裳。文繡有恒。制有小大。度有長短。此謂祭服也文謂畫也祭服之制畫衣而繡裳○飭丑力反後放此衣服有量。必循其故。此謂朝燕及他服凡此爲寒益至也詩云七月流火九月授衣於是作之可也○量音亮下度量同朝直遙反爲于僞反下爲民同冠帶有常。因制衣服而作之也○乃命有司。申嚴百刑。斬殺必當。毋或枉橈。枉橈不當。反受其殃。申重也當謂值其罪○當丁浪反下不當及注同枉紆往反橈女教反又乃絞反字林作撓非重直用反〔疏〕是月至其殃○正義曰此論養老及制衣服之事皆此月所爲故言是月所命有司斬殺必當雖異衣服養老但此事起孟秋此月申嚴而已故附於養老衣服之下不更別言是月也自乃命祝宰至先薦寢廟論循行犧牲享祭上帝并離以達秋氣犬以嘗麻至是祠祀之事事異於上故言是月自可以築城郭至行罪無疑論築造城邑收斂積聚勸課種麥爲農爲民亦事異於上故云是月自日夜分至角斗甬論晝夜既等齊平度量又事異於前故言是月自易關市至慎因其類論秋物新成使民財豐備無逆于天有順於時亦事異於前故言是月○注此謂至繡裳○正義曰此云文

繡又下文別云衣服有量故鄭知此經謂祭服也經云具飭衣裳飭謂正也言備具正理衣裳云文謂畫也者以經文與繡相對祭服裳繡而衣畫故以文爲畫也云祭服之制畫衣而繡裳者按尚書咎繇謨云予欲觀古人之象日月星辰山龍華蟲作會是衣畫也宗彝藻火粉米黼黻絺繡是裳繡也畫色輕故在衣以法天繡色重故在裳以法地也○衣服有量必循其故○正義曰此朝燕等之衣服小大長短及制度采色皆有度量必因循故法也不得別更改造此云循其故上云文繡有恒恒則故也但上是祭服委曲言之○注此謂至之可○正義曰上是祭服故知此是朝燕也及他服者謂戰伐田獵等之服引詩七月流火者證寒之益至故作衣施此詩是豳風周公所作周公因管蔡流言遂陳先公居豳化之事言七月之時火星西流九月之時常授民以衣服○注申重至其罪○正義曰申重也釋詁文云當謂值其罪者言斷決罪人之時必須當值所犯之罪經云枉橈不當枉謂違法曲斷橈謂有理不申應重乃輕應輕更重是其不當也

○是月也。乃命宰祝。循行犧牲。視全具。案芻豢。瞻肥瘠。察物色。必比類。量小大。視長短。皆中度。五者備當。上帝其饗。於鳥獸肥充之時宜省羣牲也宰祝大宰大祝主祭祀之官也養牛羊曰芻犬豕曰豢五者謂所視也所按也所瞻也所察也所量也此皆得其正則上帝饗之上帝饗之而無神不饗也○行下孟反芻初俱反草也豢音患養也以所食得名瞻音占瘠在亦反中丁仲反〔疏〕乃命至其饗○正義曰此月鳥獸肥充因宜省視故命之循行犧牲以下之事也○視全具者亦宰祝所視也下皆然王肅云純色曰犧體完曰全○按芻豢者食草曰芻食穀曰豢皆按行之也瞻肥瘠者瞻亦視也肥充也瘠瘦也○察物色者物色騂黝之別也周禮陽祀用騂陰祀用黝望祀各以其方之色也○必比類者已行故事曰比品物相隨曰類五方本異其色是比也大皞配東亦用青是其類也○量小大者大謂牛羊豕成牲者小謂羔豚之屬也○視長短者謂天地之牛角繭栗宗廟之牛角握之屬也○五者備當上帝其饗者上帝天也若事事當法則天神饗之也○注宰祝至曰豢○正義曰按周禮大宰職祀五帝則掌百官之誓戒及執事眡滌濯及納亨贊王牲事故鄭知此視牲由大宰云養牛羊曰芻犬豕曰豢者按充人云祀五帝繫於牢芻之三月是牛羊曰芻按樂記云豢豕爲酒周禮犬人云掌豢祭祀之犬是犬豕曰豢

○天子乃難。以達秋氣。此難難陽氣也陽暑至此不衰害亦將及人所以及此人者陽氣左行此月宿直昴畢昴畢亦得大陵積尸之氣佚則厲鬼亦隨而出行於是亦命方相氏帥百隸而難之王居明堂禮曰仲秋九門磔禳以發陳氣禦止疾疫○難乃多反注同〔疏〕注此難至疾疫○正義曰季冬及季春難皆難陰氣也恐此亦難陰氣故云難陽氣言陽氣至此不衰害亦將及人也秋涼之後陽氣應退至此不退是涼反熱故害及於人云亦將及人者亦謂對季春言季春之時陰氣右行日在昴畢之間得大陵積尸之氣故爲災今此月陽氣左行至於昴畢亦得大陵積尸之氣故云亦將及人云陽氣左行此月宿直昴畢者以天左旋星辰與斗建循天而行此月斗建在酉酉是昴畢本位故云宿直昴畢也其八月合昏之時斗柄建指昴畢木位其昴畢之星於時在寅云氣佚則厲鬼隨而出行者大陵既爲積尸秋時又得陽氣增益疾病應氣相感故厲鬼隨而出行云亦命方相氏者亦季冬以周禮季冬命方相氏故云亦也引王居明堂禮者證仲秋難義云以發陳氣者謂秋時涼氣新至發去陽之陳氣防禦禁止疾疫之事也既引明堂禮仲秋九門磔禳則此亦磔禳也但文不備耳季冬云大難明九門磔禳季冬稱大則貴賤皆爲也季春云國難熊氏云唯天子諸侯有國爲難此云天子乃難唯天子得難以其難陽氣陽是君象則諸侯以下不得難陽氣也按陰氣陽氣至大陵俱致積尸疫氣按十一月陽氣至于危虛而不難十二月陰氣至于虛危而爲難者以十一月陽氣初起未能與陰相競故無疫疾可難六月宿直柳鬼陰氣至微陰始動未能與陽相競故無疾害可難也季冬亦陽初起而爲難者以陰氣在虛危又是一歲之終總陰疫氣故爲難也其磔禳之牲按小司徒職云小祭祀奉牛牲又牧人凡毀事用駹可也是則用牛也羊人云凡沈辜侯禳共其牲犬人云凡幾珥沈辜用駹可也雞人云面禳共其雞牲則用羊用犬用雞也蓋大難用牛其餘雜大者用羊用犬小者用雞此皆熊氏之說也

○以犬嘗麻。先薦寢廟。麻始熟也

○是月也。可以築城郭。建都邑。穿竇窖。脩囷倉。爲民將入物當藏也穿竇窖者入地隋曰竇方曰窖王居明堂禮曰仲秋命庶民畢入于室曰時殺將至毋罹其災○竇音豆窖古孝反囷丘倫反隋他果反謂狹而長〔疏〕注隋曰至其災○正義曰隋者似方非方似圓非圓以其名竇與窖相似故云隋曰竇方曰窖者竇既爲隋圓故以窖爲方也引王居明堂禮證此月築城郭建都邑之意云殺氣將至無罹其災者於此仲秋之時戒勅於民曰此時殺害氣將欲至民當入室無在田野罹被其災按豳詩十月之後云嗟我婦子曰爲改歲入此室處此仲秋已入室者但仲秋之時耘鋤既了暫時入室以避陰災未盡成熟須出野收斂至十月之後又入室避寒所以不同

○乃命有司。趣民收斂。務畜菜。多積聚。始爲禦冬之備○趣七住反本又作趨又七錄反務畜丑六反

乃勸種麥。毋或失時。其有失時。行罪無疑。麥者接絕續乏之穀尤重之〔疏〕注麥者至重之○正義曰前年秋穀至夏絕盡後年秋穀夏時未登是其絕也夏時人民糧食闕短是其乏也麥乃夏時而熟是接其絕續其乏也尤重之者以黍稷百穀不云勸種於麥獨勸之是尤重故也蔡氏云陽氣初胎於酉故八月種麥應時而生也

○是月也。日夜分。雷始收聲。蟄蟲坏戶。殺氣浸盛。陽氣日衰。水始涸。又記時候也雷始收聲在地中動內物也坏益也蟄蟲益戶謂稍小之也涸竭也此甫八月中雨氣未止而云水竭非也周語曰辰角見而雨畢天根見而水涸又曰雨畢而除道水涸而成梁辰角見九月本也天根見九月末也王居明堂禮曰季秋除道致梁以利農也○坏音陪浸子鴆反涸戶各反見賢遍反下同〔疏〕注雷始至利農○正義曰知動內物者以雷是陽氣主於動不惟地中潛伏而已至十一月一陽初生震下坤上復卦用事震爲動坤爲地是動於地下是從此月爲始故云動內物也云蟄蟲益戶稍小之者戶謂穴也以土增益穴之四畔使通明處稍小所以然者以陰氣將至此以坏之稍小以時氣尚溫猶須出入故十月寒甚乃閉之也云此甫八月中雨氣未止而云水竭非也者甫始也以雨畢在九月之初今此始八月之中對九月爲始八月宿直昴畢畢星主雨故云雨氣未止令言水竭非也引周語以下者證九月水始涸不得在八月也云辰角見而雨畢注云辰角大辰蒼龍之角角星名見者朝見東方穀氣日盛雨氣盡也云天根見而水涸者注云天根亢氐之間謂寒露雨畢之後五日天根朝見水潦盡竭又云雨畢而除道水涸而成梁者以國語上文既云水涸下又云水畢除道故云又曰所以除道治梁者國語注治道所以便行旅通也成梁所以使民不涉皆國語文云辰角見九月本天根見九月末此鄭之言也九月本謂九月之初也按律厤志角十二度亢九度天根在亢之後辰角與天根相去二十一度餘日校一度則九月本與九月末相去二十一日有餘也而韋昭注國語辰角見雨畢之後五日天根見不同者蓋辰角見後雨以漸而畢畢後五日始天根見中間亦校二十餘日也非謂辰角見後五日則天根見也國語皆謂朝見以今管厤驗之亦然而皇氏云九月之時辰角天根昏見東方未聞也不知何意如此之說此周語所云單襄公聘宋假道於陳見靈公與孔寧儀行父如夏氏單襄公歸告周定王之辭也鄭又引王居明堂禮以下者證雨畢水涸在季秋也云除道致梁以利農者農既收刈當運輦故法地治道水上爲梁便利民之轉運故云以利農也

○日夜分。則同度量。平權衡。正鈞石。角斗甬。

是月也。易關市。來商旅。納貨賄。以便民事。四方來集。遠鄉皆至。則財不匱。上無乏用。百事乃遂。易關市謂輕其稅使民利之商旅賈客也匱亦乏也遂猶成也○易以豉反注同便婢面反匱其位反注同賈音古又古雅反

○凡舉大事。毋逆大數。必順其時。慎因其類。事謂興土功合諸侯舉兵眾也季夏禁之孟秋始征伐此月築城郭季秋教田獵是以於中爲之戒焉〔疏〕是月至其類○正義曰關市之處輕其賦稅不爲飾變是易關市也關市既易則商旅自來是來商旅也商旅既來則貨賄自入於是納貨賄也以此之故便利民人之事四方撫來聚集遠鄉於是皆至貨賄既多則庫財不匱所須皆供故國無乏用上下豐足故百事乃遂遂成也百事皆成於此之時興舉其事無逆天之大數必須順其陰陽之時謹慎因其事類不可煩亂妄爲○注事謂至戒焉○正義曰以此月云築城郭故云事謂興土功孟秋云始征伐季秋云教田獵故云合諸侯舉兵眾也但此月上有孟秋始征伐下以季秋教田獵故云是以於中爲之戒焉

○仲秋行春令。則秋雨不降。卯之氣乘之也卯宿直房心心爲大火草木生榮。應陽動也○應應對之應國乃有恐。以火訛相驚○恐丘勇反〔疏〕仲秋至有恐○正義曰秋雨不降天災草木生榮地災國乃有恐人災○注宿直房心心爲大火○正義曰鄭云此者解仲秋行春令時雨不降之意仲秋是應雨之時令行春之令位當卯致大火之氣火是積陽故時雨不降○注以火訛相驚○正義曰以仲秋致仲春火氣故有火但仲秋爲金仲春爲木金能尅木又仲秋雨水水又尅火火竟不能爲害但以訛僞言語相驚故云以火訛相驚

行夏令。則其國乃旱。蟄蟲不藏。五穀復生。午之氣乘之也○復扶又反〔疏〕其國至復生○正義曰其國乃旱天災也蟄蟲不藏五穀復生地災也

行冬令。則風災數起。子之氣乘之也北風殺物○數所角反

收雷先行先猶蚤也冬主閉藏草木蚤死寒氣盛也〔疏〕風災至蚤死〇正義曰風災數起收雷先行天災草木蚤死地災也

禮記注疏卷十六挍勘記　阮元撰盧宣旬摘錄

月令

仲夏之月節　惠棟挍云仲夏節其日節小暑節天子節宋本合爲一節

仲夏至危中　惠棟挍宋本無此五字

五月節日在井十六度　惠棟挍宋本作節此本節誤五閩監毛本同衞氏集說同下五月節日在井三度同

旦危九度中　閩監毛本同衞氏集說同盧文弨挍云宋書作危七度是

其日丙丁節

小暑至節

鵙始鳴　惠棟挍宋本作鶪岳本同石經同釋文同此本鶪誤鵙閩監毛本同嘉靖本同衞氏集說同

鵙博勞也　閩監本同衞氏集說同考文引宋板同惠棟挍宋本鵙作鶪毛本鵙字同博作搏嘉靖本同岳本作鶪搏釋文出搏勞云音博又音伯〇按博搏皆雙聲假借

反舌百舌鳥　閩監毛本同岳本同衞氏集說同嘉靖本鳥作也

方言云　閩監毛本同盧文弨挍云據蓺文類聚非方言乃鄭志也段玉裁挍本亦云方言二字當作鄭志

譚魯以南　閩本同監毛本譚誤潭盧文弨挍潭改沛

謂之食厖　閩監毛本同盧文弨挍云食厖疑食疣

齊杞以東　閩監毛本同盧文弨挍本杞改濟

然名其子同云螵蜋也　閩本同監毛本蜋作蛸

云搏勞者　閩毛本同監本搏作博

百勞鳴將寒之候　閩監毛本同衞氏集說同惠棟挍宋本百作伯與詩箋同

蔡云蟲名鼃也　惠棟挍宋本作名此本名誤鳴閩監毛本同

又靡信云　閩本同考文引宋板同監毛本靡作麋是也

天子居明堂大廟節

天子居明堂太廟　閩監毛本同岳本太作大嘉靖本同衞氏集說同石經同注大廟太室同

是月也命樂師節

脩鞀鞞鼓　閩監本同岳本同衞氏集說同毛本脩作修嘉靖本同注放此

飭鍾磬柷敔　閩本同嘉靖本同衞氏集說同監毛本鍾作鐘岳本同釋文同

是月至柷敔　惠棟挍宋本無此五字

音之布告如歸灑　閩本同惠棟挍宋本歸作埽按埽字是也監毛本作音之變布如灑出盧文弨挍云本作音多變布如灑出也宋本亦譌

戈鉤子戟　惠棟挍宋本如此此本鉤子誤鈎孑閩監本鉤字同子誤孑衞氏集說同毛本亦作鉤孑

列管瓠中　閩監毛本同盧文弨云瓠當作匏

聲如鶯兒啼　閩本同監毛本鶯作嬰

簧者竽笙之名也　閩監毛本同衞氏集說同段玉裁挍本云名當作舌

釋名磬罄也　閩監毛本同考文引宋板名下有云字是也

中有椎柄連底桐之　惠棟挍宋本桐作挏閩監毛本同作撞衞氏集說同浦鏜挍云撞爾雅注作挏大孔切

命有司爲民祈祀節　惠棟挍云命有司節農乃登節令民節毋燒節挺重節游牝節宋本合爲一節

古者上公　惠棟挍宋本宋監本作公岳本同衞氏集說同此本公誤古閩監毛本同嘉靖本同浦鏜從假樂雲漢詩疏挍作古者上公以下考文引古本亦作古者上公以下

雩之正常以四月　閩本同監毛本常作當岳本、同嘉靖本同衞氏集說同

命有至穀實　惠棟挍宋本無此五字

故制禮此月爲雩　閩監毛本同衞氏集說同惠棟挍宋本月作時

不可偏祭一天　惠棟挍宋本作一是也衞氏集說同此本一誤之閩監毛本同

以自外至者無主不正　惠棟挍宋本作止此本作正閩監毛本同衞氏集說同

則龍見而雩是也　閩監毛本同考文引宋板龍見作能國誤也

服注云雩遠也　閩監毛本同考文引宋板云字闕

故僖十一年夏大旱是也　惠棟挍宋本同閩監毛本十上有二字案有二字是也

農乃登黍節

含桃櫻桃也　閩監毛本同岳本同嘉靖本同衞氏集說同惠棟挍宋本櫻下衍汝字又此本櫻字誤作櫻疏同各本皆作櫻釋文亦出櫻

黍稷於是始孰　閩監毛本孰作熟下未孰新孰同

毋燒灰節

毋燒灰　閩監毛本同岳本同嘉靖本同衞氏集說同案呂覽灰作炭

毋暴布　閩監本同岳本同嘉靖本同衞氏集說同毛本暴作㬥釋文出㬥布

不以陰功干大陽之事　閩本同岳本同嘉靖本同衞氏集說同監毛本大作太釋文出大陽

挺重囚節

益其食　閩監本同岳本同嘉靖本同衞氏集說同毛本食誤長考文引宋板作食

皇氏以爲增益囚之飲食　惠棟挍宋本同閩監毛本飲作飯

游牝別羣節

則縶騰駒　閩監毛本同岳本同嘉靖本同衞氏集說同石經同釋文出則執云蔡本作縶考文引古本縶作執

爲其牡氣有餘相蹄齧也　惠棟挍宋本牡作壯考文引古本足利本同岳本同嘉靖本同閩監毛本誤牝衞氏集說同

每閑馬有二百一十六匹　閩監毛本同衞氏集說同惠棟挍宋本匹作疋

是月也日長至節　惠棟挍云是月也日長至節君子節薄滋味節嗜欲節鹿角解節是月也毋用火節宋本合爲一節

是月至生分　惠棟挍宋本無此五字

君子齊戒節

進猶御見也　閩監毛本同衞氏集說同考文引古本猶作謂

或調律磨　閩本磨作厤監毛本作歷衞氏集說同〇按磨乃厤字之誤古多假磿爲厤戰國策厤室字史記樂毅傳作磨可證也

絲爲絃　閩本同惠棟挍宋本同監毛本絃作弦

冬至祭祭圜丘　閩本同監毛本祭字不重空缺一字衞氏集說作冬至祭天是也考文引宋本同

薄滋味節

注爲其至傷人　閩監毛本同惠棟挍宋本作注爲其氣異此時傷人

節耆欲節

節耆欲　閩監毛本同岳本同衞氏集說同嘉靖本初作耆後改嗜釋文出嗜欲石經作節嗜欲考文引古本足利本耆亦作嗜盧文弨挍云耆惠棟本改作嗜疑宋本亦作嗜也〇按嗜正字耆假借字

鹿角解節

木堇榮　閩監毛本同岳本同嘉靖本同衛氏集說同釋文出木堇考文引古本堇作槿宋正義標起止作槿

木槿至蒸也　閩監毛本同惠棟挍宋本蒸也作王蒸

假木槿　閩監毛本同盧文弨挍云椵當作檟

某氏云別三名　閩本同惠棟挍宋本同監毛本某誤郭三誤二

仲夏行冬令節

行春令節

則五穀晚熟　閩監毛本同衛氏集說同石經同岳本熟作孰嘉靖本同○按孰熟古今字

行秋令節

八月宿直昴畢爲天獄　閩監毛本同岳本同嘉靖本同衛氏集說同考文引古本爲上有昴字山井鼎云宋板入月宿直昴畢下後人補寫昴字不知據何本也嚴杰云考文所云古本多不足據開元占經云黃帝曰昴天牢獄也又云巫咸曰畢爲天獄是昴畢並爲天獄之證注文必不舍畢而言昴古本爲上有昴字非也

行秋至於疫　惠棟挍宋本無此五字

民殃於疫入災也　惠棟挍宋本此下標禮記正義卷第二十三終又記云凡二十五頁

季夏之月節　惠棟挍云季夏節其日節宋本合爲一節○惠棟挍宋本自此節起至合諸侯制百縣節止爲第二十四卷首題

季夏至奎中　惠棟挍宋本無此五字

日在井三十二度　閩監毛本同衛氏集說同盧文弨挍云宋書六月節日在鬼一度按此井三十二度當作井三十三差只一度

旦東壁八度中　閩監毛本同衛氏集說同盧文弨挍云宋書作壁六度是

其日丙丁節

溫風始至節　惠棟挍云溫風節天子節命澤人節宋本分澤人納材葦一句合上二節爲一節

腐草爲螢　閩監毛本同岳本同嘉靖本同衛氏集說同石經同釋文出腐草爲熒云本又作螢或作腐草化爲螢者非也洪頤煊九經古義補云按呂氏春秋淮南子周書時訓解皆有化字藝文類聚三引月令亦有化字○按有化字非也正義引蔡氏云鳩化爲鷹鷹還化爲鳩故偁化今腐草爲螢螢不復爲腐草故不偁化

鷹學習謂擸搏也　閩監毛本同岳本同嘉靖本同衛氏集說同惠棟挍宋本無謂字

但居其壁　閩監毛本同衛氏集說其作在

此六月何言有鷹學習乎　惠棟挍宋本作有此本有字闕閩監毛本有誤曰

腹下如火光　閩監毛本同衛氏集說同惠棟挍宋本無光字

天子居明堂右个節

又云凡取龜用秋時是夏之秋也者　閩監毛本如此此本云字空闕是夏之秋也者六字亦闕惠棟挍宋本無是夏之秋也者六字

言記之者非也　閩監毛本同惠棟挍宋本作言記者之非無也字

命澤人納材葦節　惠棟挍宋本是月也命四監以下爲一節案此本命澤人上不作○是連上爲一節是月也上作○是自爲節嘉靖本同衛氏集說命澤人納材葦句經注亦屬上節

北辰耀魄寶　閩監毛本作寶此本寶字闕

冬至所祭於圜丘也上帝大微五帝　閩監毛本同衛氏集說同惠棟挍宋本圜作圓大作太嘉靖本同岳本圓字同太亦作大

命四至祈福　惠棟挍宋本無此五字

自命婦官至等給之度　閩監毛本同惠棟挍宋本給作級

論禁斷餘事　閩監毛本如此此本論斷餘三字闕

自土潤溽暑　閩監毛本同惠棟挍宋本溽作辱

知百縣非諸侯　閩監毛本作知此本知字闕

更無別五帝之文　閩監毛本作無此本無字闕

是月也命婦官節　惠棟挍云是月也命婦官節黑黃節宋本合爲一節

命婦至差貸　惠棟挍宋本無此五字

若周則於夏豫浸治染纁元之石　閩監毛本如此此本豫字闕治作始衛氏集說作周則於夏豫浸治染纁元之色也

巳用謂之色此對文耳　閩監毛本如此此本巳用作色周耳誤章

黑黃倉赤節

黑黃倉赤　惠棟挍宋本同岳本同嘉靖本同閩監毛本倉作蒼衛氏集說同石經同石經考文提要云宋大字本九經南宋巾箱本余仁仲本劉叔剛本至善堂九經本皆作倉

以別貴賤等給之度　閩監毛本同嘉靖本同衛氏集說同岳本給作級石經同案石經作級蓋依呂覽

旌旗及章識也　閩監毛本作及岳本同嘉靖本同衛氏集說同此本及誤文

頳赤長終幅　閩監本作頳末衛氏集說同考文引宋板同與司常注合此本頳字闕毛本頳末誤貿未

是月也樹木方盛節　惠棟挍云是月也樹木方盛節毋舉大事節水潦節宋本合爲一節

乃命虞人　閩監毛本同岳本同嘉靖本同衛氏集說同陳澔集說本脫乃字石經考文提要云宋大字本宋本九經南宋巾箱本余仁仲本劉叔剛本皆有乃字

爲其未堅刃也　閩監毛本作刃岳本同嘉靖本同此本刃字闕衛氏集說同刃作韌

土雖寄王四季　閩監毛本同衛氏集說同惠棟挍宋本四上有於字

毋舉大事節

大事興徭役以有爲　閩監毛本同岳本同惠棟挍宋本監本徭作繇嘉靖本同衛氏集說同又與上有謂字釋文出徭役考文引古本事下有謂字

謂出繇役之令以預驚民也　惠棟挍宋本同宋監本同岳本同嘉靖本同閩監毛本繇作徭預作豫衛氏集說繇字同預亦作豫○按說文有豫無預

水潦盛昌節

動之則致害也　閩監毛本同岳本同嘉靖本同衛氏集說同考文引古本害上有災字盧文弨挍云災字挍疏亦有

未有東井　惠棟挍宋本同閩監毛本有作值衛氏集說同

干賽氣者　惠棟挍宋本作干此本干誤于閩監毛本同

若動地則致天災害　閩監毛本同惠棟挍宋本天作干衛氏集說同

是月也土潤溽暑節　惠棟挍云是月也土潤節可以糞田疇節宋本合爲一節

土潤溽暑　閩監毛本同岳本同嘉靖本同衛氏集說同石經同惠棟挍宋本溽作辱宋監本同考文引古本同釋文出辱暑云本或作溽此本作潤辱與惠棟挍宋本同各本俱作溽

謂塗溼也　閩監毛本作溼岳本作濕嘉靖本同衛氏集說同此本溼誤溫閩本同○按溼正字濕假借字

大雨至熱湯　惠棟挍宋本無此五字

土既潤辱　閩監毛本辱作溽

行猶通彼也　閩監毛本同衛氏集說同惠棟挍宋本彼作被

又蓄水潰之　閩監本同毛本又誤文衛氏集說作又畜水浸潰之

水熱而沫沸　閩監本作沫衛氏集說同此本沫誤涂閩本同

以茲其斫其生者　惠棟挍宋本亦作茲其與周禮注合閩本同監毛本茲其誤鐵具

夷之以鉤鎌　閩監毛本同惠棟挍宋本鎌作鐮

若今取茭矣　閩監毛本作茭此本茭作菱

以耜測凍土剗之　閩監毛本同惠棟挍宋本凍作湅浦鏜挍測改側○按段玉裁云以畟畟良耜傳箋證之則當作測浦鏜非也

可以糞田疇節

可以美土疆　惠棟挍宋本宋監本並作彊岳本同嘉靖本同石經同此本彊誤疆閩監毛本同衛氏集說同注放此釋文出土彊云注同此本疏中皆作彊不誤

土潤溽　閩監毛本同岳本同嘉靖本同衛氏集說同考文引宋板溽作辱古本同

土潤辱　閩監毛本辱作溽

季夏節

季夏至遷徙　惠棟挍宋本無此五字

行秋令節

邱隰至女災　惠棟挍宋本無此五字

及禾稼不熟此地災也　閩監毛本同惠棟挍宋本無此字衛氏集說同

行冬令節

風寒至入保　惠棟挍宋本無此五字

中央土節　惠棟挍云中央節其日節其蟲節其音節律中節其數節天子節宋本合爲一節

物體質礙　閩監毛本同惠棟挍宋本礙作凝衛氏集說作物體室礙

輒寄王十八日也　惠棟挍宋本作王此本王誤五閩監毛本王誤一

其日戊已節

其帝黃帝節

后土亦顓頊氏之子曰黎　毛本土誤氏黎作犂閩本監本衛氏集說本亦作犂考文引古本作藜餘本並作黎○按依說文當作黎假借作黎誤作藜俗省作犂

其蟲倮節

恒淺毛　閩監毛本作恒岳本同嘉靖本同衛氏集說同此本恒誤淺

案仲夏云　惠棟挍宋本作案閩本同此本案誤以監毛本同衛氏集說同

至六月土王之時　閩監本同衛氏集說同毛本時誤非考文引宋板作時

西云狐貉之屬　閩監毛本同衛氏集說同惠棟挍宋本貉作貉

律中黃鍾之宮節

律中黃鍾之宮　閩本同岳本同嘉靖本同衛氏集說同監毛本鍾作鐘石經同餘放此

案黃鍾之調均　惠棟挍宋本作案此本案誤故閩監毛本同

其數五節

是以名室爲霤云者　惠棟挍宋本作以此本以誤所閩監毛本同

故毛云陶其土而復之　閩監本同毛本云誤詩考文引宋板作云

鄭云復者復於土上　惠棟挍宋本作復此本復誤複閩監毛本同

故庾蔚云　段玉裁挍本云上有之字

複謂地上累土謂之穴　閩監毛本同段玉裁挍本下謂改爲盧文弨挍本亦云當作爲

天子居大廟大室節

器圜者象土周帀於四時　惠棟挍宋本作帀岳本作匝此本帀誤布閩監毛本同嘉靖本同衛氏集說同考文引古本帀作迊

閎讀如紘　閩監毛本同岳本同嘉靖本同衛氏集說同段玉裁挍本如改爲

象土周匝於四時者　惠棟挍宋本匝作帀閩監毛本匝誤布下周匝同

孟秋之月節

孟秋至畢中　惠棟挍宋本無此五字

昏箕二度中　閩監毛本同衛氏集說同盧文弨挍本云宋書箕三度非是下翼二度是

其日庚辛節

該爲蓐收　閩監毛本同衛氏集說同惠棟挍宋本蓐作辱下蓐收者同

言秋時萬物摧辱而收斂　閩本同監毛本辱作蓐衛氏集說同

其蟲毛節

今於徵數五十四上更加十八　惠棟挍宋本如此衛氏集說同此本四上誤有四閩監毛本同

爲商聲之濁次於宮　惠棟挍宋本如此衛氏集說無爲字聲字同此本無爲字聲誤音之字誤重閩監毛本無爲字聲誤音之字不重

謂商聲雜亂感動人心　惠棟挍宋本作雜亂此本雜亂誤足以閩監毛本同

律中夷則節

益前四寸爲五寸　惠棟挍宋本如此衛氏集說同此本上寸字脫閩監毛本同

其數九節

於藏直肝　惠棟挍宋本同宋監本同岳本同嘉靖本同考文引古本足利本同閩監毛本直作值○按古多以直爲值

其他皆如祭竈之禮也　閩監毛本同惠棟挍宋本也作者

及祭醴三　惠棟挍宋本作醴此本醴誤體閩監毛本及衛氏集說同

天子居總章左个節　惠棟挍云天子節宋本分其氣廉以深之上合孟秋節其日節其蟲節律中節其數節涼風節爲一節

駕白駱　閩監毛本作駱岳本同嘉靖本同衛氏集說同石經同此本駱誤輅釋文出白駱

是月也以立秋節　惠棟挍云是月也以立秋節命百官節宋本合爲一節

順彼遠方　閩監毛本作遠岳本同嘉靖本同衛氏集說同石經同此本遠誤還

察創視折　閩監毛本作折岳本同嘉靖本同衛氏集說同此本折誤析

是月至寢廟　惠棟挍宋本無此五字

完隄坊　閩監毛本同衛氏集說同岳本坊作防嘉靖本同釋文出防云本又作坊石經考文提要云宋本九經南宋巾箱本皆作防

八月宿直畢　閩監毛本作直岳本同嘉靖本同衛氏集說同此本直誤在

坏牆垣　閩監毛本同岳本同嘉靖本同衛氏集說同釋文同石經牆垣二字倒石經考文提要云坊本作垣牆此沿唐石經之誤宋大字本宋本九經南宋巾箱本余仁仲本劉叔剛本皆作牆垣

此其月也而禁封諸侯割地　惠棟挍宋本如此岳本同嘉靖本同衛氏集說同考文引古本足利本同此本月也而禁四字闕閩監毛本補嘗並秋而禁五字其嘗並秋三字誤也宋監本亦作此其月也無秋字

孟秋行冬令節

營室主武事　閩監毛本同嘉靖本同衛氏集說同惠棟挍宋本事作士岳本同考文引古本同案此本疏標起止作士下又作事岐出下孟冬天子乃命將帥講武注亦有此五字而各本皆作武士是此亦當定作士也

孟秋至乃來　惠棟挍宋本無此五字

行春令節

其國至無實　惠棟挍宋本無此五字

行夏令節

寒熱所爲也　惠棟挍宋本作也宋監本同岳本同嘉靖本同衛氏集說同考文引古本足利本同此本

也字闕閩監毛本誤者

今月令瘧疾爲疾疫惠棟挍宋本如此宋監本同岳本同嘉靖本同考文引古本足利本同此本下疾字闕閩監毛本疾作厲

仲秋之月節

日月會于壽星閩監毛本同岳本于作於嘉靖本同衞氏集說同考文引古本足利本同盧文弨挍云作於與前一例

仲秋至觿中惠棟挍宋本無此五字

去日一百二度且井二度中惠棟挍宋本作一百二度此本作一百六度其六字誤也閩監毛本同衞氏集說同

昏斗二十四度中閩監毛本同衞氏集說同盧文弨挍云宋書斗二十五度少强

其日庚辛節

盲風至節

九月丹鳥羞白鳥閩本監本毛本同岳本同嘉靖本同衞氏集說同惠棟挍宋本九作八又云八月作九月傳寫之誤按惠棟說非也正義明言大戴禮八月丹鳥羞白鳥今云九月者鄭所見本異也可見孔氏所依用本作九月

元鳥鷰者閩監毛本鷰作燕○按燕正字鷰俗字

而云不以中國爲居惠棟挍宋本作云此本云誤亦閩監毛本同

天子居總章大廟惠棟挍云天子節宋本分其器廉以深之上合前仲秋節其日節盲風節爲一節是月也養衰老以下爲一節

行糜粥飲食閩監毛本同岳本同衞氏集說同嘉靖本糜誤靡釋文出糜粥

是月至其殃惠棟挍宋本無此五字

自乃命祝宰閩本同惠棟挍宋本同監毛本祝宰二字倒○按監本毛本是鄭注謂宰祝大宰大祝也

故言是月自可以築城郭閩監毛本如此此本是月自三字誤在末行而以下行課種麥三字移入此行此行以下三行首三字俱移上一行

勸課種麥爲農爲民惠棟挍宋本如此此本課種麥三字誤在上行而以下行甬論晝三字移入此行閩監毛本課種麥作種通論非也

引詩七月流火者惠棟挍宋本作引此本引誤别閩監毛本同

是月也乃命宰祝節

量小大惠棟挍宋本同宋監本同岳本同嘉靖本同石經同閩監毛本小大二字倒衞氏集說同石經考文提要云宋大字本宋本九經南宋巾箱本余仁仲本劉叔剛本至善堂九經本皆作小大

大宰大祝主祭祀之官也閩監毛本同岳本同嘉靖本同衞氏集說同惠棟挍宋本祀作祝

所察也閩監本同岳本同嘉靖本同衞氏集說同毛本察誤祭考文引宋本作察

乃命至其饗惠棟挍宋本無此五字

天子乃難節

則諸侯以下不得難陽氣也閩監毛本同衞氏集說同考文引宋板無陽字

又牧人云惠棟挍宋本有云字衞氏集說同此本云字脫閩監毛本同

凡毁事用駹可也閩監毛本同衞氏集說同惠棟挍宋本駹作尨下用駹同○按周禮並作尨

凡沈辜侯禳共其羊牲惠棟挍宋本有羊字此本羊字脫閩監毛本同衞氏集說同

是則用羊用大用雞也惠棟挍宋本有是字衞氏集說同此本是字脫閩監毛本同

其餘雜禳大者用羊惠棟挍宋本有禳字此本脫閩監毛本同毛本大誤犬

以犬嘗麻節

麻始熟也閩監毛本同衞氏集說同岳本熟作孰惠棟挍宋本同嘉靖本同

入地隋曰竇毛本作隋岳本同衞氏集說隋誤惰釋文出隋曰云他果反謂狹而長此本隋誤圓閩監本同嘉靖本同

仲秋命庶民畢入于室惠棟挍宋本如此宋監本同岳本同嘉靖本同考文引古本足利本同此本仲秋命庶四字闕閩本同監毛本命庶誤農隋衞氏集說同

注隋曰至其災惠棟挍宋本作其災此本其災二字闕閩本同監毛本其災誤而長

正義曰隋者似方非方監毛本如此衞氏集說同此本正義曰隋四字闕閩本同

以其名竇與窖相似故云隋曰竇方曰窖者惠棟挍宋本如此此本似故云隋曰竇方七字闕閩本同監毛本似故云隋四字闕曰竇誤而謂

無羅其災者於此仲秋之時惠棟挍宋本如此此本其災者於此五字闕閩本者於此三字闕監毛本於此誤言當

民當入室無在田野惠棟挍宋本如此衞氏集說同此本入室無在四字闕閩本同監毛本在誤處無監本作毋

曰爲改歲入此室處閩監毛本如此此本爲改歲入四字闕

暫時入室惠棟挍宋本作暫此本暫字闕閩本同監毛本暫作乘衞氏集說同

須出野收斂閩監毛本作斂此本斂字闕

是月也日夜分節

雷始收聲唐石經始作乃王引之云本作雷乃始收初學記周禮韗人疏可證淮南時則篇同說詳經義述聞

此甫八月中雨氣未止閩監本同岳本同衞氏集說同考文引宋板古本足利本同毛本雨氣作氣雨嘉靖本同按正義云畢星主雨故云雨氣未止雨氣非氣雨

季秋除道致梁閩監毛本同岳本同嘉靖本同衞氏集說同正義亦作致考文引古本致作置

云此甫八月中雨氣未止監毛本作雨氣此本雨氣二字誤倒

水畢除道按國語周語作雨畢

治道所以便行旅逼也閩監毛本如此此本旅逼二字闕○按治當作除韋注無逼也二字

成梁所以使民不涉按韋注作所以便民使不涉也

皆國語文按文字上當有注字

日夜分則同度量節惠棟挍云宋本分角斗甬之上合前是月也乃命宰祝節天子節以犬節乃命有司節日夜分節爲一節

仲秋行春令節

是月至其類惠棟挍宋本無此五字

仲秋至有恐惠棟挍宋本無此五字

行夏令節

其國至復生惠棟挍宋本無此五字

行冬令節

冬主閉藏閩監毛本同岳本同嘉靖本同衞氏集說同惠棟挍宋本無藏字

風災至蚤死惠棟挍宋本無此五字

草木蚤死地災也閩監毛本同衞氏集說同惠棟挍宋本無也字

十三經注疏 下

上海古籍出版社

十三經注疏　下

附釋音禮記注疏卷第十七

月令　鄭氏注　孔穎達疏

季秋之月。日在房。昏虛中。旦柳中。季秋者日月會於大火而斗建戌之辰也。疏季秋至柳中○正義曰三統厤九月節日在氐五度昏虛二度中去日九十七度旦張初度中九月中日在房五度昏危三度中去日九十三度旦張十八度中按元嘉厤九月節日在亢一度昏牛九度中旦井二十九度中九月中日在氐七度昏女十一度中旦柳十二度中其日庚辛。其帝少皞。其神蓐收。其蟲毛。其音商。律中無射。其數九。其味辛。其臭腥。其祀門。祭先肝。無射者夾鍾之所生三分去一律之長四寸六千五百六十一分寸之六千五百二十四季秋氣至則無射之律應周語曰無射所以宣布哲人之令德示民軌儀○射音亦喆貞列反疏注無射至軌儀○正義曰按夾鍾之律長七寸二千一百八十七分寸之千七十五下生者三分去一今夾鍾七寸取六寸三分去一有四寸在夾鍾以一寸為二千一百八十七分今更三分之則一寸者分為六千五百六十一分夾鍾二千一百八十七分寸之千七十五者又三分之則為三千二百二十五其夾鍾整寸有六千五百六十一又以三千二百二十五益之總為九千七百八十六分三分去一則去三千二百六十二餘有六千五百二十四在故云無射律長四寸六千五百六十一分寸之六千五百二十四也引周語曰以下者證無射之義云宣布哲人之令德示民軌儀者按周語注云乾上九用事無射陽氣上升陰氣收藏萬物無射者也喆人后稷布其德教示以法儀當及時穫而收藏也鉎○鴻鴈來賓。爵入大水為蛤。鞠有黃華。豺乃祭獸戮禽。皆記時候也來賓言其客止未去也大水海也戮猶殺也○來賓高誘注呂氏春秋則云賓雀與鄭異蛤古荅反鞠本又作菊九六反豺音柴僇音六本或作戮疏注來賓至殺也○正義曰上仲秋直云鴻鴈來今季秋云來賓以仲秋初來則過去故不云賓今季秋鴻鴈來賓者客止未去也猶如賓客故云客止未去也大水海也者按國語云雀入于海為蛤故知大水是海也云戮猶殺也者以經祭獸戮禽獸皆殺之但殺獸而又陳戮禽則殺之而已不以為祭故直云戮禽此亦互文也禽獸初得皆殺而祭之後得者殺而不祭也○天子居總章右个。乘戎路。駕白駱。載白旂。衣白衣。服白玉。食麻與犬。其器廉以深。總章右个西堂北偏○是月也。申嚴號令。申重○重直用反命百官。貴賤無不務內。以會天地之藏。無有宣出。內謂收斂入之也會猶聚也疏命百至宣出○正義曰於此月之時勅命百官貴之與賤無不務內內謂收斂其物言貴之與賤無有一人不勤務收斂內物以會天地之藏者會猶趣也言心皆趣嚮天地所藏之事謂心順天地以深閉藏也無有宣出者以物皆收斂時又閉藏無得有宣露出散其物以逆時氣○乃命冢宰。農事備收。備猶盡也舉五穀之要。定其租稅之簿○簿步古反徐步各反藏帝藉之收於神倉。祗敬必飭。重粢盛之委也帝藉所耕千畝也藏祭祀之穀為神倉祗亦敬也○收如字又守又反委紆偽反疏藏帝至必飭○正義曰帝藉者供上帝之藉田也神倉者貯祀鬼神之倉也言天子於此月命冢宰藏此帝藉所收禾穀於此神倉之中當須敬而復敬必使飭正○注重粢至亦敬○正義曰委謂委積之物重此粢盛委積之物故內於神倉公羊傳桓十四年御廩災御廩者何粢盛委之所藏皇氏云委謂輸也其義非云帝藉所耕千畝者鄭康成云藉之言借也借民力所治之田也祭義云天子為藉千畝冕而朱紘躬秉耒祭統云天子親耕於南郊是藉田在南郊也云藏祭祀之穀為神倉者以其供神之物故曰神倉祗亦敬者經有敬字祗又訓為敬故云祗亦敬言敬者恒以敬敬為心不有怠慢也是月也。霜始降。則百工休。寒而膠漆之作不堅好也疏是月也霜始降○正義曰上文自申嚴號令至祗敬必飭論務內必須敬慎從此霜始降至習吹論霜降寒來人皆入室又為饗帝當習吹順時氣習吹雖與入室不同但饗帝大事則須更云是月故習吹之事附於入室之下自大饗帝至無有所私論大饗明堂及嘗犧牲告備併諸侯來歲之制稅民輕重貢賦之數皆大事相連事與於上故言是月天子乃教田獵及祭禽于四方論順時田獵以習兵戎事異於前故言是月草木黃落至供養之不宜論草木黃落蟄蟲閉戶斷決獄刑收減祿秩事異於前故又言是月天子以犬嘗稻先薦寢廟事重故特言是月也○乃命有司曰。寒氣總至。民力不堪。其皆入室。總猶猥卒○猥烏罪反下七忽反○上丁。命樂正。入學習吹。為將饗帝也春夏重舞秋冬重吹也○吹昌睡反注同為于偽反下文縣為注王為又為同疏注為將至重也○正義曰以下有饗帝之文此有言吹之事故云為將饗帝其習舞吹必用丁者取其丁壯成就之義欲使學者藝業成故也○是月也。大饗帝。言大饗者遍祭五帝也曲禮曰大饗不問卜謂此也疏注言大至謂此○正義曰若祭一帝之時則禮器謂之饗帝今云大饗故知徧祭五帝也此大饗與帝連文故謂祭天禮器大饗其王事與彼下云三牲魚腊九州之美味是四方助祭之物故以大饗為祫也與此不同引曲禮云大饗不問卜謂此者以曲禮大饗不云帝此云大饗帝不云不問卜恐是別事諸儒多以為疑故鄭執之云曲禮所云謂此也鄭必知曲禮大饗非指祫祭必是此大饗帝者以周禮祀大神享大鬼帥執事而卜日若祫祭不得云不問卜也此謂五帝皆饗莫適卜可從故知不問卜謂此也嘗犧牲。告備于天子。嘗者謂嘗羣神也天子親嘗帝使有司祭于羣神禮畢而告焉疏嘗犧牲告備于天子○正義曰嘗犧牲者謂嘗祭羣神以犧牲於時有司常祭其事既畢告祭備具於天子也○注嘗者至禮畢而告焉○正義曰此犧牲之文繼饗帝之下知非欲饗帝之時使有司展犧牲告其備具而云嘗謂嘗羣神者以四月大雩以祈穀實雩上帝之後云雩祀百辟卿士是雩帝以外別雩羣神九月大饗以報功明饗帝之外亦饗羣神故知此嘗嘗羣神云使有司祭於羣神者以其經云告備于天子故知是有司帝是尊神故知天子親祭經云饗帝鄭云天子親嘗者嘗是秋祭之名因經有嘗犧牲之文雖天子亦曰嘗以秋物新成故也○合諸侯制。百縣為來歲受朔日。與諸侯所稅於民。輕重之法。貢職之數。以遠近土地所宜為度。以給郊廟之事。無有所私。以秦建亥之月為歲首於是歲終使諸侯及鄉遂之官受此……合諸侯制者定其國家宮室車旗衣服禮儀也諸侯言……百縣言受朔日互文也貢職所入天子凡周之法以正月和之正歲而縣於象魏○合諸侯制絕句縣音玄疏合諸至所私○正義曰合諸侯制者秦十月為歲首此……之終也當入新歲故合此諸侯之法制又命百縣為來……朔日之政令并授諸侯所稅於民輕重之法貢職之數……有朔日政令諸侯所稅民輕重之法貢職之數皆天子……百縣此來受處分故云受朔與諸侯所稅於民輕重之……職之數皆天子之制言與者兼事之辭以遠近土地所……度者言定稅輕重入貢多少皆以去京遠近之差土地……之物為節度無有所私者言既給郊廟重事事百縣等……得有所偏私不如法制也○注秦以至象魏○正義曰……記秦文公獲黑龍自為水瑞命河為德水以十月為歲……定其國家宮室車旗衣服禮儀者此皆周禮典命文也……云國家國之所居謂成方也云互文者諸侯言合制則……亦合制百縣言來歲受朔日則諸侯亦來歲受朔日也……互文諸侯謂畿外國百縣謂鄉遂云貢職謂所入天子……經云稅於民輕重之法又云貢職之數其文既重故知……民者是積貯本國貢職之數者是輸納天子云周之法……月和之者按大宰職正月之吉始和布治于邦國都鄙……歲而縣於象魏者小宰職云正歲縣治象之法于象魏……○是月也。天子乃教於田獵。以習五戎。班馬政。教於田獵因田獵之禮教民以戰法也五戎謂五……矢殳矛戈戟也馬政謂齊其色度其力使同乘也職曰凡軍事物馬而頒之○……反度大各反乘繩證反校戶教反殳音殊矛亡侯……疏……日天子乃教於田獵者天子於此陰殺之時乃教人以……於田獵之事謂因田獵而教之也○以習五戎者謂……之時令人習用五種兵戎之器也○班馬政者謂班布……政令○注五戎至五兵○正義曰知五戎是五兵者以……班馬政則五戎非馬也下文云七騶咸駕則知五戎非……車也且車不須更習故知五戎五兵也按周禮司兵掌……鄭司農注五兵者戈殳戟酋矛夷矛鄭又注云步卒五……兵則無夷矛而有弓矢如鄭所云此注據步卒五兵……一也殳長丈二二也矛長二丈三也戈長六尺六寸四……長一丈六尺五也此隨便而言不依周禮長短之次也……政謂齊其色度其力者按毛詩傳云宗廟齊豪尚純也……齊色尚強也田獵齊足尚疾也此對文言之則戎事齊……校人職云凡軍事物馬而頒之注云物馬齊其力但戎……事以弓為主耳亦須齊色故詩云駟騵彭彭是齊色也僕及七騶咸駕。載旌旐。授車以級。整設于屏外。僕戎僕及御夫也七騶謂趣馬主為諸官駕說者也……之又為之載旌旐司馬職曰仲秋教治兵如振旅之……旗物之用王載大常諸侯載旂軍吏載旗師都載旜鄉……物郊野載旐百官載旟是也級等次也整正列也設陳……所田之地門外之蔽○騶側求反載丁代反又如字注同旐……音兆級九立反趣七往反又七走反謊始綠反陳直覲……

音太旐音餘○【疏】命僕至屏外○正義曰前既班馬政乃命戎僕御夫及七騶等皆以馬駕車又載旌旐既畢授此七戎之車以其尊卑等級正其行列設於軍門屏之外東西廂以爲行陳於是司徒在兩行之間北面誓之或者屏之外左右六軍嚮南而陳司徒於陳前北面誓之也○注僕戎至之蔽○正義曰按周禮戎僕掌馭戎車故知僕是戎僕也以其教戰故不用田僕云及御夫者按周禮馭夫掌馭從車使車注云從車戎路田路之副也使車驅逆之車故知及御夫也云七騶謂趣馬主爲諸官駕說者按周禮趣馬職云掌駕說之頒謂第次也是貴賤等列故云爲諸官駕說也云七騶者皇氏云天子馬有六種種別有騶則六騶也又有揔主之人并六騶爲七故爲七騶引司馬職以下者證九旗之異也載旌旐者課舉以言之按周禮司常云日月爲常交龍爲旂通帛爲旜雜帛爲物熊虎爲旗鳥隼爲旟龜蛇爲旐全羽爲旞析羽爲旌及國之大閱贊司馬頒旗物王建大常諸侯建旂孤卿建旜大夫士建物師都建旗州里建旟縣鄙建旐道車載旞斿車載旌注云師都六鄉六遂大夫也州里縣鄙鄉遂之官互約言之則州里謂鄉中之州長黨正族師遂中里宰鄰長也縣鄙者遂中縣正鄙師酇長及鄉之閭胥比長也道車象路也視朝行道斿車木路也王以田以鄙此是仲冬大閱之時各象治民之事空習其事故所建旌旗不如仲秋治兵實出軍之事故鄭注大司馬云空辟實也言大閱是空治兵是實故云空辟實實者則此所引司馬職仲秋治兵是也按司馬職云王載大常諸侯載旂軍吏載旗師都載旜鄉遂載物郊野載旐百官載旟注軍吏諸師也師都遂大夫也鄉遂鄉大夫也或載旜或載物衆屬軍吏無所將也郊謂鄉遂之州長縣正以下也野謂公邑大夫載旐者以其將羨卒也百官卿大夫也載旟者以其屬衛王也按周禮云鄉遂令此法師遂載物者轉寫誤也既以師都爲遂大夫載旜無容故違周禮云鄉遂載物然王侯所載與仲冬大閱同尊故不變也其餘則異隨時事也以其出兵教戰故無道車斿車也其王建大常皆乘戎路異於在國也故司常注云王路金路不出春教振旅者以陽氣方長兵宜止息也夏教茇舍者以草木茂盛故教以草舍秋教治兵者以殺氣方盛則匿邪惡故教兵冬教大閱者以冬閑無事備習威儀故因其田獵教以簡閱云屏所田之地門外之蔽者按詩傳云褐纏旃以爲門驅而入擊則不得入既門外驅車則不得有屏此門外之屏者蓋車入之時則去屏無事之時則設屏也

司徒搢扑。北面誓之。誓衆以軍法也○搢如字又音箭扑普卜反○【疏】司徒至誓之○正義曰司徒地官掌邦教誓者也故司徒職云施十有二教六曰以誓教恤則民不怠司馬職云遂以蒐田有司表貉誓民鄭云有司大司徒也掌大田役治徒庶之政令誓民誓以犯田法之罰也誓曰無干車無自後射按於經注則司徒主誓今田獵出軍亦於所獵之地而搢扑北面誓之也搢挿也○注誓衆以軍法也○正義曰軍法之誓有異田獵之誓則云無干車如蒐田之法也今此大閱之誓以依軍法故司馬中冬大閱云羣吏聽誓于陳前斬牲以左右狥陳曰不用命者斬之鄭注云凡誓之大畧甘誓湯誓之屬是也今又按經注則軍法之誓必斬殺也其誓尚書甘誓云左不攻于左右不攻于右則孥戮汝之屬是也然鄭注司馬中冬大閱引此九月季秋之令將爲大閱之誓而云作月令者說季秋之政於周爲中冬失之矣而今在此不非之者緣已非於彼不復重言於此也而注旌旐不作冬法而依秋禮言之者此文記者雖誤將作周中冬而文既在夏秋故因言秋禮也熊氏以爲此文載旌旐故解爲中秋治兵大司馬有羣吏聽誓故引此司徒北面以誓證爲中冬兩解其義俱得通也

天子乃厲飾。執弓挾矢以獵。厲飾謂戎服尙威武也今月令獵爲射○挾于協反又音協○【疏】注厲飾至爲射○正義曰厲飾謂嚴厲武猛容飾定本飾謂容飾也俗本作餝非也熊氏云謂戎服者韋弁服也以秋冬之田故韋弁服若春夏則冠弁服故司服云凡甸冠弁服義或然也

命主祠祭禽于四方。以所獲禽祀四方之神也司馬職曰羅弊致禽以祀祊○祊鄭注周禮音方○【疏】命主至四方○正義曰謂獵竟也主祠謂典祭祀者也禽者獸之通名也四方四方有功於方之神也四時田獵皆祭宗廟而分時各以爲主也春時土方施生獵則祭社爲主也夏時陰氣始起象神之在內獵則祭宗廟爲主也秋時萬物以成獵則以報祭社及四方爲主也冬時萬物衆多獵則主用衆物以祭宗廟而亦報於物有功之神於四方也此天子獮既畢因命典祀之官取田獵所獲之禽還祭於郊以報四方之神也冬獵亦何以知然按鄭注秋獮祀方云秋田主祭四方報成萬物詩曰以社以方下云方迎四方氣於郊也鄭又云秋祭社與四方爲五穀成熟報其功也又司馬冬狩云致禽饁獸于郊入獻禽以享烝鄭云冬田主用衆物多衆得取也致禽饁獸于郊聚所獲禽因以祭四方神於郊也月令季秋天子既田命主祠祭禽四方是也入又以禽祭宗廟按於經注更相引證如可見矣其祭四方但用此禽又用別牲故甫田云與我犧羊以社以方是也此祀四方者謂四方五行之神也

○是月也。草木黃落。乃伐薪爲炭。伐木必因殺氣○炭吐旦反

○蟄蟲咸俯在內。皆墐其戶。墐爲塗閉之辟殺氣○墐其斬反辟音避【疏】蟄蟲至其戶○正義曰俯垂頭也墐塗也前月但藏而坏戶至此月既寒故垂頭嚮下以隨陽氣陽氣稍沈在下也而又塗塞其戶穴以避地上陰殺之氣也

乃趣獄刑。毋留有罪。殺氣已至有罪者即決也○趣音促又七住反

收祿秩之不當。供養之不宜者。天氣殺而萬物咸藏可以去之也祿秩之不當恩所增加也供養之不宜欲所貪者熊蹯之屬非常食○當丁浪反注同供養九用反下餘亮反注同去起呂反耆市志反熊乎弓反蹯音煩【疏】收祿至宜者○正義曰春夏陽氣寬施許人主從時雖祿秩不當亦所權許今秋陰氣急斂禁罰必當是春夏所權置者今悉收停之也祿秩不當謂彼人不應得祿而王恩私與之者供養不宜謂非常之膳求不可得者也

○是月也。天子乃以犬嘗稻。先薦寢廟。稻始孰也

○季秋行夏令。則其國大水。冬藏殃敗。民多鼽嚏。未之氣乘之也六月宿直東井氣多暑雨○鼽音求說文云病塞鼻窒嚏丁計反○【疏】季秋至鼽嚏○正義曰其國大水天災冬藏殃敗地災民多鼽嚏八災

行冬令。則國多盜賊。邊竟不寧。土地分裂。丑之氣乘之也極陰爲外邊竟之象也大寒之時地隆坼也○竟音境注及後同隆六中反坼丑白反○【疏】行冬至分裂○正義曰國多盜賊邊竟不寧人災土地分裂地災○注極陰至之象○正義曰以十一月一陽生十二月二陽生陽在內伏於地下四陰在地上故云極陰爲外也

○行春令。則煖風來至。民氣解惰。辰之氣乘之也巽爲風○煖乃管反又許元反解古買反惰徒卧反

師興不居。辰宿直角角主兵不居象風行不休止也【疏】行春至不居○正義曰煖風來至天災民氣解惰師興不居人災○

孟冬之月。日在尾。昏危中。旦七星中。孟冬者日月會於析木之津而斗建亥之辰也○析思厤反○【疏】孟冬至星中○正義曰按三統厤十月節日在尾十度昏危十四度中去日八十九度旦翼初度中十月中日在箕七度昏室十度中去日八十六度旦軫五度中按元嘉厤十月節日在心二度昏危一度中旦張八度中十月中日在尾十二度昏危十三度中旦翼八度中

其日壬癸。壬之言任也癸之言揆也日之行東北從黑道閉藏萬物月爲之佐時萬物懷任於下揆然萌牙又因以爲日名焉

其帝顓頊。其神玄冥。此黑精之君水官之臣自古以來著德立功者也顓頊高陽氏也玄冥少皞氏之子曰脩曰熙爲水官○顓音專頊音許玉反冥亡丁反【疏】注顓頊至水官○正義曰按五帝德云顓頊高陽氏姬姓也又帝王世紀云生十年而佐少皞十二年而冠二十年而登帝位在位七十八年而崩以水承金也云玄冥少皞氏之子曰脩曰熙者按昭二十九年左傳云少皞氏有子曰脩曰熙又云脩及熙爲玄冥是相代爲水官也○

其蟲介。介甲也象物閉藏地中龜鼈之屬○鼈必滅反

其音羽。三分商去一以生羽羽數四十八屬水者以爲最清物之象也冬氣和則羽聲調調樂記曰羽亂則危其財匱○匱其位反○【疏】注三分至十八○正義曰商數七十二三分之每一分有二十四去其二十四餘有四十八故羽數四十八也其數既少故爲最清清者最賤物比於人亦爲賤故云物之象也○

律中應鍾。孟冬氣至則應鍾之律應應鍾者姑洗之所生三分去一律長四寸二十七分寸之二十周語曰應鍾均利器用俾應復○應對之應注同【疏】注應鍾至應復○正義曰姑洗之律長六寸九分寸之一三分去一則六寸去二寸有四寸在餘有整一寸九分寸之一更三分一寸爲二十七分九分寸之一爲三分并二十七分揔爲三十分三分去一去其十分餘有二十分在故云應鍾律長四寸二十七分寸之二十也引周語以下者證應鍾之義按春秋說云應其鍾注云應鍾應其種類律厤志應鍾言陰氣應無射該藏萬物而雜陽閡種注閡藏塞也陰雜陽氣藏塞爲萬物作種晉灼曰外閉曰閡以此言之云應其種類正謂應無射也云均利器用俾應復者按周語注坤六三用事應當也言陰當代陽用事百物可鍾藏則均利百工之器俾應復者陰陽用事終而復始也○

其數六。水生數一成數六但言六者亦舉其成數

其味鹹。其臭朽。水之臭味也凡鹹朽者皆屬焉氣若有若無爲朽○朽許九反本亦作殠字林云殠腐也說文云殠或爲朽字

其祀行。祭先腎。冬陰盛寒於水祀之於行從辟除之類也祀之先祭腎者陰位在下腎亦在下腎爲尊也行在廟門外之西爲軷壤厚二寸廣五尺輪四尺祀行之禮北面設主于軷上乃制腎及脾爲俎奠于主南又設盛于俎東祭肉腎一脾再其他皆如祀門之禮○辟必亦反又婢亦反軷步曷反壤如丈反厚戶豆反廣古曠反【疏】注行在至之禮○正義曰知行在廟門外之西者約檀弓云毀宗躐行自此以下皆中霤禮文廣五尺輪四尺者謂軷壇東西爲廣南北爲輪常祀行神之壇則然若於國外祖道軷祭其壇隨路所嚮而爲廣輪尺數同也按鄭注聘禮云禮畢

乘車轢而遂行唯車之一輪轢耳所以然者以兩輪相去八尺今較唯廣五尺故知不兩輪俱轢云北面設主較上者以主須南嚮故人北面設之主則鄭注大馭云蓋以菩芻棘柏爲神主也○水始冰。地始凍。

雉入大水爲蜃。虹藏不見。皆記時候也大水淮也大蛤曰蜃○蜃常忍反見賢遍反下注錄見同○疏注大水淮也○正義曰知大水淮者晉語云雉入于淮爲蜃。

○天子居玄堂左个。乘玄路。駕鐵驪。載玄旂。衣黑衣。服玄玉。食黍與彘。其器閎以奄。玄堂左个北堂西偏也鐵驪色如鐵黍秀舒散屬火寒時食之亦以安性也彘水畜也器閎而奄象物閉藏也今月令曰乘軫路似當爲袗字之誤也○驪力知反鐵他結反軫之忍反袗之刃反疏載玄至玄玉○正義曰春云載青旂衣青衣服蒼玉青深而蒼淺旂與衣雖人功所爲不可淺深異色故同用青也玉是自然之色不可純青故用蒼之淺色夏云載赤旂衣赤衣服赤玉與春不類者亦以朱深而赤淺旂可用淺衣必用深故衣旂異色赤玉與蒼玉同俱是其色淺也冬云載玄旂衣黑衣服玄玉者亦以黑深而玄淺旂用淺色故其色玄衣用深色故其色黑與夏同也服玄玉者玉從自然之色故其色淺而用玄玉也猶如夏云赤玉春云蒼玉相似也○注今月至誤也○正義曰鄭此月乘軫路軫是車之後材路皆有軫何得云乘軫路此軫字當衣旁着參袗是玄色故以今月令軫字似當爲袗字錯誤以車旁爲之必知袗字爲色者以此經云乘玄路玄袗義同故昏禮云女從者畢袗玄鄭雖以袗爲同要袗是玄之類

○是月也。以立冬。先立冬三日。太史謁之天子曰。某日立冬。盛德在水。天子乃齊。謁告○先悉薦反○立冬之日。天子親帥三公。九卿。大夫。以迎冬於北郊。還反。賞死事。恤孤寡。迎冬者祭黑帝叶光紀於北郊之兆也死事謂以國事死者若公叔禺人顏涿聚者也孤寡其妻子也有以惠賜之大功加賞○叶本又作汁音協禺音遇椓丁角反又作涿同○疏天子至孤寡○正義曰亦率羣臣至北郊迎黑帝叶光紀而顓頊玄冥配之不言諸侯亦如夏空其文也○還反賞死事者還於郊反亦反於朝也賞死事謂臣人有爲國事死者北郊還因殺氣之盛而賞其家後也恤孤寡者恤供給也孤寡即死事者妻子也財祿供給之也○注死事至加賞○正義曰舉死事之人證之也春秋左傳魯哀十一年魯師與齊戰公叔務人曰上不能謀士不能死何以治民吾既言之矣敢不勉乎乃與其嬖僮汪錡赴敵皆死雖無賞賜之文而亦死事之義故以證之哀二十三年晉知伯親禽顏庚注云齊大夫顏涿聚二十七年齊師將興屬孤子三日朝設乘車兩馬繫五邑焉召顏涿聚之子晉曰隰之役而父死焉今君命女以是邑也服車而朝是其加賞也兼平常惠賜養幼少恤孤寡亦是也

○是月也。命大史釁龜筴占兆。審卦吉凶。筴蓍也占兆龜之繇文也周禮龜人上春釁龜謂建寅之月也秦以其歲首使大史釁龜筴與周異矣卦吉凶謂易也審省錄之而不釁筮短賤於兆也今月令曰釁祠祠衍字○釁許靳反筴初格反蓍音尸繇直又反疏是月至凶○正義曰從命大史至無有掩蔽論釁祠龜筴察阿黨事異於上立冬之日故別言是月也從天子始裘至貴賤之等級論天子身事及命飭百官蓋藏之事及喪紀棺椁等級以事異於上故言是月也自命工師至以窮其情論飭工匠營造盡情事異於前故言是月自大飲烝至射御角力論祭祀之事勞農講武亦事異於前故更言是月自乃命水虞至行罪無赦論收斂藪澤之賦必須得所勿使侵削下民亦事異於前故言是月也○命大至吉凶正義曰是月大史之官釁龜筴謂殺牲以血塗釁其龜及筴筴謂蓍也亦以血塗之占兆者龜之繇文非但釁此龜筴又釁此占兆繇文此占兆之語蒙上釁文也審卦吉凶者卦吉凶謂易也易有六十四卦或吉或凶故云卦吉凶卦之吉凶但是筮耳筮短賤於龜兆不得塗釁但省視錄之而已故云審卦吉凶既云吉凶明兆亦有吉凶但占兆與龜筴連文故略而不言吉凶也○注筴蓍至衍字○正義曰曲禮云筴爲筮知是蓍也云占兆龜之繇文者上與龜筴不同下與其卦吉凶又別故言龜之繇文則占兆之書也即周禮大卜云其經皆百有二十其頌皆千有二百是也引周禮龜人上春釁龜謂建寅之月秦以孟冬爲歲首謂建亥月釁龜筴故云與周異也鄭之此注與周禮不同周禮云上春釁龜注引月令孟冬釁祠龜策相互矣者周禮云上春釁龜明秦亦以上春釁龜秦以孟冬釁龜筴明周亦孟冬釁龜故云相互也此注周禮又云月令秦世之書亦或從以歲首釁龜耳則與此同也而秦十月爲歲首一釁而已周禮上春者亦謂夏之建寅之月但歲首一釁而已無一年兩釁之事此鄭氏注周禮別解其義也今此月令之注與周禮上春釁龜以爲建寅之月則此與周禮不同彼此鄭爲兩解也云審省錄之而不釁筮短賤於兆者以卦吉凶謂易也直言審不云釁故言審省錄之而不釁所以不釁者易是筮卦之書賤於龜之書故龜繇云釁之筮書則省錄而已觀鄭注占兆釁之分明而皇氏云唯釁龜筴命大史唯占視兆書不釁與鄭注違其義非也云筮短者左傳僖四年晉獻公卜驪姬不吉筮之吉公曰從筮卜人曰筮短龜長不如從長杜元凱注云筮以數告故短龜以象示故長是筮短龜長之事也○是察阿黨。則罪無有掩蔽。阿黨謂治獄吏以私恩曲橈相爲也○爲于僞反下爲仲冬爲天子皆同疏是察至掩蔽○正義曰是察阿黨者謂當是正審察獄吏阿黨之事則在下犯罪之人獄吏不能掩蔽故云無有掩蔽

○是月也。天子始裘。九月授衣至此可以加裘○命有司曰。天氣上騰。地氣下降。天地不通。閉塞而成冬。使有司助閉藏之氣門戶可閉閉之窻牖可塞塞之○上時掌反又如字下上世同命百官謹蓋藏。謂府庫囷倉有藏物○藏才浪反又如字命司徒循行積聚。無有不斂。謂芻禾薪蒸之屬○行下孟反積聚子賜反下七柱反又才屢反仲冬同疏天氣至下降○正義曰若以易卦言之七月三陽在上則天氣上騰三陰在下則地氣下降也今十月乃云天氣上騰地氣下降者易含萬象言非一槩周流六虛事無定體若以爻象言之則七月爲天氣上騰地氣下降若氣應言之則從五月地氣上騰至十月地氣六陰俱升天氣六陽並謝天體在上陽歸於虛無故云上騰地氣六陰用事地體在下陰氣下連於地故云地氣下降各取其義不相妨也○坏城郭。戒門閭。脩鍵閉。慎管籥。固封疆。備邊竟。完要塞。謹關梁。塞徯徑。坏益也鍵牡閉牝也管籥搏鍵器也固封疆謂使有司循其溝樹及其衆庶之守法也要塞邊城要害處也梁橋橫也徯徑禽獸之道也今月令疆或爲壐○鍵其輦反又其偃反籥羊灼反疆居良反注及下注同塞先代反注同塞徯上先則反下音奚徑古定反牡亡古反又茂后反搏音博一本作傳直專反處尺慮反壐音徙○疏坏城至徯徑○正義曰城郭當須牢厚故言坏門閭備擬非常故云戒鍵閉或有破壞故云脩管籥不可妄開故云審封疆理當險阻故云固邊竟防擬盜賊故云備要塞理宜牢固故云完關梁禁禦姦非故云謹徯徑細小狹路故須塞皆隨事戒約故設文不同也○注坏益至爲壐○正義曰鍵牡閉牝者凡鎖器入者謂之牡受者謂之牝若禽獸牝牡然管籥與鍵閉別文則非鍵閉之物故云搏鍵器以鐵爲之似樂器之管籥搢於鎖內以搏取其鍵也按檀弓注云管鍵也則管鍵一物此爲別者熊氏云管是鍵之件類仍非鍵也注稱管鍵者以物類言之若云鄭里然也管籥云搏鍵器則管籥一物義或然也而何肩云鍵是門扇之後樹兩木穿上端爲孔閉者謂將扃關門以內孔中按漢書五行志每云牝飛及牝亡謂失其鑠須須則牡也何肩云兩邊樹木非其義也云固封疆謂使有司循其溝樹及其衆庶之守法者溝樹謂掘溝壍而種樹木也令使衆庶可守之

○飭喪紀。辨衣裳。審棺椁之薄厚。塋丘壟之大小。高卑厚薄之度。貴賤之等級。此亦閉藏之具順時飭正之也辨衣裳謂襲斂尊卑所用也所用又有多少○塋音營壟力勇反襲音習斂力驗反又力檢反疏注衣裳至多少○正義曰其衣裳襲斂多少及棺椁厚薄具在喪大記丘壟小大按鄭注冢人云漢律列侯墳高四丈關內侯以下各有等差又注檀弓云墳高四尺蓋周之士制外無文

○是月也。命工師效功。陳祭器。按度程。毋或作爲淫巧。以蕩上心。必功致爲上。霜降而百工休至此物皆成也工師工官之長也效功錄見百工所作器物也主於祭器祭器尊也度謂制大小也程謂器所容也淫巧謂奢僞怪好也蕩謂搖動生其奢淫○效戶教反巧如字又若孝反注同致直吏反下注同長丁丈反物勒工名。以考其誠。勒刻也刻工姓名於其器以察其信知其不功致功有不當。必行其罪。以窮其情。功不當者取材美而器不堅也○當丁浪反注同疏命工至其情○正義曰於是之時冬閑無事百工造作器物恐爲淫巧故命工師之官長也命此工官之長效實百工所造之物陳列祭器善惡○按度程者謂於按此器舊來制度大小及容受程限多少○毋或作爲淫巧者或有也勿得有作過制之巧以搖動在上生奢侈之心必功致爲上者言作器不須靡麗華侈必功力密致爲上又每物之上刻勒所造工匠之名於後以考其誠信與不若其用材精美而器不堅固則功有不當必行其罪罰以窮其詐僞之情○注主於至所容○正義曰百工造作器物則諸器皆營今經直主於祭故云主於祭器祭器尊也度謂制大小程謂器所容者以經度程文別度是制度大小除制度之外唯有容受多少故以程爲器所容也

○是月也。大飲烝。十月農功畢天子諸侯與其羣臣飲酒於太學以正齒位謂之大飲別之於他其禮亡今天子以燕禮郡國以鄉飲酒禮代之烝謂有牲體爲俎也

黨正職曰國索鬼神而祭祀則以禮屬民而飲酒于序以正齒位亦謂此時也詩云十月滌場朋酒斯饗曰殺羔羊躋彼公堂稱彼兕觥受福無疆是頌大飲之詩○別彼列反索所百反屬之玉反下同滌大麻反場直良反躋子兮反兕徐履反觥古宏反〔疏〕大飲烝○正義曰言於是月之時天子諸侯與羣臣大行飲酒爲饗禮以正齒位烝升也升此牲體於俎之上故云大飲烝○注十月至之詩○正義曰天子諸侯與其羣臣飲酒於太學者按此大飲烝是天子之禮詩豳風躋彼公堂序諸侯之事是諸侯之禮故云天子諸侯與羣臣也豳詩云躋彼公堂毛傳云公堂學校也黨正以禮屬民飲酒于序故云此飲酒於太學也云以正齒位者約黨正文必約黨正者以此是孟冬黨正云國索鬼神謂蜡祭也與此同月故鄭下注引黨正文亦謂此時也云烝謂有牲體爲俎者按國語云王公立飫則有房烝此既大飲饗禮當用房烝半體之俎若黨正飲酒雖饗賓而用餚烝故宣十六年左氏云王享有體薦宴有折俎公當享卿當宴是也鄭又引黨正及詩者證大飲是十月正齒位飲羣臣之事云十月滌場者謂場功畢人滌掃其場朋酒斯饗者毛傳云兩樽曰朋鄭云饗謂饗禮而殺羔羊行禮之時升彼公之學校之堂舉彼兕觥之爵以罰失禮臣下慶君命受福無疆也。

○天子乃祈來年于天宗。大割祠于公社。及門閭。臘先祖五祀。此周禮所謂蜡祭也天宗謂日月星辰也大割大殺羣牲割之也臘謂以田獵所得禽祭也五祀門戸中霤竈行也或言祈年或言大割或言臘互文○臘力合反蜡仕迓反字林作措〔疏〕天子至五祀○正義曰祈來年于天宗者謂祭日月星辰也大割祠于公社者謂大割牲以祠公社以上公配祭故云公社及門閭者非但祭社又祭門閭但先祭社後祭門閭故云及臘先祖五祀者臘獵也謂獵取禽獸以祭先祖五祀也此等之祭總謂之蜡若細別言之天宗公社門閭謂之蜡其祭則皮弁素服葛帶榛杖其臘先祖五祀謂之息民之祭其服則黃衣黃冠鄭注郊特牲云息民與蜡異也按黨正云國索鬼神而祭祀則以禮屬民而飲酒于序以正齒位則飲酒在蜡祭之後此大飲在蜡祭之前者若黨正屬民飲酒在蜡之後故下云勞農以休息之注黨正飲酒是也若天子諸侯羣臣大飲在蜡祭之前故以大飲敘在祈年之前然鄭爲大飲之下注引黨正飲酒者證其正齒位同在此月不謂大飲即黨正飲酒也而熊氏以爲大飲烝在蜡之後非其義也凡蜡皆在建亥之月而皇氏以爲夏殷蜡各在巳之歲終若如此夏家季冬則計耦耕事也脩耒耜具田器不得方始勞農以休息皇氏之義非也○注此周至互文○正義曰知此周禮所謂蜡者以郊特牲蜡者索也索萬物而饗之按籥章云國祭蜡龡豳頌以息老物蜡而後息老此經亦先祭衆神乃後勞農休息文與籥章相當故經廣祭衆神是周禮籥章所謂蜡祭也而熊氏皇氏皆爲周禮六樂一變而致羽物以致六變而蜡祭此亦廣祭衆神故指彼一變二變而爲之蜡也然彼樂一變二變鄭自解爲蜡耳非周禮正文言蜡何得云周禮所謂蜡也云天宗謂日月星者以蜡祭唯公社不祭地故知祭天宗者不祭天若是祭天何須稱宗下季冬云天之神是天之衆神有司中司命不稱宗明稱宗者謂日月星也按異義六宗賈逵等以爲天宗三謂日月星地宗三謂泰山河海鄭玄六宗以爲星也辰也司中也司命也風師也雨師也不同賈逵之義今此云天宗謂日月星者尚書六宗文承肆類上帝之下凡郊天之時日月從祀故祭以日月配日月在類上帝之中故六宗不得復有日月此不云六宗而云天宗與彼別也蔡邕云日爲陽宗月爲陰宗北辰爲星宗也云臘謂田獵所得禽祭者以欲臘祭之時暫出田獵以取禽非仲冬大閱之獵也左傳云唯君用鮮則天子諸侯祭用鮮獸皇氏云仲秋獵得禽獸以爲乾豆至臘用之其義非也云五祀門戸中霤竈行者月令殷禮言之若周則七祀云或言祈年或言大割或言臘互文者天宗公社門閭先祖五祀等皆祈年大割臘祭之事故云互也皇氏云天宗故云祈社是報功故云大割先祖巳之親故臘祭也勞農以休息之。黨正屬民飲酒正齒位是也○勞力報反〔疏〕注黨正至是也○正義曰按黨正職國索鬼神而祭祀則以禮屬民此亦祭衆神之後勞農休息文正相當故云是此等休息是止齒位按雜記子貢觀蜡云一國之人皆若狂者按鄉飲酒初立賓行禮至禮終說屨升堂而往行無算爵然則初時正齒位後則皆狂蜡祭蔡邕云夏日清祀殷曰嘉平周曰蜡秦日臘按左傳云虞不臘矣是周亦有臘名也

○天子乃命將帥講武習射御。角力。爲仲冬將大閱簡習之亦因營室主武士也凡田之禮唯狩最備夏小正十一月王狩○將帥上子匠反下色類反閱音悅狩手又反〔疏〕注營室至最備○正義曰春秋說云營室主軍士之粮云凡田之禮唯狩最備者解此經孟冬云乃命將帥講武習射御言習是未正用也備擬仲冬教戰之事所須故言唯狩最備謂狩禮大也故仲冬教大閱禮儀備

○是月也。乃命水虞漁師。收水泉池澤之賦。毋或敢侵削衆庶兆民。以爲天子取怨于下。其有若此者。行罪無赦。因盛德在水收其稅

○孟冬行春令。則凍閉不密。地氣上泄。寅之氣乘之也○泄息列反下同○民多流亡。象蟄蟲動〔疏〕孟冬至流亡○正義曰凍閉不密地氣上泄地災也民多流亡人災也○行夏令。則國多暴風。方冬不寒。蟄蟲復出。巳之氣乘之也立夏巽用事巽爲風○復扶又反○〔疏〕國多至復出○正義曰國多暴風方冬不寒天災也蟄蟲復出地災也○行秋令。則雪霜不時。小兵時起。土地侵削。申之氣乘之也申陰氣尚微申宿直參伐參伐爲兵○參所林反下同○〔疏〕雪霜至侵削○正義曰雪霜不時天災也○小兵時起土地侵削人災也○注申宿直參伐參伐爲兵○正義曰按春秋說云參伐主斬刈示威行伐也

仲冬之月。日在斗。昏東壁中。旦軫中。仲冬者日月會於星紀而斗建子之辰也○辟必亦反又必狄反○〔疏〕仲冬至軫中○正義曰按律麻志云仲冬之初日在斗十二度故云日在斗也三統歷大雪日在斗十二度昏壁五度中去日八十四度旦角三度中冬至日在牛初度昏奎十度中去日八十二度旦亢七度中元嘉麻云大雪日在箕十度昏氐九度中旦軫八度中冬至日在斗十四度昏東壁八度中漏四十五刻旦角七度中其日壬癸。其帝顓頊。其神玄冥。其蟲介。其音羽。律中黃鍾。其數六。其味鹹。其臭朽。其祀行。祭先腎。黃鍾者律之始也九寸仲冬氣至則黃鍾之律應周語曰黃鍾所以宣養六氣九德〔疏〕注周語至九德○正義曰按元命包黃鍾者始黃注云始萌黃泉中律麻志云黃者中之色君之服鍾種也又云黃五色莫盛焉故陽氣始種於泉孳萌萬物爲六氣元也周語曰黃鍾所以宣養六氣九德者按彼注十一月建子陽氣在中六氣陰陽風雨晦明九德金木水火土穀正德利用厚生作樂宜偏黃鍾象氣伏地物始萌所以偏養六氣九功之德此養之者若施於人六情正德天德利用地德厚生人德六府者金木水火土穀也

○冰益壯。地始坼。鶡旦不鳴。虎始交。皆記時候也鶡旦求旦之鳥也交猶合也○壯莊亮反曷本亦作鶡同戸割反鶡旦鳥名○天子居玄堂大廟。乘玄路。駕鐵驪。載玄旂。衣黑衣。服玄玉。食黍與彘。其器閎以奄。玄堂大廟北堂當大室○飭死事。飭軍士戰必有死志〔疏〕飭死事○正義曰事異前也因殺氣之盛以飭軍士使戰者必有死志故曰飭死事也○命有司曰。土事毋作。愼毋發蓋。毋發室屋。及起大衆。以固而閉。地氣沮泄。是謂發天地之房。諸蟄則死。民必疾疫。又隨以喪。命之曰暢月。而猶女也暢猶充也大陰用事尤重閉藏○暢勑亮反女音汝大音太○〔疏〕命有至暢月○正義曰此不云是月者總是冬月閉藏之事從十月爲漸非惟仲冬一月之事故不言是月自命奄尹至淵澤井泉論命奄尹之官謹慎房室命酒正之職以爲酒醴命掌祠之官祈祀四海井泉事雖各別同是命告羣官事異於上故摠言是月自農有不收藏積聚至罪之不赦論收斂尤急之時務須積聚之事事異於上故云是月自日短至至取竹箭論日至之時須有所爲之事事異於收斂積聚故云是月自可以罷官之無事至閉藏論去間務助時寧靜亦事異於前故言是月云土事毋作愼毋發蓋者於此之時生地之事毋得興作又須謹愼毋得開發掩蓋之物則孟冬云謹蓋藏是也非惟仲冬一月之事故不言是月良爲此也爲陰氣凝固陽須閉藏若起土功開蓋物發室屋起大衆開泄陽氣故下云諸蟄則死人則疾疫也以固而閉者而汝也命此有司云於此之時以堅固汝閉塞之事勿令開動地氣沮泄是謂發天地之房者約束有司若其不固汝所閉之事令地沮泄謂泄漏地之陽氣是發徹天地之房房是人次舍之處擁蔽於此之時天地亦擁蔽萬物不使宣露與房舍相似令地氣泄漏是開發天地之房也如此則諸蟄則死人必疾疫非但蟄死人疾又隨以喪者國有大喪隨逐其後命之曰暢月者告有司云所以須閉藏以其命此月曰暢月暢充也言名此月爲充實之月當使萬物充實不發動故也皇氏云又隨以喪者謂逃亡人爲疾疫皆逃亡故云又隨以喪

○是月也。命奄尹。申宮令。審門閭。謹房室。必重閉。奄尹主領奄豎之官也於周則爲內宰掌治王之內政宮令幾出入及開閉之屬重閉外內閉也○重直龍反注同省婦事。毋得淫。雖有貴戚近習。毋有不禁。省婦事所以靜陰類也淫謂女功奢僞怪好物也貴戚謂姑姊妹之屬近

習天子所親幸者○省所景反注同〔疏〕命奄至不禁○正義曰命奄尹者謂正也謂命奄官正長申重之政令常察門閭之事謹慎房室之處必重閉者謂門閭房室必外內重閉遠者謂之門閭近者謂之房室皆有外內門戶必重疊閉之此月陰氣既靜故減省婦人之事順陰類也婦人所事者務所質素無得過爲淫巧其所禁婦人無限貴賤姑姊妹之徒及王親近愛習嬖寵之類無有不禁言禁之無得淫巧也○注於周至之屬○正義曰此奄尹奄官之尹於周則內宰俱是主領奄官身非奄人故云於周爲內宰內宰非奄也云掌治王之內政者皆解經中申宮令也宮令則內政也云譏出入及開閉之屬者解經審門閭謹房室也

○乃命大酋。秫稻必齊。麴蘗必時。湛熾必絜。水泉必香。陶器必良。火齊必得。兼用六物。大酋監之。毋有差貸。酒孰曰酋大酋者酒官之長也於周則爲酒人秫稻必齊謂孰成也湛漬也熾炊也火齊腥孰之調也物猶事也差貸謂失誤有善有惡也古者穫稻而漬米麴至春而爲酒詩云十月穫稻爲此春酒以介眉壽○酋子由反又在由反秫音述麴丘六反蘗魚列反湛于廉反熾尺志反齊才計反注火齊同監古銜反○貸音二反又他得反注同長丁丈反穫戶郭反○〔疏〕乃命至差貸○正義曰大酋者酒官之長於此之時始爲春酒先須治擇秫稻故云秫稻必齊齊得成孰又須以時料理麴蘗故云麴蘗必時湛熾必絜者湛漬也熾炊也謂炊漬米麴之時必須清絜水泉必香陶器必良者謂所用水泉必須香美所盛陶器必須良善火齊必得者謂炊米和酒之時用火齊生孰必得中也兼用六物者秫稻一麴蘗二湛熾三水泉四陶器五火齊六也物事也謂作酒之人用此六事作酒大酋監督之無使有參差貸變使酒誤其善惡○注酒孰至眉壽○正義曰酒孰曰酋然則酋者酒孰之名也云於周則爲酒人者周禮酒正引此大酋爲酒正也此注大酋爲酒人不同者以酒正掌作酒法式及酒材之事故引大酋證之其實酒正掌酒之政令及酒出入之事不親監作此大酋監作故爲酒人也以酒人監作酒故也云古者穫稻而漬米麴至春事而爲酒者謂此十一月命大酋作酒之事以十月穫稻於此月漬米麴至春而爲酒者謂春成也非春始釀故毛詩傳云春酒凍醪又注酒正云清酒今中山冬釀接夏而成是於仲冬季冬以釀也引詩者豳風七月之詩以證穫稻作酒之事

○天子命有司。祈祀四海。大川。名源。淵澤。井泉。順其德盛之時祭之也今月令淵爲深○是月也。農有不收藏積聚者。馬牛畜獸有放佚者。取之不詰。此收斂尤急之時人有取者不罪所以警懼其主也王居明堂禮曰孟冬之月命農畢積聚繫收牛馬○畜許六反詰起吉反〔疏〕注明堂至牛馬○正義曰引之者證若不積聚收牛馬他人取之不詰俗本作牧定本作收○山林藪澤。有能取蔬食田獵禽獸者。野虞教道之。其有相侵奪者。罪之不赦。務收斂野物也大澤曰藪草木之實爲蔬食○藪素口反道音導〔疏〕注大澤至蔬食○正義曰按鄭注周禮水鍾曰澤水希曰藪今言大澤曰藪者以有水之處謂之澤旁無水之處謂之藪草木之實爲蔬食者爾雅云蔬不孰爲饉蔬謂菜蔬以其麤蔬經言蔬食故爲草木實也山林蔬食榛栗之屬藪澤蔬食菱芡之屬

是月也。日短至。陰陽爭。諸生蕩。爭者陰方盛陽欲起也蕩謂物動萌牙也○爭爭鬬之爭注同君子齊戒。處必掩身。身欲寧。去聲色。禁耆欲。安形性。事欲靜。以待陰陽之所定。寧安也聲謂樂也易及樂春秋說云冬至人主與羣臣從八能之士作樂五日此言去聲色又相反○去起呂反注及下同耆市志反從子用反〔疏〕注易及至相違○正義曰此易乾鑿度文及樂緯春秋緯其語同也其八能之士以具在仲夏疏文又相違者以夏已違今此復違故言又也

○芸始生。荔挺出。蚯蚓結。麋角解。水泉動。又記時候也芸香草也荔挺馬薤也水泉動潤上行○芸音云荔力計反挺大頂反麋亡悲反解音蟹薤戶介反上時丈反〔疏〕芸始至泉動○正義曰芸始生荔挺出者皇氏云以其俱香草故應陽氣而出而蚯蚓結者蔡云結猶屈也蚯蚓在穴屈首下嚮陽氣氣動則宛而上首故其結而屈也麋角解者說者多家皆無明據熊氏云鹿是山獸夏至得陰氣而解角麋是澤獸故冬至得陽氣而解角今以麋爲陰獸情淫而遊澤冬至陰方退故解角從陰退之象鹿是陽獸情淫而遊山夏至得陰而解角從陽退之象既無明據故略論焉若節氣早則麋角十一月解故夏小正云十一月麋角隕墜是也若節氣晚則十二月麋角解故小正云十二月隕麋角

○日短至。則伐木取竹箭。此其堅成之極時是月也。可以罷官之無事。去器之無用者。謂先時權所建作者也天地閉藏而萬物休可以去之○塗闕廷門閭。築囹圄。此以助天地之閉藏也。順時氣也

○仲冬行夏令。則其國乃旱。午之氣乘之也氛霧冥冥。霜露之氣散相亂也○氛芳云反雷乃發聲。震氣動也午屬震○〔疏〕其國至發聲○正義曰其國乃旱氛霧冥冥雷乃發聲皆天災也○行秋令。則天時雨汁。瓜瓠不成。酉之氣乘之也酉宿直昴畢畢好雨雨汁者水雪雜下也子宿直虛危虛危內有瓜瓠○雨汁于付反下音執注同瓠戶故反好呼報反國有大兵。兵亦軍之氣○〔疏〕天時至大兵○正義曰天時雨汁天災也瓜瓠不成地災也國有大兵人災也○注虛危內有瓜瓠○正義曰按天文志瓜瓠四星在危東○行春令。則蝗蟲爲敗。當蟄者出卯之氣乘之也水泉咸竭。大火爲旱民多疥癘。疥癘之病孚甲之象○疥音介〔疏〕蝗蟲至疥癘○正義曰蟲蝗爲敗水泉咸竭地災也民多疥癘人災也

季冬之月。日在婺女。昏婁中。旦氐中。季冬者日月會於玄枵而斗建丑之辰也○婺無付反婁力候反氐丁兮又音丁計反枵許驕反○〔疏〕季冬至氐中○正義曰按律麻志季冬初日在婺女八度三統麻小寒日在婺女八度昏婁十一度中去日八十四度旦氐十二度中大寒日在危初度昏昴二度中去日八十度旦心五度中元嘉麻日在牛三度昏奎十五度中晝漏四十五刻六分旦亢九度中大寒日在女十度昏胃四度中晝漏四十六刻七分旦氐十三度中

其日壬癸。其帝顓頊。其神玄冥。其蟲介。其音羽。律中大呂。其數六。其味鹹。其臭朽。其祀行。祭先腎。大呂者蕤賓之所生也三分益一律長八寸二百四十三分寸之百四季冬氣至則大呂之律應周語曰大呂助陽宣物〔疏〕注大呂至宣物○正義曰按蕤賓長六寸八十一分寸之二十六上生大呂三分益一三寸益一寸六寸益二寸故爲八寸其八十一分寸之二十六各三分之則爲七十八分三分益一更益一箇二十六則一百四故云律長八寸二百四十三分寸之一百四也引周語大呂助陽宣物者證大呂之義也按律歷志云大呂呂旅也言陰大旅助黃鍾宣氣而聚物

○鴈北鄉。鵲始巢。雉雊。雞乳。皆記時候也雊雉鳴也詩云雉之朝雊尚求其雌○鄉音向雊音豆反乳如住反〔疏〕鴈北至雞乳○正義曰鴈北鄉有早有晚早者則此月北鄉晚者二月乃北鄉故易說云二月驚蟄候鴈北鄉鵲始巢者此據晚者若早者十一月始巢故詩緯推度災云復之日鵲始巢是也雉雊雞乳者易通卦驗云雉雊雞乳在立春節與此同以立春在此月也通卦驗又云小寒虎始交豺祭獸此季冬不言者文不具也若節氣晚則季冬虎交若節氣早則在仲冬故仲冬虎始交按月令九月豺祭獸通卦驗季冬豺祭獸者熊氏云再祭也一日易說誤也無此文

○天子居玄堂右个。乘玄路。駕鐵驪。載玄旂。衣黑衣。服玄玉。食黍與彘。其器閎以奄。玄堂右个北堂東偏

○命有司。大難旁磔。出土牛。以送寒氣。此難難陰氣也難陰始於此者陰氣右行此月之中日歷虛危虛危有墳墓四司之氣爲厲鬼將隨強陰出害人也旁磔於四方之門磔攘也出猶作也作土牛者丑爲牛牛可牽止也送猶畢也○難乃多反下注同磔竹百反爲厲于僞反〔疏〕命有至寒氣○正義曰此月之時命有司之官大爲難祭令難去陰氣言大者以季春唯國家之難仲秋唯天子之難此則下及庶人故云大難旁磔者旁謂四方之門皆披磔其牲以攘除陰氣出土牛以送寒氣者出猶作也此時強陰既盛年歲已終陰若不去凶邪恐來歲更爲人害其時月建丑又土能剋水持水之陰氣故特作土牛以畢送寒氣也○注此月至畢也○正義曰此月之中者中猶內也謂此月之內也皇氏以爲此月中氣非也云日歷虛危虛危有墳墓四司之氣者熊氏引石氏星經云司命二星在虛北司祿二星在司命北司危二星在司祿北司中二星在司危北史遷云四司鬼官之長又云墳四星在危東南是危虛有墳墓四司之氣也皇氏以爲北方蓋藏故爲墳墓北方歲終以司主四時故云四司其義皆非也皇氏又云以季春國難下及於民以此季冬大難爲不及民也然皇氏解禮違鄭解義也今鄭注論語鄉人難云十二月命方相氏索室中驅疫鬼鄭既分明云十二月鄉人難而皇氏解季冬難云不及鄉人不知何意如此云送猶畢者此時寒實未畢而言畢者但意欲全畢耳

○征鳥厲疾。殺氣當極也征鳥題肩也齊人謂之擊征或名曰鷹仲春化爲鳩○題大兮反〔疏〕征鳥厲疾○正義曰亦命有司辭也征鳥謂鷹隼之屬也

謂爲征鳥如征厲嚴猛疾捷速也時殺氣盛極故鷹隼之屬取鳥捷疾嚴猛也蔡云太陰殺氣將盡故猛疾與時競也○注殺氣至爲鳩○正義曰按釋鳥云鷹鶆鳩某氏云鶆鳩鳩月令云鷹化爲鳩左傳曰爽鳩氏司寇也郭景純云鶆當爲鷞鷞即鷞鳩也此征鳥者則鷞鳩之謂也乃畢山川之祀。及帝之大臣。天之神祇。四時之功成於冬孟月祭其宗至此可以祭其佐也帝之大臣句芒之屬天之神祇司中司命風師雨師○祇音祁〔疏〕注四時至雨師○正義曰按上孟冬祈來年于天宗大割祠於公社臘先祖五祀是謂蜡祭則百神皆祭則一變而致羽物山林之祇再變而致鱗物川澤之祇是蜡祭並祭山川也是嶽瀆及衆山川也孟冬不見者文不具孟冬祭嶽瀆因及衆山川至此又更祭衆山川山川少於嶽瀆是孟月祭其宗此月祭其佐前孟冬是祭先嗇神農并祭五帝但孟月其文不具則五帝爲宗大臣句芒等爲佐是孟月祭其宗此月祭其佐也孟冬祭司中等是孟月祭宗此月祭佐則天神人鬼山川等皆有宗有佐也故鄭先云孟月祭宗至此祭佐後解帝之大臣天神地祇若然山川卑於帝之大臣在先言故以爲尊卑之序無義例也熊氏云孟冬祭宗至此祭佐唯天恐非也○是月也。命漁師始漁。天子親往。乃嘗魚。先薦寢廟。天子必親往視漁明漁非常事重之也此時魚絜美〔疏〕注天子至絜美○正義曰按仲秋以犬嘗麻季秋以犬嘗稻皆不云天子親往今此天子親往特云嘗魚故云明漁非常事重之也以四時薦新是其常事魚則非常祭之物故云重之也○冰方盛。水澤腹堅。命取冰。腹厚也此月日在北陸冰堅厚之時也北陸謂虛也今月令無堅○腹本又作複又方服反〔疏〕冰方至取冰○正義曰言此月冰既方盛於時極寒冰實至盛而云方盛者此謂月半以前小寒之節冰猶未盛故云方也至於月半以後大寒乃盛水澤腹堅者腹厚也謂水澤潤澤厚實堅固冰既堅固故命取冰○注腹厚至無堅○正義曰腹者形體腹長故爲厚也云此月日在北陸者當此月之時日在玄枵之次其星當女虛危也陸道也言女虛危是北方七宿之道故釋天云北陸虛也舉中央星以言之○冰以入。令告民出五種。冰既入而令田官告民出五種明大寒氣過農事將起也○種章勇反注同命農計耦耕事。脩耒耜。具田器。耜者耒之金也廣五寸田器鎡錤之屬○鎡音茲錤音基〔疏〕冰以至五種○正義曰冰以藏入之後大寒以過暖氣方來故令此典農之官出五種之物以擬種之○注耜者至之屬○正義曰耒者以木爲之長六尺六寸底長尺有一寸中央直者三尺有三寸勾者二尺有二寸底謂耒下嚮前曲接耜者頭而著耜耜金鐵爲之故云耜者耒之金云田器鎡錤之屬者何胤云鎡今之鋤類孟子云齊人曰雖有鎡錤不如待時云之屬者以田器非一也○命樂師大合吹而罷。歲將終與族人大飲作樂於大寢以綴恩也言罷者此用禮樂於族人最盛後年若時乃復然也凡用樂必有禮用禮則有不用樂者王居明堂禮季冬命國爲酒以合三族君子說小人樂○合古苔反吹昌睡反罷如字又音皮復扶又反子說音悅人樂音洛○〔疏〕命樂至而罷○正義曰於此歲終必族人燕飲樂師之官大合諸樂管籥之吹以綴恩慈之心而遂休罷至來年季冬乃更爲之○注歲將至人樂○正義曰與族人大飲者以王居明

堂禮云季冬命國爲酒以合三族故知與族人飲也云作樂於大寢者以其命樂師合吹故知作樂也大寢則路寢也與宗人圖事之處既飲族人故知於大寢云以綴恩者綴謂連綴恩謂恩親大傳云繫之以姓而弗別綴之以食而弗殊云罷者此用禮樂於族人最盛後年若時乃復然者謂後年季冬乃復如此作樂以一年頻停故云罷云凡用樂必有禮而用禮則有不用樂者以大合吹必當有禮與族人燕飲今唯云命樂師作樂故云用樂必有禮而食嘗無樂故云禮有不用樂也引明堂禮以合三族者三族父子及身則小記云親親以三爲五以五爲九是也君子說謂卿大夫士小人樂謂凡庶也○乃命四監收秩薪柴。以共郊廟及百祀之薪燎。四監主山林川澤之官也大者可析謂之薪小者合束謂之柴薪施炊爨柴以給燎春秋傳曰其父析薪今月令無及百祀之薪燎○共音恭下文以共皆同燎力召反析思歷反下同爨七亂反〔疏〕注四監至薪燎○正義曰以薪柴出於山林川澤故四監爲山林川澤之官也薪施炊爨柴以給燎者以薪柴並文故知各有所用上云薪柴下云薪燎故知柴以給燎引春秋傳曰其父析薪者此昭七年左傳辭也其父析薪其子弗克負荷引之者證薪是麄人可析之物云今月令無及百祀之薪燎者謂無此句之文也是月也。日窮于次。月窮于紀。星回于天。數將幾終。言日月星辰運行于此月皆周匝於故處也次舍也紀會也○幾音祈又音機處昌慮反〔疏〕日窮至幾終○正義曰日窮于次者謂去年季冬日次於玄枵從此以來每月移次他辰至此月窮盡還次玄枵故云日窮于次月窮于紀者紀猶會也去年季冬月與日相會於玄枵自此以來月與日相會在於他辰至此月窮盡還復會於玄枵故云月窮于紀星回于天者謂二十八宿隨天而行每日雖周天一匝早晚不同至於此月復其故處與去年季冬早晚相似故云星回于天數將幾終者幾近也以去年季冬至今年季冬二百五十四日未滿三百六十五日未得正終唯近於終故云數將幾終歲且更始。專而農民。毋有所使。而猶女也言專一女農民之心令之豫有志於耕稼之事不可徭役徭役之則志散失業也○女音汝令力呈反〔疏〕歲且至所使○正義曰此月令之人爲國家戒令之法此月既終歲且更始而女也言在上專一女農之事無得與起造作有所使役也此是制禮者揔爲約戒之辭此月令之內不云乃命某官之屬者皆是禮家揔禁也他皆倣此○天子乃與公卿大夫。共飭國典。論時令。以待來歲之宜。飭國典者和六典之法也周禮以正月爲之建寅而縣之今用此月則所因於夏殷也○縣音玄○〔疏〕注飭國至殷也○正義曰經云共飭國典調和飭正典之故云和六典之法六典者則治典教典禮典政典刑典事典是也云周禮以正月爲之建寅而縣之者按大宰職云正月之吉始和布治小宰云正歲而觀治象之法是也云今月此月則所因於夏殷者不用周法故知因於夏殷以王者損益不出三代故也○乃命太史。次諸侯之列。賦之犧牲。以共皇天上帝社稷之饗。此所與諸侯共者也列國有大小也賦之犧牲大者出多小者出少饗獻也○〔疏〕乃命至之饗○正義曰此至之饗皆命大史也列次也來歲方祭方祭祀須犧牲犧

牲出諸侯之國國有大小故命大史書列之以共賦也諸侯同王南面專王之土故命之出牲以與王共事天地也既漫言諸侯則異姓同姓俱然也賦之犧牲者賦稅出也次之隨國大小而出之也以共皇天者賦牲所共也皇天天皇大帝也上帝者靈威仰五帝也社稷者王之社稷也諸侯乃自有社稷而始封亦割王社土與之故賦牲共王社稷也享獻也出牲以共獻於上帝諸神也○乃命同姓之邦。共寢廟之芻豢。此所以與同姓共也芻豢猶犧牲○〔疏〕乃命至芻豢○正義曰芻豢猶犧牲也皇天社稷與天下共之故通賦天下國家也寢廟先王與同姓國共之故別又命同姓國共之也言芻乃是牛羊而又云豢則是犬豕也天地不用犬豕社稷大牢乃有豕而不用犬故沒其芻豢而徙云天地犧牲也宗廟備六牲故云芻豢也命宰歷卿大夫。至于庶民。土田之數。而賦犧牲。以共山林名川之祀。此所與卿大夫庶民共者也歷猶次也卿大夫采地亦有大小其非采地以其邑之民多少賦之○〔疏〕命宰至之祀○正義曰宰小宰也歷亦次也卿大夫謂畿內有采地者歲終又小宰列次畿內之地大小并至於庶民受田准土田多少之數賦之犧牲以共山林名川之祀不云士者上舉卿大夫下舉庶民則士在其中省文耳注云此所與卿大夫庶人共之則各賦稅之卿大夫出其采地賦稅無采地出其邑之賦稅庶人無邑出其賦稅以與邑宰邑宰以共上是庶人亦出賦也故下云凡在天下九州之人無不咸獻其力是也凡在天下九州之民者。無不咸獻其力。以共皇天上帝。社稷寢廟。山林名川之祀。民非神之福不生雖有其邦國采地此賦要由民出〔疏〕注民非至民出○正義曰雖有其邦國采地此賦要由民出者有邦國諸侯有采地謂卿大夫賦稅所來皆由民出必由民者以經中云天下九州之民不云諸侯卿大夫獨云民故鄭云此也○季冬行秋令。則白露蚤降。介蟲爲妖。戌之氣乘之也九月初尚有白露月中乃爲霜丑爲鼈蟹四鄙入保。畏兵辟寒象○辟毗異反〔疏〕白露至入保○正義曰白露早降天災介蟲爲妖地災四鄙入保人災○注丑爲鼈蟹○正義曰按陰陽式法丑爲鼈蟹季冬建丑而行秋令丑氣失故云介蟲爲妖○行春令。則胎夭多傷。辰之氣乘之也夭少長也此月物甫萌牙季春乃句者畢出萌者盡達胎夭多傷者生氣早至不充其性○胎吐來反夭烏老反注同少長上詩召反下丁丈反句古侯反國多固疾。生不充性有久疾也命之曰逆。衆害莫大於此〔疏〕胎夭至曰逆○正義曰胎夭多傷國多固疾命之曰逆皆人災也○注辰之至其性○正義曰云此月物甫萌牙季春乃句者畢出萌者盡達者甫始也此十二月萌者始牙至三月乃出達地上也云胎夭多傷者生氣蚤至不充其性者三月之氣在十二月內至故胎萌而暴長出既性不得充滿所以多傷也○注衆害莫大於此○正義曰以胎夭既傷國多固疾衆種之害莫大於此故經云命之曰逆命猶名也言名此曰特逆之事謂惡之甚也○行夏令。則水潦敗國。時雪不降。冰凍消釋。未之氣乘之也季夏大雨時行○消釋如字一本作液音亦〔疏〕

水潦至消釋○正義曰水潦敗國時雪不降天災也冰凍消釋地災也

禮記注疏卷十七校勘記　阮元撰盧宣旬摘錄

月令

季秋之月節 惠棟校云季秋節其日節鴻鴈節宋本合下天子節其氣廉以深之上爲一節

而斗建戌之辰也 閩毛本同岳本同嘉靖本同衞氏集說同監本戌誤戌

季秋至柳中 惠棟校宋本無此五字

旦柳十二度中 毛本同閩監本二作一衞氏集說同

其日庚辛節

示民軌儀 惠棟校宋本如此宋監本同岳本同此本民上衍小字閩監毛本同嘉靖本同衞氏集說同

令夾鍾七寸取六寸 閩監本同嘉靖本同衞氏集說同毛本鍾誤中考文引宋板亦作鍾

鴻鴈來賓節

鞠有黃華 閩監毛本同岳本同嘉靖本同衞氏集說同考文引古本鞠作菊石經同釋文出鞠云本又作菊○按依說文當作蘜从艸鞠省聲

豺乃祭獸戮禽 閩監毛本同岳本同嘉靖本同衞氏集說同釋文出僇禽云本或作戮○按依說文作戮是也

天子居總章右个節

駕白駱 閩監本同岳本同嘉靖本同衞氏集說同毛本駱誤輅考文引宋板作駱

是月也申嚴號令節 惠棟校云是月也申嚴號令節乃命冢宰節宋本合爲一節

命百至宣出 惠棟校宋本無此五字

乃命冢宰節

藏帝藉之收於神倉 惠棟校宋本同岳本同嘉靖本同衞氏集說同閩監毛本藉作籍注及疏同○按依說文當作耤从耒昔聲

其義非 惠棟校宋本如此此本非誤亦閩監本同毛本其義亦改義亦同大謬

是月也霜始降節 惠棟校云是月也霜始降節乃命有司節大饗帝節嘗犧牲告備節合諸侯節宋本合爲一節

是月也霜始降 惠棟校宋本無此六字

蟄蟲閉戶 閩監本同考文引宋板同毛本蟄作蜇

先薦寢廟事重 閩監毛本如此此本廟事二字倒

是月也大饗帝節

遍祭五帝也 閩監毛本同嘉靖本同惠棟校宋本遍作偏岳本同衞氏集說同釋文出偏祭云音遍○按偏正字遍俗字

此謂五帝皆饗 閩監毛本同惠棟校宋本謂作旣衞氏集說同

嘗犧牲節

使有司祭于羣神 閩監毛本同衞氏集說同岳本于作乎嘉靖本同考文引足利本同惠棟校宋本亦作乎疏中仍作于

於時有司常祭 閩監本同毛本時誤神惠棟校宋本時字同常作嘗

注嘗者至禮畢而告爲 閩監毛本同惠棟校宋本無禮畢而三字

别雩羣神 閩監本同毛本神誤祀衞氏集說亦作神

合諸侯制百縣節

無有所私 閩監本同岳本同嘉靖本同衞氏集說同考文引宋板古本足利本同毛本私誤司

使諸侯及鄉遂之官 閩監本同岳本同嘉靖本同衞氏集說同考文引宋板同毛本官誤國

貢職謂所入天子 惠棟校宋本有謂字宋監本同岳本同考文引古本足利本同此本謂字脫閩監毛本同嘉靖本同衞氏集說同續通解亦有謂字

言旣給郊廟重事事百縣等物 閩監毛本同衞氏集說下事作其

謂成方也 閩監毛本成作城○按作城與周禮典命合

正歲縣治象之法于象魏 惠棟校宋本此下標禮記正義卷第二十四終又記云凡二十七頁

是月也天子乃教於田獵節 惠棟校宋本自此節起至月令終爲第二十五卷卷首題禮記正義卷第二十五

弓矢殳矛戈戟也馬政 閩監毛本如此岳本同嘉靖本同衞氏集說同此本也誤班政誤故

校人職曰 閩監本同岳本同嘉靖本同衞氏集說同毛本校作挍餘放此

是月至馬政 惠棟校宋本無此五字

命僕節 惠棟校云命僕節司徒節天子節命主祠節宋本合爲一節

鄉遂載物 閩監毛本同岳本同嘉靖本同衞氏集說同浦鏜校云依疏文當本作師遂此係後人挍正○按浦鏜是也

課舉以言之也 閩監毛本同衞氏集說課作雜案雜字是

析羽爲旌 閩本同衞氏集說同考文引宋板同監毛本析誤折

百官卿大夫也 惠棟校宋本同監毛本卿誤鄉閩本卿字模糊

按周禮云鄉遂 閩監本同毛本禮誤里考文引宋板亦作禮

以冬閉無事 閩監毛本同浦鏜校云閉當閑字誤與閒同

褐纏旃以爲門 惠棟校宋本同閩監毛本褐作揭

司徒搢扑節

而注旌旃不作冬法 惠棟校宋本同閩監毛本旃誤旗

熊氏以爲此文載旌旐 閩監本同毛本旐誤施考文引宋板亦作旐

天子乃厲飾節

俗本作餝非也 閩監本餝誤飾毛本作飭案唐人書寫飾餝兩字混而爲一並食傍作芳見顏師古匡謬正俗

命主祠節

四方四方有功於方之神也 閩監毛本同衞氏集說作四方有功於四方之神也

如可見矣 閩監毛本同衞氏集說如作始

是月也草木黃落節 惠棟校云是月節至行春令節宋本合爲一節

蟄蟲咸俯在內 王念孫云內當作穴下言皆墐其戶戶即穴之戶也穴內二字篆隸相似故穴多譌作內

墐爲塗閉之 閩監毛本同嘉靖本同岳本爲作謂衞氏集說同考文引古本足利本同

乃趣獄刑節

許人主從時 閩監本同衞氏集說同考文引宋板同毛本人主二字倒

行冬令節

土地分裂 閩監本同岳本同嘉靖本同衞氏集說同石經同考文引宋板古本足利本同毛本地誤多

行春令節

則煖風來至 閩監本同岳本同嘉靖本同衞氏集說同石經同毛本煖作暖疏同

孟冬之月節 惠棟校云孟冬節其日節其蟲節律中其數節水始節天子節宋本合爲一節

其日壬癸節

日之行東北從黑道 閩監毛本同嘉靖本同衞氏集說同岳本東作冬考文引古本同岳本考證云宋日有九道河圖帝覽嬉云黑道二出黃道北後漢書云青白黑赤各一道其交必于黃道故爲九博雅釋天

月行九道立冬冬至北從黑道二蓋立冬星辰南遊日則北遊冬至星辰南遊之極日北遊之極以此推之青白赤黑俱在四正而非四隅此不得云東北從黑道矣觀上孟春注云春東從青道是其句法一例諸本疑冬爲東誤而改之謬矣

揆然萌牙　惠棟按宋本同岳本同嘉靖本同閩監毛本牙作芽

顓頊高陽氏也　閩監毛本同嘉靖本同衛氏集說同岳本也字脫

其蟲介節

冬氣和則羽聲調　惠棟按宋本如此宋監本同岳本同嘉靖本同衛氏集說同此本調字誤重閩監毛本同

律中應鍾節

律中應鍾　閩本同岳本同嘉靖本同衛氏集說同監毛本鍾作鐘石經同

注云閟藏塞也　惠棟按宋本有云字衛氏集說同此本云字脫閩監毛本同

百物可鍾藏　惠棟按宋本同閩本同監毛本鍾誤種衛氏集說同

其數六節

爲軷壤　閩監毛本同岳本同嘉靖本同衛氏集說同釋文出壤云如丈反齊召南按云按壤字當作壇周禮大馭疏引此注作爲軷壇是也又本節疏可證案齊按是也曾子問諸侯適天子節疏引此注亦作壇

天子居元堂左个節

旂與衣雖人功所爲　惠棟按宋本如此衛氏集說同此本功所爲三字闕閩監毛本功所爲誤所常用

不可純青故用蒼之淺色　閩監毛本如此此本青故二字闕

亦以朱深而赤淺　惠棟按宋本如此此本亦以二字闕閩監毛本亦誤蓋

赤玉與蒼玉同　閩監毛本如此此本蒼玉二字闕

亦以黑深而元淺　閩監毛本如此此本黑深二字闕

與夏同也　惠棟按宋本如此此本同也二字闕閩監毛本同也誤亦同考文引宋板作亦同也

猶如夏云赤玉　閩監毛本如此此本夏云二字闕

今月至謂也　惠棟按宋本無也字至下有之字

鄭以此月乘軫路　惠棟按宋本如此此本以此月三字闕閩監毛本以此月誤注云二字

以車旁爲之　惠棟按宋本作之此本之字闕閩監毛本之誤軫

是月也以立冬節

顏涿聚　閩監毛本同岳本同嘉靖本同衛氏集說同正義亦作涿釋文出椓聚云又作涿

魯哀十一年　閩監毛本同惠棟校宋本哀下有公字

是月也命大史節　惠棟按云是月也節是察節宋本合爲一節

是月也至吉凶　惠棟按宋本有吉字此本吉字脫閩監毛本同

自大飲蒸　閩本同惠棟按宋本同監毛本蒸作烝後倣此

正義曰是月大史之官　閩監毛本同惠棟按宋本無正義曰三字

而秦十月爲歲首　閩監毛本而作謂

與周與上春釁龜　按次與字當作禮

是察阿黨節

是察阿黨　閩監毛本同岳本同嘉靖本同衛氏集說同考文引古本足利本作是月也阿黨

是察至掩蔽　閩監毛本同考文引宋板察作月山井鼎云謹按作察者正合于經文矣而宋板作月者蓋經文本作是月也察阿黨而宋板以下諸本皆脫月也二字明矣是亦足證古本之可據也按山井鼎非也上節正義云從命大史至無有掩蔽論釁祠龜筴察阿黨事異於上立冬之日故別言是月也可見唐人據以作正義本此節合爲上節不重出是月也三字宋板疏標起止是本是察作是月字偶誤耳而考文引古本足利本卽據是改經文是察阿黨作是月也察阿黨亦足見其作僞之端委矣

是月也天子始裘節　惠棟按云是月也天子始裘節命有司曰節坏城郭節飭喪紀節宋本合爲一節按此節命有司曰上此本有○是別爲一節閩監毛本去○是混爲一節

命司徒循行積聚　閩監毛本同岳本同嘉靖本同衛氏集說同陳澔集說本司徒誤有司石經考文提要云宋大字本宋本九經南宋巾箱本余仁仲本劉叔剛本皆作司徒

易舍萬象　惠棟按宋本作象此本象字模糊閩監毛本象誤物

陽歸於虛無　閩監毛本同衛氏集說同惠棟按宋本無作无

坏城郭節

脩鍵閉　閩監本同岳本同嘉靖本同衛氏集說同毛本脩作修石經同

鍵牡閉牝也　閩監毛本如此岳本同嘉靖本同衛氏集說同釋文同此本牡誤牝

今月令疆或爲壐　閩監毛本同岳本同嘉靖本同考文引宋板同毛本爲誤謂

此物以鐵爲之　惠棟按宋本如此衛氏集說同此本此物二字脫閩監毛本同

每云牝飛及牝亡　盧文弨挍云上牝亦當作牡閩監毛本同惠棟按宋本下牝作牡

謂失其鑰須須則牡也　閩監本同考文引宋板同毛本鑰誤獵牡誤者

謂掘溝壍　閩本同惠棟按宋本同監毛本壍作塹衛氏集說同

飭喪紀節

塋丘壟之大小　閩監毛本同岳本同嘉靖本同衛氏集說同考文引古本大小作小大石經同

高卑厚薄之度　閩監毛本同岳本同嘉靖本同衛氏集說同惠棟按宋本厚薄作薄厚石經同

漢律列侯墳高四丈　閩本同惠棟按宋本同監毛本丈作尺衛氏集說同○按作尺與鄭注冢人合

又注檀弓云　閩本同惠棟按宋本同監毛本作又檀弓注云衛氏集說同

是月也命工師節

按度程　閩監毛本同岳本按作案嘉靖本同衛氏集說同石經同石經考文提要云宋大字本宋本九經南宋巾箱本余仁仲本皆作案

以察其信　閩監毛本同岳本同衛氏集說同嘉靖本察誤祭

冬閉無事　閩監本作閉考文引宋板同衛氏集說同此本閉誤閑毛本作閇

謂於按此器舊來制度大小　閩監毛本同浦鏜按本於改考

是月也大飲烝節　惠棟按云是月節天子節勞農節天子乃命將帥節宋本合爲一節

天子諸侯與其羣臣飲酒於大學　閩監本同岳本同嘉靖本同衛氏集說同考文引宋板古本足利本同毛本諸侯與其誤倒作與其諸侯

別之於他　閩監毛本同岳本同嘉靖本同衛氏集說同盧文弨挍本据幽風疏他改燕

郡國以鄉飲酒禮代之　惠棟按宋本同宋監本同岳本同嘉靖本同考文引足利本同閩監毛本郡誤羣衛氏集說同

烝謂有牲體爲俎也　惠棟按宋本作烝考文引古本同此本烝誤燕閩監毛本同岳本同嘉靖本同衛氏集說同○按正義亦作烝

是頌大飲之詩　閩監毛本同岳本同嘉靖本同衛氏集說同盧文弨挍本据幽風疏頌上增幽字

故宜十六年左氏云　閩監毛本同惠棟按宋本氏作傳

臣下慶君命受福無疆也　閩監毛本同浦鏜按命改會

天子乃祈來年于天宗節

謂大割牲以祠公社　閩監毛本同惠棟按宋本祠作祀

以至六變而蜡祭　惠棟按宋本作至此本至作致閩監毛本同

孟冬行春令節　惠棟按云孟冬節行夏令節行秋令節宋本合爲一節

則凍閉不密　監毛本同岳本同嘉靖本同衛氏集說同閩本凍誤凍疏同石經凍字殘闕

行秋令節

天災也小兵時起　惠棟挍宋本如此此本小上衍○閩監毛本同

仲冬之月節　惠棟挍云仲冬節其日節冰益壯節命有司節宋本合爲一節

昏氐九度中　閩監毛本同衛氏集說同盧文弨挍本云氐本作室是下有晝漏則此亦當有晝漏四十五刻六分八字然他月無之

其日壬癸節

律中黃鍾　閩本同岳本同嘉靖本同衛氏集說同監毛本鍾作鐘石經同餘放此注疏放此

故陽氣始種於泉　閩監本同衛氏集說同考文引宋板同毛本泉誤前○按漢志始作施泉上有黃字

冰益壯節

鶡旦不鳴　閩監毛本同岳本同嘉靖本同衛氏集說同釋文出曷旦云本亦作鶡考文引古本鶡作曷石經作鶡鳥不鳴○按說文鶡下云山雉鴠下云渴鴠段玉裁云渴鴠當依月令作曷旦後人改之也

命有司曰節

地氣沮泄　閩監毛本同岳本同嘉靖本同衛氏集說同石經作地氣且洩考文引古本亦作且山井鼎曰謹按足利本字作沮泄而其訓與方將字同由此觀之則後誤作水旁且明矣石經考文提要曰按呂氏春秋作且泄蓋一陽初生方將萌動亦承上孟冬行春令則陽氣上泄也

則孟冬云謹蓋藏是也　閩監毛本同衛氏集說云作之

以堅固汝閉塞之事　閩監毛本同衛氏集說同惠棟挍宋本閉作所

令地沮泄　閩監毛本同衛氏集說地下有氣字

是月也命奄尹節　惠棟挍云是月節乃命大酋節天子節山林節是月節芸始生節日短節行秋節行春節宋本合爲一節

審門閭　閩監毛本同岳本同嘉靖本同衛氏集說同石經同浦鏜挍云按蔡氏邕云宮中之門曰闈閭尹之職也閭里門非閭主所主當作闈

幾出入及開閉之屬　惠棟挍宋本同岳本同閩監毛本幾作譏嘉靖本同衛氏集說同

命奄尹者謂正也　閩監毛本同浦鏜挍云者下當脫尹字

申重之政令　閩監毛本同衛氏集說之作其

務所貿素　閩監毛本同衛氏集說所作在

乃命大酋節

麴蘗必時　惠棟挍宋本作蘗岳本同嘉靖本同衛氏集說同此本蘗誤櫱閩監毛本同

火齊腥孰之調也　閩監毛本同岳本同嘉靖本同衛氏集說同考文引宋板調作謂非

至春而爲酒者　惠棟挍宋本如此此本春下衍事字閩監毛本事作時

天子命有司節

此收斂尤急之時　閩監毛本同岳本同嘉靖本同衛氏集說同惠棟挍宋本無之字

人有取者不罪　閩監毛本同岳本同嘉靖本同衛氏集說同惠棟挍宋本不作公非

繫收牛馬　閩監毛本同岳本同嘉靖本同衛氏集說同考文引足利本收作牧按正義云俗本作牧定本作收

山林藪澤節

藪澤蔬食蔆芡之屬　閩本蔆作菱芡誤茨監本菱字同芡字殘闕毛本亦作菱蔬誤疏

是月也日短至節

蕩謂物動將萌牙也　惠棟挍宋本有將字宋監本同岳本同考文引古本足利本同此本將字脫閩監毛本同嘉靖本同衛氏集說同盧文弨挍云初學記作謂物將萌牙者亦有將字也

此言去聲色又相反　惠棟挍宋本同宋監本同岳本同嘉靖本同考文引足利本同閩監毛本反作違衛氏集說同

此易乾鑿度文　閩監毛本同浦鏜挍乾鑿度改通卦驗惠棟挍云當是通卦驗

芸始生節

水泉動潤上行　閩監本同岳本同嘉靖本同衛氏集說考文引宋板同釋文出作行毛本行誤下

十一月麋角隕墜是也　閩監毛本同衛氏集說同惠棟挍宋本墜作墮

日短至節

此所以助天地之閉藏也　惠棟挍宋本有所字宋監本同岳本同考文引古本足利本同此本所字脫閩監毛本同嘉靖本同衛氏集說同

霜露之氣散相亂也　惠棟挍宋本作露宋監本同岳本同衛氏集說同考文引足利本同此本露誤降閩監毛本同嘉靖本同

行秋令節

酉宿直昴畢　惠棟挍宋本亦作直岳本同嘉靖本同考文引古本足利本同閩監毛本直作值衛氏集說同下直虛危同

虛危內有瓜瓠　閩監毛本同岳本同嘉靖本同衛氏集說同惠棟挍宋本無虛危二字

兵亦軍之氣　閩監毛本同岳本同嘉靖本同衛氏集說軍作金考文引古本軍作畢○按集說是也

行春令節

孚甲之象　閩監毛本同惠棟挍宋本宋監本並作孚甲象也岳本同嘉靖本同衛氏集說作孚甲之象也考文古本同

季冬之月節　惠棟挍云季冬節其日節鴈北鄉節天子節征鳥節乃畢山川節是月節冰方盛節冰以入節命樂師節乃命節宋本合爲一節

日在牛三度　閩監毛本同衛氏集說同盧文弨挍從本書日上增小寒二字

其日壬癸節

則爲一百四　惠棟挍宋本有爲字衛氏集說同此本爲字脫閩監毛本同

宣氣而聚物　閩監毛本同浦鏜挍聚改牙○按浦鏜是也作聚與漢志不合

鴈北鄉節

鴈北鄉　閩監本同岳本同嘉靖本同衛氏集說同石經同毛本鴈作雁疏放此

鵲始巢　閩監毛本作巢岳本同嘉靖本同衛氏集說同石經同此本巢誤其

雉雊雞乳在立春節　閩監本同考文引宋板同毛本雊誤惟

天子居元堂右个節

出土牛以送寒氣　閩監本同岳本同嘉靖本同衛氏集說同毛本牛誤地

今難去陰氣　閩監毛本同考文引宋板今作令

又土能刻水　考文引宋板同閩監毛本刻作克衛氏集說同

墳四星在危東南　閩監毛本同衛氏集說同盧文弨挍云墳下當有墓字

以此季冬大難爲不及民也　閩監毛本同惠棟挍宋本此作比

今鄭注論語鄉人難云　惠棟挍宋本亦作難閩本同監毛本難作儺

征鳥厲疾節

其氏云　閩監本同惠棟挍宋本作某氏曰監毛本作某云衛氏集說同

乃畢山川之祀節

司中司命風師雨師　閩監毛本同岳本同嘉靖本同衛氏集說同考文引古本足利本雨師下有之屬是三字

故鄭先云孟月祭宗　閩監本同毛本鄭先二字倒

冰方盛節

腹厚至無堅　閩監毛本同惠棟按宋本無堅作謂虛

冰以入節

脩耒耜　閩監本同岳本衞氏集說同毛本脩作修嘉靖本同石經同

雖有鎡錤　閩監毛本同惠棟按宋本錤作基衞氏集說同

乃命四監節

薪施炊爨　閩監毛本作爨岳本同衞氏集說同此本爨誤釁嘉靖本同釋文出炊爨

是月也日窮于次節　惠棟按云是月也節歲且節天子節乃命大史節乃命同姓節命宰節凡在節季冬節行春節行夏節宋本合爲一節

月窮于紀　閩監本同岳本同嘉靖本同衞氏集說同石經同毛本紀誤幾

皆周匝於故處也　閩監毛本同岳本同嘉靖本同衞氏集說同惠棟按宋本匝作帀宋監本同又各本俱作處此本處誤虔

紀會也　閩監毛本同岳本同嘉靖本同衞氏集說同考文引古本會上有猶字盧文弨按云初學記同○按考文所據古本非取諸正義即取諸唐宋人類書此其一也

每日雖周天一匝　閩監毛本作匝衞氏集說同惠棟按宋本作帀此本匝誤而

歲且更始節

此月令之內　閩監毛本作此衞氏集說此誤凡此本此誤曰

天子乃與公卿大夫節

飭國至殷也　閩監毛本同惠棟按宋本殷也作夏殷

以王者損益　閩監本同衞氏集說同毛本王字殘闕

乃命大史節

乃命太史　閩本同嘉靖本同監毛本太作大岳本同衞氏集說同

此所與諸侯共者也　閩監本同岳本同嘉靖本同衞氏集說同毛本者誤之考文引宋板亦作者

乃命至之饗　閩監毛本同惠棟按宋本饗作享

來歲方祭祀須犧牲　惠棟按宋本如此此本方祭下誤重方祭二字閩監毛本同衞氏集說作來歲祭祀所須犧牲

命宰歷卿大夫節

土田之數　閩監本同岳本同嘉靖本同衞氏集說同毛本土誤士

准土田多少之數　閩本同惠棟按宋本同監毛本准作準衞氏集說同

凡在天下九州之民者節

凡在天下九州之民者　各本同坊本州作川

行春令節

此月物甫萌牙　閩監本同岳本同嘉靖本衞氏集說同毛本牙作芽疏放此

謂惡之甚也　閩監本同衞氏集說同考文引宋板同毛本甚誤盛

附釋音禮記注疏卷第十七終　惠棟按宋本禮記正義卷第二十五終記云凡二十七頁宋監本禮記卷第五經四千三百三十九字注五千三百六十一字嘉靖本禮記卷第五經五千九十一字注九千六百六十三字

附釋音禮記注疏卷第十八

禮記　鄭氏注　孔穎達疏

曾子問第七。陸曰曾子孔子弟子曾參也以其所問多明於禮故著姓名以顯之。【疏】正義曰按鄭目錄云名爲曾子問者以其記所問多明於禮故著姓名以顯之曾子孔子弟子曾參此於別錄屬喪服

曾子問曰。君薨而世子生。如之何。孔子曰。卿大夫士。從攝主。北面於西階南。變於朝夕哭位也攝主上卿代君聽國政大祝裨冕。執束帛。升自西階。盡等。不升堂。命毋哭。將有事宜清靜也裨冕者接神則祭服也諸侯之卿大夫所服裨冕絺冕也玄冕也士服爵弁服大祝裨冕則大夫。大祝音泰下文注大祝大宰大宗大廟大史皆同此音祝之六反說文云祝祭主贊詞者裨婢支反毋音無本亦作無絺知里反本又作希徐張履反祝聲三。告曰。某之子生。敢告。聲噫歆警神也某夫人之氏也。祝之六反下同徐之又反三息暫反又如字下聲三及三者三皆放此噫於其反歆許金反警居領反升。奠幣于殯東几上。哭降。几筵於殯東明繼體也衆主人。卿大夫士。房中。皆哭。不踊。衆主人君之親也房中婦人。盡一哀。反位。遂朝奠。反朝夕哭位。小宰升。舉幣。所主也舉而下埋之階間【疏】曾子至舉幣。正義曰此一節論君薨而世子生告殯之事各隨文解之。君薨而世子生者按聘禮云子即位不哭公羊云君存稱世子君薨稱子某此既君薨仍稱世子者以其別於庶子又用世子之禮告殯故雖君薨猶稱世子異於春秋之例按左傳桓六年子同生賈杜注云不稱大子者書始生此亦始生而稱世子者彼爲父在始生未命故直云子此是君薨初生則舉以世子之禮故云世子也熊氏云下稱奠幣于殯東則此告世子生謂既殯以後若未殯之前則世子生亦不告凡天子諸侯稱世子春秋經稱王世子曹世子是也卿大夫以下謂之適子喪服云大夫之適子是也若在喪諸侯之子亦稱適子檀弓云君之適長殤是也天子諸侯亦謂之大子則王制云王大子及檀弓云大子申生是也冢子則上下通名故內則云其非冢子則皆降一等注則言天子以下至庶人是其通名也其春秋三傳世子之例煩而不要今所不用也。孔子至北面。此論卿大夫士等皆衣衰服也攝主上卿代國政者卿大夫士等皆衣衰服北面文不言者以下文云大祝裨冕明卿大夫等不裨冕也。於西階南注變於朝夕哭位也。正義曰按喪大記云君之喪既正尸卿大夫父兄子姓立于東方又士喪禮朝夕哭丈夫即位于門外西面北上外兄弟在其南南上賓繼之北上若其門內位主人堂下直東序西面兄弟皆即位如外位卿大夫在主人之南是朝夕內外哭位皆在東方也今乃從攝主北面於西階南故云變於朝夕哭位也必於西階南者以將告殯近殯位故也若君喪大斂喪大記云卿大夫即位于堂廉楹西北面者彼斂故升堂非朝夕哭位此爲告世子生故在堂下。大祝至毋哭。大祝以大夫爲之祝主接神故服裨冕裨冕祭服也以其將告神故執束帛執持也束帛十端也端則二丈鬼神質故用偶數

也鬼神以文八尺爲端鬼神之道陰陽不測故用陰陽之數求之一丈象陽八尺法陰十端六玄四纁五兩三玄二纁是地色玄是天色也欲往告殯故升自西階若於堂下告則大殮堂上告則大近殯故升階盡等即不升堂將有告事宜靜故命毋哭。注裨冕至大夫。正義曰卿大夫所服裨冕絺冕也按覲禮侯氏裨冕鄭注云裨冕者衣裨衣而冠冕也裨之爲言埤也天子六服大裘爲上其餘爲裨以事尊卑服之而諸侯亦服焉又注云袞衣者裨之上也則裨唯據衣也言服裨衣而著冕故云裨冕言裨者取其績繡云諸侯之卿大夫所服裨冕絺冕也玄冕也者此言五等諸侯孤卿大夫唯絺冕而下以上諸侯襃兼五等故摠解其臣服此卿兼公孤卿也若孤卿則絺冕若三命再命卿大夫服玄冕故周禮司服云孤自絺冕而下卿大夫自玄冕而下又大宗伯云再命受服鄭注云受玄冕之服列國之大夫於子男爲卿卿大夫自玄冕而下如孤之服也是孤則絺冕是卿與大夫皆玄冕周禮謂三孤六卿爲九卿摠云謂卿四命是卿名通於孤也云士服爵弁服者以天子大祝是大夫諸侯則無文若是士則爵弁今經云大祝裨冕故云則大夫。祝聲至敢告。聲謂噫歆警神也。言若夫人某氏之子生以告殯之辭也。注聲噫歆警神也。正義曰直云祝聲不知作何聲按論語云顏淵死子曰噫天喪予檀弓云公肩假曰噫是古人發聲多云噫故知此聲亦謂噫也几祭祀神之所享謂之歆今作聲欲令神歆享故云歆警神也。升奠幣于殯東几上哭降者謂告殯竟執束帛者升堂奠置所執之幣于殯東几筵上畢遂哭哭竟而降階也。注几筵至體也。正義曰按阮諶禮圖云几長五尺高尺二寸廣二尺皇氏云周禮天子下室喪奠有素几不云殯宮有几而諸侯雖無文當與天子同而大夫士葬前下室並無几降於人君也並葬後殯宮皆有几人君未葬前而於下室有素几其殯宮無几今世子生既告權移下室之几於殯東告於繼體異常日庾氏云未虞施几筵常於下室然殯宮几筵爲朝夕之奠常在不去今更特設几筵於殯宮東者特異其事以爲世子之生故鄭云几筵於殯東明繼體也今按既夕禮燕養饋羞如他日則下室所供之物如平常皆用吉物即今之告靈不得有素几又司几筵云凡喪事右素几注云喪事謂几奠也又云凶事仍几注云凶事謂凡奠几朝夕相因喪禮略以此推之即素几是殯宮朝夕設奠之几不在下室而庾皇等以爲素几設於下室未審何以知之其義非也熊氏以爲天子諸侯在殯宮則有几筵大夫士大斂有席虞始有几然殯宮几筵爲朝夕之奠常在不去今更特設几於殯東當明世子是繼體之貴故於常几筵之外別特設之考三家之說熊以爲是皇庾以爲非。注衆主至婦人。正義曰知者按喪大記云君將大斂父兄堂下北面父兄即君之親又云外宗房中南面故云房中婦人。注反朝夕哭位。正義曰按士喪禮每日之旦於朝夕哭位先哭而後行朝奠朝奠了又哭今因西階前哭畢反此朝夕哭位於位不更哭即行朝奠禮謂一時兼哭兩事故云遂朝奠按士喪禮尋常朝奠皆先哭後奠皇氏云尋常先奠後哭此謂告世子生故先哭後奠其義非也。注所主至階間。正義曰所以小宰舉幣幣是小宰所主故云所主也故周禮小宰職云凡祭祀贊玉幣爵之事喪荒受其含襚幣玉之事是也必知埋之階間者下文云師行主命反必告設奠卒斂幣玉藏諸兩階之間故知此幣亦埋之階間也三日。衆主人。卿。大夫。士。如初位。北面。三日負子日也初告生時大宰。大宗。大祝。皆裨冕。少師奉子以衰。

祝先。子從。宰宗人從。入門。哭者止。宰宗人詔贊君事者。○少升召反下少喪并注同奉方勇反下注奉者同衰七雷反下同從才用反下同子升自西階。殯前北面。祝立于殯東南隅。祝聲三。曰某之子某。從執事敢見子。拜稽顙哭。奉子者拜哭。○見賢遍反下而見伯父廟見旅見同祝。宰。宗人。衆主人。卿。大夫。士。哭踊。三者三。降東反位。皆袒。子踊。房中亦踊。三者三。襲衰杖。踊襲衰杖成子禮也奠出。亦謂朝奠大宰命祝史。以名徧告于五祀山川。因負子名之喪於禮畧也○徧音遍下同【疏】三日至山川○正義曰云此一節論世子生巳三日名之以名見於殯之禮各依文解之○三日之朝自衆主人以下悉列西階下列位如初日子生之義也以子自爲主故不云從攝主也○注三日至生時○正義曰按內則云國君世子生告于君三日卜士負之此亦生則告君三日負之但告時直負之而巳子未見君至三月爲名之時則始見之也今既在喪禮略於負子之時即見也此不用東帛者初告生巳用今既禮殺故不用也云初告生時者以經云如初恐初是朝夕哭位故以初爲告生時也必知告生時者以告生時北面於西階南此亦云北面故知是告生時也○大宰大宗大祝皆裨冕○大宰是教令之官大宗是主宗廟之官初不裨冕今得裨冕者以爲奉子接神故服祭服此大宰大宗等亦從子升堂故下文云祝宰宗人降東反位既言降明其時當在堂此經不云升堂者文不具耳○少師奉子以衰者少師主養子之官又奉子故與子皆著衰也皇氏及王肅云謂以衰衣而奉之崔氏云諸侯五日而殯殯而成服此三日而衰者喪巳在殯異於未殯也○祝先子從者祝主接神故先進也少師奉子次從祝也○宰宗人從者大宰大宗爲詔告贊君事故次從在後也○入門哭者止者入門是入殯宮門也衆主人及諸臣並巳先列位而哭今祝宰宗三人將子入門見故命門內在位者止哭也前告是初生日哀甚故祝升階乃命止哭今三日哀巳微殺故子入門而哭則止也○注宰宗至事者○正義曰上云大宰大宗此直云宰宗人者皇氏云宰則大宰宗人則大宗也此祝先子從者同吉祭之禮故特牲少牢皆祝前主人後若凶祭則主人前祝在主人後士虞禮是也今此亦凶祭而祝在先者以其告神故也○子升至顙哭○子升自西階者謂世子不忍從先君之階升故由西階升於時太宰大宗及祝亦升不言從者以子爲主故略而不言也殯前北面者殯以東爲前謂當殯之東稍南北面也○祝立於殯東南隅者祝在子之西面北面當殯之東南故云殯東南隅也其宰及宗人皇氏云以次立於子之東階北面若其須詔相之時或就子前而西面也○祝聲三者亦謂警神也前告主哀甚故盡階不升堂此見子須近殯故進立於殯東南隅既警神之後祝乃告曰夫人某氏之子某從執事宰宗人等敢見告詭奉子之人拜而稽顙乃哭不踊者未即位故也皇氏云於時未立子名不得云某氏之子某從執事下有某字者誤也今按定本及諸本皆有某字子升堂之時大宰即位立名告殯云某之子某○祝宰至衰杖○祝宰宗人卿大夫士哭踊三者三此等以子稽顙哭故亦祝宰宗人在堂上皆曰哭衆主人卿大夫士俱在西階下北面哭爲踊每踊三度爲一節如此者三故

云三者三○降東反位者堂上皆降反東在下者皆東反朝夕哭位降者謂降自西階也皆袒者以初堂上堂下之哭非正位故不袒今反朝夕哭位故皆袒○子踊房中亦踊者以上文子不踊房中亦不踊至此乃踊故云子踊房中亦踊明祝宰宗人衆主人及卿大夫士反位亦皆踊也當子踊之時亦袒也故下注云踊襲衰杖成子禮也既云襲明初時袒也皇氏云子踊不袒若然子初不袒何得後有襲乎皇氏說非也○注亦謂朝奠○正義曰恐是見子故爲奠祭故云亦謂朝奠以告生之時遂朝奠故云亦謂朝奠知非特奠者在殯無特告奠之法故也○注因負至略也○正義曰按內則及左傳桓六年皆三月乃名之今此因負子三日即名之以喪事促遽於禮簡略不暇待三月也上見殯之時既以名告故云某之子某鄭於此乃解名者以經有名文而遂解之非謂告山川之時始作名也若依皇氏以見殯後乃作名故鄭於此解之○曾子問曰。如巳葬而世子生。則如之何。孔子曰。大宰。大宗。從大祝而告于禰。告生也○禰本又作祢乃禮反三月。乃名于禰。以名徧告。及社稷。宗廟。山川。【疏】曾子至山川○正義曰此一節因前論問君未葬而世子生今更問巳葬後世子生之禮○大宰大宗從大祝而告于禰者禰父殯宮之主也既葬訖殯無尸柩唯有主在故告於主漸神事之故也同廟主之名故曰禰也然直云三人告禰不云攝主者葬時攝主已弁経葛以交神明葬竟又服受服喪之大節更畢攝主亦無復有此事故子生則攝主不復與羣臣列位西階下故自還依大宰之禮與大宰大宗從大祝裨冕而告殯宮中主也不云裨冕者未葬尚裨冕葬後不言自顯也不云東帛者凡告必制幣從之可知也不言盡階不升者三人例是升者非不升也不言某之子生敢告者亦自可知也三月乃名于禰者葬後神事之故依平常之禮三日不見也三月乃見因見乃名故云乃名于禰也從見之人與告生不異故不重言也雖三日不見其成服衰経自依常禮也○以名徧告及社稷宗廟山川者名於禰既畢宰亦命祝史徧告也不言宰命祝史從可知也又前不云社稷宗廟此不云五祀相互明也王肅云前三日名之君未葬當禰子某故三日因名之此經既葬禰子不禰名故三月乃名也鄭云禰世子生喪在殯告五祀山川耳五祀殯宮之五祀山川國鎮之重不可不告故越社稷告之既葬而世子生三月而名葬後三月於禮巳祔廟故告可及廟廟與社稷相連不得不告社稷○孔子曰。諸侯適天子。必告于祖。奠于禰。皆奠幣以告之互文也冕而出視朝。聽國事也諸侯朝天子必裨冕爲將廟受也裨冕者公袞侯伯鷩子男毳○朝直遙反注及下同爲于僞反下爲事同袞古本反鷩必列反毳昌銳反命祝史告于社稷。宗廟。山川。臨行又徧告宗廟孝敬之心也乃命國家五官而後行。五官五大夫典事者命者勑之以其職○道而出。祖道也聘禮出祖釋軷祭酒脯也○軷步末反告者五日而徧。過是非禮也。既告不敢久留凡告用牲幣。反亦如之。牲當爲制字之誤也制幣一丈八尺○牲幣依注牲音制諸侯相見。必告于禰。道近或可以不親告祖朝服

而出視朝。朝服爲事故也命祝史告于五廟。所過山川。山川所不過則不告貶於適天子也亦命國家五官。道而出。反必親告于祖禰。乃命祝史告至于前所告者。而后聽朝而入。反必親告祖禰同出入禮〔疏〕孔子至而入○正義曰此一節論諸侯朝天子將出之禮不云曾子問直云孔子曰者以此與上事連文上既云以名徧告社稷宗廟因論出朝告祖禰之事此乃因上起文也此篇之內時有如此故下曾子問云除喪則不復昏禮乎孔子曰祭過時不祭禮也又何反於初又云孔子曰嫁女之家三夜不息燭與此相類云告于祖亦告于禰也言奠于禰亦奠于祖也○冕而出視朝○裨冕謂裨衣而冕裨衣者公衮侯伯鷩子男毳視朝謂聽事也○注聽國至受也○正義曰聽國事解經視朝之事云諸侯朝天子必裨冕爲將廟受也諸侯視朝當用玄冠緇衣素裳今視朝而服裨冕之服者按覲禮侯氏裨冕天子受之於廟故鄭云諸侯朝天子必裨冕爲將廟受也言天子於廟受已之禮令諸侯往朝天子爲天子將欲於廟中受已之禮故諸侯豫敬之以冕服視朝也○命祝史告于社稷宗廟山川●注臨行又徧告宗廟孝敬之心也○正義曰按上文云諸侯適天子必告于祖奠于禰此又命祝史告于宗廟山川是臨行一告宗廟則知後再告故云臨行又徧告宗廟孝敬之心也言徧告宗廟則五廟皆告也前云告于祖者亦祖禰皆告也○乃命國家五官而后行○注五官至其職○正義曰按大宰云建其牧立其監設其參傅其伍是諸侯有三卿五大夫經云五官故云五大夫以屬官大夫其數衆多直云五者據典國事者言之不云命卿者或從君出行或雖在國留守慇主羣吏如三公然不專主一事且尊之既命五大夫則卿亦命之可知故不顯言命卿也命者謂戒勑以所掌之事也○注祖道至脯也○正義曰經言道而出明諸侯將行爲祖祭道神而後出行引聘禮者證出道之義按聘禮記云出祖釋軷祭酒脯彼注云祖始也行出國門止陳車騎釋酒脯之奠於軷爲行始也春秋傳曰軷涉山川然則軷山行之名也道路以險阻爲難是以委土爲山或伏牲其上使者爲軷祭酒脯祈告也禮畢然後乘車轢之而遂行其有牲犬羊可也此城外之軷祭也其五祀行神則在宮內故鄭注聘禮云行謂行者之先其古人之名未聞天子諸侯有常祀在冬也喪禮有毀宗躐行出于大門則行神之位在廟門外西方又鄭注月令軷壇厚二寸廣五尺輪四尺周禮注云以菩芻棘柏爲神主此鄭釋爲軷祭之義此軷亦有尸故詩生民云取羝以軷注燔烈其肉爲尸羞是也其牲天子軷用犬故犬人云伏瘞亦如之注云伏謂伏犬於軷上諸侯用羊以詩云取羝以軷謂諸侯也卿大夫以酒脯既行祭軷竟御者以酒祭車軾前及車左右轂末故周禮大馭云及犯軷王自左馭馭下祝登受轡犯軷遂驅之又云及祭酌僕僕左執轡右祭兩軹祭軌乃飲軹即轂末軌謂車軾前是也其祭宮內行神之軷及城外祖祭之軷其制不殊崔氏云宮內之軷祭古之行神城外之軷祭山川與道路之神義或然也壇名山其神曰纍○告者五日而徧過是非禮也○前命祝史告山川而諸侯猶待告徧乃行也以五日爲期若近者乃可就彼告若遠者則當望告故以五日爲限也所以爾者爲先以告廟載遷主若久留不去則爲非禮故云過是非禮也曲禮云凡爲君使者已受命君言不宿於家是也○注牲當爲制字之誤也○正義曰皇氏熊氏以此爲諸侯禮不應用牲故牲當爲制其天子則當用牲故熊氏云鄭注周禮大祝職引此文云告用牲幣不破牲字是天子用牲幣也必知天子用牲者校人云王所過山川則飾黃駒是用牲也必知諸侯不用牲者約下文云幣帛皮圭以告故知不用牲也或天子諸侯出入有告有祭故告用制幣一丈八尺其卿大夫唯入祭而已故聘禮既使而反祭用牲也○注道近至告祖○正義曰以直云告于禰是據其道近故云或可以不親告祖知諸侯不直告禰者下文云反必親告于祖禰明出時亦告祖禰爲道近唯告禰耳○注朝服爲事故也○正義曰朝服爲事故者或會或弔之事諸侯朝服玄冠緇衣素裳以上文諸侯朝天子冕而出視朝爲將廟受尊敬天子習其禮故著冕服諸侯相朝亦雖在廟受降下天子不敢冕服唯著臨朝聽事之服故云朝服爲事故也熊氏又云此朝服謂皮弁服以天子用以視朝故謂之朝服論語云吉月必朝服而朝注云朝服皮弁服是也必知朝服皮弁服者聘禮諸侯相聘皮弁服明相朝亦皮弁服此義爲勝也○注反必親告祖禰同出入禮○正義曰庾蔚云鄭當謂出入所告理不容殊而諸侯相見出不云告祖者或道近變其常禮耳故反必親告祖禰以明出入之告其禮不殊也

○曾子問曰。並有喪。如之何。何先何後。並謂父母若親同者同月死孔子曰。葬先輕而後重。其奠也。先重而後輕。禮也。自啓及葬不奠。不奠務於當葬者行葬不哀次。不哀次輕於在殯者反葬奠。而後辭於殯。遂脩葬事。殯當爲賓聲之誤也辭於賓謂告將葬啓期也○殯音賓出注其虞也。先重而後輕。禮也。○孔子曰。宗子雖七十。無無主婦。族人之婦不可無紀非宗子。雖無主婦可也。〔疏〕曾子至禮也○正義曰此一節論並有喪葬之事各隨文解之○注並謂至月死○正義曰並謂父母也親同者祖父母及世叔兄弟云同月死不云同日者畧可知也○自啓至葬事○既父喪在殯先葬母之時自從也從啓母殯之後及至葬柩欲出之前唯設母之啓殯之奠朝廟之奠及祖奠遣奠而已不於殯宮爲父設奠故云自啓及葬不奠謂不奠父也不奠者不朝夕更改新奠仍有舊奠存也行葬不哀次者次謂大門外之右平生待賓之處葬柩車出門至此孝子悲哀柩車暫停今爲父喪在殯故行葬母之時出門孝子不得爲母伸哀於所次之處遂行而去所以不敢若此悲哀恐輕於在殯也反葬奠者謂葬母還反于父殯然後設奠也○而后辭於殯遂脩葬事者辭猶告也謂奠父之後孝子告語於賓以明日啓父殯期節既告賓賓出之後遂修營葬父之事所以葬則先輕奠則先重者皇氏云葬是奪情故從輕者爲首奠是奉養故令重者居先也○注不奠務於當葬者○正義曰不奠謂不奠父及餘喪也重喪所以不奠者若嘗奠父事恐葬事遲晚務欲輕喪在先當葬者使其速畢故也知此不奠不據先葬者葬是喪之大事永離宮室不可以不奠也○注不哀次輕於在殯者○正義曰解經不哀次之義以父喪在殯爲重令爲母至次處而哀爲輕於在殯者今爲在殯者所壓不敢爲母伸哀故云不哀次輕於在殯者上注云若親同者則除父母之外餘喪其重喪在殯皆爲輕喪不哀次○注殯當至期也○正義曰此經辭於殯知非告殯以將葬而云殯當爲賓爲告賓者按既夕禮云主人請啓期告于賓之後即陳葬事設盥陳鼎饌夷牀之屬下乃云祝聲三是告殯之事今先云辭於殯乃云遂脩葬事故云殯當爲賓謂詔告賓也與既夕禮同○其虞也先重而後輕禮也○以虞是奠之類故亦先重後輕以禮結之故云禮也按崇精問曰葬母亦朝廟否其虞父與母同日異日乎焦氏荅曰婦未廟見不朝廟耳內豎職云王后之喪朝廟則爲之蹕也是母喪亦朝廟明也虞當異日也○孔子至可也○正義曰此一節論宗子立後之事凡無問而稱孔子曰者皆記者失問也亦此卷之通例矣宗子大宗子也凡人年六十無妻者不復娶以陽氣絕故也而宗子領宗男於外宗婦領宗女於內昭穆事重不可廢闕故雖年七十亦猶娶也故云無無主婦言必須有也然此謂無子孫及有子而年幼小者○若有子孫則傳家事於子孫故曲禮七十老而傳是也

曾子問曰。將冠子。冠者至。揖讓而入。聞齊衰大功之喪。如之何。冠者賓及贊者○冠古亂反下及注皆同孔子曰。內喪則廢。外喪則冠而不醴。徹饌而埽。即位而哭。如冠者未至。則廢。內喪同門也不醴不醴子也其廢者喪成服因喪而冠○饌仕戀反埽悉報反如將冠子而未及期日。而有齊衰大功小功之喪。則因喪服而冠。廢吉禮而因喪冠俱成人之服及至也除喪不改冠乎。孔子曰。天子賜諸侯大夫冕弁服於大廟。歸設奠。服賜服。於斯乎有冠醮。無冠醴。酒爲醮冠禮醴重而醮輕此服賜服酌用酒尊賜也不醴明不爲改冠改冠當醴之○醮子妙反酌而無獻酬曰醮父沒而冠。則已冠埽地而祭於禰。已祭而見伯父叔父。而后饗冠者。饗謂禮之〔疏〕曾子至冠者○正義曰此一節論冠子逢喪之事將冠子冠者至揖讓而入者曾子問將欲冠子冠者謂賓及贊者至主人之門而與主人揖讓而入主人忽聞齊衰大功之喪如之何孔子荅之云若是大門內之喪則廢以加冠在廟廟則在大門之內吉凶不可同處故云內喪則廢○外喪則冠而不醴者外喪謂大門外之喪喪在他處猶可以加冠也但平常吉時三加之後設醴以禮冠者之身今既有喪故直三加而已不醴之○徹饌而埽者以初欲迎賓之時未知有喪醴及饌具既已陳設令忽聞喪故徹去醴與饌具又埽除冠之舊位令使清絜更新乃即位而哭如賓及贊者未至則廢而不冠也○如將至而冠既荅曾子之問遂言未及期日有喪之禮故云未及期日而有齊衰大功小功之喪○則因喪服而冠者孔子言冠日尚遠不可以吉加冠故廢其吉禮則因著喪之成服而加喪冠也除喪不改冠乎者曾子既得夫子引類以荅之仍疑而發問云此人因喪服而冠除喪之後不更改易而行吉冠之禮乎○孔子至賜服○此一經孔子引類荅曾子除喪不合改冠之事所以然者謂諸侯幼弱未冠總角從事至當冠之年因朝天子天子而賜諸侯大夫或弁或冕之服於天子大廟之中榮君之賜歸設奠祭於已宗廟此時身服所賜之服更不改冠也○於斯乎有冠醮無冠醴斯此也於此之時唯有冠之醮法行醮以相燕飲無有冠之醴法謂不用醴以禮受服者之身所以然者凡改冠則當用醴今既受服於天子不

可歸還更改爲初冠禮法然則既因喪而冠不可除喪更改爲吉冠也○父没至冠者○孔子既答其問又釋父没加冠之禮故云父没而冠則加冠已冠之後埽地而祭於禰廟已祭之而見伯父叔父見伯叔之後乃饗冠者○注内喪至而冠○正義曰内喪同門者皇氏云謂同大門之内云不醴不醴子也者按士冠禮醴子之後始醴賓恐此經云不醴是不醴賓故云不醴子也必知不醴子者以經云冠者未至則廢廢謂子身冠廢明不醴是不醴子也云其廢者喪成服因喪而冠者以下文云未及期日因喪服而冠是也熊氏以即位而哭謂在冠家即位以文承徹饌而歸之下皇氏以爲即喪家之位非也○注廢吉至之服○正義曰吉冠是吉時成人之服喪冠是喪時成人之服今既有凶廢吉禮而因喪冠故云俱成人之服也○注酒爲至醴之○正義曰按士冠禮云若不醴則醮用酒是酌酒爲醮謂醴醮者鄭注云酌而無酬酢曰醮皇氏云醴亦無酬酢而云酒無酬酢者以酒有酬酢爲常禮故無酬酢乃謂之爲醮云冠禮醴重而醮輕者按士冠禮適子三加於阼乃醴於客位醴是古之酒故爲重士冠禮又云若庶子則冠於房外南面遂醮焉醮既用酒酒是後代之法故爲輕也按士冠禮若不醴則醮用酒注云若不醴謂國有舊俗可行聖人用焉不改者也如鄭此言則行周禮者適子用醴庶子用醮若用先王舊俗者雖適子與庶子同用醮先王是夏殷也醮在周前因而用也醮之所以異於醴者醴則三加之後摠一醴之醮則每一加而行一醮凡三醮也云酌用酒尊賜也者謂諸侯大夫既受賜服而歸祭告之後使人酌酒以飲已榮上之賜不酬酢也云不醴明不爲改冠者受賜服而來若其改而更冠應從適子之尊冠必酌醴以醴之今既不醴明不改冠也皇氏云謂諸侯及大夫幼弱未冠總角從事當冠之年因朝天子而賜之服故歸還不改冠也義或然也○注饗謂禮之○正義曰按士冠禮醴賓以壹獻之禮此云饗冠者前注云冠者賓及贊者此即是饗賓及贊者此父没而冠按士冠禮云若孤子則父兄戒宿冠之日主人紒而迎賓拜揖讓立于序端則冠身自迎賓皇氏云冠者諸父迎賓非禮也

○曾子問曰。祭。如之何則不行旅酬之事矣。孔子曰。聞之小祥者。主人練祭而不旅。奠酬於賓。賓弗舉。禮也。奠無尸，虞不致爵，小祥不旅酬，大祥無無筭爵，彌吉。昔者魯昭公練而舉酬行旅。非禮也。孝公大祥。奠酬弗舉。亦非禮也。孝公，隱公之祖父。【疏】曾子至禮也○正義曰此一節論喪祭簡畧之事○孔子至舉禮也練小祥祭也旅謂旅酬故奠無尸虞不致爵至小祥彌吉但得致爵於賓而不得行旅酬之事大祥乃得行旅酬而不得行無筭爵之事也此皆謂喪畢簡畧於禮未備故也○注奠無至彌吉○正義曰按士虞禮云男男尸女女尸檀弓云虞而立尸是虞時始立尸故云奠無尸奠所以無尸者奠是未葬之前形體尚在未忍立尸異於生故未立尸虞是既葬之後形體已去鬼神事之故立尸以象神也又按特牲云祝延尸於奥尸即席坐主人拜妥尸尸荅拜尸左執觶右取菹擩于醢祭于豆間佐食取黍稷肺祭授尸尸祭之祭酒啐酒祭鉶乃食九飯主人洗角升酌酳尸尸卒爵祝酌授尸尸以酢主人主人卒爵筵祝南面主人酌獻祝祝受卒爵主人酌獻佐食佐食受卒爵此是主人之獻也特牲又云主婦洗爵獻尸尸卒爵尸酢主婦主婦卒爵主婦酌獻祝祝卒爵酌獻佐食佐食卒爵此是主婦之獻也賓三獻獻于尸尸三爵止注云尸止爵者三獻禮成欲神惠之均於室中云虞不致爵者按士虞禮賓三獻尸尸卒爵禮畢無致爵以下之事所謂虞不致爵也按特牲又云尸止爵之後席于戶内主婦洗爵酌致爵于主人主人拜受爵主婦拜送爵主人卒爵拜主婦荅拜受爵酌酢左執爵拜主人荅拜主人降洗酌致爵于主婦席于房中南面主婦拜受爵主人西面荅拜主婦卒爵拜主人荅拜主人更爵酢卒爵拜主婦荅拜所謂致爵也三獻之賓作尸所止爵尸飲卒爵酢賓賓飲卒爵獻祝及佐食致爵于主人主婦畢主人降阼階升酌西階上獻賓及衆賓訖主人洗觶于西階前北面酬賓酬賓訖主人洗爵于阼階上獻長兄弟及衆兄弟及内兄弟于房中獻畢賓乃坐取主人所酬之觶於阼階前酬長兄弟長兄弟受觶於西階前酬衆賓衆賓酬衆兄弟所謂旅酬也云小祥不旅酬衆賓不舉主人所酬之觶不行旅酬之事所謂小祥不旅酬謂奠酬於主人主人酬於賓賓不舉也旅酬之後賓弟子兄弟弟子各酌于其尊舉觶各於其長賓取觶酬兄弟之黨長兄弟取觶酬賓之黨所謂無筭爵也云大祥無無筭爵彌吉者大祥乃得行旅酬而不得行此無筭爵之事故云大祥無無筭爵以其漸漸備禮故云彌吉仍未純吉也○昔者魯昭公練而舉酬行旅非禮也者練祭但得致爵於賓賓不合舉此爵而行旅酬今昭公行之故曰非禮也大祥彌吉得行旅酬今孝公不然亦曰非禮○注孝公隱公之祖父○正義曰按世本孝公生惠公弗皇弗皇生隱公是隱公之祖父也

○曾子問曰。大功之喪。可以與於饋奠之事乎。饋奠在殯時也。○與音預，下至說衰與奠皆同。孔子曰。豈大功耳。自斬衰以下皆可。禮也。曾子曰。不以輕服而重相爲乎。怪以重服而爲人執事。○爲，于僞反，注爲人、其所爲服、爲君、爲其皆同。孔子曰。非此之謂也。非謂爲人，謂於其所爲服也。天子諸侯之喪。斬衰者奠。爲君服者皆斬衰，唯主人不奠。大夫齊衰者奠。服斬衰者不奠，辟正君也。齊衰者，其兄弟。○辟音避，下同。士則朋友奠。不足則取於大功以下者。不足則反之。服齊衰者不奠，辟大夫也。言不足者，謂殷奠時。○士則朋友，一本作士則朋友奠。曾子問曰。小功可以與於祭乎。祭謂虞、卒哭時。孔子曰。何必小功耳。自斬衰以下。與祭。禮也。曾子曰。不以輕喪而重祭乎。怪使重者執事。孔子曰。天子諸侯之喪祭也。不斬衰者不與祭。大夫齊衰者與祭。士祭不足。則取於兄弟大功以下者。○曾子問曰。相識有喪服。可以與於祭乎。問已有喪服，可以助所識者祭否。○孔子曰。緦不祭。又何助於人。【疏】曾子至反之○正義曰此一節論爲死者服還得爲死者饋奠之事曾子之意云已有大功之喪可以與於他人饋奠之事乎孔子不解曾子問旨謂言曾子所問已有大功之喪得爲大功者饋奠以否故荅云豈大功乎言已有大功豈但爲大功者饋奠自斬衰以下皆可禮也言身有斬衰所爲者斬衰身有齊衰所爲者齊衰皆可與於饋奠故云禮也○曾子曰不以輕服而重相爲乎孔子所論據所服者言之曾子又不解孔子之肯謂言爲他人故更問云若爲他人不以輕已喪服而重他人相爲饋奠乎○孔子曰非此之謂也孔子乃荅云我之所言據所爲服者饋奠非此爲他人之謂也故注云非謂爲人謂於其所爲服也以下乃論所爲饋奠之事也天子諸侯之喪斬衰者奠大夫之喪齊衰者奠士則朋友奠若朋友不足則取於大功以下小功緦麻者奠若其不足則反之謂奠大執事其人不足則反取前人執事者充之○注饋奠在殯時也○正義曰以其稱奠又下云天子諸侯之喪祭也喪祭謂虞卒哭故知此饋奠謂在殯時也○注爲君至不奠○正義曰知主人不奠者按士喪禮主人不親奠又此文云士則朋友奠故知主人不親奠也主人必不親奠者以主人悲號思慕不暇執事故也○注服斬至兄弟○正義曰大夫之喪子服斬衰者不親奠此服斬衰謂大夫家臣雖服斬衰不得饋奠辟天子諸侯之正君云齊衰者其兄弟者以大夫之喪子及屬臣皆服斬衰令服齊衰唯兄弟耳故云其兄弟也○注言不至奠時○正義曰殷奠謂月朔之奠以其有牲牢黍稷用人多也殷盛也以月朔之奠盛於常奠非月半之殷奠也以士月半不暇殷奠故也以次差之天子斬衰者奠大夫用齊衰士則應先取大功今先取朋友者以天子諸侯皆使臣爲奠大夫辟正君故遣兄弟奠士則位卑不嫌敵君故遣僚屬奠僚屬則朋友也接士虞禮祝免澡葛經帶鄭云治葛以爲首經及帶接神宜變也然則士之屬官爲其長弔服加麻矣祝則僚屬也加麻則朋友也○注祭謂虞卒哭時○正義曰知者以下文孔子荅云諸侯之喪祭也故知此祭謂虞卒哭時也知非練祥者以士練祥之祭大功之服已除不得云取於兄弟大功以下者其天子諸侯則得兼練祥也以其練祥時猶斬衰與祭也○曾子至於人○正義曰此一節論身有喪服不得助他人祭事○緦不祭又何助於人者言身有緦服尚不得自祭已家宗廟何得助於他人祭乎而熊氏云謂身有緦服則不得自爲父母虞祔卒哭祭此謂同官緦則士爲妾有子及大夫爲貴妾是同官緦者若大夫士有齊衰大功小功緦麻同官則亦不祭若異官則殯後得祭故雜記云父母之喪將祭而兄弟死既殯而祭若同官則雖臣妾葬而后祭虞祔亦然天子諸侯臣妾死於宮中雖無服亦不得爲父母虞祔卒哭祭也天子諸侯適子死斬衰既練乃祭天子諸侯爲適孫適婦則既殯乃祭以異宮故也

○曾子問曰。廢喪服。可以與於饋奠之事乎。謂新除喪服也。孔子曰。說衰與奠。非禮也。執事於人之神，爲其忘哀疾也。○說，湯活反。○以擯相可也。【疏】曾子至可也○正義曰此一節論大祥除服不得與他人饋奠之事廢猶除也言已新說喪服可以與他人在殯饋奠之事乎不問可以與於吉祭而問可與饋奠者以已新說喪服吉祭禮輕吉凶不相干涉其不可饋奠是他人之重者已又新始說衰凶事相因疑得助奠故問之也

○曾子問曰。昏禮既納幣。有吉日。女之父母死。則如之何。吉日，取女之吉日。○相，息亮反。取，七住反，本亦作娶，下文取婦、取女同。○孔子曰。壻使人弔。如壻之父母死。則女之家亦

使人弔。必使人弔者未成兄弟父喪稱父。母喪稱母。禮宜各以其敵者也父使人弔之辭云某子聞某之喪某子使某如何不淑母則若云宋蕩伯姬聞姜氏之喪伯姬使某如何不淑凡弔辭一耳父母不在。則稱伯父世母。弔禮不可廢也伯父母又不在則稱叔父母壻已葬。壻之伯父致命女氏曰。某之子有父母之喪。不得嗣爲兄弟。使某致命。女氏許諾而弗敢嫁。禮也。必致命者不敢以累年之喪使人失嘉會之時○累力彌反壻免喪。女之父母使人請。壻弗取而后嫁之。禮也。請請成昏女之父母死。壻亦如之。女免喪壻之父母亦使人請其已葬時亦致命〔疏〕曾子至如之○正義曰此一節論昏娶遭喪之事各隨文解之○注必使至兄弟○正義曰以夫婦有兄弟之義故下云不得嗣爲兄弟或據壻於妻之父母有緦服故得謂之爲兄弟也○父喪稱父母喪稱母禮各宜以敵若彼家父死則此家遣使弔當稱此家父遣使弔也若彼家母死則此家亦稱母遣使弔也○注某子至一耳○正義曰某子謂此父姓位某之喪者謂若彼家死者之身某子使某如何不淑者某子還指此父姓位使某者是使者之名淑善也致辭云如何不善云母則若云宋蕩伯姬聞姜氏之喪者鄭假說爲文故云若宋蕩伯姬據此壻家之母姜氏之喪據彼女家之母伯姬使某如何不淑者某謂使者之名按僖二十五年經云宋蕩伯姬來逆婦是宋國公子蕩之妻元是魯女既嫁與蕩氏爲妻故云宋蕩伯姬也今爲其子來迎魯公之女而爲婦魯之夫人多是齊女故稱姜氏姜氏若蕩伯姬遣使來弔則云聞姜氏之喪云凡弔辭一耳者謂男弔女家女弔男家皆云使某如何不淑是弔辭一也○父母不在則稱伯父世母此家父不在彼家父亡則稱伯父某子使某伯父某亦不在則稱叔父某子使某若此家母不在彼家母亡則稱伯母某氏叔母某氏使某直云父母不在不云沒亡則兼沒亡及餘不在也○壻已葬壻之伯父致命女氏○必待已葬者葬後哀情稍殺始兼他事不待踰年者不可曠年廢人昏嫁也不得嗣爲兄弟者夫婦有兄弟之義或據壻爲妻父母有緦麻之服故謂之兄弟○壻免喪女之父母使人請壻免喪之後則應迎婦必須女之父母請者以壻家既葬致命於已壻既免喪所以須請也女之父母死壻亦如之女之父母死已葬之後女之伯父致命於男氏曰某之子有父母之喪不得嗣爲兄弟使某致命男氏許諾而不敢娶女免喪壻之父母使人請女家不許壻而後別娶禮也陽唱陰和壻之父母使人請昏而女家得有不許者亦以彼初葬訖致命於已故也

○曾子問曰。親迎女在塗。而壻之父母死。如之何。孔子曰。女改服。布深衣。縞總。以趨喪。布深衣縞總婦人始喪未成服之服○迎魚敬反下同縞古老反總音揔〔疏〕曾子至趨喪○正義曰女改服者謂女在塗聞舅姑喪即改嫁時之衣服嫁服者士妻褖衣大夫妻展衣卿妻則鞠衣故士昏禮云女次純衣純衣即褖衣也○注布深至之服○正義曰深衣謂衣裳相連前後深邃故曰深衣縞白絹也總束髮也長八寸女在塗以其聞喪即改嫁服故云未成服之服也士喪禮注始死婦人將斬衰者去笄而纚將齊衰者骨笄而纚至將斂時則婦人亦去笄纚而髽皆不云縞總文或略也女在塗。而女之父母死。則女反。奔喪服期○期居宜反下同如壻親迎。女未至。而有齊衰大功之喪。則如之何。〔疏〕注奔喪服期○正義曰經云女反故知奔喪喪服期云女子子在室爲父箭笄髽衰三年今既在塗非復在室故知服期但在室之女父卒爲母亦三年今既在塗故爲父母同皆期也於時女亦改服布深衣縞總反而奔喪孔子曰。男不入。改服於外次。女入。改服於內次。然後即位而哭。不聞喪即改服者昏禮重於齊衰以下

○曾子問曰。除喪則不復昏禮乎。復猶償也○償音嘗孔子曰。祭過時不祭。禮也。又何反於初。重喻輕也同牢及饋饗相飲食之道○過古卧反飲於鴆反食音嗣○孔子曰。嫁女之家。三夜不息燭。思相離也。親骨肉也○離力智反取婦之家。三日不舉樂。思嗣親也。重世變也〔疏〕孔子至而哭○正義曰女既未至聞壻家有齊衰大功之喪則廢其昏禮男女變服就位哭男謂壻也不入大門改其親迎之服服深衣於門外之次女謂婦也入大門改其嫁服亦深衣於門內之次男女俱改服畢然後就喪位而哭謂於壻家爲位也皇氏以爲就喪家爲位哭也然曾子唯問齊衰大功不問小功者以小功輕不廢昏禮待昏禮畢乃哭耳故雜記云小功可以冠子取婦明與大功及期異也此文據壻家齊衰大功之喪若女家齊衰大功之喪皇氏云女不反歸其改服即位與男家親同也此不見喪而改服奔喪禮注云不見喪不改服者崔氏云奔喪不見喪不改服謂不改素冠而著免其改吉服著布深衣素冠聞喪即改之○注不聞至以下○正義曰上文云女聞壻之父母喪在塗即改服今女聞壻齊衰大功之喪入門始改服故云不聞喪即改服者昏禮重於齊衰以下者按禮運云三年之喪與新有昏者期不使又王制云齊衰大功三月不從政是昏禮重於齊衰以下也此謂在塗聞齊衰大功廢昏禮若婦已揖讓入門內喪則廢外喪則行昏禮約上冠禮之文此熊氏之說然昏禮重於冠故雜記云大功之末可以冠子小功之末可以取妻也○注復猶償也○正義曰復是反覆之義故爲償也曾子以初昏遭喪不得成禮除喪之後豈不酬償更爲昏禮乎○孔子曰祭過時不祭禮也又何反於初過時不祭謂四時常祭也謂祭重而昏輕重者過時尚廢輕者不復可知熊氏云若喪祭及禘祫祭雖過時猶追而祭之故禘祫志云昭十一年齊歸薨十三年會于平丘冬公如晉不得禘祫至十四年乃追而祫之十五年乃禘也僖公八年春當禘以正月會王人于洮故七月而禘故雜記云三年之喪既顛其練祥皆行是追行前練祥祭也○注重喻至之道○正義曰祭祀是奉事鬼神故爲重昏禮是生人燕飲故爲輕喻明也據重者尚廢以明輕者廢可知也故云重喻輕也○注重世變也○正義曰所以不舉樂者思念已之取妻嗣續其親則是親之代謝所以悲哀感傷重世之改變也三月而廟見。稱來婦也。擇日而祭於禰。成婦之義也。謂舅姑沒者也必祭成婦義者婦有供養之禮猶舅姑存時盥饋特豚於室○供九用反養羊尚反盥饋音管下其位反

○曾子問曰。女未廟見而死。則如之何。孔子曰。不遷於祖。不祔於皇姑。壻不杖。不菲。不次。歸葬于女氏之黨。示未成婦也。遷朝廟也壻雖不備喪禮猶爲之服齊衰也○菲一本作屝扶畏反草屨朝直遙反爲于僞反下爲庶母爲其下文若爲皆同○曾子問曰。取女有吉日而女死。如之何。孔子曰。壻齊衰而弔。既葬而除之。夫死亦如之。未有期三年之恩也女服斬衰〔疏〕三月至義也○正義曰此謂舅姑亡者婦入三月之後而於廟中以禮見於舅姑其祝辭告神稱來婦也謂選擇吉日婦親自執饌以祭於禰廟以成就婦人盥饋之義○注謂舅至於室○正義曰若舅姑存者於當夕同牢之後明日婦執棗栗腶脩見於舅姑見訖舅姑醴婦醴婦訖婦以特豚盥饋舅姑盥饋訖舅姑饗婦更無三月廟見之事此是士昏禮之文若舅姑既沒雖昏夕同牢禮畢明日無見舅姑盥饋之事至三月乃奠菜於舅姑之廟故昏禮云舅姑既沒則婦入三月乃奠菜是也昏禮奠菜之後更無祭舅姑之事此云祭於禰則正謂奠菜也則廟見奠菜祭禰是一事也熊氏云如鄭義則從天子以下至於士皆當夕成昏舅姑沒者三月廟見故成九年季文子如宋致女鄭云致之使孝非是始致於夫婦也又隱八年鄭公子忽先配而後祖鄭以祖爲祖道之祭應先爲祖道然後配合今乃先爲配合而後乃爲祖道之祭如鄭此言是皆當夕成昏也若賈服之義大夫以上無問舅姑在否皆三月見祖廟之後乃始成昏故譏鄭公子忽先爲配匹乃見祖廟故服虔注云季文子如宋致女謂成昏是三月始成昏與鄭義異也若舅姑偏有沒者虞氏云昏夕厥明即見其存者以行盥饋之禮至三月不須廟見亡者崔氏云厥明婦盥饋於其存者三月廟見於其亡者未知孰是此盥饋廟見皆謂適婦其庶婦按士昏禮庶婦則使人醮之婦不饋注云使人醮之不饗也不饋者共養統於適也以此言之則庶婦不饋舅姑舅姑不饗也使人醮之以酒而已既不饋亦不廟見也昏禮唯云不饋不云不見則庶婦亦以棗栗腶脩見舅姑也三月廟見之禮必待三月一時天氣改變乃可以事神也○不遷至婦也○婦既死於已寢將反葬於女氏之黨故其柩不遷移朝於壻之祖廟言祔祭之時又不得祔於皇姑廟也皇大也君也稱皇者尊之也凡人爲妻齊衰杖而菲屨今壻爲之不杖不菲不次菲草屨也不次謂不別處止哀次也壻爲妻合服齊衰杖而菲屨及止哀次今未廟見而死其壻唯服齊衰而已其柩還歸葬於女氏之黨以其未廟見不得舅姑之命示若未成婦然其實已成婦但示之未成婦禮欲見其不敢自專也○注猶爲之服齊衰也○正義曰此經但云不杖不菲不云不服故知服齊衰其女之父母則爲之降服大功以其非在家壻爲之服齊衰期非無主也○注未有至斬衰○正義曰所以既葬除者壻於女未有期之恩女於壻未有三年之恩以壻服齊衰故知女服斬衰

○曾子問曰。喪有二孤。廟有二主。禮與。怪時有之○與音餘下禮與同孔子曰。天無二日。土無二王。嘗禘郊社。尊無二上。未知其爲禮也。尊喻卑也神雖多猶一一祭之昔者齊桓公亟

舉兵。作僞主以行。及反。藏諸祖廟。廟有二主。自桓公始也。僞猶假也。舉兵以遷廟主行，無則主命，爲假主，非也。○亟，徐起吏反。喪之二孤。則昔者衞靈公適魯。遭季桓子之喪。衞君請弔。哀公辭不得命。公爲主。客入弔。康子立於門右。北面。公揖讓。升自東階。西鄉。客升自西階弔。公拜。與哭。康子拜稽顙於位。有司弗辯也。今之二孤。自季康子之過也。辯猶正也。若康子者，君弔其臣之禮也。鄰國之君弔，君爲之主，主人拜稽顙，非也，當哭踊而已。靈公先桓子以魯哀公二年夏卒，桓子以三年秋卒，是出公也。○鄉，許亮反。先，悉薦反。夏，戶嫁反。【疏】曾子至過也。○正義曰：此一節論喪不得有二孤、廟不得有二主之事，各隨文解之。○孔子曰天無二日土無二王者，天有二日則草木枯萎是也。○有二王則征伐不息。老子云天得一以淸，地得一以寧，是也。○注尊喻卑也者，尊謂天子無二日，土無二王，嘗禘郊社尊無二上；卑謂喪有二孤，廟有二主。喻明也。尊者尚不可二，明卑者不二可知也。舉尊以明卑，故云尊喻卑也。云神雖多猶一一祭之者，解嘗禘郊社尊無二上之意，以嘗禘之時，雖衆神並在，猶先尊後卑，一一祭之，不一時摠祭，故云尊無二上也。○昔者齊桓公亟舉兵作僞主以行者，此說二主之由。桓公名小白，作霸主。亟，數也。僞，假也。言作假主以行，而反藏於祖廟，故有二主也。舉兵爲南伐楚，北伐山戎，西伐白狄，故云數舉兵也。○今之二孤自季康子之過也。○上云自桓公始，此不云自季康子始，而云康子之過者，此孔子荅曾子之時，上去桓公已遠，二主行來文久，故云自桓公始也。康子之過者，正當孔子之時，未知後代行之以否，不得云自季康子始，但見當時失禮，故云今之二孤自季康子之過也。○注辯猶至公也。○正義曰：若康子者，經云有司，謂當時執事之有司，畏季子之威，不敢辯正，故云若康子者。若，順也。云君弔其臣之禮也者，按士喪禮，君使人弔，主人進中庭，哭拜稽顙成踊。喪大記云：大夫旣殯，君弔，主人門右北面，哭拜稽顙。今季康子與之同，故云君弔其臣之禮也。云鄰國之君弔君爲之主者，以賔主尊卑宜敵，故君爲主。主則拜賔，康子又拜，故云非也，當哭踊而已，但唯君荅拜耳。出公來弔，春秋不見經者，蓋爲弔而來，非有國之大事，故畧而不書於經也。出公輒是靈公孫也。曾子所問，皆前孤後主，今荅前主後孤者，謂齊桓公之時事在前，衞君之事在後。

○曾子問曰。古者師行。必以遷廟主行乎。孔子曰。天子巡守。以遷廟主行。載于齊車。言必有尊也。今也取七廟之主以行。則失之矣。齊車金路。○守，手又反，本亦作狩。齊，側皆反，本亦作齋，注及下同。齊車，祭祀所乘金輅也。當七廟五廟無虛主。虛主者。唯天子崩。諸侯薨。與去其國。與祫祭於祖。爲無主耳。吾聞諸老聃曰。天子崩。國君薨。則祝取羣廟之主而藏諸祖廟。禮也。卒哭成事。而后主各反其廟。老聃，古壽考者之號也，與孔子同時。藏諸主於祖廟，象有凶事者聚也。卒哭成事，先祔之祭名也。○祫音洽。聃，他甘反。老聃即老子也。祔音附。君去其國。大宰取羣廟之主以從。禮也。鬼神依人者也。○從，才用反，下禪從而從同。祫祭於祖。則祝迎四廟之主。祝接神者也。主出廟入廟必蹕。蹕，止行也。○蹕音畢。老聃云。○曾子問曰。古者師行無遷主。則何主。孔子曰。主命。問曰。何謂也。孔子曰。天子諸侯將出。必以幣帛皮圭。告于祖禰。遂奉以出。載于齊車以行。每舍奠焉。而后就舍。以脯醢禮神，乃敢即安也。所告而不以出，即埋之。反必告。設奠卒。斂幣玉。藏諸兩階之間。乃出。蓋貴命也。【疏】曾子至命也。○正義曰：此一節論師出當取遷廟主及幣帛皮圭，以廟無虛主之事，各隨文解之。○注齊車金路。○正義曰：按齊僕云掌馭金路，大馭掌馭玉路，凡祭祀皆乘玉路，齊車則降一等，乘金路也。遷廟主行者，皇氏云謂載新遷廟之主，義或然也。○注老聃至名也。○正義曰：按下文助葬於巷黨，老聃曰丘止柩，又莊子稱孔子與老聃對言，是與孔子同時也。按史記云老聃陳國苦縣賴鄉曲仁里也，爲周柱下史，或爲守藏史。鄭注論語云老聃周之大史，未知所出。云象有凶事者聚也者，此實凶事而云象，以凶事生人自聚，今主亦集聚，似生人之聚，故云象也。云卒哭成事先祔之祭名也者，檀弓云卒哭曰成事，謂漸成吉事。檀弓又曰明日祔于祖，是卒哭之事在祔祭之前。鄭必云先祔之祭名者，以卒哭主各反其廟者，爲明日祔時須以新死者祔祭於祖，故祖主先反廟也。○注祝接神者也。○正義曰：以其祫祭於祖，是祝之所掌之事，故祝迎四廟之主。若去其國，非祭祀之事，故大宰取羣廟之主以從，鬼神依人故也。祫祭於祖，則迎四廟之主，祝主接神，故迎之也。祫，合祭於大祖，三年一祫，謂當祫之年，則祝迎高曾祖禰四廟而於大祖廟祭之。天子祫祭，則迎六廟之主，今言迎四廟者，舉諸侯言也。主出廟入廟必蹕，主謂木主，羣廟之主也。主，天子一尺二寸，諸侯一尺。出廟者，謂出已廟而往大祖廟；入廟，謂從大祖廟而反還入已廟。若在廟院之外，當主出入之時，必須蹕止行人。若主入大祖廟中，則不可須蹕也，似壓於尊者也。若有喪及去國，無蹕禮也。○老聃云，從上天子崩以下至出廟入廟必蹕以上，皆是老聃所云，結上義也。○孔子曰主命者，孔子言天子諸侯將出，旣無遷主，乃以幣帛及皮圭告于祖禰之廟，遂奉以出行，載于齊車，以象受命，故云主命。○將出至命也。○以曾子不解主命之意，故孔子荅以主命之義，云天子諸侯將出，必以幣帛皮圭告于祖禰之廟，告訖，遂奉此幣帛皮圭以出，於廟載于齊車金路以行，每至停舍之處，先以脯醢奠此幣帛皮圭，而後始就停舍之處。行還反後，必陳此幣帛皮圭於祖禰主前，以告神，又設奠祭，旣卒，斂此幣帛皮圭，埋諸兩階之間，乃後而出，蓋貴此主命故也。○注以脯至埋之。○正義曰：經云每舍奠焉，以其在路不可恒設牲牢，故知以脯醢也，與殯奠同，謂之奠，以其無尸故也。云所告而不以出即埋之者，皇氏云：謂有遷主者，直以幣帛告神，而不將幣帛以出行，即埋之兩階之間；無遷主者，加之以皮圭，告於祖禰，遂奉以出。熊氏以爲每告一廟，以一幣玉，告畢，若將所告遠祖幣玉行者，即載之而去；若近祖幣玉不以出者，即埋之。以其反還之時，以此載行幣玉告於遠祖，事畢則埋於遠祖兩階間。其近祖以下，直告祭而已，不陳幣玉也。

○子游問曰。喪慈母如母。禮與。如母，謂父卒三年也。子游意以爲國君亦當然。禮所云者，乃大夫以下父所使妾養妾子。孔子曰。非禮也。古者男子外有傅。內有慈母。君命所使教子也。何服之有。言無服也。此指謂國君之子也。大夫士之子爲庶母慈已者服小功，父卒乃不服。昔者魯昭公少喪其母。有慈母良。及其死也。公弗忍也。欲喪之。有司以聞曰。古之禮。慈母無服。據國君也。良，善也。謂之慈母，固爲其善。國君之妾子於禮不服也。昭公年三十乃喪齊歸，猶無慼容，是不少，又安能不忍於慈母？此非昭公明矣，未知何公也。○少喪如字，下及注皆同。讀者亦息淚反。今也君爲之服。是逆古之禮而亂國法也。若終行之。則有司將書之。以遺後世。無乃不可乎。公曰。古者天子練冠以燕居。公弗忍也。遂練冠以喪慈母。喪慈母。自魯昭公始也。公之言又非也。天子練冠以燕居，蓋謂庶子王爲其母。○遺，如字，猶垂反，又于季反。【疏】子游至始也。○正義曰：此一節論諸侯之子喪慈母無服之事。喪慈母者，子游之意，以喪服大夫以下所使妾無子者養妾子之無母者，謂之慈母，喪此慈母如已之母。今國君喪其慈母，還如已母，是禮與。○注如母至妾子。○正義曰：如母謂父卒三年也，知者，以喪服慈母如母在父卒三年章中，故云謂父卒三年。若父在之時則期也。鄭注喪服大夫妾子父在爲母大功，士之妾子父在爲母期，則父在爲慈母亦當與已母同也。云子游意以爲國君亦當然者，鄭知國君者，以下孔子荅云君命所使教子也，又引魯昭公之事，皆以國君荅子游，明子游本問國君也。云禮所云者，乃大夫以下父所使妾養妾子者，禮之所云，謂喪服云慈母如母也。按喪服傳云：慈母者何也？妾之無子者，妾子之無母者，父命妾曰女以爲子，命子曰女以爲母，若是則生養之，終其身如母，死則喪之三年。必知大夫以下者，以天子諸侯不服庶母，故此云君命所使，何服之有，故知此慈母如母謂大夫以下也。天子諸侯則絕之也。○注此指至不服。○正義曰：鄭知經指國君之子者，以經云君命所使教子，故知謂國君之子也。國君之子倚不服庶母，則國君身不服庶母可知也。云大夫士之子爲庶母慈已者服小功者，按喪服小功章云君子子爲庶母慈已者，傳云君子子者，貴人之子也。爲庶母何以小功也？以慈已加也。云父卒乃不服者，按喪服云士爲庶母緦，則大夫之子父沒爲庶母慈已亦緦。此云父卒乃不服者，謂不服小功，仍服緦耳。若大夫之子庶母不慈已者，雖父在亦服緦，故鄭注喪服云其不慈已則緦可也。喪服注又云士之妻自養其子，則不得有庶母慈已。此云大夫士者，因大夫連言士耳，其實士無庶母慈已者。皇氏云有士，誤也。熊氏云士之適子無母乃

命妾慈已亦爲之小功知者以士爲庶母緦明士子亦緦以慈已加小功故此運言大夫士也凡諸侯之子適庶皆三母故內則云必求其寬裕慈惠溫良恭敬慎而寡言者爲子師其次爲慈母其次爲保母內則據諸侯也其大夫及公子適妻子亦三母故喪服云君子子爲庶母慈己小功注云君子子者大夫及公子之適妻子又注引內則三母是大夫及公子適妻之子爲三母故彼注不云師保慈母居中服之可知也言君之庶子內有慈母又大夫公子適妻子爲慈母小功則大夫公子之庶子無三母也但有慈母如母也○注據國至公也○正義曰前經指國君之子此經引魯昭公故云據國君也是國君與其子同也云謂之慈母固爲其善者內則既云擇於諸母寬裕慈惠溫良者以爲子師其次爲慈母此云慈母良固當是性行善者云國君之妾子於禮不服也者以喪服公子爲其母練冠麻衣故云於禮不服親母尚不服庶母不服可知若父卒得爲已母大功也云昭公年三十乃喪齊歸者按襄三十一年襄公薨左傳云昭公十九猶有童心是即位時年十九也昭公十一年其母齊歸薨而無感容是年三十非少孤也按家語云孝公有慈母良今鄭云未知何公者鄭不見家語故也或家語王肅所足故鄭不見也○注公之至其母○正義曰公之言又非者以上云公弗忍欲喪慈母既爲非今公言古者天子練冠以燕居是公言又非也云天子練冠以燕居蓋謂庶子王爲其母者按鄭注服問云庶子爲後爲其母緦春秋有以小君服之者故春秋母以子貴其服皆伸而天子服練冠者皇氏云若適小君沒則得伸若小君猶在則其母厭屈故練冠也所以不同大夫士爲後著緦服必練冠者以大夫士爲母本應三年以爲後壓屈故降服緦麻王侯庶子爲母本練冠故今應練冠此乃異代之法按喪服緦麻章云庶子爲後爲其母緦鄭注服問云庶子爲後爲其母緦則是周法天子諸侯大夫士一也凡言古者皆據今而道前代此經既云古者天子爲其母則是前代可知也以經無明文故鄭注云蓋謂庶子上爲其母蓋是疑辭也

○曾子問曰。諸侯旅見天子。入門。不得終禮。廢者幾。旅衆。○幾居豈反下同。孔子曰。四。請問之。曰。大廟火。日食。后之喪。雨霑服失容。則廢。大廟始祖廟宗廟皆然主於始祖耳。○霑竹廉反。如諸侯皆在而日食。則從天子救日。各以其方色與其兵。示奉時事有所討也方色者東方衣青南方衣赤西方衣白北方衣黑兵未聞也。○衣於既反。大廟火。則從天子救火。不以方色與兵。○曾子問曰。諸侯相見。揖讓入門。不得終禮。廢者幾。孔子曰。六。請問之。曰。天子崩。大廟火。日食。后夫人之喪。雨霑服失容。則廢。夫人君之夫人。○曾子問曰。天子嘗禘郊社五祀之祭。簠簋既陳。天子崩。后之喪。如之何。孔子曰。廢。既陳謂夙興陳饌牲器時也天子七祀言五者闕中言之。○禘大計反簠音甫徐方于反又音蒲簋音軌饌仕戀反又仕轉反下同。○曾子問曰。當祭而日食。大廟火。其祭也如之何。孔子曰。接祭而已矣。如牲至未殺。則廢。接祭而已不迎尸也

〔疏〕曾子至則廢○正義曰此一節論行禮有故不得終之事各依文解之○注大廟至祖耳○正義曰公羊傳云周公稱太廟魯之始祖也明諸國皆然餘廟有火亦廢故云宗廟皆然特云大廟火是主於始祖而言耳○注示奉至聞也○正義曰示奉時事解各以其方色有所討解與其兵也故諸侯皆在京師者則從天子救日爲陰侵陽是君弱臣強之象方色者東方衣青南方衣赤西方衣白北方衣黑兵未聞者隱義云東方用戟南方用矛西方用弩北方用楯中央用鼓所以有所討者以日食陰侵陽示欲助天子討陰也亦備非常以彼非正經故不取也穀梁云天子救日置五麾陳五兵五鼓諸侯置三麾陳三鼓三兵大夫擊門士擊柝言充其陽也范甯云凡聲陽也擊鼓爲聲所以助陽壓陰也春秋傳曰日有食之天子伐鼓於社責土公也諸侯伐鼓於朝退自責也夏書曰辰不集于房瞽奏鼓嗇夫馳庶人走孔傳曰辰日月所會集合也房日月所舍而不合其所舍食可知也馳走者救日之備也奏猶擊也周禮有救日之弓但不知兵之細別故云未聞○大廟火則從天子救火不以方色與兵者以日食是陰之災故象五方之色以兵討陰救火無此義故不用五方色及兵也○注夫人君之夫人○正義曰此經曰后夫人之喪恐是天子之三夫人故云天子之夫人此大廟火者亦謂君之太廟非天子大廟也知非者既云揖讓入門無容天子大廟之火赴告即至故知非王之大廟假令在後堂朝方聞火時過已久又不可廢朝故知非王之大廟也○注既陳至言之○正義曰知既陳謂夙興陳饌牲器時也者以下文云當祭而日食則此簠簋既陳不當祭也既不當祭時明是祭前陳饌牲器也前文云天子崩后之喪與日食大廟火其禮皆同則此簠簋既陳日食大廟火亦同也故下云如牲至未殺則廢是也牲至已殺則行接祭其天子崩后之喪牲入雖殺不可行接祭以其喪事重故也云天子七祀言五者闕中言之者鄭此注以周禮言之祭法周天子七祀諸侯五祀大夫三祀五居其中言是諸侯之法舉五而言則上兼七下遍三欲見天子及大夫其祭皆然故云闕中言之闕通也謂遍取中央而言之經云嘗禘者謂宗廟之祭也郊社謂天地之祭舉天地宗廟則五祀以上之祭皆在其中孔子曰接祭而已矣者○謂牲至之後則接祭之也接捷也捷速也速而祭之○注接祭而已不迎尸也○正義曰經云如牲至未殺則廢此云接祭則牲至已殺之後也按郊特牲云既灌然後迎牲則迎尸於奧在未殺牲之前此經殺牲後云不迎尸者凡迎尸之禮其節有二一是祭初迎尸於奧行灌禮灌畢而後出迎牲於時延尸於戶外殺牲薦血毛行朝踐之禮設腥爓之俎於尸前是一也然後退而合亨更迎尸入坐於奧行饋孰之禮是二也此云不迎牲者直於堂上行朝踐禮畢則止不更迎尸而入此謂宗廟之祭郊社之祭無文不迎尸亦謂此時也熊氏云郊社五祀祭初未迎尸之前已殺牲也以其無灌故也故大宰云祀五帝納亨注云納亨謂祭之時又中霤禮皆爲祭奠於主乃始迎尸是郊及五祀殺牲在迎尸之前也則此不迎尸亦得爲祭初不迎尸也

禮記注疏卷十八挍勘記　阮元撰盧宣旬摘錄

附釋音禮記注疏卷第十八　惠棟挍宋本禮記正義卷第二十六

曾子問第七　此本第七二字脫各本有

曾子問曰君薨而世子生節

命毋哭　閩監本同石經同岳本同衛氏集說同毛本毋誤母嘉靖本同

凡筵於殯東　閩監毛本同岳本同衛氏集說嘉靖本殯誤賓

明卿大夫等不裨冕也　閩監毛本同惠棟挍宋本夫下有士字

於西階南注　閩本同惠棟挍宋本同監毛本注作○

丈夫即位于門外　惠棟挍宋本同閩監毛本丈誤大

若君喪大斂　閩本同惠棟挍宋本同監毛本喪誤哭

衮衣者裨之上也　惠棟挍宋本同閩監毛本也誤者

謂噫歆之聲三所出警神也　閩監毛本同浦鏜挍出改以

升奠幣于殯東几上哭降者　閩監本東誤事毛本几誤凡

父兄堂下北面　閩監本同毛本北誤比

故先哭後奠　惠棟挍宋本作故此本故誤設閩監毛本同

所以小宰舉幣　閩本同監毛本以誤主

凡祭祀贊王幣爵之事　惠棟挍宋本作王此本王誤玉閩監毛本同○按作王是也詳周禮挍勘記

三日衆主人節

宰宗人詔贊君事者　閩監毛本作詔岳本同嘉靖本同此本詔誤語衛氏集說詔字無通典六十八亦作宰宗人詔贊君事者

祝聲三曰　閩監毛本同岳本同嘉靖本同衛氏集說同石經同考文引宋板古本足利本曰上有告字通典引無告字

正義曰此一節　惠棟挍宋本如此此本此上衍云字閩監毛本同

此大宰大宗等　閩監本同考文引宋板同毛本誤倒作大宗大宰

明其時當在堂　毛本同閩監本明誤名

於時大宰大宗　閩監本同考文引宋板同毛本時作是

祝在子之西而北面當殯之東南　閩監本同衛氏集說同毛本而北二字誤倒

若其須詔相之時　閩監本同毛本詔誤召考文引宋板亦作詔

前告主哀甚閩監毛本同考文引宋板主作生○按鄭指前某之子生敢告是也

故亦祝宰宗人在堂上皆曰哭閩監毛本皆日作北面此本誤也

曾子問曰如巳葬而世子生節

告生也閩監毛本同岳本同嘉靖本同衛氏集說同考文引古本生作主據正義當作主

以交神明葬竟又服受服惠棟挍宋本作明衛氏集說同此本明誤用閩監毛本同

喪之大節更畢閩監本節更作事便毛本節作事更字同衛氏集說節更作事既

亦無復有此事按此字衍文

則攝主不復與羣臣列位西階下惠棟挍宋本作復此本復誤服閩監毛本
同衛氏集說同

不云束帛者閩監本作束考文引宋板同此本束誤執毛本同

葬後神事之閩監本同衛氏集說同此本神事二字倒毛本同

三日不見也惠棟挍宋本作日此本日誤月閩監毛本同

其成服衰經閩監毛本如此此本成字闕

故三日因名之閩監毛本同惠棟挍宋本之下有也字

孔子曰諸侯適天子節

聘禮曰出祖釋軷閩監毛本有日字岳本同嘉靖本同衛氏集說同此本日字脫

論諸侯朝覲天子將出之禮閩監毛本有覲字衛氏集說同此本覲字脫

喪禮有毀宗躐行閩監毛本如此此本毀字闕宗誤注

燔烈其肉爲尸羞監毛本作燔此本燔誤糯閩本誤燔

故犬人云閩監本同毛本犬誤大

既行祭軷竟閩監毛本如此此本軷字闕

馭下祀監本誤祀惠棟挍宋本祀作祝與周禮合

及登酌僕閩監毛本作酌此本酌字闕閩監本登字同考文引宋板亦作登毛本登字作祭依周禮
改

祭軓乃飲惠棟挍宋本作軓此本軓誤議閩監毛本軓誤軹

軓謂車軾前是也閩監本同毛本軓誤軌又閩監毛本作軾此本軾誤軔

義或然也壇名山閩監毛本如此此本或山二字闕

此義爲勝也閩監毛本如此此本此誤注勝誤新

理不客殊閩監本同惠棟挍宋本客作容毛本同理作禮

曾子問曰並有喪節

遂脩葬事閩監本同岳本同衛氏集說同毛本脩作修嘉靖本同石經同

其虞也先重而後輕閩監本同石經同嘉靖本同岳本同衛氏集說同考文引宋板古本足利本同
毛本虞誤處

先葬母之時惠棟挍宋本作葬此本葬誤喪閩監毛本同衛氏集說亦作先葬母

不於殯宮爲父設奠閩監本同衛氏集說同毛本設誤喪

不朝夕更改新奠閩監本同衛氏集說同毛本朝夕作哀次

孝子悲哀閩監本作悲衛氏集說同考文引宋板同此本悲字闕毛本悲誤告

故行葬母之時出門外惠棟挍宋本如此此本出字闕外字脫閩監毛本外字亦脫又
毛本外誤行

曾子問曰將冠子節

徹饌而埽毛本同石經同岳本同嘉靖本同衛氏集說同閩監本埽誤歸釋文出徹饌埽

令使清絜更新閩監本同毛本亦作令絜作潔衛氏集說同惠棟挍宋本令作今

又釋父沒加冠之禮閩監本作加毛本加誤既此本加字闕

醴子之後始醴賓閩監本作之考文引宋板同此本之字闕毛本之誤者

廢謂子身冠廢惠棟挍宋板作廢閩監毛本廢誤發此本闕

雖適子與庶子同用醮惠棟挍宋本作同此本同誤可閩監毛本同

雖在周前因而用也惠棟挍宋本作因續通解同此本因誤同閩監毛本同

曾子問曰祭如之何節

尸既席坐閩監本同毛本既作卽○按作卽與特牲饋食禮合

尸以酢主人按儀禮酢作醋注云醋報也古文醋作酢是經文作醋不作酢也下同

北面酬賓酬賓訖閩監毛本同惠棟挍宋本酬賓二字不重

曾子問曰大功之喪節惠棟挍云曾子問曰相識有喪服以下宋本另爲一節按
此本以下者曾子問曰上有○閩監毛本無

士則朋友奠閩監毛本同石經同岳本同嘉靖本同衛氏集說同釋文出士則朋友云一本作士則朋友奠
正義有奠字

非月半之殷奠也考文引宋板同閩監毛本月半二字倒

曾子問曰廢喪服節

爲其忘哀疾也閩監毛本同岳本同嘉靖本同衛氏集說同續通解疾作戚

曾子至可也惠棟挍宋本無此五字

不得即與他人饋奠之事惠棟挍宋本有即字衛氏集說同此本即字脫閩監毛本
同

曾子問曰昏禮既納幣節

女氏許諾而弗敢嫁閩本同惠棟挍宋本同石經同岳本同嘉靖本同衛氏集說同監毛本弗誤不
石經考文提要云宋大字本宋本九經南宋巾箱本余仁仲本劉叔剛本三禮放注九經誤字皆作弗

謂若彼家死者之身惠棟挍宋本作若此本若誤名閩監毛本同

來迎曾公之女而爲婦惠棟挍宋本作婦此本婦誤歸閩監毛本同

此家父不在閩本同惠棟挍宋本在作存監毛本在誤亡

亦以彼初葬訖閩本同惠棟挍宋本同監毛本彼作被

女在塗節

喪服期云女子子在室爲父箭笄閩監本同毛本期誤記父下衍母字

孔子曰男不六節

重世變也閩本同惠棟挍宋本同岳本同嘉靖本同衛氏集說同監毛本世誤時

改其親迎之服監毛本作迎衛氏集說同此本迎誤近閩本同

三月而廟見節

婦有供養之禮閩監毛本同岳本同嘉靖本同釋文同惠棟挍宋本供作共宋監本亦作共衛氏集
說同

歸葬于女氏之黨閩監本同石經同岳本同嘉靖本同衛氏集說同毛本于誤於

取女有吉日而女死如之何閩監毛本同石經同岳本同嘉靖本同衛氏集說同考文引宋
板古本足利本如上有則字

正義曰此謂舅姑亡者惠棟挍宋本無正義曰三字

至三月乃奠菜於舅姑之廟惠棟挍宋本同閩監毛本至字脫

將反葬於女氏之黨閩監本同衛氏集說同考文引宋板同毛本反誤及

壻於女未有期之恩閩監本同毛本於誤以考文引宋板亦作於

曾子問曰喪有二孤節

及反藏諸祖廟惠棟挍宋本作藏宋監本同石經同岳本同衞氏集說同考文引古本足利本同此本藏誤葬閩監毛本同嘉靖本同石經考文提要云宋大字本劉叔剛本至善堂九經本皆作藏

舉兵為南伐楚按為當作謂

此孔子荅曾子之時閩監毛本此作以

行之以否補案兩以字誤重

畏季子之威閩監毛本同考文引宋板季作康衞氏集說亦作畏康子

曾子問曰古者師行節

齊車金路閩監本同岳本同嘉靖本同衞氏集說同毛本路作輅按釋文云齊車祭祀所乘金輅也毛本依釋文改○按作路是也輅者車之一名耳

蹕止行也閩監毛本同嘉靖本同衞氏集說同惠棟挍宋本也作者岳本同考文引古本同足利本作者也

告于祖禰閩監本同石經同岳本同嘉靖本同衞氏集說同毛本于誤於下載于齊車同

曾子至命也惠棟挍宋本無此五字

陳國苦縣賴鄉曲仁里也閩監毛本同浦鏜挍云里下脫人字

此實凶事而云象者惠棟挍宋本有者字此本者字脫閩監毛本同

若王入大祖廟中閩監毛本同衞氏集說王作主

似壓於尊者也閩監毛本同衞氏集說似作以

即埋之兩階之間閩監毛本同惠棟挍宋本無下之字

若將所告遠祖幣玉行者惠棟挍宋本作若衞氏集說同此本若誤告閩監毛本同

不陳幣玉也惠棟挍宋本同衞氏集說同監本玉誤王毛本玉字闕

子游問曰喪慈母節

猶無戚容閩監本同衞氏集說同考文引宋板古本同毛本猶作又岳本亦作猶戚作慼嘉靖本同考文引足利本同○按依說文當作慽从小戚聲戚為慽之假借字也

大夫以下所使妾無子者閩監本同惠棟挍宋本所上有父字毛本同

故知此慈母如母惠棟挍宋本作知此本知誤乃閩監毛本同

得為已母大功也閩監毛本同惠棟挍宋本已作己是也

則其母厭屈閩監毛本厭作壓衞氏集說同

故今還練冠惠棟挍宋本作遂此本遂誤還閩監毛本同衞氏集說同

益謂庶子上為其母閩監本同毛本上作王

曾子問曰諸侯旅見天子節

既陳謂夙興閩監本同岳本同嘉靖本同衞氏集說同考文引宋板同毛本陳誤成

曾子至則廢惠棟挍宋本無此五字

言充其陽也惠棟挍宋本作充此本充字闕閩監毛本充作助衞氏集說同浦鏜挍云穀梁傳作充

食可知也惠棟挍宋本作也此本也字闕閩監毛本也作矣

馳走者救日之備也惠棟挍宋本作日此本日誤者閩監毛本同

此經曰后夫人之喪閩監毛本同惠棟挍宋本曰作云

故云天子之夫人監毛本作君之夫人惠棟挍宋本同此本君作天子非也天子閩本亦誤

假令在後堂朝閩監毛本同考文引宋板堂作當

在未殺牲之前惠棟挍宋本作在衞氏集說同此本在字闕閩監毛本在作是

更迎尸入坐於奧惠棟挍宋本作更衞氏集說同此本更字闕閩監毛本更誤及

祀五帝納亨惠棟挍宋本作亨衞氏集說同此本亨誤享閩監毛本同下納亨同

附釋音禮記注疏卷第十八終惠棟挍宋本禮記正義卷第二十六終記云凡三十三頁

附釋音禮記注疏卷第十九

禮記　鄭氏注　孔穎達疏

曾子問

天子崩，未殯，五祀之祭不行。既殯而祭，其祭也，尸入，三飯不侑，酳不酢而已矣。自啓至于反哭，五祀之祭不行。已葬而祭，祝畢獻而已。既葬彌吉，畢獻祝而後止。郊社亦然，惟嘗禘宗廟俟吉也。○飯，扶晚反，下同。不侑，音又，絕句，下皆放此。酳，音胤，又仕覲反。酢，才各反。曾子問曰：「諸侯之祭社稷，俎豆既陳，聞天子崩，后之喪，君薨，夫人之喪，如之何？」孔子曰：「廢。亦謂夙興陳饌牲器時也。自薨比至于殯，自啓至于反哭，奉帥天子。」帥，循也。所奉循如天子者，謂五祀之祭也，社稷亦然。○比，必利反。

〔疏〕天子至天子。○正義曰：天子諸侯祭禮既亡，今儀禮唯有大夫士祭禮，以言之。按特牲饋食禮，祝延尸于奧，迎尸而入，即延坐，三飯告飽，祝侑尸，尸又飯，至於九飯畢。若大夫依少牢饋食，尸食十一飯而畢。鄭注少牢云：士九飯，大夫十一飯也，則其餘有十三飯、十五飯也。按此說，則諸侯十三飯，天子十五飯。又按特牲禮，尸九飯畢，主人酌酒酳尸，尸飲卒爵，酢主人，主人受酢，飲畢，酌獻祝，祝飲畢，主人又酌獻佐食，此是士之祭禮也。今約此而說天子五祀之祭也。○天子崩，未殯，五祀之祭不行者。○以初崩哀感，未可祭祀，雖當五祀祭時，不得行。既殯而祭者，但五祀外神，不可以已私喪久廢其祭，故既殯哀情稍殺而後祭也。○其祭也，尸入三飯，不侑，酳不酢而已矣者，今喪既殯，不得純如吉禮，理須宜降殺侑勸也。故迎尸入奧之後，尸三飯告飽則止，祝更不勸侑其食使滿常數也。又熊氏云：三飯不酳不酢而已矣，謂迎尸入奧之後，尸三飯即止，祝不勸侑至十五飯。於時冢宰攝主，酌酒酳尸，尸受卒爵，不酢攝主。故云三飯不侑，酳不酢而已者，謂唯行此而已，不為在後餘事也。○自啓至于反哭，五祀之祭不行者。○謂欲葬之時，從啓殯以後，葬畢反哭以前，靈柩既見，哀摧更甚，故云五祀之祭不行。已葬而祭，祝畢獻而已。已葬而祭者，謂已葬反哭，殯宮畢而行其祭。但既葬彌吉，尸入三飯之後，祝乃侑尸，尸食十五飯，攝主酳尸，尸飲卒爵而酢攝主，攝主飲畢，酌而獻祝，祝受飲畢則止，無獻佐食以下之事。所以然者，以葬後未甚吉，唯行此禮而已。而已是語辭也。皇氏云已止也。○注既葬至吉也。○正義曰：經云祝畢獻止，謂祝受獻祭禮遂畢止，不獻佐食以下。云郊社亦然者，王制云天地社稷為越紼而行事，是與五祀同也。趨商問云：自啓至反哭，五祀之祭不行。注云郊社亦然者，按王制不唯天地社稷為越紼而行事，何趨商之意，葬時郊社之祭不云，何得有越紼而行事？鄭答：越紼行事，喪無事時，天地郊社有常日，自啓及至反哭，自當辟之。鄭言無事者，謂未殯以前是有事，既殯以後未啓以前是無事，得行祭禮，故有越紼行事。鄭云郊社有常日，自啓至反哭自當辟之者，郊社既有當日，自啓反哭當辟此郊社之日。郊社尊，故辟其日，不使相妨。五祀既畢，若與啓反哭日相逢，則五祀辟其日也。鄭言天地社稷去殯處遠，祭時

踰越此紼而往赴之五祀去殯處近暫往則還故不爲越紼也云唯嘗禘宗廟俟吉也者謂爲嘗禘之禮以祭宗廟俟待於吉故王制云喪三年不祭是也其在喪祭郊社之時其喪所朝夕仍奠知者雜記云國禁哭則止朝夕之奠即位自因也人臣尙爾明天子得也○注帥循至亦然○正義曰帥循也此釋詁文以經云奉循天子按上天子有祭五祀之文今云奉循如天子謂諸侯五祀亦如天子故云謂五祀之祭是諸侯五祀如天子五祀也今此諸侯祭社稷其遭喪節制與五祀同故云社稷亦然按天子崩后喪諸侯當奔赴得奉循天子之禮者諸侯或不自親奔而身在國者或唯據君薨及夫人之喪其嗣子所祭得奉循天子者也

○曾子問曰。大夫之祭。鼎俎既陳。籩豆既設。不得成禮。廢者幾。孔子曰。九。請問之。曰。天子崩。后之喪。君薨。夫人之喪。君之大廟火。日食。三年之喪。齊衰。大功。皆廢。外喪自齊衰以下。行也。齊衰異門則祭其齊衰之祭也。尸入。三飯不侑。酳不酢而已矣。大功。酢而已矣。小功。緦。室中之事而已矣。室中之事謂賓長獻○長知丈反下文誄長同士之所以異者。緦不祭。然則士不得成禮者十一所祭。於死者無服。則祭。謂若舅舅之子從母昆弟〔疏〕曾子至行也○正義曰不直云大功以上皆廢而歷序三年之喪齊衰大功者以曾子問廢者有幾孔子對云廢者有九遂歷序九種之事一一備言此大夫祭者謂祭宗廟故下文云所祭於死者無服則祭是據宗廟也○注齊衰異門則祭○正義曰今遭異門其齊衰之喪祭也○尸入三飯不侑酳不酢而已矣○若遭異門齊衰之喪其祭迎尸入室但三飯則止祝更不勸侑使至十一但三飯耳則主人酌酒酳尸尸不酢主人唯此而已○大功酢而已矣○大功服輕祭禮稍備尸三飯祝侑至十一飯而止主人酌酒酳尸尸酢主人主人乃侑故云大功酢而已矣○小功緦室中之事而已矣○小功與緦麻其服轉輕祭禮轉備其祭尸○十一飯訖主人酳尸尸卒爵酢主人主人獻祝及佐食畢次主婦獻尸尸酢主婦主婦又獻祝及佐食次賓長獻尸○若平常之祭尸得賓長獻爵則止不舉待致爵之後尸乃舉爵今既喪殺賓長獻尸尸飲以酢賓賓又獻祝及佐食而祭畢止几尸在室之奠祝在室中北牖南面佐食在室中戶西北面但主人主婦及賓獻尸及祝佐食等三人畢則止故云室中之事而已矣若致爵之時主婦在房中南面主人獻賓堂上北面皆不在室中其室中者獻尸祝佐食耳故此注云室中之事謂賓長獻此小功緦麻兼內外知者以前文云內喪大功以上廢則知內喪小功以下不廢也按雜記云臣妾死於宮中三月而後祭之此內喪緦麻不廢祭者此謂鼎俎既陳臨祭之時故不廢也若不當祭時有臣妾死於宮中及大夫爲貴妾緦應子爲父後者爲其母緦之屬皆不祭○士之所以異者緦不祭○孔子見曾參歷問至大夫必應及士故因廣舉士以語之大夫唯至大功爲九而士又加緦小功二等含爲十一此亦謂祭宗廟鼎俎既陳而值喪也大夫祭值緦小功不辨內外皆不廢祭而禮則小異耳士值緦小功不辨外內一切皆廢祭士輕故爲輕親伸情也○所祭於死者無服則祭所祭謂士祭祖禰而死者已雖爲緦祖禰於死者無服鼎俎既陳則亦祭也○注謂若至昆弟○正義曰此等於已雖服緦而於祖禰則無服然此皆母親而得云無服者祭祀以祖禰爲主母親於已服緦於祖禰無服然此皆母親以父爲主也其從母父雖無服已爲小功熊氏云亦廢祭也皇氏云以從母於父無服不廢祭也按經云緦不祭所祭於死者無服則祭據緦爲文似不關小功故鄭以緦服解之皇氏橫加小功其義非也

○曾子問曰。三年之喪。弔乎。孔子曰。三年之喪。練不羣立。不旅行。爲其苟語忘哀也○爲于僞反下爲彼爲親妻爲婦爲已病皆同君子禮以飾情。三年之喪而弔哭。不亦虛乎。爲彼哀則不專於親也爲親哀則是妄弔〔疏〕曾子至虛乎○正義曰此一節論身有重服不得弔人之事○君子禮以飾情凡行吉凶之禮必使外內相副用外之物以飾內情故云衰以飾在內之情故冠冕文彩以飾至敬之情麤衰以飾哀痛之情所以三年問云衰服爲至痛飾也故云君子禮以飾情也○三年之喪而弔哭不亦虛乎者若身有重服而弔他人則非飾情所以爲虛也言虛者弔與服並虛也何者若已有喪弔彼而哭哀彼則忘已本哀是已服爲虛也若心存於已哀忘彼而哭彼則是於弔爲虛也故注云爲彼哀則不專於親也爲親哀則是妄弔

曾子問曰。大夫士有私喪。可以除之矣。而有君服焉。其除之也。如之何。孔子曰。有君喪服於身。不敢私服。又何除焉。重踰輕也私喪家之喪也喪服四制曰門外之治義斷恩○治直吏反斷丁亂反於是乎有過時而弗除也。君之喪服除。而后殷祭。禮也。謂主人也支子則否○除如字徐直慮反〔疏〕曾子至禮也○正義曰此一節論臣有君親之喪當隆於君之事各依文解之○孔子曰有君喪服於身不敢私服又何除焉者荅以重踰輕也門外之治義斷恩若身有君服後遭親喪則不敢爲親制服也又何除焉者謂成喪服爲重始除服爲輕未在親始重之日尚不獲伸況輕末之時而可行乎故云又何除焉君之喪服除而后殷祭禮也者殷祭謂小大二祥祭也以其禮大故曰殷也言初乃爲身有君服不敢爲親私除若君服除後乃可爲親行私喪二祥之祭以伸孝心也故盧氏云殷祭盛也君服除乃行釋私服之禮庾蔚云今月除君服明月可小祥又明月可大祥猶若久喪不葬者也若未有君服之前私服已小祥者除君服後但大祥而可已有君服之時已私服或未小祥是以摠謂之殷祭而不得云再祭殷大也小大二祥變除之大祭故謂之殷祭也禘祫者祭之大故亦謂之殷祭但此論大夫士則不應有禘祫此殷是釋除之祭也有殷事則之君所鄭以爲朔月月半薦新之奠此又比朝夕爲大也各有所指不嫌殷名同也○注謂主人也支子則否○正義曰主人謂適子仕官者適子主祭祀故二祥待除君服而後行也若支子仕官雖不得除私服而其家適子已行祥祭庶子於後無所復追祭故云否也

○曾子曰。父母之喪。弗除可乎。以其有終身之憂〔疏〕曾子至可乎○正義曰曾子又疑云聖人制變受之期情禮之殺使送死有已復生有節是不許人子有不除之喪若適子除君服後乃有殷祭之事如喪久不葬者此則可解若庶子除君服後無復殷祭之事便是其爲父母之服一生不有除說之事此於禮許得可乎孔子曰。先王制禮。過時弗舉。禮也。非弗能勿除也。患其過於制也。故君子過時不祭。禮也。言制禮以爲民中過其時則不成禮○中如字又丁仲反〔疏〕孔子至禮也○據制以荅此所以不除意也孔子言先王制禮各有時節若過則不追舉是禮之意也○非弗至制也○勿猶不也言今日不追除服者非是不能除改也爲此不除正是患其過於聖人之禮制也○故君子過時不祭禮也○又引君子過時不舉之事以證之過時不祭謂春雨露既濡君子履之怵惕思親思親故設祭若春時或有事故不得行祭至夏乃行夏祭不復追補春祭是過時不祭以爲禮也若過時不祭如適子仕者除君服後猶得行殷祭其四時之祭過時所以不追者假令春夏祭本爲感春夏而祭至秋非時故不追也且今年春夏雖過時至明年會應復有春夏故當時則祭過時不補前祭祥非爲感時正是孝子爲存親存親則前後無異故除君服已伸孝心也

○曾子問曰。君薨既殯。而臣有父母之喪。則如之何。孔子曰。歸居于家。有殷事。則之君所。朝夕否。居家者因其哀後隆於父母殷事朔月月半薦新之奠也〔疏〕孔子至夕否○殷大也孔子荅云君殯既訖君所無事父母新喪故歸於家以治父母之喪若君喪有朔月月半薦新大事則臣之適君所以哭君若凡常朝夕則不往哭君唯在家爲父母治喪故云朝夕否若臣有父母之喪既殯而後有君喪則歸君所若父母之喪有殷事之時則來歸家平常朝夕則不來恒在君處○注居家至父母○正義曰君薨既殯是君喪在前殯後親死是父母喪在後親喪痛甚恒居於家是隆於父母也

曰。君既啓。而臣有父母之喪。則如之何。孔子曰。歸哭而反送君。言送君則既葬而歸也歸哭者服君服而歸不敢私服也〔疏〕曰君至送君○正義曰曾子上問既殯今問既啓故云君既啓而臣有父母之喪則如之何孔子荅曰歸哭父母而反往送君既葬畢還來歸家而治父母之喪以此言之父母之喪既啓而有君之喪則亦往哭於君所而反送父母父母葬畢而居君所○注言送至服也○正義曰知既葬而歸者以言送君則葬罷而歸則不待君之虞祭也其君喪祔與卒哭未知臣往君所與否云歸哭者服君服而歸不敢私服也者謂歸哭於父母猶服君服不私服也知不私服者上文云有君喪服於身不敢私服故知不私服也

曰。君未殯。而臣有父母之喪。則如之何。孔子曰。歸殯。反于君所。有殷事則歸。朝夕否。其哀雜主於君大夫室老行事。士則子孫行事。大夫士其在君所之時則攝其事大夫內子有殷事。亦之君所。朝夕否。謂夫之君既殯而有舅姑之喪者內子大夫妻也妻爲夫之君如婦爲舅姑服齊衰○適丁歷反〔疏〕曰君至夕否○正義曰前問君既殯及既啓而有父母之喪今問君未殯而臣有父母之喪如之何孔子荅曰歸殯父母

訖反于君所以殯君恒在君所家有殷事之時則暫歸於家若尊常朝夕則不得歸也故云朝夕否盧氏云歸殯反于君所者人君五日而殯故可以歸殯父母而往殯君也若其臨君之殯日盧云歸哭父母而來殯君則殯君訖乃還殯父母也以此言之臣有父母之喪未殯而有君喪去君殯日雖遠祗得待殯君訖而還殯父母以其君尊故也○注其哀雜主於君○正義曰以君未殯則君哀重而父母又喪是親哀亦重君與親哀既半相雜君為尊故主意於君故尊常恒在君所○大夫至行事○以大夫士有殷事在君所之時則在家之朝夕之奠有闕若朝夕恒在君所之時則在家朝夕之奠亦闕奠不可廢其大夫尊故遣室老攝行其事士卑則子孫攝行其事○注云大夫至其事○正義曰大夫內子有殷事亦之君所朝夕否上文明大夫禮節此明婦人之進止君既殯而婦有舅姑之喪大夫者卿之揔號內子者卿之適妻以前問君薨既殯有父母之喪此明君既殯後而婦有舅姑之喪歸居於家君有殷事之時亦之君所云亦者謂亦同其夫也非但夫往君所妻亦往君所也若尊常朝夕則不往君所舉此一條婦同於夫則君既啓及君未殯而有舅姑之喪其禮恐同夫也○注內子至齊衰○正義曰按僖二十四年左傳云晉趙姬請以叔隗為內子而已下之叔隗為趙衰妻是大夫適妻也若對而言之則卿妻曰內子大夫妻曰命婦若散而言之則大夫是卿之揔號其妻亦揔名為內子云妻為夫之君如婦為舅姑服齊衰者此喪服文也

〇賤不誄貴。幼不誄長。禮也。誄累也累列生時行迹讀之以作謚謚當由尊者成○誄力水反謂謚也行下孟反謚音示徐又以二反　唯天子稱天以誄之。以其無尊焉春秋公羊說以為讀誄制謚於南郊若云受之於天然　諸侯相誄。非禮也。禮當言誄於天子也天子乃使大史賜之謚○〔疏〕賤不至禮也○正義曰此一節論謚由尊者出之事賤不誄貴誄累也謂賤不得累列貴者之行而為謚幼不得累列長者之行而作謚如此是其禮也所以然者凡謚如此是其禮也所以然者凡謚表其實行當由尊者所為若使幼賤者為之則各欲光揚在上之美有乖實事故不為也○唯天子稱天以誄之者諸侯及大夫其上猶有尊者為之作謚其天子則更無尊於天子者故唯為天子作謚之時於南郊告天示若有天命然不敢自尊也○諸侯相誄非禮也者非但賤不誄貴平敵相誄亦為不可故云諸侯相誄非禮也既賤不誄貴按襄十三年左傳楚子囊為共王作謚者春秋亂世不能知禮此不言君臣兄弟而言貴賤長幼者廣包餘人非唯君臣兄弟而已○注以其至南郊○正義曰按鄭之時說公羊者而為此言故白虎通云天子崩大臣之於南郊稱天以謚之者為人臣子莫不欲褒大其君揜惡揚善故至南郊明不得欺天也○注禮當至之謚○正義曰按白虎通云君薨請謚世子赴告於天子天子雖遣大夫會葬而謚之又檀弓云公叔文子卒其子戍請謚於君曰日月有時將葬矣請所以易其名者大夫當請誄於君則諸侯理當言誄於天子云天子乃使大史賜之謚者按大史職云小喪賜謚鄭云小喪卿大夫也卿大夫言賜之謚明謚明諸侯之喪亦然

〇曾子問曰。君出疆。以三年之戒。以椑從。君薨。其入如之何。其出有喪備疑喪入必異也戒猶備也謂衣衾也親身棺曰椑其餘可死乃具也○疆居良反椑薄歷反親身棺謂椑棺也　孔子曰。共殯服。此謂君已大斂殯服謂布深衣苴絰散帶垂殯時主人所服共之以待其來也其餘殯事亦皆具焉○共殯音恭注同下必刃反苴絰七餘反下太結反散息但反　則子麻弁絰。疏衰。菲杖。棺柩未安不忍成服於外也麻弁絰者布弁而加環絰也布弁如爵弁而用布杖者為已病○弁皮彥反柩其又反如爵如或作加誤也為已音以　入自闕。升自西階。闕謂毀宗也柩毀宗而入異於生也升自西階亦異生也所毀宗殯宮門西也於此正棺而服殯服既塗而成服殷柩出毀宗周柩入毀宗禮相變也　如小斂。則子免而從柩。謂君已小斂也主人布深衣不括髮者行遠不可無飾○免音問　入自門。升自阼階。親未在棺不忍異入使如生來反○　君大夫士一節也。〔疏〕曾子至節也○正義曰此論諸侯出外死以喪歸之事○曾子問夫子云諸侯之君或出疆朝會其出之時以三年之戒以椑從戒備也謂以三年喪備衣衾之屬并以椑棺而從出既有備今其入也如之何○注其出至具也○正義曰按王制云絞紟衾冒死而后制此云戒備謂衣衾者熊氏云此言三年之戒謂衣衾之裁若其造作死後乃為之○云親身棺曰椑按喪大記云大棺八寸屬六寸椑四寸從外嚮內親身也檀弓注云椑堅著之言也謂椑雖親身天子椑內猶有水兕諸侯公椑內猶有兕諸侯以椑為親身也云其餘可死乃具也謂除椑之外大棺與屬若在家年老亦死前為之今出疆椑從年未老故大棺等死後乃具也○孔子曰共殯服者於時大斂之後主人從柩而歸則其家豫共主人殯時所著之服謂布深衣苴絰散帶垂也於時主人從柩在路以棺柩未安未忍成服於外唯著麻弁麻布也謂布弁布弁之上而加環絰○注此謂至具焉○正義曰知此謂大斂者以下文云如小斂故知此謂已大斂也云殯服謂布深衣苴絰散帶垂按士喪禮云小斂苴絰大鬲散帶垂又禮親始死布深衣至成服以來其服不改故知殯服布深衣苴絰散帶垂其首服崔氏云小斂之前大夫士皆素冠小斂括髮之後士則加素冠大夫加素弁云其餘殯事亦皆具焉以殯不可闕故知具為絰特云共殯服者舉主人服為重○則子麻弁絰疏衰菲杖○身著疏衰疏衰是齊衰也足著菲屨菲謂藨屨也其身已病者杖杖故云疏衰菲杖也○注棺柩至已病○正義曰按士喪禮云三日成服今君喪在外仍著麻弁疏衰故知不忍成服於外也云麻弁絰者布弁而加環絰也者布弁謂吉布十五升與子游麻衰及詩云麻衣如雪同知加環絰者雜記云小斂環絰是也云布弁如爵弁而用布者按檀弓云周人弁而葬殷人冔而葬冔是殷之祭冠明弁絰似周之祭冠故知爵弁也云杖者為已病者以士喪禮服杖同時今服未成而已杖故云為已病也○入自闕升自西階謂柩入宮之時毀殯宮門西邊猶從柩而入其升堂之時自西階而升必西階者以柩從外來如似賓客故就西而升階就客位也○注闕謂至變也○正義曰鄭恐是門闕故云毀宗也謂毀此宗廟之牆其處空闕故謂之闕云柩毀宗而入異於生也公羊定元年癸亥公之喪至自乾侯戍辰公即位正棺於兩楹之間然後即位注云正棺者象既小斂東於堂也於此之時服殯服也云既塗而成服者謂殯塗既畢而成服也○云殷柩出毀宗周柩入毀宗禮相變也檀弓云毀宗躐行殷道也既云毀宗始云躐行是先毀宗後躐行也是從內而出故云殷柩出毀宗如小斂則子免而從柩上之所言謂大斂之後此所謂未大斂當小斂以後之節則子首不著麻弁身不服疏衰唯首著免身著布深衣而從柩也○注謂君至無飾○正義曰按士喪禮從死至成服主人皆著深衣故知小斂主人布深衣也士喪禮云小斂主人髻髮今著免者以在外遠行不可無飾故著免也○入自門升自阼階○其柩入之時入自門不自闕也升自阼階不由西階也故注云親未在棺猶如生也○君大夫士一節也○言上來從柩之儀更無尊卑之異非但君死於道路亦然諸侯與大夫士一等也

曾子問曰。君之喪既引。聞父母之喪。如之何。孔子曰。遂既封而歸。不俟子。遂遂送君也封當為窆子嗣君也○引以刃反下皆同封音窆彼驗反　曾子問曰。父母之喪既引。及塗。聞君薨。如之何。孔子曰。遂既封。改服而往。封亦當為窆改服括髮徒跣布深衣扱上衽不以私喪包至尊○既封依注音窆彼驗反涂音徒扱初洽反衽而審反又而鴆反〔疏〕曾子至而往○正義曰此一節論君葬在路遭父母喪或父母葬聞君喪之事○注遂遂至君也○正義曰以經云遂既封而歸今君喪既引在塗而言遂故知遂送君也又云不俟子是不待子而先還若待封壙既畢必在子還之後今經云既封而歸非封壙也故知封當為窆窆下棺也○注封亦至至尊○正義曰禮親始死笄纚小斂始括髮今臣聞君喪即括髮不笄纚者若尊常是吉今忽聞君喪故去冠而笄纚今臣有父母之喪葬在於塗首先服免忽聞君喪若著其笄纚則與葬常吉同以首不可無飾故括髮也知葬時著免者以雜記云非從柩與反哭無免於堩故知葬時著免也

〇曾子問曰。宗子為士。庶子為大夫。其祭也如之何。孔子曰。以上牲祭於宗子之家。貴祿重宗也上牲大夫少牢　祝曰。孝子某為介子某薦其常事。介副也不言庶使若可以祭然○祝皇之六反舊之又反下同為于偽反下注為有異居為無日同介音界副也下同○〔疏〕曾子至常事○正義曰此一節論宗子祭用大夫牲之事以上至之家○上牲謂大夫少牢也宗子是上合用特牲今庶子身為大夫若祭祖禰當用少牢之牲就宗子之家而祭也以廟在宗子家故也○注貴祿至少牢○正義曰用大夫之牲是貴祿也宗廟在宗子之家是重宗也此宗子謂小宗也若大宗子為士得有祖禰二廟也若庶子是宗子親弟則與宗子同祖禰得以上牲於宗子之家而祭祖禰也但庶子為大夫得祭曾祖廟已是庶子不合自立曾祖之廟崔氏云當寄曾祖廟於宗子之家亦得以上牲宗子為祭也若已是宗子從父庶子兄弟父之適子則於其家自立禰廟其祖及曾祖亦於宗子之家寄立之亦以上牲宗子為祭若已是宗子從祖庶兄弟父祖之適則立祖禰廟於已家則亦寄立曾祖之廟於宗子之家已亦供上牲宗子為祭此大夫者謂諸侯大夫故少牢知此是諸侯大夫者以下文云宗子有罪居于他國言他國則是據諸侯也以文相連接故知此大夫是諸侯大夫也○祝曰至常事○宗子祭時祝告神辭云孝子某孝子謂宗子也某是宗子之名介子某介子謂庶子為大夫者介副也某是庶子名也薦其歲之常事告神止稱宗子其時庶子身在祭位必知庶子在者以經云祭於宗子之家是大夫就宗子家而祭也○注介副至祭然○正義曰上云庶子為大夫此亦當云為庶子某今云介子某者庶子卑賤之稱介是副二之義介副則可祭故云使若可以祭然故稱介子

若宗子有罪。居于

他國。庶子爲大夫。其祭也。祝曰。孝子某。使介子某執其常事。此之謂宗子攝大夫○其祭也本或此下有如之何三字非也攝主不厭祭。不旅。不假。不綏祭。不配。皆辟正主厭厭飫神也厭有陰有陽迎尸之前祝酌奠奠之且饗是陰厭也尸謖之後徹薦俎敦設於西北隅是陽厭也此不厭者不陽厭也不旅不旅酬也假讀爲嘏不嘏不嘏主人也不綏祭謂今主人也綏周禮作墮不配者祝辭不言以某妃配某氏○厭本或作懕於豔反注下皆同綏注作墮同許恚反徐又況垂反注同辟音避下同飫於去反謖色六反起也敦音對又東論反嘏古雅反○布奠於賓。賓奠而不舉。布奠謂主人酬賓奠觶於薦北賓奠謂取觶奠於薦南也此酬之始也奠之不舉止旅○觶之豉反字林音支不歸肉。肉俎也謂與祭者留之共燕○歸如字徐其位反與音預其辭於賓曰。宗兄。宗弟。宗子在他國。使某辭。辭猶告也宿賓之辭與宗子爲列則曰宗兄若宗弟昭穆異者曰宗子而已其辭若云宗兄某在他國使某執其常事使某告○其詞如字告也下及注同昭穆常遙反下音木後放此

〔疏〕若宗至其辭○正義曰此一節以曾子前問宗子爲士庶子爲大夫孔子荅畢更爲曾子廣陳宗子有罪出居他國庶子爲大夫在家法其祭之禮按少牢饋食司宮筵于奥設饌畢祝酌奠于鉶南主人西面再拜稽首祝曰孝孫某敢用柔毛剛鬣嘉薦普淖用薦歲事于皇祖伯某以某妃配某氏尚饗此所謂配也今攝主則不配少牢又云祝出迎尸尸入即席坐而執祝前之禰而祝命尸挼尸取菹擩于醢祭于豆間及祭黍稷肺等是謂尸綏祭也尸飯十一飯訖主人洗爵酳尸尸酢主人主人拜受爵上佐食取黍稷肺授主人所謂綏祭也今攝主不綏祭少牢又云主人左執爵祝與二佐食取黍以授尸尸執以命祝祝受以東北面嘏于主人曰皇尸命工祝承致多福無疆于女孝孫所謂嘏也今攝主則不嘏也按特牲主人受嘏之後獻祝及佐食訖主婦獻尸及祝佐食訖乃賓長獻尸尸爵止未飲主人主婦交相致爵訖尸乃飲止爵以酢賓賓飲訖賓獻祝及佐食洗酌致于主人主婦訖主人獻賓賓酢主人主人又獻衆賓訖尊兩壺于阼階東西方亦如之主人酌西方之尊以酬賓主人尊爵于賓之薦北賓取爵東面奠于薦南所謂布奠於賓也今攝主主人奠於薦北賓取奠于薦南而不舉也主人獻長兄弟又獻衆兄弟訖長兄弟加爵於尸衆賓長又加爵於尸訖嗣子舉奠舉奠訖賓坐取薦南之爵酬長兄弟長兄弟酬衆賓衆賓酬衆兄弟所謂旅酬今攝主不旅酬也特牲云旅酬之後無算爵無算爵之後祝告既成尸起主人降佐食徹尸薦俎設於西北隅所謂陽厭今攝主不爲此陽厭也○注此之至大夫○正義曰喪服小記士不攝大夫士攝大夫唯宗子也○攝主不厭祭○正義曰此宗子有罪出在他國庶子既爲攝主不敢備禮故於祭末不爲陽厭之祭也所以不爲陽厭者陽是神之厭飫今攝主讓退似若神未厭飲然也○不旅者謂所將祭旅酬之時賓奠不舉不爲旅酬也旅酬是賓主交歡之始今攝主不敢當正主故不旅也○不嘏不綏祭者嘏是主人受福綏是將欲受福先爲綏祭今辟正主故不敢受嘏以其不嘏故不綏祭也○不配者以初尸未入之時祝告神辭曰以某妃配某氏備告考妣今攝主不敢備禮畧言皇祖而已此經所陳從祭末然後以次至祭初逆陳之必逆陳之者皇氏云以其攝主非正故逆陳以見義○注皆辟至某氏○正義曰以其無尸設饌欲神之歆饗而厭飫是也○云厭有陰有陽謂一祭之中有此兩厭下文有陰厭有陽厭是也○云迎尸至陰厭也約少牢特牲禮文祝酌奠者謂祝酌奠於鉶南且饗者祝奠訖且復以辭饗告神也是室奥陰靜之處故云陰厭尸謖之後佐食徹尸之薦俎設於西北隅得戶明白之處故曰陽厭今攝主不厭謂不陽厭也所以然者厭是厭飫凡厭是神之歆饗○云尸謖至陽厭也其上大夫當自賓尸故少牢禮無陽厭也下大夫不賓尸有陽厭也其天子諸侯明日乃爲繹祭亦有陽厭也故詩云相在爾室尚不愧于屋漏謂天子之禮天子既爾諸侯亦然此謂下大夫攝也禮有陽厭以其攝主故闕陽厭若上大夫本無陽厭可知此不厭者不以陽厭此皆逆陳於祭末者先言故知不陽厭也云假讀爲嘏至主人也以古旁之嘏是福慶之辭少牢云嘏于主人讀爲嘏旁爲之祭禮唯主人受嘏故知不嘏不嘏主人也云不綏祭謂今主人者謂欲食之時先減黍稷牢肉而祭之於豆間故曰綏祭尸與主人俱有綏祭今攝主則不綏也所以然者凡將受福先爲綏祭今辟正主不敢受福故不綏也若綏少牢禮云祝出迎尸尸入即席坐而祝命尸綏祭尸取菹及黍稷肺祭于豆間是謂之綏祭綏是減毀之名尸與主人俱有綏祭也云今主人者謂今攝主人也云綏周禮作墮者以綏是綏安之義墮是減毀之名故從於周禮墮爲正守祧云既祭則藏其隋是也○云不配者至某氏○謂祝辭直言薦歲事於皇祖伯某不云以某妃配某氏某氏者其妃之姓也若云某妃姜氏子氏之類也○布奠至不舉○謂主人酬賓之時賓在西廟東面主人布此奠爵於賓之北○賓奠而不舉者賓坐取薦北之爵奠於薦南而不舉用以酬兄弟此則不旅酬之事而更別言者以上文摠云祭祀是主人之事自此以下更別論賓禮有闕故重言之○注布奠至止旅○正義曰此皆特牲禮文云此酬之始也者按特牲禮云賓奠之後主人獻衆兄弟內兄弟訖乃行旅酬故云此酬之始也云奠之不舉止旅者謂止旅酬之事而不爲也○不歸肉者歸饋也謂不歸俎肉於賓也○注肉俎至共燕○正義曰賓客正祭諸助祭之賓客各使歸俎今攝主不敢饋俎肉於賓故注云諸與祭者留之共燕○其辭至某辭○正義曰非但祭不備禮其將祭之初辭告於賓與常禮亦別云宗兄宗弟宗子在他國不得親祭故使某執其常事使某告也故云使某辭○注辭猶至之辭○正義曰云宿賓之辭按特牲云乃宿尸注云宿讀爲肅肅進也進者使知祭日當來下云宿賓故云宿賓之辭○云與宗子爲列至而已○若同列者云宗兄若宗弟其昭穆異者宗子雖祖父及子孫之行但謂之宗子故云而已

○曾子問曰。宗子去在他國。庶子無爵而居者。可以祭乎。孔子曰。祭哉。有子孫存不可以乏先祖之祀請問其祭如之何。孔子曰。望墓而爲壇。以時祭。不祭于廟無爵者賤遠辟正主○壇大丹反下注同注或作墠音善遠徐于萬反若宗子死。告於墓而后祭於家。言祭於家容無廟也宗子死。稱名不言孝。孝宗子之稱不敢與之同其辭但言子某薦其常事○稱尺證反身沒而已。至子可以稱孝子游之徒。有庶子祭者。以此。以用也用此禮祭也若義也。若順今之祭者。不首其義。故誣於祭也。首本也誣猶妄也

〔疏〕曾子至祭也○正義曰此一節論庶子代宗子祭之事各依文解之○曾子問至以祭乎○論曾子以孔子上文云宗子有罪居在他國庶子爲大夫得在本國攝祭未知庶子無爵在國居者可祭以否故問之○孔子曰祭哉者孔子既許其祭以無正文得祭故云祭哉哉者疑而量度之辭故注云有子孫存不可以乏先祖之祀○請問其祭如之何孔子曰望墓而爲壇以時祭者宗子雖有廟在宗子之家庶子無爵不得就宗子之廟而祭惟可望近所祭者之墓而爲壇以四時致祭也○注不祭至正主○正義曰所以不祭子宗于廟者以庶子無爵卑賤遠辟正主正主謂宗子也據鄭此言宗子去在他國謂有爵者若其無爵在家本自無廟何須云不祭廟辟正主也鄭必知是有爵者以經云宗子去在他國庶子無爵而居庶子云無爵明宗子是有爵此宗子去他國謂有罪者若其無罪則以廟從本國不得有廟故喪服小記注云宗子去國乃以廟從謂無罪也○若宗至於家○孔子上爲曾子說宗子身在外此又說宗子身沒謂告於所祭之墓而后祭於庶子無爵者之家也注言祭於家容無廟也○正義曰從上以來雖據宗子有爵而言其廟在家今宗子既死庶子無所可辟當云告於墓而后祭於宗子之家今直云祭於家是祭於庶子之家是容宗子之家無廟故也宗子所以無廟者宗子無爵不合立廟或云祭於家者是祭於宗子之家容庶子之家無廟也庶子所以無廟者一是庶子無爵不合立廟二是宗子無罪居他國以廟從本家不復有廟故也○宗子死稱名不言孝○宗子既死庶子其祭之時告神但稱其名不得稱孝辟宗子也○注孝宗至常事○正義曰上文孝子某使介子某孝子是宗子之稱今直言名不言介若宗子在得言介子某今宗子既死身又無爵復稱名不得稱介故但言子某薦其常事身沒而已者其不稱孝者惟已身終沒而已至其子則稱孝也○注至子可以稱孝○正義曰以庶子合稱孝[illegible]也○注首本也誣猶妄也○正義曰謂今日世俗庶子祭者不尋本義之道理爲此祭故云誣於祭謂妄爲祭之法不依典禮

○曾子問曰。祭必有尸乎。言無益無用爲若厭祭亦可乎。厭時無尸孔子曰。祭成喪者必有尸。尸必以孫。孫幼則使人抱之。無孫則取於同姓可也。人以有子孫爲成人子不殤父義由此也祭殤必厭。蓋弗成也。厭飫而已不成其爲人成喪而無尸。是殤之也。與不成人同孔子曰。有陰厭。有陽厭。言祭殤之禮有於陰厭之者有於陽厭之者曾子問曰。殤不祔祭。何謂陰厭陽厭。祔當爲備聲之誤也言殤乃不成人祭之不備禮而云陰厭陽厭乎此失孔子指也祭成人始設奠於奧迎尸之前謂之陰厭尸謖之後改饌於西北隅謂之陽厭殤則不備○附依注音備本或作祔亦同奧於報反

〔疏〕曾子至陽厭○正義曰此一節論祭必有尸有陽厭陰厭之事各依文解之○祭必有尸乎○曾子之意以祭神神本虛無無形無象何須以生人象之故云祭必有尸乎○注言無益無用爲○正義曰祭是人祭神不

祭生人令祭生人無益死者故云無益云無用為者無用為此尸一解云無用為者無用此之為為是助語○若厭祭亦可乎○若如厭祭之時亦應可乎謂祭初尸未入之前祭末尸既起之後並皆無尸直設饌食以厭飫鬼神如此之時其理亦可注云厭時無尸○孔子曰祭成喪者必有尸○孔子荅祭以成人之喪者必須有尸以成人之喪威儀具備必須有尸以象神之威儀也尸必以孫若其孫幼則使人抱之若無孫則取同姓昭穆孫行適者可也以其成人威儀既備有為人父之道不可無尸○祭殤必厭蓋弗成也○年若幼在殤人道未備威儀簡畧不足可象不須立尸故祭殤必厭蓋弗成也者蓋以不成人故不立尸也今祭成人喪但厭飫而巳是將成人與殤同也○孔子曰有陰厭有陽厭○孔子荅問巳了更起别端辯祭殤之禮其處有異故記者又言孔子曰其祭殤有於陰厭者謂適殤也有於陽厭者謂庶殤也○曾子至陽厭○正義曰曾子既聞孔子云有陰厭有陽厭不解孔子之旨謂言祭殤始末一宗之中有此兩厭故問云祭成人之時有此二厭殤不祔祭祔備也謂祭殤簡畧何謂備有陰厭有陽厭也○注祔當至不備○正義曰知祔當為備者按喪服小記云殤與無後者從祖祔食今云殤不祔祭與小記文乖故知祔當為備備祔聲相近故云聲之誤也○云言殤至陰厭約特牲少牢禮文當設饌於西南奥尸未入之前也云尸謖之後改饌於西北隅謂之陽厭者當祭末謖起也謂尸起之後也

孔子曰。宗子為殤而死。庶子弗為後也。族人以其倫代之明不序昭穆立之廟其祭之就其祖而巳代之者主其禮〔疏〕孔子至後也○正義曰孔子更為辯云若宗子為殤而死以其未成人庶子不得代為之後○注族人至其禮○正義曰以經云庶子既不為後宗子理不可闕明族人以其倫代之倫謂輩也謂與宗子昭穆同者則代之凡宗子為殤而死庶子既不得為後不以父服服之鄭注喪服云若與宗子期親者其長殤大功衰九月中殤大功衰七月下殤小功衰五月有大功之親者成人服之齊衰三月卒哭受以大功衰九月其長殤中殤大功衰五月下殤小功衰三月有小功之親者成人服之齊衰三月卒哭受以小功衰五月其殤與絕屬者同有緦麻之親者成人及殤皆與絕屬者同故喪服記云宗子孤為殤而死者大功衰小功衰皆三月據與宗子小功以下及無服者長中殤則大功下殤則小功又云親則月算如邦人則鄭注是也此是族人以其倫代之者各以本服服之○云明不序昭穆立之廟以宗子殤死無為人父之道故不序昭穆不得與代之者為父也云代之者主其禮者以宗子存時族人凡殤死者宗子主其祭祀今宗子殤死明代為宗子者主其禮也此宗子是大宗族人但是宗子兄弟行無限親疏皆得代之

其吉祭特牲。尊宗子從成人也凡殤則特豚自卒哭成事之後為吉祭

祭殤不舉。無肵俎。無玄酒。不告利成。此其無尸及所降也其他如成人舉肺脊肵俎利成禮之施於尸者○肵音其又忌依反敬也

是謂陰厭。是宗子而殤祭之於奥之禮小宗為殤其祭禮亦如之〔疏〕其吉祭特牲○正義曰其卒哭成事之後祭之以特牲○注尊宗至吉祭○正義曰士祭成人特牲今宗子祭亦特牲故云尊宗子從成人之禮也云凡殤則特豚者以凡殤降宗子之殤故用特豚云自卒哭成事之後為吉祭者檀弓云卒哭曰成事是日也以吉祭易喪祭熊氏云殤與無後者唯祔與除服二祭則止此言吉祭者唯據附與除服也庾云吉祭通四時常祭若如庾言殤與無後者之祭不知何時休止未有聞焉經云吉祭特牲則喪祭之時以其未成人降用特豚也○祭殤至利成○謂祭此殤時不舉肺以其無尸故不舉肺脊○無肵俎者肵是尸之所食歸餘之俎以其無尸故無肵俎○無玄酒者若祭成人則有玄酒重古之義今祭殤既畧故無玄酒也不告利成者謂祭畢今既無所可告故不告利成利猶養也不告供養之禮成也○注此其至尸者○正義曰以經云不舉肺無肵俎不告利成此三事本主於尸今以無尸故不為故云此其無尸也玄酒之設本不為尸所有祭殤畧無玄酒是降也故云及所降也云舉肺脊肵俎利成禮之施於尸者按特牲少牢尸將食舉肺脊又云上佐食設肵俎初載心舌肵者敬也主人敬尸之俎又云無算爵祝東面告利成舉肺脊肵俎利成之禮並施於尸也○是謂陰厭○此宗子殤死祭於祖廟之奥陰闇之處是謂陰厭也○注是宗至如之○正義曰鄭既云小宗為殤祭禮如大宗者以前經云宗子為殤而死不顯大小故知凡宗子殤祭之禮皆然是以小宗為殤祭禮亦如之必知此經皆大宗者以何休公羊注云小宗無子則絕大宗無子則不絕重適之本上文庶子不為後謂大宗子在殤而死不得為後若非殤則得為後故知是大宗也凡宗子成人而死則得立子孫為後若立兄弟為後則不可故成十五年公羊傳譏仲嬰齊是公孫歸父之弟當云公孫嬰齊而云仲嬰齊者為歸父之後譏其亂昭穆故云仲是也

凡殤與無後者。祭於宗子之家。當室之白。尊于東房。是謂陽厭。凡殤謂庶子之適也或昆弟之子或從父昆弟無後者如有昆弟及諸父此則今死者皆宗子大功之內親共祖禰者言祭於宗子之家者為有異居之道也無廟者為墠祭之親者共其牲物宗子皆主其禮當室之白尊於東房異於宗子之為殤當室之白謂西北隅得户明者也明者曰陽凡祖廟在小宗之家小宗祭之亦然宗子之適亦為凡殤過此以往則不祭也祭適者天子下祭五諸侯下祭三大夫下祭二士以下祭子而止○適丁麻反下同如有昆弟一本作加有共其音恭〔疏〕凡殤至陽厭○正義曰凡殤謂非宗子之殤故云凡殤無後者謂庶子之身無子孫為後此二者皆宗子大功之內親祭於宗子之祖廟之內不敢在成人之處故於當室之明白顯露之處為之設尊於東房以其明是陽故為陽厭也○注凡殤至而止○正義曰謂庶子之適子為殤而死此云庶子之適一句與下文為總即是昆弟之子從父昆弟是也云或昆弟之子者謂宗子親昆弟所生之子是適其昆弟是庶子昆弟所生者是適故云庶子之適云或從父昆弟者亦謂宗子之從父兄弟宗子之父身是適諸父是庶諸父所生之適子亦是庶子之適故云或從父昆弟云無後者如有昆弟及諸父者如而也而有昆弟謂宗子之親庶兄弟與宗子同祖今既無後祭之當於宗子祖廟及諸父謂宗子諸父身並是庶子與宗子同此曾祖祭之當於宗子曾祖之廟凡殤有二一昆弟之子祭之當於宗子父廟二是從父昆弟祭之當於宗子祖廟其無後者亦有二一是昆弟無後祭之當於宗子祖廟二是諸父無後祭之當於宗子曾祖之廟凡殤得祭者以其身是適故也無後者成人無後則祭皆在殤而死則不祭以其身是庶故也按小記云庶子不祭殤與無後者殤與無後者從祖祔食注云不祭殤者父之庶不祭無後者祖之庶但此經據死者之身小記注據生者之設祭之人宗子昆弟是庶不得自祭適子故云父之庶宗子之諸父自是庶不得祭所生適子適子即是宗子從父兄弟故云父之庶不祭無後祖之庶者宗子昆弟無後而死其餘兄弟應祭之以兄弟並是祖庶不合立廟故云祖之庶宗子諸父無後其餘諸父親者亦應合祭之以諸父並是庶子不合立祖廟故云祖之庶義與此不異也云此則今死至其祖禰者從從父兄弟是宗子大功親昆弟諸父是宗子期親諸父及從兄弟共祖者昆弟及昆弟之子共禰者鄭必限以大功內親共祖禰者以上文云吉祭特牲唯據士禮適士二廟有祖有禰下士祖禰共廟故鄭限以祖禰同者唯大功之內親也云言祭於宗子之家者為有異居之道也禮大功以上同居命士以上則父子異宮故云有異居之道云無廟者為墠祭之者士立二廟若祭諸父當宗子曾祖之廟宗子是士但有二廟無曾祖廟故云無廟者為墠祭之推此而言大夫立三廟無太祖者其祭諸父得於曾祖廟也其立太祖廟者其祭諸父當於曾祖廟曾祖無廟亦為墠祭之云親者共其牲物宗子皆主其禮大功雖有同財之義其經營祭事牲牢之屬親者主為之又牲牢視親者之品命故云親者共其牲物就宗子之家祭其祖禰故云宗子皆主其禮云當室之白尊於東房以宗子之殤祭於室奥今祭凡殤乃於西北隅又特牲云尊於户東注云室户東按上文宗子之殤但不舉肺無肵俎無玄酒不告利成其餘皆與祭成人同則其尊亦設於室户東今祭凡殤乃尊於東房故云當室之白尊於東房異於宗子之殤也云宗子之適亦為凡殤者以上經云宗子為殤而死據宗子身殤不論宗子適子也此明宗子適子父雖是適其子殤死亦為凡殤以其更無別文故知與凡殤同云過此以往則不祭也者此謂宗子身殤及宗子昆弟之子及從父昆弟并宗子適子等唯此等殤死祭之過此以往皆不祭也云祭適者天子下祭五以下並祭法文彼注云祭適殤於廟之奥謂之陰厭是於天子諸侯適殤於其廟奥彼注又云王子公子祭其適殤於其黨之廟大夫致不庶子祭其適殤於宗子之家皆當室之白謂之陽厭是王子以下及大夫等祭其適殤皆為凡殤也彼注又云凡庶殤不祭以其身是庶若其成人無後則祭之則上文無後昆弟及諸父是也

○曾子問曰。葬引至于堩。日有食之。則有變乎。且不乎。堩道也變謂異禮○堩古鄧反且如字徐子餘反○

孔子曰。昔者吾從老聃。助葬於巷黨。及堩。日有食之。老聃曰。丘。止柩就道右。止哭以聽變。既明反而后行。曰禮也。巷黨黨名也就道右者行相左也變日食也反復也○從才用反又如字既明反絕句

反葬而丘問之曰。夫柩不可以反者也。日有食之。不知其巳之遲數。則豈如行哉。巳止也數讀為速

老聃曰。諸侯朝天子。見日而行。逮日而舍奠。大夫使。見日而行。逮日而舍。舍奠每將舍奠行主○朝直遥反使色吏反下君使所使同

夫柩不蚤出。不莫宿。侵晨夜則近姦寇○蚤音早莫音暮近附近之近

見星而行者。唯罪人與奔父母之喪者乎。日有食之。安知其不見星也。為無日而慝作豫止也○慝他得反惡也

且君子行禮。不以人之親痁患。痁病也以

人之父母行禮而恐懼其有患害不爲也○痁始占反病也恐丘勇反○吾聞諸老聃云。

〔疏〕曾子至聃云○正義曰此一節論葬在道逢日食之事各依文解之○曾子至不乎曾子以葬引至塗值日有食之則有變常禮而停住乎且不變常禮而遂行乎不審其事而問孔子也○孔子至禮也○孔子荅以已從老聃助葬於巷黨遭日食之事老聃令止柩就道右止哭以聽日食變動既待日食光明反迴而後引柩行老聃稱曰禮也○注巷黨至復也○正義曰就道右者行相左也者就道右者以道東爲右也按儀禮云吉事交相左凶事交相右此既柩行而交相左者以其遭日食之變止哭停柩而不行凶禮故從吉禮行相左或可行相左者云此據北出停柩在道東北嚮對南嚮行人爲交相左○反葬至行哉○丘反問老聃云夫柩務於速葬不可以迴反今日有食之令止柩就道右不行不知其日食休已之遲速既不知其遲速設若遲晚遂至於夜莫則豈如行哉言豈如早行爲勝哉言當疾行以至於墓赴其吉辰也○夫柩至痁患○唯罪人及奔父母之喪見星而行今若令柩見星而行便是輕薄人親與罪人同非但輕薄人親且君子行禮之時當尊人後已不可以人之親痁患痁病也病於危也言不可使人之親病於危亡之患也故注云以人之父母行禮而恐懼其有患害不爲也意者言若日食而務速葬以赴吉辰即慮有患害而遂停柩待明反而行禮也

曾子問曰。爲君使而卒於舍。禮曰。公館復。私館不復。凡所使之國。有司所授舍。則公館已。何謂私館不復也。復始死招魂○爲君于僞反又如字孔子曰。善乎問之也。善其問難明也自卿大夫之家曰私館。公館與公所爲曰公館。公館復。此之謂也。公館若今縣官官也公所爲君所命使舍已者

〔疏〕曾子至謂也○正義曰此一節論人臣死招魂復魄之事○自卿大夫士之家曰私館○孔子又爲曾子釋私館公館之義私館者謂非君命所使私相停舍謂之私館公館謂公家所造之館與公所爲者與及也謂公之所使爲命停舍之處亦謂之公館君所命停客之處即是卿大夫之館也但有公命故謂之公館也注公館若今縣官官也鮑遺問曰注此云公所爲君所命使舍已者注雜記云公所爲若今離宮別館也是二說異何張逸荅曰公館若今停待者也離宮是也聘禮曰卿館於大夫大夫館於士公命人使館客亦公所爲也

○曾子問曰。下殤土周葬于園。遂輿機而往。塗邇故也。土周堲周也周人以夏后氏之堲周葬下殤於園中以其去成人遠不就墓也機輿尸之牀也以繩絙其中央又以繩從兩旁鉤之禮以機舉尸輿之以就園而斂葬焉塗近故耳輿機或爲餘機○邇音爾近也即本又作堲子栗反下同絙本又作緪古鄧反一音古恒反鉤本又作拘古侯反斂力驗反下同○今墓遠。則其葬也。如之何。今人斂下殤於宮中而葬於墓與成人同墓塗乃遠其葬當輿其棺乎載之也問禮之變也孔子曰。吾聞諸老聃曰。昔者史佚有子而死。下殤也。墓遠。蓋欲葬墓如長殤從成人也長殤有送葬車者則棺載之矣史佚成王時賢史也賢猶有所不知○佚音逸長丁丈反下同則棺古患反下文棺斂衣棺注棺謂皆同○召公謂之曰。何以不棺斂於宮中。欲其斂於宮中如成人也斂於宮中則葬當載之○召本又作邵同上照反下同史佚曰。吾敢乎哉。畏知禮也召公言於周公。爲史佚問○爲于僞反下爲辟下文有爲並同周公曰。豈不可。言是豈於禮不可不許也○周公曰豈絕句言是豈絕句於禮不可絕句史佚行之。失指以爲許也遂用召公之言下殤用棺衣棺。自史佚始也。棺謂斂於棺○

〔疏〕曾子至始也○正義曰此一節論葬下殤之事曾子問曰下殤土周○曾子既見時所行與古禮異故舉事而問也下殤謂八歲至十一也土周檀弓所云夏后氏之堲周是也周人用特葬下殤之喪故云下殤土周也○葬于園者園圃也下殤去成人遠不可葬於成人之墓故用土周而葬於園中也○遂輿機而往者輿猶抗也機者以木爲之如牀無脚及軌簀也先用一繩直於中央係著兩頭之橋又別取一繩係一邊材橫鉤中央直繩報還鉤材往還取帀兩邊悉然而後以尸置於繩上抗舉以往園中臨斂時當堲周之上先縮除直繩則兩邊交鉤之繩悉各離解而尸從機中央零落入於堲周中故曰輿機而往也○塗邇故也者塗路也邇近也若成人墓遠則以棺衣棺於宮中此下殤葬於園是路去家甚近故先用機舉尸往園中而後棺斂故曰塗邇故也○注土周至餘機○正義曰按檀弓云夏后氏之堲周葬中殤下殤故知土周是堲周也云周人以夏后氏之堲周葬下殤於園中者檀弓云中殤下殤此直云葬下殤土周葬於園者以經云下殤故指下殤爲言檀弓所云據士及庶人也若諸侯長中殤適者車三乘下殤車一乘既有遺車即不得堲周輿機而葬也諸侯庶長殤中殤車一乘則宗子亦不用堲周輿機而葬其下殤則輿機其大夫之適長殤中殤遺車一乘亦不輿機下殤無遺則輿機也然則王之適庶長中下殤皆有遺車並不輿機士及庶人適庶皆無遺車則中下殤並皆輿機故熊氏云若無遺車中從下殤其長殤既無遺車年又長大不可與下殤同蓋棺斂於宮中載棺而往之墓從成人也○今墓遠則其葬也如之何○今謂曾子見時世禮變皆棺斂下殤於宮中而葬之於墓與成人同隆今既遠不復用輿機於尸爲當用人抗舉棺而往墓爲當用車載棺而往墓邪問其葬儀故云如之何○昔者史佚有子而死下殤也墓遠○此舉失禮所由之人史佚周初良史武王周公成王時臣也有子下殤而死○墓遠者史佚欲不葬於園而轝尸往墓及棺而葬之其墓稍遠猶豫未定注史佚武王時賢史也○正義曰史佚文王武王時臣故國語稱訪於辛尹尚書稱逸祝冊是也但下殤之喪非成人之要故史佚猶有不知○召公謂至宮中○召公名奭見史佚欲依下殤禮而不棺斂於宮中而欲車載往墓猶豫未定故勸之令棺斂於宮中如成人也○史佚曰吾敢乎哉者言吾雖欲如此猶不敢恐違禮者所譏○注畏知禮也者是畏周公也不欲直指○召公言於周公者言猶問也史佚既畏周公故召公爲諮問於周公述其事狀以決之者周公曰豈不可者周公聞召公之問故荅云豈豈者怪拒之辭先怪拒之又云不可不可是不許之辭○史佚行之者召公述周公曰豈不可之辭以語史佚史佚不達其指猶言周公豈不可是許之辭故行棺衣宮中之禮也○下殤用棺衣棺自史佚始也○更據失禮所由也然此云棺衣棺於宮中自史佚爲始明昔非惟宮中不棺亦不云衣也而不言於宮中者畧從可知也

○曾子問曰。卿大夫將爲尸於公。受宿矣。而有齊衰內喪。則如之何。孔子曰。出舍於公館以待事。禮也。吉凶不可以同處孔子曰。尸弁冕而出。爲君尸或弁者先祖或有爲大夫士者卿大夫士皆下之。見而下車尸必式。小俛禮之必有前驅。爲辟道○辟婢亦反

〔疏〕曾子至前驅○正義曰此一節論卿大夫與君爲尸之事○曾子至之何○曾子言卿大夫或爲尸而已受宿齊戒而門內有齊衰之喪其禮如何故云則如之何○孔子曰出舍於公館以待事禮也者此荅曾子云且舍公館待事畢然後歸哭也所以出於公館者以祭是吉吉凶不可同處也○孔子曰尸冕而出此孔子因曾子上問爲尸之事遂爲曾子廣說事尸之法故此直言孔子曰無曾子問辭此篇之內時有如此皇氏以爲無曾子問者後寫脫漏非也○注爲君至士者○正義曰按士虞禮云尸服卒者之上服以君之先祖有爲士者當著爵弁以助君祭故子孫祭之尸得服爵弁者若以助君祭服言之大夫著冕此云大夫者因士連言大夫耳按儀禮特牲尸服玄端少牢又此云尸服朝服皆言在家自祭之服不服爵弁及冕者大夫士卑屈於人君故尸服父祖自祭之上服人君禮伸故尸服助祭之上服也○故卿大夫士皆下之謂尸或出於道路其卿大夫乘車見尸則下車也尸必式者而尸當馮式小俛以敬之必有前驅者謂尸出行則有前驅辟道之人也

○子夏問曰。三年之喪。卒哭。金革之事無辟也者。禮與。初有司與。疑有司初使之然○辟音避下同與音餘下皆同孔子曰。夏后氏三年之喪。既殯而致事。殷人既葬而致事。致事還其職位於君周卒哭而致事記曰。君子不奪人之親。亦不可奪親也。此之謂乎。二者恕也孝也子夏曰。金革之事無辟也者。非與。疑禮當有然孔子曰。吾聞諸老聃曰。昔者魯公伯禽有爲爲之也。伯禽周公子封於魯有徐戎作難喪卒哭而征之急王事也征之作費誓○難乃旦反費音秘今以三年之喪從其利者。吾弗知也。時多攻取之兵言非禮也

〔疏〕子夏至知也○正義曰此一節論君不奪孝子情之事各依文解之○子夏問曰三年之喪至初有司與者子夏以人遭父母三年之喪卒哭之後國有金革戰伐之事君使則行無敢辭辟爲是禮當然與爲當初時有司強逼遣之與○注致事至致事○正義曰皇氏云夏后氏尚質孝子喪親恍惚君事不敢久留故既殯致事還君殷人漸文思親彌深故既葬畢始致事還君周人極文悲哀至甚故卒哭而致事知周卒哭致事者以喪之大事有三殯也葬也卒哭也夏既殯殷既葬後代漸遠以此推之故知周卒哭也○記曰至謂乎○解人臣喪親在上君子許之致事君子謂人君也人臣有親之喪在上君子許其致事是不奪人喪親之心此謂恕也以已情恕彼也據君許於下也亦不可奪親者謂人臣遭親之喪若不致事是自奪思親之心也故遭喪須致事是不奪情以求利祿此謂孝也

此據孝子之身也言孝子居喪不可以不致事人君不可以不許舊記先有此文故孔子引之故云此之謂乎○注二者恕也孝也者恕也解不奪人之親已既思親以已方人何可奪人之親是君忠恕也孝也解亦不可奪親是孝子思親今不致事不能念親今既致事是不奪思親之情是其孝也○子夏曰金革之事無辟也者非與孔子既前答周人卒哭而致事則無從金革之理子夏既見周代行金革無辟之事謂其禮當然故問孔子云金革之事無辟也者豈非禮也與疑其於禮當然又意謂見魯君居喪有金革之事豈是禮也與疑其非禮也故問之○孔子曰吾聞諸老聃曰昔者魯公伯禽有爲爲之也者孔子對云金革之事無辟也者當亦有之吾聞諸老聃曰昔者魯君伯禽卒哭而從金革時有徐戎作亂東郊不開故征之有爲爲之也○注伯禽至費誓○正義曰言伯禽周公之子封於魯按史記魯世家文云徐戎作難尚書序又云卒哭而征之急王事也以此上經云卒哭金革之事無辟此云魯公伯禽有爲爲之故知征之然周公致政之後成王即位之時周公猶在則此云伯禽卒哭者爲母喪也今以三年之喪至弗知也○今以三年之喪卒哭而從金革之事更無所爲蓋直貪從於利攻取於人者吾不知也言不知是不得此禮也

禮記注疏卷十九挍勘記　阮元撰盧宣旬摘錄

附釋音禮記注疏卷第十九　惠棟挍宋本禮記正義卷第二十七

曾子問

天子崩未殯節

自啓至于反哭　閩監本同岳本同嘉靖本同石經同毛本于誤於衞氏集說同疏倣此

畢獻祝而後止　閩監本同岳本同嘉靖本同衞氏集說同毛本畢獻祝作祝畢獻

俎豆既陳　閩監本同石經同岳本同嘉靖本同衞氏集說同考文引宋板古本足利本同毛本既誤及

自葬比至于殯　閩監本同石經同岳本同嘉靖本同衞氏集說同毛本于誤於下至于反哭同後凡于字倣此

天子至天子　監本作至天子惠棟挍宋本作至而已

祝延尸于奧　惠棟挍宋本作祝衞氏集說同此本祝誤祀閩監毛本同

以初崩哀感　惠棟挍宋本作感衞氏集說同此本感誤感閩監毛本同通典五十二引作以初崩哀戚

三飯不侑酳　惠棟挍宋本有侑字此本侑字無閩監毛本同

唯祭天地社稷爲越紼而行事　考文引宋板有祭字此本祭字脫與王制不合閩監毛本同

何趨商之意葬時郊社之祭不行　閩監毛本同惠棟挍宋本何趨商之意五字作既云二字

曾子問曰大夫之祭節

主人酌酒酳尸　閩本作酳惠棟挍宋本同衞氏集說同此本酳字闕監本毛本酳誤獻

其祭尸十一飯訖　監毛本如此此本十上誤衍一○閩本同

曾子問曰大夫士有私喪節

曾子至禮也　惠棟挍宋本無此五字

主人謂適子仕官者　閩監毛本同衞氏集說官作宦下支子仕官同

曾子問曰父母之喪節　惠棟云曾子問曰父母節孔子曰先王節宋本合爲一節

曾子問曰　惠棟挍宋本有問字石經同岳本同嘉靖本同衞氏集說同考文引古本足利本同此本問字脫閩監毛本同石經考文提要云宋大字本宋本九經南宋巾箱本余仁仲本至善堂九經本皆有問字

曾子至可乎　惠棟挍宋本無此五字

曰君既啟節

曰君至送君　惠棟挍宋本無此五字

曰君未殯節　惠棟云曰君未殯節宋本分大夫室老以下別爲一節

內子大夫適妻也　惠棟挍宋本有適字岳本同嘉靖本同毛本同衞氏集說同此本適字脫閩監本同釋文出適妻

曰君至夕否　惠棟挍宋本無此五字

若其臨君之殯日　閩監本同惠棟挍宋本作殯之毛本同

注云大夫至其事　閩監本同毛本夫誤士惠棟挍宋本無注云二字作大夫至朝夕否

君既殯而婦有舅姑之喪　惠棟挍宋本作婦衞氏集說同此本婦誤歸閩監毛本同

賤不誄貴節

讀之以作諡　惠棟挍宋本作讀岳本同嘉靖本同考文引足利本同此本讀誤誄閩監毛本同衞氏集說同

禮當言誄於天子也　閩監毛本同岳本同嘉靖本同衞氏集說同浦鏜挍云言當請字誤按正義作請

所以然者凡諡如此是其禮也所以然者凡諡表其實行　閩本同監毛本無如此是其禮也所以然者凡諡十二字案此十二字蓋涉上文誤衍監毛本刪之是也或以細行則受細名大行則受大名十二字易之非按惠棟挍宋本無此十二字

則諸侯理當言誄於天子　閩本同惠棟挍宋本同監毛本言作請案上云大夫當請誄於君則此亦宜作請也

曾子問曰君出疆節

明諸侯之喪亦然　監毛本如此衞氏集說同此本明下誤衍諡明二字閩本同

共之以待其來也　閩監毛本同嘉靖本同衞氏集說同岳本待誤侍

曾子至節也　惠棟挍宋本無此五字

此論諸侯出外死以喪歸之事　考文引宋板作在衞氏集說同此本在作出閩監毛本同

諸公樺內猶有兒　惠棟挍宋本如此衞氏集說同此本公上衍侯字閩監毛本同

散帶垂按士喪禮　閩監本同毛本垂下有者字

唯首著免　閩監本同衞氏集說同毛本免作冕

曾子問曰君之喪節

既引及塗　閩監毛本同石經同岳本同嘉靖本同衞氏集說同釋文出及涂字按古道塗字多作涂

布深衣扱上衽　宋監本亦作扱閩本同岳本同嘉靖本同考文引宋板古本足利本同監本扱誤扱衞氏集說同毛本扱誤扱上誤止釋文出扱上衽

曾子至而往　惠棟挍宋本無此五字

或父母葬聞君喪之事　閩監毛本作聞衞氏集說同此本聞誤問下今忽聞君同

今君喪既引在塗　惠棟挍宋本閩監毛本今誤矣

若待封墳既畢　考文引宋本作若閩監毛本若誤君衞氏集說作若葬封墳既畢

必在子還之後　閩監本同衞氏集說同毛本在作待

無免於堩　惠棟挍宋本同閩監毛本堩誤恒衞氏集說同

曾子問曰宗子爲士節

曾子至常事　惠棟挍宋本無此五字

介是副二之義　閩本同監毛本二作貳衞氏集說同

若宗子有罪節　惠棟挍云若宗子節宋本分攝主以下爲一節布奠於賓之下爲一節不歸肉之下爲一節

迎尸之前　惠棟挍宋本作尸岳本同嘉靖本同衞氏集說同此本尸誤王閩監毛本誤主通典五十一引亦作迎尸

謂與祭者留之共燕　閩監毛本同岳本同嘉靖本同衞氏集說同考文云宋板古本足利本謂

作諸釋文出諸與通典五十一引亦作諸與祭者按正義作諸

其辭于賓曰閩監毛本同石經同岳本同嘉靖本同衞氏集說同通典亦作辭釋文出其詞云下及注同

若宗至其辭惠棟挍宋本無此五字

而視命尸挼閩本同惠棟挍宋本亦作挼監毛本作綏浦鏜云挼下脫祭字

長兄弟酬衆賓衆賓酬衆兄弟閩監毛本同惠棟挍宋本衆賓二字不重

不敢備禮閩監毛本同考文引宋板敢作故非也

陽是神之厭飫閩監毛本同衞氏集說陽作厭

不旅者閩監毛本同惠棟挍宋本無者字

謂所將祭旅酬之時閩監毛本同許宗彥所改於祭改行

不嘏不綏祭者閩監毛本惠棟挍宋本無者字

先爲綏祭閩監毛本同惠棟挍宋本爲作受案下文有此句仍作爲

以某妃配某氏閩監本同惠棟挍宋本同毛本妃誤姓

此則不旅酬之事閩監毛本同衞氏集說則作卽

曾子問曰宗子去在他國節惠棟挍宋本無此五字

曾子至祭也惠棟挍宋本無此五字

論曾子以孔子上文云閩監毛本同浦鏜挍云論字當衍文

復稱名不得稱介閩監毛本同許宗彥復改徒

注首本也誣猶妄也閩監毛本同浦鏜挍云入字當衍文

曾子問曰祭必有尸乎節惠棟挍云祭必有尸節宋本分殤不祔祭以下另爲一節

殤不祔祭閩監毛本同岳本同嘉靖本同衞氏集說同釋文出不附祭云本亦作祔石經初刻是附後改作祔正義作祔

尸謖之後閩監毛本同岳本同嘉靖本同衞氏集說同考文引宋板謖作餕云古本作起通典五十二亦作謖

曾子至陽厭惠棟挍宋本無此五字

其理亦可惠棟挍宋本如此此本可誤耳閩本同監本耳作爾毛本作其禮亦爾

其吉祭特牲節

祭殤不舉閩本同石經同岳本同嘉靖本同衞氏集說同考文引宋板古本足利本同監毛本舉下衍肺字石經考文提要云宋大字本宋本九經南宋巾箱本余仁仲本劉叔剛本至善堂九經本皆無肺字按正義云以經云不舉肺無所俎是孔氏所據本有肺字也監本蓋據此補

其吉祭特牲○正義曰惠棟挍宋本無此八字

凡殤與無後者節

爲有異居之道也閩監毛本同岳本同嘉靖本同惠棟挍宋本無也字衞氏集說同通典五十二也字有

凡殤至陽厭○正義曰惠棟挍宋本無此八字

曾子問曰葬引至于堩節

不知其已之遲數閩監毛本同石經同岳本同衞氏集說同嘉靖本知誤如

吾聞諸老聃云閩監本同石經同岳本同嘉靖本同衞氏集說同毛本諸誤之

曾子至聃云惠棟挍宋本無此五字

曾子問曰爲君使節

自卿大夫之家曰私館岳本同嘉靖本同惠棟挍宋本宋監本及閩監毛本夫下有士字石經同衞氏集說同案疏士字當有

公館若今縣官宮也閩本同惠棟挍宋本同疏同岳本同嘉靖本同考文引古本同監毛本宮作舍衞氏集說同

曾子至謂也惠棟挍宋本無此五字

君所命停客之處閩監毛本同衞氏集說客作舍

曾子問曰下殤土周節

土周塈周也閩監毛本同岳本同嘉靖本同衞氏集說同釋文出卽周云又作塈下同

周人以夏后氏之塈周葬下殤閩監本同岳本同嘉靖本同考文引宋板同衞氏集說同毛本下誤夏惠棟挍宋本塈作卽下同

曾子至始也惠棟挍宋本無此五字

周人用特葬下殤之喪惠棟挍宋本同閩監毛本葬誤喪

故用土周而惠棟挍宋本作故此本故誤所閩監毛本同此本第二十頁止此共二十一頁全脫閩監毛本同因共空白二十三行今據惠棟挍宋本補

葬於園中也補此本此葉缺明監毛本同據挍勘記補案記云惠棟挍宋本如此考文所録同而有一二處異夏后氏之塈周葬中殤下殤無下殤二字檀弓所言據士及庶人也言作云下殤無遣車無車字與成人同隆隆作路爲當用人抗舉棺舉作輿迭其事狀以決之之下有者字是許之辭之字不重又注史佚上注畏知禮上皆有空闕浦鏜挍從儀禮經傳通解續補入亦有少不同往還取巿巿上有一字爲當用人抗舉棺舉作輿夏后氏之塈周葬中殤下殤下殤二字有檀弓所言亦作云下殤無遣車亦無車字與成人同隆隆亦作路屬下讀

曾子問曰卿大夫節

曾子至前驅惠棟挍宋本無此五字

且舍公館待事畢閩監毛本同惠棟挍宋本待上有以字

孔子曰尸冕而出閩監毛本同浦鏜挍冕上增弁字

遂爲曾子廣說事尸之法閩監毛本同考文引宋板爲作與

子夏問曰三年之喪節

殷人既葬而致事閩監毛本同石經同岳本同嘉靖本同衞氏集說同宋監本下有周人卒哭而致事七字考文引古本足利本同段玉裁云公羊宣元年注有周人卒哭而致事一句疏統謂曾子問文岳氏云與國本禮記有周人卒哭而致事一句大書爲經文按此同公羊注疏而與本疏不合

周卒哭而致事惠棟挍宋本作周岳本同考文引足利本同此本周誤則閩監毛本同嘉靖本同衞氏集說同浦鏜挍云按皐氏疏則周人卒哭致事是鄭君從夏殷推而知之當是注文而孔氏云孔子旣葬周人卒哭而致事則又似屬經文而誤入注耳

子夏至知也閩監本同毛本知誤之惠棟挍宋本無此五字

征之作費誓閩監毛本同岳本同嘉靖本同宋監本同衞氏集說同釋文費作棐

謂人臣遭親之喪閩監毛本同惠棟挍宋本無人字衞氏集說同

是不奪情以求利祿惠棟挍宋本作從衞氏集說同此本從作求閩監毛本同

是君忠恕也孝也監本毛本如此○按忠字乃衍文

疑其於禮當然閩監本同考文引宋板同毛本疑作以

然周公致政之後惠棟挍宋本作政此本政誤仕閩監毛本同

是不得此禮也惠棟挍宋本此下標禮記正義卷第二十七終記云凡三十頁

附釋音禮記注疏卷第二十

文王世子第八

○陸曰文王周文王昌也鄭云以其善爲世子之禮故著謚號標篇言可法也〔疏〕正義曰案鄭目錄云名曰文王世子者以其記文王爲世子時之法此於別錄屬世子法此篇之內凡有五節從文王之爲世子下終文王之爲世子也爲第一節論文王武王爲世子之禮下之事上之法從凡學世子至周公踐阼爲第二節論在上教下說庠序釋奠先聖先師養老東序并明三王教世子又更論周公踐阼抗世子法於伯禽之事自庶子之正於公族至不翦其類爲第三節明庶子正理族人燕飲及刑罰之事殊於異姓又更覆說殊於異姓之義自天子視學至典于學爲第四節論天子視學養三老五更并明公侯伯子男反歸養老於國自世子之記以終篇末爲第五節以其文王爲世子聖人之法非凡人所行故更明尋常世子法各隨文解之

鄭氏注　孔穎達疏

文王之爲世子，朝於王季日三。三皆日朝以其禮同○朝直遥反三如字又息暫反雞初鳴而衣服，至於寢門外，問內豎之御者曰：今日安否何如？內豎小臣之屬掌外內之通命者御如今小史直日矣○衣徐於既反又如字豎上主反內豎曰：安。文王乃喜。孝子恒兢兢○及日中又至，亦如之。又復也○復扶又反及莫又至，亦如之。莫夕也○莫音暮注及篇末皆同○其有不安節，則內豎以告文王。文王色憂，行不能正履。節謂居處故事履蹈地也○蹈徒報反○王季復膳，然後亦復初。飲食安也憂解○解胡買反○〔疏〕文王至復初○正義曰案緯候之說文王年九十六始稱王崩後謚之曰文則爲世子之時未得爲文王也記者於後追而書之下記世子朝父母每日唯二又內則云命士以上昧爽而朝日入而夕者朝禮具夕禮簡故言夕今三皆曰朝者以其禮同故通言朝凡常世子朝父母每日唯二今文王朝於王季日三者增一時又三者皆稱朝並是聖人之法也○

食上，必在視寒煖之節。在察也○上時掌反煖乃管反徐況煩反食下，問所膳。問所食者命膳宰曰：末有原。應曰：諾。然後退。末猶勿也原再也勿有所再進爲其失飪臭味惡也退反其寢○末七曷反應應對之應爲于僞反飪而審反生孰之節武王帥而行之，不敢有加焉。庶幾程式之帥循也文王有疾，武王不說冠帶而養。言常在側○稅本亦作脫又作說同音他活反養羊尚反文王一飯，亦一飯；文王再飯，亦再飯。欲知氣力箴藥所勝○壹本亦作一飯扶晚反下及篇末皆同箴本亦作鍼之林反勝音升旬有二日乃間。間猶瘳也○瘳丑由反差也〔疏〕食上必在視寒煖之節食下問所膳至乃間○正義曰食上謂獻饌食下謂食畢徹饌而下文王問進食之人其父所膳何食膳宰荅畢文王又命戒膳宰云末有原末無也原再也言在後進食之時皆須新好無得使前進之物而有再進膳宰應曰諾然後文王乃退反其寢也○注末猶至其寢○正義曰末微末故爲勿也原再也釋言文云爲其失飪臭味惡也者食若再進必熟爛過節故爲失飪臭謂氣也言氣之與味皆惡也故云臭味惡云退反其寢者以來至王季寢門外今云退故知退反其寢謂文王私寢也○注庶幾程式之帥循也○正義曰案爾雅釋言云庶幾尚也是庶幾爲慕尚之義程式之者程是程限也式是法式言武王慕尚文王以爲程限法式帥循也釋詁文云不敢有加焉者以武王伐紂功業既成恐有踰越文王之嫌故記者云不敢有加焉○注間猶瘳也○正義曰若病重之時病恒在身無少間空隙病今既損不恒在身其間有空隙病故云間猶瘳也瘳是疾滅損也

文王謂武王曰：女何夢矣？問後容臥○女音汝後同武王對曰：夢帝與我九齡。帝天也○聆音零本或作齡○文王曰：女以爲何也？武王曰：西方有九國焉，君王其終撫諸。撫猶有也言君王則此受命之後也文王曰：非也。古者謂年齡，齒亦齡也。我百，爾九十，吾與爾三焉。年天氣也齒人壽之數也九齡九十年之祥也文王以勤憂損壽武王以安樂延年言與爾三者明傳業於女女受而成之○壽音受後同樂音洛予爾羊汝反傳直專反○文王九十七乃終，武王九十三而終。君子曰終終其成功〔疏〕文王至而終○正義曰文王疾瘳武王得安睡之文王問爾其何夢武王對曰夢見天帝與我九齡之言而與我也文王語武王云天既與女九齡之言女以九齡爲何事也武王曰齡善也是福善之事西方有九國未賓既夢得九種齡善君王其終撫諸撫有也諸之也言王終久有之文王曰女之所言非也古者謂年齡謂稱年爲齡古者稱齒亦爲齡天既與女九齡女得九十年之祥是我爲百歲爾爲九十吾與爾三焉言我於百年中與爾以三年焉皇氏云以九齡謂鈴鐸謂天以九箇鈴鐸而與武王偏騐書本齡皆從齒解爲鈴鐸於理有疑亦得爲一義今謂天直以九齡之言而與武王不知齡是何事故文王不審云女以爲何○注撫猶至後也○正義曰撫爲存撫故爲有也言君王則此受命之後者文王繼王季爲西伯是殷之諸侯不合稱王今武王謂之君王故知受命之後也案書傳云文王受命一年質虞芮之訟二年伐鬼方三年伐密須四年伐犬夷五年伐耆六年伐崇七年而崩書序云殷始咎周鄭注云紂聞文王三伐皆勝而始畏惡之囚於羑里三伐者謂二年伐鬼方三年伐密須四年伐犬夷則被囚在四年之末五年之初於時必未稱王若其稱王反叛已露紂何肯囚復釋之是知於時必未稱王也書傳云五年伐耆殷傳云五年之初得散宜生等獻寶而釋文王文王出則尅黎六年伐崇則稱王故詩皇矣論伐崇是類是禡行天子禮此云稱王在受命之後者謂受命六年之後也受命者謂受赤雀丹書之命故中候我應云赤雀入酆止於昌戶受命之時已三分有二今云西方有九國於時未賓則非有二分諸侯也或以爲庸蜀羌髳微盧彭漢之徒未知定是何國也○注年天氣也至成之○正義曰爾雅釋天云周曰年年稔也稔孰謂歲穀一孰是年爲天氣也大戴禮云男八月生齒八歲而亂齒是人壽之數也又年穀一孰而零落人之年老齒亦零落是年之與齒俱有零落之義云文王以勤憂損壽者以文王當紂暴虐之時故知勤憂損壽也無逸篇云文王自朝至于日中昃不遑暇食是勤憂也云武王以安樂延年者以武王承文王之業故安樂延年詩魚麗美萬物盛多始於憂勤終於逸樂也年壽之數賦命自然不可延之寸陰不可減之晷刻文王九十七武王九十三天定之數今文王云吾與女三者示其傳基業於武王欲使武王承其所傳之業此乃教戒之義訓非自然之理○

成王幼，不能涖阼。涖視也不能視阼階行人君之事○涖音吏又音類下同涖視本或作莅臨也周公相，踐阼而治。踐履也代成王履阼階攝王位治天下也○相息亮反治徐直吏反下注治定同一音如字抗世子法於伯禽，欲令成王之知父子君臣長幼之道也。抗猶舉也謂舉以世子之法使與成王居而學之○抗苦浪反長丁丈反後皆同○成王有過則撻伯禽，所以示成王世子之道也。以成王之過擊伯禽則足以感喻焉○撻他達反擊也○文王之爲世子也。顯上事○〔疏〕成王幼不能至子也○正義曰武王既終成王幼弱不能涖阼階行人君之事周公乃輔相成王令成王且在學學世子之道周公代成王踐履阼階攝王位而臨天下乃與舉世子之法於伯禽伯禽舉行世子之法以示成王欲令成王觀而法之使知父子君臣長幼之道○成王有過則撻伯禽者若成王法敎伯禽不能備具而有過失周公則笞撻伯禽責其不能以世子之禮教成王也必如此者所以示成王世子之道○文王之爲世子也者從篇首以至於此是文王之爲世子及武王成王之法其武王成王爲世子之禮皆上法文王故以文王之爲世子揔結之也○注涖視至之事○正義曰案鄭注金縢云文王崩後明年生成王則武王崩時成王年十歲服喪三年畢成王年十二明年將踐阼周公欲代之攝政羣叔流言周公辟之居東都時成王年十三周公居東二年成王收捕周公之屬黨時成王年十四也明年秋大熟遭雷風之變時周公居東三年成王年十五迎周公反而居攝之元年也居攝四年封康叔作康誥是成王年十八也故書傳云天子大子十八稱孟侯居攝七年成王年二十一也明年成王即政年二十二也此是鄭義推成王幼不能踐阼之事也○注踐履至下也○正義曰經云周公相踐阼而治知非周公輔相成王今云踐阼而治必知周公代成王履阼階者以明堂位云天子負斧依南鄉而立又云周公踐天子之位是代居位也

凡學世子及學士必時。四時各有宜學士謂司徒論俊選所升於學者○學戶孝反教也下小樂正學干籥師學戈學舞干戚同選息戀反後同春夏學干戈，秋冬學羽籥，皆於東序。干盾也戈句孑戟也干戈萬舞象武也用動作之時學之羽籥籥舞象文也用安靜之時學之詩云左手執籥右手秉翟○夏戶嫁反下放此籥羊灼反楯食準反又音尹句古侯反翟大歷反○小樂正學干，大胥贊之。籥師學戈，籥師丞贊之。四人皆樂官之屬也通職秋冬亦學以羽籥小樂正樂師也周禮樂師掌國學之政教國子小舞大胥掌學士之版以待致諸子春入學舍菜合舞秋頒學合聲籥師掌教國子舞羽吹籥○大如字又音大胥息余反又息

呂反注皆放此版音板本又作板舍采音釋後舍采同頒音班**胥鼓南。**南南夷之樂也胥掌以六樂之會正舞位旄人教夷樂則以鼓節之詩云以雅以南以籥不僭○旄音毛僭七尋反又子念反**春誦。夏弦。大師詔之。瞽宗秋學禮。執禮者詔之。冬讀書。典書者詔之。禮在瞽宗。書在上庠。**誦謂歌樂也弦謂以絲播詩陽用事則學之以聲陰用事則學之以事因時順氣於功易成也周立三代之學學書於有虞氏之學典謨之教所興也學舞於夏后氏之學文武中也學禮樂於殷之學功成治定與已同也○大音太下文注大樂正大學大傅大祖大寢皆同瞽音古瞽宗殷學名庠音詳上庠虞學名播波我反易以豉反

【疏】凡學至上庠○正義曰此一節是第二節中教世子及學士時節兼明所教之官及所教之處凡學世子及學士必時者學謂教也言三王教世子及學士等必各逐四時所宜則下文之類是也○注四時至學者○正義曰四時各有所宜學者即下云春夏學干戈及春誦夏弦之類是也云學士謂司徒論俊選所升於學者則王制云王子卿大夫元士之適子及國之俊選等升於學謂大學也故下云於東序是大學也○注干盾至秉翟○正義曰干盾也春時萬物有孚甲故象干也盾捍也盾所以捍難故以干爲盾也云戈句孑戟也者夏氣茂盛萬物體壯枝葉似戟有句孑也案考工記戈廣二寸內倍之胡三之援四之以其形句曲有孑刃鄭云若今雞鳴戟也云干戈萬舞象武也者宣八年公羊傳萬者何干舞也以其用干故知象武若其大武則以干配戚則明堂位云朱干玉戚冕而舞大武若其小舞則以干配戈則周禮樂師教小舞干舞是也春夏陽氣發動故云用動作之時學之秋冬學羽籥羽翟羽也秋則體成文章也籥笛也籥聲出於中冬則萬物藏於中云羽籥籥舞象文也宣八年公羊傳云籥者何籥舞也以其不用兵器故象文也引詩者邶風簡兮之篇也證羽籥之義以秋冬凝寒漸靜故云用安靜之時學之盧植以爲春教干夏教戈秋教羽冬教籥但干與戈羽與籥舞時相對之物皇氏云鄭引詩左手執籥右手秉翟則秋冬羽籥同教春夏亦同教干戈義或然也皆據年二十升大學者也○注四人至吹籥○正義曰云通職秋冬亦學以羽籥者此籥師云教戈周禮籥師掌教國子舞羽吹籥是籥師既教戈又教籥此小樂正教干周禮樂師教小舞則六舞皆教故知通職至秋冬之時亦教羽籥也云小樂正樂師也者諸侯謂之小樂正天子謂之樂師此有大樂正及小樂正周禮有大司樂有樂師故知小樂正當樂師也但此經雜多有諸侯之禮故謂之大樂正也小樂正也云周禮樂師掌國學之政教國子小舞者證樂師有教舞之事小舞者謂年幼小時教之舞其舞即帗舞羽舞皇舞旄舞干舞人舞也云大胥掌學士之版以待致諸子春入學舍菜合舞秋頒學合聲者證大胥有教樂之事大胥掌教學士版籍以待聚致諸子諸子則學士也春時入學釋菜藻之菜禮先聖先師合六舞節奏令之得所秋時頒布學者才藝和合音聲使應曲折云籥師掌教國子舞羽吹籥者證籥師有教樂之事周禮唯有籥師此云籥師丞者或諸侯之禮或異代之法○胥鼓南○胥謂大胥南謂南夷之樂旄人教國子南夷樂之時大胥則擊鼓以節南樂故云胥鼓南○注南南至不僭○正義曰鉤命決云東夷之樂曰昧南夷之樂曰南西夷之樂曰朱離北夷之樂曰禁南一名任明堂位云在南蠻之樂也云胥掌以六樂之會正舞位者證大胥所以鼓節南由正舞位故鼓之也云旄人教夷樂者證教南樂之人是旄人也引詩以雅以南者是小雅鼓鍾之詩刺幽王用樂不與德比故陳先王正樂以刺之教夷蠻者明王德化率來四夷言先王以萬舞之雅樂以四夷之南樂以籥舞之文樂進旅退旅則知三舞各得其所不有僭差引之者證此經之南舉南樂則四夷之樂皆教之也○注誦謂至同也○正義曰誦謂歌樂者謂口誦歌樂之篇章不以琴瑟歌也云絃謂以絲播詩者謂以琴瑟播彼詩之音節詩音則樂章也若學舞之時春夏學干戈而用動秋冬學羽籥而用靜皆據年二十升於大學者若其未升大學之時則春誦夏弦在殷之瞽宗也云陽用事則學之以聲春夏是陽陽主清輕故學聲聲亦清輕云陰用事則學之以事秋冬屬陰陰主體質故學事事亦體質因四時所宜順動靜之氣於學功業易成也云周立三代之學者謂立虞夏殷學也其虞之學制在國兼在西郊郊則周之小學也夏殷之學亦在國而鄭注儀禮云周立四代之學於國者合周家爲言耳故與此注不同夏后氏之學在上庠即周之大學爲夏之制也云學書於虞氏之學典謨之教所興也者虞書有典有謨故就其學中而教之則周之小學也云學舞於夏后氏之學文武中也夏后氏上受舜禪是文下有湯代是武以此二者之間故云文武中以兼有文舞武舞故也云學禮樂於殷之學功成治定與已同也者以湯伐紂武王伐紂殷周革命事類相似故云功成治定與已同也先師以爲三代學皆立大學小學今案下養老於東序是周之大學夏之東序也又王制云養老於虞庠是周之小學爲虞庠也又此學虞學也學舞於夏學學禮於殷學若周別有大學小學更何所教也

○凡祭與養老乞言合語之禮。皆小樂正詔之於東序。學以三者之威儀也養老乞言養老人之賢者因從乞善言可行者也合語謂鄉射鄉飲酒大射燕射之屬也鄉射記曰古者於旅也語○合如字徐音閤注同下大合樂放此○**大樂正學舞干戚。語說命乞言。皆大樂正授數。**學以三者之舞也戚斧也語說合語之說也數篇數○說如字徐始銳反注語說同**大司成論說在東序。**論說課其義之深淺才能優劣此云樂正司業父師司成即大司成司徒之屬師氏也師氏掌以美詔王教國子以三德三行及國中失之事也○論力門反徐力頓反注同行下孟反下文德行同○

【疏】凡祭與養老至在東序○正義曰此一節還是第二節中教世子及學士祭與養老合語之威儀又教世子等祭與養老合語之義理兼明所教之官及所教之處又明司成之官考課才藝深淺也○凡祭與養老乞言合語之禮者此之一凡摠包三事一是祭二是養老乞言三是合語之禮皆小樂正詔之於東序謂祭與養老乞言及合語之禮皆小樂正之官詔告世子及學士於東序之中謂小樂正以此祭及養老合語三者之威儀以教世子及學士等○注學以至也語○正義曰學以三者學教也教以三者威儀容貌言祭與養老乞言及合語行禮之時皆有容貌故小樂正教之云合語謂鄉射鄉飲酒大射燕射之屬也者此經先云祭與養老乞言別云合語則合語非祭與養老也故知是鄉射鄉飲酒必大射燕射之等指儀禮成文而言之以其此等至旅酬之時皆合語也其實祭未及養老亦皆合語也故詩楚茨論祭祀之事云笑語卒獲箋云古者於旅也語是祭有合語也養老既乞言自然合語也引鄉射記者證旅酬之時得言說先王之法故云古者於旅也語言合語者謂合會義理而語說也○大樂至授數○前文小樂正既教三者之威儀今大樂正又教三者之義理故大樂正學舞干戚干戚則前經祭祀也祭祀之時舞其干戚之樂不云祭祀而云舞干戚者容祭祀之外餘干戚皆教之語說謂合語之說則前經合語也亦大樂正教以詔說義理命乞言者大樂正命此世子及學士於老者而乞言則前經養老乞言但前經云祭故養老乞言與祭相連故尊之序在合語之上此經不云祭故略其養老在語說之下皆大樂正授世子及學士等篇章之數爲之講說使知義理○注學以至篇數○正義曰此經與前經重序其事文勢相似前經小樂正乃教威儀事淺故云詔之東序此大樂正所教義理與深故大樂正授數知者文承東序之下大樂正授數之時亦在東序大司成論說在東序○小樂正既詔以三者威儀大樂正又教以三者義理於是大司成之官論量課說此世子學士等義理之深淺才能之優劣於東序之中○注司成至事也正義曰鄭以下文云樂正司業父師司成父師與樂正相連此大司成亦與大樂正相次故知司成則大司成也以其掌教故知是司徒之屬以其父師司成又掌教國子故知當師氏也引師氏以美詔王以下者皆師氏職文案書傳大夫爲父師周禮師氏中大夫云教國子以三德三行三德一曰至德以爲道本二曰敏德以爲行本三曰孝德以知逆惡教三行一曰孝行以親父母二曰友行以尊賢良三曰順行以事師長云及國中失之事者中謂中禮失謂失禮掌國家中禮失禮之事也

○凡侍坐於大司成者。遠近間三席。可以問。間猶容也容三席則得指畫相分別也席之制廣三尺三寸三分則是所謂函丈也○坐才卧反又如字遠近間並如字間猶容也注同徐古辨反同畫乎麥反別彼列反廣古曠反又如字三寸一本作廣三尺三寸三分函胡南反**終則負牆。**卻就後席相辟○辟音避下辟君同**列事未盡不問。**錯尊者之語不敬也

【疏】凡侍至不問○正義曰此一節論國子侍坐於大司成之儀故云侍坐於大司成○遠近間三席可以問者去大司成遠近中間可容三席之地席制廣三尺三寸三分寸之一三席則函一丈可以指畫而問也○終則負牆者問終則起卻就後席負牆而坐辟後來問者○列事未盡不問者其問事之時必待尊者言終如有不曉然後更問若尊者序列其事未得終盡則不可錯亂尊者之語而輒有咨問則爲不敬也

○凡學春官釋奠于其先師。秋冬亦如之。官謂禮樂詩書之官周禮曰凡有道者有德者使教焉死則以爲樂祖祭於瞽宗此之謂先師之類也若漢禮有高堂生樂有制氏詩有毛公書有伏生億可以爲之也不言夏夏從春可知也釋奠者設薦饌酌奠而已無迎尸以下之事○億本又作噫音抑

【疏】凡學至如之○正義曰此論四時在學釋奠之事凡學者謂禮樂詩書之學於春夏之時所教之官各釋奠於其先師秋冬之時所教之官亦各釋奠於其先師故云秋冬亦如之猶若教書之官春時於虞庠之中釋奠於先代明書之師四時皆然教禮之官秋時於瞽宗之中釋奠於其先代明禮之師如此之類是也○注官謂至之事○正義曰官謂禮樂詩書之官者謂所教之官也若春誦夏弦則大師釋奠也教干戈則小樂正樂師等釋奠也教禮者則執禮之官釋奠也皇氏云其教雖各有時其釋奠則四時各有其學備而行之引周禮曰凡有道者有德者使教焉死則以爲樂祖祭於瞽宗者此周禮大司樂文引之者證樂之先師也後世釋奠祭之然則禮及詩書之官有道有德者亦使教焉死則以爲書禮之祖後世則亦各祭於

其學也故云此之謂先師之類也以大司樂掌樂故特云樂祖其餘不見者周禮文不具也云若漢禮有高堂生樂有制氏詩有毛公書有伏生者皆漢書儒林傳文案書傳伏生濟南人故爲秦時博士孝文帝時以書教於齊魯之間詩有毛公者毛公趙人治詩爲河間獻王博士高堂生者魯人漢興爲博士傳禮十七篇藝文志漢興制氏以雅樂聲律世爲樂官頗能記其鏗鎗鼓舞不能言其義是其事也其儒林傳詩書及禮多矣而不言者以其非後異也又有傳易及春秋不引者以此經唯有詩書禮樂故不引易與春秋云億可以爲之也者億是發語之聲言此等之人後世亦可爲先師也疑而不定故發聲爲億以三時釋奠獨不言夏故言夏從春可知也以其釋奠直奠置於物無食飲酬酢之事故云設薦餼酌奠而已無迎尸以下之事釋奠所以無尸者以其主於行禮非報功也

凡始立學者。必釋奠于先聖先師。及行事必以幣。謂天子命之教始立學官者也先聖周公若孔子。

【疏】凡始至以幣。正義曰此明諸侯之國天子命之使立學者必釋奠於先聖先師及行事之時必用幣而行禮諸侯言始立學者必釋奠於先聖先師天子始立學亦釋奠於先聖先師也天子云四時釋奠於先師不及於先聖者則諸侯四時釋奠亦不及先聖也始立學云必用幣則四時常奠不用幣也皇氏云行事必用幣謂禮樂器成及出軍之事其告用幣而已案釁器用幣下別具其文此行事必用幣繫於釋奠之下皇氏乃離文析句其義非也。注謂天至孔子。正義曰此謂諸侯新建國天子命之始立學也故王制云天子命之教然後爲學是也知非天子始立學者以此下文云有國故則否是廣記諸侯之國故知此始立學者據諸侯也但天子立虞夏殷周四代之學若諸侯正立時王一代之學有大學小學耳其所習經業皆於時王學中其鄉學爲庠故鄉飲酒義曰迎賓于庠門之外注云庠鄉學也若州黨與鄉同處共在鄉學故學記云黨有庠是鄉之所居黨也州及遂以下皆謂之庠故州長春秋射于序學記云術有庠鄭云術當爲遂是州遂爲庠也云先聖周公若孔子者以周公孔子皆爲先聖近周公處祭周公近孔子處祭孔子故云若若是不定之辭立學爲重故及先聖常奠爲輕故唯祭先師此經始立學故奠先聖先師。

凡釋奠者。必有合也。國無先聖先師則所釋奠者當與鄰國合也。有國故則否。若唐虞有夔伯夷周有周公魯有孔子則各自奠之不合也。夔求龜反。○凡大合樂。必遂養老。大合樂謂春入學舍菜合舞秋頒學合聲於是時也天子則視學焉遂養老者謂用其明日也鄉飲酒鄉射之禮明日乃息司正徵唯所欲以告於先生君子可也是養老之象類。

【疏】凡釋至養老。正義曰此謂諸侯之國釋奠之時若已國無先聖先師則合祭鄰國先聖先師謂彼此二國共祭此先聖先師故云合也非謂就他國而祭之當遥合祭耳若魯有孔子顏回餘國祭之不必於魯若已國有先聖先師則不須與鄰國合也當各自祭故云有國故則否是唐虞有夔龍伯夷周有周公魯有孔子是國故有此人則不與鄰國合祭也。凡大合樂必遂養老。正義曰此明合樂之時天子視學於其明日必遂養老。注大合至象類。正義曰經云凡大合樂者凡者非一之辭鄭以大合樂謂春入學釋菜合舞秋頒學合聲者其月令季春大合樂則亦在其中以季春大合樂其文自明故鄭不引之耳。云於是時也天子則視學焉者周禮大胥春合舞秋合聲雖無天子視學之文又月令季春大合樂天子親往則明春合舞秋合聲之時天子亦親視學也云遂養老者謂用其明日也者案鄉飲酒鄉射禮明日乃息司正云徵唯所欲以告於先生君子可也先生謂致仕者君子謂鄉中有德行者此皆老人也故云是養老之象類。

凡語于郊者。語謂論說於郊學。必取賢斂才焉。或以德進。或以事舉。或以言揚。大樂正論造士之秀者升諸司馬曰進士謂此矣。曲藝皆誓之。曲藝爲小技能也誓謹也皆使謹習其事。技其彼反。以待又語。又語爲後復論說也。○復扶又反。○三而一有焉。三說之中有一善則取之以有曲藝不必盡善。乃進其等。進於衆學者。○以其序。又以其藝爲次。謂之郊人。遠之。使事官之缺者以代之遠之者不曰俊選曰郊人賤技藝。○遠于萬反注同。於成均。以及取爵於上尊也。董仲舒曰五帝名大學曰成均則虞庠近是也天子飲酒于虞庠則郊人亦得酌于上尊以相旅。○近附近之近。○

【疏】凡語至尊也。正義曰此以下明官爵於學士已成者。○注語謂論說於郊學。○正義曰語謂論課學士才能也郊西郊也周以虞庠爲小學在西郊今天子親視學於其西郊考課論說於西郊之學以西方成就之地故也或徧在四郊。必取賢斂才焉者謂在於西郊學之中論說取賢斂其才能者以爵之也。或以德進者。謂人能不同各隨才用也德謂有道德者進謂用爵之也德最爲上故進之宜先也。或以事舉者事次德者雖無德而解世事或吏治之屬亦舉用之也。或以言揚者次事也揚亦進舉之類互言之雖無德無事而能言語應對堪爲使命亦舉用之。曲藝皆誓之者曲藝謂小小技術若醫卜之屬也誓謹也若學士中雖無前三事而有小小技術欲授之考課皆且御之令謹習。以待又語者又語謂後復論說之日令待後時若春待秋時也。三而一有焉者謂小技藝者所說三事之中而一事有善者。乃進其等者等輩類也若說三事有善者則進於大衆輩中也以其序者序次也雖得進衆而不得與衆爲一猶使與其輩中自爲高下之次序也。謂之郊人者雖有次序而待職缺當擬補之若國子學士未官之前俱爲俊選而以小才技藝者未官之前而不得同爲俊選但各曰郊人言其猶在郊學也。遠之者所以謂爲郊人者是疏遠之故也。於成均以及取爵於上尊也者成均則虞庠也上尊堂上之酒尊天子於成均之內飲酒以恩澤被及於此郊人其郊人雖賤亦得取爵於堂上之尊以相旅也所以榮之。注董仲至相旅。正義曰董仲舒爲春秋繁露云成均爲五帝之學虞庠是舜學則成均五帝學也以無正文故云近是也言虞庠近是成均凡飲酒之禮尊者酌於堂上之尊卑者酌於堂下之尊故特牲禮主人獻賓及獻衆賓及長兄弟等及次賓及次兄弟等皆酌於堂下之尊以相旅是也今郊人雖賤亦得酌於堂上尊故云取爵於上尊。○

始立學者。既興器用幣。興當爲釁字之誤也禮樂之器成則釁之又用幣告先聖先師以器成。○興依注爲釁音虛覲反。○然後釋菜。告先聖先師以器成有時將用也。○不舞不授器。釋菜禮輕也釋奠則舞舞則授器司馬之屬司兵司戈司盾祭祀授舞者兵也。乃退。儐于東序。一獻。無介語可也。言乃退者謂得立三代之學者釋菜于虞庠則儐賓于東序魯之學有米廩東序瞽宗也。○儐必刃反本亦作擯注同介如字下注同副也廩力甚反。○

【疏】始立學者既興器用幣至可也。正義曰此一節明禮樂之器初成用幣告先聖先師又釋菜告器成將用乃退儐之事也。始立學者亦謂天子命諸侯始立教學又造禮樂之器新成釁之既畢乃用幣告先聖先師以器成也然後釋菜既以幣告後又更釋菜告先聖先師以器成將用也故前用幣告其器成後釋菜告其將用也不舞不授器凡釋奠禮重故作樂時須舞乃授舞者所執干戈之器今其釋菜之時雖作樂不爲舞也亦既不舞故不授舞者之器乃退儐于東序釋菜虞庠既畢乃從虞庠而退乃儐禮其賓於東序之中其禮既殺唯行一獻無介無語如此於禮可也。注興當至器成。正義曰案雜記宗廟之器其名者成則釁之以豭豚是器成當釁之故知興當爲釁經言用幣故知告先聖先師以器成也。注告先至用也。正義曰前用幣直云告器成此釋菜云告器成將用則兩告不同也熊氏云用幣則無菜用菜則無幣皇氏云用幣釋菜秖是一告其義恐非也案四時釋奠不及先聖知此用幣及釋菜及先聖者以上文始立學釋奠先聖先師此文亦云始立學既釁器用幣釋菜亦及先聖也以其始立學及器新成事重於四時常奠也故學記云皮弁祭菜鄭注禮先聖先師知及先聖者以彼云未卜禘不視學則祭菜與視學爲一也此下文云天子視學祭先聖先師故知學記祭菜及先聖也熊氏云月令釋菜不及先聖者以其四時入學釋菜故不及先聖也王制釋奠于學注以爲釋菜奠幣知非釋奠者彼是告祭之禮初天子出師受成於學告之無牲明反告亦無牲也故謂釋奠有時亦不及先聖也凡釋奠有六始立學釋奠一也四時釋奠有四通前五也王制師還釋奠于學六也釋菜有三春入學釋菜合舞一也此釁器釋菜二也學記皮弁祭菜三也秋頒學合聲無釋菜之文則不釋菜也釋幣唯一也即此釁器用幣是也以前皆熊氏之說義或當然也。注釋菜禮輕也。正義曰此既釋菜禮輕不可爲舞所以大胥云春舍菜合舞似釋菜爲舞者彼謂春欲合舞之時先行釋菜之禮不謂釋菜之時則合舞也。注言乃至宗也。正義曰從釁器以來皆據諸侯之禮故云始立學若其諸侯唯立時王之學何得云乃退儐于東序故云乃退者得立三代之學得有夏之東序謂諸侯有功德者得立三代之學若魯國之比東序與虞庠相對東序在東虞庠在西既退儐于東序明釋菜在於虞庠云魯之學有米廩東序瞽宗也者明堂位文也。

教世子。亦題上事。

【疏】教世子。正義曰從上凡學世子至此皆是教世子之法其間雖有王子公卿大夫元士之子及國之俊選諸侯之事及釋奠養老之事雖非一也以世子爲主故云教世子以揔之。○注亦題上事。○正義曰題謂題目前文王之爲世子文在於下題目以上之事今教世子之文又在於下亦是題目以上所設諸事故云亦題上事也。○

凡三王教世子。必以禮樂。樂所以脩內也。禮所以脩外也。禮樂交錯於中。發形於外。是故其成也懌。恭敬而溫文。中心中也懌說懌。○懌音亦。○立大傅少傅以養之。欲其知父子君臣之道也。養猶教也言養者積浸成長之。○少傅詩召反下音賦後同浸子鴆反。○大傅審父子君臣之道以示之。謂爲之行其禮。○爲于僞反下爲說其爲君皆同。○少傅奉世子。以觀

大傅之德行而審喻之。爲說其義大傅在前。少傅在後。謂其在學時○入則有保。出則有師。謂燕居出入時是以教喻而德成也。以有四人維持之○師也者。教之以事。而喻諸德者也。保也者。慎其身以輔翼之。而歸諸道者也。慎其身者謹安護之記曰。虞。夏。商。周。有師保。有疑丞。記所云謂天子也取以成說○

疏凡三至疑丞○正義曰此一節是第三節中論三王教世子禮樂及立師傅教以道德既成教尊官正國治之事○樂所以脩內者樂是喜樂之事喜樂從內而生和諧性情故云所以脩內也○禮所以脩外也者禮是恭敬之事恭敬是正其容體容體在表故所以脩外也○禮樂交錯於中發形於外者樂雖由中從中而見外禮雖由外從外而入中是中之與外皆有禮樂故云禮樂交錯於中謂交間錯雜於其情性之中發形於外謂宣發形見於身外也謂威儀和美也○是故其成也懌者謂內外有樂心既喜悅外貌和美故其成也懌懌說懌也○恭敬而溫文者謂內外有禮貌恭心敬而溫潤文章故云恭敬而溫文也○注謂燕居出入時○正義曰上云在前在後謂行步動止之節此文言入言出故以爲燕居出入也○是以教至者也○以世子外有傅相內有師保是以世子於師教曉喻其德業成就師也者教之以事而喻諸德者也作記者更明師保之德故云師也者教之以事而喻諸德者謂教世子以所行之事喻曉也諸於也而每事之上使世子曉喻於德義也○保也者慎其身以輔翼之而歸諸道者也保是護也輔相也翼助也謂護慎世子之身輔相翼助使世子而歸於道案老子先道後德則道尊德卑此師喻諸德保歸諸道先德後道者以道德無定據各有大小老子謂無爲自然之道故在先德謂人所法行故在後皆謂大道大德也此謂教世子之身先須於事得理若身之有德乃可通達流行故德先道後謂小道小德也已具上曲禮疏○記曰虞夏商周有師保有疑丞○注記所云謂天子也取以成說○正義曰此作記之人更言記曰則是古有此記作記者引之耳注記所云據天子也必知據天子者以有師保疑丞下則云四輔三公故知天子也後人作記者取此古記天子之事以成世子之記耳○

設四輔。及三公。不必備。唯其人。語使能也。語言也得能則用之無則已不必備其官也小人處其位不如且闕君子曰。德。德成而教尊。教尊而官正。官正而國治。君之謂也。

疏設四至能也○正義曰設四輔及三公不必備唯其人此皆古記之文語使能一句是後作記者解前記之人所言以四輔三公不必須備惟擇好人者語使能也語言言古記如此言四輔三公必使能也其四輔者案尚書大傳云古者天子必有四鄰前曰疑後曰丞左曰輔右曰弼天子有問无以對責之疑可志而不志責之丞可正而不正責之輔可揚而不揚責之弼其爵視卿其祿視次國之君也

仲尼曰。昔者周公攝政。踐阼而治。抗世子法於伯禽。所以善成王也。聞之曰。爲人臣者。殺其身有益於君。則爲之。況于其身以善其君乎。周公優爲之。聞之者聞之於古也于讀爲迂迂猶廣也大也○治直吏反下而治國治並同于依注作迂音同又音紆

疏仲尼至爲之正義曰此一節是第三節中覆說周公教成王爲世子之事及在學行一物而有三善之事故云抗世子法於伯禽所以善成王也○況于其身以善其君乎周公優爲之者仲尼聞古之言爲人臣者殺其身有益於君不辟殺害猶尚爲之況周公于其身于廣大也今乃廣大其身謂其身得廣大以善其君乎周公優爲之其周公比殺身之人則優饒爲之言周公自優饒光益也所以光益者古人益君則身處危亡周公益君身居尊顯又古人益君則勤苦周公益君則逸樂是於身有優饒於德又廣大也○注于讀至大也○正義曰于是語辭迂爲迴遠故讀于爲迂從廣大之義也○

是故知爲人子。然後可以爲人父。知爲人臣。然後可以爲人君。知事人。然後能使人。成王幼。不能涖阼。以爲世子。則無爲也。以爲世子若爲世子時○

疏是故至爲也○正義曰凡教世子之法必須對父成王既幼未能涖阼爲人君應須教以世子之法然後能爲人君成王既無父今若以成王爲世子時則無爲世子之處故抗世子法於伯禽使伯禽與成王居令成王學之知父子君臣之義也○注以爲至子時○正義曰武王既崩則成王非復是世子今經云以爲世子則是周公全用世子禮教之故云若爲世子時言雖爲君未能涖阼與世子時無異故云以爲世子則無爲也以實則不爲世子也

是故抗世子法於伯禽。使之與成王居。亦學此禮於成王側欲令成王之知父子君臣長幼之義也。君之於世子也。親則父也。尊則君也。有父之親。有君之尊。然後兼天下而有之。是故養世子。不可不慎也。處君父之位覽海內之士而近不能教其子則其餘不足觀矣○令力呈反○行一物而三善皆得者。唯世子而已。其齒於學之謂也。物猶事也故世子齒於學。國人觀之曰。將君我而與我齒讓。何也。曰。有父在則禮然。然而衆知父子之道矣。其二曰。將君我而與我齒讓。何也。曰。有君在則禮然。然而衆著於君臣之義也。其三曰。將君我而與我齒讓。何也。曰。長長也。然而衆知長幼之節矣。故父在斯爲子。君在斯謂之臣。居子與臣之節。所以尊君親親也。故學之爲父子焉。學之爲君臣焉。學之爲長幼焉。學教○學音效下及注同父子。君臣。長幼之道。得而國治。語曰。樂正司業。父師司成。一有元良。萬國以貞。世子之謂也。司主也一一人也元大也良善也貞正也周公踐阼。亦題上事

疏行一至踐阼○正義曰物猶事也謂與[illegible]事而三善者謂衆知父子衆知君臣衆[illegible]善則下經所云者是也俗本皆云著於君臣[illegible]著字義亦通云父在則禮然君在則禮然有[illegible]在則禮然者於世子無兄故不云兄在也故[illegible]人觀之曰將君我而與我齒讓何也者國人[illegible]而發問○曰有父在則禮然者是知禮曉其[illegible]在則禮然者父在之時恒須謙退不敢居人[illegible]則禮當如此○然而衆知父子之道矣者國[illegible]尚屈降於人則知父尊彌甚故云衆知父子[illegible]自然故云道君臣以義相合故云義長幼有[illegible]節以幼時事父成人事君故先父子後君臣[illegible]故在下父子長幼親屬易明故云知君臣以[illegible]顯故云著也此世子齒於學者唯在學受業[illegible]朝會飲食則各以位之尊卑諸子職云辨其[illegible]位朝位是也○故父在斯爲子君在斯謂之[illegible]子爲君父之在而居臣子之禮不敢自尊於[illegible]父故世子所以父在爲子禮君在爲臣禮也[illegible]子天性故云爲子也君臣以義相合不云爲[illegible]者世子於君雖曰君臣異於義合故云謂之[illegible]至正也○正義曰司是職司故爲主謂樂正[illegible]業父師主大子成就其德行也云一一人也[illegible]元大也良善也貞正也言世子有大善則萬[illegible]世子也何直云一一人者恐爲一時之事故[illegible]也釋詁文元是首故爲大也論語云溫良[illegible]方正故良爲善易文言云貞固足以幹事[illegible]公踐阼○從上三王教世子至此皆周公踐阼之事故注云亦題上事也

庶子之正於公族者。教之以孝弟睦友子愛。明父子之義。長幼之序。正者政也庶子司馬之屬掌國子[illegible]於公族者○弟大計反倅音七對[illegible]朝于公。內朝。則東面北上。臣有貴者以齒。[illegible]路寢庭○朝直遥反後不出者並同其在外朝。則以官。[illegible]路寢門之外庭司士亦司馬之屬也掌羣臣之班正朝儀之位也其在宗廟之中。則如外朝之位。宗人授事。以爵以官。[illegible]貴賤異位也以官官各有所掌也若司徒奉牛司馬奉羊司空奉豕

疏庶子[illegible]曰此[illegible]中之上節也論庶子之官治理公族朝祭燕[illegible]事各隨文解之○注正者王族者○正義曰[illegible]是正定之正今案在下皆論公之接待族人[illegible]宥刑殺皆君之所爲非庶子所正故知庶子[illegible]已故讀爲政也庶子司馬之屬掌國子之倅[illegible]下大夫二人屬夏官司馬諸侯謂之庶子職[illegible]周禮序官鄭注云或曰庶子掌國子之倅者[illegible]子云國子是公卿大夫士之副貳也言副貳[illegible]

至以齒○此公族之等若朝於公之內朝內朝謂路寢庭朝也公族內朝則西方東面北上○臣有貴者以齒者皆同姓之臣不得踰越父兄皆以昭穆長幼爲齒謂父兄雖賤而在上子弟雖貴而處下○注內朝至寢庭○正義曰知路寢庭者以下云其在外朝司士爲之○案周禮司士掌路寢門外之朝則知此內朝是路寢庭朝也○其在外至爲之○外朝謂路寢門外之朝也若公族在於外朝與異姓同處位次之時則以官之上下不復以年齒也○司士爲之者謂司士之官主爲朝位之次外朝位既司士主之則內朝庶子主之也上文內朝不云庶子爲之者以文承庶子之下主之可知故不言也○注外朝至位也○正義曰以言司士亦司馬之屬也掌羣臣之班正朝儀之位也案周禮司士掌正朝儀之位王族故士虎士在路門之右南面大僕從者在路門之左南面是在路門外也故知此外朝路門外之朝也此對路寢庭朝爲外朝若對庫門外朝朝士所掌三槐九棘之朝則此路門外朝亦爲內朝也故玉藻云朝於內朝朝辨色始入君日出而視之退適路寢是也其朝位天子之朝三公北面東上孤東面北上卿大夫西面北上其士門西東面北上若諸侯之朝案大射卿西面北上大夫北面東上士門東北面西上與天子不同周禮司士屬司馬故云亦司馬之屬司馬掌羣臣之班正朝儀之位皆司士職文○其在至以官○此論同姓公族在宗廟之禮故云其在宗廟之中則如外朝之位也言立位所在如外朝之位也○宗人授事以爵以官者宗人掌禮之官及宗廟授百官之事以爵者隨爵之尊卑貴者在前賤者在後又以官之職掌各供其事○注宗人至奉豕○正義曰言宗人掌禮及宗廟者別言及宗廟則掌禮謂宗廟之外諸禮皆掌也云若司徒奉牛司馬奉羊司空奉豕者以經云以官謂祭祀之時官官各司其事更無正文故引司徒奉牛以下證之案周禮司徒奉牛牲司馬奉羊牲其司空奉豕無文此云知奉豕者案周禮雞人屬宗伯羊人屬司馬故此云司馬奉羊犬人屬司寇案五行傳云牛屬土雞屬木羊屬火犬屬金豕屬水司空冬官其位當水故鄭注周禮司空奉豕與案五行傳馬屬火而周禮司馬羞馬牲者以其主馬故特使供之此注直云奉牛奉羊奉豕者據諸侯三卿以言之故不云雞犬及馬

其登餕獻受爵。則以上嗣。上嗣君之適長子以特牲饋食禮言之受爵謂上嗣舉奠也獻謂舉奠洗爵酌入也餕謂宗人遣舉奠盥祝命之餕也大夫之嗣無此禮辟君也○餕音俊適丁歷反盥音管

【疏】正義曰此亦公族廟中之禮論貴適子之事案特牲禮尸食之後主人主婦賓長等獻尸三獻禮畢主人獻賓及獻衆賓畢主人酬賓賓奠不舉主人獻長兄弟及獻衆兄弟內兄弟等訖長兄弟洗觚酌尸爲加爵衆賓長又爲加爵畢嗣子乃舉奠者初尸未入之前祝酌奠于鉶南尸入祭奠不飲至此乃嗣子舉之必嗣子舉奠者鄭注特牲云將傳重累之者又云大夫之嗣子不舉奠則此舉奠者天子諸侯及士之子禮特牲云嗣舉奠盥入北面再拜稽首尸執奠嗣子進受復位再拜稽首尸荅拜嗣子卒觶拜尸尸荅拜則此經所謂受爵也特牲又云嗣舉奠先酌入尸拜受嗣子荅拜則此經所謂獻也特牲又云無筭爵之後禮畢尸謖而出宗人遣嗣子及長兄弟相對而餕所謂餕也以特牲言之則先受爵而後獻獻而後餕今此經先云餕者以餕爲重舉重者從後以遡先逆言之故云其登餕獻受爵也登謂登堂無事之時嗣子在堂下餕時登堂獻時亦登堂受爵之時亦登堂此一登之文包此三事以經文連於上宗廟之中宗人授事以爵以官謂衆官皆爲其事○則以上嗣○其登餕獻不用衆官唯用上嗣故云則以上嗣○案特牲餕時雖有長兄弟以上嗣爲主○注上嗣至君也○正義曰言適長子者是適子之中長也凡適皆可以嗣今云上嗣是嗣中最上云受爵謂上嗣舉奠者以特牲無受爵之文唯有嗣子舉尸之奠爵受而飲之故此經謂之受爵也云獻謂舉奠洗爵酌入也者亦以特牲無嗣獻之文故將此爲獻也舉奠謂嗣子也名此嗣子爲舉奠嗣子既飲尸前爵畢乃更洗爵酌入以進尸此謂士禮若天子諸侯除此酌入之數外子孫別有獻尸故鄭注小雅云天子則有子孫獻尸之禮云大夫之嗣無此禮辟君也者案少牢饋食無嗣子舉奠大夫尊於士而不舉奠故知辟正君也

庶子治之。雖有三命。不踰父兄。治之治公族之禮也唯於內朝則然其餘會聚之事則與庶姓同一命齒于鄉里再命齒于父族三命不齒不齒者特爲位不在父兄行列中○行戶剛反

其公大事。則以其喪服之精麤爲序。雖於公族之喪亦如之。以次主人。大事謂死喪也其爲君雖皆斬衰序之必以本親也主人主喪者次主人者主人恒在上主人雖有父兄猶不得下齒

若公與族燕。則異姓爲賓。同宗無相賓客之道 **膳宰爲主人。**君尊不獻酒 **公與父兄齒。**親親也

族食世降一等。親者稠疏者希○稠直由反密也

【疏】庶子至父兄○正義曰庶子治之謂治此公族朝於內朝之時也既不計官之大小故雖有三命之貴而列位不得踰越在無爵父兄之上也然此句應承第二條前臣有貴者以齒之下其外朝既云司士爲之則內朝自然庶子治之也所以在此者當是簡札遺脫故在此也鄭不言者略耳○注治之至行列中○正義曰治之治公族之禮也唯於內朝則然者鄭恐外朝亦爾故云唯於內朝則然云其餘會聚之事則與庶姓同者其餘謂非內朝則皆並計官也云一命齒于鄉里者引黨正文解三命不踰父兄之事也一命尚卑若與鄉里長宿燕食則猶計年也云再命齒于公族者再命漸尊不復與鄉里計年唯官高在上但父族爲重而猶與之計年爲列也云三命不齒者三命大貴則不復與父族計年若應有燕會則別席獨坐在賓之東也○其公至主人○此謂君喪而庶子官掌之事也大事謂君喪其臣雖皆斬衰其庶子列次之時則以其本服之精麤爲序衰麤者在前衰精者在後○雖於公族之喪亦如之者言非但公喪如此雖於公族之內有死喪之事相爲亦如之爲死者服麤者居前服精者居後故云亦如之○以次主人者謂雖有庶長父兄尊於主人仍次於主人之下使主人在上居喪主也○注大事至下齒○正義曰以其經云則以其喪服之精麤故知大事謂死喪也云序之必以本親也者案喪服臣爲君斬衰今言服之精麤爲序故知必以本親服之精麤謂衰服縷布精麤也皇氏云以爲喪服以麤爲精故鄭注雜記云臣爲君三升半微細焉則屬於麤是知斬爲精齊爲麤者如皇氏說緦麻小功爲極麤斬衰爲極精也書傳何處謂斬衰爲精乎但斬衰於麤之外別更稱斬見其哀痛之甚故於齊衰而稱麤也云微細焉則屬於麤者謂得入齊衰之限不復稱斬耳豈謂斬衰細乎皇氏之說非也云主人雖有父兄猶不得下齒者言主喪之人當在於上以爲喪主人雖族人父兄尊則主人猶不得在父兄之下而齒列焉○若公至一等○正義曰此明公與族人燕食之禮庶子掌之也則異姓爲賓燕飲必須禮儀獻酬交酢故宜立賓以行禮也但公欲與族人相親若使族人爲賓賓禮疏隔故用異姓爲賓也膳宰爲主人者既有其賓賓必對主人而君尊不宜敵賓故使供膳之宰以爲主人對於賓使得抗禮酬酢也若與異姓燕飲則燕禮云宰夫爲獻主故注云君尊不獻酒○公與父兄齒者公既不爲主族人又不爲賓故列位在父兄之坐上與族人相齒見親親也○族食世降一等者族食謂與族人燕食也族人既有親疏燕食亦隨世降殺也○注親者至者希○正義曰假令本是齊衰一年四會食若大功則一年三會食小功則一年二會食緦麻則一年一會食是世降一等也

○其在軍。則守於公禰。謂從軍者公禰行主也所以遷主言禰在外親也

公若有出疆之政。謂朝覲會同也○疆居良反

庶子以公族之無事者。守於公宮。正室守大廟。正室適子也大廟大祖之廟○守如字又手又反下同○

諸父守貴宮貴室。謂守路寢○守貴室本或作守貴宮貴室

諸子諸孫。守下宮下室。下宮親廟也下室燕寢或言宮或言廟通異語

【疏】其在軍至下宮下室○正義曰此一節明庶子從行在軍及公行庶子留守之事則守於公禰者公禰謂遷主載在齊車隨公行者也庶子官既從在軍故守於公禰之行主也行主是遷主而呼爲禰者既在國外欲依親親之辭○注謂朝覲會同也○正義曰上云在軍謂征伐出軍也此云公若出疆庶子不從公出在國掌其留守對上在軍故知此出疆是朝覲會同非出軍也其庶子之官公有朝覲會同不從公行既掌留守公宮若征伐出軍庶子不從公行是所掌留守之事○注正室至之廟○正義曰經云庶子以公族之無事者守於公宮者與下文爲總正室守大廟以下文各言其別無事謂不從行及無職事者正室適子也者謂公卿大夫之適子也案公羊傳云周公稱大廟周公是魯之始祖故知[illegible]唯當路寢也指其院宇謂之宮指其所居之處謂之室爾雅[illegible]父子孫亦謂卿大夫之諸父子孫也不云諸兄諸弟者蓋諸兄從諸父弟從子孫也

○五廟之孫。祖廟未毀。雖爲庶人。冠取妻必告。死必赴。練祥則告。赴告於君也實四廟孫而言五廟者容顯考爲始封子也○冠古亂反取七喻反後放此

族之相爲也。宜弔不弔。宜免不免。有司罰之。弔謂六世以往免謂五世○爲于僞反下爲君同免音問下及注同

至于賵賻承含。皆有正焉。承讀爲贈聲之誤也正禮也○賵芳鳳切下同賻音附承音贈出注含胡暗反本又作唅賵賻唅襚皆贈喪之物也車馬曰賵布帛曰賻珠玉曰唅衣服曰襚摠謂之贈贈猶送也

【疏】五廟至有正焉○正義曰此論族人雖或至賤吉凶必須相告弔賵含贈皆當有正禮庶子掌

其正焉。皆有正焉者正謂正禮庶子之官治之使賻賵贈含隨其親疏各有正禮○注實四至子也○正義曰經云祖廟未毀謂同高祖若高祖以下唯有四廟今云五廟故云容顯考爲始封子是高祖爲四世也其五世祖是始封之君自五世以下其廟不毀故爲五廟也○注弔謂至五世○正義曰六世以往者從六世以至百世但有弔禮故言以往四世同高祖有緦麻之親五世則親盡但有祖免故云免謂五世也○注承讀至禮也○正義曰承文在賻含之間則贈含之類故以承爲贈云正正禮也者謂庶子之官正之以禮非訓正爲禮也庶子之官治之使賵賻隨其親疏各有正禮賵賻含襚皆贈喪之物賵車馬賻財帛含珠玉襚衣服捴謂之贈贈送也。

公族其有死罪。則磬于甸人。不於市朝者隱之也甸人掌郊野之官縣縊殺之曰磬○甸大遍反縣音玄縊一智反○其刑罪。則纖剸。亦告于甸人。纖讀爲殲殲刺也剸割也宮割臏墨劓刖皆以刀鋸刺割人體也告讀爲鞫讀書用法曰鞫○纖依注音殲子廉反徐子林反注本或作纖讀爲殲者是依徐音而改也剸之兗反告依注作鞫久六反刺七以反又七智反下同臏頻忍反徐扶忍反鋸徐音據公族無宮刑。宮割淫刑獄成。有司讞于公。其死罪。則曰某之罪在大辟。其刑罪。則曰某之罪在小辟。成平也讞之言白也辟亦罪也○讞徐魚列反言也辟婢亦反復不音者放此公曰。宥之。宥寬也欲寬其罪出於刑也○宥音又有司又曰。在辟。公又曰。宥之。又復也○復扶又反下不復復自行皆同有司又曰。在辟。及三宥不對。走出。致刑于甸人。對答也先者君每言宥則答之以將更寬之至於三罪定不復答走往刑之爲君之恩無已公又使人追之曰。雖然。必赦之。有司對曰。無及也。罪既正不可宥乃欲赦之重刑殺其類也反命于公。自已刑殺公素服不舉。爲之變。如其倫之喪。無服。素服於凶事爲吉於吉事爲凶非喪服也君雖不服臣卿大夫死則皮弁錫衰以居往弔當事則弁絰於士蓋疑衰同姓則緦衰以弔之今無服者不往弔也倫謂親疏之比也素服亦皮弁矣○爲之于僞反下不爲服爲忝祖注非爲又爲之舞同比必利反親哭之。不往弔爲位哭之而已君於臣使有司哭之○

〔疏〕公族至哭之○正義曰此一節論公之同族有死刑之罪有司行法之事及公爲之貶降之禮○公族其有死罪則磬于甸人者甸人掌郊野之官又云磬盡也○磬謂縣縊殺于甸人之官令其性命磬盡也○其刑至甸人○謂族人犯刑罪者欲纖刺剸割之時亦鞫讀刑法之書於甸人之官也○公族無宮刑者雖犯宮刑不得行宮刑○獄成有司讞于公者成平也讞言白也謂獄斷既平定其罪狀有司以此成辭言白於公若其所犯死罪白公之時則曰某之罪在大辟其犯刑罪則曰某之罪在小辟公曰宥之○公既得有司之白此公族之親則公更言曰寬宥之以法商量使從其寬也有司又曰在辟○有司既得公言更往平審理無可出也有司又更自公言罪在大辟公又曰宥之有司又曰在大辟○及三宥○有司執法又曰在大辟公又曰宥之凡三宥之初有司白公公令寬宥則答公將更寬宥及公遣三宥之後爲公意無已有司不復對公則走出致比刑死之事於甸人也○公又使人追之○謂追止行刑殺之人云雖然必赦之然猶如是雖罪重如是必更寬宥赦其刑殺也有司對曰無及也言其追之不可及也公素服不舉爲之變如其倫之喪無服者謂公身著素服衣裳皆素不舉饌食爲之變其常禮如其親疏倫輩之喪身不往弔無弔服也乃親自哭之於異姓之廟○注縣縊殺之曰磬○正義曰磬謂磬盡也左傳云室如縣磬杜預云磬盡也皇氏云如縣樂器之著也○注纖讀至曰鞫○正義曰案魯語云小刑用鑽鑿次刑用刀鋸案墨刑刻其面是用鑽鑿也其宮劓之屬則剸割也故云宮割臏墨劓刖皆以刀鋸刺割人體也云告讀爲鞫讀書用法曰鞫者以刑之殺人皆於甸師氏何得唯告而已故以爲鞫漢書每云鞫獄是也讀書讀囚人之所犯罪狀之書用法謂其法律平斷其罪鞫盡也謂推審其罪狀令盡也今言公族雖無宮刑但髡去其髮也○注罪既至類也○正義曰罪既正定不可宥謂罪當正條無可赦宥之理君今乃更欲赦之者是重慎刑殺其族類也○注白至刑殺○正義曰公不遣刑而云反命于公者祗謂行刑者反迴而來告已刑殺之命言於公○注素服至弁矣○正義曰案下曲禮重素鄭云重素衣裳皆素謂之重素素爲衣裳也此素服亦然也於凶事爲吉者人以凶事用布今乃用素是比於凶事爲吉也於吉事爲凶者吉時皮弁服白布深衣素積裳以采爲領緣今唯素服衣裳是比吉事爲凶也非如五服之喪故云非喪服也云君雖不服至弁絰者並服問文也云於士蓋疑衰同姓則緦衰以弔之者案司服云王爲三公六卿錫衰爲諸侯緦衰爲大夫士疑衰是疑衰輕於錫衰諸侯爲卿大夫既錫衰士宜卑降故疑衰但士有同姓異姓故以同姓爲緦衰異姓爲疑衰知諸侯亦有三衰者以司服王有三衰又云上公如王之服轉次相加故知諸侯亦有三衰也此云君弔士疑衰案士喪禮公視斂注云主人成服之後往則錫衰者彼謂士有俊選於君有師友之恩與常士不同故錫衰也或於諸侯弔士無文因諸侯弔必錫衰無明文故注士喪禮爲錫衰也云素服亦皮弁矣者諸侯亦爲卿大夫弔服皮弁錫衰今此但云素服不言素冠故云亦皮弁也譙周云此素服著素冠非鄭義也○注君於至哭之○正義曰案檀弓云天子之哭諸侯爵弁絰紂衣或曰使有司哭之是也

○公族朝于內朝。內親也。雖有貴者以齒。明父子也。謂以宗族事會外朝以官。體異姓也。體猶連結也宗廟之中。以爵爲位。崇德也。崇高也。宗人授事以官。尊賢也。官各有能登餕受爵以上嗣。尊祖之道也。上嗣祖之正統喪紀以服之輕重爲序。不奪人親也。紀猶事也公與族燕則以齒。而孝弟之道達矣。以至尊不自異於親之列其族食世降一等。親親之殺也。殺差也○殺色戒反徐所例反差初佳反徐初宜反戰則守於公禰。孝愛之深也。行主君父之象正室守大廟。尊宗室。而君臣之道著矣。以其不敢以庶守君所重諸父諸兄守貴室。子弟守下室。而讓道達矣。以其貴者守貴賤者守賤上言父子孫此言兄弟互相備也○

〔疏〕公族至達矣○正義曰此謂第三節中之下節覆明在上公族九條之義○公族朝于內朝內親也此覆釋前第一條言公族所以朝干內朝者其內親也欲使親在其內故於內朝也○雖有貴者以齒明父子也者此覆釋在上第二條言宗族在內朝雖貴猶與賤者計年以爲齒列者欲明父子昭繆之本恩故也○外朝以官體異姓也者此覆釋在上第三條也若族人在外朝則不復計年各隨官爲次者外朝主尊別不得以私恩爲異故雖族人悉以計爵爲位是欲與異姓相連結以爲體也宗廟之中以爵爲位崇德也者覆釋上第四條也所以在廟中行禮時不計年而以官爵列位者爵以德序而廟中行禮時是先祖尊嚴之所所主在德不可私恩故列爵爲位是崇高於有德也○宗人授事以官尊賢也者此覆釋廟中所以授事必隨官序司徒奉牛之屬者官由賢能而與今欲尊崇此賢故授事以表之也○登餕受爵則以上嗣尊祖之道也者此覆釋所以登餕受爵用適子者夫祭祀是尊嚴於祖也適子是先祖之正體故使受爵於尸及升餕尸饌是尊祖之道理也喪紀以服之輕重爲序不奪人親也者此覆釋前第五條臣服君皆斬而已又以本輕者爲下本重者爲上不計爵尊卑爲次序者是不奪人本親之恩故輕重爲序也○公與族燕則以齒而孝弟之道達矣者此覆釋前第六條公所以降已尊而與族人燕會齒列是欲使孝弟之道通達於下也君尚有親而與族人燕則民有親屬者豈得相責乘此孝弟之道達於下也○其族至殺也者此覆釋族食之事近者食稠遠者食希每世降一等是親親之殺也○戰則守於公禰孝愛之深也者此覆釋前第七條公在軍戰伐之事而載遷主將行又使庶子官主守之者是爲孝愛情深故也載主將行示不自尊是孝也使守而尊之是愛也乃是孝愛之深也○正室守大廟尊宗室者此覆釋所以遣適子守大廟適子是宗室之正大廟是祖之正用適子守大廟是尊於宗及廟之室故也○而君臣之道著矣者臣下不敢以庶賤之人守君所重是君臣之道著明也○諸父諸兄守貴室子弟守下室而讓道達矣者此覆釋前諸父諸子孫守貴宮下室之事而貴者守貴賤者守賤者讓於貴貴者不相陵犯是讓道達也

○五廟之孫。祖廟未毀。雖及庶人。冠取妻必告。死必赴。不忘親也。親未絕而列於庶人。賤無能也。敬弔臨賻賵。睦友之道也。古者庶子之官治。而邦國有倫。邦國有倫。而衆鄉方矣。鄉方言知所鄉○臨如字徐力鴆反治直吏反鄉許亮反注同公族之罪。雖親不以犯有司。正術也。所以體百姓也。犯猶干也術法也百姓本或作異姓非刑于隱者。不與國人慮兄弟也。弗弔。弗爲服。哭于異姓之廟。爲忝祖。遠之也。素服居外。不聽樂。私喪之也。骨肉之親無絕也。公族無宮刑。不翦其類也。翦割截也○遠于萬反

〔疏〕五廟至類也○正義曰此覆釋

前第八條祖廟未毀雖及庶人冠取妻必告死必赴之事所以告必赴者君不以貴仍統於親故族人有事告赴是不忘親也○親未絶而列於庶人賤無能也敬弔臨賻賵睦友之道也○古者何得為庶人者賤其不免及賻賵必有匪焉之事言君有親此覆釋前宜弔不弔宜免不免及賻賵敬重弔臨賻賵不使闕失者是君親睦友之道也不待於庶子之官治而邦國有倫者此合結前第八第九是罪惡之事今結邦國之事第九條公族有罪不宜相連故於此結之若邦國治理則天下圖治理宜與罪相連故於此結之方若邦國治理則天下正之術也○人衆皆知其所犯前第九條也公族之罪雖親不以犯有司正術也○公族之親有罪雖親不宜放赦之而猶在五刑者有司獄官也法以法齊治百姓一切不可私親之罪而干壞國法也○所以體百姓也○刑于隱者不與國人慮兄弟也二制故雖公族不與國人同處刑之是不與國人同慮兄弟也○公族之事若異姓則刑人無服以其無體之故猶治兄弟也○弗弔弗為服哭於異姓之廟為忝祖遠之也○與國人謀慮兄弟之是此覆釋無服哭於異姓之廟為忝祖者也遠之也○於遠異者也○此廟異姓兄弟弔服公異姓為服哭於外不聽樂私喪之也骨肉之親無絶也○服居外不聽樂素服居外不聽樂私喪之也之素服為之變常服者以其所以然此雖犯罪其實是親公族之之親之也服以心喪之在外不與國人同慮私喪也無絶也為內喪之變親雖犯刑無斷絶之理故雖罪骨肉之親無絶也不以在骨肉之親類也○此覆說公族無宮刑不翦其類也○公族無宮刑不翦其類也覆釋公族之後則在刑無宮刑是與其相無類族不翦其類也別無宮刑故在後刑宮而之及素服之文以相連接其事終然後此既刑無宮刑○公族無宮刑不翦其類也○無宮刑自絶之本也云謂同族不為翦髮云刳截也○正義曰公族法

天子視學，大昕鼓徵，所以警衆也。早昧爽擊鼓以召衆也。警猶起也。周禮凡用樂，大胥以鼓徵學士。昕音欣，說文云旦明日將出也。讀者希音景。衆至，然後天子至，乃命有司行事，興秩節，祭先師先聖焉。興猶舉也。秩，常也。節猶禮也。使有司攝其事，舉常禮祭先師先聖，不親祭之者，視學觀禮耳，非為彼報也。有司卒事反命。卒，畢也。天子乃入。始之養也，適東序，釋奠於先老，遂設三老五更羣老之席位焉。親奠之者，己所有事也。東序，東膠也，亦大學，在國中王宮之東。先老，先世之老也。羣老無數，其禮亡，以鄉飲酒禮言之。三老五更各一人也，皆年老更事致仕者也。天子以父兄養之，示天下之孝悌也。名以三五者，取象三辰五星，天所因以照明天下者。五更，音庚，注同。蔡作叟，音素口反。適饌省醴，養老之珍具，遂發詠焉，退脩之以孝養也。發詠，謂以樂納之。退脩之謂既迎而入，獻之以醴，而就席也。反，登歌清廟，既歌而語，以成之

也，言父子君臣長幼之道，合德音之致，禮之大者也。反謂獻羣老畢，皆升就席也。反就席，乃席工於西階上，歌清廟以樂之。既歌，謂樂正告正歌備也。語，談說也。而旅也，旅之言合也，合樂之所以美，以成其意。鄉射記曰「古者於旅也語」。下管象，舞大武，大合衆以事，達有神，興有德也。象，周武王伐紂之樂也。以管播其聲，又為之舞，皆於堂下，衆謂所合學士也。達有神，有德，也。達有神，明天投命周家之有神也。興有德，也。德美文王武王有德，師樂為之用前歌後舞。正君臣之位，貴賤之等焉，而上下之義行矣。由清廟與武也。有司告以樂闋，王乃命公侯伯子男及羣吏曰：反，養老幼于東序。終之以仁也。闋，終也。告君以歌舞之樂終，此所告者，謂無算樂。○王乃命公侯伯子男及羣吏曰反養老幼于東序，終之以仁也。此天子命諸侯時朝會在此者，各反其國，鄉遂之官，王於燕之末而命諸侯之時朝會在此者，各反羣吏，鄉遂之官，是終其仁心孝經說所謂諸侯歸各帥於國，養老如此禮，夫勤於朝，州里騐於邑。義曰此一節，論天子視學養老之法。

【疏】至「終之以仁也」。正義曰：此一節論天子所以警衆，大昕，冀天子必遂養老之法，則春合舞、秋合聲、既事，以上節論天子養老之時，至學者，謂天子視學。注謂初始昕明，擊鼓之時，謂初者，謂仲春大昕，季春大合樂，秋大合聲，春合舞之時，天子視學，往視學者，謂天子親往視學之事，衆至，學者既畢，故至衆者猶警，又天子至，然後天子乃至學，聞鼓聲而起，先王會聚之處，謂召衆也。學者先至，天子乃命有司行事，於早昧爽之時，擊鼓以召衆，有司既聚，至學，乃命有司行常舊禮，有常也。乃命有司先聖焉。謂先師之事，為尊，故學則行此禮，謂大學學之禮也。皆以祭先，故云興秩節，奠事於先老，乃謂仲事，以祭器具，有司故云節，謂有司既畢，謂天子始之養也，適東序，謂有司卒事，反命於天子也，既畢，天子乃入，從虞庠入東序，天子視學，始立學，先老舍奠於東序者，以其先老之養，中中天，有天子之命，視養，東序，釋奠於先老，蓋先老之處在東序，釋奠於先老，始立學者，既釋奠，遂設三老五更羣老之席位焉，謂天子遂設三老五更羣老之席位，適饌省醴，適之處，謂天子親自適三老五更之處，省視饌具也，以及三老之珍具，遂發詠焉，謂將入門之時，遂作樂詠發其歌，退脩之以孝養也，陳設饌具，既畢，謂三老五更入門，退而迎之，於三老五更之席，孝養之，乃退而後養老之，謂天子迎老於門之時，北面而拜，三老五更既入，以脩養老之禮。反，登歌清廟，反謂既獻三老五更，受獻畢，皆立於西階之上，父子君臣長幼之道，既歌而語，謂歌清廟之詩，既畢，乃使工升歌於堂上，而歌清廟之詩，文王之德，其詩言文王之德，登歌之，語說清廟之詩，既歌而語，以成之也，謂既歌之後，乃說於善道，以成就天子養老之義，故云成之也。言父子君臣長幼之道，合德音之致，言既歌之，談說之後，論說父子君臣長幼之道，合會禮之大者也。言德音之道，相禮之至極也，此之所論，是禮之大者。下管象，舞大武，下管象者，謂堂下吹管，而奏象武之曲。舞大武者，象，謂武王伐紂之樂，象周武王伐紂之樂，管奏之於堂下，學士以舞之，堂上歌清廟，是武王之樂，周武王伐紂之事，故云大合衆以事。達有神，興有德也，達有神者，謂天授命周家之有神也。文王武王有德者，使衆前歌後舞也。正君臣之位，貴賤之等焉，謂上下管象舞大武者，上下之事，堂下管，是君臣也，與大武是下管象是正君之位，是君臣貴賤之等也。

既詩云，既云，在下，是正君臣之位也。言父子君臣長幼之道，合德音之致，禮之大者也。詩在上，而上下管象是武王之樂，是下管之義行矣。反謂清廟之詩，以樂闋，謂王乃命公侯伯子男及羣吏之，闋終也，謂既謂養老之末，無算樂於此，諸侯伯子男及羣吏，以樂闋者，此燕末，乃告諸侯之，辭其國也。及卿大夫鄉遂之官，羣吏在此，反其國，各養老幼如東序者，此東序之禮也。此之所云，養老之事，終之以仁也。東序者，之則謂王於燕末，又所告諸侯之以仁也。恩心也，注早昧爽，早味爽者，天子視學，注以鼓召衆，故鼓徵，又以鼓聲警之前，是時昧爽，故云早昧爽。凡物日以初出為大，昕明也，始明之時，晨，則用鼓。至是大昕，以此然故，大昕謂之明。以經云大昕，至是知昕為明也。明則云早昧爽擊鼓者，天子視學，衆既至，有司者，早至也。大胥以鼓徵學士者，證此視學大昕鼓徵之事。云周禮凡用樂大胥以鼓徵學士者，大胥職文。心之所謂三老，先聖，先師，正義曰：以其在東序，又釋奠於先老，及天子視學，學鄉大昕，有司告，禮者，天子至學，有司告，禮者也。既至學，學者有司行事，是也。先聖先師，前文凡釋奠者，必有合也。云謂先聖先師，即謂前經所云，凡始立學者，必釋奠於先聖先師，是也。亦非為彼報也者，天子視學，亦得禮為舉於先師先聖，既不親，行為體其事，故云，非為彼報也。以又學者，凡釋奠於先老，謂之先老，非始立學，於學者為尊耳。云始之養也，適東序，釋奠於先老，何故者，以其始立學，故先釋奠於先老，以禮事之，是尊而不學者，云亦大學者，謂東序亦大學，東膠亦大學，膠之言糾也，所以糾大學，以為別也。東膠亦大學者，謂為小學，不為大學，是東序亦大學也。云在國中，王宮之東，謂東序在國中王宮之東也。五非鄭，凡言先老者，以其先世之老人，先老是也。云三老五更各一人也者，以經云三老五更，無各一人名，不以更，謂先世之老，有三人為老，五人為更也。云五更，蔡云，蔡云更當為叟，叟，老稱，又與更相似。云皆年老更事致仕者也，以三老五更，年者為老，更謂經事多之人也。云天子以父兄養之者，以老者亦人也。云示天下之孝悌也，取象三辰五星者，三辰，謂日月星。注云，舞執其象，故三星曰三辰，如其以老者，以天子之年，象三辰五星，天所因以照明天下者，三光者，日月星也。五星，謂東方歲星，南方熒惑，西方太白，北方辰星，中央鎮星也。云以鄉飲酒禮言之者，以三老五更，二十八宿，及衆星方位，皆以星為名，以其明照天下，故取象之也。南面之方，在上者，云必以鄉飲酒禮者，亦是以鄉飲酒禮言之者，案鄉飲酒之禮，主人獻賓，賓酢主人，主人獻介，介酢主人，衆賓，鄉飲酒之禮言之，皆無算數，而知其三老在賓位，五更在介位，羣老在衆賓之位。省醴，以其適饌省醴，而亦有醴及庭，是天子適饌省醴之處也。實入門之後，乃升歌，故云省醴，謂省視其醴也，故云適饌省醴。養老之珍具，謂適饌省醴之時，省視養老之珍具也。○就反就席者，正義曰：注云反謂獻羣老畢，皆升就席也，以其於西階，迎而入門，然後乃升，獻之以醴，既獻就席，乃歌清廟，謂主人獻賓，賓酢主人，歌者，鄉飲酒之禮，主人獻賓畢，然後乃席工於西階上，歌清廟，謂既歌之後，工告於樂正曰正歌備，樂正告於賓，乃降，云正歌備者，以其正歌備，云既歌謂樂正告正歌備也者，以其正歌之後，乃有工歌，故鄭云正歌備，謂歌之正者已備，然後乃旅也。又云語談說也者，案鄉飲酒禮，正歌備，乃旅酬，故解旅為旅酬也。云合樂之所以美者，謂合德音之致，言旅酬之時，則謂說論父子君臣長幼之道，合成其意，故說清廟之詩，美文王之德，故云合德音之致，以其意合會於道理之言也。案鄉射記曰古者於旅也語者，證旅酬之時乃語也。云象，周武王伐紂之樂也者，以其詩有清廟，美文王之德，堂上歌清廟，堂下管象，文武之事相承，故知象是武王伐紂之樂也。云以管播其聲者，謂堂下吹管以播其聲，又為之舞者，舞大武之樂，於堂下，皆於堂下者，以其管在下，故知衆在堂下也。云衆謂所合學士也者，以經云大合衆，故知學士也。正義曰：前歌清廟，後舞大武，此歌清廟，美文王之德，舞大武，象武王之功，是有德也。云有神，有德者，謂天授命周家之有神，以興有德，是與有德之君臣之位，以其君在上，臣在下，故云正君臣之位。由清廟與武也者，君臣之位，貴賤之等，明此清廟之詩在上，下管象武在下，是上下之義行也。

詩在下故得正君臣之位貴賤之等也。注此所告者謂無筭樂。正義曰以上云登歌淸廟次下管象此云告以樂闋下即云王乃命諸侯反養者是燕末之事故知樂闋者謂無筭樂也。注羣吏至是也。正義曰經云乃命公侯伯子男又云及羣吏諸侯旣爲畿外故知羣吏謂畿內鄉遂之官也云各反養老如此禮是終其仁心者此是王命諸侯羣吏使之養老如此禮謂如王家於東序之禮是終竟其仁心也云孝經說以下者孝經援神契文云諸侯歸各帥於其國者諸侯還歸帥行於國云大夫勤於朝者大夫勤力行之於朝云州里騐於邑者州長里宰之官希騐慕仰行之於邑是也謂此在下奉行在上之事也。○是故聖人之記事也。慮之以大。謂先之本於孝弟之道愛之以敬。謂省其所以養老之具。行之以禮。謂親迎之如見父兄脩之以孝養。謂親獻之薦之紀之以義。謂既歌而語之終之以仁。謂又以命諸侯歸於國復自行之。【疏】是故至以仁。正義曰此一節是第四節中之下節申說視學養老之義是故聖人之記事也者方釋養老之義記事謂聖人親行養老之禮記序前代之事也慮之以大者先解初將謀慮養老之時也慮謀也大謂孝弟也言謀慮於養老之事是本於孝弟故也故云慮之以大也。愛之以敬者解適饌省醴是愛而又敬之也。行之以禮者解遂發咏焉而自迎之如見父兄之禮也。脩之以孝養者解既迎又親獻醴薦饌是脩於孝養故也。紀之以義者解既歌而語是紀錄德音之義亦有天下之大義也。終之以仁者解樂闋而又命諸臣令歸國各行此禮是終之以仁心也。○是故古之人一舉事。而衆皆知其德之備也。古之君子。舉大事必愼其終始。而衆安得不喻焉。言其爲之本末露見盡可得而知也喻猶曉也兌命曰。念終始典于學。兌當爲說說命書篇名殷高宗之臣傅說之所作典常也念事之終始常於學學禮義之府。兌注作說同音悅。【疏】是故至于學。正義曰此亦是第四節中之下節覆說養老而在下衆知道德之備其在學乎一舉事而衆皆知其德之滿者謂一舉養老之事以示於下而衆皆知其在上道德備具其備具者則上慮之以大愛之以敬行之以禮之屬是也。古之君子舉大事必愼其終始者大事謂養老初則慮之以大是愼其始末則終之以仁是愼其終也而衆安得不喻焉聖人養老既愼其本末終始一一露見盡以示衆庶而衆何得不曉喻焉言衆皆曉喻養老之德也。兌命曰念終始典于學者兌命尚書篇名殷高宗之臣傅說所作錄記者既美養老終始而衆得曉喻是由學而來故引兌命學爲可重之事以結之云念終始者言人君念錄事之終始當在於學中念之以學爲禮義之府故聖人於中而行養老之禮是念終始常於學也。注兌當至之府。正義曰案尚書序云高宗夢傅說得諸傅巖作說命三篇故知兌當爲說也典常也釋詁文世子之記曰。朝夕至于大寢之門外。問於內豎曰。今日安否何如。朝夕朝朝暮夕也日中又朝文王之爲世子非禮之制世子之禮亡言此存其記。朝夕至于直遥反旦曰朝暮曰夕昔如字朝朝上如字下文朝夕之食上同下直遥反。內豎曰。今日安。世子乃有喜色。其有不安節。則內豎以告世子。世子色憂不滿容。色憂憂淺也不及文王行不能正履內豎言復初。然後亦復初。朝夕之食上。世子必在視寒煖之節。食下。問所膳。羞必知所進。以命膳宰。然後退。羞必知所進必知親所食。上時掌反。若內豎言疾。則世子親齊玄而養。親猶自也養疾者齊玄冠玄端也。齊側皆反注同。膳宰之饌。必敬視之。疾者之食齊和所欲或異齊才細反和胡卧反。疾之藥。必親嘗之。試毒味也嘗饌善。則世子亦能食。善謂多於前。嘗饌寡。世子亦不能飽。又不及武王一飯再飯以至于復初。然後亦復初。復常所服【疏】世子至復初。正義曰此第三節也以文王爲世子是聖人之法也不可以爲常行故此記尋常世子之禮也。則世子親齊玄而養者內豎既言有疾則世子親自齊戒衣玄冠玄端而養也。注親猶至端也。正義曰經云親齊恐是世子親視齊戒之事非身自爲故云親猶自也以其玄冠而養是世子自養故知齊是世子自齊也云齊玄冠玄端也以經直云齊玄故知冠衣皆玄也是以爲玄冠玄端此則齊服故玉藻云玄冠丹組纓諸侯之齊冠也玄冠綦組纓士之齊冠也玄端其衣則緇布衣也謂之端者端正也其制正幅袂二尺二寸袪尺二寸鄭注玉藻云天子諸侯玄端朱裳大夫素裳士冠禮上士玄端玄裳中士玄端黃裳下士玄端雜裳齊必用玄者玄是陰之色陰氣靜齊亦靜故用玄也

禮記注疏卷二十挍勘記　阮元撰盧宣旬摘錄

附釋音禮記注疏卷第二十　惠棟挍宋本禮記正義卷第二十八

文王世子第八

論在上教下說庠序　閩監毛本同浦鏜挍說改設

文王之爲世子節　惠棟挍云文王節食上節宋本合爲一節

文王至復初　閩監毛本同惠棟挍宋本復初作日三

食上節

食上必在視寒煖之節　閩監本同石經同岳本同嘉靖本同衞氏集說同毛本煖作暖

武王不說冠帶而養　閩監毛本同石經同岳本同嘉靖本同衞氏集說同釋文出不稅云本亦作脫又作說正義本作說。按依說文當作挩从才兌聲

食上必在視寒煖之節食下問所膳至乃間　閩監毛本同惠棟挍宋本作食上至後退五字

是庶幾爲慕尙之義　閩監本同毛本是誤尙考文云宋板是字同惠棟挍宋本慕作尊

其間有空隙故云　惠棟挍宋本如此衞氏集說同此本隙下衍病字閩監毛本同

文王謂武王曰節

夢帝與我九齡　閩監毛本同石經同岳本同嘉靖本同衞氏集說同釋文出九聆云本亦作齡正義以皇氏解九齡爲鈴鐸而云徧驗書本齡皆從齒

言與爾三者　閩監毛本同岳本同嘉靖本同衞氏集說同釋文出予爾

文王至而終　惠棟挍宋本無此五字

注言天氣也至成之　閩監毛本同惠棟挍宋本無氣也二字

俱有零落之義　監毛本作零是也此本零誤齒惠棟挍宋本作齡閩本同

成王幼節

不能涖阼　閩監毛本同石經同岳本同嘉靖本同衞氏集說同釋文涖作莅注同

成王幼不能至子也　惠棟挍宋本無此八字

凡學世子節　惠棟挍云此節疏則四夷之樂皆教之也四字起至下節疏養老乞言及合語之禮語字止宋本闕

四時各有宜學　岳本同嘉靖本同考文引宋板古本足利本同閩監毛本宜上有所字衞氏集說同盧文弨云所字當有宜字絕句否則學字當重

干盾也　閩監毛本同岳本同嘉靖本同衞氏集說同釋文出干楯考文引古本盾作楯

戈句矛戟也　閩監毛本作孑岳本同衞氏集說同此本孑誤矛嘉靖本同釋文出句孑

小樂正學干　惠棟挍宋本同石經同岳本同嘉靖本同衞氏集說同閩監毛本樂誤學

舍菜合舞　閩監毛本同岳本同嘉靖本同衞氏集說同釋文出舍采云後舍采同

於功易成也　閩監毛本同岳本同嘉靖本同衞氏集說同惠棟挍宋本無成字

凡學至上庠　惠棟挍宋本無此五字

此一節是第二節　閩監毛本同惠棟挍宋本是上有還字

謂大學也　閩監毛本同衞氏集說同惠棟挍宋本大作入按入字非

鄭引詩左手執籥　考文引宋板如此此本鄭引二字倒閩監毛本同

故謂之大樂正也小樂正也　閩監毛本同惠棟挍宋本無小樂正也四字衞氏集說同

是小雅鼓鍾之詩　考文引宋板同衞氏集說同閩監本鍾作鐘毛本鍾誤樂

播彼詩之音節　考文引宋板同閩監毛本彼作被

以湯伐桀　閩本同監毛本伐作放

又此學虞學也　閩監毛本同許宗彥挍改作又此學書於虞學

凡祭與養老乞言節　惠棟挍云宋本分大樂正以下另爲一節

師氏掌以美詔王　岳本同嘉靖本同考文引古本足利本同閩監毛本美作媺與周禮合衞氏集說同疏同

云合語謂鄉射鄉飲酒大射燕射之屬也者　閩監毛本同惠棟挍宋本也作三

大樂至授數　閩監毛本同惠棟挍宋本無此五字

大司成論說在東序　閩監毛本同惠棟挍宋本無此八字

凡侍坐於大司成者節

凡侍至不問　惠棟挍宋本無此五字

辟後來問者列事未盡不問者　閩監毛本列上有○

凡學節

春官釋奠于其先師　閩監本同石經同岳本同嘉靖本同衞氏集說本同毛本于作於下必釋奠于先聖先師儐于東序同杜氏通典亦並作于

凡學至如之　惠棟挍宋本無此五字

頗能記其鏗鎗鼓舞　閩本同惠棟挍宋本同監毛本鎗作鏘

凡始立學者節

凡始至以幣　惠棟挍宋本無此五字

天子命之使立學者　惠棟挍宋本同閩監毛本使作始衞氏集說同

按釁器用幣　閩監毛本同惠棟挍宋本按上有今字續通解同

若諸侯正立時王一代之學　閩監毛本同衞氏集說正作止

凡釋奠者節　惠棟挍云凡釋奠節宋本分大合樂以下另爲一節

若唐虞有夔伯夷　岳本同嘉靖本同惠棟挍宋本同考文引古本足利本同閩監毛本夔下衍龍字衞氏集說同正義有龍字蓋亦衍文通典五十三引亦作夔伯夷無龍字

明日乃息司正徵唯所欲　閩監毛本同嘉靖本同衞氏集說同岳本同正下衍云字

凡釋至養老　惠棟挍宋本無此五字

凡大合樂必遂養老　惠棟挍宋本無此八字

凡語于郊者節

曲藝爲小技能也　閩監毛本同岳本同嘉靖本同衞氏集說爲作謂

謂小小技術　閩監毛本同惠棟挍宋本術下有也字

始立學者節　惠棟挍云始立學節教世子節宋本合爲一節

始立學者既興器用幣至可也　惠棟挍宋本無此十二字

凡三王教世子節　惠棟挍云凡三王節設四輔節昔者周公節知爲人子節抗世子法節行一物節宋本合爲一節盧文弨挍云按疏只當合設四輔爲一節其仲尼曰至行一物另爲一節

樂所以脩內也　閩監本同石經同岳本同衞氏集說同毛本脩作修嘉靖本同下脩外同

立大傅少傅以養之　惠棟挍宋本同石經同宋監本同岳本同嘉靖本同衞氏集說同閩監毛本大作太釋文上出大師云音泰下大學大傅大祖大寢皆同石經考文提要云宋大字本宋本九經南宋巾箱本余仁仲本劉叔剛本皆作大下大傅並同

以有四人維持之　閩監毛本同岳本同嘉靖本同衞氏集說同考文引宋板有作其

凡三至疑丞　惠棟挍宋本無此五字

此一節是第三節中　閩監毛本同盧文弨挍三改二云卷首疏分析甚明此尙是第二節按盧文弨挍是也下仲尼曰節疏當同此

設四輔節

正義曰設四輔及三公　惠棟挍宋本無正義曰三字

行一物節

然而衆知父子之道矣　閩監本同石經同岳本同嘉靖本同衞氏集說同毛本之誤知

然而衆著於君臣之義也　各本同正義云俗本皆云著於君臣之義而定本無著字義亦通

行一至踐阼　閩監毛本同惠棟挍宋本踐阼作謂也

庶子之正節　惠棟挍云庶子節其登餕節庶子治之節其在軍節五廟節宋本合爲一節

庶子至以官　惠棟挍宋本無此五字

此一節是第四節中之上節也　閩監毛本同浦鏜挍四改三盧文弨挍云四當作三

內朝至寢庭　閩監毛本同惠棟挍宋本至作路是也

王族故士虎士　惠棟挍宋本亦作故按鄭注司士云故士故爲士晚退留宿衞者閩監本故誤旅衞氏集說同毛本誤族

故云亦司馬之屬司馬　閩監毛本同浦鏜挍云下司馬二字當衍文

官官各司其事　閩監毛本同惠棟挍宋本其作故

其登餕節

其登至上嗣○　閩監毛本有此五字一○此本脫按○下諸本有正義曰三字惠棟挍宋本無

庶子治之節

以次主人　宋監本惠棟挍宋本亦並作次閩監本同石經同岳本同嘉靖本同衞氏集說同考文引宋板古本足利本同毛本次誤佽

正義曰庶子治之　惠棟挍宋本無上三字

治之至行列中　閩監毛本同惠棟挍宋本無行字

使主人在上居喪主也　閩監本同毛本上主誤王嶽杰按居疑爲字之誤

故於齊衰而稱饗也　惠棟挍宋本作齊此本齊誤斬閩監毛本同

則主人猶不得在父兄之下而齒列焉　閩監毛本同浦鏜挍作然主人亦不得下而與之序齒列

其在軍節

親者至者希　閩監毛本同惠棟挍宋本作親者稠疏者希

正室守大廟　閩監毛本同岳本同嘉靖本同衞氏集說同石經大作太

諸父守貴宮貴室　閩監毛本同石經同岳本同嘉靖本同衞氏集說同正義同釋文出諸父宗貴室云本或作守貴宮貴室正義云皇氏云或俗本無貴宮考定本有貴宮

及諸子孫之行　閩監毛本同衞氏集說同惠棟挍宋本行作後

五廟之孫節

冠取妻必告　閩監毛本同石經同岳本同嘉靖本同衞氏集說同惠棟挍宋本妻下有者字考文引古本足利本取作娶無者字

贈送也　惠棟挍宋本此下標禮記正義卷第二十八終記云凡二十七頁

公族其有死罪節　惠棟挍宋本自此節起至言僨復問曰如此乎禮之急也節止爲第二十九卷卷首題禮記正義卷第二十九

纖讀爲殲殲刺也　閩監毛本同岳本同嘉靖本同衞氏集說同惠棟挍宋本上殲作鍼案釋文上出則纖云依注音鍼之林反刺也徐子廉反注本或作纖讀爲殲者是依徐音而改也下出鍼刺九經古義云案釋

文則當云纖讀爲鍼故下注訓爲刺今本皆從徐音誤爲殲盧文弨按云兩殲字俱當從釋文作鍼

宮割臏墨劓刖　閩監毛本同岳本同嘉靖本同衛氏集說同盧文弨按云通考作刺劓此宮字誤公族無宮刑也疏作官

欲寬其罪出於刑也　閩監毛本同岳本同嘉靖本同衛氏集說同考文引宋板欲作欽

公族至巽之　惠棟按宋本無此五字

又云磬盡也　閩監本同考文引宋板同毛本盡字闕

左傳云室如縣罄　惠棟按宋本同閩監毛本罄作磬下杜預云罄盡也同

用法謂其法律平斷其罪　閩監毛本同衛氏集說謂下有用字

公族雖無宮刑　閩監毛本同浦鏜按無改犯

公族朝于內朝節　惠棟按云公族節五廟之孫節宋本合爲一節

公族至達矣　惠棟按宋本無此五字

外朝主尊別　閩監毛本同衛氏集說同許宗彥別改里

豈得相遺棄　惠棟按宋本作遺此本遺誤責閩本同監毛本遺誤背衛氏集說云不相遺棄

五廟之孫節

五廟至類也　閩監毛本同惠棟挍宋本類作親○按諸本此下有○及正義曰三字惠棟按宋本無

所以必告必赴者　惠棟按宋本如此此本上必字脫閩監毛本同

鄭康成注云　惠棟按宋本如此此本注下衍法字閩監毛本同

天子視學節

示天下之孝悌也　閩監毛本同岳本同嘉靖本同惠棟按宋本悌作弟衛氏集說同考文云古本之作以通典六十七亦作示天下之孝悌也

退脩之　閩監本同石經同岳本同衛氏集說同毛本脩作修嘉靖本同注同通典引經文亦並作脩

乃席正於西階上　閩監毛本作工岳本同衛氏集說同此本工誤正嘉靖本同考文引古本足利本同通典亦作席工

既歌謂樂正告正歌備也　閩監毛本同岳本同嘉靖本同衛氏集說同正義云定本云正歌云工歌備誤也工當爲正也

反養老幼于東序　閩監本同石經同岳本同嘉靖本同衛氏集說同毛本于作於陳澔集說引馮氏曰石梁先生於此經塗去幼字今按疏有其義而鄭注無養幼之文疑是訛本誤入一字按此按是也通典六十七正作反養老于東序無幼字

王於燕之末　閩監毛本同岳本同衛氏集說同嘉靖本末誤未

天子視學大昕鼓所以警眾也至之以仁也　閩本同監毛本作天子視學至終之以仁也惠棟按宋本無此十七字

遂作樂發其歌咏　惠棟按宋本如此衛氏集說同此本樂下衍聲字閩監毛本同

退脩之以孝養也　閩監毛本同惠棟按宋本也作者

興謂發起文王武王之有德　閩監毛本同惠棟按宋本謂發起下有謂起發三字衛氏集說同惠棟按宋本

無筭樂之終也　閩監毛本同衛氏集說同惠棟按宋本之作已

王家但自養老　惠棟按宋本作但此本但作恒閩監毛本同

是必兕事也　閩監毛本同衛氏集說事下有之字

云取象三辰五星者三辰謂日月星　閩監毛本同考文引宋板無五星者三辰五字

今文是泰誓之文也　閩監毛本同浦鏜按云是字當在今文上

是故聖人之記事也節

是故王以仁　惠棟按宋本無此五字

是故聖人之記事也者　閩監本同毛本也者二字倒

是故古之人節

是故至于學　惠棟按宋本無此五字

世子之記曰節

又不及武王一飯再飯　閩監毛本同岳本同嘉靖本同衛氏集說同考文引古本武王作文王盧文弨按云作文王是疏只言文王

世子至復初　惠棟按宋本無此五字

故知冠衣皆元也　閩監毛本同惠棟按宋本皆作俱

附釋音禮記注疏卷第二十終　惠棟按宋本禮記正義卷第二十九宋監本禮記卷第六嘉靖本禮記卷第六

經五千七百六十四字注五千五百字

經五千七百七十二字注五千五百二十五字

附釋音禮記注疏卷第二十一

禮運第九

○陸曰鄭云禮運者以其記五帝三王相變易及陰陽轉旋之道○【疏】正義曰按鄭目錄云名曰禮運者以其記五帝三王相變易陰陽轉旋之道此於別錄屬通論不以子游爲篇目者以曾子所問事類既煩雜不可以一理目篇子游所問唯論禮之運轉之事故以禮運爲標目耳

禮記　鄭氏注　孔穎達疏

昔者仲尼與於蜡賓。蜡者索也歲十二月合聚萬物而索饗之亦祭宗廟時孔子仕魯在助祭之中○與音預蜡仕嫁反祭名夏曰清祀殷曰嘉平周曰蜡秦曰臘字林作䄍索所百反事畢。出遊於觀之上。喟然而嘆。觀闕也孔子見魯君於祭禮有不備於此又覩象魏舊章之處感而嘆之○觀古亂反注同喟去位反又苦怪反說文云大息處昌慮反下同處同仲尼之嘆。蓋嘆魯也。言偃在側。曰。君子何嘆。言偃孔子弟子子游孔子曰。大道之行也。與三代之英。丘未之逮也。而有志焉。大道謂五帝時也英俊選之尤者逮及也言不及見志謂識古文不言魯事爲其大切廣言之○逮音代一音代計反選宣面反下文皆同爲于僞反下文爲已皆同○【疏】昔者至而嘆○正義曰皇氏云從昔者仲尼以下至於篇末此爲四段自初至是謂小康爲第一明孔子爲禮不行而致發嘆發嘆所以最初者凡說事必須因漸故先發嘆後使弟子因而怪問則因問以荅也又自言偃復問曰如此乎禮之急至天下國家可得而正也爲第二明須禮之急前所嘆之意正在禮急故以禮急次之也又自言偃復問曰夫子之極言禮也至此禮之大成也爲第三明禮之所起前既言禮急急則宜知所起之義也又自孔子曰嗚呼哀哉訖篇末爲第四更正明孔子嘆意也以前始發未得自言嘆意而言偃有問即隨問而荅荅事既畢故更備述所懷也今此第一段明孔子發嘆遂論五帝三王道德優劣之事各隨文解之○昔者仲尼與於蜡賓者謂仲尼與於蜡祭之賓也事畢者謂蜡祭畢了○出遊於觀之上者謂出廟門往雉門雉門有兩觀皇氏云登遊於觀之上熊氏云謂遊目看於觀之上喟然而嘆者喟是嘆之形貌言口輔喟然而爲嘆也○注蜡者至之中○正義曰蜡者索也歲十二月合聚萬物而索饗之者郊特牲文十二月者據周言之若以夏正言之則十月以殷言之則十一月謂建亥之月也以萬物功成報之云亦祭宗廟者以月令孟冬云祈來年于天宗大割祠于公社及門閭臘先祖五祀以臘先祖故云亦祭宗廟揔而言之謂之爲蜡若析而言之祭百神曰蜡祭宗廟曰息民故鄭注郊特牲云息民與蜡異此據揔而言之故祭宗廟而云與於蜡賓也廣雅云夏曰清祀以清絜祭祀殷曰嘉平嘉善也平成也以歲終萬物善成就而報功其蜡與臘名已具於上知此蜡是祭宗廟者以下云出遊於觀之上故知是祭宗廟也云時孔子仕魯在助祭之中者以其與蜡祭故知仕魯也魯臣而稱賓者以祭祀欲以賓客爲榮故雖臣亦稱賓也○注觀闕至嘆之○正義曰爾雅釋宮云觀謂之闕孫炎云宮門雙闕者舊縣法象使民觀之處因謂之闕熊氏云當門闕處以通行路既言雙闕明是門之兩旁相對爲雙熊氏得焉白虎通云闕是闕疑義亦相兼案何休注公羊天

子兩觀外闕諸侯臺門則諸侯不得有闕魯有闕者魯以天子之禮故得有之也公羊傳云設兩觀乘大路此皆天子之禮是也案定二年雉門災及兩觀魯之宗廟在雉門外左孔子出廟門而來至雉門遊於觀此觀又名象魏以其縣法象魏巍也其處巍巍高大故哀三年桓宮災季桓子至御公立于象魏之外命藏象魏曰舊章不可亡也熊氏云天子藏舊章於明堂諸侯藏於祖廟知者以天子頒朔于明堂諸侯於祖廟故也穀梁傳云天子班告朔于諸侯諸侯受乎禰廟非鄭義也云感而嘆之者一感魯君之失禮二感舊章廢棄故爲嘆也○仲尼至何嘆○作記者言其所嘆之由又言其所嘆之事故云仲尼之嘆蓋嘆魯也言蓋者謙爲疑辭不即指正也於時言偃在側而問之曰君子何嘆言嘆恨何事不云孔子而云君子者以論語云君子坦蕩蕩不應有嘆也故云君子何嘆○注言偃至子游○正義曰案仲尼弟子傳云姓言名偃字子游魯人也○孔子至志焉○孔子既見子游所問若指言魯失禮恐其大切故廣言五帝以下及三王盛衰之事此一經孔子自序雖不及見前代而有志記之書披覽可知自大道之行至是謂大同論五帝之善自大道既隱至是謂小康論三王之後今此經云大道之行也謂廣大道德之行五帝時也○與三代之英者英謂英異并與夏殷周三代英異之主若禹湯文武等○丘未之逮也者未猶不也逮猶及也言生於周衰身不及見上代不能備知雖然不見大道三代之事而有志記之書焉披覽此書尚可知於前代也○注大道至言之○正義曰以下云禹湯文武成王周公此大道在禹湯之前故爲五帝時也云英俊選之尤者案辨名記云倍人曰茂十人曰選倍選曰俊千人曰英倍英曰賢萬人曰傑倍傑曰聖毛詩傳又云萬人爲英是英皆多於俊選是俊選之尤異者即禹湯文武三王之中俊異者云志謂識古文者志是記識之名古文是古代之文籍故周禮云掌四方之志春秋云其善志皆志記之書也

大道之行也，天下爲公，選賢與能，講信脩睦。公猶共也。禪位授聖，不家之。睦，親也。○禪，善面反。○故人不獨親其親，不獨子其子，孝慈之道廣也。使老有所終，壯有所用，幼有所長，矜寡孤獨廢疾者皆有所養。無匱乏也。○長，丁丈反。矜，古頑反。匱，其媿反。○男有分，分猶職也。○分，扶問反，注同。○女有歸。皆得良奧之家。○奧，烏報反。○貨惡其弃於地也，不必藏於己；力惡其不出於身也，不必爲己。勞事不憚，施無吝心，仁厚之教也。○惡，烏故反，下同。憚，大旦反。吝，力刃反，又力覲反。是故謀閉而不興，盜竊亂賊而不作，尙辭讓之故也。故外戶而不閉，禦風氣而已。○是謂大同。同猶和也，平也。

【疏】大道至同○正義曰既云見其遺記此以下說記中之事故此先明五帝時也○天下爲公謂天子位也爲公謂揖讓而授聖德不私傳子孫即廢朱均而用舜禹是也○選賢與能者鄕明不私傳天位此明不世諸侯也國不傳世唯選賢與能也黜四凶舉十六相之類是也鄭注鄕大夫云賢者有德行者能者有道藝者四凶共工驩兜鯀三苗十六相八元謂伯奮仲堪叔獻季仲伯虎仲熊叔豹季貍八愷謂蒼舒隤敳檮戭大臨尨降庭堅仲容叔達也○講信脩睦者講談說也信不欺也脩習睦親也世淳無欺詐說輒有信也故哀公問周豐云有虞氏未施信於民而民信之是也又凡所行習皆親睦也故孝經云民用和睦是也○故人不獨親其親不獨子其子者君既無私言信行睦故人法之而不獨親己親不獨子己子使老有所終者既四海如一無所獨親故天下之老者皆得贍養終其餘年也○壯有所用者壯謂年齒盛壯者也所用謂不愛其力以奉老幼也亦重任分輕任并班白者不提挈是也○幼有所長者無所獨子故天下之幼皆獲養長以成人也○矜寡孤獨廢疾者皆有所養者壯不愛力故四者無告及有疾者皆獲恤養也○男有分者分職也無才者耕有能者仕各當其職無失分也○女有歸者女謂嫁爲歸君上有道不爲失時故有歸也若失時者則詩衛女淫奔期我乎桑中要我乎上宮是失時也故注云皆得良奧之家○貨惡其弃於地也不必藏於己者貨謂財貨也既天下共之不獨藏府庫但若人不收録弃擲山林則物壞世窮無所資用故各收寶而藏之是惡棄地耳非是藏之爲己有乏者便與也○力惡其不出於身也不必爲己者力謂爲事用力言凡所事不憚勅勞而各竭筋力者正是惡於相欺惜力不出於身耳非是欲自營贍故云不必爲己也○是故謀閉而不興者興起也夫謀之所起本爲鄙詐今既天下一心如親如子故圖謀之事閉塞而不起也盜竊亂賊而不作者有之輒與則盜竊焉施有能必位則亂賊何起作也○故外戶而不閉者扉從外闔也不閉者不用關閉之也重門擊柝本禦暴客既無盜竊亂賊則戶無俟於閉也但爲風塵入寇故設屏耳無所捍拒故從外而掩也○是謂大同者率土皆然故曰大同○注禪位至親也○正義曰禪位授聖謂堯授舜也不家之者謂不以天位爲己家之有授子也天位尙不爲己有諸侯公卿大夫之位灼然與天下共之故選賢與能也己子不才可捨子立他人之子則廢朱均而禪舜禹是也然己親不賢豈可廢己親而事他人之親但位是天位子是卑下可以捨子立他人之子親是尊高未必有位無容廢己之親而事他親但事他親有德與己親同也案祭法有虞氏禘黃帝而郊嚳祖顓頊而宗堯配天事重不以瞽叟爲祖宗此亦不獨親之義也○注勞事至教也○正義曰以經云力惡其不出於身欲得身出氣力是勞事無憚也憚難也謂不難勞事云施無吝心者經云不必藏於己財貨欲得施散是無吝留之心先釋力然後釋財便文無義例也○

今大道既隱，隱猶去也。天下爲家，傳位於子。○傳，丈專反。○各親其親，各子其子，貨力爲己，俗狹嗇。○狹音洽，嗇音色。大人世及以爲禮，城郭溝池以爲固，亂賊繁多，爲此以服之也。大人，諸侯也。禮義以爲紀，以正君臣，以篤父子，以睦兄弟，以和夫婦，以設制度，以立田里，以賢勇知，以功爲己。故謀用是作，而兵由此起。以其違大道敦朴之本也。教令之稠，其弊則然。老子曰：「法令滋章，盜賊多有。」○知音智。朴，普角反。稠，直由反。○禹、湯、文、武、成王、周公，由此其選也。由，用也。能用禮義以成治。○治，直吏反。○此六君子者，未有不謹於禮者也。以著其義，以考其信，著有過，刑仁講讓，示民有常。考，成也。刑猶則也。○如有不由此者，在埶者去，衆以爲殃，埶，埶位也。去，罪退之也。殃猶禍惡也。○埶音世，本亦作勢。去，羌呂反，注同。是謂小康。康，安也。大道之人以禮，於忠信爲薄，言小安者，失之則賊亂將作矣。

【疏】今大至小康○正義曰前明五帝已竟此明三代俊英之事孔子生及三代之末故稱今也隱去也干戈攻伐各私其親是大道去也○天下爲家者父傳天位與子是用天下爲家也禹爲其始也○各親其親各子其子者君以天位爲家故四海各親親而子子也○貨力爲己者藏貨爲身出力贍己○大人世及以爲禮者大人謂諸侯也世及諸侯傳位自與家也父子曰世兄弟曰及謂父傳與子無子則兄傳與弟也以此爲禮也然五帝猶行德不以爲禮三王行爲禮之禮故五帝不言禮而三王云以爲禮也城郭溝池以爲固者城內城郭外也溝池城之塹既私位獨傳則更相爭奪所以爲此城郭溝池以自衛固也○禮義以爲紀者紀綱紀也五帝以大道爲紀而三王則用禮義爲紀也○以正君臣以篤父子以睦兄弟以和夫婦者緣此諸事有失故並用禮義爲此以下諸事之紀也君臣義合故曰正父子天然故云篤篤厚也兄弟同氣故言睦夫婦異姓故言和謂親迎合巹之事○以設制度者又用禮義設爲宮室衣服車旗飲食上下貴賤各有多少之制度也○以立田里者田種穀稼之所里居宅之地貴賤異品○以賢勇知者賢猶崇重也既盜賊並作故須勇也○更相欺妄故須知也所以勇知之士皆被崇重也○以功爲己者立功起事不爲他人也○故謀用是作而兵由此起者故姦詐之謀用是貨力爲己而興作而戰爭之兵由此貨力爲己而發起禹湯文武成王周公由此其選也者以其時謀作兵起遞相爭戰禹湯等能以禮義成治故云由此其選由用也此謂禮義也用此禮義教化其爲三王中之英選也此六君子者未有不謹於禮者也言此聖賢六人皆謹慎於禮以行下五事也○以著其義者此以下皆謹禮之事也著明也義宜也民有失所則用禮義裁斷之使得其宜也○以考其信考成也民有相欺則用禮成之使信也著有過者著亦明也過罪也民有罪則用禮以照明之也○刑仁者刑則也民有仁者用禮賞之以爲則也○講讓者民有爭奪者用禮與民講說之使推讓也○示民有常者以禮行上五德是示見民下爲常法也然此五德即仁義禮知信也能明有罪是知也能講推讓即是禮也○如有不由此者在埶者去衆以爲殃者由用也去罪退之殃禍惡也若爲君而不用上謹於禮以下五事者雖在富貴埶位而衆人必以爲禍惡共以罪黜退之○是謂小康者康安也行禮自衞乃得不去埶位及不爲衆所殃而比大道爲劣故曰小安也○注大人諸侯也○正義曰上既云天下爲家是天子之治天下也以大人世及而爲禮明大人非天子又云世及復非卿大夫故以爲諸侯凡文各有所對易革卦大人虎變對君子豹變故大人爲天子士相見禮云與大人言言事君對士文云事君故以大人爲卿大夫○注教令之稠其弊則然○正義曰以三王之時教令稠數徵責繁多姦下不堪其弊則致如此然謂謀作兵起也案史記黃帝與蚩尤戰于涿鹿之野尚書舜征有苗則五帝有兵今此三王之時而云兵由此起者兵設久矣但上代之時用之希少時有所用故雖用而不言也三王之時每事須兵兵起頻數故云兵猶此起也○

言偃復問曰：「如此乎禮之急也？」孔子曰：「夫禮，先王以承天之道，以治人之情，故失之者死，得之者生。詩曰：

相鼠有體。人而無禮。人而無禮。胡不遄死。相視也遄疾也言鼠之有身體如人而無禮者矣人之無禮可憎賤如鼠不如疾死之愈○復扶又反下復問同相息亮反注同遄市專反○是故夫禮。必本於天。殽於地。列於鬼神。聖人則天之明因地之利取法度於鬼神以制禮下教令也既又祀之盡其敬也教民嚴上也鬼者精魂所歸神者引物而出謂祖廟山川五祀之屬也○殽戸教反法也徐戸交反○達於喪祭射御冠昏朝聘。民知嚴上則此禮達於下也○冠古亂反朝直遥反故聖人以禮示之。故天下國家可得而正也。民知禮則易教○易以豉反○

【疏】言偃至正也○正義曰言偃既見夫子所云三王得禮則興失禮則亡故云禮之急也故孔子乃荅以禮所用既上以承天之道下以治民之情不云承地者承天則承地可知○故失之者死者言失禮則死若桀紂也○得之者生者若禹湯也引詩鄘風者證人若禮不如速死此詩衛文公以禮化其臣子臣子無禮之人相視也視鼠有其形體人亦有其形體鼠無禮故賤人有禮故貴若人而無禮何異於鼠鼠之無禮不能損害人之無禮傷害更多故云胡不遄死胡何也遄疾也何不疾死無所侵害既言無禮則死又言禮之所起其本尊大故云夫禮必本於天言聖人制禮必則於天禮從天出故云必本於天非但本於天又殽於地殽效也言聖人制禮又效於地天遠故言本地近故言效○列於鬼神言聖人制禮布列效法於鬼神謂法於鬼神以制禮聖人既法天地鬼神以制禮本謂制禮以教民故祀天禮地享宗廟祭山川一則報其禮之所來之功二則教民報上之義○達於喪祭射御冠昏朝聘者民既知嚴上之義曉達喪禮喪有君親知嚴上則哀其君親是曉達喪禮也祭是享祀君親既知嚴上則達於祭也射御是防衛供御尊者人知嚴上則達於射御冠有著代之義昏有代親之感人知嚴上則達冠昏矣朝是君之敬上聘是臣之事君民知嚴上則達於朝聘在下既曉於此八者之禮無教不從故聖人以禮示之故天下國家可得而正也者天下謂天子國謂諸侯家謂卿大夫下既從教不復爲邪故得而正也○注聖人至屬也○正義曰則天之明因地之利昭二十五年左傳文則天之明者彼傳云爲昏媾姻亞杜預云若衆星之共辰極也猶昏媾姻亞繫於家人云因地之利者彼傳云爲君臣上下以則地義是也云取法度於鬼神者下文云降于祖廟之謂仁義謂教令由於祖廟下者謂取仁於禰取義於祖是取仁義法度於祖禰之鬼神下文云降於山川之謂興作謂教令由山川下者山川有草木鳥獸可以興作器物是取興作於山川之鬼神也下也文又云降於五祀之謂制度謂教令由於五祀下者此五祀之神始謂中霤門戸竈行之法後王制禮取之以爲制度是取法度於五祀之鬼神也下文又云必本於天殽於地之後乃云祖廟山川五祀此文本天效地之下捴云列於鬼神則鬼神之文包此三事故鄭注云謂祖廟山川五祀之屬也云以制禮下教令也者謂法天地鬼神以制禮既甲下此禮之教令以教民故下文云殽以降命又云命降于社又云降于祖廟又云降於山川又云降于五祀降則下也謂法此等之神以下教令又祀此等之神教民嚴上故鄭此云既又祀之盡其敬也教民嚴上也云鬼者精魂所歸神引物而出者謂之宗廟山川五祀據其精魂歸藏不知其所則謂之鬼宗廟能引出仁義山川能引出興作五祀能引出制度又俱能引出福慶謂之神也三者皆爲鬼神故下文云聖人參於天地並於鬼神又云山川所以儐鬼神是山川稱鬼神也皇氏以此鬼神謂宗廟山川五祀其義非也○

言偃復問曰。夫子之極言禮也。可得而聞與。欲知禮終始所成○極如字徐紀力反與音餘孔子曰。我欲觀夏道。欲行其禮觀其所成是故之杞。杞夏后氏之後也○而不足徵也。徵成也無賢君不足與成也○吾得夏時焉。得夏四時之書也其書存者有小正○有小正音征本或作有夏小正○我欲觀殷道。是故之宋。而不足徵也。宋殷人之後也吾得坤乾焉。得殷陰陽之書也其書存者有歸藏○坤苦門反乾其連反○坤乾之義。夏時之等。吾以是觀之。觀於二書之意

【疏】言偃至觀之○正義曰言偃既見孔子極言禮故問其禮之終始可得聞不孔子曰我欲觀夏道以下至禮之大成荅以所成之事但語意既廣非一言可了所荅之辭凡有數節今略言之前云大道之行三代之英丘未之逮也而有志焉此我欲觀夏道至以是觀之論披捴二記之書乃知上代之禮運轉之事自夫禮之初至皆從其初論中古祭祀之事及死喪之禮今時所法於前取以行者自昔者先王至皆從其朔論昔者未有宮室火化後聖有作始制宮室炮燔醴酪之事今世取而行之故云皆從其朔但今世一祭之中凡有兩節上節是薦上古中古下節是薦今世之食自玄酒在室至承天之祜捴論今世祭祀饌具所因於古及其事義捴論兩節祭祀獲福之義自作其祝號至是謂合莫別論祭之上節薦上古中古之食併所用之物自然後退而合享至是謂大祥論祭之下節薦今世之食此禮之大成一句總結上所陳之言也○我欲觀夏道者我欲行夏禮故觀其夏道可成以不是故之適於杞欲觀夏禮而與之成○而不足徵者徵成也謂杞君闇弱不堪足與成其夏禮然固往適杞而得夏家四時之書焉夏禮既不可成我又欲觀殷道可成與不是故適宋亦以宋君闇弱不堪足與成其禮吾得殷之坤乾之書謂得殷家陰陽之書也其殷之坤乾之書并夏四時之書吾以二書觀之知上代以來至於今世時代運轉禮之變通即下云夫禮之初以下是也○注欲行至所成○正義曰言我欲行夏禮觀此夏禮堪成與不知非直觀其禮而云觀其所成者以下云而不足徵○注杞夏后氏之後○正義曰案樂記云武王下車而封夏后氏之後於杞又史記云武王伐紂求夏后之後而得東樓公封之於杞是也○注徵成至成也○正義曰徵者徵驗之義故爲成若有賢君則自然成之當不須孔子而云無賢君不足與成者以杞是夏後雖有賢君欲成夏禮必須聖人贊佐若其君之不賢假令孔子欲往贊助終不能舉行夏禮雖助無益故論語云夏禮吾能言之杞不足徵則說之在孔子行之在杞君以杞君不能行故不足與成所以不能行者論語云文獻不足故也○注得陰陽之書○正義曰先言坤者熊氏殷易以坤爲首故先坤後乾○注觀於二書之意○正義曰案孔子以大聖之姿無所不覽故脩春秋贊易道定禮樂明舊章今古墳典無所不載而獨觀此二書始知禮之運轉者以詩書禮樂多是周代之書皇帝墳典又不論陰陽轉運之事而夏之四時之書殷之坤乾之說並載前王損益陰陽盛衰故觀此二書以知其上代也

○夫禮之初。始諸飲食。其燔黍捭豚。汙尊而抔飲。蕢桴而土鼓。猶若可以致其敬於鬼神。言其物雖質畧有齊敬之心則可以薦羞於鬼神鬼神饗德不饗味也中古未有釜甑釋米捭肉加於燒石之上而食之耳今北狄猶然汙尊鑿地爲尊也抔飲手掬之也蕢讀爲凷聲之誤也凷堛也謂摶土爲桴也土鼓築土爲鼓也○燔音煩捭卜麥反注作擗又作擘皆同汙烏華反注同一音作烏抔步侯反蕢依注音凷苦對反又苦怪反土塊也桴音浮鼓搥齊側皆反釜本又作鬴音父甑即孕反燒如字又舒照反鑿在洛反掬九六反本亦作臼音蒲侯反堛普逼反摶徒端反築徐音竹

及其死也。升屋而號。告曰。皋某復。招之於天○號音戸毛反皋音羔○然後飯腥而苴孰。飯以稻米上古未有火化苴孰取遣奠有火利也苴或爲俎○飯扶晚反注同腥音星苴子餘反苞也徐爭初反遣弃戰反○故天望而地藏也。體魄則降。知氣在上。地藏謂葬○知音智故死者北首。首陰也○首手又反注同生者南鄉。鄉陽也○鄉許亮反注同皆從其初。謂今行之然也

【疏】夫禮至飲食○正義曰此一節論上代物雖質畧以其齊敬可以致祭神明夫禮之初始諸飲食者從此以下至禮之大成皆是二書所見之事夫者發語之端禮謂吉禮此吉禮元初始諸飲食諸於也始於飲食者欲行吉禮先以飲食爲本但中古之時飲食質畧雖有火化其時未有釜甑也其燔黍捭豚者燔黍者以水洮釋黍米加於燒石之上以燔之故云燔黍或捭析豚肉加於燒石之上而孰之故云捭豚○汙尊而抔飲者謂鑿池汙下而盛酒故云汙尊以手掬之而飲故云抔飲蕢桴者又摶土凷爲桴皇氏云桴謂擊鼓之物故云蕢桴○土鼓築土爲鼓故云土鼓○猶若可以致其敬於鬼神者言上來之物非但可以事生若如也言猶如此亦可以致其恭敬於鬼神以鬼神享德不享味也○注中古至鼓也○正義曰伏犠爲上古神農爲中古五帝爲下古若易歷三古則伏犠爲上古文王爲中古孔子爲下古故易緯云蒼牙通靈昌之成運孔演命明道經蒼牙則伏犠也昌則文王也孔則孔子也故易繫辭云易之興也其於中古乎謂文王也若三王對五帝則五帝亦爲上古故士冠禮云大古冠布下云三王共皮弁則大古五帝時大古亦上古也不同者以其文各有所對故上古中古不同也此云中古者謂神農也知者以明堂位云土鼓葦籥伊耆氏之樂又郊特牲云伊耆氏始爲蜡蜡是報田之祭伊耆氏始爲蜡則於時始爲田也今此云蕢桴土鼓故知此謂神農也蕢讀爲凷者以經中蕢字乃是草名不可爲桴桴與土鼓相連凷是土之流類故讀爲凷凷堛也廣雅文土鼓築土爲鼓者以與汙尊抔飲相連皆尚質素故知築土爲鼓周代極文而不爾也故杜注周禮籥章云以瓦爲匡不須築土或以爲桴則摶捭也謂摶土爲摶捭以手擊之而爲樂其築土爲鼓先儒未詳蓋築地以當鼓節不云築地鼓者以經稱土鼓故言築土順經文也經云禮之初始諸飲食謂祭祀之禮故始諸飲食其人情之禮起則遠矣故昭二十六年左傳云禮之可以爲國也久矣與天地並是也○及其至其初○正義曰上言古代質素此言後世漸文謂五帝以下至於三王及其身之死也升上屋而號呼告曰皐某復者謂北面告天曰皐皐引聲之言某謂死者名令其反復魄復魄不復然後浴尸而行含禮於含之時飯用生稻之米故云飯腥用上古未有火化之法苴孰者至欲葬設遣奠之時而用苞裹孰肉以遣送尸法中古脩火化之利也熊

氏云升屋而號爲五帝時或爲三王時皇氏云中古也中古未有宮室皇說非也○故天望而地藏也者○天望謂始死望天而招魂地藏謂葬地以藏尸也○體魄則降知氣在上者覆釋所以天望地藏之意所以地藏者由體魄則降故也故以天望招之於天由知氣在上故也○故死者北首生者南鄉者體魄降入於地爲陰故死者北首歸陰之義死者既歸陰則生者南鄉歸陽也○皆從其初者謂今世飯腥苴孰與死者北首生者南鄉之等非是今時始爲此事皆取法於上古中古而來故云皆從其初前文云燔黍捭豚謂中古之時文云及其死也似還論中古之死但中古神農未有宮室上棟下宇及在五帝以來此及其死也而云升屋則非神農時也故熊氏云及其死也以爲五帝時或爲三王時皇氏以爲及其死也還論中古時飯腥苴孰謂五帝時故云然後其義非也

○昔者先王未有宮室。冬則居營窟。夏則居橧巢。寒則累土暑則聚薪柴居其上○窟苦忽反橧本又作增又作曾同則登反樔本又作巢助交反未有火化。食腥也食草木之實。鳥獸之肉。飲其血。茹其毛。未有麻絲。衣其羽皮。此上古之時也○茹音汝衣於既反○後聖有作。作起然後脩火之利。孰冶萬物范金。鑄作器用○鑄之樹反合土。瓦瓴甓及甒大○合如字徐音閤瓴音令甓步歷反甒音武大音泰甒大皆樽名以爲臺榭宮室牖戶。榭器之所藏也○榭音謝本亦作謝牖音酉以炮。裹燒之也○炮薄交反徐扶交反裹音果以燔。加於火上○燔音煩以亨。煮之鑊也○亨普庚反煮也下合亨同鑊戶郭反以炙。貫之火上○炙之石反貫古亂反以爲醴酪。烝釀之也酪酢截○醴音禮酪音洛烝之承反釀女亮反酢七故反截才再反徐祖冀反治其麻絲。以爲布帛。以養生送死。以事鬼神上帝。皆從其朔。朔亦初也亦謂今行之然

〔疏〕昔者先王至其朔○正義曰此一節更論上古之事昔者先王既云未有宮室則摠是五帝之前云未有火化之事則唯爲伏犧之前以上文中古神農有火故也○冬則居營窟者營累其土而爲窟地高則穴於地地下則窟於地上謂於地上累土而爲窟○夏則居橧巢者謂橧聚其薪以爲巢○飲其血茹其毛者雖食鳥獸之肉若不能飽者則茹食其毛以助飽也若漢時蘇武以雪雜羊毛而食之是其類也○後聖至其朔○正義曰此一節論中古神農及五帝并三王之事各隨文解之○後聖有作者謂上古之後聖人作起○然後脩火之利者謂神農也火利言脩者火利先有用之簡少至神農更脩益使多故云脩知者以世本云燧人出火案鄭六藝論云燧人在伏犧之前凡六紀九十一代廣雅云一紀二十六萬七千年六紀計一百六十萬二千年也○范金合土者范金者謂爲形范以鑄金器合土者謂和合其土燒之以作器物○以爲臺榭宮室牖戶者謂五帝時也○以炮以燔以爲醴酪及治其麻絲以爲布帛之屬亦五帝時也○皆從其朔者謂今世所爲范金合土燒炙醴酪之屬非始造之皆倣法中古以來故云皆從其朔○注孰冶萬物○正義曰孰謂亨煮冶謂陶鑄也○注瓦瓴甕及甒大○正義曰檀弓云有虞氏之瓦棺釋器云瓴甒謂之甕郭注云壚塼也禮器云君尊瓦甒又明堂云泰有虞氏之尊此等皆燒土爲之○注榭器之所藏也○正義曰知者案宣十六年成周宣榭火公羊云樂器藏焉爾穀梁云樂器之所藏是也

○故玄酒在室。醴醆在戶。粢醍在堂。澄酒在下。陳其犧牲。備其鼎俎。列其琴瑟。管磬鍾鼓。脩其祝嘏。以降上神。與其先祖。以正君臣。以篤父子。以睦兄弟。以齊上下。夫婦有所。是謂承天之祜。此言今禮饌具所因於古及其事義也粢讀爲齊聲之誤也周禮五齊一曰泛齊二曰醴齊三曰盎齊四曰醍齊五曰沈齊字雖異醆與盎澄與沈蓋同物也奠之不同處重古略近也祝祝爲主人饗神辭也嘏祝爲尸致福於主人之辭也祜福也福之言備也○醆側眼反粢依注爲齊才細反注五齊皆同醍音體嘏本或作假古雅反祜音戶粢讀音咨泛芳斂反徐音泛盎烏浪反

〔疏〕故玄至之祜○正義曰此一節明祭祀因於古昔所供之物并酒之所陳之處○玄酒在室者玄酒謂水也以其色黑謂之玄而大古無酒此水當酒所用故謂之玄酒以今雖有五齊三酒貴重古物故陳設之時在於室內而近北醴醆在戶醴謂醴齊醆謂盎齊以其後世所爲賤之陳列雖在室內稍南近戶故云醴醆在戶皇氏云醴在戶內醆在戶外義或然也其泛齊所陳當在玄酒南醴齊北雖無文約之可知也以熊氏崔氏並云此據禘祭用四齊不用泛齊也○粢醍在堂者以卑之故陳列又南近戶而在堂澄酒在下者澄謂沈齊也酒謂三酒事酒昔酒清酒之等稍卑之故陳在堂下也○陳其犧牲者謂將祭之夕省牲之時及祭日之且迎牲而入麗於碑案特牲禮陳鼎于門外北面獸在鼎南東首牲在獸西西上北首其天子諸侯夕省牲之時亦陳於廟門外橫行西上○備其鼎俎者以牲實於鑊鑊在廟門之外鼎隨鑊設各陳於鑊西取牲體以實其鼎舉鼎而入設於阼階下南北陳之俎設於鼎西以次載於俎也故云備其鼎俎案少牢陳鼎于廟門之外東方北面北上又云鼎入陳于東方當序西面北上俎皆設于鼎西是也○列其琴瑟者琴瑟在堂而登歌故書云搏拊琴瑟以詠是也○管磬鍾鼓者堂下之樂則書云下管鼗鼓笙鏞以間是也其歌鐘歌磬亦在堂下○脩其祝嘏者祝謂以主人之辭饗神嘏謂祝以尸之辭致福而嘏主人也○以降上神與其先祖者上神謂在上精魂之神即先祖也指其精氣謂之上神指其亡親謂之先祖協句而言之分而爲二耳皇氏熊氏等云上神謂天神也○以正君臣者祭統云君在廟門外則疑於君入廟門則全於臣是以正君臣也○以篤父子者祭統云尸南面父北面而事之是以篤父子也睦兄弟者祭統云昭與昭齒穆與穆齒特牲云主人洗爵獻長兄弟衆兄弟是以睦兄弟也○以齊上下者祭統云尸飲五君洗玉爵獻卿尸飲七以瑤爵獻大夫是也○夫婦有所者禮器云君在阼夫人在房及特牲夫婦交相致爵是也○是謂承天之祜者言行上事得所則承受天之祜福也○注此言至備也○正義曰今禮饌具所因於古者此玄酒在室及下作其祝號并然後退而合亨皆是今世祭祀之禮醴醆犧牲之屬是饌具也用古玄酒醴醆是所以因於古故言今禮饌具所因於古也云及其事義者從玄酒以下至其先祖以上是事也以正君臣以下至承天天之祜是義也云粢讀爲齊者案爾雅云粢稷也作酒用黍不用稷故知粢當爲齊聲相近而致誤引周禮五齊者是酒正文也鄭注云泛者盛而滓浮泛泛然如今宜成醪矣醴猶體也成而汁滓相將如今恬酒矣盎猶翁也成而翁翁然葱白色如今酇白矣緹者成而紅赤如今下酒矣沈者成而滓沈如今造清矣云醆與盎澄與沈蓋同物者以酒正文醴緹之間有盎此醴醍之間有醆又周禮緹齊之下有沈齊此醍齊之下有澄齊故云醆與盎澄與沈蓋同物也案此注澄是沈齊案酒正注澄酒是三酒二注不同故趙商疑而致問鄭荅之云此本不誤轉寫益澄字耳如鄭所荅是轉寫酒正之文誤盎澄字當云酒三酒也則是與禮運注同然案坊記云醴酒在室醍酒在堂澄酒在下示民不淫也注云淫猶貪也又以澄爲清酒田瓊疑而致問鄭荅之云禮運云醴醆醍澄各是一物皆不言酒故推其意澄爲沈齊酒爲三酒坊記云醴也醍也澄也皆言酒故因注云澄酒清酒也其實沈齊也如鄭此言坊記所云醴酒醆酒五齊亦言酒則澄酒是沈齊也是五者最清故云澄酒非爲三酒之中清酒也是與禮運不異也云奠之不同處重古略近者奠之或在室或在堂或在下是不同處古酒奠於室近酒奠於堂或奠於下是重古畧近云祝祝爲主人饗神辭者案特牲少牢禮云祝稱孝孫某用薦歲事于皇祖伯某尚饗是祝爲主人饗神辭云嘏祝爲尸致福於主人之辭者此下云嘏以慈告詩小雅云錫爾純嘏予孫其湛是致福於主人之辭也云祜福也者釋詁文福之言備郊特牲文言嘉慶備具福之道也其用酒之法崔氏云周禮大祫於大廟則備五齊三酒朝踐王酌泛齊后酌醴齊饋食王酌盎齊后酌醍齊朝獻王酌泛齊因朝踐之尊再獻后酌醍齊因饋食之尊諸侯爲賓則酌沈齊尸酢王與后皆還用所獻之齊賓長酳尸酢用清酒加爵亦用三酒大禘則用四齊三酒者醴齊以下悉用之故禮運云玄酒在室醴醆在戶粢醍在堂澄酒在下用四齊者朝踐王酌醴齊后酌盎齊饋食王酌醍齊后酌沈齊朝獻王酌醴齊再獻后還酌沈齊亦尊相因也諸侯爲賓亦酌沈齊用三酒之法如祫禮也四時之祭唯二齊三酒則自祫禘以下至四時祭皆通用也二齊醴盎也故鄭注司尊彝四時祭法但云醴盎而已用二齊者朝踐王酌醴齊后亦酌醴齊饋食王酌盎齊后亦酌盎齊朝獻王還用醴齊再獻后還用盎齊亦尊相因也諸侯爲賓亦酌盎齊三酒同於祫三酒所常同不差者三酒本爲王以下飲故尊卑自有常依尊卑之常不得有降祫禘時祭本明所用摠有多少故正祭之齊有差降也魯及王者之後大祫所用與五禘之禮同若禘與王四時同用三酒亦同於王侯伯子男祫禘皆用二齊醴盎而已三酒則並祫用二齊之法朝踐君夫人酌醴齊饋食君夫人酌盎齊朝獻君還酌醴齊再獻夫人還酌盎齊諸臣爲賓酌盎齊尸酢君夫人用昔酒酢諸臣用清酒加爵皆清酒時祭之法用一齊故禮器云君親制祭夫人薦盎鄭云謂朝事時也又云君親割牲夫人薦酒鄭云謂進孰時也其行之法朝踐君制祭則夫人薦盎爲獻進孰時君親割夫人薦酒朝獻時君酌盎齊以酳尸再獻時夫人還酌酒以終祭也賓獻皆酒加爵加禘祫之禮天子諸侯酌奠皆用齊酒卿大夫之祭酌奠皆用酒其祫祭之法既備五齊三酒以實八尊祫祭在秋案司尊彝秋嘗冬烝朝獻用兩著尊饋獻用兩壺尊則泛齊醴齊各以著尊盛之盎齊醍齊沈齊各以壺尊盛之凡五尊也又五齊各有明水之尊凡十尊也三酒三尊各加玄酒凡六尊也通尊彝盎明水黃彝盛鬱鬯凡有十八尊故崔氏云大祫祭凡十八尊其明水鬱鬯陳之各在五齊三酒之上祭日之且王服衮冕而入尸亦衮冕祝在後侑之王不出迎尸故祭統云君不迎尸所以別嫌也尸入室乃作樂降神故大司樂云凡樂圜鐘爲宮九變而降人鬼是也乃灌故書云王入大室祼當灌之時衆尸皆同在太廟中依次而灌所灌鬱鬯小宰注云尸

祭之晬之奠之是爲一獻也王乃出迎牲后從灌二獻也迎牲而入至於庭故禮器云納牲詔於庭王親執鸞刀啓其毛而祝以血毛告於室故禮器云血毛詔於室凡牲則廟各別牢故公羊傳云周公白牡魯公騂犅案逸禮云毁廟之主昭共一牢穆共一牢於是行朝踐之事尸出於室太祖之尸坐於户西南面其主在右昭在東穆在西相對坐主各在其右故鄭注祭統云天子諸侯之祭朝事延尸於户外是以有北面事尸之禮祝乃取牲膟膋燎于爐炭入以詔神於室又出以墮于主前郊特牲云詔祝於室坐尸於堂是也王乃洗肝於鬱鬯而燔之以制於主前所謂制祭次乃升牲首於室中置於北墉下后薦朝事之豆籩乃薦腥於尸主之前謂之朝踐即此禮運薦其血毛腥其俎是也王乃以玉爵酌著尊泛齊以獻尸三獻也后又以玉爵酌著尊醴齊以亞獻四獻也乃退而合亨至薦孰之時陳於堂故禮器云設饌於堂乃後延主入室大祖東面昭在南面穆在北面徙堂上之饌於室内坐前祝以斝爵酌奠於饌南故郊特牲注云天子奠斝諸侯奠角即此之謂也既奠之後又取腸間脂焫蕭合馨薌郊特牲注云奠謂薦孰時當此大合樂也自此以前謂之接祭乃迎尸入室舉此奠斝主人拜以妥尸故郊特牲云舉斝角拜妥尸是也后薦饋獻之豆籩王乃以玉爵酌壺尊盎齊以獻尸爲五獻也后又以玉爵酌壺尊醴齊以獻尸是六獻也於是尸食十五飯訖王以玉爵因朝踐之尊泛齊以酳尸爲七獻也故鄭云變朝踐云朝獻尊相因也朝獻謂此王酳尸因朝踐之尊也后乃薦加豆籩尸酌酢主人主人受嘏王所以獻諸侯於是后以瑶爵因酌饋食壺尊醍齊以酳尸爲八獻也鄭注司尊彝云變再獻爲饋獻者亦尊相因也再獻后酳尸獻謂饋食時后之獻也於時王可以瑶爵獻卿也諸侯爲賓者以瑶爵酌壺尊醍齊以獻尸爲九獻九獻之後謂之加爵案特牲有三加則天子以下加爵之數依尊卑不秖三加也故特牲三加爵別有嗣子舉奠文王世子諸侯謂之上嗣舉奠亦當然崔氏以爲后獻皆用爵又以九獻之外加爵用壁角壁散今案内宰云后祼獻則贊瑶爵亦如之鄭注云瑶爵謂尸卒食王既酳尸后亞獻之始用瑶爵則后未酳尸以前不用也又鄭注司尊彝云王酳尸用玉爵而再獻者用壁角壁散可知此壁角壁散則瑶爵也崔氏乃云正獻之外諸臣加爵用壁角壁散其義非也其禘祭所用四齊者禘祭在夏醴齊盎齊盛以犧尊醍齊沈齊盛以象尊王朝踐獻用醴齊后亞獻用盎齊王饋獻用醍齊后亞獻用沈齊尸卒食王酳尸因朝踐醴齊后酳尸因饋食沈齊諸臣爲賓獻亦用沈齊禘祭無降神之樂熊氏以爲大祭皆有三始有降神之樂又未毀廟者皆就其廟祭之其餘皆如祫祭之禮天子時祭用二齊者春夏用犧尊盛醍齊用象尊盛沈齊秋冬用著尊盛醴齊用壺尊盛盎齊是一齊用一尊司尊彝皆云兩者以一尊盛明水故皆云兩若禘祫之祭其齊既多不得唯兩而已前已備釋也時祭唯用二齊其諸侯用齊及酒皆視天子具如前說其魯及王者之後皆九獻其行之法與天子同侯伯七獻朝踐及饋獻時君皆不獻於九獻之中減二故爲七獻也禮器云君親制祭夫人薦盎君親割牲夫人薦酒是也子男五獻者亦以薦腥饋孰二君皆不獻酳尸之時君但一獻而已九獻之中去其四故爲五此皆崔氏之說今案特牲少牢尸食之後主人主婦及賓備行三獻主婦因獻而得受酢今子男尸食之後但得一獻夫人不得受酢不如卿大夫理亦不通蓋子男饋孰以前君與夫人並無獻也食後行三獻通二灌爲五也禮器所云自據侯伯七獻之制也一曰尸酢侯伯子男亦用所獻之齊也○

作其祝號。玄酒以祭。薦其血毛。腥其俎。孰其殽。與其越席。疏布以冪。衣其澣帛。醴醆以獻。薦其燔炙。君與夫人交獻。以嘉魂魄。是謂合莫。此謂薦上古中古之食也周禮祝號有六一曰神號二曰鬼號三曰祇號四曰牲號五曰齍號六曰幣號號者所以尊神顯物也腥其俎謂豚解而腥之及血毛皆所以法於大古也孰其殽謂體解而爓之此以下皆所法於中古也越席翦蒲也冪覆尊也澣帛練染以爲祭服嘉樂也莫虛無也孝經說曰上通無莫○祝之六反徐之又反注同殽本或作肴户交反越音活注同字書作趏杜元凱云結草冪本又作冪同莫歷反衣其於既反澣户管反示號音祇本又作祇齍音咨皇云黍稷大音太下大史同爓似廉反染如豔反又如琰反樂也音洛○然後退而合亨。體其犬豕牛羊。實其簠簋。籩豆鉶羹。祝以孝告。嘏以慈告。是謂大祥。此謂薦今世之食也體其犬豕牛羊謂分別骨肉之貴賤以爲衆俎也祝以孝告嘏以慈告各首其義也祥善也今世之食於人道爲善也○鉶本又作鈃音刑盛和羹器形如小鼎羹音庚舊音衡別彼列反下文同此禮之大成也。[illegible]祝號至是謂合莫○正義曰此一[illegible]祭祀用上古中古之法也玄酒以[illegible]用上古也孰其殽以下用中古也[illegible]及牲玉美號之辭史祝稱之以告鬼神故云作其祝號○玄酒以祭者謂朝踐之時設此玄酒於五齊之上以致祭鬼神此重古設之其實不用以祭也薦其血毛者亦朝踐時延尸在堂祝以血毛告於室也○腥其俎者亦謂朝踐時既殺牲以俎盛肉進於尸前也○孰其殽骨體也孰謂以湯爓之以其所爓骨體進於尸前也○與其越席至澣帛皆是祭初之時越席謂蒲席疏布謂麤布若依周禮越席疏布是祭天之物此經云君與夫人則宗廟之禮也此蓋記者雜陳夏殷諸侯之禮故雖宗廟而用越席疏布也○衣其澣帛者謂祭服練帛染而爲之醴醆以獻者朝踐之時用醴饋食之時用醆○薦其燔炙者謂燔肉炙肝案特牲禮主人獻尸賓長以肝從主婦獻尸賓長以燔從則此君薦之用炙也夫人薦用燔是也皇氏云燔謂薦孰之時爇蕭合馨薌知不然者焫詩楚茨云或燔或炙鄭云燔燔肉也炙肝炙也則知此燔炙亦然皇說非也君與夫人交獻第一君獻第二夫人獻第三君獻第四夫人獻是君與夫人交錯而獻也○以嘉魂魄者謂設此在上祭祀之禮所以嘉善於死者之魂魄是謂合莫莫謂虛無寂寞言死者精神虛無寂寞得生者嘉善而神來歆饗是生者和合於寂寞但禮運之作因魯之失禮孔子乃爲廣陳天子諸侯之事及五帝三王之道其言雜亂或先或後其文不次舉其大綱不可以一代定其法制不可以一槩正其先後若審此理則無所疑惑○注周禮至無莫○正義曰案周禮大祝辨六號一曰神號注若皇天上帝二曰鬼號注若皇祖伯某三曰祇號若后土地祇四曰牲號若牛曰一元大武五曰齍號若稷曰明粢六曰幣號若幣曰量幣是也云號者所以尊神顯物者其神號鬼號祇號是尊神也牲號齍號幣號是顯物也云腥其俎謂豚解而腥之者案士喪禮小斂之奠載牲體兩髀兩肩兩胉并脊凡七體也士虞禮主人不視豚解注云豚解解前後脛脊脅而已是豚解七體也案特牲少牢以薦孰爲始之時皆體解無豚解以無朝踐薦腥故也其天子諸侯既有朝踐薦腥故

知腥其俎之爲豚解云孰其殽[illegible]牲少牢所升於俎以進神者是[illegible]三肫四胳五正脊六横脊七長[illegible]加以脡脊代脅爲十一體也是[illegible]解訖以湯爛之不全孰次於腥[illegible]腥而退是也此則腥以法上古[illegible]爲祭服者此亦異代禮也周禮[illegible]玉薦云士不衣織云孝經說曰[illegible]之精靈所感上通元氣寂寞引[illegible]作無謂虛無寂寞義或然也○[illegible]饋之飾供事鬼神及祭未獻賓[illegible]然後退而合亨者前明薦爛既[illegible]肉更合亨之合孰擬更薦尸又[illegible]及左體等亦於鑊中亨孰之故[illegible]之既孰乃體別骨之貴賤以爲[illegible]體其犬豕牛羊謂分別骨之貴[illegible]者以此經所陳多是祭未之事[illegible]莫不得云是謂大祥既是未之[illegible]也實其簠簋籩豆鉶羹者此人[illegible]亦兼據賓客及兄弟之等故舉[illegible]皆有籩豆及俎是也○祝此特[illegible]報之辭案少牢祝曰孝孫以孝[illegible]歲事于皇祖伯某以某妃配某[illegible]云主人獻尸祝嘏主人云皇尸[illegible]孝孫來女孝孫使女受祿于天[illegible]之是嘏以慈告言祝嘏於時以[illegible]大祥者祥善也謂饋食之時薦[illegible]大祥○注各首其義者○正義[illegible]爲首神告孝子以慈爲首各本祝嘏之義也○

孔子曰。於呼哀哉。我觀周道。幽厲傷之。吾舍魯何適矣。[illegible]反舍音捨下舍禮皆同○魯之郊禘。非禮也。周公其衰矣。[illegible]魯之郊牛口傷鼷鼠食其角又[illegible]

○杞之郊也。禹也。宋之郊也。契也。是天子之事守也。[illegible]子孫所當守○契息列反故天子祭天地。諸侯祭社稷。[illegible]莫敢易其常古。是謂大假。[illegible]今不然○〔疏〕杞之至守也○正義曰[illegible]祭法云夏郊鯀殷郊冥今杞郊[illegible]故更郊禹契蓋時王所命也○[illegible]

子諸侯所祭之時祝以主人之辭而告神神以嘏福而與主人二者皆依舊禮無敢易其常事古法是謂大假假太也既不敢易法是於禮法大中之大謂大大之極也○注假假亦至不然○正義曰假大也釋詁文以經既有大字故云假亦大也從此以前皆論法於古道則為善故上文承天之祜次文是謂合莫又次云是謂大祥又次文是謂大假皆論其善也所以論其善者將欲論其惡故也鄭云將言今不然今謂孔子之時也禮廢政壞不如大祥大假之等自此以下皆論今時之惡故下云是謂幽國是謂僭君是也○祝嘏辭說藏於宗祝巫史。非禮也，是謂幽國。藏於宗祝巫史言君不知有也幽也國闇者君與大夫俱不明也【疏】祝嘏至國○正義曰謂主人之辭告神嘏謂尸之辭致福告於主人皆從古法依舊禮辭說當須以法用之於國今乃棄去不用藏於宗祝巫史之家乃更改易古禮自為辭說非禮也而國之君臣秖闇今日祝嘏之辭不知古禮舊說當是君臣俱闇故云是謂幽國○醆斝及尸君，非禮也，是謂僭君。僭禮之君也醆斝先王之爵也唯魯與王者之後得用之耳其餘諸侯用時王之器而已醆斝古雅反又音嫁爵名也夏曰醆殷曰斝周曰爵【疏】醆斝至僭君○正義曰醆是夏爵斝是殷爵若是夏殷之後祭祀之時得以醆斝及於尸君其餘諸侯於禮不合今者諸侯等祭祀之時乃以醆斝及於尸君非禮也此諸侯乃是僭禮之君○注醆斝至用之○正義曰案明堂位云夏曰醆殷曰斝是先王之爵也天子有六代之樂王者之後得用郊天故知唯天子王者之後得用之其餘諸侯用時王之器而已此醆斝謂祭祀尸未入之時祝酌奠於鉶南者○也故郊特牲云舉斝角是也若尋常獻尸則用王爵耳○冕弁兵革藏於私家，非禮也，是謂脅君。劫脅之君也冕弁君之尊服兵革君之武衛及軍器也○脅許劫反【疏】冕弁至脅君○正義曰冕弁兵革藏於私家非禮者私家大夫以下稱家冕是衮冕弁是皮弁冕弁是朝廷之尊服兵革是國家防衛之器而大夫私家藏之故云非禮也○是謂脅君脅劫脅也私藏公物則見此君恒被臣之劫脅○大夫具官，祭器不假，聲樂皆具，非禮也，是謂亂國。臣之奢富僭於國君敗亂之國也孔子謂管仲官事不攝焉得儉○儗音擬焉於虔反○【疏】大夫至亂國○正義曰大夫具官者天子六卿諸侯三卿卿大夫若有地者則置官一人用兼攝羣職不得官官各須具足如君也故孔子譏管仲云官事不攝焉得儉是也○祭器不假者凡大夫無地則不得造祭器有地雖造而不得具足並須假借若不假者唯公孤以上得備造故周禮四命受器鄭云此公之孤始得有祭器者也又云王之下大夫亦四命○聲樂皆具者大夫自有判縣之樂而不得如三桓舞八佾一曰大夫祭不得用樂者故少牢饋食無奏樂之文唯君賜乃有之非禮也者若大夫並為上事則為非禮也○是謂亂國者大夫為此上諸事與君相敵乃是敗亂之國也○故仕於公曰臣，仕於家曰僕。三年之喪，與新有昏者，期不使以衰裳入朝，與家僕雜居齊齒，非禮也，是謂君與臣同國。臣有喪昏之事而不歸反服其衰裳以入朝或與僕相等輩而處是謂君臣共國無尊卑也有喪昏不歸唯君

耳臣有喪昏當致事而歸僕又不可與士齒○期居其反朝直遙反注同或與僕相息亮反一讀如字則連下為句等輩卜內反○【疏】故仕至同國○正義曰仕於公曰臣者公是諸侯之號臣是賤之稱今若仕於諸侯其自稱以至賤之辭而曰臣自貶退也○仕於家曰僕者謂卿大夫之僕又賤於臣若仕於大夫之家即自稱曰僕彌更卑賤也三年之喪與新有昏者期不使之者若君有喪昏則恒在於國不歸臣有喪昏則歸嚮家一期之間不復使役也故云期不使○以衰裳入朝與家僕雜居齊齒非禮也者今臣之有喪乃不致事身著衰裳而入君朝或與家臣之僕錯雜而居齊齒等輩是為非禮也○是謂君與臣同國者君之喪昏而在國臣有喪昏而不歸家亦在國是君與臣同國又臣是卿大夫與僕雜居且臣是君之臣僕是臣之僕今卿大夫與僕雜居尊卑無別亦是君臣共國也○故天子有田以處其子孫，諸侯有國以處其子孫，大夫有采以處其子孫，是謂制度。言今不然也春秋昭元年秦伯之弟鍼出奔晉刺其有千乘之國不能容其母弟○鍼其廉反又祇廉反乘繩證反故天子適諸侯，必舍其祖廟，而不以禮籍入，是謂天子壞法亂紀。以禮籍入謂大史典禮執簡記奉諱惡也天子雖尊舍人宗廟猶有敬焉自拱敕也○壞音怪惡烏路反拱徐居勇反後拱持同○諸侯非問疾弔喪，而入諸臣之家，是謂君臣為謔。無故而相之是戲謔也陳靈公與孔甯儀行父數如夏氏以取弒焉○謔許約反甯本又作寧案左傳作寧公羊作甯各依字讀父音甫數色角反弒申志反又如字【疏】故天子至為謔○正義曰天子有田以處其子孫者案王制云天子之田方千里是也以處其子孫者謂子孫若有功德者封為諸侯無功德直食邑於畿內也○諸侯有國以處其子孫者謂諸侯子孫封為卿大夫若有其大功德其子孫亦有采地故左傳云官有世功則有官族邑亦如之是處其子孫○大夫有采地以處其子孫者大夫位卑不合割其采地以處子孫但大夫以采地之祿養其子孫故云以處其子孫然從是謂幽國以下皆論其臣惡今此云是謂制度而論善者此論古之制度如此今日則不然謂今惡起文故云是謂制度非論今日之好故注云言今不然也○注昭元至母弟○正義曰此所引春秋昭元年公羊傳文引之者證諸侯有國處子孫之義譏秦伯不然也○注陳靈至弒焉○正義曰此宣十年左傳文陳靈公與孔寧儀行父通於夏徵舒之母夏姬公謂孔寧儀行父曰徵舒似女行父對曰亦似君徵舒病之公出自其廄射而殺之二子奔楚後楚殺徵舒立成公是取弒也○是故禮者，君之大柄也，所以別嫌明微，儐鬼神，考制度，別仁義，所以治政安君也。疾今失禮如此為言禮之大義也柄所操以治事○柄兵命反儐必刃反治政皇如字徐直吏反下文注以治事同為于偽反下又為遂為皆同操七刀反○故政不正則君位危，君位危則大臣倍，小臣竊。刑肅而俗敝，則法無常。法無常而禮無列。禮無列則士不事

也。刑肅而俗敝，則民弗歸也，是謂疵國。又為言政失君危之禍敗也肅駿也疵病也○倍步內反敝音弊本亦作弊疵才斯反峻血俊反○【疏】是故至君也正義曰此一經疾時失禮致此在上禍敗之事故言禮之大義禮者君之大柄者言人君治國須禮如巧匠治物執斤斧之柄○所以別嫌明微者此以下亦並明用禮為柄之事使寡婦不夜哭是別嫌君子表微是明微也○儐鬼神者以接賓以禮曰儐以郊天祀地及一切神明是儐鬼神也○考制度者考成也制度為廣狹丈尺以禮成之也○別仁義者仁生義殺各使中禮有分別也○所以治政安君也者用禮為柄如前諸事故治國得政君獲安存故孝經云安上治民莫善於禮○大臣至俗敝○正義曰大臣謂大夫以上倍謂倍君行私也或有屢諫不聽皆越關倍君而去○小臣竊者小臣士以下竊者盜也職闇位卑但為竊盜府庫之事○刑肅而俗敝則法無常者肅駿急也敝凋殘也君位已危大臣又倍小臣盜竊愚君無奈此何唯知暴怒急行刑罰故云刑肅上下乖離故云俗敝俗敝刑肅故法教無常○注肅駿也疵病也○正義曰案釋詁文云肅駿俱訓為疾是肅為駿也釋詁文又云疵病也疵國者君既危於上臣又叛於下刑肅嚴重風俗凋敝皆國之病故云疵國○故政者君之所以藏身也。於此又遂為之言政也藏謂輝光於外而形體不見若日月星辰之神○輝音暉見賢遍反○是故夫政必本於天，殽以降命。降下也殽天之氣以下教令天有運移之期陰陽之節也○殽戶教反注及下同○命降于社之謂殽地。謂教令由社下者也社土地之主也周禮土會之法有五地之物生○會古外反○降于祖廟之謂仁義。謂教令由祖下者大傳曰自禰率而上至于祖遠者輕仁也自祖率而下至于禰高者重義也○上時掌反下上配上生皆同降於山川之謂興作。謂教令由山川下者也山川有草木禽獸可作器物共國事○共音恭○降於五祀之謂制度。謂教令由五祀下者五祀有中霤門戶竈行之神此始為宮室制度此聖人所以藏身之固也。政之行如此何用城郭溝池之為○【疏】故政至固也正義曰此一節以上文云政之不正則國亂君危此則廣言政之大理本於天地及宗廟山川五祀而來所來既重故君用之得藏身安固也○故政者君之所以藏身也者故因上起下之辭人君身在於中施政於外人但見其政不見其身若政之美盛則君身安靜故云政者所以藏身也鄭云藏謂輝光於外而形體不見若日月星辰之神是也○是故夫政必本於天是故謂政是藏身之固其事既重所施教令必本於天而來天有運移若星辰之圍達北極氣有陰陽若冬夏之有寒暑○殽以降命者殽效也言人君法效天氣以降下政教之命效星辰運轉於北極為昏媾姻亞效天之陰陽寒暑為刑獄賞罰是殽以降命○命降于社之謂殽地者上云政必本於天此論政降於地上既云必本於天殽以降命此亦當云必本於地殽以降命但上文既具故此畧而變文直云命降于社之謂殽地命者政令之命降下於社謂從社而來以降民也社即地也指其神謂之社指其形謂之地法社以下教令故云謂殽地也地有五土生物不同人君法地亦養物不一也○降于祖廟者此亦政教之命降下於民由祖廟而來謂法祖廟以下政令○之謂仁義者父親仁也祖尊義也言法此父祖施

仁義於民也上云命降于社之謂殽地此亦當云命降于祖之謂殽廟以上文既具故此又畧而變文與上不同自下皆然也○降於山川者謂所施政令之命下於民者從山川而來謂法效山川以爲教令也之謂與作者山川有草木鳥獸可作器物人君法山川以與作其物也降於五祀者所施政令降於民者從五祀而來謂法此五祀之神以施政令也○之謂制度者初造五祀之人既立中霤門戶竈行大小形制各有法度後王所以取爲制度等級也此聖人所以藏身之固也者政既法天地法祖廟山川五祀所重昔此謹愼行之所以藏其身而堅固○注殽天至之節○正義曰案昭二十五年左傳云禮者天之經地之義爲父子兄弟昏媾姻亞以象天明爲溫慈惠和以效天之生殖長育爲刑罰威獄以類其震曜殺戮此注云天有運移之期陰陽之節揔包之也皆法天之所爲以下教令也○注社土至物生○正義曰下云社者神地之道此云土地之主主則神也土會之法有五地之物生者此大司徒文五地則山林川澤丘陵墳衍原隰各存所生五地揔生萬物人君法之施政令亦揔養萬民也○注大傳至義也○正義曰引此者證祖禰廟有仁義也云自禰率而上至于祖遠者輕仁也者自用也率循也言用禰之仁依循而上以至於祖遠者恩愛漸輕是據仁恩也自祖率而下至於禰高者重義也者言用祖之義依循而下以至于禰高者尊重是義事也祖廟之中自然有此仁義人君法之慈此仁義教令以教下民也○注五祀至制度○正義曰此五祀鄭云有中霤門戶竈行之神此始爲宮室制度者如鄭此言則五祀神者謂初造五祀之神此人造五祀有其制度後王法此人之神更爲制度此人造五祀非五祀本神也其五祀亦自然有其虛無之神非後王所取法也故此不言之○注政之至之爲○正義曰言政之行若能如此法天陰陽使賞罰得所法地高下令尊卑有序法之祖廟而行仁義法之山川五祀而爲興作制度若能如此則民懷其德禍害不來何所防禦故云何用城郭溝池之爲言不用城郭溝池也

禮記注疏卷二十一挍勘記　阮元撰盧宣旬摘錄

禮運第九

以曾子所問事類既煩雜　惠棟挍宋本同閩本所誤問事二字闕監毛本所問事誤問篇之

昔者仲尼與於蜡賓節　惠棟挍云昔者節大道節今大道節宋本合爲一節

志謂識古文　閩監毛本同岳本同嘉靖本同衛氏集說同考文引古本足利本古下有之字

昔者至而嘆　惠棟挍宋本無此五字

舊縣法象使民觀之處　閩本同惠棟挍宋本同監本象下衍魏字衛氏集說同毛本衍魏字舊誤二

以其縣法象魏魏也　監毛本如此此本一魏字脫閩本同考文引宋板同

字子游魯人也　閩監毛本同齊召南云魯人當作吳人今常熟縣即子游故里

謂廣大道德之行五帝時也　惠棟挍宋本同閩監毛本大道德三字闕

并與夏殷周三代英異之主　考文引宋板同監毛本殷作商閩本殷周三三字闕

未猶不也逮猶及也　監毛本同閩本不也逮三字闕

雖然不見大道　惠棟挍宋本同閩監毛本不見大三字闕

尚可知於前代也　惠棟挍宋本同閩監毛本前代也三字闕

周公此大道在禹湯之前　惠棟挍宋本同閩監毛本周公此大道五字闕

案辨名記云　惠棟挍宋本同閩監毛本記云二字闕

萬人曰傑　監毛本同考文引宋板同閩本人曰二字闕

是俊選之尤異者　惠棟挍宋本同閩本是字闕監毛本是誤而

大道之行也節

矜寡孤獨廢疾者　閩監毛本同岳本同嘉靖本同石經廢作癈衛氏集說同○按癈爲正字廢爲假借字

不必藏於己　閩監毛本同嘉靖本同惠棟挍宋本己作已宋監本同石經同岳本同衛氏集說同下爲己並同

大道至大同　閩監毛本如此此本下大字脫

脩習睦親也　閩監毛本同惠棟挍宋本習下有也字

禪位授聖謂堯授舜也　閩監本同毛本謂作是

謂不以天位爲己家之有而授子也　惠棟挍宋本有而字此本而字脫閩監毛本同

不以瞽叟爲祖宗　閩監本同毛本祖宗二字倒

是無吝嗇之心　閩毛本嗇作惜監本亦作惜吝誤客

今大道既隱節

敦朴之本也教令之稠　宋監本同毛本同岳本同嘉靖本同考文引宋板同衛氏集說同閩本本也教三字闕監本闕本也二字

盜賊多有　監毛本同岳本同嘉靖本同衛氏集說同閩本盜賊多三字闕

正義曰前明五帝已竟　惠棟挍宋本無正義曰三字

此明三代俊英之事　閩監毛本同衛氏集說同惠棟挍宋本事下有也字

城內城郭外城也　監毛本如此衛氏集說同無也字此本外下城字脫閩本同考文引宋板外城作城外

溝池城之壍　閩監本同衛氏集說同毛本壍作塹

雖在富貴埶位　閩監本同毛本埶作勢

對士文云事君　閩本同監毛本文作又

故云兵由此起也　監毛本作由此此本由誤猶閩本同

言偃復問曰如此乎禮之急也節

言偃至正也　惠棟挍宋本無此五字

證人若無禮　惠棟挍宋本如此此本脫無字閩監毛本有無字脫若字

臣子無禮之人　閩監毛本同許宗彥挍子下增刺字

列於鬼神　閩監毛本神下有者字

言聖人制禮　閩監毛本人作王下聖人既法同

布列法於鬼神　惠棟挍宋本如此此本列下有空闕閩監毛本補效字

謂法於鬼神以制禮　閩監毛本無於字

教民報上之義　補閩監毛本報作嚴

曉達喪禮　惠棟挍宋本如此衛氏集說同此本脫喪字閩監毛本喪誤於

聘是臣之事君　閩監毛本有君字衛氏集說同此本君字闕

昭二十五年左傳文　惠棟挍宋本如此此本文誤云閩監毛本文下增云字衛氏集說同

是取與作於山川鬼神也　閩監毛本與作下有法度二字

下文云降於五祀之謂制度　閩監毛本如此此本文上衍也字云上衍又字

始謂中霤門戶竈行之法　閩監毛本同浦鏜挍謂改爲

下文又云必本於天　監毛本如此此本又云作云又惠棟挍宋本作又有閩本同

此文本天效地之下　毛本同閩監本效作殽惠棟挍宋本文作又

以制禮既畢　惠棟挍宋本同閩監本畢作畢衛氏集說同毛本畢作降

故鄭解此云　惠棟挍宋本有解字此本解字脫閩監毛本同

聖聖人參於天地　補案聖聖誤重

其義非也　惠棟挍宋本此下標禮記正義卷第二十九終記云凡二十三頁

言偃復問曰夫子之極言禮也節　惠棟挍云言偃節夫禮節昔者先王節故元酒節作其祝號節宋本合爲一節○惠棟挍宋本自此節起至故人者其天地之德節止爲第三十卷卷首題禮記正義卷第三十

言偃至觀之　惠棟挍宋本無此五字

故觀其夏道可成以不　閩本同監毛本以作與

即下云夫禮之初以下是也　惠棟挍宋本同閩監本下是也三字闕毛本三字亦

闕又禮誤節初誤所

覲此夏禮堪成與不 惠棟挍宋本同閩監毛本禮堪成與不四字闕

以下云而不足徵○注杞 監毛本同考文引宋板同閩本足徵○注四字闕

武王下車而封夏后氏之後 監毛本同考文引宋板同閩本封夏后氏四字闕

求夏后之後 監毛本如此惠棟挍宋本后下有氏字

而得東樓公封之於杞 惠棟挍宋本同閩監毛本東樓公封四字闕

徵驗之義故爲成 惠棟挍宋本同閩監毛本驗之義故四字闕

而云無賢君不足與成者 監毛本同考文引宋板同閩本賢君不足四字闕

先言坤者熊氏云 惠棟挍宋本有云字此本脫閩監毛本同

黃帝墳典 閩監毛本同齊召南挍黃改皇按齊挍是也孔安國尚書序云三皇之書謂之三墳五帝之書謂之五典

夫禮之初節

以水桃釋黍米 閩監毛本桃作洮衞氏集說同

以鬼神享德不享味也 閩監毛本享作饗衞氏集說同

凷堛也廣雅文 閩監毛本同惠棟挍宋本文作云非也

釋所以天望地藏之意 閩監本同毛本意作義

故以天望招之於天 閩監本同毛本招誤拓考文引宋本故作所

與死者北首 閩監毛本同惠棟挍宋本與作及

前文云燔黍捭豚謂中古之時 惠棟挍宋本同閩監毛本燔黍捭豚謂中古之八字闕

但中古神農未有宮室上棟下宇 惠棟挍宋本同閩監毛本中古神農未有宮室八字闕

及在五帝以來 閩監毛本同浦鏜挍及改乃

以爲五帝時或爲三王時皇氏以爲 惠棟挍宋本同閩監毛本時或爲三王時皇氏以九字闕

昔者先王節

夏則居橧巢 閩監毛本同石經同岳本同嘉靖本同衞氏集說同釋文出居橧云本又作增又作曾同則登反出樔云本又作巢考文引古本足利本橧作櫓洪頤煊九經古義補云按大平御覽五十五引作櫓家語問禮篇亦作櫓劉熙釋名云櫓露也露上無屋覆也左傳楚子登巢車以望晉軍杜注云巢車車上加櫓孔氏正義引說文云轈兵高車加巢以望敵也櫓澤中守草樓也巢與櫓皆樓之別名今本作橧傳寫之誤

寒則累土暑則聚薪柴居其上 毛本同岳本同嘉靖本同衞氏集說本同閩監本十二字闕按此節閩監本經注多闕合土以下至節末全闕毛本已完補

然後脩火之利 閩監本同石經同岳本同嘉靖本同衞氏集說同毛本脩作修

執冶萬物 閩監毛本同嘉靖本同衞氏集說同考文引古本足利本冶作治按治非也此本疏亦作冶字之誤也

瓦瓴甓及甒大 毛本同岳本同嘉靖本同釋文出令甓及甒大也考文云甒大下有也字

以爲臺榭宮室牖戶 石經同岳本同嘉靖本同衞氏集說同毛本牖誤牗

榭器之所藏也 此以爲臺榭宮室牖戶注文監本空闕

以炮 諸本同監本空闕

裹燒之也 此以炮注文諸本同監本空闕

以燔 諸本同監本空闕

加於火上 此以燔注文諸本同監本空闕

以亨 諸本同監本空闕

煑之鑊也 此以亨注文諸本同監本空闕

以炙 諸本同監本空闕

貫之火上 此以炙注文諸本同監本空闕

以爲醴酪 諸本同監本空闕

烝釀之也酪酢酨 此以爲醴酪注文諸本同監本空闕

治其麻絲以爲布帛以養生送死以事鬼神上帝皆從其朔 諸本同監本空闕

朔亦初也亦謂今行之然 此皆從其朔注文諸本同監本空闕

疏 閩監毛本此節疏文多闕此疏字亦闕惟此本及惠棟挍宋本完善浦鏜挍從儀禮經傳通解續補入亦同

故元酒在室節

管磬鍾鼓 岳本同嘉靖本同衞氏集說同閩監毛本鍾作鐘石經同

與其先祖 閩本同石經同岳本同嘉靖本同衞氏集說同考文引宋板古本足利本同監毛本與誤舉

南北陳之俎設於鼎西 惠棟挍宋本同衞氏集說同閩監毛本此誤其設誤豆

當序西面北上俎皆設於鼎西 惠棟挍宋本同衞氏集說同閩監毛本當誤堂俎誤此

則承受天之祜福也 考文引宋板同衞氏集說同閩監毛本承誤特

非爲三酒之中清酒也 閩監毛本同盧文弨挍云爲當作謂

與五禘之禮同 閩監本同毛本與誤於惠棟挍宋本五作王續通解同

朝踐君夫人酌醴齊 閩監毛本同浦鏜挍云夫人二字當衍

酢諸臣用事酒 惠棟挍宋本作事此本事誤昔閩監毛本同

故禮器云君親制祭 閩監本同考文引宋板同毛本制誤致下君制祭同

圜鐘爲宮 閩監毛本同惠棟挍宋本圜作圓按周禮作圜

九變而致人鬼 惠棟挍宋本作致續通解同此本致作降閩監毛本同

衆尸皆同在太廟中 惠棟挍宋本如此此本同在大誤在太太閩本脫同字太字上空闕監毛本脫同字

置於北墉下 閩監本同毛本墉誤牖

至薦孰之時陳於堂 惠棟挍宋本同閩監毛本陳於堂三字闕

乃後延主入室 惠棟挍宋本作主續通解同此本主誤入閩監毛本主作尸

酌奠於饌南故郊特牲 惠棟挍宋本同此本奠於饌南故五字闕閩監毛本同

既奠之後又取腸間脂 惠棟挍宋本同閩監毛本既奠之後又五字闕

謂薦孰時當此大合樂也 惠棟挍宋本同閩監毛本時當此大合五字闕

主人拜以妥尸 惠棟挍宋本同閩監毛本主人拜三字闕

崔氏以爲后獻皆用爵 閩監毛本同盧文弨挍云用下當有瑤字

瑤爵謂尸卒食 監毛本同閩本尸卒二字闕

則后未酳尸以前不用也 惠棟挍宋本同閩監毛本以前不用也五字闕

用璧角璧散可知 監毛本同考文引宋板同閩本璧角璧散可五字闕

諸臣加爵用璧角璧散 惠棟挍宋本同閩監毛本諸臣加爵用五字闕

禘祭在夏醴齊盎齊 惠棟挍宋本同閩監毛本在夏醴齊盎五字闕

王朝踐獻用醴齊后亞獻用盎齊 惠棟挍宋本同閩監毛本醴齊后亞獻五字闕

王酳尸因朝踐醴齊 惠棟挍宋本同閩監毛本王酳尸因朝五字闕又毛本踐誤醆
天子時祭用二齊者 惠棟挍宋本同閩監毛本祭用二齊者五字闕
秋冬用著尊盛醴齊用壺尊盛盎齊 惠棟挍宋本同閩監毛本尊盛醴齊用五字闕
皆云兩者以一尊盛明水 惠棟挍宋本同閩監毛本以一尊盛明五字闕又毛本者作著○按作著與周禮司尊彝合
作其祝號節
䟽布以冪 石經作冪岳本同釋文同此本冪誤羃閩監毛本同嘉靖本同衛氏集說同注䟽放此○按依說文當作幎从巾冥聲其字亦作冪誤作冪俗作羃
三曰祇號 閩監本同岳本同衛氏集說同毛本祇誤祇嘉靖本同釋文出示號與周禮大祝合云本又作祇
五曰齍號 嘉靖本同閩監毛本齍作齌岳本同衛氏集說同釋文出齍號按周禮作齍
蒻蒲席也 惠棟挍宋本有席字宋監本同岳本同嘉靖本同考文引古本同此本席字脫閩監毛本同衛氏集說同
上通無莫 閩監毛本同岳本同嘉靖本同衛氏集說同段玉裁挍本無改元盧文弨挍云按䟽此本作元莫正本元作无按作元是也正義云上通元氣寂寞是注當作元莫之明證又云定本元字作无謂虛無寂寞義或然也謂之義或然者是正義本不從定本作无莫也
籩豆鉶羹 閩監毛本同石經同岳本同嘉靖本同衛氏集說同釋文出鉶云本作鉶
史祝稱之以告鬼神 惠棟挍宋本同閩監毛本史祝作祝史衛氏集說同
孰其殽骨體也 閩監毛本殽下有者殽二字惠棟挍宋本同
上通無莫者 閩監毛本同段玉裁挍本無改元
證莫爲虛無 閩監本同毛本無誤文惠棟挍宋本無下有也字
正本元字作無 閩監毛本同惠棟挍宋本無作无段玉裁挍本云正當作定
此論祭饋之節 惠棟挍宋本有此字衛氏集說同此本此字脫閩監毛本同
饗食賓客兄弟也 惠棟挍宋本有也字衛氏集說同此本也字脫閩監毛本同
承致多福無疆 閩監毛本作承衛氏集說同此本承作丞
孔子曰於呼哀哉節 惠棟挍云孔子節宋本分魯之郊禘另爲一節
孔子至適矣 惠棟挍宋本無此五字

杝之郊也節 閩監毛本分祝嘏以下另爲一節
杝之至守也 惠棟挍宋本無此五字
祝嘏莫敢易其常節
祝嘏至大假 惠棟挍宋本無此五字
言天子諸侯所祭之時 閩監本同毛本諸侯二字誤在所祭下
故上文承天之祜 閩監毛本文作云下次文是謂合莫又次文是謂大假並同
鄭云將言今不然 閩監毛本同考文云宋板鄭上有故字
不如大祥大假之等 閩監本如此此本假上衍祥字毛本如作知
祝嘏辭說節
祝嘏至幽國 惠棟挍宋本無此五字
幽闇也 閩監毛本有闇字岳本同嘉靖本同衛氏集說同此本闇字脫
國闇者 閩監毛本同岳本同嘉靖本同衛氏集說同考文古本作闇國者
醆斝及尸節
醆斝至僭君 惠棟挍宋本無此五字
冕弁兵革節
冕弁至脅君 惠棟挍宋本無此五字
脅劫脅也 閩監毛本同惠棟挍宋本無下脅字
故仕於公曰臣節
故仕至同國 惠棟挍宋本無此五字
卽自稱曰僕 閩監本同毛本卽作則
故天子有田節
大夫有采以處其子孫 惠棟挍宋本宋監本同閩監毛本同石經同岳本同嘉靖本同衛氏集說同考文引古本足利本采下有地字案地字正義亦有
自拱勑也 閩監本同岳本同嘉靖本同衛氏集說同毛本勑作敕
陳靈公與孔甯 閩監毛本同岳本同嘉靖本同惠棟挍宋本甯作寗宋監本同衛氏集說同釋文出孔甯云本又作寗案左傳作寗公羊作甯各依字讀
以取弒焉 閩監毛本同嘉靖本同衛氏集說同岳本脫焉字釋文出取殺
故天子至爲諸 惠棟挍宋本無此六字

若有其大功德 惠棟挍宋本同閩監毛本有其作其有是也
謂今惡起文 閩監毛本同浦鏜挍云謂疑爲字誤
故注云言今不言然也 補案不下言字誤衍
是故禮者節 惠棟挍云是故節宋本分政不正以下另爲一節
肅騃也 閩監毛本同岳本同嘉靖本同衛氏集說同釋文騃作峻
是故至君也 惠棟挍宋本無此五字
大臣至俗敝 惠棟挍宋本無此五字
按釋詁文云 惠棟挍宋本作詁此本詁誤古閩監毛本同下釋詁文又云同
故政者節
謂煇光於外 閩監毛本同衛氏集說同岳本煇作輝嘉靖本同釋文出煇光○按煇輝正俗字
故政至固也 惠棟挍宋本無此五字
施政於外 惠棟挍宋本如此衛氏集說同監本毛本施誤則此本施政誤則故
若政之美盛 閩監本同毛本美誤本衛氏集說亦作美
此亦當云必本於地 閩監毛本同惠棟挍宋本無必字
故云之謂殽地 惠棟挍宋本有之字此本之字脫閩監毛本同
所以藏其身而堅固 惠棟挍宋本同閩監毛本所以藏三字闕
案昭二十五年左傳云 監毛本同考文引宋板同閩本五年左三字闕
以象天明 閩監毛本同考文引宋板同閩本象天明三字闕
以類其震曜殺戮 監毛本同考文引宋板同閩本其震曜三字闕
皆法天之所爲 惠棟挍宋本同閩監毛本法天之三字闕
下云社者神地之道 惠棟挍宋本同閩監毛本社者神三字闕
有五地之物生者 監毛本同考文引宋板同閩本之物生三字闕
各有所生五地總生萬物 惠棟挍宋本同閩監毛本有所生三字闕
注大傳至義也 考文引宋板同閩本大傳二字闕監毛本大傳誤自禰
言用禰之仁依循而上 監毛本同考文引宋板同閩本仁依循三字闕
以至于禰高者尊重 考文引宋板同衛氏集說同閩本高者二字闕監毛本高誤遠
入君法之施此仁義教令 惠棟挍宋本同閩監毛本施此仁義四字闕
此五祀鄭云有中霤 惠棟挍宋本同閩監毛本五祀鄭云四字闕

附釋音禮記注疏卷第二十二

禮運第九

鄭氏注　孔穎達疏

故聖人參於天地。並於鬼神。以治政也。處其所存。禮之序也。玩其所樂。民之治也。並并也謂比方之也有察也治所以樂其事居也○所樂音岳又音洛又五孝反好也注同治直吏反注同下以自治注身治成治皆放此併步頂反故天生時而地生財。人其父生而師教之。四者君以正用之。故君者立於無過之地也。順時以養財尊師以教民而以治政則無過差矣易曰何以守位曰仁何以聚人曰財○差初佳反一音初買反曰仁本亦作人

【疏】故聖至地也○正義曰此一節結上政令之命降于天地宗廟之等使禮儀有序民得治理○故聖人參於天地者政是聖人藏身之固所以聖人參擬於天地則法于天地是也○並於鬼神者並謂比方以聖鬼神則祖廟山川五祀也言比方祖廟山川五祀而爲事以治政者治謂脩治也言參擬天地比並鬼神以脩治政教也○處其所存禮之序也者存謂觀察也天有運移寒暑地有五土生殖廟有祖禰仁義皆是人之所觀察言聖王能處其人所觀察之事以爲政則禮得次序也○玩其所樂民之治也者謂與作器物官室制度皆是人之所樂聖人能愛玩民之所樂以教於民則民得治理各樂其事業居處也○故君者立於無過之地也者○正義曰若天不生時地不生財父不生子師不教訓直欲令人君教之不可教誨則君多有過今人君順天時以養財尊師傅以教民因自然之性其功易成故人君得立於無過之地言其功易成無過差也

○故君者所明也。非明人者也。君者所養也。非養人者也。君者所事也。非事人者也。故君明人則有過。養人則不足。事人則失位。明猶尊也○養羊尚反又如字下同故百姓則君以自治也。養君以自安也。事君以自顯也。故禮達而分定。故人皆愛其死而患其生。則當爲明人之道身治居安名顯則不苟生也不義而死舍義而生是不愛死患生也○則君則音明出注分扶問反後文注除三分去一三分益一皆同舍音捨

【疏】故君至其生○正義曰此一節論政之大體皆下之事上非上之事下也上下分定人皆以死事上○君者所明也者明猶尊也謂在下百姓所尊奉君使之光顯尊明人君非明人者也者非謂遣君尊明在下之人下云君者所養也非養人者也君者所事也非事人者也並與此義同以所明與所養所事文同相類故鄭以明爲尊也○故君明人則有過者君位既尊乃自下嚮尊人於理不順故云則有過養人則不足者君唯一身若養百姓力不能周贍故云養人則不足也事人則失位者君尊在上而屈事於在下之人是失位也○故禮達而分定者達謂曉達分謂尊卑之分以下之事上於禮當然○人皆知之是禮之曉達尊者居上卑者處下是上下分定也○故人皆愛其死而患其生者愛謂貪愛患謂恥患人皆知禮上下分定君有危難皆欲救之故人皆貪愛其以義而死競欲致死救之恥患其不義而生不欲苟且生也○注則當爲明○正義曰以此則君以自治覆述上文故知則當爲明

○故用人之知去其詐。用人之勇去其怒。用人之仁去其貪。用知者之謀勇者之斷仁者之施足以成治矣詐者害民信怒者害民命貪者害民財三者亂之原○知音智注同去羌呂反後皆同斷丁亂反施始豉反下施生同○故國有患。君死社稷。謂之義。大夫死宗廟。謂之變。變當爲辯聲之誤也辯猶正也君守社稷臣衛君宗廟者患謂見圍入○之變音辯出注

【疏】故用至之變○正義曰上既禮達分定患其不義而生因上生下故云故也此論去不義之事○用人之知去其詐者知謂謀計曉達前事詐者不敢爲之故云去其詐用人之勇去其怒者勇謂果敢決斷能除惡人凶暴怒者不敢爲之故云去其怒也○用人之仁去其貪者仁者好施不苟求其財貪者見之心慚止息也故云去其貪也○注用知至之原○正義曰言用此三者足以成治如鄭此言但得知者勇者仁者則足以成治矣何須用詐怒貪者乎故云去之如鄭此言則解之當云選用人知者退去其姧詐者不須用之爲其害民信也用人之勇者去其忿怒不須用之爲其害民命也用人之仁者去其貪殘不須用之爲其害民財也如注之意指當如此先師既爲前解故備載之任後哲擇焉○注變當至圍入○正義曰變與義相對是正禮明變是惡事故讀爲辯辯即正也以聲相近故致字誤云臣衛君宗廟者恐是臣之宗廟故云衛君宗廟致死按孝經云守其宗廟謂大夫家之宗廟此所以爲君宗廟者以人臣義則進不則退不可致死於巳宗廟故爲君宗廟也孝經謂不被黜削恒得守之故爲巳宗廟所據意異也

○故聖人耐以天下爲一家。以中國爲一人者。非意之也。必知其情。辟於其義。明於其利。達於其患。然後能爲之。耐古能字傳書世異古字時有存者則亦有今謬矣意心所無慮也辟開也○耐音能辟婢亦反徐芳益反傳丈專反○

【疏】故聖至爲之○正義曰此承上君死社稷以統於下然後能治其國因上生下故云故也聖人耐以天下爲一家以中國爲一人者此孔子說聖人所能以天下和合共爲一家能以中國共爲一人者問其所能致之意○非意之也者釋其能致之理所以能致者非是以意測度謀慮而巳須知其諸事謂以下之事○必知其情者謂必知民之情也則下文七情是也○辟於其義者謂開闢其義以教之則下文父慈子孝十者之類是也○明於其利者謂顯明利事以安之則下文講信脩睦是也○達於其患者謂曉達其禍患而防護之則下文爭奪相殺是也○然後能爲之者聖人必知此情義利患然後能使天下爲一家中國爲一人皆感義懷德而歸之○注耐古至開也○正義曰按說文云耐者鬚也鬚謂頤下之毛象形字也古者犯罪以髡其鬚謂之耐罪故字從寸寸爲法也以不虧形體猶堪其事故謂之耐漢書惠帝紀中具有其事古之能字爲此耐字取堪能之義故古之能字皆作耐字後來能字乃假借鼈三足爲能是後世傳書世人殊異耐字悉作能也故云傳書世異今書雖悉作能或有作耐字者則此耐以天下爲一家及樂記云人不耐無樂仍作耐字是古字時有存者云則亦有今誤矣者今書雖存古字爲耐亦有誤不安寸直作而字則易屯象云利建侯而不寧及劉向說苑能字皆爲而也是亦有今誤矣按鄭注樂記耐古能字後世變之此獨存焉古以能爲三台字兩注雖異其意同矣彼云後世變之即此傳書世異也彼云此獨存焉即此云古字時有存者云古以能爲三台字者謂今世以能字爲堪能之能古者以能字爲三台字是古今異也云意心所無慮者謂於無形之處用心思慮無慮即慮無也宜十二年左傳云前茅慮無是備慮無形之處謂聖人以德義而感天下非是以意豫前無時以測度思慮故云非意也一云心所無慮謂心無所思慮但知其情等而已○

○何謂人情。喜。怒。哀。懼。愛。惡。欲。七者弗學而能。何謂人義。父慈。子孝。兄良。弟弟。夫義。婦聽。長惠。幼順。君仁。臣忠。十者謂之人義。講信脩睦。謂之人利。爭奪相殺。謂之人患。極言人事○惡烏路反下皆同弟上如字下音悌長丁丈反爭爭鬬之爭○故聖人之所以治人七情。脩十義。講信脩睦。尚辭讓。去爭奪。舍禮何以治之。唯禮可耳飲食男女。人之大欲存焉。死亡貧苦。人之大惡存焉。故欲惡者。心之大端也。人藏其心。不可測度也。美惡皆在其心。不見其色也。欲一以窮之。舍禮何以哉。言人情之難知明禮之重○度大洛反見賢遍反○

【疏】何謂至以哉○正義曰此一節以上經情義利患四者聖人皆知之能有天下故此覆釋情義利患必須禮以治之又明人之欲惡在心難知若其舍禮無由可化○喜怒哀懼愛惡欲者案昭二十五年左傳云天有六氣在人爲六情謂喜怒哀樂好惡此之喜怒及哀惡與彼同也此云欲則彼云樂也此云愛則彼云好也謂六情之外增一懼而爲七熊氏云懼則怒中之小別以見怒而怖懼耳六氣謂陰陽風雨晦明也按彼傳云喜生於風怒生於雨哀生於晦樂生於明好生於陽惡生於陰其義可知也○何謂人義父慈子孝兄良弟弟夫義婦聽長惠幼順君仁臣忠者此文先從親者爲始以漸至疏故長幼在後君臣處末按昭二十六年左傳云君令臣共父慈子孝兄愛弟敬夫和妻柔姑慈婦聽與此大同兄愛即此兄良也弟敬即此爲弟也夫和即此夫義也故彼云夫和而義妻柔即此婦聽也君令即此君仁也以仁恩而號令臣共即此臣忠也又隱三年左傳云君義臣行父慈子孝兄愛弟敬義亦同但傳之二文皆以國家之事言之故先君臣後父子但異人之說既有多少不皆同也○治人七情脩十義講信脩睦者七情好惡不定故云治十義俱是義事故云脩信是深隱故須講睦恐乖離散云脩各隨事立文也○欲惡者心之大端也者端謂頭緒飲食男女是人心所欲之大端緒也死亡貧苦是人心所惡之大端緒也○人藏其心不可測度者言人深心厚貌內外乖違包藏欲惡之心既無形體不可測度而知故美惡皆在其心外邊不見其色欲一窮之舍禮何以哉者一謂專

一窮謂窮盡言人君欲誠慤專一窮盡人美惡之情若舍去其禮更將何事以知之哉禮所以一知人心者有事於中心貌必見於外若七情美善十義流行則擧動無不合禮若七情違辟十義虧損則動作皆失其法故云舍禮何以哉〇

故人者。其天地之德。陰陽之交。鬼神之會。五行之秀氣也。言人兼此氣性純也〔疏〕故人至氣也〇正義曰上既言禮知人情從此以下言人感天地鬼神而生聖王還因天地鬼神作其法則以化人所以人情萬物可知也〇故人者天地之德者天以覆德地以載爲德人感覆載而生是天地之德也〇陰陽之交者陰陽則天地也據其氣謂之陰陽據其形謂之天地獨陽不生獨陰不成二氣相交乃生故云陰陽之交也〇鬼神之會者鬼謂形體神謂精靈祭義云氣也者神之盛也魄也者鬼之盛也必形體精靈相會然後物生故云鬼神之會〇五行之秀氣也者秀謂秀異言人感五行秀異之氣故有仁義禮知信是五行之秀氣也故人者天地之德陰陽之交是其氣也鬼神之會五行之秀是其性也故注云兼此氣性純也今按下文云鬼神以爲徒覆說此經鬼神不云陰陽鬼神者陰陽鬼神天地中物故不重陳鄭下注鬼神謂山川也此義未知孰是故兩存焉〇

故天秉陽。垂日星。秉猶持也言天持陽氣施生照臨下也〇

地秉陰。竅於山川。播五行於四時。和而后月生也。是以三五而盈。三五而闕。竅孔也言地持陰氣出內於山川以舒五行於四時此氣和乃后月生而上配日若臣功成進爵位也一盈一闕屈伸之義也必三五者播五行於四時也一日水二日火三日木四日金五日土合爲十五之成數也〇竅徐苦弔反播彼佐反舒也五行四時絕句木亦作播五行於四時伸音升

五行之動。迭相竭也。五行。四時。十二月。還相爲本也。五聲。六律。十二管。還相爲宮也。五味。六和。十二食。還相爲質也。五色。六章。十二衣。還相爲質也。竭猶負載也言五行運轉更相爲始也五聲宮商角徵羽也其管陽曰律陰曰呂布十二辰始於黃鍾管長九寸下生者三分去一上生者三分益一終於南呂更相爲宮凡六十也五味酸苦辛鹹甘也和之者春多酸夏多苦秋多辛冬多鹹皆有滑甘是謂六和五色六章畫繢事也周禮考工記曰土以黃其象方天時變火以圜山以章水以龍鳥獸蛇雜四時五色之位以章之謂之巧也〇迭大計反又田結反竭義作揭其列反負擔也還音旋下同〇六和戶臥反注同更古衡反下同徵張里反南事律名京房律始於執始終於南事凡六十繢戶對反圜音環又音圓〔疏〕故天至質也〇正義曰此一節以上經人稟天地陰陽鬼神五行而生此又述明天地之德及五行之氣也以陰陽鬼神是天地中物故不重陳但陳天地與五行耳〇故天秉陽垂日星此論天德言天秉持陽氣垂懸日星以施生照臨於下也〇地秉陰竅於山川此一經揔論地之德也謂地秉持於陰氣竅孔也爲孔於山川以出納其氣也播五行於四時者播謂播散五行金木水火土之氣於春夏秋冬之四時也〇和而后月生也者若四時不和日月乖度寒燠失所則月不得依時而生若五行四時調和道度不失而后月依時而生也是以三五而盈三五而闕者以其依時得節是以三五十五日而得盈滿又三五十五日而虧闕也日無虧闕之理故前經天德直言垂日星地既播五行之氣月有虧盈之理故須備言之故畧於天德而詳於地德也〇五行之動迭相竭也前經論天地既畢故此更論五行之動動謂運轉竭謂負載言五行運轉迭相負竭猶若春時木王則水爲終謝迭往王者爲負竭夏火王則負竭於木也〇五行四時十二月還相爲本也猶若孟春則建寅之月爲諸月之本仲春則以建卯之月爲諸月之本是還迴迭相爲本也〇五聲六律十二管還相爲宮也五聲謂宮商角徵羽六律謂陽律也擧陽律則陰呂從之可知故十二管也十一月黃鍾爲宮十二月大呂爲宮是還迴迭相爲宮也〇五味六和十二食還相爲質也五味爲酸苦辛鹹加之以滑與甘爲六和也毎月之首各以其物爲質是十二月之食還相爲質也五色六章十二衣還相爲質也五色謂靑赤黃白黑據五方也六章者兼天玄也以玄黑爲同色則五中通玄繢以對五方則爲六色爲六章也爲十二月之衣各以色爲質故云還相爲質也〇注竅孔至數也〇正義曰地持陰氣出納於山川氣有陰氣陽氣皆出於地地體是陰故雖陽氣亦惣謂之陰氣也云以舒五行於四時者謂氣在地中含藏聚斂出於地則舒散故云舒五行於四時也定本無於字直云播五行四時謂宜播五行及四時也五行四時者以金木水火各爲一行土無正位分寄四時故云播五行於四時也云此氣和乃后月生而上配日若臣功成進爵位也者此氣謂此五行之氣凡月體之生稟於日光若氣之不和日月行度差錯失於次序則月生不依其時若其五行氣和則月依其時而生上配日也猶若治理得所臣之功成進受爵位上配君也云一盈一闕屈伸之義也者盈謂月光圓滿若臣之進受高位是其伸也闕謂月光虧損若臣之退就下位是其屈也云一日水二日火以下是尙書洪範文也積一二三四五惣爲十五也〇注竭猶至巧也〇正義曰竭是擔竭之名故爲負戴負爲背負戴謂頭戴也云言五行運轉更相爲始也者解負戴之義也物之在人上謂之爲負戴氣之過去在上者其在下者亦負戴也春爲木王負戴於水夏爲火王負戴於木秋爲金王負戴於火冬爲水王負戴於金是也更相爲始負戴前氣也云其管陽曰律陰曰呂布十二辰始於黃鍾管長九寸下生者三分去一上生者三分益一皆律厤志文云終於南呂更相爲宮凡六十也者以十二管更相爲宮以黃鍾爲始當其爲宮備有五聲言黃鍾下生林鍾林鍾上生大蔟大蔟下生南呂南呂上生姑洗姑洗下生應鍾應鍾上生蕤賓蕤賓上生大呂大呂下生夷則夷則上生夾鍾夾鍾下生無射無射上生中呂此則相生之次也隨其相生之次毎辰各自爲宮各有五聲十二管相生之次至中呂而帀黃鍾爲第一宮下生林鍾爲徵上生大蔟爲商下生南呂爲羽上生姑洗爲角林鍾爲第二宮上生大蔟爲徵下生南呂爲商上生姑洗爲羽下生應鍾爲角大蔟爲第三宮下生南呂爲徵上生姑洗爲商下生應鍾爲羽上生蕤賓爲角南呂爲第四宮上生姑洗爲徵下生應鍾爲商上生蕤賓爲羽上生大呂爲角姑洗爲第五宮下生應鍾爲徵上生蕤賓爲商上生大呂爲羽下生夷則爲角應鍾爲第六宮上生蕤賓爲徵上生大呂爲商下生夷則爲羽上生夾鍾爲角蕤賓爲第七宮上生大呂爲徵下生夷則爲商上生夾鍾爲羽下生無射爲角大呂爲第八宮下生夷則爲徵上生夾鍾爲爲商下生無射爲羽上生中呂爲角夷則爲第九宮上生夾鍾爲徵下生無射爲商上生中呂爲羽上生黃鍾爲角夾鍾爲第十宮下生無射爲徵上生中呂爲商上生黃鍾爲羽下生林鍾爲角無射爲第十一宮上生中呂爲徵上生黃鍾爲商下生林鍾爲羽上生大蔟爲角中呂爲第十二宮上生黃鍾爲徵下生林鍾爲商上生大蔟爲羽下生南呂爲角是十二宮各有五聲凡六十聲南呂最處於末故云終於南呂以此言之則南呂爲是然諸本及定本多作終於南事則是京房律法按漢元帝時郎中京房知五音十二律之數上使大子大傅韋玄成等親試問房於樂府房對受學故小黃令焦延壽等六十律相生之法以上生下皆三生二以下生上皆三生四陽下生陰陰上生陽終於中呂而十二律畢矣中呂上生執始執始下生去滅上下相生終於南事六十律畢矣夫十二律之變至於六十猶八卦之變至於六十四也宓犧作易紀陽氣之初以爲律法建日冬至之聲以黃鍾爲宮大蔟爲商姑洗爲角林鍾爲徵南呂爲羽應鍾爲變宮蕤賓爲變徵此聲氣之元五音之正也故各統一日其餘以次運行當月者各自爲宮而商徵以類定焉禮運篇曰五聲六律十二管還相爲宮此之謂也以六十律分一期之日黃鍾自冬至始及冬至而後陰陽寒燠風雨之占生焉於以檢擲羣音考以其高下黃鍾下生林鍾黃鍾爲宮大蔟爲商林鍾爲徵一日律九寸色育下生謙待色育爲宮未知商謙待徵六日律八寸九分分徵强執始下生去滅執始爲宮時息商去滅徵六日律八寸八分小分八弱丙盛下生安度丙盛爲宮屈齊商安度徵六日律八寸七分小分六徵弱分動下生歸嘉分動爲宮隨期商歸嘉徵六日律八寸六分小分四强質未下生否與質未爲宮刑晉商否與徵六日律八寸五分小分二强大呂下生夷則大呂爲宮夾鍾商夷則徵八日律八寸四分小分三弱分否下生解刑分否爲宮開時商解刑徵八日律八寸三分小分一强陵陰下生去南陵陰爲宮侯嘉商去南徵八日律八寸二分一少弱少出下生分積少出爲宮爭南商分積徵六日律八寸小分九强大蔟下生南呂大蔟爲宮姑洗商南呂徵一日律八寸未知下生白呂未知爲宮南授商白呂徵六日律七寸九分小分八强時息下生結躬時息爲宮變虞商結躬徵二日律七寸八分小分九强屈齊下生歸期屈齊爲宮路時商歸期徵七日律七寸七分小分九强隨期下生未卯隨期爲宮刑始商未卯徵六日律七寸六分小分八强刑晉下生夷汗刑晉爲宮依行商夷汗徵六日律七寸五分小分八弱夾鍾下生無射夾鍾爲宮中呂商無射徵六日律七寸四分小分九强開時下生閉掩開時爲宮南中商閉掩徵七日律七寸三分小分九徵强侯嘉下生鄭齊侯嘉爲宮內負商鄭齊徵七日律七寸一分小分九徵强爭南下生期保爭南爲宮摠應商期保徵七日律七寸一分小分九强姑洗下生應鍾姑洗爲宮蕤賓商應鍾徵一日律七寸一分小分一徵强南授下生分烏南授爲宮南事商分烏徵六日律七寸小分九大强變虞下生遲內變虞爲宮盛變商遲內徵六日律七寸小分一强路時下生未育路時爲宮離躬商未育徵六日律六寸九分小分二徵强刑始下生避時刑始爲宮制時商遲時徵五日律六寸八分小分三弱依行上生色育依行爲宮嫌待商色育徵七日律六寸七分小分三大强中呂上生執始中呂爲宮去滅商執始徵八日律六寸六分小分六弱南中上生丙盛南中爲宮安度商丙盛徵七日律六寸五分小分七徵弱內負上生分動內負爲宮歸嘉商分動徵八日律六寸四分小分八强摠應上生質未摠應爲宮否與商質未徵七日律六寸三分小分九强蕤賓上生大呂蕤賓爲宮夷則商大呂徵一日律六寸三分小分二徵强南事下生南事窮無商徵不爲宮七日律六寸三分小分一弱盛變上生分否盛變爲宮解刑商分否徵七日律六寸二分小分三大强離躬上生陵陰離躬爲宮去南商陵陰徵七日律六寸一分小分五徵强制時上生少出制

時爲宮分積商少出徵八日律六寸小分七弱林鍾上生大蔟林鍾爲宮南呂商大蔟徵一日律六寸謙待上生未知謙待爲宮白呂商未知徵五日律五寸九分小分九弱去滅上生時息去滅爲宮結躬商時息徵七日律五寸九分小分三弱安度上生屈齊安度爲宮歸期商屈齊徵六日律五寸八分小分四弱歸嘉上生隨期歸嘉爲宮未卯商隨期徵六日律五寸七分小分六微强否與上生刑晉否與爲宮夷汗商刑晉徵五日律五寸六分小分八强夷則上生夾鍾夷則爲宮無射商夾鍾徵八日律五寸六分小分二弱解刑上生開時解刑爲宮閉掩商開時徵八日律五寸五分小分四强去南上生侯嘉去南爲宮鄰齊商侯嘉徵八日律五寸四分小分六大强分積上生爭南分積爲宮期保商爭南徵七日律五寸三分小分九强南呂上生姑洗南呂爲宮應鍾姑洗徵一日律五寸二分小分三强白呂上生南授白呂爲宮分烏商南授徵五日律五寸三分小分二强結躬上生變虞結躬爲宮遲内商變虞徵七日律五寸二分小分六强歸期上生路時歸期爲宮未育商路時徵六日律五寸一分小分九微强未卯上生刑始未卯爲宮遲時商刑始徵六日律五寸一分小分二微强夷汗上生依行夷汗爲宮色育商依行徵五日律五寸小分五强無射上生中呂無射爲宮執始商中呂徵八日律四寸九分小分九强閉掩上生南中閉掩爲宮丙盛商南中徵八日律四寸九分小分二弱鄰齊上生内負鄰齊爲宮分動商内負徵七日律四寸八分小分六微强期保上生摠應期保爲宮質未商摠應徵八日律四寸七分小分九微强應鍾上生蕤賓應鍾爲宮大呂商蕤賓徵一日律四寸九分小分四微强分烏上生南事分烏窮夾無徵不爲宮七日律四寸七分小分三微强遲内上生盛變遲内爲宮分否商盛變徵八日律四寸六分小分八弱未育上生離躬未育爲宮陵陰商離躬徵八日律四寸六分小分一少强遲時上生制時遲時爲宮少出商制時徵六日律四寸五分小分五弱又京房易云十二律得位者生五子失位者生三子不失不得生四子五律得位各生五子謂黃鍾大蔟姑洗林鍾南呂也五五二十五并本五凡三十也失位者生三子亦五律謂大呂夾鍾中呂夷則無射三五十五并本五凡二十二十就三十合成五十也不得不失者生四子謂蕤賓應鍾也二四爲八并本二爲十也十就五十合爲六十也言其得位者謂以陽居陽以陰居陰失位者謂以陽居陰以陰居陽不失不得者處陰陽交際之閒也又黃鍾大蔟等七律各統一日自爲宮其餘五十三律隨所生日六七等爲其日之宮則周一期日數如京房所迭然其所生者則黃鍾生色育執始大呂生分否陵陰之類是也其上生三分益一下生三分損一皆漢書律厤志文云春多酸夏多苦秋多辛冬多鹹皆有滑甘周禮食醫之文以四時有四味皆有滑有甘益之爲六也是爲六和也云五色六章畫繢事也者繢猶畫也然初畫曰畫成文曰繢鄭注司服云畫以爲繢是也云周禮考工記曰至謂之巧也證繢畫有五色六章也土以黃其象方者言若畫作土必黃而四方之象地之黃而方鄭注古人之象無天地也爲此記者見時有之耳云天時變者畫作天則無定色是隨四時色而爲之也鄭司農云畫天隨四時色云火以圜者鄭司農云爲圜形似火鄭康成云形如半環然云山以章者鄭康成云獐山物也云水以龍者鄭云龍水物云鳥獸蛇者鄭康成云所謂華蟲也蟲之毛鱗有文采者云雜四時五色之位以章之謂之巧者鄭康成云章明也繢綉皆用五采鮮明之是爲巧庚云鄭注考工記以六章爲當時行非古人之象而引之以會此者明亦周制也其十二管每月各一得有遠相爲宮其事可明其食與衣服唯有四時之異故周禮春多酸謂月令食麥與羊春三月其食皆同夏秋冬亦然無月別之異故月令云春衣青衣夏衣赤衣三月俱同亦無每月之異此云十二食十二衣似月別各別衣食者熊氏云此是異代之法故與周禮月令不同或則每時三月衣食雖同大揔言之一歲之中有十二月之異故揔云十二也

○故人者，天地之心也。五行之端也。食味、別聲、被色而生者也。此言兼氣性之效也。○別，彼列反。被，皮義反，徐法義反。

故聖人作則，必以天地爲本，以陰陽爲端，以四時爲柄，以日星爲紀，月以爲量，鬼神以爲徒，五行以爲質，禮義以爲器，人情以爲田，四靈以爲畜。天地以至於五行，其制作所取象也。禮義人情，其政治也。四靈者，其徵報也。此則春秋始於元，終於麟，包之矣。呂氏說月令而謂之春秋，事類相近焉。量猶分也。鬼神謂山川也。山川助地通氣之象也。器所以操事。田，人所捊治也。禮之位，賓主象天地，介僎象陰陽，四面之位象四時，三賓象三光，夫婦象日月，亦是也。○柄，本又作枋，兵命反。量音亮，下同。畜，許六反，下同。治，直吏反。麟，良人反。近，附近之近。操，七刀反。捊，薄侯反，徐音普溝反。介僎，上音界，下音遵。

〔疏〕故人至爲畜○正義曰：此一節以前文論人禀天地五行氣性而生，此以下論禀氣性之有效驗，各依文解之。○故人者天地之心也者，天地高遠在上，臨下四方，人居其中央，動靜應天地，天地有人，如人腹內有心，動靜應人也，故云天地之心也。王肅云：人於天地之間，如五藏之有心矣。人乃生之最靈，其心五藏之最聖也。○五行之端也者，端猶首也，萬物悉由五行而生，而人最得其妙氣，明仁義禮智信爲五行之首也。王云端始用五行者也。○食味者，人既是天地之心，五行之端，故有此下之事也。五行各有味，人則並食之。別聲者，五行各有聲，人則含之，皆有分別也。○被色者，五行各有色，人則被之以生也。被色謂人含帶五色而生者也。五行有此三種，最爲彰著，而人皆禀之以生，故爲五行之端者也。然味言食，聲言別，色言被，各隨義爲言也。○注此言兼氣性之效也○正義曰：此並是五行彰著之事，而人氣性有之，故云兼氣性之效也。然前注五行秀氣，亦言兼此氣性純，而此云氣性效者，前明之始，此明之末，以末故云效，效猶驗實也，即五味五聲五色是其效也。○故聖至爲畜○故聖人作則，必以天地爲本。則，法也。本，根本也。人既是天地之心，又帶五色五行五味，故聖人作法，必用天地爲根本也。祭帝於郊，祭祀於國，是用天地爲本也。然則自此至四靈以爲畜，凡十句，分爲三重：此至五行以爲質七句，明聖人制教所法象也；又自禮義人情二句，明聖人爲治政之事也；又四靈一句，明徵報之功也。○以陰陽爲端者，端猶首也。用天地爲根本，又自陰陽爲端首也，猶如劒戟以近柄處爲根本，以鋒杪爲端首也。聖人制法，左右法陰陽，及賞以春夏，刑以秋冬，是法陰陽爲端首也。○以四時爲柄者，春生夏長，秋斂冬藏，是法四時爲柄也。劒戟須柄而用之，聖人爲教象，須法四時而通也。○以日星爲紀者，紀，綱紀也。日行有次度，星有四方列宿，分部昬明，敬授民時，是法日星爲綱紀也。○月以爲量者，量猶分限也。天之運行，每三十日爲一月，而聖人制教亦隨人之才分，是法月爲教之限量也。○鬼神以爲徒者，鬼神謂山川鬼神，助地以通氣，是以爲地之徒屬。聖王象之，樹立羣臣，助己以施教，爲己徒屬也。○五行以爲質者，質，體也。五行循迴不停，周而復始，聖人爲教，亦循還復始，是法五行爲體也。○禮義以爲器者，此以下二句明聖人爲治政時事也。上既有法象爲先，故可執禮義爲器用，如農夫之執耒耜也。○人情以爲田者，禮義以爲器，可耕於人情，人情得禮義之耕，如田得耒耜之耕也。○四靈以爲畜者，此一句明徵報也。聖人既法象天地，用禮義耕人情，故獲天地應以徵報也。四靈並至，聖人畜之，如人養牛馬爲畜。然自天地爲本至此凡十句，上四句皆以以字在於事上，從月以爲量以下六句以字置於事下者，上明天道，事遠，故以字在事上，連於天也；後明地道，事近，故以字居下，欲連於人。故前經云人者天地之德，陰陽之交，鬼神之會，五行之秀氣，備論四者。此經云天秉陽，覆說天有日星；次經云地秉陰，地有四時，并有月也；次經云五行之動，覆說五行也。於前天地陰陽鬼神五行之中，唯說天地與五行，舉其大者。此經揔覆前事，故云以天地爲本，以陰陽爲端，以四時爲柄，以日星爲紀，月以爲量，鬼神以爲徒，五行以爲質，皆覆說前事。禮義以爲器，覆說上舍禮何以哉。○人情以爲田，覆說上人情也。四靈以爲畜一句，論若行以前諸事施之得所，則四靈報應也。○注天地至是也○正義曰：天地以至於五行，制作所取象也者，天地陰陽四時日星月量鬼神五行等，皆外物，非人所行，故云所取象也，謂聖人所法象以爲教也。云禮義人情其政治也者，此是人親自行，故云其政治，謂聖人行之爲政以治天下也。云此則春秋始於元終於麟包之矣者，言此一經，初以天地爲本，終以四靈爲畜，是當春秋始於元年，終於獲麟也。包之者，謂春秋元年以後，獲麟以前，包籠此天地陰陽四時星辰日月之等，故春秋書元年春王正月公即位，爲五始。元者氣之始，則天地也；春者四時之始，則四時也；王者政教之始，則禮義也；正月者十二月之始，則月以爲量也；公即位者，即一國之始，亦禮義也。熊氏云：春秋書郊祭天，是天也；書地震，是地也；書冬無冰，是陽也；書大雨雹，是陰也；書春夏秋冬，是四時也；又四時陰陽也。隱元年公子益師卒，公不與小斂，故不書日，春秋記事皆書日，是日也。莊七年恒星不見，是星也。春秋記事皆有月，是月也。僖十四年沙鹿崩，成五年梁山崩，是鬼神也。桓二年取郜大鼎，是金也。成十六年雨木冰，是木也。桓元年秋大水，是水也。宣十六年成周宣榭火，是火也。莊二十九年城諸及防，是土也。金木水火土，即五行也。春秋得禮則褒，失禮則貶，是禮義也。桓元年公即位，先君被弑而行即位，安忍其喪，其情惡也。莊元年不書即位，文姜出，不忍行即位之禮，其情善也，此是人情也。哀十四年西狩獲麟，是四靈爲畜也。云呂氏說月令而謂之春秋事類相近焉者，呂氏謂呂不韋也，說十二月之令，謂爲呂氏春秋，事之倫類與孔子所脩春秋相附近焉。月令亦載天地陰陽四時日月星辰五行禮義之屬，故云相近也。云器所以操事者，操，執也，謂操執所爲之事，若手秉耒耜耕田之事，手操執之。云田人所捊治也者，捊謂以手捊聚，即耕種耘鋤也，即上汙尊而抔飲之類也。云禮之位至三光，是鄉飲酒義文。賓於西北，象天；主於東南，象地；介是賓副，坐於西南，象天嚴凝之氣始於西南；僎是主人之覲禮者，坐於東北，象陽氣之始，是介僎象陰陽。主人在阼階西面，賓在戸西南面，介在西階東面，僎在房戸之間南面，以四者位殊，故爲四面之位象四時。云三賓者，衆賓三人在正賓西南面，是爲三賓也。禮器云君在阼，夫人在房，象日月也。云亦是也者，以禮之取象，其數非一，以無正文，故取此義而明之，故云亦是，言亦是法象之義也。

以天地爲本，故物可舉也。物，天地所養生。以陰陽爲端，故情可睹也。情以陰陽通也。○睹，丁古反。以四時爲

柄。故事可勸也。事以四時成。○以日星爲紀。故事可列也。事以日與星爲候興作有次第月以爲量。故功有藝也。藝猶才也十二月各有分猶人之才各有所長也藝或爲倪○倪五計反視也鬼神以爲徒。故事有守也。山川守職不移五行以爲質。故事可復也。事下竟復由上始也禮義以爲器。故事行有考也。考成也器利則事成人情以爲田。故人以爲奥也。奥猶主也田無主則荒○四靈以爲畜。故飲食有由也。由用也四靈與羞物爲羣

疏以天至由也○正義曰此一節覆明前經諸事若行諸事治理皆應則萬事得成也以天地爲本故萬物可擧也天地生養萬物今本天地而爲政教故萬物可擧而興也○以陰陽爲端故人情可睹也人情與陰陽相通今法陰陽爲教故人情無隱所以可睹見也○以四時爲柄故事可勸也生長收藏隨時無失故民不假督勵而事自勸成也○以日星爲紀故事可列也列猶次第也日中星鳥敬授民時無失早曉故民事有次第也○月以爲量故功有藝也藝猶才也十二月限分猶人才各有所長聖人隨人才而教之則人竭其才之所長而爲功故云功有藝也○鬼神以爲徒故事有守也山川鬼神各有分職不移今爲教引鬼神爲徒屬則事無失業故云事有守也○五行以爲質故事可復也五行周而復始運迴無窮爲教法則此則事必不絶故云可復復反也○禮義以爲器故事行有考也考成也工欲善其事必先利其器若治國用禮義爲器是器之利者故所治之事行必有成也○人情以爲田故人以爲奥也上人是人民下人是聖人奥主也田無主則荒廢故用人爲主令以人情爲田用聖人以爲田主則人情不荒廢也○四靈以爲畜故飲食有由也由用也靈是衆物之長長既至爲聖人所畜則其屬並隨其長而至得以充庖廚是飲食有用也○注情以陰陽通也○正義曰按易文言云同聲相應同氣相求水流濕火就燥是萬物之情因陰陽而通也○注事下竟復由上始也○正義曰五行相次終而復始凡所營爲之事亦終而復始故云事下竟復由上始也謂事於下終未竟了更復從上而始也○注考成至事成○正義曰考成也釋詁文論語云工欲善其事必先利其器是器利則事成也○

何謂四靈。麟鳳龜龍。謂之四靈。故龍以爲畜。故魚鮪不淰。鳳以爲畜。故鳥不獝。麟以爲畜。故獸不狘。龜以爲畜。故人情不失。淰之言閃也獝狘飛走之貌也失猶去也龜北方之靈信則至矣○鮪于軌反魚名淰音審徐舒冉反獝字又作獝況必反狘況越反閃失冉反

疏何謂至不失○正義曰此一經以上有四靈之文更復解四靈之事故記人假問答以明四靈也何謂四靈麟鳳龜龍謂之四靈者問答四靈名也謂之靈者謂神靈以此四獸皆有神靈異於他物故謂之靈○故龍以爲畜故魚鮪不淰解飲食有由之義也淰水中驚走也魚鮪從龍者龍既來爲人之畜故其屬見人不淰然驚走也○鳳以爲畜故鳥不獝獝驚飛也鳥從鳳來鳳既來爲人之畜故其屬見人不獝然驚飛也○麟以爲畜故獸不狘狘驚走也獸從麟者麟既來爲人之畜故其屬見人不狘然驚走也龜以爲畜故人情不失以龜知人情龜既來應人知人情善惡故人各守其行其情不失也然上三靈皆言其長來而族至則此應云龜以爲畜而甲族馴狎今獨云其感信而至者與上三族相互也此言感信則上亦感仁義禮而至也但因龜是知人情之易見者故就龜而言耳又初陳四靈麟在初者孔子獲麟記者隨時所見爲先也後列以龍爲首依四方之舊次也○注淰之至至矣○正義曰已讀淰爲閃者淰是水中之形狀故字從水閃是忽有忽無故字從門中人也人在門或見或不見獝見飛而獝起狘是狘然驚走故云獝狘飛走之貌也云龜北方之靈信則至矣者按月令冬云其蟲介注云龜鼈之屬則龜爲水蟲水主信故信則至知水主信者易乾鑿度云陽氣合閉信之類故北方水爲信水既爲信則土爲知也故乾鑿度云四時之義皆法中央中央土者可以兼四方之行知之決也是土爲知但水土二行俱有信知故樂緯云宮致鳳皇身信羽致幽昌身知又中庸注云水神則信土神則知是土水俱有信知龜屬北方水大戴禮及樂緯云介蟲三百六十龜爲長鱗蟲三百六十龍爲長羽蟲三百六十鳳爲長毛蟲三百六十麟爲長按月令春其蟲鱗則龍屬東方木也夏其蟲羽則鳳屬南方火也秋其蟲毛則麟屬西方金也按異義說左氏者以昭二十九年傳云水官不脩故龍不至以水生木故爲脩母致子之說故服虔注獲麟云麟中央土獸土爲信信禮之子脩其母致其子視明禮脩而麟至思睿信立而白虎擾言從又成而神龜在沼聽聰知正則名川出龍貌恭性仁則鳳皇來儀又毛詩傳云麟信而應禮又云騶虞義獸有至信之德則應之皆爲以脩母致子之義也若鄭康成之說則異於此脩當方之事則當方之物來應故異義公羊說哀十四年獲麟此受命之端周亡失天下之異左氏說麟是中央軒轅大角獸孔子脩春秋者禮脩以致其子故麟來爲孔子瑞陳欽說麟西方毛蟲孔子作春秋有立言西方兊兊爲口故麟來許慎謹按公議郎尹更始待詔劉更生等議石渠以爲吉凶不並瑞災不兼今麟爲周亡天下之異則不得爲瑞以應孔子至玄之闕也洪範五事二曰言言作從從作乂乂治也言於五行屬金孔子時周道衰亡已有聖德無所施用作春秋以見志其言少從以爲天下法故應以金獸性仁之瑞賤者獲之則知將有庶人受命而行之受命之徵已見則於周將亡事勢然也與者爲瑞亡者爲災其道則然何吉凶不並瑞災不兼之有乎如此脩母致子不若立言之說密也如鄭此說從陳欽之義以孔子有立言之教故致其方毛蟲熊氏申鄭義云若人臣官脩則脩母致子之應左氏之說是也若人君脩其方則當方來應孔子脩春秋爲素王法以立言故西方毛蟲來應未知然否且具錄焉或以脩母致子康成所以不用也故異義公羊說麟木精左氏說麟中央軒轅大角之獸陳欽說麟是西方毛蟲許慎謹按禮運云麟鳳龜龍謂之四靈龍東方也虎西方也鳳南方也龜北方也麟中央也鄭駮云古者聖賢言事亦有効三者取象天地人四者取象四時五者取象五行今云麟鳳龜龍謂之四靈是則當四時明矣虎不在靈中空言西方虎者麟中央得則無近誣乎如鄭此言是麟非土精無脩母致子之義也四靈配四方如上所說若其取象理有多塗虎雖屬西方以其淺毛得屬中央土也故月令中央土其蟲倮注云虎豹之屬恒淺毛又於陰陽虎屬寅是也麟屬東方取其性仁則屬木也故公羊說麟木精鄭云金九以木八爲妻其性義木性仁得陽氣性似父得陰氣性似母麟毛蟲得木八之氣而性仁鶡冠子云麟北方玄枵之獸是取象不一也鳳屬南方亦屬中央故樂緯云官致鳳皇是也龜屬北方亦屬東方五行傳云一曰貌時有龜孽是也龍屬東方亦屬天五行傳云皇之不極則有龍蛇之孽是也五行傳又云二曰言時則有介蟲之孽三曰視時則有倮蟲之孽是取象既多理非一概今以傾而無用故不備言其數也釋獸云麐麕身牛尾一角京房易傳云麟麕身牛尾馬蹄有五采腹下黃高丈二廣雅云麒麟狼頭肉角含仁懷義音中鍾呂行中規矩遊必擇地詳而後處不履生蟲不折生草不羣居不侶行不入檻穽不入羅網文章斌斌故呼爲大角之獸也○

故先王秉蓍龜。列祭祀。瘞繒。宣祝嘏辭說。設制度。故國有禮。官有御。事有職。禮有序。皆卜筮所造置也埋牲曰瘞幣帛曰繒宣猶揚也繒或作贈○蓍音尸瘞於例反一音於器反繒本又作增同似仍反又則登反又似登反○故先王患禮之不達於下也。患下不信也○

疏故先至有序○正義曰此一節論上既言龜知人情故此言卜筮所造置之事故先王有事秉蓍龜龜既知人情因美龜德也先王聖人將有大事必秉執蓍龜而問吉凶言蓍者凡卜皆先筮故兼言之也○列祭祀自此至禮有序皆秉蓍龜事也陳列祭祀謂郊廟以下皆用卜筮也瘞繒者瘞埋也謂祀地埋牲也祭法云瘞埋於泰折祭地也幣帛曰繒繒之言贈也謂埋告又贈神也○宣祝嘏辭說宣揚也祝嘏有舊辭更宣揚告神也○設制度謂造宮室城隍車旗之屬也○故國有禮上諸事既並用卜筮故國家必有其禮也○官有御國既有禮故百官各御其事也○事有職官既有御故百事各有職主也○禮有序者凡所行禮皆有次序也○故先王患禮之不達於下也○正義曰此一經爲下生文雖並用卜筮而民下猶未見信先王患之更爲下諸事使達下也

○故祭帝於郊。所以定天位也。祀社於國。所以列地利也。祖廟。所以本仁也。山川。所以儐鬼神也。五祀。所以本事也。故宗祝在廟。三公在朝。三老在學。王前巫而後史。卜筮瞽侑。皆在左右。王中。心無爲也。以守至正。此所以達禮於下也教民尊神慎居處也宗宗人也瞽樂人也侑四輔也○儐皇音賓敬也舊必信反朝直遥反下同筮市制反瞽音古侑音又○

疏故宗至至正○正義曰此一節論上云禮有序故記人因說禮須達下之事○故祭帝於郊所以定天位也者天子至尊而猶祭於郊以行臣禮而事天也是欲使嚴上之禮達於下天高在上故云定天位也亦即是必本於天也○祀社於國所以列地利也者天子至尊而猶自祭社欲使報恩之禮達於下也地出財故云列地利也亦卽是命降于社之謂殺地也○祖廟所以本仁也者王在宗廟以子禮事尸是欲使仁義之教達於下也亦即降于祖廟之謂仁義○山川所以儐鬼神也者王自祭山川是欲使儐敬鬼神之教達於下也儐敬也亦即是降於山川之謂興作也○五祀所以本事也者王自祭五祀是欲使本事之教達於下也五祀是制度故云本事也亦即是降於五祀之謂制度也○故宗祝在廟者前明因事鬼神大禮達於下此明因委於人使禮達於下也宗宗伯也祝大祝也王在宗廟則委於宗祝示不自專以達下也○三公在朝者王在朝則則委任三公也○三老在學乞言則受之三老○王前巫者若王弔臨則前委於巫也而後史者動則左史書之言則右

史書之不敢爲非也既言前巫故云後史也卜筮瞽侑皆在左右者卜筮主決疑瞽是樂人主和也侑是四輔典於規諫者也示不自專故並置左右也○王中心無爲也以守至正者既祭祀尊神及委任得人故中心無爲以守至正之道也○注此所至輔也○正義曰自祭帝於郊至五祀所以本事是祭祀尊神也自宗祝在廟至皆在左右是慎居處也左輔右弼前疑後丞皆侑勸人君爲善故以侑爲輔其四輔之義已具於文王世子

○故禮行於郊。而百神受職焉。禮行於社。而百貨可極焉。禮行於祖廟。而孝慈服焉。禮行於五祀。而正法則焉。言信得其禮則神物與人皆應之百神列宿也百貨金玉之屬○應應對之應宿音秀 故自郊社。祖廟。山川。五祀。義之脩而禮之藏也。脩猶節也藏若其城郭然○藏如字徐才浪反 〔疏〕故禮至藏也○正義曰此一節論上文禮既達於下有功而見徵應○故禮行於郊而百神受職焉者百神天之羣神也王郊天備禮則星辰不忒故云受職○禮行於社而百貨可極焉王祀社盡禮則五穀豐稔金玉露形盡爲國家之用故云可極焉○禮行於祖廟而孝慈服焉王祭廟盡禮而天下皆服行孝慈也詩云無思不服是也王云孝慈之道爲遠近所服也○禮行於五祀而正法則焉王祭五祀以禮而天下法則各得其正也然前有山川興作此不言者法則之事包之也故自郊社祖廟山川五祀義之脩而禮之藏也此經覆說祭在上諸神是義之脩飾禮之府藏也

○是故夫禮必本於大一。分而爲天地。轉而爲陰陽。變而爲四時。列而爲鬼神。其降曰命。聖人象此下之以爲教令○大音泰下注同 其官於天也。官猶法也此聖人所以法於天也○ 〔疏〕是故至天也○正義曰此一節論上言禮既藏於郊社天地之中是故制禮必本於天以爲教也○必本於大一者謂天地未分混沌之元氣也極大曰天未分曰一其氣既極大而未分故曰大一也禮理既與大一而齊故制禮者用至善之大理以爲教本是本於大一也○分而爲天地者混沌元氣既分輕淸爲天在上重濁爲地在下而制禮者法之以立尊卑之位也○轉而爲陰陽者天地二形既分而天之氣運轉爲陽地之氣運轉爲陰而制禮者貴左以象陽貴右以法陰又因陽時而行賞因陰時而行罰也○變而爲四時者陽氣則變爲春夏陰氣則變爲秋冬而制禮者吉禮則有四面之坐凶時有恩理節權是法四時也列而爲鬼神者鬼神謂生成萬物鬼神也四時變化生成萬物皆是鬼神之功聖人制禮則陳列鬼神之功以爲教也○其降曰命者降下也言聖人制禮皆仰法大一以下之事而下之以爲教命也○其官於天也者結之也官猶法也言聖人所以下爲教命者皆是取法於天也

○夫禮必本於天。本於大一與天之義 動而之地。後法地也 列而之事。後法五祀五祀所以本事也○ 變而從時。後法四時 協於分藝。協合也言禮合於月之分猶人之才也○合於月之分本或作日月之分日衍字 其居人也曰養。養當爲義字之誤也下之則爲教令居人身爲義孝經說曰義由人出○養音義出注○ 其行之以貨力。辭讓。飲食。冠昏。喪祭。射御。朝聘。貨摯幣庭實也力筋骸強者也不則僵罷○冠古亂反摯本又作贄音至罷音皮 〔疏〕夫禮至朝聘○正義曰此一節論上本說禮從天地四時五行而生也而教於人故此以下論人用之以行刑罰冠昏朝聘之等皆得其宜也○夫禮必本於天謂本於大一與上天也謂行至誠大道是本大一效天降命是本於天也○動而之地謂祀社於國是也○列而之事謂五祀即五祀所以本事是也○變而從時時四時也則四時以爲柄是也○協於分藝協合也是日月之量也藝人之才也言制禮以月爲量合人才之長短也○其居人也曰養者養宜也言制度以上諸事之禮居人中身則人得其宜也○其行至朝聘此皆居人身曰義之禮也謂諸禮皆須義行故云行也貨庭實也力筋力拜伏也辭賓主三辭三讓飲食饗食之屬也冠二十成人而冠昏三十而取射五射御五馭朝五年朝及諸侯自相朝相見之禮聘謂比年一小聘三年一大聘言人若有義在身則能行此諸禮也○注養當至人出○正義曰知養當爲義者以上云義之脩禮之藏下云聖人陳義以種之又云義者藝之分仁之節故知養當爲義也按聖證論王肅以下云穫而弗食食而弗肥字宜曰養家語曰其居人曰養鄭必破爲義者馬昭云立人之道曰仁與義又此云禮義者人之大端下每云義故知養當爲義也張駁謹案亦從鄭說云下之則爲教令居人身爲義者鄭爲此注欲明改養爲義之意言法天地山川下教於民者則爲教令法天地山川居在人身之中者則爲義事是不得爲養也引孝經說曰義由人出者證義從人身而出也

○故禮義也者。人之大端也。所以講信脩睦。而固人之肌膚之會。筋骸之束也。所以養生送死。事鬼神之大端也。所以達天道。順人情之大竇也。竇孔穴也○竇音豆 ○故唯聖人爲知禮之不可以已也。故壞國。喪家。亡人。必先去其禮。言愚者之反聖人也○壞音怪又呼怪反喪息浪反 〔疏〕故禮至其禮○正義曰此一節論上文說禮爲治理之本故今說禮不可去之事○注竇孔穴也○正義曰按哀元年左傳云逃出自竇篳門閨竇是竇孔穴也孔穴開通人之出入禮義者亦是人之所出人故云達天道順人情之大竇也

故禮之於人也。猶酒之有蘖也。君子以厚。小人以薄。皆得以爲美味性善者醇耳○蘖魚列反醇市春反 〔疏〕故禮至以薄○正義曰此一節論上云禮不可去故次云禮之在人有厚薄之事○禮之於人也猶酒之有蘖也者禮不可以已之故在人譬如釀酒須用麴蘖則成酒無麴蘖則酒不成人無禮則敗壞也○君子以厚小人以薄者君子譬精米嘉器也小人譬麤米弊器言譬如釀酒其用一麴分半持釀精米嘉器則其味醇和一器半釀麤米弊器則其味醨薄亦猶如禮自是一耳行之自有厚薄若君子性識純深得禮而彌深厚小人智慮淺薄得禮自虛薄者也

○故聖王脩義之柄。禮之序。以治人情。治者瑕穢養菁華也○菁子丁反 故人情者。聖王之田也。脩禮以耕之。和其剛柔 陳義以種之。樹以善道 講學以耨之。存是去非類也耨奴豆反鉏也 本仁以聚之。合其所盛○盛市正反又音成 播樂以安之。感動使之堅固 故禮也者。義之實也。協諸義而協。協合也合禮於義則與義合不乖剌○剌力達反本或作制○ 則禮雖先王未之有。可以義起也。以其合於義可以義起作 義者。藝之分。仁之節也。藝猶才也 協於藝。講於仁。得之者強。有義則人服之也 仁者。義之本也。順之體也。得之者尊。有仁則人仰之也 〔疏〕故聖至者尊○正義曰此一節論因上君子小人厚薄不同故此論聖人脩禮義治人情以至大順也各依文解之○故聖王脩義之柄者柄操也謂執持而用者謂脩理義之柄脩理禮之次序以治正人之情使去其瑕穢之惡養其菁華之善也○故人情者聖王之田也者土地是農夫之田人情者亦是聖王之田也○脩禮以耕之者農夫之田用耒耜以耕之和其剛柔聖人以禮耕人情正其上下○陳義以種之者農夫耕田既畢以美善種子而種之聖王以禮正人情既畢用此善道而教之○講學以耨之者農夫種苗既畢勤力耘鋤去草養苗則苗善矣聖王以善道教民既畢又須講說學習以勸課之存是去非則善也○本仁以聚之者農夫既勤耘耨苗稼成孰當本此仁恩愛惜之心以聚集所收勿令浪爲費散聖王勸課行善既畢本此仁恩和親聚集善道使不廢棄也○播樂以安之者播布也農夫收穫既畢布其歡樂之心共相飲食以安美之聖王既勸民善道備足又說樂感動使其相行善道保寧堅固也○故禮也者義之實也前既明禮耕義種仁聚之今此以下廣明上三者相須也此明禮義相須禮是造物爲實義以脩飾爲禮之華故云禮也者義之實也○協諸義而協者協合也諸之也今將此禮合會於義謂以禮比方於義而協謂禮與義相協會也○則禮雖先王未之有可以義起也者起作也禮既與義合若應行禮而先王未有舊禮之制則便可以義作之如將軍文子之子是也先無其禮臨時以義斷之垂涕洟待賓于廟是其以義而作禮也庾云謂先王制禮雖所未有而此事亦合於義則可行之以義與禮合也○義者藝之分仁之節也者此明仁須義也義者裁斷合宜也藝才也仁施也人有才能又有仁施若非義裁斷則過失故用義乃得分節也此唯明仁須義而云才者因明一切皆須義斷庾云藝者審其分仁者宜得節皆須義以斷之是義爲藝之分仁之節明義之貴也○協於藝者斷才得分即是義能合藝也講於仁者講猶明也使仁得節是義能明於仁也○得之者強者若能得才分仁節之理則是豪強爲衆所畏服也○仁者義之本也者上云義者藝之分仁之節明義能與仁爲節此言仁者義之本謂仁能與義作本順之體也者仁者施生故爲順之體也○得之者尊既能施生又爲順體故爲人所尊仰也但義主斷割能服於人故得義者強仁是恩施衆所敬仰故得仁者尊也○注協合至乖剌○正義曰合禮於義解經協諸義則與義合者解經而協也云合禮於義者謂將禮比方於義云則與義合者言禮與義相合不乖剌也禮所以與義合者禮者體也統之於心行之合道謂之禮也義者宜也行之於事各得其宜謂之義也是禮據其心義據其事但表裏之異意不相違故禮與義合也○注以其至起作○正義曰云以其合於義者謂此禮以其合會於義故雖當無

禮臨事制宜而行禮是可以義起作也衛將軍文子之子既除喪而后越人來弔於時無除喪後受弔之禮主人乃量事制宜練冠垂涕洟待於廟而受弔是以義而起作此禮也故治國不以禮猶無耜而耕也。無以入也○耜音似為禮不本於義猶耕而弗種也。嘉穀無由生也○種之用反不亦作弗何休注公羊云弗者不之深也下皆放此為義而不講之以學猶種而弗耨也。苗不殖草不除講之於學而不合之以仁猶耨而弗穫也。無以知收之豐荒也穫戶郭反收如字又手又反合之以仁而不安之以樂猶穫而弗食也。不知味之甘苦安之以樂而不達於順猶食而弗肥也。功不見也○見賢遍反四體既正膚革充盈人之肥也。父子篤兄弟睦夫婦和家之肥也。大臣法小臣廉官職相序君臣相正國之肥也。天子以德為車以樂為御諸侯以禮相與大夫以法相序士以信相考百姓以睦相守天下之肥也。是謂大順。大順者所以養生送死事鬼神之常也。常謂皆有禮用無匱乏也車或為居故事大積焉而不苑並行而不繆細行而不失深而通茂而有間連而不相及也動而不相害也此順之至也。言人皆明於禮無有蓄亂滯合者各得其分理順其職也○苑于粉反積也繆音謬畜丑六反故明於順然後能守危也。能守自危之道也君子居安如危小人居危如安易曰危者安其位

【疏】故治至危也○正義曰此以下顯前譬也人君治人情若無禮猶農夫耕而無耜也○為禮不本於義猶耕而弗種也治雖用禮不本其所宜如農夫徒耕而不下種子也○為義而不講之以學猶種而弗耨也者治國雖用善道所宜而不更為講學使民知其理道如農夫雖種嘉穀而不耘耔則苗不滋茂厚實也講之以學而不合之以仁猶耨而弗穫也者治國雖講之以學而不聚其仁行者如農夫雖耘耔成熟而不收穫取之也合之以仁而不安之以樂猶穫而弗食也者治國雖聚仁若不奏樂和之則仁心不堅如農夫雖聚穀而不食則甘穀空失也○安之以樂而不達於順猶食而弗肥也者前陳聖人禮耕以至安樂今顯譬農夫耒耜以至食之其事相似今更欲設譬以人身之肥譬家國禮足聖人為教反覆相明正在此矣言雖奏樂於仁人而不使知達至順之理亦為未善猶如人雖食五味而調和溫清不順則雖食不肥也○四體至常也○此一節明人及國家天下等皆悉肥盛所以養生送死常事鬼神○膚革充盈者膚是革外之薄皮革是膚內之厚皮革也○天子以德為車以樂為御率士皆達順故合天下之肥也天子以德為車謂用孝悌以白載也德孝悌也以樂為御謂用要道以行之樂要道也行孝悌之事須禮樂如車行之須人御也○大順者所以養生送死事鬼神之常也者前雖明國家之順而皆局有條目而順理廣被無所不在此更總說其事也一切生死鬼神無不用順為常也故孔子荅孟武伯問無違之言云生事之以禮死葬之以禮是也養生送死事鬼神無違道之常也○故事至危也皇氏云事大積焉而不苑者既用順為常事無苑滯事○大者天子事也雖復萬機輻湊而應之有次序不使苑積也○並行而不繆者並行謂諸侯來朝也既四方隨時貢賦有序雖並列俱陳而不錯繆也○細行而不失者謂大夫士出聘者也天子不遺小國之臣是不失也○深而通者深為九州之外也雖地在遠荒而皆通貢王庭越常是也○茂而有間者謂萬國貢賦庭實密茂而國朝之間自不廁雜以國之相次小則讓大不相及入也萬乘龍趨干乘雷動不相妨害自四體既正至此皆由王者順之至也熊氏云此普據天下萬事有大有細有深有通有連有動言人皆明禮順正事無蓄亂滯合各得其分理順於其職所以大小深淺並合得其宜此順之至結自四體既正以下至此並是順之至極也故明於順然後能守危也上言順之至此明順有益明於順然後能守危者既明順道不敢為非則能守自危之道謂以危戒慎而自守保也○注易曰危者安其位○正義曰此易上繫文也按易繫乃云危者安其位者也亡者保其存者也危者安其位謂所以今日危亡者正為不知畏懼偷安其位故致危也引之者證人之所居恒須危懼也

○故禮之不同也。不豐也。不殺也。所以持情而合危也。豐殺謂天子及士名位不同禮亦異數所以持其情合安其危○殺所戒反徐所例反注同故聖王所以順。山者不使居川。不使渚者居中原。而弗敝也。小洲曰渚廣平曰原山者利其禽獸渚者利其魚鹽中原利其五穀使各居其所安不易其利勞敝之也民失其業則窮窮則濫○渚之汝反用水。火。金。木。飲食必時。用水謂漁人以時漁為梁春獻鼈蜃秋獻龜魚也用火謂司爟四時變國火以救時疾及季春出火季秋納火也用金謂卯人以時取金玉錫石也用木謂山虞仲冬斬陽木仲夏斬陰木飲食謂食齊視春時羹齊視夏時醬齊視秋時飲齊視冬時○漁音魚鼈必列反蜃石忍反爟古亂反卯華猛反又瓜猛反徐古猛反夏戶嫁反下同謂食音嗣齊才細反下皆同○合男女。頒爵位。必當年德。謂媒氏令男三十而娶女二十而嫁司士稽士任進退其爵祿也○頒音班當丁浪反媒音梅取音娶本又作娶稽古兮反○用民必順。不奪農時故無水旱昆蟲之災。民無凶饑妖孽之疾。言大順之時陰陽和也昆蟲之災螟螽之屬也○烖音災妖孽又作蠥魚列反妖又作祅說文云衣服歌謠草木之怪謂之祅禽獸蟲蝗之怪謂之蠥螟亡丁反螽徐音終○故天不愛其道。地不愛其寶。人不愛其情。言嘉瑞出人情至也故天降膏露。地出醴泉。山出器車。河出馬圖。鳳皇麒麟。皆在郊棷。龜龍在宮沼。其餘鳥獸之卵胎。皆可俯而闚也。膏猶甘也器謂若銀甕丹甑也馬圖龍馬負圖而出也棷聚草也沼池也○醴本又作醴音禮麒麟音其下音栗人反棷素口反徐揔會反澤也本或作藪沼之紹反卵力管反胎士才反俯音府窺本又作闚去規反甕本又作罋烏弄反徐於弄反則是無故。非有他事使之然也先王能脩禮以達義。體信以達順。故此順之實也。實猶誠也盡也

【疏】故禮至實也○正義曰此一節論上既得明順乃安位此以下說行順以致大平之事各依文解之○故禮之不同也者天子至士貴賤不宜故禮不得同也○不豐也者禮應須少不可求多也○不殺也者禮應須多不可殺少也○所以持情而合危也者能順序如上故使扶持其情合安其危不使危也○故聖王所以順山者不使居川既使天下皆肥由於至順此更廣說順也既欲其順本居山者所利便於禽獸本居川者所利在舟檝故聖人隨而安之不奪宿習不使居山之人居川也不使渚者居中原小洲曰渚渚利魚鹽廣平曰原原利五穀既順安之故不使渚者從中原○而弗敝也者必各保其業故恒豐而不敝困也○用水火金木飲食必時者舉動皆順故必時也水時者謂虞人入澤梁及出入之水之屬也火時者鄭注司爟引司農說以鄹子曰春取榆柳之火夏取棗杏之火季夏取桑柘之火秋取柞楢之火冬取槐檀之火釋者曰榆柳青故春用之棗杏赤故夏用之桑柘黃故季夏時用之柞楢白故秋用之槐檀黑故冬用之金謂金錫石卝也木謂仲冬斬陽木仲夏斬陰木也飲酒必時者謂食齊視春之屬也○合男女者謂媒氏仲春令男三十而取女二十而嫁○頒爵位者頒分也謂司士稽士任而進退其爵祿也○必當年德者合男女使當其年頒爵位必當其德年謂男三十女二十也○當德謂君十卿祿下士食九人等是也○謂用民必順者使之以時不奪農務也○故無水旱昆蟲之災○此論聖王用大順之道故致陰陽和調羣瑞並至正由順之誠實故至於此也○故天不愛其道者此以下明天地為至順之主下瑞應也四時和甘露降是天不愛其道也○地不愛其寶者謂五穀豐醴泉生器車出也○人不愛其情者皆盡孝悌及越常至也○山出器車按禮緯斗威儀云其政大平山車垂鉤注云山車自然之車垂鉤不揉治而自圓曲○河出馬圖按中候握河紀堯時受河圖龍銜赤文綠色注云龍而形象馬故云馬圖是龍馬負圖而出又云伏羲氏有天下龍馬負圖出於河遂法之畫八卦又龜書洛出之也鳳皇麒麟皆在郊棷按中候握河紀云鳳皇巢阿閣今云在郊棷者言鳳皇之衆或郊棷或阿閣也○其餘鳥獸之卵胎皆可俯而闚也者此飲食有由也各隨其長而至既不猶狘故生乳而衆多也俯下頭也鳥不畏人作巢在下故下頭可闚其巢卵也手撫獸背則知有胎也○則是無故者言致此上事則是更無他故由先王能脩禮達義體信達順之誠盡故致此也○注器謂若銀甕丹甑也○正義曰此銀甕丹甑援神契文按援神契德及於天斗極明日月光甘露降德及於地嘉禾生萁莢起秬𠰻出德至八極則景星見德至草木則朱草生木連理德至鳥獸則鳳皇來鸞鳥舞麒麟臻白虎動狐九尾雉白首德至山陵則景雲出德至深泉則黃龍見醴泉湧河出龍圖洛出龜書其所致羣瑞非一不可盡也故畧記之而已

禮記注疏卷二十二挍勘記　　阮元撰盧宣旬摘録

故聖人參於天地節

並於鬼神　閩監本同石經同嘉靖本同衞氏集說同毛本並作竝岳本同注疏倣此

並并也　閩監毛本同嘉靖本同衞氏集說同岳本并作倂釋文出並倂

故聖至治也　閩監毛本治作地不誤惠棟挍宋本無此五字

無過差也　閩監毛本同考文云宋板也作矣

故君者所明也節

故君至其生　惠棟挍宋本無此五字

故用人之知節

故用至之變　惠棟挍宋本無此五字

退去其姧詐者　閩監本姧作姦衞氏集說作奸

故聖人耐以天下爲一家節

故聖至爲之　惠棟挍宋本無此五字

按說文云耐者鬚也　閩監毛本同浦鏜挍耐改而是也○按鬚當作須須鬚正俗字

其意同矣　閩監毛本同考文云宋板矣作也

何謂人情節

講信脩睦　閩監本同石經同岳本同嘉靖本同毛本脩作修衞氏集說同下同

何謂至以哉　惠棟挍宋本無此五字

及哀惡與彼同也　閩監毛本同考文云宋板惡作樂

按彼傳云喜生於風　閩監毛本同浦鏜挍云按此出賈逵注傳當注字誤

故人者其天地之德節

故人至氣也　惠棟挍宋本無此五字

故人者其天地之德者　惠棟挍宋本有其字此本其字脫閩監毛本同

故兩存焉　惠棟挍宋本著此下標禮記正義卷第三十終記云凡二十六頁

故天秉陽節　惠棟挍宋本自此節起至故禮之不同節止爲第三十一卷卷首題禮記正義卷第三十一

播五行於四時　閩監毛本同石經同岳本同嘉靖本同衞氏集說同釋文出播於五行四時云本亦作播五行於四時正義云定本無於字直云播五行四時

言地持陰氣　閩監毛本同岳本同嘉靖本無持字地下空闕二字

五味六和十二食還相爲質也　閩監毛本同石經同岳本同嘉靖本同衞氏集說同五經筭術下引作五味六和十二食還相爲滑戴震云按鄭注五味酸苦辛鹹甘也和之者春多酸夏多苦秋多辛冬多鹹皆有滑甘是爲六和蓋五味加滑而六內則滫瀡以滑之疏云滫瀡之令柔滑也食味言還相爲滑衣色言還相爲質質如凡畫者丹質之質食味衣色二者語而有別此五經筭術所引在唐以前應是古本

竭猶負載也　閩監本同毛本載作戴岳本同嘉靖本同衞氏集說同五經筭術下引亦作載按戴載古多通同

布十二辰　閩監毛本同岳本同嘉靖本同衞氏集說同五經筭術布下有在字

終於南呂　閩監毛本同岳本同嘉靖本同衞氏集說同惠棟挍宋本呂作事釋文出南事云京房律始於執始終於南事凡六十正義本作南呂故疏說終於南呂之義極詳云以此言之則南呂爲是又云諸本及定本多作終於南事則是京房律法五經筭術下引亦作終于南呂後又云甄鸞挍禮記注一本乃有云始于黃鍾終于南事者

畫繢事也　閩監本同岳本同嘉靖本同衞氏集說同毛本繢作繪釋文出畫繢

故天至質也　惠棟挍宋本無此五字

播謂播散　閩本同監毛本謂作爲

中通元續以對五方　閩監毛本同衞氏集說同惠棟挍宋本以作次

至中呂而帀　閩本同惠棟挍宋本同衞氏集說帀作匝監毛本帀誤布

上生夾鍾爲商　閩監毛本如此此本爲字誤重

房對受學故小黃令焦延壽等　閩本監本毛本同齊召南云按後漢志無等字此等字衍

故各統一日　閩監毛本同盧文弨挍日改月云算術作各統一月下亦作當月戴震云按後漢書今本訛作各終一日下當月者訛作當日者攷律法十二律分十二月各自爲宮而商徵以類從是一律統一月也疏引作各統一日下仍作當月者爲五經筭術所引無舛誤可據以訂正

而商徵以類定焉　閩監毛本定作從五經筭術引亦作類從

考其高下　惠棟挍宋本如此五經筭術同此本考下衍以字閩監毛本同

謙待徵六日律八寸九分分微強　閩監毛本同惠棟挍宋本作八寸九分小分八微強按宋本與後漢志合惟九分後漢志作八分

去滅徵六日律八寸八分小分八弱　閩監毛本同盧文弨挍從續志八弱改七大強

分動下生歸嘉分動爲宮　閩本同惠棟挍宋本同監毛本動作動考文引宋板下生下有屈齊商安度徵六日律八寸七分小分六微弱分動下生二十二字然後接以歸嘉分動爲宮

刑晉商　閩本同惠棟挍宋本同監毛本刑作形下刑晉並同盧文弨挍云隋志作形晉

否與徵六日律八寸五分小分二強　閩監毛本同盧文弨挍云五經筭術強上有半字是也

分否下生解刑　閩本同惠棟挍宋本同監毛本刑作形下解刑徵同

解刑徵八日律八寸三分小分一強　閩監毛本同盧文弨挍云當作小分一少強

侯嘉商　閩本同惠棟挍宋本同監毛本侯作族下侯嘉並同

去南徵八日律八寸二分一少弱　閩本同監毛本作八寸二分小分一弱

結躬徵二日律七寸八分小分九強　閩本同監毛本二作六強上有少字盧文弨挍云少字衍

歸期徵七日律七寸七分小分九強　閩本同監毛本七日作六日強作弱惠棟挍宋本作強

刑始商　閩本同惠棟挍宋本同監毛本刑作形下刑始並同

閉掩徵七日律七寸三分小分九微強　惠棟挍宋本同閩本同監毛本七日作八日強作弱盧文弨挍云五經筭術作微強是也

鄰齊徵七日律七寸一分小分九微強　閩本同監毛本七日作八日一作二

揔應商　閩本同惠棟挍宋本同監毛本揔作物

期保徵七日　惠棟挍宋本亦作七閩本同監毛本七作八

分烏徵六日律七寸小分九大強　閩監毛本同盧文弨挍云大當作半

遲內徵六日律七寸小分一強　閩本同考文引宋板同監毛本強上有半字

未育徵六日律六寸九分小分二微強　考文引宋板同閩監毛本二作一齊召南挍云依後漢志當作二

嫌待商　閩本同監毛本嫌作謙

色育徵七日律六寸七分小分三大強　閩監毛本同盧文弨挍云五經筭術大強作半強是也

分動徵八日律六寸四分小分八強　閩監毛本同盧文弨挍云五經筭術作小分八微強是

質未徵七日律六寸三分小分九強　閩監毛本同盧文弨挍云強上當有少字

南事下生南事窮　閩監毛本同盧文弨挍云筭術下生作不生是孫志祖挍云五經筭術作不生六十律終於南事故不生也續志亦誤

分否徵七日律六寸二分小分三大强閩監毛本同盧文弨挍云五經筭術大强作半强是

離躬上生陵陰閩本同惠棟挍宋本同監毛本躬作宮下離躬並同盧文弨挍云續志作宮

陵陰徵七日律六寸一分小分五微强閩監毛本同盧文弨挍云徵字衍

少出徵八日律六寸小分七弱閩監毛本同盧文弨挍云弱上當有微字

屈齊徵六日律五寸八分小分四弱閩監毛本同盧文弨挍云五經筭術弱上有微字是

刑晉徵五日律五寸六分小分八强閩監毛本同盧文弨挍云强上當有少字

爭南徵七日律五寸三分小分九强閩本同監毛本强上有半字盧文弨挍云半當作少

應鍾商姑洗徵閩監毛本如此此本商字脫

變虞徵七日律五寸二分小分六强閩本同監毛本七作六强上有少字盧文弨挍云少字衍五經筭術作微字亦衍

依行徵五日閩本同監毛本五作七

中呂徵八日律四寸九分小分九强閩監毛本同盧文弨挍云强上當有少字

南中徵八日律四寸九分小分二弱閩監毛本二作三

揔應徵八日律四寸七分小分九微强閩監毛本同盧文弨挍云五經筭術徵作半是也

分烏窮次無徵不爲宮閩監毛本同考文引宋板次作內孫志祖挍云續志作次

制時徵六日律四寸五分小分五弱閩本同惠棟挍宋本同監毛本弱作强

以四時有四味惠棟挍宋本作時此本時誤肆閩監毛本同衞氏集說亦作四時

似月別各別衣食者考文引宋板如此此本上別誤刑閩本上別字闕監毛本無上別字衞氏集說同

大揔言之閩本同惠棟挍宋本同監毛本言作攷衞氏集說亦作言

故人者天地之心也節惠棟挍云故人節宋本分故聖人作則以下另爲一節

此言乘氣性之效也閩監毛本同岳本同嘉靖本同衞氏集說同惠棟挍宋本效作効宋監本同

以四時爲柄閩監本同石經同岳本同嘉靖本同考文引宋板同衞氏集說毛本柄誤端

故人至爲畜惠棟挍宋本無此五字

論稟氣性之有効驗閩監毛本効作效衞氏集說同下氣性之効氣性効故云効効是其効並同

故聖至爲畜惠棟挍宋本無此五字

用禮義以爲器惠棟挍宋本有用字此本用字脫閩監毛本同

覆說上舍禮何以哉閩監毛本同考文引宋板哉下有也字

故情可睹也閩監毛本同石經同岳本同嘉靖本同衞氏集說同考文古本情上有人字

故事有守也惠棟挍宋本作有石經同宋監本同岳本同嘉靖本同衞氏集說同考文引古本足利本同此本有誤可閩監毛本同石經考文提要云宋大字本余仁仲本皆作有

以天至由也○正義曰惠棟挍宋本無此八字

長既至爲聖人所畜閩監毛本同考文引宋板人所畜下又衍人所畜三字

何謂四靈節

故鳥不獝閩監毛本同石經同岳本同嘉靖本同衞氏集說同釋文出矞云字又作獝正義本亦作獝錢大昕云獝爲鳥飛不應從犬旁釋文獝本作矞周禮大司樂注引此文亦作矞俗本從犬者誤也說文走部有𧼴字訓狂走卽鳥不矞之矞張衡東京賦捎魑魅斮獝狂薛綜注獝狂惡厲之鬼名埤蒼云獝狂無頭鬼也矞本有狂義因矞狂連文并矞字亦加犬旁猶展轉之展作輾鈇質之質作鑕也

何謂至不失惠棟挍宋本無此五字

讀淰爲閃者惠棟挍宋本如此此本讀上衍巳字閩監毛本同

皆法中央閩監毛本同考文引宋板央作之非

其言少從閩監毛本同段玉裁挍本從詩周南正義少改可盧文弨挍云少當作火

其性義木性仁惠棟挍宋本同閩監毛本其作金

馬蹄有五采閩監本同毛本采作彩○按彩俗采字

不入檻穽閩監本同毛本檻作陷

故先王秉蓍龜節閩監毛本分故先王患禮以下另爲一節

故先至有序惠棟挍宋本無此五字

故先王患禮節

故先王患禮之不達於下也惠棟挍宋本無此十一字

故祭帝於郊節

故祭至至正惠棟挍宋本無此五字

卜筮瞽侑閩監毛本同岳本同嘉靖本同衞氏集說同石經卜誤十

三老在學閩監毛本同考文引宋板學下有者字

故禮行於郊節

故自郊社祖廟閩監本同石經同岳本同嘉靖本同衞氏集說同毛本祖誤宗

義之脩閩監本同石經同岳本同嘉靖本同衞氏集說同毛本脩作修注疏倣此後凡脩字同

故禮至藏也惠棟挍宋本無此五字

而百貨可極焉閩監毛本同考文云宋板焉下有者字下而孝慈服焉而正法則焉並同

是故夫禮節

是故至天也惠棟挍宋本無此五字

凶時有恩理節權閩本同惠棟挍宋本同監毛本時作禮

夫禮必本於天節

協於分藝閩監本同毛本協作恊石經同岳本同嘉靖本同衞氏集說同注疏倣此

猶人之才也此本也下脫一○閩監毛本遂誤以釋文合於月之分本或作日月之分日衍字十五字爲注文岳本嘉靖本衞氏集說考文皆無此十五字

夫禮至朝聘惠棟挍宋本無此五字

辭讓賓主三辭三讓惠棟挍宋本如此衞氏集說同此本上讓字脫閩監毛本同

張融謹案亦從鄭說惠棟挍宋本同閩監毛本融謹案三字闕

鄭爲此注欲明改養爲義之意惠棟挍宋本同閩監毛本注欲明三字闕

則爲教令法天地山川惠棟挍宋本同閩監毛本令法二字闕

是不得爲養也引孝經說惠棟挍宋本同閩監毛本養也引三字闕

故禮義也者節

而固人之肌膚之會石經同惠棟挍宋本同岳本同嘉靖本同閩監毛本上之字脫衞氏集說同石經考文提要云宋大字本宋本九經南宋巾箱本余仁仲本劉叔剛本九經誤字皆有上之字

順人情之大竇也閩監毛本同石經同岳本同嘉靖本同衛氏集說同考文云宋板無也字古本同案上之東也之大端也句末皆有也字此句文法一例無也字非

禮不可去之事○注竇孔穴也惠棟挍宋本同閩監毛本事○注三字闕

又篳門閨竇考文引宋板同惠棟挍宋本閨作圭衛氏集說同閩監毛本篳門閨三字闕

故禮之於人也節

猶酒之有糵也閩監毛本作蘗岳本同嘉靖本同衛氏集說同此本糵誤蘗疏同石經蘗下截米字闕釋文出有糵

人無禮則敗壞也閩監毛本同惠棟挍宋本敗壞作壞敗

分半持釀精米嘉器閩監毛本作米衛氏集說同此本米作美

得禮自虛薄者也閩監毛本同惠棟挍宋本無者字衛氏集說同

故聖王脩義之柄節惠棟挍云故聖王節故治國節宋本合爲一節

治者去瑕穢養菁華也閩監毛本如此岳本同嘉靖本同衛氏集說同此本誤脫去字重養字

協諸義而協閩毛本作協石經同岳本同嘉靖本同衛氏集說同此本協作恊監本同案說文協訓同心之和協訓衆之同和義不相遠五經文字云案古文作叶則從十者義長今改從十餘放此

故聖至者尊惠棟挍宋本無此五字

如將軍文子之子是也惠棟挍宋本同閩監毛本上子作氏衛氏集說同

即是義能合藝也閩監本同毛本義藝字互誤衛氏集說亦作義能合藝

故雖當無禮臨事制宜而行禮是可以義起作也衛將軍文子之子既除喪而后越人來弔於時無除喪後受弔之禮主人乃量事制宜練冠垂涕洟待于廟而受弔是以義而起作此禮也惠棟挍宋本同閩監毛本禮臨以下多闕文

故治國不以禮節

嘉穀無由生也惠棟挍宋本同宋監本同岳本同嘉靖本同衛氏集說穀作禾閩監毛本嘉穀二字闕

無有蓄亂滯合者各本同釋文出有畜

故治至危也監本毛本作危惠棟挍宋本作肥

正義曰此以下惠棟挍宋本無正義曰三字

猶耕而弗種也者治國雖用禮惠棟挍宋本如此此本者國二字脫閩監毛本同

膚是革外之薄皮閩監本同惠棟挍宋本皮下有膚字

越常是也閩監毛本同惠棟挍宋本常作裳盧文弨校云常裳俱可通○按說文常下帬也从巾尚聲又云裳常或从衣

然後能守危也監本毛本作危也惠棟挍宋本下有者字

而自守保也閩監毛本同惠棟挍宋本守保作保守

按易繫乃云閩監毛本乃作辭案疏意以易繫是就既危者言鄭此引是就安不忘危者言斷章取義故說按易繫乃云乃者明易繫不如鄭所引義也三本改乃爲辭失疏意矣

故禮之不同也節

窮則濫閩監毛本同岳本同惠棟挍宋本則作斯嘉靖本同衛氏集說作窮斯濫矣考文古本作窮斯濫矣也足利本作窮則斯濫宋監本作窮斯盜

謂卄八監本作廿岳本同衛氏集說同釋文出卄八此本廿誤卅閩本同嘉靖本同毛本廾誤卝○按說文則作礦卄假借字說詳前

男三十而娶閩監毛本同岳本同衛氏集說同惠棟挍宋本娶作取嘉靖本同釋文出而取云本又作娶正義引亦作取則宋本取字是也

司士稽士任閩監毛本同岳本嘉靖本同衛氏集說同考文引古本任作位非也

地不愛其寶王引之云不愛謂不隱藏也愛之爲隱古人常訓廣雅寶字注作地不藏其寶說詳經義述聞

地出醴泉閩監毛本同石經同岳本同嘉靖本同衛氏集說同釋文出澧云本又作醴

皆可俯而闚也閩監毛本同石經同岳本同嘉靖本同衛氏集說同釋文出而窺云本又作闚○按依說文當作窺从穴規聲

故禮至實也惠棟挍宋本無此五字

釋者曰閩監毛本同惠棟挍宋本曰作云

及越常至也閩監毛本同惠棟挍宋本常作裳

伏羲氏有天下監毛本同閩本羲作犧

德至八極閩監毛本同惠棟挍宋本極作表

附釋音禮記注疏卷第二十二終惠棟挍宋本禮記正義卷第三十一終記云凡二十六頁

附釋音禮記注疏卷第二十三

禮器第十○陸曰鄭云以其記禮使人成器孔子謂子貢瑚璉之器是也【疏】正義曰案鄭目錄云名爲禮器者以其記禮使人成器之義也故孔子謂子貢汝器也曰何器也曰瑚璉也此於別錄屬制度

禮記　鄭氏注　孔穎達疏

禮器。是故大備。大備。盛德也。禮器言禮使人成器如耒耜之爲用也人情以爲田脩禮以耕之此是也大備自耕至於食之而肥禮釋回。增美質。措則正。施則行。釋猶去也回邪辟也質猶性也措置也○錯七路反本又作措又厝音同去起呂反邪似嗟反辟匹亦反

其在人也。如竹箭之有筠也。如松栢之有心也。二者居天下之大端矣。故貫四時而不改柯易葉。箭篠也端本也四物於天下最得氣之本或柔刃於外或和澤於內用此不變傷也人之得禮亦猶然也○箭節見反筠于貧反鄭云竹之青皮也貫古亂反柯古何反篠西了反徐音小刃而愼反○故君子有禮。則外諧而內無怨。人協服也故物無不懷仁。鬼神饗德。懷歸也○【疏】禮器至饗德○正義曰此一節論禮能使人成器則於外物無不備各依文解之○禮器至德也○言故云禮器也既得成器則於事無不足故云是故大備也身既成器又能備足則是盛德也此大備者則人情以爲田脩禮以耕之至食而弗肥是也○上禮運所云自禮釋回此以下用禮爲器以耕人情之事釋去也回邪也用禮爲器能除去人之邪惡也增美質者增益也質性也禮非唯去邪而已人有美性者禮又能益之也措則正者措置也言置禮在身則身正也施則行者施用也若以禮用事事皆行也○其在至易葉○其在人也如竹箭之有筠也禮道既深此爲設譬也竹大竹也箭篠也言人情備德由於有禮譬如竹箭四時葱翠由於外有筠也筠是竹外青皮顧命云敷重篾席鄭云篾析竹青皮也禮記曰如竹箭之有筠按鄭引禮記之筠以爲青皮是知呼竹爲筠如松栢之有心也者又設譬也人經夷險不變其德由禮使然譬如松栢陵寒而鬱茂由其內心貞和故也○二者居天下之大端矣者二者竹松也端猶本也松竹居於天下比於衆物最得氣之本也故貫四時不改柯易葉貫經也既得氣之本故經四時柯葉無凋改也改易互言也○故君至無怨○解外諧內無怨者謂於外疏遠之處與人諧和於內親近之處無相怨恨以其有禮接人故內外協服也爲譬既畢此合之也前并舉筠心二事正欲譬於君子內外俱美外柔刃如筠故能與一切物相諧內和澤如松心故能與人無怨經云二者據譬也鄭云四物者析別言之○故物至饗德○故物無不懷仁者懷歸也由外內協服故悉歸仁故云物無不懷仁○鬼神饗德者鬼神聰明正直依人而行物既懷仁故神亦饗德也

○先王之立禮也。有本有文。忠信。禮之本也。義理。禮之文也。無本不立。無文不行。言必外內具也○禮也者。合於天時。設於

地財。順於鬼神。合於人心。理萬物者也。鬼神所祀事有德也。是故天時有生也。地理有宜也。人官有能也。物曲有利也。言皆有異。故天不生。地不養。君子不以爲禮。鬼神弗饗也。天不生謂非其時物也。地不養謂非此地所生。居山以魚鼈爲禮。居澤以鹿豕爲禮。君子謂之不知禮。不順其鄉之所有也。故必舉其定國之數。以爲禮之大經。定國之數謂地物所出多少。禮之大倫。以地廣狹。謂貢賦之常差。○狹音洽又戶夾反差初佳反徐初宜反。禮之薄厚。與年之上下。用年之豐凶也。○上時掌反。是故年雖大殺。衆不匡懼。則上之制禮也節矣。言用之有節也殺謂穀不孰也匡猶恐也○殺色戒反徐所例反注同恇懼音匡又丘往反○恐丘勇反

【疏】先王至節矣。○正義曰此一節論因上禮則人外內諧和遂云禮須信義兼說行禮之事各依文解之○忠信禮之本也者禮之爲本即忠信是也忠者內盡於心也信者外不欺於物也內盡於心故與物無怨外不欺物故與物相諧也義理禮之文也禮雖用忠信爲本而又須義理爲文飾也得理合宜是其文也無本不立解須本也無忠信則禮不立也無文不行解須文也行禮若不合宜得理則禮不行也○禮也至知禮○此一節論禮者合於天地協於鬼神合於人心而行其禮若不得天時不得地財而行其禮則不知禮也禮也者合於天時者前云忠信爲本易見而義理爲文難觀故此以下廣說義理爲文之事也夫君子行禮必須使仰合天時俯會地理中趣人事則其禮乃行也仰合天時即依於四時及豐儉隨時也○設於地財者俯會地理也財物也所設用物爲禮各是其土地之物也○順於鬼神者鬼神助天地爲化之鬼神也祀之必順不濫遂也○合於人心者中趣人事也雖合天會地順於鬼神又須與人心符合其禮乃行也是以書云謀及卿士謀及庶人謀及卜筮是也○理萬物者也者若能使事事如上則行羣得所豚魚戴賴是萬物各得其理也○是故天時有生也者言天四時自然各有所生若春薦韭卵夏薦麥魚是也○地理有宜也者地之分理自然各有所宜若高田宜黍稷下田宜稻麥是也人官有能也者人居其官各有所能若司徒奉牛司馬奉羊及庖人治庖祝治尊俎是也○物曲有利也者謂萬物委曲各有所利若麴蘖利爲酒醴絲竹利爲琴笙皆自然有其性各異也皇氏云有聖人制禮得宜故致天時有生地理有宜之等非其義也○故天不生者既得時財而爲天地人物美功故君子行禮不爲失時非財之事故此以下明之也此是不合天時也天不生謂非時之物若寒瓜夏橋及李梅冬實之屬也○地不養者此是不設地財也地不養若山之魚鼈澤之鹿豕也○君子不以爲禮者此是不合人心也○鬼神弗饗者此是不順鬼神也○居山以魚鼈爲禮居澤以鹿豕爲禮君子謂之不知禮者此翻廣設地財也鹿豕是山養魚鼈是澤物今若非其地所養而設爲禮此是謂爲不知禮也○注鬼神至德也○正義曰以經云順於鬼神先王制禮所以能順鬼神者以鬼神是有德之人死乃祀爲鬼神禮既合於人心故得順於鬼神也○故必至節矣○此一節以上文制禮因合天時地宜故此論隨地之所有以制禮也舉其定國之數以爲禮之大經禮物必鄉之所有故有國者必書其國內所生物多少定數以爲國之大法也經法也○禮之大倫以地廣狹者倫猶例也制禮之大例又宜隨地廣狹爲法謂貢賦之常差也禮之薄厚與年之上下者此廣順天時上猶豐也下猶荒也雖以地廣狹爲制而又皆須隨於天時也多少隨年豐荒也○是故年雖大殺衆不匡懼者此言得時之美也大殺謂五穀不孰也匡猶恐也雖大凶殺之年則人主隨而省斂狹用故天下之衆不恐懼也則上之制禮也節矣合結地財天時也廣狹隨地而賦豐凶逐時而斂衆之不恐並由君上制禮有節故也

○禮時爲大。順次之。體次之。宜次之。稱次之。言聖人制禮所先後也○稱尺證反後皆同○堯授舜。舜授禹。湯放桀。武王伐紂。時也。言受命改制度。詩云。匪革其猶。聿追來孝。革急也猶道也聿述也言文王改作者非必欲急行已之道乃追述先祖之業來居此爲孝○革紀力反注同○天地之祭。宗廟之事。父子之道。君臣之義。倫也。倫之言順也。○社稷山川之事。鬼神之祭。體也。天地人之別體也。○喪祭之用。賓客之交。義也。義之言宜也人道之宜。○羔豚而祭。百官皆足。大牢而祭。不必有餘。此之謂稱也。足猶得也稱稱牲之大小而爲俎此指謂助祭者耳而云百官喻衆也○

【疏】禮時至稱也○正義曰此一節明亦因上制禮得節故以下諸事皆由禮洽天時今各依文解之○禮時爲大者揖讓干戈之時於禮中最大故云時爲大也○順次之者雖合天時又須順序故順次之也○體次之者有時有順又須小大各有體別也○宜次之者大小雖有體行之又須各當其宜也○稱次之者稱猶足也行禮又須各自足也○堯舜至來孝○此釋時爲大也堯舜所以相授者堯舜知子不賢自能遜退而授人此時使之然也桀紂凶虐不能傳立與人湯武救民之災不可不伐亦時使之然也○詩云匪革其猶聿追來孝此大雅文王有聲之篇革急也猶道也聿述也言文王改作豐邑非是急行已之道能述追先祖之業來行孝道於此豐邑時使之然不得不爾釋時之義也今詩本革作棘猶作欲聿作適字不同者鄭荅炅模云爲記注之時依循舊本此文是也後得毛詩傳而爲詩注更從毛本故與記不同革棘聿適字異義同詩注來勤也言作豐邑非急成已之欲乃追述王季勤行孝之道也○注革急至述也○正義曰革急聿述並釋言文猶道也釋詁文○天地至倫也○此事皆是下之事上以敬順爲本故云倫也以前經云時爲大此次之故以倫爲順也○社稷至體也○以前經云體次之此覆說體也社稷山川爲天地之別體鬼神是人之別體各有軀體也○注天地至體也○正義曰神是天之別體社稷山川是地之別體鬼是人之別體兼云天者社稷山川雖形屬於地精靈上連於天也此經鬼神之祭則上宗廟之事而別屬體者宗廟至尊事之須順故屬順也體是人死所爲故後屬體也故云天地人之別體也○喪祭至義也○此釋宜次之也宜義也主人有喪祭之事應須貴用而賓客有賻賵之交是人道之宜也故後云喪禮忠之至賓客用幣義之至也○羔豚至稱也○此釋稱次之羔豚而祭百官皆足足猶得也夫臣助祭則各有俎祭竟播及胞翟雖復羔豚之小而百官一切皆悉得也大牢而祭不必有餘者假令大牢亦不使有餘也此之謂稱也者小而皆得大而不餘是各稱在體也○注此指至衆也○正義曰按儀禮士祭用特牲大夫祭用少牢皆以成牲不用羔豚此得有羔豚祭者按王制云大夫士有田則祭無田則薦則無地大夫士薦羔豚也無地則無臣助祭故云百官喻衆也○

諸侯以龜爲寶。以圭爲瑞。家不寶龜。不藏圭。不臺門。言有稱也。古者貨貝寶龜大夫以下有貨耳易曰十朋之龜瑞信也諸侯執瑞孤卿以下執摯闍者謂之臺○堵本又作闍音都又丁古反徐音常邪反

【疏】諸侯至稱也○正義曰此一節還明上經稱次之事也但禮主威儀以尊卑大小多少質文各有所宜其稱非一故從此以下更廣明爲稱之事各依文解之○諸侯以龜爲寶者諸侯有保土之重宜須占詳吉凶故得以龜爲寶也○以圭爲瑞者圭兼五等玉也諸侯之於天子如天子之於天也天子得天之物謂之瑞故諸侯受封於天子天子與之玉亦謂爲瑞也書云輯五瑞又云班瑞于羣后是也此云圭不云璧從可知也○家不寶龜者家卿大夫也大夫卑輕不得寶龜故臧文仲居蔡爲僭也○不藏圭者卿大夫不得執玉故不得藏圭○不臺門者兩邊築闍爲基基上起屋曰臺門諸侯有保捍之重故爲臺門而大夫輕故不得也言有稱者結上得與不得各有所稱○注古者至之臺○正義曰言古者貨貝以貝爲貨若今之用錢爲貨也貝有五種按食貨志王莽作金銀龜貝錢布之品名曰寶貨大貝四寸八分以上二枚爲一朋直二百一十六文壯貝三寸六分以上二枚爲一朋直五十文么貝二寸四分以上二枚爲一朋直三十文也小貝一寸二分以上二枚爲一朋直十文也○不盈寸二分漏度不得爲朋率枚直錢三文是爲貨貝五品又以龜爲寶故云古者貨貝寶龜云易曰十朋之龜者按損卦六五爻云或益之十朋之龜鄭注引爾雅云一曰神龜郭注此當龜以爲畜在宮沼者二曰靈龜注云今江東所用卜龜黃靈黑靈者此蓋與天龜靈屬一也三曰攝龜注云以腹甲翁然攝斂頭閉藏之即當周禮地與四方之龜知者以皆有奄斂之義故也四曰寶龜即遺我大寶龜及樂記曰青黑緣者天子之寶龜及公羊定公八年龜青純皆是也五曰文龜注甲有文采者河圖云靈龜負書丹甲青文是也言靈者直是神龜之義非天龜也六曰筮龜注云常在蓍叢下者七曰山龜八曰澤龜九曰水龜十曰火龜注此皆說龜所生處也大凡神靈寶文攝唯五體而已家語臧氏家有守龜名曰蔡文仲三年爲一兆武仲三年而爲二兆孺子容三年而爲三兆此云家不寶龜按三正記白虎通天子之龜尺二寸諸侯一尺大夫八寸者彼謂卜龜士亦有龜故士喪禮卜宅是也龜出於蔡故得以爲名也臣瓚注漢書云蔡龜名非也臧氏又有僂句故左氏昭二十五年傳云僂句不余欺是也食貨志云元龜尺二寸直二千一百六十爲大貝十朋公龜九寸以上直五百爲壯貝十朋侯龜七寸以上直三百爲么貝十朋子龜五寸以上直百爲小貝十朋此等皆爲一貝有十朋與十朋之龜義同也云闍者謂之臺爾雅釋宮文

○禮有以多爲貴者。天子七廟。諸侯五。大夫三。士一。天子之豆二十有六。諸公十有六。諸侯十有二。上大夫八。下大夫六。諸侯七

介七牢。大夫五介五牢。天子之席五重。諸侯之席三重。大夫再重。天子崩。七月而葬。五重八翣。諸侯五月而葬。三重六翣。大夫三月而葬。再重四翣。此以多爲貴也。豆之數謂天子朔食諸侯相食及食大夫公食大夫禮曰宰夫自東房薦豆六設于醬東此食下大夫而豆六則其餘著矣聘禮致饔餼於上大夫堂上八豆設于戶西則凡致饔餼堂上之豆數亦如此周禮公之豆四十其東西夾各十有二侯伯之豆三十有二其東西夾各十子男之豆二十有四其東西夾各六諸侯七介七牢者周之侯伯也大夫五介五牢者侯伯之卿使聘者也周禮上公九介九牢侯伯七介七牢子男五介五牢聘儀所云上公七介侯伯五介子男三介乃謂其使者也天子葬五重者謂杭木與茵也葬者杭木在上茵在下士喪禮下篇陳器曰杭木橫三縮二加杭席三加茵用疏布緇翦有幅亦縮二橫三此士之禮一重者以此差之上公四重○介音界副也後皆同俗讀古賀反非也重直龍反下及注皆同○翣所甲反相食音嗣下同餼許既反夾古洽反又古協反使色吏反抗木苦浪反又音剛又戶剛反茵音因縮所六反○

【疏】禮有至爲貴也○正義曰天子七廟尊者誠深孝篤故立廟乃多世爲稱也諸侯五大夫三士一者德轉薄故廟少爲稱也士一廟者據下士爲言若適士則二廟也○天子之豆二十有六者謂天子朔食也尊者宜備味多乃稱之故多致豆二十有六也○諸公十有六上公也謂更相朝時堂上之豆數也○諸侯十有二者侯伯子男也亦謂相朝時堂上之豆數也○上大夫八下大夫六者皆謂主國食使臣堂上之豆數○諸侯七介七牢者介副也牢大牢也謂諸侯朝天子天子以大牢禮賜之也周禮公九介九牢侯伯七子男五今言七擧中言之也○大夫五介五牢者臣爲君使各降其君二等此五介五牢謂侯伯之卿亦舉中言之○諸侯之席三重者謂相朝時賓主皆然也尊者須温厚故多重乃稱也三重則四席也熊氏云二重則三席也○大夫再重者卑於人君故也○天子崩七月而葬五重者五重謂杭木與茵也尊者宜堅固故多重也八翣者尊宜多鄣蔽以稱之也○三重六翣者五等同也卑於王故鄣蔽少也然前介及牢不云天子者天子無介牢禮無等及爲賓客之事○再重四翣者諸侯大夫又卑故從而少飾也此以多爲貴也者都結上之文也○注豆之至四重○正義曰豆之數謂天子朔食諸侯相食者以文連下大夫六豆上大夫八豆皆食饗大禮明天子諸侯之豆數亦是大禮故爲天子朔食諸侯相食也其天子齊則無文亦當與朔食同也皇氏云天子之豆二十有六者天子庶羞百二十品饈豆各六十今云二十六者說堂上數也堂下東西夾各十七兩十七合三十四三十四就二十六故合六十也今按禮有正羞庶羞故公食大夫禮設韭菹醓醢六豆設于醬東是正羞也將食士羞庶羞設于稻南卿臐膮牛炙之等十六豆謂之庶羞又掌客云公豆四十又云食四十則豆盛正羞食謂庶羞也故鄭注掌客云食者其庶羞美可食者是庶羞與正羞別此上大夫八豆下大夫六豆皆爲正羞而天子二十六豆亦爲正羞故熊氏以爲正羞醓醢百二十羞之等但不知堂夾若爲陳列皇氏以爲庶羞其義非也云公食大夫禮曰宰夫自東房薦豆六設于醬東者鄭引以證下大夫六豆之義云此食下大夫而豆六則其餘著矣者下大夫六豆設于堂下則天子之豆二十有六諸公十有六諸侯十有二亦設于堂上顯著可知故云其餘著矣云聘禮致饔餼於上大夫堂上八豆設于戶西者證明此經上大夫八豆之義也按公食大夫禮亦有上大夫八豆之文必引聘禮上大夫者此以公食大夫是食禮聘禮上大夫是致饔餼禮欲見食與饔餼堂上豆數同故鄭此云凡致饔餼堂上豆數亦如此謂亦如此食下大夫之禮云周禮公之豆四十其東西夾各十有二侯伯之豆三十有二其東西夾各十子男之豆二十有四其東西夾各六此豆數皆周禮掌客文其陳于堂上以東西夾此鄭以意量之按聘禮致饔餼於上大夫堂上八豆西夾六豆東方亦如之此是堂上東西夾各設其豆東西夾又減於堂上之數上公堂上十六豆故知東西夾各十二侯伯堂上十二故知東西夾各十也子男堂上亦十二故知東西夾各六也云諸侯七介七牢者周之侯伯也者大行人云上公介九人禮九牢侯伯介七人禮七牢子男介五人禮五牢此獨言侯伯者舉中言也云大夫五介五牢者侯伯之卿使聘者也者按大行人云凡卿大夫士之禮各下其君二等侯伯七介七牢其臣既降二等故卿大夫五介五牢其介數得各下其君二等君牢則以爵等五等之卿同牢今言五牢者唯據侯伯之卿降君二等也其餘牢禮則否云天子葬五重者謂杭木與茵也者明五重之義云葬者杭木在上茵在下者古者爲椁累木於其四邊上下不周致茵於椁下所以藉棺從上下棺之後又置杭木於椁之上所以杭載於土引士喪禮下篇陳器曰杭木橫三縮二加杭席三加茵用疏布緇翦有幅亦縮二橫三此士之禮一重者引之者證此經葬五重三重之義也皇氏云下棺之後先加折於壙上以承杭席折猶庪也方鑿連木爲之蓋如牀縮者三橫者五無簀於上加折木杭木之上加杭席三此爲一重如是者五則爲五重茵者藉棺外下縛用淺色緇布爲之每將一幅輒合縫爲囊將茅秀及香草着其中如今有絮縟也而縮二橫三每爲一重也杭木上橫三下縮二以其在上象天天數奇故上三也下象地地數偶故下二也茵則上縮二下橫三茵既在下下法地也上數二象地下數三象天以天三合地二人中央也故鄭注士喪禮下篇云謂天三合地二人藏其中焉此皆皇氏之說也今按既夕禮杭木橫三縮二茵縮二橫三鄭注云其用之木三在上茵二在下象天三合地二人藏其中如鄭此注則茵縮二在下皇氏云茵縮二在上橫三在下象天裹於人與鄭注違其義非也云以此差之上公四重者按天子既五諸侯乃三按豆數及棺之重數上公與諸侯不同今諸侯既三明上公四重也熊氏於此明筵之例既是禮之通義今畧載焉熊氏云天子祫祭席五重此文是也禘則宜四重也時祭三重司几筵職是也受神酢席亦然大朝覲大饗食封國命諸侯皆然知者司几筵職文其平常朝覲及燕蓋亦三重席知者以諸侯燕禮有加席故也其卧席則亦下莞上簟則詩斯干所云是也天子待諸侯則莞筵紛純加繅席畫純待諸侯之孤亦然故公食大夫禮注云孤爲賓則莞筵紛純加繅席畫純是也待諸侯之卿大夫則公食云上下大夫蒲筵常緇布純加萑席尋玄帛純注云謂三命大夫是也公食大夫雖是諸侯之法然天子待之亦然也天子於已臣子孤卿以下蓋亦然若其燕此上等之人皆單席故燕禮賓無加席注云燕私禮臣屈也然天子燕臣亦然也祭天則蒲越稾鞂郊特牲云是也自天地以外日月山川五祀則郊特牲鬼神之祭卑席是也及司几筵云甸役則設熊席注表貉所設席亦是也顧命席鄭注不用生時席新鬼神之事故也諸侯則司几筵云祭祀席蒲筵繢純加莞席酢席紛純加繅席是祭祀二重也諸侯相朝亦二重也相饗此經二重及郊特牲云大饗君三重席而酢焉於燕則兩重以介爲賓或可賓亦單席也待聘卿大夫諸侯自坐蓋亦兩重也其聘者身則禮時及饗食孤則莞筵藻席卿大夫則蒲筵萑席故聘禮之賓昳筵注引公食大夫禮曰蒲筵萑席公燕則以介爲賓故郊特牲云三獻之介君專席而酢焉此降尊以就卑是也於已臣子則燕禮賓無加席卿辭重席則司宮徹之諸公亦無加席大射則賓有加席以射辯尊卑故也然則饗食已卿大夫亦重席其祭社稷山川亦單席大夫士祭祀止一席也故特牲少牢無異席也其卿大夫依法再重席燕禮賓及鄉一席屈也聘賓爲苟敬席屈大射賓雖加席餘卿一席亦屈也然則孤卿大夫再重正也故鄉射注大夫再重席正也然則鄉飲酒諸公三重席者鄉人特尊之也故諸公升如賓禮辭一席使人去之注謙自同於大夫是也大夫再重有諸公則辭加席委于席端主人不徹無諸公則大夫辭加席主人對不去加席注云大夫席再重也卿大夫爲主人正一重席者以賓鄉人之賢者故下之也公食賓坐遂卷加席公不辭者注云贊者以告公公聽之重來優賓也凡儀禮之例一種席皆稱重故燕禮注云重席重蒲筵是也所以鄉射大夫辭加席亦是一種稱加者以上已云公三重大夫再重故變云加耳若餘經雖異席亦稱重則此經是也凡席有兩則稱二重有一則稱一重與棺重別也

○有以少爲貴者。天子無介。祭天特牲。天子適諸侯。諸侯膳以犢。諸侯相朝。灌用鬱鬯。無籩豆之薦。大夫聘禮以脯醢。天子一食。諸侯再。大夫士三。食力無數。大路繁纓一就。次路繁纓七就。圭璋特。琥璜爵。鬼神之祭單席。諸侯視朝。大夫特。士旅之。此以少爲貴也。天子無介無客禮也灌獻也一食再食三食謂告飽也食力謂工商農也大路繁纓一就殷祭天之車也周禮王之五路玉路繁纓十有二就金路九就象路七就革路五就木路蕈繁鵠纓圭璋特朝聘以爲瑞無幣帛也琥璜爵者天子酬諸侯諸侯相酬以此玉將幣也大夫特士旅之謂君揖之○犢音獨本亦作特朝直遙反下及注同灌古亂反注同鬯丑亮反脯醢上音甫下音海繁步干反下及注同琥音虎又作虎璜音黃單音丹翦子淺反一音箭鵠胡毒反

【疏】有以至貴也○正義曰此一節明以少爲貴亦是稱之義也○天子無介者爲賓用介而天子以天下爲家臧不爲賓客故無介也○祭天特牲者特一也天神尊尊質故止一特也○天子適諸侯諸侯膳以犢者諸侯事天子如天子事天天子事天旣用一牛故天子巡守過諸侯境土諸侯奉膳亦止一牛而已也○諸侯相朝灌用鬱鬯者轉卑須味轉多也諸侯相朝謂五等自相朝也灌獻也天子祭天不用鬱鬯諸侯膳天子亦無鬱鬯而自相朝朝享禮畢未饗食之前主君酌鬱鬯之酒以獻賓示相接以芬芳之德不在殽味也何以知朝享畢而灌按司儀職云凡諸公相爲賓將幣畢云儐亦如之鄭云儐謂以鬱鬯禮賓也上於下曰禮敵者曰儐而引禮器諸侯相朝灌用鬱鬯無籩豆之薦謂此朝禮畢儐賓也按大行人云上公五禮再祼而酢則諸侯朝天子天子灌用鬱鬯此特云諸侯相朝者此經據以少爲貴諸侯於天子無鬱鬯諸侯相朝則設鬱鬯欲見畢者禮多故特舉諸侯相朝也無籩豆之薦者義在少而不在味故唯有鬯而無殺也○大夫聘禮以脯醢者大夫出使行聘禮畢主國禮之酌以酒

而又有脯醢無芬芳之德故須味稍多也○天子一食者食猶飧也尊者常以德爲飽不在食味故每一飧輒告飽而待勸之乃更飧故云一食也○諸侯再者德降天子故至再飧而告飽須勸乃又食○大夫士三者德轉少告轉號也故少牢特牲禮皆三飯而告飽也○食力無數者食力謂工商農庶人之屬也以其無德不仕無祿代耕故但陳力就業乃得食故呼食力也此等無德以飽爲度不須告勸故飧無數也庾云食力力作以得食也○大路繁纓一就者大路殷祭天之車也殷猶質以木爲車無別雕飾乘以祭天謂之大路也繁謂馬腹帶也纓鞅也染絲而織之曰罽五色一帀曰就就成也言五色帀一成車既樸素故馬亦少飾止一就也○次路繁纓七就者次路殷之第三路也供卑用故就多也然郊特牲云大路一就先路三就次路五就而此云次路七就鄭注郊特牲以此云七爲誤圭璋特者圭璋玉中之貴也特謂不用他物燒之也諸侯朝王以圭朝后執璋表德特達不加物也○琥璜爵者琥璜是玉劣於圭璋者也天子饗諸侯或諸侯自相饗行禮至酬時則有幣將送酬爵又有琥璜之玉將幣故云琥璜爵也琥璜既賤不能特達故附爵乃通也崔氏云諸侯貴者以琥賤者以璜則公侯以琥伯子男以璜也○鬼神之祭單席者神道異人不假多重自溫故單席也○諸侯視朝大夫特士旅之者視朝謂日出視諸臣之朝者也特猶獨也旅衆也君行日出路門視諸臣之朝若大夫則君人人揖之若士則不問多少而君衆共一揖之也是大夫貴故人人得揖士賤故衆共得一揖是以少爲貴也此諸侯所尊者少故大夫特士旅之若天子之朝所尊者多故司士云孤卿特揖大夫以其等旅揖士旁三揖是也○注天子至揖之○正義曰此云天子無介謂無以客禮陳擯介也其實餘尊亦有介副故圭人共介圭是天子臨鬼神使介執圭也云一食再食三食謂告飽也者按儀禮特牲有九飯少牢十一飯鄭云諸侯十三飯天子十五飯此云一食再食與彼不同此據食畢更加飯告飽之數也云食力謂工商農也者以經既云大夫士別云食力大夫士之下唯有工商農故知食力是工商農也若對文言之則庶人食力故晉語云士食田庶人食力工商食官也云周禮王之五路玉路繁纓十有二就金路九就象路七就革路五就木路翦繁鵠纓者皆周禮巾車文按巾車云一曰玉路錫樊纓十有再就建大常十有二旂以祀二曰金路鉤樊纓九就建大旂以賓三曰象路朱樊纓七就建大赤以朝四曰革路龍勒條纓五就建大白以即戎五曰木路前樊鵠纓建大麾以田云圭璋特朝聘以爲瑞無幣帛也者聘禮曰聘君以圭聘夫人以璋是聘也典瑞云公執桓圭侯執信圭伯執躬圭諸侯以相見及朝天子亦無束帛是圭璋朝聘以爲瑞無幣帛按聘禮行享之時則璧以帛琮以錦是加束帛以小行人云以王合六幣圭以馬注云二王之後享天子璋圭皮注云二王之後享后皮馬不上堂唯圭璋特升堂亦是幣璋特義也云琥璜爵者天子酬諸侯諸侯相酬以此玉將禮也者琥璜非爵名經云琥璜爵故知琥璜送爵也按聘禮禮賓之幣束帛乘馬又致饗以酬幣又致食以侑幣鄭云禮束帛乘馬亦不是過也則諸侯於聘賓唯用束帛乘馬皆不用玉今琥璜送爵故知是天子酬諸侯及諸侯自相酬也

○有以大爲貴者。宮室之量。器皿之度。棺椁之厚。丘封之大。此以大爲貴也。○有以小爲貴者。宗廟之祭。貴者獻以爵。賤者獻以散。尊者擧觶。卑者擧角。五獻之尊。門外缶。門內壺。君尊瓦甒。此以小爲貴也。

凡觴一升曰爵二升曰觚三升曰觶四升曰角五升曰散五獻子男之饗禮也壺大一石瓦甒五斗缶大小未聞也易曰尊酒簋貳用缶○量音亮皿命景反字林音猛散悉旦反注同觶支豉反缶方有反甒音武觚音孤

【疏】有以至貴也○正義曰貴者獻以爵賤者獻以散按特牲云主人獻尸用角角受四升其器小佐食洗散以獻尸散受五升其器大是尊者小卑者大按天子諸侯及大夫皆獻尸以爵無賤者獻以散之文禮文散亡畧不具也特牲主人獻尸用角者下大夫也尊者擧觶卑者擧角者崔氏云按特牲少牢禮尸入擧奠觶是尊者擧觶特牲主人受尸酢受角飲者是卑者擧角此是士禮耳天子諸侯祭禮亡失不具也○五獻之尊者五獻子男之饗禮也凡王饗臣及其自相饗行禮獻數各隨其命子男五命知五獻是子男其饗有酒列尊之法故云尊也○門外缶者缶尊名也列尊之法缶盛酒在門外門內壺者壺亦尊也盛酒陳尊在門內○君尊瓦甒者君尊子男尊也子男用瓦甒爲尊故云君尊瓦甒云君尊則壺缶但飲諸臣也不云內外則陳之在堂人君面尊專惠也○此以小爲貴也者小尊近君大尊在門是不重味故以小爲貴爵也○注凡觴至用缶○正義曰一升曰爵二升曰觚三升曰觶四升曰角五升曰散者皆韓詩說文按異義今韓詩說一升曰爵爵盡也足也二升曰觚觚寡也飲當寡少三升曰觶觶適也飲當自適也四升曰角角觸也不能自適觸罪過也五升曰散散訕也飲不能自節爲人所謗訕也總名曰爵其實曰觴觴者餉也觥亦五升所以罰不敬觥廓也所以著明之貌君子有過廓然明著非所以飾不得名觴古周禮說爵一升觚二升獻以爵而酬以觚一獻而三酬則一豆矣食一豆肉飲一豆酒中人之食毛詩說觥大七升許慎謹按周禮云一獻三酬當一豆若觚二升不滿一豆又觥罰不過一一飲而七升爲過多即駁之云周禮獻以爵而酬以觚觚寡也觶字角旁著氏是與觚相涉誤爲觚也南郡大守馬季長說一獻三酬則一豆豆當爲斗與一爵三觶相應如鄭此言是周禮與韓詩說同一也此周禮一獻三酬按燕禮獻以觚又燕禮四擧酬熊氏云此一獻三酬是士之饗禮也若是君燕禮則行無算爵非唯三酬而巳若是大夫以上饗禮則獻數又多不唯一獻也故知士之饗禮也云壺大一石瓦甒五斗者漢禮器制度文也此瓦甒即燕禮公尊瓦大也云缶大小未聞也者今以小爲貴近者小則遠者大缶在門外則大於壺矣按禮圖瓦大受五斗口徑尺頸高二寸徑尺大中身銳下平瓦甒與瓦大同引易曰尊酒簋貳用缶易坎卦六四爻辭按六四尊酒簋貳用缶納約自牖終無咎鄭云六四上承九五又互體在震上天子大臣以王命出會諸侯尊於簋副設玄酒而用缶也

○有以高爲貴者。天子之堂九尺。諸侯七尺。大夫五尺。士三尺。天子諸侯臺門。此以高爲貴也。○有以下爲貴者。至敬不壇。埽地而祭。天子諸侯之尊廢禁。大夫士棜禁。此以下爲貴也。

廢猶去也棜斯禁也謂之棜者無足有似於棜或因名云耳大夫用斯禁士用棜禁如今方案隋長局足高三寸○壇大丹反棜於據反去起呂反斯禁如字劉昌宗音賜隋池果反高如字又古報反

【疏】有以至貴也○正義曰天子之堂九尺此周法也按考工記殷人重屋堂崇三尺鄭差之云夏高一尺故知此九尺者周法也○至敬不壇埽地而祭者此謂祭五方之天初則燔柴於大壇燔柴訖於壇下埽地而設正祭此周法也○天子諸侯之尊廢禁者謂廢去其禁司尊彝鬱鬯之尊用舟以承之其犧象等六尊皆無用舟又燕禮諸侯之法瓦大兩有豐是無禁也是天子諸侯廢禁大夫士棜禁者謂大夫用棜士用禁○注棜斯至高三寸○正義曰棜斯禁此文謂之棜按鄉飲酒是大夫禮謂之斯禁也棜長四尺廣二尺四寸深五寸無足赤中畫青雲氣菱苕華爲飾禁長四尺廣二尺四寸通局足高三寸漆赤中青雲氣菱苕華爲飾刻其足爲褰帷之形也云謂之棜者無足有似於棜或因名云耳者棜是轝名故既夕禮云設棜于東堂下注云棜今之轝也又注特牲云棜之制如今大木轝矣上有四周下無足今大夫斯禁亦無足似木轝之棜故周公制禮或因名此斯禁云棜耳故少牢司宮尊兩甒于房戶之閒同棜是周公時巳名斯禁爲棜也今定本無世人二字熊氏以爲後世人因名云耳謂後世作記之人始名爲棜其義非也云大夫用斯禁者按玉藻云大夫側尊用棜則斯禁也按鄉飲酒兩壺斯禁是大夫用斯禁也玉藻云士用禁又士冠禮士昏禮承尊皆用禁是士用禁也謂之禁者鄭注士冠禮云名之禁者因爲酒戒也按鄉射是士禮而用斯禁者以禮樂賢從大夫也按特牲是士禮而云棜禁在東序士亦言棜者鄭注云棜禁者祭尚厭飫故得與大夫同也云禁如今方案隋長局足高三寸者按漢禮器制度而知今按鄭注儀禮棜今無足轝皇氏以爲棜一頭足一頭無足未知有何馮據且高下不等何以承尊其義非也

○禮有以文爲貴者。天子龍袞。諸侯黼。大夫黻。士玄衣纁裳。天子之冕。朱綠藻。十有二旒。諸侯九。上大夫七。下大夫五。士三。此以文爲貴也。

此祭冕服也朱綠似夏殷禮也周禮天子五采藻○卷本又作袞同古本反黼音甫黻音弗藻字又作繅許云反繅本又作璪亦作藻同子老反注同

○有以素爲貴者。至敬無文。父黨無容。大圭不琢。大羹不和。大路素而越席。犧尊疏布鼏。樿杓。此以素爲貴也。

大圭長三尺抒上終葵首琢當爲篆字之誤也明堂位曰大路殷路也鼏或作幕樿木白理也○琢字又作瑑文轉反徐又依字丁角反大羹音泰和胡卧反越席音活犧尊鄭素何反王如字幎本又作冪又作鼏莫歷反樿章善反又市戰反杓市約反長直亮反杼直呂反幕音莫○

孔子曰。禮不可不省也。禮不同。不豐。不殺。此之謂也。蓋言稱也。

省察也不同言異也○殺所戒反又所例反下而殺注殺皆同○

【疏】禮有以至稱也○正義曰天子龍袞諸侯黼大夫黻士玄衣纁裳以人君因天之文章以表於德德多則文備故天子龍袞諸侯以下文稍少也然周禮上公亦袞侯伯鷩子男毳孤卿絺大夫玄士爵弁玄衣纁裳今言諸侯黼大夫黻雜明夏殷禮也但夏殷衣有日月星辰山龍今云龍袞者擧多文爲首耳日月之文不及龍也崔云然也○天子之冕朱綠藻十有二旒者亦是夏殷也周藻五采也十二謂旒數也○諸侯九上大夫七下大夫五士三者亦夏殷也周家旒數隨命數又士但爵

弁無旒也○此以文爲貴也者是其稱也○注此祭至采藻正義曰此祭冕服也既漫云龍衮黼黻故鄭云此是祭祀冕服也云朱綠似夏殷禮也周禮天子五采藻者鄭據經非周法也而云似夏殷者夏殷無服禮文今此文非周制故云似也熊氏云朱綠以下是夏殷禮其天子龍衮諸侯黼大夫黻等皆周法無嫌諸侯雖九章七章以下其中有黼也孤絺冕而下其中有黻特舉黼黻而言耳故詩采菽云玄衮及黼是特言黼也詩終南美秦襄公黻衣繡裳是特言黻也熊氏之義踰於皇氏耳○有以素至貴也○至敬無文至敬謂敬之至極謂祭天服用大裘是無文也父黨無容者謂父之族黨是親質素故事之無有折旋揖讓之容○大圭不琢者大圭天子朝日月之圭也尚質之義但杼上終葵首而無琢桓蒲之文也○大羮不和者大羮肉汁也不和無鹽梅也大古初變腥但煑肉而飲其汁未知調和後人祭也既重古故但盛肉汁謂之大羮不和○大路素而越席者大路殷家祭天車也越席蒲席也祭天本質素故素車蒲席也犧尊者先儒云刻尊爲犧牛之形用以爲尊鄭云畫尊作鳳羽婆娑然故謂娑尊也祭天既用陶匏蓋以瓦爲尊畫犧羽於上或可用犧爲尊是夏殷禮也用陶也皇氏以爲犧尊即周禮犧象也而祭天用陶匏者謂盛牲牢及酌酒器其義非也具在特牲疏疏布鼏者疏麤也鼏覆也謂郊天時以麤布爲巾以覆尊也故冪人云祭祀以疏布巾冪八尊注云以疏布者天地之神尚質也○樿杓者樿白理木也貴素故用白理木爲杓而鄭注周禮亦云祭天爵不用玉也○注大圭至葵首○正義曰杼殺也長三尺下頭方而殺其上故云杼上終葵首者椎名也於杼上之頭又爲方椎故云終葵首也○孔子至稱也○禮不可不省記者引孔子語証上諸事也省察也禮既有諸事所趣不同不可不察不察則禮道無由可知也禮不同者此是可省之事也不同謂或高下大小文素之異也○不豐者應少不可多是不豐也○不殺者應多不可少也是不殺也此之謂也蓋言稱也者此之謂上諸事也上事各異蓋是各言其有稱故也此經總說在人稱之事也

○禮之以多爲貴者。以其外心者也。外心用心於外其德在表也○德發揚。詡萬物。詡猶普也徧也○詡況矩反徧音遍大理物博。如此則得不以多爲貴乎。故君子樂其發也。發猶見也樂多其外見也○樂五孝反注同見賢遍反下外見告見皆同〔疏〕禮之至發也○正義曰此一節以上言稱作記之人因廣明稱之事○禮之以多爲貴者此說禮之所以須多爲貴之意以其外心者也謂其用心於外也用心於外謂起自朝廷廣及九州四海也王者居四海之上宜爲四海所畏服故禮須自多厚顯德於外於外亦以接物也故云以其外心者也隱義云萬物在人外非已所有故以多爲貴也○德發揚詡萬物者此以下解心在外義也詡普也徧也言王者撫有四海宜發揚其德普徧萬物也○大理物博者言王者大領理萬物之事廣博如此則得不以多爲貴乎者結上也既有德發於外偏萬物理博事條如此則豈得不貴多乎故貴之也○故君子樂其發也者君子則天子也發見也既須外接故所行事樂得其禮迹發見於外也一云君子謂民下識禮道者也庾云王功被於物君子樂其外見也

○禮之以少爲貴者。以其內心者也。內心用心於內其德在內德產之致也精微。致致密也○致直置反注皆同觀天下之物。無可以稱其德者。萬物皆天所生孰可奉薦以稱也○如此則得不以少爲貴乎。是故君子慎其獨也。少其牲物致誠慤○慤字又作慤苦角反下文同○〔疏〕禮之至獨也○正義曰此一節亦覆說禮之以少爲貴之意以其內心者也內心謂用心於內也用心於內謂行禮不使外迹彰著也○德產之致也精微者此以下解心在內義也德天地之德也產生也致密也言天地之德生於萬物深密唯精唯微無所遺忘者也盧云天地之德所生至精至微也○觀天下之物無可以稱其德者觀猶覽覩也言視天下萬物皆是天地所生若持彼所生以報於彼終非報義故云無可以稱其德者也如此則得不以少爲貴乎者既無物可稱則宜少外多內也是其外迹豈得不貴少乎玉云欲偏取萬物以祭天終不能稱其德報其功故以特犢貴誠慤之義也○是故君子慎其獨也者獨少也既外迹應少故君子用少而極敬慎也前云故此云是故者慎之情深故加是也

○古之聖人。內之爲尊。外之爲樂。少之爲貴。多之爲美。是故先王之制禮也。不可多也。不可寡也。唯其稱也。〔疏〕古之至稱也○正義曰此一節覆說聖人制禮或內或外或少或多然後爲稱也古之聖人內之爲尊者解內心也天不可外報所以內極敬慎而其理爲尊也○外之爲樂者解外心接物須廣大故外極繁富而其事可樂也隱義云樂多其外見者謂衣服萬物悉外見物也已有功德故得使有此物以光輝祀先人爲樂也○少之爲貴者極心於內故外以少爲貴也○多之爲美者極禮迹於表故以外多爲美也是故先王之制禮也不可多也不可寡也唯其稱也者合結多少乃異而以有稱爲禮也

○是故君子大牢而祭。謂之禮。匹士大牢而祭。謂之攘。君子謂大夫以上攘盜竊也○樂音洛匹士本或作正士攘如羊反上時掌反〔疏〕是故至之攘○正義曰此一節說禮既須稱中則得禮僭則盜竊○君子大牢而祭謂之禮者君子大夫以上大夫常祭少牢遣奠及卒哭祔用大牢故祭用大牢而謂之禮也○匹士大牢而祭謂之攘者匹士士也攘盜也士常祭特豚遣奠卒哭祔加一等少牢若用大牢則是盜竊用君子之禮也然不直言士而言匹士者更云士言其微賤不得特使爲介乃行故謂之匹也白虎通云庶人稱匹夫者匹偶也與其妻偶陰陽相成之義也故論語云匹夫匹婦檢於禮本時有匹字作正字者有通者云天子大夫常祭亦大牢故此文云大夫大牢謂之禮正也若諸侯大夫自常祭少牢加一等乃大牢耳少牢饋食是諸侯大夫禮也崔氏亦用此義然盧王禮本並作匹字矣今定本及諸本並作正字熊氏依此本而爲正字恐誤也

管仲鏤簋。朱紘。山節。藻梲。君子以爲濫矣。濫亦盜竊也鏤簋謂刻而飾之大夫刻爲龜耳諸侯飾以象天子飾以玉朱紘天子冕之紘也諸侯青組紘大夫士當緇組紘纁邊栭謂之節梁上楹謂之梲宮室之飾士首本大夫達棱諸侯斲而礱之天子加密石焉無畫山藻之禮也○鏤簋力豆反下音軌紘音宏藻梲章悅反依字當作棳梁上朱儒柱栭音而棱力登反斲陟角反礱力工反〔疏〕管仲至濫矣○正義曰此一節明奢而失禮之事管仲鏤簋朱紘者此是不稱之人也管仲齊大夫也簋黍稷器也紘冕之飾用組爲之以其組從下屈而上屬之於兩旁垂餘[illegible]紘是天子之飾而管仲僭濫爲之也山節者[illegible]爲斗栱形如山也藻梲者謂畫梁上短柱爲[illegible]子廟飾而管仲僭爲之也鄭注明堂云山節[illegible]藻梲畫侏儒柱爲藻文也○君子以爲濫矣[illegible]也謂管仲行此事是爲竊濫也○注鏤簋至[illegible]鏤簋謂刻而飾之鏤謂刻鏤故知刻而飾之[illegible]耳者按少牢敦皆南首鄭注云敦有首者尊[illegible]象龜周之禮飾器各以其類龜有上下甲也[illegible]知爲龜形也○云諸侯飾以象者按燕禮有[illegible]象也云天子飾以玉者按周禮九嬪云贊玉[illegible]敦是也云朱紘天子冕之紘也諸侯青組紘[illegible]云大夫士當緇組紘纁邊者按士冠禮緇組[illegible]天子諸侯用純大夫當雜故宜與士同也云[illegible]楹謂之梲者釋宮文其梁上楹謂之梲孫炎[illegible]也又云楄謂之節李巡本節作粢謂欂盧一[illegible]也熊氏云楄上著木鬚欂謂之欂盧即今之[illegible]與楄異物其說非也云宮室之飾士首本大[illegible]而礱之天子加密石焉者此莊二十四年穀[illegible]夫斲之士斲本與此異按禮緯含文嘉云大[illegible]四棱以達兩端士首本者士斲去木之首本[illegible]應音語及合文嘉并穀梁傳雖其文小異大[illegible]仲所僭皆天子之禮知者明堂位云山節藻梲天子之廟飾故也○

晏平仲祀其先人。豚肩不揜豆。澣衣濯冠以朝。君子以爲隘矣。隘猶狹陋也祀不以少牢與無田者同不盈[illegible]田則祭無田則薦澣衣濯冠儉不務新○澣[illegible]濯直角反朝直遙反隘本又作阨於賣反

○是故君子之行禮也。不可不慎也。衆之紀也。紀散而衆亂。言[illegible]紀[illegible]〔疏〕晏平至衆亂○正義曰此一節論儉而[illegible]事○豚肩不揜豆者晏平仲齊大夫也[illegible]士用特豚而平仲今用豚又過小併其豚兩[illegible]言肩者周人貴肩也肩在俎今云豆喻其小[illegible]在俎不在豆也澣衣濯冠以朝者大夫須鮮[illegible]澣衣濯冠以朝君是不華也○君子以爲隘[illegible]禮君子評其大儉偪狹○注祀不至者同○[illegible]者謂與無田之士同不關大夫也無田大夫[illegible]

孔子曰。我戰則克。祭則受福。蓋得其道矣。知禮者也克勝也○〔疏〕孔子至道矣○此一節論孔[illegible]自稱戰克祭受福之事我戰[illegible]者又引郊特牲語結稱也我謂知禮者以克[illegible]戰必勝祭必受福蓋得其道矣者解所以戰[illegible]戰勝祭受福是所爲得道不多不少隨而稱[illegible]夫之不稱也然此無戰事祇應云祭受福而[illegible]爲二句相連故合引之也且彼因祭之田[illegible]有戰事○注我知禮者也○正義曰知非[illegible]子務在謙光不應自言祭祀受福[illegible]之事故知迹知禮者而言我也[illegible]

君子曰。祭祀不祈。祈求也○祭祀不爲求福也詩云自求多福福[illegible]由巳耳○爲于偽反下爲也母爲父母皆同[illegible]不麾蚤。言快[illegible]也祭有時不以先之爲快也齊人所善曰麆[illegible]○摩本又作麾毀皮反齊人謂快爲麆蚤音早[illegible]不樂葆大。

謂器幣也葆之言褒也○葆音保又保毛反本又作保

不善嘉事。

嘉事之祭致夫人是也禮宜告見於先祖耳不善之而祭

牲不及肥大。薦不美多品。

以禮之義有以小少為貴也

【疏】君子至多品。○正義曰此一節論祭祀之事依禮而行不樂華美祭祀不祈者祈求也凡祭祀之禮本為感踐霜露思親而宜設祭以存親耳非為就親祈福報也○不麾蚤者麾快也蚤謂先時也孝子感霜露應心而思親思親而宜祭不以霜露未至而先時早設為快也○不樂葆大者葆者褒也褒崇高之稱也祭之器幣大小長短自有常宜幣適丈八尺豆盛四升不以貴者食高大為之也○不善嘉者嘉事冠昏也人年二十成人自宜冠三十嗣廿自宜昏若無親者昏三月祭以告廟冠畢埽地而祭禰並是有為而然非謂善之而設祭牲不及肥大者謂郊牛繭栗宗廟角握社稷尺各有所宜不必須並及肥大也○薦不美多品者薦祭品味宜有其定不以多為美故郊特牲而社稷大牢是也○注祈求至巳耳○正義曰按鄭志荅趙商問祭祀不祈商按周禮設六祈之科禱禳而祭無不祈故敢問禮記者何義也鄭荅云祭祀常禮以序孝敬之心當專一其志而已禱祈有為言之主於求福豈禮之常也又鄭發墨守云孝子祭祀雖致其誠信與其忠敬而已不求其為而祝嘏主人曰皇尸命工祝承致多福無疆于女孝孫來女孝孫使女受祿于天宜稼于田眉壽萬年勿替引之若此祭祀內盡已必外亦有祈福之義也○注嘉事至是也○正義曰按桓三年齊侯使仲年來聘致夫人于時公取文姜三月廟見故仲年來致夫人于時無祭而云嘉事之祭者當致夫人之時必告廟也故曾子問卿大夫取妻三月有廟見之禮

○孔子曰。臧文仲安知禮。夏父弗綦逆祀。而弗止也。燔柴於奧。

文仲魯公子彄之曾孫臧孫辰也莊文之間為大夫於時為賢是以非之不正禮也文二年八月丁卯大事于大廟躋僖公始逆祀是夏父弗綦為宗伯之為也奧當為爨字之誤也或作竈禮尸卒食而祭饎爨饔爨也時人以為祭火神乃燔柴○父音甫不綦音忌不亦作茀燔音煩又芳云反奧依注作爨七亂反下同彄苦侯反大廟音太下注太平下文太廟並同躋子西反升也本又作躋饎爨昌志反下七亂反

夫奧者。老婦之祭也。盛於盆。尊於瓶。

老婦先炊者也盆缾炊器也明此祭先炊非祭火神燔柴似失之○盛音成缾步下反

【疏】孔子至於瓶。○正義曰此以下引仲尼証不得所宜之人也文仲魯大夫也事莊閔僖文四君時人眾尊為知禮故孔子證其不知禮之事以譏時人也○夏父弗綦逆祀而弗止也者此非禮之一事也魯閔公僖公俱是莊公之子閔適而小僖庶而大莊公死而立閔為君僖時為臣閔少而死後乃立僖為君僖死僖公子文公立文二年八月丁卯大事于大廟是時夏父弗綦為宗伯典禮侯文公云吾見新鬼大故鬼小使列昭穆以閔置僖下是臣在君上為逆亂昭穆時臧文仲為卿大夫見有此逆祀之事而不諫使止故云安知禮也○燔柴於奧者此又非禮之事奧音爨爨以爨責為義也禮祭至尸食竟而祭爨神言其有功於人人得飲食故祭報之而夏父弗綦為禮官謂爨神是火神而遂燔柴祭之此是失禮而文仲又不能諫止之又為不知禮也○夫奧者老婦之祭也者既識燔柴於爨又明祭爨不可以燔柴之義爨者是老婦之祭其祭卑唯盛食於盆盛酒於瓶卑賤若此何得燔柴祭之也○注文仲至燔柴○正義曰云文仲魯公子彄之曾孫臧孫辰也者按世本孝公生僖伯彄彄生哀伯達達生伯氏瓶瓶生文仲辰是公子彄曾孫也云莊文之間為大夫者按莊二十八年臧孫辰告糴于齊文二年縱逆祀是莊文之間為大夫云於時為賢者襄二十四年左傳云先大夫曰臧文仲既沒其言立於後世死猶不朽是於時為賢也云文二年八月丁卯大事于大廟躋僖公始逆祀者按文二年公羊傳云大事者何大祫也逆祀奈何先禰而後祖也何休云近取法春秋惠公與莊公當同南面西上隱桓與閔僖亦當同北面西上閔僖為兄弟以繼代言之有父子君臣之道此恩義逆順故云先禰後祖此公羊之義也後外傳云躋僖公弗綦云明為昭其次為穆以此言之終文公至惠公七世惠公為昭隱公為穆桓公為昭莊公為穆閔公為昭僖公為穆今躋僖公為昭閔公為穆自此以下昭穆皆逆故定公八年順祀先公服氏云自躋僖公以來昭穆皆逆是同國語之說與何休義異公羊董仲舒說躋僖云逆祀小惡也左氏說為大惡也許君謹按同左氏說鄭駁之云兄弟無相後之道登僖公主於閔公主上不順為小惡也如鄭此意正以僖在閔上謂之為昭非昭穆也云奧當為爨字之誤也者下文云老婦之祭盛於盆尊於瓶故知非奧也奧者夏祀竈神其禮尊以老婦配之耳故中霤禮祭竈先薦於奧有主有尸用特牲迎尸以下畧如祭宗廟之禮是其事大也爨者宗廟祭祀尸卒食之後特祭老婦盛於盆尊於瓶是其事小也云或作竈者諸禮記本有作竈字故云或也云禮尸卒食而祭饎爨饔爨也者特牲記注舊說云宗婦祭饎爨亨者祭饔爨用黍肉而巳無籩豆俎云時人以為祭火神乃燔柴者依尸卒食而祭饎爨饔爨當時失禮又以此為祭火神遂乃燔柴故文云燔柴於奧明先禮也皇氏云弗綦既以逆祀為是又以燔柴祭爨為是云祭火神乃燔柴者熊氏云宗伯以實柴祀日月星辰有大火之次故祭火神乃燔柴按異義竈神今禮戴說引此燔柴盆瓶之事古周禮說顓頊氏有子曰黎為祝融祀以為竈神許君謹按同周禮鄭駁之云祝融乃古火官之長猶后稷為堯司馬其尊如是王者祭之但就竈陘一何陋也祝融乃是五祀之神祀於四郊而祭火神於竈陘於禮乖也如鄭此言則祝融是五祀之神祀於郊奧者正是竈之神常祀在夏以老婦配之有俎及籩豆設於竈陘又延尸入奧者宗廟祭後直祭先炊老婦之神在於爨竈此祝融并奧及爨三者所以不同也

○禮也者。猶體也。

若人身體

體不備。君子謂之不成人。設之不當。猶不備也。禮有大有小。有顯。有微。大者不可損。小者不可益。顯者不可揜。微者不可大也。故經禮三百。曲禮三千。其致一也。

致之言至也一謂誠也經禮謂周禮也周禮六篇其官有三百六十曲猶事也事禮謂今禮也禮篇多亡本數未聞其中事儀三千○當丁浪反

未有入室而不由戶者。

三百三千皆猶誠也

【疏】禮也至戶者○正義曰此一節論因上禮之有稱故此以下廣明三代之禮皆由誠信乃合亦各依文解之○禮也者猶體也者猶若人身體也體不備君子謂之不成人○釋體也人身體髮膚骨肉筋脈備足乃為成人若片許不備便不為成人也設之不當猶不備也者合饗也禮既猶如人之有體體雖備但設之不當則不成人則設禮不當亦不成禮猶人體之不當也所以巳祭天地復祭山川社稷巳事生人復祭宗廟是備祭之義也禮有大者謂有大及多為貴也有小者謂有小及少為貴也有顯者謂有高及文為貴也有微者謂有素及下為貴也大者不可損小者不可益顯者不可揜微者不可大也者各隨其體而設禮不得不當也 [illegible]

君子之於禮也。有所竭情盡慎。致其敬而誠若。

謂以少小下素為貴也

有美而文而誠若。

謂以多大高文為貴也

【疏】君子至誠若○正義曰此經覆明上以少 [illegible]

君子之於禮也。有直而行也。

謂若始死哭踊無節也

有曲而殺也。

謂若父在為母期也○期音基

有經而等也。

謂若天子以下至士庶人為父母三年

有順而討也。

討猶去也謂若天子以十二公以九侯伯以七子男以五為節也○去起呂反下去之同

有摲而播也。

摲之言芟也謂芟殺有所與也若祭者貴賤皆有所得不使虛也○摲所監反又所覽反芟所咸反

有推而進也。

謂若王者之後得用天子之禮

有放而文也。

謂若天子之服服日月以至黼黻○放方往反下有放同

有放而不致也。

謂若諸侯自山龍以下○不致本或作不至

有順而摭也。

謂若君沐粱大夫沐稷士沐粱○摭之石反

【疏】君子至摭也○正義曰此經廣明禮意不同有直而行也者君子於禮一事也直而行謂親始死孝子哀感哭踊無節直在巳天性而行也○有曲而殺也者二事也曲殺謂服父斬衰三年為母齊衰期是曲殺也○有經而等也者三事也經常也常而等謂上自天子下至庶人雖尊卑有異而服其父母則貴賤同等也○有順而討也者四事也順猶序討猶去也謂天子至尊每十二為節自此以下轉相降差公九侯伯七子男五順序而稍去之也○有摲而播也者五事也摲芟也播布也謂君祭而羣臣助祭得俎而下至胞翟一切悉有也得是芟上貴之分以布於下也○有推而進也者六事也謂二王之後巳喪天位而天子推而進之使用王禮也○有放而文也者七事也放法也謂天子畫日月星辰於衣服是法天以為文也○有放而不致也者八事也致極也謂諸侯以下亦有放法而不得極也○有順而摭也者九事也摭猶拾取也謂若君沐粱大夫沐稷士用粱士卑不嫌是拾君之禮而用之也

三代之禮一也。民共由之。或素或青。夏造殷因。

一也俱趨誠也由用也素尚白黑尚青者

也言所尙雖異禮則相因耳孔子曰殷因於夏禮所損益可知也周因於殷禮所損益可知也變白黑言素青者秦二世時趙高欲作亂或以青爲黑黑爲黃民言從之至今語猶存也〔疏〕三代至殷因○正義曰此一節廣明三代損益不同三代之禮一也者謂三代所行之禮雖各別一皆趨於至誠故云一也民共由之者由用也非唯君行禮用誠如一也民亦共用誠如一也○或素者前明三代雖異而俱用誠是同此迹其迹異也或素尙白也尙白殷世之禮也或青者尙黑夏世之禮也然夏先殷後今先云或素者記是周時今欲見周因於殷殷因於夏禮也○夏造者往來之禮雖同而先從夏始故云夏造也○殷因者因於夏禮而用之故云殷因也○注一也至存也○正義曰一也俱趨誠也文承上經禮三百曲禮三千其致一也一謂至誠故知此一亦至誠也云青尙黑者也者夏以十三月爲正於時草之萌芽變白而青也夏正尙黑故也青謂黑也云秦二世時趙高欲作亂或以青爲黑黑爲黃民言從之至今語猶存也者按史記秦二世名胡亥於時丞相趙高欲殺二世未知人從已否乃指鹿爲馬人畏趙高皆稱鹿爲馬是其事也其以青爲黑以黑爲黃即鹿馬之類也鄭去胡亥既近相傳知之此作記之人在胡亥之後故或素或青若王肅之說則異於此故家語云夏后以水德而王色尙黑周以水德王色尙黃舜以土德王色尙白聖證論王肅以爲夏同堯皆尙其紫色舜土德王尙白而尙青者土以生爲功東方生物之始故尙青土既尙青水則辟之青而用白也故殷是水德而尙白王肅此說與檀弓緯候文乖不可用也

禮記注疏卷二十三校勘記　阮元撰盧宣旬摘錄

附釋音禮記注疏卷第二十三 惠棟校宋本禮記正義卷第三十二

禮器第十

禮器是故大備節

自耕至於食之而肥 惠棟挍宋本同宋監本同岳本同嘉靖本同考文引古本足利本同閩監毛本而誤弗衛氏集說同

措則正 閩監毛本同石經同岳本同嘉靖本同衛氏集說同釋文出錯則云本又作措又作厝○按措正字厝錯並假借字

而不改柯易葉 岳本同嘉靖本同衛氏集說同閩本葉作葉監本同毛本作葉石經作葉案說文葉从艸枼聲篆文枼亦作枼故唐人避世字諱改葉作葉至毛本作葉非也

用此不變傷也 惠棟挍宋本亦作傷宋監本同閩本同岳本同嘉靖本同考文引古本足利本同監毛本傷作易衛氏集說同

禮器至饗德 惠棟挍宋本無此五字

禮釋至則行 閩監本同毛本禮釋至三字闕

故經四時柯葉無凋改也 惠棟挍宋本作經此本經誤巡閩監毛本同

解外諧內無怨者 閩監毛本同浦鏜挍解改則

由外內協服 閩監毛本同惠棟挍宋本外內作內外

先王之立禮也節

衆不匡懼 閩監毛本同石經同岳本同衛氏集說同惠棟挍宋本匡作恇注仍作匡嘉靖本同釋文出恇懼云音匡○按恇正字匡假借字

先王至節矣 惠棟挍宋本無此五字

兼說行禮之事 惠棟挍宋本同閩毛本事字闕監本事誤○

禮時爲大節 惠棟挍云禮時爲大節諸侯以龜節宋本合爲一節

稱次之 閩監毛本作之石經同岳本同嘉靖本同衛氏集說同此本之誤也

聿追來孝 閩監本同石經同岳本同嘉靖本同考文引宋板同衛氏集說同毛本追誤道

禮時至稱也 惠棟挍宋本無此五字

皆由禮洽天時 閩監毛本同衛氏集說同齊召南挍洽改合

不能傳立與人 閩監毛本同考文云宋板立作位

鄭荅炅模云 閩本同惠棟挍宋本同監本炅誤灵毛本因改作靈大謬

詩注來勤也 毛本作注此本注誤生閩監本注誤主

上以敬順爲本 惠棟挍宋本同閩毛本敬字闕監本敬誤○

社稷山川雖刑屬於地 閩監毛本刑作形

夫臣助祭則各有俎 閩監毛本同衛氏集說無夫字許宗彥挍夫改大

諸侯以龜爲寶節

闍者謂之臺 閩監毛本同岳本同嘉靖本同衛氏集說同釋文出堵者云本又作闍

直三十文也也 〔補〕毛本同按也也誤重

○不盈寸二分 閩監毛本同衛氏集說○作又○按段玉裁挍食貨志云當作不成貝不盈寸二分詩正義引亦誤此作○非也

禮有以多爲貴者節

設于醬東此食下大夫而豆六 閩監毛本同岳本同嘉靖本同衛氏集說同惠棟挍宋本此作北盧文弨挍云此惠改爲北非案正義曰云公食大夫禮曰宰夫自東房薦豆六設于醬東者又曰云此食下大夫而豆六則其餘著矣者句讀截然

謂杭木與茵也 宋監本同嘉靖本同閩監毛本杭作抗正義同岳本同衛氏集說同釋文出抗木音苦浪反○按依說文正字當作抗从手亢聲

禮有至爲貴也 惠棟挍宋本至作以多二字也作者字

故立廟乃多世爲稱也 閩監毛本同浦鏜挍從衛氏集說乃改以

下大夫六豆設于堂上 閩監毛本俱作堂上此本堂上誤堂下衛氏集說亦作堂上下大夫上有言字

謂亦如此食下大夫之禮 考文引宋板同閩監毛本下作上是也

君牢則以爵等 閩監毛本同衛氏集說同惠棟挍宋本君作若

於上加抗木 惠棟挍宋本作抗衛氏集說同此本抗誤折閩監毛本同

茵者藉棺外下縟 閩監毛本同衛氏集說同浦鏜挍縟改褥下縟字同案衛氏集說下縟字作褥

地數偶 閩監毛本同惠棟挍宋本偶作耦○按耦字今多借爲偶非也

以天三含地二 考文引宋板同閩監毛本含作合案下兩引士喪禮下篇鄭注謂天三合地二人藏其中焉文皆作合則此亦當作合字爲是

表貉所設席亦是也 閩監毛本同浦鏜挍表貉上補祭字○按浦鏜是也

聘賓爲苟敬席屈 閩本同惠棟挍宋本同監毛本苟敬作敬徹

謙自同於大夫是也 閩監本同毛本於字闕

卿大夫爲主人正一重席者 閩監毛本同盧文弨挍卿改鄉浦鏜挍云正當止字誤

重來優賓也 考文引宋板同閩監毛本優作擾

有以少爲貴者節

有以至貴也 惠棟挍宋本無此五字

天神尊質 閩監毛本同衛氏集說下尊作貴

故止一特也 閩監毛本同齊召南挍特改牲

天子灌亦用鬱鬯 惠棟挍宋本有亦字衛氏集說同此本亦字脫閩監毛本同

言五色帀一成 閩監毛本同衛氏集說帀下有則字

行禮至酬時 惠棟挍宋本同閩監毛本酬下衍酒字衛氏集說同

龍勒條纓五就 惠棟挍宋本作條此本條作絛閩監毛本同○按周禮作條注云條讀爲絛正義中凡引詩禮如注讀爲某者即改爲某字此正義例也

有以大爲貴者節

四升曰角（補）案曰字誤重

有以至貴也　惠棟挍宋本無此五字

尊於篚副　閩監毛本同浦鏜挍尊上補主國二字於攺撤

有以高爲貴者節

士用棜禁　閩監毛本同岳本同嘉靖本同衞氏集說同惠棟云棜字衍案惠棟是也

如今方案　閩監毛本同岳本同嘉靖本同衞氏集說如上有禁字宋監本同考文引宋板古本足利本同按正義如上禁字當有

隋長局足　閩監毛本同岳本同衞氏集說同釋文出隋長嘉靖本隋誤惰按此本正義作隨

有以至貴也　惠棟挍宋本無此五字

漆赤中青雲氣菱苕華爲飾　毛本同監本誤重雲字閩本靑上有畫字衞氏集說同按有畫字是也

棜一頭足一頭無足　閩監毛本同惠棟挍宋本上足字上有有字

何以承尊　毛本同考文引宋板同閩監本承字闕

禮有以文爲貴者節　惠棟挍云宋本分有以素爲貴下爲一節孔子曰禮不可下爲一節

士元衣纁裳　閩監毛本同石經同岳本同嘉靖本同衞氏集說同釋文出熏裳云字又作纁

朱綠藻十有二旒　閩監毛本同石經同岳本嘉靖本同衞氏集說同釋文出綠繰云本又作璪亦作藻

犧尊疏布鼏　閩監毛本同石經同岳本同嘉靖本同衞氏集說同釋文幎云本又作冪又作鼏

杅上終葵首　閩監毛本同岳本杅作杼嘉靖本同衞氏集說同釋文出杅上案正義亦作杅

鼏或作冪　閩監毛本同岳本同嘉靖本同衞氏集說同釋文出作冪云音莫考文引足利本冪作冪按釋文經鼏本又作冪若注冪作冪將成冪作冪不可讀矣

禮有至稱也　惠棟挍宋本無此五字

士三者亦夏殷也　閩本同考文引宋板同監毛本亦作言

孤絺冕而下　閩本同考文引宋板同監毛本絺作希齊召南挍云孤下脫卿字希當作絺

有以素至貴也　惠棟挍宋本無此六字

後人祭也既重古　閩監毛本同盧文弨挍云也疑衍案衞氏集說無也字

用陶也　閩監毛本同齊召南挍用上增周字

故冪人云　閩監毛本作冪衞氏集說同此本冪誤幕○按當作冪

孔子至稱也　惠棟挍宋本無此五字

此經總說在人稱之事也　閩監毛本同考文引宋板人作上

禮之以多爲貴者節

禮之至發也　惠棟挍宋本無此五字

理博事條如此　閩本同考文引宋板同監本條作備毛本同又博字誤不

禮之以少爲貴者節

德産之致也精微　閩監毛本同石經同岳本同嘉靖本同衞氏集說同釋文出之致云直置反注皆同孫志祖挍云文選何敬祖雜詩注引禮記曰德産之緻也精微鄭元曰緻密也疑唐初本如此後傳寫誤耳○按致緻正俗字段玉裁云說文糸部緻字乃徐鉉所增

致誠愨　閩監毛本同岳本同嘉靖本同釋文出誠愨云字又作慤下文同○按依說文當作愨从心㱿聲釋文作㱿假借字

禮之至獨也　惠棟挍宋本無此五字

古之聖人節

古之至稱也　惠棟挍宋本無此五字

是故君子大牢節

匹士大牢而祭　各本同石經亦同釋文出匹士云本或作正士按正義云盧王禮本並作匹字今定本及諸本並作正字熊氏依此本而爲正字恐誤也

是故至之擯　惠棟挍宋本無此五字

管仲鏤簋節

鏤簋朱紘　閩監本同石經同岳本同嘉靖本同衞氏集說同考文引宋板同毛本紘誤人

大夫達棱　閩監毛本同岳本同衞氏集說同釋文出達棱嘉靖本棱誤稜

管仲至濫矣　惠棟挍宋本無此五字

飾蓋象龜　惠棟挍宋本同閩監毛本蓋作器

故知爲龜形也　惠棟挍宋本同閩監毛本作故知刻爲龜也

共玉敦是也云朱紘　惠棟挍宋本同毛本敦是也誤之服玉閩監本敦是也云四字闕

天子諸侯用純　惠棟挍宋本同閩監毛本天子諸侯四字闕

大夫當雜　閩監毛本同惠棟挍宋本雜上有用字

櫘謂之㯮盧即今之梠木也　惠棟挍宋本同閩監本櫘誤穩梠誤楢毛本梠誤楢櫘字闕

晏平仲祀其先人節　惠棟挍云晏平仲節宋本分是故君子以下合孔子曰我戰則克節爲一節

晏平至衆亂　惠棟挍宋本無此五字

與無田者　閩監毛本同惠棟挍宋本者下有同字

無田大夫猶用羔羊也　閩監毛本同考文引宋板無此羊字

孔子曰我戰則克節

孔子至道矣　惠棟挍宋本無此五字

此一節　閩監毛本同惠棟挍宋本此上有正義曰三字

君子曰祭祀不祈節

不麾蚤　閩監毛本同石經同岳本同嘉靖本同衞氏集說同釋文出不摩云本又作麾○按注疏本引釋文作摩是也麾俗摩字

齊人所善曰麾　閩監毛本同岳本同嘉靖本曰作爲

君子至多品　惠棟挍宋本無此五字

孝子祭祀雖致其誠信　閩監毛本同許宗彦挍雖改維

孔子曰臧文仲節

夏父弗綦　各本同石經亦同釋文出不綦云不亦作弗

是夏父弗綦爲宗伯之爲也與當爲爨字之誤也或作竈

禮尸卒食而祭饎爨饔爨也時人以爲祭火神乃燔柴　毛本同岳本同嘉靖本同衞氏集說同惠棟挍宋本同考文引古本同閩監本自爲也以下多闕文

尊於瓶　各本同石經同釋文瓶作缾○按缾瓶正俗字

孔子至於瓶　惠棟挍宋本無此五字

閔適而小　惠棟挍宋本同閩監毛本小作少衞氏集說同

終文公至惠公七世　閩監毛本同許宗彦挍終改從

非昭穆也　閩監毛本同段玉裁挍本昭改爲

故知非與也　閩監毛本同考文引宋板無也字

亨者祭饔爨　閩本同監毛本亨作烹

禮也者猶體也節　惠棟挍云禮也者節君子節君子之於禮節三代之禮節宋本合爲一節

一謂誠也　閩監本同岳本同嘉靖本同衛氏集說同毛本謂字闕

皆猶誠也　閩監毛本同岳本同嘉靖本同衛氏集說猶作由考文引足利本同按毛氏居正云由作猶誤

禮也至尸者　惠棟挍宋本無此五字

骨肉筋脉　閩監毛本同衛氏集說同惠棟挍宋本肉作血

猶人體之不當也　閩監毛本同惠棟挍宋本猶下有如字

是備祭之義也　閩監毛本同惠棟挍宋本無祭字

○故經禮三百曲禮三千者　閩本同監毛本○闕

隨於萬體不可不備故周公制禮　惠棟挍宋本同閩監毛本於萬體不可不備七字闕

其致一也者致至也一誠也　惠棟挍宋本同閩監毛本一也者致至也一誠八字闕

皆須至誠故云一也若損大益小揜顯大微　惠棟挍宋本同閩監毛本誠故云一也若損大益小十字闕

周公攝政七年制禮作樂爲設官分職之法　惠棟挍宋本同閩監毛本七年制禮作樂爲設官分十字闕

每卿下各有屬官六十凡三百六十　惠棟挍宋本同閩監毛本各有屬官六十凡三百六十十一字闕

至漢孝文帝時求得此書不見冬官一篇乃使博士　惠棟挍宋本同閩監毛本求得此書不見冬官一篇乃使十二字闕

非上之義唯證周禮三百六十職也○　惠棟挍宋本同閩監毛本義唯證周禮三百六十職也○十二字闕

室猶禮也尸猶誠也入室必由尸行禮必由誠　惠棟挍宋本同閩監毛本禮也尸猶誠也入室必由尸行十二字闕

未有入室而不由尸行禮不由誠者言皆由誠也　惠棟挍宋本同閩本不由尸行禮不由誠者言皆由誠也十四字闕監毛本行誤者禮不由誠以下十字闕

君子之於禮也節

謂以少小下素爲貴也若順也　此注在致其敬而誠若之下惠棟挍宋本同毛本同岳本同嘉靖本同閩監本十二字闕

謂以多大高文爲貴也　此注在有美而文而誠若之下惠棟挍宋本同毛本同岳本同嘉靖本同衛氏集說同閩監本九字闕毛本也下衍墨釘

正義曰此經覆明上以少小下素之義　惠棟挍宋本無正義曰三字閩監毛本覆明上以少小下素之九字闕

而誠若者謂所以少小下素爲貴者　惠棟挍宋本同閩監毛本若者謂所以少小下素爲貴十一字闕

盡其戒慎致其恭敬而行至誠和順　惠棟挍宋本同閩監毛本盡其戒慎致其恭敬而行至十一字闕

○有美而文而誠若此一經　惠棟挍宋本同閩監毛本○有美而文而誠若八字闕

有美而文者謂有威儀之美　惠棟挍宋本同閩監毛本文者謂有威儀之七字闕

章之於外故須多大高文也　惠棟挍宋本同閩本監本毛本外故須多大高文七字闕

君子之於禮也有直而行也節

下素求諸內也外行誠順　惠棟挍宋本同閩監毛本求諸內也外行誠七字闕

服日月以至黼黻　閩監毛本同岳本同嘉靖本同惠棟挍宋本服作象衛氏集說同考文云古本作服足利本作服象

謂若君沐粱　閩監毛本粱作梁岳本同嘉靖本同衛氏集說同下士沐粱放此疏放此

君子至摭也○正義曰　惠棟挍宋本無正義曰三字

君子於禮一事也　閩監毛本於上有之字

直任已天性而行也　惠棟挍宋本同閩監毛本任字闕

子男五　閩監毛本有五字此本五字闕

三代之禮節

三代之禮　各本作三此本三誤王

青尚黑者也　惠棟挍宋本如此宋監本同岳本同嘉靖本同衛氏集說同此本青黑二字互倒閩監毛本同

至今語猶存也　閩監毛本同嘉靖本同衛氏集說同岳本也作焉

三代至殷因○正義曰　惠棟挍宋本無正義曰三字

於時草之萌牙　閩監毛本同衛氏集說同考文引宋板牙作不山井鼎曰不疑不誤說文古文櫱从木無頭櫱辥同

變白而青也夏正尚黑　惠棟挍宋本同衛氏集說同閩監毛本青也夏三字闕

秦二世名胡亥　閩監毛本同考文引宋板名作謂

人畏趙高　閩監毛本同惠棟挍宋本人作民

即鹿馬之類也　考文引宋板同續通解同閩監毛本即鹿作鹿爲

鄭去胡亥既近　考文引宋板作去衛氏集說同此本去誤云閩監毛本同

在胡亥之後　惠棟挍宋本同閩監毛本胡亥之三字闕

夏后以水德而王　閩監毛本同惠棟挍宋本以水作氏金與家語合

周以木德王色尚黃　閩監毛本同浦鏜挍黃改赤孫志祖云案家語作尚赤又云堯以火德王色尚黃

舜以土德王色尚白　閩監毛本同惠棟挍宋本白作青與家語合

聖證論王肅以爲夏同堯　惠棟挍宋本同閩監毛本聖證二字闕

舜土德王尚白而尚青者土以生爲功　惠棟挍宋本同閩監本而尚青者四字闕毛本而誤闕字餘同

水則辟之青而用白也　惠棟挍宋本同閩監毛本則辟之青四字闕

不可用也　惠棟挍宋本此下標禮記正義卷第三十三終記云凡二十九頁

附釋音禮記注疏卷二十四

禮器

禮記　鄭氏注　孔穎達疏

周坐尸。詔侑武方。其禮亦然。其道一也。言此亦周所因於殷也武當爲無聲之誤也方猶常也告尸行節勸尸飲食無常若孝子之爲也孝子就養無方詔侑或爲詔囿○侑音又本或作宥武音無養羊讓反詔囿音圓下圓丘同本亦作詔圓夏立尸而卒祭。夏禮尸有事乃坐殷坐尸。無事猶坐周旅酬六尸。使之相酌也后稷之尸發爵不受旅曾子曰。周禮其猶醵與。合錢飲酒爲醵旅酬相酌似之也王居明堂之禮仲秋乃命國醵○醵其庶反又其約反與音餘〔疏〕周坐至醵與○正義曰此一節論三代尸不同○周坐尸者此言有周之所因於殷也殷人坐尸周因坐之也○詔侑武方者亦因殷也詔告也侑勸也方常也子事父母就養無方故在宗廟之中禮主於孝凡預助祭者皆得告尸威儀勸尸飲食無常人也其禮亦然者其於周禮侑尸及詔侑無方之禮亦因於殷禮故云亦然也其道一也者其用至誠之道一也○夏立尸而卒祭者此更本殷周所損益相因也夏祭乃有尸但立猶質而言尸是人人不可久坐神坐故尸唯飲食暫坐若不飲食時則尸倚立以至祭竟也○殷坐尸者此殷因夏之有立尸而損其不坐之禮益爲恒坐之法也是殷轉文也言尸本象神神宜安不坐不辯有事與無事皆坐也○周旅酬六尸者周之因殷而益之也旅酬六尸謂祫祭時聚羣廟之主於大祖后稷廟中后稷在室西壁東嚮爲發爵之主尊不與子孫爲酬酢餘自文武二尸就親廟中凡六在后稷之東南北對爲昭穆更相次序以酬也殷但坐尸未有旅酬之禮而周益之也然大祫多主而唯云六尸者先儒與王肅並云毀廟無尸但有主也○曾子曰周禮其猶醵與者曾子引世事證周禮旅酬之儀象也醵斂錢共飲酒也凡相敵斂錢飲酒必非忘懷之酌得而遠飲必令平偏不偏頗與周禮次序旅酬相似也其王肅禮作遠注云曾子以爲使六尸旅酬不三獻猶遠而畧○告尸至爲也○正義曰告尸行節解經詔也勸尸飲食解經侑也案特牲少牢延尸及詔侑相尸之禮皆是祝官則是有常而云無常者熊氏云謂就衆祝之中但是祝官皆得爲之不常用一祝也案周禮大祝下大夫二人上士四人小祝中士八人下士十有六人是皆得相侑尸也○君子曰。禮之近人情者。非其至者也。近人情者褻而遠之者敬○褻近附近之近注同遠于萬反郊血。大饗腥。三獻爓。一獻孰。郊祭天也大饗祫祭先王也三獻祭社稷五祀一獻祭羣小祀也爓沉肉於湯也血腥爓孰遠近備古今也尊者先遠差降而下至小祀孰而已○爓似廉反是故君子之於禮也。非作而致其情也。作起也敬非已情也所以下彼○下戶嫁反此有由始也。有所法也是故七介以相見也。不然則已愨。三辭三讓而至。不然則已蹙。已猶甚也愨蹙愿貌大愿則辭不見情無由至也○蹙本又作感子六反又音促愿音願大音泰見賢遍反下龍見同

故魯人將有事於上帝。必先有事於頖宮。上帝周所郊祀之帝謂蒼帝靈威仰也魯以周公之故得郊祀上帝與周同先有事於頖宮告后稷也告之者將以配天先仁也頖宮郊之學也詩所謂頖宮也字或爲郊宮○頖本或作泮依注音判晉人將有事於河。必先有事於惡池。惡當爲呼聲之誤也呼池嘔夷并州川○惡依注音呼又音虖好故反池大河反注同嘔烏侯反齊人將有事於泰山。必先有事於配林。配林林名○泰本或作大音同下注放此三月繫。七日戒。三日宿。慎之至也。繫繫牲於牢也戒散齊也宿致齊也將有祭祀之事必先敬慎如此不敢切也○順之至也順當作慎散齊悉且反下側皆反後放此故禮有擯詔。樂有相步。溫之至也。皆爲溫藉重禮也擯詔告道賓主者也相步扶工也詔或爲紹○相息亮反注同溫紆運反注同藉徐子夜反道音導〔疏〕君子至至也○正義曰此一節論禮以尊遠爲敬近人情爲褻禮之近人情者謂若一獻孰飲食既孰是人情所欲食咍最近人情也○非其至者也既近人情非是敬之至極也○郊血者以近者爲褻遠者爲敬其事非一今此先從鬼神之事而說也郊用犢犢有血有肉肉於人食咍之事於人情爲近血於人食咍最遠天神尊嚴不可近同人情故薦遠人情者以爲極敬也○大饗腥者大饗祫祭宗廟也腥生肉也宗廟爲私比郊爲劣故薦去人情稍近之腥示爲敬降於天也三獻爓者三獻謂祭社稷五祀也其禮三獻故因名其祭爲三獻也爓沈湯肉去人情漸近而社稷五祀降於宗廟故用爓又明其敬劣也○一獻孰者一獻祭羣小祀小祀卑酒一獻也其用孰肉孰肉是人情所食最爲褻近小祀神爲最輕故以褻近人之食祭之表其敬又劣也○注郊祭至而已○正義曰知郊祭天者郊特牲云於郊故謂之郊是郊爲祭天也云大饗祫祭先王者也案宗伯以肆獻祼饗先王以下宗廟之祭凡有六享此此云大饗享中最大故爲祫也此大饗之文在郊血之下故知非大饗帝也云三獻祭社稷五祀一獻祭羣小祀也者以冕服差之案司服祀四望山川則毳冕毳冕子男之服子男五獻以下差之也祭社稷五祀則絺冕宜三獻也祭羣小祀則玄冕宜一獻也云血腥爓孰遠近備古今也者血爲遠腥次之爓稍近孰最近遠者爲古近者爲今一祭之中兼有此事故云備古今也云尊者遠近差降而下至小祀孰而已者郊祭是尊而用血是尊者先遠也案宗伯祭廟以祼皀爲始祭社稷五祀以血爲始此云郊血大饗腥三獻爓者謂祭祀初始降神之外於正祭之時有此郊血大饗腥之屬也凡郊與大饗三獻之屬正祭之時皆有血有腥有爓有孰此云郊血是郊有血也郊特牲云毛血告幽全是宗廟有血也宗伯云以血祭祭社稷五祀是三獻有血也周語云禘郊之祀則有全烝是郊祭天有孰也有孰則有腥可知也宗伯云以肆獻祼享先王是大饗有腥有孰也此云三獻爓宗伯云以血祭社稷五祀既有血有爓明有孰有腥可知也然則郊天與大饗三獻並有血腥爓孰今所以各言者皇氏云此據設之先後郊則先設血也後設腥與爓孰雖以郊爲主其祭天皆然也大饗之時血與腥同時俱薦當朝事迎尸於戶外薦血腥也雖以大饗爲主其宗廟之祭皆然也其三獻之祭血腥與爓一時同薦凡薦爓之時皆在薦腥之後但社稷五祀初祭降神之時已埋血宗伯

之文是也至正祭薦爓之時又薦血此文是也若羣小祀之屬唯有薦孰無血腥爓也以其神卑故耳先薦者設之在先後進者設之居後皆皇氏之說義當然也熊氏云宗廟之祭無血鄭注論語云禘祭之禮自血腥始者謂腥肉有血今案詩小雅論宗廟之祭云執其鸞刀以薦其毛取其血膋則是有用血之明文也熊氏云無血其義非也○是故至至也○此一節論君子行禮當降下於彼積漸擯相敬慎之至○非作而致其情也者作起也君子行禮本意所爲上下前人非是私自專輒徒起而致其己情也○此有由始也者既非直任我情而凡有所行皆有由以爲始也由謂法天地之道先人後已○是故七介以相見也者行敬既非直起己情皆有所由爲始故陳七介以相見申賓主之情也此言七介者舉中言之也○不然則已愨者已甚也愨愿貌若不如是陳擯介相見則甚爲愿愨言愿愨大甚也○三辭三讓而至者依司儀賓至大門外陳擯介交擯三辭畢君迎賓三拜辱至大門三讓三讓入大門主君每門讓賓一辭是三辭三讓而情意相至也○不然則已蹙者謂愨愿急蹙若不爲此三辭三讓則大急蹙情無由達也○故魯人將有事於上帝必先有事於頖宮者明相見有積漸之義有事於上帝謂祭天也必先有事於頖宮之中告后稷告以將配天也是先告卑然後祭尊也○晉人將有事於河必先有事於惡池者有事於河謂祭河也必先告惡池小川從小而祭也先告從祀者然後祭河也○齊人將有事於泰山必先有事於配林者有事於泰山謂祭泰山也先告配林配林是泰山之從祀者也故先告從祀然後祭泰山此皆積漸從小至大之義也○三月繫七日戒三日宿慎之至也者上云先小後大此言事神積漸絜敬之義三月繫謂祭前三月繫牲于牢也七日戒謂祭前十日於七日之中散齊戒慎也三日宿者謂祭前三日而嚴宿以致齊也將祭之時以漸如此謹慎至極也禮須積漸不敢切迫也○故禮有賓詔樂有相步溫之至也者禮旣不可卒迫故賓主相見有擯相詔告也但作樂之人今旣無目有扶相行步所以擯詔輔相者溫藉之至極也○注上帝至學也○正義曰上帝周所郊祀之帝謂蒼帝靈威仰也者孝經云郊祀后稷以配天喪服小記云王者禘其祖之所自出以其祖配之周人出自靈威仰則后稷配靈威仰也云魯以周公之故得郊祀上帝與周同者明堂位云祀帝于郊配以后稷天子之禮故知也云先有事於頖宮告后稷也者魯人無后稷之廟今將祭天而於頖宮告后稷也云將以配天先仁也者謂將欲以后稷配天先以仁恩存偶之也云頖宮郊之學也者周人立大學於東郊則天子魯侯大學在公宮東也小學在郊詩云思樂泮水薄采其藻則魯以小學爲頖宮頖宮在郊天子以小學爲辟廱故鄭駮異義云三靈一廱在郊明矣○注呼池嘔夷并州川○正義曰此夏官職方之文○注繫繫至切也○正義曰充人云祀五帝則繫于牢芻之三月是繫於牢也云戒散齊也宿致齊也者祭義曰散齊七日致齊三日謂之宿者鄭注儀禮云宿是又戒宿之言肅肅敬之義也云不敢切也者以積漸敬慎不敢偪切也○注皆爲至爲紹正義曰皇氏云溫謂承藉凡玉以物緼裹承藉君子亦以威儀擯相以自承藉今定本作溫字則當云溫潤相承藉也禮也者。反本脩古。不忘其初者也。故凶事不詔。朝事以樂。二者反本也哭泣由中非由人也朝廷養賢以樂樂之也醴酒之用。玄酒之尚。割刀之用。鸞刀之貴。莞簟之安。而稾鞂之設。三者脩古穗去實曰鞂禹貢三百里

納䵃服。○鸞刀端反莞音官一音丸簟徒點反槀字亦作藁古老反䵃江八反是故先王之制禮也。必有主也。主謂本與古也故可述而多學也。以本與古求之而已

【疏】禮也至學也○正義曰此一節論禮之所設反本脩古故可述而多學反本謂反其本性脩古謂脩習於古定本及諸本作循字當作脩○不忘其初者也由其反本脩古故不忘其初也○故凶事不詔者此凶事及朝事是反本也本謂心也凶事喪親之事也詔告也孝子親喪痛由心發故啼號哭泣不待外告而哀自至是反本還其孝性之本心也○朝事以樂者朝事謂朝廷之事也以樂奏音樂也朝廷是養老尊賢之地爲賢所樂也故臣入門必縣興奏樂之事是反本還其樂朝廷之本心○醴酒之用玄酒之尚者此下三事是脩古也醴酒五齊第二酒也玄酒是水也尚上也言四時祭祀有醴酒之美而陳尊在玄酒之下以玄酒之尊置在上此是脩古也○割刀之用鸞刀之貴者割刀今之刀也鸞刀古刀也今刀便利可以割物之用古刀遲緩用之爲難而宗廟不用今刀而用古刀亦是脩古故也○莞簟之安而槀鞂之設者莞簟今之席也詩云下莞上簟乃安斯寢言其細精而可安人也槀鞂除穗粒取稈槀爲席郊祭不用莞簟之可安而用設槀鞂之麤席亦脩古也○是故先王之制禮也必有主也者主謂本與古也既初不可忘故先王制禮必有反本脩古之法也○故可述而多學也者禮既反本而脩古若欲述行學習但用本與古以求之則可得也故云可述而多學也○注穗去至鞂服○正義曰案禹貢五百里甸服百里賦納總謂所刈禾也二百里納銍謂刈禾穗也三百里納秸服謂禾去其實唯槀穗也四百里粟五百里米

○君子曰。無節於內者。觀物弗之察矣。節猶驗也欲察物而不由禮。弗之得矣。故作事不以禮。弗之敬矣。出言不以禮。弗之信矣。故曰禮也者。物之致也。致之言至也極也

【疏】君子至致也○正義曰此一節明作事云爲非禮不可無節於內者觀物弗之察矣者節猶驗也內猶心也物萬物也察猶分辯也言若欲外觀察先萬物必先內有識驗之明若心內無明則外不能分辯也○欲察物而不由禮弗之得矣者心由內所識是可節是禮也言若外欲觀察萬物而心不由禮則察物不能得也○故曰禮也者物之致也者引舊語結察物必須禮也致猶至極也無禮既不爲民物敬信故禮所爲萬物之至極也

○是故昔先王之制禮也。因其財物而致其義焉爾。故作大事。必順天時。大事祭祀也春秋傳曰啓蟄而郊龍見而雩始殺而嘗閉蟄而烝○烝之承反爲朝夕必放於日月。日出東方月生西方爲高必因丘陵。謂冬至祭天於圜丘之上爲下必因川澤。謂夏至祭地於方澤之中是故天時雨澤。君子達亹亹焉。達猶皆也亹亹勉勉也君子愛物見天雨澤皆勉勉勸樂○亹亡匪反徐音尾樂音洛

【疏】是故至亹焉○正義曰此一節論必因其財物之性而事天地○因其財物而致其義焉爾者財物猶云才性也禮既爲一切萬物之至極故聖人制禮因萬物之才性而致其義也故作大事必順天時者自此以下皆因財物之事也○但財物大莫過於天故順天時而起也順於天時其事在下○爲朝夕必放於日月者亦順天時也爲朝謂天子春分之日朝日於東門之外爲夕謂天子秋分之夕祀月於西門之外也日是陽故朝旦用事月爲陰故夕晚用事也日出自東方故於東方而朝之月初生出自西方故於西方而祀之朝禮有東西之異是放法於日月之始○爲高必因丘陵者爲高謂冬至祭皇天大帝耀魄寶也丘陵謂圜丘天圜而高故祭其天神於圜丘之上也是爲高必因丘陵也○爲下必因川澤者爲下謂夏至祭崑崙之神也川澤方澤也地方而下故祭其神於方澤是爲下必因川澤也○是故天時雨澤君子達亹亹焉者達猶皆也亹亹勉勉也君子謂天子也天以高圓爲質地以下方爲體天子愛物爲用故天地感祭而降雨澤天子皆愛物生而勉勉勸樂所以與天地合德也○注大事至而烝○正義曰案成十三年左傳云國之大事在祀與戎故知大事謂祭祀也引春秋傳者桓五年左傳文云啓蟄而郊者謂建寅之月蟄蟲啓戶郊祭天也云龍見而雩者謂建巳之月龍星昏而見雩祭天求雨也云始殺而嘗者謂建酉之月陰氣始殺而嘗祭祭宗廟也云閉蟄而烝者謂建亥之月烝祭宗廟烝衆也萬物皆成可薦者衆

○是故昔先王尚有德。尊有道。任有能。舉賢而置之。聚衆而誓之。古者將有大事必選賢誓衆重事也是故因天事天。天高因高者以事也因地事地。地下因下者以事也因名山升中于天。名猶大也升上也中猶成也謂巡守至於方嶽燔柴祭天告以諸侯之成功也孝經說曰封乎泰山考績燔燎禪乎梁甫刻石紀號也○上時掌反守手又反燎力妙反又力弔反禪善戰反梁父音甫本亦作甫因吉土以饗帝于郊。吉土王者所卜而居之土也饗帝于郊以四時所兆祭於四郊者也今漢亦四時迎氣其禮則簡升中于天。而鳳凰降。龜龍假。功成而太平陰陽氣和而致象物○假音格至也饗帝於郊。而風雨節。寒暑時。五帝主五行五行之氣和而庶徵得其序也五行木爲雨金爲暘火爲燠水爲寒土爲風○暘音陽燠於六反是故聖人南面而立。而天下大治。南面立者視朝○治直吏反及下注同

【疏】是故至大治○正義曰上經論作大事必順天時故此經明舉賢任能敬事天地遂致龜龍降集寒暑順時○尚有德者謂貴尚有德之人尊有道者謂尊崇有道之士○任有能者謂使任有能之衆○舉賢而置之聚衆而誓之者謂至將祭之時選舉賢能置之在於祭位則射以擇士是也而又聚集其衆而誓戒之則其有不恭則服大刑是也○是故因天事天者謂因天體之高以高處事天則上文爲高必因丘陵是也○因地事地者地體卑下因卑下之處以事地則前文爲下必因川澤是也○因名山升中于天者此還因天事天但事天非在一所此謂封禪之時中成也謂天子巡守至方嶽之下因此有名之大山升進諸侯成功之事以告於天○因吉土以饗帝于郊者此謂祭五方之帝因其所卜吉土以爲都饗祭五方之帝於都之四郊升中于天而鳳凰降龜龍假者假至也此覆說上文升中于天以天下太平故鳳凰隨德而降龜龍感化而至○饗帝於郊而風雨寒暑時者覆說前文因吉土以饗帝以陰陽順序故風雨應節寒暑順時然上因天事天因地事地是圜丘方澤不有感致者以圜丘方澤等未太平之時未能感致故不云升中于天此是大平之後故致鳳凰與龜龍吉土饗帝雖未太平已行此禮但功成之後陰陽彌更順之故舉以言焉若據太平饗帝則致時和自然圜丘方澤太平之時致群瑞可知○是故聖人南面而立而天下大治者以其尚德尊賢奉天事地陰陽既合嘉瑞並來以是之故聖人但南面而立朝夕視朝而天下大治○注名猶至號也○正義曰大山謂方嶽也巡守至於方嶽燔柴祭天告以諸侯之成功也此謂封禪也太平乃封禪其封禪必因巡守而爲之若未太平但巡守而已其未太平巡守之時亦燔柴以告至故王制說天子巡守必先柴若太平巡守之時初到方嶽以燔柴告至之後乃考諸侯功績及封土爲壇更燔柴祭天告諸侯之成功也此唯泰山爲之餘嶽則否其巡守則每嶽皆至也而皇氏云太平乃巡守案詩頌時邁巡守告祭柴望時邁武王之詩而有巡守之禮武王未太平何得云太平乃巡守其義非也云孝經說曰王刻石紀號皆孝經緯文也封乎泰山者謂封土爲壇在於泰山之上考績燔燎者謂考諸侯功績燔柴燎牲以告天禪乎梁甫者禪讀爲墠謂除地爲墠在於梁甫以告地也梁甫是泰山之旁小山也刻石紀號也者謂刻石爲文紀録當代號謚案白虎通云王者易姓而起必升封泰山何報告之義所以必於泰山何萬物之所交代之處也必於其上何因高告高順其類故升封者增高也下禪梁甫之基廣厚也刻石紀號者著己之功迹以自勸也增泰山之高以報天附梁甫之基以報地或曰封者金泥銀繩或曰石泥金繩封之印璽故孔子曰封泰山觀易姓而王可得數者七十有餘三皇禪於繹繹之山五帝禪於亭亭之山三王禪於梁甫之山繹繹無窮之意禪於有德者而居之無窮已亭亭者制度審諦道德著明梁甫者梁信也甫輔也信輔天地之道今案書說禪者除地爲墠而白虎通云以禪讓有德其義非也案史記封禪書齊桓公欲行封禪管仲諫止辭云自古封禪七十二家夷吾所識十有二焉昔有無懷氏封泰山禪云云伏犧氏封泰山禪云云神農炎帝黃帝顓頊帝嚳堯舜禹湯周成王皆封泰山唯禹禪會稽成王禪社首其餘皆禪云云者亦泰山旁小山名也但白虎通與史記禪處不同未知孰是也白虎通又云王所以巡守何巡者循也守者牧也謂循行天下牧人道德大平恐遠近不同政化幽隱有不得其所者故必自行之謹敬重民之至也熊氏云大平乃巡守其義非也已難於上○注吉土至則簡○正義曰饗帝于郊以四時所兆祭於四郊者也謂木帝於東郊火帝於南郊金帝於西郊水帝於北郊土帝亦於南郊又王者各祭感生之帝於南郊故小宗伯云兆五帝於四郊謂此也○注五帝至爲風○正義曰五帝主五行者即蒼帝靈威仰之屬分主五行各主七十二日故坤靈圖云五帝東方木色蒼七十二日云云是也云庶徵得其序也者即尚書洪範八曰念用庶徵庶衆也徵驗也謂衆行得失之驗云五行木爲雨金爲暘火爲燠水爲寒土爲風案洪範曰肅時雨若曰乂時暘若曰哲時燠若曰謀時寒若曰聖時風若是五行之氣各有所主也鄭義五行所主如此也

○天道至教。聖人至德。目下事也廟堂之上。罍尊在阼。犧尊在西。廟堂之下。縣鼓在西。應鼓在東。禮樂之器尊西也小鼓謂之應犧周禮作獻○罍音雷犧素河反注及下同縣音玄應應對之應作獻本又作戲同素河反下同君在阼。夫人在房。人君尊東也天子諸侯有左右房大明生於東。月生於西。

此陰陽之分。夫婦之位也。大明日也。○分扶問反。君西酌犧象。夫人東酌罍尊。象日出東方而西行也月出西方而東行也周禮曰春祠夏禴祼用雞彝鳥彝皆有舟其朝踐用兩獻尊其再獻用兩象尊皆有罍諸臣之所酢。○夏禴戶嫁反下音藥祼古亂反彝徐音夷

禮交動乎上。樂交應乎下。和之至也。言交乃和

【疏】天道至至也。○正義曰此一節明天道用教以示人聖人則放之以爲德故君立於阼以象日夫人在西房以象月天道至教者謂天垂日月以示人以至極而爲之教○聖人至德者聖人法天之至極而爲德○廟堂之上罍尊在阼犧尊在西者罍尊在阼謂夫人所酌也犧尊在西謂君所酌也○廟堂之下縣鼓在西應鼓在東者縣鼓謂大鼓也在西方而縣之應鼓謂小鼓也在東方而縣之熊氏云此謂諸侯時祭所用之禮故罍尊夫人所酌也若天子之祭則罍尊在堂下故禮運云澄酒在下酒謂三酒在堂下司尊彝云皆有罍諸臣之所酢則君不酌罍也案大射禮建鼓在阼階西南鼓應鼙在其東一建鼓在南東鼓朔鼙在其北一建鼓在西階之東南面大射禮是諸侯之法此亦諸侯之禮所以大鼓及應所縣不同者熊氏云大射謂射禮也此謂祭禮也是諸侯之法雖同諸侯祭射有異案大射注云應鼙應朔鼙也又云便其先擊小後擊大也以此言之則朔鼙應鼙皆大鼓之旁先擊朔鼙次擊應鼙乃擊大鼓以其相近故云便也以其稱朔朔始也故知先擊朔鼙以其稱應故知應朔鼙也又大射稱建鼓此云縣鼓大射應鼓既在大鼓之旁此應鼓在東乃與縣鼓別縣者皆謂祭與射別也○君西酌犧象夫人東酌罍尊者案上云罍尊在阼當阼階堂上而設之則犧尊在西當西階堂上而陳之故君於阼階西嚮酌犧尊夫人於西房之前東嚮酌罍尊○禮交動乎上者謂君與夫人酌獻之禮交相動於堂上也○樂交應乎下者謂縣鼓應鼓相應在於堂下○和之至也者謂堂上下禮樂交相應會和諧之至極也○注禮樂至作獻○正義曰禮樂之器尊西者也鄭據此經而論犧尊貴於罍尊而犧尊在西縣鼓大於於應鼓而縣鼓在西故云禮樂之器尊西云犧周禮作獻者案周禮司尊彝兩犧尊字作兩獻尊鄭云獻讀爲犧○注人君至右房○正義曰此以經云君在阼夫人在房故云君尊東云天子諸侯有左右房者以卿大夫以下唯有東房故鄉飲酒鄉射尊於房戶間賓主夾之無西房也知天子諸侯有左右房者以士喪禮主婦髽于室在主人西喪是記君之喪婦人髽帶麻于房中亦當在男子之西故彼注亦云則西房也又顧命云天子有左右房此云夫人在房又云夫人東酌罍尊是西房也故云天子諸侯有左右房○注象日至所酢○正義曰引周禮司尊彝者證罍尊與此經中夫人東酌罍尊不同故引以明之見其不同之意春祠夏禴祼用雞彝鳥彝之屬其義具於明堂疏於此畧之

○禮也者。反其所自生。自由也制禮者本己所由得民心也。樂也者。樂其所自成。作樂緣民所樂於己之功舜之民樂其紹堯而作大韶湯武之民樂其濩伐而作濩武。○濩戶故反又作頀 是故先王之制禮也。以節事。動反本也。脩樂以道志。勸之善也。○道音導 故觀其禮樂。而治亂可知也。國亂禮慢而樂淫也。蘧伯玉曰。君子之人達。觀其禮樂則知治亂也蘧伯玉衛大夫也名瑗。○蘧其居反瑗于眷反

故觀其器而知其工之巧。觀其發而知其人之知。禮樂亦猶是也。○知音智 故曰。君子慎其所以與人者。將以是觀

【疏】禮也至人者。○正義曰前經明禮樂相交故此經更論先王制禮樂以節事道志化民治下也。○禮也者反其所自生者自由也言王者制禮各反其本王業所由生以制禮也猶若殷周爲民除害以得民心初生王業其制禮還以得民心之事而爲禮本○樂也者樂其所自成者自亦由也言王者制樂樂已所由成者以制樂若殷周之等民樂其用武除殘討惡以成王業故作樂以尚其威武也但禮之與樂俱是象其王業所由但禮據王業之初樂據王業之末但太平功成治定之後制禮本論其初故云反其所自生作樂論其末故云樂其所自成○是故先王之制禮也以節事者以禮爲反本故用禮以節萬事動皆反本以初生王業用此禮以得民心故用民心之義以節事宜○脩樂以道志者王者脩治所作之樂以道達已志由已用此樂以成王業故脩正其樂以勸道已志使行之不倦○故觀其禮樂而治亂可知也者若能以禮節事以樂道志則國治也若不以禮節事不以樂道志則國亂也故云治亂可知也○蘧伯玉曰君子之人達者達謂通達言有德君子自達幾理視其禮樂則知治亂蘧伯玉先有此言故記者引之結成治亂可知之事○故觀其器而知其工之巧者此又工匠之事譬喻禮樂觀其器之善惡而知工匠巧拙器善則工巧器惡則工拙○觀其發而知其人之知者此又以人事譬喻禮樂觀其人之發動所爲而知其人之有知若發而皆中則知有知若發而不中則知無知禮樂亦猶是也若禮正而樂和則知其國治若禮慢而樂淫則知其國亂也○故曰君子慎其所以與人者禮樂既爲人之所觀以此之故君子治國以謹慎其所以與人相接者謂禮樂之事此禮樂者謂與人交接之具故慎之言將以見觀之○注自由至心也○正義曰制禮者本已所由得民心者若舜元由能紹堯之功得民心而初王業全制禮之時還基本初時得民心之事而制禮若舜質素初則陶於河瀆後制禮則尚質素故考工記云有虞氏尚陶是也禹則治水始立溝洫後制禮則尚其工匠之事夏后氏尚匠是也湯則以樂荒淫器物失所湯以制禮樂之器而得民心般人尚梓是也周武王以紂昏淫尊卑無敎故尚文物車服之屬而得民心周人尚輿是也此皆本其所以得民心是也○注作樂至濩武○正義曰作樂者緣民所樂於已之功作樂章功成之事已之功成人之所樂故云所樂於已之功也舜之民樂舜紹堯而作大韶湯武之民樂其濩伐而作濩武者此亦因其所由與禮不異但禮雖治定乃作則本其初始得民心之時樂以成功乃爲即歌當時喜樂之事所以與禮異也但禮是初始得民心而已樂是樂其末故其民心樂其紹堯樂其濩伐○注動反本也○正義曰王者治國動皆反本萬事皆以禮節之○注勸之善也○正義曰經云脩樂以道志樂是功成之極故王者作樂之後恒脩治此樂以勸道已志行善不忘故云勸之善也

○太廟之內敬矣。君親牽牲。大夫贊幣而從。納牲於庭時也當用幣告神而殺牲。○從才用反下同 君親制祭。夫人薦盎。親制祭謂朝事進血膋時所制者制肝洗於鬱鬯以祭於室及主。○盎烏浪反膋了彫反 君親割牲。夫人薦酒。親割謂進牲孰體時 卿大夫從君。命婦從夫人。洞洞乎其敬也。屬屬乎其忠也。勿勿乎其欲其饗之也。勿勿猶勉勉也。○洞音動屬之玉反 納牲詔於庭。血毛詔於室。羹定詔於堂。三詔皆不同位。蓋道求而未之得也。肉謂之羹道猶言也。○定徐丁磬反一音如字 設祭于堂。設祭之饌於堂人君禮焉 爲祊乎外。祊祭明日之繹祭也謂之祊者於廟門之旁因名焉其祭之禮既設祭於室而事尸於堂孝子求神非一處也周禮曰夏后氏世室門堂三之二室三之一詩頌絲衣曰自堂徂基。○祊百彭反繹音亦處昌慮反 故曰。於彼乎。於此乎。不知神之所在也

【疏】太廟至此乎。○正義曰此一節論祭宗廟之事。○太廟之內敬矣者舉大祫之祭故云大廟其實諸廟亦皆敬矣此章所論謂侯伯子男祭廟之禮○君親牽牲大夫贊幣而從者此謂祼鬯既訖君出廟門以迎牲牽牲而入納於庭之時也於時須告神以殺牲大夫則贊佐執幣而從君君乃用幣以告神○君親制祭夫人薦盎者此謂殺牲已畢進血腥之時斷制牲肝洗以鬱鬯入以祭神於室於此之時夫人薦盎齊以獻之侯伯子男之君朝踐君不獻故夫人薦盎○君親割牲夫人薦酒者謂薦孰時君親割牲體於時君亦不獻故夫人薦酒○卿大夫從君命婦從夫人者謂制祭割牲之時則卿大夫從君也薦盎酒之時命婦從夫人也○洞洞其敬也者洞洞質慤之貌言君與夫人卿大夫之等皆容貌洞洞然其爲恭敬也○屬屬乎其忠也者屬屬專一之貌其心則屬屬然專一盡其忠誠也○勿勿乎其欲其饗之也者勿勿猶勉勉也言中心勉勉乎欲望神之歆饗○納牲詔於庭者詔告也謂牲入在庭以幣告神故云詔於庭○血毛詔於室者謂殺牲取血及毛入以告神於室○羹定詔於堂者羹肉湆也定孰肉也謂煑既孰將欲迎尸主入室乃先以俎盛之告神於堂是薦孰未食之前也三詔皆不同位蓋道求而未之得也者道言也所以三詔皆不同位者蓋言求而未之得也故於三處告之○設祭于堂者謂薦腥爓之時設此所薦饌在於堂○爲祊乎外者祊謂明日繹祭在廟門之旁謂之祊言爲此祊祭在於廟門外之西也○故曰於彼乎於此乎者以其不知神之所在或祭之於堂或祭之於外不知此於彼堂乎於彼室乎於此祊乎以古語有此故記者引以結之○注納牲至殺牲○正義曰下云納牲詔於庭此有大夫贊幣故知納牲於庭時用幣以告神○注親制至及主○正義曰親制祭謂朝事進血膋時者案郊特牲云取膟膋燔燎升首報陽也又祭義取膟膋之後又爓祭祭腥則膟膋所用在腥爓之前故知血膋是朝事時也云所制者制肝洗於鬱鬯者約漢禮而知也知祭於室及主者郊特牲云詔祝於室是也○注親割至體時○正義曰皇氏以爲謂薦孰之時進牲之孰體也熊氏禮本牲爲腥也謂薦腥體孰體薦腥體謂朝踐薦腥時孰體謂饋食薦孰時案經文君親制祭夫人薦盎君親割牲夫人薦酒薦酒薦盎既不得同時則割牲何得薦腥兼薦孰熊氏之說非也○注肉謂之羹○正義曰爾雅釋器文○注設祭至禮焉○正義曰知者特牲少牢告設饌在奧此言設饌於堂故知人君禮也○注祊祭至徂基○正義曰此云爲祊乎外稱外故知明日繹祭也郊特牲云索祭祝于祊不云外故鄭彼注不云明日繹祭也云謂之祊者於廟門外之旁因名焉者以釋宮云廟門謂之祊今日繹祭於廟門外之西旁因以廟門爲稱故云因名焉云其祭之禮既設祭於室而事尸於堂者以正祭設饌在室故知繹祭亦設饌在室案有司

徹上大夫賓尸坐尸侑於堂酌而獻尸故知人君繹祭亦事尸於堂也但卿大夫賓尸禮畧不設祭於室又不在廟門異於君也云夏后氏世室門堂三之二室三之一者證廟門之旁有室有堂也又引詩頌絲衣之篇者證繹祭在堂事尸也絲衣之篇論繹祭之時從堂上往於堂下之基故云自堂徂基○注不知至在也○正義曰案郊特牲云不知神之所在於彼乎於此乎此文唯云於彼乎於此乎故鄭引彼上文爲注以會此文明是一也○一獻質。謂祭羣小祀也三獻文。謂祭社稷五祀五獻察。察明也謂祭四望山川也七獻神。謂祭先公

【疏】一獻至獻神○正義曰此一節明祭諸神獻數之差取義各別○一獻質者謂祭羣小祀最卑但一獻而已其禮質畧○三獻文者謂祭社稷五祀其神稍尊比羣小祀禮儀爲文飾也○五獻察者謂祭四望山川其神既尊神靈明察○七獻神者謂祭先公之廟禮又轉尊神靈尊重也○注謂祭先公○正義曰鄭知然者案周禮司服職玄冕一章祭羣小祀故知一獻當祭羣小祀絺冕三章祭社稷五祀故知三獻祭社稷五祀也毳冕五章祀四望山川故知五獻祭四望山川也鷩冕七章享先公故知七獻祭先公也案此社稷三獻卑於四望山川而大宗伯職云以血祭祭社稷五嶽又司樂四祭社稷奏大蔟祀四望奏姑洗又禮緯云社稷牛角握五岳四瀆角尺以此言之則社稷尊於四望山川而獻與衣服卑者熊氏云獻與衣服從神之尊卑其餘處尊者以其有功與地同類故進之在上從國中之神莫貴於社稷之類直以功見尊其實卑也以是地別神故不爲尊也

○大饗其王事與。盛其饌與貢謂祫祭先王○事與音餘三牲魚腊。四海九州之美味也。籩豆之薦。四時之和氣也。此饌諸侯所獻○腊音昔內金。示和也。此所貢也內之庭實先設之金從革性和荊揚二州貢金三品○內音納束帛加璧。尊德也。貢享所執致命者君子於玉比德焉龜爲前列。先知也。龜知事情者陳於庭在前荊州納錫大龜金次之。見情也。金炤物金有兩義先入後設○見賢遍反下注世一見同炤音照本亦作照丹。漆。絲。纊。竹。箭。與衆共財也。萬民皆有此物荊州貢丹兗州貢漆絲豫州貢纊楊州貢篠簜○纊音曠綿也劉昌宗古曠反簜大黨反其餘無常貨。各以其國之所有。則致遠物也。其餘謂九州之外夷服鎮服蕃服之國周禮九州之外謂之蕃國世一見各以其所貴寶爲摯周穆王征犬戎得白狼白鹿近之○蕃本亦作藩方煩反下同近附近之近其出也。肆夏而送之。蓋重禮也。出謂諸侯之賓也禮畢而出作樂以節之肆夏當爲陔夏○肆依注作陔古來反注又作祴音同

【疏】大饗至禮也○正義曰此一節明天子大饗之事諸侯各貢其方物奉助祭之禮○大饗其王事與者饗謂祫祭先王饗中之大謂祫也其王家之事與是語辭也言諸侯雖有祫祭不可致有九州之物唯王者乃然故云其王事與也三牲魚腊四海九州之美味也者言此等是諸侯所貢故云九州之美味也○籩豆之薦四時之和氣也者此亦諸侯所貢實於籩豆是四時和氣所生故云四時和氣也○內金示和也者謂諸侯所貢納金以爲庭實示其柔和也以金能從革故也○束帛加璧尊德也者謂朝而行享之時以束帛加璧於上尊崇其德也以君子之德與玉相似故尊之也龜爲前列先知也者此謂布庭實之時龜在衆物之前而爲列先其有知也以龜有靈知故云先知也○金次之見情也者陳列此金次在龜後所以次在龜後者以金能炤物露見其情○丹漆絲纊竹箭與衆共財也者龜金之後布陳丹之與漆也絲也纊也竹也箭也與天下衆人共有此財也故諸侯之朝來而貢之陳列在下其餘無常貨各以其國之所有則致遠物也者知以上所陳謂九州之內諸侯此言其餘者謂九州之外其於四海之國無常貢之貨各於其國之當時所有而貢之則招致遠物也其出也肆夏而送之蓋重禮也者肆夏當爲陔夏其諸侯之賓禮畢而出去則奏陔夏之樂而送之蓋貴重於禮雖禮畢而出猶陔夏而戒之使不失禮○注盛其至先王○正義曰盛其饌者即三牲魚腊籩豆是也貢者則內金示和龜爲先列之屬是也謂祫祭先王者以有三牲魚腊則非祭天以內金布庭實又非饗賓饗賓時無此庭實故也知非朝而貢物謂之大饗者以朝而貢物不名大饗孝經云四海之內各以其職來助祭故知此大饗是祫祭也以饗中最大故稱大饗○注此所至三品○正義曰知爲庭實者左傳云庭實旅百奉之以玉帛故知金爲庭實今先設金者發首先云內金故知先設金云荊揚二州貢金三品者禹貢文鄭注以爲金銀銅三品者三色也○注貢饗至德焉○正義曰知束帛加璧行享之時所執致命者覲禮文也○云君子於玉比德焉者謂諸侯執玉來貢欲自勗勵以王比德又示敬王以玉比王○注龜知至大龜○正義曰龜能豫知吉凶故云知事情云陳於庭在前者撩與所陳衆物最在前仍在馬之後故覲禮匹馬卓上九馬隨之鄭注云初享以馬若皮然後乃陳龜金竹箭之等是也○注金炤至後設○正義曰金炤物者解經見情金有兩義者一示和二是見情故云兩義云先入後設者此經先云內金示和是先入陳在龜後是後設○注萬民至篠簜○正義曰荊州貢丹兗州貢漆絲豫州貢纊楊州貢篠簜皆禹貢文也○注其餘至近之○正義曰其餘謂九州之外夷服鎮服蕃服之國者案周禮大行人陳六服之貢乃云九州之外謂之蕃國各以其所貴寶爲摯其六服之外於九州言之唯有夷鎮蕃三服是九州之外也云周穆王征犬戎得白狼白鹿近之者案周語穆王征犬戎祭公謀父諫不從遂往征之得四白狼四白鹿言近之者彼因征而得非因貢而來故云近之近者謂近其貢實也○注出謂至陔夏○正義曰肆夏當爲陔夏者案大司樂云王出入奏王夏尸出入奏肆夏牲出入奏昭夏大饗不入牲其它皆如祭祀今破爲陔夏者以大司樂之文大饗諸侯則諸侯出入奏肆夏此經是助祭之後無算爵禮畢客醉而出宜奏陔夏故燕禮大射賓出奏陔夏明不失禮也

○祀帝於郊。敬之至也。言就而祭之不敢致也宗廟之祭。仁之至也。仁恩也父子主恩也喪禮。忠之至也。謂哭踊袒襲也○袒襲音但下音習備服器。仁之至也。謂小斂大斂之衣服葬之明器賓客之用幣。義之至也。謂來賵賻故君子欲觀仁義之道。禮其本也。言禮有節於內可以觀也

【疏】祀帝至本也○正義曰此一節揔明祭祀死喪賓客之等所以禮爲備具人道之至也○祀帝於郊敬之至也者天尊彌遠祭之宜極盡於敬故云敬之至也○宗廟之祭仁之至也者宗廟主親祭之必極盡於仁愛故云仁之至也○喪禮忠之至也者親戚之喪必盡忠心追念故云忠之至也○備服器仁之至也者此亦據喪禮備此小斂大斂之衣服及葬之明器亦是仁愛之親故云仁之至也○賓客之用幣義之至也者此亦[illegible]客用幣帛以相賻賵於事[illegible]觀仁義之道禮其本也者言君子欲觀其人行仁義之道須用禮爲其本若行合於禮則有仁義若不合於禮則無仁義故云禮其本也案前文[illegible]忠者舉仁義則忠敬可知也

君子曰。甘受和。白受采。忠信之人。可以學禮。苟無忠信之人。則禮不虛道。是以得其人之爲貴也。道猶由也從也[illegible]

【疏】[illegible]仁義之道禮爲其本此經[illegible]和白受采者記者舉此二[illegible]味之本不偏主一味故得[illegible]主一色故受五色之采[illegible]也○忠信之人可以學禮[illegible]不有雜行故可以學禮也[illegible]苟猶誠也道猶從也言人[illegible]而從人也言雖學禮而不[illegible]其人即忠信之人也學禮[illegible]忠信之人則是禮道爲貴也

○孔子曰。誦詩三百。不足以一獻。一獻之禮。不足以大饗。大饗之禮。不足以大旅。大旅具矣。不足以饗帝。[illegible]而不學禮也大旅祭五帝也饗帝祭天毋輕議禮。[illegible]

【疏】孔子至議禮○正義曰此[illegible]詩三百不足以一獻者假[illegible]不學禮此誦詩之人不足[illegible]不學禮則不能行也○一[illegible]獻小祀其禮既小不堪足[illegible]也大饗之禮不足以大旅[illegible]其禮可知大旅是揔祭五[illegible]行大饗之禮不堪足以行[illegible]帝者大大雖揔祭五帝是[illegible]祭之備故云大旅具矣不[illegible]典瑞云四圭有邸以祀天[illegible]牲云郊之祭大報天而主[illegible]者若不學於禮無得輕脆[illegible]行小祀禮也○注大旅至[illegible]典瑞云兩圭有邸以祀地[illegible]上帝其文相對祀地云旅[illegible]也云饗帝祭天者經既云[illegible]同故知此饗帝是常祀祭[illegible]圓丘倶包之也

○子路爲季氏宰。[illegible]季氏祭。逮闇而祭。日不足。繼之以燭。[illegible]雖有強力之容。肅敬之心。皆倦怠矣。以其久也有司跛倚以臨祭。其爲不敬大矣。偏任爲倚○跛彼義反注同他日祭。子路與。室事交乎戶。堂事交乎階。質明而始行

事。晏朝而退。室事祭時，堂事儐尸。與音豫。朝直遙反，又張遙反。孔子聞之。曰。誰謂由也而不知禮乎。多其知禮。【疏】子路至禮乎。○正義曰：前經既明禮爲其重，故記者引子路能行禮之事。○季氏祭逮闇而祭者，逮，及也。言季氏祭於宗廟，逮至日闇而行祭禮。○日不足繼之以燭者，謂祭祀未終，日已昏沒，故云日不足，祀事未畢，故繼日明而以燭也。○有司跛倚以臨祭者，以其事久，有司倦怠，故皆偏跛邪倚於物，臨於祭祀，其爲不敬甚大矣。○他日祭子路與者，言往昔以來所祭之時恒皆如此。他日，謂別日。其後別日而祭，子路與在行禮之中。○室事交乎戶者，室事謂正祭之時，事尸在室，故云室事。交乎戶，外人將餽至戶，內人於戶受餽，設於尸前，相交承接在於戶也。○堂事交乎階者，謂正祭之後儐尸之時，尸於堂，故云堂事交乎階，謂堂下之人送饌至階，堂上之人於階受取，是交乎階。○質明而始行事，晏朝而退者，質，正也；晏，晚也。謂正明之時而始行事，朝正猶晚，禮畢而退，言敬而能速也。○孔子聞之曰誰謂由也而不知禮乎者，子路好勇，時人多不尚其所爲，故孔子以此明之：誰謂由也而不能知禮乎？言其知禮也。以其禮從宜，寧可禮器而敬，不可禮煩而怠也。

禮記注疏卷二十四校勘記　阮元撰　盧宣旬摘録

附釋音禮記注疏卷第二十四　惠棟按宋本禮記正義卷第三十三此卷至四十卷考文云宋板闕所校係補本

禮器

周坐尸節

勸尸飲食無常　惠棟按宋本亦作無岳本同嘉靖本同衞氏集說同毛本同考文引古本足利本同此本無誤若閩監本無誤者通典四十八引亦作勸尸飲食無常

詔侑或爲韶囿　岳本同嘉靖本同閩監毛本韶作詔釋文作詔圖云本亦作詔圓考文云古本足利本圍作圖按段玉裁云韻會二蕭引亦作韶囿

夏禮尸有事乃坐　惠棟按宋本作乃宋監本同岳本同嘉靖本同衞氏集說同考文引古本足利本同此本乃誤則閩監毛本同通典四十八引亦作夏禮尸有事乃坐

周坐至醵與　惠棟按宋本無此五字

論三代尸禮不同　閩監毛本有禮字衞氏集說同此本禮字脫

此言有周之所因於殷也　閩監毛本無有之二字惠棟按宋本作此言周所因於殷也續通解同

其於周禮侑尸　惠棟按宋本同閩監毛本侑作坐

爲發爵之主　閩監毛本作主衞氏集說同此本主誤至考文云補本發作祭

必令平偏不偏頗　閩監毛本同惠棟按宋本偏上有使字

君子曰禮之近人情者節　惠棟云君子節宋本分是故君子之於禮下爲一節

頍郊之學也　惠棟按宋本頍下有官字宋監本同岳本同嘉靖本同衞氏集說同考文引古本足利本同此本官字脫閩監毛本同

呼池漚夷　岳本同嘉靖本同閩監毛本漚作嘔衞氏集說同釋文作嘔夷

必先有事於配林　各本同石經同惠棟九經古義云何休注公羊引作蜚林蜚聲近妃古配字作妃聲之誤也

慎之至也　各本同石經同釋文出順之至也云順亦作慎

溫之至也　各本同石經同釋文出溫之云紆運反注同考文云古本溫作薀按正義云今定本作溫字則當云溫溫潤相承藉是正義本亦不作薀也內則釋文云溫本又作薀

君子至至也　惠棟按宋本無此五字

按宗伯以肆獻祼饗先王　閩監毛本同衞氏集說同惠棟按宋本饗作享

凡有大享此此云大饗　惠棟按宋本不重此字上大作六衞氏集說同此本誤重此字六誤大閩本六字不誤上此改者字監毛本六享此云誤作大饗者此云

以冕服差之　閩監毛本同衞氏集說同惠棟按宋本冕作祭考文引補本同

以薦其毛　閩監毛本薦作啓

是故至至也　惠棟按宋本無此五字

此一節　惠棟按宋本此字上有正義曰三字

所爲上下前人　閩監毛本同惠棟按宋本上作中考文引補本同

皆有所由以爲始也　惠棟按宋本有所字衞氏集說同此本所字脫閩監毛本同

此言七介者　閩監毛本同孫志祖云按集說引此上有周禮上公九介侯伯七介子男五介十四字諸本俱脫

三月繫七日戒　閩本監本毛本同惠棟按宋本戒字下有者字

謂祭前十日於七日之中　惠棟按宋本同閩監毛本十誤七於誤齊衞氏集說十誤七於字不誤

斯樂泮水　補案詩斯當作思

天子以小學爲辟廱　閩監毛本同惠棟按宋本以上有亦字

溫謂丞藉　閩監毛本丞作承衞氏集說同下丞藉皆同盧文弨按溫改組

禮也者反本脩古節

反本脩古　各本同石經同正義云定本及諸本作循字當作脩

而稾鞂之設　閩監毛本作稾石經同岳本同衞氏集說同此本稾誤稾嘉靖本同

禮也至學也　惠棟按宋本無此五字

不忘其初者也　惠棟按宋本也下有者字

君子曰無節於內者節

君子至致也　惠棟按宋本無此五字

言若欲外觀察先萬物　閩監毛本同惠棟按宋本無先字是也

故禮所爲萬物之至極也　惠棟按宋本同閩監毛本所下有以字

是故昔先王之制禮也節

月生西方　宋監本生改出

祭天於圜丘之上　閩監本同岳本同嘉靖本同衞氏集說同毛本圜作圓

是故至壇焉　惠棟按宋本無此五字

但財物大莫過於天　閩監本同毛本則作萬

天子愛物爲用　閩監毛本同惠棟按宋本愛上有以字

龍星昏而見　閩監毛本同惠棟按宋本而見作見而

是故昔先王尙有德節

而鳳凰降　石經鳳作皇宋監本同岳本同嘉靖本同衞氏集說同此作鳳俗字閩監毛本同

而風雨節寒暑時　閩監毛本同岳本同嘉靖本同衞氏集說同石經無節字按月令正義引禮器饗帝於郊而風雨寒暑時郊特牲下兩引皆無節字

是故至大治　惠棟按宋本無此五字

饗帝於郊而風雨寒暑時者　閩監毛本雨下有節字

故舉以言焉　閩監毛本同惠棟按宋本舉作奉盧文弨云宋本作奉非也

陰陽既合　閩本同惠棟按宋本同監毛本既作相

以燔柴告至之後　閩監毛本同惠棟按宋本以作亦

及封土爲壇　閩監本同毛本及誤乃惠棟按宋本及作又

土爲風　閩監毛本同惠棟按宋本風下有者字

天道至教節

目下事也　閩本作目惠棟按宋本同宋監本同岳本同衞氏集說同此本目誤日監毛本同嘉靖本誤自

天道至至也　惠棟按宋本無此五字

皆在大鼓之旁　惠棟按宋本有在字此本在字脫閩監毛本同

謂堂上下 閩監毛本同惠棟挍宋本堂下有之字衛氏集說同
禮樂之器尊西者也 按者也當作也者
縣鼓大於應鼓 閩監本於字不重此本誤衍毛本大誤木
故云人君尊東 惠棟挍宋本有人字此本人字脫閩監毛本同
喪是記君之喪 閩監毛本同衛氏集說是作大

禮也者反其所自生節

作樂者緣民所樂於已之功 惠棟挍宋本有者字宋監本同岳本同嘉靖本同考文引古本足利本同此本者字脫閩監毛本同
而作濩武 各本同釋文出作護云本亦作濩
禮樂亦猶是也 閩監毛本同岳本同嘉靖本猶作由
禮也至人者 惠棟挍宋本無此五字
言將以是觀之 惠棟挍宋本同閩監毛本亦作是此本作見非也考文引古本足利本亦作見
萬事皆以禮節之 惠棟挍宋本同閩監毛本萬事皆誤脩古而
脩樂以道志樂是功成之極 惠棟挍宋本同閩監毛本樂是誤者言
恒脩治此樂以勸道已志 惠棟挍宋本同閩監毛本以勸誤章以

太廟之內敬矣節

太廟之內 監毛本同石經太作大閩本同岳本同嘉靖本同衛氏集說同
謂進牲孰體時 各本同正義云熊氏禮本牲爲腥也
於廟門之旁因名焉 閩監毛本同岳本同嘉靖本同衛氏集說同浦鏜挍從跪門下補外字
太廟至此乎 惠棟挍宋本無此五字
斷制牲肝 閩監毛本同浦鏜從衛氏集說斷上補君字
洞洞乎其敬也者 閩監毛本有乎字此本乎字脫
謂煮既孰 惠棟挍宋本煮下有內字衛氏集說同此本誤脫閩監毛本同
不知此於彼堂乎 惠棟挍宋本此下有神字衛氏集說同此本誤脫閩監毛本同
以釋宮云廟門謂之祊 閩監毛本同浦鏜云廟衍字孫志祖云按今本爾雅作閍謂之門疑誤也當以此疏所引爲正兼有郊特牲疏足相証明
今日繹祭於廟門外之西旁 惠棟挍宋本亦作日作西於作在閩監毛本日作日閩本西字不誤監毛本誤兩

一獻質節

一獻至獻神 惠棟挍宋本無此五字
謂祭先公之廟 閩監毛本同惠棟挍宋本先上有至字
以血祭社稷五嶽 閩監毛本同衛氏集說重祭字與周禮大宗伯合

大饗其王事與節

荆楊二州 閩監本同嘉靖本同衛氏集說同毛本楊作揚岳本同按下注楊州貢篠簜毛本亦作楊疏放此
各以其所貢寶爲摯 惠棟挍宋本同宋監本同岳本同嘉靖本同考文引古本足利本同閩監毛本貢作貴衛氏集說同正義引注亦足貴○按作貴與周禮大行人同
大饗至禮也 惠棟挍宋本無此五字
鄭注以爲金銀銅 閩監毛本同段玉裁挍本銀改者字是也以三品爲金銀銅乃書孔傳及王肅說耳非鄭義也

祀帝於郊節

祀帝至本也 惠棟挍宋本無此五字
此亦謂喪禮賓客 惠棟挍宋本有謂字此本謂字脫閩監毛本同

君子曰甘受和節

君子至貴也 惠棟挍宋本無此五字
唯須有忠信 閩監毛本同惠棟挍宋本須下有必字

孔子曰誦詩三百節

孔子至議禮 惠棟挍宋本無此五字
知大旅祭五帝者 惠棟挍宋本有祭字此本祭字脫閩監毛本同

子路爲季氏宰節

子路至禮乎 惠棟挍宋本無此五字
尸於堂 惠棟挍宋本尸上有事字衛氏集說同此本事字脫閩監毛本同
謂堂下之人 惠棟挍宋本謂下有在字此誤脫閩監毛本同

附釋音禮記注疏卷第二十四終 惠棟挍宋本此下標禮記正義卷第三十三終又記云凡二十二頁宋監本禮記卷第七經四千九百二十一字注五千七百四十字嘉靖本禮記卷第七經五千一百九十一字注五千六百九十五字

附釋音禮記注疏卷第二十五

郊特牲第十一

○陸曰鄭云以其記祭天用騂犢之義也郊者祭天之名用一牛故曰特牲【疏】正義曰案鄭目錄云名郊特牲者以其記郊天用騂犢之義此故別錄屬祭祀

禮記　鄭氏注　孔穎達疏

郊特牲而社稷大牢。天子適諸侯。諸侯膳用犢。諸侯適天子。天子賜之禮大牢。貴誠之義也。故天子牲孕弗食也。祭帝弗用也。犢者誠慤未有牝牡之情是以小爲貴也孕任子也易曰婦孕不育○膳市戰反犢音獨孕餘證反慤苦角反 大路繁纓一就。先路三就。次路五就。此因小說以少爲貴者禮器言次路七就與此乖字之誤也○繁步干反 郊血。大饗腥。三獻爓。一獻孰。至敬不饗味。而貴氣臭也。血腥爓祭用氣○爓本又作燗夕廉反 諸侯爲賓。灌用鬱鬯。灌用臭也。大饗尚腶脩而已矣。亦不饗味也此大饗饗諸侯也○灌本又作祼古喚反腶丁喚反鍛脩加薑桂曰腶脩

【疏】○郊特至已矣○正義曰此一節論少小及薄味爲貴各依文解之既以郊祭名篇先儒說郊其義有二案聖證論以天體無二郊卽圓丘圓丘卽郊鄭氏以爲天有六天丘郊各異今具載鄭義兼以王氏難鄭氏謂天有六天天爲至極之尊其體秖應是一而鄭氏以爲六者指其尊極清虛之體其實是一論其五時生育之功其別有五以五配一故爲六天據其在上之體謂之天天爲體稱故說文云天顚也因其生育之功謂之帝帝爲德稱也故毛詩傳云審諦如帝故周禮司服云王祀昊天上帝則大裘而冕祀五帝亦如之五帝若非天何爲同服大裘又小宗伯云兆五帝於四郊禮器云饗帝于郊而風雨寒暑時帝若非天焉能令風雨寒暑時又春秋緯紫微宮爲大帝又云北極耀魄寶又云大微宮有五帝坐星青帝曰靈威仰赤帝曰赤熛怒白帝曰白招拒黑帝曰汁光紀黃帝曰含樞紐是五帝與大帝六也又五帝亦稱上帝故孝經曰嚴父莫大於配天則周公其人也下卽云宗祀文王於明堂以配上帝帝若非天何得云嚴父配天也而賈逵馬融王肅之等以五帝非天唯用家語之文謂大皞炎帝黃帝五人之帝屬其義非也又先儒以家語之文王肅私定非孔子正旨又王肅以郊丘是一而鄭氏以爲二者案大宗伯云蒼璧禮天典瑞又云四圭有邸以祀天是玉不同宗伯又云牲幣各放其器之色則牲用蒼也祭法又云燔柴於泰壇用騂犢是牲不同也又大司樂云凡樂圜鍾爲宮黃鍾爲角大蔟爲徵姑洗爲羽冬日至於地上之圜丘奏之若樂六變則天神皆降上文云乃奏黃鍾歌大呂舞雲門以祀天神是樂不同也故鄭以云蒼璧蒼犢圜鍾之等爲祭圜丘所用以四圭有邸騂犢及奏黃鍾之等以爲祭五帝及郊天所用王肅以郊特牲周之始郊日以至與圜丘同配以后稷鄭必以爲異圜丘又以帝嚳配者鄭以周郊日以至自是魯禮故注郊特牲云周衰禮廢儒者見周禮盡在魯因推魯禮以言周事鄭必知是魯禮非周郊者以宣三年正月郊牛之口傷是魯郊用日至之月案周郊祭

天大裘而冕郊特牲云王被衮戴冕璪十有二旒故知是魯禮非周郊也又知圓丘配以帝嚳者案祭法云周人禘嚳而郊稷禘嚳在郊稷之上稷卑於嚳以明禘大於郊又爾雅云禘大祭也大祭莫過於圓丘故以圓丘爲禘也圓丘比郊則圓丘爲大祭法云禘嚳是也若以郊對五時之迎氣則郊爲大故大傳云王者禘其祖之所自出故郊亦稱禘其宗廟五年一祭比每歲常祭爲大故亦稱禘也以爾雅唯云禘爲大祭是文各有所對也后稷配天見於周頌故思文云思文后稷克配彼天周若以嚳配圓丘詩頌不載者后稷周之近祖王業所基故配感生之帝有勤功用故詩人頌之嚳是周之遠祖爲周無功徒以遠祖之尊以配遠尊天帝故詩無歌頌或可詩本亦有也但後來遺落故正考甫得商之遺頌十二篇至孔子之時唯五篇而已以此言之明詩有遺落也皇氏云天有六天歲有六祭冬至圜丘一也夏正郊天二也五時迎氣五也通前爲七也九月大饗八也雩與郊禖爲祈祭不入數崔氏以雩爲常祭九也凡祭天其服皆大裘周禮司服文其尸服亦大裘故節服氏云郊祀裘冕送逆尸是也其樂除圓丘所用圜鍾爲宮之外皆奏黃鍾歌大呂舞雲門故大司樂云乃奏黃鍾歌大呂以祀天神注云天神謂五帝及日月星辰也王者又各以夏正月祀其所受命之帝於南郊是也冬至圓丘用蒼璧夏正郊天用四圭有邸其五時迎氣東方用青圭南方用赤璋西方用白琥北方用玄璜其中央無文先師以爲亦用黃琮熊氏以爲亦用赤璋鄭注宗伯云璧圓象天琮八方象地圭鋭象春物初生半圭曰璋象夏物半死琥猛象秋嚴半璧曰璜象冬月閉藏地上無物唯天半見其牲幣各放其玉之色案天色玄而用蒼犢者但天色雖玄遠望則蒼取其遠色故用蒼也其祭天之器則用陶匏陶瓦器以薦菹醓之屬故詩生民之篇述后稷郊天云于豆于登注云木曰豆瓦曰登是用薦物也匏酌獻酒故詩大雅美公劉云酌之用匏注云儉以質祭天尚質故酌亦用匏爲尊皇氏云祭天用宗廟犧尊皇氏又云祭天既用犧尊其陶匏者是盛牲牢之器今案陶匏所用如上所陳而皇氏以匏爲盛牲之器義無此理其說非也其祭天之處冬至則祭於圜丘圓丘所在雖無正文應從陽位當在國南故魏氏之有天下嘗委粟山爲圜丘在洛陽南二十里然則周家亦在國南但不知遠近者其五時迎氣則在四郊故小宗伯云兆五帝於四郊鄭云春迎青帝於東郊夏迎赤帝於南郊季夏迎黃帝亦於南郊秋迎白帝於西郊冬迎黑帝於北郊司馬法百里遠郊鄭注書序云近郊半遠郊去國五十里謂今河南洛陽相去則然是天之郊去國皆五十里也其夏正祭感生之帝亦於南郊知者孝經緯云祭帝於南郊就陽位是也其雩祭五天帝亦於國城南故鄭注論語云沂水在魯城南雩壇在其上是也其九月大饗五帝則在明堂鄭駁異義云明堂在國之南丙巳之地三里之外七里之內其圓丘之祭崔氏云其初先燔柴及牲玉於丘訖次乃掃丘下而設正祭若夏正及五郊初則燔柴及牲玉於壇故祭法云燔柴於泰壇祭天也次則於壇下掃地而設正祭故禮器云至敬不壇掃地而祭是也其所配之人虞夏商周用人各異文具祭法圓丘之祭用人則以嚳配之祭法禘嚳是也其感生之帝則以后稷配之五時迎氣及雩祭則以五方人帝配之九月大饗五帝則以五人帝及文武配之以文王配五天帝則謂之祖以武王配五人神則謂之宗崔氏云皆在明堂之上祖宗通言故祭法云祖文王文王稱祖孝經云宗祀文王於明堂是文王稱宗文王既爾則武王亦有祖宗之號故云祖宗通言其祭天之樂皆用雷鼓故鼓人云以雷鼓鼓神祀是也其圓丘之祭皇氏云祭日之旦王立丘之東南西嚮燔柴及牲玉於丘

上升壇以降其神故韓詩內傳云天子奉玉升柴加於牲上詩又云圭璧既卒是燔牲玉也次乃奏圜鍾之樂六變以降其神天皇之神爲尊故有再降之禮次則埽地而設正祭置蒼璧於神坐以禮之其在先燔者亦蒼璧也次則以豆薦血腥祭天無祼故鄭注小宰云唯人道宗廟有祼天地大神至尊不祼莫稱焉然則祭天唯七獻也故鄭注周禮云大事于大廟備五齊三酒則圓丘之祭與宗廟祫同朝踐王酌泛齊以獻是一獻也后無祭天之事大宗伯次酌醴齊以獻是爲二獻也王進爵之時皆奏樂但不皆六變次薦孰王酌盎齊以獻是爲三獻也宗伯次酌醍齊以獻是爲四獻也次尸食之訖王酌朝踐之泛齊是爲五獻也又次宗伯酌饋食之醍齊以獻是爲六獻也次諸臣爲賓長酌泛齊以獻是爲七獻也以外皆加爵非正獻之數其尸酢王以清酒酢宗伯以昔酒酢諸臣以事酒其祭感生之帝則當與宗廟禘祭同唯有四齊無泛齊又無降神之樂惟燔柴升煙一降神而已王朝踐獻以醴齊宗伯亞獻以盎齊次饋孰王獻以醍齊宗伯又獻以沈齊尸食訖王獻以朝踐之醴齊宗伯獻以饋孰之沈齊諸臣爲賓長亦獻以沈齊不入正數其五時迎氣與宗廟時祭同其燔柴以降神及獻尸與祭感生之帝同但二齊醴盎而已諸臣終獻亦用盎齊從上至此皆皇氏所說皇氏以圓丘之祭賓長終獻不取沈齊而取泛齊以禮運約之沈齊當在堂丘下不可用之故更上取泛齊案禮運沈齊在廟堂之下尚得酌之升堂以獻又皇氏祭感生帝及五時迎氣沈齊亦在壇下賓長皆得用之升堂以獻何爲圓丘沈齊獨不可用乎若以圓丘高遠不可不取沈齊凡齊泛醴爲尊盎醍爲卑賓長終獻祇可以次用醴齊何得反用泛齊乎今謂圓丘賓長之獻用沈齊也以其賓長是臣助祭終獻遠下於君故從丘下酌沈齊又崔氏云以清酒酢王昔酒酢后案司尊彝云皆有罍諸臣之所酢也鄭注云酌罍以自酢不敢王之神靈共尊罍盛三酒唯云諸臣所酢不云酢王酢后崔氏所說於義疑也皇氏於此經之首廣解天地百神用樂委曲及諸雜禮制繁而不要非此經所須又隨事曲解無所憑據令皆略而不載其必有所須者皆於本經所須處各隨而解之他皆倣此熊氏云四時迎氣及諸神小祀等並有降神之樂則大司樂分樂而序之以下降神正祭同用其樂亦是一義也然此郊特牲以下至降尊以就卑文承禮器之下覆說以少爲貴之事郊所以用特牲者郊謂祭南郊祭感生之帝但天神至尊無物可稱故用特牲郊與配坐皆特牲故下文云養牲必養二帝牛不吉以爲稷牛又召誥云用牲於郊牛二是也然祭天初有燔燎後有正祭皆須有牲故大宗伯云實柴祀日月星辰鄭司農云實牛柴上也鄭康成云實牲體焉郊唯特牲得供燔燎正祭二處所用者熊氏皇氏等以爲分牲體供二處所用其實一特牲也而月令郊禖用大牢者彼是求子之祭不與常祭同故不用犢我將祀文王於明堂經云維羊維牛者據文武配祭得用大牢也若孔安國之義后稷配天亦用大牢故召誥云后稷貶於天有羊豕案羊人云釁積共其羊牲注云積積柴則祭天用羊者熊氏云謂祭日月以下故燔燎用羊也祭日月以下既用羊小司徒云凡小祭祀奉牛牲鄭注云小祭祀王玄冕所祭然則王者之祭無不用牛又禮緯云六宗五嶽四瀆之牛角尺則日月以下之祀皆用牛者蓋日月以下常祀則用羊王親祭則用牛故小司徒注云玄冕所祭據王親祭也此郊特牲指用而言故下文云用騂犢故牧人云陽祀用騂牲毛之注云陽祀祭天於南郊及宗廟以此約之夏殷以上祭感生之帝各用其正之色其迎五方之帝其牲上已備陳帝牛稷牛其牲雖異其色宜同凡配祭之人牲與天同色也其四月大雩九月大饗其

天及配人其牲各依當方之色其文武汎配則用大牢其牲色無文周人尚赤當用騂也論語云敢用玄牡敢昭告於皇皇后帝注云帝謂大微五帝用玄牲者彼謂告祭也其四鎮五岳之等各用當方之色故牧人云望祀各以其方之色牲毛之若尋常山川時祭以下則用純物不隨四方之色若國外表貉礫禳之等則用雜色故牧人云凡時祀之牲則用牷物凡外祭毀事用尨可也其常祀之牲則皆用祈禱之祭或用牝唯孟春禁之故月令孟春犧牲無用牝其日月以下及五祀之等常祀用羊王親祭則用牛具如前說○而社稷大牢者社五土捴神稷是原隰之神功及於人人賴其功故以大牢報祭其牲則黝色牧人云陰祀用黝牲注云陰祀祭地北郊及社稷也則神州亦用黝牲也其崑崙地祇用黃犢故大宗伯黃琮禮地牲幣各放其器之色是也其社稷與神州其樂用大蔟與應鍾故大司樂云乃奏大蔟歌應鍾以祭地祇注云謂神州之神及社稷其玉神州則用兩圭有邸其社稷無文崔氏云玉當神州同用兩圭有邸以四望亦用兩圭故也其服社稷則絺冕神州與崑崙服無明文崔氏云用大裘爲崑崙之神玉則用黃琮鄭注宗伯琮八方象地其樂則用函鍾爲宮故大司樂云凡樂函鍾爲宮大蔟爲角姑洗爲徵南呂爲羽夏日至於澤中之方丘奏之若樂八變則地示皆出可得而禮矣是也其夏至祭方澤之禮齊酒獻數與圓丘同其神州獻數與夏正郊天同而社稷之祭尊用大瓦罍三獻文具崔氏義宗於此煩而不錄也○天子適諸侯諸侯膳用犢○謂天子巡守至諸侯之國諸侯致膳於天子則用犢也○諸侯適天子天子賜之禮大牢○謂諸侯朝天子天子賜之禮用大牢熊氏云大牢者則掌客云般膳大牢非是殄積饔餼之等皇氏云此直云大牢則捴包饔餼殄積之等雖牢數多少有異皆用大牢今謂此經說以小爲貴天子少而諸侯多又膳文與殷膳同則熊氏皇氏未知孰是也○貴誠之義也○釋郊所以用特牲天子所以膳用犢之意郊之特牲亦是犢也貴此犢未有牝牡之情貴其誠慤之心故云貴誠之義也然社稷及諸侯大牢非是貴誠而載之者言社稷大牢以明郊用特牲言諸侯大牢以明天子用犢顯其貴誠也不取大牢之意○故天子牲孕弗食也祭帝弗用也○天子尊極貴其誠慤之心故因上起下之辭是以云故○注易曰婦孕不育○正義曰此易漸卦九三爻辭云夫征不復婦孕不育案漸卦艮下巽上九三上與九五互體爲離離爲大腹孕之象也又互體爲坎坎爲丈夫坎爲水水流而去是夫征不復也夫既不復則婦人之道顛覆故孕而不育引之者證經孕是懷任之意也○大路至五就○因貴誠重小故說以少爲貴也大路殷祭天車也用以祭天故曰大路五采一成曰就天質慤故止一就也故明堂位云大路殷路是也先路三就者先路亦殷路也殷則有三路其世猶質故以少飾爲先先相次爲言對次故稱先也每加以兩大路一先路三也次路故五就也○注禮器至誤也○正義曰今此經大路一就先路三就次路五就是節級相降以二案禮器大路一就次路七就無先路之文若以先路爲三則於次路七就非加兩之差若以先爲五則於大路一就又非加兩之差故知此經次路五就爲是禮器云次路七就爲誤也○郊血至臭也○因貴少更說不貴味也所進血腥如禮器中說崔氏云周禮之法郊天燔柴爲始宗廟以祼地爲始社稷以血爲始小祀謳奉爲始此云郊血大饗腥三獻爓一獻孰者謂正祭之時薦於尸坐之前也○至敬不饗味而貴氣臭也者此解郊血義血氣也夫孰食有味味者爲人道人道卑近而天神尊貴事宜極敬極敬不褻近故用血也用血是貴氣而不重味故云貴氣臭也而宗廟敬降於天故用腥腥稍近味祀

又降於宗廟，故用爓，爓又稍近味。○諸侯至已矣。此一經亦明貴氣義也。○諸侯爲賓灌用鬱鬯者，灌猶獻也。謂諸侯來朝，在廟中行三享竟，然後天子以鬱鬯酒灌之也。故大行人云上公之禮，廟中將幣三享，王禮再祼而酢；侯伯之禮，廟中將幣三享，王禮壹祼而酢；諸子男之禮，廟中將幣三享，王禮壹祼不酢。鄭注云：王禮，王以鬱鬯禮賓也。禮者使宗伯攝酌圭瓚而祼，王既拜送爵，又攝酌璋瓚而祼，后又拜送爵，是謂再祼，再祼賓乃酢王也。禮侯伯一祼而酢者，祼賓，賓酢王而已，后不祼也。禮子男一祼不酢者，祼賓而已，不酢王也。○灌用臭也者，覆說諸侯爲賓灌用鬱鬯之意，鬱鬯是臭，故云灌用臭也，此亦明貴氣之禮。○大饗尚腶脩而已矣者，謂諸侯行朝享及灌以後，而天子饗燕食之也。若上公則三饗三食三燕，若侯伯則再饗再食再燕，若子男則壹饗壹食壹燕也。南本或云侯伯亦三饗，誤也。其行饗之時，雖設大牢之饌，于時先薦腶脩於筵前，然後始設餘饌，故云尚腶脩而已矣。此亦明不饗味之義也。○注此大至侯也。○正義曰：以文承上大饗腥之下，上大饗謂祫祭，恐此大饗者亦是祫祭，故云饗諸侯也。必知饗諸侯者，以此經前云諸侯爲賓，下云大饗君三重席而酢，然皆論待諸侯之事，故以爲饗諸侯也。

○大饗君三重席而酢焉。言諸侯相饗獻酢禮敵也。重直龍反，下注同。酢才各反。○三獻之介，君專席而酢焉。此降尊以就卑也。三獻，卿大夫來聘，主君饗燕之，以介爲賓，賓爲苟敬，則徹重席而受酢也。專猶單也。○介音界，注同。單音丹，下文注同。【疏】大饗至酢焉。○正義曰：此一節論尊卑之席，各依文解之。○此大饗謂諸侯相朝，主君饗賓，賓主禮敵，故主君設三重之席而受酢焉。○注言諸至敵也。○正義曰：知非諸侯朝天子，天子饗之，而云諸侯相饗者，以經云君三重席而酢，三重席是諸侯之禮，而又稱君，故知諸侯相饗也。案周禮司几筵，諸侯莞筵紛純，加繅席畫純，止有二席，得爲三重者，皇氏云：三重者有四席，爲三重，謂鋪莞筵三，上加繅席一。熊氏以爲席之重數異於棺也，三重止三席也。云獻酢禮敵也者，以賓與主人俱是諸侯，並有三重之席，無所降下，對下三獻之介，君專席而酢，降尊就卑之義，是尊卑不敵也，故此云獻酢禮敵也。○三獻之介，君專席而酢焉，此降尊以就卑也。○此謂諸侯遣卿來聘，卿禮三獻，其副既是大夫，與卿爲介，謂之三獻之介。此介是大夫，大夫席雖再重，今爲介，降一席，稱合專席。主君若受此介之酢爵，雖是諸侯合三重之席，必徹去重席，單席而受此介之酢爵焉。所以然者，降諸侯之尊以就介之卑故也。○注三獻至單也。○正義曰：三獻卿大夫者，以五等諸侯有九獻、七獻、五獻，故五等諸侯之卿皆三獻也。大夫，卿之摠號。若春秋之時，則與此禮有異，若大國之卿，則禮同子男，故昭元年鄭人饗趙孟，具五獻籩豆。杜元凱注云：朝聘之制，大國之卿五獻，其侯伯次國，其卿與大國大夫同。故昭六年季武子如晉，晉人享之，武子辭云：下臣得貺不過三獻。杜云大夫三獻是也。云來聘主君饗燕之以介爲賓賓爲苟敬者，案燕禮記云：若以四方之賓燕，賓爲苟敬，席於阼階之西北面，有介爲賓。注云：主國君饗時親進醴于賓，今燕又宜獻焉，人臣不敢褻煩尊者，至此升堂而辭讓，欲以臣禮燕爲恭敬也。於是席之如獻諸公之位，言苟敬者，賓，主國所宜敬。如鄭此言，則燕時賓爲苟敬，饗時則否。今此注云饗燕之賓爲苟敬，連言饗者，因燕而連言饗，其實饗時賓自爲賓，不爲苟敬也。案燕禮注，介門西北面西上，公降迎上介以爲賓，揖讓升，乃命宰夫爲主人，獻賓於西階上。其有媵爵，羣臣入即位，如燕禮。案禮，主人與賓俱升自西階，主人酌於賓筵前獻賓，賓西階上拜，筵前受爵，反位，主人賓右拜送爵，賓就筵祭酒，西階上卒爵。賓酢主人，主人於賓右北面受酢。此是使宰夫爲主人，與賓客相獻之禮，據燕禮之文。唯有賓酢主人，無賓酢主君之禮。今此主君專席而受賓酢者，案燕禮無賓酢公禮，至於說屨升堂坐之後，賓降洗，升媵觚于公，公受賓爵飲，以賜下，此云受酢，蓋謂此也。或可燕己臣子，賓不酢公，若與鄰國賓燕，以介爲賓，賓得酢公也，但禮不具耳。皇氏以介爲賓，宰夫爲主人，賓與主人席於西階上，主人在東，賓在西，俱北面，又席主君於堂中南面。今案鄭注燕禮，主君迎上介爲賓，宰夫爲主人，獻賓之後如燕禮。如是則事事如燕禮。案燕禮，筵賓于戶西南面，席公于阼階上西面，胥薦主人于洗北西面，燕禮席位分明如此，而皇氏乃云主人與賓俱席西階上北面，主君堂中南面，未審何所馮據而知之。

○饗禘有樂，而食嘗無樂，陰陽之義也。凡飲，養陽氣也。凡食，養陰氣也。故春禘而秋嘗。春饗孤子，秋食耆老。其義一也。而食嘗無樂。言義同而或用樂或不用樂也。此禘當爲禴字之誤也。王制曰：春禴夏禘。○饗禘音藥，下春禘同。食音嗣。夏戶嫁反。飲，養陽氣也，故有樂。食，養陰氣也，故無聲。凡聲，陽也。【疏】饗禘至陽也。○正義曰：此一節論饗禘食嘗有樂無樂之異。饗禘有樂者，饗謂春饗孤子，禘謂春祭宗廟也，以其在陽時，故有樂。○而食嘗無樂者，食謂秋食耆老，嘗謂秋祭宗廟，以其在陰時，故無樂。○陰陽之義也者，無樂爲陰，有樂爲陽，故云陰陽之義也。○凡飲養陽氣也凡食養陰氣也者，此覆釋上文饗有樂而食無樂之義，以飲是清虛，養陽氣，故有樂；而食是體質，養陰氣，故無樂。○故春禘而秋嘗春饗孤子秋食耆老者，此明饗禘在春爲陽，食嘗在秋爲陰也。○其義一也者，禘之與嘗俱是追慕，饗之與食同是賞功，其事無殊，故云一也。○而食嘗無樂者，文承秋食耆老之下，以秋是陰時，故云食嘗無樂，重結之也。舉食嘗無樂，亦應重結饗禘有樂，不言者，畧可知也。○飲養陽氣也故有樂者，更覆釋上文飲養陽氣饗有樂也。○食養陰氣也故無聲者，覆釋上文食養陰氣故無樂也。○凡聲陽也者，釋所以饗有樂食無樂，凡聲是陽也，陽時爲饗，故有樂，陰時爲食，故無樂也。○注禘至夏禘。○正義曰：依禮，三代無春禘之文，周則春曰祠，王制夏殷之禮云春曰禴，今云春曰禘，故知禘當爲禴。此經所論，謂夏殷禮也。熊氏云：此夏殷禮秋嘗無樂，而下文云殷人先求諸陽，則秋嘗亦有樂者，謂殷人春夏祭時有樂，秋冬即無也，舉春見夏，舉秋見冬也。若周則四時祭皆有樂，故祭統云：內祭則大嘗禘，升歌清廟，下管象。是秋嘗有樂也。案王制，夏后氏養老以饗禮，則夏家養老用春時，有樂，無秋食之禮；殷人養老以食禮，而秋時不作樂，無春饗之禮；周人脩而兼用之，則周人養老，春夏用饗禮，秋冬用食禮，四時皆用樂，故文王世子云：凡大合樂，必遂養老。注云：春合舞，秋合聲。下云：養老之禮，遂發咏焉，登歌清廟。是秋時養老亦用樂也。皇氏云：春是生養之時，故饗孤子，取長養之義；秋是成熟之時，故食耆老，取老成之義。熊氏云：春饗孤子，亦饗耆老；秋食耆老，亦食孤子。而皇氏云此既破禘爲禴，故於祭統春禘秋嘗不復更破，從此可知也。

○鼎俎奇而籩豆偶，陰陽之義也。籩豆之實，水土之品也。水土之品，言非人常所食。○奇居宜反，下鼎俎奇同。不敢用褻味而貴多品，所以交於旦明之義也。旦當爲神，篆字之誤也。○褻息列反。旦音神，出注。篆直轉反。【疏】鼎俎至義也。○正義曰：此一節論鼎俎籩豆所法陰陽之事。○鼎俎奇者，以其盛牲體，牲體動物，動物屬陽，故其數奇。○籩豆偶者，其實兼有植物，植物爲陰，故其數偶，故云陰陽之義也。○籩豆之實水土之品也者，謂籩豆所充實之物，皆是水土所生品類，非人所常食也。○不敢用褻味而貴多品者，覆釋籩豆所以用水土品族之意，言不敢用褻美食味，而貴重衆多品族也。何意如此？所以交接神明之義也。神道與人既異，故不敢用人之食味，神以多大爲功，故貴多品。鼎俎奇者，案聘禮，牛一，羊二，豕三，魚四，腊五，腸胃六，膚七，鮮魚八，鮮腊九也，是鼎九，其數奇也。又有陪鼎，膷一也，臐二也，膮三也，亦其數奇也。正鼎九，鼎別一俎，俎亦九也。又少牢陳五鼎，羊一，豕二，膚三，魚四，腊五，其腸胃從羊，五鼎五俎，又肵俎一，非是正俎也。特牲三鼎，牲鼎一，魚鼎二，腊鼎三，亦有三俎，肵俎一，非正俎，不在數，是皆鼎俎奇也。有司徹陳六俎者，尸及侑俎，主人主婦各一俎，其餘二俎者，司馬以一俎羞羊肉湆，其一俎司士羞豕肉湆，此二者益肉之俎也。此云鼎俎奇者，謂一處並陳。又籩豆偶者，案掌客云上公豆四十，侯伯三十二，子男二十四。又禮器云天子之豆二十有六，諸公十有六，諸侯十有二，上大夫八，下大夫六。案禮，籩與豆同，是籩豆偶也。鄉飲酒義六十者三豆，七十者四豆，八十者五豆，而有奇數者，彼是年齒相次，非正豆也。士喪禮注小斂一豆一籩者，降於大斂，又不同於吉故也。籩人饋食之籩，棗、栗、桃、乾藤、榛實，凡有五物，似五籩者，熊氏云乾藤之中有桃諸、梅諸，則爲六物，實六籩也。

○賓入大門而奏肆夏，示易以敬也。賓，朝聘者。易，和說也。○易以豉反，注同。朝直遙反，下注朝覲、朝服同。卒爵而樂闋。孔子屢歎之。美此禮也。○闋苦穴反，止也。屢力住反，本又作屢。奠酬而工升歌，發德也。以詩之義發明賓主之德。歌者在上，匏竹在下，貴人聲也。匏，笙也。○匏步交反。竹，簫笛也。樂由陽來者也，禮由陰作者也，陰陽和而萬物得。得，得其所。【疏】賓入至物得。○正義曰：此一節論朝聘之賓及己之臣子有王事勞者，設燕饗之禮奏樂之節，各依文解之。饗禮既亡，無可憑據，今約大射及燕禮，解其奏樂及樂闋之節。案大射禮，主人納賓，是己之臣子，又無王事之勞，故賓入不奏肆夏，賓入及庭，公升即席，乃奏肆夏。於是主人引賓升，主人酌獻賓，賓拜受爵，坐啐酒，拜告旨，樂闋。賓飲卒爵，酢主人，主人受酢畢，主人盥洗，獻于公，公拜受爵，乃奏肆夏。公飲卒爵，拜，主人答拜，樂闋。主人洗爵，受酢於公，主人受酢畢，主人又盥洗，媵觚于賓，所謂酬也。主人飲畢，爵以酬賓，賓筵前受酬，奠于薦東，不舉。下大夫二人於阼階下媵爵于公，公取一大夫所媵爵以立飲，卒爵，酬賓，賓受爵，請旅大夫，公許，賓以旅大夫于西階上，大夫受旅爵畢，主人洗，獻卿于西階上，獻卿徧，又二大夫媵爵于公，公又行一爵，若賓若長，唯公所賜，以旅于西階上，大夫受旅畢，主人又洗，升獻大夫于西階上，大夫受獻畢，乃席工，升歌鹿鳴三終，主人獻工，乃管新宮。此是大射賓入門至工升歌之節也。燕禮記云：君以樂納賓，則賓及庭，奏肆夏，賓拜酒，主人答拜而樂闋。公拜受爵而奏肆夏，公卒爵而樂闋。鄭注云：卿大夫有王事之勞，則奏此樂。此是己之臣子有王事之勞，賓及庭而奏

肆夏也，其餘與大射禮同。以大射禮、燕禮而言，此云賓入大門，謂朝聘之賓，行朝聘既畢，燕享之時，燕則大門是寢門也，饗則大門是廟門也。○而奏肆夏示易以敬也者，樂主和易，今奏此肆夏大樂者，示主人和易嚴敬於賓也。○卒爵而樂闋者，賓至庭，樂作，乃至主人獻賓，賓受爵，啐酒，拜告旨而樂止。賓飲訖，酢主人，主人受酢畢，主人獻公而樂作，公飲卒爵而樂止，是卒爵而樂闋也。此卒爵謂兼賓及主君也。依大射禮，主人受酢不作樂，若其享時，主君親獻賓，賓親酢主君，賓主俱作樂也。○孔子屢歎之者，孔子見禮入門而縣興，卒爵而樂闋，屢數也，數歎美此禮，善其和易恭敬之義。○奠酬而工升歌者，據大射禮獻卿之後，大夫媵觶於公，所謂酬也。公奠置此酬而未舉，於時工升歌也。或可饗時主君親酬賓，賓初奠酬薦東，於時即工升歌也，大射與燕禮異也。○發德也者，所以奠酬升歌，詠其詩，發明賓主之德。案燕禮記賓○及庭奏肆夏，此入大門即奏肆夏者，熊氏云燕禮燕己之臣子，此謂朝聘之賓，故入即奏肆夏也。皇氏云：鍾師奏九夏，一曰王夏，大司樂云王出入所奏；二曰肆夏，大司樂云尸出入所奏；三曰昭夏，大司樂云牲出入所奏也；四曰納夏，注云四方賓來所奏也；五曰章夏，注云臣有功所奏也；六曰齊夏，注云夫人祭所奏也；七曰族夏，注云族人侍所奏也；八曰陔夏，注云客醉出所奏也；九曰驁夏，注云公出入所奏也。皇氏又云：襄四年左氏傳云三夏天子所以享元侯，文王大明緜兩君相見之樂也。燕禮歌鹿鳴，合鄉樂，凡合樂降於升歌一等。王享燕元臣，升歌三夏，三夏即頌，合樂降一等，即合大雅也。元侯自相享，亦歌頌，合大雅，故仲尼燕居兩君相見歌清廟是也。侯伯子男相見，既歌文王，合鹿鳴也。準約元侯，則天子享燕侯伯子男，亦歌文王，合鹿鳴也。諸侯燕臣子，歌鹿鳴，合鄉樂，燕禮是也。其天子燕在朝臣子，工歌鹿鳴，合鄉樂，故鄭作詩譜云天子諸侯燕羣臣及聘問之賓，皆歌鹿鳴，合鄉樂是也。升歌合樂所以異者，案鄉酒禮及燕禮，工升自西階，歌鹿鳴、四牡、皇皇者華，歌訖，笙入，立于堂下，奏南陔、白華、華黍。奏訖，乃間歌魚麗，笙由庚；歌南有嘉魚，笙崇丘；歌南山有臺，笙由儀。間歌訖，乃合鄉樂，周南關雎、葛覃、卷耳，召南鵲巢、采蘩、采蘋。間者，謂堂上堂下一歌一吹，更遞而作。合者，上下之樂並作。此其所以異也。皇氏云此經卒爵樂闋之義，主人受酢之時作樂。今案大射禮宰夫爲主人，受酢之時不作樂，皇氏說非也。皇氏又云卒爵而樂闋，作樂三闋也：一是賓飲畢樂闋也，二是主人受酢飲畢樂闋也，三是賓奠酬之後工升歌畢將旅酬之時樂闋也。今案此經初云入門而奏肆夏，次云卒爵而樂闋，下云奠酬而工升歌，所陳之事依先後次第，則樂闋之中不得并數奠酬升歌樂闋也。且工升歌之後則有笙入奏南陔之等，及間歌合樂，無樂闋之文，何得卒爵樂闋之中數爲三闋？皇氏非也。案鍾師九夏皆夏文在下，而南本納夏獨夏文在上，其義疑也。皇氏云天子燕享己之臣子，與燕合諸侯同，歌文王，合鹿鳴。今案詩譜云天子諸侯燕羣臣及聘問之賓，歌鹿鳴，合鄉樂，皇說非也。○歌者在上，匏竹在下，貴人聲也者，解所以不升堂之義也。匏，笙也。竹，篪笛也。歌是人聲，人聲可貴，故升之在堂；匏竹可賤，故在下。然瑟亦升堂者，瑟工隨歌工故也。○樂由至物得。○此因上有賓主禮樂之事，遂說禮樂之義。樂由陽來者也者，此明樂也。陽，天也，天氣化，故作樂象之，樂以氣爲化，是樂由陽來者也。陽化謂五聲八音也。○禮由陰作者也者，陰，地也，地以形生，故制禮象之，禮以形爲教，是禮由陰作也。形教謂尊卑大小拜伏之事也。○陰陽和而萬物得者，和猶合也，得謂各得其所也。若禮樂由於天地，天地與之和合，則萬物得其所也。

○旅幣無方，所以別土地之宜，而節遠邇之期也。旅，衆也。邇，近也。○別，彼別反，下注無別同。龜爲前列，先知也。以鍾次之，以和居參之也。金鍾也。獻金爲作器，鍾其大者，以金參居庭實之間，示和也。○爲作，于僞反，下文爲君何。虎豹之皮，示服猛也。束帛加璧，往德也。〔疏〕旅幣至德也。○正義曰：此一節明朝聘貨賄庭實之物。○旅幣無方者，旅，衆也；幣，庭實也。衆國貢獻幣物非止一方，故云無方。○所以別土地之宜者，五方各殊，所出有異，所以分別土地所生之宜。○而節遠邇之期也者，邇，近也。六服有遠近，或嬪或貨，所貢之屬，各有期也。○龜爲前列先知也者，此即旅幣無方之事也。龜是靈知之物，陳之於庭，則列龜最在前，故云先知也。○以鍾次之者，鍾，金也，陳金則次於龜後也。不謂之爲金而謂之爲鍾者，貴金以供王之鑄器，器之大者莫大於鍾，故言以鍾次之也。○以和居參之也者，解以金次龜義也。金性柔和，從時變革也。金列庭實，前龜後皮帛，以金參廁居龜帛之中間，故云以和居參之也。○虎豹之皮示服猛也者，釋庭實有皮義也。虎豹是威猛之獸，今得其皮來列在王庭，是表示君臣之德能服四方之威猛者也。○束帛加璧往德也者，解享用束帛，帛上又加璧之義也。玉以表德，今將玉加於束帛或錦繡黼黻之上，是以表往歸於德故也，謂主君有德而往歸之。南本及定本皆作往德，北本爲任德，熊氏云任用德，恐非也。

○庭燎之百，由齊桓公始也。僭天子也。庭燎之差，公蓋五十，侯伯子男皆三十。○往，皇如字，徐于況反。燎，力妙反，徐力弔反。僭，子念反，後同。大夫之奏肆夏也，由趙文子始也。僭諸侯。趙文子，晉大夫，名武。○〔疏〕庭燎至始也。○正義曰：自此以下至夷王以下，摠論朝聘失禮之事，各隨文解之。○庭燎之百者，謂於庭中設火，以照燎來朝之臣夜入者，因名火爲庭燎也。禮，天子百燎，上公五十，侯伯子男三十。齊桓公是諸侯而僭用百，後世襲之，是失禮從齊桓公爲始。○注僭天至三十。○正義曰：此數出大戴禮也。但崇鄭問引大戴禮也，何以言蓋？沇閣對曰：言蓋無別意，猶如禮運云仲尼之歎蓋歎魯也，亦無別意。百者，皇氏云作百炬列於庭也，或云百炬共一束也。○注僭諸至名武。○正義曰：案大射禮，公升即席，奏肆夏。燕禮云若以樂納賓，則賓及庭，奏肆夏，是諸侯之禮。今文子亦奏之，故云僭諸侯。此謂納賓樂也。若登歌下管正樂，則天子用三夏，以饗元侯，元侯相饗，亦得用之。周禮九夏，王夏者天子所用，其餘八夏，諸侯皆得用之。其陔夏，卿大夫亦得用之，故鄉飲酒客醉而出，奏陔夏，但非堂上正樂所用也。

○朝覲，大夫之私覿，非禮也。大夫執圭而使，所以申信也。其君親來，其臣不敢私見於主國君也。以君命聘，則有私見。○覿，大力反，下同。使，色吏反。見，賢遍反，下同。不敢私覿，所以致敬也。而庭實私覿，何爲乎諸侯之庭？非其與君無別。爲人臣者無外交，不敢貳君也。私覿是外交也。〔疏〕朝覲至君也。○正義曰：此一節論大夫從君朝覲，行私覿非禮之事。○朝覲大夫之私覿非禮也者，朝覲謂君親往鄰國行朝覲之禮，大夫從君而行，輒行私覿，是非禮也。○大夫執圭而使所以申信也者，既從君而行，不可私覿，若專使而出，則可爲之，故云大夫執圭而使，謂受命執圭，專使鄰國，得行私覿，所以申己之誠信也。○不敢私覿所以致敬也者，覆明從君而行，不敢行私覿，所以致敬於己君也。○而庭實私覿何爲乎諸侯之庭者，當周衰之後，有臣從君而行，設庭實私覿於主國之庭，作記者譏之，庭實私覿，何得爲乎諸侯之庭，譏其與君無別也。○爲人臣者無外交不敢貳君也者，解所以從君而行不敢私覿之意。爲人之臣，既無外交，唯專一事君，既從君而行，不敢貳心於他君，所以不行私覿之禮。○注其君至私見。○正義曰：案聘禮，臣出使有私覿，今云私覿非禮也，故知從君行也。且經朝覲是君親行之事，云以君命聘則有私見者，解經文執圭而使所以申信也，約聘禮有私覿，故云以君命聘則有私見也。

○大夫而饗君，非禮也。其饗君由強且富也。大夫強而君殺之，義也。由三桓始也。三桓，魯桓公之子，公之弟公子慶父、公子牙、公子友。慶父與牙通於夫人，以脅公，季友以君命鴆牙，後慶父弒二君，又死也。○慶父音甫。鴆，直陰反。弒音試。○天子無客禮，莫敢爲主焉。君適其臣，升自阼階，不敢有其室也。明饗君非禮也。○升自阼，才路反，本又作升自阼階。覲禮，天子不下堂而見諸侯。正君臣也。下堂而見諸侯，天子之失禮也，由夷王以下。夷王，周康王之玄孫之子也。時微弱，不敢自尊於諸侯。○〔疏〕大夫至始也。○正義曰：大夫富強，專制於君，召君而饗之，非禮也。大夫強而君殺之義者，大夫強盛，則干國亂紀，而君能殺之，是銷絕惡源，得其義也。○由三桓始也者，從三桓以後，有能誅殺強臣，由三桓而來，故云由三桓始也。○注三桓至死也。○正義曰：案春秋公子慶父、公子牙、公子友，皆莊公弟，是桓公子也。云慶父與牙通於夫人以脅公者，案莊公二十七年公子友如陳葬原仲，公羊云：辟內難。內難者何？公子慶父、公子牙通乎夫人，以脅公。何休云：公病，問後於牙，牙對曰魯一生一及，君已知之，牙欲立慶父，是脅公也。云季友以君命鴆牙者，案莊三十二年左傳云：公疾，問後於叔牙，對曰慶父材；問於季友，對曰臣以死奉般。公曰：鄉者牙曰慶父材。成季使以君命命僖叔待于鍼巫氏，使鍼季酖之，是也。後慶父弒二君者，莊公三十二年左氏云：八月癸亥，公薨于路寢，子般即位。冬十月己未，共仲使圉人犖賊子般于黨氏。閔二年秋八月辛丑，共仲使卜齮賊公于武闈，是弒二君也。云又死也者，案左氏云：成季以僖公適邾，共仲奔莒，乃入立之，以賂求共仲于莒，莒人歸之，及密，使公子魚請，不許，哭而往。共仲曰：奚斯之聲也。乃縊。是慶父又死也。案三桓之前，齊有公孫無知作亂，衞有州吁，宋有長萬，皆以強盛被殺，而云由三桓始者，熊氏云據魯而言，猶如論語云十世五世希不失矣。三桓之後，若襄仲、季孫意如雖強，君不能殺，據時有能殺者言之。○然此經注並公羊文，以左氏傳爲解耳。○注明饗君非禮也。○正義曰：天子無客禮，莫敢爲主焉，君適其臣，升自阼階，臣不敢有其室，臣既不敢爲主，明饗君非禮，結上文也。春秋之時，則有諸侯饗天子，故莊二十一年鄭伯享王于闕西辟，樂備，亂世非正法也。○覲禮至以下。○案覲禮天子負斧依南面，侯氏執玉入，是不下堂見諸侯也。若春朝夏宗，則以客禮待諸侯，以車出迎。熊氏云：春夏受三饗之時，乃有迎法，義或然也。故齊僕云各以其等爲車送逆之節，注云節謂王乘車迎賓客及送相去遠近之數是也。○由夷王以下者，夷王下堂而見諸侯，自此以後或有然，故云以下。○注夷王至子也。○正義曰：案世本康王生昭王，昭王生穆王，

穆王生恭王恭王生懿王懿王崩弟孝王立孝王崩懿王大子燮立是爲夷王懿王是康王之玄孫夷王是懿王之子故云玄孫之子也○諸侯之宫縣。而祭以白牡。擊玉磬。朱干設錫。冕而舞大武。乘大路。諸侯之僭禮也。言此皆天子之禮也宫縣四面縣也干盾也錫傅其背如龜也武萬舞也白牡大路殷天子禮也○縣音玄注及下同錫音陽注同盾本亦作楯純尹反又音尹傅音附背補佩反臺門而旅樹。反坫。繡黼丹朱中衣。大夫之僭禮也。言此皆諸侯之禮也旅道也屏謂之樹樹所以蔽行道管氏樹塞門塞猶蔽也禮天子外屏諸侯内屏大夫以簾士以帷反坫反爵之坫也蓋在尊南兩君相見主君既獻於反爵焉繡黼丹朱以爲中衣領緣也繡讀爲綃綃繒名也詩云素衣朱綃又云素衣朱襮襮黼領也○坫丁念反繡依注作綃音消注或作綃亦同黼音甫簾音廉於反爵焉本或作賓反爵焉領緣移絹反繒似陵反襮音博故天子微。諸侯僭。大夫強。諸侯脅。於此相貴以等。相覿以貨。相賂以利。而天下之禮亂矣。言僭所由諸侯不敢祖天子。大夫不敢祖諸侯。而公廟之設於私家。非禮也。由三桓始也。言仲孫叔孫季孫氏皆立桓公廟魯以周公之故立文王廟三家見而僭焉【疏】諸侯至始也○正義曰此一節摠論諸侯及大夫奢僭強盛之事各依文解之○諸侯之宫縣者諸侯唯合軒縣今乃有宫縣又諸侯祭用時王牲今用白牡又諸侯擊石磬今擊玉磬又諸侯得舞大武故詩云方將萬舞宣八年萬入去籥是也但不不得朱干設錫冕服而舞今朱干設錫冕而舞大武諸侯合乘時王之車今乃乘殷之大路並是諸侯僭禮也○注言此至禮也○正義曰案小胥云天子宫縣案文十三年公羊傳云周公用白牡又明堂位云祀周公於太廟牲用白牡擊玉磬則皐陶謨云鳴球是也祭統云朱干玉戚冕而舞大武明堂云魯君孟春乘大路其祭統明堂所云皆天子禮樂特賜周公故云皆天子之禮魯唯文王周公廟得而用之若用於他廟則爲僭也若他國諸侯非二王之後祀受命之君而用之則皆爲僭也云錫傅其背如龜也者詩云鏤錫謂以金飾之則此錫亦以金飾也謂用金琢傳其盾背盾背外高龜背亦外高故云如龜也蓋見漢禮然也白牡是殷之正色大路與白牡同文故知白牡大路是殷天子之禮也○臺門至禮也○此一經明大夫僭諸侯禮臺門者兩邊起土爲臺臺上架屋曰臺門○而旅樹者旅道也樹立也人君當門道立屏蔽内外爲蔽也○反坫者反爵之坫也若兩君相享則設尊兩楹間坫在其南坫以土爲之○繡黼丹朱中衣者綃繒也黼刺繒爲黼文也丹朱赤色謂染繒爲赤色也中衣謂以素爲冕服之裏衣猶今中衣單也○大夫之僭禮也者自臺門以下於時大夫皆有此事故言僭禮也○注言禮至領也○正義曰旅道也所行處故以爲道也云屏謂之樹釋宫文引管氏樹塞門者據經旅樹之義云禮天子外屏諸侯内屏大夫以簾士以帷者禮緯文南本云及定本皆然或云大夫以帷士以簾誤也云反坫反爵之坫也者以明堂云反坫出尊則坫爲尊而設故知反坫反爵也以言出尊故云蓋在尊南也鄉飲酒是卿大夫之禮尊於房戶間燕禮是燕已之臣子故尊於東楹之西君兩君相敵則尊於兩楹間故其坫在兩楹間云兩君相見主君既獻於反爵焉者案論語云邦君爲兩君之好有反坫故知兩君相見也故注云其獻酬之禮更酌酌畢則各反爵於坫上故云主君既獻於反爵焉謂於此坫上而反爵焉熊氏云主君獻賓賓筵前受爵飲畢反此虛爵於坫上於西階上拜主人於阼階上荅拜賓於坫取爵洗爵酌以酢主人主人受爵飲畢反此虛爵於坫上主人阼階上拜賓荅拜是賓主飲畢反爵於坫上也而論語注酌畢各反爵於坫上者文不具耳其實當云飲畢或可初酌之時則奠於坫與鄉飲酒禮異也義有疑故具存焉云繡黼丹朱以爲中衣領緣也者中衣謂冕及爵弁之中衣以素爲之繡黼爲領丹朱爲緣也云繡讀爲綃綃繒名也者案注昏禮引詩云素衣朱綃魯詩亦以爲綃綃綺屬以魯詩既爲綃字又五色備曰繡白與黑曰黼繡黼不得共爲一物故以繡爲綃也謂於綃上而刺黼文也引詩云素衣朱綃者證以繡爲綃又引詩素衣朱襮者證黼領也案釋器黼領謂之襮故云襮黼領也案玉藻云以帛裏布非禮也此素衣是緣當爲冕及爵弁之中衣禮朝燕之服皆以布爲之皇氏云此素爲中衣兼爲朝燕服之中衣非也案禮公之孤四命則爵弁自祭也則天子大夫四命亦當爵弁自祭則中衣得用素但不得用綃黼爲領丹朱爲緣耳熊氏云此云大夫僭謂非四命大夫而著素衣爲僭今爲四命得著素衣但以綃黼丹朱猶爲僭也其大夫助祭於君服爵弁以上雖中衣用素亦不得用綃黼丹朱以爲領緣以其是諸侯之服故唐詩揚之水刺晉昭公微弱云素衣朱綃從子于鵠國人欲進此服去從桓叔爲諸侯也○於此相貴以等相覿以貨○謂臣下不畏懼於君而擅相尊貴以等列故庾云相擅相封爵也○相覿以貨者大夫私相覿以貨賄不辟君○注魯以至僭焉○正義曰知魯得立文王廟者案襄十二年秋吳子壽夢卒臨於周廟禮也注云周廟謂文王廟也此經云諸侯不敢祖天子而文二年左傳云宋祖帝乙鄭祖厲王大夫不敢祖諸侯而莊二十八年左傳云凡邑有宗廟先君之主曰都與此文不同者此據尋常諸侯大夫彼據有大功德者故異義禮戴引此郊特牲云又匡衡說支庶不敢薦其禰下土諸侯不得專祖於王古春秋左氏說天子之子以上德爲諸侯者得祖所自出魯以周公之故立文王廟左傳宋祖帝乙鄭祖厲王猶上祖也又曰凡邑有宗廟先君之主曰都以其有先君之主公子爲大夫所食采地亦自立所出宗廟其立先公廟準禮公子得祖先君公孫不得祖諸侯許慎謹案周公以上德封於魯得郊天兼用四代之禮樂知亦得祖天子諸侯有德祖天子者知大夫亦得祖諸侯鄭氏無駁與許氏同也其王子母弟無大功德不得出封食采畿內賢於餘者亦得采地之中立祖王廟故都宗人家宗人皆爲都家祭所出祖王之廟也○天子存二代之後。猶尊賢也。尊賢不過二代。過之遠難法也二或爲三○過古臥反○【疏】天子至二代○正義曰此一節論王者立二王後尊賢之事○天子存二代者天子繼世而立子孫以不肖滅亡見在子孫又無功德仍須存之所以存二代之後者猶尚尊其往昔之賢所能法象○尊賢不過二代者所以尊賢之事取其法象但代異時移今古不一若皆法象先代今則不可盡行故所尊之賢不過取二代而已若過之遠難爲法也案異義公羊說存二王之後所以通天三統之義引此文古春秋左氏說周家封夏殷二王之後以爲上公封黃帝堯舜之後謂之三恪許慎謹案云治魯詩丞相韋玄成治易施犨等說引外傳曰三王之樂可得觀乎知王者所封三代而已不與左氏說同鄭駁之云所存二王之後者命使郊天以天子之禮祭其始祖受命之王自行其正朔服色恪者敬也敬其先聖而封其後與諸侯無殊異何得比夏殷之後如鄭此言公羊自據二王之後左氏兼論三恪義不乖異也熊氏云周之三恪越少昊高辛遠存黃帝者取其制作之人故易繫辭云神農氏沒黃帝堯舜氏作義當然也諸侯不臣寓公。故古者寓公不繼世。寓寄也寄公之子非賢者世不是尊也寓或爲託○寓音遇○【疏】諸侯至繼世○正義曰此一節論寄公之子爲臣之事○注寓寄至尊也○正義曰案喪服傳云寄公者何也失地之君也或天子削地或被諸侯所逐皆爲失地也諸侯不臣者不敢以寄公爲臣也○君之南鄉。荅陽之義也。臣之北面。荅君也。荅對也○鄉許亮反下君南鄉同○大夫之臣不稽首。非尊家臣。以辟君也。辟國君也○辟音避注同【疏】大夫至君也○正義曰此一節論大夫君辟正君之事諸侯則稽首於天子大夫則稽首於諸侯皆盡其臣禮以事君今大夫家臣於大夫之處拜時不爲稽首非是尊敬此家臣不令稽首所以不稽首者以辟國之正君臣於國君已皆稽首今大夫之臣又稽首於大夫之君便是一國兩君故云以辟君也大夫得稽首於諸侯不辟天子者謂諸侯有大功德出封畿外專有其國故大夫得專盡臣禮事之也大夫有獻弗親。君有賜不面拜。爲君之荅己也。不面拜者於外告小臣小臣受以入也小臣掌三公孤卿之復逆也【疏】大夫至已也○正義曰此經論君尊大夫之事○大夫有獻弗親者謂大夫有物獻君使人獻之不親來獻○君有賜不面拜者謂君有物賜大夫大夫不面自來拜所以然者恐爲君之荅已故不自來不報而去○注小臣至逆也○正義曰案大僕掌諸侯之復逆御僕掌羣吏之逆及庶民之復皆無大夫之文即此小臣所掌孤卿中兼之故鄭云復謂奏事也逆謂受下奏也○鄉人禓。禓強鬼也謂時儺索室毆疫逐強鬼也禓或爲獻或爲儺○禓音傷鬼名也強其丈反難乃多反下同本又作儺索色百反下文注皆同毆又作驅同起居反孔子朝服立于阼。存室神也。神依人也【疏】鄉人至神也○正義曰此一節論孔子存神之事○鄉人禓者庾云禓是強鬼之名謂鄉人驅逐此強鬼孔子則身著朝服立于阼階之上所以然者以時驅逐強鬼恐已廟室之神時有驚恐故著朝服立于廟之阼階存安廟室之神使神依已而安也所以朝服者大夫朝服以祭故用祭服以依神○孔子曰。射之以樂也。何以聽。何以射。多其射容與樂節相應也孔子曰。士使之射。不能則辭以疾。懸弧之義也。男子生而設弧於門左示有射道而未能也女子設帨○弧音胡帨始銳反【疏】孔子至義也○正義曰此一節論歎美祭廟擇士之射必使容體合樂故云射之以樂○何以聽者言何以能聽此樂節使與射容相應○何以射者言何以能使射與樂節相應故容善其兩事相應故鄭注射義云何以言其難也○孔子曰士使之射不能則辭以疾懸弧之義也者孔子既美射之與樂相應又論身之不可不習爲士之法理合能射今使之射若其不能便是乖於爲士之義則當辭以疾病懸弧之義也者以男子初生懸弧於門左示有射道而未

能也今士亦有射道以其疾病而不能與男子初生縣弧相似故云縣弧之義也○注男子設弧○正義曰案內則云子生男子設弧於門左女子設帨於門右男子所以設弧者示其有射道所以縣之者以其未能也長大不得不能故辭以疾也

孔子曰。三日齊。一日用之。猶恐不敬。二日伐鼓。何居。

居讀爲姬語之助也何居怪之也伐猶擊也齊者止樂而二日擊鼓則是成一日齊也○齊本又作齋同側皆反後放此何居音姬【疏】孔子至何居○正義曰此一經論祭之失禮之事祭前宜齊而專一不得伐鼓也凡祭必散七日致齊三日不樂不弔致齊三日專其一心用以祭祀猶恐爲敬不足故云猶恐不敬也于時祭者在致齊三日之中而二日伐鼓使祭者情散意逆以違禮故譏而問之二日伐鼓何姬姬是語助之辭也○

孔子曰。繹之於庫門內。祊之於東方。朝市之於西方。失之矣。

祊之禮宜於廟門外之西室繹又於其堂神位在西也此二者同時而大名曰繹其祭禮簡而事尸禮大朝市宜於市之東偏周禮市有三期大市日側而市百族爲主朝市朝時而市商賈爲主夕市夕時而市販夫販婦爲主○繹音亦祊百彭反賈音古販甫萬反【疏】孔子至之矣○正義曰此一經論魯失禮之事○繹之於庫門內者繹祭之禮當於廟門外之西堂今乃於庫門內○祊之於東方者祊當在廟門外西室今乃於廟門外東方○朝市之於西方者朝市謂朝時而市當於市內東方謂市內近東也今乃於市內西方○失之矣者言此三事皆違於禮故言失之矣○注祊之至爲主○正義曰祊之禮宜於廟門外之西室者下文索祭祝于祊是爲祭設故當在廟門外又釋宮云閟謂之門孫炎云謂廟門外又引詩云祝祭於祊故知廟門也知廟門外者禮器云爲祊乎外故知在外也以西是鬼神之位室又求神之處故知在廟門外之西室云繹又於其堂者祊是求神之名繹是接尸之稱求神在室接尸在堂故云繹又於其堂云此二者同時而大名曰繹者祊是室內求神繹是堂上接尸一時之事故云二者同時案春秋宣八年壬午猶繹釋者云繹又祭詩絲衣云繹賓尸但有繹名而無祊稱是大名曰繹云其祭禮簡而事尸禮大者案儀禮有司徹是上大夫儐尸也但於堂上獻尸獻侑全無室中之事又絲衣云自堂徂基自羊徂牛是祭神也下云兕觥其觩旨酒其柔是接尸也故知祭神禮簡事尸禮大天子諸侯謂之爲繹其祭之明日於廟門外西室及堂而行大也上大夫曰儐尸與祭同日於廟堂之上而行禮也下大夫及士雖有獻尸及賓等相酬酢行禮於廟之事不謂之儐尸也引周禮大市日側而市以下皆周禮司市文日中百族爲主者注云百族必容來去商賈爲主謂商賈家在外市城販夫販婦朝資夕賣凡日中朝夕百族商賈及販夫販婦皆言爲主者據其多耳皇氏以爲日側日將中而未中猶在東側故鄭注彼云日昃昳中也○

社祭土而主陰氣也。君南鄉於北墉下。荅陰之義也。牆謂之墉北墉社內北牆○墉本亦作墉音容 日用甲。用日之始也。國中之神莫貴於社 天子大社。必受霜露風雨。以達天地之氣也。大社王爲羣姓所立○大音太下文注大社大王大廟大古大王皆同爲于僞反下文爲社爲禁皆同 是故喪國之社屋之。不受天陽也。

薄社北牖。使陰明也。絕其陽通其陰而已薄社殷之社殷始都薄○喪息浪反薄本又作亳步各反牖音酉○ 社所以神地之道也。地載萬物。天垂象。取財於地。取法於天。是以尊天而親地也。故教民美報焉。家主中霤。而國主社。示本也。中霤亦土神也 唯爲社事。單出里。唯爲社田。國人畢作。唯社。丘乘共粢盛。所以報本反始也。單出里皆往祭社於都鄙二十五家爲里畢作人則盡行非徒羨也丘十六井也四丘六十四井曰甸或謂之乘乘者以於車賦出長轂一乘乘或爲鄰○乘時證反注同又徒徧反共音恭粢音資甸徒練反又繩證反【疏】○社祭至始也○正義曰此一節總論社神之義兼明所祭之禮○社祭土而主陰氣也者土謂五土山林川澤丘陵墳衍原隰也以時祭之故云社祭土土是陰氣之主故云而主陰氣也○君南鄉於北墉下荅陰之義也者墉牆也社既主陰陰宜在北故祭社時以社在南設主壇上北面而君來在北牆下而南鄉祭之是對陰之義也○日用甲用日之始也者社是國中之貴神甲是旬日之初始故用之也○天子大社必受霜露風雨以達天地之氣也者是解社不屋義也達通也風雨至則萬物生霜露降則萬物成故不爲屋以受霜露風雨霜露風雨至是天地氣通也故云達天地之氣也是故喪國之社屋之不受天陽也者喪國社者謂周立殷社也立以爲戒不生成天是生法其無生義故屋隔之令不受天之陽也白虎通云王者諸侯必有誡社者何示有存亡也明爲善者得之爲惡者失之○薄社北牖使陰明也者即喪國社也殷始都薄故呼其社爲薄社也周立殷社爲戒而屋之塞其三面唯開北牖示絕陽而通陰陰明則物死也社所以神地之道也者言立社之祭是神明於地之道故也發此句爲下張本也○地載萬物者釋地所得神之由也地之爲德以載萬物爲用故也○天垂象者欲明地之貴故引天爲對也地有其物天上皆垂其象所謂在天成象在地成形也○取財於地者地須產財並在地出爲人所取也○取法於天者人知四時早晚皆仰日月星辰以爲耕作之候是取法於天○是以尊天而親地也者所取法者故尊而祭之天子祭天是也所取財者故親而祭之一切親地而共祭社是也○故教民美報焉者此結祀社也地既爲民所親故與庶民祭之以教民美報故也○家主中霤者中霤謂土神卿大夫之家主祭土神在於中霤○而國主社者謂天子諸侯之國主祭土神於社○示本也者以土神生財以養官之與民故皆主祭土神示其養生之本也唯爲社事單出里者社事祭社事也單盡也里居也社既爲國之本故若祭社則合里之家並盡出故云單出里也此唯每家出一人不人人出也○唯爲社田國人畢作者田獵也畢盡也作行也既人人得社福故若祭社先爲社獵則國中之人皆盡行無得住家也○唯社丘乘共粢盛者[illegible]說祭社用牲此明祭社用米也丘乘者都鄙井田也九夫爲井四井爲邑四邑爲丘四丘爲乘唯祭社而使丘乘共其粢盛也粢稷也稷曰明粢在器曰盛庾蔚云粢盛所須者少故丘乘共之也皇氏云若天子諸侯祭社則用藉田之穀大夫以下無藉田若祭社則丘乘之民共之示民出力也○所以報本反始也者結美報也皇氏云國人畢作是報本而丘乘共粢盛是反始言粢盛是社所生故云反始也熊氏祭社稷之神爲

報本祭所配之人爲反始未知孰是故兩存焉○注大社至所立○正義曰知爲羣姓所立者祭法文但社稷之義先儒所解不同鄭康成之說以社爲五土之神稷爲原隰之神句龍以有平水土之功配社祀之稷播五穀之功配稷祀之鄭必以爲此論者案郊特牲云社祭土而主陰氣又云社所以神地之道又禮運云命降于社之謂殽地又王制云祭天地社稷爲越紼而行事據此諸文故知社即地神稷是社之細別名曰稷稷乃原隰所生故以稷爲原隰之神若賈逵馬融王肅之徒以社祭句龍稷祭后稷皆人鬼也非地神故聖證論王肅難鄭云禮運云祀帝於郊所以定天位祀社於國所以列地利社若是地應云定地位而言列地利故知社非地也爲鄭學者馬昭之等通之云天體無形故須云定位地有形不須云定位故唯云列地利肅又難鄭云祭天牛角繭栗而用特牲祭社用牛角尺而用大牢又祭天地大裘而冕祭社稷絺冕又唯天子令庶民祭社社若是地神豈庶民得祭地乎爲鄭學者通之云以天神至尊而簡質事之故牛角繭栗而用特牲服著大裘天地至尊天子至貴天子祭社是地之別體有功於人報其載養之功故用大牢貶降於天故角尺也祭用絺冕取其陰類庶人蒙其社功故亦祭之非是方澤神州之地也肅又難鄭云召誥用牲于郊牛二明后稷配天故知二牲也又云社于新邑牛一羊一豕一明知唯祭句龍更無配祭之人爲鄭學者通之云是后稷與天尊卑所別不敢同天牲句龍是上公之神社是地祇之別尊卑不甚縣絕故云配同牲也肅又難鄭云后稷配天孝經有配天明文后稷不稱天也祭法及昭二十九年傳云句龍能平水土故祀以爲社不云祀以配社明知社卽句龍也爲鄭學者通之云后稷非能與天同功唯尊祖配之故云不得稱天句龍與社同功故得云祀以爲社而得稱社也肅又難云春秋說伐鼓於社責上公不云責地祇明社是上公也又月令命民社鄭注云社后土也孝經注云社后土也句龍爲后土鄭既云社后土則句龍也是鄭自相違反爲鄭學者通之云伐鼓責上公者以日食臣侵君之象故以責上公言之句龍爲后土之官其地神亦名后土故左傳云君戴皇天而履后土地稱后土與句龍稱后土名同而無異也鄭注云后土者謂土神也非謂句龍也故中庸云郊社之禮注云社祭地神又鼓人云以靈鼓鼓社祭注云社祭祭地祇也是社爲地祇也其社稷制度白虎通云天子之社壇方五丈諸侯半之說者又云天子之社封五色土爲之若諸侯受封各割其方色土與之則東方青南方赤之類是也上皆以黃土也其天子諸侯皆有二社者祭法云王爲羣姓立社曰大社王自爲立社曰王社諸侯爲百姓立社曰國社諸侯自爲立社曰侯社是有二社又各有勝國之社故此云喪國之社屋之是天子各之也案春秋亳社災公羊云亡國之社蓋揜之揜其上而柴其下是魯有之也襄三十年左傳云鳥鳴于亳社是宋有之也此是天子諸侯二社之義其所置之處小宗伯云右社稷左宗廟鄭云庫門內雉門外之左右爲羣姓立社者在庫門內之西自爲立者在藉田之中其亡國之社穀梁傳云亡國之社以爲廟屏戒或在廟或在庫門內之東則亳社在東也故左傳云間于兩社爲公室輔魯之外朝在庫門之內東有亳社西有國社朝廷執政之處故云間於兩社也其卿大夫以下案祭法云大夫以下成羣立社曰置社注云大夫不得特立社與民族居百家以上則共立一社今時里社是也如鄭此言則周之政法百家以上得立社其秦漢以來雖非大夫民二十五家以上則得立社故云今之里社又鄭志云月令命民社謂秦社也自秦以下民始得立社也其大夫以下所置社者皆以土地所宜之木則論語云夏后氏以松殷人

以柏周人以栗故大司徒云而樹之田主各以其野之所宜木是也其天子大社之等案尚書無逸篇曰大社唯松東社唯柏南社唯梓西社唯栗北社唯槐其天子諸侯大夫等皆有稷也故注司徒田主田神后土田正之所依也田正則稷神也田主尚然故知天子諸侯社皆有稷其亡國之社亦有稷故士師云若祭勝國之社稷則爲之尸是有稷也但亡國之社稷故略之用刑官爲尸則其祭餘社爲尸不用刑官也其社之祭一歲有三仲春命民社一也詩云以社以方謂秋祭二也孟冬云大割祠于公社是三也其社主用石故鄭注宗伯云社之主蓋用石案條牒論稷壇在社壇西俱北嚮營並壇共門或曰在社壇北其用玉無文不可強言今禮用兩圭有邸異義今孝經説曰社者土地之主土地廣博不可徧敬封五土以爲社古左氏説共工爲后土后土爲社許君謹案亦曰春秋稱公社今人謂社神爲社公故知社是上公非地祇鄭駁之云社祭土而主陰氣又云社者神地之道謂社神但言上公失之矣今人亦謂雷曰雷公天曰天公豈上公也異義稷今孝經説稷者五穀之長穀衆多不可徧敬故立稷而祭之古左氏説列山氏之子曰柱死祀以爲稷稷是田正周棄亦爲稷自商以來祀之許君謹案禮緣生及死故社稷人事之既祭稷穀不得但以稷米祭稷反自食同左氏義鄭駁之云宗伯以血祭祭社稷五嶽四瀆社稷之神若是句龍柱棄不得先五嶽而食又引司徒五土名又引大司樂五變而致介物及土示土示五土之揔神即謂社也六樂於五地無原隰而有土祇則土祇與原隰同用樂也又引詩信南山云畇畇原隰下之黍稷或云原隰生百穀黍爲之長然則稷者原隰之神若達此義不得以稷米祭稷爲難○注單出里皆往祭社於都鄙二十五家爲里畢至載一乘○正義曰單出里皆往祭社於都鄙者案周禮都鄙公卿大夫采地公卿大夫祭社其里之人皆往就祭此據采地言之故云往祭社於都鄙必知據采地者以經云唯社丘乘丘乘是采地井田之制故舉采地言焉其公邑之民所屬都鄙縣遂有祭社之事則亦往都鄙中助之其六鄉之內族祭醻黨祭禜雖滿百家以上不祭社也唯其州祭社其所屬閭民祭社祭禜祭醻之時亦皆往也但此文主於社故特言社耳云人則盡行非徒羨也者案周禮小司徒云凡起徒役毋過家一人以其餘爲羨則家一人之外皆爲羨也此云人則盡行非徒羨似羨外更有人者若六鄉上劑致民一人爲正卒又一人爲羨卒其餘爲餘夫則據都鄙及六遂之外羨卒外有餘夫故云非徒羨也云丘十六井也以下皆司馬法文○

季春出火。爲焚也。謂焚萊也凡出火以火出建辰之月火始出○然後簡其車賦。而歷其卒伍。而君親誓社。以習軍旅。左之右之。坐之起之。以觀其習變也。簡歷謂算具陳列之也君親誓社誓吏士以習軍旅既而遂田以祭社也言祭社則此是仲春之禮也仲春以火田田止弊火然後獻禽至季春火出而民乃用火今云季春出火乃牧誓社記者誤也社或爲省○卒祖忽反算思管反省思淺反○而流示之禽。而鹽諸利。以觀其不犯命也。流猶行也行田也鹽讀爲艷行田示之以禽使歆艷之觀其用命不也謂禽爲利者凡田大獸公之小禽私之○鹽依注音艷行上如字下及下行田皆下孟反歆許金反○求服其志。不貪其得。失伍而獲猶爲犯命故以戰則克。以祭則受福。○天子適四方。先柴。所到必先燔柴有事於上帝也書曰歲二月東巡守至于岱宗柴○燔音煩守手又反岱音代

【疏】季春至先柴○正義曰此一節論仲春祭社之前田獵取禽以祭社獲福之事○季春出火爲焚也者祭社既用仲春此出火爲焚當在仲春月令云季春者記者以季春之時民始出火記者錯誤遂以爲天子諸侯用焚亦在季春故誤爲季春當爲仲春也爲焚者謂焚燒除治宿草然後簡其車賦者謂既焚之後簡選車馬及兵賦器械之屬○而歷其卒伍者謂歷其百人之卒五人之伍○而君親誓社者謂君親自誓此士衆以習軍旅既而遂田以所得之禽獸因以祭社故云親誓社左之右之坐之起之者謂戒勑之以習軍旅之事或左或右或坐或起○以觀其習變也者謂君親自觀於習武變動之事○而流示之禽者流行也謂教陳訖而行田禮謂驅禽於陳前以示士卒也○而鹽諸利者鹽者艷也諸於也利則禽也所以驅禽示之而歆艷之以小禽之利○以觀其不犯命也者於此之時觀其士卒犯命與不犯軍命者○求服其志不貪其得者所以觀其犯命與否者求欲服其士卒之志使進退依禮不欲貪其犯命苟得於禽言失伍得禽猶爲犯命不免罰也○故以戰則克以祭則受福者以其所爲得禮戰則克勝祭則受福○注爲焚至始出○正義曰出火以火出者案春秋火出爲夏三月此出火者謂出陶治之火故左氏昭六年鄭人鑄刑書火未出而用火故晉士文伯譏之若田獵之火則昆蟲蟄後得火田以至仲春也○注歷至誤也○正義曰簡歷謂算具陳列之者經云左之右之軍或須左或須右坐之起之謂須坐須起崔氏云謂士卒至前表而坐將行而起崔氏所言是仲冬大閱之禮未知春時亦然以否云言祭社則此是仲春之禮也者此經無祭社之文以連前經祭社之事故云此是仲春之禮云仲春以火田田止弊火者周禮大司馬職文引之者證仲春火弊而田止云至季春出火而民乃用火者案司權云季春出火民咸從之故民乃用火云今云季春出火乃誓社記者誤也者謂作記之人見季春民之出火謂爲焚萊祭社故稱季春○注鹽讀至私之○正義曰鹽艷聲相近歆艷是愛欲之言故讀從艷也云大獸公之小禽私之二者大司馬文○天子適四方先柴○正義曰此一節明天子巡守祭天之禮○天子適四方先柴者謂巡守至方嶽先燔柴以告天是尊天故也○注書曰至宗柴○正義曰此虞書舜典文案鄭注尚書以爲別有舜典之篇將此爲堯典與古文異也此祭上帝謂祭當方帝皇氏云謂祭感生帝義非也

禮記注疏卷二十五挍勘記　阮元撰盧宣旬摘錄

附釋音禮記注疏卷第二十五 惠棟挍宋本禮記正義卷第三十四

郊特牲第十一

郊特牲而社稷大牢節

次路五就 各本同毛本就誤路

郊特至已矣 惠棟挍宋本無此五字

論小少及薄味爲貴 惠棟挍宋本作小少此本小少二字倒閩監毛本同

是五帝與大帝六也 惠棟挍宋本同閩監毛本大作天

郊祀袞冕送逆尸 閩本同惠棟挍宋本同衛氏集說同監毛本逆作迎

祇可以次用醴齊 閩監毛本醴作醍是也

不敢與王之神靈共尊 惠棟挍宋本有與字此本與字脫閩監毛本同

凡特祀之牲 閩監毛本同惠棟挍宋本特作時

則用牷物 按周禮則作必

其常祀之牲則皆用牡 惠棟挍宋本有牡此本牡字脫閩監毛本同

皆用大牢也 惠棟挍宋本有也字此本也字脫閩監毛本同

殷則有三路 閩監毛本同惠棟挍宋本無有字

君三重席而酢然 惠棟挍宋本然作焉是也閩監毛本並誤

大饗君三重席節

賓爲苟敬 閩本同惠棟挍宋本同正義同宋監本同岳本同嘉靖本同考文引古本足利本同○按儀禮正作賓爲苟敬監毛本苟誤尊衛氏集說同疏中六苟敬字皆放此

大饗至酢焉 惠棟挍宋本無此五字

三獻之介君尊專席而酢焉至此以就卑也 閩監毛本無至字專上無尊字此下有降尊二字惠棟挍宋本作三獻至卑也

席於阼階之西北而其介爲賓 閩監毛本同惠棟挍宋本而作面按燕禮記是面字

饗禘有樂節

西階上卒爵賓酢主人 閩監毛本同惠棟挍宋本賓作以

與賓客相獻之禮 閩監毛本同惠棟挍宋本無客字禮下有也字

饗禘至陽也 惠棟挍宋本無此五字

食者老亦食孤子 惠棟挍宋本句上有秋字此誤挩也閩監毛本同

鼎俎奇而籩豆偶節

鼎俎至義也 惠棟挍宋本無此五字

賓入大門節

孔子屢歎之 各本同石經同釋文出婁歎云本又作屢○按婁屢古今字

賓入至物得 惠棟挍宋本無此五字

主人納賓是已之臣子 惠棟挍宋本賓字重此本脫一賓字閩監毛本同衛氏集說同

燕享之時惠棟挍宋本燕上有受字此本脫閩監毛本同享作饗

賓初與酬薦東閩監毛本同衛氏集說同按東字不誤考文云補本東作束非也

案燕禮記賓。及庭案及上。誤衍閩監毛本不誤

客醉出所奏也閩監毛本同惠棟挍宋本出上有而字

天子所以享元侯惠棟挍宋本同閩監毛本享作饗下王享燕元臣元侯自相享同

皆歌鹿鳴合鄉是也惠棟挍宋本鄉下有樂字衛氏集說同此本樂字脫閩監毛本同

案鄉酒禮及燕禮閩監本鄉下有飲字此誤脫也毛本飲誤射

而南本納夏獨夏文在上閩本同惠棟挍宋本同監毛本文誤又惠棟云南本儀禮納夏作夏納

竹箎笛也閩監毛本同惠棟挍宋本箎作篪

匏竹可賤故在下惠棟挍宋本在下有堂字衛氏集說同此本誤脫閩監毛本同

天氣化閩監毛本同衛氏集說天下有以字

旅幣無方節

以鐘次之閩監毛本同岳本同嘉靖本同石經鐘字右角壞闕衛氏集說鐘作鍾陳澔集說同石經考文提要云宋本九經南宋巾箱本至善堂九經本皆作鍾

鐘金也閩監毛本同岳本同嘉靖本鐘作鍾衛氏集說同下鐘其大者同

往德也各本同石經同釋文出往德正義云南本及定本皆作往德北本爲任德

旅幣至德也惠棟挍宋本無此五字

貴金以供王之鑄器閩監毛本同衛氏集說貴作貢

金列庭實閩監毛本同浦鏜挍云金當作令字誤

庭燎之百節

庭燎至始也惠棟挍宋本無此五字

但崇翺問引大戴禮也何以言益沈閣對曰閩監毛本同許宗彥云曲禮疏有崇精月令疏有沈閣

朝覲節

朝覲至君也惠棟挍宋本無此五字

且經朝覲惠棟挍宋本作經云此本去字脫閩監毛本同

大夫而饗君節

公之弟各本作莊公此本莊字脫

後慶父弒二君各本同釋文弒作殺

升自阼階閩監毛本同石經同岳本同嘉靖本同衛氏集說同釋文出升自阼云本又作升自阼階

大夫至始也惠棟挍宋本無此五字

大夫强而君殺之義者惠棟挍宋本作也者此本也字脫閩監毛本同

是銷絕惡源閩監本同毛本源作原

各以其等爲車送逆之節閩本同惠棟挍宋本同衛氏集說同監毛本逆作迎○按周禮作逆

自此以後或有然惠棟挍宋本作然者衛氏集說同此本者字脫閩監毛本同

諸侯之官縣節

朱干設鍚閩監本同石經同岳本同衛氏集說同毛本鍚誤錫嘉靖本同釋文出設鍚云音陽注同

諸侯至始也惠棟挍宋本無此五字

明堂云魯君孟春乘大路惠棟挍宋本堂下有位字此本位字脫閩監毛本同下其祭粃明堂位所云以明堂位云反坫並同

此一經明大夫僭諸侯禮閩本同惠棟挍宋本同監毛本經作節

坫在其南閩本同惠棟挍宋本同監毛本其作尊

諸侯有德祖天子者閩監毛本同盧文弨云德當作得

祖王之廟也惠棟挍宋本此下標禮記正義卷第三十四終記云凡二十二頁

天子存二代之後節惠棟挍宋本自此節起至野夫黃冠節止爲第三十五卷卷首題禮記正義卷第三十五

天子至二代惠棟挍宋本無此五字

所能法象閩監毛本能作取

諸侯不臣寓公節

諸侯至繼世惠棟挍宋本無此五字

大夫之臣節

大夫至君也惠棟挍宋本無此五字

此一節論大夫君閩監毛本同惠棟挍宋本節作經衛氏集說同

大夫有獻節

大夫至巳也惠棟挍宋本無此五字

鄉人禓節

謂時儺閩監毛本同岳本同嘉靖本同衛氏集說同釋文出時難云下同本又作儺

鄉人至神也惠棟挍宋本無此五字

謂鄉人駈逐此强鬼閩本同監毛本駈作驅按五經文字云驅作駈訛可見唐人已有書驅作駈者下駈逐同注索室毆疫釋文出毆疫云字又作驅據疏二驅字是正義本注文當作驅疫

孔子曰射之以樂也節

孔子至義也惠棟挍宋本無此五字

故各善其兩事相應閩監毛本同考文引補本各作多

孔子曰三日齊節

孔子至何居惠棟挍宋本無此五字

凡祭必散七日閩監毛本散下有齊字此誤脫也

孔子曰繹之於庫門內節

孔子至之矣惠棟挍宋本無此五字

又釋宮云閍謂之門惠棟挍宋本同閩監毛本作門謂之祊衛氏集說同

釋者云繹又祭閩監毛本同衛氏集說同惠棟挍宋本者作天是也

旨酒其柔閩監毛本其作思衛氏集說同其字誤

其祭之明日於廟門外閩監毛本其作在衛氏集說同

社祭土節

君南鄉於北墉下各本同石經同釋文出北庸云本亦作墉

薄社北牖閩監本作牖石經同岳本同嘉靖本同此本牖誤墉毛本誤牖衛氏集說同按釋文出北牖云音酉是作牖字是也五經文字云牖作牗非是唐人已有書牖作牗者故此本疏中牖亦皆作牗

取財於地閩本同惠棟挍宋本同石經同宋監本同岳本同嘉靖本同衛氏集說同監毛本財誤材

卭乘共粢盛閩監毛本同岳本同嘉靖本同衛氏集說同釋文出共粢坊本共作供石經考文提要云宋大字本宋本九經南宋巾箱本余仁仲本劉叔剛本並作共

地須産財並在地出閩監毛本同惠棟挍宋本産作財出作上

熊氏祭社稷之神惠棟挍宋本氏下有云字此本誤脫閩監毛本同

以社爲五土之神閩監毛本之作揔衛氏集說同

稷播五穀之功　閩監毛本作稷有播種之功衛氏集說同

禮運云祀帝於郊　閩毛本同監本禮運二字闕

地有形　惠棟挍宋本地下有體字此誤脫也閩監毛本同

尊卑所別　閩監毛本所作既

孝經注云后稷土也　閩監毛本同惠棟挍宋本作社后土也

后土者謂土神也　閩監毛本同閩本土作地惠棟挍宋本同

上皆以黃土也　閩監毛本同盧文弨挍云皆當作員

朝廷執政之處　惠棟挍宋本同衛氏集說同閩監毛本朝廷誤廟庭

按尚書無逸篇曰　閩監毛本同齊召南云按無字衍此尚書逸篇文也見後漢志注

異義稷今孝經說　惠棟挍宋本稷下有神字此本誤脫閩監毛本同

下之黍稷或云　閩監毛本同浦鏜云當作下云黍稷或或之誤

注單出里皆往祭社於都鄙二十五家爲里畢至歲一乘　閩監毛本同惠棟挍宋本無出里至里畢十六字

季春出火節　惠棟挍云季春節宋本分天子適四方下另爲二節

王季春火出而民乃用火　閩監毛本同岳本同嘉靖本同衛氏集說同惠棟挍宋本火出作出火

季春出火乃牧誓社　惠棟挍宋本無牧字岳本同嘉靖本同考文引古本足利本同此本誤衍閩監毛本同衛氏集說作乃親誓社

季春王先柴　惠棟挍宋本無此五字

當在仲春也　惠棟挍宋本作在此本在誤爲

謂士卒王前表而坐　惠棟挍宋本同閩監毛本表作列

禮記注疏卷二十五挍勘記

附釋音禮記注疏卷第二十六

郊特牲

禮記　鄭氏注　孔穎達疏

郊之祭也。迎長日之至也。易說曰三王之郊一用夏正夏正建寅之月也此言迎長日者建卯而晝夜分分而日長也○正音征下同○〔疏〕郊之至至也○正義曰此一節總明郊祭之義○迎長日之至也者明郊祭用夏正建寅之月意以二月建卯春分後日長今正月建寅郊祭通而迎此長日之將至○注易說至長也○正義曰此易緯乾鑿度文必用夏正彼文云方此之時天地交萬物通所以順四時法天地之道按書傳云迎日謂春分迎日也即引寅賓出日皆謂春分知此迎長日非春分者此云兆於南郊就陽位若是春分朝日當在東郊故知非也又下云帝牛不吉以爲稷牛故知郊祭天非唯祭日也

大報天而主日也。大猶徧也天之神日爲尊○徧音遍兆於南郊。就陽位也。日太陽之精也〔疏〕大報至位也○正義曰大猶徧也雖特尊所出之帝而又徧報天之一切神而天之諸神唯日爲尊故此祭者日爲諸神之主故云主日也不用所出之帝爲主而主日者所出尊不與諸神爲賓主也猶如君燕羣臣使膳宰爲主人不以君爲主也○注大猶至爲尊○正義曰天之諸神莫大於日祭諸神之時日居諸神之首故云日爲尊也凡祭日月之禮崔氏云一歲有四迎氣之時祭日於東祭月於西故小宗伯云兆五帝於四郊四望四類亦如之是其一也春分朝日秋分夕月是其二也此等二祭日之與月各於一處日之與月皆爲壇而祭所謂王宮祭日夜明祭月皆爲燔柴也夏正郊天之時而主日配以月祭義云大報天而主日配以月是其三也孟冬大蜡之時又祭日月故月令孟冬祈來年于天宗是其四也此二祭并祭日月共在一處則祭日於壇祭月於坎壇則實柴坎則瘞埋也其牲皆用犢故小司徒云凡小祭祀奉牛牲鄭云小祭祀王玄冕所祭是也若所祈禱則用少牢故祭法云埋少牢於泰昭祭時及日月等鄭注云凡以此下皆祭用少牢是也皇氏云以爲日月合祭之時用犢分祭之時用少牢其義非也○

掃地而祭。於其質也。器用陶匏。以象天地之性也。觀天下之物無可以稱其德○稱尺證反於郊。故謂之郊。牲用騂。尚赤也。用犢。貴誠也。尚赤者周也○騂息營反徐呼營反〔疏〕掃地至誠也○正義曰燔柴在壇正祭於地故云掃地而祭陶謂瓦器謂酒尊及豆簋之屬故周禮旊人爲簋匏謂酒爵此等已具解於上○

郊之用辛也。周之始郊。日以至。言日以周郊天之月而至陽氣新用事順之而用辛日此說非也郊天之月而日至魯禮也三王之郊一用夏正魯以無冬至祭天於圜丘之事是以建子之月郊天示先有事也用辛日者凡爲人君當齊戒自新耳周衰禮廢儒者見周禮盡在魯因推魯禮以言周事○圜本又作圓音員凡爲如字或於僞反非也〔疏〕郊之至以至○正義曰王肅用董仲舒劉向之說以此爲周郊上文云郊之祭迎長日之至謂周之郊祭於建子之月而迎此冬至長日之至也而用辛者以冬至陽氣新用事故用辛也周之始郊日以至者對建寅之月又祈穀郊祭此言始者對建寅爲始也鄭康成則異於王肅上文云迎長日之至自據周郊此云郊之用辛據魯禮也言郊用辛日者取齋戒自新周之始郊日以至者謂魯之始郊日以冬至之月云始者對建寅之月天子郊祭魯於冬至之月初始郊祭示先有事故云始也○注言日至周事○正義曰日以周郊天之月而至者謂日體以周郊天建子之月而南至云陽氣新用事順之而用辛日者以冬至一陽生故云新用事而用辛日云此說非也者謂日以周禮郊天之月而日至陽氣新用事此等之說非也謂董仲舒劉向而爲此說所以非者按周禮冬至祭天圜丘不論郊也又此下云戴冕璪十有二旒周禮祀昊天上帝則大裘而冕是服不同周禮玉路以祀天此下云乘素車是車不同也祭法云燔柴於泰壇用騂犢周禮蒼璧禮天牲從玉色是牲不同也爾雅曰非人爲之丘泰壇則人功所作是圜丘與泰壇別也以是知郊與圜丘所祭非一故云此說非也云郊天之月而日至魯禮也者言此經始郊日以至是魯國之禮必知魯禮者以明堂云魯君孟春乘大路載弧韣旂十有二旒日月之章祀帝于郊又雜記云正月日至可以有事於上帝故知冬至郊天魯禮也云三王之郊一用夏正者證明天子之郊必用夏正魯既降下天子不敢郊天與周同月故用建子之月而郊天欲示在天子之先而有事也但魯之郊祭師說不同崔氏皇氏用王肅之說以魯冬至郊天至建寅之月又郊以祈農故左傳云啓蟄而郊又云郊祀后稷以祈農事是二郊也若依鄭康成之說則異於此也魯唯一郊不與天子郊天同月轉卜三正故穀梁傳云魯以十二月下辛卜正月上辛若不從則以正月下辛卜二月上辛若不從則以二月下辛卜三月上辛若不從則止故聖證論馬昭引穀梁傳以答王肅之難是魯一郊則止或用建子之月郊則此云日以至及宣三年正月郊牛之口傷是也或用建寅之月則春秋左傳云郊祀后稷以祈農事是也但春秋魯禮也無建丑之月耳若杜預不信禮記不取公羊穀梁魯唯有建寅郊天及龍見而雩云周衰禮廢儒者見周禮盡在魯者欲見經文實是魯郊而爲周字故云因推魯禮以言周事謬作周也從上說郊是周禮自此以下是魯禮爲此周禮雜亂也按聖證論王肅難鄭云郊特牲曰郊之祭迎長日之至下云周之始郊日以至玄以爲迎長日謂夏正也郊天日以至玄以爲冬至之日說其長日至於上而妄爲之說又從其始郊日以至於下非其義也玄又云周衰禮廢儒者見周禮盡在魯因推魯禮以言周事若儒者愚人也則不能記斯禮也苟其不愚不得亂於周魯也鄭玄以祭法禘黃帝及嚳爲配圜丘之祀祭法說禘無圜丘之名周官圜丘不名爲禘是禘非圜丘之祭也玄既以祭法禘嚳爲圜丘又大傳王者禘其祖之所自出而玄又施之於郊祭后稷是亂禮之名實也按爾雅云禘大祭也繹又祭也皆祭宗廟之名則禘是五年大祭先祖非圜丘及郊也周立后稷廟而嚳無廟故知周人尊嚳不若后稷之廟重而玄說圜丘祭天祀大者仲尼當稱昔者周公禘祀嚳圜丘以配天今無此言知禘配圜丘非也又詩思文后稷配天之頌無帝嚳配圜丘之文知郊則圜丘圜丘則郊所在言之則謂之郊所祭言之則謂之圜丘於郊築泰壇象圜丘之形以丘言之本諸天地之性故祭法云燔柴於泰壇則圜丘也郊特牲云周之始郊日以至周禮云冬至祭天於圜丘知圜丘與郊是一也言始郊者冬至陽氣初動天之始也對啓蟄及將郊祀故言始孔子家語云定公問孔子郊祀之事孔子對之與此郊特牲文同皆以爲天子郊祭之事如聖證論之言王肅所據經傳分明鄭必別爲其說者按聖證論馬昭申鄭云易緯云三王之郊一用夏正則周天子不用日至郊也夏正月陽

氣始升日者陽氣之主日長而陽氣盛故祭其始升而迎其盛月令天子正月迎春是也若冬至祭天陰氣始盛祭陰迎陽豈爲理乎周禮云冬日至祭天於地上之圜丘不言郊則非祭郊也言凡地上之丘皆可祭焉無常處故不言郊周官之制祭天圜丘其禮王服大裘而冕乘玉路建大常明堂位云魯君以孟春祀帝于郊服衮服乘素車龍旂衣服車旂皆自不同何得以諸侯之郊說天子圜丘言始郊者魯以轉卜三正以建子之月爲始故稱始也又禮記云魯君臣未嘗相弑禮俗未嘗相變而弑三君季氏舞八佾旅於泰山婦人髽而相弔儒者此記豈非亂乎據此諸文故以郊丘爲別冬至之郊特爲魯禮按聖證論王肅與馬昭之徒或云祭天用冬至之日或云用冬至之月據周禮似用冬至之日據禮記郊日用辛則冬至不恒在辛似用冬至之月按張融謹按郊與圜丘是一又引韓詩說三王各正其郊與王肅同又魯以轉卜三正王與鄭玄同周禮圜丘服大裘此及家語服衮冕家語又云臨燔柴脫衮冕著大裘象天臨燔柴輟祭脫衮著大裘象天恭敬之義既自不同是張融以家語及此經郊祭並爲魯禮與鄭玄同融又爲圜丘是祭皇天孟春祈穀於上帝及龍見而雩此五帝之等並是皇天之佐其實天也融又云祀大神率執事而卜日圜丘既卜日則不得正用冬至之日此是張融之說鄭此注云以建子之月郊天用辛日者當齋戒自新如鄭此言是亦不用冬至日也但郊丘大事王鄭不同故略陳二家所據而言之也按聖證論及異義皆同穀梁之義魯轉卜三正之內一郊則止而崔氏皇氏以爲魯冬至郊天夏至又郊凡二郊非鄭義也○卜郊。受命于祖廟。作龜于禰宮。尊祖親考之義也。受命謂告之退而卜〔疏〕卜郊至義也○正義曰郊事既尊不敢專輒故先告祖後乃卜亦如受命也故禮器云魯人將有事於上帝必先有事於頖宮是也○作龜于禰宮者作灼也禰宮禰廟也先告祖受命又至禰廟卜之也○尊祖親考之義也者考亦禰也尊祖故受之命命宜由尊者出親禰故作龜作龜是事事宜就親近者也卜之日。王立于澤。親聽誓命。受教諫之義也。澤澤宮也所以擇賢之宮也既卜必到澤宮擇可與祭祀者因誓勑之以禮也禮器曰舉賢而置之聚衆而誓之是也○可與如字一音預○〔疏〕卜之至義也○正義曰澤澤宮也王在於澤宮中於其宮以射擇士故因呼爲澤宮也王卜已吉又至澤宮射以擇賢者爲助祭之人故云王立於澤也禮器云舉賢而置之是也然王者獵在囿而主皮射亦在澤故鄭注鄉射記引尚書傳主皮射陳於澤然後卿大夫相與射也又云嚮之取也於囿中勇力之取也今之取也於澤宮揖讓之取也澤習禮之處○親聽誓命者因以澤宮中又使有司誓勑舊章齋戒之禮王又親聽受命之故禮器云聚衆而誓之是也○受教諫之義也者釋前義也告祖作禰是受教義也又立澤聽誓是受諫義也○獻命庫門之內。戒百官也。大廟之命。戒百姓也。王自澤宮而還以誓命重相申勑也庫門在雉門之外入庫門則至廟門外矣大廟者祖廟也百官公卿以下也百姓王之親也入廟戒親親也王自此還齊路寢之室庫或爲廄○還音旋下同重直用反廄九又反祭之日。王皮弁以聽祭報。示民嚴上也。報猶白也夙興朝服以待白祭事者乃後服祭服而行事也周禮祭之日小宗伯逆粢省鑊告時于王告備于王也○鑊戶郭

反〔疏〕獻命至上也○正義曰王自澤宮而還至欲致齊之時有司獻王所以命百官之事王乃于庫門之內戒百官大廟之內戒百姓百官疏故在公朝重戒之百姓王之親屬故在大廟而重戒之○注百姓至之室○正義曰以上有百官之文故以百姓爲王之親也王親謂之百姓也者皇氏云姓者生也並是王之先祖所生云王自此還齊路寢之室者卜法必在祭前十日祭義云散齊七日致齊三日又云七日戒三日齋○鄭既云王自此還齋路寢之室則此經戒百官百姓則祭前三日欲致齋之時以誓命重相申勑也○祭之日王皮弁以聽祭報者○報白也郊日之朝天子早起服弁服以聽之小宗伯告日時早晚及牲事之備具也未郊故未服大裘而衣當且服日視朝之服也○示民嚴上也者結早朝著皮弁朝服以聽祭報之義示教人尊嚴其君上之義也○注周禮至王也○正義曰引之者證小宗伯既有告事王皮弁聽之是也喪者不哭。不敢凶服。氾埽反道。鄉爲田燭。謂郊道之民爲之也反道剗令新土在上也田燭田首爲燭也○氾芳劒反本亦作汎埽素報反剗初產反徐又初展反令力呈反弗命而民聽上。化王嚴上〔疏〕喪者至聽上○正義曰郊祭之旦人之喪者不哭又不敢凶服而出以干王之吉祭也○氾埽反道者氾埽廣埽也反道剗路之土反之令新土在上也郊道之民家家各當界廣埽新道也○鄭氏曰鄉謂郊內六鄉也六鄉之民各於田首設燭照路恐王祭郊之早○弗命而民聽上者合結喪者不哭以下至此並非王命而民化王嚴上故也然周禮蜡氏云凡國之大祭祀令州里除不蠲禁刑者任人及凶服者以及郊野而此云不命者蜡氏所云有司常事王郊祭之時王不特命故云不命且作記之人盛美民之聽上之義未必實然也蜡氏云除不蠲及刑者任人等此不言者文不備也祭之日。王被衮以象天。謂有日月星辰之象此魯禮也周禮王祀昊天上帝則服大裘而冕祀五帝亦如之魯侯之服自衮冕而下也○被皮義反卷本又作衮同古本反注卷冕同冕亡展反字林亡辨反戴冕璪十有二旒。則天數也。天之大數不過十二○戴丁代反本亦作載璪音早過古和反乘素車。貴其質也。旂十有二旒。龍章而設日月。以象天也。設日月畫於旂上素車殷路也魯公之郊用殷禮也天垂象。聖人則之。郊所以明天道也。則謂則之以示人也〔疏〕祭之至道也○正義曰當祭之日王被衮冕衮冕有日月星辰以象天也首戴衮冕其璪十二旒法則天數也○乘素車者乘殷之朴素之車貴其象天之質也所建之旂十有二旒畫龍爲章而設日月以象天也者旂十有二旒象天數十二也龍爲陽氣變化日月以光照下皆是象天也○聖人則之郊所以明天道也者總結上王被衮冕以下之事言天垂日月之象各有其數故聖人則之郊天象日月所以光明天之道以示於人故事事則之○注謂有至下也○正義曰此明被衮象天明堂位云日月之章故衮有日月星辰也與周不同故云此魯禮也引周禮以下者證王禮與魯禮不同云魯侯之服自衮冕而下也者證魯侯得著衮冕故經云衮也魯公得稱王者作記之人既以魯禮而爲周郊遂以魯侯而稱王也皇氏云書用王禮故稱王或亦當然也○注天之大數不過十二○正義曰此哀七年左氏傳文○注素車至禮也○正義曰明堂位云

大路殷路也乘路周路也又此上文云大路繁纓一就此云乘素車故知殷路也云魯公之郊用殷禮也者公羊傳云周公用白牡魯公用騂犅周公既用殷之白牡故知用殷禮也帝牛不吉。以爲稷牛。養牲必養二也帝牛必在滌三月。稷牛唯具。所以別事天神與人鬼也。滌牢中所搜除處也唯具遭時又選可用也○滌范音迪徐徒嘯反別彼列反所搜本又作廋所流反處昌慮反下之處同處皆同〔疏〕帝牛至鬼也○正義曰郊天既以后稷爲配故養牲養二以擬祭也若帝牛不吉或死傷以爲稷牛者爲猶用也爲用稷牛而爲帝牛其祭稷之牛臨時別取牛用之○帝牛必在滌三月稷牛唯具者此覆說上文帝牛不吉而取稷牛之事以帝牛既尊必須在滌三月今帝牛不吉故取稷牛已在滌三月也其祀稷之牛臨時別取故云稷牛唯具天神既尊故須在滌人鬼稍卑唯具而已是分別天神與人鬼不同○注養牲必養二也○正義曰按春秋宣三年正月郊牛之口傷改卜牛牛死乃不郊公羊云曷爲不復卜養牲養二卜帝牲不吉則扳稷牲而卜之何休云先卜帝牲養之有災更引稷牲卜之以祭天牲養之凡當二卜爾復不吉則止不郊○注滌牢至用也○正義曰滌牢中所搜除者搜謂搜埽清除故周禮掌馬者謂之廋人云唯具遭時又選可用也者遭時謂帝牲遭災之時既取稷牲而用之其祀稷之牲臨時選其可者凡帝牲稷牲尋常初時皆卜取其牲繫於牢芻之三月若臨時有故乃變之也萬物本乎天。人本乎祖。此所以配上帝也。言俱本可以配郊之祭也。大報本反始也。〔疏〕萬物至始也○正義曰此一經論祖配天之義人本於祖物本於天以配本故也郊之祭也大報本反始也○此一經釋所以郊祭天之義天爲物本祖爲王本祭天以祖配此所以報謝其本反始者反其初始以財言之謂物爲本以終言之謂初爲始謝其財謂之報歸其初謂之反大義同也皇氏云上文社稷下直云報本反始此文天神尊故加大字義或然也○天子大蜡八。所祭有八神也○蜡八仕詐反蜡祭有八神先嗇一司嗇二農三郵表畷四貓虎五坊六水庸七昆蟲八伊耆氏始爲蜡。伊耆氏古天子號也○耆巨夷反或云即帝堯是也蜡也者。索也。謂求索也歲十二月。合聚萬物而索饗之也。歲十二月周之正數謂建亥之月也饗者祭其神也萬物有功加於民者神使爲之也祭之以報焉造者配之也○蜡之祭也。主先嗇而祭司嗇也。先嗇若神農者司嗇后稷是也祭百種。以報嗇也。嗇所樹藝之功使盡饗之○種之勇反下之種也同〔疏〕天子至嗇也○正義曰此一節論蜡祭之事各依文解之○大蜡八者即鄭注云先嗇一司嗇二農三郵表畷四貓虎五坊六水庸七昆蟲八所祭之神合聚萬物而索饗之但以此八神爲主蜡云大者是天子之蜡對諸侯爲大天子既有八神則諸侯之蜡未必八也謂若先嗇古之天子諸侯未必得祭也知諸侯亦有蜡者禮運云仲尼與於蜡賓是諸侯有蜡也按周禮大司樂云六變而致象物及天神鄭云有象在天所謂日月此神不數象物及日月者先嗇司嗇並是一神有益於人水庸之屬在地益其稼穡故索而祭之急其近者故也天神象物去人縣遠雖祭

不爲入神之數。注伊耆氏古天子號也。○正義曰明堂云土鼓蕢桴葦籥伊耆氏之樂禮運云夫禮之初始諸飲食蕢桴而土鼓俱稱土鼓則伊耆氏神農也以其初爲田事故爲蜡祭以報天也下云主先嗇神農即爲始蜡豈自祭其身以爲蜡先嗇乎皇氏云神農伊耆一代總號其子孫爲天子者始爲蜡祭祭其先祖造田者故有先嗇也○注歲十二至之也○正義曰知是周十二月者下云既蜡而收民息已收謂收斂則詩所謂十月納禾稼又月令孟冬祈來年于天宗足知蜡是周建亥之月三代皆然此經文據周故爲十二月皇氏以爲三代各以十二月爲蜡其義非也已具於月令疏云饗者祭其神也者解經合聚萬物而索饗之萬物非所饗但饗其萬物之神所以饗其神者萬物所以能功加於民者神使爲之故云祭之以報焉云造者配之也者賀瑒云謂造此蜡祭配此八神而祭○注先嗇至是也○正義曰若神農者若是不定之辭以神農比擬故云若司嗇后稷無所疑故不言若直云后稷是也經言主先嗇而祭司嗇者以先嗇爲主司嗇從祭種曰稼斂曰嗇不云稼而云嗇者取其成功收斂受嗇而祭也○祭百種以報嗇也者○此一經爲下饗農及郵表畷起文百種則農及郵表畷禽獸等所以祭之者報其助嗇之功使盡饗焉

饗農。及郵表畷。禽獸。仁之至。義之盡也。農田畯也郵表畷謂田畯所以督約百姓於井間之處也詩云爲下國畷郵禽獸服不氏所教擾猛獸也○郵本亦作尤有周反字或作郵畷丁劣反又丁衞反畯音俊督約因妙反擾而沼反馴也○古之君子。使之必報之。迎貓。爲其食田鼠也。迎虎。爲其食田豕也。迎而祭之也。迎其神也○猫字又作貓音苗爲于僞反下同祭坊與水庸事也。水庸溝也○坊音房後注同〔疏〕饗農至事也○正義曰此一經總明祭百種之事農謂古之田畯有功於民郵表畷者是田畯於井間所舍之處郵若郵亭屋宇處所表田畔畷者謂井畔相連畷於此田畔相連之所造此郵舍田畯處焉禽獸者即下文云猫虎之屬言禽獸者猫虎之外但有助田除害者皆悉包之下特云猫虎舉其除害甚者○仁之至義之盡也者不忘恩而報之是仁有功必報之是義也蜡祭有仁義之至盡也○注詩云至獸也正義曰所引詩者齊魯韓詩也郵謂民之郵舍言成湯施布仁政爲下國諸侯在畷民之處所使不離散令毛詩作綴旒在商頌長發之篇云禽獸服不氏所教擾猛獸也者若非猛獸不能殺害於物以助天故也○注迎其神也○正義曰恐迎猫虎之身故云迎其神而祭之○祭坊與水庸事也者是營爲所須之事故云事也坊者所以畜水亦以鄣水庸者所以受水亦以泄水謂祭此坊與水庸之神○

曰。土反其宅。水歸其壑。昆蟲毋作。草木歸其澤。此蜡祝辭也若辭同則祭同處可知矣壑猶坑也昆蟲暑生寒死螟螽之屬爲害者也○壑火各反祝之六反又之又反坑若衡反螟莫經反螽音終又作蝶皮弁素服而祭。素服。以送終也。葛帶榛杖。喪殺也。〔疏〕曰土至殺也○正義曰此以下皆蜡祭之祝辭土即坊也反歸也宅安也土歸其安則得不崩○水歸其壑者水即水庸壑坑坎也水歸其壑謂不汎溢昆蟲毋作者昆蟲螟螽之屬也得陰而死得陽而生故曰昆蟲毋作謂不爲災○草木歸其澤者草苦稗木榛梗之屬也當各歸生藪澤之中不得

生於良田害嘉穀也蜡祭乃是報功故亦因祈禱有此辭也一云祝辭言此神由有此功故令得報非祈禱也○注此蜡至可知矣○正義曰蜡有八神恐祭處各別故言則祭同處可知也陳辭有水土昆蟲草木者以其無知故特有辭也而先嗇之屬有知故不假辭也據此祭草木有辭則草木當有神八蜡不數之者以草木偏地皆是不如坊與水庸之屬各指一物故不數蜡之祭。仁之至。義之盡也。送終喪殺所謂老物也素服衣裳皆素○榛杖側巾反以榛木爲杖也殺所界反徐所例反注及下德之殺並同黃衣黃冠而祭。息田夫也。祭謂既蜡臘先祖五祀也於是勞農以休息之論語曰黃衣狐裘○臘力合反勞力報反〔疏〕蜡之至夫也○正義曰素服送終是仁恩也故云仁之至葛帶榛杖示陰氣喪殺斷割其理是義也故云義之盡也○注送終至皆素○正義曰送終喪殺所謂老物者按周禮籥章云國祭蜡則龡豳頌擊土鼓息老物以物老故素服物老將終故葛帶榛杖素服衣裳皆素者謂白素衣積素裳經直云素服以送終不云皮弁者從上省文也○注祭謂至狐裘○正義曰上云蜡此云祭故知既蜡臘先祖五祀對文蜡臘有別總其俱名蜡也故月令孟冬祈來年于天宗大割祠于公社及門閭臘先祖五祀鄭注云此周禮所謂蜡是也公於是勞農以休息之者即經文息田夫是也勞農王制文○野夫黃冠。黃冠草服也。言祭以息民服象其時物之色季秋而草木黃落○〔疏〕野夫至服也○正義曰此解上息田夫用黃衣黃冠之意田夫則野夫也野夫著黃冠黃冠是季秋之後草色之服故息田夫而服之也。○大羅氏。天子之掌鳥獸者也。諸侯貢屬焉。草笠而至。尊野服也。諸侯於蜡使使者戴草笠貢鳥獸也詩云彼都人士臺笠緇撮又曰其餉伊黍其笠伊糾皆言野人之服也○笠音立使使上音史下及下使者皆色吏反撮七活反又七括反餉始尚反糾居黝反羅氏致鹿與女。而詔客告也。以戒諸侯曰。好田好女者亡其國。詔使者使歸以此告其君所以戒之○好呼報反下好女可好皆同天子樹瓜華。不斂藏之種也。華果蓏也又詔以天子樹瓜蓏而已戒諸侯以蓄藏蘊財利也○蓏力果反蓄丑六反又許六反蘊於粉反○〔疏〕大羅至種也○正義曰此一節因上蜡祭廣釋歲終蜡時之事天子掌鳥獸之官謂大羅也謂爲大羅者鄭云能以羅捕鳥獸者也周禮羅氏掌羅烏鳥蜡則作羅襦鄭司農云襦細密之羅也解者云順秋冬殺物故羅氏用細密之羅網以捕禽鳥矣然周禮不云掌獸此云獸者以其受貢獸故也○諸侯貢屬焉者大羅氏既以羅爲名能張羅得鳥獸故四方諸侯有貢獻鳥獸於王者皆入屬大羅氏也○草笠而至者草笠以草爲笠也此諸侯所使貢獻鳥獸之使者著草笠而至王庭也○尊野服也者草笠是野人之服今歲終功成是由野人而得故重其事而尊其服○羅氏致鹿與女而詔客告也者詔亦告也客謂貢鳥獸之使者羅氏先受貢畢使者臨去羅氏又以鹿及女子致與使者而宣天子之詔於使者令使者反還其國以告戒其君故云詔客告也○以戒諸侯曰好田好女者亡其國者此宜詔所告之言也令使者還其國以如此告汝君曰不得好田獵及女色使國亡也言鹿是田獵所得之物女是亡國之女而王所以獲者

也故與之鹿女明以此爲戒也一云豈每國輒與女鹿邪正當羅氏以鹿與女示使者爾○天子樹瓜華不斂藏之種也者瓜今之瓜華果蓏也言天子唯樹瓜與果蓏所以唯樹植此瓜華者是供一時之食不是收斂久藏之種若其可久藏之物則不樹之不務蓄藏與民爭利令使者歸告其君亦當如此不得蓄藏與民爭利○注詩云至伊糾○正義曰彼都人士臺笠緇撮是小雅都人士篇也毛詩箋云臺夫須都人以臺夫須爲笠緇布爲冠云又曰其餉伊黍其笠伊糾者此周頌良耜之篇也引此二詩者證笠是野人所著之服○注戒諸至利也○正義曰天子可蓄聚斂藏之物既不種殖戒諸侯不可蓄藏蘊積財利也○八蜡以記四方。四方方有祭也四方年不順成。八蜡不通。以謹民財也。其方穀不熟則不通於蜡焉使民謹於用財蜡有八者先嗇一也司嗇二也農三也郵表畷四也貓虎五也坊六也水庸七也昆蟲八也順成之方。其蜡乃通。以移民也。移之言羨也詩頌豐年曰爲酒爲醴烝畀祖妣以洽百禮此其羨之與○移以豉反注同羨才箭反又辭見反烝之承反畀必利反妣必履反與音餘○既蜡而收。民息已。故既蜡。君子不興功。收謂收斂積聚也息民與蜡異則黃衣黃冠而祭爲臘必矣○既蜡而收絕句積聚並如字徐上音慈賜反下方樹反○〔疏〕八蜡至興功○正義曰此一節論天子蜡祭四方不同豐荒有異兼記臘祭宗廟息民之事各依文解之○八蜡以記四方者言蜡祭八神因以明記四方之國記其有豐稔有凶荒之異也○四方年不順成八蜡不通者謂四方之內年穀不得和順成熟則當方八蜡之神不得與諸方通祭所以然者以謹慎民財欲使不熟之方萬民謹慎財物也○順成之方其蜡乃通者因四方之內有順成之方其蜡之八神乃與諸方通祭所以然者以蜡祭豐饒皆醉飽酒食使民歆羨也皇氏以此一節皆據諸侯之國而爲蜡祭以記其功當國不成則不爲蜡成則爲蜡義亦通也○注蜡有至八也○正義曰鄭數八神約上文也王肅分貓虎爲二無昆蟲鄭數昆蟲合貓虎者昆蟲不爲物害亦是其功貓虎俱是除田中之害不得分爲二不言與故合爲一也○注詩頌至百禮○正義曰所引詩者周頌豐年之篇烝進也畀與也言豐年多黍多稌故爲酒醴進與祖妣謂烝嘗於廟之祭也○注息民至必矣○正義曰上文雖云黃衣黃冠而祭不云臘之與蜡似爲一此文云既蜡而收民息已先蜡後息民是息民爲臘與蜡異也前黃衣黃冠在蜡祭之下故知是臘也是以云爲臘必矣故月令臘在祈天宗之下但不知臘與蜡祭相去幾日唯隋禮及今禮皆蜡之後日經云既蜡不興功者謂不興農功若其土功則左氏傳云龍見而畢務戒事也火見而致用水昏正而栽日至而畢土功建亥之月起日至而畢也○恒豆之菹。水草之和氣也。其醢。陸產之物也。加豆。陸產也。其醢。水物也。此謂諸侯也天子朝事之豆有昌本麋臡茆菹麏臡饋食之豆有葵菹蠃醢豚拍魚醢其餘則有雜錯云也○菹爭居反醢音海麋音眉臡字又作臡乃兮反字林作腝人兮反茆音卯又力首反麏九倫反蠃力戈反拍音博籩豆之薦。水土之品也。不敢用常褻味而貴多品。所以交於神明之義也。非食味

之道也。言禮以異為敬○薦即見反又作薦同或作廌非○先王之薦可食也。而不可耆▲也。卷冕路車。可陳也。而不可好也。武壯。而不可樂也。宗廟之威。而不可安也。宗廟之器。可用也。而不可便其利也。所以交於神明者。不可以同於所安樂之義也。武萬舞也○耆市志反路本亦作輅音同樂皇音洛下同徐五孝反便婢面反徐比綿反酒醴之美。玄酒明水之尚。貴五味之本也。黼黻文繡之美。疏布之尚。反女功之始也。莞簟之安。而蒲越稾鞂之尚。明之也。大羹不和。貴其質也。大圭不琢。美其質也。丹漆雕▲幾之美。素車之乘。尊其樸也。貴其質而已矣。所以交於神明者。不可同於所安褻之甚也。如是而后宜。尚質貴本其至如是乃得交於神明之宜也明水司烜以陰鑑所取於月之水也蒲越稾鞂藉神席也明之者神明之也琢當為篆字之誤也幾謂漆飾沂鄂也○莞音官徐音丸簟六點反越音活注同稾又作藁古老反鞂簡八反徐古八反和胡臥反琢依注為丈轉反雕多調反又作彫幾巨依反注同乘時證反樸普角反烜音毀鑑古暫反藉字夜反沂魚斤反鄂五各反○鼎俎奇而籩豆偶。陰陽之義也。牲陽也庶物陰也○奇居宜反黃目。鬱氣之上尊也。黃者中也。目者氣之清明者也。言酌於中而清明於外也。黃目黃彝也周所重於諸侯為上也祭天掃地而祭焉。於其質而已矣。醓醢之美。而煎鹽之尚。貴天產也。割刀之用。而鸞刀之貴。貴其義也。聲和而后斷也。【疏】恒豆至斷也○正義曰此一節揔明祭祀籩豆酒醴莞簟尊彝醓醢鸞刀之屬明其尚質所用之宜自恒豆之菹至之道也偏明諸侯祭祀之禮○恒豆之菹者謂朝事恒常所薦之豆所盛之菹是水草和羹之氣若昌本茆菹是也其所盛之醢陸地所產之物也○加豆陸產也者謂祭未酳尸之後其菹陸地產生之物而為之若葵菹豚拍之屬是也○其醢水物也者加豆所盛之醢用水中之物若蠃醢魚醢是也○籩豆之薦水土之品也者其籩豆所薦之物或水或土所生品類也前文唯云豆此連言籩者籩是配豆之物所盛亦有水土所生也而周禮籩人云天子朝事之籩其實有𪎌蕡白黑則土所生也鮑魚則水物也但籩之所盛陸產甚多也○不敢用常褻味而貴多品者言所薦之物不敢用常褻美味貴其多有品類言物多而味不美也所以交於神明之義也非食味之道也者解所以物多不美之意所以交接神明之義取恭敬質素非如人事飲食美味之道

也○注此謂至云也○正義曰知此謂諸侯者以其與周禮天子豆物不同故知是諸侯也按醢人加豆謂尸食訖酳尸所加之豆則此恒豆者謂朝事及饋食俱為恒豆也諸侯以菹悉用水物醢則悉用陸產與天子不同故引天子朝事之豆以下不同之事以明之天子朝事之豆有昌本麋臡茆菹麋臡與此經同其菁菹鹿臡其菁菹非水物與此經異也天子饋食之豆有葵菹蠃醢豚拍魚醢與諸侯加豆不同其天子加豆有芹菹兔醢深蒲醓醢菭菹鴈醢筍菹魚醢芹菹與深蒲及菭菹等非陸產也鹿與醢醢非水物也與此經異也又天子饋食有蠯蚳醢蠯為水物亦與此經不同故鄭總云其餘則有雜錯是天子與諸侯異也○先王至義也○此以下揔明祭祀之物不可同於尋常安樂之義○而不可嗜者祭祀薦羞質而無味不可歆嗜○而不可好也者衮冕路車尊嚴不可尋常乘服以為榮好也○武壯而不可樂也者武是萬舞大武也以示壯勇之容不可常為娛樂○宗廟之威而不可安也者言宗廟尊嚴肅敬不可寢處其中以自安也○而不可便其利也者宗廟之器供事神明之道不可過便以為私利也○所以交於神明者不可以同於所安樂之義也是揔結上文○酒醴至后宜○此明祭祀所用之物不尚繁華皆取尚質貴本玄酒明水之尚者玄酒謂水也明水謂取於月中水也陳列酒尊之時明水在五齊之上玄酒在三酒之上是玄酒明水之尚謂尊尚其古故設尊在前也○疏布之尚者冪人云疏布冪八尊禮器云犧尊疏布冪是也○蒲越稾鞂之尚者凡常而居下莞上簟祭天則蒲越稾鞂之上也○明之也者釋所以祭天用蒲越稾鞂之意是神明之矣此祭天不敢用褻美味故用質也○丹漆雕幾之美素車之乘尊其樸也者雕謂刻鏤幾謂沂鄂言尋常車以丹漆雕飾之乘以為沂鄂而祭天以素車之乘者尊其樸素○貴其質而已矣者此一句包上酒醴以下諸事言祭祀之時不重華飾唯質素而已故用玄水疏布稾鞂之屬○所以交於神明者不可同於所安褻之甚也者解所以諸事貴質者以其交接神明不可同於尋常身所安褻之甚極也者若其安褻之不甚者亦得同之○如是而后宜者言尚質尚儉如是而后得交神明之義也○注尚質至鄂也○正義曰尚質則大羹不和大圭不琢素車之乘是也貴本則玄酒明水之尚及疏布之尚是也云明水司烜以陰鑑所取於月之水也者周禮秋官司烜氏文也云蒲越稾鞂藉神席也者今禮及隋禮稾鞂為祭天席蒲越為配帝席俱藉神也云幾謂漆飾沂鄂也者幾與織字相涉幾是纖限之所故以幾為沂鄂也○注牲陽也庶物陰也○正義曰按宗伯云以天產作陰德注云天產者動物謂六牲之屬也動物故為陽也庶物陰也者庶物雖出於牲體雜以植物相和非復牲之全體故為陰也然聘禮陳醯醢醯在碑東醢在碑西鄭云醯穀陽也醢肉陰也與此不同者醯是穀物所為其體清輕故為陽也醢是肉物所為肉有形質故為陰也文各有所對故不同也○黃目至外也○黃目黃彝也以黃金鏤其外以為目因取名也因將貯鬱鬯酒故云鬱氣也祭祀時列之最在諸尊之上故云上也故鄭注司尊彝云黃目以黃金為目是也○黃者中也目者氣之清明者也解用黃目之義也黃是中方色目是氣之清明者也○言酌於中而清明於外也者又解必用中及清明義也言酒清明在尊中而可斟酌示人君慮於祭事必斟酌盡於中也目在尊外而有清明示人君行祭必外盡清明絜淨也○注黃目至上也○正義曰按明堂位云夏后氏以雞彝殷以斝周以黃目是周所造也天子則黃彝之上有雞彝鳥彝備前代之器諸侯但有黃彝故云於諸侯為上也○祭天至斷也○此所論亦尚質及貴天產及聲和之義○貴天產也者餘物皆人功和合為之鹽則天產自然故云貴天產也言煎者煎此自然之鹽鍊治之也言煎鹽之尚者皇氏云設之於醯醢之上故云尚熊氏云煎鹽祭天所用故云尚義俱通也○貴其義也者言割刀之用必用鸞刀貴其聲和之義○聲和而后斷也者必用鸞刀取其鸞鈴之聲宮商調和而後斷割其肉也

○冠義。始冠之緇布之冠也。始冠三加先加緇布冠也○醮呼旁反本又作醮同斷丁亂反冠義古亂反下文注始冠冠而敝之而冠冠於阼而字之冠禮士禮冠皆同大古冠布。齊則緇之。其緌也。孔子曰。吾未之聞也。太古無飾非時人緌也雜記曰大白緇布之冠不緌大白即太古白布冠今喪冠也齊則緇之者鬼神尚幽闇也唐虞以上曰太古也○齊側皆反緌耳佳反上時掌反後以上皆同○冠而敝之可也。此重古而冠之耳三代改制齊冠不復用也以白布冠質以為喪冠也○敝本亦作弊婢世反徐又房列反弃也復扶又反適子冠於阼。以著代也。東序少北近主位也○適丁歷反近附近之近醮於客位。加有成也。每加而有成人之道也成人則益尊醮於客位尊之也○醮子妙反三加彌尊。喻其志也。始加緇布冠次皮弁次爵弁冠益尊則志益大也○冠而字之。敬其名也。重以未成人之時呼之○委貌。周道也。章甫。殷道也。毋追。夏后氏之道也。常所服以行道之冠也或謂委貌為玄冠也○毋追上音牟下多雷反○周弁。殷冔。夏收。齊所服而祭也○冔況甫反字林作絜火于反三王共皮弁素積。所不易於先代無大夫冠禮。而有其昏禮。古者五十而后爵。何大夫冠禮之有。言年五十乃爵為大夫也其有昏禮或改取也諸侯之有冠禮。夏之末造也。言夏初以上諸侯雖有幼而即位者猶以士禮冠之亦五十乃爵命也至其衰末未成人者多見篡弒乃更即位則爵命之以正君臣而有諸侯之冠禮○篡初患反弒音試天子之元子。士也。天下無生而貴者也。儲君副王猶云士也明人有賢行著德乃得貴也○行下孟反下德行同繼世以立諸侯。象賢也。賢者子孫恒能法其先父德行以官爵人。德之殺也。言德益厚官益尊也死而謚。今也。古者生無爵。死無謚。古謂殷以前也大夫以上乃謂之爵死有謚也周制爵及命士雖及之猶不謚耳今記時死則謚之非禮也○禮之所尊。尊其義也。言禮所以尊尊其有義也失其義。陳其數。祝史之事也。故其數可陳也。其義難知也。知其義而敬守之。天子之所以治天下也。言政之要盡於禮之義○【疏】冠義至下也○正義曰此一節揔明尊卑加冠因明官爵及禮義之意各依文解之○冠義者一節揔論初冠之義以儀

禮有士冠禮正篇此說其義故云冠義如下篇有燕義昏義與此同皇氏云冠義既明用緇布重古之義其說非也○始冠緇布之冠也者謂人之加冠必三加初始所加之冠緇布之冠也大古冠布齊則緇之者此釋有緇布冠之由大古之時其冠唯用白布常所冠也若其齊戒則染之爲緇今始冠重古先冠之也○其緌也孔子曰吾未之聞也者以緇布之冠古禮不合有緌而後世加緌故記者云其今世加緌非禮故引孔子之言云我未之聞也言未聞緇布冠有緌之事○冠而敝之可也者言緇布之冠初加暫用冠之罷冠則敝棄之可也以其古之齊冠後世不復用也○注始冠至冠也○正義曰鄭云此者解經始冠之義始冠者謂三加之時以緇布冠爲始故云先加緇布冠先加即始也○注大古至古也○正義曰大古無飾緇布冠無緌也云雜記曰大白緇布之冠不緌者孔子云吾未之聞是非駁時人加緌也引雜記文者證緇布冠無緌而玉藻云緇布冠繢緌則緇布冠有緌者皇氏云此經所論謂大夫士故緇布冠無緌諸侯則位尊盡飾故有緌也云大白即大古白布冠今喪冠也禮運云後世有絲麻雖絲麻同出尚質故用白布也云齊則緇之者見神尚幽闇也者謂祭前齊時著緇布冠正祭則著祭服有虞氏皇而祭是也云唐虞以上曰大古也者以下云三王共皮弁素積三王之前云大古故云唐虞以上曰大古與易之大古別也○注三代改制齊冠不復用也○正義曰唐虞既用之爲齊冠三代改唐虞之制齊冠不復用之以委貌章甫牟追三代去緇布冠其唐虞白布冠三代用之爲喪冠緇布冠既棄而不用所以詩彼都人士臺笠緇撮注云緇撮緇布冠者彼謂儉且質故著古冠耳○注東序至位也○正義曰按士冠禮冠者在主人之少北是近主位也其庶子則冠於房戶外南面○注醮於至之也○正義曰客位謂戶牖之間南面此謂適子也若夏殷醮用酒冠一加則一醮於客位周則用醴三加畢乃一醴於客位其庶子皆醮於房戶外位○三加彌尊喻其志也○言三加者初加緇布冠次加皮弁是益尊至三加爵弁是彌尊所以尊者曉喻其冠者之志意令其志意益大初加緇布冠欲其尚質重古次加皮弁欲其行三王之德後加爵弁欲其行敬事神明是志益大也○注始加緇布冠次皮弁次爵弁○正義曰此皆約士冠禮文按士冠禮三加者謂冠時三徧加冠也至冠日賓至而主人設冠身之席于阼階上近主人之北又設笄纚櫛具于席南冠身立于東房賓揖冠身出就位佐冠爲冠身梳頭著纚畢賓洗手爲正髻正髻畢往西階至第一等受取緇布冠還至冠席前既爲冠身著冠畢冠身起入東房著玄端玄裳士子皆隨其父朝夕之服朝用玄衣素裳夕用上士玄裳中士黃裳下士雜裳雜裳前黃後玄若大夫以上至天子當同上士玄裳也畢又揖冠身出就位就位畢賓又下西階至第二等受皮弁冠還爲冠身著冠然後又著爵弁其儀皆如緇布冠也○注重以至呼之○正義曰賀氏云重鄭也難未成人之時呼其名故以字代之按冠禮冠身既冠見母畢立于西階東南面賓東面字之曰伯某甫是也○委貌至素積○此下三代恒所服行道之冠然三代乃俱用緇布而其形自殊周爲委貌之形殷則爲章甫之形夏則爲毋追之形故云委貌周道也鄭注士冠禮委安也言所以安正容貌章明也殷質言所以表明丈夫毋發聲追猶推也夏后氏質以其形名之○周弁殷冔夏收者鄭注冠禮記云弁名出於槃槃大也言所以自光大冔名出於憮憮覆也言所以自覆飾也收言所以收斂髮也其制之異亦未聞○三王共皮弁素積者以其質素故三王同服無所改易也○注常所至冠也○正義曰行道謂養老燕飲燕居之服若視朝行道則皮弁也此云委貌而儀禮記稱玄冠故云或謂委貌爲玄冠○注齊所服而祭也○正義言齊及祭時所服也若三命以下齊祭同冠四命以上齊祭則異冠委貌一條論三加始加之冠周弁一條論第三所加之冠皮弁一條論第二所加之冠在後言皮弁者以其三王共同故在後言之○無大至之有○前所明悉士禮故無大夫冠禮也所以然者二十而冠五十爵爲大夫故無大夫冠禮也然四十強而仕亦應無士冠禮而云士有冠禮者士是有識之目故立禮悉用士爲正所以五等並依士禮冠子也若試爲大夫者亦用士禮故鄭注冠禮記云周之初禮年未五十而有賢才者試以大夫之事猶服士服行士禮○而有其昏禮者言有大夫昏禮也然禮三十而昏五十乃爲大夫亦應無大夫昏禮而云有者是改取也○古者五十而后爵何大夫冠禮之有者記者覆解無大夫冠禮所由也○注言夏至冠禮○正義曰諸侯雖有幼而即位者猶以士禮冠之知用士禮者以儀禮冠禮是士之正禮於冠禮之末云公侯之有冠禮夏之末造也者明夏初以前諸侯未有冠禮與士冠同其夏末以來諸侯有冠禮與士禮異故大戴禮有公冠篇加玄冕爲四加也皇氏云諸侯亦三加與大戴禮違其義非也此經直明諸侯不云天子又下云天子之元子猶與士同則天子與士異也然則天子冠禮其來已久但無文以言之玉藻云玄冠朱組纓天子之冠也鄭注云始冠之冠也是天子別有冠禮○注儲君至貴也○正義曰此文繫冠禮之下皇氏云天子元子唯冠同於士其餘則與士不同也故喪服諸侯之兄弟得行大夫之禮也○繼世以立諸侯象賢也者○此釋夏末以來有諸侯冠禮之意也○以官爵人德之殺也者○此明所以無大夫冠義也言官爵之授隨德隆殺也大夫以上雖以德授爵猶無冠禮兼明士又德薄而無爵也○死而至無謚○此一經明士禮此是士冠禮記之文也以士爲主故此論士死而加謚是爲記之時加謚故云今也○古者生無爵死無謚者古謂殷以前士生時無爵謂爵不及也死時無謚謂不制謚也○注周制至謚耳○正義曰按典命云小國之君其卿三命其大夫再命其士一命士既有命命即爵也故知爵及命士猶不謚者檀弓云士之有誄自此始也既從縣賁父卜國爲始明以前無誄也無誄即無謚也○禮之至下也○此經所論因上論冠義下論昏義故記入因上起下於中說重禮之義也禮之所尊尊其義也者言禮之所以可尊重者尊其有義理也○失其義陳其數祝史之事也者若不解禮之義理是失其義惟知布列籩豆是陳其數其事輕故云祝史之事也○故其數可陳其義難知也者謂籩豆事物之數可布陳以其淺易故也其禮之義理難以委知以其深遠故也○知其義而敬守之天子所以治天下也者言聖人能知其義理而恭敬守之是天子所以治天下也

○天地合。而后萬物興焉。目禮之義夫昏禮。萬世之始也。取於異姓。所以附遠厚別也。同姓或取多相褻也○取音娶本又作娶遠皇于萬反別兵列反下及注皆同幣必誠。辭無不腆。誠信也腆猶善也○腆大典反告之以直信。直猶正也此二者所以教婦正直信也信。事人也。信。婦德也。事猶立也○信事側吏反又如字注同壹與之齊。終身不改。故夫死不嫁。齊謂共牢而食同尊卑也齊或爲醮男子親迎。男先於女。剛柔之義也。天先乎地。君先乎臣。其義一也。先謂倡道也○迎魚敬反先悉見反下及注同倡昌亮反道音導○執摯以相見。敬章別也。言不敢相褻也摯所奠鴈也○贄音至本亦作摯○男女有別。然後父子親。父子親。然後義生。義生。然後禮作。禮作。然後萬物安。言人倫有別則氣性醇也無別無義。禽獸之道也。言聚麀之亂類也○麀音憂○壻親御授綏。親之也。親之也者。親之也。言已親之所以使之親已敬而親之。先王之所以得天下也。先王若太王文王○出乎大門而先。男帥女。女從男。夫婦之義。由此始也。先者車居前也○出乎大門而先如字絕句又悉遍反○婦人從人者也。幼從父兄。嫁從夫。夫死從子。從謂順其教令夫也者。夫也。夫也者。以知帥人者也。夫之言丈夫也夫或爲傅○知音智玄冕齊戒。鬼神陰陽也。將以爲社稷主。爲先祖後。而可以不致敬乎。玄冕祭服也陰陽謂夫婦也共牢而食。同尊卑也。故婦人無爵。從夫之爵。坐以夫之齒。爵謂夫命爲大夫則妻爲命婦器用陶匏。尚禮然也。此謂大古之禮器也三王作牢。用陶匏。言大古無共牢之禮三王之世作之而用太古之器重夫婦之始也厥明。婦盥饋。舅姑卒食。婦餕餘。私之也。私之猶言恩也○盥音管饋其位反一本無婦盥饋三字餕音俊○舅姑降自西階。婦降自阼階。授之室也。明當爲家事之主也昏禮不用樂。幽陰之義也。樂。陽氣也。幽深也欲使婦深思其義不以陽散之也昏禮不賀。人之序也。序猶代也

〔疏〕天地至序也○正義曰此一節論聖人重昏禮之事各依文解之○天地合而后萬物興焉者言天氣下降地氣上騰天地合配則萬物生焉若夫婦合配則子胤生焉此與下昏禮爲目故鄭云目禮之義也皇氏云禮之所尊尊其義也以下結上爵德之事其義非也○所以附遠厚別也者取異姓者所以依附相疏遠之道厚重分別之義不欲相褻故不取同姓也○幣必至德也幣必誠者誠謂誠信幣帛必須誠信使可裁制勿令虛濫○辭無不腆者腆善也謂之傳辭無自謙退云幣不善不詐飾也告之以直信者所以幣必信辭必直欲告戒婦人以正直誠信也○信事人也者事立也言婦人立身之道非信不立信婦德也者言貞信是婦人之德○注此二至信也○正義曰二者謂辭也幣也辭不虛飾是正也幣不濫惡是信也故昏禮記云辭無不腆皮帛必可制鄭注云賓不稱幣不善此二者正也信也下唯云信事人信婦德不云正者正是信之小別信則兼之○執摯以相見敬章別也者摯鴈也章明也壻親迎入門而先奠鴈然後乃與婦相見是先行敬以明夫

婦禮有分別不妄交親○壻親至之也○按昏禮婦降自西階壻親御婦車授綏是壻親御授綏也○親之也者謂壻御婦車授綏欲親愛於婦也故云親之也○言壻所以親其婦者欲令婦之親已也故云親之也者親之也○玄冕至敬乎○玄冕齊戒廣陳敬事也玄冕謂助祭之服也五冕通玄故合爲玄冕也今用助祭之服以親迎也齊戒者齊戒自整勑也○鬼神陰陽也者陰陽謂夫婦也著祭服而齊戒親迎是敬此夫婦之道如事鬼神故云鬼神陰陽也將以爲社稷主爲先祖後而可以不致敬乎者釋所爲重故宜用敬所以冕而親迎也妻爲內主故有國者是爲社稷內主也始此嗣廣後世故云先祖後也明如此之重可以不致敬乎言宜敬也○注玄冕祭服也○正義曰按昏禮士昏用上服以爵弁○是士服之上服者則天子以下皆用上服以五冕色俱玄故揔稱玄冕也器用陶匏尚禮然也者謂共牢之時俎以外其器但用陶匏而已此乃貴尚古之禮自然也陶是無飾之物匏非人功所爲皆是天質而自然也○厥明至序也○厥其也其明謂共牢之明日也舅姑卒食謂明日婦見舅姑訖婦乃盥饋以特豚舅姑食特豚之禮竟也食餘曰餕婦餕餘謂舅姑食竟以餘食與之也而禮本亦有云厥明婦盥饋者也○私之也者解婦餕餘之義也私猶恩也所以食竟以餘食賜婦者此示舅姑相恩私之義也○舅姑降自西階婦降自阼階授之室也者謂適婦也婦見餕餘之禮畢舅姑從賓階而下婦從主階而降是示授室與婦之義也按昏禮既昏之後夙興贊見婦于舅姑席于阼舅即席席于房外南面姑即席婦執笲棗栗奠于舅席又執腶脩奠于姑席訖贊者醴婦席于戶牖間贊者酌醴以醴婦薦脯醢婦受醴畢取脯醢降出授人于門外舅姑入于室共席于奧婦盥饋特豚無魚腊無稷卒食一酳席于北墉下婦徹設於席前婦即席餕姑之餘卒食姑酳之此士禮也其大夫以上牲牢則異也○昏禮不用樂幽陰之義也樂陽氣也昏禮所以不用樂者幽深也欲使其婦深思陰靜之義以脩婦道樂陽氣也者陽是動散若其用樂則令婦人志意動散故不用樂也

○有虞氏之祭也。尚用氣。血。腥。爓祭。用氣也。尚謂先薦之。爓或爲腝。○腝直輒反。殷人尚聲。臭味未成。滌蕩其聲。樂三闋。然後出迎牲。聲音之號。所以詔告於天地之間也。滌蕩猶搖動也。○滌音狄。徐又同弔反。三如字。徐息暫反。周人尚臭。灌用鬯臭。鬱合鬯。臭陰達於淵泉。灌以圭璋。用玉氣也。既灌。然後迎牲。致陰氣也。蕭合黍稷。臭陽達於牆屋。故既奠。然後焫蕭合羶薌。灌謂以圭璋酌鬯始獻神也。已乃迎牲於庭殺之。天子諸侯之禮也。奠謂薦孰時也。特牲饋食所云祝酌奠于鉶南是也。蕭薌蒿也。染以脂合黍稷燒之。詩云取蕭祭脂。羶當爲馨聲之誤也。奠或爲薦。○灌用鬯臭絕句。或以鬯字絕句。鬱字又作鬰同。合鬯絕句。焫如悅反。下音蕭。合如字。徐音閤。羶依注同馨許經反。薌音香。薦在且反。鉶音刑。蒿呼毛反。染如琰反。羶當失然反。凡祭慎諸此。魂氣歸于天。形魄歸于地。故祭求諸陰陽之義也。殷人先求諸陽。周人先求諸陰。此其所以先後異也。詔祝於室。坐尸於堂。謂朝事時也。朝事延尸于戶西南面。布主席東面。取牲膟膋燎于爐炭。先肝于鬱鬯而燔之。入以詔神於室。又出以墮于主。主人親制其肝。所謂制祭也。時尸薦以籩豆。至薦孰。乃更延主于室之奧。尸來升席自北方。坐于主北焉。○祝之六反。下及注並同。又之又反。膟音律。膋力彫反。燎力妙反。又力弔反。下同。墮許恚反。或許垂反。奧烏報反。用牲於庭。升首於室。制祭之後。升牲首於北墉下。尊首尚氣也。○墉音容。直祭祝于主。謂薦孰時也。如特牲少牢饋食之爲也。直。正也。祭以孰爲正。則血腥之屬盡敬心耳。索祭祝于祊。索。求神也。廟門曰祊。謂之祊者。以於繹祭名也。不知神之所在。於彼乎。於此乎。室與堂與。○室與堂與。並音餘。下遠者與同。本作室與堂也與。則如字讀。或諸遠人乎。祭于祊。尚曰求諸遠者與。尚。庶幾也。○遠人。徐于萬反。祊之爲言倞也。倞猶索也。倞或爲諒。○倞音諒。所之爲言敬也。爲尸有所俎。此訓也。○所音祈。爲尸于僞反。富也者。福也。人君嘏辭有富。此訓之也。或曰福也者。備也。○嘏古雅反。首也者。直也。訓所以升首祭也。直或爲犆。犆也。○犆徒得反。相饗之也。相謂詔侑尸也。詔侑尸者。欲使饗此饌也。特牲饋食禮曰主人拜妥尸。尸荅拜執奠。祝饗。○相息亮反。注及下之相并注同。侑音又。妥他果反。嘏。長也。大也。主人受祭福曰嘏。此訓也。○長直良反。徐知兩反。尸。陳也。尸或詁爲主。此尸神象。當從主訓之。言陳非也。○詁音古。毛。血。告幽全之物也。幽謂血也。告幽全之物者。貴純之道也。純謂中外皆善。血祭。盛氣也。祭肺肝心。貴氣主也。氣主。氣之所舍也。周祭肺。殷祭肝。夏祭心。祭黍稷加肺。祭齊加明水。報陰也。謂綏祭也。明水。司烜所取於月之水也。齊。五齊也。五齊加明水。則三酒加玄酒也。○齊才細反。注及下涚齊并注同。綏許恚反。取膟膋燔燎升首。報陽也。膟膋。腸間脂也。與蕭合燒之。亦有黍稷也。明水涚齊。貴新也。涚猶清也。五齊濁。泲之使清。謂之涚齊。及取明水。皆貴新也。周禮幭氏以涚水漚絲。涚齊或爲洗齊。○說齊。始銳反。字又作涚。泲子禮反。下同。幭莫剛反。漚烏豆反。洗本又作洒。同。凡涚。新之也。新之者敬也。其謂之明水也。由主人之絜著此水也。著猶成也。言主人齊絜。此水乃成可得也。○齊側皆反。篇末文注同。君再拜稽首。肉袒親割。敬之至也。敬之至也。服也。拜。服也。稽首。服之甚也。肉袒。服之盡也。割解牲體。祭稱孝孫孝子。以其義稱也。謂事祖禰。稱曾孫某。謂國家也。謂諸侯事五廟也。於曾祖以上稱曾孫而已。祭祀之相。主人自致其敬。盡其嘉。而無與讓也。相謂詔侑尸也。嘉。善也。腥。肆。爓。腍。祭。豈知神之所饗也。主人自盡其敬而已矣。治肉曰肆。腍。孰也。爓或爲腝。○肆勑歷反。注同。腍而審反。腝直輒反。舉斝角。詔妥尸。古者尸無事則立。有事而后坐也。尸。神象也。祝。將命也。妥。安坐也。尸始入。舉奠斝若奠角。將祭之。祝則詔主人拜安尸。使之坐。尸即至尊之坐。或時不自安。則以拜安之也。天子奠斝。諸侯奠角。古謂夏時也。○斝古雅反。坐才臥反。縮酌用茅。明酌也。謂泲醴齊以明酌也。周禮曰。醴齊縮酌。五齊醴尤濁。和之以明酌。泲之以茅。縮去滓也。明酌者。事酒之上也。名曰明者。事酒。今之醳酒。皆新成也。春秋傳曰。爾貢包茅不入。王祭不共。泲以酌酒。酌猶斟也。酒已泲。則斟之以實尊彝。昏禮曰。酌玄酒三注于尊。凡行酒亦爲酌也。○縮所六反。注同。齊才細反。下皆同。去起呂反。醳音亦。共音恭。斟章金反。彝音夷。注之樹反。醆酒涚于清。謂泲醆酒以清酒也。醆酒。盎齊。盎齊差清。和之以清酒。泲之而已。泲盎齊必和以清酒者。皆久味相得。○醆側產反。盎烏浪反。差初賣反。又初佳反。汁獻涚于醆酒。謂泲秬鬯以醆酒也。獻讀當爲莎。齊語聲之誤也。秬鬯者。中有煑鬱。和以盎齊。摩莎泲之。出其香汁。因謂之汁莎。不以三酒泲秬鬯者。秬鬯尊也。○汁之十反。獻依注爲莎。素何反。下注同。猶明清與醆酒于舊澤之酒也。猶若也。澤讀爲醳。舊醳之酒。謂昔酒也。泲醴齊以明酌。泲醆酒以清酒。泲汁獻以醆酒。天子諸侯之禮也。天子諸侯禮廢時。人或聞此而不審知。云若今明酌清酒與醆酒以舊醳之酒泲之矣。就其所知以曉之也。泲清酒以舊醳之酒者。爲其味厚腊毒也。○澤依注讀爲醳。音亦。徐詩石反。爲其于僞反。腊毒上音昔。隱義云。腊。久也。久酒有毒。祭有祈焉。有報焉。祈猶求也。謂祈福祥。求永貞也。報謂若穫禾報社。有由辟焉。由。用也。辟讀爲弭。謂弭災兵。遠罪疾也。○辟依注作弭。亡婢反。遠于萬反。齊之玄也。以陰幽思也。故君子三日齊。必見其所祭者。齊三日者。思其居處。思其笑語。思其志意。思其所樂。則見之也。

【疏】有虞至祭者。○正義曰。此一節總論祭祀之事。各依文解之。○有虞氏之祭也尚用氣者。尚謂貴尚。其祭祀之時。先薦用氣物也。○血腥爓祭用氣也者。此解用氣之意。血謂祭初以血詔神於室。腥謂朝踐薦腥肉於堂。爓謂沈肉於湯。次腥亦薦於堂。祭義云。爓祭。祭腥而退是也。今於堂以血腥爓三者而祭。是用氣也。以其並未熟。故云用氣也。○注尚謂先薦之。○正義云。言先薦者。對合亨饋熟爲先也。此虞氏尚氣。殷人尚聲。周人尚臭。皆謂四時常祭也。若其大祭祫。周人仍先用樂也。故大司樂云。若樂九變。則人鬼可得而禮矣。鄭云。先奏是樂以致其神。而後祼焉。推此言之。虞氏大祭亦先作樂也。故鄭注大司樂引虞書云。戛擊鳴球。搏拊琴瑟以詠。祖考來格。簫韶九成。鳳凰來儀。此宗廟九奏之效。此虞氏大祭與周同。樂九奏。夏殷大祭雖無文。或當與周同。熊氏以爲殷人先求諸陽。謂合樂在灌前。周人先求諸陰。謂合樂在灌後。與降神之樂別。熊氏又云。凡大祭並有三始。祭天以樂爲致神始。以煙爲歆神始。以血爲陳饌始。祭地以樂爲致神始。以腥爲歆神始。以血爲

陳饌始祭宗廟亦以樂為致神始以灌為歆神始以腥為陳饌始義或然也按禮宗廟之祭先薦血後薦腥熊云宗廟腥為陳饌始於義未安也熊氏又云社稷以下之祭皆有三始於義非也○殷人至間也○殷人尚聲者帝王革異殷不尚氣而尚聲謂先奏樂也不言夏或從虞也○臭味未成滌蕩其聲者臭味未成謂未殺牲也滌蕩猶搖動也殷尚聲故未殺牲而先搖動樂聲以求神也樂三闋然後出迎牲者闋止也奏樂三徧止乃迎牲入殺之○聲音之號所以詔告於天地之間也者解所以先奏樂之義言天地之間虛豁亦陽也言鬼神在天地之間聲是陽故用樂之音聲號呼告於天地之間庶神明聞之而來是先求陽之義也○周人至羶薌○周人尚臭者周禮變於殷故先求陰尚臭也○灌用鬯臭者臭謂鬯氣也未殺牲先酌鬯酒灌地以求神是尚臭也○鬱合鬯者鬱鬱金草也鬯謂鬯酒煮鬱金草和之其氣芬芳調鬯也又以擣鬱汁和合鬯酒使香氣滋甚故云鬱合鬯也鄭注鬱人云鬱鬱金香草宜以和鬯盧云言取草芬芳香者與秬黍鬱合釀之成必為鬯也馬氏說鬱草名如鬱金香草合為鬯也庾氏讀句則云臭鬱合鬯○臭陰達於淵泉者用鬱鬯灌地是用臭氣求陰達於淵泉也○灌以圭璋用玉氣也者王肅云以圭璋為瓚之柄也瓚所以斞鬯也玉氣絜潤灌用玉瓚亦求神之宜也玉氣亦是尚臭也周言用玉則殷不用圭瓚○既灌然後迎牲者先求神後迎牲也○致陰氣也者解所以先灌是先求陰也先致氣於陰故云致陰氣也蕭合黍稷者周人後求陽也取蕭草及牲脂膋合黍稷燒之也此謂饋食時也○臭陽達於牆屋者謂以蕭合黍稷之臭氣求陽達於牆屋也○故既奠然後焫蕭合羶薌者明上焫蕭之時節也既奠謂薦熟時也堂上事尸竟延尸戶內更從此始也於薦熟時祝先酌酒奠於鉶羹之南訖尸未入於是又取香蒿染以腸間脂合黍稷燒之於宮中此又求諸陽之義也馨香謂黍稷○注天子至燒之○正義曰知此經所云天子諸侯禮者以儀禮少牢特牲是大夫士之禮無臭鬱灌鬯之事故也云奠謂薦熟時也特牲饋食禮所云祝酌奠于鉶南是也者尸未入之前當饋孰之始饋孰有黍稷此云蕭合黍稷既奠然後焫蕭故知當饋孰之時也云染以脂合黍稷燒之者此云蕭合黍稷是蕭與黍稷合詩云取蕭祭脂是蕭與脂合也故知有蕭及脂黍稷合馨香也○詔祝至於堂○詔祝於室謂朝事時也詔告也祝呪也天子諸侯朝事之時坐尸於堂戶西南面坐主在西方東面尸主之前則薦用籩豆也祝乃取牲膟膋燎於爐炭入告神於室又出隨於主當此時王乃親洗肝於鬱鬯而燔之以制於主前令云詔祝於室是燎於爐炭入告於室也○坐尸於堂者既灌鬯之後尸出堂坐戶西而南面也○注謂朝至北焉○正義曰謂朝事時者以下云用牲於庭升首於室此云詔祝於室當報牲之初故知當朝事時也云朝事延尸于戶西南面布主席東面取牲膟膋燎於爐炭洗肝于鬱鬯而燔之者此等並於堂上而燔燎之故始云入以詔神明以前在堂也云入以詔神於室又出以隨於主前者隨謂隨祭也謂分減肝膋以祭主前也云主人親制其肝所謂制祭也者制割也謂割其肝而不相離按禮器云君親制祭夫人薦盎此云詔祝於室下云用牲於庭故知制祭當此節也云時尸薦以籩豆者即是朝事籩豆也云至薦熟乃更延主于室之奧者約少牢特牲饋食在奧室也云尸來升席自北方坐于主北焉者以在奧東面以南為尊主尊故在南主既居南故尸來升席自北方也尸主各席故朝事延尸於戶外尸南面主席于東面是也鄭之此注雖參禮記及少牢特牲而言之亦約漢時祭宗廟之禮言也故其事委曲也○注制祭至氣也○正義曰知在制祭後

者熊氏云見下文升首在燔燎下故知在制祭後也又知在北墉下者見下云升首以報陽明是當戶北墉可知此升首非說有虞氏祭以首者故羊人云祭祀割羊牲登其首則三牲之首皆升也○直祭祝于主○直正也祭以薦熟為正言薦熟正祭之時祝官以祝辭告于主若儀禮少牢敢用柔毛剛鬣用薦歲事于皇祖伯某是也○注謂薦至心耳○正義曰知薦熟時者以上文云詔祝於室次云用牲於庭升首於室下云索祭祝于祊以文次之知此當薦熟之節也○索祭祝于祊○索求也廣博求神非但在廟又為求祭祝官行祭在於祊也祊謂廟門祭于廟門凡祊有二種一是正祭之時既設祭於廟又求神於廟門之內詩楚茨云祝祭于祊注云祊門內乎生待賓客之處與祭同日也二是明日繹祭之時設饌於廟門外西室亦謂之祊即上文云祊之于東方注云祊之禮宜于廟門外之西室是也今此索祭于祊當是正祭日之祊矣知者禮器云為祊乎外以其稱外故注云祊祭明日之繹祭鄭又注上祊之于東方云祊之禮宜於廟門外之西室此經直云祊不云外又注直云廟門曰祊亦不云外是據正祭日祊也故下云所之為言敬也相饗之也假大也血毛告幽全之物是皆據正祭之日明此祊亦正祭日○注廟門至名也○正義曰廟門曰祊爾雅釋官文云謂之祊者以於繹祭名也者此既正祭日於廟門內求神應摠稱云廟而謂之祊者以祊是廟門明日繹祭稱祊雖今日之正祭假以明日繹祭祊名同稱之曰祊也○不知神之所在於彼乎於此乎者○此解正祭在廟之時或設饌在室或設饌在堂不知神之所在之處為於彼室乎為於此堂乎故兩處設饌也○或諸至者與○此解索祭為祊之時或者遠人乎者諸是語辭其神靈或遠離於人不在廟乎○祭于祊尚曰求諸遠者與者尚是庶幾也言正祭之時祭於廟門祊者庶幾求於遠處者與言於遠處求神也○祊之至陳也○此皆訓祭祀所為之事○注為尸有所俎○正義曰按特牲少牢設饌之後尸祭饌訖祝取牢心舌載于所俎設于饌北尸每食牲體反置于所俎是主人敬尸之俎也○注人君至備也○正義曰少牢云皇尸命工祝承致多福無疆于女孝孫使女受祿于天宜稼于田眉壽萬年勿替引之此是大夫嘏辭也人君則福慶之辭更多故詩楚茨云永錫爾極時萬時億卜爾百福如幾如式是也○注訓所至殖也○正義曰經云首者直也直正也言首為一體之正○相饗之也相謂詔侑所以立祝詔侑尸者欲尸歆饗此饌○注特牲至祝饗○正義曰引特牲者證饗尸時節延尸初入主人拜妥尸尸答拜訖執此鉶南之奠祝則設辭以饗之欲尸饗此奠也尸遂祭與啐之嘏長也大也○尸嘏主人欲使長久廣大也○注尸或至非也○正義曰此經尸為陳諸本尸為主尸是神象當從主主是人所主事陳是器物陳列今訓之為陳故云非也○毛血至道也○此謂祝初薦血毛於室時也血是告幽之物毛是告全之物告幽者言牲體肉裏美善告全者牲體外色完具所以備此告幽全之物者貴其牲之純善之道也故鄭云純謂中外皆善言中善則血好外善則毛好也○血祭至主也此是堂上制祭後又薦血腥時也○祭肺肝心貴氣主也此三者並為氣之宅故祭時先用之是貴於氣之主故也血是氣之所舍故云盛氣也三者非即氣故云氣之主也○祭黍至水也○祭黍稷加肺者謂尸既坐綏祭之時祭黍稷加之以肺言兼肺而祭故云加肺也○祭齊加明水者謂於正祭之時陳列五齊之尊上又加明水之尊故云祭齊加明水也○報陰也者解加肺加明水之意肺是五臟在內水又屬北方皆是陰類又親形魄歸地是陰以陰物祭之故云報陰也○取膟膋燔燎升首者此謂朝踐時祝取膟膋燎于爐炭入

以告神於室出以綏於主前又升首於室至薦孰之時祝更取膟膋及蕭以黍稷合燒之是臭陽達於牆屋也○報陽也者言膟膋黍稷並是陽氣之物首又是牲體亦是陽親之魂氣在天為陽今以陽物祭之故云報陽也○明水涚齊貴新也者明水謂以陰鑑取月中之水也涚猶清也謂沛五齊使清故云涚齊所以設明水及涚齊者貴其新潔之義也○凡涚新之也者釋涚齊之意言所以涚此齊者以敬於鬼神故新潔之也○其謂之明水也由主人之潔著此水也者此釋明水之意所以謂之清明之水者著成也由主人清潔成就此水乃成可得而用也○注祭黍至酒也○正義曰祭黍稷加肺謂綏祭者按特牲禮云祝命綏祭尸左執觶右取菹摸于醢祭于豆間佐食取黍稷肺祭授尸尸祭之是尸綏祭之時有黍稷肺也少牢亦然皇氏以為尸綏祭之時無黍稷至主人綏祭之時乃有黍稷解此祭為主人綏祭也違背儀禮正文其義非也云五齊加明水則三酒加玄酒也者崔氏云五齊尊上加明水之尊五齊重明水亦重故加明水三酒輕玄酒亦輕故云三酒加玄酒也此云玄酒對明水直謂水也若總而言之明水亦名玄酒故禮運云玄酒在室及司烜注云明水以為玄酒是也此經祭齊加明水之文謂總據祭時而用五齊非謂綏祭之時也故鄭云祭黍稷加肺謂綏祭不云祭齊也按儀禮綏祭之後亦祭酒必知此祭齊非綏祭者以鄭云三酒加玄酒三酒本非綏祭之用故也○注與蕭至稷也○正義曰凡祭血腥之時已有膟膋燔燎故前文詔祝於室鄭注云取牲膟膋燎于爐炭洗肝于鬱鬯而燔之是也至薦熟之時又取膟膋而燔之故上經云蕭合黍稷故既奠然後焫蕭合馨香故鄭此注云與蕭合燒之謂饋熟時也云亦有黍稷也者非但有蕭與膟膋兼有黍稷故云亦也○敬之至盡也○敬之至也服也者言君所以再拜稽首肉袒者是恭敬之至極恭敬之至極乃是服順於親也此摠結上再拜稽首肉袒之文下又各釋拜稽首肉袒之事○拜服也者釋再拜之文拜者是服順於親也○稽首服之甚也者釋稽首之文拜既是服而稽首頭至於地是服之甚極也肉袒服之盡也者釋肉袒之文言心雖內服外貌不盡今肉袒去飾是服之竭盡也○祭稱至家也熊氏云祭稱孝孫對祖為言稱孝子對禰為言○以其義稱也者義宜也事祖禰宜行孝道是以義而稱孝也○稱曾孫某謂國家也者國謂諸侯家謂卿大夫既有國家之尊不但祭祖禰而已更祭曾祖以上但自曾祖以上唯稱曾孫而已言已是曾重之孫○注謂諸至而已○正義曰熊氏云經既稱國家則兼諸侯及大夫今注直云諸侯者注文略也大夫三廟亦事曾祖而得稱曾孫也其諸侯大夫事祖禰之時亦稱孝子孝孫事曾祖以上雖是內事則同於外稱故下曲禮云諸侯內事曰孝子某侯某外事曰曾孫某侯某是也此記不云某侯者略也上士二廟祖禰各一廟中下士一廟祖禰共廟前經注云謂祖禰據上士也○祭祀至讓也○解為相之法也相謂詔侑也嘉善也庾氏云賓主之禮相告以揖讓之儀祭祀之禮則是主人自致其敬盡其善故詔侑尸者不告尸以讓是其無所與讓也○腥肆至已矣腥肆爓腍祭者肆剔也腍熟也言祭或進腥體或薦解剔或進湯沈或薦煮熟故云腥肆爓腍祭也○豈知神之所饗也主人自盡其敬而已矣者四種之薦豈知神適所饗邪正是主人自盡敬心而求索之心不一耳○舉斝至命也○舉角爵名也天子曰斝諸侯曰角若依此則饋食薦熟之時尸未入祝先奠斝于鉶南尸入即席而舉之如特牲禮陰厭後尸入舉奠焉也但云舉斝角恐非周禮耳崔云是周也○詔妥尸者詔告也妥安也尸始即席舉奠舉角之時既始即席至尊之坐未敢自安而祝當告主人拜尸使尸安

坐也○古者尸無事則立有事而后坐也者古夏時也夏立尸唯有飲食之事時乃坐若無事則倚立也由世質故耳○尸神象也者尸是神象故無事則立有事而后坐也○祝將命也者祝以傳達主人及神之辭令也○縮酌至酒也○正義曰此一節記人揔釋周禮司尊彝泲二齊及鬱鬯之事○縮酌用茅明酌也者縮泲也酌是斟酌謂醴齊既濁泲而後可斟酌故云縮酌也用茅者謂泲醴齊之時而用茅也明酌也者謂事酒之上酒色清明謂之明酌言欲泲醴齊時先用明酌和此醴齊然後用茅泲之不云泛齊者與醴齊同○注謂泲至酌也○正義曰謂泲醴齊以明酌者言泲醴齊之時以明酌和之引周禮醴齊縮酌者證此經縮酌是醴齊也云五齊醴尤濁者以醴比盎齊醍齊沈齊以次漸清故云尤濁其實泛齊亦濁也云明酌者事酒之上也者周禮三酒一曰事酒二曰昔酒三曰清酒三酒之中事酒尤濁三齊之內醴齊尤濁醆酒清於醴齊清酒又清於事酒故知以事酒泲醴齊也明謂清明故知是事酒之上清明者也云事酒今之醳酒皆新成也者言古之事酒正是漢之醳酒事酒與醳酒皆是新作而成故鄭注周禮云事酒酌有事者之酒謂為事而新作者醳是和醳醞釀之名即今卒造之酒也引春秋傳者僖四年左傳文證此用茅是縮酒也云酒已泲則斟之以實尊彝者以別器泲之泲訖取之以實尊彝也言彝者通鬱鬯而言也引昏禮曰酌玄酒三注于尊者證實尊稱酌之意云凡行酒亦為酌也者言非但實尊為酌凡以爵行酒亦為酌故儀禮鄉飲酒燕禮賓爵與人皆稱為酌也○醆酒涚于清醆酒盎齊也涚泲也謂泲之以清酒盎齊差清先和以清酒而後泲之泲謂泲漉也以其差清不用茅其醍齊沈齊泲之與醆酒同鄭注司尊彝云泛從醴緹沈從盎此記不言五齊獨舉醴盎二齊者以司尊彝涚時祭二齊三酒與鬱故此言記者釋之天子時祭所用尤多故特言之○注醆酒至相得正義曰醆酒盎齊者周禮云盎齊涚酌此云醆酒涚于清涚文是同又周禮醴齊之後有盎齊禮運醴後有醆故知醆謂盎齊也云皆久味相得者盎齊既清作之必久清酒又冬釀接夏而成故云皆久味相得也○汁獻涚于醆酒獻謂摩莎涚謂泲也秬鬯之中既有煮鬱又和以盎齊摩莎泲之出其香汁是汁莎泲之以醆酒也○注不以至尊也○正義曰既以事酒泲醴齊清酒泲盎齊則泲秬鬯應亦用三酒今泲秬鬯乃用盎齊故曰不以三酒泲秬鬯者秬鬯尊以其尊故用五齊泲之五齊卑故用三酒泲之事相宜也○猶明清與醆酒于舊澤之酒也○猶若也明謂明酌清謂清酒醆酒謂盎齊作記之時呼明酌及清酒與醆酒等皆泲於舊醳之酒謂以舊醳昔酒和此明酌清酒等三者而泲之作記之時其道如此古禮廢亡恐人不知泲醴齊以明酌泲醆酒以清酒泲汁莎以醆酒之意故記者云泲此醴齊之等猶若今時明清醆酒泲於舊醳之酒也就其今日所知以曉古者難知之事○注天子至毒也○正義曰天子諸侯禮廢者謂祭禮廢則今日見存此經所云泲酒皆天子諸侯之事以其禮廢其事難知故舉今事以譬曉之云泲清酒以舊醳之酒者為其味厚臘毒也者舊醳之酒謂昔酒作雖久成比清酒為薄故用薄酒泲此清酒為其清酒是冬釀夏成其味厚久臘毒害故以薄酒泲之故國語云高位實疾顛厚味實臘毒鄭之此注解記時清酒泲於舊醳之酒○祭有至辟焉○正義曰有祈者謂求福祥也有報焉者謂獲福而報之有由辟焉者由用也辟弭也謂用此祭之以弭止災兵罪戾之事○注辟讀至疾也○正義曰祭既有祈有報除祈福之外唯有攘除凶惡故解為弭災兵遠罪疾取周禮小祝之文也○齊之至祭者○正義曰解齊服所以用玄冠之衣義也玄陰色鬼神幽陰故齊者玄服以表心思幽陰之理故云陰幽思也○故君子三日齊必見其所祭者解思陰義也三日謂致齊時也所祭者謂親也為親而祭故云所祭者也鬼神居陰故三日齊思其親之居處笑語故祭時如見其所祭之親也

禮記注疏卷二十六校勘記　阮元撰盧宣旬摘錄

郊特牲

郊之祭也節

郊之至至也　惠棟校宋本無此五字

大報天而主日也節

大猶徧也　閩監毛本同岳本同衞氏集說同嘉靖本徧誤偏

大報至位也　惠棟校宋本無此五字

掃地而祭節

掃地而祭　閩監本同岳本同嘉靖本同毛本掃作埽石經同衞氏集說同疏放此

掃地至誠也　惠棟校宋本無此五字

郊之用辛也節

魯以無冬至祭天於圜丘之事　閩監本同岳本同嘉靖本同毛本圜作圓衞氏集說同考文引足利本同釋文出圜丘云本又作圓

當齊戒自新耳　惠棟校宋本亦作齊宋監本同岳本同嘉靖本同衞氏集說同閩監毛本齊作齋

郊之至以至　惠棟校宋本無此五字

實是魯郊而為周字　惠棟校宋本同閩監毛本字作事

融又云祀大神　惠棟校宋本同閩監毛本大作天

卜之日節

因誓勑之以禮也　閩監本同岳本同嘉靖本同毛本勑作勅衞氏集說同他放此

卜之至義也　惠棟校宋本無此五字

喪者不哭節

喪者至聽上　惠棟校宋本無此五字

鄭氏曰鄉者　閩監毛本作鄉為田燭者是也

以及野郊　惠棟校宋本野郊作郊野與周禮蜡氏合衞氏集說同此本誤倒閩監毛本同

祭之日節

王被袞以象天　各本同石經同釋文出卷云本又作袞注卷冕同

戴冕璪　各本同石經同釋文出載云本亦作戴

祭之至道也　惠棟校宋本無此五字

萬物本乎天節

萬物至始也　惠棟校宋本無此五字

祭天以祖配此所以報謝其本　閩監毛本此作之衞氏集說同

謝其財謂之報　閩監毛本財作恩衞氏集說同

天子大蜡八節

周之正數　閩監毛本同岳本同嘉靖本同衞氏集說數作朔

嗇所樹蓺之功　各本同岳本蓺作藝○按依說文當作埶唐人樹埶字作蓺六埶字作藝說見經典釋文

天子至嗇也　惠棟校宋本無此五字

先嗇司嗇並是一神　惠棟校宋本一作人衞氏集說同

足知蜡周建亥之月　閩監毛本同惠棟校宋本足作是續通解同

饗農及郵表畷節

饗農至事也　惠棟校宋本無此五字

揔明祭百種之事　惠棟校宋本作種此本種作穀閩監毛本同

曰土反其宅節

曰土至殺也　惠棟校宋本無此五字

土歸其安則得不崩　閩本同惠棟校宋本同監毛本安作宅衞氏集說同

蜡之祭節

送終喪殺　閩監毛本同岳本嘉靖本同按此注十五字當在上皮弁節下此蜡之祭一節與上皮弁一節本連故注在此疏放此

蜡之至夫也　惠棟校宋本無此五字

揔其俱名蜡也　閩監毛本同浦鏜校云其下脫義字

公於是勞農以休息之者　惠棟校宋本同閩監毛本公誤云

野夫黃冠節

服象其時物之色　閩監本同岳本同嘉靖本同衞氏集說同毛本服誤物

故息田夫而服之也　惠棟校宋本此下標禮記正義卷第三十五終記云凡二十二頁

大羅氏節　惠棟挍宋本自此節起至有虞氏之祭也節止爲第三十六卷卷首題禮記正義卷第三十六

大羅至種也　惠棟挍宋本無此五字

不務畜藏　惠棟挍宋本同閩監毛本畜作蓄下畜藏與並同

八蜡以記四方節

八蜡以記四方　各本同石經同齊召南挍云按鄭引此文以解大宗伯而誤云祀四方賈疏云祀字誤也孫志祖挍云按祀字亦可通觀注云四方方有祭也疑鄭所據本爲祀字與唐初疏家所據本有不同賈氏不達乃以爲誤耳

其方穀不熟　閩監毛本同衛氏集說同岳本熟作孰嘉靖本同惠棟挍宋本宋監本並同

八蜡至興功　惠棟挍宋本無此五字

水昏正而栽　閩監本作裁毛本裁作栽衛氏集說同

恒豆之菹節

豚拍　閩監毛本同岳本同衛氏集說同嘉靖本豚作腞釋文出腞拍

籩豆之薦　閩監本同石經同岳本同嘉靖本同衛氏集說同毛本薦作藨釋文出藨云又作薦同按正義作薦

而不可耆也　閩監毛本同岳本同衛氏集說同石經耆作嗜惠棟挍宋本同宋監本同嘉靖本同釋文出可耆疏並作嗜

丹漆雕幾之美　各本同石經同釋文出彫云又作雕字○按依說文當作琱段玉裁云凡琱琢之成文則曰彫假借字

是水草和羹之氣　閩本作美惠棟挍宋本同衛氏集說同此本美作羹監毛本同

其菁菹麏臡　閩監毛本麏作鹿是也

供事神明之道　閩監毛本供作共衛氏集說同

不可迴便以爲私利也　閩監毛本同惠棟挍宋本迴作回衛氏集說回作因

不可同於尋常身所安褻之甚極也者　閩監毛本也者作者也惠棟挍宋本無也字

殷以以斝　補案以字誤重

冠義節

毋追　石經同岳本同釋文同閩監毛本毋作母嘉靖本同衛氏集說同

而有其昏禮　閩監本同石經同岳本同嘉靖本同毛本昏作昬衛氏集說同餘放此○按依說文當作婚

官益尊也　閩監毛本同岳本同嘉靖本同衛氏集說官作爵

死而謚　閩監本同石經同嘉靖本同毛本謚作諡岳本同衛氏集說同餘放此

冠義至下也　惠棟挍宋本無此五字

乃一醴於客位　閩本同惠棟挍宋本同監毛本醴作醮衛氏集說同

爲冠身著冠畢冠身起入東房　閩監毛本同惠棟挍宋本著冠二字重

追猶推也　惠棟挍宋本同閩本推作推監毛本推作堆衛氏集說同

天地合而后萬物興焉節

執摯以相見　各本同釋文出執贄云本亦作摯石經贄字闕

婦盥饋　各本有此三字石經同釋文出婦盥饋云一本無婦盥饋三字按正義云而禮本亦有云厥明婦盥饋者也云禮本亦有是正義本本無也盧文弨亦云婦盥饋三字注疏本無

天地至序也　惠棟挍宋本無此五字

勿令濫濫　毛本同衛氏集說同閩監本勿誤初通解濫濫作濫惡

謂之傳辭無自謙退　閩監毛本同考文引補本謂作賓衛氏集說同

厥明至序也　閩本監本毛本如此惠棟挍宋本序也二字作餕餘者

有虞氏之祭也節

爓或爲䐑　閩監毛本同岳本同嘉靖本同衛氏集說同釋文出爲䐑云直輒反段玉裁挍本云有司徹疏引此注爓或爲燖

染以脂含黍稷燒之　監毛本含作合岳本同嘉靖本同衛氏集說同此本誤閩本同

先肝于鬱鬯而燔之　閩監毛本同嘉靖本同岳本先作洗宋監本同衛氏集說同考文引古本足利本同按正義本亦作洗

又出以墮于主　各本同宋監本主下有人字盧文弨云他書所引主下有前字按正義則前字當有

尊首尚氣也　閩本同惠棟挍宋本同岳本同嘉靖本同衛氏集說同監毛本尚作上

此訓之也　閩監本同岳本同嘉靖本同衛氏集說同毛本此誤比

明水涗齊　各本同石經同釋文出說齊云字又作涗

涕之以茅　惠棟挍宋本作泲宋監本同岳本同嘉靖本同續通解同考文引古本足利本同此本泲誤藉閩監毛本同衛氏集說同浦鏜挍云論語譎正章疏引作涕

名曰明者　閩監毛本同岳本同嘉靖本同衛氏集說同考文引古本足利本下有神明之也四字

涕以酌酒　監毛本同閩本泲作無酌作縮惠棟挍宋本同宋監本同岳本同嘉靖本同衛氏集說同

有虞至祭者　惠棟挍宋本無此五字

先奏六樂以致其神　惠棟挍宋本六作是是也閩監毛本並誤

此宗廟九奏之郊　續通解郊作效○按作效與周禮大司樂注合此本效誤郊閩本郊字闕毛本郊作節

殷人至間也　閩監毛本同惠棟挍宋本無此五字

殷尚聲故未殺牲　監毛本同衛氏集說同閩本殷作既惠棟挍宋本同

如鬱金香草合爲鬯也　閩監毛本同考文云補本草作矣

玉氣絜潤　惠棟挍宋本亦作絜閩本同監毛本絜作潔衛氏集說同

延尸戶內更從此始也　監毛本同衛氏集說同閩本此作孰惠棟挍宋本同

詔祝至於堂　監本祝誤室惠棟挍宋本無此五字

王乃親洗肝於鬱鬯而燔之　閩監本同衛氏集說同毛本王誤主續通解王作主人

坐尸於堂者既灌鬯之後　惠棟挍宋本無鬯字衛氏集說同此誤衍也閩監毛本同

祝取牢心舌載于肵俎　閩本同惠棟挍宋本同監毛本肵誤肝

祭黍至水也　閩監毛本同惠棟挍宋本此五字無

敬之至盡也　惠棟挍宋本無此五字

是恭敬之至極　閩監毛本同衛氏集說同惠棟挍宋本無極字

腥肆至已矣　惠棟挍宋本無此五字

舉斝至命也　監本毛本如此惠棟挍宋本至命也三字作角者

醆酒涗于清　監本毛本如此惠棟挍宋本清下有者字

泲於舊醳之酒也　惠棟挍宋本醳作澤也下有者字此本澤誤醳者字脫閩監毛本同

所祭之親也　惠棟挍宋本此下標禮記正義卷第三十六終記云凡二十六頁

附釋音禮記注疏卷第二十七

内則第十二○陸曰鄭云以其記男女居室事父母舅姑之法○〔疏〕正義曰按鄭目錄云名曰内則者以其記男女居室事父母舅姑之法此於別錄屬子法以閨門之内軌儀可則故曰内則

禮記　鄭氏注　孔穎達疏

后王命冢宰。降德于衆兆民。后君也德猶教也萬億曰兆天子曰兆民諸侯曰萬民周禮冢宰掌飲食司徒掌十二教今一云冢宰記者據諸侯也諸侯并六卿爲三或兼職焉○后王鄭云后君也謂諸侯也王天子也盧云后王后也王天子也孫炎王肅云后王君王也并必政反兼如字一音古念反〔疏〕后王至兆民○正義曰此一經論子事父母由此后王之教使之然故先云施教之法○后王者后君也君謂諸侯王謂天子不先云王者辟天子如后之嫌故言后王○命冢宰者若天子則天官爲冢宰若諸侯則司徒爲冢宰今記者據諸侯爲文命此司徒之冢宰○降德于衆兆民者降下也德教也諸侯命冢宰降下教令於羣衆兆民也既據諸侯當云萬民而云兆民者此經雖以諸侯爲主雜以天子言之故又稱王又稱兆民也○注后君至職焉○正義曰后君也釋詁文云萬億曰兆者依如算法億之數有大小二法其小數以十爲等十萬爲億十億爲兆也其大數以萬爲等萬至萬是萬萬爲億又從億而數至萬億曰兆億億曰秭故詩頌毛傳云數萬至萬曰億數億至億曰秭兆在億秭之間是大數之法鄭以此據天子天下之民故以大數言之故詩魏風刺在位貧殘魏國編小不應過多故以小數言之故云十萬曰億云天子曰兆民諸侯曰萬民者閔元年左傳文周禮是天子之法每云萬民者據讖内言之或可通稱也鄭引此者明天子諸侯之異經云兆民互明天子也云周禮冢宰掌飲食司徒掌十二教者欲明飲食教令所掌各有別官不得遍云冢宰云今一云冢宰記者據諸侯也者今此内則之篇既有飲食又有教令則經文當云命冢宰司徒兩官備言之今唯一云冢宰不兼言司徒者是司徒兼冢宰之事故云記者據諸侯而言之云諸侯并六卿爲三或兼職焉者此明司徒兼冢宰之事意疑而不定故稱或焉盧氏云后謂天子之妃者不定后妃唯主内事不得降德于衆兆民孫炎王肅皆云后王君王謂天子也此經論教訓法則是司徒所掌不可獨據冢宰盧與孫王之説其義皆非故鄭以爲據諸侯言也但雜陳王事耳○

〇子事父母。雞初鳴。咸盥漱。櫛。縰。笄。總。拂髦。冠。緌。纓。端。韠。紳。搢笏。咸皆也縰韜髮者也總束髮也垂後爲飾拂髦振去塵著之髦用髮爲之象幼時鬌其制未聞也緌纓之飾也端玄端士服也庶人深衣紳大帶所以自紳約也搢猶扱也扱笏於紳笏所以記事也○盥音管洗手漱所救反徐素遘反漱漱口也下同櫛側乙反梳也縰所買反徐所綺反黑繒韜髮笄古兮反總子孔反髦音毛緌耳佳反韠音必紳音申搢徐音箭又如字音晉插也笏音忽韜吐刀反去起呂反著丁略反下文及注同鬌多果反扱本又作捷又作插初洽反徐采協反

左右佩用。自佩也必佩者備尊者使令也○令力呈反○

左佩紛帨。刀。礪。小觿。金燧。紛帨拭物之佩巾也今齊人有言紛者刀礪小刀及礪礱也小觿解小結也觿貌如錐以象骨爲之金燧可取火於日○紛芳云反或作帉同帨始銳反佩巾也觿許規反本或作鑴音同解結錐燧音遂火鏡拭音式礱力工反

右佩玦。捍。管。遰。大觿。木燧。捍謂拾也言可以捍弦也管筆彄也遰刀鞞也木燧鑽火也○捍戶旦反謂射捍遰時世反徐作滯彄苦侯反鞞必頂反鑽子官反

偪。偪行縢○偪本又作幅彼力反縢徒登反

屨著綦。綦屨繫也○屨九具反綦其記反注及下同○〔疏〕子事至著綦○正義曰自此以下至不敢私祭以上揔論在内法則子事父母婦事舅姑男女出入之禮長幼相事之法其文既多各隨事節而解之自子至著綦以上還論子事父母之法也此子謂男子知者以經云端韠紳搢笏故也或盥漱者盥謂洗手漱謂漱口此據年稍長者若其孺子則晏起而不能雞初鳴也笄者著縰既畢以笄插之熊氏云此笄謂安髻之笄以縰韜髮作髻既訖橫施此笄於髻中以固髻也故士喪禮云笄用桑長四寸纓中是也緌中謂殺其中使細非固冠之笄故文在冠上且玄冠有纓約士冠禮有纓者無笄問喪云親始死雞斯之時去玄冠而有笄縰是知笄縰不得爲冠總者裂練縿爲之束髮之本垂餘於髻後故以爲飾也此經所陳皆依事先後櫛訖加縰縰訖加笄笄訖加總然後加髦著冠冠畢然後服玄端著韠又加大帶也○左佩紛帨刀礪小觿金燧者皇氏云左旁用力不便故佩小物○右佩玦捍管遰大觿木燧者皇氏云以右廂用力爲便故佩大物○注縰韜至事也○正義曰縰韜髮者也士冠禮云緇纚長六尺鄭云纚一幅長六尺足以韜髮而結之矣盧云所以裹髻承冠以全幅疊而用之未知孰是盧說爲優云緌纓之飾也者結纓頷下以固冠結之餘者散而下垂謂之緌云端玄端士服也者特牲禮士祭服玄端故云士服也云庶人深衣者以深衣是服之最下者庶人是人之賤者故知服深衣也云紳大帶者其制備於玉藻云笏所以記事也者玉藻文其制亦備於玉藻○注紛帨至於日○正義曰鄭恐人不識佩巾當鄭之時齊人呼佩巾爲紛故鄭指而言之云今齊人有言紛者是也云刀礪小刀及礪礱也者鄭恐刀礪是一物故明之云小刀及礪礱也知小刀者與小觿連文故知也○注捍謂至火也○正義曰拾斂也故鄉射大射將射謂之遂射韝謂之拾拾是收斂之意也云遰刀鞞也者此刀大於左廂刀也云木燧鑽火也者皇氏云晴則以金燧取火於日陰則以木燧鑽火也○注綦屨繫也○正義曰皇氏云屨頭施繫以爲行戒未知然否或可著屨之時屨上自有繫以結於足也故鄭注士冠禮黑屨青絇云絇之言拘也以爲行戒○

〇婦事舅姑。如事父母。雞初鳴。咸盥漱。櫛。縰。笄。總。衣紳。笄今簪也衣紳衣而著紳○如父母一本作如事父母衣紳如字又於既反注同簪徐側林反又作南反

左佩紛帨。刀。礪。小觿。金燧。右佩箴。管。線。纊。施縏袠。大觿。木燧。縏小囊也縏袠言施明爲箴管線纊有之○箴之林反線本又作綫息賤反纊音曠縏字又作槃同步干反袠陳乙反又作帙囊奴郎反又作橐徐音託明爲于僞反○

衿纓。綦屨。衿猶結也婦人有纓示繫屬也○衿纓本又作紟其鴆反注同纓又作纓〔疏〕婦事至綦屨○正義曰此一節論女事父母婦事舅姑所服之衣所佩之物皆異於男子之事各依文解之○注笄今至著紳○正義曰云笄今簪也者謂婦人之笄異於上男子笄縰故於此始云笄今簪也則與士冠禮男子爵弁笄皮弁笄同故鄭注冠禮亦云笄今之簪也則喪服女子吉笄尺二寸也云衣紳衣而著紳者鄭恐經云衣紳謂衣著此紳故云衣而著紳謂加玄端綃衣而後著紳帶此異於男子故不有冠緌端韠紳搢笏之屬○注縏小至有之○正義曰熊氏云袠刺也以針刺袠而爲縏囊故云縏袠也餘物皆不言施獨於箴管線纊之下而言施縏袠明爲四物而施矣○注衿猶至屬也○正義曰按鄭注昏禮云婦人十五許嫁笄而禮之因著纓明有繫蓋以五采爲之其制未聞鄭注昏禮既云笄而著纓則未笄無纓也下男女未冠笄亦云衿纓者彼未冠笄之纓用之以佩容臭故下注云容臭香物以纓佩之故童子男女皆有之與此婦人既笄之纓別也

以適父母舅姑之所。適之及所。下氣怡聲。問衣燠寒。疾痛苛癢。而敬抑搔之。怡說也苛疥也抑按搔摩也○燠本又作奧同於六反暖也苛音何癢本又作癢以想反搔素刀反說音悅疥音界說文云瘙瘍也

出入則或先或後。而敬扶持之。先後之隨時便也○便婢面反

進盥。少者奉槃。長者奉水。請沃盥。盥卒。授巾。槃承盥水者巾以帨手○少詩召反後皆同奉芳勇反本或作捧下同長丁丈反後皆同帨始銳反拭手也本又作捝同

問所欲而敬進之。柔色以温之。温藉也承尊者必和顏色○温本又作蘊又作慍同於運反注同藉字夜反○

饘。酏。酒。醴。芼羹。菽麥。蕡稻。黍粱。秫。唯所欲。酏粥也芼菜也蕡熬枲實○饘之然反厚粥也酏羊皮反薄粥也芼毛報反蕡字又作黂扶云反徐扶畏反大麻子注同粱音良秫音述粥之六反又羊六反熬五羔反枲思里反

棗栗飴蜜以甘之。堇荁枌榆。免薧。滫瀡以滑之。脂膏以膏之。謂用調和飲食也荁堇類也冬用堇夏用荁榆白曰枌免新生者薧乾也秦人溲曰滫齊人滑曰瀡也○飴羊之反餳也堇音謹菜也荁音九似堇而葉大也枌扶云反免音問注同薧字又作槀苦老反滫思酒反溲也瀡音髓滑也滑胡八反又于八反諸卷皆同膏之古報反調如字又徒弔反和如字又胡臥反夏戶嫁反溲所九反

父母舅姑。必嘗之而后退。敬也〔疏〕以適至后退○正義曰此一節論子事父母婦事舅姑至其處所奉扶疾盥之儀奉進酒醴膳羞之事各依文解之○注苛疥也○正義曰苛疥者以其苛與癢共文故知苛疥也○注温藉也○正義曰藉者所以承藉於物言子事父母當和柔顏色承藉父母若藁藉承玉然○注酏粥至枲實○正義曰酏既爲粥是薄者則饘爲厚者故左傳云饘於是注云饘鬻也爾雅釋言云餬饘也郭景純謂糜也芼菜者按公食大夫禮三牲皆有芼者牛藿羊苦豕薇也是芼乃爲菜也用菜雜肉爲羹云蕡熬枲實者釋草云黂枲實也此中菽豆以下供尊者所食悉皆須熟或煑或熬故云熬枲實也○棗栗至膏之以甘之者謂以此棗栗飴蜜以和甘飲食○以滑之者謂用堇荁及枌榆及新生乾薧相和滫瀡之令柔滑之○脂膏以膏之者凝者爲脂釋者爲膏以膏沃之使之香美此等總謂調和飲食也○注冬用至之○正義曰按士虞禮記夏用葵冬用荁鄭玄云荁堇類也乾則滑夏秋用生葵冬春用乾荁與此不同者此經堇荁相對故冬用堇夏用荁士虞禮葵與荁相對故夏用葵冬用荁也所對不同故注有異云榆白曰枌者釋木云榆

白枌孫炎云榆白者名枌郭景純曰枌榆先生葉却著莢皮色白云免新生者薧乾也者按庖人云共鱻薧之物鱻薧相對此經以免對薧薧既是乾故知免爲新生此免薧於周禮據內爲言熊氏皇氏皆云文承堇荁枌榆之下據堇荁等爲免薧義或爲然○男女未冠笄者，雞初鳴，咸盥漱，櫛縰，拂髦，總角，衿纓，皆佩容臭。總角收髮結之容臭香物也以纓佩之爲迫尊者給小使也○冠古亂反爲迫于僞反昧爽而朝。後成人也○朝直遥反下而朝同後如字徐胡豆反下同問何食飲矣。若已食則退，若未食則佐長者視具。具饌也【疏】男女至視具○正義曰此一節論未冠笄者事親之禮○注容臭至使也○正義曰臭謂芬芳臭物謂之容者庾氏云以臭物可以脩飾形容故謂之容臭以纓佩之者謂纓上有香物也

○凡內外，雞初鳴，咸盥漱，衣服，斂枕簟，灑掃室堂及庭，布席，各從其事。斂枕簟者不使人見己褻者簟席之親身也○衣如字又於既反簟徒玷反灑本又作洒所買反又所賣反埽素報反○孺子蚤寢晏起，唯所欲，食無時。又後未成人者孺子小子也○孺如樹反蚤音早【疏】凡內至無時○正義曰此一經總論子婦之外卑賤之人爰及僕隸之等故云斂枕簟灑掃室堂及庭布席之屬

○由命士以上，父子皆異宮。昧爽而朝，慈以旨甘。日出而退，各從其事。日入而夕，慈以旨甘。異宮崇敬也慈愛敬進之曰出乃從事食祿不免農也○士以上以或作已上時掌反後放此【疏】由命至旨甘○正義曰此一經論命士以上事親異於命士以下之禮○父母舅姑將坐，奉席請何鄉；將衽，長者奉席請何趾。少者執牀與坐，將衽謂更臥處○奉芳勇反下同鄉許亮反衽而鴆反又而甚反臥席也止本又作趾足也處昌慮反御者舉几，斂席與簟，縣衾，篋枕，斂簟而襡之。須臥乃敷之也襡韜也○縣音玄篋口協反襡音獨【疏】父母至襡之○正義曰此一節論父母舅姑將坐將臥奉席之禮及未臥之前且斂枕簟衾篋舉藏須臥乃鋪御者舉几者謂早旦親起之後侍御之人則奉舉其几以進尊者使馮之○斂席與簟者斂此所臥之席在下大席與上襯身之簟又縣其所臥之衾以篋貯所臥之枕也○斂簟而襡之者簟既襯身恐其穢汙故斂此細簟以襡韜之言簟則韜藏席則否○父母舅姑之衣衾簟席枕几不傳，杖屨祗敬之，勿敢近。傳移也○傳丈專反注同近附近之近敦牟卮匜，非餕莫敢用。餕乃用之牟讀曰堥也卮匜酒漿器敦牟黍稷器也○敦音對又丁雷反牟木侯反齊人呼土釜爲牟卮音支匜羊支反一音以氏反杜預注左傳云沃盥器也餕音俊堥字又作螯木侯反與恒食飲，非餕莫之敢飲食。餕乃食之恒常也旦夕之

常食【疏】父母至飲食○正義曰此一節論父母舅姑所服用之物子婦不得輒用所恒飲食之饌不得輒食○衣衾簟席枕几不傳者侍御之人傳貯常處子婦不得輒更傳移令他處○杖屨祗敬之勿敢近者杖屨是尊者服御之重彌須恭敬故云祗敬之勿敢偪近也○與恒食飲非餕莫之敢飲食者與及也接上敦牟之文非但不敢用及父母恒食飲食非因餕時莫敢飲食○注牟讀至槃器○正義曰敦則周禮有玉敦今之杯盂也隱義曰堥土釜也今以木爲器象土釜之形卮酒器也匜盛酒漿之器故春秋僖二十三年左傳云懷嬴奉匜沃盥是也○父母在，朝夕恒食，子婦佐餕。婦皆與夫餕也既食恒餕。每食餕而盡之末有原也父沒母存，冢子御食，羣子婦佐餕如初。御侍也謂長子侍母食也侍食者不餕其婦猶皆餕也○旨甘滑，孺子餕。【疏】父母至子餕○正義曰此一節論父母之食子婦餕餘之禮也○子婦佐餕者謂長子及長子之婦佐餕者食必須盡以父母食不能盡故子婦佐助餕食之使盡勿使有餘恐再進故注云末有原也無也原再也無使有餘而再設也○羣子婦佐餕如初者既侍母而食羣子謂冢子之弟婦及衆弟婦而佐餕如初者如上父母在子婦佐餕之禮故云如初也○注侍食至也○正義曰經云冢子御食則云羣子婦佐餕既不云冢子知侍食者不餕冢子無父故得侍母而食冢婦既不侍食故云猶皆餕也○在父母舅姑之所，有命之，應唯敬對。進退周旋慎齊，齊莊也○唯于癸反徐伊水反齊側皆反升降出入揖遊，不敢噦噫、嚏咳、欠伸、跛倚、睇視，不敢唾洟。睇傾視也易曰明夷睇于左股○噦於月反噫於其反嚏音帝咳苦愛反欠丘劒反伸音申跛彼義反倚於義反又其寄反睇大計反視如字徐市志反唾吐臥反洟本又作涕同吐細反○寒不敢襲，癢不敢搔。襲謂重衣○重直龍反不有敬事，不敢袒裼。父黨無容○袒音但裼思歷反不涉不撅。撅揭衣也○撅居衛反揭起例反又起列反一音起言反褻衣衾不見裏。爲其可穢○見賢遍反下同爲于僞反穢紆廢反又烏會反父母唾洟不見。輒刷去之○刷色劣反去丘呂反冠帶垢，和灰請漱；衣裳垢，和灰請澣。手曰漱足曰澣和漬也○垢古口反漱素侯反後皆同澣本又作浣戶管反漬似賜反○衣裳綻裂，紉箴請補綴。綻猶解也○綻字或作袒直莧反徐治見反裂本又作列紉箴女陳反徐而陳反下之林反綴丁劣反又丁衞反解胡賣反又佳買反五日則燂湯請浴，三日具沐。其間面垢，燂潘請靧；足垢，燂湯請洗。潘米瀾也○燂詳廉反溫也潘芳煩反淅米汁靧音悔洗面瀾力旦反少事長，賤事貴，共帥時。共猶皆也帥循也時是也禮皆如此也【疏】在父至帥時○正義曰此一節論事父母舅姑在尊者之所畏敬之法并論漱澣沐浴并明少事長賤事貴如事父母舅姑○注睇傾至左股○正義

曰明夷睇于左股者是明夷六二爻辭彼注云旁視爲睇六二辰在酉酉是西方又下體離離爲目九三體在震震東方九三又在辰辰得巽氣爲股此謂六二有明德欲承九三故云睇于左股引之者證睇爲旁視也○注撅揭衣也○正義曰言於尊所不因涉水不敢揭衣○注手曰漱足曰澣○正義曰以冠帶既尊故以手漱之用力淺也衣裳既卑故以足澣之用力深也此據士故冠帶得漱晏子是大夫故譏其澣衣濯冠也此漱澣對文爲例耳散則通也故上曲禮云諸母不漱裳是裳亦漱也詩周南箋云澣謂濯之耳亦是不用足○男不言內，女不言外。謂事業之次序非祭非喪，不相授器。祭嚴喪遽不嫌也○遽其據反其相授，則女受以篚，其無篚，則皆坐奠之，而后取之。奠停地也○篚非鬼反外內不共井，不共湢浴，不通寢席，不通乞假，男女不通衣裳，內言不出，外言不入。湢浴室也○湢彼力反本又作偪男子入內，不嘯不指，夜行以燭，無燭則止。嘯讀爲叱叱嫌有隱使也○嘯依注音叱尺失反女子出門，必擁蔽其面，夜行以燭，無燭則止。擁猶障也○障音章道路，男子由右，女子由左。地道尊右【疏】男不至由左○正義曰此經論男子女子殊別之宜○注祭嚴喪遽不嫌也○正義曰以經云非祭非喪不相授器則是祭與喪時得相授器所以得者祭是嚴敬之處喪是促遽之所於此之時不嫌男女有嫌邪之意○注嘯讀至使也○正義曰嘯是自嘯叱謂叱人經言不嘯與不指連文而指既指物明嘯是叱人故以嘯爲叱矣云嫌有隱使者若其常事以言語處分是顯使人也如有姦私恐人知聞不以言語但諷叱而已是幽隱而使故云叱嫌有隱使也○子婦孝者敬者，父母舅姑之命，勿逆勿怠。恃其孝敬之愛或則違解○解佳賣反下解倦同○若飲食之，雖不耆，必嘗而待；待後命而去也○飲於鳩反食音嗣耆市志反去起呂反本又作而食之加之衣服，雖不欲，必服而待。待後命釋藏也加之事，人待之，己雖弗欲，謂難其妨己業○難乃旦反○姑與之，而姑使之，而後復之。遠懟怨於勞事姑猶且也○姑與以渚反下同遠于萬反懟直類反本又作懟子婦有勤勞之事，雖甚愛之，姑縱之，而寧數休之。不可愛此而移苦於彼也○縱本又作從足用反數色角反○子婦未孝未敬，勿庸疾怨，庸之言用也○姑教之。若不可教，而後怒之；怒譴責也○譴弃戰反○不可怒，子放婦出，而不表禮焉。表猶明也猶爲之隱不明其犯禮之過也○爲于僞反【疏】子婦至禮焉○正義曰此一節論子婦事父母舅姑受飲食衣服之事并明父母舅姑接待子婦之禮子婦孝者敬者父

母舅姑之命勿逆勿怠者子孝於父母婦敬於舅姑或恐倚恃孝敬之心違逆其命意有怠惰其身故戒令勿逆勿怠也○若飲食之雖不耆必嘗而待者謂尊者以飲食與已已雖不嗜愛必且嘗之而待尊者後命令已去之而後去之○加之衣服雖不欲必服而待者爲尊者加已衣服已雖不欲必且服之而待後命而藏去之加之事人代之已雖弗欲者謂尊者言加已以事業事業欲成尊者又使人代已此事既糴成不欲他人代已而難其妨已之業○姑與之而姑使之者姑且也且與代已者之事而且使代已者爲之而后復之者待代已者休解而后復本事業於已身也○子婦有勤勞之事雖甚愛之者從此以下論尊者接待卑者之禮有勤勞之事者謂子婦有辛苦勤勞之事雖甚愛之者謂父母舅姑素來雖甚愛此勤勞之子婦○姑縱之者姑且也所愛子婦既有勤勞且緩縱之○而寧數休之者寧可數數休息此所愛子婦不可移此勤勞於他不愛之子婦也○子婦未孝未敬勿庸疾怨者庸用也子婦既不孝敬勿用憎疾怨惡之○姑教之者姑且也且教誨之○若不可教而后怒之者不可教謂教而不從然後責怒之○不可怒者謂雖責怒之而不從命者○子放婦出而不表禮焉者既不可責怒子被放逐婦被出棄表明也雖被出棄猶爲之隱不顯明言其犯禮之過也

父母有過。下氣怡色。柔聲以諫。諫若不入。起敬起孝。說則復諫。子事父母有隱無犯起猶更也○說音悅下同不說。與其得罪於鄉黨州閭。寧孰諫。子從父之令不可謂孝也周禮曰二十五家爲閭四閭爲族五族爲黨五黨爲州五州爲鄉也父母怒不說。而撻之流血。不敢疾怨。起敬起孝。撻擊也○撻吐達反〔疏〕父母至起孝○正義曰此一節論父母有過子諫諍之禮○不說者謂父母有過子犯顏諫諍使父母不說也○與其得罪於鄉黨州閭者謂子恐父母不說不敢孰諫使父母有過得罪於鄉黨州閭謂鄉黨州閭所共罪也○寧孰諫者犯顏而諫使父母不說其罪輕畏懼不諫使父母得罪於鄉黨州閭其罪重二者之閭寧可孰諫不可使父母得罪孰諫謂純孰殷勤而諫若物之成孰然

父母有婢子。若庶子庶孫。甚愛之。雖父母沒。沒身敬之不衰。婢子所通賤人之子子有二妾。父母愛一人焉。子愛一人焉。由衣服飲食。由執事。毋敢視父母所愛。雖父母沒不衰。由自也○子甚宜其妻。父母不說。出。宜猶善也子不宜其妻。父母曰。是善事我。子行夫婦之禮焉。沒身不衰。〔疏〕父母至不衰○正義曰此一節謂父母有婢子庶子庶孫父母所愛已亦愛之并明已有妻妾被父母之所愛已亦當愛之○由衣服飲食由執事毋敢視父母所愛者由自也爲自已身所愛妾衣服飲食及執事毋敢比於父母所愛者故鄭云由自也子甚宜其妻者宜謂與之相善而寵愛○子不宜其妻者謂不與之相善被疏薄○父母曰是善事我者言此妻汝雖疏薄是善能事我子當行夫婦之禮焉子雖寵愛其妻父母不說出者出謂出去也按大戴禮本命云婦有七出不順父母去無子去淫去妬去有惡疾去口多言去竊盜去不順父母爲逆德也無子爲其絕世也淫爲其亂族也妬爲亂其家也有惡疾爲其不可共粢盛也口多言爲其離親也竊盜爲其反義也大戴禮又云婦有三不去有所受無所歸不去曾經三年喪不去前貧賤後富貴不去何休又云喪婦長女不娶無教戒世有惡疾不娶棄於天世有刑人不娶棄於人亂家女不娶類不正逆家女不娶廢人倫也按周易同人六二鄭注云天子諸侯后夫人無子不出則猶有六出也其天子之后雖失禮亦不出故鼎卦初六鄭注云嫁於天子雖失禮無出道廢遠而已若其無子不廢遠之后尊如其犯六出則廢之○

父母雖沒。將爲善。思貽父母令名。必果。將爲不善。思貽父母羞辱。必不果。貽遺也果決也○貽以之反遺以季反○〔疏〕父母至不果○正義曰此一節論子事父母父母雖沒思行善事必果決爲之若爲不善思遺父母羞辱必不得果決爲之

○舅沒則姑老。謂傳家事於長婦也○傳丈專反冢婦所祭祀賓客。每事必請於姑。婦雖受傳猶不敢專行也介婦請於冢婦。以其代姑之事介婦衆婦○介音界注及下同舅姑使冢婦。毋怠。雖有勤勞不敢解倦○勌本又作倦其卷反○不友無禮於介婦。衆婦無禮冢婦不友之也善兄弟爲友娣姒猶兄弟也舅姑若使介婦。毋敢敵耦於冢婦。雖有勤勞不敢掉磬○掉磬徒弔反隱義云齊人以相絞許爲掉磬崔云北海人謂相激事爲掉磬也○不敢並行。不敢並命。不敢並坐。下冢婦也命爲使令○下戶嫁反令力呈反○凡婦不命適私室。不敢退。婦侍舅姑者也婦將有事。大小必請於舅姑。不敢專行子婦無私貨。無私畜。無私器。不敢私假。不敢私與。家事統於尊也○畜許六反又許又反又敕六反婦或賜之飲食衣服布帛佩帨茝蘭。則受而獻諸舅姑。舅姑受之則喜。如新受賜。或賜之謂私親兄弟○茝本又作芷昌改反韋昭注漢書云香草也昌以反又說文云虈也虈火喬反齊人謂之茝昌在反若反賜之。則辭。不得命。如更受賜。藏以待乏。待舅姑之乏也不得命者不見許也婦若有私親兄弟。將與之。則必復請其故賜。而后與之。〔疏〕父母至與之正義曰此一節論婦事舅姑之禮并明冢婦介婦相於之節又明婦有私親賜之美物當獻於舅姑也○注謂傳至婦也○正義曰若舅姑未沒年七十以上傳家事於長子其婦亦從夫知家事也若舅沒姑未老則其婦不得專知家事也故經云姑老若其不老則不得知也○注衆婦至弟也○正義曰衆婦無禮冢婦不友之也者以其無禮故○冢婦疏薄之此無禮謂非七出之罪若其七出自當棄之若冢婦無禮罪非七出衆婦當友之以適婦尊故也○注雖有至掉磬○正義曰庾氏云齊人謂之差許崔氏云北海人謂相激之事爲掉磬隱義云齊人謂相絞許爲掉磬○注命爲使令○正義曰謂介婦不敢與冢婦並有教令之命下冢婦也○注或賜至兄弟○正義曰以下文云婦若有私親兄弟將賜之此云或賜之獻諸舅姑故知私親兄弟賜也雖藏之以待舅姑之乏若舅姑不乏私親兄弟既貧將欲以物與之不敢別請其財則必於舅姑處復請其故賜所藏之物舅姑既許然後取而與之

○適子庶子。祇事宗子宗婦。祇敬也宗大宗○復扶又反適丁歷反○雖貴富。不敢以貴富入宗子之家。雖衆車徒。舍于外。以寡約入。入謂入宗子家子弟猶歸器衣服裘衾車馬。則必獻其上。而后敢服用其次也。猶若也子弟若有功德以物見饋賜當以善者與宗子也若非所獻。則不敢以入於宗子之門。謂非宗子之爵所當服也不敢以貴富加於父兄宗族。加猶高也若富。則具二牲。獻其賢者於宗子。賢猶善也夫婦皆齊而宗敬焉。終事而后敢私祭。當助祭於宗子之家○齊側皆反○祭其祖禰〔疏〕適子至私祭○正義曰此一節論族人敬事宗子之禮○適子庶子祇事宗子宗婦者適子謂父及祖之適子是小宗也庶子謂適子之弟宗子謂大宗子宗婦謂大宗子之婦言小宗及庶子等敬事大宗子及宗婦也○子弟猶歸器衣服裘衾車馬者猶若也歸遺也子弟若有功德被尊上歸遺衣服裘衾車馬則必獻其善者於宗子○若富則具二牲獻其賢者於宗子者賢猶善也善者獻宗子使祭之不善者私用自祭也○夫婦皆齊而宗敬焉者大宗子將祭之時小宗夫婦皆齊戒以助祭於大宗以加敬焉謂敬事大宗之祭○終事而后敢私祭者謂大宗祭竟祭事而后敢以私祭祖禰也此文雖主事大宗子其大宗之外事小宗子者亦然

○飯。目諸飯也黍。稷。稻。粱。白黍。黃粱。稰。穛。孰穫曰稰生穫曰穛黍黃黍也○稰思呂反穛側角反○○膳。目諸膳也膷。臐。膮。醢。牛炙。醢。牛胾。醢。牛膾。羊炙。羊胾。醢。豕炙。醢。豕胾。芥醬。魚膾。雉。兔。鶉。鷃。此上大夫之禮庶羞二十豆也以公食大夫禮饌校之則膮牛炙間不得有醢醢衍字也又以鶉爲鴽也○膷音香牛臛也臐許云反羊臛也膮許堯反豕臛也字林云豕羹也火侯反炙章夜反下同胾側吏反膾古外反芥徐姬邁反鶉順倫反鷃音晏食音嗣酏食糝食並同鴽音如下文同

○飲。目諸飲也重醴。稻醴。清糟。黍醴。清糟。粱醴。清糟。重陪也糟醇也清泲也致飲有醇者有泲者陪設之也○重直龍反注同糟子曹反徐但到反醇常倫反泲子禮反或以酏爲醴。釀粥爲醴黍酏。酏粥漿。酢截○酢七故反截才載反水。清新醷。梅漿○醷本又作癔於紀反徐於力反濫。以諸和水也以周禮六飲按之則濫涼也紀莒之間名諸爲濫○濫力暫反以諸乾桃乾梅皆曰諸○酒。目諸酒也清。白。白事酒昔酒也○羞。目諸羞也

糗餌粉酏。糗擣熬穀也以爲粉餌與餈此記似脫周禮羞籩之實糗餌粉餈羞豆之實酏食糝食此酏當爲餰以稻米與狼臅膏爲餰是也○糗起九反又昌紹反餌音二下同酏讀曰餈又作餰之然反又之善反擣本又作搗丁老反下同餈本又作粢自私反下同糝西感反臅昌録反徐又音燭○食。目入君燕食所用也○食音嗣飯也下菽食麥食食齊皆同徐如字蝸醢而苽食雉羹。麥食脯羹。雞羹。析稌犬羹兔羹。和糝不蓼。苽彫胡也稌稻也凡羹齊宜五味之和米屑之糝蓼則不矣此脯所謂析乾牛羊肉也○蝸力戈反苽音孤字又作菰同雉羹絕句麥食脯羹雞羹絕句析之列反稌音杜徐他古反和糝上胡臥反下三敢反注同蓼音了齊才細反下文同析星歷反下同濡豚。包苦實蓼。濡雞。醢醬實蓼。濡魚。卵醬實蓼。濡鼈。醢醬實蓼。凡濡謂亨之以汁和也苦苦荼也以包豚殺其氣卵讀爲鯤鯤魚子或作攔也○濡音而下同苞伯交反醢音海一本作醯呼兮反次下句同卵依注音鯤古門反亨普彭反煑也荼音徒攔音關本又作擱音門腶脩蚳醢。腶脩捶脯施薑桂也蚳蚍蜉子也○腶丁亂反蚳直其反蟻子也捶徐之蘂反蜱本又作蚍音毗蜉本又作蚨音浮脯羹兔醢。麋膚魚醢。魚膾芥醬。麋腥醢醬。桃諸梅諸卵鹽。自蝸醢至此二十六物似皆人君燕所食也其饌則亂膚切肉也膚或爲胖卵鹽大鹽也○卵力管反胖音判○凡食齊視春時。飯宜溫也羹齊視夏時。羹宜熱也○夏戶嫁反下放此醬齊視秋時。醬宜涼也飲齊視冬時。飲宜寒也○凡和春多酸。夏多苦。秋多辛。冬多鹹。調以滑甘。多其時味以養氣也○牛宜稌。羊宜黍。豕宜稷。犬宜粱。鴈宜麥。魚宜苽。言其氣味相成○春宜羔豚。膳膏薌。夏宜腒鱐。膳膏臊。秋宜犢麛。膳膏腥。冬宜鮮羽。膳膏羶。此八物四時肥美也爲其大盛煎以休廢之膏節其氣也牛膏薌犬膏臊雞膏腥羊膏羶腒乾雉也鱐乾魚也鮮生魚也羽鴈也○薌音香腒其居反盧云雉腊說文云北方謂鳥腊曰腒鱐本又作驌所求反臊素刀反麛音迷鹿子也腥音星雞膏也說文作胜云犬膏臭也羶升然反爲于僞反大盛音太○牛脩。鹿脯。田豕脯。麋脯。麕脯。麋鹿田豕麕皆有軒。雉兔皆有芼。脯皆析乾肉也軒讀爲憲憲謂藿葉切也芼謂菜釀也軒或爲胖○麕九倫反本又作麇又作麏下田豕麕同軒音憲出注後放此爵。鷃。蜩。范。蜩蟬也范蜂也○蜩范上音條下音犯范蠭也蠭亦又作蜂芳凶反芝栭。蔆。椇。棗。栗。榛。柹。瓜。桃。李。梅。杏。楂。梨。薑。桂。蔆芰也椇枳椇也椇棃之不臧者自牛脩至此三十一物皆人君燕食所加庶羞也周禮天子羞用百有二十品記者不能次録○芝音之栭

音而本又作檽蔆音陵椇音矩榛側巾反柹音俟柤側加反芰其寄反枳居氏反〔疏〕飯黍至薑桂正義曰此一節揔論飯飲膳羞調和之宜又明四時膳食所用并明善惡治擇之等又顯貴賤所食之別各依文解之○飯黍至稰穛此飯之所載凡有六種下云白黍則上黍是黃黍也下言黃粱則上粱是白粱也按玉藻諸侯朔食四簋黍稷稻粱此則據諸侯其天子則加以麥苽爲六但記文不載耳○注孰穫至曰穛○正義曰穛是斂縮之名明以生穫故其物縮斂也稰既對穛故爲孰穫○膳膷至鶉鴽此一節論豆上所盛美膳謂羹與胾醢之屬也○注此上至鴽也○正義曰知上大夫之禮庶羞二十豆者按公食大夫禮文云二十豆者膷一謂牛臛也臐二謂羊臛也膮三謂豕臛也牛炙四牛肉也此依公食大夫禮所陳設此等四物共爲一行最在於北從西爲始醢五謂肉醬也牛胾六謂切牛肉醢七牛膾八此等四物又爲第二行陳之從東爲始羊炙九羊胾十醢十一豕炙十二此等四物爲第三行陳之從西爲始醢十三豕胾十四芥醬十五魚膾十六此等四物爲第四行陳之從東爲始以上十六豆是下大夫之禮也雉十七兔十八鶉十九鴽二十此等四物爲第五行陳之從西爲始此是上大夫所加二十豆按公食大夫禮膮之下牛炙之上無醢字故云以公食大夫禮饌按之則膮牛炙間不得有醢醢衍字也又公食大夫禮以鶉爲鴽按釋鳥云鴽鴾母某氏云謂鴾李巡云鴽鴾一云鴾母郭景純云鴾青州呼爲鴾母皇氏用賀氏之說鴽蝙蝠其義未聞熊氏云此經醢文豕牛羊之下則是牛肉羊肉之醢以其庶羞故得用三牲爲醢若其正羞則不得用三牲故醢人職無云牲之醢也○飲重至醷濫此一節明諸飲之物也○注重陪至之也○正義曰此稻黍粱三醴各有清糟以清糟相配重設故云重醴凡致飲之時有清者有糟者按周禮漿人共王之六飲有水漿醴涼醫酏不云糟也共夫人致飲于賓客之禮清醴醫酏糟注云三物有清有糟夫人不體王得備之若后之致飲於賓客有糟無清故酒正共后之致飲于賓客之禮醫酏糟注云后致飲無醴醫酏不清者與王同體屈也○注以諸至爲濫○正義曰按漿人六飲有涼注云涼今寒粥若糗飯雜水也康成以涼與濫是一物矣則此以諸和水謂以諸雜糗飯之屬和水也諸者眾雜之辭按漿人六飲一曰水則此經水一也二曰漿則此經漿一也三曰醴則此經重醴一也但用清耳四曰涼則此經濫一也五曰醫則此經或以酏爲醴一也六曰酏則此經黍酏一也除六飲之外此經別有醷也若鄭司農之意醷與醫爲一物即以酏爲醴者非康成義也鄭必知醷爲梅漿者見下文云調之以醢醢及若醢醷則醷是醢之類也又云獻用梅故知梅漿也按酒正云一曰清則此醴也二曰醫則此以酏爲醴也三曰漿則此漿也四曰酏則此黍酏也但無水涼二物鄭云無厚薄之齊故酒正不辨矣○酒清白此一節論酒之所用清謂清酒白謂事酒昔酒以二酒俱白故以一白標之配清酒則三酒故鄭云白事酒昔酒也此無五齊者五齊是祭祀獻神所飲非人常用故也○羞糗餌粉酏按周禮羞籩之實糗餌粉餈鄭注云合蒸曰餌餅之曰餈此二物皆粉稻米黍米爲之糗者擣粉熬大豆爲餌餈之黏著故以粉糗擣之據周禮粉下有餈今無者記人脫漏更以酏益之酏者於周禮羞豆之實故周禮云羞豆之實酏食糝食酏謂餈也○注此酏當爲餰○正義曰上以黍酏是粥知此酏當爲餰者按周禮酏食共糝食文連則酏是糝之般類此內則作糝與餰其事相連故云此酏當爲餰若其黍酏非膳羞所用且餰雖雜以狼臅膏亦粥之般類也○食蝸至卵鹽此一節揔明人君燕食所用蝸醢而苽食雉羹者謂以蝸爲醢以苽米爲飯

以雉爲羹三者味相宜○麥食脯羹雉羹者謂以麥爲飯析脯爲羹又以雞爲羹此三者亦味相宜也○析稌犬羹兔羹者稌稻也謂細析稻米爲飯以犬兔爲羹此三者亦味相宜也○和糝不蓼者此等之羹宜以五味調和米屑爲糝不須加蓼也○濡豚包苦實蓼者濡謂亨煑以其汁調和言濡豚之時苞裹豚肉以苦菜殺其惡氣又實之以蓼○濡雞醢醬實蓼者言亨濡此雞加之以醢及醬又實之以蓼○濡魚卵實蓼者卵謂魚子以魚子爲醬濡亨其魚又實之以蓼○濡鼈醢醬實蓼者謂亨其鼈加醢及醬又實之以蓼凡言實蓼者皇氏云謂破開其腹實蓼於其腹中又更縫而合之○腶脩蚳醢者腶脩謂腶脯也言食腶脯之時以蚳醢配之○脯羹兔醢者脯羹即上析脯爲羹以兔醢配之○麋膚魚醢者麋膚謂麋肉外膚食之以魚醢配之○麋腥醢醬者腥謂生肉言食麋生肉之時還以麋醢配之此云麋腥即上麋膚謂孰也○桃諸梅諸卵鹽者言食桃諸梅諸之時以卵鹽和之王肅云諸菹也謂桃菹梅菹即今之藏桃也藏梅也欲藏之時必先稍乾之故周禮謂之乾𧂒鄭云桃諸梅諸是也○注卵讀至魚子○正義曰知卵讀爲鯤者以鳥卵非爲醬之物蚳醢是蚍蜉之子今卵醬承濡魚之下宜是魚之般類故讀爲鯤鯤是魚子也○注自蝸至鹽也○正義曰自蝸醢至此二十六物者皇氏云蝸一也苽食二也雉羹三也麥食四也脯羹五也雞羹六也析稌七也犬羹八也兔羹九也濡豚十也濡雞十一也濡魚十二也濡鼈十三也自此以上醢之與醬皆和調濡漬雞豚之屬爲他物而設之故不數矣自此以下醢及醬各自爲物但相配而食故數之也腶脩十四也蚳十五也脯羹重出兔醢十六也麋膚十七也魚醢十八也魚膾十九也芥醬二十也麋醢二十一也醢二十二也醬二十三也桃諸二十四也梅諸二十五也卵鹽二十六也諸儒更無所說今依用之云似皆人君燕所食也者按周禮掌客云諸侯相食皆鼎簋十有二其正饌與此不同其食臣下則公食大夫禮具有其文與此又異故疑是人君燕食也云其饌則亂者按上陳庶羞有膷臐膮有牛炙牛胾始云牛炙豕炙而依牲大小先後而陳此則先云雉羹後云脯羹又先云雞羹後云犬羹不依牲之次第又飯食在簋醢羹之屬在豆是上下雜亂故云其饌則亂也云膚切肉也者以其與醢醬相類在豆之物故爲切肉若其正膚則在俎故少牢特牲膚皆在俎也云卵鹽大鹽也者以其鹽形似鳥卵故云大鹽也○注多其至氣也○正義曰依經方春不用食酸夏不用食苦四時各減其時味也此云多其時味以養氣者經方所云謂時氣壯者減其時味以殺盛氣此經所云食以養人恐氣虛羸故多其時味以養氣也○注言其氣味相成○正義曰此云牛宜稌上云析稌用犬羹又云犬宜粱而以犬羹配析稌者此牛宜稌之屬據尊者正食上之所云據人君燕食以滋味爲美故與此不同○春宜至膏羶○上文食齊視春時至魚宜苽皆周禮食醫之文記者載之於此論調和食飲之法此春宜羔豚一經又記庖人論四時煎和膳食之宜以王相休廢相參其味乃善○春宜羔豚膳膏薌者春爲木王膏薌牛膏也牛中央土畜春春東方木木剋土木盛則土休廢用休廢之膏故用牛膏也○夏宜腒鱐膳膏臊者腒乾雉鱐乾魚膏臊犬膏也犬屬西方金夏南方火火剋金火盛則金休廢故用犬膏也○秋宜犢麛膳膏腥者膏腥謂雞膏也雞屬東方木秋西方金金剋木金盛則木休廢故用雞膏也○冬宜鮮羽膳膏羶者鮮魚羽鴈膏羶謂羊膏也羊屬南方火冬水王水剋火水盛則火休廢故用羊膏也周禮庖人文與此同鄭彼注云羔豚物生而肥犢與麛物成而充腒鱐暵熱而乾魚鴈水涸而性定此八物者得四時之氣允盛爲人食之

弗勝是以用休廢之脂膏煎和膳之義與此同○注牛膏至羼也○正義曰按洪範五行傳云思之不睿則有牛禍牛屬土也言之不從則有犬禍犬屬金也貌之不恭則有雞禍雞屬木也視之不明則有羊禍羊屬火也今四時各有所尅脂膏而和膳食故知牛膏薌犬膏臊雞膏腥羊膏羶也云腒乾雉也者士相見禮云冬執雉夏執腒故知腒爲乾雉云鱐乾魚也者周禮籩人云膴鮑魚鱐鱐與鮑相對鮑爲濕魚故知鱐是乾魚也云鮮生魚也者鱐既爲乾魚故鮮爲生魚也月令云季冬獻魚又王制云獺祭魚然後虞人入澤梁是冬魚成也云羽鴈也者羽族既多而冬來可食者唯鴈故知羽鴈也○庖人云春行羔豚行謂行用此云宜謂氣味相宜其事同也○牛脩至薑桂○麋鹿田豕麕皆有軒者言此等非但爲脯又可腥食腥食之時皆以藿葉起之而不細切故云皆有軒不云牛者牛唯可細切爲膾不宜大切爲軒故不言之○雉兔皆有芼者爲雉羹兔羹皆有芼菜以和之○芝栭者庾蔚云無華葉而生者曰芝栭盧氏云芝木芝也王肅云無華而實者名栭皆芝屬也庾又云自牛脩至薑桂凡三十一物則芝栭應是一物也今春夏生於木可用爲菹其有白者不堪食也賀氏云栭軟棗亦云芝木椹也以芝栭爲二物鄭下注云三十一物則數芝栭爲一物也賀氏說非也○注蔆芰至次錄○正義曰椇棃之不臧者柤是棃屬其味不善故云不臧也○云自牛脩至此三十一物者牛脩一鹿脯二田豕脯三麋脯四麕脯五麋軒六鹿軒七田豕軒八麕軒九雉十兔芼十一爵十二鷃十三蜩十四范十五芝栭十六蔆十七椇十八棗十九栗二十榛二十一柿二十二瓜二十三桃二十四李二十五梅二十六杏二十七柤二十八棃二十九薑三十桂三十一云皆人君燕食所加庶羞也者以下文云大夫燕食有膾無脯故知此是人君燕食也按周禮籩人醢人正羞惟有棗栗榛桃無以外雜物故知所加庶羞也引周禮天子羞用百有二十品以下者證天子庶羞既多不惟三十一物而已云記者不能次錄者謂作記之人不能依次條錄天子之事但錄諸侯燕食三十一物而已亦不能依次也

○大夫燕食，有膾無脯，有脯無膾。士不貳羹胾。庶人耆老不徒食。尊卑差也【疏】大夫至徒食○正義曰此一經接上人君燕食因明大夫士庶人燕食不同○有脯無膾者言大夫燕食若有脯則不得有膾按鄭志云脯非食殽此燕得食脯者脯非食殽謂食不專用脯以爲食殽若有餘饌兼之則得有脯○士不貳羹胾者謂士燕食也若朝夕常食則下云羹食自諸侯以下至於庶人無等

禮記注疏卷二十七校勘記　阮元撰盧宣旬摘錄

附釋音禮記注疏卷第二十七　惠棟挍宋本禮記正義卷第三十七

內則第十二

后王命冢宰節

后王至兆民　惠棟挍宋本無此五字

君謂諸侯王謂諸侯王謂天子　閩監毛本同案王謂諸侯四字誤衍惠棟挍宋本不誤衞氏集說作后謂諸侯王謂天子亦無王謂諸侯四字

不定后如唯主內事　補監毛本不定作若是

子事父母節

笄總　石經同岳本同嘉靖本同衞氏集說同釋文同閩監毛本總作緫石經考文提要云宋大字本宋本九經南宋巾箱本余仁仲本劉叔剛本皆作總注下同

自佩也　閩監毛本同岳本同嘉靖本同衞氏集說同考文引足利本自作目

紛帨拭物之佩巾也　閩監毛本同衞氏集說同惠棟挍宋本無佩字宋監本同岳本同嘉靖本同考文引古本足利本同

遰刀鞞也　閩毛本同岳本同衞氏集說同監本鞞誤鞸嘉靖本鞞作鞸按釋文鞞音必頂反當作鞞

子事至著綦　惠棟挍宋本無此五字

縰訖加笄笄訖加總　閩監本同毛本縰誤縱下訖誤紘

婦事舅姑節

如事父母　各本同石經亦有事字釋文出如父母云一本作如事父母

衿纓　各本同石經同釋文出衿嬰云嬰又作纓

婦事至綦屨　惠棟挍宋本無此五字

則喪服女子吉笄尺二寸也　閩本同衞氏集說亦作吉監本吉字殘闕毛本吉誤古

而言施縏袠　惠棟挍宋本作袠衞氏集說同此本袠字模糊閩監毛本袠誤囊

明有縏也　閩監毛本同衞氏集說同惠棟挍宋本縏下有也字

以適父母舅姑之所節

疾痛苛癢　各本同石經同釋文出苛養云本又作癢

蕡熬枲實　閩毛本同岳本同嘉靖本同衞氏集說同監本枲誤草不成字

榆白曰枌　閩毛本同岳本同嘉靖本同衞氏集說同監本枌誤扮

以適至后退　惠棟挍宋本無此五字

至其處所奉扶沃盥之儀　閩監毛本同衞氏集說同惠棟挍宋本扶作持

男女未冠笄者節

男女至視具　惠棟挍宋本無此五字

謂纓上有香物也　閩監毛本同衞氏集說有作著

凡內外節

灑掃室堂　閩監本同嘉靖本同毛本掃作埽石經同岳本同衞氏集說同釋文同

孺子蚤寢晏起　各本同石經同釋文孺作獳

凡內至無時　惠棟挍宋本無此五字

由命士以上節

日入而夕慈以旨甘　各本同毛本旨甘二字誤倒

食祿不免農也　惠棟挍宋本同宋監本同岳本同嘉靖本同衞氏集說同考文引補本足利本同古本免作勉閩監毛本免誤荒

父母舅姑將坐節

長者奉席請何趾　各本同石經同釋文出何止云本又作趾○按說文有止字無趾字

須臥乃斂之也　惠棟挍宋本同宋監本同岳本同嘉靖本同衞氏集說同閩本斂字殘闕監毛本斂誤歛

父母至襡之　惠棟挍宋本無此五字

父母舅姑之衣衾節

牟讀曰堥也　閩監毛本同衞氏集說同正義亦作堥岳本作鍪嘉靖本同釋文出如鍪云字又作蝥

父母至飲食　惠棟挍宋本無此五字

父母在朝夕恆食節

旨甘滑　補各本皆作柔滑此誤脫柔字

父母至子餕　惠棟挍宋本無此五字

子婦餕餘之禮也　閩監毛本同惠棟挍宋本無也字衞氏集說同

在父母舅姑之所節

不敢唾洟　閩監毛本洟誤作嚏石經同岳本同嘉靖本同衞氏集說同釋文出唾涕云本又作洟通典六十八亦作洟

潘米瀾也　閩監毛本作瀾岳本同嘉靖本同衞氏集說同釋文同此本瀾誤灡盧文弨挍云瀾說文作灡

在父至帥時　惠棟挍宋本無此五字

男不言內節

男不至由左　惠棟挍宋本無此五字

不嫌男女有婬邪之意　閩監本同毛本婬作淫衞氏集說同

子婦孝者敬者節

戒則違解　惠棟挍宋本同岳本同嘉靖本同考文引古本足利本同閩監毛本則誤時衛氏集說同釋文出解也衛氏集說解下亦有也字

雖不耆　閩監毛本同岳本同衛氏集說同釋文出不耆石經耆作嗜嘉靖本同惠棟挍宋本同宋監本同按疏出經文亦作嗜通典六十八引亦作嗜○按古多假耆爲嗜

姑與之而姑使之　各本同石經同釋文與作予○按予與古今字

子婦至禮焉　惠棟挍宋本無此五字

父母有過節

子從父之令　閩監本同岳本同嘉靖本同衛氏集說同毛本令作命通典引亦作令

父母至起孝　惠棟挍宋本無此五字

謂子恐父母不說　閩監毛本作謂此本謂字模糊考文云補本謂作諫

父母有婢子節

父母至不衰　惠棟挍宋本無此五字

喪婦長女不娶　閩本監本同毛本婦作父盧文弨云婦字是父字非

舅沒則姑老節

不敢解倦　各本同釋文出解勌云本又作倦

凡婦不命適私室　石經同岳本同嘉靖本同衛氏集說同閩監毛本凡誤几

藏以待乏　閩本同石經同岳本同嘉靖本同衛氏集說同監毛本乏誤之通典六十八亦作藏以待之

父母至與之　惠棟挍宋本無此五字

并明冢婦介婦相於之節　惠棟挍宋本同閩監毛本於作與衛氏集說同

故○冢婦疏薄之　補故下○誤

析稌　嘉靖本同閩監毛本析作折石經同岳本同衛氏集說同釋文同段玉裁挍本云折當析之誤析同淅汱米也陸云之列反非

包苦實蓼　各本同石經同釋文包作苞

或作爤也　閩監毛本同岳本同衛氏集說同嘉靖本爤誤爛爤釋文出作爤云本又作𤓰考文引古本爤作爛

蚳蚔蜉子也　各本同釋文出蜱云本又作蚳

卵鹽　各本同石經同石經考文提要云坊本譌卵醬

自蝸醢至此二十六物　惠棟挍宋本同宋監本同岳本同嘉靖本同衛氏集說同考文引古本足利本同閩監毛本二誤一

鷸腒　鷸同　各本同石經同釋文出鷸云本又作麋又作鷸下田豕

腒皆析乾肉也　惠棟挍宋本肉上有其字宋監本同岳本同嘉靖本同此本誤脫閩監毛本同衛氏集說同

范蜂也　各本同釋文出蠭云本又作蜂

柿瓜　閩監毛本同嘉靖本同衛氏集說同石經柿作柹宋監本同岳本同釋文同石經考文提要云宋大字本劉叔剛本作柿

楂梨　嘉靖本同閩監毛本同衛氏集說同惠棟挍宋本楂作柤石經同岳本同宋監本同案釋文亦作柤石經考文提要云宋大字本劉叔剛本並作柤

椇蘂之不臧者　閩監毛本同嘉靖本蘂作棃衛氏集說同岳本椇蘂作柤棃宋監本同考文引補本古本足利本作楂棃按椇當作柤困學紀聞引內則注椇蘂之不臧是誤字

飯黍至薑桂　惠棟挍宋本無此五字

謂牛臛也　惠棟挍宋本同衛氏集說同閩監毛本臛誤臛下羊臛豕臛同○按依說文當作脽臛俗字

按釋鳥云鴽鴾母某氏云　閩本同惠棟挍宋本同監毛本某誤郭

故以粉糗擣之　閩監毛本同惠棟挍宋本擣作摶衛氏集說同○按依本經注當作擣

析稌七也　監毛本同衛氏集說同閩本析作折惠棟挍宋本同

牛中央土畜春春東方木木尅土　閩本同惠棟挍宋本同惟春字不重衛氏集說同監本畜春春東方木六字闕毛本六字亦脫

犢與麋物成而充　閩監本同毛本充誤克○按周禮注作與麛是也麛鹿子麋乃麋鹿字

椇棃之不臧者　惠棟挍宋本椇作柤此本誤也閩監毛本同下柤是棃屬放此

柤二十八　惠棟挍宋本同閩監毛本柤作楂衛氏集說同

亦不能依次也　惠棟挍宋本此下摽禮記正義卷第三十七終記云凡二十一頁

大夫燕食節　惠棟挍宋本自此節起至女子十年不出節止爲第三十八卷卷首題禮記正義卷第三十八

庶人耆老不徒食　各本同毛本徒誤從

大夫至徒食　閩本同監毛本徒誤從按惠棟挍宋本無此五字

附釋音禮記注疏卷第二十八

內則　鄭氏注　孔穎達疏

膾，春用蔥，秋用芥。豚，春用韭，秋用蓼。芥，芥醬也。脂用蔥，膏用薤。脂肥凝者，釋者曰膏。○薤，戶界反，俗本多作䪥，非也。三牲用藙。藙，煎茱萸也。漢律會稽獻焉。爾雅謂之榝。○藙，魚氣反。會，古外反。稽，古兮反。榝，色八反，似茱萸而實赤小。和用醯。畜與家物自相和也。○和，戶臥反，注皆同。醯，呼兮反，酢也。畜，許又反，又許六反。獸用梅。亦野物自相和。鶉羹、雞羹、鴽，釀之蓼。釀謂切雜之也。鴽在羹下，烝之不羹也。○鶉雞羹，本又作鶉羹雞羹。魴鱮烝，雛燒，雉，薌無蓼。薌，蘇荏之屬也。燒，煙於火中也。自膾用蔥至此，言調和菜釀之所宜也。○魴鱮，上音房，下音敘。烝，之丞反。雛字又作雛，仕俱反，又匠俱反。賀讀魴鱮烝雛燒爲句，燒如字，一音焦。皇絕句，雉，皇此一句一讀，雉薌爲句。蘇荏，而甚反。調，徒弔反。○不食雛鱉。狼去腸。狗去腎。狸去正脊。兔去尻。狐去首。豚去腦。魚去乙。鱉去醜。皆爲不利人也。雛鱉，伏乳者。乙，魚體中害人者名也。今東海容魚有骨名乙，在目旁，狀如篆乙，食之鯁人不可出。醜謂鱉竅也。○去，起呂反，下並同。尻，苦刀反。腦，奴老反。爲，于僞反，下皆爲同。伏，扶又反。乳，而樹反。鰫音容。篆，直轉反。鯁，本又作哽，古猛反，字林云：鯁，魚骨也。又工孟反。竅，苦叫反。○肉曰脫之。魚曰作之。棗曰新之。栗曰撰之。桃曰膽之。柤梨曰攢之。皆治擇之名也。○膽，丁敢反。攢，再官反，本又作鑽。○牛夜鳴則庮。羊泠毛而毳，羶。狗赤股而躁，臊。鳥皫色而沙鳴，鬱。豕望視而交睫，腥。馬黑脊而般臂，漏。雛尾不盈握弗食。舒鴈翠，鵠鴞胖，舒鳧翠，雞肝，鴈腎，鴇奧，鹿胃。亦皆爲不利人也。庮，惡臭也。春秋傳曰：一薰一庮。泠毛，毳毛別聚不解者也。赤股，股裏無毛也。皫色，毛變色也。沙猶嘶也。鬱，腐臭也。望視，視遠也。腥當爲星，聲之誤也。星，肉中如米者。般臂，前脛般般然也。漏當爲螻，如螻蛄臭也。舒鴈，鵝也。翠，尾肉也。鵠鴞胖，謂脅側薄肉也。舒鳧，鶩也。鴇奧，脾肶也。鵠或爲鴞也。○庮音由。泠音零，泠結毛如氈也。毳，昌銳反。躁，早報反。皫，本又作皫，劉昌宗音普保反，徐芳表反，又普表反。沙如字，一音所嫁反，注同。睫音接。腥依注作星，說文云：腥，星見食豕，令肉中生小息肉也。字林音先定反。般音班。臂本又作擘，必避反，徐方避反。漏依注音螻，力侯反。鵠，胡篤反。鴞，于驕反。胖音判。鴇音保。奧，於六反。胃音謂，字又作腸，同。薰，許云反，或作熏，又作葷。解，胡買反。嘶音西，字又作斯，音同。腐，扶甫反。脛，胡定反。蛄音姑。鵝，五何反。鶩音木。脾，扶移反。肶，昌私反。○肉腥，細者爲膾，大者爲軒。言大切細切異名也。膾者必先軒之，所謂聶而切之也。○腥音星，字林作胜，云不熟也，先丁反。聶，本又作攝，又作牒，皆之涉反，下同。或曰：麋

鹿魚爲菹。麕爲辟雞。野豕爲軒。兔爲宛脾。切葱若薤。實諸醯以柔之。此軒辟雞宛脾皆菹類也。釀菜而柔之以醯，殺腥肉及其氣。今益州有鹿䴥者，近由此爲之矣。菹軒聶而不切，辟雞宛脾聶而切之。軒或爲胖，宛或作鬱。○麕爲九倫反，辟必益反，徐芳益反，注同。宛于晚反，脾婢支反，醯徐呼兮反，本或作醓。䴥於僞反，益州人取鹿殺而埋之地中，令臭乃出食之，名鹿䴥是也。近，附近之近。○羹食。自諸侯以下至於庶人。無等。羹食，食之主也。庶羞乃異耳。○食音嗣，注羹食并下文食禮同。大夫無秩膳。謂五十始命，未甚老也。秩，常也。大夫七十而有閣。有秩膳也。閣以板爲之，庋食物也。○庋又作庪，九委反，或居彼反，本亦作庪。○天子之閣。左達五。右達五。公侯伯於房中五。大夫於閣三。士於坫一。達，夾室。大夫言於閣，與天子同處。天子二五，倍諸侯也。五者，三牲之肉及魚腊也。○坫丁念反，夾古洽反，又古協反，處昌慮反。〔疏〕「膾春」至「無蓼」。○正義曰：此一節論調和飲食之宜。鶉羹雞羹者，謂用鶉用雞爲羹。鴽者，唯烝煮之而已，不以爲羹，故文在羹下。釀之蓼者，釀謂切雜和之，言鶉羹雞羹及烝之等三者，皆釀之以蓼。○魴鱮烝者，魴鱮二魚皆烝熟之。雛燒者，雛是鳥之小者，火中燒之，然後調和，若今之職也。○雉者，文在烝燒之下，或燒或烝，或可爲羹，其用無定，故直云雉。薌無蓼者，薌謂蘇荏之屬，言魴鱮烝及雛燒并雉等三者，調和唯以蘇荏之屬，無用蓼也。○注「芥，芥醬也」。○正義曰：上云魚膾芥醬，則謂秋時用芥，芥辛，於秋宜也。○注「藙煎」至「之椒」。○正義曰：賀氏云：今蜀郡作之，九月九日取茱萸，折其枝，連其實，廣長四五寸，一升實可和十升膏，名之藙也。○「不食」至「擴之」。○正義曰：此一節論治擇肉物惡者及果實之屬。○肉曰脫之者，皇氏云：治肉除其筋膜，取好處。故李巡注爾雅釋器云：肉去其骨曰脫。郭云：剝其皮也。○魚曰作之者，皇氏云：作謂動搖也。凡取魚，搖動之，視其鮮餒，餒者不食。李巡注爾雅云：作之，魚骨小，无所去。郭氏爾雅今本作斮之，注云：謂削鱗也。○棗曰新之者，棗易有塵埃，恒治拭之使新。○栗曰撰之者，栗蟲好食，數數布陳，撰省視之。○桃曰膽之者，桃多毛，拭治去毛，令色青滑如膽也。或曰膽謂苦桃有苦如膽者，擇去之。○柤梨曰攢之者，恐有蟲，故一一攢看其蟲孔也。○「牛夜」至「鹿胃」。○正義曰：此一節論腥臊羶臭及諸物不可食者，從牛夜鳴至般臂漏，皆與周禮內饔職文同。○牛夜鳴則庮者，庮是臭惡之氣，牛夜鳴則其肉庮臭。○經羊泠毛而毳羶者，羶謂羶氣，泠謂毛本稀泠，毳謂毛頭毳結，羊若如此，其肉羶氣。○狗赤股而躁臊者，臊謂臊惡，赤股，股裹無毛，躁謂舉動急躁，狗若如此，其肉臊惡。○鳥皫色而沙鳴鬱者，鬱謂腐臭也。皫色，其色變無潤澤。沙鳴者，沙嘶也，謂鳴而聲嘶，鳥若如此，其肉腐臭。○豕望視而交睫腥者，腥謂肉結如星，望視謂豕視望揚，交睫謂目睫毛交，豕若如此，則其肉似星也。○馬黑脊而般臂漏者，漏謂螻蛄臭，黑謂馬脊黑，般臂謂馬之前脛其色般般然，馬若如此，其肉如螻蛄臭也。雛尾不盈握弗食者，雛謂小鳥，尾盈一握，然後堪食，若其過小，未盈握，不堪食也。自此以下，因廣言不堪食之物。○舒鴈翠者，舒鴈，鵝也，翠謂尾肉也，言鵝尾之肉不堪食也。○鵠鴞胖者，胖謂脅側薄肉也，謂鵠鳥鴞鳥脅側薄肉不可食。○舒鳧翠者，舒鳧謂鶩，鶩即是鴨，其翠不可食。雞肝、鴈腎亦不可食。鴇奥者，奥謂脾肶，謂藏之深奥處。

鴇奥及鹿胃亦不可食，凡此皆爲不利人也。○注「庮惡」至「鴇也」。○正義曰：引春秋傳者，僖四年左傳文，論晉獻公卜娶驪姬，其繇曰：「一薰一蕕，十年尚猶有臭。」薰謂香草，蕕謂臭草，薰蕕一時相和，十年臭氣尚在，言善易銷，惡難除也。蕕比於驪姬之惡也。云「沙猶嘶也」者，嘶謂酸嘶，古之嘶字單作斯耳。云「腥當爲星」者，謂肉中白點似星也，故不得爲腥臊之字也。云「漏當爲螻」者，以漏非臭惡氣名，故讀爲螻也。云「舒鴈，鵝；舒鳧，鶩也」者，爾雅釋鳥文。某氏云：在野舒翼飛遠者爲鵝。李巡云：野曰鴈，家曰鵝。李巡又云：野曰鳧，家曰鶩。○「或曰」至「柔之」。○正義曰：此一節明齏菹之異，用肉不同。言或曰者，記之人爲記之時，無菹軒辟雞宛脾之制，作之未審，舊有此言，記者承而用之，故稱或曰。○麋鹿魚爲菹者，凡大切若全物爲菹，細切者爲韲，其牲體大者菹之，其牲體小者韲之。用此麋鹿魚爲菹及野豕爲軒，是菹也。麕爲辟雞，兔爲宛脾者，是齏也。故鄭注醢人云：細切爲齏，全物若䐑爲菹。少儀曰：麋鹿爲菹，野豕爲軒，皆䐑而不切；麕爲辟雞，兔爲宛脾，皆䐑而切之。是菹大而韲小也。按少儀不云魚，此云魚者，記者異聞也。此魚與麋鹿相對，是魚之大者，故以爲菹。其辟雞宛脾及軒之名，其義未聞。○切葱若薤實諸醯以柔之者，此亦少儀文也。或用葱，或用薤，故云切葱若薤。肉與葱薤置諸醋中，故云實諸醯。物置醯中，悉皆濡熟，故云柔之。○注「釀菜」至「切之」。○正義曰：此經云葱薤，是釀菜而柔之，故鄭注醢人云韲菹之稱，菜肉通也。云「今益州有鹿䴥者，近由此爲之矣」者，鄭以今益州人有將鹿肉畜之，䴥爛，謂之鹿䴥，附近由此，名古之菹軒而爲此鹿䴥也。云「菹軒聶而不切，辟雞宛脾聶而切之」者，皆少儀文。聶則䐑也，聲相近耳。○「羹食」至「坫一」。○正義曰：此一節論天子諸侯及大夫士等尊卑膳食節級之等差。○注「羹食」至「異耳」。○正義曰：食謂飯也。言羹之與飯，是食之主，故諸侯以下無等差也。此謂每日常食，若非是儐常禮食之外，或別有牛羊豕之肉，隨時得爲羹也。其黍稷稻粱之屬，依禮正食之外，隨等別有稼穡收穫，皆得爲飯，故云羹食無等。若依禮正食，天子日食，即周禮膳夫王日一舉，鼎十有二，物皆有俎，及天子八簋，諸侯六簋，大夫四簋，此等即尊卑亦有差降也。言羹食，食之主也者，凡人所食，羹飯爲主，助以雜物，醬是衆食所須，故曲禮云醢醬處內，注云近醢醬者，食之主。又按公食大夫禮宰夫自東房授醢醬，公設之，注云以其爲饌本，是也。又牲與黍稷亦諸食之本，故掌客云鼎簋十有二，注云合言鼎簋者，牲與黍稷俱食之主也。雖文各有所施，大理不異。云「庶羞乃異耳」者，公食大夫禮下大夫十六豆，上大夫二十豆。又周禮掌客云：上公食四十，侯伯食三十二，子男食二十四。鄭注云：食謂庶羞羹可食者，是庶羞乃異也。○注「謂五」至「常也」。○正義曰：知五十始命未甚老也者，以下云六十宿肉，是有常秩，此經云無秩膳，故知是五十也。秩，常，釋詁文。○注「有秩」至「物也」。○正義曰：此經云七十而有閣，故知有秩膳也。然則六十者比五十者則有常肉，比七十者則有無肉時也。○注「達夾」至「腊也」。○正義曰：崔氏云：宮室之制，中央爲正室，正室左右爲房，房外有序，序外有夾室。天子尊，庖廚遠，故左夾室五閣，右夾室五閣。諸侯卑，庖廚宜稍近，故於房中減降於天子，唯在一房之中而五閣也。大夫既卑無嫌，故亦於夾室而閣三也。三者，豕魚腊也。士卑，不得作閣，但於室中爲土坫庋食也。云「五者，三牲之肉及魚腊也」者，以天子腊用六牲，今云五閣，是不一牲爲一閣，以魚腊是常食之物，故知三牲及魚腊也。○凡養老。有虞氏以燕禮。夏后氏以饗禮。殷人以食禮。周人脩而兼用之。凡五十養

於鄉。六十養於國。七十養於學。達於諸侯。八十拜君命。一坐再至。瞽亦如之。九十者使人受。五十異粻。六十宿肉。七十二膳。八十常珍。九十飲食不違寢。膳飲從於遊可也。六十歲制。七十時制。八十月制。九十日脩。唯絞紟衾冒。死而后制。五十始衰。六十非肉不飽。七十非帛不煖。八十非人不煖。九十雖得人不煖矣。五十杖於家。六十杖於鄉。七十杖於國。八十杖於朝。九十者。天子欲有問焉。則就其室。以珍從。七十不俟朝。八十月告存。九十日有秩。五十不從力政。六十不與服戎。七十不與賓客之事。八十齊喪之事弗及也。五十而爵。六十不親學。七十致政。凡自七十以上。唯衰麻爲喪。凡三王養老。皆引年。八十者。一子不從政。九十者。其家不從政。瞽亦如之。凡父母在。子雖老不坐。有虞氏養國老於上庠。養庶老於下庠。夏后氏養國老於東序。養庶老於西序。殷人養國老於右學。養庶老於左學。周人養國老於東膠。養庶老於虞庠。虞庠在國之西郊。有虞氏皇而祭。深衣而養老。夏后氏收而祭。燕衣而養老。殷人冔而祭。縞衣而養老。周人冕而祭。玄衣而養老。記王制有此。○粻知良反，糧也，字林云量也。絞古交反。紟其鴆反，本又作衿，同。冒亡報反。煖乃管反。朝直遙反，下同。珍從才用反，又如字。與音預，下同。齊側皆反。衰七回反。膠音交。冔况甫反。縞古老反，又古報反。〔疏〕「凡養」至「養老」。○正義曰：此一節皆王制文，記者重而錄之。後人雖知其重，因而不去，慎疑不敢刪易也。○曾子曰。孝子之養老也。樂其心。不違其志。樂其耳目。安其寢處。以其飲食忠養之。孝子之身終。終身也者。非終父母之身。終其身也。是故父母之所愛亦愛之。

父母之所敬亦敬之。至於犬馬盡然。而況於人乎。賤喻貴也。○樂音洛，下同。養，羊亮反。〔疏〕「曾子」至「人乎」。○正義曰：此一節因上陳養老之事，遂陳孝子事親之禮。孝子之身終者，謂安樂其親之心，不違其志，樂其耳目，安其寢處，以其飲食中心養之，是孝子事親之身終也。○終身也者，非終父母之身，終其身也者，作記之人既云孝子之身終，恐人不解，謂言孝子事親至親身終，故解云終身也者，非終竟父母之身也，終其孝子之身也。言父母雖沒，終竟是身，而行孝道與親在無異，至於犬馬盡然而況於人乎者，言父母所敬愛犬馬之屬，盡須敬愛，而況於父母所敬愛人乎。凡養老，五帝憲。憲，法也。養之爲法其德行。三王有乞言。有讀爲又，又從之求善言可施行也。五帝憲，養氣體而不乞言。有善則記之爲惇史。三王亦憲，既養老而后乞言，亦微其禮，皆有惇史。惇史，史惇厚是也。微其禮者，依違言之，求而不切也。○惇音敦。〔疏〕「凡養」至「惇史」。○正義曰：此一節論五帝三王養老之禮。○五帝憲者，憲，法也，言五帝養老法其德行。○三王有乞言者，言三王其德漸薄，非但法其德行，又從求乞善言。○五帝憲，養氣體而不乞言者，覆說上五帝憲之法，奉養老人就氣息身體，恐其勞動，故不乞言。有善則記之爲惇史者，惇，厚也，言老人有善德行則記錄之，使衆人法則，爲惇厚之史。亦微其禮，皆有惇史者，言三王養老既法德行，又從乞言，其乞言之禮亦依違求之而不偪切。三代皆法其德行善言爲惇厚之史，故云皆。皆者，皆三代也。○淳熬：煎醢加于陸稻上，沃之以膏，曰淳熬。淳，沃也。熬亦煎也。沃煎成之以爲名。○淳熬之純反，下五羔反，下及注同。淳毋：煎醢加于黍食上，沃之以膏，曰淳毋。毋讀曰模。模，象也。作此象淳熬。○毋依注音模，莫胡反，下同。食音嗣。〔疏〕「淳熬」至「淳毋」。○正義曰：此一節論養老須飲食如養親之事，明八珍之饌，并明羞豆糝餈之等。淳熬者，是八珍之內一珍之膳名也。淳謂沃也，則沃之以膏是也。熬謂煎也，則煎醢是也。陸稻者，謂陸地之稻也。謂以陸地稻米熟之爲飯，煎醢使熬，加于飯上，恐其味薄，更沃之以膏，使味相湛漬，曰淳熬。○注「毋讀」至「淳熬」。○正義曰：以經云淳毋，毋是禁辭，非膳羞之體，故讀爲模。模，象也。法象淳熬而爲之，但用黍爲異耳。經云黍食，食，飯也，謂以黍米爲飯。不言陸者，黍皆在陸，無在水之嫌，故不言陸。炮：取豚若將，刲之刳之，實棗於其腹中，編萑以苴之，塗之以謹塗，炮之，塗皆乾，擘之，濯手以摩之，去其皽，爲稻粉，糔溲之以爲酏，以付豚。煎諸膏，膏必滅之。鉅鑊湯，以小鼎薌脯於其中，使其湯毋滅鼎，三日三夜毋絕火，而后調之以醯醢。炮者，以塗燒之爲名也。將當爲牂，牂，牡羊也。刲刳，博異語也。謹當爲墐，聲之誤也。墐塗，塗有穰草也。皽謂皮肉之上魄莫也。糔溲亦博異語也。糔讀與滫瀡之滫同。薌脯謂煮豚若羊於小鼎中，使之香美也。謂之脯者，既去皽，則解析其肉，使薄如爲脯然，唯豚全耳。豚羊入鼎三日，乃內醯醢可食也。○炮，步交反。將，依注音牂，子郎反。刲，苦圭反。刳，口孤反，又口侯反。編，必縣反，又步典反。萑音丸，蘆也。苴，子餘反，苞裹也。謹，依注作墐，音斤，徐如字。炮之絕句。涂皆乾絕句。涂本亦作塗。擘之，必麥反，絕句。濯，直角反。去，起呂反，注同。皽，章善反。糔，息酒反，又相流反，又息了反。溲，所九反。付，徐音賦。鉅音巨，其據反。鑊，戶郭反。使湯，一本作使其湯。穰，如羊反，草也。魄莫，上音伯，反或普博反，下亦作膜，武博反。析，星厤反。

○擣珍：取牛羊麋鹿麕之肉，必脄。每物與牛若一。捶反側之，去其餌。孰出之，去其皽，柔其肉。脄，脊側肉也。捶，擣之也。餌，筋腱也。柔之爲汁和也。汁和亦醯醢與。○脄音每，徐亡代反，夾脊肉。餌音二，本或作𩟵，下句作餌。筋音斤。腱，徐其偃反，皇紀偃反，一音其言反。隱義云：筋之大者。王逸注楚詞云：筋頭也。與音餘。○漬：取牛肉，必新殺者，薄切之，必絕其理，湛諸美酒，期朝而食之，以醢若醯醷。湛亦漬也。○湛，子潛反，直蔭反，又將鴆反，一音陟鴆反，注同。期音朞。〔疏〕「炮取」至「醯醷」。○正義曰：炮，取豚若將者，言爲炮之法，或取豚，或取牂，故云取豚若將。刲刳其腹，實香棗於其腹中。○編萑以苴之者，萑是亂草也，苴，裹也，編連亂草以裹豚牂，裹之既畢，塗之以謹塗，謂穰草相和之塗也。以此墐塗而泥塗之，炮之，塗皆乾，擘之者，謂擘去乾塗也。○濯手以摩之，去其皽者，手既擘泥不淨，其肉又熱，故濯手摩之，去其皽莫。○爲稻粉，糔溲之以爲酏者，付全豚之外，煎之於膏，若羊則解析肉，以粥和之。○膏必滅之者，滅，沒也，小鼎盛膏，以膏煎豚牂，膏必沒此豚牂也。○鉅鑊湯，以小鼎薌脯於其中者，謂以大鑊盛湯，以小鼎之香脯實於大鑊湯中。○使其湯毋滅鼎者，使鑊中之湯無得沒此小鼎，若湯沒鼎，恐入鼎中，令食壞也。○三日三夜毋絕火者，欲令用火微熱，勢不絕。○注「將當」至「全耳」。○正義曰：以經云取豚若將，則將是豚類，故知將當爲牂，聲相近，又字體一邊相似。云刲刳博異語也者，以易云士刲羊，又云刳木爲舟，意同而語異。云謹當爲墐者，以謹非泥塗之物，以聲相近，故爲墐也。云墐塗，塗有穰草也者，用之炮豚，須相黏著，故知塗有穰草也。云糔溲亦博異語也者，亦者亦上刲刳，刲刳既博異語，故云糔溲亦博異語也。云唯豚全耳者，按周禮封人有毛炮之豚，豚形既小，故知全體。周禮鄭注云：毛炮，豚者，爛去其毛而炮之。豚既毛炮，則此牂或亦毛炮，既無正文，不敢定也。○注「脄脊」至「醯與」。○正義曰：知脄是脊側肉者，以脊側肉美，今擣以爲珍，宜取美處，故爲脊側肉。云餌，筋腱也者，以經云去其餌，又曰去其皽，皽既爲皮莫，則餌非復是皮莫，故以爲筋腱，腱即筋之類。云汁和亦醯醢與者，以上炮豚炮牂調以醯醢，下漬亦食之以醢若醯，故知擣珍和亦用醯醢。○爲熬：捶之，去其皽，編萑布牛肉焉，屑桂與薑，以洒諸上而鹽之，乾而食之。施羊亦如之。施麋、施鹿、施麕，皆如牛羊。欲濡肉，則釋而煎之以醢。欲乾肉，則捶而食之。熬於火上爲之也。今之火脯似矣。欲濡欲乾，人自由也。醢或爲醯。此七者，周禮八珍，其一肝膋是也。○洒，所買反，徐西見反。鹽音艷，又如字。乾而食，一本無而食之三字。濡音儒，下同。膋音遼，徐音勞。〔疏〕「爲熬」至「食之」。○正義曰：此一經論作熬之法。○施羊亦如之者，爲熬之法於牛，如上所陳，若施設於羊，亦如牛也。○欲濡肉，則釋而煎之以醢者，言食熬之時，唯人所欲，若欲得濡肉，則以水潤釋而煎之以醢也。○注「此七」至「是也」。○正義曰：七者，謂第一淳熬也，第二淳模也，第三、第四炮取豚若牂也，第五擣珍也，第六漬也，第七熬也。云其一肝膋者，則此糝下肝膋也。但作記之人文不依次，故在糝下陳之。

○糝：取牛羊豕之肉，三如一，小切之，與稻米。稻米二，肉一，合以爲餌煎之。此周禮糝食也。○食音嗣，下酏食同。○肝膋：取狗肝一，幪之以其膋，濡炙之，舉燋其膋，不蓼。膋，腸間脂。舉或爲巨。○幪音蒙。焦字又作燋，子消反。取稻米，舉糔溲之，小切狼臅膏，以與稻米爲酏。狼臅膏，臆中膏也。以煎稻米，則似今膏餈矣。此周禮酏食也。此酏當從餰。○酏讀爲餰，之然反，又之善反，注餰同。臆音憶。餰本又作餰，又作餰，並同之然反，音旃。〔疏〕「糝取」至「煎之」。○正義曰：三如一者，謂取牛羊豕之肉等分如一。稻米二肉一者，謂二分稻米，一分肉也。○注「此周禮糝食也」。○正義曰：按周禮醢人云：羞豆之實，酏食糝食，故云然也。此先陳糝食者，亦記人不次。○注「膋腸」至「爲巨」。○正義曰：舉，皆也，謂炙膋皆燋也。○注「以煎」至「從餰」。○正義曰：則似今膏餈矣者，似漢時膏餈，以膏煎稻米，鄭舉時事以說之。云此酏當從餰者，此內則及周禮酏之字當從餰字，以酏是粥，非是膏煎稻米，故改酏從餰也。

○禮始於謹夫婦。爲宮室，辨外內。男子居外，女子居內。深宮固門，閽寺守之。男不入，女不出。閽掌守中門之禁也。寺掌內人之禁令也。○閽音昏。男女不同椸枷，不敢縣於夫之楎椸，不敢藏於夫之篋笥，不敢共湢浴。竿謂之椸。楎，杙也。○椸本又作椸，以支反。枷音嫁。縣音玄。楎音輝。笥，息吏反。竿音干。杙音弋。夫不在，斂枕篋簟席襡器而藏之。不敢褻也。少事長，賤事貴，咸如之。咸，皆也。○夫婦之禮，唯及七十，同藏無間。衰老無嫌。及猶至也。○間，徐間廁之間，皇如字讀。故妾雖老，年未滿五十，必與五日之御。五十始衰不能孕也。妾閉房不復出御矣。此御謂侍夜勸息也。五日一御，諸侯制也。諸侯取九女，姪娣兩兩而御，則三日也；次兩媵，則四日也；次夫人專夜，則五日也。天子十五日乃一御。○年未五十，本又作年未滿五十。與音預。復，扶又反，下文夫復同。姪，大結反。娣，大計反。媵，羊證反，又繩證反。將御者，齊，漱澣，慎衣服，櫛縰笄總角，拂髦，衿纓綦屨。其往如朝也。角衍字也。拂髦或爲繆髦也。○齊，爭皆反，下皆同。澣音浣。朝，直遙反，下文朝服、注朝於君皆同。繆，居虯反。雖婢妾，衣服飲食必後長者。人貴賤不可以無禮。○後，胡豆反。妻不在，妾

御莫敢當夕。辟女君之御日也○辟音避下辟人雖辟皆同【疏】禮始至當夕○正義曰此一節論夫婦男女及內外之別又明妾與適妻尊卑相降之等各依文解之○注竿謂之椸○正義曰按爾雅釋宮云樴謂之杙郭景純注云樴音杙李巡曰謂橛杙也釋宮又云在牆者謂之楎郭景純引禮云不敢縣於夫之楎椸植曰楎橫曰椸然則楎椸是同類之物橫者曰椸則以竿為之故云竿謂之椸○唯及七十同藏無間者○間別也夫婦唯至七十同處居藏無所間別以其衰老無所嫌疑故也夫七十則婦六十以上若夫雖七十婦唯六十以下則猶間居也詩傳云男女不六十不間居據婦人言之若其宗子雖七十無妻猶得更娶故曾子問宗子雖七十無無主婦是必須有主婦也○注五七至一御○正義曰此經據妾言之未滿五十必與五日之御五十以上則不與也然則妻雖五十以上猶得與也云姪娣兩兩而御則三日也者以夫人及二媵各有姪娣凡六人故三日也云次兩媵則四日也者如鄭此言夫人姪娣卑於兩媵若望前卑者在前尊者在後望後乃反之知者約天子御法云天子十五日乃一御者按九嬪注云女御八十一人當九夕世婦二十七人當三夕九嬪九人當一夕三夫人當一夕后當一夕亦十五日而徧云自望後反之是也○注女君之御日也○正義曰此謂卿大夫以下故經云妻而注云女君大夫一妻二妾則三日御徧士一妻一妾則二日御徧妾恒辟女君之御日非但不敢當女君之御日縱令自當君之御日猶不敢當夕而往故詩小星云肅肅宵征夙夜在公注引此云凡妾御於君不當夕是也○

〇妻將生子。及月辰。居側室。側室謂夾之室次燕寢也夫使人日再問之。作而自問之。妻不敢見。使姆衣服而對。至于子生。夫復使人日再問之。作有感動○見賢遍反下及注同姆音茂字林亡又反女師也一音母又音亡久反夫齊。則不入側室之門。若始時使人問子生。男子設弧於門左。女子設帨於門右。表男女也弧者示有事於武也帨事人之佩巾也○三日始負子。男射女否。始有事也負之謂抱之而使鄉前也○鄉休亮反下文西鄉皆同○【疏】妻將至女否○正義曰從此以下終篇末論國君以下至庶人生子之禮及適庶差別妻妾異等所生男女養教之法從此妻將生子至男射女否則明大夫以下未生子之前夫問之宜及生子設弧矢之法○注側室至寢也○正義曰夫正寢之室在前燕寢在後側室又次燕寢在燕寢之旁故謂之側室妻既居側室則妾亦當然也故春秋傳云趙有側室曰穿是妾之子也生子不於夫正室及妻之燕寢必於側室者以正室燕寢尊故也○經云及月辰謂生月之辰初朔之日也○注若始時使人問之○正義曰夫不齊之時未動作之前夫使人日再問之今雖動作之後以其齊故但使人問之故云若始時使人問之也

〇國君世子生。告于君。接以大牢。宰掌具。接讀為捷捷勝也謂食其母使補虛強氣也○接依注音捷字妾反下接子同食音嗣下注食子食乳皆同三日。卜士負之。吉者宿齊。朝服寢門外。詩負之。射人以桑弧蓬矢六。射天地四方。詩之言承也桑弧蓬矢本大古也天地四方男子所有事也○射天地食亦反承如字徐音拯救之拯大音泰保受乃負之。代士也保保母宰醴負子。賜之束帛。醴當為禮聲之誤也禮以一獻之禮酬之以幣也卜士之妻。大夫之妾。使食子。食子不使君妾適妾有敵義不相褻以勞辱事也士妻大夫之妾謂時自有子○嫡本亦作適同丁歷反【疏】國君至食子○正義曰此一經論國君世子生及三日負子及食之法○注接讀至氣也○正義曰王肅杜預並以為接待夫人以大牢鄭必讀為捷為補虛強氣者以婦人初產之後必困病虛羸當三日之內必未能以禮相接應待負子之後今在前為之故知補虛強氣宜速故也○注詩之至事也○正義曰詩含神霧云詩者持也以手維持則承奉之義謂以手承下而抱負之云桑弧蓬矢本大古也者以桑與蓬皆質素之物故知本大古也云天地四方男子所有事也者男子上事天下事地旁禦四方之難故云所有事然射禮唯四矢者謂天地非射事所及唯禦四方故止四矢蓬是禦亂之草桑衆木之本○注禮以至幣也○正義曰此約士昏禮禮賓酬幣之法此士負子故禮之還用士禮○注士妻至有子○正義曰使其食子須有乳汁故知時自有子者皇氏云士之妻大夫之妾者隨課用一人故桓六年左傳云卜士負之士妻食之不云有大夫妾文略也

〇凡接子擇日。雖三日之內尊卑必皆選其吉焉○冢子則大牢。天子世子也冢大也冢子猶言長子通於下也庶人特豚。士特豕。大夫少牢。國君世子大牢。皆謂長子其非冢子。則皆降一等。謂冢子之弟及衆妾之子生也天子諸侯少牢大夫特豕士特豚庶人猶特豚也○【疏】凡接至一等○正義曰此一節論國君以下至庶人以上接子牲牢之異并適庶不同○注天子至下也○正義曰此云冢子大牢下云國君世子大牢既別言國君世子故知此云冢子大牢謂天子世子也云冢子猶言長子通於下也者以喪服父為長子是上下通稱長子故云通於下鄭云此者以天子特云冢子則大牢恐冢子之名唯施天子世子故云通於下必知冢子通於下者以下文云庶人特豚士特豕大夫少牢國君大牢下即云其非冢子則皆降一等明士冢子之名庶人大夫士等皆有其號○注庶人猶特豚也○正義曰以冢子庶人特豚士特豕大夫少牢國君大牢庶子既降一等天子諸侯少牢大夫特豕士特豚則庶人應無牲今以禮窮欲與士同故云猶特豚此是三日接子之禮故牲牢如此若三月名子之時則與此異故下文云具視朔食注云朔食天子大牢諸侯少牢大夫特豕士特豚也與此接子適庶參差不同○

〇異為孺子室於宮中。特埽一處以處之○一處尺御反擇於諸母與可者。必求其寬裕。慈惠。溫良。恭敬。慎而寡言者。使為子師。其次為慈母。其次為保母。皆居子室。此人君養子之禮也諸母衆妾也可者傳御之屬也子師教示以善道者慈母知其嗜欲者保母安其居處者士妻食乳之而已○嗜市志反他人無事不往。為兒精氣微弱將驚動也○為于偽反下為改為大溫皆同○【疏】異為至不往○正義曰此一節謂三日負子之後三月名子之前諸侯養子選擇諸母及養子之法此文雖據諸侯其實亦兼大夫士也但士不具三母耳大夫以上則具三母故喪服小功章中君子為庶母慈己者鄭注引此內則三母獨言慈母舉中以見上下是知大夫有三母也為之服小功若諸侯之子三母則不服也又此雖在三月之前其實三月之後養子亦當然也○注士妻至而已○正義曰既有子師慈母保母各為其事故知士妻但食乳之而已○

三月之末。擇日翦髮為鬌。男角女羈。否則男左女右。鬌所遺髮也夾囟曰角午達曰羈也○鬌丁果反徐大果反囟音信又思忍反是日也。妻以子見於父。貴人則為衣服。由命士以下。皆漱澣。貴人大夫以上也由自也男女夙興。沐浴衣服。具視朔食。朔食天子大牢諸侯少牢大夫特豕士特豚也夫入門。升自阼階。立于阼。西鄉。妻抱子出自房。當楣立東面。入門者入側室之門也大夫以下見子就側室見妾子於內寢辟人君也○楣音眉【疏】三月至東面○正義曰此一節明三月之末卿大夫以下名子之法又書名藏之州府妻遂適寢夫入與妻餕食之事各依文解之○注鬌所至羈也○正義曰三月翦髮所留不翦者謂之鬌云夾囟曰角者囟是首腦之上縫故說文云十其字象小兒腦不合也夾囟兩旁當角之處留髮不翦云午達曰羈也者按儀禮云度尺而午注云一從一橫曰午今女翦髮留其頂上縱橫各一相交通達故云午達不如兩角相對但縱橫各一在頂上故曰羈羈者隻也文雖據大夫士天子諸侯之子亦當然也○注入門至君也○正義曰知入側室之門也者上文云妻將生子居側室至此三月之末未有妻出之文則知但在側室此云夫入門謂入側室之門但側室在燕寢之旁亦南嚮故有阼階西階夫立於阼西嚮但卿大夫之室唯有東房妻抱子出自房者出東房當楣東面立與夫相對云大夫以下見子就側室者見子謂見適妻子就側室則此文是也云見妾子於內寢者則下文云妾將生子三月之末漱澣夙齊見於內寢是也鄭注云內寢適妻寢也大夫所以見適子於側室見庶子於適妻寢者辟人君也人君則見適子於路寢見庶子於側室故云辟人君也如人君見世子於路寢者下文云世子生則君沐浴朝服夫人亦如之皆立於阼階西鄉世婦抱子升自西階既著朝服又東西階相對故知在路寢也又知人君見庶子在側室者下云公庶子生就側室三月之末其母見於君擯者以其子見是就側室也然大夫見妾子於內寢諸侯見妾子於側室何以下文適子庶子見於外寢注云此適子謂世子弟也庶子妾子也外寢君燕寢也又是人君見妾子於外寢不在側室者但人君世子之弟見於外寢妾子見於側室但庶子撫首咳而名之與世子同故連文云見於外寢其實在側室也熊氏皇氏俱為此說故今從焉○

〇姆先相曰。母某敢用時日祗見孺子。某妻姓若言姜氏也祗敬也或作振○相息亮反夫對曰。欽有帥。父執子之右手。咳而名之。欽敬也帥循也言教之敬使有循也執右手明將授之事也○孩字又作咳戶才反妻對曰。記有成。遂左還授師。記猶識也識夫之言使有成也師子師也○還音旋轉也子師辯告

諸婦諸母名。後告諸母若名成於尊。○辯音遍下同妻遂適寢。復夫之燕寢。夫告宰名。宰辯告諸男名。書曰。某年某月某日某生而藏之。宰謂屬吏也春秋書桓六年九月丁卯子同生宰告閭史。閭史書爲二。其一藏諸閭府。其一獻諸州史。州史獻諸州伯。州伯命藏諸州府。四閭爲族族百家也閭胥中士一人五黨爲州州二千五百家也州長中大夫一人也皆有屬吏獻猶言也。夫入食如養禮。夫入已見子入室也其與妻食如婦始饋舅姑之禮也。○養羊尚反〔疏〕姆先至適寢○正義曰此一節論母以子見父及父名子妻遂適寢之事。○姆先相者妻既抱子當楣東面而立傅姆在母之前而相佐其辭曰母某氏敢用時日祇見孺子祇敬也孺稚也謂恭敬奉見稚子夫對曰欽有帥者欽敬也帥循也夫對妻言當教之令其恭敬使有循善道對妻既詺父遂執子右手咳而名之謂以一手執子右手以一手承子之咳而名之○妻對曰記有成者當記識夫言教之使有成就○遂左還授師者妻對既詺遂左嚮迴還轉身西南以子授子師也○子師辯告諸婦諸母名者諸婦謂同族卑者之妻諸母同族尊者之妻後告諸母欲名成於尊○注某妻至敬也○正義曰祇敬及下注欽敬師循皆釋詁文也○注宰謂至同生○正義曰此經所陳謂卿大夫以下故以名徧告同宗諸男也若諸侯既絕宗則不告諸男也此舉諸男舉其卑者卑者尚告則告諸父可知此既據卿大夫以下而引春秋桓六年子同生者欲詺明子生年月日之事彼謂諸侯也直云子同生不云世子者杜元凱云不云世子書始生言始生之時未立爲世子也經云書名而藏之者謂以簡策書子名而藏之家之書府○注四閭至屬吏○正義曰四閭爲族以下皆周禮地官文云皆有屬吏者閭之屬吏則有閭史也州之屬吏則有州史也州伯則州長也州府是州長之府藏○注夫入至禮也○正義曰夫入已見子入室也者夫既就側室而見子見子既畢從側室而入正室云其與妻食如婦始饋舅姑之禮也者經云如養禮是如養舅姑之禮按士昏禮婦始饋舅姑特豚合升側載右胖載之舅俎左胖載之姑俎其大夫以上則无文必知如婦始饋舅姑者以下文云妾生子及三月之末見子之禮如始入室明知此如養禮如始入室養舅姑之禮也○世子生。則君沐浴朝服。夫人亦如之。皆立于阼階。西鄉。世婦抱子。升自西階。君名之。乃降。子升自西階則人君見世子於路寢也見妾子就側室凡子生皆就側室諸侯夫人朝於君次而祿衣也○祿通亂反○〔疏〕世子至乃降○正義曰此一節明人君見世子及適庶之禮各依文解之○注子升至衣也○正義曰凡子生皆就側室者按上文妻將生子居側室是卿大夫生子居側室此文人君見世子在路寢經云世婦抱子升自西階是世婦抱子從外而入其內寢是君之常居之處夫人不可於此寢生子故知亦在側室也云夫人朝於君次而祿衣也者按內司服注云后六服后從王祭先王則服褘衣祭先公則服揄翟祭羣小祀則服闕翟鞠衣黃桑服也展衣以禮見王及賓客祿衣御于王之服諸侯夫人以下所得之服各如王后之服則夫人亦如王后也此既在路寢與君同著朝服則是以禮見君合服

展衣此云次而祿衣者此謂見子又見子若詺則當進入君寢侍御於君故服進御之服異於尋常以禮見君故不服展衣也次者首飾次第髮爲之則少牢禮髮鬄是也鄭注云古者或剔賤者刑者之髮爲之其褘衣揄翟闕翟首服副副者覆首爲飾鄭注云若今步繇矣鞠衣展衣首服編鄭云編列髮爲之若今假紒矣○適子庶子見於外寢。撫其首。咳而名之。禮帥初。無辭。此適子謂世子弟也庶子妾子也外寢君燕寢也無辭辭謂欽有帥記有成也○適丁歷反注及下同○〔疏〕適子至無辭○正義曰此一節明人君見世子弟及妾子之禮○適子庶子見於外寢者適子謂大子之弟見於外寢庶子則見側室但撫首咳名無辭之事與世子之弟同故與適子連文同云見於外寢其實庶子見於側室也○禮帥初無辭者禮謂威儀也帥循也初謂前文世子生見於路寢君夫人皆西鄉言見適子庶子威儀依循初世子之法但無勑戒之辭然夫人所生之子容可如世子見禮君與夫人俱西鄉若妾之見子則不得與夫人同當與卿大夫之妻見適子同但不親抱子耳○注外寢至成也○正義曰燕寢當在內而云外寢者對側室而爲外耳側室在旁處內故謂燕寢爲外寢也云無辭辭謂欽有帥記有成也者按前世子生直云世婦抱子升自西階君名之乃降亦無辭也而云適子庶子無辭者以前文卿大夫妻見適子之時既有父執右手咳而名之及戒告之辭其文既具故於見世子之禮略而不言其實世子亦執右手咳而名之及戒告也故鄭引前文卿大夫見子之辭而言之也○凡名子。不以日月。不以國。終使易諱。○易以豉反不以隱疾。諱衣中之疾難爲醫也大夫士之子。不敢與世子同名。尊世子也其先世子生亦勿爲改〔疏〕凡名至同名○正義曰此一節論子名之法尊卑上下同有諱辟又大夫士之名子辟世子之名○注其先至爲改○正義曰知先世子生亦勿爲改者按春秋衞襄公名惡其大夫有齊惡明齊惡先衞侯生故得與衞侯同名是知先生者不改也妾將生子。及月辰。夫使人日一問之。子生三月之末。漱澣夙齊。見於內寢。禮之如始入室。君已食。徹焉。使之特餕。遂入御。內寢適妻寢也禮謂已見子夫食而使獨餕也如始入室始來嫁時妾餕夫婦之餘亦如之既見子可以御此謂大夫士之妾也凡妾稱夫曰君○三月之末一本作子生三月之末〔疏〕妾將至入御○正義曰此一節論大夫妾生子之禮異於適子之法○君已食徹焉者君謂夫也以妾賤故謂夫爲君○使之特餕者尋常夫食之後衆妾共餕今以其生子故使之特餕也○注內寢至曰君○正義曰知內寢適妻寢者以其稱內故知是適妻寢也凡宮室之制前有路寢次有君燕寢次夫人正寢卿大夫以下前有適室次有燕寢次有適妻之寢但夫人燕寢對夫人及適妻之寢及側室等其燕寢在外亦名外寢故前注云外寢君燕寢是也云妾餕夫婦之餘亦如之者按昏禮夫婦同牢之後媵餕夫餘御餕婦餘故謂正妻若妾初嫁始來夫婦共食初來之妾特餕其餘今妾已見子之後夫婦共食令生子之妾特餕其餘亦如始來時故云亦如之云既見子可以御此謂大夫士之妾也者以前文大夫之妻見子之後妻遂適夫寢未即進御後始云夫入食如養禮是夫始入與妻食

乃後進御此文云見子遂入御故謂云此大夫士之妾也言其異正妻也○公庶子生。就側室。三月之末。其母沐浴朝服見於君。擯者以其子見。君所有賜。君名之。衆子則使有司名之。擯者傅姆之屬也人君尊雖妾不抱子有賜於君有恩惠也有司臣有事者也魯桓公名子問於申繻也○繻音須〔疏〕公庶至名之○正義曰此一經明君庶子生處及三月見父異於世子之禮前文已云適子庶子見於外寢異於世子今此更重出者以前文庶子與適子連文恐事事皆同適子故以此經特見庶子之法按前注云凡子生皆就側室則世子亦就側室今特云庶子就側室者舉庶子世子可知也○君所有賜君名之者謂生子之妾君所特有恩賜偏所愛幸君則自名其子故云君名之○衆子則使有司名之者衆子謂衆妾之子不特寵御則使有司以名其子也○注人君至繻也○正義曰人君尊雖妾不抱子者以經云其母朝服見於君乃云擯者以其子見於君是擯者抱子也故知妾不抱子引春秋問名於申繻者證有司名之一邊同耳其實異也春秋所云謂世子也○庶人無側室者。及月辰。夫出居羣室。其問之也。與子見父之禮無以異也。夫雖辟之至問妻及見子禮同也庶人或無妾〔疏〕庶人至異也○正義曰此一經論庶人之禮○庶人無側室者及月辰夫出居羣室者以無側室妻在夫寢妻將生子故夫出辟之若有側室則妻在側室夫自居正寢不須出居羣室也○其問之也與子見父之禮無以異也者與及也言夫問妻及子見父之禮無以異於卿大夫士言與卿大夫士同也亦夫使人日再問之作而自問之其見父之時父亦執子之右手咳而名之及有戒告之事一如上矣○凡父在。孫見於祖。祖亦名之。禮如子見父。無辭。見子於祖家統於尊也父在則無辭有適子者無適孫與見庶子同也父卒而有適孫則有辭與見冢子同父雖卒而庶孫猶無辭也○〔疏〕凡父至無辭○正義曰此一節論孫見祖之禮卿大夫以下之事故鄭注云家統於尊所以無辭者若父之於子有傳重之事故有戒告之辭今孫見於祖而隔於父故無辭也○注父在至辭也○正義曰所以無辭者適子既在其孫猶爲庶孫無所傳重故云有適子者無適孫與見庶子同若所生適子其父既卒則適孫與長子相似當有辭也故云父卒而有適孫則有辭與見冢子同若庶孫父雖卒見祖亦無辭也○食子者三年而出。見於公宮則劬。劬勞也士妻大夫之妾食國君之子三年出歸其家君有以勞賜之○食音嗣注及下文食母同勞力報反大夫之子有食母。選於傅御之中喪服所謂乳母也○士之妻自養其子。賤不敢使人也〔疏〕食子至其子○正義曰此一節論國君以下及大夫士適妻養子之人尊卑有別○由命士以上。及大夫之子。旬而見。旬當爲均聲之誤也有時適妻同時生子子均而見者以生先後見之既見乃食亦辟人君也易說卦坤爲均今亦或作旬也○旬音均出注冢子未食而見。必執其右手。適子庶子。已食而見。必

循其首。天子諸侯尊別世子雖同母禮則異矣未食已食急正緩庶之義也○別彼列反下其別同【疏】由命至其首○正義曰此一節論大夫及命士適妻與妾同時生子見之先後差異之別并明天子諸侯見冢子及適子庶子緩急之儀○旬而見者旬均也謂大夫命士適妾生子皆以未食之前均齊見又先生者先見後生者後見雖見有先後同是未食之前故云均而見冢子未食而見必執其右手者此謂天子諸侯之禮未食謂未與后夫人禮食而先見冢子是急於正也故先見乃食也○適子庶子已食而見者謂先與后夫人禮食之後然後始見適子庶子是緩於庶也○必循其首者言見適子庶子之時必以手撫循其頭首示恩愛之情也○注易說卦坤爲均○正義曰引易說卦者證此經旬爲均義按易說卦以坤爲均象地之均平今易之文或以均爲旬者是均得爲旬也皇氏云母之禮見子象地之生物均平故引易以爲均若然按周禮均人職云上年公旬用三日鄭注亦引易坤爲均豈是母見子之禮皇氏說非也○注天子至世子○正義曰知此經是天子諸侯者以上文命士以上及大夫之子適庶均見此則有食前食後見之不同又前文云世子生其次云適子庶子見於外寢是國君之禮此經亦云適子庶子故知是天子諸侯也○子能食食。教以右手。能言。男唯女俞。男鞶革。女鞶絲。俞然也鞶小囊盛帨巾者男用韋女用繒有飾緣之則是鞶裂與詩云垂帶如厲紀子帛名裂繻字雖今異意實同也○食食上如字下音嗣唯于癸反徐以水反俞以朱反鞶步干反盛音成緣于絹反裂音列或音厲與音預厲音列○【疏】子能至鞶絲○正義曰此一節論男女自幼少之時教之言語及鞶革鞶絲之事也○注鞶小至同也○正義曰此鞶是小囊盛帨巾男用韋爲之女用繒帛爲之云有飾緣之則是鞶裂與者言男女鞶囊之外更有繒帛之物飾而緣之則是春秋桓二年所稱鞶裂者與疑而未定故稱與按傳作鞶厲鄭此注云鞶裂厲裂義同也祇謂鞶囊裂帛爲之飾又引詩云垂帶如厲者證厲是鞶囊裂帛之飾也此詩小雅都人士之篇也按彼注云而如也而厲如鞶厲也鞶必垂厲以爲飾厲字當作裂謂彼都之士垂此紳帶如似鞶之裂是以厲爲裂也又引紀子帛名裂繻者雖引毛詩以厲爲裂其義未顯故引紀子帛名裂繻者以證之言帛必分裂也此隱二年經稱紀子帛莒子盟于密又紀裂繻來逆女云字雖今異意實同也者言古時厲裂適爲一字今時厲裂字義俱異大意是同故云字雖今異意實同言同爲分裂之義也此是鄭康成之義若如服虔杜預則以鞶爲大帶厲是大帶之垂者故服氏云鞶大帶杜云紳大帶厲是大帶之垂者詩毛傳亦云厲帶之垂者並與鄭異○六年。教之數與方名。方名東西七年。男女不同席。不共食。蚤其別也八年。出入門戶及即席飲食。必後長者。始教之讓。示以廉恥○後胡豆反○九年。教之數日。朔望與六甲也○數所主反○十年。出就外傅。居宿於外。學書記。衣不帛襦袴。禮帥初。朝夕學幼儀。請肄簡諒。外傅教學之師也不用帛爲襦袴爲大溫傷陰氣也禮帥初遵習先日所爲也肄習也諒信也請習簡謂所書篇數也請習信謂應對之言也○襦字又作䄌音儒袴苦故反肄本又作肆同以二反大音泰勺章略反注同十有三年。學樂誦詩。舞勺。成童。舞象。學射御。先學勺後學象文武之次也成童十五以上○二十而冠。始學禮。可以衣裘帛。舞大夏。惇行孝弟。博學不教。內而不出。大夏樂之文武備者也內而不出謂人之謀慮也○冠古亂反衣於既反行如字又下孟反弟音悌三十而有室。始理男事。博學無方。孫友視志。室猶妻也男事受田給政役也方猶常也至此學無常在志所好也孫順也順於友視其所志也○孫音遜注同好呼報反○四十始仕。方物出謀發慮。道合則服從。不可則去。方猶常也物猶事也○去如字五十命爲大夫。服官政。統一官之政也七十致事。致其事於君而告老○凡男拜。尚左手。左陽【疏】六年至左手○正義曰此一節論男子教之從幼及長居官至致事之事衣不帛襦袴者謂不以帛爲襦袴○禮帥初者帥循也行禮動作皆帥循初日所爲○朝夕學幼儀者言從朝至夕學幼少奉事長者之儀請肄簡諒者肄習也簡禮篇章也諒信也謂言語信實言請長者習學篇章簡禮及應對信實言語也○舞勺者熊氏云勺籥也言十三之時學此舞籥之文舞也○成童舞象者成童謂十五以上舞象謂舞武也熊氏云謂用干戈之小舞也以其年尚幼故習文武之小舞也○可以衣裘帛者二十成人血氣強盛無慮傷損故可以衣裘帛也○舞大夏者大夏是禹樂禪代之後在干戈之前文武俱備故二十習之也博學不教者唯須廣博學問不可爲師教人○內而不出者唯蘊蓄其德在內而不得出言爲人謀慮始理男事者三十丁壯受其田土供給征役始理男事故韓詩說三十受兵若口率出泉國中則二十野則十五也孫友視志者言孫順朋友視其志意所尚○四十始仕方物出謀發慮者方常也物事也言年壯仕官行其常事无謙孫出其謀計發其思慮以爲國也○女子十年不出。恒居內也姆教婉娩聽從。婉謂言語也娩之言媚也媚謂容貌也○婉紆晚反徐紆願反娩音晚徐音萬執麻枲。治絲繭。織紝組紃。學女事。以共衣服。紃絛○枲思里反繭古典反紝女金反又如林反組音祖紃音巡共音恭絛他刀反觀於祭祀。納酒漿籩豆菹醢。禮相助奠。當及女時而知○相息亮反○十有五年而笄。謂應年許嫁者女子許嫁笄而字之其未許嫁二十則笄○應應對之應二十而嫁。有故。二十三年而嫁。故謂父母之喪聘則爲妻。聘問也妻之言齊也以禮則問則得與夫敵體奔則爲妾。妾之言接也聞彼有禮走而往焉以得接見於君子也奔或爲衒○見賢遍反衒古縣字本又作御字魚據反凡女拜。尚右手。右陰也○【疏】女子至右手○正義曰此一節論女子自幼及嫁爲女事之禮○注婉謂至貌也○正義曰按九嬪注云婦德貞順婦言辭令婦容婉娩婦功絲枲則婉娩合爲婦容此分婉爲言語娩爲容貌者鄭意以此上下備其四德以婉爲婦言娩爲婦容聽從爲婦順執麻枲以下爲婦功○注紃絛○正義曰組紃俱爲絛也紝爲繒帛故杜注左傳紝謂繒帛皇氏云組是綬也然則薄闊爲組似繩者爲紃○注當及女時而知○正義曰下云十有五年而笄此觀於祭祀是未嫁之前故云及女時而知經云納酒漿籩豆菹醢謂於祭祀之時觀看須於廟外納此酒漿籩豆菹醢之等置於神坐一祀之納之文包此六事言之也○聘則爲妻者妻齊也奔則爲妾者妾接也接見於君子也女拜尚右手者右陰也漢時行之也○

禮記注疏卷二十八挍勘記　阮元撰盧宣旬摘錄

內則

膾春用葱節　惠棟挍云宋本分不食雛鼈以下至柤梨曰攢之爲一節牛夜鳴以下至鹿胃爲一節肉腥以下至柔之爲一節羹食以下爲一節

春用葱　石經同岳本同嘉靖本同衛氏集說同閩監毛本葱作蔥下葱字同

膏用薤　閩監本同石經同岳本同衛氏集說同惠棟挍宋本宋監本毛本薤並作䪥嘉靖本同釋文出用䪥云俗本多作薤非也浦鏜挍云薤當從毛本作䪥

鶉羹雞羹　各本同石經同釋文出鶉雞羹云本又作鶉羹雞羹

狸去正脊　閩監毛本同嘉靖本同衛氏集說同石經狸作貍岳本同惠棟挍宋本同宋監本同釋文亦作貍

兔去尻　石經同岳本同嘉靖本同釋文亦作尻閩監毛本尻誤尻衛氏集說同

柤梨曰攢之　閩監本同石經同嘉靖本同衛氏集說同毛本梨作黎岳本同

烏皫色而沙鳴　各本同石經同釋文出麃云本又作皫

鴇奧脾䏲也　閩監毛本同岳本同嘉靖本同衛氏集說同考文引古本䏲作朏釋文亦作朏段玉裁挍云朏作䏲者誤

膾春至無蓼　惠棟挍宋本無此五字

數數布陳撰省視之　閩本同惠棟挍宋本同監毛本撰作揀衛氏集說同

牛夜至鹿胃　惠棟挍宋本無此五字

牛好夜鳴　惠棟挍宋本有好字衛氏集說同此本好字脫閩監毛本同

猶比於驪姬之惡也　閩監毛本同惠棟挍宋本猶作猶

在野舒翼飛遠者爲鵝　閩監毛本同段玉裁挍本鵝改雁

或曰至柔之　惠棟挍宋本無此五字

羹食至站一　惠棟挍宋本無此五字

凡養老有虞氏以燕禮節

凡養至養老　惠棟挍宋本無此五字

曾子曰節

曾子至八乎　惠棟挍宋本無此五字

凡養老五帝憲節

惇史史惇厚是也　閩監毛本同岳本是作者嘉靖本同考文引補本古本足利本同惠棟校宋本亦作者惇厚作孝厚宋監本同浦鏜從大雅行葦疏挍是亦改者通典六十七引此注作惇史史孝厚者也

凡養至惇史　惠棟挍宋本無此五字

淳熬節　惠棟挍云淳熬節炮取豚節擣珍節爲熬節摻取牛節宋本合爲一節

淳毋　閩本同石經同岳本同嘉靖本同衞氏集説同監毛本毋誤母注疏放此石經考文提要云按正義毋是禁辭非膳羞之體故讀從模宋本九經南宋巾箱本並作毋

淳熬至淳毋　惠棟挍宋本無此五字

使其湯　各本同石經同釋文出使湯云一本作使其湯

將當爲牂牂牡羊也　閩監毛本同岳本同嘉靖本同衞氏集説同惠棟校宋本牂牂作牂牂牝宋監本同考文引古本足利本牡亦作牝

汁和亦醢醢與　各本同釋文出醢與是釋文本無醢字

湛諸美酒　各本同釋文亦作湛石經湛闕筆作湛顧炎武云避欽宗諱

正義曰炮取豚若將者　惠棟挍宋本無正義曰三字

或取豚或取牂　閩本同惠棟挍宋本同監毛本牂作牂下豚牂牂聲則此牂並同

小鼎盛膏以膏煎豚牂　閩監毛本同浦鏜從衞氏集説膏煎改煎熬

此周禮糝食也　各本同釋文糝作糁

舉燋其骨　各本同石經同釋文出舉焦云字又作燋

以與稻米爲酏　各本同石經同釋文出爲酏段玉裁云經文酏字鄭時本作餈周官醢人注引內則正作餈字正義引禖問志云內則餈次糝又云內則有餈無酏周禮有酏無餈明酏餈是一故破酏從餈然則周禮注本作酏當爲餈今脫當爲二字而內則餈字淺人改爲酏字不知注內此酏正謂周禮酏字而誤會也又云糗餌粉酏注云此酏當爲飦以稻米與狼臅膏爲飦是也本篇更可證記文酏字之誤注此酏當從餈此字脫謂周禮之酏當從內則作餈前注云此酏者以別于黍酏也

正義曰三如一者　惠棟挍宋本無正義曰三字

禮始於謹夫婦節

男女不同椸枷　各本同石經同釋文出同杝云本又作椸

年未滿五十　各本同石經同釋文出年未五十云本又作年未滿五十

禮始至當夕　惠棟挍宋本無此五字

妻將生子節

側室謂夾之室次燕寢也　閩監毛本同嘉靖本同衞氏集説同惠棟挍宋本夾作夫岳本同考文引古本同通典六十八亦作夫之室

妻將至女否　惠棟挍宋本無此五字

國君世子生節

國君至食子　惠棟挍宋本無此五字

凡接子擇日節

凡接至一等　惠棟挍宋本無此五字

異爲孺子室於宮中節

必求其寬裕慈惠　閩監本同石經同衞氏集説同毛本裕誤裕岳本同嘉靖本同

異爲至不往　惠棟挍宋本無此五字

三月之末節　惠棟挍云三月之末節姆先相節宋本合爲一節

夾囟曰角　惠棟挍宋本同岳本同嘉靖本同閩監本囟作囟衞氏集説同考文引古本足利本同釋文出夾囟毛本囟誤自盧文弨云作囟是○按依説文當作囟其字象小兒腦不合段玉裁曰説文人部兒下亦云从儿上象小兒頭腦未合也九經字樣云説文作囟隸變作囟今字多譌作囟所謂象小兒腦不合者不可見矣

三月至東面　惠棟挍宋本無此五字

云夾囟曰角者　惠棟挍宋本同閩監毛本囟作囟下囟是首腦夾囟兩旁並同

故説文云十其字象小兒腦不合也　閩監毛本同衞氏集説同段玉裁挍十改兒

姆先相曰節

咳而名之　閩監毛本同石經同岳本同嘉靖本同衞氏集説同惠棟挍宋本咳作孩釋文出孩而云字又作咳讀書脞錄續編云按孝經聖治章疏引內則孩而名之説文云孩小兒笑也謂指其頤下令其笑而爲之名當作孩爲是衆經音義九云咳古文作孩按孫志祖説是也通典六十八引亦作孩而名之

姆先至適寢○正義曰　惠棟挍宋本無正義曰三字

世子生節　惠棟挍云世子生節適子節宋本合爲一節

世子至乃降　惠棟挍宋本無此五字

則少牢禮髲鬄是也　惠棟挍宋本髲作髲此本誤閩監毛本同衞氏集説同浦鏜云經文作被錫注云讀爲髲鬄○按段玉裁云髲鬄當作髲鬄

適子庶子節

適子至無辭○正義曰　惠棟挍宋本無正義曰三字

凡名子節

諱衣中之疾難爲醫也　閩監毛本同岳本同嘉靖本同衞氏集説同通典六十八引作謂衣中之疾難以醫也

凡名至同名　惠棟挍宋本無此五字

此一節論子名之法　閩監毛本同衞氏集説子名作名子

妾將生子節

妾將至入御　惠棟挍宋本無此五字

但夫人燕寢　閩監毛本同惠棟挍宋本人作之衞氏集説亦作之

子能食食節

子能至鞶絲　惠棟挍宋本無此五字

謂彼都人之士垂此紳帶　惠棟挍宋本有人字此本人字脫閩監毛本同

六年教之數節

學書記　毛本同嘉靖本同閩監本記作計惠棟挍宋本同石經同岳本同衞氏集説同考文引古本足利本同記字誤也

請肄簡諒　各本同石經同釋文出請肄云本又作肄

左陽　閩監本同岳本同嘉靖本同考文引古本同毛本陽下衍也字

六年至左手　惠棟挍宋本無此五字

熊氏云勺籥也　閩監本篇改籥是也惠棟挍宋本同毛本勺篇誤一篇

學此舞籥之文舞也　閩監本作籥考文引宋板同衞氏集説同此本籥字闕毛本籥作勺

舞象謂舞武也　考文引宋板同閩監毛本舞武作武舞衞氏集説同

无謙孫　惠棟挍宋本无作無下有所字衞氏集説同通解同此本誤脫閩監毛本無所誤要字

女子十年不出節

以禮則問　惠棟挍宋本則作見宋監本同岳本同嘉靖本同通解同考文引補本古本足利本同閩監毛本作聘衞氏集説同

女子至右手　惠棟挍宋本無此五字

附釋音禮記注疏卷第二十八終　惠棟挍宋本此下標禮記正義卷第三十八終記云凡二十七頁宋監本禮記卷第八經六千六百八十三字注七千一百七字嘉靖本禮記卷第八六千七百四十三字注七千三十三字

附釋音禮記注疏卷第二十九

玉藻第十三〇陸曰鄭云以其記服冕之事也冕之旒以藻紃貫玉爲飾因以名之〔疏〕正義曰按鄭目錄云名曰玉藻者以其記天子服冕之事也冕之旒以藻紃爲之貫玉爲飾此於別錄屬通論

禮記　鄭氏注　孔穎達疏

天子玉藻。十有二旒。前後邃延。龍卷以祭。祭先王之服也雜采曰藻天子以五采藻爲旒旒十有二前後邃延者言皆出冕前後而垂也天子齊肩延冕上覆也玄表纁裏龍卷畫龍於衣字或作袞〇藻本又作璪音早旒力求反邃雖醉反深也注同延如字徐餘戰反字林作綖弋善反卷音袞古本反注同〇

玄端而朝日於東門之外。聽朔於南門之外。閏月。則闔門左扉。立于其中。端當爲冕字之誤也玄衣而冕冕服之下朝日春分之時也東門南門皆謂國門也天子廟及路寢皆如明堂制明堂在國之陽每月就其時之堂而聽朔焉卒事反宿路寢亦如之閏月非常月也聽其朔於明堂門中還處路寢門終月凡聽朔必以特牲告其帝及神配以文王武王〇端音冕出注下同諸侯玄端同朝直遙反篇內除下注朝之餘皆同闔胡獵反扉音非一本作則闔門左扉

〔疏〕天子至其中〇正義曰從天子玉藻至食無樂此一節揔論天子祭廟朝日及日視朝并饌食牲牢酒醴及勤作之事并明凶年貶降之禮〇天子玉藻者藻謂雜采之絲縄以貫於玉以玉飾藻故云玉藻也〇十有二旒者天子前之與後各有十二旒〇前後邃延者言十二旒在前後垂而深邃以延覆冕上故云前後邃延〇龍卷以祭者卷謂卷曲畫此龍形卷曲於衣以祭宗廟〇注祭先至作袞正義曰知祭先王之服者以司服云享先王則袞冕故也云天子齊肩者以天子之旒十有二就每一就貫以玉就間相去一寸則旒長尺二寸故垂而齊肩也言天子齊肩則諸侯以下各有差降則九玉者九寸七玉者七寸以下皆依旒數垂而長短爲差旒垂五采玉依飾射侯之次從上而下初以朱次白次蒼次黃次玄五采玉既質徧周而復始其三采者先朱次白次蒼二色者先朱後緑皇氏沈氏並爲此說今依用焉後至漢明帝時用曹褒之說皆用白旒珠與古異也云延冕上覆也者用三十升之布染之爲玄覆於冕上出而前後冕謂以板爲之以延覆上故云延冕上覆也但延之與板相著爲一延覆在上故云延冕也故弁師注延冕之覆在上是以名焉與此語異而意同也皇氏以弁師注冕延之覆在上以弁師經有冕文故先云冕延之覆在上此經唯有延文故解云延冕上覆今刪定諸本弁師注皆云延冕之覆在上皇氏所讀本不同者如皇氏所讀弁師冕延之覆在上是解冕不解延今按弁師注意云延冕之覆在上是解延不解冕也皇氏說非也云玄表纁裏者纁是朱之小別故周禮鐘氏云三入爲纁鄭注士冠禮云朱則四入與是纁朱同類故注弁師朱裏與此不異云字或作袞者按司服作袞字故云或作袞是字或作袞也但禮記之本或作卷字其正經司服及覲禮皆作袞字故鄭注王制云卷俗讀其通則曰袞是也其六冕玉飾上下貴賤之殊並已具王制疏於此略而不言〇注端當至武王〇正義曰知端當爲冕者凡衣服皮弁尊次以諸侯之朝服次以玄端按下諸侯皮弁聽朔朝服視朝是視朝之服卑於聽朝今天子皮弁視朝若玄端聽朔則是聽朔之服卑於視朝與諸侯不類且聽朔大視朝小故知端當爲冕謂玄冕也是冕服之下按宗伯實柴祀日月星辰則日月爲中祀而用玄冕者以天神尚質按魯語云大采朝日少采夕月孔晁云大采謂袞冕少采謂黼衣而用玄冕者孔氏之說非也故韋昭云大采謂玄冕也少采夕月則無以言之云朝日春分之時也者以春分日長故朝之然則夕月在秋分也按書傳略說云祀上帝於南郊即春迎日於東郊彼謂孟春與此春分朝日別朝事儀云冕而執鎮圭帥諸侯朝日於東郊此云朝日於東門者東郊在東門之外遙繼門而言之也云東門南門皆謂國門也者以朝事儀云朝日東郊故東門是國城東郊之門也孝經緯云明堂在國之陽又異義淳于登說明堂在三里之外七里之內故知南門亦謂國城南門也云天子廟及路寢皆如明堂制者按考工記云夏后氏世室鄭注云謂宗廟殷人重屋注云謂正寢也周人明堂鄭云三代各舉其一明其制同也又周書亦云宗廟路寢明堂其制同文按明堂位大廟天子明堂魯之大廟如明堂則知天子大廟亦如明堂也然大廟路寢既如明堂則路寢之制上有五室不得有房而顧命有東房西房又鄭注樂記云文王之廟爲明堂制按覲禮朝諸侯在文王廟而記云凡俟于東箱者鄭荅趙商云成王崩時在西都文王遷豐鎬作靈臺辟廱而已其餘猶諸侯制度焉故知此喪禮設衣物有夾有房也周公攝政制禮作樂乃立明堂於王城如鄭此言是成王崩時路寢猶如諸侯之制故有左右房也覲禮在文王之廟而記云凡俟于東箱有是記人之說誤耳或可文王之廟不如明堂制但有東房西房故魯之大廟如文王廟明堂經云君卷冕立于阼夫人副禕立于房中是也樂記注稱文王之廟如明堂制有制字者誤也然西都宮室既如諸侯制按詩斯于云西南其戸箋云路寢制如明堂是宣王之時在鎬京而云路寢制如明堂則西都宮室如明堂也故張逸疑而致問鄭荅之云周公制于土中洛誥云王入大室祼是顧命成王崩於鎬京承先王宮室耳宣王承亂又不能如周公之制如鄭此言則成王崩時因先王舊宮室至康王已後所營依天子制度至宣王之時承亂之後所營宮室還依天子制度路寢如明堂也不復能如周公之時先王之宮室也若然宣王之後路寢制如明堂按詩王風右招我由房鄭荅張逸云路寢房中所用男子而路寢又有左右房者劉氏云謂路寢下之燕寢故有房也熊氏云平王微弱路寢不復如明堂也異義明堂制今禮戴說禮盛德記曰明堂自古有之凡有九室室有四戸八牖三十六戸七十二牖以草蓋屋上圓下方所以朝諸侯其外名曰辟廱明堂月令書說云明堂高三丈東西九仞南北七筵上圓下方四堂十二室室四戸八牖宮方三百步在近郊近郊三十里講學大夫淳于登說明堂在國之陽丙巳之地三里之外七里之內而祀之就陽位上圓下方八窗四闔布政之宮周公祀文王於明堂以配上帝上帝五精之帝大微之庭中有五帝座星其古周禮孝經說明堂文王之廟夏后氏世室殷人重屋周人明堂東西九筵筵九尺南北七筵堂崇一筵五室凡室二筵蓋之以茅謹按今禮古禮各以其義說說無明文以知之玄之聞也禮戴所云雖出盛德記及其下顯與本異章九室三十六戸七十二牖似秦相呂不韋作春秋時說者所益非古制也四堂十二室字誤本書云九室十二堂淳于登之言取義於援神契援神契說宗祀文王於明堂以配上帝曰明堂者上圓下方八窗四闔布政之宮在國之陽帝者諦也象上可承五精之神五精之神實在太微於辰爲巳是以登云然今說立明堂於巳由此爲也水木用事交於東北木火用事交於東南火土用事交於中央金土用事交於西南金水用事交於西北周人明堂五室帝一室合於數如鄭此言是明堂用淳于登之說禮戴說而明堂辟廱是一古周禮孝經說以明堂爲文王廟又傳五年公既視朔遂登觀臺服氏云人君入大廟視朔告朔天子曰靈臺諸侯曰觀臺在明堂之中又文二年服氏云明堂祖廟並與鄭說不同者按王制云小學在公宮南之左大學在郊又云天子曰辟廱辟廱是學也不得與明堂同爲一物又天子宗廟在雉門之外孝經緯云明堂在國之陽又此云聽朔於南門之外是明堂與祖廟別處不得爲一也孟子云齊宣王問曰人皆謂我毀明堂孟子對曰夫明堂者王者之堂也王欲行王政則勿毀之矣是王者有明堂諸侯以下皆有廟又知明堂非廟也以此故鄭皆不用具於鄭駁異義也云每月就其時之堂而聽朔焉者月令孟春居青陽左个仲春居青陽大廟季春居青陽右个以下所居各有其處是每月就其時之堂也云卒事反宿路寢亦如之者路寢既與明堂同制故知反居路寢亦如明堂每月異所反居路寢謂視朔之一日也其餘日即在燕寢視朝則恒在路門外也云閏月非常月也者按文六年云閏月不告月猶朝于廟公羊云不告月者何不告朔也曷爲不告朔天無是月也閏月矣何以謂之天無是月是月非常月也何休云不言朔者閏月無告朔禮也穀梁之義與公羊同左氏則閏月當告朔按異義公羊說每月告朔朝廟至于閏月不以朝者閏月殘聚餘分之月無政故不以朝經書閏月猶朝廟譏之左氏說閏以正時時以作事事以厚生生民之道於是乎在不告閏朔棄時政也許君謹按從左氏說不顯朝廟告朔之異閏朝廟而因告朔故鄭駁之引堯典以閏月定四時成歲閏月當告朔又云說者不本於經所譏者異其是與非皆謂朝廟而因告朔似俱失之朝廟之經在文六年冬閏月不告月猶朝於廟辭與宣三年春郊牛之口傷改卜牛牛死乃不郊猶三望同言猶者告朔然後當朝廟郊然後當三望今廢其大存其細是以加猶譏之論語曰子貢欲去告朔之餼羊周禮有朝享之禮祭然則告朔與朝廟祭異亦明矣如此言從左氏說又以先告朔而後朝廟鄭以公羊閏月不告朔爲非以左氏告朔爲是二傳皆以先朝廟而因告朔二者皆失故鄭云其是與非皆謂朝廟而因告朔俱失之也鄭必知告朔與朝廟異者按天子告朔於明堂其朝享從祖廟下至考廟故祭法云曰考廟曰王考廟皆月祭之是也又諸侯告朔在太廟而朝享自皇考至考故祭法云諸侯自皇考以下皆月祭之是告朔與朝廟不同又天子告朔以特牛諸侯告朔以羊其朝享各依四時常禮故用大牢故司尊彝朝享之祭用虎彝蜼彝大尊山尊之等是其別也云聽其朔於明堂門中還處路寢門終月者以閏非常月無恒居之處故在明堂門中按太史云閏月詔王居門終月是還處路寢門終月謂終竟一月所聽之事於一月中耳於尋常則居燕寢也故鄭注大史云於文王在門謂之閏是閏月聽朔於明堂門反居路寢門皇氏云明堂有四門即路寢亦有四門閏月各居其時當方之門義或然也云凡聽朔必以特牲告其帝及神配以文王武王者論語云告朔之餼羊注曰天子特牛與以其告朔禮略故用特牛按月令每月云其帝其神故知告帝及神以其在明堂之中故知配以文王武王之主亦在明堂以汎配五帝或以武王配五神於下其義非也

皮弁以日視朝。遂以食。日中而餕。奏而食。日少牢。朔月大牢。餕食朝之餘也奏奏樂也〇餕音俊五飲。上水。漿。酒。醴。酏。上水水爲上餘其次之〇酏以支反卒食。玄端而居。天子服玄端燕居也動則左

史書之。言則右史書之。其書春秋尚書其存者。御瞽幾聲之上下。○瞽樂人也幾猶察也察其哀樂○瞽音古上時掌反哀樂音洛年不順成。則天子素服。乘素車。食無樂。自貶損也【疏】皮弁至無樂正義曰此一節明天子每日視朝皮弁食之禮遂以食者既著皮弁視朝遂以皮弁而朝食所以敬養身體故著朝服○日中而餕者至日中之時還著皮弁而餕朝之餘食○奏而食者言餕之時奏樂而食餕尚奏樂而食餕尚奏樂即朝食奏樂可知也○朔月大牢者以月朔禮大故加用大牢按鄭志趙商問膳夫云王日一舉鼎十有二物皆有俎有三牲備商按玉藻天子之食日少牢朔月大牢禮數不同請問其說鄭荅云王記後人所集據時而言或諸侯同天子或天子與諸侯等所施不同故鄭據王制之法與周異者多當以經爲正如鄭此言記多錯雜不與經同按王制云諸侯無故不殺牛及楚語云天子舉以大牢祀以會孔晁云四方來會助祭也又云諸侯舉以特牛祀以大牢大夫舉以特牲祀以少牢士食魚炙祀以特牲庶人食菜祀以魚此等與周禮及玉藻或合或否異人之說皆不可以禮論按周禮大司樂云王大食令奏鐘鼓鄭注云大食朔月月半是也周禮六飲此以下五飲亦非周法也○注其書至存者○正義曰經云動則左史書之春秋是動作之事故以春秋當左史所書左陽陽主動故記動經云言則右史書之尚書記言語之事故以尚書當右史所書右是陰陰主靜故也春秋雖有言因動而言其言少也尚書雖有動因言而稱動亦動爲少也周禮有五史有內史外史大史小史御史無左史右史之名者熊氏云按周禮大史之職云大師抱天時與大師同車又襄二十五年傳曰大史書曰崔杼弑其君是大史記動作之事在君左廂記事則大史爲左史也按周禮內史掌王之八枋其職云凡命諸侯及孤卿大夫則策命之僖二十八年左傳曰王命內史叔興父策命晉侯爲侯伯是皆言誥之事是內史所掌在君之右故爲右史是以酒誥云矧大史友內史友鄭注大史內史掌記言記行是內史記言大史記行也此論正法若其有闕則得交相攝代故洛誥史逸命周公伯禽服虔注文十五年傳云史佚周成王大史襄三十年鄭使大史命伯石爲卿皆大史主爵命以內史闕故也以此言之若大史有闕則內史亦攝之按覲禮賜諸公奉篋服大史是右者彼亦宜行王命故居右也此論正法若春秋之時則特置左右史官故襄十四年左史謂魏莊子昭十二年楚左史倚相藝文志及六藝論云右史紀事左史記言與此正反於傳記不合其義非也○御瞽幾聲之上下○御者侍也以瞽人侍側故云御瞽幾聲之上下幾察也瞽人審音察樂聲上下哀樂若政和則樂聲樂政酷則樂聲哀察其哀樂防君之失○天子素服乘素車者此由年不順成則天子恒素服素車食無樂也若大札大災則亦素服故司服云大札大荒大烖素服此是天子諸侯罪已之義故素服此素服者謂素衣故下文諸侯年不順成君衣布與此互文也若其臣下即不恒素服唯助君禱請之時乃素耳故司服云士服玄端素端注云素端者爲札荒有所禱請也○諸侯玄端以祭。祭先君也端亦當爲冕字之誤也諸侯祭宗廟之服唯魯與天子同裨冕以朝。朝天子也裨冕公衮侯伯鷩子男毳也○裨婢支反鷩必列反毳昌銳反皮弁以聽朔於大廟。皮弁下天子也○大音泰後大廟同下戶嫁反朝服以日視朝於內朝。朝服冠玄端素裳也此內朝路寢門外之正朝也天子諸侯皆三朝

朝。辨色始入。羣臣也入入應門也辨猶正也別也○辨如字徐扶免反別彼列反君日出而視之。退適路寢聽政。使人視大夫。大夫退。然後適小寢釋服。小寢燕寢也釋服服玄端又朝服以食。特牲三俎。祭肺。食必復朝服所以敬養身也三俎豕魚腊○復扶又反夕深衣。祭牢肉。祭牢肉異於始殺也天子言日中諸侯言夕天子言餕諸侯言祭牢肉互相挾○挾戶頰反朔月少牢。五俎四簋。五俎加羊與其腸胃也朔月四簋則日食粱稻各一簋而已○簋音甫本或作簋腸也音胃子卯。稷食菜羹。忌日貶也○食音嗣夫人與君同庖。不特殺也○庖步交反徐扶交反下同○【疏】諸侯至同庖○正義曰此一節論諸侯自祭宗廟及朝天子自視朝食飲牢饌之禮與天子不同之事○注祭先至子同○正義曰知祭先君者與上天子龍卷以祭其文相類故知祭先君也云端亦當爲冕者以玄端賤於皮弁下文皮弁聽朔於大廟不應玄端以祭先君故知亦當爲玄冕云唯魯與天子同者按明堂位云君卷冕立于阼夫人副褘立于房中是也熊氏云此謂祭文王周公之廟得用天子之禮其祭魯公以下則亦玄冕故公羊云周公白牲魯公騂犅羣公不毛是魯公以下與周公異也二王之後祭其先王亦是用以上之服二王之後不得立始封之君廟則祭微子以下亦玄冕○注朝天至義也○正義曰知朝天子者按覲禮云侯氏裨冕鄭注裨之爲言埤也天子六服大裘爲上其餘爲埤是以捴云裨冕○注皮弁下天子也○正義曰以天子用玄冕諸侯用皮弁故云下天子也此諸侯聽朔於大廟熊氏云周之天子于洛邑立明堂唯大享帝就洛邑耳其每月聽朔當在文王廟也以文王廟爲明堂制故也此聽朔於大廟穀梁傳云諸侯受乎禰廟與禮乘非也凡每月以朔告神謂之告朔即論語云告朔之餼羊是也則于時聽治此月朔之事謂之聽朔此玉藻文是也聽朔又謂之視朔文十六年公四不視朔是也告朔又謂之告月文六年閏月不告月是也行此禮天子於明堂諸侯於大祖廟訖然後祭於諸廟謂之朝享司尊彝云朝享是也又謂之朝廟文六年云猶朝于廟是也又謂之朝正襄二十九年釋不朝正于廟是也又謂之月祭祭法云皆月祭之是也○注朝服至三朝○正義曰按王制云周人玄衣而養老注云玄衣素裳天子之燕服爲諸侯朝服彼注云玄衣則此玄端也若以素爲裳則是朝服此朝服素裳皆得謂之玄端故論語云端章甫注云端玄端諸侯朝服若上士以玄爲裳中士以黃爲裳下士以雜色爲裳天子諸侯以朱爲裳則皆謂之玄端不得名爲朝服也云此內朝路寢門外之正朝也者以下文云君日出而視之退適路寢故知此路寢門外朝也云天子諸侯皆三朝者大僕云掌燕朝之服位注云燕朝朝於路寢之庭是一也司士云正朝儀之位注云此王日視朝事於路門外是二也朝士云掌外朝之灋注云外朝在庫門之外皐門之內是三也諸侯三朝者文王世子云公族朝於內朝路寢朝是一也世子又云其在外朝司士爲之與此視朝於內朝皆謂路寢門外每日視朝是二也此但云內朝對中門外謂爲內朝也文王世子云外朝者對路寢庭爲外此據路寢門外而稱內朝明知中門之外別更有朝也諸侯三門是中門外大門內又有外朝是三朝也已具於文王世子疏○注羣臣至門也○正義曰應門之內則路門

之外謂尋常諸侯中門爲應門外者則入雉門也○注釋服服玄端服玄端也若卿大夫釋服服深衣義曰此經云朝服以食謂釋服之時服朝服以食然則上天子云遂至將食之時又朝服互相明也云故知家魚腊也○注祭牢至相挾將食先祭肺以周人重肺至夕將祭之故云異於始殺也云互相挾當有日中諸侯言夕則天子亦言諸侯言祭牢肉則天子亦祭牢肉故云互相挾○注五俎至而已○腸胃者約少牢禮五俎但少牢祭君所食無膚而有腸胃也云朔月而已者以朔月四簋故知日食二簋詩云每食四簋注云四簋黍稷文諸本皆作簋字皇氏以注云稻簋爲四簋未知然否以此而推夫稻粱麥菽各一簋若盛舉則八簋稻粱也按公食大夫禮簋盛稻粱禮食又禮食其數更多故公食下簋其稻粱上下大夫俱兩簋及聽東西夾各六簋是其數多也其諸入子男六簋則俱同十二其祭禮簋之賓注云天子之祭八簋然則四簋黍稷者見其偏於廟中不云夫祭則當四敦少牢禮是也士則與大夫食亦四簋故黍詩云每食下日食及朔食牲牢及敦數多少略而不言也○注忌日貶也○正卯亡以其無道被誅後王以爲忌爲飯以菜爲羹而食之故云忌義曰諸侯夫人與君同庖則后亦與王同庖舉諸侯天子可知君無故不殺牛。大夫無故不殺羊。士無故不殺犬豕。故謂祭祀之屬君子遠庖廚。凡有血氣之類。弗身踐也。踐當爲翦聲之誤也翦猶殺也○遠于萬反踐音翦子偃反出注○至于八月不雨。君不舉。爲旱變也此謂建子之月不雨至建未月也春秋之義周秋不秀實之時而無雨則雩雩而得之而不得則書旱明災成也○爲于僞反下皆爲猶爲明爲失皆同夏戶嫁反下終篇末或論天子或論諸侯或隨文爲義無復揔科今各隨文解之○正義曰此君非一據周禮作記之日食少牢若據周禮正法言之大牢無故得殺牛也大略此文羊者亦諸侯大夫也若天子大侯大夫言祭祀之屬者若待賓之屬○注踐當爲翦○正義曰自爲之故楚語云禘郊之事天子也○注爲旱至成也○正義曰此者按文公十年自正月不雨至于災者據周正言之既言秋七月

則爲災此據文十年自正月不雨故云謂建子之月也按僖公三年傳云自十月不雨至于五月不日旱不爲災文十三年自正月不雨至於秋七月此經直云至于八月不雨不云初不雨之月鄭必知自建子之月者以周之歲首陽氣生養之初又文十年自正月不雨之文故據而爲說云雩而得之則書雩喜祀有益也雩而不得則書旱明災成也者按僖十一年穀梁傳云得雨曰雩不得雨曰旱范甯云喜其有益也則春秋經諸書雩皆是得雨不得雨曰旱者僖二十一年夏大旱宣七年秋大旱是也然傳云至秋七月不雨不爲災僖二十一年夏大旱則是周之夏也建卯建辰建巳之月而書大旱者至秋仍不雨而追書于夏故云夏大旱

年不順成。君衣布搢本。關梁不租。山澤列而不賦。土功不興。大夫不得造車馬。皆爲凶年變也君衣布者謂若衞文公大布之衣大帛之冠是也搢本去珽荼珮士笏也士以竹爲笏飾本以象關梁不租此周禮也殷則關恒譏而不征列之言遮列也雖不賦猶爲之禁不得非時取也造謂作新也○衣於既反注君衣布同搢徐音箭又如字去丘呂反下刷去同珽他頂反荼音舒笏音忽遮支奢反〔疏〕年不至車馬○正義曰前經論天子素服素車此論諸侯及大夫遭凶年之禮君衣布者謂身衣布衣也搢本者本謂士笏以竹爲之以象飾本君遭凶年搢插士笏故云搢本○關梁不租者關謂關門梁謂津梁租謂課稅以其凶年故不課稅此周禮殷則雖非凶年亦不課稅也山澤列而不賦者列謂遮列但遮列人不得非時而入恐有損傷於物而不賦斂也○土功不興者謂人食不得滿二鬴之歲若人食二鬴則猶興土功也故均人云豐年旬用三日中年用二日無年用一日廩人云人食四鬴上三鬴中二鬴下是無年猶有一日之役○注若衞至不征○正義曰按春秋閔二年狄入衞後衞文公大布之衣大帛之冠爲國之破亂與凶年同故引之云殷則關恒譏而不征者按王制云關譏而不征譏謂呵察但呵察其非不征稅王制是殷禮故云殷也

○卜人定龜。謂靈射之屬所當用者○射音亦周禮作繹爾雅作謝史定墨。視兆坼也○坼勅白反君定體。視兆所得也周公曰體王其無害〔疏〕卜人至定體○正義曰此一經論君卜龜所定之異定龜者按龜人云天龜曰靈屬地龜曰繹屬東龜曰果屬西龜曰雷屬南龜曰獵屬北龜曰若屬各以其方之色與其體辨之鄭云屬言非一也色謂天玄地黃東青西白南赤北黑也龜俯者靈仰者繹前弇果後弇獵左倪雷右倪若定之者其所當用謂卜祭天用靈祭地用射射則繹也春用果秋用雷之屬也○史定墨者凡卜必以墨畫龜求其吉兆若卜從墨而兆廣謂之下從周禮占人注云墨兆廣也但坼是從墨而裂其旁岐細出謂之爲璺坼故占人云君占體大夫占色史占墨卜人占坼注云體兆象也色兆氣也墨兆廣也坼兆璺也是大坼稱爲兆廣小坼稱爲兆璺○君定體者謂五行之兆象既得兆體君定其體之吉凶尊者視大卑者視小○注視兆至無害○正義曰此尚書金縢文以武王有疾周公代其請命卜得吉兆周公爲此言也

○君羔幦虎犆。幦覆苓也犆讀皆如直道而行之直直謂緣也此君齊車之飾○幦音覓徐苦狄反犆依注音直下同苓本又作軨音零緣尹絹反後文注皆放此齊側皆反下文注皆同大夫齊車。鹿幦豹犆。朝車。士齊車。鹿幦豹犆。臣之朝車與齊車同飾〔疏〕君羔至豹犆○正義曰此一節論君及大夫士等齊車朝車所飾之物尊卑不同○注幦覆至之飾○正義曰苓即式也但車式以苓爲之有豎者有橫者故考工記注云軹式之植者衡者也此云幦覆苓詩大雅鞹鞃淺幭毛傳云幭覆式幭即幦也又周禮巾車作禯但古字耳三者同也知幦是覆苓者少儀云負良綏申之面拖諸幦是也云犆讀皆如直道而行之直者按論語云三代之所直道而行故讀如之云此君齊車之飾者以大夫及士皆云齊車故知此君齊車之飾此經或有齊字者誤也若有齊字鄭不須此注皇氏云君謂天子諸侯也詩云淺幭以虎皮爲幭彼據諸侯與玄衮赤舄連文則亦齊車之飾此用羔幦者當是異代禮或可詩傳據以虎皮飾幦謂之淺幭也○注臣之至同飾○正義曰據此注言之則君之朝車與齊車異飾也但無文以言之

○君子之居恒當戶。鄉明○鄉許亮反○寢恒東首。首生氣也○首手又反注同若有疾風。迅雷甚雨。則必變。雖夜必興。衣服冠而坐。敬天之怒○迅音峻又音信衣於既反下衣布同又如字日五盥。沐稷而靧粱。櫛用樿櫛。髮晞用象櫛。進禨進羞。工乃升歌。晞乾也沐靧必進禨作樂盈氣也更言進羞明爲羞籩豆之實○盥音管靧音悔櫛則乙反樿章善反禨其既反浴用二巾。上絺下綌。刷去垢也○絺丑疑反綌去逆反刷色劣反垢古口反○出杅。履蒯席。連用湯。杅浴器也蒯席澁便於洗足也連猶釋也○杅音于蒯苦怪反連力旦反猶也注同澁所戢反便婢面反履蒲席。衣布晞身。乃屨。進飲。進飲亦盈氣也○屨九具反本又作履○將適公所。宿齊戒。居外寢。沐浴。史進象笏。書思對命。思所思念將以告君者也對所以對君者也命所受君命者也書之於笏爲失忘也既服。習容觀玉聲。乃出。揖私朝。煇如也。登車則有光矣。私朝自大夫家之朝也揖其臣乃行○煇音暉〔疏〕君子至光矣○正義曰此一節明卿大夫以下所居處及盥浴并將朝君之義○日五盥者盥洗手也○沐稷而靧粱者沐沐髮也靧洗面也取稷粱之潘汁用將洗面沐髮并須滑故也然此大夫禮耳又人君沐靧皆粱也○櫛用樿櫛者樿白理木也櫛梳也沐髮爲除垢膩故用白理澁木以爲梳○髮晞用象櫛者晞乾也沐已燥則髮澁故用象牙滑櫛以通之也○進禨進羞者禨謂酒也故少儀注云沐而飲酒曰禨是沐畢必進禨又進羞羞謂羞籩豆之實知非庶羞者庶羞爲食而設今進禨飲酒之進爲飲設羞故知是羞籩豆是以籩人羞籩之下注引少牢主人酬尸宰夫羞房中之羞是酬尸之後而有羞籩豆也故知非庶羞是進羞也○王乃升歌者又進羞之後樂工乃升堂以琴瑟而歌所以進禨羞乃歌者以其新沐體虛補益氣也皇氏云進禨謂飲與少儀注違非其義也○出杅者杅浴之盆也浴時入盆中浴浴竟而出盆也○履蒯席者履踐也蒯菲草席澁出杅而腳踐履澁草席上刮去垢也○連用湯者連猶釋也言釋去足垢而用湯闕也○史進象笏者史謂大夫亦有史官也熊氏云按下大夫不得有象笏有象字者誤也熊氏又解與明山賓同云有地大夫故用象皇氏載諸所解皆不同以此爲勝故存之耳○書思對命者思謂意所思念將以告君有所問以事對君命謂所受君命將以奉行以笏書此三事故云書思對命也○既服習容觀玉聲者既服著朝服已竟也服竟而私習儀容又觀容聽已珮鳴使玉聲與行步相中適王佩玉也○乃出者習儀竟而出也○揖私朝煇如也者私朝大夫自家之朝也煇光儀也大夫行出至已之私朝揖其屬臣煇如也○登車則有光矣者揖竟出登所乘之車有光煇也而往適君朝矣

天子搢珽。方正於天下也。此亦笏也謂之珽珽之言珽然無所屈也或謂之大圭長三尺杼上終葵首終葵首者於杼上又廣其首方如椎頭是謂無所屈後則恒直相玉書曰珽玉六寸明自炤○長直亮反後放此杼直呂反葵如字終葵椎也椎直追反下同相息亮反珽他頂反本又作珵音呈炤音照諸侯荼。前詘後直。讓於天子也。荼讀爲舒遲之舒舒懦者所畏在前也詘謂圜殺其首不爲椎頭諸侯唯天子詘焉是以謂笏爲荼○荼音舒詘丘勿反後如字徐胡豆反懦乃亂反又奴臥反怯懦也又作儒人于反弱也皇云學士圜音負殺色界反徐所例反篇內皆同○大夫前詘後詘。無所不讓也。大夫奉君命出入者也上有天子下有已君又殺其下而圜〔疏〕天子至讓也○正義曰此一節論天子以下笏制不同之事○方正於天下也者言珽然無所詘示已之端平正直而布於天下○諸侯荼前詘後直者前詘謂圜殺其首後直下角正方○讓於天子也者降讓於天子故前詘也大夫前詘後詘無所不讓也者大夫上有天子下有已君上下皆須謙退故云無所不讓也○注此亦至自炤○正義曰以下文云笏天子以球玉故知此珽亦笏也云或謂之大圭長三尺杼上終葵首者或者玉人文也玉人注大圭或謂之珽或者此文也云終葵首者於杼上又廣其首方如椎頭者終葵首謂椎頭也故許慎說文椎擊也齊人謂之終葵首言所杼之上又廣其首廣於珽身頭方如椎頭故云終葵首引相玉著珽玉六寸明自炤者證珽是玉也餘物皆光炤於外此珽玉光自炤於內令明也○注荼讀至爲荼○正義曰舒懦者所畏在前也者按說文懦柔也所畏在前多舒緩故云舒懦者所畏在前也○注又殺至而圜○正義曰知又殺其下者以經云前後詘故知又殺其下故下注云大夫士文杼其下首廣二寸半是也

○侍坐則必退席。不退則必引而去君之黨。引卻也黨鄉之細者退謂旁側也辟君之親黨也○黨鄉之細也退謂旁側也一本或作黨鄉之細者謂傍側也避君之親黨登席不由前。爲躐席。升必由下也○爲于僞反本又如字躐力輒反徒坐不盡席尺。示無所求於前不忘謙也讀書。食。則齊。豆去席尺。讀書聲當聞尊者食爲汚席也○爲于僞反下爲大有同汙汚穢之汚烏臥反○若賜之食。而君客之。則命之祭。然後祭。雖見賓客猶不敢備禮也侍食則正不祭先飯。辯嘗羞。飲而俟。俟君食而後食也君將食臣先嘗之忠孝也○飯扶晚反下至三飯及注皆同辯音遍若有嘗羞者。則俟君之食。然後食。飯飲而俟。不祭侍食不敢備禮也不嘗羞膳宰存也飯飲利將食也君

命之羞。羞近者。辟貪味也。○辟音避。命之品嘗之。然後唯所欲。必先徧嘗之。○徧音遍，本又作遍。凡嘗遠食。必順近食。從近始也。君未覆手。不敢飧。覆手以循咡，已食也。飧，勸食也。○覆，芳服反，注同。飧音孫，注及下同。咡，耳侍反。君既食。又飯飧。不敢先君飽。○先，息薦反，下同。飯飧者。三飯也。臣勸君食，如是可也。君既徹。執飯與醬。乃出授從者。食於尊者之前，當親徹也。○從，才用反。

【疏】侍坐至從者。○正義曰：自此以下至士側尊用禁，此一節廣論臣之侍坐於君之儀，并顯君賜食賜酒肉飲之節，兼明與凡人飲食之禮。○侍坐則必退席者，若側旁有別席，則退就側席。○不退則必引而去君之黨者，不退謂旁無別席可退，或雖有別席，君不命之使退，則必引而去君之黨。黨是鄉之細者，而屬於鄉，居其鄉之旁側也。今借之爲喻，言臣侍君坐，若不退席，則引而卻去君之旁側也。黨謂君之親黨，則君命令與君之親黨同席，則卑讓卻引而去，離君之親黨，在君之親黨之下而坐，故注云辟君之親黨也。登席不由前爲躐席者，庾云：失節而踐爲躐。席應從於下升，若由前升，是躐席也。按鄉飲酒禮賓席于戶西，以西頭爲下；主人席于阼階，介席于西階，皆北頭爲下。賓升席自西方，注云升由下也。又按鄉飲酒記云：主人介凡升席自北方，降自南方。注云：席南上，升由下，降由上，由便。則主人升席自北方，降席自南方。按鄉飲酒禮主人受獻自席前適阼階，是主人降席自北方者，以其受獻正禮，須席末啐酒，因從北方降也。故注云：啐酒席末，因從北方降，由便也。若其尋常無事，則升由下而降由上；若賓則升降皆由下也。○徒坐不盡席尺者，徒，空也，空坐謂非飲食及講問時也。不盡席之前畔有餘一尺，示無所求於前，不忘謙也。○讀書食則齊者，讀書聲則當聞尊者，食爲其汙席，坐則近前，與席畔齊。○豆去席尺者，解食所以近前之意，以設豆去席一尺，不得不前坐就豆。或云：讀書聲當聞尊者，故人頭臨前一尺；食爲汚席，人頭臨豆，與豆齊，故云齊。豆其豆徑一尺，與去席尺亦一也。○若賜至從者。○正義曰：此一節論人君賜食之禮。○而君客之則命之祭然後祭者，此廣明侍坐法也。祭，祭先也。禮，敵者共食則先祭，若降等之客則後祭。若臣侍君而賜之食則不祭，若賜食而君以客禮待之則得祭。雖得祭，又先須君命之祭，後乃敢祭也。○先飯辯嘗羞者，飯，食也，謂君未食而臣先食，徧嘗羞膳也。所以爾者，示猶行臣禮，爲先嘗食之義也。○飲而俟者，禮，食未飧，必前啖飲，以利滑喉中，不令澁噎。君既未飧，故臣亦不敢飧，而先嘗羞，嘗羞畢，而歠飲以俟君飧，臣乃敢飧。○若有嘗羞者，此謂臣侍食得賜食，而非君所客者也。既不得爲客，故不得祭，亦不得嘗羞，則君使膳宰自嘗羞，故云有嘗羞者也。○則俟君之食然後食者，既不祭不嘗，則俟君食後已乃食也。飯飲而俟者，飯飲者，飲之也。雖不嘗羞，亦先飲，飲則利喉以俟君也。○君命之羞，羞近者，猶是君所不客者也。雖君已食已，乃後食，而猶未敢食羞，故又須君命。雖得君命，又猶未自專，嘗先食近其前者一種而止也。所以然者，若越次前食遠者，則爲貪好味也。○命之品嘗之，然後唯所欲者，品猶徧也。既未敢越次多食，故君又命徧嘗而已，乃徧嘗之，後則隨已所欲，不復次第也。○凡嘗遠食，必順近食者，客與不客，悉皆如此，故云凡也。意在嘗遠者，且從近始，辟貪味也。○君未覆手不敢飧者，侍食者悉然也。覆手者，謂食飽必覆手以循口邊，恐有殺粒汚著之也。飧謂用飲澆飯於器中也。禮，食竟更作三飧，以勸助令飽實，使不虛也。君既食又飯飧者，既猶畢竟也，飯飧也，君食畢竟而又飧，則臣乃敢飧，明不先君而飽也。○飯飧者三飯也者，三飯並謂飧也，謂三度飧也。君既徹者，既，已也，謂君食竟已徹饌也。○執飯與醬乃出授從者，謂君既徹，則臣乃自徹己饌以授從者。飯醬是食之主，故自執之。此食合己之所得，故授從者。○注食於至徹也。○正義曰：此經食不客，故君既徹之後，執飯與醬，乃出授從者。若君與己禮食，則但親徹之，不敢授己之從者也。故公食大夫禮賓北面坐取粱與醬以降，西面坐奠于階西，注云不以出者，非所當得食也。若非君臣，但降等者，則徹以授主人相者。故曲禮云：客若降等。又云：卒食，客自前跪，徹飯齊以授相者。注云：謙也。相者，主人贊饌者。以非己所得，故授主人之相。若賓主敵者，則徹於西序端。故公食大夫禮云：大夫自相食，徹于西序端。注云：亦親徹是也。

○凡侑食。不盡食。食於人不飽。謙也。○侑音又。唯水漿不祭。若祭爲已傑卑。水漿非盛饌也。已猶大也。祭之爲或有所畏迫，臣於君則祭之。○傑，虛涉反，厭也。大音泰，下文同，下瓦大亦同。

【疏】凡侑至傑卑。○正義曰：此一節以上文明侍君之食，因明凡人相敵爲食之禮。○凡侑食不盡食者，此明勸食於尊者之法。○食於人不飽者，此通包食於尊者及禮敵之人，所以不盡食不飽者，謙退不敢自足。唯水漿不祭者，言食於禮敵之人所設水漿，不以祭先。○若祭爲已傑卑者，已，大也；傑，厭也。此解不祭水漿之意。若祭水漿，爲大厭降卑微，有所畏迫也。○注臣於君則祭之。○正義曰：所以知者，按公食大夫禮宰夫執觶漿以進，賓受，坐祭，遂飲，故知之也。

○君若賜之爵。則越席再拜稽首受。登席祭之。飲卒爵而俟。君卒爵。然後授虛爵。不敢先君盡爵。君子之飲酒也。受一爵而色洒如也。洒如，肅敬貌。洒或爲察。○洒，先典反，又西禮反。王肅作察，云明貌也。二爵而言言斯。言言，和敬貌。斯猶耳也。○言言，魚斤反，注同。禮已三爵而油油。油油，說敬貌。○油油音由，本亦作由。王肅本亦作二爵而言，注云：飲二爵可以語也。又云言斯禮，注云：語必以禮也。三爵而油，注云：說敬貌，無已。及下油字也。說音悅。以退。禮飲過三爵則敬殺，可以去矣。退則坐取屨。隱辟而后屨。坐左納右。坐右納左。隱辟，俛逡巡而退著屨也。○辟，匹亦反，徐房亦反，注同。而后屨，一本作而後屨。俛音免。逡，七巡反。遁音巡。著屨，丁略反。○凡尊。必上玄酒。不忘古也。唯君面尊。面猶鄉也。燕禮曰：司宮尊于東楹之西，兩方壺，左玄酒，南上。公尊瓦大兩，有冪，在尊南，南上。○鄉，許亮反。唯饗野人皆酒。蜡飲，故不備禮。○蜡，鋤駕反。大夫側尊用棜。士側尊用禁。棜，斯禁也。無足，有似於棜，是以言棜。○棜，於據反，注同。斯如字，又音賜。

【疏】君若至用禁。○正義曰：此一節論臣於君前受賜爵之禮。○飲卒爵而俟君卒爵然後授虛爵者，俟君飲盡，已乃授虛爵與相者也。必在君前先飲者，亦示其賤者先即事。後授虛爵者，亦不敢先君盡爵。然此謂朝夕侍者始得爵也。若其大禮，則君先飲而臣後飲，故曲禮云：長者舉未釂，少者不敢飲。燕禮公卒爵而後飲是也。此經云再拜稽首受於尊所，曲禮云拜受於尊所，此經先再拜稽首而後受。燕禮興受爵，降下奠爵，再拜稽首，則先受而後再拜，與此不同者，熊氏云：文雖不同，互以相備，皆先受而後再拜。今刪定以爲燕禮據大飲法，故先受爵而後奠爵再拜；此經據朝夕侍君而得賜爵，故再拜而後受。必知此經非饗燕大飲者，以此下云受一爵以至三爵而退，明非大饗之飲也。若燕禮，非惟三爵而已。○受一爵而色洒如也者，言初受一爵而顏色肅敬洒如也。如者，如此義，謂如似洒然。故論語云：申申如也，夭夭如也。及踧踖如也，皆謂容色如此。○二爵而言言斯者，此事上恒敬，既受二爵，顏色稍和，故言言斯耳也。耳是助句之辭。皇氏云：讀言爲誾，義亦通也。○禮已三爵而油油者，言侍君小燕之禮，唯已止三爵，顏色和說而油油說敬。故春秋左氏傳云：臣侍君宴，過三爵，非禮也。○退則坐取屨隱辟而後屨者，坐，跪也。初跪說屨堂下，爲敬，故退而跪取屨，起而逡巡隱辟而著之。坐左納右者，納猶著也。若坐左膝，則著右足之屨；若右膝，則著左足之屨。○唯君面尊者，面，鄉也。謂人君燕臣子，專其恩惠，故尊鼻鄉君，故引燕禮燕臣子之法以解之。若兩君相見，則尊鼻於兩楹間，在賓主之間夾之，不得面鄉尊也。○唯饗野人皆酒者，饗野人謂蜡祭時也。野人賤，不得比士，又無德，又可飽食，則宜貪味，故唯酒而無水也。○大夫側尊用棜，士側尊用禁者，側謂旁側，在賓主兩楹間，旁側夾之，又東西橫行，異於君也。若側尊近於君，南北列之，則燕禮所云者是也。大夫士側尊者，鄉飲酒義云：尊於房戶之間，賓主共之也。據大夫士旁尊，亦曰側尊，故士冠禮云：側尊一甒醴，在服北。注云：無偶曰側。與此側別。○注棜斯至言棜。○正義曰：按鄉飲酒禮設兩壺于房戶間，有斯禁，彼是大夫禮。此云大夫用棜，故知棜是斯禁也。按特牲禮注云：棜，今木轝，上有四周，下無足。今斯禁亦無足，故云有似於棜，是以言棜也。

○始冠緇布冠。自諸侯下達。冠而敝之可也。本大古耳，非時王之法服也。○冠，古亂反，下冠而、注始冠同。敝音弊，本亦作弊。玄冠朱組纓。天子之冠也。緇布冠繢緌。諸侯之冠也。皆始冠之冠也。玄冠，委貌也。諸侯緇布冠有緌，尊者飾也。繢或作繪。緌或作蕤。○繢，戶內反，注繪同。緌，本又作蕤，耳隹反，注及下皆同。○玄冠丹組纓。諸侯之齊冠也。玄冠綦組纓。士之齊冠也。言齊時所服也。四命以上，齊祭異冠。○齊，側皆反，下同。綦音其，徐其記反，雜色也。上，時掌反，下而上同，後皆放此。○縞冠玄武。子姓之冠也。謂父有喪服，子爲之不純吉也。武，冠卷也。古者冠卷殊。○縞，古老反，又古報反，下同。爲，于僞反。卷，起權反，下同。縞冠素紕。既祥之冠也。紕，緣邊也。紕讀如埤益之埤。既祥之冠也，已祥祭而服之也。間傳曰：大祥素縞麻衣。○紕音埤，又婢支反。間，古閑反。傳，直專反。

【疏】始冠至冠也。○正義曰：自此至魯桓公始也，此一節廣論上下及吉凶冠之所用，唯五十不散送，及親沒不髦，記者雜錄在其間。○始冠緇布冠者，言初加冠，大夫士皆三加，諸侯則四加，其初加者是緇布冠。○自諸侯下達者，自，從也，從諸侯下達於士，始冠緇布冠。○冠而敝之可也者，言緇布冠重古，始冠暫冠之耳，非時王之服，不復恒著，冠而敝去之可也。○注皆始至作蕤。○正義曰：知始冠之冠者，以文承上始冠之下，故知玄冠朱組纓是天子始冠也。云諸侯緇布冠有緌，尊者飾也者，按郊特牲及士冠記皆云其緌也，吾未之聞，謂大夫士也。此云繢緌，諸侯之冠，故云緇布冠有緌，尊者飾也。上云始冠

緇布冠自諸侯下達則諸侯緇布冠可知更云緇布冠繢緌
諸侯之冠者，爲緌起文也。諸侯唯繢緌爲異，其類頂冠繢緌等，皆與士同。注「言齊」至「異冠」。○正義曰：言齊者，兼祭祀時。故曲禮云「立如齊」，謂祭祀時。恐此齊亦兼祭祀，故言齊時所冕服。其祭，諸侯則玄冕也。云「四命以上，齊祭異冠」者，以諸侯孤亦玄冕，齊者孤則爵弁，祭亦玄冠，齊祭異冠也。必知以下大夫則朝服以祭，皆玄冠也。此云三命綦組纓，士之齊冠是也。其天子之士與諸侯上大夫同，故深衣目錄云「士祭以朝服」，謂天子之士也。諸侯之士亦上服齊。此是熊氏之說，則天子大夫與諸侯孤同，亦爵弁祭玄冠朝服以祭，便與鄭注「四命以上齊祭異冠」者，皇氏以之，說非也。其天子之祭玄冕，祭則玄冕，齊則玄冠者，自祭次差助祭之可知。此亦熊氏說。此云玄冕祭則玄冕齊玄冠祭者，謂自祭也。若助祭於君，則爵弁齊祭同冠。故鄭答趙商問云：以雜記云是爲三命以下祭，則齊祭異冠。何以已士弁而祭於公，冠而祭於已？於已祭不可以通之也。鄭答云：齊者祭之齊時一冠，祭時亦一冠。四命乃然，大夫冕而祭於公，弁而祭於已；士弁而祭於公，冠而祭於已。亦異。如鄭此言，是齊祭同冠，故何云齊祭之時亦異其冠，則玄冠之以助祭服，應服爵弁而祭於君，齊時服之，齊服玄冕，然則士之助王祭服爵弁。若助王祭，則服玄冕齊，則服玄端，是士之助王祭服弁。正義曰：王受朝服，親齊服玄端，故服爵弁用玄而冠。○正義曰：姓，生也。孫是子之所生，故云姓也。吉冠用緇，是吉冠，故云「生也」。故此言「自」也。用玄而冠，吉而雜凶，故云不純吉也。玄冠卷，用緇冠卷，異色，故云「生也」。云「古者冠卷殊」者，武，以緣邊者，謂緣冠兩邊及冠卷當之下畔。其冠與卷身皆用縞，但以素緣耳。縞是生，故云不純吉也。不言以素爲紕，故襍記云：大祥，服之，襍記曰「云既祥，雖不當縞者必縞，然後反服」。注云「縞冠、素紕」也。故喪服小記云：除成喪者，其祭也朝服，縞冠。云祭猶縞冠，未純吉也。襍記又云：主人之除也，於夕爲期，朝服。鄭云「祥祭朝服縞冠，祥祭之服也」。故此云既祥祭，縞冠據此而言者，縞冠以爲已於此文云「既祥之後微」，中孝子之情故加以素紕、縞冠若祥之後，纔祥重素輕，縞，冠以素紕，亦以縞爲冠，故云「重」也。蓋祥，祭之時以縞冠，以素爲紕，得縞冠名，而云素冠，以縞冠之時用縞，冠以素爲紕，亦紕得冠名而云「素」之，故云縞冠之後以祭冠，注云「紕，緣邊」也。無所出，不知何憑據也。

垂緌五寸，惰游之士也。縞冠素紕，凶服也。所放不齒之象也。垂長緌，明非既

玄冠縞武，不齒之服也。縞冠、素紕，凶服也。亦爲放棄之人，惰游罷民也。

居冠屬武，謂燕居冠也。著冠於武，少威儀。屬，章欲反。著，直略反，徐丁略反。

自天子下達，有事然後緌。燕無事者去飾。緌，儒隹反。去，起呂反，下同。

五十不散送。送喪不散麻，始衰不備禮。散，悉但反，注同。

親沒不髦。去爲子之飾。髦音毛。

大帛不緌。帛當爲「白」，聲之誤也。大帛，謂白布冠也。不緌，凶服去飾。

玄冠紫緌，自魯桓公始也。蓋僭宋王者之後服也。緌，當用繢。○僭，子念反，後同。

【疏】「垂緌」至「始也」。○正義曰：此亦明冠之等，事之異也。「垂緌五寸」，謂緌之垂長五寸也。「惰游之士也」，謂惰游者，懈於事者，是周禮坐嘉石之罷民，以其非本緇冠素紕者，以文承上縞冠之下，但垂緌爲異。○注「謂燕居冠素」。○正義曰：知燕居之冠

屬武於冠，冠、武相連屬。燕居率略，少威儀，故也。又不加緌。若備禮，則冠與武別。○正義曰：按雜記云「大白冠，緇布之冠，皆不蕤」，知此「大帛」當爲「白」。

至葬，啟殯已後，亦散垂；既葬，乃絞。五十既衰，不能備禮，故至葬，啟殯已後，亦散垂。不散麻，故不備禮。言散者，既不散，垂，不及正。○正義曰：知不當爲白者，以雜記云「大白冠，緇布之冠，皆不蕤」，冠是緇布冠，此云大帛，故知帛當爲白也。謂白布冠也。去飾，故云「不緌」。文王大路是正義曰：僭宋王者之後，以明此文非宋王者之後，故疑魯桓公用殷禮，故知僭宋也。

二王之後皆以紫爲緌，知魯桓公僭用者，以文蓋僭宋。

此一異也。衛文公大布之衣，大帛之冠，是也。此白布冠，諸侯之冠，故知此文。

周公用白牡，白牡乘大路，是王者之禮，故魯用殷禮，故疑魯僭宋也。

云「緇布冠繢緌，諸侯之冠」，故知也。以上文「○朝玄端，夕深衣。深

王者之後，用繢爲緌，當用繢者，謂大夫、士也。

衣三袪，謂大夫、士也。三袪者，謂要中之數也。袪，尺二寸；圍

之，爲二尺四寸，三之，七尺二寸。○袪，起魚反，本或作「祛」，音同。

字，要，一遙反，下文注同。**縫齊倍要，**縫，紩也，紩下齊，倍要中。齊，丈四尺四寸。縫，音逢。齊，音咨，本

或作「齍」，同。紩，直乙反。縫，徐治反。紩字又作「紩」。

又作「紩」。**衽當旁。**衽，謂裳幅所交裂也。凡衽者，或殺而下，或殺而上，是以小要取名焉。衽屬衣，則垂而放之；屬裳，則縫之以合前後，上下相變。○衽，而審反，又而鴆反。

下同。**袂可以回肘。**二尺二寸之節。肘，竹丑反。

長、中，繼掩尺。其爲長衣、中衣，則繼袂掩一尺，若今褎矣。深衣則緣而已。○褎，音袖，下文同。

袷二寸。曲領也。○袷，音劫。

袪尺二寸。袂口也。

緣廣寸半。飾邊也。○緣，悅絹反，徐以絹反，下同。

以帛裹布，非禮也。中外宜相稱也。冕服，絲衣也，中衣用素；皮弁服、朝服、玄端，麻衣也，中衣用布。○裹，音果。

士不衣織。織，染絲織之，士衣染繒也。○衣，於既反，注同。織，音志。繒，似陵反。

無君者不貳采。大夫去位，宜服玄端玄裳。去，如字。

衣正色，裳間色。謂冕服，玄上纁下。○間，間廁之間。

非列采不入公門。列采，正服。

振絺綌不入公門。表裘不入公門。振，讀爲袗。袗，禪也。表裘，外衣也。二者形且褻，皆當表之乃出。○振，依注爲袗，之忍反。禪，音丹。下文注同。

【疏】「朝玄」至「公門」。○正義曰：自此以下至「弗敢充也」，一節廣論衣服及裘裼褻之事。朝玄端，夕深衣。深衣三袪者，謂大夫士早朝在私朝，服玄端，夕深衣，在私朝及家也。深衣三袪，謂深衣之廣，三倍於袂末也。謂要中之廣也。縫齊倍要者，謂齊廣，一丈四尺四寸。中要者，謂裳之交接之處，當身之畔，而四尺四寸，要中七尺二寸。

當旁者，衽，謂裳之交接之處，當身之畔，而可以回肘也。袂長二尺二寸，肘長一尺二寸，故可以回肘也。

上下之廣也。袂口曰袪。一尺二寸也。長、中、繼掩尺者，謂長衣、中衣，繼袂之末，掩餘一尺。袷二寸者，謂深衣曲領廣二寸。袪尺二寸者，謂深衣袂口，謂之袪。尺二寸。緣廣寸半者，謂深衣邊以緣飾之廣寸半也。○注「朝玄」至「此云」。○正義曰：上文云

君朝服，日出而視朝，夕深衣，祭牢肉，此云「朝玄端，夕深衣」，與君不同。

故知是大夫、士也。以視私朝，故服玄端。若朝君之時，則朝服。朝服，其衣與玄端無異，但其裳以素耳。若大夫莫夕於朝之服，

也朝服，其士則用玄端，故士冠禮注云「玄端士莫夕於朝之服」，

是朝君之服。若然，朝禮大夫莫夕於朝之服，與君無異。鄭何得注云「大夫士也」？恐皇氏之說非也。云三此之文

七尺二寸者，按深衣云「幅十有二，以計之幅，廣二尺二寸，一幅破爲二，四邊各去一寸，餘有一尺八寸。每幅交解之，闊頭廣尺二寸，狹頭廣六寸；比寬頭，向下，狹頭向上，要中十二幅，廣各六寸，故爲七尺二寸。下齊十二幅，各廣一尺二寸，故爲一丈四尺四寸。」

文四尺四寸者，衽，謂裳幅所交裂也。○正義曰：裳幅下交裂爲之，或殺而下，或殺而上也。皇氏云：凡衽者，或殺而下，謂喪服之衽，廣頭在上，狹頭在下；或殺而上，謂深衣之衽，寬頭在下，狹頭在上。

也。云「小要」者，謂深衣與喪服相對爲小要。兩旁皆有此衽，以小要取名焉。者，謂深衣交裂而下，有衽在上，以小要而取

名焉者，皇氏以爲或殺而上，或殺而下，或殺而上，是以小要取名焉。衽屬衣則垂而放之者，謂喪服之衽，垂之向下。屬裳則縫之以合前後者，謂深衣之衽。

意與皇氏同。或殺而下，謂朝祭之服；或殺而上，謂深衣之衽。鄭云「屬衣則垂而放之」，但殺而上，謂深衣。

之者，謂深衣之衽，屬裳則縫之以合前後。上下相變者，上體是陽，陽體舒散，故垂而放之；下體是陰，陰體斂藏，故縫而合之。

裳名也。上爲下齊，故云「上下相變」。○注「二尺」至「之節」。○正義曰：袂長二尺二寸，以肘長尺二寸，故可以回肘也。

邊而用屬幅，而以帛飾之，而袂之長短，反詘之及肘，以深衣之袂，上至於肩，則回肘也。云「繼揜尺」者，先儒以爲繼掩一尺，以半幅繼續而鎊，袂末至手掩尺也。

已，捨此云「正義曰：按玉藻，深衣則緣而已，非長衣、中衣之外，繼揜一尺，若今褎也。其長衣、中衣，則繼袂揜一尺，深衣則緣而已。

揜餘也。或一尺。中衣，長衣，中衣則是袂長、中衣長之揜一尺。

裹中，或布中，或中衣長之名同，以素爲之，而著之。

素則紕，中衣不得用麻，朝服用麻，但朝服則不得中衣，何以布裹？是外不得以帛裹布。

布有三等：麻衣、素衣、深衣，其中衣，以布；若朝服、玄端、麻衣，中衣用布。

云之素端者，用麻，故曰「以帛裹布，非禮也」。若朝服、深衣，中衣用素。

雜裳之屬，廣言之也。

○注「織染」至「染繒也」。○正義曰：前以上衣言，繒者，繒而染之。士衣染繒，大夫以上衣織，凡染絲而織者爲織。

不得衣士不衣織也。大夫以上衣織，染絲織之，士衣染繒。言之也。前此庶人無古。

得衣錦者，以錦帶大夫以上衣繒，故等云古者有命，民有車

帶錦者，直言錦帶，不得衣錦也。大夫以錦帶，故云錦者，錦帶，士下云錦帶，詩云「衣錦」，是也。

先代禮尚質，故大夫去國三月之内服，素衣、素裳、素冠，三月之後，玄冠、玄端、素裳，以此言之，大夫去國，服玄衣、玄裳，此云「無君者不貳采」，是有采也。注云「大夫去位，宜服玄端玄裳」。

經云不貳采，是正服也。○注「謂冕」至「纁下」。○正義曰：玄是天色，故爲正；纁是地色，赤黃之雜，故爲間色。皇氏云：正謂青、赤、黃、白、黑，五方正色也；不正謂五方間色也，綠、紅、碧、紫、駵黃是也。青是東方正，赤是南方正，白是西方正，黑是北方正，黃是中央正。綠是東方間，紅是南方間，碧是西方間，紫是北方間，駵黃是中央間。東方木，木色青，木刻土，土色黃，以青加黃，故爲綠，綠爲東方之間也。南方火，火色赤，火刻金，金色白，以赤加白，故爲紅，紅爲南方間也。西方金，金色白，金刻木，木色青，以白加青，故爲碧，碧爲西方間也。北方水，水色黑，水刻火，火色赤，以黑加赤，故爲紫，紫爲北方間也。中央土，土色黃，土刻水，水色黑，以黃加黑，故爲駵黃之色也，駵黃是中央間也。

○注「振讀」至「出之」。○正義曰：按鄉黨云「當暑，袗絺綌」，必表而出之，故讀爲袗。袗，禪也。以振與袗聲相近，故讀從之。論語注云：「袗，單也。以振與袗，謂單衣也。表裘外衣也者，謂裘在衣外，無裼衣，此二者皆褻衣，乃出之。云「表之乃出」者，謂皆上加表衣，乃出。故下文云「表裘不入公門」，裼裘不入公門，是褻也。

字者，字從衣，袗，則袗絺綌是也。

入公門，表裘，形且褻，當裼之。○褻，思列反。

纊爲繭，縕爲袍，衣有著之異名也。纊，謂今之新綿也；縕，謂今纊及舊絮也。○纊音曠。繭，古典反。縕，紆粉反，又紆郡反。袍，步羔反。絮，息慮反。

襌爲絅，有衣裳而無裏。○絅，若迥反，徐又音迥。

帛爲褶。有表裏而無著。○褶，音牒。

朝服之以縞也，自季康子始也。亦僭宋王者之後。

【疏】「襲裘」至「始也」。

正義曰檀弓云裼裘襲裘謂若子游裼裘而弔曾子襲裘而弔皆謂裘上有裼衣裼衣之上有襲衣襲衣之上有正服但據露裼衣不露裼衣爲異耳若襲裘不得入公門也。注緼謂今纊及舊絮也。正義曰如鄭此言云緼謂今纊者謂好綿也則鄭注之時以好者爲綿惡者爲絮故云緼謂今纊及舊絮也。注亦僭宋王者之後。正義曰云亦者亦上玄冠紫緌是僭宋王者之後知宋朝服以縞者按王制云殷人縞衣而養老燕服則爲朝服宋是殷後故朝服以縞

孔子曰。朝服而朝。卒朔然後服之。謂諸侯與羣臣也諸侯視朔皮弁服曰。國家未道。則不充其服焉。謂若衞文公者未道未合於道

〔疏〕孔子至服之。正義曰朝服緇衣素裳而朝謂每日朝君。卒朔然後服之者卒朔謂告朔之時服皮弁告朔禮終脫去皮弁而後服朝服也。注謂諸侯與羣臣也。正義曰知非天子之朝服而云諸侯與羣臣者以上文皆云不入公門下云唯君有黼裘又云君衣狐白裘皆據諸侯之禮故知此亦據諸侯也。

唯君有黼裘以誓省。大裘非古也。僭天子也天子祭上帝則大裘而冕大裘羔裘也黼裘以羔與狐白雜爲黼文也省當爲獮獮秋田也國君有黼裘誓獮田之禮時大夫又有大裘也。黼音甫省依注作獮息典反秋獵名

〔疏〕唯君至古也。正義曰君諸侯也黼裘以黑羊皮雜狐白爲黼文以作裘也誓者告勅也獮秋獮也大裘天子郊服也禮唯許諸侯服黼裘以誓軍衆田獵耳不得用大裘常時存者非但諸侯用大裘又有大夫僭用大裘者故譏之云非古也。注時大夫又有大裘也。正義曰經直云黼裘以誓獮大裘非古而云大夫用大裘者以經云唯君則知時臣亦爲之故言唯君以譏之也冬始裘而秋云裘者爲秋殺始誓衆須威故秋而用黼爲裘也。

禮記注疏卷二十九校勘記　阮元撰盧宣旬摘錄

附釋音禮記注疏卷第二十九惠棟挍宋本禮記正義卷第三十九

玉藻第十三

天子玉藻節

閏月則闔門左扉　各本同石經同釋文出則闔左扉云一本作闔門左扉

東門南門皆謂國門也　宋監本亦作謂惠棟挍宋本同岳本同嘉靖本同考文引補本古本足利本同閩監毛本謂誤爲衞氏集說同

皆用白旒珠　閩毛本同衞氏集說同惠棟挍宋本旒作旈監本亦作旈用誤周

用三十升之布染之　惠棟挍宋本作用衞氏集說同此本用字闕閩監毛本用誤以

但延之與板　閩監本同考文引宋板同毛本與誤於衞氏集說同

是解延不解冕也　惠棟挍宋本同閩監毛本是字脫

其制同文按明堂位　惠棟挍宋本文作又考文引補本同是也閩監毛本並誤

以草蓋屋　閩監毛本同盧文弨據明堂位疏云草當作茅

其外名曰辟廱　閩監毛本同盧文弨據明堂位疏外下增有水二字

謹按今禮古禮各以其義說說無明文以知之　閩監本同毛本以誤有考文引宋板亦作以盧文弨云說字不當重齊召南云說無明文當作經無明文

及其下顯與本異章　閩監毛本同盧文弨云本異章疑是本書異

今說立明堂於已由此爲也　閩監毛本同齊召南挍云按以明堂位疏推之當作今漢立明堂於丙已此疏說字係漢字之訛已上又脫丙字

皮弁以日視朝節

餕食朝之餘也奏奏樂也　閩監毛本同岳本同嘉靖本同盧文弨挍云注十字宋本在日少牢下

春秋尚書其存者　惠棟挍宋本同嘉靖本同續通解同考文引補本古本足利本同閩監毛本其作具岳本同衞氏集說同

而食餕尚奏樂卽朝食奏樂可知也　閩本同監毛本無而食餕尚奏樂六字

皆有俎有三牲備　閩監毛本同衞氏集說下有作則

或天子同諸侯等所施不同故鄭據　閩監毛本同按同諸侯之同當作與孫志祖云同周禮膳夫疏作與是也又云禮數不同難以據也此疏故鄭二字疑誤惠棟挍云故鄭據三字衍浦鏜挍作故難據也

尚書記言語之事　閩監毛本同衞氏集說同惠棟挍宋本作言誥考文引補本亦作誥按下是皆言誥之事並作誥則此處語字亦當作誥

內史掌王之八枋　惠棟挍宋本同閩監毛本枋作柄。按周禮以枋爲柄古音方聲丙聲同部字

右史紀事左史記言與此正反　閩監毛本紀作記閩監本與字同毛本與誤於考文引宋本亦作與

諸侯元端以祭節

皮弁以聽朔於太廟　閩監毛本同石經同岳本同嘉靖本同衞氏集說同惠棟挍云皮弁以聽朔於太廟經注十四字宋本皆脫

五俎四簋　各本同石經同釋文出四簋云本或作簋

加羊與其腸胃也　各本同釋文出腸也云音胃

此諸侯聽朔於大廟　閩監毛本同惠棟挍宋本此作故盧文弨云宋作故非

諸侯亦當有日中　閩監毛本同衞氏集說有作言

君無故不殺牛節

無復揔科　惠棟挍宋本同考文引補本同閩監毛本科作別衞氏集說同

饔食亦在其中　惠棟挍宋本同衞氏集說同考文引補本同閩監毛本食誤飯

殷則關恒譏而不征　惠棟挍宋本亦作恒宋監本同岳本同嘉靖本同考文引補本古本足利本同閩監毛本恒誤但衞氏集說同殷字各本不誤監本誤股

亦不課稅也　閩監毛本如此此本也字闕惠棟挍宋本無也字

卜人定龜節

視兆坼也　惠棟挍宋本宋監本亦皆作坼岳本同衞氏集說同釋文出兆坼閩本坼誤拆監毛本誤坼嘉靖本同

定之者定其所當用　惠棟挍宋本如此衞氏集說同此本下定字脫閩監毛本同

但拆是從墨　閩本同監毛本拆作坼下拆字倣此

小坼稱爲兆亹也　閩毛本同監本亹誤疊

君羔幦虎犆節

此經或有齊字者若誤也　閩監毛本同惠棟挍宋本無若字續通解同。按無若字者是也

則亦齊車之飾　惠棟挍宋本作則衞氏集說同此本則字闕閩監毛本則誤知

君子之居恒當戶節

蒯席澀　閩監毛本作澀岳本同衞氏集說同此本澀作澁嘉靖本同疏放此

命所受君命者也　閩監毛本同衞氏集說同惠棟挍宋本無者字考文引古本足利本同宋監本同

爲失忘也　惠棟挍宋本作也宋監本同岳本同嘉靖本同衞氏集說同考文引古本足利本同閩監毛本也誤反

取稷粱之潘汁　惠棟挍宋本同閩監毛本潘作湯衞氏集說同

又人君沐靧皆粱也　閩監毛本同通解又作若惠棟挍宋本皆作者

言釋去足垢而用湯闌也　閩監毛本同衞氏集說同惠棟挍宋本闌作爛

天子搢珽節

珽之言珽然無所屈也　閩監毛本同岳本同嘉靖本同衞氏集說同段玉裁挍本云珽然之珽當作挺

珽玉六寸明自炤　各本同釋文出珽云本又作珵惠棟云王逸引之作珵

終葵首謂椎頭也閩監毛本同考文引補本首作者

故許慎說文玉椎擊也閩監毛本同段玉裁挍本玉改云

廣於珽身頭方如椎閩監毛本同盧文弨云頭字不當重浦鏜挍云一頭字疑在廣字上

大夫士文杼其下首廣二寸半也是惠棟挍宋本文作又也是作是也閩監本與此同誤毛本亦同惟是也二字不倒

侍坐則必退席節

黨鄉之細者退謂旁側也辟君之親黨也○閩監毛本同岳本同嘉靖本同衛氏集說同釋文出黨鄉之細也退謂傍側也云一本或作黨鄉之細者謂傍側也辟君之親黨今注疏本與釋文二本並不同此本親黨也下隔○列釋文閩監毛本誤以釋文爲注惠棟挍宋本亦無○下二十八字也

又按鄉飲酒記云惠棟挍宋本無按字衛氏集說同此誤衍按字閩監毛本同

啐酒席末因從北方降惠棟挍宋本同閩監毛本因誤自

則君使膳宰自嘗差閩監毛本同惠棟挍宋本君下有若字

凡侑食不盡食節

若祭爲已偯卑閩監毛本同石經同嘉靖本同衛氏集說同岳本偯作僷考文引古本足利本同釋文出已僷石經考文提要云宋本九經南宋巾箱本並作僷

祭之爲或有所畏迫閩監本同惠棟挍宋本或作大岳本同嘉靖本同衛氏集說同毛本同是也考文引古本足利本大作太亦誤釋文出猶大云下同正記正大是釋文本亦作大字也

君若賜之爵節

隱辟而后屨各本同石經同釋文出而屨云一本作而後屨

俛逡巡而退著屨也各本同釋文出巡作遁云音巡○按遁正字巡假借字

在尊南南上閩監本作南上岳本同嘉靖本同衛氏集說同毛本南上誤面上此本訛脫

已乃授虛爵與相者也惠棟挍宋本同考文引補本同閩監毛本授誤受

既受二爵顏色稍和毛本同衛氏集說亦作二閩監本二誤三

唯已止三爵閩監毛本同惠棟挍宋本止作上衛氏集說作唯止三爵無已字按止字是

謂蜡祭時也閩監本如此衛氏集說同考文引宋板同此本時字在謂蜡祭三字閒毛本時誤是

在賓主兩楹閒旁側夾之惠棟挍宋本作閒衛氏集說同考文引補本同此本閒字脫閩監毛本閒誤之

始冠緇布冠節惠棟挍云始冠節垂緌節宋本合爲一節

故鄭志荅趙商問云閩監毛本同惠棟挍宋本無荅字

祭時亦一冠孔廣森云亦疑當作又

故云子姓閩監毛本同惠棟挍宋本云作曰

垂緌五寸節

親沒不髦各本同石經同釋文出不旄

紕者雜廁其間閩監毛本同惠棟挍宋本紕改紕

以祭周公用白牡惠棟挍宋本作白牡衛氏集說同此本白字不誤牡誤牲閩監本同毛本白牡誤八牲

袂口也閩本同惠棟挍宋本同岳本同嘉靖本同衛氏集說同監本袂誤袟毛本袂誤袪

袂尺二寸者袪謂深衣袂口惠棟挍宋本作袪尺袪謂毛本同監本袪字並誤作袂

但其裳以素耳惠棟挍宋本同閩監毛本耳作爾衛氏集說同

比寬頭嚮下閩監毛本同衛氏集說比作此

故中衣並用布也惠棟挍宋本同衛氏集說同閩監毛本並誤幷

士衣染繒此本繒字不誤染誤也閩監毛本染字不誤繒誤繪衛氏集說作染繒惠棟挍宋本同

下云居士錦帶者惠棟挍宋本如此考文引補本同此本下字闕閩監毛本云誤文

三月之後別服此元端元裳閩監毛本同衛氏集說別作則

朱是南方正惠棟挍宋本作朱考文引補本同此本朱誤未閩監毛本朱作赤衛氏集說同

襲裘不入公門節惠棟挍云襲裘節孔子節宋本合爲一節

衣有著之異名也閩本如此惠棟挍宋本同宋監本同岳本同嘉靖本同考文引古本同監毛本有誤者衛氏集說同此本有字不誤著誤者

孔子曰朝服而朝節

以上文次皆云閩監毛本同惠棟挍宋本文作之

唯君有黼裘節

國君有黼裘誓獮田之禮閩毛本同岳本同嘉靖本同衛氏集說同監本獮誤稱

時大夫又有大裘也閩監本同岳本同嘉靖本同衛氏集說同毛本又誤猶

而用黼爲裘也惠棟挍宋本此下標禮記正義卷第三十九終記云凡二十七頁

附釋音禮記注疏卷第三十

玉藻

禮記　鄭氏注　孔穎達疏

君衣狐白裘。錦衣以裼之。君衣狐白毛之裘則以素錦爲衣覆之使可裼也袒而有衣曰裼必覆之者裘褻也詩云衣錦絅衣裳錦絅裳然則錦衣復有上衣明矣天子狐白之上衣皮弁服與凡裼衣象裘色也○衣於既反下文不衣同復扶又反與音餘君之右虎裘。厥左狼裘。衛尊者宜武猛士不衣狐白。辟君也狐之白者少以少爲貴也○辟音避

疏君衣至狐白○正義曰君謂天子以狐之白毛皮爲裘其上用錦衣以裼之○注詩云至色也○正義曰鄭引詩者證錦衣之上更有衣覆之以無正文故引詩云然則錦衣復有上衣明矣云天子狐白之上衣皮弁服與者亦以無正文故言皮弁服與與爲疑辭也必知狐白上加皮弁服者以狐白既白皮弁亦白錦衣白三者相稱皆爲白也云凡裼衣象裘色也者是狐白裘用錦衣爲裼狐青裘用玄衣爲裼羔裘用緇衣爲裼是裘與裼衣色相近也天子視朝服皮弁服則天子皮弁之下有狐白錦衣也諸侯於天子之朝亦然故秦詩曰君子至止錦衣狐白裘此經云君則於天子兼諸侯也凡在朝臣同服然則三公在天子之朝執璧與子男同則皮弁之下狐白錦衣與子男同也其天子卿大夫及諸侯卿大夫在天子之朝亦狐白裘以下云士不衣狐白則卿大夫得衣狐白也其裼則不用錦衣故下注云非諸侯則不用錦衣爲裼熊氏云當用素衣爲裼其天子之士及諸侯之士在天子之朝既不衣狐白熊氏云用麛裘素裼也諸侯朝天子受皮弁之裼歸來嚮國則亦錦衣狐裘以告廟則秦詩云君子至止錦衣狐裘是也告廟之後則服之其在國視朔則素衣麛裘卿大夫士亦皆然故論語注云素衣麛裘視朔之服是也其受外國聘享亦素衣麛裘故聘禮公裼降立注引玉藻云麛裘青豻褎絞衣以裼之又引論語云素衣麛裘皮弁時或素衣如鄭此言則裼衣或絞或素不定也熊氏云臣用絞君用素皇氏云素衣爲正記者亂言絞耳

君子狐青裘豹褎，玄綃衣以裼之。君子大夫士也綃綺屬也染之以玄於狐青裘相宜狐青裘蓋玄衣之裘○豹包教反綃音消麛裘青豻褎，絞衣以裼之。豻胡犬也絞蒼黃之色也孔子曰素衣麛裘○麛音迷豻音岸胡地野犬絞戶交反羔裘豹飾，緇衣以裼之。飾猶褎也孔子曰緇衣羔裘狐裘，黃衣以裼之。黃衣大蜡時臘先祖之服也孔子曰黃衣狐裘○蜡仕嫁反臘力合反錦衣狐裘，諸侯之服也。非諸侯則不用錦衣爲裼犬羊之裘不裼。質略亦庶人無文飾

疏君子至不裼○正義曰君子謂大夫士也以狐青爲裘豹皮爲褎用玄綃之衣以覆裼之○注君子至之裘○正義曰知君子大夫士者以其上文已云君此文云君子故知是大夫士也云蓋玄衣之裘者皇氏云玄衣謂玄端也皇氏又云畿內諸侯朝服用緇衣畿外用玄衣此狐青又是畿外諸侯朝服之裘皇氏又云凡六冕及爵弁無裘先加明衣次加中衣冬則次加袍襺夏則不袍襺用葛也次加祭服若朝服布衣亦

先以明衣親身次加中衣冬則次加裘裘上加裼衣裼衣之上加朝服夏則中衣之上不用裘而加葛葛上加朝服此皆皇氏之說熊氏云六冕皆有裘此云玄謂六冕及爵弁也則天子諸侯皆然而云大夫士者君用純狐青大夫士雜以豹褎熊氏又以內外諸侯朝服皆緇衣以羔爲裘不用狐青也狐青既是冕服之裘周禮司裘謂之功裘者以在冕服之內人功微麤不如黼裘大裘之美故故謂之功耳劉氏云凡六冕之裘皆黑羔裘也故司服云祭昊天大裘而冕以下冕皆不云裘是皆用羔裘也又論語注緇衣羔裘皆祭於君之服是祭服用羔裘也劉氏又以此玄衣爲玄端與皇氏同今刪定三家之說雖各有通塗皆互有長短皇氏以畿內諸侯緇衣畿外諸侯玄衣按王制直云玄衣而養老不辨外內之異又詩唐風羔裘豹袪卿大夫之服檜風云羔裘逍遙鄭玄云朝燕之服也論語云緇衣羔裘注云諸侯之朝服羔裘者必緇衣爲裼唐檜魯非畿內之國何得並云羔裘若此玄衣爲畿外諸侯則鄭注此何得云君子大夫士也又祭服無裘文無所出皇氏之說非也劉氏以六冕皆用大裘按鄭志大裘之上有衣則與玄冕無異是以小祭與昊天服同此則劉氏之說非也今彼此商量以熊氏之說踰於二家論語注云緇衣祭於君之服者謂助君祭朝服而祭也亦卿大夫祭於君之服也○注豻胡犬也○正義曰熊氏以豻胡犬謂胡地野犬一解此胡作狐字謂狐犬雜未知孰是也○注黃衣至狐裘○正義曰按郊特牲云黃衣黃冠而祭所以息田夫者文在蜡祭之下又云既蜡而收民息已是蜡祭之後爲息民之祭也此息民謂之臘故月令孟冬云臘先祖五祀是黃衣爲臘先祖之服皇氏用白虎通義云天子狐白諸侯狐黃大夫狐蒼士羔並與經傳不同鄭所不取裘乃各有所施皇氏說非也

不文飾也，不裼。裼主於有文飾之事【疏】不文飾也不裼○正義曰按聘禮使臣行聘之時主於敬不主於文故襲裘也是不文飾之事不裼裘也至行享之時主於文故裼裘也

裘之裼也，見美也。君子於事以見美爲敬○見賢遍反注下注及下文同【疏】裘之裼也見美也○正義曰裘之裼者謂裘上加裼衣裼衣上雖加他服猶開露裼衣見裼衣之美以爲敬也

弔則襲，不盡飾也。喪非所以見美【疏】弔則襲不盡飾也○正義曰凡此弔襲謂主人既小斂之後若未斂之前則裼裘也故檀弓云子游裼裘而弔是也

君在則裼，盡飾也。臣於君所【疏】君在則裼盡飾也○正義曰凡君在之時則露此裼衣盡其文飾之道以敬於君也

服之襲也，充美也。充猶覆也所敬不主於君則襲【疏】服之襲也充美也○正義曰此謂君之不在臣所加上服揜襲裼衣充猶覆也謂覆蓋裼衣之美以君不在敬心殺故也○注所敬至則襲○正義曰凡敬有二體一則父也二則君也父是天性至極以質爲敬故子於父母之所不敢袒裼君非血屬以文爲敬故臣於君所則裼若平敵以下則亦襲以其質略故也所襲雖同其意異也聘禮行聘致君命亦襲者彼是聘享相對聘質而享文欲文質相變故裼襲不同也

是故尸襲，尸尊【疏】是故尸襲○正義曰尸處尊位無敬於下故襲也

執玉、龜，襲。重寶瑞也【疏】執玉龜襲○正義曰凡執玉得襲故聘禮執圭璋致聘則襲也若執璧琮行享雖執玉或容非聘享尋常執玉則亦襲也龜是享禮庭實之物執之亦裼若尋常所執及卜則襲敬其神靈也

無事則裼，弗敢充也。謂已致龜玉也【疏】無事至充也○正義曰謂行禮已致龜玉之後則裼不敢充覆其美也亦謂在君之前故裼也若不在君所故無事則襲前文云者是也

○笏，天子以球玉，諸侯以象，大夫以魚須文竹，士竹本，象可也。球美玉也文猶飾也大夫士飾竹以爲笏不敢與君並用純物也○球音求魚須文竹崔云用文竹及魚班也隱義云以魚須飾文竹之邊須音班

見於天子與射，無說笏。入大廟說笏，非古也。言凡吉事無所說笏也大廟之中唯君當事說笏也○說本又作稅同他活反下及注同

小功不說笏，當事免則說之。免悲哀哭踊之時不在於記事也小功輕不當事可以搢笏也○免音問注同

既搢必盥，雖有執於朝，弗有盥矣。搢笏輒盥爲必執事○爲于僞反

凡有指畫於君前，用笏。造受命於君前，則書於笏。笏，畢用也，因飾焉。畢盡也○畫呼麥反造皇七報反舊七刀反

笏度二尺有六寸，其中博三寸，其殺六分而去一。殺猶杼也天子杼上終葵首諸侯不終葵首大夫士又杼其下首廣二寸半○去起呂反下注去上則去去飾同【疏】笏天至去一○正義曰此一節明天子以下笏之所用之物并明用笏之事及闊狹長短○大夫以魚須文竹者文飾也庾氏云以鮫魚須飾竹以成文士竹本象可也者士以竹爲本質以象牙飾其邊緣飾之可也言可者通許之辭○注球美至物也○正義曰按釋地云西北之美者有崐崘虛之璆琳琅玕焉李巡孫炎郭璞等並云璆琳美玉此之球字則與璆同故云球是美玉也云文猶飾也謂以魚須文飾其竹盧云以魚須及文竹爲笏非鄭義也云大夫士飾竹以爲笏者大夫以魚須士用象○注言凡至笏也○正義曰經摠云見於天子則諸侯事在其間故云言凡吉事無所說笏凡者非一之辭下文云小功不說則大功以上皆說之故云惟吉事無說笏也云大廟之中唯君當事則說笏也者以臣見君無不執笏明大廟之中雖當事之時亦執笏也君則大廟之中當事之時則說笏時臣驕泰僭儆於君當事之時亦說笏故記者明之云臣入大廟當事說笏非古禮也是當時之僭記者據時而言故鄭云唯君當事說笏也必知當事說者以下文云小功不說笏當事免則說之明君入大廟當事則亦說耳凡臣見君皆執笏笏所以記事射所以正威儀獨云見於天子者以天子尊極恐臣下畏懼不敢執笏故特言見於天子明臣下見於君皆然○既搢至盥矣○言既搢笏必盥者謂有執事於朝須預絜淨故既搢笏於帶必盥洗其手於後雖有執事於朝更不須淸絜不須盥矣以其初盥已畢○造受至飾焉○造受命謂造詣君前而受命則書記於笏○笏畢用也者畢盡也謂事事盡用笏記之○因飾焉者謂因其記事所須而飾以爲上下等級焉○其中博三寸者天子諸侯上首廣二寸半其天子椎頭不殺也大夫士下首又廣二寸半唯笏之中央同博三寸故云其中博三寸也其殺六分而去一者天子諸侯從中以上稍稍漸殺至上首六分三寸而去其一分餘有二寸半在大夫士又從中以下漸漸殺至下首亦六分而去一○注殺猶至寸半○正義曰按玉人云天子杼上此云殺故知殺猶杼也云諸侯不終葵首者以玉人云天子終葵首則諸侯不終葵首可知也云大夫士又杼其下者以經特云其中博三寸明笏上下二首不博三寸諸侯既南面之君同殺其上大夫士北面之臣宜俱殺其下也

而素帶，終辟。大夫素帶，辟垂。士練帶，率下辟。居士錦帶，弟子縞帶，并紐約用組。而素帶終辟謂諸侯也諸侯不朱裏合素爲之如今衣帶爲之下天子也大夫亦如之率繂也士以下皆禪不合而繂積如今作幧頭爲之也辟讀如裨冕之裨裨謂以繒采飾其側人君充之大夫裨其紐及末士裨其末而已居士道藝處士也此自而素帶亂脫在是耳宜承朱裏終辟○帶音戴辟依注爲裨婢支反下同徐又音畢下緇辟終辟皆放此率音律注及下同并必政反紐女久反組音祖下戶嫁反繂音律幧七綃反又七曹反【疏】而素帶終辟○正義曰自此以下至皆從男子明帶及韍及王后以下衣服等差其文雜陳又上下爛脫今一依鄭注以爲先後天子素帶朱裏終辟而素帶終辟大夫素帶辟垂士練帶率下辟居士錦帶弟子縞帶并紐約用組三寸長齊于帶紳長制士三尺有司二尺有五寸子游曰參分帶下紳居二焉紳韠結三齊大夫大帶四寸雜帶君朱綠大夫玄華士緇辟二寸再繚四寸凡帶有率無箴功此等總論帶之義也今依而解之○天子素帶朱裏者以素爲帶用朱爲裏終辟辟則裨也終竟帶身在要及垂皆裨故云終辟○而素帶終辟者謂諸侯也以素爲帶不以朱爲裏亦用朱綠終裨○大夫素帶辟垂者大夫亦[illegible]其身之兩旁及屈垂者○士[illegible]帶其帶用單帛兩邊繂而已[illegible]者必反屈鄕上又垂而下大夫則總皆裨之士則用緇唯裨鄕下一垂者○居士錦帶者用錦爲帶尙文也○弟子縞帶者用生縞爲帶尙質也○并紐約用組者并並也紐謂帶之交結之處以屬其紐約者謂以物穿紐約結其帶謂天子以下至弟子之等其所紐約之物並用組爲之故云并紐約用組三寸者謂紐約之組闊三寸也○長齊于帶者言約紐組餘長三尺與帶垂者齊故云長齊于帶○紳長制士三尺有司二尺有五寸者紳謂帶之垂者紳重也謂重屈而舒申其制士長三尺有司長二尺五寸○子游曰參分帶下紳居二爲記者引子游之言以證紳之長短人長八尺大帶之下四尺五寸分爲三分紳居二分爲紳長三尺也○紳韠結三齊者紳謂紳帶韠謂蔽膝結謂約紐餘組三者俱長三尺故云三齊也○大夫大帶四寸謂合素爲之廣四寸○雜帶君朱綠大夫玄華士緇辟者雜猶飾也謂飾帶君用朱綠大夫用玄華士用緇也○士緇辟二寸再繚四寸謂用單練廣二寸繚繞也再度繞要亦四寸也○凡帶有率無箴功者凡帶謂有司之帶有繂謂其帶既禪亦以箴繚緝其側但繂繂之而已無别裨飾之箴功故云無箴功○注而素至終辟○正義曰以文承天子素帶終辟故知素帶謂諸侯以經不云朱裏故云諸侯不朱裏下天子也云率繂也士以下皆禪不合而繂積者以率非縫繞之事故讀爲繂與禪繂同也知士以下皆禪者以經云士練帶率繂是縫彌之名以縫旁邊故知禪也云辟讀如裨冕之裨者讀如曾子問大祝裨冕之裨也云人君充之者充滿也人君謂天子諸侯飾帶從首及末偏滿皆飾故云充之云大夫裨其紐及末者大夫畢但飾其帶紐以下至於末也云士裨其末而已者士又畢但裨其一條下垂者故云裨末而已云宜承朱裏終辟者以下文云天子素帶朱裏終辟此文即云素帶終辟次云大夫故知宜承天子素帶之下文相次也○注三寸至爲衿○正義曰知三寸約帶紐組之廣者以帶廣四寸此云三寸長齊於帶承上紐約

用組之下故知是紐廣也云言其屈而重也者解垂帶名紳之意申重也云宜承約用組者以此經直云三寸長齊于帶非發語之端明知有所承次故以爲宜承約用組之下○注雜猶至三齊○正義曰上云裨此云雜故知雜即上之裨也云君裨帶上以朱下以緑者君謂天子諸侯崔氏熊氏並云據要爲正飾帶外邊上畔以朱朱是正色故在上也下畔以緑緑是間色故在下也云大夫裨垂外以玄內以華華黃色也者熊氏云近人爲內遠人爲外玄是天色故在外以華對玄故以爲黃也黃是地色故在內也云士裨垂之下外內皆以緇者士既練帶而士冠禮謂之緇帶據裨色言之故謂之緇帶以裨之外內皆用緇也云宜承紳韠結三齊者以下文三寸長齊于帶合承上紐約用組之後則此大夫大帶一經不得厠在其間故知宜承下紳韠結三齊之後也

韠。君朱。大夫素。士爵韋。此玄端服之韠也韠之言蔽也凡韠以韋爲之必象裳色則天子諸侯玄端朱裳大夫素裳唯士玄裳黃裳雜裳也皮弁服皆素韠○韠音必 圜。殺。直。目韠制○圜音圓 天子直。四角直無圜殺 公侯前後方。殺四角使之方變於天子也所殺者去上下各五寸 大夫前方。後挫角。圜其上角變於君也韠以下爲前以上爲後○挫作臥反 士前後正。士賤與君同不嫌也正直方之間語也天子之士則直諸侯之士則方 韠。下廣二尺。上廣一尺。長三尺。其頸五寸。肩革帶博二寸。頸五寸亦謂廣也頸中央有兩角皆上接革帶以繫之肩與革帶廣同凡佩繫於革帶○頸吉井反又吉成反 大夫大帶四寸。雜帶。君朱緑。大夫玄華。士緇辟。二寸。再繚四寸。凡帶。有率。無箴功。雜猶飾也即上之裨也君裨帶上以朱下以緑終之大夫裨垂外以玄內以華華黃色也士裨垂之下外內皆以緇是謂緇帶大夫以上以素皆廣四寸士以練廣二寸再繚之凡帶有司之帶也亦繂之如士帶矣無箴功則不裨之士雖繂帶裨亦用箴功凡帶不裨下士也此又亂脫在是宜承紳韠結三齊○繚音了箴音針下士崔如字或戶嫁反 一命緼韍幽衡。再命赤韍幽衡。三命赤韍葱衡。此玄冕爵弁服之韠尊祭服異其名耳韍之言亦蔽也緼赤黃之間色所謂韎也衡佩玉之衡也幽讀爲黝黑謂之黝青謂之葱周禮公侯伯之卿三命其大夫再命其士一命子男之卿再命其大夫一命其士不命○緼音溫韍音弗幽讀爲黝出注黝糾反黑也下同韎莫拜反又音妹 天子素帶朱裏。終辟。謂大帶也

【疏】韠君至終辟○正義曰此一經揔明韠韍上下尊卑之制唯有大夫大帶一經厠在其間已於帶條說訖○注此玄至素韠○正義曰知此玄端服之韠也者按士冠禮玄端玄裳黃裳雜裳爵韠謂士玄端之韠此云士爵韋故知是玄端之韠也云天子諸侯玄端朱裳者以韠從裳色君既用朱故知裳亦朱色也然天子諸侯祭服玄衣纁裳知此朱韠非祭服韠者若其祭服則君與大夫士無別同是赤色何得云大夫素士爵韋且祭服之韠大夫以上謂之韍士爵弁謂之韎韐不得稱韠也云大夫素裳者大夫玄端以素爲裳故素韠也此則大夫士朝君之服大夫既以素裳爲朝服又以玄端服禮窮則同故也云唯士玄裳黃裳雜裳也者士冠禮謂玄端之裳也士朝服則素裳故鄭注士冠禮朝服則玄端之衣易其裳耳云皮弁服皆素韠者按士冠禮皮弁服素韠云皆者君與大夫士皮弁皆然故云皆也○注目韠制○正義曰經云圜則下文大夫前方後挫角則圜也經云殺則下文公侯前後方方則殺也經云直則下文云天子直是目韠制也○注殺四至五寸○正義曰以經云前後方是殺四角也上下各去五寸所去之處以物補飾之使方變於天子也云所殺者去上下各五寸者按雜記云韠會去上五寸是上去五寸又云紕以爵韋六寸不至下五寸是去下五寸鄭注雜記云會謂上領縫也領之所用蓋與紕同如鄭此言即上去五寸是領也以爵韋爲領故云領之所用與紕同下云所去五寸純以素故鄭注雜記云純紕所不至者五寸然則上去五寸是領也下去五寸是純也若然唯去上畔下畔而云殺四角者盡四角之處別異之使殊於餘邊也其會之下純之上兩邊皆紕以爵韋表裹各三寸故雜記云韠長三尺下廣二尺上廣一尺會去上五寸紕以爵韋六寸不至下五寸純以素紃以五采韠制大略如此但古制難知不可委識或據禮圖天子韠制形如要鼓也以今參驗不附人情故今依附記文參驗情事而爲此說以俟後賢○注圜其至爲後○正義曰以經云後挫角謂殺上角使圜不令方也○注正直方之間語也○正義曰正謂不衺也直而不衺謂之正方而不衺亦謂之正故云正直方之間語○注頸五至革帶○正義曰云頸五寸亦謂廣者鄭恐上下長五寸故云亦謂廣也其上下及肩與革帶俱二寸也云凡佩繫之革帶者以韠繫於革帶恐佩繫於大帶故云然以大帶用組約其物細小不堪縣韠佩故也○注此玄至不命○正義曰以上經云君朱大夫素士爵韋是玄端服之韠故云此玄冕爵弁服之韠言異於上也此據有孤之國以卿大夫雖三命再命皆著玄冕若無孤之國則三命再命之卿大夫皆絺冕不得唯玄冕也爵弁則士所服云尊祭服異其名耳者他服稱韠祭服稱韍是異其名韍韠皆言爲蔽取蔽鄣之義也知祭服稱韍者按易困卦九二朱紱方來利用享祀是祭祀稱韍也按詩毛傳天子純朱諸侯黃朱黃朱色淺則亦名赤韍也則大夫赤韍色又淺耳有虞氏以前直用皮爲之後王漸加飾焉故明堂位云有虞氏服韍夏后氏山殷火周龍章彼注云天子備焉諸侯火而下卿大夫山士韎韐而已云縕赤黃之間色所謂韎也者按此云一命縕韍一命謂公侯伯之士士冠禮爵弁韎韐此縕韍則當彼韎韐故云所謂韎也毛詩云韎韐茅蒐染齊人謂茅蒐爲韎韐聲也茅蒐則蒨草也以蒨染之其色淺赤則縕爲赤黃之間色若子男大夫但名縕韍不得爲韎韐也以其非士故耳云黑謂之黝青謂之葱者周禮牧人云陰祀用黝牲又孫炎注爾雅云黝青黑葱則青之異色三命則公之卿玄冕侯伯之卿絺冕皆赤韍葱衡

王后褘衣。夫人揄狄。褘讀如翬揄讀如摇翬摇皆翟雉名也刻繒而畫之著於衣以爲飾因以爲名也後世作字異耳夫人三夫人亦侯伯之夫人也王者之後夫人亦褘衣○褘音翬許韋反注及下同揄音摇羊消反爾雅云伊洛而南素質五色皆備成章曰翬江淮而南青質五色皆備成章曰鷂鷂音摇謂刻畫此雉形以爲后夫人服也翟直歷反著直略反又竹略反 三寸。長齊于帶。紳長。制士三尺。有司二尺有五寸。子游曰。參分帶下。紳居二焉。紳韠結三齊。三寸謂約帶紐組之廣也長齊于帶與紳齊也紳帶之垂者也言其屈而重也論語曰子張書諸紳有司府史之屬也三分帶下而三尺則帶高於中也結約餘也此又亂脫在是宜承約用組結或爲衿○紳音申本亦作申下同重直龍反 君命屈狄。再命褘衣。一命襢衣。士褖衣。君女君也屈周禮作闕謂刻繒爲翟不畫也此子男之夫人及其卿大夫士之妻命服也褘當爲鞠字之誤也禮天子諸侯命其臣后夫人亦命其妻以衣服所謂夫尊於朝妻榮於室也子男之卿再命而妻鞠衣則鞠衣襢衣褖衣者諸侯之臣皆分爲三等其妻以次受此服也公之臣孤爲上卿大夫次之士次之侯伯子男之臣卿爲上大夫次之士次之褖或作稅○屈音闕注同褘依注音鞠居六反又曲六反襢張戰反褖吐亂反注作稅音同 唯世婦命於奠繭。其他則皆從男子。奠猶獻也凡世婦已下蠶事畢獻繭乃命之以其服天子之后夫人九嬪及諸侯之夫人夫在其位則妻得服其服矣自君命屈狄至此亦亂脫在是宜承夫人揄狄

【疏】王后至男子○正義曰此一節論王后以下命婦之服唯有三寸長齊于帶一經厠在其間帶事前文已解訖○王后褘衣者褘讀如翬謂畫翬於衣六服之最尊也○夫人揄狄者揄讀如摇狄讀如翟謂畫摇翟之雉於衣謂三夫人及侯伯夫人也○君命屈狄者君謂女君子男之妻也被后所命故云君命屈狄者屈闕也狄亦翟也直刻雉形闕其采畫故云闕翟也○再命褘衣者再命謂子男之卿褘當爲鞠謂子男卿妻服鞠衣也○一命襢衣者襢展也子男大夫一命其妻服展衣也○士褖衣者謂子男之士不命其妻服褖衣鄭注士喪禮褖之言緣黑衣裳以赤緣之○唯世婦命於奠繭者世婦謂天子二十七世婦以下也奠獻也獻繭謂世婦及命婦入助蠶畢獻繭也凡夫尊於朝妻貴於室皆得各服其命服今唯世婦及卿大夫之妻並畢雖已被命猶不得即服命服必又須經入助蠶蠶畢獻繭繭多功大更須君親命之著服乃得服耳故云命於奠繭○其他則皆從男子者其他謂后夫人九嬪及五等諸侯之妻也其夫得命則其妻得著命服不須奠繭之命故云皆從男子○注褘讀至褘衣○正義曰按鄭注內司服引爾雅褘鳥伊雒而南素質五色皆備成章曰翬江淮而南青質五色皆備成章曰摇鄭又云王后之服刻繒爲之形而采畫之綴於衣以爲文章褘衣畫翬者揄翟畫摇者闕翟刻而不畫從王祭先王則服褘衣祭先公則服揄翟祭羣小祀則服闕翟鞠衣黃桑服也色如鞠塵服之以告桑展衣以禮見王及賓客褖衣御于王之服闕翟赤揄翟青褘衣玄鞠衣黃展衣白褖衣黑又鄭志云三狄首服副副覆也所以覆首爲之飾其遺象若今步繇矣鞠衣首服編編列髮爲之其遺象若今假紒矣展衣褖衣首服以次第髮長短爲之所謂髮髢若燕居之時則亦褖衣纚笄總而已其六服皆以素紗爲裹故內司服陳六服之下云素紗鄭注云六服皆袍制以白縳爲裏云夫人三夫人亦侯伯之夫人也者以經云王后褘衣則云夫人揄狄其文相次故以夫人爲三夫人但三夫人與三公同對王爲屈三公執璧與子男同則三夫人亦當與子男夫人同故鄭注司服疑而不定云三夫人其闕狄以下乎爲兩解之也云王者之後夫人亦褘衣者以禮記每云君袞冕夫人副褘王者之後自行正朔與天子同故祭其先王服上服也若祭先公則降焉魯祭文王周公其夫人亦褘衣故明堂位云君袞冕立于阼夫人副褘立于房中是也○注君女至作稅○正義曰以禮君命其夫后命其婦則子男之妻不得受天子之命故以爲君謂女君是子男之妻受后之命或可女君謂后也命子男妻故云君命云此子男之夫人及其卿大夫士之妻命服也者以典命云子男之卿再命其大夫一命其士不命此云再

命褘衣一命襢衣士祿衣又承闕狄下正與子男同故知據子男夫人及卿大夫士之妻也褘衣是王后之服故疑當爲鞠衣云子男之卿再命而妻鞠衣則鞠衣襢衣祿衣者諸侯之臣皆分爲三等其妻以次受此服也者鄭爲此言欲明諸侯臣之妻唯有三等之服云公之臣孤爲上卿大夫次之士次之者以司服云孤絺冕而下卿大夫玄冕而下士皮弁而下此謂上公臣爲三等云侯伯子男之臣卿爲上大夫次之士次之者以此經再命鞠衣一命襢衣士祿衣士與大夫不同又典命子男之卿再命大夫一命士不命倘分爲三等侯伯之卿三命大夫再命士一命是亦三等可知鄭云然也。注奠猶至揄狄。正義曰凡獻物必先奠於地故云奠猶獻也云凡世婦以下蠶事畢獻繭乃命之者三夫人九嬪其位既尊不須獻繭自然得命也世婦以下位卑因獻繭乃得命言以下則女御亦然經唯云世婦舉其貴者

凡侍於君。紳垂。足如履齊。頤霤。垂拱。視下而聽上。視帶以及袷。聽鄉任左。紳垂則磬折也齊裳下緝也袷交領也。齊音咨本又作齋注同頤以支反霤力救反袷居業反鄉許亮反折之列反又市列反齋末放此緝七入反

凡君召以三節。二節以走。一節以趨。節所以明信輔君命也使使召臣急則持二緩則持一周禮曰鎮圭以徵守其餘未聞也今漢使者擁節。使使上音史下色吏反鎮珍刃反徐音珍守手又反漢使色吏反在官不俟屨。在外不俟車。趨君命也必有執隨授之者官謂朝廷治事處也。處昌慮反〔疏〕凡侍至俟車。正義曰此一節論人臣侍君及被君召之儀。凡侍於君者謂臣侍君法也。凡者臣無貴賤皆然也。紳垂者紳大帶也身直則帶倚磬折則帶垂足如履齊者齊裳下緝也身折則裳前下緝委拖故行則足恒如踐履裳下也。頤霤者霤屋簷身俯故頭臨前垂頤如屋霤。垂拱者拱沓手也身俯則宜手沓而下垂也。視下而聽上者視高則敖故下矚也聽上謂聽尊者語宜諦聽故仰頭而面嚮上以聽之也。視帶以及袷者視尊者之處也袷交領也視君之法下不過帶高不過袷故曲禮云凡視上於面則敖下於帶則憂是也。聽鄉任左者此解聽上也庾云聽上及聽鄉任左皆備君教使也鄭注少儀曰立者尊右則坐者尊左也侍君之時君坐故侍者在右是以聽鄉皆以左爲任也此謂臣以左耳近君故云任左。凡君召以三節二節以走一節以趨者節者以玉爲之所以明信輔於君命者也君使使召臣有二節時有一節時故合云三也隨事緩急急則二節臣故走也緩則一節臣故趨也庾氏云君召以三節者謂君召臣急則以二節緩則以一節急緩不出於三耳不謂節盡於三也在官不俟屨在外不俟車者急趨君召也官謂朝廷治事處也外謂其室及官府也在官近不須車故言屨在外遠故云車。注周禮至擁節。正義曰此周禮典瑞文引之者證君召臣之節謂徵召守國諸侯以鎮圭召之云其餘未聞者謂召諸侯之外別召餘臣未聞云今漢使擁節者擁持也漢時使人召臣持節召之也。

士於大夫不敢拜迎。而拜送。禮不敵始來拜則士辟也。辟音避下亦辟辟先辟德皆同士於尊者先拜。進面。荅之拜則走。士往見卿大夫卿大夫出迎荅拜亦辟也〔疏〕士於至則走。正義曰此一節明士於尊者之法士於大夫不敢拜迎者此謂大夫詣士禮既不敵故士不敢迎而先拜大夫雖拜士則辟之。而拜送者按儀禮鄉射鄉飲酒公食聘禮但是主人送賓者皆主人再拜賓不荅拜鄭注云不荅拜者禮有終故也士於尊者先拜者謂士往詣卿大夫未即先於門外拜之也。進面士先於外拜拜竟乃進面親相見也。荅之拜則走者若大夫出迎而荅拜於士則士走辟之也

士於君所言大夫。沒矣則稱謚若字。名士。與大夫言。名士。字大夫。君所大夫存亦名〔疏〕士於至大夫。正義曰此一節論士於君及大夫之所言羣臣之法。士於君所言大夫者謂士在君前與君言論及於大夫也。沒矣則稱謚若字者君前臣名若彼大夫生則士呼其名若彼大夫已死沒而士於君前言則稱彼謚無謚則稱字不呼其名敬貴故也。名士者士賤雖已死而此生士與君言猶呼死士名也。與大夫言名士字大夫者謂士與大夫言次論及他生大夫士之法也士賤故呼之名大夫貴故呼之字也若大夫士卒則字士謚大夫

於大夫所。有公諱。無私諱。公諱若言語所辟先君之名凡祭不諱。廟中不諱。謂祝嘏之辭中有先君之名者也凡祭羣神廟中上不諱下。嘏古雅反教學臨文不諱。爲或未知者。爲于僞反下爲幼爲起事同〔疏〕於大至不諱。正義曰此一節論諱與不諱之法。有公諱無私諱者謂士及大夫言但不諱君家不自私諱父母也崔氏云謂伯叔之諱耳若至親則不得言庾云謂士與大夫言有音字同己祖禰名字皆不得諱辟敬大夫故不重敬凡祭不諱廟中不諱者謂祝嘏之辭中有先君名者也凡祭祭羣神也謂社稷山川百神也祝嘏辭中有先君之名不諱之也廟中上不諱下若有事於祖則不諱父也有事於父則諱祖。教學臨文不諱者教學爲師長也教人若諱疑誤後生也臨文謂簡牒及讀法律之事也若諱則失於事正也

○古之君子必佩玉。比德焉君子士已上右徵角。左宮羽。玉聲所中也徵角在右事也民也可以勞宮羽在左君也物也宜逸。徵張里反注同中丁仲反下文同趨以采齊。路門外之樂節也門外謂之趨齊當爲楚薺之薺。趨七須反本又作趨齊依注作薺疾私反采薺詩篇名行以肆夏。登堂之樂節周還中規。反行也宜圜。還音旋本亦作旋下同圜音圓折還中矩。曲行也宜方。折之設反進則揖之。退則揚之。然後玉鏘鳴也。揖之謂小俛見於前也揚之謂小仰見於後也鏘聲貌。鏘七羊反見賢遍反下同故君子在車則聞鸞和之聲。行則鳴佩玉。是以非辟之心。無自入也。鸞在衡和在式自由也。辟本又作僻匹亦反又婢亦反徐芳益反○君在不佩玉。左結佩。右設佩。謂世子也出所處而君在焉則去德佩而設事佩辟德而示即事也結其左者若於事有未能也結者結其綬不使鳴也居則設佩。謂所處而君不在焉朝則結佩。朝於君亦結左齊則綪結佩。而爵韠。綪屈也結又屈之思神靈不在事也爵韠者齊服玄端。○齊側皆反注同綪側耕反凡帶必有佩玉。唯喪否。喪主於哀去飾也凡謂天子以至士佩玉有衡牙。居中央以前後觸也。衡昌容反君子無故。玉不去身。君子於玉比德焉。故謂喪與災眚。災音哉眚色耿反天子佩白玉而玄組綬。公侯佩山玄玉而朱組綬。大夫佩水蒼玉而純組綬。世子佩瑜玉而綦組綬。士佩瓀玟而縕組綬。玉有山玄水蒼者視之文色所似也綬者所以貫佩玉相承受者也純當爲緇古文緇字或作絲旁才綦文雜色也縕赤黃。○綬音受純讀爲緇側其反瑜羊朱反綦音其瓀而兗反徐又作瑌同玟武巾反字又作砇同縕音溫孔子佩象環五寸而綦組綬。謙不比德亦不事也象有文理者也環取可循而無窮〔疏〕古之至中矩。正義曰此一節廣明佩玉之事各隨文解之。注比德至已上。正義曰按詩秦風云言念君子溫其如玉是玉以比德也聘義云溫潤而澤仁也縝密以栗知也廉而不劌義也垂之如隊禮也孚尹旁達信也是玉以比德也按下文云天子佩白玉下至于士是君子合士以上也。注玉聲至宜逸。正義曰玉聲所中也者謂所佩之玉中此徵角宮羽之聲云事也民也可以勞者按樂記角爲民徵爲事右廂是動作之方而佩徵角事則須作而成民則供上役使故可勞而在右也云君也物也宜逸者按樂記云宮爲君羽爲物今宮羽在左是無事之方君宜靜而無爲物宜積聚故在於左所以逸也。注路門至之薺。正義曰路寢門外至應門謂之趨於此趨時歌采齊爲節齊當爲楚薺之薺者按詩小雅有楚茨之篇此作齊字故讀爲楚茨之茨音同耳其義則異。注登堂之樂節。正義曰路寢門內至堂謂之行於行之時則歌肆夏之樂按爾雅釋宮云室中謂之時堂上謂之行堂下謂之步門外謂之趨中庭謂之走大路謂之奔此對文耳若揔而言之門內謂之行門外謂之趨鄭注樂師云行謂於大寢之中趨謂於朝廷然則王出既服至堂而肆夏作出路門而采薺作其反入至於應門路門亦如之此謂步迎賓客王如有車出之事登車於大寢西階之前反降於阼階之前尚書傳曰天子將出撞黃鐘之鐘右五鐘皆應入則撞蕤賓之鍾左五鐘皆應是也。注反行也宜圜。正義曰反行謂到行反而行假令從北嚮南或從南嚮北。注曲行也宜方。正義曰曲行謂屈曲而行假令從北嚮南行曲折而東嚮也。進則至鳴也。揖俯也若行前進則身恒小俯俛也。退則揚之者揚仰也卻退行則身微仰也。然後玉鏘鳴也者若進俯退仰則然後佩離身而直行揺動佩自擊所以玉聲得鏘鏘而鳴也。注揖之至後也。正義曰見於前者謂佩嚮前垂而見之見於後者謂佩嚮後垂而見也是以非辟之心無自入也。謂君子恒聞鸞和佩玉之正聲自由也是以非類邪辟之心無由入於身也。注鸞在衡和在式。正義曰鸞在衡和在式韓詩外傳文也若鄭康成之意此謂平常所乘之車也若田獵之車則鸞在馬鑣也故注秦詩云置鸞於鑣異於乘車鄭於秦詩既已明言故於毛詩傳云在軾曰和在鑣曰鸞鄭不復易毛也又於商頌箋云鸞在鑣同毛氏之說亦不復具言以秦詩箋已明言故也。君在至設佩。謂世子出所處而與君同在一處則不敢佩玉玉以表德去之示已無德也。左結佩者佩亦王佩既不佩玉而結左佩也鄭云結者結其綬不使鳴也賀云事佩綬且不鳴今云結綬使不鳴則猶在佩玉也。右設佩者結左邊玉佩而設右邊事佩事佩是木燧

大觿之屬○注謂世至鳴也○正義曰知謂世子也者以臣之對君則恒佩玉故下云君子無故玉不去身前文云然後玉鏘鳴也是臣之去朝君備儀盡飾當佩玉今云君在不佩玉故知非臣下云世子佩瑜玉是以知世子也云出所處而君在焉者以下文朝則結佩謂朝時明此君在非朝處也云去德佩者謂結玉佩不使鳴非謂全去也云而設事佩者大觿木燧之屬也云辟德而示則事也者以辟德不敢當故去德佩而示有勞役之事以奉於上故設事佩也自朝則結佩朝結佩及設佩亦皆謂世子○齊則綪結佩此謂總包凡應佩玉之人非唯世子綪結佩綪屈也謂結其綬而又屈上之○而爵韠者謂士玄端齊故爵韋爲韠也而熊氏皇氏並謂諸侯以下皆以玄端齊而以爵韋爲韠同士禮以其齊故不用朱韠素韠也義或然也○佩玉有衡牙凡佩玉必上繫於衡下垂三道穿以蠙珠下端前後以縣於璜中央下端縣以衡牙動則衡牙前後觸璜而爲聲所觸之玉其形似牙故曰衡牙皇氏謂衡居中央牙是外畔兩邊之璜以衡牙爲二物若如皇氏說鄭何得云牙居中央以爲前後觸也○注玉有至赤黃○正義曰玉有山玄水蒼者視之文色所似也者玉色似山之玄而雜有文似水之蒼而雜有文故云文色所似但尊者玉色純公侯以下玉色漸雜而世子及士唯論玉質不明玉色則玉色不定也瑜是玉之美者故世子佩之承上天子諸侯則世子天子諸侯之子也然諸侯之世子雖佩瑜玉亦應降殺天子世子也瓀玟石次玉者賤故士佩之云純當爲緇者以經云玄組朱組皆是色則純亦是色也故讀純爲緇鄭讀純爲緇其例有異若經文絲帛義分明而色不見者即讀純爲緇媒氏云純帛不過伍兩以有帛字故純爲緇祭統云后夫人蠶事以供純服以其供蠶絲義分明故讀純爲緇論語云麻冕禮也今也純儉稱古用麻今用純則絲可知也以色不見故讀純爲緇若色見而絲不見則不破純字以義爲絲昏禮女次純衣注云純衣絲衣如此之類是也云綦文雜色也者顧命四人綦弁云綦青黑色鄭風縞衣綦巾注云綦蒼艾色是綦爲雜色又說文云綦蒼艾是雜色也○孔子佩象環五寸而綦組綬○孔子以象牙爲環廣五寸以綦組爲綬也所以然者失魯司寇故謙不復佩德佩及事佩示己無德事也佩象環者象牙有文理言己有文章也而爲環者示己文教所循環無窮也五寸法五行也言文教成人如五行成物也

○童子之節也。緇布衣。錦緣。錦紳并紐。錦束髮。皆朱錦也。童子未冠之稱也冠禮曰將冠者采衣紒也○并紐必正反下女丑反冠古亂反下並同稱尺證反紒音計

肆束及帶。勤者有事則收之。走則擁之。肆讀爲肄肄餘也餘束約紐之餘組也勤謂執勞辱之事也此亦亂脫在是宜承無箴功○肆音肄以四反

童子不裘不帛。不屨絇。無緦服。聽事不麻。無事則立主人之北。南面。見先生。從人而入。皆爲幼少不備禮也雖不服緦猶免深衣無麻往給事也裘帛溫傷壯氣也絇屨頭飾也○絇其俱反見賢偏反少詩照反下少儀同免音問

【疏】童子至而入○正義曰此一節論童子之儀唯有肆束及帶一經鄭云爛脫在其間宜承上無箴功之下今先釋之後論童子之事○肆束及帶者肆餘也謂約束帶之餘組及帶之垂者若身充勤勞之事當有事之時則收斂之爲其事之切迫身須趨走則擁抱之收謂斂持在手擁謂抱之於懷也○童子之節也者謂童稚之子未成人之禮節○緇布衣者謂用緇布爲衣尚質故也○錦緣錦紳并紐者謂用錦爲緇布衣之緣又用錦爲紳帶并紐帶之紐皆用錦也○錦束髮者以錦爲總而束髮也○皆朱錦也者言童子所用之錦皆用朱色之錦童子尚華示將成人有文德故皆用錦示一文一質之義也○童子不裘不帛者爲大溫傷壯氣也○不屨絇者絇屨之飾也未成人不盡飾爲飾也○無緦服者童子唯當室與族人爲禮有恩相接之義故遂服本服之緦耳若不當室則情不能至緦故不服也○聽事不麻者鄭注云雖不服緦猶免深衣無麻往給事也然鄭意是言童子雖不緦猶著免深衣無經以往給事緦喪使役也王云聽事不麻也庾謂此云無麻謂不當室也按問喪及鄭注之意皆以童子不當室則無免而此注云猶免者崔氏熊氏並云不當室而免者謂未成服而來也問喪云不當室不免者謂據成服之後也○無事則立主人之北南面者主人喪主也此童子來聽使若有事則使之若無事時在旁謂在主人之北南面而立○見先生從人而入者先生師也童子不能獨爲禮若往見師則隨成人而入也○注雖不服緦猶免深衣○正義曰知猶免深衣者以經但云無緦服是但不著緦服耳猶同初著深衣也知免者以問喪云免者不冠者之服故知未成服童子雖不當室猶著免也

○侍食於先生異爵者後祭先飯。謙也○飯扶晚反

客祭。主人辭曰。不足祭也。祭者盛主人之饌也 客飧。主人辭以疏。飧者美主人之食也疏之言麤也○飧音孫注及下同

主人自置其醬。則客自徹之。敬主人也徹奠于序端

一室之人。非賓客。一人徹。同事合居者也賓客則各徹其饌也 壹食之人。一人徹。壹猶聚也爲赴事聚食也

凡燕食。婦人不徹。婦人質不備禮

【疏】侍食至不徹○正義曰此一節論侍食及徹饌之節侍食於先生及異爵者此謂凡成人禮異爵謂尊於己也○後祭先飯者此饌不爲己故後祭而先飯者示爲尊者嘗食也○客祭者盛主人之饌具故祭之主人辭曰不足祭也者凡主人於客悉皆然也祭是盛主人之饌也故主人致辭云疏食不足備禮也○客飧者若食竟作三飯飧也主人辭以疏者疏麤也飧是已食飽飽猶食美故主人見客飧而致辭云麤食傷客不足致飽君欲使更食然也○主人自置其醬則客自徹之者主人敬客則自置其醬則客宜報敬故自徹之曲禮曰主人親饋是也一室之人非賓客一人徹者謂同事而合居一室若賓客則各徹其饌今合居既無的賓主故必少者一人徹饌也○壹食之人一人徹者壹猶聚也謂暫爲赴事壹聚共食共食竟則亦不人人徹亦推一人徹也○凡燕食婦人不徹者婦人質不備禮也緣男子有徹義故明婦人禮也

○食棗。桃李。弗致于核。恭也○核行隔反

瓜祭上環。食中。弃所操。上環頭忖也○操七刀反忖本又作刌寸本反徐子本反

凡食果實者後君子。陰陽所成非人事也○後胡豆反 火孰者先君子。備火齊不得也○先悉薦反齊才細反

有慶。非君賜不賀。唯君賜爲榮也 有憂者。此下絕亡非其句也

勤者有事則收之。走則擁之。此補脫重○脫音奪重直用反又直龍反

【疏】食棗至擁之○正義曰此一節明食果實及非君賜不賀之事謂其懷核不置於地也○瓜祭上環者食瓜亦祭先也環者橫斷形如環也斷則有上下環也上環是蔕間下環是脫華處也祭時取上環祭之也○食中者用上環將祭而食中也○棄所操者操謂手所持者棄之不食忖切謂切瓜頭切去蔕此庶人法也○凡食果實者後君子者果實是陰陽所成非關人事故不得先嘗也○火孰者先君子者人孰和調是人之所爲恐和齊不備故先於君子而嘗之○有慶非君賜不賀者有慶謂或宗族親戚燕飲聚會雖吉不相賀不足爲榮故也唯受君之賜爲榮故相拜賀故云非君賜不賀也

孔子食於季氏。不辭。不食肉而飧。以其待己及饌非禮也

【疏】孔子至而飧○正義曰凡客將食興辭而孔子不辭者必是季氏進食不合禮也○不食肉而飧者凡禮食先食胾次食殽乃至肩至肩則飽乃飧孔子在季氏家食不食肉而仍爲飧者是季氏饌失禮故也

賜車馬。乘以拜。賜衣服。服以拜。敬君惠也

賜。君未有命。弗敢即乘服也。謂卿大夫受賜於天子者歸必致於其君君有命乃服之

君賜。稽首。據掌。致諸地。致首於地據掌以左手覆按右手也○據覆芳服反

酒肉之賜。弗再拜。輕也受重賜者拜又拜於其室也

凡賜。君子與小人不同日。慎於尊卑○慎一本作順

【疏】君賜至同日○正義曰此一節論受君賜之法○君賜車馬乘以拜賜衣服服以拜者謂受君賜賜至則拜至明日更乘服所賜往至君所又拜敬重君恩故也○賜若未有命弗敢即乘服也者此使臣雖受賜於王不敢即乘服當歸國獻其君君命與之則臣乃乘服耳若君未有命即不敢乘服也○君賜者明受君賜拜謝之法也○稽首者頭至地也據掌者據按也謂卻右手而覆左手按於右手之上也致諸地者致至也謂頭及手俱至地左手按於右手之上至地也○酒肉之賜弗再拜者亦謂君賜也再猶重也酒肉輕但初賜至時則拜至明日不重往拜也○凡賜君子與小人不同日者凡於君子小人也不同日者慎尊卑之雜也

凡獻於君。大夫使宰。士親。皆再拜稽首送之。敬也

膳於君。有葷桃茢。於大夫去茢。於士去葷。皆造於膳宰。膳美食也葷桃茢辟凶邪也大夫用葷桃士桃而已葷薑及辛菜也茢菼帚也造於膳宰既致命而授之葷或作焄○葷許云反注焄同茢音列又音例去起呂反下同造七報反注同辟必亦反邪似嗟反菼吐敢反郭璞云烏蓲也取其苗爲帚帚本或作箒之手反

大夫不親拜。爲君之荅己也。不敢變動至尊○爲于僞反下注爲其同

【疏】凡獻至己也○正義曰此一節論臣獻君之物及致膳於尊者之義○凡獻於君者凡於大夫士也謂大夫士有食獻君法也○大夫使宰者大夫尊恐君拜己之獻故不自往而使己膳宰往獻也○士親者以士賤不嫌君拜故身自親送也○皆再拜稽首送之者雖大夫使人初於家亦自拜送而宰將命及士自送至於君門付小臣之時宰及士皆再拜而送之也○膳於君有葷桃茢者美食曰膳謂天子諸侯之臣獻孰食於君法也恐邪氣干犯故用辟凶邪之物覆之葷謂薑之屬也桃桃枝也茢菼帚也○於大夫去茢者謂大夫之臣以

食獻大夫降於正君除去茢餘有葷與桃也○於士去葷者謂士之臣吏以食獻士也又去葷唯餘桃耳○皆造於膳宰者皆皆於君大夫士也造至也膳宰主飲食官也獻孰食者操醬齊以致命致命竟而以所獻之食悉付主人之食官也○大夫不親拜為君之荅已也者解大夫所以不自獻義也自獻則屈動君拜荅已也故不親也

大夫拜賜而退。士待諾而退。又拜弗荅拜。小臣受大夫之拜復以入告大夫拜便辟也○復扶又反下不復同辟音避下辟尊者同大夫親賜士。士拜受。又拜於其室。衣服弗服以拜。異於君惠也拜受又就拜於其家是所謂再拜也敵者不在。拜於其室。謂來賜時不見也見則不復往也○敵本又作適音狄凡於尊者有獻。而弗敢以聞。此謂獻辭也少儀曰君將適他臣若致金玉貨貝於君則曰致馬資於有司是其類也士於大夫不承賀。下大夫於上大夫承賀。承受也士有慶事不聽大夫親來賀已不敢變動尊也○聽天丁反親在。行禮於人稱父。人或賜之。則稱父拜之。事統於尊

【疏】大夫至拜之○正義曰此一節明尊卑受賜拜謝之禮各隨文解之○大夫拜賜而退者大夫往拜至於門外告君之小臣小臣受其辭入以白君小臣亦入大夫乃拜之拜竟則退不待白報恐君召進荅已故也士待諾而退者君不拜士士故於外拜拜竟又待小臣傳君之報諾出以退○又拜者小臣傳君諾出則士又拜君之諾報也○弗荅拜者謂君不荅士拜也○大夫親賜士士拜受又拜於其室者初亦即拜受又往彼家拜也○衣服弗服以拜者得君賜服服以拜大夫輕故不服其所賜而往拜之也○注拜受至拜也○正義曰所謂再拜也者前云酒肉之賜弗再拜此非酒肉賜故再拜也○敵者不在拜於其室○其室獻者之家也敵者相獻若當時主人在則主人拜受不復往彼家拜也若獻時主人不在所留物置家主人還必往彼家拜謝獻也若朋友則論語云朋友之饋非祭肉雖車馬不拜也○凡於尊者有獻而弗敢以聞者○凡謂賤者也謂臣有獻於君士有獻於大夫也不敢以聞者謂有物以獻尊者其辭不敢云獻聞於尊者但當云致馬資於有司及贈從者之屬也○注此謂至類也○正義曰引少儀者證不敢聞也他他國也君或朝天子或往朝諸侯若臣有金玉貨貝物獻君當但云致馬資於有司不敢言獻君也言君尊恒足應無所乏故也○士於大夫不承賀者承受也不受賀者謂士有慶事不聽大夫親來賀已不敢變動尊者故也○下大夫於上大夫承賀者尊相近故受也

○禮不盛服不充。禮盛者服充大事不崇曲敬故大裘不裼。乘路車不式。謂祭天也周禮王祀昊天上帝則服大裘而冕乘玉路或曰乘兵車不式

【疏】禮不至不式○正義曰此一節明禮盛者不崇小敬○禮不盛服不充者充猶襲也服襲是充美於內唯盛禮乃然也故聘及執玉龜皆襲是為盛禮故也故大裘不裼者證禮盛服充時也郊禮盛服大裘則無別衣裼之是不見美也○乘路車不式者路車謂玉路郊天車也不式謂乘車從門閭過不式亦是禮盛不為曲敬之例也

○父命呼。唯而不諾。手執業則投之。食在口則吐之。走而不趨。主敬○唯于癸反徐以水反親老。出不易方。復不過時。不可以憂父母也易方為其不信已所處也復反也親瘠。色容不盛。此孝子之疏節也。言非至孝也瘠病也王季有疾文王色憂行不能正履○瘠才細反父沒而不能讀父之書。手澤存焉爾。母沒而杯圈不能飲焉。口澤之氣存焉爾。孝子見親之器物哀惻不忍用也圈屈木所為謂卮匜之屬○圈起權反注同卮音支匜以支反

【疏】父命至焉爾○正義曰此一節明子事親之禮○父命呼者父召子也命謂遣人呼非謂自喚也亦云為父命所呼也○唯而不諾者應之以唯而不稱諾唯恭於諾也○手執業則投之食在口則吐之者急趨父命故投業吐食也○走而不趨者趨疾趨也但急走往而不暇疾趨也○親老出不易方者方常也若啓往甲則不得往乙也若覓不見則老人易憂愁也○復不過時者復還也假且啓云日中還不得過中謂若屢易方親忽須見之則不復信已得往常處也此云老者若親未老子出或苟有礙則亦許易方過期也而論語云父母在不遠遊遊必有方亦當謂老者耳○親瘠者瘠病也謂父母病也○色容不盛者謂親之病孝子當憂愁危懼行不能正履也今親病唯色容不充盛而已不能頓頓憂愁危懼此乃是孝子疏簡之節言孝心不篤也○父沒而不能讀父之書手澤存焉爾者此孝子之情父沒之後而不忍讀父之書謂其書有父平生所持手之潤澤存在焉故不忍讀也○母沒而杯圈不能飲焉口澤之氣存焉爾者言孝子母沒之後母之杯圈不忍用之飲焉謂母平生口飲潤澤之氣存在焉故不忍用之經云不能者謂不能忍為此事書是男子之所有故父言書杯圈是婦人所用故母言杯圈也

○君入門。介拂闑。大夫中棖與闑之間。士介拂棖。此謂兩君相見也棖門楔也君入必中門上介夾闑大夫介士介鴈行於後示不相沿也君若迎聘客擯者亦然○介音界下及注同闑魚列反門橛也棖直衡反門楔也謂兩旁木楔徐古入反皇先結反行戶剛反沿悅宣反○賓入不中門。不履閾。辟尊者所從也此謂聘客也閾門限○閾音域又況域反公事自闑西。聘享也私事自闑東。覿面也

【疏】君入至闑東○正義曰此一節論兩君朝聘卿大夫入門之儀各依文解之○君入門者此一經明朝法也入門謂入大門也君必中門○介拂闑者介謂上介稍近君故拂闑○大夫中棖與闑之間者大夫之介微遠於闑故當棖與闑之間○士介拂棖者士介卑去闑遠故拂棖闑謂門之中央所豎短木也棖謂門之兩旁長木所謂門楔也介者副也○注此謂至亦然○正義曰以經云君入門故知兩君相見也云鴈行於後示不相沿也者鴈行參差節級崔氏皇氏並云君必中門者謂當棖闑之中主君在闑東賓在闑西主君上擯在君之後稍近西而拂闑賓之上介在賓之後稍近東而拂闑大夫擯介各當君後在棖闑之中央義或當然今依用之○賓入不中門不履閾者○前經明朝此經明聘賓入者賓謂聘賓也不中門謂不當闑西棖闑之中央也而稍東近闑也○不履閾者閾門限足不履踐門限之上以言賓入不中門故注云謂聘客也○公事自闑西者謂行聘享之禮聘享是奉君命而行故謂之公事自闑西用賓禮也○私事自闑東者謂私覿私面非行君命故謂之私事自闑東者從臣禮示將為主君之臣也

○君與尸行接武。尊者尚徐蹈半迹○蹈呼報反大夫繼武。迹相及也士中武。迹間容迹徐趨皆用是。君大夫士之徐行也皆如與尸行之節也疾趨則欲發而手足毋移。疾趨謂直行也疏數自若發謂起屨也移之言靡迆也毋移欲其直且正欲或為數○毋移上音無下如字數色角反下同迆羊爾反圈豚行。不舉足。齊如流。圈轉也豚之言若有所循不舉足曳踵則衣之齊如水之流矣孔子執圭則然此徐趨也○圈舉遠反又去阮反注同豚本又作豚同大本反徐徒困反注同齊如音咨本又作齋同踵章勇反席上亦然。尊處亦尚徐也○處尺慮反端行。頤霤如矢。弁行。剡剡起屨。此疾趨也端直也頤或為霤也○頤霤上音夷下力救反弁皮彦反急也剡以漸反字林因冉反霤音夷徐音追執龜玉。舉前曳踵。蹜蹜如也。著徐趨之事○蹜蹜色六反本或作蹜同

【疏】君與至如也○正義曰此一節明行步徐趨疾趨之儀○君與尸行接武者明貴賤與尸行步廣狹不同也君天子諸侯也武迹也接武者二足相躡每蹈於半未得各自成迹故云接武也尊者舒遲故君及尸並步遲狹○大夫繼武者謂大夫與其尸行時繼武者謂兩足迹相接繼也大夫漸卑故與尸行步稍廣速也○士中武者謂士與其尸行也中猶間也每從足間容一足地乃躡之也士極卑故及尸行步極廣也徐趨皆用是者徐趨皆遲行也皆皆於君大夫士也是此也言皆用此與尸行步之節○疾趨則欲發者疾趨謂他事行禮須直身速行時也發起也既無所執持而欲屨頭恒起無復繼接之異其迹或疏或數自若尋常故注云疏數自若貴賤同然也○而手足毋移者移謂靡迆搖動也雖屨恒欲起而手足猶宜直正不得邪低靡迆搖動也○圈豚行者此釋言徐趨之形也圈轉也豚循也言徐趨法曳轉足循地而行也○不舉足者謂足不離地○齊如流者齊裳下緝也足既不舉身又俯折則裳下委地曳足如水流狀也○席上亦然者然如是也言在席上未坐其行之時亦如是圈豚行齊如流也○端行頤霤如矢者此一經覆上疾趨之節也端行謂直身而行也頤霤者行既疾身乃小折而頭直俯臨前頤如屋霤之垂也○如矢者矢箭也身趨前進不邪如箭也○弁行者弁急也既是疾趨宜急行也○剡剡起屨者剡剡身起貌也急行欲速而身屨恒起也○執龜玉舉前曳踵蹜蹜如也者此一經論徐趨之事言執龜玉之時有此徐趨也○舉前曳踵者踵謂足後跟也謂將行之時初舉足前後曳足跟行不離地蹜蹜如也言舉足狹數蹜蹜如也○

○凡行容惕惕。惕惕直疾貌也凡行謂道路也○惕音傷又音陽直而疾也○廟中齊齊。恭愨貌也○齊才兮反賀在啓反朝廷濟濟翔翔。莊敬貌也○濟徐子禮反有威儀也翔本又作洋音詳

【疏】凡行容惕惕廟中齊齊朝廷濟濟翔翔○正義曰此一節明道路廟中朝廷行步之法○凡行容惕惕者惕惕直而疾貌也道路雖速疾又不忘於直故其容直而疾也○廟中齊齊者齊齊自收持嚴正之貌也以對神不敢舒散故貌恭愨齊齊然○朝廷濟濟翔翔者濟濟有威儀矜莊也翔翔行而張拱也並朝廷所須也○

○君子之容舒遲。見所尊者齊遫。謙愨貌也遫猶

慼慼也○齊遬一音咨又側皆反下文音速猶慼慼子六反 足容重。舉欲遲也 ○手容恭。高且正也 目容端。不睇視也○睇大計反 口容止。不妄動也 聲容靜。不噦欬也○噦於厥反欬苦大反 頭容直。不傾顧也 氣容肅。似不息也 立容德。如有予也○德如字得也徐音置 色容莊。勃如戰色 坐如尸。尸居神位敬慎也 ○燕居告溫溫。告謂教使也詩云溫溫恭人 〔疏〕君子至溫溫○正義曰此一節明君子動止之儀手足口目之節也○君子之容舒遲者舒遲閑雅也○見所尊者齊遬者君子雖尋常舒遲若見所尊之人則齊遬齊謂齊齊也遬謂蹙蹙言自斂持迫促不敢自寬奢故注云謙慤貌也是齊遬爲謙敬之貌皇氏云齊謂裳下緝遬謂蹙斂見所尊之人自俯下身裳下蹙斂則齊蹙是裳之體注何得云謙慤貌也皇氏說非也目容端者目宜端正不邪睇而視之○立容德者德得也立則磬折如人授物與己己受得之形也賀云德有所施與之名也立時身形小俯嚮前如授物與人時也故注云如有予也會前兩注也○色容莊者欲常矜莊勃如戰色不作變動也○燕居告溫溫者燕居謂私燕所居也色尚和善教人使人之時唯須溫溫不欲嚴慄○注詩云溫溫恭人○正義曰此詩小雅小宛之篇刺幽王之詩 ○凡祭容貌顏色。如見所祭者。如睹其人在此○睹丁古反 〔疏〕凡祭至祭者○正義曰此一節明祭之時也凡祭謂諸祭也容貌顏色如見所祭者容貌恭敬顏色溫和如似見所祭之人謂祭如在也 ○喪容纍纍。羸憊貌也○纍良追反羸力皮反憊皮拜反 ○色容顚顚。憂思貌也○顚字又作顛音田又丁年反思息嗣反 ○視容瞿瞿梅梅。不審貌也○視容又作目容瞿紀具反又紀力反 言容繭繭。聲氣微也○繭古典反 〔疏〕喪容至繭繭○正義曰此一節論居喪容貌言語聽視之儀○喪容纍纍者謂容貌瘦瘠纍纍然○色容顚顚者顏色憂思顚顚然不舒暢也○視容瞿瞿梅梅者瞿瞿驚遽之貌梅梅猶微微謂微昧也孝子在喪所視不審故瞿瞿梅梅然○言容繭繭者繭繭猶緜緜聲氣微細繭繭然 ○戎容暨暨。果毅貌也暨其記反 ○言容詻詻。教令嚴也詻五格反 色容厲肅。儀形貌也 視容清明。察於事也○視如字徐市志反 立容辨卑。毋讇。辨讀爲貶自貶卑謂磬折也讇爲傾身以有下也○辨讀爲貶彼檢反字林貶音方犯反讇音諂舊又音鹽注同有下戶嫁反 頭頸必中。頭容直 山立。不搖動也 時行。時而後行也詩云威儀孔時 盛氣顚實揚休。顚讀爲闐揚讀爲陽聲之誤也盛聲中之氣使之闐滿其息若陽氣之休物也○顚依注讀爲闐音田 玉色。色不變也 〔疏〕戎容至玉色○正義曰此一節明戎容之體暨暨果毅剛強之貌○言容詻詻者謂教令嚴猛也軍旅行教令宜嚴猛也○色容厲肅者厲嚴也肅威也軍中顏色尚威嚴也以義斷割○使義形貌故嚴威也視容清明者謂瞻視之容須清察明審○立容辨卑者謂在軍中立之形容常貶損卑退磬折恭敬不得驕敖忽略士卒○毋讇者軍中尚威武雖自貶退當有威可畏無得過爲讇曲以屈下於人○頭頸必中者頭容直不低迴也○山立者若住立則嶷如山之固不搖動也樂記云總干而山立不動搖也○時行者觀時而行也盛氣顚實揚休者顚塞也實滿也揚陽也休養也言軍士宜怒其氣塞滿身中使氣息出外咆勃如盛陽之氣生養萬物也玉色者軍尚嚴肅故色不變動常使如玉也

○凡自稱。天子曰予一人。謙自別於人而已○別彼列反又如字 伯曰天子之力臣。伯上公九命分陝者○陝失冉反 諸侯之於天子。曰某土之守臣某。其在邊邑。曰某屏之臣某。其於敵以下。曰寡人。小國之君曰孤。擯者亦曰孤。邊邑謂九州之外大國之君自稱曰寡人擯者曰寡君○守手又反 〔疏〕凡自至曰孤○正義曰此一節明天子以下至士自稱及擯者傳辭之法也各隨文解之○凡自稱天子曰予一人者按曲禮下云天子曰余一人予余不同者鄭注曲禮云余予古今字耳蓋古稱予今稱余其義同此云自稱曲禮注云擯者辭則天子與臣下言及遣擯者接諸侯皆稱予一人言我於天下之內但是一人而已自謙退言與餘人無異若臣下稱一人則謂率土之內唯有此一人尊之也○伯曰天子之力臣按曲禮云天子之吏不同者此謂自稱謂身自稱於諸侯也言己是天子運力之臣曲禮所云謂二伯擯於天子曰天子之吏鄭注曲禮云擯者辭以此不同也皇氏云所以不同者殷周之異不顧經文繆爲異說其義非也○諸侯至曰孤明諸侯自稱之號○諸侯之於天子曰某土之守臣某者謂諸侯身對天子自稱辭故上文揔以自稱冠之之若諸侯上介致辭於天子之擯者亦當然也其天子之擯告天子則曰臣某侯某故曲禮云諸侯之於天子曰臣某侯某鄭注曲禮謂嗇夫承命告天子辭也○其在邊邑曰某屏之臣某者謂在九州之外邊鄙之邑自稱於天子云某屏之臣某若使上介告天子之擯亦當然其天子之擯告天子則曰臣某子某男某故曲禮云其在東夷北狄西戎南蠻雖大曰子注云入天子之國曰子男者亦曰男是也此與曲禮不同者亦以自稱及擯者不同皇氏皆以爲殷周之異其義非也○其於敵以下曰寡人者謂諸侯於敵以下自稱寡人言以下通及民也謹按曲禮云其與民言自稱曰寡人是也○小國之君曰孤擯者亦曰孤者此謂夷狄子男之君自稱及介傳命云某土之孤某故云小國之君曰孤擯者告天子亦應云某孤云擯者亦曰孤其在國自稱亦曰孤故曲禮云庶方小侯於外曰子自稱曰孤是也○注大國至寡君○正義曰按春秋大夫出使之時稱己君爲寡君則知爲君擯者稱己君爲寡君也 上大夫曰下臣。擯者曰寡君之老。下大夫自名。擯者曰寡大夫。世子自名。擯者曰寡君之適。擯者之辭主謂見於他國君下大夫自名於他國君曰外臣某○適丁歷反見賢遍反 公子曰臣孽。孽當爲枿聲之誤○孽音枿五葛反徐五列反 士曰傳遽之臣。於大夫曰外私。傳遽以車馬給使者也士臣於大夫者曰私人○傳陟戀反注同遽其庶反 大夫私事使。私人擯則稱名。私事使謂以君命私行非聘也若魯成公時晉侯使韓穿來言汶陽之田歸之于齊之類○使色吏反注同 公士擯則曰寡大夫寡君之老。大夫

有所往。必與公士爲賓也。謂聘也大聘使上大夫小聘使下大夫公士爲賓謂作介也往之也○賓必刃反注同 〔疏〕上大至之適○正義曰此一節明上下大夫世子在己國及出使往他國稱謂之異○上大夫曰下臣者上大夫卿也自於己國稱曰下臣君前臣名稱下臣某也○擯者曰寡君之老者謂此上大夫出使他國在於賓館主國致禮上大夫設擯待之此擯者稱大夫爲寡君之老也[illegible]張遵周禮孤卿建旜故知大聘使卿聘禮又云小聘曰問其禮如爲介按大聘大夫爲上介今云如其爲介故知小聘是大夫也

禮記注疏卷三十挍勘記　阮元撰盧宣旬摘錄

附釋音禮記注疏卷第三十　惠棟挍宋本禮記正義卷第四十

玉藻

君衣狐白裘節

以少爲貴也　閩監毛本同嘉靖本同衛氏集說同惠棟挍宋本貴作尊岳本同宋監本同

錦衣亦白　惠棟挍宋本有亦字衛氏集說同此本亦字脫閩監毛本同

諸侯朝天子受皮弁之裼　閩監毛本同浦鏜云裼當錫字誤

告廟之後則服之　閩監毛本同齊召南云按文義當作告廟之後則不服之刊本相沿誤脫不字耳秦風錦衣狐裘疏曰諸侯在天子之朝乃服狐自歸國則不服之孔子曰天子賜諸侯冕弁服於大廟歸設奠服賜服然則諸侯受天子之賜服歸則服之以告廟而已於後不復服之足以證此文脫不字矣

其在國視朔則素衣麛裘　閩監本同毛本麛誤覓下故論語注云素衣麛裘同

君子狐青裘節

青豻褎　各本同石經同釋文豻作犴

羔裘豹飾　各本同石經同嘉靖本飾誤飭下文飾經注同

不如襴裘大裘之美故故謂之芴耳　惠棟按宋本不重故字此本誤重閩監毛本故上衍以字

弔則襲節　惠棟按云弔則襲節君在節服之襲節宋本合爲一節

不盡飾也　各本同石經同嘉靖本飾誤飭

入大廟說笏非古也　惠棟按宋本同石經同宋監本同岳本同嘉靖本同考文引補本古本足利本同閩監本古誤禮衛氏集說同毛本非古誤無禮石經考文提要云宋大字本宋本九經南宋巾箱本余仁仲本劉叔剛本並作非古

而素帶終辟節　石經考文提要云坊本陳澔集說自此以下至孔子食於季氏以上多所倒置案岳珂本玉藻篇後附刻興國于氏改定本澔所用乃于氏所改也蔡沈書集傳考定武成猶附經後澔直沒古文又不言出于氏今從諸本按提要是也正義云其文雜陳又上下爛脫今依鄭注以爲先後云云是孔氏不敢輒改移經文但于正義中整齊其次第申其說耳于此見唐人讀經之慎非宋以後人所可及也

宜承朱裏終辟　閩監本同岳本同嘉靖本同衛氏集說同毛本承誤同

其帶用單帛　閩監本同毛本單誤襌衛氏集說亦作單

但士帶至者必反屈襉上　惠棟按宋本至作垂是也衛氏集說同考文引補本同閩監毛本並誤至

故讀爲綼與裨綼同也　毛本同閩監本上綼誤綷裨誤裨

故知宜承天子素帶之下文相次也○注三寸至爲衿

○正義曰　按此本文相次也下尚有注三寸至爲衿及注雜猶至三齊正義二則惠棟按宋本同閩監毛本本節號文相次也止以注三寸至爲衿正義一則移厠王后禕衣節下注雜猶至三齊正義一則移厠韠君朱節下非孔氏之次也

知三寸約帶紐組之廣者　毛本作紐此本紐誤組閩監本同以下三條閩監毛本在十四頁左

云宜承約用組者　閩監本同惠棟按宋本同毛本組下衍結字

以此經直云三寸長齊于帶　閩本同惠棟按宋本同監本直字空闕毛本直字脫

上云禪此云雜　閩本同惠棟按宋本同監毛本禪作韠下上之禪君禪大夫禪士禪並倣此以下二條閩監毛本在十一頁

韠君朱節

必象裳色則天子諸侯　閩監毛本同岳本同嘉靖本同惠棟按宋本裳色下又有裳色二字宋監本同

衡佩玉之衡也　閩監毛本如此岳本同衛氏集說同嘉靖本上衡誤猶

云凡佩繫之革帶者　閩監毛本同惠棟按宋本之作於是也

故也○注此元至不命　閩監毛本故也下厠注雜猶至三齊正義一則

則公之卿元冕侯伯之卿絺冕　閩監毛本同衛氏集說同惠棟云希冕在元冕上此互易

王后禕衣節

紳居二焉　石經作二而素帶終辟節正義亦作二凡兩見云人長八尺大帶之下四尺五寸分爲三分紳居二分焉紳長三尺也是字當作二之確證也此本二誤一閩監毛本同岳本同嘉靖本同衛氏集說同石經考文提要云宋大字本宋本九經南宋巾箱本儀禮集傳集注禮記纂言至善堂九經本九經誤字並作紳居二焉

結或爲紟　惠棟按宋本同岳本同嘉靖本同考文引古本足利本同閩監毛本紟誤衿衛氏集說同

陳六服之下云素紗　惠棟按宋本同閩本紗誤緻監本紗誤縛毛本誤縛按周禮作素沙

以白縳爲裏　監本同閩毛本縳作縛盧文弨云縳當作縳惠棟云古絹爲縳

立于房中是也　閩監毛本此下有注三寸至爲衿正義曰知三寸約帶紐組之廣者以帶廣四寸此云三寸長齊於帶承上紐約用組之下故知是紐廣也云言其屈而重也者解垂帶名紳之意申重也云宜承約用組結者以此經云三寸長齊於帶非發語之端明知有所承次故以爲宜承約用組之下一段此本誤脫

凡侍於君節

磬倚則帶垂　閩監本同毛本倚作折衛氏集說同

急緩不出於三耳　惠棟按宋本同衛氏集說同閩監毛本耳誤節

於大夫所節

爲惑未知者　各本同釋文惑作或○按古多假或爲惑

有音字同已祖禰名字　惠棟按宋本同閩監毛本音作名

教學爲師長也　閩監本同毛本爲作謂衛氏集說同

古之君子必佩玉節

路門外之樂節也門外謂之趨　惠棟按宋本作也門外宋監本同岳本同嘉靖本同衛氏集說同考文引補本古本足利本同此本誤宅閩本同監毛本也門外誤至應門趨字惟嘉靖本此本同各本俱作趨

視之文色所似也　閩監毛本同岳本同嘉靖本同衛氏集說之作其通典六十三亦作之

孚筠旁達信也　惠棟按宋本同閩監毛本筠作尹衛氏集說同

宮中謂之時　閩監毛本同衛氏集說官作宮是也

曲折而東嚮西嚮也　惠棟按宋本有西嚮二字衛氏集說同此本西嚮二字脫閩監毛本同

是臣之去朝君　閩監本同衛氏集說同毛本臣誤以惠棟按宋本臣字同去作法

自朝則結佩朝結佩　閩監毛本同盧文弨云宋本無自字疑當有或是圈隔

凡佩玉必上繫於衡　閩監毛本同衛氏集說同考文引補本衡作衡

以義爲緜　惠棟按宋本作純考文引補本同此本純作義閩監毛本同

又說文云綦蒼文　閩本同惠棟按宋本同考文引補本同監毛本蒼文作蒼艾盧文弨云說文正云蒼艾色鄭箋詩則云綦蒼文

侍食於先生異爵者節

主人自置其醬　閩監本同石經同岳本同嘉靖本同衛氏集說同毛本置作致

異爵謂尊於己也　閩監毛本同衛氏集說也作者

飽猶食美　閩監本同考文引補本食美作美食

食棗桃李節

食中弃所操　石經同岳本同嘉靖本同閩監毛本弃作棄衛氏集說同

此補脫重　各本同釋文出重也正義本無也字考文云古本重下有者也二字

食瓜亦祭先也　閩監毛本同衛氏集說同浦鏜從通解先下補圜字

人執和調　閩監毛本同衛氏集說人作火

君賜車馬節

以左手覆按右手也閩毛本同衛氏集說同監本按作案岳本同嘉靖本同釋文出覆案

愼於尊卑閩監毛本同岳本同嘉靖本同衛氏集說卑下有也字考文引古本同釋文出愼乎尊卑也

卽不敢乘服也閩監本同毛本卽作則

凡獻於君節

及致膳於尊者之義閩監毛本同衛氏集說同浦鏜挍義改儀

操醬齊以致命閩監本同毛本操作造

父命呼節

手執業則投之各本同毛本投誤受

此孝子之情父沒之後閩監毛本同惠棟挍宋本此作凡

君入門節

此一節論兩君朝聘惠棟挍宋本同閩監毛本論作明衛氏集說同

君與尸行接武節

皆如與尸行之節也閩監本同岳本同嘉靖本同衛氏集說同考文引古本足利本同毛本行之節誤之行迹

移之言靡匜也惠棟挍宋本作迆正義同岳本同嘉靖本同衛氏集說同釋文出靡迆此本迆作匜閩監毛本同疏靡迆並放此

圈豚行各本同石經同釋文出豚云本又作豚注同正義本作豚

蹜蹜如也各本同石經同釋文出宿宿云本或作蹜

豚循也惠棟挍宋本同考文引補本同衛氏集說同閩監毛本循誤猪

君子之容舒遲節

見所尊者齊遫石經作遬岳本同此本遬誤從文作遫閩監毛本同嘉靖本同衛氏集說同釋文同

舒遲閑雅也閩監本同毛本閑作閒

凡祭節

如覩其人在此各本同釋文覩作睹

戎容暨暨節

儀形貌也閩監毛本同岳本同嘉靖本同衛氏集說同段玉裁挍本儀改義挍正義云以義斷割使義形貌正號此義字之義作義形貌者是也

立容辨卑毋諂各本同石經同釋文出毋諂毛本毋誤無

諂爲傾身以有下也惠棟挍宋本亦作有閩本同岳本同嘉靖本同考文引足利本同釋文出有下宋監本同爲作謂監毛本有誤自衛氏集說同

若陽氣之躰物也閩監毛本躰作體岳本躰作休嘉靖本同衛氏集說同考文引補本古本足利本同段玉裁從九經三傳沿革例刪氣字體改休挍正義云休養也躰不可訓養當以作休爲是休躰形近故致誤也

凡自稱節惠棟挍云凡自稱節上大夫節宋本合爲一節

則曰臣某子某某男某惠棟挍宋本同衛氏集說同考文引補本同閩監毛本男上脫一某字

謹按曲禮云其與民言閩監毛本同惠棟挍宋本謹按作故字

云擯者亦曰孤閩監毛本同盧文弨云云上當有故字

上大夫曰下臣節

蘖當爲枿聲之誤毛本作枿岳本同嘉靖本同衛氏集說同此本枿誤枅閩監本同按釋文出蘖云依注音枿是亦作枿字也

若顛木之有由蘖是也閩監毛本同衛氏集說蘖作櫱

以國之公事〇出聘補案此〇誤衍

是大夫也惠棟挍宋本此下標禮記正義卷第四十終記云凡三十三頁

附釋音禮記注疏卷第三十一

明堂位第十四

〇陸曰鄭云以其記諸侯朝周公於明堂所陳列之位〇〔疏〕正義曰按鄭目錄云名曰明堂者以其記諸侯朝周公於明堂之時所陳列之位也在國之陽其制東西九筵南北七筵堂崇一筵五室凡室二筵此於別錄屬明堂陰陽按異義今戴禮說盛德記曰明堂自古有之凡九室室四戶八牖共三十六戶七十二牖以茅蓋屋上圓下方所以朝諸侯其外有水名曰辟雍明堂月令說明堂高三丈東西九仞南北七筵上圓下方四堂十二室室四戶八牖其宮方三百步在近郊三十里講學大夫淳于登說云明堂在國之陽三里之外七里之內丙巳之地就陽位上圓下方八窻四闥布政之宮故稱明堂明堂盛貌周公祀文王於明堂以配上帝五精之神太微之庭中有五帝坐位古周禮孝經說明堂文王之廟夏后氏曰世室殷人曰重屋周人曰明堂東西九筵南北七筵堂崇一筵五室凡室二筵蓋之以茅周公所以祀文王於明堂以昭事上帝許君謹按今禮古禮各以義說無明文以知之鄭駮之云戴禮所云雖出盛德篇云九室三十六戶七十二牖以秦相呂不韋作春秋時說者蓋非古制也四堂十二室字誤本書云九堂十二室淳于登之言取義於孝經援神契說宗祀文王於明堂以配上帝曰明堂者上圓下方八窻四闥布政之宮在國之陽帝者諦也象上可承五精之神五精之神實在太微在辰爲巳是以登云然今漢立明堂於丙巳由此爲之如鄭此言用淳于登之說此別錄所云依考工記之文然先代諸儒各爲所說不一故蔡邕明堂月令章句明堂者天子大廟所以祭祀夏后氏世室殷人重屋周人明堂饗功養老教學選士皆在其中故言取正室之貌則曰大廟取其正室則曰大室取其堂則曰明堂取其四時之學則曰大學取其圜水則曰辟廱雖各別而實同鄭必以爲各異者袁準正論明堂宗廟大學禮之本物也事義不同各有所爲而世之論者合以爲一體取詩書放逸之文經典相似之語推而致之考之人情失之遠矣宗廟之中人所致敬幽隱淸淨鬼神所居而使衆學處焉饗射其中人鬼慢黷死生交錯囚俘截耳瘡痍流血以干鬼神非其理也茅茨采椽至質之物建日月乘玉路以處其中非其類也夫宗廟鬼神所居祭天而於人鬼之室非其處也王者五門宗廟在一門之內若射在於廟而張三侯又辟雍在內人物衆多殆非宗廟之中所能容也如準之所論是鄭不同之意然考工記明堂南北七筵每室二筵則南北三室居六筵室外南北唯有一筵宗廟路寢制如明堂既殯在路寢室外得容殯者路寢雖制似明堂其室不敢踰廟其實寬大矣故多士傳云天子堂廣九雉三分其廣以二爲內五分其內以一爲高東房西房北堂各三雉是其閒得容殯也或可殯在中央土室之前近西在金室之東不必要在堂簷之下

禮記　鄭氏注　孔穎達疏

昔者周公朝諸侯于明堂之位。周公攝王位以明堂之禮儀朝諸侯也不於宗廟辟王也〇朝直遙反注及下皆同辟王音避一本作辟正王天子負斧依南鄉而立。天子周公也負之言背也斧依爲斧文屏風於戶牖之閒周公於前立焉〇斧音甫依本又作扆同於豈反注同鄉許亮反借本作背音倍屏並經反牖音酉又三公。中階之前。北面

東上。諸侯之位。阼階之東。西面北上。諸伯之國。西階之西。東面北上。諸子之國。門東。北面東上。諸男之國。門西。北面東上。九夷之國。東門之外。西面北上。八蠻之國。南門之外。北面東上。六戎之國。西門之外。東面南上。五狄之國。北門之外。南面東上。九采之國。應門之外。北面東上。四塞。世告至。此周公明堂之位也。

朝之禮不於此周公權用之也朝位之上上近主位尊也九采九州之牧典貢職者也正門謂之應門二伯帥諸侯而入牧居外而糾察之也四塞謂夷服鎮服蕃服在四方爲蔽塞者新君即位則乃朝周禮侯服歲一見甸服二歲一見男服三歲一見采服四歲一見衛服五歲一見要服六歲一見九州之外謂之蕃國世一見○采七在反塞先代反注同又先則反此周公明堂之位也本或無周公之字近附近之近本又作蕃方元反下同壹見壹又作一下賢遍反下同要一遙反

【疏】昔者至位也○正義曰此下節明周公朝諸侯於明堂之儀及諸侯夷狄所立之處各依文解之○注周公至王也○正義曰周公攝王位者攝代也以成王年幼周公代之居位故云攝王位然周公攝位而死稱薨不云崩魯隱公攝諸侯之位而稱薨同正諸侯者鄭箴膏肓云周公歸政就臣位乃死何得記崩隱公見死於君位不稱薨云何又立發墓守云隱爲攝位周公爲攝政雖俱相幼君攝政與攝位異也云不於宗廟辟王也者按覲禮諸侯受次于廟門外是覲在廟今在明堂故云辟王謂辟成王也○注天子至立焉○正義曰以周公朝諸侯居天子位故云天子周公也故大誥云王若曰鄭云王謂周公居攝命大事則權稱王也王肅以爲稱成王命故稱王與鄭異也王肅以家語之文武王崩成王年十三鄭康成用衛宏之說武王崩時成王年十歲與王肅異也云斧依爲斧文屏風於戶牖之間者釋宮云牖戶之間謂之扆今云斧依故知爲斧文屏風於戶牖間皇氏云在明堂中央大室戶牖間○三公中階之前北面東上此以下一經明朝位之法周公已居天子位餘有二公而云三公者舉國本數言之中階者南面三階故稱中○諸侯之位阼階之東西面北上者侯對伯爲尊故在阼階阼階近主位也按諸伯以下皆云之國此云位者以三公既云中階之前不云位諸侯在諸國之上特舉位言之明以下皆朝位也○九夷之國東門之外西面北上者皇氏云在東門外之南故北上○八蠻之國南門之外北面東上者皇氏云在南門外之西故東上○六戎之國西門之外東面南上者皇氏云在西門外之北故南上○五狄之國北門之外南面東上者皇氏云在北門外之東今按經云東上則宜在北門外之西故東上○九采之國應門之外北面東上皇氏云在應門外之西此是九州之牧謂之采者以采取當州美物而貢天子故王制云千里之外曰采注云取其美物以當穀稅采亦是事言各掌其當州諸侯之事即此注云牧居外而糾察之是也○四塞世告至者此謂九州之外夷鎮蕃三服夷狄爲四方蕃塞每世一來朝告至或新王即位而來朝或已君初即位故云世告至也○注朝位至一見○正義曰上近主位尊也者三公則東上侯尊於伯故在東子尊於男亦在東是上近主位尊也云正門謂之應門者以明堂更無重門非路門外之應門以爾雅釋宮云正門謂之應門李巡云宮中南嚮大門應門也應是當也以當朝正門故謂之應門但天子宮內有路寢故應門之內有路門明堂既無路寢故無路門及以外諸門但有應門耳云二伯帥諸侯而入者按顧命畢公率東方諸侯入應門右召公率西方諸侯入應門左是也云牧居外而糾察之也者伯既領之入應門故牧居應門外糾察諸侯後入不如儀者引周禮侯服歲一見以下是大行人文也引之者證夷狄世一見則經之四塞世告至是也其夷狄之名此云九夷八蠻六戎五狄按職方云四夷八蠻七閩九貉五戎六狄爾雅釋地文云九夷八狄七戎六蠻謂之四海不同者爾雅釋地所云謂殷代此明堂周公朝諸侯及職方並謂周禮但戎狄之數五六不同故鄭志趙商問曰職方掌四夷八蠻七閩九貉五戎六狄之數注云周之所服國數明堂云朝位服事之國數夷九蠻八戎六狄五禮文事異不達其數故鄭荅云職方四夷謂四方夷狄也九貉即九夷在東方八蠻在南方閩其別也戎狄之數或六或五兩文異爾雅雖有與同皆數爾無別國之名不甚明故不定也如鄭此言夷狄之名既無別國顯其名數或六或五不可知也

明堂也者。明諸侯之尊卑也。朝於此所以正儀辨等也

【疏】明堂至卑也○正義曰所以朝諸侯於明堂者欲顯明諸侯之尊卑故就尊嚴之處以朝之○注朝於至等也○正義曰解周公所以朝諸侯在此明堂之意云正儀辨等者大司馬職文彼云設儀辨位以等邦國鄭略言之

昔殷紂亂天下。脯鬼侯以饗諸侯。以人肉爲薦羞惡之甚也○紂直九反 是以周公相武王以伐紂。武王崩。成王幼弱。周公踐天子之位。以治天下。六年。朝諸侯於明堂。制禮作樂。頒度量。而天下大服。踐猶履也頒讀爲班度謂丈尺高卑廣狹也量謂豆區斗斛筐筥所容受○相息亮反頒音班量徐音亮注同區烏侯反筐音匡筥紀呂反○ 七年。致政於成王。成王以周公爲有勳勞於天下。致政以王事歸授之王功曰勳事功曰勞

【疏】昔殷至天下○正義云此一節明周公有勳勞之事以殷紂亂天下周公相武王而伐之成王幼不能涖阼周公踐天子之位以攝之有大勳勞於天下所以封周公於魯行天子之禮樂及四代服器○脯鬼侯者周本紀作九侯故庾氏云史記本紀云九侯有女入於紂侯女不好淫紂怒殺之九與鬼聲相近故有不同也○武王崩成王幼弱者家語云武王崩成王年十三鄭康成則以爲武王崩成王年十歲是幼弱也○六年朝諸侯於明堂制禮作樂頒度量者周公攝政三年天下太平六年而始制禮作樂者書傳云周公將制禮作樂優游三年而不能作將大作恐天下莫我知也將小作則爲人子不能揚父之功烈德澤然後營洛邑以期天下之心於是四方民大和會周公曰示之以力役且猶至而況導之以禮樂乎其度量六年則頒故鄭注尚書康王之誥云攝政六年頒度量制其禮樂成王即位乃始用之故洛誥云王肇稱殷禮祀于新邑是攝政七年冬也鄭云猶用殷禮者至成王即位乃用周禮是也其周公制禮攝政孔鄭不同孔以武王崩成王年十三至明年攝政管叔等流言故金縢云武王既喪管叔及其羣弟流言於國曰公將不利於孺子時成王年十四即位攝政之元年周公東征管蔡後二年克之故金縢云周公居東二年則罪人斯得除往年時成王年十六攝政之三年也故詩序云周公東征三年而歸攝政七年營洛邑封康叔而致政時成王年二十故孔注洛誥以時成王年二十是也鄭則以爲武王崩成王年十歲周書以武王十二月崩至成王年十二十二月喪畢成王將即位稱已小求攝周公將代之管蔡等流言周公懼之辟居東都故金縢云武王既喪管叔等流言周公乃告二公曰我之不辟無以告我先王既喪謂喪服除辟謂辟居東都時成王年十三明年成王盡執拘周公屬黨故金縢云周公居東二年則罪人斯得罪人周公屬黨也時成王年十四至明年秋大熟有雷風之異故鄭注金縢云秋大熟謂二年之後明年迎周公而反反則居攝之元年時成王年十五書傳所謂一年救亂明年誅武庚管蔡等書傳所謂二年克殷明年自奄而還書傳所謂三年踐奄四年封康叔書傳所謂四年建侯衛時成王年十八也故康誥云孟侯書傳云天子天子十八稱孟侯明年營洛邑故書傳云五年營成周六年制禮作樂七年致政於成王年二十一明年乃即政時年二十二也禮既是鄭學故具詳焉○注致政至曰勞○正義曰致政以王事歸授之者按洛誥云朕復子明辟是以王事歸授之也云王功曰勳事功曰勞者是司勳職文彼注云上功輔成王業若周公也事功曰勞者注云以勞定國若禹也周公則勳勞兼有也○

是以封周公於曲阜。地方七百里。革車千乘。曲阜魯地上公之封地方五百里加魯以四等之附庸方百里者二十四并五五二十五積四十九開方之得七百里革車兵車也兵車千乘成國之賦也詩魯頌曰王曰叔父建爾元子俾侯于魯大啓爾宇爲周室輔乃命魯公俾侯于東錫之山川土田附庸又曰公車千乘朱英綠縢○乘繩證反注同俾必爾反本又作俾下同縢大登反 命魯公世世祀周公以天子之禮樂。同之於周尊之也魯公謂伯禽 是以魯君。孟春乘大路。載弧韣。旂十有二旒。日月之章。祀帝于郊。配以后稷。天子之禮也。孟春建子之月魯之始郊日以至大路殷之祭天車也弧旌旗所以張幅也其衣曰韣天子之旌旗畫日月帝謂蒼帝靈威仰也昊天上帝魯不祭

【疏】是以至禮也○正義曰自此以下皆爲周公有勳勞之事故成王特賜魯家用天子之禮兼四代服器各隨文解之○注曲阜至綠縢○正義曰云曲阜魯地者按費誓序云魯侯伯禽宅曲阜又按定四年左傳封於少皞之虛臣瓚注漢書云魯城內有曲阜逶迤長八九里云加魯以四等之附庸者魯受上公五百里之封又加四等附庸四等謂侯伯子男也按大司徒注云公無附庸侯附庸九同伯附庸七同子附庸五同男附庸三同總爲二十四同謂百里也既受五百里之封五五二十五爲二十五同又加二十四同故云積四十九開方之得七百里云兵車千乘成國之賦也者按左傳云成國不過半天子之軍按論語千乘之國居地方三百一十六里有畸諸侯之地三百里而下未成國也公則五百里計地餘有千乘故謂之成國引詩魯頌者證魯以下者詩頌閟宮文也引之者證魯廣開土宇兵車千乘之事云朱英綠縢者言以朱爲英飾以綠爲縢約也○注同之至伯禽○正義曰同之於周者謂同此周公於周之天子云魯公謂伯禽者尚書費誓云魯侯伯禽宅曲阜時伯禽歸魯周公不之魯故公羊文十三年傳封魯公以爲周公也周公拜乎前魯公拜乎後曰生以養周公死以爲周公主然則周公之魯乎曰不之魯也曷爲不之魯欲天下之一乎周也言若周公之魯恐天下歸心於魯故不之魯使天下一心以事周○注孟春至不祭○正義曰知孟春是建子之月者以下云季夏六月以禘禮祀周公若是夏之季夏非禘祭之月即是周之季夏明此孟春亦周之孟春又雜記孟獻子曰正月

日至可以有事於上帝故知此孟春是建子之月也云魯之始郊日以至者郊特牲云周之始郊日以至鄭既破周爲魯故云魯郊日以至云大路殷之祭天車也者以下文云大路殷路知祭天車者以祭天尚質器用陶匏大路一就故知是祭天所用也以尊敬周公故用先代殷禮牲用白牡車乘殷路云弧旌旗所以張幅也者弧以竹爲之其形爲弓以張縿之幅故考工記弧旌枉矢以象弧也注云弧以張縿之幅云其衣曰韣者謂此弓之衣謂之爲韣云天子之旌旗畫日月者周禮日月爲常又云王建大常此云日月之章與天子同也云帝謂蒼帝靈威仰者鄭恐是昊天上帝故明之云靈威仰也知非昊天上帝者以其配后稷后稷唯配靈威仰不配昊天上帝也鄭以此經唯云配以后稷故知昊天上帝魯不祭也

○季夏六月。以禘禮祀周公於大廟。牲用白牡。尊用犧象山罍。鬱尊用黃目。灌用玉瓚大圭。薦用玉豆雕篹。爵用玉琖仍雕。加以璧散璧角。俎用梡嶡。升歌清廟。下管象。朱干玉戚。冕而舞大武。皮弁素積。裼而舞大夏。昧。東夷之樂也。任。南蠻之樂也。納夷蠻之樂於大廟。言廣魯於天下也。

季夏建巳之月也禘大祭也周公曰大廟魯公曰世室羣公稱宮白牡殷牲也尊酒器也犧尊以沙羽爲畫飾象骨飾之鬱鬯之器也黃彝也灌酌鬱尊以獻也瓚形如槃容五升以大圭爲柄是謂圭瓚篹籩屬也以竹爲之彫刻飾其直者也爵君所進於尸也仍因也因爵之形爲之飾也加加爵也散角皆以璧飾其口也梡始有四足也嶡爲之距也清廟周頌也象謂周頌武也以管播之朱干赤大盾也戚斧也冕冠名也諸公之服自衮冕而下如王之服也大武周舞也大夏夏舞也周禮昧師掌教昧樂詩曰以雅以南以籥不僭廣大也○季夏戶嫁反注及下季夏夏礿皆同禘大計反大廟音泰後大廟皆同犧象素何反注下皆同罍音雷灌古亂反瓚才且反圭瓚也彫本亦作雕篹息緩反又祖管反琖側眼反夏爵名用玉飾之散先且反注同梡苦管反虡俎名嶡居衞反又作槭音同夏俎名裼星脈反昧音妹任而林反或而鳩反沙素何反彝音夷直如字柄也盾字又作楯常準反又音允卷本又作衮同音古本反下文同僭七尋反又則念反

〔疏〕季夏至下也○正義曰此一節明禘禮祀周公於大廟文物具備之儀○牲用白牡者白牡殷牲尊敬周公不可用已代之牲故用白牡○尊用犧象山罍者魯得用天子之尊也犧犧尊也周禮春夏之祭朝踐堂上薦血腥時用以盛醴齊君及夫人所酌以獻尸也象象尊也周禮春夏之祭堂上薦朝事竟尸入室饋食時用以盛盎齊君及夫人所酌以獻尸也山罍謂夏后氏之尊天子於追享朝享之祭再獻所用今褎崇周公於禘祭之時亦雜用山尊但不知何節所用○鬱尊用黃目者鬱謂鬱鬯酒黃目嘗烝所用今尊崇周公故於夏禘用之○灌用玉瓚大圭者灌謂酌鬱鬯獻尸求神也酌之所用玉瓚以玉飾瓚故曰玉瓚也以大圭爲瓚柄故曰大圭也○薦用玉豆者薦謂祭時所薦菹醢之屬也以玉飾豆故曰玉豆下云殷玉豆是也○彫篹者篹籩也以竹爲之形似管亦薦時用也彫鏤其柄故曰彫篹也○爵用玉琖仍彫者爵君酌酒獻尸杯也琖夏后氏之爵名也以玉飾之故曰玉琖仍因也因用爵形而爲之飾故曰仍雕○加以璧散璧角者加謂尸入室饋食竟主人酌醴齊酳尸名爲朝獻朝獻竟而夫人酌盎齊亞獻名爲再獻又名爲加于時薦加豆籩也此再獻之時夫人用璧角內宰所謂瑤爵也其璧散者夫人再獻訖諸侯爲賓用之以獻尸雖非正加是夫人加爵之後揔而言之亦得稱加故此揔云加以璧散璧角先散後角便文也俎用梡嶡者梡嶡兩代俎也虡俎名梡梡形四足如案禮圖云梡長二尺四寸廣一尺二寸高一尺諸臣加雲氣天子犧飾之夏俎名嶡嶡亦如梡而橫柱四足中央如距也賀云直有腳曰梡加腳中央橫木曰嶡○升歌清廟者升升堂也清廟周頌文王詩也升樂工於廟堂而歌清廟詩也下管象者下堂下也管匏竹在堂下故云下管也象謂象武詩也堂下吹管以播象武之詩故云下管象也○朱干玉戚者干盾也戚斧也赤盾而玉飾斧也○冕而舞大武者冕衮冕也大武武王樂也王著衮冕執赤盾玉斧而舞武王伐紂之樂也○皮弁素積裼而舞大夏者皮弁三王之服也裼見美也大夏夏禹之樂也王又服皮弁裼而舞夏后氏之樂也六冕是周制故用冕而舞周樂皮弁是三王服故用皮弁舞夏樂也而周樂是武武質故不裼夏家樂文文故裼也若諸侯之祭各服所祭之冕而舞故祭統云諸侯之祭也與竟內樂之冕而揔干率其羣臣以樂皇尸是知用冕服舞也○昧東夷之樂也任南蠻之樂也者周公德廣非唯用四代之樂亦爲蠻夷所歸故賜奏蠻夷之樂於庭也唯言夷蠻則戎狄從可知也又一通云正樂既不得六代故蠻夷則唯與二方也白虎通云樂元語曰東夷之樂曰朝離萬物微離地而生樂持矛舞助時生也南夷樂曰南南任也任養萬物樂持羽舞助時養也西夷樂曰味味昧也萬物衰老取晦昧之義也樂持戟舞助時殺也北夷樂曰禁言萬物禁藏樂持干舞助時藏也又曰唯制夷狄樂聖王也先王推行道德和調陰陽覆被夷狄故制夷狄樂何不制夷禮禮者身當履而行之夷狄不能行禮也此東曰昧西曰株離與白虎通正相反者以春秋二方俱有昧株離之義故白虎通及此各舉其一白虎通云朝離則株離也鉤命決亦云東夷之樂曰昧南夷之樂曰南與此同○納夷蠻之樂於大廟者皆於大廟奏之○言廣魯於天下也者廣魯欲使如天子示於天下故云廣魯於天下也○注季夏至大也○正義曰羣公稱宮此公羊文十三年傳曰周公稱大廟魯公稱世室羣公稱宮此魯公之廟也曷爲謂之世室世室猶世世不毀也左氏經以爲大室屋壞服氏云大廟之室與公羊及鄭違今所不取云犧尊以沙羽爲畫飾者鄭志張逸問曰明堂注犧尊以沙羽爲畫飾前問曰犧讀如沙沙鳳皇也不解鳳皇何以爲沙答曰刻畫鳳皇之象於尊其形婆娑然或有作獻字者齊人之聲誤耳又鄭注司尊彝云山罍亦刻而畫之爲山雲之形鄭司農注周禮司尊彝云獻讀爲犧犧尊飾以翡翠象尊以象鳳皇或曰以象骨飾尊王注禮器云爲犧牛及象之形鑿其背以爲尊故謂之犧尊阮諶禮圖云犧尊畫以牛形云篹籩屬也以竹爲之雕刻飾其直者也知篹爲籩屬者與豆連文故知籩屬以字從竹故知以竹爲之直柄也篹既用竹不可刻飾今云彫其直者是刻其柄也云仍因也者釋詁文也云加加爵也者以其非正獻故謂之加云散角皆以璧飾其口也者鄭恐散角以璧爲之故云以璧飾其口內宰謂之瑤爵此處謂之璧角者瑤是玉名爵是揔號璧是玉之形制角是爵之所受之名異其實一物也云梡始有四足也者以虞氏尚質未有餘飾故知始有四足云嶡爲之距者以夏世漸文故知以橫木距於足中云清廟周頌也者以文王有清明之德祭之於廟而作頌也云象謂周頌武也以管播之者按詩維清奏象舞襄二十九年見舞象箾南籥知非文王樂必以爲大武武王樂者以經云升歌清廟下管象以父詩在上子詩在下故知爲武王樂也以管播之謂吹管播散詩之聲也云大武周舞也者上云下管象謂吹大武詩此云舞大武謂爲大武之舞云大夏夏舞也者以大夏是禹樂故爲夏舞引周禮昧師者證經之昧樂引詩以雅以南者證經之南夷之樂任即南也則此詩小雅鼓鐘之詩鄭云雅萬舞也萬也南也籥也三舞不僭言進退之旅也周樂尚武故謂萬舞爲雅○

君卷冕立于阼。夫人副褘立于房中。君肉袒迎牲于門。夫人薦豆籩。卿大夫贊君。命婦贊夫人。各揚其職。百官廢職服大刑。而天下大服。

副首飾也今之步搖是也詩云副笄六珈周禮追師掌王后之首服爲副褘王后之上服唯魯及王者之後夫人服之諸侯夫人則自揄翟而下贊佐也命婦於內則世婦也於外則大夫之妻也祭祀世婦以下佐夫人揚舉也大刑重罪也天下大服知周公之德宜饗此也○褘音輝注同袒音誕搖本又作繇同以招反珈音加追丁回反揄羊招反○

〔疏〕君卷至大服○正義曰前經明祀周公所用器物此經明祀周公之時君與夫人卿大夫命婦行禮之儀○夫人副褘立于房中者尸初入之時君待之於阼階夫人立於東房中魯之大廟如天子明堂得立房中者房則東南之室也揔稱房耳皇氏云祭姜嫄之廟故有房按此文承上禘祀周公之下下云天下大服鄭注知周公之德宜饗此也則是祀周公於大廟而云姜嫄廟非辭也○迎牲于門者謂祼鬯之後牲入之時迎於門○夫人薦豆籩者謂朝踐及饋孰并酳尸之時薦豆籩也○卿大夫贊君者贊助也卿大夫助君謂初迎牲幣告及終祭以來之屬也○命婦贊夫人者命婦於內則世婦以下於外則卿大夫妻並助夫人薦豆籩及祭事之屬也○各揚其職百官廢職服大刑者當祭之時命百官各揚舉其職事如有廢職不供服之以大刑○而天下大服者以祭周公文物備具禮儀整肅百官供命而天下大服明周公之德宜合如此○注副首至此也○正義曰經云副褘副是首飾以其覆被頭首漢之步搖亦覆首故云今之步搖引詩副笄六珈者詩鄘風刺衛宣姜之詩也言宣姜首著副珈而又以笄六玉加於副上引周禮追師者證副者是王后首服言追師掌爲副以供后之首服云褘王后之上服者按周禮云褘衣揄翟闕翟等皆是后之所服但褘衣則是王后服之上者云唯魯及王者之後夫人服之者此經夫人副褘是魯得服之王者之後得行先代天子禮樂是王者之後夫人得服之云諸侯夫人則自揄翟而下者言其餘諸侯夫人不得服褘衣也云命婦於內則世婦也於外則大夫之妻也者按喪服傳云命婦者婦人之爲大夫妻世婦與大夫位同故知內則世婦也不云女御及士妻者以經云卿大夫贊君士賤略而不言明士妻及女御亦略之

○是故夏礿。秋嘗。冬烝。春社。秋省。而遂大蜡。天子之祭也。

不言春祠魯在東方主東巡守以春或闕之省讀爲獮獮秋田名也春田祭社秋田祀祊大蜡歲十二月索鬼神而祭之○礿音藥省讀爲獮仙淺反蜡仕嫁反守手又反祊音方本又作方索所白反

〔疏〕是故至祭也○正義曰此一經明魯得祭之事○注不言至祀祊○正義曰云魯在東方者朝恒用春當朝之年以朝闕祭云王東巡守以春者鄭既明朝時闕春祭又明王巡守之時魯亦闕春

祭巡守在於二月不於正月祭者皇氏云諸侯預前待於竟故不得正月祭也云省讀爲獮獮秋田名也者以省獮聲相近大司馬云中秋教治兵遂以獮田故知秋田名也云春田祭社秋田祀祊者大司馬職文彼云秋祀祊鄭云祊當爲方謂四方句芒之屬也

○大廟，天子明堂。庫門，天子皐門。雉門，天子應門。言廟及門如天子之制也天子五門皐庫雉應路魯有庫雉路則諸侯三門與皐之言高也詩云乃立皐門皐門有伉乃立應門應門將將○與音餘伉苦浪反將將七良反

【疏】大廟至應門○正義曰此一經明魯之門及廟之制○大廟天子明堂者言周公大廟制似天子明堂○庫門天子皐門者言魯之庫門制似天子皐門雉門天子應門者言魯之雉門制似天子應門○注言廟至將將○正義曰言廟及門如天子之制也者謂制度高大如似天子耳不必事事皆同故前文祭天不得祭圜丘又郊特牲祭天服衮冕不服大裘是不得盡如天子記者美之云天子之禮耳是知魯之大廟不可一一似明堂也云天子五門皐庫雉應路者此經云天子皐門天子應門是天子有皐門應門顧命有畢門畢門則路門也是天子有路門此經魯有庫門雉門明天子亦有五門云魯有庫雉路則諸侯三門與者此經有庫門雉門又檀弓云魯莊公之喪既葬而經不入庫門定二年雉門災是魯有庫雉則又有路門可知魯既有三門則餘諸侯亦有三門故云諸侯三門與但其餘諸侯有皐門應門及路門也引詩乃立皐門應門者證諸侯有皐門應門也所引詩者大雅文王緜之篇也言大王徙居岐周爲殷諸侯立此皐門應門衞亦有庫門故家語云衞莊公反國孔子譏其繹之於庫門內祊之於東方失之矣是衞有庫門也

○振木鐸於朝，天子之政也。天子將發號令，必以木鐸警衆。○鐸大各反警京領反

○山節，藻棁，復廟，重檐，刮楹，達鄉，反坫，出尊，崇坫，康圭，疏屏，天子之廟飾也。山節刻欂盧爲山也藻棁畫侏儒柱爲藻文也復廟重屋也重檐重承壁材也刮刮摩也鄉牖屬謂夾戶窻也每室八窻爲四達反坫反爵之坫也出尊當尊南也唯兩君爲好既獻反爵於其上禮君尊于兩楹之間崇高也康讀爲亢龍之亢又爲高坫亢所受圭奠于上焉屏謂之樹今桴思也刻之爲雲氣蟲獸如今闕上爲之矣○藻本又作繅音早棁專悅反復音福注同重直龍反注同檐以占反刮古八反鄉許亮反注同坫丁念反康音抗苦浪反欂音博又皮麥反一音旁各反徐又薄歷反字林平碧反盧如字本又作櫨音同侏音朱劘莫何反爲好呼報反桴思也音浮

【疏】山節至飾也○正義曰此一節論魯之大廟之飾也○山節謂欂盧刻爲山形○藻棁者謂侏儒柱畫爲藻文也○復廟者上下重屋也○重檐者皇氏云鄭云重檐重承壁材也謂就外檐下壁復安板檐以辟風雨之灑壁故云重檐重承壁材○刮楹者刮摩也楹柱也以密石摩柱○達鄉者達通也鄉謂窻牖也每室四戶八窻窻戶皆相對以牖戶通達故曰達鄉也○反坫者兩君相見反爵之坫也築土爲之在兩楹間近南人君飲酒既獻反爵于坫上故爲之反坫也○出尊者尊在兩楹間坫在尊南故云出尊○崇坫康圭者崇高也亢舉也爲高坫受賓之圭舉於其上也○疏屏者疏刻也屏樹也謂刻於屏樹爲雲氣蟲獸也○天子之廟飾也者自山節以下皆天子廟飾也反坫亦在廟故合言廟飾也○注山節至之矣○正義曰刻欂盧也者節名欂盧釋宮云欂謂之棼李巡云欂今欂盧也則今之斗拱云畫侏儒柱者按釋宮云杗廇謂之梁其上楹謂之梲李巡曰梁上短柱也云鄉牖屬者詩豳風塞向墐戶是牖之屬也云出尊當尊南也者以當近南迴嚮外爲出今言出尊故知尊南也云禮君尊于兩楹之間者以燕禮燕臣子列尊于東楹之西今兩君敵體當尊在兩楹之間故鄉飲酒賓主敵體尊于房戶間是也皇氏解此用燕禮之文尊于東楹之西爲兩楹之間失之矣云康讀爲亢龍之亢者按易乾上九亢龍有悔讀從之云屏謂之樹今浮思也者屏謂之樹釋宮文漢時謂屏爲浮思故云今浮思解者以爲天子外屏人臣至屏俯伏思念其事按匠人注云城隅謂角浮思也漢時東闕浮思災以此諸文參之則浮思小樓也故城隅闕上皆有之然則屏上亦爲屋以覆屏牆故稱屏曰浮思或解屏則闕也古詩云雙闕百餘尺則闕於兩旁不得當道與屏別也闕雖在兩旁相對近道大略言之亦謂之當道故讖云代漢者當塗高謂巍闕也云刻之爲雲氣蟲獸如今闕上爲之矣者言古之疏屏似今闕上畫雲氣蟲獸如鄭此言似屏與闕異也

○鸞車，有虞氏之路也。鉤車，夏后氏之路也。大路，殷路也。乘路，周路也。鸞有鸞和也鉤有曲輿者也大路木路也乘路玉路也漢祭天乘殷之路也今謂之桑根車也春秋傳曰大路素鸞或爲欒也○鉤古侯反乘徐食證反注同欒力丸反

【疏】鸞車至路也○正義曰此一經明魯有四代之車其制各別○鸞車有鸞和也路則車也○鉤車夏后氏之路也者鉤曲也輿則車牀曲輿謂曲前闌也虞質未有鉤矣○大路殷路也者大路木路也○乘路周路也者乘路玉路也周王禮故用玉○注春秋傳曰大路素○正義曰按桓二年左氏云大路越席越席是祀天之席則大路亦祭天之車以祭天尚質故鄭云大路素

○有虞氏之旂，夏后氏之綏，殷之大白，周之大赤。四者旌旗之屬也綏當爲緌讀如冠蕤之蕤有虞氏當言緌夏后氏當言旂此蓋錯誤也緌謂注旄牛尾於杠首所謂大麾書云武王左杖黃鉞右秉白旄以麾周禮王建大旂以賓建大赤以朝建大白以即戎建大麾以田也○綏依注爲緌耳佳反注之樹反旄音毛杠音江麾毀皮反左仗直亮反鉞音越

【疏】有虞至大赤○正義曰此一經論魯有四代旂旗有虞氏之旂者當爲緌但注旄竿首未有旒緌夏后氏之綏者鄭云緌當爲旂夏后氏漸文既注旄竿首又有旒緌○殷之大白謂白色旗周之大赤者赤色旗此大白大赤各隨代之色無所畫也○注有虞至田也○正義曰知有虞氏當言緌夏后氏當言旂者以虞質於夏故知虞世但注旄夏世始加旒緌知注旄牛尾於杠者爾雅釋天云注旄首曰旌是也云所謂大麾者所謂巾車建大麾以田者是也必知此緌當大麾者彼大麾上有大白大赤此經夏后氏之緌下有大白大赤故知緌當大麾也然巾車注云正色言之大麾夏后氏之旗色黑鄭此注以緌爲有虞氏所建緌則大麾不同者有虞氏但有注旄竿首夏后氏之旗若去旒緌則與虞氏不異同謂之緌也以巾車連大白大赤故以緌麾爲之旗引書曰者牧誓文引之者證白旄以指麾是大麾也引周禮者巾車職文明天子所用然則魯之所用亦當然也

○夏后氏駱馬黑鬣，殷人白馬黑首，周人黃馬蕃鬣。○夏后氏牲尚黑，殷白牡，周騂剛。順正色也白馬黑鬣曰駱殷黑首爲純白凶也騂剛赤色○駱音洛鬣力輒反蕃鬣字又作鬛音煩郭璞云兩披髮騂息營反又呼營反正音征又如字爲于僞反

【疏】夏后至騂剛○正義曰此一經明魯有三代之馬及牲色不同夏后氏駱馬黑鬣者駱白黑相間也此馬白身黑鬣故云駱也夏尚黑故用黑鬣也殷人白馬黑首者殷尚白故白馬也純白似凶故黑頭也頭黑而鬣白從所尚也然類三代俱以鬣爲所尚也○周人黃馬蕃鬣者蕃赤也周尚赤用黃近赤也而用赤鬣爲所尚也熊氏以爲蕃鬣爲黑色與周所尚乖非也夏后氏牲尚黑殷白牡周騂剛者賜魯用三代牲也騂赤色也剛牡也騂言剛則白亦剛白言牡黑亦牡也故殷告天云敢用玄牡從天色也

○泰，有虞氏之尊也。山罍，夏后氏之尊也。著，殷尊也。犧象，周尊也。泰用瓦著著地無足○大音太本亦作泰著直略反注同

【疏】泰有至尊也○正義曰此一經明魯用四代尊也虞尊用瓦名泰也然或用三代或用四代者隨其禮存者而用之耳無別義也○山罍夏后氏之尊也者罍爲雲雷也畫爲山雲之形也○著殷尊也者無足而底著地故謂爲著也然殷尊無足則其餘泰罍犧並有足也○犧象周尊也者畫沙羽及象骨飾尊也然殷各著周名犧象而禮器云君西酌犧象亦是周禮也○注泰用至無足○正義曰以考工記云有虞氏尚陶檀弓又云有虞氏瓦棺故知泰尊用瓦也

○爵，夏后氏以琖，殷以斝，周以爵。斝畫禾稼也詩曰洗爵奠斝○斝音嫁又古雅反注同

【疏】爵夏至以爵○正義曰此一經明魯有三代爵並以爵爲形故并標名於其上○夏后氏以琖者夏爵名也以玉飾之故前云爵用玉琖仍雕是也○殷以斝者殷亦爵形而畫爲禾稼故名斝斝稼也○周以爵者皇氏云周人但用爵形而不畫飾按周禮太宰贊玉几玉爵然則周爵或以玉爲之或飾之以玉皇氏云周爵無飾失之矣

○灌尊，夏后氏以雞夷，殷以斝，周以黃目。○其勺，夏后氏以龍勺，殷以疏勺，周以蒲勺。夷讀爲彝周禮春祠夏禴祼用雞彝鳥彝秋嘗冬烝祼用斝彝黃彝龍龍頭也疏通刻其頭蒲合蒲如鳧頭也○勺市灼反下同禴音藥祼古亂反

【疏】灌尊至蒲勺○正義曰此一節明魯有三代灌尊及所用之勺○夏后氏以雞夷者夷即彝彝法也與餘尊爲法故稱彝雞彝者或刻木爲雞形而畫雞於彝○殷以斝者鄭司農云畫爲禾稼周以黃目者以黃金爲目皇氏云夏后氏以瓦泰之上畫以雞彝殷著尊畫爲稼彝然尊彝別作事不相依而皇氏以當代之尊爲彝文無所據假因當代尊爲彝則夏后氏當因山罍不得因虞氏瓦泰皇氏之說其義並非也○夏后氏以龍勺者勺爲龍頭○殷以疏勺者疏謂刻鏤通刻勺頭○周以蒲勺者皇氏云蒲謂合蒲當刻勺爲鳧頭其口微開如蒲草本合而末微開也○注夷讀至頭也○正義曰引周禮春祠夏禴以下司尊彝職之文云春祠夏禴祼用雞彝鳥彝者雞彝盛明水鳥彝盛鬱鬯也秋嘗冬烝祼用斝彝黃彝者義亦然必知一時之祭并用兩彝者以下云朝踐用兩犧尊再獻用兩象尊犧象不可即爲二時故知兩彝當一節皇氏沈氏並云春用雞彝夏用鳥彝秋用斝彝冬用黃彝春屬雞夏屬鳥秋屬收禾稼冬屬土色黃故用其尊皇氏等此言文無所出謂言及於數非實論也種曰稼斂曰穡秋時不得稱稼月令季秋草木黃落冬即色玄不得用黃彝也下追享朝享用虎彝蜼彝追享謂祈禱也朝享謂月祭也若有所法則

四時不同何以獨用虎蜼又崔氏義宗廟祫祭用十八尊祫在秋禘祭用十六尊禘在夏也是一時皆數兩彝得爲十八十六若每時用唯有一彝秖十七十五是知皇氏等之說其義非也

○土鼓。蕢桴。葦籥。伊耆氏之樂也。蕢當爲凷聲之誤也籥如笛三孔伊耆氏古天子有天下之號也今有姓伊者氏者○蕢讀爲凷苦對反桴音浮葦于鬼反籥音藥蕢其位反又苦怪反笛本又作篴音狄【疏】土鼓至樂也○正義曰此一經明魯用古代之樂土鼓謂築土爲鼓蕢桴以土塊爲桴○葦籥者謂截葦爲籥此等是伊耆氏之樂魯得用也○注蕢當至氏者○正義曰經云蕢者草名與土鼓相對故讀爲凷云伊耆氏古天子有天下之號也者禮運云伊耆氏始爲蜡蜡是報田之祭按易繫辭神農始作耒耜是田起於神農故說者以伊耆氏爲神農也

拊搏。玉磬。揩擊。大琴。大瑟。中琴。小瑟。四代之樂器也。拊搏以韋爲之充之以穅形如小鼓揩擊謂柷敔皆所以節樂者也四代虞夏殷周也○拊芳甫反搏音博揩居八反注同大琴徐本作瑟穅音康柷昌六反敔魚呂反本又作圉【疏】拊搏至器也○正義曰此一經論魯有四代樂器但此四代漸文不如土鼓葦籥之質故別起其文也

○魯公之廟。文世室也。武公之廟。武世室也。此二廟象周有文王武王之廟也世室者不毁之名也魯公伯禽也武公伯禽之玄孫也名敖【疏】魯公至室也○正義曰此一經明魯有二廟不毁象周之文武二祧也○文世室者魯公伯禽有文德世世不毁其室故云文世室武世室者伯禽玄孫武公有武德其廟不毁故云武世室○注武公至名敖○正義曰按成六年立武宮公羊左氏並譏之不宜立也又武公之廟立在武公卒後其廟不毁在成公之時此記所云美成王褒崇魯國而已云武公之廟武世室者作記之人因成王褒魯遂盛美魯家之事因武公其廟不毁遂連文而美之非實辭也故下云君臣未嘗相弑禮樂刑法政俗未嘗相變也鄭云亦近誣矣是不實也伯禽玄孫者按世本伯禽生煬公熙熙生弗弗生獻公具具生武公敖是伯禽玄孫名敖

○米廩。有虞氏之庠也。序。夏后氏之序也。瞽宗。殷學也。頖宮。周學也。庠序亦學也庠之言詳也於以考禮詳事也魯謂之米廩虞帝上孝今藏粢盛之委焉序次序王事也瞽宗樂師瞽矇之所宗也古者有道德者使教焉死則以爲樂祖於此祭之頖之言班也於以班政教也○廩力甚反頖音判委于僞反又作積丁賜反矇音蒙【疏】米廩至學也○正義曰此一經明魯得立四代之學也○米廩有虞氏之庠也者言魯之米廩是有虞氏之庠魯以虞氏之庠爲廩以藏粢盛○序夏后氏之序也者是夏家之學也○注魯謂至祭之○正義曰虞帝上孝者尚書云烝烝乂禮記云舜其大孝也與是虞帝上孝也云今藏粢盛之委焉者委謂委積言魯家於此學中藏此粢盛委積按桓十四年御廩災公羊云御廩者何粢盛委之所藏也云古者有道德者使教焉死則以爲樂祖者大司樂文云於此祭之者謂於此瞽宗祭之故大司樂云祭於瞽宗是也

○崇鼎。貫鼎。大璜。封父龜。天子之器也。崇貫封父皆國名文王伐崇古者伐國遷其重器以分同姓○大璜夏后氏之璜春秋傳曰分魯公以夏后氏之璜○貫古喚反璜音黃父音甫注同分扶問反【疏】崇注貫至之璜○正義曰知皆國名者春秋宣元年晉趙穿侵崇又書傳有崇侯虎貫與崇連文故知崇貫皆國名定四年左氏傳夏后氏之璜封父之繁弱封父與夏后氏相對故知封父亦國名云文王伐崇者詩大雅文云古者伐國遷其重器以分同姓者按昭十五年左傳云密須之鼓與其大路文所以分同姓者按昭十五年左傳云密須之鼓與其大路文所闕鞏之甲以賜晉是遷其重器以分同姓也

○越棘。大弓。天子之戎器也。越國名也棘戟也春秋傳曰子都拔棘【疏】注越國至拔棘○正義曰以崇鼎貫鼎是崇貫所出之鼎則知越棘是越國所有之棘引春秋傳曰子都拔棘者隱十一年左傳文證棘爲戟戟方言文也

○夏后氏之鼓足。殷楹鼓。周縣鼓。足謂四足也楹謂之柱貫中上出也縣縣之簨虡也殷頌曰植我鼗鼓周頌曰應朄縣鼓○縣音玄注及下注同簨本又作筍恤尹反虡音巨植市力反又音置徐音徒吏反又徒力反鼗音桃應應對之應朄音胤【疏】注殷頌至縣鼓○正義曰所引殷頌者那之篇鄭注云置讀曰植植鞉鼓引之者證殷楹鼓引周頌有瞽之篇者按周頌有瞽始作樂合於大祖經云應田縣鼓毛傳云田大鼓鄭云田當爲朄朄小鼓在大鼓之旁引之者證周之縣鼓

○垂之和鍾。叔之離磬。女媧之笙簧。垂堯之共工也女媧三皇承宓義者叔未聞也和離謂次序其聲縣也笙簧笙中之簧也世本作曰垂作鍾無句作磬女媧作笙簧○鍾章凶反說文作鍾以此鍾爲酒器字林之用反媧徐古蛙反又古華反共音恭宓音密本又作虙音伏戲音羲○句其俱反字又作劬【疏】垂之至笙簧○正義曰此一經明魯有先代之樂○垂之和鍾者垂之所作調和之鍾○叔之離磬者叔之所作編離之磬○女媧之笙簧者女媧所作笙中之簧言魯皆有之○注垂堯之共工也至女媧作笙簧○正義曰按舜典垂作共工謂舜時也鄭不見古文故以爲堯時云女媧三皇承宓義者按春秋緯運斗樞差德序命宓義女媧神農爲三皇是承宓義者帝王世紀云女媧氏風姓承庖義制度始作笙簧無所革造故易不載不序於行蛇身人首是也云和離謂次序其聲縣也者聲解和也縣解離也言縣磬之時其磬希疏相離云世本作曰者世本書名有作篇其篇記諸作事云無句作磬者皇氏云無句叔之別名義或然也

○夏后氏之龍簨虡。殷之崇牙。周之璧翣。簨虡所以縣鍾磬也橫曰簨飾之以鱗屬植曰虡飾之以贏屬羽屬簨以大版爲之謂之業殷又於龍上刻畫之爲重牙以挂縣紘也周又畫繒爲翣戴以璧垂五采羽於其下樹於簨之角上飾彌多也周頌曰設業設虡崇牙樹羽○翣所甲反又作萋植市力反徐音徒力反贏力果反重直龍反挂音卦紘音宏戴音戴○【疏】夏后至璧翣○正義曰此一經明魯有三代樂縣之飾○夏后氏之龍簨虡者謂簨虡之上以龍飾之○殷之崇牙者謂於簨之上刻畫木爲崇牙之形以挂鍾磬○周之璧翣者謂周人於此簨上畫繒爲翣戴之以璧下縣五采羽挂於翣角後王彌文故飾彌多也○注橫曰至樹羽○正義曰橫曰簨飾之以鱗屬植曰虡飾之以贏屬者按考工記筍飾之以鱗屬鍾虡飾之以贏屬磬虡飾之以羽屬如考工記之文則筍飾以龍此經并云虡者蓋夏時簨之與虡皆飾之以鱗至周乃別故云龍簨虡或可因簨連言虡也云簨以大版爲之謂之業者詩周頌云設業設虡以業虡相對故知業則簨也其實簨上更加大版刻崇牙謂之業故詩大雅云虡業惟樅注云虡也栒也所以縣鍾鼓也設大版於上刻畫以爲飾是也云周又畫繒爲翣戴以璧者翣扇也言周畫繒爲扇戴小璧於扇之上云垂五采羽於其下樹於簨之角上者按漢禮器制度而知也引周頌者證簨虡及崇牙樹羽之義皇氏云崇牙者崇重也謂刻畫大版重疊爲牙

○有虞氏之兩敦。夏后氏之四璉。殷之六瑚。周之八簋。皆黍稷器制之異同未聞○敦音對又都雷反連本又作璉同力展反瑚音胡簋音軌○【疏】注皆黍至未聞○正義曰簋是黍稷之器敦與瑚璉共簋連文故云黍稷器也按鄭注周禮舍人云方曰簠圓曰簋此云未聞者謂瑚璉之器與簋異同未聞也鄭注論語云夏曰瑚殷曰璉不同者皇氏云鄭注論語誤也此言兩敦四璉六瑚八簋者言魯之所得唯此耳

○俎。有虞氏以梡。夏后氏以嶡。殷以椇。周以房俎。梡斷木爲四足而已嶡之言蹷也謂中足爲橫距之象周禮謂之距椇之言枳椇也謂曲橈之也房謂足下跗也上下兩間有似於堂房魯頌曰籩豆大房○椇俱甫反斷丁亂反又丁管反嶡俱衞反橫古曠反又音光又華盲反枳吉氏反橈音擾跗方于反【疏】注梡斷至大房○正義曰知梡斷木爲四足者以虞氏尚質未有餘飾故知但有四足而已云謂中足爲橫距之象者以言嶡謂足以橫蹷故鄭讀嶡爲蹷謂足橫辟不正也今俎足間有橫似有橫蹷之象故知足中央爲橫距之象言雖有距以距外物今兩足有橫而相距也云周禮謂之距者非周禮正文言周代禮儀謂此俎之橫者爲距故少牢禮腸三胃三長皆及俎距是也云椇之言枳椇也謂曲橈之也者椇枳之樹其枝多曲橈故陸機草木疏云椇曲來巢殷俎似之故云曲橈之也云房謂足下跗也上下兩間有似於堂房者按詩注云其制足間有橫下有跗似乎堂後有房然如鄭此言則俎頭各有兩足足下各別爲跗足間橫者似堂之壁橫下二跗似堂之東西頭各有房也但古制難識不可委知南北諸儒亦無委曲解之今依鄭注略爲此意未知是否

○夏后氏以楬豆。殷玉豆。周獻豆。楬無異物之飾也獻疏刻之齊人謂無髮爲禿楬○楬徐苦瞎反注同又苦八反獻素何反禿土木反○【疏】注獻疏刻之○正義曰獻音娑娑是希疏之義故爲疏刻之

○有虞氏服韍。夏后氏山。殷火。周龍章。韍冕服之韠也舜始作之以尊祭服禹湯至周增以畫文後王彌飾也山取其仁可仰也火取其明也龍取其變化也天子備焉諸侯火而下卿大夫山士韎韋而已韍或作黻○黻音弗韎莫拜反○【疏】有虞至龍章○正義曰此一經論魯有四代韍制○有虞氏服韍者直以韋爲韍未有異飾故云服韍夏后氏畫之以山殷人增之以火周人加龍以爲文章○注韍冕至而已○正義曰易困卦九二爻辭朱紱方來利用享祀是韍爲祭服也云天子備焉諸侯火而下卿大夫山士韎韋而已者按士冠禮士韎韐是士無飾推此即尊者飾多此有四等天子至士亦爲四等故知卿大夫加山諸侯加火天子加龍

○有虞氏祭首。夏后氏祭心。殷祭肝。周祭肺。氣主盛也

○夏后氏尚明水。殷尚醴。周尚酒。此皆其時之用耳言尚非【疏】注此皆至尚非○正義曰夏后氏尚質故用明水殷人稍文故用醴周人轉文故用酒故云此皆其時之用耳云言尚非者按儀禮設尊尚玄酒是周家亦尚明水也按禮運云澄酒在下是三酒在堂下則周世不尚酒故知經言尚者非也

○有

虞氏官五十。夏后氏官百。殷二百。周三百。周之六卿其屬各六十則周三百六十官也此云三百者記時冬官亡矣昏義曰天子立六官三公九卿二十七大夫八十一元士凡百二十蓋謂夏時也以夏周推前後之差有虞氏官宜六十夏后氏宜百二十殷宜二百四十不得如此記也【疏】有虞至三百。○正義曰此一經明魯家兼有四代之官然魯是諸侯按大宰職諸侯唯有三卿五大夫故公羊傳司徒司空之下各有二小卿司馬之下一小卿是三卿五大夫也今魯雖被襃崇何得備立四代之官而備三百六十職者當成王之時襃崇於魯四代官中雜存官職名號是使魯有之非謂魯得盡備其數但記者盛美於魯因舉四代官之本數而言之。○有虞氏官五十者鄭差之當爲六十。○夏后氏官百者鄭差之當爲百二十。○殷二百者鄭差之當爲二百四十。○周三百者鄭據記時冬官亡矣故言三百若兼冬官則三百六十也。○注周之至記也。○正義曰云周之六卿其屬各六十者小宰職文云此云三百者記時冬官亡矣者以此經四代相對各陳其官宜舉實數故云冬官亡矣若文無所對即舉其成數故禮器經禮三百曲禮三千鄭禮序云舉大略小闕其殘者是與此經不同引昏義者欲證明夏官百二十夏倍於虞殷倍於夏殷官既多周不可倍之故但加殷百二十耳按尚書周官云唐虞稽古建官惟百夏商官倍亦克用乂與此數不同者禮是記事之典須委曲備言書是疏通之教故舉大略小

有虞氏之綏。夏后氏之綢練。殷之崇牙。周之璧翣。綏亦旌旗之緌也夏綢其杠以練爲之旒殷又刻繒爲重牙以飾其側亦飾彌多也湯以武受命恒以牙爲飾也此旌旗及翣皆喪葬之飾周禮大喪葬巾車執蓋從車持旌御僕持翣旌從遣車翣夾柩路左右前後天子八翣皆戴璧垂羽諸侯六翣皆戴圭大夫四翣士二翣皆戴綏孔子之喪公西赤爲志焉用此爲爾雅說旌旗曰素錦綢杠纁白縿素升龍於縿練旒九○此綏耳佳反注並同綢吐刀反注同徐音籌從才用反下同遣弃戰反夾古洽反柩其久反注同熏字又作纁香云反縿所銜反【疏】有虞至璧翣。○正義曰此一經明魯有四代喪葬旌旗之飾有虞氏之綏者則前經注旄於竿首。○夏后氏之綢練者謂綢杠以練又爲之旒。○殷之崇牙者謂刻繒爲崇牙之形飾旌旗之側。○周之璧翣者謂周代以物爲翣翣上戴之以璧陳之而鄣柩車。○注綏亦至旒九。○正義曰綏亦旌旗之綏者以前經云夏后氏之綏是旌旗之綏故云綏亦旌旗之綏謂注旄竿首也云夏綢其杠以練爲之旒者既綢杠以練又知以練爲旒者以爾雅云練旒九也云湯以武受命恒以牙爲飾也者前經云簨虡既以崇牙爲飾此旌旗又飾以崇牙故云恒也周亦武取天下但殷既以牙爲飾周世尚文更取他物飾之不復用牙云此旌旗及翣皆喪葬之飾者以前文崇牙璧翣是飾簨虡此與夏后綢練連文按檀弓綢練設旐夏也是喪葬旌旗故知喪葬之飾引周禮大喪葬巾車執蓋從車持旌御僕持翣者證明葬有旌旗及翣之義云天子八翣皆戴璧者天子八翣禮器文皆戴璧即此璧翣天子之禮也云諸侯六翣皆戴圭大夫四翣士二翣皆戴綏並喪大記文也引檀弓孔子之喪及爾雅者證明此經是喪葬之飾并明綢練之義

凡四代之服器官。魯兼用之。是故魯王禮也。天下傳之久矣。君臣未嘗相弒也。禮樂刑法政俗。未嘗相變也。天下以爲有道之國。是故天下資禮樂焉。王禮天子之禮也傳傳世也資取也此蓋盛周公之德耳春秋時魯三君弒又士之有誄由莊公始婦人髽而弔始於臺駘云君臣未嘗相弒政俗未嘗相變亦近誣矣資或爲飲○傳丈專反注同弒本又作殺音試注同誄力軌反髽側瓜反臺音胡駘大來反近如字又附近之近【疏】凡四至樂焉。○正義曰此一經記者既陳四代服器官於前此經結之後美大魯國也然言土鼓葦籥伊耆氏之樂又有女媧氏笙簧非唯四代而已今此祇言四代者據其多者言之唯舉四代耳其間亦有但舉三代者此四代服器魯家每物之中得有用之不謂事事盡用。○天下以爲有道之國者作記之時是周代之末唯魯獨存周禮故以爲有道之國。○是故天下資禮樂焉者左傳襄十年云諸侯宋魯於是觀禮宋爲王者之後魯是周公之胄是天下資禮樂焉。○注春秋至臺駘。○正義曰按隱十一年羽父請殺桓公將以求大宰隱公不許羽父使賊弒隱公是弒一君也莊三十二年慶父使圉人犖賊子般是弒二君也閔二年慶父又使卜齮賊公于武闈是弒三君也云士之有誄由莊公始者檀弓文在左傳莊十年乘丘之役也云婦人髽而弔始於臺駘者亦檀弓文左氏襄四年臧武仲與邾人戰於狐駘被邾人所敗是其事也

禮記注疏卷三十一挍勘記　阮元撰盧宣旬摘錄

附釋音禮記注疏卷第三十一　惠棟挍宋本禮記正義卷第四十一

明堂位第十四

按鄭目錄云名曰明堂者　閩監毛本同衞氏集說堂下有位字

似秦相呂不韋作春秋時說者　閩監毛本作似衞氏集說同此本似誤以按似誤以與玉藻疏同

今漢立明堂於丙巳　閩監毛本同衞氏集說同惠棟挍宋本巳作乙

其室不敢踰廟　閩監毛本室作飾

昔者周公節

不於宗廟辟王也　閩監毛本同岳本同嘉靖本同衞氏集說同釋文出辟王云一本作辟正王考文引古本王上有正字按正義云辟王謂辟成王也是正義無正字於字各本同毛本作于

負之言背也　各本同釋文出偝也云本又作背正義本作背

鎭服蕃服　閩監毛本同嘉靖本同衞氏集說同岳本蕃作藩釋文出藩服云本又作蕃下同正義本作蕃○按藩正字蕃假借字

新君卽位　各本同考文引古本足利本作新王新君卽位按正義云或新王卽位而來朝或已君初卽位是世告至兼新王新君二義也○按考文所謂古本多本之正義

侯服歲一見　各本同釋文出壹見云壹又作一

昔者至位也　惠棟挍宋本無此五字

正義曰此下節　閩監本同毛本下作一

明堂云朝位服事之國數　閩監本同毛本位作謂

明堂也者節

明堂至卑也　惠棟挍宋本無此五字

昔殷紂亂天下節

昔殷至天下　惠棟挍宋本無此五字

侯女不好淫　惠棟挍宋本侯上有九字此本誤脫閩監毛本同

罪人謂周公屬黨也　惠棟挍宋本有謂字此本謂字脫閩監毛本同

明年秋迎周公而反　惠棟挍宋本有秋字此本秋字脫閩監毛本同

是以封周公於曲阜節　惠棟云是以節季夏節君卷節是故夏礿節大廟節振木鐸節山節節鸞車節有虞節夏后節泰有節爵夏后節灌尊節土鼓節拊搏節魯公節米廩節崇鼎節越棘節夏后節垂之節夏后節有虞節俎有節夏后節有虞節有虞節有虞節有虞節凡四代節宋本合三十節爲一節

俾侯于魯　各本同釋文出卑侯云本又作俾下同○按俾正字卑假借字

是以至禮也　惠棟挍宋本無此五字

摠爲二十四同謂百里也　閩監毛本同惠棟挍宋本重同字衞氏集說同

季夏六月節

雕篹　各本同石經同釋文出彫篹云本亦作雕按正義作彫與釋文本同

朱干玉戚　各本同毛本干誤于

象骨飾之　閩監毛本同岳本同嘉靖本同衞氏集說同考文引古本象骨上有象樽以三字足利本無以字○按段玉裁挍本作象尊象骨飾之作樽俗字

鬱鬯之器也黃彝也　閩監毛本同岳本同嘉靖本同衞氏集說同考文引古本足利本鬱鬯上有鬱尊二字黃彝上有黃目二字

彫刻飾其直者也　惠棟挍宋本作雕岳本同嘉靖本同衞氏集說同此本雕作彫閩監毛本同

周禮韎師掌教韎樂　閩監毛本同岳本同嘉靖本同衞氏集說韎並作韎○按周禮作韎

唯制夷狄樂聖王也　閩監毛本同蒲鏜挍唯改誰按白虎通作誰制夷狄之樂以爲先聖王也

云犧尊以沙羽爲畫飾者惠棟挍宋本同閩監毛本沙作莎下沙羽同

故謂之犧尊惠棟挍宋本作象此本象作尊閩監毛本同

角是爵之所受之名異閩監毛本同衞氏集說無下之字孫志祖挍云之疑其

君卷冕立于阼節

百官廢職服大刑惠棟挍宋本同石經同岳本同嘉靖本同衞氏集說同閩監毛本官作宮

君卷至大服惠棟挍宋本無此五字

君待之於阼階毛本同衞氏集說亦作待無之字閩監本待作持

謂朝踐及饋孰并酳尸之時惠棟挍宋本同衞氏集說同閩監毛本孰作熟并誤弃

命百官各揚舉其職事閩監毛本同衞氏集說命作令

山節藻梲節

刮刮摩也各本同釋文摩作劘嘉靖本同

今桴思也閩監毛本同岳本同嘉靖本同衞氏集說同惠棟挍宋本桴作浮續通解同釋文出桴思云音浮

山節至飾也惠棟挍宋本無此五字

爲雲氣蟲獸也閩監毛本蟲誤蠱下爲雲氣蟲獸畫雲氣蟲獸並同

爲兩楹之間失之矣閩監本同毛本爲誤謂考文引宋本無兩字

今浮思也者考文引宋板同閩監毛本浮作桴下爲浮思今浮思角浮思闕浮思則浮思曰浮思並同

有虞氏之旂節

武王左杖黃鉞各本同釋文杖作仗○按杖正字仗俗字

有虞至大赤惠棟挍宋本無此五字

泰有虞氏之尊也節

泰有虞氏之尊也各本同石經同釋文出大云本又作泰

泰有至尊也惠棟挍宋本無此五字

則其餘泰罍犧閩監本作餘毛本餘誤虞

爵夏后氏以琖節

爵夏至以爵惠棟挍宋本無此五字

贊玉几玉爵惠棟挍宋本作几閩監毛本几誤凡

灌尊節

灌尊至蒲勺惠棟挍宋本無此五字

冬屬土色黃閩監毛本如此浦鏜挍從續通解土色黃改元黃色

是知皇氏等之說閩監本同毛本誤作是知皇氏之等

土鼓蕢桴節

土鼓至樂也惠棟挍宋本無此五字

謂截葦爲籥閩本同考文引宋板同監毛本截誤戳衞氏集說同

以伊耆氏爲神農也閩監毛本同惠棟挍宋本無也字衞氏集說同

拊搏節

中琴小瑟各本同毛本小誤七

拊搏以韋爲之宋監本同岳本同嘉靖本同閩監毛本韋誤葦衞氏集說同

拊搏至器也惠棟挍宋本無此五字

垂之和鐘節

垂之和鐘閩監毛本同石經同岳本同嘉靖本同衞氏集說鐘作鍾石經考文提要云宋本九經南宋巾箱本至善堂九經本並作鍾釋文出和鍾云說文作鍾以此鍾爲酒器按此本疏中和鐘字作鍾閩監毛本仍作鐘

女媧之笙簧閩監本同石經同岳本同嘉靖本同衞氏集說同毛本媧誤蝸釋文出女媧

承宓羲者閩監毛本同嘉靖本同衞氏集說羲作犧岳本羲作戲釋文出戲云音羲

垂堯之共工也至女媧作笙簧惠棟挍宋本作垂堯至媧作笙簧

承庖羲制度閩監毛本同惠棟挍宋本羲作犧衞氏集說同庖作包

夏后氏之龍簨虡節

以挂縣紘也閩監毛本同岳本同嘉靖本同衞氏集說同釋文亦作紘段玉裁挍本云詩有瞽疏引作統爲是釋文作紘非也冠之制統下垂紘不下垂詩齊風箋正作縣統

戴以璧閩本同岳本同嘉靖本同衞氏集說同考文引宋板同監毛本戴作載按釋文出載以云音戴孔陸異本監毛以釋文改正義本非也二本疏中仍作戴

夏后至璧翣惠棟挍宋本無此五字

以挂鐘磬閩本鐘字同監毛本鐘作鍾下鍾字同閩監本挂作掛○按掛俗挂字

故知業則簨也閩監本同毛本業字誤倒在故知上

有虞氏之兩敦節

夏后氏之四璉各本同石經同釋文出四連云本又作璉○按依說文當作槤从木連聲段玉裁云周禮管子多以連爲輦韓勑禮器碑胡輦器用卽胡連也

故云黍稷器也閩監毛本同浦鏜挍云黍上補皆字按衞氏集說作故鄭云皆黍稷器疑皆字當有

俎有虞氏以梡節

皆及俎距是也閩監毛本同惠棟挍宋本距作拒

棋曲來巢閩監毛本同段玉裁挍本云棋當作枳云枳棋卽宋玉賦之枳句又卽說文之迟曲

但古制難識不可委知惠棟挍宋本同閩監毛本委作恐衞氏集說同

有虞氏祭首節

言尚非閩監毛本同岳本同嘉靖本同衞氏集說同惠棟挍宋本非作也考文引足利本作言尚非也

有虞氏官五十節

何得備立四代之官閩監毛本同惠棟挍宋本立作爲衞氏集說無立字

有虞氏之綏節

般又刻繒爲重牙閩監毛本同嘉靖本同岳本重作崇衞氏集說同考文引古本同盧文弨挍云按前注亦作崇牙

纁白繆閩監毛本同岳本同嘉靖本同衞氏集說同釋文出熏云字又作纁浦鏜挍白字改帛按浦鏜是也

凡四代之服器官節

資或爲飲閩監毛本同岳本同嘉靖本同考文引古本作資或爲諮也按飲必誤字而古本不可信

凡四至樂焉惠棟挍宋本無此五字

此經結之於後惠棟挍宋本有於字衞氏集說同此本於字脫閩監毛本同

又有女蝸氏笙簧閩監毛本同惠棟挍宋本氏作之衞氏集說亦作之蝸作媧

使圉人犖賊子般惠棟挍宋本同閩監毛本賊誤弑下卜齮賊公于武闈同

附釋音禮記注疏卷第三十一終惠棟挍宋本此下標禮記正義卷第四十一終宋監本禮記卷第九經三千六百五十一字注六千三百五十五字嘉靖本禮記卷第九經三千六百三十七字注六千三百四十九字

附釋音禮記注疏卷第三十二

喪服小記第十五 ○陸曰鄭云以其記喪服之小義 【疏】正義曰按鄭目録云喪服小記者以其記喪服之小義也此於別録屬喪服

禮記　鄭氏注　孔穎達疏

斬衰括髮以麻。爲母括髮以麻。免而以布。母服輕至免可以布代麻也爲母又哭而免○衰七雷反下並同括古活反爲于僞反注及下注同免音汶篇內同

齊衰惡笄以終喪。笄所以卷髮帶所以持身也婦人質於喪所以自卷持者有除無變○齊音咨又作齋笄古兮反卷俱免反下皆同

男子冠而婦人笄。男子免而婦人髽。其義。爲男子則免。爲婦人則髽。別男女也○冠古亂反下同髽側巴反別彼列反下文有別注不服別畢別皆同

【疏】斬衰至則髽○正義曰此一節論斬衰齊衰之喪男女括髮免髽之異○斬衰者主人爲父之服也括髮者爲父未成服之前所服也禮親始死子布深衣去冠而猶有笄纚徒跣扱上衽至將小斂去笄纚著素冠視斂斂訖投冠而括髮括髮者鄭注喪服云括髮以麻者自項以前交於額上卻繞紒如著幓頭焉○爲母括髮以麻者爲母初喪至小斂後括髮與父禮同故亦云括髮以麻也○免而以布者此謂爲母與父異者也亦自小斂後而括髮至尸出堂子拜賓事之時猶與爲父不異至拜賓竟後子往即堂下之位時則異也若爲父此時猶括髮而踊襲經帶以至大斂而成服若母喪於此時則不復括髮乃著布免踊而襲經帶以至成服故云免而以布也○注母至而免○正義曰又哭是小斂拜賓竟後即堂下位哭踊時也故士喪禮云卒小斂主人髺髮袒此是初括髮哭踊之時也又云男女奉尸侇于堂訖主人降自西階東即位主人拜賓即位踊襲經于序東復位此是又哭之節若爲父於此時猶括髮若爲母於此時以免代括髮故云爲母又哭而免○齊衰惡笄以終喪○此一經明齊衰婦人笄帶終喪無變之制○惡笄者榛木爲笄也婦人質笄以卷髮帶以持身於其自卷持者有除無變故要絰及笄不須更易至服竟一除故云惡笄以終喪○男子至則髽○此明男子婦人冠笄髽免相對之節但吉時男子首有吉冠則女首有吉笄是明男女首飾之異故云男子冠而婦人笄若親始死男去冠女則去笄若成服爲父男則六升布爲冠女則箭篠爲笄爲母男則七升布爲冠女則榛木爲笄故云男子冠而婦人笄也○男子免而婦人髽者吉時首飾既異今遭齊衰之喪首飾亦別當襲斂之節男子著免婦人著髽故云男子免而婦人髽免者鄭注士喪禮云以布廣一寸自項中而前交於額上卻繞紒也如著幓頭矣髽者形有多種有麻有布有露紒也其形有異同謂之髽也今辨男女並何時應著此免髽之服男子之免乃有兩時而唯一種婦人之髽則有三別其麻髽之形與括髮如一其著之以對男子括髮時也前云斬衰括髮以麻則婦人于時髽亦用麻也何以如然按喪服女子子在室爲父髽衰三年鄭玄云髽露紒也猶男子之括髮斬衰括髮以麻則髽亦用麻以麻者自項而前交於額上卻繞紒如著幓頭焉依如彼注既云猶男子括髮男子括髮先去冠纚用麻婦人亦去笄纚用麻故云猶也又同云用麻不辨括髮形異則知其形如一也以此證據則知有麻髽以對男括髮時也又知有布髽者按此云男子免對婦人髽男免既用布則婦人髽不容用麻也是知男子爲母免時則婦人布髽也又若成服後男或對賓必踊免則婦人理自布髽對之知有露紒髽者喪服傳云布總箭笄髽衰三年明知此服並以三年三年之內男不恒免則婦人不用布髽故知恒露紒也故鄭注喪服云髽露紒也且喪服所明皆是成服後不論未成服麻布髽也何以然也喪既不論男子之括免則不容說女服之未成義也既言髽衰三年益知恒髽是露紒也又就齊衰輕期之髽無麻布何以知然按檀弓南宮縚之妻之姑之喪夫子誨之髽曰爾無總總爾爾無扈扈爾是但戒其高大不云有麻布別物是知露紒悉名髽也又按奔喪云婦人奔喪東髽鄭云謂姑姊妹女子子也去纚大紒曰髽若如鄭旨既謂是姑姊妹女子子等還爲本親父母等唯云去纚大紒不言布麻當知期以下無麻布也然露紒恒居之髽則有笄何以知之按笄以對冠男在喪恒冠婦則恒笄也故喪服婦爲舅姑惡笄有首以髽鄭云言以髽則髽有著笄者明矣以兼此經注又知恒居笄而露紒髽也此三髽之殊是皇氏之說今考校以爲正有二髽一是斬衰麻髽二是齊衰布髽皆名露紒必知然者以喪服女子子在室爲父箭笄髽衰是斬衰之髽用麻鄭注以爲露紒明齊衰髽用布亦謂之露紒髽也○其義爲男子則免爲婦人則髽者庾蔚云喪服往往寄異以明義或疑免亦有其吉故解之以其義以上於男子則免婦人則髽獨以別男女而已非別有義也賀瑒云男去冠猶婦人去笄義盡於此無復別義故云其義也此經既論括髮免髽之異須顯所著之時崔氏云立義既載五服變除今要舉變除之旨凡親始死將三年者皆去冠笄纚如故十五升白布深衣扱上衽徒跣交手而哭故禮記問喪云親始死雞斯徒跣扱上衽又鄭注士喪禮云始死將斬衰者雞斯是也其婦人則去纚衣與男子同不徒跣不扱衽知不徒跣不扱衽者問喪文知去纚者鄭注士喪禮云始死婦人將斬衰者去纚知著白布深衣者曾子問云女改服布深衣縞總以趨喪鄭注云婦人始喪未成服之服其齊衰以下男子著素冠齊衰以下婦人骨笄而纚知者鄭注士喪禮文男子婦人皆去纚無絇其服皆白布深衣知者鄭注喪服變除文至死之明日士則死日襲明日小斂故士喪禮云小斂主人髺髮若大夫死之明日襲而括髮故鄭注喪服變除云尸襲去纚括髮在二日小斂之前是據大夫也大夫與士括髮於死者皆俱二日故鄭注問喪云二日去笄纚括髮通明大夫士也始死以後小斂之前大夫與士皆加素冠於笄纚之上故檀弓云叔孫武叔之母死既小斂舉者出户出尸袒且投其冠括髮是素冠也以其始死哀甚未暇分別尊畢故大夫與士其冠皆同也至小斂投冠括髮之後大夫加素弁士加素委貌故喪大記云君大夫之喪子弁絰又喪服變除云小斂之後大夫以上冠素弁士則素委貌其素弁素冠皆加環絰故雜記云小斂環絰君大夫士一也鄭注云大夫以上素爵弁士素委貌是也凡括髮之後至大斂成服以來括髮不改故鄭注云士喪禮云自小斂以至大斂括髮不改但死之三日說髦之時以括髮因而壞損更正其括髮故士喪禮既殯說髦喪大記云小斂說髦括髮是正其故括髮也非更爲之但士之既殯諸侯小斂於死者皆三日說髦同也其齊衰以下男子於主人括髮之時則著免故士喪禮小斂主人髺髮衆主人免是也而喪服變除不杖齊衰條云襲尸之時云括髮者誤也其婦人將斬衰者於男子括髮之時則以麻爲髽故士喪禮云主人髺髮婦人髽于室其齊衰者於男子免時婦人則以布爲髽故此經云男子免而婦人髽是也其大功以下無髽也其服斂畢至成服以來白布深衣不改士死後二日襲帶經故士喪禮小斂之前陳苴經大鬲下本在左要經小焉散帶垂長三尺牡麻經亦散垂斂訖主人拜賓乃襲經于序東既夕禮三日絞垂鄭注云成服日絞要經之散垂者是主人及衆主人皆絞散垂此襲帶經絞垂日數皆士之禮也其大夫以上成服與士不同其襲帶經之屬或與士同或與士異無文以言之其斬衰男子括髮齊衰男子免皆謂喪之大事斂殯之時若其不當斂殯則大夫以上加素弁士加素冠皆於括髮之上天子七日成服諸侯五日成服大夫士三日成服服之精麤及日月多少及葬之時節皆具在喪服及禮文不能繁說其葬之時大夫及士男子散帶婦人髽與未成服時同其服則如喪服故既夕禮云丈夫髽散帶垂鄭注云爲將啓變也此互文以相見耳諸文言髽見婦人也若天子諸侯則首服素弁以葛爲環經大夫則素弁加環經士則素委貌加環經故下檀弓云弁經葛而葬鄭注云接神不可以純凶天子諸侯變服而葬冠素弁以葛爲環經是王侯與卿大夫士與也至既虞卒哭之時乃服變服故鄭注喪服云天子諸侯卿大夫既虞士卒哭而受服其受服之時首經要帶男子皆以葛易之齊斬之婦人則易首經不易要帶大功小功婦人則易要帶爲葛雖受變麻爲葛卒哭時亦未說麻至祔乃說麻服葛故士虞禮云婦人說首經不說帶鄭云不說帶齊斬婦人也婦人少變而重帶大功小功者葛帶時亦不說者未可以輕文變於主婦之質也至祔葛帶以即位按文直云婦人不辨輕重故鄭爲此解其斬衰至十三月練而除首經練冠素纓中衣黃裏縓緣領袖緣布帶繩屨無絇若母三年者小祥亦然斬衰二十五月大祥朝服縞冠故雜記云祥主人之除也於夕爲期朝服又喪服小記云除成喪者其祭也朝服縞冠既祥乃服十五升布深衣領緣皆以布縞冠素紕故間傳云大祥素縞麻衣二十七月而禫服玄冠玄衣黃裳而祭祭畢服朝服以黑經白緯爲冠所謂纖冠而練纓吉屨踰月服吉間傳所謂禫而纖父沒爲母與父同父在爲母十一月而練十三月而大祥十五月而禫其服變除與父沒爲母同其不杖齊衰及大功以下服異皆初服朝服素冠踰月服吉也此皆崔氏準約禮經及記而爲此說其有乖僻者今所不取

○苴杖。竹也。削杖。桐也。

【疏】苴杖至桐也○正義曰此一經解喪服苴杖削杖也然杖有苴削異者苴者黯也夫至痛內結必形色外章心如斬斫故貌必蒼苴所以衰裳絰杖俱備苴色也必用竹者以其體圓性貞貫四時不改明子爲父禮中痛極自然圓足有終身之痛故也故斷而用之無所厭殺也○削杖者削殺也削奪其貌不使苴也必用桐者明其外雖被削而心本同也且桐隨時凋落此謂母喪示外被削殺服從時除而終身之心當與父同也○

祖父卒。而后爲祖母後者三年。祖父在則其服如父在爲母也○苴七余反削思略反

【疏】祖父至三年○正義曰此一經論適孫承重之服○祖父卒者謂適孫無父而爲祖後祖父已卒今又遭祖母喪故云爲祖母後也孝事得中如父卒爲母故三年若祖父卒時父已先亡亦爲祖父三年若祖卒時父在已雖爲祖期今父沒祖母亡時已亦爲祖母三年也○注祖父至母也○正義曰言亦謂無父者若父在則不然也

○爲父母長子稽顙。喪尊者及正體不敢不盡禮○爲于僞反下爲夫注爲無後並同長丁丈反篇內並同稽音啓顙素黨反

大夫弔之。雖緦必稽顙。尊大夫不敢以輕待之

婦人爲夫與長子稽顙。其餘則否。

恩殺於父母○殺所戒反徐所例反後文注同〔疏〕為父至則否○正義曰此一節論喪合稽顙之事各依文解之○為父母長子稽顙者謂重服先稽顙而後拜者也父母長子並重故也其餘期以下先拜後稽顙也○大夫弔之雖緦必稽顙前文為父母長子稽顙謂平等來弔故先稽顙而後拜若為不杖齊衰以下則先拜賓後稽顙今大夫弔士雖是緦麻之親必亦先稽顙而後拜故皇氏載此稽顙謂先拜而後稽顙若平等相弔小功以下皆不先拜後稽顙若大夫來弔雖緦麻必為之先拜而後稽顙今刪定云小功以下不稽顙文無所出又此稽顙與上文稽顙是一何得將此為先拜後稽顙其義非也○婦人為夫與長子稽顙其餘則否亦先稽顙而後拜其餘否者謂父母也以受重他族其恩減殺於父母也

〇男主必使同姓。婦主必使異姓。謂為無主後者為主也異姓同宗之婦也婦人外成〔疏〕男主至異姓○正義曰此一經論婦人外成之事庾氏云喪有男主以接男賓女主以接女賓若父母之喪則適子為男主適婦為女主也今或無適子適婦為正主遣他人攝主若攝男主必使喪家同姓之男若攝婦主必使喪家異姓之女○注謂為至外成正義曰知謂為無主後者為主也者以經云必使同姓必使異姓故知先無主後云異姓同宗之婦也者同宗謂喪家同宗其婦必與喪家異姓故云異姓同宗之婦云婦人外成者解以婦主使異姓之意今與死者同姓婦人不得與喪家為喪主以其外成適於他族故不得自與已同宗為主此云異姓者與夫家為異姓○

〇為父後者。為出母無服。不敢以已私廢父所傳重之祭祀○為出于偽反下注為其族人為其兄弟同傳丈專反下傳重皆同〔疏〕為父至無服○正義曰此一經論適子承重不得為出母著服之事出母謂母犯七出為父所遣而母子至親義不可絕父若猶在子皆為出母期若父沒後則適子一人不復為母服所以然者已係嗣烝嘗不敢以私親廢先祖之祀故無服

〇親親以三為五。以五為九。上殺。下殺。旁殺。而親畢矣。已上親父下親子三也以父親祖以子親孫五也以祖親高祖以孫親玄孫九也殺謂親益疏者服之則輕○已音紀○〔疏〕親親至畢矣○正義曰此一經廣明五服之輕重隨人之親疏著服之節親親以三者以上親父下親子并已為三故云親親以三為五者又以父上親祖以子下親孫則者三今加祖及孫故言五也以五為九者已上祖下孫則是五也又以曾祖故親高祖曾孫故親玄孫上加曾高二祖下加曾玄兩孫以四籠五故為九也然已上親父下親子合應云以一為三而云以三為五者父子一體無可分之義故相親之說不須分矣而分祖孫非已一體故有可分之義而親名著也又以祖親曾祖以孫親曾孫應云以五為七今言九者曾祖曾孫為情已遠非已一體所親故略其相親之旨也庾氏云由祖以親曾高二祖由孫以親曾玄二孫服之所同義由於此也○上殺者據已上服父祖而減殺故服父三年服祖減殺至期以次減之應曾祖大功高祖小功而俱齊衰三月者但父祖及於已是同體之親故依次減殺曾祖高祖非已同體其恩已疏故略從齊衰三月曾高一等所以喪服注云重其衰麻尊尊也減其日月恩殺也不可以大功小功旁親之服加至尊故皆服齊衰也○下殺者謂下於子孫而減殺子服父三年父亦宜報服而父子首足不宜等衰故父服子期也若正適傳重便得遂情故喪服云不敢降是也父服子期孫卑理不得祖報故為九月若傳重者亦服期也為孫既大功則曾孫宜五月但曾孫服曾祖正三月故曾祖報亦一時也而曾祖是正尊自加齊衰服而曾孫正卑故正服緦麻曾孫既緦麻三月玄孫理不容異且曾孫非已同體故服不依次減殺略同三月○旁殺者世叔之屬是也父是至尊故以三年若據祖期斷則世叔宜九月而世叔是父一體故加至期也從世叔既疏加所不及據期而殺是以五月族世叔又疏一等故宜緦麻此外無服也此是發父而旁漸至輕也又祖是父一體故加至期而祖之兄弟非已一體故加亦不及據於期之斷殺便正五月族祖又疏一等故宜緦麻此外無服是發祖而旁漸殺也又曾祖據期本應五月曾祖之兄弟謂族曾祖既疏一等故宜三月也自此以外及高祖之兄弟悉無服矣又至親期斷兄弟至親一體相為而期同堂兄弟疏於一等故九月從祖兄弟又疏一等故小功族之昆弟又殺一等故宜三月此外無服是發兄弟而旁殺也又父為子期而兄弟之子但宜九月而今亦期者父為其子本應報以三年特為尊是故降至期而兄弟之子為世叔本應九月但言世叔與尊者一體而加至期世叔旁尊不得自比彼父祖之重無義相降故報兄弟子期且已與兄弟一體兄弟之子不宜隔異欲見猶子之義與已子等所以至期故檀弓云兄弟之子猶子也蓋引而進之是也又同堂兄弟之子服從伯叔無加則從伯叔亦正報五月也族兄弟之子又疏故宜緦耳此發子而旁殺也又孫服祖期祖尊故為孫大功兄弟之孫服從祖五月故從祖報之小功也同堂兄弟之孫既疏為之理自緦麻其外無服矣曾祖為曾孫三月為兄弟曾孫以無尊降之故亦為三月○而親畢矣者結親親之義也始自父母終於族人故云親畢矣且五屬之親若同父則期同祖則大功同曾祖則小功同高祖則緦麻高祖外無服亦是畢也

〇王者禘其祖之所自出。以其祖配之。禘大祭也始祖感天神靈而生祭天則以祖配之自外至者無主不止○王如字又于況反下同禘大計反

而立四廟。高祖以下與始祖而五○

庶子王亦如之。世子有廢疾不可立而庶子立其祭天立廟亦如世子之立也春秋衛侯元有兄縶○兄縶知急反〔疏〕王者至如之○正義曰此一節論王者庶子之郊天立廟與適子同之義各依文解之○王者禘其祖之所自出者禘大祭也謂夏正郊天自從也王者夏正禘祭其先祖所從出之天若周之先祖出自靈威仰也以其祖配之者以其先祖配祭所出之天○而立四廟者既有配天始祖之廟而更立高祖以下四廟與始祖而五也○庶子王亦如之者天位尊重故雖庶子而為王者則郊天立祀五廟事事亦如適子為王也嫌其不得故特明之○注禘大至不止○正義曰禘大祭也爾雅釋天文云自外至者無主不止公羊宣三年傳文外至者天神也主者人祖也故祭以人祖配天神也○注世子至兄縶○正義曰以其庶子為主明知世子有廢疾不可立也云春秋時衛侯元有兄縶者按昭七年左傳稱長子孟縶之足不良而立次子元元即衛靈公也

〇別子為祖。諸侯之庶子別為後世為始祖也謂之別子者公子不得禰先君

繼別為宗。別子之世長子為其族人為宗所謂百世不遷之宗

繼禰者為小宗。別子庶子之長子為其昆弟為宗也謂之小宗者以其將遷也○禰乃禮反

有五世而遷之宗。其繼高祖者也。謂小宗也小宗有四或繼高祖或繼曾祖或繼祖或繼禰皆至五世則遷

是故祖遷於上。宗易於下。尊祖故敬宗。敬宗所以尊祖禰也。宗者祖禰之正體

庶子不祭祖者。明其宗也。明其尊宗以為本也禰則不祭矣言不祭祖者主謂宗子庶子俱為適士得立祖禰廟者也凡正體在乎上者謂下正猶為庶也○適丁歷反篇內同○〔疏〕別子至宗也○正義曰此一節並論尊祖敬宗之義各依文解之○別子為祖者謂諸侯適子之弟別於正適故稱別子也為祖者別與後世為始祖謂此別子子孫為卿大夫立此別子為始祖○注謂之至先君○正義曰鄭云此者決上文庶子王今諸侯庶子乃謂之別子是別為始祖若稱庶子及公子若世子不立則庶子公子皆得有禰先君之義今言別子明適子在故云謂之別子者公子不得禰先君○繼別為宗○謂別子之世世長子恒繼別子與族人為百世不遷之大宗○繼禰者為小宗○禰謂別子之庶子以庶子所生長子繼此庶子與兄弟為小宗謂之小宗者以其五世則遷比大宗為小故云小宗也○有五世而遷之宗其繼高祖者也○五世者謂上從高祖下至玄孫之子此玄孫之子則合遷從不得與族人為宗故云有五世則遷之宗其繼高祖者此五世合遷之宗是繼高祖者之子以其繼高祖之身未滿五世而猶為宗其繼高祖者之子則已滿五世禮合遷徙但記文要略唯云繼高祖其實是繼高祖者之子也○注謂小至則遷○正義曰言或繼高祖或繼曾祖或繼祖或繼禰者以別子之後族人衆多或有繼高祖者與三從兄弟為宗或有繼曾祖者與再從兄弟為宗或有繼祖者與同堂兄弟為宗或有繼禰者與親兄弟為宗不廢族人一身凡事四宗事親兄弟之適是繼禰小宗也事同堂兄弟之適是繼祖小宗也事再從兄弟之適是繼曾祖小宗也事三從兄弟之適是繼高祖小宗也於族人唯一俱時事四小宗兼大宗為五也又云皆至五世則遷者繼高祖者至子五世繼曾祖者至孫五世繼祖者至曾孫五世繼禰者至玄孫五世也是皆五世不復與四從兄弟為宗故云皆至五世則遷各自隨近相宗然則小宗所繼非一前文獨云繼禰者為小宗雖四初皆繼禰為始據初為元故特云繼禰也○是故至禰也○四世之時尚事高祖至五世之時謂高祖之父不為加服是祖遷於上四世之時仍宗三從族人至五世不復宗四從族人各自隨近為宗是宗易於下宗是先祖正體所以尊祖故敬宗更覆說云敬宗所以尊祖禰覆結尊祖之文也○庶子不祭祖者明其宗也○此猶尊宗之義也庶子適子俱是人子並宜供養而適子烝嘗庶子獨不祭者正是推本崇適明有所宗故云明其宗也○注禰則至庶也○正義曰鄭據子各對父此言庶子則是父庶父庶即不得祭父何假言祖故云禰則不祭也而記不應言不祭祖祖是對孫今既云庶子不祭祖故知是宗子庶子俱為適士適士得立二廟自禰及祖是適宗子得立祖廟祭之而已是祖庶雖俱為適士得自立禰廟而不得立祖廟祭之故云庶子不祭祖云凡正體在乎上者謂下正猶為庶也者解所以謂禰適為庶子之義也正體謂祖之適也下正謂禰之適也雖正為禰適而於祖猶為庶故禰適謂之為庶也五宗悉然

庶子不為長子斬。不繼祖與禰故也。尊先祖之正體不二其統也言不繼祖禰則長子不必五世○為于偽反下注為君母自為已同〔疏〕庶子至故也○正義曰此亦尊宗之義也然此所明與喪服中義同而語異也喪服明父是適為長子斬此明父是庶子不得為長子服斬者也是互相明也但經記文混不知幾世之適得遂茲極服馬季長注喪服云此為五世之適父乃

爲之斬也而鄭注此云言不繼祖禰則長子不必五世矣庾氏云用恩則禰重用義則祖重父之與祖各有一重故至已承二重而爲長子斬若不繼祖則不爲長子斬也如庾氏此言則父適二世承重則得爲長子三年也而鄭不明言世數者鄭是馬季長弟子不欲正言相非故依違而言曰不必也然孫系於祖乃爲長子三年而此不云庶孫不得爲長子必云庶子者孫語通遠嫌或多世今欲明此祖非遠故言子以示近既義須繼禰言不繼祖自足又曰與禰者庾氏云若直云不繼祖恐人謂據庶子長子死者之身不繼祖故更言不繼祖與禰欲明死者之父不繼祖與禰非據死者之身鄭注喪服云此言爲父後者然後爲長子三年則是父之適子即得爲長子三年此經云必爲父適祖適乃得爲長子斬者但禮有適子者無適孫雖已是祖正若父猶在則已未成適未成適則不得重長重長必是父沒後者故云爲父後者然後爲長子三年也然已身雖是祖庶而是父適則應立廟立廟則已長子傳重當祭而不爲斬者以是祖庶厭降故不敢服斬且死者其父見在父自供祭然禮爲後者有四條皆不爲斬何者有體而不正有正而不體有傳重而非正體有正體而不傳重是也體而不正庶子爲後是也正而不體適孫爲後是也傳重非正體庶孫爲後是也正體不傳重適子有廢疾不立是也四者皆期悉不得斬也唯正體又傳重者乃極服耳

庶子不祭殤與無後者。殤與無後者。從祖祔食。不祭殤者父之庶也不祭無後者祖之庶也此二者當從祖祔食而已不祭祖無所食之也共其牲物而宗子主其禮焉祖庶之殤則自祭之凡所祭殤者唯適子耳無後者謂昆弟諸父也宗子之諸父無後者爲墠祭之○殤音傷祔徐音附所食音嗣共音恭墠皇音善徐徒丹反○

【疏】庶子至祔食○正義曰此事與曾子問中義同而語異也曾子問中是明宗子所得祭就宗子之家宗子主其禮今此所言是庶子不得在當家祭者也○庶子者謂父庶及祖庶也殤者未成人而死者也無後謂成人未昏或已娶無子而死者不得祭殤者謂父庶也不祭無後者謂祖庶也○殤與無後者從祖祔食者解庶所以不自祭義也已不得祭父祖而以此諸親皆各從其祖祔食祖廟在宗子之家故已不得自祭之也○注不祭至祭之○正義曰云不祭殤者父之庶者謂已是父之庶子及餘兄弟亦是父之庶子庶子所生之適子爲殤而死者不得自祭之以其已是父庶不合立父廟故不得自祭其子殤也殤尚不祭成人無後不祭可知云不祭無後者祖之庶也者已是祖庶不合立祖廟故兄弟無後者不得祭之已若是曾祖之庶亦不得祭諸父無後者諸父無後當於曾祖廟而祭已是曾祖庶不合立曾祖之廟故不祭之此直云祖之庶不云曾祖之庶者言祖兼曾祖也此無後者身並是庶若在殤而死則不合祭也云此二者當從祖祔食而已不祭祖無所食之也者一是殤二是無後此二者當從死者之祖而附食祖廟在宗子之家故已不得祭祖無所食以私家不合祭祖無處食之也云共其牲物而宗子主其禮焉者謂殤者之親共其牲物而宗子直掌其禮庾氏云此殤與無後者所祭之時非唯一度四時隨宗子之家而祭也但牲牢不得同於宗子祭享之禮故曾子問注云凡殤特豚其義具曾子問疏云祖庶之殤則自祭之者已於祖爲庶故謂已子爲祖庶之殤已是父適得立父廟故自祭子殤在於父廟也云無後者謂昆弟諸父也者昆弟謂已之昆弟已是祖庶祭無後昆弟當就祖廟已無祖廟故不祭無後昆弟云諸父也者已是曾祖之庶祭諸父當於曾祖之廟已無曾祖之廟故不祭無後諸父云宗子之諸父無後者爲墠祭之者宗子合祭諸父諸父當於宗子曾祖之廟宗子是士唯有祖禰二廟無曾祖廟故諸父無後者爲墠祭之若宗子爲大夫得立曾祖廟者則祭之於曾祖廟不於墠也若宗子有太祖者不立曾祖廟亦祭之於墠按祭法云先壇後墠今祭之墠者皇氏云以其無後賤之故於墠也

○庶子不祭禰者。明其宗也。謂宗子庶子俱爲下士得立禰廟也雖庶人亦然

【疏】庶子至宗也○正義曰解庶所以不祭殤義也禰適故得立禰廟故祭禰禰庶不得立禰廟故不得祭其禰明其有所宗既無禰廟故不得祭子殤也○注謂宗至亦然○正義曰前文云不祭祖以有祖廟故注云宗子庶子俱爲適士此文云不祭禰唯有禰廟故注云宗子庶子俱爲下士若庶子是下士宗子是庶人此下士立廟於宗子之家庶子共其牲物宗子主其禮雖庶人是有祭義若宗子爲下士是宗子自祭之庶子不得祭也

○親親。尊尊。長長。男女之有別。人道之大者也。言服之所以隆殺

【疏】親親至者也○正義曰此一經論服之降殺之義親親謂父母也尊尊謂祖及曾祖高祖也長長謂兄及旁親也不言卑幼舉尊長則卑幼可知也男女之有別者若爲父斬爲母齊衰姑姊妹在室期出嫁大功爲夫斬爲妻期之屬是男女之有別也○人道之大者也言此親親尊尊長長男女有別人間道理最大者皇氏云親親結上以三爲五尊尊結上王者禘其祖之所自出長長結上庶子不祭祖按鄭注云言服之所以降殺爲服發文記者別言其事非是結成上義上文自論尊祖敬宗不論服之降殺皇氏說非也

○從服者。所從亡則已。謂若爲君母之父母昆弟從母也○已音以**屬從者。所從雖沒也服。**謂若自爲己之母黨**妾從女君而出。則不爲女君之子服。**妾爲女君之黨服得與女君同而今俱女君猶爲子期妾於義絕無施服○則不爲于僞反注妾爲猶爲皆同期音朞下文及注不及期皆同施以豉反

【疏】從服至子服正義曰此一節論從服之事各依文解之○從服者按服術有六其一是徒從者從空也與彼非親屬空從此而服彼徒中有四一是妾爲女君之黨二是子從母服於母之君母三是妾子爲君母之黨四是臣從君而服君之黨就此四徒之中而一徒所從雖亡則猶服如女君雖沒妾猶服女君之黨其餘三徒則所從亡而已謂君母死則妾子不復服君母之黨及母亡則子不復服母之君母又君亡則臣不服君黨親也其中又有妾攝女君爲女君黨各有義故也今上云所從亡則已已止也止謂徒從亡則止而不服者○注謂若至母也○正義曰鄭此謂略舉一隅也○屬從者所從雖沒也服此明屬從也屬者骨血連續以爲親也亦有三一是子從母服母之黨二是妻從夫服夫之黨三是夫從妻服妻之黨此三從雖沒猶從之服其親也注特云謂若自爲己之母黨者亦舉一隅也○妾從女君而出則不爲女君之子服○妾服女君之子皆與女君同此云從而出謂姪娣也姪娣從女君而入若女君犯七出則姪娣亦從而出母自爲子猶期姪娣不復服女君之子已義絕故也

○禮不王不禘。禘謂祭天

【疏】禮不王不禘○正義曰此一節論王者郊天之事王謂天子也禘謂郊天也禮唯天子得郊天諸侯以下否故云禮不王不禘此經上下皆論服制記者亂録不禘之事廁在其間無義例也以承上文王者禘其祖之所自出故知謂郊天也非祭昊天之禘也

○世子不降妻之父母。其爲妻也與大夫之適子同。世子天子諸侯之適子也不降妻之父母爲妻故親之也爲妻亦齊衰不杖者君爲之主子不得伸也主言與大夫之適子同據服之成文也本所以正見父在爲妻不杖於大夫適子者明大夫以上雖尊猶爲適婦爲主○其爲妻于僞反注爲妻猶爲皆同伸音申正見賢遍反以上時掌反凡以上皆同

○父爲士。子爲天子諸侯。則祭以天子諸侯。其尸服以士服。祭以天子諸侯養以子道也尸服士服父本無爵子不敢以己爵加之嫌於卑之○養以尚反**父爲天子諸侯。子爲士。祭以士。其尸服以士服。**謂父以罪誅尸服以士服不成爲君也天子之子當封爲王者後以祀其受命之祖云所爲士擇其宗之賢者若微子者不必封其子爲王者後及所立爲諸侯者祀其先君以禮卒者尸服天子諸侯之服如遂無所封立則尸也祭也皆如士不敢僭用尊者服衣物

【疏】世子至士服○正義曰世子不降妻之父母者世子謂天子諸侯之適子與君連體故不降妻之父母以親之故也○其爲妻也與大夫之適子同者世子既不降妻之父母其爲妻也亦不降與大夫之適子爲妻同也○注世子至爲主○正義曰知世子是天子諸侯之適子者以其春秋王與諸侯適子皆稱世子云爲妻亦齊衰不杖者君爲之主子不得伸也者言世子爲妻亦齊衰不杖亦者亦如大夫之適子爲妻知齊衰不杖者以喪服齊衰不杖者稱大夫適子爲妻○故知齊衰不杖所以不杖者父爲主其子不得伸今世子爲妻亦不杖故云君爲主子不得伸也云主言與大夫之適子同據服之成文也者此解經所以言世子與大夫適子同齊衰以大夫適子喪服齊衰不杖有成文故云據服之成文也云本所以正見父在爲妻不杖於大夫適子者明大夫以上雖尊猶爲適婦爲主者言本主謂喪服本文也喪服若舉世子爲妻嫌大夫以下有降喪服若舉士子爲妻其士既職卑本無降理大夫是尊降之首恐其爲適婦而降故特顯之○注祭以至卑之○正義曰云尸服士服者謂尸服玄端若君之先祖爲士大夫則服助祭之服故曾子問云尸弁冕而出是爲君有著弁者有著冕者若爲先君士則著爵弁若爲先君大夫尸則著玄冕是也若大夫士之尸則服家祭之服故鄭注士虞記曰尸服卒者之上服士玄端是也○注謂父至衣物正義曰知謂父以罪誅者以其尸服士服故也以其嘗爲天子諸侯不可以庶人之禮待之士是爵之最卑故服其士服云若微子者不必封其子者按尚書序云成王既黜殷命殺武庚命微子啓代殷後是子擇其賢者不立封紂子是也云其先君以禮卒者尸服天子諸侯之服者按左傳云宋祖帝乙帝乙是以禮卒者而宋祀以爲祖明其服天子之服推此則諸侯亦然

○婦當喪而出。則除之。爲父母喪。未練而出。則三年。既練而出。則已。未練而反。則期。既練而反。則遂之。當喪當舅姑之喪也出除喪絕族也○爲于僞反下文不爲注不相爲同

【疏】婦當至遂之○正義曰此一經明婦人遭喪出入之節當喪而出者謂正當舅姑之服時被夫遣出者也恩情既離故出即除服也○爲父母喪未練而出則三年者謂妻自有父母喪時也女出嫁爲父母期若父母喪未小祥而妻被夫遣歸值兄弟之小祥則隨兄弟服三年之受既已絕夫族

故其情更隆於父母也故云則三年既練而出則已者已止也若父母喪已小祥而女被遣其期服已除今歸雖在三年內則止不更反服也所以然者若反本服須隨兄弟之節兄弟小祥之後無服變節故女遂止也○未練而反則期者此謂先有父母喪而爲夫所出今喪猶未小祥而夫命已反則還夫家至小祥而除是依期服也○既練而反則遂之者若被遣之還家已隨兄弟小祥服三年之受而夫反命之則猶遂三年乃除隨兄弟故也

○再期之喪。三年也。期之喪。二年也。九月七月之喪。三時也。五月之喪。二時也。三月之喪。一時也。言喪之節應歲時之氣。○應應對之應 故期而祭。禮也。期而除喪。道也。祭不爲除喪也。此謂練祭也禮正月存親親亡至今而期期則宜祭期天道一變哀惻之情益衰衰則宜除不相爲也。○衰並色追反下益衰同 三年而后葬者必再祭。其祭之間不同時而除喪。再祭練祥也間不同時者當異月也既祔明月練而祭又明月祥而祭必異月者以葬與練祥本異歲宜異時也而除喪已祥則除不禫。○禫大感反 大功者。主人之喪有三年者。則必爲之再祭。朋友虞祔而已。謂死者之從父昆弟來爲喪主有三年者謂妻若子幼少大功爲之再祭則小功緦麻爲之練祭可也。○必爲于僞反注爲之下注父爲之下爲君皆同少詩照反 士妾有子而爲之緦。無子則已。士卑妾無男女則不服不別貴賤

【疏】再期至喪也。○正義曰此一節揔明遭喪時節除降之義故期而祭禮也者孝子之喪親應歲時之氣歲序改易隨時悽感故一期而爲練祭是孝子存親之心故云禮也言於禮當然○期而除喪道也者言親終一期天道改變哀情益衰而除說其喪天道當然故云道也○祭不爲除喪也者言爲此練祭自爲存念其親不爲除喪而設除喪祭自爲天道感殺不爲存親兩事雖同一時不相爲也故云祭不爲除喪也此除喪謂練時除喪也男子除首絰女子除要帶與小祥祭同時不相爲也若至大祥除喪此除喪亦兼之也大祥祭除喪亦與大祥同日不相爲元意各別也但祭爲存親除喪爲天道之變庾氏賀氏並云祭爲存親幽隱難知除喪事顯其理易識恐人疑之祭爲除喪而祭故記者特明之云祭不爲除喪也然祭雖不爲除喪除喪與祭同時揔而言之練祭祥祭亦名除喪也故下文云三年而后葬者必再祭其祭之間不同時而除喪也又云除成喪者朝服縞冠是練祥之祭揔名除喪○注禮正至爲也○正義曰按莊元年三月夫人孫于齊公羊傳云其言孫于齊何念母也正月以存君念母以首事是也○三年至除喪○此謂身有事故不得及時而葬故三年而後始葬必再祭者謂練祥祭也既三年未葬尸柩尙存雖當練祥之月不可除親服故三年葬後必爲此練祥○其祭之間不同時者當練之與祥本是別年別月今雖三年之後不可同一時而祭當前月練後月祥故云不同時於練祥之時而除喪謂練時男子除首絰婦人除要帶祥時除衰杖○注再祭至不禫○正義曰知再祭練祥者下云主人之喪有三年者則必爲之再祭朋友虞祔而已再祭非虞祔又雜記云三年之喪則既顈其練祥皆行故知再祭謂練祥也云既祔明月練而祭又明月祥而祭者如鄭此言則虞祔依常禮也必知虞祔依常禮者以經云必再祭恐不爲練祥故特云必再祭故明虞祔依常禮可知云已祥則除不禫者以經直云必再祭故知不禫禫者本爲思念情深不忍頓除故有禫也今既三年始葬哀情已極故不禫也○大功至而已○此明爲人主喪法也大功從父兄弟也主人之喪者謂死者無近親而從父昆弟爲之主喪故云主人喪也有三年者謂死者有妻若子妻不可爲主而子猶幼少未能爲主故大功者主之爲之練祥再祭○朋友虞祔而已者朋友疏於大功不能爲練祥但爲之虞祔而已然則大功尚爲練祥則虞祔亦爲之可知○注大功至可也○正義曰親重者爲之遠祭親輕者爲之近祭故大功爲之祥及練小功緦麻爲之練朋友但爲之虞祔也皇氏云死者有三年之親大功主者爲之練祥若死者有期親則大功主者爲之至練若死者但有大功則大功主者至期小功緦麻至祔若又無期則各依服月數而止故雜記云凡主兄弟之喪雖疏亦虞之謂無三年及期者也○注士卑至貴賤○正義曰云不別貴賤者大夫貴妾雖無子猶服之故喪服云大夫爲貴妾緦是別貴賤也士妾賤士妾無子則不服不殊別妾之貴賤

生不及祖父母諸父昆弟。而父稅喪。已則否。謂子生於外者也父以他故居異邦而生已已不及此親存時歸見之今其死於喪服年月已過乃聞之父爲之服已則否者不責非時之恩於人所不能也當其時則服稅讀如無禮則稅之稅稅喪者喪與服不相當之言。○說喪皇他活反徐他外反注及下同 爲君之父母妻長子。君已除喪而后聞喪。則不稅。臣之恩輕也謂卿大夫出聘問以他故久留 降而在緦小功者。則稅之。謂正親在齊衰大功者親緦小功不稅矣曾子問曰小功不稅則是遠兄弟終無服也此句補脫誤在是宜承父稅喪已則否。○補稅音奪 近臣。君服斯服矣。其餘從而服。不從而稅。謂君出朝覲不時反而不知喪者近臣閽寺之屬也其餘羣介行人宰史也。○朝直遙反閽音昏介音界 君雖未知喪。臣服已。從服者所從雖在外自若服也

【疏】生不至不稅。○正義曰此一節明稅服之禮。○生不及祖父母諸父昆弟者鄭意云謂父先本國有此諸親後或隨官出遊居於他國更取而生此子此子生則不及歸與本國祖父以下諸親相識故云不及謂不及歸見也而父稅喪已則否者若此謂親死道路既遠喪年限已竟而始方聞父則稅之稅之謂追服也父雖追服而此子否故云已則否也所以否者鄭言不責非時之恩於人所不能也若時年未竟則稅服其全服然已在他國後生得本國有弟者謂假令父後又適他國更取所生之子則爲已弟故有弟也王云以爲計已之生不及此親存則不稅若此親未亡之前而已生則稅之也又謂昆弟爲諸父之昆弟也劉知蔡謨等解生義與王同而以弟爲衍字庾氏以爲已謂死者爲昆則謂已爲弟已不能稅昆則昆亦不能稅已昆弟尚不能相稅則餘疏者不稅可知也此等並非鄭義今所不取○注當其至之言○正義曰知當其時則服者以稅是不相當之言若服未除則猶是服內服故知則服謂服其全服按禮論云有服其喪服者庾氏以爲非也云稅讀如無禮則稅之稅者按左傳僖三十三年秦師襲鄭過周北門超乘者三百人王孫滿尚幼觀之言於王曰秦師輕而無禮必敗輕則寡謀無禮則稅今讀從之也云稅喪者喪與服不相當之言者稅是輕稅或前後不與正時相當故云稅也○降而在緦小功者則稅之此句廣釋檀弓中曾子所說也曾子所云小功不稅是正稅小功耳若本大功以上降而在緦小功者則爲之稅本情重故也○注此句至則否○正義曰鄭云此一則爲此句應連下親屬之下不應在君服中央也二則若此諸父昆弟在爲下殤死者則父亦稅之故知宜承父稅喪已則否之下也○爲君至服已○正義曰此一節明臣爲君之親稅與否今各依文解之○爲君之父母者此謂臣出聘不在而君諸親喪而臣後方聞其喪時若君未除則從君服之若君已除則臣不稅之所以然者恩輕故也○近臣君服斯服矣者歸明臣獨行不稅此明賤臣從君出朝覲在外或遇險阻不時反國比反而君有親喪君自稅之而臣之卑近者則從君服之非稅義也其餘爲臣之貴者羣介行人宰史之屬若君親服限未除而君既服之則臣下亦從而服之也若限已竟而君稅之此臣不從而君稅○君雖未知喪臣服已者此謂君出而臣不隨君而君之親於本國內喪君雖未知而在國之臣即服之也嫌從君之未服臣不先服故明得先服也○注從服者王服也○正義曰若如也謂自如尋常依限著服也凡從服者悉然也

禮記注疏卷三十二挍勘記　　阮元撰盧宣旬摘錄

附釋音禮記注疏卷第三十二　惠棟挍宋本禮記正義卷第四十二

喪服小記第十五

斬衰括髮節

齊衰惡笄以終喪　閩監毛本同石經同岳本同嘉靖本同衛氏集說同考文引古本足利本齊衰下有帶字段玉裁挍本云惡笄下應有帶字按注云笄所以卷髮帶所以持身先釋笄後釋帶是脫帶字不當在惡笄上正義亦云此一經明齊衰婦人笄帶終喪無變之制亦先言笄後言帶是皆惡笄下應有帶字之確證段玉裁是也正義出經文此句二見並脫帶字亦當補○按段玉裁又云儀禮喪服布總箭笄疏引喪服小記云婦人帶惡笄以終喪有帶字而在惡笄之上是各本不同也

斬衰至則髽　惠棟挍宋本無此五字

子拜賓事之時　閩監毛本同浦鏜挍云事衍文按衛氏集說作子拜賓時無事之二字

注母至而免　閩監毛本同考文引宋板母下有服字

則不容說女服之未成義也　惠棟挍宋本同續通解同閩監毛本服作于

以上於男子則免　閩監毛本同盧文弨挍云以上以字疑衍上當作止按衛氏集說以上作言

知者鄭注士喪禮文男子　惠棟挍宋本同閩監毛本文作云下知者鄭注喪服變除文同

擧者出戶出戶袒　閩監本同惠棟挍宋本上戶作尸非也毛本亦作戶袒誤袒

故鄭注云士喪禮云　閩監毛本同惠棟按宋本注下無云字

及大功以下服畢　惠棟按宋本作畢衛氏集說同此本畢誤畢閩監毛本同

苴杖竹也節

苴杖至桐也　惠棟按宋本無此五字

故貌必蒼苴　惠棟按宋本作故衛氏集說同此本故誤破閩監毛本同

以其體圓性貞　毛本同衛氏集說同惠棟按宋本同閩監本貞誤真

男主必使同姓節

男主至異姓　惠棟按宋本無此五字

故知先無主後　閩監毛本同浦鏜按云先當爲字誤

爲父後者節

爲父至無服　惠棟按宋本無此五字

故無服　閩監毛本同惠棟按宋本服下有也字

親親以三爲五節

親親至畢矣　惠棟按宋本無此五字

故云親親以三爲五者　惠棟按宋本同毛本三誤二者字閩本監本毛本並誤也

下加曾元兩孫　閩監本同毛本兩作二衛氏集說亦作兩

但父祖及於已是同體之親　閩監毛本同衛氏集說無及字

若據祖期斷則世叔宜九月　惠棟按宋本同衛氏集說同閩監毛本斷作年

族世叔又疏一等故宜緦麻　閩監本同毛本宜誤以疏作疎其餘疏字並同

又父爲子期而兄弟之子但宜九月　閩監毛本同浦鏜按云而當則字誤按衛氏集說而字無

特爲尊是故降至期　閩監本尊作首毛本尊是作首足衛氏集說同惠棟按宋本亦作首足

以無尊降之故亦爲三月　惠棟按宋本同衛氏集說同閩監毛本尊作等

終於族人故云親畢矣　閩監毛本同衛氏集說同惠棟按宋本矣作也

王者禘其祖之所自出節

世子有廢疾　閩監毛本同嘉靖本同衛氏集說同岳本廢作癈○按依說文當作癈假借作廢

王者至如之　惠棟按宋本無此五字

外至者天神也主者人祖也　閩本同衛氏集說同監本天誤大毛本天誤大祖誤主

別子爲祖節

別子至宗也　惠棟按宋本無此五字

爲百世不遷之大宗　閩本同惠棟按宋本同監毛本大誤大通典七十三引此疏亦作大宗

於族人唯一俱時事　閩監毛本俱時作時俱考文引宋板時俱作俱事盧文弨校云作俱事亦疑有譌

不爲加服是祖遷於上　惠棟按宋本同閩監毛本上誤三通典七十三引此疏亦作遷於上

庶子不爲長子斬節

庶子至故也　惠棟按宋本無此五字

如庾氏此言則父適二世　閩監本同毛本如誤故父誤入

庶子不祭殤節

宗子之諸父無後者　閩監毛本同嘉靖本同衛氏集說同岳本之字脫

庶子至祔食　惠棟按宋本無此五字

云不祭殤者父之庶者　閩監毛本同衛氏集說同浦鏜按本庶下補也字按浦鏜是也

庶子不祭禰者節

庶子至宗也　惠棟按宋本無此五字

禰適故得立禰廟　惠棟按宋本同衛氏集說同閩監毛本並禰適作稱適

禰庶不得立禰廟　閩監本同毛本上禰誤稱

親親尊尊節

吉服之所以隆殺　閩監毛本同嘉靖本同衛氏集說同岳本隆作降考文引古本足利本同

親親至者也　惠棟按宋本無此五字

此一經論服之降殺之義　閩監毛本同衛氏集說降作隆按作隆與注合下文並放此

則卑幼可知也　閩監毛本同惠棟按宋本無也字衛氏集說同

從服者節

而今俱女君　惠棟按宋本俱下有出字宋監本同岳本同嘉靖本同衛氏集說同考文引古本足利本同此本出脫閩監毛本同

從服至子服　惠棟按宋本無此五字

其餘三徒則所從亡而已　惠棟按宋本而作則衛氏集說同閩監毛本並誤

又君亡則臣不服君黨親也　惠棟按宋本作臣此本臣誤自閩監毛本臣誤自衛氏集說亦作臣服上有復字

二是妻從夫服夫之黨　閩本同惠棟按宋本同衛氏集說同監毛本妻誤妾

世子不降節

據服之成文也本所以正見父在爲妻不杖　閩監毛本同岳本同嘉靖本同浦鏜從續通解挍服上補喪字刪正字疏內同

世子至士服　惠棟按宋本無此五字

云主言與大夫之適子同　惠棟按宋本同閩監毛本云誤如

婦當喪而出節

當舅姑之喪也　惠棟按宋本同岳本同嘉靖本同衛氏集說同閩監毛本舅誤喪

婦當至遂之　惠棟按宋本無此五字

既已絕夫族　惠棟按宋本亦作已閩本同衛氏集說同監毛本作以

而夫反命之　閩監毛本同衛氏集說同盧文弨云反命當倒

再期之喪節

哀惻之情益衰　閩監本作惻岳本同嘉靖本同衛氏集說同考文引宋板同此本惻誤則毛本惻誤側

而除喪已祥則除　惠棟按宋本作已宋監本同岳本同嘉靖本同衛氏集說同閩監毛本已誤者此本喪已二字闕

爲之練祭可也　惠棟按宋本作練宋監本岳本同嘉靖本同衛氏集說同此本練字闕閩監毛本練誤再

再期至喪也　惠棟按宋本無此五字

隨時悽感　惠棟按宋本作悽衛氏集說同此本悽誤棲閩監毛本悽誤傷

自爲天道感殺　閩監毛本同惠棟按宋本感作減通解同

不相爲元意各別也　惠棟按宋本作元此本元字闕閩本同監毛本元誤○通解元作充

亦非

恐人疑之祭爲除喪而祭　惠棟按宋本同閩監毛本之祭二字倒

然祭雖不爲除喪　閩監毛本同惠棟按宋本無然字

祥時除衰杖　惠棟按宋本如此衞氏集說亦作祥時除衰杖也此本誤祥持除衰閩本作祥特除衰監毛本作祥特除喪並誤

大功主者爲之練祥　閩監本同毛本者誤人

生不及祖父母節　惠棟云生不及祖節宋本分爲君之父母以下爲下卷第一節又云宋本生不至不稅及注謂子至之言下疏文二則俱在前注喪與服不相當之言下屬四十二卷又云恩輕故也下按降而在緦小功者正義一則并注此句至則否正義一則各本同石經同釋文出說喪云注及下同

而父稅喪　故云稅也　惠棟按宋本此下標禮記正義卷第四十二終

爲君之父母節　惠棟按宋本自此節起至適婦不爲後者節止爲第四十三卷卷首題禮記正義卷第四十三

親緦小功不稅矣　惠棟按宋本宋監本岳本嘉靖本衞氏集說考文引古本足利本親上並有正字

生不至不稅　惠棟按宋本無此五字

此子生則不及歸　閩監毛本同考文引宋板無子字按衞氏集說作此子無生字疑宋板亦當無生字非無子字也爲者偶誤耳

按禮論云有服其喪服者　閩監毛本同惠棟按宋本喪作殘

若本大功以上降而在緦小功者　閩本同惠棟按宋本同監毛本在誤本

一則爲此句應連親屬之下　惠棟按宋本應連誤至情閩監毛本作至連考文引宋板至連二字作應字並非

禮記注疏卷三十二校勘記

附釋音禮記注疏卷第三十三

喪服小記

禮記　鄭氏注　孔穎達疏

虞杖不入於室。祔杖不升於堂。哀益衰，敬彌多也。虞於寢，祔於祖廟。（疏）「虞杖」至「於堂」。○正義曰：此論哀殺去杖之節也。○注「虞於寢，祔於祖廟」。○正義曰：按士虞禮，虞於寢。又按檀弓云「明日祔於祖」，是祔於祖廟也。

爲君母後者，君母卒，則不爲君母之黨服。徒從也。所從亡則已。○不爲，于僞反，下「妾爲君」注「大夫庶子」同。（疏）「爲君」至「黨服」。○正義曰：此一經論徒從之事。君母後者，謂無適立庶爲後也。妾子於君母之黨悉徒從，若君母卒，則不服君母之黨。今既君母沒，爲後者雖爲君母之黨，故特明之徒從也。所從亡則已，謂與不爲後同也。○

經殺五分而去一，杖大如經。如要經也。○殺，色界反。去，起呂反，下文同。（疏）「經殺」至「如經」。○正義曰：此一經論要經之義。經殺五分而去一者，按喪服傳云「苴經大搹，左本在下，去五分一以爲帶」，是首經五分去一以爲要經。要卑宜小，故五分而去一，象服數有五也。○杖大如經者，謂如要經也。鄭所以知然者，以其同。大結反。要，一遙反，下文「要經」注上至「要」皆同。

妾爲君之長子，與女君同。不敢以恩輕輕服君之正統。（疏）「妾爲」至「君同」。○正義曰：此一經論妾從女君服，同女君爲長子三年，妾亦爲女君長子三年，故云「與女君同」也。

除喪者，先重者。易服者，易輕者。謂大喪既虞卒哭而遭小喪也。其易喪服，首經男子除乎首，婦人除乎帶。（疏）「除喪」至「輕者」。○正義曰：此一節論服之輕重相易及除脫之義。重，謂男首女要。重者有除無變。男子除乎首，婦人除乎帶，所重者先除也。易服者，易輕者，謂先遭重喪，後遭輕喪，變服之時，男子輕要，婦人輕首，故以輕者易之。男子婦人各以其所輕者而易之也。以其重，故也。但以麻易葛，男子婦人除乎重者之所首，是所重者，重首。婦人首經，重要。

無事不辟廟門。哭皆於其次。無事，哭也。有鬼神尚幽闇也。○辟，婢亦反，徐扶亦反。（疏）「無事」至「其次」。○正義曰：此一經論殯宮之禮。無事，謂無事之時。廟，殯宮也。鬼神尚幽闇，故無事不辟廟門。有事，謂朝夕哭，而入即位。若賓來弔，及適子受弔之事。哭皆於其次者，謂朝夕哭，入門即位，唯朝夕哭及凡葬前哭，皆於其次。次，謂倚廬之中也。若無事之時，則哭於次，不開廟門也。

復與書銘，自天子達於士，其辭一也。男子稱名，婦人書姓與伯仲，如不知姓則書氏。此謂殷禮也。殷質，不重名，復則臣得名君。周之禮，天子崩，復曰「皐天子復」；諸侯薨，復曰「皐某甫復」。其餘及書銘則同。○如不知姓，一本無「知姓」二字。（疏）「復與」至「書氏」。○正義曰：此一經論復與書銘男女名字之別也。書銘，謂書亡人名字於旌旗也。天子書銘於大常，諸侯以下則各書於旌。達於士其辭一也者，謂士與天子同也。男子稱名者，謂復及銘皆稱名也。此殷禮也。殷質，不重名，故復則臣得名君。周則天子崩，復曰「皐天子復」；諸侯薨，復曰「皐某甫復」。婦人書姓與伯仲者，謂婦人書銘書姓及伯仲，如魯姬齊姜也，而伯仲隨其次也。此亦殷禮也。周之文，未必有伯仲。如不知姓則書氏者，殷無世繫，六世而昏，故婦人有不知姓者。周則有百世不通婚，故必知姓也。若妾有不知姓者，當稱氏矣。按其餘書銘則同矣。

斬衰之葛，與齊衰之麻同。齊衰之葛，與大功之麻同。（疏）「斬衰」至「麻同」。○正義曰：此一節明前遭重喪，後遭輕喪，變服之義。斬衰之葛與齊衰之麻同者，斬衰既虞卒哭，受服之葛，首經要帶，與齊衰初死麻經要帶同。俱七寸五分寸之一。齊衰之葛與大功之麻同者，齊衰既虞卒哭受服之葛，與大功初死麻經同，俱五寸二十五分寸之十九，要帶四寸百二十五分寸之七十六。麻同者，大功初死之麻，與小功既葬之葛同。以下皆然。以經七寸五分寸之一，五分去一，以爲帶，故帶五寸二十五分寸之十九。以五分去一計之，斬衰之首經九寸，要經七寸五分寸之一；齊衰之首經七寸五分寸之一，要經五寸二十五分寸之十九；大功首經五寸二十五分寸之十九，要帶四寸百二十五分寸之七十六。故云輕者，以其服重。以輕服之麻，同重服之葛。齊衰以下，男子重首，婦人重要。喪服傳云「苴經大搹」，是也。

報葬者報虞，三月而後卒哭。報，讀爲赴疾之赴，謂不及期而葬也。既葬即虞，虞，安神也。卒哭之祭，待哀殺也。○報，依注音赴，芳付反，下同。（疏）「報葬」至「卒哭」。○正義曰：此一節論貧者或因事故，死而即葬，不得依常葬之禮也。赴猶急疾也。虞，安神也。急葬則急設虞，謂是安神，故宜急也。

三月而后卒哭者雖急即虞而不即卒哭卒哭猶待三月○所以然者卒哭是奪於哀痛故不忍急而待齊哀殺也

父母之喪偕。先葬者不虞祔。待後事。其葬服斬衰。偕俱也謂同月若同日死也先葬者母也曾子問曰葬先輕而後重又曰反葬奠而後辭於殯遂脩葬事其虞也先重而後輕待後事謂如此也其葬服斬衰者喪之隆衰宜從重也假令父死在前月而同月葬猶服斬衰不葬不變服也言其葬服斬衰則虞祔各以其服矣及練祥皆然卒事反服重○偕音皆令力呈反【疏】父母至斬衰○正義曰此一節論並遭父母喪虞祔及衣服之制也○父母之喪偕者偕謂同月若同日死也○先葬者不虞祔者雖有同日月死而不得同月葬如曾子問篇中所言葬先輕而後重者謂先葬母也葬母既竟不即虞祔而更脩葬父之禮也所以不即虞祔者虞祔稍飾父喪在殯故未忍爲虞祔也○待後事者後事謂葬父也葬母竟不即虞祔待葬父竟先虞父乃虞母所謂祭先重而後輕也○其葬服斬衰者言父母俱喪而猶服斬者從重也雖葬母亦服斬衰葬之以其父未葬亦不得變服也○注皆俱至服重○正義曰謂同月若同日死者假令父死在前月而同月葬者前月謂母死前之月也或一月或二月三月但是未葬之間皆是前月未必唯母死前之一月也以其父死未葬不變服故也云及練祥皆然者以經云其葬服斬衰直以葬爲文明爲母虞祔練祥皆齊衰也云卒事反服重者卒事之後還服父服故云卒事反服重

○大夫降其庶子。其孫不降其父。祖不厭孫也大夫爲庶子大功○厭一妾反徐於豔反下文注皆同

大夫不主士之喪。士之喪雖無主不敢攝大夫以爲主【疏】大夫至之喪○正義曰此一節論大夫尊降庶子一等兼不爲主之事各依文解之○大夫降其庶子故爲其庶子不爲大夫者服其大功也而喪服係例云父之所不服其子亦不敢服故大夫不服其妾故妾子爲母大功也今嫌既降其子亦厭其孫故此明雖降庶子而不厭其孫矣庶子之子不降其父猶爲三年也○大夫不主士之喪謂士死無主後其親屬有爲大夫者尊不得主之

○爲慈母之父母無服。恩不能及○爲于僞反下其妻爲爲母之爲妻禫爲庶母爲祖庶母皆同【疏】爲慈至無服○正義曰此一節論慈母雖如母猶不爲慈母之黨服此慈母即是喪服中慈母者父雖命爲母子而本非骨肉故慈母之子不爲慈母之父母有服者爲恩所不及也

○夫爲人後者。其妻爲舅姑大功。以不貳降○降一本作隆【疏】夫爲至大功○正義曰此一節論婦人不貳隆之義賀云此謂子出時已昏故此婦還則服本舅姑大功若子出時未昏至所爲後家方昏者不服本舅姑以婦本是路人來又恩義不相接猶臣從君而服不從而稅人生不及祖之從而皆不責非時之恩也今按夫爲本生父母期故其妻降一等服大功是從夫而服不論識前舅姑與否假令夫之伯叔在他國而死其婦雖不識豈不從夫服也熊氏云然恐賀義未盡善也

○士祔於大夫。則易牲。不敢以卑牲祭尊也大夫少牢也○【疏】士祔至易牲○正義曰謂祖爲大夫孫爲士孫死祔祖則用大夫牲不敢用士牲士牲卑不可祭於尊者之前也祭殤與無後者不云易牲而此云易牲者前是宗子家爲祭不得同如宗子之禮故殤及無後者依主人之貴賤禮供之此是士卑許進用大夫牲故曰易牲然又此下云賤不祔貴而此云士祔大夫者謂無士可祔則不得不祔於大夫猶如妾無妾祖姑易牲而祔於女君可也若有士則當祔於士故雜記云士不祔於大夫謂先祖兄弟有爲士者當祔於士不得祔於大夫也

○繼父不同居也者。必嘗同居。皆無主後。同財而祭其祖禰爲同居。有主後者爲異居。錄恩服深淺也見同財則期同居異財故同居今異居及繼父有子亦爲異居則三月未嘗同居則不服○見賢遍反○【疏】繼父至異居○正義曰此一經明繼父同居異居之禮此解喪服經中有繼父同居及不同居之文也○繼父者謂母後嫁之夫也若母嫁而子不隨則此子與母繼夫固自路人無繼父之名故自無服也今此言謂夫死妻稺子幼子無大功之親隨母適後夫後夫亦無大功之親以其貨財爲此子同築宮廟四時使之祭祀同其財計如此則是繼父同居故爲服期若經同居而今異居異居之道其理有三一者昔同今異二者今雖共居而財計各別三者繼父更有子便爲異居異居則服齊衰三月而已今言有主後者爲異居者謂繼父更有子也舉此一條餘亦可知矣然既云皆無主後爲同居則有主後者爲異居則此子有子亦爲異居也

○哭朋友者。於門外之右。南面。變於有親者也門外寢門外

○祔葬者不筮宅。宅葬地也前人葬既筮之【疏】哭朋至南面○正義曰此一經論哭朋友之處也門外寢門外也右西邊也南面嚮南也嚮南爲主以對弔賓○注變於至門外○正義曰按檀弓云有殯聞遠兄弟之喪哭于側室無側室哭於門內之右今哭門外是變於有親也云門外寢門外者按檀弓云兄弟吾哭諸廟父之友吾哭諸廟門之外師吾哭諸寢朋友吾哭諸寢門之外是也

○士大夫不得祔於諸侯。祔於諸祖父之爲士大夫者。其妻祔於諸祖姑。妾祔於妾祖姑。亡則中一以上而祔。祔必以其昭穆。士大夫謂公子公孫爲士大夫者不得祔於諸侯卑別也既卒哭各就其先君爲祖者兄弟之廟而祔之中猶間也○亡如字又音無昭常遙反後昭穆皆放此間間廁之間

諸侯不得祔於天子。天子諸侯大夫。可以祔於士。人莫敢卑其祖也○【疏】士大至於士○正義曰此一節論貴賤祔祭之義此謂祔祭也禮孫死祔祖今祖爲諸侯孫爲士大夫而死則不得祔祖謂祖貴宜自卑遠之故也○祔於諸祖父之爲士大夫者諸祖祖之兄弟也既不得祔祖當祔祖之兄弟亦爲大夫士者也○其妻祔於諸祖姑者夫既不得祔祖故妻亦不得祔於祖姑而可以祔於諸祖姑也諸祖姑是夫之諸祖父兄弟爲士大夫者之妻也若祖無兄弟可祔亦祔宗族之疏不爲諸侯者也然上云士易牲祔於大夫而大夫不得易牲祔於諸侯者諸侯之貴絕宗故大夫士不得輕親也○妾祔於妾祖姑者言妾死亦祔夫祖之妾也○亡則中一以上而祔者亡無也中間也若夫祖無妾則又間曾祖而祔高祖之妾也○祔必以其昭穆者解所以祖無妾不祔曾祖而祔高祖之義也凡祔必使昭穆同曾祖非夫同列也然此下云妾母不世祭於孫否則妾無廟今乃云祔及高祖者當爲壇祔之耳後別釋○諸侯不得祔於天子者亦謂祔祭卑孫不可祔於尊祖也○天子諸侯大夫可以祔於士者祖雖賤而孫雖貴祔之不嫌也若不祔之則是自尊欲卑於祖也

○爲母之君母。母卒則不服。母之君母外祖適母徒從也所從亡則已【疏】爲母至不服○正義曰此一節論不責恩所不及之事○母之君母者謂母之適母也此親於子爲輕故徒從也已母若在母爲之服已則服之已母若亡則已不服母之君母矣

○宗子。母在爲妻禫。宗子之妻尊也【疏】宗子至妻禫○正義曰此一節論宗子妻尊得爲妻伸禫之事宗子爲百世不遷之宗賀瑒云父在適子爲妻不杖不杖則不禫若父沒母存則爲妻得杖又得禫凡適子皆然嫌異宗子尊厭其妻故特云宗子母在爲妻禫宗子尚然則其餘適子母在爲妻禫可知賀循云出居廬論稱杖者必廬廬者必禫此明杖章尋常之禮謂杖章之內居廬必禫若別而言之則杖有不禫○禫有不杖者按小記篇云宗子母在爲妻禫則其非宗子其餘適庶母在爲妻並不得禫也小記又云父在爲妻以杖即位鄭玄云庶子爲妻然父在爲妻猶有其杖則父沒母存有杖可知此是杖有不禫者也小記篇云庶子在父之室則爲其母不禫若其不杖則喪服不杖之條應有庶子爲母不杖之文今無其文則猶杖可知也前文云三年而后葬者但有練祥而無禫是有杖無禫此二條是杖而不禫賀循又云婦人尊微不奪正服並厭其餘哀如賀循此論則母皆厭其適子庶子不得爲妻杖也故宗子妻尊母所不厭故特明得禫也

○爲慈母後者。爲庶母可也。爲祖庶母可也。謂父命之爲子母者也即庶子爲後此皆子也傳重而已不先命之與適妻使爲母子也緣爲慈母後之義父之妾無子者亦可命己庶子爲後○【疏】爲慈至可也○正義曰此一節論爲庶母後之事喪服有慈母如母傳曰慈母者何也傳曰妾之無子者妾子之無母者父命爲子母而子服此慈母三年此即爲慈母後之義也記者見喪服既有妾子爲此慈母後之例將欲觸類言之則妾子亦可爲庶母後也爲庶母後者謂妾經有子而子已死者餘他妾多子則父命他妾之子爲無子之妾立後與爲慈母後同也故云爲庶母後可也○爲祖庶母可也者又觸類言之此既可爲庶母後則亦可爲祖庶母之後故云爲祖庶母之後可也祖庶母者謂已父之妾亦經有子子死今無也父妾既無子故已命己之妾子與父妾爲後故呼已父之妾爲祖庶母既爲後亦服之三年如已母矣必知妾經有子者若無子則不得立後故也賀瑒云雖有子道服於慈庶母三年而猶爲已母不異異於後大宗而降本也○鄭注謂父至爲後○正義曰謂父命之爲子母者也皇氏云此鄭注揔解經慈母庶母祖庶母三條也皆是庶子父命之使事妾母也故云父命爲于母也云即庶子爲後此皆子也傳重而已不先命之與適妻使爲母子也者庾氏云鄭注此一經明庶子爲適母後者故云即庶子爲後謂爲適母後此皆子者此庶子皆適母之子今命之爲後但命之傳重而已母適舊定不須假父命之與適妻使爲母子也云緣爲慈母後之義父之妾無子者亦可命己庶子爲後者言緣喪服有妾子爲慈母後義今起此妾爲後之文也然緣喪服慈母而起命二妾之後而注不云命後已妾唯言後父妾者緣已妾既可爲慈亦可爲庶母後易見不言自顯但以已子後父妾於文離明故特言之也

○爲父母妻長子禫。自所爲禫者也○爲父母于僞反注自所爲下文則爲其母子爲妻下注恩爲已爲之變爲今死者皆同【疏】爲父至子禫○正義曰此一經鄭云自所爲禫者此一人而已

然慈母亦宜禫也而下有庶子在父之室爲其母不禫則在父室爲慈母亦不禫也故不言之妻爲夫亦禫也但記文不具

○慈母與妾母。不世祭也。以其非正春秋傳曰於子祭於孫止[疏]慈母至祭也○正義曰此一經論禮有不合世祭之事慈母即所謂承庶母祖庶母後者也妾母謂庶子自爲其母也既非其正故唯子祭之而孫則否○注以其至孫止○正義曰春秋傳於子祭於孫止者此穀梁傳隱五年謂魯孝公之妾是惠公之母五年傳九月考仲子之宮考成也成之爲夫人也注云仲子本孝公之妾以其子本孝公之妾子則惠公也惠公立爲仲子之後故成之爲夫人也傳又云禮庶子爲君爲其母築宮使公子主其祭注云公子者長子之弟及妾之子也傳又云於子祭於孫止者此經云妾母不世祭也故鄭引爲注此明不得世祭也

○丈夫冠而不爲殤。婦人笄而不爲殤。言成人也婦人許嫁而笄未許嫁與丈夫同○冠古亂反

○爲殤後者。以其服服之。言爲後者據承之也殤無爲人父之道以本親之服服之[疏]爲殤至服之○正義曰此一節論宗子殤死族人不得以父道爲後之事○爲殤後者謂大宗子在殤中而死族人爲後大宗而不得後此殤者爲子也以其父無殤義故也既不後殤而宗不可絶今來爲後殤者之人不以殤者之爲父而依兄弟之服服此殤也○注言爲至服之○正義曰言爲後者據承之也者既不與殤爲子則不應云爲後今言爲後是據已承其處爲言也云以本親之服服之者謂既不以父服服殤而今來後其宗事事如子爲彼殤服依其班秩如本列也爲人後者若子於無後之宗旣爲殤者父作子則應服以兄弟之服而云以本親之服服者當在未後之前不復追服不責人以非時之恩故推此時本親兄弟亡在未後之前者亦宜然其本服之日月唯爲後及所後如有母亡而猶在三年之內則宜接其餘服不可以吉居凶若出三年則不追服矣

○久而不葬者。唯主喪者不除。其餘以麻終月數者除喪則已。其餘謂旁親也以麻終月數不葬者喪不變也[疏]久而至則已○正義曰此一節論久而不葬不變服之事○久而不葬者謂有事礙不得依月葬者則三年服身皆不得祥除也今云唯主喪者亦不欲廣說子爲父妻爲夫臣爲君孫爲祖得爲喪主四者悉不除也○其餘以麻終月數者其餘謂期以下至緦也麻終月數者主人既未葬故諸親不得變葛仍猶服麻各至服限竟而除也○除喪則已者謂月足而除不待主人葬除也然此皆藏之至葬則反服之也故下云及其葬也反服其服是也然雖緦亦藏服以其未經葬故也盧曰其下子孫皆不除也以主喪爲正耳餘親者以麻各終其月數除矣庾云謂昔主要記按服問曰君所主夫人妻大子適婦故謂此在不除之例定更思詳以尊主卑不得同以卑主尊無緣以卑之未葬而使尊者長服衰絰也且前儒說主喪不除無爲下流之義是知主喪不除唯於承重之身爲其祖曾若子之爲父臣之爲君妻之爲夫此之不除也不俟言而明矣盧植云下子孫皆不除蕭望之又云獨謂子皆未善也謂庾言爲是

○箭笄終喪三年。亦於喪所以自卷持者有除無變○[疏]箭笄終喪三年○正義曰此一經論婦人以箭笄終喪之事前云惡笄以終喪是女子爲母也此云箭笄終喪三年謂女子在室爲父也自卷持者有除無變也○

齊衰三月。與大功同者繩屨。雖尊卑異於恩有可同也[疏]齊衰至繩屨○正義曰此一經論尊卑屨同之事○大功以上同名重服故大功與齊衰三月可同繩屨謂以麻繩爲屨雖尊卑則異於恩有可同者齊衰爲尊大功爲卑而三月爲恩輕九月恩稍重制之在尊卑深淺之間禮法有常乘權而降在尊既爲深故宜有異也所以衰服殊而爲恩情處爲淺深矣故有可同也所以同其末屨以表恩而不同也○

○練筮日。筮尸。視濯皆要絰杖繩屨。有司告具而后去杖。筮日。筮尸。有司告事畢而后杖。拜送賓。臨事去杖敬也濯謂溉祭器也○濯大角反溉故代反○

大祥吉服而筮尸。凡變除者必服其吉服以即祭事不以凶臨吉也間傳曰大祥素縞麻衣○縞古老反○[疏]練筮至筮尸○正義曰此一經論練祥筮日筮尸之時所著衣服也練爲小祥也○筮日謂筮占小祥之日筮尸亦筮占小祥之尸○視濯者謂視小祥之祭器祭器須絜而視其洗濯也○皆要絰杖繩屨者爲喪至小祥男子除首絰唯有要絰而病尚深故猶有杖屨是末服又變爲繩麻將欲小祥前日豫筮其日而占於尸及視濯器則豫著小祥之服以臨此三事也所以然者此前三事悉是爲祭祭欲吉故豫服也不言衰與冠者亦同小祥矣○有司告具而后去杖者有司謂執事者鄉者變服猶杖今執事之人既告三事辦具將欲臨事故孝子便去杖亦敬生故也○筮日筮尸有司告事畢而后杖拜送賓者筮日與尸二事皆有賓來鄉當臨事時去杖今若執事之人告筮占之事已畢則孝子更執杖以拜送於賓矣不言視濯者視濯輕而無賓故不言也○大祥吉服而筮尸者吉服朝服也大祥之日縞冠朝服今將欲祥亦於前日豫服大祥之服以臨筮日及筮尸視濯今唯云尸不言日及濯者從小祥可知也大祥則并去絰杖繩屨故不云杖絰屨○注凡變至麻衣○正義曰凡變除者必服其吉服以即祭事不以凶臨吉也者下云大祥朝服縞冠是祥祭之時唯著朝服此筮尸又在祥祭前已著吉服不以凶臨吉故也引間傳者以大祥之後著素縞麻衣此云吉服則非祥後之服是朝服也故引以證

○庶子在父之室則爲其母不禫。妾子父在厭也

○庶子不以杖即位。下適子也位朝夕哭位也○下適戶嫁反適丁歷反

父不主庶子之喪。則孫以杖即位可也。祖不厭孫孫得伸也○伸音申

父在。庶子爲妻以杖即位可也。舅不主妾之喪子得伸也[疏]庶子至可也○正義曰此一節論庶子父在應杖及不應杖之節庶子在父之室則爲其母不禫者此謂不命之士父子同宮者也若異宮則禫之如下言則亦猶杖也禫爲服外故微奪之可○庶子不以杖即位者謂適庶俱有父母之喪也適子得執杖進阼階哭位庶子至中門外而去之以下於適子也然此承前而云杖則似庶子不禫亦不杖如賀言也○父不主庶子之喪則孫以杖即位可也者父主適子喪而有杖故適子子不得以杖即位以辟祖故耳非厭也今此父不主庶子喪故庶子子則得杖即位也祖不厭孫孫得伸也父皆厭子故舅主適婦喪而適子不杖大夫不服賤妾妾子亦厭而降服以服其母也至於祖雖尊貴而並不厭孫故大夫降庶子而其孫不降其父也庾云謂雜記上爲長子杖則其子不以杖即位鄭注辟尊者按祖不厭孫而長子之子不以杖即位者以祖爲其父主故辟尊不敢俱以杖即位耳猶如庶子之子亦非厭也父不爲庶子主故其子以杖即位可也○父在庶子爲妻以杖即位可也者此謂庶子也父不主其妻故其子得爲妻以杖即位也雜記云爲妻父母在不杖亦是庶子而云不杖者亦謂同宮者也又喪服注云爲其妻以杖即位謂庶子也舅主適婦則適子不得杖舅不主庶婦故庶子爲妻可以杖即位謂父主妻喪故主適婦所以適子不杖也明主適婦猶於主妻故也父既不主妾喪故不主庶婦所以庶子得杖庶子得杖由於父不主妾故也若妻次子既非正嫡故亦同妾子之限也或問者云但以杖自足何須言即位言即位如似適婦之喪長子亦得有杖祇不得即位耳答曰庶子爲父母厭下於適子雖有杖不得持即位今嫌爲妻亦得杖而不即位故明之也

○諸侯弔於異國之臣。則其君爲主。君爲之主弔臣恩爲已也子不敢當主中庭北面哭不拜○諸侯弔。必皮弁錫衰。所弔雖已葬。主人必免。主人未喪服。則君亦不錫衰。必免者尊人君爲之變也未喪服未成服也既殯成服○[疏]諸侯至錫衰○正義曰此一節明諸侯弔喪衣服之節○弔於異國之臣則其君爲主者君無弔他臣之禮若來在此國遇主國之臣喪時爲彼君之故而弔故主國君代其臣之子爲主諸侯弔必皮弁錫衰者此有二種一云此句因前而發弔必皮弁錫衰謂弔異國臣也若自弔己臣則素弁環絰錫衰也故鄭注國君於其臣弁絰他國之臣皮弁一云此亦爲自弔己臣而未當事則皮弁錫衰至當事乃弁絰耳檀弓已論○所弔雖已葬主人必免者此承上也謂諸侯來弔主人必爲之重禮凡五服自大功以上爲重服爲免之節自始死至葬卒哭後乃不復免也小功以下爲輕服爲免之節自始死至殯殯後不復免至葬啓殯之後而以至卒哭如始死今若人君來弔雖非服免時必爲免以尊人君故也而此云主人必免謂大功以上也小功以下則不然也何以知然下云親者皆免注云大功以上故知之○注君爲至不拜○正義曰云子不敢當主中庭北面哭不拜者按士喪禮君弔主人出迎于門外見馬首入門右北面君升主人中庭拜稽顙成踊彼爲主人爲主故中庭拜今鄭國君弔君爲之主拜賓則主人中庭比面哭不拜曾子問稱季桓子之喪衞君來弔魯君爲主季康子立於門右北面拜而後稽顙故譏其喪有二主當唯哭踊而已是於禮不拜也○注必免至成服○正義曰未喪服未成服也者以經云未喪服嫌謂未括髮未散麻帶絰之屬故云未成服云既殯成服者士喪禮既殯三日成服是殯後乃成服也

○養有疾者不喪服。遂以主其喪。不喪服求生主吉惡其凶也遂以主其喪謂養者有親也死則當爲之主其爲主之服如素無喪服○養羊尚反惡烏路反○

非養者入主人之喪。則不易己之喪服。入猶來也謂養者無親於死者不得爲主其有親來爲主者素有喪服而來爲主與素無服者異素無服素有服爲今死者當服則皆三日成也○

養尊者必易服。養卑者否。尊謂父兄卑謂子弟之屬[疏]養有至者否○正義曰此一節論自有喪服親族有疾患者養之法各依文解之○養有疾者謂養此親屬有疾者不喪服爲已先有喪服養疾之時不著已之喪服求生主吉惡其凶故也○遂以主其喪者疾者既死無生後此養者遂以主先來無服

之法主其死者之喪也○注不喪至喪服○正義曰云遂以主其喪謂養者有親也者養者若於病者無親疾時雖養死不得爲主今死得爲主故知養者於死者有親也云其爲主之服如素無喪服者身雖先有服養時既去其服令疾者身死已爲之主還與素無服同也○非養至喪服○此謂死者之親屬當死者病時不得來爲養而死時來爲主此主雖身有前喪之服今來爲主則不易已喪服所以然者已既前不養不經變服故今爲新死者不易已之喪服○注入猶至成也○正義曰云謂養者無親於死者不得爲主其有親來爲主者謂養者無親者也病者若死而此養者不得爲主既不得爲主故知死者之親來入主喪者也云素有喪服而來爲主者素猶本也本有喪謂有前喪之服也已服前喪之服而來主之不易服也云與素無服者異者本無服謂若來爲喪主者身本吉無喪服既來爲主則爲此死者服始死之服若本有喪服今來爲喪主仍以先喪之服主之故云異也云素無服素有服爲今死者當服則皆三日成也者謂已身若本有服及本無服若與死者有親則皆至三日成服皆爲死者服其服也若本有服重而新死者輕則爲一成服而反前服也若新死重則仍服死者新服也身本吉而來爲主則計今親而依限服之也庾云謂此無主後親族爲其喪主者鄭云養者無親於死者不得爲主謂親族不得養其病朋友養之者又云有其親來爲主謂親族也前云喪服者及其主喪則與素無服者同此明既死而往主即不易已之喪服故鄭又云與素無服者異也○養尊至者否○此廣結前文養有疾者不喪服之文尊謂父兄也卑謂子弟也前雖云養有疾者不喪服不分明尊卑故此明之養尊者必易已之喪服也若養卑者不變也庾云前云去喪服而養之遂以主喪是必父兄之行也○妾無妾祖姑者。易牲而祔於女君可也。女君適祖姑也易牲而祔則凡妾下女君一等○適丁歷反下戶嫁反○【疏】妾無至可也○正義曰此一節明祔祭之法也云妾無妾祖姑者謂妾當祔於妾祖姑若無妾祖姑當祔於高祖妾祖姑故前文云亡則中一以上今又無高祖妾祖姑則當易妾之牲用女君之牲祔於女君可也○注女君至一等○正義曰鄭恐女君是見在之女君故云女君適祖姑也妾與女君牲牢無文既云易牲故云下女君一等下女君一等者若女君少牢妾則特牲若女君特牲妾則特豚也○婦之喪。虞。卒哭。其夫若子主之。祔則舅主之。婦謂凡適婦庶婦也虞卒哭祭婦非舅事也祔於祖廟尊者宜主焉士不攝大夫。士攝大夫。唯宗子。士之喪雖無主不敢攝大夫以爲主宗子尊可以攝之○主人未除喪。有兄弟自他國至。則主人不免而爲主。親質不崇敬也【疏】婦之至爲主○正義曰此一節論喪祭爲主之事各依文解之○婦之喪虞卒哭其夫若子主之者虞與卒哭其在於寢故其夫或子則得主之祔於祖廟其事既重故舅主之婦之所祔者則舅之母也○士不至宗子○此謂士喪無主不敢使大夫兼攝爲主也○士攝大夫唯宗子者謂若宗子爲士而無主後者可使大夫攝主之也士之喪雖無主不敢攝大夫爲主士卑故也宗子尊則可以攝之也○主人至爲主○主人未除喪者謂在國主人之喪服未除有兄弟自他國至則主人不免而爲主者謂五屬之親從遠歸奔者也夫免必有時若葬後唯君來弔雖非時亦爲之免崇敬欲新其事故也若五屬之親非時而奔

則主人不須爲之免也嫌親始奔亦應崇敬爲免如君故明之也○陳器之道。多陳之而省納之可也。省陳之而盡納之可也。多陳之謂賓客之就器也以多爲榮省陳之謂主人之明器也以節爲禮○省所領反下及注同○【疏】陳器至可也○正義曰此一節論以明器送葬之事○陳器之道多陳之者謂朋友賓客贈遺明器多陳列之以爲榮也○而省納之可也者雖復多陳不可盡納入壙故省少納之可也以納有常數故也○省陳之而盡納之可也者謂主人所作明器依禮有限故省陳之省陳既少而盡納之於壙可也○注多陳至爲禮○正義曰云謂賓客之就器也者而遺死者謂之就者以其可用故也故既夕禮注云就猶善也贈無常唯玩好所有也摠而言之亦曰明器故宰夫云凡弔與其幣器注云器所致明器也是賓客致者亦曰明器也云省陳之謂主人之明器也者此正明器主人所作故上檀弓云句而布材與明器又檀弓云竹不成用瓦不成沫之屬是也○奔兄弟之喪。先之墓而後之家。爲位而哭。所知之喪。則哭於宮。而后之墓。兄弟先之墓骨肉之親不由主人也宮故殯宮也○【疏】奔兄至之墓○正義曰此一節論奔兄弟之喪之事○注兄弟至宮也○正義曰言骨肉之親不由主人也者解兄弟之喪先之墓之意兄弟骨肉自然相親不由主人故先往之墓若所知之喪由主人乃致哀感故先哭於宮而後至墓○父不爲衆子次於外。於庶子略自若居寢○爲于僞反下注猶來爲下文爲出母爲夫杖同○【疏】父不至於外○正義曰衆子庶子次謂中門外次也庶子賤略之故父不爲之次自若常居於寢也不爲之處門外爲喪次也長子則次於外爲喪次也與諸侯爲兄弟者服斬。謂卿大夫以下也與尊者爲親不敢以輕服服之言諸侯者明雖在異國猶來爲三年也【疏】與諸至服斬○正義曰熊氏以爲謂諸侯死凡與諸侯有五屬之親者皆服斬也以諸侯體尊不可以本親輕服服之也○注謂卿至年也○正義曰謂卿大夫以下也者經云與諸侯爲兄弟服斬恐彼此俱作諸侯爲之服斬故云謂卿大夫以下若俱爲諸侯則各依本服然卿大夫與君自應服斬而云兄弟者或服本義之服故明之云服斬也以與尊者爲親不敢以輕服服之云言諸侯者明雖在異國猶來爲三年也者鄭以經不云與國君爲兄弟而言與諸侯爲兄弟故知客在異國也然既在異國仕於他君得反爲舊君服斬者以其曾在本國作卿大夫今來他國未仕故得爲舊君反服斬鄭言謂卿大夫者據本國經爲卿大夫者也或可與諸侯爲兄弟雖在他國仕爲卿大夫得爲舊君服斬異於尋常按下雜記云外宗爲君夫人如內宗注云謂嫁於國中者此云異國二注不同者雜記據婦人故云嫁於國中此據男子故得云異國是以鄭注云謂卿大夫以下惟謂男子賀循云以鄭二注不同故著要記以爲男子及婦人皆謂在國內者譙周亦以爲然並非鄭義今所不取也○下殤小功。帶澡麻不絕本。詘而反以報之。報猶合也下殤小功本齊衰之親其絰帶澡率治麻爲之帶不絕其本屈而上至要中合而糾之明親重也凡殤散帶垂○澡麻本又作藻音早一本無麻字不絕本或作不絕本非也○詘丘勿反澡率上音早下所律反又音律上時掌反糾居黝反徐居蚪反散先但反及下文注並同○【疏】下殤

至報之○正義曰謂本期親在下殤降在小功者服澡麻爲絰帶而斷麻根本示輕故也今若下殤在小功者則但首絰無根而要帶猶有根示其重故也故云帶澡麻不絕不絕謂不斷本也詘而反以報之者凡殤不糾要垂皆散其帶而此下殤則不散垂免麻嚮下又屈反嚮上故云屈而反也屈嚮上合而糾之故云報也○注報猶至帶垂○正義曰謂合糾爲繩賀瑒云下殤小功男子絰牡麻而帶澡婦人帶牡而絰澡故小功殤章云牡麻絰若依其次不應前帶故知前言男子之帶後言婦人之絰也云澡率治麻爲之者謂憂率其麻使其潔白也云帶不絕其本屈而上至要者其帶本垂今乃屈上至要也云中合而糾之明親重也者謂屈所垂散麻上至於要然後中分麻爲兩股合而糾之以垂嚮下也所以然者明親重也云凡殤散帶垂者謂成人大功以下之殤其殤既輕唯散麻帶垂而下不屈而上糾之異於下殤小功故也婦祔於祖姑。祖姑有三人。則祔於親者。謂舅之母死而又有繼母二人也親者謂舅所生○其妻爲大夫而卒。而后其夫不爲大夫。而祔於其妻。則不易牲。妻卒而后夫爲大夫。而祔於其妻。則以大夫牲。妻爲大夫夫爲大夫時卒不易牲以士牲也此謂始來仕無廟者無廟者不祔宗子去國乃以廟從○從才用反○爲父後者。爲出母無服。無服也者。喪者不祭故也。適子正體於上當祭祀也【疏】婦祔至故也○正義曰此一節明婦人祔祭之事各依文解之○祖姑有三人則祔於親者謂舅之母有三人親者謂舅之所生者言婦祔祖姑則祔於舅之所生者也○其妻爲大夫而卒者謂夫爲大夫時而妻死者也○而后其夫不爲大夫者謂妻死後夫或黜退不復爲大夫而死也而祔於其妻則不易牲者謂夫既不爲大夫死若祔祭此妻但依夫今所得用之牲不得易用昔大夫時牲○妻卒而后夫爲大夫而祔於其妻則以大夫牲者此謂妻死時夫未得爲大夫也妻死後夫乃得爲大夫今既祔祭其妻則得用大夫牲妻從夫之禮故也○注妻爲至廟從○正義曰此謂始來仕無廟者若其有廟則死者當祔於祖不得祔於其妻今夫死祔於其妻故知是無廟者若其宗子去他國乃以廟從則祔於祖矣○婦人不爲主而杖者。姑在爲夫杖。姑不厭婦母爲長子削杖。嫌服男子當杖竹也母爲長子服不可以重於子爲己也女子子在室。爲父母。其主喪者不杖。則子一人杖。女子子在室亦童子也無男昆弟使同姓爲攝主不杖則子一人杖謂長女也許嫁及二十而笄笄爲成人成人正杖也【疏】婦人至人杖○正義曰此一節論婦人應杖之節各隨文解之○姑在爲夫杖者鄭義唯謂出嫁婦人禮也若成人婦人在家爲父母雖不爲主亦杖若在夫家唯爲主乃杖故爲夫與長子雖不爲主亦杖若餘非爲主則不爲杖但夫是移天之重婦雖不爲主而杖而云姑在者主主適婦喪則厭適子使不杖今有姑在姑主子喪恐姑既爲主則亦厭婦明今姑雖爲主不厭婦也所以知鄭意然者注下經一人杖云女子子在室亦童子也成人則正杖又喪大記云主之喪二日婦人皆杖注云婦人皆杖謂主婦容妾爲君女子子在室者也故喪服傳云婦人何以

不杖亦不能病也。是爲鄭學者則謂爲童子婦人不能爲父母杖也。而難鄭者云：鄭以婦人不杖唯謂童子婦人，然童女未嫁，何以得稱婦人？又喪服傳云：童子何以不杖？不能病。乃云婦人何以不杖？亦不能病。明知婦人非童子也。故賀循等以爲婦人不杖，謂出嫁之婦人不爲主則不杖，其不爲主而杖者，唯姑在爲夫杖，故此記特明之。鄭必以爲童子婦人乃不杖者，鄭以此下經云女子子在室爲父母，其主喪者不杖，則子一人杖。既云女子子在室，是童女可知。云主喪者不杖，若主喪者杖，則此童女不杖。今由主喪者不杖，則此童女一人杖。鄭據此文，故知婦人謂童子之婦人也。若其成人出嫁婦人爲主皆杖，故喪大記云三日子夫人杖，五日授大夫世婦杖。喪服傳妻爲夫杖，小記云母爲長子杖，是成人婦人皆杖也。童女得稱婦人者，喪服小功章云爲姪庶孫丈夫婦人之長殤，是殤之童得稱婦人。未嫁而稱婦人者，以其將有適人之端，故得稱婦人也。○注「許嫁」至「杖也」。○正義曰：知許嫁及二十而笄爲成人正杖者，以其許嫁則已有出適人之理，非復在室。其雖未許嫁，已在二十而笄，猶男子之冠，非復童子，故知成人則正杖也。

○緦。小功。虞。卒哭則免。棺柩已藏，嫌恩輕，可以不免也。言「則免」者，則既殯先啓之間，雖有事不免。既葬而不報虞。則雖主人皆冠。及虞則皆免。有故不得疾虞。雖主人皆冠，不可久無飾也。皆免，自主人至緦麻。○報音赴，下同。冠如字，又古亂反，下及注皆同。○爲兄弟既除喪已。及其葬也。反服其服。報虞卒哭則免。如不報虞則除之。小功以下。○爲，于僞反，下注爲人君爲母、下文爲之小功皆同。遠葬者。比反哭者皆冠。及郊而后免反哭。墓在四郊之外。○比，必利反。○君弔。雖不當免時也。主人必免。不散麻。雖異國之君免也。親者皆免。不散麻者，自若絞垂。爲人君變，貶於大斂之前、既啓之後也。親者，大功以上也。異國之君免，或爲弔。○絞，古卯反。○〔疏〕「緦小」至「皆免」。○正義曰：此一節論著免之節，各隨文解之。○「緦小功虞卒哭則免」者，言遭緦小功之喪，棺柩在時，則當著免。今至虞卒哭之時，棺柩雖藏已久，至虞卒哭之時，亦著免也。○注「言則」至「不免」。○正義曰：言則免者，則既殯先啓之間，雖有事不免者，以經云虞卒哭則免，明未虞之前則不免也。虞前有葬，葬是喪之大事，棺柩既啓，著免可知。嫌虞與卒哭棺柩既掩，不復著免，故特言虞卒哭以明之也。○注「有故」至「緦麻」。○正義曰：前云赴葬者赴虞，於疾葬者疾虞，今依時而葬，不依時而虞，主人以下則皆冠，不可久無飾也。經云及虞則皆免，承上文緦小功之下，故知主人及緦麻皆免也。○「遠葬」至「反哭」。○遠葬者，謂葬在四郊外遠處。○「比反哭者皆冠」者，既葬在遠處郊野之外，不可無飾，故至葬訖臨欲反哭之時，乃皆著冠。○「及郊而后免反哭」者，謂著冠至郊而后去冠著免，反哭於廟。○「君弔」至「皆免」。○凡大斂之前著免，大功以上散麻；大斂以後著冠，不散麻，糾其垂也。至將葬啓殯之後，已葬之前，亦免，大功以上亦散麻。若君弔，雖不當免時，必爲之著免，不散麻，帶貶於大斂之前及既啓之後。○「雖異國之君免也，親者皆免」者，已君之來，其免如此，雖他國君來，與已國君同，主人爲之著免，主人既免，大功以上親者皆從主人之免，敬異國君也。異國之君尚然，已君來弔，主人著免，則親者亦免可知也。○注「不散」至「爲弔」。○正義曰：不散麻者，自若絞垂者，若，如也。大斂以前散麻帶垂，大斂畢後絞其垂者。今人君來弔，自如尋常絞垂，不散麻也。所以然者，爲人君變貶於大斂之前及既啓之後也。云「親者，大功以上也」者，以經云不散麻，謂大功以上，今云親者皆免，明據應合散麻之人，故云大功以上也。云「異國之君免，或爲弔」者，以經中既免字非一，恐皆或爲弔，故云異國之君免一字或爲弔也。

除殤之喪者。其祭也必玄。殤無變文，不縞冠，玄端黃裳而祭，不朝服，未純吉也。於成人爲釋禫之服。○朝，直遙反，下文同。○除成喪者。其祭也朝服縞冠。成，成人也。縞冠，未純吉祭服也。既祥祭乃素縞麻衣。〔疏〕「除殤」至「縞冠」。○正義曰：此一節明除殤及成人之喪，各依文解之。○「除殤之喪」者，謂除長殤、中殤、下殤之喪。「其祭也必玄」者，其除喪祭服必玄冠玄端黃裳，異於成人之喪也。○注「殤無」至「之服」。○正義曰：殤無變者，無虞卒哭及練之變服。所以然者，文不縟，本服既重者，意在於質，不在繁縟。若成人喪服，初除著朝服，禫祭始從玄端。今除殤之喪，即從禫服，是文不繁縟也。故鄭注喪服云：「縟，數也。」「玄冠玄端黃裳而祭，不朝服，未純吉也」者，以經云必玄，故知玄冠玄端也。知黃裳者，若其素裳，則與朝服純吉同，故知黃裳也。知不玄裳者，以玄黃相對之色，故知釋禫之服。若云玄裳，即與上士吉服玄端同文，非釋禫服也。○「除成喪者，其祭也朝服縞冠」。○成喪，謂成人之喪。其祥祭也，衣朝服而縞冠。所以朝服縞冠者，未純吉也。○注「縞冠」至「服也」。○正義曰：大夫朝服而祭，朝服者，玄冠、緇衣、素裳，是純吉之祭服也。今用縞冠，是未純吉之祭服也。○

○奔父之喪。括髮於堂上。袒。降踊。襲絰于東方。奔母之喪。不括髮。袒於堂上。降踊。襲免于東方。絰即位成踊。出門。哭止。三日而五哭三袒。凡奔喪，謂道遠，已殯乃來也。爲母不括髮，以至成服，一而已，貶於父也。即位以下，於父母同也。三日五哭者，始至訖夕反位哭，乃出就次，一哭也，與明日、又明日之朝夕而五哭。三袒者，始至袒，與明日、又明日之朝而三也。〔疏〕「奔父」至「三袒」。○正義曰：此一節論奔喪之法。○「奔父之喪，括髮於堂上」者，於殯宮堂上，不笄纚者，奔喪異於初死也。○「袒降踊，襲絰于東方」者，袒謂堂上去衣，降堂阼階東而踊，爲踊故袒。既畢，襲絰于東方。襲謂掩所袒之衣，帶絰。東方謂東方既踊畢，升堂襲帶絰于東序東。○「奔母之喪，不括髮」者，初時括髮，至又哭以後，至於成服，不括髮。○「袒於堂上，降踊」者，與父同。○「襲免于東方」者，東方亦東序東。父則括髮而加絰，母則不括髮而加免，此是異於父也。此東方，奔喪禮皆爲東序東。○「絰即位成踊」者，著免加絰已後，即位於阼階之東而更踊，故云成踊。其即位成踊，父母同。於此之時，賓來弔者則拜之，奔喪禮所謂「反位，拜賓，成踊」是也。○「出門哭止」者，出殯宮之門，就於廬，故哭者止。初來一哭，與明日、又明日朝夕之哭，爲五哭也。○「三袒」者，初至袒，明日朝袒，又明日朝袒，故爲三袒。雖其初死在家之時，哭踊無節，今聞喪已久，奔喪禮殺，故三日五哭，異於在家也。○注「凡奔」至「三也」。○正義曰：此謂已殯而來者。若未殯之前而來，當與在家同，不得減殺也。云「即位以下，於父母同也」者，約奔喪禮文，故知同也。三日五哭三袒，鄭約初來及明日、又明日朝夕之節而知也。

○適婦不爲舅後者。則姑爲之小功。謂夫有廢疾他故，若死而無子，不受重者。小功，庶婦之服也。凡父母於子，舅姑於婦，將不傳重於適，及將所傳重者非適，服之皆如庶子庶婦也。○〔疏〕「適婦」至「小功」。○正義曰：適子之婦不爲舅後者，則姑爲之服庶婦小功而已。○注「謂夫」至「婦也」。○正義曰：夫有廢疾他故，若死而無子，不受重者，鄭知此者，以其經稱適婦，明是適子之婦，今云不爲舅後，明知是夫有廢疾及他故死而無子者也。云「小功，庶婦之服也」者，以父母於子，適者正服期，則適婦宜大功，庶婦故小功也。云「將不傳重於適」者，如上所云廢疾也故死而無子之屬是也。云「及將所傳重非適」者，爲無適子，以庶子傳重，及養他子爲後者也。

禮記注疏卷三十三挍勘記　阮元撰盧宣旬摘錄

喪服小記

絰殺五分而去一節

絰殺至如絰　惠棟挍宋本無此五字。

苴絰大搹　考文引宋板同，閩監毛本苴誤首，衛氏集說同。

除喪者先重者節

婦人除乎帶　惠棟挍宋本同，宋監本同，岳本同，嘉靖本同，衛氏集說同，考文引古本、足利本同。閩監毛本帶誤要。

除喪至輕者　惠棟挍宋本無此五字。

及除脫之義　惠棟挍宋本作除，衛氏集說同。此本除誤餘，閩監毛本同。

以其所重故也　惠棟挍宋本同，衛氏集說同。閩監毛本故誤要。

但以麻易男要女首　惠棟挍宋本如此，衛氏集說同。此本男要二字闕，閩監毛本男要誤故男。

復與書銘節

復與至書氏　惠棟挍宋本無此五字。

故復及銘皆書稱名也　閩監毛本同。浦鏜挍云：書字當在銘字上。

若妾有不知姓者當稱氏矣　考文引宋板同，衛氏集說同。閩監毛本當誤常。

斬衰之葛節

麻同皆兼服之　惠棟挍宋本有此一句，在齊衰之葛節注七十六之下，石經同，宋監本同，岳本同，嘉靖本同，衛氏集說同，陳澔集說同，考文引古本、足利本同。石經考文提要云：宋大字本、宋本九經本、南宋巾箱本、余仁仲本、劉叔剛本、至善堂九經本並如此。毛本亦有，惟同字作葛。此本六字脫，閩監本同。岳本考證云：永懷堂本脫此句。

皆者皆上二事也兼服之謂服麻又服葛也男子則絰上服之葛帶下服之麻婦人則絰下服之麻同自帶其故帶也所謂易服易輕者也兼服之文主於男子　此六十一字係麻同皆兼

服之注惠棟按宋本有宋監本同岳本同嘉靖本同衛氏集說同惟無皆者皆上二事也七字毛本亦有惟囡自帶之帶誤當兼服之文文誤又此本全脫閩監本同
斬衰至服之惠棟按宋本無此五字
麻同皆兼服之者惠棟按宋本同衛氏集說同閩監毛本同誤葛
兼服謂服麻又服葛也惠棟按宋本作又此本又字闕閩監毛本又作兼
案喪服傳云苴絰大搹惠棟按宋本同閩監毛本苴誤首衛氏集說同下就苴雜九寸之中同
凡笄之法閩監毛本同衛氏集說笄作筭浦鏜按笄改筓。按筓俗字也筭又筓之誤
納子餘分以爲積數惠棟按宋本亦作納衛氏集說同閩監毛本納誤約
但其事繁碎惠棟按宋本同衛氏集說同閩監毛本繁誤繫
同自帶其故帶也者閩監毛本同惠棟按宋本同作囡

報葬者報虞節

報葬至卒哭惠棟按宋本無此五字
謂是安神惠棟按宋本謂作虞是也閩監毛本並誤謂
而待齊哀殺也惠棟按宋本哀上無齊字此誤衍也閩本同監毛本誤作而待齊哀殺也

父母之喪節

喪之隆衰宜從重也惠棟按宋本作衰考文引古本同此本衰誤哀閩監毛本同岳本同嘉靖本同衛氏集說同
父母至斬衰惠棟按宋本無此五字
卒事之後還服父服閩監毛本同惠棟按宋本後還作日反衛氏集說同

大夫降其庶子節

大夫至之喪惠棟按宋本無此五字
其子亦不敢服閩監毛本同惠棟按宋本無其字

夫爲人後者節

以不貳降考文引宋板作隆衛氏集說同此本隆作降閩監毛本同岳本同嘉靖本同釋文出不貳降云本作隆盧文弨按云宋本作隆是也
夫爲至大功惠棟按宋本無此五字
人生不及祖之徒惠棟按宋本作祖衛氏集說同此本祖誤相閩監本同毛本及祖誤相及
熊氏云然恐賀義未盡善也閩監本同毛本脫然字惠棟按宋本也作矣

士祔於大夫節

士祔至易牲惠棟按宋本無此五字
依主人之貴賤禮供之惠棟按宋本作亡此本亡誤主閩監毛本同

哭朋友者節閩監毛本祔葬者不筮宅提行別爲一節惠棟云哭朋至南面正義二則宋本接在門外寢門外之下衛氏集說分節同

哭朋至南面惠棟按宋本無此五字
以對荅弔賓閩監毛本同惠棟按宋本賓作客衛氏集說同

士大夫不得祔於諸侯節

士大至於士惠棟按宋本無此五字
諸祖祖之兄弟也閩本同惠棟按宋本同衛氏集說同監毛本下祖誤祔

宗子母在節。

宗子至妻禫惠棟按宋本無此五字
則杖有不禫禫有不杖者案不禫字下。誤衍監本同
小記篇云庶子在父之室閩監毛本同惠棟按宋本篇作又
庶子不得爲妻杖也惠棟按宋本作禫此本禫誤杖閩監毛本同

爲慈母後者節

父之妾無子者閩監本岳本嘉靖本衛氏集說同毛本父誤夫
爲慈至可也惠棟按宋本無此五字
母道舊定不假須父命之考文引宋板同閩監毛本假須作須假

爲父母妻長子禫節

日所爲禫者也惠棟按宋本日作目正義同宋監本同嘉靖本同衛氏集說同考文引古本足利本同此本目誤日閩監毛本目作自岳本同
爲父至子禫惠棟按宋本無此五字
鄭云自所爲禫者閩監毛本同惠棟按宋本自作目衛氏集說同

丈夫冠而不爲殤節

丈夫冠而不爲殤閩監毛本同石經同岳本同嘉靖本同衛氏集說同浦鏜按云丈夫冠賈公彥士冠禮疏及楊復齋儀禮圖喪服殤大功九月七月章引此皆作大夫按文與婦人相對似作丈夫爲正但賈楊所見本不應並誤今此節疏義不存無可考按姑闕所疑以俟達者按集說載山陰陸氏云不言男子女子言丈夫婦人則以冠宜有丈夫之道笄宜有婦德故也審陸此言是宋所見本亦作丈夫也。按賈氏士冠疏誤耳
未許嫁與丈夫同閩監毛本同岳本同嘉靖本同惠棟按宋本同下有也字衛氏集說同考文引古本同
爲殤至服之惠棟按宋本無此五字
此一節論宗子殤死閩監毛本同考文引宋板節作經衛氏集說
以其父無殤義故也閩監本同衛氏集說同毛本無誤爲
既不與殤爲子閩本同惠棟按宋本同衛氏集說同監毛本與誤爲
依其班秩如本列也閩監本同毛本如誤也
不責人以非時之恩惠棟按宋本同衛氏集說同閩監本恩誤思
故推此時本親兄弟惠棟按宋本作推衛氏集說同此本推誤折閩監毛本同

久而不葬者節

久而至則已惠棟按宋本無此五字
故謂此在不除之例閩監毛本同續通解無故字
不俟言而明矣閩監本同毛本矣字脫
謂庾言爲是閩監本同毛本言字脫

箭笄終喪三年節

箭笄終喪三年閩監毛本同石經同岳本同嘉靖本同衛氏集說同段玉裁按云注自卷持蒙齊衰惡笄帶以終喪而言則此箭笄下亦當有帶字
箭笄終喪三年惠棟按宋本無此六字

齊衰三月節

齊衰三月閩監本同石經同岳本同嘉靖本同衛氏集說同考文引宋板同毛本月誤日
齊衰至繩屨惠棟按宋本無此五字
大功以上同名重服惠棟按宋本作上衛氏集說同此本上誤下閩監毛本同
所以同其末屨以表恩而不同也考文引宋板同閩監毛本末作麻而作無

練筮日節

練筮至筮尸惠棟按宋本無此五字
此一經論練祥筮日筮尸之時閩監毛本同衛氏集說筮尸下有視濯二字
故孝子便去杖亦敬生故也閩本同考文引宋板同衛氏集說同監毛本生作賓
則非祥後之服閩監毛本同衛氏集說同續通解則作明
故引以證之惠棟按宋本有之字衛氏集說同此本之字脫閩監毛本同

庶子在父之室節

舅不主妾之喪閩監毛本同岳本同嘉靖本同衛氏集說同盧文弨挍云足利古本妾作庶妻似當作庶子妻

庶子至可也惠棟挍宋本無此五字

禫爲服外故微奪之可惠棟挍宋本同閩監毛本可作耳

按祖不厭孫惠棟挍宋本同續通解同閩監毛本按誤於

猶如庶子之子亦非厭也惠棟挍宋本如此閩本子亦二字闕此本子亦誤者非監毛本同

若妻次子既非正嗣惠棟挍宋本作正衛氏集說同此本正誤丌閩監毛本正誤冢

言卽位如似適婦之喪惠棟挍宋本同閩監毛本似作依

今嫌爲妻亦得杖惠棟挍宋本同閩監毛本嫌誤姑

諸侯弔於異國之臣節

諸侯至錫衰惠棟挍宋本無此五字

若自弔己臣惠棟挍宋本同衛氏集說同閩監毛本自誤曰

主人必免者此承上也毛本同閩監本者誤著

今鄰國君弔君爲之主閩毛本同監本弔誤○

是殯後乃成服也惠棟挍宋本亦作後監毛本後誤也閩本後誤乃

養有疾者節

則不易己之喪服惠棟挍宋本同石經同岳本同衛氏集說同閩監毛本己誤巳嘉靖本同

養有至者否惠棟挍宋本無此五字

親族有疾患者養之法閩監毛本同衛氏集說同盧文弨本疾改病

疾者既死無生後閩監本同毛本生作主衛氏集說同

本有喪謂有前喪之服也惠棟挍宋本同閩監毛本謂誤服

妾無妾祖姑者節

妾無至可也惠棟挍宋本無此五字

今又無高祖妾祖姑惠棟挍宋本同閩監毛本又作妾

婦之喪虞卒哭節

婦之至爲主惠棟挍宋本無此五字

虞與卒哭其在於寢按其當作具

士不攝大夫惠棟挍宋本如此此本作士不至宗子閩監毛本同

陳器之道節

陳器至可也惠棟挍宋本無此五字

故既夕禮注云閩本作夕惠棟挍宋本同此本夕誤名監毛本同

奔兄弟之喪節

而後之家閩監毛本同石經同岳本嘉靖本衛氏集說同惠棟挍宋本後作后宋監本同○按經傳多借后爲後

而后之墓惠棟挍宋本同石經同宋監本同岳本嘉靖本衛氏集說同閩監毛本后作後

奔兄至之墓惠棟挍宋本無此五字

與諸侯爲兄弟者節

恐彼此俱作諸侯爲之服斷惠棟挍宋本作彼衛氏集說同此本彼誤經閩監毛本同

或服本義之服惠棟挍宋本義作親是也閩監毛本並誤義

故知客在異國也閩監毛本同惠棟挍宋本客作容衛氏集說同

據本國經爲卿大夫者也閩本同惠棟挍宋本同監毛本經作輕

外宗爲君夫人如內宗惠棟挍宋本同閩監毛本夫人誤大夫

下殤小功節

帶澡麻不絕本各本同石經同釋文出不絕云本或作不絕本非也按正義云故云帶澡麻不絕謂不斷本也是正義本亦無本字也

澡率治麻爲之惠棟挍宋本作之宋監本同岳本同嘉靖本同衛氏集說同此本之誤絰閩監毛本同

凡殤散帶垂毛本作帶岳本同嘉靖本同衛氏集說同此本帶誤絕閩監本同釋文出散帶正義同

下殤至報之惠棟挍宋本無此五字

服澡麻爲絰帶惠棟挍宋本同衛氏集說同閩監毛本絰誤輕

婦祔於祖姑節惠棟云婦祔節宋本分爲父後以下半節合下婦人不爲主節爲一節

謂舅之母死惠棟挍宋本作之宋監本同岳本同嘉靖本同衛氏集說同考文引古本足利本同此本之誤姑閩監毛本同

適子正體於上當祭祀也惠棟挍宋本作祀岳本同嘉靖本同考文引古本足利本同此本祀誤禮閩監毛本同衛氏集說同

婦祔至故也惠棟挍宋本無此五字

婦人不爲主節

母爲長子削杖惠棟挍宋本同石經同宋監本同嘉靖本同衛氏集說同閩監毛本杖誤長

母爲長子服各本同釋文無長字

婦人至人杖惠棟挍宋本無此五字

但夫是移天之重惠棟挍宋本作天衛氏集說同此本天誤夫閩監毛本同山井鼎云宋板爲是唐柳宗元文移天夙喪注女子家則父天嫁則夫天故曰移

又喪大記云主之喪二日閩監本同毛本二作三非考文引宋板主作士是也

童女得稱婦人者惠棟挍宋本同閩監毛本女誤子

緦小功節

不可久無飾也惠棟挍宋本作飾宋監本同岳本同嘉靖本同衛氏集說同按正義亦作飾此本飾誤節閩監本同

遠葬者比反哭者閩監本同石經同岳本同嘉靖本同衛氏集說同毛本哭誤器

不散麻者自若絞垂毛本同岳本同嘉靖本同衛氏集說同閩監本散誤敢

緦小至皆免惠棟挍宋本無此五字

除殤之喪者節

文不縞冠元端閩監毛本同嘉靖本同衛氏集說同岳本縞作縞釋文出不縞段玉裁按本從九經三傳沿革例作文不縞元冠元端按段是也盧文弨挍亦依疏冠上增元字

除殤至縞冠惠棟挍宋本無此五字

適婦不爲舅後者節

適婦不爲舅後者閩監毛本同石經同岳本同嘉靖本同衛氏集說同陳澔集說舅下衍姑字

皆如庶子庶婦也閩監毛本同嘉靖本同衛氏集說同惠棟挍宋本上庶作衆岳本同考文云足利本下庶作衆

適婦至小功惠棟挍宋本無此五字

則姑爲之服庶婦小功而已考文引宋板之上無爲字衛氏集說同此誤衍也閩監毛本同

以父母於子適者正服期閩監本同毛本子適二字倒

爲後者也惠棟挍宋本此下標禮記正義卷第四十三終記云凡二十四頁

附釋音禮記注疏卷第三十四

禮記　鄭氏注　孔穎達疏

大傳第十六○陸曰鄭云以其記祖宗人親之大義故以大傳爲篇〔疏〕正義曰案鄭目錄云名曰大傳者以其記祖宗人親之大義此於別錄屬通論

禮。不王不禘。王者禘其祖之所自出。以其祖配之。凡大祭曰禘自由也大祭其先祖所由生謂郊祀天也王者之先祖皆感大微五帝之精以生蒼則靈威仰赤則赤熛怒黃則含樞紐白則白招拒黑則汁光紀皆用正歲之正月郊祭之蓋特尊焉孝經曰郊祀后稷以配天配靈威仰也宗祀文王於明堂以配上帝汎配五帝也○不王如字又于況反下同禘徒細反下同大微音泰下文注大祖大王皆同熛必遙反樞昌朱反紐女九反拒俱甫反叶本又作汁戶牒反汎配芳劒反 諸侯及其大祖。大祖受封君也 大夫士有大事。省於其君。干祫及其高祖。大事寇戎之事也省善也善於其君謂免於大難也干猶空也空祫謂無廟祫祭之於壇墠○省舊仙善反案爾雅云省卽訓善息靖反無煩改字祫徐音洽難乃旦反壇大丹反墠音善〔疏〕禮不至高祖○正義曰此一節論王及諸侯大夫士祭先祖之義各隨文解之○此禘謂郊祭天也然郊天之祭唯王者得行故云不王不禘○也王者禘其祖之所自出以其祖配之者此文具於小記於彼已釋之○注禮大至帝也○正義曰案爾雅釋天云禘大祭也此禘謂祭天云王者之先祖皆感大微五帝之精以生者案師說引河圖云慶都感赤龍而生堯又云堯赤精舜黃禹白湯黑文王蒼又元命包云夏白帝之子殷黑帝之子周蒼帝之子是其王者皆感大微五帝之精而生云蒼則靈威仰至汁光紀者春秋緯文耀鉤文云皆用正歲之正月郊祭之者案易緯乾鑿度云三王之郊一用夏正云蓋特尊焉者就五帝之中特祭所感生之帝是特尊焉注引孝經云郊祀后稷以配天者證禘其祖之所自出以其祖配之又引宗祀文王於明堂以配上帝者證文王不特配感生之帝而汎配五帝矣○諸侯及其大祖大祖始封君也諸侯非王不得郊天配祖於廟及祭大祖耳○大夫士有大事省於其君干祫及其高祖○省善也干空也空祫謂無廟也大夫士知識劣於諸侯故無始封之祖若此大夫士有勳勞大事爲君所善者則此是識深故君許其祫祭至於高祖但無始祖廟雖得行祫唯至於高祖並在於壇空而祫之故云空祫及其高祖也祭法云大夫二廟二壇顯考無廟雖是無廟而有壇爲祈禱而祭之今唯云及高祖是祫不及始祖以卑故也然此對諸侯爲言言文庶爲大夫士者耳若適爲大夫亦有大祖故王制云大夫三廟一昭一穆與大祖之廟而三是也師說云大夫有始祖者鬼其百世若有善於君得祫則亦祫於大祖廟中徧祫大祖以下也○注祭之於壇墠○正義曰案祭法大夫二壇則大夫無墠而此言墠者通言耳或通云上士二廟一壇下士一廟無壇若有功當爲墠而祫祭之也 牧之野。武王之大事也。既事而退。柴於上帝。祈於社。設奠於牧室。柴祈奠告天地及先祖也牧室牧野之室也古者郊關皆有館焉先祖者行主也○ 遂率天下諸侯。執豆籩。逡奔走。逡疾也疾奔走言勸事也周頌曰逡奔走在廟○逡息俊反注同 追王大王亶父。王季歷。文王昌。不以卑臨尊也。不用諸侯之號臨天子也文王稱王早矣於殷猶爲諸侯於是著焉○追王于況反亶丁但反父音甫著知慮反〔疏〕牧之至尊也○正義曰此一節論武王伐紂率領諸侯以祭祖廟追王大王王季上尊祖禰之事與前相接也○牧之野武王之大事也者言牧野之戰是武王之事大者也○既事而退者既戰罷而退也○柴於上帝者謂燔柴以告天祈於社者陳祭以告社也設奠於牧室者設此奠祭於牧野之館室以告行主也○遂率天下諸侯者上言告祭既訖遂率領天下諸侯執豆籩疾奔走而往在廟祭先祖於此之時乃追王大王大王名亶父者又追王王季歷及文王昌尊爲王所以然者不以諸侯之卑號臨天子之尊也○注古者至主也○正義曰知郊關有館者遺人云凡國野十里有廬三十里有宿五十里有市道路尚然明郊關亦有館舍鄭言此者證牧野有室云先祖者行主也者案曾子問篇云古者師行必以遷廟主行故甘誓云用命賞于祖此武王所載行主者也案周本記云載文王木主以其成文王之業故不載遷廟主其社則在野外祭之故不在牧室此社是土地之神故鄭云柴祈告天地也○注周頌至在廟○正義曰周頌所云謂周公攝政七年祭清廟此經逡奔走謂武王伐紂而還告廟其事不同引之者證奔走不異故引之知執豆籩行還告廟者以此經上云柴祈設奠下云遂率天下諸侯是柴祈禮畢故武成云丁未祀于周廟駿奔走執豆籩而皇氏云爲柴祈奠於牧室之時諸侯執豆籩非此經文之次又與武成違其義非也○注不用至著焉○正義曰案此武王追王大王亶父王季歷文王昌案合符后云文王立后稷配天追王大王亶甫王季歷與此不同者文王暫追王王耳號諡未定至武王時乃定之矣中庸云周公追王大王王季者謂以王禮改葬耳不改葬文王者先以王禮葬故也此大王王季追王者王迹所由興故追王也所以追王者以子爲天子而不以卑臨尊若非王迹所由不必追王也故小記云父爲士子爲天子諸侯祭以天子諸侯其尸服以士服是也周語云先王不窋武成云先王建邦啓土謂后稷皆稱先王者以王者之先祖故通稱先王也契玄王與此同矣文王稱王早矣者土無二王一殷紂尚存卽爲早所以早稱王者案中候我應云我稱非早一民固下注云一民心固臣下雖於時爲早於年爲晚矣故周本記云文王受命六年立靈臺布王號於時稱王九十六也故文王世子云君王其終撫諸是也文王既稱王文王生雖稱王號稱猶未定故武王追王乃定之耳 ○上治祖禰。尊尊也。下治子孫。親親也。旁治昆弟。合族以食。序以昭繆。別之以禮義。人道竭矣。治猶正也繆讀爲穆聲之誤也竭盡也○禰本或作祢年禮反繆音木別彼列反下至其庶姓別文注並同繆讀莫侯反又音謬〔疏〕上治至竭矣○正義曰此一節論武王伐紂之後因治親屬合族之禮敘昭穆之事○上治祖禰尊尊也者治猶正也上正治祖是尊其尊也○下治子孫親親也者下正於子孫是親其親也上主尊敬故云尊尊下主恩愛故云親親○旁治昆弟者謂旁正昆弟逾遠疏也○合族以食者言旁治昆弟之時合會族人以食之禮又次序族人以昭穆之事所謂旁治昆弟也○別之以禮義人道竭矣者揔結上治祖禰下治子孫旁治昆弟言此三事皆分別之以禮義使人義之道理竭盡於此矣 聖人南面而聽天下。所且先者五。民不與焉。且先言未遑餘事聽體寧反與音預 一曰治親。二曰報功。三曰舉賢。四曰使能。五曰存愛。功功臣也存察也察有仁愛也 五者一得於天下。民無不足。無不贍者。五者一物紕繆。民莫得其死。物猶事也紕繆猶錯也五事得則民足一事失則民不得其死明政之難○贍本又作贍食艷反紕匹彌徐孚夷反又方齊反繆音謬本或作謬 聖人南面而治天下。必自人道始矣。人道謂此五事 立權度量。考文章。改正朔。易服色。殊徽號。異器械。別衣服。此其所得與民變革者也。權稱也度丈尺也量斗斛也文章禮法也服色車馬也徽號旌旗之名也器械禮樂之器及兵甲也衣服吉凶之制也徽或作禕○量音亮注同正音征徽許韋反械戶戒反別彼列反稱尺證反禕許韋反 其不可得變革者則有矣。親親也。尊尊也。長長也。男女有別。此其不可得與民變革者也。四者人道之常○長長並丁丈反後除注隸者長並同別彼列反○〔疏〕聖人至者也○正義曰此一節廣明聖人受命以臨天下有不可變革及有可變革之事各隨文解之云所且先者五謂聖人卽位未遑餘事所且欲先行者而有五種之事也卽下云一曰治親之屬是也民不與焉者言此五事皆王者所急行民不得干與焉言民未行也以治報親功之事皆非民所行故不得干與焉○一曰治親者此治親卽鄉者三事三事若正則於家國皆正故急在前○二曰報功者旣已正親故下文報於有功勞者使爲諸侯之屬是也緩於親親故次治親○三曰舉賢者雖已報於有功若巖穴有賢德之士未有功者舉而用之報功宜急此又次也○四曰使能者能謂有道藝旣無功德又非賢能而有道藝亦祿之使各當其職也輕於賢德故次之○五曰存愛者存察也愛仁也治親報功舉賢使能爲政旣足又宜察於民下側陋之中者若有雖非賢能而有仁愛之心亦賞異之○五者一得於天下者謂上五事一皆得行於天下則民無有不足無有不賙贍者贍是優足之餘也○五者一物紕繆者謂此五事之中但有一事紕繆則民莫得其死莫無也言無得以理壽終而死也聖人南面而治天下必自人道始矣者人道卽治親報功舉賢使能存愛是以理相承順之道聖人先以此爲始故云必自人道始也○立權度量者此一經至與民變革者也廣明損益之事並輕故可隨民與變改革也權謂稱錘度謂丈尺量謂斗斛也言新制天下必宜造此物也○考文章者考校也文章國之禮法也○改正朔者正謂年始朔謂月初言王者得政示從我始改故用新隨寅丑子所損也周子殷丑夏寅是改正也周夜半殷雞鳴夏平旦是易朔也○易服色者服色車馬也易之謂各隨所尙赤白黑也○殊徽號者殊別也徽號旌旗也周大赤殷大白夏大麾各有別也異器械者器爲楬豆房俎禮樂之器也械謂戎路革路兵甲之屬也別衣服者周吉服九章虞以十二章殷凶不厭賤周貴則降卑也○此其所得與民變革者也結權度量以下諸事是末故可變革與民爲

新亦示禮從我始也○注文章至制也○正義曰禮法謂夏殷周損益之禮是也云服色車馬也者謂夏尚黑殷尚白周尚赤車之與馬各用從所尚之正色也云徽號旌旗之名也者謂周禮九旗是也然九旗之外又有小旌旗故司常云官府各象其事州里各象其名家各象其號與此同也鄭引士喪禮云爲銘各以其物亡則以緇長半幅赬末長終幅廣三寸是徽號與此同矣

○同姓從宗。合族屬。異姓主名治際會。名著而男女有別。合，合之宗子之家序昭穆也異姓謂來嫁者也主於母與婦之名耳際會昏禮交接之會也著明也母婦之名不明則人倫亂也亂者若衛宣公楚平王爲子取而自納焉○際音祭著知慮反爲于僞反下相爲同

【疏】同姓至有別○正義曰此一節論同姓從宗異姓主名明男女有別之事各隨文解之○同姓從宗者同姓父族也從宗謂從大小宗也○合族屬者謂合聚族人親疏使昭爲一行穆爲一行同時食故曰合族屬也○異姓主名治際會者異姓謂他姓之女來爲已姓之妻繫夫之親主爲母婦之名夫若父行則主母名夫若子行則主婦名治正也際會所以主此母婦之名正昏姻交接會合之事○名著而男女有別者若母婦之名著則男女尊卑異等各有分別不相淫亂有所以別若母婦之名異人也猶萬物皆各有名以相分別天子賜姓賜氏諸侯但賜氏不得賜姓降於天子也故隱八年左傳云無駭卒公問族於衆仲衆仲對曰天子建德因生以賜姓胙之土而命之氏諸侯以字爲謚因以爲族官有世功則有官族邑亦如之以此言之天子因諸侯先祖所生賜之曰姓杜預云若舜生嬀汭賜姓曰嬀封舜之後於陳以所封之土命爲氏舜後姓嬀而氏曰陳故鄭駁異義云炎帝姓姜大皡之所賜也黃帝姓姬炎帝之所賜也故堯賜伯夷姓曰姜賜禹姓曰姒賜契姓子賜稷姓曰姬著在書傳如鄭此言是天子賜姓也諸侯賜卿大夫以氏若同姓公之子曰公子公子之子曰公孫公孫之子其親已遠不得上連於公故以王父字爲氏若適夫人之子則以五十字伯仲爲氏若魯之仲孫季孫是也若庶子妾子則以二十字爲氏則展氏臧氏是也若男女則以父祖官及所食之邑爲氏以官爲氏者則司馬司城是也以邑爲氏者若韓趙魏是也凡賜氏族者此爲卿乃賜有大功德者生賜以族若叔孫得臣是也雖公子之身若有大功德則以公子之字賜以爲族若仲遂是也其無功德死後乃賜族若無駭是也若子孫不爲卿其君不賜族子孫自以王父字爲族也氏族對之爲別散則通也故左傳云問族於衆仲下云公命以字爲展氏是也其姓與氏散亦得通故春秋有姜氏子氏姜子皆姓而云氏是也○注若衞至納焉○正義曰案春秋左氏傳桓十六年初衞宣公烝於夷姜生急子娶於齊而美公取之生壽及朔又昭十九年左傳楚平王郥陽封人之女奔之生大子建爲大子建取秦女而美平王自納之是其淫亂之事也

其夫屬乎父道者。妻皆母道也。其夫屬乎子道者。妻皆婦道也。言母婦無昭穆於此統於夫耳母焉則尊之婦焉則卑之尊之卑之明非已倫以厚別也○屬音燭　謂弟之妻婦者。是嫂亦可謂之母乎。言不可也謂之婦與嫂者以其在已之列以名遠之耳復謂嫂爲母則令昭穆不明昆弟之妻夫之昆弟不相爲服不成其親也男女無親則遠於相見○嫂本又作嫂悉早反遠于萬反下同復扶又反令力呈反　名者。人治之大者也。可無慎乎。人治所以正人○治直吏反注同

【疏】其夫至道也○正義曰此一經言他姓婦人來嫁已族本無昭穆於已親惟繫夫尊卑而定母婦之號也○其夫屬乎父道者道猶行列也若其夫隨屬於已之父行者其妻皆即已之母行也故云妻皆母道也○其夫屬乎子道者妻皆婦道也者謂其夫隨屬於已之子行者其妻皆婦行也故婦人來嫁已伯父之列即謂之爲母也來嫁於已之子姪之行即謂之爲婦也○注言母至別也○正義曰云母婦無昭穆於此者此謂已之族也言他姓之女或爲婦或爲母先無昭穆於已之親族云統於夫耳者言所以有母婦名者謂繫統於夫始有母婦之名也云尊之卑之明非已倫以厚別也者謂之爲母者則尊敬之謂之爲婦者即卑遠之既尊卑縣絕明知非已之倫位所以厚重相分別之義也凡男女若無尊卑倫類相聚即淫亂易生爲無相分別也○謂弟至母乎○此一經論兄弟之妻相稱謂之義凡子行之妻乃謂之爲婦弟非子行其妻亦謂之婦者以兄弟同倫嫌相褻瀆弟雖非子行其妻同子行之妻謂之爲婦欲卑遠之弟妻既得爲婦號記者恐兄妻得爲母號故記者明之云是嫂亦可謂之母乎言嫂不可亦謂之爲母也然弟妻既得爲婦兄妻不可亦得爲母者然弟小於已妻必幼稚故可謂之爲婦而嫂不可借子妻之名謂之爲婦嫂雖是兄妻年必與已相頻既不甚縣絕何得謂之爲母且弟妻既爲婦兄妻又爲母便是昆弟之倫翻爲父子之例故嫂不可謂之爲母而借嫂老之名以爲兄妻之號也○注言不至相見○正義曰言不可者謂嫂不可爲母也云謂之婦與嫂者以其在已之列以名遠之耳者謂之婦者弟妻謂之嫂者兄妻以同子婦之弟之妻之在已之倫列恐相褻瀆故之弟妻假以在已之妻假以嫂老之名殊遠之也云復謂嫂爲母則令昭穆不明者既以子妻之名昭穆不明故不可也鄭注喪服亦云弟妻爲母則上下全亂名弟妻爲婦若又以諸父之妻名名兄之妻爲婦者卑遠之故謂之婦嫂者尊嚴之是嫂亦可謂之母乎言其不可也故言乎以疑之是弟妻可借婦名是兄妻不可借母名與此注正合無相違也而皇氏引諸儒異同煩而不當無所用也云昆弟之妻夫之昆弟不相爲服不成其親也者若男女尊卑隔絕相服成親義無混雜此兄弟之妻已之倫列若其成親爲服則數相聚見姦亂易生故令之無服所以疏遠本云以男女無親則遠於相見者以其全同路人恩親不接故云遠以相見○名者人治之大者也可無慎乎名謂母婦之名言得之則昭穆明失之則上下亂是人治之大者也可得不慎之乎言須慎名也

○四世而緦。服之窮也。五世袒免。殺同姓也。六世親屬竭矣。四世共高祖五世高祖昆弟六世以外親盡無屬名○免音問殺色界反徐所例反　其庶姓別於上。而戚單於下。昏姻可以通乎。問之也玄孫之子姓別於高祖五世而無服姓世所由生○戚千歷反單音丹婚姻如字　繫之以姓而弗別。綴之以食而弗殊。雖百世而昏姻不通者。周道然也。周之禮所建者長也姓正姓也始祖爲正姓高祖爲庶姓繫之弗別謂若今宗室屬籍也周禮小史掌定繫世辨昭穆○繫音計又戶計反別皇如字舊彼列反注及下同綴丁衞反連合也食音嗣定繫戶計反一音計

【疏】四世至然也○正義曰此一節論殷周統敘宗族之異各依文解之○四世而緦服之窮也者四世謂上至高祖以下至已兄弟同承高祖之後爲族兄弟相報緦麻是服盡於此故緦麻服窮是四世也爲親兄弟期一從兄弟大功再從兄弟小功三從兄弟緦麻共承高祖爲四世而緦服盡也○五世袒免殺同姓也者謂其承高祖之父者也言服袒免而無正服減殺同姓也○六世親屬竭矣者謂其承高祖之祖者也言不服袒免同姓而已故云親屬竭矣○其庶姓別於上者此作記之人以殷人五世以後可以通婚故將殷法以問於周云周家五世以後庶姓別於上與高祖不同各爲氏族不共高祖別自爲宗是別於上而戚單於下者戚親也單盡也謂四從兄弟恩親盡於下各自爲宗不相尊敬是單於下也○昏姻可以通乎者既庶姓也高祖以外轉廣遠分姓衆多故見姓別親盡雖昏姻可以通乎問其可通與否○注問之至由生○正義曰問之也者記者以殷法問周世後昏姻可以通否云玄孫之子姓別於高祖者祖父之父後至已五世而無服各事小宗因字因官爲氏是庶姓別於上○姓世所由生者據五世無服不相稟承各爲氏族故云姓世所由生○繫之至然也○前文記者以殷法而問此經者以周法而答言周法繫之以本姓而弗別若姬氏姜氏大宗百世不改也○綴之以食而弗殊者連綴族人以飲食之禮而不殊異也○雖百世而昏姻不通者雖相去百世而昏姻不得通○周道然也者言周法如此異於殷也○注周之至昭穆○正義曰姓正姓者對氏族爲正姓也云始祖爲正姓者若炎帝姓姜黃帝姓姬周姓姬本於黃帝齊姓姜本於炎帝宋姓子本於契是始祖爲正姓也云高祖爲庶姓者若魯之三桓慶父叔牙季友之後及鄭之七穆子游子國之後爲游氏國氏之等是也云若今宗室屬籍也者以漢之同宗有屬籍則周家繫之以姓是也云小史掌定繫世者周禮小史之官掌定帝繫世本知世代昭穆故云定繫世辨昭穆也

○服術有六。一曰親親。二曰尊尊。三曰名。四曰出入。五曰長幼。六曰從服。術猶道也親親父母爲首尊尊君爲首名世母叔母之屬也出入女子子嫁者及在室者長幼成人及殤也從服若夫爲妻之父母妻爲夫之黨服○夫爲妻于僞反下至其義然也注皆同

【疏】服術至從服○正義曰此一經明服術之異一曰親親者父母爲首次以妻子伯叔二曰尊尊者君爲首次以公卿大夫○三曰名者若伯叔母及子婦并弟婦兄嫂之屬也○四曰出入者若女子子在室爲入適人爲出及出繼爲人後者也○五曰長幼者長謂成人幼謂諸殤○六曰從服者即下從服有六等是也○注從服至黨服○正義曰案從服有六畧舉夫妻相爲而言之也

○從服有六。有屬從。子爲母之黨　有徒從。臣爲君之黨　有從有服而無服。公子爲其妻之父母　有從無服而有服。公子之妻爲公子之外兄弟　有從重而輕。夫爲妻之父母　有從輕而重。公子之妻爲其皇姑

【疏】從服至而重○正義曰從服有六者從術之中別有六種有屬從一也屬謂親屬以其親屬爲其支黨鄭云子爲母之黨是也鄭舉一條耳妻從夫夫從妻並是也○有徒從二也徒空也與彼無親空服彼之支黨鄭云臣爲君之黨鄭亦畧舉

一條妻爲夫之君妾爲女君之黨庶子爲君母之親子爲母之君母並是也○有從有服而無服三也鄭引服問篇云公子爲其妻之父母其妻爲本生父母期而公子爲君所厭不得服從是妻有服而公子無服是從有服而無服嫂叔無服亦是也○有從無服而有服四也鄭亦引服問篇云公子之妻爲公子之外兄弟也公子被君厭爲己外親無服而妻猶服之是從無服而有服娣姒亦是也○有從重而輕五也鄭引服問篇云夫爲妻之父母妻自爲其父母期爲重夫從妻服之三月爲輕是從重而輕也舅之子亦是也○有從輕而重六也鄭引服問云公子之妻爲其皇姑公子爲君所厭自爲其母練冠是輕其妻猶爲服期是從輕而重也

○自仁率親。等而上之至于祖。名曰輕。自義率祖。順而下之至于禰。名曰重。一輕一重。其義然也。自猶用也率循也用恩則父母重而祖輕用義則祖重而父母輕恩重者爲之三年義重者爲之齊衰然如是也○上時掌反【疏】自仁至然也○正義曰此一經論祖禰仁義之事也○自用也仁恩也率循也親謂父母也等差也子孫若用恩愛依循於親節級而上至於祖遠者恩愛漸輕故云名曰輕也○自義率祖順而下至於禰名曰重者○義主斷割用義循祖順而下之至於禰其義漸輕祖則義重故云名曰重也○一輕一重其義然也者言恩之與義於祖與父母互有輕重若義則祖重而父母輕若仁則父母重而祖輕一輕一重義宜也然如是也言人情道理宜則如是祖是尊嚴以上漸宜合輕父母恩愛漸近宜合重故云合其義然也故鄭云恩重者爲之三年義重者爲之齊衰言其事合宜如此矣案喪服條例衰服表恩若高曾之服本應緦麻小功而進以齊衰踰數等之服豈非爲尊重而然也至親以期斷而父母加三年寧不爲恩深故亦然矣

○君有合族之道。族人不得以其戚。戚君位也。君恩可以下施而族人皆臣也不得以父兄子弟之親自戚於君位謂齒列也所以尊君別嫌也○別彼列反【疏】君有至位也○正義曰此一經明人君既尊族人不以戚戚君明君有絕宗之道也○合族者言設族食燕飲有合食族人之道既管領族人族人不得以其戚屬上戚於君位皆不得以父兄子弟之親上親君位也○注所以至嫌也○正義曰不敢計己親戚與君齒列是尊君也兄弟相屬多有篡代之嫌今遠自卑退是別嫌疑也

○庶子不祭。明其宗也。庶子不得爲長子三年。不繼祖也。明猶尊也一統焉族人上不戚君下又辟宗乃後能相序○爲于僞反下爲其士注死爲之爲其妻爲之大功不相爲皆同辟音避別子爲祖。別子謂公子若始來在此國者後世以爲祖也繼別爲宗。別子之世適也族人尊之謂之大宗是宗子也○適丁歷反下文及注皆同繼禰者爲小宗。父之適也兄弟尊之謂之小宗有百世不遷之宗。有五世則遷之宗。百世不遷者。別子之後也。宗其繼別子之所自出者。百世不遷者也。宗其繼高祖者。五世則遷者也。尊祖故敬宗。敬宗尊祖之義也。

遷猶變易也繼別子別子之世適也繼高祖者亦小宗也先言繼禰者據別子子弟之子也以高祖與禰皆有繼者則曾祖亦有也則小宗四與大宗凡五【疏】庶子至義也○正義曰上經論人君絕宗此一節論卿大夫以下繼屬小宗大宗之義各依文解之○庶子不祭明其宗也者案小記云庶子不祭祖下文云不祭禰此直云不祭者嫌祖禰俱不祭但小記辨明上士下士故有不祭祖不祭禰之文此則摠而言之故直云不祭○庶子不得爲長子三年不繼祖也者案小記云庶子不爲長子斬不繼祖與禰故斬則三年與此一也小記文詳故云不繼祖與禰此文解畧故直云不繼祖也其義具在小記已備釋之○別子爲祖○前既云明其宗故此以下廣陳五宗義也別子謂諸侯之庶子也諸侯之適子適孫繼世爲君而第二子以下悉不得禰先君故云別子竝爲其後世之始祖故云爲祖也○注別子至祖也○正義曰別子謂公子者諸侯適子繼世爲君其適子之弟別於正適是諸侯之子故謂之別子也云若始來在此國者此謂非君之戚或是異姓始來在此國者故亦謂之別子以其別於在本國不來者○繼別爲宗○謂別子之適子世繼別子爲大宗也族人與之爲絕宗也五世外皆爲之齊衰三月母妻亦然○繼禰者爲小宗○謂父之適子上繼於禰諸兄弟宗之謂之小宗以本親之服服之○有百世不遷之宗此一經覆說大宗小宗之義并明敬宗所以尊祖也云有百世不遷之宗者謂大宗也云有五世則遷之宗者謂小宗也云百世不遷者別子之後也宗其繼別子之所自出者百世不遷者也此覆明大宗子百世不遷之義也云宗其繼高祖者五世則遷者也此覆明小宗五世則遷之義云尊祖故敬宗敬宗尊祖之義也者此摠結大宗小宗以大宗是遠祖之正體小宗是高祖之正體尊崇其祖故敬宗子所以敬宗子者尊崇先祖之義也○注遷猶至凡五○正義曰繼別子別子之世適也者解經宗其繼別子之文以是別子適子適孫世世繼別子故云別子之世適經云別子之所自出者自由也謂別子所由出或由此君而出或由他國而來後世子孫恒繼此別子故云繼別子之所自出云繼高祖者亦小宗也者以前文云繼禰者爲小宗是小宗定稱在於繼禰今此經云宗其繼高祖者緣無小宗之文故云繼高祖者亦小宗也云先言繼禰者據別子子弟之子也者鄭以經繼高祖爲小宗何以前文先云繼禰者爲小宗鄭釋此意先云繼禰者又承上繼別爲大宗之下則從別子言之別子子者別子之適子弟之子者別子適子之弟所生子也弟則是禰其長子則是小宗故云繼禰爲小宗因別子而言也云以高祖與禰皆有繼者則曾祖亦有也者鄭以此經文宗其繼高祖者上文云繼禰爲小宗是高祖與禰皆有繼文唯曾祖及祖無繼文故云明曾祖亦有也云小宗四與大宗凡五者小宗四謂一是繼禰與親兄弟爲宗二是繼祖與同堂兄弟爲宗三是繼曾祖與再從兄弟爲宗四是繼高祖與三從兄弟爲宗是小四并繼別子之大宗凡五宗也

○有小宗而無大宗者。有大宗而無小宗者。有無宗亦莫之宗者。公子是也。公子有此三事也公子謂先君之子今君昆弟【疏】有小至是也○正義曰以前經明卿大夫士有大宗有小宗以相繼屬此經明諸侯之子身是公子上不得宗君下未爲後世之宗不可無人主領之義各依文解之○有小宗而無大宗者謂君無適昆弟遣庶兄弟一人爲宗領公子禮如小宗是有小宗而無大宗○有大宗而無小宗者君有適昆弟使之爲宗以領公子更不得立庶昆弟爲宗是有大宗而無小宗也○有無宗亦莫之宗者公子唯一無他公子可爲宗是有無之宗亦無他公子來宗於己是亦莫之宗也公子是也言公子有此三事他人無唯公子也

公子有宗道。公子之公。爲其士大夫之庶者。宗其士大夫之適者。公子之宗道也。公子不得宗君君命適昆弟爲之宗使之宗之是公子之宗道也所宗者適則如大宗死爲之齊衰九月其母則小君也爲其妻齊衰三月無適而宗庶則如小宗死爲之大功九月其母妻無服公子唯己而已則無所宗亦莫之宗○唯己音紀【疏】公子至道也○正義曰此一節覆說上公子宗道之意云公子有宗道一句爲下起文言公子有族人來與之爲宗敬之道○公子之公者公君也謂公子之君是適兄弟爲君者○爲其士大夫之庶者則君之庶兄弟爲士大夫所謂公子者也宗其士大夫之適者言君爲此公子士大夫庶者宗其士大夫適者謂立公子適者士大夫之身與庶公子爲宗故云宗其士大夫之適也此適者卽君之同母弟適夫人所生之子也○公子之宗道也者言此適公子爲庶公子宗是公子宗道結上公子有宗道文也○注公子至之宗○正義曰云公子不得宗君者君尊族人不敢以戚君故不得宗君也云君命適昆弟爲之宗使之宗之者公子既不得宗君其父子宗親之事無人主領故君命適兄弟爲之宗使之宗之也云所宗者適則如大宗死爲之齊衰九月其母則小君也者以經文公子者既有小宗大[illegible]如大宗庶者如小宗云則如大宗大大宗之正本[illegible]適今公子爲大宗謂禮如之耳非正大宗故云如[illegible]衰九月者以君在厭降兄弟降一等故九月以其[illegible]齊衰與君同母故云其母則小君也云爲其妻齊衰三月者同喪宗子之妻也既立適爲大宗則不復立庶爲宗則前經所謂有大宗而無小宗是也云無適而宗庶則如小宗死爲之大功九月其母妻無服者此則庶子爲宗禮如小宗與尋常兄弟相爲君在厭降一等故死爲之大功九月[illegible]庶母妻則兄弟之妻故無服也既無適子可立但立庶[illegible]小宗前文所謂有小宗而無大宗者也云公子唯己而[illegible]無所宗亦莫之宗者無所宗則前經云有無宗也亦無[illegible]之宗者則前經云亦莫之宗鄭於此注遥釋前耳

無移服。族昆弟之子不相爲服○移本或作施同以豉反移猶勞也親者屬也。有親者服各以其屬親疏【疏】絕族至屬也○正義曰此一節論親盡則無服有親則有服絕族者謂三從兄弟同高祖者族兄弟應麻族兄弟之子及四從兄弟爲族屬既絕故無移服在旁而及曰移言不延移及之○親者屬也者謂有親者各以屬而爲之服故云親者屬也○自仁率親。等而上之至于祖。自義率祖。順而下之至於禰。是故人道親親也。言先有恩親親故尊祖。尊祖故敬宗。敬宗故收族。收族故宗廟嚴。宗廟嚴故重社稷。重社稷故愛百姓。愛百姓故刑罰中。刑罰中故庶民安。庶民安故財用足。財用足故百志成。百志成故禮俗刑。禮俗刑然後樂。收族序以昭穆也嚴猶尊也孝經曰孝莫

大於嚴父百志人之志意所欲也刑猶成也○罰中丁仲反詩云。不顯不承。無斁於人斯。此之謂也。斁厭也言文王之德不顯乎不承成先人之業乎言其顯且承之人樂之無厭也○斁音亦厭於鹽反下同

【疏】自仁至謂也○正義曰此一節論人道親親從親己以至尊祖由尊祖故敬宗以收族人故宗廟嚴社稷重乃至禮俗成天下顯樂而無厭倦各依文解之○自仁率親等而上之至于祖自義率祖順而下之至於禰者前文已具此重說之者前文論服之輕重故云一輕一重此論親親之道故先親親而後尊祖故云親親不言輕重也○親親故尊祖者以已上親於親親亦上親於祖以次相親去己高遠故云尊祖○尊祖故敬宗者祖既高遠無由可尊宗是祖之正胤故敬宗○敬宗故收族者族人既敬宗子宗子故收族人故喪服傳云大宗收族者也是其事○收族故宗廟嚴者若族人散亂骨肉乖離則宗廟祭享不嚴肅也若收之則親族不散昭穆有倫則宗廟之所以尊嚴也○宗廟嚴故重社稷者此以下並立宗之功也始於家邦終於四海若能先嚴宗廟則後乃社稷保重也○重社稷故愛百姓者百姓百官也既有社稷可重故有百官可愛也愛百姓故刑罰中者百官當職更相匡輔則無淫刑濫罰刑罰所以皆得中也○刑罰中故庶民安者上無淫刑濫罰故庶民安也○庶民安故財用足者民皆手足有所措各安其業故財用得足也○財用足故百志成者百姓足君孰與不足既天下皆足所以君及民人百志悉成是謂倉廩實知禮節衣食足知榮辱也○百志成故禮俗刑者刑亦成也天下既足百志又成則禮節風俗於是而成所以太平告功成也禮俗刑然後樂者樂謂不厭也禮俗既成所以長爲民庶所樂而不厭也○詩云不顯不承無斁於人斯此之謂也者此周頌清廟之篇祀文王之廟美文王之功言文王之德豈不光顯乎言光顯矣文王豈不承先父之業乎言承之矣無斁於人斯斁厭也文王之德既能如此無見厭於人謂人無厭倦之者斯語辭也今尊祖敬宗人皆願樂亦無厭倦故云此之謂也謂與文王相似矣詩箋云周公祭清廟是不光明文王之德與言其光明之也是不承順文王志意與言其承順之也與此注不同者禮注在前詩箋在後故詩有與禮注不同故鄭荅炅模云然也

禮記注疏卷三十四校勘記　阮元撰盧宣旬摘錄

附釋音禮記注疏卷第三十四 惠棟挍宋本禮記正義卷第四十四

大傳第十六

禮不王不禘節

黑則汁光紀 閩監毛本同岳本同嘉靖本同衞氏集說同釋文出叶云本又作汁

汎配五帝也 各本同釋文汎作氾

諸侯及其大祖 惠棟挍宋本同石經同岳本同嘉靖本同閩監毛本大作太衞氏集說同釋文于上出大禘云下文注大祖大王皆同是釋文本亦作大也

禮不至高祖 惠棟挍宋本無此五字

又元命包云 惠棟挍宋本同衞氏集說同閩監毛本元誤本

牧之野節

牧之至尊也 惠棟挍宋本無此五字

乃追王大王大王名亶父者 惠棟挍宋本同閩監毛本大王二字不重衞氏集說同

凡國野十里廬 惠棟挍宋本里下有有字衞氏集說同此本誤脫閩監毛本同

三十里有宿 考文引宋板作三是也衞氏集說同此本三誤二閩監毛本同

案周本記云 閩監毛本同衞氏集說記作紀浦鏜挍云記當作紀下同

謂周公攝政云年祭清廟 考文引宋板云作六閩監毛本六誤之

又與武成違其義非也 惠棟挍宋本同續通解同閩監毛本違誤異

追王大王亶甫王季歷 惠棟挍宋本同閩監毛本甫作父

文王稱王早矣者 閩監毛本同惠棟挍宋本文上有云字

於時稱王九十六也 閩監毛本同考文引宋板王下有年字

號稱猶未定 閩監本同衞氏集說毛本猶誤有

上治祖禰節

上治至竭矣 惠棟挍宋本無此五字

因治親屬合族之禮 閩監毛本作因衞氏集說同此本因誤音考文引宋板因作外

上正治祖禰是尊其尊也 惠棟挍宋本有禰字此本禰字脫閩監毛本同衞氏集說作上正祖禰是尊其尊

使人義之道理竭盡於此矣 閩監毛本同衞氏集說同浦鏜挍云義衍字

聖人南面而聽天下節

察有仁愛也 惠棟挍宋本也作者宋監本同考文引古本足利本同岳本同嘉靖本同此本誤也毛本同閩監本作察存仁愛也衞氏集說作察存仁愛者並誤

無不聽者 各本同石經貝字旁摩滅釋文出不聽云本又作聽

紕繆猶錯也 閩監毛本同岳本同嘉靖本同衞氏集說同考文引宋板無繆字足利本同宋監本同

徽號旌旗之名也 惠棟挍宋本作旗宋監本同岳本同嘉靖本同衞氏集說同是也此本旗作旂閩監毛本同

徽或作禕 岳本同釋文亦作禕嘉靖本衞氏集說閩監毛本禕誤禕下同

聖人至者也 惠棟挍宋本無此五字

卽下云一曰治親之屬是也 惠棟挍宋本同閩監毛本云誤文

是以理相承順之道 惠棟挍宋本以作人是也閩監毛本並誤以

言新制天下必宜造此物也 惠棟挍宋本作新制衞氏集說同此本新制二字闕閩監毛本新制作始有

隨寅丑子所損也 閩監毛本同浦鏜挍云損疑建或指誤齊召南挍云損字當作建

器爲楬豆 惠棟挍宋本作楬此本楬誤輵閩監毛本同衞氏集說同

則以緇長半幅赬末 毛本同閩本赬誤頳監本赬誤賴

同姓從宗節 惠棟云同姓節其夫節宋本合爲一節

同姓至有別 惠棟挍宋本無此五字

凡賜氏族者此爲卿乃賜 閩監毛本同齊召南挍云此字當作必衞氏集說此字無

氏族對之爲別 惠棟挍宋本同閩監毛本之作文衞氏集說同

鄭陽封人之女 惠棟挍宋本同閩監本鄭誤鄍毛本鄭誤鄍

其夫屬乎父道者節

道猶行列也 衞氏集說同閩監毛本猶作由

既尊卑縣絕 惠棟挍宋本同閩監毛本縣作懸下既不甚縣絕同○按縣懸正俗字

謂之爲婦 惠棟挍宋本同閩監毛本婦誤母

故嫂不可謂之爲母 閩監本同毛本謂之誤倒在不可上

兄妻假以嫂老之名 閩監本同衞氏集說同毛本嫂誤婦

四世而緦節

四世至然也 惠棟挍宋本無此五字

謂上至高祖以下至已兄弟 惠棟挍宋本下字上無以字衞氏集說同此本誤衍閩監毛本同

昏姻可以通乎 各本同石經同釋文昏作婚按正義亦並作婚姻

婚姻可以通乎者 閩監毛本婚作婚是也下婚姻字並同

婚姻應可以通乎 閩本同惠棟挍宋本同監毛本應誤無

雖百世婚姻不通者 閩監毛本同考文引宋板世下有而字

自仁率親節

自猶用也 閩監本同岳本同嘉靖本同衞氏集說同考文引宋板同毛本也誤爲

自仁至然也　惠棟挍宋本無此五字

君有合族之道節

君有至位也　惠棟挍宋本無此五字

有合食族人之道　閩監毛本同惠棟挍宋本食作會衞氏集說同

今遠自卑退　考文引宋板同閩監毛本今作令

庶子不祭節

宗其繼别子之所自出者　閩監毛本同石經同岳本同嘉靖本同衞氏集說同朱子云之所自出四字疑衍注中亦無其文至作疏時方誤耳

庶子至義也　惠棟挍宋本無此五字

庶子不祭祖下文云不祭禰　閩監毛本同衞氏集說同惠棟挍宋本文作又

又承上繼别爲大宗之下　閩監毛本同惠棟挍宋本又作文

别子之適子弟之子者爲　惠棟挍宋本同閩監毛本者誤爲

有小宗而無大宗者節

有小至是也　惠棟挍宋本無此五字

是有無之宗　惠棟挍宋本同閩監毛本之字脱衞氏集說同

公子是也　閩監毛本同惠棟挍宋本也下有者字

公子有宗道節

亦莫之宗　閩監毛本同岳本同嘉靖本同衞氏集說宗下有也字盧文弨挍云古本注末有者字足利本同惟莫字作無與監本疏合

公子至道也　惠棟挍宋本無此五字

此一節覆說上公子　閩監毛本同惠棟挍宋本節作經衞氏集說同

士大夫之身　惠棟挍宋本亦作身閩監毛本身誤兄衞氏集說同

云公子不得宗君者　惠棟挍宋本有者字毛本同監本脱

同喪服宗子之妻也　惠棟挍宋本有服字衞氏集說同此本服字脱閩監毛本同各本妻字同毛本妻誤義

則無所宗亦無之宗者　閩監本同毛本下無作莫

絶族無移服節

絶族至屬也　惠棟挍宋本無此五字

爲族屬既絶故無移服　閩本同惠棟挍宋本同監毛本故誤者衞氏集說同

自仁率親節

自仁至謂也　惠棟挍宋本無此五字

從親已以至尊祖　閩本同惠棟挍宋本同監本親已作親親衞氏集說同毛本已作親至誤下

宗廟嚴故重社稷者　監毛本作者惠棟挍宋本者作○

此之謂也者　監毛本作者惠棟挍宋本者作○

故鄭荅昃模云然也　閩本同考文引宋板同監毛本昃誤晁模誤摸

附釋音禮記注疏卷第三十五

少儀第十七

○陸曰少詩照反少猶小也鄭云以其記相見及薦羞之小威儀○【疏】正義曰案鄭目録云名曰少儀者以其記相見及薦羞之少威儀少猶小也此於别録屬制度

禮記　鄭氏注　孔穎達疏

聞始見君子者。辭曰。某固願聞名於將命者。君子卿大夫若有異德者固如故也將猶奉也即君子之門而云願以名聞於奉命者謙遠之也重則云固奉命傳辭出入○始見賢遍反下文注除注二相見並同聞名如字徐音問注皆同嗛音謙本又作謙遠于萬反重直用反傳丈專反下傳辭同【疏】聞始至命者○正義曰此一經論見君子之法但此一篇雜明細小威儀不復局以科段各隨文解之○聞始見君子者謂作記之人心自謙退不敢自專制其儀○而傳聞舊說故云聞始見君子者謂始欲見君子貴勝之人○辭曰某固願聞名於將命者○辭客之辭也某客名也再辭曰固固如故也聞名謂名得通達也將命謂傳辭出入通客主之言語者也客云願以已名使通聞於將命之人也然客賓願見君子而云願聞名於傳命者不敢必斥見於君子但願將命者聞之而已不云初辭而云固者欲明主人不即見已已乃再辭故云固也若初辭則不云固當惟云某願聞名於將命者耳○**不得階主。**階上進者言賓之辭不得指斥主人○上時掌反○【疏】正義曰解上經文云聞名之義也階進也主謂主人也客宜卑退故其辭不得斥進主人也○注階上進者○正義曰階是等故人升階必上進故以階爲上進隱義云階可升上故云上進也

適者曰。某固願見。敵當也願見願見於將命者謙也○【疏】正義曰此明敵體始相見言敵體不謙故云願見也雖云願見亦應云願見於將命者因上已有故此略之又云固者義亦如前

罕見曰聞名。罕希也希相見雖於敵者猶爲尊主之辭如於君子○罕見賢遍反【疏】正義曰前二條明始相見此明已經相見而疏者罕少也若少見尊者辭云願聞名於將命者若少見敵者亦云願聞名於將命者然敵者始來曰願見重來而疏翻曰聞名者亦獎之使不疏也或云始來禮隆故尊卑宜異重來禮殺故宜同也○注罕希至君子○正義曰案爾雅釋詁文罕希也是罕得爲希云希相見雖於敵者猶爲尊主之辭如於君子者尊而希者故宜同於始來相見敵而希者其辭亟於始來故鄭偏解之也○

亟見曰朝夕。亟數也於君子則曰某願朝夕聞名於將命者於敵者則曰某願朝夕見於將命者○亟去冀反注及下同數色角反○

瞽曰聞名。瞽無目也以無目辭不稱見【疏】亟見至聞名○正義曰此謂數相見者也亟數也若數見尊者則其辭云某願朝夕聞名於將命者若數見敵者則云某願朝夕見於將命者○注亟數也○正義曰爾雅釋詁文○瞽曰聞名者瞽無目也其來不問見貴賤則亟通云願聞名於將命者其目無所見故不云願見○

適有喪者曰比。適之也曰某願比於將命者比猶比方俱給事【疏】正義曰前明吉禮相見此以下明凶事相見者也適往也此謂往適者喪家也比比方也喪不主相見凡往者皆是助事故云比謂比方其年力以給喪事也君五十從反哭四十拊盈次皆是比方其事故鄭云比謂比方俱給

事故辭云願比於將命者也〇童子曰聽事。曰其願聽事於將命者童子未成人不敢當相見之禮〇【疏】正義曰童子未成人雖往適它喪不敢以成人爲比方但來聽主人以事見使故云願聽事於將命者也

適公卿之喪。則曰聽役於司徒。喪憂戚無賓主之禮皆爲執事來也〇爲于僞反下文爲君喪注雖爲並同〇【疏】正義曰前往適喪此適貴者喪也不敢云相比方而使但聽主人之見役輕重唯命不敢辭也不直云聽役於將命而云於司徒者司徒主國之事故國有大喪謂公卿之喪則司徒皆率其屬掌之故司徒職云大喪帥六鄉之衆庶屬其六引而治其政令鄭云衆庶所致役也又檀弓云孟獻子喪司徒旅歸四布是也隱義云公卿亦有司徒官以掌喪事也〇君將適他。臣如致金玉貨貝於君。則曰致馬資於有司。敵者曰贈從者。適他行朝會也資猶用也贈送也〇適它音他從才用反朝直遙反【疏】君將至從者〇正義曰此一經論臣致物於君及適者之辭前明吉凶相見之禮此以下明吉凶相送遺之禮也此明送吉也君謂已君也適它謂朝會出往它國也〇臣如致金玉貨貝於君者如若也君欲往它國而臣若奉獻財物以充君路之資者也金玉貨貝畧舉其梗槩耳〇則曰致馬資於有司者臣雖以物贈君君體尊備物不有乏少故臣不敢言將物與君但恐君行有車馬路中或須資給故云此物以充馬資物不可付馬故云致馬資於有司謂主典君物者也〇敵者曰贈從者若物送敵者亦不云贈送敵者當言贈於左右從行者也〇臣致襚於君。則曰致廢衣於賈人。敵者曰襚。言廢衣不敢必用斂也賈人知物善惡也周禮玉府掌凡王之獻金玉兵器文織良貨賄之物受而藏之有賈八人〇襚音遂賈音嫁徐音估注同斂力豔反織音志鄭注周禮云畫繢之屬【疏】臣致至曰襚〇正義曰此因前送吉此明送凶襚者以衣送死人之稱禮以衣送敵者死曰襚襚者遂彼生時之意也若臣以衣送君死不得曰襚但云致廢衣廢衣者不敢言必充君斂但充以廢致不用之例故云致廢衣也賈人者識物賈貴賤而主君之衣物者也又不敢云與君故云致賈人也然喪大記云君無襚注云無襚者不陳不以斂敵者曰襚者衣送敵者死既無謙故云襚也〇注周禮至八人〇正義曰引之者證君有賈人藏獻物也鄭注周禮云文謂物織畫繢之屬也

親者兄弟。不以襚進。不執將命者以即陳而已【疏】正義曰此明親者相襚之法進謂執之將命也若非親者相襚則擯者傳辭將進以爲禮節若有親者相襚但直將進即陳之則不須執以將命也案士喪禮大功以上同體之親襚不將命即陳於房中小功以下及同姓等皆將命〇臣爲君喪。納貨貝於君。則曰納甸於有司。甸謂田野之物〇甸大見反〇【疏】正義曰言臣爲君喪而臣進物納爲獻也納入也甸田也言入此物是自田野之所出合獻入之於君有司也必云田所出者臣皆受君地明地物本由君出也尤是送君故與賈人貨貝但供喪用故付有司也賵馬入廟門。以其主於死者〇賵芳仲反賻馬與其幣。大白兵車。不入廟門。〇以其主於生人也兵車革路也雖爲死者來陳之於外戰伐田獵之服非盛者也周禮革路建大白以即戎〇賻音附〇【疏】賵馬至廟門〇正義曰此一節論賻賵之異〇賵馬入廟門者以馬送死曰賵賻副亡者之意也既送亡者故將入廟門也庾云禮既祖訖而後賵馬入設於廟庭而入門者欲以供駕魂車也故鄭云主於死者〇賻馬與其幣大白兵車不入廟門者以馬助生營喪曰賻馬幣謂以財貨賻助主人喪用並助主人之物故不將入廟也故鄭云以其主於生人也大白兵車革路之旗周路建大白以即戎也兵車即革路也雖並爲送喪之從車而其本是田戰之具故不可入廟門故鄭云雖爲死者來陳之於外戰伐田獵之服非盛者也然所以得有大白兵車來助主人者此謂諸侯有喪鄰國之君有以大白兵車而賵之者或家國自有也

〇賻者既致命。坐委之。擯者舉之。主人無親受也。喪者非尸柩之事則不親也舉之舉以東〇柩音舊【疏】賻者至受也〇正義曰此一經明賻者授物及主人受之禮賻者既致命坐委之者此明來賻者之法坐猶跪也謂賻者跪委物於地〇擯者舉之者謂主人擯者舉而取之也〇主人無親受也者吉時若人饋物主人皆自拜受之若有喪主於哀戚凡有四方使者以物賻已悉不得拜受故使擯者受舉之而已〇注舉之舉以東〇正義曰知舉以東者雜記云含者入升堂致命坐委于殯東南宰夫朝服即喪屨升自西階西面坐取璧降自西階以東後襚者賻者並然而升堂致命是告擯之辭也若賻生人則致命擯者不告殯而不升堂然車馬不舉以陳而鄭云舉以東者謂幣之屬也〇受立。授立。不坐。由便〇便婢面反〇性之直者。則有之矣。有之有跪者也謂受授於尊者而尊者短則跪不敢以長臨之〇跪其委反長直良反【疏】受立至之矣〇正義曰此一節明相授受之禮前明吉凶相見及送賵之禮有擯相授受之法故此明之坐亦跪也凡尊卑相授乃以跪爲敬也〇受立謂尊者立以物與卑者卑者受此尊者之物授立謂尊者立已以物授尊者之立此二事皆不坐以尊者立故也若尊者坐則尊者屈而低身類尊者故也〇性之直者有之矣者性謂天性言尊者天性直自如此短小尊者雖立若授受尊者之物則有坐而授受所以然者以尊者短小若立對之則以長臨尊故有坐也〇始入而辭。曰辭矣。即席。曰可矣。可猶止也謂擯者爲賓主之節也始入則告之辭至就席則止其辭排闔說屨於戶內者。一人而已矣。雖衆敵猶有所尊者〇排薄皆反闔初獵反又音合說吐活反本又作脫下注同〇有尊長在則否。在內也後來之衆皆說屨於戶外〇長丁丈反下文注尊長皆同【疏】始入至則否〇正義曰此一節明賓主之入擯者告辭讓之節及說屨之儀〇始入而辭者謂始入門主人辭謝賓之節曰辭矣者當此之時擯者告主人曰辭謝賓矣謂辭讓賓令賓先入至階之時擯者亦應告主人曰辭讓賓先登矣此不言者始入之文包入門登階矣〇即席曰可矣者謂賓主升堂各自就席而立擯者恐賓主辭謝即席故擯者告之曰可矣可猶止也言既即席之時止此辭讓不須辭矣〇排闔說屨於戶內者一人而已矣者謂賓主登席其衆須入戶內者雖尊卑相敵猶推一人爲尊闔謂門扇謂排推門扇說屨於戶內者一人而已矣言止許一人不得並皆如此也〇有尊長在則否者謂先有尊長已在於堂或室衆人後入不得一人說屨於戶內也〇問品味。曰子亟食於某乎。問道

藝。曰子習於某乎。子善於某乎。不斥人謙也道三德三行也藝六藝〇某音母行下孟反【疏】問品至某乎〇正義曰此一經明賓主相問飲食及道藝之事也〇問品味曰子亟食於某乎者問謂彼客來已嘗食某饌否也凡問人但若欲問彼人已嘗食某饌與否者則不可斥問但當自問其數食某饌乎如其已嘗食則依其數而答之也〇言問彼已嘗食否也不可斥所習道藝當及事故稱習者亦不敢指斥其道先明於某藝乎難故稱善也故云子習於某乎子善於某正義曰不斥人謙也者謙退之辭先知所善所習注猶疑而稱乎者謙退之辭是以不斥其所善其所習〇注能兼賓主也云不斥人非一也云以正斥所以教國子三德三行云道三德三行者案師氏一曰至德二曰敏德三曰孝德三行者一曰孝行二曰友行三曰順行也云藝六藝者案保氏教國子六藝禮樂射馭書數是也〇不疑在躬。躬身也不服行所不知使身疑也〇不度民械。械兵器也不計度民家之器物使已亦有〇度大洛反計也械戶戒反注同〇不願於大家。大家謂富廣也〇不訾重器。訾思也重猶寶也〇訾子斯反【疏】不疑至重器〇正義曰此一節明賓主之禮賓不得當願主人所有之物使賓不得疑其在躬既問主人之道藝則賓亦不得習學者明了爲主人所有皆然也〇不度民械者民家所有器械使民亦有之也〇不願於大家者廣大可願之家也非分而願必有士往於大夫之家不可顧敬之也〇不訾重器者重器寶珍之物言謂客至主人之家見有重器重器者訾思也可思玩之若思玩之則憎疾已貧賤生淫亂溢惡也〇汜埽曰埽。埽席前曰拚。拚席不以鬣。執箕膺擖。鬣謂帚也帚恒帚地不潔清也膺親也擖舌也持箕將去糞者以舌自鄉〇汜埽上芳劒反下悉報反拚弗運反又作攩鬣力陳反膺於陵反前也擖以涉反舌也徐音葉清徐才性反又如字去起呂反下去同鄉許亮反〇【疏】汜埽至膺擖〇正義曰此一經明主人與賓洒埽之事汜埽者廣也若遠路大賓來主人宜廣埽之謂外內俱埽謂之埽埽席前曰拚者若近路小賓來則止埽席前不得名埽但曰拚也所以然者拚是除穢滌蕩〇拚席不以鬣者謂埽地帚也若帚席上不得用埽地帚也〇執箕膺擖者人之膺前擖箕之舌也箕是去物之具賤者執之不得持擖鄉尊者當持箕舌自鄉膺前〇不貳問。當正已之心以問吉凶於蓍龜不得於正凶則卜筮其權也〇蓍音尸〇問卜筮曰。義與志與。義則可問。志則否。大卜問來卜筮者也義正事也志私意也〇與音餘下同大音泰〇【疏】不貳至則否〇正義曰此一節明卜筮之法〇不二問者凡卜筮之法當正已心而來問於蓍龜則得吉兆不得二心不正若二心不正必凶則卜筮權時妄告〇問卜筮曰義與志與者謂大卜問來卜筮者爲是道理正義與爲私意志與〇義則可問志則否者若卜筮者是公義則可爲卜筮若所問是私心志意則不爲之卜筮〇尊長於已踰等。不敢問其年。踰等父兄黨也問年則已恭孫之心不全〇孫音遜本亦作遜同〇燕見不將命。不自

用賓主之正來則若子弟然○見賢遍反下請見同遇於道。見則面。可以隱則隱不敢煩動也不請所之。尊長所之或卑褻○褻息列反喪俟事。不犆弔。亦不敢故煩動也事朝夕哭時○犆本亦作植音特侍坐弗使。不執琴瑟。不畫地。手無容。不翣也。端慤所以爲敬也尊長或使彈琴瑟則爲之可○畫胡麥反翣本亦作䨦所角反盧云扇也慤苦角反○寢則坐而將命。命有所傳辭也坐者不敢臨之也侍射則約矢。不敢與之拾取也○射食夜反下注客射同拾其劫反○侍投則擁矢。不敢釋於地也投投壺也投壺坐○勝則洗而以請。洗爵請行觴不敢直飲之○飲音蔭客亦如之。客射若投壺不勝主人亦洗而請之○勝詩證反○不角。角謂觥罰爵也於尊長與客如獻酬之爵○觥古橫反○不擢馬。擢去也謂徹也已徹馬嫌勝故薄之○擢直角反○【疏】尊長至擢馬○正義曰此一節論卑幼奉命於尊長諸雜之儀○燕見不將命者謂卑幼私燕而見不使擯者將傳其命無賓主之禮○遇於道見則面者若於道路遇逢尊者尊者若見己己則面見若尊者不見己己則隱也○不請所之者雖面自見而不得問尊者何處往也○喪俟事不犆弔者謂弔於尊長喪法也俟事謂待主人朝夕哭時也不犆弔謂不非時而獨弔也○侍坐弗使不執琴瑟者卑侍尊者之法也侍坐於尊尊者若不使己己則不得執琴瑟而鼓之若使己則得執之也○不畫地者盧云不敢無故畫地也○手無容者盧云不弄手也○不翣也者盧云翣扇也雖熱亦不敢搖扇也此皆端慤所以爲敬○寢則坐而將命者寢卧也坐跪也若尊者眠卧而侍者若傳辭當跪前不可以立恐臨尊者○侍射則約矢者矢箭也凡射必計耦先設楅在中庭楅者兩頭爲龍頭中央共一身而倚箭於楅身上上耦前取一矢下耦又進取一如是更進各得四箭而升堂插三於要而手執一隻若卑者侍射則不敢更拾進取但一時并取四矢故云則約矢也○侍投則擁矢者投投壺也擁抱也矢謂投壺箭也若栝若棘爲之投壺禮亦賓主各四矢從委於身前坐一一取之若卑者侍投則不敢釋置於地但手并抱投之也故鄭云不敢釋於地庾云擁抱已所當投矢也隱義云尊者委四矢於地一一取以投卑者不敢委於地也執之也○勝則洗而以請者若敵射及投壺竟司射命酌而勝者當應曰諾而勝者弟子酌酒南面以置豐上豐在西階上兩楹之西而不勝者下堂揖讓升堂就西階上立北面就豐上取爵將飲之而跪之曰賜灌灌猶飲也而勝者立於不勝者東亦北面跪而曰敬養若卑者得勝則不敢直酌當前洗爵而請行觴然後乃行也○客亦如之者客若不勝則主人亦洗而請如卑侍之法所以優賓也○不角者角謂行罰爵用角酌之也詩云酌彼兕觥是也今飲尊者及客則不敢用角但如常獻酬之爵也○不擢馬者擢去也徹也投壺立籌爲馬馬有威武射者所尚也凡投壺每一勝輒立一馬至三馬而成勝但頻勝馬三雖得若一朋得二馬一朋得一馬於是二馬之朋徹取一馬者足以爲三馬以成定勝也今若卑者朋雖得二馬亦不敢徹尊者馬足成己勝也○執君之乘車則坐。執轡謂守之也君不在中坐示不行也○乘繩證反轡水媚反○僕者右帶劍。負良綏。申之面。拖諸幦。面前也幦覆苓也良綏君綏也負之由左肩上入右腋下申之

於前覆苓上也○拖徒可反引也又他左反幦徐音覓苓力丁反腋音亦以散綏升。執轡然後步。步行也○散悉旦反【疏】執君至後步○正義曰此一節明爲君僕御之法○執君之乘車則坐者執轡也謂不在車而僕執轡守之○君車時也凡御則立今守空車則坐示君不在車車不行也○僕者右帶劍者謂初御法也僕即御者也右帶劍者帶之於腰右邊也帶劍之法在左以右手抽之便也今御者劍右帶者御人在中君在左若左帶劍則妨於君故右帶也○負良綏申之面者良善也善綏君綏也君由後升僕者在車背君面前取君綏由左腋下加左肩上繞背入右腋下申綏之末於面前○拖諸幦者拖猶挪也亦引也幦車覆蘭也綏○申之於面前拖末於車前幦上也亦云引之可置車幦上也○以散綏升者謂初升時也散綏副綏也僕登車既不得執君綏故執副綏而升也○執轡然後步者步猶行也既升車執策分轡而後行車也行車五步而立待君君出上則授良綏而升君也○注幦覆苓也○正義曰苓車前蘭也亦名爲式故詩傳云幭覆式與此同知良綏君綏者以下云散綏既有二種明良綏君綏其散綏則本繫於車僕者攀之而登車也○請見不請退。去止不敢自由○見賢遍反朝廷曰退。近君爲進○朝直遙反後朝廷皆同近附近之近燕遊曰歸。禮褻主於家也師役曰罷。罷之言罷勞也春秋傳曰師還曰疲○罷音皮注同還音旋下文注皆同【疏】請見至曰罷○正義曰此一節明卑者見尊及朝廷退歸之辭○請見不請退者謂卑者於尊所有請見之理既見去必由於尊者故不敢請退○朝廷曰退者謂於朝廷之中若欲散還則稱曰退以近君爲進還私遠君故稱退論語子退朝又云冉子退朝並是對進爲言也○燕遊曰歸者若在燕及遊退還稱曰歸以燕遊禮褻主於歸家○師役曰罷者謂於師役之中欲散退之時稱曰罷勞○注春秋至曰疲○正義曰案莊八年夏魯師及齊師圍郕郕降於齊師秋師還公羊傳曰還者何善辭也此滅同姓何善爾病之也何休云慰勞其罷病也是鄭用公羊爲注也○侍坐於君子。君子欠伸。運笏。澤劍首。還屨。問日之蚤莫。雖請退可也。以此皆解倦之狀伸頻伸也運澤謂玩弄也金器弄之易以汗澤○欠起劍反伸音申笏音忽還音旋蚤音早莫音暮解古賣反頻本又作嚬音頻玩五亂反易以豉反汗戶旦反一音烏○【疏】侍坐至可也○正義曰此明侍坐法也志倦則欠體疲則伸爲君子久坐而自爲之也○運笏者運動也謂君子搖動於笏澤劍首者澤謂光澤玩弄劍首則生光澤○還屨者還轉也謂君子自轉屨也尊者說屨於戶內是屨恒在側故得自還轉之也問日之蚤莫者不尊者問日之蚤暮○雖請退可也者雖假令也前言侍者不得請退今若見君子有欠伸以下諸事皆是坐久體倦欲起或欲卧息之意故侍者當此時假令請退則可也○事君者量而后入。不入而后量。凡乞假於人。爲人從事者亦然。然故上無怨。而下遠罪也。量量其事意合成否○量音亮乞如字又音氣爲于僞反遠于萬反【疏】事君至罪也○正義曰此一節明臣事君之法事君者量而后入者凡臣之事君者欲請爲其事先商量事意堪合以否然后入而請之○不入而后量者不得先入請見君然後始商量成否○凡乞假於

人爲人從事者亦然者非直事君如此凡乞貸假借於人謂就人乞貸假借爲人從事謂求請事人如此之屬亦須先商量事意成否不可不先商量即當其事故云亦然○然故上無怨而下遠罪也者然猶如此事君若能如此下不忤上故上無怨上不責下故下遠罪然唯解上下不結乞假從事者也可略不窺密。嫌伺人之私也密隱曲處也○窺苦規反伺音司處昌慮反○不旁狎。妄相服習終或爭訟○爭爭鬪之爭不道舊故。言知識之過失損友也孔子曰故舊不遺則民不偷○偷他侯反○不戲色。暫變傾顏色爲非常則人不長失敬也○不長丁丈反絕句○【疏】不窺至戲色○正義曰此一節明在於僚類當自矜持之事不窺密者人當正視不得窺覘隱窬之處鄭云嫌伺人之私也○不旁狎者旁猶妄也不得妄與人狎習或至忿爭因狎之而爭訟也○不道舊故者不道說故舊之罪過○不戲色者不戲弄其顏色○注暫變至敬也○正義曰人當恒自矜持尊其瞻視若暫傾變顏色爲非常褻慢則人不復長敬久失他人所敬故云則人不長敬也○爲人臣下者有諫而無訕。有亡而無疾。亡去也疾惡也○訕所諫反徐所姦反惡烏路反○頌而無諂。諫而無驕。頌謂將順其美匡救其惡驕謂恃知而慢也○諂勑檢反怠則張而相之。怠墮也相助也○相息亮反注同惰徒卧反○廢則埽而更之。廢政教壞亂不可因也○更音庚謂之社稷之役。役爲也【疏】爲人至之役○正義曰此明臣事君之道○有諫而無訕者訕爲道說君之過惡及謗毀也君若惡臣當諫之不得嚮人道說謗毀故論語云惡居下流而訕上者○有亡而無疾者亡猶去也疾猶憎惡也君若有過三諫不從乃出境而去不得強留而憎惡君也○頌而無諂者頌美盛德之形容也謂橫求見容若君有盛德臣當美而頌之也君苟無德則匡而救之不得虛妄以惡爲美橫求見容故孝經云將順其美匡救其惡諫而無驕者君若從己諫則己不得藉己言行謀用恃知而生驕慢○怠則張而相之者怠隋也相助也若君政怠助則臣當爲張起而助成之也隱義云若怠隋當張設法而已之或張強其志以廣太之也○廢則埽而更之者君政君之廢壞無可復張助者則當埽蕩而更創立爲新政也○謂之社稷之役者役爲謂事君如上者是可謂爲社稷之臣也故衛君云柳莊者是社稷之臣也○注役爲也○正義曰爲謂助爲也社稷之臣謂爲助社稷之臣也○毋拔來。毋報往。報讀爲赴疾之赴拔赴皆疾也人來往所之常有宿漸不可卒也○拔蒲末反注同急疾也王本作校古孝反報音赴卒才忽反毋瀆神。瀆謂數而不敬○數色角反毋循枉。前日之不正不可復遵行以自伸○循枉上音旬下紆往反邪曲也復扶又反毋測未至。測意度也○意度如字本又作億音抑下大各反○士依於德。游於藝。德三德也一曰至德二曰敏德三曰孝德藝六藝也一曰五禮二曰六樂三曰五射四曰五御五曰六書六曰九數工依於法。游於說。法謂規矩尺寸之數也說謂鴻殺之意所宜也考工記曰薄厚之所震動清濁之所由出侈弇之所由興有說說或爲伸○於說如字注同又始銳反鴻又作洪殺色戒反侈昌氏反弇於檢反毋訾衣服成器。訾思也成猶善也思此則疾貧也○訾子斯反毋身質

言語。質成也。聞疑則傳疑，若成之或有所誤也。○傳丈專反○

【疏】毋拔至言語○正義曰此一節廣明爲人之法○毋拔來毋報往者報謂赴也拔赴皆速疾之意凡人所之適必有宿漸毋得疾來毋得疾往○毋瀆神者謂瀆慢也神明正直敬而遠之不可慢○毋循枉者循猶追述也枉邪曲也人非聖賢不免時或邪曲若前已行之今當改正不得猶追述已之邪事也○毋測未至者未至之事聖人難之凡人故不可豫欲測量之也若終不知則傷知也○士依於德者士謂進士有德行者當依附於三德游於藝者謂敎游於六藝○工依於法者謂規矩尺寸之法或言工巧皆當依附於法式○游於說者說謂論說規矩法式之辭言游息於規矩法式之文書○毋訾衣服成器者訾思也成善也無得思念衣服善器毋身質言語者凡言語有疑則稱疑無得以身質成言語之疑者其言旣疑若必成之或有所誤也○注德三至九數○正義曰案周禮師氏以三德敎國子一曰至德二曰敏德三曰孝德彼注云至德中和之德覆燾持載含容者也敏德仁義順時者也孝德尊祖愛親案大司徒職云以御三物敎萬民一曰六德知仁聖義忠和知此依於德非六德者六德所以敎萬民而云三德所以敎國子此經云士故知是三德也云一曰五禮至九數者是周禮保氏職文案彼注云五禮吉凶賓軍嘉也六樂雲門大咸大磬大夏大濩大武也五射白矢參連剡注襄尺井儀也五御鳴和鸞逐水曲過君表舞交衢逐禽左六書象形會意轉注處事假借諧聲也九數方田粟米差分少廣商功均輸方程贏不足旁要今有重差句股然五禮六樂之等皆鄭康成所注其五射以下鄭司農所解但九數之名書本多誤儒者所解方田一粟米二差分三少廣四商功五均輸六方程七贏不足八旁要九云今有重差句股者鄭司農指漢時云今世於九數之內有重差句股二篇其重差即與舊數差分一也去舊數旁要而以句股替之爲漢之九數即今數九章也先師馬融干寶等更云今有夕桀各爲二篇未知所出今依司農所注周禮之數餘並不敢○注說至宜也○正義曰此經云依於法游於說法旣是規矩法式法外又云說是說與法不同謂說此法式文書論其法式大小鴻殺之意與法大同小異法式據其體論法據其文引考工記者證說是說法度之意彼說鑄鐘形狀言鐘或薄或厚聲之振動其聲清濁由薄厚而出云修弇之所由與者修謂鐘口寬大弇謂鐘口內小從此法式所由與有說或大或小或修或弇皆有所宜之意鐘厚則聲不散薄則聲散大短出聲疾易竭小長聲緩深遠弇則聲不舒揚故云有說○

言語之美。穆穆皇皇。朝廷之美。濟濟翔翔。祭祀之美。齊齊皇皇。車馬之美。匪匪翼翼。鸞和之美。肅肅雍雍。匪讀如四牡騑騑齊齊皇皇讀如歸往之往美皆當爲儀字之誤也周禮教國子六儀一曰祭祀之容二曰賓客之容三曰朝廷之容四曰喪紀之容五曰軍旅之容六曰車馬之容○美音儀出注下同齊子禮反齊齊皇皇齊如字皇音往徐于況反匪讀爲騑芳非反牡音母○

【疏】言語至雍雍○正義曰此一節明諸事之宜此美皆當爲儀○言語之美者○謂與賓客言語故鄭注保氏云賓客之容穆穆皇皇者謂言語形狀穆穆皇皇然其天子諸侯行容亦穆穆皇皇故曲禮云天子穆穆諸侯皇皇鄭云皆行容止之貌穆穆皇皇皆美大之狀○濟濟翔翔者據在朝威儀濟濟翔翔者謂威儀厚重寬舒之貌言語則穆穆皇皇威儀則濟濟翔翔齊齊皇皇者皇讀爲歸往之往皇氏云謂心所繫往孝子祭祀威儀嚴正心有繼屬故齊齊皇皇然其言語及威儀皆當如此○匪匪翼翼者匪讀曰騑騑翼翼者皆是車馬之形狀故詩云四牡騑騑下又云四牡翼翼皆是馬之行容貌翼翼騑騑皆是馬之嚴止○肅肅雍雍者鸞和聲之形狀肅肅然雍雍然肅肅是敬貌雍雍是和貌○注匪讀至之容○正義曰詩小雅云四牡騑騑周道倭遲述文王勞臣之勞云美皆當爲儀者以保氏云教國子六儀一曰祭祀之容即儀也故知美皆當爲儀鄭彼注祭祀之容朝廷之容車馬之容皆引此文其賓客之容則此言語穆穆皇皇也彼注喪紀之容纍纍顛顛軍旅之容暨暨詻詻是玉藻文也○

問國君之子長幼。長。則曰能從社稷之事矣。幼。則曰能御。未能御。御謂御事。○長丁丈反下及注同。問大夫之子長幼。長。則曰能從樂人之事矣。幼。則曰能正於樂人。未能正於樂人。正樂政也周禮大司樂以樂德教國子中和祗庸孝友以樂語教國子興道諷誦言語以樂舞教國子舞雲門大卷大咸大磬大夏大濩大武○樂人音岳典如字又許證反道音導諷福鳳反卷音權濩戶故反問士之子長幼。長。則曰能耕矣。幼。則曰能負薪。未能負薪。士祿薄子以農事爲業。○執玉。執龜筴。不趨。堂上不趨。城上不趨。於重器於近尊於迫狹無容也步張足曰趨○筴音策近附近之近狹音洽○武車不式。介者不拜。兵車不以容禮下人也車中之拜肅拜○下戶嫁反

【疏】問國君至不拜○正義曰此一節明問國君及大夫士之子長幼之稱○長則曰能從社稷之事矣者謂彼人所問君之子長幼若長則荅之云能從君供社稷之事若幼則曰能御御治也謂已能治事若大幼則曰未能治事此治事謂尋常細小事也小於社稷事○問大夫之子長幼長則曰能從樂人之事矣者以大夫之子恒習學於樂長則已能習樂故曰能從樂人之事矣○幼則曰能正於樂人未能正於樂人者正謂政令以幼者習樂未成但聽政令於樂人受樂人所教幼則云已能受命令於樂人若大幼則云未能受政令於樂人○注正樂至大武○正義曰鄭恐經正是樂正之官故讀爲政令之政謂年幼受政於樂人也引大司樂者證卿大夫之子習樂之事云以樂德教國子中和祗庸孝友者彼注云中猶忠也和剛柔適也祗敬庸有常也善父母曰孝善兄弟曰友云以樂語教國子興道諷誦言語者彼注云興謂以善物喻善事導者言古以剴今也倍文曰諷以聲節之曰誦發端曰言荅述曰語云教國子舞雲門以下者故注云黃帝曰雲門大卷言其德如雲之所出民得以有族類故鄭此言如雲之所出解雲門也民得以有族類解大卷也言有族類而集聚也彼注大咸咸池堯樂也言其德無所不施大磬舜樂也言有德能紹堯之道大夏禹樂也禹治水言其德能大中國大濩湯樂也言其德能使天下得其所大武武王樂也言其德能成武功也曲禮問其父身此問其子者皇氏云記人之意異耳

婦人吉事。雖有君賜。肅拜。爲尸坐。則不手拜。肅拜。爲喪主。則不手拜。肅拜拜低頭也手拜手至地也婦人以肅拜爲正凶事乃手拜耳爲尸爲祖姑之尸也士虞禮曰男男尸女女尸爲喪主不手拜者爲夫與長子當稽顙也其餘亦手拜而已雖或爲唯或曰喪爲主則不手拜肅拜也○低丁兮反爲夫于僞反

【疏】婦人至手拜○正義曰此一節論婦人拜儀婦人吉禮不手拜但肅拜肅拜如今婦人拜也吉事及君賜悉然也○爲尸坐者謂虞祭婦人爲祖姑作尸也周禮坐尸嫌婦人或異故明之也若平常祭無婦人之尸示主於夫故設同几而已則不手拜肅拜者手拜手至地婦人爲尸或荅拜時但肅拜而不手拜也○爲喪主則不手拜者婦人者有喪而不爲主則手拜也若爲夫及長子喪主則稽顙不手拜○注肅拜至拜也○正義曰手拜手至地者解手拜之義言手拜之拜但以手至地則周禮空首案鄭注周禮空首拜頭至手此云手至地不同者此手拜之法先以手至地而頭來至手故兩注不同其實一也云婦人以肅拜爲正者言肅拜是婦人之常而昏禮拜扱地以其新來爲婦盡禮於舅姑故也左傳穆嬴頓首於宣子之門者有求於宣子非禮之正也云凶事乃手拜耳者言婦人除爲喪主其餘輕喪凶事乃有手拜耳鄭知然者以經云爲喪主則不手拜明不爲喪主則手拜故云凶事乃有手拜耳云爲尸爲祖姑之尸也者以士虞禮男男尸女女尸故也若平常吉祭則共以男子一人爲尸故祭統云設同几是也云爲夫與長子當稽顙也者小記文以其稽顙故不手拜云其餘亦手拜而已者除夫與長子之外則上云凶事乃手拜是也云或曰喪爲主則不手拜肅拜也者鄭更引或解之辭云爲喪主不作手拜但爲肅拜與前爲稽顙異違小記正文其義非也○

葛絰而麻帶。謂既虞卒哭也帶所以自結束也婦人質少變於喪之帶有除而無變○

【疏】葛絰而麻帶○正義曰此謂婦人既虞卒哭其絰以葛易麻故云葛絰婦人尚質所貴在要帶有除無變終始是麻故云麻帶也○

取俎進俎。不坐。以其有足亦柄尺之類○柄兵命反○執虛如執盈。入虛如有人。重慎

【疏】取俎進俎不坐○正義曰取俎謂就俎上取肉進俎謂進肉於俎俎既有足立而進取便故不坐○注亦柄尺之類○正義曰案管子書弟子職云進柄尺謂爵豆之屬是也

凡祭於室中。堂上無跣。燕則有之。祭不跣者主敬也燕則有跣爲歡也天子諸侯祭有坐尸於堂之禮祭所尊在室燕所尊在堂將燕降說屨乃升堂○跣悉典反爲于僞反稅屨本又作脫又作說吐活反○

【疏】凡祭至有之○正義曰此一經論堂上有跣無跣之事○凡祭於室中堂上無跣者凡祭謂天子至士悉然也跣說屨也下大夫及士陰陽二厭及燕尸皆於室中上大夫陰厭及祭在室若擯尸則于堂天子諸侯則有室有堂祭禮主敬故凡祭在室中者非唯室中不說屨堂上亦不敢說屨故云凡祭於室中堂上無跣燕則有之者有之謂堂上有跣也燕禮主歡故得說屨而升堂坐也燕禮云賓及卿大夫皆說屨升就席注云凡燕坐必說屨屨賤不在堂也禮者尚敬敬多則不親燕安坐相親之心○注祭不至升堂○正義曰云祭不跣者主敬也者跣謂說屨坐而相親祭禮主敬不敢私自相親故云祭不跣者主敬也云天子諸侯祭有坐尸於堂之禮者朝事延尸於戶外故坐尸於堂若卿大夫以下祭禮於室無坐尸於堂也云祭所尊在室者以經云凡祭於室中堂上無跣故辨之也此則貴賤通故卿大夫士正祭饋食並在室中而天子諸侯雖朝事延尸於戶外非禮之盛節初入室灌及饋熟之時事神大禮故云祭所尊在室云燕所尊在堂者於燕禮文無在室唯在堂行禮初時立而致敬故云燕所尊在堂云將燕降說屨乃升堂者燕禮文也

未

甞不食新。甞謂薦新物於寢廟〔疏〕未甞不食新○正義曰甞謂薦新物於寢廟也未甞則人于不忍前食新也○僕於君子。君子升下則授綏。始乘則式。君子下行。然後還立。還車而立以俟其去○還音旋注同〔疏〕僕於至還立○正義曰此一經論僕御之禮必授人綏故君子升及下僕者皆授綏也○始乘則式者謂是僕者始乘君子未升至御者則式以待君子升也○君子下行然後還立者僕人之禮若君子將升則僕先升君子下行則僕後下更還車而立待君子去後乃敢自安貳云君車將駕則僕執策立於馬前故君子將下車則僕亦下車立於馬前待君子下行乃更還車立以俟君去○乘貳車則式。佐車則否。貳車佐車皆副車也朝祀之副曰貳戎獵之副曰佐會莊公敗于乾時公喪戎路傳乘而歸○朝直遙反喪息浪反傳乘上丈專反又陟戀反下繩證反下文除乘車同貳車者。諸侯七乘。上大夫五乘。下大夫三乘。此蓋殷制也周禮貳車公九乘侯伯七乘子男五乘卿大夫各如其命之數〔疏〕乘貳至則否○正義曰謂僕乘副車法也朝祀副車曰貳戎獵副車曰佐朝祀尚敬乘副車者式戎獵尚武乘副車者不式也○注貳車至而歸○正義曰云朝祀之副曰貳戎獵之副曰佐者以此經佐車貳車相對車云式主敬故謂朝祀之副曰貳佐車不式主武故云戎獵之副曰佐若戎獵自相對則戎車之副曰倅田車之副曰佐故周禮戎僕馭倅車田僕馭佐車熊氏云此云戎獵之副曰佐者據諸侯禮也故莊九年公及齊師戰于乾時公喪戎路佐車授綏是也○注此盖至之數○正義曰按周禮大行人云上公貳九乘侯伯七乘又典命云卿六命其大夫四命車服各如其命數並與此經不同故疑爲殷制有貳車者之乘馬服車不齒。尊有爵之物廣敬也服車所乘車也車有新舊觀君子之衣服。服劍。乘馬。弗賈。平尊者之物非敬也○賈音嫁〔疏〕有貳至弗賈○正義曰此一節明廣敬之義○有二車者之乘馬服車不齒者有二車則謂下大夫二車之乘以下者謂其所乘之馬所服之車不敢齒次論其年歲評其價數高下車所以不得齒者以車有新舊則年歲有多少價數有貴賤以尊者之物故不敢齒也○觀君子之衣服服劍乘馬弗價者觀視也亦不得輕平尊者物堪直多少之價亦爲不敬故觀而不平其以乘壺酒。束脩。一犬。賜人。若獻人。則陳酒執脩以將命。亦曰乘壺酒。束脩。一犬。陳重者執輕者便也乘壺四壺也酒謂清也糟也不言陳犬或無修者牽犬以致命也於卑者曰賜於尊者曰獻○便婢面反下同糟早勞反其以鼎肉。則執以將命。鼎肉謂牲體已解可升於鼎○已如字又音異解庚買反其禽加於一雙。則執一雙以將命。委其餘。加猶多也犬則執緤。守犬。田犬。則授擯者。既受。乃問犬名。牛則執紖。馬則執靮。皆右之。緤紖靮皆所以繫制之者守犬田犬問名畜養者當呼之名謂若韓盧宋鵲之屬右之者執之宜由便也○緤息列反守手又反又如字

注同紖文引反靮丁歷反畜許六反鵲七畧反臣則左之。異於衆物臣謂囚俘○俘音孚車則說綏。執以將命。甲若有以前之。則執以將命。無以前之。則袒櫜奉胄。甲鎧也有以前之謂他摯幣也櫜弢鎧衣也胄兜鍪也袒其衣出兜鍪以致命○稅本又作脫又作說同吐活反袒音但櫜音羔甲衣也奉芳勇反胄直又反鎧苦代反弢吐刀反兜丁侯反鍪亡侯反器則執蓋。謂有表裏弓則以左手屈韣執拊。韣弓衣也左衣屈衣并於拊執之而右手執簫○韣音獨拊芳武反并必政反劍則啓櫝。蓋襲之。加夫襓與劍焉。櫝謂劍函也襲卻合之夫襓劍衣也加劍於衣上夫或爲煩皆發聲○櫝音獨夫襓上音扶注同下如遙反函音咸卻去畧反下文同笏。書。脩。苞苴。弓。茵。席。枕。几。熲。杖。琴。瑟。戈有刃者櫝。筴。籥。其執之。皆尚左手。苞苴謂編束萑葦以裹魚肉也茵著蓐也熲警枕也筴蓍也籥如笛三孔皆十六物也左手執上上陽也右手執下下陰也○苴子余反茵音因熲京領反注同警枕也又燭迥反編必綿反昔音姦蕭于鬼反裹音果著蓐上音佇下音蓐刀卻刃授穎。削授拊。辟用時穎鐶也拊謂把○穎役頂反削音笑辟音避把音霸○凡有刺刃者。以授人則辟刃。辟刃不以正鄉人也○刺七智反又七亦反辟匹亦反注同○鄉許亮反下鄉國同〔疏〕其以乘壺酒束脩一犬賜人至凡有刺刃者以授人則辟刃○正義曰此一節廣明以物獻遺人法各隨文解之○其以乘壺酒束脩一犬賜人若獻人者四馬曰乘故知四壺酒亦曰乘壺束脩十脡脯也酒脯及犬皆可爲禮也與卑者曰賜奉尊者曰獻隨其所與故云賜人若獻人也○則陳酒執脩以將命者陳列也酒重脯輕故陳列重者於門外而執輕者進以奉命也○亦曰乘壺酒束脩一犬者謂將命之時辭也雖陳酒犬而單執脯致命而其饋亦猶曰有酒脯犬也若二犬亦當言二也○注酒謂至命也○正義曰案內則酒醴有清有糟泲者曰清不泲者曰糟故知此酒或清或糟云不言陳犬或無脩者牽犬以致命也者鄭釋初云有酒脯犬而後唯云陳酒執脯不言陳犬故明之也若言陳犬則嫌無脯時亦猶陳之今欲明若無脯者則陳酒牽犬以將命故不言陳犬也犬馬不上於堂牽之當在下耳○其以鼎肉則執以將命○謂無脯犬而有酒肉者也則亦陳酒而執肉以將命也云鼎肉者謂內已解剔可升於鼎者解剔則易執也其禽加於一雙則執一雙以將命委其餘者謂以禽獻賜也二隻曰雙加於一雙謂或十或百雙也假令多雙則唯執一雙將命也委其餘者所餘多雙則委陳門外也○犬則至右之緤牽犬繩也若牽犬將命則執緊犬繩也○守犬田犬則受擯者既受乃問犬名者犬有三種一曰守犬守禦宅舍者也二曰田犬田獵所用也三曰食犬充君子庖廚庶羞用也田犬守犬有名食犬無名獻田犬守犬則主人擯者既受之乃問犬名○牛則執紖馬則執靮者紖靮俱牽牛馬之物故執之○皆右之者謂以右手牽之由便故也此謂田犬守犬畜養馴善無可防禦若尤食之犬則左手牽之右手防禦故曲禮云效犬者左牽之是也○注謂若至之屬○正義曰戰國策云韓子盧者天下之壯犬也桓譚新論云夫畜生賤也然其尤善者皆見記識故犬道韓盧宋

從又魏文帝說諸方物亦云狗於古則韓盧宋鵲則猛鵲音同字異耳故鄭亦爲鵲字○臣則左之者謂征伐所獲民虜者也左之謂左手操其右袂也以其異於衆物衆物犬馬之屬犬馬不生變異故皆右之民虜或起惡慮故以左手操右袂右手當制之是與衆物異也○車則至奉胄○獻車馬者執策綏故知陳車馬而說綏執以將命○甲若有以前之則執以將命者甲鎧也有以前之謂他物也謂獻鎧者復有他物與鎧同獻則陳鎧而執他物輕者以將命也○無以前之則袒櫜奉胄者袒開也櫜弢鎧衣也胄兜鍪也若無他物唯獻甲而已則開甲出櫜胄奉之將命也曲禮云獻甲者執胄是也器則執蓋○器凡器若獻則陳底執蓋以將命蓋輕便也○弓則以左手屈韣執拊○韣弓衣拊弓把也獻弓則左手屈弓衣并於把而執之以其右手執簫以將命曲禮云右手執簫左手承弣是也○劍則至劍焉○啓開也櫝劍函也獻劍則先開函也○蓋襲之者蓋劍函之蓋也襲謂卻合也開函而以蓋卻合於函下底於蓋上加夫襓者襓劍衣也先卻合蓋於函下又加劍衣函中也○與劍焉者加衣於函中竟而以劍置衣上也○注襲至發聲○正義曰皇氏云卻仰也謂仰蓋於函底之下加函底於上重合之故云襲云夫襓劍衣也者熊氏云依廣雅夫襓木劍衣謂以木爲劍衣者若今刀袪云夫或爲煩皆發聲者以禮記本夫或作煩字者故云夫或爲煩皆是發聲故云皆發聲然則襓之一字是衣之正名襓字從衣當以縚帛爲之熊氏用廣雅以木爲之其義未善也○笏書至左手○笏也書也脩脯也苞苴也弓也茵也席也枕也几也熲警枕也杖也琴也瑟也戈有刃者櫝也謂戈之有刃者以櫝韜之筴蓍也籥笛也○其執之皆尚左手者言執此諸物皆尊尚左手左手在上而執之右手在下而承之○注苞苴至陰也○正義曰苞苴謂編束萑葦以裹魚肉者案既夕禮云葦苞長三尺內則云炮取厥編萑以苞之是編萑葦以裹魚及肉也亦兼容他物故禹貢云厥包橘柚孔叢子云吾於木爪之惠見苞苴之禮行是也茵著蓐也者謂茵是以物所著之蓐言有著者謂之曰茵故既夕云茵著用荼謂茅秀也用荼以著茵也云穎警枕也者以經枕外別言穎熲是穎發之義故爲警枕云莢著也者曲禮云莢爲筮故莢爲著也云籥如笛三孔者案漢禮器知之詩注或云籥六孔兩不同者蓋籥有大小詩箋或云管如籤併而吹之云皆十六物也者前解經以也間之即是其數也○刀卻刃授穎○言授人以刃卻仰其刃授之以穎穎謂刀鐶也言以刃鐶授之削授拊者削謂曲刀拊謂削把言以削授人則以把授之○注穎鐶也○正義曰穎是穎發之義刃之在手謂之爲穎禾之秀穗亦謂之爲穎枕之警動亦謂之穎其事雖異大意同也○凡有刺刃者以授人則辟刃謂不以刃正嚮人也乘兵車。出先刃。入後刃。不以刃鄉國也軍尚左。左陽也陽主生將軍有廟勝之策左將軍爲上貴不敗績卒尚右。右陰也陰主殺卒之行伍以右爲上示有死志○卒子忽反注同行伍戶羽反下音五○〔疏〕乘兵至尚右○正義曰此一節論兵車出入及將士所患之宜○出先刃入後刃者不欲以刃嚮國○軍尚左者軍謂軍將行伍尊尚左方左是陽陽主生欲其生不敗績也○卒尚右者言士卒行伍貴尚於右右爲陰示其有必死之心賓客主恭。祭祀主敬。喪事主哀。會同主詡。恭在貌也而敬又在心詡謂敏而有勇若齊國佐○詡況矩反〔疏〕賓客至主詡○正義曰恭在貌敬在心賓客輕故主恭祭祀重故主敬會同主詡者詡謂敏大言語會同之時貴在敏捷勇武自光大○

注詡謂至國佐○正義曰成二年左傳齊晉戰於鞌齊國佐陳辭以拒晉師是敏而有勇也○軍旅思險。隱情以虞。險阻出奇覆設之處也隱意也思也虞也度也當思念已情之所能以度彼之將然否○阻側呂反覆芳富反謂伏兵也徐音赴詗況頃反詗詐也或云詗謀處昌慮反度大各反下同○【疏】軍旅至以虞○正義曰軍旅思險者言軍旅行處思其險阻之地出奇設謀以覆敗前敵○隱情以虞者隱意也思也虞度也謂以意思念彼情豫測度前敵知其所欲爲事記者明軍旅之中當須如此○注險阻至然否○正義曰險阻出奇覆設之處也者鄭解經中險字險是地形險阻設詐也地形既險得出奇謀覆詐故云險阻出奇覆設之處若其平地則不得設奇謀詐也虞度也釋言文云當思念已情之所能以度彼之將然否者言在軍旅先須思念已國之情所堪能以測度彼軍將欲如此以否

○燕侍食於君子。則先飯而後已。所以勸也○飯扶晚反下小飯同○毋放飯。毋流歠。小飯而亟之。亟疾也備嘰噎若見問也○歠昌悅反亟紀力反注同嘰噎上於月反下伊結反○數噍。毋爲口容。口容弄口○數色角反噍字又作嚼子笑反又在笑反○客自徹。辭焉則止。主人辭其徹○【疏】燕侍至則止○正義曰此一節明侍食之法○先飯而後已者先飯先君子之飯若嘗食然君子食罷而後已若勸食然○小飯而亟之者小飯謂小口而飯亟謂疾速而咽小飯而備嘰噎也速咽之備見問也○數噍毋爲口容者數噍謂數數嚼之無爲口容者無得弄口以爲容也○客自徹辭焉則止者謂食訖客欲自徹其俎主人辭其徹俎客則止而不徹○

客爵居左。其飲居右。客爵謂主人所酬賓之爵也以優賓耳賓不舉奠于薦東介爵。酢爵。僎爵。皆居右。三爵皆飲爵也介賓之輔也酢所以酢主人也古文禮僎作遵遵爲鄉人爲卿大夫來觀禮者酢或爲作僎或爲騶○介音界注同僎音遵騶責留反本又作騶一音巡【疏】客爵至居右○正義曰此一節明客爵所在客爵依鄉飲酒禮主人酬賓之爵賓受奠觶于薦東是客爵居左也○其飲居右者鄉飲酒之禮旅酬之時一人舉觶于賓賓奠觶于薦西至旅酬賓取薦西之觶以酬主人是其飲居右也○介爵酢爵僎爵皆居右者介賓副也酢謂客酌還答主人也僎謂鄉人來觀禮副主人者也此三人既不被優故爵皆並居右爲飲之案鄉飲酒介爵及主人受酢之爵并僎爵皆不明奠置之所故記者於此明之○注客爵至賓耳○正義曰案鄉酒禮主人酬賓奠觶于薦東所以不奠薦西者欲優饒其賓且令閑裕故不奠於薦西賓又不盡主人之歡還奠薦東示不敢飲也○注三爵至禮者○正義曰案鄉飲酒禮主人獻介介飲獻賓賓酢主人主人飲主人獻僎僎飲是三爵皆飲爵云遵謂鄉人爲卿大夫來觀禮者案鄉射禮若有遵者則入門左注云此謂鄉之人爲大夫者也謂之爲遵者方以禮樂化民欲其遵法之也今文遵或爲僎云酢或爲作僎或爲騶者謂他文書本有作此字者故云或他皆倣此○

羞濡魚者進尾。擗之由後鯁肉易離也乾魚進首擗之由前理易析也○濡音儒擗補麥反下同鯁格猛反易以豉反下同析星歷反○冬右腴。氣在下腴腹下也○腴以朱反夏右鰭。氣在上鰭脊也○右鬐音祈脊子昔反祭膴。膴大臠謂刳魚腹也膴讀如冔○膴舊火吳反依注音冔況甫反徐況紆反臠力轉反刳口胡反又若侯反○【疏】羞濡至祭膴○正義曰此一節明進魚之禮○羞濡魚者進尾濡溼也謂膳羞有溼魚也進尾者擗溼魚從後來則脇肉易離也○冬右腴者腴謂魚腹冬時陽氣下在魚腹故右腴○夏右鰭者鰭謂魚脊夏時陽氣上在魚脊故右鰭凡陽氣所在之處肥美故進魚使嚮右以右手取之便也此濡魚進尾乾魚進首及右腴右鰭之屬皆謂尋常燕食所進魚體非祭祀及饗食正禮也若祭祀魚在於俎皆縮載俎既橫設魚則隨俎而從於人爲橫無進首進尾之理故少牢魚用鮒而俎縮載其主人正饗亦然公食大夫禮魚七縮俎是也正祭魚既縮載少牢主人獻祝佐食三魚一橫之彼是正祭魚橫者以魚與牲體共俎故特橫之殊於牲體也若天子諸侯繹祭及卿大夫儐尸魚則橫載之於俎在人前而橫載魚則於人爲從得有進首尾也故有司徹云尸俎五魚橫載之侑主人皆一魚亦橫載之彼注云橫載之者異於牲體如鄭此言正祭之時牲體橫而魚縮載儐尸之時牲體縮而魚橫載之故云橫載之者異於牲體也正祭則右首進腴故少牢魚右首進腴變於生人若生人右首進鰭故公食大夫云寢右注云右首也寢右進鰭也乾魚近腴多骨鯁故案特牲少牢魚皆十有五鄭云從陰類昏禮魚十有四減一從偶數士喪禮大斂及士虞禮及公食禮魚皆七其天子諸侯魚數未聞○祭膴者膴謂刳魚腹下爲大臠此處肥美故食魚則刳取以祭先也○

凡齊。執之以右。居之以左。齊謂食羹醬飲有齊和者也居於左手之上右手執而正之由便也○齊才細反注及下以齊並同食音嗣和戶臥反下齊和同便婢面反○【疏】凡齊至於左○正義曰此一經明齊和之宜凡齊者謂以鹽梅齊和之法○執之以右者謂執此鹽梅以右手居之於左者謂居處羹食於左手之上以右手所執鹽梅調和正之於事便也○贊幣自左。詔辭自右。自由也謂爲君授幣爲君出命也立者尊右○爲于僞反下爲君同【疏】贊幣至自右○正義曰此一經論贊幣贊辭之異自由也贊助也謂爲君授幣之時由君左○詔辭自右者詔辭謂爲君傳辭也君辭貴重若傳與人時則由君之右也○

酌尸之僕。如君之僕。當其爲尸則尊其在車。則左執轡。右受爵。祭左右軌范乃飲。周禮大馭祭兩軹祭軌乃飲軌與軹於車同謂轊頭也軌與范聲同謂軾前也○軌媿美反范音犯軹音旨轊音衛軾音式○【疏】酌尸至乃飲○正義曰此一節明爲尸之僕祖道祭軷之宜○酌尸之僕者僕爲尸御車之人將欲祭軷酌酒與尸之僕令爲軷祭如似酌酒與君之僕以其爲尸則尊之似君也○其在車則左執轡右受爵者尸僕受酒法也其在車謂僕在車中時也僕既所主尸車故於車執轡而受爵也尸位在左僕立於右故左執轡右受爵祭酒也君僕亦然○祭左右軌范者軌謂轂末范謂式前僕受爵將飲則祭之酒於車左右軌及前范也所以祭者爲其神助已不使傾危故也乃飲者祭徧乃自飲也○注周禮至前也○正義曰案周禮大馭祭兩軹祭軌此云祭左右軌范兩文不同則左右軌與兩軹是一故云軌與軹於車同謂轊頭謂車轂小頭也此云范大御云軌兩事是一聲同字異故云聲同謂式前之範與此范俱是式前也但式前之軓車旁著凡或作範字雖作範字聲同而字異即詩邶風濟盈不濡軌亦車旁凡與此同也若轂末之軌則車旁著九此經左右軌是也其車轊亦謂之軌亦車旁著九則考工記經涂九軌是與此字同而事異也○

凡羞有俎者。則於俎內祭。俎於人爲橫不得祭於間也○君子不食圂腴。周禮圂作豢謂犬豕之屬食米穀者也腴有似人穢○圂與豢同音患豢本又作穢紆廢反一音烏外反小子走而不趨。舉爵則坐立飲。小子弟子也卑不得與賓介具備禮容也凡洗必盥。先盥乃洗爵先自絜也盥有不洗也○盥音管又古亂反牛羊之肺。離而不提心。提猶絕也刲離之不絕中央少者使提絕以祭耳○不提心丁禮反注同絕句刲苦圭反耳本又作離同力今反又力知反○凡羞有湇者。不以齊。齊和也○湇起及反爲君子擇葱薤。則絕其本末。爲有萎乾○爲于僞反注同薤戶戒反萎乾上於危反又於僞反下音竿羞首者。進喙祭耳。耳出見也○喙許穢反見賢遍反○尊者。以酌者之左爲上尊。尊者設尊者也酌者鄉尊其左則上尊也○遵本又作尊注下皆同鄉許亮反下鄉人同尊壺者面其鼻。鼻在面中言鄉人也飲酒者。禨者。醮者。有折俎不坐。折俎尊徹之乃坐也已沐飲曰禨酌始冠曰醮○禨其記反醮子笑反折之設反下及注皆同冠古亂反未步爵。不嘗羞。步行也○牛與羊魚之腥。聶而切之爲膾。聶之言牒也先藿葉切之復報切之則成膾○聶之涉反注及下皆同膾古外反牒直輒反復扶又反○麋鹿爲菹。野豕爲軒。皆聶而不切。麕爲辟雞。兔爲宛脾。皆聶而切之。切葱若薤。實之醯以柔之。此軒辟雞宛脾皆菹類也其作之狀以醯與葷菜淹之殺肉及腥氣也○麋音眉軒音獻注同俱倫反辟音壁又補麥反徐扶益反注同兔他故反宛脾上於阮反下毗支反切葱若薤實之絕句菹莊居反葷許云反淹於廉反又於劫反○其有折俎者。取祭肺反之。不坐。燔亦如之。亦爲尺柄之類也燔炙也鄉射曰賓奠爵于薦西興取肺坐絕祭左手嚌之興加于俎坐帨手○燔音煩柄兵命反嚌才細反帨本亦作稅始銳反○尸則坐。尸尊也少牢饋食禮曰尸左執爵右兼取肝擩于俎鹽振祭嚌之加于菹豆○食音嗣擩本又作擩而專反又而悅反徐耳誰反【疏】凡羞至則坐○正義曰此一節廣明祭俎及羞膳之事○凡羞有俎者則於俎內祭者若羞在豆則祭於豆間若脩在俎則於俎內而祭俎在人前橫設俎內近人之處以俎於人爲橫不得祭於俎間也俎橫在人前故不得祭於俎外及兩俎間也○君子不食圂腴○圂猪犬也腴猪犬腸也言猪犬亦食米穀其腴與人相似故君子但食他處辟其腴謂腸胃也故鼎關一也○小子至立飲○小子弟子也趨徐趨也弟子不得與賓主參預禮但給役使故宜騶走不得趨翔爲容也○舉爵則坐祭立飲者謂弟子若得舉爵時則先以坐祭祭竟而立飲之也○凡洗必盥○洗爵也盥洗手也○凡飲酒必洗爵洗爵必宜先洗手也○牛羊之肺離而不提心○謂祭肺法也提猶絕也取肺刲離之不絕心心謂肺中央少許耳○凡羞有湇者不以齊與云湇汁也若羞有汁則有鹽梅齊和若食者更調和之則嫌薄主人味故不

以齊也賀瑒云凡清皆謂大羹大羹不和也○爲君至本末○本根也葱薤根不淨末萎乾故擇者必絕其二處爲君子如此則非君子不然○羞首者進喙祭耳羞亦膳羞也首頭也喙口也若膳羞有牲頭者則進口以鄉尊者尊者若祭先取牲耳祭之也○尊者至嘗羞○此一節論設尊及折俎行爵嘗羞之儀尊者謂設尊人也人君陳尊在東楹之西於南北列之設尊之人在尊東西面以右爲上則尊以南爲上也酌謂酌酒人也酌人在尊東西面以左爲上亦上南也二人俱以南爲上也故云以酌者之左爲上尊○注尊者至尊也○正義曰庾云燕禮司宮尊于東楹之西兩方壺左玄酒南上注玉藻云唯君面尊玄酒在南順君之面也下云公席阼階上西鄉下又云執冪者升自西階立于尊南北面東上案左玄酒南上之言是設尊者東鄉酌者西鄉設者之右則酌者之左也○尊壺者面其鼻者尊與壺悉有面面有鼻鼻宜爵於尊者故言面其鼻也○飲酒者則下文禨者醮者是也摠以飲酒目之禨者謂沐而飲酒醮者謂冠而飲酒者○有折俎不坐者折謂折骨體於俎也禨醮者若折俎爲尊禨醮小事爲早故不得坐也折俎所以爲尊者賀云折俎則殺饌尊故冠禮庶子冠于房戶之前而冠者受醮不敢坐及禨者竝不敢坐也案鄉飲酒燕禮有折俎者皆不坐獨云禨者醮者不坐者以禨者醮者無酒俎之時則得坐嫌畏有折俎亦坐故特明之云有折俎不坐○未步爵不嘗羞者步行也羞殺羞也殺羞本爲酒設若爵未行而先嘗羞是貪食矣故不先爵嘗之也此謂無筭爵之時羞庶羞行爵之後始嘗之若正羞脯醢折俎未飲酒之前則嘗之故鄉飲酒鄉射燕禮大射獻後乃薦賓皆先祭脯醢嚌肺乃飲卒爵○牛與至柔之此一節明膾及齏菹麤細之異○聶而切之者謂先牒爲大臠而後報切之爲膾也麋鹿爲菹以下已於內則具釋之○其有至則坐○此一節明祭俎之儀折俎謂折骨於俎俎既有足柄尺之類故就俎取所祭肺立而取之升席坐祭祭說反此所祭之物加之於俎皆立而爲之故云取祭反之不坐唯祭時坐耳○燔亦如之者燔謂燔肉雖非折骨其肉在俎其取及祭反時皆亦不坐故云燔亦如之○尸則坐者前云不坐者是賓客耳若爲尸尸尊雖折俎初取祭反之皆坐也○注尸尊至菹豆○正義曰引少牢饋食禮者證尸坐之義前注引鄉射禮云賓奠爵于薦西與取肺云與則立也此引少牢禮云尸左執爵右兼取肝肺不云與故知尸則坐菹豆盛菹之豆也○衣服在躬。而不知其名爲罔。罔猶罔罔無知貌○罔本亦作冈又作網亡兩反○【疏】衣服至爲罔○正義曰衣服文章所以表人之德亦勸人慕德若著之而不識知其名義者則是罔罔無知之人也○其未有燭。而後至者。則以在者告。道瞽亦然。爲其不見意欲知之也師冕見及階子曰階也及席子曰席也皆坐子告之曰某在斯某在斯○道音導爲于僞反下爲宥下文爲人爲己同冕見賢遍反○凡飲酒。爲獻主者。執燭抱燋。客作而辭。然後以授人。爲宥言也主人親執燭敬賓示不倦也言獻主者容君使宰夫也未爇曰燋○燋側角反又子約反又音在遙反爇人悅反○執燭不讓。不辭不歌。以燭繼晝禮殺○殺色戒反○【疏】其未至不歌○正義曰此一節明有燭無燭之儀爲主人法也在者謂已在於坐者若日已闇而坐中未有燭繼新有人後來至者則主人以在坐中者而告之云某人在此某人在此使後來人知之也○道瞽亦然者瞽

無目恒如日闇故道示之亦如無燭時也○凡飲酒爲獻主者獻主主人也謂爲飲酒主人法也凡飲酒主人自獻賓若尊卑不敵則使宰夫爲主人以獻賓故爲獻主也○執燭者謂夜闇執燭○抱燋者燋謂未爇之炬既欲留客又取未然之炬抱之也○客作而辭者作起也客既見主人執燭抱燋故自起辭之也○然後以授人者主人見客起辭故從辭而止以燭乃授己執事之人○執燭不讓不辭不歌者執燭夜時也禮賓主有讓及更相辭謝又各歌詩相顯今既夜莫所以殺於三事○洗盥。執食飲者。勿氣。有問焉。則辟咡而對。示不敢歆臭也口旁曰咡○辟匹亦反徐孚益反咡而志反歆許金反臭許又反○【疏】洗盥至而對○正義曰洗謂與尊長洗爵也盥謂與尊長洗手也若爲尊長洗盥及執尊長飲食則勿氣謂不鼻嗅尊長飲食也○有問焉則辟咡而對者咡口旁也當爲尊者洗盥及執飲食之時而尊者有事問已已則辟口而對不使口氣及尊者○爲人祭曰致福。爲已祭而致膳於君子曰膳。祔練曰告。此皆致祭祀之餘於君子攝主言致福申其辭也自祭言膳謙也祔練言告不敢以爲福膳也凡膳告於君子。主人展之。以授使者于阼階之南。南面再拜稽首送。反命。主人又再拜稽首。展省具也○使色吏反○其禮大牢。則以牛左肩臂臑折九箇。少牢。則以羊左肩七箇。犆豕。則以豕左肩五箇。折斷分之也皆用左者右以祭也羊豕不言臂臑因牛序之可知○臂本亦作辟以豉反注同臑奴報反又奴到反說文云臂羊犬讀若儒字林人於反箇古賀反下同犆大得反斷丁管反又大喚反分方云反又扶問反本又作箇古賀反○【疏】爲人至五箇○正義曰此一節明致福及膳於君子及所膳牲體之數謂爲人攝祭而致飲胙於君子也其致胙將命之辭則曰致福也謂致彼祭祀之福於君子也○爲已祭而致膳於君子曰膳者若已自祭而致胙於君子則不敢云福而言致膳膳善也言致善味耳祔練曰告者若已祔祥而致胙又不敢云福膳但云告言以祭胙告君子使知已祔祥已故顏回之喪饋孔子祥肉是也○凡膳告於君子者結上而膳自祭及告祥也○主人展之以授使者于阼階之南南面再拜稽首送者謂初遣使膳告君子之去時也展省視敬君子故主人自省視飲食多少備具而阼階南稽首拜送使者○反命主人又再拜稽首者使從君子處還反則主人亦再拜稽首受命也亦當在阼階南南面也曲禮云使者反必下堂而受命是也○其禮大牢則以牛左肩臂臑折九箇者明所膳數也若得大牢祭者則用牛膳也周人牲體尚右右邊已祭所以獻左也周貴肩故用左肩也九箇者取肩自上斷折之至蹄爲九段以獻之也臂臑謂肩腳也○少牢則以羊左肩七箇者若禮得少牢者則膳羊左肩○折爲七箇不云臂臑從上可知也然並用上牲不并備饌故大牢者唯牛少牢者唯羊也○犆豕則以豕左肩五箇者若祭唯特豕以用豕左肩亦用五箇以爲膳也○國家靡敝。則車不雕幾。甲不組縢。食器不刻鏤。君子不履絲屨。馬不常秣。靡敝賦稅亟也雕畫也幾附纏爲沂

鄂也組縢以組飾之及紟帶也詩云公徒三萬貝胄朱綅亦鏤飾也○靡亡皮反[illegible]常如字恒也本亦作嘗秣音末穀馬亟本又作極紀力反急也一音其力反沂魚巾反鄂五各反紟其鴆反結也綅息廉反又音侵鎧苦代反【疏】國家至常秣○正義曰此一節明國家靡敝減省之禮[illegible]

禮記注疏卷三十五挍勘記　阮元撰盧宣旬摘錄

少儀第十七

及薦羞之少威儀　閩監本同毛本少作小衛氏集說同

聞始見君子者節

謙遜之也　各本同釋文出嗛云本又作謙○按謙正字嗛假借字

聞始至命者　惠棟挍宋本無此五字

各隨文解之　閩監毛本同惠棟挍宋本隨作依

不得階主節

解上經文云聞名之義也　閩監毛本同惠棟挍宋本無經字

適者曰節

適者曰　監毛本作敵石經同岳本同嘉靖本同衛氏集說同閩本同陳澔集說同盧文弨挍云適敵古今字齊召南按云以鄭注推之古本是作敵者玩下文敵者曰贈從者敵者曰襚可見作適者非也○按敵正字適假借字

罕見曰聞名節

前二條明始相見　惠棟挍宋本作二條衛氏集說同此本二誤三條字不誤閩監本同毛本二條誤三條

此明已經相見　閩監毛本同衛氏集說作此經明已相見

按爾雅釋詁文罕希也　閩監毛本同孫志祖挍云按爾雅釋詁希寡鮮罕此罕希當作希罕也

亟見曰朝夕節　惠棟云亟見節宋本分暫曰聞名句另爲一節

亟見至聞名　惠棟挍宋本無此五字

適有喪者曰比節

四十持盈次　閩監毛本同惠棟挍宋本持作待次作欱衛氏集說同

童子曰聽事節

雖往適它喪　閩監毛本它作他衛氏集說同

適公卿之喪節

不直云聽役於將命　閩監毛本同考文引宋板命下有者字

君將適他節

君將適他　各本同石經同釋文出適它云本亦作他按此本正義並作它

君將至從者　惠棟挍宋本無此五字

論臣致物於君及適者之辭　閩監毛本同衛氏集說適作敵浦鏜挍云當作敵

臣如置金玉貨貝於君者　閩監毛本同惠棟挍宋本置作致

略舉其梗概耳　閩本同監毛本梗作挭

臣致襚於君節

言廢衣不敢必用斂也　惠棟挍宋本作言廢衣不必共以斂也宋監本同岳本同嘉靖本同衛氏集說同閩監毛本作言廢衣不必以其斂也其以二字誤倒

周禮玉府　毛本作玉岳本同嘉靖本同衛氏集說同此本玉誤五閩監本玉誤王

臣致至曰襚　惠棟挍宋本無此五字

但充以廢致不用之例　閩監毛本同衛氏集說無以字例作列下有也字浦鏜挍云廢致疑廢置誤盧文弨挍云致置古多通用

文謂物織畫繡之屬也　惠棟挍宋本作物謂文衛氏集說同此本誤倒閩監毛本同

親者兄弟節

不執將命者　惠棟挍宋本者作也宋監本同考文引古本足利本同岳本同嘉靖本同衛氏集說同此本也誤者閩監毛本同

大功以上同體之親　監毛本同閩本體作財衛氏集說同考文引宋板同

臣為君喪節

亢是送君　閩本亢作亢惠棟挍宋本同衛氏集說同此誤亢監毛本同

賵馬入廟門節

賵馬與其幣　各本同毛本幣誤弊疏同

賵馬至廟門　閩本同監毛本賵誤賻惠棟挍宋本無此五字

禮既袓託而後賵馬入　考文引宋板袓作祖衛氏集說同此誤袓閩監毛本同

以馬助生人營喪曰賻馬　惠棟挍宋本有人字衛氏集說同此本人字脫閩監毛本同

周禮革路建大白以即戎也　惠棟挍宋本有禮革二字此本禮革二字脫閩監毛本同

有以大白兵車而賵之者　惠棟挍宋本賵作賻此本誤閩監毛本同

賻者既致命節

賻者至受也　惠棟挍宋本無此五字

坐委于擯東南　閩監毛本同衛氏集說擯作殯下不告擯同按作殯是也

受立授立節

受立至之矣　惠棟挍宋本無此五字

及送賵之禮　閩監毛本同惠棟挍宋本送賵作贈送

類尊者故也　閩監毛本同惠棟挍宋本類作煩

則有坐而授受　考文引宋板作授受衛氏集說同此本作受授閩監毛本同

始入而辭節

始入至則否　惠棟挍宋本無此五字

問品味節

問品至某乎　惠棟挍宋本無此五字

教國子三德三行者　嚴杰云者字上脫三德二字

禮樂射馭書數也　惠棟挍宋本如此此本馭下衍於字閩監毛本同考文無於字又無也字衛氏集說同

不疑在躬節

訾思也重猶寶也　惠棟挍宋本如此宋監本同岳本同嘉靖本同衛氏集說同考文引古本足利本同此本作訾思重猶寶也也閩監毛本刪去一也字而思下也字遂脫

不疑至重器　惠棟挍宋本無此五字

則為賓為主皆然也　閩監毛本同衛挍宋本則作而

謂卿大夫之家也　惠棟挍宋本有卿字此本卿字脫閩監毛本同衛氏集說同

不可願數之也　惠棟挍宋本同閩監毛本數作敎衛氏集說同

淫亂濫惡也　惠棟挍宋本此下標禮記正義卷四十四終記云凡二十三頁

氾埽曰埽節　惠棟挍宋本自此節起至國家靡敝節止題禮記正義卷第四十五

氾埽曰埽　閩監毛本同石經同岳本同嘉靖本同衛氏集說同釋文氾作汎浦鏜挍云氾誤氾下並同

埽席前曰拚　閩本同石經同岳本同嘉靖本同衛氏集說同監毛本拚誤拚釋文亦作拚下拚及疏並同

帚恒帚地　毛本作埽岳本同嘉靖本同衛氏集說同此本誤作帚閩監本同考文引宋板古本足利本亦作埽

不絜清也　閩本同監毛本絜作潔岳本同嘉靖本潔作絜衛氏集說同釋文同○按漢人祇作絜

氾埽至膺擖　惠棟挍宋本無此五字

明主人與賓酒埽之事　閩監毛本同惠棟挍宋本與作為衛氏集說同

若帚席上　惠棟挍宋本帚作埽此本埽誤帚閩監毛本同衛氏集說埽作拚

不得持罇尊者　惠棟挍宋本作得衛氏集說同此本得字漶滅閩監毛本得作可

不貳問節

不貳至則否　惠棟挍宋本無此五字

此一節明問卜筮之法　惠棟挍宋本有問字衛氏集說同此本問字脫閩監本同毛本問法誤卜

不二問者　閩監本同毛本二作貳

不得二心　閩監本同毛本二作貳惠棟挍宋本同下若二心同

尊長於己踰等節

喪俟事不犆弔　各本同石經同釋文出不特云本又作犆○按特正字

端慤所以為敬也　各本同釋文慤作愨是也

嫌勝故薄之　惠棟挍宋本薄作專宋監本同岳本同嘉靖本同衛氏集說同考文引古本足利本同此本誤閩監毛本並誤

尊長至擢馬　惠棟挍宋本無此五字

奉命於尊長諸雜之儀　閩監毛本命作侍衛氏集說同

若尊者眠臥　閩本同惠棟挍宋本同衛氏集說同監本眠誤服毛本眠誤臨

上耦前取一矢下耦又進　閩監毛本同考文引宋板矢作次衛氏集說同

但頻勝馬三難得　惠棟挍宋本作三馬衛氏集説同此本三馬二字倒閩監毛本同

足以爲三馬以成定勝也　閩監毛本同衛氏集説定字無

執君之乘車節

抴諸幦　宋監本惠棟挍宋本岳本嘉靖本同閩監毛本抴作拖衛氏集説同石經抴字殘闕釋文亦作抴○按依説文當作拕从手它聲

執君至後步　惠棟挍宋本無此五字

謂君不在車　惠棟挍宋本有君字此本君字脱閩監毛本同

幦車覆蘭也　惠棟挍宋本同閩監毛本蘭作闌下車前蘭也同

而拖末於車前幦上也　閩監毛本拖作拽衛氏集説同

請見不請退節

罷之言罷勞也春秋傳曰師還曰疲　閩監毛本同岳本同衛氏集説同嘉靖本同言誤吉段玉裁挍本云罷勞之罷當作疲曰疲之疲當作罷二字蓋互譌

請見至曰罷　惠棟挍宋本無此五字

及朝廷歸退之辭　惠棟挍宋本作歸退衛氏集説同此本歸退二字倒閩監毛本同

侍坐於君子節

尊者忽問日之蚤晚　閩本作晚惠棟挍宋本同衛氏集説同此本晚誤暮監毛本晚誤莫

事君者節

事君至罪也　惠棟挍宋本無此五字

然猶如此　閩毛本同監本此誤比

不窺密節

不窺至戲色　惠棟挍宋本無此五字

故鄭云嫌伺人之私也　惠棟挍宋本有故字此本故字脱閩監毛本同

爲人臣下者節

怠墮也　惠棟挍宋本墮作惰宋監本同岳本同嘉靖本同衛氏集説同此本誤閩監毛本同釋文亦出怠惰各本正義並作惰字不誤

不可因也　閩監毛本同嘉靖本同惠棟挍宋本不作無宋監本同岳本同衛氏集説同考文引古本足利本同

爲人至之役　惠棟挍宋本無此五字

若君惡臣當諫之　惠棟挍宋本若下有有字衛氏集説同此本有字脱閩監毛本同

役爲也謂事君如上者　惠棟挍宋本有也字此本也字脱閩監毛本同

柳莊者是社稷之臣也　閩監毛本同考文引宋板無是字

毋拔來節

毋瀆神　閩本同石經同岳本同嘉靖本同衛氏集説同監毛本瀆作瀆

説或爲伸　閩監毛本伸作申岳本同嘉靖本同此本誤也衛氏集説誤作申

思此則疾貪也　考文引古本同閩監毛本貪作貧岳本同嘉靖本同衛氏集説同

毋拔至言語　惠棟挍宋本無此五字

凡人故不可豫欲測量之也　閩監毛本同惠棟挍宋本故作固衛氏集説同

謂規矩尺寸之法或言工巧　閩監毛本同浦鏜挍或改式按作法式是也

今有夕桀各爲二篇　閩監毛本同惠棟挍宋本二作一

餘並不敢　惠棟挍宋本敢作取此本誤敢閩監毛本同

注説至宜也　閩監毛本同考文引宋板説下有謂字

或薄或厚聲之振動　閩監毛本同惠棟挍宋本振作震衛氏集説同

言語之美節

讀如歸往之往　閩監毛本同岳本同嘉靖本同衛氏集説同按讀如當依正義作讀爲

言語至雍雍　惠棟挍宋本無此五字

心有繼屬　閩監毛本同衛氏集説有下有所字繼字同浦鏜挍繼改繫

四牡騑騑　閩監毛本同衛氏集説同惠棟挍宋本四作駟下四牡翼翼四牡騑騑並同

皆是馬之嚴止　閩監毛本同考文引宋板無皆是二字止作正

問國君之子節

車中之拜肅拜　考文引宋板車作軍古本足利本同岳本同嘉靖本同此本誤車閩監毛本同衛氏集説同段玉裁挍本云車中當作軍中公羊僖三十二疏正作軍

問國君至不拜　惠棟挍宋本無此六字

幼則云已能受命令於樂人　閩監毛本同衛氏集説命作政

大磬舜樂也　閩本同惠棟挍宋本同監毛本磬作韶○按韶正字磬假借字周禮作磬磬者籀文鞀字也

婦人吉事節

肅拜拜低頭也　閩監毛本同岳本同嘉靖本同衛氏集説同段玉裁挍本云當作肅拜拜不低頭也別有説

婦人以肅拜爲正　各本同考文引古本下有故雖君賜之重亦肅拜而受十一字

婦人至手拜　惠棟挍宋本無此五字

此一節論婦人拜儀　閩監毛本同惠棟挍宋本節作經衛氏集説同

而昏禮婦拜扱地　惠棟挍宋本有婦字衛氏集説同此本婦字脱閩監毛本同

左傳穆嬴　閩監毛本同衛氏集説嬴作羸

葛絰而麻帶節

葛絰而麻帶　閩監本同毛本而作至惠棟挍宋本無此五字

帶有除無變　閩監毛本同衛氏集説同惠棟挍宋本帶下有則字

故云麻帶也　閩監毛本同惠棟挍宋本無也字云作曰衛氏集説也字亦無

取俎進俎節　惠棟云取俎節宋本分執虚以下另爲一節

取俎進俎不坐　惠棟挍宋本無此六字

謂進肉於俎　閩監本同考文引宋板同毛本於誤如

凡祭於室中節

堂上無跣　閩監毛本同石經同岳本同嘉靖本同衛氏集説同釋文出毋跣

爲歡也　各本同釋文歡作懽

説屨乃升堂　各本同釋文出稅屨云本或作脱又作説

凡祭至有之　惠棟挍宋本無此五字

若擯尸則于堂　閩監毛本同惠棟挍宋本擯作儐衛氏集説同

燕安坐相親之心　閩監毛本同浦鏜挍云心下增也字

乘貳車節　惠棟云乘貳車節宋本分貳車者以下合有貳車者節爲一節

卿大夫各如其命之數　閩監毛本同岳本同嘉靖本同惠棟挍宋本卿上有及字數下有也字宋監本同考文引古本同衛氏集説卿上亦有及字數下也字無考文引足利本同

乘貳至則否　惠棟挍宋本無此五字

貳車云式主敬　惠棟挍宋本有貳字此本貳字脱閩監毛本同

上公貳九乘　惠棟挍宋本貳下有車字是也閩監毛本作上貳公九乘公貳誤倒車字亦誤脱

有貳車者之乘馬節

尊有爵之物 惠棟校宋本爵下有者字宋監本同岳本同嘉靖本同衛氏集說同考文引古本足利本同此本者字脫閩監毛本同

有貳至弗賈 惠棟校宋本無此五字

有二車者之乘馬服車不齒者 閩監毛本同惠棟校宋本二作貳下同

其以乘壺酒節

束脩 閩監本同石經同岳本同衛氏集說同嘉靖本脩作修毛本束脩誤束修下執脩束脩書脩並同注疏放此

車則說綏 各本同石經同釋文出稅綏云本又作脫又作說

則袒櫜奉胄 各本同監本胄誤冑

櫝謂劒函也 閩監毛本同岳本同嘉靖本同衛氏集說同考文云古本下有葢者匣之葢也六字按既言函又言匣字歧出正義云葢劒函之葢也古本葢依此增入

夫襓劒衣也 各本同考文云古本下有開匣以其葢卻合於匣之底下乃加襓於匣中而以劒也襓上也二十五字按此亦後增也下接加劒於衣上於文義不順

頍杖 宋監本亦作頍岳本同閩監毛本頍作穎石經同衛氏集說同嘉靖本頍誤穎注放此石經考文提要云按九經三傳沿革例云疏本作穎釋文及建諸本作頍監本及興國本作穎釋文以警枕之頍其旁下從火又未知監本興國本穎字其旁下从禾者以何本爲據今頍穎二字皆依釋文據此則宋監本已作穎葢从正義謂穎是穎發之義刃之在手謂之爲穎禾之秀穗亦謂之爲穎枕之警動亦謂之穎故其字从禾然釋文最古且警枕與刃穎字有分別故珂依之宋本九經南宋巾箱本余仁仲本劉叔剛本儀禮經傳通解禮記纂言並作頍按今釋文頍字各本亦不同葉影宋本作頍公庫本作穎通志堂本作穎與唐石經合○按段玉裁云頍葢與炯同頍之言耿耿也故爲警枕詩言耿耿不寐是也穎誤穎俗

筴籥 閩本同惠棟校宋本同宋監本同石經同岳本同嘉靖本同衛氏集說同考文引古本足利本同監毛本筴作筴按注筴字閩監毛本俱作筴

謂編束萑葦以裹魚肉也 惠棟校宋本作萑宋監本同岳本同嘉靖本同衛氏集說同此本萑字模糊閩監毛本萑作營按正義本作萑釋文本作營各本裹字不誤惟毛本誤裹○按萑葦之萑當作萑从艸萑聲萑別一物

左手執上 各本同考文引古本下有右手捧下陰陽之義也九字按增此九字於文義亦不順元文當無

刃卻刃授潁 閩監毛本潁作穎石經同釋文同岳本同衛氏集說同嘉靖本穎誤潁注同

其以乘壺酒束脩一犬賜人至凡有刺刃者以授人則辟刃 惠棟校宋本無此二十三字

其以鼎肉則執以將命○ 閩監毛本同惠棟校宋本○作者毛本同

犬則至右之 閩監本同惠棟校宋本作犬則執緤者

則執繫犬繩也○ 閩監本同毛本犬誤大○脫惠棟校宋本無○

則猳鵲音同 惠棟校宋本同閩監毛本猳誤從

則開甲出櫜胄奉之 惠棟校宋本作櫜出衛氏集說同此本櫜出二字倒閩監毛本同

注襲卻至發聲 惠棟校宋本有卻字此本卻字脫閩監毛本同

若今刀榼 閩監毛本同惠棟校宋本榼作檻

故云夫或爲煩 惠棟校宋本同閩監毛本或誤作

當以繒帛爲之 惠棟校宋本作帛此本帛誤線閩監毛本帛誤綿

穎警枕也 閩監毛本穎作穎按疏中此字本作穎九經二傳沿革例所謂疏本作穎是也

筴著也 閩本同監毛本筴作筴

見苞苴之禮行 閩監毛本同惠棟校宋本苞作包

茵著蓐也者 閩監本同惠棟校宋本茵上有云字毛本同

管如篴 考文引宋板同閩監毛本篴作篴

乘兵車節

不以刃鄉國也 岳本同嘉靖本同閩監毛本同鄉作嚮衛氏集說同釋文出上注正鄉云下鄉國同是釋文本亦作鄉也○按嚮俗鄉字

乘兵至尚右 惠棟校宋本無此五字

燕侍食於君子節

毋放飯 閩毛本同石經同岳本同嘉靖本同衛氏集說同監本毋上有同字葢誤以上句音義下小飯同之同字混入經文

燕侍至則止 惠棟校宋本無此五字

客爵居左節

僎或爲騶 閩監毛本同岳本同衛氏集說同惠棟校宋本騶作騶宋監本同嘉靖本同考文引古本同釋文出爲騶云本又作騶按正義云僎或爲騶者是正義本當作騶也

客爵至居右 惠棟校宋本無此五字

注云謂此鄉之人 惠棟校宋本作謂此此本謂此二字倒閩監毛本同

今文遵或爲僎 惠棟校宋本同閩監毛本文誤云

夏右鰭 各本同石經同釋文鰭作鬐

羞濡魚者節

羞濡至祭膴 惠棟校宋本無此五字

少牢主人獻祝佐食 惠棟校宋本作祝與儀禮合此本祝誤俎閩監毛本同

皆十有五 閩本作十有惠棟校宋本同此本十有二字倒監毛本同下十有四同

贊幣自左節

謂爲君授幣 考文引宋板作授古本足利本同衛氏集說同此本授誤受閩監毛本同岳本同嘉靖本同

贊幣至自右 惠棟校宋本無此五字

謂爲君授幣之時 惠棟校宋本作授衛氏集說同此本授誤受閩監毛本同

酌尸之僕節

祭左右軌范 閩監毛本同石經同岳本同嘉靖本同衛氏集說同惠棟校宋本軌作軓盧文弨校云軌乃軓之譌而鄭此處但云與軓同釋文又音媿美反不當改軓按盧校是也軌本爲車轍鄭君此注以當軓軌爲二軾前注意以爲即此范范既爲軓軓又改軓是祭左右軌軌必不可通戴震有辨詩禮注軌軓軹軒四字文言之極詳段玉裁曰軌者輿下輪内之偁高誘注呂氏春秋曰兩輪之閒曰軌毛公詩傳曰由輈以下曰軌合此二語知軌之所在矣上距輿下距地兩旁距輪此之謂軌高誘云兩輪之閒去輪言之則空處也連輪言之則禮記之左右軌也

祭軌乃飲 各本同惠棟校宋本軌作軓非也

軌與范聲同 閩監毛本同惠棟校宋本軌作範宋監本同岳本同嘉靖本同考文引足利本同衛氏集說軌作軓考文引古本作范與範聲同盧文弨校云古本范與範聲同是宋本足利本範與范聲同非按此軓字誤當作軓衛氏集說作軓與范聲同是也戴震考定此注亦如此各本並誤○按段玉裁云當作範與軓聲同

酌尸至乃飲 惠棟校宋本無此五字

僕立於右 閩監毛本同惠棟校宋本於作在衛氏集說同續通解同

祭徧乃自飲 閩本作徧惠棟校宋本同衛氏集說同此本徧字闕監毛本徧誤畢

祭兩軹祭軌 閩監毛本同惠棟校宋本軌作軓下不濡軓並同按此作軓是作軌誤也下大御云軓但式前之軓不濡軓並同

大御云軌也 閩監毛本同惠棟校宋本御作馭軌作軓是

謂式前之範 閩監毛本同段玉裁校本範作軓

若轂末之軌則車旁著九 閩監本同衛氏集說同毛本九誤凡下亦車旁著九同

其車轍亦謂之軌 惠棟挍宋本作轍衞氏集說同此本轍誤撤閩本同監毛本轍作徹

凡羞節 惠棟云凡羞節宋本分小子至立飲爲一節凡洗必盥爲一節牛羊之肺至提心爲一節凡羞至以齊爲一節爲君至本末爲一節羞首至祭耳爲一節尊者至嘗羞爲一節牛與至柔之爲一節其有折俎至尸則坐爲一節

腴有似於人穢 惠棟挍宋本有於字宋監本同岳本同嘉靖本同衞氏集說同此本於字脫閩監毛本同釋文出濊云本又作穢○按依說文當作薉从艸歲聲

畢不得與賓介具備禮容也 閩監毛本同考文云宋板具作俱足利本同岳本同嘉靖本同衞氏集說同通解同

先自絜也 惠棟挍宋本亦作絜宋監本同閩本同岳本同嘉靖本同衞氏集說同監毛本絜作潔俗字

剄離之不絕中央少者 閩監本同岳本同嘉靖本同衞氏集說同毛本剄誤到絕字同惠棟挍宋本剄字同絕作終非是

凡羞有湇者 各本同石經同按毛氏居正云湇肉汁也从泣聲也从月義也非从聲音之音也各本俱作湇誤

爲君子擇葱薤 閩監毛本同石經同岳本同嘉靖本同衞氏集說同惠棟挍宋本薤作齇釋文出葱薤下切葱若薤同○按齇正字薤俗字

䃣者 閩本同石經同嘉靖本同衞氏集說同監毛本䃣誤磯岳本同釋文出䃣者

以醢與菫菜淹之 各本同釋文菫作䓍

亦爲柄尺之類也 惠棟挍宋本作柄尺岳本同嘉靖本同考文引古本足利本同此本柄尺二字倒閩監毛本同衞氏集說同釋文出柄尺

左手嚌之 惠棟挍宋本同岳本同嘉靖本同衞氏集說同閩監毛本嚌誤齊

凡羞至則坐五字 閩監本同毛本坐誤祭惠棟挍宋本無此

故君子但食他處 閩本同惠棟挍宋本同監毛本但誤俱

凡飲酒必洗爵 閩監毛本同考文引宋板必作是非也

執幕者升自西階 閩監毛本同惠棟挍宋本幕作冪衞氏集說同

折謂折骨體於俎也 惠棟挍宋本謂上有俎字此本脫閩監毛本同衞氏集說作折俎者

折骨體於俎也

若折俎爲尊 惠棟挍宋本折上有有字衞氏集說同此本有字脫閩監毛本同

而後報切之爲膾也 閩本同惠棟挍宋本同監毛本報作細衞氏集說後報作復細

其未有燭節

而後至者 惠棟挍宋本而下有有字宋監本同石經同岳本同衞氏集說同考文引古本足利本同此本誤脫閩監毛本同嘉靖本同石經考文提要宋大字本宋本九經南宋巾箱本並有有字

其未至不歌 惠棟挍宋本無此五字

謂已在於坐者 閩監毛本同衞氏集說同惠棟挍宋本者下有也字

故道示之 惠棟挍宋本如此此本示誤亦閩監本同毛本道示誤亦道

故爲獻主也 閩監毛本同惠棟挍宋本故下有云字衞氏集說同

以燭乃授已執事之人 考文引宋板作事此本執事誤執執閩監毛本事作燭衞氏集說作乃以燭授執事之人也

又各歌詩相顯 惠棟挍宋本顯下有德字衞氏集說同此本德字脫閩監毛本同

所以殺於三事 閩監毛本同衞氏集說於作此

洗盥節

示不敢歆臭也 各本同釋文出不歆無敢字又出臭之也作之

洗盥至而對 惠棟挍宋本無此五字

謂不鼻嗅尊長飲食也 惠棟挍宋本不下有以字作嗅此本以字脫嗅誤臭閩監毛本同

爲人祭節

此皆致祭祀之餘於君子 惠棟挍宋本子下有也字宋監本同岳本同嘉靖本同衞氏集說同此本也字脫閩監毛本同

以授使者于阼階之南南面 閩監毛本同石經同岳本同嘉靖本同衞氏集說同陳澔集說本脫一南字石經考文提要云宋大字本宋本九經南宋巾箱本余仁仲本劉叔剛本並有兩南字

折九箇 惠棟挍宋本箇作个宋監本同石經同釋文同岳本同嘉靖本同衞氏集說同考文引古本足利本同此本个作箇閩監毛本同下七箇五箇及疏並同

爲人至五箇 惠棟挍宋本無此五字

其禮大牢 惠棟挍宋本同閩監毛本大作太下若得大牢同

明所膳數也 惠棟挍宋本膳下有禮字衞氏集說同此本誤脫閩監毛本同

右邊已祭 閩監本同毛本已作以

九箇者 惠棟挍宋本箇作个下七箇五箇並同

則膳羊左肩 閩監毛本同衞氏集說同惠棟挍宋本肩下有也字

亦用五箇以爲膳也 惠棟挍宋本作亦此本亦誤以閩監毛本同

國家靡敝節

則車不雕幾 各本同石經同釋文雕作彫

貝冑朱綅 岳本同嘉靖本同衞氏集說同考文引宋板同閩監毛本貝誤具

國家至當秫 惠棟挍宋本無此五字

云以組飾者 惠棟挍宋本飾下有之字此本之字脫閩監毛本同

附釋音禮記注疏卷第三十五終 惠棟挍宋本卷第四十五終記云凡二十五頁宋監本禮記卷第十經三千七百一十三字注五千四百四十七字嘉靖本禮記卷第十經四千二十字注六千三百八字

附釋音禮記注疏卷第三十六

學記第十八

○陸曰鄭云學記者以其記人學教之義〔疏〕正義曰按鄭目錄云名曰學記者以其記人學教之義此於別錄屬通論

禮記　鄭氏注　孔穎達疏

發慮憲。求善良。足以謏聞。不足以動衆。憲法也言發計慮當擬度於法式也求謂招來也謏之言小也動衆謂師役之事○憲音獻謏思了反徐所穆反聞音問聲聞度大各反

就賢體遠。足以動衆。未足以化民。就謂躬下之體猶親也○下戸嫁反

君子如欲化民成俗。其必由學乎。所學者聖人之道在方策○策初革反○〔疏〕發慮至學乎○正義曰此一節明雖有餘善欲化民成俗不如學之爲重○發慮憲者謂起發慮謂謀慮憲謂法式也言有人不學而起發謀慮終不動衆舉動必能擬度於法式故云發慮憲○求善良者良亦善也又能招求善良之士○足以謏聞者謏之言小聞聲聞也言不學之人能有片識謀慮法式求善以自輔此是人身上小善故小有聲聞也○不足以動衆者衆謂師役也雖有以小善恩未被物若御軍動衆則不能故云不足以動衆也○就賢體遠者賢謂德行賢良屈下從就之遠謂才藝廣遠心意能親愛之也○足以動衆者以恩接於外故足以動衆也未足以化民者雖復恩能動衆識見猶淺仁義未備故未足以化民也○君子如欲化民成俗者君謂居於上位子謂愛下民謂天子諸侯及卿大夫欲教化其民成其美俗非學不可故云其必由學乎學則博識多聞知古知今既身有善行示民軌儀故可以化民成俗也○注憲法也言發計慮當擬度於法式也求謂招來也謏之言小也動衆謂師役之事○正義曰憲法釋詁文謏之言小也言謏音近小故云謏之言小也云動衆謂師役之事者動衆以與化民相對化民事難動衆稍易故知是師役之事○注所學者聖人之道在方策○正義曰鄭恐所學惟小小才藝之事故云所學者聖人之道以其化民成俗非聖人之道不可云在方策者下篇文武之道布在方策是也

玉不琢。不成器。人不學。不知道。是故古之王者建國君民。教學爲先。謂內則設師保以教使國子學焉外則有大學庠序之官○琢丁角反治玉曰琢大音泰後大學皆同○

兌命曰。念終始典于學。其此之謂乎。典經也言學之不舍業也兌當爲說字之誤也高宗夢傳說求而得之作說命三篇在尚書今亡○兌依注作說音悅下兌命放此舍音捨兌當徒外反〔疏〕玉不至謂乎○正義曰此一節論喻學之爲美故先立學之事○王者建國君民教學爲先者建國謂建立其國君民謂君長其民內則設師保外則設庠序以教之故云教學爲先○兌命曰念終始典于學者記者明教學事重不可暫廢故引兌命以證之○言殷相傳說告高宗云意恒思念從始至終習經典於學也○其此之謂乎者言此經所謂教學爲先則兌命念終始典于學也○注典經至今亡○正義曰典經也釋言文學不舍業即經云終始思念經典是不舍業也言高宗夢傳說者書序云高宗夢得說作說命三篇高宗殷王武丁其德高可尊故號高宗其事具尚書篇見在鄭云今亡者鄭不見古文尚書故也

雖有嘉肴。弗食。不知其旨也。雖有至道。弗學。不知其善也。旨美也○肴戸交反

是故學然後知不足。教然後知困。學則睹己行之所短教則見己道之所未達○睹丁古反行下孟反下注德行同

知不足。然後能自反也。知困。然後能自強也。自反求諸己也自強脩業不敢倦○強其丈反又其良反下注同長丁兩反下注長稱長者皆同

故曰。教學相長也。兌命曰。學學半。其此之謂乎。言學人乃益己之學半○學學上胡孝反下如字學人胡孝反又音教○〔疏〕雖有至謂乎○正義曰此一節明教學相益○雖有嘉肴弗食不知其旨也者嘉善也旨美也雖有善美之肴兼陳列于前若不食即不知其味之美也○雖有至道弗學不知其善也者至謂至極雖有至極大道若不學則不知大道之善○是故學然後知不足者若不學之時諸事蕩然不知己身何長何短若學則知己之所短有不足之處也○教然後知困者不教之時謂己諸事皆通若其教人則知己有不通而事有困弊困則甚於不足矣○知不足然後能自反也者凡人皆欲嚮前相進既知不足然後能自反嚮身而求諸己之困故反學矣○知困然後能自強也者凡人多有解怠既知困弊然後能自強學其身不復解怠也○故曰教學相長也者謂教能長益於善教學之時然後知己困而乃強之是教能長學善也學則道業成就於教益善是學能相長也但此禮本明教之長學○兌命曰學學半者上學爲教音斆下學者謂習也謂學習也言教人乃是益己學之半也說命所云其此之謂乎言學習不可暫廢故引說命以證之言恒思念從始至終習經典于學也○

古之教者。家有塾。黨有庠。術有序。國有學。術當爲遂聲之誤也古者仕焉而已者歸教於閭里朝夕坐於門門側之堂謂之塾周禮五百家爲黨萬二千五百家爲遂黨屬於鄉遂在遠郊之外○塾音孰一音育術音遂出注

比年入學。中年考校。學者每歲來入也○中猶間也鄉遂大夫間歲則考學者之德行道藝周禮三歲大比乃考焉○中徐丁仲反注同間間側之間下同比毗志反○

一年視離經辨志。三年視敬業樂羣。五年視博習親師。七年視論學取友。謂之小成。九年知類通達。強立而不反。謂之大成。離經斷句絕也辨志謂別其心意所趣鄉也知類知事義之比也強立臨事不惑也不反不違失師道○知樂五孝反又音嶽下不能樂學同斷丁亂反別彼列反趣七住反鄉許亮反比必履反一音必利反○

夫然後足以化民易俗。近者說服。而遠者懷之。此大學之道也。懷來也安也○說音悅

記曰。蛾子時術之。其此之謂乎。蛾蚍蜉也蚍蜉之子微蟲耳時術蚍蜉之所爲其功乃復成大垤○蛾魚起反注同本或作蟻蚍音毗蜉音孚爾雅云蚍蜉大蟻復扶又反垤大結反毛詩傳云蟻冢也〔疏〕古之至謂乎○正義曰此一節明國家立庠序上下之殊并明入學年歲之差○古之教者謂上代也○家有塾者此明學之所在周禮百里之內二十五家爲閭同共一巷巷首有門門邊有塾謂民在家之時朝夕出入恒受教於塾故云家有塾白虎通云古之教民百里皆有師里中之老有道德者爲里右師其次爲左師教里中之子弟以道藝孝悌仁義也○黨有庠者黨謂周禮五百家也庠學名也於黨中立學教閭中所升者也○術有序者術遂也周禮萬二千五百家爲遂遂有序亦學名於遂中立學教黨學所升者也國有學者國謂天子所都及諸侯國中也周禮天子立四代學以教世子及羣后之子及鄉中俊選所升之士也而尊魯亦立四代學餘諸侯於國但立時王之學故云國有學也○比年入學者比年謂每年也謂年年恒入學也○中年考校者中猶間也謂間一歲鄉遂大夫考校其藝也○一年視離經辨志者謂學者初入學一年鄉遂大夫於年終之時考視其業離經謂離析經理使章句斷絕也○辨志謂辨其志意趣鄉習學何經矣○三年視敬業樂羣者謂學者入學三年考校之時視此學者敬業謂藝業長者敬而親之樂羣謂羣居朋友善者願而樂之○五年視博習親師者言五年考校之時視此學者博習謂廣博學習也親師謂親愛其師○七年視論學取友者言七年考校之時視此學者論學謂學問嚮成論說學之是非取友謂選擇好人取之爲友謂之小成者比六年已前其業稍成比九年之學其業小故曰小成○九年知類通達強立而不反者謂九年考校之時視此學者言知義理事類通達無疑強立謂專強獨立不有疑滯而不反謂不違失師教之道謂之大成此大學之道也者言如此所論是大學賢聖之道理非小學技藝耳○記曰蛾子時術之者謂舊人之記先有此語記禮者引舊記之言故云蛾子時術之蟻子小蟲蚍蜉之子時時術學銜土之事而成大垤猶如學者時時學問而成大道矣記之所云其此學問之謂乎○注術當爲遂聲之誤也古者仕焉而已者歸教於閭里至在遂郊之外○正義曰此云術周禮作遂者此記與黨連文故知術當爲遂以聲相近而錯誤也云古者仕焉而已者歸教於閭里朝夕坐於門者已猶退也謂仕年老而退歸者案書傳說云大夫七十而致仕而退老歸其鄉里大夫爲父師士爲少師新穀已入餘子皆入學距冬至四十五日始出學上老平明坐於右塾庶老坐於左塾餘子畢出然後皆歸夕亦如之云門側之堂謂之塾者爾雅釋宮文引周禮者證黨遂之異案周禮六鄉之內五家爲比五比爲閭四閭爲族五族爲黨五黨爲州五州爲鄉六遂之內五家爲鄰五鄰爲里四里爲酇五酇爲鄙五鄙爲縣五縣爲遂今此經六鄉舉黨六遂舉序則餘閭里以上皆有學可知故此注云歸教於閭里其比與鄰近止五家而已不必皆有學故云遂在遠郊之外者案周禮遂人掌野之官百里之外故知遂在遠郊之外鄭注州長職云序州黨之學則黨學曰序此云黨有庠者鄉學曰庠故鄉飲酒之義云主人拜迎賓于庠門之外注云庠鄉學也州黨曰序此云黨有庠者是鄉之所居黨爲鄉學之庠不別立庠凡六鄉之內州學以下皆爲庠六遂之內縣學以下皆爲序也皇氏云遂學曰庠與此文違其義非也皇氏云黨有庠謂夏殷禮非周法義或然也○注中猶間也鄉遂大夫間歲則考學者之德行道藝周禮三歲大比乃考焉○正義曰間年謂下一年三年五年七年之類是也云鄉遂大夫間歲則考學者計學者入學多少之間歲非是鄉遂大夫間歲三年入學也云周禮三歲大比乃考焉者鄭引周禮三年大比考校則此中年考校非周禮也故周禮鄉大夫職云三年大比而興賢者能者皇氏云此中年考校亦周法非也皇氏又以此中年考校謂鄉遂學也下文云一年視離經

辨志以下皆謂國學亦非也但應入大學者自國家考校之耳其未入大學者鄉遂大夫考校也。注蛾蚍蜉也蚍蜉之子按釋蟲云蚍蜉大螘小者螘是蟻爲蚍蜉大者又云蟻子故云蚍蜉之子也。大學始教，皮弁祭菜，示敬道也。皮弁天子之朝朝服也祭菜禮先聖先師菜謂芹藻之屬。朝朝並直遥反芹音勤藻音早。宵雅肄三，官其始也。宵之言小也肄習也習小雅之三謂鹿鳴四牡皇皇者華也此皆君臣宴樂相勞苦之詩爲始學者習之所以勸之以官且取上下相和厚。宵音消肄本又作肆同以二反注同樂音洛勞力告反又如字爲于僞反。入學鼓篋，孫其業也。鼓篋擊鼓警衆乃發篋出所治經業也孫猶恭順也。篋古協反孫音遜注及下皆同警京領反。夏楚二物，收其威也。夏稻也楚荊也二者所以撲撻犯禮者收謂收斂整齊之威威儀也。夏古雅反注同稻吐刀反爾雅云稻山榎撲普卜反。尚書云作教刑撻他達反。未卜禘，不視學，游其志也。禘大祭也天子諸侯既祭乃視學考校以游暇學者之志意。禘大計反游音由本亦作游暇戶嫁反舊古雅反。時觀而弗語，存其心也。使之悱悱憤憤然後啓發也。語魚庶反悱芳鬼反憤扶粉反一本直作悱憤。幼者聽而弗問，學不躐等也。學教也教之長穉。學胡孝反長注同躐音里輒反穉直吏反。此七者，教之大倫也。倫理也自大學始教至此其義七也。記曰：凡學，官先事，士先志，其此之謂乎。官居官者也士學士也。[疏]大學至謂乎。正義曰此一節明天子諸侯教學大理凡有七種各依文解之。大學始教者大學謂天子諸侯使學者入大學習先王之道矣熊氏云始教謂始立學教皮弁祭菜者謂天子使有司服皮弁祭先聖先師以蘋藻之菜也。示敬道也者崔氏云著皮弁祭菜蔬並是質素示學者以謙敬之道矣注祭菜至先師。正義曰熊氏云以注禮先聖先師之義解經始教謂始立學也若學士春始入學唯得祭先師故文王世子云春官釋奠于其先師秋冬唯祭先師已不祭先聖故大胥春釋菜合舞鄭云釋菜禮先師是春始入學不祭先聖也皇氏云以爲始教謂春時學始入學也其義恐非。宵雅肄三官其始也。宵小也肄習也當祭菜之時便歌小雅習其三篇鹿鳴四牡皇皇者華取其上下之官勸其始學之人使上下順序也故云官其始也亦謂以官勸其始也。注宵之至和厚。正義曰宵音近小故讀從小按鄉飲酒禮燕禮皆歌鹿鳴四牡皇皇者華又襄四年穆叔如晉歌小雅三篇故知鹿鳴四牡皇皇者華也云爲始學者習之所以勸之以官者小雅三篇皆君臣燕樂及相勞苦今爲學者歌之欲使學者得爲官與君臣相燕樂各自勸厲故云所以勸之以官也。此云始者謂學者始來入學故云始入學習之也。入學鼓篋孫其業也。入學謂學士入學之時大胥之官先擊鼓以召之學者既至發其篋以出其書故云鼓篋也所以然者欲使學者孫其業謂恭順其所持經業。注鼓篋至業也。正義曰鼓謂擊鼓故大胥云以樂者以鼓徵學士文王世子云大昕鼓徵所以警衆也文王世子云謂天子視學之時擊鼓警衆也若是凡常入學用樂及爲祭祀用樂者則以鼓徵學士是也。夏楚二物收其威也學者不勤其業師則以夏楚二物以笞撻之所以然者欲令學者畏之收斂其威儀也。注夏稻至禮者。正義曰爾雅

釋木云稻山榎郭景純云今之山楸盧氏云撲作教刑是撲撻犯禮者。未卜禘不視學游其志也。皇氏云禘大祭在於夏天子諸侯視學之時必在禘祭之後未卜禘謂未爲禘也禘是大祭必先卜故連言之是未爲禘祭不視學所以然者欲游其學者之志謂優游縱暇學者之志不欲急切之故禘祭之後乃視學考校優劣焉。注禘大至考校。正義曰禘大祭爾雅釋天文云天子諸侯既祭乃視學者謂於夏祭之時既爲禘祭之後乃視學考校當祭之年故云未卜禘不視學若不當禘祭之年亦待時祭之後乃視學也此視學謂考試學者經業或君親往或使有司爲之非天子大禮視學也若大禮視學在仲春仲秋及季春故文王世子云凡大合樂必遂養老注云大合樂謂春入學舍菜合舞秋頒學合聲於是時也天子則視學焉月令季春大合樂天子率三公九卿而視學焉與此別也視學既在夏祭之後則天子春秋視學亦應在春秋時祭之後此舉未卜禘不視學則餘可知也熊氏云此禘謂夏正郊天視學謂仲春視學若郊天則不視學若如熊氏義禮不王不禘鄭注何得云天子諸侯既祭乃視學既連諸侯言之則此禘非祭天熊說非也。時觀而弗語存其心也者時觀謂教者時時觀之而不丁寧告語所以然者欲使學者存其心也既不告語學者則心憤憤口悱悱然後啓之學者則存其心也。幼者聽而弗問。教學之法若有疑滯未曉必須問師則幼者但聽長者解說不得輒問推長者諮問幼者但聽之耳。學不躐等也者學教也躐踰越也言教此學者令其謙退不敢踰越等差若其幼者輒問不推長者則與長者抗行常有驕矜今唯使聽而不問故云學不躐等也。此七者教之大倫也者倫理也言前七等之事是教學大理也。記曰至謂乎引舊記結上七事凡學謂學爲官學爲士者官則先事士先志者若學爲官則先教以居官之事若學爲士則先喻教以學士之志故先七事皆是教學居官及學士者。其此之謂乎者記者所云其此在上七事之謂乎。

大學之教也，時教必有正業，退息必有居。有居有常居也。學：不學操縵，不能安弦。操縵雜弄。操七刀反注同縵末但反雜徂合反。不學博依，不能安詩。博依廣譬喻也依或爲衣。依於豈反注皆同。不學雜服，不能安禮。雜服冕服皮弁之屬雜或爲雅。不興其藝，不能樂學。興之言喜也歆也藝謂禮樂射御書數。興虛應反歆許金反。故君子之於學也，藏焉，脩焉，息焉，游焉。藏謂懷抱之脩習也息謂作勞休止之爲息遊謂閒暇無事之爲遊。閒音閑。夫然，故安其學而親其師，樂其友而信其道，是以雖離師輔而不反。兌命曰：敬孫務時敏，厥脩乃來。其此之謂乎。敬孫敬道孫業也敏疾也厥其也學者務及時而疾其所脩之業乃來。樂音嶽又音洛又五孝反離力智反。[疏]大學至謂乎。正義曰此一節論教學之道必當優柔寬緩不假急速遊息孫順其學乃成。大學之教也時者言教學之道當以時習之。教必有正業者正業謂先王正典非諸子百家是教必用正典教之也。退息必有居者退息謂學者疲倦而暫休息有居謂學者退息必有常居之處各與其友同居得相諮決不可雜濫也。學不學操縵不能安弦者此以下並正業積漸之事也此教樂

也樂主和故在前然後須以積漸故操縵爲前也操縵者雜弄也弦琴瑟之屬學之須漸言人將學琴瑟若不先學調弦雜弄則手指不便手指不便則不能安正其弦先學雜弄然後音曲乃成也。不學博依不能安詩者此教詩法也詩是樂歌故次樂也博廣也依倚也謂依倚譬喻也若欲學詩詩先依倚廣博譬喻若不學廣博譬喻則不能安善其詩以詩譬喻故也。不學雜服不能安禮者此教禮法也前詩後禮亦其次也雜服自皮弁至朝服玄端服屬之類禮謂禮之經也禮經正體在於服章以表貴賤今若欲學禮而不能明雜衣服則心不能安善於禮也。不興其藝不能樂學者此總結上三事並先從小起義也興謂歆喜也故爾雅云歆喜興也藝謂操縵博依六藝之等若欲學詩書正典意不歆喜其雜藝則不能就歆樂於所學之正道。故君子之於學也藏焉脩焉息焉游焉者故謂因上起下之辭學雖積漸故君子之人爲學之法恒使業不離身藏謂心常懷抱學業也脩謂脩習不能廢也息謂作事倦息之時而亦在學也游謂閒暇無事游行之時亦在於學言君子於學無時暫替也。夫然故安其學而親其師者此明親師愛友也然如此也若能藏脩游息無時暫替能如此者乃能安其所學業言安學業既深必知此是深由本師故至於親愛師也。樂其友者師既獲親而同志之友亦被於樂重然前三年樂羣五年親師親師在樂羣之後而此前親後樂友者羣即友也爲義然也前明始學故樂友在前此明學業已成故親師在前。而信其道[illegible]是以雖離師輔而不反也者輔即友也友主切磋是輔已之道深遠也離猶違也已道深明不復虛妄心自信之若假令違離師友獨在一處而講說不違反於師友昔日之意旨此則强立不反也。兌命曰者引尚書合結之。敬孫務時敏者此句結積習也當能敬重其道孫順學業而務習其時疾速行之故云敬孫務時敏敏猶疾速也。厥脩乃來者此句結親師敬道也厥其也若敬孫以時疾行不廢則其所脩之業乃來謂所學得成也所以尊師樂友其此之謂乎者兌命所云其此經之謂乎。今之教者，呻其佔畢，多其訊，呻吟也佔視也簡謂之畢訊猶問也言今之師自不曉經之義但吟誦其所視簡之文多其難問也。呻或爲慕訊或爲訾。呻音申一音親吟也佔勅沾反視也訊字又作誶音信問也呻吟魚金反又作訡同難乃旦反訾才斯反又音紫。言及于數，其發言出說不首其義動云有所法象而已。數色住反。進而不顧其安，務其所誦多不惟其未曉。使人不由其誠，由用也使學者誦之而爲之說不用其誠。教人不盡其材。材道也謂師有所隱也易曰兼三材而兩之謂天地人之道。其施之也悖，其求之也佛。教者言非則學者失問。施始移反下同悖布內反佛本又作拂扶弗反。夫然，故隱其學而疾其師，苦其難而不知其益也。隱不稱揚也不知其益若無益然。雖終其業，其去之必速。速疾也學不心解則亡之易。去如字又起呂反解胡買反忘亡亮反之易以豉反下文注皆同。教之不刑，其此之由乎。刑猶成也。[疏]今之至由乎。正義曰此一節論教者違法學者所以不成是今師之失故云今之教者。呻其佔畢者此明師惡也呻吟也佔視也畢簡也故釋器云簡謂之

畢言今之師不曉經義但詐吟長詠以視篇簡而已多其訊者訊問難也既自不曉義理而外不肯默然故假作問難詐了多疑言若已有解之然也○言及于數者數謂法象既不解義理若有所言而輒詐稱有法象也○進而不顧其安者務欲前進誦習使多而不曾反顧其義理之安不謂義理危辟而不自知也○使人不由其誠者人謂學者也由用也誠忠誠使學者誦文而已為之說義心皆不曉而猛浪是不用已之忠誠也○教人不盡其材者材道也謂已既不曉其義而縱有所悟者又不能多恒恐人勝之故凡有所知又為所隱惜不盡其道也○其施之也悖者謂教者有上五者之短故施教於人違背其理也○其求之也佛者佛戾也教者佛戾也教者既背違其理其學者求之則又違戾受學者心既不解求問於師師又不曉違戾義意也○夫然故隱其學而疾其師者由師教既悖而受者又違故受學者弟子不荷師教之德乃隱沒其師之學而憎疾其師也苦其難而不知其益也者師說既不曉了故弟子受之苦其難既難不解故不自知其有益○雖終其業其去之必速者學者勉力自強雖得終竟其業為心不曉解其亡去之必速疾矣○教之不刑其此之由乎者刑猶成也言師教弟子不成由此在上諸事故云其此之由乎其此之由在上謂此經文也以例推之前文云其此之謂乎則是他書所云其此經之謂乎○注其發至而已○正義曰其發言出說不首其義者首猶本也教者為弟子發言出說不本其義理謂不解此義之言也云動云有所法象而已者既不解義理舉動所云則言此義有所法象猶若一則稱配大一二則稱配二儀但本義不然浪為配當○注務其至未曉○正義曰務其所誦多者謂師務欲得所誦使多釋經進也云不惟其未曉者惟思也不思其誦得未曉解者釋經不顧其安也○注使學至其誠○正義曰使學者解經使人也而為之說解經不用其誠也言師為學者而說不用其忠誠實之心以心不解誑惑學者○注材道至之道○正義曰鄭恐材是材藝故以材為道道謂道理言教人道理引易曰者易說卦文也但伏羲書上法天下法地中法人謂之三材說卦云立天之道曰陰與陽立地之道曰柔與剛立人之道曰仁與義三材各有其兩故云兼三材而兩之而有六爻也鄭引之證材為道也注教者至失問○正義曰教者言非是其施之也悖學者失問是其求之也佛○

大學之法。禁於未發之謂豫。未發情慾未生謂年十五時○禁居鴆反欲音慾當其可之謂時。可謂年二十時成人不陵節而施之謂孫。不陵節謂不教長者才者以小教幼者鈍者以大也施猶教也孫順也○鈍徒困反相觀而善之謂摩。不並問則教者思專也摩相切磋也○摩莫波反徐亡髮反思息吏反磋七多反此四者。教之所由興也。興起也○〔疏〕大學至由興也○正義曰此一節論教之得理則教興也○禁於未發之謂豫者發謂情慾發也豫逆也十五以前情慾未發則用意專一學業易入為教之道當逆防未發之前而教之故云禁於未發之謂豫○當其可之謂時者可謂年二十之時言人年至二十德業已成言受教之端是時最可也○不陵節而施之謂孫者陵猶越也節謂年才所堪施猶教也孫順也謂教人之法當隨其年才若年長而聰明者則教以大事而多與之若年幼又頑鈍者當教以小事又與之少是不越其節分而教之所謂孫順也從其人而設教也○相觀而善之謂摩者善猶解也受學之法言人人競問則師思不專故令弟子共推長者能者一人諮問餘小不能者但觀聽長者之問荅而各得知解此朋友琢磨之益故謂之學也○此四者教之所由興也者結上四者興起也四事並是教成之所起也

○發然後禁。則扞格而不勝。教不能勝其情慾格讀如凍洛之洛扞堅不可入之貌○扞胡旦反注同格胡客反又戶隔反扞格不入也注同勝音升又升證反洛胡客反下同此二字並從洛或水旁作非一音戶各反時過然後學。則勤苦而難成。時過則思放也○過姑臥反○雜施而不孫。則壞亂而不脩。小者不達大者難識學者所惑也○壞音怪徐戶拜反○獨學而無友。則孤陋而寡聞。不相觀也燕朋逆其師。燕猶褻也褻其朋友○燕音鷰褻息列反下同燕辟廢其學。褻師之譬喻○辟音譬注及下罕辟同○此六者。教之所由廢也。廢滅〔疏〕發然至廢也○正義曰此一節論學不依理教之廢耳○發然後禁則扞格而不勝者發謂情欲既生也扞謂拒扞也格謂堅強若情欲既發而後乃禁教則扞格於教不復入也不勝者是教弱而欲強為教不勝矣○時過然後學則勤苦而難成者○時過謂學時已過則心情放蕩雖欲追悔欲學則勤苦而不精明已散徒勤苦四體終難成也○雜施而不孫則壞亂而不脩者雜施謂教雜亂無次越節則大才輕其小業則小才苦其大業並是壞亂之法不可復脩治也○獨學而無友則孤陋而寡聞者獨學謂獨自習學而無朋友言有所疑無可諮問則學識孤偏鄙陋寡有所聞也○燕朋逆其師者燕朋四條皆反上教之所與燕朋燕譬特加二條不與上相對燕朋謂燕褻朋友不相與此燕則違逆師之教道也○燕辟廢其學者譬喻也謂義理鉤深或直言難曉須假設譬喻然後可解而墮學之徒好褻慢笑師之譬喻是時學者廢學之道也○此六者教之所由廢也者結上六事是廢學之由前興有四後廢有六者庾云不褻亦不朋友及師之譬喻自是學者之常理若不為燕朋燕譬則不足以致興言若作此燕朋燕譬則學廢替矣○注格讀至洛○正義曰言格是堅彊譬如地之凍則堅彊難入故云如凍洛之洛但令人謂地堅為洛也○君子既知教之所由興。又知教之所由廢。然後可以為人師也。故君子之教喻也。道而弗牽。強而弗抑。開而弗達。道示之以道塗也抑猶推也開為發頭角○道音導注道示及下同強其良反徐其兩反下同為于偽反下為學者同道而弗牽則和。強而弗抑則易。開而弗達則思。和易以思。可謂善喻矣。思而得之則深〔疏〕君子至喻矣○正義曰此一節明君子教人方便善誘之事○故君子之教喻也道而弗牽者喻猶曉也道猶示也牽謂偏師教既識學之廢興故教喻有節使人曉解之法但廣開道示語學理而已若人苟不曉知亦不偏急牽令速曉也○強而弗抑者抑推也謂師微勸學者使神識堅強師當隨才而與之使學者不甚推抑其義而教之○開而弗達者開謂開發事端但為學者開發大義頭角而已亦不事事使之通達也○道而弗牽則和者此下三句釋上三事之所由也若人苟不曉而牽偪之則彼心必生忿恚師與弟子不復和親今若但示正道寬柔教之則彼心和而意乃覺悟也○強而弗抑則易者賀氏以為師但勸強其神識而不抑之令曉則受者和易和易亦易成也○開而弗達則思者但開發義理而不為通達使學者用意思念所得必深故云則思也○和易以思可謂善喻矣者結上三事之功若師能教弟子如此三事則可謂善教喻矣○

學者有四失。教者必知之。人之學也。或失則多。或失則寡。或失則易。或失則止。此四者。心之莫同也。失於多謂才少者失於寡謂才多者失於易謂好問不識者失於止謂好思不問者○好呼報反下好思好述同○知其心。然後能救其失也。救其失者多與易則抑之寡與止則進之教也者。長善而救其失者也。〔疏〕學者至者也○正義曰此一節明教者識學者之心而救其失也故云學者有四失教者必先知之人之學也或失則多者一失也假若有人才識淺小而所學貪多則終無所成是失於多也或失則寡者二失也或有人才識深大而所學務少徒有器調而終成狹局是失於寡少也或失則易者三失也至道深遠非凡淺所能而人不知思求唯好汎濫外問是失在輕易於妙道故云或失則易此是學而不思則罔○或失則止者四失也人心未曉知而不肯諮問唯但止住而自思之終不能達其實理此失在於自止也此是思而不學則殆○此四者心之莫同也者結前四失是由人心之異故也○知其心然後能救其失也者結救失四事師既前識其四心之不同故後乃能隨失而救之也○教也者長善而救其失者也者使學者和易以思是長善使學者無此四者之失是救失唯善教者能知之善歌者。使人繼其聲。善教者。使人繼其志。言為之善者則後人樂放傚○長丁丈反下文及注同教如字一本作學胡孝反放方往反傚胡教反○其言也約而達。微而臧。罕譬而喻。可謂繼志矣。師說之明則弟子好述之其言少而解臧善也○臧子郎反解胡買反下文注同○〔疏〕善歌至志矣○正義曰此一節論教者若善則能使學者繼其志於其師也言學者繼師之志記者以善歌而比喻之故云善歌者使人繼其聲善歌謂音聲和美感動於人心令使聽者繼續其聲也○善教者使人繼其志者設譬既畢故述其事而言善教者必能使後人繼其志如善歌之人能以樂繼其聲如今人傳繼周孔是也○其言也約而達者此釋所以可繼之事言善為教者出言寡約而義理顯達易解之○微而臧者微謂幽微臧善也謂義理微妙而說之精善也○罕譬而喻者罕少也喻曉也其譬罕少而聽者皆曉○可謂繼志矣者能為教如上則可使後人繼其志意不繼聲而繼志者本為志設故不繼聲也○君子知至學之難易。而知其美惡。然後能博喻。能博喻。然後能為師。能為師。然後能為長。能為長。然後能為君。美惡說之是非也長達官之長○惡烏路反又如字故師也者。所以學為君也。弟子學於師學為君是故擇師不可不慎也。師善則善記曰。三王四代唯其師。此之謂乎。四代虞夏殷周〔疏〕君子至謂乎○正義曰此一節明為師法君子

謂師也教人至極之美可以爲君長之事○君子知至學之難易者三王四代所以敬師隨器與之是至學之易隨失而救之是至學之難○而知其美惡者罕譬而喻言約而達是爲美反此則爲惡也○然後能博喻者博喻廣曉也若知四事爲主觸類長之後乃得爲廣有曉解也○能博喻然後能爲師者前能廣解後乃可爲人作師也○能爲師然後能爲長者爲師是學優學優宜仕故能爲一官之長也○能爲長然後能爲君者既能治一官之長有功能爲一國之君也○故師也者所以學爲君也宵雅肄三官其始也師既有君德則弟子就師可學爲君之德故前云君子如欲化民成俗其必由學乎即是學能爲君也○是故擇師不可不愼也者師善則能教弟子弟子則能爲君故弟子必宜愼擇其師不可取惡師也○記曰三王四代唯其師者引舊記結此擇師之重也三王謂夏殷周四代則加虞也言三王四代雖皆聖人而無不擇師爲愼故云唯其師庾云舉四代以兼包三王所以重言者以成其辭耳言人之從師自古而然師善則已善其此之謂乎者記者證前云擇師不可不愼即此唯其師之謂也○

凡學之道。嚴師爲難。嚴尊敬也師嚴然後道尊。道尊。然後民知敬學。是故君之所不臣於其臣者二。當其爲尸。則弗臣也。當其爲師。則弗臣也。尸主也爲祭主也大學之禮。雖詔於天子。無北面。所以尊師也。尊師重道焉不使處臣位也武王踐阼召師尚父而問焉曰昔黃帝顓頊之道存乎意亦忽不可得見與師尚父曰在丹書王欲聞之則齊矣王齊三日端冕師尚父亦端冕奉書而入負屏而立王下堂南面而立師尚父曰先王之道不北面王行西折而南東面而立師尚父西面道書之言○顓音專頊許玉反與音餘齊側皆反下同奉芳勇反折之設反

【疏】凡學至師也○正義曰此一節論師德既善雖天子以下必須尊師○是故君之所不臣於其臣者二者二謂當其爲尸及師則不臣也此文義在於師并言尸者欲見尊師與尸同○當其爲尸則弗臣也者若不當其時則臣之案鉤命決云暫所不臣者五謂師也三老也五更也祭尸也大將軍也此五者天子諸侯同之此唯云尸與師者此經本意據尊師爲重與尸相似故特言之所以唯舉此二者餘不言也又按鉤命決云天子常所不臣者三唯二王之後妻之父母夷狄之君不臣二王之後者爲觀其法度故尊其子孫也不臣妻之父母者親與其妻共事先祖欲其歡心不臣夷狄之君者此政教所不加謙不臣也諸侯無此禮○大學之禮雖詔於天子無北面所以尊師也者此證尊師之義也此人既重故更言大學也詔告也雖天子至尊當告授之時天子不使師北面所以尊師故也○注尊師至之言○正義曰武王踐阼以下皆大戴禮武王踐阼篇也云黃帝顓頊之道存乎意亦忽不可得見與者武王言黃帝顓頊之道恒在於意言意恒念之但其道超忽已遠亦怳惚不可得見與與語辭今檢大戴禮唯云帝顓頊之道無黃字或鄭見古本不與今同或後人足黃字耳云丹書者師說云赤雀所銜丹書也云端冕者謂衮冕也其衣正幅與玄端同故云端冕故皇氏云武王端冕謂衮冕也樂記魏文侯端冕謂玄冕也云師尚父亦端冕者案大戴禮無此文鄭所加也云西折而南東面者案大戴禮唯云折而東面此西折而南南字亦鄭所加云師尚父西面道書之言者皇氏云王在賓位師尚父主位故西面王庭之位若尋常師徒之教則師東面弟子西面與此異也其丹書之言案大戴禮云其書之言曰敬勝怠者強怠勝敬者亡瑞書云敬勝怠者吉怠勝敬者滅義勝欲者從欲勝義者凶與瑞書同矣凡事不強則枉不敬則不正枉者滅廢敬者萬世以仁得之以仁守之其量百世以仁得之以不仁守之其量十世以不仁得之以不仁守之必傾其世王聞書之言惕然若懼退而爲戒書於席之四端爲銘及几鑑盂盤楹杖帶屨劒矛爲銘銘皆各有語在大戴禮也

善學者。師逸而功倍。又從而庸之。不善學者。師勤而功半。又從而怨之。從隨也庸功也功之受其道有功於已○善問者如攻堅木。先其易者。後其節目。及其久也。相說以解。不善問者反此。言先易後難以漸入○說音悅善待問者如撞鐘。叩之以小者則小鳴。叩之以大者則大鳴。待其從容。然後盡其聲。不善荅問者反此。從讀如富父舂戈之舂舂容謂重撞擊也始者一聲而已學者既開其端意進而復問乃極說之如撞鐘之成聲矣從或爲松○撞丈江反叩音口從依注讀爲舂式容反父音甫重直用反復扶又反此皆進學之道也。此皆善問善荅也○

【疏】善學至道也○正義曰此一節明善學及善問并善荅不善荅之事○善學者師逸而功倍者受者聰明易入是爲學之善故師體逸豫而弟子所解又倍於他人也○又從而庸之者庸亦功也所得既倍於他人故恒言我師特加功於我者是從而功之也○不善學者師勤而功半者此明劣者也已既闇鈍故師體勤苦而功裁半於他人也○又從而怨之者已既闇鈍而不自責已不明乃反怨於師獨不盡意於我也○善問者如攻堅木先其易者後其節目者此明能問者問謂論難也攻治也言善問之人如匠善攻治堅木先斫治其濡易之處然後斫其節目其所問師之時亦先問其易後問其難也○及其久也相說以解者言問者順理荅者分明故及其經久師徒共相愛說以解義理○不善問者反此者若闇劣不解問之人則與能問者意反也謂先問其難心且不解則荅問之人不相喜說義又不通也故云反此矣○善待問者如撞鐘叩之以小者則小鳴叩之以大者則大鳴者儒明問此明荅也以爲設喻譬善能荅問難者如鐘之應撞撞小則小鳴應之撞大則大鳴應之能荅問者亦隨彼所問事之大小而荅之○待其從容然後盡其聲者又以鐘爲喻也○不善荅問者反此者謂不善荅他所問則反此上來之事或問小而荅大或問大而荅小或暫問而說盡此皆無益於所問故云不善荅問者反此○此皆進學之道也者言上善問善荅此皆進益學者之道也○注從讀至之舂○正義曰舂謂擊也以爲聲之形容言鐘之爲體必待其擊每一舂而爲一容然後盡其聲言善荅者亦待其一問然後一荅乃後盡說義理也按左傳文十一年冬叔孫得臣敗狄於鹹獲長狄僑如富父終甥以戈摏長狄喉而殺之是也

○記問之學。不足以爲人師。記問謂豫誦雜難雜說至講時爲學者論之此或時師不心解或學者所未能問○難乃旦反必也其聽語乎。必待其問乃說之○力不能問。然後語之。語之而不知。雖舍之可也。舍之須後○語魚據反下同舍音捨又如字下注同

【疏】記問之至舍之可也○正義曰此一節論教者不可爲記問之學又教人之時不善教學者謂心未解其義而但逆記他人雜問而謂之解至臨時爲人解說則先述其所記而示人以其不解無益學者故云不足以爲人師○必也其聽語乎者聽語謂聽其問者之語既不可記問遂說教人之時必待學者之問聽受其所問之語然後依問爲說之也○力不能問然後語之者若受業者才力苟不能見問待憤憤悱悱之間則師然後乃示語之矣○語之而不知雖舍之可也者弟子既不能問因而語之語之不能知且舍任待後別更語之可也○

良冶之子。必學爲裘。仍見其家錮補穿鑿之器也補器者其金柔乃合有似於爲裘○冶音也錮音固穿字又作穿音川鑿在洛反良弓之子。必學爲箕。仍見其家橈角幹也橈角幹者其材宜調調乃三體相勝有似於爲楊柳之箕○箕音基注同橈而小反下同曲屈也一音乃孝反幹古旦反勝音升任也一本作稱尺證反始駕馬者反之。車在馬前。以言仍見則貫即事易也○始駕者一本作始駕馬者貫古患反習也○君子察於此三者。可以有志於學矣。仍讀先王之道則爲來事不惑

【疏】良冶至於學矣○正義曰此一節論學者數見數習其學則善故三譬之此爲第一譬良善也冶謂鑄冶也○裘謂衣裘也言積言善冶之家其子弟見其父兄世業鑄鑪金鐵使之柔合以補冶破器皆令全好故此子弟仍能學爲袍裘補續獸皮片片相合以至完全也○良弓之子必學爲箕者此第二譬亦世業者箕柳箕也言善爲弓之家使幹角撓屈調和成其弓故其子弟亦覩其父兄世業仍學取柳和軟撓之成箕也○始駕馬者反之車在馬前者此第三譬明新習者也始駕者謂馬子始學駕車之時反之者駕馬之法大馬本駕在車前今將馬子繫隨車後而行故云反之車在馬前所以然者此駒既未曾駕車若忽駕之必當驚奔今以大馬牽車於前而繫駒於後使此駒日日見車之行其駒慣習而後駕之不復驚也言學者亦須先教小事操縵之屬然後乃示其業則道乃易成也○君子察於此三者可以有志於學矣者結上三事三事皆須積習非一日所成君子察此三事之由則可有志於學矣○

古之學者。比物醜類。以事相況而爲之醜猶比也醜或爲之計鼓無當於五聲。五聲弗得不和。水無當於五色。五色弗得不章。學無當於五官。五官弗得不治。師無當於五服。五服弗得不親。當猶主也五服斬衰至緦麻之親○當丁浪反主也下及注皆同治直吏反○

【疏】古之至不親○正義曰此一節論弟子當親師之事各依文解之○比物醜類者既明學者仍見舊事又須以時事相比方也物事也言古之學者比方其事以醜類謂以同類之事相比方則事學乃易成既云古學如斯則今學豈不然○鼓無當於五聲五聲弗得不和者○此經論師道之要以餘事譬之此以下四章皆上比物醜類也鼓革也當主也五聲宮商角徵羽言鼓之爲聲不宮不商故言無當於五聲而宮商等之五聲不得鼓則無諧和之節故云弗得不和也所以五聲必鼓者爲俱是聲類也若奏五聲必求鼓以和之而已即是比類也○水無當於五色五色弗得不章者水謂清水也

五色青赤黃白黑章明也言清水無色不在五色之限無主青黃而五色畫繢者不得水則不分明故云弗得不章也五色是其水之出也故五色須水亦其類也○學無當於五官五官弗得不治者本學先王之道也五官金木水火土之官也夫學爲官之理本求博聞強識非主於一官而五官不得學則不能治故云弗得不治也故化民成俗必由學乎能爲師然後能爲君長故官是學之類也○師無當於五服五服弗得不親者師教之師也五服斬衰也齊衰也大功也小功也緦麻也師於弟子不當五服之一也而弟子之家若無師教誨則五服之情不相和親也故云弗得不親是師情有在三年之義故亦與親爲類○君子大德不官。謂君也。大道不器。謂聖人之道不如器施於一物。大信不約。謂若胥命于蒲無盟約。約徐於妙反洿于畧反注同。大時不齊。或時以生或時以死。齊如字察於此四者。可以有志於學矣。本立而道生言以學爲本則其德於民無不化於俗無不成。三王之祭川也。皆先河而後海。或源也。或委也。此之謂務本。源泉所出也委流所聚也始出一勺卒成不測。○原本又作源委於僞反注同勺時酌反【疏】君子至務本○正義曰此一節論學爲衆事之本○君子曰者記者引君子之言故云君子曰也大德不官者大德謂聖人之德也官謂分職在位者聖人在上垂拱無爲不治一官故云大德不官也不官而爲諸官之本○大道不器者大道亦謂聖人之道也器謂物堪用者夫器各施其用而聖人之道弘大無所不施故云不器不器而爲諸器之本也論語云君子不器又云孔子博學而無所成名是也○大信不約者大信謂聖人之信也約謂期要也大信不言而信孔子曰予欲無言天何言哉四時行焉不言而信是大信也大信不本爲細言約誓故云不約也不約而爲諸約之本也大時不齊者大時謂天時也齊謂一時同也天生殺不共在一時猶春夏華卉自生薺麥自死秋冬草木自死而薺麥自生故云不齊也不齊爲諸齊之本也○察於此四者可以有志於本矣者結之也若能察此在上四者之事則人當志學爲本也庾云四者謂不官爲羣官之本不器爲羣器之本不約爲羣約之本不齊爲羣齊之本言四者莫不有本人亦以學爲本也○三王之祭川也皆先河而後海或源也或委也者言三王祭百川之時皆先祭河而後祭海也或先祭其源或後祭其委河爲海本源爲委本皆曰川也故摠云三王之祭川源委謂河海之外諸大川也○此之謂務本者先祭本是務重其本也本小而後至大是小爲大本先學然後至聖是學爲聖本也○注謂若至盟約○正義曰案桓公三年夏齊侯衛侯胥命于蒲左氏云不盟也杜云不歃血也案彼直以言語相告命非大信之事引之者取其不盟之一邊而與此不約相當故引證也○注源泉至不測○正義曰皇氏以爲河海之外源之與委也○今依川焉或解云源則河也委則海也申明先河而後海義亦通矣云始出一勺卒成不測者中庸篇云水一勺之多及其不測鮫龍生焉是其始一勺也後至不測也猶言學初爲積漸後成聖賢也

禮記注疏卷三十六挍勘記　阮元撰盧宣旬摘録

附釋音禮記注疏卷第三十六　惠棟挍宋本卷第四十六

學記第十八

發慮憲節

發慮至學乎　惠棟挍宋本無此五字

注憲法也言發計慮當擬度於法式也求謂招來也謏之言小也動衆謂師役之事　閩監毛本同惠棟挍宋本作注憲法至之事無也言至師役廿七字

言謏音近小　閩監本同毛本音誤者

玉不琢節

教學爲先　閩監本同石經同各本同毛本教誤敬

玉不至謂乎　惠棟挍宋本無此五字

學不舍業即經云　惠棟挍宋本學上有言字此本言字脫閩監毛本同

高宗夢得說作說命　考文引宋板同閩監毛本得誤傳

雖有嘉肴節　惠棟挍此節然後能自强强字起至下節七年視論學取友學字止宋本闕

雖有至謂乎　惠棟挍宋本無此五字

是故學然後知不足之者　惠棟挍宋本者上無之字閩本同監毛本之作也

古之教者節

中年考校　閩監本同石經同岳本同嘉靖本同衛氏集說同毛本校誤挍○按毛本作挍避所諱全書皆然

離經斷句絕也　各本同考文引古本足利本經下有章字按此以正義云章句斷絕故增章句其實非也

古之至謂乎　惠棟挍宋本無此五字

朝夕出入恒受教於塾　惠棟挍宋本同衛氏集說同閩監毛本受作就

古之教民百里皆有師　閩監毛本同衛氏集說同盧文弨挍云百乃者字之譌

以教世子及羣后之子　閩監毛本同惠棟挍宋本無及字衛氏集說同

餘諸侯於國　閩監本同毛本諸誤者惠棟挍宋本無餘字衛氏集說同

引舊記之言　閩監本同毛本之誤者

注術當爲遂聲之誤也古者仕焉而已者歸教於閭里至在遠郊之外　閩監毛本同惠棟挍宋本作注術當至之外無爲遂至遠郊二十二字

士爲少師　惠棟挍宋本同衛氏集說同閩監毛本少誤小

五族爲黨爲州　惠棟挍宋本作五黨爲州毛本同衛氏集說同此本五黨二字脫閩監本州

序州黨之學　惠棟挍宋本同衛氏集說同閩監毛本州誤周

注中猶閒也鄉遂大夫間歲則考學者之德行道藝周禮三歲大比乃考焉　閩監毛本同惠棟挍宋本作注中猶至考焉

大學始教節

二者所以撲撻　惠棟挍宋本撲作扑岳本同嘉靖本同衛氏集說同釋文亦作扑此本誤撲閩監毛本同按九經字樣云扑說文作撲經典相承通用之段玉裁曰依說文當作攴隸變而爲扑撲與扑義別今人多溷而爲一

游其志也　各本同石經同釋文出斿其云本亦作游○按斿者游之省

以游暇學者之志意　各本同釋文游暇作斿假

大學至謂乎　惠棟挍宋本無此五字

謂春時學始入學也　補案始上當有士字

釋木云栢山榎　惠棟挍宋本同衛氏集說同閩監毛本榎誤擭

盧氏云撲作教刑　閩監毛本同惠棟挍宋本撲作扑是也下撲撻同

時觀而弗語存其心也者　監本毛本如此惠棟挍宋本無者字

若有疑滯未曉　閩本同監毛本曉作曉盧文弨挍云曉此卷內俱作曉可兩通

大學之教也節

不學愽依　閩本同釋文亦作愽監毛本愽作博是也石經同岳本同嘉靖本同衛氏集說同注疏放此下愽喻同

藏焉脩焉　閩監本同石經同岳本同衛氏集說同毛本脩作修嘉靖本同注疏放此下厥脩同壞亂而不脩同

樂其友而信其道　各本同毛本道字誤倒在而字上

是以雖離師輔而不反　惠棟挍宋本有也字宋監本同石經同岳本同嘉靖本同衛氏集說同考文引古本足利本同石經考文提要云宋大字本宋本九經南宋巾箱本余仁仲本並有也字此本也字脫閩監毛本同

大學至謂乎　惠棟挍宋本無此五字

各與其友同居　閩本同惠棟挍宋本同監毛本居字並誤閒衛氏集說同

學不學操縵不能弦者　補各本弦上有安字

雜服至皮弁至朝服玄端服屬之類　閩監毛本作雜服自袞而下至皮弁朝服元端之屬不誤

禮謂禮之經也惠棟校宋本無之字此本之字誤衍閩監毛本同

則不能躭翫樂於所學之正道閩監本同考文引宋板同毛本樂於誤不字學作習

然如此也惠棟校宋本作也此本也誤者閩監毛本同

若能藏脩游息游補案息上游字誤衍

言安學業既深閩本同惠棟校宋本同監毛本學誤樂

必知此是深由本師閩監毛本無是字

而此前親後樂友者惠棟校宋本親下有師字此本師字脫閩監毛本同

當能敬重其道惠棟校宋本同閩監毛本當作常

今之教者節

多其訊各本同石經訊作誶

教人不盡其材各本同石經初刻作才後改刻作材

今之至由乎惠棟校宋本無此五字

但詐吟長詠惠棟校宋本吟上有呻字此本呻字脫閩監本同毛本亦脫呻字詐又誤謳

皆不曉而猛浪惠棟校宋本同閩監毛本曉誤曉猛誤孟

教者佛戾也閩監毛本同惠棟校宋本無此五字

教者既背違其理閩監毛本同惠棟校宋本背作悖

注教者至失問閩本注字闕監毛本注作○

大學之法節惠棟校此節疏不越其節分而敎之分字起至自是學者之常理自字止宋本闕

未發情慾未生閩監毛本同岳本同嘉靖本同惠棟校宋本慾作欲衛氏集說同考文引古本同釋文出情慾云音欲下注情慾同○按欲正字慾俗字

大學至由與也惠棟校宋本無此六字

此朋友琢磨之益閩監毛本同惠棟校宋本磨作摩○按作摩是也段玉裁云摩擘之功精於礲研凡琢摩字從石作磨者非詳說文注

發然後禁節

教不能勝其情慾監本毛本作慾宋監本作欲

格讀如凍洛之洛各本同段玉裁云說文無洛有垎字水乾也玉篇土乾也王逸九思自注垎堨也則此注及疏洛皆當作垎

扞堅不可入之貌閩監毛本同岳本同嘉靖本同衛氏集說同考文引古本足利本扞下有格字段玉裁挍云堅上當有格字　按釋文出經文格云注同則知注有格字當在扞字下也

則孤陋而寡聞閩毛本同嘉靖本同石經陋作陋岳本同監本同衛氏集說同

燕辟廢其學閩監毛本同岳本同衛氏集說同石經辟作譬嘉靖本同考文引宋板及古本同○按譬正字辟假借字

廢滅惠棟校宋本如此宋監本同岳本同嘉靖本同考文引古本足利本同此本廢滅誤教弛閩本二字闕監毛本作廢弛衛氏集說同

發然至廢也惠棟校宋本無此五字

雖欲追悔欲學閩監毛本同考文引宋板上欲作復

徒勤苦四體終難成也閩監毛本同惠棟校宋本終上有而字

獨學謂獨自習學閩監毛本同惠棟校宋本習學作學習

則學識孤偏鄙陋監毛本同衛氏集說同閩本偏作徧惠棟校宋本同

不相遵敬閩監毛本同衛氏集說遵作尊

言格是堅彊閩監毛本同惠棟校宋本格作洛

故云如凍洛之洛但今人謂地堅爲洛也閩監毛本同段玉裁云垎从土正義是釋文非也正義本作凍垎俗改爲凍洛

君子既知教之所由興節

開爲發頭角閩監本同岳本同嘉靖本同考文引宋板古本足利本同毛本爲誤謂衛氏集說同

君子至喻矣惠棟校宋本無此五字

善歌者節

則後人樂放傚宋監本同惠棟校宋本同閩毛本同岳本同嘉靖本同監本傚誤倣釋文傚下有也字衛氏集說同考文引古本傚下有之也二字

善歌至志矣惠棟校宋本無此五字

君子知至學之難易節

三王四代唯其師此之謂乎石經同岳本同嘉靖本同閩監毛本唯作惟衛氏集說同陳澔集說唯字同此上有其字考文引古本足利本此上其字亦有盧文弨挍云據疏此上有其字石經考文提要宋大字本宋本九經南宋巾箱本余仁仲本並無其字

君子至謂乎惠棟校宋本無此五字

凡學之道節

昔黃帝顓頊之道存乎意閩監本同岳本同嘉靖本同衛氏集說同毛本存誤有通典五十二亦作存

凡學至師也惠棟校宋本無此五字

以仁得之以不仁守之其量十世閩監毛本同盧文弨挍云今大戴作以不仁得之以仁守之其量十世

善學者節

善學至道也惠棟校宋本無此五字

故恒言我師特加功於我者閩毛本同監本特誤持惠棟校宋本者作也

必且不解則荅問之人閩監毛本同惠棟校宋本荅問作問荅

以爲設喻譬善能荅問難者閩本監本同惠棟校宋本以作亦毛本喻譬字誤倒

亦待其一問閩監本亦字同問誤間毛本問字同亦誤以

記問之學節

記問之至舍之可也閩本同監毛本作記問至可也惠棟校宋本八字無

良冶之子節

調乃三體相勝閩本同惠棟校宋本同宋監本同岳本同嘉靖本同衛氏集說同監毛本調誤謂

始駕馬者反之閩監毛本同石經同岳本同嘉靖本同衛氏集說同釋文出始駕者云一本作始駕馬者按正義云始駕者謂馬子始學駕車之時出始駕者三字成句其所據經文亦當無馬字

良冶至於學矣惠棟校宋本無此六字

言積言善治之家惠棟校宋本積言作積世衛氏集說同此本誤閩監本同毛本世誤習

則可有志於學矣閩監毛本同衛氏集說同惠棟校宋本矣作也

古之學者節

醜或爲之計惠棟校宋本無之字岳本同嘉靖本同衛氏集說同此本誤衍閩監毛本同段玉裁云計當作討古音討與醜同

古之至不親惠棟校宋本無此五字

○此經論師道之要閩監本同毛本○此經作此一經

非主於一官惠棟校宋本作主衛氏集說同此本主誤言閩監毛本同今正

君子曰節

或源也各本同石經同釋文出或原云本又作源

源泉所出也惠棟校宋本作出宋監本同岳本同嘉靖本同衛氏集說同此本出誤求閩監毛本出誤來

君子至務本惠棟校宋本無此五字

官謂分職在位者閩監毛本同考文引宋板無者字衛氏集說同

鮫龍生焉惠棟校宋本同閩監毛本鮫作蛟

初爲積漸後成聖賢也閩監毛本同惠棟校宋本聖賢作賢聖

附釋音禮記注疏卷第三十七

禮記　鄭氏注　孔穎達疏

樂記第十九

〇陸曰鄭云名樂記者以其記樂之義〇〔疏〕正義曰按鄭目録云名曰樂記者以其記樂之義此於別録屬樂記蓋十一篇合爲一篇謂有樂本有樂論有樂施有樂言有樂禮有樂情有樂化有樂象有賓牟賈有師乙有魏文侯今雖合此略有分焉案藝文志云黃帝以下至三代各有當代之樂名孔子曰移風易俗莫善於樂也周衰禮壞其樂尤微以音律爲節又爲鄭衛所亂故無遺法矣漢興制氏以雅樂聲律世爲樂官頗能記其鏗鎗鼓舞而已不能言其義理武帝時河間獻王好博古與諸生等共采周官及諸子云樂事者以作樂記事也其內史丞王度傳之以授常山王禹成帝時爲謁者數言其義獻二十四卷樂記劉向校書得樂記二十三篇與禹不同其道浸以益微故劉向所校二十三篇著於別録今樂記所斷取十一篇餘有十二篇其名猶在三十四卷記無所録也其十二篇之名案別録十一篇餘次奏樂第十二樂器第十三樂作第十四意始第十五樂穆第十六說律第十七季札第十八樂道第十九樂義第二十昭本第二十一招頌第二十二竇公第二十三是也案別録禮記四十九篇樂記第十九則樂記十一篇入禮記也在劉向前矣至劉向爲別録時更載所入樂記十一篇又載餘十二篇揔爲二十三篇也其二十三篇之目今揔存焉

凡音之起。由人心生也。人心之動。物使之然也。感於物而動。故形於聲。宮商角徵羽雜比曰音單出曰聲形猶見也〇徵張里反後放此比毗志反下文同見賢遍反聲相應。故生變。樂之器彈其宮則衆宮應然不足樂是以變之使雜也易曰同聲相應同氣相求春秋傳曰若以水濟水誰能食之若琴瑟之專一誰能聽之〇應應對之應篇內同彈徒丹反樂音嶽又音洛〇變成方謂之音。方猶文章也〇比音而樂之。及干戚羽旄。謂之樂。干盾也戚斧也武舞所執也羽翟羽也旄旄牛尾也文舞所執周禮舞師樂師掌教舞有兵舞有干舞有羽舞有旄舞詩曰左手執籥右手秉翟〇旄音毛盾本又作楯述允反又音允翟音狄籥羊灼反〇

〔疏〕凡音至之樂〇正義曰此一節論樂本之事章句既多各隨文解之名爲樂本者樂以音聲爲本音聲由人心而生此章備論音聲起於人心故名樂本此樂本之中論人心感於物而有聲聲相應而生變變成方而爲之音比音而爲樂展轉相因之勢〇凡音之起由人心生也者言凡樂之音曲所起本由人心而生也〇人心之動物使之然也者言音之所以起於人心者由人心動則音起人心所以動者外物使之然也〇感於物而動故形於聲者人心既感外物而動口以宣心其心形見於聲心若感死喪之物而興動於口則形見於悲戚之聲心若感福慶而興動於口則形見於歡樂之聲也聲相應故生變者既有哀樂之聲自然一高一下或清或濁而相應不同故云生變變謂不恒一聲變動清濁也〇變成方謂之音者方謂文章聲既變轉和合次序成就文章謂之音也音則今之歌曲也〇比音而樂之及干戚羽旄謂之樂者言以樂器次比音之歌曲而樂器播之并及干戚羽旄鼓而舞之乃謂之樂也是樂之所起由人心而生也〇注宮商至曰聲〇正義曰言聲者是宮商角徵羽也極濁者爲宮極清者爲羽五聲以清濁相次云雜比曰音者謂宮商角徵羽清濁相雜和比謂之音云單出曰聲者五聲之內唯單有一聲無餘聲相雜是單出曰聲也然則初發口單者謂之聲衆聲和合成章謂之音金石干戚羽旄謂之樂則聲爲初音爲樂爲末也所以唯舉音者舉中見上下矣〇注樂之至聽之〇正義曰彈其宮則衆宮應然不足樂者明直唯一聲不足可爲樂故須變之使雜也引易曰同聲相應同氣相求者易文言文證同聲相應之義也同聲雖相應不得爲樂必有異聲相應乃得爲樂耳引春秋傳以下者證同聲不得爲樂也案春秋昭二十年左傳齊景公曰唯據與我和夫晏子對曰據亦同也焉得爲和同者若以水濟水誰能食之琴瑟之專一誰能聽之言琴瑟專一唯有一聲不得成樂故也〇注方猶文章也〇正義曰凡畫者青黃相雜分布得成文章言音清濁上下分布次序得成音曲也似畫者文章故云方猶文章也〇注干盾至秉翟〇正義曰干盾也戚斧也武舞所執也者武舞之樂執此盾與斧也云羽翟羽也旄旄牛尾也文舞所執者言文舞執此羽旄也引舞師樂師者證有干戚羽旄舞等案樂師有帗舞有羽舞有皇舞有旄舞有干舞有人舞也無兵舞但有干舞鄭司農彼注云干舞者兵舞又舞師云掌教兵舞師而舞山川之祭祀无干舞但有兵舞鄭司農彼注干舞兵舞也此引樂師既謂干舞引謂兵舞者兵舞非樂師之文但經云干戚用戚則是大武大武兵舞此引樂師益以兵舞解經之干戚也但此經干戚羽旄包含文武之大武鄭引樂師小舞羽舞也引詩者證羽舞是翟舞也此詩邶風刺衛君不用賢衛之賢者仕於伶官但左手執籥右手秉翟而已

樂者。音之所由生也。其本在人心之感於物也。是故其哀心感者。其聲噍以殺。其樂心感者。其聲嘽以緩。其喜心感者。其聲發以散。其怒心感者。其聲粗以厲。其敬心感者。其聲直以廉。其愛心感者。其聲和以柔。六者非性也。感於物而后動。言人聲在所見非有常也噍踧也嘽寬綽貌發猶揚也粗麤也〇噍子遥反徐在堯反沈子堯反踧也謂急也殺色界反徐所列反其樂音洛嘽昌善反寬緩也散思旦反粗采都反又才古反踧子六反綽處約反是故先王慎所以感之者。故禮以道其志。樂以和其聲。政以一其行。刑以防其姦。禮樂刑政。其極一也。極至也〇道音導行下孟反所以同民心而出治道也。此其所謂至也〇治直吏反下同

〔疏〕樂者至道也〇正義曰此一節覆明上文感物而動之意結樂聲生起所由也合音乃成樂是樂由比音而生故云音之所由生也〇其本在人心之感於物也者欲將明樂隨人心見故更陳此句也本猶初也物外境也言樂初所起在於人心之感外境也〇是故其哀心感者其聲噍以殺者心既由於外境而變故有此下六事之不同也噍踧急也若外境痛苦則其心哀哀感在心故其聲必踧急而速殺也〇其樂心感者其聲嘽以緩者嘽寬也若外境所善心必歡樂歡樂在心故聲必隨而寬緩也〇其喜心感者其聲發以散者若外境會合其心心必喜悅喜悅在心故聲必隨而發揚放散無輒礙但樂是長久之歡喜是一時之悅遇有善事而心喜也昭二十五年左傳云喜生於好是喜與樂別也其怒心感者其聲粗以厲者怒謂忿遇惡事而心恚怒恚怒在心則其聲粗以猛厲也〇其敬心感者其聲直以廉者直謂不邪也廉廉隅也若外境見其尊高心中嚴敬嚴敬在心則其聲正直而有廉隅不邪曲也〇其愛心感者其聲和以柔者和調也柔軟也若外境親屬死亡心起愛情愛情在心則聲和柔也六者非性也感於物而后動者結外感物也人生而靜天之性也性本靜寂無此六事六事之生由應感外物而動故云非性也所以知非性者今設取一人以此六事觸之言此人必隨觸而動故知非本性也庾云隨其所感而應之是知非性也此聲皆據人心感於物而口爲聲知是人聲也故鄭注云言人聲在所見皇氏云樂聲失之矣〇是故先王慎所以感之者既六事隨見而動非關其本性故先代聖人在上制於正禮正樂以防之不欲以外境惡事感之故云先王慎所以感之者也〇故禮以道其志樂以和其聲政以一其行刑以防其姦者此四事是防慎所感之具矣政法律也既防慎其感故用其正禮教道其志用正樂諧和其聲用法律齊一其行用刑辟防其凶姦則民不復流僻也禮樂刑政其極一也者極至也用其四事齊之使同其一致不爲非也賀云雖有禮樂刑政之殊及其檢情歸正同至理極其道一也〇所以同民心而出治道也者結四事之功也言民心所觸有前六事不同故聖人用後四者制之使俱得其所也

凡音者。生人心者也。情動於中。故形於聲。聲成文。謂之音。是故治世之音。安以樂。其政和。亂世之音。怨以怒。其政乖。亡國之音。哀以思。其民困。聲音之道。與政通矣。言八音和否隨政也玉藻曰御瞽幾聲之上下〇治世之音絕句安以樂音洛絕句雷讀上至安絕句樂音岳以樂二字爲句其政和崔讀上句依雷下以樂其政和揔爲一句下亂世亡國各放此思息吏反又音笥否音不藻音早瞽音古幾居希反又音祈上下時掌反

〔疏〕凡音至通矣〇正義曰上文云音從人心生乃成爲樂此一節明君上之樂隨人情而動若人情歡樂樂音亦歡樂若人情哀怨樂音亦哀怨〇凡音者生人心者也者言君上樂音生於下民心者也〇情動於中故形於聲者言在下人心情感君政教善惡動於心中則上文感於物而後動是也既感物動故形見於口口出其聲則上文云故形於聲者是也〇聲成文謂之音者謂聲之清濁雜比成文謂之音則上文云變成方謂之音是也上云比音而樂之及干戚羽旄謂之樂此云音不云樂者以下云治世之音亂世之音故云音而不言樂也必言音者樂以音爲本變動由於音也所以特言音也〇是故治世之音安以樂者是故謂情動於中而有音聲之異故言治平之世其樂音安靜而歡樂也治世之音民既安靜以樂而感其心故樂音亦安以樂由其政和美故也君政和美使人心安樂人心安樂故樂聲亦安以樂也〇亂世之音怨以怒其政乖者亂世謂禍亂之世樂音怨恨而恚怒亂世之時其民怨怒故樂聲亦怨怒流亡由其政乖僻故也〇亡國之音哀以思其民困者亡國謂將欲滅亡之國樂音悲哀而愁思言亡國之時民必哀思故樂音亦哀思由其人困苦故也前治世亂世皆云世亡國不云世者

以國將亡無後繼世也其治世亂世皆云政亡國不云政者言國將滅亡無復有政故云其民困也聲音之道與政通矣者若政和則聲音安樂若政乖則聲音怨怒是聲音之道與政通矣宮爲君。商爲臣。角爲民。徵爲事。羽爲物。五者不亂。則無怗懘之音矣。五者君臣民事物也凡聲濁者尊清者卑怗懘敝敗不和貌。怗徐昌廉反懘昌制反又昌紙反敗也敝音弊宮亂則荒。其君驕。商亂則陂。其官壞。角亂則憂。其民怨。徵亂則哀。其事勤。羽亂則危。其財匱。五者皆亂。迭相陵。謂之慢。如此則國之滅亡無日矣。君臣民事物其道亂則其音應而亂荒猶散也陂傾也書曰王耄荒易曰無平不陂。陂彼義反注同傾也匱其媿反乏也迭田節反散蘇旦反耄莫報反。〔疏〕宮爲至日矣。正義曰此一節論五聲宮商角徵羽之殊所主之事上下不一得則樂聲和調失則國將滅亡也。宮爲君者宮則主君所以然者鄭注月令云宮屬土土居中央揔四方君之象也又土爰稼穡猶君能滋生萬民也又五音以絲多聲重者爲尊宮絃最大用八十一絲故宮爲君崔氏云五音之次以宮最濁自宮以下則稍清矣君臣民事物亦有尊卑故以次配之。商爲臣者商所以爲臣者何以鄭注月令云商屬金以其濁次宮臣之象也解者云宮八十一絲商七十二絲次宮如臣之得次君之貴重也崔氏云商是金金以決斷爲臣事君亦以義斷爲賢矣角爲民所以爲民者鄭注月令云角屬木以其清濁中民之象也解者云宮濁而羽清角六十四絲聲居宮羽之中半清半濁故云以其清濁中也民比君臣爲劣比事物爲優故云角清濁中民之象矣崔氏云角屬春春時物生衆皆有區別亦象萬民衆多而有區別也。徵爲事所以爲事者鄭注月令云徵屬火以其徵清事之象也解者云羽最清徵次之故用五十四絲是徵清徵清所以爲事之象也夫事是造爲造爲由民故先事後乃有物也是事勝於物而劣於民故次民居物之前所以徵爲事之象也崔氏云徵屬夏夏時生長萬物皆成形體事亦有體故以徵配事也。羽爲物羽所以爲物者鄭注月令云羽屬水者以其最清物之象也解者云羽者最清用四十八絲而爲物劣於事故最處末所以羽爲物也崔氏云羽屬冬冬物聚則成財用冬則物皆藏聚與財相類也。五者不亂則無怗懘之音矣者怗敝也懘敗也敝敗謂不和之貌也若君臣民事物五者各得其所用不相壞亂則五聲之響無敝敗矣。宮亂則荒其君驕者前明音聲與政通若五事皆正則音不敝敗是聲與政通故此以下明聲與政通也若五音之敝敗則政亂各有所由也荒猶散也若宮音之亂則其聲放散是知由其君驕溢故也崔氏云宮聲所以散者由君驕也若君驕則萬物荒散也。商亂則陂其官壞者陂不平正也若商音之亂則其聲欹斜而不正也是知由其臣不治於官官壞故也崔氏云商聲所以傾邪者由臣官壞也官若壞則物皆傾邪也。角亂則憂其民怨者若角音之亂則其聲憂愁是知由政虐其民怨故也崔氏云角聲所以亂者由民不安業有憂愁之心也民無自怨皆君上失政故下民生怨也徵亂則哀其事勤者若徵音之亂則其聲哀苦是知由繇役不休其民事勤勞故也崔氏云徵所以亂者由民勤於事悲哀之所生。羽亂則危其財匱者匱乏也若羽音之亂則其聲傾危是知由君賦重其民貧乏故也崔氏云危者謂聲不安也羽音所以不安者由君亂於上物散於下故知財乏不能得安故有匱乏也。五者皆亂迭相陵謂之慢者迭互也陵越也若五聲並和則君臣上下不失若五聲不和則君臣上下互相陵越所以爲慢也崔氏云前是偏據一亂以爲義未足以爲滅亡今此以五者皆亂故滅亡無日矣滅者絕也亡叛也無日言無復一日也若君臣互相陵慢如此則國必叛滅旦夕可俟無復一日也。注書曰至不陂。正義曰所引之書尚書呂刑之文也王耄荒者謂穆王享國百年耄荒也引之者證經之荒字矣云易曰無平不陂者易泰卦九三爻辭引之者證經之陂字矣案樂緯動聲儀云宮爲君君者當寬大容衆故聲弘以舒其和情以柔動脾也商爲臣臣者當以發明君之號令其聲散以明其和溫以斷動肺也角爲民民者當約儉不奢僭差故其聲防以約其和清以靜動肝也徵爲事事者君子之功既當急就之其事當久流亡故其聲貶以疾其和平以功動心也羽爲物物者不有委聚故其聲散以虛其和斷以散動腎也動聲儀又云若宮唱而商和是謂善太平之樂注云君臣相和又云角從宮是謂哀衰國之樂注云象人自怨訴又云羽從宮往而不反是謂悲亡國之樂也注云悲傷於財竭又云音相生者和注云彈羽角應彈宮徵應是其和樂以此言之相生應即爲和不以相生應則爲亂也。鄭衛之音。亂世之音也。比於慢矣。比猶同也。比毗志反注同又如字桑間濮上之音。亡國之音也。其政散。其民流。誣上行私而不可止也。濮水之上地有桑間者亡國之音於此之水出也昔殷紂使師延作靡靡之樂已而自沈於濮水後師涓過焉夜聞而寫之爲晉平公鼓之是之謂也桑間在濮陽南誣罔也。濮音卜水名誣音無注同涓古玄反爲于僞反下爲作法度同。〔疏〕鄭衛至止也。正義曰前經明五者皆亂驕慢滅亡此一節論亂世滅亡之樂比猶同也鄭國之音好濫淫志衛國之樂促速煩志並是亂世之音也雖亂而未滅亡故云比於慢即同前謂之慢也。桑間濮上之音亡國之音也者於濮水之上桑林之間所得之樂是亡國之音矣故云亡國之音其政散者謂君之政教荒散也。其民流者流謂流亡君既荒散民自流亡也。誣上行私而不可止也者君既失政在下則誣罔於上行其私意違背公道不可禁止也。注濮水至罔也。正義曰濮水之上地有桑間者言濮水與桑間一處也云昔殷紂使師延作靡靡之樂以下皆史記樂書之文也言衛靈公之時將之晉至於濮水之上舍夜半時聞鼓琴之聲問左右皆對曰不聞乃召師涓聽而寫之明日即去乃至晉國見平公平公享之靈公曰今者來聞新聲請奏之平公曰可即命師涓坐師曠之旁援琴鼓之未終而師曠撫而止之曰此亡國之聲也不可遂平公曰何師曠曰昔師延所作也與紂爲靡靡之樂武王伐紂師延東走自投濮水之中故聞此聲必於濮水之上而聞之是其事案異義云今論說鄭國之爲俗有溱洧之水男女聚會謳歌相感故云鄭聲淫左傳說煩手淫聲謂之鄭聲者言煩手躑躅之聲使淫過矣許君謹案鄭詩二十一篇說婦人者十九矣故鄭聲淫也今案鄭詩說婦人者唯九篇異義云十九者誤也無十字矣凡音者。生於人心者也。樂者。通倫理者也。倫猶類也理分也。分扶問反是故知聲而不知音者。禽獸是也。知音而不知樂者。衆庶是也。唯君子爲能知樂。禽獸知此爲聲耳不知其宮商之變也八音並作克諧曰樂。諧戶皆反是故審聲以知音。審音以知樂。審樂以知政。而治道備矣。是故不知聲者。不可與言音。不知音者。不可與言樂。知樂則幾於禮矣。禮樂皆得。謂之有德。德者得也。幾近也聽樂而知政之得失則能正君臣民事物之禮也。治直吏反下民治行同幾音譏一音巨依反注同是故樂之隆。非極音也。食饗之禮。非致味也。隆猶盛也極窮也。食音嗣下食饗同清廟之瑟。朱弦而疏越。壹倡而三歎。有遺音者矣。大饗之禮。尚玄酒而俎腥魚。大羹不和。有遺味者矣。清廟謂作樂歌清廟也朱弦練朱弦練則聲濁越瑟底孔也畫疏之使聲遲也倡發歌句也三歎三人從歎之耳大饗祫祭先王以腥魚爲俎實不臑熟之大羹肉湆不調以鹽菜遺猶餘也。疏音疏下同倡昌諒反注同腥音星和胡臥反底都禮反畫音獲祫音洽臑音而湆去及反是故先王之制禮樂也。非以極口腹耳目之欲也。將以教民平好惡。而反人道之正也。教之使知好惡也。好惡上呼報反下烏路反又並如字後好惡二字相連者皆放此〔疏〕凡音至正也。正義曰此一節明音樂之異音易識也樂難知知樂則近於禮又明禮樂隆極之旨先王所以禮樂教人之意。凡音者生於人心者也言音從聲生聲從心生故云生於人心者也。樂者通於倫理者也倫類也理分也此音爲樂有金石絲竹干戚羽旄樂得則陰陽和樂失則羣物亂是樂能經通倫理也陰陽萬物各有倫類分理者也。是故知聲而不知音者禽獸是也者言禽獸知其聲不知五音之和變是聲易識而音難知矣。知音而不知樂者衆庶是也者言衆庶知歌曲之音而不知樂之大理是音猶易而樂極難也。唯君子爲能知樂者君子謂大德聖人能知極樂之理故云爲能知樂。是故審聲以知音審音以知樂審樂以知政而治道備矣者音由聲生先審識其聲然後可以知音樂由音生先審識其音然後知樂政由樂生先審識其樂可以知政所以審樂知政者樂由音聲相生聲感善惡而起若能審樂則知善惡之理行善不行惡習是不習非知爲政化民。而治道備矣者政善樂和音聲皆善人事無邪僻則治道備具矣知樂則幾於禮矣者幾近也知樂則知政之得失知政之得失則能正君臣民事物故云近於禮矣但禮包萬事萬事備具始是禮極今知樂但知正君臣民事物而已於禮未極故云近於禮矣。禮樂皆得謂之有德德者得也者言王者能使禮樂皆得其所謂之有德之君所以名爲德者得禮樂之稱也。是故樂之隆非極音也者隆謂隆盛樂之隆盛本在移風易俗非崇重於鍾鼓之音故云非極音也案論語云樂云樂云鍾鼓云乎哉是也食饗之禮非致味也者食饗謂宗廟祫祭此禮之隆重在於孝敬也非在於致其美味而已禮云食饗之禮則樂應云祭祀之樂互可知也清廟之瑟朱弦而疏越壹倡而三歎者褒上樂之隆非極音也清廟之瑟謂歌清廟之

詩所彈之瑟朱弦謂練朱絲爲弦練則聲濁也越謂瑟底孔也疏通之使聲遲故云疏越弦聲既濁瑟音又遲是質素之聲非要妙之響以其質素初發首一倡之時而唯有三人歎之是人不愛樂雖然有遺餘之音言以其貴在於德所以有遺餘之音念之不忘也。大饗之禮尚玄酒而俎腥魚大羹不和有遺味者矣者此覆上饗之禮非致味也大饗謂祫祭尚玄酒在五齊之上而俎腥魚腥生也俎雖有三牲而兼載腥魚也大羹謂肉湆也不和謂不以鹽菜和之此皆質素之食而大饗設之人所不欲也雖然有遺餘之味矣以其有德質素其味可重人愛之不忘故云有遺味者矣。是故先王之制禮樂也非以極口腹耳目之欲也者以玄酒腥魚大羹是非極口腹也以朱絃疏越是非極耳目也。將以教民平好惡而反人道之正也者言先王制禮樂不爲口腹耳目而將以教民均平好惡使好者行之惡者避之而反歸人道之正也。注能正至之禮。正義曰以宮爲君商爲臣角爲民徵爲事羽爲物既能知樂則能在此五事五事之外則餘禮未能弘通故經云近於禮未盡禮之用也。注朱弦至餘也。正義曰朱弦練朱弦者案虞書傳云古者帝王升歌清廟之樂大瑟練弦此云朱弦者明練之可知也云練則聲濁者不練則體勁而聲清練則絲熟而弦濁云越瑟底孔也者案鄉飲酒禮二人皆左何瑟後有埒越是越瑟底孔也故燕禮注云越瑟下孔也云畫疏之使聲遲也者熊氏云瑟兩頭有孔畫疏之疏通也使兩頭孔相達而通孔小則聲急孔大則聲遲故云使聲遲也云三歎三人從歎之耳者三歎謂擊瑟贊歎美者但有三人歎之耳言歎者少也云大饗祫祭先王者案郊特牲郊血大饗腥此云腥魚故爲宗廟祫祭也云以腥魚爲俎實者謂薦血腥之時以俎薦腥魚熊氏云其牛羊之俎至薦熟之時皆亨之而熟薦腥魚則始末不亨故云而俎腥魚也云大羹肉湆者特牲云大羹湆此云不和故知不調以鹽菜鉶羹則和之云遺猶餘者也樂聲雖質人貴之不忘矣食味雖惡人念之不息矣是有遺音遺味矣熊氏云聲有五聲但有三人歎之餘兩聲未歎是有遺音非其辭也。

人生而靜。天之性也。感於物而動。性之欲也。言性不見物則無欲。物至知知。然後好惡形焉。至來也知知每物來則又有知也言見物多則欲益衆形猶見也。○見賢遍反好惡無節於內。知誘於外。不能反躬。天理滅矣。節法度也知猶欲也誘猶道也引也躬猶已也理猶性也。○誘音酉道音導。夫物之感人無窮。而人之好惡無節。則是物至而人化物也。人化物也者。滅天理而窮人欲者也。窮人欲言無所不爲。於是有悖逆詐僞之心。有淫泆作亂之事。是故強者脅弱。衆者暴寡。知者詐愚。勇者苦怯。疾病不養。老幼孤獨不得其所。此大亂之道也。〔疏〕人生至道也。○正義曰此一節論人感物而動物有好惡所感不同若其感惡則天理滅爲大亂之道故下文明先王所以制禮樂而齊之。○人生而靜天之性也。○正義曰言人初生未有情欲是其靜稟於自然是天性也。○感於物而動性之欲也者其心本雖靜感於外物而心遂動是性之所貪欲也自然謂之性貪欲謂之情是情別矣。物至知知然後好惡形焉者至猶來也言外物既來知謂每一物來則心知之爲每一物皆知是物至知知也物至既衆會意者則愛好之不會意者則嫌惡之是好惡形焉。至好惡無節於內知誘於外者所好惡恣已之情是無節於內知謂欲也所欲之事道誘於外外見所欲心則從之是知誘於外也。不能反躬天理滅矣者躬已也恣已情欲不能自反禁止理性也是天之所生本性滅絕矣。夫物之感人無窮者物既衆多來感於人無有窮已也。而人之好惡無節者見物之來所好所惡無有法節也則是物至而人化物也者則是外物來至而人化之於物物善則人善物惡則人惡是人化物也。人化物也者滅天理而窮人欲者也者人既化物逐而遷之恣其情欲故滅其天生清靜之性而窮極人所貪嗜慾也。知者詐愚謂欺詐愚人也勇者苦怯謂困苦怯者。疾病不養謂人所嫌惡不收養也。老幼孤獨不得其所也者此並是人之嫌惡無所哀矜故老幼孤獨不得其所也。

是故先王之制禮樂。人爲之節。言爲作法度以遏其欲。悖布內反下同佚音逸強其良反脅許劫反知音智怯起劫反遏於葛反本亦作節衰麻哭泣。所以節喪紀也。鐘鼓干戚。所以和安樂也。昏姻冠笄。所以別男女也。射鄉食饗。所以正交接也。男二十而冠女許嫁而笄成人之禮射鄉大射鄉飲酒也。○衰七雷反樂音洛冠古亂反注同笄音雞別彼列反下文注皆同禮節民心。樂和民聲。政以行之。刑以防之。禮樂刑政。四達而不悖。則王道備矣。〔疏〕是故至備矣。○正義曰此一節以下至樂云廣明禮樂相須之事。○是故先王之制禮樂人爲之節者庾云人爲猶爲人也言爲人作法節也。○射鄉食饗所以正交接也者射大射也鄉鄉飲酒也食饗饗食賓客也凡此皆是正交接之節不使相陵越也。○禮節民心者前經云禮樂人爲之節故此經明其所節之事禮有尊卑上下故裁節民心謂無不敬也。○樂和民聲者樂有宮商角徵羽及律呂所以調和民聲也。○政以行之者政謂禁令用禁令以行禮樂也。○刑以防之者若不行禮樂則以刑罰防止也。○禮樂刑政四達而不悖則王道備矣者若此四事通達流行而不悖逆則王道備具矣樂者爲同。禮者爲異。同則相親。異則相敬。同謂協好惡也異謂別貴賤也樂勝則流。禮勝則離。流謂合行不敬也離謂析居不和也。勝治證反析思歷反○合情飾貌者。禮樂之事也。欲其並行斌斌然。飭音勅本亦作飾音式斌彼貧反本又作彬。禮義立則貴賤等矣。樂文同則上下和矣。好惡著則賢不肖別矣。刑禁暴。爵舉賢。則政均矣。仁以愛之。義以正之。如此則民治行矣。等階級也。著張慮反肖音笑〔疏〕樂者至行矣。○正義曰皇氏云從王道備矣以上爲樂本從此以下爲樂論今依用焉此十一篇之說事不分明鄭目錄十一篇畧有分別仔細不可委知熊

氏云十篇鄭可具詳依別錄十一篇所有賓牟賈有師乙有魏文侯今此樂記有魏文侯乃次賓牟賈師乙爲末則是今之樂記十一篇之次與別錄不同推此而言其樂本以下亦雜亂故鄭畧有分別案熊氏此說不與皇氏同。樂者爲同者此言樂論之事謂上下同聽莫不和說也。禮者爲異者謂尊卑各別恭敬不等也此章凡有四段自此至民治行矣爲第一段論樂與禮同異將欲廣論先論其異同也自樂由中出至天子如此則禮行矣爲第二段論樂與禮之功論同異既辨故次宜有功也自大樂與天地同和至述作之謂也爲第三段論樂與禮唯聖人能識既有其功故宜究識也自樂者天地之和至則此所與民同也爲第四段論樂與禮使上下和合是爲同也禮使父子殊別是爲異。同則相親無所間別故相親也異則相敬有所殊別故相敬也。樂勝則流禮勝則離者此明雖有同異而又有相須也勝猶過也若樂過和同而無禮則流慢無復尊卑之敬若禮過殊隔而無和樂則親屬離析無復骨肉之愛唯須禮樂兼有所以爲美故論語云禮之用和爲貴是也。合情飾貌者禮樂之事也者合情謂樂也樂和其內是合情也飾貌謂禮也禮以撿跡於外是飾貌也貌與心牛二者無偏則是禮樂之事也。禮義立則貴賤等矣者義宜也等階級也若行禮得其宜則貴賤各有階級矣樂文同則上下和矣者文謂聲成文也若行樂文采諧同則上下各自和好也。好惡著則賢不肖別矣者謂所好得其善所惡得其惡是好惡著則賢與不肖自然分別矣。刑禁暴者謂用刑罰禁止暴慢也。爵舉賢者謂用爵以舉賢良也。則政均矣者刑爵得所政教均平矣刑者則慎罰爵者則明德。仁以愛之者謂王者用仁以愛民也。義以正之者謂王者用義以正惡矣。如此則民治行矣者言用仁用義則民行治也此經凡有五事各以矣結之從禮義立則貴賤等矣是其一也樂文同則上下和矣是其二也好惡著則賢不肖別矣是其三也刑禁暴爵舉賢則政均矣是其四也仁以愛之義以正之如此則民治行矣是其五也樂由中出。和在心也。禮自外作。敬在貌也。樂由中故靜。禮自外作故文。文猶動也。大樂必易。大禮必簡。易簡若於清廟大饗然。○易以鼓反注同樂至則無怨。禮至則不爭。揖讓而治天下者。禮樂之謂也。至猶達也行也。○爭爭鬬之爭暴民不作。諸侯賓服。兵革不試。五刑不用。百姓無患。天子不怒。如此則樂達矣。合父子之親。明長幼之序。以敬四海之內。天子如此。則禮行矣。賓協也試用也。○長丁丈反。〔疏〕樂由至行矣。○正義曰此一節明禮樂自內自外或易或簡天子行之得所則樂達禮行。樂由中出者謂樂從心起也。禮自外作者謂禮敬在外貌也樂由中出故靜者行之在心故靜也。禮自外作故文者禮肅人貌貌在外故云動也庾云樂成在中是和合反自然之靜禮節在貌之前動合文理文猶動也。大樂必易者朱弦而疏越是也。大禮必簡者玄酒腥魚是也。樂至則無怨者至謂達也行也樂行於人由於和故無怨矣。禮至則不爭者禮行於民由於謙敬謙敬則不爭也。揖讓而治天下者禮樂之謂也者民無怨爭則君上無爲但揖讓垂拱而天下自治其功由於禮樂故云禮

樂之謂也暴民不作此下至樂達矣偏舉樂之功前云樂達則無怨故致此以下之功也暴民謂凶暴之民不作謂不動作也○如此則樂達矣者由樂和故至天子不怒以致前事是樂道達矣天子如此則禮行矣者天子若能使海內如此則是禮道興行矣樂云達禮云行者互文也禮云天子如此樂不云天子者樂既云天子不怒故畧其文不復云天子也

○大樂與天地同和。大禮與天地同節。言順天地之氣與其數。和故百物不失。不失其性。節故祀天祭地。成物有功報焉。明則有禮樂。教人者。幽則有鬼神。助天地成物者也。易曰是故知鬼神之情狀與天地相似。五帝德說黃帝德曰死而民畏其神者百年。春秋傳曰若敖氏之鬼。然則聖人之精氣謂之神。賢知之精氣謂之鬼。○敖五羔反。賢知音智。如此。則四海之內合敬同愛矣。禮者殊事合敬者也。樂者異文合愛者也。禮樂之情同。故明王以相沿也。沿猶因述也。孔子曰殷因於夏禮所損益可知也。周因於殷禮所損益可知也。沿或作緣。○沿悅專反。因也。述也。○故事與時並。舉事在其時也。禮器曰堯授舜。舜授禹。湯放桀。武王伐紂。時也。名與功偕。爲名在其功也。偕猶俱也。堯作大章。舜作大韶。禹作大夏。湯作大濩。武王作大武。名因其得天下之大功。○偕古諧反。俱也。濩戶故反。下同。【疏】大樂至功偕。○正義曰此一節明禮樂與天地合德明王用之相因不改功名顯著○大樂與天地同和者天地氣和而生萬物大樂之體順陰陽律呂生養萬物是大樂與天地同和也○大禮與天地同節者天地之形各有高下大小爲限節大禮辨尊卑貴賤與天地相似是大禮與天地同節也○和故百物不失者以大樂與天地同和能生成百物故不失其性也○節故祀天祭地者以大禮與天地同節有尊卑上下報生成之功故祀天祭地○明則有禮樂者聖王既能使禮樂與天地同和節又於顯明之處尊崇禮樂以教人○幽則有鬼神者幽冥之處尊敬鬼神以成物也○如此則四海之內合敬同愛矣者聖人若能如此上事行禮樂得所以治天下故四海之內合其敬愛以行禮得所故四海會合其敬行樂得所故四海之內齊同其愛矣○禮者殊事合敬者也者尊卑有別是殊事也行於禮是合敬也○樂者異文合愛者也者宮商別調是異文無不歡愛是合愛也○禮樂之情同故明王以相沿也者禮樂之狀質文雖異樂情主和禮情主敬致治是同以其致治情同故明王所以相因述也言前代後代同禮樂之情因時質文或有損益故云以相沿也沿謂因而增改也○故事與時並者事謂聖人所爲之事與所當之時而並行若堯舜揖讓之事與淳和之時而並行湯武干戈之事與澆薄之時而並行此一句明禮也○名與功偕者名謂樂名偕俱也言聖王制樂之名與所建之功而俱作也若堯之大章舜之大韶堯章明之功舜紹堯之德及禹湯等樂名皆與功俱立也此一句明樂聖王雖同禮樂之情因而脩述但時與功不等故禮與樂亦殊○注言順至其數○正義曰天地與陰陽生養爲氣樂有六律六呂調和生養是順天地之氣解經同和也云與其數謂天有日月星辰地有山川高下其數不同故云與其數解經同節也○注成物有功報焉○正義曰言天地春夏生物秋冬成物獨云成物者對則生成有異惣而言之生亦成也故云咸物有功下注云助天地

成物是也○注易曰至之鬼○正義曰引易曰是故知鬼神之情狀與天地相似者易上繫辭云精氣爲物游魂爲變是故知鬼神之情狀與天地相似○注云精氣謂七八游魂謂九六遊魂謂之鬼物終所歸精氣謂之神物生所信也言木火之神生物東南金水之鬼終物西北二者之情其狀與春夏生物秋冬終物相似云五帝德說黃帝德曰死而民畏其神者百年案大戴禮五帝德篇云宰我問孔子曰黃帝三百年請問黃帝人也抑非人也何以至三百年乎孔子曰生而民利其德百年死而民畏其神百年亡而民用其教百年云春秋傳曰若敖氏之鬼引春秋者宣四年左傳楚司馬子良生子越椒初生令尹子文請殺之其父子良不可子文以爲大慼曰鬼猶求食若敖氏之鬼不其餒而云聖人之精氣謂之神者則黃帝是也言聖人氣強能引生萬物故謂之神云賢知之精氣謂之鬼者則若敖氏是也氣劣於聖但歸終而已故謂之鬼熊氏云繫辭鬼神者謂七八九六自然之鬼神又聖人賢人鬼神與自然鬼神俱能助天地而成物故鄭揔引之也又鄭注祭法七祀謂鬼神司察小過引此幽則有鬼神然則有天地自然之鬼神有聖人賢人之鬼神有七祀之鬼神崔氏云明人君及臣生則有禮樂化民死則爲鬼神以成物此唯據聖人賢人之鬼神也與鄭引易繫辭不合其義非也○注沿猶至知也○正義曰五帝三王同用禮樂是因也就而損益是述也故引論語損益之事以解之損益者則下文事與時並名與功偕是也

○故鐘鼓管磬。羽籥干戚。樂之器也。屈伸俯仰。綴兆舒疾。樂之文也。簠簋俎豆。制度文章。禮之器也。升降上下。周還裼襲。禮之文也。綴謂酇舞者之位也。兆其外營域也。○伸音申。綴丁劣反。徐丁衛反。下綴遠綴短皆同。簠簋上音甫。下居洧反。並祭器名。上下時掌反。還音旋。裼思厤反。襲音習。酇作管反。後同。○故知禮樂之情者能作。識禮樂之文者能述。述謂訓其義也。作者之謂聖。述者之謂明。明聖者。述作之謂也。【疏】故鐘至謂也。○正義曰此一節申明禮樂器之與文并述作之體綴兆疾徐者綴謂舞者行位相連綴也兆謂位外之營兆也○周還裼襲者周謂行禮周曲迴旋也裼謂袒上衣而露裼也襲謂掩上衣也禮盛者尚質故襲不盛者尚文故裼○故知禮樂之情者能作者下文云窮本知變樂之情若能窮極其本識其變通是知樂之情也下文云著誠去僞禮之經也若能顯著誠信棄去浮僞是知禮之情也凡制作者量事制宜既能窮本知變又能著誠去僞所以能制作者識禮樂之文者能述者文謂上經云屈伸俯仰升降上下是也述謂訓說義理既知文章升降辨定是非故能訓說禮樂義理不能制作禮樂也○作者之謂聖者聖者通達物理故作者之謂聖則堯舜禹湯是也○述者之謂明明者辨說是非故脩述者之謂明則子游子夏之屬是也○樂者。天地之和也。禮者。天地之序也。和故百物皆化。序故羣物皆別。化猶生也。別謂形體異也。樂由天作。禮以地制。言法天地也。過制則亂。過作則暴。過猶誤也。暴失文武之意。明於天地。然後能興禮樂也。【疏】

樂者至樂也。○正義曰此一節申明禮樂從天地而來王者必明於天地然後能興禮樂也樂者調暢陰陽是天地之和也○禮者天地之序也禮明貴賤是天地之序也○樂由天作者樂生於陽是法天而作也○禮以地制者禮主於陰是法地而制言法天地也○過制則亂者過謂誤也惟聖人識合天地者則制禮作樂不誤若非聖識則必誤誤制禮則尊卑淫亂也猶地體誤則亂於高下也○過作則暴者謂違暴失所若過誤作樂則樂體違暴失文武之意謂文樂武樂雜亂也○論倫無患。樂之情也。欣喜歡愛。樂之官也。倫猶類也。患害也。官猶事也。中正無邪。禮之質也。莊敬恭順。禮之制也。質猶本也。○邪字又作斜。同。似嗟反。若夫禮樂之施於金石。越於聲音。用於宗廟社稷。事乎山川鬼神。則此所與民同也。言情官質制先王所專也。【疏】論倫至同也。○正義曰此一節明禮樂文質不同事爲有異○論倫無患者樂主和同論說等倫無相毀害是樂之情也言樂之本情欲使倫等和同無相損害也○欣喜歡愛樂之官也者官猶事也賀瑒云八音克諧使物歡欣此樂之事也在心則倫類無害故爲樂情在貌則欣喜歡愛故爲樂事迹也○中正無邪禮之質也者謂內心中正無有邪僻是禮之本質也○莊敬恭順禮之制也者外貌莊敬謙恭謹慎是禮之節制也○若夫禮樂之施於金石越於聲音者此明樂也○用於宗廟社稷事乎山川鬼神者此明禮也若通而言之則禮樂相將矣○則此所與民同也者言施於金石越於聲音用於宗廟社稷事乎山川鬼神此等與民共同有也前經論樂之情樂之官禮之質禮之制是先王所專有也言先王獨能專此四事○王者功成作樂。治定制禮。功成治定同時耳。功主於王業。治主於教民。明堂位說周公曰治天下六年。朝諸侯於明堂。制禮作樂。○王如字。徐于況反。治定直吏反。注治定治主下治辯同。其功大者其樂備。其治辯者其禮具。辯偏也。○辨本又作辯。舊音遍。按廣雅辨偏也。薄莧反。徧音遍。干戚之舞。非備樂也。樂以文德爲備。若咸池者。孔子曰韶盡美矣。又盡善也。謂武盡美矣。未盡善也。孰亨而祀。非達禮也。達具也。郊特牲曰郊血。大饗腥。三獻爓。一獻孰。至敬不饗味而貴氣臭也。○亨普衡反。徐許兩反。爓在廉反。五帝殊時。不相沿樂。三王異世。不相襲禮。言其有損益也。樂極則憂。禮粗則偏矣。樂人之所好也。害在淫佚。禮人之所勤也。害在倦畧。○粗倉都反。後皆同。偏音篇。下同。好呼報反。倦苦瓜反。○及夫敦樂而無憂。禮備而不偏者。其唯大聖乎。敦厚也。○夫音扶。下皆放此。○【疏】王者至聖乎。○正義曰此章是樂記第三章名曰樂禮章也章中明王者爲治必制禮作樂故名樂禮章也案鄭目錄云第三是樂施第四是樂言第五是樂禮今記者以樂禮爲第三言鄭目錄當是舊次未合之時此今所列或記家別起意意趣不同故也○王者功成作樂治定制禮者功成謂天子功業既成治定謂民得王教尊卑位定也然功成治定但是一時但所斷義各有異也故分言耳功成作樂者王者先

王之功由民所樂故功成命而作樂以應民所樂之心猶如民樂周有干戈而業成故周王成功制干戈之樂也治定制禮者禮以體別爲義今治人得體故制禮應之如周王太平乃制禮也而樂云作禮云制者作是動用制是裁斷禮是形化故言制樂是氣化故言作亦相互也白虎通云樂者陽也動作倡始故言作也禮者陰也繫制於陽故云制也治定謂教民從化若用質教民治定者則制禮省畧也若用文教民而治定者則制禮繁多也其法雖殊若人判而論則五帝以上尚樂三王之世貴禮故樂興五帝禮盛三王所以爾者五帝之時尚德故義取於同和三王之代尚禮故義取於儀別是以樂隨王者之功禮隨治世之教也○其功大者其樂備其治辯者其禮具者辯徧也夫禮樂必由其功治功治有大小故禮樂亦應以廣狹也若以一代而言則武王功治尚小故禮樂未得備徧至周公功成治大故禮樂應之而備也若異代言之則堯舜功大治辯樂備禮具若湯武比於堯舜則功小治狹樂不備禮不具也樂備謂文德備具不備謂干戚之舞矣禮具則血腥而祭不具謂孰亨而祀言禮樂之體皆以德爲備具也○干戚之舞非備樂也者言周樂干戚之舞非如舜時文德之備樂也○孰亨而祀非達禮也者言後世孰亨牲體而祭祀非如五帝之時血腥之達禮也○五帝殊時不相沿樂者沿因也五帝既先後殊時不相共同用一樂也三王異世不相襲禮者三王前後異世不相共襲因一禮也若論禮樂之情則聖王同用也故前文云禮樂之情同故明王以相沿是也此論禮樂之迹損益有殊隨時而改云不相襲也○樂極則憂者樂人之所好害在淫侈若極而不止則必至憂慼也○禮粗則偏矣者偏謂倦畧禮者人之所勤言入不能勤行於禮好生懈倦則致粗畧偏謂不周備也及夫敦樂而無憂者敦厚也厚重於樂知足則止而無至於憂也○禮備而不偏者行禮安靜委曲備具不至勤苦倦畧能如此者其唯大聖乎言大聖之人能行禮樂如此也○注成至作樂○正義曰功成治定同時耳者謂一時之事若周公攝政六年是也云功主於王業者功謂王業之功樂者聖人所樂發揚已之功德故云功成作樂云治主於教民者治定謂治人安定使上下有序禮者主於施下明下之從順故治定制禮也○注樂以至善也○正義曰鄭之此注據異代此經云干戚非備樂明以文德爲備故云若咸池者下文云咸池備矣是也引論語舜以文德爲備故云韶盡美矣謂樂音美也又盡善也謂文德具也虞舜之時雜舞干羽於兩階而文多於武也謂武盡美矣者大武之樂其體美矣下文說大武之樂是也未盡善者文德猶少未致太平○注達具至臭也○正義曰案禮運云薦其血毛謂上古也腥其俎孰其殽謂中古也退而合亨謂三王也是上代質用血腥次代文用亨孰故引郊特牲郊血大饗腥三獻爓一獻孰以結之是卑者爓孰尊者血腥尊者禮具卑者不具然三王之世禮文煩多五帝之時禮文簡畧今以上世爲具禮下世爲不具禮者禮之所具在於德上代禮文雖畧德備也下代禮文雖煩德不具也故前文云大禮與天地同節故下篇云無體之禮是其具也○注樂人至倦畧○正義曰樂人之所好害在淫侈者樂聲之作人聽而不厭是人之所好好而不止故蕩奢佚故害在淫侈若朋淫於家俾晝作夜物極則反樂去憂來又煩手淫聲慆堙心耳則哀痛生也云禮人之所勤也者一獻之禮賓主百拜是所勤也勞而不堪有司跛倚是害在倦畧也

○天高地下。萬物散殊。而禮制行矣。禮爲異也流而不息。合同而化。而樂興焉。樂爲同也春作夏長。仁也。秋斂冬藏。義也。仁近於樂。義近於禮。言樂法陽而生禮法陰而成○夏長上戶嫁反下丁丈反下注長養皆同近附近之近又其靳反下皆同樂者敦和。率神而從天。禮者別宜。居鬼而從地。敦和樂貴同也率循也從順也別宜禮尚異也居鬼謂居其所爲亦言循之也鬼神謂先聖先賢也○惇音純本又作敦故聖人作樂以應天。制禮以配地。禮樂明備。天地官矣。官猶事也各得其事【疏】天高至官矣○正義曰此一節申明禮樂配於天地若禮樂備具則天地之事各得其宜天高地下萬物散殊而禮制行矣者以天高地下不同故人倫尊卑有異其間萬物各散殊塗禮者別尊卑定萬物是禮之法制行矣○流而不息合同而化而樂興焉者言天地萬物流動不息合會齊同而變化者也樂者調和氣性合德化育是樂興也樂主和同故云興禮主異故云行此樂興與禮行相對樂云興禮加制字而云禮制行者禮以裁制爲義故特加制樂以興作爲本故不云制也○仁近於樂義近於禮者仁主仁愛樂主和同故仁近於樂也義主斷割禮爲節限故義近於禮也○樂者敦和率神而從天者率循也言樂之爲體敦重和同因循聖人之神氣而從於天也禮者別宜居鬼而從地者居謂居處也言禮之爲體殊別萬物所宜居處鬼之所爲而順地也樂所以率神者聖人之寃爲神樂者調和其氣故云率神禮所以居鬼者賢人之魂爲鬼禮者裁制形體故云居鬼居者亦率循之義變文爾○禮樂明備天地官矣者官猶事也言聖人能使禮樂顯明備具則天地之事各得其利矣○注敦和至賢也○正義曰敦和樂貴同也者謂敦重於和由其貴同故知敦則貴也和則同也敦和與別宜相對者別宜謂分別其所宜明敦和是敦重其所和也云別宜禮尙異也者樂言敦和樂貴同也禮言別宜是禮尙異也云居鬼謂居其所爲亦言循之也者居鬼謂居處之所爲居處則依循之義也故云亦言循之也與率神不異故言亦云鬼神謂先聖先賢也者鬼則先賢神即先聖聖人魂強能神通變化樂者清虛無體亦能變化故云率神也賢人魂弱但歸處居住有形上下之禮亦有體依循鬼之尊卑故云居鬼也賀云以爲居鬼者居其所爲謂若五祀之神各主其所造而受祭不得越其分是不變化也五祀之神造門故祭於門造竈故祭於竈故云居義亦通也○天尊地卑。君臣定矣。卑高已陳。貴賤位矣。動靜有常。小大殊矣。方以類聚。物以羣分。則性命不同矣。在天成象。在地成形。如此。則禮者天地之別也。卑高謂山澤也位矣尊卑之位象山澤也動靜陰陽用事大小萬物也大者常存小者隨陽出入方謂行蟲也物謂殖生者也性之言生也命生之長短也象光耀也形體貌也○卑如字又音婢下同【疏】天尊至別也○正義曰自此以下至禮樂云廣明禮樂之功包天地之德各隨文解之此天尊地卑一經明禮爲天地之別也○卑高已陳貴賤位矣者卑謂澤也高謂山也山澤列在天地之中故云已陳也貴賤即公卿以下象山川而有貴賤之位也所以鄭云位矣尊卑之位象山澤故鄭注周易云君臣尊卑之貴賤如山澤之有高卑也○動靜有常小大殊矣者動靜謂雷風也動散有常故云常也小大謂萬物也小謂草木

春生秋殺及昆蟲夏生冬伏者大謂常存不隨四時變化變化不等故云殊也鄭注易云動靜雷風也而鄭此云陰陽用事者亦得會通也○方以類聚者方謂走蟲禽獸之屬各以類聚不相雜也○物以羣分者物謂殖生若草木之屬各有區分自殊於藪澤者也鄭注易云類聚羣分謂水火也而此注云方謂行蟲物謂殖生者言三注不同各有以也類聚稱方者行蟲有性識道理故稱方也羣分稱物者謂殖生無心靈但一物而已故云物也○則性命不同矣者性生也各有嗜好謂之爲性也命者長短夭壽也行殖之物既稟大小之殊故性命夭壽不同萬物各有羣類區分性命之別故聖人因此制禮類族緑物各遂性命也○在天成象者馬融王肅注易並云象者日月星也鄭注易云成象日月星辰也注此云象光耀也○在地成形者馬融注易云植物動物也王肅注易云山川羣物也鄭注易云謂草木鳥獸也注此云形體貌也按此三者所注雖異其意皆同如此禮者天地之別也者合結禮者天地有別聖人制禮有殊別是從天地之分別也地氣上齊。天氣下降。陰陽相摩。天地相蕩。鼓之以雷霆。奮之以風雨。動之以四時。煖之以日月。而百化興焉。如此。則樂者天地之和也。齊讀爲躋躋升也摩猶迫也蕩猶動也奮訊也百化百物化生也○上齊時掌反齊注讀爲躋又作隮子兮反升也摩本又作磨末河反迫也蕩本或作盪同大黨反霆音廷又作挺奮甫問反易作潤之煖徐詩遠反況遠反迫音伯訊本又作迅音信【疏】地氣至和也○地氣上齊者齊升也謂地氣上升天氣下降者謂降下與地氣交合積氣從下升在樂象氣故先從地始形以上爲尊故先禮象形從天爲初○陰陽相摩者摩謂切迫陰陽二氣相切迫也天地相蕩者蕩動也言天地之氣相感動○鼓之以雷霆者雖以氣生而物未發故用雷霆以鼓動之○奮之以風雨者萬物得風雨奮迅而出也○動之以四時者言萬物生長隨四時而動也○煖之以日月者萬物之生必須日月煖煦之自鼓之以雷霆至煖之以日月皆以天地相蕩之事細別言之耳○而百化興焉者百化百物也興生也百物由天地齊降以下諸事○如此則樂者天地之和也者此結樂也言作樂者法象天地之和氣若作樂和則天地亦和前經云禮者天地之別言制禮者法象之也若制禮得所亦能使天地別異此經樂者樂之不和則是法天地之和氣故云樂者天地之和也化不時則不生。男女無辨則亂升。天地之情也。辨別也升成也樂失則害物禮失則亂人【疏】化不至情也○此一經明天地不時由禮樂失所○化不時者謂天地化養不得其時則不生物也此明樂失所以調和變化故也○男女無辨則亂升者升成也辨別也若男女雜亂無別則亂成也此明禮之所以別男女故也○天地之情也者樂以法天化得其時則物生不得其時則物不生是天之情也禮以法地男女有別則治興男女無別則亂成是地之情也皇氏云天地無情以人心而謂之耳○及夫禮樂之極乎天而蟠乎地。行乎陰陽而通乎鬼神。窮高極遠而測深厚。極至也蟠猶委也高遠三辰也深厚山川也言禮樂之道上至於天下委於地則其間無所不之○蟠步丹反或蒲河反注同【疏】及夫至深厚○正義曰此一節盛論禮樂之大○極乎天者極

至也言禮樂上至乎天。而蟠乎地者蟠委也言禮樂下委於地禮法天地高下是禮至委於天地樂法地氣上升天氣下降是樂至委於天地天高故言至地下故言委。行乎陰陽者禮法動靜有常樂法陰陽相摩是禮樂行乎陰陽和四時玉燭應於禮樂是禮樂行乎陰陽。而通乎鬼神者禮樂用之以祭鬼神是通乎鬼神也。窮高極遠者窮盡也高遠謂天之三光三光應禮樂而明是禮樂盡三光之道也。而測深厚者測知也深厚謂地之山川山川應禮樂而出瑞應是測深厚此經盛論禮樂之大厚雖取象於天地功德又能徧滿於天地之間禮運云天降膏露是極乎天也地出醴泉是蟠乎地也日月歲時無易百穀用成是行乎陰陽也作樂一變以至六變百神俱至是通乎鬼神也孝經緯云景星出是窮高極遠也禮運云山出器車魚鮪不淊是測深厚也言禮樂無所不至。**樂著大始而禮居成物。**著之言處也大始百物之始主也。著直畧反處也注著之言同大音泰注同處昌呂反**著不息者天也。著不動者地也。**著猶明白也息猶休止也易曰天行健君子以自強不息**一動一靜者。天地之間也。**間謂百物也。**故聖人曰禮樂云。**言禮樂之法天地也樂靜而禮動其並用事則亦天地之間耳【疏】樂者至樂云。正義曰樂著大始而禮居成物者言樂象於天天為生物之始著猶處也是樂處大始禮法於地言禮以稟天氣以成於物故云禮居成物著與居相對故注以著為處也著不息者天也著不動者地也者著謂顯著言顯著明白運生不息者是天也案易乾象云天行健君子以自強不息也顯著養物不移動者地也故坤卦彖云安貞吉言樂法於天動而不息禮象於地靜而不動。一動一靜天地之間也者動者或一物飛走蠢動感天之陽氣也靜者或一物安伏而止靜感地之陰氣也天地之間也者言此一動一靜在天地之間所有百物也動則周禮動物及雷風日月之屬是也靜則植物山陵之屬是也。故聖人曰禮樂云者云言也謂禮樂所言法天地也記者引聖人語證此一章也言聖人云此一章是禮樂法天地故言聖人曰禮樂云。注樂靜至間耳。正義曰言禮樂之法天地也樂靜而禮動其並用事則亦天地之間耳釋禮樂所以亦是天地之間物義也若離而言之則樂靜禮動若禮樂合用事則同有動靜故如天地之間物有動靜也

禮記注疏卷三十七挍勘記　阮元撰盧宣旬摘錄

附釋音禮記注疏卷第三十七　惠棟挍宋本禮記正義卷第四十七

樂記第十九

其樂尤微　閩本同惠棟挍宋本同監毛本尤誤元按漢志作樂尤微眇

其內史丞王度傳之　惠棟挍宋本作丞衛氏集說同此誤承閩監毛本同按漢志度作定

餘次奏樂第十二　閩監毛本同惠棟挍宋本餘作下

昭本第二十一　監毛本同衛氏集說亦作昭本閩本昭作招惠棟挍宋本同

凡音之起節　惠棟云凡音節樂者節凡音節宮為君節鄭衛節凡音節人生而靜節是故先王節宋本合為一節

及干戚羽旄　惠棟挍宋本作旄宋監本同石經同岳本同嘉靖本同衛氏集說同陳澔集說同釋文出羽旄云音毛此本旄誤毛閩監毛本同盧文弨云注釋作旄史記是旄字按正義出經文亦作旄

凡音至之樂　惠棟挍宋本無此五字

則聲為初音為樂為末也　惠棟挍宋本作音為中衛氏集說同此本中字脫閩監毛本同

易文言文證同聲相應之義也　惠棟挍宋本同閩監毛本文證誤又謂衛氏集說亦作謂

按樂師有帗舞　宋監本亦作帗與周禮樂師合毛本同衛氏集說同閩本帗字模糊監本帗誤帔

包含文武之大武　閩監本同惠棟挍宋本大武作大舞毛本同按作大舞是也

樂者音之所由生也節

感於物而后動　惠棟挍宋本同石經同岳本同嘉靖本同衛氏集說同閩監毛本后作後石經考文提要云宋大字本宋本九經南宋巾箱本余仁仲本劉叔剛本並作后假借字

言人聲在所見　閩監本同考文引宋板同岳本同嘉靖本同衛氏集說同毛本聲誤生

樂者至道也　惠棟挍宋本無此五字

是樂由比音而生　衛氏集說同閩監毛本比作此是也

而發揚放散無輒礙　閩監毛本同惠棟挍宋本礙下有也字

感於物而后動者　惠棟挍宋本同閩監毛本后作後

凡音者生人心者也節

凡音至通矣　惠棟挍宋本無此五字

明君上之樂隨人情而動　監本同衛氏集說同閩本情字闕毛本情作心惠棟挍宋本同

則上文感於物而后動是也　惠棟挍宋本同閩監毛本后作後

宮為君節

敝敗不和貌　閩監毛本同岳本同嘉靖本同衛氏集說同惠棟挍宋本貌上有之字。按史記樂書注引有之字

商亂則陂　史記陂作槌徐廣注云槌今禮作陂也

其官壞　閩監毛本同石經同岳本同嘉靖本同衛氏集說同陳澔集說官誤臣考文引足利本同石經考文提要云宋大字本劉叔剛本並作其官

王耄荒　各本同釋文耄作旄。按說文作薹今作耄假借作旄俗作耄

宮為至日矣　惠棟挍宋本無此五字

以其徵清事之象也　閩監毛本同盧文弨云徵清當作徵清下同

則五聲之響無敝敗矣　閩監毛本同惠棟挍宋本聲作音衛氏集說同

則其聲欹斜而不正也　監毛本同惠棟挍宋本斜作邪衛氏集說同閩本此處漶滅

由民勤於事悲哀之所生　閩監本同毛本生下有也字衛氏集說同

羽音所以不安者　閩本音作聲惠棟挍宋本同衛氏集說同此本誤監毛本同

凡音者生於人心者也節

極窮也　各本同盧文弨云足利古本窮上有猶字史記集解同

朱弦而疏越　石經同岳本同嘉靖本同衛氏集說同宋監本同惠棟挍宋本亦作弦閩本弦作絃監毛本同疏作疏注並同

而不知樂之大理　惠棟挍宋本作理此本理誤禮閩監毛本禮作體衛氏集說同

而治道備矣者音由聲生　惠棟挍宋本閩毛本並同監本音誤言

樂由音聲相生　閩監毛本同惠棟挍宋本相作而

○而治道備矣　監本同案而字上○衍

隆謂隆盛樂之隆盛　惠棟挍宋本樂上有言字此本脫閩監毛本同

此覆上饗之禮　惠棟挍宋本饗上有食字衛氏集說同此本脫閩監毛本同

後有挎越　閩監毛本同惠棟挍宋本有作首挎作挎與鄉飲酒禮合

按郊特牲郊血大饗腥　閩監毛本同惠棟挍宋本牲下有云字衛氏集說同

云遺猶餘者也　惠棟挍宋本作也者此本也者二字倒閩監毛本同

人生而靜節

性之欲也　史記欲作頌徐廣曰頌音容今禮作欲

則是物至而人化物也　閩監毛本同岳本同嘉靖本同惠棟挍宋本云而人化物也下脫注隨物變化四字盧文弨云惠棟據史記集解增

是情別矣　惠棟挍宋本情下有性字此本脫閩監毛本同

而人之好惡而無節者　惠棟挍宋本無節上無而字此本誤衍閩監毛本同

是故先王之制禮樂節

言為作法度以遏其欲　各本同盧文弨云足利古本欲下有也字史記集解同按衛氏集說亦有也字

則以刑罰防止也　閩監毛本同惠棟挍宋本也作之衛氏集說同

則王道備具矣　閩監毛本同衛氏集說同惠棟挍宋本備具作具備

樂者爲同節

合情飾貌者　各本同石經同釋文出飾貌云本又作飾

欲其並行斌斌然　各本同盧文弨云足利古本作彬彬史記集解同按釋文出斌斌云本又作彬彬。按說文作份又云古文份从彡林斌俗作字

樂者至行矣　惠棟按宋本無此五字

分別仔細不可悉知　惠棟按宋本仔作子閩監毛本悉作悉

先論其異同也　閩監毛本同惠棟按宋本異同作同異

禮使父子殊別是爲異　閩監毛本同惠棟按宋本異下有也字

則民行治也　閩監毛本同惠棟按宋本行治作治行衛氏集說作則民治行矣

樂由中出節

樂由至行矣　惠棟按宋本無此五字

此一節　監本毛本作節惠棟按宋本作經

大樂與天地同和節

言順天地之氣與其數　各本同盧文弨云足利古本數下有也字史記集解同

故明王以相㳂也　石經同宋監本同岳本同嘉靖本同釋文亦作㳂閩監毛本㳂作沿衛氏集說同注放此下不相㳂樂同

舉事在其時也　惠棟按宋本同宋監本同岳本同嘉靖本同考文引足利本同閩本舉字闕監毛本舉作爲衛氏集說同。按史記注引作舉

名因其得天下之功　閩監毛本同岳本同嘉靖本同衛氏集說同考文引古本足利本名作各

大樂至功備　惠棟按宋本無此五字

故四海之內合其敬愛　閩監毛本同惠棟按宋本合作會

○注云精氣謂七八　閩監本同惠棟按宋本。○無毛本同按。○不當有

生則有禮樂化民　閩監毛本同惠棟按宋本有作以

故鐘鼓管磬節

故鐘鼓管磬　監毛本同石經同岳本同嘉靖本同閩本鐘作鍾衛氏集說同

屈伸俯仰　史記作詘信俯仰。按說文作屈申段玉裁云屈亦作詘所謂隱體詘詘也伸古經傳皆作信周易詘信相感而利生焉又尺蠖之詘以求信也

綴兆舒疾　史記綴作綴徐廣曰綴今禮作綴

故鐘至謂也　惠棟按宋本無此五字

所以能制作者　閩監毛本同惠棟按宋本者作也

樂者天地之和也節

樂生於陽　閩監毛本同衛氏集說同考文引宋板生作主

禮主於陰　閩本同惠棟按宋本同監毛本主作生衛氏集說同

論倫無患節

論倫至同也　惠棟按宋本無此五字

此等與民共同有也　閩監毛本同衛氏集說共作所

王者功成作樂節

其治辯者　閩監毛本同石經同岳本同嘉靖本同衛氏集說同釋文出治辨云本又作辯

辯徧也　各本同釋文辯作辨

孔子曰韶盡美矣　閩監本同岳本同嘉靖本同衛氏集說同毛本韶誤紹

達具也　惠棟按宋本具上有猶字史記注引同

害在淫侉　閩監毛本同岳本同嘉靖本同衛氏集說同釋文亦作侉史記注同惠棟按宋本侉作夸

王者至聖乎　惠棟按宋本無此五字

今記者以樂禮爲第三言　閩監毛本同衛氏集說言作章

而樂云作禮云制者　閩監毛本同衛氏集說同惠棟按宋本無而字

故義取於同和　閩監毛本同惠棟按宋本同和作和同

云不相襲也　惠棟按宋本上有故字此本故字脫閩監毛本同衛氏集說作故不相沿襲也

注成至作樂　補案成上當有功字

禮文雖略德備也　閩監毛本同惠棟按宋本備下有具字

樂人之所好害在淫侉　惠棟按宋本好下有也字

天高地下節

樂者敦和　各本同石經同釋文出惇和云本又作敦。按惇正字今多作敦假借非本字也

天高至官矣　惠棟按宋本無此五字

神卽先聖　惠棟按宋本同閩監毛本卽作則

上下之禮亦有體　閩監本同毛本禮誤體

天尊地卑節

卑高已陳　閩監毛本同石經同岳本同嘉靖本同衛氏集說同坊本已作以石經考文提要云宋大字本宋本九經南宋巾箱本余仁仲本劉叔剛本並作已

小大萬物也　惠棟按宋本作小大岳本同衛氏集說同此本小大二字倒閩監毛本同嘉靖本同

小者隨陽出入　閩監毛本同岳本同嘉靖本同衛氏集說同惠棟按宋本陽上有陰字是也盧文弨云史記集解有陰字

天尊至別也　惠棟按宋本無此五字

故聖人因此制禮　閩監毛本同惠棟按宋本無故字衛氏集說同

如此禮者天地之別也者　閩監本同惠棟按宋本禮上有則字毛本同

地氣上齊節

奮訊也　閩監毛本同嘉靖本同惠棟按宋本訊作迅岳本同衛氏集說同釋文出奮訊云本又作迅按正義云奮迅而出是正義本當作迅也。按迅正字訊假借字史記集解作迅

地氣至和也　惠棟按宋本無此五字

天氣下降者　閩監本同毛本下降二字倒

故先禮象形從天爲初　閩監毛本同浦鏜云故先二字疑在象形下按衛氏集說作在禮象形故從天爲初

百物由天地齊降　惠棟按宋本百物下有化生二字此本脫閩監毛本同

此經樂者樂之不和　惠棟按宋本和上無不字閩監毛本樂之和作天地之和

化不時節

男女無別則亂升　史記升作登注同

化不至情也　惠棟按宋本無此五字

及夫禮樂之極乎天節　惠棟云及夫禮樂節樂著大始節宋本合爲一節

及夫至深厚　惠棟按宋本無此五字

此經盛論禮樂之大厚　閩監毛本厚作原衛氏集說厚字無

樂著大始節

大始百物之始主也　閩監毛本同岳本主作生嘉靖本同衛氏集說同惠棟按宋本考文引古本足利本同

則亦天地之間耳　閩監本同岳本同嘉靖本同考文引宋板古本足利本同毛本亦誤下

樂著至樂云○正義曰　惠棟按宋本無此八字

動則周禮動物　閩本同毛本禮作還監本動誤物

附釋音禮記注疏卷第三十七　惠棟按宋本禮記正義卷第四十七終記云凡二十八頁

附釋音禮記注疏卷第三十八

禮記　鄭氏注　孔穎達疏

樂記

昔者舜作五弦之琴。以歌南風。夔始制樂。以賞諸侯。夔欲舜與天下之君共此樂也南風長養之風也以言父母之長養已其辭未聞也夔舜時典樂者也書曰夔命女典樂○夔求龜反舜臣女音汝[疏]昔者至諸侯○正義曰此一節論樂記第四章名爲樂施施者用於天下此章中明樂施被之事也本是第三前既推禮章爲第三此爲第四亦明禮樂既備後乃施布天下也自此至知其行也此一節特明聖人制樂以賞諸侯其功大者其樂備○昔者舜作五弦之琴以歌南風者五弦謂無文武二弦唯宮商等之五弦也南風詩名是孝子之詩南風長養萬物而孝子歌之言已得父母生長如萬物得南風生也舜有孝行故以此五弦之琴歌南風之詩而教天下之孝也此詩今無故鄭注云其辭未聞也案世本云神農作琴今云舜作者非謂舜始造也正用此琴特歌南風始自舜耳或五弦始舜也○夔始制樂以賞諸侯者夔是舜典樂之官名夔欲天下同行舜道故歌此南風以賞諸侯使海內同孝也然樂之始亦不正在夔也正是夔始以此詩與諸侯○注夔欲至典樂○正義曰夔欲舜與天下之君共此樂者舜既獨歌南風夔爲典樂之官欲令舜與天下諸侯共歌此南風之樂故制此南風之樂以賞諸侯云其辭未聞也者此南風歌辭未得聞也如鄭此言則非詩凱風之篇也熊氏以爲凱風非矣案聖證論引尸子及家語難鄭云昔者舜彈五弦之琴其辭曰南風之薰兮可以解吾民之慍兮南風之時兮可以阜吾民之財今鄭云其辭未聞失其義也今案馬昭云家語王肅所增加非鄭所見又尸子雜說不可取證正經故言未聞也〇

故天子之爲樂也。以賞諸侯之有德者也。德盛而教尊。五穀時熟。然後賞之以樂。故其治民勞者。其舞行綴遠。其治民逸者。其舞行綴短。民勞則德薄酇相去遠舞人少也民逸則德盛酇相去近舞人多也○行戶剛反下同[疏]故天至綴短○正義曰此一經明諸侯德尊樂備舞具各隨文解之○故其治民勞者其舞行綴遠者綴謂酇也遠是舞者外營域行列之處若諸侯治理於民使民勞苦者由君德薄賞之以樂舞人既少故其舞人相去行綴遠謂由人少舞處寬也○其治民逸者其舞行綴短者此諸侯治理於民使逸樂由其君德盛故賞之以樂舞人多故去行綴短也謂由人多舞處狹也舞處之綴之一種但人多則去之近人少則去之遠也○注民勞至多也○正義曰酇謂酇聚舞人行位之處立表酇以識之

故觀其舞。知其德。聞其謚。知其行也。謚者行之迹也○行下孟反注同[疏]故觀至行也○正義曰此覆結上文○觀其舞之遠近則知其德之薄厚由舞所以表德也○聞其謚知其行也者此一句以謚比擬其舞也聞謚之善否知其行之所好惡由謚所以迹行也〇

大章。章之也。堯樂名也言堯德章明也周禮闕之或作大卷

咸池。備矣。黃帝所作樂名也堯增脩而用之咸皆也池之言施也言德之無不施也周禮曰大咸○大咸如字一本作大卷並音權

韶。繼也。舜樂名也韶之言紹也言舜能繼紹堯之德周禮曰大韶○韶上遙反注同

夏。大也。禹樂名也言禹能大堯舜之德周禮曰大夏

殷周之樂盡矣。言盡人事也周禮曰大濩大武○濩音護[疏]大章至盡矣○正義曰此一節論六代之樂也○大章章之也者章明也堯樂謂之大章者言堯之德章明於天下也○咸池備矣者咸皆也池施也咸池皇帝之樂名言黃帝之德皆施被於天下無不周徧是爲備具矣○韶繼也者韶舜樂名言舜之道德能繼紹於堯也○夏大也者夏禹樂名言禹能光大堯舜之德○殷周之樂盡矣者殷樂謂湯之大濩也周樂謂周之大武也言於人事盡極矣但自夏以前皆以文德王有天下殷周二代唯以武功爲民除殘伐暴民得以生人事道理盡極矣○注堯樂至大卷○正義曰知大章堯樂者案樂緯及禮樂志云黃帝曰咸池堯作大章故知大章堯樂名也云周禮闕者言周禮無大章故云闕也此本云大章周禮曰大卷言此大章當周禮大卷也○注黃帝至大咸○正義曰今知咸池是黃帝所作樂名者案樂緯及禮樂志云皇帝曰咸池故知咸是黃帝樂名云堯增脩而用之者此黃帝所作咸池之樂至堯之時更增改脩治而用之周禮大司樂謂之大咸咸池雖黃帝之樂若堯既增脩而用之者則世本名咸池是也故此文亦在大章之下矣又周禮云咸池以祭地黃帝之樂堯不增脩者則別立其名則此大章是也其咸池雖黃帝之樂堯增脩者至周謂之大咸其黃帝之樂堯不增脩大章者至周謂之大卷於周之世其黃帝樂堯不增脩謂之大卷者更加以雲門之號是雲門大卷一也熊氏云知大卷當大章者案周禮云雲門大卷大卷在大咸之上此大章在咸池之上故知大卷當大章知周別爲黃帝堯名雲門者以此樂記唯云咸池大章無雲門之名周禮雲門在六代樂之首故知別爲黃帝立雲門之名也知於大卷之上加雲門者以黃帝之樂堯增脩者既謂之咸池不增脩者別名大卷明周爲黃帝於不增脩之樂別更立名故知於大卷之上別加雲門是雲門大卷一也故周禮雲門大卷鄭注云黃帝曰雲門大卷言黃帝之德如雲之出民得以有族類知黃帝之樂堯增脩曰咸池者以禮樂志云黃帝曰咸池今周禮大咸在雲門之下大韶之上當堯之代故知堯增脩曰咸池增脩者以五帝殊時不相沿樂故知堯增脩也知樂有增脩者禮樂志漢之文始舞者韶舞高帝六年更云改名文始也漢之五行舞者本周舞始皇二十六年更立五行舞是知有增脩之法熊氏又云案五行鈎命決云伏犧樂爲立基神農樂爲下謀祝融樂爲祝續案樂緯云黃帝曰咸池帝嚳曰六英顓頊曰五莖堯作大章舜曰簫韶禹曰大夏商曰大濩周曰大武象禮樂志云顓頊作六莖帝嚳作五英與樂緯不同其餘無異名曰六英者宋均注云爲六合之英華五龍爲五莖者能爲五行之道立根莖也○注韶之言紹也○正義曰案元命包云舜之時民樂紹堯業故注云韶之言紹也○注言禹能大堯舜之德○正義曰案司樂注云禹德能大中國○此云大堯舜之德者以廣大中國則是大堯舜德其義然也○注周禮曰大濩大武○正義曰案司樂注云湯德能使天下得其所是其德也元命包曰湯之時民樂其救之於患害故曰濩救世由救之故民得所義亦通也大武武王樂也以武取定天下周公制焉

天地之道。寒暑不時則疾。風雨不節則饑。教者。民之寒暑也。教不時則傷世。事者。民之風雨也。事不節則無功。教謂樂也○饑居祈反

然則先王之爲樂也。以法治也。善則行象德矣。以法治以樂爲治之法行象德民之行順君之德也○治直吏反下同[疏]天地至德矣○正義曰此一節明樂之爲善樂得其所則事有功也○然則先王之爲樂也以法治也者言先王作樂以爲治法若樂善則治得其善若樂不善則治乖於法則前文教不時則傷世不節則無功是也○善則行象德矣者言人君爲治得其所教化美善則下民之行法象君之德也〇

夫豢豕爲酒。非以爲禍也。而獄訟益繁。則酒之流生禍也。以穀食犬豕曰豢爲作也言豢豕作酒本以饗祀養賢而小人飲之善酗以致獄訟○豢音患養也食音嗣酗許具反

是故先生因爲酒禮。壹獻之禮。賓主百拜。終日飲酒而不得醉焉。此先王之所以備酒禍也。壹獻士飲酒之禮百拜以喻多

故酒食者。所以合歡也。樂者。所以象德也。禮者。所以綴淫也。綴猶止也○綴知劣反

是故先王有大事。必有禮以哀之。有大福。必有禮以樂之。哀樂之分。皆以禮終。大事謂死喪也○樂音洛下所樂哀樂康樂皆同分扶問反

樂也者。聖人之所樂也。而可以善民心。其感人深。其移風易俗。故先王著其教焉。著猶立也謂立司樂以下使教國子○著知慮反[疏]夫豢至教焉○正義曰此一節明言禮樂之設不得其所則禍亂興故先王節其禮樂以防淫亂也○夫豢豕爲酒非以爲禍也者豢養也言養豕作酒本爲行禮非以爲禍亂而爲也○而獄訟益繁則酒之流生禍也者言由酒至酗鬬爭殺傷而刑獄增益繁多則是酒之流害所以生此獄訟之禍也○是故先王因爲酒禮者由其生禍故先王因此爲飲酒之禮也○壹獻之禮賓主百拜者謂士之饗禮唯有壹獻言所獻酒少也從初至末賓主相荅而有百拜言拜數多也是意在於敬不在酒也○終日飲酒而不得醉焉者謂饗禮也以其恭敬示飲而已故不得醉也○樂者所以象德也者謂君作樂以訓民使民法象其德也禮者所以綴淫也者綴止也言人君制禮以教天下所以綴止淫邪也○樂也者聖人之所樂也者言樂體者聖人心所愛樂也聖人貪愛此樂以樂身化民而可以善民心者言用樂化民調善民心其感人深者言樂本從民心而來乃成於樂故感動人深也○其移風易俗者風謂水土之風氣謂舒疾剛柔俗謂君上之情欲謂好惡趣捨用樂化之故使惡風移改弊俗變易○故先王著其教焉者著立也以其樂功如此故先王立樂官以樂教化焉○注壹獻至喻多○正義曰凡饗禮案大行人云上公九獻侯伯七獻子男五獻並依命數其臣介則孤同子男卿大夫署爲一節但三獻則天子諸侯之士同壹獻故昭六年季孫宿如晉晉侯享之有加籩武子退使行人告曰得既不過三獻是其事也但春秋亂世之法或有大夫五獻者故昭元年鄭伯享趙孟具五獻之籩豆於幕下

是亂世之法也或者鄭以公孤之禮享趙孟故五獻也言百拜喻多者案今鄉飲酒之禮是壹獻無百拜今云百拜故喻多也。

○夫民有血氣心知之性。而無哀樂喜怒之常。應感起物而動。然後心術形焉。言在所以感之也術所由也形猶見也。○知音智應於甑反篇內同見賢遍反

是故志微、噍殺之音作。而民思憂。嘽諧、慢易、繁文、簡節之音作。而民康樂。粗厲、猛起、奮末、廣賁之音作。而民剛毅。廉直、勁正、莊誠之音作。而民肅敬。寬裕、肉好、順成、和動之音作。而民慈愛。流辟、邪散、狄成、滌濫之音作。而民淫亂。志微意細也吳公子札聽鄭風而曰其細已甚民弗堪也簡節少易也奮末動使四支也賁讀爲憤憤怒氣充實也春秋傳曰血氣狡憤肉肥也狄滌往來疾貌也濫僭差也此皆民心無常之傚也肉或爲潤。○噍子遙反殺色界反又色例反思息吏反又音斯嘽昌善反諧戶皆反慢本又作慢莫諫反易以豉反注同粗七奴反賁依注讀爲憤扶粉反勁吉正反裕羊樹反肉而救反肥也注同好呼報反辟匹亦反邪似嗟反後皆同狄他歷反注同滌大歷反注同濫力暫反札側八反賁讀音奔又補義反狡本又作交古卯反又音郊僭子念反傚戶教反

【疏】夫民至淫亂○正義曰皇氏以爲自此以下至君子賤之也是樂言之科各隨文解之此一節民有血氣以下至淫亂以上論人心皆不同隨樂而變夫樂聲善惡本由民心而生所感善事則善聲應所感惡事則惡聲起樂之善惡初則從民心而興後乃合成爲樂樂又下感於人善樂感人則人化之爲善惡樂感人則人隨之爲惡是樂出於人而還感人猶如雨出於山而還雨山火出於木而還燔木故此篇之首論人能興樂此章之意論樂能感人也○故民有血氣心知之性者人由血氣而有心知故血氣心知連言之其性雖一所感不恒故云而無哀樂喜怒之常也○應感起物而動者言內心應感起於外物謂物來感已心遂應之念慮興動故云應感起物而動○然後心術形焉者術謂所由道路也形見也以其感物所動故然後心之所由道路而形見焉心術見者即下文是也○是故志微噍殺之音作而民思憂者志微謂人君志意微細噍殺謂樂聲噍蹙殺小如此音作而民感之則悲思憂愁也○嘽諧慢易繁文簡節之音作而民康樂者嘽寬也諧和也慢疏也繁多也簡節易少也康安也言君若道德嘽和疏易則樂音多文采而節奏簡略則下民所以安樂也○粗厲猛起奮末廣賁之音作而民剛毅者粗厲謂人君性氣粗疏威厲猛起謂武猛發起奮末謂奮動手足廣賁謂樂聲廣大憤氣充滿如此音作而民感之則性氣剛毅也廉直勁正莊誠之音作而民肅敬者君若廉直勁正則樂音矜莊嚴栗而誠信故民應之而肅敬也○寬裕肉好順成和動之音作而民慈愛者肉謂厚重者也君上加寬裕厚重則樂音順序而利諧動作故民皆應之而慈愛也○流辟邪散狄成滌濫之音作而民淫亂者流辟謂君志流移不靜邪散謂違辟不正放邪散亂狄成滌濫皆謂往來速疾謂樂之曲折速疾而成疾速而止僭濫止謂樂聲急速加此音作民感之淫亂也此六事所云音者皆據君德及樂音相雜也君德好而樂音亦好君德惡而樂音亦惡皆上句論君德下句論樂音其意易盡者則一句四字以結之志微噍殺是也其狀難盡者則兩句八字以結之嘽諧慢易繁文簡節之類是也意稍可盡者或六字以結之廉直勁正莊誠是也○注志微至貌也○正義曰云志微意細也者謂君德也言君意苛細樂聲亦苛細也故鄭引襄二十九年吳公子札聽鄭風云其細已甚是聽鄭風而知君德苛細也云簡節少易也者謂樂聲曲折雖繁多其節簡少謂緩歌而疏節也云奮末動使四支也者以身爲本以手足爲末故云動使四支云賁讀爲憤憤怒氣充實也者以經之賁字於易卦賁爲飾賁又爲大皆非猛厲之類故讀爲憤引春秋傳以證之案僖十五年左傳稱晉侯欲乘鄭之小駟慶鄭諫云小駟鄭之所入也言馬之血氣狡作憤怒也云肉肥也者言人肉多則體肥以喻人之性行敦重也云狄滌往來疾貌也者詩云踧踧周道字雖異與此狄同詩又云滌滌山川皆物之形狀故云往來疾貌謂樂之曲折音聲速疾也。

○是故先王本之情性。稽之度數。制之禮義。合生氣之和。道五常之行。使之陽而不散。陰而不密。剛氣不怒。柔氣不懾。四暢交於中。而發作於外。皆安其位而不相奪也。生氣陰陽氣也五常五行也密之言閉也懾猶恐懼也。○稽古奚反道音導行下孟反懾之涉反暢勑亮反恐曲勇反

然後立之學等。廣其節奏。省其文采。以繩德厚。等差也各用其才之差學之廣謂增習之省猶審也文采謂節奏合也繩猶度也周禮大司樂以樂語教國子興道諷誦言語以樂舞教國子舞雲門大卷大咸大韶大夏大濩大武○省西領反度大各反興道上許膺反下音導諷芳鳳反卷音權

律小大之稱。比終始之序。以象事行。律六律也周禮典同以六律六同辨天地四方陰陽之聲以爲樂器小大謂高聲正聲之類也終始謂始於宮終於羽宗廟黃鐘爲宮大呂爲角大蔟爲徵應鐘爲羽以象事行君爲宮商爲臣○稱尺證反此毗志反大蔟音泰蔟七豆反

使親疏、貴賤、長幼、男女之理。皆形見於樂。故曰。樂觀其深矣。謂同聽之莫不和敬莫不和順莫不和親○長幼丁丈反下同見賢遍反

【疏】是故至深矣○正義曰上經既明樂之感人故此節明先王節人情性使之和其律呂親疏有序男女不亂乃成爲樂也○本之情性者言自然所感謂之性因物念慮謂之情言先王制樂本人情性稽之度數者稽之言考也既得人情考之使合度數○制之禮義者謂裁制人情以禮義合生氣之和道五常之行者言聖人裁制人情使合生氣之和道達人情以五常之行謂依金木水火土之性也○使之陽而不散者陽主發動失在流散先王教之感陽氣者不使放散也○陰而不密者密閉也陰主幽靜失在閉塞先王節民情感陰氣者不有閉塞也○剛氣不怒柔氣不懾者言先王節之使剛氣者不至暴怒感柔氣者不至恐懼也○四暢交於中而發作於外者四暢謂陰陽剛柔也四者通暢交在身中而發見動作於身外也○皆安其位而不相奪也者言陰陽剛柔各得其所是安其位也不相侵犯是不相奪也○然後立之學等者先王欲稽之度數制之禮義非教不可故立之學等使依其才藝等級而教學之○廣其節奏者廣謂增習寬廣其樂之節奏也○省其文采者省謂省審也文采謂樂之宮商相應若五色文采省其音曲文采也○以繩德厚者繩度也謂準度以道德仁厚也○律小大之稱者律謂六律小之與大以爲樂器使音聲相稱也○比終始之序者五聲始於宮終於羽比五聲終始使有次序也○以象事行者謂使人法象五聲是事行也若宮象君商象臣角象民徵象事羽象物是以象事行也皆形見於樂者以先王制樂如此以化於民由樂聲調和故親疏之理見於樂聲也樂聲有清濁高下故貴賤長幼見於樂也以樂聲有陰陽律呂故男女之理見於樂也○故曰樂觀其深矣者皇氏云古語云樂觀其深言樂爲道人觀之益大深古語有此故記者引古語以結之○注生氣至行也○正義曰云生氣陰陽氣也者下云陽而不散陰而不密故爲陰陽云五常五行也者此經有陰陽剛柔皆自天地之氣故以五常爲五行非父義母慈之德謂五常之行者若木性仁金性義火性禮水性智土性信五常之行也○注等差至國子○正義曰經云立之學等是學有等差隨才高下而爲等云廣謂增習之者學者習音樂使其廣大也云文采謂節奏合也者文謂宮商相應若畫采成文即上文聲成文是也云繩猶度者也繩是量度之物經云以繩德厚謂量度之以道德仁厚故鄭引周禮大司樂以樂語教國子興道諷誦言語以樂舞教國子之等是也○注律六至爲臣○正義曰引周禮典同者證樂器用六律六呂也案典同云辨天地四方陰陽之聲鄭注云六律六呂布於四方陽聲屬天陰聲屬地故云天地四方陰陽之聲陰聲謂六呂陽聲謂六律云以爲樂器小大者若黃鐘之律長九寸應鐘之律長四寸半強各自倍半爲鐘是其小大也云謂高聲正聲之類也者案周禮典同云高聲混鄭注云立謂高鐘形大上上大也高則聲上藏衮然正聲緩鄭云正謂上下直正則聲緩無所動下聲肆鄭云下謂鐘形大下下大也下則聲出去放肆陂聲散鄭云陂謂偏侈陂則聲離散也險聲斂鄭云險謂偏弇也險則聲斂不越也達聲贏鄭云達謂其形微大也達則聲有餘微聲韽鄭云微謂其形微小韽聲小不成也回聲衍鄭云回謂形微圜也回則其聲淫衍無鴻殺也侈聲筰鄭云侈謂中央約也侈則聲迫筰出去疾也弇聲鬱鄭云弇謂中央寬也弇則聲鬱勃不出也薄聲甄鄭云甄猶掉也鐘微薄則聲掉厚聲石鄭云大厚則如石叩之無聲此等之聲皆鐘形不得其所此引之證大小稱者以作鐘之法須小大稱宜今鐘不得其所明其不稱也云宗廟黃鐘爲宮大呂爲角大蔟爲徵應鐘爲羽者大司樂文祫祭降神之樂也案大司樂祭天祭地皆有降神獨引宗廟降神者以經云終始之序宗廟降神黃鐘爲宮是律之最長者應鐘爲羽是律之最短者故特引之證經之終始

土敝則草木不長。水煩則魚鼈不大。氣衰則生物不遂。世亂則禮慝而樂淫。是故其聲哀而不莊。樂而不安。慢易以犯節。流湎以忘本。廣則容姦。狹則思欲。感條暢之氣。而滅平和之德。是以君子賤之也。遂猶成也慝穢也廣謂聲緩也狹謂聲急也感動也動人條暢之善氣使失其所。○敝音弊慝吐得反注及下同易以豉反湎緜鮮反狹音洽注同和胡卧反穢字又作濊紆廢反徐烏會反

【疏】土敝至之也○正義曰此經論聖王作樂不得其所則滅和平之德故君子賤之○土敝則草木不長者土之勞敝故草木不長○水煩則魚鼈不大者水之煩擾

故魚鱉不大。氣衰則生物不遂者陰陽之氣衰亂故生物不得遂成。世亂則禮慝而樂淫者慝惡也淫過也世道衰亂上下無序故禮慝男女無節故樂淫以上三事皆喻禮慝樂淫也。是故其聲哀而不莊樂而不安者謂男女相愛涕泗滂沱是其哀也男女相說歌舞於市井是不莊也俾晝作夜是其樂也終至滅亡是不安也。慢易以犯節流湎以忘本者朋淫於家是慢易以犯禮節也淫酗肆虐是流湎以忘根本也。廣則容姦者廣謂節間疏緩言音聲寬緩多有姦淫之聲也。狹則思欲者狹謂聲急節間迫促樂聲急則動發人心思其情欲而切急。感條暢之氣而滅平和之德者感謂感動也條遠也暢舒也言淫聲感動於人損長遠舒暢之善氣而毀滅平和之善德矣是以君子賤之也者賤謂棄而不用也若師曠聞桑間濮上之聲撫而止之是也

〇凡姦聲感人。而逆氣應之。逆氣成象。而淫樂興焉。正聲感人。而順氣應之。順氣成象。而和樂興焉。倡和有應。回邪曲直。各歸其分。而萬物之理。各以類相動也。成象者謂人樂習焉。倡昌尚反又音唱下同分扶問反是故君子反情以和其志。比類以成其行。姦聲亂色。不留聰明。淫樂慝禮。不接心術。惰慢邪辟之氣。不設於身體。使耳目鼻口心知百體。皆由順正。以行其義。反猶本也術猶道也。行下孟反情徒臥反辟匹亦反知音智〔疏〕凡姦至其義。正義曰皇氏云自此以下至贈諸侯也爲樂象之科各隨文解之從此至以行其義明樂有姦聲正聲以類相感君子當去淫聲用正聲也凡姦聲感人而逆氣應之者姦聲謂姦邪之聲感動於人逆氣謂違逆之氣即姦邪之氣也人既感姦邪之聲則有姦邪之氣來應也。逆氣成象而淫樂興焉者既感姦邪之聲心又感姦邪之氣二者相合而成象淫樂遂興若人耳初聽姦邪之聲其姦邪未甚心又感姦邪之氣其亂乃成不可救止紂作靡靡之樂是也。正聲感人而順氣應之順氣成象而和樂興焉者正聲感動於人而順氣來應既聞順聲又感順氣二者相合而成象則和樂興若周室太平頌聲作也。倡和有應者初有姦聲正聲感人是倡也後有逆氣順氣是和也善倡則善和惡倡則惡和是倡和有應。回邪曲直各歸其分者回謂乖違邪謂邪辟言乖違邪辟及曲之與直各歸其善惡之分限也言善歸善分惡歸惡分。而萬物之理各以類相動也者既善惡各歸其分是萬物之情理各以類自相感動也是故君子反情以和其志者反情謂反去淫弱之情理以調和其善志也。比類以成其行者比謂比擬善類以成已身之美行。姦聲亂色不留聰明者謂不使姦聲亂色留停於耳目令耳目不聰明也。淫樂慝禮不接心術者謂不使淫樂慝禮而連接於心術謂心不存念也。惰慢邪辟之氣不設於身體者以耳目心術所爲皆善則息惰邪辟之氣無由來入也故邪辟之氣不施設於身體。使耳目鼻口心知百體皆由順正以行其義者既邪辟不在於身耳目口鼻想知慮百事之體皆由順正由從也皆從和順以行其正直義理也然後發以聲音。而文以琴瑟。動以干戚。飾以羽旄。從以簫管。奮至德之光。動四氣之和。以著萬物之理。奮猶動也動至德之光謂降天神出地祇假祖考著猶成也。著張慮反假古迫反是故清明象天。廣大象地。終始象四時。周還象風雨。五色成文而不亂。八風從律而不姦。百度得數而有常。小大相成。終始相生。倡和清濁。迭相爲經。清明謂人聲也廣大謂鐘鼓也周還謂舞者五色五行也八風從律應節至也百度百刻也言日月晝夜不失正也清謂蕤賓至應鐘也濁謂黃鐘至中呂。還音旋迭大結反中音仲故樂行而倫清。耳目聰明。血氣和平。移風易俗。天下皆寧。言樂用則正人理和陰陽也倫謂人道也〔疏〕然後至皆寧。正義曰前經明君子去姦聲行正聲故此一節明正聲之道論大樂之德可以移風易俗安天下也。發以聲音者謂其動發心志以聲音也。而文以琴瑟者謂文飾聲音以琴瑟也。動以干戚者謂其振動形體以干戚飾以羽旄者其裝飾樂具以羽旄也。從以簫管者謂其隨從諸樂以簫管。奮至德之光者謂用上諸樂奮動天地至極之德光明謂神明來降也。動四氣之和者謂感動四時之氣序之和平使陰陽順序也。以著萬物之理者樂既和平故能著成萬物之道理謂風雨順寒暑時鬼神降其福萬物得其所也。是故清明象天者由樂體如此故人之歌曲清潔顯明以象於天也。廣大象地者謂鐘鼓鏗鏘寬廣之壯大以象於地也。終始象四時者終於羽始於宮象四時之變化終而復始也。周旋象風雨者言舞者周匝迴還象風雨之迴復也。五色成文而不亂者五色五行之色也既有所象故應達天地五行之色各依其行色成就文章而不錯亂崔氏云五色者五行之音謂宮商角徵羽之聲和合成文不亂也而云五色因五行之色別廣以明義也。八風從律而不姦者八風八方之風也律謂十二月之律也樂音象八風其樂得其度故八風十二月律應八節而至不爲姦慝也八風者白虎通云距冬至四十五日條風至條者生也四十五日明庶風至明庶者迎衆也四十五日清明風至清明者芒也四十五日景風至景者大也言陽氣長養也四十五日涼風至涼寒也陰氣行也四十五日閶闔風至閶闔者咸收藏也四十五日不周風至不周者不交也言陰陽未合化矣四十五日廣莫風至廣莫者大莫也開陽氣也八節者立春春分立夏夏至立秋秋分立冬冬至。百度得數而有常者百度謂晝夜百刻昏明晝夜不失其正故百度數有常也小大相成者賀瑒云十二月律五爲宮羽而相成也。終始相成者賀瑒云五行宮商迭相用爲終始。倡和清濁者謂十二月律先發聲者爲倡後應聲者爲和。黃鐘至仲呂爲濁長者濁也蕤賓至應鐘爲清短者清也。迭相爲經者十二月之律更相爲常即還相爲宮是樂之常也。故樂行而倫清者倫類也以其正樂如上所爲故其樂施行而倫類清美矣人聽之則耳目清明血氣和平也樂法既善變移徹惡讙風改革昏亂之俗人無惡事故天下皆寧矣。注清明至行也。正義曰八音氣濁唯人聲清明故知清明謂人聲也云廣大謂鐘鼓也者下云鐘聲鏗又云鼓鼙之聲讙鏗之與讙皆廣大之意云五色五行也者五行之聲宮商角徵羽相應成文如青黃相雜故云五色也

〇故曰樂者樂也。君子樂得其道。小人樂得其欲。以道制欲。則樂而不亂。以欲忘道。則惑而不樂。道謂仁義也欲謂邪淫也〔疏〕故曰至不樂。正義曰前經明正樂感人情此經明君子小人各有所樂故云樂者樂也故者因上起下所以言故曰諸側皆然矣。樂者樂也者謂所名樂者是人之所歡樂也。君子樂得其道小人樂得其欲者道謂仁義欲謂邪淫君子所歡樂在於得仁義之道得其道則歡樂也小人所歡樂在於邪淫得邪淫則歡樂也若君子在上以仁義之道制邪淫之欲則意得歡樂而不有昏亂也若小人在上以淫邪之欲忘仁義之道則志意迷惑而不得歡樂也

〇是故君子反情以和其志。廣樂以成其教。樂行而民鄉方。可以觀德矣。方猶道也。鄉許亮反德者。性之端也。樂者。德之華也。金石絲竹。樂之器也。詩。言其志也。歌。詠其聲也。舞。動其容也。三者本於心。然後樂器從之。是故情深而文明。氣盛而化神。和順積中。而英華發外。唯樂不可以爲僞。三者本志也聲也容也言無此本於內則不能爲樂也。詩言其志一本無言字咏音詠〔疏〕是故至爲僞。正義曰前文明君子小人歡樂不同此明君子敦行善樂也。反情以和其志者反已淫欲之情以諧和德義之志也。廣樂以成其教者謂寬廣樂之義理以成就其政教之事也。樂行而民鄉方者君既如此正樂興行方猶道也而民歸鄉仁義之道也可以觀德矣者人君既如此是樂可以觀其德行矣。德者性之端也者言德行者是性之端正也。樂者德之華也者德在於內樂在於外樂所以發揚其德故樂爲德之光華也。金石絲竹樂之器也者樂爲德華非器無以成樂故金石絲竹爲樂之器也。詩言其志也者欲見樂之爲體有此三事詩謂言詞也志在內以言詞言謠其志也。歌咏其聲也者歌謂音曲所以歌咏其言詞之聲也。舞動其容也者哀樂在內必形見於外故以其舞振動其容也此云詩言其志則詩序云詩者志之所之也歌咏其聲則詩序云言之不足故嗟歎之嗟歎之不足故咏歌之是也舞動其容則詩序云咏歌之不足則不知手之舞之足之蹈之是也。三者本於心然後樂器從之者三者謂志也聲也容也容從聲生聲從志起志從心發三者相因原本從心而來故云本於心先心而後志先志而後聲先聲而後舞聲須合於宮商舞須應於節奏乃成於樂是故然後樂器從之也。是故情深而文明者志起於內思慮深遠是情深也言之於外情由言顯是文明也。氣盛而化神者志意蘊積於中故氣盛內志既盛則外感動於物故變化神通也氣盛謂不知手之舞之足之蹈之是也而化神者謂動天地感鬼神經夫婦成孝敬是也。和順積中而英華發外者謂思念善事日久是和順積於心中言詞聲音發見於外是英華發於身外此據正樂也若其姦聲則悖逆積中淫聲發外也唯樂不可以爲僞者僞謂虛僞若善事積於中則善聲見於外若惡事積於中則惡聲見於外若心惡而望聲之善不可得也故云唯樂不可以爲僞也

〇樂者。心之動也。聲者。樂

之象也。文采節奏。聲之飾也。君子動其本。○樂其象。然後治其飾。是故先鼓以警戒。三步以見方。再始以著往。復亂以飭歸。奮疾而不拔。極幽而不隱。獨樂其志。不厭其道。備舉其道。不私其欲。是故情見而義立。樂終而德尊。君子以好善。小人以聽過。故曰。生民之道。樂爲大焉。文采樂之威儀也先鼓將奏樂先擊鼓以警戒衆也三步謂將舞必先三舉足以見其舞之漸也再始以著往武王除喪至盟津之上紂未可伐還歸二年乃遂伐之武舞再更始以明伐時再往也復亂以飭歸謂鳴鐃而退明以整歸也奮疾謂舞者也極幽謂歌者也○警音景見方賢遍反下及注皆同著張慮反注同復音伏飭音勑注同拔步葛反又皮八反獨樂皇音洛庾音嶽厭於艷反好呼報反以聽過本或作以聖過如字鐃女交反〔疏〕樂者至大焉○正義曰前經論志也聲也容也三者相將故此經廣明舞之義理與聲音相應之事○樂者心之動也者心動而見聲聲成而爲樂樂由心動而成故云樂者心之動也○聲者樂之象也者樂本無體由聲而見是聲爲樂之形象也○文采節奏聲之飾也者聲無曲折則太質素故以文采節奏而飾之使美故云文采節奏聲之飾也○君子動其本者則亦心之動也○樂其象者則亦樂之象也○然後治其飾者則亦聲之飾也以此三者結上三事自此以下記者引周之大武之樂以明此三者之義○是故先鼓以警戒者謂作武王伐紂大武之樂欲奏之時先擊打其鼓聲以警戒於衆也○三步以見方者謂欲舞之時必先行三步以見方謂方將欲舞積漸之意也○再始以著往者謂作大武之樂毎曲一終而更發始爲之凡再更發始以著明往伐紂之時初發始爲曲象十一年往觀兵於盟津也再度發始爲曲象十三年往伐紂也○復亂以飭歸者亂治也復謂舞曲終舞者復其行位而整治象武王伐紂既畢整飭師旅而還歸也○奮疾而不拔者拔疾也謂舞者奮迅疾速而不至大疾也故庾云舞者雖貴於疾亦不失節謂不大疾也○極幽而不隱者謂歌者坐歌不動是極幽靜而聲發起是不隱也○獨樂其志不厭其道者樂其志者多違道理言武王今獨能樂其志意不違厭其仁義之道理也恒以道自將○備舉其道不私其欲者武王既不違厭其道理能備具舉行仁義之道不以天下不私自恣已之情欲也○是故情見而義立者情見謂武王伐紂之情見於樂也義立謂伐紂之義而興立○樂終而德尊者謂觀武王伐紂樂終而知武王道德尊盛也○君子以好善者謂在位尊者既觀武王之樂德類如此故庶幾好行善道也小人以聽過者小人謂士庶之等既觀武王樂音以聽伐己之慾過也○故曰生民之道樂爲大焉者記者既引大武之樂利益如此是生養民人之道樂最爲大此特引武王樂者以武王之樂利益爲深餘樂莫能及故也但前文舞與聲心相應故引武王樂明心見於舞也○注文采至者也○正義曰上文云省其文采謂節奏今此文采謂樂威儀者以經云聲之飾故此以文采爲威儀也云武王除喪至盟津之上紂未可伐還歸二年乃遂伐之者並出今文泰誓鄭撮而用之非正文也云復亂以飭歸鳴鐃而退明以整歸也者經云復亂鄭云整歸則亂爲治也謂反復整治而還鳴鐃而退出大司馬職文也云奮疾謂舞者也者以奮迅速疾故爲舞者謂武舞者云極幽謂歌者也者以極幽與奮疾相對歌與舞相次以歌者不動經稱極幽故知是歌者也

○樂也者施也。禮也者報也。言樂出而不反而禮有往來也○施始豉反樂。樂其所自生。而禮反其所自始。樂章德。禮報情。反始也。自由也〔疏〕樂也至始也○正義曰此明禮樂之別報施不同○樂也者施也者言作樂之時衆庶皆聽之而無反報之意但有恩施而已故云樂也者施也○禮也者報也者禮尚往來受人禮事必當報之也故曲禮云往而不來非禮故云禮也者報也樂樂其所自生者此廣明上樂者施也自由也言王者正樂歡樂其已之所由生似若武王民樂其武德武王由武功而生王業即以武爲樂名以受施處立名無報反之義也○而禮反其所自始者言王者制禮必追反其所由始祖若周由后稷爲始祖即追祭后稷報其王業之由是禮有報也○樂章德者覆說樂者施也言樂但施恩而已不望其報是樂章明其盛德也○禮報情反始也者此覆說上禮者報也言行禮者他人有恩於已已則報其情但先祖既爲始於子孫子孫則反報其初始以人竟言之則謂之報情以父祖子孫言之則謂之反始其實一也。所謂大輅者。天子之車也。龍旂九旒。天子之旌也。青黑緣者。天子之寶龜也。從之以牛羊之羣。則所以贈諸侯也。贈諸侯謂來朝將去既之以禮○流本又作旒音流緣悦絹反朝直遙反〔疏〕所謂至侯也○正義曰前經明樂者爲施禮者爲報以此明禮報之事諸侯守土奉其土地所有來朝天子故天子以此等之物報之是禮報之事也不覆明樂施者以樂施之恩其事易知記者畧而不言也○大輅者天子之車也者大輅謂金輅也據上公及同姓侯伯故下云龍旂九旒亦上公也若異姓則象輅若四衛則革輅蕃國則木輅受於天子摠則謂之大輅也○龍旂九旒天子之旌也者據上公言之侯伯則七旒子男則五旒○青黑緣者天子之寶龜也者寶龜之中並以青黑爲之緣○從之以牛羊之羣者天子既與大輅龍旂及寶龜占兆又隨從以牛羊非一故稱羣將此以與諸侯故云則所以贈諸侯也。樂也者。情之不可變者也。禮也者。理之不可易者也。理猶事也樂統同。禮辨異。統同同和合也辨異異尊卑也禮樂之說。管乎人情矣。管猶包也〔疏〕樂也至情矣○正義曰皇氏云自此以下名爲樂情各隨文解之樂也者情之不可變者也樂出於心聽之則歡悦是情之不可變也○禮也者理之不可易者也禮見於貌行之則恭敬理事也言事之不可改易也樂出於心故云情禮在於貌故云理也變易換文也樂統同者統領也言樂主相親是主領其同○禮辨異者辨別也禮殊別貴賤是分別其異也○禮樂之說管乎人情矣者言禮樂所說義理包管於人情樂主和同則遠近皆合禮主恭敬則貴賤有序人情所懷不過於此是管人情也。窮本知變。樂之情也。著誠去僞。禮之經也。禮樂偩天地之情。達神明之德。降興上下之神。而凝是精粗之體。領父子君臣之節。偩猶依象也降下也興猶出也凝成也精粗謂萬物大小也領猶理治也○去起呂反偩音負粗七奴反〔疏〕窮本至之節○正義曰此一節更廣明禮樂之義言父子君臣之節○窮本知變樂之情也者以樂本出於人心心哀則哀心樂則樂是可以原窮極本也若心惡不可變惡爲善是知變也則上文云唯樂不可以爲僞是也此言窮人根本知內外改變唯樂能然故云樂之情也○著誠去僞禮之經也者誠謂誠信也僞謂虛詐也經常也言顯著誠信退去詐僞是禮之常也若人內心虛詐則外貌狠敖唯禮知之故云禮之經也○禮樂偩天地之情者偩猶依象也禮出於地尊卑有序是依地之情也樂出於天遠近和合是依天之情也○達神明之德者禮樂出於人心與神明和會故云達神明之德○降興上下之神者興猶出也禮樂既與天地相合用之以祭故能降出上下之神謂降上而出下也○而凝是精粗之體者凝猶成也是謂正也精粗謂萬物大小也言禮樂之能成就正其萬物大小之形體也○領父子君臣之節者領猶理治也言禮樂理治父子君臣之限節而樂主於和聽之則上下相親又宮爲君商爲臣是樂能領父子君臣也禮定貴賤長幼是禮能領父子君臣也。是故大人舉禮樂。則天地將爲昭焉。言天地將爲之昭焉明也天地訢合。陰陽相得。煦嫗覆育萬物。然後草木茂。區萌達。羽翼奮。角觡生。蟄蟲昭蘇。羽者嫗伏。毛者孕鬻。胎生者不殰。而卵生者不殈。則樂之道歸焉耳。訢讀爲熹熹猶蒸也氣曰煦體曰嫗屈生曰區無腮曰觡昭曉也蟄蟲以發出爲曉更息曰蘇孕任也鬻生也内敗曰殰殈裂也今齊人語有殈者○訢依注音熹許其反一讀依字音欣煦許具反徐況甫反嫗於具反徐於甫反下及注同區依注音句古侯反徐巨于反一音烏侯反萌莫耕反奮方問反觡古伯反蟄直力反伏扶又反孕以證反鬻音育生也徐又扶袁反胎他才反殰音獨鄭云內敗曰殰按謂愯任不成也字林云胎敗卵力管反殈呼闓反范音溢徐況遍反一音況狄反卵坼不成曰殈猶裂也蒸之膺反腮息才反內乃對反或作骨肉之宍者誤〔疏〕是故至焉耳○正義曰此一節論大人舉用禮樂則天地協和而生養萬物爲之昭著之事則下文天地訢合以下是也但此經禮樂並論其天地訢合唯論樂之所感不論禮之功用也記者主在於樂故特美樂功樂功既爾禮亦同也○天地訢合者訢猶熹也熹謂蒸動言樂感動天地之氣是使二氣蒸動則天氣下降地氣上騰○陰陽相得者言體謂之天地言氣謂之陰陽天地動作則是陰陽相得也煦嫗覆育萬物者天以氣煦之地以形嫗之是天煦覆而地嫗育故言煦嫗覆育萬物也然後草木茂者草木據其成體故云茂○區萌達者據其新生故云達也○羽翼奮者謂飛鳥之屬皆得奮動也○角觡生者謂走獸之屬悉皆生養也○蟄蟲昭蘇者昭曉也蘇息也言蟄伏之蟲皆得昭曉蘇息也○羽者嫗伏者謂飛鳥之屬皆得體伏而生子也○毛者孕鬻者言走獸之屬以氣孕鬻而繁息也○胎生者不殰者謂不有殰敗也○卵生者不殈者言不有殈裂也○則樂之道歸焉耳者言所以致此在上諸物各順其性由此樂道使然故云樂之道歸焉耳謂歸功於樂也樂道所以然者樂之根本由人心而生人心調和則

樂音純善協律呂之體調陰陽之氣二氣既調故萬物得所也○注訢讀至裂也○正義曰訢熹聲相近故讀爲熹熹天地氣故云熹猶蒸也言天地氣之蒸動猶若人之喜也云氣曰煦者謂天體無形而降其氣以養物故云氣曰煦也云體曰嫗者言地體有形故云體曰嫗也此對文爾其實地氣矣云屈生曰區者謂鉤曲而生出萌豆是也云無䏧曰觡者䏧謂角外皮滑澤者鹿角之屬是也云蟄蟲以發出爲曉更息曰蘇者言蟄蟲之類皆埋藏其體近於死今復得活似暗而遇曉死而更息也云內敗曰殰者以經云胎生懷胎在內故云內敗也殰也云殈裂也者卵體多裂又齊語稱裂爲殈故以殈爲裂也

○樂者。非謂黃鐘大呂弦歌干揚也。樂之末節也。故童者舞之。鋪筵席。陳尊俎。列籩豆。以升降爲禮者。禮之末節也。故有司掌之。言禮樂之本由人君也禮本著誠去僞樂本窮本知變○鋪普胡反又音敷去起呂反 樂師辨乎聲詩。故北面而弦。宗祝辨乎宗廟之禮。故後尸。商祝辨乎喪禮。故後主人。辨猶別也正也弦謂鼓琴瑟也後尸居後贊禮儀此言知本者尊知末者卑 是故德成而上。藝成而下。行成而先。事成而後。德三德也行三行也藝才技也先謂位在上也後謂位在下也○上如字或時掌反行下孟反注同技其綺反 是故先王有上有下。有先有後。然後可以有制於天下也。言尊卑備乃可制作以爲治法○治直吏反

〔疏〕樂者至下也○正義曰此一節明禮樂各有根本本貴而末賤君子能辨其本末可以有制於天下黃鐘大呂弦歌干揚也樂之末節也者此等之物唯是樂器播揚樂聲非樂之本故云樂之末節也其本在於人君之德窮本知變是也故云樂之末節也故童者舞之皇氏云揚舉也干揚舉干以舞也○鋪筵席陳尊俎列籩豆以升降爲禮者禮之末節也者此等物所以飾禮故云禮之末節其本在於人君著誠去僞恭敬節儉以末節非貴故有司掌之○樂師辨乎聲詩故北面而弦者此明知禮樂末者其位處卑即樂師辨以曉聲詩但知樂之末節故北面而鼓弦言其位處卑也○宗祝辨乎宗廟之禮故後尸者宗謂宗人祝謂大祝但辨曉於宗廟詔相之禮故在尸後也○商祝辨乎喪禮故後主人者商祝謂習商禮而爲祝者但辨曉死喪擯相之禮故後主人謂在主人之後言此宗祝商祝但知禮之末節故在尸與主人後言其位處卑賤也是故德成而上者則人君及主人之屬是也以道德成就故在上也○藝成而下者言樂師商祝之等藝術成就而在下也○行成而先者行成則德成矣言德在內而行在外也○事成而後者事成則藝成矣在身謂之藝所爲謂之事○是故至天下也者人有多少品類故先王因其先後使尊卑得分然後乃可制禮作樂爲法以班天下如周公六年乃制禮樂也

○魏文侯問於子夏曰。吾端冕而聽古樂。則唯恐臥。聽鄭衞之音。則不知倦。敢問古樂之如彼。何也。新樂之如此。何也。魏文侯晉大夫畢萬之後僭諸侯者也端玄衣也古樂先王之正樂也

〔疏〕魏文至何也○正義曰自此以下至有所合之也明魏文侯問古樂今樂之異并子夏之荅辨明古樂今樂之殊各隨文解之○吾端冕而聽古樂則唯恐臥者文侯言身著端冕明心恭敬而聽古樂唯恐臥聽鄭衞之音則心所愛樂不知倦也○敢問古樂之如彼何也者言古樂何以朴素之如使人不貪至於臥也○新樂之如此何也者新樂何以婉使人嗜愛志樂不知其倦也○注魏文至衣也○正義曰魏文侯畢萬之後僭諸侯者也者按春秋閔元年晉獻公滅魏以魏賜畢萬按世本云萬生芒芒生季季生武仲州州生莊子降降生獻子荼荼生簡子取取生襄子多多生桓子駒生文侯斯是畢萬之後也云端玄衣也者謂玄冕也凡服皆其制正幅袂二尺二寸袪尺二寸故稱端也

子夏對曰。今夫古樂。進旅退旅。和正以廣。弦匏笙簧。會守拊鼓。始奏以文。復亂以武。治亂以相。訊疾以雅。君子於是語。於是道古。脩身及家。平均天下。此古樂之發也。旅猶俱也俱進俱退言其齊一也和正以廣無姦聲也會猶合也皆也言衆皆待擊鼓乃作周禮大師職曰大祭祀帥瞽登歌合奏擊拊下管播樂器合奏鼓朄文謂鼓也武謂金也相即拊也亦以節樂拊者以韋爲表裝之以穅穅一名相因以名焉今齊人或謂穅爲相雅亦樂器名也狀如漆筩中有椎○夫音扶下同廣如字舊古曠反匏白交反笙音生簧音黃拊音撫注同復音伏相息亮反注同即拊也以韋爲之實之以穅王云輔相也徐思章反訊音信大音泰播彼佐反朄音胤穅音康漆音七筩音勇椎直追反

〔疏〕子夏至發也○正義曰此一經明子夏對文侯古樂之體也古樂謂古者先王正樂也○進旅退旅者旅謂俱言古樂進則俱齊退亦俱齊進退如一不參差也和正以廣者樂音相和正以寬廣無姦聲也○弦匏笙簧會守拊鼓者言弦也匏也笙也簧也其器雖多必會合保守待擊拊鼓後作也故曰會守拊鼓始奏以文者文謂鼓也言始奏樂時先擊鼓前文云先鼓以警戒是也○復亂以武者武謂金鐃也言舞畢反復亂理欲退之時擊金鐃而退故云復亂以武也○治亂以相者相即拊也所以輔相於樂故謂拊爲相也亂理也言治理奏樂之時先擊相故云治亂以相○訊疾以雅者雅謂樂器名舞者訊疾奏此雅器以節之故云訊疾以雅君子於是語者謂君子於此之時語說樂之義理也於是道古者言君子作樂之時亦謂說古樂之道理也○脩身及家平均天下者言君子既聞古樂近脩其身次及其家然後平均天下也○此古樂之發也者言此上來諸事古樂之發動也○注旅猶至有椎○正義曰云旅猶俱也者旅也經云進旅退旅是衆俱進退故云俱也云和正以廣無姦聲也者謂邪淫要妙煩手淫聲曲折切急今經云和正以廣故云無姦聲也云言衆皆待擊鼓乃作者衆謂弦匏笙簧器皆待擊鼓乃始動作解經會守拊鼓乃會守謂器之聲以待拊鼓也經有拊及鼓鄭直云擊鼓乃作者拊即鼓之言擊鼓必擊拊也引周禮大師職者證擊拊也故大師職大祭祀師瞽登歌謂大師領人登堂而唱歌也云合奏鼙者謂大師合奏樂之時則先擊拊而合奏之也云下管播樂器合奏鼓朄者謂大祭祀堂下諸人吹管播揚樂器之聲師合奏之時先擊朄而合奏言朄謂小鼓在大鼓之下引大師登歌合奏之時親擊拊而以合下管合奏時親擊朄奏之云文謂鼓也武謂金也者金屬西方可以爲兵刃故金爲武鼓主發動象春無兵器故鼓爲文也云相即拊也者前文云鼓謂之搏拊故鄭必知相即拊也韋爲鼓謂之搏拊白虎通引尚書大傳拊革著以穅以此知也今書傳無著穅之文謂齊人以穅爲相故知穅爲相拊也云雅亦樂器名也狀如漆筩中有椎者按周禮笙師職掌春牘應雅鄭司農云雅狀如漆筩而弇口大二圍長五尺六寸以羊韋鞔之有兩紐疏畫並以漢時制度而知也

禮記注疏卷三十八挍勘記　阮元撰盧宣旬摘錄

附釋音禮記注疏卷第三十八　惠棟挍宋本禮記正義卷第四十八

樂記

昔者舜作節

昔者至諸侯　惠棟挍宋本無此五字

此南風歌辭未得聞也　閩監本同毛本聞誤見

故天子之爲樂也節

五穀時熟　閩監毛本同石經熟作孰宋監本惠棟挍宋本岳本嘉靖本衞氏集說同石經考文提要云宋大字本宋本九經南宋巾箱本余仁仲本亦並作孰

其舞行綴遠　史記綴作級下綴短同

故天至綴短　惠棟挍宋本無此五字

故觀至行也○正義曰　惠棟挍宋本無此九字

大章章之也節

韶繼也　各本同毛本韶誤紹

周禮曰大濩大武　閩監毛本同岳本同嘉靖本同衞氏集說同惠棟挍宋本大濩上增殷曰二字大武上增周曰二字盧文弨云惠棟本依史記集解增

大章至盡矣　惠棟挍宋本無此五字

皇帝曰咸池故知咸是黃帝樂名　閩監毛本同惠棟挍宋本皇作黃知咸下有池字

按五行鈎命決云伏犧樂爲立基神農樂爲下謀祝融樂爲祝續　閩監毛本同齊召南云按鈎命決孝經緯也大司樂疏亦引此作孝經緯云此文五行二字誤也又祝續賈疏作屬續下同

案司樂注云　按司字上當有大字

故曰濩救世　閩本同惠棟挍宋本同監毛本世作

天地之道節

不節則無功是也　惠棟按宋本不上有事字衞氏集說同此本脫閩監毛本同

夫豢豕爲酒節

百拜以喻多　各本同盧文弨云足利古本多下有也字史記集解同

夫豢至教焉　惠棟按宋本無此五字

由其生禍　惠棟按宋本同閩本生字漶滅監毛本生誤主

言樂體者聖人心所愛樂也　閩監本同毛本體誤禮

是壹獻無百拜　閩監毛本同惠棟按宋本獻下有也字

夫民有血氣節

廉直勁正　史記作經正集解引孫炎云經法也索隱云今禮本作勁

嘽寬也諧和也　監本同毛本嘽字闕閩本漶滅

是故先王本之情性節

省猶審也　史記注引審下有習之二字

律小大之稱　史記作類小大索隱云今禮作律

黃鍾爲宮　閩本同岳本同嘉靖本同衞氏集說同監毛本鍾作鐘下應鍾同

君爲宮　閩監本作宮爲君岳本同嘉靖本同衞氏集說同此本誤倒毛本宮誤言

是故至深矣　惠棟按宋本無此五字

學者習音樂　閩監毛本同惠棟按宋本無者字

土敝則草木不長節

而滅平和之德　閩監毛本同石經同岳本同嘉靖本同衞氏集說同惠棟按宋本無而字陳澔集說同石經考文提要云宋大字本宋本九經南宋巾箱本余仁仲本劉叔剛本並有而字○按史記有而字

土敝至之也　惠棟按宋本無此五字

凡姦聲感人節　惠棟云凡姦節然後發以聲節故曰樂節是故君子節樂者節樂也者節所謂大輅節宋本合爲一節

謂人樂習焉　各本同盧文弨云足利古本焉作也史記集解作之也

凡姦至其義　惠棟按宋本無此五字

耳目口鼻想知慮百事之體　惠棟按宋本想上有心字此本脫閩監毛本有心字脫想字

然後發以聲音節

清明者芒也　閩監毛本同浦鏜云芒上脫清字

言陰陽未合化矣　惠棟按宋本作陰陽此本誤陰陰閩監毛本誤陰氣

百度謂晝夜百刻　閩監毛本同惠棟按宋本無上百字

即還相爲宮是樂之常也　閩監毛本同考文引宋板無相字

變移敝惡謹風　閩監毛本同考文云宋板謹作之衞氏集說同

故曰樂者節

欲謂邪淫也　閩監本同岳本同嘉靖本同考文引宋本古本足利本同毛本淫誤辟衞氏集說邪淫二字倒

故曰至不樂　惠棟按宋本無此五字

以邪淫之欲　惠棟按宋本作邪淫此本邪淫二字倒閩監毛本同

是故君子反情節

廣樂以成其教　閩監毛本同岳本同嘉靖本同衞氏集說同石經成其二字剜刻無其字

歌詠其聲也　閩監毛本同衞氏集說同石經詠作咏宋監本岳本嘉靖本同釋文出歌咏云音詠

然後樂器從之　閩監毛本同惠棟按宋本器作氣宋監本岳本嘉靖本同衞氏集說同石經氣字剜闕史記亦作氣不誤

唯樂不可以爲僞　閩監毛本同石經同岳本同嘉靖本同衞氏集說同坊本唯作惟石經考文提要云宋大字本宋本九經南宋巾箱本余仁仲本劉叔剛本並作唯

是故至爲僞　惠棟按宋本無此五字

此明君子敦行善樂也　閩監毛本同惠棟按宋本明作乃

詩謂言詞也　閩監毛本同考文云宋板詞作辭衞氏集說亦作辭

志在內以言詞言說其志也　閩監本同惠棟按宋本在下有於字內下有故字詞作辭下同毛本無於字及說上言字

歌咏其聲也者　閩監毛本咏作詠下咏字並同

然後樂氣從之者　惠棟按宋本同閩監毛本氣誤器下然後樂氣從之也同

故變化神通也　閩監本同衞氏集說同毛本神通作通神

是和順積於心中　閩監毛本同衞氏集說亦作於惠棟按宋本於作在

樂者心之動也節

君子動其本○樂其象　〔補〕案○誤

以明伐時再往也　史記集解引伐下有紂字

與聲音相應之事　惠棟按宋本作應衞氏集說同此本應誤續閩監毛本同

謂伐紂之義而興立　閩監毛本同浦鏜按而興立改興立也從衞氏集說

云復亂以飭歸鳴鐃而退　閩監毛本同惠棟按宋本鳴上有謂字

樂也者施也節

樂也至始也　閩監毛本同惠棟按宋本始作報

以人竟言之　閩監本同毛本竟作意衞氏集說同惠棟按宋本亦作意

所謂大輅者節

龍旂九旒　各本同石經同釋文出九流云本又作旒○按旒俗流字

既之以禮　閩本同惠棟按宋本既作送宋監本岳本嘉靖本同考文引古本足利本同監毛本送作報衞氏集說同按史記集解引作送

寶龜之中並以青黑爲之緣　閩監毛本同衞氏集說亦作中段玉裁中改甲按公羊定八年傳龜青純何休云謂緣甲頫也緣在於甲此中字作甲是也

天子既與大輅龍旂　閩監毛本同惠棟按宋本與下有之字衞氏集說同

樂也者節　惠棟云樂也者節窮本知變節是故大人節樂者節宋本合爲一節

管乎人情矣　史記管作貫張氏正義云貫猶通也與鄭注異

樂也至情矣　惠棟按宋本無此五字

情之不可變者也樂出於心　閩監本同惠棟按宋本毛本者也二字倒

是主領其同　閩監毛本同衞氏集說主作統

是分別其異也　閩監本同毛本異誤義衞氏集說亦作異

窮本知變節

凝成也　各本同盧文弨云足利古本成上有猶字史記集解同按正義亦云凝猶成也

禮樂出於人心　閩監毛本同衞氏集說同惠棟按宋本於作在

是故大人節

言天地將爲之昭焉明也　閩監毛本同衞氏集說同惠棟按宋本焉作然宋監本岳本嘉靖本同考文引古本足利本同

毛者孕鬻　各本同石經同釋文鬻作粥○按鬻爲育之假借字粥又鬻之譌字

熹猶蒸也　監本毛本作蒸惠棟挍宋本作烝也正義同

殖裂也　各本同盧文弨云足利古本裂上有猶字史記集解同

是使二氣蒸動　監本毛本作蒸惠棟挍宋本作烝

天以氣煦之　閩監毛本同衛氏集說同惠棟挍宋本氣上有地字

猶若人之喜也　閩本同惠棟挍宋本同監毛本喜作熹

樂者非謂節

黃鍾大呂　監毛本同石經同岳本同閩本鍾作鐘嘉靖本同衛氏集說同

弦歌干揚也　各本同毛本干誤于○按此句之下史記集解有鄭注揚鉞也三字諸本皆脫

後尸居後贊禮儀　按此句之上史記集解有商祝習商禮者商人教以敬於接人十四字此恐是取諸士喪禮注中補入者

魏文侯節

明其心恭敬　閩監毛本同惠棟挍宋本其作在

子夏對曰節

訊疾以雅　各本同石經訊作誶釋文同

脩身及家　閩監本同石經同岳本同衛氏集說同毛本脩作修嘉靖本同

帥瞽登歌　惠棟挍宋本宋監本岳本嘉靖本並作帥與周禮合衛氏集說同閩監毛本帥誤師

狀如漆筩　各本同釋文筩作甬

子夏至發也　惠棟挍宋本無此五字

以待拊鼓也　惠棟挍宋本同閩本漶滅監毛本拊誤擊

師瞽登歌謂大師　惠棟挍宋本師作帥此本誤閩監毛本同

鼓主發動衆春無兵器之用　惠棟挍宋本作象春此本春字同象誤衆閩監毛本象春誤衆音衛氏集說同

禮記注疏卷三十八挍勘記

附釋音禮記注疏卷第三十九

禮記　鄭氏注　孔穎達疏

樂記

今夫新樂，進俯退俯，姦聲以濫，溺而不止。及優侏儒，獶雜子女，不知父子。樂終不可以語，不可以道古。此新樂之發也。俯猶曲也，言不齊一也。濫，濫竊也。溺而不止，聲淫亂無以治之。獶，獼猴也，言舞者如獼猴戲也，亂男女之尊卑。獶或爲優。○俯本又作府。濫，力暫反。溺，乃狄反。優音憂。侏音朱。儒音儒。獶，乃刀反，獼猴也，依字亦作猱。獼音彌，武移反，本亦作獼。猴音侯，本亦作侯。【疏】「今夫」至「發也」。○此經明子夏對文侯新樂之禮。新樂者，謂今世所作淫樂也。進俯退俯者，謂俯僂曲折，不能進退齊一，俱曲屈進退而已。行伍雜亂也。○姦聲以濫者，謂濫竊不正，言姦邪之聲濫竊不正，不能和正以廣也。○溺而不止者，聲既淫妙，人所貪溺，不可禁止也，不能始奏以文，復亂以武也。○及優侏儒獶雜子女者，言作樂之時，及有俳優雜戲，侏儒短小之人。獶雜，謂獼猴也，言舞戲之時，狀如獼猴，間雜男子婦人，言似獼猴男女無別也。○不知父子者，言樂之混雜，不復知有父子尊卑之禮也。○樂終不可以語者，言作樂雖復終畢，盡皆邪辟，不可以語。既與古樂乖違，故不可語道於古也。此皆新樂之爲，故云此新樂之發也。○注「獶獼猴也」。○正義曰：按詩小雅云「毋教猱升木」，毛傳云「猱，猿屬也」，是獶獼猴也。漢書擅長卿爲獼猴舞，是狀如獼猴。

今君之所問者樂也，所好者音也。夫樂者與音相近而不同。言文侯好音而不知樂也。鏗鏘之類皆爲音，應律乃爲樂。○好，呼報反，注同。近，附近之近，徐如字。鏗，苦耕反。鏘，七羊反，又士衡反。文侯曰：敢問何如。欲知音樂異意。【疏】「今君」至「何如」。○前兩經子夏既荅文侯論古樂新樂之異，事畢，此經荅文侯所好古樂今樂之不同也。文侯之意，古樂今樂並皆爲樂；子夏之意，以古樂德正聲和乃爲樂，今樂但淫聲音曲而已，不得爲樂也。故云今君之所問者樂也，謂古今皆名樂；所好者音也，子夏之意，君之所愛者謂音聲也。○夫樂者與音相近而不同者，古樂有音聲律呂，今樂亦有音聲律呂，是樂與音相近也。樂則德正聲和，音則心邪聲亂，是不同也。○文侯曰敢問何如者，文侯既見子夏論樂音不同，不曉不同之狀，故云敢問何如。

子夏對曰：夫古者天地順而四時當，民有德而五穀昌，疾疢不作，而無妖祥，此之謂大當。然後聖人作爲父子君臣，以爲紀綱。紀綱既正，天下大定。天下大定，然後正六律，和五聲，弦歌詩頌，此之謂德音。德音之謂樂。當謂樂不失其所。○當，丁浪反，下及注同。疢，勑覲反。詩云：「莫其德音，其德克明。克明克類，克長克君。王此大邦，克順克俾。俾于文王，其德靡悔。既受帝祉，施于孫子。」此之謂也。此有德之音，所謂樂也。德正應和曰莫，照臨四方曰明，勤施無私曰類，教誨不倦曰長，慶賞刑威曰君，慈和徧服曰順。俾當爲比，聲之誤也。擇善從之曰比。施，延也。言文王之德皆能如此，故受天福，延於後世也。○莫，亡伯反。長，丁丈反，注同。王此，于況反。俾，依注音比，必履反，注同，徐扶志反。祉，勑紀反。施，以豉反，注施延同。和，如字，又胡卧反。炤，上音照，本亦作照臨，如字。施，始豉反。徧音遍。【疏】「子夏」至「謂也」。○此一節明子夏與文侯明古樂之正，引詩以結之。此之謂大當者，當謂不失其所，如上所謂，是大得其所當也。作爲父子君臣以爲紀綱者，按禮緯含文嘉云：三綱，謂君爲臣綱，父爲子綱，夫爲妻綱矣。六紀，謂諸父有善，諸舅有義，族人有敘，昆弟有親，師長有尊，朋友有舊，是六紀也。○弦歌詩頌者，謂以琴瑟之弦歌此詩頌也。○詩云莫其德音，此大雅皇矣之篇，美王季之德，云維此王季，帝度其心，莫然而靖定其道德之音，以道德既正，天下應和，所以莫然而靖也。其德克明者，以其莫然而靖，故其德能照臨天下之明也。○克明克類者，類謂勤施無私，施惠勤勞，不私於已，外及等類，以明能然，故云克明克類也。○克長克君者，長謂教誨不倦，能爲人師長；克君，謂慶賞刑威，能與人作君，教化，故云克長克君也。○王此大邦，克順克俾者，俾當爲比，謂比方善事，擇善而從之。既能慈和徧服，又能擇善從之，故云克順克俾。○俾于文王，其德靡悔者，詩美王季之德，比擬文王，其王季之德無可恥悔，言堪比文王也。左傳引此詩，唯此文王，所以爲文王之德，言比於文王，其德靡悔者，謂此詩按文王之德，事事皆美，無可悔恨也。是左傳與詩文互意別也。既受帝祉，施於孫子者，詩云王季既受天福祉，以遺子孫，子孫有天下也。左傳云文王曰受帝祉，以遺後世子孫。○此之謂也者，言詩云德音則此經之所謂也。○注「德正應和曰莫」。○正義曰：以下皆昭二十八年左傳文也。

今君之所好者，其溺音乎。言無文王之德，則所好非樂也。文侯曰：敢問溺音何從出也。玩習之久，不知所由出也。○玩又作翫，音五換反。【疏】「今君」至「出也」。○上既云君之所好音有善惡，故上云治世之音、亂世之音，今君之所好者非正音，是淫溺之音乎？不敢指斥，故言乎而疑之也。○文侯曰敢問溺音何從出也者，文侯既聞子夏之言善，遂問溺音所出之由。

子夏對曰：鄭音好濫淫志，宋音燕女溺志，衛音趨數煩志，齊音敖辟喬志。此四者皆淫於色而害於德，是以祭祀弗用也。言四國皆出此溺音。濫，濫竊，姦聲也。燕，安也。春秋傳曰：「懷與安，實敗名。」趨數讀爲促速，聲之誤也。煩，勞也。祭祀者不用淫樂。○燕，於見反。趨音促。數音速。傲字又作敖，同，五報反。辟，匹亦反，徐芳益反。喬，徐音驕，本或作驕。敗，必邁反。【疏】「子夏」至「用也」。○此一節子夏爲文侯明溺音所出也。○鄭音好濫淫志者，濫，竊也，謂男女相偷竊，言鄭國樂音好濫相偷竊，是淫邪之志也。○宋音燕女溺志者，燕，安也；溺，沒也。言宋音所安，唯女子，所以使人意志沒矣，即前溺而不止是也。○衛音趨數煩志者，言衛音既促且速，所以使人意志煩勞也。齊音敖辟喬志者，言齊音既敖很辟越，所以使人意志驕逸也。此四者皆淫於色而害於德，是以祭祀弗用也者，既淫色害德，故不用祭祀也。○注「言四」至「敗名」。○正義曰：經云鄭音

好濫，宋音燕女，其事是一，而爲別音者，濫竊非已儔匹，別相淫竊；燕女謂已之妻妾，燕安而已，所以別好濫也。上云鄭衞之音，則鄭衞亦淫聲也。又此云四者皆淫於色，是衞與齊皆有淫聲也。而經唯云衞音趨數煩志，齊音敖辟喬志，都不云女色者，按詩有桑中、淇上，是淫佚可知，則淫佚之外更有促速敖辟。推此而言，齊詩有哀公荒淫怠慢，襄公淫於妹，亦女色之外加以傲辟驕志也，故總謂之溺音也。○注春秋傳曰懷與安實敗名者，僖二十三年左氏之文，齊女姜氏勸重耳出奔也。

詩云：肅雍和鳴，先祖是聽。夫肅肅，敬也。雍雍，和也。夫敬以和，何事不行。言古樂敬且和，故無事而不用，溺音無所施。〔疏〕詩云至不行。○此一節子夏重爲文侯明正樂敬和之事，所以勸勵文侯用古樂也。此詩周頌有瞽之篇，肅，敬也，雍，和也，言樂音敬和而鳴，先祖之神聽而從之。若能敬和施設於政教，何事不行也。

爲人君者，謹其所好惡而已矣。君好之，則臣爲之。上行之，則民從之。詩云：誘民孔易。此之謂也。誘，進也。孔，甚也。言民從君所好惡，進之於善無難。○易，以豉反。〔疏〕爲人至謂也。○此經明子夏既勸文侯所好古樂，又謹愼行之，以此化民，無不從也。引詩云誘民孔易者，此厲王大雅板之篇也。誘，進也。孔，甚也。言在上教道於民甚易也。但已行於上，則民化之於下，詩之所云，則此之謂也。○注誘進也孔甚也。○正義曰：誘，進也，釋詁文。孔，甚也，釋言文也。

然後聖人作爲鞉、鼓、椌、楬、壎、篪，此六者，德音之音也。六者爲本，以其聲質也。椌楬謂柷敔也。壎篪或爲簨虡。○鞉音桃。椌，苦江反，柷也。楬，苦瞎反，敔也。壎，許袁反。篪，直支反。柷，昌六反。圉本又作敔，魚呂反。簨，恤尹反。虡音巨。

然後鍾、磬、竽、瑟以和之，干、戚、旄、狄以舞之，此所以祭先王之廟也，所以獻酬酳酢也，所以官序貴賤各得其宜也，所以示後世有尊卑長幼之序也。官序貴賤，謂尊卑樂器列數有差次。○竽音于。和，如字，徐胡臥反。酬，市由反。酳音胤，又仕覲反。酢音昨。長，丁丈反。〔疏〕然後至序也。○正義曰：上經言人君謹愼所好惡以誘人，故此一節論聖人作爲樂器道德之音，以示後世也。此六者德音之音也者，言此鞉、鼓、椌、楬、壎、篪，其聲質素，是道德之音，以尚質故也。然後鍾磬竽瑟以和之、干戚旄狄以舞之者，既用質素爲本，然後用此鍾磬竽瑟華美之音以贊和之，使文質相雜。干，楯也。戚，斧也。狄，羽也。翟既文質備足，又用干戚旄羽以舞動之。此所以祭先王之廟也者，以前云鄭、宋、齊、衞四者爲祭祀之所不用，故此云六器爲道德之音，四器之和，文武之舞，並可在於宗廟之中奏之，若樂九變而鬼神格也。所以獻酬酳酢也者，又用於宗廟中接納賓客也，賓入而奏肆夏，及卒爵而樂闋，孔子屢歎之是也。所以官序貴賤各得其宜也者，又用樂體別尊卑於朝廷，使各得其宜也，天子八佾，諸侯六佾是也。○所以示後世有尊卑長幼之序也者，聞樂知德，及施于子孫，是示後世。又宗族長幼同聽之，莫不和順，閨門之內，父子兄弟同聽之，莫不和親，是長幼之序也。○注椌楬至簨虡。○正義曰：按鄭注詩有瞽篇云：柷形如漆筩，中有椎；敔狀如伏虎，背上有二十四鉏鋙。又鄭司農注笙師云：篪七空。壎六孔，鄭云損燒土爲之，大如鴈卵。鼗如鼓而小，持其柄搖之，旁耳自擊。鼓，革也。椌楬，木也。其聲質素，故周語單穆云：革木一聲。注云：一聲，無宮商淸濁是也。

鍾聲鏗，鏗以立號，號以立橫，橫以立武。君子聽鍾聲，則思武臣。號，號令，所以警衆也。橫，充也，謂氣作充滿也。○鏗，古耕反，徐苦庚反。號，胡到反。橫，古曠反，充也，下及注同。〔疏〕鍾聲至武臣。○正義曰：此一節論樂器之聲各別，君子之聽，思其所用之臣，各隨文解之。○鍾聲鏗者，言金鍾之聲鏗鏗然矣。○鏗以立號者，言鏗是堅剛，故可以與立號令也。○號以立橫者，謂橫氣充滿也。若號令威嚴，則軍士勇敢而壯氣充滿。崔氏云：若嚴正立號，則其號必充滿於萬物矣。○橫以立武者，言壯氣充滿，所以武事可立也。崔氏云：若教令充徧則武矣。○君子聽鍾聲則思武臣者，君子謂識樂之情者，所以聞聲達事，鍾既含號令立武，故聽之而思武臣也。

石聲磬，磬以立辨，辨以致死。君子聽磬聲，則思死封疆之臣。石聲磬，磬當爲罄，字之誤也。辨謂分明於節義。○磬，依注音罄，口挺反，一音口定反。聽磬，口定反。疆，居良反，下是疆同。〔疏〕石聲至之臣。○此一經明石聲磬者，石磬也，磬是樂器，故讀聲音罄然矣。其聲能和，故次鍾也。言磬輕淸響矣，叩其磬則其聲之罄罄然也。○磬以立辨者，辨，別也。崔云：能淸別於衆物，則分明辨別也。○辨以致死者，既各有部分，不相侵濫，故能使守節者致死矣，若諸侯死社稷，大夫死衆，士死制之屬也。崔云：若能明別於節義，則不愛其死也。○君子聽磬聲則思死封疆之臣者，言守分不移，即固封疆之義矣。磬含守分，故聽其聲而思其事也。○注石聲至誤也。○正義曰：讀磬爲罄者，其字下著石，樂器之磬；其下著缶，是罄然之罄。今經云石聲磬，恐是樂器，故讀爲罄，取聲音罄罄然。

絲聲哀，哀以立廉，廉以立志。君子聽琴瑟之聲，則思志義之臣。廉廉隅。〔疏〕絲聲至之臣。○此一經明絲聲哀者，哀謂哀怨也，謂聲音之體婉妙，故哀怨矣。○哀以立廉者，廉謂廉隅，以哀怨之故，能立廉隅，不越其分也。○廉以立志者，既不越分，故能自立其志。○君子聽琴瑟之聲則思志義之臣者，言絲聲含志不可犯，故聞絲聲而思其事也。

竹聲濫，濫以立會，會以聚衆。君子聽竽笙簫管之聲，則思畜聚之臣。濫之意猶擥聚也。會猶聚也。聚或爲最。○濫，力敢反，下及注皆同。會，戶外反，又古外反，下同。畜，勑六反。擥，力敢反。〔疏〕竹聲至之臣。○此一經明竹聲濫者，濫猶擥也，言竹聲擥然有積聚之意也。○濫以立會者，以竹聲既擥聚，故能立會矣。○會以聚衆者，以合會而能聚其衆也。○君子聽竽笙簫管之聲則思畜聚之臣者，亦聞其音而思其事也。笙以匏爲之而在竹聲之中者，但笙以匏爲體，揷竹於匏，匏竹兼有，故笙文在竹也。

鼓鼙之聲讙，讙以立動，動以進衆。君子聽鼓鼙之聲，則思將帥之臣。聞讙囂則人意動作。讙或爲歡，動或爲勳。○鼙，步西反。讙，呼端反，又音喧。將，子亮反，下注大將、下將帥同。帥本又作率，用類反，下將帥同。囂，許驕反，又五羔反。〔疏〕鼓鼙至之臣。○此一經明鼓鼙之聲讙者，讙謂讙囂也，其聲讙雜矣。○讙以立動者，以其聲讙，故使人意動作也。○動以進衆者，以動作故能進發其衆也。○君子聽鼓鼙之聲則思將帥之臣者，將帥衆也，言鼓能進衆，故聞其聲而思其事也。不云鼓而云鼙者，廣其類也。○注聞讙囂則人意動作。○正義曰：是聲能感動於人也。如鄭此言，則五者之器，皆據其聲，聲名不同，立事有異，事隨聲起，是聲能立事也。皇氏用崔氏之說，云鍾聲爲兌，石聲爲乾，絲聲爲離，竹聲爲震，鼓聲爲坎，妄取五方之義，棄其五器之聲，背經違注，曲爲雜說，言及於數，非關義理，又無明文，今並略而不用也。

君子之聽音，非聽其鏗鏘而已也，彼亦有所合之也。以聲合成已之志。○鏘，七羊反，又吒衡反，徐勑庚反。〔疏〕君子至合之也。○此一經總結上文五者，言君子之聽音聲，非徒聽其音聲鏗鏘而已，彼謂樂聲亦有合成已之志意也。崔氏云：但釋五音八卦屬四方四維之音所感，皆應與四方同。所以應同者，四維處四方之閒，四方皆五行相生：水生木，匏同竹音；木生火，木音同絲；火生土，土不當於方；土生金，土處金火之閒，土音屬金；金生水，石不可屬於水，故不同於革。而不同者，以乾爲君父，君父之音不可屬於人，故不同於革，而磬別有所感。乾爲天，坤爲地，天既不屬人，坤所以不別出者，爲坤卑故也。今按崔氏此說，浮虛體側，不等上下，混雜記人之意，不應如此。鄭注無文，不可附會，今略存崔氏之義，賢者擇焉。今謂八音唯論五者，以鍾與武臣相會，石與死封疆相將，絲與志義是同，竹與畜聚相類，鼓鼙與將帥同等，故五器而有五事。其匏與土木不同，無此五器之象，故記者不言。

○賓牟賈侍坐於孔子，孔子與之言，及樂，曰：夫武之備戒之已久，何也？對曰：病不得其衆也。武謂周舞也。備戒，擊鼓警衆。病猶憂也，以不得衆心爲憂，憂其難也。○牟，亡侯反。坐，才臥反，又如字。〔疏〕賓牟至衆也。○正義曰：此一經別錄是賓牟賈問章。自此以下至不亦宜乎，揔是賓牟賈與夫子相問荅之事，今各依文解之。○賓牟賈侍坐於孔子者，姓賓名牟賈，侍坐於孔子。○孔子與之言及樂者，孔子與賓牟賈言說，初論他事，次及於樂。○曰夫武之備戒之已久何也者，此是孔子之問，凡有五。夫是發語之端，武謂周之武樂，欲作舞樂之前，先擊鼓備戒其衆，備戒之後，久始作舞，故孔子問之云：武樂先擊鼓備戒已久，乃始作舞何。○對曰病不得其衆也者，此賓牟賈所荅，亦有五，但三荅是，二荅非，今此荅是也。病謂憂也，言武王伐紂之時，憂病不得士衆之心，故先鳴鼓以戒士衆，久乃出戰，今武樂故令舞者久而不即出，是象武王憂不得衆心故也。○注武謂至難也。○正義曰：此以下王事，故知周舞也。憂其難者，憂其不得士衆之難，故擊鼓久而不舞。

咏歎之，淫液之，何也？對曰：恐不逮事也。咏歎、淫液，歌遲之也。逮，及也。事，戎事也。○咏歎，上音詠，下音嘆。液音亦。逮音代，又代計反。遲，直冀反。

發揚蹈厲之已蚤，何也？對曰：及時事也。時至，武事當施也。○蹈音悼。蚤音早。

武坐致右憲左，何也？對曰：非武坐也。言武之事無坐也。致謂膝至地也。憲讀爲軒，聲之誤也。○依注音軒。

聲淫及商，何也？對曰：非武音也。武歌在正其軍，不貪商也。時人或說其義爲貪商也。

子曰：若非武音，則何音

也。對曰。有司失其傳也。若非有司失其傳。則武王之志荒矣。有司典樂者也傳猶說也荒老耄也言典樂者失其說也而時人妄說也書曰王耄荒○傳直專反下及注同傳猶說也旄莫報反下同子曰。唯。丘之聞諸萇弘。亦若吾子之言是也。萇弘周大夫○萇直良反

【疏】咏歎至是也咏數之淫液之何也者此孔子之問欲舞之前其歌聲吟咏之長嘆之其聲淫液是貪羨之貌言欲舞之前其歌聲何意吟咏長嘆歆羨也○對曰恐不逮事也此是賓牟賈荅孔子之詞所以舞前有此咏歎淫液之歌者象武王伐紂恐諸侯不至不逮及戰事故歌聲吟咏而歆羨此荅是也○注咏歎淫液歌遲之也○正義曰咏歎者謂長聲而歎矣淫液謂音連延而流液不絶之意歌遲之謂作此歌吟思之欲待衆之至也○發揚蹈厲之已蚤何也者此又明是孔子之問初舞之時手足發揚蹈地而猛厲言舞初則然故云已蚤何也意謂舞時發揚蹈厲即大蚤○對曰及時事也者此亦賓牟賈對詞所以發時蚤為發揚蹈厲象武王及時伐紂戰事也故發揚象戰此荅非也知非者下云發揚蹈厲是大公之志故知此荅非也○武坐致右憲左何也者此亦孔子問詞坐跪也致至也軒起也問武人何忽有時而跪以右膝至地而左足仰起何故也○對曰非武坐也此是賓牟賈荅云致右軒左非是武人之坐言以舞法無坐也此荅亦非知者下云武亂皆坐周召之治也是武法有坐故知此荅非也○聲淫及商何也者此亦孔子問詞淫貪也問奏樂之聲何意有貪商之聲也王氏云聲韻歆羨淫液貪商也○對曰非武音也者此賓牟賈之荅非武音謂非是武樂之音賓牟賈言武王應天從人不得已而伐之何容有貪商之聲故言非武音此荅是○注言武至商也○正義曰言武歌在正其軍不貪商者解經非武音言武歌象武王正其軍事不得有貪商之歌故知貪商者非武樂之音也云時人或說其義為貪商也者解經中聲淫及商之義言當時人不曉武音謂此歌聲為貪商故云或說其義為貪商孔子以時人之意而問賓牟賈然時人之說非也孔子大聖應知其非而問之者孔子雖知其非而問賓牟賈是知非而故問矣○子曰若非武音則何音也者賓牟賈既荅貪商非是武音孔子因而問之云貪商之歌若非武樂之音則何音也○對曰有司失其傳也者此賓牟賈荅云有司謂典樂者失傳說也言武樂之歌有貪商之意者是典樂有司失其傳說謂為貪商故時人惑之○若非有司失其傳則武王之志荒矣者賓牟賈又云若非是有司失其傳說將言武王實為貪商則是武王之志荒耄矣言武王荒耄遂有貪商也然武王大聖伐暴除殘何有貪商之意故知有司妄說為貪商使時人致惑○注荒老至耄荒○正義曰按大戴禮云文王年十五而生武王發又文王世子篇云文王九十七而崩則武王九十三而終矣文王受命七年而崩十三年伐紂是文王崩後六年伐紂時武王八十九矣年雖老而大聖不荒耄也書曰王耄荒呂刑文也言穆王享國百年而耄荒證荒為老耄也○子曰唯丘之聞諸萇弘者孔子既得賓牟賈之荅故云聞諸萇弘諸於也聞於萇弘之說○亦若吾子之言是也者謂賓牟賈為吾子者儀禮注云子男子之美稱言吾子相親之詞

賓牟賈起。免席而請曰。夫武之備戒之已久。則既聞命矣。敢問遲之遲而又久。何也。遲之遲謂久立於綴○遲之遲並直詩反徐直尼反

【疏】賓牟至何也○自此以前孔子問賓牟賈自此以後是賓牟賈問孔子此一經是賓牟賈問孔子詞也○免席而請曰者免席謂避席也言賓牟賈前荅孔子雖被孔子所許於前荅之事猶有不曉而反請問孔子故曰免席而請焉○夫武之備戒之已久則既聞命矣者前經是夫子之問賓牟賈前荅其已久之意被孔子所許不得為非是既聞命矣○敢問遲之遲而又久何也者此賓牟賈問孔子之詞遲之遲者賀氏云備戒已久是遲久立於綴亦是遲而又久何意如此

子曰。居。吾語汝。夫樂者。象成者也。揔干而山立。武王之事也。發揚蹈厲。大公之志也。武亂皆坐。周召之治也。居猶安坐也成謂已成之事也揔干持盾也山立猶正立也象武王持盾正立待諸侯也發揚蹈厲所以象威武時也武舞象戰鬭也亂謂失行列也失行列則皆坐象周公召公以文止武也○語魚據反女音汝下且女同大音泰召音邵注及下同治直吏反下注及下同盾遁尹反又音允行戸剛反下同

【疏】子曰至治也○自此以下孔子為賓牟賈說武樂之意并廣明克殷以後之事此一經為賓牟賈說其將舞之事○夫樂者象成者也言作樂者旅象其成功者也揔干而山立者言將舞之時舞人揔持干盾以正立似山不動搖象武王持盾以待諸侯之至也○發揚蹈厲大公之志也者言武樂之舞發揚蹈厲象大公威武鷹揚之志也○武亂皆坐周召之治也者亂謂失行列作此武舞迴移轉動亂失行列皆坐所以坐者象周公召公以文德治之以文止武象周召之治也

且夫武始而北出。再成而滅商。三成而南。四成而南國是疆。五成而分周公左。召公右。六成復綴以崇。成猶奏也每奏武曲一終為一成始奏象觀兵盟津時也再奏象克殷時也三奏象克殷有餘力而反也四奏象南方荆蠻之國侵畔者服也五奏象周公召公分職而治也六奏象兵還振旅也復綴反位止也崇充也凡六奏以充武樂也○夫音扶綴丁劣反又丁衛反注及下同孟本亦作盟音孟

【疏】且夫至以崇○此一經孔子為賓牟賈說武樂六成之意上說三者之事已訖更別廣說武樂故云且夫武始而北出者謂初舞位最在於南頭從第一位而北出者次及第二位稍北出者熊氏云則前云三步以見方見一成也作樂一成而舞象武王北出觀兵也○再成而滅商者謂作樂再成舞者從第二位至第三位象武王滅商則與前文再始以著往為一也○三成而南者謂舞者從第三位至第四位極北而南反象武王克紂而南還也○四成而南國是疆者謂武曲四成舞者從北頭第一位却至第二位象武王伐紂之後南方之國於是疆理也○五成而分周公左召公右者從第二位至第三位分為左右象周公居左召公居右也○六成復綴以崇者綴謂南頭初位舞者從第三位南至本位故言復綴以崇崇充也謂六奏充其武樂象武王之德充滿天下此並熊氏之說也而皇氏不云次位舞者本在舞位之中但到六成而已今舞亦然義亦通也○注成猶至樂也○正義曰成謂曲之終成每一曲終成而更奏故云成猶奏也○云復綴反位止也者謂在南第一位初舞之時從此位入北至六成還反復此位如鄭所注熊氏得之云凡六奏以充武樂也者充謂充備言六奏其曲武樂充備故云六奏以充武樂言武樂充備是功成大平周德充滿於天下也

天子夾振之。而駟伐。盛威於中國也。夾振之者王與大將夾舞者振鐸以為節也駟當為四聲之誤也武舞戰象也每奏四伐一擊一刺為一伐牧誓曰今日之事不過四伐五伐○夾古洽反注及下同鐸大各反一刺本亦作壹刺七亦反

【疏】天子至國也○正義曰天子夾振之者謂武樂之作言天子與大將夾舞者振鐸以節之○而駟伐者駟當為四四伐謂擊刺作武樂之時每一奏之中而四度擊刺象武王伐紂四伐也○盛威於中國也者象武王之德盛大威武於中國也○注夾振至五伐○正義曰王與大將夾舞者振鐸以為節也者經云天子夾振是兩邊相夾天子與大將相對明是尊者故知王與大將也經云振之鐸是所振之物故知振鐸以為舞者之節也武樂在庭天子尊極所以得親夾舞人為振鐸者熊氏按祭統云君執干戚就舞位冕而揔干率其羣臣以樂皇尸又下云食三老五更於大學冕而揔干尚得親舞何以不得親執鐸乎此執鐸為祭天時也皇氏云武王伐紂之時王與大將親自執鐸以夾軍衆今作武樂之時令二人振鐸夾舞者象武王與大將伐紂之時矣皇氏此說稍近人情理通勝於熊氏但注云王與大將夾舞者則似天子親夾舞人則皇氏說不便未知孰是故備存焉王肅讀天子上屬謂作樂六成尊崇天子之德矣按聖證論王肅引家語而難鄭云六成而復綴以崇其為天子此家語之文也馬昭申鄭意云凡樂之作皆所以昭天子之德豈特六成之末而崇之乎孔晁又難馬昭云天子夾振用舞之法在於經典今謂天子夾振此經之正文又親舞揔干具如熊氏之說此則經典之證也云駟當為四聲之誤也者以牧誓有四伐之文故讀為四也云每奏四伐者武樂六奏每一奏之中舞者以戈矛四度擊刺象伐紂時也引牧誓曰今日之事不過四伐五伐者此武王戒誓士衆云今日戰事前進不得過四伐五伐乃止齊焉今武樂惟用四伐不用五伐者尚其少也

分夾而進。事蚤濟也。分猶部曲也事猶為也濟成也舞者各有部曲之列又夾振之者象用兵務於早成也○分扶問反注分部曲同久立於綴。以待諸侯之至也。象武王伐紂待諸侯也且女獨未聞牧野之語乎。欲語以作武樂之意○牧野音也徐又以汝反欲語魚據反

武王克殷。反商。未及下車。而封黃帝之後於薊。封帝堯之後於祝。封帝舜之後於陳。下車而封夏后氏之後於杞。投殷之後於宋。封王子比干之墓。釋箕子之囚。使之行商容而復其位。庶民弛政。庶士倍祿。濟河而西。馬散之華山之陽。而弗復乘。牛散之桃林之野。而弗復服。車甲衅而藏之府庫。而弗復用。倒載干戈。包之以虎皮。將帥之士。使為諸侯。名之曰建櫜。然後天下知武王之不復用兵也。反商當為及字之誤也及商謂至紂都也牧誓曰至于商郊牧野封謂故無土地者也投舉徙之辭也時武王封紂

子武庚於殷墟所徙者微子也後周公更封而大之積土爲封封比干墓崇賢也行猶視也使箕子視商禮樂之官賢者所處皆令反其居也弛政去其紂時苛政也倍祿復其紂時薄者也散猶放也桃林在華山旁甲鎧也衅釁字也包干戈以虎皮明能以武服兵也建讀爲鍵字之誤也兵甲之衣曰櫜鍵櫜言閉藏兵甲也詩曰載櫜弓矢春秋傳曰垂櫜而入周禮曰櫜之欲其約也薊或爲續祝或爲鑄○反依注音及封黃帝之後於薊音計今涿郡薊縣是也即燕國之都也孔安國司馬遷及鄭皆云燕國郡邵公與周同姓按黃帝姓姬君奭蓋其後也或黃帝之後封薊者滅絕而更封燕郡乎疑不能明也而皇甫謐以邵公爲文王之庶子記傳更無所出又左傳富辰之言亦無燕也祝之六反杞音起使之行下孟反注同視也商容如字孔安國云殷之賢人也鄭云商禮樂之官也復音伏弛始氏反注同廢也華如字又戶化反而弗復扶又反下同衅字又作釁同許靳反倒丁老反建依注讀爲鍵其展反徐其偃反櫜音羔注同虛音墟令力呈反去起呂反苛音何本又作荷役也鎧苦代反又開改反鑄止樹反【疏】分夾至兵也○正義曰分夾而進事蚤濟也者分謂部分夾謂振鐸夾之言舞者各有部分振鐸夾之而進也事爲也象武王伐紂爲蚤濟成也象爲事之蚤成故前進也○久立於綴以待諸侯之至也者言未舞之前舞者久立於酇綴象武王待諸侯之至○且女獨未聞牧野之語乎孔子既爲賓牟賈說武樂之體也又欲爲賓牟賈廣論牧野作武樂之意故云且女獨未聞牧野之語乎將欲語以牧野之事畢周道四達之意也○武王克殷反商此孔子爲賓牟賈說牧野克殷後事反商者反當爲及言武王牧野克殷巳畢及至商紂之都也○未及下車者言速封諸侯未遑暇及下車即封黃帝堯舜之後也下車而封夏殷之後者以二王之後以其禮大故待下車而封之按周本紀云武王以與戰伐紂兵皆崩畔武王既入至紂死所周公把大鉞畢公把小鉞以夾武王武王既入立於社南召公奭贊采師尚父牽牲尹逸祝曰殷之末孫季紂殄廢先王明德又云乃封紂子祿父使其弟管叔蔡叔相祿父命召公釋箕子之囚命畢公釋百姓之囚表商容之閭命南宮适散鹿臺之財發鉅橋之粟命閎夭封比干之墓武王追思先聖乃褒封神農之後於焦及封黃帝之後於薊封帝堯之後於祝封帝舜之後於陳大禹與此同然如武王追思先聖乃封之與此未及下車義反當以禮記爲正此不云封神農者舉三恪二代也○釋箕子之囚使之行商容而復其位者既釋箕子使之行商容者行視也容謂禮樂之官使箕子檢視殷家禮樂之官若有賢者所處皆令復居其故位也○庶民弛政者弛去也庶民被紂虐政者而放去之也○庶士倍祿者謂庶士紂時祿薄者而倍益之○車甲衅而藏之府庫者言車甲不復更用故以血衅而藏之○倒載干戈者倒載而還鎬京也所以倒之者熊氏云凡載兵之法皆刃向外今倒載者刃向國不與常同故云倒載也○包之以虎皮者虎皮武猛之物也用此虎皮包裹兵器示武王威猛能包制服天下兵戈也或以虎皮有文欲以見文止武也○將帥之士使爲諸侯名之曰建櫜者封爲諸侯者以報勞賞其功也即牧誓云千夫長是也名之曰建櫜者鍵籥牡也櫜兵鎧之櫜也言鎧及兵戈悉櫜韜之置於府庫而鍵閉之故云名之曰建櫜也然後天下知武王之不復用兵也者見其放牛藏器故知之○注反當至約也○正義曰反當爲及者以下文云濟河而西明知此反商是及至商也云投舉徙之詞也者以武王之時封紂子武庚於殷墟初克紂微子復其故位左傳云武王親釋其縛使復其所是也而暫時復所武王即徙而居宋也故云所徙者微子也云後周公更封而大之者以武庚于周公居攝之時作亂被滅周公因封微子先在於宋更封而大之者按書序云成王既黜殷命命微子啟作微子之命是封而大之其實封爲五百里在制禮之後故發墨守云六年制禮作樂封殷之後稱公於宋是也云使箕子視商禮樂之官者容爲禮樂故云視商禮樂之官知容爲禮樂者漢書儒林傳云孝文時徐生善爲容是善禮樂者謂之容也而武成篇云式商容閭則商容人名鄭不見古文故爲禮樂也云衅釁字也者以禮傳所云以血塗物皆爲釁故從釁也云建讀爲鍵者鍵是管籥閉藏之名故讀爲鍵或以管籥或以櫜衣閉藏兵革故云鍵櫜也引詩曰載櫜弓矢者詩頌時邁篇也論武王伐紂畢載櫜弓矢也引春秋傳垂櫜而入者昭元年左傳文時楚公子圍聘於鄭公孫段云請垂櫜而入示無弓但垂櫜而已引周禮櫜之欲其約也者考工記文言以皮爲甲櫜中盛之欲其約所引此諸文者證櫜是韜盛之物也

散軍而郊射。左射貍首。右射騶虞。而貫革之射息也。裨冕搢笏。而虎賁之士說劍也。祀乎明堂。而民知孝。朝覲。然後諸侯知所以臣。耕藉。然後諸侯知所以敬。五者。天下之大教也。

郊射爲射宮於郊也左東學也右西學也貍首騶虞所以歌爲節也貫革射穿甲革也裨冕衣裨衣而冠冕也裨衣衮之屬也搢猶插也賁憤怒也文王之廟爲明堂制耕藉藉田也○郊射食亦反左射下右射同沈皆食夜反貍力之反騶側由反貫古亂反後同裨婢支反搢音進笏音忽賁音奔注同孔安國云虎賁若虎賁獸言其猛也說吐活反朝直遙反射穿食亦反衣裨衣上於既反下如字而冠古亂反猶捷本亦作插初洽反徐采協反憤扶粉反

食三老五更於大學。天子袒而割牲。執醬而饋。執爵而酳。冕而揔干。所以教諸侯之弟也。

三老五更互言之耳皆老人更知三德五事者也冕而揔干親在舞位也周名大學於東膠○食音嗣更古衡反注同大學音泰注大學同饋其媿反酳音胤又仕覲反弟大計反膠音交【疏】散軍至弟也此一經論克商之後脩文教也○散軍而郊射者還鎬京止武而習文也郊射射於射宮在郊學之中也天子於郊學而射所以擇士簡德也○左射貍首者左東學也亦在於東郊貍首諸侯之所射詩也周立虞庠之學於西郊故知使諸侯習射於東學歌貍首詩也所以歌貍首者皇氏以爲舊解云貍之取物則伏下其頭然後必得言射亦必中如貍之取物矣鄭注大射云貍首逸詩貍之言不來也其詩有射諸侯首不朝者之言因以名篇不取於貍之伏物而皇氏所說違鄭注其義非也○右射騶虞者右是西學在西郊也騶虞天子於西學中習射也騶虞白虎黑文義應之獸也故知唯天子射歌之詩其騶虞篇云彼茁者葭一發五豝鄭注射義云一發五豝喻得賢者多也○而貫革之射息也者貫穿也革甲鎧也所謂軍射也言軍中不習於容儀又無別物但取甲鎧張之而射唯穿多重爲善謂爲貫革也春秋養由基射七札是也此旣習禮射於學故貫革之射止息也○裨冕搢笏而虎賁之士說劍也者裨冕入廟之服也搢笏插笏也虎賁言奔走有力如虎之在軍說劍者既並習文故皆說劍也○祀乎明堂而民知孝者罷武而教民之行孝於明堂明堂是文王之廟也於時未有明堂而云明堂者文王廟如明堂之制故云明堂也天子於中祀其父也故教民知孝之道矣然不於后稷廟而於文王廟者既是述父之志故初於中祀也○朝覲然後諸侯知所以臣者六服更朝故諸侯知爲臣之道還國而教也○耕藉然後諸侯知所以敬者王自耕藉田以供粢盛故諸侯見而知其敬亦還國而耕也○五者天下之大教也者郊射一裨冕二祀乎明堂三朝覲四耕藉五此五者大益於天下並使諸侯還其本國而爲教故云大教也○注郊射至田也○正義曰郊射爲射宮於郊者也皇氏云於東郊熊氏云王制篇云殷禮小學在公宮南之左大學在郊武王伐紂之後猶用殷制故小學射貍首大學射騶虞也言爲射宮於郊者據大學也云裨冕衣裨衣而冠冕也者覲禮云侯氏裨冕鄭云裨之爲言埤也天子六服大裘爲上其餘爲埤故此云裨衣衮之屬也衮謂從衮冕之衣以下皆是也言身著衣而首冠冕故云裨冕衣裨衣而冠冕也云文王之廟爲明堂制者以周公攝政六年始朝諸侯於明堂當武王伐紂之時未有明堂今云祀乎明堂故知是文王之廟制耳非正明堂也○天子袒而割牲者謂天子養三老五更之時親袒衣而割牲也○執醬而饋者謂天子親執醬而饋之○執爵而酳者謂食訖天子親執爵而酳口也○冕而揔干者謂天子親自著冕手持干盾而親舞也此冕當鷩冕享先公以饗射養老之類所以教諸侯之弟也者天子親自養老則諸侯亦然不言教以孝者與上互文○注三老至東膠○正義曰三老五更互言之耳者三老亦五更五更亦三老故云皆老人更知三德五事者也三德謂正直剛柔五事謂貌言視聽思也文王世子注云象三辰五星者義相包矣云周名大學曰東膠者按王制云周人養國老於東膠以養國老故知大學也此經云食三老五更於大學亦謂殷禮周則布射騶虞之處矣

若此。則周道四達。禮樂交通。則夫武之遲久。不亦宜乎。

言武遲久爲重禮樂○夫音扶爲于僞反【疏】若此至宜乎○若如也言周德如此之後則是周之道德四方通達禮樂交通無所不備也則夫武之遲久不亦宜乎者凡功小者易就其時速也功大者難成其時久也周之禮樂功大故作此大武之樂遲停而久不亦宜乎者其宜合當然也以其功德盛大故須遲久重慎之也

君子曰。禮樂不可斯須去身。致樂以治心。則易直子諒之心。油然生矣。易直子諒之心生。則樂。樂則安。安則久。久則天。天則神。天則不言而信。神則不怒而威。致樂以治心者也。

致猶深審也子讀如不子之子油然新生好貌也善心生則寡於利欲寡於利欲則樂矣志明行成不言而見信如天也不怒而畏如神也樂由中出故治心○易以豉反下及注皆同子諒子如字徐將吏反諒音亮油音由行下孟反下同【疏】君子至者也○正義曰自此以下至可謂盛矣名爲樂化言樂能化人始至於善故名樂化各隨文解之○此一經明樂以治心記者引君子之言故云君子曰禮樂不可斯須去身者言禮樂是治身之具不可斯須去離於身也○致樂以治心則易直子諒之心油然生矣者致謂深致詳審易謂和易直謂正直子謂子愛諒謂誠信言能深遠詳審此樂以治正其心則和易正直子愛誠信之心油然從內而生矣言樂能感人使善心生也○易直子諒之心生則樂者四善之心生則

今人和樂樂則安者心樂故體安而不躁也○安則久者既身不躁故性命長久也○久則天者志明行成久而不改則人信之如天○天則神者既爲人所信如天故又爲人所畏如神也○天則不言而信者謂四時不失○神則不怒而威者言宗廟社稷之中而民自敬是不怒而威也言聖王既能用樂和心故不言而信似天也不怒而威似神也致樂以治心者也言聖王所以能如此者由詳審於樂以和治民心遂能如此○注致猶至治心○正義曰致猶深審也者言深遠詳審樂之道理能致至如此故云致猶深審也云子讀如不子之子者按尚書云啟呱呱而泣予弗子是子愛之義而此經子亦是慈愛故讀如不子之子云油然新生好貌也書傳箕子歌云禾黍之油油潤澤好之貌然善心內生其貌美好油然也云善心生則寡於利欲者凡利欲之發由貪鄙而來心若思利欲則心神勞形苦今善心既生則利欲寡少貪鄙既少則情性和樂云志明行成者不貪於利用是志意清明神和性樂是善行得成矣云不言而見信如天也不怒而見畏如神也者以其志明行成之後故人皆信其德行敬其威重不須言見信之如天不須怒而見畏如神也但天之與神其事是一俱不言而信不怒而威天則有形事似稍近神則無體理如幽深故經先云久則天後云天則神也但天者四時不失故云不言而信神是人所畏敬故云不怒而威其實一也所從之異耳云樂由中出故治心者解樂以治心之意也

致禮以治躬則莊敬，莊敬則嚴威。躬身也禮自外作故治身

心中斯須不和不樂，而鄙詐之心入之矣。鄙詐是貪多詐僞

外貌斯須不莊不敬，而易慢之心入之矣。易輕易也

〔疏〕致禮至之矣。○致禮以治躬則莊敬莊敬則嚴威者前經云致樂此經云致禮而治躬謂致禮意以治躬外貌則莊嚴而恭敬若能莊嚴而恭敬則嚴肅威重也言內心莊嚴恭敬則人懼之嚴肅威重○心中斯須不和不樂而鄙詐之心入之矣者前經明致樂治心則向善心生此經明樂治心失則怨心起言不能致樂治心心中斯須不能調和則不能喜樂而有鄙惱詐僞之心入於內矣由貪欲多故鄙詐起也○外貌斯須不莊不敬而慢易之心入之矣者前經致禮以治躬得則莊敬起此經明致禮以治躬失則易慢生故云外貌斯須不莊不敬不能致禮治躬故輕易怠慢之心從外而入內矣

故樂也者，動於內者也；禮也者，動於外者也。樂極和，禮極順。內和而外順，則民瞻其顏色而弗與爭也，望其容貌而民不生易慢焉。故德煇動於內，而民莫不承聽；理發諸外，而民莫不承順。德煇顏色潤澤也理容貌之進止也○爭爭鬭之爭煇音煇

〔疏〕故樂至承順。○此一經言聖人用禮樂以治身內外兼備使德煇動於內而民順於外○故樂也者動於內者也者但樂從心起故感動於內○禮也者動於外者也禮從外生故發動於外也○樂極和者樂能感人心故極益於和也○禮極順者禮以檢貌故極益於順也○內和而外順則民瞻其顏色而弗與爭也者由心內和色見於外順之故望其顏色而弗與爭內和色見於外故不爭矣此覆結上內和也○望其容貌而民不生易慢焉者外貌和順故民不生易慢此覆結外順也○故德煇動於內而民莫不承聽者由樂以和心故德煇美發動於內而民莫不承奉聽從也○理發於外而民莫不承順者由禮以治貌故理發見於外而民莫不承奉敬順也○注德煇至止之○正義曰德煇顏色潤澤也由內心和順故和順之德煇然發見於顏色是德煇由動於內而來也云理容貌之進止也者以經云理發諸外凡道理從內心而生今云理發諸外非道理之理止謂容貌進止之理鄭恐有道理之嫌故云容貌之進止也

故曰致禮樂之道，舉而錯之天下無難矣。〔疏〕故曰至難矣。○此一經總結致備禮樂之道也言聖人若能詳審極致禮樂之道舉而錯置於天下悉皆敬從無復有難爲之事也

樂也者，動於內者也；禮也者，動於外者也。故禮主其減，樂主其盈。禮主於減人所倦也樂主其盈人所歡也○錯本亦作措同七路反減胡斬反又古斬反注及下同

禮減而進，以進爲文；樂盈而反，以反爲文。進謂自勉強也反謂自抑止也文猶美也善也○強其丈反又其兩反

禮減而不進則銷，樂盈而不反則放。故禮有報，而樂有反。放淫聲樂不能止也報讀曰褒褒猶進也○銷音消報依注讀曰褒音保毛反下同

禮得其報則樂，樂得其反則安。得謂曉其義知其吉凶之歸○樂樂上音洛下音岳

禮之報、樂之反，其義一也。俱趨立於中不銷不放也

〔疏〕樂也至一也。○此一節論樂之體或減或盈其事各異王者當各依其事而和節之也○故禮主其減者行禮在於困匱主在減損謂人不能行也○樂主其盈者作樂人所歡樂言樂主於盈滿人皆欲得聞也○禮減而進以進爲文者禮既減損當須勉厲於前進文謂美善之名若能前進則爲美善也○樂盈而反以反爲文者樂主其盈當須抑退而自反則爲美善也○禮減而不進則銷者覆明前經禮須進之意禮既減損若不勉強自進則禮道銷衰也○樂盈而不反則放者言樂主盈滿若不反自抑損則樂道流放也○故禮有報而樂有反者報讀爲褒褒猶進也以其病害如此故行禮之道須有自進作樂之道須有自退反也○禮得其報則樂者言禮能曉其義理而自進則和樂不至困苦故和樂也○樂得其反則安者言樂能知吉凶之歸而得其反則安靜而不流放也○禮之報樂之反其義一也者言禮能自進樂能自反其義於中和之義一也言俱得其中故云一也○注得謂至之歸○正義曰得謂曉其義者言禮樂俱有義理云知其吉凶之歸者謂禮之與樂俱有吉凶行禮得所爲吉失禮則凶爲樂美善則吉爲樂惡則凶今按注意分明兼解禮樂故鄭唯言得謂曉其義是兼解禮得樂得之字則自然吉凶之言解禮樂皇氏之意乃謂曉其義者解禮知其吉凶所歸解樂其義非也夫樂至此矣從此以下至章末摠明樂之德也

夫樂者，樂也，人情之所不能免也。樂必發於聲音，形於動靜，人之道也。聲音動靜，性術之變，盡於此矣。免猶自止也人道人之所爲也性術言此出於性也盡於此不可過

〔疏〕夫樂至此矣。○夫樂者樂也者言樂之爲體是人情所歡樂也人情之所不能免也者免猶止退也言喜樂動心是人情之所不能自抑退也樂必發於聲音者言人歡樂之事發見於聲音言內心歡樂聲音發見前嗟歎之咏歌之是也○形於動靜者形見也內心歡樂發見於外貌動靜則不知手之舞之足之蹈之是也○人之道也者謂內心歡樂發見聲音動靜是人道自然之常○聲音動靜性術之變盡於此矣者術謂道路變謂變動言口爲聲音貌爲動靜是人性道路之變轉竭盡於此矣而不可過也內心善則變轉出音聲善外貌變轉爲動靜此自然情性爲變改不過於此度此外不復更有餘事故云盡於此矣

故人不耐無樂，樂不耐無形，形而不爲道，不耐無亂。形聲音動靜也耐古書能字也後世變之此獨存焉古以能爲三台字○耐古能字下及注同台味才反

〔疏〕故人至無亂。○此一節明人稟自然之性而有喜樂○故人不耐無樂者言人感五常之性自然之常若見好事內心不能無喜樂也○樂不耐無形者內既歡樂不能無形見於外謂聲音動靜而見於外也○形而不爲道不耐無亂者歡樂既形於外而不依道理或歌舞不節俾晝作夜是不依道理既不爲道不能無淫亂之事以至於亡國喪家也○注耐古至台字○正義曰言經之耐字是古書能字之義言古書能字皆作耐字云後世變之者言後世以來變耐爲能不作耐字也云此獨存焉者言此樂記獨存耐字以爲能也云古以能爲三台字者言古時以今能字爲三台之字是古者之耐字爲今之能字能字爲三台之字後世以來廢古耐字以三台之能替耐字之變而爲能也又更作三台之字是今古變也

○先王恥其亂，故制雅頌之聲以道之，使其聲足樂而不流，使其文足論而不息，使其曲直繁瘠廉肉節奏足以感動人之善心而已矣。不使放心邪氣得接焉。是先王立樂之方也。流謂淫放也文篇辭也息猶銷也曲直歌之曲折也繁瘠廉肉聲之鴻殺也節奏闋作進止所應也方道也○以道音導瘠在亦反肉如又反注同邪似嗟反折之設反鴻本亦作洪殺色戒反徐所例反闋苦穴反

〔疏〕先王至方也。○此一節論先王恥惡其亂故立正樂以節之使其聲足樂而不流者言先王制其雅頌之聲作之有節使人愛樂不至流逸放蕩也○使其文足論而不息者文謂樂之篇章足可談論義理而不息止也使其曲直繁瘠廉肉節奏足以感動人之善心而已矣者曲謂聲音迴曲直謂聲音放直繁謂繁多瘠謂省約廉謂廉稜肉謂肥滿節奏謂或作或止作則奏之止則節之言聲音之內或曲或直或繁或瘠或廉或肉或節或奏隨分而作以會其宜但使會其宜足以感動人之善心如此而已○不使放心邪氣得接焉者放心謂放恣之心邪氣謂淫邪之氣既節之以雅頌又調之以律呂貌得其敬心得其和故放心邪氣不得接於情性矣○是先王立樂之方也者方猶道也言此上來之事是先王立樂之道也○注流猶至道也○正義曰此流猶淫放也者謂樂聲流動淫邪放逸聲既如此感動人心人若聽之心亦流移淫放也云息猶銷也言樂德深遠論量義理而不可銷盡故云論而不息云曲直歌之曲折也言爲歌之體其聲須有曲時有折時故云歌之曲折也云繁瘠廉肉聲之鴻殺也者鴻謂麤大殺謂細小言樂聲須弘大而多則肉與繁聲是也殺謂聲音細小則瘠與廉聲是也言聲音

之宜或須繁多肉滿者或須瘠少廉瘦者凡樂器大而弦麤者其聲鴻器小而弦細者其聲殺矣云節奏闋作進止所應也闋謂樂息作謂樂動進則作也止則闋也故云進止所應也〇是故樂在宗廟之中。君臣上下同聽之。則莫不和敬。在族長鄉里之中。長幼同聽之。則莫不和順。在閨門之內。父子兄弟同聽之。則莫不和親。故樂者。審一以定和。比物以飾節。節奏合以成文。所以合和父子君臣。附親萬民也。是先王立樂之方也。審一審其人聲也比物謂雜金革土匏之屬也以成文五聲八音克諧相應和〇長丁丈反閨音圭比毗志反注同雜也飾音式又音勑〔疏〕是故至方也〇此一經覆説聖王立樂之事使君臣上下同聽之則莫不和敬者以君臣主敬故君臣上下同聽之則莫不和敬也鄉里主順故云莫不和順父子主親故云莫不和親也〇故樂者審一以定和者一謂人聲言作樂者詳審人聲以定調和之音但人聲雖一其感有殊或有哀樂之感或有喜怒之感當須詳審其聲以定調和之曲矣〇比物以飾節者物謂金石匏土之屬言須比八音之物以飾音曲之節也〇節奏合以成文者謂奏作其樂或節止其樂使音聲和合成其五聲之文也所以合和父子君臣者則上文君臣同聽莫不和敬父子同聽莫不和親是也〇附親萬民也者則上文族長鄉里之中長幼同聽莫不和順之屬言親以及疏言近以至遠是親附萬民也故聽其雅頌之聲。志意得廣焉。執其干戚。習其俯仰詘伸。容貌得莊焉。行其綴兆。要其節奏。行列得正焉。進退得齊焉。故樂者。天地之命。中和之紀。人情之所不能免也。綴表也所以表行列也詩云荷戈與綴兆域也舞者進退所至也要猶會也命教也紀揔要之名也〇詘丘勿反要一遥反注要猶會同行戶剛反注同荷本又作何胡可反一音河綴詩作祋同都外反〔疏〕故聽至免也〇此一經論先王制樂得天地之和則感動人心使之和善〇故聽其雅頌之聲志意得廣焉者雅以施正道頌以贊成功若聽其聲則淫邪不入故志意得廣焉〇執其干戚習其俯仰詘伸容貌得莊焉者干戚是威儀之容俯仰詘伸以禮進退動止必以禮故容貌得莊敬焉〇行其綴兆要其節奏行列得正焉進退得齊焉者綴表也兆域也言舞者綴表兆域方正得其所矣節謂曲節奏謂動作言作樂或節或奏是依其綴兆故行列得正由隨其節奏故進退得齊焉〇故樂者天地之命者命教也言樂者感天地之氣是天地之教命也〇中和之紀者紀謂綱紀揔要之所言樂和律呂之聲是中和紀綱揔要之所言也〇人情之所不能免也者人感天地而生又感陰陽之氣樂既合天地之命協中和之紀感動於人是人情不能自免退言人感樂聲自然敬畏也〇注綴表至名也〇正義曰引詩云荷戈與綴者證綴爲表也今按詩荷戈與祋不同者蓋鄭所見齊魯韓詩本不同也云紀揔要之名也者紀是綱紀衆物之名與衆物爲揔要言樂者與中和之聲爲揔要也夫

樂者。先王之所以飾喜也。軍旅鈇鉞者。先王之所以飾怒也。故先王之喜怒。皆得其儕焉。儕猶輩類〇鈇方夫反又音甫鉞音越儕仕皆反輩布內反喜則天下和之。怒則暴亂者畏之。先王之道。禮樂可謂盛矣。天子之於天下喜怒節之以禮樂則兆民和從而畏敬之禮樂王者所常興則盛矣〔疏〕夫樂至盛矣〇此一經覆説樂道之盛〇故先王之喜怒皆得其儕焉者言樂以飾喜非喜不樂是喜得其儕類焉鈇鉞飾怒非怒不可横施鈇鉞是怒得其儕類焉是樂非合喜不喜鈇鉞非合怒不怒也〇喜則天下和之者以心內而喜故天下和也〇怒則暴亂者畏之者非惡不怒故暴亂者畏之〇先王之道禮樂可謂盛矣者上經以來但論樂此兼云禮者以此一章揔兼禮樂故於章末揔以禮樂結之〇子贛見師乙而問焉。曰。賜聞聲歌各有宜也。如賜者。宜何歌也。子贛孔子弟子師樂官也乙名聲歌各有宜氣順性也〇贛音貢師乙曰。乙賤工也。何足以問所宜。請誦其所聞。而吾子自執焉。樂人稱工執猶處也〇請七穎反徐音情愛者。宜歌商。溫良而能斷者。宜歌齊。夫歌者。直己而陳德也。動己而天地應焉。四時和焉。星辰理焉。萬物育焉。故商者。五帝之遺聲也。寬而靜。柔而正者。宜歌頌。廣大而靜。疏達而信者。宜歌大雅。恭儉而好禮者。宜歌小雅。正直而靜。廉而謙者。宜歌風。肆直而慈愛。此文換簡失其次寬而靜宜在上愛者宜歌商宜承此下行讀云肆直而慈愛者宜歌商商宋詩也愛或爲哀直已而陳德者因其德歌所宜育生也〇斷丁亂反下及注同好呼報反換戶亂反行戶剛反商之遺聲也。商人識之。故謂之商。齊者。三代之遺聲也。齊人識之。故謂之齊。云商之遺聲也衍字也又誤上所云故商者五帝之遺聲也當居此衍字處也〇處昌慮反明乎商之音者。臨事而屢斷。明乎齊之音者。見利而讓。屢數也數斷事以其肆直也見利而讓以其溫良能斷也斷猶決也〇屢力住反數色角反下同臨事而屢斷。勇也。見利而讓。義也。有勇有義。非歌孰能保此。保猶安也知也故歌者。上如抗。下如隊。曲如折。止如槀木。倨中矩。句中鉤。纍纍乎端如貫珠。言歌聲之著動人心之審如有此事〇上時掌反抗苦浪反隊直媿反折之設反槀苦老反倨音据中丁仲反句紀具反鉤古侯反纍本又作累力追反故歌之爲言也。長言之也。説之。故言之。言之不足。故長言之。長言之不足。故嗟歎之。嗟歎之不足。故不知手之舞之。足之蹈之也。長言之引其聲也嗟歎和續之也不知手之舞之足之蹈之歡之至也〇説音悅和胡卧反子貢問樂。上下同美之也〔疏〕子貢至問樂〇正義曰子貢見師乙依別錄是師乙之章〇聞聲歌各有宜也者子貢問師乙言凡聲歌各逐人性所宜者也如賜者宜何歌也者如賜同之氣性宜作何歌是欲令師乙觀已氣性宜聽何歌也請誦其所聞而吾子自執焉者此師乙荅子貢請爲論述不敢定其所宜故請誦其所聞之詩令子貢自量已性執處所宜之歌但此經倒錯上下失敘今依鄭之所注次而解之所次依史記樂書也〇寬而靜柔而正者宜歌頌者寬謂德量寬大靜謂安靜柔謂和柔正謂正直頌成功德澤弘厚若性寬柔靜正者乃能包含故宜歌頌也〇廣大而靜疏達而信者宜歌大雅者廣大謂志意宏大而安靜疏達謂疏朗通達而誠信大雅者歌其大正故性廣大疏達直歌大雅但廣大而不寬疏達而不柔以包容未盡故不能歌頌〇恭儉而好禮者宜歌小雅者恭謂以禮自持儉謂以約自處若好禮而動不越法也小雅者王者小正性既恭儉好禮而守分不能廣大疏通故宜歌小雅者也〇正直而靜廉而謙者宜歌風者正直而不能包容靜退即不知機變廉約自守謙恭卑退不能好禮自處其德狹劣故宜歌諸侯之風未能聽天子之雅矣〇肆直而慈愛者宜歌商者謂情性肆放質直慈心愛養者宜歌商商者五帝之遺聲言五帝道大故肆直慈愛者宜歌之以慈愛故也〇溫良而能斷者宜歌齊者齊三代之遺聲三代干戚所起裁斷是非故溫良能斷者宜歌齊也〇夫歌者直已而陳德也者言夫歌者當直已身而陳論其德謂已有此德而宜此歌亦是正直已身而敷陳其德故云直已而陳德也〇動已而天地應焉者言能直已陳德故有四事而來應之言歌者運動已德而天地應焉〇四時和焉者謂陰陽順也〇星辰理焉者謂不悖逆也〇萬物育焉者謂羣生所得也〇故商者五帝之遺聲也者言五帝德既顯盛遺聲在於後代矣其肆直而慈愛者宜聽之耳未能行五帝之德也〇商之至之齊商之遺聲也者此五字鄭云衍字者上已有商者五帝遺聲故此云商人識之故云謂之商矣〇齊者三代之遺聲者前經云溫良而能斷者宜歌齊故此云齊者三代之遺聲也〇齊人識之既識其音曲故謂之齊矣言三王德備五帝道盛但遺聲於後代故溫良而能斷者宜歌之言宜聽歌聲非謂能行三代之德也〇明乎商之音者以其肆直而慈愛故臨事屢斷也〇明乎齊之音者見利而讓者以其溫良能斷故見利而讓不私於已也〇臨事而屢斷勇也者臨危疑之事數能斷割是勇也〇見利而讓義也者言見利能讓是有義也〇有勇有義非歌孰能保此者保猶安也知也故有勇有義之人不是歌聲辨之誰能知其有勇有義言觀其所宜之歌宜歌商者知其有勇宜歌齊者知其有義〇故歌至貫珠此一經論感動人心形狀如此諸事〇上如抗者言歌聲上饗感動人意使之如似抗舉也〇下如隊者言音聲下響感動人意如似隊落之下也〇曲如折者言音聲迴曲感動人心如似方折也〇止如槀木者言音聲止靜感動人心如似枯槀之木止而不動也〇倨中矩者言其音聲雅曲感動人心如中當於矩也〇句中鉤者謂大屈也言

音聲大屈曲感動人心如中當於鉤也○纍纍乎端如貫珠者言聲之狀纍纍乎感動人心端正其狀如貫於珠言聲音感動於人令人心想形狀如此○○故歌至之也上論歌之形狀此論歌之始終相生至於舞蹈○故歌之爲言也長言之也者言歌之爲言引液其聲長遠而言之○說之故言之者此更覆說歌意前境有可說之事來感已情則言之○言之不足故長言之者直言之不足更宜暢已意故引液長言之也長言之不足故嗟歎之者以長言永歌之意猶不足故嗟歎之美而和續之○嗟歎之不足故不知手之舞之足之蹈之也者言雖復嗟歎情由未滿故不覺揚手舞之舉足蹈之而手舞其體足蹈其地也之是助句辭也按詩云先嗟歎後云咏歌之此先云長言之後云嗟歎之文先後不同者何也但詩序是屬文之體又略言之故彼云言之不足故嗟歎之嗟歎之不足故永歌之此經委曲說歌之狀其言備具故言之言之不足故長言之長言之不足故後始云嗟歎之矣○注商宋詩也○正義曰以下文商人識之齊人識之皆據其代也故知此商謂宋人所歌之詩宋是商後也○注云商至處也○正義曰此經中商之遺聲也五字言無此五字以上經云商者五帝之遺聲故此經不得更有商之遺聲也故知衍字云商者五帝之遺聲也當居此衍字處也者前云商者五帝之遺聲當居此商之處也

禮記注疏卷三十九挍勘記　阮元撰盧宣旬摘錄

樂記

今夫新樂節

及優侏傳　閩監毛本同岳本同衛氏集說同陳澔集說同惠棟挍宋本傳作儒石經宋監本嘉靖本同釋文出傳云音儒

獶雜子女　各本同石經同盧文弨云獶當作獿按釋文亦作獶云依字亦作猱○按依說文當作夒猱卽夒字夒聲柔聲古音同部

今夫至發也　惠棟挍宋本無此五字

此經明子夏　閩監毛本同惠棟挍宋本此經上有正義曰三字

對文侯新樂之禮　惠棟挍宋本同閩監毛本禮誤體衛氏集說同

俱曲屈進退而已　閩監毛本同惠棟挍宋本曲屈作屈曲

今君之所問者樂也節　惠棟云今君之所問節宋本分文侯曰以下另爲一節

鏗鏘之類　閩監毛本同岳本同嘉靖本同衛氏集說同釋文鏘作鏘

今君至何如　惠棟挍宋本無此五字

前兩經　閩監毛本同考文云宋板上有正義曰三字

謂音聲也　考文云宋板作也此本也字闕閩監毛本也作耳

音則心邪聲亂　閩監本同毛本心聲二字互誤

○文侯曰　閩監本同毛本○誤古考文云宋板無古字

子夏對曰夫古者節

當謂樂不失其所　各本同盧文弨云史記集解無樂字○案正義亦無樂字

照臨四方曰明　各本同釋文出炤臨云本亦作照

子夏至謂也　惠棟挍宋本無此五字此本○下脫正義曰三字

今君之所好者節

今君至出也　惠棟挍宋本無此五字

上既云　閩監毛本同惠棟挍宋本上有正義曰三字

子夏對曰鄭音好濫節

齊音敖辟　各本同石經同釋文出傲云字又作敖○按古多假敖爲傲

子夏至用也　惠棟挍宋本無此五字

此一節　閩監毛本同惠棟挍宋本上有正義曰三字

好濫相偷竊　閩監毛本同衛氏集說同惠棟挍宋本濫作比

詩云肅雍和鳴節

肅雍和鳴　閩監毛本同石經同岳本同嘉靖本同衛氏集說雍作雝陳澔集說同石經考文提要云按詩考列之詩異字異義中宋大字本宋本九經南宋巾箱本余仁仲本劉叔剛本並作雝下雍雍和也同

此一節　閩監毛本同惠棟挍宋本上有正義曰三字

爲人君者節

此經明子夏　閩監毛本同惠棟挍宋本上有正義曰三字

釋言文也　惠棟挍宋本此下標禮記正義卷第四十八終記云凡二十七頁

然後聖人作爲節　惠棟挍宋本自此節起至子贛見師乙而問焉節止爲第四十九卷卷首題禮記正義卷第四十九

壎篪　閩本同惠棟挍宋本宋監本石經岳本衛氏集說釋文同監毛本篪誤箎嘉靖本同注放此疏同

謂柷敔也　各本同釋文出圉云本又作敔○按敔正字圉假借字

或爲簨虡　閩監毛本同岳本衛氏集說同釋文亦作虡嘉靖本虡作簴考文云足利本同○按說文作虡隸省作虡俗從竹

然後鍾磬竽瑟　閩本同嘉靖本同衛氏集說同監毛本鍾作鐘石經同岳本同下鐘聲鏗聽鐘聲並同疏放此

然後至序也　惠棟挍宋本無此五字

篪七室塤六孔　閩監本同衛氏集說同惠棟挍宋本室作空毛本同塤誤埍盧文弨云空卽孔字

故周語單穆云　惠棟挍宋本有公字衛氏集說同此本公字脫閩監毛本同

鐘聲鏗節

鐘聲至武臣　惠棟挍宋本無此五字

則其號必充滿於萬物矣　閩監毛本同惠棟挍宋本滿作偏

石聲磬節

石聲至之臣　惠棟挍宋本無此五字

此一經　閩監毛本同考文云宋板上有正義曰三字下疏皆放此

故讀聲音磬然矣　閩本同監本聲作罄毛本聲作磬

竹聲濫節

君子聽竽笙　各本同毛本竽誤竿

竹聲至之臣　惠棟挍宋本無此五字

鼓鼙之聲讙節

鼓鼙至之臣　惠棟挍宋本無此五字

故使人意動作也　閩監本同毛本意動二字倒

君子之聽音節

非聽其鏗鎗而已也　惠棟挍宋本宋監本石經岳本同考文引古本足利本同閩監本也字同鎗作鏘嘉靖本同衛氏集說同毛本鎗作鏘也誤矣釋文亦作鎗石經考文提要云宋大字本宋本九經南宋巾箱本余仁仲本劉叔剛本並作鏗鎗史記樂書同

君子至之合也　惠棟挍宋本無此六字此本○下脫正義曰

非徒聽其音聲鏗鎗而已　惠棟挍宋本同閩監毛本鎗作鏘衛氏集說同

賓牟賈侍坐於孔子節　惠棟云賓牟賈節咏歎之節賓牟賈起節子曰居節宋本合爲一節

賓牟賈　牟字各本並從牛惟此本及閩本從午作牟下經疏並同石經此牟字從干作牟下賓牟賈起又從牛作牟按從牛是

賓牟至衆也　惠棟挍宋本無此五字

此以下王事　惠棟挍宋本閩監毛本王作五

咏歎之節

咏歎之　各本同石經同嘉靖本歎作嘆釋文出咏嘆云音歎

事戎事也　閩監毛本同嘉靖本同衛氏集說同岳本戎作伐考文引足利本同

荒老耄也　各本同釋文耄作旄下同○按依說文當作薹

咏歎至是也　惠棟挍宋本無此五字

此是賓牟賈荅孔子之詞　閩監毛本同惠棟挍宋本詞作辭下此亦賓牟賈對詞此亦孔子問詞並同

象武王伐紂　閩監本同毛本伐誤代

謂非是武樂之音　閩監毛本同惠棟挍宋本音作意

是文王崩後六年伐紂　惠棟挍宋本作是此本是字漶滅閩監毛本是誤時

予男子之美稱　閩監毛本同考文云宋板無下子字

賓牟賈起節

敢問遲之遲　各本同石經遲並作遲釋文同下倣此

是賓牟賈問詞也　閩監毛本同惠棟挍宋本詞作辭

前經是夫子之問　惠棟挍宋本作子此本子字漶滅閩監毛本子誤武

子曰居節

吾語女　惠棟挍宋本作女石經宋監本岳本嘉靖本同衛氏集說同釋文出女云音汝下且女同此本女作汝閩監毛本同按下且女此本及三本並作女則此處女字不當歧出作汝

大公之志也　各本同石經同釋文亦作大毛本大作太

放象其成功者也　惠棟挍宋本同閩監毛本放作倣衛氏集說同

且夫武始而北出節

五成而分周公左　各本同石經同考文云古本分下有陝字孫志祖挍云按史記樂書本家語辨樂解皆有陝字

始奏象觀兵盟津時也　閩監毛本同嘉靖本同岳本盟作孟衛氏集說同釋文出孟津云本亦作盟

且夫至以崇　惠棟挍宋本無此五字

此一經孔子　閩監本同衛氏集說同毛本經作節惠棟挍宋本上有正義曰三字

則前云三步以見方見一成也　惠棟挍宋本見作是此本誤閩監毛本同衛氏集說無則字是一成也作此是一成也

舞者從北頭第一位却至第二位　惠棟挍宋本作北頭第一位衛氏集說同此本一誤二閩本同監毛本一誤二二誤三却字閩本同監毛本作卻衛氏集說同

天子夾振之節　惠棟云天子節分夾而進節宋本合爲一節

天子至國也　惠棟挍宋本無此五字

王與大將親自執鐸　惠棟挍宋本同衛氏集說同閩監毛本王誤正

具如熊氏之說　惠棟挍宋本同閩監毛本具誤俱

分夾而進節

庶民弛政　各本同石經同嘉靖本弛作強注同

車甲衅而藏之府庫　史記衅作弢

包之以虎皮　史記包作苞

反商當爲及字之誤也　惠棟挍宋本無商岳本同嘉靖本同衛氏集說同考文引足利本同此本反下衍商字閩監毛本同

封紂子武庚於殷墟　各本同釋文出殷虛云音墟○按虛墟古今字

分夾至兵也　惠棟挍宋本無此五字

武王既入立於社南　閩監毛本同惠棟挍宋本無於字

虎皮武猛之物也　閩監本同毛本武猛二字倒

反當至紂也　惠棟挍宋本同閩監毛本當誤商

聘于鄭公孫段云請垂橐　閩本同惠棟挍宋本同監毛本段誤假

散軍而郊射節　惠棟挍云散軍節若此節宋本合爲一節

散軍至弟也　惠棟挍宋本無此五字

此一經　惠棟挍宋本上有正義曰三字

鄭注射義云一發五豝　閩監毛本同惠棟挍宋本一作壹

亦還國而耕也　監毛本同衛氏集說同閩本耕作教惠棟挍宋本同

爲射宮於郊者也　閩監毛本同考文引宋板者也作也者

其餘爲埤　閩監毛本同衛氏集說同惠棟挍宋本埤作裨按儀禮覲禮注作裨

君子曰禮樂節　惠棟挍云君子節治禮以治躬節宋本合爲一節

善心生則寡於利欲　史記集解引上有若字

君子至者也　惠棟挍宋本無此五字

云油然新生好貌也　閩監本同毛本也誤此者

書傳箕子歌云　惠棟云箕子當作微子宋本及史記俱作箕子

致禮以治躬節

鄙詐是貪多詐僞　閩監毛本作鄙詐是貪多利僞生惠棟挍宋本作鄙詐入之謂利欲生宋監本岳本嘉靖本同考文引古本足利本同衛氏集說作鄙詐入之謂利僞生○按史記集解引謂利欲生四字

致禮至之矣　惠棟挍宋本無此五字

而治躬謂致禮意　閩監毛本同惠棟挍宋本治躬謂致作聖王詳審衛氏集說同

前經明致樂治心則向善心生　閩監毛本同惠棟挍宋本作前經明致樂治心得則善心生

而有鄙惉詐僞之心入於內矣　閩監毛本同衛氏集說同惠棟挍宋本無入字

故樂也者節

而民不生易僈焉　各本僈作慢石經同此本誤

故樂至承順　惠棟挍宋本無此五字

此一經　惠棟挍宋本上有正義曰三字

故極盈於和也　閩監毛本同衛氏集說亦作盈惠棟挍宋本盈作盡下故極盈於順也同

故曰致禮樂節

故曰至難矣　惠棟挍宋本無此五字

此一經　惠棟挍宋本上有正義曰三字

樂也者動於內者也節　惠棟挍云樂也者節夫樂者節故人節宋本合爲一節

放淫聲　惠棟挍宋本宋監本並有於字岳本嘉靖本同衛氏集說同此本於字脫閩監毛本同○按史記集解引有於字

報讀曰褒猶進也　閩監毛本同惠棟挍宋本曰作爲考文引宋板同褒字重作報讀爲褒褒猶進也古本足利本同岳本同嘉靖本同衛氏集說同宋監本亦重褒字

樂也至一也　惠棟挍宋本無此五字

此一節論樂之體　閩本同考文引宋板樂作禮監毛本作此一節論禮樂之體衛氏集說同惠棟挍宋本此上有正義曰三字

夫樂者樂也節

夫樂至此矣　惠棟校宋本無此五字

前嗟嘆之　閩監毛本同惠棟校宋本前作則衛氏集說亦作則嗟歎

故人不耐無樂節

故人不耐無樂　各本同石經耐字剜刻釋文出而耐其而字應作不疑傳寫之誤

不能無喜樂也　閩本同惠棟校宋本同監毛本喜誤善

言經之耐字　閩監本同毛本經誤今

先王恥其亂節

曲直繁瘠　各本同石經瘠字殘闕釋文出繁瘠九經古義云荀子瘠作省按省與眚通眚猶瘠也故字亦作瘠尋文義繁省爲長

先王至方也　惠棟校宋本無此五字

此一節　惠棟校宋本上有正義曰三字

邪氣謂淫邪之氣　惠棟校宋本作淫此本淫誤滛閩監毛本同

是故樂在節

是故至方也　惠棟校宋本無此五字

此一經　惠棟校宋本此上有正義曰三字

言近以至親遠　補案親字誤衍

故聽其雅頌之聲節

故聽至免也　惠棟校宋本無此五字

揔要之所言　閩本同惠棟校宋本同監毛本言作名衛氏集說同下揔要之所言也同

自然敬畏也　惠棟校宋本畏作愛此本誤閩監毛本同

紀是綱紀衆物之名　閩監毛本同惠棟校宋本綱紀衆作細繩束

夫樂者先王節

禮樂王者所常興則盛矣　閩監毛本同衛氏集說同惠棟校宋本矣作也岳本嘉靖本宋監本並同

夫樂至盛矣　惠棟校宋本無此五字

子贛見師乙而問焉節

子贛　閩監毛本同岳本同嘉靖本同石經贛作贑衛氏集說同釋文同宋監本作貢

而吾子自執焉　此下經注各本及石經並同惟考文云宋板自執焉下接寬而靜云云而慈愛下接者宜歌商云云五帝之遺聲也下接商人識之云云按各本經文刪去一愛字及商之遺聲也五字又刪去注此文換簡以下五十七字及云商之遺聲也以下三十字山井鼎云宋本此經次序與諸本异注亦有闕略蓋隨注意改其次序併刪去注文也按陳澔集說本經文自而吾子自執焉以下至商人識之以上多所倒置蓋依用興國于氏本亦與宋板合

商宋詩也　按史記集解上有肆正也三字諸本並脫

下如隊　閩監毛本同岳本同嘉靖本同衛氏集說同釋文出如隊石經隊作墜〇按隊墜古今字

上下同美之也　閩監毛本同嘉靖本同衛氏集說同惠棟校宋本同作目岳本同

子貢至問樂　惠棟校宋本無此五字

各逐人性所宜者也　惠棟校宋本同閩監毛本逐誤遂衛氏集說同

如賜同者宜何歌也者　閩本同惠棟校宋本同監本空闕毛本同字無

如賜同之氣性宜作何歌　閩本同惠棟校宋本同監本闕同字毛本同字無氣誤人

大雅者歌其大正　閩監本同毛本正誤雅下王者小正同

謂情性肆放　惠棟校宋本肆誤四

言能直已陳德　閩監毛本同惠棟校宋本無能字

未能行五帝之德也　閩監毛本同惠棟校宋本帝作常

言聲音感動於人聲　閩監毛本同惠棟校宋本聲音作音

言雖復嗟歎情猶未滿　惠棟校宋本作猶衛氏集說同此本猶作由閩監毛本同

按詩云先嗟歎　閩監本同毛本云先作先云

故永歌之　閩監毛本永作咏

附釋音禮記注疏卷第三十九　惠棟校宋本禮記正義卷第四十九終記云凡二十六頁

宋監本禮記卷第十一經六千四百九十五字注五千五百字嘉靖本禮記卷第十一經六千四百九十五字注五千五百三十三字

附釋音禮記注疏卷第四十

禮記　鄭氏注　孔穎達疏

雜記上第二十　〇陸曰鄭云雜記者以其雜記諸侯及士之喪事〔疏〕正義曰按鄭目錄云名曰雜記者以其雜記諸侯以下至士之喪事此於別錄屬喪服分爲上下義與曲禮檀弓分別不殊也

諸侯行而死於館。則其復如於其國。如於道。則升其乘車之左轂。以其綏復。館主國所致舍復招魂復魄也如於其國主國館賓予使有之得升屋招用褒衣也如於道道上廬宿也升車左轂象升屋東榮綏當爲緌讀如蕤賓之蕤字之誤也緌謂旌旗之旄也去其旒而用之異於生也〇乘繩證反下及注同轂工木反綏依注作緌耳佳反下及注同復音伏下同予羊汝反襃本又作褒保毛反後皆同去起呂反下去輈同〔疏〕正義曰自此以下至蒲席以爲裳帷揔明諸侯及大夫士在路而死招魂復魄并明飾棺貴賤之等此一經下至廟門外論諸侯之制今各依文解之〇諸侯行而死於館者謂五等諸侯朝覲天子及自相朝會之屬而死者謂諸侯於時或在主國死於館者謂主國有司所授館舍也〇則其復如於其國者其復謂招魂復魄也雖在他國所授之舍若復魄之禮則與在已本國同故云如於其國也如於道則升其乘車之左轂者如若也道路也若其諸侯在道路死則復魄與本國異也乘車其所自乘之車也謂在國則俱升其所乘車左邊轂上而復魄也此車以南面爲正則左在東也升車左轂象在家升屋東榮也其五等之復人數各如其命數今轂上狹則不如以幾人崔氏云一人而已〇以其綏復者綏旌旗綏也若在國中招魂則衣各用其上服今在路死則招用旌旗之綏是在路則異於在國故云於道用之亦冀魂魄望見識之而還也若王喪於國而復於四郊亦建綏而復〇周禮夏采云以乘車建綏復于四郊是也〇注館主至生也〇正義曰館主國所致舍者按曾子問云公館與公之所爲曰公館是主國館賓之舍也云與使有之者謂主國與賓此舍使賓專自有之故得升屋招魂復用褒衣也褒衣者天子褒賜之衣即下文復用褒衣是也云如於道道上廬宿也者按遺人云凡國野之道十里有廬三十里有宿五十里有市故云道上廬宿也云升車左轂象升屋東榮者車轅嚮南左轂在東故象東榮不於廬宿之舍復者廬宿供待衆賓非死者所專有故復於乘車左轂云綏當爲緌讀如蕤賓之蕤者但經中綏字絲旁著妥其音雖訓爲委〇此復之所用者是緌也緌絲旁著委故云綏當爲緌讀此緌字爲蕤賓之蕤者音與蕤賓字聲同也以經作綏故云字之誤也緌謂旌旗之旄也者按夏采云乘車建緌復于四郊乘車王路當建大常今乃建緌無大常也明堂位云有虞氏之緌夏后氏之旂後王文飾故知有虞氏之緌但有旄也云去其旒而用之異於生也者諸侯建交龍之旂今以其綏復是去其旒異於生也

其輤有裧。緇布裳帷。素錦以爲屋而行。輤載柩將殯之車飾也輤取名於櫬與蒨讀如蒨旆之蒨櫬棺也蒨染赤色者也將葬載柩之車飾曰柳裧謂鼈甲邊緣緇布裳帷圍棺者也裳帷用緇則輤用赤矣輤象宮室屋其中小帳襯覆棺者若未大斂其載尸而歸車飾皆如之〇輤千見反注與蒨同裧昌占反緇裳帷本或作緇布裳帷殯必刃反本或作賓音同櫬初靳反又楚陣反與蒨絕

句一本作輤讀以與字絶句與則音餘蒨旆上于見反下步貝反緣說絹反〔疏〕正義曰此一經明諸侯車飾○輤謂載柩之車有褎者謂輤之四旁有物褎垂象鼈甲邊緣○緇布裳帷者輤下棺外用緇色之布以爲裳帷以圍繞棺也素錦以爲屋者於此裳帷之中又用素錦以爲屋小帳以覆棺而行者於死處既設此飾而後行○注輤載至如之○正義曰輤載柩將殯之車飾也者以下經云遂入適所殯是將殯車飾也云輤取名於櫬與蒨者言此車所以名輤凡有二義一者取名於櫬櫬近尸也二取名於蒨蒨草也故云取名於櫬與蒨云讀如蒨旆之蒨者言經中輤字讀如蒨旆之蒨按左傳定四年祝鮀云封康叔以綪茷謂以蒨草染旆爲赤色故讀此輤與彼同是亦蒨草以染布也云櫬棺也者覆說取名於櫬義也云蒨染赤色者也者說取名於蒨草之義也云將葬載柩之車飾曰柳者證此經中輤非將葬車也云褎謂鼈甲邊緣者覆說輤象鼈甲覆於棺上中央隆高四面漸下褎象邊緣垂於輤之四邊與輤連體則亦赤也若葬車之飾則上用荒不用輤也云裳帷用緇則輤用赤矣者前雖讀輤爲蒨草其色未明今因裳帷用緇故知定輤爲赤色以玄纁相對之物故以赤色對緇也但玄纁天地之色取象不同或上或下非一例也要玄纁是相對之色云若未大斂其載尸而歸車飾皆如之者此經所論謂大斂後也故下云適所殯若未大斂則曾子問云尸入門升自阼階不得云適所殯也知未大斂之前車飾亦然者以載尸柩車飾經唯有此一文故知其飾同也

至於廟門。不毀牆。遂入。適所殯。唯輤爲說。於廟門外。廟所殯宮牆裳帷也適所殯謂兩楹之間去輤乃入廟門以其入自有宮室也毀或爲徹凡柩自外來者正棺於兩楹之間尸亦儐之於此皆因殯焉異者柩入自闕升自西階尸入自門升自阼階其殯必於兩楹之間者以其死不於室而自外來留之於中不忍遠也○說吐奪反本亦作脫下并注皆同儐音賓隱義云一儐之言移也傾依韻集大兮反息也遠于萬反〔疏〕正義曰此一經明諸侯禮載柩入制也○至於廟門者謂殯宮門也○不毀牆者牆謂裳帷但毀去上輤不毀去牆帷○遂入適所殯者遂入殯宮正柩於兩楹之間而遂殯焉○唯輤爲說於廟門外者言餘物不說唯輤之一物脫於殯宮門外○注廟所至遠也○正義曰廟所殯宮者以殯之所在故謂爲廟云牆裳帷也者鄭恐是宮牆嫌故云牆裳帷也以飾棺在之物稱牆門是入自門也云適所殯在兩楹之間者以死在外來故殯於兩楹間云去輤乃入廟門以其入自有宮室也者解經所以去輤乃入之意輤乃覆棺上象宮室今入之有宮室故云輤也不去裳帷者以裳帷鄣棺未可去也云凡柩自外來者正棺於兩楹之間者按公羊定元年癸亥公之喪至自乾侯正棺於兩楹之間然後即位鄭以是推之則知尸自外來者亦停於兩楹之間故尸亦儐之於此皆因殯焉云異者柩入自闕升自西階尸入自門升自阼階者皆曾子問文云留之於中不忍遠也者以周人殯於客位今殯於兩楹之間是不忍遠之也

○大夫士死於道。則升其乘車之左轂。以其綏復。如於館死。則其復如於家。綏亦緌也大夫復於家以玄冕士以爵弁服大夫以布爲輤而行。至於家而說輤。載以輲車。入自門。至於阼階下而說車。舉自阼階。升適所殯。大夫輤言用布白布不染也言輤者達名也不言裳帷俱用布無所別也至門亦說輤乃入言載以輲車入自門明車不易也輲讀爲輇或作槫許氏說文解字曰有輻曰輪無輻曰輇周禮又有蜃車天子以載柩蜃輇聲相近其制同乎輇崇蓋半乘車之輪諸侯言不毀牆大夫士言不易車互相明也不易者不易以楯也廟中有載柩以輤之禮此不耳○輲依注作輇及槫同市專反又市轉反注及下同別彼列反蜃慎忍反近附近之近楯勑倫反下同一本作輴同〔疏〕大夫至所殯○正義曰此一經明大夫車飾也○大夫以布爲輤者以白布爲輤不以蒨草染之亦言輤者通名耳是有輤櫬近之義也○載以輲車者大夫初死及至家皆以輲車今至家說輤唯輤車在故云載以輲車○入自門至於阼階下而說車者謂說去其車矣○舉自阼階升適所殯者謂舉自阼階下而升適兩楹之間所殯之處此云升適阼階謂尸矣若柩則升自西階○注大夫至不耳○正義曰云白布不染也者以經云用布故知白布不染下經士輤葦席以爲屋蒲席以爲裳帷以諸侯爲裳帷則知大夫亦有裳帷俱用布耳云言輤者達名也者既不用蒨草染之而言輤者輤是櫬近之義通達於下是大夫與士皆有櫬近之名也云至門亦說輤乃入言載以輲車入自門明車不易也者鄭以經云至於家而說輤載以輲車恐至家乃載以輲車故云明車不易上云不毀牆遂入不云車不易此云載以輲車明車亦不易云輲讀爲輇或作槫者言經之輲字當讀爲車旁之全或禮記諸本此用輲車作木旁專字者云許氏說文解字曰有輻曰輪無輻曰輇者有輻謂別施木爲輻無輻謂合大木爲之不施輻曰輇云周禮又有蜃車天子以載柩者按周禮遂師職共蜃車之役是天子以載柩也云蜃輇聲相近其制同乎者言天子蜃車與此大夫輇車聲既相近其制宜同故云其制同乎云輇崇蓋半乘車之輪者此無文證以其蜃類蓋迫地而行其輪宜卑故疑半乘車之輪蓋疑辭矣周禮考工記乘車之輪六尺有六寸今云半之得三尺三寸也云諸侯言不毀牆大夫士言不易車互相明也者諸侯言不毀牆則大夫亦不毀牆大夫士言不易車則諸侯亦不易車云不易者不易以輴也者謂大夫士在路載以輲車至家說載亦載以輲車是不易以輴也若天子諸侯載柩以蜃車至門亦以蜃車其殯時則易之以輴也云廟中有載柩以輴車之禮此不耳者謂天子諸侯殯時用輴又天子諸侯及大夫朝廟之時有用輴車載柩之禮此喪從外來大夫士不合用輴故云此不耳凡在路載柩天子以下至士皆用蜃車與輲車同故周禮遂師共蜃車之役是天子也既夕云遂匠納車于階間注云車載柩車周禮謂之蜃車雜記謂之團是士用蜃車也雜記云大夫載以輲車輲車則蜃車也是大夫用蜃車則諸侯不言亦可知其蜃車之形鄭注既夕禮云其車之輦狀如牀中央有轅前後出設前後輅輦上有四周下則前後有軸以輇爲輪許叔重說有輻曰輪無輻曰輇鄭又注周禮遂師云四輪迫地而行有似於蜃因取名焉此是蜃之制也上下通用在路載柩也輲車之制亦與蜃車同但不用輪爲輪天子諸侯殯皆用之故檀弓云天子菆塗龍輴謂畫轅爲龍諸侯殯亦用輴車不畫轅爲龍故喪大記云君殯用輴注云君諸侯也輴不畫龍大夫殯不用輴故鄭注喪大記大夫之殯廢輴是大夫不用輴士掘肂見衽是亦廢輴也其朝廟大夫以上皆用輴士朝廟用輁軸故既夕禮云遷於祖用軸鄭注云大夫諸侯以上有四周謂之輴天子畫之以龍是也輴與輁軸所以異者輴有四周輁軸則無故鄭注既夕禮云軸狀如轉轔刻兩頭爲軹輁狀如長牀穿桯前後著金而關軸焉是也

士輤。葦席以爲屋。蒲席以爲裳帷。言以葦席爲屋則無素錦爲帳○葦于鬼反〔疏〕正義曰此一經明士輤也○葦席以爲屋者謂用葦席屈之以爲輤棺之屋也蒲席以爲裳帷者又以蒲席以爲裳帷圍繞於屋旁也○注言以至爲帳○正義曰言以士云葦席以爲屋屋當帷帳之處故云無素錦爲帳矣然大夫無以他物爲屋之文則是用素錦爲帳矣與諸侯同按諸侯與大夫上有輤旁有裳帷內有素錦屋今士唯云葦席以爲屋蒲席以爲裳帷不云屋上所有之物據文言之葦席爲屋則當覆上輤處將蒲席爲裳帷接屋之四邊以鄣棺或可大夫既有素錦爲帳帳外上有布輤旁有布裳帷則士之葦席屋之外旁有蒲席裳帷則屋上當以蒲席爲輤覆於上但文不備也未知孰是故兩存焉

○凡訃於其君。曰。君之臣某死。訃或皆作赴赴至也臣死其子使人至君所告之○訃音赴注及下同父母妻長子。曰。君之臣某之某死。此臣於其家喪所主者○長丁丈反後長子皆同君訃於他國之君。曰。寡君不禄。敢告於執事。夫人。曰。寡小君不禄。大子之喪。曰。寡君之適子某死。君夫人不稱薨告他國君謙也○大音泰後大子同適丁歷反下文注適子其適宗適適妻並同〔疏〕凡訃至某死○正義曰此一節總明遭喪訃告於君及敵者并訃於鄰國稱謂之差各隨文解之○父母妻長子曰君之臣某之某死者上某是生者臣名下某是臣之親屬死者云君之臣姓某甲之父死也曰寡君至執事者以謙故稱寡君若云寡德之君雖復壽考仍以短折言之故云不禄不敢指斥鄰國君身故云敢告於執事也○夫人至某死者皆當云告於執事不言者略之故也○注君夫至謙也○正義曰按下曲禮云諸侯曰薨夫人與君同也今夫人與君同不稱薨者以告他國之君及夫人自謙退是不敢從君及夫人之禮也按下曲禮篇云士曰不禄今雖謙退而同士稱者按異義今春秋公羊說諸侯曰薨訃於鄰國亦當稱薨經書諸侯言卒者春秋之文王魯故稱卒以下魯古春秋左氏說諸侯薨赴於鄰國稱名則書名稱卒卒者終也取其終身文以尊不出其國許君謹按士虞禮云尸服卒者之上服不分別尊卑皆同年卒者卒終也是終沒之辭也鄭駁之云按雜記上云君薨訃於他國之君曰寡君不禄曲禮下曰壽考曰卒短折曰不禄今君薨而云不禄者言臣子於君父雖有考終眉壽猶若其短折然若君薨而訃者曰卒卒是壽終矣斯無哀惜之心非臣子之辭鄰國來赴書以卒者言無所老幼皆終成人之志所以相尊敬如異義所論是君稱不禄之意若杜元凱注左氏傳則與此異按隱三年聲子卒傳云不赴故不曰薨杜云鄰國之赴魯史書卒者臣子惡其薨名改赴書也如鄭此云不禄謂赴者口辭矣春秋所云薨謂赴書之策所以不同者言壽考曰卒短折曰不禄杜以爲禮記後人所作不正與春秋同杜所不用也

大夫訃於同國。適者。曰。某不禄。訃於士。亦曰。某不禄。訃於他國之君。曰。君之外臣寡大夫某死。訃於適者。曰。吾子之外私寡大夫某不禄。使某實。訃於士。亦曰。吾子之外私寡大夫某不禄。使某實。

適讀爲匹敵之敵謂爵同者也實當爲至此讀周秦之人聲之誤也。適依注音敵大歷反下適者同實依注音至下同〔疏〕正義曰此一經明大夫之卒相訃告之禮也。○適者曰某不祿者謂同國大夫位相敵者曰某不祿也。○訃於至不祿者大夫既尊於士士處亦得稱不祿稱某者或死者之名或死者官號而赴者得稱之。○訃於至外臣者大夫不屬他國故云外臣自謙退無德故云寡大夫某矣尊敬他君不敢申辭故云某死。○訃於至某實者訃於適者謂大夫死訃於他國大夫相敵體者謂訃告大夫以是別國私有恩好故曰外私以赴大夫其辭得申故云某不祿以身赴告故云使某實。○訃於士至某實者謂大夫之喪訃他國之士其辭與訃大夫同此所云大夫者上下皆同曰大夫無以爲異也

士訃於同國大夫曰某死。訃於士亦曰某死。訃於他國之君曰君之外臣某死。訃於大夫曰吾子之外私某死。訃於士亦曰吾子之外私某死。〔疏〕正義曰此一經論士喪相訃告之稱云某死者以其士賤赴大夫及士皆云某死若訃他國之君及大夫士等皆云某死但於他君稱外臣於大夫士言外私耳

大夫次於公館以終喪。士練而歸。士次於公館。公館公宮之舍也練而歸之士謂邑宰也練而猶處公館朝廷之士也唯大夫三年無歸也。○朝直遙反下注同

大夫居廬。士居堊室。謂未練時也士居堊室亦謂邑宰也朝廷之士亦居廬〔疏〕大夫至堊室。○正義曰此一節明大夫士遭君喪次舍居處及歸還之節公館君之舍也大夫恩深祿重故爲君喪居廬終喪畢乃還家也○士練而歸者謂邑宰之士也士卑恩輕故至小祥而反其所治邑也○士次於公館者此謂朝廷之士也雖輕而無邑事故亦留次公館三年也。○大夫居廬者以位尊恩重故居廬。○士居堊室者士位卑恩輕故居堊室也。○注公館至歸也。○正義曰云練而歸之士謂邑宰也者以下文云士次於公館今云練而歸明是邑宰以爲君治邑若久而不歸即廢其職事也若身爲大夫雖位得采地亦終喪乃歸也。○注謂未至居廬。○正義曰知此是未練時者按間傳云斬衰之喪居倚廬既練居堊室此經若練後則大夫居堊室今云大夫居廬明未練時也云士居堊室亦謂邑宰也者士若非邑宰未練之前當與大夫同居廬今云居堊室故知是邑宰也必知邑宰者以上文云大夫終喪士練而歸言邑宰之士降於大夫此云士居堊室亦降於大夫故知是邑宰之士也云朝廷之士亦居廬者以臣爲君喪俱服斬衰故知未練之前士亦居廬也然周禮宮正注云親者貴者居廬疏者賤者居堊室引此雜記云大夫居廬士居堊室則是大夫以上定居廬士以下定居堊室此云朝廷之士亦居廬與彼不同者蓋鄭之文意若與王親者雖云士賤亦居廬則此云朝廷之士亦居廬是也若與王無親身又是士則居堊室則此經士居堊室是也故鄭於宮正之注引此士居堊室證賤者居堊室也若與王親雖疏但是貴者則亦居廬也庾氏熊氏並爲此說熊氏或說云若天子則大夫居廬士居堊室則雜記言是也若諸侯則朝廷大夫士皆居廬也邑宰之士居堊室宮正之注是也此義得兩通故並存焉

大夫爲其父母兄弟之未爲大夫者之喪服如士服。士爲其父母兄弟之爲大夫者之喪服如士服。大夫雖尊不以其服服父母兄弟嫌若踰之也士謂大夫庶子爲士者也已卑又不敢服尊者之服今大夫喪服禮逸與士異者未得而備聞也春秋傳曰齊晏桓子卒晏嬰麤衰斬苴絰帶杖菅屨食粥居倚廬寢苫枕草其老曰非大夫之禮也曰惟卿爲大夫此平仲之謙也言已非大夫故爲父服士服耳麤衰斬者其縷在齊斬之間謂縷如三升半而三升不緝也斬衰以三升爲正微細焉則屬於麤也然則士與大夫爲父服異者有麤衰斬枕草矣其爲母五升縷而四升爲兄弟六升縷而五升乎惟大夫以上乃能備儀盡飾士以下則以臣服君之斬衰爲其父以臣從君而服之齊衰爲其母與兄弟亦以勉人爲高行也大功以下大夫士服同○大夫爲其于僞反下士爲其同注除爲士卿爲爲正皆倣此晏於諒反嬰一盈反衰七雷反苴七餘反絰大結反菅古顏反屨九具反粥之六反倚於綺反苫始占反枕之鴆反下同縷力住反齊音咨下齊衰皆同緝七入反上時掌反行下孟反〔疏〕正義曰此篇雜記喪事也經文上下無義例科段今各依文解之此一經明大夫士爲其父母昆弟之服也。○注大夫至服同。○正義曰嫌若踰之也者大夫之父母兄弟或作士或無官今大夫爲之若著大夫之服是自尊踰越父母兄弟今不以大夫之服服父母兄弟是嫌畏踰之也云士謂大夫庶子爲士者也者此士解經中下文士爲之文知此士是大夫庶子爲士者若大夫適子雖未爲士循服大夫之服即下文是也若其適子爲士則服大夫服可知故抑此士爲父母之爲大夫者但服士服是庶子也所以不服大夫服者已卑不敢服尊者之服云今大夫喪禮逸與士異者未得而備聞也者欲見大夫與士喪禮殊異未甚分明引春秋傳者欲證大夫與士之喪服不同所引傳者襄十七年左傳文云齊晏桓子卒至唯卿爲大夫皆左傳辭也云晏桓子卒者是晏嬰之父晏弱謚曰桓子也云晏嬰麤衰斬者桓子之子晏嬰身服麤衰而斬云苴絰帶杖者以苴麻爲首絰要帶以苴色之竹爲杖云菅屨者以菅草爲屨云食粥居倚廬寢苫者是喪禮之常枕草者非喪禮之文云其老曰非大夫之禮也者老謂晏嬰家臣見晏嬰服士服故其老言所服云非大夫之喪禮也云曰唯卿爲大夫者此晏嬰對家老之言若身爲卿得著大夫之服若身爲大夫唯得服士服云此平仲之謙也者言平仲之言非禮也謙退之辭云言已非大夫故爲父服士服耳者若是卿則得爲父服大夫服故云非從此以下皆鄭君解釋之辭云麤衰斬者其縷在齊斬之間者按喪服初章斬衰次章疏衰疏即麤也今言麤衰斬者是下儕麤上儕兼斬有麤故云麤衰斬者其縷在齊斬之間齊即麤也言其布縷在齊斬之間斬衰三升麤衰四升其布在三升四升之間故云縷如三升半言麤如三升半而計縷唯三升故云縷如三升半而三升不緝也但縷如三升半是麤衰不緝是斬而成布三升爲父之服也云斬衰以三升爲正微細焉則屬於麤也者解晏子實斬衰而兼言麤也○云然則士與大夫爲父服異者有麤衰斬枕草矣者鄭既約左傳晏嬰之事始明大夫與士不同故云然則士與大夫爲父異麤衰枕草矣則大夫以上斬衰枕凷士則疏衰枕草按既夕禮士禮而云枕塊者記者廣說非辭也云其爲母五升縷而四升爲兄弟六升縷而五升乎者鄭既約士之父服縷細降一等經文有母及兄弟故此約母與兄弟之服也喪服爲母四升此云爲母五升縷謂麤細似五升之縷成布四升喪服爲兄弟五升此云爲兄弟六升縷謂麤細如六升之縷成布五升皆謂縷細成布升數少也云唯大夫以上乃能備儀盡飾者大夫以上則兼天子諸侯德高能備儀服無降殺是盡飾云士以下則以臣服君之斬衰爲其父以臣從君而服之齊衰爲其母與兄弟者以喪服義服皆降正服一等今爲父母兄弟降從義服是卑屈也云以臣從君而服之齊衰爲其母與兄弟者按喪服臣從君義服齊衰六升今士爲兄弟縷如六升成布五升得與臣爲君義服齊衰同其士爲母父卒縷如五升成布四升與臣爲君義服齊衰全異而云爲其母與臣爲君義服齊衰同者前注所云因麤衰降斬衰一等即連言父卒爲母云縷如五升成布四升據父卒爲母言之也此注以士爲兄弟與臣爲君義服齊衰同則父在爲母與兄弟服亦同縷如六升而成布五升據父在爲母言之爲此前後注異云亦以勉人爲高行也者居喪之禮以服重爲申以服輕爲屈今大夫爲父母兄弟之未爲大夫者服士服是勉勵其父母兄弟使爲高行作大夫之禮士爲其父母兄弟之爲大夫者服士服亦是勉勵士身使爲高行作大夫也云大功以下大夫士服同者以經唯云父母兄弟士與大夫之異不云大功以下有殊是大功以下與大夫同所以然者以重服情深故使士有抑屈使之勉勵大功以下輕服情殺故上下俱申也按聖證論王肅云喪禮自天子以下無等故曾子云哭泣之哀齊斬之情饘粥之食自天子達且大國之卿與天子上士俱三命故曰一也晉士起大國上卿當天子之士也平仲之言唯卿爲大夫謂諸侯之卿當天子之大夫非謙辭也春秋之時尊者尚輕簡喪服禮制遂壞羣卿專政晏子惡之故服麤衰枕草於當時爲重是以平仲云唯卿爲大夫遜辭以辟害也又孟子云諸侯之禮三年之喪齊疏之服餰粥之食自天子達於庶人三代共之又此記云端衰喪車皆無等又家語云孔子曰平仲可爲能遠於害矣不以已之是駮人之非遜辭以辟咎也王肅謂大夫與士異者大夫以上在喪斂時弁絰士冠素委貌馬昭荅王肅曰雜記云大夫爲其父母兄弟之未爲大夫者之喪服如士服是大夫與士喪服不同者而肅云無等則是背經說也鄭與言禮張融評云士與大夫異者皆是亂世尚輕涼非王者之達禮小功輕重不達於禮鄭言謙者不異於遠害融意以王肅與鄭其義略同如融之說是周公制禮之時則上下同當喪制無等至後世以來士與大夫有異故記者載之鄭因而解之禮是鄭學今申鄭義云端衰喪車無等者端正也正爲衰之制度上下無等其服情麤卿與大夫有異也又曾子云齊斬之情據其情爲一等無妨服有殊異耳若王肅之意大夫以上弁絰士唯素冠此亦得施於父母此經云爲昆弟豈亦弁絰素冠之異乎此是肅之不通也杜元凱注左傳說與王肅同服虔注左傳與端衰喪車無等其老之問晏子之荅皆爲非並與鄭遠今所不用也

大夫之適子。服大夫之服。仕至大夫賢著而德成適子得服其服亦尊其適象賢。○著知慮反〔疏〕注仕至象賢。○正義曰云仕至大夫賢著而德成適子得服其服者以經云大夫之適子服大夫之服所以然者以其父在仕官身至大夫賢行既著道德又成故其適子雖未仕官得服大夫之服也云亦尊其適象賢者非但尊此大夫之身亦當尊其適子使服大夫之服也能象似其父之賢者皇氏云大夫適子若爲士爲其父唯服士服注云仕至大夫謂此子若仕官至大夫始得服大夫服以其賢德著成如皇氏之意解此仕至大夫爲大夫之子按前經注云士謂大夫庶子爲士者明大夫適子未仕官及爲士皆得服大夫之服皇氏之言違文背注不解鄭意其說非也

○大夫之庶子爲大夫。則爲其父母服大夫服。其位與未爲大夫者

齒。雖庶子得服其服尚德也使齒於士不可不宗適○爲去聲〔疏〕正義曰此一節明大夫庶子爲大夫則得爲父母服大夫之服其位與未爲大夫者齒大夫庶子雖爲大夫得服大夫之服其行位之處與適子未爲大夫者相齒列○注雖庶至宗適○正義曰云尚德也者言此大夫之子身雖是庶所以得服者以其仕至大夫由身有德行故云尚德也云使齒於士不可不宗適者此庶子雖爲大夫猶齒列於適子之下其年雖長於適子猶在適子之下使適子爲主若年少於適子則固在適子之下是不可不宗適也。○**士之子爲大夫。則其父母弗能主也。使其子主之。無子則爲之置後。**大夫之子得用大夫之禮而士不得也置猶立也〔疏〕正義曰其父母弗能主也者士子身爲大夫若死則父母不能爲喪主也以身是士故不可爲大夫喪主○使其子主之者謂使此死者之子爲主以其子是大夫適子故得爲大夫之主以其服大夫服故也○無子則爲之置後者若死者無子則爲死者別置其後所置之後即大夫適子同得行大夫之禮此所置之後謂暫爲喪主假用大夫之禮若其大宗子則直爲之立後自然用大夫禮也○注大夫至得也○正義曰云大夫之子得用大夫之禮者則前云大夫之適子服大夫之服是也解經使其子主之文其子爲適子若無適子則以庶子當適處若無庶子則以族人之子當適子之處皆得用大夫之禮故云大夫之子得用大夫之禮總結此文云而士不得也者其父是士不得主大夫喪故云而士不得也所以然者父貴可以及子故大夫之子得用大夫之禮子貴不可以及父故其父不得用大夫之禮

大夫卜宅與葬日。有司麻衣。布衰。布帶。因喪屨。緇布冠不蕤。占者皮弁。有司卜人也麻衣白布深衣而著衰焉及布帶緇布冠此服非純吉亦非純凶也皮弁則純吉之尤者也占者尊於有司卜求吉其服彌吉大夫士朔服皮弁○彌著丁略反〔疏〕正義曰大夫卜宅與葬日者宅謂葬地大夫尊故得卜宅并葬日○有司至喪屨者有司謂卜人麻衣謂白布深衣布衰謂麤衰也皇氏云以三升半布爲衰長六寸廣四寸綴於衣前當胸上後又有負版長一尺六寸廣四寸布帶以布爲帶因喪屨謂因喪之繩屨○緇布冠不蕤者以緇布爲冠不加緌占者皮弁者謂卜龜之人尊於卜之有司故皮弁純吉也○注有司至皮弁○正義曰云麻衣白布深衣者謂吉服十五升之布與緇布冠皮弁相類故知吉布也云著衰焉者此熊氏云謂以吉布爲衰綴於深衣云及布帶緇布冠此服非純吉亦非純凶也者謂麻衣白布深衣十五升是吉布衰是凶布帶亦凶緇布冠是吉不蕤亦凶故云非純吉亦非純凶然緇布冠古法不蕤今特云緇布冠不蕤者以後代緇布冠有蕤此以凶事故不蕤云皮弁則純吉之尤者也以上麻衣緇布冠雜有吉禮此皮弁是純吉尤甚者云卜求吉其服彌吉者解用皮弁之意云大夫士朔服皮弁者於諸侯是視朔之服於天子是視朝之服也

如筮。則史練冠長衣以筮。占者朝服。筮者筮宅也謂下大夫若士也筮史筮人也長衣深衣之純以素也長衣練冠純凶服也朝服純吉服也大夫士日朝服以朝也○朝直遙反注及下文皆同純音準又之閏反〔疏〕正義曰如筮者謂下大夫及士不合用卜故知用筮也○則史練冠長衣者此謂無地大夫筮葬禮也唯筮宅卜日耳卜時緇布冠麻衣布衰雜以吉凶之服如筮則練冠長衣以筮輕故用純凶服也○占者朝服者卜重故占者皮弁筮輕故占者朝服○注筮者至朝也○正義曰筮者筮宅也謂下大夫若士也者以士喪禮云筮宅卜日故知此筮謂筮宅也云長衣深衣之純以素也者長衣深衣其制同耳言此經長衣是深衣之純以素者凶時深衣純以布上經麻衣深衣亦純以布此經長衣純以素故云長衣深衣之純以素○者也云長衣練冠純凶服也者以長衣則布衣純之以素也故聘禮云主人長衣練冠以受鄭注彼云長衣素純布衣是也練冠是小祥以後以練爲冠都無吉象故云純凶服云大夫士日朝服以朝也者謂緇衣素裳諸侯之朝服每日視朝之服按士喪禮云族長涖卜及宗人吉服鄭注云吉服服玄端也此占者朝服者彼謂士之卜禮故占者著玄端此據筮禮故占者朝服按士虞禮注云士之屬吏爲其長弔服加麻此史練冠長衣者此經文言大夫其臣爲大夫以布帶繩屨故史練冠長衣若士之卜史當從弔服不得練冠長衣也

大夫之喪。既薦馬。薦馬者哭踊。出乃包奠而讀書。嫌與士異記之也既夕禮曰包牲取下體又曰主人之史請讀賵○薦音薦本又作薦賵芳鳳反〔疏〕正義曰此明大夫將葬啟柩朝廟之後欲出之時○既薦馬者按士喪禮下篇云薦馬之節凡有三時一者柩初出至祖廟設奠遷祖之奠訖乃薦馬是其一也至日側祖奠之時又薦馬是其二也明日將行設遣奠之時又薦馬是其三也此云既薦馬謂第三薦馬之時也以下則云包奠而讀書於既夕禮當第三薦馬之節○薦馬者哭踊者謂主人見薦馬薦進也進馬至乃哭踊○出乃包奠者出謂馬出乃包奠者取遣奠牲下體包裹之以遣送行也然馬出在包奠之前而必云出乃包奠者明出即包奠包奠爲出之節故言出也○而讀書者書謂凡送亡者賵入棹之物書也讀之者省録之也○注嫌與至讀賵○正義曰嫌與士異者按既夕禮薦馬馬出之後云包牲取下體也又云主人之史請讀賵今此大夫亦薦馬出後包奠讀書與士同記者嫌異大夫之尊與士有異故特記之明與士同也故引既夕禮以下者證包牲讀賵之節謂主人見薦馬送行物而哭踊故云薦馬者哭踊也所以馬進而主人哭踊者馬是牽車爲行之物今見進馬則期已至故孝子感之而哭踊云既夕禮曰包牲取下體者士則羊豕也鄭注包者象既饗而歸賓俎者也前脛折取臂臑後脛折取骼也臂謂膝上膊下也臑謂肘後取骼謂取膞下股骨也羊豕各三牲必取下體者下體能行亦示將行也有遣車者亦先包之也云又曰主人之史請讀賵者賵猶送者人名也

大夫之喪。大宗人相。小宗人命龜。卜人作龜。卜葬及日也相相主人禮也命龜告以所問事也作龜謂楊火灼之以出兆○相息亮反注同〔疏〕正義曰大夫謂卿也明卿喪用人及卜之法也○大宗謂大宗伯也相佐威儀○小宗人命龜者小宗謂小宗伯也命龜謂告龜道所卜之辭也卜人亦有司作謂用楊火灼之也並皆有司也皇氏云大小二宗並是其君之職來爲喪事如司徒旅歸四布是也故宗伯肆師云凡卿大夫之喪相其禮○注卜葬及日也○正義曰知卜葬及日者以文承上大夫卜宅與葬日之下故知此經是上大夫之卜葬宅及日者也

內子以鞠衣。褒衣。素沙。下大夫以襢衣。其餘如士。此復所用衣也當在夫人狄稅素沙下爛脫失處在此上耳內子卿之適妻也春秋傳曰晉趙姬請逆叔隗於狄趙衰以爲內子而已下之是也下大夫謂下大夫之妻襢周禮作展王后之服六唯上公夫人亦有禕衣侯伯夫人自揄狄而下子男夫人自闕狄而下卿妻自鞠衣而下大夫妻自展衣而下士妻稅衣而已素沙若今紗縠之帛也六服皆袍制不禪以素紗裹之如今袿袍襈重繒矣褒衣者始爲命婦見加賜之衣也其餘如士之妻則亦用稅衣○鞠九六反又曲六反注同襢張戰反復音伏狄稅他喚反下文放此爛力旦反脫音奪下同隗五罪反衰初危反下戶嫁反展張戰反下同禕音揮揄音遙下文并注同縠戶木反袍步羔反禪音丹袿音圭襈士眷反重直龍反繒才陵反〔疏〕正義曰此一節明卿大夫以下之妻所復之衣○內子以鞠衣褒衣者內子謂卿妻復以鞠衣褒衣者始命爲內子尚所褒賜之衣復時亦用此衣故云鞠衣褒衣褒衣則鞠衣也但上命時褒賜故曰褒衣也○素沙者言此鞠衣褒衣亦以素沙爲裹○下大夫以襢衣者是下大夫之妻所復襢衣也對卿妻爲下故服用襢周禮作展王后之服六唯上公夫人亦有禕衣侯伯夫人自揄狄而下子男夫人自闕狄而下卿妻自鞠衣而下大夫妻自展衣而下士妻稅衣而已六服皆袍制不禪以素紗裹之袍制謂連衣裳有表有裏似袍故云皆袍制不禪漢時有袿袍其袍下之襈以重繒爲之古之服皆以素紗爲裏似此袿袍襈之重繒故注云如今之袿袍襈重繒也○其餘如士者謂內子鞠衣褒衣已見於經大夫以襢衣亦見於經唯有褖衣未見故云其餘如士謂鞠衣襢衣之外其餘褖衣如士之妻士妻既用褖衣而復則內子下大夫妻等亦用褖衣也○注此復至稅衣○正義曰此復所用衣也者以下復諸侯以褒衣故知此亦復衣也云當在夫人狄稅素沙下者以記者作記當依尊卑順序此內子宜承夫人之下故云當在夫人狄稅素沙下也引春秋傳曰以下者僖二十四年左傳文也初晉文公在狄狄人以季隗妻文公以叔隗妻趙衰後文公反國以趙姬妻趙衰趙姬請趙衰逆叔隗於狄既逆還趙姬又請趙衰將叔隗爲內子趙姬之身卑下之故云而已下之引之者證卿妻爲內子之文也其王后以下之服已具於玉藻故此略而不言云六服皆袍制不禪以素紗裹之如今袿袍襈重繒矣者皆袍制謂連衣裳有表裏似袍故云皆袍制不禪漢時有袿袍其袍下之襈以重繒爲之故云六服以素紗爲裏似此袿袍襈重繒矣云褒衣者始爲命婦見加賜之衣也者謂內子初始爲卿妻加賜之以衣以褒崇之故云褒衣

復諸侯以褒衣。冕服。爵弁服。復招魂復魄也冕服者上公五侯伯四子男三褒衣亦始命爲諸侯及朝覲見加賜之衣也褒猶進也〔疏〕正義曰自此以下至復西上揔明諸侯以下及夫人命婦招魂所用之衣但此經爛脫上下顛倒如鄭所次以此諸侯褒衣一經爲首次以夫人稅衣揄狄之經然後次內子以鞠衣之經今依鄭次各隨文解之○復諸侯以褒衣者謂復時以始命褒賜之衣○冕服爵弁服者諸侯既用褒衣又以冕服爵弁服而復也○注冕服至進也○正義曰冕服者上公自袞冕而下故爲五侯伯自鷩冕而下故爲四子男自毳冕而下故爲三也九服各依其命數則上公五冕之外更加爵弁服以下皮弁冠弁服之等而滿九侯伯冕服之外亦加爵弁以下而滿七子男冕服之外加爵弁皮弁而滿五其褒衣君特所褒賜則宜在命數之外也故王制云三公一命袞若有加則賜是褒衣故不入命數也此褒衣或是冕之最上者

夫人稅衣揄狄。狄稅素沙。言其招魂用稅衣上至揄狄也狄稅素沙言皆以白紗縠爲裏○稅他喚反下文放此揄音遙下文同縠戶木反下注同〔疏〕正義曰此明婦人復衣也婦人衣有六也○夫人稅衣揄

狄者諸侯夫人復用稅衣上至揄狄謂諸侯伯夫人也○狄稅素沙者言從揄狄以下至於稅衣皆用素沙白縠爲裏○

復西上。北面而西上陽長左也復者多少各如其命之數○長丁丈反〔疏〕正義曰凡招魂皆北面而招以西頭爲上○注北面至之數○正義曰云北面而西上陽長左也者以招魂冀生氣之來生氣爲陽又北面言之南方是陽左在西方故言陽長左云復者多少各如其命之數者按士喪禮復者一人以爵弁服言諸侯之士一命而用一人明復者各依命數其復處不同故檀弓云君復於小寢大寢庫門四郊而云復西上者但有兩人以上一處復者則西上也

大夫不揄絞屬於池下。謂池飾也揄揄翟也采青黃之問曰絞屬猶繫也人君之柳其池繫絞繒於下而畫翟雉焉名曰振容又有銅魚在其間大夫去振容士去魚此無人君及士亦爛脫○絞戶交反注同屬音燭注及下條屬并注同翟音狄去起呂反下同〔疏〕正義曰此一經明大夫葬時車飾若諸侯以上則畫揄翟於絞屬於池下若大夫降下人君不得畫以揄絞屬於池下其池上則畫於揄得有揄絞也故喪大記士亦有揄絞與大夫同但不得屬於池下○注人君至爛脫○正義曰按喪大記云君三池振容是人君之柳有振容振容者其池繫揄繒於下而畫翟雉焉名曰振容云又有銅魚在其間者上有池下有振容池與振容之間而有魚故云在其間云大夫去振容士去魚者以喪大記大夫不振容士不云魚躍拂池故也大夫不振容者謂不以揄絞屬於池下爲振容云此無人君及士亦爛脫者以前經云復尊卑俱顯明也此直云大夫故云亦如前文爛脫君與士也

大夫附於士。士不附於大夫。附於大夫之昆弟。無昆弟則從其昭穆。雖王父母在亦然。附讀皆爲祔大夫祔於士不敢以已尊自殊於其祖也士不祔於大夫自卑別於尊者也大夫之昆弟謂爲士者也從其昭穆中一以上祖又祔而已祔者祔於先死者○附依注作祔音同下並同昭常遙反卷內皆同別彼列反〔疏〕正義曰自此以下至附於公子廣明祔祭之義各依文解之○大夫附於士者謂祖爲士孫爲大夫若死可以祔祭於祖之爲士者也○士不附於大夫者謂先祖爲大夫孫爲士不可祔祭於大夫唯得祔於大夫之兄弟爲士者○無昆弟則從其昭穆者謂祖爲大夫無昆弟爲士則從其昭穆謂祔於高祖爲士者若高祖爲大夫則祔於高祖昆弟爲士者○雖王父母在亦然者謂孫死之後應合祔於王父王父見在無可祔然猶如是也亦如是祔於高祖也○注附讀至而已○正義曰祔者祔祭於神當從示旁爲之云大夫之昆弟謂爲士者也者鄭恐經云祔於大夫之昆弟恐大夫之昆弟身作大夫士亦得祔之故云大夫昆弟爲士者若大夫昆弟全無者其孫雖士亦得祔之故前文云大夫祔於士是孫之尊可以祔祖之卑也云從其昭穆中一以上祖又祖而已者謂父爲昭子爲穆中猶間也謂自祖一以上間一世各當昭穆而祖祔之若不得祔祖則間去曾祖一世祔於高祖若高祖無可祔則間一高祖之父一世祔高祖之祖故云祖又祖而已是中一以上喪服小記文也

婦附於其夫之所附之妃。無妃則亦從其昭穆之妃。妾附於妾祖姑。無妾祖姑則亦從其昭穆之妾。夫所附之妃於婦則祖姑〔疏〕正義曰此一經論婦之所附義與夫同無妃則亦從其昭穆之妃者其孫婦祔祖姑無妃謂無祖姑則亦從其昭穆之妃謂亦間一以上祔於高祖之妃高祖無妃則亦祔於高祖之祖妃若其祖有昆弟之妃班爵同者則亦祔之

男子附於王父則配。女子附於王母則不配。配謂并祭王母不配則不祭王父也有事於尊者可以及卑有事於卑者不敢援尊配與不配祭饌如一祝辭異不言以某妃配某氏耳女子謂未嫁者也嫁未三月而死猶歸葬於女氏之黨○并必政反援音袁〔疏〕正義曰男子祔於王父則配者謂祭王父并祭所配王母○女子祔於王母則不配者謂在室之女及已嫁未三月而死祔祭於王母則不祭所配之王父○注配謂至之黨○正義曰云配謂并祭王母不配則不祭王父也者王父母相配之人祭王父及王母是其配祭王母不祭王父是不配云配與不配祭饌如一祝辭異不言以某妃配某氏耳者按特牲禮不云配少牢禮云以某妃配但士用特牲大夫用少牢其餘禮皆同是祭饌如一按少牢云以某妃配某氏鄭注云某妃某妻也某氏若言姜氏子氏也云此言配也不言配者若特牲云用薦歲事於皇祖某子不云以某妃配也特牲雖是常祭容是禫月吉祭故不舉配云嫁未三月而死猶歸葬於女氏之黨者曾子問文也

公子附於公子。不敢戚君〔疏〕正義曰公子若公子之祖爲君公子不敢祔之祔於祖之兄弟爲公子者不敢戚君故也

○君薨大子號稱子。待猶君也。謂未踰年也雖稱子與諸侯朝會如君矣春秋魯僖公九年夏葵丘之會宋襄公稱子而與諸侯序待或爲侍〔疏〕正義曰君薨謂先君薨也大子號稱子者其本大子君存稱世子今君既薨故稱子不言世子待猶君者謂與諸侯並列共待之禮猶如正君○注謂未至侯序○正義曰知未踰年者若踰年則稱君此云稱子故知未踰年者引春秋者證未踰年稱子及待猶君之義按僖九年二月宋公御說卒夏公會宰周公齊侯宋子以下于葵丘是宋襄公稱子序在齊侯之下與尋常宋公同是與諸侯序按公羊傳云君存稱世子君薨稱子某既葬稱子踰年稱公今宋襄公未葬君當宋子某而稱子者鄭用左氏之義未葬已前則稱子某既葬已後未踰年則稱公之故僖九年傳云凡在喪王曰小童公侯曰子是未踰年在喪之稱也若杜元凱之意未葬以前皆稱子既葬雖未踰年亦稱公若未葬雖踰年猶稱子其義具在下曲禮疏其與諸侯序列宋襄公在喪稱子自在本班定四年陳懷公稱子進在鄭上僖二十八年陳共公稱子降在鄭下衛侯弟叔武稱子亦序在鄭下此皆春秋之時霸者所次不與此記同也

禮記注疏卷四十校勘記

阮元撰盧宣旬摘錄

附釋音禮記注疏卷第四十　惠棟挍宋本禮記正義卷第五十

雜記上第二十

諸侯行而死於館節

如於道　各本同石經同毛本於誤其

子使有之　閩監毛本同岳本同嘉靖本同惠棟挍宋本子作與宋監本衛氏集說釋文考文引古本並同按正義亦作與

綏謂旌旗之旄也　惠棟挍宋本同岳本同嘉靖本同衛氏集說亦作綏閩監毛本綏誤緌

公館與公之所爲　補案曾子問無之字此誤衍也

緌旁者著安　惠棟挍宋本著上無者字此誤衍閩監毛本同

其音雖訓爲委　閩本委作安惠棟挍宋本同此誤委監毛本同

緌謂旌旗之旄也者　閩監毛本同惠棟挍宋本緌作綏上有云字

其輤有裧節

輤取名於櫬　惠棟挍宋本作櫬岳本同嘉靖本同釋文同此本櫬誤襯閩監毛本同衛氏集說同下棺櫬覆並同疏放此

定四年祝鮀云　閩監毛本同惠棟挍宋本鮀作佗

至於廟門節

雉輤爲說于廟門外者者　補案下者字誤衍

今入之有宮室故云輤也　閩監毛本同衛氏集說云作去是也

大夫士死於道節

輴讀爲輇或作槫　閩監毛本同岳本同嘉靖本同惠棟挍宋本槫作摶衛氏集說同釋文亦作摶齊召南云按周禮遂師注云蜃禮記或作槫或作輇賈疏引此注曰輴讀爲輇或作槫是賈所見禮記注本異也儀禮既夕記納車於階間注云周禮謂之蜃車雜記謂之團或作輇或作槫聲讀皆相附耳未聞孰正是鄭所見本不同也按正義作槫不誤

不易以楯也　閩監毛本同惠棟挍宋本楯作輴岳本同嘉靖本同衛氏集說同釋文出以楯云一本作輴同

是有輤櫬近之義也　閩監毛本櫬作襯下櫬近同山井鼎云有輤疑輤有誤宋本此櫬从木下櫬近與今本同

或作槫者　閩監毛本同惠棟挍宋本槫作摶

既夕云　閩監毛本同衛氏集說同惠棟挍宋本夕下有禮字

設輅舉輅舉上有四周　閩監毛本同衛氏集說同浦鏜挍輅舉輅改前後輅

以輪爲輪輇　惠棟挍宋本以輪作以輇衛氏集說同此本輇誤輪閩監毛本輇誤輻

但不用輻爲輪　閩監毛本同段玉裁挍云爲輪下疑脫輻字

士朝廟用輁軸　惠棟挍宋本作輁衛氏集說輁作輂此本輁誤軹閩監毛本同今正

輴與輁軸　閩本同惠棟挍宋本同衛氏集說輁作輂監毛本輁誤軹下輁軸則無輁狀如長牀並同

刻兩頭爲軹 閩監毛本同衛氏集說同惠棟挍宋本軹作軵

士輤葦席節

以爲輤棺之屋也 監本毛本有也字惠棟挍宋本無

言以士云葦席以爲屋 閩監本作云毛本云誤輤

凡訃於其君節

凡訃至某死 惠棟挍宋本無此五字

不分別尊卑皆同年卒者 閩監毛本同浦鏜挍云年當言字誤

杜所不用也 閩監毛本同惠棟挍宋本無也字

大夫訃於同國節

大夫至某實正義曰此一經明大夫之卒 惠棟挍宋本有上五字

士訃於同國節

士訃至某死正義曰 惠棟挍宋本有上五字諸本脫

大夫次於公館節

故居堊室也 閩監毛本同惠棟挍宋無也字

大夫爲其父母節

今大夫喪服禮逸 閩監毛本同岳本同嘉靖本同惠棟挍宋本無服字宋監本衛氏集說同考文引古本足利本同

是大功以下與大夫同 閩監毛本同考文云宋板大夫下有士字

皆爲非禮並與鄭違 惠棟挍宋本有禮字此本禮字脫閩監毛本同

鄭既約○左傳 補案約下○誤衍

如筮節

則史練冠長衣 各本同石經同考文云古本史上有筮字按注云筮史筮人也則經筮字當有

如筮者謂下大夫及士不合用卜 按如字疑知字之譌

大夫之喪大宗人相節

深衣之純以素○者也 補按者上○誤衍

謂楊火灼之以出兆 閩本同監毛本楊作揚岳本同嘉靖本同衛氏集說同考文引宋板亦作楊疏同

內子以鞠衣節 坊本此節經文十九字移置狄稅素沙下用與國子氏本

自揄狄而下 閩監毛本同岳本同嘉靖本同惠棟挍宋本揄作褕衛氏集說同釋文出自揄與周禮內司服合○按褕正字揄假借字

自鞠衣而下 閩本同惠棟挍宋本同各本同監本自誤目毛本自誤曰

尚所褒賜之衣 閩監毛本同衛氏集說尚作上

素沙者 閩監本同毛本沙作紗下亦以素沙爲裏同

是下大夫之妻所復禮衣也 惠棟挍宋本同閩監毛本復作服

以裏縿爲之 惠棟挍宋本裏作重衛氏集說同此本誤閩監毛本同

見加賜之衣也者 補案之字誤重

謂內子初始爲卿妻 閩監毛本同惠棟挍宋本初下有嫁字

夫人稅衣節

揄狄 閩監毛本同石經同岳本同嘉靖本同衛氏集說揄作褕注同釋文上出自揄云下文并注同是釋文本亦作揄也

狄稅素沙 各本同石經同毛本沙誤紗注狄稅素沙同

大夫不揄絞節

大夫不揄絞 閩監毛本同石經同岳本同嘉靖本同衛氏集說揄作褕釋文同注放此

士不云魚躍拂池故也 惠棟挍宋本同閩監本云誤去毛本不云魚誤去魚不

婦附於其夫之所附之妃節

夫所附之妃 閩監毛本同惠棟挍宋本附作祔岳本同嘉靖本同衛氏集說同

男子附於王父節

配謂并祭 各本同監本并誤拜

君薨大子號稱子節

故知未踰年者 閩監毛本同惠棟挍宋本者作也

宰周云齊侯宋子以下于葵邱 惠棟挍宋本云作公此本誤閩監毛本同

今宋襄公未葬君當宋子某 惠棟挍宋本宋作稱此本稱誤宋閩監毛本同

若未葬雖踰年猶子 惠棟挍宋本子上有稱字此本稱字脫閩監毛本同

附釋音禮記注疏卷第四十一

鄭氏注　孔穎達疏

雜記上

有三年之練冠。則以大功之麻易之。唯杖屨不易。謂既練而遭大功之喪者也練除首絰要絰葛又不如大功之麻重也言練冠易麻互言之也唯杖屨不易言其餘皆易也屨不易者練與大功俱用繩耳○要一遙反 [疏]有三至不易○正義曰此一經明先有三年練冠之節今遭大功之麻易之先師解此凡有三義按聖證論云范宣子之意以母喪既練遭降服大功則易衰以母之既練三衰八升降服大功衰七升故得易之其餘則否賀瑒之意以三等大功皆得易三年練衰其三等大功衰雖七升八升九升之布有細於三年之練衰以其新喪之重故皆易之皇氏云或不易庾氏之說唯謂降服大功衰得易三年之練其餘七升八升九升之大功則不得易三年之練今依庾說此大功者時據降服大功也故下文云而祔兄弟之殤雖論小功之兄弟而云降服則知此大功之麻易據殤也○有三年之練冠者謂遭三年之喪至練時之冠以首絰已除故特云冠○則以大功之麻易之者初死者是降服大功則以此大功之麻易三年之練○唯杖屨不易者言大功無杖無可改易三年練與大功初喪同是繩屨故杖屨不易○注謂既至繩耳○正義曰云練除首絰者閒傳文首絰既除故著大功麻絰云要絰葛又不如大功之麻重也者斬衰既練要絰葛與大功初死要絰麄細同斬衰是葛大功是麻故云要絰葛又不如大功之麻重也云言練冠易麻互言之也者麻謂絰帶大功言絰帶明三年練亦有絰帶三年練云冠明大功亦有冠是大功冠與絰帶易三年冠及絰帶故云互言之云唯杖屨不易言其餘皆易也者絰既言冠言麻以明換易又云杖屨不易則知衰亦在易中故言其餘皆易謂冠也要帶也衰也言悉易也然練之首絰除矣無可易也又大功無杖亦無可易也而云易與不易者因其餘有易者連言之

有父母之喪。尚功衰。而附兄弟之殤。則練冠附於殤。稱陽童某甫。不名神也。此兄弟之殤謂大功親以下之殤也斬衰齊衰之喪練皆受以大功之衰此謂之功衰以是時而祔大功親以下之殤大功親以下之殤輕不易服冠而兄爲殤謂同年者也兄十九而死已明年因喪而冠陽童謂庶殤也宗子則曰陰童童未成人之稱也某甫且字也尊神不名爲之造字○衰七雷反冠古亂反稱尺證反 [疏]有父至神也○正義曰此一經明已有父母之喪既練之後得祔兄弟小功之殤尚功衰者謂三年練後之衰升數與大功同故云功衰今已有父母之喪猶尚身著功衰今兄弟有殤在小功者當須祔祭故云而祔兄弟之殤則練冠祔於殤者小功以下既輕不合改練時之服則身著練冠祔祭於殤○稱陽童某甫不名神也者當祔祭此殤之時其祝辭稱此殤曰陽童又稱此殤曰某甫所以不呼其名者尊神之也故爲之造字稱曰某甫且字也○注此兄至造字○正義曰知大功親以下之殤也者若大功正服則變三年之練此著小練冠故知大功親以下之殤若成人合服之大功其若長殤著小功若成人小功親其長殤則緦麻皆得著此三年練冠爲之祔祭故云大功親以下之殤言以下兼小功也已是祖之適孫若祔大功兄弟

長殤得在祖廟若祔小功兄弟長殤則是祖之兄弟之後所以得祔者已是曾祖之適共小功兄弟同曾祖今小功兄弟當祔於從祖之廟其小功兄弟身及父是庶人不合立祖廟則曾祖適孫爲之立壇祔小功兄弟之長殤於從祖立神而祭也皇氏云小功兄弟爲士從祖爲大夫士不可祔於大夫當祔於大功親以下從祖爲士故祔小功兄弟長殤於已祖廟義亦得通云大功親以下之殤輕不易服者按服問大功殤長中變三年之葛得易首絰要帶不得易服故此祔祭者練冠也此注諸本或誤云大功親之下殤故諸儒等難鄭云既是下殤何得有弟冠范宣子庾蔚等云下殤者傳寫之誤非鄭繆也云冠而兄爲殤謂同年者也者此鄭自難云弟冠而兄得爲殤者謂弟與兄同年十九也云兄十九而死已明年因喪而冠者此新死之兄既是小功之服不合變三年之練而得有因喪冠者謂已明年之初用父母喪之練節而加冠以後始祔兄弟也云陽童謂庶殤也宗子則曰陰童童未成人之稱也者曾子問庶子之殤祭於室白故曰陽童宗子殤死祭於室奧則曰陰童云某甫且字也者檀弓云五十以伯仲是正字二十之時曰某甫是且字言且爲之立字云尊神不名爲之造字者以字者冠時所有此兄去年已死未得有字雖云某甫是死後祔時爲之造字必造字者以神道事之可謂名是也

○凡異居。始聞兄弟之喪。唯以哭對可也。惻怛之痛不以辭言爲禮也○怛旦末反**其始麻。散帶絰。**與居家同也凡喪小斂而麻○散悉但反後散帶皆同**未服麻而奔喪。及主人之未成絰也。疏者與主人皆成之。親者終其麻帶絰之日數。**疏者謂小功以下也親者大功以上也疏者及主人之節則用之其不及亦自用其日數〔疏〕凡異至日數○正義曰此一節明異居聞兄弟喪哭及奔赴之禮凡異居者言凡非一之辭異居別所而始聞兄弟之喪○唯以哭對可也者初聞其喪惻但情重不暇問其餘事唯哭對使者赴於禮可也○其始麻散帶絰者此謂大功以上兄弟其初聞喪始服麻之時散垂要之帶絰若小功以下服麻則糾垂不散也○未服麻而奔喪者謂聞喪未及服麻而即奔喪○及主人之未成絰也者謂道路既近聞喪即來至在主人小斂之前故云及主人未成絰也○疏者與主人皆成之者疏謂小功以下值主人成服之節則與主人皆成就之○親者終其麻帶絰之日數者親謂大功以上初來奔至雖值主人成服未即成之必終竟其麻帶絰滿依禮日數而後成服也○注與居至而麻○正義曰按士喪禮小斂襲絰于序東是凡士喪小斂而麻也又士喪禮三日絞垂此云始麻散帶絰是與居家同○注疏者至日數○正義曰知疏者謂小功以下者喪服傳云大功以上同居爲同財故知疏者謂小功以下云其不及亦自用其日數者謂疏者若其及主人之節則與主人同成服若其不及主人之節亦自用其依禮之日數奔喪之後至三日而成服也此未奔喪而散帶絰按奔喪禮聞喪即襲絰絞帶不散者彼謂有事故未得即奔喪故不散帶此謂即欲奔喪故散麻也此經奔喪來至猶散麻按奔喪禮聞喪則襲絰至即絞帶不散麻者此經即來奔者故散麻以見尸柩故也彼謂奔喪來遲故注云不見尸柩不散帶也

○主妾之喪。則自祔。至於練祥。皆使其子主之。其殯。祭。不於正室。祔自爲之者以其祭於祖廟**君不撫僕妾。**略於賤也〔疏〕主妾至僕妾正義曰妾既卑賤得主之者崔氏云謂女君死攝女君也○則自祔者以其祔祭於祖姑尊祖故自祔也以其祔廟也妾合祔於妾祖姑若無妾祖姑則祔於女君可也○其殯祭不於正室者雖攝女君猶下正適故殯之與祭不得在正室庾蔚云妾祖姑無廟爲壇祭之鄭云於廟者崔氏云於廟中爲壇祭之此謂攝女君若不攝女君之妾則不得爲主則別爲壇不在祖廟中而子自主之也

○女君死。則妾爲女君之黨服。攝女君。則不爲先女君之黨服。妾於女君之親若其親然○爲于僞反下注並同〔疏〕女君至黨服○正義曰女君死則妾爲女君之黨服者賀瑒云雖是徒從而抑妾故爲女君黨服防覬覦也攝女君則不爲先女君之黨服者以攝女君差尊故不爲先女君之黨服也

聞兄弟之喪。大功以上。見喪者之鄉而哭。奔喪節也**適兄弟之送葬者弗及。遇主人於道。則遂之於墓。**言骨肉之親不待主人也**凡主兄弟之喪。雖疏亦虞之。**喪事虞祔乃畢〔疏〕聞兄至虞之○正義曰此一節明奔兄弟喪之法○見喪者之鄉而哭者謂此親兄弟同氣及同堂兄弟也奔喪禮云齊衰望鄉而哭大功望門而哭此云大功以上見喪者之鄉而哭者盧云謂降服大功者也鄭無別辭當同盧也若如此則兄弟之名通輕重也○適兄弟之送葬者謂此兄弟緦小功也適往也謂往送五服之親葬而不及者謂往送不及喪柩在家○遇主人於道者主人是亡者之子謂孝子葬竟已還而此往送葬之人與孝子於路相逢值也則遂之於墓者雖孝子已還而此送葬之人不及者不得隨孝子而歸仍自獨往於墓也○凡主兄弟之喪雖疏亦虞之者此疏謂小功緦麻喪事虞祔乃畢雖服緦小功之疏彼既無主故疏緦小功者亦爲之主虞祔之祭按小記云大功者主人之喪有三年者則必爲之再祭鄭注云小功緦麻爲之練祭可也與此不同者彼承大功有三年者此則緦小功有三年者故至小祥同於三年故主虞祔也今此言疏者亦虞但虞者謂無服者朋友相爲亦虞祔也故熊氏云主喪者於死者無服謂袒免以外之兄弟○注喪事虞祔乃畢○正義曰經云虞而注連言祔者以祔與虞相近故連言之

○凡喪服未畢。有弔者。則爲位而哭拜踊。客始來主人不可以殺禮待之○殺色界反〔疏〕凡喪至拜踊○正義曰凡喪服未畢者是喪服將終但未畢了猶有餘日未滿其禮以殺若有人始來弔當爲位哭踊不以殺禮而待新弔之賓也言凡者五服悉然**大夫之哭大夫弁絰。大夫與殯亦弁絰。**弁絰者大夫錫衰相弔之服也如爵弁而素加環絰曰弁絰○與音預〔疏〕大夫至弁絰○正義曰大夫之哭大夫弁絰者此謂成服以後大夫往弔哭大夫身著錫衰首加弁絰○大夫與殯亦弁絰者此謂未成服之前故與殯之時首亦加弁絰其餘則異身著當時所服之服故士喪禮注云主人成服之後往則錫衰主人未成服君亦不錫衰則著皮弁服也若此大夫主人未成服之前身亦皮弁服而弁絰也若主人未小斂之前則吉服而往不弁絰也○注弁絰至服也○正義曰按禮主人未成服之前小斂之後大夫著弁絰而衣皮弁服此云弁絰大夫錫衰相弔者如鄭此意則經云大夫之哭大夫弁絰經據主人成服之後故云大夫錫衰相弔之服但文在大夫與殯之上故南北諸儒皆以此大夫之哭大夫弁絰是二斂之間逕其鄭注云錫衰所以各爲異說今謂大夫之哭大夫廣解成服之後於義無妨但既成服之後又卻明與殯之前理亦既殯

大夫有私喪之葛。則於其兄弟之輕喪則弁絰。私喪妻子之喪也輕喪緦麻也大夫降焉弔服而往不以私喪之末臨兄弟〔疏〕正義曰私喪之葛者謂妻子之喪至卒哭以葛代麻之後是私喪之葛○則於其兄弟之輕喪則弁絰者於此之時遭兄弟之輕喪緦麻亦著弔服弁絰而往不以私喪之末臨兄弟也若成服之後則錫衰未成服之前身著素裳而首服弁絰也○注私喪至兄弟○正義曰既言私喪故知謂妻子之喪也葛謂卒哭後也兄弟輕喪謂緦麻也大夫降一等雖不服以骨肉之親不可以妻子之末服而往哭之故服弁絰也

○爲長子杖。則其子不以杖即位。辟尊者○〔疏〕爲長至即位○正義曰父爲長子杖則其子不以杖即位者其子長子之子祖在不厭孫其孫得杖但與祖同處不得以杖即位辟尊者**爲妻。父母在。不杖不稽顙。**尊者在不敢盡禮於私喪也○稽徐音啟顙桑黨反〔疏〕爲妻至稽顙○正義曰此謂適子爲妻父母見存不敢爲妻杖又不可爲妻稽顙故云不杖不稽顙按喪服云大夫爲適婦爲喪主父爲己婦之主故父在不敢爲婦杖若父沒母在不爲適婦之主所以母在不杖者以父母尊同因父而連言母父沒母存爲妻雖得杖而不得稽顙以杖與稽顙文連不杖屬於父在不稽顙文屬母在故云父母在不杖不稽顙而禮論范宣子申云有二義一者生存爲在二者旁側爲在此云母在謂在母之側爲妻不杖故問喪云則父在不敢杖矣尊者在故也鄭云父在不杖謂爲母按爲母則削杖而云父在不杖謂爲母也是父在謂在側之在若論語云君在踧踖如也此范氏之釋其義可通但父母在之文相連爲一而父爲存在之在母爲在側之在又小記云父在庶子爲妻以杖即位然庶子豈得父見在則庶子爲妻得以杖即位乎是范義未安也今見其載之

母在。不稽顙。稽顙者。其贈也拜。言獨母在於贈拜得稽顙則父在贈拜不得稽顙〔疏〕正義曰前明父母俱在故不杖不稽顙此明父沒母在爲妻得有稽顙不稽顙二義母在不稽顙者謂母在爲妻子尋常拜賓之法也○稽顙者其贈也拜者父沒母在稍降殺於父故爲妻得有稽顙稽顙之時其稽顙者有他人以物來贈已其恩既重其謝此贈之人時爲拜得稽顙故云其贈也拜於此拜時而得稽顙

違諸侯之大夫。不反服。違大夫之諸侯。不反服。其君尊卑異也違猶去也去諸侯仕諸侯去大夫仕大夫乃得爲舊君服〔疏〕違諸至反服○正義曰違去也去諸侯謂不便其君及辟仇也之往也已若本是諸侯臣如去往仕大夫此是自尊適卑若舊君死則此臣不反服也言不反者謂今仕卑臣不可反服於前之尊君也○違大夫之諸侯不反服者此謂本是大夫臣今去仕諸侯此是自卑適尊若猶服卑君則爲新君之恥也故亦不反服舊君也○注其君至君服○正義曰鄭以經尊卑不敵不反服若所仕敵則反服舊君服齊衰三月

喪冠條屬。以別吉凶。三年之練冠。亦條屬。右縫。別吉凶者吉冠不條屬也條屬者通屈一條繩若布爲武垂下爲纓屬之冠象大古喪事略也吉冠則纓武異

材焉右縫者右辟而縫之○別徐彼列反注同縫音逢注同又扶用反大古音泰下大古同材才再反又如字辟必亦反下同

小功以下左。左辟象吉輕也**緦冠繰纓。**繰當為澡麻帶絰之澡聲之誤也謂有事其布以為纓○繰依注音澡所銜反【疏】喪冠至繰纓○正義曰此一節明喪冠輕重之制各隨文解之此言吉冠則纓與武各別喪冠則纓與武共材也○條屬者屬猶著也謂取一條繩屈之為武垂下為纓以著冠故云條屬也吉凶既異故云別吉凶也○三年之練冠亦條屬右縫者三年練冠小祥之冠也雖微入吉亦猶條屬與凶冠不異也吉冠則襵上辟縫左左為陽陽吉也而凶冠縫右右為陰陰喪所尚也過小祥猶條屬故縫猶右也○注別吉至縫之○正義曰云吉冠不條屬也條屬者通屈一條繩若布為武垂下為纓屬之冠象大古喪事略也者釋喪冠條屬之意云吉冠則纓武異材焉者玉藻云縞冠玄武之屬是異材也○材謂材具○小功以下左小功以下輕故縫同吉屬嚮左也○緦冠繰纓緦衰冠治縷不治布冠又用澡治緦布為纓以輕故也○注繰當至為纓○正義曰經之繰字絲旁為之非澡治之義故讀從喪服小記下殤澡麻帶絰之澡云謂有事其布以為纓者緦麻既有事其縷就上繰之是又治其布故云有事其布以為纓謂纓布俱治

大功以上散帶。小功緦輕初而絞之【疏】大功以上散帶○正義曰小斂之後主人拜賓襲絰於序東小功以下皆絞之大功以上散此帶垂不忍即成之至成服乃絞

朝服十五升。去其半而緦。加灰錫也。緦精麤與朝服同去其半則六百縷而疏也又無事其布不灰焉○朝直遙反後朝服放此注同去起呂反注同【疏】朝服至錫也○正義曰朝服精細全用十五升布為之○去其半而緦者緦麻於朝服十五升布之內抽去其半以七升半用為緦麻之衰服也鄭注喪服云去其半而緦如絲是也○加灰錫也者取緦以為布又加灰治之則曰錫言錫然滑易也○注又無事其布不灰焉○正義曰經云去其半而緦始云加灰錫明此緦衰不加灰不治布故也

諸侯相襚。以後路與冕服。先路與襃衣不以襚。不以己之正者施於人以彼不以為正也後路貳車貳車行在後後也○襚音遂【疏】諸侯至以襚○正義曰諸侯相襚以後路與冕服者後路為上路之後次路也冕服謂上冕之後次冕也○先路與襃衣不以襚者是己之車服之上不可以施遺於人以彼不以為正服所用也

遣車視牢具。言車多少各如所包遣奠牲體之數也然則遣車載所包遣奠而藏之者與遣奠天子大牢包九个諸侯亦大牢包七个大夫亦大牢包五个士少牢包三个大夫以上乃有遣車○遣弃戰反注同下遣車遣奠皆放此與音餘个古賀反下同【疏】遣車視牢具○正義曰遣車送葬載牲體之車也牢具遣奠所包牲牢之體貴賤各有數也一个為一具取一車載之也故云視牢具○注言車至遣車○正義曰言車多少各如所包遣奠牲體之數也者以言視牢具故如其數云然則遣車載所包遣奠而藏之者與者以遣車所用無文因此視牢具故云載所包遣奠而藏之者與與疑辭也云天子大牢包九个以下者以既夕禮遣奠用少牢以上約之明大夫以上皆大牢包九个者以檀弓云國君七个遣車七乘則天子九个遣車九乘以下差降義已具於下檀弓疏云大夫以上乃有遣車者諸侯大夫位尊雖無三命則有車馬之賜及天子上士三命皆得有遣車諸侯士以下賤故無遣車也

疏布輤。四面有章。置於四隅。輤其蓋也四面皆有章蔽以隱翳牢肉四隅椁中之四隅○章本或作郭音同注亦同翳於計反【疏】疏布至四隅○正義曰此經明載牢肉之時因以物章蔽疏布輤者輤蓋也以篷布為上蓋而四面有物章之入壙置於椁之四隅

載粻。有子曰非禮也。粻米糧也○粻陟良反

喪奠脯醢而已。言死者不食糧也遣奠本無黍稷○醢音海【疏】載粻至而已○正義曰粻米糧也用遣車載粻遣亡人也而有子譏其為失也然既夕士禮有黍稷麥者但遣奠之饌無黍稷故遣車所載遣車之奠不合載粻既夕士禮者謂遣奠之外別有黍稷麥喪奠脯醢而已者此亦有子之言也言死者不食糧也故遣奠不用黍稷而牲體是脯醢之義也

祭稱孝子孝孫。喪稱哀子哀孫。各以其義稱○義稱昌升反又尺證反【疏】祭稱至哀孫○正義曰祭吉祭也謂自卒哭以後之祭也吉則申孝子心故祝辭云孝也或子或孫隨其人也○喪稱哀子哀孫者凶祭謂自虞以前祭也喪則痛慕未申故稱哀也故士虞禮稱哀子而卒哭乃稱孝子也

端衰。喪車。皆無等。喪車惡車也喪者衣衰及所乘之車貴賤同孝子於親一也衣衰言端者玄端吉時常服喪之衣衰當如之○衣衰上於既反下七雷反下同【疏】端衰至無等○正義曰端衰謂喪服上衣以其綴六寸之衰於心前故衣亦曰衰端正也吉時玄端服身與袂同以二尺二寸為正而喪衣亦如之而今用縗綴心前故曰端衰也○喪車者孝子所乘惡車也惡車喪車也等等差也言喪之衣衰及惡車天子至士制度同無貴賤等差之別也以孝子於其親情如一也○注喪車至如之○正義曰言喪車惡車也者既夕禮云主人乘惡車鄭云王喪之木車也按鄭注巾車喪車凡五等巾車云木車蒲蔽注云木車不漆者以蒲為蔽始遭喪所乘也素車棼蔽注云素車以白土堊車蘋麻以為蔽卒哭所乘藻車藻蔽注云以蒼土堊車以蒼繢為蔽也既練所乘駹車萑蔽注云駹車邊側有漆飾也以細葦席為蔽大祥所乘漆車蕃蔽注云漆車黑車以漆席為蔽禫所乘○云衣衰言端者玄端吉時常服喪之衣衰當如之者按喪服記袂二尺二寸袪尺二寸其制正幅故云端此云端衰則與玄端同也

大白冠。緇布之冠。皆不蕤。委武玄縞而后蕤。不蕤質無飾也大白冠大古之布冠也春秋傳曰衛文公大布之衣大白之冠委武冠卷也秦人曰委齊東曰武玄玄冠也縞縞冠也○縞古老反又古報反注同卷苦圓反【疏】大白至后蕤○正義曰大白者古之白布冠也緇布冠黑布冠也二冠無飾故皆不蕤此緇布冠謂大夫士之冠故不蕤其諸侯緇布冠則蕤故玉藻云緇布冠繢緌諸侯之冠是也○委武玄縞而后蕤者委武冠卷也秦人呼卷為委齊人呼卷為武也玄玄冠也縞縞冠也故云而后蕤也縞冠大祥冠也玄冠縞冠皆有蕤何以知之前既云冠亦條屬右縫則知縞冠不條屬既有卷故有蕤也○注云練不蕤至冠也○正義曰引春秋左傳曰衛文公大布之衣大白之冠者證大白冠是布也閔公二年冬狄入衛衛懿公為狄人所滅僖二年齊桓公救而封之衛文公以入國未道故不充其服自貶損所以大白冠大布衣也

大夫冕而祭於公。弁而祭於己。士弁而祭於公。冠而祭於己。弁爵弁也冠玄冠也祭於公助君祭也大夫爵弁而祭於己唯孤爾

士弁而親迎。然則士弁而祭於己可也。緣類欲許之也親迎雖亦己之事攝盛服爾非常也○迎魚敬反注同【疏】大夫至可也○正義曰此一節明大夫士公私祭服○大夫冕而祭於公者大夫弁而祭於己者大夫助祭服也○弁而祭於己者謂孤也爵弁也祭於己自祭廟也助祭為尊故服絺冕自祭為卑故服爵弁崔云孤不悉絺冕若方伯之孤助祭則玄冕以其君玄冕自祭不可踰之也用絺冕若王者之後及魯之孤則助祭用○士弁而祭於公冠而祭於己者士用爵弁也以爵弁為助君之服故用玄冠自祭不敢同助君之服故上士助祭也冠玄冠為卑也自祭不謂爵弁也士以爵弁為也用玄冠而祭於己可也者作記之人雖云士冠而祭於己以己既爵弁而親迎親迎輕於祭尚用爵弁則士亦當用爵弁自祭於己廟可也言於禮可用也爵弁是記者緣事類欲許之著爵弁○注弁爵至孤爾○正義曰知弁爵弁也者與士弁連文士弁祭於公爵弁故知大夫弁者亦爵弁也云大夫爵弁而祭於己唯孤爾者以儀禮少牢上大夫自祭用玄冠此亦云弁而祭於己者與少牢異故知是孤知非卿者以少牢禮有卿賓尸下大夫不賓尸明卿亦玄冠不爵弁○注緣類至常也○正義曰以祭親迎事類相似親迎既弁故自祭欲許其著弁其理不可故鄭云親迎雖亦己之事攝盛服爾非常著之服所以親迎攝盛服者以親迎配偶一時之極故許其攝盛服祭祀常所供養故須依其班序

畢用桑。長三尺。刊其柄與末。畢所以助主人載者刊猶削也○刊苦干反柄兵命反【疏】畢用至與末○正義曰此一節明吉凶暢及枇畢之義各隨文解之暢謂鬱鬯也者以鬱鬯為以梧者謂檮鬯所用也柄柏也梧桐也謂以柏為白以桐為杵檮鬱鬯用柏白桐杵為柏香桐絜白於神宜○注枇所以載牲體從鑊以枇升入於鼎從鼎以枇載於俎○枇者所以載牲體者此謂喪祭也云吉祭枇用棘者特牲記云枇用棘心是也○正義曰知謂喪祭也者以其用桑故知喪祭也云吉祭枇用棘者按特牲記云枇用棘心是也

枇以桑。長三尺。或曰五尺。枇所以載牲體者此以喪祭也吉祭枇用棘○枇音七本反下同畢音必長直亮反下同

暢臼以椈。杵以梧。所以擣鬱也椈柏也○擣丁老反

率帶。諸侯大夫皆五采。士二采。此謂襲尸之大帶也率繂也繂之不加箴功大夫以上更飾以五采士以朱綠襲事成於帶變之所以異於生○率音律下同繂音律箴之金反【疏】率帶至二采○正義曰此謂尸襲竟而著此帶也率謂繂帶也但攝帛邊而熨殺之不加箴功異於生也大夫與諸侯同而士二采並異於生而尊者可同也然此士也天子之士也諸侯之士則緇帶故士喪禮緇帶○注此謂至於生○正義曰知襲尸之大帶者以吉時大帶唯有朱綠玄華無五采此連上枇畢用桑之下則知此亦喪之大帶也以其小斂大斂衣數既多有絞不可加帶故知襲尸之大帶也云襲事成於帶變之所以異於生者鄭以襲衣與生同唯帶與生異凡襲事著衣畢加帶乃成故云襲事成於帶變之異於生也

醴者稻醴也。甕甒筲衡。實見間而后折入。此謂葬時藏物

也衡當爲桁所以庪甕甒之屬聲之誤也實見間藏於見外椁內也折承席也○甕於貢反盛醯醢之器甒音武瓦器筲所交反竹器衡依注作桁戶剛反徐戶庚反庪也見音間廁之間棺衣也注同間如字注同徐古莧反一解云鄭合見間二字共爲閱字音古辯反折之設反注同形如𣏟無足也庪九委反又九僞反徐居綺反字亦作庋同〔疏〕醴者至折入○正義曰此一經是送葬所藏之物○醴者稻醴也者言此醴是稻米所爲○甕者盛醯醢○甒者盛醴酒○筲者盛黍稷○衡者以大木爲桁置於地所以庪轝於甕甒之屬○實見間見謂棺外之飾言實此甕甒筲等於見外椁內二者之間故云實見間○而后折入者折謂椁上承席實物椁內既畢然後以此承席加於椁上○注此謂至席也○正義曰知葬時藏物也者言此甕甒筲衡等葬時所藏之物皇氏云甕無筲明器也故實此醴與醯醢之屬云實見間藏於見外椁內也者按既夕禮乃窆藏器於旁加見注云器用器役器也見棺飾也先言藏器乃云加見者器在見內也既夕禮又云藏苞筲於旁注云於旁者在見外也不言甕甒饌相次可知知是藏於見外椁內者則見內是用器役器見外是明器也此是士禮略實明器耳大夫以上則兼有人器明器也人器實明器虛云折承席也者按既夕禮注云折猶庪也方鑿連木爲之蓋如𣏟而縮者三橫者五無簀窆事畢加之壙上以承抗席是也

○重既虞而埋之。就所倚處埋之○重直龍反埋亡皆反倚於倚反處昌慮反〔疏〕重既虞而埋之○正義曰按既夕禮初喪朝禰廟重止于門外之西不入重不入者謂將出祖廟若過之然故不入明日自禰廟隨至祖廟庭厥明將出之時重出自道道左倚之鄭注云道左主人位此注就所倚之處埋之謂於祖廟門外之東也

○凡婦人。從其夫之爵位。婦人無專制生禮死事以夫爲尊卑

小斂。大斂。啓。皆辯拜。嫌當事來者終不拜故明之也此既事皆拜○辯音遍〔疏〕小斂至辯拜○正義曰禮凡當大斂小斂及啟攢之時唯有君來則止事而出拜之若他賓客至則不止事事竟乃即堂下之位悉偏拜故云皆辯拜也○注嫌當至皆拜○正義曰嫌當三事終竟不拜故明竟即拜也云此既事皆拜者皆拜即此云辯拜三事也然若士當事而大夫至則士亦爲大夫出也故雜記下云當袒大夫至雖當踊絶踊而拜之反改成踊乃襲是也

○朝夕哭不帷。緣孝子心欲見殯肂也既出則施其扆鬼神尚幽闇也○帷位悲反下同肂以二反埋棺之坎扆字林戶臘反閉也纂文云古闔字玉篇羌據公荅二反皆云閉也〔疏〕朝夕哭不帷○正義曰孝子心欲見殯故當朝夕進入廟門內哭位之時除去殯宮帷也哭竟則帷之○注既出則施其扆○正義曰按士喪禮君使人弔徹帷鄭云徹帷扆之事畢則下之鄭此注會儀禮注也則扆是褰舉之名初哭則褰舉事畢則施下之

○無柩者不帷。謂既葬也棺柩已去鬼神在室堂無事焉遂去帷○去起呂反〔疏〕無柩者不帷○正義曰無柩謂葬後也神主祔廟還在室則在堂無事故不復用帷也

○君若載而后弔之。則主人東面而拜。門右北面而踊。出待。反而后奠。主人拜踊於賓位不敢迫君也君即位車東出待不必君留也君反之使奠〔疏〕君若至后奠○正義曰謂君來弔臣之葬臣喪朝廟柩已下堂載在柩車而君弔之故云君若載而后弔之○則主人東面而拜者君既弔位於車東故主人在車西東面而拜○門右北面而踊者門謂祖廟門也右西邊也若門外來則右在東若門內出右在西此據車出家故右在西孝子拜君竟從位立近門內西邊北面而哭踊爲禮也○出待者孝子哭踊畢而先出門待君者君來則出門拜迎君去則出門拜送也今君入臨弔事竟便應去不敢必君之久留故孝子先出待君出反而后奠者反謂君來未去使人命孝子反還喪所也而后奠者凡君來必設奠告柩知之也或云此謂在廟載柩車時也奠謂反設祖奠也

○子羔之襲也。繭衣裳與稅衣。纁袡爲一。素端一。皮弁一。爵弁一。玄冕一。曾子曰。不襲婦服。繭衣裳者若今大襡也纊爲繭縕爲袍表之以稅衣乃爲一稱爾稅衣若玄端而連衣裳者也大夫而以纁爲之緣非也唯婦人纁袡禮以冠名服此襲其服非襲其冠曾子譏襲婦服而已玄冕又大夫服未聞子羔曷爲襲之玄冕或爲爲玄冠或爲玄端○繭古典反稅他喚反注同纁許云反袡字又作衻而占反裳下襈也王肅云婦人蔽膝也襡音燭統字又作纊音曠組于粉反袍薄勞反稱尺證反下放此緣悅絹反〔疏〕子羔至婦服○正義曰此明大夫死者襲衣稱數也○繭衣裳者纊爲繭謂衣裳相連而綿纊著之也○與稅衣者稅謂黑衣也若玄端而連衣裳也玄端多種今衣裳連是玄端玄端玄裳也○纁袡爲一者纁絳也袡裳下緣襈也以絳爲緣故云稅衣纁袡也繭衣既褻故用稅衣表之合爲一稱故云繭衣裳與稅衣纁袡爲一也○素端一者此第二稱也以服既不褻並無復別衣表之也盧云布上素下皮弁服賀瑒云以素爲衣裳也○皮弁一者第三稱也十五升白布爲衣積素爲裳也○爵弁一者第四稱也玄衣纁裳也○玄冕一者第五稱也大夫之上服也○曾子曰不襲婦服者曾子非之纁袡是婦人之服而子羔襲用之故曾子譏之依禮不合襲婦人之服○注繭衣至襲之○正義曰禮以冠名服此襲其服非襲其冠者鄭恐經云皮弁爵弁但云冠不云服恐襲其冠不襲其服故云以冠名服此襲其服非襲其冠云曾子譏襲婦服而已者鄭意以曾子但譏婦服而已不譏其著玄冕之服是子羔合著玄冕子羔爲大夫無文故注云未聞子羔曷爲襲之

○爲君使而死。公館復。私館不復。公館者。公宮與公所爲也。私館者。自卿大夫以下之家也。公所爲君所作離宮別館也○作爲于僞反又如字使色吏反復音伏館本亦作觀音同

○公七踊。大夫五踊。婦人居間。士三踊。婦人皆居間。公君也始死及小斂大斂而踊君大夫士一也則皆三踊矣君五日而殯大夫三日而殯士二日而殯士小斂之朝不踊君大夫大斂之朝乃不踊婦人居間者踊必拾主人踊婦人踊賓乃踊○拾其劫反下同〔疏〕公七至居間○正義曰此一經明諸侯至士初死在室殯踊節及明貴賤踊數也公諸侯去死日五日而殯則合死日六日也○七踊者始死一踊明日襲之時又一踊襲明日朝又明日小斂朝一踊爲四也其日晚小斂時又一踊是小斂日再踊就於前三日爲五也小斂明日朝又踊爲六也至明日大斂之朝不踊當大斂時乃踊凡爲七踊也○大夫五者大夫三日殯合死日爲四日始死一明日襲朝一又明日小斂日再小斂明日大斂凡五也○士三者士三日殯合死日數也始死一小斂朝不踊至小斂時一又明日大斂一是凡三也○婦人皆居間者謂婦人與丈夫更踊也男子先踊踊畢而婦人踊踊畢賓乃踊婦人居賓主之中間也又云皆居間者言皆於貴賤婦人悉居賓主間也然親始死及動尸舉柩哭踊無數今云七五三者謂爲禮有節之踊每踊輒三者三爲九而謂爲一也

○公襲卷衣一。玄端一。朝服一。素積一。纁裳一。爵弁二。玄冕一。褒衣一。朱綠帶。申加大帶於上。朱綠帶者襲衣之帶飾之雜以朱綠異於生也此帶亦以素爲之申重也重於革帶也革帶以佩韍必言重加大帶者明雖有變必備此二帶也士襲三稱子羔襲五稱今公襲九稱則尊卑襲數不同矣諸侯七稱天子十二稱與○卷音衮重直龍反又直用反韍音弗稱尺證反〔疏〕公襲至於上○正義曰此一經明襲用衣稱卷冕之制公襲以上服最在內者公身貴故以上服親身欲尊顯加賜故褒衣最外而細服居中也子羔賤故卑服親身也○玄端一者賀云燕居之服玄端朱裳也○朝服一者緇衣素裳公日視朝之服也○素積一者皮弁之服公視朔之服也○纁裳一者賀云冕服之裳也亦可鷩毳任取中間一服也○爵弁二者玄衣纁裳二通也此是始命之服示之重本故二通也招魂君亦用爵弁服也玄冕之下文取一也○褒衣一者所加賜之衣最上華君賜也自卷衣至此合爵弁二通合九稱朱綠帶者諸侯襲尸除五采之大帶外又別有此帶以素爲之而朱綠飾之亦異於生時也○申加大帶於上者申重也謂已用此朱綠小帶結束之今重加大帶於華帶之上者象生時大帶也用素爲之士則二采大夫諸侯皆五采飾之故前云率帶諸侯大夫皆五采士二采鄭云此謂襲尸之大帶也鄭既謂前爲襲尸之大帶此重言如大帶是用襲尸如一故知前所言即此大帶也○注朱綠至稱與○正義曰云朱綠帶者襲衣之帶飾之雜以朱綠異於生也者此帶既非革帶又非大帶秖是衣之小帶衣之小帶用素故云亦以素爲之云申重也者釋詁文云重於革帶也者謂於革帶之上重加此大帶知非對小朱綠帶爲重者以朱綠小帶散在於衣非是捴束其身若捴束其身唯有革帶大帶故知對革帶爲重者云必言重加大帶者明雖有變必備此二帶也者解經文申加之字既無革帶又加大帶云申者何以革帶必見革帶與大帶者明雖有變必備此二帶云士襲三稱以下者鄭欲歷明天子諸侯以下襲之數士喪禮襲三稱前文子羔襲五稱此文公襲九稱是尊卑襲數不同唯天子諸侯無文故約之云諸侯七稱天子十二稱與與者疑辭也

小斂。環絰。公大夫士一也。環絰者一股所謂纏絰也士素委貌大夫以上素爵弁而加此絰焉散帶○纏直連反〔疏〕小斂至一也○正義曰環絰一股而纏也親始死孝子去冠至小斂不可無飾士素委貌大夫以上素弁而貴賤恐得加於環絰故云公大夫士一也○注環絰至散帶○正義曰知以一股所謂纏絰者若是兩股相交則謂之絞今云環絰是周迴纏繞之名故知是一股纏絰也又鄭注弁師云環絰者大如緦之麻絰纏而不糾今此所謂彼經注也知士素委貌者武叔投冠括髮諸侯之大夫當天子之士也云大夫以上素爵弁者雜記云大夫與殯亦弁絰以大夫與他殯尚弁絰與他殯尚弁絰則天子弁絰明矣諸侯以上尊固宜弁絰

公視大斂。公升。商祝鋪席乃斂。喪大記曰大夫之喪將大斂既鋪絞紟衾乃鋪席則君至爲之改始新之也○鋪普吳反一音升胡反又音敷紟其鴆反絞戶交反爲于僞反〔疏〕公視至乃斂○正義曰公君也明君臨臣喪大斂禮

也公升商祝鋪席乃斂者公升謂君來升堂時商祝主斂事者也此臣喪大斂君來至之前主人踊已鋪席布絞紟衾聞君將來至則主人散徹去之比君至升堂而商祝更鋪席待君至乃斂也所以然者重榮君來爲新之也亦示若事由君也

魯人之贈也。三玄二纁。廣尺。長終幅。言失之也士喪禮下篇曰贈用制幣玄纁束帛。○廣古曠反長直亮反幅方服反〔疏〕魯人至終幅。○正義曰記魯失也贈謂以物送亡人於椁中也贈別用玄纁束帛三玄二纁故既夕禮曰贈用制幣玄纁束今魯人雖三玄二纁而用廣尺長幅不復丈八尺則失禮也

弔者即位于門西。東面。其介在其東南。北面西上。西於門。賓位門外不當門。○介音界後皆同主孤西面。立於阼階下相者受命曰。孤某使某請事。客曰。寡君使某。如何不淑。受命受主人命以出也不言擯者喪無接賓也淑善也如何不善言君痛之甚使某弔。○相悉亮反下皆同相者入告。出曰。孤某須矣。稱其君名者君薨稱子某使人知適嗣也須矣不出迎也。○適丁歷反弔者入。主人升堂西面。弔者升自西階。東面致命曰。寡君聞君之喪。寡君使某。如何不淑。子拜稽顙。弔者降反位。子孤子也降反位者出反門外位無出字脫〔疏〕弔者至反位。○正義曰自此以下終於篇末明諸侯相弔含賵之禮今各隨文解之從此至反位明弔禮○弔者即位於門西者謂主國大門之西○其介在其東南北面西上者以其凶事異於吉故介在東南北面西上以使在門西故也○相者受命者相者相主人傳命者也不稱擯而言相者鄭云喪無接賓故不言擯此對例耳若遍而言之吉事亦云相故司儀云每門正一相又大宗伯云朝覲會同則爲上相凶事亦稱擯故喪大記云君弔擯者進又按上喪禮賓有襚擯者出請入告是也○出曰孤某須矣者孤謂嗣子也某爲嗣子之名必稱嗣子名者欲使使者知適嗣之名故鄭引公羊傳云君薨稱子某但公羊對殯之辭稱子某此對賓之辭故稱孤某云須矣者異於吉禮不出迎故云須矣○主人升堂西面者謂從阼階升也知者以弔者升由西階故也又下文孤降自阼階拜之明升亦阼階也曲禮云升降不由阼階者或大夫士也或乎常無賓時也○子拜稽顙者不云孤某而稱子者客既有事於殯故稱子以對殯之辭也以下皆然若對賓之辭則稱孤某也

含者執璧將命曰。寡君使某含。相者入告。出曰。孤某須矣。含玉爲璧制其分寸大小未聞。○含本又作哈說文作琀同胡闇反下同含者入。升堂致命。再拜稽顙。含者坐委于殯東南。有葦席。既葬。蒲席。降出反位。言降出反位則是介也春秋有既葬歸含賵襚無譏焉皆受之於殯宮。○襚音遂宰夫朝服即喪屨。升自西階。西面坐取璧。降自西階以東。朝服告鄰國之禮也即就也以東藏於內也〔疏〕含者至以東。○正義曰此一經明含禮○執璧者含玉爲璧制鄭云分寸大小未聞含之所用已具檀弓疏○含者坐委於殯東南有葦席既葬蒲席者謂含者坐委所含之璧於殯之東南席上未葬之前有葦席承之既葬以後則以蒲席承之○注言降至殯宮○正義曰言降出反位則是介也者以此經直云降出反位不知何人反位前文云弔者降反位則此謂含者降反位即弔者既爲上賓故下文云上客臨注云上客弔者既爲上客明含者是介也云春秋有既葬歸含賵襚無譏焉皆受之於殯宮者按左傳隱元年天王使宰咺來歸惠公仲子之賵歸惠公賵緩也公羊亦云其言來何不及事也是左氏公羊皆譏其緩云無譏者取穀梁之義故文五年穀梁云王使榮叔歸含且賵不言來不周事之用也明宰咺言來得周事也是宰咺歸賵穀梁不譏是既葬歸含且賵無譏也穀梁所以不譏宰咺者釋廢疾云平王新有幽王之亂遷于成周欲崇禮於諸侯原情免之若無事而晚者去來以譏之榮叔是也文九年秦人來歸僖公成風之襚最晚不譏者釋廢疾云以其殺敗兵無休時君子原情不責晚也○宰夫朝服即喪屨者宰謂上卿也言夫衍字朝服者吉服也必用吉服者以鄰國執玉而來執玉不麻故著朝服以仍在喪不可純吉故即喪屨也此遭喪已久故嗣子親受禮宰著朝服若新始遭喪則主人不親受使大夫受於殯宮故聘禮云聘遭喪入竟則遂也鄭云遭喪主國君薨也聘禮又云不筵几鄭云致命不於廟就尸柩於殯宮聘禮又云遭喪將命于大夫主人長衣練冠以受○注朝服告鄰國之禮○正義曰鄰國來弔不敢純凶待之而著朝服是以吉待鄰國之禮所以必用吉服以待鄰國者以已國遭喪他國是吉不可以喪禮待於他國故以吉禮待之此弔者既爲上客又賵者是上介則此含者襚者當是副介末介但含襚於死者爲切故在先陳之

襚者曰。寡君使某襚。相者入告。出曰。孤某須矣。襚者執冕服。左執領。右執要。入。升堂致命曰。寡君使某襚。子拜稽顙。委衣于殯東。亦於席上所委璧之北順其上下。○要一遙反襚者降。受爵弁服於門內霤。將命。子拜稽顙如初。受皮弁服於中庭。自西階受朝服。自堂受玄端。將命。子拜稽顙皆如初。襚者降出反位。授襚者以服者賈人。○霤力救反賈音嫁宰夫五人舉以東。降自西階。其舉亦西面。亦西面者亦襚者委衣時〔疏〕襚者至西面○正義曰此一節明襚禮按上文含者稱執璧下文賵者稱執圭則此襚者當稱執衣不云者文不備也以下文云襚者執冕服故於此略之○注亦於至上下○正義曰以璧委於席上今衣而委於席北故云亦於席上所委璧之北以經文先含而後襚則含重而襚輕所委殯東西面南頭爲上故云順其上下謂上者在前下者在後○注授襚者以服者賈人○正義曰按聘禮有賈人故知授襚者之服是賈人也○注亦西至衣時○正義曰上云委衣於殯東又云受爵弁受皮弁玄端皆云如初是皆在殯東西面而衛殯今云舉者亦西面是亦如襚者西向也其服重者使執而入爵弁受於內霤皮弁受於中庭朝服受於西階玄端受於堂既受處不同則陳於璧北亦重者在南凡諸侯相襚衣數無文據此其服有五又先路褒衣不以襚以外無文

上介賵。執圭將命曰。寡君使某賵。相者入告。反命曰。孤某須矣。陳乘黃大路於中庭。北輈。執圭將命。客使自下由路西。子拜稽顙。坐委於殯東南隅。宰舉以東。輈轅也自率也下謂馬也馬在路之下覲禮曰路下四亞之客給使者入設乘黃於太路之西客入則致命矣使或爲史○賵方鳳反孤須矣從此盡篇末皆無某字有者非乘繩證反注同輈竹由反車轅也〔疏〕上介至以東。○正義曰此一節明賵禮○陳乘黃大路於中庭北輈者乘黃謂馬也大路謂車也陳四黃之馬於大路之西於殯宮中庭北輈者謂大路輈轅北嚮也○客使自下由路西者客使謂使客之從者也爲客所使故曰客使也自率也下猶馬也由在也路即大路也陳路北輈既竟賵客執圭升堂致命而客之從者率馬設在車之西也馬云客使設之則大路亦使設之也○注輈轅至命矣○正義曰自率也者按爾雅釋詁文率自也展轉相訓是自得爲率云下謂馬也者凡陳車馬下在車下故云下謂馬也引覲禮曰路下四亞之者證馬爲下也四亞之謂馬四定亞次路車也云客給使者入設乘黃於大路之西者解經中客使自下由路西也但喪禮車馬以屬主人故路在東統於主人也若尋常吉禮車馬爲賓而設則路在馬西故覲禮路下四亞之注云亞之次車而東是車在西統於賓也按既夕禮車以西爲上者彼謂死人而設於鬼神之位凡賵隱元年公羊傳云賵者蓋以馬以乘馬束帛車馬曰賵貨財曰賻衣被曰襚穀梁云乘馬曰賵衣衾曰襚貝玉曰含錢財曰賻按既夕禮云賵馬兩無車者士卑不合有車何休云周制謂士無車非也此禮記陳乘黃大路則周制有車穀梁直云乘馬曰賵無車者文不備也散而言之車馬亦曰襚故前文云諸侯相襚以後路是也此無賻賻是加厚非常故也故宰夫注云其間加恩厚則有賻爲雖有貨亦有馬故少儀云賻馬不入廟門是也既夕有賵者贈施於死必及葬節此未必一當葬時賵既夕有奠此無奠者以奠主於親者故既夕禮云兄弟賵奠所知則賵而不奠此諸侯相於既疏故無奠按釋廢疾云天子於諸侯含之賵之諸侯於卿大夫如天子於諸侯諸侯於士如天子於諸侯臣襚之賵之天子於二王之後含爲先襚則次之賵爲後諸侯相於如天子於二王後鄭知天子於二王後含襚賵者爲約此雜記兩諸侯相敵明天子於二王後亦相敵也知諸侯亦然者約雜記文鄭知天子於諸侯含賵者約文五年榮叔歸含且賵三傳但譏兼禮不譏其數是也鄭知天子於諸侯臣襚之賵之者約士喪禮諸侯於士有襚有賵明天子於諸侯臣亦然鄭知諸侯於卿大夫如天子於諸侯者更無所尊明尊此卿大夫含之賵之也凡此於其妻亦如其夫知者約宰咺來歸惠公仲子之賵又約魯夫人成風之喪王使榮叔歸含且賵以外推此可知

凡將命。鄉殯將命。子拜稽顙。西面而坐委之。宰舉璧與圭。宰夫舉襚。升自西階。西面坐取之。降自西階。凡者說不見者也鄉殯將命則將命時立於殯之西南宰夫宰之佐也此言宰舉璧與圭則上宰夫朝服衍夫字○鄉許亮反注同見賢遍反〔疏〕凡將至西階。○正義曰此一經廣明從上以來弔含襚及賵文不見者於此摠明之○凡將命鄉殯者在殯之西南東北面鄉

殯。西面而坐委之者謂將命既畢子拜稽顙之後將命者來就殯東西面而坐委之。宰舉璧與圭者主人上卿坐舉含者之璧與賵者之圭。宰夫舉襚者謂宰之屬官舉此襚者之衣。升自西階西面坐取之者謂宰與宰夫欲舉時升自西階不敢當主孤之位來鄉殯東席之東西鄉坐取之降自西階也。注凡者至夫字。正義曰此一經將命言凡是揔說上文前文所不見者則上宰夫字者以此經既云宰舉璧與圭宰夫舉襚按上宰夫朝服取璧既云取璧明是宰也非宰夫故知夫爲衍字

賵者出反位于門外。乃著言門外明禮畢將更有事

上客臨曰寡君有宗廟之事。不得承事。使一介老某相執綍。上客弔者也臨視也言欲入視喪所不足而給助之謙也其實爲哭耳。臨如字徐力鴆反注及下同介音界舊古賀反相息亮反綍音弗爲于僞反相者反命曰孤某須矣。臨者入門右。介者皆從之。立于其左。東上。入門右不自同於賓客宗人納賓。升受命于君。降曰孤敢辭吾子之辱。請吾子之復位。客對曰寡君命某毋敢視賓客。敢辭。宗人反命曰孤敢固辭吾子之辱。請吾子之復位。客對曰寡君命某毋敢視賓客。敢固辭。宗人反命曰孤敢固辭。吾子之辱。請吾子之復位。客對曰寡君命使臣某。毋敢視賓客。是以敢固辭。固辭不獲命。敢不敬從。賓三辭而稱使臣爲恭也爲恭者將從其命。寡君命絕句下放此毋音無下同使色吏反注同爲如字舊于僞反下同客立于門西。介立于其左。東上。孤降自阼階拜之。升哭。與客拾踊三。拜客謝其厚意。拾其劫反客出送于門外。拜稽顙。不迎而送喪無接賓之禮〔疏〕上客至稽顙。正義曰此一節明弔含襚賵既畢上客行臨哭之禮。使一介老某相執綍者某者上客名也相助也謙言使一介老臣某助主人執其葬綍其實爲哭而來謙言助執綍耳一介者言己使來唯有一人爲介謙辭耳其實介數各下其君二等。臨者入門右介者皆從之立于其左東上者不敢自同賓故入門右從臣位。宗人納賓升受命于君者謂主國宗人掌禮欲納此弔賓先受納賓之命於主國嗣君。降曰孤敢辭吾子之辱請吾子之復位者此宗人受嗣君之命後下階請客之辭也復位者欲令在門西客位也。宗人反命者謂反此客之辭命於嗣君。曰孤敢固辭者是宗人受嗣君之命以告客云孤敢固辭前文云孤某須矣此直云孤不云某者以親對客辭客是使臣故不復稱名也按左傳昭三十年云君之喪士弔大夫會葬文襄之霸君喪大夫弔卿會葬此上客者若於古禮士也若於文襄則大夫也云一介老某者則若曲禮云七十使於四方稱老夫之類前四禮客皆在門西此臨在門東者前者四禮皆是奉君命而行如聘禮聘之與享也此臨是私禮若聘禮私覿故在門東。注不迎至之禮。正義曰上云孤某須矣是不出迎所以不迎者以主人在喪身既悲感無暇接賓之禮主拜送者謝其勞辱來也。

其國有君喪。不敢受弔。辟其痛傷己之親如君。辟音避下辟之同〔疏〕其國至受弔。正義曰此謂國有君喪而臣又有親喪則不敢受他國賓來弔也以義斷恩哀痛主於君不私於親也。

外宗房中南面。小臣鋪席。商祝鋪絞紟衾。士盥于盤北。舉遷尸于斂上。卒斂。宰告。子馮之踊。夫人東面坐。馮之。興踊。此喪大記脫字重著於是。盥音管斂力劍反下同馮皮冰反本或作憑下同脫音奪重直用反士喪有與天子同者三。其終夜燎。及乘人。專道而行。乘人謂使人執引也專道人辟之。燎力召反又力弔反乘繩證反注同引以刃反一音餘刃反〔疏〕外宗至興踊。正義曰此一經是喪大記君喪之節於此重記之但大記云夫人東面亦如之此云夫人東面坐馮興踊惟此四字別義皆同也。士喪至而行。正義曰言士喪與天子三事同也其終夜燎一也及乘人二也專道而行三也終夜燎謂柩遷之夜須光明故竟夜燎也乘人謂人引車不用馬也既夕禮云屬引鄭引古者人引柩專道行謂喪在路不辟人也三事爲重故云與天子同也

禮記注疏卷四十一校勘記　阮元撰盧宣旬摘錄

雜記上

有三年之練冠節

有三至不易　惠棟按宋本無此五字

按聖證論云范宣子之意　閩監毛本同齊召南云聖證論是魏時王肅所作以難鄭學者范宣子即東晉范宣在肅之後肅何緣得引之後文爲妻父母在不杖不稽顙疏引禮論范宣子中云可知此文聖證論三字係禮論二字之訛也孫志祖云按聖證論云下當有脫文

云練除首絰者問傳文　閩本同惠棟按宋本同監毛本問誤因

有父母之喪節

有父至神也　惠棟按宋本無此五字

得祔兄弟小功之殤　閩本同衛氏集說同監毛本祔作附浦鏜按云當作祔後並同

可謂名是也　惠棟按宋本作不可觸名故也續通解同此本誤閩監毛本作尊其名是也亦誤

凡異居節

其始麻散帶絰　各本同石經同毛本散作散後同

凡異至日數　惠棟按宋本無此五字

唯哭對使者赴於禮可也　惠棟按宋本作赴衛氏集說同此本赴字闕閩監毛本赴作則

主妾之喪節

不見尸柩不散帶也　閩監毛本同惠棟按宋本無也字

則自祔至於練祥　閩監毛本同嘉靖本同石經祔作附宋監本岳本衛氏集說同石經考文提要云宋大字本亦作附

女君死節

女君至黨服　惠棟按宋本無此五字

雖是徒從而抑妾故爲女君黨服　閩監毛本如此衛氏集說同此本抑誤服故字闕

先女君之黨服也　惠棟按宋本此下標禮記正義卷第五十終記云凡二十五頁

聞兄弟之喪節　惠棟按宋本自此節起至子游曰既祥節止爲第五十一卷卷首題禮記正義卷第五十一

聞兄至虞之　惠棟按宋本無此五字

謂此親兄弟同氣及同堂兄弟也　閩監毛本同衛氏集說謂此作此謂

凡喪服未畢節

凡喪至拜踊　惠棟按宋本無此五字

其禮以殺　閩監毛本同惠棟按宋本以作已

大夫之哭大夫節

大夫至弁絰　惠棟按宋本無此五字

理亦既殯　按亦字下當脫兼字

爲妻節

爲妻至稽顙　惠棟按宋本無此五字

則庶子爲妻得以杖卽位乎　閩監毛本同浦鏜按云則當側字誤

喪冠條屬節

左辟象吉輕也　惠棟按宋本作左宋監本岳本嘉靖本衛氏集說同考文引古本足利本同此本左誤右閩監毛本同

緦冠繰纓　各本同石經同釋文繰作繅注同

喪冠至繰纓　惠棟挍宋本無此五字

其縷就上繰之　惠棟挍宋本作縷衞氏集說同此本縷誤繰閩監毛本同今正

諸侯相繸節

諸侯至以繸　惠棟挍宋本無此五字

後路爲上路之後次路也　閩監毛本同衞氏集說爲作謂惠棟挍宋本同

不可以施遺於人　閩監毛本同惠棟挍宋本遺作遣

䟽布輤節

四面有章　各本同石經同釋文出有章云本或作鄣考文云古本章作障

䟽布至四隅　惠棟挍宋本無此五字

端衰喪車節

端衰至無等　惠棟挍宋本無此五字

而今用縗綴心前　閩監毛本同惠棟挍宋本縗作衰。按縗正字衰假借字

駹車雈蔽　惠棟挍宋本同閩監毛本雈作萑。按作雈與初刻唐石經周禮合依說文當作萑从艸雈聲

大白冠節

齊東曰武　惠棟挍宋本岳本嘉靖本衞氏集說並同閩監毛本東誤人

大白至后藉　惠棟挍宋本無此五字

既先有別卷　惠棟挍宋本作先有衞氏集說同此本先有二字誤倒閩監毛本同

大夫冕而祭於公節

弁而祭於己　惠棟挍宋本作己宋監本石經岳本衞氏集說同此本己誤已閩監毛本同嘉靖本同下祭於己及注並同

士弁而親迎　各本同石經同釋文出而迎無親字

大夫至可也　惠棟挍宋本無此五字

暢臼以椈節

暘　各本同石經同釋文出暘云大亦作暢按暘暢古通用爾雅注引此文正作暘

臼以椈　監毛本同石經同釋文同岳本同閩本臼誤白嘉靖本椈誤掬衞氏集說同注疏放此

所以擣鬱也　各本同釋文出以擣云本下作擣。按說文云擣手椎也从手壽聲

暢臼至與末　惠棟挍宋本無此五字

以朼升入於鼎　惠棟挍宋本及閩毛本同監本鼎誤知

率帶節

率帶　閩監毛本同石經同岳本帶作带嘉靖本同衞氏集說同考文引古本足利本同釋文出率带云本亦作帶

率帶至二采　惠棟挍宋本無此五字

醴者稻醴也節

實見間　各本同毛本間誤同

所以庪覆甒之屬　閩監毛本同岳本庪誤庋釋文同衞氏集說同嘉靖本作庋惠棟挍宋本同考文引古本足利本同

醴者至折人　惠棟挍宋本無此五字

以承抗席是也　閩監本同衞氏集說亦作抗毛本抗誤坑

重既虞而埋之節　惠棟挍云重既虞節凡婦人節宋本合爲一節

重既虞而埋之　惠棟挍宋本無此六字

重出自道道左倚之　閩監毛本同衞氏集說道字不重

小斂大斂節

小斂至辯拜　惠棟挍宋本無此五字

及啟攢之時　閩監毛本同衞氏集說同考文云宋板攢作欑

故明竟卽拜也　惠棟挍宋本竟上有事字此本事字脫閩監毛本同

卽此云辯拜三事也　閩本同惠棟挍宋本同監毛本三誤二

君若載而后弔之節

君若至后奠　惠棟挍宋本無此五字

出待者孝子哭踊畢　惠棟挍宋本同衞氏集說同閩監毛本哭誤卒

子羔之襲也節　惠棟挍云子羔節爲君使節宋本合爲一節

纊爲繭　各本同釋文出絖云字又作纊

或爲元冠　惠棟挍宋本不重爲字岳本同嘉靖本同衞氏集說同考文引古本足利本同此本誤重閩監毛本作或謂爲元冠亦誤

子羔至婦服　惠棟挍宋本無此五字

爲君使節

公所爲君所作離宮別館也　惠棟挍宋本宋監本無別字

公襲卷衣一節

申加大帶於上　閩監毛本同石經同岳本同嘉靖本同衞氏集說同坊本於誤之石經考文提要云宋大字本宋本九經南宋巾箱本余仁仲本劉叔剛本並作於上

公襲至於上　惠棟挍宋本無此五字

唯天子諸七稱天子十二稱與與者疑辭也侯無文故約之云諸侯　閩監毛本同惠棟挍宋本作唯天子諸侯無文故約之云諸侯七稱天子十二稱與與者疑辭也無也下侯字續通解同

小斂環絰節

小斂至一也　惠棟挍宋本無此五字

而貴賤悉得加於環絰　閩監毛本同衞氏集說同續通解於作此

以大夫與他殯尚弁絰　此本夫下與上六字闕閩監毛本同盧文弨云空處宋本作與他殯尚弁絰六字與下複刪去是也

公視大斂節

公視至乃斂　惠棟挍宋本無此五字

君來至之前　嚴杰云來當作未

則主人散徹去之　惠棟挍宋本無散字衞氏集說同此本誤衍閩監毛本同

魯人之贈也節

贈用制幣元纁束帛　閩監毛本同岳本同嘉靖本同衞氏集說同惠棟挍宋本無帛字按無帛字與儀禮士喪禮合

既鋪絞紟衾乃鋪席　惠棟挍宋本紟衾下有君至此君升五字岳本宋監本嘉靖本衞氏集說同考文引古本足利本同此本五字脫閩監毛本同

魯人至終幅　惠棟挍宋本無此五字

而用廣尺長幅　惠棟挍宋本長下有終字衞氏集說同此本終字脫閩監毛本同

弔者卽位于門西節

弔者至反位　惠棟挍宋本無此五字

若對賓之辭則稱孤某也　閩監毛本同惠棟挍宋本無也字衞氏集說同

含者執璧節

皆受之於殯宮　閩本同岳本同嘉靖本同衞氏集說同監毛本殯誤賓

含者至以東　惠棟按宋本無此五字

襚者曰節

而委於席北　閩監本席作壁毛本北誤此

上介賵節　盧文弨云宋本合下二節爲一節

孤某須矣　閩監毛本同石經同岳本同嘉靖本同衛氏集說同坊本無某字釋文出孤須矣云從此盡篇末皆無某字有者非石經考文提要云宋大字本宋本九經南宋巾箱本余仁仲本劉叔剛本並有某字下上客臨節同

上介至以東　惠棟按宋本無此五字

下猶馬也由在也　閩監毛本同浦鏜按猶疑謂在作左按衛氏集說亦作由左也

則大路亦使設之也　閩監毛本同盧文弨云亦下當有客字

此諸侯相於既疏與　閩本同惠棟按宋本同監毛本於誤

明尊此卿大夫含之賵之也　閩監本同毛本含誤舍下節疏弔含同

上客臨節

介立于其左　惠棟按宋本石經岳本嘉靖本宋監本衛氏集說並同閩監毛本其誤門石經考文提要云宋大字本宋本九經南宋巾箱本余仁仲本劉叔剛本並作其左

上客至稽顙　惠棟按宋本無此五字

若於古禮士也　惠棟按宋本同閩監毛本古誤吉

主拜送者謝其勞辱來也　閩監毛本同考文引宋板主作去

士喪有與天子同者節

鄭引古者　閩監毛本同浦鏜按引改注

禮記注疏卷四十一校勘記

附釋音禮記注疏卷第四十二

雜記下第二十一

禮記　鄭氏注　孔穎達疏

有父之喪。如未沒喪而母死。其除父之喪也。服其除服。卒事。反喪服。沒猶竟也。除服謂祥祭之服也。卒事既祭反喪服服後死者之服。○雖諸父昆弟之喪。如當父母之喪。其除諸父昆弟之喪也。皆服其除喪之服。卒事。反喪服。雖有親之大喪猶爲輕服者除骨肉之恩也唯君之喪不除私服言當者期大功之喪或終始皆在三年之中小功緦麻則不除殤長中乃除○爲于僞反下乃爲同期音基長丁丈反下云長子同 如三年之喪。則既穎。其練祥皆行。言今之喪既服穎乃爲前三年者變除而練祥祭也此主謂先有父母之服今又喪長子者其先有長子之服今又喪父母其禮亦然然則言未沒喪者已練祥矣穎草名無葛之鄉去麻則用穎○穎口迴反徐孔穎反沈苦頂反草也注同又喪如字又息浪反下又喪同去起呂反 王父死。未練祥而孫又死。猶是附於王父也。未練祥嫌未祫祭序於昭穆爾王父既附則孫可祔焉猶當爲由由用也附皆當作祔○附義作祔出注祫音洽

〔疏〕有父至父也○正義曰此一節明前後兩服之中有變除喪祭之節今各隨文解之此一經明先有父喪而後遭母死爲父變除之節如未沒喪者謂父喪小祥後在大祥之前未竟之時也于時又遭母喪故云而母死也○其除父之喪也服其除服者謂母死既葬後值父應大祥除服以行祥事故云服其除服也○卒事反喪服者卒事謂父祥竟更還服母服也故云卒事反喪服若母喪未葬而值父二祥則不得服其祥服也所以爾者二祥之祭爲吉未葬爲凶故不忍凶時行吉禮也○雖諸至喪服此一經明諸父兄弟之喪當父母服內變除之節○如當者言此諸親自始死至除服皆在父母服內故云如當也○其除諸父昆弟之喪也皆服其除喪之服卒事反喪服者亦爲服除服而除竟亦反先服也此亦謂重喪葬後之時也何以知然既始末在重喪中則其除自然知在重喪之葬後也上文爲父祥尚待母葬後乃除則輕親可知也然但舉此輕足明前之重而在前文云言母喪得爲父變除者庾氏云蓋以變除事大故也○注雖有至乃除○正義曰雖有親之大喪猶爲輕服者除骨肉之恩也者鄭釋所以輕服在大喪之中得爲輕服除者乃輕服是骨肉恩親故得除之若君之大喪不得自除私服故曾子問曰大夫士有私喪可以除之矣而有君服焉其除之也如之何孔子曰有君喪服於身不敢私服又何除焉是有君服不得除已私服其私謂父母以下及諸父昆弟皆不得除也云小功緦麻則不除者按服問云緦之麻不變小功之葛小功之麻不變大功之葛據此言之是尋常小功緦麻不得易大功以上之服故知有大功以上之服不得爲小功緦麻除服也云殤長中乃除者以服問云殤長中變三年之葛既變三年之葛明在大功以上服中爲殤長中著服而又爲之除也○如三年之喪則既穎其練祥皆行者此明前後俱遭三年之喪後喪既受葛之後得爲前喪練祥既穎者謂後喪既虞卒哭合以變麻爲葛無葛之鄉則用穎也後喪既穎之後其前喪須練祭祥祭皆舉行之○注言今至用穎○正義曰云此主謂先有父母之服今又喪長子者以前文皆據先有父喪後有母喪此又先有父母之喪後有諸父昆弟死者皆以重喪在前輕喪在後此亦類上文故云先有父母之服今又喪長子云其先有長子之服今又喪父母其禮亦然者以經不云長子之喪而云三年之喪既穎明三年之文互包父母故知先有長子之喪既穎也依禮父在不爲長子三年今云先有長子之服今又喪父母者庾氏及熊氏並云有父者誤也當應云今又喪母不得并稱父也庾氏又云後喪既穎又前喪練祥皆行若後喪既殯得爲前喪虞祔未知然否自依祿之云未沒喪者已練祥矣者以此經云三年之喪既穎不云未沒喪則知既穎與未沒喪者別也既穎是既虞受服之時明未沒喪是既練之後稱言未沒是將沒之文故知練後也若先有父喪而後母死練祥亦然以前文父死爲母三年也故喪服齊衰三年章云父卒則爲母是也若先有母喪而後父卒母喪雖有期父喪既穎母之練祥亦皆行也王父死未練祥而孫又死猶是祔於王父也猶爲由由用也禮孫死祔祖今此明若祖喪雖未二祥而孫死則孫亦得用是祔禮祔於祖也○注未練至祔焉○正義曰禮祔在練前若祔後未練之前則得祔直云未練足矣兼言祥者按文二年穀梁傳云作主壞廟有時日於練焉壞廟壞廟之道易檐可也改塗可也注云親過高祖則毀其廟以次而遷將納新神故示有所加以此言之則練時壞祖與高祖之廟改塗易檐未有壞意其以先祖入於太祖之廟其祖傳入高祖廟其新死者入祖廟是練時遷廟也入三年喪畢祫於太祖廟是祥後祫也故云未練祥嫌未祫祭序於昭穆爾兼言祥者恐未祫故也故練祥兼言但祖祔祭之後即得祔新死之孫故云王父既附則孫可祔焉然王父雖祔未練無廟孫得祔於祖其孫就王父所祔祖廟之中而祔祭王父焉

○有殯。聞外喪。哭之他室。明所哭者異也哭之爲位 入奠。卒奠出。改服即位。如始即位之禮。謂後日之哭朝入奠於其殯既乃更即位就他室如始哭之時

〔疏〕有殯至之禮○正義曰有殯謂父母喪未葬喪柩在殯宮者也外喪謂兄弟喪在遠者也他室別室也若聞外喪猶哭於殯宮然則嫌是哭殯則於別室哭之明所哭者爲新喪也○入奠者謂明日之朝著已重喪之服入奠殯宮及下室○卒奠出者謂卒終已奠而出○改服即位者謂改已重喪服著新死未成服之服即位謂即昨日他室之位○如始即位之禮者謂今日即哭位之時如昨日始聞喪即位之時

大夫、士將與祭於公。既視濯而父母死。則猶是與祭也。次於異宮。既祭。釋服出公門外。哭而歸。其它如奔喪之禮。如未視濯。則使人告。告者反而后哭。猶亦當爲由次於異宮不可以吉與凶同處也使者反而后哭不敢專已於君命也○與音預下同濯大角反它音他處昌慮反下之處同使色吏反 如諸父昆弟姑姊妹之喪。則既宿則與祭。卒事。出公門。釋服而后歸。其它如奔喪之禮。如同宮。則次于異宮。宿則與祭

出門乃解祭服皆爲差緩也。差初賣反又初佳反〔疏〕大夫至異宮。正義曰此一節明大夫士與祭於公而有私喪之禮。則猶是與祭也者既與祭於公祭日前既視濯之後而遭父母之喪則猶是吉禮而與於祭也。次於異宮者其時止次異宮不可以吉與凶同處也。如未視濯則使人告者謂未視濯之前遭父母之喪則使人告君。告者反而后哭者必待告君者反而后哭父母也。既宿則與祭者宿謂祭前三日將致齊之時既受宿戒雖有期喪則與公家之祭。如同宮則次於異宮者若諸父昆弟姑姊妹等先是同宮而死則既宿之後出次異宮不可以吉凶雜處故也。注宿則至緩也。正義曰按前遭父母之喪既視濯而與祭此遭期喪宿則與祭又前遭父母之喪既祭釋祭服乃出公門此者期喪出門乃解祭服以其期喪緩於父母故云皆爲差緩

〇曾子問曰。卿大夫將爲尸於公。受宿矣。而有齊衰內喪。則如之何。孔子曰。出舍乎公宮以待事。禮也。尸重受宿則不得哭內喪同宮也孔子曰。尸弁冕而出。卿大夫士皆下之。尸必式。必有前驅。弁冕兼言弁者君之尸或服士大夫之服也諸臣見尸而下車敬也尸式以禮〔疏〕注內喪同宮。正義曰按上文不爲尸之時未視濯之前受宿之後父母喪使人告告者反而后哭今此齊衰內喪亦謂諸父昆弟姑姊妹也與前與後祭同但尸尊故出舍公之公館以待君之祭事不在己之異宮耳

〇父母之喪。將祭。而昆弟死。既殯而祭。如同宮。則雖臣妾。葬而后祭。祭主人之升降散等。執事者亦散等。雖虞附亦然。將祭謂練祥也言若同宮則是昆弟異宮也古者昆弟異居同財有東宮有西宮有南宮有北宮有父母之喪當在殯宮而在異宮者疾病或歸者主人適子散等栗階爲新喪略威儀〔疏〕父母至亦然。正義曰將祭謂將行大小祥祭也。而昆弟死既殯而祭者若將祭而有兄弟死則待殯後乃祭也今不待葬後者兄弟輕故始殯後便可行吉事也。如同宮則雖臣妾葬而后祭者兄弟既殯後而行父母之喪謂異宮者耳若同宮雖臣妾之輕卑死猶待葬後乃行父母之祭也所以爾者吉凶不相干故喪服傳云有死於宮中者則爲之三月不舉祭庾氏云小祥之祭已涉於吉尸柩至凶故不可以相干其虞祔則得爲之矣若喪柩即去者則亦祭不待於三月可知矣。祭主人之升降散等者祭猶謂二祥祭散栗也等階也吉祭則涉級聚足喪祭則栗階故云散等也如此祥祭宜涉級於時爲有兄弟喪故少威儀作散等也執事者亦散等者助執祭者亦栗階也。雖虞祔亦然者謂主人至昆弟虞附而行父母二祥祭而執事者亦散等。注將祭至威儀。正義曰知將祭謂練祥也者以經云昆弟死既殯而祭故知非吉祭也前經云三年之喪既顈其練祥皆行故知此祭謂練祥也但前文主論變除故委曲言練祥以前文既具故此經略言祭也云言若同宮則是昆弟異宮也者以經云如同宮則葬而后祭明上昆弟既殯而祭者是異宮也云有父母之喪當在殯宮者既遭父母之喪兄弟悉應同在殯宮不得有在異宮而死之所以在異宮死者以其疾病或有歸者故得異宮而死云散等栗階者謂升一等而後散升不連步也故燕禮記云栗階不過二等注云其始升猶聚足連步趨二等左右足各一發而升堂以此知散等栗階是一也

〇自諸侯達諸士。小祥之祭。主人之酢也嚌之。衆賓兄弟則皆啐之。大祥。主人啐之。衆賓兄弟皆飲之可也。嚌啐皆嘗也嚌至齒啐入口。酢音昨嚌才細反啐七內反徐蒼快反〔疏〕自諸至可也。正義曰此一經明喪祭飲酒之儀。主人之酢也嚌之者謂正祭之後主人獻賓長賓長酢主人主人受賓長酢則嚌之也。衆賓兄弟則皆啐之者亦謂主人衆賓及兄弟祭末受獻之時啐之也以其差輕故也。大祥主人啐之者謂主人受賓酢之時主人啐之。衆賓兄弟皆飲之可也者必知此主人之酢非受尸酢者以士虞禮主人主婦獻尸尸受酢之時皆卒爵虞祭此小祥爲重尚卒爵今大祥祭主人受尸之酢何得唯嚌之而已故知受賓酢也受尸酢神惠爲重雖在喪亦卒爵賓禮爲輕受賓之酢但嚌之知喪祭有受賓酢者鄭注曾子問云虞不致爵小祥不旅酬大祥無無算爵故知小祥之祭旅酬之前皆爲之也皇氏云主人之酢謂受尸之酢與士虞禮文違其義非也

〇凡侍祭喪者。告賓祭薦而不食。薦脯醢也吉祭告賓祭薦賓既祭而食之喪祭賓不食〔疏〕凡祭至不食。正義曰侍祭喪謂相於喪祭禮者薦謂脯醢也吉時祭相者則告賓祭薦賓祭竟而食之喪禮既不主飲食故相者告賓但祭其薦而已遂不食之也此亦謂喪之正祭之後主人獻賓之時賓受獻主人設薦賓祭而不食謂練祥祭也其虞祔不獻賓也

子貢問喪。子曰。敬爲上。哀次之。瘠爲下。顏色稱其情。戚容稱其服。問喪問居父母之喪也喪尚哀言敬爲上者疾時尚不能敬也容威儀也孝經曰容止可觀。瘠徐在益反稱尺證反下同請問兄弟之喪。子曰。兄弟之喪。則存乎書策矣。言疏者如禮行之未有加也齊斬之喪哀容之體經不能載矣君子不奪人之喪。重喪禮也亦不可奪喪也。不可以輕之於已也〔疏〕子貢至喪也。正義曰此一節明居父母兄弟喪禮。君子不奪人之喪者謂不奪他人居喪之禮謂他人居喪任其行禮不可抑奪。亦不可奪喪也者不可自奪已喪謂已之居喪當須依禮不可自奪其喪使不如法不奪人喪恕也不奪已喪孝也。注言疏至載矣。正義曰言疏者如禮行之未有加也者以疏者禮文具載故云存其書策其齊斬之喪謂父母喪也父母至親哀容體狀不可名言故經不能載上文云顏色稱其情當須毀瘠也戚容稱其服當須憔悴也

孔子曰。少連大連善居喪。三日不怠。三月不解。期悲哀。三年憂。東夷之子也。言其生於夷狄而知禮也怠惰也解倦也。少詩召反解佳買反注同期音基惰徒臥反倦其眷反〔疏〕孔子至子也。正義曰此明居喪得禮之事。三日不怠者謂親之初喪三日之內禮不怠謂水漿不入口之屬。三月不解者以其未葬之前朝奠夕奠及哀至則哭之屬。期悲哀者謂練以來常悲哀朝哭夕哭之屬。三年憂者以服未除憔悴憂戚

〇三年之喪。言而不語。對而不問。廬堊室之中。不與人坐焉。在堊室之中。非時見乎母也。不入門。言言己事也爲人說爲語在堊室之中以時事見乎母乃後入門則居廬時不入門。堊烏各反字亦作惡同見賢遍反注同疏衰皆居堊室。不廬。廬嚴者也。言廬哀敬之處非有其實則不居〔疏〕三年至入門。正義曰皇氏云上云少連大連及此經云三年之喪并下疏衰之等皆是總結上文敬爲上哀次之及顏色稱其情戚容稱其服今按別稱孔子是時爲之語不連子貢之問此三年之喪以下自是記者之言非孔子之語前文顏色稱其情謂據父母之喪此下文三年謂期親以下何得將此結上顏色稱其情皇說非也。疏衰之喪言而不語者謂大夫士言而後事行者故得言已事不得爲人語說也。對而不問者謂有問者得對而不得自問於人此謂與有服之親者行事之時若與賓客疏遠者言則間傳云斬衰唯而不對齊衰對而不言是也。廬堊室之中不與人坐者按喪大記云練居堊室不與人居居即坐也與此同

〇妻視叔父母。姑姊妹視兄弟。長中下殤視成人。視猶比也所比者哀容居處也。長丁丈反〔疏〕妻視至成人。正義曰此一經明此等之親服雖有異其哀戚輕重各視所正之親妻居廬而杖抑之視叔父母姑姊妹出適服輕進之視兄弟長中下殤服輕上從本親視其成人也。〇親喪外除。日月已竟而哀未忘兄弟之喪內除。日月未竟而哀已殺。已殺或作以殺色界反徐所例反〔疏〕親喪至內除。正義曰親喪外除者謂父母之喪外服也服猶外隨日月漸除而深心哀未忘。兄弟之喪內除者兄弟謂期服以下及小功緦也內心也服制未釋而心哀先殺由輕故也

〇視君之母與妻。比之兄弟。發諸顏色者。亦不飲食也。言小君服輕亦內除也發於顏色謂醲美酒食使人醉飽。醲女龍反〔疏〕視君至食也。正義曰視君之母與妻者。視比也謂比視君之母與君之妻輕重之宜比於已之兄弟。發諸顏色者亦不飲食也者若其酒食不發見於顏色者則得飲食之若發見於顏色者亦不得飲食也

〇免喪之外。行於道路。見似目瞿。聞名心瞿。弔死而問疾。顏色戚容。必有以異於人也。如此而后可以服三年之喪。其餘則直道而行之是也。惻隱之心能如是則其餘齊衰以下直道而行盡自得也似謂容貌似其父母也名與親同。瞿九遇反下同〔疏〕免喪至是也。正義曰見似目瞿君謂既除喪之後若見他人形狀似於其親則目瞿然。聞名心瞿者聞他人所稱名與父同則心中瞿然上云目瞿此應云耳瞿而云心瞿者人形狀難明因心至重惻隱之慘本瞿於心故直云心瞿。以異於人也者謂免喪之後弔死問疾其顏色戚容必有異於無喪之人也餘行皆應如此獨云弔死問疾者以弔疾是哀痛之處身又除喪戚容應甚故舉弔死問疾言也。其餘則直道而行之是也者其餘謂期親以下也則直依之道理而行之於義是也父在爲母雖期年亦從上三年之內也

〇祥主人之除也。於夕爲期。朝服。祥因其故

服。爲期爲祭期也朝服以期至明日而行祭亦朝服始即吉正祭服也喪服小記曰除成喪者其祭也朝服縞冠是也祭猶縞冠未純吉也既祭乃服大祥素縞麻衣釋禫之禮云玄衣黃裳則是禫祭玄冠矣黃裳者未大吉也既祭乃服禫服朝服綅冠踰月吉祭乃玄冠朝服既祭玄端而居復平常也○朝直遥反及下武叔朝皆同禫大感反綅息廉反黑經白緯曰綅〔疏〕祥主至故服○正義曰祥主人之除也者言祥謂祥祭之時主人除服之節○於夕爲期者謂於祥祭前夕豫告明日祥祭之期○朝服者於此爲期之時主人著朝服謂緇衣素裳其冠則縞冠也○祥因其故服者謂明旦祥之時主人因著其前夕故朝服也○注爲期至常也○正義曰始即吉正祭服也者以其往前居喪今將除服故云始即吉於練祭之時不著祭服於此祥時正著祭服故云正祭服此朝服謂之正祭服者以諸侯卿大夫朝服而祭故少牢禮云主人朝服是也按上雜記端衰喪車皆無等則祥後并禫服尊卑上下無別皆服此緇衣素裳也此據諸侯卿大夫言之故云正祭服引喪服小記者證此經中朝服是除成喪之服云祭猶縞冠未純吉也者以純吉朝服玄冠今著縞冠故云未純吉云既祭乃服大祥素縞麻衣者間傳文今以祥祭奪情故朝服縞冠祥祭雖訖哀情未忘其服稍重故著縞冠素紕麻衣引釋禫之禮者是變除禮也其禮云玄衣黃裳既著玄衣應著玄冠故云則是禫祭玄冠矣云黃裳者未大吉也者以大吉當玄衣素裳今用黃裳故云未大吉云既祭乃服禫服朝服綅冠者亦變除禮文以祥祭之後乃著大祥素縞麻衣故知禫祭之後亦著禫服朝服綅冠也云踰月吉祭乃玄冠朝服者以少牢吉祭朝服故也若天子諸侯以下各依本官吉祭之服也云既祭玄端而居復平常也謂既祭之後同平常無事之時故也從祥至吉凡服有六也祥祭朝服縞冠一也祥訖素縞麻衣二也禫祭玄冠黃裳三也禫訖朝服綅冠四也踰月吉祭玄冠朝服五也既祭玄端而居六也

子游曰。既祥。雖不當縞者必縞。然後反服。謂有以喪事贈賵來者雖不及時猶變服服祥祭之服以受之重其禮也其於此時始弔者則衛將軍文子之爲之是矣反服反素縞麻衣也〔疏〕子游至反服○正義曰既祥謂大祥之後有人以喪事來弔者○雖不當縞者謂來弔者既晚不正當祥祭縞冠之時○必縞然後反服者主人必須反著此祥服縞冠受來弔者之禮然後反服大祥素縞麻衣之服○注謂有至麻衣○正義曰知此以喪事贈賵來者若其由未來今始弔者雖禫祭除喪之後猶練冠而受弔則衛將軍文子之子是也練重於此禫祭之前主人尚吉而受禮明此來者是於前先已來今重至故主人著縞冠輕於練冠也云其於此時始弔者則衛將軍文子之爲之者鄭云此者證其來雖在後其實事不同衛將軍文子之子是除喪服之後始來弔此據於先已來弔之後始來贈賵也云反服反素縞麻衣者鄭恐反服夕吉服之服此謂禫祭之前故知反服素縞麻衣也

當袒。大夫至。雖當踊。絶踊而拜之。反改成踊。乃襲。尊大夫來至則拜之不待事已也更成踊者新其事也○袒音但於士。既事成踊。襲而后拜之。不改成踊。於士士至也事謂大小斂之屬〔疏〕當袒至成踊○正義曰此一節明士有喪大夫及士來弔之禮○當袒大夫至者謂士有喪當袒之時而大夫來弔也崔云謂斂竟時也○雖當踊者假令大夫至當主人踊時也○絶踊而拜之者主人則絶止踊而拜此大夫也○反改成踊者反還也改更也拜大夫竟而反還先位更爲踊而始成踊尊大夫之來欲新其事也故云反改成踊按檀弓云大夫弔當事而至則辭焉是當大夫絶踊則士大小斂時主人不出故辭大夫也今此云絶踊而拜之故知是斂已竟當其袒踊時出之也○乃襲者謂更成踊竟乃襲初袒之衣也此云乃襲則知鄉者止踊拜大夫時未襲也○於士既事成踊者既猶畢也若當主人有大小斂諸事而士來弔則主人畢事竟而成踊不即出拜也然士言既事則大夫亦然大夫言絶踊則士固不絶踊也○襲而后拜之者成踊畢而襲襲畢乃拜之也○不改成踊者拜之而止不更爲成踊也

上大夫之虞也少牢。卒哭成事。附。皆大牢。下大夫之虞也犆牲。卒哭成事。附。皆少牢。卒哭成事附言皆則卒哭成事附與虞異矣下大夫虞以犆牲與士虞禮同與○犆音特同與音餘〔疏〕上大至少牢○正義曰上大夫平常吉祭其禮少牢虞依平常禮故用少牢也○卒哭成事附皆大牢者卒哭謂之成事成事成吉事也故云卒哭成事附附廟也此二祭皆大並加一等故皆大牢也○下大夫之虞也犆牲者下大夫吉祭用少牢今虞祭降一等用犆牲○卒哭成事附皆少牢者依平常吉祭禮也不云遣奠加者略可知也○注卒哭至異矣○正義曰鄭以士虞禮云三虞卒哭他用剛日先儒以此虞卒哭同是一事鄭因此經云上大夫虞用少牢卒哭用大牢其牢既別明卒哭與虞不同鄭引此文破先儒之義故云卒哭成事與虞異矣

○祝稱卜葬虞。子孫曰哀。夫曰乃。兄弟曰某。卜葬其兄弟曰伯子某。祝稱卜葬虞者卜葬卜虞祝稱主人之辭也孫謂爲祖後者稱曰哀孫某卜葬其祖某甫夫曰乃某卜葬其妻某氏兄弟相爲卜稱名而已○祝之六反徐之又反稱昌升反徐尺證反〔疏〕祝稱至子某○正義曰謂卜葬擇日而卜人祝龜所稱主人之辭也而云葬虞者虞用葬日故并言葬虞也○子孫曰哀者若子卜葬父則祝辭稱云哀子某卜葬其父某甫若孫卜葬祖則祝辭稱云哀孫某卜葬其祖某甫○夫曰乃者若夫卜葬其妻則祝辭云乃某卜葬其妻某氏乃者言之助也妻卑故假助句以明夫之尊也○兄弟曰某卜葬其兄弟曰伯子某者若兄弟相爲其弟爲兄則祝辭云某卜葬兄伯子某若兄爲弟則云某卜葬其弟某兄弟稱名則子孫與夫皆稱名故鄭注於子孫適稱可知也

○古者貴賤皆杖。叔孫武叔朝。見輪人以其杖關轂而輠輪者。於是有爵而后杖也。記庶人失禮所由始也叔孫武叔魯大夫叔孫州仇也輪人作車輪之官○關轂工木反輠胡罪反又胡瓦反又胡管反迴也仇音求〔疏〕古者至杖也○正義曰此一節記庶人失禮所由以其杖關轂而輠輪者關穿也輠迴也謂作輪之人以扶病之杖關穿車轂中而迴轉其輪○於是有爵而后杖也者以其爵位既尊其杖不歸褻而許用也

○鑿巾以飯。公羊賈爲之也。記士失禮所由始也士親飯必發其巾大夫以上賓爲飯焉則有鑿巾○鑿在各反飯扶晚反注同〔疏〕鑿巾至之也○正義曰亦記士失禮所由也飯含也大夫以上貴故使賓爲其親含恐尸爲賓所憎穢故設巾覆尸面而當口鑿穿之令含得入口也而士賤不得使賓則子自含其親不得憎穢之故不得鑿巾但露面而含耳於是公羊賈是士自含其親而用鑿巾則是自憎穢其親故爲失禮也

○冒者何也。所以揜形也。自襲以至小斂。不設冒則形。是以襲而后設冒也。言設冒者爲其形人將惡之也襲而設冒言后衍字耳○冒莫報反下及注同揜於檢反惡烏路反〔疏〕冒者至冒也○正義曰此一經論設冒之事○冒者何也者記人自問何以須冒○所以揜形也者記者自荅言冒所以揜蓋尸形○自襲以至小斂不設冒則形者若未襲之前始死事須沐浴自既襲以後以至小斂之前雖已著衣若不設冒則尸象形見爲人所惡○是以襲而后設冒也言后者衍字也襲則設冒至小斂之前則以衣撫覆於冒上皇氏云大斂脫冒未之聞也

○或問於曾子曰。夫既遣而包其餘。猶既食而裹其餘與。君子既食則裹其餘乎。言遣既奠而又包之是與食於人已而裹其餘將去何異與君子寧爲是乎言傷廉也○遣弃戰反注同裹音果與音餘何異與同曾子曰。吾子不見大饗乎。夫大饗既饗。卷三牲之俎。歸于賓館。父母而賓客之。所以爲哀也。子不見大饗乎。既饗歸賓俎所以厚之也言父母家之主今賓客之是孝子哀親之去也○見如字夫音扶卷紀轉反又厥挽反歸如字徐音匱注同〔疏〕或問至饗乎○正義曰此一節明或人問曾子喪之遣奠之事○夫既遣而包其餘猶既食而裹其餘與者或人問曾子云喪禮既設遣奠事畢而包裹遣奠之餘載之車而去猶如生人於他家既食訖而裹其餘相似乎故云與○君子既食則裹其餘乎者或人云君子於他家既食之後則更裹其餘食去乎寧有是也不應如此既設遣奠亦不應包餘而去○曾子曰吾子不見大饗乎者曾子荅或人之問吾我也子男子美稱儀禮注云言我子相親之辭也謂或人爲吾子豈不見大饗賓客之禮乎○夫大饗既饗卷三牲之俎歸于賓館者謂大饗賓客既畢主人卷斂三牲俎上之肉歸於賓館○父母而賓客之所以爲哀也者已家父母今日既去遂同賓客之疏是孝子所以悲哀也爲此之故包遣奠而去○子不見大饗乎者重結前文以語或人也

○非爲人喪。問與賜與。此上滅脫未聞其首云何是言非爲人喪而問之與人喪而賜之與問遺也久無事日問○爲于僞反注及下注爲母爲姑姊妹皆同問與賜與並音餘注皆同脫音奪下同遺于季反下文皆同〔疏〕非爲至賜與○正義曰鄭云此上滅脫未聞其首云何此語接上之辭與語助也豈非爲人有喪而問遺之與人之有喪而賜與之與平敵則問卑下則賜故云問賜與

○三年之喪。以其喪拜。非三年之喪。以吉拜。謂受問受賜者也稽顙而後拜曰喪拜拜而后稽顙曰吉拜〔疏〕三年至吉拜○正義曰從上問與賜與以下至遺人可也皆明在喪受問遺之事此一經論身有喪拜謂之禮○三年之喪以其喪拜者謂父母長子也其實杖期以上皆爲喪拜非三年之喪以吉拜者謂不杖期以下此義已備在檀弓疏

三年之喪。如或遺之酒肉。則受之。必三辭。主人衰絰而受之。受之必正服明不苟於滋味○

必三如字又息暫反〔疏〕三年至受之○正義曰如或遺之酒肉至主人衰絰而受之者雖受之猶不得食也尊者食之乃得食肉猶不得飲酒故喪大記云既葬若君食之則食之大夫父之友食之則食之矣不辟粱肉若有酒醴則辭是也如君命。則不敢辭。受而薦之。薦於廟貴君之禮喪者不遺人。人遺之。雖酒肉受也。從父昆弟以下。既卒哭。遺人可也。言齊斬之喪重志不在施惠於人○施始豉反縣子曰。三年之喪如斬。期之喪如剡。言其痛之惻怛有淺深也○縣音玄期音基下同剡徐以漸反怛旦末反期之喪。十一月而練。十三月而祥。十五月而禫。此謂父在為母也當在練則弔上爛脫在此○禫大感反三年之喪。雖功衰不弔。自諸侯達諸士。如有服而將往哭之。則服其服而往。功衰既練之服也諸侯服新死者之服而往哭謂所不臣也練則弔。父在為母功衰可以弔人者以父在故輕於出也然則凡齊衰十一月皆可以出矣既葬。大功弔。哭而退。不聽事焉。聽猶待也事謂襲斂執紼之屬○紼音弗期之喪。未葬。弔於鄉人。哭而退。不聽事焉。功衰弔。待事不執事。謂為姑姊妹無主殯不在己族者○功衰弔本又作大功衰弔庾云有大字非小功緦執事不與於禮。禮謂饋奠也○與音預下文注不與同〇相趨也。出宮而退。相揖也。哀次而退。相問也。既封而退。相見也。反哭而退。朋友。虞附而退。此弔者恩薄厚去遲速之節也相趨謂相聞姓名來會喪事也相揖嘗會於他也相問嘗相惠遺也相見嘗執摯相見也附皆當為祔○封彼驗反又如字摯音至〇弔非從主人也。四十者執紼。言弔者必助主人之事從猶隨也成人二十以上至四十丁壯時鄉人。五十者從反哭。四十者待盈坎。非鄉人則長少皆反優遠也坎或為壙○坎口敢反下同長丁丈反下詩詔反壙苦晃反又音曠〔疏〕三年至盈坎○正義曰從此以下至待盈坎明弔喪之節各隨文解之○三年之喪雖功衰不弔者謂重喪小祥後衰與大功同故曰功衰雖外輕而痛猶內重故不得弔人也○自諸侯達諸士者貴賤同然故云自諸侯達諸士也○如有服而將往哭之則服其服而往者亦貴賤同也如有服謂有五服之親喪功衰雖不弔人若自有五服之親喪則往哭之將往哭則不著已功衰而依彼親之節以服之申於骨肉之情故也故云則服其服而往也但著彼服不著已功衰也賀瑒云若新死者服輕則不為之制服雖不為直變而為之制服往奔喪哭之則整服所制之服往彼哭之事舉反服故服也庾氏云將往哭之乃服其服者謂小功以下之親輕也始聞喪不能為之制服至於往哭弔乃服其服注要記通之已祥皇氏云此文雖在功衰之下而實通初喪也假令初喪而有五屬之親死則亦整服五服

之服而往彼哭也上云自諸侯達諸士然諸侯絕期不應有諸親始死服今云服其服而往當是敵體及所不臣者謂始封君不臣諸父昆弟也故鄭明之也○期之喪十一月而練十三月而祥十五月而禫者此禫杖期主謂父在為母亦備二祥節也文本應在服而往下爛脫故在此○練則弔者謂至十一月小祥後而可出弔人也○注父在至出矣○正義曰此練則弔又承十一月練之下故知是父在為母以經云練故云功衰也大祥始除衰杖而練得弔人者以父在為母故輕於出言得出也以母喪至練父在而得出則其餘喪雖無父亦得出也母既可矣諸父灼然○既葬大功者謂身有大功之喪既葬之後往弔他喪○弔哭而退不聽事焉者謂弔哭既畢而即退去不待主人襲斂之事期喪練弔則亦然也○期之喪未葬弔於鄉人哭而退不聽事焉者謂姑姊妹無主為之服期喪未至於葬往弔於鄉人之喪哭畢則退不聽待主人襲斂之事焉○功衰弔待事不執事者謂此姑姊妹等期喪至既葬受以大功衰謂之功衰至此之後若弔於鄉人其情稍輕於未葬之前得待主人襲斂之事但不親自執事此云功衰他本或云大功衰今按鄭注在此文下云謂為姑姊妹無主則此功衰還是姑姊妹無主之功衰不得別云大功也皇氏云有大字者誤也○注謂為姑姊妹無主殯不在已族者○正義曰經直云期喪鄭知是姑姊妹無主者以前云大功既葬始得弔人今此經期喪未葬已得弔人明知此期服輕故知是姑姊妹無主殯不在已族者女未廟見反葬女氏之黨此姑姊妹已於他族成婦日久但夫既蚤死故殯在夫族○小功緦執事不與於禮者執事擯相也禮饋奠也緦小功服輕故未葬便可弔人今不論鄉人之同異也亦為彼擯相但不得助彼饋奠耳按曾子問云廢喪服可以與於饋奠之事乎○孔子曰說衰與奠非禮也以擯相可也是擯相輕而饋奠重也○相趨至而退此以下明凡弔者恩之厚薄去留遲速之節也○相趨也出宮而退者相趨謂與孝子本不相識但相聞姓名而來會趨喪也情既輕故柩出廟之宮門而退去○相揖也哀次而退者相揖謂嘗會他處已相揖者也恩微深故待柩出至大門外之哀次而退去也○相問也既封而退者相問謂曾相餉遺恩轉深故至窆竟而退也○相見也反哭而退者相見謂身親自執摯相詣往來恩轉厚故至葬竟孝子反哭還至家時而退也○朋友虞附而退者朋友嚮昔情重生死同殷故至主人虞附而退也然與死者相識其禮亦當有弔禮知生者弔知死者傷今注云弔則知是弔生人也○弔非至盈坎此一節論助葬及執事反哭之節言弔喪者本是來助事非為空隨從主人而已故云非從主人也○四十者執紼者既助主人故使年二十以上至四十強壯者皆執紼也○鄉人五十者從反哭者鄉人同鄉之人也五十始衰故待主人窆竟而孝子反哭故鄉人助葬老者亦從孝子反也○四十者待盈坎者謂窆竟以土盈滿其坎四十強壯不得即反故待土滿坎而反也若非鄉人則無問長少皆從主人歸優饒遠者〇喪食雖惡。必充飢。飢而廢事。非禮也。飽而忘哀。亦非禮也。視不明。聽不聰。行不正。不知哀。君子病之。故有疾飲酒食肉。五十不致毀。六十不毀。七十飲酒食肉。皆為疑死。病猶憂也疑猶恐也○視如字徐市志反為于偽反注為食父為王父母以為亦為不為並同〇有服。人召之食。不往。

大功以下。既葬適人。人食之。其黨也食之。非其黨弗食也。往而見食則可食也為食而往則不可黨猶親也非親而食則是食於人無數也○人食之音嗣注見食同功衰食菜果。飲水漿。無鹽酪。不能食食。鹽酪可也。功衰齊斬之末也酪酢截○酪音洛食食上如字下音嗣酢七故反截才代反孔子曰。身有瘍則浴。首有創則沐。病則飲酒食肉。毀瘠為病。君子弗為也。毀而死。君子謂之無子。毀而死是不重親○瘍音羊創初良反〔疏〕喪食至無子○注非親而食則是食於人無數也○正義曰解所以非親不食義也夫親族不多食則其食有限若非類而輒食則無復限數必忘哀也〇非從柩與反哭。無免於堩。言喪服出入非此二事皆冠也免所以代冠入於道路不可以無飾堩道路○免音問注同堩古鄧反〔疏〕非從至於堩○正義曰從柩謂孝子送葬從柩去時也與反哭謂葬竟孝子還時也堩道路也道路不可無飾故孝子唯送葬從柩去時及葬竟還反哭時於道得免而行自非此二條則不得免於道路也此謂葬近而反哭者若葬遠反哭在路則著冠至郊則乃反著免故小記云遠葬者比反哭者皆冠及郊而后免是也〇凡喪。小功以上。非虞附練祥。無沐浴。言不有飾事則不沐浴〔疏〕凡喪至沐浴○正義曰凡居喪之禮自小功以上恩重哀深自宜去飾以沐浴是自飾故不有此數條祭事則不自飾言小功以上則至斬同然各在其服限如此耳練祥不主大功小功也若三年之喪虞祭之時但沐浴不櫛故士虞禮云沐浴不櫛鄭注云唯三年之喪不櫛期以下櫛可也又士虞禮云明日以其班祔沐浴櫛注云彌自飾此雖士禮明大夫以上亦然〇疏衰之喪。既葬。人請見之則見。不請見人。小功請見人可也。大功不以執摯。唯父母之喪。不辟涕泣而見人。言重喪不行求見人爾人來求見已亦可以見之矣不辟涕泣言至哀無飾也○辟音避注同〔疏〕疏衰至見人○正義曰此一節明在喪與人相見之義○小功請見人可也者輕可請見於人然言小功可則大功不可也此小功文承疏衰既葬之下則此小功亦謂既葬也凡言見人者謂與人尋常相見不論執摯之事故云父母之喪不辟涕泣而見人是尋常相見也而皇氏以為見人謂執摯相見若然父母之喪豈謂執摯見人乎皇氏則非也〇三年之喪。祥而從政。期之喪。卒哭而從政。九月之喪。既葬而從政。小功緦之喪。既殯而從政。以王制言之此謂庶人也從政從為政者教令謂給繇役○期音基繇音遙本又作傜曾申問於曾子曰。哭父母有常聲乎。曰。中路嬰兒失其母焉。何常聲之有。嬰猶鷖彌也言其若小兒亡母啼號安得常聲乎所謂哭不偯○鷖於奚反彌五兮反一音迷啼徒奚反

本又作諦同號徐本作唬胡刀反俟於豈反下同說文作悠〔疏〕注以王至繇役。正義曰按王制云父母之喪三年不從政齊衰大功三月不從政此云期之喪卒哭而從政九月之喪既葬而從政與王制不同者此庶人依士禮卒哭與既葬同三月故王制省文總云三月也若大夫士三年之喪期不從政是正禮也卒哭金革之事無辟是權禮也

卒哭而諱。自此而鬼神事之尊而諱其名**王父母。兄弟。世父。叔父。姑。姊。妹。子與父同諱。**父為其親諱則子不敢不從諱也謂王父母以下之親諱是謂士也天子諸侯諱羣祖**母之諱。宮中諱。妻之諱。不舉諸其側。與從祖昆弟同名則諱。**母之所為其親諱子孫於宮中不言妻之所為其親諱夫於其側亦不言也孝子聞名心瞿凡不言人諱者亦為其相感動也子與父同諱則子可盡曾祖之親也從祖昆弟在其中於父輕不為諱與母妻之親同名重則諱之〔疏〕卒哭而諱至則諱。正義曰此一節論親戚死亡諱辟名之事各隨文解之。卒哭而諱者謂卒哭之前猶以生禮事之卒哭之後去生漸遠以鬼道事之故諱其名。王父母者謂父之王父母於已為曾祖父母正服小功不合諱也以父為之諱故子亦同於父而諱之兄弟者是父之兄弟於已為伯叔正服期父亦為之期是子與父同是有諱也世父叔父者是父之世父叔父於已是從祖也正服小功不合諱以父為之諱故已從父而諱姑者謂父之姑也於已為從祖姑在家正服小功出嫁緦麻不合諱以父為之諱故已從父而諱姊妹者謂父之姊妹於已為姑在家正服期出嫁大功九月是已與父同為之諱也。子與父同諱者言此等之親子之與父同為之諱。注父為至羣祖。正義曰云父為其親諱則子不敢不從諱也者謂父之王父母世父叔父及姑等於已小功以下不合諱也但父為之諱故子不敢不從諱其父之兄弟及姊妹已為合諱不假從父而諱鄭此注者據已不合諱者而言之也云謂王父母以下之親諱是謂士也者此士者謂父身也以父身是士故諱王父母以下若是庶人不逮事父母則不諱王父母也直云王父母以下足矣復云之親諱者父之世父叔父與姑等皆是王父所生今為之諱故云王父母以下之親諱也云天子諸侯諱羣祖者以其天子七廟諸侯五廟故知諱羣祖母之諱宮中諱者謂母所為其親諱其子於一宮之中為諱而不言也。妻之諱不舉諸其側者謂妻諸親之諱其夫不得稱舉其辟於其妻之側但不得在側言之則於宮中遠處得言之也與從祖昆弟同名則諱者謂母與妻二者之諱與已從祖昆弟名同則為之諱不但宮中旁側其在餘處皆諱之。注子與至諱之。正義曰云子與父同諱則子可盡曾祖之親也者父為王父諱於子則為曾祖父之伯叔及姑則是子曾祖之親故云子與父同諱則子可盡曾祖之親也前經所云者是也云從祖昆弟在其中者從祖昆弟共同曾祖之親故云在其中云於父輕不為諱者從祖昆弟於父言之是父之同堂兄弟子也父服小功不為之諱已又不得從父而諱若與母妻之親同名重則諱之重謂重累謂母妻諱與從祖昆弟名相重累則諱之不但為母妻而諱若從祖昆弟身死亦為諱故云於父輕不為之諱與母妻之親同名重則諱之觀檢注意是為從祖昆弟諱而生文也

以喪冠者。雖三年之喪可也。既冠於次。入哭踊三者三。乃出。言雖者明齊衰以下皆可以喪冠也始遭喪以其冠月則喪服因冠矣非其冠月待變除卒哭而冠次廬也雖或為唯○冠古亂反下及注皆同三息暫反〔疏〕以喪至乃出。正義曰自此以下明遭喪冠取之節今各隨文解之。以喪冠者雖三年之喪可也者謂將欲加冠而值其喪則當成服之時因喪服加冠非但輕服得冠雖有三年重喪亦可為因喪服而冠故云可也。既冠於次者此謂加冠於廬次之中若齊衰以下加冠於次舍之處。入哭踊三者三乃出者謂既冠之後入於喪所哭而踊謂每哭一節而三踊如此者三凡為九踊乃出就次所。注言雖至廬也。正義曰經云雖三年之喪可也故知三年以下皆得因喪而冠也云始遭喪以其冠月則喪服因冠矣者知當冠月則喪服因冠者以曾子問云將冠子未及期日而有齊衰大功小功之喪則因喪服而冠言未及期日明及月可知但未及冠之日耳以此言之知冠月則可冠也云非其冠月待變除卒哭而冠者按夏小正二月綏多士女是冠用二月假令正月遭喪則二月不得因喪而冠必待變除受服之節乃可冠矣云次廬也者據重服而言也

大功之末。可以冠子。可以嫁子。父小功之末。可以冠子。可以嫁子。可以取婦。已雖小功。既卒哭。可以冠取妻。下殤之小功則不可。此皆謂可用吉禮之時父大功卒哭而可以冠子嫁子小功卒哭而可以取婦已大功卒哭而可以冠子小功卒哭而可以取妻必偕祭乃行也下殤小功齊衰之親除喪而後可為昏禮凡冠者其時當冠則因喪而冠之○殤式羊反〔疏〕大功至不可。正義曰大功之末可以冠子可以嫁子者謂父卒哭之後可以冠子嫁子也云父小功之末可以冠子嫁子取婦者小功之末可以冠子嫁子可以取婦也必在小功之末者以小功之末可得取婦恐有小功之喪既卒哭可以冠子樂故小功之末不可以冠子取婦必待卒哭以前不得取妻者重不可以取婦故云既卒哭可以冠取妻此文云可以冠子嫁子不云取婦者下云卒哭可以冠取妻不可者謂其餘小功以下可以冠子取婦也者則可以冠取妻下殤小功則不可者長殤中殤本服大功同其降在小功則不得冠取也降在大功在下殤降在小功故云下殤之小功親以其本服重故不得冠取妻矣今謂齊衰下殤降為小功則不可功何可冠嫁也日父大功卒哭而可以冠子嫁子以經文大功小功有大功小功卒哭而可以取婦小功卒哭而可以冠取妻俱也父是大功之末已亦小功之末父小功之末已亦是小功之末乃得行此事故云必偕祭乃行也適父子俱為大功若父子俱有大功是父子俱有大功小功功子有小功可以冠子嫁子可以取婦若父是小功

云必偕祭乃行者言為諸吉禮必待祭訖乃行也云下殤小功齊衰之親除喪而後可為昏禮者言除喪可為昏禮則未除喪不可為昏禮經云小功則不可者唯謂昏也其冠嫁則可也云凡冠者其時當冠則因喪而冠之者鄭以經云大功小功之末可以吉冠則大功小功之喪而初當冠之時則因喪服而冠矣前經云以喪冠者雖三年之喪可也特據重服喪中可冠恐輕服大功小功者在喪不合冠故鄭於注特明之

禮記注疏卷四十二挍勘記　阮元撰盧宣旬摘錄

雜記下第二十一

有父之喪節

則孫可祔焉　閩監本岳本同嘉靖本同衞氏集說同毛本祔作附

有變除喪祭之節　閩監毛本同惠棟挍宋本無祭字衞氏集說同

自依錄之　閩監毛本同惠棟挍宋本自作且

其祖傳入高祖廟　閩監毛本同衞氏集說同考文云宋板傳作傅非也

有殯節

有殯至之禮　惠棟挍宋本無此五字

大夫士將與祭於公節　盧文弨云宋本合下曾子問曰卿大夫節為一節

其它如奔喪之禮　閩監毛本同石經同岳本同嘉靖本同衞氏集說它作他石經考文提要云宋大字本宋本九經南宋巾箱本余仁仲本劉叔剛本並作它下其它同釋文出其它云音他

告者反而后哭　閩監毛本同石經同岳本嘉靖本同惠棟挍宋本后作後衞氏集說同按下釋服而后歸各本並作后惟衞氏仍作後按后假借字

則次于異宮　閩監本岳本嘉靖本衞氏集說同毛本于作於石經于字闕

大夫至異宮　惠棟挍宋本無此五字

以其期喪緩於父母　閩監毛本同惠棟挍宋本緩上有差字

曾子問曰卿大夫節

注內喪同宮也　惠棟挍宋本有也字此本也字脫閩監毛本同

與前與後祭同　齊召南云當作與前與後祭同後字誤衍盧文弨云與後疑是則與

故出舍公之公館　惠棟挍宋本如此本上公誤云下公誤官閩監毛本同衞氏集說作故出舍公之宮館

父母之喪將祭節

散等栗階　毛本作粟岳本同衞氏集說同此本粟誤栗閩監本同嘉靖本同按各本並作栗不誤

父母至亦然　惠棟挍宋本無此五字

云有父母之喪當在殯宮者既遭父母之喪兄弟悉應同在殯宮　閩監毛本同盧文弨云宋本脫當在殯宮者既遭父母之喪十一字

不得有在異宮而死之所以　閩監毛本同盧文弨云之下疑脫一理字孫志祖云之下當脫事字

謂升一等而後散升不連步也　閩監毛本同惠棟挍宋本無散字衛氏集說同

自諸侯達諸士節

自諸至可也　惠棟挍宋本無此五字

故知小祥之祭旅酬之前　惠棟挍宋本作旅衛氏集說同此本旅誤祥閩監毛本同

凡侍祭喪者節

吉祭告賓祭薦　閩毛本同岳本同嘉靖本同衛氏集說同監本吉作告

凡祭至不食　惠棟挍宋本無此五字

三年之喪言而不語節

及此經云三年之喪　閩監毛本同惠棟挍宋本無云字

不與人居居卽坐也　惠棟挍宋本如此衛氏集說同此本卞居誤者閩監毛本同

視君之母節

視君之母與妻　惠棟挍宋本石經宋監本岳本嘉靖本同衛氏集說同考文引古本足利本同閩監毛本妻上衍君之二字石經考文提要云宋大字本宋本九經南宋巾箱本余仁仲劉叔剛本並無下君之二字

視君至食也　惠棟挍宋本無此五字

免喪之外節

免喪至是也　惠棟挍宋本無此五字

必有殊異於無喪之人　惠棟挍宋本作喪衛氏集說同此本喪誤便閩監毛本喪誤憂

祥主人之除也節

既祭乃服大祥　閩本惠棟挍宋本宋監本岳本嘉靖本同衛氏集說同監毛本祭誤葬

祥主至故服　惠棟挍宋本無此五字

則祥後并禫服　閩監毛本同惠棟挍宋本禫作禮

故著縞冠素紕麻衣　閩監毛本同惠棟挍宋本故作加衛氏集說同

子游曰既祥節

子游至反服　惠棟挍宋本無此五字

鄭恐反服夕吉服之服　閩監毛本同蒲鏜挍云夕疑襲字誤按夕當作反形近致誤

素縞麻衣也　惠棟挍宋本此下標禮記正義卷第五十一終記云凡三十二頁

當袒大夫節　惠棟挍宋本自此節起至諱長三尺節爲第五十二卷卷首題禮記正義卷第五十二

當袒至成踊　惠棟挍宋本無此五字

祝稱卜葬虞節

祝稱至子某　惠棟挍宋本無此五字

於子孫通稱名可知也　惠棟挍宋本有名字此本名字脫閩監毛本同

古者貴賤皆杖節

叔孫武叔　各本同監本叔孫誤叔叔

古者至杖也　惠棟挍宋本無此五字

或問於曾子曰夫既遣節

歸于賓館　閩監本同石經同岳本同嘉靖本同毛本于作於衛氏集說同

或問至饗乎　惠棟挍宋本無此五字

載車之而去　閩監毛本同惠棟挍宋本無車字

非爲人喪節

非爲至賜與　惠棟挍宋本無此五字

故云問賜與　惠棟挍宋本問下有與字此本誤脫閩監毛本同

三年之喪以其喪拜節　惠棟挍云三年節三年之喪如或遺之節如君命節宋本合爲一節

三年至吉拜○正義曰從上問與賜與以下　惠棟挍宋本無上九字

三年之喪如或遺之節

三年至受之　惠棟挍宋本無此五字

雖受之猶不得食也　惠棟挍宋本作猶衛氏集說同此本猶誤而閩監毛本同

期之喪節　惠棟挍云期之喪節宋本分弔非從主人以下合喪食雖惡節爲一節

此弔者恩薄厚　閩毛本同岳本同嘉靖本同衛氏集說同監本恩誤思

三年至盈坎　惠棟挍宋本無此五字

小祥後衰與與大功同　毛本如此衛氏集說同此本與字誤重閩本同監本不重空闕一字

此練則弔又承十一月練之下　惠棟挍宋本作又此本又字斷缺閩監毛本又作文

非從柩節

無免於堩　閩監本同岳本衛氏集說同毛本堩作垣石經同嘉靖本堩誤垉釋文出於堩

非從至於堩　惠棟挍宋本無此五字

疏衰之喪節　惠棟挍云疏衰節三年節宋本合爲一節

言重喪不行求見人爾　閩監毛本同岳本同嘉靖本同衛氏集說同惠棟挍宋本重作至

疏衰至見人　惠棟挍宋本無此五字

三年之喪祥而從政節

三年之喪　各本並同毛本三誤二

卒哭而諱節

謂王父母以下之親諱　閩監毛本同岳本同嘉靖本同段玉裁云謂王父母之謂當作爲去聲

卒哭而諱至則諱　惠棟挍宋本無此七字

是子與父同是有諱也　閩監毛本同惠棟挍宋本無是字

於己爲從祖姑　閩監毛本同考文云宋板無爲字盧文弨挍云宋板脫

是爲從祖昆弟諱而生文也　閩本同惠棟挍宋本同衛氏集說亦作昆監毛本昆誤兄

大功之末節

此皆謂可用吉禮之時　各本同毛本吉誤古

大功至不可　惠棟挍宋本無此五字

附釋音禮記注疏卷第四十三

雜記下

禮記　鄭氏注　孔穎達疏

凡弁絰。其衰侈袂。侈猶大也弁絰服者弔服也其衰錫也緦也疑也袂之小者二尺二寸大者半而益之則侈袂三尺三寸○侈昌氏反袂彌世反【疏】凡弁絰其衰侈袂○正義曰弁絰者謂弔服也其首著弁絰身著錫衰緦衰疑衰侈大也其此等三衰大作其袂凡常之袂二尺二寸此等三衰其袂半而益一袂大三尺三寸也若士則其衰不侈也故周禮司服有玄端素端注云變素服言素端者明異制大夫以上侈之明士不侈故稱端

父有服。宮中子不與於樂。母有服。聲聞焉。不舉樂。妻有服。不舉樂於其側。宮中子與父同宮者也禮由命士以上父子異宮不與於樂謂出行見之不得觀也○與音預注同聞音問又如字大功將至。辟琴瑟。亦所以助哀也至來也○辟音避一音婢亦反小功至。不絕樂。【疏】父有至絕樂○正義曰父有服在於宮中則子不與於樂者謂出行見之不得觀也此謂命士以下與父同宮者若異宮則得與樂崔云父有服齊衰以下之服也若重服則期後猶有子姓之冠自當不得與於樂

○姑姊妹。其夫死。而夫黨無兄弟。使夫之族人主喪。妻之黨。雖親弗主。此謂姑姊妹無子寡而死也夫黨無兄弟無緦之親也其主喪不使妻之親而使夫之族人婦人外成主必宜得夫之姓類夫若無族矣。則前後家。東西家。無有。則里尹主之。喪無無主也里尹閭胥里宰之屬王度記曰百戶爲里里一尹其祿如庶人在官者里或爲士諸侯弔於異國之臣則其君爲主里尹主之亦斯義也或曰。主之而附於夫之黨。妻之黨自主之非也夫之黨其祖姑也【疏】姑姊至之黨○正義曰此一節明姑姊妹在夫家而死無後使外人爲主之事夫既先死而夫之黨又無兄弟今既身死使夫之族人主其喪也○妻之黨雖親弗主者妻黨雖親不得與之爲主明婦人外成於夫不合卻歸本族也○或曰主之者或人之說云妻黨主之而附祭之時在於夫之黨主之其義非也○注喪無至義也○正義曰云喪無無主也者言死喪之禮無得無人爲之主必須有人爲主也云里尹閭胥里宰之屬也按周禮六卿之內二十五家爲閭閭置一胥中士也六遂之內二十五家爲里里置一宰下士也引王度記者更證里尹之事按別錄王度記云似齊宣王時淳于髡等所說也其記云百戶爲里里一尹其祿如庶人在官者則里尹之祿也按撰考云古者七十二家爲里洛誥傳云古者百家爲鄰三鄰爲朋三朋爲里鄭云蓋虞夏時制也其百戶爲里未知何代或云殷制云諸侯弔於異國之臣則其君爲主里尹主之亦斯義也者以已國臣在國而死他國君來弔則君爲主死者雖有至親不得爲主今此婦人死於此里正得里尹主之妻家之親不得爲主故云亦斯義也斯此也亦是此國君爲主之義

○麻者不紳。執玉不麻。麻不加於采。吉凶不相干也麻謂絰也紳大帶也喪以要絰代大帶也麻不加於采衣采者不麻謂弁絰者必服弔服是也采玄纁之衣○紳音申要絰一遙反下大結反衣於既反又如字纁許云反【疏】麻者至於采○正義曰麻者不紳麻謂絰紳謂大帶言著要絰者而不得復著大帶也故在喪以絰代紳○執玉不麻者謂平常手執玉行禮不得服衰麻也按聘禮已國君薨至於主國衰而出注云於是可以凶服將事似行聘享之事執玉得服衰絰者彼謂受主君小禮得以凶服若行聘享大事則吉服故鄭云其聘享之事自若吉也謂得著吉服○麻不加於采者謂弁絰之麻不得加於玄衣纁裳之采也

○國禁哭則止。朝夕之奠即位自因也。禁哭謂大祭祀時雖不哭猶朝夕奠自因用故事童子哭不偯。不踊。不杖。不菲。不廬。未成人者不能備禮也當室則杖○屝本又作菲扶味反孔子曰。伯母叔母疏衰。踊不絕地。姑姊妹之大功。踊絕於地。如知此者。由文矣哉。由文矣哉。由用也言知此踊絕地不絕地之情者能用禮文哉能用禮文哉美之也伯母叔母義也姑姊妹骨肉也【疏】國禁至矣哉○正義曰國禁哭則止者謂有大祭祀禁哭之時則止而不哭○朝夕之奠即位自因也者謂孝子於殯宮朝夕兩奠之時即阼階下位自因其故事而設奠也○注當室則杖○正義曰按問喪云童子當室則免而杖矣戴德云童子當室謂十五以上若世子生則杖故曾子問云子衰杖成子禮是也皇氏云童子當室則備此經中五事特云杖者舉重言也

○世柳之母死。相者由左。世柳死。其徒由右相。由右相。世柳之徒爲之也。亦記失禮所由始也世柳魯穆公時賢人也相相主人之禮○柳良九反相息亮反下及注皆同○天子飯九貝。諸侯七。大夫五。士三。此蓋夏時禮也周禮天子飯含用玉○飯扶晚反注同含本又作唅胡闇反下文同士三月而葬。是月也卒哭。大夫三月而葬。五月而卒哭。諸侯五月而葬。七月而卒哭。士三虞。大夫五。諸侯七。尊卑恩之差也天子至士葬即反虞【疏】世柳至侯七○正義曰此明相主人之喪禮有失之事○注亦記至之禮○正義曰相主人之禮法相者由左世柳死其徒黨相禮由右故云記失禮所由始也按孟子云魯穆公時公儀子爲政子柳子思爲臣魯之削也滋甚若是乎賢者之無益於國也彼子柳即此泄柳也故云魯穆公時賢人○注此蓋至用玉○正義曰以非周法故疑夏禮故云蓋也典瑞云大喪共飯玉含玉是周禮天子飯含用玉按禮戴說天子飯以珠含以玉諸侯飯以珠大夫士飯以珠含以貝此等皆非周禮並夏殷之法左傳成十七年子叔聲伯夢食瓊瑰哀十一年齊陳子行命其徒具含玉此等皆是大夫而以珠玉爲含者以珠玉是所含之物故言之非謂當時實含用珠玉也○注尊卑至反虞○正義曰大夫以上葬與卒哭異月者以其位尊念親哀情於時長遠士職卑位下禮數未申故三月而葬葬罷即卒哭知天子至士葬即反虞者以其不忍一日未有所歸尊卑皆然故知葬即反虞下檀弓云葬日虞弗忍一日離也不顯尊卑是貴賤同然也

諸侯使人弔。其次含襚賵臨。皆同日而畢事者也。其次如此也。言五者相次同時○臨如字徐力鴆反【疏】諸侯至此也○正義曰謂諸侯使人弔鄰國先行弔禮急宜君命人以飲食爲急故含次之食後須衣故襚次之有衣即須車馬故賵次之君事既畢則臣私行已禮故臨禮在後其事雖多而同一日取畢也卿大夫疾。君問之無筭。士壹問之。君於卿大夫。比葬不食肉。比卒哭不舉樂。爲士比殯不舉樂。【疏】卿大至舉樂○正義曰按喪大記君於大夫疾三問之此云無筭謂有師保恩舊之親故問之無筭或可喪大記云三問者謂君自行此云無筭謂遣使也

○升正柩。諸侯執綍五百人。四綍。皆銜枚。司馬執鐸。左八人。右八人。匠人執羽葆御柩。大夫之喪。其升正柩也。執引者三百人。執鐸者左右各四人。御柩以茅。升正柩者謂將葬朝于祖正棺於廟也五百人謂一黨之民諸侯之大夫邑有三百戶之制綍引同耳廟中曰綍在塗曰引互言之御柩者居前道正之大夫士皆二綍○筭悉亂反比必利反下同爲于僞反枚音梅鐸大洛反葆音保引以慎反注同茅亡交反朝于直遙反道音導【疏】升正至以茅○正義曰此一經明諸侯大夫送葬正柩之禮執鐸之差○升正柩者謂將葬朝於祖廟柩升廟之西階於兩楹之間其時柩北首故既夕禮云遷于祖用軸升自西階正柩于兩楹間是也四綍皆銜枚者謂執綍之人口皆銜枚止諠囂也○司馬執鐸左八人右八人者司馬夏官主武故執金鐸率衆左右各八人夾柩以號令於衆也○匠人執羽葆御柩者匠人工人也羽葆者以鳥羽注於柄頭如蓋謂之羽葆葆謂蓋也匠人主宮室故執蓋物御柩謂執羽葆居柩前御行於道示指揮柩於路爲進止之節也然周禮喪祝御柩此云匠人者周禮王禮此諸侯禮也○注五百至二綍○正義曰按周禮注六卿主六引六遂主六綍經云執綍則應舉六遂而言黨者此是非辨鄉遂之殊正取五百人是一黨之人數耳或是畧舉鄉中之黨則遂之鄙亦可知云諸侯之大夫邑有三百戶之制者謂小國中下大夫也故鄭注易訟卦云小國之下大夫采地方一成其定稅三百家故云三百戶也其實大國下大夫亦三百戶故論語云管仲奪伯氏駢邑三百注云伯氏齊大夫是爲大國下大夫亦三百家也其天子公卿大夫按小司徒職注云百里之國凡四都五十里之國凡四縣二十五里之國凡四甸然則大都公之采地方百里小都卿之采地方五十里家邑大夫采地方二十五里熊氏云以此推之公之大都采地方百里侯伯大都采地方五十里子男大都采地方二十五里以畿外地濶故公之大都與天子大都同也其中采地無文以小都則下大夫三百家一成之地也一成所以三百家者一成九百夫宮室塗巷山澤三分去一餘有六百夫地又不易再易通率一家而受二夫之地是定稅三百家也云綍引同耳者其義具在檀弓疏○孔子曰。管仲鏤簋而朱紘。旅樹而反坫。山節而藻梲。賢

大夫也。而難爲上也。言其僭天子諸侯。鏤簋刻爲蟲獸也。冠有笄者爲紘。紘在纓處兩端上屬下不結。旅樹門屛也。反坫反爵之坫也。山節薄櫨刻之爲山。梲侏儒柱畫之爲藻文。○鏤音陋。簋音軌。紘音宏。坫下念反。藻音早。梲章悅反。笄音雞。屬音燭。薄音博。又皮麥反。又步博反。徐又薄歷反。櫨音盧。侏音朱。晏平仲祀其先人。豚肩不揜豆。賢大夫也。而難爲下也。言其偪士庶人也。豚俎實。豆徑尺。言并豚兩肩不能覆豆。喻小也。○弇於檢反。本亦作揜。併步頂反。君子上不僭上。下不偪下。○婦人非三年之喪。不踰封而弔。踰封越竟也。或爲越疆。○偪音逼。本又作揁。疆紀良反。

〔疏〕孔子至而弔。○正義曰。此一節明奢儉失禮之事。○賢大夫也而難爲上也者。當時謂管仲是大夫之賢者。鏤簋者。天子諸侯之制。而管仲鏤之。朱紘者。亦天子之紘。而管仲朱之。故祭義云。天子冕而朱紘。諸侯冕而青紘。管仲大夫。當緇組紘。而與士同。今僭天子爲朱紘。旅樹而反坫者。是諸侯之禮。論語云。邦君樹塞門。邦君爲兩君之好。有反坫。今管仲亦爲之。山節而藻梲者。天子之廟飾。而管仲爲之。是皆僭也。故云賢大夫是賢者。尚爲此僭上之事。是難可爲上者也。言他人在管仲之上。皆被僭之。故云難爲上。禮器云。君子以爲濫。濫謂盜竊。亦僭上之事也。○注言其至藻文。○正義曰。言其僭天子諸侯者。朱紘山節藻梲。鏤簋是僭天子。旅樹反坫是僭諸侯。云鏤簋刻爲蟲獸也者。按梓人云。小蟲之屬以爲雕琢。是刻蟲獸也。禮器注云。簋天子飾以玉。此不云者。文不具也。其旅樹山節之屬。已具於禮器及郊特牲疏。故於此不復釋也。○晏平至爲下也。豚肩不揜豆者。豚小依禮。豚在於俎。今云不揜豆者。以豆形既小。尚不揜豆。明豚小之甚。不謂豚在豆也。○而難爲下也者。平仲賢大夫。猶尚偪下。是在平仲之下者。恒被平仲而偪下也。是難可爲下。如三年之喪。則君夫人歸。奔父母喪也。夫人其歸也。以諸侯之弔禮。其待之也。若待諸侯然。謂夫人行道車服。主國致禮。夫人至。入自闈門。升自側階。君在阼。其他如奔喪禮然。女子子不自同於女賓也。宮中之門曰闈門。爲相通者也。側階亦旁階也。他謂哭踊髽麻。闈門或爲帷門。○闈音韋。宮中之門。劉昌宗音暉。髽側爪反。○嫂不撫叔。叔不撫嫂。遠別也。○嫂悉早反。

〔疏〕如三至禮然。○正義曰。此一節明諸侯大夫奔父母喪節也。○如三年之喪者。如若也。若遭父母三年之喪。則雖曰君之夫人。而歸往奔喪也。若非三年之喪。則不歸也。女子出適爲父母期。而云三年者。以本親言也。○夫人至入自闈門者。謂夫人至於父母之國。入自旁側之闈門。不由正門。異於女賓也。升自側階者。謂升自旁側之階。不升正階。亦異於女賓也。○君在阼者。謂主國之君待之在阼階之上。不降階而迎也。○其他如奔喪禮然者。他謂哭踊髽麻之屬。如似奔喪之禮然。嫌諸侯夫人位尊。恐與卿大夫之妻奔喪禮異。故明之也。○注女子至階也。○正義曰。云不自同於女賓也者。按喪大記。夫人弔於大夫士。主人出迎于門外。夫人入升堂即位。是女賓入自大門。升自正階。今此不然。是不自同於女賓。以女子子是父母之親。不可同於女賓之疏也。云宮中之門曰闈門者。釋宮文也。云側階亦旁階也者。闈門是旁側之門。故云側階亦旁階。此謂東旁之旁階。故奔喪禮婦人升自東階。故知側階謂東面階也。君子有三患。未之聞。患弗得聞也。既聞之。患弗得學也。既學之。患弗能行也。君子有五恥。居其位。無其言。君子恥之。有其言。無其行。君子恥之。既得之而又失之。君子恥之。地有餘而民不足。君子恥之。衆寡均而倍焉。君子恥之。恥民不足者。古者居民量地以制邑。度地以居民。地邑民居。必參相得也。衆寡均。謂俱有役事。人數等也。倍焉。彼功倍己也。○其行下孟反。

〔疏〕君子至恥之。○正義曰。此一節明君子有三患五恥之事。此君子謂在位之君子。未聞患弗得聞也者。言人須多聞多識。君子未聞知古事。恒憂患不得聞也。○地有餘而民不足君子恥之者。以地邑民居必參相得。今不能撫養。使民逃散。是土地有餘而民不足。故君子恥之。衆寡均而倍焉君子恥之者。言役用民衆。彼之與己。民衆寡均等。而他人功績倍多於己。由不能勸課督率。故君子恥之。○孔子曰。凶年則乘駑馬。祀以下牲。自貶損。亦取易供也。駑馬。六種最下者。下牲。少牢若特豕特豚也。○駑音奴。貶必檢反。易供。上以豉反。下音恭。種章勇反。○恤由之喪。哀公使孺悲之孔子。學士喪禮。士喪禮於是乎書。時人轉而僭上。士之喪禮已廢矣。孔子以教孺悲。國人乃復書而存之。○孺而樹反。本亦作孺。復扶又反。

〔疏〕孔子至下牲。○正義曰。此一節明凶荒之年。君自貶損也。乘駑馬者。駑馬六種之最下者也。馬有六種。一曰種馬。天子玉路所乘。二曰戎馬。兵車所乘。三曰齊馬。金路所乘。四曰道馬。象路所乘。五曰田馬。木路所乘。六曰駑馬。負重載遠所乘。若年歲凶荒。則人君自貶。故乘駑馬也。○祀以下牲者。諸侯常祭大牢。若凶荒。則用少牢。大夫士各降一等。並用下牲也。○注自貶至豚也。○正義曰。云自貶損者。言乘駑馬用下牲。是貶損也。云駑馬六種最下者。按校人云。種馬一物。戎馬一物。齊馬一物。道馬一物。田馬一物。駑馬一物。是六種馬中最下也。云下牲少牢若特豕特豚也者。天子諸侯及天子大夫常祭用大牢。若凶年。降用少牢。諸侯之卿大夫常祭用少牢。降用特豕。士常祭用特豕。降用特豚。如此之屬。皆爲下牲也。○子貢觀於蜡。孔子曰。賜也樂乎。對曰。一國之人皆若狂。賜未知其樂也。蜡也者。索也。歲十二月。合聚萬物而索饗之祭也。國索鬼神而祭祀。則黨正以禮屬民而飲酒于序。以正齒位。於是時民無不醉者如狂矣。曰未知其樂。怪之。○蜡仕嫁反。樂音洛。下及注同。索色百反。下同。屬音燭。子曰。百日之蜡。一日之澤。非爾所知也。蜡之祭。主先嗇也。大飲烝。勞農以休息之。言民皆勤稼穡。有百日之勞。喻久也。今一日使之飲酒燕樂。是君之恩澤。非女所知。言其義大。○嗇音色。烝之承反。勞力報反。女音汝。

〔疏〕子貢至知也。○正義曰。此一節明蜡月鄉飲酒之樂。各依文解之。○蜡謂王者各於建亥之月。報萬物。息老休農。又各燕會。飲酒於黨學中。故子貢往觀之也。孔子曰賜也樂乎者。呼子貢名而問之云。汝觀蜡飲燕。見此之事。是歡樂否乎。對曰一國之人皆若狂。賜未知燕樂也者。子貢以謂[illegible]載號載呶。大小[illegible]非歡樂。故云未知[illegible]也者索也至而[illegible]祭也。云歲十二月[illegible]黨正以禮屬民而[illegible]以歲終事畢黨正[illegible]五十者立壹命齒[illegible]矣者以飲初之時[illegible]百日之蜡一日之[illegible]言此蜡而飲一是[illegible]舉其全數喻久矣[illegible]如狂此是由於君[illegible]非爾所知也○注[illegible]也者謂以先嗇神[illegible]時天子諸侯與羣[illegible]之時慰勞農人使[illegible]久也者解經百日[illegible]云百日舉其成數[illegible]君之恩澤者解經[illegible]言一日之中由人[illegible]張而不弛。文武弗能也。弛而不張。文武弗爲也。一張一弛。文武之道也。張弛以弓弩喻[illegible]之則失其體。○[illegible]

〔疏〕張而至道也。○正義曰。[illegible]弦若弓久張而不[illegible]損民之力[illegible]治不能使人[illegible]○孟獻子曰。正月日至。可以有事於上帝。七月日至。可以有事於祖。七月而禘。獻子爲之也。記魯失禮所由[illegible]故得以正月[illegible]尊其祖以郊天[illegible]孟月爾明堂位[illegible]

〔疏〕[illegible]

堂位云季夏六月以禘禮祀周公於大廟是夏之孟月也獻子捨此義欲以此二至相當以天對祖乖失禮意○七月而禘獻子爲之也者獻子有此之失故記其失所由也○注記魯至大廟○正義曰云記魯失禮所由者言七月而禘是魯之失禮時暫爲之非是恒行故春秋獻子之後無七月禘廟之事又此不云自獻子始是不恒行也云孟獻子魯大夫仲孫蔑也者以左傳稱孟獻子經書仲孫蔑也云魯以周公之故得以正月日至之後郊天亦以始祖后稷配之者此是明堂位文故明堂云魯君孟春乘大路祀帝于郊配以后稷是后稷配之也亦者天子正月郊祭以始祖配天魯以十一月郊祭亦以后稷配天故云亦也云魯之宗廟猶以夏時之孟月爾者以明堂位稱季夏六月以禘禮祀周公於大廟周之季夏即夏之孟月建巳之月又春秋宣八年六月辛巳有事于大廟謂禘祭也是用建巳之月按春秋宣九年獻子始見經按僖八年於時未有獻子而七月禘者鄭荅趙商云以僖八年正月公會王人于洮六月應禘以在會未還故至七月乃禘君子原情免之禮不合議而書之者爲致夫人故書七月禘也獻子既七月而禘非時失禮春秋之例非時祭者皆書於經以示譏獻子以後之禘而用七月不書於經而不譏者鄭釋廢疾云宣八年六月有事于大廟禘而云有事者雖爲卿佐卒張本而書有事其實當時有用七月而禘因宣公六月而禘得禮故變文言有事春秋因事變文見其得正也如鄭此言則獻子之時禘皆非正因宣公六月禘爲得正故變文云有事以明餘禘之不正也故餘禘不載於經唯譏於宣公得正之禘也鄭又一解云禮記之言不可合於春秋書例故鄭荅趙商云禮記之云何必皆在春秋之例是禮記不與春秋合也

○夫人之不命於天子，自魯昭公始也。亦記魯失禮所由也周之制同姓百世昏姻不通吳大伯之後魯同姓昭公取於吳謂之吳孟子不告於天子自此後取者遂不告於天子天子亦不命之【疏】夫人至始也○正義曰諸侯夫人亦天子所命或是王后無譏外之事故天子命譏外諸侯夫人此文是也若譏內諸侯及卿大夫之妻則玉藻注云天子諸侯命其臣后夫人亦命其妻是也

○外宗爲君夫人，猶內宗也。皆謂嫁於國中者也爲君服斬夫人齊衰不敢以其親服服至尊也外宗謂姑姊妹之女舅之女及從母皆是也內宗五屬之女也其無服而嫁於諸臣者從爲夫之君嫁於庶人從爲國君○外宗爲于僞反注同下爲夫爲之服下注爲其亦同【疏】外宗至宗也○正義曰外宗者謂君之姑姊妹之女及舅之女及從母皆是也內宗謂君五屬內之女君內宗爲君悉服斬衰爲夫人齊衰則君之外宗之女爲君及夫人與內宗同故云猶內宗也亦即是與諸侯爲兄弟者服斬之例也○注皆謂至國君○正義曰知皆謂嫁於國中者以經云爲君夫人則君夫人者是國人所稱號故知嫁於國中國外當云諸侯云爲君服斬夫人齊衰不敢以其親服服至尊也者按禮族人不敢以其戚戚君則異族者亦不可以戚戚君故不得以其親服服至尊也云外宗謂姑姊妹之女舅之女及從母皆是也者古者大夫不外取故君之姑姊妹嫁於國內大夫爲妻是其正也舅之女及從母皆是者謂君之舅女及君之從母在國中者非正也所以非正者以諸侯不內取故舅女及從母不得在國中諸侯雖曰外取舅及從母元在他國而舅之女及從母不得來嫁與巳國卿大夫爲妻以卿大夫不外取知內宗五屬之女者以其稱內故內五屬之女也凡外宗內宗皆據有爵者云其無服而嫁於諸臣者從爲夫之君者摠謂外宗內宗之女皆然也云嫁於庶人從爲國君者亦內外宗之女並言之則服齊衰三月此等內宗外宗熊氏云雖嫁在他國皆爲本國諸侯服斬也今依用之若賀循譙周之等云在巳國則得爲君服斬夫人齊衰若在他國則不得也今並存焉任賢者擇之此外宗與喪服外宗爲君別也故鄭注彼云外宗是君之外親之婦此外宗唯據君之宗崔氏云兼據夫人外宗其義非也又周禮外宗內宗謂外內之女而崔氏云鄭注特牲云女者女有出適嫌有降理故舉女不言男其義亦非也

○廄焚。孔子拜鄉人爲火來者，拜謝之拜之，士壹，大夫再，亦相弔之道也。言拜之者爲其來弔巳宗伯職曰以弔禮哀禍災【疏】廄焚至道也○正義曰廄焚孔子馬廄被火焚也○孔子拜鄉人爲火來者謂孔子拜謝鄉人爲火而來慰問孔子者○拜之士壹大夫再者言拜此鄉人之時若士則壹拜之大夫則再拜之○亦相弔之道者此言雖非大禍災亦是相哀弔之道也

孔子曰：管仲遇盜，取二人焉，上以爲公臣，曰：其所與遊辟也，可人也。言此人可也但居惡人之中使之犯法○上時掌反辟匹亦反管仲死，桓公使爲之服。宦於大夫者之爲之服也，自管仲始也，有君命焉爾也。亦記失禮所由也善桓公不忘賢者之舉宦猶仕也此仕於大夫更升於公與違大夫之諸侯同爾禮不反服【疏】孔子至爾也○正義曰此二節明大夫之臣雖仕於公反服大夫之服孔子論說管仲之事故云孔子曰管仲遇盜取二人焉者謂管仲逢遇羣盜於此盜中簡取二人焉○上以爲公臣者謂管仲薦上此二人以爲桓公之臣○曰其所與遊辟也可人也者此管仲薦此盜人之辭言此盜人所與交遊是邪辟之人故犯法爲盜可人也者謂其人性行是堪可之人也可任用之○管仲死桓公使爲之服者謂管仲之死桓公使此二人著服也○宦於大夫者之爲之服也自管仲始也者言依禮仕宦於大夫升爲公臣不合爲大夫著服今此二人是仕宦於大夫升爲公臣者之爲大夫而著服也從管仲爲始言自此以後升爲公臣皆服宦於大夫之服也○有君命焉爾也者言此二人所以爲管仲著服者有桓公之命使之焉爾作記之者亦記失禮所由又記桓公不忘賢者之舉也

○過而舉君之諱則起。舉猶言也起立者失言而變自新與君之諱同則稱字。謂諸臣之名也【疏】過而至稱字○正義曰此一節明辟君之諱也過謂過誤也舉猶言也若過誤言君之諱則起而改變自新

○內亂不與焉，外患弗辟也。謂卿大夫也同僚將爲亂己力不能討不與而已至於鄰國爲寇則當死之也春秋魯公子友如陳葬原仲傳曰君子辟內難而不辟外難○與音預注同辟音避注同僚本又作寮力雕反難乃旦反下同【疏】內亂至辟也○正義曰此一經明卿大夫之禮有內亂力不能討可辟之事○內亂不與焉者謂國內有同僚爲亂則身自畏辟不干與焉以其力弱不能討也雖不與而已若力能討則當討之○外患弗辟也者外謂在外鄰國爲其寇患雖力不能討不得辟之當盡死於難也○注春秋至外難○正義曰引春秋者莊二十七年公羊傳文按彼云公子友如陳葬原仲大夫不書葬此何以書通乎季子之私行也又云君子辟內難而不辟外難內難者何公子慶父公子牙通乎夫人以脅公季子起而治之則不得與于國政坐而視之則親親何休云不忍見其如此故請至于陳而葬原仲時季友討慶父爲不與國政力不能討至莊三十二年季子與國政故逐慶父而酖叔牙也此注云力不能討亦謂不與國政若與國政力能討之而不討則責之故宣二年晉史董狐書趙盾以弒君云子亡不越竟是也

○贄大行曰：圭，公九寸，侯伯七寸，子男五寸，博三寸，厚半寸，剡上左右各寸半，玉也。藻三采六等。贄大行者書說大行人之禮者名也藻薦玉者也三采六等以朱白蒼畫之再行也子男執璧作此贄者失之矣○厚戶豆反剡以冉反畫胡卦反徐胡麥反再行戶剛反哀公問子羔曰：子之食奚當？問其先人始仕食祿以何君時○當如字注同舊丁浪反對曰：文公之下執事也。【疏】贄大至事也○正義曰此明五等諸侯所執圭玉之制○贄大行曰者贄明也大行謂周禮有大行人篇掌諸侯五等之禮舊作記之前有人說書贄明大行人之事謂之贄今亦作記者引此舊書故云贄大行曰發語端也○博三寸者謂圭博三寸也○厚半寸者謂圭與璧各厚半寸○剡上左右各寸半者謂圭璧剡殺也殺上左右角各寸半○玉也者言五等諸侯圭與璧長短雖異而俱以玉爲之故云玉也○藻三采六等者藻謂以韋衣板以藉玉三采朱白蒼也謂畫上三色每色爲二行是三采六等也○注贄大至之矣○正義曰云書說大行人之禮者名也者謂作此記之前別有書論說大行人之禮其篇名謂之贄大行云三采六等以朱白蒼畫之再行者按聘禮記云朝天子圭與繅皆九寸繅三采六等朱白蒼朱白蒼是也既云重云朱白蒼是一采爲三等相間而爲六等也若五等諸侯皆一采一就侯伯皆三采三就其實一采爲一就故三采三就三采則六等也典瑞又云子男皆二采再就二采謂朱綠也二采故二就也其實二采一采爲一就典瑞又云圭璋璧琮繅皆二采一就以規聘此謂卿大夫每采唯一等是二采共爲一就也與諸侯不同其天子則典瑞云繅五采五就亦一采爲一就五采五就其實五采以此別二就五采則十等也云子男執璧作此贄者失之矣以此經別列公侯伯子男揔云博三寸剡上左右各寸半此謂圭也今揔包子男則子男亦執圭故云作此贄者失之矣

○成廟則釁之。其禮：祝、宗人、宰夫、雍人皆爵弁純衣。廟新成必釁之尊而神之也宗人先請於君曰請命以釁其廟君諾之乃行○釁許靳反純側甚反雍人拭羊，宗人視之，宰夫北面于碑南，東上。居上者宰夫也宰夫攝主也拭靜也○拭音式碑彼皮反靚本亦作靜同才性反雍人舉羊，升屋自中，中屋南面，刲羊，血流于前，乃降。門、夾室皆用雞。先門而後夾室。其衈皆于屋下。割雞，門當門，夾室中室。自由也衈謂將刲割牲以釁先滅耳旁毛薦之耳聽聲者告神欲其聽之周禮有刉衈○刲若圭反夾古治反衈如志反刉古代反又古對反一音其既反珥如志反有司皆鄉室而

立門。則有司當門北面。有司宰夫祝宗人○鄉許亮反下同既事。宗人告事畢。乃皆退。告者告宰夫反命于君曰。釁某廟事畢。反命于寢。君南鄉于門內。朝服。既反命乃退。君朝服者不至廟也○朝直遥反注同路寢成。則考之而不釁。釁屋者。交神明之道也。言路寢者生人所居不釁者不神之也考之者設盛食以落之爾檀弓曰晉獻文子成室諸大夫發焉是也凡宗廟之器。其名者。成則釁之以豭豚。宗廟名器謂尊彝之屬○豭音加彝以之反【疏】成廟至豭豚○正義曰此一節論釁廟及考路寢之事○成廟則釁之者謂宗廟初成則殺羊取血以釁之尊而神之也○其禮祝宗人宰夫雍人皆爵弁純衣者其禮謂釁廟之禮欲釁之時宗人先請於君曰請命以釁某廟君諾之乃行事爵弁者士服也純衣者謂緣衣則玄衣纁裳也○雍人拭羊者雍人是廚宰之官拭羊謂拭靜其羊拭於廟門外按大戴禮釁廟篇云成廟則釁以羊君玄服立於寢門內南鄉祝宗人宰夫雍人皆玄服宗人曰請命以釁某廟君曰諾遂入雍人拭羊乃行入廟門碑南北面雍人舉羊升屋自中中屋南面封羊血流于前乃降此皆大戴禮文既云拭羊乃行入廟門是拭羊在廟門之外但初受命於寢門內之時君與祝宗人宰夫雍人等皆著玄服謂朝服緇衣素裳等其祝宗人宰夫雍人等著玄服謂朝服緇衣素裳等其祝宗人宰夫雍人等皆入廟之時則爵弁純衣雍人舉羊升屋者熊氏云謂抗舉其羊升於屋自中者自由也謂升屋之時由屋東西之中謂兩階之間而升也中屋南面者謂當屋棟之上亦東西之中而南面封割其羊使血流于前雍人乃降皇氏云舉羊謂縣羊升屋謂掛羊於屋自中謂在屋之中中屋謂羊在屋棟之下縣之上下處中今謂屋者謂室之在上之覆也前云升屋下云乃降與喪大記復者升屋其文正同何得以升爲縣又中屋爲屋棟去地上下爲中此正得云屋中不得云中屋若室裏縣羊血則當羊而下何得云血流于前又下文其衈皆於屋下明知其釁則在屋上檢勘上下皇氏之說非也○門夾室皆用雞者門廟門也夾室東西廂也其滅於廟室故釁不用羊也門與夾室各一雞凡用三雞故云皆也謂釁門夾室用雞之時如上用羊之法亦升屋而割之○先門而後夾室者謂先釁門後釁夾室又畢於門也○其衈皆於屋下者謂未封割羊與雞之時先滅耳旁毛以薦神廟則在廟之屋下門與夾室則在門夾室之屋下故云其衈皆於屋下衈訖然後升屋而釁也○門當門夾室中室者謂衈訖爲釁之時門則當門屋之上中夾室則當夾室上之中以割雞使血流故云門當門夾室中室此釁廟以羊門夾室以雞揔云其衈則毛牲羽牲皆謂之衈而鄭注周禮云毛牲曰刉羽牲曰衈者以此經有羊有雞無別刉文故揔以衈包之周禮刉衈相對故以毛牲曰刉羽牲曰衈○有司皆鄉室而立者謂釁夾室之時宰夫祝宗人皆當於夾室而立門則有司當門北面而立○既事宗人告事畢乃皆退者謂釁事既畢宗人告攝主宰夫以事畢宰夫及祝宗人等乃退○反命于寢者謂釁既畢反報君命於路寢○君南鄉于門內朝服者謂君受命之時南鄉于路寢門內南面而立身著朝服即大戴禮云玄衣以不入廟故朝服○路寢成則考之而不釁者路寢是生人所居不用神之故不釁也考之者謂設盛饌以落之如檀弓晉獻文子成室是也庾蔚云落謂與賓客燕會以酒食澆落之即歡樂之義也釁屋者交神明之道也者釋所以不釁路寢之義言此屋與神明相交故釁之也○凡宗廟之器其名者成則釁之以豭豚者器之名者尊彝之屬也若作名者成則釁之若細者成則不釁名器則殺豭豚血塗之也不及廟故不用羊也

○諸侯出夫人。夫人比至于其國。以夫人之禮行。至以夫人入。行道以夫人之禮者弃妻致命其家乃義絕不用此爲始○比必利反使者將命曰。寡君不敏。不能從而事社稷宗廟。使使臣某敢告於執事。主人對曰。寡君固前辭不教矣。寡君敢不敬須以俟命。前辭不教謂納采時也此辭賓在門外擯者傳焉賓入致命如初主人卒辭曰敢不聽命○使色吏反有司官陳器皿。主人有司亦官受之。器皿其本所齎物也律弃妻畀所齎○皿武景反字林又音猛齎子兮反下同畀必利反與也又婢支反償也妻出。夫使人致之曰。某不敏。不能從而共粢盛。使某也敢告於侍者。主人對曰。某之子不肖。不敢辟誅。敢不敬須以俟命。使者退。主人拜送之。肖似也不似言不如人誅猶罰也○共音恭粢盛上音咨下音成肖音笑辟音避如舅在。則稱舅。舅沒則稱兄。無兄則稱夫。言弃妻者父兄在則稱之命當由尊者出也唯國君不稱兄主人之辭曰。某之子不肖。如姑姊妹亦皆稱之。姑姊妹見弃亦曰某之姑某之姊若妹不肖【疏】諸侯至稱之○正義曰此一節論諸侯出夫人及卿大夫以下出妻之事○諸侯出夫人者謂夫人有罪諸侯出之命歸本國○使者將命者使者謂送夫人歸者將行君命以告夫人之國君寡君不敏不能從而事社稷宗廟者禮尚謙退不能指斥夫人所犯之罪故引過自歸云寡君才知不敏不能隨從夫人共事社稷宗廟故君使臣某敢告在下之執事○寡君敢不敬須以俟命者須待也俟亦待也主人報客云君既有命寡君豈敢不恭敬須待君命○有司官陳器皿者使者既得主人荅命故使從已來有司之官陳夫人嫁時所齎器皿之屬以還主國也○主人有司亦官受之者主國亦使有司官領受之也並云官者明付受悉如法也○妻出者此以下明夫出妻法也○如舅在則稱舅舅沒則稱兄者謂凡遣妻必稱尊者之命舅在稱舅者謂妻之被出則應稱夫名使某來告若夫之父在則稱父名使某來告是舅在則稱舅也舅沒則稱兄者謂稱夫兄之名使某來告不云舅沒則稱母者婦人之名不合外接於人也若有死喪則稱母弔即曾子問云母喪稱母是也○無兄則稱夫者謂夫身無兄則稱夫名使某來告則上文是也夫遣人致命則得云某不敏不能從而共粢盛若夫之父兄遣人致命其致命之辭未聞也○主人之辭曰某之子不肖者前文已具重更發者爲姑姊妹張本故云加姑姊妹亦皆稱之鄭云某之姑某之姊若妹不肖是也

孔子曰。吾食於少施氏而飽。少施氏食我以禮。言貴其以禮待已而爲之飽也時人倨慢若季氏則不以禮矣少施氏魯惠公子施父之後○少失召反下及注同食我音嗣爲于僞反下來爲亦爲同倨音據慢武諫反本亦作慢父音甫吾祭。作而辭曰。疏食不足祭也。吾飧。作而辭曰。疏食也不敢以傷吾子。【疏】孔子至吾子○正義曰此一節明少施氏以禮而食孔子吾祭者謂孔子祭也○作而辭曰疏食不足祭也者作起也少施氏起而辭謝云疏麤之食不足祭也○吾飧者謂孔子食後而更飧而強飯以荅主人之意○作而辭曰疏食也不敢以傷吾子者少施氏又起而辭謝云疏麤之食不可強飽以致傷害故云不敢以傷吾子納幣一束。束五兩。兩五尋。納幣謂昏禮納徵也十个爲束貴成數兩兩者合其卷是謂五兩八尺曰尋五兩五尋則每卷二丈也合之則四十尺今謂之匹猶匹偶之云與○飧音孫个古賀反卷音眷徐紀勉反下同與音餘婦見舅姑。兄弟姑姊妹皆立于堂下。西面北上。是見已。婦來爲供養也其見主於尊者兄弟以下在位是爲已見不復特見○婦見賢遍反下注同供恭用反養羊尚反復扶又反見諸父各就其寢。旁尊也亦爲見時不來女雖未許嫁。年二十而笄。禮之。婦人執其禮。雖未許嫁年二十亦爲成人矣禮之酌以成之言婦人執其禮明非許嫁之笄燕則鬈首。既笄之後去之猶若女有鬈紒也○鬈音權又居阮反去起呂反鬌丁果反紒音計字又作紒【疏】納幣至鬈首○正義曰此一節論昏禮婦見舅姑及女未許嫁加笄分別之事納幣一束者謂昏禮納財幣之時其幣一束謂十个也束五兩者兩个合爲一卷取配偶之義是束五兩也一兩有四十尺八尺曰尋五八四十是兩五尋也今謂之匹由匹偶也○婦見舅姑者謂婦來明日而見舅姑也○兄弟姑姊妹皆立于堂下西面北上者見舅姑之時則夫之兄弟姑姊妹皆立于舅姑之堂下東邊西鄉以北爲上近堂爲尊也○是見已者舅姑在堂上婦自南門而入入則從於夫之兄弟姑姊妹前度以因是即爲相見不復更別詣其室見之故云是見已謂是已見也○見諸父各就其寢者諸父謂夫之伯叔也既是旁尊則婦於明日乃各往其寢而見之不與舅姑同日也○女雖未許嫁年二十而笄禮之者女子十五許嫁而笄若未許嫁至二十而笄以成人禮言之○婦人執其禮者賀瑒云十五許嫁而笄者則主婦及女賓爲笄禮主婦爲之著笄女賓以醴禮之未許嫁而笄者則婦人禮之無主婦女賓不備儀也○燕則鬈首者謂既笄之後尋常在家燕居則去其笄而鬈首謂分髮爲鬌紒也此既未許嫁雖已笄猶爲少者處之

○韠長三尺。下廣二尺。上廣一尺。會去上五寸。紕以爵韋六寸。不至下五寸。純以素。紃以五采。會謂領上縫也領之所用蓋與紕同在旁曰紕在下曰純素生帛也紕六寸者中執之表裏各三寸也純紃所不至者五寸與會去上同紃施諸縫中若今時條也○韠音必長直諒反廣古曠反下同會古外反注同紕婢支反又方移反注同純之閏反又支允反注同徐力移反紃音巡徐又辭均反縫扶用反下

同條本又作〔疏〕韠長至五采。正義曰韠韍也長三尺與條同吐刀反紳齊也下廣上狹象天地數也。會去上五寸者會謂韠之領縫也此縫去韠上畔廣五寸謂會上下廣五寸。紕以爵韋六寸者謂會縫之下韠之兩邊紕以爵韋闊六寸倒攝之兩廂各三寸也。不至下五寸者謂紕韠之兩邊不至韠之下畔闊五寸。純以素者素謂生帛謂紕所不至之處橫純之以生帛此帛上下各闊五寸也。紃以五采者紃條也謂五采之條置於諸縫之中。注會謂至上同。正義曰韠旁緣謂之紕上緣謂之會以其在下捴會之處故謂之爲會此上緣緣韠之上畔其縫廣狹去上畔五寸也云領之所用蓋與紕同者紕既用爵韋會之所用無文會紕同類故知會之所用與紕同也云純紕所不至者五寸者純緣也緣之所施是兩旁之紕不至下五寸之處以素緣之云與會去上同者純之上畔去韠下畔五寸會之下畔去韠之上畔五寸以其俱五寸故云與會去上同如諸儒所説云會者是韠之上畔淺緣而已去上五寸謂與兩旁之紕去韠上畔會縫之下有五寸若如此説何得鄭注與會去上同明知會之闊狹五寸也

禮記注疏卷四十三挍勘記　阮元撰盧宣旬摘録

雜記下

凡弁經節

其袂半而益一　惠棟挍宋本作其此本其誤而閩監毛本同今正

父有服宮中節

父有至絕樂　惠棟挍宋本無此五字

則子不與於樂者　閩監毛本同惠棟挍宋本無子字

姑姊妹其夫死節

姑姊至之黨　惠棟挍宋本無此五字

云里尹閭胥里宰之屬也　閩監本同惠棟挍宋本毛本也作者

二十五家爲閭閭置一胥中士也六遂之內　閩監毛本同考文云宋板此十七字無衞氏集説同

亦是此國君爲主之義　惠棟挍宋本同閩本義字闕監毛本義誤説

麻者不紳節

麻者至於采　惠棟挍宋本無此五字

按聘禮己國君薨　惠棟挍宋本作聘衞氏集説同此本聘誤娉閩監毛本同今正

似行聘享之事　惠棟挍宋本作似衞氏集説同此本似誤飯閩監毛本同今正

國禁哭節

謂大祭祀　閩監毛本同岳本同嘉靖本同衞氏集説本同考文引宋板祀作禮

不菲　各本同石經同釋文出不屝云本又作菲。按屝正字菲假借字

不絕地之情者能用禮文哉　惠棟挍宋本作哉宋監本岳本嘉靖本衞氏集説同考文引古本足利本同此本哉誤矣閩監毛本同今正

國禁至矣哉　惠棟挍宋本無此五字

世柳之母死節　惠棟挍云世柳節諸侯使人節宋本合爲一節

世柳之母死　石經同岳本同嘉靖本同釋文出世柳閩監毛本世作泄衞氏集説同下及注並放此疏同

世柳至侯七　惠棟挍宋本無此五字

諸侯飯以珠　閩監毛本同惠棟挍宋本下有含以璧三字按諸侯飯以珠含以璧稽命徵文衞氏集説載孔疏云天子飯以珠含以玉諸侯大夫士飯以珠含以貝并於諸侯下刪去飯以珠三字而與大夫士連文其所據本更無含以璧三字可知蓋脫之久矣

卿大夫節

君問之無筭　閩監本同石經同岳本同嘉靖本同毛本筭作算衞氏集説同釋文亦作算。按當作算

卿大至舉樂　惠棟挍宋本無此五字

升正柩節

謂一黨之民　段玉裁云周禮鄉師疏引此注天子千人與五字當在一黨之民下

居前道正之　閩監本同岳本同嘉靖本同衞氏集説同考文引宋板同毛本正誤止

升正至以茅　惠棟挍宋本無此五字

升廟之西階於兩楹之間　閩監毛本同浦鏜挍於字上補正字

謂之羽葆葆謂蓋也　閩監毛本同考文引宋板葆字不重

居柩葆前御行於道　閩監毛本同惠棟挍宋本無葆字衞氏集説同

孔子曰管仲鏤簋節　惠棟挍云孔子節宋本分婦人非三年之下合如三年節爲一

管仲鏤簋　各本同石經同釋文出鏤簋字誤也

刻爲蟲獸也　監毛本作蟲岳本同衞氏集説同此本蟲省作虫閩本同嘉靖本同山井鼎云此注及疏正嘉二本皆作虫宋板萬歷崇禎本注及疏並作蟲

冠有笄者爲紘　各本同考文引足利本爲紘作有紘

豚肩不揜豆　各本同石經同釋文出不弇云本亦作揜

孔子至而弔　惠棟挍宋本無此五字

是難可爲上者也　閩本同惠棟挍宋本同監毛本可作乎下是難可爲下同

君子有三患節

彼功倍已也　閩監毛本同嘉靖本同衞氏集説岳本已並作己是也

君子至恥之　惠棟挍宋本無此五字

未聞患弗得聞也者　閩監毛本同惠棟挍宋本未下有之字

孔子曰凶年節

孔子至下牲　惠棟挍宋本無此五字

哀公使孺悲　各本同石經同釋文出孺悲云本亦作孺

子貢觀於蜡節　惠棟挍云子貢節張而不弛節宋本合爲一節

子貢至知也　惠棟挍宋本無此五字

及飲未醉無不如狂者也　閩監毛本同惠棟挍宋本醉上有而字

張而不弛節

張而至道也○正義曰此孔子以弓喻於民也　惠棟挍宋本無上八字

喻民一時須勞　閩監毛本同考文云宋板民下有之字

則文武得其其中道也　補案其字誤重

孟獻子曰節

孟獻至之也　惠棟挍宋本無此五字

其月日至注云若天子則圜丘　閩監毛本同惠棟挍宋本注作主衞氏集説無注云二字

冬既祭上帝　惠棟挍宋本冬下有至字此本脫閩監毛本同

外宗爲君夫人節

舅之女及從母皆是也　閩監毛本同岳本同嘉靖本同惠棟挍宋本無及字衞氏集説同

外宗至宗也　惠棟挍宋本無此五字

外宗者謂君之姑姊妹之女　閩監毛本同考文云宋板君作宗

廄焚節

廄焚　閩本同嘉靖本同衞氏集説同監毛本廄作廏岳本同石經作廏釋文同疏放此

廄焚至道也　惠棟挍宋本無此五字

謂孔子拜謝鄉人爲火而來　閩本同考文引宋板同監毛本謝下衍一字

孔子曰管仲遇盜節

官於大夫者之爲之服也　惠棟挍宋本官作宦宋監本石經岳本嘉靖本衞氏集説同此本誤作

官閩監毛本同注疏並放此石經考文提要云宋大字本宋本九經南宋巾箱本余仁仲本劉叔剛本並作宦按惠棟按正義皆作宦

孔子至爾也　惠棟按宋本無此五字

作記之者　閩監毛本同盧文弨云之衍字

內亂不與焉節

內亂至辟也　惠棟按宋本無此五字

時季文不討慶父　惠棟按宋本有不字此本不字脫閩監毛本同

贊大行節

贊大至事也　惠棟按宋本無此五字

成廟則釁之節

宗人視之　惠棟按宋本作視石經同岳本同嘉靖本同考文引古本足利本同此本視誤祝閩監毛三本同衛氏集說同石經考文提要云宋大字本宋本九經南宋巾箱本余仁仲本九經誤字並作視通典四十八引亦云雍人拭羊宗人視之

居上者宰夫也　閩監毛本同岳本嘉靖本同衛氏集說亦作居上按通典四十八引作東上者宰夫也東字似勝經雍人拭羊宗人視之宰夫北面于碑南東上注正釋經東上二字

拭靜也　各本同釋文出拭靚云本亦作靜通典亦作拭靜

周禮有刉衈　各本同釋文衈作珥

路寢成則考之　各本同石經同毛本考作攷通典亦作考

成廟至豭豚　惠棟按宋本無此五字

爵弁者士服也　閩本同惠棟按宋本同監毛本士誤上衛氏集說亦作士

君與祝宗人宰夫雍人等皆著元服謂朝服緇衣素裳等其祝宗人宰夫雍人等皆入廟之時　惠棟按宋本同衛氏集說亦同閩監毛本衍著元服謂朝服緇衣素裳等其祝宗人宰夫雍人等二十字○案此本亦誤衍

升於屋上自中者　惠棟按宋本有上字此本上字脫閩監毛本同

諸侯出夫人節

擯者傳焉　各本同釋文出儐者云本又作擯

器皿其本所齋物也律弃妻畀所齎　閩監毛本同岳本同嘉靖本同惠棟按宋本同上齎作賫衛氏集說同釋文出所齎云下同按注二齎字各本並同惟宋本及衛氏本上作賫下作齎正義云陳夫人嫁時所賫器皿之屬各本並作賫則注亦當作賫爲是後人見下律文作齎幷改上賫亦作齎疑非其舊

諸侯至稱之　惠棟按宋本無此五字

命歸本國　閩監毛本同考文云宋板命作令衛氏集說同

不能指斥夫人　閩監毛本同衛氏集說同通解能作欲

故君使臣某　閩監毛本同衛氏集說使臣作使使臣

孔子曰吾食於少施氏節

時人倨慢　各本同釋文出倨僈云本亦作慢

孔子至吾子　惠棟按宋本無此五字

納幣一束節

十个爲束　岳本同嘉靖本同衛氏集說同閩監毛本个作箇釋文出十个

兩兩者合其卷　閩監毛本同岳本同嘉靖本同衛氏集說同段玉裁按本云按者字衍兩兩合其卷用史記兩兩相比漢人語也沈彤改者爲卷非召南疏無者字

五兩五尋　閩監毛本同岳本同嘉靖本同衛氏集說同段玉裁按本云五兩五尋宋監本作一兩五尋召南疏作一兩五尋

猶匹偶之云與　各本同考文云古本猶作由按作由字與正義合

猶若女有髻紒也　各本同釋文出紒云字又作紒通典五十六亦作紒

納幣至髻首　惠棟按宋本無此五字

今謂之匹由匹偶也　閩本同惠棟按宋本同監毛本由作猶

韠長三尺節

會謂領上縫也　閩監毛本同嘉靖本同衛氏集說同惠棟按宋本領上作上領足利本同岳本同續通解同釋文出領縫盧文弨云通攷作領上縫疏但作領縫似上字衍也

若今時條也　各本同釋文出之條

韠長至五采　惠棟按宋本無此五字

倒攝之　惠棟按宋本同衛氏集說同閩監毛本攝誤襵

此帛上下各闊五寸也　閩監毛本同惠棟按宋本各作亦衛氏集說同

以其在下總會之處　閩監毛本同惠棟按宋本下作上

附釋音禮記注疏卷第四十三　惠棟按宋本禮記正義卷第五十二終記云凡三十四頁宋監本禮記卷第十二經五千八十四字注六千七百十二字嘉靖本禮記卷第十二經五千三十七字注六千七百八十二字

附釋音禮記注疏卷第四十四

禮記　鄭氏注　孔穎達疏

喪大記第二十二

○陸曰鄭云以其記人君以下始死小斂大斂殯葬之事故以大記爲名○疏　正義曰案鄭目錄云名曰喪大記者以其記人君以下始死小斂大斂殯葬之事此於別錄屬喪服喪大記者劉元云記謂之大者言其委曲詳備繁多故云大

疾病，外內皆埽。爲賓客將來問病也疾困曰病○埽悉報反爲于僞反下爲其爲賓爲主人皆同○疏　外內皆埽者爲賓客來問病者以尋常每日皆埽案內則云雞初鳴咸盥漱洒埽室堂者此是平生無事時每日恒埽今既疾病不應更有華飾故知埽者爲賓客來也○注疾困曰病○正義曰按既夕禮云有疾病者齊乃云疾病內外皆埽是疾困曰病此對文耳散則通也檀弓云孔子寢疾七日而沒是也　君大夫徹縣。士去琴瑟。聲音動人病者欲靜也凡樂器天子宮縣諸侯軒縣大夫判縣士特縣去琴瑟者不命之士○縣音玄注同去起呂反注及下注同　寢東首於北牖下。謂君來視之時也病者恒居北牖下或爲北墉下○首手又反下注南首同牖音酉舊音容下注牖下放此墉音容　廢牀。徹褻衣。加新衣。體一人。廢去也人始生在地去牀庶其生氣反徹褻衣則所加者新朝服矣互言之也加朝服者明其終於正也體手足也四人持之爲其不能自屈伸也○牀仕良反本或作床字褻息列反新朝直遙反後朝同　男女改服。爲賓客來問病亦朝服也庶人深衣　屬纊以俟絕氣。纊今之新綿易動搖置口鼻之上以爲候○屬音蜀纊音曠一音古曠反易以豉反　男子不死於婦人之手。婦人不死於男子之手。君子重終爲其相褻○疏　君大至之手○正義曰此明君及大夫等疾困去樂之事君謂諸侯也及大夫等徹縣知不包天子者以此篇所記皆據諸侯以下也○注天子至之事○正義曰案周禮小胥王宮縣諸侯軒縣卿大夫判縣士特縣鄭云宮縣四面象宮室軒縣去其一面判縣又去其一面特縣又去其一面縣於東方或於階間而已又云凡縣鍾磬半爲堵全爲肆鄭云諸侯之大夫半天子之大夫西縣鍾東縣磬士亦半天子之士縣磬而已案典命子男之卿再命其大夫壹命其士不命此云不命之士謂子男之士○注謂君至墉下○正義曰知謂君來視之時也者案論語鄉黨云疾君視之東首加朝服此云東首故知是君來視之時也以東方生長故東首鄉生氣云病者恒居北牖下者士喪下篇云東首于北牖下是恒在北牖下也若君不視之時則不恒東首隨病者所宜此熊氏所說也今謂病者雖恒在北牖下若君來視之時則暫時移鄉南墉下東首令君得南面而視之○注廢去至伸也○正義曰人始生在地去牀庶其生氣反者釋所以病困而除牀取地義也人初生時在地今病困而反在地冀生氣還反得活如初生時也云徹褻衣則所加者新朝服矣互言之也者上云徹褻衣則知所加者正也下云加新衣則知所徹者褻衣故云互也朝服云衣素裳也云加朝服者明其終於正也者解所以加朝服義也明君子雖卒必以正自處也○注爲賓至服也○正義曰案既夕禮云養者皆齊案文王世子云則世

子親齊玄而養至病困易之以朝服故檀弓云親始死羔裘玄冠者易之而已易羔裘玄冠即朝服也君夫人卒於路寢。大夫世婦卒於適寢。內子未命。則死於下室。遷尸于寢。士之妻皆死于寢。言死者必皆於正處也寢室通耳其尊者所不燕焉君謂之路寢大夫謂之適寢士或謂之適室此變命婦言世婦者明尊卑同也世婦以君下寢之上爲適寢內子卿之妻也下室其燕處也○適丁歷反注同處昌慮反下同【疏】君夫至于寢○正義曰此一經明貴賤死寢不同也君謂諸侯也諸侯三寢一正者曰路寢餘二曰小寢卒歸於正故在路寢也夫人亦有三寢一正二小亦卒正者也○大夫世婦卒於適寢者適寢猶今聽事處也其制異諸侯也大夫死適寢其妻亦死適寢也大夫妻曰命婦而云世婦世婦是諸侯之次婦今既明諸侯世婦尊與命婦敵故互言見義今命婦死於正寢則世婦死女君次寢之上也○內子未命則死於下室遷尸於寢者內子卿妻也若未爲夫人所命則初死在下室至小斂後遷尸乃復還其正寢也○士之妻皆死于寢者亦各死其正室也夫妻俱然故云皆也○注言死至處也○正義曰寢室通耳者案士喪禮云死于適室此云卒於適寢是寢室通也云其尊者所不燕焉者謂尊嚴之處不就而燕息焉云君謂之路寢大夫謂之適寢士或謂之適室者此云士死於寢士喪禮云死于適室故云或也云世婦以君下寢之上爲適寢者皇氏云君謂女君而世婦以夫人下寢之上爲適寢熊氏云諸侯夫人大夫妻及士之妻卒皆於夫之正寢辟此世婦以君下寢之上爲適寢者夫人卒於君之正寢世婦卒於君之下寢之上者與皇氏異雖卒夫寢皆婦人供視之是亦婦人不死男子之手也案服虔注左傳義與皇氏同夫人之卒在於夫人路寢比君路寢爲小寢故僖八年夫人不甍于寢則不殯于廟服虔注云寢謂小寢也皇氏熊氏其說各異未知孰是故兩存焉知死正寢者案春秋成公甍於路寢道也僖公甍於小寢譏卽安謂夫人寢也隱公甍不書地失其所文公甍於臺下襄公甍於楚宮定公甍于高寢皆非禮也案莊公三十二年公羊傳何休注云天子諸侯皆有三寢一曰高寢二曰路寢三曰小寢孫從王父之寢案周禮掌王之六寢之脩何休云天子三寢與周禮違不可用復有林麓則虞人設階。無林麓則狄人設階。復招魂復魄也階所乘以升屋者虞人主林麓之官也狄人樂吏之賤者階梯也簨虡之類○麓音鹿梯他兮反簨恤尹反虡音巨【疏】正義曰自此至復而後行死事明復是招魂之禮也○復有林麓則虞人設階者復謂升屋招魂其死者所封內若有林麓則所主林麓虞人設階梯而升屋○無林麓則狄人設階者謂官職卑小不合有林麓無虞人可使狄人是家之樂吏之賤者掌設簨虡簨虡階梯之類故狄人設階也小臣復。復者朝服。君以卷。夫人以屈狄。大夫以玄赬。世婦以襢衣。士以爵弁。士妻以稅衣。皆升自東榮。中屋履危。北面三號。捲衣投于前。司服受之。降自西北榮。小臣君之近臣也朝服而復所以事君之衣也用朝服而復之者敬也復用死者之祭服以其求於神也君以卷謂上公也夫人以屈狄互言耳上公以衮則夫人用褘衣而侯伯以鷩其夫人用揄狄子男以毳其夫人乃用屈狄矣赬赤也玄衣赤裳所謂卿大夫自玄冕而下之服也其世婦亦以襢衣榮屋翼升東榮者謂卿大夫士也天子諸侯言東霤危棟上也號若云皐某復也司服以篋待衣於堂前○卷本又作衮同古本反注同屈音闕注同赬勑貞反襢知彥反稅他亂反榮如字屋翼也劉昌宗音營號戶高反注同捲俱勉反徐紀阮反褘音輝鷩必列反揄音遥毳昌銳反霤力又反篋苦牒反其爲賓。則公館復。私館不復。其在野。則升其乘車之左轂而復。私館卿大夫之家也不於之復爲主人之惡○乘繩證反轂工木反惡烏路反【疏】小臣至而復○正義曰此一節明復時所用之衣及招魂升降之節○小臣復復者朝服者此明諸侯小臣君之近臣與君爲招魂復魄既是君之親近與君所爲招魂之時冀君魂神來依之則大夫士以下皆用近臣也所復之人皆著朝服奉事君之魂神故朝服○君以卷者謂上公以衮冕而下○夫人以屈狄者謂子男之夫人自屈狄而下○大夫以玄赬者玄纁也言大夫招魂用玄冕玄衣纁裳故云玄赬也○世婦以襢衣者世婦大夫妻也其上服唯襢衣故用招魂也言世婦者亦見君之世婦服與大夫妻同也○士以爵弁者士亦用助祭上服以招魂六冕則以衣名冠諸侯爵弁則以冠名衣今言爵弁者但用其衣不用其弁也○士妻以稅衣者稅衣六衣之下也士妻得服之故死用以招魂也○皆升自東榮者此復者初上屋時也榮屋翼也天子諸侯四注爲屋而大夫以下不得四注但南北二注而爲直頭頭即屋翼也復者升東翼而上也賀瑒云以其體下於屋故謂上下在屋兩頭似翼故名屋翼也○中屋履危者中屋者當屋東西之中央履危者踐履屋棟上高危之處而復也○北面三號者復者北面求陰之義也鬼神所嚮也三號號呼之聲三徧也必三者一號於上冀神在天而來也一號於下冀神在地而來也一號於中冀神在天地之閒而來也號輒云皐某復矣鄭注士喪禮云皐長聲也○捲衣投于前司服受之者三招既竟捲斂所復之衣從屋前投與司服之官司服以篋待衣於堂前也前謂陽生之道復是求生故云從生處來也然如雜記所言則應每衣三號也○降自西北榮者復者投衣畢而回往西北榮而下也初復是求生故升東榮而上求既不得不忍虛從所求不得之道還故自陰幽而下也不正西而西北者因徹西北屏爲便也必徹西北屏者亦用陰殺之所也故鄭注士喪禮云不由前降不以虛反也降因徹西北屏若云此室凶不可居然也○注小臣至堂前○正義曰君以卷謂上公也夫人以屈狄互言耳者男子舉上公婦人舉子男之妻男子舉上以見下婦人舉下以見上是互言也云升東榮者謂卿大夫士也者以鄉飲酒鄉射是大夫士之禮云設洗當東榮此東榮故知是卿大夫士禮今之兩下屋云天子諸侯言東霤者霤謂東西兩頭爲屋簷霤下案燕禮云設洗當東霤人君殿屋四注燕禮是諸侯禮明天子亦然也復衣不以衣尸。不以斂。不以衣尸謂以襲也復者庶其生也若以其衣襲斂是用生施死於義相反士喪禮云以衣衣尸浴而去之○衣尸於既反注衣尸同斂力驗反後不出者皆同去起呂反婦人復。不以袡。袡嫁時上服而非事鬼神之衣○袡而廉反婦人嫁時上服凡復。男子稱名。婦人稱字。婦人不以名行唯哭先復。復而後行死事。氣絶則哭哭而復復而不蘇可以爲死事【疏】復衣不以衣至以斂○正義曰復是求生若用復衣而襲斂是用生施死於義爲反故不得將衣襲尸及斂也○婦人復不以袡者袡是嫁時上服乃是婦人之盛服而非是事神之衣故不用招魂也緣襈衣下曰袡○凡復至稱字者自殷以上貴賤復同呼名周則天子稱天子諸侯稱某甫且字矣大夫士稱名而婦人並稱字○唯哭至死事者唯哭先復者氣絶而孝子即哭哭訖乃復故云唯哭先復也復而後行死事者復而猶望生若復而不生故得行於死事謂正尸於牀及浴襲之屬也始卒。主人啼。兄弟哭。婦人哭踊。悲哀有深淺也若嬰兒中路失母能勿啼乎○啼大兮反【疏】始卒至人哭踊○正義曰主人孝子男子女子也親始死孝子哀痛嗚咽不能哭如嬰兒失母故啼也○兄弟哭者有聲曰哭兄弟情比主人爲輕故哭有聲也○婦人哭踊者婦人衆婦也宗婦亦啼衆婦人輕則哭也然婦人雀踊而此云踊者通自上諸侯並踊也既正尸。子坐于東方。卿大夫父兄子姓。立于東方。有司庶士。哭于堂下北面。夫人坐于西方。內命婦姑姊妹子姓。立于西方。外命婦率外宗。哭于堂上北面。正尸者謂遷尸牖下南首也子姓謂衆子孫也姓之言生也其男子立於主人後女子立於夫人後世婦爲內命婦卿大夫之妻爲外命婦外宗姑姊妹之女【疏】既正至北面○正義曰此經明人君初喪及夫人以下哭位也○子坐于東方者子謂世子世子尊故坐于東方謂室內尸東故士喪禮云主人入坐于牀東是也○卿大夫父兄子姓立于東方者案士喪禮衆主人在其後又云親者在室鄭云謂大功以上依士禮父兄子姓大功以上正立于室內東方今此經揔云卿大夫父兄子姓立于東方以士禮言之當在室內但諸侯以上位尊不可不正定世子之位故顧命康王之入翼室恤宅宗不宜與卿大夫父兄子姓俱在室內也卿大夫等或當在戶外之東方遙繼主人之後○有司庶士哭于堂下北面者以其卑故在堂下北面不云東方稍近西而當戶以堂下西方無婦人位故也案士喪禮云小功以下衆兄弟堂下北面此經直云有司庶士在堂下則諸父兄子姓等雖小功以下皆在堂上西面也○夫人坐于西方者亦近尸故士喪禮云婦人俠牀東面但士禮畧但言俠牀人君則當以帷鄣之也○內命婦姑姊妹子姓立于西方者內命婦則子婦也姑姊妹謂君姑姊妹也子姓君女孫皆立于西方也○外命婦率外宗哭于堂上北面者外命婦謂卿大夫妻外宗謂姑姊妹之女外命婦外宗等疏於內命婦故在尸外婦人無堂下之位故皆堂上北面○注正尸至之女○正義曰知正尸謂遷尸牖下南首也者既夕禮云設牀第當牖及遷尸是也知南首者按士喪禮將含之時商祝入當牖北面受具奠于尸西鄭注云如商祝之事位則尸南首明矣是也云子姓謂衆子孫也者謂子孫所生也云其男子立於主人後女子立於夫人後者約士喪禮文或諸侯位尊男子等當立于戶外東方已具前說云世婦爲內命婦卿大夫之妻爲外命婦者前文云大夫世婦則世婦與大夫妻相敵此經內命婦與外命婦相當故知內命婦是世婦也案喪服傳云命婦者大夫之妻故云外命婦卿大夫妻又周禮命及於士則其妻亦爲命婦故鄭注內宰云士妻亦爲命婦士妻與女御相對俱祿衣則君之女御內命婦中兼之也云外宗姑姊妹之女者但姑姊妹必嫁於外族其女是異姓所生故稱外宗案周禮外宗外女之有

爵者若其有爵則爲外命婦此别云外宗容無爵者女之女亦是異姓所生而不云者則上文所謂子姓是也周禮有内宗内女之有爵者此不言者則前文姑姊妹是也但姑姊妹已嫁國中則爲命婦别云姑姊妹者各在室女未嫁及嫁於他國或雖嫁國中從本親之位故别云姑姊妹也不云舅之女及從母之女者外宗中兼之畧可知也

大夫之喪。主人坐于東方。主婦坐于西方。其有命夫命婦則坐。無則皆立。命夫命婦來哭者同宗父兄子姓姑姊妹子姓也凡此哭者尊者坐卑者立士之喪。主人父兄子姓皆坐于東方。主婦姑姊妹子姓皆坐于西方。士賤同宗尊卑皆坐凡哭尸于室者。主人二手承衾而哭。承衾哭者哀慕若欲攀援。○扳本又作攀普班反一音班援音爰徐于願反【疏】大夫至而哭。○正義曰此一經明大夫初有喪哭位之禮。○其有命夫命婦則坐無則皆立者謂哭位之中有命夫命婦雖有卑於死者以其位尊故坐哭若其無命夫命婦雖尊於死者亦皆立哭。○注命夫至者立。○正義曰知命夫命婦來哭者同宗父兄子姓姑姊妹子姓也者案左氏傳士踰月外姻至今大夫初喪正尸無容即有異姓故知是同宗之親來哭者知非異姓卿大夫來弔者以其與主人等並列哭位故知是爲喪來哭者若有弔者當立哭不得坐也此大夫之喪不顯父兄子姓及姑姊妹哭位者約上文君喪及下文士喪畧可知也云凡此哭者尊者坐卑者立皇氏云凡謂君與大夫其哭者若爵位尊者則坐故上文君喪子及大夫坐大夫之喪主人主婦命夫命婦皆坐是也君之喪卿大夫皆立大夫之喪非命夫命婦者皆立是也此云尊卑非謂對死者爲尊卑也若其今所行之禮與古異也成服之後尊於死者則坐卑於死者則立也。○注士賤至皆坐。○正義曰君與大夫位尊故坐者殊其貴賤士既位下故坐者等其尊卑無所異也

君之喪未小斂爲寄公國賓出。大夫之喪未小斂爲君命出。士之喪於大夫。不當斂則出。父母始死悲哀非所尊不出也出者或至庭或至門國賓聘大夫不當斂其來非斂時。○爲寄于僞反下皆同下注爲母爲其罷倦皆同【疏】正義曰此一經明君大夫士等未小斂之前主人出迎賓之節。○士之喪於大夫不當斂則出者謂士之喪大夫來弔其主人於大夫來弔之時不當小斂之時則出迎大夫。○注出者至斂時。○正義曰云或至庭者謂世子迎寄公及國賓士出迎大夫士也皆至庭故下文云降自西階又云士於大夫親弔則與之哭不逆於門外是也云或至門者謂大夫於君命故下文云大夫於君命迎于寢門外是也以此言之則世子於天子之命士於君命亦皆然也云不當斂其來非斂時者上君與大夫云未小斂謂未斂之前去小斂遠也士云不當斂謂去小斂近大夫與士至小斂相偪也士於大夫雖與小斂相偪不當斂之時尚爲大夫出若未小斂之前爲大夫出可知也案檀弓云大夫弔當事而至則辭焉注云辭猶告也擯者以主人有事告也主人無事則爲大夫出彼亦謂小斂之事與此同斂訖大夫至即拜之故雜記云當袒大夫至絶踊而拜之反改成踊是也此但云斂不云襲者未襲之前唯士爲君命出其餘則不出故士喪禮未襲之前君使人弔主人迎於寢門外見賓不哭先入門右北面是也君使退主人哭拜送于外門外於時賓有大夫則特拜之因送君使而拜之非謂特出迎賓也此云不當斂則出迎賓雜記云士喪當袒大夫至絶踊而拜之與此違者皇氏云若正當斂時不出若斂後而有大夫至則絶踊而拜之

○凡主人之出也。徒跣。扱衽。拊心。降自西階。君拜寄公國賓于位。大夫於君命迎于寢門外。使者升堂致命。主人拜于下。士於大夫親弔。則與之哭。不逆於門外。拜寄公國賓於位者於庭鄉其位而拜之此時寄公位在門西國賓位在門東皆北面小斂之後寄公東面國賓門西北面士於大夫親弔謂大夫身來弔士也與之哭既拜之即位西階東面哭大夫特來則北面。○跣悉典反扱初洽反衽而審反又而鴆反裳際也拊音撫使色吏反鄉許諒反【疏】凡主至門外。○正義曰前經明出迎賓遠近此經更辨拜迎委曲之儀。降自西階者不忍當主位降自西階。○君拜寄公國賓于位者寄公謂失位之君也國賓謂卿大夫來聘者遇主國君之喪拜于位者於庭鄉其位而拜之。○士於大夫親弔則與之哭不逆於門外者謂士之喪大夫親來弔立于西階下東面主人則降自西階下南面拜之拜訖即位西階下與大夫俱哭不迎大夫於門外。○注拜寄至北面。○正義曰此時寄公位在門西國賓位在門東皆北面者熊氏云凡賓弔北面是其正故檀弓云曾子北面而弔焉且尸在堂上鄉之可知也知寄公在門西者寄公有賓義故在賓位故知在門西知國賓在門東者賓雖爲君命使或本是吉使而遭主國之喪而行私弔之禮故從主人之位故知在門東云小斂之後寄公東面國賓門西北面者熊氏云小斂之後主人位於阼階下西面寄公稍依吉禮漸就賓位東面鄉主人也國賓亦以小斂後漸吉轉就門西賓位但爵是卿大夫猶北面也又士喪禮云他國之異爵者門西少進是也云既拜之即位西階東面哭者以大夫身來弔士之時在西階之南主人降自西階鄉其位而拜之拜訖主人即位於西階下東面哭之故士喪禮云賓有大夫則特拜之即位于西階下東面不踊鄭注云即位西階下未忍在主人位是據主人也而皇氏云即位西階東面哭謂大夫之位也下云大夫特來則北面皇氏即云是大夫之位俱與士喪禮違又與鄭注士喪禮不同其義非也云大夫特來則北面者以大夫與士若俱來皆東面故主人即位西階在大夫之北俱東面而哭今大夫獨來不與士相隨故大夫北面也必知北面者以凡特弔皆北面故檀弓云曾子北面而弔是特弔也。○

夫人爲寄公夫人出。命婦爲夫人之命出。士妻不當斂。則爲命婦出。出拜之於堂上也此時寄公夫人命婦位在堂上北面小斂之後尸西東面【疏】正義曰前經明男子迎賓此經明婦人迎賓也。○夫人爲寄公夫人出者出謂出房也婦人不下堂但出房而拜於堂上也婦人尊卑與夫同故所爲出者亦同也。○命婦爲夫人之命出者亦同其夫爲君命也此出亦不下堂耳。○士妻不當斂則爲命婦出者前經明士於大夫不當斂出故此士妻於命婦亦不當斂而出也。○注出拜至東面。○正義曰知拜於堂上者男子降階拜賓於庭婦人無外事故知拜於堂上云此時寄公夫人命婦位在堂上北面者以前文云君之喪外命婦率外宗哭於堂上北面故知此命婦在堂上北面知寄公夫人亦然者以士喪禮他國異爵者門西北堂與已國大夫同則知寄公夫人亦與命婦同也云小斂之後尸西東面者以小斂之後遷尸於堂故知從婦人之位在尸西東面也

小斂。主人即位于戶內。主婦東面。乃斂。卒斂。主人馮之踊。主婦亦如之。主人袒。說髦。括髮以麻。婦人髽。帶麻于房中。士既殯說髦此云小斂蓋諸侯禮也士之既殯諸侯之小斂於死者俱三日也婦人之髽帶麻於房中則西房也天子諸侯有左右房。○馮皮冰反本或作憑後皆同袒大旱反說髦本作稅同他活反徐他外反注同髦音毛髽側瓜反【疏】正義曰此一節明人君大夫士等小斂之節及拜迎於賓及奠祭弔者之儀各隨文解之。○主人即位于戶內者以初時尸在牖下主人在尸東今小斂在戶內故主人在戶內稍東西面。○主人馮之踊者斂訖主人馮尸而踊。○主婦亦如之者馮尸竟亦踊與男子同也。○主人袒者爲小斂不袒今方有事故袒衣也士喪禮馮尸已竟而云髻髮袒此未括髮先云袒者或人君禮也。○說髦者髦幼時翦髮爲之至年長則垂著兩邊明人子事親恒有孺子之義也若父死說左髦母死說右髦二親並死則並說之親沒不髦是也今小斂竟喪事已成故說之也案鄭注士既殯說髦今小斂而說者人君禮也括髮以麻者以用也人君小斂說髦竟而男子括髮括髮用麻也士小斂後亦括髮但未說髦耳。○婦人髽者婦人髽亦用麻也對男子括髮也。○帶麻于房中者帶麻麻帶也謂婦人要絰也士喪禮云婦人之帶牡麻結本在房鄭云婦人亦有苴絰但言帶者記其異此齊衰婦人斬衰婦人亦苴絰也帶男子帶絰于東房而婦人帶絰在西房既與男子異處故特記其異也婦人重帶故云帶而畧於絰也。○于房中者謂男子說髦括髮在東房婦人髽帶麻於西房也。○注士既至右房。○正義曰士之既殯諸侯之小斂於死者俱三日也者謂數往日也云婦人之髽帶麻於房中則西房也者案士喪禮主人髻髮袒衆主人免于房鄭注云釋髻髮宜於隱者是主人等括髮在東房士喪禮又云婦人髽于室以男子在房故婦人髽于室大夫士唯有東房故也此經兼明諸侯之禮有東西房男子既括髮於東房故知婦人髽及帶麻于西房云天子諸侯有左右房者欲明經中房是西房也天子路寢制如明堂熊氏云左房則東南火室也右房則西南金室也諸侯路寢室在於房中在室之東西也。○

徹帷。男女奉尸夷于堂。降拜。夷之言尸也於遷尸主人主婦以下從而奉之孝敬之心降拜拜賓也。○奉芳勇反注同夷于堂如字陳也本或作侇同音移一本作奉尸于堂從才用反又如字【疏】正義曰此一經明士之喪小斂訖徹帷夷尸之節。○徹帷者初死恐人惡之故有帷也至小斂衣尸畢有飾故除帷也此士禮耳諸侯及大夫賓出乃徹帷事見於下文男女奉尸夷于堂者夷陳也小斂竟相者舉尸將出戶往陳于堂而孝子男女親屬並而扶捧之至堂以極孝敬之心也。○降拜者降下也既陳於堂則適子下堂拜賓也。○

君拜寄公國賓。大夫士拜卿大夫於位。於士旁三拜。大夫亦拜寄公夫人於堂上。大夫內子士妻。特拜命婦。氾拜衆賓於堂上。衆賓謂士妻也尊者皆特拜拜士與其妻皆旅之。○氾芳斂反主人即位。襲帶絰踊。即位

阼階之下位也有襲絰乃踊尊卑相變也母之喪。即位而免。記異者禮斬衰括髮齊衰免以至成服而冠爲母重初亦括髮既小斂則免○免音問後放此乃奠。小斂奠也弔者襲裘。加武帶絰。與主人拾踊。始死弔者朝服裼裘如吉時也小斂則改襲而加武與帶絰矣武吉冠之卷也加武者明不改冠亦不免也檀弓曰主人既小斂子游趨而出襲裘帶絰而入○拾其劫反裼思歷反卷起權反○【疏】正義曰此一節明君大夫士小斂訖拜賓也○君拜寄公國賓者君謂嗣君也小斂尸出堂嗣君下堂拜賓也寄公尊故先言之也拜寄公及國賓並就於其位鄉而拜之故鄭注士喪禮云拜賓鄉賓位拜之是也○大夫士者嗣君又次拜大夫士也大夫士既是先君之臣皆同有斬衰之服而小斂訖出庭列位故嗣君出拜之也○拜卿大夫於位者此更申明拜卿大夫士之異卿大夫則就其位鄉而拜之也○於士旁三拜者旁猶面也若拜於士士賤不可人人拜之故每一面并唯三拜也必三拜者士有三等故三拜之故士喪禮云大夫特拜士旅之隱義云士有三等一等一拜故三下膝也一云旁猶不正也或云眾士都共三拜也○夫人亦拜寄公夫人於堂上者婦人無下堂位並在堂上故夫人拜寄公妻於堂上也○大夫內子士妻者夫人亦拜大夫士之妻也卿妻曰內子大夫妻曰命婦此不云命婦者欲見卿妻與命婦同也○特拜命婦者此更申明拜命婦與士妻之異也特猶獨也謂人人拜之尊故也特拜命婦則內子亦然也○汜拜眾賓者謂不特也眾賓士妻賤故汜拜之亦旁三拜也○於堂上者拜命婦及士妻亦並於堂上也此經唯舉君喪拜賓不云大夫士喪拜賓者文不具也其大夫士之喪拜賓亦然也故士喪禮云主人拜賓大夫特拜士旅之是也按上注小斂之後寄公門西東面國賓門西北面大夫當在門東北面士當在門西國賓之南東面嗣君於阼階之下少南鄉其位而拜之案上注云寄公夫人命婦小斂之後尸西東面其嗣君夫人本位在西房當在西房之外南面拜女賓也若士妻於阼階上西面拜賓也以無西房故也以上皆是皇氏所說熊氏以爲大夫士拜卿大夫士者是卿大夫士家自遭喪小斂後拜卿大夫於位士旁三拜大夫內子士妻亦謂大夫士妻家自遭喪小斂後拜婦及拜士妻之禮大夫士各自遭喪并言之者以其大夫士家喪小斂後拜賓同故也此即君大夫士之喪小斂後拜賓且與上文未小斂時文類其義踰於皇氏矣○主人即位○正義曰主人拜賓之後稍近北即阼階下位○襲帶絰踊者拜賓時袒今拜訖襲衣加要帶首絰於序東復位乃踊也○注即位至變也○正義曰前經注云未小斂主人即位西階下東面位恐此亦然故明之云阼階之下必知然者以士喪禮小斂後眾主人東即位又云主人即位踊襲絰于序東復位故知此即位在阼階下也云有襲絰乃踊尊卑相變也者案士喪禮先踊乃襲絰此先襲絰乃踊士爲卑此據諸侯爲尊故云尊卑相變也○母之喪即位而免○正義曰爲父喪拜賓竟而即阼階下位又序東帶絰猶括髮若爲母喪至拜賓竟即位時不復括髮以免代之免以襲絰至大斂乃成服也所以異於父也○乃奠者奠謂小斂奠也拜賓襲絰踊竟後始設小斂之奠也○弔者至拾踊○弔者謂小斂之後來弔者揜襲裘之上裼衣若未小斂之前來弔者襲上有裼衣裼衣上有朝服開朝服露裼衣今小斂之後弔者以上朝服揜襲裘上裼衣加武者賀氏云武謂吉冠之卷主人既素冠素弁故弔者加素弁於武○帶絰者帶謂要帶絰謂首絰總之絰帶以朋友之恩故加帶與絰也若無朋友之恩則無帶唯

絰而已○與主人拾踊者拾更也謂主人先踊婦人踊弔者踊三者三是與主人更踊○注始死至而入○正義曰知始死弔者朝服裼裘者檀弓云子游裼裘而弔是也知朝服者論語云羔裘玄冠不以弔是也小斂之後不用弔則小斂之前可以弔云小斂則改襲而加武與帶絰者約子游之弔也云加武者明不改冠亦不免也者凶冠則武與冠連不別有武免亦無武今云加武明不改作凶冠亦不作免弔所以有免以四代祖免親及朋友皆在他邦嫌有免理故云亦不免引檀弓曰以下者證小斂之前裼裘小斂之後襲裘賀氏以爲加素弁於吉冠之武解經文似便與鄭注不改冠其義相妨熊氏云加武帶絰謂有朋友之恩以絰加於武連言帶耳熊氏又云小斂之時君於臣大夫於士士於朋友之恩若兩大夫不假朋友之恩皆朝服襲裘加絰於玄冠之上若大夫士無朋友之恩皆玄冠朝服襲裘而已若士大斂之時有朋友之恩者及兩大夫相爲并君於大夫皆皮弁服襲裘加弁絰故雜記云大夫與殯亦弁絰殯則大斂也君於士大夫士自相於無朋友恩者視大斂則亦皮弁服襲裘無弁絰也故士喪禮云君於士視大斂注云皮弁服襲裘無絰也服問云公爲卿大夫錫衰若當事則弁絰不云士則士雖當事不弁絰君於士尚皮弁明君於卿大夫亦皮弁當事弁絰與士異也此所云皆謂未成服之前弔服也若成服之後其錫衰緦衰之等已具上檀弓疏然熊氏以武上加絰與帶文相妨其義未善兩家之說未知孰是故備存焉○君喪。虞人出木角。狄人出壺。雍人出鼎。司馬縣之。乃官代哭。代更也未殯哭不絕聲爲其罷倦既小斂可以爲漏刻分時而更哭也木給爨竈角以爲斞水斗壺漏水之器也冬漏以火爨鼎沸而後沃之此挈壺氏所掌也屬司馬司馬治縣其器○壺音胡縣音玄及下注同更古行反下同罷音皮倦其卷反漏音陋爨七亂反又七官反下爨鼎同斞音俱水斗也隱義云容四升也挈苦結反又音結○大夫官代哭不縣壺。下君也○下戶嫁反下成君不相下下大夫同士代哭。不以官。自以親疏哭也君堂上二燭。下二燭。大夫堂上一燭。下一燭。士堂上一燭。下一燭。燭所以照饌也滅燎而設燭饌仕眷反燎力召反又力弔反【疏】君喪至一燭○正義曰此一節論君及大夫士小斂後代哭之異○君喪虞人出木角者虞人主山澤之官故出木與角○狄人出壺者狄人樂吏主挈壺漏水之器故出壺雍人出鼎者雍人主亨飪故出鼎也所以用鼎及木者冬月恐水凍則鼎漏遲遲更無準則故取鼎煖水用虞人木爨鼎煑之故取鼎及木也○司馬縣之者司馬夏官卿也其屬有挈壺氏掌知漏事故司馬自臨視縣漏之時節故挈壺氏云凡喪縣壺以代哭者○乃官代哭者縣漏分時使均其官屬更次相代而哭使聲不絕也○注燭所至設燭○正義曰有喪則於中庭終夜設燎至曉滅燎而日光未明故須燭以照祭饌也賓出徹帷。君與大夫之禮也士卒斂即徹帷徹或爲廢【疏】正義曰士小斂竟而徹帷此至小斂竟下階拜賓出後乃除帷是人君及大夫禮也注云士卒斂即徹帷者士喪禮文哭尸于堂上。主人在東方。由外來者在西方。諸婦南鄉。由外來謂奔喪者也無奔喪者婦人猶東面○鄉許亮反【疏】正義曰此一節通明小斂後尸出在

堂時法也○主人在東方者主人之位猶在尸東婦人之位亦猶在尸西如室中也○由外來者在西方者由從也外來謂新奔喪者若於時有新奔喪從外來者則居尸西方也所以爾者阼階有事故升自西階乃就西方又一通云欲見異于在家者故在西方也若未小斂而奔者則在東方故奔喪注云其未小斂而至與在家同是也○諸婦南鄉者諸婦主婦以下在家者若無奔喪者則婦人位本在西方東鄉今既有外新奔者故移辟之而近北以鄉南也婦人迎客送客。不下堂。下堂不哭。男子出寢門見人不哭。婦人所有事自堂及房男子所有事自門非其事處而哭猶野哭也出門見人謂賓客者也○處昌慮反其無女主。則男主拜女賓于寢門內。其無男主。則女主拜男賓于阼階下。子幼。則以衰抱之。人爲之拜。爲後者不在。則有爵者辭。無爵者人爲之拜。在竟內則俟之。在竟外則殯葬可也。喪有無後。無無主。拜者皆拜賓於位也爲後者有爵攝主爲之辭於賓耳不敢當尊者禮也○衰七雷反人爲于僞反下人爲注爲下爲君皆同竟音境下同【疏】婦人迎客送客不下堂下堂不哭至喪有無後無無主○正義曰此一節明小斂之後男主女主迎送弔賓及拜賓之位又廣明喪主不在之義婦人質故迎客送客不下堂下堂不哭者敵者不下堂若有君夫人弔則主婦下堂至庭而不哭也○男子出寢門見人不哭者男子遭喪敵者來出門若有君命則出門迎亦不哭也故士喪禮君使人弔帷主人迎于寢門外見賓不哭是也○其無女主則男主拜女賓於寢門內者此以下明喪無主而使人攝者禮也主則使男主拜男賓女主拜女賓若無女主者則男主拜女賓于寢門內也○其無男主則女主拜男賓于阼階下無男主者亦使女主拜男賓於阼階下位也鄉云女有下堂明謂此也男拜女賓于門內少遠階下而猶不出門也幼則以衰抱之人爲之拜者若有子雖幼小則以衰抱主而人代之拜賓也○爲後者不在者謂主出行不在有喪則有爵者辭者謂不在家之主有官爵其攝主則辭謝於賓云已無爵不敢拜賓○主無爵者人爲之不在之主無官爵其攝主之人而爲主拜賓也○在竟俟之者若主行近在國竟之內則俟其還乃殯葬也○在則殯葬可也者若主行在國外計不可待則以殯後待則殯葬可也○喪有無後無無主者釋所以必使人攝衰抱幼之義無後已自絕嗣無關於人故可無後也若無主則相對賓有闕故四鄰里尹主之是無得無主也君之喪。三日子夫人杖。五日既殯。授大夫世婦杖。子大夫寢門之外杖。寢門之內輯之。夫人世婦。在其次則杖。即位則使人執之。子有王命則去杖。國君之命則輯杖。聽卜有事於尸則去杖。大夫於君所則輯杖。於大夫所則杖。

三日者，死之後三日也。爲君杖不同日，人君禮大，可以見親疏也。輯，斂也。斂者，謂舉之不以杖柱地也。夫人世婦次於房中。即位，堂上近尸殯。使人執杖，不敢自持也。子於國君有之命輯杖，下成君，不敢敵之也。卜，卜葬卜日也。凡喪祭，虞而有尸。大夫於君所輯杖，謂與之俱即寢門外位也。獨焉則杖。君謂子也。於大夫所杖，俱爲君杖，不相下也。○輯，側立反，下同。斂也。去，起呂反，後去杖皆同。見，賢遍反。斂，力檢反，下同。柱，知主反。近，附近之近。

【疏】「君之」至「則杖」。○正義曰：此一節廣明君及大夫士三日之後杖之節制，各依文解之。○子大夫寢門之外杖者，子謂兼適庶及世子也。○寢門，殯宮門也。○子大夫廬在寢門外，得持杖柱地行以至寢門也。○寢門之內輯之者，斂之不柱地，殯柩在門內，神明所在，故入門斂之，不敢柱地也。若庶子至寢門，則去杖，不得持入也。此大夫與子同者，謂大夫特來不與子相隨也。若與子相隨，子杖則大夫輯，子輯則大夫去杖，故下文云「大夫於君所則輯杖」是也。夫人世婦在其次則杖者，次謂婦人居喪之地，在房內則得持杖柱地也。○即位則使人執之者，婦人之位在堂，堂上有殯，若出房即位，則不復自執，但使人代執之自隨，不柱地也。○子有王命則去杖者，子亦謂世子也。世子若有天子之命，則對之則不敢杖，故云之，以尊王命也。○國君之命則輯杖者，國君若鄰國之君使人來弔，雖爲敵國，而世子自卑，未敢比成君，故自斂杖，以敬彼君命也。○聽卜有事於尸則去杖者，聽卜謂卜葬卜日也；有事於尸，謂虞及卒哭祔祭事尸時也。敬卜及尸，故去杖也。○大夫於君所則輯杖者，君謂世子也。若大夫與世子俱來在門外位，大夫則輯杖，敬嗣君也。○於大夫所則杖者，大夫若不與世子俱來，而與諸大夫俱在門外位，既同是爲君杖，無相敬下，故並得執杖柱地也。○注「三日」至「下也」。○正義曰：知死後三日者，下文云「士之喪，二日而殯，三日之朝，主人杖」，則知君大夫三日者與士同，故知死後三日也。云「爲君杖不同日，人君禮大，可以見親疏也」者，以下云「大夫之喪，既殯，主人主婦室老皆杖」，今君喪親疏杖不同日，是人君禮大，可以見親疏也。熊氏云：經云子杖，遍女子子在室者。君嫁爲他國夫人則不杖，嫁爲卿大夫之妻與大夫同五日杖也。喪服四制七日授士杖，君之女及內宗外宗之屬嫁爲士妻，及君之女御，皆十日杖。云「夫人世婦次於房中」者，謂西房也，故上文云「婦人髽帶麻于房中」是也。云「即位，堂上」者，前文云「夫人亦拜寄公夫人於堂上」，是即位堂上也。云「卜，卜葬卜日也」者，以經文卜在有事於尸之前，虞而立尸，虞祭之前卜者唯卜葬日耳，故知卜謂卜葬日也。云「凡喪祭，虞而有尸」者，檀弓云「虞而立尸」，又士虞禮有尸，是虞有尸也。云「大夫於君所輯杖，謂與之俱即寢門外位也」者，以經云子大夫寢門之外杖，故知是寢門外位。若寢門內位，則君亦輯之，大夫當去杖也。云「君謂子也」，云以經前云子，後云君，嫌是別人，故云「君謂子也」。「於大夫所杖，俱爲君杖，不相下也」者，謂大夫於大夫所，是兩大夫相對，故云「俱爲君，不相降下也」。

大夫之喪，三日之朝，既殯，主人主婦室老皆杖。大夫有君命則去杖，大夫之命則輯杖；內子爲夫人之命去杖，爲世婦之命授人杖。

大夫有君命去杖，此指大夫之子也，而云大夫者，通實大夫有父母之喪也。授人杖，與使人執之同也。○爲夫，于僞反，下及注「妾爲君」「爲人」得並同。

【疏】○「大夫」至「人杖」。○正義曰：此一節明大夫杖節。三日之朝既殯者，謂死後三日既殯之後乃杖也。○主人主婦室老皆杖者，應杖者三日悉杖也。大夫有君命則去杖者，大夫即大夫嗣子也。嗣子而云大夫者，鄭云通實大夫有父母之喪也。對君命亦然也。大夫及嗣子有君命則去杖，以敬之也。大夫之命則輯杖者，若嗣子對彼大夫之使，則斂杖以自卑下之也。若兩大夫自相對，則不去杖，敵無所下也。○內子爲夫人之命去杖者，內子卿妻，若卿大夫妻有夫及長子喪，君夫人有命弔已者，皆爲夫人之命去杖也。○爲世婦之命授人杖者，若有君之世婦命弔內子，敬之，則使人執杖以自隨也。世婦卑於夫人，臨而不去也。經云大夫之喪，不舉命婦而舉內子卿妻者，舉內子則命婦可知也，文相互也。欲見卿喪與大夫同。○注「通實」至「喪也」。○正義曰：經云「大夫之喪」，則其子非大夫也。今云「大夫有君命」，是謂子爲大夫。經雖以子爲主，兼通身實爲大夫有父母喪也。

士之喪，二日而殯，三日之朝，主人杖，婦人皆杖。於君命、夫人之命，如大夫；於大夫世婦之命，如大夫。

士二日而殯者，下大夫也。士之禮，死與往日，生與來日。此二日於死者亦得三日也。婦人皆杖，謂主婦、容妾爲君、女子子在室者。

子皆杖，不以即位。

子謂凡庶子也。不以即位，與去杖同。

大夫士哭殯則杖，哭柩則輯杖。

哭殯，謂既塗也。哭柩，謂啓後也。大夫士之子於父，父也，尊近，哭殯可以杖。天子諸侯之子於父，父也，君也，尊遠，杖不入廟門。

弃杖者，斷而弃之於隱者。

以喪至尊，爲人得而褻之也。○棄，本亦作古弃字。斷，丁管反，注「斷瓜」同。

【疏】「士之」至「隱者」。○正義曰：此一節明士之杖節。○二日而殯者，除死日爲二日也。○三日之朝者，謂殯之明日是也。○於君命夫人之命如大夫者，謂士之子於君命，其妻於夫人之命，如大夫之禮，君命夫人之命皆去杖。○於大夫世婦之命如大夫者，謂士之子於大夫之命，其妻於世婦之命，如大夫於大夫之禮，大夫之命則輯杖，世婦之命則授人杖也。「於大夫世婦之命，如大夫」，定本「如大夫」作「如大夫人」，字異義亦通。○注「士二日」至「室者」。○正義曰：案前文大夫三日殯，此士二日殯，是降下大夫也。云「士之禮，死與往日，生與來日」者，殯是爲死者，故數往日爲三日；杖是爲生者，故數來日爲三日。云「主婦、容妾爲君、女子子在室者」，是前經大夫之喪云「主人主婦」，此士之喪直云「婦人皆杖」，婦人是衆羣婦，故知容妾爲君及女子子在室者也，以其皆杖故也。○子皆杖不以即位。○正義曰：皇氏云：子謂大夫士之庶子也。不以杖即位，辟適子也。所以知此是大夫士庶子者，見下有大夫士適子哭殯哭柩，推此大夫士適子，故知此是大夫士之庶子也。然案鄭注此云「子謂凡庶子也」，凡於貴賤則庶子是也，容人君適子入門輯杖，猶得即位，庶子宜在門外之位去之，故無即門內之位理也。大夫士之適子則得哭殯哭柩，如下所說，其庶子則宜與人君之庶子同，並不得以杖即位也。熊氏云：此文承上君大夫士之喪下，則此謂君大夫士之庶子，故注云「子謂凡庶子」，義亦通也。○注「不以」至「杖同」。○正義曰：不以杖即位，鄭恐人疑庶子雖不得以杖即位，猶得輯之入門，故明之也。言與去杖同，凡去杖者不復輯也。○大夫士哭殯則杖，哭柩則輯杖。○正義曰：大夫士，謂大夫士之適子。哭殯則杖者，既殯塗之後，於父父也，其尊偏近，故哭殯可以杖也。哭柩則輯杖者，謂將葬既啓之後，對後爲尊，則斂去其杖。○注「哭殯」至「廟門」。○正義曰：「哭柩，謂啓後也」者，啓謂將葬啓殯而出柩也。知非未殯之前而哭柩者，大夫士之喪，未殯之前則未杖也。云「天子諸侯之子於父，父也，君也，尊遠，杖不入廟門」者，天子諸侯其尊廣遠，廟門之內則去杖。廟門，謂殯宮之門，柩之所在，故云廟也。○棄杖者，斷而棄之於隱者。○杖是喪至尊之服，雖大祥棄之，猶恐人褻慢，斷之不堪他用，棄於幽隱之處，使不穢污。

君設大盤造冰焉，大夫設夷盤造冰焉，士併瓦盤無冰，設牀襢第，有枕。含一牀，襲一牀，遷尸于堂又一牀，皆有枕席。君大夫士一也。

此事皆沐浴之後，宜承濡濯弃於坎下，札爛脫在此耳。造，猶內也。襢第，袒簀也，謂無席，如浴時牀也。禮自仲春之後，尸既襲，既小斂，先內冰盤中，乃設牀於其上，不施席而遷尸焉，秋涼而止。士不用冰，以瓦爲盤，併以盛冰耳。漢禮大盤廣八尺，長丈二，深三尺，赤中；夷盤小焉。周禮天子夷盤，士喪禮君賜冰亦用夷盤，然則其制宜同之。○盤，本又作槃，步干反。造，七報反，下及注皆同。併，步頂反，注同。襢，之善反，單也，注同。第，側里反。含，下胡暗反。濡，奴亂反，下同。濯，直孝反，下文同。坎，口感反。札，側八反。爛，力旦反。簀，音責。盛，音成。廣，古曠反。長，直亮反。深，尸鴆反。

【疏】○「君設」至「一也」。○正義曰：此一節明初死沐浴之節。○造冰焉者，謂造內其冰於盤中也。○大夫設夷盤者，小於大盤，亦內冰焉。○士併瓦盤無冰者，瓦盤既小，故併盤，士卑故無冰。○設牀襢第者，置冰於下，設牀於上，去席襢袒第簀。○有枕含一牀襲一牀遷尸于堂又一牀者，言此三節各自有牀也。○皆有枕席者，唯含一時暫徹枕使面平，故士喪禮云「商祝徹枕設巾」是也。含竟而並有枕也。而含襲及堂皆有席，故鄭注士喪禮「商祝襲衣於牀，牀次含牀之東，衽如初」，又注士喪禮「設牀第於兩楹之間，衽如初，有枕」，云衽，寢卧之席也，亦下莞上簟是也。○君大夫士一也者，自設牀襢第至此以下，貴賤同然也。○注「造猶」至「同之」。○正義曰：造[illegible]

禮凌人云「大喪共夷盤冰」是也。但天子之夷盤，即此之大盤也，依尸而言，則曰夷盤。此云夷盤者，據大夫所用，對君大爲小。云士喪禮君賜冰亦用夷盤者，案士喪禮云「士有冰，用夷盤」，何不言君賜？知君賜，皆諸侯之士既卑，若無君賜，何得用冰？云「其制宜同之」者，以天子夷盤，此大夫云夷盤，士喪禮又云夷盤，三者俱有夷名，是其制宜同，但大小稍異也。

始死，遷尸于牀，幠用斂衾，去死衣。小臣楔齒用角柶，綴足用燕几。君大夫士一也。

牀，謂所設牀第當牖者也。士喪禮曰「士死於適室，幠用斂衾」。去死衣，病時所加新衣及復衣也，去之以俟沐浴。○幠，荒胡反。去死，起呂反，注同。楔，桑結反。柶，音四。綴，丁劣反，又丁衛反，下注同。適室，丁歷反。

【疏】○正義曰：此一節明初死沐浴之節。此經論初死之時，下經論死後而沐浴，前經論浴後設冰，經文顛倒，故鄭注前經云「此事皆沐浴之後，宜承濡濯弃於坎下」，今依鄭次隨文解之。○遷尸于牀者，尸初在地，冀生氣復，而既不生，故更遷尸于牀，而離初死處，以近南當牖也，即前所謂既正尸也。幠用

斂衾者幠覆也斂衾者將擬大斂之時衾被也既遷尸在牀而用斂衾覆之也去死衣者餘覆之故除去死時衣所加新衣及復衣爲尸將浴故也小臣楔齒用角柶者楔柱也柶以角爲之長六寸兩頭曲屈爲將含恐口閉急故使小臣以柶柱張尸齒令開也○綴足用燕几者爲尸應著屨恐足辟戾亦使小臣用燕几綴拘之令直也案既夕禮云綴足用燕几校在南御者坐持之鄭注云云尸南首几脛在南以拘足如鄭此言則側几於足令几脚南出以拘尸足兩邊不令辟戾崔氏云燕几今之燕几其形曲仰而拘足與鄭違其義非也○君大夫士一也者自始死至此貴賤同○注牀謂至者也○正義曰第牀簀也初廢牀者牀在北壁當戶至復魄後遷之在牀而當牖南首所以死後必遷當牖南首者以平生寢即之處故士昏禮同牢在奧又云御衽于奧媵衽良席在東北止又曲禮云爲人子者居不主奧是尊者常居之處若晝日常居則當戶故玉藻云君子之居恒當戶若病時亦當戶在北牖下取鄉明之義故鄭前注病者恒居北牖下明不病不恒居北牖下也

管人汲。不說繘。屈之。盡階不升堂。授御者。御者入浴。小臣四人抗衾。御者二人浴。浴水用盆。沃水用枓。浴用絺巾。挋用浴衣。如它日。小臣爪足。浴餘水弃于坎。其母之喪。則內御者抗衾而浴。抗衾者蔽上重形也挋拭也爪足斷足爪也○管人如字掌管籥之人又古亂反掌館舍之人也下同汲音急說吐活反繘均必反汲水綆也抗苦浪反舉也盆蒲奔反沃烏谷反枓音主又音斗絺勅其反一本作綌去逆反挋音震它音他下同拭音式【疏】管人至而浴○正義曰此一經明浴時也管人主館舍者故鄭注士喪禮管人有司主館舍者汲謂汲水不說繘屈之者繘汲水瓶索也遽促於事故不說去井索但縈屈執之於手中○盡階不升堂者以水從西階而升盡不上堂知西階者以士喪禮云爲垼于西牆下故知從西階而升也○浴水用盆者用盆盛於浴水也○沃水用枓者用枓酌盆水沃尸熊氏云用盤於牀下承浴水○浴用絺巾者用絺是細葛除垢爲易故用之也士喪禮云浴巾二皆用綌熊氏云此蓋人君與大夫禮或可大夫上絺下綌故玉藻云浴用二巾上絺下綌是也○挋用浴衣者挋拭也用生時浴衣拭尸肉令燥也賀氏云以布作之生時有此也士喪禮云浴衣於篋注云浴衣已浴所衣之衣以布爲之其制如今通裁是也○如它日者它日謂平生尋常之日也○小臣爪足者尸浴竟而小臣翦尸足之爪也○浴餘水棄于坎者浴盆餘汁棄之於坎中坎者是甸人所掘於階間取土爲竈之坎甸人主郊野之官○其母之喪則內御者抗衾而浴者內外宜別故用內御舉衾也內御婦人亦管人汲事事如前唯浴用人不同耳

管人汲。授御者。御者差沐于堂上。君沐粱。大夫沐稷。士沐粱。甸人爲垼于西牆下。陶人出重鬲。管人受沐。乃煑之。甸人取所徹廟之西北厞。薪用爨之。管人授御者沐。乃沐。沐用瓦盤。挋用巾。如它日。小臣爪手翦須。濡濯弃于坎。差淅也淅飯米取其潘以爲沐也沃用枓沐於盤中文相變也士喪禮沐稻此云士沐粱蓋天子之士也以差率而上之天子沐黍與○差七何反注差淅同沐音木甸田遍反垼音役鄭注儀禮云塊竈也陶音桃重直龍反鬲音歷煑諸許反厞扶味反隱也舊作扉音非門扉也爨七逭反淅先歷反潘方袁反米汁也差初佳反率音律又音類上時掌反【疏】管人至于坎○正義曰此一節明沐也○管人汲授御者御者差沐于堂上者差謂淅米取其潘汁也君沐粱大夫沐稷士沐粱者皆謂用其米取其汁而沐也○甸人爲垼于西牆下者謂將沐之時甸人之官爲垼于西牆下土垼甎竈甸人具此爲垼竈以煑沐汁○陶人出重鬲者陶人作瓦器之官也重鬲者謂縣重之罌也是瓦瓶受三升以沐米爲粥實於瓶以疏布冪口繫以篾縣之覆以葦席管人受沐乃煑之者淅於堂上管人亦升盡等不上堂而就御者受淅汁下往西牆於垼竈鬲中煑之也甸人取所徹廟之西北厞薪用爨之者爨然也甸人爲竈竟又取復魄人所徹正寢西北厞以然竈煑沐汁也謂正寢爲廟神之也然舊云厞是屋簷也謂抽取屋西北簷也熊氏云厞謂西北隅厞隱之處徹取屋外當厞隱處薪義亦通也何取此薪而用者示主人已死此堂無復用故取之也○管人授御者沐者煑汁就而管人又取以升階授堂上御者使沐也○乃沐者御者授汁入爲尸沐也○沐用瓦盤者盤貯沐汁就中沐也○挋用巾者用巾拭髮及面也士喪禮云沐巾一又云挋用巾注云巾晞也清也○如它日者事事亦如平生也○小臣爪手翦須者沐竟而翦手爪又治須象平生也濡濯弃于坎者皇氏云濡謂煩潤其髮濯謂不淨之汁也言所濡濯汁棄於坎中鄭注士喪禮云巾櫛浴衣亦并棄之其坎案既夕禮云掘坎南順廣尺輪二尺深三尺南其壤此沐汁棄於坎則浴汁亦然○注差淅至黍與○正義曰差是差摩故云淅詩云釋之叟叟是釋淅米也云取其潘以爲沐也者士喪禮云受潘煑于垼用重鬲云浴沃用枓沐於盤中文相變也者謂沐與浴俱有枓俱有盤浴云用枓沐云用盤是文相變也云士喪禮沐稻此云士沐粱蓋天子之士也者若士喪禮云是諸侯之士而沐稻今此云士沐粱故疑天子之士也云以差率而上之天子沐黍與者案公食大夫禮黍稷爲正饌稻粱爲加是稻粱卑於黍稷就稻粱之內粱貴而稻賤是稻人所常種粱是穀中之美故下曲禮云歲凶大夫不食粱故諸侯之士用稻天子之士用粱黍稷相對稷雖爲重其味短故大夫用之黍則味美而貴故特牲少牢爾黍于席以其味美故也詩頌云其饟伊黍鄭注豐年之時雖賤者猶食黍是黍貴也故天子用之無正文故疑而云與也

君之喪。子。大夫。公子。衆士。皆三日不食。子大夫公子食粥。納財。朝一溢米。莫一溢米。食之無筭。士疏食水飲。食之無筭。夫人。世婦。諸妻。皆疏食水飲。食之無筭。納財謂食穀也二十兩曰溢於粟米之法一溢爲米一升二十四分升之一諸妻御妾也同言無筭則是皆一溢米或粥或飯○粥之育反又音育下同溢音逸劉昌宗又音實下同莫音暮蔬食音嗣下及下注疏食皆同【疏】君之至無筭○正義曰此一節廣明五服之喪自初死至除服君及大夫士食飲之節今各依文解之今此經特明君喪食之禮○納財者財謂穀也謂所食之米也言每日納用之米朝唯一溢米莫唯一溢米也食之無筭者言居喪困病不能頓食隨須則食故云無筭○士疏食水飲者疏麤也食飯也士賤病輕故疏食麤米爲飯亦水爲飲○夫人世婦諸妻皆疏食水飲者婦人質弱恐食粥傷性故言疏食水飲也○注納財謂食穀也二十兩曰溢至是皆一溢米或粥或飯○正義曰財謂穀也故大宰云以九賦斂財賄也注云財謂泉穀是穀爲財但米由穀出經已稱米故鄭云食穀必言納財者以一日之中或粥或飯雖作之無時不過朝夕二溢之米當須誅納其米故云納財也云一溢爲米一升二十四分升之一者案律歷志黃鍾之律其實一籥律歷志合籥爲合則二十四銖合重一兩十合爲一升升重十兩二十兩則米二升與此不同者但古秤有二法說左傳者云百二十斤爲石則一斗十二斤爲兩則一百九十二兩則一升爲十九兩有奇今一兩爲二十四銖則二十兩爲四百八十銖計一十九兩有奇爲一升則總有四百六十銖八參以成四百八十銖唯有十九銖二參在是爲米一升二十四分升之一此大略而言之云同言無筭則是皆一溢米或粥或飯者粥與疏食俱言無筭是疏食與粥者皆一溢米或粥謂食粥者或飯謂疏食也

大夫之喪。主人。室老。子姓。皆食粥。衆士疏食水飲。妻妾疏食水飲。室老其貴臣也衆士所謂衆臣士亦如之。如其子食粥妻妾疏食水飲○【疏】大夫至如之○正義曰此經明大夫禮也○室老子姓皆食粥者室老謂貴臣子姓謂孫也不云衆子者主人中兼之○衆士疏食者謂非室老也案喪服傳云公卿大夫室老士貴臣其餘皆衆臣鄭注云士邑宰此不云者邑宰雖貴以其遠於君與衆臣同案檀弓主人主婦歠粥此夫人世婦妻皆疏食者熊氏云檀弓云主婦謂女主故食粥也○既葬。主人疏食水飲。不食菜果。婦人亦如之。君大夫士一也。練而食菜果。祥而食肉。果瓜桃之屬○【疏】既葬至食肉○正義曰此一節明既葬至練祥君大夫士之食節也主人疏食水飲者熊氏云既葬哀殺可以疏食不復用一溢米也○食粥於盛不盥。食於篹者盥。食菜以醯醬。始食肉者。先食乾肉。始飲酒者。先飲醴酒。盛謂今時杯杅也篹竹筥也歠者不盥手飲者盥篹或作簨○盥古緩反篹本又作匴又作算悉緩反又蘇管反醯呼雞反杅音于筥居呂反歠昌悅反飯扶晚反簨息尹反徐音撰○【疏】食粥至醴酒○正義曰此一節明食之雜禮食粥於盛不盥者以其歠粥不用手故不盥○食於篹者盥者篹謂竹筥飯盛於篹以手就篹取飯故盥也○食菜以醯醬者謂練而食菜果者食之時以醯醬也○始食肉者先食乾肉始飲酒者先飲醴酒文承既祥之下謂後也然間傳曰父母之喪大祥有醯醬禫而飲醴酒二文不同又庾氏云蓋記者所聞之異大祥既鼓琴亦可食乾肉矣食菜用醯醬於情爲安且既祥食果則食醯醬無嫌矣熊氏云此據病而不能食者練而食醯醬祥而飲酒也○期之喪。三不食食。疏食水飲。不食菜果。三月既葬。食肉飲酒。期終喪不食肉。不飲酒。父在。爲母。爲妻。九月之喪。食飲猶期之喪也。食肉飲酒。不與人樂之。食肉飲酒亦謂既葬

○期音基下同爲母爲妻並于僞反下注爲其同與音預下同○【疏】期之至樂之○正義曰此一節論期與大功喪食之節也○期之喪三不食者謂大夫士旁期之喪三不食者謂義服也其正服則二日不食也故間傳云齊衰二日不食○九月至喪也者謂事同期也○五月三月之喪。壹不食。再不食。可也。比葬。食肉飲酒。不與人樂之。叔母。世母。故主。宗子。食肉飲酒。義服恩輕也故主謂舊君也言故主者關大夫及君也○比必利反不能食粥。羹之以菜可也。謂性不能者可食飯菜羹有疾。食肉飲酒可也。爲其氣微五十不成喪。成猶備也所不能備謂不致毀不散送之屬也【疏】五月至成喪○正義曰此一經明五月三月喪食之節○壹不至可也者壹不食謂緦麻再不食謂小功并言之也容殤降之緦麻再不食義服小功壹不食故揔以壹不食再不食結之故間傳云小功緦麻再不食殤降者也○注故主至君也○正義曰若是諸侯當云舊君主者大夫之經云故主關大夫君也○注謂不致毀不散送之屬也○正義曰致毀謂致極哀毀散送謂絰帶垂散麻以送葬故雜記云五十不致毀玉藻云五十不散送注云送喪不散麻○七十唯衰麻在身。言其餘居處飲食與吉時同也既葬。若君食之則食之。大夫父之友食之則食之矣。不辟粱肉。若有酒醴則辭。尊者之前可以食美也變於顏色亦不可○食音嗣辟音避粱音良【疏】既葬至則辭○正義曰此一經明已有喪既葬尊者賜食之禮葬後情殺可從尊者奪也○君食之謂君食臣也大夫謂大夫食士也父友謂父同志者也其人並尊若命食孝子則可從之食也○不辟粱肉者粱粱米也雖以粱米之飯及肉命食孝子食之○若有酒醴則辭者若酒醴飲之則變見顏色故辭而不飲也小斂於戶內。大斂於阼。君以簟席。大夫以蒲席。士以葦席。簟細葦席也三者下皆有莞○簟徒點反葦于鬼反莞音官又音完【疏】小斂至葦席○正義曰此一節明君大夫士小斂大斂所用之席也士以葦席與君同者士卑不嫌故得與君同用簟也○注三者下皆莞○正義曰知下皆有莞者案士喪禮記云設牀當牖下莞上簟士喪經云布席于戶內下莞上簟謂小斂席也大斂云布席如初注云亦下莞上簟如士始死至大斂用席皆同也士尚有莞則知君及大夫皆有莞也但此大夫辟君上席以蒲也若吉禮祭祀則蒲在莞下故司几筵諸侯祭祀席蒲筵繢純加莞席紛純與此異也小斂布絞。縮者一。橫者三。君錦衾。大夫縞衾。士緇衾。皆一。衣十有九稱。君陳衣于序東。大夫士陳衣于房中。皆西領北上。絞紟不在列。絞既斂所用束堅之者縮從也衣十有九稱法天地之終數也士喪禮小斂陳衣於房中南領西上與大夫異今此同亦蓋天子之士也絞紟不在列以其不成稱不連數也小斂無紟因絞不在列見之也或曰縞者二○絞戶交反後同縮所六反縞古老反稱尺證反杜預云衣單複具曰稱後放此紟其鴆反後皆同從足容反數色主反見賢遍反○【疏】小斂至在列○正義曰此以下至絺綌紵不入廣明君大夫士小斂大斂及襚所用之衣并所陳之處各隨文解之此一經明小斂之衣○布絞縮者一橫者三者以布爲絞縮從也謂從者一幅豎置於尸下橫者三幅亦在尸下從者在橫者之上每幅之末析爲三片以結束爲便也○君錦衾大夫縞衾士緇衾皆一者謂大夫士等各用一衾故云皆一舒衾於此絞上○衣十有九稱者君大夫士同用十九稱衣布於衾上然後舉尸於衣上屈衣裹又屈衾裹之然後以絞束之○君陳衣于序東大夫士陳衣于房中者謂將小斂陳衣也房中者東房也大夫士唯有東房故也○絞紟不在列者謂不在十九稱之列不入數也小斂未有紟因絞不在列而言紟耳○注衣十至之也○正義曰衣十有九稱法天地之終數者案易繫辭云天一地二天三地四天五地六天七地八天九地十天數終於九地數終於十也人既終故云以天地終數斂衣之也云亦蓋天子之士者以前文士沐粱與士喪禮不同已云此蓋天子之士此經陳衣與士喪禮衣不同故云亦蓋天子之士也云以其不成稱不連數也者上衣下裳相對故爲成稱絞紟非衣故云不成稱經云不在列鄭恐今不布列故云不連數謂不連爲十九稱之列其實亦布陳也云小斂無紟者以下文大斂始云布紟今此經直云布絞故知無紟也

禮記注疏卷四十四校勘記

阮元撰盧宣旬摘錄

附釋音禮記注疏卷第四十四　惠棟挍宋本禮記正義卷第五十三

喪大記第二十二

劉元云　閩監毛本同惠棟挍宋本元作先

疾病外內皆埽節

外內皆埽者　閩監毛本同考文云宋板上有正義曰三字

有疾病者齊　閩監毛本同考文云宋板病作疾補鏜挍亦作有疾疾者齊

君大夫徹縣節

或爲北墉下　閩監毛本同岳本同嘉靖本同惠棟挍宋本無北字衛氏集說同按釋文出爲墉是亦無北字

君大至之手　惠棟挍宋本無此五字

疾困去樂之事　毛本同衛氏集說同閩監本去誤云下特縣又去同

東首于北墉下　閩監本作墉惠棟挍宋本同此本墉誤牖毛本誤墉

則暫時移鄉南墉下　閩監本同惠棟挍宋本墉作牖毛本亦作墉

君夫人卒於路寢節

士之妻　閩監毛本同岳本同嘉靖本同衛氏集說同石經作士士之妻段玉裁挍本云唐石經士士之妻是也各本脫一士字按正義云夫妻俱然故云皆也又云此云士死于寢是正義本經文有兩士字也

君夫至于寢　惠棟挍宋本無此五字

不就而燕息焉　閩監本同衛氏集說同惠棟挍宋本毛本焉並作也

皆婦人供視之　閩監本同毛本供改共

卽安謂夫人寢也　惠棟挍宋本有就字衛氏集說同此本就字脫閩監毛本同

按莊公三十二年　監本作二考文引宋板同此本二誤三閩毛本同公字各本並有考文引宋板獨無

小臣復節

捲衣投于前　閩本同惠棟挍宋本石經宋監本岳本嘉靖本衛氏集說同釋文出捲衣監毛本捲作卷

小臣至而復　惠棟挍宋本無此五字

此一節明復時　閩監毛本同惠棟挍宋本節作經衛氏集說同

捲衣投于前　閩本同惠棟挍宋本同監毛本捲作卷下捲斂同

從屋前投與司服之官　閩監本同毛本與誤于衛氏集說亦作與

故云從生處來也　閩監毛本同考文引宋板云作衣續通解同

而回往西北榮　閩監毛本同惠棟挍宋本回作迴

故自陰幽而下也　閩監毛本同考文云宋板自作就衛氏集說續通解同

此東榮　惠棟挍宋本有云字此本云字脫閩監毛本同

復衣不以衣尸節　惠棟挍云復衣節宋本分婦人復不以禭爲一節凡復至稱字爲一節唯哭至死事爲一節

復衣不以衣至以斂　惠棟挍宋本無此八字

是用生施死　閩監毛本同惠棟挍宋本施下有於字

始卒主人啼節

主人啼　各本同石經同釋文出人諦云本又作啼○按依說文當作嗁从口虒聲假借作諦俗作啼

始卒至哭踊　惠棟挍宋本無此五字

既正尸節

既正至北面　惠棟挍宋本無此五字

依唯士禮　閩監毛本同考文云宋板唯作准續通解同

既夕禮云設牀第當牖及遷尸是也　閩監毛本同浦鏜挍云及當乃字誤按記文遷尸上有袒下莞上簟設枕七字故云乃也

各在室女未嫁　考文云宋板各作容此本作各閩監毛本同

大夫之喪節

大夫至而哭　惠棟按宋本無此五字

此一經明大夫初有喪哭位之禮　閩監毛本同衞氏集說無一字大夫下有士字

君之喪未小斂節

士出迎大夫士也　閩監毛本同惠棟按宋本無士字

大夫與士至小斂相偪也　惠棟按宋本如此續通解同此本士至二字倒閩監本同毛本與士至誤於至士

凡主人之出也節

此時寄公位在門西　宋監本閩本同考文云宋板同岳本同嘉靖本同衞氏集說同監毛本時誤特

凡主至門外　惠棟按宋本無此五字

但爵是卿大夫猶北面也　惠棟按宋本作卿衞氏集說同此本卿誤卽閩監毛本同

俱與士喪禮違　閩監毛本同考文云宋板俱作但

小斂主人卽位于戶內節　惠棟按云小斂節徹帷節君拜節宋本合爲一節

鄭云婦人亦有苴絰　閩監毛本同考文云宋板無有字按士喪禮注作亦有考文所引宋板非是

諸侯路寢室在於中房　惠棟按宋本作中房此本中房二字倒閩監毛本同

君拜寄公節

氾拜衆賓於堂上　各本同石經氾作汜岳本作氾釋文同按釋文音芳劍反當作氾爲是

有襲絰乃踊　閩監毛本同岳本同嘉靖本同衞氏集說同惠棟按云有當作先

小斂尸出堂　惠棟按宋本有畢字衞氏集說同此本畢字脫閩監毛本同

此更申明拜命婦與士妻之異也　惠棟按宋本作與此本與誤於閩監毛本同

及兩大夫相爲并君於大夫　閩本同惠棟按宋本同監本并作拜似拜字毛本遂誤拜

無朋友恩者　閩本作朋惠棟按宋本同此本朋誤明監毛本朋誤服齊召南云當作無朋友恩者朋服字相近而誤蓋君於士也大夫於大夫也士於士也其用皮弁服襲裘並同所異者有朋友之恩則加弁經無朋友之恩則無弁經也

婦人迎客送客不下堂節

男子出寢門見人不哭　惠棟按宋本石經宋監本岳本嘉靖本衞氏集說同續通解同閩監毛本同下衍外字陳澔集說同石經考文提要云宋大字本宋本九經南宋巾箱本余仁仲本劉叔剛本並無外字按疏述經亦無外字

出門見人謂迎賓也　惠棟按宋本作謂迎賓也宋監本岳本嘉靖本衞氏集說同續通解同考文引足利本同此本迎賓下衍客者二字閩監毛本同

婦人迎客至無無主　惠棟按宋本無此八字

則出門迎亦不哭也　閩監毛本同惠棟按宋本無迎字衞氏集說同

此以下明喪無主　惠棟按宋本作此以此本此以二字倒閩監毛本同

無後已自絕嗣　閩監毛本同惠棟按宋本已作則按考文引宋板但云無後下有則字不云已作則疑當作則無後則已自絕嗣

君之喪三日節　惠棟按云君之喪節大夫節士之喪節宋本合爲一節

不以杖地也　宋監本岳本嘉靖本同釋文出以杖閩監毛本杖作拄衞氏集說同疏倣此

君之至則杖　惠棟按宋本無此五字

則對之則不敢杖　閩監毛本同惠棟按宋本無上則字

故並得執杖拄地也　閩監毛本杖作拄考文云宋板無執字衞氏集說同

士之喪二日而殯節

弃杖者斷而弃之於隱者　各本同石經同釋文出棄杖云本亦作古弃字

士之至隱者　惠棟按宋本無此五字

於君命夫人之命如大夫者　惠棟按宋本如此毛本同此本於誤若之誤而閩監本同

是降下大夫也　惠棟按宋本作是此本是誤定閩監毛本同

推此大夫士適子　閩監毛本同惠棟按宋本推作惟

同並不得以杖卽位也　惠棟按宋本有故字續通解同此本故字脫閩監毛本同

君設大盤節　惠棟按云君設節宋本自在管人汲授御者節之後按坊本陳澔集說依用輿國于氏本移置亦如此

宜承濡濯弃於坎下　各本同釋文出濡濯于坎段玉裁按本云濡當作渜

札爛脫在此耳　閩監毛本作札岳本同嘉靖本同衞氏集說同此本札誤礼考文云宋板足利本札作禮亦誤按釋文出札音側八反知作札不作礼

君設至一也　惠棟按宋本無此五字

者小於大盤　惠棟按宋本者上有夷盤二字此本夷盤二字脫閩監毛本同

始死遷尸于牀節

此一節反明初死沐浴之節　惠棟按宋本同衞氏集說亦作反閩監毛本反作又

故除去死時衣所加新衣及復衣　閩本同考文引宋板同監本時衣誤時之及誤乃毛本亦誤時之及字不誤

兩頭曲屈　惠棟按宋本同衞氏集說同閩監毛本曲屈二字倒

鄭注云尸南首　閩監毛本同惠棟按宋本云字不重

今几脚南出　閩監毛本同考文云宋板今作令衞氏集說同

初廢牀者牀在北壁當戶　閩監毛本同惠棟按宋本者作時續通解同

媵衽良席在東北止　閩監毛本止作上按浦鏜作在東北止云止古文趾○按浦鏜云是也說文有止無趾

取鄉明之義　閩監毛本同惠棟按本義下有也字

管人汲不說繘節

餘水弃于坎　惠棟按宋本石經宋監本岳本嘉靖本衞氏集說同閩監毛本弃作棄

管人至而浴　惠棟按宋本無此五字

故不說去此索　監本毛本作此非閩本此處缺惠棟按宋本作井

生時有此也　惠棟按宋本作此續通解同此本此誤作閩監毛本同

管人汲授御者節

如它日　惠棟按宋本石經宋監本岳本嘉靖本同閩監毛本它作他衞氏集說同按釋文上節出如它云音他下同謂此它字也石經考文提要云宋大字本宋本九經南宋巾箱本劉叔剛本並作它

濡濯弃于坎　惠棟按宋本同石經同岳本同嘉靖本同衞氏集說同閩監毛本弃作棄段玉裁按云濡當作渜

管人至于坎　惠棟按宋本無此五字

土埿塹竈　閩本同惠棟按宋本同監毛本土誤士考文云宋板塹作墼衞氏集說亦作土埿墼竈

以疏布幂口　惠棟按宋本作幂衞氏集說同此本幂誤幕閩監毛本同

御者授汁　閩監毛本同盧文弨云按當作受

則浴汁亦然　閩監本同毛本亦然誤然也

君之喪子大夫節

子大夫公子食粥　惠棟按宋本石經宋監本岳本嘉靖本同續通解同閩監毛本公子下衍衆士二字衞氏集說同陳澔集說同錢大昕云下文之士卽上文之衆士也衆士不在食粥之列石經考文提要云宋大字本宋本

九經南宋巾箱本余仁仲本劉叔剛本並無衆士二字

食之無筭 各本同石經同毛本筭作算衛氏集說同下無筭並同

君之至無筭 惠棟挍宋本無此五字

計一十九兩有奇為一升 閩監毛本同惠棟挍宋本無上一字衛氏集說同

以成四百八十銖 惠棟挍宋本作八十衛氏集說同此本八十誤六十閩監毛本同

大夫之喪節

大夫至如之 惠棟挍宋本無此五字

卿大夫室老士貴臣 毛本同衛氏集說同閩監本貴臣二字倒考文云宋板亦作貴臣

期之喪三不食節

期之至樂之 惠棟挍宋本無此五字

五月三月之喪節 惠棟挍云五月至成喪疏文四則宋本次在七十唯衰麻在身經注之後

關大夫及君也 閩監毛本同嘉靖本同衛氏集說同惠棟挍宋本無及字宋監本岳本同考文引古本同

五月至成喪 惠棟挍宋本無此五字

容殤降之 惠棟挍宋本作殤衛氏集說同此本殤誤傷閩監毛本同下殤降者也同

大夫之稱經云故主 惠棟挍宋本如此此本稱字故主二字並脫閩監毛本同衛氏集說亦有稱字

既葬若君食之節

既葬至則辟 惠棟挍宋本無此五字

小斂於戶內節

小斂至葦席 惠棟挍宋本無此五字

注三者下皆莞 閩監毛本同考文云宋板皆下有有字

小斂布絞節

小斂至在列 惠棟挍宋本無此五字

豎置於尸下 惠棟挍宋本作豎衛氏集說同此本豎誤堅閩監毛本同

附釋音禮記注疏卷第四十四終 惠棟挍宋本禮記正義卷第五十三記云凡三十一
頁

禮記注疏卷四十四挍勘記

附釋音禮記注疏卷第四十五

禮記　鄭氏注　孔穎達疏

喪服大記

大斂布絞，縮者三。橫者五。布紟二衾。君大夫士一也。君陳衣于庭，百稱。北領西上。大夫陳衣于序東，五十稱。西領南上。士陳衣于序東，三十稱。西領南上。絞紟如朝服。絞一幅為三。不辟紟五幅。無紞。二衾者或覆之或薦之如朝服者謂布精麤朝服十五升小斂之絞也廣終幅析其末以為堅之強也大斂之絞一幅三析用之以為堅之急也紞以組類為之綴之領側若今被識矣生時禪被有識死者去之異於生也士喪禮大斂亦陳衣於房中南領西上與大夫異今此又同亦蓋天子之士紞或為點○幅本又作畐方服反為三絕句不辟絕句補麥反又音壁徐扶移反紞丁覽反廣古曠反析思歷反下同強其丈反識式志反又音志又音式下同去起呂反下注同【疏】大斂至無紞○正義曰此一節明大斂之事○大斂布絞縮者三者謂取布一幅分裂之作三片直用之三片即共是一幅也兩頭裂中央不通○橫者五者又取布二幅分裂之作六片而用五片橫之於縮下也布紟者皇氏云紟禪被也取置絞束之下擬用以舉尸也孝經云衣衾而舉之是也今案經云紟在絞後紟或當在絞上以絞束之且君衣百稱又通小斂與襲之衣非單紟所能舉也又孝經云衾不云紟皇氏之說未善也○二衾者小斂君大夫士各一衾至大斂又各加一衾為二衾其衾所用與小斂同但此衾一是始死覆尸者故士喪禮云幠用斂衾注大斂所并用之衾一是大斂時復制又注士喪禮云衾二者始死斂衾今又復制士既然則大夫以上亦耳○君陳衣于庭百稱北領西上者衣多故陳在庭為縈顯案鄭注雜記篇以為襲禮大夫五諸侯七上公九天子十二稱則此大斂天子當百二十稱上公九十稱侯伯子男七十稱今云君百稱者據上公舉全數而言之餘可知也或大斂襲五等同百稱也北領者謂尸在堂也○西上者由西階取之便也○大夫士陳衣于序東西領南上異於小斂北上者小斂衣少統於尸故北上大斂衣多故南上取之便也絞紟如朝服者言絞之與紟二者皆以布精麤皆如朝服俱十五升也○絞一幅為三者謂以一幅之布分為三段○不辟者辟擘也言小斂絞全幅析裂其末為三而大斂之絞既小不復擘裂其末但古字假借讀辟為擘也○紟五幅無紞者紟舉尸之禪被也紞謂緣飾為識所以組類綴邊為識今無識異於生也○注二衾至之上○正義曰朝服十五升者雜記文云以為堅之強也者解小斂用全幅布為絞欲得堅束力強以衣少故用全幅云以為堅之急也者解大斂一幅分為三片之意凡物細則束縛牢急以衣多故須急也云紞以組類為之者組之般類其制多種故云組類云綴之領側若今被識矣者領為被頭側謂被旁識謂記識言綴此組類於領及側如今被之記識引士喪禮以陳衣於房中與大夫異今此士陳衣與大夫同故云今此又同亦蓋天子之士

小斂之衣。祭服不倒。○尊祭服也斂者要方散衣有倒倒丁老反注及下同散悉但反

君無襚。大夫士畢主人之祭服。親戚之衣受之。不以即陳。無襚者不陳不以斂○襚音遂小斂。君大夫士皆用複衣複衾。大斂。君大夫士祭服無筭。君褶衣褶衾。大夫士猶小斂也。褶袷也君衣尚多去其著也○複音福褶音牒袷古洽反【疏】小斂至斂也○正義曰祭服不倒者祭服謂死者所得用祭服以上者小斂十九稱不悉著之但用裹尸要取其方而衣有倒領在足間者唯祭服尊雖散不著而領不倒在足也○君無襚者國君陳衣及斂悉宜用己衣不得陳用他人見襚送者○大夫士畢主人之祭服者降於君也大夫士小斂則先畢盡用己正服後乃用賓客襚者也盧云畢盡也小斂盡主人衣美者乃用賓客襚衣之美者欲以美之故言祭服也○親戚之衣受之不以即陳者君親屬有衣相送受之而不以即陳列也士喪禮鄭注云大功以上有同財之義襚之不將命自即陳於房中小功以下及同姓皆將命○注無襚至以斂○正義曰如皇氏之意臣有致襚於君之禮故少儀云臣致襚於君但君不陳不以斂熊氏云君無襚大夫士謂小斂之時君不合以衣襚大夫士雖有君襚不陳不以斂故云無襚大夫士至大斂則得用君襚故士喪禮大斂時云君襚祭服不倒其義俱通故兩存焉○祭服無筭正義曰筭數也大斂之時所有祭服皆用之無限數也○注褶袷至著也○正義曰君衣尚多去其著也者經云大夫士猶小斂則複衣複衾也據主人之衣故用複若襚亦得用袷也故士喪禮云襚以褶是也

袍必有表。不褌。衣必有裳。謂之一稱。袍褻衣必有以表之乃成稱也雜記曰子羔之襲繭衣裳與稅衣纁袡為一是也論語曰當暑袗絺綌必表而出之亦為其褻也○袍步毛反褌音單繭古典反稅吐亂反纁許云反袡而廉反袗之忍反亦為于偽反下文則為之同【疏】袍必至一稱○正義曰袍必有表不褌者袍是褻衣必須在上有衣以表之不使褌露乃成稱也○注袍褻至褻也○正義曰引雜記者證子羔之襲有袍繭衣上加稅衣為表乃成稱引論語者證衣上加表死則冬夏並用袍上並加表熊氏云褻衣所用尊卑不同士襲而用褻衣故士喪禮陳襲事爵弁服皮弁服褖衣注衣注云褖所以表袍者是襲有袍士喪禮小斂云祭服次散衣次注云褖衣以下袍繭之屬是小斂有袍士喪禮又大斂散衣是亦有袍若大夫襲亦有袍案雜記云子羔之襲繭衣裳是也斂則必用正服不用褻衣故檀弓云季康子之母死陳褻衣注云將以斂敬妾曰將有四方之賓來褻衣何為陳於斯命徹之若公則襲及大小斂皆不用褻衣知者案雜記云公襲無袍繭褻輕尚無則大小斂無可知也

凡陳衣者實之篋。取衣者亦以篋。升降者自西階。取猶受也○篋古協反凡陳衣不詘。非列采不入。絺綌紵不入。不屈謂舒而不卷也列采謂正服之色也絺綌紵者當暑之褻衣也襲尸重形冬夏用袍及斂則用正服○詘丘勿反紵直呂反【疏】凡陳至不入○正義曰陳衣不詘者謂舒而不卷也○非列采不入者列采謂五方正色之采非列采謂雜色也不入陳之也○絺綌紵不入者絺是細葛綌是麤葛紓是紵布此褻衣故不入陳也○注襲尸至正服○正義曰如熊氏之意此謂大夫以下若公則襲亦不用袍凡斂

者袒。遷尸者襲。袒者於事便也○便婢面反　君之喪。大胥是斂。衆胥佐之。大夫之喪。大胥侍之。衆胥是斂。士之喪。胥爲侍。士是斂。胥樂官也不掌喪事胥當爲祝字之誤也侍猶臨也大祝之職大喪贊斂喪祝卿大夫之喪掌斂士喪禮商祝主斂○大胥依注作祝之六反下同胥樂官思餘反【疏】凡斂至是斂○正義曰此一節明斂之所用之人有袒有襲之法○凡斂者袒者凡斂謂執大小斂事也事多故袒爲便也○遷尸者襲者謂大斂於地乃遷尸入棺之屬事少故襲也○君之喪者此明人君斂用人之法○大胥是斂者大祝是接神者故使之執斂事也是猶執也衆胥佐之者衆祝也衆祝賤故副佐於大祝也○大夫之喪大胥侍之者大祝君之大祝也侍猶臨也君尊故大祝親執斂大夫卑故大祝臨之○衆胥是斂者衆祝周禮喪祝卑故親執斂也庾云侍者臨發之也大夫言侍則君亦應有侍者未知何人也○士之喪胥爲侍者胥亦喪祝也士卑故祝臨之○士是斂者士之朋友來助斂也士喪禮云士舉遷尸是也○注胥當至主斂○正義曰知胥當爲祝者以胥是樂官不掌斂事故引大祝大喪贊斂及喪祝卿大夫之喪掌斂并引士喪禮商祝祝主斂明諸祝主斂也故引此文以證之商祝者案士喪禮注云商祝祝習商禮者商人教之以敬於接神宜也　小斂大斂。祭服不倒。皆左衽。結絞不紐。左衽衽鄉左反生時也○紐女九反衽而慎反鄉許亮反【疏】小斂至不紐○正義曰此一節明斂衣之法○小斂大斂祭服不倒者大斂亦不倒前已言小斂不倒此又言小斂者爲下諸事出也○皆左衽者大斂小斂同然故云皆也衽衣襟也生鄉右左手解抽帶便也死則襟鄉左示不復解也○結絞不紐者生時帶並爲屈紐使易抽解若死則無復解義故絞束畢結之不爲紐也　斂者既斂必哭。士與其執事則斂。斂焉則爲之壹不食。凡斂者六人。斂者必使所與執事者不欲妄人褻之執或爲槷○使所與音預注同槷音執本亦作執【疏】斂者至六人○正義曰斂者即謂大祝衆祝之屬也既斂是斂竟也斂竟必皆哭也所以然者以其與亡者或臣舊或有恩今手爲執事專心則增感故哭也○士與其執事則斂者釋前士是斂義也與執事謂平生曾與亡者共執事今與喪所則助斂也所以須生經共執事死乃爲斂也若不經共執事則褻惡之故不使斂也○斂焉則爲之壹不食者生經有恩今又爲之斂爲之廢壹食也○凡斂者六人者凡斂者貴賤同也兩邊各三人故用六人　君錦冒黼殺。綴旁七。大夫玄冒黼殺。綴旁五。士緇冒赬殺。綴旁三。凡冒。質長與手齊。殺三尺。自小斂以往用夷衾。夷衾質殺之裁猶冒也。冒者既襲所以韜尸重形也殺冒之下帬韜足上行者也小斂又覆以夷衾裁猶制也字或爲材○冒莫報反下及注同黼音甫殺色戒反徐所例反下及注同裁才再反注同韜本又作弢吐刀反下同【疏】君錦至冒也○正義曰此一經明尊卑冒制○君錦冒黼殺者冒謂襲後小斂前所用以韜尸也冒有質殺者作兩囊每輒橫縫合一頭又縫連一邊餘一邊不縫兩囊皆然也上者曰質下者曰殺君質用錦殺用黼故云錦冒黼殺也故鄭注士喪禮云冒韜尸者制如直囊上曰質下曰殺質正也其用之先以殺韜足而上後以質韜首而下綴旁七者不縫之邊上下安七帶綴以結之故云綴旁七也○大夫玄冒黼殺綴旁五士緇冒赬殺綴旁三者尊卑之差也鄭注士喪禮云上玄下纁象天地也以此推之士赬殺則君大夫書殺爲斧文也又鄭云象天地則大夫以上無疑有象也○凡冒質長與手齊者凡謂貴賤冒通名也言冒之質從頭韜來至下長短與手相齊也○殺三尺者殺從足韜上長三尺○自小斂以往用夷衾者往猶後也○小斂前有冒故不用夷衾自小斂後衣多不可用冒故用夷衾覆之也士喪禮云無用夷衾覆尸柩之衾也○夷衾質殺之裁猶冒也者裁猶制也言夷衾所用上齊於手下三尺所用繒色及長短制度如冒之質殺也但不復爲囊及旁綴也熊氏分質字屬下爲句其義非也然始死幠用斂衾是大斂之衾自小斂以前覆尸至小斂時君錦衾大夫縞衾士緇衾用之小斂小斂訖則制夷衾以覆之其小斂以前所用大斂之衾者小斂以後停而不用至將大斂及陳衣又更制一衾主用大斂也所謂大斂二衾者其夷衾至大斂時所用無文當應捻入大斂衣內併斂之也　君將大斂。子弁絰。即位于序端。卿大夫即位于堂廉楹西。北面東上。父兄堂下北面。夫人命婦尸西東面。外宗房中南面。小臣鋪席。商祝鋪絞紟衾衣。士盥于盤上。士舉遷尸于斂上。卒斂。宰告。子馮之踊。夫人東面亦如之。子弁絰者未成服弁如爵弁而素大夫之喪子亦弁絰○鋪普吳反又音斂下皆同【疏】君將至如之○正義曰此一經明君大斂時節也子弁絰即位于序端者序謂東序端謂序之南頭也卿大夫即位于堂廉楹西者卿大夫謂羣臣也堂廉謂堂基南畔廉陵之上楹謂南近堂廉者子位既在東序端故羣臣列於基上東楹之西也案隱義云堂廉即堂上近南霤爲廉也○北面東上者在基上俱北面東頭爲上也子在南東尸在阼階故在基者以東爲上也○父兄堂下北面者謂諸父諸兄不仕者以其賤故在堂下而向北以東爲上也若士則亦在堂下○外宗房中南面者外宗君之姑姊妹之女及姨舅之女也輕故在房中而鄉南也皇氏云當在西房以東爲上也今謂尸在阼夫人命婦在尸西北外宗等當在東房○小臣鋪席者謂下莞上簟敷於阼階上供大斂也士喪禮云布席如初注云亦下莞上簟也鋪於阼階上於堂南北爲少南○商祝鋪絞紟衾衣者商祝亦是周禮喪祝也其鋪絞紟衾衣等致于小臣所鋪席上以待尸○士盥于盤上者士亦喪祝之屬也周禮喪祝上士二人中士四人下士八人是將應舉遷尸故先盥手於盤上也雜記云士盥于盤北是也○士舉遷尸于斂上者斂上即斂處也○卒斂者大斂衣裳畢也宰告者宰大宰也斂畢大宰告孝子道斂畢也子馮之踊者孝子待得告乃馮尸而起踊○夫人東面亦如之者亦馮尸而踊嚮者夫人命婦俱東鄉於尸西今獨云夫人馮者命婦賤不得馮也馮竟乃斂於棺○注子弁至弁絰○正義曰成服則著喪冠此云弁絰是未成服雖以大斂爲文其小斂時子亦弁絰君大夫士之子皆然故雜記云小斂環絰公大夫士一也云弁絰爵弁而素者已具於下檀弓疏云大夫之喪子亦弁絰者案雜記云大夫與殯亦弁絰與他殯事尚弁絰明自爲父母弁絰可知其士則素冠故武叔小斂投冠是諸侯大夫與天子士同　大夫之喪。將大斂。既鋪絞紟衾衣。君至。主人迎。先入門右。巫止于門外。君釋菜。祝先入升堂。君即位于序端。卿大夫即位于堂廉楹西。北面東上。主人房外南面。主婦尸西東面。遷尸。卒斂。宰告。主人降。北面于堂下。君撫之。主人拜稽顙。君降。升主人馮之。命主婦馮之。先入右者入門而右也巫止者君行必與巫巫主辟凶邪也釋菜禮門神也必禮門神者禮君非問疾弔喪不入諸臣之家也主人房外南面大夫之子尊得升視斂也○巫止本或作巫止門外門外衍字耳辟必亦反邪似嗟反【疏】大夫至馮之○正義曰此一經明大夫大斂節也○主人迎者主人適子也聞君至而出門迎君也○先入門右者右門內東邊也適子出門迎君望見馬首不哭不拜而先還入門右北面以待君至也士喪禮云見馬首不哭還入門右北面注云不哭厭於君不敢伸其私恩也○巫止于門外者君臨臣喪巫祝桃茢以辟邪氣今至主人門恐主人惡之故止巫于門外也○士喪禮云巫止於廟門外祝代之巫止祝代具在檀弓疏也○君釋菜者鄭云釋菜禮門神也禮君非問疾弔喪不入諸臣之家故禮門神而入也○祝先入升堂者巫止而祝代入故先於君而入門升自阼階也祝以其事接通鬼神者也○君即位于序端者君隨祝後而升堂即位於東序之端阼階上之東是適子臨斂處也士喪禮云君升自阼階西鄉○主人房外南面者主人鄉者在門右君升則主人亦升立君之北東房之外面鄉南俱欲視斂也遷尸者鄉鋪絞紟衾衣而君至今列位畢故舉尸于鋪衣上也○宰告者亦告主人道斂畢也○主人降北面于堂下者主人得告斂畢事竟故降西階堂下而鄉北立待君也○君撫之者君臣情重方爲分異故斂竟而君以手撫案尸與之別也主人拜稽顙者主人在堂下鄉北見君撫尸故拜稽顙以禮君之恩○君降者君撫尸畢而下堂也○升主人馮之者君馮之已畢降堂而主人升遷馮尸也升主人者君命升之也主人升降皆西階也士喪禮云主人中庭君坐撫當心主人拜稽顙君降西鄉命主人馮尸主人升自西階由足西面馮尸不當君所○命主婦馮之者君亦又命主婦馮尸也○注巫止至斂也○正義曰所以巫止者禮敬主人故不用巫入對尸柩云君非問疾弔喪不入諸臣之家者禮運文也云大夫之子尊得升視斂也者以士喪禮其子不得升今大夫之子將斂之時在房外南面故云大夫之子尊得升視斂也　士之喪。將大斂。君不在。其餘禮猶大夫也。其餘謂卿大夫及主婦之位【疏】士之至大夫也○正義曰此一節明士斂之節士喪卑無恩君不視斂故云君不在也○其餘禮猶大夫也者謂鋪衣列位男女之儀事悉如大夫也君若有大夫來而君在位則卿大夫位亦在堂廉近西也士喪禮云君升主人主人西楹東北面升公卿大夫繼主人東上案彼意則在主人西也　鋪絞紟踊。鋪衾踊。鋪衣踊。遷尸踊。斂衣踊。斂衾踊。斂絞紟踊。目孝子踊節【疏】鋪絞至紟踊○

正義曰此一經明孝子貴賤踊節也

君撫大夫。撫內命婦。大夫撫室老。撫姪娣。撫以手按之也內命婦君之世婦○姪大結反娣大計反君大夫馮父母妻長子。不馮庶子。士馮父母妻長子庶子。庶子有子。則父母不馮其尸。凡馮尸者。父母先。妻子後。目於其親所馮也馮謂扶持服膺○長丁丈反下同膺於陵反君於臣撫之。父母於子執之。子於父母馮之。婦於舅姑奉之。舅姑於婦撫之。妻於夫拘之。夫於妻於昆弟執之。此恩之深淺尊卑之儀也馮之類必當心○奉芳勇反拘音俱一音古侯反馮尸不當君所。不敢與尊者所馮同處○處昌慮反凡馮尸。興必踊。悲哀

悲哀之至馮尸必坐【疏】君撫至必踊○正義曰此一節明撫尸及馮尸之節○君撫大夫者大夫貴故自撫之○撫內命婦者命婦君之世婦撫內命婦則不撫賤者可知也○大夫撫室老撫姪娣者大夫以室老為貴臣以姪娣為貴妾死則為之服故並撫之也既撫姪娣則賤妾不撫也○君大夫馮父母妻長子者君及大夫雖尊而自主此四人喪故同馮之馮父母撫妻子而并云馮通言耳不馮庶子者賤故不得也○士馮父母妻長子庶子者士賤故所馮及庶子也○庶子有子則父母不馮其尸者庶子若有子則父母亦不馮前所馮之庶子是無子者也然君大夫之庶子雖無子並不得馮也○凡馮尸者父母先妻子後者凡主人也父母妻子謂尸之父母妻子也父母尊故馮尸在先妻子卑故馮尸在後○君於臣撫之者此以下目恩深淺尊卑馮撫之異也君尊但以手撫案尸心身不服膺也盧云賤者畧也父母於子執之者盧云執當心上衣也○子於父母馮之者謂服膺心上也○婦於舅姑捧之者盧云尊故捧當心上衣也○舅姑於婦撫之者亦手案尸心與君為臣同也○妻於夫拘之者盧云拘輕於馮重於執也庾云拘者微引心上衣也賀云拘其衣衾領之交也○夫於妻於昆弟執之者為妻及自為兄弟但執之盧無別釋而賀云夫於妻執其心上衣也於兄弟亦執心上衣○馮尸不當君所者所猶處也假令君已馮心則餘人馮者不敢當君所馮之處則宜少避之○凡馮尸興必踊者凡者貴賤同然也馮尸竟則起俱馮必哀殯故起必踊謂之也○注目於其親所馮也○正義曰目於其親謂死者之親馮尸也父母先謂死者父母妻子後是死者之妻子故云目於其親所馮謂題目所馮之人○注此恩至當心○正義曰馮者為重奉次之拘次之執次之尊者則馮奉卑者則撫執執雖輕於撫而恩深故君於臣撫父母於子執是兼有尊卑深淺云馮之類必當心者士喪禮君坐撫當心此下云馮尸不敢當君所明君不撫得當君所也

父母之喪。居倚廬。不塗。寢苫枕凷。非喪事不言。君為廬宮之。大夫士禬之。宮謂圍障之也禬袒也謂不障○倚於綺反苫始占反枕之鴆反凷苦內反禬章善反注同露也障音章下同【疏】父母至禮之○正義曰自此以下至兄不次於弟明君大夫士遭喪斬衰齊衰大功等居廬及堊室至祥禫以來降殺之節各依文解之○此一經論初遭喪君大夫士居廬之禮○居倚廬者謂於中門之外東牆下倚木為廬故云居倚廬○不塗者但以草夾障不以泥塗之也○寢苫枕凷者謂孝子居於廬中寢臥於苫頭枕於凷○非喪事不言者志在悲哀若非喪事口不言說君為廬宮之者謂廬次以帷障之如宮牆大夫士禬之者禬袒也其廬袒露不帷障也案既夕禮注云倚木為廬在中門外東方北戶定本無枕凷字唯有寢苫二字

既葬。柱楣塗廬。不於顯者。君大夫士皆宮之。不於顯者不塗見面○柱張主反楣音眉見賢遍反【疏】既葬至宮之○正義曰既葬柱楣者既葬謂在墓柱楣稍舉以納日光又以泥塗辟風寒○不於顯者言塗廬不塗廬外顯處○君大夫士皆宮之者以大夫士既葬故得皆宮之

凡非適子者。自未葬以於隱者為廬。不欲人屬目故廬於東南角既葬猶然○適丁厤反屬音燭【疏】凡非至為廬○正義曰凡非適子謂庶子也○自未葬以於隱者為廬者既非喪主不欲人所屬目故於東南角隱映處為廬經雖云未葬其實葬竟亦然也

既葬。與人立。君言王事。不言國事。大夫士言公事。不言家事。此常禮也【疏】既葬至家事○正義曰此一經明居喪常禮○既葬與人立者未葬不與人並立既葬後可與人並立也猶不羣耳○君言王事不言國事者君諸侯王天子也既可並立則諸侯可得言於天子之事而猶不自私言己國事也○大夫士言公事不言家事者尊君也大夫士葬後亦得言君事而未可言私事也○注此常禮也○正義曰庾氏云案曾子問三年之喪練不羣立不旅行此言既葬而與人立得為常禮者鄭以下經君既葬王政入於國既卒哭而服王事是權禮故以此經不言國事及不言家事大判為常禮也且曾子問據無事之時故不羣立不旅行此有事須言故與人立也

君既葬。王政入於國。既卒哭而服王事。大夫士既葬。公政入於家。既卒哭。弁絰帶。金革之事無辟也。此權禮也弁絰帶者變喪服而弔服輕可以即事也○辟音避下注猶辟同【疏】君既至辟也○正義曰此一經是權禮也若值國家有事孝子不得遵恒禮故從權事此云既葬謂葬竟未卒哭也○王政入於國者謂王政令之事入於國也○既卒哭而服王事者謂身出為王服金革之事也庾云謂此言君既葬王政便入國俟卒哭乃身服王事前云君言王事謂言荅所訪逮而已王政未入於國也○大夫士既葬公政入於家者亦權事也謂國之政令入大夫家也○既卒哭弁絰帶金革之事無辟也者此謂服國事也弁絰帶者弔服也言卒哭則有弔服今有事不得服已變服而服弔服以從金革之事無所辟也變服重弔服輕故從戎便也此與君互也此言君服弁絰則國君亦弁絰國君言服王事則此亦服國事也但君尊不言奪服耳然此言弁絰帶弁絰謂弔服帶謂喪服要絰明雖弔服而有要絰異凡弔也○注此權禮也○正義曰案曾子問云金革之事無辟也者魯公伯禽有為為之是權禮也

既練。居堊室。不與人居。君謀國政。大夫士謀家事。既祥。黝堊。祥而外無哭者。禫而內無哭者。樂作矣故也。黝堊堊室之節也地謂之黝牆謂之堊外無哭者於門外不哭也內無哭者入門不哭也禫踰月而可作樂作無哭者黝堊或為要期禫或皆作道○黝於糾反堊烏路反又烏各反注同禫大感反道音導【疏】既練至故也○正義曰此一經論練及祥禫之節○不與人居者謂在堊室之中猶不與人居也○君謀國政大夫士謀家事者此常禮也練後漸輕故得自謀已國家事也○既祥黝堊者祥大祥也黝黑也平治其地令黑也堊白也新塗堊於牆壁令白稍飾故也○祥而外無哭者祥亦大祥也外中門外即堊室中也祥之日鼓素琴故中門外不哭也○禫而內無哭者內中門內也禫已縣八音於庭故門內不復哭也○樂作矣故也者二處兩時不哭是並有樂作故也隱義云練後三日一哭也於次在中門外謂堊室也至大祥則不復於外若有弔者則入即位哭是外無哭者○注黝堊至哭者○正義曰黝謂治堊室之地堊謂塗堊室之牆云地謂之黝牆謂之堊者釋宮文云禫踰月而可作樂者檀弓云魯人有朝祥而暮歌者孔子曰踰月則其善也是祥踰月而可作樂也云樂作無哭者以其樂作故無哭如鄭此注之意以祥踰月作樂故禫時無哭矣則經云樂作之文但釋禫時無哭之意不釋祥之無哭皇氏以為祥之日鼓素琴樂作之文釋二處兩時無哭與鄭注違皇說非也定本禫踰月作樂祥字作禫字禫之踰月自然從吉樂作可知恐禫字非也

禫而從御。吉祭而復寢。從御御婦人也復寢不復宿殯宮也○不復扶又反

期。居廬。終喪不御於內者。父在。為母為妻。齊衰期者。大功布衰九月者。皆三月不御於內。婦人不居廬。不寢苫。喪父母。既練而歸。期九月者。既葬而歸。歸謂歸夫家也○期音基下同為母為妻並于偽反下為之賜注為之則為並同【疏】禫而至而歸○正義曰此一經明釋禫節言禫時從御婦人於內也吉祭而後復寢者謂禫祭之後同月之內值吉祭之節祭言祭訖而後復寢若不當四時吉祭則踰月吉祭乃復寢故士虞記云中月禫是月也吉祭猶未配注云是月是禫月也當四時之祭月則祭也亦不待踰月故熊氏云不當四時祭月則待踰月也案間傳既祥復寢與此吉祭復寢不同者彼謂不復宿中門外復於殯宮之寢此吉祭後不復宿殯宮復於平常之寢文雖同義別故此注不復宿殯宮也明大祥後宿殯宮也杜預以為禫而從御謂從政御職事鄭以為御婦人者下文云期居廬終喪不御於內既言不御於內故知此御是御婦人也喪父母既練而歸期九月者既葬而歸○注云歸謂歸夫家也○正義曰女子出嫁為祖父母及兄弟為父後者皆期九月謂本是期而降在大功者案喪服女子為父母卒哭折笄首玄謂卒哭喪之大事畢可以歸於夫家此是既練歸不同者熊氏云喪服注云卒哭可以歸是可以歸之節其實歸在練後也

公之喪。大夫俟練。士卒哭而歸。此公公士大夫有地者也其大夫士歸者謂素在君所食都邑之臣【疏】公之至而歸○正義曰此一經明公士大夫有地之君喪其臣歸之節○公之喪者臣下呼此有地大夫之君為公故云公之喪○大夫俟練者此君下之臣大夫待練而歸○注此公至之臣○正義曰知此公是公士大夫有地者以其臣大夫待練士待卒哭故知非正君若正君案雜記大夫次於公館以終喪士練而歸彼謂正君與此殊故知此非正君云其大夫士歸者謂素在君所食都邑之臣者皇氏云素先也君所食都邑謂

公士大夫之君采地言公士大夫在朝廷而死此臣先在其君所食之采邑故云素在君所食都邑之臣君喪而來服至小祥而各反故云歸也皇氏所解於文爲便然唯據國中而死若在采邑理則不包也熊氏云素在君之所謂此家臣爲大夫者素先在君所食都邑之臣謂家臣不在君所出外食都邑者今君喪皆在若大夫士練及卒哭後素在君所者歸於家素食都邑者歸於都邑若如熊氏解鄭當云素在君所及食都邑之臣今不云及其義疑也

大夫士。父母之喪。既練而歸。朔月忌日。則歸哭于宗室。諸父兄弟之喪。既卒哭而歸。

歸謂歸其宮也忌日死日也宗室宗子之家謂殯宮也禮命士以上父子異宮○上時掌反

〔疏〕大夫至而歸○正義曰此一經明庶子遭喪歸家之節大夫士謂庶子爲大夫夫士也禮命士以上父子異宮故大夫士有父母之喪至小祥各歸其宮也隱義曰大夫士父母之喪既小祥而歸庶子爲大夫士者也適子終喪在殯宮也朔月忌日則歸哭于宗室者朔月朔望也忌日死日也宗室適子家殯宮也雖練各歸至忌日及朔望而歸殯宮也○諸父兄弟之喪既卒哭而歸者諸父諸兄弟並期爲輕故至卒哭而各歸賀氏云此弟謂適弟則庶兄爲之次云至卒哭乃歸也下云兄不次於弟謂庶弟也

父不次於子。兄不次於弟。

謂不就其殯宮爲次而居

〔疏〕父不至於弟○正義曰喪既畢故尊者不居其殯宮次也

君於大夫世婦。大斂焉。爲之賜。則小斂焉。

爲之賜謂有恩惠也

〔疏〕君於至斂焉○正義曰此經以下至君退必奠明君於大夫及士并夫人於大夫士恩賜弔臨主人迎送之節各隨文解之○此一經論君於大夫世婦之禮此世婦謂內命婦大斂爲常爲之恩賜則小斂而往然則君於大夫大斂是常小斂是恩賜案隱元年公子益師卒公不與小斂故不書日者熊氏云彼謂卿也卿則小斂焉爲之賜則未襲而往故昭十五年有事于武宮籥入叔弓卒去樂卒事公羊云君聞大夫之喪去樂卒事而往可也故鄭云去樂卒事而往未襲也是卿未襲而往案柳莊非卿衛君即弔急弔賢也

於外命婦。既加蓋而君至。

於臣之妻略也

〔疏〕於外至君至○正義曰外命婦恩輕故既大斂入棺加蓋之後而君至也則知大夫及世婦未加蓋以前君至也

於士。既殯而往。爲之賜。大斂焉。夫人於世婦。大斂焉。爲之賜。小斂焉。於諸妻。爲之賜。大斂焉。於大夫外命婦。既殯而往。大夫士既殯。而君往焉。使人戒之。主人具殷奠之禮。俟于門外。見馬首。先入門右。巫止于門外。祝代之先。君釋菜于門內。祝先升自阼階。負墉南面。君即位于阼。小臣二人執戈立于前。二人立于後。

殷猶大也朝夕小奠至月朔則大奠君將來則具大奠之禮以待之榮君之來也祝負墉南面直君北房戶東也小臣執戈先後君君升而夾階立大夫殯即成服成服則君亦成服錫衰而往弔之○直如字又音值當也先後悉見反下胡豆反一音並如字夾古洽反

擯者進。

當贊主人也始立門東北面

主人拜稽顙。君稱言。視祝而踊。主人踊。

稱言舉所以來之辭也視祝而踊祝相君之禮當節之也○相息亮反下相君並同

〔疏〕於士至人踊○正義曰此一經明君賜及夫人於大夫士及妻妾恩賜之差又明君弔士大夫之禮○於諸妻爲之賜大斂焉諸妻姪娣及同姓女也同士禮故爲之賜之大斂焉若夫人姪娣尊同世婦當大斂焉爲之賜小斂焉○於大夫外命婦既殯而往者謂夫人於大夫及外命婦既殯而往但有一禮無恩賜差降之事○大夫士既殯而君往焉者君於大夫雖視大斂或有既殯之後而始往與士同也○使人戒之者謂君將往使人豫戒告主人使知之○主人具殷奠之禮者殷大也主人得君之戒告先備具月朔大奠之禮重君之來故也○俟于門外者君來之時主人待於門外○見馬首先入門右者謂見君馬首先君而入門右謂門東北面○祝先升自阼階者君應升自阼階故祝先道君升阼階負墉南面者墉壁也祝先升阼階在君之北立於房戶之東背負辟而鄉南也君即位于阼者主人不敢有其室故君位于阼而西鄉也○小臣二人執戈立于前二人立于後者前後小臣各二人執戈辟邪氣也君升而小臣夾階北面俟君也盧云上言即位于序端此是大夫士既殯而君往禮已成故即位于阼階也○注祝負至弔之○正義曰直君北者直當也君既在阼階祝立當君北在房戶東而南鄉也云小臣執戈先後君君升而夾階立者顧命云夾階上刃是夾階立也云大夫殯即成服者大夫除死日三日殯與成服同日主人既成服故君錫衰而往弔擯者進擯謂贊於主人禮者擯者始在門東北面今君既升阼則此擯者進於孝子前告孝子使行禮也然喪贊曰相而此云擯者以君之弔禮無嫌擯道之義故得以擯言之也○主人拜稽顙者以君臨視故主人于庭中北面拜而稽顙○君稱言者稱舉也君舉其所來之言謂弔辭也舉言既畢當哭踊祝以相君祝先踊君乃視祝而踊君踊畢主人乃踊

大夫則奠可也。士則出俟于門外。命之反奠。乃反奠。卒奠。主人先俟于門外。君退。主人送于門外。拜稽顙。

迎不拜拜送者拜迎則爲君之荅已

君於大夫疾。三問之。在殯。三往焉。士疾。壹問之。在殯。壹往焉。

所以致殷勤也

〔疏〕大夫至往焉○正義曰此一節明君來弔士與大夫其禮不同○大夫則奠可也者君既在阼主人在庭踊畢則釋此殷奠于殯可也言對人君可爲此奠○士則出俟于門外者士畢不敢留君待奠故先出俟君於門外謂君將去也○命之反奠乃反奠者君使人命反設奠士乃反入設奠也○卒奠者設奠畢也○主人先俟于門外者奠畢主人又先出門待君大夫士同然○君退主人送于門外拜稽顙者出去也主人于門外送之而拜也○注迎不至荅已○正義曰案曲禮凡非弔喪非見國君無不荅拜然則喪法孝子拜賓無荅拜之理今者君出孝子雖拜君無荅理而云拜迎則爲君之荅已者以壽常禮敵孝子雖拜賓無荅理今君來臨臣臣既拜迎尊卑禮隔意恐君之荅已故不敢拜迎案僖三十四年有傳宋先代之後於周爲客有喪拜焉者謂其餘諸侯來弔國喪以其卑王不拜之若未來弔王用敵禮拜謝之亦是主人拜賓之義也

君弔。則復殯服。

復反也反其未殯未成服之服新君事也謂臣喪既殯後君乃始來弔也復或爲服

〔疏〕君弔至殯服○正義曰謂臣喪大斂與殯之時君有故不得來至殯後主人已成服而君始來弔主人則復殯服者復反也殯服謂殯時未成服之服主人于時反服此服新君之事其服則首絰免布深衣也不散帶故小記云君弔雖不當免時也主人必免不散麻注云爲人君變貶於大斂之前既啓之後也

夫人弔於大夫士。主人出迎于門外。見馬首。先入門右。夫人入。升堂即位。主婦降自西階。拜稽顙于下。夫人視世子而踊。奠如君至之禮。夫人退。主婦送于門內。拜稽顙。主人送于大門之外。不拜。

視世子而踊世子從夫人夫人以爲節也世子之從夫人位如祝從君也

〔疏〕夫人至不拜○正義曰此一經明夫人弔臣禮○先入門右者門亦大門也謂孝子迎君之妻禮亦如迎君禮也○夫人入升堂即位者亦升阼階西鄉如君也○主婦降自西階拜稽顙于下者主婦臣妻也既夫人來弔故婦人爲主人當夫人升堂即位時而主婦從西階而下拜稽顙於堂下如男主也○夫人視世子而踊者世子夫人之世子隨夫人來也夫人來弔則世子在前道引其禮如祝道君也○奠如君至之禮者亦先戒乃具殷奠夫人即位哭後主婦拜竟而設奠事如君弔禮者若士則亦主人先出門而聽命反奠也○夫人退主婦送于門內拜稽顙者門寢門也婦人迎送不出門故夫人去於路寢門內而拜送之而不拜迎而拜送之義與君同也○主人送于大門之外不拜者亦如送君也而不拜者喪無二主主婦已拜故主人不拜

大夫君不迎于門外。入即位于堂下。主人北面。衆主人南面。婦人即位于房中。若有君命。命夫命婦之命。四鄰賓客。其君後主人而拜。

入即位于下不升堂而立阼階之下西面下正君也衆主人南面於其北婦人即位於房中君雖不升堂猶辟之也後主人而拜者將拜賓使主人陪其後而君前拜不俱拜者主人無二也○下正戶嫁反

〔疏〕大夫至而拜○正義曰此一節明大夫君之禮不迎于門外者既於正君謂大夫下臣稱大夫爲君故曰大夫君也入即位于堂下者阼階下也大夫君入寢門不得升堂乃即阼階下位而西鄉也○主人北面者主人適子也其君既即阼階下位故適子辟之位所以在君之南北面也○衆主人南面婦人即位于房中者婦人之位在堂其君既來故婦人並爲位于東房中也然此言婦人即位房中非止大夫之君亦揔正君來禮如此也又不言大夫之君妻來者當同夫人禮也又前君臨大斂云主婦戶西不言辟者大斂哀深故不辟君今既殯後哀殺故辟也亦與前互也○若有君命命夫命婦之命四鄰賓客其君後主人而拜者君當此大夫君來弔時或有其本國之君命或有國中大夫命婦之命或有昔經使四鄰之國卿大夫遣使來弔若或有此諸賓在庭則此大夫之君代主人拜命及拜諸賓也所以爾者喪用尊者拜賓故也君雖代爲主拜賓而猶不敢同於國君專代爲主故以主人倍置君之後也主人在君

後而拜謂君先拜主人後拜也○注婦人至二也○正義曰婦人即位于房中者東房中也君雖不升堂猶辟之也者以婦人合在戶西東面君來升堂婦人辟之在房中今大夫君來雖不升堂婦人猶辟之於房中也然案未大斂之前君雖來主婦猶在戶西其既殯已後君來雖不顯婦人之位今此大夫君云婦人即位房中明正君既殯而來婦人亦即位房中也故云猶辟之云而君前拜不俱拜者主人無二也者以經云其君後主人而拜是君在前主人在後又君拜在前主人拜在後是主人立與拜皆在君後不與君同時拜君既爲主當推君在前故云主人無二也

君弔。見尸柩而后踊。塗之後雖往不踊也踊或爲哭或爲浴【疏】君弔至后踊○正義曰君弔臣雖見尸柩乃踊者若不見尸柩則不踊案前文既殯君往視祝而踊殯後有踊者皇氏云雖殯未塗則得踊故鄭此注云塗之後雖往不踊也是既殯未塗得有踊也

大夫士。若君不戒而往。不具殷奠。君退必奠。榮君之來【疏】大夫至必奠○正義曰君不先戒故臣不得具殷奠○君退必奠者君來不先戒當時雖不得殷奠而君去後必設奠告殯以榮君來故也

君大棺八寸。屬六寸。椑四寸。上大夫大棺八寸。屬六寸。下大夫大棺六寸。屬四寸。士棺六寸。大棺棺之在表者也檀弓曰天子之棺四重水兕革棺被之其厚三寸杝棺一梓棺二四者皆周此以內說而出也然則大棺及屬用梓椑用杝以是差之上公革棺不被三重也諸侯無革棺再重也大夫無椑一重也士無屬不重也庶人之棺四寸上大夫謂列國之卿也趙簡子云不設屬椑時僭也○屬音燭後皆同椑步歷反重直龍反下同兕詞履反被皮義反下同厚戶豆反杝以支反差初佳反徐初宜反僭子念反【疏】君大至六寸○正義曰此一節以下至篇末揔論君大夫士等棺椁及飾棺之異并碑綍之殊各依文解之○此一經論君大夫士等棺椁厚薄之制禮天子之棺四重故檀弓云水兕革棺被之其厚三寸杝棺一注云所謂椑棺梓棺二注云所謂屬與大棺然則天子四重之棺都合厚二尺四寸也若上公棺則去水皮所餘三重合厚二尺一寸也若侯伯子男則又去兕皮但餘三棺爲二重合厚一尺八寸也若上大夫則又去椑所餘屬六寸及大棺八寸爲一重合厚一尺四寸若下大夫亦有屬四寸及大棺六寸但寸數減耳大棺六寸屬四寸合厚一尺也若士則不重雖大棺六寸也○君大棺八寸屬六寸椑四寸者屬六寸椑四寸二者合一尺就大棺八寸爲一尺八寸○上大夫大棺八寸屬六寸去椑四寸所餘二種合爲一尺四寸○下大夫大棺六寸屬四寸者各減二寸合餘一尺也○士棺六寸者無屬雖大棺六寸也○注大棺至僣也○正義曰以名大棺故知在表云四者皆周者謂水兕革棺杝棺梓棺等皆周於戶帷椁不周此以內說而出也者謂檀弓此文從內而說以次出外而謂近戶有水革次外有兕革次外有椑次外有屬次外有大棺云然則大棺及屬用梓椑用杝者以檀弓云杝棺一梓棺二從內出外而言此先云大棺及屬乃始云椑是從外鄉內而說故知大棺及屬當梓棺也椑當杝棺也云上公革棺不被三重也者以天子四上公三去其一重故知革棺不被但有兕也云諸侯無革棺再重也者以此經但云君大棺屬椑不云革故知無革棺也此君謂侯伯子男也此經上下大夫但云大棺與屬無椸椑是大夫無椑一重也經唯云士棺六寸是士無屬不重也案檀弓孔子爲中都宰制四寸之棺五寸之椁是庶人之棺四寸云趙簡子云不設屬椑時僭也者案哀公二年趙簡子與鄭師戰于鐵簡子自誓云桐棺三寸不設屬辟下卿之罰也案此大夫依禮無椑趙簡子所云罰始無椑故知當時大夫常禮用椑是時僭也

君裏棺用朱綠。用雜金鐕。大夫裏棺用玄綠。用牛骨鐕。士不綠。鐕所以琢著裏○鐕子南反釘也椓陟角反本又作琢著直略反【疏】君裏至不綠○正義曰此一經明裏棺之制裏棺謂以繒貼棺裏也朱繒貼四方以綠繒貼四角定本經中綠字皆作琢琢謂鐕琢朱繒貼著於棺也○用雜金鐕者鐕釘也舊說云用金釘又用象牙釘雜之以琢朱綠着棺也釋義云朱綠皆繒也雜金鐕尚書曰貢金三品黃白青色○大夫裏棺用玄綠者四面玄四角綠○用牛骨鐕者不用牙金也○士不綠者悉用玄也亦同大夫用牛骨鐕不言從可知也

君蓋用漆。三衽三束。大夫蓋用漆。二衽二束。士蓋不用漆。二衽二束。用漆者塗合牝牡之中也衽小要也○要一遙反下同【疏】君蓋至二束○正義曰此一經明衽束之數○君蓋用漆者蓋棺上蓋用漆謂漆其衽合縫處也○三衽三束者衽謂燕尾合棺縫際也束謂以皮束棺也棺兩邊各三衽每當衽上輒以牛皮束之故云三衽三束也○大夫蓋用漆二衽二束者亦漆衽合縫處也大夫士橫衽有束每衽有束故云二衽二束也○士蓋不用漆○二衽二束者士卑故不漆也言二衽二束者與大夫同檀弓云棺束縮二衡三者據君言也若大夫士橫唯二束此文是也故鄭注司士云結披必當棺束於束繫紐天子諸侯載柩三束大夫士二束喪大記曰君纁披六大夫披四前纁後玄士二披用纁人君禮文欲其數多圍數兩旁言六耳其實旁三是也皇氏不見鄭之此注以爲此經大夫士二衽二束者據披從束而言其橫皆爲三束其義非也

君大夫髺爪。實于綠中。士埋之。綠當爲角聲之誤也角中謂棺內四隅也髺亂髮也將實爪髮棺中必爲小囊盛之此綠或爲篹○髺音舜爪側巧反囊乃剛反徐音託盛音成篹叟口反【疏】君大至埋之○正義曰此一節明髺爪之異○實于綠中者綠即棺角也其死者亂髮及手足之爪盛于小囊實于棺角之中士埋之者士賤亦有物盛髮爪而埋之○注綠當爲角○正義曰知綠當爲角者上文綠爲色以飾棺裏非藏物之處以綠與角聲相近經云綠中故讀綠爲角

君殯用輴。欑至于上。畢塗屋。大夫殯以幬。欑置于西序。塗不暨于棺。士殯見衽。塗上帷之。欑猶菆也屋殯上覆如屋者也幬覆也暨及也此記參差以檀弓參之天子之殯居棺以龍輴欑木題湊象椁上四注如屋以覆之盡塗之諸侯輴不畫龍欑不題湊象椁其他亦如之大夫之殯廢輴置棺西牆下就牆欑其三面塗之不及棺者言欑中狹小裁取容棺然則天子諸侯差寬大矣士不欑掘地下棺見小要耳帷之鬼神尚幽闇也士達於天子皆然幬或作錞或作埻○輴勑倫反欑才冠反下同幬音道注同暨其器反注同見賢遍反注同菆才工反本亦作叢參初金反差初宜反題音啼湊七豆反注徐之樹反下同差寬初賣反又初佳反掘其越反又其勿反錞徒對反又徒卧反又徒偎反埻依字支允反又支悶反徐都卧反沈都雷反【疏】君殯至帷之○正義曰此一經明尊卑殯之制度○君殯用輴者君諸侯也殯時置棺於輴內○欑至于上者以木欑輴至於棺上畢塗屋者畢盡也此所欑殯之大有似屋形欑之既訖盡塗其屋也○大夫殯以幬者幬覆也謂棺衣覆之也大夫言幬覆則王侯並幬覆也謂棺衣覆之言大夫幬即加斧之類是也○欑置于西序者屋堂西頭壁也大夫不輴又不四面欑以一面倚西壁而三面欑之又上不爲屋也○塗不暨于棺者暨及也王侯至之而欑廣去棺遠大夫亦塗而欑狹去棺近裁使塗不及棺故云不暨棺也○士殯見衽塗上帷之者士掘肂見衽其衽之上所出之處亦以木覆上而塗之故謂塗上也士喪禮云乃塗注云以木覆棺上而塗之爲火備也帷之者帷障也貴賤悉然故朝夕哭乃徹帷也○注欑猶至皆然正義曰云欑猶菆也者謂菆聚其木周於外也云屋殯上覆如屋者也解經畢塗屋屋是殯上之覆形似於屋故云如屋云此記參差者謂記此大記之文其事參差若君據天子應稱龍輴不得直云殯用輴若君據諸侯不得云欑至于上畢塗屋其文或似天子或似諸侯故云參差云以檀弓參之檀弓云天子之殯菆塗龍輴以椁故知天子殯居棺以龍輴又云以椁故知欑木題湊象椁云上四注如屋以覆之者謂上以四注垂而鄉下如似屋簷以覆其上云盡塗之者謂四邊及上皆塗之云諸侯輴不畫龍欑不題湊象椁者以檀弓唯云天子龍輴此經直云君殯用輴不云龍是諸侯不龍也謂不畫輴爲龍檀弓唯云天子菆塗龍輴以椁則知諸侯不題湊象椁云其他亦如之者除此龍輴題湊象椁之外其他亦如之其他謂菆木畢塗屋亦如天子也必知天子椁四阿者成二年左傳云宋文公卒椁有四阿是僭天子禮但凡殯之禮天子先以龍輴置於客位殯處然後從阼階舉棺於輴中輴外以木菆輴之四邊木高於棺乃從上加綃黼於棺上然後以木題湊頭也湊鄉也謂以木頭相湊鄉內也象椁上之四注以覆之如屋形以泥塗之於屋之上又加席三重於殯上其諸侯則居棺以輴亦菆木輴外木高於棺後加布幕於棺上又菆木於塗上不題湊象椁也雖不象椁亦中央高似屋形但不爲四注故經云畢塗屋揔包君也塗上加席三重云大夫之殯廢輴者案下檀弓云三臣廢輴據殯時也是大夫之殯廢輴云欑中狹小裁取容棺者以經云塗不暨于棺明其狹小卑者既狹則知天子諸侯差寬大矣云士達於天子皆然者謂皆帷之

熬。君四種八筐。大夫三種六筐。士二種四筐。加魚腊焉。熬者煎穀也將塗設於棺旁所以惑蚍蜉使不至棺也士喪禮曰熬黍稷各二筐又曰設熬旁各一筐大夫三種加以粱君四種加以稻四筐則手足皆一其餘設於左右○熬五羔反種章勇反下及注同筐音匡腊音昔蚍音毗蜉音浮【疏】熬君至腊焉○正義曰此一經明熬穀之異熬者謂火熬其穀使香欲使蚍蜉聞其香氣食穀不侵尸也○加魚腊焉者魚腊謂乾腊案特牲士腊用兔少牢大夫腊用麋天子諸侯無文當用六獸之屬亦爲惑蚍蜉○注士喪至左右○正義曰此云士二種四筐士喪禮熬黍稷各二筐文與此同故引之又引士喪禮云設熬旁一筐者謂設熬之處云大夫三種加以粱者以曲禮云歲凶大夫不食粱明豐年常食粱故知大夫加以粱公食大夫禮黍稷稻粱云君四種加以稻四筐則手足皆一者當以士喪四筐設熬旁各一筐則兩旁有兩筐首有一筐足有一筐也云其餘設於左右者兩旁在首足以外皆設於左右旁也

飾棺。君龍帷。三池。振容。黼荒。火三列。黼三列。素錦褚。加

僞荒。纁紐六。齊五采。五貝。黼翣二。黻翣二。畫翣二。皆戴圭。魚躍拂池。君纁戴六。纁披六。大夫畫帷。二池。不振容。畫荒。火三列。黻三列。素錦褚。纁紐二。玄紐二。齊三采。三貝。黻翣二。畫翣二。皆戴綏。魚躍拂池。大夫戴前纁後玄。披亦如之。士布帷布荒。一池。揄絞。纁紐二。緇紐二。齊三采。一貝。畫翣二。皆戴綏。士戴前纁後緇。二披用纁。

飾棺者以華道路及壙中不欲衆惡其親也荒蒙也在旁曰帷在上曰荒皆所以衣柳也士布帷布荒者白布也君大夫加文章焉黼荒緣邊爲黼文畫荒緣邊爲雲氣火黻爲列於其中耳僞當爲帷或作于聲之誤也大夫以上有褚以襯覆棺乃加帷荒於其上紐所以結連帷荒者也池以竹爲之如小車笭衣以青布柳象宮室縣池於荒之爪端若承霤然云君大夫以銅爲魚縣於池下揄揄翟也青質五色畫之於絞繒而垂之以爲振容象水草之動搖行則又魚上拂池雜記曰大夫不揄絞屬於池下是不振容也士則去魚齊象車蓋蕤縫合雜采爲之形如瓜分然綴貝落其上乃旁戴之言值也所以連繫棺束與柳材使相值因而結前後披也漢禮翣以木爲筐廣三尺高二尺四寸方兩角高衣以白布畫者畫雲氣其餘各如其象柄長五尺車行使人持之而從既窆樹於壙中檀弓曰周人牆置翣是也綏當爲緌讀如冠蕤之蕤蓋五采羽注於翣首也○黻音弗褚張呂反下同僞依注讀爲帷位悲反齊如字徐才細反翣所甲反戴丁代反下及注同披彼義反徐甫髲反下同綏依注爲緌音蕤耳佳反下同揄音遥注同紐女九反緇側其反壙古晃反惡烏路反衣於既反下衣以同以上時掌反下魚上同笭音零縣音玄下皆同搖音遥一音以照反去起呂反車蓋蕤絶句一讀以蕤向下爪古華反分扶問反又皮覓反又夫云反壙古曠反高古報反又如字長直諒反又如字後放此從才用反

〖疏〗飾棺至用纁○正義曰此一經明葬時尊卑棺飾○君龍帷者君諸侯也帷柳車邊障也以白布爲之王侯皆畫爲龍象人君之德故云龍帷也○三池者諸侯禮也池謂織竹爲籠衣以青布挂著於柳上荒邊爪端象平生宮室有承霤也天子生有四注屋四面承霤柳亦四池象之諸侯屋亦四注而柳降一池闕於後一故三池也○振容者振動也容飾也謂以絞繒爲之長丈餘如幡畫幡上爲雉縣於池下爲容飾車行則幡動故曰振容○黼荒者荒蒙也謂柳車上覆謂鼈甲也緣荒邊爲白黑斧文故云黼荒○火三列者列行也於鼈甲黼文之上荒中央又畫爲火三行也火形如半環也○黻三列者又畫爲兩已相背爲三行也○素錦褚者素錦白錦也褚屋也於荒下又用白錦以爲屋也葬在路象宮室也故雜記云素錦以爲屋而行即褚是也○加僞荒者帷是邊牆荒是上蓋褚覆竟而加帷荒於褚外也纁紐六者上蓋與邊牆相離故又以纁爲紐連之相著旁各三凡用六紐故云纁紐六也○齊五采者謂鼈甲上當中央形員如華蓋高三尺徑二尺餘五采謂人君以五采繒衣之列行相次故云五采也○五貝者又連貝爲五行交絡齊上也○黼翣二黻翣二畫翣二者翣形似扇以木爲之在路則障車入椁則障柩也凡有六枚二畫爲黼二畫爲黻二畫爲雲氣諸侯六天子八禮器云天子八翣諸侯六大夫四鄭注縫人云漢禮器制度飾棺天子龍火黼黻皆五列又有龍翣二其戴皆加璧也○皆戴圭者謂諸侯六翣兩角皆戴圭玉也○魚躍拂池者凡池必有魚故此車池縣絞繒又縣銅魚於池下若車行則魚跳躍上拂池也隱義曰振容在下是魚在振容間○君纁戴六者事異飾棺故更言君也纁戴謂用纁帛繫棺紐著柳骨也謂之戴者戴值也使棺堅值棺横束有三亦每一束兩邊輒各屈處爲紐三束有六紐今穿纁戴於紐以繫柳骨故有六戴也○纁披六者纁謂亦用絳帛爲之以一頭繫所連柳纁戴之中而出一頭於帷外人牽之每戴繫之故亦有六也謂之披者若牽車登高則引前以防軒車適下則引後以防翻車欹左則引右欹右則引左使車不傾覆也大夫畫帷者不得爲龍畫爲雲氣○二池者不得三故二也庾云兩邊而已賀云前後各一不振容者謂不以揄絞屬於池下爲振容故云不振容也其池上揄絞則有也○畫荒者不爲斧而爲雲氣也○火三列黼三列素錦褚者與君同也○纁紐二玄紐二者不得六故用四以連四旁也不并一色故二爲纁二爲玄也○齊三采者絳黃黑也○三貝者又降二也○黻翣二畫翣二者降兩黼也○皆戴綏者翣角不圭但用五采羽作緌注翣兩角也○魚躍拂池者無絞縣而有縣銅魚也○大夫戴前纁後玄者事異故更言大夫也降人君故不並用纁也其數與披同用四也○披亦如之者色及數悉與戴同也○士布帷布荒者士帷及荒者白布爲之而不畫也○一池者唯一池在前也○揄絞者亦畫揄雉於絞在於池上而池下無振容知者大夫既不振容明士亦不振容於池下○纁紐二緇紐二者又降玄用緇也猶用四連四旁○齊三采者與大夫同也○一貝者又降二行但一行絡之耳○畫翣二皆戴綏者又降二黻也池上翣悉綏故云皆也○士戴前纁後緇者事異故直言士也戴當棺束每束各在兩邊前頭二戴用纁後頭二戴用緇通兩邊爲四戴舉一邊即兩戴也○二披用纁者據一邊前後各一披故云二披用纁若通兩旁則亦四披也○注飾棺至首也○正義曰以華道路及壙中者以翣入壙中則知餘物堪入壙中者皆入云荒蒙也者以爾雅荒蒙俱訓爲奄故得爲蒙云皆所以衣柳也者謂木材有此帷荒在外衣覆之故云皆所以衣柳云黼荒緣邊爲黼文畫荒緣邊爲雲氣者既云黼荒畫荒又云火三列黻三列火黻既爲三列其處寬宜在荒之中央則知黼之與畫宜在荒之外畔云僞當爲帷或作于者僞字與帷聲相近又諸本僞字作于者于帷聲又相近因聲相近而遂誤作僞字或作于字故云聲之誤也云紐所以結連帷荒者荒在上帷在旁屬紐以結之與束棺屬披之紐別也故鄭注司士云謂結披必當棺束於束繫紐是披紐與此異也云池以竹爲之如小車笭衣以青布者鄭以漢之制度而知如小車笭者以小車之箱必猶狹長故云如小車笭云縣池於荒之爪端若承霤然云者荒之爪謂荒之材出外若人之指爪而縣此池於荒之爪端其池若宮室之承霤然云云語辭也云以銅爲魚縣於池下者以參漢之制度而知也云揄揄翟也青質五色者爾雅釋鳥文經云揄絞故知畫揄於絞繒也經云振容故知垂之以爲振容象水草之揄搖云行則又魚上拂池者以經云魚躍拂池躍是鄉上之各非行不動故知行則魚上拂池引雜記曰大夫不揄絞屬於池下是不振容也者此經不云不振容雜記云大夫不揄絞屬於池下若屬於大池則振容不屬於池下是不振容也云士則去魚者言士同大夫不振容更又去魚故云士則去魚此云士揄絞明大夫亦揄絞但大夫不以揄絞屬於池下爲振容而皇氏不明解鄭之此旨謂大夫不揄絞而有銅魚士無銅魚而有揄絞以爲魚陰而絞陽大夫偪君故奪其陽不奪其義一何疏妄之甚云齊象車蓋蕤者此車蓋四面有垂下蕤今此齊形象此車蓋及蕤謂上象車蓋旁象蓋蕤云縫合雜采爲之形如爪分然者言齊形既圓上下縫合雜采豎有限礙如爪內之子以礙爲分限然也皇氏云如虎掌之爪皮外其色有部分若然此注唯據班爪事恐不合耳云所以連繫棺束與柳材使相值因而結前後披者謂用此戴索連繫棺束之紐與外畔柳材使相當值謂連棺著柳將披一頭以結此戴更垂披頭鄉外使人執之備柩車傾動云以木爲筐者謂以木爲翣之筐若門戶四面筐也云廣三尺高高二尺四寸方兩角高者謂廣方正不圓曲也云綏當爲緌至翣首也者以周禮夏采掌染鳥羽爲夏翟之色故名夏采其職掌復建綏故知綏五采羽注翣首謂翣之兩角諸侯則戴以圭

君葬用輴。四綍二碑。御棺用羽葆。大夫葬用輴。二綍二碑。御棺用茅。士葬用國車。二綍無碑。比出宮。御棺用功布。

大夫廢輴此言輴非也輴皆當爲載以輇車之輇聲之誤也輇字或作團是以文誤爲國輇車柩車也尊卑之差也在椁曰綍行道曰引至壙將窆又曰綍而設碑是以連言之碑桓楹也御棺居前爲節度也士言比出宮用功布則出宮而止至壙無矣綍或爲率○輴依注音輇市專反下同王勅倫反綍音弗碑彼皮反御棺一本作御柩葆音保用國依注亦作輇市專反王如字云一國所用比必例反注同柩尹九反引音胤率音律

〖疏〗君葬至功布○正義曰此一經明葬時在路尊卑載柩之車及碑綍之等君葬用輴者諸侯載柩在路而用輴當用輇車用輴非也○四綍二碑者綍有四條條有二所用此諸侯也天子則六綍四碑○御棺用羽葆者雜記云諸侯用匠人執羽葆以鳥羽注於柄末如蓋而御者執之居前以指麾爲節度也○大夫葬用輴者言輴非亦當爲輇也○二綍二碑者碑各一孔樹於壙之前後綍各穿之也○士葬用國車者國亦當爲輇也二綍無碑者手縣下之○比出宮御棺用功布者比出宮謂柩在宮牆內也功布大功布也士用大功布爲御也大夫用茅自廟至墓士卑御自廟至大門牆內而止出路便否至墓不復御也隱義云羽葆功布等其象皆如麾○注大夫至無矣○正義曰鄭引大夫廢輴此經云葬用輴與檀弓違故云此言輴非也云輴皆當爲載以輇車之輇者謂經云君葬用輴大夫葬用輴此二輴皆當爲載以輇車之輇讀從雜記之文謂君及大夫皆載以輇車明不以輴也必知非輴者以此文云士葬用國車國字與圍字相似因誤耳圍與輇聲相類輇則蜃車也在路載柩尊卑同用蜃車故知經云輴者非也輴國皆當爲輇云尊卑之差也在棺曰綍者皇氏云天子諸侯以下載柩車同皆用輇也其尊卑之差異在於棺飾耳則前經棺飾是尊卑異也熊氏云尊卑之差謂此經君四綍二碑御棺用羽葆大夫二綍二碑御棺用茅士葬用二綍無碑御棺用功布失鄭注意其說非也云行道曰引至壙將窆又曰綍而設碑是以連言之者此一經所論在道之時未論窆時下棺之節既是在塗經當應云引而云綍與碑皆其初時在塗後遂窆葬因在塗連言窆時故云是以連言之至窆時下棺天子則更載以龍輴故遂師注云蜃車柩路也行至壙乃設奠復載以龍輴是天子殯用龍輴至壙去蜃車載以龍輴以此約之則諸侯殯以輴葬則用輴明矣若大君唯朝廟用輴殯則不用輴葬時亦無輴也士則殯不用輴朝廟得用輴軸若天子元士葬亦用輴軸與大夫異禮有損之而益之也云碑

桓楹也者，下檀弓云三家視桓楹，是僭也。則天子用大木爲碑，謂之豐碑；諸侯則樹兩大木爲碑，謂之桓楹。此經君稱二綍二碑，故云桓楹也，謂每一碑樹兩楹。云士言比出宮用功布，則出宮而止，至壙無矣者，以士卑，故出宮在路，無御柩之物。

凡封。用綍去碑負引。君封以衡。大夫士以咸。君命毋譁。以鼓封。大夫命毋哭。士哭者相止也。

封周禮作窆窆下棺也此封或皆作斂檀弓曰公輸若方小斂般請以機封謂此斂也然則棺之入坎爲斂與斂尸相似記時同之耳咸讀爲緘凡柩車及壙說載除飾而屬紼於柩之緘又樹碑於壙之前後以紼繞碑間之鹿盧輓棺而下之此時棺下窆使輓者皆繫紼而繞要負引舒縱之備失脫也用紼去碑者謂縱下之時也衡平也人君之喪又以木橫貫緘耳居旁持而平之又擊鼓爲縱舍之節大夫士旁牽緘而已庶人縣窆不引紼也禮唯天子葬有隧今齊人謂棺束爲緘繩咸作爲械○封依注作窆彼驗反下及注機封同咸依注讀爲緘古鹹反毋音無下同譁音華說吐活反輓音晚繞而沿反要一遥反縱子用反下同舍音捨隧音遂延道也械古咸反一本作緘【疏】凡封至止也○正義曰此一經論尊卑下棺之制○凡封用綍去碑負引者封當爲窆窆謂下棺下棺之時將綍一頭以繫棺緘又將一頭繞碑間鹿盧所引之人在碑外背碑而立負引者漸漸應鼓聲而下故云用綍去碑負引也○君封以衡者諸侯禮大物多棺重恐棺不正下棺之時別以大木爲衡貫穿棺束之緘平持而下備傾頓也○大夫士以咸者大夫士無衡使人以綍直繫棺束之緘而下於君也○君命無譁以鼓封者謂君下棺時命令衆人無得諠譁以擊鼓爲窆時縱捨之節無二鼓輒縱綍也○大夫命毋哭者大夫卑不得擊鼓直命入使無哭耳○士哭者相止也者士又卑不得施教令直以哭者自相止○注封周至緘繩○正義曰此封或皆作斂者謂禮記餘本此經中封字皆作斂字者鄭以窆有斂義故引檀弓之文斂般請以機窆故云謂此斂也云然則棺之入坎爲斂以斂尸相似記時同之耳者以下棺與斂尸相似故作記之時他本同稱斂故下棺亦以爲斂也云屬紼於柩之緘者至壙說載除飾之後謂解此屬車之綍繫於柩之緘束之繩云又樹碑於壙之前後以紼繞碑間之鹿盧輓棺而下之者諸侯四綍二碑前後二紼各繞前後二碑之鹿盧其餘兩綍於壙之兩旁人輓之而下其天子則下檀弓注云天子六綍四碑前後各重鹿盧如鄭此注天子紼既有六碑但有四故以前碑後碑各鹿盧每一碑用二綍前後用四綍其餘兩綍繫於兩旁之碑案下檀弓注云諸侯之綍不云前後重鹿盧則諸侯之碑前後不重鹿盧也前碑後碑各用一紼其餘二紼在旁人持而下棺也經云綍去碑謂前後綍耳其在旁之綍無碑也故前經士二綍無碑也是綍有人持之法不要在碑也案檀弓注云前後重鹿盧唯據天子皇氏云諸侯亦有前後重鹿盧四紼繫於前後二碑旁邊無綍既違鄭注下棺又危其義恐非也云禮唯天子葬有隧者案僖二十五年左傳云晉侯請隧王弗許曰王章也是隧爲天子典章諸侯請故知天子有隧也杜元凱注左傳闕地通路曰隧諸侯皆懸柩而下路則輴也故遂師注云至壙說載除飾更復載以龍輴是載以輴入隧道皇氏云棺從而下遂以納明器其說兼路也云今齊人謂棺束爲緘繩者以今人之語證經緘是束棺之物

君松椁。大夫柏椁。士雜木椁。

椁謂周棺者也天子柏椁以端長六尺夫子制於中都使庶人之椁五寸五寸謂端方也此謂尊者用大材卑者用小材耳自天子諸侯卿大夫士庶人六等其椁長自六尺而下其自五寸而上未聞其差所定也抗木之厚蓋與椁方齊天子五重上公四重諸侯三重大夫再重士一重○而上時掌反抗苦浪反徐戶剛反重直龍反下同【疏】君松至木椁○正義曰此一經明所用椁木不同○君松椁者君諸侯也諸侯用松爲椁材也盧云以松黃腸爲椁盧云黃腸松心也○大夫柏椁者以柏爲椁不用黃腸下天子也○士雜木椁者士卑不得同君故用雜木也○注椁謂至一重○正義曰天子柏椁以端長六尺夫子制於中都使庶人之椁五寸五寸謂端方也者鄭以椁木長短及厚薄無文故引柏椁以端長六尺明椁材每段長六尺也又庶人厚五寸者欲明椁材每段厚薄廣狹五寸也故云謂端方也端頭也謂材頭之方天子長六尺謂尊者用大材庶人方五寸而卑者用小材云六等其椁長自六尺而下其方自五寸而上未聞其差所定也者天子既六尺而下未知諸侯卿大夫士庶人節級之數庶人自五寸而上未知士及大夫卿與諸侯天子差益之數故云未聞其差所定案檀弓柏椁以端長六尺注云其方蓋一尺以此差之諸侯方九寸卿方八寸大夫七寸士六寸庶人五寸雖有此約又無正文可定云抗木之厚蓋與椁方齊者以椁繞四旁抗木在上俱在於外故疑厚薄齊等云天子五重以下者據抗木之數言之故禮器天子五重八翣是也每一重縮二在下橫三在上故既夕注云象天二合地二也○

棺椁之間。君容柷。大夫容壺。士容甒。

間可以藏物因以爲節○柷昌六反甒音武【疏】棺椁至容甒○正義曰此一經明棺椁之間廣狹所容也○君容柷者柷如漆筩是諸侯棺椁間所容也若天子棺椁間則差寬大故司几筵云柏席用萑玄謂柏椁字摩滅之餘椁席藏中神坐之席是也諸侯棺椁間亦容席故司几筵云柏席諸侯則紛純稍狹於天子故此云容柷○大夫容壺者壺是漏水之器大夫所掌日士容甒者甒盛酒之器士所用也

君裹椁虞筐。大夫不裹椁。士不虞筐。

裹椁之物虞筐之文未聞也【疏】君裹至虞筐○正義曰盧氏雖有解釋鄭云未聞今畧盧氏不錄也

附釋音禮記注疏卷第四十五　惠棟挍宋本禮記正義卷第五十四

禮記注疏卷四十五挍勘記

阮元撰盧宣旬摘錄

喪大記

大斂布絞節

大斂至無紞　惠棟挍宋本無此五字

至大斂又各加一衾　閩監毛本同惠棟挍宋本至上有今字

小斂之衣節

君衣尚多　惠棟挍宋本宋監本岳本同嘉靖本同衞氏集說同閩本衣字滅監毛本衣誤不

國君陳衣及斂　閩本同考文引宋板同監毛本及誤乃

君親屬有衣相送　閩監毛本同考文云宋板君作若衞氏集說同

袍必有表節

袍必至一稱　惠棟挍宋本無此五字

爵弁服皮弁服褖衣注衣注云　惠棟挍宋本無注衣二字衞氏集說同此本誤衍閩監毛本作褖衣純衣注云並誤

凡斂者袒節

凡斂至是斂　惠棟挍宋本無此五字

并引士喪禮商頌祝主斂　惠棟挍宋本無頌字此本誤衍閩監毛本同

君錦冒節

君錦至冒也　惠棟挍宋本無此五字

熊氏分質字屬下爲句　惠棟挍宋本作分質字屬上殺字屬下爲句續通解同此本上殺字屬四字脫閩監毛本同

君將大斂節

君將至如之　惠棟挍宋本無此五字

故在堂下而向北　閩監毛本同惠棟挍宋本向作鄉衞氏集說同按下作鄉南此亦當作鄉北

宰告者大宰也　惠棟挍宋本同閩監毛本者下有宰字

大夫之喪節

先入門右巫止于門外　各本同石經同山井鼎云古本先入門右無門字巫止于門外無于門外三字與注合按釋文出巫止云本或作巫止門外門外衍字耳

大夫至馮之　惠棟挍宋本無此五字

君撫大夫節

撫以手按之也　閩本同惠棟挍宋本同岳本同嘉靖本同監毛本按作案衞氏集說同

凡馮尸與必踊　各本同坊本必誤於

悲哀悲哀之至　惠棟挍宋本悲哀二字不重宋監本岳本嘉靖本衞氏集說同此本誤衍閩監毛本同

君撫至必踊　惠棟挍宋本無此五字

既葬柱楣節

柱楣塗廬　閩本惠棟挍宋本宋監本岳本嘉靖本衞氏集說同釋文出柱楣監毛本柱作拄疏放此

既葬至宮之　惠棟挍宋本無此五字

既葬與人立節

既葬至家事　惠棟挍宋本無此五字

君諸侯王天子也　閩監毛本同惠棟挍宋本侯下有也衛氏集說同

既練居堊室節

禫踰月而可作樂作無哭者　禫字各本並同惠棟云禫當作祥段玉裁云孔作祥按正義云是祥踰月而可作樂也又云以祥踰月作樂又謂定本祥字作禫字恐禫字非也是正義本作祥之明證毛本作樂樂岳本同嘉靖本同衛氏集說同此本脫一樂字閩監本同

既練至故也　惠棟挍宋本無此五字

云禫踰月而可作樂者　閩監毛本同按禫亦當作祥

定本禫踰月作樂　惠棟挍宋本踰月下有而可二字此本誤脫閩監毛本同定本誤定不

禫而從御節

禫而至而歸　惠棟挍宋本無此五字

値吉祭之節祭吉祭訖而後復寢　閩監毛本同惠棟挍宋本祭吉祭作行吉祭考文云宋板無後字衛氏集說亦作行吉祭訖而復寢

〇注云歸謂歸夫家也　閩監毛本同山井鼎云宋板無圈與上接續注字無所標異爲是

大夫士父母之喪節

至忌日及朔望而歸殯宫也　閩監毛本同惠棟挍宋本而作則衛氏集說同續通解同

於士既殯而往節

舉所以來之辭也視祝而踊　毛本作也岳本同嘉靖本同衛氏集說同考文引宋本同此本也誤相閩監本同

於士至人踊　惠棟挍宋本無此五字

故爲之賜之大斂焉　閩監毛本同惠棟挍宋本無下之字

君既在阼階祝立當君北　閩監毛本同惠棟挍宋本階作此

主人拜稽顙者　閩監毛本同惠棟挍宋本上有主人至人踊五字

大夫則奠可也節

士疾壹問之　各本同毛本問誤間

大夫至往焉　惠棟挍宋本無此五字

大夫君不迎於門外節

入卽位于下不升堂而立阼階之下西面　閩監毛本同岳本于作於嘉靖本同衛氏集說同考文引宋板于作於而立作而位

大夫至而拜　惠棟挍宋本無此五字

又不言大夫君之妻來者　惠棟挍宋本作君之衛氏集說同此本君之二字倒閩監毛本同

君大棺八寸節

諸無革棺再重也　補案諸下當有侯字此誤脫也

君大至六寸　惠棟挍宋本無此五字

注云所謂椑棺　閩監毛本同惠棟挍宋本下有也字

君裏棺用朱節

綠用雜金鐕　各本同石經同正義云定本經中綠字皆作琢惠棟云當依定本作琢

鐕所以琢著裏　閩監毛本同嘉靖本同衛氏集說同岳本琢作椓考文引古本同按釋文出椓云本又作琢

君裏至不綠　惠棟挍宋本無此五字

又用象牙釘雜之　閩監本同毛本雜字闕

君殯用輴節

欑置于西序　惠棟挍宋本同石經同岳本同嘉靖本同衛氏集說同閩監毛本置誤至石經考文提要云宋大字本宋本九經南宋巾箱本余仁仲本劉叔剛本並作置按士喪禮注引此文亦作置字

上四注如屋以覆之　閩監毛本同岳本同嘉靖本同釋文出四注衛氏集說注作柱考文引古本同

君殯至帷之　惠棟挍宋本無此五字

此所攢殯之大有似屋形　閩監毛本同考文引宋板大作木

云屋殯上覆如屋者也　閩監毛本同惠棟挍宋本也下有者字

云以檀弓參之　閩監毛本同惠棟挍宋本之下有者字

是諸侯不龍也謂不畫輴輴爲龍　惠棟挍宋本如此此本不龍誤不當畫輴誤畫目閩監毛本同

象椁上之四注以覆之　閩監毛本同惠棟挍宋本注作柱衛氏集說同下但不爲四注同

塗上加席三重　閩監毛本同惠棟挍宋本三作二

熬君四種八筐節

所以感蚍蜉　閩監毛本同嘉靖本同惠棟挍宋本感作惑岳本同衛氏集說同考文引古本同按儀禮注感字當作惑此本疏中亦作惑

設熬旁各一筐　閩監毛本同岳本同嘉靖本同衛氏集說同惠棟挍宋本無各字浦鏜云各字衍禮無按疏及續通解并周禮廩人疏引此注皆無各字吳草廬儀禮集說據此注謂爲經文脫非也

熬君至腊焉　惠棟挍宋本無此五字

亦爲惑蚍蜉　惠棟挍宋本同衛氏集說同閩監毛本惑作感

飾棺節

如小車答　各本同釋文答作苔〇按答正字苔假借字

車行使人持之而從既窆樹於壙中　各本同浦鏜云既窆上周禮疏引此有引障二字壙中下有障版二字按聶崇義三禮圖考亦有此四字今脫也孫志祖云孟子疏四卷下引注使人持之而從下有以障二字壙中下有障柩也三字文義較完足

飾棺至用纁　惠棟挍宋本無此五字

帷者邊牆　考文引宋板同閩監毛本者作是

故云纁紐也　惠棟挍宋本紐下有六字此本脫閩監毛本同

齊三采者降黃黑也　惠棟挍宋本作降此本降誤絳閩監毛本同衛氏集說同

後緇者事異　閩監毛本同考文云宋板事作士

以參漢之制度而知也　閩監毛本同惠棟挍宋本以作亦

竪有限襧　惠棟挍宋本同閩監毛本襧作禰

故知綏五采羽注翣首　惠棟挍宋本有於字此本於字脫閩監毛本同

君葬用輴節

君葬至功布　惠棟挍宋本無此五字

載柩車同皆用輇也　閩本同惠棟挍宋本同監毛本同誤者

凡封用綍節

凡封至止也　惠棟挍宋本無此五字

恐棺不正　閩監毛本同惠棟挍宋本棺作柩衛氏集說同

直以哭者自相止閩監毛本同惠棟挍宋本止下有也字衛氏集說同

故以前碑後碑各鹿盧惠棟挍宋本各下有重字續通解同此本誤脫閩監毛本同

前碑後碑各用一紼閩監本同毛本上碑誤後惠棟挍宋本無用字衛氏集說同

經云綍去碑考文引宋板同衛氏集說同閩監毛本綍上有用字

君松椁節

君松至木椁惠棟挍宋本無此五字

而里者用小材惠棟挍宋本而作是此本誤閩監毛本同

橫三在上惠棟挍宋本同閩監毛本橫作衡

象天二合地二也惠棟挍宋本二作三此本誤閩監毛本三誤一

棺椁之間節

棺椁至容甒惠棟挍宋本無此五字

柷如桼筩惠棟挍宋本同閩監毛本筩作桶衛氏集說同

椁席藏中神坐之席是也閩監毛本同惠棟挍未本椁作槨

大夫所掌曰士容甒者惠棟挍宋本無曰字此本誤衍閩監毛本同

君裏節

君裏至虞筐惠棟挍宋本無此五字

附釋音禮記注疏卷第四十五終惠棟挍宋本禮記正義卷第五十四終記云凡三十三頁宋監本禮記卷第十三經三千三百九十一字注四千一百三十四字嘉靖本禮記卷第十三經三千三百八十一字注四千一百二十九字

禮記注疏卷四十五挍勘記

附釋音禮記注疏卷第四十六

禮記　鄭氏注　孔穎達疏

祭法第二十三

○陸曰鄭云以其記有虞氏至周天子以下所制祀羣神之數也【疏】正義曰案鄭目録云名曰祭法者以其記有虞氏至周天子以下所制祀羣神之數此於別録屬祭祀

祭法。有虞氏禘黃帝而郊嚳。祖顓頊而宗堯。夏后氏亦禘黃帝而郊鯀。祖顓頊而宗禹。殷人禘嚳而郊冥。祖契而宗湯。周人禘嚳而郊稷。祖文王而宗武王。禘郊祖宗謂祭祀以配食也此禘謂祭昊天於圜丘也祭上帝於南郊曰郊祭五帝五神於明堂曰祖宗祖宗通言爾下有禘郊祖宗孝經曰宗祀文王於明堂以配上帝明堂月令春曰其帝大昊其神句芒夏曰其帝炎帝其神祝融中央曰其帝黃帝其神后土秋曰其帝少昊其神蓐收冬曰其帝顓頊其神玄冥有虞氏以上尚德禘郊祖宗配用有德者而已自夏已下稍用其姓氏之先後之次有虞氏夏后氏宜郊顓頊殷人宜郊契郊祭一帝而明堂祭五帝小德配寡大德配衆亦禮之殺也○禘大計反嚳口毒反顓音專頊許玉反鯀本又作骸古本反篇末皆同冥莫經反契息列反下同圜音圓大昊音泰下大廟大祖大昊同昊亦作皞胡老反下放此句古侯反芒音亡夏戶嫁反後夏日皆同少詩召反下放此蓐音辱本亦作辱以上時掌反下上去以上同殺色界反徐所例反

【疏】祭法至武王○正義曰此一經論有虞氏以下四代禘郊祖宗所配之人有虞氏禘黃帝者謂虞氏冬至祭昊天上帝於圜丘大禘之時以黃帝配祭○而郊嚳者謂夏正建寅之月祭感生之帝於南郊以嚳配也○祖顓頊而宗堯者謂祭五天帝五人帝及五人神於明堂以顓頊及堯配之故云祖宗祖始也言為道德之初始故云祖也宗尊也以有德可尊故云宗其夏后氏以下禘郊祖宗其義亦然但所配之人當代各別虞氏云有者以虞字文單故以有字配之無義例也夏云后氏者后君也受位於君故稱后殷周稱人以人所歸往故稱人此並熊氏之說也○注禘郊至殺也○正義曰此禘謂祭昊天於圜丘也者但經傳之文稱禘非一其義各殊論語云禘自既灌及春秋禘于大廟謂宗廟之祭也喪服小記云王者禘其祖之所自出也及大傳云禮不王不禘謂祭感生之帝於南郊也以禘文既多故云此禘謂祭昊天上帝於圜丘必知此是圜丘者以禘文在於郊祭之前郊前之祭唯圜丘耳但爾雅釋天云禘大祭以此餘處為大祭總得稱禘案聖證論以此禘黃帝是宗廟五年祭之名故小記云王者禘其祖之所自出以其祖配之謂虞氏之祖出自黃帝以祖顓頊配黃帝而祭故云以其祖配之依五帝本紀黃帝為虞氏九世祖黃帝生昌意昌意生顓頊虞氏七世祖以顓頊配黃帝而祭是禘其祖之所自出以其祖配之也肅又以祖宗為祖有功宗有德其廟不毀肅又以郊與圜丘是一郊即圜丘故肅難鄭云案易帝出乎震震東方生萬物之初故王者制之初以木德王天下非謂木精之所生五帝皆黃帝之子孫各改號代變而以五行為次焉何大微之精所生乎又郊祭鄭玄云祭感生之帝唯祭一帝耳郊特牲何得云郊之祭大報天而主日又天唯一而已何得有六又家語云季康子問五帝孔子曰天有五行木火金水及土四分時化育以成萬物其神謂之五帝是五帝之佐也猶三公輔王三公可得稱王輔不得稱天王五帝可得稱天佐不得稱上天而鄭云以五帝為靈威仰之屬非也玄以圜丘祭昊天最為首禮周人立后稷廟不立嚳廟是周人尊嚳不若后稷及文武以嚳配至重之天何輕重顛倒之失所郊則圜丘圜丘則郊猶王城之內與京師異名而同處又王肅孔晁云虞夏出黃帝殷周出帝嚳祭法四代禘此二帝上下相證之明文也詩云天命玄鳥履帝武敏歆自是正義非讖緯之妖說此皆王肅難大略如此而鄭必為此釋者馬昭申鄭云王者禘其祖之所自出以其祖配之案文自了不待師說則始祖之所自出非五帝而誰河圖云姜原履大人之跡生后稷大任夢大人死而生文王又中候云姬昌蒼帝子經緯所說明文又孝經云郊祀后稷以配天則周公配蒼帝靈威仰漢氏及魏據此義而各配其行易云帝出乎震自論八卦養萬物於四時不據感生所出也又張融許云若依大戴禮及史記稷契及堯俱帝嚳之子堯有賢弟七十不用須舜舉之此不然明矣漢氏堯之子孫謂劉媼感赤龍而生高祖薄姬亦感而生文帝漢為堯胤而用火德大魏紹虞同符土行又孔子刪書求史記得黃帝玄孫帝魁之書若五帝當身相傳何得有玄孫帝魁融據經典三代之正以為五帝非黃帝子孫相續次也一則積之以湯武革命不改稷契之行二則驗之以大魏與漢襲唐虞火土之法三則符之堯舜湯武無同宗祖之言四則驗以帝魁繼黃帝之世是五帝非黃帝之子孫也此是馬昭張融等申義也但張融以禘為五年大祭又以圜丘即郊引董仲舒劉向馬融之論皆以為周禮圜丘則孝經云南郊與王肅同非鄭義也又春秋命曆序炎帝號曰大庭氏傳八世合五百二十歲黃帝一曰帝軒轅傳十世二千五百二十歲次曰帝宣曰少昊一曰金天氏則窮桑氏傳八世五百歲次曰顓頊則高陽氏傳二十世三百五十歲次是帝嚳即高辛氏傳十世四百歲此鄭之所據也其大戴禮少典產軒轅是為黃帝產玄囂玄囂產喬極喬極產高辛是為帝嚳帝嚳產放勳是為帝堯黃帝產昌意昌意產高陽是為帝顓頊產窮蟬窮蟬產敬康敬康產句芒句芒產蟜牛蟜牛產瞽叟瞽叟產重華是為帝舜及產象敖又顓頊產鯀鯀產文命是為禹司馬遷為史記依而用焉皆鄭所不取云祭五帝五神於明堂曰祖宗祖宗通言爾者以明堂月令云春曰其帝大皞其神句芒五時皆有帝及神又月令季秋大享帝故知明堂之祭有五人神及五天帝也又孝經云宗祀文王於明堂以配上帝故知於明堂也以孝經云宗祀文王於明堂此云宗武王又此經云祖文王是文王稱祖故知祖宗通言爾雜問志云春曰其帝大皞其神句芒祭蒼帝靈威仰大皞食焉句芒祭之於庭祭五帝於明堂五德之帝亦食焉又以文武配之祭法祖文王而宗武王此謂合祭於明堂漢以正禮散亡藏禮文殘缺不審周以何月也於月令以季秋此文武之配皆於明堂上或解云武王配五神於下居天子之尊而就五神在庭非其理也此祖宗祭五帝郊特牲祭一帝而在祖宗上者以其感生之帝特尊之故鄭注典瑞云所郊亦猶五帝殊言天者尊異之是異也云有虞氏以上尚德禘郊祖宗配用有德者而已者以虞氏禘郊祖宗之人皆非虞氏之親是尚德也云自夏已下稍用其姓代之者而夏之郊用鯀是稍用其姓代之但不盡用已姓故云稍也云先後之次有虞氏夏后氏宜郊顓頊殷人宜郊契者今有虞氏先云郊嚳後云祖顓頊夏后氏先云郊鯀後云祖顓頊殷人先云郊冥後云祖契是在前者居後在後者居前故云宜也云郊祭一帝而明堂祭五帝小德配寡大德配衆亦禮之殺也者郊祭雖尊但祭一帝以嚳與鯀及冥后稷之等配之皆

不如所祖宗之人是小德配寡明堂雖早於郊揔祭五帝而以顓頊契湯文武配之皆優之於所配郊之人是大德配衆禮之殺也。

燔柴於泰壇。祭天也。瘞埋於泰折。祭地也。用騂犢。壇折封土爲祭處也壇之言坦也坦明貌也折炤晢也必爲炤明之名尊神也地陰祀用黝牲與天俱用犢連言爾○燔音煩爾雅云祭天曰燔柴壇大丹反下同瘞於滯反埋武皆反爾雅云祭地曰瘞埋折之設反注同舊音逝又音制騂私營反字林云火營反處昌慮反坦吐但反炤本又作昭同章遥反又之召反晢之設反一音制黝於糾反

【疏】燔柴至騂犢○正義曰此經論祭感生之帝於南郊神州地祇於北郊也○燔柴於泰壇者謂積薪於壇上而取玉及牲置柴上燔之使氣達於天也用騂犢鄭云陰祀用黝牲與天俱用犢連言爾然宜用黑犢今因言以騂犢祭天所用而立其文祭地承祭天之下故連言用騂犢也騂犢之義已具郊特牲疏○瘞埋於泰折祭地也者謂瘞繒埋牲祭神州地祇於北郊也○注壇折至言爾○正義曰案禮器云至敬不壇此云燔柴於泰壇者謂燔柴在壇設饌在地義亦具禮器及郊特牲疏也云地陰祀用黝牲與天俱用犢連言爾者案牧人云陰祀用黝牲毛之鄭康成注云陰祀祭地北郊及社稷也又郊特牲云郊之用犢貴誠也彼文雖主南郊其北郊與天相對故知俱用犢也

埋少牢於泰昭。祭時也。相近於坎壇。祭寒暑也。王宮。祭日也。夜明。祭月也。幽宗。祭星也。雩宗。祭水旱也。四坎壇。祭四方也。山林川谷丘陵能出雲。爲風雨。見怪物。皆曰神。有天下者祭百神。諸侯在其地則祭之。亡其地則不祭。昭明也亦謂壇也時四時也亦謂陰陽之神也埋之者陰陽出入於地中也凡此以下皆祭用少牢相近當爲禳祈聲之誤也禳猶卻也祈求也寒暑不時則或禳之或祈之寒於坎暑於壇王宮日壇王君也日稱君宮壇營域也夜明亦謂月壇也宗皆當爲禜字之誤也幽禜亦謂星壇也星以昏始見禜之言營也雩禜亦謂水旱壇也雩之言吁嗟也春秋傳曰日月星辰之神則雪霜風雨之不時於是乎禜之山川之神則水旱癘疫之不時於是乎禜之四方即謂山林川谷丘陵之神也祭山林丘陵於壇川谷於坎每方各爲坎爲壇怪物雲氣非常見者也有天下謂天子也百者假成數也○相近依注讀爲禳如羊反下音巨依王肅作祖迎也坎苦感反幽宗雩宗並依注讀爲禜榮敬反王如字見賢遍反注同亡如字無也一音無吁許于反疫音役

【疏】埋少至不祭○正義曰此一節揔明四時以下諸神所祭之處及明天子諸侯之禮不同之事也○埋少牢於泰昭祭時也者謂祭四時陰陽之神也泰昭壇名也昭亦取明也春夏爲陽秋冬爲陰若祈陰則埋牲祈陽則不應埋之今揔云埋者以陰陽之氣俱出入於地中而生萬物故並埋之以享陰陽爲義也用少牢者降於天地也自此以下及日月至山林並少牢也先儒並云不薦熟唯殺牲埋之也○相近於坎壇祭寒暑也者相近當爲禳祈禳卻也寒暑之氣應退而不退則祭禳卻之令退也祈求也寒暑之氣應至而不至則祭求之令至也寒則於坎寒陰也暑則於壇暑陽也○王宮祭日也者王君也宮亦壇也營域如宮也日神尊故其壇曰君宮也○夜明祭月也者夜明者祭月壇名也月明於夜故謂其壇爲夜明也○幽宗祭星也者祭星壇名也幽闇也宗當爲禜禜壇域也星至夜而出故曰幽也爲營域而祭之故曰幽禜也○雩宗祭水旱也者亦壇名也雩吁嗟也水旱爲人所吁嗟禜亦營域也爲營域而祭之故曰雩禜也○四坎壇祭四方也者謂山林川谷丘陵之神有益於人民者也四方各爲一坎一壇壇以祭山林丘陵坎以祭川谷泉澤故言四坎壇祭四方也○山林川谷丘陵能出雲爲風雨見怪物皆曰神者此明四坎壇所祭之神也怪物慶雲之屬也風雨雲露並益於人故皆曰神而得祭也○有天下者祭百神者有天下謂天子也祭百神者即謂山林川谷在天下而益民者也天子祭天地四方言百神舉全數也○諸侯在其地則祭之者諸侯不得祭天地若山林川澤在其封內而益民者則得祭之如魯之泰山晉之河楚之江漢是也○亡其地則不祭者亡無也謂其境內地無此山川之等則不得祭也○注昭明至數也○正義曰時四時也亦謂陰陽之神也者以天是陽神地爲陰神春夏爲陽秋冬爲陰故云亦謂陰陽之神言亦者亦天地也案周禮大宗伯備列諸祀而不見祭四時寒暑水旱者宗伯所謂依周禮常祀歲時恒祭此經所載謂四時乖序寒暑僭逆水旱失時須有祈禱之禮非闕正禮之事故不列於宗伯也是以康成之意謂此諸神爲祈禱之禮故康成六宗之義不以此神尊之明非常禮也祭時者謂春夏秋冬四時之氣不和爲人害故祭此氣之神也祭寒暑者或寒暑大甚祭以禳之或寒暑頓無祭以祈之祭水旱者水甚祭水旱甚祭旱謂祭此水旱之神若王肅及先儒之意以此爲六宗歲之常禮宗伯不見文不具也非鄭義今不取云凡此以下皆祭用少牢者以埋少牢之文在諸祭之首故知以下皆祭用少牢案小司徒小祭祀奉牛牲則王者之祭無不用牛此用少牢者謂祈禱之祭也必知爲祈禱者以有寒暑水旱非歲時常祀是祈禱所爲故鄭皆以爲祈禱之祭也故讀相近爲禳祈爲禱祈之祈讀宗爲禜也然案莊二十五年左傳云凡天災有幣無牲此祈禱得用少牢者彼天災謂日月食之示以戒懼人君初有水旱之災先須修德不當用牲故天災有幣無牲若水旱歷時禱而不止則當用牲故詩雲漢云靡愛斯牲又鄭注大祝云類造禬禜皆有牲攻說用幣而已故說以是日月之災又暫時之事且不假用牲故也案何休膏肓引感精符云立推度以正陽日食則鼓用牲於社朱絲營社鳴鼓脅之左氏云用牲非常明左氏說非夫子春秋於義左氏爲短鄭箴之曰用牲者不宜用春秋之通例此讖說正陽朱絲鳴鼓豈說用牲之義也讖用牲於社者取經死句耳如鄭此言是用牲於社非當從左氏義也云宗皆當爲禜者以經云幽宗雩宗之字義無所取宗字與禜字相近故並讀爲禜也禜之言營者案莊二十五年公羊傳云以朱絲營社或曰脅之或曰爲闇恐人犯之故營之是禜有營義故讀爲禜云雩之言吁嗟也者案考異郵云雩呼吁嗟哭位故云雩爲吁嗟也引春秋傳曰以下者昭元年左傳文時晉侯有疾卜實沈臺駘爲祟子產以此對晉侯言晉侯之疾非由日月星辰及山川之神也鄭引此文者證經中宗爲禜禜是除去凶災之祭也云百者假成數也者計天下山川丘陵之神非但百數而已假此成數而言之也案聖證論王肅六宗之說用家語之文以此四時寒暑也日也月也星也水旱也爲六宗孔注尚書亦同之伏生與馬融以天地四時爲六宗劉歆孔晁以爲乾坤之子六爲六宗賈逵云天宗三日月星也地宗三河海岱也異義今尚書歐陽夏侯說六宗上及天下及地旁及四方中央恍惚助陰陽變化有益於人者也古尚書說天宗日月北辰地宗岱河海也日月爲陰陽宗北辰爲星宗河爲水宗海爲澤宗岱爲山宗許君謹案與古尚書同鄭駁之云書云類于上帝禋于六宗望于山川既六宗云禋山川言望則六宗無山川明矣大宗伯云以禋祀祀昊天上帝以實柴祀日月星辰以槱燎祀司中司命飌師雨師凡此所祭皆天神也郊特牲曰郊之祭也大報天而主日也又祭義曰郊之祭大報天而主日配以月則郊天並祭日月可知其餘星也辰也司中也司命也風師也雨師也此之謂六宗亦明矣如鄭此言六宗稱禋則天神也日月也在郊祀之中又類于上帝之內故以其餘爲六宗也案禮論六宗司馬彪等各爲異說既非鄭義今畧而不論

大凡生於天地之間者。皆曰命。其萬物死。皆曰折。人死曰鬼。此五代之所不變也。生時形體異可同名至死腐爲野土異其名嫌同也折弃敗之言也鬼之言歸也五代謂黃帝堯舜禹湯周之禮樂所存法也○大如字徐音泰腐音輔

七代之所更立者。禘郊宗祖。其餘不變也。七代通數顓頊及嚳也所不變者則數其所法而已變之則通數所不法爲記者之微意也少昊氏修黃帝之法後王無所取焉○更古行反數色主反下同

【疏】大凡至變也○正義曰此一節論人死與萬物不同及五代七代變與不變之義各依文解之○大凡生於天地之間者皆曰命者揔包萬物故曰大凡皆受天之賦命而生故云皆曰命也○其萬物死皆曰折人死曰鬼者萬物無知死者皆曰折人爲有識故死曰鬼○此五代之所不變也者言此之名號從黃帝正名百物以來至堯舜禹湯及周所不變更也○七代之所更立者禘郊宗祖者前論五代不變此論七代更變者故曰黃帝以下七代之所變易而立之是禘之與郊及宗祖也○其餘不變也者除此禘郊宗祖之外其餘社稷山川五祀之等不改變也上先祖後宗此先宗後祖故鄭上注云祖宗通言爾又引此以證之○注生時至法也○正義曰注云生時形體異可同名者以生時形體既不嫌是同故可名爲命云至死腐爲野土異其名嫌同也者人與萬物死至同爲野土嫌恐人與萬物是同故殊異其名謂萬物死者曰折人死曰鬼嫌其同故也云五代謂黃帝堯舜禹湯周之禮樂所存法也者周有六樂去周言之唯五代周備其樂是周之禮樂所存法也○注七代至取焉○正義曰知通數顓頊及嚳者以上云禘郊祖宗有顓頊及嚳又易緯及樂緯有五莖六英是顓頊及嚳之樂故數顓頊及嚳也云所不變者則數其所法而已者所不變則上經是也數所法則上經五代是也論不變者必數所法者以五代以來不變至周亦不變法而象之故不變者數所法五代而已云變之則通數所不法者以前七代變易更立至周亦變易法象故數變者通數顓頊帝嚳所不法象者謂之爲七代也云爲記者之微意也者爲作也作記者之有此微意也所以微意者謂作記之人周法所不變故數前代不變周所變亦數前代變不指斥而言故云微意云少昊氏脩黃帝之法後王無所取焉者以易緯有黃帝及顓頊以下之樂無少昊之樂又易繫辭云神農氏沒黃帝堯舜氏作皆不云少昊故知無取焉月令秋其帝少昊者直以五行在金唯託記之耳皇氏云其餘不變者唯謂生曰命萬物死曰折人死曰鬼若如皇說前經既云不變後經何須重云不變後經既云更立者禘郊宗祖即云其餘明此禘郊宗廟外其餘諸事不更立者皆不變也不可獨據前三事以外揔包之其社稷神配祭雖是更立非當代之親而禘郊改易也

○天下有王。分地建國。置都立邑。

設廟祧壇墠而祭之。乃爲親疏多少之數。是故王立七廟。一壇一墠。曰考廟。曰王考廟。曰皇考廟。曰顯考廟。曰祖考廟。皆月祭之。遠廟爲祧。有二祧。享嘗乃止。去祧爲壇。去壇爲墠。壇墠。有禱焉祭之。無禱乃止。去墠曰鬼。諸侯立五廟。一壇一墠。曰考廟。曰王考廟。曰皇考廟。皆月祭之。顯考廟。祖考廟。享嘗乃止。去祖爲壇。去壇爲墠。壇墠。有禱焉祭之。無禱乃止。去墠爲鬼。大夫立三廟二▲壇。曰考廟。曰王考廟。曰皇考廟。享嘗乃止。顯考祖考無廟。有禱焉。爲壇祭之。去壇爲鬼。適士二廟一壇。曰考廟。曰王考廟。享嘗乃止。▲顯考無廟。有禱焉。爲壇祭之。去壇爲鬼。官師一廟。曰考廟。王考無廟而祭之。去王考爲鬼。庶士庶人無廟。死曰鬼。

建國封諸侯也。置都立邑，爲卿大夫之▲采地及賜士有功者之地。廟之言貌也，宗廟者先祖之尊貌也。祧之言超也，超上去意也。封土曰壇，除地曰墠。書曰三壇同墠。王、皇皆君也。顯，明也。祖，始也。名先人以君、明、始者，所以尊本之意也。天子遷廟之主，以昭穆合藏於二祧之中；諸侯無祧，藏於▲祖考之廟中。聘禮曰：不腆先君之祧，是謂始祖廟也。享嘗謂時之祭。天子諸侯爲壇墠▲所禱，謂後遷在祧者也。既事則反其主於祧。鬼亦在祧，顧遠之於無事，袷乃祭之爾。春秋文二年秋，大事於大廟。傳曰：毀廟之主陳于大祖，未毀廟之主皆升合食於大祖。是也。魯煬公者，伯禽之子也，至昭公定公久已爲鬼，而季氏禱之而立其宮，則鬼之主在祧明矣。唯天子諸侯有主禘袷，大夫有祖考者，亦鬼其百世，不禘袷，無主爾。其無祖考者，庶士以下鬼其考王考，官師鬼其皇考，大夫適士鬼其顯考而已。大夫祖考謂別子也。凡鬼者薦而不祭。王制曰：大夫士有田則祭，無田則薦。適士，上士也。官師，中士、下士。庶士，府史之屬。此適士云顯考無廟，非也，當爲皇考，字之誤。○廟本亦作庿，古字。墠音善。禱，丁老反，一音丁報反。適，丁歷反，篇內同。顯考無廟，顯音皇，出注。采，七代反。昭，上遙反。腆，他典反。袷音洽。煬，餘讓反，徐音傷。

【疏】天下至曰鬼。○正義曰：此一經明天子以下尊卑既異，上祭祖廟多少不同之事。天下有王者，謂上天之下有天子之王。○分地建國者，此既王天下，分九州之地，建立諸侯之國。○置都立邑者，天子王畿之內及諸侯國中，置此公卿之都，立大夫士之邑也。○設廟祧壇墠而祭之，乃爲親疏多少之數者，則以下所云是也。○王立七廟者，親四，始祖一，文武不遷，合爲七廟也。一壇一墠者，七廟之外又立壇墠各一也。起土爲壇，除地曰墠。近者起土，遠親除地，示將去然也。○曰考廟者，父廟曰考。考，成也，謂父有成德之美也。○曰王考廟者，祖廟也。王，君也。君考者，言祖有君成之德也。祖尊於父，故加君名也。○曰皇考廟者，曾祖也。皇，大也；君也。曾祖轉尊，又加大君之稱也。○曰顯考廟者，高祖也。顯，明高祖居四廟最上，故以高祖目之。○曰祖考廟者，祖，始也，此廟爲王家之始，故云祖考也。計則祖考之廟當在二祧壇墠之上，應合在後始陳，令在此言之者，因皇考、顯考同皆月祭之，故此先言之。○皆月祭之者，此之五廟則並同曰▲月祭之也。○遠廟爲祧者，遠廟謂文武廟也。文武廟在應遷之例，故云遠廟也。特爲功德而留，故謂爲祧。祧之言超也，言其超然上去也。○有二祧者，有文武二廟，不遷，故云有二祧焉。○享嘗乃止者，享嘗，四時祭祀，文武特留，故不得月祭，但四時祭而已。○去祧爲壇者，謂高祖之父也。若是昭行，寄藏武王祧；若是穆行，即寄藏文王祧，不得四時而祭之。若有四時之祈禱，則出就壇受祭也。○去壇爲墠者，謂高祖之祖也。不得在壇，若有祈禱，則出就墠受祭也。高祖之父既初寄在祧，而不得於祧中受祭，故曰去祧也。高祖之祖經在壇，而今不得祭，故云去壇也。○壇墠有禱焉祭之者，在壇墠者，不得享嘗，應有祈禱於壇墠乃祭之也。○無禱乃止者，若無所祈禱則不得祭也。○去墠曰鬼者，若又有從壇還來墠者，則此前在墠者遷入石函爲鬼，雖有祈禱亦不得及，唯禘袷乃出也。○諸侯立五廟一壇一墠者，降天子，故止有五廟，壇墠與天子同，無功德之祖爲二祧也。○曰考廟，曰王考廟，曰皇考廟，皆月祭之者，天子月祭五，諸侯卑，故唯得月祭三也。○顯考廟、祖考廟享嘗乃止者，顯考，高祖也；祖考，大祖也。大祖乃不遷，而與高祖並不得月祭，止顯四時，又降天子也。○去祖爲壇者，去祖謂去大祖也。即高祖之父，諸侯無功德二祧，若高祖之父亦遷，即寄大祖而不得於大祖廟受時祭，唯有祈禱則去大祖而往壇受祭也。○大夫立三廟二壇者，大夫異於君，故立二壇而不墠也。○顯考、祖考無廟者，以其卑，故高祖大祖無廟也。○有禱焉爲壇祭之者，大夫無主，故無所寄藏，而高大二祖既又無廟，皆應有祈禱則爲壇祭之。二壇之設，實爲於此矣。然墠輕於壇，今二壇無墠者，爲大祖雖無廟，猶重之故也。○去壇爲鬼者，謂高祖若遷去於壇則爲鬼，不復得祭，但薦之於大祖壇而已。若大夫有大祖之廟者，其義已具在王制疏。○適士二廟一壇者，上士也。天子三等，諸侯上士悉二廟一壇也。○顯考無廟者，顯當爲皇。皇考，曾祖也。曾祖無廟也。○有禱焉爲壇祭之，曾祖既無廟，若有祈禱則爲壇祭之，一壇之設爲於此也，亦無禱乃止。○去壇爲鬼者，謂曾祖若遷去於壇則爲鬼，不復祭也。○官師一廟者，謂諸侯中士下士也，謂爲官師者，言爲一官之長也。一廟，祖禰共之，又無壇也。○曰考廟者，爲父立之也。○王考無廟而祭之者，王考祖也，雖無廟而猶獲祭也，謂在考廟者。○去王考爲鬼者，謂曾祖則不得祭，又無壇，若有祈禱則薦之於廟也。○庶士庶人無廟者，庶士府史之屬，庶人平民也，賤故無廟也。○死曰鬼者，既無廟，故死則曰鬼，鬼亦得薦之於寢也。王制云庶人祭於寢，是也。○注建國至之誤。○正義曰：引書曰三壇同墠者，證壇墠之義。案金縢武王有疾，周公爲之請命，爲三壇同墠，以告大王、王季、文王，故三壇也。云王、皇皆君也，顯，明也，祖，始也者，皆爾雅釋詁文。云天子遷廟之主以昭穆合藏於二祧之中者，昭之遷主其數雖多，揔合藏武王祧中，穆之遷主揔合藏文王祧中，故鄭注周禮守祧：先公遷主藏於后稷之廟，先王之遷主藏于文武之廟。鄭必知然者，案文二年八月丁卯，大事于大廟，公羊傳云：大事者何？大袷也。毀廟之主陳于太祖，是毀廟在大廟，袷乃陳之，故知不窋以下先公遷主藏于后稷廟也。文武二廟既不毀，則文武以下遷主不可越文武上藏后稷之廟，故知藏於文武廟也。此遷主所藏曰祧者，是對例言之耳。若散而通論，則凡廟曰祧。故昭元年左傳云：其敢愛豐氏之祧。彼祧，遠祖廟也。襄九年左傳云：君冠必以先君之祧處之。服虔注云：曾祖之廟曰祧者，以魯襄公於時冠於衛成公之廟，成公是衛今君之曾祖曰祧也。云享嘗謂四時之祭者，以四時之祭，秋嘗物之備具，故持舉享嘗以明四時之祭。此經祖禰月祭，楚語云：日祭祖禰，非鄭義，故異義駮鄭所不用。云鬼亦在祧，顧遠之於無事，袷乃祭之爾者，以壇墠之主，祈禱禮畢乃藏之於祧，去墠爲鬼，主亦如壇墠之主藏在祧，故云亦也。既俱在祧，所以特名鬼者，反顧以其疎遠，主在無事，唯袷乃祭之，故特曰鬼也。引春秋文二年傳者，證毀廟之主袷祭乃及。云魯煬公者，自伯禽之子也，至昭公定公久已爲鬼，而季氏禱之而立其宮，則鬼之主在祧明矣者，鄭引更證明鬼主恒在。春秋定公元年立煬宮。依世本，煬公，伯禽之子。定公元年始立煬公宮，于時昭公出，定公未入之前，季氏禱于煬公之鬼，明知于煬公鬼主而禱之也。云唯天子諸侯有主禘袷者，案王制天子諸侯有禘袷，故知有主。云大夫有祖考者亦鬼其百世者，案王制云大夫三廟，一昭一穆，與大祖而三。大祖即是大夫之祖考。既有祖考，明應遷之祖以制幣招其神而藏焉，故云亦鬼其百世。大夫若無祖考▲，祇得立曾祖與祖及父三廟而已，則不得鬼百世也。云不禘袷無主爾者，雖有百世之鬼，不得禘袷，無主爾。案左傳衛大夫孔悝有主者，鄭駮異義從公羊說，大夫無主。許君謹案：卿大夫士無昭穆，不得有主。鄭云：孔悝祏主者，祭其所出之君爲之主耳。宗廟之主所用之木，案異義今春秋公羊說：祭有主者，孝子之主繫心，夏后氏以松，殷人以栢，周人以栗。又周禮說：虞主用桑，練主以栗，無夏后氏以松爲主之事。許君謹案從周禮說，論語所云謂社主也。鄭氏無駁，從許義也。其主之制，案漢儀高帝廟主九寸，前方後圓，圍一尺，后主七寸。文二年作僖公主，何休云：主狀正方，穿中央達四方，天子長一▲尺二寸，諸侯長一尺，此是木主之制也。云其無祖考者，上既明其有祖考之文，此明無祖考者，謂庶士以下及官師等并適士等，揔舉有祖考之人，於前歷說，無祖考之人，於下云庶士以下鬼其考王考者，此即無祖考之一色。庶士及庶人無廟，故鬼其祖父▲與▲於寢中薦之。云官師鬼其皇考者，此又是無祖考之一色。官師一廟，祖禰共之。曾祖無廟，故曰鬼其皇考，於祖廟而薦皇考也。云適士鬼其顯考者，此又是無祖考之一色。適士得立祖禰二廟，又立曾祖一壇，唯高祖爲鬼，故云鬼其顯考而已，就曾祖之壇而薦顯考。諸本或云大夫適士者，若大夫鬼其顯考，於義不合，庾氏云諸侯之大夫。云大夫祖考謂別子也者，以上云大夫有祖考，故鄭明之云大夫祖考謂別子也，謂於周之世，別子爲卿大夫，後世子孫立其廟不毀，謂之祖考。雖於周之世，非別子爲大夫，但立父祖及曾祖三廟，無祖考廟者，則經中三廟是也。若夏殷之世，雖非別子，但始爵者及異姓爲卿大夫者，其後世子孫皆立之爲祖考。此義已具於王制。云凡鬼者薦而不祭者，若其薦祭俱爲，則鬼與見廟其事何異？若都不薦祀，何須存鬼？薦輕於祭，鬼疏於廟，故知薦而不祭。云此適士云顯考無廟非也者，適士二廟，祖廟禰廟，曾祖無廟，故云顯考無廟非也。是顯考當爲皇考，字之誤也。

王爲羣姓立社。曰大社。王自爲立社。曰王社。諸侯爲百姓立社。曰國社。諸侯自爲立社。曰侯社。大夫以下成羣立社。曰置社。

羣，衆也。大夫以下，謂下至庶人也。大夫不得特立社，與民族居，百家以上則共立一社，今時里社是也。郊特牲曰：唯爲社事單出里。○爲，于僞反，下皆同，注爲社事亦同。

【疏】

王爲至置社。○正義曰：此一經明天子以下立社之義。○「王爲羣姓立社曰大社」者，羣姓謂百官以下及兆民。言羣姓者，包百官也。大社在庫門之內右，故小宗伯云「右社稷」。「王自爲立社曰王社」者，其王社所在，書傳無文。或云與大社同處，王社在大社之西。崔氏並云王社在藉田，王自所祭以供粢盛。今從其說，故詩頌云「春藉田而祈社稷」是也。其諸侯國社亦在公宮之右，侯社在藉田。「大夫以下成羣立社曰置社」者，大夫以下，謂包士庶，成羣聚而居，其羣衆滿百家以上，得立社，爲衆特置，故曰置社。○注「羣衆」至「出里」。○正義曰：此云「大夫以下」，謂下至士庶人者，謂大夫至庶人等共在一處也。云「大夫不得特立社，與民族居，百家以上則共立一社，今時里社是也」者，大夫北面之臣，不得自專土地，故不得特立社。社以爲民，故與民居百家以上則可以立社。知百家者，詩頌云「百室盈止」，「殺時犉牡」，故曰百家。言以上，皆不限多少，故鄭駁異義引長職曰「以歲時祭祀州社」，是二千五百家爲社也。雖云百家以上，唯治民大夫乃得立社，故鄭駁異義云「有國及治民之大夫，乃有社稷」是也。此大夫所主立社稷，則田主是也。故鄭駁異義引大司徒職云「樹之田主，各以其野之所宜木，遂以各其社與其野」，注云「田主，田神，后土、田正之所依也」。后土則社神，田正則稷神，其義已具郊特牲疏。

王爲羣姓立七祀。曰司命。曰中霤。曰國門。曰國行。曰泰厲。曰戶。曰竈。王自爲立七祀。諸侯爲國立五祀。曰司命。曰中霤。曰國門。曰國行。曰公厲。諸侯自爲立五祀。大夫立三祀。曰族厲。曰門。曰行。適士立二祀。曰門。曰行。庶士、庶人立一祀。或立戶。或立竈。

此非大神所祈報大事者也，小神居人之間，司察小過，作譴告者爾。樂記曰：「明則有禮樂，幽則有鬼神。」鬼神謂此與？司命主督察三命，中霤主堂室居處，門、戶主出入，行主道路行作，厲主殺罰，竈主飲食之事。明堂月令：春曰其祀戶，祭先脾；夏曰其祀竈，祭先肺；中央曰其祀中霤，祭先心；秋曰其祀門，祭先肝；冬曰其祀行，祭先腎。聘禮曰：「使者出，釋幣於行；歸，釋幣於門。」士喪禮曰：「疾病禱於五祀。」司命與厲，其時不著。今時民家或春秋祠司命、行神、山神，門、竈在旁，是必春祠司命，秋祠厲也。或者合而祠之。山即厲也，民惡言厲，巫祝以厲山爲之，謬乎！春秋傳曰：「鬼有所歸，乃不爲厲。」○霤，力又反。譴，棄戰反。此與，音餘。脾，婢支反。肺，芳廢反。肝，音干。腎，上忍反。使，色厲反。惡言，烏路反。繆，音謬。

【疏】王爲至或立竈。○正義曰：此一經明天子以下立七祀、五祀之義。曰司命者，宮中小神。熊氏云：「非天之司命，故祭於宮中。」皇氏云：「司命者，文昌宮星。」其義非也。○曰中霤者，主堂室神。○曰國門者，國門謂城門也。○曰國行者，謂行神，在國門外之西。曰泰厲者，謂古帝王無後者也。此鬼無所依歸，好爲民作禍，故祀之也。○王自爲立七祀者，前是爲民所立，與衆共之，四時常祀，及爲羣姓禱祀。其自爲立者，王自禱祭，不知其當同是一神，爲是別更立七祀也。○諸侯爲國立五祀者，減天子戶、竈二祀，故爲立五祀也。○曰公厲者，謂古諸侯無後者。諸侯稱公，其鬼爲厲，故曰公厲。○諸侯自爲立五祀者，義與天子同。○大夫立三祀者，減諸侯司命、中霤，故爲三祀也。○曰族厲者，謂古大夫無後者鬼也。族，衆也。大夫衆多，其鬼無後者衆，故言族厲。○曰門、曰行者，其大夫無民國，故不言國門、國行也。然鄭注曲禮大夫五祀爲夏殷法，注王制大夫五祀是有采地者。鄭何以知然？曲禮文連於大夫五祀，故知非周。而王制立七廟，故知是周禮。以彼推此，大夫三祀，則周諸侯之大夫無地者也。○注「此非」至「爲厲」。○正義曰：「小神居人之間，司察小過，作譴告」者，以其非郊廟社稷大神，故云小神。以其門、戶、竈等，故知居人間也。以小神所祈，故知司察小過，作譴告，謂作譴責以告人。云「幽則有鬼神，鬼神謂此與」者，以禮天神、人鬼、地祇皆列其名，樂記直云「幽則有鬼神」，此是幽闇之處，有細小之鬼神，謂此小祀者與？是疑辭也。云「司命主督察三命」者，案援神契云：「命有三科：有受命以保慶，有遭命以謫暴，有隨命以督行。」受命謂年壽也，遭命謂行善而遇凶也，隨命謂隨其善惡而報之。云「聘禮曰：使者出，釋幣於行；歸，釋幣於門」者，證大夫有門、行。云「士喪禮曰：疾病禱於五祀」者，證士亦有五祀。云「司命與厲，其時不著」者，以其餘五祀，月令所祀皆著其時，唯司命與厲祀時不顯著，故云「今時民家或春秋祠司命、行神、山神，門、戶、竈在旁」者，鄭以無文，故引今漢時民家或有春秋二時祠司命、行神、山神也。民或然，故云或也。其祀此司命、行神、山神之時，門、戶、竈三神在諸神之旁，列位而祭也。云「是必春祠司命，秋祠厲也」者，漢時既春秋俱祠司命與山神，則是周時必應春祠司命，主長養，故祠在春；厲主殺害，故祠在秋。云「或者合而祠之」者，鄭又疑之，以見漢時司命與山神春秋合祭，故云「或者合而祠之」。云「山即厲也」者，以漢時祭司命、行神、山神、門、戶、竈等，此經亦有司命、門、行、戶、竈等，漢時有山而無厲，此有厲而無山，故云「山即厲也」。云「民惡言厲，巫祝以厲山爲之」者，鄭解厲稱山之意，漢時人民嫌惡厲，漢時巫祝之人意以厲神是厲山氏之鬼爲之，故云厲山。云「謬乎」者，謂巫祝以厲爲厲山之鬼，於理謬乎。所以爲謬者，鬼之無後，於是爲厲，厲山氏有子曰柱，世祀厲山之神，得其鬼爲厲，故云謬也。引春秋傳者，昭七年左傳文，於時鄭良霄被殺而死，其鬼爲厲，子產立良霄之子良止爲後，子大叔問其故，子產曰「鬼有所歸，乃不爲厲」。引之者，證厲山氏既有所歸，不得爲厲。

王下祭殤五。適子。適孫。適曾孫。適玄孫。適來孫。諸侯下祭三。大夫下祭二。適士及庶人。祭子而止。

祭適殤者，重適也。祭適殤於廟之奧，謂之陰厭。王子、公子祭其適殤於其黨之廟，大夫以下庶子祭其適殤於宗子之家，皆當室之白，謂之陽厭。凡庶殤不祭。○殤，音傷。奧，烏報反。厭，於黶反，下同。

【疏】王下至而止。○正義曰：此明天子以下祭殤之差也。○注「王子公子祭其適殤於其黨之廟」。○正義曰：王子謂王之庶子，公子謂諸侯庶子。不得爲先王、先公立廟，無處可祭適殤，故祭於黨之廟，謂王子、公子但爲卿大夫，得自立廟，與王子、公子同者，就其廟而祭之。適殤其義已具曾子問。

夫聖王之制祭祀也。法施於民則祀之。以死勤事則祀之。以勞定國則祀之。能禦大菑則祀之。能捍大患則祀之。是故厲山氏之有天下也。其子曰農。能殖百穀。夏之衰也。周弃繼之。故祀以爲稷。共工氏之霸九州也。其子曰后土。能平九州。故祀以爲社。帝嚳能序星辰以著衆。堯能賞均刑法以義終。舜勤衆事而野死。鯀鄣鴻水而殛死。禹能脩鯀之功。黃帝正名百物。以明民共財。顓頊能脩之。契爲司徒而民成。冥勤其官而水死。湯以寬治民而除其虐。文王以文治。武王以武功去民之菑。此皆有功烈於民者也。及夫日月星辰。民所瞻仰也。山林川谷丘陵。民所取財用也。非此族也。不在祀典。

此所謂大神也。春秋傳曰：「封爲上公，祀爲大神。」厲山氏，炎帝也，起於厲山，或曰有烈山氏。棄，后稷名也。共工氏無錄而王，謂之霸，在大昊、炎帝之間。著衆，謂使民興事，知休作之期也。賞，賞善，謂禪舜，封禹、稷等也。能刑，謂去四凶。義終，謂既禪二十八載乃死也。野死，謂征有苗，死於蒼梧也。殛死，謂不能成其功也。明民，謂使之衣服有章也。民成，謂知五教之禮也。冥，契六世之孫也，其官玄冥，水官也。虐菑，謂桀紂也。烈，業也。族，猶類也。祀典，謂祭祀也。○禦，魚呂反。菑，音哉，下同，下文或作災，注作裁，並同。扞，胡旦反。厲，力世反，左傳作列山。共，音恭，下及注同。鄣，音章。殛，紀力反，注同。尚書云「殛鯀於羽山」，又云「鯀則殛死」。顓頊能脩之，本或作「顓頊脩黃帝之功」。文治，直吏反。去，起呂反。夫，音扶。丘，此古丘字。王，于況反。梧，音吾。

【疏】夫聖至祀典。○正義曰：前經明禘郊祖宗及社稷之等所配之人，又論天地、日月星辰、山谷丘陵之等，此經摠明其功有益於民，得在祀典之事。從此至「能捍大患則祀之」，與下諸神爲摠也。○「法施於民則祀之」者，若神農及后土、帝嚳與堯及黃帝、顓頊與契之屬是也。○「以死勤事則祀之」者，若舜及鯀、冥是也。○「以勞定國則祀之」者，若禹是也。○「能禦大菑及能捍大患則祀之」者，若湯及文、武也。其子曰農，能殖百穀者，農謂厲山氏後世子孫名柱，能殖百穀，故國語云「神農之名柱，作農官」，因名農是也。○夏之衰也，周弃繼之者，以夏末湯遭大旱七年，欲變置社稷，故廢農祀棄。○故祀以爲稷者，謂農及棄皆祀之，以配稷之神。故其子曰后土，能平九州，故祀以爲社者，是共工後世之子孫爲后土之官。后，君也，爲君而掌土，能治九州五土之神，故祀以爲配社之神。○帝嚳能序星辰以著衆者，嚳能紀星辰，序時候，以明著使民休作有期，不失時節，故祀之也。○堯能賞均刑法以義終者，堯以天下位授舜，封禹、稷，官得其人，是能賞均平也；五刑有宅，是能刑有法也；禪舜而老，二十八載乃殂，是義終也。○舜能勤衆事而野死者，舜征有苗而巡守，陟方而死蒼梧之野，是勤衆事而野死。○鯀鄣鴻水而殛死者，鯀塞水而無功，而被堯殛死于羽山，亦是有微功於人，故得祀之。若無微功焉，能治水九載？又世本云作城郭，是有功也。鄭荅趙商云：「鯀非誅死，鯀放居東裔，至死不得反於朝，禹乃其子也，以有聖功，故堯興之。若以爲殺人父用其子，而舜、禹何以忍乎？而尚書云『鯀則殛死，禹乃嗣興』者，箕子見武王誅紂，今與已言，懼其意有慙德，爲說父不肖則罪，子賢則舉之，以滿武王意也。」○禹能脩鯀之功者，禹能脩父之功，故祀之。○黃帝正名百物者，上雖有百物，而未有名，黃帝爲物作名，正名其體也。○百以明民者，謂垂衣裳，使貴賤分明，得其所也。○共財者，謂山澤不鄣，教民取百物以自贍也。其如上事，故得祀之。○顓頊能修之者，謂能脩黃帝之法。○契爲司徒而民成者，契爲堯之

司徒司徒掌五教故民之五教得成○冥勤其官而水死者冥契六世孫其官玄冥水官也○湯以寬治民而除其虐謂放桀於南巢也文王以文治武王以武功去民之菑者謂伐紂也此皆有功烈於民者也結上厲山以下也所得祀之人有功烈於人故也及夫日月星辰民所瞻仰也者釋上文燔柴於泰壇瘞埋於泰折王宮祭日夜明祭月幽禜祭星之等及上有祭地祭天祭四時祭寒暑祭水旱此不言之者舉日月則天地可知四時寒暑水旱則日月陰陽之氣故舉日月以包之也非此族也不在祀典者合結上事也族類也若非上自厲山以下及日月上陵之等無益於民者悉不得預於祭祀之典也案上陳宗廟及七祀并通適殤以下此經不覆明之者此經所云謂是外神有功於民故具載之其宗廟與殤以下及親屬七祀之等宮中小神所以此經並皆不載○注春秋至祀也○正義曰引春秋左傳昭二十九年蔡墨辭云厲山氏炎帝也起於厲山者案帝王世紀云神農氏本起於烈山或時稱之神農即炎帝也故云厲山氏炎帝也云或曰有烈山氏者案二十九年傳文也云棄后稷也者稱舜典云棄汝后稷是棄爲后稷名也云共工氏無錄而王謂之霸在大昊炎帝之間者是漢律麻志文又案月令春其帝大皞夏其帝炎帝不載共工氏是無錄以水紀官是無錄而王案昭十七年左傳郯子稱黃帝氏以雲紀炎帝以火紀共工氏以水紀大皞氏以龍紀從下逆陳是在炎帝之前大昊之後也云著衆謂使民興事知休作之期也者由序麻星辰敬授明時使民興造其事知休作之期民得顯著云二十八載乃死也者虞書文也云殛死謂不能成其功也者鯀被殛羽山以至於死所以殛者由不能成其功也云明民謂使之衣服有章者案易繫云黃帝堯舜垂衣裳而天下治蓋取乾坤是也云冥契六世之孫也者案世本契生昭明昭明生相土相土生昌若昌若生曹圉曹圉生根國根國生冥是契六世孫也

禮記注疏卷四十六校勘記　阮元撰盧宣旬摘錄

附釋音禮記注疏卷第四十六　惠棟按宋本禮記正義卷第五十五

祭法第二十三

至周天子以下所制祀羣神之數　惠棟按宋本同衞氏集說同閩監毛本數誤祭

祭法節

下有禘郊祖宗　閩監毛本同嘉靖本同衞氏集說同惠棟按宋本祖宗作宗祖岳本宋監本同

其帝大昊　岳本同嘉靖本同衞氏集說同閩監毛本大作太釋文亦作大

稍用其姓氏　惠棟按宋本氏作代宋監本岳本嘉靖本衞氏集說同正義亦作代此本誤氏閩監毛本同

郊祭一帝　各本同監本一誤二

祭法至武王　惠棟按宋本無此五字

漢爲堯夙而用火德　惠棟按宋本作允此本允誤夙閩監毛本同

三則符之堯舜湯武無同宗祖之言　閩監毛本同惠棟按宋本宗祖作祖宗

帝軒轅傳十世二千五百二十歲　監毛本同閩本二千作一千惠棟按宋本同

又月令季秋大享帝　惠棟按宋本作季衞氏集說同此本季誤既閩監毛本同

又孝經云　閩監毛本同惠棟按宋本無又字衞氏集說同

埋少牢於泰昭節

相近當爲禳祈　閩監毛本同嘉靖本同惠棟按宋本禳作攘岳本同衞氏集說同下同按此本疏相近當爲攘祈攘卻也則祭攘卻之及祭以攘之故讀相近爲攘祈五攘字俱從才旁閩監毛本並改從示旁

埋少至不祭　惠棟按宋本無此五字

攻說用幣而已攻說以是日月之災　惠棟按宋本亦作攻與周禮大祝注合閩監毛本二攻字並誤故

雩呼吁嗟哭位　閩監本同惠棟按宋本位作泣毛本吁嗟誤嗟嗟

飄師雨師　惠棟按宋本同閩監毛本飄作風

日月也在郊祀之中　閩監毛本同惠棟按宋本祀作祭

大凡生於天地之間者節

禘郊宗祖　惠棟按宋本石經宋監本岳本嘉靖本衞氏集說同閩監毛本宗祖二字倒陳澔集說同石經考文提要云宋大字本宋本九經南宋巾箱本余仁仲本劉叔剛本並作宗祖

大凡至變也　惠棟按宋本無此五字

故曰黃帝以下　閩監毛本同惠棟按宋本曰作云

明此禘郊宗祖　惠棟按宋本作祖此本祖作廟閩監毛本同

大夫立三廟二壇　閩本惠棟按宋本石經岳本嘉靖本衞氏集說同監毛本二誤一

天下有王節

顯考無廟　閩監毛本同石經同岳本同嘉靖本同衞氏集說同陳澔集說顯作皇釋文出顯考無廟云顯音皇出注石經考文提要云宋大字本宋本九經南宋巾箱本余仁仲劉叔剛本並作顯考是漢唐宋以來知顯當爲皇而不敢改而陳氏竟改之

爲卿大夫之采地　各本同釋文出大夫采三字無之字

享嘗謂時之祭　補案時上當有四字此誤脫也

天子諸侯爲壇墠所禱　閩監毛本同岳本同嘉靖本同衞氏集說同盧文弨校云所當作祈

天下至曰鬼　惠棟按宋本無此五字

故此先言之　閩監毛本同惠棟按宋本之下有也字

此之五廟則並同日月祭之也　閩本作月月考文引宋板同此本月月誤日月監毛本同衞氏集說亦作五廟皆月月祭之

云曾煬公者自伯禽之子也　惠棟按宋本無自字此本誤衍閩監毛本同

大夫若無祖考　閩監毛本同惠棟按宋本考下有者字

天子長一尺二寸　閩監毛本同惠棟按宋本無一字

故鬼其祖父與於寢中薦之　閩監毛本同衞氏集說父與作與父

王爲羣姓立社節

王爲至置社　惠棟按宋本無此五字

大社在庫門內之右　惠棟按宋本作內之衞氏集說同此本內之二字倒閩監毛本同

引州長職曰　惠棟按宋本有州字此本州字脫閩監毛本同

王爲羣姓立七祀節

王爲羣姓立七祀　閩本石經惠棟按宋本宋監本岳本嘉靖本衞氏集說並同監毛本祀誤祠

門戶竈在旁　惠棟按宋本有戶字岳本嘉靖本衞氏集說同考文引古本足利本同此本戶字脫閩監毛本同

巫祝以厲山爲之謬乎　各本同釋文謬作繆○按唐人多以繆爲錯謬字

王爲至或立竈　惠棟按宋本無此六字

而樂記直云　惠棟按宋本有而字此本而字脫閩監毛本同

或有春秋二時　閩監毛本同考文云宋板二作兩

得其鬼爲厲　惠棟按宋本上有何字此本何字脫閩監毛本同衞氏集說亦作何得爲厲也

夫聖王之制祭祀也節

周弃繼之　閩監本同石經同岳本同嘉靖本同毛本弃作棄衞氏集說同

禹能脩鯀之功　閩監本同石經同岳本同毛本脩作修嘉靖本同衞氏集說同下顓頊能脩之同

此皆有功烈於民者也　宋監本脫皆字

山林川谷丘陵　各本同石經同釋文出业陵云此古丘字

能刑謂去四凶　閩監毛本同岳本同嘉靖本同衞氏集說同考文云宋板無此六字足利本同

夫聖王祀典　惠棟挍宋本無此五字

及社稷之等所配之人　惠棟挍宋本作之人衞氏集說同此本之人誤之○閩監毛本之人誤此字

神農之名柱　閩監毛本同衞氏集說之下有子字

鯀塞水而無功　閩監毛本同惠棟挍宋本無而字衞氏集說同

爲說父不肖則罪　惠棟挍宋本作則續通解同此本則誤其閩監毛本同

及日月丘陵之等　閩本同惠棟挍宋本同監毛本丘陵誤星辰衞氏集說亦作及日月丘陵等

稱舜典云棄汝后稷　閩監毛本同浦鏜云稱當挍字誤

禮記注疏卷四十六挍勘記

附釋音禮記注疏卷第四十七

禮記　鄭氏注　孔穎達疏

祭義第二十四　○陸曰鄭云名祭義者以其記齋戒薦羞之義〔疏〕正義曰案鄭目錄云名曰祭義者以其記祭祀齋戒薦羞之義也此於別錄屬祭祀

祭不欲數。數則煩。煩則不敬。祭不欲疏。疏則怠。怠則忘。是故君子合諸天道。春禘秋嘗。忘與不敬違禮莫大焉合於天道因四時之變化孝子感時念親則以此祭之也春禘者夏殷禮也周以禘爲殷祭更名春祭曰祠○數色角反下同怠大改反祠嗣思反霜露既降。君子履之。必有悽愴之心。非其寒之謂也。春雨露既濡。君子履之。必有怵惕之心。如將見之。非其寒之謂謂悽愴及怵惕皆爲感時念親也霜露既降禮說在秋此無秋字蓋脫爾○悽音妻愴初亮反濡本亦作濡音儒怵敕律反惕他歷反爲于僞反下文見所爲并注同樂以迎來。哀以送往。故禘有樂而嘗無樂。迎來而樂樂親之將來也送去而哀哀其享否不可知也小言之則爲一祭之間孝子不知鬼神之期不推而廣之放其去來於陰陽○放方往反〔疏〕祭不欲數數則煩煩則不敬祭不欲疏疏則怠至無樂○正義曰此一節捴論祭祀其事既雜義相附者結爲一節各隨文解之此一節明孝子感時念親所以四時設祭之意○合諸天道者諸於也禘者陽之盛也嘗者陰之盛也陰陽氣盛孝子感而思念其親故君子制禮合於天道○春禘秋嘗者舉春秋冬夏可知非其寒之謂也者言孝子於秋霜露既降有悽愴之心者非是寒之謂有此悽愴者爲感時念親也○如將見之者言孝子於春雨露之時必有怵惕之心焉意想念親如似得見親也春秋二時於文相互上云悽愴下云非其寒之謂此怵惕之心下宜云非其煖之謂今怵惕之心下如將見之則悽愴之心下亦宜云如將見之是其互也但作記以秋是物去寒爲甚故不云如將見之但言寒也春是物來煖輕於寒故云如將見之故不言煖之謂也先秋後春以涼悽愴之甚故先言之○注春禘者夏殷禮也周以禘爲殷祭更名春祭至曰祠○正義曰案王制云春礿夏禘周禮大宗伯春祠夏禴今云春禘故云夏殷禮案王制春曰礿此云春禘爲夏殷禮者郊特牲以注禘當爲礿則此春禘亦當爲礿於郊特牲已注而破之故此不言也○注迎來至陰陽○正義曰云小言之則爲一祭之間孝子不知鬼神之期者解經樂以迎來哀以送往之二句謂一祭之間也一祭比於一年其事爲小故云小言之爲一祭之間既不知鬼神來去期節故祭初似若來故樂祭末似去故哀據孝子之心雖春有樂及鍾鼓送尸孝子之心祭末猶哀也云推而廣之放其去來於陰陽者解經云故禘有樂而嘗無樂二句也言推此一祭而廣論一年放神之去來似於陰陽二氣但陽主生長春夏陽來似神之來故春夏祭之有樂秋冬陰象神之去故秋冬之祭無樂然周禮四時之祭皆有樂殷則烝嘗之祭亦有樂故那詩云庸鼓有斁萬舞有奕下云顧予烝嘗則殷秋冬亦有樂者熊氏云殷秋冬但有管弦之樂又云烝嘗全無樂其義已具郊特牲

致齊於內。散齊於外。齊之日。思其居處。思其笑語。思其志意。思其所樂。思其所嗜。齊三日。乃見其所爲齊者。致齊思此五者也散齊七日不御不樂不弔耳見所爲齊者思之熟也所嗜素所欲飲食也春秋傳曰屈到嗜芰○齊側皆反後不出者同散悉但反注同所樂音岳又五孝反嗜市志反注及下並同屈居勿反屈到楚莫敖芰其寄反〔疏〕致齊至齊者○正義曰此一節明祭前齊日之事○思其居處者謂祭致齊之日也思其居處以下五事謂孝子思念親存之五事也先思其麤漸思其精故居處在前樂嗜居後○齊三日乃見其所爲齊者謂致齊思念其親精意純熟目想之若見其所爲齊之親也○注春秋傳曰屈到嗜芰○正義曰楚語云屈到嗜芰有疾召其宗老而屬之曰祭我必以芰祭之日。入室。僾然必有見乎其位。周還出戶。肅然必有聞乎其容聲。出戶而聽。愾然必有聞乎其嘆息之聲。周還出戶謂薦設時也無尸者闔戶若食間則有出戶而聽之○僾音愛微見貌還音旋本亦作旋注同愾開代反闔戶獵反〔疏〕祭之至之聲○正義曰此一經明祭之日孝子想念其親入室僾然必有見乎其位者謂祭之日朝初入廟室時也初入室陰厭時孝子當想象僾僾髣髴見也詩云愛而不見見如見親之在神位也故論語云祭如在○周還出戶肅然必有聞乎其容聲者謂薦饌時也孝子薦俎酌獻行步周旋或出戶當此之時必有悚息肅肅然如聞親舉動容止之聲○出戶而聽愾然者謂祭此人爲無尸之時設薦已畢孝子出戶而靜聽愾愾然也必有聞乎其歎息之聲也○注周還至聽之○正義曰出戶謂薦設時也者若特牲少牢主婦設豆及佐食設俎之屬是也云無尸者闔尸若食間則有出戶而聽之者案士虞禮云無尸則禮及薦饌皆如初主人哭出復位祝闔牖戶如食間注云如尸一食九飯之須彼謂虞祭無孫行爲尸者則吉祭亦當然也此鄭云闔戶若食間見如正祭九飯之間也而皇氏謂尸謖之後陽厭之時又云無尸謂之陰厭尸未入前其義並非也是故先王之孝也。色不忘乎目。聲不絕乎耳。心志嗜欲。不忘乎心。致愛則存。致慤則著。著存不忘乎心。夫安得不敬乎。存著則謂其思念也○慤苦角反〔疏〕是故至敬乎○正義曰此一經覆說孝子祭時念親之事○致愛則存者謂孝子致極愛親之心則若親之存以嗜欲不忘於親故也○致慤則著者謂孝子致其端慤敬親之心則若親之顯著以色不忘於目聲不忘於耳故也○著存不忘乎心者言如親之存在恒想見之不忘於心既思念如此何得不敬乎君子生則敬養。死則敬享。思終身弗辱也。享猶祭也饗也○養羊尚反鄉也許亮反下文鄉也鄉之注鄉並同君子有終身之喪。忌日之謂也。忌日不用。非不祥也。言夫日。志有所至。而不敢盡其私也。忌日親亡之日忌日者不用舉他事如有

時日之禁也○祥善也志有所至至於親以此日亡其哀心如喪時○言夫日音扶本或作言夫忌日〔疏〕君子至私也○正義曰此一節明孝子終身念親不忘之事○忌日不用非不祥也者謂忌日不用舉作他事者何非謂此日不善別有禁忌不舉事也○言夫日志有所至而不敢盡其私也者所以不舉者言夫忌日謂孝子志意有所至極思念親不敢盡其私情而營他事故不舉也

唯聖人爲能饗帝。孝子爲能饗親。謂祭之能使之饗也帝天也饗者鄉也。鄉之然後能饗焉。言中心鄉之乃能使其祭見饗也上饗或爲相○相息亮反下文同是故孝子臨尸而不怍。君牽牲。夫人奠盎。君獻尸。夫人薦豆。卿大夫相君。命婦相夫人。齊齊乎其敬也。愉愉乎其忠也。勿勿諸其欲其饗之也。色不和曰怍奠盎設盎齊之奠也此時君牽牲將薦毛血君獻尸而夫人薦豆謂繹日也儐尸主人獻尸主婦自東房薦韭菹醢勿勿猶勉勉也愨愛之貌○怍才各反盎烏浪反齊齊如字舊子禮反愉羊朱反盎齊才細反繹音亦儐音賓〔疏〕唯聖至之也○正義曰此一節明孝子祭祀欲親歆饗之意○唯聖人爲能饗帝者以饗帝爲難故聖人能之饗親不易故孝子能之欲饗親與饗帝同故以饗帝比饗親言饗親難也此本爲饗親而發故下文事論饗親之事○饗者鄉也者言神之所以饗者由孝子之所歸鄉也鄉之故然後能使神靈歆饗焉○是故孝子臨尸而不怍者怍謂顏色不和悅以祭祀須饗尸故孝子臨對尸前不得顏色不和○君牽牲夫人奠盎者熊氏云此謂繹祭君當牽牲之時夫人奠設盎齊之奠○君獻尸夫人薦豆者繹祭故先獻後薦○齊齊乎其敬也者卿大夫相君命婦相夫人皆齊齊乎其恭敬齊齊謂整齊之貌故玉藻云廟中齊齊○愉愉乎其忠也者愉愉和悅之貌忠謂忠心言孝子顏色愉愉然和悅盡忠心○勿勿諸其欲其饗之也者勿勿猶勉勉也言孝子之心與貌勉勉然欲得親之歆饗也其皆語助○注色不至之貌○正義曰案曲禮云容毋怍怍謂顏色變即不和之意云奠盎設盎齊之奠也者此謂繹祭故牽牲之時夫人預設盎齊之尊假令正祭牽牲時夫人設奠盎之尊至君親制祭夫人酌盎齊以獻尸義無妨也皇氏怪此奠盎在牽牲之時於事大早以奠盎爲洗牲勘諸經傳無洗牲以酒之文皇氏文無所據其義非也云謂繹日也者以其先云君獻尸後云夫人薦豆故知繹日也云儐尸主人獻尸主婦自東房薦韭菹醢者此是有司徹文引之者證儐尸之時先獻後薦上大夫儐尸即天子諸侯之繹也

文王之祭也。事死者如事生。思死者如不欲生。忌日必哀。稱諱如見親。祀之忠也。如見親之所愛。如欲色然。其文王與。思死者如不欲生言思親之深也如欲色者以時人於色厚假以諭之○忠如字謂盡中心與音餘詩云。明發不寐。有懷二人。文王之詩也。祭之明日。明發不寐。饗而致之。又從而思之。祭之日。樂與哀半。饗之必樂。已至必哀。明發不寐謂夜至旦也祭之明日謂繹日也言繹之夜不寐也二人謂父母容尸侑也○樂與音洛下同侑音又〔疏〕文王至必哀節○正義曰此一節明文王祭思親忠敬之甚○思死者如不欲生者言文王思念死者意欲隨之而死如似不復欲生○稱諱如見親者言文王在廟中上不諱下於祖廟稱親之諱如似見親也○祀之忠也者言文王祭祀之盡忠誠也○如見親之所愛如欲色然者解祀之忠敬之事言齊時思念親之平生嗜欲如似真見親所愛在於目前又思念親之所愛之甚如似凡人貪欲女色然也○其文王與者雖文王能如此與與是不執定之辭王肅然解欲色如欲見父母之顏色鄭何得比父母於女色馬昭申云孔子曰吾未見好德如好色者如此亦比色於德張融亦如好色取其甚也於文無妨○文王之詩也者此幽王小雅小宛之篇而云文王詩也者記者引詩斷章取義且詩人陳文王之德以刺幽王亦得爲文王之詩也○祭之明日明發不寐者謂正祭明日繹祭之時祭既訖得其夜發夕至明而不寐○饗而致之又從而思之者申明發之意既設繹祭之饗而致於神其夜又從而思之也○饗之必樂已至必哀者孝子想神之歆饗故必樂又想及饗已至之後必分離故必哀也○注祭之至侑也○正義曰知祭之明日謂繹日也者案宣八年六月辛巳有事于大廟仲遂卒于垂壬午猶繹是祭之明日爲繹也云二人謂父母容尸侑也者祭以念親故二人謂父母案有司徹上大夫儐尸別立一人爲侑以助尸似鄉飲酒禮介之副賓也繹祭與儐尸同故知二人容尸與侑侑也

仲尼嘗。奉薦而進。其親也愨。其行也趨趨以數。嘗秋祭也親謂身親執事時也愨與趨趨言少威儀也趨讀如促數之言速也○仲尼嘗絕句嘗秋祭奉薦而進絕句其親也愨絕句趨音促注及下注皆同數色角反徐音速注同已祭。子贛問曰。子之言祭。濟濟漆漆然。今子之祭無濟濟漆漆。何也。子曰。濟濟者。容也。遠也。漆漆者。容也。自反也。容以遠。若容以自反也。夫何神明之及交。夫何濟濟漆漆之有乎。漆漆讀如朋友切切自反猶言自脩整也容以遠言非所以接親親也容以自反言非孝子所以事親也及與也此皆非與神明交之道○贛音貢濟子禮反下同漆依注音切下同客也口白反賓客也下客以遠同容也羊凶反儀容也下若容以自反同反饋樂成。薦其薦俎。序其禮樂。備其百官。君子致其濟濟漆漆。夫何慌惚之有乎。天子諸侯之祭或從血腥始至反饋是進孰也薦俎豆與俎也慌惚思念益深之時也言祭事既備使百官助已祭然而見其容而自反是無慌惚之思念○樂成音岳又五教反慌況往反注及下同一音荒惚音忽注及下同本又作忽夫言豈一端而已。夫各有所當也。豈一端言不可以一槩也禮各有所當行祭宗廟者賓客濟濟漆漆主人愨而趨趨○當丁浪反槩古代反〔疏〕仲尼至當也○正義曰此一節記仲尼嘗祭之儀○奉薦而進其親也愨者愨謂質愨謂仲尼奉薦進尸之時其身執事其形貌愨質少威儀○其行也趨趨以數者其行步促促速疾少威儀舉足而數也○今子之祭無濟濟漆漆何也者子贛先聞夫子說祭事威儀須濟濟漆漆然也今子之爲祭無濟濟漆漆者何也子曰濟濟者何也遠也夫子爲子贛說濟濟之義言濟濟者是容貌自疏遠漆漆者容也自反也謂容貌自反覆而脩正也○容以遠若容以自反也者覆結上文言孝子若容貌以疏遠若容貌以自脩正此乃賓客之事○夫何神明之及交者及與也言孝子若作賓客之容何得神明之與交言不得與神明交也○夫何濟濟漆漆之有乎者更覆結上之云夫孝子何得濟濟漆漆之有乎言不得有也其容也遠也王肅以容爲客皇氏用王肅以客有其容之義其義亦通但於文勢不便至注更具詳○反饋樂成者此天子諸侯之祭血腥而始及至進是設饌進孰合樂成畢定本反饋作及字至注更釋○薦俎者謂薦孰之時薦其饋食之豆并牲體之俎○序其禮樂備其百官者進饋之前與神明而交貴其誠敬進饋之後人事之盛故序其禮樂備其百官君子致其濟濟漆漆者言於此之時君子助祭之人致其濟濟漆漆賓客之事○夫何慌惚之有乎者此一句覆結前文子貢問之若孝子自濟濟漆漆何得慌惚思念之有乎言無念親之意也○夫言豈一端而已者夫子苔子貢云一端猶一槩也凡言語豈一槩而已言不可以一槩所屬各異○夫各有所當也者謂其言語各有所當若愨而趨當孝子也濟濟漆漆當賓客也○注漆漆至之道○正義曰云漆漆讀如朋友切切者以漆漆非形貌之狀漆音近切朋友切切偲偲語子路文也云自反猶言自修整也者凡脩整之人必自反覆顧省故云自反猶言自修整云容以遠言非所以接親親也者凡接親親不事容貌又相附近今既事容貌又相疏遠故云非所以接親親言親親對孝子之辭或容爲客字則是義遠何須云容以遠又容以自反與容以遠相對一字爲容一字爲客未之有也又王肅爲客字破鄭義明鄭義容字也○注天子至思念○正義曰天子諸侯之祭或從血腥始者謂以卿大夫從饋孰始故云天子諸侯或從血腥始言或者不盡然故三獻爓一獻孰是不從血腥始云至反饋是進孰也者既以血腥爲始至於反饋之時是進孰也但至與反字於文爲煩定本又爲及字故皇氏云初祭尸入於室後出在堂門尸更反入而設饋故云及饋義當然也

孝子將祭。慮事不可以不豫。比時具物。不可以不備。虛中以治之。比時猶先時也虛中言不兼念餘事○比必利反徐甫至反注同先悉薦反又如字〔疏〕孝子至治之○正義曰自此以下至成人之道廣明孝子祭祀之義今各隨文解之○將祭慮事不可以不豫者言孝子慮事不可於祭前不豫思慮之○比時具物不可以不備者比時謂先時言在祭之先以備具於物至於祭時不可以不備具也○虛中以治之者言不可兼念餘事必中實虛唯思此祭而已故云虛中以治之也宮室既脩。牆屋既設。百物既備。夫婦齊戒。沐浴盛服。奉承而進之。洞洞乎。屬屬乎。如弗勝。如將失之。其孝敬之心至也與。脩設謂除及黝堊○洞音動下同屬音燭下同弗本亦作不何休云弗者不之深也勝音升與音餘黝於糾反堊烏路反薦其薦俎。序其禮樂。備其百官。奉承而進之。百官助主人進之〔疏〕宮室至進之○正義曰洞洞屬屬是嚴敬之貌言孝子之心奉承而進祭

之時其心洞洞乎屬屬乎恭敬心盛如舉物之弗勝心所奉持如似將失於物此是孝子心敬之至極也案廣雅洞洞屬屬敬也

於是諭其志意。以其慌惚以與神明交。庶或饗之。庶或饗之。孝子之志也。諭其志意謂使祝祝饗及侑尸也或猶有也言想見其彷彿來○祝祝上之六反下之又反又並之六反仿孚往反佛孚味反〔疏〕於是至志也○正義曰孝子既薦其俎於是使其祝官啓告鬼神曉諭鬼神以志意○以其慌惚以與神明交庶或饗之者言孝子以其思念情深慌惚似神明交接庶望神明或來歆饗故云庶幾神明饗之者是孝子之志意也言想見其親彷彿而來也

孝子之祭也。盡其慤而慤焉。盡其信而信焉。盡其敬而敬焉。盡其禮而不過失焉。進退必敬。如親聽命。則或使之也。言當盡己而已如居父母前將受命而使之〔疏〕孝子至之也○正義曰盡其慤而慤焉者盡慤謂心盡其慤也而慤焉謂外亦慤焉其信與敬皆處內內有其心外著於貌○盡其禮而不過失焉者以其禮包衆事非可極故不得云而盡其禮焉云不過失焉則是禮也○進退必敬如親聽命則或使之也者言孝子祭時進之與退必恆恭敬如似親聽父母之命而父母或使之也

孝子之祭可知也。其立之也敬以詘。其進之也敬以愉。其薦之也敬以欲。退而立。如將受命。已徹而退。敬齊之色。不絕於面。詘充詘形容喜貌也進之謂進血腥也愉顏色和貌也薦之謂進孰也欲婉順貌謂齊莊○詘求勿反注及下并篇末同徐巨勿反敬齊如字注及下同王徐側皆反婉憂阮反

孝子之祭也。立而不詘。固也。進而不愉。疏也。薦而不欲。不愛也。退立而不如受命。敖也。已徹而退。無敬齊之色。而忘本也。如是而祭。失之矣。固猶質陋也而忘本而衍字○敖五報反〔疏〕孝子至之矣○正義曰此一節明孝子之祭觀其貌而知其心故孝子之祭可知也者以下諸事是也○其立之也敬以詘者詘謂充詘形容歡喜之貌言孝子戶前而立形貌恭敬而顏色歡喜○其進之也敬以愉者進謂進血腥愉謂顏色溫和言孝子薦血腥之時容貌恭敬而顏色溫和○其薦之也敬以欲者言孝子薦孰之時容貌恭敬顏色婉順如欲得物然○退而立如將受命者言孝子或有退之時如似前進將受命○已徹而退敬齊之色不絕於面者謂祭畢已徹饌食孝子退者恭敬齊莊之色不絕於面○立而不詘固也者言其固陋不知禮○進而不愉疏也者言與親疏遠不相親附○薦而不欲不愛也者言不愛親○退立而不如受命敖也者言敖其親不恭敬已徹而退無敬齊之色而忘本也者而衍字忘本謂不思其親○

孝子之有深愛者。必有和氣。有和氣者。必有愉色。有愉色者。必有婉容。和氣謂立而詘孝子如執玉。如奉盈。洞洞屬屬然如弗勝。如將失之。嚴威儼恪。非所以事親也。成人之道也。成人既冠者然則孝子不失其孺子之心也○奉芳勇反儼魚檢反恪苦各反冠古亂反孺而樹反〔疏〕孝子至道也○正義曰如執玉如奉盈言孝子對神容貌敬慎如執持玉之大寶如奉盈滿之物嚴威儼恪非所以事親也者嚴謂嚴肅威謂威重儼謂儼正恪謂恭敬言四者容貌非事親之體事親當和順卑柔也成人之道也者言嚴威儼恪祇是既冠成人之道也

先王之所以治天下者五。貴有德。貴貴。貴老。敬長。慈幼。此五者。先王之所以定天下也。貴有德。何為也。為其近於道也。貴貴。為其近於君也。貴老。為其近於親也。敬長。為其近於兄也。慈幼。為其近於子也。言治國有家道○長丁丈反下及下注皆同為其于偽反下為其同近附近之近

是故至孝近乎王。至弟近乎霸。至孝近乎王。雖天子必有父。至弟近乎霸。雖諸侯必有兄。先王之教。因而弗改。所以領天下國家也。天子有所父事諸侯有所兄事謂若三老五更也天子衰諸侯興故曰霸○乎王于況反弟音悌下同更古衡反下及下更相同〔疏〕先王至家也○正義曰此一節論貴德及孝弟之事皇氏云此亦承上夫子荅子贛之辭畢廣明孝弟之義今以皇氏說未知然否或是說雜錄之辭○貴有德何為也為其近於道也者德是在身善行之名道者於物開通之稱以已有德能開道於物故云近於道也凡言近者非是實到附近而已○是故至孝近乎王至弟近乎霸者孝能感物故近乎王弟能親愛故近乎霸雖天子必有父者以聖人之德無加於孝乎故雖天子之尊必有事之如父者謂養三老也○雖諸侯必有兄者以教民禮順莫善於弟故雖諸侯之貴必有事之如兄者謂養五更也○先王之教因而弗改者言先王設教之原因人之心孝弟即以孝弟教人是因而不改從人之所欲故可以領天下國家也○注天子至曰霸○正義曰云天子有所父事諸侯有所兄事者案天子諸侯俱有養老之禮皆事三老五更故文王世子注三老如賓五更如介但天子尊故以父事屬之諸侯卑故以兄事屬之云天子衰諸侯興故曰霸者案中候儲侯曰霸注云霸把也把天子之事也

子曰。立愛自親始。教民睦也。立教自長始。教民順也。親長父兄也睦和厚也教以慈睦。而民貴有親。教以敬長。而民貴用命。尊長出教令者孝以事親。順以聽命。錯諸天下。無所不行。〔疏〕子曰至不行○正義曰此一節明愛敬之道皇氏云因上荅子貢之問別愛敬語更端故別言子曰自此以下皆展轉相因廣明其事今謂記者雜錄以事類相接為次非本相因之辭也○立愛自親始者言人君欲立愛於天下從親為始言先愛親也○教民睦也者已先愛親人亦愛親是教民睦也○立敬自長始者言起敬於天下從長為始言先自敬長○教民順也者已能敬長民亦敬長是教民順也○教以慈睦而民貴有親者覆上教民睦也睦則恩慈故云慈睦也民既慈睦各貴所有之親○教以敬長而民貴用命者覆結上文教民順也既教以敬長民心和順不有悖逆故貴用命○孝以事親順以聽命者孝以事親覆說而民貴有親也順以聽命覆說而民貴用命也以此二者錯置於天下故無所不行言皆行也

郊之祭也。喪者不敢哭。凶服者不敢入國門。敬之至也。祭者吉禮不欲聞見凶人○措諸七路反〔疏〕郊之至至也○正義曰此一節論祭祀之禮以是吉禮大事故喪與凶服皆辟之

祭之日。君牽牲。穆荅君。卿大夫序從。祭謂祭宗廟也穆子姓也荅對也序以次第從也序或為豫○從才用反注同既入廟門。麗于碑。卿大夫袒。而毛牛尚耳。鸞刀以封。取膟膋。乃退。爓祭。祭腥而退。敬之至也。麗猶繫也毛牛尚耳以耳毛為上也膟膋血與腸間脂也爓祭祭腥祭爓肉腥肉也湯肉曰爓爓祭祭腥或為合祭腥泄膶熟也○碑彼皮反袒徒旦反鸞力端反封苦圭反膟音律膋力彫反爓音尋泄息列反膶直輒反〔疏〕祭之至至也○正義曰前經郊祭之致敬此一節明祭廟牽牲致敬○穆荅君者穆謂子姓荅對也言祭廟君牽牲之時子姓對君其牽牲○卿大夫序從者卿大夫佐幣士奉芻依次第而從君也○既入廟門麗于碑者麗繫也君牽牲入廟門繫著中庭碑也王肅云以紖貫碑中君從此待之也○卿大夫袒而毛牛尚耳者將殺牲故袒取牛毛薦之故云毛牛也以耳毛為上故云尚耳耳主聽欲使神聽之○鸞刀以封取膟膋者謂用鸞刀封割牲體又取血及腸間脂血以供薦而膋以供炙肝及蓺蕭也○乃退者謂殺牲竟而取卿大夫所封血毛膟膋薦之竟而退也祭有三節此一節竟故退○爓祭祭腥者爓謂爓肉而祭腥謂以腥肉而祭言薦膟膋之後以俎藏爓肉腥肉而祭也○而退者謂爓祭祭腥之後祭事既卒而退是恭敬之至極也○注穆子姓也○正義曰知穆是子姓者熊氏云父昭子穆姓生也是昭穆所生謂子孫直言穆者文不備○注膟膋至熟也○正義曰案說文及字林云膟血祭膋是牛腸間脂也是膟為血膋為腸間脂也云爓祭祭腥祭爓肉腥肉也者既疊出經文爓祭之事祭腥之語然後解云謂祭爓肉也腥肉也祭爓肉即經之爓祭也云腥肉即經之祭腥也其祭腥肉爓肉並當朝踐之節此腥肉則禮運云腥其俎也爓肉即禮運云熟其殽也此先云爓者記者便文耳非先後之次云湯肉曰爓者以鬼神異於生雖曰熟殽但湯肉而已若其小祀則煑肉令熟故郊特牲云一獻熟是爓與熟又別也云爓祭祭腥或云合祭腥泄膶熟也者謂爓祭祭腥四字禮記他本為合祭腥泄膶熟六字者故云或

郊之祭。大報天而主日。配以月。夏后氏祭其闇。殷人祭其陽。周人祭日。以朝及闇。主日者以其光明天之神可見者莫著焉闇昏時也陽讀為曰雨曰暘之暘謂日中時也朝日出時也夏后氏大事以昏殷人大事以日中周人大事以日出亦謂此郊祭也以朝及闇謂終日有事○神見賢遍反一本作神可見則如字暘音陽〔疏〕郊之至及闇○正義曰自

此以下至致天下之和論郊祭及日月之義此郊之祭一經止明郊祭之禮○郊之祭者謂夏正郊天○大報天者謂於此時大報天之衆神雖是春祈天生養之功大故稱大報天○而主日配以月者謂天無形體縣象著明不過日月故以日爲百神之主配之以月自日以下皆祭特言月者但月爲重以對日耳蓋天帝獨爲壇其日月及天神等共爲一壇故日得爲衆神之主也○夏后氏祭其闇者以夏后氏尚黑故祭在於昏時○殷人祭其陽者以尚白故祭在日中時○周人祭日以朝及闇者以其尚文祭百神以禮多故以朝及闇也故季氏之祭大夫之家禮儀應少而亦以朝及闇故夫子識之○注暘讀至有事○正義曰案洪範庶徵云曰雨曰暘暘謂亢暘乾燥日中之時亦明日中乾燥異於昏明故讀從日雨日暘之暘也必讀之者恐人以夜爲陰晝爲陽恐終日而祭故讀從暘也云亦謂此郊祭者以檀弓大事非止是喪亦兼諸祭故云事亦謂此郊祭

大祭日於壇。祭月於坎。以別幽明。以制上下。幽明者謂日照晝月照夜【疏】祭日至上下○正義曰此經及下經皆據春分朝日秋分夕月○祭日於壇謂春分也祭月於坎謂秋分也月爲幽日爲明日在壇月在坎是殊別幽明制定上下

祭日於東。祭月於西。以別外內。以端其位。端正○別彼刻反下同【疏】祭日至其位○正義曰端正也日爲陽在外月爲陰在內今祭日於東用朝旦之時是爲外祭月於西鄉夕之時是爲內是以別外內以正其位也而崔氏云祭日於壇祭月於坎還據上文郊祭之時今謂若是郊祭日與月當應同處何得祭日於壇祭月於坎日於東月於西祭不同處則崔氏說非也崔又云日月有合祭之時謂郊祭天而主日配以月其禮大用牛各祭之時謂春分朝日秋分夕月其禮小故祭法用少牢今謂小司徒云小祭祀奉牛牲鄭注謂玄冕所祭自玄冕皆用牛也何得用少牢今謂祭法日月用少牢鄭云禱祈之祭也崔氏說又非崔氏又云迎春之時兼日月者今案諸文迎春迎秋無祭日月之文小宗伯云兆五帝於四郊四望四類亦如之謂四望四類之祭亦如五帝在四郊故鄭云兆日於東郊兆月與風師於西郊不謂兆五帝之時即祭日月崔說又非

日出於東。月生於西。陰陽長短。終始相巡。以致天下之和。巡讀如沿漢之沿謂更相從道○巡依注音沿悅專反【疏】日出至之和○正義曰陰謂夜也陽謂晝也夏則陽長而陰短冬則陽短而陰長是陰陽長短○終始相巡者又月之與日同行黃道其晦朔之時月與日同處自朔之後月與日先後而行至月終日還與月同處亦是終始相巡○以致天下之和者以日月交相依巡是陰陽和會故致天下之和也○注巡讀如沿漢之沿○正義曰案文十年左傳云子西沿漢泝江將入郢是沿爲順流而下故讀從之

天下之禮。致反始也。致鬼神也。致和用也。致義也。致讓也。因祭之義汎說禮也致之言至也使人勤行至於此也至於反始謂報天之屬也至於鬼神謂祭宗廟之屬也至於和用謂治民之事以足用也○汎說芳劍反

致反始。以厚其本也。致鬼神。以尊上也。致物用。以立民紀也。致義。則上下不悖逆矣。致讓。以去爭也。合此五者。以治天下之禮也。雖有奇邪而不治者。則微矣。物猶事也變和言物互之也微猶少也○悖布內反去起呂反爭爭鬭之爭奇紀宜反邪似嗟反治直吏反【疏】天下至微矣○正義曰此一節明禮之大用凡有五事若能行之得理則天下治矣○天下之禮者言天下所用之禮所致凡有五事也○致反始也者致之言至也言禮之至極於天反報初始言人始於天反而報之○致鬼神也者言禮之至極至於鬼神謂祭宗廟之等○致和用也者和謂百姓和諧用謂財用豐足言禮之至極治理於民使百姓和諧財用富足也○致義也者義謂斷割得宜治惡討暴言禮之至極於義也○致讓也者讓謂遜相推讓言禮之至極於讓也○致反始以厚其本也者天爲人本今能反始以報於天是厚重其本也上能厚本教下下亦能厚本也○致鬼神以尊上也者謂至於祭祀鬼神是尊嚴其上也以此教民民亦尊上也○致物用以立民紀也者民豐物用則知榮辱禮節故至於物用可以立人紀也○致義則上下不悖逆矣者義能除凶去暴故上下不有悖逆也○致讓以去爭也者以讓故無爭○合此五者以治天下之禮也者言能和合此五者以治理天下之禮○雖有奇邪而不治者則微矣者奇謂奇異邪謂邪惡皆據異行之人言用此五事爲治假令有異行不從治者亦當少也故云則微矣○注物猶至少也○正義曰上文云致和用明和能立事是和用互言之有事用也下文云致物用物謂事也謂事須和也是致事用互致和用也是事必須和和能立事故云互也

宰我曰。吾聞鬼神之名。不知其所謂。子曰。氣也者。神之盛也。魄也者。鬼之盛也。合鬼與神。教之至也。氣謂噓吸出入者也耳目之聰明爲魄合鬼神而祭之聖人之教致之也○魄普白反噓音虛吸許及反【疏】宰我至至也○正義曰自此以下至以祀先王先公敬之至也此一節明宰我問鬼神之事夫子荅以鬼神魂魄祭祀之禮又廣明天子諸侯耕藉及公桑之事今各隨文解之○不知其所謂者宰我善問孔子吾唯聞鬼神之名不知此鬼神所謂何物爲鬼神○子曰氣也者神之盛也者此夫子荅宰我以神各言神是人生存之氣氣者是人之盛極也○魄也者鬼之盛也者是夫子荅鬼之事言人形魄者鬼之盛極也○合鬼與神教之至也者言人死神上於天鬼降於地聖王合此鬼之與神以祭之至教之致也是聖王設教致合如此故云教之至也○注氣謂至之也○正義曰氣謂噓吸出入也者謂氣在口噓吸出入此氣之體無性識也但性識依此氣而生有氣則有識無氣則無識則識從氣生性則神出入也故人之精靈而謂之神云耳目之聰明爲魄者魄體也若無耳目形體不得爲聰明故云耳目聰明爲魄云合鬼神而祭之聖人之教致之也者人之死其神與形體分散各別聖人以生存之時神形和合今雖身死聚合鬼神似若生人而祭之是聖人設教與致之令其如此也

衆生必死。死必歸土。此之謂鬼。骨肉斃于下。陰爲野土。陰讀爲依蔭之蔭言人之骨肉蔭於地中爲土壤○斃本亦作弊婢世反陰依注音蔭於鳩反壤如丈反【疏】衆生至野土○正義曰此一經明鬼神之事○衆生必死者言物之舉衆而生必皆有死○死必歸土者言萬物死者皆歸於土此一經因而言物實是本說人也○此之謂鬼者鬼歸也此歸土之形故謂之鬼也○骨肉斃于下陰爲野土者此覆說歸土之義也言死骨肉斃敗於地下依陰於地爲野澤土壤謂在田野故稱爲野土俗本陰作蔭字也

其氣發揚于上。爲昭明。焄蒿悽愴。此百物之精也。神之著也。焄謂香臭也蒿謂氣烝出貌也上言衆生此言百物明其與人同也不如人貴爾蒿或爲藨○焄許云反香臭之氣耳蒿許羔反烝之膺反藨表驕反又皮表反【疏】其氣至著也○正義曰此一經申明神也此科釋人氣爲神言人生時形體與氣合共爲生其死則形與氣分其氣之精魂發揚升於上爲昭明者言此升上爲神靈光明也○焄蒿悽愴此百物之精也者焄謂香臭也言百物之氣或香或臭蒿謂烝出貌言此香臭烝而上出其氣蒿然也悽愴者謂此等之氣人聞之情有悽有愴百物之精也者人氣揚於上爲昭明百物之精氣爲焄蒿悽愴人與百物共同但情識爲多故特謂之神此經論人亦因人神言百物也○神之著也者人氣發揚於上爲昭明是人神之顯著

因物之精。制爲之極。明命鬼神。以爲黔首。則百衆以畏。萬民以服。明命猶尊名也尊極於鬼神不可復加也黔首謂民也則法也爲民作法使民亦事其祖禰鬼神民所畏服○黔首其廉反徐又其嚴反黑也黑首謂民也秦謂民爲黔首復扶又反爲民于僞反【疏】因物至以服○正義曰此一經明聖人設教合鬼與神而祭之欲使人事其祖禰畏敬鬼神○因物之精制爲之極者言聖人因人與物死之精靈遂造制爲之尊極之稱○明命鬼神以爲黔首則者明猶尊也命猶名也黔首謂萬民也則法也故尊名人及萬物之精謂之鬼神以爲萬民之法則也○百衆以畏萬民以服者百衆謂百官衆庶萬民謂天下衆民既敬之以鬼神下皆畏敬之故云百衆以畏萬民以服○注明命至畏服○正義曰鬼神本是人與物之魂魄若直名魂魄其名不尊故尊而名之爲鬼神別加畏敬之也云尊極於鬼神不可復加也者解經制爲之極所以明鬼神爲極者言物中尊極莫過鬼神言以外他名不可復加故聖王造制爲之極名鬼神也云黔首謂民也者黔謂黑也凡人以黑巾覆頭故謂之黔首案史記云秦命民曰黔首此紀作在周末秦初故稱黔首此孔子言非當秦世以爲黔首錄記之人在後變改之耳漢家僕隸謂蒼頭以蒼巾爲飾異於民也此經鬼神本爲民神故下文築爲宮室設爲宗祧其實此鬼神亦兼山川五祀百物之屬故禮運云列於鬼神注云謂祖廟山川五祀之屬樂記云幽則有鬼神注云助天地成物者是百物之鬼謂之鬼對則精靈爲魂形體爲魄故昭七年左傳云人生始化曰魄既生魄陽曰魂是形爲魄氣爲魂若散而言之魄亦性識識與魄無異故昭二十五年左傳云心之精爽是謂魂魄魂魄去之何以能久又襄二十九年左傳云天奪伯有魄又對而言之天曰神地曰祇人曰鬼散而言之通曰鬼神

聖人以是爲未足也。築爲宮室。設爲宮祧。以別親疏遠邇。教民反古復始。不忘其所由生也。衆之服自此。故聽且速也。自由也言人由此服於聖人之教也聽謂順教令也速疾也○邇音爾○【疏】聖人至速也○正義曰此一經明聖人爲鬼神立宗廟之事○聖人以是爲未足也者謂以是尊名鬼神爲未足謂未稱其意也○築爲宮室設爲宗祧以別親疏遠邇教民反古復始者古謂先祖追而祭

之是反古也始謂初始父母始生於已今追祭祀是復始也○不忘其所由生也者追遠報祭是不忘其所由生也○衆之所服自此者自由也言衆人服從於上由此反古復始而教之也○故聽且速也者聽謂順其教令以此之故在下順其教令而且疾速也

二端既立。報以二禮。建設朝事。燔燎羶薌。見以蕭光。以報氣也。此教衆反始也。薦黍稷羞肝肺首心。見間以俠甒。加以鬱鬯。以報魄也。教民相愛。上下用情。禮之至也。二端既立謂氣也魄也更有尊名云鬼神也二禮謂朝事與薦黍稷也朝事謂薦血腥時也薦黍稷所謂饋食也見及見間皆當爲覸字之誤也羶當爲馨聲之誤也燔燎馨香覸以蕭光取牲祭脂也光猶氣也有虞氏祭首夏后氏祭心殷祭肝周祭肺覸以俠甒謂雜之兩甒醴酒也相愛用情謂此以人道祭之也報氣以氣報魄以實各首其類○燔音煩燎力召反又力弔反羶依注音馨許經反後羶鄉同○薌音香見以依注見作覸間厠之間徐古莧反見間依注合爲覸字音間厠之間俠古洽反甒音武

【疏】二端至至也○正義曰此一節論氣魄既殊明設祭之時二禮亦異○二端既立者謂氣也魄也既見乃更立尊名云鬼神也○報以二禮者謂報此氣魄以二種祭禮報氣謂朝踐之節也報魄謂饋熟之節也○建設朝事燔燎羶薌見以蕭光以報氣也者此明朝踐報氣之義也朝事謂旦朝祭事燔燎謂取膟膋燎於爐炭羶謂馨香見以蕭光謂見覸覸謂雜也光謂氣也謂燔膟膋兼爇蕭蒿是雜以蕭氣此等三祭是以報氣也○此教衆反始也者言此上之祭氣是古昔尚質之義是故教衆之以反於初始此上反古復始揔包之也○薦黍稷羞肝肺首心見間以俠甒加以鬱鬯以報魄也者薦黍稷者謂饋熟時薦此黍稷羞肝肺首心者羞進也謂薦黍稷之時進肝之與肺及首之與心殷祭以肝周祭以肺虞氏以首夏后氏以心皆謂祭黍稷之時兼此物祭也故郊特牲云祭黍稷加肺謂周法也見間以俠甒者見間讀爲覸亦雜也俠甒謂兩甒醴酒言祭黍稷之時雜以兩甒醴酒○加以鬱鬯者謂薦此黍稷加肝肺之薦更加之以鬱鬯然後薦黍稷饋熟報魄之時始云加鬱鬯者言非但薦熟是報魄言祭初所以加鬱鬯亦是報魄也以魄在地下鬱鬯灌地雖是祭初亦是報魄不當薦熟之時故云加也○以報魄也者言薦黍以下皆是報祭形魄之氣○教民相愛上下用情者言此饋熟之時皆以飲食實味偏於燕飲是教民相愛上以恩賜逮下下愛上恩賜故上下用情○禮之至也者至謂至極也謂報氣報魄二禮備足是祀奉上王禮之至極也○注二端至其類○正義曰云更有尊名云鬼神也者解經二端既立氣也魄也是二端更有尊名名鬼神是既立謂尊名立也云二禮謂朝事與薦黍稷也者以經云朝事以報氣薦黍稷以報魄也云見及見間皆當爲覸字之誤也者經云見以蕭光但有見字在旁無間間旁無見字此等據意皆是覸雜之理故知誤加以間邊加見凡覸者所見錯雜之義故間旁見也云羶當爲馨以與香連文無取羶義羶馨聲相近故云聲之誤也云取牲祭脂也者案詩生民云取蕭祭脂是取蕭與祭牲之時雜燒之一祭之中再度焫蕭朝踐燔膟膋之時亦有蕭也故郊特牲云取膟膋升首報陽也注云膟膋腸間脂也與蕭合燒之是朝踐焫蕭也郊特牲又云既奠然後焫蕭合羶薌是饋熟焫蕭也云有虞氏祭首至周祭肺皆明堂位文云兩甒醴酒也者以士喪禮既夕等皆以甒盛醴故知醴酒也此用甒者蓋是天子追享朝踐用大尊此甒即大尊或可子男之禮禮器云君尊瓦甒謂子男也皇氏以爲異代法也云報氣以氣報魄以實各首其類者燔燎馨香蕭光之屬是氣也黍稷肝肺之屬是實物也首本也報氣以氣是虛還以馨香虛氣報之報魄以實還以黍稷實物報之各本其事類故云各首其類也○

禮記注疏卷四十七挍勘記　阮元撰盧宣旬摘錄

祭義第二十四

祭不欲數節

祭不欲數數則煩煩則不敬祭不欲䟽䟽則怠至無樂　惠棟挍宋本無此廿一字

春禘者夏殷禮也周以禘爲殷祭更名春祭至曰祠　惠棟挍宋本作春禘至曰祠

郊特牲以注禘當爲礿　監本如此惠棟挍宋本毛本作以郊特牲注

致齊於內節

思其所嗜　各本同石經同釋文出所耆云注及下並同○按嗜正字耆假借字

致齊至齊者　惠棟挍宋本無此五字

此一節明祭前齊日之事　監本毛本如此惠棟挍宋本無日字

祭之日入室節

祭之至之聲　惠棟挍宋本無此五字

孝子當想象僾僾髣髣見也詩云愛而不見　閩監毛本同惠棟挍宋本髣髣作髣髴衞氏集說同段玉裁挍本謂當作孝子當想象僾然說文曰僾仿佛見也詩云僾而不見

祝闔牖戶　閩監本同與士虞禮記合毛本牖誤牗

如尸一食九飯之須　惠棟挍宋本同閩監毛本須作頃衞氏集說同

君子生則敬養節

享猶祭也饗也　閩監毛本同岳本同嘉靖本同衞氏集說同考文引足利本饗作鄉按釋文出鄉也浦鏜挍云鄉誤饗

君子至私也　惠棟挍宋本無此五字

唯聖人爲能饗帝節

唯聖至之也　惠棟挍宋本無此五字

夫人奠盎齊之奠　閩監毛本同惠棟挍宋本奠作尊下文預設盎齊之尊同按注設盎齊之奠各本俱作奠盎注與疏異本浦鏜挍則并改注盎齊之奠作盎齊之尊

文王之祭也節

謂夜而至旦也　惠棟挍宋本有而字宋監本岳本嘉靖本衞氏集說同考文引古本足利本同此本而字脫閩監毛本同

文王至必哀　惠棟挍宋本無此五字

言文在廟中　閩監毛本同惠棟挍宋本文下有王字

如似眞見親所愛　閩監毛本同考文云宋板似作以衞氏集說無似字

王肅然解欲色　閩監毛本同浦鏜挍然字當在解欲色下誤倒在上

得其夜發夕至明而不寐　考文引宋板同閩監本得作待毛本得誤侍

故知二人容尸與侑侑也　惠棟挍宋本衞氏集說同此本侑字誤重閩監毛本同

仲尼嘗節

濟濟者容也　各本同石經同釋文出濟濟者客也云口白反賓客也下客以遠同按岳氏九經三傳沿革例云石經舊監本蜀大字本及越本注疏並作容諸本間以王肅音爲口白反遂作客非是

夫何慌惚之有乎　閩監毛本同石經同岳本同嘉靖本同衞氏集說同坊本作恍忽按釋文出慌惚云本又作忽石經考文提要云宋大字本宋本九經南宋巾箱本余仁仲本劉叔剛本並作慌惚下以其慌惚同

仲尼至當也　惠棟挍宋本無此五字

謂容貌自反覆而脩正也　閩監毛本同惠棟挍宋本正作整衞氏集說同下以自脩正同

言孝子若作賓客之容　閩監毛本同惠棟挍宋本無作字

更覆結之　惠棟挍宋本如此此本之上衍上字閩本同監毛本結之誤結上文

言親親對孝子之辭　閩監毛本同考文云宋板無對字

又容以自反與容以遠相對　閩監毛本同惠棟挍宋本容以自反作容以自反按容以自反之容不當作容容以遠之容當作容也

孝子將祭節　惠棟挍云孝子節宮室節於是論其志意節宋本合爲一節

孝子至治之　惠棟挍宋本無此五字

宮室既脩節

夫婦齊戒沐浴盛服　閩監毛本同石經同岳本同嘉靖本同衞氏集說同坊本盛服二字無石經考文提要云宋大字本宋本九經南宋巾箱本余仁仲本並有盛服二字

脩設謂除及黝堊　惠棟挍宋本除上有埽字岳本嘉靖本宋監本衞氏集說同考文引古本足利本同此本埽字脫閩監毛本同

宮室至進之　閩監毛本同惠棟挍宋本作宮室至也與

於是諭其志意節
言想見其仿佛來 惠棟按宋本宋監本岳本嘉靖本仿作仿佛字同閩監毛本仿佛作彷彿衞氏集說同釋文同疏放此
於是至志也 惠棟按宋本無此五字
孝子之祭也節
孝子至之也 惠棟按宋本無此五字
以其禮包衆事非可極 惠棟按宋本非下有一字續通解同衞氏集說同此本一字脱閩監毛本同
孝子之祭可知也節
謂齊莊 惠棟按宋本上有齊字宋監本岳本嘉靖本衞氏集說同考文引古本足利本同此本脱閩監毛本同
孝子至之矣 惠棟按宋本無此五字
孝子之有深愛者節
不失其孺子之心也 各本同釋文孺作瓀
孝子至道也 惠棟按宋本無此五字
先王之所以治天下者五節
先王至家也 惠棟按宋本無此五字
無加於孝乎 閩監毛本同惠棟按宋本加上有以字衞氏集說同無乎字
言先王設教之原 閩監毛本同惠棟按宋本原作源
子曰立愛自親始節
錯諸天下 各本同石經錯字摩滅釋文出措諸○按措正字錯假借字
子曰至不行 惠棟按宋本無此五字
言皆行也 惠棟按宋本此下標禮記正義卷第五十五終記云凡卅二頁
郊之祭也節 惠棟按宋本自此節起至建國之神位節止第五十六卷卷首題禮記正義卷第五十六
郊之至至也 惠棟按宋本無此五字
此一節論祭祀之禮 閩監毛本同衞氏集說祭作郊
祭之日節
祭之至至也 惠棟按宋本無此五字
君從此待之也 閩監毛本同惠棟按宋本此作扎續通解同

以供炙肝及爇蕭也 惠棟按宋本如此衞氏集說同此本肝誤胏蕭誤簫爇字闕閩監毛本作以供炙胏及焫篇也並誤
按說文及字林云 惠棟按宋本同閩監毛本云誤文
郊之祭節
郊之至及闇 惠棟按宋本無此五字
祭日於東節 惠棟按云祭日於東節日出節宋本合爲一節
祭日至其位○正義曰端正也 惠棟按宋本無上九字
天下之禮節
變和言物互之也 閩本同考文引宋板同岳本同嘉靖本同衞氏集說同監毛本之作文
天下至微矣 惠棟按宋本無此五字
宰我曰吾聞鬼神之名節
宰我至至也 惠棟按宋本無此五字
氣者是人之盛極也 考文引宋板同閩監毛本人作神
是聖人設教興致之 惠棟按宋本作興衞氏集說同此本興字闕閩監毛本興作時
衆生必死節
陰讀爲依蔭之蔭 閩本岳本宋監本嘉靖本衞氏集說同監毛本蔭作廕下同
因物之精節
因物至以服 惠棟按宋本無此五字
所以明鬼神爲極者 閩監毛本同惠棟按宋本明作名
既生魄陽曰魂 毛本有曰字衞氏集說同此本曰字脱閩監本同
二端既立節
二端至至也 惠棟按宋本無此五字
既見已與立尊名云鬼神也 惠棟按宋本同閩監毛本已與誤乃更
謂見覸哉 閩監毛本同浦鏜按云疑見當爲覸之誤段玉裁按本云當是見讀爲覸
虞氏以首 惠棟按宋本上有有字此本有字脱閩監毛本同
言祭初所以加鬱鬯 閩監毛本同惠棟按宋本無以字衞氏集說同
下愛上恩賜 閩監毛本同衞氏集說同惠棟按宋本愛作受
是祀奉上王 閩監毛本上作先惠棟按宋本祀作禮盧文弨按云上字非
或可子男之禮 惠棟按宋本同衞氏集說同閩監毛本可誤曰

附釋音禮記注疏卷第四十八

祭義

禮記　鄭氏注　孔穎達疏

君子反古復始。不忘其所由生也。是以致其敬發其情。竭力從事以報其親。不敢弗盡也。從事謂修薦可以祭者也〔疏〕君子至盡也○正義曰此一節申明反古復始竭力報親之事○是以致其敬發其情者以君子反古復始不忘其所由生是以故致其恭敬發其情性竭力從事以報其親謂竭盡氣力隨從其事以上報其親不敢不極盡也是故昔者天子爲藉千畝。冕而朱紘。躬秉耒。諸侯爲藉百畝。冕而青紘。躬秉耒。以事天地山川。社稷先古。以爲醴酪齊盛。於是乎取之。敬之至也。藉藉田也先古先祖○藉在亦反藉田說文作耤紘音宏耒方內反酪音洛齊音咨本亦作齍〔疏〕是故至至也○正義曰以君子報親不敢不盡心以事之故古天子諸侯有藉田以親耕○以事天地山川社稷先古者上雖揔論天子諸侯此言天地者特據天子自外則通先古謂先祖也以爲醴酪齊盛於是乎取之者爲祭祀諸神須醴酪粢盛之屬於是乎藉田而取之敬之至也○古者天子諸侯。必有養獸之官。及歲時。齊戒沐浴而躬朝之。犧牷祭牲。必於是取之。敬之至也。君召牛。納而視之。擇其毛而卜之。吉然後養之。君皮弁素積。朔月月半君巡牲。所以致力。孝之至也。歲時齊戒沐浴而躬朝之謂將祭祀卜牲君朔月月半巡視之君召牛納而視之更本擇牲意○朝直遙反注躬朝同牷音全〔疏〕古者至至也○正義曰此一經明孝子報親竭力養牲之事及歲時齊戒沐浴而躬朝之者云歲時謂每歲依時謂朔月月半也躬親也既卜牲吉在牢養之而身朝之言朝者敬辭也○犧牷祭牲必於是取之者犧純色謂天子牲也牷完也謂諸侯牲也犧牷所祭之牲必於是養獸之官受擇取之養獸者若周禮牧人也○君召牛納而視之者此更本擇牲之時君於牧處更命取牛采納之於內而視之○君皮弁素積朔月月半君巡牲者即前言歲時朝之也巡行也皮弁諸侯視朔之服朔月月半君服此衣而巡牲○所以致力孝之至也者是孝道之至極耕藉云敬之至養牲云孝之至互文也古者天子諸侯。必有公桑蠶室。近川而爲之。築宮仞有三尺。棘牆而外閉之。及大昕之朝。君皮弁素積。卜三宮之夫人。世婦之吉者。使入蠶于蠶室。奉種浴于川。桑于公桑。風

戾以食之大昕季春朔日之朝也諸侯夫人三宮半王后也風戾之者及早凉脆採之風戾之使露氣燥乃以食蠶蠶性惡濕○近附近之近仞音刃七尺曰仞昕許斤反日欲出蠶才南反奉芳勇反下及注同種章勇反戾力計反燥也食音嗣蚤音早本亦作早脃七歲反燥悉皁反惡烏路反歲既單矣世婦卒蠶奉繭以示于君遂獻繭于夫人夫人曰此所以爲君服與遂副禕而受之因少牢以禮之歲單謂三月月盡之後也言歲者蠶歲之大功事畢於此也副禕王后之服而云夫人記者容二王之後與禮之禮奉繭之世婦○單音丹繭古典反與音餘注同禕音暉古之獻繭者其率用此與問者之辭○率音類又音律又所律反及良日夫人繅三盆手遂布于三宮夫人世婦之吉者使繅遂朱綠之玄黃之以爲黼黻文章服既成君服以祀先王先公敬之至也三盆手者三淹也凡繅每淹大揔而手振之以出緒也○繅悉刀反下同說文作繅云抽繭出絲也以此爲旒縿字音所咸反盆蒲奔反淹也掩本亦作淹徐於驗反又於斂反【疏】古者至至也○正義曰此一節廣明孝子報親養蠶爲祭服祀先王先公之事○公桑蠶室者謂官家之桑於處而築養蠶之室○近川而爲之者取其浴蠶種便也○築宮仞有三尺棘牆而外閉之者築宮謂築養蠶宮牆七尺曰仞言牆之七尺又有三尺高一丈也傳曰雉有三尺雉字者誤也棘牆者謂牆上置棘外閉謂扇在戶外閉也○大昕之朝爲季春朝日之朝卜三宮之夫人者諸侯之夫人半王后故三宮○世婦之吉者亦諸侯世婦卜取之吉者前雖則捴擧天子諸侯此特擧諸侯互言之○奉種浴于川者言蠶將生之時而又浴之初於仲春已浴之至此更浴之○風戾以食之者戾乾也淩早采桑必帶露而濕蠶性惡濕故乾而食之○歲既單矣者單盡也三月之末四月之初○遂獻繭于夫人者蠶是婦人之事故獻繭于夫人○夫人曰此所以爲君服與者所擧奉處重○遂副禕而受之者既擬于君之祭服故夫人百著副身著禕衣受此所獻之繭○因少牢以禮之接獻繭之世婦○古之獻繭者其率用此與者率法也夫人曰獻繭之法自古如此邪重事之義故問之也○及良日夫人繅者良日請吉日宜繅之日明繅更擇吉利之日日至而後乃夫人自繅○三盆手者猶三淹也手者每淹以手振出其緒故云三盆手○遂布于三宮夫人世婦之吉者使繅者以夫人親繅三盆以手振出其緒說遂布與三宮夫人世婦之吉者既據諸侯言之則夫人唯一人世婦之吉者此雖互天子而言之以天子有三夫人就其中取吉者若諸侯唯世婦之吉者養蠶繅非一人而已唯云世婦之吉者擇其吉者以爲主領非唯一人而已○以祀先王先公敬之至也者前云解耕藉男子之事故云以事天地山川社稷兼云先祖養蠶是婦人之事婦人不與外祭故云以祀先王先公其實養蠶爲衣亦事天地山川社稷○注副禕至後與○正義曰案內司服注云唯二王後禕衣與此注同案明堂位魯公夫人亦用禕衣此不言者魯爲特賜非常法此據常者故不言

君子曰禮樂不可斯須去身斯須猶須臾也致樂以治心則易直子諒之心油然生矣易直子諒之心生則樂樂則安安則久久則天天則神天則不言而信神則不怒而威致樂以治心者也子讀如不子之子諒信也油然物始生好美貌○易以豉反下同子如字徐將吏反及下注同諒音亮下同油音由樂樂並音洛下不樂同致禮以治躬則莊敬莊敬則嚴威躬身也心中斯須不和不樂而鄙詐之心入之矣外貌斯須不莊不敬而慢易之心入之矣故樂也者動於內者也禮也者動於外者也樂極和禮極順內和而外順則民瞻其顏色而不與爭也望其容貌而衆不生慢易焉極至也○爭爭鬭之爭故德煇動乎內而民莫不承聽理發乎外而衆莫不承順理謂言行也○煇音輝行下孟反下理行而行皆同故曰致禮樂之道而天下塞焉擧而錯之無難矣塞充滿也○而措本又作錯七故反樂也者動於內者也禮也者動於外者也故禮主其減樂主其盈禮減而進以進爲文樂盈而反以反爲文減猶倦也盈猶溢也樂以統情禮以理行人之情有溢而行有倦倦而進之以能進者爲文溢而使反以能反者爲文文謂才美○減胡斬反又古斬反下同禮減而不進則銷樂盈而不反則放故禮有報而樂有反報皆當爲褒聲之誤○銷音消報依注音褒保毛反下音同○禮得其報則樂樂得其反則安禮之報樂之反其義一也【疏】君子至一也○正義曰此一節已具於樂記但記者別人故於此又記之其義已具在樂記故於此不繁文也

曾子曰孝有三大孝尊親其次弗辱其下能養公明儀問於曾子曰夫子可以爲孝乎曾子曰是何言與是何言與君子之所爲孝者先意承志諭父母於道參直養者也安能爲孝乎公明儀曾子弟子○養羊尙反後皆同與音餘先悉薦反參徐所材反曾子曰身也者父母之遺體也行父母之遺體敢不敬乎居處不莊非孝也事君不忠非孝也涖官不敬非孝也朋友不信非孝也戰陳無勇非孝也五者不遂烖及於親敢不敬乎遂猶成也○莅音利又音類本又作涖陳直覲反烖音災於親本又作裁及於身○亨孰羶薌嘗而薦之非孝也養也君子之所謂孝也者國人稱願然曰幸哉有子如此所謂孝也已然猶如也○亨普彭反薦將見反○衆之本教曰孝其行曰養養可能也敬爲難敬可能也安爲難安可能也卒爲難父母既沒愼行其身不遺父母惡名可謂能終矣仁者仁此者也禮者履此者也義者宜此者也信者信此者也強者強此者也樂自順此生刑自反此作曾子曰夫孝置之而塞乎天地溥之而橫乎四海施諸後世而無朝夕推而放諸東海而準推而放諸西海而準推而放諸南海而準推而放諸北海而準無朝夕言常行無輟時也放猶至也準猶平也○遺如字又于季反樂音岳皇五孝反溥本亦作敷同芳于反放甫往反下同至也準諸尹反平也輟張劣反詩云自西自東自南自北無思不服此之謂也曾子曰樹木以時伐焉禽獸以時殺焉夫子曰斷一樹殺一獸不以其時非孝也夫子孔子也曾子述其言以云○斷丁管反孝有三小孝用力中孝用勞大孝不匱勞猶功也○匱其媿反下同思慈愛忘勞可謂用力矣尊仁安義可謂用勞矣博施備物可謂不匱矣思慈愛忘勞思父母之慈愛己而自忘己之勞苦○施始豉反父母愛之嘉而弗忘父母惡之懼而無怨無怨無怨於父母之心○惡烏路反父母有過諫而不逆順而諫之父母既沒必求仁者之粟以祀之此之謂禮終喩貧困猶不取惡人物以事亡親○【疏】曾子至禮終○正義曰此一節以下至可謂孝矣廣明爲孝子之事今各依文解之○孝有三者大孝尊親一也即是下文云大孝不匱聖人爲天子者也尊親嚴父配天也○其次弗辱二也謂賢人爲諸侯及卿大夫士也各保社稷宗廟祭祀不使傾危以辱親也即與下文中孝用勞亦爲一也○其下能養三也謂庶人也與下文云小孝用力爲一能養謂用天分地以養父母也○先意承

志論父母於道者先意謂父母將欲發意孝子則預前逆知父母之意而爲之是先意也承志謂父母已有志已當承奉而行之論父母於道者或在父母意前或在父母意後皆曉論父母將歸於正道也○五者不遂裁及於親敢不敬乎者遂猶成也若行在上五者事不成其如是裁害必及親所以爲非孝然則君子於上五者豈敢不敬而承之者乎○亨熟羶薌嘗而薦之非孝也養也者言亨熟羶薌之美先自口嘗而後薦之父母此非孝也唯是供養○君子之所謂孝也者國人稱願然曰幸哉有子如此所謂孝也已者言嘗薦美食但是養也非論孝子言若人將爲孝曰此子百行皆美一國之人稱揚羨願然曰如此是羨願之云此子父母有幸遇哉而有孝子如此所謂孝也已謂然而令人羨願如此乃所謂孝也○衆之本教曰孝者言孝爲衆行之根本以此根本而教於下名之曰孝則孝經云孝者德之本又云教民親愛莫善於孝是衆行之根本以教於民故謂之孝也○其行曰養者言不能備孝之德其唯行奉上之禮但謂之養者也○養賢可能也敬爲難者言供養父母可能爲也但尊敬父母是爲難也○敬可能也安爲難者其敬雖難猶可爲也但使父母安樂爲難也○安可能也卒爲難者卒終也父母在日使之安樂猶可能也但父母沒後終身行孝是爲難也○父母既沒慎行其身不遺父母惡名可謂能終矣者解卒爲難之事其卒者謂父母既沒之後謹慎奉行其身恒在善道不遺與父母惡名孝子如此可謂能卒矣仁者仁此者也此謂孝也言欲行仁者先仁恩於此孝也言欲行仁於外必須行仁恩於父母也故云仁者仁此者也○禮者履此者也履踐履也言欲行禮於外者必須履踐此孝者也○義者宜此者也言欲行義於外者必須得宜於此孝也行孝得宜乃可施義於外○信者信此者也言欲行信於外者須誠信於孝道言孝道誠信始可誠信於外○強者強此者也言欲強盛於外者必須強盛於孝道言行孝道強盛則能強盛於外○樂自順此生者自由也言身之和樂由順從孝道而生若能順從孝道則身和樂刑自反此作者言身受刑戮由反此孝道而興作若違反孝道則刑戮及身○曾子曰夫孝置之而塞乎天地者自此以前皆曾子之言但此以下事異故更言曾子曰○夫孝置之而塞乎天地者置謂措置也言孝道措置於天地之間塞滿天地言上至天下至地謂感天地神明也○溥之而行乎四海者溥布也布此孝道而橫被於四海言孝道廣遠也溥字而定本作傳傳溥古字溥著之名義俱通其義如此一也○施諸世後世而無朝夕者諸於也謂施此孝道於後世而無一朝一夕而不行也終長行之言長久○推而放諸東海而準至北海而準者推謂推排也放至也諸於也言推排孝道至於四海能以爲法準平而法象之無所不從也○詩云自西自東自南自北無思不服者詩大雅文王有聲之詩美武王也言武王之德能如此今孝道亦然四海之內悉以準法而行之與武王同故引以證之○曾子曰樹木以時伐焉者至此之謂禮終亦是曾子之言以語更端故更云曾子○思慈愛忘勞可謂用力矣者以庶人思父母慈愛忘躬耕之勞可謂用力矣○尊仁安義可用勞矣者諸侯卿大夫士尊重於仁安行於義心無勞倦是可謂用勞矣博施備物可謂不匱矣者匱乏也廣博施則德教加於百姓刑于四海是也備物謂四海之內各以其職來助祭如此即是大孝不匱也

○樂正子春下堂而傷其足。數月不出。猶有憂色。門弟子曰。夫子之足瘳矣。數月不出。猶有憂色。何也。樂正子春曰。善如爾之問也。善如爾之問也。吾聞諸曾子。曾子聞諸夫子曰。天之所生。地之所養。無人爲大。父母全而生之。子全而歸之。可謂孝矣。不虧其體。不辱其身。可謂全矣。曾子聞諸夫子述曾子所聞於孔子之言○數色主反下同瘳丑留反差也。故君子頃步而弗敢忘孝也。今予忘孝之道。予是以有憂色也。頃當爲跬聲之誤也予我也○頃讀爲跬缺婢反又巨弭反一舉足爲跬再舉足爲步。壹舉足而不敢忘父母。壹出言而不敢忘父母。壹舉足而不敢忘父母。是故道而不徑。舟而不游。不敢以先父母之遺體行殆。壹出言而不敢忘父母。是故惡言不出於口。忿言不反於身。不辱其身。不羞其親。可謂孝矣。徑步邪趨疾也忿言不反於身人不能無忿怒忿怒之言當由其直直則人服不敢以忿言來也○徑古定反邪似嗟反趨七俱反

【疏】樂正至孝矣○正義曰此一節論樂正子春傷其足而憂因明父母遺體不可損傷之事○無人爲大者言天地生養萬物之中無如人最爲大故孝經云天地之性人爲貴是也○不虧其體不辱其身可謂全矣者非直體全又須善名得全若能不虧損形體得全不損辱其身是善名得全也○故君子頃步而弗敢忘孝也者頃跬也謂一舉足君子於一舉足之間不敢忘父母也言忘之恐有傷損○是故道而不徑者謂於正道而行不游邪徑正道平易於身無損傷邪徑險阻或於身有患○舟而不游者言渡水必依舟船不浮游水上乘舟則安浮水則危不敢以先父母之遺體行殆者以其不忘父母之遺體故不敢以先父母遺餘之體而行歷危患處○惡言不出於口者悖逆惡戾之言不出於口爲人所賤也○忿言不反於身者謂已之言必能正直人則服之故他人瞋忿之言不反於身定本反於身作及字○不辱其身不羞其親可謂孝矣者揔結舉足出言二事身及親竝不羞辱可謂孝矣也

○昔者有虞氏貴德而尚齒。夏后氏貴爵而尚齒。殷人貴富而尚齒。周人貴親而尚齒。貴謂燕賜有加於諸臣也尚謂有事尊之於其黨也臣能世祿曰富舜時多仁聖有德後德則在小官○

【疏】昔者至尚齒○正義曰此前經明孝以下至不敢犯又兼明孝弟故下云孝弟發諸朝廷事兼孝弟也各隨文解之今此一經論四代悌順尚齒之義○有虞氏貴德而尚齒者虞氏帝德弘大故貴德德之中年高者在前是德中尚齒○夏后氏貴爵而尚齒者夏后之世漸澆薄不能貴德而尚功功高則爵高既貴其官爵德雖下而爵高者則貴之由道劣故也故貴爵之中年高者在前故云尚齒○殷人貴富而尚齒者殷人又劣於夏但身有功則與之重爵殷家累世有功世爵而富乃貴之故云貴富亦年高者在前故云尚齒○周人貴親而尚齒者周人又劣於殷敬愛彌狹殷人疏而富者猶貴之周人於已有親乃貴之就此之中亦年高者在前故云尚齒○注貴謂至小官○正義曰鄭恐經云貴者皆班序在上故名之貴謂燕賜有加於諸臣凡四代朝位班序皆以官爵爲次悉皆重爵而夏后氏貴者但於爵高者加恩賜云尚謂有事尊之於其黨也者謂德爵富親各於其黨類之中而被尊也云舜時多仁聖有德後德則在小官者鄭解虞氏貴德之意以舜時仁聖者多人皆有德小先來者已居大官其德大後來者則在小官是小官而德尊者故有虞氏貴之所以燕賜加於大官俗本後德多作小德者○

虞。夏。殷。周。天下之盛王也。未有遺年者。年之貴乎天下久矣。次乎事親也。言其先老也○

【疏】虞夏至事親也○正義曰此一經覆述虞夏以來尚年之事虞夏殷周天下之盛王也未有遺年者言虞夏殷周雖是明盛之王也未有遺棄其年者悉皆尚齒更無他善以加之年之貴乎天下久矣者從虞夏以來貴年是久矣○次乎事親也者言貴年之次弟近於事親之孝除孝則次弟也

○是故朝廷同爵則尚齒。七十杖於朝。君問則席。八十不俟朝。君問則就之。而弟達乎朝廷矣。同爵尚齒老者在上也君問則席爲之布席於堂上而與之言凡朝位立於庭魯哀公問於孔子命席不俟朝君揖之即退不待朝事畢也就之就其家也老而致仕君或不許異其禮而已○於朝直遙反後皆同弟音悌下及下注同○爲于僞反

【疏】是故至廷矣○正義曰此一經明朝廷之中行於弟也○是故朝廷同爵則尚齒者此因前文尚年以是之故朝廷之中同爵則尚齒官爵同者則貴尚於齒四代皆然○七十杖於朝君問則席者以其尚齒故七十者許之據杖於朝若君有問則布席令坐也○八十不俟朝君問則就之者年已八十不但杖於朝而已見君揖則退不待朝事畢也○若君有事問之則就其室是遜弟敬老之道通達於朝廷矣○注凡朝至而已○正義曰知朝位立於庭者案燕禮大射君與卿大夫皆立卿大夫立於庭君立于阼階上是也云魯哀公問於孔子命席者儒行文云不俟朝君揖之即退者案燕禮大射卿大夫立于庭北面君降自阼階南鄉爾卿卿西面爾大夫大夫皆少進皆北面爾謂揖也於時老臣君揖則退不待朝事畢也則於路寢門外曰視朝亦揖竟即退不待朝事畢也云老而致仕君或不許異其禮而已者案曲禮云大夫七十而致仕若不得謝是或不許也此經中所云是君不許者故七十杖於朝君問則席又八十不俟朝是異其禮若其致事君許則王制云七十不俟朝八十杖於朝是君許者與此異

行肩而不併。不錯則隨。見老者則車徒辟。斑白者。不以其任行乎道路。而弟達乎道路矣。錯鴈行也父黨隨行兄黨鴈行車徒辟乘車步行皆辟老人也斑白者髮雜色也任所擔持也不以任少者代之○併步頃反徐扶頂反辟音避注同行戶剛反下同擔都甘反少詩照反下同○居鄉以齒。而老窮不遺。強不犯弱。衆不暴寡。而弟達乎州巷矣。老窮不遺以鄉人尊而長之雖貧且無子孫無棄忘也一鄉者五州巷猶閭也○遺如字一本作匱其媿反長丁丈反下文皆同○

【疏】行肩至巷

矣。正義曰此一節明弟通達於道路。行肩而不併者謂老少並行言肩臂不得併行少者差退在後則朋友肩隨是也。不錯則隨者若兄黨爲鴈行之差錯是父黨則隨從而爲行。不見老者則車徒辟者謂少者或乘車或徒步若逢見老者則辟之。班白者不以其任行乎道路者任謂擔持言班白不以所任之物行乎道路少者必代之是弟通達於道路。注錯鴈行至鴈行。正義曰錯參差假鴈行爲行父黨隨行王制文。古之道。五十不爲甸徒。頒禽隆諸長者。而弟達乎獀狩矣。四井爲邑四邑爲丘四丘爲甸甸六十四井也以爲軍田出役之法五十始衰不從力役之事也頒之言分也隆猶多也及田者分禽多其老者謂竭作未五十者春獵爲獀冬獵爲狩。甸田見反頒音班獀本亦作廋音蒐所求反狩音獸。軍旅什伍。同爵則尚齒。而弟達乎軍旅矣。什伍士卒部曲也少儀曰軍尚左卒尚右。卒子忽反下同。〔疏〕古之至旅矣。正義曰此一節明弟道達於獀狩。古之道者謂作記之人在於周末於時力役煩重郤道周初之事故云古之道也。五十不爲甸徒者謂方八里之甸徒謂步卒軍法入里出長轂一乘步卒七十二人謂之甸者以供軍賦及田役之事五十者氣力始衰不爲此甸役徒卒。頒禽隆諸長者謂四十九以下田畢頒禽之時多長者。注四井至爲狩。正義曰四井爲邑至六十四井也司馬法文云以爲軍田出役之法者謂一甸之中出長轂一乘甲士三人步卒七十二人供君田役之事故云以爲軍田出役之法云五十始衰不從力政之事也者王制文云謂竭作未五十者案小司徒云凡起徒役毋過家一人以其餘爲羨唯田與追胥竭作若田與追胥竭作之時此未五十者猶任田役故頒禽之時多此長者云春獵爲獀冬獵爲狩爾雅釋天文經云獀狩夏苗秋獮可知也。注什伍至部也。正義曰五人爲伍二伍爲什士謂甲士卒謂步卒在軍旅之中時主帥部領圍曲而聚故云部曲。

孝弟發諸朝廷。行乎道路。至乎州巷。放乎獀狩。脩乎軍旅。衆以義死之。而弗敢犯也。死之死此孝弟之禮。放方往反。〔疏〕孝弟至犯也。正義曰此一節總論結上文。孝弟發諸朝廷者即上文而弟達乎朝廷是也在上諸文但云弟此兼云孝者以孝故能弟則孝之次也此經總結前諸文故云孝弟也。衆以義死之而弗敢犯也者言孝弟之道通於朝廷行於道路州巷獀狩軍旅無處不行孝弟以教衆庶也故衆以道理之義死於孝弟也言行孝弟雖死不捨不敢犯此孝弟而不行也。

祀乎明堂。所以教諸侯之孝也。食三老五更於大學。所以教諸侯之弟也。祀先賢於西學。所以教諸侯之德也。耕藉。所以教諸侯之養也。朝覲。所以教諸侯之臣也。五者。天下之大教也。祀乎明堂宗祀文王西學周小學也先賢有道德王所使教國子者。食音嗣下同更古衡反下同大學音泰下大學注大下皆同。〔疏〕祀乎至教也。正義曰此一節廣明孝弟之道養三老五更及齒學之事。祀乎明堂所以教諸侯之孝也者於周言之祀文王也故樂記云祀文王於明堂是也。食三老五更於大學所以教諸侯之弟也者案孝經云雖天子必有父也注謂養老也父謂君老也此食三老而屬弟者以上文祀文王於明堂爲孝故以食三老五更爲弟文有所對也。祀先賢於西學所以教諸侯之德也此以先賢有德故祀之令諸侯尊敬有德故云教諸侯之德西學鄭注云周小學則周之小學在西郊則王制云養老於虞庠虞庠在國之西郊是也。注祀乎至子者。正義曰云祀乎明堂宗祀文王者鄭以樂記武王伐紂補祀乎明堂而民知孝彼謂文王廟制如明堂武王伐紂後而祀之明祀乎明堂亦與彼同故云謂宗祀文王也實於明堂之中者以此經廣明周法故五者天下之大教也明不獨論武王指周公制禮之後宗祀文王也云西學周之小學也者謂虞庠也以祀先賢明於虞庠小學故大司樂云凡有道者有德者使教焉死則以爲樂祖祭於瞽宗文王世子又云書在上庠以此知祭先賢所通之經各於所習之學若瞽宗則在國虞庠爲小學者則在西郊今祀先賢則於西郊也。

三老五更於大學。天子袒而割牲。執醬而饋。執爵而酳。冕而總干。所以教諸侯之弟也。是故鄉里有齒而老窮不遺。強不犯弱。衆不暴寡。此由大學來者也。割牲制俎實也冕而總干親在舞位以樂侑食也教諸侯之弟次事親。酳音胤又事覲反。天子設四學。當入學而大子齒。謂周四郊之虞庠也文王世子曰行一物而三善皆得唯世子而已其齒於學之謂也。〔疏〕食三至齒。正義曰此一節明養三老五更之禮而竭其力下象其德。袒而割牲者謂牲入之時天子親割也。執醬而饋者之時親執醬而饋也。執爵而酳者謂食罷親執爵而也。冕而總干者謂親在舞位持盾而舞也。是里有齒者以天子敬老鄉里化之故有齒也。老窮不老而被養故在下年老及困窮者皆化上而養之故不棄作記者以老弱被尊養人皆化上故強不犯弱衆不。此由大學來者也所致此養三老五更於大學故此來。天子設四學者謂設四代之學周學也殷學也夏虞學也。當入學而大子齒天子設四學以有虞庠爲設置學於四郊是天子設四學據周言之當入學而大子當入學之時而大子齒於國人故云而大子齒。注四庠也。正義曰皇氏云四郊虞庠以爲四郊皆有虞庠。

天子巡守。諸侯待于竟。天子先見百年者。問其國君以百年者所在而往見之。守手又反本亦作狩竟居領反。八十九十者。東行。西行者弗敢過。西行。東行者弗敢過。欲言政者。君就之可也。弗敢過者經之則見。〔疏〕天子至可也。正義曰此一節亦明尚齒貴老之。天子巡守者謂巡行守土諸侯。諸侯待于竟天子先見百年者謂天子問此諸侯之國內有百年之人天子往就見百年者。八十九十者東行西行者弗敢過者既百歲不可一一就見若天子諸侯因其行次或東行西八十九十者或閭里之旁不敢過越而去必往就見之。言政者君就之可也者謂八十九十之人雖不當道路左右欲共言論政教君即往就之可也。

壹命齒于鄉里。再命齒于族。三命不齒。族有七十者弗敢先。此謂鄉射飲酒時也齒者謂以年次立若坐也三命[illegible]七十者。不有大故不入朝。若有大故而入。君必與之揖讓。而后及爵者。謂致仕在家者其入朝君先[illegible]〔疏〕[illegible]日乃息司正告于先生君子是老者明日乃入也。天子有善。讓德於天。諸侯有善。歸諸天子。卿大夫有善。薦於諸侯。士庶人有善。本諸父母。存諸長老。祿爵慶賞。成諸

宗廟。所以示順也。薦進也成諸宗廟命之祭統有十倫六曰見爵賞之施焉。見賢遍反施始豉反【疏】天子至順也。正義曰此一節明有善讓於尊上示以敬順之道不敢專也。昔者聖人建陰陽天地之情。立以爲易。易抱龜南面。天子卷冕北面。雖有明知之心。必進斷其志焉。示不敢專。以尊天也。善則稱人。過則稱已。教不伐。以尊賢也。立以爲易謂作易易抱龜易官名周禮曰大卜大卜主三兆三易三夢之占。卷古本反知音智斷丁亂反。【疏】昔者至賢也。正義曰此一節亦明其不敢專輒尊賢之事也。立以爲易者聖人謂伏羲文王之屬興建陰陽天地之情仰觀天文俯察地理立此陰陽以作易即今時易也易抱龜南面天子卷冕北面者立爲占易之官抱龜南面尊其神明故南面天子親執畢道服袞冕北面。必進斷其志焉者言天子雖有顯明哲知之心必進於龜之前令龜斷決其已之所有爲之志示不敢自專以尊敬上天也。教不伐以尊賢也者有善稱人有過稱已教在下不自伐其善以尊敬賢人也。注周禮至之占。正義曰此稱官者於周禮稱大卜三兆者玉瓦原也鄭注云言兆形似玉瓦原之亹罅原田也杜子春云玉兆帝顓頊之兆瓦兆帝堯之兆原兆有周之兆三易者連山歸藏周易杜子春云連山宓戲歸藏黃帝鄭作易讚云夏曰連山殷曰歸藏周曰周易三夢一曰致夢二曰觭夢三曰咸陟。孝子將祭祀。必有齊莊之心以慮事。以具服物。以脩宮室。以治百事。謂齊之前後也及祭之日。顏色必温。行必恐。如懼不及愛然。如懼不及見其所愛者。恐曲勇反其奠之也容貌必温。身必詘。如語焉而未之然。奠之謂酌尊酒奠之及酳之屬。如語焉而未之然如有所以語親而未見荅。以語魚預反。宿者皆出。其立卑靜以正。如將弗見然。宿者皆出謂賓助祭者事畢出去也如將弗見然祭事畢而不知親所在思念之深如不見出也。及祭之後。陶陶遂遂。如將復入然。思念既深如覩親將復入也陶陶遂遂相隨行之貌。陶音遥遂本又作燧音遂。是故慤善不違身。耳目不違心。思慮不違親。結諸心。形諸色。而術省之。孝子之志也。術當爲述聲之誤也。思息嗣反術義作述。【疏】孝子至志也。正義曰此一節明孝子將祭祀之時顏色容貌務在齊莊畢詘思念其親存也以慮事者言孝子先齊莊其心以謀慮祭事。以具服物者以備具衣服及祭物。以治百事者謂齊前後。凡治百衆之事行必恐如懼不及愛然者言孝子色必温和行必戰恐其形貌如似畏懼不及見親之所愛然止由如是言心貌必温。身必詘者言孝子設奠及酳之時容貌温和身形必卑詘。如語焉而未之然者如以語諮白於親而未之見報荅者。宿者皆出者謂助祭所宿之賓今祭事已畢並皆出去孝子其立卑柔靜默然後以正定心意以思念其親如似將不復見顏色出然。及祭之後陶陶遂遂如將復入然者孝子思念親深及至祭後想像親來形貌陶陶遂遂如似親將復反更入然。是故慤善不違身者以孝子思念親深爲是之故精慤純善之故行不違離於身言恒慤善也。耳目不違心者言忠心思慮不違於親無時歇也。結諸心者言思念深結積於心。形諸色思念其親形見於色。而術省之者術述省視也言思念其親但徧循述而省視之反覆不忘也此乃孝子思念親之志也。建國之神位。右社稷而左宗廟。周尚左也。【疏】建國至宗廟。正義曰此一節明神位所在周人尚左故宗廟在左社稷在右案桓二年取郜大鼎納於大廟何休云質家右宗廟尚親親文家右社稷上尊尊此說與鄭合故鄭云周尚左也。

禮記注疏卷四十八挍勘記　阮元撰盧宣旬摘錄

祭義

君子反節

君子至盡也　惠棟挍宋本無此五字

是故昔者天子節

爲藉千畝　惠棟挍宋本同石經同岳本同嘉靖本同衛氏集說同閩監毛本藉誤籍釋文出爲藉下爲藉同注疏放此

是故至至也　惠棟挍宋本無此五字

古者天子諸侯必有養獸之官節

古者至至也　惠棟挍宋本無此五字

必於是養獸之官　閩監毛本同惠棟挍宋本無於字衛氏集說同

古者天子諸侯必有公桑蠶室節

棘牆而外閉之　惠棟挍宋本作墻石經岳本嘉靖本衛氏集說同此本牆誤墻閩監毛本同今正

使入蠶于蠶室　各本同石經同釋文出使蠶無入字

及早涼脆採之　閩本同嘉靖本同岳本脆作脃釋文同監毛本脆誤脃惠棟挍宋本脆字同採作采衛氏集說同早字各本同釋文出蚤云本亦作早

夫人繅三盆手　各本同石經同釋文出夫人繅云下同說文作繅

服既成　各本同監本成誤戌

三淹也　各本同釋文出三掩云本亦作淹按詩瞻卬疏引作䋠

古者至至也　惠棟挍宋本無此五字

傳曰雉有三尺　閩監毛本同惠棟挍宋本曰作云

君子曰禮樂不可斯須去身節

倦而進之　閩監毛本同惠棟挍宋本而作則宋監本岳本嘉靖本衛氏集說同考文引古本足利本同下溢則使反同

君子至一也　惠棟挍宋本無此五字

曾子曰孝有三節

亨孰羶薌　閩監本如此石經同岳本同嘉靖本同衛氏集說同毛本孰作熟釋文出亨孰按各本疏並作熟

嘉而弗忘　閩本惠棟挍宋本宋監本石經岳本嘉靖本同衛氏集說同監毛本嘉作喜陳澔集說同石經考文提要云宋大字本余仁仲本劉叔剛本並作嘉

曾子至禮終　惠棟挍宋本無此五字

謂用天分地以養父母也　考文引宋板同衛氏集說同閩監毛本用作因

而教於下名之曰孝孝　惠棟挍宋本不重孝字衛氏集說同此本複衍孝字閩監本同毛本作名之曰教孝亦誤

言不能備孝之德　閩本同惠棟挍宋本同監毛本備作稱衛氏集說亦作備

養賢可能也　補案賢字誤衍

可用勞矣者　補案可下誤脫謂字

施諸世後世　補案上世字誤衍

廣博施則德教加于百姓　惠棟挍宋本博下有於字閩監毛本並脫

此卽是大孝不匱也　閩監毛本如此惠棟挍宋本無卽字

樂正子春節

樂正至孝矣　惠棟挍宋本無此五字

言念之恐有傷損　考文引宋板念字同閩監毛本念誤忘惠棟挍宋本傷損作損傷

而行不游邪徑　惠棟挍宋本同閩監毛本游作由衛氏集說同

可謂孝矣也　惠棟挍宋本同閩監毛本矣也二字倒衛氏集說無也字

昔者有虞氏節

昔者至尚齒　惠棟挍宋本無此五字

皆班序在上故名之　閩監毛本同惠棟挍宋本名作明

是故朝廷節

是故至廷矣　惠棟挍宋本無此五字

則於路寢門外曰視朝閩監毛本同考文云宋板曰作日

行肩而不併節

無弃忘也岳本嘉靖本衛氏集說同閩監毛本弃作棄

行肩至巷矣惠棟挍宋本無此五字

古之道節

軍旅什伍閩監本同石經同岳本同嘉靖本同衛氏集說同毛本伍誤五

古之至旅矣惠棟挍宋本無此五字

供君田役事閩監本同毛本君作軍衛氏集說無君字

不從力政之事也者閩本同惠棟挍宋本同監毛本政作役按王制作政

此未五十者猶任田役閩監毛本同考文云宋板任作在衛氏集說同

孝弟發諸朝廷節

脩乎軍旅各本同石經同考文云古本脩作循按家語亦作循

孝弟至犯也惠棟挍宋本無此五字

此一節總論結上文閩監毛本同惠棟挍宋本節作經衛氏集說同

祀乎明堂節惠棟挍云祀乎節食三老節宋本合爲一節

所以教諸侯之孝也各本同毛本教誤敬

祀乎至教也惠棟挍宋本無此五字

實於明堂之中閩監毛本同惠棟挍宋本於作在

故五者天下之大教閩監毛本同惠棟挍宋本故下有云字

食三老五更於大學節

天子袒而割牲各本並作而此本而誤則今訂正

行一物而三善皆得閩監毛本同岳本同嘉靖本同衛氏集說同考文云宋板無皆字

食三至子齒惠棟挍宋本無此五字

以天子敬老鄉里化之閩監毛本同衛氏集說同考文云宋板子作下

壹命齒于鄉里節

一命至爵者惠棟挍宋本無此五字

此一節明鄉里之中閩監毛本同衛氏集說同惠棟挍宋本節作經

一命齒于鄉里者閩監毛本同惠棟挍宋本一作壹下無一命齒于鄉里同

此三命者得爲待獻閩監毛本同惠棟挍宋本無得字衛氏集說同

孝子將祭祀節

及酳之屬閩監毛本同惠棟挍宋本下有也字宋監本岳本嘉靖本衛氏集說同

如將復入然閩監本同石經同岳本同嘉靖本同衛氏集說同考文引宋板同毛本復誤弗

孝子至志也惠棟挍宋本無此五字

然止由如是言心貌必溫閩監毛本同山井鼎云宋板言下闕字心貌必溫屬下句讀盧文弨挍云止由如是言心疑當作其貌之也容

術述省視也閩監毛本同惠棟挍宋本述下有也字衛氏集說同

此乃孝子思念親之志也閩監本同惠棟挍宋本無乃字衛氏集說同毛本親誤其

建國之神位節

建國至宗廟惠棟挍宋本無此五字

何休云閩監本同毛本何誤在

附釋音禮記注疏卷第四十八惠棟挍宋本禮記正義卷第五十六終記云凡二十九頁

附釋音禮記注疏卷第四十九

禮記　鄭氏注　孔穎達疏

祭統第二十五

○陸曰鄭云統猶本也以其記祭祀之本故名祭統〔疏〕正義曰案鄭目錄云名曰祭統者以其記祭祀之本也統猶本也此於別錄屬祭祀

凡治人之道。莫急於禮。禮有五經。莫重於祭。禮有五經謂吉禮凶禮賓禮軍禮嘉禮也莫重於祭謂以吉禮爲首也大宗伯職曰以吉禮事邦國之鬼神祇。○五經吉凶軍賓嘉之五禮祇祈之反夫祭者。非物自外至者也。自中出生於心也。心怵而奉之以禮。是故唯賢者能盡祭之義。怵感念親之貌也怵或爲述。○怵敕律反〔疏〕凡治至之義。○正義曰此一節總明祭事但祭禮既廣其事又多記者所說各有部分今各隨文解之此一節明祭祀於禮中最重唯賢者能盡祭之義凡祭爲禮之本禮爲人之本將明禮本故先說治人言治人之道於禮最急。○禮有五經者經常也言吉凶賓軍嘉禮所常行故云禮有五經五經之中於祭更急上說人之以禮爲急此說禮爲急者案大宗伯吉禮之別十有二凶禮之別五賓禮之別八軍禮之別五嘉禮之別六五禮之別揔三十有六。○夫祭者非物自外至者也自中出生於心也者自猶從也言孝子祭親非假他物從外至于身使已爲之但從孝子身中出生於孝子之心也。○心怵而奉之以禮者言孝子感時心中怵惕而奉親以祭祀之禮。○是故唯賢者能盡祭之義者言非賢者不能怵惕怵惕之義唯必賢人故能盡恭敬祭。

賢者之祭也。必受其福。非世所謂福也。福者備也。備者百順之名也。無所不順者謂之備。言內盡於已。而外順於道也。忠臣以事其君。孝子以事其親。其本一也。世所謂福者謂受鬼神之祐助也賢者之所謂福者謂受大順之顯名也其本一者言忠孝俱由順出也。○祐音又上則順於鬼神。外則順於君長。內則以孝於親。如此之謂備。唯賢者能備。能備然後能祭。是故賢者之祭也。致其誠信。與其忠敬。奉之以物。道之以禮。安之以樂。參之以時。明薦之而已矣。不求其爲。此孝子之心也。明猶絜也爲謂福祐爲已之報。○長丁丈反下所長同道音導其爲于僞反注爲謂同一音如字祭者所以追養繼孝也。孝者畜也。順於道。不逆於倫。是之謂畜。畜謂順於德教。○養羊尚反下同畜許六反下同〔疏〕賢者至謂畜。○正義曰此一節明祭祀受福是百順之理。○非世所謂福也者言世人謂福爲壽考吉祥祐助於身若賢

者受福身外萬事皆順於道理故云非世所謂福也福者備也備者百順之名也無所不順者之謂備此是賢者之福謂內盡其心外極其禮內外俱順於祭具也○言內盡於已而外順於道也者釋百順之義也謂心既內盡貌又外順此之行善無違於道理也○其本一也者言忠臣事君孝子事親其本皆從順而來故云其本一也○上則順於鬼神者廣大順也體尊故云上也○外則順於君長者謂朝廷也出事公卿故云外也○不求其爲者言孝子但內盡孝敬以奉祭祀不求其鬼神福祥爲已之報案少牢嘏辭云皇尸命工祝承致多福無疆于女孝孫使女受祿于天宜稼于田則是祭祀有求所云不求者謂孝子之心無所求也但神自致福故有受祿于天之言若水旱災荒禱祭百神則有求也故大祝有六祈之義大司徒有荒政索鬼神之禮○追養繼孝也者養者是生時養親孝者生時事親親今既沒設禮祭之追生時之養繼生時之孝○孝也者畜也者畜謂畜養謂孝子順于德教不逆於倫理可以畜養其親故釋孝謂畜此據援神契庶人之孝曰畜五孝不同庶人但取畜養而已不能百事皆順援神契又云天子之孝曰就諸侯曰度大夫曰譽士曰究庶人曰畜分之則五揔之曰畜皆是畜養但功有小大耳是故孝子之事親也。有三道焉。生則養。沒則喪。喪畢則祭。養則觀其順也。喪則觀其哀也。祭則觀其敬而時也。盡此三道者。孝子之行也。沒終也○盡徐子忍反下同行下孟反○【疏】是故至行也○正義曰此一節明孝子事親有三種之道既內自盡。又外求助。昏禮是也。故國君取夫人之辭曰。請君之玉女。與寡人共有敝邑。事宗廟社稷。此求助之本也。言玉女者美言之也君子於玉比德焉○取七住切夫祭也者。必夫婦親之。所以備外內之官也。官備則具備。具謂所共衆物○共音恭下文以共皆同水草之菹。陸產之醢。小物備矣。三牲之俎。八簋之實。美物備矣。昆蟲之異。草木之實。陰陽之物備矣。水草之菹芹茆之屬陸產之醢蚳蝝之屬天子之祭八簋昆蟲謂溫生寒死之蟲也內則可食之物有蜩范草木之實菱芡榛栗之屬○芹其斤反茆音卯蚳丈之反蝝悅專反蜩音條菱本亦作蔆又音陵芡音儉榛側巾反○【疏】既內至備矣○正義曰此一節以上文孝子事親先能自盡又外求伉儷供粢盛之事○注水草至之屬○正義曰云水草之菹芹茆之屬者案醢人云加豆之實芹菹兔醢朝事之豆茆菹麋臡是芹茆也又有朝事之豆昌本麋臡加豆之實有深蒲醓醢箈菹鴈醢筍菹魚醢其昌本深蒲箈筍是水草故云之屬云陸產之醢蚳蝝之屬者案醢人饋食之豆蜃蚳蝝即蚳之類醢人加豆之實有兔醢又有醓醢皆是陸產故云之屬云天子之祭八簋者明堂位云周之八簋又特牲士兩敦少牢四敦則諸侯六故天子八云內則可食之物有蜩范者蜩蟬也范蜂也昆蟲之屬云草木之實菱芡榛栗之屬者按籩人加籩之實有菱芡饋食之籩有棗栗榛實是草木故云之屬凡天之所生。地之所長。苟可薦者。莫不咸在。示盡物也。外則盡物。內則盡志。此祭之心也。咸皆也○是故天子親耕於南郊。以共齊盛。王后蠶於北郊。以共純服。諸侯耕於東郊。亦以共齊盛。夫人蠶於北郊。以共冕服。天子諸侯。非莫耕也。王后夫人。非莫蠶也。身致其誠信。誠信之謂盡。盡之謂敬。敬盡然後可以事神明。此祭之道也。純服亦冕服也互言之爾純以見繒色冕以著祭服東郊少陽諸侯象也夫人不蠶於西郊婦人禮少變也齊或爲粢○齊盛本亦作齍與粢同音咨下及注同純側其反注及下純冕同見賢遍反少詩召反○【疏】凡天至道也○正義曰此一經揔結上文既內自盡外又求助祭之事○苟可薦者悉在祭用故云示盡物也則上陰陽之物備矣○外則盡物內則盡志此祭之心也者此是孝子祭親之心○是故天子親耕於南郊以共齊盛王后蠶於北郊以共純服者此覆結上文也必夫婦親之及盡物盡志之事祭須盡物志故人君夫人各竭力從事於耕蠶也鄭云王藉田在遠郊故甸師氏掌之內宰云中春詔后帥內外命婦始蠶于北郊注云婦人以純陰爲尊故也純服者亦冕服也純以見繒色冕以著祭服○諸侯耕於東郊亦以共齊盛者天子太陽故南也諸侯少陽故東也然藉田並在東南故王言南諸侯言東○夫人蠶於北郊以共冕服者后太陰故北夫人少陰故合西郊然亦北者婦人質少變故與后同也○天子諸侯非莫耕也王后夫人非莫蠶也者莫無也王侯豈貧無穀帛而夫婦自耕蠶乎其有以也○身致其誠信誠信之謂盡是所有以其欲致誠信故身自親之○盡之謂敬敬盡然後可以事神明者祭盡敬則乃是盡也此祭之道結上文也○注純服至繒色○正義曰純服亦冕服也者天子云純諸侯言冕冕祭服故知純亦是祭服天子言衣色諸侯亦有衣色是其互也鄭氏之意凡言純者其義有二一絲旁才是古之緇字二是絲旁屯是純字但書文相亂雖是緇字並皆作純鄭氏所注於絲理可知於色不明者即讀爲緇即論語云今也純儉及此純服皆讀爲黑色若衣色見絲文不明者讀純以爲絲也○及時將祭。君子乃齊。齊之爲言齊也。齊不齊。以致齊者也。是以君子非有大事也。非有恭敬也。則不齊。不齊則於物無防也。耆欲無止也。及其將齊也。防其邪物。訖其耆欲。耳不聽樂。故記曰。齊者不樂。言不敢散其志也。心不苟慮。必依於道。手足不苟動。必依於禮。訖猶止也○乃齊側皆反本又作齊下不出者同言齊也齊不齊並如字下以齊之同耆市志反邪似嗟反訖居乙反○是故君子之齊也。專致其精明之德也。故散齊七日以定之。致齊三日以齊之。定之之謂齊。齊者精明之至也。然後可以交於神明也。定者定其志意是故先期旬有一日。宮宰宿夫人。夫人亦散齊七日。致齊三日。宮宰守宮官也宿讀爲肅肅猶戒也戒輕肅重也○先悉薦反又如字○君致齊於外。夫人致齊於內。然後會於大廟。君純冕立於阼。夫人副禕立於東房。君執圭瓚祼尸。大宗執璋瓚亞祼。及迎牲。君執紖。卿大夫從。士執芻。宗婦執盎從。夫人薦涚水。君執鸞刀羞嚌。夫人薦豆。此之謂夫婦親之。大廟始祖廟也圭瓚璋瓚祼器也以圭璋爲柄酌鬱鬯曰祼大宗亞祼容夫人有故攝焉紖所以牽牲也周禮作絼芻謂藁也殺牲時用薦之周禮封人祭祀飾牲共其水藁涚盎齊也盎齊涚酌也凡尊有明水因兼云水爾嚌嚌肺祭肺之屬也君以鸞刀割制之天子諸侯之祭禮先有祼尸之事乃後迎牲芻或爲蒭○大廟音泰下大廟皆同禕音輝瓚才旦反祼古亂反紖直忍反注同徐以忍反從才用反下皆同芻初俱反盎烏浪反注同從夫人絕句一讀以從字絕句涚舒銳反徐音歲羞齊本亦作嚌才細反注同柄兵命反絼直忍反藁苦老反下同共音恭盎齊才細反下盎齊同【疏】及時至親之○正義曰此一節明將祭齊戒之義并明君與夫人皆致齊於大廟夫婦交親行祭之義○及時將祭君子乃齊者謂四時應祭之前未旬時也方將接神先宜齊整身心故齊也○齊不齊以致齊者也言齊者齊也所以正此不齊之事○謂未齊之時心慮散蕩心所嗜欲有不齊正及其齊也正此不齊之事以致極齊戒之道○君致齊於外夫人致齊於內者外謂君之路寢內謂夫人正寢是致齊並皆於正寢其實散齊亦然但此文對會於大廟故云君致齊於外夫人致齊於內耳○然後會於大廟者祭日君與夫人俱至大廟之中廟即始祖廟也○君純冕立於阼者純亦緇也上文已解故鄭於此略而不論冕皆上玄下纁其服並然故通云緇冕若非二王之後及周公廟即悉用玄冕而祭○夫人副禕立於東房者副及禕后之上服魯及二王之後夫人得服之侯伯夫人揄狄子男夫人狄而並立東房以侯行事尸既入之後轉就西房故禮器云夫人在房雖不云東西房下云夫人東酌罍尊則知夫人在房謂西房也○大宗執璋瓚亞祼者大宗主宗廟禮者以亞祼之禮夫人親爲之此不云夫人而云大宗者記者廣言容夫人有故故大宗伯代夫人行禮執璋瓚亞祼之禮○圭瓚璋瓚並是祼器也以圭璋爲柄酌鬱鬯曰祼也○君執紖者紖牛鼻繩君自執之入繫於碑○卿大夫從者謂卿大夫從騶之及發與幣告也皆從於君○士執芻者芻謂藁也以其殺牲用芻藁藉之○宗婦執盎從者謂同宗之婦執盎以從夫人○夫人薦涚水者涚即盎齊由其濁用清酒以涚泲之涚水是明水宗婦執盎齊從夫人而來奠盎齊於位夫人乃就盎齊之尊酌此涚齊而薦之者因盎齊有明水連言水耳上云夫人副禕此則上公之祭宜有醴齊盎齊但言盎者畧言之亦容侯伯子男之祭但有盎齊無醴齊也故執盎從○君執鸞刀羞嚌者嚌肝肺

也。嚌有二時：一是朝踐之時，取肝以膋貫之，入室燎於爐炭，出薦之主前；二者謂饋熟之時，君以鸞刀割制所羞嚌肺，橫切之，使不絕，亦奠於俎上，尸並嚌之，故云「羞嚌」。一云：羞，進也，謂君用鸞刀制此嚌肉以進之，故云「鸞刀羞嚌」。「夫人薦豆」者，於君羞嚌之時，夫人薦此饋食之豆，此之謂夫婦親之者。君親執刲及鸞刀羞嚌，是夫親之也；夫人薦涗水及羞豆，是婦親之也。故云「夫婦親之」。○注「大宗至迎牲」。○正義曰：「大宗亞祼，容夫人有故攝焉」者，解大宗所以亞祼之義。案此下云「夫人薦涗水」及「薦豆」，則是夫人親行，而云夫人有故者，記者亂陳，言大宗亞祼，容夫人有故之時，下云夫人薦盎薦豆，顯夫人親行其事，各有所明，不可一揆。云「盎齊涗酌也」者，周禮司尊彝文。案彼注云：「盎齊差清，和以清酒泲之，謂之涗酌。」鄭引此者，解經「夫人薦涗」，是盎齊也。云「凡尊有明水，因兼云水爾」者，以經夫人薦涗，秖是薦盎，不薦明水。今經「薦涗」之下別更言「水」，此謂明水也。以盎齊加明水，故記者因盎而連言明水爾。知盎齊加明水者，郊特牲云「祭齊加明水」是也。云「嚌嚌肺祭肺之屬也」者，案少牢、特牲薦熟之時，俎有祭肺及舉肺。切之舉肺，離而不提心，二肺皆嚌之，故云「嚌肺祭肺之屬」。云「天子諸侯之祭禮，先有祼尸之事，乃後迎牲」者，以特牲、少牢無此禮，今此經祼後有迎牲之文，是天子諸侯之事，故鄭明之也。

及入舞，君執干戚就舞位，君爲東上，冕而揔干，率其羣臣，以樂皇尸。是故天子之祭也，與天下樂之；諸侯之祭也，與竟内樂之。冕而揔干，率其羣臣，以樂皇尸，此與竟内樂之之義也。君爲東上，近主位也。皇，君也。言君尸者，尊之。○以樂音洛，下同。竟音境，篇内皆同。近，附近之近。【疏】「及入至義也」。○正義曰：此一經明祭時天子諸侯親在舞位，以樂皇尸也。

夫祭有三重焉：獻之屬莫重於祼，聲莫重於升歌，舞莫重於武宿夜，此周道也。武宿夜，武曲名也。周道，猶周之禮。○獻之屬莫重於祼，一本無「之屬」二字。凡三道者，所以假於外而以增君子之志也。故與志進退，志輕則亦輕，志重則亦重。輕其志而求外之重也，雖聖人弗能得也。是故君子之祭也，必身自盡也，所以明重也。道之以禮，以奉三重，而薦諸皇尸，此聖人之道也。【疏】「夫祭至道也」。○正義曰：此一節并明祭祀之禮有三種可重之事。○「舞莫重於武宿夜」者，武宿夜是武曲之名，是衆舞之中無能重於武宿夜之舞。皇氏云：「師說書傳云：武王伐紂，至於商郊，停止宿夜，士卒皆歡樂歌舞以待旦，因名焉。武宿夜其樂亡也。」熊氏云：「此即大武之樂也。」○「凡三道者，所以假於外而以增君子之志也」者，言三種所重之道，皆假借外物而以增益君子内志。祼則假於鬱鬯，歌則假於聲音，舞則假於干戚，皆是假於外物。○「故與志進退」者，此外物增成君子内志，故與志同進同退。若内心志輕畧，則此等亦輕畧；内志殷重，此等亦殷重。

夫祭有餕，餕者祭之末也，不可不知也。是故古之人有言曰：「善終者如始。」餕其是已。是故古之君子曰：「尸亦餕鬼神之餘也，惠術也，可以觀政矣。」術猶法也。爲政尚施惠。惠，盡美能知能惠。詩云：「維此惠君，民人所瞻。」○道之音導。餕音俊。施惠，始豉反，下文注並同。能知音智。是故尸謖，君與卿四人餕；君起，大夫六人餕，臣餕君之餘也；大夫起，士八人餕，賤餕貴之餘也；士起，各執其具以出，陳于堂下，百官進，徹之，下餕上之餘也。進當爲餕，聲之誤也。百官，謂有事於君祭者也。既餕，乃徹之而去，所謂自卑至賤。進徹，或俱爲餕。○謖，所六反，起也。百官進，依注作餕。卑如字，隱義音必利反。凡餕之道，每變以衆，所以別貴賤之等，而興施惠之象也。是故以四簋黍見其脩於廟中也。廟中者，竟内之象也。鬼神之惠徧廟中，如國君之惠徧竟内也。○別，彼列反，下同。見，賢遍反，下同。脩於，一本脩作徧，徧音遍，下同。祭者，澤之大者也。是故上有大澤，則惠必及下，顧上先下後耳，非上積重而下有凍餒之民也。是故上有大澤，則民夫人待于下流，知惠之必將至也。由餕見之矣。故曰：可以觀政矣。鬼神有祭不獨饗之，使人餕之，恩澤之大者也。國君有蓄積，不獨食之，亦以施惠於竟内也。○重，直龍反，下同。餒，乃罪反。夫，音扶。見如字，舊賢遍反。畜，勑六反。【疏】「夫祭至政矣」。○正義曰：此一節明祭末餕餘之禮，自求多物恩澤廣被之事。○「是故古之人有言曰善終者如始，餕其是已」者，引古人之言，證餕爲美也。夫靡不有初，鮮克有終。而祭之有餕，即是克有終，而禮猶盛，故云「善終者如始」。餕其是已，已，語辭也。○「是故古之君子曰尸亦餕鬼神之餘也」者，又引古言證餕義也。言亦者，亦人餕尸之餘，乃是人食尸餘；而云尸亦餕鬼神餘者，若王侯初薦毛血燔燎，是薦於鬼神，至薦熟時，尸乃食之，是尸餕鬼神之餘。若大夫士陰厭，亦是先薦鬼神，而後尸乃食，亦尸餕鬼神餘，故并云尸亦餕鬼神之餘也。○「惠術也，可以觀政矣」者，術猶法也。尸餕鬼神之餘，是施恩惠之術法。言爲政之道，貴在於惠，可以觀省人君之政教。能施恩惠者，即其政善；不能施恩惠者，則其政惡。故云「可以觀政矣」。○「臣餕君之餘也」者，以君於廟中事尸如君，則君爲臣禮。君食尸餘，是臣食君餘，與大夫食君餘相似，故云「臣餕君之餘也」。諸侯之國有五大夫，此云六者，兼有采地助祭也。以下衞徧及下，示溥恩惠也。○「士起，各執其具以出，陳于堂下」，若士廟中餕訖而起，所司各執其饌具以出廟戶，陳于堂下。「百官進，徹之」者，進當爲餕，謂有祭事之百官餕訖，各徹其器而乃去之。○「凡餕之道，每變以衆，所以別貴賤之等」者，初君四人，次大夫六人，次士八人，是變以衆，加之以兩，是別貴賤之等。○「而興施惠之象也」者，興，起也。其餕之禮，初餕貴而少，後餕賤而多，皆先上而後下，施惠之道亦當然，皆先貴後賤，故云「施惠之象」。○「是故以四簋黍見其脩於廟中也」者，謂餕之時，君與三卿以四簋之黍脩整普徧也。所以用四簋多黍而餕者，欲見其恩惠脩整徧於廟中。諸侯之祭有六簋，今云以四簋者，以二簋留爲陽厭之祭，故以四簋而餕。簋有黍稷，特云黍者，見其美，舉黍稷可知也。○「廟中者，竟内之象也」者，以四簋而徧廟中，如君之恩惠徧於竟内也。○「顧上先下後耳」者，言上有大澤，惠必及下，無不周徧，但瞻顧之時，尊上者在先，卑下者處後耳。一云顧，故也，謂君上先餕，臣下後餕，示恩則從上起也。「非上有積重而下有凍餒之民也」者，言非是在上有財物積重而不以施惠，而使在下有凍餒之民。言有積重必施散在下，不使凍餒。○「由餕見之矣」者，言民所以知上有財物恩惠及於下者，祇祭祀之餕，見其恩逮於下之理。「故曰可以觀政矣」者，餕若以禮，則能施惠，其善政也；餕若不以禮，則不能施惠，其政惡也，故云「可以觀政矣」。○

夫祭之爲物大矣，其興物備矣，順以備者也，其教之本與？爲物，猶爲禮也。興物謂薦百品。○與音餘，下「是與」同。是故君子之教也，外則教之以尊其君長，内則教之以孝於其親。是故明君在上，則諸臣服從；崇事宗廟社稷，則子孫順孝。盡其道，端其義，而教生焉。崇猶尊也。○長，丁丈反，下「長幼」皆同。是故君子之事君也，必身行之，所不安於上，則不以使下；所惡於下，則不以事上；非諸人，行諸己，非教之道也。必身行之，言恕己乃行之。○惡，烏路反。是故君子之教也，必由其本，順之至也，祭其是與？故曰：祭者，教之本也已。教由孝順生也。【疏】「夫祭至也已」。○正義曰：此一節明祭祀禮備，其内外俱兼脩之於己，然後及物，是爲政之本。○「夫祭之爲物大矣」者，物謂事物，物大，言祭之爲物盛大矣，以所行皆依禮，故爲大。○「其興物備矣」者，謂庶羞之屬，言興造庶羞百品皆是。故興物備矣。○「順以備者也，其教之本與」者，祭必依禮，是順也；百品皆足，是備也。若能上下和順，物皆備具，是爲教之本。言聖人設教，惟以順以備，故云「其教之本與」。○「是故君子」至「其親」者，祭既順備，可爲教，故人君因爲教焉。外教謂郊天，内教謂孝於親、祭宗廟。○「是故明君」至「順孝」者，由君外教尊君長，故諸臣服從；内教孝則親，故子孫順孝。盡其道，端其義，而教生焉者，謂人君身自行之，盡其事上之道，又端正君臣上下之義，則政教由此生焉。○「所不安於上，則不以使下」者，謂在上所爲之事施之於己，己所不安，則不得施於下。「所惡於下，則不以事上」者，在下有不善之事施於己，己所憎惡，則不得以此事於上，上亦憎惡也。○「非諸人，行諸己，非教之道也」者，結上二事。諸，於也。謂他人行此惡事加於己，己以爲非，是非於人；己乃行此惡事而施人，是行於己也。若如此，非政教之道。言爲政教必由於己，乃能及物，故下云「必由其本，順之至也」。

夫祭有十倫焉：見事鬼神之道焉，見君臣之義焉，見父子之倫

焉。見貴賤之等焉。見親踈之殺焉。見爵賞之施焉。見夫婦之别焉。見政事之均焉。見長幼之序焉。見上下之際焉。此之謂十倫。倫猶義也見事賢遍反下皆同殺色界反徐所例反下同。〔疏〕夫祭至十倫。正義曰此一節廣明祭有十種倫禮今各隨文解之從此至此之謂十倫一經揔明十倫之目從上雖云祭其事隱此廣陳祭含十義以顯教之本十倫義也

鋪筵設同几。爲依神也。詔祝於室。而出于祊。此交神明之道也。同之言詷也祭者以其妃配亦不特几也詔祝告事於尸也出於祊謂索祭也。鋪普胡反又芳夫反筵羊然反爲于僞反下注爲其皆同祊伯更反詷徒貢反索所伯反。〔疏〕鋪筵至道也。正義曰此一節明第一倫交鬼神之道。鋪筵設同几者設之曰筵坐之曰席同之言詷詷共也言人生時形體異故夫婦別几死則魂氣同歸于此故夫婦共几鋪席設几使神依之設此夫婦所共之几席亦共之必云同几者筵席既長几則短小恐其各設故特云同几。詔祝於室者詔告也祝祝也謂祝官以言詔告祝請其尸於室求之。而出于祊者謂明日繹祭而出廟門旁廣求神於門外之祊。此交神明之道也者神明難測不可一處求之或門旁不敢定是與神明交接之道鬼神通故云道。注同之至祭也。正義曰同之言詷也者若單作同字是齊同之同非詷共之詷所以物有異類而同時也則同死同生同出同入之類不齊其物異也若詷共之詷則言旁作同故古文字林皆訓詷爲共是漢魏之時字義如此是以讀同爲詷今則揔爲一字云祭者以爲妃配者儀禮少牢文謂祭夫祝辭云以某妃配云亦不特几也者謂不但不特設辭亦不特設其几謂祝辭與几皆同於夫不特設也故鄭注司几筵云祭於廟同几精氣合也云詔祝告事於尸也者謂灌鬯饋孰酳尸之等祝官以祝辭告事於尸其事廣也以揔論事神故廣言之知非朝踐之時血毛詔於室者以朝踐尸主皆在戶外此時之事非終始事神之道故知非也云出於祊謂索祭也者案郊特牲索祭祀于祊故云謂索祭也

君迎牲而不迎尸。别嫌也。尸在廟門外則疑於臣。在廟中則全於君。君在廟門外則疑於君。入廟門則全於臣。全於子。是故不出者。明君臣之義也。不迎尸者欲全其尊也尸神象也鬼神之尊在廟中人君之尊出廟門則伸。伸音申。〔疏〕君迎至義也。正義曰此經明第二倫君臣之義也。君迎牲不迎尸別嫌也者尸體既尊君宜自卑若出迎尸尸道未伸則嫌君猶欲自尊之義也。尸在廟門外則疑於臣者則解別嫌事也尸本是臣而爲尸時則尊在廟中君若未入廟其尊未伸君若出迎則疑尸有還爲臣之道故云疑於臣也。在廟中則全於君者尸若入廟則君父道全也唯云全君不云全父者此本是明君臣故畧於全父也下既云臣子故知此爲君父也且廟中行禮尸皆荅拜然父無荅子之禮君有荅臣之法故據君言之耳。君在廟門外則疑於君者釋君疑也君道之全全在廟門外若出門外則君道還尊與平常不異故不出門也。入廟門則全於臣全於子者君若入廟則臣子道全無所疑也是故不出者明君臣之義也者結第二倫也君至尊而受屈廟中以臣子自處不敢出廟門恐尸尊不極欲示天下咸知君臣之義也君臣由義而合故云義也

夫祭之道。孫爲王父尸。所使爲尸者。於祭者子行也。父北面而事之。所以明子事父之道也。此父子之倫也。子行猶子列也祭祖則用孫列皆取於同姓之適孫也天子諸侯之祭朝事延尸於戶外是以有北面事尸之禮。行戶剛反注同徐胡孟反適丁歷反〔疏〕夫祭至倫也。正義曰此第三倫明父子之理。孫爲王父尸者謂王父之孫行與王父作尸。所使爲尸者於祭者子行也者謂孝子所使令爲尸者於祭者孝子身爲子之行秩也。父北面而事之者父則祭者之身北面而事子行之尸也。所以明子事父之道也此父子之倫也者主人爲欲孝敬己父不許己尊而北面事子行則凡爲子者豈得不自尊事其父乎是見子事父之道也。注皆取至尊之禮。正義曰天子諸侯之祭朝事延尸於戶外者以少牢特牲尸皆在室之奧主人西面事之無北面事尸之禮故知是天子諸侯也知當朝事者以郊特牲詔祝於室坐尸於堂詔祝於室當朝事之節故知坐尸於堂當朝事也

尸飲五。君洗玉爵獻卿。尸飲七。以瑤爵獻大夫。尸飲九。以散爵獻士及羣有司。皆以齒。明尊卑之等也。尸飲五謂酳尸五獻也大夫士祭三獻而獻賓。瑤音遥散悉但反差本又作之等酳音胤又仕覲反。〔疏〕尸飲至等也。正義曰此一節明第四倫尊卑差等。尸飲五君洗玉爵獻卿至皆以齒明尊卑之等者謂獻卿大夫士及有司等其爵雖同皆長者在先故云皆以齒。注尸飲至獻賓。正義曰此據備九獻之禮者至主人酳尸故尸飲五也凡祭二獻祼用鬱鬯尸祭奠而不飲朝踐二獻饋食二獻及食畢主人酳尸此等皆尸飲之故云尸飲五於此之時以獻卿獻卿之後乃主婦酳尸酳尸畢賓長獻尸是尸飲七也乃瑤爵獻大夫是正九獻禮畢但初二祼不飲故云尸飲七自此以後長賓長兄弟更爲加爵尸又飲二是并前尸飲九主人乃散爵獻士及羣有司也此謂上公九獻故以酳尸之一獻爲尸飲五也若侯伯七獻朝踐饋食時各一獻食訖酳尸但飲三也子男五獻食訖酳尸尸飲一云大夫士祭三獻而獻賓者欲明諸侯獻賓時節與大夫士獻賓不同知大夫士祭三獻而獻賓者特牲禮文下大夫不賓尸與士同亦三獻而獻賓知者有司徹文其上大夫別行賓尸之禮與此異也

夫祭有昭穆。昭穆者。所以别父子。遠近。長幼。親疏之序。而無亂也。是故有事於大廟。則羣昭羣穆咸在。而不失其倫。此之謂親疏之殺也。昭穆咸在同宗父子皆來。昭上遥反後放此。〔疏〕夫祭至殺也。正義曰此一節明第五倫也親疏之殺也昭穆謂尸主行列於廟中所以至無亂者謂父南面子北面親者近疏者遠又各有次序是故有事於大廟則羣昭羣穆咸在者祭大廟之時則衆廟尸主皆來及助祭之人同宗父子皆至則羣昭穆咸在若不於大廟餘廟之祭唯有當廟尸主及所出之廟子孫來至不得羣昭羣穆咸在也。而不失其倫者尸主既有昭穆故主人及衆賓亦爲昭穆列在廟不失倫類。此之謂親疏之殺也者殺漸也列昭穆存亡名有遠近示天下親疏有漸也。

古者明君爵有德而祿有功。必賜爵祿於大廟。示不敢專也。故祭之日。一獻。君降立于阼階之南。南鄉。所命北面。史由君右。執策命之。再拜稽首。受書以歸。而舍奠于其廟。此爵賞之施也。一獻一酳尸也舍當爲釋聲之誤也非時而祭曰奠。鄉許亮反舍依注音釋。〔疏〕古者至施也。正義曰此一節明第六倫也爵賞之施焉。爵有德而祿有功者爵表德故云有德祿賞功故云有功也。而舍奠于其廟者謂受策命卿大夫等既受策書歸還而釋奠於家廟告以受君之命似非時而祭故稱奠此爵賞之施也者君尊上爵賞於廟不自專故民知施必由尊也。注一獻一酳尸也。正義曰經云一獻知非初祼及朝踐饋食之一獻必爲一酳尸者以一酳尸之前皆爲祭事承奉鬼神未服策命而尸食已畢祭事方了始可以行其爵賞及賜勞臣下此一獻則上尸飲五君獻卿之時也若天子命羣臣則不因常祭之日特假於廟故大宗伯云王命諸侯則儐注云王將出命假祖廟立依前南鄉是也

君卷冕立于阼。夫人副禕立于東房。夫人薦豆執校。執醴授之執鐙。尸酢夫人執柄。夫人授尸執足。夫婦相授受。不相襲處。酢必易爵。明夫婦之别也。校豆中央直者也執醴授醴之人授夫人以豆則執鐙鐙豆下跗也。卷古本反校戶教反又戶交反柄也鐙音登又丁鄧反〔疏〕君卷至別也。正義曰此一節明第七倫也。夫人副禕立于東房者此謂上公之夫人故副禕立于東房若其餘夫人則不副禕也。夫人薦豆執校者校謂豆之中央直者夫人薦豆之時手就此校。執醴授之執鐙者鐙謂豆下跗夫人薦豆之時此執醴之人以豆授夫人之時則執豆之下跗夫人受之乃執校也。尸酢夫人執柄者爵爲雀形以尾爲柄夫人獻尸尸酢夫人尸則執雀尾授夫人也。夫人授尸執足者夫人受酢於尸則執爵足也。夫婦相授受不相襲處者謂夫婦交相致爵之時襲因也其執之物不相因故處若夫婦交相致爵不能執故處以明男女有別酢必易爵者謂夫婦交相致爵之時主人受主婦之酢易換其爵故特牲主人受主婦之酢爵更爵酢鄭注云主人更爵自酢男子不承婦人爵即引此文云夫婦相授受不相襲處酢必易爵也皇氏云夫婦猶男女不相襲處則上執校執鐙之屬遂鄭注儀禮之文其義非也。注執醴至執鐙。正義曰謂夫人獻尸以醴齊之時此人酌醴以授夫人至夫人薦豆之時此人又執豆以授夫人是獻之與薦皆此人所事故云執醴授醴之人執鐙謂授夫人以豆而執鐙也

凡爲俎者。以骨爲主。骨有貴賤。殷人貴髀。周人貴肩。凡前貴於後。俎者所以明祭之必有惠也。是故貴者取貴骨。賤者取賤骨。貴者不重。賤者不虛。示均也。惠均則

政行。政行則事成。事成則功立。功立之所以立者。不可不知也。俎者。所以明惠之必均也。善爲政者如此。故曰見政事之均焉。殷人貴髀爲其厚也周人貴肩爲其顯也凡前貴於後謂脊脅臂臑之屬。髀必氏反又必履反重直龍反臑乃報反肱骨也。〔疏〕凡爲至均焉。正義曰此一經明第八倫也。凡爲俎者以骨爲主者俎爲助祭者各將物於俎也。殷人貴髀周人貴肩者殷質貴髀之厚賤肩之薄周文貴肩之顯賤髀之隱各隨所貴。凡前貴於後者據周言之以周人之貴肩故也。俎者所以明祭之必有惠也者助祭者故賜之俎也。貴者不重賤者不虛示均也者言貴者不特多而重賤者不虛而無分俎多少隨其貴賤是示均平也。功之所以立者不可不知也者言功立由於分俎其事既重人君不可不知分俎之事也。善爲政者如此者言人君欲善爲政教者必須如此分俎均平。注凡前至之屬。正義曰此脊脅臂臑舉其貴者言之屬中包其賤者不云肩者以經云周人貴肩故此略之前體臂臑爲貴後體膊胳爲賤就脊脅之中亦有貴賤正脊在前爲貴脡脊橫脊在後爲賤脅則正脅在前爲貴短脅爲賤故總云之屬以包之

凡賜爵。昭爲一。穆爲一。昭與昭齒。穆與穆齒。凡羣有司皆以齒。此之謂長幼有序。昭穆猶特牲少牢饋食之禮衆兄弟也羣有司猶衆賓下及執事者君賜之爵謂若酬之〔疏〕凡賜至有序。正義曰此一節明祭之第九倫長幼之序。凡賜爵者爵酒爵也謂祭祀旅酬時賜助祭者酒爵故云賜爵。昭爲一穆爲一者言君衆兄弟子孫等在昭列者則爲一色在穆列者自爲一色各自相旅尊者在前卑者在後。若同班列則長者在前少者在後是昭與昭齒穆與穆齒。注君賜之爵謂若酬之。正義曰案特牲饋食禮初有主人獻衆賓兄弟之禮後乃旅酬衆賓兄弟此經直云賜爵知非獻時而特云酬者以獻時不以昭穆爲次者此云昭與昭齒穆與穆齒當旅酬之事故知賜爵爲酬

夫祭有畀煇胞翟。闇者。惠下之道也。唯有德之君。爲能行此。明足以見之。仁足以與之。畀之爲言與也。能以其餘畀其下者也。煇者。甲吏之賤者也。胞者。肉吏之賤者也。翟者。樂吏之賤者也。闇者。守門之賤者也。古者不使刑人守門。此四守者。吏之至賤者也。尸又至尊。以至尊既祭之末。而不忘至賤。而以其餘畀之。是故明君在上。則竟内之民無凍餒者矣。此之謂上下之際。明足以見之見此畀者也仁足以與之與此畀者也煇周禮作韗謂韗磔皮革之官也翟謂教羽舞者也古者不使刑人守門謂夏殷時。畀必利反下及注同與也煇依注作韗同況萬反又音運下同甲吏也胞步交反下同肉吏也翟狄也樂吏也闇音暗守門者也以見賢遍反注皆同此畀如字舊必利反下同磔知宅反〔疏〕夫祭至之際。正義曰此一節明祭之第十倫也。夫祭有畀煇胞翟闇者惠下之道也者畀與也煇也胞也翟也闇也此四者皆是賤官於祭之末與此四者以恩賜是惠施之道也。明足以見之者謂有德之君德能昭明足以見其惠下之義。仁足以與之者以君有仁恩足能賜與於下。古者不使刑人守門者此作記之人以見周刑人守門於祭末又何恩賜與刑人故明之云古者夏殷之時不使刑人守門雖是賤人所以得恩賜。此四守者吏之至賤者也既每言賤明但是各守其職之人能爲四物故云四守也。尸又至尊以至尊既祭之末而不忘至賤而以其餘畀之是故明君在上則竟内之民無凍餒者矣者更廣明貴有餘分與至賤爲恩之深也人君身尊而尸又更尊故言又也。此之謂上下之際者結十倫也際接也至尊與賤者其道接也。注煇周至殷時。正義曰案周禮考工記韗人爲皐陶鄭云皐陶鼓木也言韗人之官掌作鼓木張皮兩頭韗之以爲鼓是韗磔皮革之官云翟謂教羽舞者也者羽翟羽故詩邦風云左手執籥右手秉翟翟即狄也古字通用云古者不使刑人守門謂夏殷時者以周禮墨者使守門故知不使刑人守門謂夏殷時也

凡祭有四時。春祭曰礿。夏祭曰禘。秋祭曰嘗。冬祭曰烝。謂夏殷時禮也。礿羊灼反字又作禴夏戶嫁反下注夏者孟夏同礿。禘。陽義也。嘗。烝。陰義也。禘者。陽之盛也。嘗者。陰之盛也。故曰。莫重於禘嘗。夏者尊卑著而秋萬物成古者於禘也。發爵賜服。順陽義也。於嘗也。出田邑。發秋政。順陰義也。言爵命屬陽國地屬陰。故記曰。嘗之日。發公室。示賞也。草艾則墨。未發秋政。則民弗敢草也。發公室出賞物也草艾謂艾取草也秋草木成可芟艾給爨亨時則始行小刑也。艾音刈芟所銜反爨七亂反亨普彭反徐普孟反。故曰。禘嘗之義大矣。治國之本也。不可不知也。明其義者君也。能其事者臣也。不明其義。君人不全。不能其事。爲臣不全。全猶具也夫義者。所以濟志也。諸德之發也。是故其德盛者其志厚。其志厚者其義章。其義章者其祭也敬。祭敬。則竟内之子孫。莫敢不敬矣。濟成也發謂機發也竟内之子孫萬人爲子孫是故君子之祭也。必身親涖之。有故則使人可也。雖使人也。君不失其義者。君明其義故也。涖臨也君不失其義者言君雖不自親祭禮無闕於君德不損也其德薄者其志輕。疑於其義。而求祭。使之必敬也。弗可得已。祭而不敬。何以爲民父母矣。〔疏〕凡祭至母矣。正義曰此一節明祭祀之重禘嘗之義人君若能明於其義可以爲民父母今各隨文解之。禘者陽之盛也者以禘祭在夏夏爲炎暑故爲陽盛。嘗者陰之盛也者以嘗祭在秋之時陰功成就故爲陰盛冬雖嚴寒以物於秋成故不得以冬烝對夏禘。注言爵至屬陰。正義曰爵命是生養之事故屬陽國地是土地之事故屬陰。故記至草也。以記錄之前先有此記之文故作記者載前記之文所以言記曰也此記云嘗祭之日發出公室財貨以示賞也。草艾則墨者謂初秋草堪艾給炊爨之時則行小刑之墨未發秋政則民不敢艾草也言夏節雖盡人君未發行秋政則民不敢艾草也注發公室出賞物也。正義曰案左傳云賞以春夏刑以秋冬此嘗之日發公室示賞者文各有所對以賞對刑則賞屬春夏刑屬秋冬其實四時之間皆有賞故車服屬夏田邑屬秋出田邑之時亦有物也故觀禮秋時賜侯氏車服及篋服也。夫義者所以濟志也者濟成也言禘嘗之義若人君明之所以成就其志。諸德之發也者發謂機發也諸衆也言義者是人君衆德之發謂諸衆人之德發在於義。是故其德盛者其志厚者謂人君道德顯盛則念親志意而深厚若能念親深厚則事親祭祀其義章明顯著若能事親章明顯著則其祭也恭敬以此化下則竟内民之子孫無敢不恭敬其親矣以化於上故也。雖使人也君不失其義者君明其義故也者言祭祀之時身既有故使人攝之雖使人攝由君能恭敬不喪失於爲君之義所以然者由君自明曉於禘嘗之義故也。其德至志輕。言人君道淺義薄則其念親志意不能厚重。疑於其義至民父母矣者謂志意既輕疑惑於祭祀之義皆不能盡心致敬身既危疑而欲求祭使之必敬不可得已已是語辭

夫鼎有銘。銘者自名也。自名以稱揚其先祖之美。而明著之後世者也。爲先祖者。莫不有美焉。莫不有惡焉。銘之義。稱美而不稱惡。此孝子孝孫之心也。唯賢者能之。銘謂書之刻之以識事者也自名謂稱揚其先祖之德著己名於下。自名如字徐武政反下及注自名同。銘者。論譔其先祖之有德善。功烈勳勞慶賞聲名。列於天下。而酌之祭器。自成其名焉。以祀其先祖者也。顯揚先祖。所以崇孝也。身比焉。順也。明示後世。教也。勳業也王功曰勳事功曰勞酌之祭器言斟酌其美傳著於鐘鼎也身比焉謂自著名於下也順也自著名以稱揚先祖之德孝順之行也教也所以教後世。譔音撰比毗志反謂次比也下及注皆同斟之林反傳音附徐音賦一音直專反謂傳述著直畧反徐張慮反行下孟反。夫銘者。壹稱而上下皆得焉耳矣。是故君子之觀於銘也。既美其所稱。又美其所爲。美其所爲美此人爲此銘爲之者。明足以見之。仁足以與之。知足以利之。可謂

賢矣。賢而勿伐。可謂恭矣。明足以見之見其先祖之美也仁足以與之與其先祖之銘也非有仁恩君不使與之也知足以利己名得比於先祖○見賢遍反注同知音智注同故衛孔悝之鼎銘曰。六月丁亥。公假于大廟。孔悝衛大夫也公衛莊公蒯聵也得孔悝之立己依禮褒之以靜國人自固也假至也至於大廟謂以夏之孟夏禘祭○悝口回反假加百反注同蒯苦怪反聵五怪反褒保毛反公曰叔舅。乃祖莊叔。左右成公。成公乃命莊叔。隨難于漢陽。即宮于宗周。奔走無射。公曰叔舅者公爲策書尊呼孔悝而命之也乃猶女也莊叔悝七世之祖衛大夫孔達也隨難者謂成公爲晉文公所伐出奔楚命莊叔從焉漢楚之川也即宮於宗周後反得國坐殺弟叔武晉人執而歸之於京師寘之深室也射厭也言莊叔常奔走至勞苦而不厭倦也周既去鎬京猶名王城爲宗周也○左音佐右音又下啓右并注同一讀此左右並如字難乃旦反奔本亦作犇射音亦注同爲策初革反女音汝後皆同從才用反坐才臥反寘之豉反厭於豔反下同鎬胡老反○啓右獻公。獻公乃命成叔。纂乃祖服。獻公衛侯衎成公曾孫也亦失國得反言莊叔之功流於後世啓右獻公使得反國也成叔莊叔之孫成子烝鉏也右助也纂繼也服事也獻公反國命成子繼女祖莊叔之事欲其忠如孔達也○纂子管反衎苦旦反烝之承反下文注同鉏仕居反○乃考文叔。興舊耆欲。作率慶士。躬恤衛國。其勤公家。夙夜不解。民咸曰休哉。文叔者成叔之曾孫文子圉即悝父也作起也率循也慶善也士之言事也言文叔能興行先祖之舊德起而循其善事○耆市志反解古賣反休許虯反圉魚呂反公曰。叔舅。予女銘。若纂乃考服。若乃猶女也公命悝予女先祖以銘以尊顯之女繼女父之事欲其忠如文子也成公獻公莊公皆失國得反言孔氏世有功焉寵之也○女羊許反注同○悝拜稽首曰。對揚以辟之。對遂也辟明也言遂揚君命以明我先祖之德也○辟必亦反又婢尺反注同明也勤大命。施于烝彝鼎。施猶著也言我將行君之命又刻著於烝祭之彝鼎彝尊也周禮大約劑書於宗彝○施如字彝以支反著張慮反又直畧反下同約如字徐於妙反劑子隨反○此衛孔悝之鼎銘也。言銘之類衆多也畧取其一以言之古之君子。論譔其先祖之美而明著之後世者也。以比其身。以重其國家如此。知莊公命孔悝之爲也莊公孔悝雖無令德以終其事於禮是行之非○子孫之守宗廟社稷者。其先祖無美而稱之。是誣也。有善而弗知。不明也。知而弗傳。不仁也。此三者。君子之所恥也。疏 夫鼎至恥也○正義曰以前經明事親致敬此一節明稱揚先祖之美今各依

文解之○銘者自名也者言爲先祖之銘者自著己之功名於下○自名以稱揚其先祖之美而名著之後世者也謂自著己名之時先稱揚其先祖之美於上而使昭明顯著於後世銘者論譔其先祖之有德善者論謂論說譔則譔錄言子孫爲銘論說譔錄其先祖道德善事○功烈勳勞慶賞聲名列於天下者此先祖美善之事也烈業也謂有功業勳勞有慶賞聲名著於天下者也○而酌之祭器者酌斟酌也祭器鐘鼎也若有聲名徧普天下者則斟酌列書著於君之鐘鼎也○自成其名焉者先書先祖之德於器上又自成己名於先祖銘下也○以祀其先祖者也者祀祖謂預君祫祭也禮功臣既得銘鼎則得預君大祫令先祖被銘預祫是尊其先祖也○顯揚先祖所以崇孝也者釋所以必銘義也爲崇於孝道故稱揚先祖也○身比焉順也者比次也先稱祖德而己身親自著名次於下是崇孝順之行也○明示後世教也者爲人子孫能得稱揚先祖明示後世使後世教慕即是教也○注列業至後世○正義曰烈業也釋詁文王功曰勳事功曰勞周禮司勳文云傳著於鐘鼎也者傳附也言鐫勒先祖功名附著於鐘鼎或解傳爲傳述於鐘鼎義亦通也云自著名以稱揚先祖之德者解經身比焉云孝順之行也者以解經順也云教也所以教後世者言稱先祖明示後世所以教後世使如先祖之善也故云教也○夫銘至所爲○銘者壹稱謂造銘唯一稱先祖之善○而上下皆得焉耳矣者上謂光揚先祖下謂成己順行又垂教來世也○既美其所稱又美其所爲者釋上下皆得也所稱謂先祖也所爲謂己身行業也君子有德之士觀銘必見此二事之美○爲之至恭矣○爲之者謂爲銘之人也○明足以見之者謂己有顯明之德足以見先祖之美○仁足以與之者謂己有仁恩故君上足以著先祖之銘與之○知足以利之者謂己有知謀足以利益於己得上比先祖也○可謂賢矣者言爲銘之人備此三事所以爲賢○賢而勿伐可謂恭矣者既備三事爲賢又不自伐是爲恭也故云可謂恭矣○注孔悝至禘祭○正義曰云得孔悝之立己者按哀公二年晉趙鞅納蒯聵于戚至哀十五年傳云衛孔圉娶蒯聵之姊生悝孔氏之豎渾良夫通於伯姬伯姬使良夫往蒯聵蒯聵與良夫入衛舍孔氏之外圃遂入適伯姬氏伯姬與大子五人追孔悝於廁強盟之遂劫以登臺於是得國是得孔悝之立己也假至也釋詁文云至於大廟謂以夏之孟夏禘祭者以經云六月是周之六月是夏之孟月禘祭之時以諸侯命臣在於祭日案左傳哀十五年冬蒯聵得國十六年六月衛侯飲孔悝酒而逐之此謂六月命之者蓋命後即逐之故但在六月公曰至休哉○此一節是孔悝父祖鼎銘之辭○叔舅者孔悝是異姓大夫年幼故稱叔舅○乃祖莊叔者乃女也祖莊叔者謂孔悝之七祖孔達也○左右成公者左右助也輔助衛成公○成公乃命莊叔隨難于漢陽者難謂成公被晉所伐出奔於楚謂成公命孔達隨出逃難而往漢陽即是楚地在漢水之北○即宮于宗周者即就也宮謂宮室成公後得反國又坐殺弟叔武被晉執之歸于京師寘於深室之中是即宮也○奔走無射者言孔達隨難漢陽及即宮于宗周常奔走勞苦無厭倦○啓右獻公獻公乃命成叔纂乃祖服者啓開也右助也言莊叔餘功流於後世能右助獻公獻公雖復出奔乃得反國其時孔達之孫成叔輔佐獻公故獻公乃命成叔纂繼女祖孔達舊所服行之事○乃考文叔者孔圉是孔悝之父故云乃考○興舊嗜欲者言父圉能興行先祖舊德嗜欲所爲○作率慶士躬恤衛國其勤公家夙夜不解民咸曰休哉者作起也率循也慶善也士事也言孔悝能起發依循善事躬憂恤衛國勤勞公家早夜不解倦民皆曰功德休美哉此

是孔悝先祖功業鼎銘之辭也○注莊叔至周也○正義曰案世本莊叔達生得閭叔穀穀生成叔烝鉏鉏生頃叔羅羅生昭叔起起生文叔圉圉生悝莊叔是悝七世祖也云成公爲晉文公所伐出奔楚者案僖二十八年左傳稱衛與楚晉文公敗楚於城濮衛侯懼出居於襄牛遂奔楚云坐殺弟叔武晉人執而歸之於京師寘之深室也者亦僖二十八年左傳文晉人歸衛侯入其室弟叔武將沐聞君至喜捉髮走出前驅歂犬射而殺之其大夫元咺出奔晉訟衛侯衛侯不勝執衛侯歸之于京師寘諸深室是其事也案左傳于時無孔達之事而云之者傳文不具或者蒯聵欲褒美孔悝故假其先祖之功而言之也○注獻公至達也○正義曰案衛世家衛成公生穆公穆公生定公定公生獻公是衎爲成公曾孫云亦失國得反者案襄十四年左傳稱衛孫文子甯惠子逐衛侯衛侯出奔齊是亦失國也稱亦者亦成公也其時亦非成叔之功假言之也云纂繼也服事也釋詁文下注率循也亦釋詁文○公曰叔舅予女銘若纂乃考服○此一節明蒯聵與孔悝銘之言也及勑戒之使繼先祖故云纂乃考服○悝拜至彝鼎○此一節明孔悝拜受君恩言己光揚先祖之德行君之大命著於彝鼎○對揚以辟之者對遂也揚稱揚也辟明也言己遂稱揚君命以光明我先祖之美○勤大命施于烝彝鼎者勤行也施著也烝謂烝祭言己勤行君之大命著於烝祭之彝尊及鼎也此衛孔悝之鼎銘也○記者錄其銘故以結之但休哉以上是稱其先祖公曰叔舅以下至彝鼎是自著其名於下是以身比焉比先祖也

昔者周公旦。有勳勞於天下。周公既沒。成王。康王。追念周公之所以勳勞者。而欲尊魯。故賜之以重祭。外祭則郊社是也。內祭則大嘗禘是也。言此者王室所銘若周公之功○誣音無不傳直專反不本亦作弗夫大嘗禘。升歌清廟。下而管象。朱干玉戚以舞大武。八佾以舞大夏。此天子之樂也。康周公。故以賜魯也。清廟頌文王之詩也管象吹管而舞武象之樂也朱干赤盾戚斧也此武象之舞所執也佾猶列也大夏禹樂文舞也執羽籥文武之舞皆八列互言之耳康猶褒大也易晉卦曰康侯用錫馬○佾音逸盾食準反又音允籥羊灼反子孫纂之。至于今不廢。所以明周公之德。而又以重其國也。不廢不廢其此禮樂也重猶尊也○疏 昔者至國也○正義曰此一節因上說鼎銘明先祖之善故此明周公之勳子孫纂之特重於餘國亦光揚之事○外祭則郊社者諸侯常祭唯社稷以下魯之祭社與郊連文則備用天子之禮也○內祭則大嘗禘者祫祭在秋也大嘗禘祭在夏也是大嘗禘得用天子之禮則升歌清廟及舞大武大夏之屬皆用天子之禮所以爲大嘗禘也餘諸侯則不得大嘗禘○升歌清廟者升堂歌清廟清廟頌文王之詩也○下而管象者堂下吹管而舞武象之樂也○朱干玉戚以舞大武者朱干赤盾也戚斧也以玉飾其柄此武象之舞所執○八佾以舞大夏者大夏禹樂之舞也執羽籥此天子之樂也○康周公故以賜魯也者升歌清廟以下並是天子之樂故以此結之也○注武象至錫馬○正義曰言文武之舞皆八列互言之耳者以經云八佾以

舞大夏舞大武不顯佾數則舞大武亦八佾也大武云朱干玉戚其大夏則不用朱干玉戚當用羽籥而云互文者以大夏言舞數則大武亦當有舞數大武言所執舞器則大夏亦有舞器故云互也。易晉卦康侯用錫馬者證康是褒崇之義案易晉卦坤下離上日出於地爲晉晉進也言明進也。子孫至國也者言魯是周公子孫繼周公之後至今不廢此禮樂謂作記之時也所以明周公之有德而又以尊重其魯國也。

禮記注疏卷四十九校勘記　阮元撰盧宣旬摘録

附釋音禮記注疏卷第四十九 惠棟校宋本禮記正義卷第五十七

祭統第二十五

凡治人之道節

心怵而奉之以禮 惠棟校宋本同釋文亦作怵閩監毛本怵同此本注疏中字並作怵不加點

凡治至之義 惠棟校宋本無此五字

賢者之祭也節

賢者至謂畜 惠棟校宋本無此五字

言世人謂福爲壽考吉祥 閩監毛本同衞氏集說同惠棟校宋本無爲字

承致多福無疆于女孝孫使女受禄于天 閩本同衞氏集說同監本使誤侯毛本于誤子

既內自盡節 惠棟校云既內自盡節凡天之所生節宋本合爲一節

昏禮是也 各本同石經同毛本昏作昬衞氏集說同。按毛本非也說文昏从日氐省非从民聲也

具謂所供衆物 閩監毛本同惠棟校宋本同嘉靖本同岳本供作共衞氏集說同釋文出所共

既內至備矣 惠棟校宋本無此五字

茆菹麋臡 閩監毛本同齊召南云麋當作麇

有深蒲醓醢 惠棟校宋本同閩監毛本醓誤醯下又有醓醢同

深蒲箈筍 毛本同閩監本箈作菭衞氏集說同按周禮作箈

凡天之所生節

齊或爲粢 閩監毛本同岳本同嘉靖本同惠棟校宋本爲作作衞氏集說同宋監本同

凡天至道也 惠棟校宋本無此五字

一絲旁才 閩監毛本同衞氏集說同段玉裁校本絲當作糸下絲旁屯同

若衣色見 閩監毛本同衞氏集說見上有可字

及時將祭節

嗜欲無止也 惠棟校宋本石經宋監本衞氏集說同閩監毛本嗜作耆岳本同嘉靖本同釋文出耆欲下訖其嗜欲同

君執鸞刀羞嚌 各本同石經同釋文出羞齊云本亦作嚌注同。按嚌正字齊假借字

及時至親之 惠棟校宋本無此五字

芻謂藁也 各本同釋文出藁也云下同按藁字非也。按依說文當作稾从禾高聲假借作稾俗作槀

謂四時應祭之前未旬時也 閩監毛本同衞氏集說同考文引宋板未作末

俱至大廟之中 閩本同惠棟校宋本同衞氏集說同監毛本至誤在

子男夫人狄 惠棟校宋本作闕狄衞氏集說同此本闕字脫閩監毛本作屈

用清酒以涚沸之 閩監本同毛本沸誤沸下以清酒沸之同

二者謂饋熟之時 考文引宋板同閩監毛本者作是

夫祭有三重焉節

夫祭至之道也 惠棟校宋本無此六字

此一節并明祭祀之禮 閩監毛本同惠棟校宋本節作經衞氏集說同

若內心志輕略 閩監毛本同惠棟校宋本無心字衞氏集說同此本誤衍

此等亦殷重 閩監毛本同考文云宋板重下有矣字衞氏集說同

夫祭有餕節

而下有凍餒之民也 閩監本同石經同岳本同嘉靖本同衞氏集說同毛本餒誤餧釋文出凍餧盧文弨云按說文餧飢也一曰魚敗曰餧則餒乃餧之本字後人始別餧餒也

夫祭至政矣 惠棟校宋本無此五字

以二簋留爲陽厭之祭 惠棟校宋本同閩監毛本陽作陰衞氏集說同

祇祭祀之餕 惠棟校宋本祇下有由字衞氏集說同此本由字脫閩監毛本同

其善政也 惠棟校宋本作政善此本誤倒閩監毛本同

夫祭之爲物大矣節

夫祭至也已 惠棟校宋本無此五字

內教孝則親故子孫順孝 惠棟校宋本則作其衞氏集說同此本其誤則閩監毛本其作於

夫祭有十倫焉節

見親疎之殺焉 閩監毛本同石經疎作疏宋監本岳本嘉靖本衞氏集說同按下此之謂親疏之殺也各本並作疏此不宜岐出作疎當作疏爲是

夫祭至十倫 惠棟校宋本無此五字

鋪筵設同几節

鋪筵至道也 惠棟校宋本無此五字

不齊其物異也 閩監毛本同惠棟校宋本齊作廢

君迎牲而不迎尸節

君迎至義也 惠棟校宋本無此五字

則尊在廟中耳 惠棟校宋本中下有耳字諸本並脫

夫祭之道節

於祭者子行也 各本同石經同考文引古本足利本子上有爲字按通典四十八引亦云於祭者爲子行也

夫祭至倫也 惠棟校宋本無此五字

尸飲五節

尸飲至等也 惠棟校宋本無此五字

但飲三也 閩監毛本同惠棟校宋本但下有尸字衞氏集說同

夫祭有昭穆節

夫祭至殺也 惠棟校宋本無此五字

故主人及衆賓亦爲昭穆 惠棟校宋本同閩監毛本衆賓二字倒

列昭穆存亡名有遠近 閩監本同毛本名作各

古者明君爵有德節

古者至施也 惠棟校宋本無此五字

似非時而祭 閩監毛本同惠棟校宋本似作以

君尊上爵 閩監毛本同惠棟校宋本上作尚衞氏集說同

君卷冕立于阼節

夫人薦豆執校 各本同石經同毛本校作校釋文亦作校注疏放此

夫人授尸執足 惠棟校宋本授作受正義同石經同岳本同嘉靖本同考文引古本足利本同此本誤授閩監毛本同衞氏集說同按此言尸酢夫人夫人受酢于尸則執爵足是受尸而非授尸明矣疏夫人授尸執足者放此

君卷至别也惠棟按宋本無此五字

凡爲俎者節

凡爲至均焉惠棟按宋本無此五字

俎爲助祭者各將物於俎也閩監毛本同考文云宋板爲作謂

凡賜爵節

凡賜至有序惠棟按宋本無此五字

以獻時不以昭穆爲次者閩監毛本同惠棟按宋本者作也

夫祭有畀煇胞翟閽者節

夫祭至之際惠棟按宋本無此五字

此四守者吏之至賤者也閩監毛本同惠棟按宋本也下有者字

凡祭有四時節

凡祭至毋矣惠棟按宋本無此五字

載前記之文閩監毛本同惠棟按宋本前上有此字

夫鼎有銘節

此孝子孝孫之心也閩監本同石經同岳本同嘉靖本同衞氏集說同考文引宋板同毛本此誤比

傳著於鍾鼎也閩監毛本同嘉靖本同衞氏集說同惠棟按宋本傳作傳宋監本岳本同考文引足利本同釋文出傳著按傳是也

衞莊公蒯聵也閩本同岳本同嘉靖本同衞氏集說同監毛本聵作瞶非

得孔悝之立已岳本同嘉靖本同考文引古本同惠棟按宋本無已字衞氏集說無己字得作德閩監毛本得作德己字有

公爲策書各本同釋文策作筴乃俗字

興舊耆欲閩監毛本同岳本同嘉靖本同釋文出耆欲惠棟按宋本耆作嗜石經宋監本衞氏集說同

略取其一以言之閩監毛本同岳本同嘉靖本同惠棟按宋本其作此宋監本衞氏集說同考文引足利本同

夫鼎至恥也惠棟按宋本無此五字

云傳著於鍾鼎也者傳附也毛本同閩監本二傳字並作傳

夫銘至所爲○銘者閩監毛本同惠棟按宋本無銘至所爲○五字夫字屬下

爲之至恭矣閩監毛本同惠棟按宋本五字無

云得孔悝之立已者考文引宋板同閩監毛本得作德下是得孔悝之立已也同

謂孔悝之七世祖孔達也惠棟按宋本如此此本世字脫閩本同監毛本七世祖誤先祖

而云之者傳文不具閩本同惠棟按宋本同監毛本云之誤云云

音者周公旦節

不廢其此禮樂也閩監毛本同岳本同嘉靖本同浦鏜按云集說無此字按疏則其字當衍

昔者至國也惠棟按宋本無此五字

社與郊連文則用天子之禮也惠棟按宋本如此衞氏集說同此本則字誤重閩監毛本則下衍備字

朱干亦盾也閩監毛本同考文引宋板亦作赤

大夏禹樂之舞也閩監毛本同惠棟按宋本之作文

附釋音禮記注疏卷第四十九惠棟按宋本禮記正義卷第五十七終宋監本禮記卷第十四經七千四百六十字注五千五百二十三字嘉靖本禮記卷第十四經七千一百八十二字注五千四百九字

附釋音禮記注疏卷第五十

禮記　鄭氏注　孔穎達疏

經解第二十六○陸曰鄭云經解者以其記六藝政教得失解音佳買反徐胡賣反一音蟹○

疏 正義曰案鄭目錄云名曰經解者以其記六義政教之得失也此於別錄屬通論

孔子曰入其國其教可知也○觀其風俗則知其所以教其爲人也溫柔敦厚詩教也疏通知遠書教也廣博易良樂教也絜靜精微易教也恭儉莊敬禮教也屬辭比事春秋教也○屬猶合也春秋多記諸侯朝聘會同有相接之辭罪辯之事○易良以豉反下易良同屬音燭注及下同比毗志反下同朝直遙反篇內同故詩之失愚書之失誣樂之失奢易之失賊禮之失煩春秋之失亂○失謂不能節其教者也詩敦厚近愚書知遠近誣易精微愛惡相攻遠近相取則不能容人近於傷害春秋習戰爭之事近亂○近愚附近之近下除遠近一字並同惡烏路反爭爭鬭之爭下文同其爲人也溫柔敦厚而不愚則深於詩者也疏通知遠而不誣則深於書者也廣博易良而不奢則深於樂者也絜靜精微而不賊則深於易者也恭儉莊敬而不煩則深於禮者也屬辭比事而不亂則深於春秋者也○言深者既能以教又防其失

疏 孔子至者也○正義曰經解一篇揔是孔子之言記者錄之以爲經解者皇氏云解者分析之名此篇分析六經體教不同故名曰經解也六經其教雖異揔以禮爲本故記者錄入於禮○孔子曰入其國其教可知也者言人君以六經之道各隨其民教之民從上教各從六經之性觀民風俗則知其教故云其教可知也○溫柔敦厚詩教也者溫謂顏色溫潤柔謂情性和柔詩依違諷諫不指切事情故云溫柔敦厚是詩教也疏通知遠書教也者書錄帝王言誥舉其大綱事非繁密是疏通上知帝皇之世是知遠也○廣博易良樂教也者樂以和通爲體無所不用是廣博簡易良善使人從化是易良○絜靜精微易教也者易之於人正則獲吉邪則獲凶不爲淫濫是絜靜窮理盡性言入秋毫是精微恭儉莊敬禮教也者禮以恭遜節儉齊莊敬慎爲本若人能恭敬節儉是禮之教也○屬辭比事春秋教也者屬合也比近也春秋聚合會同之辭是屬辭比次褒貶之事是比事也凡人君行此等六經之教以化於下在下染習其教還有六經之性故云詩教書教之等○故詩之失愚者詩主敦厚若不節之則失在於愚○書之失誣者書廣知久遠若不節制則失在於誣樂之失奢者樂主廣博和易若不節制則失在於奢○易之失賊者易主絜靜嚴正遠近相取愛惡相攻若不節制則失在於賊害○禮之失煩者禮主文物恭儉莊敬若不能節制則失在於煩苛○春秋之失亂者春秋習戰爭之事若不能

節制失在於亂此皆謂人君用之教下不能可否相濟節制合宜所以致失也○其爲人也溫柔敦厚而不愚則深於詩者也此一經以詩化民雖用敦厚能以義節之欲使民雖敦厚不至于愚則是在上深達於詩之義理能以詩教民也○故云深於詩者也以下諸經義皆放此○注云易精至之事○正義曰易精微者易理微密相責褊切不能含容云愛惡相攻者謂易卦六爻或陰爻乘陽或陽爻據陰近而不得是愛惡相攻也云遠近相取者謂彼此有應是遠近相取也或遠而無應近而不相得是遠近不相取也云則不能容人近於傷害者若意合則雖遠必相愛若意離則雖近必相惡是不能容人不與已同即被傷害是失於賊害也云春秋習戰爭之事者以春秋記諸侯相侵伐又有鬬爭之辭若僖二十八年晉人執衛侯歸之于京師昭十三年平丘之會子產爭承之類是也故前注云春秋記罪辯之事也然詩爲樂章詩樂是一而教別者若以聲音干戚以教人是樂教也若以詩辭美刺諷諭以教人是詩教也此爲政以教民故有六經若教國子弟於庠序之內則唯用四術故王制云春秋教以禮樂冬夏教以詩書是也此六經者惟論人君施化能以此教民民得從之未能行之至極也若盛明之君爲民之父母者則能恩惠下極於民則詩有好惡之情禮有政治之體樂有諧和性情皆能與民至極民同上情故孔子閒居云志之所至詩亦至焉詩之所至禮亦至焉禮之所至樂亦至焉是也其書易春秋非是恩情相感與民至極者故孔子閒居無書易及春秋也

天子者。與天地參。故德配天地。兼利萬物。與日月並明。明照四海而不遺微小。其在朝廷。則道仁聖禮義之序。燕處。則聽雅頌之音。行步。則有環佩之聲。升車。則有鸞和之音。居處有禮。進退有度。百官得其宜。萬事得其序。詩云。淑人君子。其儀不忒。其儀不忒。正是四國。此之謂也。道猶言也環佩佩環佩玉也所以爲行節也玉藻曰進則揖之退則揚之然後玉鏘鳴也環取其無窮止則比德焉孔子佩象環五寸人君之環其制未聞也鸞和皆鈴也所以爲車行節也韓詩內傳曰鸞在衡和在軾前升車則馬動馬動則鸞鳴鸞鳴則和應居處朝廷與燕也進退行步與升車也○淑常六反忒吐得反鏘七羊反本又作鎗鈴音零軾音式應應對之應

發號出令而民說。謂之和。上下相親。謂之仁。民不求其所欲而得之。謂之信。除去天地之害。謂之義。義與信。和與仁。霸王之器也。有治民之意。而無其器則不成。器謂所操以作事者也義信和仁皆存乎禮○說音悅去羌呂反下同王徐于況反操七刀反〔疏〕天子至不成○正義曰此一節盛明天子霸王唯有禮爲霸王之器言禮之重也○與天地參者天覆地載生養萬物天子亦能覆載生養之功與天地相參齊等故云與天地參○詩云淑人君子其儀不忒其儀不忒正是四國者此詩曹風鳲鳩之篇刺上下不均平之詩言善人君子用心均平其威儀不有差忒以其不差故能正此四方之國○此之謂也者言詩之所云正當此聖人有禮之謂也民不求其所欲而得之謂之信者謂明君在上賜於下民不須營求所欲之物自然得之是在上信實恩能覆養故也猶不若尚書傳稱民擊壤而歌鑿井而飲耕田而食帝有何力是不求其所欲也天不言而四時行是信若四時故云謂之信也○除去天地之害謂之義者義宜也天地無害於物有宜故爲義天地害者謂水旱之等及疫癘之屬及天地之內有惡事害人皆名天地之害也○霸王之器者器謂人所操持以作事物者欲爲其事必先利其器言欲作霸王必須義信和仁是霸王之器也○注云韓詩至軾前○正義曰此鸞和所在謂朝祀所乘之車若田獵之車則鸞在鑣也故詩秦風云輶車鸞鑣箋云置鸞於鑣異於乘車是乘車鸞在衡也然鄭於商頌箋云在軾曰和在鑣曰鸞彼亦乘車鸞在鑣與秦詩箋不同者鄭於秦詩已解故於商頌畧而不言或可以經無正文鄭爲兩說

禮之於正國也。猶衡之於輕重也。繩墨之於曲直也。規矩之於方圜也。故衡誠縣。不可欺以輕重。繩墨誠陳。不可欺以曲直。規矩誠設。不可欺以方圜。君子審禮。不可誣以姦詐。衡稱也縣謂錘也陳設謂彈畫也誠猶審也或作成○圜音圓縣音玄與注同稱尺證反錘直僞反彈徒丹反畫胡麥反是故隆禮由禮。謂之有方之士。不隆禮不由禮。謂之無方之民。敬讓之道也。故以奉宗廟則敬。以入朝廷則貴賤有位。以處室家則父子親兄弟和。以處鄉里則長幼有序。孔子曰。安上治民。莫善於禮。此之謂也。隆禮謂盛行禮也方猶道也春秋傳曰教之以義方〔疏〕禮之於正國也至治民莫善於禮此之謂也○正義曰此一節贊明禮事之重治國之急故衡誠縣不可欺以輕重者衡謂稱衡縣謂稱錘誠審也若稱衡詳審縣錘則輕重必正故云不可欺以輕重○繩墨誠陳不可欺以曲直陳謂陳列若繩墨審能陳列則曲直必當故云不可欺以曲直○規矩誠設不可欺以方圜者規所以正圜矩所以正方設謂置設若規矩詳審置設則方圜必得故云不可欺以方圜君子審禮不可誣以姦詐設譬既畢故以此言結之言君子之人若能審詳於禮則姦詐自露不可誣罔也○是故隆禮由禮謂之有方之士者隆盛也由行也方道也若君子能隆盛行禮則可謂有道之士也反此則爲無知之民是無知之稱故也○敬讓之道也者此言禮之爲用是敬讓之道也爲下文而起○此之謂也者從篇首孔子曰入其國其教可知也至此長幼有序事相連接皆是孔子之辭記者錄之而爲記其理既盡記者乃引孔子所作孝經之辭以結之故云此之謂也言孔子所云者正此經之所謂也○注春秋至義方○正義曰春秋左氏隱三年傳文衛莊公寵公子州吁石碏諫云臣聞愛子教之以義方弗納於邪引之者證方爲道也

故朝覲之禮。所以明君臣之義也。聘問之禮。所以使諸侯相尊敬也。喪祭之禮。所以明臣子之恩也。鄉飲酒之禮。所以明長幼之序也。昏姻之禮。所以明男女之別也。夫禮。禁亂之所由生。猶坊止水之所自來也。故以舊坊爲無所用而壞之者。必有水敗。以舊禮爲無所用而去之者。必有亂患。春見曰朝小聘曰問其篇今亡昏姻謂嫁取也婿曰昏妻曰姻自亦由也○覲其靳反長丁丈反下同姻音因別彼列反坊音房本又作防下同壞音怪見賢遍反取七住反本亦作娶〔疏〕故朝至亂患○正義曰此一經明禮之所用各有所主又明舊禮不可不用之意但自此以下上承孔子曰此之謂也以後則是記者廣明安上治民之義非復孔子之言也夫禮禁亂之所由生者由從也禮禁亂之所從生亂生之處則豫禁之若深宮固門閽寺守之諸侯夫人父母沒不得歸寧之類是也○猶坊止水之所自來也坊謂堤坊人築堤坊止約水之所從來之處言若有汙下水來之處則豫防障之○故以舊坊爲無所用而壞之者必有水敗者譬言舊禮不可去也坊以止水忽有無知之人謂舊坊爲無所用而壞之坊壞則水必來敗於產業也○以舊禮爲無所用而去之者必有亂患者禮本坊亂忽有愚人謂舊禮爲無所用而壞去之者則必有亂患之事也○注婿曰昏妻曰姻○正義曰案爾雅釋親云婿之父爲姻婦之父爲婚此云婿曰昏妻曰姻者爾雅據男女父母此據男女之身婿則昏時而迎婦則因而隨之故云婿曰昏妻曰姻

故昏姻之禮廢。則夫婦之道苦。而淫辟之罪多矣。鄉飲酒之禮廢。則長幼之序失。而爭鬬之獄繁矣。喪祭之禮廢。則臣子之恩薄。而倍死忘生者衆矣。聘覲之禮廢。則君臣之位失。諸侯之行惡。而倍畔侵陵之敗起矣。苦謂不至不荅之屬○辟匹亦反倍音佩下同行下孟反〔疏〕故昏姻至起矣○正義曰此明禮諸事不可闕廢若其闕廢則禍亂興也○而爭鬬之獄繁矣者以鄉飲酒之禮明上下長幼共相敬讓今若廢而不行則尊卑無序故爭鬬之獄繁多矣○而倍死忘生者衆矣者喪祭之禮所以敦勗臣子恩情使死者不見背違生者恒相從念若廢不行故臣子恩薄而死者見背生者被遺忘如此者多故云衆矣○而倍畔侵陵之敗起者倍畔謂據倍天子也侵陵謂侵陵鄰國也○注苦謂至之屬○正義曰不至者謂夫親迎而女不至若詩陳風云昏以爲期明星煌煌注云女留他色不肯時行序云親迎女猶有不至者是也不荅者謂夫不荅耦於婦故邶風云日月衛莊姜傷已不見荅於先君是也此經覆說前經反明上事但前經尊重者在前卑輕者在後故先朝覲後昏姻也又殊別君臣故先朝覲後聘問下經所繼則據人倫切急者在前先昏姻次以鄉飲酒乃至於聘覲也聘覲合之者以其聘覲禮廢則君臣位失倍畔侵陵其惡相通故今言之也

故禮之教化也微。其止邪也於未形。使人日徙善遠罪

而不自知也。是以先王隆之也。易曰：「君子慎始，差若豪氂，繆以千里。」此之謂也。隆謂尊盛之也。始謂其微時也。○邪，似嗟反。遠，于萬反。差，初佳反，徐初宜反。豪，戶刀反，依字作毫。氂，李其反，徐音來，本又作釐。繆音謬。【疏】故禮至謂也。○正義曰：故禮之教化也微者，言禮之教人，豫前事微之時，豫教化之，又教化之時，依微不甚指斥。○其止邪也於未形者，謂止人之邪在於事未形著，是教化於事微者也。○使人至之也。又使人日日徙善遠於罪惡而不自覺知，是教化依微不甚指斥，爲此之故，是以先世之王隆尚之也。易曰「君子慎始，差若豪氂，繆以千里」，此之謂也者，此易繫辭文也。言君子謹慎事之初始，差若豪氂之小，至後廣大錯繆以至千里之大。引之者，證禮之防人在於未形著之前，若初時不防，則後致千里之繆，故云此之謂也。

哀公問第二十七

○陸曰：魯哀公也。鄭云：善其問禮，著謚以顯之。【疏】正義曰：案鄭目錄云：名曰哀公問者，善其問禮，著謚顯之也。此於別錄屬通論。但此篇哀公所問凡有二事，一者問禮，二者問政。問禮在前，問政在後。

哀公問於孔子曰：「大禮何如？君子之言禮，何其尊也？」孔子曰：「丘也小人，不足以知禮。」謙不荅也。君曰：「否，吾子言之也。」孔子曰：「丘聞之，民之所由生，禮爲大。非禮無以節事天地之神也，非禮無以辨君臣上下長幼之位也，非禮無以別男女父子兄弟之親、昏姻疏數之交也。君子以此之爲尊敬然。言君子以此故尊禮。○長，丁丈反。別，彼列反。數，色角反。然後以其所能教百姓，不廢其會節。君子以其所能於禮教百姓，使其不廢此上事之期節。有成事，然後治其雕鏤文章黼黻以嗣。上事行於民有成功，乃後續以治文飾，以爲尊卑之差。○彫，本亦作雕。鏤，力豆反。黼音甫。黻音弗。其順之，然後言其喪筭，備其鼎俎，設其豕腊，脩其宗廟，歲時以敬祭祀，以序宗族。即安其居，節醜其衣服，卑其宮室，車不雕幾，器不刻鏤，食不貳味，以與民同利。昔之君子之行禮者如此。」言，語也。筭，數也。即，就也。醜，類也。幾，附纏之也。言君子既尊禮，民以爲順，乃後語以喪祭之禮，就安其居處，正其衣服，教之節儉，與之同利者，上下俱足也。○筭，悉亂反。「備其鼎俎」，本亦無此句。腊音昔。卑如字，又音婢。幾音祈，注同。語，以魚據反。公曰：「今之君子胡莫行之也？」孔子曰：「今之君子，好實無厭，淫德不倦，荒怠敖慢，固民是盡，午其衆以伐有道，求得當欲，不以其所。昔之用民者由前，今之用民者由後。今之君子莫爲禮也。」實猶富也。淫，放也。固猶故也。午其衆，逆其族類也。當猶稱也。所猶道也。由，用也。前，用上所言猶後用下所言。○好，呼報反。厭，於豔反。敖，五報反。午，五故反，一音如字，注同，王肅作迕，迕，違也。當，丁浪反，注同。稱，尺證反。【疏】哀公至禮也。○正義曰：此一節是哀公問禮之事。大禮何如者，以禮之所用其事廣大，包含處廣，故云大禮何如。○君子之言禮何其尊也者，哀公問夫子云：賢人君子言說禮之事重此禮，何事可尊？問其所尊之事意。○君曰否吾子言之也者，孔子既辭以不堪足以識知於禮，君謂哀公。哀公止其謙讓，曰否，否，不也，言不得謙退，吾子但言說之也。○然後以其所能教百姓者，人君既知所生由禮，故尊而學之，既能迴持此能以教百姓也。○不廢其會節者，會由期也，節謂天地君臣男女之期節。事者有教百姓，故使百姓不廢此三事之期節也。○有成事者，謂有上三事行於民，有成功之事，故云有成事，則上事天地、辨君臣、別男女等之事。○然後治其雕鏤文章黼黻以嗣者，言既有在上諸事，然後聖人能治理其雕畫刻鏤文章黼黻，以嗣續其事，使每事有尊卑上下文彩之異。○其順之者，謂其民也。君既尊敬於禮，故民得教而百姓順從之。○然後言其喪筭者，言猶示語也。筭，數也。民既從順，然後示語其喪紀節數，以教之也。○設其豕腊者，謂喪中之奠有豕有腊也。前示服數，後設喪奠之禮也。○脩其宗廟，歲時以敬祭祀者，謂除服之後，又教爲之宗廟，以鬼享之。○以序宗族者，又教祭祀末留同姓燕飲，序會宗族也。○即安其居者，即，就也，就安其居，謂隨其風俗山川溪谷之異而安之，不使山者居川澤，者居中原是也。○節醜其衣服者，節，正也，醜，類也，又正其民衣服，使得其類也，衣服異宜，器械異制是也。○卑其宮室者，制使有度，不峻宇雕牆也。○車不雕幾者，幾謂沂鄂也，謂不雕鏤使有沂鄂也。器不刻鏤者，謂常用之器不用采飾。○食不貳味者，謂不副貳肴膳也。○以與民同利者，非唯教民如此，而君亦不奢飾，但與百姓同其利潤也。○昔之君子之行禮者如此，以哀公問君子尊禮所由，故結之云古昔之君子之行禮如此，上事刺公今不然。○孔子曰今之君子好實無厭者，實謂財貨充實，言今之君子性行貪婪，好此財貨，無知厭足。○固民是盡者，固，故也，盡謂竭盡，言不恤於下，故使人之財力於是盡竭。○午其衆以伐有道者，午，忤也，忤，違逆也，言專意自縱，不順衆心，是違逆其衆族類也，守道者被害，是以伐有道也。求得當欲，不以其所者，當，稱也，所，道也，言不以道而侵民，求其所得必欲，須稱己所欲，不用其養民之道。○今之君子莫爲禮也者，言古之君子用前經所云以化民，今之君子用後經所說以害下，故今之君子無能爲先世君子之禮也。

○孔子侍坐於哀公。哀公曰：「敢問人道誰爲大？」孔子愀然作色而對曰：「君之及此言也，百姓之德也。固臣敢無辭而對？人道政爲大。」愀然，變動貌也。作猶變也。德猶福也。辭，讓也。○坐，才臥反。愀，七小反，舊慈糾反，又在由反，又音秋，又子了反，下同。公曰：「敢問何謂爲政？」孔子對曰：「政者，正也。君爲正，則百姓從政矣。君之所爲，百姓之所從也。君所不爲，百姓何從？」言君當務於政。公曰：「敢問爲政如之何？」孔子對曰：「夫婦別，父子親，君臣嚴。三者正，則庶物從之矣。」庶物猶衆事也。○別，彼列反。公曰：「寡人雖無似也，願聞所以行三言之道，可得聞乎？」無似猶言不肖。○肖音笑。孔子對曰：「古之爲政，愛人爲大。所以治愛人，禮爲大。所以治禮，敬爲大。敬之至矣，大昏爲大。大昏至矣。大昏既至，冕而親迎，親之也。親之也者，親之也。是故君子興敬爲親。舍敬是遺親也。弗愛不親，弗敬不正。愛與敬，其政之本與？」大昏，國君取禮也。至矣，言至大也。與敬爲親，言相敬則親。○迎，逆敬反，下及注同。舍音捨。不親不正，一本不皆作弗。與音餘，下本與、敬與並同。公曰：「寡人願有言。然冕而親迎，不已重乎？」已猶大也。怪親迎乃服祭服。○大音泰。孔子愀然作色而對曰：「合二姓之好，以繼先聖之後，以爲天地宗廟社稷之主，君何謂已重乎？」先聖，周公也。○好，呼報反。公曰：「寡人固。不固，焉得聞此言也？寡人欲問，不得其辭，請少進。」固，不固，言吾由鄙固故也。請少進，欲其爲言以曉己。○焉，於虔反。爲，于僞反。孔子曰：「天地不合，萬物不生。大昏，萬世之嗣也，君何謂已重焉？」孔子遂言曰：「內以治宗廟之禮，足以配天地之神明。出以治直言之禮，足以立上下之敬。物恥足以振之，國恥足以興之。爲政先禮，禮其政之本與？」宗廟之禮，祭宗廟也。夫婦配天地，有日月之象焉。禮器曰：「君在阼，夫人在房。大明生於東，月生於西。」此陰陽之分、夫婦之位也。直猶正也。正言謂出政教也。政教有夫婦之禮焉。昏義曰：「天子聽外治，后聽內職，教順成俗，外內和順，國家理治，此之謂盛德。」物猶事也。事恥，臣恥也。振猶救也。國恥，君恥也。君臣之行有可恥者，禮足以救之，足以興復之。○分，扶問反。治，直吏反，下同。行，下孟反，下君之行同。孔子遂言曰：「昔三代明王之政，必敬其妻子也，有道。妻也者，親之主也，敢不敬與？子也者，親之後也，敢不敬與？君

子無不敬也。敬身爲大。身也者。親之枝也。敢不敬與。不能敬其身。是傷其親。傷其親。是傷其本。傷其本。枝從而亡。三者。百姓之象也。身以及身。子以及子。妃以及妃。君行此三者。則愾乎天下矣。大王之道也。如此則國家順矣。愾猶至也大王居豳爲狄所伐乃曰土地所以養人也君子不以其所養害所養乃去之岐是言百姓之身猶吾身也百姓之妻子猶吾妻子也不忍以土地之故而害之去之岐而王迹興焉○妃芳非反愾詐乞反又許氣反大音泰注同豳彼貧反

〔疏〕孔子至順矣○正義曰此一節明哀公問政之事并問爲政何以必須親迎孔子對之三事今各隨文解之○孔子侍坐於哀公者謂哀公命孔子坐而侍之因問以爲政之事自此以下終篇末皆侍坐時言也此云侍坐則以前問者非侍坐時也當立而與之言也○百姓之德也者德謂恩德謂福慶之事言君今問此人道之大欲憂恤於下是百姓愛其福慶○公曰寡人雖無似也者無似猶言不肖肖亦似也哀公謙退言已愚蔽無能似類賢人也○願聞所以行三年之道者則上經夫婦別父子親君臣嚴是也○古之爲政愛人爲大者人爲國本是以爲政之道愛養民人爲大○所以治愛人禮爲大者人有禮則生所以治理愛人非禮不可故禮爲大○所以治禮敬爲大者禮以敬爲主敬欲治禮者則先須敬故敬爲其大也○敬之至矣大昏爲大者敬有大小若敬至極之中大昏爲大大昏謂天子諸侯之昏也○大昏至矣者美大昏是敬中至極也○大昏既至冕而親迎親之也者上親猶自也下親親愛也言大昏既是至敬故國君雖尊而服其冕服以自迎也所以自迎者欲親此婦也故云親之也○親之也者親之也謂所以親此婦人亦親已也是故君子興敬爲親者言君子冕而親迎興起敬心爲欲相親也○舍敬是遺親也者若不冕而親迎則是捨夫敬心是遺棄相親之道也○弗愛不親者若夫不愛重不自親迎則夫婦之情不相親愛矣○弗敬不正者若夫不冕服親迎是不敬於婦則室家之道不正矣愛與敬其政之本與者愛謂親愛則仁也敬謂尊敬則義也是仁義爲政教之本也○冕而親迎不已重乎者冕則祭服也天子則袞冕諸侯以下各用助祭之服故士昏禮主人爵弁服是也已猶大也君身著祭服而親迎不亦大重乎○注怪親迎乃服祭服○正義曰昏禮迎婦二傳不同春秋公羊說自天子至庶人皆親迎左氏說天子至尊無敵故無親迎之禮諸侯有故若疾病則使上卿逆上公臨之許氏謹案高祖時皇太子納妃叔孫通制禮以爲天子無親迎從左氏義玄駁之云大姒之家在渭之涘文王親迎於渭即天子親迎明文也引禮記冕而親迎繼先聖之後以爲天地宗廟社稷之主非天子則誰乎如鄭此言從公羊義也又詩說云文王親迎於渭紂尚南面文王猶爲西伯耳以左氏義爲長鄭駁未定○注云先聖周公也○正義曰以哀公所問當問已諸侯唯魯出周公故解先聖爲周公又魯得郊天故云天地宗廟社稷之主若異義所云則以先聖及天地據天子以事含兩義故彼此各舉一邊○公曰至本與○固不固者上固是彼固下固故也言寡人由鄙固之故所以得聞此言由其固陋殷重問之故得聞此言皇氏用王肅之義二固皆爲固陋上固言已之固陋下固言若不鄙固則不問不問焉得聞此言哉○寡人欲問不得其辭之請少進者寡人更欲問所疑之事不能得其所問之辭請孔子少進言使簡約易了○內以治宗廟之禮足以配天地之神明者謂君禘獻后夫人亞獻之屬是治宗廟之禮也天地謂日月也夫配日婦配月注引禮器文是也○出以治直言之禮足以立上下之敬者直正也若夫婦出在於外治理正直言教之禮足以立君臣上下之恭敬也則注引昏義文是也物恥足以振之者物事也振救也謂臣之職事有可恥愧者其禮足以救之○國恥足以興之者謂君於治國有可恥愧其禮足以興起之也○爲政先禮禮其政之本與者言欲爲國家之政先行於禮禮謂夫婦之道內則治宗廟配天地外則施政教立上下故爲政教之本與○孔子至順矣○上經孔子荅哀公以問政之事遂更廣言三代明王爲政之道敬其妻子及敬其身乃可施政教於天下言敬其妻子也有道者謂三代敬其妻子必有道理故言有道也○妻也者親之主也言妻所以供粢盛祭祀與親爲主故云親之主也○三者百姓之象也者謂身也子也妃也若愛百姓先須敬身及子及妃乃能及百姓故云百姓之象也○身以及身子以及子妃以及妃者此言百姓之象能愛已身則以及百姓之身能愛已子則以及百姓之子能愛已妃則以及百姓之妃是身與妻子還是百姓身與妻子故云百姓之象也前汎言故云妻此論人君治國政故云妃○君行此三者則愾乎天下矣大王之道也者言人君行此三事從近而能廣至於天下矣雖大王能然故云大王之道也○如此國家順矣者既能愛百姓之身及妻子如似已身及已之妻子也則天下懷德無不順從故云國家順矣○注愾猶至興焉○正義曰愾音近憩憩爲息息是至之義故云愾猶至也云大王居豳爲狄所伐者毛詩傳文案詩稱大王居豳狄人侵之事之以文幣不得免焉事之以犬馬不得免焉事之以珠玉不得免焉乃屬其耆老而告之曰狄人之所欲吾土地吾聞之土地所以養人君子不以其所養人而害人遂去之邑於岐山之下毛傳所引者皆孟子文又莊子及呂氏春秋稱大王亶父曰與人之兄居而殺其弟與人之父居而殺其子吾不忍也且吾聞之不以其所養害所養於是乃策杖而去民相隨而從之遂成國於岐山之下又書傳畧說云事之以菽粟貨財狄人攻而不止遂策杖而去國人束脩奔走而從者三千成止而民成三千戶之邑也此注君子不以其所養害所養取莊子呂氏春秋文也

公曰。敢問何謂敬身。孔子對曰。君子過言則民作辭。過動則民作則。君子言不過辭。動不過則。百姓不命而敬恭。如是則能敬其身。能敬其身。則能成其親矣。則法也民者化君者也君之言雖過民猶稱其辭君之行雖過民猶以爲法

〔疏〕公曰至親矣○正義曰以前經對哀公爲政在於敬身故此經公問敬身之事孔子對以敬身之理○君子過言則民作辭者以君爲民表下之所從假令過誤出言民猶法之稱作其辭○過動則民作則者君子假令過誤舉動而民作其法則所以君子出言不得過誤其辭舉動不得過誤法則

公曰。敢問何謂成親。孔子對曰。君子也者。人之成名也。百姓歸之名。謂之君子之子。是使其親爲君子也。是爲成其親之名也已。孔子遂言曰。古之爲政。愛人爲大。不能愛人。不能有其身。不能有其身。不能安土。不能安土。不能樂天。不能樂天。不能成其身。有猶保也不能保身者言人將害之也不能安土動移失業也不能樂天不知已過而怨天也○樂音洛下及注同怨於元反又於願反

〔疏〕公曰至其身○正義曰前經對哀公敬身則能成親故此經明公更問敬身之事何以成親夫子荅以成親之義遂廣明成身之理君子也者人之成名也者言凡謂之君子者人之成就美名王肅云君上位子下民○百姓歸之名謂之君子之子者言已若能敬身則百姓歸已善名謂已爲君子所生之子是已之脩身使其親有君子之名是脩身成其親也○不能有其身不能安土者既不能汎愛於人人則害之故不能保有其身避其禍害流移失業是不能安土○不能樂天者身既失業不知已過所招乃更怨天是不能愛樂於天也○不能成其身者既不能樂天不自知其罪將謂天之濫罰罪惡之事無所不爲是不能成其身

公曰。敢問何謂成身。孔子對曰。不過乎物。物猶事也

〔疏〕公曰至乎物○正義曰以前經對哀公以成身故此經明公問成身夫子荅以成身之事○不過乎物者過謂過誤物事也言成身之道不過誤其事但萬事得中不有過誤則諸行並善是成所以成身也

公曰。敢問君子何貴乎天道也。孔子對曰。貴其不已。如日月東西相從而不已也。是天道也。不閉其久。是天道也。無爲而物成。是天道也。已成而明。是天道也。已猶止也是天道也者言人君法之當如是也日月相從君臣相朝會也不閉其久通其政教不可以倦也無爲而成使民不可以煩也已成而明照察有功○朝直遙反炤音照本亦作照

〔疏〕公曰至道也○正義曰以前經孔子對成身之事公更無疑更改問君子何貴乎天道孔子又荅以貴天道之事○如日月東西相從而不已也是天道也者言天體無形運行不息如假日月東西相從而不休已是天道也人君設法當則上天之道君臣朝會往來不已也○不閉其久是天道也者言天開生萬物不使閉塞其能久長是天道也謂人君施政當則天道施爲政教開通萬物而能長久不懈倦也故云是天道也○無爲而物成是天道也者言春生夏長無見天之所爲而萬物得成是天道謂人君當則天道以德潛化無所營爲而天下治理故云是天道也○已成而明是天道也者言天之生物已能成就而功之明著是天道人君當則天道化民治理而功成大平故云是天道也

公曰。寡人惷愚冥煩。子志之心也。志讀爲識識知也冥煩者言不能明理此事子之心所知也欲其要言使易行○惷如容反徐昌容反又湯邦反一音丁絳反字林丑凶反又丑絳反愚也冥莫亭反徐亡定反志依注音識徐音試易以豉反

孔子蹴然辟席而對曰。仁人不過乎物。孝子不過乎物。是故仁人之事親也如事天。事天如事親。是故孝子

成身。蹴然敬貌物猶事也事親事天孝敬同也孝經曰事父孝故事天明舉無過事以孝事親是所以成身○蹴子六反又在育反辟音避○【疏】公曰至身○正義曰前經明天道之事人君當則之無已公欲孔子要陳所行何事能得如天不已孔子答以所行不已之事寡人惷愚者是哀公謙退言已惷然愚蔽無所了解○冥煩子志之心也皇氏云子志夫子之志志是知也言我之心冥煩不能明理此事子心所知也今謂志是識知也言孔子識知廣博故已欲使夫子出要言以示已○孔子蹴然辟席而對曰者以公謙退故蹴然恭敬辟席而起對○仁人不過乎物者物事也言仁德之人不過失於其事言在事無過失也○孝子不過乎物者言孝子事親亦於事無過也○是故仁人之事親也如事天者言仁人事親以敬如與事天相似言敬親與敬天同○事天如事親者言仁人事天以孝愛如人事親孝愛相似言愛親與愛天同○是故孝子成身者上稱仁人則孝子也據其汎愛則稱仁人據其事親則稱孝子內則孝敬於父母外則孝敬於天地其間無所不行孝敬故云孝子成身也公曰。寡人既聞此言也。無如後罪何。既聞此言也者欲勸行之也無奈後日過於事之罪何爲謙辭孔子對曰。君之及此言也。是臣之福也。善哀公及此言此言善言也○【疏】公曰至福也○正義曰此一節明哀公問事畢有謙退之辭孔子答以君懼後罪是臣之福也○無如後罪何者如奈也言寡人以聞子之言勤力而行但已之才弱無奈後日過於其事而有罪戾何是謙退之辭

仲尼燕居第二十八

陸曰鄭云善其不倦燕居猶使三子侍言及於禮著其字言可法也退朝而處曰燕居【疏】正義曰案鄭目錄云名曰仲尼燕居者善其不倦燕居猶使三子侍之言及於禮著其字言事可法退朝而處曰燕居此於別錄屬通論此之一篇是仲尼燕居子張子貢言游三子侍側孔子爲說禮事各依文解之

仲尼燕居。子張、子貢、言游、侍。縱言至於禮。言游言偃子游也縱言汎說事○燕於見反汎芳劍反子曰。居。女三人者。吾語女禮。使女以禮周流。無不徧也。居女三人者女三人且坐也使之坐凡與尊者言更端則起○女音汝後同本亦作汝語魚據反下及注語女皆同徧音遍【疏】○仲尼至徧也○正義曰此一節論問更端三子陪侍夫子欲語以禮之大綱○縱言至於禮者縱謂放縱仲尼與三子等放縱廣言汎說諸事遂至於禮○使女以禮周流無不徧也周流謂周旋流轉言我使女等恒以禮周旋流轉無不徧於天下子貢越席而對曰。敢問何如。對應也子曰。敬而不中禮謂之野。恭而不中禮謂之給。勇而不中禮謂之逆。子曰。給奪慈仁。奪猶亂也巧言足恭之人似慈仁實鮮仁特言是者感子貢也子貢辨近於給○中丁仲反下同給音急徐渠急反又其劫反下同足將注反又如字鮮仙淺反近附近之近【疏】子貢至慈仁○正義曰此一節明子貢問禮辨而不讓夫子因感而矜之言若不中禮則於事爲失敬而不中禮謂之野者野謂鄙野雖有恭敬而不合禮是謂鄙野之人無所知也恭而不中禮謂之給者給謂捷給便僻足恭而不合禮是謂捷給足恭之貌勇而不中禮謂之逆逆謂逆亂雖有壯勇而不合禮則爲逆亂○子曰給奪慈仁者言捷給之人貌爲恭敬似慈愛寬仁而實不慈仁但其貌奪亂真慈仁也故注云特言是者感子貢也子貢辨近於給子曰。師。爾過。而商也不及。子產猶衆人之母也。能食之。不能教也。過與不及言敏鈍不同俱違禮也衆人之母言子產慈仁多不矜莊又與子張相反子產嘗以其乘車濟冬涉者而車梁不成是慈仁亦違禮○食音嗣敏鈍徒遜反乘繩證反又如字【疏】子曰至教也○正義曰以上經子貢辨而捷給不中於禮故此經因明不中禮之人亦言子張之過子夏不及子產之恩惠不能教也○子產猶衆人之母也者言父義母慈父能教而不能愛母則能愛而不能教言子產若衆人之母但能恩慈食之不能嚴厲教之○注過與至違禮○正義曰敏鈍不同者師也過是於事敏疾商也不及是於事遲鈍故言敏鈍不同云子產嘗以其乘車濟冬涉者而車梁不成者孟子云子產聽鄭國之政以其乘車濟人於溱洧孟子曰惠而不知爲政歲十一月徒杠成十二月輿梁成民未病涉也是鄭約孟子爲文既言十一月十二月明是濟冬涉者子貢越席而對曰。敢問將何以爲此中者也。子曰。禮乎禮。夫禮所以制中也。禮乎禮唯有禮也子貢退。言游進曰。敢問禮也者。領惡而全好者與。子曰。然。領猶治也好善也○與音餘下無相與同然則何如。子曰。郊社之義。所以仁鬼神也。嘗禘之禮。所以仁昭穆也。饋奠之禮。所以仁死喪也。射鄉之禮。所以仁鄉黨也。食饗之禮。所以仁賓客也。仁猶存也凡存此者所以全善之道也郊社嘗禘饋奠存死之善者也射鄉食饗存生之善者也郊有后稷社有句龍○昭穆上遙反穆亦作繆音同食音嗣注同句古侯反子曰。明乎郊社之義。嘗禘之禮。治國其如指諸掌而已乎。是故以之居處有禮。故長幼辨也。以之閨門之內有禮。故三族和也。以之朝廷有禮。故官爵序也。以之田獵有禮。故戎事閑也。以之軍旅有禮。故武功成也。是故宮室得其度。量鼎得其象。味得其時。樂得其節。車得其式。鬼神得其饗。喪紀得其哀。辨說得其黨。官得其體。政事得其施。加於身而錯於前。凡衆之動得其宜。治國指諸掌言易知也郊社嘗禘尊卑之事有治國之象焉辨別也三族父子孫也凡言得者得法於禮也量豆區斗斛也味酸苦之屬也四時有所多及獻所宜也式謂轂也所載有尊卑辨禮之說謂禮樂之官教學者黨類也體尊卑異而合同○長丁丈反後皆同量音諒注及下同錯七故反本又作措後同易以豉反別彼列反下其別同區烏侯反子曰。禮者何也。即事之治也。君子有其事。必有其治。治國而無禮。譬猶瞽之無相與。倀倀乎其何之。譬如終夜有求於幽室之中。非燭何見。若無禮。則手足無所錯。耳目無所加。進退揖讓無所制。是故以之居處。長幼失其別。閨門三族失其和。朝廷官爵失其序。田獵戎事失其策。軍旅武功失其制。宮室失其度。量鼎失其象。味失其時。樂失其節。車失其式。鬼神失其饗。喪紀失其哀。辨說失其黨。官失其體。政事失其施。加於身而錯於前。凡衆之動失其宜。如此則無以祖洽於衆也。凡言失者無禮故也策謀也祖始也洽合也言失禮無以爲衆倡始無以合和衆○洽直夾反下其治治國並同瞽音古相息亮反倀初良反無見貌策初革反爲衆于僞反又如字倡尺亮反【疏】子貢至衆也○正義曰此一節明子游問禮夫子爲說禮之事凡有三節各隨文解之○領惡而全好者與領治也好善也與是語辭子游問禮之爲體治去惡事而留全善事者與子曰然然如是夫子答以禮之爲意如是領惡全善也○然則何如者子游既聞夫子稱治惡全好之事更問夫子治惡全好之事如何○子曰郊社之義所以仁鬼神也者仁謂仁恩相存念也郊社之祭所以存念鬼神也○饋奠之禮所以仁死喪也者謂人之初死設此饋食之奠所以存念死喪此以上皆是存留死事之善者善事既全則惡事除去也○射鄉之禮所以仁鄉黨也射謂鄉射鄉謂鄉飲酒也禮鄉黨中有鄉射有鄉飲酒者存鄉黨故也然射在鄉上者欲明鄉射與鄉飲酒別也此仁鄉黨及下仁賓客皆是存生之善者也○注郊有后稷社有句龍○正義曰注稱此者解經郊社仁鬼神之義鬼神謂人之鬼神故以后稷句龍言之此鬼神與昭穆死喪相類故知非陰陽七八九六之鬼神也○子曰至其宜○正義曰前經明郊社等之禮各有所由故此經更廣明郊社嘗禘明而用之則有功也又廣明諸禮所用有功之事○治國其如指諸掌而已乎者郊社所以祭天地嘗禘所以祭宗廟皆是事之難者若能明之得理則治之諸事其如指掌中之物言其易了○是故宮室得其度者前經以說明乎郊社皆禘治國如指物於掌中此以下明治國諸事各得其所宮室得其度者度謂制度高下大小得其依禮之度數凡言得者皆得法於禮也○量鼎得其象者象謂法象言解斗之量三牲之鼎各得其制依禮之法象故易繫辭云以制器者尚其象○味得其時者謂春酸夏苦之屬得其依禮之時○樂得其節者謂樂曲之節○車得其式者式載也言所乘之車各

得其所載之尊卑○鬼神得其饗者謂天神人鬼各得其饗食也○喪紀得其哀者謂五服親疏各得其哀情也○辨說得其黨者謂分辨論說詩書禮樂之等各得其黨類不乖事之義理○官得其體者體謂容體謂設官分職各得其尊卑之體○政事得其施者言布政治事各得其所施之處也○加於身而錯於前凡衆之動得其宜者合結用禮之功也錯置也衆謂萬事也以禮加身而錯置行之於前則凡萬事動用皆得其所宜也○注三族至合同○正義曰云三族父子孫也者族屬也從已而言父子孫於已最近雖父子孫耳案昬禮三族之不虞鄭注云三族謂父昆弟己昆弟子昆弟與此不同者彼爲請期恐有期喪廢昬故云三族宜據期喪者故與此不同云量豆區斗斛也者案春秋左氏昭三年傳云齊舊四量四升爲豆各自其四以登於釜注云四豆爲區四區爲釜又律厤志云十升爲斗十斗爲斛是豆區斗斛云四時有所多及獻所宜也者案周禮食醫春多酸夏多苦秋多辛冬多鹹又獸人云冬獻狼夏獻麋是也云式謂載也者謂車有式以載人故云式猶載也云辨禮之說謂禮樂之官教學者以下別云官得其體政事得其施則此辨說非政事故以爲禮樂之官教學者擧禮樂則詩書可知云黨類也者言教學各以其書之義類故云得其黨云體尊卑異而合同者猶人身之有手足手足異於身而共體猶若長官與屬官亦尊卑異而共掌一事○子曰至衆也○正義曰前經明諸事得禮則有其功此經明諸事失禮則其事有害○即事之治也者夫子更廣明禮事更自設問云禮者何也即事之治理言萬物之治皆由禮○譬猶瞽之無相與倀倀乎其何之者瞽謂無目相謂扶相言治國無禮譬猶瞽者無人扶相倀倀乎何所之適○是故以之居處長幼失其別者此以下皆謂無禮有失也龢前經得禮之事也長幼失其別者別即辨也○戎事失其策者前云戎事閑也今云失其策者策謀也若失其謀則不能閑暇也○軍旅武功失其制者前云武功成也此云失其制由不成故失制也○政事失其施者失施若春行夏令之屬也○加於身而錯於前凡衆之動失其宜者以無禮自加而錯於行事故萬事皆失所宜也如此則無以祖洽於衆也者結失禮之惡也祖始也洽合也每事如此則爲君上失德不可爲衆人之倡始而使和合者也

子曰。慎聽之。女三人者。吾語女。禮猶有九焉。大饗有四焉。苟知此矣。雖在畎畝之中。事之。聖人已。兩君相見。揖讓而入門。入門而縣興。揖讓而升堂。升堂而樂闋。下管象武。夏籥序興。陳其薦俎。序其禮樂。備其百官。如此而后君子知仁焉。行中規。還中矩。和鸞中采齊。客出以雍。徹以振羽。是故君子無物而不在禮矣。入門而金作。示情也。升歌清廟。示德也。下而管象。示事也。是故古之君子。不必親相與言也。以禮樂相示而已。

猶有九焉吾所欲語女餘有九也但大饗有四大饗謂饗諸侯來朝者也四者謂金再作升歌清廟下管象也事之謂立置於位也聖人已者是聖人也縣興金作也金再作者獻主君又作也下謂堂下也象武武舞也夏籥文舞也序更也堂下吹管舞文武之樂更起也知仁焉知禮樂所存也采齊雍振羽皆樂章也振羽振鷺及雍金作示情也賓主人各以情相示也金性內明象人情也示德也相示以德也清廟頌文王之德示事也相示以事也武象武王之大事也○畎古犬反縣音玄注同闋苦穴反籥音藥中丁仲反下同還音旋齊本又作薺在細在私二反注同更音庚下同鷺音路

子曰。禮也者。理也。樂也者。節也。君子無理不動。無節不作。不能詩。於禮繆。不能樂。於禮素。薄於德。於禮虛。

繆誤也素猶質也歌詩所以通禮意也作樂所以同成禮文也崇德所以實禮行也王制曰樂正崇四術立四教順先王詩書禮樂以造士春秋教以禮樂冬夏教以詩書王大子王子羣后之大子卿大夫元士之適子國之俊選皆造焉則古之人皆知諸侯之禮樂○繆音謬注同行下孟反又如字夏戶嫁反大子音泰下大子下文大平同適丁歷反選宜面反造才早反徐七到反

子曰。制度在禮。文爲在禮。行之其在人乎。

文爲文章所爲

子貢越席而對曰。敢問夔其窮與。

見其不達於禮○夔求龜反與音餘

子曰。古之人與。古之人也。達於禮而不達於樂。謂之素。達於樂而不達於禮。謂之偏。夫夔達於樂而不達於禮。是以傳於此名也。古之人也。

素與偏俱不備耳夔達於樂傳世名此賢人也非不能非所謂窮○傳丈專反注同

【疏】子曰至人也○正義曰以前經子游問禮孔子特爲說之自此以下孔子捴爲三人說禮之大意但於禮之內大饗爲重故此經特明之今各隨文解之○猶有九焉者言上經所說禮外猶有九事焉今爲汝說之○大饗有四焉者言九事之中兩君相見大饗有四四者謂賓初入門而縣興揖讓而升堂主人獻賓賓飲訖而樂闋是一也賓酢主人金奏作主人飲畢而樂闋是二也至工入升歌清廟是三也歌畢堂下管象武是四也是大饗有四焉苟知此矣雖在畎畝之中事之聖人已者苟誠也謂誠能知此四事其身雖在畎畝之中衆人奉而事之立置於位戴以爲君聖人已者已謂語辭言如此者是聖人也○兩君相見揖讓而入門者諸侯來朝兩君相見揖讓而入門○入門而縣興者謂鍾磬興而動作謂金奏作也揖讓而升堂升堂而樂闋者賓主及階揖讓升堂主人獻賓賓卒爵而樂闋是大饗之一也又於此之後賓酢主君而縣興主君飲畢而樂闋是大饗之二也鄭注所謂金再作是也○下管象武者謂升歌清廟是大饗之三也堂下管中吹象武之曲是大饗之四也但此下管象武之上少升歌清廟之一句下文既詳故於此畧之○夏籥序興者夏籥謂大夏文舞之樂以象武次序更遞而興於是陳列薦俎次序禮樂備具百官從夏籥序興至此重贊揚在上之事○如此而后君子知仁焉者仁猶存也君子見上大饗四焉知禮樂所存在也行中規至徹以振羽者是大饗四禮之外加有此五事捴爲九也但以前四事義廣意深故特明於上此之五事折旋揖讓其理淺露故別於下○行中規者謂曲行配前爲第五○還中矩者謂方行也通爲六也○和鸞中采齊者采齊樂章名言和鸞之聲中采齊之曲謂出門迎賓之時通前爲七也[illegible]申說前經云君子無理不動故知尊卑皆是諸侯之禮樂○子曰至人也○正義曰前經明禮爲諸事之本此經明行禮

在人○制度在禮者言國家尊卑上下制度存在於禮○文爲在禮者人之文章所爲亦在於禮言禮爲制度文章之○本行之其在人乎者言能行其禮全在人乎謂人能行禮也○子貢至人也○正義曰前經孔子稱唯人能行禮子貢唯聞夔之善樂不聞夔之達禮意謂夔身全不解禮故越席而對夫子云敢問此夔於禮其窮困與○子曰古之人與者言今人解樂則全不知禮夔是古之人與但不曉達於禮耳非全不知也○古之人也達於禮而不達於樂謂之素者古與今異古之人也明達於禮而不甚明達於樂者但謂之樸素不備具耳不得稱於樂爲窮○達於樂而不達於禮謂之偏者言古之人但明達於樂而不甚明達於禮者謂之偏半而不備耳非是於禮爲窮○夫夔達於樂而不達於禮是以傳於此名也言夔禮樂兼有但樂優於禮故特通達於樂不甚通達於禮是以傳於此賢名流於後世若全不解禮何以傳於此名也古之人也更重美夔云是古之人與今之人別也若今人達於樂而不達於禮者則全不知禮也○素與至謂窮○正義曰素與偏俱不備耳者言素之與偏俱是不具非是全不知也故稱耳以結之云非不能非所謂窮者言夔非是不能行禮但不特通達非謂全不知於禮爲窮困也故虞書舜命伯夷典朕三禮伯夷讓夔是夔知禮也而皇氏以達爲掌言夔掌樂不掌禮達訓爲掌於義無文又與鄭注意乖其義非也

子張問政。子曰。師乎。前。吾語女乎。君子明於禮樂。舉而錯之而已。言禮樂足以爲政也錯猶施行也○子曰師乎絶句 子張復問。子曰。師。爾以爲必鋪几筵。升降酌獻酬酢。然後謂之禮乎。爾以爲必行綴兆。興羽籥。作鍾鼓。然後謂之樂乎。言而履之。禮也。行而樂之。樂也。君子力此二者。以南面而立。夫是以天下大平也。諸侯朝。萬物服體。而百官莫敢不承事矣。禮之所興。衆之所治也。禮之所廢。衆之所亂也。目巧之室。則有奧阼。席則有上下。車則有左右。行則有隨。立則有序。古之義也。室而無奧阼。則亂於堂室也。席而無上下。則亂於席上也。車而無左右。則亂於車也。行而無隨。則亂於塗也。立而無序。則亂於位也。昔聖帝明王諸侯。辨貴賤長幼。遠近男女。外內。莫敢相踰越。皆由此塗出也。服體體服也謂萬物之符長皆來爲瑞應也衆之所治衆之所以治也衆之所亂衆之所以亂也目巧謂但用巧目善意作室不由法度猶有奧阼賓主之處也自目巧以下古今常事不可廢改也○復扶又反鋪普胡反徐音孚樂之音洛又音岳治直吏反注同奧字又作隩烏報反阼才故反符長丁丈反隱義云符謂甘露醴泉之屬長謂麟鳳五靈之屬應應對之應徐於甑反處昌慮反 三子者。既得聞此言也。於夫子。昭然若發矇矣。乃曉禮樂不可廢改之意也○昭章遥反徐之紹反明也矇音蒙矣本亦無矣字

【疏】子張至矇矣○正義曰舉而錯之而已者錯行也言爲政之道明於禮樂興舉而錯行之言爲政在此而已○言而履之禮也者言爲禮之體不在於几筵升降酬酢乃謂之禮但在乎出言履踐行之謂之禮也○行而樂之樂也者言樂不在於羽籥鍾鼓乃謂之樂但在乎身之行天下愛樂謂之樂也○君子力此二者力謂勉力也言君子勉力勤行此二者禮樂之事則天下太平○萬物服體者服謂屈服體謂形體言飛走動植之物而皆來爲瑞應也○目巧之室則有奧阼者言但用目準視巧思存意雖不由法度猶有奧阼賓主之處不可不有也○席則有上下者言布席之時不可無上下○車則有左右者言乘車之時不可無左右○行則有隨者謂少者在後相隨○立則有序者謂並立則有次序○古之義也者自古以來禮樂之意○室而無奧阼則亂於堂室也上言得禮則治自此以下言失禮則亂故準上文○皆由此塗出也者由從也塗道也道謂禮樂言古之聖帝明王所以能使貴賤長幼遠近男女殊別外內莫敢相踰越者皆由此禮樂塗道出其此事也○注服體至改也○正義曰謂萬物之符長者符謂甘露醴泉之屬長謂五方瑞應之長也云奧阼賓主之處也者爾雅云西南隅謂之奧奧之外則有賓位所在東階謂之阼故曰賓主之處云自目巧以下古今常事不可廢改也言經中目巧以上論說禮樂之事或質文沿革隨時變改自目巧以下尊卑上下萬代恒行故云古今常事不可廢改也

禮記注疏卷五十校勘記　阮元撰盧宣旬摘錄

附釋音禮記注疏卷第五十　惠棟挍宋本禮記正義卷第五十八

經解第二十六

孔子曰入其國節

孔子至者也　惠棟挍宋本無此五字

若不節之則失在於愚　閩本同監毛本之作制考文云宋板亦作之無則字

子産爭承之類是也　惠棟挍宋本作承與左傳合此本承作丞閩監毛本同

天子者與天地參節

然後玉鏘鳴也　閩監毛本同岳本同衛氏集説同嘉靖本同釋文出玉鎗云本又作鏘

和在軾前升車則馬動　閩監毛本同岳本同衛氏集説嘉靖本並同續通解前作故非也

故朝覲之禮節

婿曰昏　閩本同監毛本婿作壻岳本同衛氏集説嘉靖本並同疏放此

故朝至亂患　惠棟挍宋本無此五字

則豫防障之　閩監毛本同惠棟挍宋本防作坊衛氏集説同

禮本坊亂　閩監毛本同惠棟挍宋本坊作防

故禮之教化也微節

差錯若毫氂之小　閩本同惠棟挍宋本同毛本氂作釐

哀公問第二十七

哀公問於孔子曰節

然後言其喪筭　各本同石經同釋文出喪筭毛本筭作算注同

脩其宗廟　各本同石經同嘉靖本毛本脩作修

求得當欲　各本同毛本得誤德

哀公至禮也　惠棟挍宋本無此五字

孔子侍坐於哀公節

願聞所以行三言之道　閩監本同石經同岳本同嘉靖本同毛本言誤焉疏同

猶吾妻子也　閩監本同岳本同嘉靖本同衛氏集説同考文引宋板同毛本猶誤乃

孔子至順矣　惠棟挍宋本無此五字

謂所以親此婦人亦親已也　閩監毛本同考文引宋板亦親上有欲使婦人四字衛氏集説同

則是捨夫敬心　閩監毛本同考文云宋板夫作去衛氏集説同

則使上卿逆　惠棟挍宋本同衛氏集説亦作逆閩監毛本逆作迎

不得其辭之請少進者　閩監毛本同惠棟挍宋本無之字

振救也　閩監本同毛本救誤敬下其禮足以救之同

言妻所以供粢盛祭祀　閩監毛本同惠棟挍宋本妻下有者字

此論人君治國政　閩本同惠棟挍宋本同衛氏集説同監毛本君誤臣

愾音近憇憇爲息　閩本同監本憇憇作憩憩毛本作憇憇惠棟挍宋本作態態

毛詩傳文　惠棟挍宋本同閩監毛本文誤云衛氏集説亦作文

而從者三千成　閩監毛本同惠棟挍宋本成作乘按詩緜疏引書傳略説亦作乘字

公曰敢問何謂敬身節

公曰至親矣　惠棟挍宋本無此五字

孔子對以敬身之理　閩監本同衛氏集説同毛本理誤禮

公曰寡人惷愚冥煩節

事父孝故事天明閩監本同岳本同嘉靖本同衛氏集說同考文引宋板同毛本孝誤母
公曰至成身惠棟挍宋本無此五字
而有罪戾何閩監毛本同惠棟挍宋本戾作失
仲尼燕居第二十八
仲尼燕居者善其不倦閩監毛本同惠棟挍宋本無者字衛氏集說同
子貢越席而對曰敢問何如節
子貢辨近於給岳本同衛氏集說同閩監毛本辨作辯疏同嘉靖本同
子貢至慈仁惠棟挍宋本無此五字
子曰師爾過節
言敏鈍不同各本同釋文鈍作頓假借字
而車梁不成閩監毛本同岳本同嘉靖本同惠棟挍宋本車作輿衛氏集說同
子曰至教也惠棟挍宋本無此五字
言子產若衆人之母閩監毛本同惠棟挍宋本若上有猶字
而車梁不成者閩監毛本同惠棟挍宋本車作輿
子貢退節
以之軍旅有禮各本同石經同毛本軍誤君
官失其體惠棟挍宋本石經宋監本岳本衛氏集說同閩監毛本體誤禮嘉靖本作躰俗字
子貢至衆也閩監毛本同惠棟挍宋本五字無山井鼎云子貢至衆也宋板此上有正義曰前經明諸事得理止而使和合者也十七字
此一節明子游問禮閩監本同毛本游作貢
然如是惠棟挍宋本然下有猶字衛氏集說同此本猶字脫閩監毛本同
此以上皆是存留死事之善者毛本如此此本上皆是三字闕閩監二本闕上皆二字考文云宋板無皆字
射謂鄉射閩監毛本同惠棟挍宋本鄉射下有也字
則治之諸事惠棟挍宋本有國字此本國字脫閩監毛本同
按周禮食醫春多酸閩本同惠棟挍宋本同監毛本醫誤醬
子曰慎聽之節惠棟挍云子曰慎聽之節宋本分以禮樂相示而已矣之上合子貢退節爲一節子曰禮也者至其在人乎另爲一節子貢越席至古之人也另爲一節

縣興金作也金再作者獻主君又作也閩本同岳本同嘉靖本同衛氏集說同監本興誤與毛本獻誤厭考文云宋板亦作獻
通爲六也閩監毛本同惠棟挍宋本通下有前字衛氏集說同。下通爲九也放此
言禮畢通徹器之時閩監毛本同考文云惠棟挍宋本無通字衛氏集說亦作禮畢徹器
入門而金作示情也惠棟挍宋本如此此本首字脫閩監本同毛本者字有也字脫
大射禮謂臣爲主人而獻君惠棟挍宋本有人字此本人字脫閩監毛本同
下管象武即云夏籥序興閩監毛本同考文引宋板無云字
君子無理不動閩監本同毛本理誤禮
子張問政節
作鍾鼓閩本同嘉靖本同衛氏集說同監毛本鍾作鐘石經同岳本同
室則有奧阼各本同石經同釋文出奧云字又作隩考文云古本奧作隩下及注同
子張至矇矣惠棟挍宋本無此五字
道謂禮樂閩監毛本同惠棟挍宋本下有也字
長謂五方瑞應之長也閩監毛本同惠棟挍宋本無也字

附釋音禮記注疏卷第五十一

禮記　鄭氏注　孔穎達疏

孔子閒居第二十九。陸曰閒音閑鄭云名孔子閒居者善其倦而不褻猶使一子侍爲之說詩著其氏言可法也退燕避人曰閒居〔疏〕正義曰案鄭目録云名曰孔子閒居者善其無倦而不褻猶使一弟子侍爲之說詩著其氏言可法也退燕避人曰閒居此於別録屬通論

孔子閒居。子夏侍。子夏曰。敢問詩云。凱弟君子。民之父母。何如斯可謂民之父母矣。凱弟樂易也。凱本又作愷又作豈上在反注同弟本又作悌徒禮反注同樂音洛易以豉反孔子曰。夫民之父母乎。必達於禮樂之原。以致五至而行三無。以横於天下。四方有敗。必先知之。此之謂民之父母矣。原猶本也横充也敗謂禍烖也。烖音災〔疏〕正義曰但此篇子夏之問大畧有二從此至施于孫子問民之父母之事自三王之德參於天地以下問三王之德何以參於天地以終篇末但上節問民之父母以致五至而行三無子夏覆五至三無之事今各隨文解之。詩云凱弟君子民之父母者此詩大雅泂酌之篇美成王之德凱樂也弟易也謂成王行此樂易之德爲民之父母何如斯可謂民之父母矣者子夏舉此詩義而問夫子欲爲何事得爲民之父母。四方有敗必先知之者以聖人行五至三無通幽達微無所不悉覩其萌兆觀微知著若見其積惡必知久有禍災故云四方有敗必先知之若爲民父母者當須豫知禍害使民免離於禍故爲民之父母然四方有福亦先知之必云四方有敗者此主爲民除害爲本故舉敗言之子夏曰。民之父母。既得而聞之矣。敢問何謂五至。孔子曰。志之所至。詩亦至焉。詩之所至。禮亦至焉。禮之所至。樂亦至焉。樂之所至。哀亦至焉。哀樂相生。是故正明目而視之。不可得而見也。傾耳而聽之。不可得而聞也。志氣塞乎天地。此之謂五至。凡言至者至於民也志謂恩意也言君恩意至於民則其詩亦至也詩謂好惡之情也自此以下皆謂民之父母者善推其所有以與民共之人耳不能聞目不能見行之在胷心也塞滿也。哀樂音洛舊音岳項耳音傾好惡並如字一音上呼報反下烏路反。〔疏〕敢問至五至。正義曰此經子夏問五至之事孔子爲說五至之理志之所至詩亦至焉者志謂君之恩意之至所志謂恩意至極於民詩者歌詠歡樂也君之恩意既至於民故詩之歡樂亦至極於民。詩之所至禮亦至焉者君既能歡樂至極於民則以禮接下故禮亦至極於民焉。禮之所至樂亦至焉者既禮能至極於民必爲民之所樂故樂亦至極於民焉。樂之所至哀亦至焉者君既與民同其歡樂若民有禍害則

能悲哀憂恤至極於下故云哀亦至焉哀樂相生者言哀生於樂故上云樂之所至哀亦至焉凡物先生而後死故先樂而後哀哀極則生於樂是亦樂生於哀故云哀樂相生此言哀之與樂及志與詩禮凡此五者皆與民共之○是故正明目而視之不可得而見也傾耳而聽之不可得而聞也者以此五者君與民上下同有感之在於胷心外無形聲故目不得見耳不得聞○志氣塞乎天地者塞滿也人君旣與民五事齊同上下俱有是人君志氣塞滿天地此之謂五至者所以能致如此者由行五至之道故云此之謂五至○注凡言至心也○正義曰云凡言至者謂經中五事至者也云至於民也者君行五事至極於民云志謂恩意也者但志兼善惡此志下極於民故知是恩意也云詩謂好惡之情也者詩者詠歌所好者則美之所惡者則刺之是詩有好惡之情也君之與民上下共同故經云詩亦至焉云自此以下皆謂民之父母者謂自此志之所至以下五事皆是民之父母所行也云善推其所有以與民共之者謂推其已之所有亦欲民之俱有若已欲恩愛民亦欲恩愛已有好惡民亦有好惡已欲禮樂民亦欲禮樂已欲哀恤民亦欲哀恤是推已所有與民共之也

子夏曰。五至既得而聞之矣。敢問何謂三無。孔子曰。無聲之樂。無體之禮。無服之喪。此之謂三無。子夏曰。三無既得畧而聞之矣。敢問何詩近之。於意未察求其類於詩詩長人情。○近附近之近長丁丈反孔子曰。夙夜其命宥密。無聲之樂也。威儀逮逮。不可選也。無體之禮也。凡民有喪。匍匐救之。無服之喪也。詩讀其爲基聲之誤也基謀也密靜也言君夙夜謀爲政教以安民則民樂之此非有鐘鼓之聲也逮逮安和之貌也言君之威儀安和逮逮然則民倣之此非有升降揖讓之禮也救之賙恤之言君於民有喪有以賙恤之則民倣之此非有衰絰之服○其命依注音基宥音又逮大計反注同選宣面反匍音扶又音蒲匐音服又蒲北反倣胡孝反賙音周衰七雷反絰大結反

〔疏〕敢問至喪也○正義曰此一節子夏問三無之事夫子荅以三無子夏意猶未曉更問何詩近之夫子荅以所近之詩以開子夏之意○無聲之樂無體之禮無服之喪此三者皆謂行之在心外無形狀故稱無也○孔子曰夙夜其命宥密無聲之樂也者此詩周頌昊天有成命之篇其詩云在上昊天有成實之命二后受之謂文武二君承受之成王不敢康言文武成此王功不敢康寧夙夜基命宥密者夙早也夜暮也基始也命信也宥寬也密靜也言文武早暮始信順天命行寬弘仁靜之化今此言以基爲謀言早夜謀爲政教於國民得寬和寧靜民喜樂之於是無鐘鼓之聲而民樂故爲無聲之樂也○威儀逮逮不可選也者此詩邶風柏舟之篇刺衞頃公之詩言仁人不遇其威儀逮逮然安和不可選數有威可畏有儀可象民則倣之非有升降揖讓之禮故爲無體之禮也○凡民有喪匍匐救之者此詩邶風谷風之篇婦人怨夫棄薄之辭也言凡人之家有死喪鄰里匍匐往救助之此記謂人君見民有死喪則匍匐往賙救之民皆倣傚之此非有衰絰之服故云無服之喪也

子夏曰。言則大矣。美矣。盛矣。言盡於此而已乎。孔子曰。何爲其然也。君子之服之也。猶有五起焉。言盡於此乎意以爲說未盡也服猶習也君子習讀此詩起此詩之義其說有五也子夏曰。何如。孔子曰。無聲之樂。氣志不違。無體之禮。威儀遲遲。無服之喪。內恕孔悲。無聲之樂。氣志既得。無體之禮。威儀翼翼。無服之喪。施及四國。無聲之樂。氣志既從。無體之禮。上下和同。無服之喪。以畜萬邦。無聲之樂。日聞四方。無體之禮。日就月將。無服之喪。純德孔明。無聲之樂。氣志既起。無體之禮。施及四海。無服之喪。施于孫子。不違者民不違君之氣志也孔甚也施易也從順也畜孝也使萬邦之民競爲孝也就成也將大也使民之傚禮日有所成至月則大矣起猶行也○施及以豉反下同畜許六反聞音問下令聞并注同施易也並以豉反

〔疏〕子夏至孫子○正義曰此一節言子夏既聞三無意以說義未盡故孔子更爲說三種之無猶有五種起發之事孔子曰何爲其然也者子夏既聞孔子之言猶疑其未盡故更問夫子而夫子荅云何爲其然然猶如是言何爲如是盡也言其義猶未盡○君子之服之也猶有五起焉者服習也言君子習此三無猶有五種起發其義言猶有五種翻覆說其義興起也○無聲之樂氣志不違者此以下五節從輕以漸至於重初言不違民但不違君之志氣二云志氣既得言君之志氣得於下三云既從民所從也四云日聞四方及於遠也五云既起是既發起也而是從微至著威儀遲遲初時但舒遲而已二則威儀翼翼而恭敬三則上下和同無不從也四則日就月將漸興進也五則施及四海所及遠也內恕孔悲者初則親族之內悲哀其處近也二則施及四國所被遠也三則以畜萬邦皆爲孝也四則純德孔明益甚也五則施于孫子垂後世也○注云孔甚也畜孝也○正義曰孔甚釋言文畜孝祭統云孝者畜也故畜爲孝也○

子夏曰。三王之德。參於天地。敢問何如斯可謂參於天地矣。孔子曰。奉三無私以勞天下。三王謂禹湯文王也參天地者其德與天地爲三也勞勞來○勞力報反注及下同來力代反子夏曰。敢問何謂三無私。孔子曰。天無私覆。地無私載。日月無私照。奉斯三者以勞天下。此之謂三無私。其在詩曰。帝命不違。至于湯齊。湯降不遲。聖敬日齊。昭假遲遲。上帝是祗。帝命式于九圍。是湯之德也。帝天帝也詩讀湯齊爲湯躋躋升也降下也齊莊也昭明也假至也祗敬也式用也九圍九州之界也此詩云殷之先君其爲政不違天之命至於湯升爲君又下天之政教甚疾其聖敬日莊嚴其明道至於民遲遲然安和天是用敬之命之用事於九州謂使王也是湯之德者是湯奉天無私之德也○炤音照本亦作照湯齊依注音躋亦作躋子兮反詩如字日人實反齊側皆反注齊莊同詩作躋子兮反假音格注同遲直私反祗諸夷反使王于況反下王天下王功皆同

〔疏〕子夏至德也○正義曰自此以德下至大王之德一節子夏問三王之德參於天地夫子荅以行三無私之事并明湯及文武三代大王之德今各隨文解之○其在詩曰帝命不違至于湯齊者此詩商頌長發之篇美成湯之辭言天帝命此殷家世世行之不違至於成湯乃與天心齊也○湯降不遲者降下也言湯降下賢士不遲緩甚能速疾○聖敬日齊者言其聖敬之德日日升進○昭假遲遲者昭明也假暇也言湯以昭明寬暇天下之士心遲遲然甚舒緩○上帝是祗者上帝天也祗敬也言天於是敬愛之○帝命式于九圍者式用也九圍九州之界也言天命湯之用事於九州爲天子也詩之本注如此今此記注意言殷之先君施其政教奉行天命不敢違也至于湯齊者齊躋也躋升也言至於成湯升爲國君湯降下政教不遲緩其聖敬日齊莊於昭明也假至也言湯之明德下至於民遲遲然安和不急疾此與詩注稍殊大畧同○注帝天至德也○正義曰帝天帝者恐有人帝之嫌故曰天帝降下也式用也釋言文假至也祗敬也釋詁文云是湯奉天無私之德也者以上云奉三無私下即引詩論湯之德言湯之明德下降於民遲遲安和是無私之事

天有四時。春秋冬夏。風雨霜露。無非教也。地載神氣。神氣風霆。風霆流形。庶物露生。無非教也。言天之施化收殺地之載生萬物此非有所私也無非教者皆人君所當奉行以爲政教○神氣風霆音廷絕句風霆流形絕句○

〔疏〕天有至教也○正義曰前經云奉三無私次論湯德此經論天地無私聖人則之以爲教天有四時春秋冬夏風雨霜露無非教也者言天春生夏長秋殺冬藏以風以雨以霜以露化養於物聖人則之事事倣法以爲教故云無非教也○地載神氣神氣風霆風霆流形庶物露生無非教也者神氣謂神妙之氣神氣風霆雷也神氣風霆流形謂地以神氣風雷之等流布其形庶物露生庶衆也言物感此神氣風霆之形露見而生人君法則此地之生物事事奉之以爲教也故云無非教也神氣風霆亦天之所有故春秋云天有六氣此經云天有風雨不偏屬於地今屬於地者其實神氣風霆天地共有春秋冬夏是天之神氣既稱春秋冬夏故於地變言神氣但氣從地出又風著於土雷出於地故神氣風雷偏繫於地

清明在躬。氣志如神。嗜欲將至。有開必先。天降時雨。山川出雲。其在詩曰。嵩高惟嶽。峻極于天。惟嶽降神。生甫及申。惟申及甫。惟周之翰。四國于蕃。四方于宣。此文武之德也。清明在躬氣志如神謂聖人也耆欲將至謂其王天下之期將至也神有以開之必先爲之生賢知之輔佐若天將降時雨山川爲之先出雲矣峻高大也翰幹也言周道將興五嶽爲之生賢輔佐仲山甫及申伯爲周之幹臣天下之蕃衞宣德於四方以成其王功此文武之德也是文王武王奉天地無私之德也此宣王詩也文武之時其德如此而詩無以言之取類以明之○耆欲市志反注同嵩息忠反

嶽音岳峻私俊反翰胡旦反徐音寒蕃方袁反爲之于僞反下川爲嶽爲皆同賢知音智〔疏〕淸明至德也。○正義曰此一節明周之文武之德○淸明在躬者淸謂淸靜明謂顯著言聖人淸靜光明之德在於躬身○氣志如神者氣志謂變化微妙如神謂文武也○嗜欲將至者嗜欲謂王位也王位是聖人所貪故云嗜欲方欲王天下故云將至有開必先者言聖人欲王天下有神開道必先豫爲生賢知之輔佐○先天降時雨山川出雲者此譬其事由如天將降時雨山川先爲之出雲言文武將王之時豫生賢佐但文武之時無此生生賢佐之詩故孔子引周宣王之時生賢佐之詩以證之○其在詩曰嵩高惟嶽峻極于天者此詩大雅嵩高之篇美宣王之詩嵩然而高者惟是五嶽其形高峻至于天○惟嶽降神生甫及申者惟此五嶽降此神靈和氣而生甫侯及申伯也以生甫侯申伯先祖伯夷掌嶽神有功故嶽神輔助宜爲生申甫也○惟周之翰者翰幹也言申伯甫侯爲周之楨幹之臣○四國於蕃四方于宣者言此申甫爲四方之國作蕃屏又於四方宣揚王之德化此文武之德也者詩之所論當此文武之德以文武無私所得賢臣雖遣爲四方蕃屏及四方宣揚威德不私爲已是文武奉天無私之德也○注仲山甫及申伯○正義曰案詩嵩高之篇甫侯及申伯甫侯謂呂侯也穆王之時訓夏贖刑謂呂刑與申伯俱出伯夷之後掌四岳之祀又詩烝民稱仲山甫之賢與崧高生甫及申全別此云仲山甫者案鄭志注禮在先未得毛詩傳然則此注在前故以甫爲仲山甫在後箋詩乃得毛傳知甫侯申伯同出伯夷之後故與禮別也○

三代之王也。必先令聞。詩云。明明天子。令聞不已。三代之德也。令善也言以名德善聞天乃命之王也不已不倦止也○〔疏〕三代至德也○正義曰此一節摠結三代以其無私故令聞不已○三代之王也必先其令聞者所以王天下者必父祖未王之前先有令聞也○詩云明明天子令聞不已者此詩大雅江漢之篇美宣王之詩明明天子謂宣王也令善聲聞不休已此記之意明天子謂三代之王也言父祖及身令聞不休已故云三代之德也案上子夏問三王之德參於天地孔子荅以三王之德奉三無私此文云三代之王也必先其令聞所以前文雖云湯與文武不稱夏者以夏承禹後爲天下治水過門不入無私事明但殷周以戰爭而取天下恐其有私故特舉湯與文武也

弛其文德。協此四國。大王之德也。弛施也協和也大王文王之祖周道將興始有令聞○弛徐式氏反一音式支反注同皇作弛大音泰注同弛施如字皇本作施布也

子夏蹶然而起。負牆而立。曰。弟子敢不承乎。承奉承不失隊也起負牆者所問竟辟後來者○蹶居衛反徐音厥隊直媿反辟音避○〔疏〕弛其至德也○正義曰此亦江漢之詩接令聞不已之下詩本文云矢其文德矢陳也言宣王陳其文德和協此四方之國此云弛其文德弛施也言宣王施其文德和此四方之國則大王居邠狄人侵之不忍鬭其民乃徙居岐山之陽王業之起故云大王之德也

坊記第三十○陸曰坊音防徐扶訪反經文皆同鄭云名坊記者以其記六藝之義所以坊人之失也〔疏〕正義曰案鄭目録云名坊記者以其記六藝之義所以坊人之失者也此於別録屬通論

子言之。君子之道。辟則坊與。坊民之所不足者也。民所不足謂仁義之道也失道則放辟邪侈也○辟匹亦反注同舊芳益反徐又音譬與音餘邪似嗟反侈昌氏反又尺氏反大爲之坊。民猶踰之。言嚴其禁尚不能止況不禁乎故君子禮以坊德。刑以坊淫。命以坊欲。命謂教令〔疏〕子言至坊欲○正義曰此一節發端起首揔明所坊之事但此篇凡三十九章此下三十八章悉言子云唯此一章稱子言之者以是諸章之首一篇揔要故重之特稱子言之也餘章其意稍輕故皆言子云也諸書皆稱子曰唯此一篇皆言子云是録記者意異無義例也但此篇所坊體例不一或數經共論一事每稱子云以此坊民或有一經之內發初言子云唯說一事下則云以此勞民結之或有一經之內雖說一事即稱民猶犯齒民猶犯貴民猶犯君或有每事之下引詩書結之者或有一事之下不引詩書者如此之屬事義相似體例不同是記者當時之意無義例也今各隨文解之○辟則坊與者君子之道坊民之過譬如坊之礙水故云辟則坊與但言坊字或土旁爲之或阜旁爲之古字通用也○坊民之所不足者也釋立坊之義也言設坊坊民者爲民行仁義不足故也○大爲之坊民猶踰之者解不可無坊也聖人在上大設其坊坊之而人猶尚踰越犯躐況不坊乎故君子禮以坊德者由民踰德故人君設禮以坊民德之失也○刑以坊淫者制刑以坊民淫邪也○命以防欲者命法令也欲貪欲也又設法令以坊民之貪欲也

子云。小人貧斯約。富斯驕。約斯盜。驕斯亂。約猶窮也○驕音驕本亦作驕下同禮者。因人之情而爲之節文。以爲民坊者也。故聖人之制富貴也。使民富不足以驕。貧不至於約。貴不慊於上。故亂益亡。此節文者謂農有田里之差士有爵命之級慊恨不滿之貌也慊或爲嫌○慊口簟反級音給〔疏〕子云至益亡○正義曰此一節明小人貧富皆失於道故聖人制禮而爲之節文使富不至驕貧不至約○故聖人之制富貴也者既其置坊故聖人制爲富貴貧賤之法也不云貧賤畧其文也○使民富不足以驕者此爲富者制法也○富者居室丈尺俎豆衣服之事須有法度不足至驕也○貧不至於約者此爲貧者制法也制農田百畝桑麻自贍比閭相賙不令至於約也○貴不慊於上者此爲貴者制法也貴謂卿士之屬也慊恨不滿之貌也聖君制其祿秩隨功爵而施則貴臣無復恨君祿爵以薄於已者也○故亂益亡者結上文也益漸也亡無也使富而不驕貧而不盜貴又不恨故爲亂之道漸無也不云賤者亦從可知也○

子云。貧而好樂。富而好禮。衆而以寧者。天下其幾矣。言如此者寡也寧安也大族衆家恒多作亂○好呼報反下同樂音洛又音岳幾居豈反又音譏○詩云。民之貪亂。寧爲荼毒。言民之貪爲亂者安其荼毒之行惡之也○荼音徒行下孟反惡烏路反下猶惡皆同故制國不過千乘。都城不過百雉。家富不過百乘。以此坊民。諸侯猶有畔者。古者方十里其中六十四井出兵車一乘此兵賦之法也成國之賦千乘雉度名也高一丈長三丈爲雉百雉爲長三百丈方五百步子男之城方五里百雉者此謂大都三國之一○乘繩證反下注同高古報反長直亮反下同○〔疏〕子云至畔者○正義曰此一節明上下制度有限防其奢僭畔逆之事○衆而以寧者天下其幾矣者言家族衆多必致禍亂家族衆而得寧者普天之下其幾多人矣言貧而好樂富而好禮衆而得寧如此三者言天下極少故云其幾矣○詩云民之貪亂寧爲荼毒者此詩大雅桑柔之篇刺厲王之詩言民之惡者貪爲禍亂安爲荼毒之行以害於人民多如此故云上三事天下甚少○故制國不過千乘都城不過百雉家富不過百乘者以天下爲惡者多故爲限節制諸侯之國不得過千乘之賦卿大夫都城不得過越百雉卿大夫之富采地不得過越百乘以此坊民諸侯猶有畔者於時卿大夫亦有畔而獨言諸侯者舉其重餘可知也○注古者至之一○正義曰古者方十里其中六十四井出兵車一乘此兵賦之法也案司馬法云成方十里出革車一乘司馬法又云甸方八里出長轂一乘鄭注小司徒云若通溝洫之地則爲十里故云六十四井出車一乘云成國之賦千乘者襄十四年左傳成國不過半天子之軍一謂千乘則爲成國是公侯之封也案千乘之賦地方三百一十六里有畸案周禮公五百里侯四百里則是過千乘云不過千乘者其地雖過其兵賦爲千乘故論語注云雖大國之賦亦不是過焉其兵賦之法王畿之內六鄉之法家出一人萬二千五百家爲一鄉大司馬云五師爲軍則萬二千五百家爲一軍是一鄉出一軍又云天子六軍是出於六鄉凡軍制大司馬云五人爲伍五伍爲兩四兩爲卒五卒爲旅五旅爲師五師爲軍此師之制也凡出軍之法鄉爲正遂爲副則遂之出軍與鄉同故鄭注小司徒云鄉之田制與遂同則知遂之軍法與鄉同其公邑出軍亦與鄉同故鄭注匠人云采地制井田異於鄉遂及公邑則知公邑地制與鄉遂同明公邑出軍亦與鄉遂同其公卿大夫采地既爲井田殊於鄉遂則出軍亦異於鄉遂也故鄭注小司徒云井十爲通士一人徒二人通十爲成革車一乘士十人徒二十人十成爲終革車十乘士一百人徒二百人終十爲同革車百乘士千人徒二千人此謂公卿大夫采地出軍之制也其王畿之外諸侯大國三軍次國二軍小國一軍皆出鄉遂故費誓云三郊三遂是諸侯有遂也其諸侯計地出軍則司馬法云九夫爲井四井爲邑四邑爲丘丘馬一匹牛三頭四丘爲甸甸出長轂一乘甲士三人步卒七十二人一馬四匹牛十二頭故成元年作丘甲杜服俱引此文以釋之又論語云道千乘之國鄭注引司馬法成出革車一乘但十里八里不同於上已釋此皆謂天子諸侯兵賦也又異義云天子萬乘諸侯千乘大夫百乘此大判言之尊卑相十之義其閒委曲鄉遂公邑細別不同也故魯頌云公車千乘謂大揔計地出軍也公徒三萬謂鄉遂兵數也是國界計地與鄉遂數不同諸侯成方十里出賦之時雖革車一乘甲士三人步卒七十二人其臨敵對戰之時則同鄉法五人爲伍五伍爲兩之屬也故左傳云鄭之戰楚廣有一卒卒偏之兩又云兩之一卒適吳是臨軍對陣同鄉法也牧誓云武王戎車三百兩孔注云一車步卒七十二人則出軍法也經云千夫長百夫長謂對敵時也據司馬法之文諸侯車甲牛馬皆計地令民自出若鄉遂之衆七十五人則遣出革車一乘甲士三人馬四匹牛十二頭恐非力之所能皆是國家所給故周禮巾車職毀折入齎于職幣又周禮質人云凡受馬於有司者書其齒毛與其賈馬死則旬之內更又司兵職云及授兵從司馬之法以頒之及其受兵輸亦如之是國家所給也云高一丈長三丈爲雉者異義古春秋左氏說云百雉爲長三百丈方五百步者六尺爲步五

六三十故三百丈爲五百步云子男之城方五百里者周禮典命云子男五命其國家宮室以五爲節國家謂城方也是子男城方五里也云百雉者此謂大都三國之一者言子男五里積千五百步左傳云大都參分國之一子男大都三分國城而居其一是大都五百步爲百雉也但國城之制凡有二義鄭之此注子男五里則侯伯七里公九里天子十二里案鄭駁異義又云天子城九里公城七里侯伯之城五里子男之城三里此云百雉者謂侯伯之大都杜預同焉與鄭此注異也經云家富不過百乘者諸侯之卿采地也故左傳云唯卿備百邑地方百里也直云唯卿百邑未知天子諸侯公卿大夫采地大小案鄭注小司徒云百里之國凡四都五十里之國凡四縣二十五里之國凡四甸又云采地食者皆四之一說者據此以爲公食百里卿食五十里大夫食二十五里其諸侯之卿大夫傳云卿備百邑論語云百乘之家此據諸侯臣之采地則公之孤侯伯之卿與天子三公同俱方百里公之卿與侯伯之大夫俱方五十里公之大夫與侯伯之下大夫俱方二十五里其子男之地唯方二百里以下其卿之采地不得復方百里案易訟卦注云小國之下大夫采地方一成其定稅三百家唯有此文其子男中都大都無以言之案鄭注論語云伯氏駢邑三百家云齊下大夫之制似公侯伯下大夫唯三百家者但春秋之時齊之強臣九多故伯氏唯食三百家之邑不與禮同也此皆皇氏之說熊氏以爲卿備百邑者鄭志以爲邑方二里與百乘別又以諸侯臣賜地無常得地者卿百乘下大夫同十里之成

子云。夫禮者。所以章疑別微。以爲民坊者也。故貴賤有等。衣服有別。朝廷有位。則民有所讓。朝位位也。○別彼列反下同朝直遙反下皆同

子云。天無二日。土無二王。家無二主。尊無二上。示民有君臣之別也。春秋不稱楚越之王喪。禮君不稱天。大夫不稱君。恐民之惑也。楚越之君僭號稱王不稱其喪謂不書葬也春秋傳曰吳楚之君不書葬辟其僭號也臣者天君稱天子爲天王稱諸侯不言天公辟王也大夫有臣者稱之曰主不言君辟諸侯也此者皆爲使民疑惑不知孰者尊也周禮曰主友之讎視從父昆弟○僭子念反下同辟音避下同皆爲于僞反 詩云。相彼盍旦。尚猶患之。盍旦夜鳴求旦之鳥也求不可得也人猶惡其欲反晝夜而亂晦明況於臣之僭君求不可得之類亂上下惑衆也○相息亮反盍音曷徐苦盍反注同

子云。君不與同姓同車。與異姓同車不同服。示民不嫌也。以此坊民。民猶得同姓以弒其君。同姓者謂先王先公子孫有繼及之道者也其非此則無嫌也僕右恒朝服君則各以時事唯在軍同服○殺音試本又作弒〔疏〕「子云」至「患之」。○正義曰此一節明章疑別嫌恐尊卑相僭使人疑惑之事○章疑者疑謂是非不決當用禮以章明之○別微者微謂幽隱不著當用禮以分別之○春秋不稱楚越之王喪者言春秋之義但書其卒不稱其楚越王喪葬之事謂書卒不書葬也若書葬則當稱葬楚越某王辟王之名故不書葬案春秋越子卒經傳全無其事但記者據越稱王之後追而言之非當時之事也○禮君不稱天者謂諸侯之君臣子不得稱之曰天公辟天子○大夫不稱君者謂諸侯之大夫家臣不得稱之爲君辟諸侯也○恐民之惑也者所以不稱者恐民之疑惑也○詩云相彼盍旦尚猶患之者鶡旦是求旦之鳥夜中而鳴以求早旦不可得也言人視彼求旦之鳥欲反夜作晝是鳥無識也求不可得之物人猶尚惡之況人上僭於君求不可得之物以下亂上人惡之可知也○注春秋至昆弟○正義曰所引春秋傳者案宣公十八年楚子旅卒公羊傳曰吳楚之君不書葬辟其號也若書葬當書葬楚莊王辟其王之號故不書葬云臣者天君者言臣尊君如天故云臣者天君云稱天子爲天王者則春秋稱天王使南季來聘之屬是也云稱之曰主不言君辟諸侯也則下引周禮主友之讎是稱主亦據臣下自稱已大夫之君但得言主不得稱君若官人汎例言之大夫有采地者亦得稱君故喪服云爲其君布帶繩屨傳言君謂有采地者也若通而言之諸侯亦稱下曲禮云執主器謂君也大夫自相命亦稱主也故左傳晉士匄謂荀偃爲主云事吳不敢如事主是也稱大夫之妻亦得曰主者案魯語云季孫問於公文伯之母曰主者亦有以御服乎是也○注盍旦至衆也○正義曰此逸詩也言夜是闇時此鳥必欲求明是求而不可得者也意欲反夜而爲旦猶若臣之奢僭欲反下而爲上也○注同姓至服爾○正義曰云其非此則無嫌也者謂非此先王先公子孫不有相承繼之勢則無所嫌疑得同車也云僕右恒朝服者謂僕及車右身衣朝服○故曲禮云乘路馬必朝服是也其朝服之內則有虎裘狼裘故玉藻云君之右虎裘厥左狼裘是也云唯在軍同服爾者案春秋僖五年左傳云均服振振取虢之旂又公羊成二年鞌之戰逢丑父爲齊頃公車右也衣服與頃公相似是在軍同服○詩云至斯亡○正義曰所引詩者小雅角弓之篇刺幽王之詩言小人在朝無良善之行共相怨恨各在一方不相往來又受爵祿不肯相讓行惡至甚至於滅亡引之者證上每事須讓也

子云。君子辭貴不辭賤。辭富不辭貧。則亂益亡。亡無也○子云自此以下本或作子曰○ 故君子與其使食浮於人也。寧使人浮於食。食謂祿也在上曰浮祿勝已則近貪已勝祿則近廉○近附近之近

子云。觴酒豆肉。讓而受惡。民猶犯齒。衽席之上。讓而坐下。民猶犯貴。朝廷之位。讓而就賤。民猶犯君。犯猶僭也齒年也禮六十以上籩豆有加貴秩異者○觴音傷衽而審反又而鴆反上時掌反 詩云。民之無良。相怨一方。受爵不讓。至于已斯亡。良善也言無善之人善遙相怨貪爵祿好得無讓以至亡已○好呼報反

子云。君子貴人而賤已。先人而後已。則民作讓。故稱人之君曰君。自稱其君曰寡君。寡君猶言少德之君言之謙○

子云。利祿先死者而後生者。則民不偝。先亡者而後存者。則民可以託。言不偝於死亡則於生存信○偝音佩下及注同愉音偷本亦作偷 詩云。先君之思。以畜寡人。此衛夫人定姜之詩也定姜無子立庶子衎是爲獻公畜孝也獻公無禮於定姜定姜作詩言獻公當思先君定公以孝於寡人○畜許六反注同毛詩作勗定姜之詩此是魯詩毛詩爲莊姜衎苦旦反 以此坊民。民猶偝死而號無告。死者見偝其家之老弱號呼稱冤無所告無理也○號戶羔反注同冤於苑反〔疏〕「子云」至「無告」。○正義曰此一節明坊人偝死鄉生之事○利祿先死者而後生者謂財利榮祿之事假合死之與生並合俱得先君上先與死者而後生者則民不偝者謂在上以此化民則民皆不偝於死者○先亡者而後存者亡謂身爲國事亡在外存謂存在於國內若君有利祿先與在外亡者而後與國內存者○則民可以託者謂在上以此化民民皆仁厚皆可以大事相付託也○詩云先君之思以畜寡人者此邶風燕燕之篇衛莊姜送歸妾之詩言歸妾戴嬀思念先君莊公以爲婦道勗勉寡人寡人莊姜自謂此記引詩以勗爲畜鄭又以爲衛定公夫人定姜之詩定姜無子立庶子衎是爲獻公獻公無禮於定姜欲令獻公當思念先君以畜孝於寡人○民猶偝死而號無告者言民猶尚偝棄死者其生者老弱號呼無所控告○注言不偷於死亡則於生存信○正義曰偷謂苟且言人既不苟且棄偝於死亡則於生存在者不棄薄信著矣○注此衛至寡人○正義曰云此衛夫人定姜之詩獻公無禮於定姜者案襄十四年左傳云衛獻公出奔使告宗廟以無罪夫人定姜曰余以巾櫛事先君而暴妾使余若何無罪是無禮之事與詩注不同者案鄭志荅炅模云注記時執就盧君後得毛傳乃改之凡注與詩不同皆倣此

子云。有國家者。貴人而賤祿。則民興讓。尚技而賤車。則民興藝。言人君貴尚賢者能者而不吝於班祿賜車服則讓道興賢者能者人所服也技猶藝也○技其綺反注同吝力刃反又力鎮反 故君子約言。小人先言。言人尚德不尚言也約與先互言爾君子約則小人多矣小人先則君子後矣易曰君子以多識前言往行以畜其德○行下孟反畜勑六反〔疏〕「子云」至「先言」。○正義曰此一節明尚賢能重言行之事○君子約言者省約其言則小人多言也○小人先言者小人行在於後必先用其言君子則後言先行其行二者相互也

子云。上酌民言。則下天上施。上不酌民言。則犯也。下不天上施。則亂也。酌猶取也 故君子信讓以涖百姓。則民之報禮重。涖臨也報禮重者猶言能死其難○涖音利又音類難乃旦反 詩云。先民有言。詢于芻蕘。先民謂上古之君也詢謀也芻蕘下民之事也言古之人君將有政教必謀之於庶民乃施之○詢音荀芻初俱反蕘如遙反〔疏〕「子云」至「芻蕘」。○正義曰此一節論上取民心則民報禮重之事○上酌民言則下天上施者酌取也言在上人君取下民之言以爲政教既得民心民皆喜悅則在下之民仰君之德如天敬此在上所施之恩澤言受上恩澤如受之於天尊之也故云下天上施○上不酌民言則犯也者若在上不取民言違戾於下則民人怨怒以犯於上○下不天上施則亂者言在下之民若不仰君如天敬此在上則施之恩澤雖有君恩而在下不領則禍亂之事起也○民之報禮重者以君子

在上用信讓以臨百姓則民之報上之禮心意厚重能死其難○詩云先民有言詢于芻蕘者此詩大雅板之篇刺厲王之詩也言厲王不用賢人之言故詩人刺之云先民謂先世之君王將有政教之言必先詢謀採於芻蕘之賤者引之者證上酌民言之事

子云。善則稱人。過則稱己。則民不爭。善則稱人。過則稱己。則怨益亡。詩云。爾卜爾筮。履無咎言。爾女也履禮也言女卜筮然後與我爲禮則無咎惡之言矣言惡在己彼過淺○爭爭鬭之爭履如字毛詩作體女音汝下及下文皆同鄉許亮反本亦作鄉

子云。善則稱人。過則稱己。則民讓善。詩云。考卜惟王。度是鎬京。惟龜正之。武王成之。度謀也鎬京鎬官也言武王卜而謀居此鎬邑龜則出吉兆正之武王築成之此臣歸美於君○度徒洛反注同毛詩作宅鎬胡老反

子云。善則稱君。過則稱己。則民作忠。君陳曰。爾有嘉謀嘉猷。入告爾君于內。女乃順之于外。曰。此謀此猷。惟我君之德。於乎是惟良顯哉。君陳蓋周公之子伯禽弟也名篇在尚書今亡嘉善也猷道也於乎是惟良顯哉美君之德○於音烏下火與反注同

子云。善則稱親。過則稱己。則民作孝。大誓曰。予克紂。非予武。惟朕文考無罪。紂克予。非朕文考有罪。惟予小子無良。大誓尚書篇名也克勝也非予武非我武功也文考文王也無罪則言有德也無良無功善也此武王誓衆以伐紂之辭也今大誓無此章則其篇散亡○大音泰本亦作泰注同【疏】子云至無良○正義曰此一節論善則稱人過則稱己之事凡有三節上經論與凡人次經論臣於君下經論子於親各引詩書以結成之其經首皆言子云○詩云考卜惟王至武王成之者此大雅文王有聲之篇美武王之詩考卜惟王者言稽考於龜而卜者惟是武王○度是鎬京者度謀也言所以卜者謂謀居是鎬京惟龜正之者謂龜能正其吉兆○武王成之者謂築成都邑○君陳曰爾有嘉謀嘉猷入告爾君于內○女者嘉善也猷道也言爾有善謀善道則入告爾君於內○女乃順之於外者言先告君於內乃順行之於外曰此謀此猷惟我君之德者言此善謀善道惟是我君之德也○於乎是惟良顯哉者既推德於君又歎美君德云於乎是君德惟良善顯明哉○泰誓曰至予小子無良者克勝也武王云我之克紂非我武惟我文考無罪於天爲天所佑若紂克於我非我文考有罪惟我小子無良善之德故致敗也○注此臣歸美於君○正義曰下經始據臣之於君此經據凡人相於而云歸美於君者以歸美於它人詩無其證故引此惟龜正之歸美於君以證之○注君陳蓋周公之子伯禽弟也○正義曰知君陳蓋周公子者以書序云周公既沒命君陳分正東郊成周似若蔡仲之命書序云蔡叔既卒王命蔡仲踐諸侯位相似皆是父卒命子故疑周公子以伯禽周公元子既封於魯命君陳令居東郊故知伯禽弟也○注今泰誓無此章則其篇散亡○正義曰鄭不見古文尚書漢時別有尚書逸篇四月太子發上祭於畢以下三篇之事鄭謂篇中有此經之語但其事散亡

子云。君子弛其親之過。而敬其美。弛猶棄忘也孝子不藏識父母之過○弛式氏反注同論語曰。三年無改於父之道。可謂孝矣。不以己善駮親之過○駮邦角反高宗云。三年其惟不言。言乃讙。高宗殷王武丁也名篇在尚書三年不言有父小乙喪之時也讙當爲歡聲之誤也其既言天下皆歡喜樂其政教也○讙依注音歡火官反樂音洛

子云。從命不忿。微諫不倦。勞而不怨。可謂孝矣。微諫不倦者子於父母尚和順不用鄂鄂論語曰事父母幾諫見志不從又敬不違內則曰父母有過下氣怡色柔聲以諫諫若不入起敬起孝說則復諫此所謂不倦○鄂五各反本又作諤詻音愕復扶又反詩云。孝子不匱。匱乏也孝子無乏止之時○匱其媿反

子云。睦於父母之黨。可謂孝矣。睦厚也黨猶親也故君子因睦以合族。合族謂與族人燕與族人食詩云。此令兄弟。綽綽有裕。不令兄弟。交相爲瘉。令善也綽綽寬容貌也交猶更瘉病也○綽昌灼反裕羊樹反瘉羊主反更古衡反

子云。於父之執。可以乘其車。不可以衣其衣。父之執與父執志同者也可以乘其車車於身差遠也謂今與己位等○衣於既反差初賣反君子以廣孝也。

子云。小人皆能養其親。君子不敬何以辨。辨別也○養羊尚反子云。父子不同位。以厚敬也。同位尊卑等爲其相褻○爲于僞反下專爲同褻息列反書云。厥辟不辟。忝厥祖。厥其也辟君也忝辱也爲君不君與臣子相褻則辱先祖矣君父之道宜尊嚴○厥辟不辟並必亦反注同

子云。父母在。不稱老。言孝不言慈。閨門之內。戲而不歎。孝上施言慈則嫌下流也戲謂孺子言笑者也孟子曰舜年五十而不失其孺子之心歎謂有憂戚之聲也○孺而注反君子以此坊民。民猶薄於孝而厚於慈。

子云。長民者。朝廷敬老。則民作孝。長民謂天子諸侯也○長丁丈反注及下事長同

子云。祭祀之有尸也。宗廟之有主也。示民有事也。脩宗廟。敬祀事。教民追孝也。有事有所尊事以此坊民。民猶忘其親。【疏】子云至其親○正義曰上文承善則稱親則民作孝故此一節廣明爲孝之道以坊於民民猶有忘孝之事各依文解之○君子弛其親之過者弛謂棄忘若親有過失孝子棄忘之不藏記在心也○高宗云者此尚書說命之篇論高宗之事故言高宗云高宗非書篇之名三年其惟不言者在父喪三年之內其惟不言政教○言乃讙者謂三年服畢之後言論政教天下皆歡樂也注高宗殷王武丁也名篇在尚書○正義曰案其惟不言之文在尚書說命之篇言乃讙在無逸之篇而鄭云名篇在尚書則是高宗篇上有此二言與書之文不同者鄭不見古文尚書序有高宗之訓此經有高宗云謂是高宗之訓篇有此語故云名篇在尚書○子云至不匱○正義曰詩云孝子不匱者是大雅既醉之篇美成王之時告大平之詩言孝子行孝道不有匱乏之時○子云至爲瘉○正義曰故君子因睦以合族者言親睦於父母之黨乃得爲孝故君子因此親睦之道以會聚宗族爲燕食之禮○詩云此令兄弟綽綽有裕者此詩小雅角弓之篇刺幽王之詩幽王不親宗族故父兄刺之令善也言此有德之人善於兄弟故綽綽然而有寬裕○不令兄弟交相爲瘉者瘉病也言無德小人不善兄弟交相爲病害○注車於至位等○正義曰以父之執友得乘其車不得衣其衣以衣在身車比衣稍遠故可以乘其車知今與己位等者若尊卑懸絕假非執友不可傳通車服故知與己位等但是父之執故不可衣其衣也○書云厥辟不辟忝厥祖○正義曰此尚書太甲三篇伊尹戒太甲之辭厥其也辟君也忝辱也言爲君不自尊高而與臣子相褻則辱其先祖也若爲人父不自尊嚴而與卑下相瀆亦辱其先祖故鄭注云君父之道宜尊嚴也此則因君見父耳○子云至其親○正義曰示民有事也者言所以祭祀有尸宗廟有主者示於民有所尊事故也○脩宗廟敬祀事教民追孝也者言人君脩立宗廟恭敬祀事者下教於民追孝於親也

子云。敬則用祭器。祭器籩豆簋鉶之屬也有敬事於賓客則用之謂饗食也盤盂之屬爲燕器○簋音軌鉶音刑食音嗣下文食禮同盤步干反盂音于故君子不以菲廢禮。不以美沒禮。言不可以其薄不及禮而不行禮亦不可以其美過禮而去禮禮主敬廢滅之是不敬○菲芳鬼反薄也去起呂反故食禮。主人親饋則客祭。主人不親饋則客不祭。故君子苟無禮。雖美不食焉。易曰。東鄰殺牛。不如西鄰之禴祭。寔受其福。東鄰謂紂國中也西鄰謂文王國中也此辭在既濟既濟離下坎上離爲牛坎爲豕西鄰禴祭則用豕與言殺牛而凶不如殺豕受福喻奢而慢不如儉而敬也春秋傳曰黍稷非馨明德惟馨信矣○饋其位反禴音藥寔時力反易作實與音餘○詩云。既醉以酒。既飽以德。言君子饗燕非專爲酒肴亦以觀威儀講德美○肴戶交反以此示民。民猶爭利而忘義。【疏】子云至忘義○正義曰前經坊民以爲孝之道此經教民以爲敬行義之事○故君子不以菲廢禮者菲薄也言君子不以貧寠菲薄廢禮不行○不以美沒禮沒過也不可以財物豐多華美其事沒過於禮也○易曰東鄰殺牛不如西鄰之禴祭寔受其福者東鄰謂紂西鄰謂文王也紂之國中奢而慢禮雖殺牛以祭不如西鄰文王國中以爲禴祭但殺豕而已以其祭儉而恭敬故也○寔受其福寔是也言是爲神所加福祐○詩云既醉以酒既飽以德者此大雅既醉之篇言成王祭祀合於禮儀既盡也言君臣上下盡醉以酒至於祭之末觀十倫之義盡飽以德○注東鄰至信矣○正義曰東鄰謂紂國中也既云東鄰西鄰總據一國之辭非唯紂文王一身而已故云國中言一國皆然也云此辭在既濟者是既濟九五爻辭也鄭注易九五日互體爲坎也又互體爲離離爲日坎爲月日出東方

東鄭象也月出西方西鄭象也此注坎爲豕西鄰禴祭則用豕與此文異又注云離爲牛是東鄰之祭殺牛也則鄭之易注九五一爻有坎有離此注捴論既濟之卦下體爲離上體爲坎與易注不同者但易含萬象俱得明義也此據一國風俗奢儉故舉豕牛以言之不得以天子諸侯俱用大牢爲妨

子云。七日戒。三日齊。承一人焉以爲尸。過之者趨走。以教敬也。戒謂散齊也承猶事也○齊側皆反注同散悉但反醴酒在室。醍酒在堂。澄酒在下。示不淫也。淫猶貪也澄酒清酒也三酒尚質不尚味○醍音體尸飲三。衆賓飲一。示民有上下也。上下猶尊卑也主人主婦上賓獻尸乃後主人降洗爵獻賓因其酒肉。聚其宗族。以教民睦也。言祭有酒肉羣昭羣穆皆至而獻酬之咸有薦俎○昭常遙反故堂上觀乎室。堂下觀乎上。謂祭時肅敬之威儀也詩云。禮儀卒度。笑語卒獲。卒盡也獲得也言在廟中者不失其禮儀皆歡喜得其節也○度如字法度也徐涂洛反〔疏〕子云至卒獲○正義曰此一節明祭祀恭敬之義使禮儀各得其所○七日戒者謂散齊也○三日齊者謂致齊也○承一人焉以爲尸者謂承奉一人焉尊之爲尸也○示民不淫也者淫猶貪也然醴齊醍齊澄酒味薄者在上味厚者在下貴薄賤厚示民不貪淫於味也○尸飲三衆賓飲一示民有上下也者言尊上者得酒多卑下者得酒少是示民有上下也○因其酒肉聚其宗族以教民睦也者謂因其祭祀之酒肉於祭祀之末聚其宗族昭穆相獻酬教民相親睦也○故堂上觀乎室者沈重云祭祀之時在堂上者觀望在室之人以取法○堂下觀乎上者謂在堂下之人觀看於堂上之人以爲則旨上下内外更相倣法○詩云禮儀卒度笑語卒獲者此小雅楚茨之篇刺幽王之詩言古之祭祀禮儀盡合其法度笑語盡得其節制○注澄酒至尚味○正義曰澄酒清酒也謂澄齊也以其清於醴齊醍齊故云清酒也以此三齊皆云酒故知澄酒惟澄齊也禮運云玄酒在室醴醆在戶粢醍在堂澄酒在下彼陳酒事故鄭分釋澄爲沈齊酒爲三酒也以此云示民不淫故知非三酒以三酒味厚美故也禮運云醴醆在戶此云在室不同者在戶之內則是在室也但禮運有玄酒在室之文故云醴醆在戶爾○注主人至獻賓○正義曰知主人主婦上賓獻尸乃後主人降洗爵獻賓者儀禮特牲文也

子云。賓禮每進以讓。喪禮每加以遠。浴於中霤。飯於牖下。小斂於戶內。大斂於阼。殯於客位。祖於庭。葬於墓。所以示遠也。遠之所以崇敬也阼或爲堂○霤力救反飯扶晚反牖音酉殷人弔於壙。周人弔於家。示民不偝也。既葬哀而哭踊於是弔之○壙苦晃反子云。死。民之卒事也。吾從周。周於送死尤備以此坊民。諸侯猶有薨而不葬者。〔疏〕子云至葬者○正義曰此一節明送喪漸遠弔哭有節示民不偝之事賓禮每進以讓者案鄉飲酒禮主人迎賓至門三辭至階三讓皆主人先入先登是賓禮每進以讓○死民之事也吾從周者上既云殷周弔節不同孔子明言所從之事故更言子云死民之卒事也吾從周言死是民之終卒之事宜須送終備具若殷人弔於壙情猶未盡即壙上而弔於送死大簡周人孝子反哭至家乃後始弔於送死殷勤是情禮備具故云吾從周也

子云。升自客階。受弔於賓位。教民追孝也。謂反哭時也既葬矣猶不由阼階不忍即父位也未沒喪。不稱君。示民不爭也。故魯春秋記晉喪曰。殺其君之子奚齊。及其君卓。沒終也春秋傳曰諸侯於其封內三年稱子至其臣子踰年則謂之君矣奚齊與卓子皆獻公之子也獻公卒其年奚齊殺明年而卓子殺矣○爭爭鬬之爭下民爭同殺音試注及下同一音如字卓勑角反注同以此坊民。子猶有弒其父者。弒父不子之甚〔疏〕子云至父者○正義曰此節明民追孝於親諸侯未終喪之前不得稱君示民不爭之事也○升自客階受弔於賓位者謂既葬反哭之時孝子升自客階受弔於堂上西方賓位之處不敢在東方以即父位示民追孝之心也○未沒喪不稱君者沒終也謂未終三年之喪嗣子不合稱君所以然者示民不令父子相爭也○殺其君之子奚齊及其君卓者案僖九年秋九月晉侯詭諸卒冬晉里克弒其君之子奚齊十年里克弒其君卓子公羊云其年奚齊殺明年卓子弒是踰年稱君○注云謂反哭時也○正義曰知反哭時者以承上文葬於墓又云薨而不葬者即云升自客階承葬文之下故知反哭時又既夕禮云乃反哭入主人升自西階是也○注春秋至君矣○正義曰諸侯於其封內三年稱子者此文九年公羊傳文其臣子踰年則謂之君者此卓子踰年弒而經書弒其君卓是史之策書臣子稱君也

子云。孝以事君。弟以事長。示民不貳也。故君子有君不謀仕。唯卜之日稱二君。不貳不自貳於尊者也自貳謂若鄭叔段者也君子有君謂君之子父在者也不謀仕嫌遲爲政也卜之日謂君有故而爲之卜也二當爲貳唯卜之時辭得曰君之貳某爾晉惠公獲於秦命其大夫歸擇立君曰其卜貳圉也○弟音悌鄭段徒亂反本亦云鄭叔段也遲直志反而爲于僞反圉魚呂反晉惠公太子懷公名喪父三年。喪君三年。示民不疑也。不疑於君之尊也君無骨肉之親不重其服至尊不明父母在。不敢有其身。不敢私其財。示民有上下也。身及財皆當統於父母也有猶專也故天子四海之內無客禮。莫敢爲主焉。故君適其臣。升自阼階。即位於堂。示民不敢有其室也。臣亦統於君○父母在。饋獻不及車馬。示民不敢專也。車馬家物之重者○饋本又作餽音同以此坊民。民猶忘其親而貳其君。〔疏〕子云至其君○正義曰此一節明事君父之道○孝以事君弟以事長示民不貳也者用孝以事君用弟以事長示民以恭敬之情不敢自副貳於其君謂與尊者相敵若鄭叔段貳君於兄也○故君子有君不謀仕者君子謂國君之子有君在不謀欲仕官若謀仕官似嫌爲政之遲故欲速爲仕也○唯卜之日稱二君者二當爲貳謂副貳也謂君有事故不得親臨卜筮其嗣子爲君而卜其辭稱君之貳某告龜筮也○示民不疑者君無骨肉之親若不爲重服民則疑君不尊今喪君三年與喪父同示民不疑於君之尊也○注自貳至圉也○正義曰案隱元年左傳稱鄭莊公弟共叔段封於京邑請西鄙北鄙貳於己段又收貳以爲己邑公子呂曰國不堪貳謂除君身之外國中不堪更有副貳之君是段之自貳於君也云卜之日謂君有故而爲之卜也者言當卜之日君應須親臨君有事故而適子爲君卜也云二當爲貳者小二是一二之二大貳是副貳之貳此取副貳之貳不取一二之二故轉二爲貳也云惟卜之時辭得曰君之貳某爾者言嗣子於他餘事皆不得自稱君之貳惟代君臨卜之時得稱君之貳某所以然者敬重卜之神靈不敢私顧父子之嫌若不稱君貳無緣代君而卜辭窮不得不稱君貳故也此謂世子對君自稱也王肅不曉鄭旨乃引傳云太子之貳又云子者身之貳以旁人稱貳而難鄭其義非也云晉惠公獲於秦命其大夫歸擇立君曰其卜貳圉也者鄭以書傳無世子爲君卜稱貳之文故引僖公十五年左傳之文以證君貳之事與此經文不正相當取其一邊耳惠公獲於秦者案僖公十五年傳稱晉惠公被秦伯所納既而背秦秦伯伐之戰於韓被秦所獲命其大夫歸立其子圉爲君稱卜副貳之子圉令爲君

子云。禮之先幣帛也。欲民之先事而後祿也。此禮謂所執之贄以見者也既相見乃奉幣帛以修好也或云禮之先辭而後幣帛○贄音至見賢遍反好呼報反先財而後禮。則民利。財幣帛也利猶貪也無辭而行情。則民爭。辭辭讓也情主利欲也○故君子於有饋者。弗能見。則不視其饋。饋遺也不能見謂有疾也不視猶不內也○遺于季反下遺民同內音納又如字易曰。不耕穫。不菑畬。凶。言必先種之乃得穫若先菑乃得畬也安有無事而取利者乎田一歲曰菑二歲曰畬三歲曰新田○穫戶郭反菑側其反畬音餘以此坊民。民猶貴祿而賤行。行猶事也言務得其祿不務其事○行下孟反注同〔疏〕子云至賤行○正義曰此一節明坊民使輕財重禮貴行賤祿之事○禮之先幣帛也謂相見之禮先於幣帛言先行相見之禮乃後用幣帛欲民之先事而後祿也者先相見是先事而後幣帛是後祿也○先財而後禮則民利者若先用財而後行禮民則化之貪於財也○無辭而行情則民爭者辭謂辭讓言與人相見無辭讓之禮直行已情則有利欲故民爲爭故君子於有饋者弗能見則不視其饋者饋遺也視納也言君子之人於有他人饋遺已者若疾病不能見其所饋之人則不納其所饋之物也○易曰不耕穫不菑畬凶此易無妄六二爻辭無妄震下乾上六二既在震卦居中得位宜合仕者謂二合事九五被六三所隔不得往仕是道之不行雖食其祿猶不耕穫不菑畬田無功得物是其凶引之者證貪財之事○注田一歲至新田○正義曰案爾雅釋地云田一歲曰菑孫炎云始菑殺其草木二歲曰新田孫炎云新成柔田也三歲曰畬孫炎云畬舒緩周頌傳亦云三歲曰畬此云三歲曰新田者誤也

子云。君子不盡利以遺民。不與民爭利也詩云。

彼有遺秉。此有不斂穧。伊寡婦之利。言穫者之遺餘捃拾所以爲利○穧子賜反又才計反捃君運反拾音十故君子仕則不稼。田則不漁。食時不力珍。大夫不坐羊。士不坐犬。食時謂食四時之膳也力猶務也天子諸侯有秩膳古者殺牲食其肉坐其皮不坐犬羊是不無故殺之詩云。采葑采菲。無以下體。德音莫違。及爾同死。葑蔓菁也陳宋之間謂之葑菲葍類也下體謂其根也采葑菲之菜者采其葉而可食無以其根美則并取之苦則棄之并取之是盡利也此詩故親今疏者言人之交當如采葑采菲取一善而已君子不求備於一人能如此則德美之音不離令名我願與女同死矣論語曰故舊無大故則不棄也○葑芳容反菲芳尾反女音汝蔓音萬徐音蠻菁音精又子丁反葍音富又音福并必政反又如字下同離力智反女音汝以此坊民。民猶忘義而爭利。以亡其身。〔疏〕子云至其身○正義曰此一節明貴義輕利以坊民之事也○不盡利以遺民者言君子不盡竭其利當以餘利遺與民也○詩云彼有遺秉此有不斂穧伊寡婦之利者此詩小雅大田之篇刺幽王之詩言幽王無道矜寡不能自存故陳明王之時陰陽和調年歲豐稔田稼既多穫刈促遽彼處有遺秉把此處有不斂之穧束與寡婦捃拾以爲利引之者證以利遺民者也○食時不力珍者力務也言人君食四時之膳不更用力務求珍羞○大夫不坐羊士不坐犬者言大夫無故不得殺羊坐其皮士無故不得殺犬坐其皮皆謂不貪其利以厚已也○詩云采葑采菲無以下體者此詩邶風谷風之篇婦人怨夫棄已故以此言恨之言采其葑菲之菜無以下體根莖之惡并棄其葉言取妻之時無以花落色衰并棄其夫婦之禮○德音莫違及爾同死者如此則道德音聲無相乖違則可與汝同至於死詩之文義其理如此今此記者引詩斷章爲義凡有二意一則云采此葑菲之菜但采其葉無得并采其下體之根莖言根莖雖美不可并取則是不盡取其利當遺與於下二則云采其葑菲之之菜無以下體之惡并棄其葉據下體有若惡之時言交友之道無以一處之惡并棄其遺事之善如此則德音莫違與汝同至於死作記者據其根善則無得并取其根無盡利也據其根惡則無得并棄其葉不求備也○注云葑蔓至棄也○正義曰案詩傳云葑須也爾雅釋草云須葑蓯陸機云又謂之蓯吳人謂葑蓯蔓菁幽州人或謂之芥云菲葍類者釋草云菲蒠菜郭景純云菲草生下溼地似蕪菁華紫赤色可食云采葑菲之菜者采其葉而可食無以其根美則并取之苦則棄之并取之是盡利也者鄭之此注解此記所引本明無盡利之事則德音莫違及爾同死當解云上無盡利於民則道德之音無有乖違民之及君可同至於死今鄭以下所注更別主一義與記意稍乖云此詩故親今疏者此鄭別解詩義以注記之時未見毛傳不知夫婦相怨謂交友相於所以云故親今疏云采葑采菲取一善而已者此謂根惡但取葉處一善而已不棄其根也云君子不求備於一人者謂一人身上既有善處亦有惡處不可以惡處并棄其善也論語云故舊無大故則不棄也鄭引之者證交友不以小惡而相棄鄭此注前釋正合記文鄭之後釋不知何意如此今所未詳子云。夫禮坊民所淫。章民之別。使民無嫌。以爲民紀者也。淫猶貪也章明也嫌嫌疑也

故男女無媒不交。無幣不相見。恐男女之無別也。重男女之會所以遠別之於禽獸也有幣者必有媒有媒者不必有幣仲春之月會男女之時不必待幣○媒音梅注同以此坊民。民猶有自獻其身。獻猶進也詩云。伐柯如之何。匪斧不克。取妻如之何。匪媒不得。蓺麻如之何。橫從其畝。取妻如之何。必告父母。伐柯伐木以爲柯也克能也蓺猶樹也橫從橫行治其田也言取妻之法必有媒如伐柯之必須斧也取妻之道必告父母如樹麻當先易治其田○柯古何反斧柄取七樹反後皆同從子容反注同橫行治其田本亦作遊行治其田易以豉反〔疏〕子云至父母○正義曰自此以下終於篇末揔坊男女奔淫之事夫婦重慎之義也此節明男女非媒非幣不相交見○夫禮坊民所淫者淫貪也言禮者坊民所貪欲之事知非直是坊民淫泆而云貪者以文云所淫稱所是所貪也若其淫泆則當云坊民淫不須云所也○章民之別者章明也明民之男女令相分別使民無嫌○以爲民紀者也謂使民無色欲之嫌疑以爲民之綱紀也○民猶有自獻其身謂民之女人猶有自進其身以求男者也○詩云伐柯如之何匪斧不克者此詩齊風南山之篇刺齊襄公與妹文姜姦淫之事○蓺麻如之何橫從其畝者蓺種也橫行也言將種麻如之何必須橫行耕治其田然後得麻子云。取妻不取同姓。以厚別也。厚猶遠也○不取如字又七樹反故買妾不知其姓。則卜之。妾言買者以其賤同之於衆物也士庶之妾恒多凡庸有不知其姓者以此坊民。魯春秋猶去夫人之姓曰吳。其死曰孟子卒。吳大伯之後魯同姓也昭公取焉去姬曰吳而已至其死亦畧云孟子卒不書夫人某氏薨孟子蓋其且字○去起呂反注同大音泰〔疏〕子云至子卒○正義曰此一節坊民取同姓爲妻之事○買妾不知其姓則卜之者妾既卑賤不可盡知其所生本姓但避其凶害唯卜其姓吉乃取之○魯春秋猶去夫人之姓曰吳者依春秋之例如夫人齊女即云姜氏至自齊以例言之此吳女亦當云夫人姬氏至自吳魯則諱其姬姓而不稱夫人姬氏至自吳是去夫人之姓曰吳也但春秋經文不載其事其春秋簡牘雜記則有之故論語云謂之吳孟子是當時之言有稱吳也○其死曰孟子卒者哀十二年稱孟子卒若其不諱當云夫人姬氏薨以諱取同姓而云孟子卒孟子是夫人之且字沒其氏書其且字又沒其薨而畧言卒而已皆爲同姓諱之鄭與何休皆以諱取同姓而書卒左氏則以不成喪故稱卒與鄭何異也○注孟子至且字○正義曰若既笄而字當云伯叔季若伯姬季姬今云孟子故知且字也子云。禮非祭。男女不交爵。交爵謂相獻酢以此坊民。陽侯猶殺繆侯而竊其夫人。同姓也以貪夫人之色至殺君而立其國未聞○殺音試注同一音如字繆音穆故大饗廢夫人之禮。大饗饗諸侯來朝者也夫人之禮使人攝○朝直遙反〔疏〕子云至之禮○正義曰此一節坊男女非因祭祀不得相集會也○非祭男女不交爵者言唯

祭之時乃得交爵故特牲饋食禮云主婦獻尸尸酢主婦是交爵也○故大饗廢夫人之禮者以大饗之時夫人與君同饗於賓是繆侯及夫人共出饗賓陽侯是繆侯同姓之國見繆侯夫人之美乃殺繆侯而取其夫人反篡其國而自立故大饗廢夫人之禮不使夫人得預其禮也以此言之則陽侯以前大饗夫人出饗鄰國之君得有男女交爵此云非祭男女不交爵者謂侯伯子男及卿大夫士祭及交爵若王於上公及上公相饗時后與夫人亦男女交爵與祼同也故大行人云上公之禮王禮再祼而酢是也○注同姓至未聞○正義曰言同姓者則上文云君不與同姓同車是也云其國未聞者唯有陽侯繆侯是兩君之謚未聞何國君故云未聞又案王饗諸侯及諸侯自相饗同姓則后夫人親獻異姓則使人攝獻則繆侯所饗蓋同姓也且王於同姓雖爲侯伯車服與上公同上公既再祼后與王俱祼則上公相於與王同也其同姓上公則后與夫人親祼獻拜送也若異姓上公使人攝祼故宗伯職云大賓客則攝而載祼謂異姓也內宰職云凡賓客之祼獻瑤爵皆贊注云謂王同姓及二王之後來朝覲王以鬱鬯禮之后以瑤爵亞獻謂同姓也自陽侯殺繆侯後其后夫人獻禮遂廢並使人攝也子云。寡婦之子。不有見焉。則弗友也。君子以辟遠也。有見謂睹其才藝也同志爲友○見賢遍反注及下同辟音避遠于萬反下遠色同故朋友之交。主人不在。不有大故。則不入其門。大故喪疾以此坊民。民猶以色厚於德。子云。好德如好色。此句似不足論語曰未見好德如好色者也疾時人厚於色之甚而薄於德也○好呼報反下及注同諸侯不下漁色。謂不內取於國中也內取國中爲下漁色昏禮始納采謂采擇其可者也國君而內取象捕魚然中網取之是無所擇○捕蒲布反中網丁仲反故君子遠色以爲民紀。故男女授受不親。不親者不以手相與也內則曰非祭非喪不相授器其相授則女受以篚其無篚則皆坐奠之而後取之○篚音匪御婦人則進左手。御者在右前左手則身微背之姑姊妹女子子已嫁而反。男子不與同席而坐。女子十年而不出也嫁及成人可以出矣猶不與男子共席而坐遠別寡婦不夜哭。嫌思人道婦人疾。問之不問其疾。嫌媚略之也問增損而已以此坊民。民猶淫泆而亂於族。亂族犯非匹也○泆音逸本又作佚同妃匹音配一音如字〔疏〕子云至於族○正義曰此一節更申明男女相遠又坊人同姓淫泆之事○諸侯不下漁色漁色謂漁人取魚中網者皆取之譬如取美色中意者皆取之若漁人求魚故云漁色諸侯當外取不得下嚮國中取卿大夫士之女若下嚮內取國中似漁人之求魚無所擇故云不下漁色○御婦人則進左手者以御者之禮婦人在車上左廂御者在婦人之右進左手謂左手在前轉身向右微備婦人○婦人疾問之不問其疾者謂不問其疾所委曲若問其委曲嫌似媚故不丁寧但畧問增損而已子云。昏禮壻親迎。見於舅姑。舅姑承子以授壻。恐事之違也。舅姑妻之父母也妻

之父爲外舅妻之母爲外姑父戒女曰夙夜無違命母戒女曰毋違宮事。迎魚敬反。以此坊民。婦猶有不至者。不至不親夫以孝舅姑也春秋成公九年春二月伯姬歸於宋夏五月季孫行父如宋致女是時宋共公不親迎恐其有違而致之也。父音甫〔疏〕子云至至者。正義曰見於舅姑舅姑承子以授壻者謂親迎之時壻見於舅姑舅姑謂婦之父母也婦之父母承奉女子以付授於壻則昏禮父戒女曰夙夜無違命母戒女曰毋違宮事是也恐事之違者謂恐此女人於昏事乖違故親以女授壻也

禮記注疏卷五十一挍勘記　阮元撰盧宣旬摘錄

孔子閒居第二十九

孔子閒居節

子夏覆五至三無之事　閩監毛本同惠棟挍宋本覆下有問字

子夏曰民之父母節　惠棟挍宋本子夏曰民之父母既得而聞之矣合上節爲一節敢問何爲以下合下節子夏曰五至旣得而聞之矣十一字爲一節

敢問至五至　惠棟挍宋本無此五字

若民有禍害　閩監本同毛本害誤哀

子夏曰五至既得而聞之矣節

敢問至喪也　惠棟挍宋本無此五字

密靜也　閩監本同毛本密誤寧

子夏曰言則大矣美矣節

威儀遲遲　各本同石經遲遲作遟遟

起猶行也　閩監毛本同岳本同嘉靖本同衛氏集說同惠棟挍宋本行作從考文引古本足利本同

子夏至孫子　惠棟挍宋本無此五字

子夏曰三王之德節

敢問何如斯可謂參於天地矣　閩監毛本同衛氏集說同石經無於字岳本同嘉靖本同考文提要云宋大字本宋本九經南宋巾箱本余仁仲本並無於字

日月無私照　各本同石經同釋文出私炤云本亦作照

湯降不遲　各本同石經遲作遟

昭假遲遲　各本同石經遲遲作遟遟釋文亦出遟遟

上帝是祗　閩本石經宋監本岳本嘉靖本並同監毛本祗誤祇衛氏集說同釋文出是祗

子夏至德也　惠棟挍宋本無此五字

清明在躬節

嗜欲將至　石經同閩監毛本嗜作耆岳本同衛氏集說同釋文出耆欲挍此本注亦作耆嘉靖本初作耆後改嗜

嵩高惟嶽　石經宋監本岳本嘉靖本衛氏集說同閩監毛本惟作維石經考文提要云宋大字本宋本九經南宋巾箱本余仁仲本劉叔剛本並作惟嶽下惟嶽惟申並同

惟周之翰　惠棟挍宋本石經宋監本岳本嘉靖本衛氏集說同考文引古本足利本同閩監毛本惟作爲石經考文提要云宋大字本宋本九經南宋巾箱本余仁仲本劉叔剛本並作惟周

四方于宣　各本同石經同毛本方誤國

清明至德也　惠棟挍宋本無此五字

無此生生賢佐之詩　惠棟挍宋本不重生字是也閩監毛本無此生作無此先生

此詩大雅嵩高之篇　閩監毛本同惠棟挍宋本嵩作崧下挍詩嵩高之篇同

掌四岳之祀　閩監本同毛本祀誤事惠棟挍宋本亦作祀岳作嶽

弛其文德節

弛其至德也　惠棟挍宋本無此五字

則大王居邠　閩監毛本同惠棟挍宋本邠作豳

大王之德也　惠棟挍宋本此下標禮記正義卷第五十八終記云凡三十九頁

坊記第三十　惠棟挍宋本禮記正義卷第五十九

子言之君子之道節

命謂教令　閩監本同惠棟挍宋本岳本嘉靖本並同衛氏集說同毛本令誤命

子言至坊欲　惠棟挍宋本無此五字

子云小人貧斯約節

士有爵命之級　閩監毛本嘉靖本並同惠棟挍宋本級下有也字宋監本岳本同衛氏集說同

子云至益亡　惠棟挍宋本無此五字

貴謂卿士之屬也　閩監本同毛本謂誤爲

子云貧而好樂節

子云貧而好樂　閩監本同石經同岳本同嘉靖本同衛氏集說同考文云宋板同毛本云誤曰

恒多作亂　閩監毛本同岳本同嘉靖本同惠棟挍宋本作作爲宋監本同衛氏集說同考文引古本同

高一丈長二丈爲雉　毛本二作三岳本同嘉靖本同衛氏集說同此本誤閩監本同

革車十乘士一百人　閩監毛本同惠棟挍宋本無一字衛氏集說同

云子男之城方五百里者　閩監毛本同惠棟挍宋本無百字衛氏集說同

子云夫禮者節　惠棟挍云子云君子節子云觴酒節宋本分民猶犯君之上爲一節

民猶得同姓以弒其君　各本同石經同釋文出以殺云本又作弒

唯在軍同服于　惠棟挍宋本于作爾宋監本岳本嘉靖本衛氏集說同考文引足利本同閩監毛本並誤

子云至惠之　惠棟挍宋本無此五字

云稱之曰主不言君辟諸侯也　閩監本同毛本也下有者字

傳言君謂有采地者也　閩監毛本同惠棟挍宋本言作云

諸侯亦稱下曲禮云　惠棟挍宋本有主字此本主字脫閩監毛本脫下字

主者亦有以御服乎　惠棟挍宋本作主亦有以語肥也此本主下衍者字語肥也誤御服乎閩監毛本同

取號之旅　惠棟挍宋本同閩本取誤取監毛本取誤助

詩云至斯亡　惠棟挍宋本無此五字按此節疏文一則此本誤接是在軍同服之後閩監毛本移置詩云民之無良節經注之下是也

子云君子辭貴不辭賤節　惠棟挍云詩云民之無良以下宋本另爲一節

至于已斯亡　閩監本同石經同岳本同嘉靖本同衛氏集說同毛本于誤於

子云利祿節

言不偷於死亡　各本同釋文出不愉云本亦作偷。按說文有愉無偷

子云至無告　惠棟挍宋本無此五字

欲令獻公當思念先君　惠棟挍宋本同閩監毛本思誤須

按鄭志荅曰炅模云　閩監毛本同惠棟挍宋本無曰字炅作晁段玉裁挍云炅字是也曰字衍盧文弨挍云前俱作炅模

注記時執就盧君　惠棟挍宋本無執字是也此本執字誤衍閩監本同毛本就上衍執字尤誤

子云上酌民言節

民受之如天矣　閩監毛本同岳本同嘉靖本同惠棟挍宋本受作愛衛氏集說同考文引古本足利

本同

故君子信讓以涖百姓　各本同石經同釋文涖作莅

子云至芻豢　惠棟挍宋本無此五字

子云善則稱人節

言女鄉卜筮　各本同釋文出嚮卜云本亦作鄉○按經傳多作鄉嚮俗字

人告爾君子內女乃順之于外　閩監本石經岳本嘉靖本衛氏集說同毛本二于並誤於

子云至無良　惠棟挍宋本無此五字

凡有三節上經論與凡人次經論臣於君　閩監本同毛本三誤二次誤此

泰誓曰至予小子無良者　閩監毛本同惠棟挍宋本泰作大

無罪於天爲天所佐　閩監本同毛本爲誤惟佐誤助

此經據凡人相於　閩本同惠棟挍宋本同監毛本於誤與

以歸美於它人　閩監本同毛本它作他惠棟挍宋本無於字

子云君子弛其親之過節　惠棟挍云子云君子節宋本分從命不忿至孝子不匱爲一節睦於父母至交相爲瘉爲一節於父之執至廣孝也爲一節小人皆能養至黍厥祖爲一節父母在至教民追孝也爲一節以此坊民二句合下敬則用祭器爲一節

弛猶棄忘也　閩監毛本同岳本棄作弃衛氏集說同

孝子不藏識父母之過　惠棟挍宋本宋監本岳本嘉靖本衛氏集說同閩監毛本識作記考文引古本足利本作識

微諫不倦者　閩監毛本嘉靖本岳本同考文引宋板者作君衛氏集說同

綽綽寬容貌也　閩監本嘉靖本岳本衛氏集說同毛本容誤裕

交猶更也　閩監毛本同岳本同惠棟挍宋本更下有也字嘉靖本衛氏集說同考文引古本足利本同

謂今與已位等　閩監毛本同岳本同嘉靖本同衛氏集說同考文引宋板無今字

戲謂孺子言笑者也　各本同釋文出孺子

民猶薄於孝而厚於慈　閩監毛本同石經猶下有有字考文引宋板古本足利本同岳本嘉靖本衛氏集說並同石經考文提要云宋大字本宋本九經南宋巾箱本余仁仲本並有有字

脩宗廟　閩監本石經岳本嘉靖本並同毛本脩作修衛氏集說同

有事有所尊事　閩監毛本岳本嘉靖本並同惠棟挍宋本尊事作事也衛氏集說同

子云至其親　惠棟挍宋本無此五字

各依文解之　閩本同惠棟挍宋本同監毛本依作隨

子云敬則用祭器節

盤盂之屬爲燕器　閩監本同岳本同嘉靖本同衛氏集說同毛本盂誤于釋文出盂云音于

子云至忘義　惠棟挍宋本無此五字

子云七日戒節

示不淫也　惠棟挍宋本示下有民字石經宋監本岳本嘉靖本同衛氏集說同考文引古本足利本同此本脫民字閩監毛本同石經考文提要云宋大字本宋本九經南宋巾箱本余仁仲本劉叔剛本並有民字

而獻酬之　岳本嘉靖本衛氏集說同閩監毛本酬作醻考文云宋板醻作酬疏放此

子云至卒獲　惠棟挍宋本無此五字

知主人主婦賓獻尸　閩監本同毛本賓上有上字

子云賓禮每進以讓節

周於送死九備　閩監本同岳本同嘉靖本同衛氏集說同毛本九誤猶

子云至葬者　惠棟挍宋本無此五字

子云升自客階節

子云至父者　惠棟挍宋本無此五字

注云謂反哭時也　閩監毛本同惠棟挍宋本無云字

子云孝以事君節

子云至其君　惠棟挍宋本無此五字

謂國君之有君在　惠棟挍宋本有上有子字閩監毛本脫有字

子云禮之先幣帛也節

欲民之先事而後祿也　閩監本石經岳本嘉靖本同衛氏集說同考文引宋板同毛本祿誤樂疏而後祿也者放此

謂所執之贄　閩監毛本同岳本贄作摯嘉靖本衛氏集說同釋文出之贄

子云至賤行　惠棟挍宋本無此五字

故民爲爭　閩監毛本同惠棟挍宋本無爲字衛氏集說亦作故民爭也

此易無妄六二爻辭無妄　閩監本同毛本二無字並作无

猶不耕穫刈　惠棟挍宋本同閩監毛本刈誤割

無功得物　閩監本同毛本得誤德

子云君子不盡利以遺民節

子云君子　各本同石經同毛本云誤曰

是不無故殺之　閩監毛本岳本嘉靖本同惠棟挍宋本不無故作無故不衛氏集說同

菲葍類也　閩監毛本同岳本同嘉靖本同衛氏集說同釋文當作富惠棟挍正義同

苦則棄之　閩監毛本同岳本棄作弃宋監本嘉靖本衛氏集說同下則不棄也同

子云至其身　惠棟挍宋本無此五字

陸機云又謂之蓫　閩監本同毛本機誤璣

與記意稍乖　閩監本同惠棟挍宋本同毛本記誤已

子云禮非祭節

子云至之禮　惠棟挍宋本無此五字

而取其夫人反篡其國　閩監毛本同衛氏集說同惠棟挍宋本反作又是也

其后夫人獻禮遂廢　閩監本同毛本后作後

子云寡婦之子節

大故喪病　閩監毛本岳本嘉靖本同惠棟挍宋本病作疾宋監本衛氏集說同

疾時人厚於色之甚　閩監本岳本嘉靖本衛氏集說同毛本於誤與考文引宋板亦作於

象捕魚然　各本同釋文出猶捕

御者在右前左手則身微背之　岳本嘉靖本同毛本背誤偝衛氏集說背作備考文引宋板同閩監本十二字闕

女子十年而不出也　各本同毛本不字誤倒在十年上

嫌思人道　毛本岳本嘉靖本衛氏集說同閩監本四字闕

問增損而已　毛本岳本嘉靖本衛氏集說同考文引宋板同閩監本闕而已二字按二字當二空闕閩監本誤四空闕

民猶淫泆　閩監本石經岳本嘉靖本同毛本泆作佚衛氏集說同釋文出淫泆云本又作佚○按泆佚字古多通用

諸侯不下漁色漁色謂漁人取魚　惠棟挍宋本同閩本監本侯不下漁色漁色謂八字闕毛本侯字有七字闕閩監毛本漁人並誤魚人

譬如取美色中意者皆取之若漁人求魚　惠棟挍宋本同閩監毛本中意者皆取之若漁人九字闕

不得下嚮國中取卿大夫士之女惠棟按宋本同閩監毛本嚮國中取卿大夫士八字闕閩監本得字同毛本得誤當

似漁人之求魚無所擇故云不下漁色惠棟按宋本同閩監毛本無所擇故云不下漁八字闕求魚誤求漁

以御者之禮婦人在車上左廂御者惠棟按宋本同閩監毛本婦人在車上左廂御八字闕

謂左手在前轉身向右微偝婦人。○婦人惠棟按宋本同閩監毛本身向右微偝婦人○八字闕

謂不問其疾所委曲若問其委曲嫌似媚故不丁寧但略問增損而已惠棟按宋本同略問作問其考文引宋板亦作略問閩監毛三本所委曲若問其委曲故不丁寧但問其增十六字並闕按毛本空闕廿八字誤也

子云昏禮節

妻之父爲外舅妻之母爲外姑父戒女曰夙夜無違命母戒女曰毋違宮事毛本同惠棟按宋本同無作毋岳本嘉靖本衛氏集說同閩監本之父爲外舅妻之母無違命母戒女曰毋十六字闕

季孫行父如宋致女是時宋共公不親迎恐其有違而致之也毛本同岳本同惠棟按宋本同嘉靖本同閩監本父如宋致女是時恐其有違而致之十四字闕

見於舅姑舅姑承子以授壻者謂親迎之時惠棟按宋本同閩監毛本子以授壻者謂親七字闕考文引宋板舅姑二字不重

婦之父母承奉女子以付授於壻惠棟按宋本同衛氏集說同閩監毛本婦之父母承奉女七字闕

夙夜無違命母戒女曰毋違宮事惠棟按宋本同閩監毛本違命母戒女曰毋七字闕

恐事之違者謂恐此女人於昏事乖違惠棟按宋本同閩監毛本謂恐此女人於昏乖八字闕按毛本有空闕九字誤也

附釋音禮記注疏卷第五十一惠棟按宋本禮記正義卷第五十九終記云凡二十五頁宋監本禮記卷第十五經五千五百八十三字注四千七百五十四字嘉靖本禮記卷第十五經五千五百三十二字注四千六百六字

禮記注疏卷五十一挍勘記

附釋音禮記注疏卷第五十二

禮記　鄭氏注　孔穎達疏

中庸第三十一○陸曰鄭云以其記中和之爲用也庸用也孔子之孫子思作之以昭明聖祖之德也○【疏】正義曰案鄭目録云名曰中庸者以其記中和之爲用也庸用也孔子之孫子思伋作之以昭明聖祖之德此於別録屬通論

天命之謂性。率性之謂道。脩道之謂教。天命謂天所命生人者也是謂性命木神則仁金神則義火神則禮水神則信土神則知孝經說曰性者生之質命人所稟受度也率循也循性行之是謂道脩治也治而廣之人放傚之是曰教○率所律反知音智下知者大知皆同放方往反傚胡教反○道也者。不可須臾離也。可離非道也。道猶道路也出入動作由之離之惡乎從也○離力智反下及注同惡音烏○是故君子戒慎乎其所不睹。恐懼乎其所不聞。小人閒居爲不善無所不至也君子則不然雖視之無人聽之無聲猶戒慎恐懼自脩正是其不須臾離道○睹丁古反恐匡勇反注同閒音閑下同○莫見乎隱。莫顯乎微。故君子慎其獨也。慎獨者慎其閒居之所爲小人於隱者動作言語自以爲不見睹不見聞則必肆盡其情也若有佔聽之者是爲顯見甚於衆人之中爲之○見賢遍反注顯見同一音如字佔勑廉反喜怒哀樂之未發。謂之中。發而皆中節。謂之和。中也者。天下之大本也。和也者。天下之達道也。中爲大本者以其含喜怒哀樂禮之所由生政教自此出也○樂音洛注同中丁仲反下注爲之中同○致中和。天地位焉。萬物育焉。致行之至也位猶正也育生也長也○長丁丈反○【疏】天命至育焉○正義曰此節明中庸之德必脩道而行謂子思欲明中庸先本於道○天命之謂性者天本無體亦無言語之命但人感自然而生有賢愚吉凶若天之付命遣使之然故云天命老子云道本無名强名之曰道但人自然感生有剛柔好惡或仁或義或禮或知或信是天性自然故云謂之性○率性之謂道率循也道者通物之名言依循性之所感而行不令違越是之曰道感仁行仁感義行義之屬不失其常合於道理使得通達是率性之謂道○脩道之謂教謂人君在上脩行此道以教於下是脩道之謂教也○注天命至曰教○正義曰云天命謂天所命生人者也是謂性命案易乾彖云乾道變化各正性命是也云木神則仁者皇氏云東方春春主施生仁亦主施生云金神則義者秋爲金金主嚴殺義亦果敢斷決也云火神則禮者夏爲火火主照物而有分別禮亦主分別云水神則信冬主閉藏充實不虛水有内明不欺於物信亦不虛詐也云土神則知者金木水火土無所不載土所含義者多知亦所含者衆故云土神則知云孝經說曰性者生之質命人所稟受度也不云命者鄭以通解性命爲一故不復言命但性情之義說者不通亦畧言之賀瑒云性之與情猶波之與水靜時是水動則是波靜時是性動則是情案左傳云天有六氣降而生五行至於含生之類皆感五行生矣唯人獨稟秀氣故禮運云人者五行之秀氣被色而生既有五常仁義禮智信因五常而有六情則性之與情似金與鐶印鐶印之用非金亦因金而有鐶印情之所用非性亦因性而有情則性者靜情者動故樂記云人生而靜天之性也感於物而動性之欲也故詩序云情動於中是也但感五行在人爲五常得其清氣備者則爲聖人得其濁氣簡者則爲愚人降聖以下愚人以上所稟或多或少不可言一故分爲九等孔子云唯上智與下愚不移二者之外逐物移矣故論語云性相近習相遠也亦據中人七等也道也者不可須臾離也者此謂命人脩行仁義禮知信以爲教化道猶道路也道者開通性道猶如道路開通於人人行於道路不可須臾離也若離道則礙難不通猶善道須臾離棄則身有患害而生也可離非道也者若荒梗塞澀之處是可離棄以非道路之所由猶如凶惡邪辟之行是可離棄以亦非善道之行故云可離非道也○是故君子戒慎乎其所不睹者言君子行道先慮其微若微能先慮則必合於道故君子恒常戒於其所不睹之處人雖目不睹之處猶戒慎況其惡事睹見而肯犯乎故君子恒常戒慎之○恐懼乎其所不聞者言君子恒恐迫畏懼於所不聞之處言雖耳所不聞恒懷恐懼之不睹不聞猶須恐懼況睹聞之處恐懼可知也○莫見乎隱莫顯乎微者莫無也言凡在衆人之中猶知所畏及至幽隱之處謂人不見便即恣情人皆佔聽察見罪狀甚於衆人之中所以恒須慎懼如此以罪過愆失無見於幽隱之處無顯露於細微之所也○故君子慎其獨也者以其隱微之處恐其罪惡彰顯故君子之人恒慎其獨居言雖曰獨居能謹慎守道也○喜怒哀樂之未發謂之中者言喜怒哀樂緣事而生未發之時澹然虛靜心無所慮而當於理故謂之中○發而皆中節謂之和者不能寂靜而有喜怒哀樂之情雖復動發皆中節限猶如鹽梅相得性行和諧故云謂之和○中也者天下之大本也者言情慾未發是人性初本故曰天下之大本也○和也者天下之達道也者言情慾雖發而能和合道理可通達流行故曰天下之達道也○致中和天地位焉萬物育焉致至也位正也育生長也言人君所能至極中和使陰陽不錯則天地得其正位焉生成得理故萬物其養育焉

仲尼曰。君子中庸。小人反中庸。君子之中庸也。君子而時中。小人之中庸也。小人而無忌憚也。庸常也用中爲常道也反中庸者所行非中庸然亦自以爲中庸也君子而時中者其容貌君子而又時節其中也小人而無忌憚其容貌小人又以無畏難爲常行是其反中庸也○小人之中庸也王肅本作小人之反中庸也忌憚徒旦反忌畏也憚難也難乃旦反行下孟反子曰。中庸其至矣乎。民鮮能久矣。鮮罕也言中庸爲道至美顧人罕能久行○中庸其至矣乎一本作中庸之爲德其至矣乎鮮息淺反下及注同罕胡坦反希也少也子曰。道之不行也。我知之矣。知者過之。愚者不及也。道之不明也。我知之矣。賢者過之。不肖者不及也。人莫不飲食也。鮮能知味也。罕知其味謂愚者所以不及也過與不及使道不行唯禮能爲之中○知音智下文大知也予知注有知皆同肖音笑下同子曰。道其

不行矣夫。閔無明君教之。○夫音扶〔疏〕仲尼至矣夫。○正義曰此一節是子思引仲尼之言廣明中庸之行賢者過之不肖者不及也中庸之道鮮能行之○君子中庸者庸常也君子之人用中以爲常故云君子中庸○小人反中庸者小人則不用中爲常是反中庸也○君子之中庸也君子而時中者此覆說君子中庸之事言君子之爲中庸容貌爲君子心行而時節其中謂喜怒不過節也故云君子而時中○小人之中庸也小人而無忌憚也者此覆說小人反中庸之事言小人爲中庸形貌爲小人而心行無所忌憚故云小人而無忌憚也小人將此以爲常亦以爲中庸故云小人之中庸也○子曰中庸其至矣乎○前既言君子小人不同此又歎中庸之美人寡能久行其中庸之德至極美乎○民鮮能久矣者○但寡能長久而行鮮罕也言中庸爲至美故人罕能久行之○子曰道之不行也我知之矣者此覆說人寡能行中庸之事道之所以不行者言我知其道之不行所由故云我知之矣○知者過之愚者不及也以輕於道故過之以遠於道故不及○道之不明也我知之矣者言道之所以不顯明我亦知其所由也○賢者過之不肖者不及也言道之不行爲易故知者過之愚者不及道之不明爲難故云賢者過之不肖者不及是以變知稱賢變愚稱不肖是賢勝於智不肖勝於愚也○人莫不飲食也鮮能知味也者言飲食易也知味難也猶言人莫不行中庸但鮮能久行之言知之者易行之者難所謂愚者不能及中庸也案異義云張華辨鮮師曠別薪符朗爲青州刺史善能知味食雞知棲半露食鵝知其黑白此皆晉書文也子曰道其不行久矣夫者夫子既傷道之不行又哀閔傷之云時無明君其道不復行也○注反中至庸也○正義曰反中庸者所行非中庸者言用非中以爲常是反中庸故云所行非中庸云亦自以爲中庸也解經小人之中庸雖行惡事亦自謂爲中庸云其容貌君子而又時節其中也解經君子而時中云其容貌小人又以無畏難爲常行者解經小人而無忌憚既無忌憚則不時節其中庸也

子曰。舜其大知也與。舜好問而好察邇言。隱惡而揚善。執其兩端。用其中於民。其斯以爲舜乎。邇近也近言而善易以進人察而行之也兩端過與不及也用其中於民賢與不肖皆能行之也斯此也其德如此乃號爲舜舜之言充也○與音餘下強與皆同好呼報反下同易以豉反〔疏〕子曰至舜乎。○正義曰此一經明舜能行中庸之行先察近言而後至於中庸也○舜其大知也與者既能包於大道又能察於近言即是大知也○執其兩端用其中於民者端謂頭緒謂知者過之愚者不及言舜能執持愚知兩端用其中道於民使愚知俱能行之○其斯以爲舜乎者斯此也以其德化如此故號之爲舜○注舜之言充也○正義曰案謚法云受禪成功曰舜又云仁義盛明曰舜皆是道德充滿之意故言舜爲充也。

子曰。人皆曰予知。驅而納諸罟擭陷阱之中。而莫之知辟也。人皆曰予知。擇乎中庸。而不能期月守也。予我也言凡人自謂有知人使之入罟不知辟也自謂擇中庸而爲之亦不能久行言其實愚又無恒○罟音古罔之揔名擭胡化反尚書傳云捕獸機檻陷沒之陷阱才性反本或作穽同阱穿地陷獸也說文云穽或爲阱字也辟音避注知辟辟害皆同期音基○〔疏〕子曰至守也。○正義曰此一經明無知之人行中庸之事予我也世之愚人皆自謂言我有知○驅而納諸罟擭陷阱之中而莫之知辟也者此謂無知之人設譬也罟網也擭謂柞㮇也陷阱謂坑也穿地爲坎豎鋒刃於中以陷獸也言禽獸被人所驅納於罟網擭陷阱之中而不知違辟似無知之人爲嗜欲所驅罪禍之中而不知辟即下文是也○擇乎中庸而不能期月守也者鄭云自謂擇中庸而爲之亦不能久行言其實愚又無恒也小人自謂選擇中庸而心行亦非中庸假令偶有中庸亦不能期帀一月而守之如入陷阱也○

子曰。回之爲人也。擇乎中庸。得一善。則拳拳服膺而弗失之矣。拳拳奉持之貌○拳音權又起阮反徐羌權反膺徐音應又於陵反奉芳勇反

子曰。天下國家可均也。爵祿可辭也。白刃可蹈也。中庸不可能也。言中庸難爲之難○蹈音悼又徒報反○〔疏〕子曰至能也。○正義曰此一節是夫子明顏回能行中庸言中庸之難也○得一善則拳拳服膺而弗失之矣者言顏回選擇中庸而行得一善事則形貌拳拳然奉持之膺謂胷膺言奉持守於善道弗敢棄失○子曰天下國家可均也者天下謂天子國謂諸侯家謂卿大夫也○白刃可蹈也者言白刃雖利尚可履蹈而行之○中庸不可能也言在上諸事雖難猶可爲之唯中庸之道不可能也爲知者過之愚者不及言中庸難爲之難也

子路問強。強勇者所好也○強其良反下同好呼報反子曰。南方之強與。北方之強與。抑而強與。言三者所以爲強者異也抑辭也而之言女也謂中國也○女音汝下抑女同寬柔以教。不報無道。南方之強也。君子居之。南方以舒緩爲強不報無道謂犯而不校也○校交孝反報也衽金革。死而不厭。北方之強也。而強者居之。衽猶席也北方以剛猛爲強○衽而忍反又而鴆反厭於艷反故君子和而不流。強哉矯。中立而不倚。強哉矯。國有道。不變塞焉。強哉矯。國無道。至死不變。強哉矯。此抑女之強也流猶移也塞猶實也國有道不變以趨時國無道不變以辟害有道無道一也矯強貌塞或爲色○以辟害矯居表反下同倚依彼反徐其蟻反〔疏〕子路至哉矯。○正義曰此一節明中庸之道亦兼中國之強子路聞孔子美顏回能擇中庸言已有強故問之問強中亦兼有中庸否庾氏云問強中之中者然此問之亦如論語云子謂顏淵曰用之則行舍之則藏唯我與爾有是夫子路曰子行三軍則誰與之類是也○子曰南方之強與北方之強與抑而強與者抑語助也而之言女也女子路也夫子將答子路之問且先反問子路言強有多種女今所問何者之強爲南方爲北方爲中國女所能之強也子路之強行中國之強也○寬柔以教不報無道南方之強也君子居之者反問既竟夫子遂爲歷解之南方謂荊陽之南其地多陽陽氣舒散人情寬緩和柔假令人有無道加已已亦不報和柔爲君子之道故云君子居之○衽金革死而不厭北方之強也而強者居之者衽臥席也金革謂軍戎器械也北方沙漠之地其地多陰陰氣堅急故人性剛猛恒好鬭爭故以甲鎧爲席寢宿於中至死不厭非君子所處而強梁者居之然唯云南北不云東西者鄭沖云是必南北互舉蓋與東西俗同故不言也故君子和而不流強哉矯此以下皆述中國之強也流移也矯亦強貌也○不爲南北之強故性行和合而不流移心行強哉形貌矯然○中立而不倚強哉矯者中正獨立而不偏倚志意強哉形貌矯然○國有道不變塞焉強哉矯者若國有道守直不變德行充實志意強哉形貌矯然○國無道至死不變強哉矯者若國之無道守善至死性不改變志意強哉形貌矯然○注此抑至強貌○正義曰此抑女之強也何以知之上文既說三種之強又見南方之強又見北方之強唯抑而之強未見故知此經所云者是抑女之強也云流移也者以其性和同必流移隨物合和而不移亦中庸之德也云國有道不變以趨時者國雖有道不能隨逐物以求榮利今不改變已志以趨會於時也云矯強貌者矯是壯大之形故云強貌也

子曰。素隱行怪。後世有述焉。吾弗爲之矣。素讀如攻城攻其所傃之傃傃猶鄉也言方鄉辟害隱身而行詭譎以作後世名也弗爲之矣恥之也○傃音素鄉本又作嚮許亮反下皆同佹久委反下同譎音決君子遵道而行。半塗而廢。吾弗能已矣。廢猶罷止也弗能已矣汲汲行道不爲時人之隱行○汲音急隱行下孟反君子依乎中庸。遯世不見知而不悔。唯聖者能之。言隱者當如此也唯舜爲能如此○遯本又作遁同徒頓反○

君子之道費而隱。言可隱之節也費猶佹也道不費則仕○費本又作拂同扶弗反徐音弗注同夫婦之愚。可以與知焉。及其至也。雖聖人亦有所不知焉。夫婦之不肖。可以能行焉。及其至也。雖聖人亦有所不能焉。與讀爲贊者皆與之與言匹夫匹婦愚耳亦可以其與有所知可以其能有所行者以其知行之極也聖人有不能如此舜好察邇言由此故與○以與音預注皆與之與以其與同好呼報反故與音餘天地之大也。人猶有所憾。憾恨也天地至大無不覆載人尚有所恨焉況於聖人能盡備之乎○憾本又作感胡暗反注同故君子語大。天下莫能載焉。語小。天下莫能破焉。語猶說也所說大事謂先王之道也所說小事謂若愚不肖夫婦之知行也聖人盡兼行詩云。鳶飛戾天。魚躍于淵。言其上下察也。察猶著也言聖人之德至於天則鳶飛戾天至於地則魚躍于淵是其著明於天地也○鳶悅專反字又作鳶戾力計呂結二反躍羊灼反著張慮反下同君子之道。造端乎夫婦。及其至也。察乎天地。夫婦謂匹夫匹婦之所知所行○造在老反〔疏〕子曰至天地。○正義曰此一節論夫子雖隱遯之世亦行中庸又明中庸之道初則起於匹夫匹婦終則徧於天地○素隱行怪後世有述焉者素鄉也謂無道之世身鄉幽隱之處應須靜默若行怪異之事求立功名使後世有所述焉○吾弗爲之矣者恥之也如此之事我不能爲之以其身雖隱遯而名欲彰也○注素讀如攻城攻其所傃之傃○正義曰司馬法

文言身隱而行佹譎以作後世之名若許由洗耳之屬是也○君子遵道而行半塗而廢者言君子之人初既遵循道德而行當須行之終竟今不能終竟猶如人之行於道路半塗而百休廢廢猶罷止也○吾弗能已矣已猶止也吾弗能如時人半塗而休止言汲汲行道無休已也○注不爲時人之隱行○正義曰謂作佹譎求名是也君子以隱終始行道不能止也○君子至能之○言君子依行中庸之德若値時無道隱遯於世雖有才德不爲時人所知而無悔恨之心如此者非凡人所能唯聖者能然若不能依行中庸者雖隱遯於世不爲人所知則有悔恨之心也○注唯舜爲能如此○正義曰知者史記云舜耕於歷山漁於雷澤陶於河濱是不見知而不悔○君子之道費而隱注云言可隱之節費猶佹也言君子之人遭値亂世道德違費則隱而不仕若道之不費則當仕也○夫婦之愚可以與知焉○言天下之事千端萬緒或細小之事雖夫婦之愚偶然與知其善惡若蒭蕘之言有可聽用故云與知○及其至也雖聖人亦有所不知焉者言道之至極如造化之理雖聖人不知其所由故云及其至也雖聖人亦有所不知焉○夫婦之不肖可以能行焉以行之至極故也前文據其知此文據其行以其知行有異故別起其文但知之易行之難故上文云夫婦之愚行之難故此經云夫婦之不肖不肖勝於愚也○及其至也雖聖人亦有所不能焉者○知之與行之皆是至極既是至極故聖人有不能也○注與讀爲贊者皆與之與○正義曰士冠禮云其饗冠者贊者皆與謂于與也云舜好察邇言由此故與者即愚夫愚婦有所識知故也與語助也天地之大也人猶有所慼者慼恨也言天地至大無物不養無物不覆載如冬寒夏暑人猶有怨恨之猶如聖人之德無善不包人猶怨之是不可備也中庸之道於理爲難大小兼包始可以備也○故君子語大天下莫能載焉者語說也大謂先王之道言君子語說先王之道其事既大天下之人無能勝載之者○語小天下莫能破焉者○若說細碎小事謂愚不肖事既纖細天下之人無能分破之者言事似秋毫不可分破也○注聖人盡兼行○正義曰謂兼行大小之事小事則愚夫愚婦所知行大事則先王之道前文云雖聖人有所不知不能此云大事聖人兼行之者前云有所不知不能謂於小事不勝匹夫匹婦耳非謂大事不能也故此云盡兼行之○詩云鳶飛戾天魚躍于淵言其上下察也者詩大雅旱麓之篇美文王之詩引之者言聖人之德上至於天則鳶飛戾天是翱翔得所聖人之德下至於地則魚躍于淵是游泳得所言聖人之德工下則察詩本文云鳶飛戾天喻惡人遠去魚躍于淵喻善人得所此引斷章故與詩義有異也○君子之道造端乎夫婦者言君子行道初始造立端緒起於匹夫匹婦之所知所行者○及其至也察乎天地者言雖起於匹夫匹婦所知所行及其至極之時明察於上下天地也

子曰。道不遠人。人之爲道而遠人。不可以爲道。言道即不遠於人人不能行也詩云。伐柯伐柯。其則不遠。執柯以伐柯。睨而視之。猶以爲遠。則法也言持柯以伐木將以爲柯近以柯爲尺寸之法此法不遠人人尚遠之明爲道不可以遠○柯古何反睨徐音詣睥睨也○故君子以人治人。改而止。言人有罪過君子以人道治之其人改則止赦之不責以人所不能忠恕違道不遠。施諸己而不願。亦勿施於人。違猶去也君子之道四。丘未能一焉。所求乎子以事父。未能也。所求乎臣以事君。未能也。所求乎弟以事兄。未能也。所求乎朋友先施之。未能也。聖人而曰我未能明人當勉之無已庸德之行。庸言之謹。有所不足。不敢不勉。有餘。不敢盡。言顧行。行顧言。庸猶常也言德常行也言常謹也聖人之行實過於人有餘不敢盡常爲人法從禮也○行行皆下孟反注聖人之行同或一讀皆如字君子胡不慥慥爾。君子謂衆賢也慥慥守實言行相應之貌○慥七到反行下孟反應於陵反舊音應對之應○君子素其位而行。不願乎其外。素富貴。行乎富貴。素貧賤。行乎貧賤。素夷狄。行乎夷狄。素患難。行乎患難。君子無入而不自得焉。傃皆讀爲素不願乎其外謂思不出其位也自得謂所鄉不失其道○難乃旦反下同○在上位不陵下。在下位不援上。援謂牽持之也○援音園注同正己而不求於人。則無怨。上不怨天。下不尤人。無怨人無怨之者也論語曰君子求諸己小人求諸人○己音紀怨於願反又於元反下及注並同故君子居易以俟命。小人行險以徼幸。易猶平安也俟命聽天任命也險謂傾危之道○易以豉反注同徼古堯反

【疏】子曰至徼幸○正義曰此一節明中庸之道去人不遠但行於己則外能及物道不遠人者言中庸之道不遠離於人身但人能行之於己則是中庸也人之爲道而遠人不可以爲道言人爲中庸之道當附近於人謂人所能行則己所行可以爲道若違理離遠則不可施於己又不可行於人則非道也故云人之爲道而遠人不可以爲道也○詩云伐柯伐柯其則不遠執柯以伐柯睨而視之猶以爲遠此豳風伐柯之篇美周公之詩柯斧柄也周禮云柯長三尺博三寸則法也言伐柯斫也柯柄長短其法不遠也但執柯睨而視之猶以爲遠言欲行其道於人其法亦不遠但近取法於身何異持柯以伐柯人猶以爲遠明爲道之法亦不可以遠即所不願於上無以交於下所不願於下無以事上況是在身外於他人之處欲以爲道何可得乎明行道在於身而求道也○故君子以人治人改而止者以道去人不遠言人有過君子當以人道治此有過之人改而止若人自改而休止不須更責不能之事若人所不能則己亦不能是行道在於己身也○忠恕違道不遠也忠者內盡於心恕者外不欺物恕忖也忖度其義於人違去也言身行忠恕則去道不遠也○施諸己而不願亦勿施於人者諸於也他人有一不善之事施之於己己所不願亦勿施於人人亦不願故也所求乎子以事父未能也言此四者欲明求之於他人必先行之於己欲求其子以孝道事己己須以孝道事父母故云所求乎子以事父未能也恐人未能行之夫子聖人聖人猶曰我未能行凡人當勉之無已○所求乎臣以事君未能也譬如己是諸侯欲求於臣以忠事己己當先行忠於天子及廟中事尸是全臣道也所求乎朋友先施之未能也欲求朋友以恩惠施己則己當先施恩惠於朋友也○庸德之行庸言之謹庸常也謂自修己身常以德而行常以言而謹也○有所不足不敢不勉謂己之才行有所不足之處不敢不勉而行之○有餘不敢盡謂己之才行有餘於人常持謙退不敢盡其才行以過於人○言顧行者使言副於行也○行顧言者使行副於言謂恆顧視於言也○君子胡不慥慥爾慥慥守實言行相應之貌胡猶何也○既顧言行相副君子何得不慥慥然守實言行相應之道也○君子素其位而行不願乎其外至行乎患難素鄉也鄉其所居之位而行其所行之事不願行在位外之事論語云君子思不出其位也鄉富貴之中行道於富貴謂不驕不淫也鄉貧賤之中則行道於貧賤謂不諂不懾也鄉夷狄之中行道於夷狄夷狄雖陋雖隨其俗而守道不改鄉患難之中行道於患難而臨危不傾守死於善道也○君子無入而不自得焉者言君子所入之處皆守善道[illegible]論語云不怨天不尤人是也○故君子居易以俟命者易謂平安也言君子以道自處恆居平安之中以聽待天命也○小人行險以徼幸小人以惡自居恆行險難傾危之事以徼求榮幸之道論語曰不仁者不可以久處約是也○

子曰。射有似乎君子。失諸正鵠。反求諸其身。反求於其身不以怨人畫曰正棲皮曰鵠○正音征注同鵠古毒反注同正鵠皆鳥名也一曰正正也鵠直也大射則張皮侯而棲鵠賓射張布侯而設正也棲細兮反君子之道。辟如行遠必自邇。辟如登高必自卑。自從也邇近也行之以近者卑者始以漸致之高遠○辟音譬下同邇音爾卑音婢又如字注同○詩曰。妻子好合。如鼓瑟琴。兄弟既翕。和樂且耽。宜爾室家。樂爾妻帑。琴瑟聲相應和也翕合也耽亦樂也古者謂子孫曰帑此詩言和室家之道自近者始○好呼報反翕許急反樂音洛下及注同耽丁南反帑音奴子孫也本又作孥同尚書傳毛詩箋並云子也杜預注左傳云妻子也○應和胡臥反應對之應子曰。父母其順矣乎。謂其教令行使室家順

【疏】子曰至妻帑○正義曰以上雖行道在於己身故此一節明行道在身之事以射譬之○射有似乎君子者言凡人之射有似乎君子之道○失諸正鵠反求諸其身者諸於也求責也正謂賓射之侯鵠謂大射之侯言射者失於正鵠謂矢不中正鵠不責他人反鄉自責其身言君子之人失道於外亦反自責於己○君子之道譬如行遠必自邇譬如登高必自卑者自從也邇近也行之以遠者近之始升之以高者卑之始言以漸至高遠不云近者遠始卑者高始但勤行其道於身然後能被於物而可謂之高遠耳○詩云妻子好合如鼓瑟琴兄弟既翕和樂且耽此小雅常棣之篇美文王之詩記人引此者言行道之法自近始猶如詩人之所云欲和遠人先和其妻子兄弟故云妻子好合情意相

得如似鼓彈瑟與琴音聲相和也兄弟盡皆翕合情意和樂且復耽之耽之者是相好之甚也宜爾室家樂爾妻帑者宜善爾之室家愛樂爾之妻帑帑子也古者謂子孫爲帑故甘誓云予則帑戮汝於人則妻子爲帑於鳥則鳥尾爲帑左傳云以害鳥帑是也○子曰父母其順矣乎者○正義曰因上和於遠人先和室家故此一經次之父母其順矣乎謂父母能以教令行乎室家其和順矣乎言中庸之道先使室家和順乃能和順於外即上云道不遠施諸己

子曰。鬼神之爲德。其盛矣乎。視之而弗見。聽之而弗聞。體物而不可遺。體猶生也可猶所也不有所遺言萬物無不以鬼神之氣生也使天下之人。齊明盛服。以承祭祀。洋洋乎如在其上。如在其左右。明猶潔也洋洋人想思其傍僾之貌○齊側皆反本亦作齋洋音羊傍皇薄剛反謂左右也○徐方罔反僾徐於愷反又音愛○詩曰。神之格思。不可度思。矧可射思。格來也矧況也射厭也思皆聲之助言神之來其形象不可億度而知事之盡敬而已況可厭倦乎○格古百反度待洛反注同矧詩忍反注同射音亦厭於豔反字又作厭下同盡子忍反夫微之顯。誠之不可揜。如此夫。言神無形而著不言而誠○揜音掩於檢反此夫音扶著張慮反○〔疏〕子曰至此夫○正義曰此一節明鬼神之道無形而能顯著誠信中庸之道與鬼神之道相似亦從微至著不言而自誠也○體物而不可遺者體猶生也可猶所也言萬物生而有形體故云體物而不可遺者言鬼神之道生養萬物無不周偏而不有所遺言萬物無不以鬼神之氣生也○使天下之人齊明盛服以承祭祀者明猶絜也言鬼神能生養萬物故天下之人齊戒明絜盛飾衣服以承祭祀○洋洋乎如在其上如在其左右者言鬼神之形狀人想像之如在人之上如在人之左右想見其形也○詩曰神之格思不可度思矧可射思者格來也思辭也矧況也射厭也此大雅抑之篇刺厲王之詩詩人刺時人祭祀懈倦故云神之來至以其無形不可度知恒須恭敬況於祭祀之末可厭倦之乎言不可厭倦也記者引詩明鬼神之所尊敬也○夫微之顯者言鬼神之狀微昧不見而精靈與人爲吉凶是從微之顯也○誠之不可揜者言鬼神誠信不可揜蔽善者必降之以福惡者必降之以禍如此夫者此詩人所云何可厭倦夫語助也此鬼神即與易繫辭云是故知鬼神之情狀與天地相似以能生萬物也案彼注木火之神生物金水之鬼終物彼以春夏對秋冬故以春夏生物秋冬終物其實鬼神皆能生物終物也故此云體物而不可遺此雖說陰陽鬼神人之鬼神亦附陰陽之鬼神故此云齊明盛服以承祭祀是兼人之鬼神也○

子曰。舜其大孝也與。德爲聖人。尊爲天子。富有四海之內。宗廟饗之。子孫保之。保安也○與音餘故大德必得其位。必得其祿。必得其名。必得其壽。名令聞也○聞音問下令聞同故天之生物。必因其材而篤焉。材謂其質性也篤厚也言善者天厚其福惡者天厚其毒皆由其本而爲之○故栽者培之。傾者覆之。栽讀如文王初載之栽栽猶殖也培益也今時人名草木之殖曰栽築牆立板亦曰栽栽或爲茲覆敗也○栽依注音災將才反注同植也培蒲回反覆芳伏反載之載並音災本或作哉同詩曰。嘉樂君子。憲憲令德。宜民宜人。受祿于天。保佑命之。自天申之。故大德者必受命。憲憲興盛之貌保安也佑助也○嘉戶嫁反詩本作假音同假嘉也皇音加善也憲音顯注同一音如字佑音祐下注同〔疏〕子曰至受命○正義曰此一節明中庸之德故能富有天下受天之命也○子孫保之者師說云舜禪與禹何言保者此子孫承保祭祀故云保周時陳國是舜之後○故大德必得其位者以其德大能覆養天下故必得其位如孔子有大德而無其位以不應王錄雖有大德而無其位也案援神契云丘爲制法主黑綠不代蒼黃言孔子黑龍之精不合代周家木德之蒼也孔演圖又云聖人不空生必有所制以顯天心丘爲木鐸制天下法是也必得其壽者據舜言之而夫子不長壽以勤憂故也○故天之生物必因其材而篤焉材謂質性也篤厚也言天之所生隨物質性而厚之善者因厚其福舜禹是也惡者因厚其毒桀紂是也故四凶黜而舜受禪也○故栽者培之傾者覆之栽殖也培益也言道德自能豐殖則天因而培益之○傾者覆之者若無德自取傾危者天亦因而覆敗之也○注栽讀至曰栽○正義曰栽讀如文王初載之載者案詩大明云文王初載天作之合彼注云載識也言文王生適有所識天爲之生配謂生大姒此載爲栽殖者載容兩義亦得爲識亦得爲殖此對傾者覆之故以爲殖云築牆立板亦曰栽者案莊二十九年左傳云水昏正而栽謂立板築也○詩曰嘉樂君子憲憲令德○此大雅嘉樂之篇美成王之詩嘉善也憲憲興盛之貌詩人言善樂君子此成王憲憲然有令善之德案詩本文憲憲爲顯顯與此不同者齊魯韓詩與毛詩不同故也○宜民宜人受祿於天保佑命之自天申之故大德者必受命者宜民謂宜養萬民宜人謂宜官人其德如此故受福於天佑助也保安也天乃保安佑助命之爲天子又申重福之作記者引證大德必受命之義則舜之爲也

子曰。無憂者。其唯文王乎。以王季爲父。以武王爲子。父作之。子述之。聖人以立法度爲大事子能述成之則何憂乎堯舜之父子則有凶頑禹湯之父子則寡令聞父子相成唯有文王武王纘大王、王季、文王之緒。壹戎衣而有天下。身不失天下之顯名。尊爲天子。富有四海之內。宗廟饗之。子孫保之。纘繼也緒業也戎兵也衣讀如殷聲之誤也齊人言殷聲如衣虞夏商周氏者多矣今姓有衣者殷之冑與壹戎殷者壹用兵伐殷也○纘徐音纂哉管反大音泰下及注大王皆同壹戎衣依注衣作殷於巾反謂一用兵伐殷也尚書依字讀謂一著戎衣而天下大定冑直救反下音餘武王末受命。周公成文武之德。追王大王、王季。上祀先公以天子之禮。斯禮也。達乎諸侯大夫及士庶人。父爲大夫。子爲士。葬以大夫。祭以士。父爲士。子爲大夫。葬以士。祭以大夫。期之喪達乎大夫。三年之喪達乎天子。父母之喪無貴賤一也。末猶老也追王大王王季者以王迹起焉先公組紺以上至后稷也斯禮達於諸侯大夫士庶人者謂葬之從死者之爵祭之用生者之祿也言大夫葬以大夫士葬以士則追王者改葬之矣期之喪達於大夫者謂旁親所降在大功者其正統之期天子諸侯猶不降也大夫所降天子諸侯絕之不爲服所不臣乃服之也承葬祭說期三年之喪者明子事父以孝不用其尊卑變○末亡過反追王于況反注追王同期音基注同組音祖紺古闇反組紺大王之父也亦曰諸盩盩音置留反以上時掌反不爲服于僞反〔疏〕子曰至一也○正義曰此一節明夫子論文王武王聖德相承王有天下上能追尊大王王季因明天子以下及士庶人葬祭祀之禮各隨文解之○以王季爲父以武王爲子父作之子述之者言文王以王季爲父則王季能制作禮樂文王奉而行之文王以武王爲子武王又能述成文王之道故無憂也○武王纘大王王季文王之緒者纘繼也緒業也言武王能纘繼父祖之業以王天下也○壹戎衣而有天下者戎兵也言一用兵伐殷而勝之也○注衣讀爲殷○正義曰案尚書武成云一戎衣謂一著戎衣而滅殷此云一者以經武王繼大王王季文王三人之業一用滅殷對三人之業爲一耳由三人之業故一身滅之鄭必以衣爲殷者以十一年觀兵于孟津十三年滅紂是再著戎服不得稱一戎衣故以衣爲殷故注云齊人言殷聲如衣○武王末受命此美周公之德也末猶老也謂武王年老而受命平定天下也斯禮也達乎諸侯大夫及士庶人者斯此也言周公尊崇先公之禮非直天子所行乃下達於諸侯大夫士庶人等無問尊卑皆得上尊祖父以己之祿祭其先人猶若周公以成王天子之禮祀其先公也○父爲大夫子爲士葬以大夫祭以士者謂父既爲大夫祭以士禮貶其先人而云尊之者欲明以己之祿祀其先人也○期之喪達乎大夫者欲見大夫之尊猶有期喪謂旁親所降在大功者得爲期喪還著大功之服故云達乎大夫若天子諸侯旁期之喪則不爲服也○三年之喪達乎天子者謂正統在三年之喪父母及適子并妻也達乎天子者言天子皆服之不云父母而云三年者包適子也天子爲后服期以三年包之者以后卒必待三年然後娶所以達子之志故通在三年之中是以昭十五年左傳云穆后崩大子壽卒叔向云王一歲而有三年之喪二年焉是后爲三年也直云達乎天子不云諸侯者諸侯旁親尊同則不降故喪服大功章云諸侯爲姑姊妹嫁於國君者是也○父母之喪無貴賤一也唯父母之喪無問天子及士庶人其服並同故云無貴賤一也○注末猶至畢變○正義曰末猶老也者謂文王受命十一年武王觀兵於孟津白魚入王舟是老而受命受命後七年而崩故鄭注洛誥文王受赤雀武王俯取白魚皆七年是也云追王大王王季者以王迹起焉案詩頌閟宮云大王居岐之陽實始翦商是王迹起也云先公組紺以上至后稷也者組紺太王之父一名諸盩周本紀云亞圉卒子太公叔穎立太公卒子古公亶父立又世本云亞圉雲生太公組紺諸盩則叔穎組紺諸盩是一人也此文云追王太王王季上祀先公則先公之中包后稷也故云組紺以上至后稷也案司服云享先王則袞冕先公則鷩冕以后稷爲周之始祖祫祭於廟當同先王用袞則先公無后稷也故鄭注司服云先公不窋至諸盩若四時常祀唯后稷及太王王季之等不得廣及先公故天保云禴祀烝嘗于公先王

是四時常祀，但有后稷、諸盩以下，故鄭注天保云「先公謂后稷至諸盩」，此皆盡望經上下釋義，故不同。或有「至」字，誤也。云「則追王者改葬之矣」者，以太王、王季身爲諸侯，葬從死者之爵，則大王、王季祗得爲諸侯葬禮，不得言追王從天子法，故知追王之時而更改葬，用天子禮。案大傳云「武王追王太王亶父、王季歷」，此云周公追王，不同者，武王既伐紂，追王布告天下，周公追而改葬，故不同也。云「期之喪達於大夫」者，謂旁親所降在大功者。熊氏云：此對天子諸侯，故云「期之喪達乎大夫」，其實大夫爲大功之喪得降小功，小功之喪得降緦麻，是大功小功皆達乎大夫。熊氏又云：天子爲正統之喪，適婦大功，適孫之婦小功。義或然，但無正文耳。云「所不臣乃服之也」者，喪服傳云「始封之君不臣諸父昆弟，封君之子不臣諸父而臣昆弟」，但不臣者皆以本服服也。

子曰：「武王、周公，其達孝矣乎。夫孝者，善繼人之志，善述人之事者也。春秋脩其祖廟，陳其宗器，設其裳衣，薦其時食。脩謂掃糞也。宗器，祭器也。裳衣，先祖之遺衣服也，設之當以授尸也。時食，四時祭也。掃，悉報反。糞，弗運反，本亦作攢，亦作拚，同。宗廟之禮，所以序昭穆也。序爵，所以辨貴賤也。序事，所以辨賢也。旅酬下爲上，所以逮賤也。燕毛，所以序齒也。序猶次也。爵謂公卿大夫士也。事謂薦羞也。以辨賢者，以其事別所能也，若司徒羞牛、宗伯共雞牲矣。文王世子曰：「宗廟之中，以爵爲位，崇德也。宗人授事以官，尊賢也。」旅酬下爲上者，謂若特牲饋食之禮，賓弟子、兄弟之子各舉觶於其長也。逮賤者，宗廟之中以有事爲榮也。燕謂既祭而燕也。燕以髮色爲坐，祭時尊尊也，至燕親親也。齒亦年也。昭，常遙反。穆，又作繆，音同。逮，本又作逯，同，音代。燕，於見反，注並同。別，彼列反。共音恭。饋，其位反。觶，之豉反。長，丁丈反，下「謂長」同。踐其位，行其禮，奏其樂，敬其所尊，愛其所親，事死如事生，事亡如事存，孝之至也。踐猶升也。其者，其先祖也。踐或爲纘。郊社之禮，所以事上帝也。宗廟之禮，所以祀乎其先也。社，祭地神，不言后土者，省文。省，色領反。明乎郊社之禮、禘嘗之義，治國其如示諸掌乎。」示讀如寘諸河干之寘。寘，置也。物而在掌中，易爲知力者也。序爵、辨賢、尊尊、親親，治國之要。示，依注音寘，之豉反。易，以豉反。知力，音智，本亦無「力」字。治之要也，治，直吏反，一本作「治國之要」，治則如字。

【疏】「子曰」至「掌乎」。○正義曰：以前經論文王、武王聖德相承，此論武王、周公上成先祖，脩其宗廟，行郊社之禮，所以能治國如置物掌中也。各隨文解之。○「夫孝者，善繼人之志」者，人謂先人，若文王有志伐紂，武王能繼而承之。尚書武成曰「予小子其承厥志」，是善繼人之志也。○「善述人之事者也」，言文王有文德爲王基，而周公制禮以贊述之，故洛誥云「考朕昭子刑，乃單文祖德」，是善述人之事也。此是武王、周公繼孝之事。○「宗廟之禮，所以序昭穆也」者，若昭與昭齒，穆與穆齒，是也。○「序爵，所以辨貴賤也」者，序謂次序，爵謂公卿大夫士也。謂祭祀之時，公卿大夫各以其爵位齒列而助祭祀，是辨貴賤也。故文王世子云「宗廟之中，以爵爲位，崇德也。宗人授事以官，尊賢也」，是也。○「序事，所以辨賢也」者，序謂薦羞也。序謂次序所共祭祀之事，若司徒奉牛、司馬奉羊、宗伯供雞，是分別賢能，堪任其官也。○「旅酬下爲上，所以逮賤也」者，旅，衆也。逮，及也。謂祭末飲酒之時，使一人舉觶之後，至旅酬之時，使卑者二人各舉觶於其長者，卑下者先飲，是下者爲上，賤人在先，是恩意先及於賤者，故云「所以逮賤也」。案特牲饋食之禮，主人洗爵獻長兄弟、獻衆兄弟之後，衆賓弟子于西階，兄弟弟子于東階，各舉觶於其長也。弟子等皆是下賤，而得舉觶，是有事於宗廟之中，是其榮也。又制受爵，是逮賤也。○「燕毛，所以序齒也」者，言祭末燕時，以毛髮爲次序，是所以序年齒也。故注云「燕謂既祭而燕也，燕以髮色爲坐，祭時尊尊也，至燕親親也」。○「踐其位，行其禮」者，踐，升也。謂孝子升其先祖之位，行祭祀之禮也。○「治國其如示諸掌乎」，注云「示讀如寘諸河干之寘，寘，置也」者，若能明此序爵、辨賢、尊尊、親親，則治理其國，其事爲易，猶如置物於掌中也。

哀公問政。子曰：「文武之政，布在方策。其人存，則其政舉；其人亡，則其政息。方，版也。策，簡也。息猶滅也。○方，版音板，本亦作板。策，初革反。人道敏政，地道敏樹。敏猶勉也。樹謂殖草木也。人之無政，若地無草木矣。敏或爲謀。夫政也者，蒲盧也。蒲盧，蜾蠃，謂土蜂也。詩曰：「螟蛉有子，蜾蠃負之。」螟蛉，桑蟲也。蒲盧取桑蟲之子，去而變化之，以成爲己子。政之於百姓，若蒲盧之於桑蟲然。○蒲盧並如字。爾雅云：「蜾蠃，蒲盧。」即今之細腰蜂也，一名蠮螉。蜾音果。蠃，力果反，本亦作蠃，音同。蜂，芳封反，字亦作蠭，同。螟，莫瓶反。蛉音零。已音紀。故爲政在人，在於得賢人也。取人以身，取人以身，言明君乃能得人。脩身以道，脩道以仁。仁者人也，親親爲大；義者宜也，尊賢爲大。親親之殺，尊賢之等，禮所生也。人也，讀如相人偶之人，以人意相存問之言。○殺，色界反，徐所例反。在下位不獲乎上，民不可得而治矣。此句其屬在下，著脫誤重在此。○治，直吏反，一音如字。脫音奪。重，直用反。故君子不可以不脩身；思脩身，不可以不事親；思事親，不可以不知人；思知人，不可以不知天。言修身乃知孝，知孝乃知人，知人乃知賢不肖，知賢不肖乃知天命所保佑。天下之達道五，所以行之者三，曰：君臣也，父子也，夫婦也，昆弟也，朋友之交也。五者，天下之達道也。知、仁、勇三者，天下之達德也。所以行之者一也。達者，常行百王所不變也。○知音智，下「近乎知」、注「言有知」皆同。或生而知之，或學而知之，或困而知之，及其知之一也。困而知之，謂長而見禮義之事，已臨之而有不足，乃始學而知之。此達道也。○長，丁丈反。已音紀。或安而行之，或利而行之，或勉強而行之，及其成功一也。利謂貪榮名也。勉強，恥不若人。○強，其兩反，注同。

【疏】「哀公」至「一也」。○正義曰：此一節明哀公問政於孔子，孔子荅以爲政之道在於取人脩身，并明達道有五、行之者三，今各隨文解之。○「文武之政，布在方策」者，言文王、武王爲政之道，皆布列在於方牘簡策。○「其人存，則其政舉」者，雖在方策，其事久遠，此廣陳爲政之道。其人謂賢人，舉猶行也，存謂道德存在也。若得其人，道德存在，則能興行政教，故云舉也。○「其人亡，則其政息」者，息，滅也。其人若亡，謂道德滅亡，不能興舉於政教，若位無賢臣，政所以滅絶也。○「人道敏政」者，敏，勉也，言爲人君當勉力行政。○「地道敏樹」者，樹，殖草木也，言爲地之道，亦勉力生殖也。人之無政，若地無草木。地既無心，云勉力之，以地之生物無倦，似若人勉力行政然也。○「夫政也者，蒲盧也」，蒲盧取桑蟲之子以爲己子，善爲政者化養他民以爲己民，若蒲盧然也。○「故爲政在人」，言君行善政，則民從之，故欲爲善政者，在於得賢人也。○「取人以身」，明君欲取賢人，先以脩正己身，則賢人至也。○「脩身以道」，言欲脩正其身，先須行於道德也。○「脩道以仁」者，言欲脩道德，必須先脩仁義。○「仁者人也，親親爲大」者，仁謂仁愛相親偶也，言行仁之法，在於親偶。欲親偶疏人，先親己親，然後比親及疏，故云「親親爲大」。○「義者宜也，尊賢爲大」，宜謂於事得宜，即是其義，故云「義者宜也」。若欲於事得宜，莫過尊賢，故云「尊賢爲大」。○「親親之殺，尊賢之等，禮所生也」者，五服之節，降殺不同，是親親之衰殺；公卿大夫，其爵各異，是尊賢之等。禮者所以辨明此上諸事，故云「禮所生也」。○「在下位不獲乎上」者，鄭謂此句應在下章，著脫誤重在此耳。○「故君子不可以不脩身，思脩身，不可以不事親」，言思念脩身之道，必先以孝爲本，故云「不可以不事親」。○「思事親，不可以不知人」，既思事親，不可不先擇友取人也。○「思知人，不可以不知天」，欲思擇人，必先知天時所佑助也。謂人作善，降之百祥；作不善，降之百殃。當捨惡脩善也。○「天下之達道也」，五者謂君臣、父子、夫婦、昆弟、朋友之交，皆是人間常行道理，事得開通，故云達道也。○「知仁勇三者，天下之達德也」，言知仁勇，人所常行，在身爲德，故云「天下之達德也」。○言百王用此三德以行五道五事爲本，故云道三者爲未，故云德，若行五道，必須三德，無知不能識其理，無仁不能安其事，無勇不能果其行，故必須三德也。○「所以行之者一也」，○言百王以來，行此五道三德，其義一也，古今不變也。○「或生而知之」，謂天生自知也。○「或學而知之」，謂因學而知之。「或困而知之」，謂臨事有困，由學乃知。○「及其知之一也」，言初知之時，其事雖別，既知之後，並皆是知，故云「及其知之一也」。○「或安而行之」，謂無所求爲，安靜而行之。○「或利而行之」，謂貪其利益而行之，行此五事，得其榮名，於已無害，則利而行之也，故論語云「知者利仁」是也。○「或勉強而行之」，或畏懼罪惡，勉力自強而行之。「及其成功一也」，雖行之有異，及其所行成功，是一也。言皆得成功矣。皇氏云：所知所行，謂上五道三德。今謂百行皆然，非唯三五而已也。

子曰：「好學近乎知，力行近乎仁，知恥近乎勇。知斯三者，則知所以脩身；知所以脩身，則知所以治人；知所以治人，則知所以治天下國家矣。言有知、有仁、有勇，乃知脩身，則脩身以此三者爲基。○好，呼報反。近，附近之近，下同。行，皇如字，徐下孟反。凡爲天下國家有九經，曰：脩身

也。尊賢也。親親也。敬大臣也。體羣臣也。子庶民也。來百工也。柔遠人也。懷諸侯也。體猶接納也子猶愛也遠人蕃國之諸侯也○子如字徐將吏反下句放此蕃方元反。脩身則道立。尊賢則不惑。親親則諸父昆弟不怨。敬大臣則不眩。體羣臣則士之報禮重。子庶民則百姓勸。來百工則財用足。柔遠人則四方歸之。懷諸侯則天下畏之。不惑謀者良也不眩所任明也○眩玄遍反〔疏〕子曰至家矣○正義曰前文夫子荅哀公爲政須修身知人行五道三德之事此以下夫子更爲哀公廣說修身治天下之道有九種常行之事又明修身在於至誠若能至誠所以贊天地動蓍龜也博厚配地高明配天各隨文解之此一節覆明上生而知之學而知之困而知之○好學近乎知者覆前文或學而知之覆能好學無事不知故云近乎知也○力行近乎仁者此君前文或利而行之以其勉力行善故近乎仁也○知恥近乎勇者覆前文困而知之及勉強而行之以其知自羞恥勤行善事不避危難故近乎勇也前經生而知之不覆說者以其生知自然合聖故不須覆說也○凡爲天下國家有九經者此夫子爲哀公說治天下國家之道有九種常行之事論九經之次目也○體羣臣也者體謂接納言接納羣臣與之同體也○子庶民也者謂子愛庶民也○來百工也者謂招來百工也○脩身則道立者此一經覆說行九經則致其功用也脩身則道立者謂脩正其身不爲邪惡則道德興立也○尊賢則不惑者以賢人輔弼故臨事不惑所謀者善也○敬大臣則不眩者眩亦惑也以恭敬大臣任使分明故於事不惑前文不惑謀國家大事此云不眩謂謀國家衆事但所謀之事大小有殊所以異其文○體羣臣則士之報禮重者羣臣雖賤而君厚接納之則臣感君恩故爲君死於患難是報禮重也○子庶民則百姓勸子愛也言愛民如子則百姓勸勉以事上也○來百工則財用足百工興財用也君若賞賚招來之則百工皆自至故國家財用豐足○柔遠人則四方歸之遠謂蕃國之諸侯四方則蕃國也懷諸侯則天下畏之懷安撫也君若安撫懷之則諸侯服從兵強土廣故天下畏之 齊明盛服。非禮不動。所以脩身也。去讒遠色。賤貨而貴德。所以勸賢也。尊其位。重其祿。同其好惡。所以勸親親也。官盛任使。所以勸大臣也。忠信重祿。所以勸士也。時使薄斂。所以勸百姓也。日省月試。既廩稱事。所以勸百工也。送往迎來。嘉善而矜不能。所以柔遠人也。繼絕世。舉廢國。治亂持危。朝聘以時。厚往而薄來。所以懷諸侯也。同其好惡不特有所好惡於同姓雖恩不同義必同也尊重其祿位所以貴之不必授以官守天官不可私也官盛任使大臣皆有屬官所任使不親小事也忠信重祿有忠信者重其祿也時使使之以時日省月試考校其成功也既讀爲餼餼廩稍食也槀人職曰乘其事考其弓弩以下上其食○齊側皆反去起呂反遠于萬反好惡呼報反下烏路反又並如字注同斂力驗反既依注音餼許氣反稟彼錦反一本又力錦反稱尺證反朝直遙反槀苦報反一音古老反上時掌反〔疏〕齊明至侯也○正義曰此一節說行九經之法○齊明盛服者齊謂整齊明謂嚴明盛服謂正其衣冠是脩身之體也此等非禮不動是所以勸脩身○尊其位重其祿同其好惡所以勸親親也者尊其位謂授以大位重其祿謂重多其祿位崇重而已不可任以職事同其好惡好謂慶賞惡謂誅罰言於同姓既有親疏恩親雖不同義必須等故不特有所好惡○勸親親也者尊位重祿以勉之同其好惡以屬之是勸親親也○官盛任使所以勸大臣也官盛謂官之盛大有屬臣者當令任使屬臣不可以小事專勞大臣大臣懷德故云所以勸大臣也日省月試既廩稱事所以勸百工也既廩謂飲食糧廩也言在上每日省視百工功程每月試其所作之事又飲食糧廩稱當其事功多則廩厚功小則餼薄是所以勸百工也○治亂持危者○諸侯國內有亂則治討之危弱則扶持之○厚往而薄來所以懷諸侯也厚往謂諸侯還國王者以其材賄厚重往報之薄來謂諸侯貢獻使輕薄而來如此則諸侯歸服故所以懷諸侯也○注尊重至其食○正義曰尊重其祿位者言同姓之親既非賢才但尊重其祿位榮貴之而已不必授以官守也云大臣皆有屬官所任使不親小事也者若周禮六卿其下各有屬官其細碎小事皆屬官爲之是不親小事也云既讀爲餼餼廩稍食也者以既與廩連文又與餼字聲同故讀既爲餼稍食者謂稍給之故周禮月終均其稍食是也引槀人職者證其食廩稱事案周禮夏官槀人掌弓矢之材其職云乘其事乘謂計筭其所爲之事考其弓弩謂考校弓弩之善惡多少以下上其食下謂敗退上謂增益善者則增上其食惡者則減其食故也○ 凡爲天下國家有九經。所以行之者一也。凡事豫則立。不豫則廢。言前定則不跲。事前定則不困。行前定則不疚。道前定則不窮。一謂當豫也跲躓也疚病也人不能病之○跲其劫反皇音給行下孟反疚音救躓徐音致○〔疏〕凡爲至不窮○正義曰此一節明前九經之法唯在豫前謀之故云所以行之者一也一謂豫也○言前定則不跲者案字林云跲躓也躓謂行倒蹶也將欲發言能豫前思定然後出口則言得流行不有躓蹶也○事前定則不困者困乏也言欲爲事之時先須豫前思定則臨事不困○行前定則不疚者疚病也言欲爲行之時豫前思定則行不疚病○道前定則不窮者言欲行道之時豫前謀定則道無窮也○注人不能病之○正義曰解經行前定則不疚人若行不豫前先定人或不信病害之既前定而後行故人不能病害也

禮記注疏卷五十二校勘記　阮元撰盧宣旬摘録

附釋音禮記注疏卷第五十二　惠棟挍宋本禮記正義卷第六十

中庸第三十一

天命之謂性節

脩道之謂教　閩監本同石經同岳本同嘉靖本同衛氏集說同毛本脩作修卷内脩字並同

循性行之是謂道　閩監毛本同岳本同嘉靖本同衛氏集說同惠棟挍宋本是作之

若有佔聽之者　閩監毛本岳本嘉靖本同惠棟挍宋本佔作覘衛氏集說同釋文出有佔

天命至育焉　惠棟挍宋本無此五字

故云之謂性　惠棟挍宋本作之謂此本之謂二字倒閩監毛本同

孔子云唯上智與下愚不移　閩監本同考文引宋板智作知毛本智誤行

以非道路之所由猶如凶惡　閩監毛本作由猶此本由猶二字倒

言言雖曰獨居　閩監毛本不重言字此本誤重

萬物育焉致至也　閩監毛本同惠棟挍宋本焉下有者字

言人君所能至極中和　閩監本同毛本至作致

故萬物其養育焉　閩監毛本同衛氏集說其上有得字

仲尼曰君子中庸節

仲尼至矣夫　惠棟挍宋本無此五字

符朗爲青州刺史　衛氏集說亦作符朗閩監本朗誤郎毛本朗字不誤符作苻

旣無忌憚則不時節其中庸也　閩監毛本同惠棟挍宋本無旣無忌憚四字

子曰舜其大知也與節

子曰至舜乎　惠棟挍宋本無此五字

舜其大知也與者旣能包於大道　閩監本同毛本與誤愚於誤容

子曰人皆曰予知節

子曰至守也　惠棟挍宋本無此五字

此謂無知之人設譬也　閩監毛本同盧文弨挍云謂疑作爲

穿地爲坎　閩監本同衛氏集說同毛本坎誤坑

爲嗜欲所驅罪禍之中　閩監本惠棟挍宋本罪上有入字禍字同衛氏集說同毛本入字亦脫禍誤陷

子路問强節

謂犯而不校也　各本同毛本校作挍

塞猶實也　毛本岳本嘉靖本衛氏集說同閩監本實字闕

子路至哉矯　惠棟挍宋本無此五字

陰氣堅急 惠棟挍宋本同衛氏集說同閩監毛本堅作褊

以其性和同必流移隨物 惠棟挍宋本同閩本必字闕監毛本必誤不

今不改變已志 惠棟挍宋本同閩監毛本改誤解

子曰素隱行怪節

素讀如攻城攻其所傃之傃 惠棟挍宋本岳本嘉靖本同考文引古本足利本同閩監毛本如作為衛氏集說亦作讀如疏放此○按敬齊古今黈引作如此條鄭易索作傃乃讀為之例也

恥之也 惠棟挍宋本作恥宋監本嘉靖本衛氏集說同考文引古本足利本同此本恥誤取閩監毛本同疏放此

與讀為贊者皆與之與 閩監毛本岳本嘉靖本同衛氏集說為作如

子曰至天地 惠棟挍宋本無此五字

但知之易行之難故上文云 惠棟挍宋本行之難下更有知之易三字此本三字脫閩監毛本同

士冠禮云其饗冠者 閩監毛本同惠棟挍宋本云誤文

起於匹夫匹婦之所知所行者 閩監毛本同惠棟挍宋本者作也

子曰道不遠人節

所求乎子 各本同毛本子誤于

傃皆讀為素 惠棟挍宋本作素讀皆為傃宋監本岳本嘉靖本同考文引古本同此本誤倒閩監毛本同

子曰至徼幸 閩監本同毛本作子曰道不遠人人之為道至險以徼幸惠棟挍宋本無此五字

忠恕違道不遠也 閩監本同毛本也作者

夷狄雖陋雖隨其俗 閩監本同衛氏集說同惠棟挍宋本下雖作亦毛本同

子曰射有似乎君子節

畫曰正 岳本同惠棟挍宋本同嘉靖本同足利本同閩監毛本畫下有布字衛氏集說同岳本攷證云按正鳥名周禮射人賓射之儀畫布為正是也原本無布字者以凡侯皆布為之彩畫三分之一不必復言布耳乃省文非脫簡也

辟如行遠 閩監毛本岳本嘉靖本同惠棟挍宋本辟作譬宋監本石經同南宋石經同衛氏集說同下辟如同釋文出辟如云音譬下同○按譬正字辟假借字

子曰至妻孥 惠棟挍宋本無此五字

以上雖行道在於己身 閩監毛本同浦鏜挍云雖疑言字誤

此小雅常棣之篇 閩本同惠棟挍宋本同監毛本常誤棠衛氏集說亦作常

子曰鬼神之為德節

視之而弗見 各本同毛本視誤祝

子曰至此夫 惠棟挍宋本無此五字

金水之鬼終物 閩監本同衛氏集說同毛本鬼誤神

子曰舜其大孝也與節

今時人名草木之殖曰栽 岳本嘉靖本同考文引宋板同閩監毛本殖作植

栽或為茲 閩監毛本同岳本同惠棟挍宋本宋監本嘉靖本茲並作滋考文引古本足利本同

受祿于天 閩監本同石經同南宋石經同岳本同嘉靖本同衛氏集說同毛本于誤於

子曰至受命 惠棟挍宋本無此五字

以不應王錄 惠棟挍宋本同閩監毛本王作土

子曰無憂者節

子曰至一也 惠棟挍宋本無此五字

是再著戎服 閩監本同毛本服作衣

一名諸盩 惠棟挍宋本盩作盩閩本作盩監毛本作盩衛氏集說同下諸盩並同按當作盩

云期之喪達於大夫者 閩本同惠棟挍宋本同監毛本於作乎

子曰武王周公節

脩其祖廟 閩監本同石經同南宋石經同岳本同嘉靖本同衛氏集說同毛本祖誤宗

脩謂掃糞也 閩監毛本嘉靖本同岳本掃作埽衛氏集說同釋文亦作埽

先祖之遺衣服也 閩監本岳本嘉靖本同毛本遺誤衣

所以逮賤也 各本同石經同釋文出以遝云本又作逮按隶眔古音同十五部

若司徒羞牛 惠棟挍宋本宋監本岳本嘉靖本衛氏集說同閩監毛本羞作奉

子曰至掌乎 惠棟挍宋本無此五字

哀公問政節

布在方策 閩監毛本同石經同南宋石經同岳本同嘉靖本同衛氏集說同釋文策作筴

蒲盧蜾蠃 各本同釋文出蜾螺云本亦作蠃

乃知天命所保佑 惠棟挍宋本宋監本岳本同考文引古本足利本同閩監毛本保誤府嘉靖本佑作祐

哀公至一也 惠棟挍宋本無此五字

必先知天時所佑助也 閩監毛本同惠棟挍宋本佑作祐

子曰好學近乎知節 惠棟挍云子曰好學節宋本分凡為天下國家之下另為一節

子曰至家矣 惠棟挍宋本無此五字

所以贊天地動蓍龜也 惠棟挍宋本同閩本蓍龜也三字闕監毛本蓍龜作鬼神

覆前文或學而知之 惠棟挍宋本作覆此本覆誤則閩監毛本同下此覆前文或利而行之同

若能好學 惠棟挍宋本同閩監毛本若作蓋

以其知自羞恥勤行善事 惠棟挍宋本同閩監毛本行善誤勉遇

凡為天下國家有九經者 惠棟挍宋本上有正義曰三字

體羣臣也者體謂接納 閩監毛本同惠棟挍宋本無體羣臣也者五字山井鼎云宋板此五字脫

前文不惑謀國家大事 閩監毛本同惠棟挍宋本謀上有謂字

百工興財用也 閩監毛本同考文引宋板興作典

齊明盛服節

既廩稱事 閩監毛本同石經同南宋石經同岳本同嘉靖本同衛氏集說同釋文廩作稟不誤

齊明至侯也 惠棟挍宋本無此五字

謂官之盛大有屬臣者 閩本同惠棟挍宋本同監毛本臣作官下任使屬臣同

故讀既為餼 閩監本同毛本餼字闕

附釋音禮記注疏卷第五十三

禮記　鄭氏注　孔穎達疏

中庸

在下位不獲乎上。民不可得而治矣。獲得也言臣不得於君則不得居位治民獲乎上有道。不信乎朋友。不獲乎上矣。信乎朋友有道。不順乎親。不信乎朋友矣。順乎親有道。反諸身不誠。不順乎親矣。誠身有道。不明乎善。不誠乎身矣。言知善之爲善乃能行誠〔疏〕在下至身矣○正義曰此明爲臣爲人皆須誠信於身然後可得之事○在下位不獲乎上者獲得也言人臣處在下位不得於君上之意則不得居位以治民故云民不可得而治矣○獲乎上有道不信乎朋友不獲乎上矣者言臣欲得君上之意先須有道德信著朋友若道德無信著乎朋友則不得君上之意矣言欲得上意先須信乎朋友也○信乎朋友有道不順乎親則不信乎朋友矣者言欲行信著於朋友先須有道順乎其親若不順乎其親則不信乎朋友矣○順乎親有道反諸身不誠不順乎親矣者言欲順乎親必須有道反於已身使有至誠若身不能至誠則不能順乎親矣○誠身有道不明乎善不誠乎身矣者言欲行至誠於身先須有道明乎善行若不明乎善行則不能至誠乎身矣言明乎善行始能至誠乎身能至誠乎身始能順乎親順乎親始能信乎朋友信乎朋友始能得君上之意得乎君上之意始得居位治民也

誠者。天之道也。誠之者。人之道也。誠者。不勉而中。不思而得。從容中道。聖人也。誠之者。擇善而固執之者也。言誠者天性也誠之者學而誠之者也因誠身說有大至誠○中丁仲反又如字下中道同從七容反○〔疏〕誠者至者也○正義曰前經欲明事君先須身有至誠此經明至誠之道天之性也則人當學其至誠之性是上天之道不爲而誠不思而得若天之性有殺信著四時是天之道誠之者人之道也者言人能勉力學此至誠是人之道也不學則不得故云人之道○誠者不勉而中不思而得從容中道聖人也者此覆說上文誠者天之道也唯聖人能然謂不勉勵而自中當於善不思慮而自得於善從容間暇而自中乎道以聖人性合於天道自然故云聖人也○誠之者擇善而固執之者也此覆說上文誠之者人之道也謂由學而致此至誠謂賢人也言選擇善事而堅固執之行之不已遂致至誠也○注因誠身說有大至誠○正義曰以前經云欲事親事君先須修身有大至誠故此說有大至誠大至至誠則經云誠者天之道也聖人是矣

博學之。審問之。慎思之。明辨之。篤行之。有弗學。學之弗能。弗措也。有弗問。問之弗知。弗措也。有弗思。思之弗得。弗措也。有弗辨。辨之弗明。弗措也。有弗行。行之弗篤。弗措也。人一能之。已百之。人十能之。已千之。果能此道矣。雖愚必明。雖柔必強。此勸人學誠其身也果猶決也○措七路反下及注皆同置也強其良反〔疏〕博學至必強○正義曰此一經申明上經誠之者擇善而固執之事○有弗學學之弗能弗措也者謂身有事不能常學習當須勤力學之措置也言學不至於能不措置休廢必待能之乃已也以下諸事皆然此一句覆上博學之也○有弗問問之弗知弗措也覆上審問之也有弗思思之弗得弗措也覆上慎思之也有弗辨辨之弗明弗措也覆上明辨之也有弗行行之弗篤弗措也覆上篤行之也○人一能之已百之人十能之已千之謂他人性識聰敏一學則能知之已當百倍用功而學使能知之言已加心精勤之多恒百倍於他人也○果能此道矣雖愚必明雖柔必強果謂果決也若決能爲此百倍用功之道識慮雖復愚弱而必至明強此勸人學誠其身也

自誠明。謂之性。自明誠。謂之教。誠則明矣。明則誠矣。自由也由至誠而有明德是聖人之性者也由明德而有至誠是賢人學以知之也有至誠則必有明德有明德則必有至誠〔疏〕自誠至誠矣○正義曰此一經顯天性至誠或學而能兩者雖異功用則相通○自誠明謂之性者此說天性自誠者自由也言由天性至誠而身有明德此乃自然天性如此故謂之性自明誠謂之教者此說學而至誠由身聰明勉力學習而致至誠非由天性教習使然故云謂之教然則自誠明謂之性聖人之德也自明誠謂之教賢人之德也○誠則明矣者言聖人天性至誠則能有明德由至誠而致明也○明則誠矣者謂賢人由身聰明習學乃致至誠故云明則誠矣是誠則能明明則能誠優劣雖異二者皆通有至誠也

唯天下至誠。爲能盡其性。能盡其性。則能盡人之性。能盡人之性。則能盡物之性。能盡物之性。則可以贊天地之化育。可以贊天地之化育。則可以與天地參矣。盡性者謂順理之使不失其所也贊助也育生也助天地之化生謂聖人受命在王位致大平○大音泰〔疏〕唯天至參矣○正義曰此明天性至誠聖人之道也唯天下至誠者謂一天下之內至極誠信爲聖人也○爲能盡其性者以其至誠信與天地合故能盡其性既盡其性則能盡其人與萬物之性是以下云能盡人之性既能盡人性則能盡萬物之性故能贊助天地之化育功與天地相參上云誠者天之道此兼云地者上說至誠之理由神妙而來故特云天之道此據化育生物故并云地也

其次致曲。曲能有誠。誠則形。形則著。著則明。明則動。動則變。變則化。唯天下至誠爲能化。其次謂自明誠者也致至也曲猶小小之事也不能盡性而有至誠於有義焉而已形謂人見其功也盡性之誠人不能見也著形之大者也明著之顯者也動動人心也變改惡爲善也變之久則化而性善也〔疏〕其次至能化○正義曰此一經明賢人習學而致至誠故云其次致曲曲謂細小之事言其賢人致行細小之事不能盡性於細小之事能有至誠也○誠則形形則著者謂不能自然至誠由學而來故誠則人見其功是誠則形也初有小形後乃大而明著故云形則著也若天性至誠之人不能見則不形不著也○著則明明則動者由著故顯明由明能感動於衆○動則變變則化者既感動人心漸變惡爲善變而既久遂至於化言惡人全化爲善人無復爲惡也○唯天下至誠爲能化言唯天下學致至誠之人爲能化惡爲善改移舊俗不如前經天生至誠能盡其性與天地參矣○注其次至善也○正義曰以前經云自明誠謂之教是由明而致誠是賢人次於聖人故云其次謂自明誠也云不能盡性而有至誠於有義焉而已者言此次誠不能如至誠盡物之性但能有至誠於細小物焉而已此云形謂人見其功也者由次誠彰露人皆見其功也云盡性之誠人不能見也者言天性至誠神妙無體人不見也云著形之大者也解經形則著初有微形後則大而形著云變之久則化而性善也者解經變則化初漸謂之變變時新舊兩體俱有變盡舊體而有新體謂之爲化如月令鳩化爲鷹是爲鷹之時非復鳩也猶如善人無復有惡也

至誠之道。可以前知。國家將興。必有禎祥。國家將亡。必有妖孽。見乎蓍龜。動乎四體。禍福將至。善必先知之。不善必先知之。故至誠如神。可以前知者言天不欺至誠者也前亦先知禎祥妖孽蓍龜之占雖其時有小人愚主皆爲至誠能知者出也○四體謂龜之四足春占後左夏占前左秋占前右冬占後右○禎音貞妖於驕反左傳云地反物爲妖說文作祅云衣服歌謠草木之怪謂之祅孽魚列反說文作蠥云禽獸蟲蝗之怪謂之蠥一本乎作於蓍音尸爲于僞反〔疏〕至誠至如神○正義曰至誠之道可以前知者此由身有至誠可以豫知前事此至誠之內是天生至誠亦通學而至誠故前經云自明誠謂之教是賢人至誠同聖人也言聖人賢人俱有至誠之行天所不欺可知前事國家將興必有禎祥者禎祥吉之萌兆祥善也言國家之將興必先有嘉慶善祥也文說禎祥者言人有至誠天地不能隱如文王有至誠招赤雀之瑞也國本有今異曰禎本無今有曰祥何爲本有今異者何胤云國本有雀今有赤雀來是禎也國本無鳳今有鳳來是祥也尚書祥桑穀共生于朝是惡此經云善何得入國者以吉凶先見者皆曰祥別無義也國家將亡必有妖孽者妖孽謂凶惡之萌兆也妖猶傷也傷甚曰孽謂惡物來爲妖傷之徵若魯國鸛鵒來巢以爲國之傷徵案左傳云地反物爲妖說文云衣服歌謠草木之怪爲妖禽獸蟲蝗之怪爲孽○見乎蓍龜動乎四體者所以先知禎祥妖孽見乎蓍龜卦兆發動於龜之四體也○禍福將至者○禍謂妖孽福謂禎祥萌兆豫來是禍福將至○善必先知之者善謂福也○不善必先知之者不善謂禍也○故至誠如神者言至誠之道豫知前事如神之微妙故云至誠如神也注云雖其時有小人愚主皆爲至誠能知者出也○正義曰鄭以聖人君子將與之時或聖人有至誠或賢人有至誠則國之將興禎祥可知而小人愚主之世無至誠又時無賢人亦無至誠所以得知國家之將亡而有妖孽者雖小人愚主由至誠之人生在亂世猶有至誠之德此妖孽爲有至誠能知者出也案周語云幽王二年三川皆震伯陽父曰周將亡矣昔伊洛竭而夏亡河竭而商亡時三川皆震爲周之惡瑞是伯陽父有至誠能知周亡也又周惠王十五年有神降于莘虢國地名周惠王問內史過史過對曰夏之興也祝融降于崇山其亡也回

祿信于聆隧商之興也檮杌次於丕山其亡也夷羊在牧周之興也鸑鷟鳴於岐山其衰也杜伯射宣王於鎬今虢多涼德虢必亡也又内史過有至誠之德神爲之出是愚主之世以妖孽爲至誠能知者出也○誠者自成也而道自道也者言人能有至誠之德則自成就其身故云誠者自成也若人有道藝則能自道達於已故云而道自道也○誠者物之終始不誠無物者言人有至誠則能與萬物爲終始若無至誠則不能成其物若大人無至誠則不能生萬物若小人無至誠則不能成其物物猶事也小人無誠則不能成事

誠者自成也而道自道也
言人能至誠所以自成也有道藝所以自道達○自道音導注自道同
誠者物之終始不誠無物
物萬物也亦事也大人無誠萬物不生小人無誠則事不成
是故君子誠之爲貴
言貴至誠
誠者非自成已而已也所以成物也成已仁也成物知也性之德也合外内之道也
以至誠成已則仁道立以至誠成物則知彌博此五性之所以爲德也外内所須而合也外内猶上下○知音智注同
故時措之宜也
時措言得其時而用也
故至誠無息不息則久久則徵徵則悠遠悠遠則博厚博厚則高明
徵猶效驗也此言至誠之德既著於四方其高厚日以廣大也徵或爲徵
博厚所以載物也高明所以覆物也悠久所以成物也博厚配地高明配天悠久無疆
後言悠久者言至誠之德既至博厚高明配乎天地又欲其長久行之○疆居良反
如此者不見而章不動而變無爲而成天地之道可壹言而盡也
言其德化與天地相似可一言而盡要在至誠
其爲物不貳則其生物不測
言至誠無貳乃能生萬物多無數也○不貳本亦作貮音二
天地之道博也厚也高也明也悠也久也
此言其著見成功也

【疏】誠者至久也○此經明已有至誠能成就物也誠者非自成已而已也所以成物也者言人有至誠非但自成就已身而已又能成就外物○成已仁也成物知也者若能成就已身則仁道興立故云成已仁也若能成就外物則知力廣遠故云成物知也○性之德也者言誠者是人五性之德則仁義禮知信皆猶至誠而爲德故云性之德也○合外内之道也者言至誠之行合於外内之道無問外内皆須至誠於人事言之有外有内於萬物言之外内猶上下上謂天下謂地○天體高明故爲外地體博厚閉藏故爲内也是至誠合天地之道也○故時措之宜也者措猶用也言至誠者成萬物之性合天地之道故得時而用之則無往而不宜故注云時措言得其時而用也○故至誠無息○言至誠之德所用皆宜無有止息故能久遠博厚高明以配天地也○不息則久者以其不息故能長久也○久則徵者徵驗也以其久行故有徵驗○徵則悠遠者悠長也若事有徵驗則可行長遠也○悠遠則博厚以其德既長遠無所不周故博厚也養物博厚則功業顯著故博厚則高明也○博厚所以載物也以其德博厚所以負載於物○高明所以覆物也以其功業高明所以覆蓋於萬物也○悠久所以成物也以行之長久能成就於物此謂至誠之德也○博厚配地言聖人之德博厚配偶於地與地同功能載物也○高明配天言聖人功業高明配偶於天與天同功能覆物也○悠久無疆疆窮也言聖人之德既能覆載又能長久行之所以無窮悠久則上經悠遠悠久在博厚高明之上此經悠久在博厚高明之下者上經欲明積漸先悠久後能博厚高明此經既能博厚高明又須行之悠久故反覆言之○如此者不見而章不動而變無爲而成者言聖人之德如此博厚高明悠久不見所爲而功業章顯不見動作而萬物改變無所施爲而道德成就○天地之道可壹言而盡也者言聖人之德能同於天地之道欲尋求所由可一句之言而能盡其事理正由於至誠是壹言而盡也○其爲物不貳則其生物不測者言聖人行至誠接待於物不有差貳以此之故能生殖衆物不可測量故鄭云言多無數也

今夫天斯昭昭之多及其無窮也日月星辰繫焉萬物覆焉今夫地一撮土之多及其廣厚載華嶽而不重振河海而不洩萬物載焉今夫山一卷石之多及其廣大草木生之禽獸居之寶藏興焉今夫水一勺之多及其不測黿鼉鮫龍魚鼈生焉貨財殖焉
此言天之高明本生昭昭地之博厚本由撮土山之廣大本起卷石水之不測本從一勺皆合少成多自小致大爲至誠者以如此乎昭昭猶耿耿小明也振猶收也卷猶區也○夫音扶下同昭章遥反注同本亦作炤同撮七活反華戶化戶瓜二反本亦作山嶽泄息列反卷李音權又羌權反范羌阮反注同藏才浪反勺徐市若反黿音元鼉徒河反一音直丹反鮫音交本又作蛟鼈必列反耿公迥反又公頂反舊音孔頂反區羌俱反
詩曰惟天之命於穆不已蓋曰天之所以爲天也於乎不顯文王之德之純蓋曰文王之所以爲文也純亦不已
天所以爲天文王所以爲文皆由行之無已爲之不止如天地山川之云也易曰君子以順德積小以成高大是與○於穆上音烏下於乎亦同乎呼奴反慎如字一本又作順與音餘

【疏】今夫至不已○正義曰此一節明至誠不已則能從微至著從小至大○今夫天斯昭昭之多者斯此也昭昭狹小之貌言天初時唯有此昭昭之多小貌爾故云昭昭之多○今夫地一撮土之多言土之初時唯一撮土之多言多少唯一撮土○振河海而不泄者振收也言地之廣大載五嶽而不重振收河海而不漏泄○今夫山一卷石之多言山之初時唯一卷石之多多少唯一卷石耳故鄭注云卷猶區也今夫水一勺之多言水初時多少唯一勺耳此以下皆言爲之不已從小至大然天之與地造化之初清濁二氣爲天地分而成二體元初作盤薄穹隆非是以小至大今云昭昭與撮土卷石與勺水者何但山或壘石爲高水或衆流而成大是從微至著因說聖人至誠之功亦是從小至大以今天地體大假言由小而來以譬至誠非實論也○詩曰惟天之命於穆不已○此一經以上文至誠不已已能從小至大故此經引詩明不已之事所引詩者周頌維天之命文也詩稱維天之命謂四時運行所爲教命穆美也於穆不已者美之不休已也此詩之本文也○蓋曰天之所以爲天也此是孔子之言記者載之此詩所論蓋說天之所以爲天在乎不已○於乎不顯文王之德之純此亦周頌文王之詩純謂不已顯謂光明詩人歎之云於乎不光明乎言光明矣文王之德之純謂不已也言文王德教不有休已與天同功○蓋曰文王之所以爲文也此亦孔子之言解詩之文也○純亦不已者言文王之德之純亦如天之不休已故云純亦不已○注易曰君子慎德積小以高大○正義曰此易升卦之象辭案升卦巽下坤上木生於地中升進之義故爲升也

大哉聖人之道洋洋乎發育萬物峻極于天
育生也峻高大也○洋音羊峻思潤反
優優大哉禮儀三百威儀三千待其人然後行故曰苟不至德至道不凝焉
言爲政在人政由禮也凝猶成也○優於求反倡優也凝本又作疑魚澄反

【疏】大哉至凝焉○正義曰此一節明聖人之道高大苟非至德其道不成洋洋謂道德充滿之貌天下洋洋育生也峻高也言聖人之道高大與山相似上極于天○優優大哉優優寬裕之貌聖人優優然寬裕其道禮儀三百周禮有三百六十官言三百者舉其成數耳○威儀三千者即儀禮行事之威儀儀禮雖十七篇其中事有三千○待其人然後行者言三百三千之禮必待賢人然後施行其事○故曰苟不至德至道不凝焉凝成也古語先有其文今夫子既言三百三千待其賢人始行故引古語證之苟誠也不非也苟誠非至德之人則聖人至極之道不可成也俗本不作非也

故君子尊德性而道問學致廣大而盡精微極高明而道中庸溫故而知新敦厚以崇禮
德性謂性至誠者道猶由也問學學誠者也廣大猶博厚也溫讀如燖溫之溫謂故學之孰矣後時習之謂之溫○燖音尋○

【疏】故君至崇禮○正義曰此一經明君子欲行聖人之道當須勤學前經明聖人性之至誠此經明賢人學而至誠也○君子尊德性者謂君子賢人尊敬此聖人道德之性自然至誠也○而道問學者言賢人行道由於問學謂勤學乃致至誠也○致廣大而盡精微者廣大謂地也言賢人由學能致廣大如地之生養之德也而盡精微謂致其生養之德既能致於廣大盡育物之精微言無微不盡也○極高明而道中庸者高明謂天也言賢人由學極盡天之高明之德道通也又能通達於中庸之理也○溫故而知新者○言賢人由學既能溫尋故事又能知新事也○敦厚以崇禮者言以敦厚重行於學故以尊崇三百三千之禮也○注溫讀如燖溫之溫○正義曰案左傳哀十二年公會吳于橐皋大宰嚭請尋盟子貢對曰盟若可尋也亦可寒也賈逵注云尋溫也又有司徹云乃爇尸俎是燖爲溫也云謂故學之孰矣後時習之謂之溫者謂賢人舊學已精熟在後更習之猶若溫尋故食也

是故居上不驕爲下不倍國有道其言足以興國無道其默足以容
興謂起在位也○驕本亦作喬音嬌倍音佩默亡北反
詩曰既明且哲以保其身其此

之謂與。保安也。哲涉列反，徐本作知，音智。與音餘。【疏】是故至謂與。○正義曰：此一節明賢人學至誠之道中庸之行，若國有道之時，盡竭知謀，其言足以興成其國。興謂發謀出慮。○國無道其默足以容，若無道之時，則韜光潛默，足以自容其身，免於禍害。○詩云既明且哲以保其身，此大雅烝民之篇，美宣王之詩，言宣王任用仲山甫，能顯明其事任，且又哲知，保安全其己身，言中庸之人亦能如此，故云其此之謂與。

子曰：愚而好自用，賤而好自專。生乎今之世，反古之道。如此者，烖及其身者也。反古之道，謂曉一孔之人，不知今王之新政可從。○好呼報反，下同。烖音災。非天子不議禮，不制度，不考文。此天下所共行，天子乃能一之也。禮謂人所服行也。度，國家宮室及車輿也。文，書名也。今天下車同軌，書同文，行同倫。今，孔子謂其時。○行下孟反。雖有其位，苟無其德，不敢作禮樂焉。雖有其德，苟無其位，亦不敢作禮樂焉。言作禮樂者，必聖人在天子之位。【疏】子曰至樂焉。○正義曰：上經論賢人學至誠，商量國之有道無道，能或語或默，以保其身。若不能中庸者，皆不能量事制宜，必及禍患矣。因明已以此之故，不敢專輒制作禮樂也。○生乎今之世，反古之道，如此者，烖及其身者也，此謂尋常之人不知大道。若賢人君子，雖生今時，能持古法，故儒行云今人與居，古人與稽是也。俗本反下有行字，又無如此者三字，非也。○非天子不議禮者，此論禮由天子所行，既非天子，不得論議禮之是非。○不制度，謂不敢制造法度及國家宮室大小高下及車輿也。○不考文，亦不得考成文章書籍之名也。○今天下車同軌者，今謂孔子時。車同軌，覆上不制度。書同文，覆上不考文。行同倫，倫，道也，言人所行之行皆同道理，覆上不議禮。當孔子時，禮壞樂崩，家殊國異，而云此者，欲明已雖有德，身無其位，不敢造作禮樂，故極行而虛已，先說以自謙也。○注反古之道謂曉一孔之人。○正義曰：孔謂孔穴，孔穴所出，事有多塗，今唯曉知一孔之人，不知餘孔通達，雖守此一處，故云曉一孔之人。

子曰：吾說夏禮，杞不足徵也。吾學殷禮，有宋存焉。吾學周禮，今用之，吾從周。徵猶明也。吾能說夏禮，顧杞之君不足與明之也。吾從周，行今之道。○杞音起。王天下有三重焉，其寡過矣乎。三重，三王之禮。○王于況反，又如字。上焉者雖善無徵，無徵不信，不信民弗從。下焉者雖善不尊，不尊不信，不信民弗從。上謂君也。君雖善，善無明徵，則其善不信也。下謂臣也。臣雖善，善而不尊君，則其善亦不信也。徵或爲證。故君子之道，本諸身，徵諸庶民，考諸三王而不繆，建諸天地而不悖，質諸鬼神而無疑，百世以俟聖人而不惑。質諸鬼神而無疑，知天也。百世以俟聖人而不惑，知人也。知天知人，謂知其道也。鬼神從天地者也。易曰：故知鬼神之情狀，與天地相似。聖人則之，百世同道。徵或爲證。○繆音謬。悖布內反，後同。是故君子動而世爲天下道，行而世爲天下法，言而世爲天下則。遠之則有望，近之則不厭。用其法度，想思若其將來也。○遠如字，又于萬反。近如字，又附近之近。厭於豔反，後皆同。詩曰：在彼無惡，在此無射。庶幾夙夜，以永終譽。君子未有不如此而蚤有譽於天下者也。射，厭也。永，長也。○射音亦，注同。蚤音早。【疏】子曰至者也。○正義曰：以上文孔子身無其位，不敢制作二代之禮，夏殷不足可從，所以獨從周禮之意。因明君子行道，須本於身，達諸天地，質諸鬼神，使動則爲天下之道，行則爲後世之法，故能早有名譽於天下。蓋孔子微自明已之意。○子曰吾說夏禮杞不足徵也，徵，成也，明也。孔子言我欲明說夏代之禮，須行夏禮之國贊而成之，杞雖行夏禮，其君暗弱，不足贊而成之。○吾學殷禮有宋存焉者，宋行殷禮，故云有宋存焉。但宋君暗弱，欲其贊明殷禮，亦不足可成，故論語云宋不足徵也。此云杞不足徵，即宋亦不足徵。此云有宋存焉，則杞亦存焉，互文見義。○吾學周禮今用之吾從周者，既杞宋二國不足明已，當不復行前代之禮，故云吾從周。案趙商問孔子稱吾學周禮，今用之，吾從周。檀弓云今上也殷人也，兩楹奠殯哭師之處，皆所法於殷禮，未必由周，而云吾從周者何也。鄭答曰：今用之冠，在魯衣逢掖之衣，何必純用之。吾從周者，言周禮法最備，其爲殷周事豈一也。如鄭此言，諸侯禮法則從周，身之所行，雜用殷禮也。○王天下有三重焉其寡過矣乎，言爲君王有天下者，有三種之重焉，謂夏殷周三王之禮，其事尊重，若能行之，寡少於過矣。○上焉者雖善無徵無徵不信不信民弗從，○上謂君也，言爲君雖有善行，無分明徵驗，則不信著於下，既不信著，則民不從。下焉者雖善不尊，不尊不信，不信民弗從，下謂臣也，言臣所行之事，雖有善行而不尊不尊敬於君，則善不信著於下，既不信著，則民不從。故下云徵諸庶民，謂行善須有徵驗於庶民也。皇氏云無徵謂無符應之徵，其義非也。○故君子之道者，言君臣爲善，須有徵驗，民乃順從，故明之也。○本諸身者，言君子行道，先從身起，是本諸身也。○徵諸庶民者，徵，驗也，諸，於也，謂立身行善，使有徵驗於庶民，若晉文公出定襄王，示民尊上也，伐原，示民以信之類也。○考諸三王而不繆者，繆，亂也，謂已所行之事，考校與三王合同，不有錯繆也。○建諸天地而不悖者，悖，逆也，言已所行之道，建達於天地，而不有悖逆，謂與天地合也。○質諸鬼神而無疑知天也者，○質，正也，謂已所行之行，正諸鬼神，不有疑惑，是識知天道也。此鬼神是陰陽七八九六之鬼神，生成萬物者，此是天地所爲，既能質正陰陽，不有疑惑，是識知天道也。○百世以俟聖人而不惑知人也者，以聖人身有聖人之德，垂法於後，雖在後百世，亦堪俟待後世世之聖人，其道不異，故云知人也。○注知天至同道。○正義曰：以經云知天知人，故鄭引經總結之，云知其道者，以天地陰陽生成萬物，今能正諸陰陽鬼神而不有疑惑，是知天道也。以聖人之道，雖相去百世，其歸一揆，今能百世以待聖人而不有疑惑，是知聖人之道也。云鬼神從天地者也，解所以質諸鬼神之德，知天道之意。引易曰故知鬼神之情狀與天地相似者，證鬼神從天地之意。案易繫辭云：精氣爲物，游魂爲變。鄭云：木火之神生物，金水之鬼成物。以七八之神生物，九六之鬼成物，是鬼神以生成爲功，天地亦以生成爲務，是鬼神之狀與天地相似。云聖人則之百世同道，解經知人之道，以前世聖人既能垂法以俟待後世，聖人是識知聖人之道百世不殊，故聖人則之，百世同道也。○遠之則有望近之則不厭者，言聖人之道爲世法則，若遠離之則有企望思慕之深也，若附近之則不厭倦，言人愛之無已。○詩云在彼無惡在此無射庶幾夙夜以永終譽，此引周頌振鷺之篇，言微子來朝，身有美德，在彼宋國之內，民無惡之，在此來朝，人無厭倦，故庶幾以夙夜長永終竟美善聲譽。言君子之德，亦能如此，故引詩以結成之。○君子未有不如此而蚤有譽於天下者也，言欲蚤有名譽，會須如此，未嘗有不行如此而蚤得有聲譽者也。

仲尼祖述堯舜，憲章文武。上律天時，下襲水土。此以春秋之義說孔子之德。孔子曰：吾志在春秋，行在孝經。二經固足以明之。孔子所述堯舜之道而制春秋，而斷以文王武王之法度。春秋傳曰：君子曷爲爲春秋？撥亂世，反諸正，莫近諸春秋。其諸君子樂道堯舜之道與？末不亦樂乎堯舜之知君子也。又曰：是子也，繼文王之體，守文王之法度。文王之法無求而求，故譏之也。又曰：王者孰謂？謂文王也。此孔子兼包堯舜文武之盛德而著之春秋，以俟後聖者也。律，述也。述天時，謂編年，四時具也。襲，因也。因水土，謂記諸夏之事，山川之異。○行下孟反。斷丁亂反。曷爲，于僞反。以如字。撥，生末反。近，附近之近，又如字。與音餘。編，必緜反，又甫連反。辟如天地之無不持載，無不覆幬。辟如四時之錯行，如日月之代明。萬物並育而不相害，道並行而不相悖。小德川流，大德敦化。此天地之所以爲大也。聖人制作其德，配天地如此，唯五始可以當焉。幬亦覆也。小德川流，浸潤萌芽，喻諸侯也。大德敦化，厚生萬物，喻天子也。幬或作燾。○辟音譬，下同。幬徒報反。錯，七各反。當，丁浪反，又下郎反。浸，子鴆反。燾，徒報反。唯天下至聖，爲能聰明睿知，足以有臨也。寬裕溫柔，足以有容也。發強剛毅，足以有執也。齊莊中正，足以有敬也。文理密察，足以有別也。言德不如此，不可以君天下也。蓋傷孔子有其德而無其命。○叡音銳。知音智，下聖知同。齊，側皆反。別，彼列反。溥博淵泉，而時出之。言其臨下普徧，思慮深重，非得其時不出政教。○溥音普。徧音遍。思，息嗣反，又如字。溥博如天，淵泉如淵。見而民莫不敬，言而民莫不信，行而民莫不說。是以聲名洋溢乎中國，施及蠻貊。舟車所至，人力所通，天之所覆，地之所載，日月所照，霜露所隊，凡有血氣者，莫不尊親，故曰配天。如天，取其運照不已也。如淵，取其清深不測也。尊親，尊而親之。○見，賢遍反。說音悅。

施以豉反貉本又作貊武伯反說文云北方人也隊直類反唯天下至誠。爲能經綸天下之大經。立天下之大本。知天地之化育。至誠性至誠謂孔子也大經謂六藝而指春秋也大本孝經也。論本又作綸同音倫夫焉有所倚。肫肫其仁。淵淵其淵。浩浩其天。安有所倚言無所偏倚也故人人自以被德尤厚似偏頗者肫肫讀如誨爾忳忳之忳忳懇誠貌也肫肫或爲純純。焉於虔反倚依綺於寄二反注同肫依注音之淳反浩胡老反被皮義反頗破河反懇苦很反純音淳又之淳反苟不固聰明聖知達天德者。其孰能知之。言唯聖人乃能知聖人也春秋傳曰末不亦樂乎堯舜之知君子明凡人不知詩曰。衣錦尚絅。惡其文之著也。故君子之道。闇然而日章。小人之道。的然而日亡。言君子深遠難知小人淺近易知人所以不知孔子以其深遠禪爲絅錦衣之美而君子以絅表之爲其文章露見似小人也。絅本又作潁詩作褧同口迥反徐口定反一音口穎反惡烏路反著張慮反闇於感反又如字日而一反下同的丁歷反易以豉反下易舉同禪爲音丹爲其于僞反見賢遍反君子之道。淡而不厭。簡而文。溫而理。知遠之近。知風之自。知微之顯。可與入德矣。淡其味似薄也簡而文溫而理猶簡而辨直而溫也自謂所從來也三知者皆言其睹末察本探端知緒也入德入聖人之德。淡徒暫反又大敢反下注同厭於豔反睹音覩探音貪詩云。潛雖伏矣。亦孔之昭。故君子内省不疚。無惡於志。孔甚也昭明也言聖人雖隱居其德亦甚明矣疚病也君子自省身無愆病雖不遇世亦無損害於已志。昭本又作炤同之召反又章遥反疚九又反遯大困反本又作遁字亦同愆起虔反君子所不可及者。其唯人之所不見乎。詩云。相在爾室。尚不愧于屋漏。言君子雖隱居不失其君子之容德也相視也室西北隅謂之屋漏視女在室獨居者猶不愧于屋漏屋漏非有人也況有人乎。相息亮反注同愧本又作媿同九位反女音汝故君子不動而敬。不言而信。詩曰。奏假無言。時靡有爭。假大也此頌也言奏大樂於宗廟之中人皆肅敬金聲玉色無有言者以時太平和合無所爭也。奏如字詩作鬷子公反假古雅反爭爭鬭之爭注同大平音泰是故君子不賞而民勸。不怒而民威於鈇鉞。詩曰。不顯惟德。百辟其刑之。不顯言顯也辟君也此頌也言不顯乎文王之德百君盡刑之諸侯法之也。鈇方于反又音斧鉞音越辟音壁注同是故君子篤恭而天下平。詩曰。予懷明德。不大聲以色。予我也懷歸也言我歸有明德者以其不大聲爲嚴厲之

色以威我也〖疏〗仲尼至以色○正義曰此一節明子思申明夫子之德與天地相似堪以配天地而育萬物傷有聖德無其位也今各隨文解之○仲尼祖述堯舜者祖始也言仲尼祖述始行堯舜之道也○憲章文武者憲法也章明也言夫子法明文武之德○上律天時者律述也言夫子上則述行天時以與言陰陽時候也○下襲水土者襲因也下則因襲諸侯之事水土所在此言子思贊揚聖祖之德以仲尼修春秋而有此等之事也○注吾志至之異○正義曰吾志在春秋行在孝經者孝經緯文言褒貶諸侯善惡志在於春秋人倫尊卑之行在於孝經云二經固足以明之者此是鄭語言春秋孝經足以顯明先祖述憲章之事云孔子祖述堯舜之道而制春秋者則下文所引公羊傳云君子樂道堯舜之道與是也云斷以文王武王之法度者則下文引公羊云王者孰謂謂文王是也云春秋傳曰至堯舜之知君子也哀十四年公羊傳文引之者證祖述堯舜之事君子曷爲爲春秋曷何也君子謂孔子傳曰孔子何爲作春秋云撥亂世反諸正莫近諸春秋者此傳之文荅孔子爲春秋之意何休云撥猶治也言欲治於亂世使反歸正道莫近莫過也言餘書莫過於春秋言治亂世者春秋最近之也云其諸君子樂道堯舜之道與者上道論道下道謂道德與語辭言君子孔子也言孔子樂欲論道堯舜之道與也云末不亦樂乎堯舜之知君子也者末謂終未謂孔子末聖漢之初豈不亦愛樂堯舜之知君子也案何休云得麟之後天下血書魯端門曰趨作法孔聖沒周姬亡彗東出秦政起胡破術書記散孔不絕子夏明日往視之血書飛爲赤鳥化爲白書漢當秦大亂之後故作撥亂之法是其事也云又曰是子也繼文王之體守文王之法度文王之法無求而求故譏之也者此文九年公羊傳文八年天王崩謂周襄王也九年春毛伯來求金傳云是子繼文王之體守文王之法度文王之法無求而求故譏之是子謂嗣位之王在喪未合稱王故稱是子嗣位之王守文王之法度文王之法度無所求也謂三分有二以服事殷謂在喪之内無合求金之法度今遣毛伯來求金是無求而求也故書以譏之彼傳云是子俗本云子是者誤也云又曰王者孰謂謂文王也此隱元年公羊傳文案傳云元年春王正月王者孰謂謂文王也武王道同譽文王可知也云著之春秋以俟後聖者也哀十四年公羊傳云制春秋之義以俟後聖何休云待聖漢之王以爲法也云述天時謂編年四時具也案合成圖云皇帝立五始制以天道元命包云諸侯不上奉王之正則不得即位正不由王出不得爲正王不承於天以制號令則無法天不得正其元則不能成其化也○五始者元年一也春二也王三也正月四也公即位五也此春秋元年即當堯典欽若昊天也春秋四時即當堯典日中星鳥日永星火宵中星虛日短星昴之類是也春秋獲麟則當益稷百獸率舞鳳皇來儀是也此皆祖述堯舜之事言春秋四時皆具桓四年及七年不書秋七月冬十月成十年不書冬十月桓十七年直云五月不云夏昭十年直云十二月不云冬如此不具者賈服之義若登臺而不視朔則書時不書月若視朔而不登臺則書月不書時若雖無事視朔登臺則空書時月若杜元凱之意凡時月不具者皆史闕文其公羊穀梁之義各爲曲說今畧而不取也云襲因也因水土謂記諸夏之事山川之異者諸夏之事謂諸侯征伐會盟所在之地山川之異若僖十四年沙鹿崩成五年梁山崩之屬是也○譬如至大也○此明孔子之德與天地日月相似與天子諸侯德化無異○小德川流大德敦化者言孔子所作春秋若以諸侯小德言之如川水之流浸潤萌芽若以天子大德言之則仁愛敦厚化生萬物也○此天地之所以爲

大也言夫子之德比並天地所以爲大不可測也○唯天至別也○此又申明夫子之德聰明寬裕足以容養天下傷其有聖德而無位也○寬裕溫柔足以有容也○言夫子寬弘性善溫克和柔足以包容也○發強剛毅足以有執也發起也執猶斷也言孔子發起志意堅強剛毅足以斷決事物也○溥博至配天○此節更申明夫子蘊蓄聖德俟時而出日月所照之處無不尊御○溥博淵泉者溥謂無不周徧博謂所及廣遠以其浸潤之澤如似淵泉溥大也既思慮深重非得其時不出政教必以俟時而出○溥博如天者言似天無不覆幬○淵泉如淵言潤澤深厚如川水之流○夫焉有所倚至浩浩其天以前經贊明夫子之德此又云夫子無所偏倚而仁德自然盛大也倚謂偏有所倚近言夫子之德普被於人何有獨倚近於一人言不特有偏頗也○肫肫其仁肫肫懇誠之貌仁謂施惠仁厚言又能肫肫然懇誠行此仁厚爾○淵淵其淵淵水深之貌也言夫子之德淵淵然若水之深也○浩浩其天言夫子之德浩浩盛大其若如天也○注肫肫讀如誨爾忳忳之忳○正義曰此大雅抑之篇刺厲王之詩言詩人誨爾厲王忳忳然懇誠不已厲王聽我藐藐然而不入也苟不固聰明聖知達天德者其孰能知之者上經論夫子之德大如天此經論唯至聖乃知夫子之德苟誠也固堅固也言苟誠不堅固聰明睿聖通知曉達天德者其誰能識知夫子之德故注引公羊傳云堯舜之知君子者言有堯舜之德乃知夫子明凡人不知也○詩曰衣錦尙褧惡其文之著也以前經論夫子之德難知故此經因明君子小人隱顯不同之事此詩衛風碩人之篇美莊姜之詩言莊姜初嫁在塗衣著錦衣爲其文之大著尙著禪絅加於錦衣之上絅禪也以單穀爲衣尙以覆錦衣也案詩本文云衣錦褧衣此云尙絅者斷截詩文也又俗本云衣錦褧裳又與定本不同者記人欲明君子謙退惡其文之彰著故引詩以結之○故君子之道闇然而日章者章明也言君子以其道德深遠謙退初視未見故曰闇然其後明著故曰日章明也○小人之道的然而日亡者若小人好自矜大故初視時的然以其才藝淺近後無所取故曰日益亡○君子至德矣○此一經明君子之道察微知著故能入德○淡而不厭者言不媚悅於人初似淡薄久而愈敬無惡可厭也○簡而文者性無嗜慾故簡靜才藝明辨故有文也○溫而理氣性和潤故溫也正直不違故修理也○知遠之近○言欲知遠處必先之適於近乃後及遠知風之自自謂所從來處言見目前之風則知之適所從來處故鄭注云睹末察本遠是近之末風是所原坐缺五字從來之末也知微之顯此初時所微之事久乃適於顯明微是初端顯是縱緒故鄭注云探端知緒○可與入德矣○言君子或探末以知本或睹本而知末察微知著終始皆知故可以入聖人之德矣○詩曰潛雖伏矣亦孔之昭此明君子其身雖隱其德昭著所引者小雅正月之篇刺幽王之詩詩之本文以幽王無道喻賢人君子雖隱其身德亦甚明著不能免禍害猶如魚伏於水亦甚著見被人探捕記者斷章取義言賢人君子身雖藏隱猶如魚伏於水其道德亦甚彰矣○故君子內省不疚無惡於志者疚病也言君子雖不遇世內自省身不有愆病則亦不損害於己志言守志彌堅固也○注孔甚也○正義曰爾雅釋言文○君子至屋漏○此明君子之閒居獨處不敢爲非故云君子所不可及者其唯人之所不見乎○詩云相在爾室尙不愧于屋漏此大雅抑之篇刺厲王之詩詩人意稱王朝小人不敬鬼神聽視女在廟堂之中猶尙不愧畏於屋漏之神記者引之斷章取義言君子之人在室之中屋漏雖無人之處不敢爲非猶愧懼于屋漏之神況有人之處君子愧懼可知也言君子雖獨

居常能恭敬。注言君至人乎。正義曰言君子雖隱居不失其君子之容德也者隱居謂在室獨居猶不愧畏無人之處又常能恭敬是不失其君子之容德也云西北隅謂之屋漏者爾雅釋宮文以戶明漏照其處故稱屋漏屋漏非有人者言人之所居多近於戶屋漏深邃之處非人所居故云無有人也云況有人乎者言無人之處尚不愧之況有人之處不愧之可知也言君子無問有人無人恒能畏懼也。故君子不動而敬不言而信者以君子敬懼如是故不動而民敬之不言而民信之。詩曰奏假無言時靡有爭此商頌烈祖之篇美成湯之詩詩本文云鬷假無言此云奏假者與詩反異也假大也言祭成湯之時奏此大樂於宗廟之中人皆肅敬無有諠譁之言所以然者時既太平無有爭訟之事故無言也引證君子不言而民信。注假大也。正義曰爾雅釋詁文。詩曰不顯惟德百辟其刑之。此周頌烈文之篇美文王之德不顯乎文王之德言其顯矣以道德顯著故天下百辟諸侯皆刑法之引之者證君子之德猶若文王其德顯明在外明衆人皆刑法之。注辟君也。正義曰爾雅釋詁文。詩云予懷明德不大聲以色。此大雅皇矣之篇美文王之詩予我也懷歸也言天謂文王曰我歸就爾之明德所以歸之者以文王不大作音聲以爲嚴厲之色故歸之記者引之證君子亦不作大音聲以爲嚴厲之色與文王同也子曰。聲色之於以化民。末也。詩曰。德輶如毛。輶輕也言化民常以德德之易舉而用其輕如毛耳。末下葛反輶音酉一音由注同易以豉反毛猶有倫。上天之載。無聲無臭。至矣。倫猶比也載讀曰裁謂生物也言毛雖輕尚有所比有所比則有重上天之造生萬物人無聞其聲音亦無知其臭氣者化民之德清明如神淵淵浩浩然後善。載依注讀曰裁音災生也詩音再此必覆反下同或音眦志反又必利反皆非也重直勇反又直容反

〔疏〕子曰至至矣。正義曰此一節是夫子之言子思既說君子之德不大聲以色引夫子舊語聲色之事以接之言化民之法當以德爲本不用聲色以化民也若用聲色化民是其末事故云化民末也。詩曰德輶如毛者此大雅烝民之篇美宣王之詩輶輕也言用德化民舉行甚易其輕如毛也。毛猶有倫倫比也既引詩文德輶如毛又言德之至極本自無體何直如毛毛雖細物猶有形體可比並故云毛猶有倫也。上天之載無聲無臭至矣者載生也言天之生物無音聲無臭氣寂然無象而物自生言聖人用德化民亦無音聲亦無臭氣而人自化是聖人之德至極與天地同此二句是大雅文王之詩美文王之德不言詩云者孔子略而不言直取詩之文爾此亦斷章取義。注載讀至後善。正義曰案文以載爲事此讀爲栽者言其生物故讀載爲栽也云毛雖輕尚有所比則有重言毛雖輕物尚有形體以他物來比有可比之形則是有重毛在虛中猶得隊下是有重也云化民之德清明如神淵淵浩浩則上文淵淵其淵浩浩其天是也

禮記注疏卷五十三挍勘記　　阮元撰盧宣旬摘錄

中庸

在下位不獲乎上節

在下至身矣　惠棟挍宋本無此五字

不順乎親則不信乎朋友矣者　閩監本同毛本則字脫

誠者天之道也節

誠者至者也　惠棟挍宋本無此五字

若天之性有殺信著四時　惠棟挍宋本作有生殺此本生字脫作有殺閩監毛本有殺作自然

大至至誠　補案至字誤重

自誠明謂之性節

自誠至誠矣　惠棟挍宋本無此五字

此說學而至誠　惠棟挍宋本作說學此本說學二字闕閩監毛本說學誤自明

教習使然故云謂之教　惠棟挍宋本作使然此本使然二字闕閩監毛本使然誤而致

則能有明德　惠棟挍宋本作有明此本有明二字闕閩監毛本有明誤明其

由身聰明習學　惠棟挍宋本作習此本習字闕閩監毛本習誤勉

其次致曲節

其次至能化　惠棟挍宋本無此五字

能盡其次性　補案次字疑衍

由次誠彰露　閩監本同毛本次誤此

至誠之道可以前知節

必有妖孽　閩本同石經同南宋石經同嘉靖本同衛氏集說同釋文亦作孽惠棟挍宋本孽作孼宋監本岳本同監本誤作蘗注疏放此

前亦先知　補明監本作前亦先也不誤

至誠至如神　惠棟挍宋本無此五字

文說禎祥者　閩監本同毛本文誤又

案周語云幽王二年　閩監毛本同浦鏜挍本二改三

誠者自成也節　惠棟挍云誠者節宋本分誠者物之終始至誠之爲貴爲一節誠者非自成已至外內之道也爲一節故時措之宜至高明爲一節博厚至生物不測爲一節天地之道合下今夫天節爲一節

有道藝所以自道達　閩本惠棟挍宋本宋監本岳本嘉靖本同監毛本上道誤造

可壹言而盡也　惠棟挍宋本石經同南宋石經宋監本岳本同嘉靖本閩監毛本壹作一衛氏集說同石經考文提要云宋大字本宋本九經南宋巾箱本余仁仲本劉叔剛本並作壹

誠者至久也　惠棟挍宋本無此五字

則仁義禮知信　惠棟挍宋本同閩監毛本知作智

皆猶至誠而爲德　閩監毛本同浦鏜云猶當由字誤

又須行之長久　惠棟挍宋本作長衛氏集說同此本長久作悠閩監毛本同

可壹言而盡也者　惠棟挍宋本壹字同閩監毛本壹作一宋本有者字此本者誤。閩監毛本同

今夫天節

一撮土之多及其廣厚　惠棟挍宋本宋監本石經南宋石經岳本嘉靖本衛氏集說考文引古本足利本並同閩監毛本厚誤大

振河海而不洩　各本同石經同釋文洩作泄

黿鼉鮫龍魚鼈生焉　石經南宋石經岳本宋監本同閩監毛本鮫作蛟嘉靖本衛氏集說同惠棟挍宋本亦作鮫釋文出鮫龍云本又作蛟毛本鼈誤鱉

本由撮土　惠棟挍宋本岳本嘉靖本衛氏集說同閩監毛本由作起

本從一勺皆合少成多自小致大　惠棟挍宋本宋監本岳本嘉靖本衛氏集說同閩監毛本從誤由皆合少成多自誤言天地山川積孫志祖挍云困學紀聞合少成多出中庸注閻若璩云無此語葢未見宋本也

爲至誠者以如此乎　閩監毛本同惠棟挍宋本以作亦宋監本岳本嘉靖本衛氏集說同

昭昭猶耿耿小明也振猶收也　惠棟挍宋本宋監本岳本嘉靖本同閩監本耿耿小明也振猶收也九字闕

惟天之命　惠棟挍宋本石經南宋石經宋監本岳本同嘉靖本閩監毛本惟作維衛氏集說同按詩考列之詩異字石經考文提要云宋大字本宋本九經南宋巾箱本余仁仲本並作惟天疏並放此

天所以爲天　惠棟挍宋本宋監本毛本岳本嘉靖本同閩監本五字闕

如天地山川之云也　惠棟挍宋本宋監本毛本岳本嘉靖本衛氏集說同閩監本地山川之云也六字闕

易曰君子以順德積小以成高大　閩監毛本同惠棟挍宋本順作慎嘉靖本同考文云宋板無成字岳本亦無成字順字同考文引古本足利本亦作慎釋文出慎德云一本又作順孫志祖挍云按易升卦巽下坤上順德坤德也作慎則於卦義不切詩應侯順德鄭箋亦引易曰君子以順德可証康成本作順矣

積小以成高大今易本無成字

今夫至不已惠棟挍宋本無此五字

明至誠不已則能從微至著從小至大惠棟挍宋本同閩監毛本能從微至著誤聖人至誠亦

昭昭狹小之貌惠棟挍宋本同閩監毛本狹小之貌四字闕

故云昭昭之多〇惠棟挍宋本同閩監毛本之多二字作三空闕

言土之初時閩監毛本同惠棟挍宋本土作地

言多少唯一撮土惠棟挍宋本同閩監毛本多少唯一四字闕

載五嶽而不重惠棟挍宋本同閩監毛本作載華嶽而不重

此以下皆言爲之不已惠棟挍宋本同閩監毛本爲之誤至誠

清濁二氣爲天地分而成二體惠棟挍宋本同閩監毛本天地分而四字闕

水或衆流而成大是從微至著惠棟挍宋本同閩監毛本成大是從誤聚爲深自

〇注易曰君子慎德毛本同閩監本注字闕

大哉聖人之道節

育生也峻高大也毛本岳本衛氏集說宋監本惠棟挍宋本嘉靖本同閩監本也峻高大也五字闕

待其人然後行石經南宋石經岳本宋監本嘉靖本衛氏集說同閩監毛本然作而石經考文提要云按禮記集說曲禮篇引呂大臨說仲尼燕居篇引方慤說此篇引楊時譚維寅晏光說俱作然後行宋大字本宋本九經南宋巾箱本余仁仲本劉叔剛本並作然後

言爲政在人政由禮也凝猶成也惠棟挍宋本毛本岳本嘉靖本同閩監本言爲成也四字存餘九字並闕

此一節明聖人之道高大苟非至德其道不成惠棟挍宋本同閩監本闕人之道高大苟非至德其十字誤衍十二空闕毛本人字有衍十一空闕

天下洋洋然有生也峻高也言聖人之道惠棟挍宋本如此此本然字脫監毛本闕下洋洋然育生也峻高也言聖十二字止空十一闕閩本聖字有空十闕

上極于天〇優優大哉優優寬裕之貌惠棟挍宋本同閩監本闕天〇優優大哉優優寬裕十字衍十一空闕毛本天字有空十闕

禮儀三百者周禮有三百六十官言三百者惠棟挍宋本同閩監毛本闕三百者周禮有三百六十官十一字此本上者字脫

威儀三千者即儀禮行事之威儀儀禮惠棟挍宋本同閩監毛本闕千者即儀禮行事之威儀九字衍十空闕

〇待其人然後行者言三百三千之禮惠棟挍宋本同閩監毛本闕待其人然後行者言三百十字

然後施行其事〇故曰苟不至德至道不凝焉惠棟挍宋本同閩監毛本闕事〇故曰苟不至德至道十字衍十一空闕

今夫子既言三百三千待其賢人惠棟挍宋本同閩監毛本闕夫子既言三百三千待其賢十一字

苟誠也不非也苟誠非至德之人則聖人至極之道不可成也俗本不作非也惠棟挍宋本同閩監毛本闕廿一字〇又惠棟挍宋本此下標禮記正義卷第六十終記云凡三十七頁

故君子尊德性節惠棟挍宋本自此節起至表記子言之君子之所謂義者節止爲第六十一卷卷首題禮記正義卷第六十一

學誠者也廣大猶博厚也毛本同岳本同嘉靖本同衛氏集說同閩監毛本也廣大猶博厚也七字闕

故君至崇禮惠棟挍宋本無此五字

此一經明君子欲行聖人之道惠棟挍宋本同閩監毛本經明君子欲行聖人之九字闕

前經明聖人性之至誠此經明賢人學而至誠也惠棟挍宋本同閩監毛本前字空闕又闕誠此經明賢人學而至誠十字

賢人尊敬此聖人道德之性自然至誠也惠棟挍宋本同閩監毛本尊敬此聖人道德之性自十一字闕

言賢人行道由於問學謂勤學乃致至誠也惠棟挍宋本同閩監毛本行道由於問學謂勤學乃十字闕

言無微不盡也惠棟挍宋本同閩監毛本無微二字闕

言賢人由學極盡惠棟挍宋本同閩監毛本學極二字闕

子曰吾說夏禮節

子曰至者也惠棟挍宋本無此五字

雖善不尊不信閩本明監本毛本不信上重不尊二字此本誤脫

雖有善行而不尊不尊敬於君惠棟挍宋本同閩監毛本脫下不尊二字

伐原示民以信之類也閩監毛本同惠棟挍宋本類下有是字

亦堪俟待後世世之聖人閩監毛本同考文引宋板世字不重

云聖人則之百世同道者閩監毛本同惠棟挍宋本下有者字

未常有不行如此惠棟挍宋本同閩監毛本常作嘗

仲尼祖述堯舜節

辟如天地之無不持載閩監毛本岳本嘉靖本衛氏集說同惠棟挍宋本辟作譬石經同南宋石經下辟如同

爲能聰明睿知閩監毛本嘉靖本衛氏集說同石經睿作叡南宋石經同岳本同釋文出明叡

施及蠻貊各本同石經同釋文出蠻貉云本又作貊。按貉正字貊俗字

爲能經綸天下之大經各本同石經亦作綸釋文出能經論云本又作綸

安有所倚惠棟挍宋本如此宋監本岳本嘉靖本衛氏集說同考文引古本足利本同此本誤作安無所以閩監毛本倚字同有誤無

故人人自以被德尤厚閩監毛本同惠棟挍宋本無故字宋監本嘉靖本同岳本故作而

讀如誧爾忳忳之忳忳懇誠貌也閩監毛本同岳本嘉靖本同衛氏集說同考文引宋板古本忳字不重段玉裁云如當作爲宋監本少一忳字非也

可與入德矣閩監本同石經南宋石經岳本嘉靖本同衛氏集說同毛本與誤以考文引宋板亦作與

言聖人雖隱居閩監毛本同惠棟挍宋本居作遁嘉靖本同宋監本岳本作遯考文引足利本同釋文出隱遯云本又作遁

君子所不可及者石經南宋石經岳本嘉靖本同閩監毛本所上有之字衛氏集說同石經考文提要云宋大字本宋本九經南宋巾箱本余仁仲本劉叔剛本並無之字

視女在室獨居者閩監毛本同衛氏集說同岳本嘉靖本者作耳考文引宋板古本足利本同

此頌也閩監毛本同岳本嘉靖本同衛氏集說同考文引宋板頌作顯恐非

謂諸侯法之也惠棟挍宋本有謂字宋監本岳本嘉靖本同考文引古本足利本同此本謂字脫閩監毛本同

詩云子懷明德　惠棟挍宋本作云石經同南宋石經同岳本同衛氏集說同此本云作曰嘉靖本同閩監毛本同

仲尼至以色　惠棟挍宋本無此五字

言夫子法明文武之德　考文引宋板同閩監毛本法作發按此承上憲法也章明也憲章猶法明故此言法明文武之德三本改法爲發失其義也

譽文王可知也　閩監毛本同惠棟挍宋本譽作舉

上經論夫子之德大如天　閩監毛本同惠棟挍宋本大上有深字

詩曰衣錦尚褧　閩監毛本同惠棟挍宋本褧作絅

風是所從來之末也　此本所下空闕五字閩監毛本同考文引宋板空處補從來之末也五字按五字複衍各本刪去是也

被人採捕　閩監毛本同惠棟挍宋本採作探

子曰聲色之於以化民節

人無聞其聲音亦無知其臭氣者　閩監毛本同惠棟挍宋本亦作者岳本嘉靖本同

子曰至至矣　惠棟挍宋本無此五字

尚有所比則有重　惠棟挍宋本重有所比三字此本脫閩監毛本同

毛在虛中猶得隊下　惠棟挍宋本同閩監毛本隊作墜

附釋音禮記注疏卷第五十三　宋監本禮記卷第十六經三千五百九十三字注三千七百三十一字嘉靖本同

禮記注疏卷五十三挍勘記

附釋音禮記注疏卷第五十四

表記第三十二。陸曰鄭云以其記君子之德見於儀表者也〔疏〕正義曰按鄭目錄云名曰表記者以其記君子之德見於儀表此於別錄屬通論

子言之。歸乎。君子隱而顯。不矜而莊。不厲而威。不言而信。此孔子行應聘諸侯莫能用已心厭倦之辭也。矜謂自尊大也。厲謂嚴顏色。矜居陵反。應應對之應。已音紀。厭於豔反〔疏〕子言至而信。正義曰此一篇揔論君子及小人爲行之本并論虞夏殷周質文之異又論爲臣事君之道各依文解之稱子言之凡有八所皇氏云皆是發端起義事之頭首記者詳之故稱子言之若於子言之下更廣開其事或曲說其理則直稱子曰今檢上下體例或如皇氏之言今依用之此一節是孔子應聘諸國莫能用已心有厭倦而爲此辭託之君子所以自明其德。歸乎者於時孔子身在他國不被任用故稱歸乎。君子隱而顯者君子身雖幽隱而道德潛通聲名顯著故云隱而顯也。不矜而莊者矜謂自尊大莊敬也言不自尊大而人尊敬也。不厲而威者常行仁義道德不自嚴厲而人威服也。不言而信者不須出言而人體信以其積德咸通故所致如此此皆夫子自道已德而然但假諸君子。注此孔子至辭也。正義曰知此是應聘諸侯莫能用已心厭倦之辭者以發首云歸乎是從他國欲歸於魯猶若論語云子在陳稱歸與歸與吾黨之小子云是其不用而辭歸也

子曰。君子不失足於人。不失色於人。不失口於人。是故君子貌足畏也。色足憚也。言足信也。失謂失其容止之節也玉藻曰足容重色容莊口容止。憚大旦反。甫刑曰。敬忌而罔有擇言在躬。甫刑尚書篇名忌之言戒也言已外敬而心戒愼則無有可擇之言加於身也〔疏〕子曰至在躬。正義曰此一經廣明君子之德亦夫子竊自言也。不失足於人者足容重不失此足之容儀而作夸毗進退於衆人也。不失色於人者色容須矜莊不失此色之容儀而作籧篨戚施於衆人也。不失口於人者口容須安止不失此口之容儀而作諂私曲媚於衆人也。是故至足信也此皆覆結上文。甫刑曰敬忌而罔有擇言在躬者甫刑尚書篇名呂刑也甫侯爲穆王說刑故稱甫刑忌戒也罔無也言已外貌恭敬心能戒忌而無有可擇去之言在於躬也今君子之德亦能如此故引甫刑以結之證君子無可擇去之言則上云言足信是也然則敬之與忌則是君子貌足畏色足憚也

子曰。裼襲之不相因也。欲民之毋相瀆也。不相因者以其或以裼爲敬或以襲爲敬禮盛者以襲爲敬執玉龜之屬也禮不盛者以裼爲敬受享是也。裼思歷反下音習毋音無下同瀆大木反

子曰。祭極敬。不繼之以樂。朝極辨。不繼之以倦。極猶盡也辨分別政事也祭義曰祭之日樂與哀半饗之必樂已至必哀。樂音洛注同又音岳朝直遙反下注朝聘同辨彼列反已音以倦本又作勌其眷反〔疏〕子曰至以倦。正義曰以前經云君子貌足畏色足憚故此經云毋相瀆卽是可憚之事也裼襲之不相因也者行禮之時禮不盛者則露見裼衣禮盛之時則重襲上服是行禮初盛則襲衣禮不盛則裼衣是裼襲不相因也若始末恒裼襲是相因也其行禮之時或初襲而後裼或初裼而後襲所以然者欲使人民無相褻瀆使禮相變革也。注禮盛至是也。正義曰案聘禮賓初行聘時則襲故聘禮云賓襲執圭是也至聘訖受享之時賓裼奉束帛加璧行享聘爲禮盛故襲享爲禮不盛故裼聘時有玉故云執玉也玉藻曰執玉龜襲故云之屬也案行享執璧璧亦是玉於時裼衣而云以襲執玉龜者但享時雖執璧以璧致享比聘時執玉爲輕故享雖有璧而裼也又賓介自相授玉之時介禮輕裼而執圭以受賓禮重則襲而後受圭是賓之與介亦裼襲不相因故聘禮云上介不襲執圭屈繅授賓賓襲執圭是也。子曰祭極敬不繼之以樂朝極辨不繼之以倦。正義曰以前經毋相瀆故此經明行敬之時不可以樂以倦也極盡也言祭祀極盡於敬不可以終末繼之以樂而不敬言朝禮極盡於分別政事不可以終末繼之以解倦而不分別也。注祭義至必哀。正義曰引之者證明此經不可繼之以樂之事也

子曰。君子愼以辟禍。篤以不揜。恭以遠恥。篤厚也揜猶困迫也。辟音避揜於檢反遠于萬反〔疏〕子曰至遠恥。正義曰愼以辟禍者言君子恒須謹愼以辟禍患也篤以不揜者篤厚也揜謂困迫也言君子篤厚行於善道不使揜逼而被困迫也言恭以遠恥者又能恭敬而遠恥辱也

子曰。君子莊敬日強。安肆日偸。肆猶放恣也偸苟且也。肆或爲褻。日強上人實反下同其良反肆音四偸他侯反注同恣咨嗣反

君子不以一日使其躬儳焉。如不終日。儳焉可輕賤之貌也如不終日言人而無禮死無時。儳徐在鑑反又仕鑑反

子曰。齊戒以事鬼神。擇日月以見君。恐民之不敬也。擇日月以見君謂臣在邑竟者。齊側皆反見賢遍反注同竟音境

子曰。狎侮死焉而不畏也。忕於無敬心也。狎下甲反習也侮亡甫反忕時世反又時設反〔疏〕子曰至畏也。正義曰此經又廣明恭敬之事言君子之人恒能莊敬故德業日強。安肆日偸者肆謂放恣偸謂苟且言小人安樂放恣則其情性日爲苟且經不云小人文不具也。君子不以一日使其躬儳焉如不終日者儳焉可輕賤之貌言君子則常行善道不以一日之間使其身儳焉可輕賤如小人不能終竟一日也不言不得長久也若小人恒爲無禮使其身可輕賤死期促近不能終竟一日也。注擇日月以見君謂臣在邑竟者。正義曰知者以其經云擇日月以見君若朝廷之臣則每日朝君何得云擇日月據此故知邑竟或擇日出使在外或食邑別都見君之時須擇日月也。子曰狎侮死焉而不畏也。正義曰前經明君子恒能行恭敬此明小人唯好狎侮言小人遞相輕狎侮慢相侵雖有死焉禍害而不知畏懼也以其忕於無敬心故也言數爲無恭敬之心好相狎侮故至於死焉而不知畏懼也

子曰。無辭不相接也。無禮不相見也。欲民之毋相褻也。辭所以通情也禮謂摯也春秋傳曰古者諸侯有朝聘之事號辭必稱先君以相接也。褻息列反摯音至本亦作贄

易曰。初筮告。再三瀆。瀆則不告。瀆之言褻也。筮市制反三息暫反又如字〔疏〕子曰至不告。正義曰前明小人狎侮至於死

亡此明君子無相褻瀆○無辭不相接者言朝聘會聚之時必有言辭以通情意若無言辭則不得相交接也○無禮不相見者禮謂贄幣也贄幣所以示己情若無贄幣之禮不得相見所以然者欲民之無相褻瀆也○易曰初筮告再三瀆瀆則不告者此易蒙卦辭○蒙卦坎下艮上艮爲山坎爲水山下出泉是物之蒙昧童蒙之象也筮問也言童蒙初來問師師則告之若再三來問是爲褻瀆問既褻瀆師則不復告之引者證無相褻瀆之義也

子言之。仁者天下之表也。義者天下之制也。報者天下之利也。報謂禮也禮尚往來 子曰。以德報德。則民有所勸。以怨報怨。則民有所懲。懲謂創艾○懲直陵反創初亮反又初良反又或又作艾魚廢反皇魚蓋反 詩曰。無言不讎。無德不報。讎猶荅也○讎音酬 大甲曰。民非后。無能胥以寧。后非民。無以辟四方。大甲湯孫也書以名篇胥相也民非君不能以相安○大音泰下注同無能胥以寧尚書作罔克胥匡以生辟音璧君也 子曰。以德報怨。則寬身之仁也。以怨報德。則刑戮之民也。寬猶愛也愛身以息怨非禮之正也仁亦當言民聲之誤○戮音六本又或作僇音同 子曰。無欲而好仁者。無畏而惡不仁者。天下一人而已矣。是故君子議道自己。而置法以民。一人而已喻少也自己自盡己所能行○好呼報反惡烏路反 子曰。仁有三。與仁同功而異情。三謂安仁也利仁也强仁也利仁强仁功雖與安仁者同本情則異○强其兩反下文同 與仁同功。其仁未可知也。與仁同過。然後其仁可知也。仁者安仁。知者利仁。畏罪者强仁。功者人所貪也過者人所辟也在過之中非其本情者或有悔者焉○知者音智辟音避 仁者右也。道者左也。仁者人也。道者義也。右也左也言相須而成也人也謂施以人恩也義也謂斷以事宜也春秋傳曰執未有言舍之者此其言舍之何人也○斷丁亂反 厚於仁者薄於義。親而不尊。厚於義者薄於仁。尊而不親。言仁義並行者也仁多則人親之義多則人尊之 道有至。義有考。至道以王。義道以霸。考道以爲無失。此讀當言道有至有義有攷字脫一有耳有至謂兼仁義者有義則無仁矣有攷攷成也能取仁義之一成之以不失於人非性也○道有至義依注讀爲道有至有義王于況反脫音奪

疏「子言」至「無失」○正義曰此一節摠明仁義之事各隨文解之以其與上別端故更稱子言之○仁者天下之表也表謂儀表言仁恩是行之盛極故爲天下之儀表也○義者天下之制也義宜也制謂裁斷既使物各得其宜是能裁斷於事也○報者天下之利也者報謂禮也禮尚往來相反報物得其利故云天下之利也○詩曰無言不讎無德不報者此詩大雅抑之篇刺厲王之詩引之者證經相報之義○大甲曰民非后無能胥以寧后非民無以辟四方者此尚書大甲之篇大甲湯孫大丁之子湯崩大甲立伊尹作書訓之故云大甲后君也胥相也伊尹言民若無君無能相匡正以自安居也君若無民無以君領四方引之者證君之與民上下各以其事相報是相報荅之義也故引以結之○子曰以德報怨則寬身之仁也言子曰者廣明以禮相報之義寬身之仁者若以直報怨是禮之常也今以德報怨但是寬愛己身之民欲苟息禍患非禮之正也○以怨報德則刑戮之民也者禮當以德報德今以怨報德其人凶惡是合刑戮之民也○子曰無欲而好仁者自此以下廣明仁道凡仁道有三一是安仁二是利仁三是强仁此明安仁之事安仁者無所畏惡而自安仁道凡人好仁皆有所欲今無所欲而好仁自好仁道○無畏而惡不仁者凡人憎惡不仁皆有所畏始惡不仁今無有所畏而能惡不仁者○天下一人而已矣者言無欲好仁無畏惡不仁雖天下之人廣能行此者但有一人而已喻其少也○是故君子議道自己者好仁之法須恩惠及人當恕己而行故君子謀議道理先自己而始○置法以民者己所能行乃施於人故云置法以民言從己而始乃可以施置法度於它人○子曰仁有三與仁同功而異情此明仁道有三其功雖同其情則異以終能汎愛其功同也一則無所求爲而安靜行仁一則規求其利而行仁一則畏懼於罪而行仁是異情也○與仁同功其仁未可知也者此一經申明同功異情之事三者之仁其功俱是汎施博愛其事一種是未可知也○與仁同過然後其仁可知也者過謂利之與害若遭遇利害之事其行仁之情則可知也○仁者安仁者此明三者可知之事若天性仁者非關利害而安仁也○知者利仁者若有知謀者貪利而行仁有利則行無利則止非本情也○畏罪者强仁者若畏懼於罪者自强行仁望免離於罪若無所畏則不能行仁也○仁者右也道者左也此經明仁義相須若手之左右仁恩者若人之右手右手是用之便也仁恩亦行之急也○道者左也道是履蹈而行比仁恩稍劣故爲左也○仁者人也言仁恩之道以人情相愛偶也○道者義也義宜也凡可履蹈而行者必斷割得宜然可履蹈故云道者義也○注人也至人也○正義曰人也謂施以人恩也解經中仁者人也謂施以人恩言施人以恩正謂意相愛偶人也云義也謂斷以事宜也謂裁斷其理使合事宜故可履蹈而行是道者義也引春秋傳者此成十六年公羊傳文案彼稱晉人執季孫行父舍之于招丘傳云執未有言舍之者此其言舍之何人也傳稱春秋諸侯執大夫經不書舍此執行父言舍之招丘何欲人愛此行父故特言舍之引之者證人是人偶相存愛之義也○道有至義有攷者如注所云當云道有至有義有攷義上脫一有字言道之所用有至一也至謂兼行仁義行之至極故云有至有義二也謂仁義之中唯有義無仁故云有義有攷三也攷成也謂於仁義之中或取仁或取義之一事勉力有之非本性也○至道以王者既能兼行仁義至極可以王有天下故云至道以王○義道以霸者直能斷決若齊桓晉文以甲兵斷割可以霸於諸侯故云義道以霸也○攷道以爲無失者既於仁義之中隨取其一而成之以道不違於理故云攷道以爲無失也○注有至至性也○正義曰知有至謂兼仁義者此經云至道以王故穀梁傳云仁義歸往曰王是王有仁義也又案前經道者義也是唯義與道此經云道有至有義有攷是一道之內兼有三種與前經不同者但道之爲義取開通履蹈而行兼包大小精麁若大而言之則天道造化自然之理謂之爲道則老子云道可道非常道則自然造化虛無之謂也若小而言之凡人才藝亦謂之爲道是道無定分隨大小異言皆是開通於物其身履蹈而行也云攷成也爾雅釋詁文也云能取仁義之一成之以不失於人者以攷道劣於至道又劣於義但能於仁義之中隨其一能成就之不失於人謂於人不失也云非性也者言攷道勉强而行以成就之非是天性自然所稟者然則至道義道天性有之也

子言之。仁有數。義有長短小大。中心憯怛。愛人之仁也。率法而强之。資仁者也。資取也數與長短小大互言之耳性仁義者其數長大取仁義者其數短小○數所住反憯七感反怛丹葛反 詩云。豐水有芑。武王豈不仕。詒厥孫謀。以燕翼子。武王烝哉。數世之仁也。芑枸檵也仕之言事也詒遺也燕安也烝君也言武王豈不念天下之事乎如豐水之有芑矣乃遺其後世之子孫以善謀以安翼其子也君哉武王美之也○豐芳弓反芑音起詒以之反烝之承反數色主反枸本亦作苟檵音計遺于季反下同 國風曰。我今不閱。皇恤我後。終身之仁也。閱猶容也皇暇也恤憂也言我今尚恐不能自容何暇憂我後之人乎○我今毛詩作我躬閱音悅

疏「子言」至「仁也」○正義曰自此以下至不稱其服更廣明仁義之道又顯中心外貌內外相稱故更稱子言之○仁有數者行仁之道有度數多少也○義有長短小大者言義之爲體有長有短有小有大言仁有數則義亦有數義言長短小大則仁亦有長短小大互言之也若天性仁義者則其數長而大若强取仁義而行者則其數短而小長謂國祚久遠大謂覆養廣多短謂世位淺促小謂所施狹近也○中心憯怛愛人之仁也此明性有仁者○以天性自仁故中心悽憯傷怛憐愛於人故云愛人之仁也○率法而强之資仁者也此明取仁者率循也資取也率循善法自强行之非是天性直取仁道行之者也○詩云豐水有芑武王豈不仕者證天性之仁其數長所引詩者大雅文王有聲之篇美武王之德言豐水自然有芑喻武王之身自然有天下之事故云武王豈不仕仕之言事也言武王豈不念天下之事乎猶如豐水豈無此芑乎○詒厥孫謀者詒遺也厥其也孫謂子孫謀謂善謀言武王能遺其子孫以美善之謀謂伐紂定天下以王業遺於子孫○以燕翼子者燕安也翼助也言武王能安助其子孫也○武王烝哉者烝君也言武王有爲君之德哉○數世之仁者以武王行仁遺及子孫是仁之所及其數長也○國風曰我今不閱皇恤我後此引國風者明取仁義者其數短也所引詩者是邶風谷風之篇婦人被夫棄絕初憂子孫困苦還自悔之云我今不閱閱容也言我今尚不能自容被夫放棄○皇恤我後者皇暇也恤憂也言我有何聞暇能憂我後世子孫之人乎引之者證取仁而行者唯在我當身之主何暇能憂及後世是終身之仁也唯望終竟一身是其數短也前文云仁有數義有長短小大仁義並言此獨說仁者以仁事爲重故舉仁言之則其義可知也○注芑枸至之也○正義曰芑枸檵爾雅釋木文孫炎云則今枸芑也云乃遺其後世之子孫以善謀者孫謂子孫也云以安翼其子也者翼助也謂以王業保安翼助其子孫案詩箋以詒爲傳以孫爲順以翼爲敬言傳其所順天下之謀以安其敬事之子孫謂使其長行之也與此乖者引詩斷章此經云數世之仁故以爲子孫而翼成之也

子曰。仁

之爲器重。其爲道遠。舉者莫能勝也。行者莫能致也。取數多者。仁也。夫勉於仁者。不亦難乎。取數多言計天下之道仁居其多○勝音升數色住反 是故君子以義度人。則難爲人。以人望人。則賢者可知已矣。言以先王成法擬度人則難中也當以時人相比方耳○度待洛反注同擬魚起反中丁仲反 子曰。中心安仁者。天下一人而已矣。大雅曰。德輶如毛。民鮮克舉之。我儀圖之。惟仲山甫舉之。愛莫助之。輶輕也鮮罕也儀匹也圖謀也愛猶惜也言德之輕如毛耳人皆以爲重罕能舉行之者作此詩者周宣王之大臣也言我之匹謀之仲山甫則能舉行之美之也惜乎時人無能助之者言賢者少○輶音酉一音由鮮息淺反注及下並同 小雅曰。高山仰止。景行行止。仰高勤行者仁之次也景明也有明行者謂古賢聖也○仰止本或作仰之景行下孟反注明行同行止詩作行之 子曰。詩之好仁如此。鄉道而行。中道而廢。忘身之老也。不知年數之不足也。俛焉日有孳孳。斃而后已。廢喻力極罷頓不能復行則止也俛焉勤勞之貌斃仆也○好呼報反下同鄉許亮反數色住反强其兩反一本作俛音勉本或作僶非也孳音茲斃音弊仆也本又作弊已音以罷音皮頓如字又徒困反復扶又反仆蒲北反又音赴 子曰。仁之難成久矣。人人失其所好。言仁道不成人所由不得其志 故仁者之過易辭也。辭猶解說也仁者恭儉雖有過不爲甚矣唯聖人無過○易以豉反下同解古買反徐又音蟹 子曰。恭近禮。儉近仁。信近情。敬讓以行。此雖有過。其不甚矣。夫恭寡過。情可信。儉易容也。以此失之者。不亦鮮乎。言罕以此失之○近附近之近下同 詩曰。溫溫恭人。惟德之基。子曰。仁之難成久矣。惟君子能之。言能成人道者少也 是故君子不以其所能者病人。不以人之所不能者愧人。病愧謂罪咎之○咎其九反 是故聖人之制行也。不制以己。使民有所勸勉愧恥以行其言。以中人爲制則賢者勸勉不及者愧恥聖人之言乃行也○甫行下孟反已音紀 禮以節之。信以結之。容貌以文之。衣服以移之。朋友以極之。欲民之有壹也。移讀如禾氾移之移移猶廣大也極致也壹謂專心於善○移昌氏反注氾移之移移猶大也同徐又怡者反一音以元反氾芳劒反 小雅曰。不愧于人。不畏于天。言人有所行當慙怖於天人也○怖普故反 是故君子服其服。則文以君子之容。有其容。則文以君子之辭。遂其辭。則實以君子之德。遂猶成也 是故君子恥服其服而無其容。恥有其容而無其辭。恥有其辭而無其德。恥有其德而無其行。無其行謂不行其德 是故君子衰絰則有哀色。端冕則有敬色。甲冑則有不可辱之色。言色稱其服也○衰七雷反絰田節反冑直又反 詩云。惟鵜在梁。不濡其翼。彼記之子。不稱其服。鵜鶘汙澤也汙澤善居泥水之中在魚梁以不濡汙其翼爲才如君子以稱其服爲有德○鵜音啼鵜鶘胡音徒兮反一名淘河濡而朱反記徐紀吏反汙澤一音烏下又作洿一音化故反濡汙汙辱之汙

〔疏〕子曰至其服○此一節廣明仁故言子曰○仁之爲器重者仁是愛養非賢聖不能行故言爲器重○其爲道遠者以廣博覆物是爲道廣遠也○舉者莫能勝也行者莫能致也據凡庸於仁不能勝致也○取數多者仁也言於萬種善事之中論利益於物取數最多者是仁也言仁恩於善事之中利益最多也○夫勉於仁者不亦難乎言仁爲愛養行之不易故勉力行仁者不亦難乎言其難也○是故君子以義度人則難爲人者義宜也言在上君子以先王之義擬度於人欲使人必行先王成法則難可爲人言人難中於古法也○以人望人則賢者可知已矣者望比也言以今世人道比望於古人能合於今世事者則是賢人也若不能合於今世事者則非賢人也故云則賢者可知已矣已矣語助也此明仁道不可以古義責人當以時事擬人是仁恩之心○子曰中心安仁者天下一人而已矣言中心安靜行仁是天性仁者天下之間唯一人而已矣言少也○大雅曰德輶如毛民鮮克舉之我儀圖之引詩大雅烝民之篇以明行仁者少也德輶如毛民鮮克舉之者此詩美宣王之大臣仲山甫也輶輕也鮮罕也克能也言德之輕易舉如毛然民尚以爲重罕能舉而行之也我儀圖之者儀匹也圖謀也詩人言我與倫匹共圖謀能舉行之也○雖仲山甫舉之愛莫助之者愛惜也言唯有仲山甫能舉行其德可惜乎無人能助行之者○記人引此者證中心安仁者少亦無人能行之言賢者少也○注輶輕也圖謀也○正義曰輶輕也爾雅釋言文圖謀也釋詁文○小雅曰高山仰止景行行止者此小雅刺幽王之詩車舝之篇言幽王若能脩德如高山則天下之人瞻仰之若幽王有景明之行則天下之人仰行之引之者證古昔賢聖能行仁道則後世之人瞻仰慕行也○子曰詩之好仁如此者言高山景行瞻仰慕行是好愛仁德如此之甚也○鄉道而行中道而廢者言好仁之甚鄉仁道而行在於中道力之罷極而始休廢之也○忘身之老也不知年數之不足也言行仁勤急忘己身之衰老不自覺知年數之不足言己雖年老謂爲數淺少不復盈足猶行仁不止○俛焉日有孳孳斃而后已者言形貌俛俛焉勤勞行仁每日恒有孳孳唯力之斃仆而后已止言行仁之道深也熊氏云俛焉謂前僶焉可輕賤以爲字同而注異熊氏之說非也○子曰仁之難成久矣言仁道難成非始今日其來久矣○人人失其所好者人人謂天下衆人由仁道不成天下衆人皆失其所愛好之事若有仁道人皆得其所愛好之事所愛好者是吉慶福祥也○注言仁至其志○正義曰言仁道不成解仁之難成久矣云人所由不得其志解經人人失其所好由仁道不成無所依恃民人由此不得其志意之所好多有禍害若仁道成人皆得所願也故仁者之過易辭也者以仁是善行故仁者有過其惡不甚易可以言辭解說也此謂取仁行者故有過耳其聖人天性仁者全無過也子曰恭近禮禮主於敬恭近於禮○儉近仁者以儉不費用無害於物故近仁也○信近情者信謂言語信實故近情也○夫恭寡過者恒能恭敬故寡少於過也○情可信者以情示人故可信也○儉易容也者以儉則寡求故易容也○詩云溫溫恭人惟德之基者此大雅抑之篇刺厲王之詩言顏色溫溫和柔恭敬之人惟能爲德之基也引之者結上文恭近禮其過寡少是爲德之基也○是故君子不以其所能者病人者謂不以己之所能使他人必能若他人不能則爲困病是不以所能之事病困於人也○不以人之所不能者愧人者謂他人力所不能必欲使之能行若他人之所不能則以爲愧恥故不以人之所不能恥愧困苦於人若能如此亦仁者之行也○是故聖人之制行也不制以己者言聖人之制法立行不造制以己之所能謂不將己之所能以爲制法恐凡人不能行也○使民有所勸勉愧恥以行其言者既不制以己之所能但制以中人之行使得可行則民有所自勸勉不能者自懷愧恥如此則民得以行其聖人之言也○衣服以移之者言聖人用中禮而作法故制以禮信容貌又用衣服移大之使之尊嚴也○朋友以極之者謂朋友相勸勵以極致於道也○欲民之有壹也者壹謂專壹於善道所以爲此教化者欲使民人專心壹意於善道也○小雅曰不愧于人不畏于天者此詩何人斯之篇是蘇公刺責暴公暴公譏諸於己是不愧慙於人不畏懼於天引之者言人之行當須愧於人畏於天也○遂其辭則實以君子之德者遂猶成也實猶充也言君子既成其文辭則當充實之以君子之德也○恥有其德而無其行者德在於內行接於外內既有德當須以德行之於外以接於人民若有德無行是君子所恥故云恥有其德而無其行也○詩云惟鵜在梁不濡其翼者此詩曹風候人之篇刺曹共公之詩鵜是汙澤也言鵜在魚梁之上能不濡濕其翼以其爲善猶如君子在朝能稱可其服亦爲善彼記之子不稱其服者記是語辭言彼曹朝小人之子內無其德不能稱可其在外之服引之者以前經言君子內外皆須相稱故引此詩結之○注鵜鶘至有德○正義曰鵜汙澤爾雅釋鳥文郭景純云今之鵜鶘也好羣飛沈於水食魚故名汙澤俗呼之爲淘河也云以不濡汙其翼爲才者言凡鳥居水中必濡濕其翼今鵜鶘在水中獨能不濡其翼故爲才案詩注云鵜鳥在梁可謂不濡其翼乎言必濡其翼也猶如小人在位必辱其職與此爭者注禮在前注詩在後故所注不同也

子言之。君子之所謂義者。貴賤皆有事於天下。天子親耕。粢盛秬鬯。以事上帝。故諸侯勤以輔事於天子。言無事而居位食祿是不義而富且貴○粢盛音咨杜預云黍稷曰粢在器曰盛秬音巨黑黍鬯勑亮反香酒也 子曰。下之事上也。雖有庇民之大德。不敢有君民之心。仁之厚也。庇覆也無君民之心是思不出其位○庇必利反徐

方至反又音毖是故君子恭儉以求役仁。信讓以求役禮。不自尚其事。不自尊其身。儉於位而寡於欲。讓於賢。卑己而尊人。小心而畏義。求以事君。役之言爲也求以事君者欲成其忠臣之名也得之自是。不得自是。以聽天命。言不易道徼祿利也○易音亦徼古堯反詩云。莫莫葛藟。施于條枚。凱弟君子。求福不回。凱樂也弟易也言樂易之君子其求福修德以俟之不爲回邪之行要之如葛藟之延蔓於條枚是其性也○藟音誄力水反施以豉反條枚亡回反毛詩傳云枝曰條幹曰枚凱本亦作愷又作豈同開待反後放此弟如字本又作悌音同注及下皆同樂音洛下同易以豉反下同邪似嗟反曲也行下孟反下至下文行之浮於名也及注皆同要一遥反蔓音萬其舜、禹、文王、周公之謂與。有君民之大德。有事君之小心。言此德當不回也○與音餘詩云。惟此文王。小心翼翼。昭事上帝。聿懷多福。厥德不回。以受方國。昭明也上帝天也聿述也懷至也言述行上帝德以至於多福也方四方也受四方之國謂王天下○聿尹必反謂王于況反子曰。先王謚以尊名。節以壹惠。恥名之浮於行也。謚者行之迹也名者謂聲譽也言先王謚行以爲謚以尊名者使聲譽可得而尊言也壹讀爲一惠猶善也言聲譽雖有衆多者節以其行一大善者爲謚耳在上曰浮君子勤行成功聲譽踰行是所恥○謚音示是故君子不自大其事。不自尚其功。以求處情。過行弗率。以求處厚。彰人之善而美人之功。以求下賢。率循也行過不復循行猶不二過○下戶嫁反復扶又反是故君子雖自卑而民敬尊之。言謙者所以成行立德子曰。后稷天下之爲烈也。豈一手一足哉。烈業也言后稷造稼穡天下世以爲業豈一手一足喻用之者多無數也唯欲行之浮於名也。故自謂便人。亦言其謙也辟仁聖之名云自便君於此事之人耳○行下孟反便婢面反又婢緜反注同辟音避【疏】子言至便人○正義曰此一節明天子以下各有其事又明舜禹文王周公之德皆能上事天帝下庇四方事異於上故記者詳之又稱子言之也○天子親耕粢盛秬鬯以事上帝者天子事上帝諸侯事天子是貴賤皆有事於天子案小宰注云天地大神至尊不祼此祭上帝有秬鬯者凡鬯有二若和之以鬱謂之鬱鬯鬱人所掌是也祭宗廟而灌也若不和鬱謂之秬鬯鬯人所掌是也謂五齊之酒以秬鬯爲之以芬芳調暢故言秬鬯故得以事上帝大宗伯云涖玉鬯者謂享大鬼也棫樸詩云奉璋峨峨者謂攄祭宗廟也故與此不同也○是故君子恭儉以求役仁君子有仁德至誠之君子言君子既有庇民大德又自謙退不敢有君民之

心是仁愛深厚以此之故君子恭敬節儉以求施爲仁道也役爲也言以此求施爲仁道也○信讓以求役禮者謂信實退讓以求施爲於禮也○得之自是不得自是者得之謂得利祿也言雖得利祿自行其爲是之道若不得利祿亦自行其爲是之道不問得之與失恒行其是而不行非也○以聽天命者言不苟易其道也○詩云莫莫葛藟施于條枚者此詩大雅旱麓之篇美文王之詩言文王之興依約先祖莫莫然如葛藟之蔓草延施于條枚之木猶如子孫之興亦由先祖而德盛也○凱弟君子求福不回者凱樂也弟易也言大王王季樂易之君子求福不爲回邪之行引之者證君子以聽天命雖求福祿不爲邪僻之行今以爲葛藟施於條枚是其性也君子求福不爲回邪亦是其性引斷章取義故與詩文不同也其舜禹文王周公之謂與者此是凱弟君子求福不回邪之謂與以其雖有庇民之大德恒有事君之小心常能畏懼是不回也○詩云惟此文王小心翼翼昭事上帝聿懷多福者此詩大雅大明之篇美文王之詩言文王小心翼翼以昭明道德尊事○上帝聿述也懷至也言文王述行上帝之德以受衆多之福○厥德不回以受方國者其德不行回邪故受四方衆國爲天子也引之者證上求福不回也○子曰先王謚以尊名○以前經論君子求福不回此一節廣明君子名行相副卑已尊人之義○謚以尊名者謚謂謚號名謂聲譽言人身死之後累列生時之行跡作謚號者以尊敬生前之聲名可得傳於後世○節以壹惠者言爲謚之時善行雖多但限節以一箇善惠以爲謚也○恥名之浮於行也者所以善行既多但取一事爲謚者恥善名之多浮過於行忠者行不副於名所以減衆書之名但取一事之善爲謚也○是故君子不自大其事不自尚其功以求處情者大謂誇大既不欲行過於名故不自誇大其所爲之事不自加尚其所爲之功名所以不大尚者以求處情實不欲虛爲矯飾也○過行弗率以求處厚者率循也若有過失之行不復循而行之即悛改以求處其仁厚之道過失即改以求處其厚也○注壹讀爲一惠猶善也言聲譽雖有至踰行所恥○正義曰上壹是齊壹下一是數之一二也今經文爲大壹之字鄭恐是均同之理故讀爲小一取一箇善名而爲謚耳○云在上曰浮者言物在水上稱浮如浮雲云君子勤行成功聲譽踰行是所恥者言君子之人唯寢默勤行成功不自彰伐若使聲譽踰越於行是君子所恥也○子曰后稷天下之爲烈也豈一手一足哉○以上經君子取名浮於行故此經名后稷證名不可過行也言后稷雖有大業不自謂聖人而稱便人后稷天下之爲烈者言后稷周之始祖有播殖之功烈業也言天下之人竝將爲業豈一手一足哉者言后稷之功豈止一人之手一人之足而用之哉言用之者多天下皆是也○唯欲行之浮於名也故自謂便人者言后稷唯欲得實行過於虛名故自謂便於稼穡之人不自謂已之仁聖也子言之。君子之所謂仁者。其難乎。詩云。凱弟君子。民之父母。凱以強教之。弟以說安之。樂而毋荒。有禮而親。威莊而安。孝慈而敬。使民有父之尊。有母之親。如此而后可以爲民父母矣。非至德其孰能如此乎。有父之尊有母之親謂其尊親已如父母○強其良反徐其兩反說音悅毋荒音無【疏】子言至此乎○正義曰此以下至不勝其文更廣明仁道又顯尊親之異

并論虞夏商周質文不等今各隨文解之○仁者其難乎言行仁之道其甚難乎爲之不易○詩云凱弟君子民之父母者言仁道爲難若有仁行可以爲民之父母此詩大雅泂酌之篇戒成王之詩也凱樂也弟易也言使民樂易之君子則得爲民之父母言不易也○凱以強教之弟以說安之孔子既引詩又釋凱弟之義凱樂也言君子初以仁政化下使人樂仰自強不息是凱以強教之弟謂遜弟言以遜弟之道下化於民民皆說豫而康安是弟以說安之也○樂而毋荒有禮而親者樂失於荒禮失於疏言明君教下爲樂而毋荒有禮而相親也威莊而安孝慈而敬者凡矜莊者失在危懼孝慈者失在慢易今明君臨下威嚴矜莊而民安也孝順慈愛而民敬也○使民有父之尊有母之親者以有威莊故有父之尊言尊之如父以有孝慈故有母之親言親之如母也○非至德其孰能如此乎者言若非至德之君其誰能使民如此言仁道難也今父之親子也。親賢而下無能。母之親子也。賢則親之。無能則憐之。母。親而不尊。父。尊而不親。水之於民也。親而不尊。火。尊而不親。土之於民也。親而不尊。天。尊而不親。命之於民也。親而不尊。鬼。尊而不親。或見尊或見親以其嚴與恩所尚異也命謂四時政令所以教民勤事也鬼謂四時祭祀所以訓民事君也○憐力田反【疏】今父至不親○此明尊親之異父母不同今父之親子也親賢而下無能者言父之於子若見賢者則親愛之若見無能者則下賤之以父立於義分別善惡故也○母之親子也賢則親之無能則憐之者言母之於子見賢則親愛之見其子無能則憐愛之以母恩愛多不能分別善惡故也○水之於民也親而不尊者水沐浴人不用故親而不尊○火尊而不親者火須離之近則傷害人不須輕近故尊而不親○土之於民也親而不尊者土能生物載養於人是親也於人爲近人所居處遂不尊也○天尊而不親者天有雷霆日月震耀殺戮是尊也而體高遠是不親也○命之於民也親而不尊者謂人君教命隨四時以教於人欲人生厚是親也附近於民使民勤事是不尊○鬼尊而不親者鬼謂鬼神神道嚴敬降人禍福是尊也人神道隔無形可見是不親也子曰。夏道尊命。事鬼敬神而遠之。近人而忠焉。先祿而後威。先賞而後罰。親而不尊。遠鬼神近人謂外宗廟内朝廷○遠于萬反注及下同近附近之近注及下同朝直遥反下同其民之敝。惷而愚。喬而野。朴而不文。以本不困於刑罰少詐讒也敝謂政教衰失之時也○惷傷容反徐昌容反范陽江反又丁絳反字林音丑降反丑凶反喬音驕朴普角反讒況表反詐也忘也【疏】子曰至不文○正義曰此一節明夏道親而不尊之義○夏道尊命言夏之爲政之道尊重四時政教之命使人勸事樂功也○事鬼敬神而遠之近人而忠焉者宗廟在外是遠鬼神也朝廷在内是近人也以忠恕養於民是忠焉也所爲如此是親而不尊也○其民之敝惷而愚者敝謂其後世政教衰敗時夏家後世政教敗時民皆惷愚所以然者昔時恒先祿後罰則民皆承寬裕無澆詭也情既不澆詭至於衰末猶不知避嚴刑峻法如惷愚也○喬而野者亦

因昔時寬裕忠恕至末世民猶驕野如淳朴之時也○朴而不文者淳時民皆質朴不競文華至亂時猶承奉之亦然也○注以本不困於刑罰少詐讒也○正義曰以夏尙仁恩其民不困苦於刑罰及其衰末猶有先世遺風少有詐僞讒妄爾雅訓云萲諼忘也則忘字亡下著心今與詐相對則諼是詐之義當亡下著女也

殷人尊神。率民以事神。先鬼而後禮。先罰而後賞。尊而不親。先鬼後禮謂內宗廟外朝廷也禮者君臣朝會凡以摯交接相施予○以摯音至相施始至反下文同其民之敝。蕩而不靜。勝而無恥。以本忕於鬼神虛無之事令其心放蕩無所定困於刑罰苟勝免而無恥也月令曰無作淫巧以蕩上心○勝而始證反忕音誓與上忕於同令其力呈反巧苦教反又如字〔疏〕殷人至無恥○此一節明殷代尊而不親之事尚虛無之事故率民以事神○先罰而後賞者案襄二十六年左傳云賞以春夏罰以秋冬又月令云春夏行賞秋冬行刑與此違者彼謂王者大體一歲之中法天道生殺故春夏賞秋冬刑此記所云謂賞罰同時所行夏則先賞後罰殷則先罰後賞其民之敝蕩而不靜者以其本尚虛無之事尊敬鬼神至其末世敝失其民放蕩不能安靜也○勝而無恥者本困於刑罰但得苟勝無以慙恥○注云先鬼而後禮謂內宗廟外朝廷也○正義曰以夏周人敬鬼神而遠之近人而忠焉外宗廟內朝廷以此反之則殷人先鬼後禮是內宗廟外朝廷也○注以本忕於鬼神虛無之事令其心放蕩無所定○正義曰忕串也串習也貴尚習鬼神鬼神無體故云虛無之事以爲事不在實故心放蕩無所定也

周人尊禮尙施。事鬼敬神而遠之。近人而忠焉。其賞罰用爵列。親而不尊。賞罰用爵列以尊卑爲差其民之敝。利而巧。文而不慙。賊而蔽。以本數交接以言辭尊卑多獄訟○蔽畢世反又音弊數色角反〔疏〕周人至而蔽○此明周代親而不尊之事○尊禮尙施者謂尊重禮之往來之法貴尚施惠之事也○其賞罰用爵列者既不先賞後罰亦不先罰後賞唯用爵列尊卑或賞或罰也○其民之敝利而巧文而不慙者以其尙禮本數交接往來故便利機巧多文辭而無慙愧之心也○賊而蔽者以本爲治之時上下有序至其敝末尊卑錯失爲僥獄訟共相賊害而困蔽以其禮失於煩故致然也○夏道尊命至殷人尊神周人尊禮三代所尊不同者案元命包云三王有失故立三教以相變夏人之立教以忠其失野故救野莫若敬殷人之立教以敬其失鬼救鬼莫若文周人之立教以文其失蕩故救蕩莫若忠如此循環周則復始窮則相承此亦三王之道故三代不同也

子曰。夏道未瀆辭。不求備。不大望於民。民未厭其親。殷人未瀆禮。而求備於民。周人強民。未瀆神。而賞爵刑罰窮矣。未瀆辭者謂時王不尚辭民不褻爲也不求備不大望言其政寬責稅輕也強民言承殷難變之敝也賞爵刑罰窮矣言其繁文備設○厭於豔反強其兩反注同稅申銳反〔疏〕子曰至窮矣○上明三代親尊有異此經更明三代治民有異之事○未瀆辭者瀆謂褻瀆辭謂言辭夏時爲政之道未褻瀆於言辭君既不尙辭民亦不爲故言未瀆辭夏言未瀆辭則殷瀆辭也○不求備不大望於民者求備謂每事徵求皆令備足大望謂賦稅既重大所責望於民夏代不然故云不求備不大望於民也○民未厭其親者以上不求備不大望於民民無困苦故未厭其上下相親之心也○殷人未瀆禮而求備於民者以殷承夏後雖已褻瀆言辭仍未褻瀆於禮言君臣上下於禮事簡畧不褻瀆也殷言未瀆禮則周瀆禮矣○而求備於民者言殷不如夏寬每事求備於民亦大望於民也○周人強民者以周承殷後遭紂衰亂風俗頑凶故周人設教強勸人以禮義亦比夏殷多此一句也○未瀆神者言周治太平之時雖已瀆於禮猶未褻瀆鬼神祭天地宗廟諸神尚有限未褻瀆也則周衰之後而瀆神也○而賞爵刑罰窮矣者以周人貴禮禮尚往來交接故賞爵刑罰之事窮極煩多

子曰。虞夏之道。寡怨於民。殷周之道。不勝其敝。勝猶任也言殷周極文民無恥而巧利後世之政難復○勝音升注同敝音弊任如金反復音伏

子曰。虞夏之質。殷周之文。至矣。言後有王者其作質文不能易之○作易音亦虞夏之文不勝其質。殷周之質不勝其文。言王者相變質文各有所多○勝世證反又音升

子言之曰。後世雖有作者。虞帝弗可及也已矣。君天下。生無私。死不厚其子。子民如父母。有憯怛之愛。有忠利之教。親而尊。安而敬。威而愛。富而有禮。惠而能散。其君子尊仁畏義。恥費輕實。忠而不犯。義而順。文而靜。寬而有辨。死不厚其子言既不傳位又無以豐饒於諸臣也恥費不爲辭費出空言也實謂財貨也辨別也猶寬而栗也靜或爲情○憯七感反怛旦達反費芳貴反注同傳文專反別彼列反下不別同甫刑曰。德威惟威。德明惟明。非虞帝其孰能如此乎。德所威則人皆畏之言服罪也德所明則人皆尊寵之言得人也○日音越威如字威畏也讀者亦依尙書音畏也〔疏〕子曰至此乎○此一節揔明虞夏商周四代質文之異○虞夏之道寡怨於民以其政寬故寡怨於民言民怨尙少殷周之道不勝其敝者以殷周文煩失在苛碎故其民不堪勝敝敗也不言無怨而言寡怨於民者天地之大猶有所憾如冬寒夏雨民猶怨之如聖人之德無善不包人猶怨之是不備也如舜寡怨於民也○子曰虞夏之質殷周之文至矣者至謂至極也言虞夏爲質殷周爲文並已至極矣繼今後王爲質不能過於虞夏後王爲文亦不能過於殷周是至極矣○虞夏之文不勝其質者言虞夏之時雖有其文但文少而質多故文不勝於質殷周之質不勝其文者言殷周雖有其質亦質少而文多故不勝其文然案三正記云文質再而後始則虞質夏文殷質周文而云虞夏之質殷周之文者夏家雖文比殷家之文猶質殷家雖質比夏家之質猶文於夏故夏雖有文同虞之質殷雖有質同周之文○子言之曰後世雖有作者虞帝弗可及也○正義曰以上經論虞夏商周此特明虞帝之美已矣者言後世之君雖有作其善政者而比於虞帝不可齊及之也○君天下生無私者明虞帝之德後世雖作不可及言舜爲天下序爵必以德而不用私也○死不厚其子者厚謂豐厚既不傳位又不以財物豐厚於其子故云不厚其子○子謂商均也○子民如父母者子謂子愛於民如父母愛子也○有憯怛之愛者言愛民之志有悽惻憯怛言舜天性自仁故憐愛於人有忠利之教者言有忠恕利益之教也○親而尊者有母之親有父之尊○安而敬者體安而能敬○即前威莊而安也○威而愛者有威而又有愛也○富而有禮者富有四海而不驕是有禮也○惠而能散者施惠得所爲能散也○其君子尊仁畏義者其君子謂虞朝之臣也君聖臣賢是由舜而得然也若民有仁者則尊之有義者則畏之○恥費輕實者費謂辭費也言而不行謂之辭費也言必而行之是恥於辭費也輕實者實財貨也貴人而賤祿是輕財也○忠而不犯者盡心於君是其忠也無違政教是不犯也○義而順者至極君臣之義而不悖德是義而順也○文而靜者臣皆有文章而又清淨寬而有辨者辨別也臣之傚舜之寬容治政不慢而有分別也○甫刑曰德威惟威德明惟明引之者所以結舜德也下威訓畏下明訓尊言舜之道德欲威懼於人則在下之民惟畏懼之故云德威惟威德明惟明者謂舜以德標明善人惟能得善人惟天下之人皆所以尊重之○非虞帝其孰能如此乎者如上之事不是虞帝其誰人能得如此乎案今尚書之篇以明堯德而云虞帝者言虞帝亦能如是且記者斷章而爲義也

子言之。事君先資其言。拜自獻其身。以成其信。資謀也獻猶進也言臣事君必先謀定其言乃後親進爲君言也是故君有責於其臣。臣有死於其言。故其受祿不誣。其受罪益寡。死其言者竭力於其所言之事死而不負於事不信曰誣○誣音無〔疏〕子言至益寡○正義曰此一節至辭欲巧廣明君子事君之道又明君子爲行須內外相副今各隨文解之○事君先資其言者言臣欲見君必須先謀度其言言定然後見也○拜自獻其身者獻進也爲謀既定乃拜見自進其身也以成其信者謂先謀後見成其言之信實○是故君有責於其臣臣有死於其言者以其先謀乃可見君故君有責於其臣臣當竭力守節死於其所言也○故其受祿不誣其受罪益寡者以其言善乃受祿是受祿不誣罔也順死其言以竭臣力是受罪益寡少也

子曰。事君大言入則望大利。小言入則望小利。大言可以立大事也小言可以立小事也入爲君受之利祿賞也入或爲人○爲君于僞反故君子不以小言受大祿。不以大言受小祿。言臣受祿各用其德能也易曰。不家食吉。此大畜彖辭也彖曰不家食吉養賢也言君有大畜積不與家食之而已必以祿賢者賢有大小祿有多少○畜勑六反下同彖吐亂反〔疏〕子曰至食吉○此一節廣事君之道依言大小而受祿○大言入則望大利者入猶受也利祿也大言謂立大事之言進入於君君所受納如此乃望大祿○小言入則望小利者小言謂立小事之言小言進入受於君則唯望小利也○故君子不以小言受大祿不以大言受小祿言臣祿各以其德能相稱若小言受大祿則臣濫若大言受小祿則君重財而薄德也○易曰不家食吉此大畜卦辭也案易大畜利貞不家食吉利涉大川不家食吉者言君有大畜積不唯與家人食之而已當與賢人食之故得吉此大畜乾下艮上之卦注云自

九三至上九有頤象居外是不家食吉而養賢引之者證君有祿而養賢賢有大小故祿亦有多少子曰。事君不下達。不尚辭。非其人弗自。不下達不以私事自通於君也不尚辭不多出浮華之言也弗自不身與相親小雅曰。靖共爾位。正直是與。神之聽之。式穀以女。靖治也爾女也式用也穀祿也言敬治女位之職事正直之人乃與爲倫友神聽女之所爲用祿與女○共音恭本亦作恭同女音汝注同〔疏〕子曰至以女。○此一節廣明臣之事君○君當以正直之道不下達者不以在下細碎小事通達於君○不尚辭者不貴尚浮華之言辭非其人弗自者非其好人不身自與之相親○小雅曰靖共爾位正直是與○此詩小雅小明之篇刺幽王之詩大夫悔仕亂世戒其未仕者云靖共爾位靖謀也共具也言明君靖謀共具爾之爵位有正直之德者於是與也○神之聽之式穀以女者式用也穀善也以用也言神明聽聆女德君若用其善人則當用女也詩之本文如此今記者斷章取義證明非善人不得與之相親靖治也爾女也言爲女之道治理恭敬女之職位若見正直善人於是與之爲朋友如此則神明聽聆女之所爲穀祿也用此福祿以與女也子曰。事君遠而諫。則諂也。近而不諫。則尸利也。尸謂不知人事無辭讓也○諂本亦作讇勑檢反子曰。邇臣守和。宰正百官。大臣慮四方。邇近也和謂調和君事者也齊景公曰唯據與我和宰冢宰也冢宰主治百官子曰。事君欲諫不欲陳。陳謂言其過於外也詩云。心乎愛矣。瑕不謂矣。中心藏之。何日忘之。瑕之言胡也謂猶告也○藏如字鄭解詩作臧云善也〔疏〕子曰至忘之。○此一節明臣事君諫諍之道。遠而諫則諂也者若與君疏遠強欲諫諍則是諂佞之人望欲自達也○近而不諫則尸利也者若親近於君而不諫則似如尸之受利祿也祭祀之尸無言辭而受享祭時猶似近臣不諫不知人事無辭讓之心如尸之受利然也○子曰邇臣守和者邇近也和謂調和言親近之臣獻可替否毗輔贊助於君守其調和之事也○宰正百官者宰謂冢宰正治百官○大臣慮四方者○謂二伯州牧之等謀慮四方此大臣亦兼冢宰但冢宰居於中故言正百官耳○詩云心乎愛矣瑕不謂矣此小雅隰桑之篇刺幽王之詩君子在野詩人念之云心乎愛此君子矣瑕遠也謂勤也言念此君子遠離此不勤乎言近於勤矣終當念之○中心藏之何日忘之者藏善也言中心善此君子何日忘此君子矣詩之本文如此今記人所引此云心乎愛此君子矣瑕之言胡胡何也謂猶告也言何不以事告諫於君矣中心藏之與詩文同王肅以爲藏善鄭亦然也皇氏以爲人臣中心包藏君惡不欲繻人陳之非其義也凡諫者若常諫之時天子諍臣七人諸侯五人大夫三人唯大臣得諫若歲初則貴賤皆得諫也故襄十四年左傳師曠對晉侯云自王以下各有父兄子弟以補察其政史爲書瞽爲詩工誦箴諫大夫規誨士傳言庶人謗商旅于市百工獻藝國語又云天子聽政公卿至於列士獻詩瞽獻曲史獻書師箴瞍賦矇誦百工諫庶人傳語近臣盡規此皆孟春之月上下皆諫故傳引夏書曰每歲孟春遒人以木鐸徇於路是也子曰。事君難進而易退。則位有序。易進而難

退。則亂也。亂謂賢否不別○易以豉反下及注易絶同故君子三揖而進。一辭而退。以遠亂也。進難者爲主人之揖已也退速者爲君子之倦也○遠于萬反爲主人于僞反下同子曰。事君三違而不出竟。則利祿也。人雖曰不要。吾弗信也。違猶去也利祿言爲貪祿留也臣以道去君至於三而不遂去是貪祿必以其強與君要也○竟音境要於遙反注同言爲于僞反強其良反舊其兩反子曰。事君愼始而敬終。輕交易絶君子所恥子曰。事君可貴可賤。可富可貧。可生可殺。而不可使爲亂。亂謂違廢事君之禮〔疏〕子曰至爲亂。○此明臣事君亦當使賢與不賢分別之事。○難進謂君擇已易退謂君厭已○則位有序者謂賢愚別也○則亂者謂賢愚不別也○子曰事君愼始而敬終者愼謂謹愼以盡忠是愼始也終謂終竟擇善爲朋友○子曰事君可貴可賤者言事君可使之貴可使之賤可使之富可使之貧可使之生可使之死但不可使爲亂也亂謂廢事君之禮也熊氏以爲可殺者謂臣可殺君引春秋殺君稱君君無道此非辭也子曰。事君軍旅不辟難。朝廷不辭賤。言尚忠且謙也○辟音避難乃旦反朝直遥反處其位而不履其事。則亂也。履猶行也故君使其臣。得志則愼慮而從之。否則孰慮而從之。終事而退。臣之厚也。使謂使之聘問師役之屬也愼慮而從之者此已志也欲其必有成也否謂非已志也孰慮而從之又計於已利害也終事而退非已志者事成則去也事或爲身○愼字本亦作古眘字易曰。不事王侯。高尚其事。言臣致仕而去不復事君也君猶高尚其所爲之事言尊大其成功也○復扶又反〔疏〕子曰至其事。○此廣明爲臣事君之禮○軍旅不辟難者謂使之在軍旅之中不辟危亡之難也○朝廷不辭賤者謂在朝廷之中不得辭其卑賤之所也○處其位而不履其事則亂也履行也謂臣處其位而不行其事則近亂也○故君使其臣得志則愼慮而從之者既必無辟故有此以下事也使之謂聘問師役之事得志謂君使臣當已才雖當已才猶宜謹愼思慮從君之命而行之必使成功也○否則孰慮而從之者否謂君所使之事非已本才也雖非已本才而君命無擇則彌孰思慮而從行之○終事而退者終事謂事畢也既本非已才而幸得終竟竟即辭而退也○臣之厚也者得志及不得志並從而無違是臣行之篤厚也○易曰不事王侯高尚其事者此易蠱卦上九爻辭案易蠱卦巽下艮上上九艮爻艮爲山辰在戌得乾氣父老之象是臣之致事也故不事王侯是不得事君君猶高尚其所爲之事引之者證臣之事君終事而退是臣之厚重也○注使謂至去也○正義曰知使謂聘問師役者以經云愼慮而從之又云孰慮而從之謂隨從其事故知出使在外也云愼慮而從之者此已志也欲其必有成也者所以謹愼思慮就此事者是已之思慮所及欲其必有成功故須愼慮也云否謂非已志也孰慮而從之又計於已利害也者謂此事非本已志當孰須思慮計謀此事於我已身利之與害若於已爲利當勤力爲之若於已害亦須

爲之不得辭也云終事而退非已志者事成則去也者若元是已志其事雖成猶須爲之不可即退若此事元非已志爲君暫使已事成之後則當退也子曰。唯天子受命于天。士受命于君。言皆有所受不敢專也唯當爲雖字之誤也○唯天子唯音雖出注故君命順。則臣有順命。君命逆。則臣有逆命。言臣受順則行順受逆則行逆如其所受於君則爲君不易矣○易以豉反詩曰。鵲之姜姜。鶉之賁賁。人之無良。我以爲君。姜姜賁賁爭鬬惡貌也良善也言我以惡人爲君亦使我惡如大鳥姜姜於上小鳥賁賁於下○鵲字林作鵲說文作雗音七畧反姜居良反鶉士倫反賁音奔注同〔疏〕子曰至爲君。○此節明臣事君不敢專輒又明君之出命不可不愼爲與上更端故言子曰○唯天子受命於天者唯當爲雖雖天子之尊不敢自專猶須受命於天然後行也○詩曰鵲之姜姜者此詩鄘風鶉之奔奔篇刺宣姜之詩其詩之意以宣姜通於公子頑母與子淫鶉鵲之不若故刺之云鵲自匹偶姜姜然鶉自匹偶賁賁然各當有匹今宣姜與公子頑私通不如鶉鵲也○人之無良我以爲君者人謂宣姜無良善之行我君惠公反以此爲小君此經引詩斷章言君有逆命似大鳥姜姜爭闘於上小鳥賁賁亦爭闘於下謂君無良善我等萬民以惡人爲君也子曰。君子不以辭盡人。不見人之言語則以爲善言其餘行或時惡也○行下孟反下文并注同故天下有道。則行有枝葉。天下無道。則辭有枝葉。行有枝葉所以益德也言有枝葉是衆虛華也枝葉依幹而生言行亦由禮出是故君子於有喪者之側。不能賻焉。則不問其所費。於有病者之側。不能饋焉。則不問其所欲。有客不能館。則不問其所舍。皆辟有言而無其實○賻音附費芳貴反饋其位反辟音避故君子之接如水。小人之接如醴。君子淡以成。小人甘以壞。水相得合而已酒醴相得則敗淡無酸酢少味也接或爲交○醴徐音禮淡大敢反又大暫反徐徒闞反注同酸悉官反酢七故反小雅曰。盜言孔甘。亂是用餤。盜賊也孔甚也餤進也○餤音談徐本作監以占反〔疏〕子曰至用餤。○前明事君之道此明君子之行不可虛用其辭以事殊於上故言子曰○君子不以辭盡人者皆君子與人之交必須驗行不得以其言辭之善則謂行之盡善或發言善而行惡也○故天下有道則行有枝葉者言有道之世則依禮所行外餘有美好猶如樹幹之外更有枝葉也○天下無道則辭有枝葉者無道之世人皆無禮行不誠實但言辭虛美如樹幹之外而更有枝葉也○是故君子於有喪者之側不能賻焉則不問其所費者此經皆有言無實戒其不得虛言也○君子之接如水者言君子相接不用虛言如兩水相交尋合而已○小人之接如醴者小人以虛辭相飾如似兩醴相合必致敗壞○君子淡以成小人甘以壞者水相合爲江河酒醴相合而久乃敗壞也○小雅曰盜言孔甘亂是用餤者此巧言之篇刺幽王之詩孔甚也餤進也

言盜賊小人其言甚美，幽王信之，禍亂用是進。益引之者，證小人甘以壞子曰。君子不以口譽人，則民作忠。譽繩也。○譽音餘，注同。繩市升反，左傳以繩爲譽。故君子問人之寒則衣之，問人之飢則食之，稱人之美則爵之。皆爲有言不可以無實。○衣於既反，食音嗣，爲于僞反。國風曰：心之憂矣，於我歸說。欲歸其所說忠信之人也。○說音悅，又始銳反，注同。【疏】子曰至歸說。所以前經君子不用虛言，故此經明言當以實其事，稍殊，故言子曰。○注譽繩也。○正義曰：言繩可以度量於物，凡口譽於人，先須忖度，亦量之於心，故以譽爲繩也。案莊十四年左傳云：蔡侯繩息嬀以語楚子。杜注云：繩，譽也。繩既訓爲譽，譽亦訓繩，鄭注以爲此解。○國風曰心之憂矣，於我歸說者，此曹風蜉蝣之篇，刺曹君之詩，言曹君好絜其衣服，不修政事，國將滅亡，故賢臣之心憂矣。說，舍也。國既滅亡，於我之身何所歸舍？此則引詩斷章，故義不與詩相當，言虛華之人心憂矣，我今歸此所說忠信之人，引之者，證疾其虛言也。子曰：口惠而實不至，怨菑及其身。善言而無信，人所惡也。○菑音災，惡烏路反。是故君子與其有諾責也，寧有已怨。已謂不許也。言諾而不與，其怨大於不許。○已音以。國風曰：言笑晏晏，信誓旦旦，不思其反。反是不思，亦已焉哉。此皆相與爲昏禮而不終也。言始合會言笑和說，要誓甚信，今不思其本恩之反覆，反覆之不思，亦已焉哉，無如此人何，怨之深也。○晏於諫反，信誓本亦作矢誓，旦如字，字林作悬，亦已音以，說音悅，覆反覆並芳服反。【疏】子曰至焉哉。○正義曰：前經明其言當實，此明言若不實則怨及身。口惠而實不至者，言口施恩惠於人，而實行不至，人則怨之，故言怨菑及其身也。○是故君子與其有諾責也者，諾謂許人之物，責謂許而不與而被責。若其有物許人，不與被責也。○寧有已怨者，已謂休已。寧可有發初休已不許而被怨，許而不與其責大，發初不與其責小。○國風曰言笑晏晏，信誓旦旦者，衛風氓之篇也。婦人被男子所誘，在後色衰見棄，追恨男子云：初時與我言笑晏晏然和悅也，信其言誓旦旦然相思懇誠也。○不思其反者，謂今男子不思念其本恩之反覆，是男子不思之事，如此則無如之何，亦已焉哉，言恨之甚也。引者，證許而不與被人所怨也。子曰。君子不以色親人。情疏而貌親，在小人則穿窬之盜也與。子曰：情欲信，辭欲巧。巧謂順而說也。○穿音川，窬羊朱反，徐音豆，與音餘，說音悅。【疏】子曰至欲巧。○此明更申以情行相副，故稱子曰。○君子不以色親人者，謂不以虛爲善色詐親於人也。○在小人則穿窬之盜也與，言情疏貌親，而心不愨實，恒畏於人，譬之於細小人，則穿窬之盜也。許慎說文云：穿窬者，外貌爲好，而內懷姦盜，似此情疏貌親之人，外內乖異，故云穿窬之盜也與。○子曰情欲信，辭欲巧。巧者，既稱情疏而貌親，故更明情貌信實，所以重言之也。○辭欲巧，巧者，言君子情貌欲得信實，言辭欲得和順美巧，不違逆於理，與巧言令色者異也。子言之。昔三代明王，皆事天地之神明，無非卜筮之用。不敢以其私褻事上帝。言動任卜筮也。神明謂羣神也。是故不犯日月，不違卜筮。日月謂冬、夏至、正月及四時也。所不違者，日與牲尸也。○夏戶嫁反。卜筮不相襲也。襲因也。大事則卜，小事則筮。大事有時日。大事有事於大神，有常時常日也。小事無時日，有筮。有事於小神，無常時常日，有筮，臨有事筮之。外事用剛日，內事用柔日。順陰陽也。陽爲外，陰爲內。事之外內，別乎四郊。○別，彼列反。不違龜筮。子曰：牲牷禮樂齊盛，是以無害乎鬼神，無怨乎百姓。牷猶純也。○牷音全，純色也，本亦作全，注同。齊音粢，本亦作齍。【疏】子言至百姓。○正義曰：此以下至於篇末，揔明卜筮之用，各隨文解之。○昔三代明王者，謂夏、殷、周。○皆事天地之神明者，謂祭事天地及諸神明也。無非卜筮之用者，言皆須卜筮，唯九月大享帝於明堂不用卜也。故曲禮下篇云：大饗不問卜。鄭云：莫適卜也。以其揔饗五帝，不知主何帝而卜之，故不卜矣。所以必須卜者，不敢以其私褻奉事上帝，故皆卜之也。○子曰牲牷禮樂齊盛，是以無害乎鬼神，無怨乎百姓者，以其事上帝神明，不敢自專，皆依卜筮，動合於禮，故夫子揔更結之。牲牷之等，禮樂之備，粢盛之實，皆不違龜筮，是以此等所用，無虧害於鬼神，無見怨於百姓，以其無非卜筮之用，動順於禮故也。○注日月至尸也。○正義曰：冬至謂祭圜丘，夏至謂祭方澤，正月謂祭感生之帝，及四時迎氣用四時之吉日也。知冬夏及四時皆卜者，案大宰云：祀五帝，帥執事而卜日。鄭注云：五帝謂四郊及明堂。是四郊有卜也。大宰又云：祀大神，祭大示，亦如之。大神則冬至祭圜丘，大示則夏至祭方澤。案公羊、穀梁魯郊傳云：卜三正。則知天子郊用夏正亦卜之，故知冬夏至、正月及四時皆卜日也。然明堂不問卜，而注大宰祀五帝卜日云四郊及明堂者，廣解五帝所在，其實祀明堂不卜也。案周禮祀宗廟亦卜日，注不言宗廟者，以經云事上帝，故唯解祭天之時。云不違者日與牲尸者，案僖三十一年左傳云：禮不卜常祀，而卜其牲日。是有其牲日也。案特牲、少牢云大夫士筮尸，則天子諸侯有卜尸也。○注大事則卜小事則筮。○正義曰：此解經卜筮不相襲之事。既大事卜，小事筮，是二者不相因襲也。此大事謂征伐出師及巡守也，其實是中事，對小事爲大耳。小事則筮者，若周禮簭人有九簭，筮更、筮咸之屬是也。此與曲禮文同而注異者，各隨文勢也。○注大事有事於大神有常時常日也。○正義曰：既有常時常日而用卜者，亦不敢專也。故曲禮篇云：日而行事，則必踐之。又祭統云：雖有明知之心，必進斷其志。是雖有常日，猶用卜也。○注有事於小神無常時常日有筮臨有事筮之。○正義曰：此經皆論祭祀之事，故解小事云有小事於小神，其實周禮小事非唯小祀而已。既云小事用筮，而大卜云凡小事涖卜者，彼謂大事中之小事，非此之小事也。○注事之外內別乎四郊。○正義曰：先師以爲祭天而用辛，雖外用柔日；祭社用甲，雖內用剛日，殊別於四郊之祭。言用剛柔之日，不可與四郊同。其餘他事，今謂事之外內別乎四郊者，謂四郊之外爲外事，若甲午祠兵、吉日庚午既差我馬之屬是也；四郊之內爲內事，若郊之用辛，及宗廟少牢用丁亥之屬是也。故言別於四郊，外內別用，限別以四郊爲限。子曰：后稷之祀易富也。其辭恭，其欲儉，其祿及子孫。富之言備也。以傳世之祿

恭儉者之祭易備也。○易以豉反，注同。傳丈專反，下同。共音恭。詩曰：后稷兆祀，庶無罪悔，以迄于今。兆四郊之祭處也。迄至也。言祀后稷於郊以配天，庶幾其無罪悔乎，福祿傳世乃至於今。○迄許訖反，處昌慮反，下建國之處同。【疏】子曰至于今。○以前經明不違卜筮，動合神明，故此經明后稷祭祀福流後世，以證成其義。○后稷之事易富也者，富，備也。后稷乃帝嚳之子，世有祿位，后稷又祭祀恭儉，以世祿之饒，供儉薄之祭，故易豐備也。○其祿及子孫者，以后稷祭祀其辭恭敬，其欲節儉，神之降福，故祿及子孫。○詩曰后稷兆祀者，是大雅生民之篇，美成王尊祖配天，所以尊后稷配天者，以后稷生存之時，於四郊之兆域祭祀於天，而事皆合禮，庶幾無罪過悔恨，故迄至於今，文武之時而王有天下。子曰：大人之器威敬。言其用之尊嚴。天子無筮。謂征伐出師若巡守也。天子至尊大宰，皆用卜也。春秋傳曰：先王卜征五年，歲襲其祥。○守手又反。諸侯有守筮。守筮，守國之筮，國有事則用之。天子道以筮。始將出卜之道，有小事則用筮。諸侯非其國不以筮。卜宅寢室。入他國則不筮，不敢問吉凶於人之國也。諸侯受封乎天子，因國而國，唯宮室欲改易者得卜之耳。天子不卜處大廟。卜可建國之處，吉則宮廟吉可知。○大音泰。子曰：君子敬則用祭器。謂朝聘待賓客，崇敬不敢用燕器也。○朝直遙反。是以不廢日月，不違龜筮，以敬事其君長。用龜筮問所貢獻也。○長丁丈反。是以上不瀆於民，下不褻於上。言上之於下以直，則下應之以正，不褻慢也。○應，應對之應。慢字又作慢，武諫反。【疏】子曰至於上。○以上經明在國內事上帝神明及國內諸事，無非卜筮之用，此一節更明天子諸侯用卜筮有出行之義。○大人之器威敬者，大人謂天子，所主之器當威嚴敬重，不可私褻於小事雜用也。饗時則用，燕則不用也。○天子無筮，天子即尊重，於征伐出師若巡守之大事，皆用卜，無用筮也。○諸侯有守筮者，諸侯卑於天子，有守國之筮，謂在國居守有事而用筮。○天子道以筮者，天子在國既皆用卜，若出行於道路之上，臨時有小事之時，則唯用筮也。○諸侯非其國不以筮者，諸侯降於天子，若出行於外，非其國境不用筮也，以其不敢問吉凶於人之國，筮尚不用，卜不用可知也。卜宅寢室者，謂諸侯既受天子所封，不敢卜其所建之國以否，但建國已後，宅及寢室須欲改易者得卜之，故曰卜宅寢室。○天子不卜處大廟者，以建國之時揔卜其吉，不待更卜處大廟所在，以其吉可知。○子曰君子敬則用祭器者，猶事稍異於上，故更稱子曰。敬則用祭器者，言慎重其大事，心有恭敬，則用祭器，言愼重其事也。○是以不廢日月者，揔明朝聘之時依其日月。○不違龜筮者，謂貢獻之物必先卜筮而來。○以敬事其君長者，所以朝聘之時必須如此者，以恭敬事其君長，不敢褻瀆故也。君謂天子，言長者，兼諸侯相朝，小國之於大國也。○是以上不瀆於民，其上爲此相敬，不褻瀆於民，言以直道接民。○下不褻於上者，謂以正事上，不褻慢也。○注謂征至其祥。○正義曰：知征伐出師及巡守者，以前云外事用剛日，內事用柔日，據在國諸事，今此云無筮，又云天子道以筮，又云諸侯非其國不以筮，皆據將欲出行及在道之事，故知此節以下不與上同，是將出行。下云天子道以筮，此云無筮

是宋在道也故知征代出師若巡守欲發時也云天子至尊大事皆用卜也者謂不徒用筮而已兼用卜也此云無筮無徒筮耳不謂全無筮也簭人云國之大事先簭而後卜出師巡守皆大事者也所引春秋傳者襄十三年左傳文案襄十一年鄭先屬於楚今楚弱鄭又被晉收屬於晉鄭使良霄石㚟告絕於楚楚人執之故謂楚人云先王卜征五年謂將欲巡守預先五年每歲卜之云歲襲其祥者襲重也謂歲歲恒吉重其吉祥而後始行若不吉則更增脩其德欲令楚脩德引筮者證巡守須卜也。注守筮守國之筮。正義曰此諸侯守國筮者非寢室改易之屬則唯用筮也若寢室亦用卜故下云卜宅寢室然此節皆明將行及出國之義而云守筮及卜宅寢室及不卜處大廟皆言國史之事者此舉國中以明在外外內相明也。注諸侯受封乎天子因國而國。正義曰此諸侯初受封之時不卜者以天子因先王舊國而今封諸侯不須卜也若天子初建國則卜之故下注云卜可建國之處是不因先王舊國也。注謂朝待若賓客崇敬不敢用燕器也。正義曰但此章據出行朝聘之事故以朝聘解之則上文非其國不以筮是出外行也其實昏冠亦不用燕器也用祭器也故左傳稱魯襄公冠季武子云君冠必以祼享之禮行之以金石之樂節之是用祭器也。注用龜筮問所貢獻也。正義曰鄭以天子無筮以下論出行在外之事故解此不違龜筮謂所問貢獻之物也前章云不違龜筮謂在國所卜諸事也

禮記注疏卷五十四校勘記　阮元撰盧宣旬摘錄

表記第三十二

子言之歸乎節

子言至而信　惠棟挍宋本無此五字

皇氏云皆是發端起義　閩監本同毛本皆誤若

子曰君子不失足於人節

而無有可擇去之言在於躬也　閩監毛本同考文引宋板也作身

子曰裼襲之不相因也節　惠棟云子曰裼襲節宋本分祭極敬以下另為一節

禮盛者以襲為敬　閩監本岳本嘉靖本衛氏集說同考文引宋板同毛本禮誤不

子曰至以倦　惠棟挍宋本無此五字

引之者證明此經不可繼之以樂之事也　惠棟挍宋本如此此本證明此經不五字闕閩監毛本明此經誤祭極敬

子曰君子慎以辟禍節

子曰至遠恥　惠棟挍宋本無此五字

篤厚也揜謂困迫也　惠棟挍宋本作謂閩監毛本謂作被此本闕

言恭以遠恥者　閩監毛本同惠棟挍宋本無言字

子曰君子莊敬日強節　惠棟挍云子曰君子節宋本分子曰狎侮以下為一節

肆猶放恣也　惠棟挍宋本如此岳本嘉靖本毛本衛氏集說並同此本肆猶放恣四字誤閩監本四字闕

子曰至畏也　惠棟挍宋本無此五字

注擇日月以見君謂臣在邑竟者　惠棟挍宋本作注擇日至竟者

或擇日出使在外　惠棟挍宋本同閩本同監本在誤有毛本在作於

子曰無辭不相接也節

瀆之言褻也　閩監毛本同衛氏集說同岳本嘉靖本也作之考文引宋板足利本同古本也上有之字

子曰至不告　惠棟挍宋本無此五字

此易蒙卦辭○　惠棟挍宋本○作也此本也誤○閩監本同毛本也字脫

言童蒙初來問師師則告之　惠棟挍宋本如此此本上師字闕閩監毛本上師誤者

子言之仁者天下之表也節

無言不讎　各本同石經同毛本讎作讐

利仁強仁　閩監本岳本嘉靖本衛氏集說同毛本利字闕

此其言舍之何人也　閩監毛本岳本嘉靖本同考文引古本也上有之字足利本人作仁惠棟挍云何休公羊作仁之也與康成所引不同盧文弨挍云足利古本作仁之也與本書合

道有至義有考　各本並如此陳澔集說義上有有字考文引古本足利本同蓋依注讀增

有義有攷　閩監毛本同岳本攷作考惠棟挍宋本宋監本嘉靖本考文引古本足利本同下有攷攷成並同

子曰至無失　惠棟挍宋本無此五字

其事一種　惠棟挍宋本作其事此本其事二字闕閩監毛本其事作各有衛氏集說亦作各有一種

非關利害而安仁也　惠棟挍宋本作也此本也字闕閩監毛本也誤道

望免離於罪　惠棟挍宋本作望此本望字闕閩監毛本望作求

右手是用之便也　惠棟挍宋本作是此本是字闕閩監毛本是作使

然可履蹈　閩監毛本同浦鏜挍云然下當脫後字

仁謂施以人恩　閩監毛本同惠棟挍宋本人作仁

傳稱諸侯春秋執大夫　閩監毛本同齊召南挍云當云傳稱春秋諸侯執大夫各本誤倒諸侯二字在春秋上

是唯義與道　惠棟挍宋本與作為閩監毛本同

子言之仁有數節

武王烝哉　閩監毛本石經岳本嘉靖本衛氏集說同坊本此四字脫石經考文提要云宋大字本宋本九經南宋巾箱本余仁仲本劉叔剛本並有此句

子言至仁也　惠棟挍宋本無此五字

唯在我當身之主　閩監毛本同惠棟挍宋本主作上

言傳其所順天下之謀　閩監本同毛本所順天下作天下所順

子曰仁之為器重節

取數多　閩監毛本岳本嘉靖本同惠棟挍宋本多下有者字衛氏集說同考文引古本同

言以先王成法儗度人　惠棟挍宋本作度岳本同衛氏集說同考文引古本足利本同此本度誤庶嘉靖本閩監毛本同釋文出儗度宋本儗作擬是也

謂古賢聖也　惠棟挍宋本岳本嘉靖本衛氏集說同考文引古本足利本同閩監毛本賢聖二字倒

雖有過不為甚矣　嘉靖本閩監毛本同衛氏集說同惠棟挍宋本無為字宋監本岳本同考文引足利本同

詩云溫溫恭人　惠棟挍宋本作云宋監本石經岳本嘉靖本衛氏集說同此本云誤曰閩監毛本同石經考文提要云宋大字本宋本九經南宋巾箱本余仁仲本並作詩云

言能成人道者少也　閩監毛本同岳本同衛氏集說同惠棟挍宋本嘉靖本考文引古本足利本人作仁

移讀如禾氾移之移　惠棟挍宋本作禾岳本宋監本考文引古本足利本同此本禾誤水閩監毛本嘉靖本並同按困學紀聞引亦作禾氾移與麥秀鋌對舉

惟鵜在梁　石經岳本嘉靖本衛氏集說同考文引古本足利本同閩監毛本惟作維釋文出惟鵜

彼記之子　閩本毛本石經惠棟挍宋本宋監本岳本嘉靖本同衛氏集說同監本記作其詩考列之詩異字異義中釋文出彼記云本又作已石經考文提要云宋大字本宋本九經南宋巾箱本余仁仲本劉叔剛本並作彼記

鵜鶘胡　閩監毛本岳本嘉靖本衛氏集說同惠棟挍宋本胡作鶘

子曰至其服　惠棟挍宋本無此五字

言幽王若能脩德如高山　閩監本同毛本如高誤有仲衛氏集說亦作脩德如高山

恭近於禮　惠棟挍宋本上有故字此本脫閩監毛本同衛氏集說作故恭近禮

記是語辭　閩本同衞氏集說監毛本記並作其

子言之君子之所謂義者節

故諸侯勤以輔事於天子　各本同毛本諸誤者

不爲回邪之行要之　閩監毛本同岳本嘉靖本要上有以字衞氏集說同惠棟挍宋本宋監本考文引古本足利本同

言述行上帝德　惠棟挍宋本有之字宋監本岳本嘉靖本衞氏集說同此本之字脫閩監毛本同

使聲譽可得而尊言也　惠棟挍宋本宋監本岳本嘉靖本衞氏集說同考文引古本足利本同閩監毛本言作信

卽以其行一大善者爲謚耳　閩監毛本岳本嘉靖本同考文引古本足利本卽作節衞氏集說惠棟挍宋本宋監本並同

行過不復循行猶不二過　閩監毛本同惠棟挍宋本行過作過行二作貳衞氏集說同考文引古本同岳本亦作過行嘉靖本足利本同宋監本二亦作貳

云自便習於此事之人耳　閩監毛本嘉靖本同惠棟挍宋本自作吾宋監本岳本衞氏集說同

子言至便人　惠棟挍宋本無此五字

言以此求施爲仁道也　閩監毛本同惠棟挍宋本爲下有於字

以昭明道德尊事上帝　閩本同惠棟挍宋本同監毛二本尊誤厚

過失卽改以求處其厚也　閩監毛本同考文云宋板以上有是字

壹讀爲一惠猶善也言聲譽雖有至踰行所恥　惠棟挍宋本作壹讀至所恥

言物在水上稱浮如浮雲　閩監本同毛本稱作輕

故此經名后稷　閩監毛本同惠棟挍宋本名作明衞氏集說亦作明后稷

不自謂己之仁聖也　惠棟挍宋本此下標禮記正義卷第六十一終記云凡三十一頁

子言之君子之所謂仁者節　惠棟挍云子言之節今父之親子節宋本合爲一節○惠棟挍宋本自此節起至子曰政之不行也節止爲第六十二卷卷首題禮記正義卷第六十二

凱弟君子　各本同石經同考文引古本凱弟作愷悌下放此按釋文出凱云本亦作愷出弟云本乂作悌

子言至此乎　惠棟挍宋本無此五字

子曰夏道尊命節

惷而愚　監本作惷石經同岳本同衞氏集說同此本惷誤惷嘉靖本閩毛本同釋文出惷而音傷容反疏放此

子曰至不文　惠棟挍宋本無此五字

爾雅訓云萲諼忘也　閩監毛本同孫志祖挍云此爾雅釋訓文訓上當有釋字

殷人尊神節

凡以摯交接相施予　閩監毛本岳本嘉靖本同釋文摯作贄考文引古本同

殷人至無恥　惠棟挍宋本無此五字

罰以秋冬　閩監毛本同惠棟挍宋本罰作刑與左傳合

注云先鬼而後禮　閩監毛本同惠棟挍宋本無云字

子曰夏道未瀆辭節

周人強民　閩監毛本石經岳本嘉靖本衞氏集說同釋文出強民云注同山井鼎云宋板強作彊注及疏同

子曰至窮矣　惠棟挍宋本無此五字

尙有限未褻瀆也　閩監毛本同惠棟挍宋本限上有時字

子曰虞夏之道節　惠棟挍云子曰虞夏節宋本分子言之曰後世以下另爲一節

恥費輕實　閩監本石經岳本嘉靖本衞氏集說同考文引宋板同毛本輕誤強

子曰至此乎　惠棟挍宋本無此五字

文質再而復始　閩監毛本同山井鼎云宋本再作載

比殷家之文猶質　閩本同惠棟挍宋本同監毛本家誤周

此特明虞帝之美　閩本同惠棟挍宋本同監毛本特誤時衞氏集說亦作特

臣之倣舜之寬容　閩監毛本同惠棟挍宋本臣之作臣下

子曰事君大言入節

入爲君受之　閩監毛本岳本嘉靖本同惠棟挍宋本爲作謂宋監本衞氏集說同考文引古本足利本同釋文出爲君

子曰至食吉　惠棟挍宋本無此五字

此一節廣明事君之道　閩監毛本同惠棟挍宋本廣下有明字衞氏集說同

子曰事君不下達節

靖共爾位　閩監本石經岳本嘉靖本衞氏集說同毛本共作恭釋文出靖共云本亦作恭

子曰至以女　惠棟挍宋本無此五字

言爲女之道　閩監毛本同惠棟挍宋本女作臣

子曰事君遠而諫節

子曰至忘之　惠棟挍宋本無此五字

瞽獻曲　惠棟挍宋本同閩監毛本曲誤典浦鏜挍云典當作曲國語韋昭注云公以下至士各獻諷諫之詩瞽陳樂曲獻之於王見左傳襄十四年疏

子曰事君難進而易退節

事君愼始而敬終　閩監本石經岳本嘉靖本衞氏集說同考文引宋板同毛本終誤忠疏放此

子曰至爲亂　惠棟挍宋本無此五字

子曰事君軍旅不辟難節

愼慮而從之者此已志也　閩監毛本岳本嘉靖本衞氏集說同山井鼎云古本者作有宋板同非

子曰至其事　惠棟挍宋本無此五字

子曰君子不以辭盡人節

則不問其所費　閩監毛本岳本嘉靖本衞氏集說同釋文出所費石經問其所三字剜刻無所字

子曰至用餕　惠棟挍宋本無此五字

如似雨醴相合　惠棟挍宋本同閩監毛本雨作酒

子曰君子不以口譽人節

稱人之美則爵之　閩監毛本石經岳本嘉靖本衞氏集說同坊本美作善石經考文提要云宋大字本宋本九經南宋巾箱本余仁仲本劉叔剛本並作美

子曰至歸說○所以前經君子不用虛言　惠棟挍宋本無子曰至歸說○所七字

子曰口惠而實不至節

今不思其本恩之反覆　閩毛本同岳本嘉靖本同衞氏集說恩誤思監本本恩誤不思疏放此

子曰至焉哉　惠棟挍宋本無此五字

子言之昔三代明王節

子言至百姓　惠棟挍宋本無此五字

謂祭事天地及諸神明也　閩監本同毛本事誤祀地誤帝

是有其牲日也　閩監毛本同考文引宋板其作卜衞氏集說亦作是卜牲日也

言用剛柔之日　閩監毛本同考文引宋板言上有以字續通解同

外內別用限別以四郊爲限　閩監毛本同考文引宋板用作謂

子曰后稷之祀易富也節

后稷之祀易富也　閩監本石經岳本嘉靖本衞氏集說同毛本祀誤事疏並同

恭儉者之祭易備也　閩監毛本嘉靖本同惠棟校宋本恭作共岳本同衞氏集說同考文引古本足利本同釋文出共儉云音恭

子曰至于今　惠棟校宋本無此五字

子曰大人之器威敬節

以上經明在國內事上帝神明　閩毛本同監本經明二字倒

出師巡守皆大事者也　閩監毛本同惠棟校宋本無者字

預先五年　閩監毛本同惠棟校宋本先作前

謂在國所卜諸事也　閩本同惠棟校宋本同監本也字闕毛本諸事誤之處

禮記注疏卷五十四校勘記

附釋音禮記注疏卷第五十五

禮記　鄭氏注　孔穎達疏

緇衣第三十三。陸曰鄭云善其好賢者之厚故述其所稱之詩以爲其名也緇衣鄭詩美武公也劉瓛云公孫尼子所作也【疏】正義曰案鄭目録云名曰緇衣者善其好賢者厚也緇衣鄭詩也其詩曰緇衣之宜兮敝予又改爲兮適子之館兮還予授子之粲兮粲餐也設餐以授之愛之欲飲食之言緇衣之賢者居朝廷宜其服也我欲就爲改制其衣反欲與之新衣厚之而無已此於別録屬通論

子言之曰。爲上易事也。爲下易知也。則刑不煩矣。言君不苛虐臣無姦心則刑可以措。○子言之曰此篇二十四章唯此一子言之後皆作子曰易以豉反下同苛音何錯七故反本亦作措同【疏】子言至煩矣。○正義曰此篇凡二十四章唯此云子言之曰餘二十三章皆云子曰以篇首宜異故也。○爲上易事者爲上謂君君上以正理御物則臣事之易也。○爲下易知也者爲下謂臣臣下無姦詐則君知其情易也。○則刑不煩矣者君易事臣易知故刑辟息止不煩動矣然此篇題緇衣而入文不先云緇衣者欲見君明臣賢如此後乃可服緇衣也。

子曰。好賢如緇衣。惡惡如巷伯。則爵不瀆而民作愿。刑不試而民咸服。緇衣巷伯皆詩篇名也緇衣首章曰緇衣之宜兮敝予又改爲兮適子之館兮還予授子之粲兮言此衣緇衣者賢者也宜長爲國君其衣敝我願改制授之以新衣是其好賢欲其貴之甚也巷伯六章曰取彼譖人投畀豺虎豺虎不食投畀有北有北不受投畀有昊此其惡惡欲其死亡之甚也爵不瀆者不輕爵人也試用也咸皆也○好呼報反注同緇側其反惡惡上烏路反下如字注同巷戶降反巷伯小雅篇名愿音願還音旋粲七旦反衣緇衣上於既反下如字讒人本又依詩作譖人投畀必利反下同豺仕皆反昊胡老反本或作皓同。大雅曰。儀刑文王。萬國作孚。刑法也孚信也儀法文王之德而行之則天下無不爲信者也文王爲政克明德慎罰。【疏】子曰至作孚。○正義曰此一節明好賢惡惡賞罰得中則爲民下所信。○好賢如緇衣者緇衣朝服也諸侯視朝之服緇衣素裳鄭武公桓公父子並爲周司徒善於其職鄭人善之願君久留鄭國服此緇衣衣服敗破則又作新衣以授之故以歌此詩是好賢之詩也詩人以緇衣爲鄭風之首故云好賢如緇衣也○惡惡如巷伯者巷伯亦詩篇名也巷伯是奄人爲王后宮巷官之長故爲巷伯也幽王信讒寺人傷讒而懼讒及已故作詩以疾讒也其詩云取彼讒人投畀豺虎豺虎不食投畀有北有北不受投畀有昊是惡讒人之甚故云惡惡如巷伯也○則爵不瀆而民作愿者此解好賢也瀆濫也愿慤也君若好賢如緇衣則爵不濫而民皆謹慤也○刑不試而民咸服者此解惡惡也試用也言君惡惡如巷伯則刑措而不用民皆服從○大雅云儀刑文王萬國作孚者此大雅文王之篇諫成王之辭儀象也刑法也孚信也言成王但象法文王之德而行之則天下萬國無不爲信也言皆信敬之故云萬國作孚猶文王明德慎罰爲民所敬信引之者證上爵不瀆刑不試也○注緇衣至甚也○正義曰緇衣者詩鄭風美鄭桓公武公詩也巷伯刺幽王之詩也故云皆詩篇名云緇衣之宜兮者言桓公武公並皆有德堪爲國君國人願之言德宜著此緇衣破敝我又欲改更爲新衣云適子之館兮者鄭人云桓公武公既爲卿士適子之館舍兮謂嚮卿士治事館舍云還予授子之粲兮者從館舍廻還來嚮本國我即授子以粲餐兮也鄭人愛桓公武公之甚矣是好賢也緇衣者諸侯朝服故論語云緇衣羔裘注云諸侯之朝服其服緇布衣而素裳緇帶素韠故士冠禮云主人玄冠朝服緇帶素韠注云朝服者十五升布衣而素裳也衣不言色者衣與冠同也知朝服十五升者雜記文知用布者雜記云朝服十五升去其半而緦故知布也知素裳者以冠禮云素韠韠從裳色故知裳亦素也若士之助祭者則韠用緇不與裳同色熊氏云玄冠用黑繒爲之其義未甚明也。

子曰。夫民教之以德。齊之以禮。則民有格心。教之以政。齊之以刑。則民有遯心。格來也遯逃也。○格古伯反遯徒遜反亦作遁故君民者。子以愛之。則民親之。信以結之。則民不倍。恭以涖之。則民有孫心。涖臨也孫順也。○倍音佩下注同涖音利又音類孫音遜注同甫刑曰。苗民匪用命。制以刑。惟作五虐之刑曰法。是以民有惡德。而遂絶其世也。甫刑尚書篇名匪非也命謂政令也高辛氏之末諸侯有三苗者作亂其治民不用政令專制御之以嚴刑乃作五虐蚩尤之刑以是爲法於是民皆爲惡起倍畔也三苗由此見滅無後世由不任德。○蚩尺之反畔本或作叛俗字非也任而鴆反【疏】子曰至世也。○正義曰此一節明教民以德不以刑也。○則民有格心者格來也君若教民以德整民以禮則民有歸上之心故論語云有恥且格。○甫刑曰苗民匪用命者此尚書呂刑之篇也甫侯爲穆王說刑故稱甫刑匪非也言苗民匪用命者命謂政令言苗民爲君非用政令以教於下。○制以刑者言制御於下以嚴刑。○唯作五虐之刑曰法者言唯作蚩尤五種虐刑自謂爲法。○是以民有惡德者以此之故民皆有怨惡之德起倍叛之心。○遂絶其世也者言三苗不任德遂被誅而絶其世也。○注甫刑至任德。○正義曰此甫刑尚書呂刑也而稱甫刑者案孝經序云春秋有呂國而無甫侯但孝經序未知是鄭作以不案春秋實無甫侯國語云申呂雖衰齊許猶在又云齊許申呂皆由大姜然則呂即甫也案孔注尚書呂侯後爲甫侯故穆王時謂之呂侯周宣王及平王之時爲甫侯故詩崧高云生甫及申謂宣王時也揚之水不與我戍甫謂平王時也則孔氏義爲是鄭或同之云高辛氏之末諸侯有三苗者作亂案鄭注呂刑云苗民謂九黎之君也九黎之君於少昊氏衰而棄善道上效蚩尤重刑必變九黎言苗民者有苗九黎之後顓頊代少昊誅九黎分流其子孫爲居於西裔者三苗至高辛之衰又復九黎之君惡堯興又誅之堯末又在朝舜時又竄之後王深惡此族三生凶惡故著其氏而謂之民民者冥也言未見仁道以此言之三苗是九黎之後九黎於少昊之末而爲亂三苗於高辛氏之末又爲亂故此注云高辛以呂刑於此苗民之下云皇帝淸問下民又云乃命三后三后謂伯夷之等故以皇帝爲帝堯又以苗民爲高辛氏之末也鄭以九黎爲苗民先祖但上學蚩尤之惡非蚩尤子孫孔注尚書以爲九黎即蚩尤也三苗則非九黎之子孫與鄭異。○子曰。下之事上

也。不從其所令，從其所行。言民化行，不拘於言。○行，下孟反，注同，又如字。拘音俱。上好是物，下必有甚者矣。甚者，甚於君也。○好，呼報反，下皆同。故上之所好惡，不可不慎也，是民之表也。言民之從君，如影逐表。○惡，烏路反。景，如字，一音英領反。子曰：禹立三年，百姓以仁遂焉，豈必盡仁。言百姓傚禹爲仁，非本性能仁。遂猶達也。○傚，胡孝反。詩云：赫赫師尹，民具爾瞻。甫刑曰：一人有慶，兆民賴之。大雅曰：成王之孚，下土之式。皆言化君也。孚，信也。式，法也。○赫，許百反。王，如字，徐于況反。【疏】「子曰」至「之式」。○正義曰：此一節申明上文以君者民之儀表，不可不慎，故此兼言上有其善，則下賴之。○「百姓以仁遂焉」者，遂，達也。言禹立三年，百姓悉行仁道，達於外內，故云「百姓以仁遂焉」。「豈必盡仁」者，言禹之百姓，豈必本性盡行仁道，由禹之所化，故此禹立三年，則百姓盡行仁道。論語稱「如有王者，必世而後仁」者，禹承堯舜禪代之後，其民易化。論語所稱者，謂承離之後，故必世乃後仁。是以注論語云「周道至美，武王伐紂，至成王乃致太平」，由承殷紂敝化之後故也。○「詩云赫赫師尹，民具爾瞻」者，此小雅節南山之篇，刺幽王之詩。言幽王之時，尹氏爲大師，政不平，故詩人刺之云：赫赫然顯盛之師尹者，民具爾瞻視上之所爲。引者，證民之法則於上。○「甫刑曰一人有慶，兆民賴之」者，慶，善也。一人謂天子也。天子有善行，民皆蒙賴之。引者，證上有善行，賴及于下。「大雅曰成王之孚，下土之式」者，是大雅下武之篇，美武王之詩。孚，信也。言武王成就王道之信者，故爲下土法則之。引者，證君有善，與爲法式也。○子曰：上好仁，則下之爲仁爭先人。故長民者章志、貞教、尊仁，以子愛百姓，民致行己以說其上矣。章，明也。貞，正也。民致行己者，民之行皆盡己心。○長，丁丈反。說音悅。詩云：有梏德行，四國順之。梏，大也，直也。○梏音角，詩作覺。行，下孟反。【疏】「子曰」至「順之」。○正義曰：此一節贊結上經在上行仁之事。○「則天下之爲仁爭先人」者，言上者好仁，則下皆爲仁，爭欲先他人。○「故長民者章志、貞教、尊仁，以子愛百姓」者，章，明也。貞，正也。言尊長於人爲君者，當須章明己志，爲貞正之教，尊敬仁道，以子愛百姓也。○「民致行己以說其上矣」者，言上能化下如此，則在下之人致盡行己之意，以說樂其上矣。○「詩云有梏德行，四國順之」，此詩大雅抑之篇，刺厲王之詩也。梏，大也。言賢者有大德行，四國從之。引者，證上有其德，下所從也。子曰：王言如絲，其出如綸；王言如綸，其出如綍。言言出彌大也。綸，今有秩嗇夫所佩也。綍，引棺索也。○綸音倫，又古頑反，綬也。如綍音弗，大索。嗇音色。索，悉洛反。故大人不倡游言。游猶浮也，不可用之言也。○倡，昌尚反。可言也，不可行，君子弗言也；可行也，不可言，君子弗行也。則民言不危行，而行不危言矣。危猶高也。言不高於行，行不高於言，言行相應也。○行而行，皆下孟反，注及下皆同。應，應對之應。詩云：淑慎爾止，不僭于儀。淑，善也。僭，過也。言善慎女之容止，不可過於禮之威儀也。○僭，起虔反。女音汝。【疏】「子曰」至「于儀」。○正義曰：此一節明王者出言，下所倣之，其事漸大，不可不慎，意與前經同也。○「王言如絲，其出如綸」者，王言初出，微細如絲，及其出行於外，言更漸大，如似綸也。言綸麤於絲。○「王言如綸，其出如綍」者，亦言漸大，出如綍也。綍又大於綸。○「故大人不倡游言」者，游言謂浮游虛漫之言，不可依用。出言則民皆師法，故尊大之人不倡道此游言，恐人依象之。○「可言也，不可行，君子弗言也」者，謂口可言說，力不能行，則君子不言也。若有客不能餼，則不問其所舍之類是也。○「可行也，不可言，君子弗行也」，熊氏云：可行，謂君子賢人可行此事，但不可言說爲凡人作法。如此之事，則君子不當行。若曾子有母之喪，水漿不入於口七日，不可言說以爲法，故子思非之，是君子不行也。○「則民言不危行，而行不危言矣」者，危，高也。如此化民，則民言行相應，言不高於行，行不高於言。○「詩云淑慎爾止，不僭于儀」者，此大雅抑之篇，刺厲王之詩。淑，善也。僭，過也。言爲君之法，當善謹慎女之容止，不僭過於禮之容儀，言當守道以自居。引者，證言行不可過也。○注「綸今有秩嗇夫所佩也」。○正義曰：案漢書百官公卿大夫表云：「十里一亭，十亭一鄉，鄉有三老、有秩、嗇夫、遊徼。三老掌教化，嗇夫掌獄訟，遊徼掌禁盜賊。」故漢書云張敞以鄉有秩補大守卒史。又云朱邑爲桐鄉嗇夫。又續漢書百官表云：「鄉置有秩、三老、遊徼。有秩，郡所置，秩百戶。其鄉小者，縣所置嗇夫。」案此則有秩、嗇夫職同，但隨鄉大小，故名異耳。名雖異，其所佩則同。張華云：「綸如宛轉繩。」子曰：君子道人以言，而禁人以行。禁猶謹也。○道音導。故言必慮其所終，而行必稽其所敝，則民謹於言而慎於行。稽猶考也，議也。○稽，古兮反。詩云：慎爾出話，敬爾威儀。話，善言也。○話，胡快反。大雅曰：穆穆文王，於緝熙敬止。緝熙，皆明也。言於明明乎，敬其容止。○於音烏，注同。緝，七入反。熙，許其反。毛詩傳云：緝熙，光明也。【疏】「子曰」至「敬止」。○正義曰：此一節亦贊明前經言行之事。○「道人以言」者，在上君子誘道在下，以善言使有信也。○「而禁人以行」者，禁猶謹也。言禁約謹慎人以行，使行顧言也。○「故言必慮其所終」者，謂初出言之時，必思慮其此言得終，未可恒行以否。○「而行必稽其所敝」者，稽，考也。言欲行之時，必須先考校此行至終敝之時，無損壞以否。○「詩云慎爾出話，敬爾威儀」者，此大雅抑之篇，刺厲王也。話，善言也。爾，汝也。謹慎爾之所出之善言，以爲政教，故恭敬爾之威儀，言必爲人所法則。引證言慮其所終。「大雅云穆穆文王，於緝熙敬止」者，此大雅文王之篇，美文王之詩。言穆穆然美者，乃是文王。於謂嗚呼。緝熙，皆光明也。言文王之德，嗚呼光明乎，又敬其容止。引者，證在上當敬其言行也。子曰：長民者衣服不貳，從容有常，以齊其民，則民德壹。貳，不壹也。○長，丁丈反，下君長同。貳，本或作貳，同音二，下同。從，七凶反。詩云：彼都人士，狐裘黃黃，其容不改，出言有章，行歸于周，萬民所望。黃衣則狐裘，大蜡之服也。詩人見而說焉。章，文章也。忠信爲周。此詩毛氏有之，三家則亡。○黃，徐本作橫，音黃。蜡，仕嫁反。說音悅。【疏】「子曰」至「所望」。○正義曰：「從容有常」者，從容謂舉動有其常度。○「則民德一」者，一謂齊一，則萬人之德皆齊一，不參差。「詩云彼都人士」者，此小雅都人士之篇，刺幽王之詩。幽王之時，君臣衣服無常，故詩人引彼明王之時都邑之人有士行者，服此狐裘黃黃然。「行歸于周，萬民所望」者，周謂忠信。言都人之士行歸忠信，萬民所以瞻望以法則之。○注「黃衣則狐裘，大蜡之服也」。○正義曰：郊特牲云「黃衣黃冠而祭，息田夫也」，此云黃衣，故云大蜡之服。論語云「黃衣狐裘」，故狐裘則黃衣也。案詩注云：「狐裘取溫裕而已。」不云大蜡，此云蜡者，以正衣解之。詩謂庶人有士行，非關蜡祭之事，故爲溫裕也。子曰：爲上可望而知也，爲下可述而志也，則君不疑於其臣，而臣不惑於其君矣。志猶知也。尹吉曰：惟尹躬及湯，咸有壹德。吉當爲告，告，古文誥字之誤也。尹告，伊尹之誥也。書序以爲咸有壹德，今亡。咸，皆也。君臣皆有壹德不貳，則無疑惑也。○吉，依注爲告，音誥，羔報反。詩云：淑人君子，其儀不忒。【疏】「子曰」至「不忒」。○正義曰：「爲上可望而知也」者，謂貌不藏情，可望見其貌，則知其情。○「爲下可述而志也」，志，知也。爲臣下率誠奉上，其行可述敘而知。○「尹吉曰惟尹躬及湯，咸有一德」者，吉當爲告，是伊尹誥大甲，故稱尹誥，則咸有一德篇是也。言惟尹躬身與成湯皆有純一之德。引者，證上君臣不相疑惑。○「詩云淑人君子，其儀不忒」者，此詩曹風鳲鳩之篇，刺曹君之詩。言善人君子，其儀不有差忒。引者，證一德之義。子曰：有國者章善癉惡，以示民厚，則民情不貳。章，明也。癉，病也。○忒，他得反，本或作貳，音二。章義如字，尚書作善，皇云義善也。癉，丁但反。詩云：靖共爾位，好是正直。【疏】「子曰」至「正直」。○正義曰：「章善癉惡」者，章，明也。癉，病也。言爲國者有善以賞章明之，有惡則以刑癉病之也。○「詩云靖共爾位，好是正直」者，此詩小雅小明之篇，刺幽王之詩也。言大夫悔仕亂世，告語未仕之人，言更待明君，靖謀共其爾之祿位，愛好正直之人，然後事之也。引之者，證上民情不二，爲正直之行。子曰：上人疑則百姓惑，下難知則君長勞。難知，有姦心也。○共音恭，本亦作恭。好，呼報反。故君民者章好以示民俗，慎惡以御民之淫，則民不惑矣。淫，貪侈也。孝經曰：示之以好惡，而民知禁。○好，如字，又呼報反，注同。惡，如字，又烏路反，注同。侈，昌氏反，又式氏反。臣儀行，不重辭，不援其所不及，不煩其所不知，則君不勞矣。儀當爲義，聲之誤也。言臣義事君，則行也。重猶尚也。援猶引也。不引君所不及，謂必使其君所行如堯舜也。不煩以其所不知，謂必使其知慮如聖人也。凡告喻人，當隨其才以誘之。○行，如字。援音袁，注同。知慮音智。詩云：上帝板板，下民卒癉。上帝喻君也。板板，辟也。卒，盡也。癉，病也。此君使民惑之詩。○版，布綰反，注同。亶，丁但反，本亦作癉。辟，匹亦反，字亦作僻，同。小雅曰：匪其止共，惟王之邛。匪，非也。邛，勞也。言臣不止於恭敬其職，惟使王之勞。此臣

使君勞之詩也。○共音恭，皇本作躬，云躬恭也。邛，其恭反。【疏】「子曰」至「之邛」。○正義曰：此一節申明上經君臣各以情相示，則君臣各得其所。○上人疑者，謂在上之君多以有疑二，則在下百姓有疑惑也。○下難知則君長勞者，若在下之人心懷欺詐，難知其心，則在上君長治之勞苦。○故君民者章好以示民俗，慎惡以御民之淫，則民不惑矣，覆上「百姓惑」。淫，貪也。言如此則民不惑矣。○臣儀行，不重辭，不援其所不及，不煩其所不知，則君不勞矣者，覆上「君長勞」。如此則君不勞。臣儀行者，儀當爲義，謂臣有義事則奉行之。不重辭者，重，尚也，爲臣之法，不尚虛華之辭。不援其所不及者，謂君才行所不能及，臣下不須援引其君行所不能及之事，謂必使其君所行如堯舜也。不煩其所不知者，謂君有所不知，其臣不得煩亂君所不知之事，令必行之。臣能如此，則君不勞苦。○詩云上帝板板，下民卒癉者，上帝，君也。板板，辟也。卒，盡也。癉，病也。言君上邪辟，下民盡皆困病。引之者，證君使民惑之事。此詩大雅板之篇，刺厲王之詩。○小雅曰匪其止共，惟王之邛者，小雅巧言之篇，刺幽王之詩也。言小人在朝，不止息於恭敬，惟爲姦惡，使王之邛勞。引之者，證臣使君勞也。○

子曰：政之不行也，教之不成也，爵祿不足勸也，刑罰不足恥也。故上不可以褻刑而輕爵。言政教所以明賞罰。○褻，息列反。康誥曰：敬明乃罰。甫刑曰：播刑之不迪。康，康叔也。作誥，尚書篇名也。播猶施也。不，衍字耳。迪，道也。言施刑之道。○播，徐補餓反。迪音狄。衍，延善反。【疏】「子曰」至「不迪」。○正義曰：此一節明慎賞罰之事。○政之不行也，教之不成也者，皇氏云：言在上政令所以不行，教化所以不成者，由君上爵祿加於小人，不足勸人爲善也；由刑罰加於無罪之人，不足恥其爲惡。由賞罰失所，故致政之不行，教之不成也。○故上不可以褻刑而輕爵者，刑爵不中，則懲勸失所，故君上不可輕褻之。○康誥曰敬民乃罰者，證刑罰不可褻也。周公作康誥，誥康叔云：女所施刑罰，必敬而明之也。○甫刑曰播刑之不迪，不爲衍字，迪，道也。此穆王戒羣臣云：今爾何監，非是伯夷布刑之道。言所爲監鏡者，皆是伯夷布刑之道。引之者，證重刑之義也。

子曰：大臣不親，百姓不寧，則忠敬不足，而富貴已過也。大臣不治，而邇臣比矣。忠敬不足，謂臣不忠於君，君不敬其臣。邇，近也。言近以見遠，言大以見小，互言之。比，私相親也。○治，音值。比，毗志反，注同。親也，見賢遍反，下同。故大臣不可不敬也，是民之表也。邇臣不可不慎也，是民之道也。民之道，言民循從也。君毋以小謀大，毋以遠言近，毋以內圖外。圖，以謀也。言凡謀之，當各於其黨，於其黨知其過審也。大臣柄權於外，小臣執命於內，或時交爭，轉相陷害。○毋音無，下同。柄音秉，兵永反。爭，爭鬭之爭。則大臣不怨，邇臣不疾，而遠臣不蔽矣。疾，猶非也。蔽，必世反。○葉公之顧命曰：毋以小謀敗大作，毋以嬖御人疾莊后，毋以嬖御士疾莊士、大夫、卿士。葉公，楚縣公葉公子高也。臨死遺書曰顧命。小謀，小臣之謀也。大作，大臣之所爲也。嬖御人，愛妾也。疾，亦非也。莊后，適夫人齊莊得禮者。嬖御士，愛臣也。莊士，亦謂士之齊莊得禮者，今爲大夫卿士。○葉，舒涉反，注同。葉公，楚大夫沈諸梁也，字子高，爲葉縣尹，僭稱公也。敗，補邁反。嬖，必惠反，徐甫詣反，又補弟反，字林方豉反，賤而得幸曰嬖，云便嬖愛妾。莊后，側良反，齊莊也，下及注同。適，丁歷反。齊，莊側皆反，下同。○

子曰：大人不親其所賢，而信其所賤，民是以親失，而教是以煩。親失，失其所當親也。教煩，由信賤也。賤者無一德也。詩云：彼求我則，如不我得。執我仇仇，亦不我力。言君始求我，如恐不得我；既得我，持我仇仇然不堅固，亦不力用我，是不親信我也。○仇音求，爾雅云：讎也。○君陳曰：未見聖，若已弗克見；既見聖，亦不克由聖。克，能也。由，用也。○陳本亦作古陳字。若已弗克見，音紀，尚書無已字。【疏】「子曰」至「由聖」。○正義曰：此一節明在下羣臣無問大小，皆須恭敬謹慎，又君無以小臣而謀大事也。○大臣不親，百姓不寧，則忠敬不足，富貴已過也者，沈氏云：謂大臣離二，不與上相親，政教煩苛，故百姓不寧。若其如此，臣不忠於君，君不敬於臣，是忠敬不足。所以致然也，由君與臣富貴已過極也。○大臣不治而邇臣比矣者，大臣不肯爲君理治職事，由邇近之臣與上相親比故也。○邇臣不可不慎也，是民之道也者，邇，近也，言親近之臣不可不慎擇其人。道謂道路，言邇臣是民之道路，邇臣好則人從之好，邇臣惡則人從之惡也。○君毋以小謀大者，言君無得與小臣而謀大臣之事也。○毋以遠言近者，無得以遠臣共言近臣之事也。○毋以內圖外者，無得以內臣共圖謀外臣之事。所以然者，小大之臣意殊，遠近之臣不同，恐各爲朋黨，彼此交爭，轉相陷害，故不圖謀也。則大臣不怨，邇臣不疾，而遠臣不蔽矣者，若能如此，則外內情通，小大意合，大臣不怨恨於君也。疾，猶非也。近臣不爲人所非毀，而遠臣不被障蔽故也。葉公之顧命曰毋以小謀敗大作者，此葉公顧命之書，無用小臣之謀，敗損大臣之作。○毋以嬖御人疾莊后者，莊后謂齊莊之后，是適夫人也，無得以嬖御賤人之爲非毀於適夫人。○毋以嬖御士疾莊士者，言毋得以嬖御之士非毀齊莊之士。○大夫卿士者，覆說言莊士即大夫卿之典事者，士，事也。注言近以見遠，言大以見小，互言之。○正義曰：言近以見遠，謂言近臣親比，則遠臣不親比。云言大以見小，謂大臣不治，小臣治也，故云互言之也。○注「大臣」至「陷害」。○正義曰：由大臣執權於外，小臣執命於內，或大臣忌小臣，或小臣忌大臣，所以內外交爭。若共圖謀，轉相陷害，故所謀之事各於其黨，與大臣謀大臣，與小臣謀小臣，是各於其黨中知其過失審悉也。○注「葉公楚縣公葉公子高」也。○正義曰：知葉公子高者，左傳云、世本文。云臨死遺書曰顧命者，約尚書顧命之篇。○「子曰」至「由聖」。○正義曰：此節明君不信用臣也。不親其所賢而信其所賤者，謂在上不任其所賢有德之人，而信用其所賤無德者。民是以親失者，言以此化民，民效於上，失其所當親，惟親愛羣小也。○而教是以煩者，言羣小被親，既無一德，政教所以煩亂也。○詩云彼求我則，如不我得，此詩小雅正月之篇，刺幽王之詩。言彼幽王初求我賢人，如不得於我，言禮命煩多也。○執我仇仇，亦不我力者，既得賢人，執留我仇仇然不堅固，亦不於我上以力而用我。引之者，證不親其所賢也。○君陳曰未見聖若已弗克見，既見聖亦不克由聖者，此尚書君陳篇，成王戒君陳之辭也。言凡人未見聖道之時，如似已不能見；既見聖道，亦不能用之也。

子曰：小人溺於水，君子溺於口，大人溺於民，皆在其所褻也。言人不溺於所敬者。溺謂覆沒不能自理出也。○溺，乃歷反。覆，芳服反。○夫水近於人而溺人，德易狎而難親也，易以溺人。言水人所沐浴自潔清者，至於深淵洪波，所當畏慎也。由近人之故，或泳之游之，褻慢而無戒心，以取溺焉。有德者亦如水矣，初時學其近者小者，以從人事，自以爲可，則侮狎之。至於先王大道，性與天命，則遂扞格不入，迷惑無聞，如溺於大水矣。難親，親之當肅敬，如臨深淵。○近，附近之近，注由近人同。易，以豉反，下同。狎，徐戶甲反。淸，如字，又才性反。洪，本又作鴻。泳音詠，潛行爲泳。游音由。侮，亡甫反。捍，胡旦反。格，戶白反。○口費而煩，易出難悔，易以溺人。費猶惠也。言口多空言，且煩數也。過言一出，駟馬不能及，不可得悔也。口舌所覆，亦如溺矣。費或爲哱，或爲悖。○費，芳貴反，注同。數，色角反。覆，芳服反，又芳又反。哱或爲悖，並布內反。○夫民閉於人而有鄙心，可敬不可慢，易以溺人。言民不通於人道，而心鄙詐，難卒告諭。人君敬慎以臨之則可，若陵虐而慢之，分崩怨畔，君無所尊，亦如溺矣。○慢，本又作漫，音武諫反。卒，寸忽反。故君子不可以不慎也。慎所可褻，乃不溺矣。太甲曰：毋越厥命以自覆也，若虞機張，往省括于厥度則釋。越之言蹷也。厥，其也。覆，敗也。言無自顛蹷女之政教以自毀敗。虞，主田獵之地者也。機，弩牙也。度謂所擬射也。虞人之射禽，弩已張，從機間視括與所射參相得，乃後釋弦發矢。爲政亦當以己心參於羣臣及萬民，可乃後施也。○大音泰。覆，芳服反，注同。括，古活反。于厥度，如字，又大各反，注同。尚書無厥字。蹷，其厥反，又紀衞反，一音厥。女音汝。擬，魚起反，本亦作擬。射，食亦反，下同。○兌命曰：惟口起羞，惟甲冑起兵，惟衣裳在笥，惟干戈省厥躬。兌當爲說，謂殷高宗之臣傅說也。作書以命高宗，尚書篇名也。羞猶辱也。衣裳，朝祭之服也。惟口起辱，當慎言語也。惟甲冑起兵，當慎軍旅之事也。惟衣裳在笥，當服以爲禮也。惟干戈省厥躬，當恕己不尚害人也。○兌，依注作說，本亦作說。兵，尚書作戎。笥，司吏反。爲說，音悅，下傳說同。朝，直遙反。太甲曰：天作孽，可違也；自作孽，不可以逭。逭猶辟也。逭，逃也。○孽，魚列反，下同。尚書作天作孽猶可違也，不可以辟。本又作逭，乎亂反。尚書作弗可逭，無以字。辟音避。○尹吉曰：惟尹躬天見于西邑夏，自周有終，相亦惟終。尹吉，亦尹誥也。天當爲先，字之誤。忠信爲周。相，助也，謂臣也。伊尹言：尹之先祖見夏之先君臣，皆忠信以自終。今天絕桀者，以其自作孽。伊尹始仕於夏，此時就湯矣。夏之邑在亳西。見或爲敗，邑或爲予。○吉音誥，出注，羔報反。天，依注作先，西田反。相，息亮反。亳，步各反。【疏】「子曰」至「惟終」。○正義曰：此一節戒慎言之事。○小人溺於水者，謂卑賤小人居近川澤者，愛翫於水，溺，覆沒也。多爲水所覆，故云小人溺於水。○君子溺於口者，言卿大夫之君子，以口傷人而致怨恨，遂被覆沒，亦如溺於水，不能自

治也。大人溺於民者，大人謂人君也由君在上陵虐下民則人衆離叛君無所尊故溺於民也皆在其所褻也者言小人君子大人等所以被沒溺者皆在於褻慢而不能敬慎故致溺也。夫水近於人而溺人者釋上三事所以致溺也此說水溺所由也水若遠於民則人不沒溺但由水近人則人得用之沐浴而日日狎習不復畏懼或泳之或游之無有誡忌至於洪波浪起亦猶習以爲常故致覆溺也。德易狎而難親也易以溺人者德易狎者言有德之人初時學其近者淺者謂言可得是易可親狎至大者遠者莫測其理是難可親也初時易狎是易也終則難親是溺人也故云易以溺人也。口費而煩易出難悔易以溺人者說人德既竟此還釋溺口所由費惠也口虛出言而無實從之是口惠也口惠不難失在頻數故云而煩也無以實言是易出也一出言駟馬追之不及是難悔必爲物所憾所以有禍口費易出難悔被害是溺人也。夫民閉於人而有鄙心者此釋溺民所由也言下民之情常自閉塞不通人道故云閉於人也而用心鄙詐故云有鄙心可敬不可慢易以溺人者既閉塞人道而有鄙詐卒難告喻故人君當敬以臨之其漸染若又陵慢則有必怨畔則國無民君道便喪溺也民處卑下易可褻慢終致怨畔是溺人也。太甲曰毋越厥命以自覆也者伊尹戒大甲辭言無得顛越其教命以自覆敗也。若虞機張者虞謂虞人機謂弩牙言爲政之道如虞人射獸先弩牙以張也○往省括于厥度則釋者謂已心往機間省視箭括當於所射之度乃釋弦而發矢故云則釋言爲政之道政教已陳當以已心省此所施政教合於羣下然後乃施之也○兌命曰惟口起羞惟甲冑起兵者此尚書篇名傅說戒高宗之辭口爲榮辱之主若出言不當則被人所賤故起羞辱也甲冑罰罪之器若所罰不當反被兵戎所害故甲冑起兵也○惟衣裳在笥惟于戈省厥躬者衣裳在篋笥當服之以行禮不可妄與於人惟所施干戈之事當自省已身不可妄加無罪浪以害人○大甲曰天作孽可違也者若水旱災荒自然而有非由人失所致故云天作孽亦可從移辟災是可違也○自作孽不可以追者已自作禍物皆怨恨所在而致禍害故不可逃也○尹吉曰惟尹躬天見于西邑夏者吉當爲告天當爲先言伊尹告大甲云伊尹身之先祖見西方夏邑之君謂禹也夏都在亳西故云西邑也自周有終相亦惟終者周謂忠信言夏之先君有能忠信得自有其終其輔相之臣亦如先君亦得終久也引者証人君若脩德行善則能終○注難親至深淵○正義曰言德易狎而難親若其終始易親則全無溺人之事由其初則易狎後則難親當恒肅敬如臨深淵水若不肅敬則致陷害故云溺人也○注兌當爲說○正義曰尚書序云高宗夢得說使百工營求諸野得諸傅巖作說命三篇是高宗之臣傅說也說作書以戒高宗也○注尹吉至亳西○正義曰云尹吉者上經已解尹吉爲尹告故此云亦誥也云天當爲先者以天字與先字相似故爲先也云忠信爲周者國語文也云伊尹言尹之先祖者鄭君不見古文尚書故云伊尹之先祖據尚書是大甲之篇言尹之往先見夏之先君是身之往先見非謂尹之先祖也云伊尹始仕於夏此時就湯矣者書序云伊尹去亳適夏既醜有夏復歸于亳是始仕於夏也經云先見西邑夏故知爲誥之時就湯矣以鄭不見古文謂言尹誥是伊尹告成湯故云此時就湯矣與尚書同云夏之邑在亳西者案世本及汲冢古文並云禹都咸陽正當亳西也及後乃徙安邑鄭以爲湯都偃師爲亳邑則是安邑亦在亳西也

子曰。民以君爲心。君以民爲體。心莊則體舒。心肅則容敬。心好之。身必安之。君好之。民必欲之。心以體全。亦以體傷。君以民存。亦以民亡。莊齊莊也。好呼報反。齊側皆反。詩云。昔吾有先正。其言明且清。國家以寧。都邑以成。庶民以生。誰能秉國成。不自爲正。卒勞百姓。先正先君長也。誰能秉國成傷今無此人也。成邦之八成也。誰能秉行之不自以所爲者正盡勞來百姓憂念之者與疾時大臣專功爭美。○昔吾有先正從此至庶民以生摠五句今詩皆無此語餘在小雅節南山篇或皆逸詩也清舊才性反一云此詩協韻宜如字上先正當音征誰能秉國成毛詩無能字勞力報反注勞來同詩依字讀長丁丈反來力再反與音餘。君雅曰。夏日暑雨。小民惟曰怨。資冬祁寒。小民亦惟曰怨。雅書序作牙假借字也君雅周穆王司徒作尚書篇名也資當爲至齊魯之語聲之誤也祁之言是也齊西偏之語也夏日暑雨小民怨天至冬是寒小民又怨天言民恒多怨爲其君難○雅音牙注同尚書作牙夏日戶嫁反注同尚書無日字資依注音至尚書作咨連上句云怨咨祁巨依反徐巨尸反字林上尸反○【疏】子曰至曰怨○正義曰此論君人相須言養人之道不可不慎也○詩云昔吾有先正其言明且清者此逸詩也正長也詩人稱昔吾之有先君正長其教令之言分明且清絜國家所以安也都邑所以成也庶人所以生也○誰能秉國成不自爲正辛勞百姓者卒盡也言詩人傷今無復有先正之賢故云今日誰能執國之八成也又當謙退之不自爲正者得其正道能用仁恩盡勞來百姓言今無復有如此之人疾時大臣惟專功爭美各自爲是也君雅曰夏日暑雨小民惟曰怨者此穆王命君牙之辭也言民心難稱所恒多夏日暑熱及雨天之常道細小之人惟曰怨資也○資冬祁寒小民亦曰怨者至於冬日是大寒之時小人亦惟曰怨猶言君政雖曰得當人怨之不已是治民難也○注成成至八成○正義曰案周禮小宰職云以官府之八成經邦治一曰聽政役以比居二曰聽師田以簡稽三曰聽閭里以版圖四曰聽稱責以傅別五曰聽祿位以禮命六曰聽取予以書契七曰聽賣買以質劑八曰聽出入以要會皆成事品式以聽治於人○注雅書至字也○正義曰言古牙字假雅字以爲牙故尚書以爲君牙此爲君雅案尚書云小民惟曰怨咨今此本作資字鄭又讀資當爲至以鄭不見古文尚書故也

子曰。下之事上也。身不正。言不信。則義不壹。行無類也。類謂比式。○行下孟反。下行有格同。比式如字。比方法式。子曰。言有物而行有格也。是以生則不可奪志。死則不可奪名。物謂事驗也。格舊法也。○是故一本作以。故君子多聞。質而守之。多志。質而親之。精知。略而行之。質猶少也。多志謂博交汎愛人也。精知孰慮於衆也。精或爲清。○知如字。一音智。注同。汎音泛。君陳曰。出入自爾師虞。庶言同。自由也。師庶皆衆也。虞度也。言出內政教當由女衆之所謀度。衆言同乃行之。政教當由一也。○度待洛反。君同。詩云。淑人君子。其儀一也。【疏】子曰至一也○正義曰此一節明下之事上當守其一○則義不一行無類也者若身之不正言之不信則於義事不能齊壹行無有比類言行之無恒不可比類也○言有物而行有格也物謂事之徵驗格謂舊有法式言必須有徵驗行必須有舊法式既言行不妄守死善道故生則不可奪志死則不可奪名言名志俱善欲奪不可也故君子多聞質而守之者雖多聞前事當簡質而守之○多志質而親之者謂多以志意博交汎愛亦質少而親之○精知略而行之者謂精細而知孰慮於衆要略而行之此皆謂聞見雖多執守簡要也君陳曰出入自爾師虞庶言同者自由也師衆也虞度也庶衆也成王戒君陳云言出入政教當由女衆人共知謀度若衆言皆同乃行之言政教當由一也○詩云淑人君子其儀一也者此曹風鳲鳩之篇刺曹公不均平也言善人君子其威儀齊一也引之者証爲政之道須齊一也

子曰。唯君子能好其正。小人毒其正。正當爲匹字之誤也。匹謂知識朋友。○好呼報反。下皆同。正音匹。出注。下同。故君子之朋友有鄉。其惡有方。鄉方喻輩類也。小人徵利其友無常也。○鄉許亮反。又音香。注同。輩布內反。徵古堯反。下同。是故邇者不惑。而遠者不疑也。言其可望而知。邇近也。詩云。君子好仇。仇匹也。○【疏】子曰至好仇○正義曰此一節明其朋匹之事君子能好其正者匹匹偶言君子能愛好其朋友匹偶以下云君子好仇故知此正爲匹也○故君子之朋友有鄉其惡有方者言鄉方皆猶輩類也言君子所親朋友及所惡之人皆有輩類言君子善者則爲朋友也既好惡不同故君子之交可者與之不以榮枯爲異是朋友不善者則可憎惡之言有常也若小人唯利是求所善所惡無恒定也○是故邇者不惑而遠者不疑也由好惡有定可望貌而知故近者不惑遠者不疑也○詩云君子好仇者此周南關雎之篇詩意云窈窕淑女君子好仇此則斷章云君子之人以好人爲匹也

子曰。輕絕貧賤。而重絕富貴。則好賢不堅。而惡惡不著也。人雖曰不利。吾不信也。言此近徵利也。○惡惡上烏路反。下如字。著張慮反。近附近之近。詩云。朋友攸攝。攝以威儀。攸所也。言朋友以禮義相攝正。不以貧富貴賤之利也。○【疏】子曰至威儀○正義曰此一節明交友之道唯善是仇以威儀相攝佐也○則好賢不堅而惡惡不著也者以賢而貧賤則輕絕之是好賢不堅惡而富貴則重絕之則惡惡不著也如此者是貪利之人故云雖曰不利吾不信也○詩云朋友攸攝攝以威儀者此大雅既醉之篇美成王之時大平之詩於時朋友羣臣所以禮義相攝佐之時以威儀也言不以富貴貧賤而求利者○

子曰。私惠不歸德。君子不自留焉。私惠謂不以公禮相慶賀時以小物相問遺也。言其物不可以爲德。則君子不以身留此人也。相惠以褻瀆邪辟之物。是爲不歸於德。歸或爲懷。○遺于季反。邪似嗟反。徐以車反。辟匹亦反。詩云。人之好我。示我周行。行道也。言示我以忠信之道。○行戶剛反。又如字。○【疏】子曰至周行○正義曰此一節明君子唯以德是與○私惠不歸德皆言人以私小恩惠

相問遺不歸依道德如此者君子之人不用留意於此等之人言不受其惠也○詩云人之好我示我周行者此小雅鹿鳴之篇言文王燕飲羣臣愛好於我示我以忠信之道也周忠信行道也惟以忠信正道以示我不以褻瀆邪辟之物而相遺也○

子曰：苟有車，必見其軾；苟有衣，必見其敝。人苟或言之，必聞其聲；苟或行之，必見其成。言凡人舉事必有後驗也見其軾謂載也敝敗衣也衣或在內新時不見○軾音式敝鄭婢世反敗也庾必世反隱蔽也人苟或言之一本無人字不見如字又賢遍反　葛覃曰：服之無射。射厭也言已願采葛以爲君子之衣令君子服之無厭言不虛也○覃徒南反射音亦注同厭於豔反後皆同令力逞反

【疏】子曰至無射○正義曰此明人言行必慎其所終也將欲明之故先以二事爲譬喻也○苟有其車必見其軾者言人苟稱家有車必見其車有載於物不可虛也言有車無不載也○苟有其衣必見其敝者言人苟稱家有衣必見其所著之衣有終敝破也不虛稱有衣而無敝也○人苟或言之必聞其聲者既稱有言必聞其聲不可有言而無聲也○苟或行之必見其成者人苟稱有行此事必須見其成驗不可虛稱有行而無成驗也葛覃曰服之無射者此周南葛覃之篇美后妃之德也詩之本意言后妃習絺綌之事而無厭倦之心此則斷章云采葛爲君子之衣君子得而服之無厭倦也言君子實得其服而不虛也引之者證人之所行終須有效也○注衣或在內新時不見○正義曰以經云苟有其車必見其載苟有其衣當言必見其著今乃云必見其敝以求初新著時或在內裏人不見也其敝破棄時乃始見故云必見其敝○

子曰：言從而行之，則言不可飾也；行從而言之，則行不可飾也。從猶隨也○行從下孟反下則行下注以行同　故君子寡言而行以成其信，則民不得大其美而小其惡。以行爲驗虛言無益於善也寡當爲顧聲之誤也○寡音顧出注　詩云：白圭之玷，尚可磨也；斯言之玷，不可爲也。玷缺也言圭之缺尚可磨而平之言之缺無如之何○玷丁簟反又丁念反下及注同摩莫何反　小雅曰：允也君子，展也大成。允信也展誠也　君奭曰：昔在上帝，周田觀文王之德，其集大命于厥躬。奭召公名也作尚書篇名也古文周田觀文王之德爲割申勸寧王之德今博士讀爲厥亂勸寧王之德三者皆異古文似近之割之言蓋也言文王有誠信之德天蓋申勸之集大命於其身謂命之使王天下也○奭音釋周田觀文依注讀爲割申勸寧召尚照反本亦作卲近附近之近王于況反

【疏】○子曰至厥躬○正義曰此一節明重言行之事言從而行之則言不可飾也者從隨也謂言在於先而後隨以行之言當須實不可虛飾也○行從而言之則行不可飾也者謂行在於前言隨於後論說於行則行當須先實不可虛飾也○故君子寡言而行以成其信者以其言行相副之故君子當顧言而行以成其信也○則民不得大其美而小其惡者必須以行爲驗不用虛辭爲此之故則人不得虛增大其美事而減小其惡事由美惡大小皆驗於行也○詩云白圭之玷尚可磨也此大雅抑之篇刺厲王之詩也白圭之玉玷缺尚可磨而平之此言語玷缺不可爲而改之是無如之何也○小雅曰允也君子展也大成者此詩小雅車攻之篇美宣王之詩也允信也言信實矣君子謂宣王展誠也誠實矣而大成大平也引之者證言信爲本○君奭曰昔在上帝者此周公告君奭之辭也上帝天也言往昔之時在上天也○周田觀文王之德周當爲割田當爲申觀當爲勸言文王有誠信之德故上天蓋申重奬勸文王之德○其集大命于厥躬者以文王誠信故天命之引之者證言當誠信也○注奭召至下也○正義曰案周書序云召公爲保周公爲師召公不說周公作君奭君奭經云公曰君奭是奭爲召公名也謂周公既致政仍留爲大師召公謂其貪於寵祿故不說也周公以善告之名篇爲君奭故云尚書篇名也云古文周田觀文王之德爲割申勸寧王之德者以伏生所傳歐陽夏侯所注者爲今文尚書以衞賈馬所注者元從壁中所出之古文即鄭注尚書是也此周字古文爲割此田字古文作申此觀字古文爲勸皆字體相涉今古錯亂此文尚書爲寧王亦義相涉也云今博士讀爲厥亂勸寧王之德者謂今文尚書讀此周田觀文王之德爲厥亂勸寧王之德也云三者皆異古文似近之者三者謂此禮記及古文尚書幷今博士讀者三者其文各異而古文周出爲割申其字近於義理故云古文似近之云割之言蓋也割蓋聲相近故割讀爲蓋謂天蓋申勸之禮尚書猶爲割謂割制其義與此不同○

子曰：南人有言曰：人而無恒，不可以爲卜筮。古之遺言與？龜筮猶不能知也，而況於人乎？恒常也不可爲卜筮言卦兆不能見其情定其吉凶也○與音餘　詩云：我龜既厭，不我告猶。猶道也言褻而用之龜厭之不告以吉凶之道也　兌命曰：爵無及惡德，民立而正事。純而祭祀，是爲不敬；事煩則亂，事神則難。惡德無恒之德純猶皆也言君祭祀賜諸臣爵毋與惡德之人也民將立以爲正言放傚之疾事皆如是而以祭祀是不敬鬼神也惡德之人使事煩事煩則亂使事鬼神又難以得福也純或爲煩○兌音悅毋音無放方往反傚戶教反　易曰：不恒其德，或承之羞。恒其德偵，婦人吉，夫子凶。羞猶辱也偵問也問正爲偵婦人從人者也以問正爲常德則吉男子當專行幹事而以問正爲常德是亦無恒之人也○偵音貞周易作貞幹古旦反

【疏】子曰至子凶○正義曰此一節明爲人臣之法當有恒也○人而無恒不可以爲卜筮者南人殷掌卜之人有遺餘之言稱云人而性行無恒不可爲卜筮古之遺言與龜筮猶不能得知無恒之人而況於凡人乎○詩云我龜既厭不我告猶者小雅小旻之篇刺幽王之詩言幽王性行無恒數誣卜筮故云我龜既厭倦於卜不於我身告其吉凶之道也引之者証無恒之人不可以爲卜筮也○兌命曰爵無及惡德者此尚書傳說告高宗之辭云祭祀之末爵人之時無復及此惡德之人惡德無恒者也○民立而正事純而祭祀者純皆也言若爵此惡德之人則立之以爲正事在下必學之若每事皆爵此惡德之人而以祭祀是不敬鬼神也言無恒之人不可祭祀也○事煩則亂者言若使無恒惡德之人主掌祭祀其事則煩○事煩則致亂也○事神則難者若使惡德之人事其鬼神則難得其福○易曰不恒其德或承之羞者恒卦九三爻辭言人若不恒常其德故承之羞辱引之者証人而無恒其行惡也○恒其德偵婦人吉夫子凶者此恒卦六五爻辭偵正也言恒常其德問正於人婦人吉也以婦人不自專常須問正於人故得吉夫子男子也當須自專權幹於事若問正於人失男子之道故爲凶引之者証男子之無恒德其行惡也○注純猶至福也○正義曰言君祭祀賜諸臣爵無與惡德之人也者此經直云爵無及惡德必知因祭祀賜諸臣爵者以下云事純而祭祀是爲不敬故知因祭祀也云事皆如是而以祭祀是不敬鬼神也者言於祭祀之末不可爵此惡德人也○注羞猶至人也○正義曰此不恒其德或承之羞者是易恒卦巽下震上九三爻辭得正五體爲乾乾有剛健之德體在巽巽爲進退是不恒其德也又互體爲兌兌爲毀折是將有羞辱也云問正爲偵者此恒其德偵恒卦六五爻辭以陰爻而處尊位是天子之女又互體兌兌爲和說至尊主家之女以和悅幹其家事問正於人故爲吉也應在九二又男子之象體在巽巽爲進退是無所定而婦言是從故云夫子凶也

禮記注疏卷五十五校勘記　　阮元撰盧宣旬摘錄

緇衣第三十三

子言之曰爲上易事也節

則刑可以措　閩監毛本岳本嘉靖本衞氏集說同釋文出以錯云本亦作措○按措正字經傳多假錯爲之

子言至煩矣　惠棟挍宋本無此五字

爲上易事者　閩監本同毛本者上衍○惠棟挍宋本○作也是也

子曰好賢如緇衣節

子曰至作孚　惠棟挍宋本無此五字

爲王后官巷官之長　閩本作官考文引宋板同此本官誤官監本同毛本官誤伯

子曰夫民節

子曰至世也　惠棟挍宋本無此五字

但孝經序未知是鄭作以不　閩監毛本同惠棟挍宋本不作否

子曰下之事上也節

如影逐表　閩監毛本岳本嘉靖本同惠棟挍宋本影作景衞氏集說同釋文同○按景影古今字

言百姓傚禹爲仁非本性能仁　惠棟挍宋本下有也字宋監本岳本嘉靖本衞氏集說同考文云古本足利本同此本也字闕閩監毛本傚字岳本作倣衞氏集說釋文同宋監本作效嘉靖本作効○按效正字傚乃效字之或體廣韻云勑俗效字此又因効而誤作勑

甫刑曰　惠棟挍宋本作曰石經宋監本衞氏集說同此本曰誤云閩監毛本同岳本嘉靖本同

子曰至之式惠棟校宋本無此五字

豈必本性盡行仁道閩監毛本同考文引宋板行作有衛氏集說同

謂承離之後惠棟校宋本有亂字此本亂字脫閩監毛本同

證民之法則於上惠棟校宋本作之此本之誤具閩監毛本同衛氏集說亦作之

證君有善與爲法式也閩監毛本同惠棟校宋本爲上有下字衛氏集說同

子曰上好仁節

子曰至順之惠棟校宋本無此五字

則天下之爲仁爭先人者閩監毛本同惠棟校宋本無天字是也

子曰王言如絲節

其出如綍閩監毛本石經岳本嘉靖本衛氏集說同釋文綍作紼

子曰至于儀惠棟校宋本無此五字

不愆過於禮之容儀惠棟校宋本同閩監毛本容儀二字倒

百官表惠棟云續漢書有百官志無百官表東觀漢紀有百官表然文係司馬書作表者誤也

子曰君子道人以言節

子曰至敬止惠棟校宋本無此五字

誘道在下以善言使有信也閩監毛本同惠棟校宋本使下有言字

子曰長民者節

子曰至所望惠棟校宋本無此五字

則民德一者一謂齊一閩監毛本同惠棟校宋本上一者一謂二一字作壹山井鼎云宋板一作壹下皆同

子曰爲上可望而知也節

子曰至不忒惠棟校宋本無此五字

咸有一德者閩監毛本同惠棟校宋本一作壹下一德純一一德並同

子曰有國者節

有國者石經岳本嘉靖本考文引宋板古本足利本同閩監毛本國下衍家字衛氏集說同陳澔集說同石經考文提要云宋大字本宋本九經南宋巾箱本余仁仲本至善堂九經本並無家字

章善癉惡閩監毛本嘉靖本衛氏集說陳澔集說同宋監本岳本善作義石經初刻作善剜刻作義釋文出章義云尚書作善皇云義善也石經考文提要云宋大字本宋本九經南宋巾箱本余仁仲本劉叔剛本並作章義○按義字是也

子曰至正道惠棟校宋本無此五字

靖共爾位好是正直者惠棟校宋本同閩監毛本共作恭○按詩鄭箋共訓具則非恭字可知

靖謀共其爾之祿位閩監毛本同考文引宋板其作具

證上民情不二閩監毛本同惠棟校宋本二作貳

子曰上人疑節

臣儀行閩監本石經岳本嘉靖本衛氏集說同釋文出臣儀行毛本行誤刑

言臣義事君則行也閩監毛本同惠棟按宋本事下無君字宋監本岳本嘉靖本衛氏集說同

上帝板板各本同石經同釋文出版版云注同○按版板古今字

下民卒癉閩監本石經岳本嘉靖本衛氏集說同毛本卒誤作釋文出卒亶云本亦作癉

惟王之邛各本同坊本惟作維

敬明乃罰各本同毛本明誤民疏敬明乃罰者同

子曰政之不行也節

子曰至不迪惠棟校宋本無此五字

証重刑之義也惠棟校宋本此下標禮記正義卷第六十二終記云凡二十九頁

子曰大臣不親節惠棟云子曰大臣節子曰小人溺於水節宋本合爲一節○惠棟按宋本自此節起至子曰南人有言曰止爲第六十三卷卷首題禮記正義卷第六十三

圖以謀也閩監本同毛本以作亦岳本嘉靖本衛氏集說同惠棟校宋本宋監本同

戩者無一德也閩監毛本同惠棟校宋本一作壹宋監本岳本嘉靖本衛氏集說同考文引足利本同

若已弗克見惠棟校宋本作已石經同釋文同岳本同衛氏集說同此本已誤巳閩監毛本嘉靖本同

子曰至由聖惠棟校宋本無此五字

與上相親比故也惠棟校宋本作故此本故誤政閩監毛本同衛氏集說故字無

子曰小人溺於水節

言水人所沐浴自潔清者嘉靖本閩監毛本同岳本自上有而字釋文潔作絜○按絜潔正俗字

則遂扞格不入閩監毛本岳本嘉靖本衛氏集說同考文引古本扞作捍釋文出捍格○按說文有扞無捍

難卒告諭閩監毛本岳本嘉靖本同釋文出難卒衛氏集說難作卒卒作難案疏亦作卒難

太甲曰毋越厥命閩監毛本嘉靖本衛氏集說同石經太作大岳本同釋文同下太甲同

往省括于厥度則釋閩監毛本岳本嘉靖本衛氏集說同石經闕石經考文提要云坊本無厥字案釋文出于厥度云尚書無厥字則此有厥字可證宋大字本宋九經南宋巾箱本余仁仲本劉叔剛本並有厥字

天作孽閩本嘉靖本石經釋文衛氏集說同毛本孽作孼岳本同監本誤蘖下自作孽同

不可以逭各本同石經同釋文出不可以踰云本又作逭○按逭正字踰俗字

惟尹躬天見于西邑夏各本並同坊本天作先依注改

多爲水所覆閩監毛本同惠棟校宋本覆下有没字

伊尹戒大甲辭閩監毛本同惠棟校宋本辭上有之字

亦可從移辟災閩監毛本同考文引宋板從作徙

若脩德行善則能終閩監毛本同惠棟校宋本終下有也字

得諸傅岩閩監毛本同惠棟校宋本岩作巖

以天字與先者補按六字誤衍

並云禹都咸陽正當亳西也閩監毛本同齊召南云咸陽當作陽城後漢書郡國志注引汲冢書曰禹都陽城是也陽城對偃師言則亦爲西矣

子曰民以君爲心節

身必安之閩監本石經岳本嘉靖本衛氏集說同毛本必誤心

君雅曰節

資冬祁寒惠棟校宋本作祁宋監本石經岳本同此本祁誤祁閩監毛本同釋文出祁寒石經考文提要云宋大字本南宋巾箱本並作祁注祁寒放此疏同

子曰至曰怨惠棟校宋本無此五字

此論君人相須閩監毛本同衛氏集說人作民

今此本作資字閩監毛本同惠棟校宋本無字字

子曰下之事上也節

政教當由一也閩監毛本嘉靖本衛氏集說同惠棟按宋本一作壹宋監本岳本同疏則義不一行當由一也放此

子曰至一也惠棟校宋本無此五字

亦質少而親之閩監本同惠棟按宋本少作守毛本同

其威儀齊一也閩監毛本同考文引宋板一作壹下齊一同

子曰唯君子能好其正節

子曰至好仇惠棟校宋本無此五字

子曰輕絶貧賤節

子曰至威儀 惠棟校宋本無此五字

是好賢不堅惡而富貴 閩本同衞氏集說同惠棟校宋本同監毛本惡誤也

子曰苟有車節

葛覃曰 各本同石經同釋文覃作蕈

服之無射 各本同石經同釋文無作毋

令君子服之無厭 閩監本嘉靖本同毛本令誤今岳本同釋文出令君子云力呈反

子曰至無射 惠棟校宋本無此五字

證入之所行終須有效也 閩本同惠棟校宋本同監毛本行誤以

子曰言從而行之節

尚可磨也 各本同石經同釋文磨作摩○按摩正字磨俗字

昔在上帝 惠棟校宋本宋監本石經岳本嘉靖本同考文引古本足利本同閩監毛本昔在二字倒衞氏集說同石經考文提要云宋大字本宋本九經南宋巾箱本余仁仲本劉叔剛本並作昔在

今博士讀爲厥亂勸寧王之德 閩監毛本岳本嘉靖本同段玉裁校云宋監本無之字

子曰至厥躬 惠棟校宋本無此五字

三者謂此禮記及古文尚書 閩監毛本同惠棟校宋本三者謂三字作元謂二字

禮尙書猶爲割 閩監毛本作禮浦鏜校云禮當孔字之誤案此本禮作礼與孔字形相近

子曰南人有言曰節

毋與惡德之人也 閩監毛本嘉靖本同惠棟校宋本宋監本毋作無岳本同衞氏集說同釋文出毋子云音無

問正爲偵 惠棟校宋本作正岳本嘉靖本同考文引古本足利本同此本正誤不閩監毛本同衞氏集說作問正於人爲偵

子曰至子凶 惠棟校宋本無此五字

此尙書傳說告高宗之辭 閩監本同毛本傳誤傳

其事則○煩事煩則致亂也 按閩監本衞氏集說此本事則下○衍毛本事則下空闕亦非也

附釋音禮記注疏卷第五十五 宋監本禮記卷第十七經四千一百一十六字注四千六百十一字嘉靖本禮記卷第十七經四千一百一十八字注四千六百四字

附釋音禮記注疏卷第五十六

奔喪第三十四

○陸曰鄭云奔喪者居於他邦聞喪奔歸之禮實曲禮之正篇也 〔疏〕正義曰案鄭目錄云名曰奔喪者以其居他國聞喪奔歸之禮此於別錄屬喪服之禮矣實逸曲禮之正篇也漢興後得古文而禮家又貪其說因合於禮記耳奔喪禮屬凶禮也鄭云逸禮者漢書藝文志云漢興始於魯淹中得古禮五十七篇其十七篇與今儀禮正同其餘四十篇藏在祕府謂之逸禮其投壺禮亦此類也又六藝論云漢興高堂生得禮十七篇後孔子壁中得古文禮五十七篇其十七篇與前同而字多異以此言之則此奔喪禮十七篇外既謂之逸何以下文鄭注又引逸奔喪禮似此奔喪禮外更有逸禮者但此奔喪禮對十七篇爲逸禮內錄入於記其不入於記者又比此爲逸也故二逸不同其實祇是一篇也此奔喪一篇兼天子諸侯然以士爲主故鄭下文注云未成服者素委貌是士之所服故知以士爲主也

禮記　鄭氏注　孔穎達疏

奔喪之禮。始聞親喪。以哭答使者。盡哀。問故。親父母也以哭答使者驚怛之哀無辭也問故問親喪所由也雖非父母聞喪而哭其禮亦然也○奔喪此正字也說文云从哭亡亡亦聲也哭空木反使色吏反注同怛都達反 〔疏〕奔喪至盡哀○正義曰此一篇揔明奔五服之喪也從始聞至於喪所成服之節今各隨文解之此一節論初聞之節五服皆然故鄭注云雖非父母聞喪而哭其禮亦然鄭必知五服皆然者以下文云日行百里不以夜行唯父母之喪見星而行別云唯父母則知以前兼五服也

又哭盡哀。

遂行。日行百里。不以夜行。雖有哀戚猶辟害也晝夜之分別於昏明哭則遂行者不爲位○辟音避分扶問反又方云反別彼列反 唯父母之喪。見星而行。見星而舍。侵晨冒昏彌益促也言唯著異也○冒亡北反又亡報反著張慮反 若未得行。則成服而后行。謂以君命有爲者也成喪服得行則行○爲于僞反一音如字 過國至竟。哭盡哀而止。感此念親○竟音境下同 哭辟市朝。爲驚衆也○辟音避朝直遥反爲于僞反 望其國竟哭。斬衰者也自是哭且遂行○衰七雷反後皆同 〔疏〕遂行至竟哭○正義曰此一節論奔喪在路至其國竟奔赴之節○若未得行則成服而后行者此奉君命而使使事未了不可以已私喪廢於公事故成服以俟君命則人代已也○注成喪服得行則行○正義曰鄭云此者恐成服之後即便得行故明之云若成服已後得行則可行若未得行即不可行○注感此念親○正義曰案聘禮云行至他國竟上而誓衆使次介假道是國竟行禮之處去時親在今返親亡故哭盡哀感此念親也凡聞喪若聞父母之喪其哭之不離聞喪之處不得爲位即奔之也若有君命未得奔喪者雖父母之喪既聞喪而哭又爲位更哭也○注斬衰者也自是哭且遂行○正義曰以下云齊衰望鄉而哭大功望門而哭則知斬衰望其國竟而哭曰遂行雖云斬衰其實母之齊衰亦然也

至於家。入門左。升自西階。殯東。西面坐。哭盡哀。括髮袒。括髮袒者去飾也未成服者素委貌深衣已成服者固自喪服矣○括古活反袒徒旱反去羌呂反 降堂東即位。西鄉哭成踊。已殯者位在下○鄉許亮反下西鄉同 襲絰于序東。絞帶反位。拜賓成踊。襲服衣也不於又哭乃絰者發喪已踰日節於是可也其未小斂而至與在家同耳不散帶者不見尸柩凡拜賓者就其位既拜反位哭踊○絞古卯反下同徐戶交反成踊音勇散悉但反 送賓反位。有賓後至者。則拜之成踊。送賓皆如初。衆主人兄弟皆出門。出門哭止。闔門。相者告就次。倚廬也○闔戶臘反相息亮反下相者皆同倚於綺反 於又哭。括髮袒成踊。於三哭。猶括髮袒成踊。又哭至明日朝也三哭又其明日朝也皆升堂括髮袒如始至必又哭三哭者象小斂大斂時也雜記曰士三踊其夕哭從朝夕哭不括髮不袒不踊不以爲數○不以數也色主反本亦作不以爲數數色具反 三日成服。拜賓送賓皆如初。三日三哭之明日也既哭成其服喪服杖於序東 〔疏〕至於至如初○正義曰此一節明父母之喪奔至於家哭及袒踊成服之節明父母之喪奔入中門之左也○升自西階者曲禮云爲人子者升降不由阼階今父母新死未忍異於生故不忍當阼階也故升自西也括髮袒者喪已經日不笄纚故即括髮袒也若尋常在家親始喪則笄纚至明日小斂畢乃括髮此所奔者謂主人也故下云奔喪者非主人則主人爲之拜賓此既親拜賓故知主人也此謂奔父之喪若母之喪又哭則免此下文云又哭括髮袒故知爲父也此謂未成服也故下云三日成服○襲絰于序東者謂在堂下當序牆之東非謂堂上之序東也○送賓皆如初者謂前送賓畢而反位後送賓亦畢而反位故云皆如初也於又哭括髮袒成踊於三哭猶括髮袒成踊者括髮袒皆在堂上殯東西面成踊則在堂下之東西面位也○三日成服拜賓送賓皆如初者謂於堂下之東拜賓成踊送賓反位故云皆如初也○注未成服者素委貌深衣○正義曰知素委貌深衣者案曾子問篇云壻親迎女在塗遭喪女改服布深衣縞總女人之縞總似男子之素冠故知布深衣素冠又小記云遠葬者比反哭者皆冠及郊而後免明知在路皆冠也此素委貌謂士庶人若大夫已上則素弁也○注云已殯者位在下○正義曰案士喪禮小斂訖降自西階即位故知殯畢位在下小斂之後未殯之前雖降在堂下仍更升堂至既殯之後則長在阼階之下故云既殯位在下也○注襲服至哭踊○正義曰云不於又哭乃絰者案士喪禮小斂訖奉尸侇于堂降成踊乃絰於序東在家小斂當奔之禮又哭既小斂著絰則合又哭乃絰故云不於又哭乃絰者發喪已踰日節於是可也云其未小斂而至與在家同耳者謂威儀節度與在家同其帶絰等自用其奔喪日數也云不散帶者不見尸柩者以士喪禮云既小斂帶絰散麻三日乃絞垂今奔喪初至則絞帶與在家異故云不散麻者不見尸柩也知此絞帶非象革帶之絞帶而必以爲絰之散垂而絞之者以雜記云親者終其麻帶絰之日數彼帶絰謂絰之垂者是主人成絰之後明知此絞帶亦謂絰之散垂而絞之故不以爲象革帶之絞帶也且要帶爲重象革帶之絞帶爲輕此絞當舉重者不應舉輕之絞帶故以爲絞絰之垂者

注又哭至爲數。正義曰：知又哭三哭皆升堂括髮袒者，約士喪禮小斂大斂主人皆升堂，故知此皆升堂也。引雜記云士三踊，其夕哭從朝夕哭，不括髮、不袒、不踊者，彼云三踊，夕無踊，唯稱三踊，此云三哭而不踊，故知夕雖哭而不踊，故數夕哭。但云三哭不袒者，以小記篇云三日五哭三袒，既云三袒，故知夕不袒也。○注既哭成其喪服杖於序東。○正義曰：知在序東者，約士喪禮文。

○奔喪者非主人，則主人爲之拜賓送賓。奔喪者自齊衰以下，入門左，中庭北面，哭盡哀。免麻于序東，即位袒，與主人哭成踊。不升堂哭者，非父母之喪，統於主人也。麻亦絰帶也，於此言麻者，明所奔喪雖有輕者，不至喪所無改服也。凡袒者於位，襲於序東，袒襲不相因。此麻乃袒，變於爲父母也。爲，于僞反，注「變於爲父」下注「爲母」皆同。齊音咨，下同。免音問，下及注皆同。於又哭三哭，皆免袒。有賓則主人拜賓送賓。又哭三哭亦入門左，中庭北面，如始至時也。丈夫婦人之待之也，皆如朝夕哭位，無變也。待奔喪者無變，嫌賓客之也。於賓客以哀變爲敬，此骨肉哀則自哀矣。於此乃言待之，明奔喪者至三哭猶不以序入也。

【疏】奔喪至變也。○正義曰：此一節明奔齊衰以下之喪。○注不升至母也。○正義曰：不升堂哭者，非父母之喪，統於主人者，解前文奔喪升自西階，此云中庭北面，故云不升堂哭者，非父母之喪，統屬於主人。以主人待奔之人，但在東階之下，不升堂，故奔喪者在中庭北面，繼統於主人也。主人唯饋奠有事之時乃升堂，若尋常無事，恒在堂下也。下文云奔母之喪，則前經升自西階者，是奔父之喪。此云奔母之喪者，其實奔父母之喪，亦升自西階，故下經奔母之喪云西面哭，不云升，從上文也。云於此言麻者，明所奔喪雖有輕者，不至喪所無改服也者，熊氏及沈氏以父母之喪來至喪所，乃改服襲絰帶；若齊衰以下之喪，亦至喪所乃免麻而改服也。今此齊衰來至喪所，若不稱麻，恐是輕喪在路之上已改服著麻，故於此至家乃稱麻，欲明所奔之喪雖有輕喪，不來至喪所，無道路之上改服著麻，故云明所奔喪雖有輕者不至喪所無改服也。皇氏以爲謂奔齊衰之喪，不至喪所謂不升堂，全不解注意，其義非也。此麻則帶絰變文耳。云凡袒者於位，襲於序東，袒襲不相因位者，此奔齊衰之喪，經云免麻于序東，即位袒，是袒在於位也。免麻于序東，麻即襲也，序東在位北隱映於序，是袒襲不相因位也。云此麻乃袒，變於爲父母也者，以此經先云免麻，乃云即位袒。案上文父母之喪，先云括髮袒，乃云襲絰于序東，是與父母異也，故云此麻乃袒，變於爲父母也。○注又哭至時也。○正義曰：鄭知又哭三哭如始至時者，以上奔父之喪又哭三哭皆括髮袒成踊如初至，則知齊衰以下之喪又哭三哭皆如初至時。○注待奔至入也。○正義曰：待奔喪者無變，嫌賓客之者，釋所云不變義也。禮以變爲敬，若有客則拜賓與之成踊，示敬賓，故變也。今此奔者是骨肉之恩，哀則哀矣，則不須爲變，明不如賓客也。云於此乃言待之，明奔喪者至三哭猶不以序入也者，言主人男女待此奔者，應就初哭成踊下而言之，今方於三哭以後言之者，若平常五屬入哭，則與主人爲次，重者前，輕者後。今奔喪者急哀，但獨入哭，不俟主人爲次序，非唯初至如此，至主人又哭三哭皆然，故於三哭之下，明其待之無變，明悉如初至，三哭猶不以常禮次序以入。此謂男子奔喪，故待之無變。若婦人奔喪，則待異於男子，與賓客同，故下文婦人奔喪東髽，即位與主人拾踊，注云「拾，更也，主人與之更踊，賓客之」，是待婦人爲賓客禮，以婦人外成適他族故也。雖以賓客待之，亦爲異於賓客之禮，故雜記云婦人奔喪，入自闈門，升自側階，注「入自闈門，升自側階，異於女賓」，若女賓則喪大記篇云寄公夫人入自大門，今此入闈門，是異於女賓，以婦人雖是外成，以奔夫屬，不得全同女賓故也。

奔母之喪，西面哭盡哀。括髮袒，降堂東即位，西鄉哭成踊。襲免絰于序東，拜賓送賓，皆如奔父之禮。於又哭不括髮。爲母於又哭而免，輕於父也，其他則同。○而免，本或作「而不免」者，非。

【疏】奔母至括髮。○正義曰：此一經論奔母之喪節也。此謂適子，故經云拜賓送賓皆如奔父之禮。若庶子，則亦主人爲之拜賓送賓。○注爲母於又哭而免輕於爲父也。○正義曰：此文又哭不括髮，與喪服小記篇云又哭而免，其理雖同，其日則異。於喪服小記據在家小斂之後又哭之時，不括髮而免也；此則從外奔喪至內，乃不括髮而免也。

○婦人奔喪，升自東階，殯東西面坐，哭盡哀。東髽，即位與主人拾踊。婦人謂姑姊妹女子子也。東階，東面階也。婦人入者由闈門。東髽，髽於東序，不髽於房，變於在室者也。去纚大紒曰髽。拾，更也，主人與之更踊，賓客之。○髽，側瓜反。拾，其劫反，注同。闈音違，舊音暉。去，起呂反。纚，色買、所綺二反。紒音計。更音庚，下同。

【疏】婦人至拾踊。○正義曰：此婦人奔喪之禮也。○注婦人至客之。○正義曰：婦人入者由闈門，知入自闈門者，雜記篇云以諸侯夫人奔喪入自闈門，明卿大夫以下婦人皆從闈門入也。闈門，謂東邊之門。云髽於東序者，以男子之免在東序，故知婦人亦髽於東序，就掩映之處，在堂上也；男子則堂下也。經云升自東階者，謂東面之階，故雜記云升自側階。云不髽於房，變於在室者，熊氏云：亦未殯之前，婦人髽於室，故士喪禮云婦人髽於室；若既殯之後，室中是神之所處，婦人在堂，當髽於東房。今此婦人始來奔喪，故髽於東序耳。此文據天子諸侯之禮，案大記云婦人髽帶麻于房中，注云天子諸侯之禮，房中則西房也。云去纚大紒曰髽者，鄭注士喪禮云：髽之異於髻髮者，既去纚而以髮爲大紒，如今婦人露紒，其象也。

奔喪者不及殯，先之墓，北面坐，哭盡哀。主人之待之也，即位於墓左，婦人墓右，成踊盡哀，括髮，東即主人位，絰絞帶，哭成踊，拜賓，反位成踊，相者告事畢。主人之待之，謂在家者也。哭於墓，爲父母則袒。告事畢者，於此後無事也。○相，息亮反，下同。爲，于僞反。遂冠歸，入門左，北面哭盡哀，括髮袒成踊，東即位，拜賓成踊。賓出，主人拜送。有賓後至者，則拜之成踊，送賓如初。衆主人兄弟皆出門，出門哭止，相者告就次。於又哭，括髮成踊。於三哭，猶括髮成踊。三日成服，於五哭，相者告事畢。又哭三哭不袒者，哀戚已久殺之也。逸奔喪禮說不及殯日，於又哭猶括髮即位，不袒，告事畢者，五哭而不復哭也。成服之朝爲四哭。此謂既期乃後歸至者也，其未期猶朝夕哭，不止於五哭。○冠音官。袒音但。殺，色界反，下哀殺同。復，扶又反。期音基，下同。爲母所以異於父者，壹括髮，其餘免以終事，他如奔父之禮。壹括髮，謂歸入門哭時也。於此乃言爲母異於父者，明及殯不及殯其異者同。○爲，于僞反，注及下爲父同。

【疏】奔喪至之禮。○正義曰：此一節論既葬之後奔父母之喪禮。○主人之待之也，即位於墓左，婦人墓右者，主人謂先在家者，非謂適子也。此奔喪者自是適子，故經云拜賓反位成踊；若非適子，則不得拜賓也。○三日成服，於五哭，相者告事畢者，三日成服，謂來奔喪日後三日，通奔日則爲四日，於此日成服，則五哭矣，相者告事畢，謂成服之日爲四哭，成服明日之朝爲五哭。此謂既葬已後而來歸，故唯五哭，相者告事畢，不復哭也。○注主人至事也。○正義曰：鄭注嫌經云主人是適子，故云主人謂在家者。必知然者，以奔喪者親自拜賓，是奔喪者身爲主人，不得待者爲主人，故云謂在家者也。云哭於墓爲父母則袒者，以下文云除喪而后歸，則之墓哭成踊，東括髮袒，除喪畢尚括髮袒，明葬後歸爲父母袒可知也。云告事畢者，於此後無事也，釋所以墓所初哭成踊則告事畢者，以墓所既括髮絰絞帶拜賓之後，於此墓所更無事也。○注又哭至五哭。○正義曰：又哭三哭不袒者，哀戚已久殺之也。今經云又哭三哭，但云括髮，不云袒者，既葬已後，哀情稍殺故也。云成服之朝爲四哭者，以初至象始死爲一哭，明日象小斂爲二哭，又明日象大斂爲三哭，又明日成服之日爲四哭，又明日爲五哭，皆數朝哭，不數夕哭，故爲五也。云此謂既期乃後歸至者也，若其未期之前，在家者猶朝夕哭，則知奔喪者亦朝夕哭。今云五哭相者告事畢，明是既期已後，朔望朝哭而已，故鄭云其未期猶朝夕哭，不止於五哭也。○注壹括至者同。○正義曰：壹括髮謂歸入門哭時者，鄭恐壹括髮是墓所括髮，入門則不括髮，故明之，云壹括髮謂入門哭時者，謂以筵几在堂，不應入門遂不括髮，故云謂入門時也。云於此乃言爲母異於父者，明及殯不及殯其異者同，釋爲母異於父，應從上文及殯奔母之喪而言之，今乃於不及殯後始言爲母異於父之意，若及殯則言異於父，恐不包不及殯；若不及殯處而言之，則及殯之處灼然可知，是舉後摠明前也，故云明及殯不及殯其異者同，謂及殯壹括髮，不及殯亦壹括髮，是異於父者其事同也。

齊衰以下不及殯，先之墓，西面哭盡哀。不北面者，亦統於主人。免麻于東方，即位，與主人哭成踊，襲。有賓則主人拜賓送賓。賓有後至者，拜之如初。相者告事畢。不言袒，言襲者，容齊衰親者或袒可。遂冠歸，入門左，北面哭盡哀，免袒成踊，東即位，拜賓成踊。賓出，主人拜送。於又哭，免袒成踊。於三哭，猶免袒成踊。三日成服，於五哭，相者告事畢。爲父於又哭括髮而不袒，此又哭三哭皆言袒，袒衍。

字也。〔疏〕「齊衰」至「事畢」。○正義曰：此一節明既葬之後奔齊衰以下喪禮。但齊衰以下有大功、小功、緦麻，日月多少不同。若奔在葬後而三月之外，大功以上則有免麻東方三日成服，若小功緦麻之喪則不得有三日成服，小功以下不稅，無追服之理。若葬後通葬前未滿五月，小功則亦三日成服，其緦麻之喪止臨喪節而來，亦得三日成服也。東即位拜賓成踊者，東即位謂奔喪者於東方就哭位，拜賓謂主人代之拜賓，成踊謂奔喪者於主人拜賓之時而成踊。凡言成踊，每一節有三踊，凡三節九踊，乃謂之成也。○注「不言袒言襲者，容齊衰親者或袒可」。○正義曰：今案經文直言免麻于東方即位，不稱袒，而下云成踊襲，下既稱襲，則有袒理。經若言袒，恐齊衰以下皆袒，故不得揔言袒也。經稱襲者，容有齊衰重爲之得襲，故言襲。○注「爲父至字也」。○正義曰：知爲父於又哭括髮而不袒者，案上文爲父不及殯，婦入門左，北面哭，盡哀括髮袒，下文云相者告就次，於又哭括髮成踊，不言袒，是爲父於又哭括髮而不袒也。云「又哭三哭皆言袒，袒衍字」也者，今齊衰以下之喪，經文於又哭三哭乃更言袒，輕喪而袒非其宜，故知經之袒衍餘之字也。

聞喪不得奔喪。哭盡哀，問故，又哭盡哀，乃爲位，括髮袒成踊，襲絰絞帶即位。聞父母喪而不得奔，謂以君命有事。不然者，不得爲位。位有鄰列之處，如於家朝夕哭位矣。不於又哭乃絰者，喪至此踰日節，於是可也。○鄰，子短反。處，昌慮反，下之處同。拜賓反位成踊，賓出，主人拜送于門外，反位。若有賓後至者，拜之成踊，送賓如初。於又哭，括髮袒成踊，於三哭，猶括髮袒成踊，三日成服，於五哭，拜賓送賓如初。不言就次者，當從其事，不可以喪服廢公職也。其在官亦告就次。言五哭者，以追公事五日，哀殺亦可以止。〔疏〕「聞喪」至「如初」。○正義曰：此一節明聞喪不得奔於所聞之處發喪成服之禮。○聞喪不得奔者，謂以君命有事，其事未了，故不得奔喪也。乃爲位者，謂以君命使，故得爲位，如朝夕哭位矣。○襲絰絞帶即位者，於此聞喪之日覆哭踊畢，襲所袒之衣，著首絰絞帶之垂，即東方之位。○三日成服於五哭拜賓送賓如初者，三日成服，通數聞喪爲四日。五哭謂成服之明日哭也，於此哭時，有賓來即拜而迎之，去即送之，皆如初。於五哭訖亦可以止者也。不云相者告事畢，禮文略也。○注「聞父至可也」。○正義曰：知聞父母喪而不得奔謂以君命有事者，若非君命有事，則不得爲位，當須速奔，今乃爲位，故知以君命有事也。云「不於又哭乃絰者，此踰日節，於是可也」者，不於又哭，謂不於明日之又哭。此經云又哭，謂當日之中對初聞喪之哭乃爲又哭，於此哭後乃絰絞帶，與明日又哭別也。初聞喪象始死，明日又哭象小斂時也。士喪禮云小斂乃絰，則此亦當又哭乃絰，今於聞喪之日即絰帶者，以喪至此赴者至踰其日節，故於是聞喪之日可加絰帶也。○注「其在至以止」。○正義曰：在官謂在官府館舍，館舍是賓之所專，有由館舍之中而作廬，故知禮畢亦告就次。云「言五哭者，以追公事五日，哀殺亦可以止」者，此經唯云五哭，不云哀止，知可以止者，若成服之後恒常有哭，何須特云五哭之文，明五哭之後不復朝夕有哭，故以五哭斷之。

若除喪而后歸，則之墓，哭成踊，東括髮袒絰，拜賓成踊，送賓反位，又哭盡哀，遂除，於家不哭。東，東即主人位，如不及殯者也。遂除，除於墓而歸。主人之待之也，無變於服，與之哭，不踊。無變於服，自若時服也。亦即位于墓左，婦人墓右。〔疏〕「若除」至「不踊」。○正義曰：此一節明除服之後奔父母喪節。則之墓哭成踊者，亦謂主人適子，初在墓南北面哭成踊，乃來就主人之位括髮袒也。○主人之待之也無變於服者，主人亦謂在家者，無變於服，謂著平常之吉服。不踊者，以在家者其服已除，哀情已殺，故不踊也。○注「東東至而歸」。○正義曰：以東方是主人之位，經云東，故云即主人之位。云「如不及殯者也」，以上文奔父母之喪不及殯，先之墓北面哭，下文東即主人之位，除喪之後奔，其位如不及殯之時。云「遂除於墓而歸」者，以經云遂除於家不哭，鄭恐來至家始除服，故明之，云遂除，謂墓所遂除服，至於家不復哭也。

自齊衰以下，所以異者，免麻。〔疏〕「自齊」至「免麻」。○正義曰：此一節明齊衰以下除服之後奔喪之節，唯著免麻，不括髮，墓所哭罷即除。此免麻者，當謂至緦麻也。

凡爲位，非親喪，齊衰以下，皆即位，哭盡哀，而東免絰即位，袒成踊，謂無君事，又無故，可得奔喪，而以己私未奔者也。父母之喪，則不爲位，其哭之不離聞喪之處。齊衰以下，更爲位而哭，皆可行乃行。○離，力智反。襲，拜賓反位，哭成踊，送賓反位，相者告就次。三日五哭卒，主人出送賓，衆主人兄弟皆出門，哭止，相者告事畢，成服拜賓。卒，猶止也。三日五哭者，始聞喪訖，夕爲位，乃出就次，一哭也，與明日又明日之朝夕而五哭。不五朝哭而數朝夕備五哭而止，亦爲急奔喪，已私事當畢，亦明日乃成服。凡云五哭者，其後有賓，亦與之哭而拜之。○之朝，朝旦也，下同。數，色主反。爲，于僞反。若所爲位家遠，則成服而往。謂所當奔者外喪也。外喪緦而道遠，成服乃行，容待齎也。○齎，子西反，資糧也，一音咨。〔疏〕「凡爲」至「而往」。○正義曰：此一節明齊衰以下不得往奔，則於所聞之處爲位及免絰成服之禮。○三日五哭者，謂初聞喪爲一哭，明日朝夕二哭，又明日朝夕二哭，揔爲五哭。所以三日爲五哭者，爲急欲奔喪，以己之私事須營早了，故三日而五哭止也。○注「謂無至乃行」。○正義曰：已聞齊衰以下之喪，既不銜君事，又無私事，故可得早奔，唯以己之私事未得奔者。必知無君事者，若銜君命，於事爲重，唯父母之喪乃敢顯然爲鄰列之位，今若銜君使命，聞齊衰以下輕喪，不敢以私害公，不敢顯然爲位，此言爲位，故知無君命，自以私事未得奔者。云「齊衰以下，更爲位而哭，皆可行乃行」者，齊衰以下於聞喪之處已哭罷，更爲位而哭，皆可行即行，以齊衰以下皆然，故云皆也。○注「數朝至拜之」。○正義曰：前云三日成服於五哭，皆數朝哭，五日而五哭，唯三日數夕哭爲五哭者，前文三日五哭成服之後乃云五哭，故數成服後日之哭，乃爲五。此三日五哭，是三日之內爲五哭，故數夕哭爲五哭。經文不同，故鄭注亦異。云「亦明日乃成服」者，鄭恐三日爲五哭，恐數聞喪三日亦成服，故云明日乃成服，以成服必除初聞喪爲三日也。云「凡云五哭者，其後有賓，亦與之哭而拜之」者，從上以來四處有五哭之文，上兩處於五哭之下無拜賓送賓之事，下兩處五哭之文雖有拜賓送賓，恐與上有異，故鄭揔明之，云凡云五哭者，其後有賓亦與之哭而拜之，揔結於上也。○注「外喪緦而道遠，成服乃行，容待齎也」。○正義曰：以外喪恩輕，故哀情緩也，道路又遠，容待齎持賵賻之物，故成服乃去也。

齊衰望鄉而哭，大功望門而哭，小功至門而哭，緦麻即位而哭。奔喪哭，親疏遠近之差也。○差，初佳反，又初宜反，下同。〔疏〕「齊衰」至「而哭」。○正義曰：此一節明奔喪所至之處哭泣之禮。案雜記云大功望鄉而哭，此云望門而哭者，雜記所云者，謂本齊衰喪者降服大功。

哭父之黨於廟，母妻之黨於寢，師於廟門外，朋友於寢門外，所識於野張帷。此因五服聞喪而哭，列人恩諸所當哭者也。黨謂族類無服者也。逸奔喪禮曰：哭父族與母黨於廟，妻之黨於寢，朋友於寢門外，壹哭而已，不踊。言壹哭而已，則不爲位矣。凡爲位不奠。以其精神不在乎是。哭天子九，諸侯七，卿大夫五，士三。此臣聞君喪而未奔，爲位而哭，尊卑日數之差也。士亦有屬吏，賤，不得君臣之名。大夫哭諸侯，不敢拜賓。謂哭其舊君，不敢拜賓，辟爲主。○辟音避。諸臣在他國，爲位而哭，不敢拜賓。謂大夫士使於列國。○使，色吏反。與諸侯爲兄弟，亦爲位而哭。族親昏姻在異國者。凡爲位者壹袒。謂於禮正可爲位而哭也。始聞喪哭而袒，其明日則否。父母之喪，自若三袒也。〔疏〕「哭父」至「壹袒」。○正義曰：此一節明無服之親聞喪所哭之處。案檀弓云師吾哭諸寢，與此異；兄弟吾哭諸廟，與此同；朋友哭諸寢門外，與此同。其不同者，熊氏云檀弓所云殷禮也，此所云周法也。此哭父黨於廟，而檀弓云有殯，聞遠兄弟之喪，哭於側室，若無殯則在寢，與此不同者，異代禮也。此母黨在寢，逸奔喪禮母黨在廟者，皇氏云母存則哭於寢，母亡則哭於廟。熊氏云哭於廟者是親母黨，哭於寢者蓋慈母繼母之黨，未知孰是，故兩存之。沈氏云事由父者哭之廟，事由己者則哭之寢。此師於廟門外者，是父之友與爲師同，故哭之廟，義亦通也。○注「壹哭而已，則不爲位矣」。○正義曰：此明諸哭者本是無服，故但哭不爲位。案檀弓云申祥之哭言思，與哭嫂同爲位者，熊氏云異代禮也。此文朋友喪將欲奔，故先作一哭，若朋友已久，雖聞喪則不復哭，故檀弓云朋友之墓有宿草而不哭是也。○注「謂哭其舊君，不敢拜賓，辟爲主」。○正義曰：知哭舊君者，以下文云諸臣在他國爲位而哭，是於他國爲位而哭見事之君，則知此是哭諸舊君也。○注「族親婚姻在異國者」。○正義曰：此謂與諸侯異姓之昏姻，又在他國不與諸侯爲臣，身又無服，故暫爲位而哭。若與諸侯同姓是五服之內，皆服斬也，故小記云與諸侯爲兄弟者服斬是也。若君之姑姊妹之女來嫁於國中者則有服，故雜記云諸侯之外宗猶內宗，是有服也。○注「謂於至袒也」。○正義曰：此謂斬衰以下之喪，初聞喪應爲位者，初哭一袒而已，又哭三哭則不袒。爲父母之喪，則又哭三哭皆袒，前文所云者是也。

所識者弔，先哭于家而後之墓，皆爲之成踊，從主人北面而踊。從主人而踊，拾踊也。北面，自外來便也。主人墓左西面。○爲于

僞反下注各爲同拾其劫反便婢面反〔疏〕所識者至而踊。正義曰此一節論哭所識者也所識謂與死者相識今弔其家後乃往墓統於主人故也皆爲之成踊者雖相識輕亦爲之成踊也皆賓主治之。從主人北面而踊者主人在墓左西嚮賓從外來而北面踊便也主人先踊賓從之故云從主人北面而踊也凡喪。父在。父爲主。與賓客爲禮宜使尊者父沒。兄弟同居。各主其喪。各爲其妻子之喪爲主也祔則宗子主之。祔音附親同。長者主之。父母沒如昆弟之喪宗子主之。長丁丈反如若也不同。親者主之。從父昆弟之後〔疏〕凡喪至主之。正義曰此一節論同居主喪之事。凡喪父在父爲主者言子有妻子喪則其父爲主案服問云君所主夫人妻大子適婦不云主庶婦若此所言則亦主庶婦是與服問違者服問所言通其命士以上父子異宮則庶子各自主其私喪今此言是同宮者也。父沒兄弟同居各主其喪者謂各爲其妻子爲喪主也此言父沒同居各主之當知父在同居則父主之。親同長者主之者親同謂同三年朞同父母者若同父母喪者則推長子爲主若昆弟喪亦推長者爲主也。不同親者主之者不同謂從父昆弟親近自主之也聞遠兄弟之喪。既除喪而后聞喪。免袒成踊。拜賓則尚左手。小功緦麻不稅者也雖不服猶免袒尚左手吉拜也逸奔喪禮曰凡拜吉喪皆尚左手。稅吐外反〔疏〕聞遠至左手。正義曰此一經論小功以下之喪既除喪之後而始聞喪之節。免袒成踊者小功以下應除之後服雖不稅而初聞喪亦免袒而成其踊也以本是五服之親爲之變也。拜賓則尚左手者於時有賓來弔拜賓之時尚其左拜請左手在尚從吉拜也無服而爲位者。唯嫂叔及婦人降而無服者麻。雖無服猶弔服加麻袒免爲位哭也正言嫂叔尊嫂也兄公於弟之妻則不能也婦人降而無服族姑姊妹嫁者也逸奔喪禮曰無服袒免爲位者唯嫂與叔凡爲其男子服其婦人降〔疏〕無服至者麻。正義曰此經論哭無服而爲位及弔服加麻也。及婦人降而無服者麻嫂與叔爲位并及族姑姊妹女子出嫁於人元是緦麻今降而無服亦當爲位哭之加弔服之麻不爲之袒免故云無服者麻也。注雖無至者麻。正義曰以經云無服者麻既無服又云麻故知弔服加麻也麻謂緦之經也云兄公於弟之妻則不能也者兄公謂夫之兄也於弟之妻則不能爲位哭之然則弟婦於夫兄亦不能也兄公於弟之妻不服者卑遠之也弟妻於兄公不服者尊絕之也爾雅釋親云婦人謂夫之兄爲兄公郭景純云今俗呼兄鍾語之轉耳今此記俗本皆女旁置公轉誤也皇氏並云婦人稱夫之兄爲公者須公平尊稱也云凡爲其男子服其婦人降而無服者麻者此是逸奔喪禮文言凡爲其男子服其婦人降而無服者麻男子謂族伯叔族兄弟之等爲其族姑及姊妹既降無服其族姑□□□□□□□其族姑姊妹爲族伯叔兄弟亦無服加麻是男之於女女之於男皆無服而加麻故云凡爲其男子服其婦人降而無服者麻也凡奔喪。有大夫至。袒拜之。成踊而后襲。於士。襲而后拜之。主人袒降哭而大夫至因拜之不敢成己禮乃禮尊者或曰大夫後至者袒拜之爲之成踊〔疏〕凡奔至拜之。正義曰此經論奔喪大夫士來弔待之節。大夫至袒拜之成踊而后襲者謂大夫來至弔此奔喪之士其奔喪者先袒拜之成踊之后然後襲衣尊大夫故先拜而後襲於士襲而後拜之者謂士來弔此奔喪之人其奔喪者初亦袒襲衣之後乃始拜之士卑故先襲而後拜也。注主人至成踊。正義曰此主人謂奔喪者身是士初來奔喪主人括髮於堂上乃降堂而哭於此時大夫至因拜之於東階下不敢成己踊及襲經帶之事待拜後始成踊襲經帶也若士來弔則降堂先成己禮踊襲經帶之後乃拜之士謂兩士相敵然則與兩大夫相敵則亦襲後乃拜之云或曰大夫後至者袒拜之爲之成踊者以此經袒云袒拜之成踊其餘經本云大夫後至袒拜之爲之成踊與此經文字多少不同故云或曰

問喪第三十五

陸曰鄭云問喪者善其問以知居喪之禮所由也〔疏〕正義曰案鄭目錄云名曰問喪者以其記善問居喪之禮所由也此於別錄屬喪服也

鄭氏注　孔穎達疏

親始死。雞斯徒跣。扱上衽。交手哭。惻怛之心。痛疾之意。傷腎。乾肝。焦肺。水漿不入口三日。不舉火。故鄰里爲之糜粥以飲食之。親父母也雞斯當爲笄纚聲之誤也親始死去冠二日乃去笄纚括髮也今時始喪者邪巾貊頭笄纚之存象也徒猶空也上衽深衣之裳前五藏者腎在下肝在中肺在上舉三者之焦傷而心脾在其中矣五家爲鄰五鄰爲里。雞斯依注爲笄纚笄音古兮反纚色買反徐所綺反跣悉典反扱初洽反衽而鴆反又而甚反注同怛都達反腎市軫反乾肝並音干肺芳廢反漿本亦作將子羊反糜武皮反本亦作麋同粥之六反字林與六反云淖糜也飲音蔭食音嗣去冠起呂反邪似嗟反亦作邪袹亡賭反本亦作貊藏才浪反脾婢支反夫悲哀在中。故形變於外也。痛疾在心。故口不甘味。身不安美也。言人情之中外相應。夫音扶應應對之應三日而斂。在牀曰尸。在棺曰柩。動尸舉柩。哭踊無數。惻怛之心。痛疾之意。悲哀志懣氣盛。故袒而踊之。所以動體安心下氣也。婦人不宜袒。故發胷擊心爵踊。殷殷田田。如壞牆然。悲哀痛疾之至也。故曰辟踊哭泣。哀以送之。送形而往。迎精而反也。故袒而踊之言聖人制法故使之然也爵踊足不絕地辟拊心也哀以送之謂葬時也迎其精神而反謂反哭及日中而虞也。斂力豔反下同柩其又反懣亡本反又音滿范音悶下同殷殷並音隱壞音怪字林作敷音同辟婢尺反徐扶亦反注及下皆同拊芳甫反其往送也。望望然。汲汲然。如有追而弗及也。其反哭也。皇皇然。若有求而弗得也。故其往送也如慕。其反也如疑。望望瞻望之貌也慕者以其親之在前疑者不知神之來否。汲音急求而無所得之也。入門而弗見也。上堂又弗見也。入室又弗見也。亡矣喪矣。不可復見已矣。故哭泣辟踊。盡哀而止矣。說反哭之義也。上時掌反復扶又反下復反復生皆同心悵焉愴焉。惚焉愾焉。心絕志悲而已矣。祭之宗廟。以鬼饗之。徼幸復反也。說虞之義。悵敕亮反愴初亮反惚音忽愾徐音慨苦代反徼古堯反成壙而歸。不敢入處室。居於倚廬。哀親之在外也。寢苫枕塊。哀親之在土也。言親在外在土孝子不忍反室自安也入處室或爲入宮。壙古晃反倚於綺反苫始占反草也枕之蔭反塊苦對反又苦怪反土也故哭泣無時。服勤三年。思慕之心。孝子之志也。人情之實也。勤謂憂勞或問曰。死三日而后斂者。何也。怪其遲也曰。孝子親死。悲哀志懣。故匍匐而哭之。若將復生然。安可得奪而斂之也。故曰三日而后斂者。以俟其生也。三日而不生。亦不生矣。孝子之心。亦益衰矣。家室之計。衣服之具。亦可以成矣。親戚之遠者。亦可以至矣。是故聖人爲之斷決以三日爲之禮制也。匍匐猶顛蹷或作扶服。匍音蒲又音扶匐蒲北反又音服衰色追反爲于僞反下注相爲爲褻同斷決丁段反下古穴反猶傎丁年反蹷求月反又音九月反或問曰。冠者不肉袒。何也。怪衣冠本之相爲也。冠音官曰。冠至尊也。不居肉袒之體也。故爲之免以代之也。言身無飾者不敢冠冠爲褻尊服肉袒則著免免狀如冠而廣一寸。免音問注及下皆同褻息列反著張慮反又張畧反廣古曠反然則禿者不免。傴者不袒。跛者不踊。非不悲也。身有錮疾。不可以備禮也。故曰喪禮唯哀爲主矣。女子哭泣悲哀。擊胷傷心。男子哭泣悲哀。稽顙觸地無容。哀之至也。將踊先袒將袒先免此三疾俱不踊不袒不免顧其所以否者各爲一耳擊胷傷心稽顙觸地不踊者若此而可或曰男女哭踊。禿吐祿反無髮也傴

於縷反一音紆矩反背曲也跛補禍反又彼我反足廢也錮音故稽音啓注同顙桑朗反下注同或問曰。免者以何爲也。怪本所爲施也○何爲于僞反盡篇末文注皆同曰。不冠者之所服也。禮曰童子不緦。唯當室緦。緦者其免也。當室則免而杖矣。不冠者猶未冠也當室謂無父兄而主家者也童子不杖不杖者不免當室則杖而免免冠之細別以次成人也緦者其免也言免乃有緦服也○緦音思冠古亂反或問曰。杖者何也。怪其義各異曰。竹桐一也。故爲父苴杖。苴杖竹也。爲母削杖。削杖桐也。言所以杖者義一也顧所用異耳○苴七餘反削悉若反或問曰。杖者以何爲也。怪所爲施曰。孝子喪親。哭泣無數。服勤三年。身病體羸。以杖扶病也。言得杖乃能起也數或爲時○羸力垂反劣也疲也則父在不敢杖矣。尊者在故也。堂上不杖。辟尊者之處也。堂上不趨。示不遽也。此孝子之志也。人情之實也。禮義之經也。非從天降也。非從地出也。人情而已矣。父在不杖謂爲母喪也尊者在不杖辟尊者之處不杖有事不趨皆爲其感動使之憂戚也○辟音避處昌慮反下同遽其慮反

〔疏〕親始至實也○正義曰此一節明初死三日以來居喪哭踊悲哀疾痛之意也○雞斯者笄謂骨笄纚謂紹髮之繪言親始死孝子先去冠唯留笄纚也徒跣者徒空也無屨而空跣也○扱上衽者上衽謂深衣前衽扱之於帶以號踊履踐爲妨故扱之○交手哭者謂交手拊心而爲哭也○傷腎乾肝焦肺者言肺在上性近於燥故云焦肝近肺故云乾腎近下故云傷言近下性多潤而爲傷矣舉此三者五藏俱傷可知也○不舉火者哀痛之甚情不在食故不舉火也言旁親以下食不可廢故鄰里爲之糜粥以飲食之糜厚而粥薄薄者以飲之厚者以食之○注親父至爲里○正義曰凡云親者包之五服也以此經悲哀之甚故知父母也云雞斯當爲笄纚者以經雞斯二字不當始死者之義聲與笄纚相涉故云笄纚也云親始死去冠者檀弓云始死羔裘玄冠者易之是去冠也云二日乃去笄纚者以士喪禮云小斂髻髮是死二日故云乃去笄纚也云上衽深衣之裳前者言既始死朝服易之故知著深衣案深衣篇云續衽鉤邊故知此衽深衣之衽案深衣衽當旁此云深衣之裳前者既扱之恐履踐爲妨故解爲裳前也其實衽象小要屬裳處皆狹旁與在前俱得衽名但所扱之處當衽也案公羊傳云昭公以衽受於齊之唁禮亦謂裳當前者也○注爵踊足不絕地辟拊心也○正義曰爵踊似爵之跳也其足不離於地也般般田田如壞牆然者言將欲崩倒也云辟拊心者爾雅釋訓文○望望然者瞻望之意也○汲汲然者促急之情也○皇皇然者意彷徨也○其往送也如慕者如孺子啼慕於母也○其反也如疑者不知神之來否如人之有疑也○亡矣喪矣者喪亦亡也重言之者丁寧之也若似人之逃不復來也○故哭泣辟踊盡哀而止矣者以其不可復見故反哭之時哭泣辟踊盡哀而休止也心悵焉愴焉者此明反哭之後虞祭之時也○祭之宗廟以鬼享之者謂虞祭於殯宮神之所在故稱宗廟以鬼享之尊而禮之冀其魂神復反也成壙而歸者此明葬之後猶居廬枕塊不敢入於室處也○故哭泣無時者此明終喪思慕之心也服勤者言服處憂勞勤苦也○人情之實也者言非詐僞假爲之事人情悲慕之實也○或問曰死三日而后斂者何也此記者假設問三日而后斂之意也三日斂者以士言之則大斂也明大夫以上言之則小斂也此經凡言亦者亦以俟其生制三日者俟其生也若三日不生於後亦不生矣也非但不生孝子之心亦益衰矣衣服之具亦可以成矣親戚之遠者亦可以至矣○或問曰冠者不肉袒何也者此解冠必不袒袒必不冠之意也又明孝子身有病關其居喪所以禮矣此冠不居肉袒者謂心既悲哀肉袒形褻故不可褻其尊服而冠也若有吉事而內心肅敬則雖袒而著冠也故郊特牲云君袒而割牲是也○或問曰免者以何爲也者此怪成人肉袒之時須著免今非成人肉袒亦有著免故問之云免者以何所爲○曰不冠者之所服也此荅問之辭也不冠謂未冠童子之所服以未冠故著免也○禮曰童子不緦者此喪服正經之文記者引之故稱禮曰童子不緦者言不爲族人著緦服也○唯當室緦者謂童子無父兄當室主於家事唯此當室之童乃爲族人著緦服○緦者其免也者作記者云所以此童子爲族人得著緦者以其無父兄當室之時即著免也以其無父兄而可依理故得爲族人著緦服也○當室則免而杖矣者又明童子得免所由以其孤兒當室則得免而杖爲族人得著緦也若童子不當室則不得免及杖也○注云免冠之細別以次成人也○正義曰解當室所著之意也言免是冠之流例也童子當室亞次成人故得著免也云緦者其免也者疊出經文也言免乃有緦服也鄭出緦其免之意言內爲父母著免乃有族人緦服言緦服由於著免是所以緦者由有免故也○或問曰杖者何也者此明問居喪有杖爲父母乃異何意如此故問之○竹桐一也言爲父竹爲母桐孝子之意其義一也言孝子奉親用心是一但取義有異故竹桐而殊也○故爲父苴杖苴杖竹也者父是尊極故爲之苴杖言苴惡之物以爲杖自然苴惡之色唯有竹也故云苴杖竹也爲母削杖削杖桐也言爲母屈於父不同自然苴惡之色也故用削杖其杖雖削情同於父故云削杖桐也桐爲是同父之義故不用餘木也或解云竹節在外外陽之象故爲父矣桐節在內內陰之類也故爲母也○或問曰杖者以何爲也者此問孝子居喪何以須杖之意也○父在不敢杖矣尊者在故也者爲母親對父之時不敢據杖以尊者在故不敢也○堂上不杖辟尊者之處也者所以爲母堂上[illegible]敢杖者堂上是父之所在辟尊者之處所以爲母堂上故[illegible]杖也○堂上不趨示不遽也者言孝子爲母所以堂上不[illegible]喪趨者示父以閒暇不促遽也若堂上而趨則感動父情[illegible]父憂戚故不杖不趨冀不悲哀於父也此孝子之志意人情之實事

禮記注疏卷五十六挍勘記　阮元撰盧宣旬摘録

奔喪第三十四

奔喪之禮節

奔喪之禮　各本同石經同釋文作奔䘮云此正字也說文云從哭亡亡亦聲也

奔喪至盡哀　惠棟挍宋本無此五字

遂行日行百里節

若未得行則成服而后行者　惠棟挍宋本同閩監毛本后作後

至於家入門左節

不以爲數　閩監毛本岳本嘉靖本衛氏集說同釋文出不以數也云本亦作不以爲數

既哭成其服喪服杖於序東　惠棟挍宋本其下無服字宋監本岳本衛氏集說同考文引足利本同此本誤衍閩監毛本嘉靖本同○案疏亦無其下服字

至於至如初　惠棟挍宋本無此五字

故云既殯位在下也　閩監本同毛本位在下誤倒作在下位

發喪已踰日節於是可也　閩監本同毛本節誤即

奔喪者非主人節

奔喪至變也　惠棟挍宋本無此五字

故奔喪者在庭中北面　惠棟挍宋本同閩監毛本庭中二字倒衛氏集說同

入自闑門升自側階　閩監本同毛本側誤作下升自側階同

以奔夫屬　閩監毛本同衛氏集說同惠棟挍宋本奔夫作本天

奔喪者不及殯節

逸奔喪禮說不及殯日　閩監毛本嘉靖本衛氏集說同岳本日作曰考文引足利本同

以下文云除喪而后歸　惠棟挍宋本同閩監毛本后作後

若除喪而后歸節

自齊衰以下節

下文東即主人之位　閩監毛本同惠棟挍宋本文作云

若除至不踊　惠棟挍宋本無此五字

自齊至免麻　惠棟挍宋本無此五字

當謂至緦麻也　閩監本作緦此本緦字闕毛本誤絲

凡爲位節

父母之喪　惠棟挍宋本上有唯字宋監本岳本衛氏集說同此本誤脫閩監毛本嘉靖本同

凡爲至而往　惠棟挍宋本無此五字

下兩處五哭之文　閩監本同毛本五哭之文誤倒作之文五哭

哭父之黨節

以其精神不在乎是 閩監毛本同岳本同衞氏集說同考文引宋板在作存宋監本嘉靖本同

始聞喪哭而袒 各本同監本聞字闕

故先作一哭 惠棟按宋本同閩監毛本一作壹

所識者弔節

所識者至而踊 惠棟按宋本無此六字

主人在墓左西嚮 閩監毛本同惠棟按宋本無西字

聞遠兄弟之喪節

既除喪而后聞喪 惠棟按宋本同石經同岳本同衞氏集說同閩監毛本后作後嘉靖本同

聞遠至左手 惠棟按宋本無此五字

無服而爲位者節

無服至者麻 惠棟按宋本無此五字

既降無服其族姑□□□□□□□其族姑姊爲族伯叔兄弟亦無服加麻 閩監本同惠棟按宋本同毛本上其族姑三字亦闕共闕十字考文補闕作其族姑姊爲族伯叔兄弟山井鼎云補此十字卻係衍文當刪去也案衞氏集說作既降無服其族姑姊爲族伯叔兄弟亦無服中間並無闕字是也

凡奔喪有大夫至節

凡奔至拜之 惠棟按宋本無此五字

成踊而后襲者 惠棟按宋本同閩監毛本后作後下然后襲衣同

故云或曰 惠棟按宋本此下標禮記正義卷第六十三終記云凡三十頁

問喪第三十五 惠棟按宋本禮記正義卷第六十四

親始死雞斯節

二日乃去笄纚括髮也 閩監毛本岳本嘉靖本衞氏集說同惠棟按宋本二作三

故曰辟踊哭泣 各本同石經同釋文出辟踴○按依說文當作踊从走甬聲

以鬼饗之 惠棟按宋本石經宋監本岳本嘉靖本同閩監毛本饗作享衞氏集說同石經考文提要云宋大字本宋本九經南宋巾箱本余仁仲本劉叔剛本並作饗

稽顙觸地無容 閩監本石經岳本嘉靖本衞氏集說同考文引古本足利本同毛本觸誤拜

親始至實也 惠棟按宋本無此五字

薄者以飲之 閩本同惠棟按宋本同衞氏集說同監毛本飲誤欲

祭之宗廟以鬼饗之者 惠棟按宋本作饗閩監毛本饗作享下以鬼饗之同

猶居倚廬枕塊 惠棟按宋本有倚字閩監毛本倚字脫

不敢據杖以尊者在 考文引宋板同閩監毛本據誤遽

附釋音禮記注疏卷第五十七

服問第三十六○陸曰鄭云服問者善其問以知有服而遭喪所變易之節也【疏】正義曰案鄭目錄云名曰服問者以其善問以知有服而遭喪所變易之節此於別錄屬喪服也

禮記　鄭氏注　孔穎達疏

傳曰。有從輕而重。公子之妻。爲其皇姑。皇君也諸侯妾子之妻爲其君姑齊衰與爲小君同舅不厭婦也○傳此引大傳文也從如字范才用反爲其于僞反注及下皆同齊衰上音咨下七雷反後放此厭於涉反下同 有從重而輕。爲妻之父母。妻齊衰而夫從緦麻不降一等言非服差○差初佳反又初宜反下同 有從無服而有服。公子之妻。爲公子之外兄弟。謂爲公子之外祖父母從母緦麻○ 有從有服而無服。公子爲其妻之父母。凡公子厭於君降其私親女君之子不降也○ 傳曰。母出。則爲繼母之黨服。母死。則爲其母之黨服。爲其母之黨服。則不爲繼母之黨服。雖外親亦無二統○ 三年之喪。既練矣。有期之喪。既葬矣。則帶其故葛帶。絰期之絰。服其功衰。帶其故葛帶者三年既練期既葬差相似也絰期之葛絰三年既練首絰除矣爲父既練衰七升母既葬衰八升凡齊衰既葬衰或八升或九升服其功衰服麤衰○期音基下及注皆同○ 有大功之喪。亦如之。大功之麻變三年之練葛期既葬之葛帶小於練之葛帶又當有絰亦反服其故葛帶絰期之絰差之宜也此雖變麻服葛大小同耳亦服其功衰凡三年之喪既練始遭齊衰大功之喪絰帶皆麻○ 小功無變也。無所變於大功齊衰之服不用輕累重也○累劣彼反又劣僞反○ 麻之有本者。變三年之葛。有本謂大功以上也小功以下澡麻斷本○上時掌反澡音早斷下管反下文同○ 既練。遇麻斷本者。於免絰之。既免去絰。每可以絰必絰。既絰則去之。雖無變緣練無首絰於有事則免絰如其倫免無不絰絰有不免其無事則自若練服也○免音問下及注不免者皆同去起呂反下同 小功不易喪之練冠。如免。則絰其緦小功之絰。因其初葛帶。緦之麻。不變小功之葛。小功之麻。不變大功之葛。以有本爲稅。稅亦變易也小功以下之麻雖與上葛同猶不變也此要其麻有本者乃變之耳雜記曰有三年之練冠則以大功之麻易之唯杖屨不易也○爲稅上如字下吐外反注及下皆同要一遙反 殤。長。中。變三年之葛。終殤之月筭。而反

三年之葛。是非重麻。爲其無卒哭之稅。下殤則否。謂大功之親爲殤在緦小功者也所以變三年之葛正親親也三年之葛大功變既練麻衰變既虞卒哭凡喪卒哭受麻以葛殤以麻終喪之月數非重之而不變爲殤未成人文不縟耳下殤則否言賤也男子爲大功之殤中從上服小功婦人爲之中從下服緦麻○長丁丈反筭徐音蒜悉亂反重直勇反徐治龍反注同爲于僞反注除爲殤在緦皆同縟音辱繁飾也君爲天子三年。夫人如外宗之爲君也。外宗君外親之婦也其夫與諸侯爲兄弟服斬妻從服期諸侯爲天子服斬夫人亦從服期喪大記曰外宗房中南面○君爲于僞反後音皆同注諸侯爲天子下注亦爲此三人士爲國君同世子不爲天子服。遠嫌也不服與畿外之民同也○遠于萬反畿音祈君所主夫人妻。大子。適婦。言妻見大夫以下亦爲此三人爲喪主也○大子音泰下及注同適丁歷反下同見賢遍反大夫之適子。爲君夫人大子。如士服。大夫不世子不嫌也士爲國君斬小君期大子君服斬臣從服期君之母非夫人。則羣臣無服。唯近臣及僕驂乘從服。唯君所服服也。妾先君所不服也禮庶子爲後爲其母緦言唯君所服伸君也春秋之義有以小君服之者時若小君在則益不可○驂七南反乘音剩爲于僞反下爲其母同伸音申公爲卿大夫錫衰以居。出亦如之。當事則弁絰。大夫相爲亦然。爲其妻。往則服之。出則否。弁絰如爵弁而素加絰也不當事則皮弁出謂以他事不至喪所○錫思歷反凡見人無免絰。雖朝於君。無免絰。唯公門有稅齊衰。傳曰。君子不奪人之喪。亦不可奪喪也。見人謂行求見人也無免絰絰重也稅猶免也古者說或作稅有免齊衰謂不杖齊衰也於公門有免齊衰則大功有免絰也○免絰音勉去也下無免絰并注皆同徐並音問恐非朝直遙反稅吐活反注同說吐活反又始銳反傳曰。罪多而刑五。喪多而服五。上附下附。列也。列等比也○罪本或作辠正字也秦始皇以其似皇字改爲罪也上時掌反列徐音例注同本亦作例比必利反

【疏】傳曰至列也○正義曰此四條明從服輕重之異也○傳曰皇氏云此言傳曰者即前大傳之篇則服術有六不指其人今各以其人明之或可傳曰者是舊有成傳記者引之則非前大傳篇也故下文罪多而刑五喪多而服五記者皆引此舊傳而記之○有從輕而重公子之妻爲其皇姑者公子謂諸侯之妾子也皇姑即公子之母也諸侯在尊厭妾子使爲母練冠諸侯沒妾子得爲母大功而妾子妻不辨諸侯存沒爲夫之母期也其夫練冠是輕也而妻爲期是重故云有從輕而重也而謂之皇姑者皇君也此妾既賤若惟云姑則有嫡女君之嫌今加皇字自明非女君而此婦所尊與女君同故云君姑也○有從無服而有服公子之妻爲公子之外兄弟者謂公子之外祖父母也公子被厭不服已母之外家是無服也妻猶從公子而服公子外祖父母從母緦麻是從無服而有服也○有從有服而無服公子爲其妻之父母者雖爲公子之妻猶爲父母期是有服也公子被厭不從妻服父母是從有服而無服也○注謂爲公子之外祖父母從母緦麻○正義曰經唯云公子外兄弟知非公子姑之子者以喪服小記云夫之所爲兄弟服妻降一等夫爲姑之子緦麻妻則無服今公子之妻爲之有服故知公子之外祖父母從母也此等皆小功之服凡小功者謂爲兄弟若同宗直稱兄弟以外族故稱外兄弟也○傳曰母出則爲繼母之黨服者此明繼母之黨亦是舊傳之辭事異於上故更稱傳曰也○三年之喪既練矣有期之喪既葬矣者謂三年之喪練祭之後又當期喪既葬之節也○則帶其故葛帶者故葛帶謂三年練葛帶也今期喪既葬男子則應著葛帶與三年之葛帶麤細正同以父葛爲重故帶其故葛帶絰期之絰者謂三年練後首絰既除故絰期之葛絰若婦人練後麻帶除矣則絰其故葛絰帶期之麻帶以其婦人不葛帶故也○服其功衰者功衰謂服父之練之功衰也○注帶其至麤衰○正義曰三年既練期既葬差相似也者三年既練要帶四寸百二十五分寸之七十六期之既葬其帶亦然故云差相似但父帶爲重故帶其故葛帶也云絰期之葛絰三年既練首絰除矣者以三年既練男子除於首是男子首絰除矣其首空故絰期之葛絰此文主於男子也若婦人則首絰練之故葛絰練後麻帶已除則要絰期之麻帶也云爲父既練衰七升者以間傳稱斬衰三升既虞卒哭受以成布六升則知既練衰七升也云母既葬衰八升者此言八升者誤當云七升故間傳云爲母疏衰四升受以成布七升是既葬受時爲母衰七升也云凡齊衰既葬衰或八升或九升者以父之既練母之既葬衰皆七升其齊衰仍有八升九升故更言之八升者是正服齊衰或有九升者是義服齊衰也云服其功衰服麤衰者功即麤也言齊衰既有八升九升服也其麤者謂七升父之衰也經不云服其父衰而云功衰者經稱三年之衰則父爲長子及父卒爲母皆是三年今期喪既葬反服其服若言功衰總道三人故不得特言服父衰也母喪既練雖衰八升與正服既葬齊衰同以母服爲重亦服母之齊衰也皇氏云謂三年既練之後初遭期喪今謂此經亦三年未練之前初有期喪未葬爲前三年之衰爲練祭至期既葬乃帶其故葛帶絰期之葛絰也必知其期喪未葬已前得爲三年練祭者雜記篇云三年之喪既頹其練祥皆行彼謂後喪亦三年既頹之後得行前三年之喪練祭則知後喪期年未頹之前得爲三年之喪而行練也熊氏云爲母既葬衰八升言父在爲母也今鄭注云爲父既練衰七升爲母既葬衰八升矣又經云三年之喪既練皆爲父卒爲母今熊氏云父在爲母其義非也○有大功之喪亦如之者此明三年之喪練後有大功之喪也大功之喪者爲大功喪既葬以前經云期之喪既葬則此大功之喪亦既葬不云既葬者從上省文也亦如之者言亦帶其故葛帶絰期之葛絰也故云亦如之○注大功至皆麻○正義曰言大功初死之麻變三年練後之葛首要皆麻矣故間傳謂之重麻也云期既葬之葛帶者謂大功既葬葛帶以次差之三寸有餘三年練之葛帶以次差之則四寸有餘大功既葬葛帶小於練之葛帶故反服練之故葛帶也又大功既葬者首絰四寸有餘若要服練之葛帶首服大功既葬之葛絰既麤細相似不得爲五分去一爲帶之差故首絰與期之絰五寸有餘進與期之既葬同也故云絰期之絰是差次之宜也此注亦主於男子矣其婦人之服於下間傳篇具釋也云此雖變麻服葛大小同耳者大功初喪服麻之時首絰五寸餘要帶四寸餘大功既葬之後首絰應合四寸餘要帶本合三寸餘既服練之要帶四寸餘則其首絰合五分加一成五寸餘也是大功初死之麻齊衰既葬之葛與初死之麻大小同故云此雖變麻服葛大小同耳云亦服其功衰者亦上文也服其功衰謂服父之練衰也以大功初喪者衰七升八升九升既葬之後則有十升然服父七升也云凡三年之喪既練始遭齊衰大功之喪絰帶皆麻者間傳篇云斬衰既練遭大功之喪既重麻則知斬衰既練遭齊衰灼然重麻故云絰帶皆麻也此熊氏皇氏之說撿勘鄭意其義然也崔氏云此經大功之喪承前經之下既有三年之練又有期喪既葬合大功既葬之後故帶其練之故葛帶絰期之葛絰於此經文其義得通然於間傳之文於義不合案間傳斬衰既虞卒哭遭齊衰之喪又云既練遭大功之喪文各別則此經文大功唯據三年練後不合期喪既葬也注云男子絰期之葛絰婦人帶期之葛帶其誤者爲期絰期帶謂其大功之絰大功之帶然於鄭注其義稍乖也當以熊皇爲正也○小功無變也謂凡常小功無變於大功以上之服言先有大功以上喪服今遭小功之喪無變於前服不以輕服減累於重也○麻之有本者變三年之葛者謂大功以上爲帶者麻之根本并留之合糾爲帶如此者得變三年之練葛若麻之無本謂小功以下其絰澡麻斷本是麻之無本不得變三年之葛也言變三年葛舉其重者其實期之葛有本者亦得變之矣○既練遇麻斷本者此明斬衰既練之後遭小功之喪雖不變服得爲之加絰也既練之後遭遇麻之斷本小功之喪○於免絰之者以練無首絰於小功喪有事於免之時則爲之加小功之絰也○既免去絰者謂小功以下之喪斂殯事竟既免之後則脫去其絰也○每可以絰者謂於小功以下之喪當斂殯之節每可以絰之時必爲之加麻也○既絰則去之者謂不應絰之時則去其絰自若練服也○注雖無至服也○正義曰有事則免絰如其倫者倫謂倫類雖爲之不變服其應免絰之時如平常有服之倫類也云免無不絰者解絰於免絰之於是免之時必著絰則大斂小斂之節衆主人必加絰也云絰有不免者解絰每可以絰必絰也云絰謂不免但云絰者謂既葬之後虞及卒哭之節但著絰不有免以服成故也是絰有不免者也○小功不易喪之練冠者言小功以下之喪不合變易三年喪之練冠其期之練冠亦不得易也○如免則絰其緦小功之絰者謂如當緦小功著免之節則首絰其緦與小功之絰所以爲後喪緦絰者以前喪練冠首絰已除故也上經云小功不易明緦不易下經云緦小功之絰兼言緦者恐免絰不及緦故也前經已云於免絰之此經又云如免則絰者前經但云絰不云練冠恐小功以下不得改前喪練冠故重言之也因其初葛帶者言小功以下之喪要中所著仍因其初喪練葛帶上文云期喪既葬則帶練之故葛帶此小功以下之喪亦著練之初葛帶不云故而云初者以期初喪之時變練之葛帶爲下之喪不變練之葛帶故云初葛帶也○緦之麻不變小功之葛小功之麻不變大功之葛者謂以輕喪之麻本服既輕雖初喪之麻不變前重喪之葛也○以有本爲稅者稅謂變易也所以緦之麻不變小功者以其緦與小功麻絰既無本不合稅變前喪唯大功以上麻絰有本者得稅變前喪也○注稅亦至易也○正義曰云稅亦變易者以一經之內有變有稅兩文故言稅亦變易也云此要其麻有本者乃變上耳者麻有本謂大功以上麻絰有本爲重下服乃變上服大功得變期期得變三年也云雜記曰有三年之練冠則以大功之麻易之者所以引此者欲明大功之麻非但得易期喪之葛亦得易三年練冠之葛也○殤長中變三年之葛者此論

成人小功緦麻不得易前喪之葛，又論殤在小功緦麻得易三年葛也。殤長中者，謂本服大功之喪，今乃降在長中殤，男子則爲之小功，婦人爲長殤小功，中殤則緦麻，如此者得變三年之葛也。○終殤之月筭者，謂著此殤喪服之麻，終竟此殤之月筭數，如小功則五月，緦麻則三月。○而反三年之葛者，此著麻月滿，還反服三年之葛也。○是非重麻爲其無卒哭之稅者，言服殤長中之麻，不改又變三年之葛，是非重此麻也，所以服不改又變前喪葛者，以殤服質略，初死服麻已後，無卒哭之時稅麻服葛之法，以其質略，其文不縟故也。下殤則否者，以大功以下殤，謂男子婦人俱爲之緦麻，其情既輕，則不得變三年之葛也。案上文麻之有本得變三年之葛，則齊衰下殤雖是小功，亦是麻之有本，故喪服小記云下殤小功帶澡麻不絶本，然齊衰下殤乃變三年之葛。今大功長殤麻既無本，得變三年之葛者，以其殤服質畧，無虞卒哭之稅，故特得變之。若成人小功緦麻，麻既無本，故不得變也。○注謂大至服緦○正義曰：知大功之親爲殤在緦小功者，以前文云緦小功不得變上服，則此得變三年之葛，亦是緦麻小功也。殤長中在小功緦者，本大功之親耳。云正親親也者，以大功之親，其殤所以得變三年之葛者，以大功是正親親，故重其殤也。云三年之葛大功變既練者，則雜記篇云三年之練冠，則以大功之麻易之是也。云齊衰變既虞卒哭者，齊衰初喪得變三年既虞卒哭，則下閒傳篇云斬衰之喪既虞卒哭，遭齊衰之喪，輕者包，重者特是也。云爲殤未成人文不縟耳者，縟謂數也，謂禮文繁數，若成人以上則禮繁數，故變麻服葛，今殤是未成人，唯在質略，無文飾之繁數，故不變麻服葛也。云男子爲大功之殤中從上，服小功，婦人爲之中從下，服緦者，喪服傳文。○君爲天子三年者，謂列國諸侯之君爲天子三年也。○夫人如外宗之爲君也者，言諸侯夫人爲天子，如諸侯外宗之婦爲君也。諸侯外宗之婦爲君期，則夫人爲天子亦期也，故云如外宗之爲君。諸侯爲天子服斬衰，喪服正文，此記載之者，謂以夫人如外宗之爲君，起文以君與夫人，故知將欲明諸侯夫人爲天子，故載君爲文之首也。○注外宗至南面○正義曰：外宗君外親之婦也者，其夫既是君之外姓，其婦即是外宗也。云其夫與諸侯爲兄弟服斬，妻從服期者，謂夫與諸侯爲兄弟之親，在於他國，諸侯既死，來爲之服，當尊諸侯，不繼本服之親，故皆服斬，其妻從服期也。云諸侯爲天子服斬，故夫人亦從服期，是爲夫之君，如外宗也。熊氏云：凡外宗有三，案周禮外宗之女有爵，通卿大夫之妻，一也。雜記云外宗爲君夫人，猶内宗，是君之姑姊妹之女、舅之女、從母之女，皆爲諸侯服斬，爲夫人服期，是二也。此文外宗是諸侯外宗之婦也，若姑之子婦、從母子婦，其夫是君之外親，爲君服斬，其婦亦名外宗，爲君服期，是三也。内宗有二者，案周禮云内女之有爵，謂其同姓之女，悉是一也。雜記云内宗者，是君之五屬之内女，是二也。引喪大記曰外宗房中南面者，證外宗之義也。○世子不爲天子服者，此明諸侯世子有繼世之道，所以遠嫌，不爲天子服也。○君所主夫人妻大子適婦者，此三人既正，雖國君之尊，猶主其喪也，非此則不主也。言妻，欲見大夫以下亦爲妻及適子適婦爲主也。○大夫之適子服君夫人大子如士服者，此明大夫適子爲君夫人大子之服，是大夫無繼世之道，其子無嫌，得爲君與夫人及君之大子著服，如士服也。○君之母非夫人則羣臣無服者，若君母是嫡夫人，則羣臣爲服期，今君母非夫人，君爲之服緦，則羣臣爲之無服也。○唯近臣及僕驂乘從服者，近臣謂閽寺之屬，僕御車者也，驂車右也，君之母非夫人，貴臣乃不服，而此諸臣賤者隨君之服也，故云從服。○唯君所服服也者，君服緦，則此等之人亦服緦，故云唯君所服服也。○注妾先至不可○正義曰：妾先君所不服也者，天子諸侯爲妾無服，唯大夫爲貴妾服緦，故知妾先君所不服。云禮庶子爲後，爲其母緦者，案喪服緦麻章云庶子爲父後者爲其母是也。云言唯君所服，伸君也者，若其不爲後，則爲母無服，故喪服記云公子爲其母練冠麻衣縓緣。今以爲君得著緦麻服，是伸君之尊也。君既服緦，是近臣得從君服也。此謂禮之正法。云春秋之義有以小君服之者，鄭既以正禮言之，又引春秋之時不依正禮者，有以爲小君之服服其妾母者，是文公四年夫人風氏薨，是僖公之母成風也；又昭十一年夫人歸氏薨，是昭公之母齊歸也，皆亂世之法，非正禮也。案異義云：妾子立爲君，得尊其母立以爲夫人否？今春秋公羊既說妾子立爲君，母得稱夫人，故上堂稱妾，屈於適也；下堂稱夫人，尊於國也。云子不得爵命父，妾子爲君得爵命其母者，以妾在奉授於尊者，有所因緣故也。穀梁傳曰魯僖公立妾母成風爲夫人，是子爵於母，以妾爲妻，非禮也。故春秋左氏說成風妾得立爲夫人，母以子貴，禮也。許君謹案：舜爲天子，瞽瞍爲士，起於士庶者，子不得爵父母也。至於魯僖公得尊母成風爲小君，經無譏文，從公羊左氏之說。鄭則從穀梁之說，故異義駮云：父爲長子三年，爲衆子期，明無二適也。女君卒，繼攝其事耳，不得復立爲夫人。如鄭駮之言，則此云春秋小君服之者，是灼然非禮也。云時若小君在則益不可者，其小君無，而以夫人服之，已爲不可，今小君既在，而以夫人服妾母，彌益不可，故云益不可也。○公爲卿大夫錫衰以居者，此明君爲卿大夫之喪成服之後，著錫衰以居也。○出亦如之者，出謂以他事而出，不至喪所，亦著錫衰，其首則服皮弁。○當事則弁經者，君行往弔卿大夫，當大斂及殯，弁將葬啓殯，當如此之事，則首著弁經，身衣錫衰。若於士，雖當事，首服皮弁，故士喪禮云君視大斂，注云皮弁服襲裘是也。○大夫相爲亦然者，亦如君於卿大夫也，不當事則皮弁，當事則弁經。故雜記云大夫與殯亦弁經是也。大夫於士，士雖當事，亦皮弁也。○爲其妻往則服之，出則否者，謂公於卿大夫之妻，及卿大夫相爲其妻，往臨其喪，則服錫衰，不恒著之以居，若餘事之出，則不服也。言居亦不服，其當殯斂之事，亦弁經也。○凡見人無免經者，謂已有齊衰之喪，無免去經，重故也。○雖朝於君無免經者，以經重，縱往朝君，亦無免稅於經也。○唯公門有稅齊衰者，謂已有不杖齊衰之喪，至公門稅去其衰，經猶不去也。若杖齊衰及斬衰，雖入公門，衰亦不稅也，其大功非但稅衰，又免去經也。○傳曰君子不奪人之喪，亦不可奪喪也，解朝君無免經之意，引舊記以明之，言君所以許臣不免經而入朝，以君子之人以己恕物，不可奪人喪禮，使之免經，故許著經也。亦不可奪喪也，非但不奪人喪，亦不可自奪喪，所以已有重喪，猶經以見君，申己喪禮也。○注有免至經也○正義曰：謂不杖齊衰者，案下曲禮篇云苞屨不入公門，藨屨杖齊衰之屨，既不得入也，此云稅齊衰，明不杖齊衰也。云於公門有免齊衰，則大功有免經也者，鄭以經重於齊衰，不杖齊衰雖脫亦不免經，以差次約之，則大功非但脫衰，又免去其經也。○罪多至列也者，列等也，言罪之與喪，其數雖多，其限同五，其等列相似，故云列也。

閒傳第三十七

○陸曰：鄭云名閒傳者，以其記喪服之閒輕重所宜也。○其【疏】正義曰：案鄭目録云：名曰閒傳者，以其記喪服之閒輕重所宜，此於別録屬喪服。

鄭氏注　孔穎達疏

斬衰何以服苴。苴，惡貌也，所以首其内而見諸外也。斬衰貌若苴，齊衰貌若枲，大功貌若止，小功緦麻，容貌可也。此哀之發於容體者也。有大憂者，面必深黑。止，謂不動於喜樂之事。枲，或爲似。○苴，七余反。見，賢遍反。齊音咨，下同。枲，思里反。樂音洛。斬衰之哭，若往而不反。齊衰之哭，若往而反。大功之哭，三曲而偯。小功緦麻，哀容可也。此哀之發於聲音者也。三曲，一舉聲而三折也。偯，聲餘從容也。○偯，於起反，說文作𢘓，云痛聲。折，之設反。從，七容反。斬衰唯而不對，齊衰對而不言，大功言而不議，小功緦麻議而不及樂。此哀之發於言語者也。議，謂陳說非時事也。○唯，于癸反，徐以水反。○斬衰三日不食，齊衰二日不食，大功三不食，小功緦麻再不食，士與斂焉，則壹不食。故父母之喪，既殯食粥，朝一溢米，莫一溢米。齊衰之喪，疏食水飲，不食菜果。大功之喪，不食醯醬。小功緦麻，不飲醴酒。此哀之發於飲食者也。父母之喪，既虞卒哭，疏食水飲，不食菜果；期而小祥，食菜果；又期而大祥，有醯醬；中月而禫，禫而飲醴酒。始飲酒者，先飲醴酒；始食肉者，先食乾肉。先飲醴酒、食乾肉者，不忍發御厚味。○與音預。斂，力驗反。粥，之六反。溢音逸，劉音實，二十兩也。莫音暮。疏食音嗣，下疏食同。醯，本亦作醓，呼兮反，下同。醴音禮。期音基，下及注皆同。中如字，徐丁仲反。禫，大感反。○父母之喪，居倚廬，寢苫枕塊，不說絰帶。齊衰之喪，居堊室，芐翦不納。大功之喪，寢有席。小功緦麻，牀可也。此哀之發於居處者也。父母之喪，既虞卒哭，柱楣翦屏，芐翦不納；期而小祥，居堊室，寢有席；又期而大祥，居復寢；中月而禫，禫而牀。芐，今之蒲苹也。○倚，於綺反。寢，本亦作寑，七審反。苫，始占反。枕，之鴆反。塊，苦對反，又苦怪反。說，吐活反。芐，戶嫁反。翦，子踐反。牀，仕良反。柱，知矩反，一音張柱反。楣音眉。復音伏。○斬衰三升，齊衰四升、五升、六升，大功七升、八升、九升，小功十升、十一升、十二升，緦麻十五升去其半，有事其

縷。無事其布。曰緦。此哀之發於衣服者也。此齊衰多二等大功小功多一等服主於受是極列衣服之差也○去起呂反下去麻同縷力主反差初佳反後放此

斬衰三升。既虞卒哭。受以成布六升。冠七升。爲母疏衰四升。受以成布七升。冠八升。去麻服葛。葛帶三重。期而小祥。練冠縓緣。要絰不除。男子除乎首。婦人除乎帶。男子何爲除乎首也。婦人何爲除乎帶也。男子重首。婦人重帶。除服者先重者。易服者易輕者。又期而大祥。素縞麻衣。中月而禫。禫而纖。無所不佩。葛帶三重謂男子也五分去一而四糾之帶既變因爲飾也婦人葛絰不葛帶舊說云三糾之練而帶去一股去一股則小於小功之絰似非也易服謂爲後喪所變也婦人重帶帶在下體之上婦人重之辟男子也其爲帶猶五分絰去一耳喪服小記曰除成喪者其祭也朝服縞冠此素縞者玉藻所云縞冠素紕既祥之冠麻衣十五升布亦深衣也謂之麻者純用布無采飾也大祥除衰杖黑經白緯曰纖舊說纖冠者采纓也無所不佩紛帨之屬如平常也纖或作綅○爲母于僞反下注爲後同重直龍反注三重同縓七戀反緣徐音掾悅絹反要一遥反縞古老反又古報反注同纖息廉反注同去起呂反下同糾居黝反下同股音古辟音避朝直遥反紕婢支反又音毗緯音謂紛芳云反帨始銳反綅徐息廉反又音侵

易服者。何爲易輕者也。因上說而問之斬衰之喪。既虞卒哭。遭齊衰之喪。輕者包。重者特。說所以易輕者之義也既虞卒哭謂齊衰可易斬服之節也輕者可施於卑服齊衰之麻以包斬衰之葛謂男子帶婦人絰也重者宜主於尊謂男子之絰婦人之帶特其葛不變之也此言包特者明於卑可以兩施而尊者不可貳既練。遭大功之喪。麻葛重。此言大功可易斬服之節也斬衰已練男子除絰而帶獨存婦人除帶而絰獨存謂之單單獨也遭大功之喪男子有麻絰婦人有麻帶又皆易其輕者以麻謂之重麻既虞卒哭男子帶其故葛帶絰期之葛絰婦人絰其故葛絰帶期之葛帶謂之重葛○重直龍反注及下不言重言重者同○

【疏】斬衰至者也。○正義曰此一節明居喪外貌輕重之異○苴惡貌也者苴是黎黑色故爲惡貌也○大功貌若止者止平停不動也○大功轉輕心無斬刺故貌不爲之變又不爲之傾故貌若止於二者之間衰因鍛布帶屨亦輕其絰色用枲同者自別哀義耳○斬衰之哭若往而不反者若如也言斬衰之哭一舉而至氣絕如似氣往而不却反聲也○哀容可也者言小功緦麻其情既輕哀聲從容於理可也○斬衰唯而不對者但唯於人不以言辭而對也皇氏以爲親始死但唯而已不以言對案雜記云三年之喪對而不問爲在喪稍久故對也○大功言而不議者大功稍輕得言他事而不議論時事之是非雜記云齊衰之喪言而不語彼謂言已事故鄭彼注云言言已事也爲人說爲語與此言異也○斬衰三日不食者謂三日之內孝經云三日而食者謂三日之外乃食也○齊衰二日不食者皇氏云謂正服齊衰也喪大記云三不食者當是義服齊衰小功緦麻再不食者喪大記云壹不食再不食則是壹不食謂緦麻再不食謂小功也與此不同者熊氏云異人之說故其義別也○父母之喪既虞卒哭者此明父母終喪以來所食之節也○又期而大祥有醯醬者謂至大祥之節食醯醬則小祥食菜果之時但用鹽酪也若不能食者小祥食菜果之時得用醯醬也故喪大記云小祥食菜果以醯醬○中月而禫禫而飲醴酒又云食肉者先食乾肉喪大記云祥而食肉者異人之說故不同也○注先飲至厚味○正義曰以醴酒味薄乾肉又澀所以先食之者以喪服除孝子不忍發初御醇厚之味故飲醴酒食乾肉也○父母之喪居倚廬者此明初遭五服之喪居處之異也○苄翦不納者苄爲蒲苹爲席翦頭爲之不編納其頭而藏於內也○父母之喪既虞卒哭者此明遭父母之喪至終服以來所居改變之節即斬衰居倚廬齊衰居堊室論其正耳亦有斬衰不居倚廬者則雜記云大夫居廬士居堊室是也服斬衰而居堊室也亦有齊衰之喪不居堊室者喪服小記云父不爲衆子次於外注云自若居寢是也○斬衰三升者此明五服精麤之異○有事其縷無事其布曰緦者以三月之喪治其麻縷其細如緦故云緦麻以朝服十五升抽去其半縷細而疏也有事其縷事謂鍛治其布繐縷也無事其布謂織布既成不鍛治其布以哀在外故也○注此齊至差也○正義曰此齊衰多二等者案喪服記云齊衰四升此經云齊衰四升五升六升多於喪服篇之二等故云多二等也云大功小功多一等者案喪服記云大功八升若九升此云大功七升八升九升是多於喪服一等也喪服記又云小功十升若十一升此云小功十升十一升十二升是多於喪服一等也故云大功小功多一等也云服主於受者以喪服之經理主於受服者而言以大功之殤無受服不列大功七升以喪服父母爲主欲其文相值故畧而不言故云服主於受也云是極列衣服之差也者以喪服既畧故記者於是經極列衣服之差所以齊衰多二等大功小功多一等也○斬衰三升者此明父母之喪初死至練冠衰升數之變并明練後除脫之差也受以成布六升者以言三升四升五升之布其縷既麤疏未爲成布也六升以下其縷漸細與吉布相參故稱成布也○葛帶三重者謂男子也既虞卒哭受服之節要中之帶以葛代麻帶又差小於前以五分去一唯有四分見在三重謂作四股糾之積而相重四股則三重未受服之前麻帶爲兩股相合也此直云葛帶三重則首絰雖葛不三重也猶兩股糾之也○期而小祥練冠縓緣者父沒爲母與父同也至小祥又以卒哭後冠受其衰而用練易其冠也又練爲中衣以縓爲領緣也○又期而大祥素縞麻衣者謂二十五月大祥祭此日除脫則首服素冠以縞紕之身著朝服而爲大祥之祭祭訖之後而哀情未除更反服微凶之服首著縞冠以素紕之身著十五升麻深衣未有采緣故云大祥素縞麻衣也○中月而禫者中間也大祥之後更間一月而爲禫祭二十五月大祥二十七月而禫○禫而纖者禫祭之時玄冠朝服禫祭既訖而首著纖冠身著素端黃裳以至吉祭○無所不佩者吉祭之時身尋常吉服平常所服之物無不佩也○注葛帶至常也○正義曰葛帶三重謂男子也以經文直云葛帶三重不辨男女之異故明之云謂男子也云五分去一而四糾之者以喪服傳云五服絰帶相差皆五分去一故知受服之時以葛代麻亦五分去一既五分去一唯有四分見在分爲四股而糾之故云四糾之云帶輕既變因爲飾也者男子重首而輕帶既變麻用葛四股糾之以爲飾也則知男子首絰婦人要帶不三重爲飾也云婦人葛絰不葛帶者案少儀云婦人葛絰而麻帶又上檀弓云婦人不葛帶謂齊斬之婦人也故士虞禮曰婦人既練說首絰不說帶也注云不脫帶齊斬婦人帶不變也婦人少變而重帶帶下體之上也其大功以下婦人亦葛帶也故喪服大功章男女並陳及其變服三月受以小功衰即葛九月是男女共爲即知大功婦人亦受葛也以舊說云三糾之練而帶去一股者舊說云所至練之時又三分去一此既葬葛帶三重去其一股以爲練之帶也云去一股則小於小功之絰似非也者斬衰既葬與齊衰之麻同斬衰既練與大功之麻同大功之帶即與小功首絰同所云同者皆五分去一今乃三分斬衰既葬三重之葛帶去其一股以爲練帶則是三年練帶小於小功首絰非五服之差次故云似非也云易服謂爲後喪所變也者以身先有前喪重今更遭後喪輕服欲變易前喪故云爲後喪所變也云其爲帶猶五分絰去一耳者以婦人斬衰不變帶以其重要故也婦人既重其要恐要帶與首絰麤細相似同故云其爲帶猶須五分首絰去一分耳以首尊於要但婦人避男子而重要帶耳云喪服小記曰除成喪者其祭也朝服縞冠者證當祥祭之時所著之服非是素縞麻衣也云此素縞者玉藻所云縞冠素紕既祥之冠者引之者證此經大祥素縞麻衣是大祥之後所服之服也云麻衣十五升布深衣也者案雜記篇云朝服十五升此大祥之祭既著朝服則大祥之後麻衣麤細當與朝服同者故知十五升布深衣也云謂之麻者純用布無采飾也者若有采飾則謂之深衣深衣篇所云者是也若緣以素則曰長衣聘禮長衣是也若緣之以布則曰麻衣此云麻衣是也云大祥除衰杖者以下三年問篇云三年之喪二十五月而畢既稱終畢是除衰杖可知也云黑經白緯曰纖者戴德變除禮文矣云舊說纖冠者采纓也者以無正文故以舊說而言之云無所不佩紛帨之屬如平常也者此謂禫祭既畢吉祭以後始得無所不佩若吉祭之前禫祭雖竟未得無所不佩以其禫後尚纖冠玄端黃裳故知吉祭以後始從吉也若吉祭在禫祭既畢以後始從吉也若吉祭在禫月猶未純吉士虞記云是月也吉祭猶未配注云是月是禫月也當四時之祭月則祭而猶未以某妃配則禫之後月乃得復平常○易服者何爲易輕者也以前文云易服者先易輕者故記者於此經更自釋易輕之意故云何爲易輕者也言有何所爲得易輕者故下文釋云既有前喪今又遭後喪得以後喪易換前喪輕者也○斬衰之喪既虞卒哭者謂士及庶人也故卒哭與虞並言之矣若大夫以上則虞受服故喪服注云天子諸侯卿大夫既虞士卒哭而受服輕者包言斬衰受服之時而遭齊衰初喪男子所輕要者得著齊衰要帶而兼包斬衰之帶也若婦人輕者得著齊衰首絰而包斬衰之絰故云輕者包也○重者特者男子重首特留斬衰之絰婦人重要特留斬衰要帶是重者特也○注說所至可貳○正義曰此言包特者謂於此斬衰既虞卒哭遭齊衰之喪或云包或云特者斬衰齊衰既是重服舉此言包特則知齊衰大功亦包特也卑謂男子卑要婦人卑首欲明卑者可以兩施兩施謂施於齊衰又得兼斬衰以其輕卑之故得可以兩施云而尊者不可貳者尊謂男子尊首婦人尊要故事尊正得尊於重服不可差貳兼服輕也○既練遭大功之喪麻葛重者斬衰既練男子除首絰婦人除要絰男子唯有要帶婦人唯有首絰是其單也今遭大功之喪男子首空著大功麻絰婦人要空著大功麻帶男子又以大功麻帶易練之葛帶婦人又以大功麻絰易練之葛絰是重麻也至大功既虞卒哭男子帶以練之故葛帶首著期之葛絰婦人絰其練之故葛絰著期之葛帶是謂之重葛也○注此言至之重葛○正

義曰謂大功既虞卒哭之後大功葛帶輕於練之葛帶故男子反帶其練之故葛帶也云經期之葛經者以男子練時首經既除今經大功又既葬其首則有經大功之葛經今云期之葛經以大功葛經既與練之葛帶麤細相似非上下之差故大功葛經但麤細與期之經同故云經期之葛經但麤細與期同其實大功葛經前於服問篇已釋也云婦人經其故葛經帶期之葛帶者大功既葬之後大功首經輕於練之葛經故反服其練之故葛經帶謂婦人練後要帶已除今大功已葬其要則帶大功葛帶也謂之期葛帶者麤細與期同其實是大功葛帶也

齊衰之喪。既虞卒哭遭大功之喪。麻葛兼服之。此言大功可易齊衰期服之節也兼猶兩也不言包特而兩言者包特著其義兼者明有經有帶耳不言重者三年之喪既練或無經或無帶言重者以明今皆有期以下固皆有矣兩者有麻有葛耳葛者亦特其重麻者亦包其輕○著張慮反○【疏】齊衰至服之○正義曰此明齊衰既虞卒哭遭大功之喪以後服易前服之義也○麻葛兼服之者即前文輕者包重者特之義今齊衰既虞卒哭遭大功之喪易換輕者男子則大功麻帶易齊衰之葛帶其首猶服齊衰葛經是首有葛要有麻故云麻葛兼服之兼服之文據男子也婦人則首服大功之麻經要服齊衰之麻帶上下俱麻不得云麻葛兼服之也○注此言至其輕○正義曰包特著其義兼者明有經有帶耳者以單者可包尊須特著其尊卑之義故於斬衰重服言之兼者不取其義直云經帶麻葛兼有故於齊衰輕服言之於男子而論其實同也云不言重者三年之喪既練或無經或無帶言重者以明今皆有者鄭以既遭大功之喪麻葛重此文承麻葛重下所以不稱麻葛重者以三年之喪既練之後男子除首經是或無經也婦人除要帶是或無帶也所以稱重以於先既單今首經皆有故須稱重云期以下固皆有矣者言男子首之與要固當皆有經帶矣婦人亦然也既不似既練之單所以不得稱重也○

斬衰之葛。與齊衰之麻同。齊衰之葛。與大功之麻同。大功之葛。與小功之麻同。小功之葛。與緦之麻同。麻同則兼服之。此竟言有上服既虞卒哭遭下服之差也唯大功有變三年既練之服小功以下則於上皆無易焉此言大功之葛與小功之麻同小功之葛與緦之麻同主爲大功之殤長中言之○爲于僞反長丁丈反

兼服之服重者。則易輕者也。服重者謂特之也則者則男子與婦人也凡下服虞卒哭男子反其故葛帶婦人反其故葛經其上服除則固自受以下服之受矣【疏】斬衰至服之○正義曰此明五服葛之與麻麤細相同同者與後兼前服也○麻同則兼服之者以後服之麻與前服之葛麤細同則得服後麻兼前服葛也案服問篇小功緦不得變大功以上此小功之麻得變大功之葛緦之麻得變小功之葛謂成人大功之殤在長中服問已釋也○兼服之服重者則前文重者特是也○則易輕者也謂男子婦人則易換輕者則前文輕者包是也○注服重至受矣○正義曰云則者則男子與婦人也者以前文麻葛兼服之但施於男子不包婦人今此易輕者男子則易於要婦人則易於首男子婦人俱得易輕故云則者則男子與婦人也云凡下服虞卒哭男子反其故葛帶婦人反其故葛經者此明遭後服初喪男子婦人雖易前服之輕至後服既葬之後還須反服其前喪故云男子反服其故葛帶婦人反服其故葛經但經文據其後喪初死得易前喪之輕注意明也後既易以滿還反服前喪輕服故文注稍異也

禮記注疏卷五十七挍勘記　阮元撰盧宣旬摘錄

服問第三十六

傳曰有從輕而重節

三年既練首經除矣爲父既練首經除矣爲父既練衰七升　嘉靖本閩監毛本同惠棟按宋本宋監本首經除矣爲父既練下無首經除矣爲父既練八字是也岳本同考文引古本足利本同

變三年之練葛期既葬之葛帶　閩監毛本岳本嘉靖本衞氏集說同戴震云期既葬之葛帶期字衍宜刪疏內同

傳曰至列也　惠棟按宋本無此五字

今各以其人明之或可　閩監毛本同山井鼎云宋板明之或作今各以不可解疑有脫誤

故下文罪多而刑五　閩監毛本同惠棟按宋本文作云

若婦人則首經練之　閩監毛本同惠棟按宋本若下有其字

或有九升者是義服齊衰也　閩監毛本同惠棟按宋本無有字

故首經與期之經五寸有餘　閩監毛本同戴震云故首經下衍一與字

則其首經合五分加一成五寸餘也　惠棟按宋本閩毛本同監本加字空闕

每可以經者謂於小功以下之喪　惠棟按宋本以經下有必經二字此本脫閩監本同

得變三年既虞卒哭　閩監毛本同惠棟按宋本得作則

若姑之子婦從母子婦　閩監毛本同惠棟按宋本從母下有之字衞氏集說同

又引春秋之時不依正禮者　閩監毛本同惠棟按宋本引作別衞氏集說同

今春秋公羊既說妾子立爲君　閩監毛本同盧文弨云通典家禮載此無既字

云子不得爵命父妾　閩監毛本同通典無云字

以妾在奉授於尊者　閩監毛本同通典作以妾本接事尊者

故春秋左氏說成風　閩監毛本同通典故春秋作古春秋

女君卒繼攝其事耳　閩監毛本同盧文弨云繼下當有室字

閒傳第三十七

斬衰何以服苴節　惠棟云斬衰節齊衰之喪節斬衰節宋本合爲一節

莫一溢米　各本同毛本其誤莫釋文出莫一

居倚廬　閩監本石經岳本嘉靖本衞氏集說同毛本廬誤閭

苄翦不納　閩監本石經岳本嘉靖本衞氏集說同毛本苄誤苄下苄翦同釋文出苄

柱楣翦屏　閩本石經岳本嘉靖本衞氏集說同監毛本柱作拄釋文亦作拄

斬衰至者也　惠棟按宋本無此五字

今經大功又既葬　閩本同惠棟按宋本同監毛本今作本

齊衰之喪節

不言包特而兩言者　閩監毛本岳本嘉靖本衞氏集說同惠棟按宋本兩言作言兩考文引古本同

正義曰此明齊衰既虞卒哭　惠棟按宋本無正義曰三字

斬衰之葛節

此竟言有上服既虞卒哭　閩監毛本岳本嘉靖本衞氏集說同續通解竟作章考文引古本同

正義曰此明五服　惠棟按宋本無正義曰三字

附釋音禮記注疏卷第五十七　惠棟按宋本禮記正義卷第六十四終記云凡二十六頁

附釋音禮記注疏卷第五十八

三年問第三十八　○陸曰鄭云名三年問者善其以知喪服年月所由也【疏】正義曰案鄭目錄云名曰三年問者善其問以知喪服年月所由此於別錄屬喪服

禮記　鄭氏注　孔穎達疏

三年之喪。何也。曰。稱情而立文。因以飾羣。別親疏貴賤之節。而弗可損益也。故曰。無易之道也。稱情而立文稱人之情輕重而制其禮也羣謂親之黨也無易猶不易也○稱尺證反注及下皆同別彼列反易音亦注同創鉅者其日久。痛甚者其愈遲。三年者。稱情而立文。所以爲至痛極也。斬衰。苴杖。居倚廬。食粥。寢苫。枕塊。所以爲至痛飾也。飾情之章表也○創音瘡初良反鉅音巨大也愈徐音庾差也遲徐直移反倚於綺反枕塊之鴆反三年之喪。二十五月而畢。哀痛未盡。思慕未忘。然而服以是斷之者。豈不送死有已。復生有節也哉。復生除喪反生者之事也○思如字一音息吏反斷丁亂反復音伏【疏】三年至也哉○正義曰此一節問喪三年所由解釋所以三年之意○三年之喪何也者記者欲釋三年之義故假設其問云三年喪者意有何義理謂稱人之情而立禮之節文○因以飾羣者飾謂章表也羣謂五服之親也因此三年之喪差降各表其親黨○別親疏貴賤之節而弗可損益也者親謂大功以上疏謂小功以下貴謂天子諸侯絕期卿大夫降期以下賤謂士庶人服族其節分明使不可損益也○故曰無易之道也者引舊語成文也無不也並有差品其道不可改易○創鉅者其日久者以釋重喪所以三年也其事既大故爲譬也鉅大也夫創小則易差創大則難愈故云創鉅其日久也痛甚者其愈遲者愈差也賢者喪親傷腎乾肝斬斫之痛其痛甚故其差亦遲也○三年者稱情而立文所以爲至痛極也者既痛甚差遲故稱其痛情而立三年之文以表是至痛極者也○哀痛未盡思慕未忘者言賢人君子於此二十五月之時悲哀摧痛猶未能盡憂思哀慕猶未能忘故心之哀慕於時未盡而外貌喪服以是斷割者豈不送死有已復生有節也哉者若不斷以二十五月則孝子送死之情何時得已復吉常之禮何有限節故聖人裁斷止限二十五月豈不是送死須有已止反復生禮須有限節也哉

凡生天地之間者。有血氣之屬。必有知。有知之屬。莫不知愛其類。今是大鳥獸。則失喪其羣匹。越月踰時焉。則必反巡。過其故鄉。翔回焉。鳴號焉。蹢躅焉。踟躕焉。然後乃能去之。小者至於燕雀。猶有啁噍之頃焉。然後乃能去之。故有血氣之屬者。莫知於人。故人於其親也。至死不窮。匹偶也言燕雀之恩不如大鳥獸大鳥獸不如人含血氣之類人最有知而恩深也於其五服之親念之至死無止已○屬音蜀喪息浪反又如字巡徐詞均反過徐音戈一音古臥反號音豪戶羔反蹢本又作躑直亦反徐治革反躅直綠反徐治六反蹢躅不行也踟徐音馳字或作跢躕音廚燕於見反雀本又作爵啁張留反噍子流反啁噍聲頃苦穎反知音智【疏】凡生至不窮○正義曰此一經明天地之間血氣之類皆有所知至於鳥獸大小各能思其種類況在於人何有窮已也將由夫患邪淫之人與。則彼朝死而夕忘之。然而從之。則是曾鳥獸之不若也。夫焉能相與羣居而不亂乎。言惡人薄於恩死則忘之其相與聚處必失禮也○由夫音扶下皆同邪似嗟反人與音餘下君子與同曾則能反焉於虔反【疏】將由至亂乎○正義曰此一經明小人之人曾鳥獸之不若若不以禮節之安能羣居而不亂將由夫脩飾之君子與。則三年之喪。二十五月而畢。若駟之過隙。然而遂之。則是無窮也。駟之過隙喻疾也遂之謂不時除也○駟音四馬也過古臥反徐音戈隙本又作郤去逆反空隙之地也【疏】將由至窮也○正義曰此一經明賢人君子於三年之喪若駟之過隙若不以禮制節之則哀痛何時窮已駟之過隙者駟謂駟馬隙謂空隙駟馬峻疾空隙狹小以峻疾而過狹小言急速之甚故先王焉爲之立中制節。壹使足以成文理。則釋之矣。立中制節謂服之年月也釋猶除也去也○爲于爲反下注爲母同中如字又丁仲反注同去起呂反【疏】故先至之矣○正義曰此一經明小人君子其意不同故先王爲之立中人之制節○故先王焉者焉是語辭立中制節者言先王爲之立中人之制以爲年月限節○壹使足以成文理者壹謂齊同言君子小人皆齊同使足以成文章義理則釋之矣者釋猶除去既成義理則除去其服所以成三年文理者以三年一閏天道小成又子生三年然後免於父母之懷故服以三年成文章義理然則何以至期也。言三年之義如此則何以有降至於期也期者謂爲人後者父在爲母也○期音基注及下同曰。至親以期斷。言服之正雖至親皆期而除也○斷丁亂反下注同是何也。問服斷於期之義也曰。天地則已易矣。四時則已變矣。其在天地之中者。莫不更始焉。以是象之也。法此變易可以期也【疏】然則至之也○正義曰上節既稱爲父母三年何故有父母止有期者此一節釋爲期之義然則何以至期也者言爲父母本應三年何故爲人後者爲本生父母及父在爲母而止於期曰至親以期斷者記者釋之爲至親本以期斷故雖爲他後及父在爲母但以期也○是何也者記者又起問云有何義故以期矣○四時則已變矣者荅期斷之義也言期是一年之周匝而天氣換矣前時已畢今時又來是變改矣其在天地之中者莫不更始焉者言天地之中動植之物無不於前事之終更爲今事之始也○以是象之也者聖人以是之故以人事法象天地故期年也○注言三至母也○正義曰鄭意以三年之喪何以有降至於期者故云爲人後者爲本生之父母及父在爲母期事故抑屈應降至九月十月何以必至於期以其本至親不可降期以下故雖降屈猶至於期今檢尋經意父母本應三年何以至期者但問其一期應除之義故荅曰至親以期斷是明一期可除之節故禮期而練男子除絰婦人除帶下文云加隆故至三年是經意不據爲人後及父在爲母期鄭之此釋恐未盡經意但既祖鄭學今因而釋之

然則何以三年也。言法此變易可以期何以乃三年爲曰。加隆焉爾也。焉使倍之。故再期也。言於父母加隆其恩使倍期也下焉猶然加隆焉爾一本作加隆爲爾焉徐如字一音於虔反焉猶然也一云發聲也注及下同倍步罪反注同【疏】然則至期也○正義曰此一節釋因期及三年之義故設問云然則何以三年也曰加隆焉爾也本實應期但子加恩隆重故三年焉爾也語助之辭也○然使倍之故再期也者焉猶然也子既加隆於父母故然使倍之然猶如是倍之言倍一期故至再期也由九月以下。何也。曰。焉使弗及也。言使其恩不若父母故三年以爲隆。緦小功以爲殺。期九月以爲間。上取象於天。下取法於地。中取則於人。人之所以羣居和壹之理盡矣。取象於天地謂法其變易也自三年以至緦皆歲時之數也言既象天地又足以盡人聚居純厚之恩也○殺色界反徐所例反故三年之喪。人道之至文者也。夫是之謂至隆。言三年之喪禮之最盛也是百王之所同。古今之所壹也。未有知其所由來者也。不知其所由來喻此三年之喪前世行之久矣孔子曰。子生三年。然後免於父母之懷。夫三年之喪。天下之達喪也。達謂自天子至於庶人【疏】由九至盡矣○正義曰上節既稱期斷何故有九月以下故此經釋之○由九月以下何也者由從也記者既稱期斷假設問之何故有從九月以下○曰焉使弗及也者焉亦然也然使恩隆不及於期也則五月不及九月三月不及五月轉相不及也○故三年以爲隆者謂恩愛隆重○緦小功以爲殺者謂情理殺薄○期九月以爲間者是隆殺之間也○上取象於天下取法於地者天地之氣三年一閏是三年者取象於一閏天地一期物終是一期者取象於一周九月者以象陽之數又象三時而物成也五月以象於五行三月者取象天地一時而氣變言五服之節皆取法於天地○中取則於人者則法也天地之中取則於人若子生三年然後免於父母之懷故服三年人之一歲情意變改故服一期九月五月三月之屬亦逐人情而減殺是中則於人○所以羣居和壹之理盡矣者既取法天地與人三才並備故能調和羣衆聚居和諧專壹義理盡備矣○故三至喪也○正義曰此一節重明三年之義三年之喪人道之至文者也言三年喪禮於人道之中至極文理之盛者則朞以下非其至極也夫是之謂至隆者言三年之喪人恩

之至極隆厚也○未有知其所由來者也言三年之喪行之自遠未有能識知所從來也言不知所從何代而來引孔子者論語之文證此三年之喪也○注不知至久矣○正義曰案易繫辭云古之葬者厚衣之以薪葬之中野不封不樹喪期無數尚書云百姓如喪考妣三載此云不知所由來者但上古云喪期無數謂無葬練祥之數其喪父母之哀猶三年也故堯崩云如喪考妣三載則知堯以前喪考妣已三年但不知定在何時其喪服所起則黃帝堯舜之時雖有衣裳仍未有喪服也但唐虞已前喪服與吉服同皆以白布爲之故郊特牲云大古冠布齊則緇之若不齊則皆用白布也鄭注喪服其冠衰之異從三代以下由唐虞以上曰大古吉凶皆用白布則知三代吉凶異也

深衣第三十九

○陸曰鄭云以其記深衣之制也名曰深衣者謂連衣裳而純之以采也有表則謂之中衣以素純則曰長衣也[疏]正義曰案鄭目錄云名曰深衣者以其記深衣之制也深衣連衣裳而純之以采者素純曰長衣有表則謂之中衣大夫以上祭服之中衣用素詩云素衣朱襮玉藻曰以帛裹布非禮也士祭以朝服中衣以布明矣此於別錄屬制度鄭云大夫以上祭服中衣用素者謂天子大夫以其四命與公之孤同爵弁自祭故中衣用素云士祭以朝服中衣以布者亦謂天子之士與諸侯大夫同案少牢諸侯大夫祭以朝服故天子之士亦祭以朝服朝服用布故中衣以布其諸侯之士自祭以玄端玄端則朝服之衣但其裳異耳中衣亦用布也案詩云素衣朱襮晉人欲薦桓叔桓叔大夫得用素衣者國人以國君之禮待之故欲薦素衣也其長衣中衣及深衣其制度同玉藻云長中繼揜尺若深衣則緣而已下云緣廣寸半凡深衣皆用諸侯大夫士夕時所著之服故玉藻云朝玄端夕深衣庶人吉服亦深衣皆著之在表也其中衣在朝服祭服喪服之下知喪服亦有中衣者檀弓云練衣黃裏注云練中衣以黃爲內是也但喪服中衣不得繼揜尺也故喪服儀云帶緣各視其冠注云練如深衣之緣是喪服中衣用深衣則深衣緣之以采故下云具父母大父母衣純以繢以青之屬也唯孤子深衣純以素但以緣而已不與長衣同其吉服中衣亦以采緣其諸侯得綃黼爲領丹朱爲緣郊特牲云綃黼丹朱中衣大夫之僭禮則知大夫士不用綃黼丹朱但用采純而已矣無文以明之其長衣以素緣知者若以采緣則與吉服中衣同故知以素緣也若以布緣則曰麻衣知用布緣者以其稱麻衣故知也其喪服之中衣其純用布視冠布之麤細至葬可以用素緣也練則用縓也其詩之麻衣則與此別彼謂吉服之衣也所以此稱深衣者以餘服則上衣下裳不相連此深衣衣裳相連被體深邃故謂之深衣

古者深衣，蓋有制度，以應規矩繩權衡。言聖人制事必有法度○應於證反**短毋見膚，**衣取蔽形○毋音無下同見賢遍反**長毋被土。**爲汙辱也○被彼義反爲于僞反汙汙辱之汙一音烏臥反**續衽鉤邊，**續猶屬也衽在裳旁者也屬連之不殊裳前後也鉤讀如鳥喙必鉤之鉤鉤邊若今曲裾也續或爲裕○衽而審反又如鴆反鉤古侯反屬音燭下皆同喙許穢反裕以樹反**要縫半下。**三分要中減一以益下下宜寬也要或爲優○要一遥反注同縫扶用反下注同**袼之高下，可以運肘。**肘不能不出入袼衣袂當掖之縫也○袼本又作胳音各腋也肘竹九反又張柳反掖本又作腋音亦**袂之長短，反詘之及肘。**袂屬幅於衣詘而至肘當臂中爲節臂骨上下各尺二寸則袂肘以前尺二寸肘或爲腕○袂彌世反袪末曰袪詘丘勿反腕烏亂反**帶，下毋厭髀，上毋厭脅，當無骨者。**當骨緩急難爲中也○厭於甲反徐於涉反下同髀畢婢反徐匹婢反一音步啓反脅許劫反當丁浪反注同又丁郎反中丁仲反又如字**制十有二幅，以應十有二月。**裳六幅幅分之以爲上下之殺○應應對之應下同殺色界反徐所例反**袂圜以應規，**謂胡下也○圜音圓胡下下垂曰胡**曲袷如矩以應方，**袷交領也古者方領如今小兒衣領○袷音劫下注同**負繩及踝以應直，**繩謂裻與後幅相當之縫也踝跟也○踝胡瓦反裻音督跟音根**下齊如權衡以應平。**齊緝○齊音咨亦作齎下同緝七入反**故規者，行舉手以爲容。**行舉手謂揖讓**負繩抱方者，以直其政，方其義也。故易曰：坤六二之動，直以方也。**言深衣之直方應易之文也政或爲正**下齊如權衡者，以安志而平心也。**心平志安行乃正或低或仰則心有異志者與○行下孟反又如字卬音仰本又作仰一音五郎反與音餘**五法已施，故聖人服之。**言非法不服也**故規矩取其無私，繩取其直，權衡取其平，故先王貴之。**貴此衣也**故可以爲文，可以爲武，可以擯相，可以治軍旅。完且弗費，善衣之次也。**完且弗費言可苦衣而易有也深衣者用十五升布鍛濯灰治純之以采善衣朝祭之服也自士以上深衣爲之次庶人吉服深衣而已○相息亮反完音丸費芳貴反又孚沸反注同苦衣於既反易以豉反鍛丁亂反濯音濁純之允反又之閏反後皆同朝直遥反上時掌反○**具父母、大父母，衣純以繢。具父母，衣純以青。如孤子，衣純以素。**尊者存以多飾爲孝繢畫文也三十以下無父稱孤○大父母音泰大父母祖父母也繢胡對反○**純袂、緣、純邊，廣各寸半。**純謂緣之也緣袂謂其口也緣緆也○緣邊衣裳之側廣各寸半則表裏共三寸矣唯袷廣二寸○緣悅絹反注同廣古曠反注同緆徐音以豉反皇音錫案鄭注既夕禮云飾衣領袂口曰純裳邊側曰綼下曰緆也

[疏]古者至篇末○正義曰此一篇從此至末皆論深衣之制今各隨文解之○古者深衣蓋有制度者以作記之人爲記之時深衣無復制度故稱古者深衣蓋有制度言蓋者疑辭也○以應規矩繩權衡者此則制度之事所應者備在下文○短毋見膚者深衣所取覆形體縱令稍短不得見其膚肉若見膚肉則褻也○長毋被土者其衣縱長無覆被於土爲汙辱也○續衽鉤邊者衽謂深衣之裳以下闊上狹謂之爲衽接續此衽而鉤其旁邊即今之朝服有曲裾而在旁者是也○注續猶至裾也○正義曰衽當旁者凡深衣之裳上二幅皆寬頭在下狹頭在上皆似小要之衽是前後左右皆有衽也今云衽當旁者謂所續之衽當身之一旁非爲餘衽悉當旁也云屬連之不殊裳前後也若其喪服其裳前三幅後四幅各自爲之不相連也今深衣裳一旁則連之相著一旁則有曲裾掩之與相連無異故云屬連之不殊裳前後也云鉤讀如鳥喙必鉤之鉤者案援神契云象鼻必卷長鳥喙必鉤鄭據此讀之也云若今曲裾也鄭以後漢之時裳有曲裾故以續衽鉤邊似漢時曲裾今時朱衣朝服從後漢明帝所爲則鄭云今曲裾者是今朝服之曲裾也其深衣之裾已於玉藻釋之故今不得言也○要縫半下○要縫謂要中之縫尺寸闊狹半下畔之闊下畔一丈四尺四寸則要縫半之七尺二寸○注三分至寬也○正義曰此據裳之一幅分爲二幅凡布廣二尺二寸四寸爲縫一尺八寸在三分之一分爲六寸減此六寸以益於下是下二幅有二尺四寸上二幅有一尺二寸故云三分要中減一以益下下容舉足而行故宜寬也○袼之高下可以運肘○袼謂當臂之處袂中高下宜稍寬大可以運動其肘袂二尺二寸肘尺二寸是容運肘也又袂之長短反詘之及肘者袂長二尺二寸并緣寸半爲二尺三寸半除去其縫之所殺各一寸餘有二尺一寸半在從肩至手二尺四寸今二尺一寸半之袂得反詘及肘者以袂屬於衣幅闊二尺二寸身脊至肩但尺一寸也從肩覆臂又尺一寸是衣幅之畔覆臂將盡今又屬袂於衣又二尺二寸半故反詘其袂得及於肘也○當無骨者帶若當骨則緩急難中故當無骨之處此深衣帶下於朝祭服之帶也朝祭之帶則近上故玉藻云三分帶下紳居二焉是自帶以下四尺五寸也○制十有二幅以應十有二月者深衣其幅有六每幅交解爲二是十二幅也○注古者方領○正義曰鄭以漢時領皆續下交垂故云古者方領似今擁咽故云若今小兒衣領但方折之也○負繩及踝以應直○正義曰衣之背縫及裳之背縫上下相當如繩之正故云負繩非謂實負繩也○故規者行舉手以爲容者所以袂圜中規者欲使行者舉手揖讓以爲容儀如規也○負繩抱方者以直其政方其義也負繩背之縫也抱方領之方也以直其政解負繩以方其義解抱方也言欲使人直其政教欲使政以直方其義欲使義事方正也○故易曰坤六二之動直以方也記者既明方直之義故引坤卦之六二直方以證之案鄭注坤之六二云直也方也地之性此爻得中氣而在地上自然之性廣生萬物故生動直而且方○下齊如權衡者以安志而平心也者言裳下之齊如權之衡低仰平也欲以安其志意而平均其心也○注完且至而已○正義曰可苦衣而易有也以其完牢乃可於苦事衣著故庶人服之以完牢故也而易有者以白布爲之不須黼黻錦繡之屬是易有也云深衣者用十五升布鍛濯灰治者案雜記云朝服十五升此深衣與朝服相類故用十五升布鍛濯謂打洗鍛濯用灰治理使和熟然則喪服麻衣雖似深衣之制不必鍛濯灰治以其雜凶故也云自士以上深衣爲之次者案玉藻諸侯夕深衣祭牢肉又大夫士朝玄端夕深衣是深衣爲朝祭之次服也云庶人吉服深衣者深衣是諸侯之下自深衣以後更無餘服故知是庶人之吉服喪服有哀裳包貴賤上下無差亦明庶人吉服乃深衣也○具父母大父母衣純以繢者所尊俱在故純以繢言具父母則父母俱在也大父母則亦然也若其不具一在一亡不必純以繢也○具父母衣純以青者唯有父母而無祖父母者以爲吉不具故飾少而深衣領緣用青降於繢也若父母無唯祖父母在亦當純以青○純袂緣純邊廣各寸半者純袂者純緣也謂純其袂緣則袂口也又緣讀爲緆謂深衣之下純也純邊者謂深衣之旁側也廣各寸半者言純袂口及裳下之緆并純旁邊其廣各寸半言表裏合爲三寸○注純謂至二寸○正義曰純謂緣之者解經

文二箇純字一是純袂二是純邊皆謂緣之也云緣袂謂其口也經言純袂恐口外更緣故云純袂則是緣其袂口也非是口外更有緣也故分明言之云緣緆也解經緣字讀爲緆謂深衣下畔也故旣夕禮云明衣纁緆鄭注云在幅曰綼在下曰緆今經云此緆則深衣之下緣也云緣邊衣裳之側解經純邊也深衣外衿之邊有緣也裳雖前後相連然外邊曲裾掩處其側亦有緣也

投壺第四十

陸曰鄭云投壺者主人與客燕飲講論才藝之禮也別錄屬吉禮亦實曲禮之正篇也皇云與射爲類宜屬嘉禮或云宜屬賓禮也〔疏〕正義曰案鄭目錄云名曰投壺者以其記主人與客燕飲講論才藝之禮此於別錄屬吉禮亦實曲禮之正篇是投壺與射爲類此於五禮宜屬嘉禮也或云宜屬賓禮

禮記　鄭氏注　孔穎達疏

投壺之禮。主人奉矢。司射奉中。使人執壺。矢所以投者也中士則鹿中也射人奉之者投壺射之類也其奉之西階上北面。投壺壺器名以矢投其中射之類奉音捧芳勇反下及注皆同徐音如字下奉中同主人請曰。某有枉矢哨壺。請以樂賓。賓曰。子有旨酒嘉肴。某旣賜矣。又重以樂。敢辭。燕飲酒旣脫屨升堂主人乃請投壺也吾則或射所謂燕射也枉哨不正貌爲謙辭。枉紆往反哨七笑反徐又以救反枉哨不正貌王肅云枉不直哨不正也樂賓音洛下同一讀下以樂音岳言投壺以樂肴戶交反重直用反下及注同稅本亦作脫吐活反請七井反下文同主人曰。枉矢哨壺。不足辭也。敢固以請。賓曰。某旣賜矣。又重以樂。敢固辭。固之言如故也言如故辭者重辭也主人曰。枉矢哨壺。不足辭也。敢固以請。賓曰。某固辭不得命。敢不敬從。不得命不以命見許〔疏〕投壺至敬從。正義曰此一節論燕禮脫屨升堂之後主人請投壺於賓賓辭及許之事。主人奉矢者謂於阼階之上西面奉持其矢知西面者以賓在西面對賓也。司射奉中者中謂受筭之器投壺亦射之類故司射於西堦上奉中北面也。使人執壺者謂主人使人執所投之壺於司射之西而北面也所以皆在西階上者欲就賓處也唯云使人不言官者以賤略之也。某有枉矢哨壺者枉謂曲而不直也哨謂哨峻不正是主人謙遜之辭。某旣賜矣又重以樂敢辭者賓稱主人設酒肴以待己是某旣受主人之賜矣主人又請投壺樂已是重以樂也。注士鹿中至北面。正義曰士則鹿中案鄉射記云大夫兕中士鹿中此篇投壺是大夫士之禮故云士鹿中不云兕中者略之也知此投壺是大夫士禮者以經云主人請賓是平敵之辭與鄉飲酒鄉射同故知是大夫士也若諸侯則燕禮大射每事云請於公不得云主人請賓也此旣非諸侯之禮而經云奏貍首者別取燕飲之義非謂尊卑之詩其諸侯相燕亦有投壺故左傳云晉侯與齊侯燕投壺然則天子亦有之但古禮亡無以知也其中之形刻木爲之狀如兕鹿而伏背上立圓圈以盛筭云奉之西堦上北面者案鄉射禮將射之時司射升自西階階上北面告於賓故知此司射奉中在西階上北面其執壺之人賤於司射故在司射之西以凡行禮統於主人與賓俱在西階而當尊東故燕禮大射宰夫代公爲主人雖俱升西階而主人在東也。注燕飲至射也。正義曰知旣脫屨升堂主人乃請投壺也者案燕禮取俎以出卿大夫皆降賓反入及卿大夫皆脫屨升就席羞庶羞之後乃云若射則大射正爲司射則知此亦在脫屨升堂之後若鄉射之禮則在飲酒未旅之前爲射以其詢衆庶禮重故早射異於燕射也

賓再拜受。主人般還曰辟。賓再拜受矢也。主人旣辟進投矢兩楹之間也。般步干反下同還音旋下同辟音避徐扶亦反注及下同主人阼階上拜送。賓盤還曰辟。拜送送矢也。辟亦於其階上。〔疏〕賓再至曰辟。正義曰此一經論賓與主人受矢送矢之節。賓再拜受者賓旣許主人投壺賓乃於西階上北面再拜受矢也主人般還曰辟者主人見賓之拜乃般曲折還謂賓曰今辟而不敢受言此者欲止賓之拜也於是賓及主人各來兩楹之間相就俱南面主人在東授矢與賓。主人阼階上拜送者主人旣授矢之後歸還阼階上北面拜送矢也。賓般還曰辟者賓受矢之後歸於西階上見主人之拜賓爲般還而告主人曰今辟而不敢受之言此者亦止主人拜。知皆北面者案鄉飲酒鄉射拜受爵送爵皆北面故知亦當北面熊氏云以拜時還辟或可東西面相拜又以曰知辟者是贊者來辭告主人及賓言曰辟義亦通也

已拜受矢。進即兩楹間。退反位。揖賓就筵。主人旣拜送矢又自受矢進即兩楹間者言將有事於此也退乃揖賓即席欲與借進明爲偶也賓席主人席皆南鄉間相去如射物。鄉許亮反〔疏〕已拜至就筵。正義曰此一經明賓主受矢之後就投壺之筵。已拜受矢者謂主人拜送矢之後主人贊者持矢授主人主人於阼階上受矢也。進即兩楹間退反位者主人受矢之後乃獨來就兩楹間者言將有事於此也看投壺處所乃卻退反阼階之位。揖賓就筵者主人於阼階之上西面揖賓令就投壺之筵於是賓主各來就筵。注退乃至射物。正義曰云退乃揖賓者解經退反位揖賓也所以揖之者欲與賓俱即席相對爲偶而共投壺云賓席主人席皆南鄉間相去如射物者以壺在於南故知投壺南鄉也投壺是射之類故知席相去如射物也物謂射者所立之處物長三尺闊一尺三寸兩物東西相去容一弓故鄉射記云物長如笴其間容弓距隨長武注云笴長三尺距隨者物橫畫也

司射進度壺。間以二矢半。反位。設中東面。執八筭興。度壺度其所設之處也壺去坐二矢半則堂上去賓席主人席邪行各七尺也反位西階上位也設中東面旣設中亦實八筭於中橫委其餘於中西執筭而立以請賓侯投。度徒洛反注同以二矢半一本無此四字依注則有筭悉亂反下皆同處昌慮反坐才臥反又如字下同邪似嗟反。〔疏〕司射至筭興。正義曰前經賓主旣就筵此經明進度壺并筭之節。司射進度壺者司射於西階之上於執壺之人處受壺乃東嚮來賓主筵前進所量度其壺置於賓主筵南。間以二矢半者投壺有三處室中堂中及庭中也日中則於室日晚則於堂太晚則於庭是各隨光明處也矢有長短亦隨地廣狹室中狹矢長五扶堂上稍廣矢長七扶庭中大廣矢長九扶四指曰扶扶廣四寸五扶者則二尺也七扶者則二尺八寸也九扶者則三尺六寸也雖矢有長短而度壺皆使去賓主之席各二矢半也室中去席五尺堂上則去席七尺庭中則去席九尺。反位者司射度壺旣畢反還西階上位。設中者司射西階上取中稍進東面而設中也。東面執八筭興者旣設中之後於中西東面手執八筭而興起其中裏亦實八筭。注亦實八筭於中橫委其餘於中西。正義曰此約鄉射文實八筭於中今此投壺射之類故云亦實八筭於中亦者亦鄉射也。

請賓曰。順投爲入。比投不釋。勝飲不勝者。正爵旣行。請爲勝者立馬。一馬從二馬。三馬旣立。請慶多馬。請主人亦如之。請猶告也順投矢本入也比投不拾也勝飲不勝言以能養不能也正爵所以正禮之爵也或以罰以慶馬勝筭也謂之馬者若云技藝如此任爲將帥乘馬也射投壺皆所以習武因爲樂。比毗志反頻也徐扶質反注同勝飲上尺證反下於鴆反注及下同爲于僞反勝者立馬俗本或此句下有一馬從二馬五字誤拾其劫反下文及注皆同技其綺反任音而林反將子匠反帥色類反樂音洛。注〔疏〕請賓至如之。正義曰此一經明司射告賓主以投壺之法。順投爲入者司射執八筭起而告賓黨爲投壺之法也順本也言矢有本末投矢於壺以矢本入者乃名爲入則爲之釋筭也若矢以末入則不名爲入亦不爲之釋筭也。比投不釋者比頻也又賓主投壺法要更遞而投不得以前旣人喜悅不待後人投之而已頻投頻投雖入亦不爲之釋筭也。勝飲不勝者又告云若投勝者則酌酒飲於不勝者也正爵旣行者又說飲法也正爵謂勝飲不勝之爵也以其正禮故謂爲正爵旣行謂行爵竟也。請爲勝者立馬者此謂行正爵畢而爲勝者立馬者則反取筭以爲馬表於勝數也必謂筭爲馬者馬是威武之用爲將帥所乘今投壺及射亦是習武而勝者自表堪爲將帥故云馬也。一馬從二馬者每一勝輒立一馬禮以三爲成若專三馬則爲一成但勝者偶未必專頻得三若勝偶得二劣偶得一旣劣於二故徹取劣偶之一以足勝偶之二爲三故云一馬從二馬然定本無此一句。三馬旣立請慶多馬者若頻得三成或取彼足爲三馬是其勝已成又酌酒慶賀於多馬之偶也。請主人亦如之者司射請賓之黨爲每事並應曰諾竟而司射又請主人事事亦如賓而主人皆亦曰諾如賓也案鄉射司射請賓於西階上請主人於阼階上則此請賓請主人皆亦就賓主之前也。注正爵至爲樂。正義曰此經正爵謂罰爵故下別云三馬旣備請慶多馬今鄭注或以罰或以慶則慶馬勝筭亦爲正爵者鄭通而解之罰慶俱是正爵故下文云正爵旣行請徹馬彼謂慶爵亦稱正爵也案鄉射禮三耦先射賓主乃射以射禮重也此投壺不立三耦以投壺禮輕故也

命弦者曰。請奏貍首。間若一。大師曰諾。弦鼓瑟者也貍首詩篇名也今逸射義所云詩曰曾孫侯氏是也間若一者投壺當以爲志取節焉。貍吏持反間間廁之間注同大音泰。〔疏〕命弦至曰諾。正義曰此一經。明司射命工作樂節投壺之儀。命弦者曰請奏貍首者謂司射命遣鼓瑟之弦者請奏貍首之篇。間若一者謂前後樂節中間疏數如一也。大師曰諾者大師應此司射曰諾諾承領之辭也。注弦鼓至節焉。正義曰知鼓瑟者鄭約鄉射禮用瑟也案下有魯鼓薛鼓節亦有鼓以弦爲重故特云命弦者云貍首詩篇名也者以與射義騶虞采蘋相類故知詩篇名也旣非諸侯投壺而奏貍首者義取燕飲之儀猶如鄉射奏騶虞不計人之尊卑云投壺當以爲志取節焉

者解所以間若一投壺者當聽之以爲志取投合於樂節故須中間若一也案鄉射三番初一番耦射不釋筭第二番釋筭未作樂第三番乃用樂此投壺發初則用樂者以投壺禮輕主於歡樂故也。左右告矢具。請拾投。有入者，則司射坐而釋一筭焉。賓黨於右，主黨於左。拾更也告矢具請投者司射也司射東面立釋筭則坐以南爲右北爲左也已投者退各反其位。○更古衡反下同。○【疏】左右至於左。○正義曰此一經論投壺之事中者釋筭之儀○左右告矢具者左謂主人右謂賓客司射告主與賓以矢具也○請拾者拾更也司射又請賓主更遞而投於是乃投壺也○有入者則司射坐而釋一筭焉者若矢入壺者則司射乃坐釋一筭於地也○賓黨於右者右謂司射之前稍南也○主黨於左者左謂司射之前稍北也○注已投者退各反其位○正義曰約鄉射禮射畢則各反其位則知投壺者畢亦各反其位辟後來也反位謂主黨於東賓黨於西。○

卒投，司射執筭曰：左右卒投，請數。二筭爲純，一純以取，一筭爲奇。遂以奇筭告，曰：某賢於某若干純。奇則曰奇，均則曰左右鈞。卒已也賓主之黨畢已投司射又請數其所釋左右筭如數射筭一純以取實於左手十純則縮而委之每委異之有餘則橫諸純下一筭爲奇奇則縮諸純下兼斂左筭實於左手一純以委十則異之其他如右獲畢則司射執奇筭以告於賓與主人也若告云某賢於某者未斥主黨勝與賓黨勝與以勝爲賢尚技藝也鈞猶等也等則左右手各執一筭以告。○數色主反注同爲純音全下及注同鄭注儀禮如字云純全也奇紀宜反下同遂以奇筭告一本此句上更有勝者司射五字誤鈞居勻反縮色六反直也其它音他勝與音餘下勝與同技其綺反【疏】卒投至右鈞。○正義曰此一經明投壺筭數之儀○卒投者謂投壺卒也○司射執筭曰左右卒投請數者司射於壺西東面執筭請曰賓主之黨卒竟投請數筭二筭爲純一純以取者純全也二筭合爲一全地上取筭之時一純則別而取之○一筭爲奇者一筭謂不滿純者奇隻也故云一筭爲奇○遂以奇筭告者奇餘也謂左右數鈞等之餘筭手執而告曰某賢於某若干純者或左或右不定故稱某賢賢謂勝者也勝者若有雙數則云若干純假令十數則云五純也○奇則曰奇者若有奇數則曰奇假令九筭則曰九奇也○鈞則曰左右鈞者鈞猶等也等則左右各執一筭以告○注卒已至以告○正義曰云如數射筭者以投壺射之類故知此數投壺之筭如數射筭云一純以取至其他如右獲此皆鄉射之禮文也一純以取實於左手謂就地上之筭以右手每一純別而取實於左手云十純則縮而委之每委異之者滿十純則從而委之於地司射東面則東西爲縮每十雙則東西縮爲一委每有十雙更別委之故云每委異之云有餘則橫諸純下者有餘謂不滿十雙或八雙九雙以下則橫於純下謂橫在十純之西南北置之云一筭爲奇奇則縮諸純下者若唯有一筭則縮之零純之下在零純之西東西置之此謂數右筭之法若數左筭則異於右筭謂摠繳地之筭實於左手之中每一純取以委地滿十則異之謂滿十純摠爲一委云其他如右獲者謂所縱所橫如右獲也命酌。

曰請行觴。酌者曰諾。司射又請於賓與主人以行正爵酌者勝黨之弟子○觴失羊反字或作觴同。當飲者皆跪奉觴曰。賜灌。勝者跪曰。敬養。酌者亦酌奠於豐上不勝者坐取乃退而跪飲之灌猶飲也言賜灌者服而爲尊敬辭也周禮曰以灌賓客賜灌敬養各與其偶於西階上如飲射爵○跪其委反奉芳勇反下注奉觴同灌古亂反養羊尚反注同飲於鴆反下飲不勝同【疏】命酌至敬養○正義曰此一節明飲不勝之儀命酌曰請行觴者謂司射命此酌酒者曰敬以請賓與主人行觴謂罰爵之事賓主已許汝當酌之○酌者曰諾者謂勝黨之弟子曰諾受領許酌乃於西階上南面設豐洗觶升酌坐奠於豐上也○當飲者皆跪奉觴曰賜灌者謂勝者與不勝者俱升西階勝者在東不勝者跪取豐上之爵手奉其觴曰蒙賜灌灌猶飲也○勝者跪曰敬養者勝者跪執之曰敬以此觴而養不能○注酌者勝黨之弟子○正義曰此鄉射禮文也案彼文云弟子奉豐升設于西楹之西勝者之弟子洗觶升酌南面坐奠于豐上是也○注周禮至射爵○正義曰此周禮典瑞文引之者證灌爲飲也云賜灌敬養各與其偶於西階上如飲射爵者以投壺射類故約鄉射而知也

正爵既行。請立馬。馬各直其筭。一馬從二馬。以慶。慶禮曰。三馬既備。請慶多馬。賓主皆曰諾。飲不勝者畢司射又請爲勝者立馬當其所釋筭之前三立馬者投壺如射亦三而止也三者一黨不必三勝其一勝者并其馬於再勝者以慶之明一勝不得慶也飲慶爵者偶親酌不使弟子無豐○直如字又持吏反爲于僞反

正爵既行。請徹馬。投壺禮畢可以去其勝筭也既徹馬無筭爵乃行○去音起呂反【疏】正爵至徹馬○正義曰此一經論飲不勝者畢司射請爲勝者立馬以表顯賢能之事○正爵既行者謂正禮罰酒之爵既行飲畢之後司射乃請賓主請爲勝者樹標立其馬也○馬各直其筭者直當也謂所立之馬各當其初釋筭之前所釋之筭東中之西也○一馬從二馬者投壺與射禮同亦三番而止每番勝者則立一馬假令賓黨三番俱勝則立三馬或賓黨兩勝而立二馬主黨一勝但立一馬即以主黨從就賓黨二馬以少足益於多以助勝者爲榮○以慶者一馬從二馬之後乃以慶賀多馬故云以慶但此經上去請立馬者是司射請辭馬各直其筭一馬從二馬以慶是禮家陳事之言也慶禮曰三馬既備請慶多馬者以還是司射請辭言爲慶之禮勝者三馬既已備具請酌酒慶賀於多馬者賓主皆曰諾者無問勝與不勝皆稱曰諾○注飲不至無豐○正義曰云投壺如射亦三而止也者以投壺射之類故知亦三番而止案鄉射禮初番三耦射但唱獲而已未釋筭亦未飲不勝者第二番耦射畢賓主之黨皆射畢乃數筭飲不勝者第三番三耦及賓主等皆射中鼓節乃釋筭飲罰爵今投壺初則不立三耦唯賓主三番而止云三者一黨不必三勝者解一馬從二馬之意言或賓或主之黨黨中不必三番得勝故以一勝之馬并其馬於再勝者以慶之明一勝者不得慶也云飲慶爵者偶親酌不使弟子無豐者以飲不勝之時賤其無能故偶不親酌使弟子酌奠於豐上則鄉射禮所云者是也今既尊賢當須親酌手自授之故知不使其弟子無豐也皇氏以爲三番而止者謂三耦投壺而止案鄉射禮每番皆三耦而止今云三耦投壺而止非其義也○正爵既行請徹馬○正義曰此明飲慶爵之後司射請徹去其馬以投壺禮畢行無筭爵之事

筭多少視其坐。筭用當視坐投壺者之衆寡爲數也投壺者人四矢亦人四筭。坐如字又才臥反注同。籌。室中五扶。堂上七扶。庭中九扶。籌矢也鋪四指曰扶一指案寸春秋傳曰膚寸而合投壺者或於室或於堂或於庭其禮褻隨晏早之宜無常處。○籌直由反扶方于反下及注同鋪普烏反又芳夫反褻息列反處昌慮反

筭長尺二寸。其節三扶可也或曰筭長尺有握握素也。○長直亮反注同壺頸脩七寸。腹脩五寸。口徑二寸半。容斗五升。壺中實小豆焉。爲其矢之躍而出也。壺去席二矢半。脩長也腹容斗五升三分益一則爲二斗得圜囷之象積三百二十四寸也以腹脩五寸約之所得求其圜周圜周二尺七寸有奇是爲腹徑九寸有餘也實以小豆取其滑且堅。○頸吉井反又九領反徐其聲反爲于僞反躍羊略反圜音圓囷去倫反奇紀宜反滑乎八反矢。以柘若棘。毋去其皮。取其堅且重也舊說云矢大七分或言去其皮節。○柘止夜反木名毋音無下皆同去起呂反注同【疏】筭多至其皮。○正義曰此一節明筭及矢長短之數又明壺之大小及矢之所用以儀禮準之此亦正篇之後記者之言也今錄記者既陳正禮於上又以此諸事繼之於下筭多少視其坐者言筭之多少視其所坐之人每人四矢人別四筭也○籌室中五扶堂上七扶庭中九扶者籌矢也室中最狹故五扶堂上差寬故七扶庭中彌寬故九扶○注投壺者人四矢○正義曰案鄉射及大射人皆乘矢故知四矢也○注籌矢至常處○正義曰云春秋傳曰膚寸而合者此僖三十一年公羊傳文彼云觸石而出膚寸而合不崇朝而徧雨乎天下唯泰山爾引之者證彼膚與此扶同也○注脩長至餘也○正義曰腹容斗五升三分益一則爲二斗者既稱腹容斗五升又云三分益一者以斗五升其數難計故加三分益一爲二斗從整數計之云得圓囷之象積三百二十四寸也者以筭法方一寸高十六寸二分爲一升則一斗之積方一寸高一百六十二寸也二斗之積爲三百二十四寸也於此壺之圓囷之中凡有三百二十四寸也云以腹脩五寸約之所得者腹之上下高五寸共有三百二十四寸今且以壺底一寸約之即於三百二十四寸之中五分之一得六十四寸八分也是腹脩五寸約之所得之數也云求其圓周圓周二尺七寸有奇者壺底一重既有六十四寸八分以圓求方須三分加一六十四寸八分分爲三分則一分有二十一寸六分并前六十六寸八分得八十六寸八分也即是壺底一重方積之數也今將八十六寸開方積之九九八十一則爲方九寸強也一面有九寸強四面凡有三十六寸強今以方求圓四分去一有二十七寸強是壺圓周二尺七寸有強故云圓周二尺七寸有奇也鄭之此計據一斗之數必知然者壺徑九寸以圓求方以方九寸計之凡九九八十一壺底一重有八十一寸五重則有五箇八十一寸總爲四百五寸今以方求圓四分去一去其一百一寸四分寸之一餘三百三寸四分寸之三於二斗之積三百二十四寸之內但容三百二寸四分寸之三餘有二十寸四分寸之一不盡故云圓周二十七寸有奇乃得盡也若以斗五升計之計一十五升之積有二百四十三寸則壺之所徑唯八寸餘也得容此數必知然者凡方八寸開方計之八八六十四得六十四寸壺高五重則五箇六十四寸總爲三百二十寸以方求圓四分去一去八十寸餘有二百四十寸於一斗五升之積餘有三寸不盡是壺徑八寸有餘乃得盡也今檢鄭之文注

之意以二斗整數計之不取經文斗五升之義故云圜周二尺七寸有奇今筭者以其二尺七寸之圜必受斗五升之物數不相會也云壺體腹之上下各漸減殺苟欲整合恐非鄭意

魯令弟子辭曰。毋幠。毋敖。毋偝立。毋踰言。偝立踰言有常爵。薛令弟子辭曰。毋幠。毋敖。毋偝立。毋踰言。若是者浮。弟子賓黨主黨年稺者也爲其立堂下相褻慢司射戒令之記魯薛者禮衰乖異不知孰是也幠敖慢也偝者不正鄉前也踰言遠談語也常爵常所以罰人之爵也浮亦謂是也晏子春秋曰酌者奉觴而進曰君令浮晏子時以罰梁上據浮或作匏或作符踰或爲遥○幠好吾反下同敖也敖五報反又五羔反下同敖慢也偝音佩徐符代反舊又薛敗反浮音縛謀反罰也稺音直吏反爲音于僞反鄉許亮反據本又作處同音据匏薄交反〔疏〕魯令弟子辭曰至若是者浮○正義曰此一篇是周公正經而有魯薛之事者録記之人以周衰之後魯之與薛有當時投壺號令弟子之異未知孰是故因以記之也○毋幠毋敖者幠亦敖也號令弟子云毋得幠而敖慢也○毋偝立毋踰言偝立踰言有常爵者毋偝立謂不正面前也毋得踰言謂遠相談話若偝立踰言有常刑之罰爵也若是者浮浮亦罰也薛令弟子辭曰若如是偝立踰言者則有浮罰之爵薛令弟子異於魯者其魯令弟子則稱偝立踰言有常爵薛令弟子則總稱若是者浮浮亦罰也其言辭詳略雖異其意則同○注晏子至上據○正義曰引晏子春秋者證浮是罰爵之義故小爾雅云浮罰也

鼓○□○○□□○□○○□半○□○○□○○□

□○□○魯鼓○□○○○□○□○○□□○□○

○□□○半○□○○□□○薛鼓 此魯薛擊鼓之節也圜者擊鼙方者擊鼓古者舉事鼓各有節聞其節則知其事矣○圜音圓鼙薄迷反鄭呼爲鼙也其聲下其音榻榻然榻音吐臘反○方鼓鄭呼爲鼓也其聲高其音鏜鏜然鏜音吐郎反

取半以下爲投壺禮。盡用之爲射禮。投壺之鼓半射節者投壺射之細也射謂燕射司射。庭長。及冠士立者。皆屬賓黨。樂人。及使者。童子。皆屬主黨。庭長司正也使者主人所使薦羞者樂人國子能爲樂者此皆與於投壺○長丁丈反注同冠古亂反與音預

魯鼓○□○○□□○半○□○○□○○○□

○□○薛鼓○□○○○□○□○□○○□○□

○○□○半○□○□○○○○□○ 此二者記兩家之異故兼列之

〔疏〕魯鼓薛鼓○注云此魯薛擊鼓之節也圜者擊鼙方者擊鼓○正義曰以鼓節有圜點有方點故以爲圜者擊鼙方者擊鼓若頻有圜點則頻擊鼙鼙每一圜點則一擊鼙若頻有方點則頻擊鼓聲也但記者因魯薛擊鼓之異圖而記之但年代久遠無以知其得失○注射謂燕射○正義曰以此射與投壺相對用半鼓節爲投壺用全鼓節爲射禮又投壺在室在堂是燕樂之事故知此射亦謂燕射非大射及鄉射也○注庭長至投壺○正義曰此經云司射庭長案鄉飲酒將旅之時使相爲司正在庭中立于觶南北面察飲酒不如儀者故知庭長司正也冠士者謂外人來觀投壺成人加冠之士尊之故令屬賓黨若童子賤則屬主黨也云樂人國子能爲樂者以國子習樂故云國子能爲樂者欲明此樂人非瞽矇視瞭之徒以其能與主人之黨而觀禮故知非作樂瞽人也案國子是王子公卿大夫元士之子今來觀樂士大夫投壺者以國之俊選皆在學習樂共士子來觀投壺非謂一皆是王子及公卿大夫之子也云此皆與於投壺者鄭恐但來觀其禮不觀投壺經既云屬賓黨主黨則是入賓主之朋故云與於投壺也

禮記注疏卷五十八校勘記　阮元撰盧宣旬摘錄

附釋音禮記注疏卷第五十八　惠棟按宋本禮記正義卷第六十五

三年問第三十八

三年之喪何也節

三年至也哉　惠棟按宋本無此五字

故稱其痛情而立三年之文　閩監本同毛本痛作病

則孝子送死之情何時得已　閩監本同毛本送誤道

凡生天地之閒者節

蹢躅焉踟蹰焉　各本同石經闕釋文躅作躅踟作躚云字或作踟嘉靖本誤作蜘蟵

凡生至不窮　惠棟按宋本無此五字

將由夫脩飾之君子與節

將由至窮也　惠棟按宋本無此五字

將由夫脩飾之君子與　閩監本石經岳本嘉靖本同毛本脩作修衞氏集說同

然則何以至期也節

雖至親皆期而除也　閩監毛本岳本嘉靖本衞氏集說同惠棟按宋本至作在段玉裁云荀子注引亦作至

然則至之也　惠棟按宋本無此五字

及父在爲母但以期也　閩監毛本同惠棟按宋本以作

由九月以下節　惠棟云由九月節宋本分故三年之喪以下另爲一節

前世行之久矣　惠棟按宋本作之岳本嘉靖本衞氏集說同考文引古本足利本同此本之誤良閩監毛本同宋監本亦作之矣作也

由九至盡矣　惠棟按宋本無此五字

既法天地與人　惠棟按宋本同閩監毛本法上衍取字

深衣第三十九

故喪服儀云也　閩監毛本同衞氏集說同浦鏜儀改傳是

古者深衣節

鉤讀如烏喙必鉤之鉤　閩監本岳本嘉靖本同毛本烏誤鳥衞氏集說喙誤啄釋文出烏喙

齊緝　閩監毛本岳本嘉靖本同考文引古本緝下有也字衞氏集說同釋文出緝也

或低或仰　閩本岳本嘉靖本衞氏集說同考文引古本監毛本仰作卬惠棟按宋本或仰作若卬宋監本同六經正誤下或亦作若釋文出若卬云本又作仰○按卬與仰音同義近故古多互用

三十以下無父稱孤　閩監毛本岳本嘉靖本衞氏集說同惠棟按宋本以作已考文引古本同

古者至篇末　惠棟按宋本無此五字

又袂之長短反詘之及肘者　閩監毛本同惠棟按宋本無又字衞氏集說同

經言純袂恐口外更緣　閩監毛本同惠棟按宋本無恐字○案自奔喪第三十四盡此篇宋監本禮記卷第十八經三千六百三十八字注三千四百八十八字嘉靖本禮記卷第十八經三千六百三十四字注三千七百五字

投壺第四十

投壺之禮節

既脫屨升堂主人乃請投壺也　衞氏集說同閩監毛本嘉靖本堂作坐岳本同

敢固以請賓曰某既賜矣　閩監毛本石經岳本嘉靖本衞氏集說同盧文弨云大戴無固字是觀注則此處亦不當有

投壺至敬從　惠棟按宋本無此五字

西面奉持其矢　惠棟按宋本作持衞氏集說同此本持誤挂閩監毛本持誤挂各本西字同山井鼎云宋板西作南案南字非也下云知西面者以賓在西故知西面對賓也是無南字義也

知既脫屨升堂主人乃請投壺也者　閩監毛本堂作坐下亦在脫屨升堂之後同衞氏集說亦作脫屨升堂

司射進節

執八筭興　閩監本石經岳本嘉靖本同毛本筭作算下竝同衞氏集說唯此筭作算下並作筭釋文出入筭云下皆同○按筭籌字與算數字有別說文云从竹从弄言常弄乃不誤也

司射至筭興　惠棟按宋本無此五字

是各隨光明處也　閩監毛本同惠棟按宋本處作故衞氏集說同

反還西階上位　惠棟按宋本作反衞氏集說同此本反誤更閩監毛本同

請賓曰順投爲入節

請爲勝者立馬一馬從二馬各本同石經同釋文出勝者立馬云俗本或此句下有一馬從二馬五字誤正義云定本無此一句今大戴記亦無此一馬從二馬五字孫志祖云鄭注一馬從二馬之義在下文疑此處無此五字也

請賓至如之　惠棟挍宋本無此五字

卒投節

卒投至右鈞　惠棟挍宋本無此五字

則別而取之〇一筭爲奇者一筭閩監本同毛本〇誤倒在一筭爲奇者下

謂揔斂地之筭閩監毛本同衞氏集說同惠棟挍宋本斂作敘

命酌曰節

請行醻惠棟挍宋本石經岳本嘉靖本同閩監毛本醻作觴衞氏集說同釋文出行觴云字或作醻此本下奉醻又作觴岐出惠棟挍宋本石經岳本並作奉觴三本及集說並作奉觴〇按醻觴正俗字

酌者亦酌奠於豐上閩監毛本岳本嘉靖本同衞氏集說亦酌作升酌

命酌至敬養　惠棟挍宋本無此五字

正爵既行節惠棟云正爵節宋本分正爵既行請徹馬爲一節

當其所釋筭之前三立馬者惠棟挍宋本岳本嘉靖本衞氏集說同閩監毛本之前誤時也

正爵至徹馬　惠棟挍宋本無此五字

一黨不必三勝惠棟挍宋本岳本嘉靖本衞氏集說同閩監毛本必誤得

以投壺射之類故知亦三番而止惠棟挍宋本同閩監毛本之類故誤禮觀之

乃數筭飲不勝者惠棟挍宋本同閩監毛本數誤釋衞氏集說同

乃釋筭飲罰爵惠棟挍宋本同衞氏集說同閩監毛本罰爵誤卒觶

云三者一黨不必三勝者惠棟挍宋本同閩監毛本必誤得

黨中不必三番得勝　惠棟挍宋本同閩監毛本必誤能

謂三耦投壺而止閩監毛本同惠棟挍宋本耦作偶下同〇按作偶非也

筭多少視其坐節

壺去席二矢半閩監本石經岳本嘉靖本衞氏集說同考文引古本足利本同毛本矢誤尺

得圜囷之象積三百二十四寸也閩監毛本岳本嘉靖本衞氏集說同宋本三作七惠棟云宋本七字誤

或言去其皮節惠棟挍宋本宋監本岳本嘉靖本衞氏集說同考文引古本同閩監毛本言去其皮誤以赫取無

筭多至其皮　惠棟挍宋本無此五字

明筭及矢長短之數又明壺之大小惠棟挍宋本同衞氏集說同閩監毛本之數又明誤多少并言

此亦正篇之後記者之言也惠棟挍宋本同衞氏集說同閩監毛本後記者之誤意彼以正

繼之於下筭多少視其坐者惠棟挍宋本同閩監毛本於下筭誤〻筭之

每人四矢人別四筭也惠棟挍宋本同閩監毛本人別誤亦人

從整數計閩監本同毛本計誤記

鄭之此計據一斗之數閩監毛本同惠棟挍宋本一作二衞氏集說同

四分寸之三於二斗之積閩監本同衞氏集說同毛本三作二

故云圜周二十七寸有奇閩監毛本同衞氏集說同惠棟挍宋本十作尺

魯令弟子辭曰節

毋幠閩監毛本石經岳本衞氏集說同釋文幠作憮嘉靖本同案字當從巾作幠從心作憮者誤也下毋幠同

毋偝立各本同石經同毛本立誤力

記魯薛者惠棟挍宋本作記宋監本岳本嘉靖本同考文引古本同此本記誤謂閩監毛本同衞氏集說誤詞

魯令弟子辭曰至若是者浮　惠棟挍宋本無此十一字

毋得踰言謂遠相談話字閩監毛本同惠棟挍宋本無得

鼓節

鼓閩監本作鼓石經岳本嘉靖本衞氏集說同毛本作鼓下鼓字並同〇按鼓从攴从皮从支皆俗誤也段玉裁云說文弓部弢下云从弓从屮屮垂飾與鼓同意則鼓之从屮憭然矣毛本注疏凡鼓字並从屮甚是

薛鼓薛字各本並同毛本作辥下同

此魯薛擊鼓之節也閩監本岳本嘉靖本衞氏集說亦作節毛本節誤爵

半〇□〇〇□閩監毛本同石經無第四〇作半〇□〇□岳本同衞氏集說同通解同考文引足利本同石經考文提要引南宋巾箱本同

魯鼓薛鼓〇注云此魯薛擊鼓之節也圜者擊鼙方者擊鼓閩監毛本同惠棟挍宋本無此廿三字

但年代久遠閩監本同惠棟挍宋本久作大

又投壺在室在堂是燕樂之事閩本同惠棟挍宋本同衞氏集說同監毛本燕樂誤樂禮

非謂一皆是王子及公卿大夫之子也閩監本同毛本下子誤士

附釋音禮記注疏卷第五十九

儒行第四十一〇陸曰行音下孟反鄭云以其記有道德之所行儒之言優也和也言能安人能服人也此注云儒行之作蓋孔子自衞初反魯之時也〔疏〕正義曰案鄭目錄云名曰儒行者以其記有道德者所行也儒之言優也柔也能安人能服人又儒者濡也以先王之道能濡其身此於別錄屬通論案下文云儒有過失可微辨而不可面數搏猛引重不程勇力此皆剛猛得爲儒者但儒行不同或以遜讓爲儒或以剛猛爲儒其與人交接常能優柔故以儒表名

禮記　鄭氏注　孔穎達疏

魯哀公問於孔子曰。夫子之服。其儒服與。哀公館孔子見其服與士大夫異又與庶人不同疑爲儒服而問之。服與音餘孔子對曰。丘少居魯。衣逢掖之衣。長居宋。冠章甫之冠。丘聞之也。君子之學也博。其服也鄉。丘不知儒服。逢猶大也大掖之衣大袂禪衣也此君子有道藝者所衣也孔子生魯長而之宋而冠焉宋其祖所出也衣少所居之服冠長所居之冠是之謂鄉言不知儒服非哀公意不在於儒乃今問其服庶人禪衣袂二尺二寸袪尺二寸。少詩照反注同衣於既反注所衣也衣少所居同逢掖上如字下音亦長丁丈反注同冠章古亂反注而冠長所居同章甫殷冠也單衣本亦作禪音丹袪去居反哀公曰。敢問儒行。孔子對曰。遽數之。不能終其物。悉數之。乃留更僕。未可終也。遽猶卒也物猶事也留久也僕大僕也君燕朝則正位掌擯相更之者爲久將倦使之相代。行下孟反下力行同遽其據反急也數色主反下同更古衡反代也注同一音加孟反卒七忽反大音泰朝直遥反擯必慎反相息亮反爲于僞反下爲孔子同哀公命席。爲孔子布席於堂與之坐也君適其臣升自阼階所在如主孔子侍曰。儒有席上之珍以待聘。夙夜強學以待問。懷忠信以待舉。力行以待取。其自立有如此者。席猶鋪也鋪陳往古堯舜之善道以待見問也大問曰聘舉見舉用也取進取位也。強居兩反又如字下同儒有衣冠中。動作慎。其大讓如慢。小讓如僞。大則如威。小則如愧。其難進而易退也。粥粥若無能也。其容貌有如此者。中中間謂不嚴厲也如慢如僞言之不愊怛也如威如愧如有所畏。慢音慢易以豉反下險易同粥徐本作鬻章六反卑謙貌一音羊六反愊普力反一音逼謂愊怛也怛丹達反驚怛也本或作悁者非儒有居處齊難。其坐起恭敬。言必先信。行必中正。道塗不爭險易之利。冬夏不爭陰陽之和。愛其死以有

待也。養其身以有爲也。其備豫有如此者。齊難齊莊可畏難也行不爭道止不選處所以遠鬬訟○齊側皆反注同難乃旦反注同行皇如字舊下孟反夏戶嫁反爲于僞反處昌慮反遠于萬反

儒有不寶金玉。而忠信以爲寶。不祈土地。立義以爲土地。不祈多積。多文以爲富。難得而易祿也。易祿而難畜也。非時不見。不亦難得乎。非義不合。不亦難畜乎。先勞而後祿。不亦易祿乎。其近人有如此者。祈猶求也立義以爲土地以義自居也難畜難以非義久留也勞猶事也積或爲貨○積子賜反又如字易以豉反又如字畜許六反見賢遍反近附近之近下可近同

儒有委之以貨財。淹之以樂好。見利不虧其義。劫之以衆。沮之以兵。見死不更其守。鷙蟲攫搏。不程勇者。引重鼎。不程其力。往者不悔。來者不豫。過言不再。流言不極。不斷其威。不習其謀。其特立有如此者。淹謂浸漬之劫劫脅也沮謂恐怖之也鷙蟲猛鳥猛獸也字從鳥鷙省聲也程猶量也重鼎大鼎也搏猛引重不量勇力堪之與否當之則往也雖有負者後不悔也其所未見亦不豫備平行自若也不再猶不更也不極不問所從出也不斷其威常可畏也不習其謀口及則言不豫其說而順也斷或爲繼○淹於廉反樂五孝反又音岳好呼報反劫居業反沮在呂反注同鷙與摯同音至攫俱縛反一音九碧反博音搏程音呈斷音短直卵反絕也又丁亂反注同浸子鴆反漬才賜反脅許劫反恐曲勇反怖普路反省所景反量音亮又音良下同更居孟反

〔疏〕魯哀公問於孔子者言夫子自衛反魯哀公館於孔子問以儒行之事記者録之以爲儒行之篇孔子說儒凡十七條其從上以來至下十五條皆明賢人之儒其第十六條明聖人之儒包上十五條賢人儒也其十七條之儒是夫子自謂也今此一節明哀公至孔子之家見孔子衣服之異疑其儒服遂問儒行爲孔子命席方說儒行之事也○君子之學也博者言徧知今古之事也○其服也鄉者其冠服須依所居之鄉也○丘不知儒服者不知猶不識也言我所服但依其鄉之服不知儒服言此者識哀公意不在儒欲侮笑其服故以此言非之○注逢猶至二寸○正義曰謂逢猶盛大之貌詩云維柞之枝其葉逢蓬是逢爲盛大之貌也云大掖之衣大袂禪衣也者掖謂肘掖之所寬大故云大袂禪衣也禮大夫以上其服侈袂鄭注司服云侈之者半而益一袂三尺三寸袪尺八寸朝祭之服必表裏不禪也孔子若依尋常侈袂服則哀公無由怪之以其大袂禪衣異於士大夫常服故問之云非哀公意不在於儒者今若在儒孔子新來則應以問儒行今乃問其服是意欲侮戲夫子故下文云不敢以儒爲戲明此時意以爲戲也云庶人禪衣袂二尺二寸云袪尺二寸者玉藻文言深衣之制如此今夫子著禪衣與庶人同其袂大與庶人異故謂衣爲逢掖也則此大袂深衣也長居宋冠章甫之冠言夫子生於魯長於宋魯有大袂禪衣宋有章甫之冠故知大袂之衣是少所居之服也章甫之冠是長所居之冠案曲禮云去國三世唯興之日從新國之法孔子曾祖防叔防叔生木金木金生伯夏伯夏生梁紇梁紇生孔子防叔奔魯至孔子五世應從魯冠而猶著殷章甫冠者以立爲制法之主故有異於人所行之事多用殷禮不與尋常同也且曲禮從新國之法祗謂禮儀法用未必衣服盡從也禮臣朝於君應著朝服而著常服者時孔子自衛新還哀公館之非是常朝故衣冠異也遽數之不能終其物者遽卒也數說也終盡也物事也孔子荅言儒行深邃非可造次若急而說則不能盡事也○悉數之乃留更僕未可終也者留久也若委細悉說之則乃大久也更僕者更代也僕大僕也君燕朝則大僕正位掌擯相也言若委細悉說之則大久僕侍疲倦宜更代之未可終也若不代僕則事未可盡也○哀公命席者哀公既聞孔子所荅稱儒行不敢造次而盡故命掌筵者爲夫子布席也故注云爲孔子布席於堂與之坐也君適其臣升自阼階所在如主○孔子侍者此一經明孔子侍坐於哀公說儒行修立己身終始之事○儒有席上之珍以待聘者席猶鋪陳也珍謂美善之道言儒能鋪陳上古堯舜美善之道以待君上聘召也盧云儒是待坐席之珍可重也此經論儒者自學修飾立身之事不應直云席上之珍可重故鄭不從也○力行以待取者言己修身勵力行之擬待進取榮位也○其自有如此者謂自修立己身有如此行在上之諸事也○儒有衣冠中者此明儒者容貌之事儒有衣冠中者中間言儒者所服衣冠在尋常人之中間不嚴勵自異也動作慎者謂舉動興作恒謹慎也○其大讓如慢謂有人以大物與己己之讓此大物之時辭貌寬緩如傲慢然○小讓如僞者言讓其小物如似詐僞亦謂寬緩不急切也言儒不以利動也○大則如威者言有大事之時形貌則如似有所畏懼也○小則如愧者言行小事之時則如似有所慙愧如威如愧皆謂重慎自取損○粥粥若無能也者粥粥是柔弱專愚之貌言形貌粥粥然如無所能也○注中中至所畏○正義曰中中間者言儒者衣冠在常人中間則孔子逢被之衣是也云如慢如僞言之不偪迫也者偪迫謂急促之意言語之時不偪迫切急如似慢然如似僞然皇氏云讓大物不受拒於人急如似傲慢讓小物之時初讓後受如似僞然與注意不合非鄭旨也○儒有居處齊難者此明儒者先以善道豫防備患難之事○居處齊難者凡所居處容貌齊莊可畏難也貌既如此人則無由慢之也○道塗不爭險易之利者塗路也君子行道路不與人爭平易之地而避險阻以利己也○冬夏不爭陰陽之和者冬溫夏涼是陰陽之和處冬日暖處則暄夏日陰處則涼此並爲世人所競唯儒者讓而不爭也故注云行不爭道止不選處所以遠鬬訟也○愛其死以有待也者此解不爭也言愛死以待明時養其身以有爲也者言養身爲行道德也○其豫備有如此者言儒者先行善道豫防患害有如此在諸事上也儒有不寶金玉而忠信以爲寶者此解經明儒者懐忠信仁義之事也○儒有不寶金玉而忠信以爲寶者言儒懐忠信仁義以與人交不貪金玉利祿以與人競人則親而近之○不祈土地立義以爲土地者言儒者祈土之福以義自居故云以爲土地○不祈多積多文以爲富者積積聚財物也儒以多學文章技藝爲富不求財積以利其身也○難得而易祿也非道之世則不仕是難得也先事後食是易祿也○易祿而難畜也者無義則去是難畜也○非時不見不亦難得乎者非時謂非明時則不見是不亦難得乎○非義不合不亦難畜乎者君有義而與之合無義則去是難畜也○其近人有如此者言儒者親近於人有如此在上之諸事也○儒有委之以貨財者此明儒者之行有異於衆挺特而立不與同羣之事○儒有委之以貨財淹之以樂好者言儒者之行人或委聚之以貨財謂多以貨財委之淹之以樂好謂他人淹漬之以愛樂華好之事言以愛樂玩好浸漬之也○見利不虧其義者謂儒者執持操行雖見貨財樂好之利不虧損己之義事苟且而愛也劫之以衆沮之以兵者謂他人劫脅以軍衆沮恐之以兵刃也○見死不更其守者言儒者雖見劫見沮以致於死終不更改其所守之志而苟從之免死也○鷙蟲攫搏不程勇者言儒者若逢鷙猛之蟲則身自攫搏不程量武勇堪當以否過即行也○引重鼎不程其力者言引重鼎不豫前商量己力堪引以否言見則引之此攫搏引鼎喻艱難之事言儒者見艱難之事過則行之不豫度量也此實暴虎之事而得爲儒者孔子此言雖許儒爲事其實自述也若春秋夾谷之會孔子欲斬齊之優儒是也案定十年公與齊侯會於夾谷之地於時孔子爲都禮之事齊人欲劫辱魯君孔子使人拒之而又齊人之樂併優及侏儒者於魯幕下弄魯君孔子命誅之斷其手足異門而出齊侯不敢輕魯還汶陽之田及所侵之地並歸於魯是夫子之功儒者亦有勇不避艱難引之者言儒者有勇○往者不悔者言儒者有往過之事雖有敗負不如其意亦不追悔也○來者不豫者謂將來之事其所未見亦不豫前防備言已往及未來平行自若也○過言不再者再更也言儒者有愆過之言不再爲之○流言不極者極謂窮極若聞流傳之言不窮其根本所從出處也言儒者識慮深遠聞之則解故不窮極其所出也○不斷其威者斷絶也言儒者不覺絶其威嚴容止常可畏也○不習其謀者逢事則謀不豫習也○其特立有如此者言餘人不能唯儒者獨能特立有如此之行也○注淹謂至順也○正義曰淹謂浸漬之也言樂好之事民之所嗜易以溺人云淹之樂好故知淹爲浸漬也云沮謂恐怖之也以沮謂敗壞於人是恐怖之也俗本沮或爲阻字謂阻難之事云鷙蟲猛鳥猛獸也者蟲是鳥獸通名故爲猛鳥猛獸云字從鳥鷙省聲也者言鷙蟲既是猛鳥猛獸但獸摯從執下著手鳥鷙從執下著鳥今鷙包兩義以獸鷙從鳥故云省也執下著鳥執下著手俱是鷙聲故云聲也但以脚取之謂之攫以翼擊之謂之搏云雖有負者亦不悔也者身行往過之事雖有負敗不追悔也云平行自若者若如也言雖有負敗及未見之事不恥愧憂慮但平常而行志意自如也云不習其謀口及則言不豫其說而順也者口及則言謂口及其事則言論謀度之不豫前備其言說而順從所謀之也

儒有可親而不可劫也。可近而不可迫也。可殺而不可辱也。其居處不淫。其飲食不溽。其過失可微辨。而不可面數也。其剛毅有如此者。淫謂傾邪也恣滋味爲溽溽之言欲也○溽音辱數所具反毅魚既反邪似嗟反〔疏〕儒有至此者○此明儒有剛毅之事居處不淫者淫謂傾邪也言儒者性既剛毅故居處不傾邪也○飲食不溽者溽之言欲也即濃厚也言儒性既剛毅故飲食常質不濃厚也○其剛毅有如此者言儒者其剛強嚴毅有如此諸事

儒有忠信以爲甲冑。禮義以爲干櫓。戴仁而行。抱義而處。雖有暴政。不更其所。其自立有如此者。甲鎧冑兜鍪也干櫓小楯大楯也○冑直

又反樐音魯載音戴本亦作戴鎧開代反兜丁侯反鍪莫侯反小楯時準反又音允徐辭尹反〔疏〕儒有忠信至此者。○此明儒者自立之事也。○忠信以爲甲冑注云甲鎧冑兜鍪也干櫓小楯也大盾也甲冑干櫓所以禦其患難儒者以忠信禮義亦禦其患難謂有忠信禮義則人不敢侵侮也。○戴仁而行仁之盛。○抱義而處義不離身。○雖有暴政不更其所者更改也不改其志操迺然自成立也。○雖與前自立文同其意異於上也其自立有如此者初第一儒言自立者謂强學力行而自修立也此經自立者謂獨懷仁義忠信也

儒有一畝之宮，環堵之室，篳門圭窬，蓬戶甕牖。易衣而出，并日而食。上荅之，不敢以疑；上不荅，不敢以諂。其仕有如此者。言貧窮屈道仕爲小官也宮爲牆垣也環堵面一堵也五版爲堵五堵爲雉篳門荆竹織門也圭窬門旁窬也穿牆爲之如圭矣并日而食二日用一日食也上荅之謂君應用其言○堵音覩方丈爲堵篳徐音畢杜預云柴門也圭窬徐音豆說文云穿木戶也郭璞三蒼解詁云門旁小窬也音臾左傳作竇杜預云圭竇小戶也上銳下方狀如圭形也蓬步紅反蓬戶以蓬爲戶也甕烏貢反牖音酉以甕爲牖并必政反注同日而一反諂本又作讇勑檢反穿音川應應對之應〔疏〕儒有一畝之宮至此者。○此明儒者仕宦能自執其操也。儒有一畝之宮者一畝謂徑一步長百步爲畝若折而方之則東西南北各十步爲宅也牆方六丈故云一畝之宮宮謂牆垣也環堵之室者環謂周迴也東西南北唯一堵。○篳門圭窬篳門謂以荆竹織門也杜氏云柴門也圭窬門旁窬也穿牆爲之如圭矣故云圭窬說文云穿木爲戶左傳作竇謂門旁小戶也上銳下方狀如圭也。○蓬戶甕牖者蓬戶謂編蓬爲戶又以蓬塞門謂之蓬戶甕牖者謂牖牕圓如甕口也又云以敗甕口爲牖。○易衣而出者王云更相衣而後可以出如王之意是合家共一衣故言出更著之也。○并日而食者謂不日日得食或三日二日并得一日之食故注云二日用一日食也。○上荅之不敢以疑者上君也荅之謂已有言語君應荅而用之不敢以疑謂已決竭心力不敢疑貳於君也亦謂雖被信任用不敢猜疑於君上也言儒者仕官盡忠。○上不荅不敢以諂者已有言語而君不用及不見使則已宜靜默不敢諂媚求進也。○注貧窮至爲雉。○正義曰貧窮屈道仕爲小官也者以經云其仕有如此者是仕官之人今乃篳門圭窬仕爲小官儒有大德而仕小官故知貧窮屈道也云五版爲堵五堵爲雉者定十二年公羊傳文引之者證堵之大小高一丈長三丈爲雉

儒有今人與居，古人與稽。今世行之，後世以爲楷。適弗逢世，上弗援，下弗推，讒諂之民有比黨而危之者，身可危也，而志不可奪也。雖危，起居竟信其志，猶將不忘百姓之病也。其憂思有如此者。稽猶合也古人與合則不合於今人也援猶引也取也推猶進也舉也危欲毀害之也起居猶舉事動作信讀如屈伸之伸假借字也猶圖也信或爲身○稽古兮反注同楷苦駭反法式也援音袁注下同推昌誰反注同讒仕咸反比毗悲反徐扶至反信依注爲伸音申思息嗣反〔疏〕儒有今人至此者。○此明儒者雖身不居明代猶能憂思愛及於人之事也。○今人與居古人與稽者言儒與今世小人共居住與古人之君子意合同也今世行之後世以爲楷者楷法式也言儒者行事以爲後世楷模法式。○適弗逢世者適之也謂已之生於澆薄之時不逢明世也。○上弗援者援引也取也既不逢明時又不爲君上之所引取也。○下弗推者下謂民人也謂進舉也言身在下不遇之時又不爲民下所薦舉也。○讒諂之民有比黨而危之者危謂毀害也既不爲君所引又不爲民所薦唯有讒諂之民其羣黨連比共危亡已者也身可危也而志不可奪也者言身乃可危而心志不可變奪也故論語云守死善道是也。○雖危起居竟信其志者起居猶舉動也竟終也信讀爲伸雖比黨之民共危已而行事舉動猶能終伸我已之志操不變易也。○猶將不忘百姓之病也者猶圖也身雖不遇其世所圖謀不忘百姓之所憂病也言常念之也其憂思有如此謂儒者身雖不遇猶能憂思於人有如在上之事也。○注信讀如屈伸之伸假借字也。○正義曰此是信字義當如紓伸之伸但古之伸字皆假借此信字以爲屈伸之伸也

儒有博學而不窮，篤行而不倦，幽居而不淫，上通而不困。禮之以和爲貴，忠信之美，優游之法，舉賢而容衆，毀方而瓦合。其寬裕有如此者。不窮不止也幽居謂獨處時也上通謂仕道達於君也既仕則不困於道德不足也忠信之美美忠信者也優游之法法和柔者也毀方而瓦合去已之大圭角下與衆人小合也必瓦合者亦君子爲道不遠人○行下孟反上時掌反又如字注同裕羊樹反去起呂反遠于萬反又如字〔疏〕儒有博學至此者。○此明儒有寬裕之事。○博學而不窮者謂廣博學問而不窮止。○篤行而不倦者篤猶純也又有純壹之行而不疲倦也。○幽居而不淫者幽居謂未仕獨處也淫謂傾邪也君子雖復隱處常自脩整不傾邪也。○上通而不困者上通謂身得通達於君有道德被用也不困謂既在其位必行其正使德位相稱不爲困弊不足也以儒德之備也。○禮之以和爲貴者禮以體別爲理人用之當患於貴賤有隔尊卑不親儒者用之則貴賤有禮而無間隔故云以和爲貴也。○忠信之美者見人有忠信則已美之。○優游之法者優柔者和柔也見人和軟則已法之。○慕賢而容衆者以見賢思齊是慕賢也汎爰一切是容衆也。○毀方而瓦合者方謂物之方正有圭角鋒鉟也瓦合謂瓦器破而相合也言儒者身雖方正毀屈已之方正下同瓦經如破去圭角與瓦器相合也。○注不窮至遠人。○正義曰不窮不止也者恐爲困窮故云不止謂不窮已云幽居謂獨處時也者既未仕對已仕者爲獨處也云去已之大圭角下與衆人小合也者圭角謂圭之鋒鉟有楞角言儒者身恒方正若物有圭角不欲異衆過甚去其大圭角言猶有小圭角也下與衆人小合儒者不與衆人之合亦於細碎小事而相合也則大義之事不皆合也云必瓦合者亦君子爲道不遠人者言儒者必須瓦合爲屈已同凡亦是君子爲道不遠離於人與常人小合若破圭角與瓦之相合故云不遠人也皇氏云毀已之圭角與瓦礫而相合義亦通也

儒有內稱不辟親，外舉不辟怨。程功積事，推賢而進達之，不望其報。君得其志，苟利國家，不求富貴。其舉賢援能有如此者。君得其志者君所欲爲賢臣成之○辟音避下同怨於元反又於願反推賢而進達之舊至此絕句皇以達之連下爲句〔疏〕儒有內稱至此者。○此明儒者舉賢能之事。○儒有內稱不避親者稱舉也不辟親舉人以理若祁奚舉子祁午是不辟親。○外舉不辟怨者若祁奚舉讎人解狐也按襄三年左傳云祁奚請老致仕晉侯問嗣焉稱解狐其讎也將立之而卒又問焉對曰午也可稱其讎不爲諂立其子不爲比但審知其賢故不辟也。○程功積事推賢而進達之舊至此絕句皇氏以達之連下爲句言儒者欲舉人之時必程效其功積累其事知其事堪可乃推而進達之不妄舉人也。○不望其報者言雖進達賢人於君不求望其報也。○君得其志苟利國家不求富貴者君得其志者謂君任此儒者輔助其君使君得其志意所欲皆成此儒者推賢達士無所求爲唯苟在利益國家不於身上自求富貴也。○其舉賢援能有如此者言儒者進達引能有如此在上諸事也

儒有聞善以相告也，見善以相示也。爵位相先也，患難相死也。久相待也，遠相致也。其任舉有如此者。相先猶相讓也久相待謂其友久在下位不升已則待之乃進也遠相致者謂已得明君而仕友在小國不得志則相致遠也○難乃旦反舉如字徐音據〔疏〕儒有聞善至此者。○此明儒者舉任同類之屬前經舉賢援能謂疏遠者此經任舉謂親近者也。○爵位相先也者相先謂招讓言儒者見爵位之事必先相推讓於朋友也。○患難相死也者儒有患難相爲致死也久相待也者謂朋友久在下位不升已則待之而乃進也。○遠相招致也者謂已得明君而仕朋友在小國不同得志則遠相招致其仕明君也。○其任舉有如此者謂朋友更相委任舉薦有如此在上諸事

儒有澡身而浴德，陳言而伏，靜而正之，上弗知也。麤而翹之，又不急爲也。不臨深而爲高，不加少而爲多。世治不輕，世亂不沮。同弗與，異弗非也。其特立獨行有如此者。麤猶疏也微也君不知已有善言正行則觀色緣事而微翹發其意使知之又必舒而脫脫焉已爲之疾則君納之速君納之速怪妬所由生也不臨深而爲高臨衆不以已位尊自振貴也不加少而爲多謀事不以已小勝自矜大也世治不輕不以賢者並衆不自重愛也世亂不沮不以道衰廢壞已志也○澡音早靜如字徐本作諍音爭麤本又作麤七奴反翹祁饒反治直吏反注同沮徐在呂反注同行下孟反注及下注同又如字脫並吐外反妬丁路反壞乎怪反又音怪〔疏〕儒有澡身至此者。○此明儒者殊異於人特立獨行之事。○澡身而浴德者澡身謂能澡絜其身不染濁也浴德謂沐浴於德以德自清也。○陳言而伏者謂陳設其言而伏聽君命也。○靜而正之者謂靜退自居而尋常守正不傾躁也上弗知也謂已有善言正行君上所不知。○麤而翹者麤疏也翹起發也言儒者事君已有善言正行君上既不知當何候君上顏色因緣有事微疏而起發之令君上得知也。○又不急爲也者謂起發之時不急速而爲之也。○不臨深而爲高者地既高矣不臨此衆人深下之處更增高大猶言不臨此衆人卑賤處而自尊顯也又臨衆人不以已位高尊而自振貴言儒者卑以自牧不加少而爲

多者謂已有謀事少勝不加增少勝自以爲多以矜大也世治不輕者世治之時雖與羣賢並處不自輕也言常自重愛也世亂不沮者沮猶廢壞也言世亂之時道雖不行亦不沮壞己之本志也○同弗與者言儒之仕彼位雖與齊同者行不是善則不與之相親合也○異弗非也謂彼人與己之疏異所爲是善則善不非毁之也○其特立獨行有如此者言獨能特立獨行如此所云之事也前第五儒既明特立此爲又云特立獨行者前云特立但明一身勇武不論行之所爲此經所云非但身所特立又獨有此行爲獨行故更言特立也○注麤猶至志也○正義曰麤猶疏也微也君不知己有善言正行者釋經文上不知也云則觀色緣事而微翹發其意使知之者釋經麤而翹之也云又必舒而脫脫焉已爲之疾則君納之速君納之速怪妒所由生也者釋經又不急爲也若納已言速疾則被衆人所怪妒所由生也云世治不輕不以賢者並衆不自重愛也者言凡人之情見衆人無知己之獨賢則盡心用力若衆人皆賢或自替廢儒者不以如此恒自重愛也

儒有上不臣天子。下不事諸侯。愼靜而尙寬。強毅以與人。博學以知服。近文章。砥厲廉隅。雖分國。如錙銖。不臣不仕。其規爲有如此者。強毅以與人彼來辨言行而不正不苟屈以順之也博學以知服不用已之知勝於先世賢知之所言也雖分國如錙銖言君分國以祿之視之輕如錙銖矣八兩曰錙○近附近之近砥音脂又音旨厲力世反分如字錙側其反說文云六銖銖音殊說文云權分十黍之重賢知音智【疏】儒有上不臣天子至此者○此明儒者志操規爲之事○上不臣天子伯夷叔齊是也下不事諸侯長沮桀溺是也○愼靜而寬者既愼而靜所尙寬緩也強毅以與人者若有人與已辨言行而彼人道不正則已不苟屈從之是用剛毅以與人也○博學以知服者謂廣博學問猶知服畏先代賢人言不以已之博學凌夸前賢也○近文章砥厲廉隅者言儒者習近文章以自磨厲使成已廉隅也○雖分國如錙銖者言君雖分國以祿之視之輕如錙銖不貴重也不臣不仕者謂不與人爲臣不求仕官但自規度所爲之事而行故云其規爲有如此者也○注強毅至曰錙○正義曰強毅以與人彼來辨言行而不正不苟屈以順之也者解經強毅以與人之事謂彼人來至與已辨爭言行而彼人爲道不正已則不苟且屈撓以順從之云不用已之知勝於先世賢知之所言也者解經博學以知服謂不用已之所知勝於先世賢知者之所言服從之也云八兩曰錙者案筭法十黍爲參十參爲銖二十四銖爲兩八兩爲錙

儒有合志同方。營道同術。並立則樂。相下不厭。久不相見。聞流言不信。其行本方。立義。同而進。不同而退。其交友有如此者。同方同術等志行也聞流言不信不信其友所行如毀謗也○並如字又步頂反本亦作竝樂音洛又音岳下立嫁反厭於豔反行皇音衡又下孟反本方絕句立義絕句志行下孟反下注儒行同謗補浪反【疏】儒有合志至此者○此明儒者與人交友之事○合志同方者方猶法也言儒者與交友合齊志意而同於法則也○營道同術者謂經營道藝同齊於術同術則同方也但合志同方據所懷志意也營道同術據所習道藝也○並立則樂者謂與知友並齊而立俱同仕官則歡樂也○相下不厭者謂遞相卑下不厭賤也久不相見聞流言不信者雖有朋友久不相見聞流謗之言欲諧毀朋友則已不信其言也○其行本方立義者庾氏言其行所本必方正所立必存義也○同而進不同而退者謂朋友所爲與已同則進而從之若不與已同則退而避之其交友有如此者言其結交爲朋友有如此在上諸事也自此以上凡有十五儒所陳之事亦有前後乖異者此上經云不臣不仕第一儒云席上之珍以待聘夙夜強學以待問懷忠信以待舉力行以待取則有仕官之志也第十儒云寬裕第六儒云剛毅與寬裕亦別也第三儒云愛其死養其身備豫禍患第五儒云劫之以衆沮之以兵見死不更其守亦不同也如此儒之乖違上下不一略舉一二言也所以如此不同者言儒包百行事非一揆量事制宜隨機而發當其剛毅之節則守死不移論其營養之道則寬而容衆逢有道之世則進而事君遇無道之時則退而不仕且賢有優爲儒有大小大儒則理包百行小儒則或偏守一邊所以尙書皐陶九德不一德多則爲天子諸侯德少則爲大夫卿士苟達於此儒行亦然雖或不同無所怪也

溫良者。仁之本也。敬愼者。仁之地也。寬裕者。仁之作也。孫接者。仁之能也。禮節者。仁之貌也。言談者。仁之文也。歌樂者。仁之和也。分散者。仁之施也。儒皆兼此而有之。猶且不敢言仁也。其尊讓有如此者。此兼上十有五儒蓋聖人之儒行也孔子嫌若斥已假仁以爲說仁聖之次也○孫音遜接似輒反又如字分方云反徐扶問反施始豉反斥音尺【疏】溫良者仁之本至此者○此明聖人之儒兼上十五儒之行亦是孔子嫌其斥已假言仁者之儒以說之○溫良者仁之本也者言溫良之性是仁之儒行之本言仁者之儒先從溫良而起故云仁之本也○敬愼者仁之地也者亦言仁者之儒以敬愼爲地地所以居止萬物仁者之儒亦居止敬愼故云仁之地○寬裕者仁之作也者言儒者之動作必以寬裕故云仁之作也○孫接者仁之能也言孫辭接物是仁儒之技能○禮節者仁之貌也言禮儀撙節是仁儒之外貌○言談者仁之文也言語談說是仁儒之文章也歌樂者仁之和也言歌舞喜樂是仁儒之和悅也○分散者仁之施也言分散蓄積而振貧窮是仁儒之恩施也○儒皆兼此而有之猶且不敢言仁也言儒者既兼有此行猶尙遜讓不敢自謂已仁也○其尊讓有如此者尊謂恭敬讓謂卑謙謂尊敬於物卑讓於人有此之行也此謂聖人之儒但聖人理極不可爲名言仁亞於聖故假仁以論聖人之儒也

儒有不隕穫於貧賤。不充詘於富貴。不慁君王。不累長上。不閔有司。故曰儒。隕穫困迫失志之貌也充詘喜失節之貌慁猶辱也累猶係也閔病也言不爲天子諸侯卿大夫羣吏所困迫而違道孔子自謂也充或爲統閔或爲文○隕于敏反穫本又作獲同戶郭反注同詘求勿反注同徐音丘勿反慁胡困反注同累力僞反注同一音力追反長丁丈反閔本亦作愍武謹反不爲于僞反

今衆人之命儒也妄常。以儒相詬病。妄之言無也言今世名儒無有常人遭人名爲儒而以儒靳故相戲此哀公輕儒之所由也詬病猶恥辱也○命儒命名也妄鄭音亡亡無也王音忘尙反盧妄也詬徐音遘又呼候反靳居覲反杜預云戲而相媿爲靳也

孔子至舍。哀公館之。聞此言也。言加信。行加義。終沒吾世。不敢以儒爲戲。儒行之作蓋孔子自衞初反魯時也孔子歸至其舍哀公就而禮館之問儒服而遂問儒行乃始覺焉言沒世不敢以儒爲戲當時服○行加下孟反注同【疏】儒有至曰儒○此明孔子自言已之儒所行如此故繫於諸儒之末也○不隕穫於貧賤者隕穫是困迫失志之貌言已雖遇貧賤不隕穫失志也○不充詘於富貴者充詘是歡喜失節之貌言雖得富貴不歡喜失節○不慁君王者慁辱也言不見慁辱於君王而違道也○不累長上者累猶係也長上謂卿大夫言不以累係於長上而失志也○不閔有司者閔病也有司謂羣吏言儒者不以因病於有司而失常謂不以羣吏所困迫○注閔病至自謂○正義曰閔病也釋詁文云不爲天子諸侯卿大夫羣吏所困迫而違道者言天子諸侯解經君王也云卿大夫解經長上也羣吏解經有司也案史記孔子世家云在魯哀公不用在齊犂鉏所毀入楚子西所譖適晉趙鞅欲害伐樹於宋削跡於衞畏匡厄陳則身被辱累多矣鄭以其如此故釋云不以恩累閔病而違道去孔子自謂也鄭知者以此一儒在衆儒之末聖人儒後特更說此一條事與孔子相會故知孔子自謂也今衆人之命儒也妄常者此一節明孔子說儒既畢遂言今世賤儒以譏哀公也命名也妄無也言今世衆人名之爲儒者無復常人遭人則謂之爲儒以儒相詬病者詬病猶恥辱也言今世以命之爲儒是相恥辱時世如此故哀公輕儒也○注以儒靳故相戲○正義曰在魯莊公十一年宋人戰於乘上長萬爲魯所獲宋人請之魯人歸之宋公靳之長萬宋大夫也曰始吾敬子今子魯囚也吾不敬子矣長萬病之後弑閔公杜云戲而相愧曰靳○孔子至舍哀公館之聞此言也○此經明孔子自衞反魯歸至其家哀公就而館之聞孔子之言遂敬於儒也○言加信行加義者是記者所錄也○終沒吾世不敢以儒爲戲者是哀公之言記者遂而錄之○注儒行至時服○正義曰儒行之作蓋孔子自衞初反魯時也案左傳哀十一年冬衞孔文子將攻大叔也訪於仲尼仲尼曰胡簋之事則嘗學之矣甲兵之事未之聞也退命駕而行文子遽止之將止魯人以幣召之孔子乃歸以傳文無館事故鄭稱蓋以疑之也云不敢以儒爲戲當時服者以哀公終竟不能用孔子故孔子卒哀公誄之傳云生不能用死而誄之非禮也是終竟輕儒此云不敢以儒爲戲是當時暫服非久也

禮記注疏卷五十九挍勘記　阮元撰盧宣旬摘錄

附釋音禮記注疏卷第五十九　惠棟挍宋本禮記正義卷第六十六

儒行第四十一

魯哀公問於孔子曰節　惠棟云魯哀公節哀公節哀公命席節儒有衣冠節居處節不寶金玉節宋本合爲一節案宋本與此本同閩監毛本乃各節提行而疏仍共爲一節

席猶鋪陳也鋪陳往古堯舜之善道以待見問也大問曰

聘舉見舉用也取進取位也　惠棟挍宋本如此宋監本岳本嘉靖本衞氏集說同考文

引古本同此本多闕閩監毛本意補多誤猶鋪二字脫陳也下衍珍善也三字見問也大問曰聘舉八字誤聘召懷忠信之德以待九字

儒有居處齊難 閩監毛本石經岳本嘉靖本衞氏集說同考文云宋板居處上有其字

沮之以兵 各本同石經同釋文出沮之正義云俗本沮或爲阻字考文云古本沮作阻

字從鳥鷙省聲也 閩監毛本岳本嘉靖本衞氏集說同案鷙字有誤郭忠恕佩觿云鄭注儒行鷙從鳥摯省聲據此鷙當作摯盧文弨云似當作摯省足利古本鷙下有摯字

孔子若依詩常侈袂服 閩監毛本同惠棟挍宋本服上有之字衞氏集說同

以立爲制法之主 閩監毛本同惠棟挍宋本立作丘

故有異於人所行之事 惠棟挍宋本作有異此本有異二字闕閩監毛本有異誤孔子

此明儒者先以善道 閩監毛本同惠棟挍宋本者作行

豫防患害 惠棟挍宋本作害此本害誤中閩監本害作難毛本同豫誤後

此解經明儒者懷忠信仁義之事也 閩監毛本同惠棟挍宋本解作一山井鼎云宋板無仁字衞氏集說作此明儒者懷忠信與義之事

○儒有不寶金玉而忠信以爲寶者 閩監毛本同惠棟挍宋本無此十三字

言儒者祈土之富 惠棟挍宋本作不祈土地之富此本不地二字脫富誤福閩監毛本同

君有義而與之合 閩監毛本同考文引宋板而作則

於時孔子爲都禮之事 閩監本同毛本時誤是齊召南云都禮當爲相禮

而又齊人之樂併優及侏儒者 惠棟挍宋本併作作此本誤併閩監毛本作倂

儒有忠信以爲甲冑節

儒有忠信至此者 惠棟挍宋本無此七字

干櫓小楯也大楯也 閩監毛本同惠棟挍宋本無上也字

儒有一畝之宮節

宮爲牆垣也 惠棟挍宋本爲作謂岳本同衞氏集說同考文引古本同此本誤爲閩監毛本嘉靖本同

定十二年公羊傳文引之者 閩本同惠棟挍宋本同監本引字殘闕毛本引誤攷

儒有今人與居節

儒有今人至此者 惠棟挍宋本無此七字

下謂民人也謂進舉也 惠棟挍宋本人也下有推字此本推字脫閩監毛本同

猶能終伸我已之志操不變易也 閩監毛本同惠棟挍宋本操作謀衞氏集說同

儒有博學而不窮節

儒有博學至此者 惠棟挍宋本無此七字

又有純壹之行 閩監本同毛本有作以

必行其正使德位相稱 閩監本同毛本正作政

人用之當患於貴賤有隅 閩本同考文引宋板同監毛本當作嘗

下民瓦經如破去圭角 惠棟挍宋本瓦經作瓦細閩本瓦字同經字闕監毛本瓦經作凡衆案經字誤細字是下所謂細碎小事而相合也○案凡衆是也此釋注文下與衆人小合也

言猶有小圭角也 閩監毛本同惠棟挍宋本猶作獨

儒者不與衆人之合 閩本同惠棟挍宋本同監毛本之作大合誤

儒有聞善以相告也節

則相致遠也 閩監毛本同岳本遠作達宋監本嘉靖本衞氏集說同考文引古本亦作達

儒有聞善至此者 惠棟挍宋本無此七字

儒有澡身而浴德節

儒有澡身至此者 惠棟挍宋本無此七字

怪妬所由生也 閩監本岳本嘉靖本同釋文出怪妬毛本妬作妒下疏並同

者行不是善 閩監毛本同惠棟挍宋本者作若

又獨有此行爲獨行 閩監毛本同惠棟挍宋本有作行。

儒有上不臣天子節

儒有上不臣天子至此者 惠棟挍宋本無此十字

愼靜而尚寬 閩監毛本岳本嘉靖本衞氏集說同石經無而字山井鼎云宋板無尚字疏放此

淩夸前賢也 閩監毛本同考文引宋板夸作跨衞氏集說同

十黍爲參十參爲銖 閩監毛本同段玉裁挍本參改絫

儒有合志同方節

並立則樂 閩監本石經嘉靖本衞氏集說同考文引古本足利本同毛本並作竝岳本同釋文出並立云本亦作竝

儒有合志至此者 惠棟挍宋本無此七字

且賢有優爲儒有大小劣 閩本同監本爲誤另毛本爲作

温良者節

儒皆兼此而有之 閩本石經惠棟挍宋本宋監本岳本嘉靖本同監毛本皆誤者衞氏集說同

此兼上十有五儒 閩監毛本岳本嘉靖本衞氏集說同惠棟挍宋本無有字宋監本同

温良至此者 惠棟挍宋本無此五字

是仁之儒行之本 閩監毛本同惠棟挍宋本仁下有者字

讓謂卑謙 惠棟挍宋本讓作謙此本謙誤讓閩監毛本同

儒有不隕穫於貧賤節

充詘喜失節之貌 閩本惠棟挍宋本岳本嘉靖本同監毛本喜上有歡字衞氏集說宋監本同與正義合

累猶係也 岳本嘉靖本衞氏集說同閩監毛本係作繫山井鼎云宋板繫作係疏同

哀公就而禮館之 閩監毛本岳本嘉靖本同惠棟挍宋本而下有以字宋監本衞氏集說同考文引古本同

儒有至曰儒 惠棟挍宋本無此五字

儒行至時服 惠棟挍宋本無時字

案左傳哀十一年冬衞孔文之將攻大叔也 閩監毛本同惠棟挍宋本哀下有公字文下有子字

止

附釋音禮記注疏卷第六十

大學第四十二○陸曰鄭云大學者以其記博學可以爲政也【疏】正義曰案鄭目錄云名曰大學者以其記博學可以爲政也此於別錄屬通論此大學之篇論學成之事能治其國章明其德於天下却本明德所由先從誠意爲始○　禮記　鄭氏注　孔穎達疏

大學之道。在明明德。在親民。在止於至善。知止而后有定。定而后能靜。靜而后能安。安而后能慮。慮而后能得。物有本末。事有終始。知所先後。則近道矣。明明德謂顯明其至德也止猶自處也得謂得事之宜也○大舊音泰劉直帶反近附近之近古之欲明明德於天下者。先治其國。欲治其國者。先齊其家。欲齊其家者。先脩其身。欲脩其身者。先正其心。欲正其心者。先誠其意。欲誠其意者。先致其知。知謂知善惡吉凶之所終始也○其知如字徐音智下致知同致知在格物。格來也物猶事也其知於善深則來善物其知於惡深則來惡物言事緣人所好來也此致或爲至○格古百反好呼報反○物格而后知至。知至而后意誠。意誠而后心正。心正而后身脩。身脩而后家齊。家齊而后國治。國治而后天下平。自天子以至於庶人。壹是皆以脩身爲本。其本亂而末治者否矣。其所厚者薄。而其所薄者厚。未之有也。此謂知本。此謂知之至也。壹是專行是也○治國治並直吏反下同所謂誠其意者。毋自欺也。如惡惡臭。如好好色。此之謂自謙。故君子必慎其獨也。小人閒居爲不善。無所不至。見君子而后厭然。揜其不善而著其善。人之視己。如見其肺肝然。則何益矣。此謂誠於中。形於外。故君子必慎其獨也。謙讀爲慊慊之言厭也厭讀爲黶黶閉藏貌也○毋音無惡惡上烏路反下如字臭昌救反好好上呼報反下如字謙依注讀爲慊徐苦簟反閒音閑厭讀爲黶黶烏斬反又烏簟反揜於檢反著張慮反注同肺芳廢反肝音干言厭於琰反一音於涉反○曾子曰。十目所視。十手所指。其嚴乎。富潤屋。德潤身。心廣體胖。故君子必誠其意。嚴乎言可畏敬也胖猶大也三者言有實於內顯見於外○胖步丹反注及下同見賢遍反○詩云。瞻彼淇澳。菉竹猗猗。有斐君子。如切如磋。如琢如磨。瑟兮僩兮。赫兮喧兮。有斐君子。終不可諠兮。如切如磋者。道學也。如琢如磨者。自脩也。瑟兮僩兮者。恂慄也。赫兮喧兮者。威儀也。有斐君子。終不可諠兮者。道盛德至善。民之不能忘也。此心廣體胖之詩也澳隈崖也菉竹猗猗喻美盛斐有文章貌也諠忘也道猶言也恂字或作峻讀如嚴峻之峻言其容貌嚴栗也民不能忘以其意誠而德著也○淇音其澳本亦作奧於六反本又作隩一音烏報反菉音綠猗於宜反斐芳尾反一音匪文章貌瑳七何反琢丁角反摩本亦作磨末何反爾雅云骨曰切象曰磋玉曰琢石曰磨僩下板反又胡板反赫許百反喧本亦作咺況晚反諠許袁反詩作諼或作喧音同恂依注音峻思俊反一音思旬反慄利悉反澳於六反隈烏回反詩云。於戲前王不忘。君子賢其賢而親其親。小人樂其樂而利其利。此以沒世不忘也。聖人既有親賢之德其政又有樂利於民君子小人各有以思之○於音烏下於緝熙同戲好胡反徐范音義樂其樂並音岳又音洛注同○康誥曰。克明德。大甲曰。顧諟天之明命。帝典曰。克明峻德。皆自明也。皆自明明德也克能也顧念也諟猶正也帝典堯典亦尚書篇名也峻大也諟或爲題○誥古報反大音泰顧諟上音故本又作頣同下音是峻徐音俊又私俊反題徐徒兮反○湯之盤銘曰。苟日新。日日新。又日新。康誥曰。作新民。詩曰。周雖舊邦。其命惟新。是故君子無所不用其極。盤銘刻戒於盤也極猶盡也君子日新其德常盡心力不有餘也○盤步干反銘徐音冥亡丁反○詩云。邦畿千里。惟民所止。詩云。緡蠻黃鳥。止于丘隅。子曰。於止。知其所止。可以人而不如鳥乎。於止於鳥之所止也就而觀之知其所止知鳥擇岑蔚安閒而止處之耳言人亦當擇禮義樂土而自止處也論語曰里仁爲美擇不處仁焉得知○畿音祈又作幾音同緡蠻音緜一音亡巾反毛詩作緜傳云緜蠻小鳥貌○詩云。穆穆文王。於緝熙敬止。爲人君止於仁。爲人臣止於敬。爲人子止於孝。爲人父止於慈。與國人交止於信。緝熙光明也此美文王之德光明敬其所以自止處○緝七入反熙許其反○【疏】大學至道矣○正義曰此經大學之道在於明明德在於親民在止於至善積德而行則近於道也○在明明德者言大學之道在於章明己之光明之德謂身有明德而更章顯之此其一也○在親民者言大學之道在於親愛於民是其二也○在止於至善者言大學之道在於止處於至善之行此其三也言大學之道在於此三事矣○知止而后有定者更覆說止於至善之事既知止於至善而后心能有定不有差貳也○定而后能靜者心定無欲故能靜不躁求也○靜而后能安者以靜故情性安和也○安而后能慮者情既安和能思慮於事也○慮而后能得者既能思慮然後於事得宜也○物有本末事有終始者若於事得宜而天下萬物有本有末經營百事有終有始也○知所先後者既能如此天下百事萬物皆識知其先後也○則近道矣者若能行此諸事則附近於大道矣○古之欲明明德於天下者前章言大學之道在明德親民止善覆說止善之事既畢故此經明明德之理○先治其國者此以積學能爲明德盛極之事以漸到今本其初故言欲章明己之明德使偏於天下者先須能治其國○欲治其國者先齊其家也欲齊其家者先脩其身言若欲齊家先須脩身也○欲脩其身者先正其心言若欲脩身必先正其心也○欲正其心者先誠其意者揔包萬慮謂之爲心情所意念謂之意若欲正其心使無傾邪必須先至誠在於憶念也若能誠實其意則心不傾邪也○欲誠其意者先致其知者言欲精誠其己意先須招致其所知之事言初始必須學習然後乃能有所知曉其成敗故云先致其知也○致知在格物此經明初以致知積漸而大至明德前經從盛以本初此經從初以至盛上下相結也致知在格物者言若能學習招致所知格來也己有所知則能在於來物若知善深則來善物知惡深則來惡物言善事隨人行善而來應之惡事隨人行惡亦來應之言善惡之來緣人所好也○物格而后知至者物既來則知其善惡所至善事來則知其至於善若惡事來則知其至於惡既能知至則行善不行惡也○知至而后意誠既能知至則意念精誠也○意誠而后心正者意能精誠故能心正也○國治而后天下平者則上明明德於天下是以自天子至庶人皆然也○壹是皆以脩身爲本者言上從天子下至庶人貴賤雖異所行此者事一以脩身爲本上言誠意正心齊家治國今此獨云脩身爲本者細則雖異其大略皆是脩身也○其本亂而末治者否矣本亂謂身不脩也末治謂國家治也言己身既不脩而望家國治者否矣否不也言不有此事也○其所厚者薄而其所薄者厚未之有也者此覆說本亂而末治否矣之事也譬若與人交接應須敦厚以加於人今所厚之處乃以輕薄謂以輕薄待彼人也其所薄者厚謂己既與彼輕薄欲望所薄之處以厚重報己未有此事也言己以厚施人人亦厚以報己也若己輕薄施人人亦輕薄報己言事厚之與薄皆以身爲本也○此謂知本此謂知之至也者本謂身也既以身爲本若能自知其身是知本也是知之至極也○所謂誠其意者自此以下至此謂知本廣明誠意之事此一節明誠意之本先須慎其獨也○毋自欺也言欲精誠其意無自欺誑於身言於身必須誠實也○如惡惡臭者謂臭穢之氣謂見此惡事人嫌惡之如人嫌臭穢之氣心實嫌之口不可道矣○如好好色者謂見此善事而愛好之如以人好色心實好之口不可道矣言誠其意者見彼好事惡事當須實好惡之不言而自見不可外貌詐作好惡而內心實不好惡也皆須誠實矣○此之謂自謙者謙讀如慊慊然安靜之貌心雖好惡而實口言應自然安靜也見君子而后厭然揜其不善而著其善者謂小人獨居無所不爲見君子而後乃厭然閉藏其不善之事宜著所行善事也○人之視己如見其肺肝然則何益矣者言小人爲惡外人視之昭然

明察矣如見肺肝然則何益矣者言小人爲惡外人視之昭然明察矣如見肺肝雖暫時揜藏言何益矣○此謂誠於中形於外者言此小人既懷誠實惡事於中心必形見於外不可揜藏○注謙讀爲慊○正義曰以經義之理言作謙退之字既無謙退之事故讀爲慊慊不滿之貌故又讀爲厭厭自安靜也云厭讀爲黶黶爲黑色如爲閉藏貌也○曾子曰十目所視者此經明君子脩身外人所視不可不誠其意作記之人引曾子之言以證之十目所視十手所指者言所指視者衆也十目謂十人之目十手謂十人之手也○其嚴乎者既視者及指者皆衆其所畏敬可嚴憚乎○富潤屋德潤身者言此二句爲喻也言家若富則能潤其屋有金玉又華飾見於外也○德潤身者謂德能霑潤其身使身有光榮見於外也○心廣體胖者言內心寬廣則外體胖大言爲之於中必形見於外也故君子必誠其意者以有內見於外必須精誠其意在內心不可虛也○詩云瞻彼淇澳者此一經廣明誠意之事故引詩言學問自新顏色威儀之事以證誠意之道也○瞻彼淇澳菉竹猗猗者此詩衛風淇澳之篇衛人美武公之德也澳隈也菉王芻也竹萹竹也視彼淇水之隈曲之內生此菉之與竹猗猗然而茂盛以淇水浸潤故也言視彼衛朝之內上有武公之身道德茂盛亦蒙康叔之餘烈故也引之者證誠意之道○有斐君子者有斐然文章之君子學問之益矣○如切如磋者如骨之切如象之磋又能自脩也○如琢如磨者如玉之琢如石之磨也○瑟兮僩兮赫兮喧兮有斐君子終不可喧兮者又瑟然顏色矜莊僩然性行寬大赫然顏色盛美喧然威儀宣美斐然文章之君子民皆愛念之終久不可忘也諠忘也自此以上詩之本文也自此以下記者引爾雅而釋之如切如磋者道學也者論道其學矣○如琢如磨者自脩也者謂自脩飾矣言初習謂之學重習謂之脩亦謂詩本文互而相通也○瑟兮僩兮者恂慄也者恂讀爲峻言顏色嚴峻戰慄也○道盛德至善民之不能忘也謂善稱也有斐君子終不可諠兮論道武公盛德至極美善人之愛念不能忘也○注此心至著也○正義曰諠忘也釋訓文也云道猶言也謂經中道盛德至善恐爲道德之道故云道猶言也云恂字或作峻讀如嚴峻之峻者以經之恂字他本或作峻字故讀爲嚴峻之峻詩箋云還爲恂也此記爲赫兮喧兮詩經云赫兮喧兮本不同也云以其意誠而德著也以武公用意精誠德著於人人不忘也以經廣明誠意之事故鄭云意誠而德著也詩云於戲前王不忘者此一經廣明誠意之事此周頌烈文之篇也美武王之詩於戲猶言嗚呼矣以文王武王意誠於天下故詩人歎美之云此前世之王其德不可忘也○君子賢其賢而親其親者言後世貴重之言君子皆美此前王能賢其賢人而親其族親也○小人樂其樂而利其利者言後世卑賤小人美此前王能愛樂其所樂謂民之所樂者前王亦愛樂之利其利者能利益其人之所利民爲利者前王亦利益之言前王施爲政教下順人情不奪人之所樂利之事故云小人樂其樂而利其利也○此以沒世不忘也由前王意能精誠垂於後世故君子小人皆所美念以此之故終沒於世其德不忘也○康誥曰克明德者此一經廣明意誠則能明已之德周公封康叔而作康誥戒康叔能明用有德此記之意言周公戒康叔以自明其德與尚書異也○大甲曰顧諟天之明命者顧念也諟正也伊尹戒大甲云爾爲君當顧念奉正天之顯明之命不邪僻也○帝典曰克明峻德者帝典謂堯典之篇峻大也尚書之意言堯能明用賢俊之德此記之意言堯能自明大德也皆自明也此經所云康誥大甲帝典等之文皆是人君自明其德也故云皆自明也○注皆自明明德也○正義曰明

明德必先誠其意此經誠意之章由初誠意也故人先能明已之明德也○湯之盤銘此一經廣明誠意之事湯之盤銘者湯沐浴之盤而刻銘爲戒必於沐浴之者戒之甚也○苟日新者此盤銘辭也非唯洗沐自新苟誠也誠使道德日益新也○日日新者言非唯一日之新當使日日益新○又日新者言非唯日日益新又須恒常日新皆是丁寧之辭也此謂精誠其意脩德無已也○康誥曰作新民者成王既伐管叔蔡叔以殷餘民封康叔誥言殷人化紂惡俗使之變改爲新人此記之意自念其德爲新民也○詩曰周雖舊邦其命惟新者此大雅文王之篇其詩之本意言周雖舊是諸侯之邦其受天之命唯爲天子而更新也此記之意其所施教命唯能念德而自新也是故君子無所不用其極者極盡也言君子欲日新其德無處不用其心盡力也言自新之道唯在盡其心力更無餘行也○詩云邦畿千里惟民所止此一經廣明誠意之事言誠意在於所止故上云大學之道在於至善此商頌玄鳥之篇言殷之邦畿方千里爲人所居止此記斷章喻其民人而擇所止言人君賢則來也○詩云緡蠻黃鳥止于丘隅者此詩小雅緡蠻之篇刺幽王之詩言緡蠻然微小之黃鳥止在於岑蔚丘隅之處得其所止以言微小之臣依託大臣亦得其所也○子曰於止知其所止者孔子見其詩文而論之云是觀於鳥之所止則人亦知其所止鳥之知在岑蔚安閑之處則知人亦擇禮義樂土之處而居止也○可以人而不如鳥乎者豈可以人不擇止處不如鳥乎言不可不如鳥也故論語云里仁爲美擇不處仁焉得知是也○詩云穆穆文王於緝熙敬止者此大雅文王之篇美文王之詩緝熙謂光明也止辭也詩之本意云文王見此光明之人則恭敬之此記之意於緝熙言嗚呼文王之德緝熙光明又能敬其所止以自居處也○注鳥擇至止處○正義曰岑謂巖險蔚謂草木蓊蔚言鳥之所止必擇靜密之處也○

子曰。聽訟吾猶人也。必也使無訟乎。無情者不得盡其辭。大畏民志。情猶實也無實者多虛誕之辭聖人之聽訟與人同耳必使民無實者不敢盡其辭大畏其心志使誠其意不敢訟○吾聽訟似用反猶人也論語作聽訟吾猶人也毋訟音無誕音但 此謂知本。本謂誠其意也 所謂脩身在正其心者。身有所忿懥。則不得其正。有所恐懼。則不得其正。有所好樂。則不得其正。有所憂患。則不得其正。心不在焉。視而不見。聽而不聞。食而不知其味。此謂脩身在正其心。懥怒貌也或作懫或爲疐○忿弗粉反懥勑值反范音稚徐丁四反又音勳恐丘勇反好呼報反下故好而知同樂徐五孝反一音岳懫音致疐音致又得計反○ 所謂齊其家在脩其身者。人之其所親愛而辟焉。之其所賤惡而辟焉。之其所畏敬而辟焉。之其所哀矜而辟焉。之其所敖惰而辟焉。故好而知其惡。惡而知其美者。天下鮮矣。故諺有之曰。人莫知其

子之惡。莫知其苗之碩。此謂身不脩。不可以齊其家。之適也譬猶喻也言適彼而以心度之曰吾何以親愛此人非以其有德美與吾何以敖惰此人非以其志行薄與反以喻己則身脩與否可自知也鮮罕也人莫知其子之惡猶愛而不察碩大也○辟音譬下及注同謂譬喻也賤惡烏路反下惡而知同敖五報反惰徒臥反其惡惡上如字下烏路反鮮仙善反注同諺魚變反俗語也度徒洛反與音余下薄與同行下孟反○ 所謂治國必先齊其家者。其家不可教而能教人者無之。故君子不出家而成教於國。孝者所以事君也。弟者所以事長也。慈者所以使衆也。康誥曰。如保赤子。心誠求之。雖不中不遠矣。未有學養子而後嫁者也。養子者推心爲之而中於赤子之嗜欲也○弟音悌長丁丈反下長長并注同中丁仲反注同嗜欲時志反○ 一家仁。一國興仁。一家讓。一國興讓。一人貪戾。一國作亂。其機如此。此謂一言僨事。一人定國。一家一人謂人君也戾之言利也機發動所由也僨猶覆敗也春秋傳曰登戾之又曰鄭伯之車僨於濟戾或爲吝僨或爲犇○戾力計反僨徐音奮本又作僨注同覆芳福反濟子禮反犇音奔 堯舜率天下以仁。而民從之。桀紂率天下以暴。而民從之。其所令反其所好。而民不從。言民化君行也君若好貨而禁民淫於財利不能正也○好呼報反注同行下孟反或如字○ 是故君子有諸己。而后求諸人。無諸己。而后非諸人。所藏乎身不恕。而能喻諸人者。未之有也。故治國在齊其家。有於己謂有仁讓也無於己謂無貪戾也 詩云。桃之夭夭。其葉蓁蓁。之子于歸。宜其家人。宜其家人。而后可以教國人。詩云。宜兄宜弟。宜兄宜弟。而后可以教國人。詩云。其儀不忒。正是四國。其爲父子兄弟足法。而后民法之也。此謂治國在齊其家。夭夭蓁蓁美盛貌之子者是子也○夭於驕反蓁音臻忒他得反○ 所謂平天下在治其國者。上老老而民興孝。上長長而民興弟。上恤孤而民不倍。是以君子有絜矩之道也。老老長長謂尊老敬長也恤憂也民不倍不相倍棄也絜猶結也挈也矩法也君子有挈法之道謂當執而行

之動作不失之倍或作偝矩或作巨。○弟音悌倍音佩注同絜音結拒之音矩本亦作矩偝棄音佩本亦作倍下同挈也苦結反巨音拒本亦作矩其呂反。所惡於上。毋以使下。所惡於下。毋以事上。所惡於前。毋以先後。所惡於後。毋以從前。所惡於右。毋以交於左。所惡於左。毋以交於右。此之謂絜矩之道。絜矩之道善持其所有以恕於人耳治國之要盡於此。○惡烏路反下皆同毋音無下同詩云。樂只君子。民之父母。民之所好好之。民之所惡惡之。此之謂民之父母。言治民之道無他取於已而已。○只音紙好好皆呼報反詩云。節彼南山。維石巖巖。赫赫師尹。民具爾瞻。有國者不可以不慎。辟則爲天下僇矣。巖巖喻師尹之高嚴也師尹天子之大臣爲政者也言民皆視其所行而則之可不慎其德乎邪辟失道則有大刑。○節前切反又音如字巖五銜反辟匹亦反又必益反與僻同僇力竹反與戮同注同詩云。殷之未喪師。克配上帝。儀監于殷。峻命不易。道得衆則得國。失衆則失國。是故君子先慎乎德。有德此有人。有人此有土。有土此有財。有財此有用。德者本也。財者末也。外本内末。爭民施奪。是故財聚則民散。財散則民聚。是故言悖而出者。亦悖而入。貨悖而入者。亦悖而出。師衆也克能也峻大也言殷王帝乙以上未失其民之時德亦有能配天者謂天享其祭祀也及紂爲惡而民怨神怒以失天下監視殷時之事天之大命得之誠不易也道猶言也用謂國用也施奪施其劫奪之情也悖猶逆也言君有逆命則民有逆辭也上貪於利則下人侵畔老子曰多藏必厚亡。○喪息浪反峻恤俊反易以豉反注同爭爭鬬之爭施如字悖布内反下同上時掌反藏才浪反康誥曰。惟命不于常。道善則得之。不善則失之矣。于於也天命不於常言不專祐一家也。○專佑音又楚書曰。楚國無以爲寶。惟善以爲寶。楚書楚昭王時書也言以善人爲寶時謂觀射父昭奚恤也。○射父食亦反父音甫舅犯曰。亡人無以爲寶。仁親以爲寶。舅犯晉文公之舅狐偃也亡人謂文公也時辟驪姬之讒亡在翟而獻公薨秦穆公使子顯弔因勸之復國舅犯爲之對此辭也仁親猶言親愛仁道也明不因喪規利也。○辟音避驪力宜反本又作麗亦作孋同翟音狄顯許遍反爲之于僞反秦誓曰。若有一个臣。斷斷兮無他技。其心

休休焉。其如有容焉。人之有技。若已有之。人之彦聖。其心好之。不啻若自其口出。寔能容之。以能保我子孫黎民。尚亦有利哉。人之有技。娼嫉以惡之。人之彦聖。而違之。俾不通。寔不能容。以不能保我子孫黎民。亦曰殆哉。秦誓尚書篇名也秦穆公伐鄭爲晉所敗於殽還誓其羣臣而作此篇也斷斷誠一之貌也他技異端之技也有技才藝之技也若已有之不啻若自其口出皆樂人有善之甚也美士爲彦黎衆也尚庶幾也娼妬也違猶戾也俾使也佛戾賢人所爲使功不通於君也殆危也彦或作盤。○一个古賀反一讀作介音界臣此所引與尚書文小異斷丁亂反無它音他技其綺反下及注同休休許虯反尚書傳曰樂善也鄭注尚書云寬容貌何休注公羊云美大之貌好呼報反啻詩豉反娼莫報反尚書作冒音同謂覆蔽也惡烏路反下能惡人同俾本又作卑必爾反敗必邁反殽戶交反樂音岳又音洛妬丁路反佛戾上扶弗反下力計反唯仁人放流之。迸諸四夷。不與同中國。此謂唯仁人爲能愛人。能惡人。放去惡人媢嫉之類者獨仁人能之如舜放四罪而天下咸服。○迸比孟反又逼諍反諍音爭鬬之爭皇云迸猶屏也去丘呂反。見賢而不能舉。舉而不能先。命也。見不善而不能退。退而不能遠。過也。命讀爲慢聲之誤也舉賢而不能使君以先已是輕慢於舉人也。○命依注音慢武諫反遠于萬反好人之所惡。惡人之所好。是謂拂人之性。菑必逮夫身。拂猶佹也逮及也。○好呼報反下皆同惡烏路反下同拂扶弗反注同菑音哉下同逮音代一音大計反夫音扶佹九委反是故君子有大道。必忠信以得之。驕泰以失之。道行所由生財有大道。生之者衆。食之者寡。爲之者疾。用之者舒。則財恆足矣。是不務祿不肖而勉民以農也。○肖音笑仁者以財發身。不仁者以身發財。發起也言仁人有財則務於施與以起身成其令名不仁之人有身貪於聚斂以起財務成富。○施始豉反予由汝反未有上好仁。而下不好義者也。未有好義。其事不終者也。未有府庫財。非其財者也。言君行仁道則其臣必義以義舉事無不成者其爲誠然如已府庫之財爲已有也孟獻子曰。畜馬乘。不察於雞豚。伐冰之家。不畜牛羊。百乘之家。不畜聚斂之臣。與其有聚斂之臣。寧有盜臣。此謂國不以利爲利。

以義爲利也。孟獻子魯大夫仲孫蔑也畜馬乘謂以士初試爲大夫也伐冰之家卿大夫以上喪祭用冰百乘之家有采地者也雞豚牛羊民之所畜養以爲財利者也國家利義不利財盜臣損財耳聚斂之臣乃損義論語曰季氏富於周公而求也爲之聚斂非吾徒也小子鳴鼓而攻之可也。○畜許六反下同乘繩證反下及注同蔑莫結反以上時掌反采七代反本亦作菜爲之于僞反。長國家而務財用者。必自小人矣。言務聚財爲已用者必忘義是小人所爲也。○長丁丈反彼爲善之。小人之使爲國家。菑害並至。雖有善者。亦無如之何矣。彼君也君將欲以仁義善其政而使小人治其國家之事患難猥至雖云有善不能救之以其惡之已著也。○難乃旦反猥烏罪反捄音救本亦作救著張慮反。此謂國不以利爲利。以義爲利也。[疏]子曰至利也。○正義曰此一經廣明誠意之事言聖人不惟自誠已意亦服民使誠意也孔子稱斷獄猶如常人無以異也言吾與常人同也。○必也使無訟乎者必也使無理之人不敢爭訟也。○無情者不得盡其辭者情猶實也言無實情虛誕之人無道理者不得盡竭其虛僞之辭也。○大畏民志者大能畏脅民人之志言人有虛誕之志者皆畏懼不敢訟言民亦誠實其意也聽訟吾猶人也必也使無訟乎是夫子之辭無情者不得盡其辭大畏民志是記者釋夫子無訟之事然能使無訟則是異於人也而云吾猶人者謂聽訟之時兩造吾聽與人無殊故云吾猶人也但能用意精誠求其情僞所以使無訟也。○此謂知本者此從上所謂誠意以下言此大畏民志以上皆是誠意之事意爲行本既精誠其意是曉知其本故云此謂知本也。○所謂脩身者此覆說前脩身正心之事。身有所忿懥則不得其正者懥謂怒也身若有所怒則不得其正言因怒而違於正也所以然者若遇忿怒則違於理則失於正也。○有所恐懼則不得其正者言因恐懼而違於正也。○心不在焉視而不見聽而不聞食而不知其味者此言脩身之本必在正心若心之不正身亦不脩若心之不在視聽與食不覺知也是心爲身本脩身必在於正心也。○所謂齊其家在脩其身者此經重明前經齊家脩身之事。○人之其所親愛而辟焉者之猶適也此言脩身之譬也設我適彼人見彼有德則爲我所親愛當反自譬喻於我也以彼有德故爲我所親愛則我若自脩身有德必然亦能使衆人親愛於我也。○之其所賤惡而辟焉者又言我往之彼而賤惡彼人者必是彼人無德故也亦當迴以譬我我若無德則人亦賤惡我也。○之其所畏敬而譬焉者又我往之彼而畏敬彼人必是彼人莊嚴故也亦迴其譬我我亦當莊敬則人亦必畏敬我。○之其所哀矜而辟焉者又我往之彼而哀矜彼人必是彼人有慈善柔弱之德故也亦迴譬我我有慈善而或柔弱則亦爲人所哀矜也。○之其所敖惰而辟焉者又我往之彼而敖惰彼人必是彼人邪僻故也亦迴譬我我若邪僻則人亦敖惰於我也。故好而知其惡惡而知其美者天下鮮矣者知識也鮮少也人心多偏若心愛好之而多不知其惡若嫌惡之而多不知其美今雖愛好知彼有惡事雖憎惡知彼有美善天下之內如此者少矣。○故諺有之曰人莫知其子之惡莫知其苗之碩者碩猶大也言人之愛子其意至甚子雖有惡不自覺知猶好而不知其惡也農夫種田恒欲其盛苗雖碩大猶嫌其惡以貪心過甚故不知其苗之碩若能以已子而方他子已苗而匹他苗則好惡可知皆以

已而待他物也○此謂身不脩不可以齊其家者此不知子惡不知苗碩之人不脩其身身既不脩不能以已譬人故不可以齊整其家○注之適至大也○正義曰之適也釋詁文云反以喻已者謂見他人所親愛被賤惡以人類已他人之事反來自譬已身也云則身脩與否可自知也者謂彼人不脩則被賤惡敖惰已若不以脩身事亦然也若彼脩身則被親愛敬畏已若脩身亦當然也故云脩身與否可自知也云碩大也釋詁文○此謂至其家此一節覆明前經治國齊家之事○康誥曰如保赤子者此成王命康叔之辭赤子謂心所愛之子言治民之時如保愛赤子愛之甚也○心誠求之雖不中不遠矣者言愛此赤子內心精誠求赤子之嗜欲雖不能正中其所欲去其所嗜欲其不甚遠言近其赤子之嗜欲爲治人之道亦當如此也○未有學養子而后嫁者也言毋之養子自然而愛中當赤子之嗜欲非由學習而來故云未有學養子而后嫁者此皆本心而爲之言皆喻人君也○一家仁一國興仁一家讓一國興讓者言人君行善於家則外人化之故一家一國皆仁讓也○一人貪戾一國作亂者謂人君一人貪戾惡事則一國學之作亂○其機如此者機謂關機也動於近成於遠善惡之事亦發於身而及於一國也○此謂一言僨事一人定國者僨猶覆敗也謂人君一言覆敗其事謂惡言也一人定國謂由人君一人能定其國謂善政也古有此言今記者引所爲之事以結之上云一人貪戾一國作亂是一言僨事也又云一家仁讓則一國仁讓是知一人定國也一家則一人也皆謂人君是一人之身先治一家乃後治一國其所令反其所好而民不從者令謂君所號令之事若各隨其行之所好則人從之其所好者是惡所令者是善則所令之事反其所好雖欲以令禁人人不從也是故君子有諸已而后求諸人者諸於也謂君子有善行於已而后可以求於人使行善行也謂於已有仁讓而后可求於人之仁讓也無諸已而后非諸人者謂無惡行於已而后可以非責於人爲惡行也謂無貪利之事於已而後非責於人也○所藏乎身不恕而能喻諸人者未之有也者謂所藏積於身既不恕實而能曉喻於人使從已者未之有也言無善行於身欲曉喻於人爲善行不可得也○詩云桃之夭夭其葉蓁蓁者此周南桃夭之篇論昏姻及時之事言桃之夭夭少壯其葉蓁蓁茂盛喻婦人形體少壯顏色茂盛之時似桃之夭夭也○之子于歸宜其家人者之子者是子也歸嫁也宜可以爲夫家之人引之者取宜其家人之事○宜其家人而后可以教國人者言人既家得宜則可以教國人也○詩云宜兄宜弟者此小雅蓼蕭之篇美成王之詩詩之本文言成王有德宜爲人兄宜爲人弟此記之意宜兄宜弟謂自與兄弟相善相宜也既爲兄弟相宜而可兄弟之意而后可以教國人也○詩云其儀不忒正是四國者此曹風鳲鳩之篇忒差也正長也言在位之君子威儀不有差忒可以正長是四方之國言可法則也○其爲父子兄弟足法而后民法之也者此謂治國在齊其家謂其脩身於家在室家之內使父子兄弟足可方法而後民皆法之也是先齊其家而後能治其國也○注一家至於濟○正義曰一家一人謂人君也者以經言治家故知是人君也若文王刑于寡妻至于兄弟以御于家邦是也云春秋傳曰登戾之者此隱五年公羊傳文案彼傳文公觀魚于棠何以書讓何讓爾遠也公曷爲遠而觀魚登來之也彼注意謂以思得而來之齊人語謂登來爲得來也聲有緩急得爲登謂隱公觀魚於棠得此百金之魚而來觀之公羊傳爲登來鄭所引公羊本爲登戾之以來爲戾與公羊本不同也鄭意以戾爲貪戾故引以證經之貪戾也云又曰鄭伯之車僨於濟者隱三年左傳文○所謂平天下

在治其國者正義曰自此以下至終篇覆明上文平天下在治其國之事但欲平天下先須治國治國事多天下理廣非一義可了故廣而明之言欲平天下先須脩身然後及物自近至遠自內至外故初明絜矩之道次明散財於人之事次明用善人遠惡人此皆治國治天下之綱故揔而詳說也今各隨文解之○上恤孤而民不倍者孤弱之人人所遺棄在上君長若能憂恤孤弱不遺則下民學之不相棄倍此人是以君子有絜矩之道也者絜猶結也矩法也言君子有執結持矩法之道動而無失以此加物物皆從之也○所惡於上毋以使下者此以下皆是絜矩之道也譬諸侯有天子在於上有不善之事加已已惡之則不可迴持此惡事使已下者爲之也○所惡於下毋以事上者言臣下不善事已已所有惡則已不可持此惡事迴以事已之君上也○所惡於前毋以先後者前謂在已之前不以善事施已已所憎惡則無以持此惡事施於後人也所惡於後毋以從前者後謂在已之後不以善事施已已則無以惡事施於前行之人也○所惡於右毋以交於左者謂與已平敵或在已右或在已左以惡加已已所憎惡則無以此惡事施於左人舉此一隅餘可知也○此之謂絜矩之道者上經云君子有絜矩之道也其絜矩之義未明故此經申說能持其所有以待於人恕已接物即絜矩之道也○詩云樂只君子民之父母此記者引之又申明絜矩之道若能以已化從民所欲則可謂民之父母此小雅南山有臺之篇美成王之詩也只辭也言能以已化民從民所欲則可爲民父母矣○民之所好好之者謂善政恩惠是民之願好已亦好之以施於民若發倉廩賜貧窮賑之絕是也○民之所惡惡之者謂苛政重賦是人之所惡已亦惡之而不行也○詩云節彼南山者上經說恕已待民此經明已須戒慎也詩云節彼南山維石巖巖此小雅節南山之篇剌幽王之詩言幽王所任大臣非其賢人也節然高峻者是彼南山維積累其石巖巖然高大喻幽王大臣師尹之尊嚴○赫赫師尹民具爾瞻者赫赫顯盛貌是太師與人爲則者具俱也爾汝也在下之民俱於汝而瞻視之言皆視師尹而爲法此記之意以喻人君在上民皆則之不可不慎○有國者不可以不慎者有國謂天子諸侯言民皆視上所行而則之不可不慎其德乎宜慎之也○辟則爲天下僇矣者僇謂刑僇也君若邪辟則爲天下之民共所誅討若桀紂是也○詩云殷之未喪師克配上帝此一經明治國之道在貴德賤財此大雅文王之篇美文王之詩因以戒成王也克能也師衆也言殷自紂父帝乙之前未喪師衆之時所行政教皆能配上天而行也○儀監于殷峻命不易者儀宜也監視也今成王宜監視于殷之存亡峻大也奉此天之大命誠爲不易言其難也○道得衆則得國失衆則失國者道猶言也詩所云者言帝乙以上得衆則得國言殷紂失衆則失國也○有德此有人者有德之人人之所附從故有德此有人也有人此有土者有人則境土寬大故有土也○有土此有財言有土則生植萬物故有財也○有財此有用者爲國用有財豐以此而有供國用也○德者本也財者末也者德能致財財由德有故德爲本財爲末也○外本內末爭民施奪者外疏也內親也施奪謂施其劫奪之情也君若親財而疏德則爭利之人皆施劫奪之情也○是故財聚則民散財散則民聚者事不兩與財由民立君若重財而輕民則民散也若散財而賜恤於民則民咸歸聚也○是故言悖而出者亦悖而入者悖逆也若人君政教之言悖逆人心而出行者則民悖逆君上而入以報荅也謂拒違君命也○貨悖而入者亦悖而出者若人君厚斂財貨悖逆民心而入積聚者不能久如財人畔於上財亦悖逆君心而散出也言衆畔親離財散非

君有也○注師衆至厚亡○正義曰師衆也峻大也皆釋詁文爾雅峻字馬旁爲之與此同也克能也釋言文也云君有逆命則民有逆辭也者君有逆命解經言悖而出也民有逆辭解經亦悖而入謂人有逆命之辭以拒君也云老子曰多藏必厚亡者言積聚藏之既多必厚重而散亡也引之者證貨悖而入亦悖而出○康誥曰惟命不于常者謂天之命不於是常往在一家也道善則得之不善則失之矣書之本意言道爲善則得之不善則失之是不常在一家也○舅犯曰亡人無以爲寶仁親以爲寶者此舅犯勸重耳之辭於時重耳逃亡在翟秦穆公欲納之反國而勸重耳不受秦命對秦使云奔亡之人無以貨財爲寶唯親愛仁道以爲寶也○注楚書至奚恤正義曰鄭知是楚昭王時書者案楚語云楚昭王使王孫圉聘於晉定公饗之趙簡子鳴玉以相問於王孫圉曰楚之白珩猶在乎其爲寶幾何矣王孫圉對曰未嘗爲寶楚之所寶者曰觀射父能作訓辭以行事於諸侯使無以寡君爲口實又新序云秦欲伐楚使者觀楚之寶器楚王召昭奚恤而問焉對曰寶器在賢臣王遂使昭奚恤應之昭奚恤發精兵三百人陳於西門之內爲東面之壇一南面之壇四西面之壇一秦使者至昭奚恤曰君客也請就上居東面之壇令尹子西南面太宗子牧次之葉公子高次之司馬子發次之昭奚恤自居西面之壇稱曰客欲觀楚之寶器乎楚之所寶者即賢臣也唯大國之所觀秦使無以對也使歸告秦王曰楚多賢臣無可以圖之何知有觀射父昭奚恤者案戰國策云楚王築壇昭奚恤等立於壇上楚王指之謂秦使曰此寡人之寶故知有昭奚恤等也謂賢爲寶者案史記云理百姓實府庫使黎甿得所者有令尹子西而能也執法令奉圭璋使諸侯不怨兵車不起者有大宗子牧能也守封疆固城邦使鄰國不侵亦不侵鄰國者有葉公子高能也整師旅治兵戈使蹈白刃赴湯蹈火萬死不顧一生者有司馬子發能也坐籌帷幄之中決勝千里之外懷霸王之業撥理亂之風有大夫昭奚恤能也是皆爲寶也引之者證爲君長能保愛善人爲寶也○注舅犯至利也○正義曰舅犯晉文公之舅狐偃者左傳文也云時避驪姬之讒亡在翟而獻公薨秦穆公使子顯弔之因勸之復國舅犯爲之對此辭也檀弓篇文○秦誓曰者此一經明君臣進賢詘惡之事秦誓尚書篇名秦穆公伐鄭爲晉敗於殽還歸誓羣臣而作此篇是秦穆公悔過自誓之辭記者引之以明好賢去惡也○若有一介臣斷斷兮者此秦穆公誓辭云羣臣若有一耿介之臣斷斷然誠實專一謹慤兮是語辭古文尚書兮爲猗言有一介之臣其心斷斷猶猶然專一與此本異○無他技其心休休焉其如有容焉者言此專一之臣無他奇異之技惟其心休休然寬容形貌似有包容如此之人我當任用也○人之有技若已有之者謂見人有技藝欲得親愛之如已自有也○人之彥聖其心好之不啻若自其口出者謂見人有才彥美通聖其心中愛樂不啻如自其口出心愛此彥聖之美多於口說言其愛樂之甚也○寔能容之以能保我子孫黎民尚亦有利哉者實是也若能好賢如此是能有所包容則我國家得安保我後世子孫黎衆也尚庶幾也非直子孫安其下衆人皆庶幾亦望有利益哉也○人之有技媢疾以惡之者上明進賢之善此論蔽賢之惡也媢妬也見人有技藝則掩藏媢妬疾以憎惡之也○人之彥聖而違之俾不通者見他人之彥聖而違戾抑退之俾使也使其善功不通達於君尚書適爲達字也○寔不能容以不能保我子孫黎民亦曰殆哉者若此蔽賢之人是不能容納家國將亡不能保我子孫非唯如此衆人亦曰殆危哉○注秦誓至危也○正義曰秦穆公伐鄭爲晉所敗於崤還誓其羣臣而作此篇也者案尚

書序秦穆公伐鄭晉襄公帥師敗諸崤還歸作秦誓又左傳僖三十二年秦穆公與師伐鄭蹇叔等諫之公不從爲晉人與姜戎要而擊之敗諸崤是其事也云美士爲彥者爾雅釋訓文黎衆也俾使也皆釋詁文尚庶幾者釋言文爾雅庶幾尚也○是尚爲庶幾矣云媢妬也者說文云媢夫妬婦是媢爲妬也○唯仁人放流之逬諸四夷不與同中國者言唯仁人之君能放流此蔽善之人使逬遠在四夷不與同在中國若舜流四凶而天下咸服是也○此謂唯仁人爲能愛人能惡人者既放此蔽賢之人遠在四夷是仁人能愛善人惡不善之人○見賢而不能舉舉而不能先命也者此謂凡庸小人見此賢人而不能舉進於君假設舉之又不能使在其己之先是爲慢也謂輕慢於舉人也○見不善而不能退退而不能遠過也者此謂小人見不善之人而不能抑退之假令抑退之而不能使遠退之過者言是愆過之人也○好人之所惡者人謂君于君子所惡者凶惡之事今乃愛好凶惡是好人之所惡也○惡人之所好者君子所好仁義善道今乃惡此仁義善道是惡人之所好也○是謂拂人之性者若如此者是謂拂戾善人之性○菑必逮夫身者逮及也如此菑必及夫身矣○是故君子有大道者大道謂所由行孝悌仁義之大道也○必忠信以得之驕泰以失之者言此孝悌仁義必由行忠信以得之由身驕泰以失之也○生財有大道者此一經明人君當先行仁義愛省國用以豐足財物上文大道謂孝悌仁義之道此言人君生殖其財有大道之理則下之所云者是也○生之者衆者謂爲農桑多也○食之者寡者謂減省無用之費也○爲之者疾者謂百姓急營農桑事業也○用之者舒者謂君上緩於營造費用也○則財恒足矣者言人君能如此則國用恒足○仁者以財發身者謂仁德之君以財散施發起身之令名也○不仁者以身發財者言不仁之人唯在吝嗇務於積聚勞役其身發起其財此在治家治國天下之科皆謂人君也○未有上好仁而下不好義者也言在上人君好以仁道接下其下感君仁恩無有不愛好於義使事皆得其宜也○未有好義其事不終者也言臣下悉皆好義百事盡能終成故云未有好義其事不終者言皆能終成也○未有府庫財非其財者也又爲人君作譬也君若行仁民必報義義必終事譬如人君有府庫之財必還爲所用也故云未有府庫財非其財者也○注其爲至有也○正義曰言君行仁道則臣必爲義臣既行義事必終成以至誠相感必有實報如己有府庫之財爲己所有也其爲誠實而然言不虛也○孟獻子曰畜馬乘不察於雞豚者此一經明治國家不可務於積財若務於積財卽是小人之行非君上之道言察於雞豚之所利爲畜養馬乘士初試爲大夫不闕察於雞豚之小利○伐冰之家不畜牛羊者謂卿大夫喪祭用冰從固陰之處伐擊其冰以供喪祭故云伐冰也謂卿大夫爲伐冰之家不畜牛羊爲財利以食祿不與人爭利也○百乘之家不畜聚斂之臣者百乘謂卿大夫有采地者也以地方百里故云百乘之家言卿大夫之家不畜聚斂之臣使賦稅什一之外徵求采邑之物也故論語云百乘之家是也○與其有聚斂之臣寧有盜臣者覆解不畜聚斂之臣之本意若其有聚斂之臣寧可有盜竊之臣以盜臣但害財聚斂之臣則害義也○此謂國不以利爲利以義爲利也者言若能如上所謂是國家之利但以義事爲國家利也○長國家而務財用者必自小人矣者言爲人君長於國家而務積聚財以爲己用者必自爲小人之行也○注孟獻至可也○正義曰孟獻子魯大夫仲孫蔑者此據左傳文也畜馬乘謂以士初試爲大夫者案書傳上飾車騑馬詩云四牡騑騑大夫以上乃得乘四馬今下云伐冰之家百乘之家家是卿大夫今別云畜馬乘者不察雞豚故知士初試爲大夫者也伐冰之家卿大夫者案昭四年左傳云大夫命婦喪浴用冰喪大記注云士不用冰故知卿大夫也士若恩賜及食而得用亦有冰也但非其常故士喪禮賜冰則夷槃可也左傳又云食肉之祿冰皆與焉是也云百乘之家有采地者也此謂卿也故論語云百乘之家鄭云采地一同之廣輪是也○彼爲至利也○前經明遠財重義是不以利爲利以義爲利此經明爲君治國棄遠小人亦是不以利爲利以義爲利也○彼爲善之彼謂君也君欲爲仁義之道善其政教之語辭故云彼爲善之小人之使爲國家菑害並至者言君欲爲善反令小人使爲治國家之事毒害於下故菑害患難則並皆來至○雖有善者亦無如之何矣者既使小人治國其君雖有善政之亦無能奈此患難之何言不能止之以其惡之已著故也

禮記注疏卷六十挍勘記　阮元撰盧宣旬摘錄

大學第四十二

大學之道節

先脩其身 閩監本石經岳本嘉靖本衞氏集說同毛本脩作修下並同

如切如磋如琢如磨 各本同石經同釋文磋作瑳出如摩云本亦作磨

終不可諠兮者 惠棟挍宋本石經宋監本岳本嘉靖本衞氏集說同閩本諠字殘闕監毛本諠作諼

緡蠻黃鳥 石經同閩監毛本緡作緍岳本嘉靖本衞氏集說同釋文同○今訂作緡

於止於鳥之所止也 惠棟挍宋本作於鳥宋監本岳本嘉靖本同考文引古本同此本於鳥誤

公鳥閩監毛本作言鳥亦誤

大學至道矣 惠棟挍宋本無此五字

摠包萬慮謂之爲心 閩本同惠棟挍宋本同監毛本爲心二字倒

情所意念謂之意 閩監毛本同惠棟挍宋本上意作億下意念同案此本下在於憶念也作心旁意毛本作意念

言初始必須習學 惠棟挍宋本作學習

細則雖異 考文引宋板同閩監毛本則作別

見君子而後乃厭然 閩本同惠棟挍宋本同監毛本厭誤揜

如見肺肝雖暫時揜藏 惠棟挍宋本同閩監毛本蹔時揜誤銷沮閉

既懷誠實惡事於中心 惠棟挍宋本同閩監毛本誠誤詐

厭爲黑色如爲閉藏貌也 閩監毛本同段玉裁挍如改知

蔡王勢也 惠棟挍宋本同閩監毛本王誤玉

竹萹竹也 考文引宋板同是也閩監本萹作篇非毛本萹作扁

亦蒙康叔之餘烈故也 惠棟挍宋本同閩監毛本蒙作本

有斐然文章之君子學問之益矣 閩本同考文引宋板同監毛本益作盛

如骨之切如象之磋 考文引宋板同閩監毛本象作角

喧然威儀宣美 閩監毛本喧作諠衞氏集說亦作喧美作著

自此以上詩之本文也 閩本同惠棟挍宋本同監毛本上誤下

詩經云赫兮喧兮本不同也 閩毛本同監本喧作諠

言後世貴重之 閩監毛本同惠棟挍宋本無言字

必於沐浴之者戒之甚也 惠棟挍宋本者上有盤字衞氏集說同此本盤字脫閩監毛本同

當使日日益新 閩監本同衞氏集說同毛本當誤堂

故止云大學之道在於至善 閩監毛本同惠棟挍宋本止作上在下有止字是也

靜密之處也 惠棟挍宋本此下標禮記正義卷第六十六終記云凡二十五頁

子曰聽訟節 惠棟挍宋本自此節起至此篇末爲第六十七卷卷首題禮記正義卷第六十七

聽訟吾猶人也 各本同石經同釋文出吾聽訟猶人也云論語作聽訟吾猶人也

必也使無訟乎 各本同石經同釋文出毋訟云音無

或作憒 閩監毛本作憒岳本嘉靖本衞氏集說同釋文同此本憒誤質

或爲蹇 閩本惠棟挍宋本宋監本岳本嘉靖本同監毛本爲作作衞氏集說同釋文出作蹇

人之其所親愛而辟焉 閩監毛本岳本衞氏集說同惠棟挍宋本辟作譬宋監本石經嘉靖本考文引古本同下四而辟焉並同釋文出而辟云音譬下及注同今各本注譬猶喻也並作譬獨衞氏集說作辟○按譬正字辟假借字

一言僨事 各本同石經同釋文出賁事云本又作僨注同○按賁假借字

不能正也 閩監毛本同惠棟挍宋本宋監本岳本嘉靖本正作止衞氏集說同考文引古本同

不相倍棄也 閩監毛本作棄岳本棄作弃嘉靖本衞氏集說同此本棄誤棄各本倍字同釋文出倍棄云本亦作偝○按偝乃倍之或體

矩或作巨 各本同釋文作作爲

爲政者也言民皆視其所行而則之 惠棟挍宋本如此宋監本岳本嘉靖本衞氏集說同考文引古本同此本者也言民皆視其七字闕閩監毛本誤者在下之民俱

邪辟失道則有大刑 惠棟挍宋本作有大刑宋監本岳本嘉靖本同衞氏集說同考文引古本同此本有大刑三字闕閩監毛本有大刑三字誤作天下共誅之矣六字

若有一介臣 惠棟挍宋本宋監本並作介石經岳本同此本介作个嘉靖本閩監毛本同衞氏集說同釋文

出若有一个云一讀作介石經考文提要云宋大字本作个介案正義說一介爲一耿介則當以作介者爲是釋文作个與正義本異

寔能容之閩監本石經岳本嘉靖本衛氏集說同毛本寔作實下寔不能容同疏放此按當作寔

秦誓尚書篇名也惠棟挍宋本如此宋監本岳本嘉靖本同衛氏集說同考文引古本同此本秦誓二字空闕閩監毛本補秦誓又衍周書二字

而作此篇也岳本嘉靖本同閩監毛本而誤故惠棟挍宋本宋監本亦作而無也字衛氏集說同考文引古本同

才藝之技也惠棟挍宋本宋監本岳本嘉靖本衛氏集說同閩監毛本技誤士

美士爲彥惠棟挍宋本宋監本岳本嘉靖本衛氏集說同考文引古本同閩監本爲作日毛本爲誤也

佛戾賢人所爲惠棟挍宋本宋監本岳本同考文引古本同閩監毛本佛作拂嘉靖本衛氏集說同釋文出佛戾

言聖人不惟自誠己意惠棟挍宋本同閩本聖人二字同不字闕監毛本聖人不誤聽訟者

猶如常人無以異也惠棟挍宋本同閩本以字空闕監毛本以字脫

言無實情虛誕之人惠棟挍宋本同閩本情字空闕監毛本情字脫

皆畏懼不敢訟惠棟挍宋本同閩本訟字空闕監毛本訟字脫

必也使無訟乎是夫子之辭惠棟挍宋本同閩本是夫子三字空闕監毛本是夫子誤者聽訟

大畏民志是記者釋夫子無訟之事惠棟挍宋本同閩本者釋夫子無訟之七字闕監毛本是記者釋夫子無訟之事誤作者能自誠而使民誠意自

謂聽訟之時備兩造惠棟挍宋本同閩監毛本謂聽訟之時誤斷獄者俱

但能用意精誠求其情僞惠棟挍宋本同閩本意精誠求其情僞七字闕監毛本作能服民使誠意不敢爭訟也

此謂知本者此從上所謂誠意以下言此大畏民志以上皆是誠意之事意爲行本既精誠其意是曉知其本故云此謂知本也○所謂脩身者此覆說前脩身正心之事○身有所忿懥則不得其正者懥謂怒也身若有所怒則不得其正言因怒而違於正也所以然者若遇忿怒則違於理則失於正也惠棟挍宋本皆是誠意之事無是字所謂脩身下有在正其心四字餘並同閩本多闕監毛本補闕多誤

脩身必在於正心也○所謂閩監本同毛本○誤之惠棟挍宋本亦作○於正作正於

人之其所親愛而譬焉者閩監本同惠棟挍宋本同毛本譬作辟下而譬焉自譬己並同監本下畏敬而譬哀矜而譬敖惰而譬以己譬人四譬字亦作辟亦迴以譬我亦迴譬我亦迴譬我三譬字毛本作譬監本作辟

亦迴其譬我閩本同考文引宋板同監毛本其作以

雖增惡知彼有美善閩監毛本同考文引宋板增作憎是也

爲治人之道亦當如此也閩監毛本同惠棟挍宋本爲作謂

足可方法而後民皆法之也閩監本同毛本可下衍以字民下脫皆字考文引宋板有皆字

此隱五年公羊傳文案彼傳惠棟挍宋本同閩監毛本公羊傳文案五字闕

齊人語謂登來爲得來也惠棟挍宋本同閩監毛本謂登來爲得五字闕

得此百金之魚而來觀之惠棟挍宋本同閩監毛本百金之魚而五字闕

爲登戾之以來爲戾與公羊本不同也惠棟挍宋本同閩監毛本之以來爲戾五字闕

故引以證經之貪戾也云惠棟挍宋本同閩監毛本經之貪戾也五字闕

所謂平天下在治其國者惠棟挍宋本同閩監毛本所謂平天下五字闕

覆明上文平天下在治其國之事閩監毛本在作先惠棟挍宋本文作經在字同

治國事多天下理廣惠棟挍宋本同閩監毛本理廣二字脫天下上衍於平二字

先須脩身然後及物自惠棟挍宋本同閩本後及物三字闕自作由監毛本然後及物自誤脩身之事由

次明散財於人之事惠棟挍宋本同閩監毛本人之事誤民其又

故揔而詳說也今各隨文解之考文引宋板同惠棟挍宋本說作之閩本詳說也三字闕監毛本揔而詳說也誤特詳悉畢舉

人所遺棄在上君長惠棟挍宋本同閩本遺誤易在字闕監毛本遺誤易在誤是

言君子有執結持矩法之道惠棟挍宋本同閩本執結二字闕監毛本有執結誤於天下

譬諸侯有天子在於閩監毛本同惠棟挍宋本在於作爲上

或在己左以惡加己閩監本同毛本以惡上有若右二字

若能以己化從民所欲閩監本同毛本化下有民字

峻大也皆釋詁文閩本同監毛本峻誤埈下爾雅峻字同

楚王命昭奚恤而問焉惠棟挍宋本同閩監毛本命作召

遂使昭奚恤應之惠棟挍宋本同閩監毛本之誤焉

太宗子牧次之閩本同監本太作大毛本牧作敖

司馬子發次之惠棟挍宋本同閩監毛本司馬子三字闕

唯大國之所觀秦使無以對也使歸告秦王曰楚多賢臣無可以圖之何知有觀射父昭奚恤者案戰國義云楚王築壇昭奚恤等立於壇上楚王指之謂秦使曰此寡人之寶故知有昭奚恤等也謂賢爲寶者案史記云理百姓實府庫使黎甿得所者有令尹子西而能也執法令奉圭璋使諸侯不怨兵車不起者有大宗子牧能也守封疆固城郭使鄰國不侵亦不侵鄰國者有葉公子高能也整師旅治兵戈使蹈白刃赴湯蹈火萬死不顧一生者有司馬子發能也坐籌帷幄之中決勝千里之外懷霸王之業撥理亂之風有大夫昭奚恤能也是皆爲寶也引之者證爲君長能保愛善人爲寶也○注舅犯至利也○正義曰舅犯晉文公之舅狐偃者左傳文也云時避驪姬之讒亡在翟而獻公薨秦穆公使子顯弔之因勸之復國舅犯爲之對此辭也檀弓篇文○秦誓曰者此一經明君臣進賢詘惡之事秦誓尚書篇名秦穆公伐鄭爲晉敗於殽還歸誓羣臣而作此篇是秦穆公悔過自誓之辭記者引之以明好賢去惡也○若有一介臣斷斷兮者此秦穆公誓辭云羣臣若有一耿介之臣斷斷然誠實專一謹慤兮是語辭古文尚書兮爲猗言有一介之臣其心斷斷猗猗然專一與此本異○無他技其心休休焉其如有容焉者言此專一之臣無他奇異之技惟其心休休然寬容形貌似有包容如此之人我當任用也○人之有技若己有之者謂見人有技藝欲得親愛之如己自有也惠棟挍宋本同閩監毛本多闕字考文載宋板惟案戰國義上有乎字與此異餘並同

其中心愛好惠棟挍宋本同閩監毛本好作樂寔是也惠棟挍宋本同衛氏集說同閩監本是字空闕毛本同寔作實得安保我後世子孫黎衆也惠棟挍宋本同閩監本世字空闕毛本世誤之亦望有利益哉也惠棟挍宋本同閩本望字空闕監毛本望字脫娼妬也閩監本同毛本妬作妒下並同以憎惡之也毛本同閩監本惡字空闕而遂戾抑退之惠棟挍宋本同閩本戾字空闕監毛本戾字脫爲晉所敗於殽閩本同惠棟挍宋本同監毛本殽作崤娼夫妬婦閩監本同毛本夫妬誤大妒此一經明人君當先行仁義閩本同監本人字模糊毛本人誤夫謂仁德之君以財散施閩監毛本作君此本君字闕考文引宋板君作者此在治家治國天下之科惠棟挍宋本同閩監毛本在字空闕未有上好仁而下不好義者也閩監毛本同惠棟挍宋本也下有者字下非其財者也同無有不愛好於義毛本同閩監本不字空闕未有好義其事不終者也言臣下悉皆好義考文引宋板同閩本言字空闕監毛本言作者其事不終也言皆能終成也考文引宋板同閩本也字闕監毛本也作者又爲人君作譬也惠棟挍宋本同閩監毛本也字空闕按宋本又上有者字屬上句必還爲所用也惠棟挍宋本同閩監毛本還字空闕以至誠相感惠棟挍宋本同閩監毛本以字空闕其爲誠實而然惠棟挍宋本同閩監毛本誠字空闕孟獻子曰畜馬乘不察於雞豚者此一經明治國家不可務於積財若務於積財即是小人之行非君上之道言察於雞豚之所利爲畜養馬乘士初試爲大夫不闚察於雞豚之小利○伐冰之家不畜牛羊者謂卿大夫喪祭用冰從固陰之處伐擊其冰以供喪祭故云伐冰也謂卿大夫爲伐冰之家不畜牛羊爲財利以食祿不與人爭利也○百乘之家不畜聚斂之臣者百乘謂卿大夫有采地者也以地方百里故云百乘之家言卿大夫之家不畜聚斂之臣使賦稅什一之外徵求采邑之物也故論語云百乘之家是也○與其有聚斂之臣寧有盜臣者覆解不畜聚斂之臣意若其有聚斂之臣寧可有盜竊之臣以盜臣但害財聚斂之臣則害義也○此謂國不以利爲利以義爲利也者言若能如上所言是國家之利但以義事爲國家利也○長國家而務財用者必自小人矣者言爲人君長於國家而務積聚財以爲己用者必自爲小人之行也○注孟獻至可也惠棟挍宋本同閩監毛本多闕字衍字誤字百乘之家家是卿大夫惠棟挍宋本家字不重是卿二字同閩監毛本是卿誤至爲故知士初試爲大夫也惠棟挍宋本同衛氏集說同閩監毛本夫下衍者字士若恩賜及食而得用亦有冰也惠棟挍宋本同閩監毛本士誤上而得用三字空闕左傳又云食肉之祿冰皆與焉惠棟挍宋本同閩監毛本左誤全傳又云之祿五字空闕有采地者也此謂卿也故論語云惠棟挍宋本同閩監毛本此謂論語四字空闕一同之廣輪是也惠棟挍宋本同衛氏集說同閩監毛本廣誤度彼爲善之彼謂君也惠棟挍宋本同閩監毛本下彼誤者善其政教之語辭故云彼爲善之惠棟挍宋本同閩監毛本辭故云三字空闕言君欲爲善反令小人惠棟挍宋本同閩監毛本善反二字空闕故菑害患難則並皆來至惠棟挍宋本同閩監毛本則並誤財利皆來二字空闕既使小人治國其君雖有善政亦無能奈此患難之何言不能止之以其惡之已著故也惠棟挍宋本同閩監毛本其君雖有四字空闕善政下衍之字能奈下衍二空闕以其下衍三空闕

附釋音禮記注疏卷第六十惠棟挍宋本禮記正義卷第六十七終記云凡十六頁宋監本禮記卷第十九經三千四百三十二字注三千五百一十三字嘉靖本同

止

附釋音禮記注疏卷第六十一

冠義第四十三

○陸曰冠音古亂反鄭云名冠義者以其記冠禮成人之義【疏】正義曰案鄭目錄云名曰冠義者以其記冠禮成人之義此於別錄屬吉事但冠禮起早晚書傳既無正文案略說稱周公對成王云古人冒而句領注云古人謂三皇時以冒覆頭句領繞頸至黃帝時則有冕也故世本云黃帝造火食旒冕是起於黃帝也但黃帝以前則以羽皮爲之冠黃帝以後乃用布帛其冠之年即天子諸侯十二而冠故襄九年左傳云國君十五而生子冠而生子禮也又云一星終也是十二年歲星一終案文王十五生武王尚有兄伯邑考金縢云王與大夫盡弁時成王十五著弁則成王已冠矣是天子十二而冠與諸侯同又祭法云王下祭殤五若不早冠何因下祭五等之殤大夫冠之年幾無文案喪服大夫爲昆弟之長殤大夫既爲昆弟長殤則不二十始冠也其士則二十而冠也曲禮云二十曰弱冠是也其天子之子亦早冠所以祭殤有五其諸侯之子皆三十冠也故下檀弓云君之適長殤及大夫之適長殤是也

禮記　鄭氏注　孔穎達疏

凡人之所以爲人者。禮義也。禮義之始。在於正容體。齊顏色。順辭令。言人爲禮以此三者爲始容體正。顏色齊。辭令順。而后禮義備。以正君臣。親父子。和長幼。言三始既備乃可求以三行也○長丁丈反下同行下孟反君臣正。父子親。長幼和。而后禮義立。立猶成也故冠而后服備。服備而后容體正。顏色齊。辭令順。言服未備者未可求以三始也童子之服采衣紒○冠古亂反除下文玄冠及注緇布冠玄冠以外並同紒音計故曰。冠者禮之始也。是故古者聖王重冠。古者冠禮筮日筮賓。所以敬冠事。敬冠事所以重禮。重禮所以爲國本也。國以禮爲本○筮市至反著曰筮重直用反後同故冠於阼。以著代也。醮於客位。三加彌尊。加有成也。阼謂主人之北也適子冠於阼若不醴則醮用酒於客位敬而成之也戶西爲客位庶子冠於房戶外又因醮焉不代父也冠者初加緇布冠次加皮弁次加爵弁每加益尊所以益成也○阼才故反著張慮反醮子笑反彌音弥適音嫡醴音禮已冠而字之。成人之道也。字所以相尊也見於母。母拜之。見於兄弟。兄弟拜之。成人而與爲禮也。玄冠玄端。奠摯於君。遂以摯見於鄉大夫。鄉先生。以成人見也。鄉先生同鄉老而致仕者服玄冠玄端異於朝也○見賢遍反下皆同摯本亦作贄同音至鄉大夫鄉先生並音香注同朝直遥反成人之者。將責成人禮

爲也。責成人禮焉者。將責爲人子。爲人弟。爲人臣。爲人少者之禮行焉。將責四者之行於人。其禮可不重與。言責人以大禮者已接之不可以苟○少詩照反之行下孟反下同與音餘故孝弟忠順之行立。而后可以爲人。可以爲人。而后可以治人也。故聖王重禮。故曰冠者禮之始也。嘉事之重者也。是故古者重冠。重冠故行之於廟。行之於廟者。所以尊重事。尊重事。而不敢擅重事。不敢擅重事。所以自卑而尊先祖也。嘉事嘉禮也宗伯掌五禮有吉禮有凶禮有賓禮有軍禮有嘉禮而冠屬嘉禮周禮曰以昏冠之禮親成男女也○弟音悌治直吏反擅市戰反〔疏〕凡人至祖也○正義曰此一節明人之所以相敍加冠之事從始至終各隨文解之○凡人之所以爲人者禮義也者言人之所以得異於禽獸者以其行禮義也禮義之事終身行之○禮義之始在於正容體齊顏色順辭令者言欲一世行禮之始先須正容體齊顏色順辭令爲先也然後可以正君臣親父子和長幼○古者冠禮者此明將冠之時筮日筮賓重冠禮之事又明冠禮三加其冠以漸成人之禮○故冠於阼以著代也者言適子必加冠於阼阼是主人接賓之處今適子冠於阼階所以著明代父之義也○醮於客位三加彌尊加有成也者若依周禮適子醴於客位今云醮者或因先代夏殷之禮醮之用酒於客位室戶外之西必在賓客位者尊以成人若賓客待之三加初加緇布冠次加皮弁冠三加爵弁冠彌漸而尊故云三加彌尊加有成也謂加盛有成人之事矣○注阼位至成也○正義曰阼謂主人之北也知者案士冠禮文也云若不醴則醮用酒者亦士冠禮文以周禮之法適子則以醴禮之庶子則以酒醮之若先代之禮雖適子皆以酒醮之其於周時或有舊俗行先代之禮雖適子亦用酒醮則因而行不必改也故鄭注士冠禮云若不醴謂國有舊俗可行聖人用焉不改是也醮者醮盡之義故鄭注士冠禮云酌而無酬酢曰醮是也云庶子冠於房戶外又因醮焉者皆士冠禮文也但此記之作是記儀禮士冠禮之事士禮故三加也若大夫亦同士冠禮云無大夫冠禮古者五十而后爵何大夫冠禮之有是大夫雖冠用士禮若諸侯則有冠禮故左傳云公冠用祼享之禮行之金石之樂節之其加則四加而有玄冕也故大戴禮公冠四加也諸侯尚四加則天子亦當五加衮冕也已冠而字之者此明冠畢加字見母及兄弟及見君之節以其成人而見人也未冠之前以其名別之既冠之後又改以字且人二十有爲父之道不可復言其名故冠而加字之成人之道也○見於母母拜之故不拜也今唐禮母見子但起立不拜也案儀禮廟中冠子以酒脯奠廟訖子持所奠酒脯以見於母母拜其酒脯重從尊者處來故拜之非拜子也○玄冠玄端奠摯於君者此玄冠玄端則異於朝服之衣但玄端上士則玄裳中士則黃裳下士則雜裳以其初成人故著玄端異於朝服也若朝服則素裳奠摯奠之於君也○遂以摯見於鄉大夫鄉先生者以摯謂以雉也故士相見禮冬用雉夏用腒見於鄉大夫謂在朝之鄉大夫也鄉先生謂鄉老而致仕也○成人之者此明加冠成人之義必成人者將責成人禮焉冠責以成人之事若成人事立可以治人也是冠者爲治之本故先王重之行之於廟士行之於禰廟故士冠禮注廟謂禰廟既在禰廟此云尊先祖者尊禰則尊先祖之義且下士祖禰共廟其諸侯則冠於太祖之廟故左傳云先君之祧以處之聘禮不腆先君之祧鄭注以爲始祖之廟則天子當冠於始祖廟也服虔注左傳先君之祧處之以爲曾祖廟者以左傳魯襄公冠於衛成公之廟衛成公則當今衛君獻公曾祖服虔望時解之故以祧爲曾祖非鄭義也

昏義第四十四

○陸曰鄭云昏義者以其記娶妻之義內教之所由成也〔疏〕正義曰案鄭目錄云名曰昏義者以其記娶妻之義內教之所由成也此於別錄屬吉事也謂之昏者案鄭昏禮目錄云娶妻之禮以昏爲期因名焉必以昏者取其陰來陽往之義日入後二刻半爲昏以定稱之婿曰昏妻曰姻故經解注云婿曰昏妻曰姻是也謂婿以昏時而來妻則因之而去也若婿之與妻之屬名婿之親屬名之曰姻女之親屬名之爲昏故鄭注昏禮云女氏稱昏婿氏稱姻爾雅婿之父爲姻婦之父爲婚又云婿之黨爲姻兄弟婦之黨爲婚兄弟是也其天地初分之後遂皇之時則有夫婦故通卦驗云遂皇始出握機矩是法北斗七星而立七政禮緯斗威儀之篇七政則君臣父子夫婦及政等既稱夫婦是始自遂皇也譙周云太昊制嫁娶儷皮爲禮是儷皮起於太昊也其媒官之義具於月令疏孟子云舜不告而娶是娶告父母亦起於五帝也其五帝以前爲昏不限同姓異姓三王以來文家異姓爲昏質家同姓爲昏其昏之年幾案異義大戴說男三十女二十有昏娶合爲五十應大衍之數自天子達於庶人同一也故春秋左氏說國君十五而生子禮也二十而嫁三十而娶庶人禮也禮夫爲婦之長殤長殤十九至十六知夫年十四十五見士昏禮也許君謹案舜三十不娶謂之鰥文王十五而生武王尚有兄伯邑考知人君早昏娶不可以年三十非重昏嗣也若鄭意依正禮士及大夫皆三十而後娶及禮云夫爲婦長殤者關異代也或有早娶者非正法矣天子諸侯女昏禮則早矣如氏所釋毛詩所用家語之說以男二十而冠女十五而笄自此以後可以嫁娶至男三十女二十是正昏姻之時與家語異也

昏禮者。將合二姓之好。上以事宗廟。而下以繼後世也。故君子重之。是以昏禮。納采。問名。納吉。納徵。請期。皆主人筵几於廟。而拜迎於門外。入揖讓而升。聽命於廟。所以敬慎重正昏禮也。聽命謂主人聽使者所傳婿家之命○昏者一本作昏禮者婚禮用昏故經典多止作昏字合如字徐音閤好呼報反采七在反采擇也期徐音情又如字筵音延使色吏反傳直專反〔疏〕昏禮至禮也○正義曰此一節總明昏禮之義而拜迎於門外揖讓而升自從始至終也○納采者謂采擇之禮故昏禮云下達納采用鴈也必用鴈者白虎通云鴈取其隨時而南北不失節也又是隨陽之鳥妻從夫之義也問名者問其女之所生母之姓名故昏禮云誰氏言女之母何姓氏也此二禮一使而兼行之○納吉者謂男家既卜得吉與女氏也○納徵者納聘財也徵成也先納聘財而后昏成春秋則謂之納幣其庶人則緇帛五兩卿大夫則玄纁玄三纁二加以儷皮及諸侯加以大璋天子加以穀圭皆具於周禮經注也請期者謂男家使人請女家以昏時之期由男家告於女家何必請者男家不敢自專執謙敬之辭故云請也女氏終聽男家之命乃告之納吉納徵請期每一事則使者一人行惟納徵無鴈以有幣故其餘皆用鴈○主人筵几於廟者謂行此等之禮主人謂女父母設筵几於禰廟此等皆據士昏禮而知之也○聽命於廟者謂女之父母聽受婿之使者之命於廟堂之上兩楹之間也

父親醮子而命之迎。男先於女也。子承命以迎。主人筵几於廟。而拜迎于門外。婿執鴈入。揖讓升堂。再拜奠鴈。蓋親受之於父母也。降出。御婦車。而婿授綏。御輪三周。先俟于門外。婦至。婿揖婦以入。共牢而食。合卺而酳。所以合體。同尊卑。以親之也。酳而無酬酢曰醮醮之禮如冠醮與其異者於寢耳婿御婦車輪三周御者代之婿自乘其車先道之歸也共牢而食合卺而酳成婦之義○醮子妙反迎魚敬反下以迎同先悉薦反子承命本或作予承父命誤或又作聟悉計反女之夫也依字從士從胥俗從知下作耳奠大見反綏音雖合徐音閤又如字卺徐音謹破瓠爲卮也說文作蓋云蠡也字林几敏反以此卺爲譬身有所承說文云讀若赤舄几酳徐音胤又仕覲反酢音昨如冠古亂反下又始於冠同與音餘道音導〔疏〕父親至之也○正義曰此一節明親迎之時父之醮子明迎婦之節○父親醮子而命之迎者謂婿父身親以酒醮子而命之親迎也○男先於女也者釋命親迎之意所以必命迎者欲使男往迎之女則從男迎來也是男子先迎女從後至是男先於女也若男子不迎女自來至是女自先來不得爲男先於女也○主人筵几於廟而拜迎于門外者主人女之父以婿來親迎故拜迎於門外以敵禮待之○婿執鴈入揖讓升堂再拜奠鴈者主人就東階初入門將曲揖當階北面揖當碑揖至階三讓主人升自阼階揖婿升自西階北面奠鴈再拜蓋親受之於父母也於時女房中南面母在房戶外之西南面婿既拜訖旋降出女出房南面立於母左父西面誡之女乃西行母南面誡之昇婿親受之於父母但親受之非是分明手有親受示有親受之義故云蓋以疑之○降出御婦車者謂婿降西階而出親御婦車也○而婿授綏者謂婦升車之時而婿授之以綏○御輪三周者謂婿御婦車之輪三匝然後御者代婿御之○婦至婿揖婦以入者謂婦至婿之寢門婿揖以婦入則稍西避之故魏詩云宛然左辟謂此時也○共牢而食者在夫之寢婿東面婦西面共一牲牢而同食不異牲○合卺而酳者演也謂食畢飲酒演安其氣卺謂半瓢以一瓠分爲兩瓢謂之卺婿之與婦各執一片以酳故云合卺而酳○所以合體同尊卑以親之者也同尊卑謂共牢也所以合體同尊卑者欲使婿之親婦婦亦親婿所以體同爲一不使尊卑有殊也○注酌而至歸也○正義曰以鄉飲酒禮燕禮之屬皆爲賓主相酬酢故不稱其醮則但受爵者飲而盡之又不反相酬酢直醮盡而已故稱醮也然醴亦無酬酢不云醮者以醴尚質不爲飲也故不稱醮但禮敬之而已云醮之禮如冠醮與其異者於寢耳者以父之醮子令其親迎與醮子冠而成人其事相似故云如冠醮與但冠禮醮子在廟此醮子在寢故云其異者在寢耳

敬慎重正。而后

親之。禮之大體。而所以成男女之别。而立夫婦之義也。男女有别。而后夫婦有義。夫婦有義。而后父子有親。父子有親。而后君臣有正。故曰。昏禮者禮之本也。言子受氣性純則孝孝則忠也○别彼列反下同〔疏〕敬慎至本也○正義曰前經明共牢合卺使之相親此經論謹慎重正禮之根本各隨文解之○敬慎重正者言行昏禮之時必須恭敬謹慎尊重正禮而後男女相親若不敬慎重正則夫婦久必離異不相親也○昏禮者禮之本也者夫婦昏姻之禮是諸禮之本所以昏禮爲禮本者昏姻得所則受氣純和生子必孝事君必忠孝則父子親忠則朝廷正故孝經云喪則致其哀祭則致其嚴是昏禮爲諸禮之本也

夫禮始於冠。本於昏。重於喪祭。尊於朝聘。和於射鄉。此禮之大體也。始猶根也本猶幹也鄉鄉飲酒○朝直遥反下匹正反〔疏〕夫禮至體也○正義曰此經因昏禮爲諸禮之本遂廣明禮之始終始則在於冠昏終則重於喪祭其間有朝聘鄉射是禮之大體之事也

夙興。婦沐浴以俟見。質明。贊見婦於舅姑。婦執笲。棗。栗。段脩以見。贊醴婦。婦祭脯醢。祭醴。成婦禮也。成其爲婦之禮也贊醴婦當作禮聲之誤也○沐音木浴音欲見賢遍反下及注同笲音煩一音皮彦反器名以葦若竹爲之其形如筥衣之以青繒以盛棗栗腶脩之屬棗音早爾雅云棘實謂之棗俗作棗誤段丁亂反本又作腶或作鍛同脩脯也加薑桂曰腶脩何休云婦執腶脩者取其斷斷自脩飾也贊醴依注作禮醢音海

舅姑入室。婦以特豚饋。明婦順也。以饋明婦順者供養之禮主於孝順○婦以特豚饋其位反一本無婦字供俱用反養羊尚反

厥明。舅姑共饗婦以一獻之禮。奠酬。舅姑先降自西階。婦降自阼階。以著代也。言既獻之而授之以室事也降者各還其燕寢婦見及饋饗於適寢昏禮不言厥明此言之者容大夫以上禮多或異日○適丁歷反上時掌反〔疏〕夙興至代也○正義曰此論昏禮明日婦見舅姑舅姑醴婦又舅姑入室婦饋特豚又明日舅姑饗婦之節此即士昏禮也故有特豚饋於舅姑若大夫以上非惟特豚而已雖以士爲主亦兼明大夫故有厥明舅姑共饗婦若士婦見舅姑之日即舅姑饗婦故士昏禮舅姑醴婦醴婦既訖則饗之不待厥明也○婦執笲棗栗段脩以見者案士昏禮舅坐於阼階西面姑坐于房外南面婦執笲棗栗進東面拜奠于舅席訖婦又執腶脩升進北面拜奠于姑席是也○贊醴婦婦祭脯醢祭醴者案士昏禮婦席于戶牖間贊者酌醴置於席前北面婦於席西東面拜受贊者西階上北面拜送又拜薦脯醢婦升席左執解右祭脯醢訖以柶祭醴三是祭脯醢祭醴也○成婦禮也者言所以見舅姑及醴之者成其爲婦之禮也○舅姑入室婦以特豚饋者案士昏禮舅姑入于室婦盥饋特豚合升側載無魚腊無稷並南上其他如取女禮鄭注云側載者右胖載之舅俎左胖載之姑俎異尊卑並南上者舅姑共席于奧其饌各以南爲上是特豚饋也○明婦順也者言所以特豚饋者顯明其爲婦之孝順也○厥明舅姑共饗婦以一獻之禮奠酬者案士昏禮云既言舅姑薦俎醢以鄉飲酒之禮約之席在室外戶之西舅酌酒於阼階獻婦婦西階上拜受即席祭薦祭酒畢於西階上北面卒爵婦酢舅舅於阼階上受酢飲畢乃酬婦先酌自飲畢更酌酒以酬姑姑受爵奠於薦左不舉爵正禮畢也○以著代也者言所以舅姑降自西階婦降自阼階是舅姑所升之處今婦由阼階而降是著明代舅姑之事也○注降者至異日○正義曰各還其燕寢者舅姑還舅姑之燕寢婦還婦之燕寢也云婦見及饋饗於適寢者謂舅姑之適寢云昏禮不言厥明此言之者容大夫以上禮多或異日以此云厥明與士昏禮異也

成婦禮。明婦順。又申之以著代。所以重責婦順焉也。婦順者。順於舅姑。和於室人。而后當於夫。以成絲麻布帛之事。以審守委積蓋藏。室人謂女妐女叔諸婦也當猶稱也後言稱夫者不順舅姑不和室人雖有善者猶不爲稱夫也○當丁浪反一音丁郎反下注同下注和當亦同委於僞反積子賜反藏才浪反猶稱尺證反下同

是故婦順備。而后內和理。內和理。而后家可長久也。故聖王重之。順備者行和當事成審也○行下孟反〔疏〕成婦至重之○正義曰此經明上經成婦禮明婦順之事若婦順既成則室家長久故聖王所重也○成婦禮者則上經婦祭脯醢祭醴之等是成婦禮也○明婦順者則上經舅姑入室以特豚饋是明婦順也○又申之以著代者則上經婦降自阼階以著代是也申重也既明婦禮順又重加之以著代之義也○所以重責婦順焉也者言成婦禮明婦順則重著代所以厚重責婦人之孝順焉分之則婦禮婦順著代三者别文皆揔歸於婦順故自此以下唯申明婦順也○以審守委積蓋藏者言既當夫氏又成婦事以此詳審保守家之所有委積掩蓋藏聚之物也○注室人謂女妐女叔諸婦也○正義曰經既言順於舅姑乃和於室人是在室之人非男子也女妐謂壻之姊也女叔謂壻之妹諸婦謂娣姒之屬○注云順備者行和當事成審也○正義曰行是順於舅姑和謂和於室人當謂當於夫則前經所說是也云事成審者則前經以成絲麻布帛之事以審守委積蓋藏是事成審也

是以古者婦人先嫁三月。祖廟未毀。教于公宮。祖廟既毀。教于宗室。教以婦德。婦言。婦容。婦功。教成祭之。牲用魚。芼之以蘋藻。所以成婦順也。謂與天子諸侯同姓者也嫁女者必就尊者教成之教成之者女師也祖廟女所出之祖也公君也宗室宗子之家也婦德貞順也婦言辭令也婦容婉娩也婦功絲麻也祭之祭其所出之祖也魚蘋藻皆水物陰類也魚爲俎實蘋藻爲羹菜祭無牲牢告事耳非正祭也其齊盛用黍云君使有司告之宗子之家若其祖廟已毀則爲壇而告焉○先悉薦反芼莫報反蘋音頻藻音早毛詩于以采蘋于以采藻詩箋云蘋之言賓藻之言早婉紆免反娩音晚詩箋云婉娩貞順貌又音挽齊音咨壇徒丹反〔疏〕是以至順也○正義曰此經更發明前經成婦順之事所以能成婦德者以未嫁之前先教以四德故此經明嫁所教之事○祖廟未毀教于公宮者此謂與君爲骨肉親廟有四高祖之廟未毀除此欲嫁之女教于公宮也祖廟既毀教於宗室者謂與君四從以外同高祖之父以上其廟既遷是祖廟既毀此女則教於大宗子之室○教成祭之者謂三月教之其教已成祭女所出祖廟告以教成也○所以成婦順也者以爲未嫁之前先教四德又祭而告但成其爲婦之順欲使嫁而爲婦舉遵此教而成和順○注謂與至告焉○正義曰此云教於公宮故知是天子諸侯同姓也天子當言王宮今經云公宮卿兼天子者此云公官謂公之宮也若天子于公邑官家之宮爾非謂諸侯公宮也此昏義雖記士昏禮之事自此以下廣明天子以下教女及夫婦之義故此經教女之尊貴者言云嫁女者必就尊者教成之者按內則女子十年不出使姆教成之明已前恆教但嫁前三月特就公宮之教欲尊之也云教之者女師也者即詩周南云言告師氏則昏禮注云姆婦人五十無子出者也云祖廟女所出之祖也者謂女父與君所分出之祖或與君共高祖而分出以下皆然與諸侯共高祖廟未毀所出之女皆自公宮教之天子雖七廟親廟上自高祖以下也云公君也者鄭恐唯謂諸侯之公故解公爲君天子諸侯皆稱君云宗室宗子之家也者鄭注不云大宗小宗則大宗小宗之家悉得教之與大宗近者於大宗教之與大宗遠者於小宗教之此記謂君之同姓若君之異姓異姓始祖在者其後亦有大宗小宗其族人嫁女各於其家也云祭之祭其所出之祖也者此女出於君之高祖則祭高祖廟出於君之曾祖則祭曾祖以下皆然女親行祭詩云誰其尸之有齊季女是也云祭無牲牢告事耳非正祭也者以祭君之廟應用牲今其俎唯魚故云告事耳非正祭也云其齊盛用黍者以其告祭不用正牲則無稻粱既以蘋藻爲羹則當有齊盛此士祭特牲黍稷故知此亦用黍也云君使有司告之者約雜記釁廟使有司行之故知此告成之祭亦使有司也若有卿大夫以下則女主之宗子掌其禮也云若其祖廟已毀則爲壇而告焉者此謂與宗子或同曾祖假令宗子爲士只有父祖曾祖廟高祖無廟則爲壇於宗子之家而告焉若與宗子同曾祖則爲壇告曾祖焉若與宗子同高祖則爲壇告高祖焉此注或有作墠者誤也所以知者以祭法篇適士二廟一壇則曾祖爲壇也大夫三廟二壇則高祖及高祖之父爲壇或可宗子爲中士下士但有二廟無壇則爲墠而告之也

○古者天子后立六宮。三夫人。九嬪。二十七世婦。八十一御妻。以聽天下之內治。以明章婦順。故天下內和而家理。天子立六官。三公。九卿。二十七大夫。八十一元士。以聽天下之外治。以明章天下之男教。故外和而國治。故曰。天子聽男教。后聽女順。天子理陽道。后治陰德。天子聽外治。后聽內職。教順成俗。外內和順。國家理治。此之謂盛德。天子六寢而六宮在後六官在前所以承副施外內之政也三夫人以下百二十人周制也三公以下百二十人似夏時也合而言之取其相應有象大數也內治婦學之法也陰德謂主陰事陰令也○嬪毗人反治直吏

反下及注除后治陰德皆同應如字音應對之應〔疏〕古者至盛德○正義曰此一經因上夫婦昏禮之事故此明天子與后各立其官掌内外之事法陰陽所爲但后之所立六宮周之法也天子所爲立六官夏之制也欲見其數相當故以夏周相對爲内外也○注天子至令也○正義曰按宮人云掌王之六寢之修注路寢一小寢五是天子六寢也云六宮在後者后之六宮在王之六寢之後亦大寢一小寢五其九嬪以下亦分居之其三夫人雖不分居六宮亦分主六宮之事或二宮則一人也或猶如三公分主六卿之類也云六官在前者六卿之官在王六寢之前其三孤亦分主六官之職總謂之九卿故考工記云外有九室九卿朝焉是也云三公以下百二十人者周三百此百二十人延於百數故云似夏時以無正文故稱似也云内治婦學之法也者案九嬪職云掌婦學之法故知内治是婦學也云陰德謂主陰事陰令也者案内宰掌王之陰事陰令注云陰事謂羣妃御見之事陰令爲王所求爲於北宮也

是故男教不脩，陽事不得，適見於天，日爲之食。婦順不脩，陰事不得，適見於天，月爲之食。是故日食則天子素服而脩六官之職，蕩天下之陽事。月食則后素服而脩六宮之職，蕩天下之陰事。故天子之與后，猶日之與月，陰之與陽，相須而后成者也。適之言責也食者見道有虧傷也蕩蕩滌去穢惡也○適直革反下注同見賢遍反下及注同日爲于僞反下文皆同蕩徒浪反滌直歷反又杜亦反去起吕反穢紆廢反

天子脩男教，父道也。后脩女順，母道也。故曰：天子之與后，猶父之與母也。故爲天王服斬衰，服父之義也。爲后服資衰，服母之義也。父母者施教令於婦子者也故其服同資當爲齊聲之誤也○衰七雷反下同資依注作齊音咨注又作齋者同〔疏〕是故至義也○正義曰此以下說男女之教若其不得日月爲之適食又明天子與后是父之與母之義○是故日食則天子素服而脩六官之職蕩天下之陽事者謂救日之時著素服蕩除天下之陽事有穢惡者案左傳昭三十一年十二月辛亥朔日有食之庚午之日始有謫謫謂日之將食之氣氣見於上所以責人君也故詩云十月之交朔月辛卯日有食之亦孔之醜又云此日而食于何不臧是君之不善而日食凡日食若壬午朔日有食之左傳云公問於梓慎禍福何爲對曰二至二分日有食不爲災也日月之行也分同道也至相過也其他月則爲災陽不克也故常爲水也然詩之十月則夏之八月秋分日食而爲災者以辛卯之日卯往侵辛木克金故爲災昭七年夏四月甲辰朔日有食之而大咎衛君上卿四月夏之二月爲災者以其甲辰之日甲爲木辰爲土卯當克土今日食土反克木故爲災也昭二十一年秋七月壬午朔而日食壬爲水午爲火水應克火而日食火反克水不爲災者以秋七月夏之五月是壬午之時得有克壬之理故不得爲災杜預以爲假日食之異以戒懼人君其言若信若不信不可定以爲驗也

鄉飲酒義第四十五

○陸曰鄭云鄉飲酒義者以其記鄉大夫飲賓於庠序之禮尊賢養老之義也別錄屬吉禮〔疏〕正義曰案鄭目錄云名曰鄉飲酒義者以其記鄉大夫飲賓于庠序之禮尊賢養老之義此於別錄屬吉事儀禮有其事此記釋其義也但此篇前後凡有四事一則三年賓賢能二則卿大夫飲國中賢者三則州長習射飲酒也四則黨正蜡祭飲酒總而言之皆謂之鄉飲酒知此篇合有四事者以鄭注此鄉人鄉大夫云士州長黨正鄭又云飲國中賢者亦用此禮也鄭必知此篇鄉大夫賓賢能及飲國中賢者并州長黨正者以此經云鄉人即鄉大夫士則州長黨正又云君子謂卿大夫飲國中賢者下又云六十者坐五十者立侍亦是黨正飲酒之事下又云合諸鄉射是亦州長習射之禮鄭以此參之故知此篇兼有四事鄉則三年一飲州則一年再飲黨則一年一飲也所以然者天子六鄉諸侯三鄉卿二鄉大夫一鄉各有鄉大夫而鄉有鄉學取致仕在鄉之中大夫爲父師致仕之士爲少師在於學中名爲鄉先生教於鄉中之人謂鄉學每年入學三年業成必升於君若天子鄉則升學士於天子若諸侯之鄉則升學士於諸侯凡升之必用正月也將用升之先爲飲酒之禮鄉大夫與鄉先生謀事學生最賢使爲賓次者爲介又次者爲衆賓此鄉大夫爲主人與之飲酒而後升之故周禮鄉大夫職云三年則大比攷其德行道藝而興賢者能者鄉老及鄉大夫帥其吏與其衆寡以禮禮賓之鄭云賢者有德行者能者有道藝者故鄭云古者年七十而致仕老於鄉里大夫名曰父師士名少師而教學焉恒知鄉人之賢者是以大夫就而謀之賢者以爲賓其次以爲介又其次爲衆賓而與之飲酒是亦將獻之以禮禮賓之也若州一年再飲者是春秋習射因而飲之以州長爲主人也若黨一年一飲者是歲十二月國於大蜡祭而黨中於學飲酒子貢觀蜡是也亦黨正爲主人也此鄉飲酒之義說儀禮鄉飲酒也但儀禮所據是諸侯之鄉大夫三年賓賢能之禮故鄭儀禮鄉飲酒目錄云諸侯之鄉大夫三年將獻賢者於君以禮賓與之飲酒是也鄭必知諸侯鄉大夫者以鄉飲酒禮云磬階間縮霤注云大夫而特縣方賓鄉人之賢者從士禮也若天子之大夫特縣則鍾磬並有今唯云磬故知諸侯之鄉大夫也若諸侯之州長則士也故儀禮鄉射是諸侯州長經稱鹿中記云士則鹿中明非諸侯之鄉大夫爲之也

鄉飲酒之義：主人拜迎賓于庠門之外，入，三揖而后至階，三讓而后升，所以致尊讓也。庠鄉學也州黨曰序○庠音詳學記云古之教者家有塾黨有庠術有序國有學盥洗揚觶，所以致絜也。揚舉也今禮皆作騰○盥音管觶之豉反說文云鄉飲酒角也字林音支絜音結下同一本作致絜敬也拜至，拜洗，拜受，拜送，拜既，所以致敬也。拜至謂始升時拜拜賓至尊讓、絜、敬也者，君子之所以相接也。君子尊讓則不爭，絜、敬則不慢。不慢不爭，則遠於鬭辨矣。不鬭辨，則無暴亂之禍矣。斯君子所以免於人禍也，故聖人制之以道。道謂此禮○爭爭鬭之爭下同遠于萬反辨如字徐甫免反下同〔疏〕鄉飲至以道○正義曰此一節發明鄉飲酒之禮拜迎至拜洗相尊敬之事故聖人制之以道也○鄉飲酒之義主人拜迎賓于庠門之外者謂鄉大夫故迎賓于庠門外若州長黨正則於序門外也○盥洗揚觶者謂主人將獻賓以水盥手而洗爵揚觶謂既獻之後舉觶酬賓之時亦盥洗也必盥洗者所以致其絜敬之意也○拜至者謂賓與主人升堂之後主人於阼階之上北面再拜是拜至也○拜洗者謂主人拜至訖洗爵而升賓於西階上北面再拜拜主人洗也○拜受者賓於西階上拜受爵也○拜送者主人於阼階上拜送爵也○拜既者既盡也賓飲酒既盡而拜也○所以致敬也者言賓主相拜致其恭敬之心○尊讓絜敬也者言入門而三揖三讓是尊讓盥洗揚觶是絜也拜至拜洗之等是致敬也故揔結之云尊讓絜敬也者君子之所以相接也○注庠鄉學也州黨曰序○正義曰案州長職云春秋射于州序黨正云屬民飲酒于序是州黨曰序有室謂之庠無室謂之序鄉學爲庠州黨爲序學記云黨有庠者謂鄉人在州黨但於鄉之庠學不别立也則州黨曰序必是無室今案鄉射云豫則鈎楹内堂則由楹外故鄭注云庠之制有堂有室也豫讀如成周宣謝災之謝凡屋無室曰謝今文豫爲序序乃夏后氏之學亦非也以此言之則州黨爲序其義非也今云州黨曰序者但州黨之序雖並皆無室今鄉射則鈎楹内是内之深無室事顯正得讀豫爲謝是無室故也不得讀豫爲序以序非無室之名故云非也以有楹内楹外之言故鄭特云序非也謂正鄉射文非是餘處序字皆非也餘處之序以竝皆無室也但有虞氏之庠周以爲鄉學夏后氏之序周以爲州黨之學明夏時之序則有室也周時州黨之序則無室也序名雖同其制則别故鄉射注云序乃夏后氏之學非謂州黨之學也以鄉射爲豫已非今文爲序又非故云亦非鄉學雖爲序云亦有東西牆謂之序故鄉飲酒或云序東西州學雖爲序據其序内亦有室稱故鄉射或云堂東堂西也

鄉人、士、君子，尊於房中之間，賓主共之也。尊有玄酒，貴其質也。鄉人鄉大夫也士州長黨正也君子謂鄉大夫士也鄉大夫士飲國中賢者亦用此禮也共尊者人臣卑不敢專大惠○鄉人士君子周禮天子六鄉鄭司農云百里内爲六鄉外爲六遂司徒職云五家爲比五比爲閭四閭爲族五族爲黨五黨爲州五州爲鄉鄉大夫每鄉卿一人州長每州中大夫一人黨正每黨下大夫一人族師每族上士一人閭胥每閭中士一人比長五家下士一人諸侯則三鄉長丁丈反篇内皆同謂卿去京反注同飲於鴆反羞出自東房，主人共之也。羞燕私可以自尊也○羞音脩共音恭洗當東榮，主人之所以自絜而以事賓也。絜猶清也○榮如字屋翼也劉音營清如字皇才性反〔疏〕鄉人至賓也○正義曰此一節明設尊及玄酒貴其質素又羞出東房及東榮設洗主人事賓之義也鄉人謂鄉大夫也士謂州長黨正也君子者謂卿大夫也○尊於房戶之間賓主共之也者以鄉大夫等唯有東房故設酒尊於東房之西室戶之東在賓主之間示賓主之共有此酒也酒雖主人之設賓亦以酢主人故云賓主共之也○尊有玄酒貴其質也者北面設尊玄酒在左謂在酒尊之西也所以設玄酒在西者地道尊右貴其質素故也○羞出自東房主人共之也者謂供於賓也○洗當東榮榮屋翼也設洗於庭當屋翼也必在東者示主人所以自絜以事賓從冠義以來皆

賓記者疊出儀禮經文每於一事之下釋明儀禮經義每義皆舉經文於上陳其義於下以釋之也他皆倣此也主象天地也。介僎象陰陽也。三賓象三光也。讓之三也。象月之三日而成魄也。四面之坐。象四時也。陰陽助天地養成萬物之氣也三賓象天三光者繫於天也古文禮僎皆作遵○介音戒下倣此輔賓者僎音遵輔主人者魄普百反說文作霸云月始生魄然也坐才臥反又如字天地嚴凝之氣。始於西南而盛於西北。此天地之尊嚴氣也。此天地之義氣也。天地溫厚之氣。始於東北而盛於東南。此天地之盛德氣也。此天地之仁氣也。凝猶成也凝魚矜反主人者尊賓。故坐賓於西北。而坐介於西南以輔賓。賓者。接人以義者也。故坐於西北。賓者接人以義言賓故以成主人之惠主人者。接人以德厚者也。故坐於東南。而坐僎於東北。以輔主人也。以僎輔主人以其仕在官也仁義接。賓主有事。俎豆有數。曰聖。聖立而將之以敬。曰禮。禮以體長幼。曰德。聖通也所以通賓主之意也將猶奉也德也者。得於身也。故曰。古之學術道者。將以得身也。是故聖人務焉。術猶藝也得身者謂成己令名免於刑罰也言學術道則此說賓賢能之禮〔疏〕賓主至務焉○正義曰此一節明賓主介僎坐謂位之義也賓主象天地也介僎象陰陽也者天地則陰陽著成爲天地故賓在西北天地之嚴凝之氣著主在東南天地溫厚之氣著介坐在西南象陰之徵氣僎在東北象陽之徵氣○三賓象三光者謂衆賓也○四面之坐象四時也者主人東南象夏始賓西北象冬始僎東北象春始介西南象秋始其四時不離天地陰陽之內而坐即是賓主介僎之所象也○曰聖者聖通也謂上諸事並是通賓主之意也聖立而將之以敬曰禮者謂通賓主之事其道已立能將行之以恭敬乃謂之禮也○禮以體長幼曰德德者得也既能有禮以體成長幼於事得宜故曰德也○德也者得於身也○重釋稱德之義是得善行於其身謂之所行者得於理也○古之學術道者將以得身也者術者藝也言古之人學此才藝之道也將以得身也謂使身得成也此謂賓賢之人有術道今以賓敬接待之事其尊敬學習術道身得成就而有令名○是故聖人務焉者以上賓主德義之事於禮最重故聖人務行焉祭薦。祭酒。敬禮也。嚌肺。嘗禮也。啐酒。成禮也。於席末。言是席之正。非專爲飲食也。爲行禮也。此所以貴禮而賤財也。卒觶。致實於西階上。言是席之上。非專爲飲食也。此先禮而後財之義也。先禮而後財。則民作敬讓而不爭矣。非專爲飲食言主於相敬以禮也致實謂盡酒也酒爲觴實祭薦祭酒嚌肺於席中唯啐酒於席末也○祭薦本亦作薦同嚌才細反肺芳廢反啐七內反專爲于僞反下及注專爲同〔疏〕祭薦至爭矣○正義曰此一節明飲酒之禮祭薦祭酒相尊敬之心貴禮賤財之義○祭薦者主人獻賓賓即席祭所薦時脯醢也○祭酒者賓既祭薦又祭酒也○敬禮也者言賓既祭薦又祭酒是賓敬重主人之禮也○嚌肺者禮也○賓既祭酒之後興取俎上之肺嚌齒之所以嘗主人之禮也○啐酒成禮也於席末者啐謂飲主人酒而入口成主人之禮於席末謂席西頭也案鄉飲酒禮祭薦祭酒嚌肺皆在席之中唯啐酒在席之末又鄉飲酒禮云祭脯醢奠爵右取肺卻左手右絕末以祭尚左手嚌之興加于俎坐捝手遂祭酒嚌肺在前祭酒在後此先云祭酒者嚌是嘗嚌之名祭酒是未飲之稱故祭酒與祭此薦相連表其敬禮之事○言是席之正非專爲飲食也者若此席專爲飲食應於席中啐酒今乃席末啐酒此席之設本不爲飲食是主人敬重於賓故設席耳祭薦祭酒嚌肺在席中者敬主人之物故在席中啐酒入於已故在席末也○此所以貴禮而賤財也者於席上祭薦祭酒是貴禮席末也啐酒是賤財也○卒觶致實於西階上言是席之上非專爲飲食也者卒觶主人酬賓賓卒立以兵觶也致實謂致盡其所實之酒於西階上不就席卒觶者言此席之上非專爲飲食也故不於席所而卒觶啐纔始入口猶在席末也卒觶則盡爵故遠在西階上前文方論設席之禮故言是席之正此覆說前席故變文言是席之上亦正也此先禮而後財之義也者先禮則貴後財則賤則上亦上下互而相通也○注致實至末也○正義曰以經卒觶致實既云卒觶論其將欲卒觶之時舉其事者致實論其盡酒之體故更言致實也云酒爲觴實者以盡酒稱致實之意酒爲觴中之實今致盡此實也云祭薦祭酒嚌肺於席中唯啐酒於席末也者皆鄉飲酒禮文

鄉飲酒之禮。六十者坐。五十者立侍。以聽政役。所以明尊長也。六十者三豆。七十者四豆。八十者五豆。九十者六豆。所以明養老也。民知尊長養老。而后乃能入孝弟。民入孝弟。出尊長養老。而后成教。成教而後國可安也。君子之所謂孝者。非家至而日見之也。合諸鄉射。教之鄉飲酒之禮。而孝弟之行立矣。此說鄉飲酒謂黨正國索鬼神而祭祀則以禮屬民而飲酒于序以正齒位之禮也其鄉射則州長春秋以禮會民而射于州序之禮也謂之鄉者州黨鄉之屬也或則鄉之所居州黨鄉大夫親爲主人焉如今郡國下令長於鄉射飲酒從大守相臨之禮也○弟音悌下同行下孟反索色百反屬音燭大守音泰下手又反相悉亮反漢制郡有大守國有相或息羊反則以連下句〔疏〕鄉飲至立矣○正義曰此明黨正飲酒正齒位之事六十者坐五十者立侍者按鄉飲酒禮賓賢能則用處士爲賓其次爲介其次爲衆賓皆以年少者爲之此正齒位之禮其賓介等皆用年老者爲之其餘爲衆賓之內年六十以上於堂上於賓席之西南面坐若不盡則於介席之北東面北上其五十者則立於西階下東面北上示有陪侍之義非即在六十者傍同南面立也○以聽政役者所以立於階下示其聽受六十以上政事役使也所以明尊長也者言欲明尊敬六十之長老故立而聽政役○六十者三豆至九十者六豆者以其每十年加一豆非正禮故不得爲籩豆偶也其五十者亦有豆也但二豆而已則鄉飲酒禮衆賓立於堂下者皆二豆其賓介之豆無正文當依衆賓之年而加之也○所以明養老也豆是供養之物故云明養老立侍是陪侍之儀故云明尊長也○而后乃能入孝弟者人若知尊長養老則能入孝弟之行也民入孝弟謂入門而能行孝弟○出尊長養老者謂出門而能尊長養老也○合諸鄉射教之鄉飲酒之禮而孝弟之行立矣者諸於也謂春秋二時聚合其民於州長鄉射之禮以教之鄉飲酒之禮謂十月黨正飲酒是教之鄉飲酒之禮既州長教射黨正教飲酒則民知尊長養老故孝弟之行以此而成立也○注此說至禮也○正義曰鄭知此經所說是黨正正齒位者以儀禮鄉飲酒之篇無正齒位之禮今此云六十者坐五十者[illegible]射則州長春秋以禮會民而射于州序之禮也者此則州長職文引之者證經中之鄉射也云謂之鄉者州黨鄉之屬也者既是州長黨正射飲而並謂之鄉者以州黨屬鄉故云鄉之屬也云或則鄉之所居州黨者鄭更云別解此州黨謂之鄉鄉之所居此州黨行飲酒射之禮鄉大夫則代此州長黨正爲主人故得稱鄉射鄉飲酒也若鄉之州黨所不居則鄉大夫不得爲主人亦不得稱鄉射鄉飲酒但謂之州射黨正飲酒可也云如今郡國下令長於鄉射飲酒者謂郡治之下及王侯有國治之下滿萬戶以上之令不滿萬戶之長於巳縣或射或飲酒則從郡之大守及王國之相來自行禮相監臨之儀不用令長禮也令長射而飲酒似州長黨正也大守與相來監臨似鄉大夫監臨也故引以相證也

孔子曰。吾觀於鄉。而知王道之易易也。鄉鄉飲酒也易易謂教化之本尊賢尚齒而已○易易皆以豉反注及下易易同〔疏〕孔子至易也○正義曰謂孔子先觀鄉飲酒之禮而稱知王道之易易故記者引之結成鄉飲酒之義○吾觀於鄉者鄉謂鄉飲酒言我觀看鄉飲酒之禮有尊賢尚齒之法則知王者教化之道其事甚易以尊賢尚齒爲教化之本故也不直云易而云易易者取其簡易之義故重言易易猶若尚書王道蕩蕩王道平平皆重言取其語順故也主人親速賓及介。而衆賓自從之。至于門外。主人拜賓及介。而衆賓自入。貴賤之義別矣。速謂即家召之別猶明也○別彼列反注及下注同〔疏〕主人至別矣○正義曰此一經明鄉飲酒之禮主人待賓之異明貴賤之別也○衆賓自從之者主人親自速賓并往速介而衆賓不須往速自從賓介而來也○而衆賓自入者謂賓介至門主人拜賓及介而衆賓不須拜自入門是賓介貴於衆賓貴賤之義別矣三揖至于階。三讓以賓升。拜至。獻。酬。辭讓之節繁。及介。省矣。至于衆賓。升受。坐祭。立飲。不酢而降。隆殺

之義辨矣。繁猶盛也小減曰省辨猶別也尊者禮隆卑者禮殺尊卑別也。○省所領反徐疏幸反注同酢音昨殺色戒反注及下同〔疏〕三揖至辨也。○正義曰此明主人於賓介禮隆殺分別也。○拜至獻酬辭讓之節繁者主人於賓三揖三讓拜其來至又酌酒獻賓賓酢主人主人又酌而自飲以酬賓是辭讓之節其數繁多也。○及介省矣者案鄉飲酒介酢主人則止主人不酢介也是及介省矣。○至于衆賓升受坐祭立飲不酢而降者案鄉飲酒之禮主人獻衆賓于西階上受爵坐祭立飲不酢主人而降西階東面也。○隆殺之義辨矣者於賓禮隆衆賓禮殺是隆殺之義別也工入升歌三終。主人獻之。笙入三終。主人獻之。間歌三終。合樂三終。工告樂備。遂出。一人揚觶。乃立司正焉。知其能和樂而不流也。工謂樂正也樂正既告備而降言遂出者自此至去不復升也流猶失禮也立司正以正禮則禮不失可知一人或為二人。○笙音生間間廁之間合如字徐音閤復扶又反〔疏〕工入至流也。○正義曰此一節論鄉飲酒設樂賓罷則以禮正之不至流邪之事也。○工入升歌三終者謂升堂歌鹿鳴四牡皇皇者華每一篇而一終也。○主人獻之笙入三終者謂吹笙之人入於堂下奏南陔白華華黍每一篇一終也。○主人獻之者謂獻笙入也。○間歌三終者間代也謂歌已竟而堂上與堂下更代而作也堂上人先歌魚麗則堂下笙由庚此為一終又堂上歌南有嘉魚則堂下笙崇丘此為二終也又堂上歌南山有臺則堂下笙由儀此為三終也此皆鄉飲酒之文故鄭注鄉飲酒云間代也謂一歌則一吹也魚麗言大平年豐物多也此采其物多酒旨所以優賓也。○南有嘉魚言大平君子有酒樂與賢者共之也此采其能以禮下賢者賢者纍蔓而歸之與之燕樂也南山有臺言大平之治以賢者為本此采其愛友賢者為邦家之基民之父母既欲其身之壽考又欲其名德之長也由庚崇丘由儀今亡其義未聞也。○合樂三終者謂堂上下歌瑟及笙並作也若工歌關雎則笙吹鵲巢合之若工歌葛覃則笙吹采蘩合之若工歌卷耳則笙吹采蘋合之所以知然者則鄉飲酒云乃合樂周南關雎葛覃卷耳召南鵲巢采蘩采蘋鄭云合樂謂歌樂與衆聲俱作周南召南國風篇也王后國君夫人房中之樂歌也關雎言后妃之德葛覃言后妃之職卷耳言后妃之志鵲巢言國君夫人之德采蘩言國君夫人不失職采蘋言卿大夫之妻能循其法度也。○工告樂備而遂出者工謂樂正工先告樂正樂正告賓以樂備遂下堂也言遂出者樂正自此至去不復升堂也鄉飲酒云工告于樂正樂正告于賓乃降注云樂正降者以正歌備無事也降立西階東北面。○一人揚觶乃立司正焉者一人謂主人之吏也一人舉觶之後乃立司正樂既備將留賓旅酬為有懈隋故主人使相禮者一人為司正以監之也舉觶示將行旅酬也鄉飲酒云作相為司正又云司正洗觶升自西階阼階上北面受命于主人主人曰請安于賓司正告于賓賓禮辭許注云為賓欲去留之告賓於西階又云司正既舉觶而薦諸其位注云司正主人之屬也無獻因其舉觶而薦之。○知其能和樂而不流也者結之也流失禮也工升歌後立司正以正之故知鄉飲酒能和樂不流邪失禮也賓酬主人。主人酬介。介酬衆賓。少長以齒。終於沃洗者焉。知其能弟長而無遺矣。遺猶脫也忘也。○少詩召反沃於木反弟音悌下弟長同脫徒活反又音奪〔疏〕賓酬至遺矣。○正義曰此經明旅酬之時賓主少長皆得酬酒長幼無被遺棄之事。○少長以齒終於沃洗者言旅酬之時賓主人之黨各以少長為齒以次相旅至於執掌盥洗之人以水沃盥洗爵者皆預酬酒之限此經主人酬介介酬衆賓雖據旅酬之時其少長以齒終於沃洗是無筭爵之節也但因其旅酬遂連言無筭爵見無不周徧弟長而無遺而知終沃洗是其無筭爵案鄉飲酒記主人之贊者西面北上不與無筭爵然後與是也。○知其能弟長而無遺矣者弟少也言少之與長皆被恩澤而無遺棄也故云知其能弟長而無遺也降說屨升坐。脩爵無數。飲酒之節。朝不廢朝。莫不廢夕。賓出。主人拜送。節文終遂焉。知其能安燕而不亂也。朝夕朝莫聽事也不廢之者既朝乃飲先夕則罷其正也終遂猶充備也。○廢朝直遙反注朝夕既朝同莫音暮下同先悉薦反〔疏〕降說至亂也。○正義曰此一經明飲酒之禮雖爵行無數猶能節文自終不至於亂也。○降說屨升坐者此謂無筭爵之初也以前皆立而行禮未徹俎故未說屨至此徹俎之後乃說屨升堂坐也。○脩爵無數者謂無筭爵也熊氏云謂行爵無數矣。○朝不廢朝者朝後乃行飲酒之禮是朝不廢朝也。○莫不廢夕者謂飲酒禮畢乃治私家之事是莫不廢夕也謂鄉飲酒之禮若黨正飲酒一國若狂無不醉也。○節文終遂焉也者終謂終竟也遂謂申也言雖至飲畢主人備禮拜而送賓節制文章終竟申遂不有闕少故鄭云終遂猶充備也。○知其能安燕而不亂也謂安在於燕樂而不至亂也貴賤明。隆殺辨。和樂而不流。弟長而無遺。安燕而不亂。此五行者。足以正身安國矣。彼國安而天下安。故曰。吾觀於鄉。而知王道之易易也。〔疏〕貴賤至易也。○正義曰此一節揔結上經明上五種之事又覆說前文孔子所以知王道之易易也如此五行者足以正身安國矣者五行謂上第一云貴賤之義別第二云隆殺之義辨第三云和樂而不流第四云弟長而無遺第五云安燕而不亂是五種之行也。○彼國安而天下安者以鄉飲酒於此將天下諸侯為彼國故云彼國安而天下安也鄉飲酒之義。立賓以象天。立主以象地。設介僎以象日月。立三賓以象三光。古之制禮也。經之以天地。紀之以日月。參之以三光。政教之本也。日出於東僎所在也月生於西介所在也三光三大辰也天之政教出於大辰焉。○行下孟反〔疏〕鄉飲至本也。○正義曰此記者更覆說鄉飲酒之義有所法象之事前文雖備故此更詳也。○立賓以象天立主以象地者前文天地共言故云賓主象天地此則析言之賓以象天主以象地賓者主之所尊敬故以賓象天主供物以養賓故以主象地也。○設介僎以象日月者則前經陰陽也但陰陽據其氣日月言其體僎在東北象日出也介在西南象月出也。○注三光三大辰也。○正義曰案昭十七年有星孛于大辰公羊云大辰者何大火也伐為大辰北辰亦為大辰故爾雅云大辰房心尾也大火謂之大辰北極謂之北辰是三大辰也何休云大火與伐天所以示民時早晚天下取以為正故謂之大辰辰時也是天之政教出於大辰亨狗於東方。祖陽氣之發於東方也。祖猶法也狗所以養賓陽氣主養萬物。○亨普庚反洗之在阼。其水在洗東。祖天地之左海也。海水之委也。○阼才路反委於僞反尊有玄酒。教民不忘本也。大古無酒用水而已。大音泰〔疏〕亨狗至本也。○正義曰此一節覆明上主象地以下諸文之意也。○亨狗於東方祖陽氣之發於東[illegible]文差出自東方也。○洗之在阼其水在洗[illegible]也者此覆說前經洗當東榮因說水在洗[illegible]。○尊有玄酒教民不忘本也者此覆說上文尊有玄酒貴其質也賓必南鄉。東方者春。春之為言蠢也。產萬物者聖也。南方者夏。夏之為言假也。養之長之假之仁也。西方者秋。秋之為言愁也。愁之以時察守義者也。北方者冬。冬之為言中也。中者藏也。是以天子之立也。左聖鄉仁。右義偝藏也。春猶蠢也蠢動生之貌也聖之言生也假大也愁讀為揫揫斂也察猶[illegible]鄉鄉仁貴長大萬物也察或為殺。○鄉許[illegible]南鄉東鄉皆同蠢尺允反蠢動生之貌夏戶[illegible]雅反下同愁依注讀為揫子留反下同[illegible]字下同徐才浪反偝音佩殺如字又色戒反介必東鄉。介賓主也。[illegible]將西賓將南介覸其間也。○覸音間廁之間主人必居東方。東方者春。春之為言蠢也。產萬物者也。主人者造之產萬物者也。言禮之所共由主人出也。○共音恭月者三日則成魄。三月則成時。是以禮有三讓。建國必立三卿。三賓者。政教之本。禮之大參也。言禮者陰也大數取法於月也。○成魄普伯反參七南反〔疏〕賓必至參也。○正義曰此一節更揔明鄉飲酒禮坐位所在并明三揖三讓每事皆三之義產萬物者聖也者聖之言生也東方產[illegible]養之長之假之仁也者假大也謂養育萬[illegible]也五行春為仁夏為禮今春為聖夏為[illegible]物俱有仁恩之義故此夏亦仁也聖既[illegible]謂之聖故東方為聖也各以義言之理[illegible]者言北方主智亦為信也若以五行言[illegible]歸藏言之則為藏也。○介必東鄉介賓[illegible]行就賓又南行將就主人介在西階賓[illegible]之間也。○主人者造之產萬物也者釋[illegible]意東方產育萬物主人共客所須故主[illegible]也。○月者三日則成魄者謂月盡之後三[illegible]生傍有微光也此謂月明盡之後而生[illegible]

以前月大則月二日生魄前月小則三日乃生魄○三賓者政教之本者凡建國既立三卿助君治國今鄉飲酒立三賓象國之立三卿故云政教之本也○注言禮者陰也大數取法於月也○正義曰樂既爲陽故禮爲陰月是陰精故禮之數取法於月也

禮記注疏卷六十一挍勘記　阮元撰盧宣旬摘錄

附釋音禮記注疏卷第六十一惠棟挍宋本禮記正義卷第六十八

冠義第四十三

凡人之所以爲人者節

言三始既備乃可求以三行也毛本作備岳本嘉靖本衞氏集說同考文引古本同此本備字闕閩監本同

同鄉老而致仕者惠棟挍宋本岳本嘉靖本考文引古本同閩監毛本同誤謂衞氏集說同

阼謂主人之北也知者閩本同惠棟挍宋本同監毛本知字脫

或有舊俗行先代之禮閩監本同毛本先代二字倒

未冠之前以其名別之閩監毛本同惠棟挍宋本以其作則以

但元端上士則元裳閩本同惠棟挍宋本同監毛本元端誤衣冠

見於鄉大夫謂在朝之鄉大夫也閩監毛本同劉台拱挍二鄉字並改卿衞氏集說作鄉大夫在朝之卿大夫

聘禮不朕先君之祧閩監毛本同惠棟挍宋本禮下有云字衞氏集說同

以左傳魯襄公冠於衞成公之廟惠棟挍宋本作襄此本襄字闕閩監毛本襄誤成

昏義第四十四案昏字毛本及衞氏集說與此本同各本並作昬與石經同後放此釋文亦作昬各本義字同毛本義誤禮○按作昏是也說文云从日氏省

是娶告父母閩監毛本同惠棟挍宋本娶下有妻字

舜三十不娶謂之鰥閩監毛本同考文引宋板舜下有年字衞氏集說同

昏禮者節惠棟云昏禮節父親醮子節宋本合爲一

昏禮者各本同石經同釋文出昏者云一本作昏禮者

昏禮至禮也惠棟挍宋本無此五字

故昏禮云謂誰氏閩監毛本同考文引宋板云謂作去爲案作爲是作去非衞氏集說亦作云爲

父親醮子節

合巹而酳石經岳本嘉靖本同閩監毛本巹作卺衞氏集說同○按依說文當作𢍰从豆蒸省聲巹假借字卺巹皆𢍰字之譌

敬慎重正節

敬慎至本也惠棟挍宋本無此五字

夫禮始於冠節

夫禮至體也惠棟挍宋本無此五字

和於射鄉閩本石經岳本嘉靖本同考文引宋板古本足利本同監毛本射鄉二字倒衞氏集說同石經考文提要云宋大字本宋本九經南宋巾箱本余仁仲本劉叔剛本並作射鄉

夙興節

段脩石經作段岳本同釋文同此本段誤叚嘉靖本閩監毛本段誤叚衞氏集說同

夙興至代也惠棟挍宋本無此五字

成婦禮節

室人謂女妐女叔諸婦也閩監本同岳本同考文引古本足利本同毛本妐誤姑衞氏集說嘉靖本同

成婦至重之惠棟挍宋本無此五字

女妐謂壻之姊也閩監本同毛本妐誤姑衞氏集說同

是以古者節

教成之者女師也嘉靖本閩監毛本同惠棟挍宋本無成字宋監本衞氏集說同岳本教成之作其教之

若天子公邑官家之宮爾閩監毛本同惠棟挍宋本爾作耳衞氏集說同

古者天子節

后聽內職惠棟挍宋本作職石經宋監本岳本嘉靖本同此本職誤治閩監毛本同衞氏集說同石經考文提要云案禮記集說引呂大臨禮記解云治者職之別后所聽皆內職馬晞孟禮記解云凡天子所聽皆外治故曰天子聽外治后聽內職宋大字本宋本九經南宋巾箱本余仁仲本至善堂九經本並作職

所以承副施外內之政也閩本同惠棟挍宋本宋監本嘉靖本岳本同衞氏集說同監毛本副誤嗣

取其相應有象大數也閩監毛本作象大此本象大二字闕岳本大作天嘉靖本衞氏集說同

古者至盛德惠棟挍宋本無此五字

此一經因上夫婦昏禮之事閩監本同毛本因上二字倒

注路寢一小寢五惠棟挍宋本注下有云字衞氏集說同此本云字脫閩監毛本同

爲王所求爲於北宮也惠棟挍宋本同閩監毛本北誤此衞氏集說亦作北上爲作謂

是故男教不脩節

爲后服資衰閩監毛本石經岳本嘉靖本衞氏集說同坊本資作齊依注改釋文出資衰云依注作齊○按依說文當作齋从衣齊聲經傳多假齊爲之資亦假借字古音次聲齊聲同部也

是故至義也惠棟挍宋本無此五字

卯往侵辛由反克金考文引宋板同閩監毛本由作木

鄉飲酒義第四十五

二則卿大夫飲國中賢者此本卿字不誤閩監毛本卿誤鄉衞氏集說同

又云君子謂卿大夫飲國中賢者此本卿字不誤閩本同監毛本卿誤鄉

學生最賢使爲賓閩本同考文引宋板同監本生字殘闕毛本生作士

此鄉大夫爲主人與之飲酒衞氏集說同閩監毛本此誤比

鄉飲酒之義節

斯君子之所以免於人禍也惠棟挍宋本有之字石經宋監本岳本嘉靖本同衞氏集說之字空闕此本之字脫閩監毛本同通典七十三亦有之字

鄉人士君子節

君子謂卿大夫士也閩監本作卿嘉靖本卿誤鄉有士字此本同毛本同岳本亦作卿無士字衞氏集說同考文引宋板古本亦無士字段玉裁挍云案下文卿大夫士飲國中賢者即承此君子謂卿大夫士而釋之也宋監本無士字非

卿大夫士飲國中賢者閩監本同岳本同衞氏集說同考文引宋板同嘉靖本毛本卿誤鄉段玉裁云鄉飲酒禮疏引此卿大夫士飲國中賢者

不敢專大惠此本注止此句閩監毛本岳本嘉靖本衞氏集說同山井鼎云釋文鄉人士君子至諸侯則三鄉百八字宋板與注不敢專大惠連接爲注古本無但後人依宋板誤補入之案山井鼎所據宋板即惠棟所挍宋本惠棟於此處無明言但於釋文周禮下添注一云字似亦從宋本挍者此宋本在未附釋音之前何由羼入釋文疑百八字爲鄭氏注文所本有釋文云鄭云鄉人鄉大夫士州長黨正也君子謂卿大夫士也周禮天子六鄉鄭司農云百里內爲六鄉外爲六遂司徒職云五家爲比五比爲閭四閭爲族五族爲黨五黨爲州五州爲鄉鄉大夫每鄉卿一人州長每州中大夫一人黨正每黨下大夫一人族師每族上士一人閭胥每閭中士一人比長五家下士一人諸侯則三鄉自周禮天子六鄉至諸侯則三鄉百三字統承上鄭云之下未見謂卿大夫士也以上爲鄭云周禮天子以下必不爲鄭云也

鄉人至賓也惠棟挍宋本無此五字

以卿大夫等唯有東房閩監毛本卿作鄉衞氏集說同

地道尊右閩監毛本同衞氏集說同考文引宋板右作左

賓主象天地也節
賓主至務焉　惠棟挍宋本無此五字
德也者得於身也　閩監毛本同考文引宋板也下有者字
祭薦祭酒節
主人酬賓賓卒立以兵觶也　惠棟挍宋本兵作立閩本兵字闕監毛本兵作據案皆誤盧文弨鍾山禮記云本當云左人酬賓賓立以卒觶也
不就席卒觶者言此席之上　閩監本同毛本此作是
鄉飲酒之禮六十者坐節
鄉飲至立矣　惠棟挍宋本無此五字
及王國之相來自行禮相監臨之儀　閩監毛本王作主衞氏集說同齊召南云主國當作王國段玉裁挍云下相字衍文
工入升歌節
工入至流也　惠棟挍宋本無此五字
則鄉飲酒云乃合樂周南召南關雎　閩監毛本同惠棟挍宋本無召南二字衞氏集說同
合樂謂歌與衆聲俱作　閩監毛本同惠棟挍宋本歌下有樂字按有樂字與鄉飲酒禮注合
賓禮辭許注云　閩監毛本同惠棟挍宋本無許字○按宋本非也
降說屨節
降說至亂也　惠棟挍宋本無此五字
猶能節文自終不至於亂也　惠棟挍宋本同閩監毛本文自誤立目
知其能安燕而不亂也　閩監毛本同惠棟挍宋本也下有者
貴賤明節
貴賤至易也　惠棟挍宋本無此五字
如此五行者　閩監毛本同考文引宋板無如字
賓必南鄉節
察猶察察嚴之貌也　閩監毛本嚴下有殺字岳本嘉靖本同此本殺字脫衞氏集說殺誤毅釋文出嚴殺
言禮之所共由主人出也　閩監毛本岳本嘉靖本衞氏集說同惠棟挍宋本共作在案在字非也釋文出所共音恭正義亦云主人共客所須

大數取法於月也　惠棟挍宋本如此宋監本岳本嘉靖本衞氏集說同閩監毛本法上衍象字此本空闕
賓必至參也　惠棟挍宋本無此五字
更揔明鄉飲酒禮坐位　惠棟挍宋本無禮字閩監毛本明作言酒下亦衍禮字衞氏集說亦作明
每事皆三之義　惠棟挍宋本作之義衞氏集說同閩監毛本之義二字誤以成禮三字此本空闕
聖之言生也　閩監本作生此本生誤主毛本誤升
東方產育萬物故爲聖也　惠棟挍宋本如此衞氏集說同閩監毛本爲聖上衍爲春二字也字脫
長之使大仁恩也　惠棟挍宋本如此衞氏集說同閩監毛本仁恩也誤亦爲仁此本空闕
於五行春爲仁　閩監毛本有於字惠棟挍宋本無此本空闕
春夏皆生養萬物俱有仁恩之義　考文引宋板如此閩監毛本生養萬物四字誤是生有長養五字此本空闕
以生物言之則謂之聖　考文引宋板如此閩監毛本言之則謂四字誤於春如通明五字此本空闕
藏也者此言北方主智　閩監毛本有此字惠棟挍宋本無此本空闕
主人獻賓將西行就賓　惠棟挍宋本如此衞氏集說同閩監毛本賓將西三字誤酬之禮既四字此本空闕
賓又南行將就主人　閩監毛本如此衞氏集說同考文引宋板無賓字
以介覿隔賓主之間也　惠棟挍宋本如此衞氏集說同閩監毛本隔字誤在於二字此本空闕
釋所以主人居東方之意　惠棟挍宋本如此衞氏集說同監毛本意上衍義字此本空闕閩本同
主人共客所須　閩監毛本同考文引宋板共作供衞氏集說同
故主人造爲產萬物之象者也　閩監毛本如此衞氏集說象下無者字考文引宋板象者二字作事字此本空闕
覿謂明生　惠棟挍宋本如此衞氏集說同閩監毛本明字誤月輪二字此本空闕
若初以前月大　閩監毛本如此衞氏集說初上無若字考文引宋板若初二字作所字此本空闕
三賓者政教之本者　惠棟挍宋本如此閩監毛本政上衍爲字此本空闕
象國之立三卿　考文引宋板同閩監毛本象上衍亦字
大數取法於月也　閩監毛本法上衍象字
故禮之數取法於月也　考文引宋板同衞氏集說同閩監毛本數上衍大字

附釋音禮記注疏卷第六十二

射義第四十六

○陸曰鄭云射義者以其記燕射大射之禮觀德行取其士之義也別錄屬吉禮○【疏】正義曰案鄭目錄云名曰射義者以其記燕射大射之禮觀德行取於士之義此於別錄屬吉事案此篇中有鄉射又云不失正鵠正則賓射然則鄉射賓射俱有之矣今目錄唯云燕射大射者但此篇廣說天子諸侯大射燕射之義不專於鄉射賓射故鄭目錄特舉大射燕射其射之所起起自黃帝故易繫辭黃帝以下九事章云古者弦木爲弧剡木爲矢弧矢之利以威天下又世本云揮作弓夷牟作矢注云揮夷牟黃帝臣是弓矢起於黃帝矣虞書云侯以明之是射侯見於堯舜夏殷無文周則其矣

禮記　鄭氏注　孔穎達疏

古者諸侯之射也。必先行燕禮。卿大夫士之射也。必先行鄉飲酒之禮。故燕禮者。所以明君臣之義也。鄉飲酒之禮者。所以明長幼之序也。言別尊卑老穉然後射以觀德行也○長丁丈反別彼列反穉音值行下孟反下文注德行皆同【疏】古者至序也○正義曰此一篇之義廣說射禮明天子以下射之樂章上下之差又明天子諸侯選士與祭之法因明孔子矍相之圃簡賢選士誓衆之事又明君臣父子正鵠之義是男子有事於射故男子初生設桑弧蓬矢之義又明志正射中之義飲酒養病之事今各隨文解之此經明將射之時天子諸侯先行燕禮所以明君臣之義卿大夫將射先行鄉飲酒之禮所以明長幼之序也○古者諸侯之射也必先行燕禮者案儀禮大射在未旅之前燕初似饗即是先行饗禮而云先行燕禮者燕初似饗正謂其行禮似饗其餘則燕故禮其牲狗及設折俎行一獻此等皆燕之法也故云先行燕禮也○燕禮者所以明君臣之義也者謂臣於堂下再拜稽首升成拜君荅拜似若臣盡竭其力致敬於君君施惠以報之也○鄉飲酒之禮者所以明長幼之序者此鄉飲酒謂黨正飲酒以鄉統名則前篇云六十者坐五十者立侍是也○

故射者。進退周還必中禮。內志正。外體直。然後持弓矢審固。持弓矢審固。然後可以言中。此可以觀德行矣。內正外直習於禮樂有德行者也正鵠之名出自此也○中丁仲反下同正音征鵠古毒反徐又如字【疏】故射至行矣○正義曰此一經明射者之禮言內志審正則射能中故見其外射則可以觀其內德故云可以觀德行矣○注正鵠之名出自此也○正義曰以賓射之的謂之正正者正也欲明射者內志須正也鄭注大射云正者正也亦鳥名齊魯之間名題肩爲正是也以大射之質謂之鵠鵠者直也欲使射者外體之直是正鵠之名出自射者而來故云正鵠之名出自此也

其節。天子以騶虞爲節。諸侯以貍首爲節。卿大夫以采蘋爲節。士以采蘩爲節。騶虞者。樂官備也。貍首者。樂

會時也。采蘋者。樂循法也。采繁者。樂不失職也。是故天子以備官爲節。諸侯以時會天子爲節。卿大夫以循法爲節。士以不失職爲節。故明乎其節之志。以不失其事。則功成而德行立。德行立。則無暴亂之禍矣。功成則國安。故曰。射者。所以觀盛德也。騶虞采蘋采繁毛詩篇名。貍首逸。下云曾孫侯氏是也。樂官備者謂騶虞曰壹發五豝喻得賢者多也于嗟乎騶虞歎仁人也樂會時者謂貍首曰小大莫處御于君所樂循法者謂采蘋曰于以采蘋南澗之濵循澗以采蘋喻循法度以成君事也樂不失職者謂采繁曰被之僮僮夙夜在公○騶側尤反徐側侯反貍力之反貍之言不來也首先也此逸詩也鄭以下所引曾孫侯氏爲貍首之詩也蘋音頻蘩音煩循徐辭均反豝百麻反獸一歲曰豝詩傳云豕牝曰豝澗音諫山夾水曰澗濵音賓涯也被皮義反徐扶義反僮音童本亦作童毛詩傳云竦敬也【疏】其節至德也○正義曰此節明天子以下射禮樂章之異○天子以騶虞爲節者歌騶虞之詩射人云騶虞九節○諸侯以貍首爲節者謂歌貍首也射人云貍首七節○卿大夫以采蘋爲節士以采蘩爲餙者射人云皆五節案鄉射注云五節歌五終四節四拾其一節先以聽也若然則九節者五節先以聽七節者三節先以聽皆以四節應乘矢拾發也○騶虞者樂官備也者謂射一發而得五豝喻得賢人多賢人多則官備也○貍首者樂會時也者諸侯不來朝射其首是樂會及盟也○采蘋者樂循法也于以采蘋南澗之濵循澗以采蘋喻循法度以成君事○采蘩者樂不失職也謂采蘩曰被之僮僮夙夜在公是其不失職也○是故天子以備官爲節謂騶虞也○諸侯以時會天子爲節謂歌貍首也○卿大夫以循法爲節謂歌采蘋也○士以不失職爲節謂歌采蘩也○明乎其節之志以不失其事者其節之志謂天子以備官爲志諸侯以時會爲志卿大夫以循法度爲志士以不失職爲志是各明達其樂節之志故能不失其所爲之事也○德行立則無暴亂之禍矣功成則國安者是覆說上文功成德行立先覆說德行然後却覆說功成也以先由德行乃功成也○故曰射者可以觀盛德也盛德無暴亂之禍國安射者各明其志能致盛德故云所以觀盛德也○注騶虞至仁人○正義曰案詩義云君射一發則驅五豝獸以軍戰之禮待禽獸之命不忍特驅其一此云喻得賢者多則以豝喻賢也謂一發而得五豝猶若君一求而得五賢與詩文異者斷章爲義云于嗟乎騶虞歎仁人也與詩義同也以騶虞不食生物故云于嗟乎其仁人騶虞既爲天子樂章而儀禮鄉射用之者鄭注鄉射云此天子之射節也而用之者方有樂賢之志取其宜也曾孫之詩謂之貍首者貍首篇名曾孫者其章頭也儀禮大射奏貍首間若一鄭注云貍之言不來也其詩有射諸侯首不朝者之言因以名篇故謂之貍首也是故古者天子。以射選諸侯卿大夫士。射者。男子之事也。因而飾之以禮樂也。故事之盡禮樂。而可數爲。以立德行者。莫若射。故聖王務焉。選士者先考德行乃後決之於射男子生而有射事長學禮樂以飾之○數色角反下同長丁丈反【疏】是故至務焉○正義曰此一節明天子以射禮簡選諸侯以下德行能否故聖王所以務以射選諸侯卿大夫者諸侯雖繼世而立卿大夫有功乃升非專以射而選但既爲諸侯卿大夫又考其德行更以射辨其才藝高下非謂直以射選補始用之也○射者男子之事也因而飾之以禮樂也者男子生有縣弧之義故云射者男子之事因此射事更華飾以禮樂則容體比於禮其節比於樂是也○故事之盡禮樂而可數爲以立德行者莫若射者謂諸事之中能窮盡禮而可數數爲之以興立人之德行諸事之中無如於射唯射能如此故聖王務重焉也○注男子至飾之○正義曰男子生而有射事者案內則篇云男子生設弧於門左是也云長學禮樂以飾之者案內則篇云十有三年學樂誦詩舞勺成童舞象二十舞大夏是長學禮樂以飾射事也是故古者天子之制。諸侯歲獻貢士於天子。天子試之於射宮。其容體比於禮。其節比於樂。而中多者。得與於祭。其容體不比於禮。其節不比於樂。而中少者。不得與於祭。數與於祭而君有慶。數不與於祭而君有讓。數有慶而益地。數有讓而削地。故曰。射者。射爲諸侯也。歲獻獻國事之書及計偕物也三歲而貢士舊說云大國三人次國二人小國一人○比毗志反下同親合也中丁仲反下同得與音預下皆同削胥略反偕音皆俱也是以諸侯君臣盡志於射。以習禮樂。夫君臣習禮樂而以流亡者。未之有也。流猶放也書曰流共工于幽州○共音恭【疏】是故至有也○正義曰此一節明射爲諸侯之事又明諸侯君臣盡志於射以習禮樂無流亡之患○諸侯歲獻者謂諸侯每歲獻國事之書及獻計偕之物於天子也○貢士於天子者諸侯三年一貢士於天子也○天子試之於射宮者言天子試此所貢之士於射宮之中○而中多者得與於祭者此謂大射也○注歲獻至一人○正義曰以經云歲獻貢士於天子恐歲獻之文只是貢獻於士故云歲獻國事之書及計偕物也者漢時謂郡國送文書之使謂之爲計吏其貢獻之物與計吏俱來故謂之計偕物也偕俱也非但獻國事之書又俱獻貢物故云及計偕物知歲獻國事之書者小行人云令諸侯春入貢秋獻功注云貢六服所貢也功考績之功也秋獻之若今計文書斷於九月其舊法也云三歲而貢士者以經貢士之文繫歲獻之下恐每歲貢士故云三歲而一貢士也又知三歲者案書傳云古者諸侯之於天子也三年一貢士一適謂之好德再適謂之賢賢三適謂之有功有功者天子賜以衣服弓矢再賜以秬鬯三賜以虎賁百人號曰命諸侯不云益地者文不具矣書傳又云貢士一不適謂之過注云謂三年時也再不適謂之敖注云謂六年時也三不適謂之誣注云謂九年時也一紬以爵再紬以地三紬而地畢注云凡十五年鄭以此故知三歲而貢士也故詩曰。曾孫侯氏。四正具舉。大夫君子。凡以庶士。小大莫處。御于君所。以燕以射。則燕則譽。言君臣相與盡志於射。以習禮樂。則安則譽也。是以天子制之。而諸侯務焉。此天子之所以養諸侯而兵不用。諸侯自爲正之具也。此曾孫之詩諸侯之射節也四正正爵四行也四行者獻賓獻公獻卿獻大夫乃後樂作而射也莫處無安居其官次者也御猶侍也以燕以射先行燕禮乃射也則燕則譽言國安則有名譽譽或爲與○【疏】故詩曰曾孫侯氏四正具舉大夫君子凡以庶士小大莫處御于君所具也○正義曰上經說諸侯君臣之射此明諸侯之射所歌樂章節者此貍首之詩也所以論燕射則燕則譽故君臣相與盡志於射也此詩名貍首而發首云曾孫侯氏者但此篇之中有貍首之字在於篇中撮取貍首之字以爲篇首之目謂若騶虞之詩其字雖在篇內而名騶虞矣曾孫侯氏者謂諸侯也此諸侯出於王是王之曾孫也故云曾孫侯氏矣若左傳云曾孫蒯聵之類是也○四正具擧者將射之時先行燕禮其燕之時四度正爵悉皆擧徧謂獻賓獻君獻卿獻大夫四獻既畢乃後射故云具擧○大夫君子凡以庶士者言大夫之時大夫君子及庶衆士等○小大莫處御于君所者言大夫士等小之與大無有處於職司而不來者皆御侍于君之處所也○以燕以射者謂先行燕禮而後射也○則燕則譽者燕安也既君臣歡樂用是燕安而有聲譽也○諸侯自爲正之具也正謂脩正言射者是諸侯自爲脩正之具言脩正得安由於射也故前文云內志正謂此也○注此曾至名譽○正義曰以諸侯射以貍首之篇謂今詩文無貍首之篇今射義有載曾孫之詩故知是貍首也云正爵四行獻賓獻公獻卿獻大夫者大射禮文云乃後樂作而射也者案大射禮獻大夫之後乃後工入樂作而後射此謂大射也若燕射則說屨升堂坐之後乃射矣故燕禮說屨升堂獻士畢若射則大射正爲司射如鄉射之禮是也孔子射於矍相之圃。蓋觀者如堵牆。矍相地名也樹菜蔬曰圃○矍俱縛反注同相息亮反矍相地名圃音補徐音布觀如字又古亂反堵丁古反蔬一本作疏所魚反射至於司馬。使子路執弓矢出延射。曰。賁軍之將。亡國之大夫。與爲人後者。不入。其餘皆入。蓋去者半。入者半。先行飲酒禮將射乃以司正爲司馬子路執弓矢出延射則爲司射也延進也出進觀者欲射者也賁讀爲僨僨猶覆敗也亡國亡君之國者也與猶奇也後人者一人而已既有爲者而往奇之是貪財也子路陳此三者而觀者畏其義則或去也延或爲誓○賁依注讀爲僨音奮覆敗也將子匠反與音預注同不入一本作不得入者非也賁讀音奔覆方卜反奇居宜反下同後如字又音侯又使公罔之裘序點揚觶而語。公罔之裘揚觶而語曰。幼壯孝弟。耆耋好禮。不從流俗。脩身以俟死。者不。在此位也。蓋去者半。處者半。序點又揚觶而語曰。好學不倦。好禮不

變。旄期稱道不亂。者不。在此位也。蓋㔶有存者。之發聲也射畢又使此二人舉觶者古者於旅也語語謂說義理也三十曰壯耆耋皆老也流俗失俗也處猶留也八十九十曰旄百年曰期頤稱猶言也行也者不言有此行不可以在此賓位也序點或爲徐點壯或爲將旄期或爲旄勤今禮揚皆作騰○公罔人姓也又作罔之裘裘名也之語助序點多簟反序姓點名也觶之豉反弟音悌耆音祁巨支反六十曰耆耋大結反七十曰耋一云八十曰耋好呼報反下同脩身以俟死絕句者不此二字一句下及注皆同旄本又作耄莫報反八十九十曰耄期本又作旗音其如字百年曰期頤頤養也稱如字不亂絕句本或作而不亂㔶音勤又音僅少也期頤以支反鄭注曲禮云期要也頤養也言有此行不絕句行音下孟反【疏】孔子至存者○正義曰從篇首以來釋天子以下射樂之節又說大射之禮并顯諸侯貍首之義故此一節載孔子射於矍相之圃選賢誓衆之禮也○射至於司馬者欲射之前先行鄉飲酒之禮獻賓及介獻衆賓之後未旅之前作相爲司正至於將射轉司正爲司馬故云射至於司馬也○使子路執弓矢出延射者謂立司馬之時孔子使子路爲司射之官出門而延進觀者及欲射之人曰賁軍之將者賁謂覆敗也敗軍之將言無勇也○亡國之大夫者謂亡君之國言不忠且無智也○與爲人後者與猶奇也謂有人無後既立後訖此人復往奇之是其貪財也○不入其餘皆入者言有此以前三惡則不得入若其餘無此三惡者皆得入也○又使公罔之裘序點揚觶而語者公罔爲氏也裘名也序氏也點名也揚舉也至將旅之時使一人俱舉觶誓衆而說所誓之事此舉其目故總舉二人於是公罔之裘先言序點後言矣○幼壯孝弟者謂二十之幼三十之壯能於幼壯以來能行孝弟也○耆耋好禮者謂六十之耆七十之耋老而不倦愛好於禮○不從流俗者身行獨行不從流移之俗也○修身以俟死者謂脩潔其身以俟於死者不在此位也者者不問此衆人之中有此上諸行不若有則可在此賓位矣○好學不倦好禮不變者此之所誓獨精於前前則雖云孝弟好禮未能不倦不變○旄期稱道不亂者○旄謂八十九十曰旄期謂百年曰期頤年雖甚老行道不亂亦喻前文耆耋好禮是後者彌精也但此記所陳唯約鄉射禮也○子路出延射者是將射之前按鄉射司射比衆耦於堂西此出延者但觀者既多庭中不容故出延之入乃比耦以初門外未入觀者既多未有賓主之禮故誓惡者令其不入以鄉飲酒禮差之射禮畢旅酬之時乃使二人舉觶故鄉射禮畢司馬反爲司正樂正升堂復位賓取俎西之觶酬主人主人酬大夫自相旅畢君使二人舉觶於賓與大夫則當此公罔之裘序點二人舉觶之節也但衆賓射事既了衆賓皆在賓位主人以禮接之不復斥言其惡於此但簡其善公罔簡而尚疏序點簡而轉詳旄期之老不復能射得云在位者此極老之人本來觀禮雖不能射與在賓中故知旅酬之時其人猶在也○注先行至去也○正義曰知先行飲酒禮者按儀禮鄉射先行飲酒之禮此射矍相之圃謂賓射故鄭注鄉侯二正是用賓射之正又鄉大夫職云以鄉射之禮五物詢衆庶鄭引此孔子射於矍相之事故知與此鄉射同也云賁讀爲僨者若春秋鄭伯之車僨於濟說文云僨僵也是僨爲覆敗也云與猶奇也者謂他人無後既有人後之相爲合配今已更往後之是配合之外更有奇隻故云後人者一人而已既有爲者而往奇之○注之發至位也○正義曰按經下云公罔裘上云之裘故知之是發聲也即裘爲名矣云射畢又使此二人舉觶者古者於旅也語者鄭釋其公罔之裘序點揚觶而語之事古者於旅也語者鄉射記文鄭注云禮成樂備乃可以言語先王禮樂之道也云耆耋皆老也者按曲禮云六十曰耆服虔注僖九年傳云七十曰耋大耋言之七十八十謂年餘七十也又毛詩傳云八十曰耋大耋言之七十八十皆謂之耋也云者不言有行不可以在此賓位者謂射畢旅酬之時衆賓之位矣

射之爲言者。繹也。或曰舍也。繹者。各繹己之志也。故心平體正。持弓矢審固。持弓矢審固則射中矣。故曰。爲人父者。以爲父鵠。爲人子者。以爲子鵠。爲人君者。以爲君鵠。爲人臣者。以爲臣鵠。故射者各射己之鵠。故天子之大射。謂之射侯。射侯者。射爲諸侯也。射中則得爲諸侯。射不中則不得爲諸侯。大射將祭擇士之射也以爲某鵠者將射還視侯中之時意曰此鵠乃爲某之鵠吾中之則成人不中之則不成人也得爲諸侯謂有慶也不得爲諸侯謂有讓也○繹音亦徐音釋舍如字舊音捨中丁仲反下及注皆同鵠古毒反徐如字注同射食亦反下射天地四方同【疏】射之至諸侯○正義曰此一經釋稱射之名及鵠之與侯之文○射之爲言繹也者此記者訓釋射之名射者是繹也繹陳也言陳己之志○或曰舍也者是記者又解射名故云射者舍也舍中也謂心平體正持弓矢審固則能中也繹者各繹己之志也者言君臣父子各舒陳己之志意則下云爲人父者以爲父鵠是也○持弓矢審固則射中矣者此覆說釋上或曰舍也舍中也○爲人父者以爲父鵠者凡射者大射則皮侯賓射則正侯燕射則獸侯唯大射有鵠此據大射而知然鵠則上下俱同無復君臣父子之別而言以爲父鵠者謂升射之時既身爲人父則念之云所射之鵠是爲人父之鵠中則任爲人父不中則不任爲人父故爲人之父者以爲父鵠以下放此○故射者各射己之鵠者謂衆射之人雖共射一鵠各射己之所主之鵠也○故天子之大射謂之射侯者言天子所射之物謂之射侯言射之中能服諸侯也舉大射言之其實賓射燕射皆謂之射侯也○射中則得爲諸侯者謂數有慶賜堪得久爲諸侯也○射不中則不得爲諸侯者數被責讓不堪久爲諸侯也非爲射中封爲諸侯不中不得爲諸侯也○注大射至讓也○正義曰大射將祭擇士之射者即下文云天子將祭必先習射於澤所以擇士是也云將射還視侯中之時意曰此鵠乃爲某之鵠者案大射禮云耦升自西階並而東皆當其物北面揖及物揖皆左足履物還視侯中謂於此之時南面迴還視侯中也中謂身謂視侯中身也射者意云此鵠乃爲某之鵠謂父之鵠子之鵠不定一故稱某也云吾中之則成人不中之則不成人也者中之則能成其父子君臣若不中則不能成其父子君臣故知父鵠子鵠也云得爲諸侯謂有慶也不得爲諸侯謂有讓也者鄭恐得爲諸侯始封以上不得爲諸侯則奪其國故明之也凡天子諸侯及卿大夫禮射有三一爲大射是將祭擇士之射二爲賓射諸侯來朝天子入而與之射也或諸侯相朝而與之射也三爲燕射謂息燕而與之射其天子諸侯大夫三射皆具其士無大射故司裘職云大射唯明王及諸侯卿大夫不及於士故鄭注云士不大射士無臣祭無所擇是也其

賓射燕射士皆有之故射人云士射豻侯二正是士有賓射也又鄉射記云士布侯畫以鹿豕是士有燕射矣其侯天子大射則射皮侯故考工記云張皮侯而棲鵠則春以功又司裘職云王大射則共虎侯熊侯豹侯設其鵠鄭注考工記皮侯謂此侯也畿內諸侯大射則張熊侯豹侯故司裘職云諸侯則共熊侯豹侯設其鵠是也唯畿外諸侯大射亦張三侯鄭注云遠尊得伸故亦張三侯一曰大侯鄭注云則天子熊侯謂以熊皮飾之二曰糝侯鄭注云糝雜也豹鵠而麋飾三曰豻侯鄭注云豻胡犬皮飾侯若畿內卿大夫射麋侯故司裘云卿大夫則共麋侯是也其畿內卿大夫射侯無文於諸侯既得三侯其卿大夫益降君一等則糝侯豻侯其大射之侯皆有鵠也其鵠則三分侯中而居其一故考工記云梓人爲侯廣與崇方參分其廣而鵠居一焉凡皮侯者各以其飾侯之側又方制其皮以爲鵠故鄭注司裘云以虎熊豹麋之皮飾其側又方制之以爲亭謂之鵠謂之鵠者取名於鳱鵠鳱鵠小鳥而難中是以中之爲雋亦取鵠之言較較者直也射所以直己志則是但取其名非是實鳥也此侯道鄭注司裘云虎九十弓熊七十弓豹麋五十弓列國之諸侯大射大侯亦九十參七十干五十遠尊得伸可同耳其天子以下賓射則射人云王射三侯五正諸侯射二侯三正卿大夫射一侯三正士射豻侯二正鄭云謂五正三正二正之侯五正者中朱次白次蒼次黃玄居外三正損玄黃二正畫以朱綠鄭又云二侯者三正二正之侯也一侯者一正而已此皆與賓射於朝之禮也考工記梓人職云張五采之侯則遠國屬凡賓射之侯謂之正鄭注大射云正者正也亦鳥名齊魯之間名題肩爲正然則天子賓射用五正三正二正之侯畿內諸侯賓射用三正之侯卿大夫用二正之侯士亦用二正之侯又飾以豻畿外諸侯以下賓射其侯無文約大射諸侯既同天子張三侯則賓射亦同天子用五正三正二正之侯其卿大夫射亦三正二正之侯士射二正之侯若五正者同虎侯九十弓三正者同熊侯七十弓二正者同豹侯五十弓凡中央之赤皆方二尺以外之色皆分布之其外又畫以雲氣天子以下燕射則尊卑皆用一侯故鄉射記云天子熊侯白質諸侯麋侯赤質大夫布侯畫以虎豹士布侯畫以鹿豕鄭注云白質赤質皆謂采其地其地不采者白布也熊麋虎豹鹿豕皆正而畫其頭象於正鵠之處耳君畫一臣畫二陽奇陰偶之數也燕射射熊虎豹不忘上下相犯射麋鹿豕志在君臣相養也梓人云張獸侯則王以息燕謂此也鄉射記既不列畿內畿外之異則諸侯以下外內同也鄉射記列天子以下各一侯下文云侯道五十弓弓二寸以爲侯中則天子以下皆五十弓侯中同方一丈也降尊以就卑言燕主藝心故也而皇氏沈氏乃云天子熊侯或云九十弓或云七十弓乃同三侯上下之差文無準據其義非也其侯用布之數案鄉射記鄉侯五十弓則侯道五十步也以弓之下制長六尺以射用弓故稱弓一弓取二寸以爲中則侯中方一丈也鄉射記又云倍中以爲躬注云躬身也謂中之上下幅也用布各二丈鄉射記又云倍躬以爲左右舌舌謂躬之上下橫一幅布張於躬外左右而出謂之舌考工記謂舌爲个躬既二丈上舌倍躬則用布四丈也鄉射記又云下舌半上舌注云半者半其出於躬者也上舌出躬各一丈則下舌出躬各五尺然則下舌用布三丈總而計之侯中方一丈凡五幅用布五丈上下二躬用布四丈上舌復用布四丈下舌用布三丈故鄭注鄉射記云鄉射侯用布十六丈也以此計之侯道七十弓則侯中方丈四凡七幅幅別丈四是用布九丈八尺上下二躬各倍中用布五丈六尺上舌倍躬亦用布五丈六尺上舌出躬各丈四尺下舌半上舌則左右各減七尺則下舌用

布四丈二尺故鄭注鄉射記云七十步之侯用布二十五丈二尺其九十弓之侯則侯中方丈八尺凡九幅幅別一丈八尺侯中用布十六丈二尺上下二躬各倍中用布七丈二尺上舌倍躬長七丈二尺其舌出躬各丈八尺下舌半上舌出躬者則左右各減九尺下舌長五丈四尺故鄭注鄉射記云九十步之侯用布三十六丈其張三侯之體同道位之近者最下遠者漸高故大射云大侯之崇見鵠於參參見鵠於干干不及地武以此計之豻侯下畔去地尺二寸豻侯之體上下躬及舌惣有四幅凡廣八尺侯中方一丈是豻侯惣高一丈九尺二寸此豻侯上畔去地一丈九尺二寸以此豻侯上畔則是糝侯之鵠去地之數也其糝侯下舌及躬凡有四尺糝侯之中鵠下有三分之一糝侯中方丈四其三分之一得四尺六寸三分寸之二是糝侯自鵠以下凡有八尺六寸三分寸之二皆爲豻侯所掩豻侯上畔去地一丈九尺二寸去其八尺六寸三分寸之二是糝侯下畔去地一丈五寸三分寸之一故鄭注大射云糝侯去地一丈五寸少半寸也云少半寸則三分寸之一也豻侯既去地一丈九尺二寸更加糝侯之中三分之二九尺三寸三分寸之一又加糝侯上躬與个四尺則糝侯上畔去地三丈二尺五寸三分寸之一則是大侯鵠下之數也其大侯下舌及躬并侯中三分之一惣一丈爲糝侯所掩於三丈二尺五寸三分寸之一滅其一丈則是大侯下畔去地之數故鄭注大射云大侯去地二丈二尺五寸少半寸也其耦射人云王以六耦諸侯以四耦卿大夫士以三耦又射人云諸侯以下謂畿內也若畿外諸侯以下則皆三耦故大射及鄉射并左傳襄二十九年晉士鞅來聘射皆三耦是也其射宮所在天子大射必先習於澤宮而後射於射宮則此射義文也其射宮天子則在廟也故司服云享先公饗射則鷩冕司几筵云大朝覲大饗射依前南鄉是也其服鷩冕天子賓射則在朝故射人云諸侯在朝則皆北面是也其服皮弁服矣天子燕射則在寢以諸侯燕於小寢天子路寢之朝謂之燕朝者故知天子諸侯燕射在寢故鄉射記云君國中射則皮樹中鄭注云謂燕射也其服則玄冕緇衣素裳也諸侯以爲朝服燕禮云燕朝服於寢是其諸侯大射不顯畿內畿外之異案儀禮大射云公入驁射畢而云入謂從郊入國也謂射在郊學也故鄉射記云於郊則閭中鄭注云大射於大學儀禮所陳多據畿外諸侯即畿內諸侯或亦然也其服無文故用皮弁以射在學宮學記云皮弁祭菜故也其諸侯賓射若在國則亦在朝與天子同若在國外相會則在竟故鄉射記云於竟則虎中鄭注云謂與鄰國君射也其服亦皮弁服也以聘禮君受聘皮弁故也其卿大夫以下射之所在及所服之衣無明文也此三射之外又有鄉射謂鄉大夫貢賢能之後行鄉射之禮而詢衆庶故鄉大夫職云獻賢能之書于王退而以鄉射之禮五物詢衆庶是也又有州長射於州序之禮其侯並同賓射之法故鄭注云鄉侯二正又有主皮之射凡主皮之射有二一是鄉大夫從君田獵班餘獲而射書傳云凡祭取餘獲陳於澤然後卿大夫相與射也鄭注鄉射云主皮者無侯張獸皮而射之主於獲也二是庶人亦主皮之射故鄭注周禮云庶人無侯張皮而射之是也又有習武之射故司弓矢云弧弓以授射甲革椹質者是也○

天子將祭。必先習射於澤。澤者。所以擇士也。已射於澤。而后射於射宮。射中者得與於祭。不中者不得與於祭。不得與於祭者有讓。削以地。得與於祭者有慶。益以地。進爵絀地是也。澤宮名也士謂諸侯朝者諸臣及所貢士也皆先令習射於澤已乃射於射宮課中否也諸侯有慶者先進爵有讓者先削地○與音預下皆同絀勑律反朝直遙反令力呈反已音以課口臥反

【疏】天子將祭必先習射至是也○正義曰前經已言數與於祭而君有慶不與於祭而君有讓此經又重言者前經明諸侯貢士之制故賞罰所貢之君此經論人君將擇士賞罰其士之身故於此又重言也又前經貢士云容體合禮其節比樂此經直云射中與不中不云容體及射節者文不具也○天子將祭必先習射於澤澤者所以擇士也者澤是宮名於此宮中射而擇士故謂此宮爲澤澤所在無文蓋於寬閑之處近水澤而爲之也非唯祭而擇士餘射亦在其中故書傳論主皮之射云鄉之取也於圃中勇力之取也今之取也於澤宮揖讓之取也是主皮之射亦近於澤也選士於澤不射侯也但試武而已故司弓矢云澤共射椹質之弓矢鄭司農引此射義之文以釋之是知於澤中射椹質而已又鄭注司弓矢云樹椹以爲射正射甲與椹試弓習武也其主皮之射則張皮亦揖讓也有讓削以地有慶益以地者謂諸侯也○注澤宮至削地○正義曰士謂諸侯朝者諸臣及所貢士也者以其助祭故知是此等之人前經論貢士與祭故知此經之士含貢士也云諸侯有慶者先進爵有讓者先削地者此解經進爵絀地之文以經之上文有讓削以地有慶益以地更惣云進爵絀地據有慶者先進爵有讓者先絀地進則爵輕於地故先進爵而後益以地也退則地輕於爵故先削地而後絀爵也○

故男子生。桑弧蓬矢六。以射天地四方。天地四方者。男子之所有事也。故必先有志於其所有事。然後敢用穀也。飯食之謂也。男子生則設弧於門左三日負之人爲之射乃卜食子也○桑弧音胡以桑木爲弓蓬步工反飯扶晩反食音嗣注同爲于僞反

【疏】故男至謂也○正義曰此一經明男子重射之義以男子生三日射人以桑弧蓬矢者則有爲射之志故長大重之桑弧蓬矢者取其質也所以用六者射天地四方也所以禮射唯四矢者示事有不用也四矢者象禦四方之亂○故必先有志於其所有事者言子始生三日用桑弧蓬矢六者欲使此子先有志意於其所有事之處謂於天地四方也○然後敢用穀也者三日射罷之後然後敢用穀以食其子也○飯食之謂也者至射畢用穀猶若事畢設飯食故云飯食之謂也

射者。仁之道也。射求正諸己。己正而後發。發而不中。則不怨勝己者。反求諸己而已矣。諸猶於也 孔子曰。君子無所爭。必也射乎。揖讓而升。下而飲。其爭也君子。必也射乎言君子至於射則有爭也下降也飲射爵者亦揖讓而升降勝者袒決遂執張弓不勝者襲說決拾卻左手右加弛弓於其上而升飲君子恥之是以射則爭中○爭爭鬬之爭下及注有爭皆同揖讓而升下絕句而飲一句袒音但決古穴反說吐活反拾音十卻巨逆反又羌略反弛式氏反又始氏反中丁仲反下文注同

【疏】射者至君子○正義曰此一經明射是仁恩之道唯內求諸已不病害於物既求諸已恥其不勝乃有爭心矣○揖讓而升下而飲者下猶降也言將飲射爵之時揖讓而升堂又揖讓而降下而飲此罰爵既以禮升降其事可愍故也○其爭也君子者言雖君子因射亦有爭也○注必也至爭中○正義曰此飲射爵者亦揖讓而升降者此解經揖讓而升下經稱揖讓謂飲射爵時揖讓并射時揖讓也故云飲射爵者亦揖讓而升降亦者亦如射時揖讓飲今亦揖讓故儀禮大射云耦進上射在左並行當階北面揖及階揖升堂揖皆當其物北面揖及物揖射畢北面揖揖而升射是射時升降揖讓也大射又云飲射爵之時勝者皆袒決遂執張弓不勝者皆襲說決拾卻左手右加弛弓于其上遂以執弣揖如始升射及階勝者先升升堂少右不勝者進北面坐取豐上之觶立卒觶坐奠於豐下興揖不勝者先降是飲射爵之時揖讓升降也

孔子曰。射者何以射。何以聽。循聲而發。發而不失正鵠者。其唯賢者乎。若夫不肖之人。則彼將安能以中。何以言其難也聲謂樂節也畫曰正棲皮曰鵠正之言正也鵠之言梏也梏直也言人正直乃能中也發或爲射○正音征注同夫音扶肖音笑棲音西梏音角下同 詩云。發彼有的。以祈爾爵。祈。求也。求中以辭爵也。酒者。所以養老也。所以養病也。求中以辭爵者。辭養也。發猶射也的謂所射之識也言射的必欲中之者以求不飲女爵也辭養讓見養也爾或爲有○的丁歷反養如字徐羊尚反識音式一音志女音汝

【疏】孔子至養也○正義曰前經論射求諸已乃有爭心故此明射中之難以中爲貴○射者何以射者言爲射之人何以能使射中與樂節相應也○何以聽者言何以能聽此樂節使以射中相合言射中樂節兩相應會至極難矣○循聲而發發而不失正鵠者其唯賢者乎者此論射中與樂節相會爲難之事循聲若謂射者依循樂聲而發矢不失正鵠言其中矣如此者其由賢者乃能然是難也若夫不肖之人則彼將安能以中者不肖謂小人也言小人則不能循聲而發又不能持弓矢審固彼既如此則何能以中也詩云發彼有的以祈爾爵者此小雅賓之初筵之篇刺幽王之詩陳古之明王大射之禮發矢之時射彼所祈之的祈求也以求祈中辭爾所罰之酒爵也○求中以辭爵者辭養也者酒既養老又以養病今射者非病非老故求射中以辭讓此爵者辭讓見養老也不敢當其養禮也○注何以至中也○正義曰何以言其難者言此事難作何法以爲之者言不可爲也故云言其難也云聲謂樂節也者騶虞九節之屬也云畫曰正則賓射也棲皮曰鵠則大射也○注發猶至養也○正義曰云發猶射者解上發彼有的也云的謂所射之識也識猶記識之處即正鵠之中也云辭養讓見養也者已有老病而可受養今已爲射不中而受爵是無功受養不敢當之故讓矣

燕義第四十七

陸曰鄭云名燕義者以記君與臣燕飲之禮上下相報之義也

【疏】正義曰案鄭目録云名曰燕義者以其記君臣燕飲之禮上下相尊之義此於别録屬吉事案儀禮目録云諸侯無事若卿大夫有勤勞之功與羣臣燕飲以樂之勤勞謂征伐聘問詩曰吉甫燕喜是也臣有王事之勞亦燕之故燕禮記云若有王事是也

古者周天子之官。有庶子官。庶子官職諸侯卿大夫士之庶子之卒。掌其戒令。與其教治。別其等。正其位。職主也庶子猶諸子也周禮諸子之官司馬之屬也卒讀皆爲倅諸子副代父者也戒令致於大子之事教治脩德學道位朝位也○卒依注音倅七對反又蒼忽反副也治直吏反注及下同別彼列反大子音泰後大子學同朝音直遥反國有大事。則率國子而致於大子。唯所用之。若有甲兵之事。則授之以車甲。合其卒伍。置其有司。以軍法治之。司馬弗正。國子諸子也軍法百人爲卒五人爲伍弗不也國子屬大子司馬雖有軍事不賦也○合如字徐音閤卒伍子忽反注同伍音五正音征凡國之政事。國子存游卒。使之脩德學道。春合諸學。秋合諸射。以考其藝而進退之。游卒未仕者也學大學也射射官也燕禮有庶子官是以義載此以爲說○卒七內反注同○〔疏〕古者至退之○正義曰此一節明諸侯與庶子燕飲之禮從篇首至末皆明燕飲之義但燕飲之禮有庶子官故方說燕禮之初先陳庶子之事各隨文解之周天子之官有庶子官者○此明庶子之義也謂作記之人在於周末追述周初之事故云古者言周之天子其下立官有庶子之官天子謂之諸子諸侯謂之庶子其所職掌諸子庶子同也故此記雖明諸侯庶子職掌其所載之事皆諸子職文也○庶子官職諸侯卿大夫士之庶子之卒者言此官職主諸侯及卿大夫士衆庶子之副倅於父之事所以官名庶子○掌其戒令者此等衆子須有戒法政令而庶子官掌之○與其教治者與猶及也教謂教學治謂治身言非但掌戒令而已及其教治亦皆掌之○別其等者謂分別其貴賤之等○正其位者正其朝廷所立之位也此記云諸侯卿大夫士之庶子之卒周禮諸子職則云掌國子之倅唯此爲別但諸子職捴謂之國子此云諸侯卿大夫士之庶子者是其適子也謂之庶者庶衆也以其適子衆多故捴謂之庶子非適子庶弟而稱庶子也必知適子者以其云倅是副貳於父之言故鄭注諸子職云國子者是公卿大夫士之副貳又引王制云王大子王子羣后之大子卿大夫元士之適子是也○注職主至位也○正義曰云周禮諸子之官司馬之屬也者案周禮諸子下大夫屬司馬云卒讀皆爲倅者以經云庶子之卒下文云國子存游卒以卒字非一故云卒皆爲倅若旁置入者是副倅之倅若不置入者則百人爲卒之卒故讀卒從倅也云諸子副代父者也此諸適子皆副代於父與父爲倅故稱倅也云戒令致於大子之事者則下文云國有大事則率國子而致於大子其事非一故云戒令致於大子之事云位朝位也者此等諸子雖未爲官皆繼父尊卑以爲等級故有別其等正其位也唯所用之者若國有大事之時而進致諸子於大子唯任大子隨時所用也○合其卒伍置其有司者言若國有甲兵之事則庶子之官傳授以車甲合會之以卒伍置立之以有司謂立其主將使統領之用軍旅之法治理之○司馬弗正者弗不也正役也以此等諸子既統屬大子隨大子徵發王家之事司馬不得征役之也○凡國之政事國子存游卒者前經云國有大事謂祭祀或宿衛又云甲兵之事此經別云國之政事則非大事與甲兵也是國之尋常小小之政事謂力役士功胥徒之屬不與于國子唯民庶所爲國子存游卒未仕者之中不干其事也○使之脩德學道者既不與國子之尋常政事但使之脩行其德學習道藝也○春合諸學者謂仲春之時合此諸子在於大學○秋合諸射者謂仲秋之時合其諸子在於射官使之脩德學道或容習射也○以考其藝而進退之者是庶子之官考校其藝之高下而進退其能否能者進之否者退之○注游卒至爲說○正義曰游卒未仕者也案師氏職云凡國之貴游子弟學焉鄭注云貴游子弟王公之子弟游無官司者則此游卒是游逸以爲副倅故云未仕者云學大學也者以大胥云春釋菜合舞文王世子云春夏學干戈秋冬學羽籥皆於東序初教在東序至合時則在周之大學故云學大學也云射射官也擇士習射之官也又周禮大胥云秋頒學合聲其合聲之時則亦在大學文王世子云凡大合樂必遂養老鄭云春合舞秋合聲是養老在東序也故知大合樂在東序云燕禮有庶子官是以義載此以爲說者案燕禮云主人升自西階獻庶子于阼階上又云庶子執燭是燕禮有庶子官也以庶子於燕有事是以燕義於此說庶子職掌故云載此以爲說也

諸侯燕禮之義。君立阼階之東南。南鄉爾。卿大夫皆少進。定位也。君席阼階之上。居主位也。君獨升立席上。西面特立。莫敢適之義也。定位者爲其始入踧踖揖而安定也○鄉許亮反適音敵大歷反本亦作敵爲于僞反下文爲疑同踧本亦作蹴子六反踖子昔反又積亦反〔疏〕諸侯至義也○正義曰此經說燕禮之初君獨升立於阼階之上明君尊莫敢敵之義也皆引燕禮正經記者以義說之○卿大夫皆少進定位也者案燕禮卿大夫皆入門右北面君南鄉爾卿卿西面北上爾大夫大夫皆少進皆北面所以然者定羣臣之位也定位之語是記者之辭也○君席阼階之上居主位也者居主位之語亦記者辭也君獨升立席上西面特立莫敢適之義也者莫敢適言臣下莫敢與君匹敵而爲禮亦是記者之言也

設賓主。飲酒之禮也。使宰夫爲獻主。臣莫敢與君亢禮也。不以公卿爲賓。而以大夫爲賓。爲疑也。明嫌之義也。賓入中庭。君降一等而揖之。禮之也。設賓主者飲酒致歡也宰夫主膳食之官也天子使膳宰爲主人公孤也疑自下上至之辭也公卿尊矣復以爲賓則尊與君大相近○亢苦浪反使宰夫本亦作使膳夫上時掌反復扶又反大音泰舊他佐反近附近之近○〔疏〕設賓至之也○正義曰此經明燕禮臣莫敢亢君君又屈而禮之也○而以大夫爲賓爲疑也者公卿朝臣之尊賓又敵主之義若以公卿爲賓疑其敵君之義爲其嫌疑故所以使大夫爲賓明其遠嫌之義也○君降一等而揖之禮之也賓既至庭君降階一等而揖之是以禮待於賓也故云禮之禮之亦記者辭也○注設賓至相近○正義曰云天子使膳宰爲主人者文王世子文云公孤也者此諸侯燕臣子之禮而稱公故知是上公得置孤孤止一人而燕禮云諸公者○鄭注彼云諸公者容牧有三監也云疑自下上至之辭也疑擬也是在下比擬於上故云自下上至之辭也云尊與君大相近言公卿在朝位與君相近今若使爲賓被君所敬則其尊與君大相逼近故經云以大夫爲賓爲其疑故也

君舉旅於賓。及君所賜爵。皆降再拜稽首。升成拜。明臣禮也。君荅拜之。禮無不荅。明君上之禮也。臣下竭力盡能以立功於國。君必報之以爵祿。故臣下皆務竭力盡能以立功。是以國安而君寧。禮無不荅。言上之不虛取於下也。上必明正道以道民。民道之而有功。然後取其什一。故上用足而下不匱也。是以上下和親而不相怨也。和寧。禮之用也。此君臣上下之大義也。故曰。燕禮者。所以明君臣之義也。言聖人制禮因事以託政臣再拜稽首是其竭力也君荅拜之是其報以祿惠也○稽徐本作䭫音啓以道音導下同什音十匱求位反〔疏〕君舉至義也○正義曰此一經明燕禮臣盡禮於下君荅之於上上下交歡而不相怨明君臣之義也○君舉旅於賓者謂舉旅酬之酒以酬賓○及君所賜爵者特賜臣下之爵○皆降再拜稽首升成拜者謂賓受君之酬及臣受君賜爵皆降自西階再拜稽首以受君恩又升堂更再拜稽首以成拜也故燕禮云公酬賓賓降西階下再拜稽首公命小臣辭賓升成拜鄭云升成拜復再拜稽首也至禮殺之後賓下堂是欲拜君則辭之賓未拜也賓乃升堂再拜稽首鄭注云不言成拜者以其下堂未拜故也燕禮云公卒觶賓下拜小臣辭賓升再拜稽首鄭注云不言成拜者爲拜故下賓未拜也下不敢輒拜禮殺也○臣下竭力盡能以立功於國者案燕禮君賜爵之時再拜稽首示竭力盡能立功於國也○君必報之以爵祿者以燕禮臣拜君皆荅之者示君報之以爵祿也○禮無不荅言上之不虛取於下也者以燕禮凡臣之拜君無不荅拜之示爲上之道不虛取於下也上必須報之也○上必明正道以道民民道之而有功者上下必須相報故在上明正教以教道於民民亦依君訓道有功報上也○然後取其什一者○前明君臣相報此明君民上下相報君既薄斂於上民亦什一而稅於下故國家用足而下不匱乏是上下和平親睦而不相怨恨也○和寧禮之用也者上下和親是和也而不相怨是安寧也和之與寧禮之所用以結成上文也○

席。小卿次上卿。大夫次小卿。士庶子以次就位於下。獻君。君舉旅行酬。而后獻卿。卿舉旅行酬。而后獻大夫。大夫舉旅行酬。而后獻士。士舉旅行酬。而后獻庶子。俎豆。牲體。薦羞。皆有等差。所以明貴賤也。牲體俎實也薦謂脯醢也羞庶羞也○差初佳反又初宜反醢音海〔疏〕席小至賤也○正義曰此明尊卑上下席位之所受獻旅酬之差貴賤先後之義○席小卿次上卿者案燕禮上卿在賓席之東小卿在賓席之西隔越於賓席而

云次上卿者以俱南面東上遞相次耳○大夫次小卿者案燕禮大夫在小卿之西故燕禮云辯獻大夫遂薦之繼賓以西東上○士庶子以次就位於下者燕禮於西階上獻士既受獻者立於阼階下西面北上獻庶子於阼階上既獻立於阼階下故云士庶子以次就位於下也○獻君君舉旅行酬者案燕禮宰夫爲主人酌以獻賓賓飲畢酌以酢主人主人飲畢酌以獻君君飲畢酌以酢主人更爵以受酢于阼階下飲卒爵主人又洗觚酬主人先飲卒爵酌以酬賓賓受觚坐奠于薦東訖小臣請媵爵者二人媵爵阼階下皆北面媵爵于公媵爵者先自飲畢媵爵者洗象觶酌奠于公席之前公坐取所媵之觶以酬賓賓於時下再拜稽首公命小臣辭賓升成拜公立卒觶賓乃受公虛爵酌之酬大夫予西階上衆大夫相酬畢奠虛觶于篚此是獻君君舉旅行酬也○而后獻卿卿舉旅行酬者案燕禮主人洗升實散獻卿于西階上獻卿畢小臣又請媵爵者公使二人媵爵奠于公前公又行一爵若賓若長唯公所酬以旅于西階上大夫辯而止此是爲卿旅酬也燕禮直云卿不云小卿大卿之異則小卿大卿俱同獻也○而后獻大夫大夫舉旅行酬者案燕禮主人洗獻大夫于西階上大夫辯受獻乃納工獻衆工畢公又舉奠觶唯公所賜以旅于西階上此是獻大夫爲大夫而旅酬也○而后獻士士舉旅行酬者案燕禮說屨升堂坐之後主人獻士于西階上獻士辯又獻旅食賓媵觚于公公坐取賓所媵觶興唯公所賜乃就席坐行之終於大夫終受者興以酬士士舉旅于西階上此是獻士爲旅酬也○而后獻庶子者庶子卑不爲之舉旅但無算爵之節執爵者酌而旅之○俎豆牲體薦羞皆有等差者公及卿大夫士等牲體薦羞之節皆有等差但燕禮不載無以言也

禮記注疏卷六十二挍勘記　阮元撰盧宣旬摘錄

附釋音禮記注疏卷第六十二 惠棟挍宋本禮記正義卷第六十九

射義第四十六

古者諸侯之射也節

然後射以觀德行也 閩監毛本嘉靖本衞氏集說同惠棟挍宋本然作乃岳本同考文引古本同

正謂立行禮似饗 閩本同惠棟挍宋本同監毛本立作其

所以明長幼之序者 閩監毛本同考文引宋板者上有也字

故射者進退周還必中禮節

言內志審正則射能中 閩監毛本同衞氏集說同考文引宋板無射字

出自射者而來 閩監毛本同惠棟挍宋本自下有此字

其節天子以騶虞爲節節

士以采蘩爲節 石經嘉靖本同閩監毛本蘩作蘋岳本同衞氏集說同下同釋文亦作蘋

壹發五豝 閩本岳本嘉靖本衞氏集說同監毛本豝誤犯釋文出五豝通典七十一作一發五犯亦誤

被之僮僮 衞氏集說同閩監毛本作童童岳本嘉靖本同釋文出僮僮云本亦作童童通典作僮僮

其節至德也 惠棟挍宋本無此五字

是故古者天子以射節

男子生有縣弧之義 閩本同監毛本縣作懸衞氏集說同○按縣正字懸俗字

能窮盡禮 〔補〕案禮下當有樂字此本誤脫

是故古者天子之制節

數有讓而削地 閩監毛本石經岳本嘉靖本衞氏集說同釋文出而削坊本而誤則石經考文提要云宋大字本宋本九經南宋巾箱本余仁仲本劉叔剛本並作而削

是故至有也 惠棟挍宋本無此五字

其貢獻之功與計吏俱來 閩本同惠棟挍宋本同監毛本功作物衞氏集說同

故詩曰節

故詩曰曾孫侯氏四正具舉大夫君子凡以庶士小大莫處御于君所具也 閩監毛本同惠棟挍宋本無此二十九字

諸侯自爲正之具也 閩監毛本同惠棟挍宋本也下有者字

孔子射於矍相之圃節

公罔之裘揚觶而語曰 閩監毛本岳本嘉靖本衞氏集說同石經亦有之字正義云案經下云公罔裘上云之裘故知之是發聲也是正義本此句無之字

稱猶言也行也 嘉靖本閩監毛本衞氏集說同惠棟挍宋本作稱猶言也道猶行也言行也多五字岳本同盧文弨挍云岳云越建本有此五字監典余本皆無案道猶二字當有言行也三字衍文段玉裁云依宋監本則言行也三字賸

使一人俱舉觶誓衆 閩監毛本同考文引宋板一作二衞氏集說亦作使二人俱舉觶以誓衆按二字是

者不問此衆人之中 毛本者不二字作謂字

樂正升堂復位 閩監毛本同衞氏集說同考文引宋板正作工

君使二人舉觶於賓與大夫 惠棟挍宋本作於衞氏集說同閩監本於作于此本於字闕毛本同

但衆賓射事既了 惠棟挍宋本作賓衞氏集說同閩監毛本賓作耦此本空闕

不復斥言其惡於此 惠棟挍宋本作於此本於字闕閩監毛本於作故

旄期之老不復能射 惠棟挍宋本作復衞氏集說同此本復字空闕閩監毛本復誤是

雖不能射與在賓中 惠棟挍宋本作賓衞氏集說同此本賓字闕閩監毛本賓作射

又鄉大夫職云以鄉射之禮 惠棟挍宋本作云此本云字闕閩監毛本云作退涉本文而誤衍也

是配合之外更有奇隻 惠棟挍宋本作隻此本隻字闕閩監毛本隻作也

故知之是發聲也即裘爲名矣 惠棟挍宋本作也閩監毛本也作而此本空闕毛本矣字不誤此本矣誤失閩監本同

舉觶者古者於旅也語者 閩本如此惠棟挍宋本同此本惟語下者字空闕監毛本古者於旅也語者七字並空闕

先王禮樂之道也云者耋皆老也 惠棟挍宋本如此閩監毛本道也云誤義理也此本空闕

僖九年傳云七十曰耋大耋言之七十八十謂年餘七十也 補閩監毛本大耋言之七十八十作又鄭注易大耋之嗟

又毛詩傳云八十曰耋 惠棟挍宋本作傳是也閩監毛本傳作箋此本空闕

云者不言有 閩監本同惠棟挍宋本云下有言行也三字毛本云下有行也二字

射之爲言者繹也節

射之至諸侯 惠棟挍宋本無此五字

耦升自西階並而東皆當其物 惠棟挍宋本同閩監毛本而作行衞氏集說同各本皆字同山井鼎云宋板皆作階非也

又方制之以爲䵝 閩監毛本同衞氏集說同惠棟挍宋本䵝作鼐山井鼎云周禮司裘注作鼐字書作鼐宋板近是

卿大夫射一侯三正 閩監毛本同惠棟挍宋本三作二

凡賓射之侯謂之正 惠棟挍宋本作凡衞氏集說同閩監毛本凡誤賓此本空闕

畿內諸侯賓射 惠棟挍宋本作畿內衞氏集說同閩監毛本畿內誤設鵠此本空闕

約大射諸侯既同天子 惠棟挍宋本如此衞氏集說同閩監毛本諸侯既同誤禮文之意此本空闕

亦同天子用五正三正二正之侯其卿大夫射 惠棟挍宋本如此衞氏集說同閩監本之侯其卿誤若諸侯用毛本同又三正字並誤作子此本空闕

凡中央之赤 惠棟挍宋本作凡閩監毛本凡作其

其外又畫以雲氣 惠棟挍宋本如此閩監毛本畫以雲氣誤作有白布若此本空闕

下舌半上舌出躬者 閩本同惠棟挍宋本同監毛本躬誤倍

其糝侯下舌及躬凡有四尺 閩監本同毛本躬誤射

是糝侯下畔去地一丈五寸三分寸之一 考文引宋板同閩監毛本五寸誤作五尺

天子將祭節

而后射於射宮閩監本同惠棟挍宋本同石經同岳本同衞氏集說同毛本后誤後

是知於澤中射椹質而已惠棟挍宋本作知此本知誤故閩監毛本同衞氏集說作以是知於澤中射椹質而已今正

故男子生節

故男至謂也惠棟挍宋本無此五字

猶若事畢設飯食閩監毛本同考文引宋板食下有者字

射求正諸已閩監毛本石經岳本嘉靖本衞氏集說同坊本無射字石經考文提要云宋大字本宋本九經南宋巾箱本余仁仲本劉叔剛本並有射字

反求諸已而已矣惠棟挍宋本作求反石經同此本求反二字倒閩監毛本同岳本同衞氏集說同嘉靖本同

孔子曰射者何以射節

畫曰正閩本嘉靖本同考文引宋板同岳本同監毛本畫下衍布字衞氏集說同

循聲若謂射者依循樂聲閩監毛本同考文引宋板若作者

陳古之明王大射之禮閩毛本同監本大誤夫○惠棟挍宋本此節疏後標禮記正義卷六十九終記云凡十八頁

燕義第四十七惠棟挍宋本禮記正義卷第七十

古者周天子之官節

古者至退之惠棟挍宋本無此五字

不與于國子閩本同考文引宋板同監毛本于誤于衞氏集說同下不于其事也同

設賓主節

鄭注彼云諸公者容牧有三監也閩監毛本同考文引宋板無公字衞氏集說同○按依燕禮注當作言諸者

云疑自下上至之辭也閩監毛本同惠棟挍宋本也下有者字

云尊與君大相近閩監毛本同惠棟挍宋本近下有也字

君舉旅於賓節

言聖人制禮閩監本岳本嘉靖本衞氏集說同毛本制誤之

禮記注疏卷六十二挍勘記

附釋音禮記注疏卷第六十三

聘義第四十八

○陸曰鄭云名聘義者以其記諸侯之國交相聘問重禮輕財之義〔疏〕正義曰案鄭目録云名曰聘義者以其記諸侯之國交相聘問之禮重禮輕財之義也此於別録屬吉事此聘義釋儀禮聘禮之義但儀禮聘禮者謂大聘使卿故經云及竟張旜旜是孤卿所建也聘禮謂侯伯之卿故經云上介奉束錦士介四人皆奉玉錦介凡五人故知侯伯之卿此聘義所釋包五等之卿故此經云上公七介侯伯五介子男三介皆謂其卿也

禮記　鄭氏注　孔穎達疏

聘禮。上公七介。侯伯五介。子男三介。所以明貴賤也。此皆使卿出聘之介數也大行人職曰凡諸侯之卿其禮各下其君二等○介音界下及注同下戶嫁反〔疏〕聘禮至賤也○正義曰此篇揔明聘義各顯聘禮之經於上以義釋之於下從首至末又明聘所執玉又因明有諸德之義今各依文解之今此一經以介數不同明貴賤有異皆謂使卿出聘之介數也○上公七介者若上公親行則九介其卿降二等故七介侯伯子男以次差之義可知也介紹而傳命。君子於其所尊弗敢質。敬之至也。質謂正自相當。傳文專反下同〔疏〕介紹至至也○正義曰此一節明聘禮之有介傳達賓主之命敬之至極也三讓而后傳命。三讓而后入廟門。三揖而后至階。三讓而后升。所以致尊讓也。此揖讓主謂賓也三讓而後傳命賓至廟門主人請事時也賓見主人陳擯以大客禮當已則三讓之不得命乃傳其君之聘命也三讓而後入廟門主人廟受也小行人職曰凡四方之使者大客則擯小客則受其幣聽其辭○擯必刃反本又作儐下文及注皆同說文云擯或儐字使所吏反〔疏〕三讓至讓也○正義曰上經明設介傳命致敬之義此經明欲傳命之時先須三讓又傳命之後入廟門及升階揖讓之節明賓所以尊讓主人○三讓而后傳命者謂賓在大門外見主人陳擯以大客之禮待已已不敢當三度辭讓主人不許乃後傳聘君之命○三讓而后入廟門者謂賓既傳命之後主君延賓而入至廟將欲廟受賓不敢當之故三讓而后入廟門主君在東賓差退一在西相嚮三讓乃入廟門也○三揖而后至階者初入廟門一揖也當命北面又揖二揖也當碑又揖三揖也○三讓而后升者謂主君揖賓至階主君讓賓升賓讓主君如此者三主君乃先升賓乃升也○所以致尊讓也言如此者是賓致其尊敬讓主人之心也○注此揖至其辭○正義曰知此揖讓主謂賓者以三讓而后傳命及三讓而后入廟門皆賓先讓也三揖至階則三讓而后升雖主人爲首皆賓讓而後至於主人若賓不讓則不至於三是揖讓之事皆賓爲主故云此揖讓主謂賓也云三讓而後傳命賓至廟門主人請事時也者鄭解三讓而後傳命之節正當賓至主人大門主人請事之時案聘禮賓至大門主人陳介而請事此云廟門者有廟字者誤也案鄭注鄉飲酒云事同曰讓事異曰辭此主人以大客禮賓賓不敢當大客之禮乃是事異應云三辭而云三讓者但鄭於儀禮自上下爲例此云三讓記者之言辭之與讓其義亦通也云乃傳其君之聘命也解經傳命之言案聘禮注云賓至末介上擯至末擯亦相去三丈六尺賓乃傳聘君之命於上擯也故云傳其君之聘命也案司儀職兩君相見則交擯若臣聘於君則旅擯交擯傳命者聘禮注云其傳云各鄉本受命反面傳而下及末則卿受之反面傳而上又受命傳而下其旅擯之時不上下相傳直賓及上擯相對而語交擯與旅擯雖別揔而言之皆是傳命故注聘禮引此介紹而傳命謂時交擯而傳命也今此聘義介紹傳命論相聘也及三讓而后傳命皆聘之旅擯亦是傳命也熊氏皇氏皆以此介紹傳命爲朝之交擯今此聘義不釋朝乃於聘義之中而記朝之傳命理爲不可又鄭此注傳其聘君之命其義分明熊氏皇氏之說未盡善也云三讓而後入廟門者案聘禮入廟門之時無三讓之文不備也云讓主人廟受也者解入廟門三讓之意主人於廟受賓之禮言賓不敢當其廟受故云讓主人之廟受也引小行人職者證大客來主人有擯迎之法君使士迎于竟。大夫郊勞。君親拜迎于大門之內。而廟受。北面拜貺。拜君命之辱。所以致敬也。貺賜也賓致命公當楣再拜聘君之恩惠辱命來聘者也○竟音境勞力報反拜況本亦作貺音同楣音眉〔疏〕君使至敬也○正義曰前經明賓致尊讓於主君故此經明主君尊敬聘客所以致敬於彼君之命也○君使士迎於竟謂主君使士迎客於竟故聘禮賓及竟張旜君使士請事遂以入是也○大夫郊勞○聘禮云賓至於近郊君使下大夫請行君又使卿朝服用束帛勞此大夫郊勞者即卿也○君親拜迎于大門之內而廟受案聘禮賓入門左公再拜是君拜迎於大門之內聘禮又云及廟門公揖入納賓賓入門左賓升西楹西東面是廟受也北面拜貺者君於阼階之上北面再拜拜聘君之貺貺謂惠賜也聘禮云公當楣再拜是也○拜君命之辱者釋此北面拜貺之義也言主君所以北面拜貺者拜聘君之命來屈辱也○所以致敬也言主君致敬於聘君敬讓也者。君子之所以相接也。故諸侯相接以敬讓。則不相侵陵。君子之相接賓讓而主人敬也〔疏〕敬讓至侵陵○正義曰此一經揔結上賓致尊讓於主君主君又致敬於聘君故賓主交相敬讓者是君子所以相接待也敬讓則不相侵陵者以主人致敬賓致讓同心以禮相接故不相侵陵卿爲上擯。大夫爲承擯。士爲紹擯。君親禮賓。賓私面私覿。致饔餼。還圭璋。賄贈。饗食燕。所以明賓客君臣之義也。設大禮則賓客之也或不親而使臣則爲君臣也○覿大歷反見也雍字又作饔音同餼許既反還音旋下及注同璋音章賄呼罪反字林音悔享許兩反本又作饗食音嗣下同〔疏〕卿爲至義也○正義曰主國之卿爲上擯接迎於賓○大夫爲承擯者承副上擯也○士爲紹擯者紹繼也謂繼續承擯案聘禮注其位相承繼又聘禮注云主君公也則擯者五人侯伯也則擯者四人子男也則擯者三人其待聘客及朝賓其擯數皆然故大行人云上公擯者五人侯伯四人子男三人謂迎朝賓也若擯者五人則士爲紹擯者三人若擯者四人則士爲紹擯者二人若擯者三人則士爲紹擯者一人○君親禮賓者謂行聘已訖君親執醴以禮賓故聘禮賓行聘訖宰夫徹几改筵公出迎賓以入公側受醴賓受醴公拜送醴是也○賓私面私覿者私面謂私以己禮面見主國之卿大

夫也私覿者私以己禮覿主國之君以其非公聘正禮故謂之私案聘禮私面在後此先云私面者記者便文無義例也面亦見也以其於臣禮質故以面言之故聘禮注云面亦見也其謂之面威儀質也此於臣謂之面而司儀云諸公之臣相爲國客私面私獻注云私面私覿也又以私面爲私覿者以司儀之文但云私面私獻不云私覿故以私面爲私覿也昭六年左傳楚公子棄疾見鄭伯以其乘馬八匹私面於君而稱面者因行過鄭而面鄭伯非正禮故雖君亦稱面也○致饔餼者謂行聘之日主君使卿致饔餼之禮於賓館案聘禮君使卿韋弁歸饔餼五牢注云牲殺曰饔生曰餼又曰飪一牢鼎九設於西階前腥二牢鼎二七設于阼階前餼二牢陳于門西北面東上是也案聘禮餼既爲生而左傳僖三十三年云餼牽竭矣服虔云死曰餼者以餼與牽相對牽既爲生餼則爲死故詩瓠葉篇云牲牢饔餼鄭注云腥曰餼者以牲牢饔餼相對以牲牢既爲生饔又爲熟故以餼爲腥也○還圭璋者謂賓將去時君使卿就賓館還其所聘之圭璋故聘禮云君使卿皮弁還玉于館是也賄贈者因其還玉之時主人之卿并以賄而往還玉既畢以賄賄之故聘禮還圭璋畢大夫賄用束紡是也○饔食燕者謂主君設大禮以饗賓設食禮以食賓皆在朝也又設燕以燕之燕在寢也故聘禮云公於賓壹食再饗燕與羞淑獻無常數是也所以明賓客君臣之義也謂君親禮賓賓用私覿及致饔餼饗食之屬或主人敬賓或賓荅主人或君親接賓或使臣致之是顯明賓客君臣之義也○注設大至臣也○正義曰鄭解賓客君臣之義也設大禮謂饗食之屬則以賓客禮待之使人延賓於館則主君親待之是賓客其使人也云或不親而使臣則爲君臣也者謂主君或不親饗則使人致禮於賓若致饔餼致饗致食及還圭贈賄之屬皆主君不親使臣致禮於客客是臣故使臣獻之是君臣之義也

故天子制諸侯。比年小聘。三年大聘。相厲以禮。使者聘而誤。主君弗親饗食也。所以愧厲之也。諸侯相厲以禮。則外不相侵。內不相陵。此天子之所以養諸侯。兵不用。而諸侯自爲正之具也。

比年小聘所謂歲相問也三年大聘所謂殷相聘也○比必履反使色吏反媿本又作愧音同〔疏〕故天至具也○正義曰此經明諸侯交相聘問相厲以禮則內崇敬讓外不相侵陵是自爲正之具○天子制諸侯比年小聘三年大聘者謂天子立制使諸侯相於比年使大夫小聘三歲使卿大聘○使者聘而誤主君弗親饗食也謂來聘使者行聘之時禮有錯誤則主國之君不親自饗食以接賓所以使賓恥愧自勉勵厲○此天子之所以養諸侯兵不用者謂天子制此禮使諸侯自相親是存養諸侯無兵革之患○而諸侯自爲正之具也正謂國無患難國家得正由其外親諸侯所以如此是自爲正之具也○注比年至聘也○正義曰案大行人云諸侯之邦交歲相問也案聘禮記云小聘曰問故知此比年小聘是歲相問也大行人又云殷相聘也殷中也謂三年之時中而無事故稱殷也案昭元年左氏傳云孟僖子如齊殷聘禮也服虔注云自襄二十年叔老聘於齊至今積二十年故脩盛聘之禮鄭引之以解大行人殷相聘也鄭以殷爲中惟取殷聘之文以解殷相聘之義正取殷文是同其年數則異故以此三年之聘爲殷聘也此經所云謂諸侯自相聘也而王制云諸侯之於天子比年一小聘三年一大聘五年一朝與此不同者此經諸侯相聘是周公制禮之正法王制所云謂文襄之法故不同也

以圭璋聘。重禮也。已聘而還圭璋。此輕財而重禮之義也。諸侯相厲以輕財重禮。則民作讓矣。

圭瑞也尊圭璋之類也用之還之皆爲重禮禮必親之不可以已之有還復之也財謂璧琮享幣也受之爲輕財者財可還復重賄反幣是也○皆爲于僞反琮才工反〔疏〕以圭至讓矣○正義曰此一經明既聘還圭璋輕財重禮教民廉讓之意○以圭璋聘重禮也者玉以比德故以圭璋而聘貴重其禮也言此禮可貴與玉相似○已聘而還圭璋此輕財而重禮之義也謂既聘之後賓將歸時致此圭璋付與聘使面還其聘君也凡行聘禮之後享君用璧享夫人用琮圭璋玉之質惟玉而已璧琮則重其華美加於束帛聘使既了還以圭璋之玉重其禮故還之留其璧琮之財是輕其財故留之重者難可報覆故用本物還之輕者易可酬償故更以留物賄之此是輕財重禮之義也○則民作讓矣者言諸侯既能相厲以輕財重禮之義君既行之於上人則效之於下故民皆作其廉讓矣○注圭瑞至是也○正義曰云圭瑞者以器言之謂之圭執以行禮謂之瑞瑞信也謂與人爲尊卑之信驗也云尊圭璋之類也用之還之皆爲重禮者言尊敬此璋同於圭則璋是圭之等類用之以聘聘訖又還皆爲尊重此禮以圭璋所以行禮故重之也云禮必親之不可以已之有還復之也者言行禮之義必親自爲之若已親往彼國則可以已國之有執往行禮今主國之君既不親往彼國則不以已國所有寶玉還復償他國所來圭璋故還歸之也故云不可以已之有還復之也復償也云財謂璧琮享幣也受之爲輕財者案聘禮享君以璧享夫人以琮享獻也謂享獻之幣主人受而不還是謂輕財也云財可還復者解受璧琮之意璧琮是財輕可得以已物還而復償於彼國賓來者已得受之但聘禮圭璋與璧琮相對故圭璋爲聘璧琮爲享若諸侯之朝天子圭璋與璧琮皆爲享也皆爲財故小行人合六幣圭以馬璋以皮二王之後享天子用圭享后用璋則雖圭璋亦受之不歸也云重賄反幣是也者案聘禮云無行則重賄反幣注云無行謂獨來復無所之也

主國待客。出入三積。餼客於舍。五牢之具陳於內。米三十車。禾三十車。芻薪倍禾。皆陳於外。乘禽日五雙。羣介皆有餼牢。壹食再饗。燕與時賜無數。所以厚重禮也。

厚重禮厚此聘禮也○積子賜反芻初俱反倍步罪反乘繩證反一食一又作壹食音嗣〔疏〕主國至禮也○正義曰此一經明待賓之厚所以尊重聘禮之義主國待客出入三積者此謂上公之臣故出入三積若侯伯以下之臣則不致積也故司儀云諸公之臣相爲國客則三積注云侯伯之臣不致積知者謂聘禮是侯伯之臣故文無致積也此出入三積者謂入三積出亦三積故司儀云遂行如入之積是去之積如來時積也○餼客於舍五牢之具陳於內者案聘禮致客有饔有餼今直云餼客者略言之於舍謂於賓館也五牢之具謂飪一牢在賓館西階也腥二牢在賓館東階也餼二牢在賓館門外之西是皆陳於內也米三十車禾三十車芻薪倍禾皆陳於外者案聘禮米三十車設于門東東陳禾三十車設於門西西陳薪芻倍禾也鄭注薪從米芻從禾○乘禽日五雙者謂乘行羣匹之禽屬鴈鶩之屬聘禮則每日致五雙也羣介皆有餼牢者鄭注掌客云爵卿也則飧二牢饔餼五牢也爵大夫也則飧大牢饔餼三牢爵士也則飧少牢饔餼大牢也○壹食再饗燕與時賜無數者此謂聘卿也一食爲之設食再爲之設饗其歡燕與當時之賜無常數也○所以厚重禮也言備設待賓之物所以豐厚尊重行聘之禮○其天子待諸侯之禮及諸侯相待之法賓主玉帛之節饔餼飧積之差米禾薪芻多少饔食牲牢陞殺皆文具掌客義見聘禮可以尋文取實故於此略而不言也

古之用財者。不能均如此。然而用財如此其厚者。言盡之於禮也。盡之於禮。則內君臣不相陵。而外不相侵。故天子制之。而諸侯務焉爾。

不能均如此言無則從其實也言盡之於禮欲令富者不得過也〔疏〕古之至焉爾○正義曰此一經明聘禮用財之厚務行禮讓則君臣內外不相侵陵所以諸侯務焉爾○古之用財不能均如此者言古之則費用其財○不能悉皆均平如此厚者言厚則從其豐古無則從其實○然而用財如此其厚者言盡之[illegible]

聘射之禮。至大禮也。質明而始行事。日幾中而后禮成。非強有力者。弗能行也。故強有力者。將以行禮也。

禮成禮畢也或曰行成○幾徐音機又音基行成下孟反

酒清。人渴而不敢飲也。肉乾。人飢而不敢食也。日莫人倦。齊莊正齊。而不敢解惰。以成禮節。以正君臣。以親父子。以和長幼。此衆人之所難。而君子行之。故謂之有行。有行之謂有義。有義之謂勇敢。故所貴於勇敢者。貴其能以立義也。所貴於立義者。貴其有行也。所貴於有行者。貴其行禮也。故所貴於勇敢者。貴其敢行禮義也。故勇敢強有力者。天下無事。則用之於禮義。天下有事。則用之於戰勝。用之於戰勝。則無

敵。用之於禮義則順治。外無敵。內順治。此之謂盛德。故聖王之貴勇敢強有力如此也。勇敢強有力。而不用之於禮義戰勝。而用之於爭鬬。則謂之亂人。刑罰行於國。所誅者亂人也。如此則民順治而國安也。勝克敵也或爲陳○渴苦葛反乾音干莫音暮齊側皆反解佳買反惰徒臥反長丁丈反有行有行並下孟反下有行同治直吏反陳直靳反

【疏】聘射至安也○正義曰以前經說聘禮既畢此一節又申明行聘之時禮儀既大日晚始罷故記者引唯勇敢之人能成禮事故於此明之此是聘義兼云射者以強有餘力之士非但聘而行禮又能射爲武事故此揔明之也○聘射之禮至大禮也者言此聘之與射至極繁大之禮非如冠昏之屬暫時即畢○日幾中而后禮成者幾近也日近在於中而後禮成畢○非強有力者弗能成也故強有力者將以行禮也言非強有德力而行禮則禮事不成也○酒清人渴不敢飲也者此謂射禮也言欲射之時先行燕禮唯以禮獻酬不敢恣意醉飽但行禮而已非謂之全不得飲之聘禮行聘之時不但酌醴禮賓無酒肴之事故知此唯據射也○肉乾人飢而不敢食也者亦言不敢全食而令飽也○日暮人倦齊莊正齊者謂日暮晚人斯懈倦猶齊莊而自整齊也○而不敢懈惰以成禮節者所以日莫猶自整齊者以不敢懈倦成就禮之節制此亦謂射禮也故此以下即云以正君臣以親父子以和長幼皆謂射也前文云日幾中而後禮成聘射揔陳特謂聘也故日幾中而禮成此云日莫者謂射禮也酒清肴乾特據於射故日莫而成禮節也○以正君臣者謂射前行燕禮謂君在阼賓升成拜稽首之屬及受君賜再拜稽首之等是以正君臣也○以親父子以和長幼者此謂鄉射之前行鄉飲酒之禮有齒於父族之事故云以親父子以和長幼但此節揔結聘射則前篇射義在其中也故射義云諸侯之射必先行燕禮鄉大夫士之射必先行鄉飲之禮故燕禮所以明君臣之義也鄉飲酒之禮所以明長幼之序也故此經總結之也故酒清肴乾之屬燕禮與鄉飲酒禮初行之時事同於饗皆有此也至說屨升坐之後乃盡歡飲食也此衆人之所難而君子行之者言以上之事凡衆人所難行君子之人特能行之○故謂之有行者以君子有能行故謂此君子爲有行之士身既有行則事得宜故云有行之謂有義有義則臨敵果斷故云有義之謂勇敢此揔覆說聘之與射也○故勇敢強有力者勇敢明射之所須強有力明聘之所須故前文論聘止稱強有力者此經論射則云勇敢故知然也天下無事則用之於禮義者無事謂兵革休息故用之於聘射之禮義○天下有事則用之於戰勝者有事謂軍旅數起故用之於戰鬬必得勝也○勇敢強有力而不用之於禮義戰勝而用之於爭鬬則謂之亂人者戰勝謂公義而戰勝則前經戰勝是謂以戰而勝也此云用之於爭鬬者謂私爭忿鬬與前經不同也故云不用之禮義戰勝而用之於爭鬬

子貢問於孔子曰。敢問君子貴玉而賤碈者。何也。爲玉之寡而碈之多與。碈石似玉或作玟也○碈武巾反字亦作瑉似玉之石爲于僞反下同與音餘玟武巾反又音敎 孔子曰。非爲碈之多。故賤之也。玉之寡。故貴之也。夫昔者君子比德於玉焉。溫潤而澤。仁也。色柔溫潤似仁也潤或爲濡○濡音儒 縝密以栗。知也。縝緻也栗堅貌○縝音軫一音眞知音智致直置反本亦作緻 廉而不劌。義也。劌傷也義者不苟傷人也○劌音九衞反字林云利傷也又音已芮反 垂之如隊。禮也。禮尚謙卑○隊直位反又音遂 叩之其聲清越以長。其終詘然。樂也。樂作則有聲止則無也越猶揚也詘絕止貌也樂記曰止如槀木○叩音口詘其勿反槀木苦老反亦作槁 瑕不揜瑜。瑜不揜瑕。忠也。瑕玉之病也瑜其中間美者玉之性善惡不相揜似忠也○瑕音遐揜音掩瑜羊朱反玉中美 孚尹旁達。信也。孚讀爲浮尹讀如竹箭之筠浮筠謂玉采色也采色旁達不有隱翳似信也孚或作姇或爲扶○孚依注音浮尹依注音筍又作筠于貧反翳於計反姇音孚徐方附反 氣如白虹。天也。精神見于山川。地也。精神亦謂精氣也虹天氣也山川地所以通氣也○虹音紅見賢遍反 圭璋特達。德也。特達謂以朝聘也璧琮則有幣惟有德者無所不達不有須而成也○朝直遙反 天下莫不貴者。道也。道者人無不由之 詩云。言念君子。溫其如玉。故君子貴之也。言我也貴玉者以其似君子也

【疏】子貢至之也○正義曰以聘用玉因論玉有諸德而結成聘義之篇也○爲玉之寡而碈之多與者子貢之意所以貴玉者豈不爲玉之寡少故貴之碈之饒多故賤之與疑辭也○孔子曰至玉焉○言貴玉由其有德非爲少故貴之謂昔者君子之人於玉以比道德所以貴玉者爲其有德君子之人比德堪敬重如玉故貴之有德即下云溫潤而澤仁等是也○溫潤而澤仁也者言玉色溫和柔潤而光澤仁者亦溫和潤澤故云仁也○縝密以栗知也者縝緻也栗謂堅剛言玉體密緻而堅剛人有智者性亦密緻堅剛故云知也○廉而不劌義也廉稜也劌傷也言玉體雖有廉稜而不傷割於物人有義者亦能斷割而不傷物故云義也○垂之如隊禮也言玉體垂之而下隊人有禮者亦謙恭而卑下故言禮也○叩之其聲清越以長其終詘然樂也者越揚也詘謂止絕也言玉體以物叩擊其聲清泠發越以長遠而聞其擊之終音聲則詘然而止不如鐘磬聲能猶有餘音也其爲樂之法初作聲而發揚樂止罷則如槁木言玉體亦然故云樂也○瑕不揜瑜瑜不揜瑕忠也瑕謂玉之病處瑜謂玉中美處言玉之病處不揜映美處玉之美處不揜映病處皆以忠實見外如人之忠者亦以忠心見外故云忠也○孚尹旁達信也孚浮也浮者在外之名尹讀如筠筠者若竹箭之筠筠亦潤色在外者旁者四面之謂也達者通顯之名也信者內不欺隱也玉采色彰達著見於外無隱掩如人有信者亦著見於外故云信也○氣如白虹天也白虹謂天之白氣言玉之白氣似天白氣故云天也○精神見於山川地也精神謂玉之精氣徹見於山川謂玉在山川之中精氣徹見於外地氣含藏於內亦徹見於外與地同故云地也○圭璋特達德也行聘之時唯執圭璋特得通達不加餘幣言人之有德亦無事不通不須假他物而成言圭璋之特同人之有德故云德也○天下莫不貴者道也道者通也言萬物無不由道而通故天下無不貴之玉者亦天下貴之與道相似故云道也○詩云言念君子溫其如玉此詩秦風小戎之篇美秦襄公之詩也言襄公出兵征伐西戎婦人思念其夫言我念此君子顏色溫然如玉引之者證玉以比德之事言貴玉者以其似君子故云君子貴之也○注碈石似玉○正義曰案呂諶字林云碈美石以其石之美者故云似玉也○注栗堅貌○正義曰案詩大雅云實穎實栗栗是禾之堅熟故云栗堅貌也○注樂記曰止如槀木○正義曰引之者證樂聲之止似擊枯槀之木無餘聲也言玉擊止之時其聲即絕與樂相似也○注瑕玉至忠也○正義曰瑕玉之病也呂諶字林云瑕玉小赤而云病者以瑕與疵瘢義同故云玉之病也云瑜其中間美者案字林云瑜美玉是瑕之中間美善者○注孚讀至信也正義曰案字林云琈玉別名玉旁孚也此讀爲浮者取浮見於外非字林琈玉之名也○注有德者無所不達不有須而成也○正義曰德者得也萬物皆得故無所不通達不更須待外物而自成也以聘享之禮有圭璋璧琮璧琮則有束帛加之乃得達圭璋則不用束帛故云特達然璧琮亦玉所以琮則加於他物圭璋得特達者但玉既比德於禮重處則特達於禮輕處則加物以玉可重可輕美其重處言之故云特達

喪服四制第四十九

○陸曰鄭云以其記喪服之制取其仁義禮智四者也別錄屬喪禮

【疏】正義曰案鄭目錄云名曰喪服四制者以其記喪服之制取於仁義禮知也此於別錄舊說屬喪服鄭云舊說案別錄無喪服四制之文唯舊說稱此喪服之篇屬喪服然以上諸篇每篇言義此不云喪服義而云喪服四制者但以上諸篇皆記儀禮當篇之義故每篇言義也此則記者別記喪服之四制非記儀禮喪服之篇故不云喪服之義也○

禮記　鄭氏注　孔穎達疏

凡禮之大體。體天地。法四時。則陰陽。順人情。故謂之禮。訾之者。是不知禮之所由生也。禮之言體也故謂之禮言本有法則而生也○毀曰訾○訾徐音紫毀也一音才斯反○

【疏】凡禮至生也正義曰此一篇揔論喪之大體有四種之制初明恩制次明理制次明節制次明權制既明四制事畢又明三年喪自古而行之故引高宗之事又明斬衰以下節制之差結成仁義之事各隨文解之○體天地者言禮之大綱之體體於天地之間所生之物言所生之物皆禮以體定之○法四時者則下文云喪有四制變而從宜取之四時是也○則陰陽者下文云吉凶異道不得相干取之陰陽是也○順人情者下文云有恩有理有節有權取之人情是也○故謂之禮者以其無物不體故謂之爲禮故注云禮之言體也○訾之者是不知禮之所由生也者言若訾毀不信禮之體天地法四時則陰陽順人情如此之人是不識知禮之所由生也言之不知禮之有法則也

夫禮。吉凶異道。不得相干。取之陰陽也。吉禮凶禮異道謂衣服容貌及器物也 喪有四制。變而從宜。取之四時也。有恩。有理。有節。有權。取之人情也。恩者仁也。理者義也。節者禮也。權者知也。仁義禮知。人道具矣。取之四時謂其數也取之人情謂其

制也。知音智下同〔疏〕夫禮至具矣。正義曰此一節覆說前文禮法四時則陰陽。順人情之事不覆說體天地者。天地包此四時陰陽人情無物不揔故不覆說體天地之事。吉凶異道者言吉凶各異其道及衣服容貌器物不同也。喪有四制變而從宜者言門內主恩若於門外則變而行義尊卑有定禮制有極以節為限。或有事故不能備禮則變而行權是皆變而從宜取人情也。恩者仁也理者義也節者禮也恩屬於仁理屬於義節屬於禮故云節者禮也。權者知也量事權宜非知不可故云權者知也。仁義禮知人道具矣者此揔結四制之義仁屬東方義屬西方禮屬南方知屬北方四時並備是人道具矣五常五行四時無信者知中兼之故北方水為知又為信是取法四時故不并數信也

其恩厚者其服重。故為父斬衰三年。以恩制者也。服莫重斬衰也。為于偽反下及注同衰七回反注及下同〔疏〕其恩至者也。正義曰此一經明四制之中恩制也以父最恩深故特舉父而言之其實門內諸親為之著服皆是恩制也

門內之治。恩揜義。門外之治。義斷恩。資於事父以事君。而敬同。貴貴尊尊。義之大者也。故為君亦斬衰三年。以義制者也。資猶操也貴貴謂為大夫君也尊尊謂為天子諸侯也。治直吏反下同揜於檢反斷丁亂反操七刀反皇云特也〔疏〕門內至者也。正義曰此一經明門外之治四制之中義制也。門內之治恩揜義者以門內之親恩情既多揜藏公義言得行私恩不行公義若公羊傳云有三年之喪君不呼其門是也。門外之治義斷恩者門外謂朝廷之間既仕公朝當以公義斷絕私恩若曾子問父母之喪既卒哭金革之事無辟是也。資於事父以事君而敬同者言操持事父之道以事於君則敬君之禮與父同。貴貴者貴謂大夫之臣事大夫為君者也大夫始入尊境則是貴也此臣盡敬此君故云貴貴也。尊尊者尊尊謂天子諸侯之臣事天子諸侯為君者也天子諸侯同為南面則是尊也此臣極敬此君故曰尊尊也。義之大者也以義斷恩內外如一雖復大夫與王侯有異而其臣敬不殊故並云義之大者也。故為君亦斬衰三年以義制者也言亦謂亦同於父也

三日而食。三月而沐。期而練。毀不滅性。不以死傷生也。喪不過三年。苴衰不補。墳墓不培。祥之日。鼓素琴。告民有終也。以節制者也。資於事父以事母。而愛同。天無二日。土無二王。國無二君。家無二尊。以一治之也。故父在為母齊衰期者。見無二尊也。食食粥也沐謂將虞祭時也補培猶治也鼓素琴始存樂也三年不為樂樂必崩。期音基下同苴七餘反墳扶云反培步回反徐扶來反為于偽反下注為君同齊音咨見賢遍反粥之六反。〔疏〕三日至尊也。正義曰此一節明四制之中節制也。苴衰不補者言苴麻之衰雖破不補。墳墓不培者培益也。一成上陵之後不培益其土。祥之日鼓素琴者大祥之日得鼓素琴。告民有終也者言所以為此上事告教其民使衰有終極也。以節制者也以情實未已仍以禮節為限制抑其情也自此以上皆節制之事從此以下更申明節制欲尊歸其一故更明無二尊之理。資於事父以事母而愛同者言操持事父之道以事於母而恩愛同恩愛雖同而服乃有異以不敢二尊故也故以天無二日及家無二尊之等明皆歸於尊一以治理之也天無二日至二尊也此揔結無二尊之理也。注食食粥至必崩。正義曰沐謂將虞祭時也士虞記曰沐而不櫛故知沐謂將虞祭時虞後有事得沐浴也故雜記云非虞附練祥無沐浴云鼓素琴始存樂也於此祥日而鼓素琴始存省此樂縣而作樂在既禫之後。

杖者何也。爵也。三日授子杖。五日授大夫杖。七日授士杖。或曰擔主。或曰輔病。婦人童子不杖。不能病也。百官備。百物具。不言而事行者。扶而起。言而后事行者。杖而起。身自執事而后行者。面垢而已。禿者不髽。傴者不袒。跛者不踊。老病。不止酒肉。凡此八者。以權制者也。五日七日授杖謂為君喪也扶而起謂天子諸侯也杖而起謂大夫士也面垢而已謂庶民也髽婦人也男子免而婦人髽髽或為免。擔是艷反又食艷反又餘塹反不言而事行者扶而起一本作扶而後起扶或作杖非垢音苟禿吐木反髽側瓜反傴紆主反袒節早反跛彼我反免音問下同。〔疏〕杖者至者也。正義曰此一經明四制之中權制也。杖者何也爵也者權制之中所以先明杖者以下有不應杖而杖又有應杖而不杖皆是權宜故先舉正杖於上言爵也者杖之所設本為扶病而以爵者有德其恩必深其病必重故杖為爵者而設故云爵也。三日授子杖五日授大夫杖七日授士杖者上云杖者爵也遂歷敘其有爵之人故云三日授子杖五日授大夫杖七日授士杖。或曰擔主者解無爵而亦杖故記者稱或曰擔主喪服傳云杖者何爵也無爵而杖者何擔主也鄭注云擔假也尊其為主假之以杖。或曰輔病者喪服傳云非主而杖者何輔病也謂庶子以下雖非適子皆杖為其輔病故也。婦人童子不杖不能病也者杖既扶病何婦人童子所以不杖為其不能病也婦人謂未成人之婦人童子謂幼少之男子。百官備百物具不言而事行者杖而起者此謂王侯也喪具觸事委任百官不假自言而事得行故許子病深雖有扶病之杖亦不能起故又須人扶乃起也。言而后事行者杖而起者此謂大夫士既無百官百物須已言而後喪事乃行故不許極病所以杖而起不用扶也身自執事而後行者面垢而已者此謂庶人也卑無人可使但身自執事不可許病故有杖不得用但使面有塵垢之容而已也子於父母貴賤情同而病不得一故為權制。禿者不髽髽者是婦人之大紒重喪辮麻繞髮禿者無髮故不髽也女禿不髽故男子禿亦不髽也。傴者不袒袒者露膊傴者可憎故不露也。跛者不踊踊是跳躍跛人腳蹇故不跳躍也。老病不止酒肉者孝子悲哀非病不食滋味若老及病身已羸瘠又使備禮必致滅性非制所許故酒肉養之。凡此八者以權制者也此記者結前權數也夫喪禮宜備今有此八條不可以強逼故聖人權宜制也所謂八者謂應杖不杖不應杖而杖一也扶而起二也杖而起三也面垢四也禿者五也傴者六也跛者七也老病者八也庾蔚云父存為母一也不數杖與不杖之利皇氏熊氏並取以為說今案經文為母期乃屬前經鄭於期下揔注三日而食三月而沐之事是為母期之文乃在節制之中不得下屬此經權制之例又此經權制之科乃載杖與不杖之條此經未又揔云八者是揔此經之八事今乃不數此經杖條便是杖文虛設庾氏之說恐未為善聽賢者擇焉。注五日至人髽。正義曰云五日七日授杖謂為君喪也者案喪大記大夫與士之喪皆云三日授子杖同主為其親也今云五日七日故知為君也

始死。三日不怠。三月不解。期悲哀。三年憂。恩之殺也。聖人因殺以制節。不怠哭不絕聲也不解不解衣而居不倦息也。解佳買反期音基之殺色戒反解衣古買反此喪之所以三年。賢者不得過。不肖者不得不及。此喪之中庸也。王者之所常行也。書曰。高宗諒闇。三年不言。善之也。諒古作梁楣謂之梁闇讀如鶉鵪之鵪闇謂廬也廬有梁者所謂柱楣也。肖音笑諒闇依注諒讀為梁鵪烏南反下同徐又並如字案徐後音是依杜預義鄭謂卒哭之後翦屏柱楣故曰諒闇闇即廬也孔安國諒為諒陰諒信也陰默也楣音眉鶉音淳柱知主反。王者莫不行此禮。何以獨善之也。曰。高宗者武丁。武丁者。殷之賢王也。繼世即位。而慈良於喪。當此之時。殷衰而復興。禮廢而復起。故善之。善之。故載之書中而高之。故謂之高宗。三年之喪。君不言。書云。高宗諒闇。三年不言。此之謂也。然而曰言不文者。謂臣下也。言不文者謂喪事辨不所當共也孝經說曰言不文者指士民也。衰色追反復扶又反下文同文如字徐音問辨本又作辯同皮莧反共音恭

禮。斬衰之喪。唯而不對。齊衰之喪。對而不言。大功之喪。言而不議。緦小功之喪。議而不及樂。此謂與賓客也唯而不對侑者為之應耳言謂先發口也。唯余癸反徐以水反注同齊音咨本又作齋侑音又為于偽反應應對之應父母之喪。衰冠。繩纓。菅屨。三日而食粥。三月而沐。期十三月而練冠。三年而祥。〔疏〕始死至而祥。正義曰此一節覆明前經四制之中節制之事以禮之大體喪之三年為限節之事故重明之。○三日不怠者謂哭不休息。○三月不解者謂不解衣而居。○期悲哀者謂期之間朝夕恆哭。○三年憂者謂又復朝夕哭但憂戚而已。○恩之殺也者自初以降是恩漸減殺也。○聖人因殺以制節者言聖人因其孝子情有減殺制為限節。此喪之中庸也者庸常也言三年之喪賢者不得過不肖者不得不及是喪之中平常行之節也。○故王者之所常行也書曰高宗諒闇三年不言善之也引書者明古

來王者皆三年喪諒闇讀曰梁闇讀曰鶬謂廬也謂既虞之後施梁而柱楣故云諒闇之中三年不言政事善之者言是古人載之於書美善之故也○王者莫不行此禮何以獨善之也記者自設問古人獨善之意曰高宗者武丁者記者還自釋獨善高宗之意○武丁者殷之賢王也者中興殷世故曰賢王也○故載之書中者言以古人善此高宗載於書中又尊高其行故謂之高宗○三年之喪君不言者是記者引古禮三年之喪君則不言國事○書云高宗諒闇三年不言此之謂也者此記者引書高宗所行中節是君不言之事故云此之謂也○然而曰言不文者謂臣下也者是記者既稱古禮君不言故又云言不文故記者復解云言不文者謂臣下也○禮斬衰之喪唯而不對者謂與賓客言也但稱唯而已不對其所問之事備者為之對不旁及也○齊衰之喪對而不言者但對其所問之事不餘言也○大功之喪言而不議者但言說他事不與人論議相問荅也○緦小功之喪議而不及樂者得議他事但不能聽及於樂也○三年而祥者此章從上以來至此皆明三年之喪制節之事○比終茲三節者。仁者可以觀其愛焉。知者可以觀其理焉。強者可以觀▲其志焉。禮以治之。義以正之。孝子。弟弟。貞婦。▲皆可得而察焉。仁有恩者也理義也察猶知也○衰七回反菅音姦屨徐紀具反粥之六反期音基比必利反知音智本或作智弟上音悌下如字○〔疏〕比終至察焉○正義曰此一節更覆結居父母之喪能終此三節可以知其德行三節者自初喪至沐一也十三月練二也三年祥三也能終此三節者仁者可以觀其愛知者可以觀其理強者可以觀其志也言此自初遭喪至於喪畢有三者之節○仁者可以觀其愛焉者孝子居喪性有仁恩則居喪思慕可以觀其知愛親也若不愛親則非仁恩也○知者可以觀其理焉者若孝子有知則居喪合於道理若不合於道理則非知也○強者可以觀其志焉若孝子堅強其居喪則能守其志節若無志節則非堅強○禮以治之者言用禮以治居喪之事義以正之者謂用義以正居喪之禮孝子者謂孝順之子○弟弟者謂遜弟之弟○貞婦者謂貞節之婦皆可得而察焉者若能依禮合義有仁可觀其愛有理可觀其知有志可見其強則是孝子弟弟貞婦也若無此事則非孝子弟弟貞婦也故云可得而察焉也

禮記注疏卷六十三挍勘記　阮元撰盧宣旬摘錄

聘義第四十八

三讓而后傳命節

上經明設介傳命致敬之義　閩監本同毛本設誤說

入廟門及升階揖讓之節　閩監本同毛本及誤皆

賓差退在西相嚮三讓　閩監本同衞氏集說同毛本嚮誤下

當階北面又揖二揖也　閩毛本同衞氏集說同監本北誤比

若賓不讓則不至於三　惠棟挍宋本同衞氏集說同閩監毛本三誤主

案聘禮賓至大門主人陳介而請事　閩監毛本同盧文弨挍云介當作擯

案司儀職兩君相見則交擯　閩監毛本同惠棟挍宋本職下有注字

及末則鄉受之反面傳而上　閩監本同毛本面作而

直賓及上擯相對而語　閩監本同毛本擯誤賓

君使士迎于竟節

北面拜貺　各本同石經同釋文出拜況云本亦作貺○按說文有況無貺

公當楣再拜聘君之恩惠　閩監毛本同岳本嘉靖本再拜下又有拜字考文引古本同案正義拜字當重

大夫郊勞○聘禮云　閩本同監本○闕毛本○作者

北面再拜拜聘君之貺　閩監本同衞氏集說同毛本拜拜誤升拜

卿為上擯節

致饔餼　各本同石經同釋文出雍云字又作饔

賄賵饔食燕　閩監毛本岳本嘉靖本衞氏集說同石經饔字空闕釋文出亨云本又作饔

主國之卿為上擯　閩本同考文引宋板同監毛本國之二字倒

公側受醴　閩監毛本同衞氏集說同考文引宋板受作授○按聘禮作受鄭注云將以飲賓考文非也

燕與羞淑獻無常數是也　閩監毛本同考文引宋板淑作俶衞氏集說同○按聘禮正作俶即記云俶羞俶獻是也鄭彼注云古文俶作淑

故天子制諸侯節

所以愧厲之也　各本同石經同釋文出以媿云本又作愧

而諸侯自為正之具也　閩監毛本同惠棟挍宋本也下有者字

案昭元年左氏傳云孟僖子　閩監毛本同惠棟挍宋本元作九此本誤

以圭璋聘節

重者難可報覆　閩監毛本同衞氏集說作重者難以報復

主國待客節

注云侯伯之臣不致積知者　閩本同惠棟挍宋本同監毛本知誤也○按知是衍文鄭注周禮但作不致積

所以厚重禮也　閩監毛本同惠棟挍宋本也下有者字

聘射之禮節

日莫人倦　各本同石經同毛本莫誤莫

將以行禮也　閩監毛本同惠棟挍宋本也下有者字

子貢問於孔子曰節

縝緻也　各本同釋文出致云本亦作緻○按致緻古今字

垂之如隊　閩監毛本岳本嘉靖本衞氏集說同釋文出如隊石經隊作墜○按說文有隊無墜

不有隱翳　閩監本岳本嘉靖本衞氏集說同毛本有誤相

廉而不劌義也　閩監毛本同考文引宋板也下有者字下如隊禮也瑜不揜瑕忠也孚尹旁達信也氣如白虹天也精神見於山川地也圭璋特達德也並同

其聲之終音聲則詘然而止　閩監毛本同考文引宋板音作竟衞氏集說同

所以琮則加於他物　閩監毛本同惠棟挍宋本琮上有璧字此本誤脫

喪服四制第四十九

三日而食節

故更明無二尊之理　閩本同惠棟挍宋本同監毛本尊誤事

云鼓素琴始存樂也　閩本同惠棟挍宋本同監毛本始誤好

杖者何也節

或曰擔主　閩監毛本作擔石經岳本嘉靖本衞氏集說同釋文同此本擔誤檐○按依說文當作儋从人詹聲檐假借字擔俗字

又使備禮必致滅性　閩監本同衞氏集說同毛本必誤不考文引宋板不作以

不數杖與不杖之利　惠棟挍宋本利作科此本科誤利閩本科字闕監毛本科作例下又此經權制之科同

始死三日不怠節

故王者之所常行也　閩監毛本同惠棟挍宋本無故字

比終茲三節者節

皆可得而察焉　閩監本石經岳本嘉靖本衞氏集說同考文引宋板同毛本皆可誤可以

若孝子有知　閩監毛本同惠棟挍宋本無若字

強者可以觀其志焉若　閩監毛本同惠棟挍宋本若作者是也

有志可見其強　閩本同監毛本志誤知惠棟挍宋本亦作志見作觀是也

附釋音禮記注疏卷第六十三　惠棟挍宋本禮記正義卷第七十終宋監本禮記卷第二十終經五千三百三十二字注二千九百八十一字凡二十萬一千九百九十二字經九萬七千七百五十九字注一十萬四千二百三十三字

禮記注疏卷六十三挍勘記

欽定四庫全書總目春秋左傳正義六十卷

周左丘明傳晉杜預注唐孔穎達疏自劉向劉歆桓譚班固皆以春秋傳出左丘明左丘明受經於孔子魏晉以來儒者更無異議至唐趙匡始謂左氏非丘明蓋欲攻傳之不合經必先攻作傳之人非受經於孔子與王柏欲攻毛詩先攻毛詩不傳於子夏其智一也宋元諸儒相繼竝起王安石有春秋解一卷證左氏非丘明者十一事陳振孫書錄解題謂出依託今未見其書不知十一事者何據其餘辨論惟朱子謂虞不臘矣爲秦人之語葉夢得謂紀事終於智伯當爲六國時人似爲近理然考史記秦本紀稱惠文君十二年始臘張守節正義稱秦惠文王始效中國爲之明古有臘祭秦至是始用非至是始創閻若璩古文尚書疏證亦駁此說曰史稱秦文公始有史以記事秦宣公初志閏月豈亦中國所無待秦獨創哉則臘爲秦禮之說未可據也左傳載預斷禍福無不徵驗蓋不免從後傅合之惟哀公九年稱趙氏其世有亂後竟不然是未見後事之證也經止獲麟而弟子續至孔子卒傳載智伯之亡殆亦後人所續史記司馬相如傳中有揚雄之語不能執是一事指司馬遷爲後漢人也則載及智伯之說不足疑也今仍定爲左丘明作以祛衆惑至其作傳之由則劉知幾躬爲國史之言最爲確論疏稱大事書於策者經之所書小事書於簡者傳之所載觀晉史之書趙盾齊史之書崔杼及甯殖所謂載在諸侯之籍者其文體皆與經合墨子稱周春秋載杜伯燕春秋載莊子儀宋春秋載祏觀辜齊春秋載王里國中里徼其文體皆與傳合經傳同因國史而修斯爲顯證知說經去傳爲舍近而求諸遠矣漢志載春秋古經十二篇經十一卷注曰公羊穀梁二氏則左氏經文不著於錄然杜預集解序稱分經之年與傳之年相附比其義類各隨而解之陸德明經典釋文曰舊夫子之經與丘明之傳各異杜氏合而釋之則左傳又自有經考漢志之文既曰古經十二篇矣不應復云經十一卷觀公穀二傳皆十一卷與經十一卷相配知十一卷爲二傳之經故有是注徐彥公羊傳疏曰左氏先著竹帛故漢儒謂之古學則所謂古經十二篇即左傳之經故謂之古刻漢書者誤連二條爲一耳今以左傳經文與二傳校勘皆左氏義長知手錄之本確於口授之經也言左傳者孔奇孔嘉之說久佚不傳賈逵服虔之說亦僅偶見他書今世所傳惟杜注孔疏爲最古杜注多強經以就傳孔疏亦多左杜而右劉（案劉炫作規過以攻杜解凡所駁正孔疏皆以爲非）是皆篤信專門之過不能不謂之一失然有注疏而後左氏之義明左氏之義明而後二百四十二年內善惡之跡一一有徵後儒妄作聰明以私臆談褒貶者猶得據傳文以知其謬則漢晉以來藉左氏以知經義宋元以後更藉左氏以杜臆說矣傳與注疏均謂有大功於春秋可也

春秋正義序

國子祭酒上護軍曲阜縣開國子臣孔穎達　奉　勑撰

夫春秋者紀人君動作之務是左史所職之書王者統三才而宅九有順四時而治萬物四時序則玉燭調於上三才協則寶命昌於下故可以享國永年令聞長世然則有爲之務可不慎與國之大事在祀與戎祀則必盡其敬戎則不加無罪盟會協於禮興動順其節失則貶其惡得則褒其善此春秋之大旨爲皇王之明鑒也若夫五始之目章於帝軒六經之道光於禮記然則此書之發其來尚矣但年祀緜邈無得而言暨乎周室東遷王綱不振楚子北伐神器將移鄭伯敗王於前晉侯請隧於後竊僭名號者何國不然專行征伐者諸侯皆是下陵上替内叛外侵九域騷然三綱遂絶夫子内韞大聖逢時若此欲垂之以法則無位正之以武則無兵賞之以利則無財說之以道則不用虛歎銜書之鳳乃似喪家之狗既不救於已往冀垂訓於後昆因魯史之有得失據周經以正褒貶一字所嘉有同華衮之贈一言所黜無異蕭斧之誅所謂不怒而人威不賞而人勸實永世而作則歷百王而不朽者也至於秦滅典籍鴻猷遂寢漢德既興儒風不泯其前漢傳左氏者有張蒼賈誼尹咸劉歆後漢有鄭衆賈逵服虔許惠卿之等各爲詁訓然雜取公羊穀梁以釋左氏此乃以冠雙屨將絲綜麻方鑿圓枘其可入乎晉世杜元凱又爲左氏集解專取丘明之傳以釋孔氏之經所謂子應乎母以膠投漆雖欲勿合其可離乎今校先儒優劣杜爲甲矣故晉宋傳授以至于今其爲義疏者則有沈文何蘇寬劉炫然沈氏於義例粗可於經傳極疎蘇氏則全不體本文唯旁攻賈服使後之學者鑽仰無成劉炫於數君之内實爲翹楚然聰惠辯博固亦罕儔而探賾鉤深未能致遠其經注易者必具飾以文辭其理致難者乃不入其根節又意在矜

伐性好非毀規杜氏之失凡一百五十餘條習杜義而攻杜氏猶蠹生於木而還食其木非其理也雖規杜過義又淺近所謂捕鳴蟬於前不知黃雀在其後案僖公三十三年經云晉人敗狄于箕杜注云郤缺稱人者未爲卿劉炫規云晉侯稱人與殽戰同案殽戰在葬晉文公之前可得云背喪用兵以賤者告箕戰在葬晉文公之後非是背喪用兵何得云與殽戰同此則一年之經數行而已曾不勘省上下妄規得失又襄公二十一年傳云邾庶其以漆閭丘來奔以公姑姊妻之杜注云蓋寡者二人劉炫規云是襄公之姑成公之姊只一人而已案成公二年成公之子公衡爲質及宋逃歸案家語本命云男子十六而化生公衡已能逃歸則十六七矣公衡之年如此則於時成公三十三四矣計至襄二十一年成公七十餘矣何得有姊而妻庶其此等皆其事歷然猶尚妄說況其餘錯亂良可悲矣然比諸義疏猶有可觀今奉勑刪定據以爲本其有疏漏以沈氏補焉若兩義俱違則特申短見雖課率庸鄙仍不敢自專謹與朝請大夫國子博士臣谷那律故四門博士臣楊士勛四門博士臣朱長才等對共參定至十六年又奉勑與前脩疏人及朝散大夫行大學博士上騎都尉臣馬嘉運朝散大夫行大學博士上騎都尉臣王德韶給事郎守四門博士上騎都尉臣蘇德融登仕郎守大學助教雲騎尉臣隨德素等對 勑使趙弘智覆更詳審爲之正義凡三十六卷冀貽諸學者以裨萬一焉

春秋正義序終

春秋左傳注疏校勘記序

春秋左氏傳漢初未審獻於何時漢藝文志說孔壁事祗云得古文尚書及禮記論語孝經不言左氏經傳也景十三王傳亦但云得古文經傳所謂傳者即禮之記及論語亦未言有左氏也楚元王傳劉歆讓太常博士亦以逸禮三十有九書十六篇系之魯恭王所得孔安國所獻而於春秋左氏所修二十餘通則但云藏於祕府不言獻自何人惟說文解字序分別言之曰魯恭王壞孔子宅得禮記尚書春秋論語孝經又北平侯張倉獻春秋左氏傳然後左氏經傳所自出始大白於世顧許言恭王所得有春秋豈孔壁中有春秋經文爲孔子手定者與北平侯所獻蓋必有經有傳度其經必與孔壁經大同然則班志所云古經十二篇者指恭王所得與抑指北平所獻與左氏傳之學興於賈逵服虔董遇鄭衆潁容諸家杜預因之分經比傳爲之集解今諸家全書不可見而流傳間見者往往與杜本乖異古有吳皇象所書本宋臧榮緒梁岑之敬所校本今皆不可得蓋傳文異同可考者亦僅矣唐人專宗杜注惟蜀石經兼刻經傳杜注文而蜀石盡亡世間搨本僅存數百字後唐詔儒臣田敏等校九經鏤本於國子監此亦經傳注兼刻者而今多不存至於孔穎達等依經傳杜注爲正義三十六卷本自單行宋淳化元年有刻本至慶元間吳興沈中賓分系諸經注本合刻之其跋云踵給事中汪公之後取國子監春秋經傳集解正義精挍萃爲一書蓋田敏等所鏤淳化元年所頒皆取爲善本而畢集於是後此附以釋文之本未有能及此者元和陳樹華即以此本遍考諸書凡與左氏經傳文有異同可備參考者撰成春秋內傳考證一書考證所載之同異雖與正義本貿然不同然亦間有可采者元更病今日各本之踳駁思爲諟正錢塘監生嚴杰熟於經疏因授以舊日手挍本又慶元間所刻之本并陳樹華考證及唐石經以下各本及釋文各本精詳捃摭共爲挍勘記四十二卷雖班孟堅所謂多古字古言許叔重所謂述春秋傳用古文者年代緜邈不可究悉亦庶幾網羅放佚冀成注疏善本用裨學者矣阮元記

引據各本目錄

唐石經春秋三十卷 首載杜氏序每卷篇首題春秋經傳集解某公第幾第二行題左氏盡某年每行十字有復經勘定處或九字一行十一字一行間有十二字一行者唐人改刊多劖磨重鐫後人即加於本字之上隱公第一盡十一年桓公第二盡十八年莊公第三盡卅二年閔公第四盡二年僖上第五盡十五年僖中第六盡廿六年僖下第七盡卅三年文上第八盡十年文下第九盡十八年宣上第十盡十一年宣下第十一盡十八年成上第十二盡十年成下第十三盡十八年襄元第十四盡九年襄二第十五盡十五年襄三第十六盡二十二年襄四第十七盡廿五年襄五第十八盡廿八年襄六第十九盡卅一年昭元第廿盡三年昭二第廿一盡七年昭三第廿二盡十二年昭四第廿三盡十七年昭五第廿四盡廿二年昭六第廿

五盡廿六年昭七第廿六盡卅二年定上第廿七盡七年定下第廿八盡十五年哀上第廿九盡十三年哀下第卅盡廿七年末載後序宣公上下俱經後梁重刻上卷原刻尚存五六行下卷僅三之一僖公篇亦有數段出自後人重刊然字迹遠勝後梁所鐫昆山顧炎武標舉誤字此經獨多皆非唐本之舊也

不全宋刻春秋經傳集解三冊分卷與唐石經同上冊題襄五第十八闕二十二二十三兩頁中冊題昭三第二十二闕三至八六頁又闕十三一頁及二十一二十二兩頁昭四第二十三闕一頁下冊題昭五第二十四闕二十二二十三二十四三頁每半頁十行注文雙行每行字數不一卷末載經注若干字無附釋音宋刻經注本之最善者書內構字闕筆此避宋高宗諱錢塘何元錫云板心有直學王某等字亦南渡官名也

不全北宋刻小字本春秋經傳集解二卷此本惟廿四廿五兩卷每半板十一行行廿三四五字不一注文雙行約多幾字卷末無附釋音惜不知何人所刊也

淳熙小字本春秋經傳集解三十卷分卷與唐石經同每半頁十行行十八字注文雙行行廿二字附釋音此宋時坊刻有譌字俗體大致不失其爲善本卷末題淳熙柔兆涒灘中夏初吉閩山阮仲猷種德堂刊柔兆涒灘乃宋孝宗淳熙三年丙申也末附春秋名號歸一圖二卷蜀馮繼先所作

南宋相臺岳氏春秋經傳集解三十卷宋岳珂刊分卷與唐石經同缺十九二十兩卷每半頁八行行十七字注文雙行附釋音每卷之後皆有木刻亞形相臺岳氏刻梓荆溪家塾印大小篆隸文楷書不一每頁之末上刻篇識如隱某年桓某年等明代以來翻刻有四皆不若此本之精審末附春秋年表一卷春秋名號歸一圖二卷年表不著撰人名氏

宋纂圖本春秋經傳集解三十卷每半頁十行注文雙行每行字數不一注後附音釋音釋後有似句互注重言等條此宋時坊刻所加

足利本春秋經傳集解見七經孟子考文案山井鼎云左傳考文稱足利本者宋板經傳集解本也今以活字板驗之是爲其原本也

宋本春秋正義三十六卷宋慶元間吳興沈中賓所刊案新唐書經籍志載春秋正義三十六卷與此合宋王堯臣崇文總目晁公武郡齋讀書志陳振孫書錄解題並同分卷行款與俗本亦異卷一序卷二隱元年卷三隱二年至五年卷四隱六年至十一年卷五桓元年二年卷六桓三年至六年卷七桓七年至十八年卷八莊元年至十五年卷九莊十六年至三十二年卷十閔元年二年卷十一僖元年至十五年卷十二僖十六年至二十六年卷十三僖二十七年至三十三年卷十四文元年至十年卷十五文十一年至十八年卷十六宣元年至十一年卷十七宣十二年至十八年卷十八成元年至十年卷十九成十一年至十八年卷二十襄元年至八年卷二十一襄九年至十二年卷二十二襄十三年至二十二年卷二十三襄二十三年至二十五年卷二十四襄二十六年至二十八年卷二十五襄二十九年至三十一年卷二十六昭元年至三年卷二十七昭四年至七年卷二十八昭八年至十二年卷二十九昭十三年至十七年卷三十昭十八年至二十二年卷三十一昭二十三年至二十六年卷三十二昭二十七年至三十二年卷三十三定元年至七年卷三十四定八年至十五年卷三十五哀元年至十一年卷三十六哀十二年至二十七年又會於夷儀之歲云云在襄二十六年之首與唐石經合無附釋音字無俗體是宋刻正義中之第一善本每半頁八行經傳每行十六字注及正義每格雙行行廿二字經傳下載注不標注字正義揔歸篇末眞舊式也今校勘記依此分卷

附釋音春秋左傳注疏六十卷此本雕板南宋遞有修補下至明末其板猶存在注疏中六十卷本之最善者卷一序卷二隱元年盡二年卷三隱三年盡五年卷四隱六年盡十一年卷五桓元年盡二年卷六桓三年盡六年卷七桓七年盡十八年卷八莊元年盡十年卷九莊十一年盡二十二年卷十莊二十三年盡三十二年卷十一閔元年盡二年卷十二僖元年盡五年卷十三僖六年盡十四年卷十四僖十五年盡廿一年卷十五僖二十二年盡二十四年卷十六僖二十五年盡二十八年卷十七僖二十九年盡三十三年卷十八文元年盡四年卷十九上文五年盡十年卷十九下文十一年盡十五年卷二十文十六年盡十八年卷二十一宣元年盡四年卷二十二宣五年盡十一年卷二十三宣十二年卷二十四宣十三年盡十八年卷

二十五成元年盡二年卷二十六成三年盡十年卷二十七成十一年盡十五年卷二十八成十六年盡十八年卷二十九襄元年盡四年卷三十襄五年盡九年卷三十一襄十年盡十二年卷三十二襄十三年盡十五年卷三十三襄十六年盡十八年卷三十四襄十九年盡二十一年卷三十五襄二十二年盡二十四年卷三十六襄二十五年卷三十七襄二十六年卷三十八襄二十七年盡二十八年卷三十九襄二十九年卷四十襄三十年盡三十一年卷四十一昭元年卷四十二昭二年盡四年卷四十三昭五年盡六年卷四十四昭七年盡八年卷四十五昭九年盡十二年卷四十六昭十三年卷四十七昭十四年盡十六年卷四十八昭十七年盡十九年卷四十九昭二十年卷五十昭二十一年盡二十三年卷五十一昭二十四年盡二十五年卷五十二昭二十六年盡二十八年卷五十三昭二十九年盡三十二年卷五十四定元年盡四年卷五十五定五年盡九年卷五十六定十年盡十五年卷五十七哀元年盡五年卷五十八哀六年盡十一年卷五十九哀十二年盡十五年卷六十哀十六年盡二十七年每半頁十行每行十七字注疏每格雙行行二十三字經傳下載注不標注字正義冠大疏字於上今按正義以此本爲據也文案七經孟子考文補遺云毛詩春秋編入陸德明經典釋文共題曰附釋音蓋與正德刊本略似矣其實一也考文所謂正德本即指此本修版處而言

閩本春秋左傳注疏六十卷　明嘉靖閩中御史李元陽僉事江以達校刊分卷與附釋音本同每半頁九行行二十一字傳注正義低一格每行二十字正義雙行以注文改作中號字冠注字於上始於李氏非宋板舊式其佳處多與附釋音本相合有監本毛本脫錯而此本不誤較監毛爲優云

監本春秋左傳注疏六十卷　明萬歷十九年刊每卷第二三行題皇明朝列大夫國子監祭酒盛訥等奉勑重校刊勑字提行分卷與附釋音本同行款與閩本合惟注文用小字空左卷末載後序錯字較少非毛本可及也

重脩監本春秋左傳注疏六十卷　此本惟每卷第三行擠刻皇明朝列大夫國子監祭酒臣吳士元承德郎司業仍加俸一級臣黃錦等奉旨重脩將盛訥銜改列第二行譌字較原本爲多記中所引凡與原本同者則總偁監本其異者則偁重脩監本

毛本春秋左傳注疏六十卷　明崇禎戊寅常熟汲古閣毛晉所刊分卷與附釋音本同行款與閩本合此本世所通行而亥豕之譌觸處皆是

附釋音春秋左傳注疏卷第一

國子祭酒上護軍曲阜縣開國子臣孔穎達等奉勑撰

國子博士兼太子中允贈齊州刺史吳縣開國男臣陸德明釋文

春秋序。陸曰此元凱所作既以釋經故依例音之本或題爲春秋左傳序者沈文何以爲釋例序今不用

〔疏〕正義曰此序題目文多不同或云春秋序或云左氏傳序或云春秋經傳集解序或云春秋左氏傳序案晉宋古本及今定本並云春秋左氏傳序今依用之南人多云此本釋例序後人移之於此且有題曰春秋釋例序置之釋例之端今所不用晉大尉劉寔與杜同時人也宋大學博士賀道養去杜亦近俱爲此序作注題並不言釋例序明非釋例序也又晉宋古本序在集解之端徐邈以晉世言五經音訓爲此序作音且此序稱分年相附隨而解之名曰經傳集解是言爲集解作序也又別集諸例從而釋之名曰釋例異同之說釋例詳之是其據集解而指釋例安得爲釋例序也序與敍音義同爾雅釋詁云敍緒也然則舉其綱要若繭之抽緒孔子爲書作序爲易作序卦子夏爲詩作序故杜亦稱序序春秋名義經傳體例及已爲解之意也此序大略凡有十一段明義以春秋是此書大名先解立名之由自春秋至所記之名也明史官記事之書名曰春秋之義自周禮有史官至其實一也明天子諸侯皆有史官必須記事之義自韓宣子適魯至舊典禮經也言周史記事褒貶得失本有大法之意自周德既衰至從而明之言典禮廢缺善惡無章故仲尼所以脩此經之意自左丘明受經於仲尼至所脩之要故也言丘明作傳務在解經而有無傳之意自身爲國史至然後爲得也言經旨之表不應須傳有通經之意自其發凡以言例至非例也言丘明傳有三等之體自故發傳之體有三至三叛人名之類是也言仲尼脩經有五種之例自推此五體至人倫之紀備矣總言聖賢大趣足以周悉人道所說經傳理畢故以此言結之自或曰春秋以錯文見義至釋例詳之也言已異於先儒自明作集解釋例之意自或曰春秋之作下盡亦無取焉大明春秋之早晚始隱終麟先儒錯繆之意賈逵大史公十二諸侯年表序云魯君子左丘明作傳據劉向別錄云左丘明授曾申申授吳起起授其子期期授楚人鐸椒鐸椒作抄撮八卷授虞卿虞卿作抄撮九卷授荀卿荀卿授張蒼此經既遭焚書而亦廢滅及魯共王壞孔子舊宅於壁中得古文逸禮有三十九篇書十六篇天漢之後孔安國獻之遭巫蠱倉卒之難未及施行及春秋左氏丘明所修皆古文舊書多者二十餘通藏於祕府伏而未發漢武帝時河間獻左氏及古文周官光武之世議立左氏學公羊之徒上書訟公羊抵左氏左氏之學不立成帝時劉歆校祕書見府中古文春秋左氏傳歆大好之時丞相尹咸以能治左氏與歆共校傳歆略從咸及丞相翟方進受質問大義初左氏傳多古字古言學者傳訓詁而已及歆治左氏引傳文以釋經轉相發明由是章句義理備焉歆以爲左丘明好惡與聖人同親見夫子而公羊穀梁在七十二弟子後傳聞之與親見其詳略不同歆數以問向向不能非也及歆親近欲建立左氏春秋及毛詩逸禮古文尚書皆列於學官哀帝令歆與五經博士講論其義諸儒博士或不肯置對歆因移書於太常博士責讓之和帝元興十一年鄭興父子及歆創通大義奏上左氏始得立學遂行於世至章帝時賈逵上春秋大義四十條以抵公羊穀梁帝賜布五百匹又與左氏作長義至鄭康成箴左氏膏肓發公羊墨守起穀梁廢疾自此以後二傳遂微左氏學顯矣

春秋者。魯史記之名也。〔疏〕春秋至名也。人臣奉主品目不同掌事曰司掌書曰史史官記事爲書立名以春秋二字爲記事之書名也。正義曰從此以下至所記之名也明史官記事之書名曰春秋之意春秋之名經無所見唯傳記有之昭二年韓起聘魯稱見魯春秋外傳晉語司馬侯對晉悼公云羊舌肸習於春秋楚語申叔時論傅太子之法云教之以春秋禮坊記云魯春秋記晉喪曰殺其君之子奚齊又經解曰屬辭比事春秋教也凡此諸文所說皆在孔子之前則知未修之時舊有春秋之目其名起遠亦難得而詳禮記內則稱五帝有史官既有史官必應記事但未必名爲春秋耳據周世法則每國有史記當同名春秋獨言魯史記者仲尼脩魯史所記以爲春秋止解仲尼所修春秋故指言魯史言修魯史春秋以爲褒貶之法也

記事者。以事繫日。○繫工帝反 以日繫月。以月繫時。以時繫年。所以紀遠近。別同異也。○別彼列反〔疏〕記事至異也。既辨春秋之名又言記事之法繫者以下綴上以末連本之辭言於此日而有此事故以事繫日月統日故以日繫月時統月故以月繫時年統時故以時繫年所以紀理年月遠近分別事之同異也若隱三年春王二月己巳日有食之二年秋八月庚辰公及戎盟于唐之類是事之所繫年時月日四者皆具文也史之所記皆應具文而春秋之經文多不具或時而不月月而不日亦有日不繫月月而無時者史之所記日必繫月月必繫時春秋二百四十二年之間有日無月者十四有月無時者二或史文先闕而仲尼不改或仲尼備文而後人脫誤四時必具乃得成年桓十七年五月無夏昭十年十二月無冬二者皆有月而無時既得其月時則可知仲尼不應故闕其時獨書其月當是仲尼之後寫者脫漏其日不繫於月或是史先闕文若僖二十八年冬下無月而有壬申丁丑計一時之間再有此日雖欲改正何以可知仲尼無以復知當是本文自闕不得不因其闕文使有日而無月如此之類蓋是史文先闕未必後人脫誤其時而不月月而不日者史官立文亦互自有詳略何則案經朝聘侵伐執殺大夫土功之屬或時或月未有書日者其要盟戰敗崩薨卒葬之屬雖不盡書日而書日者多是其本有詳略也計記事之初日月應備但國史摠集其事書之於策簡其精麗合其同異量事而制法率意以約文史非一人辭無定式故日月參差不可齊等及仲尼脩故因魯史成文史有詳略日有具否不得不卽因而用之案經傳書日者凡六百八十一事自文公以上書日者二百四十九宣公以下亦俱六公書日者四百三十二計年數略同而日數向倍此則久遠遺落不與近同且他國之告有詳有略若告不以日魯史無由得其日而書之如是則當時之史亦不能使日月皆具當時已自不具仲尼從後脩之舊典參差日月不等仲尼安能盡得知其日月皆使齊同去其日月則或害事之先後備其日月則古史有所不載自然須舊有日者因而詳之舊無日者因而略之亦既自有詳略不可以爲褒貶故春秋諸事皆不以日月爲例其以日月爲義例者唯卿卒日食二事而已故隱元年冬十有二月公子益師卒傳曰公不與小斂故不書日桓十七年冬十月朔日有食之傳曰不書日官失之也丘明發傳唯此二條明二條以外皆無義例既不以日爲例獨於此二條見義者君之卿佐是謂股肱股肱或虧何痛如之病則親問斂則親與卿佐之喪公不與小斂則知君之恩薄但是事之小失不足以貶人君君自不臨臣喪亦非死者之罪意欲垂戒於後無辭可以寄文而人臣輕賤死日可略故特假日以見義也日食者天之變甲乙者厤之紀朔是日月之會其食必在朔日是故史書日食必記月朔朔有甲乙乃可推求故日有食之須書朔日日與不日唯此而已月與不月傳本無義公羊穀梁之書道聽塗說之學或日或月妄生褒貶先儒溺於二傳橫爲左氏造日月褒貶之例故杜於大夫卒例備詳說之仲尼刊定日無褒貶而此序言史官記事必繫日月時年者自言記事之體須有所繫不言繫之具否皆有義例也春秋感精符曰日者陽之精耀魄光明所以察下也淮南子曰積陽之熱氣生火火氣之精者爲日劉熙釋名曰日實也光明盛實是說日之義也日之在天隨天轉運出則爲晝入則爲夜故每一出謂之一日日之先後無所分別故聖人作甲乙以紀之世本云容成造厤大橈作甲子宋忠注云皆黃帝史官也感精符曰月者陰之精地之理也淮南子曰積陰之寒氣久者爲水水氣之精者爲月劉熙釋名曰月闕也滿而闕缺是說月之義也月之行天其疾於日十三倍有餘積二十九日過半而行及日與日相會張衡靈憲曰日譬火月譬水火外光水含景故月光生於日之所照魄生於日之所蔽當日則光盈就日則明盡然則以明一盡謂之一月所以揔紀諸月也三月乃爲一時四時乃爲一年故遞相統攝紀理庶事紀遠近者前年遠於後年後月近於前月異其年月則遠近明也別同異者共在月下則同月之事各繫其月則異月之事觀其月則異同別矣若然言正月二月則知是春四月五月則知是夏不須以月繫時足明遠近同異必須以月繫時者但以日月時年各有統屬史官記事唯須順敘時既管月不得不以月繫時案經未有重書月者日則有之桓十二年冬十有一月丙戌公會鄭伯盟于武父丙戌衞侯晉卒一日再書者史本異文仲尼從而不改故杜云重書丙戌非義例因史成文也

故史之所記。必表年以首事。年有四時。故錯舉以爲所記之名也。○錯七各反下皆同〔疏〕故史至名也。將解名曰春秋之意先說記事主記當時之事事有先後須顯有事之年表顯也首始也事繫日下年是事端故史之所記必先顯其年以爲事之初始也年有四時不可徧舉四字以爲書號故交錯互舉取春秋二字以爲所記之名也春先於夏秋先於冬舉先可以及後言春足以兼夏言秋足以見冬故舉二字以包四時也春秋二字是此書之揔名雖舉春秋二字其實包冬夏四時之義四時之內一切萬物生植孕育盡在其中春秋之書無物不包無事不記與四時義同故謂此書爲春秋孝經云春秋祭祀以時思之詩魯頌云春秋匪解享祀不忒鄭箋云春秋猶言四時也是舉春秋足包四時之義年歲載祀異代殊名而其實一也爾雅釋天云載歲也夏曰歲商曰祀周曰年唐虞曰載李巡曰夏歲商祀周年唐虞載各自紀事堯舜三代示不相襲也孫炎曰載始也取物終更始也歲取歲星行一次也祀取四時祭祀一訖也年取年穀一熟也是其名別而實同也此四者雖代有所尚而名與自遠非夏代始有歲名周時始有年稱何則堯典云期三百有六旬有六日以閏月定四時成歲禹貢作十有三載乃同是於唐虞之世已有年歲之言記事者則各從所尚常語者則通以爲言故虞亦稱年周亦稱歲周詩唐風稱百歲之後是周之稱歲也四時之名春夏秋冬皆以時物爲之號也禮

記鄉飲酒義曰春之爲言蠢也夏之爲言假也秋之爲言揫也冬之爲言中也中者藏也漢書律厤志云春蠢也物蠢生也夏假也物假大也秋𪏆也物𪏆斂也冬終也物終藏之也是解四時異名之義也史之記事一月無事不空舉月一時無事必空舉時者蓋以四時不具不成爲歲故時雖無事必虛録首月其或不録皆是史之闕文隱六年空書秋七月注云雖無事而書首月具四時以成歲桓四年不書秋冬注云國史之記必書年以集此公之事書首時以成此年之歲故春秋有空時而無事者今不書秋冬首月史闕文是其說也然一時無事則書首月莊二十二年書夏五月者杜雖於彼無注釋例以爲闕謬春秋之名錯舉而已後代儒者妄爲華葉竟造云取法陰陽之中春爲陽中萬物以生秋爲陰中萬物以成欲使人君動作不失中也賀道養云春貴陽之始秋取陰之初計春秋之名理包三統據周以建子爲正言之則春非陽中秋非陰中據夏以建寅爲正言之則春非陽始秋非陰初乃是竅混沌而畫蛇足必將夭性命而失巵酒

周禮有史官。掌邦國四方之事。達四方之志。諸侯亦各有國史。

〔疏〕周禮至國史。○既解名曰春秋之意又顯記事之人春官宗伯之屬有大史下大夫二人小史中士八人內史中大夫一人外史上士四人御史中士八人雖復各有所職俱是掌書之官。○正義曰周禮春官小史職曰掌邦國之志內史職曰凡四方之事書內史讀之外史職曰掌四方之志掌達書名于四方今杜氏序云掌邦國四方之事者掌邦國取小史職文四方之事取內史職文杜揔括兩史共成此語諸侯官屬雖難備知要傳記每說諸侯之史知諸侯亦各有國史也周禮言邦國者乃謂畿外諸侯之國也國在四表故言四方云凡四方之事書內史讀之者謂四方有書來告內史讀以白王也告王之後則小史主掌之故云掌邦國之志內史雖云讀四方之事書其實國內史策皆內史所掌故其職掌八柄及策命之事也然則內史小史既主國內又主四方來告之事故僖二十三年杜注云國史承告而書是也杜此序又云達四方之志取外史職文案外史職云掌四方之志掌達書名四方今移達字於四方之志上如杜之意外史達此國內之志以告四方故僖二十三年杜注云同盟然後告名赴者之禮是也然則掌邦國四方之事者據此承受他國之赴也達四方之志者據已國有事赴告他國也春秋既有內外二種故杜兼撮天子之史取外史內史兩文周禮諸史雖皆掌書仍不知所記春秋定是何史蓋天子則內史主之外史佐之諸侯蓋亦不異但春秋之時不能依禮諸侯史官多有廢闕或不置內史其策命之事多是大史則大史主之小史佐之劉炫以爲尚書周公封康叔戒之酒誥其經曰大史友內史友如彼言之似諸侯有大史內史矣但偏檢記傳諸侯無內史之文何則周禮內史職曰凡命諸侯及孤卿大夫則策命之僖二十八年傳說襄王使內史叔興父策命晉侯爲侯伯是天子命臣內史掌之襄三十年傳稱鄭使大史命伯石爲卿是諸侯命臣大史掌之諸侯大史當天子內史之職以諸侯兼官無內史故也鄭公孫黑強與薰隧之盟使大史書其名齊大史書崔杼弒其君晉大史書趙盾弒其君是知諸侯大史主記事也南史聞大史盡死執簡以往明南史是佐大史者當是小史也若然襄二十三年傳稱季孫召外史掌惡臣言外史則似有內史矣必言諸侯無內史者閔二年傳稱史華龍滑與禮孔曰我大史也文十八年傳稱魯有大史克哀十四年傳稱齊有大史子餘諸國皆言大史安得有內史也季孫召外史者蓋史官身居在外季孫從內召之故曰外史猶史居在南謂之南史耳南史外史非官名也藝文志云古之王者世有史官君舉必書所以慎言行昭法式左史記言右史記事事爲春秋言爲尚書帝王靡不同之禮記玉藻云動則左史書之言則右史書之雖左右所記二文相反要此二者皆言左史右史周禮無左右之名得稱左右者直是時君之意處之左右則史掌之事因爲立名故傳有左史倚相掌記左事謂之左史左右非史官之名也左是陽道陽氣施生故令之記動右是陰道陰氣安靜故使之記言藝文志稱左史記言右史記動謬耳上言魯史記則諸侯各有史可知又言諸侯各有國史者方說諸侯各有春秋重詳其文也

大事書之於策。○策本又作册亦作筴同初革反 小事簡牘而已。○牘徒木反

〔疏〕大事至而已。○既言尊卑皆有史官又論所記簡策之異釋器云簡謂之畢郭璞云今簡札也許慎說文曰簡牒也牘書版也蔡邕獨斷曰策者簡也其制長二尺短者半之其次一長一短兩編下附鄭玄注中庸亦云策簡也由此言之則簡札牒畢同物而異名單執一札謂之爲簡連編諸簡乃名爲策故於文策或作册象其編簡之形以其編簡爲策故言策者簡也鄭玄注論語序以鉤命決云春秋二尺四寸書之孝經一尺二寸書之故知六經之策皆稱長二尺四寸蔡邕言二尺者謂漢世天子策書所用故與六經異也簡之所容一行字耳牘乃方版版廣於簡可以並容數行凡爲書字有多有少一行可盡者書之於簡數行乃盡者書之於方方所不容者乃書於策聘禮記曰若有故則加書將命百名以上書於策不及百名書於方鄭玄云名書文也今謂之字策簡也方版也是其字少則書簡字多則書策此言大事小事乃謂事有大小非言字有多少也大事者謂君舉告廟及鄰國赴告經之所書皆是也小事者謂物不爲災及言語文辭傳之所載皆是也大事後雖在策其初亦記於簡何則弒君大事南史欲書崔杼執簡而往董狐既書趙盾以示於朝是執簡而示之非舉策以示之明大事皆先書於簡後乃定之於策也其有小事文辭或多如呂相絕秦聲子說楚字過數百非一牘一簡所能容者則於衆簡牘以次存錄也杜所以知其然者以隱十一年傳例云滅不告敗勝不告克不書于策明是大事來告載之策書也策書不載丘明得之明是小事傳聞記於簡牘也以此知仲尼脩經皆約策書成文丘明作傳皆博采簡牘衆記故隱十一年注云承其告辭史乃書之於策若所傳聞行言非將君命則記在簡牘而已不得記於典策此蓋周禮之舊制也又莊二十六年經皆無傳傳不解經注云此年經傳各自言其事者或策書雖存而簡牘散落不究其本末故傳不復申解是言經據策書傳馮簡牘經之所言其事大傳之所言其事小故知小事在簡大事在策也

孟子曰。楚謂之檮杌。晉謂之乘。而魯謂之春秋。其實一也。孟子書名姓孟名軻字子輿鄒邑人與齊宣王同時人著此書檮徒刀反杌五忽反檮杌四凶之一杜云頑凶無儔匹之貌乘繩證反車乘也一云兵乘

〔疏〕孟子曰至一也。○既言簡策之異又說諸國別名孟子姓孟名軻字子輿鄒邑人也當六國之時師事孔子之孫子思脩儒術之道著書七篇其第四離婁篇云王者之迹息而詩亡詩亡然後春秋作晉謂之乘楚謂之檮杌魯謂之春秋一也其言與此小異是杜足其實二字使成文也彼趙岐注云乘者興於田賦乘馬之事因以爲名檮杌者嚚凶之類興於記惡之戒因以爲名春秋以二始舉四時記萬事之名是三者立名雖異記事則同故云其實一也序發首云春秋者魯史記之名也故引此以爲證且明諸侯之國各有史記故魯有春秋仲尼得因而脩之也案外傳申叔時司馬侯乃是晉楚之人其言皆云春秋不言乘與檮杌然則春秋是其大名晉楚私立別號魯無別號故守其本名賈逵云周禮盡在魯矣史法最備故史記與周禮同名然則晉楚豈當自知不備故別立惡名

韓宣子適魯。○宣子名起晉大夫適魯在昭二年 見易象與魯春秋。曰。周禮盡在魯矣。○盡津忍反後放此 吾乃今知周公之德。與周之所以王。○王于況反又如字

〔疏〕韓宣至以王。○既言諸國有書欲明魯最兼備故云此。○正義曰此昭二年傳文也宣子晉卿名起食邑於韓因以爲氏諡曰宣子者有德之稱爲昭公新立身新爲政故來聘魯因觀書於大史氏見此書而發言杜注彼以爲易象即今周易上下經之象辭也魯春秋謂魯史記之策書也春秋遵周公之典以序事故曰周禮盡在魯矣易象春秋是文王周公之所制故見春秋知周公之德見易象知周之所以王也文王能制此典即是身有聖德聖不空生必王天下周室之王文王之功故觀其書知周之所以得王天下之由也文王身處王位故以王言之周公不王故以德屬之人異故文異傳言觀書大史則所觀非一而獨言易象魯春秋者韓子主美文王周公故特言之易象魯無增改故不言魯易象春秋雖是周法所記乃是魯事故言魯春秋也春秋易象晉應有之韓子至魯方乃發歎者味其義善其人以其舊所未悟故云今始知示其歎美之深非是素不見也易下繫辭云易之興也其當殷之末世周之盛德當文王與紂之事則謂易象爻彖之辭也鄭玄案據此文以爲易是文王所作鄭衆賈逵虞翻陸績之徒以易有箕子之明夷東鄰殺牛皆以爲易之爻辭周公所作杜雖無明解似同鄭說

韓子所見。蓋周之舊典禮經也。

〔疏〕韓子至經也。○序言史官所書舊有成法故引韓子之事以此言結之韓子所見魯春秋者蓋是周之舊日正典禮之大經也韓子之言并歎易象此之者所見唯謂春秋者指說春秋不須易象故也知是舊典禮經者傳於隱七年書名例云謂之禮經十一年不告例云不書于策明書於策必有常禮未脩之前舊有此法韓子所見而說之即是周之舊典以無正文故言蓋爲疑辭也制禮作樂周公所爲明周策書禮經亦周公所制故句每云周公正謂五十發凡是周公舊制也必知史官所記有周公舊制者以聖人所爲動皆有法以能立官紀事豈得全無憲章定四年傳稱備物典策以賜伯禽典策則史官記事之法也若其所記無法何足以賜諸侯諸侯得之何足以爲光榮而子魚稱爲美談也且仲尼脩此春秋以爲一經若周公無法史官妄說仲尼何所可馮斯文何足爲典得與諸書禮樂詩易並稱經哉以此知周公舊有定制韓子所見是也

周德既衰。官失其守。上之人不能使春秋昭明。赴告策書。○告古毒反一音古報反崩薨曰赴禍福曰告 諸所記注。○注張住反字或作註 多違舊章。

〔疏〕周德至舊章。○正義曰此明仲尼脩春秋之由先論史策失宜之意計周公之垂法典策具存豈假仲尼更加筆削但爲官失其守褒貶失中赴告策書多違舊典是故仲尼脩成此法垂示後昆襄三十一年傳稱卿大夫能守其官職昭二十年傳曰守道不如守官是言人臣爲官各有所守周德既衰邦國無法羣小在位故官人失其所守也雖廣言

衆官失職要其本意是言史官失其所掌也昭三十一年傳曰春秋之稱微而顯婉而辨上之人能使昭明注云上之人謂在位者也彼謂賢德之人在天子諸侯之位能使春秋褒貶勸戒昭明周德既衰主掌之官已失其守在上之人又非賢聖故不能使春秋褒貶勸戒昭明致令赴告記注多違舊章也文十四年傳曰崩薨不赴禍福不告然則鄰國相命凶事謂之赴他事謂之告對文則別散文則通昭七年傳衛齊惡告喪于周則是凶亦稱告也赴告之中違舊章者若隱三年平王以壬戌崩赴以庚戌桓五年陳侯鮑卒再赴以甲戌己丑及不同盟者而赴以名同盟而赴不以名之類是也策書記注多違舊章者仲尼既已脩改不可復知正以仲尼脩之故知其多違也**仲尼因魯史策書成文。考其眞僞。而志其典禮。上以遵周公之遺制。下以明將來之法。**〔疏〕仲尼至之法。○此明仲尼所因并制作之意所脩之經以魯爲主是因魯史策書成定之舊文也考謂校勘志謂記識考其眞僞眞者因之僞者改之志其典禮合典法者褒之違禮度者貶之上以遵周公之遺制使舊典更興下以明將來之法令後世有則以此故脩春秋也前代後代事終一揆所賞所罰理必相符仲尼定春秋之文制治國之法文之所褒是可賞之徒文之所貶是可罰之類後代人主誠能觀春秋之文揆當代之事辟所惡而行所善順褒貶而施賞罰則法必明而國必治故云下以明將來之法也不敎當時而爲將來制法者孔子之時道不見用既知被屈冀範將來將來之與今時其法亦何以異但爲時不見用故指之將來其實亦以敎當代也**其敎之所存。文之所害。則刊而正之。**刊苦干反削也**以示勸戒。**〔疏〕其敎至勸戒。○此說仲尼改舊史之意敎之所存謂名敎善惡義存於此事若文無褒貶無以懲勸則是文之害敎若僖二十八年天王狩于河陽傳云晉侯召王以諸侯見且使王狩仲尼曰以臣召君不可以訓故書曰天王狩于河陽杜以晉文之意本欲尊周將率諸侯共朝天子自嫌彊大不敢至周諭王出狩得盡臣禮尋其蹤緒心是跡非又昭十九年許世子止弒其君買傳云許悼公瘧五月戊辰飲大子止之藥卒書曰弒其君君子曰盡心力以事君舍藥物可也許止進藥不由於醫其父飲之因茲而卒名敎善惡須存於此者也不罪許止不沒晉文無以息篡逆之端勸事君之禮故隱其召王之名顯稱弒君之惡如此之例皆是文之害敎則刊削本策改而正之以示後人使聞善而知勸見惡而自戒諸仲尼所改新意皆是刊而正之也**其餘則皆即用舊史。史有文質。辭有詳略。不必改也。**〔疏〕其餘至改也。○此說仲尼不改舊史之意其餘謂新意之外皆即用舊史也始隱終麟二百餘載史官遷代其數甚多人必不同屬辭必異自然史官有文有質致使其辭有詳有略既無所害故不必改也史有文質謂居官之人辭有詳略謂書策之文史文則辭華史質則辭直華則多詳直則多略故春秋之文詳略不等也螟螽蜚蜮皆害物之蟲言有螟螽不言有諸侯反國或言自某歸或言歸自某晉伐鮮虞吳入郢直舉國名不言將帥及郊與用郊皆無所發諸侯出奔或名或不名明是立文垂異是其史舊有詳略義例不存於此故不必皆改也**故傳曰其善志。又曰非聖人孰能脩之。**〔疏〕故傳至脩之。○上傳昭三十一年言春秋之書其是善志記也下傳成十四年言若非聖人誰能脩春秋使成五例也下傳既非同年而云又者言又重上事之辭止又其傳非又其年也**蓋周公之志。仲尼從而明之。**〔疏〕蓋周至明之。○既以蓋爲疑辭而知事必然者案傳君子論春秋之美而云善志春秋既是舊名明稱舊記爲善故知上傳之言蓋言周公之志也脩者脩舊之名傳善聖人而言脩舊明脩前聖之道故知下傳之言蓋仲尼之明周公也上已言蓋周之舊典禮經此復重云蓋周公之志者上明春秋記事之法舊史之遵周公也此明仲尼因舊史之文還脩周公之法故重言蓋敍此以上論經以下論傳**左丘明受經於仲尼。以爲經者不刊之書也。故傳或先經以始事。**先悉薦反**或後經以終義。**後戶豆反**或依經以辯理。或錯經以合異。隨義而發。**〔疏〕左丘至而發。○正義曰丘明爲經作傳故言受經於仲尼未必面親授受使之作傳也此說作傳解經而傳文不同之意丘明以爲經者聖人之所制是不可刊削之書也非傳所能亂之假使傳有先後不畏經因錯亂之故傳或先經爲文以始後經之事或後經爲文以終前經之義或依經之言以辨此經之理或錯經文以合此經之異皆隨義所在而爲之發傳期於釋盡經意而已是故立文不同也大史公十二諸侯年表序云自孔子論史記次春秋七十子之徒口受其傳魯君子左丘明懼弟子各有安其意失其眞故具論其語成左氏春秋沈氏云嚴氏春秋引觀周篇云孔子將脩春秋與左丘明乘如周觀書於周史歸而脩春秋之經丘明爲之傳共爲表裏藝文志云左丘明魯史也是言丘明爲傳以其姓左故號爲左氏傳也先經者若隱公不書即位先發仲子歸于我衛州吁弒其君完先發莊公娶于齊如此之類是先經以始事也後經者昭二十二年王室亂定八年乃言劉子伐孟以定王室哀二年晉納蒯聵于戚哀十五年乃言蒯聵自戚入衛如此之類是後經以終義也依經者經有其事傳辯其由隱公不書即位而求好於邾故爲蔑之盟案其經文明其歸趣如此之類是依經以辯理也錯經者若地有兩名經傳互舉及經侵傳伐經伐傳侵於文雖異於理則合如此之類是錯經以合異也傳文雖多不出四體故以此四句明之也**其例之所重。**重直用反又直龍反**舊史遺文。略不盡舉。非聖人所脩之要故也。**〔疏〕其例至故也。○此說有經無傳之意例之所重者若桓元年秋大水傳云凡平原出水爲大水莊七年秋大水此則例之所重皆是舊史遺餘策書之文丘明略之不復發傳非聖人所脩之要故也言遺者舊史已沒策書遺留故曰遺文**身爲國史。躬覽載籍。必廣記而備言之。其文緩。其旨遠。將令學者原始要終。**令力呈反下令學者同要於遙反**尋其枝葉。究其所窮。**究久又反〔疏〕身爲至所窮。○此說無經有傳之意。○正義曰說文云籍部書也張衡東京賦曰多識前世之載載亦書也躬覽載籍所見者博以義有所取必廣記而備言之非直解經故其文緩遠明聖意故其旨遠將令學者本原其事之始要截其事之終尋其枝葉盡其根本則聖人之趣雖遠其賾可得而見是故經無其事而傳亦言之爲此也原始要終及其旨遠並易下繫辭文也尋其枝葉以樹木喩也究亦窮也言窮盡其所窮之處也**優而柔之。使自求之。饜而飫之。**饜於豔反飫於預反**使自趨之。**趨七住反又七俱反**若江海之浸。**浸子鴆反**膏澤之潤。**膏古刀反**渙然冰釋。**渙呼亂反**怡然理順。**怡以之反**然後爲得也。**〔疏〕優而柔之至然後爲得也。○此又申說無經之傳有利益之意優而柔之使自求之大戴禮子張問入官篇之文也其饜而飫之則未知所出優柔俱訓爲安寬舒之意也饜飫俱訓爲飽饒裕之意也謂丘明富博其文優游學者之心使自求其高意精華其大義飽足學者之好使自奔趨其深致言其廣記備言欲令使樂翫不倦也江海以水深之故所浸者遠膏澤以雨多之故所潤者博以喩傳之廣記備言亦欲浸潤經文使義理通洽如是而求之然後渙然解散如春冰之釋怡然心說而衆理皆順然後爲得其所也江海水之大者故舉以爲喩脂之釋者爲膏言雨之爲潤若脂膏然故稱膏澤也**其發凡以言例。皆經國之常制。周公之垂法。史書之舊章。仲尼從而脩之。以成一經之通體。**〔疏〕其發至通體。○正義曰自此至非例也辯說傳之三體此一段說舊發例也言發凡五十皆是周公舊法先儒之說春秋者多矣皆云丘明以意作傳說仲尼之經凡與不凡無新舊之例杜所以知發凡言例是周公垂法史書舊章者以諸所發凡皆是國之大典非獨經文之例隱七年始發凡例特云謂之禮經十一年又云不書于策建此二句於諸例之端明書於策者皆是經國之常制非仲尼始造此禮也何則天災無牲卒哭作主諸侯薨于朝會加一等夫人不薨于寢則不致豈是仲尼始造此言也公行告廟侯伯分災二凡之末皆云禮也豈是丘明自制禮乎又公女嫁之送人尊卑哭諸侯之親疎等級王喪之稱小童分至之書雲物皆經無其事傳亦發凡若丘明以意作傳說仲尼之經經無其事何須發傳以是故知發凡言例皆是周公垂法史書舊章仲尼從而脩之以成一經之通體也國之有史在於前代非獨周立法史始有章而指言周公垂法者以三代異物節文不同一周公必因其常文而作以正其變者非是盡變其常也但以一世大典周公所定故春秋之義史必主於常法而以周公正之然凡是周公之禮經今案周禮竟無凡例當以周公自有凡爲當凡在禮內今者所據禮內有凡知者案周禮大宰職於八法之內有官法官成鄭衆注云官成者謂官府之成事成事品式官法者謂職所主之法度者然則此凡者是史官之策書成事二法式也釋例終篇云稱凡者五十其別四十有九蓋以母弟二凡其義不異故也計周公垂典應每事設法而據經有例於傳無凡多矣釋例四十部無凡者十五然則周公之立凡例非徒五十而已蓋作傳之時已有遺落丘明采而不得故也且凡雖舊例亦非全語丘明采合而用之耳終篇云諸凡雖是周公之舊典丘明撮其體義約以爲言非純寫故典之文也蓋據古文覆逆而見之此丘明會意之微致是其說也然丘明撮凡爲言體例不一於一凡之內事義不同亦有因經所有連釋經之所無如王曰小童公侯曰子是也亦有略其經之所無直釋經之所有如凡祀啓蟄而郊龍見而雩不言祈祀以經無故也如此之類是也所以然者蓋

以舊凡語少經雖無事則亦連文引之所以兼引王曰小童若舊凡語多經無者則略之經有者則載之所以略其祈祀獨舉郊雩故莊十一年王師敗績于某杜注云事列於經則不得不因申其義是舊凡多者唯舉經文也發凡之體凡有二條一是特為策書一是兼載國事特為策書者凡告以名則書之類是也兼載國事者凡嫁女于敵國之類是也雖為國事但他書有者亦不在凡例如天子七月而葬既於禮文備有故丘明作傳不在凡例也此諸凡者自是天下大例其言非獨為魯故哭諸侯之條既發凡例乃云故魯為諸姬明知正凡所言非止魯事且送女例云於天子則諸卿皆行魯無嫁女於天子之理祭祀例云啓蟄而郊自非魯國不得有郊天之事明是采合故典裁約為文也

其微顯闡幽。裁成義類者。闡昌善反明也 皆據舊例而發義。指行事以正褒貶。褒保刀反貶彼檢反字林方犯反 〔疏〕其微至褒貶○此下盡曲而暢之說新意也微顯闡幽易下繫辭文也微謂纖隱闡謂著明舊說云下云經無義例此釋經有義例謂孔子脩經微其顯事闡其幽理裁節經之上下以成義之般類其善事顯者若秦穆悔過貶四國大夫以例稱人觀文與常文無異惡事顯者若諸侯城緣陵叔孫豹違命城緣陵依例稱諸侯與無罪文同叔孫豹去氏與未賜族者文同皆是微其顯事闡幽者謂闡其幽理使之宣著若晉趙盾鄭歸生楚比陳乞及許大子止皆非親弒其君是其罪幽隱孔子脩經加弒使罪狀宜露是闡幽也諸春秋褒貶之例並是也蓋以為皆據舊例而發義以下論巳明之傳微顯闡幽乃是經事故賀沈諸儒皆悉同此劉炫以微顯闡幽皆說作傳之意經文顯者作傳本其纖微經文幽者作傳闡使明著顯者若天王狩于河陽觀經文足知王是天子狩是出獵但不知天子何故出畿外狩耳故傳發晉侯召王是其微顯也幽者若鄭伯克段于鄢觀經不知段是何人何故稱克故傳發武姜愛段是闡其幽也巳明作傳其有微經之顯闡經之幽以裁制成其義理比類者皆據舊典凡例而起發經義指其人行事是非以正經之褒貶例稱得雋曰克傳言如二君故曰克是其據舊例發義也晉侯召王使狩鄭伯不教其弟仲尼沒其召王顯稱鄭伯上明正述其事先解經文是指其行事以正褒貶也此二事尤明者耳其餘皆是新意也此序主論作傳而賀沈諸儒皆以為經解之是不識文勢而謬失杜旨

諸稱書。不書。先書。故書。不言。不稱。書曰之類。皆所以起新舊。發大義。謂之變例。〔疏〕諸稱至變例○上既言據舊例而發義故更指發義之條諸傳之所稱書不書先書故書不言不稱及書曰七者之類皆所以起新舊之例令人知發凡是舊七者是新發明經之大義謂之變例以凡是正例故謂此為變例猶詩之有變風變雅也自杜以前不知有新舊之異今言謂之變例是杜自明之以曉人也稱書者若文二年書士穀堪其事襄二十七年書先晉晉有信如此之類是也不書者若隱元年春正月不書即位攝也邾子克未王命故不書爵如此之類是也先書者若桓二年君子以督為有無君之心故先書弒其君僖二年虞師晉師滅下陽先書虞賄故也如此之類是也故書者隱三年壬戌平王崩赴以庚戌故書之成八年杞叔姬卒來歸自杞故書如此之類是也不言者若隱元年鄭伯克段于鄢不言出奔難之也莊十八年公追戎于濟西不言其來諱之也如此之類是也不稱者若僖元年不稱即位公出故也莊元年不稱姜氏絕不為親如此之類是也書曰者若隱元年書曰鄭伯克段于鄢隱四年書曰衞人立晉衆也如此之類是也案襄元年圍宋彭城非宋地追書也隱元年稱鄭伯譏失教也昭三十一年公在乾侯言不能外內也先書故書既是新意則追書亦是新意書與不書俱是新意則稱與不稱言與不言亦俱是新意豈得不言不稱獨為新意言也稱也便即非乎釋例終篇云諸雜稱二百八十有五止有其數不言其目就文而數又復參差竊謂追書也言也稱也亦是新意序不言者蓋諸類之中足以包之故也有田僧紹者亦注此序以為序言諸稱稱亦即是新意與下七者合為八名斯不然矣案書與不書其文相次若稱字即是新意但當言稱與不稱何以分為別文明知杜言諸稱自謂諸傳所稱不以稱為新意但以理而論之稱亦當是新意耳

然亦有史所不書。即以為義者。此蓋春秋新意。故傳不言凡。曲而暢之也。暢勑亮反 〔疏〕然亦至之也○此說因舊為新也仲尼脩春秋者欲以上遵周制下明世教其舊史錯失則得刊而正之以為變例其舊史不書則無可刊正故此又辯之亦有史所不書正合仲尼意者仲尼即以為義改其舊史及史所不書此二者蓋是春秋新意故傳亦不言凡每事別釋曲而通暢之也此蓋春秋新意其言揔上通變例與不別書也舉一凡而事同者諸理盡見是其直也不言凡而每事發傳是其曲暢暢訓通故言曲而暢之也若然隱公實不即位史無由得書即位邾克實未有爵史無由得書其爵然則傳言不書自是舊史不書而以不書為仲尼新意者釋例終篇杜自闕而釋之云上明之為傳所以釋仲尼春秋仲尼春秋皆因舊史之策書義之所在則時加增損或仍舊史之無亦或改舊史之有雖因舊文固是仲尼之書也上明所發固是仲尼之意也雖是舊文不書而事合仲尼之意仲尼因而用之即是仲尼新意若宣十年崔氏出奔衞傳稱書曰崔氏非其罪也且告以族不以名是告不以名故知舊史無名及仲尼脩經無罪見逐例不書名此舊史之文適當孔子之意不得不因而用之因舊為新皆此類也然杜唯言史所不書即以為義不云史所書為義者但夫子約史記而脩春秋史記之文皆是舊史所書因而褒貶理在可見不須更言但恐舊史不書而夫子不用故特言之

其經無義例。因行事而言。則傳直言其歸趣而已。趣七住反 非例也。〔疏〕其經至例也○此一段說經無義例者國有大事史必書之其事既無得失其文不著善惡故傳直言其指歸趣向而已非褒貶之例也春秋此類最多故隱元年及宋人盟于宿傳曰始通也杜注云經無義例故傳直言其歸趣而已他皆放此是如彼之類皆非例也

故發傳之體有三。而為例之情有五。為音于僞反又如字 〔疏〕故發至有五○正義曰傳體有三即上文發凡正例新意變例歸趣非例是也為例之情有五則下文五曰是也書經有此五情緣經以求義為例言傳為經發例其體有此五事下文五句成十四年傳也案彼傳上文云春秋之稱下云非聖人誰能脩之聖人指謂孔子美孔子所脩此五事五事所攝諸例皆盡下句釋其顯者以屬之耳此發傳之體有三上文三言其以別之觀文足可知耳劉寶分變例新意以為二事釋例終篇曰上明之傳有稱周禮以正常者諸稱凡以發例者是也有明經所立新意者諸顯義例而不稱凡者是也稱古典則立凡以顯之釋變例則隨辭以讚之杜言甚明尚不能悟其為暗也不亦甚乎

一曰微而顯。文見於此。而起義在彼。見賢遍反下同 稱族尊君命。舍族尊夫人。梁亡城緣陵之類是也。舍音捨 〔疏〕一曰至是也○文見於此謂彼注云辭微而義顯也稱族尊君命舍族尊夫人成十四年傳為叔孫僑如發也經曰秋叔孫僑如如齊逆女九月僑如以夫人婦姜氏至自齊叔孫是其族也褒賞稱其族貶責去其氏銜君命出使稱其族所以為榮與夫人俱還去其氏所以為辱出稱叔孫舉其榮名所以尊君命也入舍叔孫替其尊稱所以尊夫人也族自卿家之族稱舍別有所尊是文見於此而起義在彼也僖十九年經書梁亡是秦亡之也傳曰不書其主自取之也僖十四年經書諸侯城緣陵是齊率諸侯城之以遷杞也傳曰不書其人有闕也秦人滅梁而曰梁亡文見於梁亡見取亡者之無罪齊桓城杞而書諸侯城緣陵文見於此城緣陵見諸侯之有闕亦是文見於此而起義在彼皆是辭微而義顯故以此三事屬之

二曰志而晦。約言示制。推以知例。參會不地。與謀曰及之類是也。參七南反又音三與音預 〔疏〕二曰至是也○彼注云志記也晦亦微也謂約言以記事事敘而文微桓二年秋公及戎盟于唐冬公至自唐傳例曰特相會往來稱地讓事也自參以上則往稱地來稱會成事也其意言會必有主二人共會則莫肯為主兩相推讓會事不成故以地致三國以上則一人為主二人聽命會事有成故以會致宣七年公會齊侯伐萊傳例曰凡師出與謀曰及不與謀曰會其意言同志之國共行征伐彼與我同謀計議議成而後出師則以相連及為文彼不與我謀不得已而往應命則以相會合為文此二事者義之所在於一字約少其言以示法制推尋其事以知其例是所記事有敘而其文晦微也

三曰婉而成章。婉於阮反 曲從義訓。以示大順。諸所諱辟。璧假許田之類是也。辟本亦作避音同後放此假古雅反後不音者同 〔疏〕三曰至是也○彼注云婉曲也謂屈曲其辭有所辟諱以示大順而成篇章言諸所諱辟者其事非一故言諸以總之也若僖十六年公會諸侯于淮未歸而取項齊人以為討而止公十七年九月得釋始歸諱執止之恥辟而不言乃書公至自會如此類是諱辟之事也諸侯有大功者於京師受邑為將朝而宿焉謂之朝宿之邑方岳之下亦受田邑為從巡守備湯沐以共沐浴焉謂之湯沐之邑魯以周公之故受朝宿之邑於京師許田是也鄭以武公之勳受湯沐之邑於泰山祊田是也隱桓之世周德既衰魯不朝周王不巡守二邑皆無所用因地勢之便欲相與易田文薄不足以當許鄭人加璧以易許田諸侯不得專易天子之田文諱其事桓元年經書鄭伯以璧假許田言若進璧以假田非久易也掩惡揚善臣子之義可以垂訓於後故此二事皆屈曲其辭從其義訓以示大順之道是其辭婉曲而成其篇章也

四曰盡而不汙。汙於俱反曲也 直書其事。具文見意。丹楹刻桷。天王求車。齊侯獻捷之類是也。楹音盈刻音克桷音角捷在妾反 〔疏〕四曰至是也○彼注云謂直言其事盡其事實無所汙曲禮制宮廟之飾楹不丹桷不刻莊二十三年秋丹桓宮楹二十

四年春刻桓宮桷禮諸侯不貢車服天子不私求財桓十五年天王使家父來求車禮諸侯不相遺俘莊三十一年齊侯來獻戎捷三者皆非禮而動直書其事不爲之隱具爲其文以見譏意是其事實盡而不有汙曲也五曰懲惡而勸善。○懲直升反求名而亡。欲蓋而章。書齊豹盜三叛人名之類是也。【疏】五曰至是也。○彼注云善名必書惡名不滅所以爲懲勸昭二十年盜殺衞侯之兄縶襄二十一年邾庶其以漆閭丘來奔昭五年莒牟夷以牟婁及防茲來奔昭三十一年邾黑肱以濫來奔是謂盜與三叛人名也齊豹衞國之卿春秋之例卿皆書其名氏齊豹忿衞侯之兄起而殺之欲求不畏彊禦之名春秋抑之書曰盜盜者賤人有罪之稱也邾庶其黑肱莒牟夷三人皆小國之臣並非命卿其名於例不合見經竊地出奔求食而已不欲求其名聞春秋故書其名使惡名不滅若其爲惡求名而有名章徹則作難之士誰或不爲若竊邑求利而名不聞則貪冒之人誰不盜竊故書齊豹曰盜三叛人名使其求名而名亡欲蓋而名章所以懲創惡人勸獎善人昭三十一年傳具說此事其意然也盜與三叛俱是惡人書此二事唯得懲惡耳而言勸善者惡懲則善勸故連言之推此五體。以尋經傳。觸類而長之。○長丁丈反附于二百四十二年行事。王道之正。人倫之紀備矣。【疏】推此至備矣。○正義曰上云情有五此言五體者言其意謂之情指其狀謂之體體情一也故互見之一曰微而顯者是夫子脩改舊文以成新意所脩春秋以新意爲主故爲五例之首二曰志而晦者是周公舊凡經國常制三曰婉而成章者夫子因舊史大順義存君親揚善掩惡夫子因而不改四曰盡而不汙者夫子亦因舊史有正直之士直言極諫不掩君惡欲成其美夫子因而用之此婉而成章盡而不汙雖因舊史夫子即以爲義揔而言之亦是新意之限故傳或言書曰或云不書五曰懲惡而勸善者與上微而顯不異但勸戒緩者在微而顯之條貶責切者在懲惡勸善之例故微而顯居五例之首懲惡勸善在五例之末五者春秋之要故推此以尋經傳觸類而增長之附於二百四十二年時人所行之事觀其善惡用其褒貶則王道之正法人理之紀綱皆得所備矣從首至此說經傳理畢故以此言結之觸類而長之易上繫辭文也二百四十二年謂獲麟以前也以後經則魯史舊文傳終說前事辭無褒貶故不數之也觸類而長之者若隱四年經書翬帥師傳稱羽父固請故書曰翬帥師疾之也十年經亦書翬帥師傳雖不言書曰故書是知與上同爲新意又隱元年傳曰儀父貴之也則桓十七年云儀父亦是貴之是也或曰。春秋以錯文見義。若如所論。則經當有事同文異而無其義也。先儒所傳。皆不其然。○傳直專反【疏】或曰至其然。○正義曰自此至釋例詳之言已爲作注解之意論經傳之下即是自述已懷於文不次言無由發故假稱或問而荅以釋之春秋之經侵伐會盟及戰敗克取之類文異而義殊錯文以見義先儒知其如是因謂苟有異文莫不著義杜以爲仲尼所述據史舊文文害者則刊而正之不害者因其詳略此其異於先儒故或人據上文杜之異旨執先儒以問曰春秋以錯文見義其文異者必應有義存焉若如所論辭有詳略不必改也則經當有事同文異而無其義意者也先儒所傳皆不其然今何以獨異欲令杜自辯之荅曰。春秋雖以一字爲褒貶。然皆須數句以成言。○數色主反下同非如八卦之爻。可錯綜爲六十四也。○綜宗宋反固當依傳以爲斷。○斷丁亂反【疏】荅曰至爲斷。○莊二十五年陳侯使女叔來聘傳曰嘉之故不名僖二十五年衞侯燬滅邢傳曰同姓也故名褒則字貶則稱名褒貶在於一字褒貶雖在一字不可單書一字以見褒貶故荅或人曰春秋雖以一字爲褒貶皆須數句以成言語非如八卦之爻可錯綜爲六十四也卦之爻一爻變則成爲一卦經之字也一字異不得成爲一義故經必須數句以成言義則待傳而後曉不可錯綜經文以求義理故當依傳以爲斷文異者上明不爲發傳仲尼必無其義安得傳言之表妄說經文以此知經有事同文異而無其義者也數句者謂若隱元年秋七月天王使宰咺來歸惠公仲子之賵及昭十三年夏四月楚公子比自晉歸于楚弒其君虔于乾谿此皆三句以上春秋一部未必皆然杜欲盛破賈服一字故舉多言之或以爲數其文句義亦得通錯綜其數易上繫辭文謂交錯綜理之古今言左氏春秋者多矣。今其遺文可見者十數家。【疏】古今至數家。○漢書儒林傳云漢興北平侯張蒼及梁大傳賈誼京兆尹張敞大中大夫劉公子皆脩左氏傳誼爲左氏傳訓詁授趙人貫公公傳子長卿長卿傳清河張禹禹授尹更始更始傳子咸及丞相翟方進方進授清河胡常常授黎陽賈護護授蒼梧陳欽而劉歆從尹咸及翟方進受由是言左氏者本之賈護劉歆是前漢言左氏者也漢武帝置五經博士左氏不得立於學官至平帝時王莽輔政方始立之後漢復廢雖然學者浸多矣中興以後陳元鄭衆賈逵馬融延篤彭仲博許惠卿服虔潁容之徒皆傳左氏春秋魏世則王肅董遇爲之注此等比至杜時或在或滅不知杜之所見十數家定是何人也大體轉相祖述。進不成爲錯綜經文以盡其變。退不守丘明之傳。於丘明之傳。有所不通。皆沒而不說。而更膚引公羊穀梁。○膚芳于反適足自亂。【疏】大體至自亂。○禮記中庸云仲尼祖述堯舜祖始也謂前人爲始而述修之也經之詳略本不著義強爲之說理不可通故進不成爲錯綜經文以盡其變於傳之外別立異端故退不守丘明之傳傳有不通則沒而不說謂諸家之注多有此事但諸注既亡不可指摘若觀服虔賈逵之注皆沒而不說者衆矣謂若文二年作僖公主傳於僖三十三年云作主非禮也凡君薨卒哭而祔祔而作主及襄九年閏月戊寅濟于陰阪之類是也膚謂皮膚言淺近引之也公羊穀梁口相傳授因事起問意與左氏不同故引之以解左氏適足以自錯亂也預今所以爲異。專脩丘明之傳以釋經。經之條貫。必出於傳。○貫古亂反傳之義例。揔歸諸凡。推變例以正褒貶。簡二傳而去異端。○去起呂反蓋丘明之志也。【疏】預今所以至之志也。○上明與聖同恥爲經作傳經有他義無容不盡故專修丘明之傳以釋經也作傳解經則經義在傳故經之條貫必出於傳也發凡言例則例必在凡故傳之義例揔歸諸凡也若有例無凡則傳有變例如是則推尋變例以正褒貶若左氏不解二傳有說有是有非可去可取如是則簡選二傳取其合義而去其異端杜自言以此立說蓋是丘明之本意也昭三年北燕伯款出奔齊傳云書曰北燕伯款出奔齊罪之也則知昭二十一年蔡侯朱出奔楚亦是罪之也釋例曰朱雖無罪據失位而出奔亦其咎也宣十年崔氏出奔衞傳云書曰崔氏非其罪也不書名者非其罪則書名者是罪也襄二十一年晉欒盈出奔楚杜注云稱名罪之如此之類是推變例以正褒貶也莊十九年公子結媵陳人之婦于鄄杜注云公羊穀梁皆以爲魯女媵陳侯之婦僖九年伯姬卒杜注云公羊穀梁曰未適人故不稱國如此之類是簡二傳也先儒取二傳多矣杜不取者是去異端也其有疑錯。則備論而闕之。以俟後賢。【疏】其有至後賢。○集解與釋例每有論錯闕疑之事非一二也釋例終篇云去聖久遠古文篆隸歷代相變自然當有錯誤亦不可拘文以害意故聖人貴闕一而知二賢史之闕文也今左氏有無傳之經亦有無經之傳無經之傳或可廣文無傳之經則不知其事又有事由於魯魯君親之而復不書者先儒或強爲之說或沒而不說疑在闕文誠難以意理推之是備論闕之之事也然劉子駿創通大義。○駿音俊子駿劉歆字創初亮反字林作刱賈景伯父子。許惠卿。皆先儒之美者也。末有潁子嚴者。雖淺近亦復名家。○復扶又反下同故特舉劉賈許潁之違。以見同異。○見賢遍反下同【疏】然劉至同異。○漢書楚元王傳稱劉歆字子駿劉德孫劉向少子也哀帝時歆校祕書見古文春秋左氏傳大好之初左氏傳多古字古言學者傳訓詁而已及歆治左氏引傳文以解經轉相發明由是章句義理備焉是其創通大義也後漢賈逵字景伯扶風人也父徽字元伯授業於歆作春秋條例逵傳父業作左氏傳訓詁許惠卿名淑魏郡人也潁子嚴名容陳郡人也比於劉賈之徒學識雖復淺近然亦注述春秋名爲一家之學杜以爲先儒之內四家差長故特舉其違以見異同自餘服虔之徒殊劣於此輩故棄而不論也分經之年。與傳之年相附。比其義類。○比毗志反各隨而解之。名曰經傳集解。【疏】分經至集解。○上明作傳不敢與聖言相亂故與經別行何止丘明公羊穀梁及毛公韓嬰之爲詩作傳莫不皆爾經傳異處於省覽爲煩故杜分年相附別其經傳聚集而解之杜言集解謂聚集經傳爲之作解何晏論語集解乃聚集諸家義理以解論語言同而意異也又別集諸例。及地名譜第厤數。○譜本又作諧同布古反數所具反後不音者皆同相與爲部。凡四十部。十五卷。皆顯其異同。從而釋之。名曰釋例。將令學者觀其所聚。異同之說。釋例詳之也。【疏】又別至之也。○春秋記事之書前人後人行事相類書其行事不得不有比例而散在他

年非相比校則善惡不章襃貶不明故杜別集諸例從而釋之將令學者觀其所聚察其同異則於其學易明故也言諸例及地名譜第厤數三者雖春秋之事於經傳無例者繁多以特爲篇卷不與諸例相同故言及也事同則爲部小異則附出孤經不及例者聚於終篇故言相與爲部也其四十部次第從隱即位爲首先有其事則先次之唯世族土地事既非例故退之於後終篇宜最處末故次終篇之前終篇處其終耳土地之名起於宋衞遇于垂世族譜起於無駭卒無駭卒在遇垂之後故地名在世族之前也

或曰。春秋之作。左傳及穀梁無明文。說者以仲尼自衞反魯。脩春秋。立素王。○王于況反下王魯素王同 丘明爲素臣。言公羊者。亦云黜周而王魯。○黜勑律反 危行言孫。○行下孟反孫音遜本亦作遜 以辟當時之害。故微其文。隱其義。公羊經止獲麟。而左氏經終孔丘卒。敢問所安。【疏】或曰至所安。○正義曰上一問一荅說作注理畢而更問春秋作之早晚及仲尼述作大意先儒所說並皆辟謬須於此明之亦以於文不次故更假問荅以明之一問之間凡有四意其一問作之早晚其二問先儒言孔子自爲素王其事虛實其三問公羊說孔子黜周王魯其言是非其四問左氏獲麟之後乃有餘經問杜於意安否據杜云左傳及穀梁無明文則指公羊有其顯說今驗何休所注公羊亦無作春秋之事案孔舒元公羊傳本云十有四年春西狩獲麟何以書記異也今麟非常之獸其爲非常之獸柰何有王者則至無王者則不至然則孰爲而至爲孔子之作春秋是有成文也左傳及穀梁則無明文故說左氏者言孔子自衞反魯則便撰述春秋三年文成乃致得麟孔子既作此書麟則爲書來應言麟爲孔子至也麟是帝王之瑞故有素王之說言孔子自以身爲素王故作春秋立素王之法丘明自以身爲素臣故爲素王作左氏之傳漢魏諸儒皆爲此說董仲舒對策云孔子作春秋先正王而繫以萬事是素王之文焉賈逵春秋序云孔子覽史記就是非之說立素王之法鄭玄六藝論云孔子既西狩獲麟自號素王爲後世受命之君制明王之法盧欽公羊序云孔子自因魯史記而脩春秋制素王之道是先儒皆言孔子立素王也孔子家語稱齊大史子餘歎美孔子言云天其素王之乎素空也言無位而空王之也彼子餘美孔子之深原上天之意故爲此言耳非是孔子自號爲素王先儒蓋因此而謬遂言春秋立素王之法左丘明述仲尼之道故復以爲素臣其言丘明爲素臣未知誰所說也言公羊者謂何休之輩黜周王魯非公羊正文說者推其意而致理耳以杞是二王之後本爵爲上公而經稱杞伯以爲孔子黜之宣十六年成周宣榭火公羊傳曰外灾不書此何以書新周也其意言周爲王者之後此宋爲新緣此故謂春秋託王於魯以周宋爲二王之後黜杞同於庶國何休隱元年注云唯王者然後改元立號春秋託新王受命於魯宣十六年注云孔子以春秋當新王上黜杞下新周而故宋黜周爲王者之後是黜周王魯之說也定元年公羊傳曰定哀多微辭主人習其讀而問其傳則未知已之有罪焉爾何休云此假設而言之主人謂定哀也習其經而讀之問其傳解詁則不知巳之有罪於是此孔子畏時君上以諱尊隆恩下以辟害容身慎之至也是其孫言辟害微文隱義之說自衞反魯危行言孫皆論語文也鄭玄以爲據時高言高行者皆見危謂高行爲危行也何晏以危爲厲厲言行不隨俗也未知二者誰當杜旨公羊之經獲麟即止而左氏之經終於孔子卒先儒或以爲麟後之經亦是孔子所書故問其意之所安也

荅曰。異乎余所聞。仲尼曰。文王既沒。文不在茲乎。此制作之本意也。歎曰。鳳鳥不至。河不出圖。○出如字又尺遂反 吾已矣夫。○夫音扶下若夫同 蓋傷時王之政也。【疏】荅曰至政也。○此盡未以來荅上問四意但所荅或先或後而其文不次欲令先有案據乃得遞相發明故不得以次而荅問者先問作之早晚杜意定以獲麟乃作故從仲尼曰至所以爲終明作之時節兼明白本意自欲制作感麟方始爲之非是先作春秋乃後致麟也既言止麟之意須說始隱之由且欲取平王周正驗其非黜周王魯之證但既言其終倒言其始則於文不次故荅前義未了更起一問自曰然則以下盡此其義也明春秋始隱之意荅黜周王魯之言既言王魯爲非遂并辯公羊之謬自若夫制作盡非隱之也荅微文隱義之爲非也自聖人包周身之防盡非所聞也荅孫言辟害之爲虛也先儒以爲未獲麟而已作春秋過獲麟而經猶未止故既荅公羊之謬然後却辯素王爲虛并說引經爲妄自子路欲使門人盡又非通論也荅素王素臣之問自先儒以爲盡得其實荅經止獲麟之意至於反袂以下言其不可采用此章分段大意其文旨如此問者以所聞而問其異乎余所聞一句歎其所據非理故言異乎余所聞仲尼曰與歎曰二者皆論語文也孔子過匡匡人以兵遮而脅之從者驚怖故設此言以強之文王雖身既沒其爲文王之道豈不在茲身乎孔子自比其身言已有文王之道也其下文又云天之將喪斯文也後死者不得與於斯文也天之未喪斯文也匡人其如予何其意言天若未喪文王之道必將使我制作匡人不能違天以害己此言是有制作之本意也聖人受命而王則鳳鳥至河出圖仲尼歎曰鳳鳥不至河不出圖吾已矣夫此言蓋傷時王之政不能致此瑞也先有制作之意而恨時無嘉瑞明是既得嘉瑞即便制作杜欲明得麟乃作故先表此二句鄭玄以爲河圖洛書龜龍銜負而出如中候所說龍馬銜甲赤文綠色甲似龜背袤廣九尺上有列宿斗正之度帝王錄紀興亡之數是也孔安國以爲河圖即八卦是也未知二者誰當杜旨

麟鳳五靈。王者之嘉瑞也。○瑞垂僞反 今麟出非其時。虛其應而失其歸。○應應對之應 此聖人所以爲感也。絕筆於獲麟之一句者。所感而起。固所以爲終也。【疏】麟鳳至終也。○麟鳳與龜龍白虎五者神靈之鳥獸王者之嘉瑞也今麟出於衰亂之世是非其時也上無明王是虛其應也爲人所獲是失其歸也夫此聖人而生非其時道無所行功無所濟與麟相類故所以爲感也先有制作之意復爲外物所感既知道屈當時欲使功被來世由是所以作春秋絕筆於獲麟之一句者麟是仲尼所感而書爲感麟而作既以所感而起固所以爲終也荅上春秋之作左傳無明文之問又言已所以爲獲麟乃作之意獨舉麟鳳而云五靈知二獸以外爲龜龍白虎者以鳥獸而爲瑞不出五者經傳讖緯莫不盡然禮記禮器曰升中于天而鳳皇降龜龍假詩序曰麟趾關雎之應騶虞鵲巢之應騶虞即白虎也是龜龍白虎並爲瑞應只言麟鳳便言五靈者舉鳳配麟足以成句略其三者故曰五靈其五靈之文出尚書緯也禮記禮運曰麟鳳龜龍謂之四靈不言五者彼稱四靈以爲畜則飲食有由也其意言四靈與羞物爲羣四靈既擾則羞物皆備龍是魚鮪之長鳳是飛鳥之長麟是走獸之長龜是甲蟲之長飲食所須唯此四物四物之內各舉一長虎麟皆是走獸故略云四靈杜欲偏舉諸瑞故備言五靈也直云絕筆獲麟則文勢已足而言之一句者以春秋編年之書必應盡年乃止人年唯此一句故顯言之以明一句是其所感也

曰。然則春秋何始於魯隱公。荅曰。周平王。東周之始王也。隱公。讓國之賢君也。考乎其時則相接。言乎其位則列國。本乎其始則周公之祚胤也。○祚才路反胤以刃反 若平王能祈天永命。紹開中興。○中丁仲反 隱公能弘宣祖業。光啓王室。則西周之美可尋。文武之迹不隊。○隊直類反 是故因其厤數。附其行事。采周之舊。以會成王義。○王于況反又如字 垂法將來。【疏】曰然至將來。○上既解終麟之意未辯始隱之由故又假問以釋之不言或問而直言曰者以荅前未了須更起此問若言問者猶是前人且既解絕筆即因問初起以此不復言或欲示二問共是一人故也然者然上語則者陳下事乘前起後之勢問者言絕筆於獲麟既如前解然則春秋初起何獨始於魯隱公不始於他國餘公何也荅曰周平王東周之始王也遷居洛邑平王爲首是始王也隱公讓國之賢君也於第當立委位讓桓是賢君也考乎其時則相接隱公之初當平王之末是相接也言乎其位則列國其爵爲侯其土則廣是大國也本乎其始則周公之祚胤也魯承周公之後是其福祚之胤也若使平王能撫養下民求天長命紹先王之烈開中興之功隱公能大宣聖祖之業光啓周王之室君臣同心照臨天下如是則西周之美猶或可尋文武之迹不墜於地而平王隱公居得致之地有得致之資而竟不能然只爲無法故也仲尼愍其如是爲之作法其意言若能用我道豈致此乎是故因其年月之厤數附其時人之行事采周公之舊典以會合成一王之大義雖前事已往不可復追冀得垂法將來使後人放習以是之故作此春秋此序一段大明作春秋之深意問者不直云隱公而言魯隱公者言魯決其不始於他國言隱決其不始於餘公扶此二意故并魯言之也其荅直言隱公不云魯者以魯之春秋已爲韓起所說可知故也周自武王伐紂定天下恒居鎬地是爲西都周公攝政營洛邑於土中謂之東都成王雖暫至洛邑還歸鎬京爲西周平王始居東周故云東周之始王也平王四十九年而隱公即位隱公三年而平王崩是其相接也詩既醉云永錫祚胤言福祚及後胤也尚書召誥云用供王能祈天永命言用善德治民得長命也襄十年傳曰而以偪陽光啓寡君論語曰文武之道未墜於地是杜所用之文也春秋據魯而作即是諸侯之法而云會成王義者春秋所書尊卑盡備王使來聘錫命賵含有天子撫邦國之義公如京師拜賜會葬有諸侯事王者之法雖據魯史爲文足成王者之義也以其會成王義故得垂法將來將使天子法而用之非獨遺將來諸侯也

所

書之王。即平王也。所用之麻。即周正也。正音政讀者多音征後皆放此所稱之公。即魯隱也。安在其黜周而王魯乎。子曰。如有用我者。吾其爲東周乎。此其義也。疏所書王義也。○既言作春秋之意然後答黜周王魯之言。經書春王正月。王即周平王也。月即周正也。公及邾儀父。公即魯隱公也。魯用周正則魯事周矣。天子稱王。諸侯稱公。魯尚稱公。則號不改矣。春秋之文安在黜周王魯乎。若黜周王魯。則魯宜稱王。周宜稱公。此言周王而魯公。知非黜周而王魯也。孔子之作春秋。本欲興周。非黜周也。故引論語以明之。公山弗擾召孔子。孔子欲往。子路不說。夫子設此言以解之。其意言彼召我者而豈空然哉。必謂我有賢能之德故也。既謂我有賢德。或將能用我言。如其能用我言者。吾其爲東方之周乎。言將欲興周道於東方也。原其此意。知非黜周。故云此其興周之義也。注論語者其意多然。惟鄭玄獨異。以東周爲成周。則非杜所用也。若夫制作之文。所以章往考來。情見乎辭。言高則旨遠。辭約則義微。此理之常。非隱之也。疏若夫至之也。○此一段荅說公羊者言微其文隱其義之意。若夫者發端之辭。既荅王魯。更起言端。故云若夫。聖人制作之文。所以章明已往。考校方來。欲使將來之人鑒見既往之事。聖人之情見乎文辭。若使發語卑雜。則情趣瑣近。立言高簡。則旨意遠大。章句煩多。則事情易顯。文辭約少。則義趣微略。此乃理之常事。非故隱之也。文王演易。則亦文高旨遠。辭約義微。豈復孫辭辟害。以彼無所辟其文亦微。知理之常非爲所隱也。其章往考來。情見乎辭。皆易下繫辭之文。彼作彰往而察來。意不異耳。聖人包周身之防。包必交反防扶放反又音房既作之後。方復隱諱以辟患。非所聞也。疏聖人至聞也。○此一段荅孫言辟害之意。若成湯繫於夏臺。文王囚於羑里。周公留滯於東都。孔子絕糧於陳蔡。自古聖人幽囚困厄則嘗有之。未聞有被殺害者也。包周身之防者。謂聖人防慮必周於身。自知無患。方始作之。既作之後。方復隱諱以辟患害。此事實非所聞也。云非所聞者。言前訓未之有也。子路欲使門人爲臣。孔子以爲欺天。而云仲尼素王。丘明素臣。又非通論也。○論力頓反疏子路至論也。○此一段荅素王素臣之意。論語稱孔子疾病。子路使門人爲臣。病間曰。久矣哉。由之行詐也。無臣而爲有臣。吾誰欺。欺天乎。其意言子路以孔子將死。使門人爲臣。欲令以臣禮葬君。冀其顯榮。夫子寤而責之。我實無臣。何故而爲有臣。吾之於人也。於誰嘗欺。我尚不敢欺人。何故使吾欺天乎。子路使門人爲臣。纔僭大夫禮耳。孔子尚以爲欺天。況神器之重。非人臣所議。而云仲尼爲素王。丘明爲素臣。又非通理之論也。聖人之生。與運隆替。運通則功濟當時。運閉則道存身後。雖復富有天下。無益於堯舜。幾爲匹庶。何損於仲尼。道爲升降自由聖。與不聖言之立否乃關賢與不賢。非復假大位以宣風。藉虛名以範世。稱王稱臣。復何所取。若使無位無人。虛稱王號。不爵不祿。妄竊臣名。是則羨富貴而恥貧賤。長僭踰而開亂逆。聖人立教。直當爾也。臧文仲山節藻梲。謂之不知。管仲鏤簋朱紘。稱其器小。見季氏舞八佾。云孰不可忍。若仲尼之竊王號。則罪不容誅。而言素王素臣。是誣大賢而負聖人也。嗚呼。孔子被誣久矣。賴杜預方始雪之。先儒以爲制作三年。文成致麟。既已妖妄。又引經以至仲尼卒。亦又近誣。○近誣如字近舊音附近之近誣音無疏先儒至近誣。○此下至爲得其實。皆明麟後之經非仲尼所脩之意。直言先儒。無可尋檢。未審是誰先生此意。案今左氏之經。仍終孔丘之卒。雖杜氏之注。此經亦存。而尤責先儒引經至仲尼卒者。蓋先儒以爲夫子自衛反魯即作春秋。作三年而後致麟。雖得麟而脩不止。比至孔丘之卒。皆是仲尼所脩。以是辨之。謂之近誣。明先儒有此說也。服虔云。夫子以哀十一年自衛反魯而作春秋。約之以禮。故有麟應而至。是其宗舊說也。服虔又云。春秋終於獲麟。故小邾射不在三叛人中也。弟子欲明夫子作春秋以顯其師。故書小邾射以下至孔子卒。案杜於此下及哀十四年注皆取服義爲說。則服氏於此一事已改先儒矣。麟是王者之瑞。非爲制作而來。而云仲尼致之。是其妖且妄也。經是魯史之文。非仲尼之所述。而云仲尼脩之。是其近誣罔也。言近誣者。心所不倍。非故誣之。故云近誣也。據公羊經止獲麟。而左氏小邾射不在三叛之數。○邾張其反射音亦故余以爲感麟而作。作起獲麟。則文止於所起。爲得其實。疏據公至其實。○穀梁之經亦止獲麟。而獨據公羊者。春秋之作。穀梁無明文。杜以獲麟乃作。義取公羊。故獨據之耳。小邾射以句繹來奔。與黑肱之徒義無以異。傳稱書三叛人名。不通數此人以爲四叛。知其不入傳例。麟下之經。傳不入例。足知此經非復孔旨。故余以爲感麟而作春秋。其意起於獲麟。則文止於所起。自此而至談爲得其實。重明經止獲麟。并自成已說起麟之意也。至於反袂拭面。稱吾道窮。亦無取焉。○袂綿世反拭音式疏至於至取焉。○公羊傳稱孔子聞獲麟。反袂拭面。涕沾袍曰。吾道窮矣。杜既取公羊經止獲麟。而公羊獲麟之下即有此傳。嫌其并亦取之。故云亦無取焉。不取之者。以聖人盡性窮神。樂天知命。生而不喜。死而不戚。困於陳蔡。則援琴而歌。夢奠兩楹。則負杖而詠。寧復畏懼死亡。下沾衿之泣。爰惜性命。發道窮之歎。若實如是。何異凡夫俗人。而得稱爲聖也。公羊之書。鄉曲小辯。致遠則泥。故無取焉。此則上文所謂簡二傳而去異端。豈有反袂拭面。涕下沾袍。以虛而不經。故不取也。

春秋左傳注疏卷一挍勘記　阮元撰盧宣旬摘錄

春秋正義序　嘉善浦鏜注疏正誤春秋下增左氏傳三字

國子祭酒上護軍曲阜縣開國子臣孔穎達等奉

勑撰　此本前著銜名如此上空一格勑字提行南宋慶元刊本奉上有等字閩本脫臣字毛本刪臣奉勑三字以下凡慶元刊本則偁宋本

若夫五始之目　閩本監本毛本五誤三

但年祀緜邈　餘姚盧文弨挍本祀改紀案盧文弨書多本之浦鏜正誤及七經孟子考文補遺後凡與二書同者不錄

欲垂之以法則無位　宋本法作灋

所謂不怒而人威　毛本謂誤畏

鴻猷遂寢　寢當作寑宋本作寖

以膠投漆　宋本監本漆字並誤作㯃後凡監本不誤而重脩本誤者偁重脩監本二本俱誤者則偁監本不分列也

今校先儒優劣　毛本校作挍避明熹宗諱全書皆然

以至于今　宋本毛本于作於挍經多作于傳注正義多作於此正義當用於字後人因簡省改作于也

則有沈文何　按隋書經籍志作文阿

言後之學者　宋本監本毛本言作使

而探賾鉤深　宋本賾作頤

其經注易者　監本毛本注改作註非案賈公彥儀禮疏云言注者注義於經下若水之注物是也下準此

案僖公二十三年經云　毛本案作按宋本以下皆作案

郤缺稱人者　監本毛本郤誤卻

以公姑姊妻之　宋本姊作姉下同唐宋人从市是也

計至襄二十一年　浦鏜正誤襄下增公字非

何得有姊而妻庶其　宋本姊誤子

況其餘錯亂　閩本監本況作况下放此按况俗況字

謹與朝請大夫國子博士臣谷那律　浦鏜正誤據文苑英華大夫下增守字

與前脩疏人　毛本脩作修案經典修字多作脩宋本以下皆作脩下準此

春秋正義序終

附釋音春秋左傳注疏卷第一　閩本監本毛本刪附釋音三字後同分卷與此相合監本此行下有晉杜氏注唐孔穎達疏陸德明釋文十四字閩本毛本晉杜氏注在第二行唐孔穎達疏在第三行每卷同上空八九字不一監本因刻挍刊官銜摘刻每卷第幾之下陸德明釋文五字閩本在第二行之末以下不著監本以下亦

不著。宋本作春秋正義卷第一

國子祭酒上護軍曲阜縣開國子臣孔穎達等奉

勑撰 是銜在第二行第三行此本以下不著宋本每卷同上空二字

國子博士兼太子中允贈齊州刺史吳縣開國男臣陸德明釋文 是銜在第四行此本以下不著淳熙本纂圖本國上有唐字無臣字釋文同文下釋文有撰字淳熙本作附字分二行首行十五字次行吳縣字提行上空三字纂圖本此銜在第三行上空字牛

春秋序 此本三字頂格在第五行淳熙本岳本纂圖本亦頂格在第一行閩本監本毛本在第四行低二格唐石經及宋本並作春秋左氏傳序石經此行初書今體改書八分宋本亦頂格在第四行案孔氏正義云晉宋古本及今定本並云春秋左氏傳序今依用之是正義本有左氏傳三字此作春秋序承陸氏釋文所題也

且有題曰春秋釋例序 宋本且誤具

徐邈以晉世言五經音訓 宋本言作定音誤奇

此序大畧 宋本監本毛本畧作略是也案唐宋人略畍字皆田在左。今依訂正

名義以春秋是此書大名 宋本名義作明義是也與下文明史官記事之書明天子諸侯皆有史官三明字一例。今訂正

襃貶得失 監本襃作褎案襃俗褎字下準此

先儒錯繆之意 閩本監本毛本亦作繆按古錯謬字多作繆

賈逵大史公十二諸侯年表序云 浦鏜正誤云逵下脫云字後凡浦鏜正誤以己意增改字句及據俗本以按正義者不錄

藏於祕府 閩本監本毛本祕字並作秘案秘俗祕字下準此

時丞相尹咸以能治左氏 天台齊召南云尹咸爲丞相史未嘗爲丞相也相下脫史字

與歆共校傳 浦鏜正誤校下增經字

歆略從咸 日本西條掌書記山井鼎七經孟子考文無略字今按山井鼎所云宋本即附釋音本也凡與是本相符者不錄所云古本異本即釋文正義及唐宋人類書中之同異雖錄其說鮮致是非

及毛氏逸禮古文尚書 宋本氏作詩不誤

和帝元興十一年 案宋王應麟困學紀聞云愚考和帝元興止一年安得有十一年一誤也鄭興子衆終於章帝建初八年不及和帝時二誤也章帝之子爲和帝先後失序三誤也盧文弨云此七字改作建武初元便可通

起穀梁廢疾 按廢疾之廢當作癈說詳襄七年挍勘記

春秋至名也 凡序中某至某也宋本無下並同

申叔時論傳大子之法 宋本閩本監本毛本傳作傅是也

教之以春秋 按明道本國語無以字

禮坊記云 毛本云改曰非

以未連本之辭 宋本閩本監本毛本未作末是也。今依訂正

亦互自有詳略 毛本互誤戓

及仲尼脩故因魯史成文 宋本監本毛本故作改

公不與小斂 監本斂作歛案斂正歛字。此本歛多誤从欠今並訂正後不悉出

日無襃貶 段玉裁云日下有月字

大橈作甲子 宋本監本毛本橈作撓

宋忠注云 浦鏜正誤作衷

滿而闕缺 浦鏜正誤缺作也

積二十九日過半而行及日與月相會 宋本閩本監本毛本月作日非也

月譬水水火外光 宋本閩本監本毛本無次水字

所以揔紀諸月也 浦鏜正誤月作日

足明遠近同異 毛本足誤則考文作是

是此書之揔名 毛本書誤事

一切萬物生植孕育 宋本植作殖

無事不記 監本毛本事誤物

商曰祀 宋本監本毛本商作商是也此別一字。今訂正

年取年穀一熟也 按詩補傳引孫炎云季取禾穀一熟

作十有三載乃同 浦鏜正誤云釋文馬鄭書注載作年故下云唐虞之世已有年歲之言

秋䪌也物䪌斂也 按䪌字書所無漢書律麻志作秋䪌也物䪌斂乃成說文韋部䪌收束也玉篇䪌亦作䪌諸本作䪌疑䪌之訛此本䪌也之間有即由反三字細注分作二行正義作音例多如是與宋本同

諸侯亦各有國史 纂圖本毛本亦誤不

○正義曰周禮春官 宋本。作陰文大疏字下並同

國在四表 閩本監本毛本在作有非

又主四方來告之事 閩本監本毛本又誤及

故僖二十三年杜注云 監本杜字模糊重脩監本誤杜

故杜單撮天子之史 監本撮作據非

但偏檢記傳 毛本檢作舉避明莊烈諱

鄭公孫黑強 宋本閩本強作彊按說文作彊下準此

必言諸侯無內史者 監本毛本無誤爲

大事書之於策 釋文亦作策宋本淳熙本岳本纂圖本閩本監本毛本策作策釋文云本又作冊亦作筴案筴策古通用國語魯語使書以爲三筴莊子駢拇篇挾筴讀書管子海上篇謹正鹽筴皆爲書策之策顏氏家訓云簡策字竹下施朿末代隸書似杞宋之宋亦有竹下遂爲夾者徐仙民春秋禮音以筴爲正字以策爲音殊爲顛倒石經凡策字皆作筞

既言尊卑 監本毛本卑作幼

以鉤命決云 浦鏜正誤以疑引非

傳馮簡牘 宋本馮作憑案五經文字云馮義與憑同

鄚邑人也 宋本鄚作鄒

詩亡然後春秋作 宋本閩本監本毛本春下有秋字此本誤脫。今補正

與於記惡之戒 閩本監本毛本之作垂

與周之所以王 按文選王下有也字與昭二年傳合

故云此○ 宋本○作䟽

謚曰宣子者 宋本毛本謚作諡誤說詳隱八年傳

韓子所見 盧文弨按本見下據䟽增魯春秋三字非也

周公所爲 監本毛本爲誤以

以能立官紀事 監本毛本能改爲紀事閩本監本毛本作記事

斯文何足爲典 毛本足誤則

諸所記注 閩本監本毛本注作註釋文云字或作註按記註字當從言通俗文云記物曰註方言廣雅皆有註字乃俗字之取古者也

昭二十年傳曰 監本二誤三

上之人謂在位者也 毛本位誤外

然則鄭國相命 毛本鄭作隣唐元度九經字樣云作隣者訛下準此

自嫌彊大 宋本監本毛本彊作疆誤

須存於此若也 閩本監本毛本若作者○案十行本初刻若後剜改作者不誤

其餘則皆即用舊史 按文選無則字

或依經以辯理 文選辯作辨五經文字云辯理也辨別也經典通用

皆隨義所在而爲之發傳 閩本監本毛本發作法非也

懼弟子各有妄其意 按史記十二諸侯年表序妄作安無有字盧文弨挍本有作自字按如今本史記作安其意爲善

左邱明魯史也 按漢書藝文志魯下有大字

是錯經以合異也 宋本監本毛本異誤義

言遺者舊史已沒 正德本閩本監本舊史誤倒毛本作史記亦非

其旨遠 纂圖本毛本作旨石經旨作旨宋本岳本閩本監本作旨說文云旨從匕從甘下凡作旨者準說文改也

尋其枝葉 監本葉作葉唐石經淳熙本作菜毛本作葉亦誤顧炎武金石文字記云唐石經避大宗諱凡從世字作云

○正義曰 宋本○作疏

說文云籍部書也 按今本說文作籍簿書也

將令學者本原其事之始 監本毛本原誤始

渙然冰釋 閩本監本毛本冰誤氷淳熙本作冰亦非下準此

子張問入官學之篇 盧文弨挍本云學字衍

脂之釋者爲膏 閩本監本毛本釋作澤

周公之垂法 宋本法作灋按灋法古今字鄭氏注禮箋詩皆以今字證古字如周禮經文灋字注文多作法蓋一代有一代之字陳樹華云淳化本左傳灋字尚存一二此勝於石經處其實非也○元和陳樹華有春秋內傳考證後凡稱陳樹華者是

夫灾無牲 宋本夫作天灾作災按災與灾同

此諸凡者 閩本監本毛本諸作書非

是闡幽也 按也下浦鏜正誤云當脫其裁成義類五字

故書者隱三年 宋本者下有若字

故傳直言其歸而已 按杜序歸下有趣字宋本不脫

是如被之類 監本毛本被作彼不誤閩本作佊亦非

劉實分變例新意 宋本實作寔按晉劉寔字子真平原人浦鏜實疑炫字誤非

替其尊稱 毛本替作聽誤

不書其主 閩本監本毛本主作亡非

不書其人有闕也 閩本監本不誤彼

共行征伐 閩本監本共誤其

諸所諱辟璧假許田之類是也 釋文云辟本亦作避音同文選作避石經璧作辟釋文同按避正字辟假借字

丹楹刻桷 淳熙本桷誤桶

禮制宮廟之飾 閩本監本毛本飾作飭非

此言五體者 毛本言誤有

從首至此 毛本首誤者

以後經則魯史舊文 毛本則誤作

是知與上同爲新意 盧文弨挍本是作足

若如所論 案文選如作此

言無由發 監本毛本言作爲

必應有義存焉 監本存誤在

詁爲左氏傳訓詁 按漢書儒林傳詁作故說文云詁訓故言凡傳注之書有以故名者如漢藝文志書有大小夏侯解故詩有魯故齊后氏故齊孫氏故韓故毛詩故訓傳後漢賈逵作周官解故故即詁也

方進授清河胡常 按漢書儒林傳云更始傳子咸及翟方進胡常

而更膚引公羊穀梁 石經作穀五經文字云凡穀轂之類皆從穀省

若觀服虔賈誼之注 齊召南云賈誼解詁晉時未必尚有其書杜於服虔賈逵時多駁正此當作賈逵

祔而作主 毛本作誤則

揔歸諸凡 監本毛本揔作總案九經字樣云揔說文作總經典相承通用監本毛本作總轉寫之異下放此石經誤作揔

邱明與聖同恥 宋本監本毛本恥作耻

北燕伯款出奔齊 毛本款作欵是俗字

未有潁子嚴者 石經初刻作穎改作潁是也

學者傳訓詁而已 按漢書楚元王傳詁作故

父徽字元伯授業於歆 浦鏜正誤云授當受誤按後漢書賈逵傳云父徽從劉歆受左氏春秋

逵傳父業作左氏傳訓詁 按逵傳云逵尤明左氏傳爲之解詁此本訓當作解

又別集諸例及地名譜第厤數 諸本作譜釋文云本又作譜

說者以仲尼自衛反魯 石經宋本淳熙本岳本足利本以下有爲字文選引同

危行言孫 諸本作孫釋文云本亦作遜字按愻順字當从心孫者叚借也

是素王之文焉 山井鼎云漢書元文是作見

自聽素王 宋本閩本監本毛本聽作號不誤

唯王者然後改元立號 毛本元作王誤

此假設而言之 監本毛本設作說非

文不在茲乎 石經岳本監本茲作玆按說文有茲無玆

然後却辯素王爲虛 監本毛本辯作辨按却當作卻諸本作却五經文字云却俗字或作郄乃郤字與此不同也

此章分段大意 監本分作各非

明是既得嘉瑞 監本毛本嘉誤佳

如中候所說 閩本監本中誤申

絕筆於獲麟之一句者 石經監本同諸本絕作絶按說文云絕斷絲也从糸从刀从卩

文武之迹不隊 石經此處殘闕釋文亦作隊宋本淳熙本纂圖本作墜按墜俗隊字

而意不能然 宋本閩本監本毛本意作竟不誤

言魯史其不始於他國言隱決其不始於餘公 宋本史作決不誤閩本監本毛本作夬俗決字隱決宋毛作隱決諸本亦誤作決

成王雖暫至洛邑 閩本監本毛本成誤武

還歸鎬京 宋本鎬京下有爲幽王滅於西周平王東遷洛邑因謂洛邑爲東周謂鎬京廿三字乃是

完本

而以偪陽光啓寡君　閩本偪作福案二字古多通用漢書古今人表有福陽子即偪陽也說詳襄十年

非爲所隱也　字衍　浦鏜正誤疑爲所二字誤倒盧文弨云所

孔子絕粮於陳蔡　宋本閩本監本毛本粮作糧案五經文字云作粮訛

乃聞賢與不賢　宋本閗作闕是也

非復假夫位以宣風　宋本夫作大是也

直當爾也　宋本直作豈

管仲鏤簋朱紘　閩本監本毛本紘誤絃

無可尋檢　毛本檢作撿避明莊烈諱下同

比至孔丘之卒　宋本作比此本及諸本誤此今改正山井鼎亦云此作比

據公至其實　閩本監本毛本實下有圈○補案此本正義標起止下多脫○今並增補按不悉出

與黑肱之徒　與下浦鏜正誤增邾字之徒毛本誤作徒之

并自成已說起麟之意也　起下浦鏜正誤增獲字

公羊傳稱孔子聞獲麟　監本毛本脫傳字

以聖人盡聖窮神　宋本閩本監本毛本盡聖作盡性

則絃琴而歌　閩本監本毛本絃作援

春秋左傳注疏卷一挍勘記

附釋音春秋左傳注疏卷第二　隱元年盡二年

杜氏注　孔穎達疏

春秋經傳集解隱第一。陸曰解佳買反舊夫子之經與丘明之傳各卷杜氏合而釋之故曰經傳集解隱公名息姑惠公之子母聲子謚法不尸其位曰隱第一此不題左氏傳公羊穀梁二傳旣顯姓別之此不〔疏〕正義曰五經題篇皆出注者之意人各有心言自見故題無常準此本經傳別行則經傳各自有題注者以意裁定其本難可復知據今服虔所注題云隱公左氏傳解誼第一不題春秋二字然則春秋二字蓋是經之題也服言左氏傳三字蓋本傳之題也杜旣集解經傳春秋此書之大名故以春秋冠其上序說左氏言已備悉故略去左氏而爲此題焉經傳集解四字是杜所加其餘皆舊本也經者常也言事有典法可常遵用也傳者傳也博釋經意傳示後人分年相附集而解之故謂之經傳集解隱公魯君侯爵杜君宋大史公書世本旁引傳記以爲世族譜略記國之興滅譜云魯姬姓文王子周公旦之後也周公股肱周室成王封其子伯禽於曲阜爲魯侯今魯國是也自哀以下九世二百一十七年而楚滅魯依魯世家伯禽至隱公凡十三君兄弟相及者五人隱公名息姑伯禽七世孫惠公弗皇子聲子所生平王四十九年卽位是歲歲在豕韋禮記檀弓曰死謚周道也周法天子至於大夫旣死則累其德行而爲之謚周書謚法云隱拂不成曰隱魯實侯爵而稱公者五等之爵雖尊卑殊號臣子尊其君父皆稱爲公是禮之常也字書云第訓次也一者數之始比卷於次第當其一也

杜氏〔疏〕正義曰杜氏名預字元凱畿之孫恕之子也陳壽魏志云杜畿字伯侯京兆杜陵人也漢御史大夫杜延年之後文帝時爲尙書僕射封樂亭侯試船溺死追贈太僕謚戴侯也恕字務伯官至幽州刺史預司馬宣王女婿也王隱晉書云預知謀深博明於治亂常稱德者非所企及立言立功預所庶幾也大觀羣典謂公羊穀梁詭辯之言又非先儒說左氏未究丘明之意橫以二傳亂之乃錯綜微言著春秋左氏經傳集解又參考衆家爲之釋例又作盟會圖春秋長厤備成一家之學至老乃成預有大功名於晉室位至征南大將軍開府封當陽侯荆州刺史食邑八千戶時人號爲武庫不言名而言氏者注述之人義在謙退不欲自言其名故但言杜氏毛君孔安國馬融王肅之徒其所注書皆稱爲傳鄭玄則謂之爲注而此於杜氏之下更無稱謂者以集解之名已題在上故止云杜氏而已劉炫云不言名而云氏者漢承焚書之後諸儒各載學名不敢布於天下但欲傳之私族自題其氏爲謙之辭

傳惠公元妃孟子。言元妃明始適夫人也子宋姓。惠公名不皇謚法愛人好與曰惠其子隱公讓國之君元妃芳非反傳曰嘉耦曰妃適本又作嫡同丁歷反〔疏〕傳惠公元配孟子正義曰惠公名弗皇孝公之子也謚法愛民好與曰惠釋詁云元始也妃匹也始匹者言以前未曾娶而此人始爲匹故注云言元妃明始適夫人也妃者名通適妾故傳云陳哀公元妃鄭姬生悼大子偃師二妃生公子留下妃生公子勝元者始也長也一元之字兼始適兩義故云始適夫人也然則有始而非適若孟任之類是也亦有適而非始若哀姜之類是也妃者配匹之言非有尊卑之異其尊卑殊稱則曲禮所云天子之妃曰后諸侯曰夫人大夫曰孺人士曰婦人庶人曰妻是也鄭玄以爲后之言後蓋執治內事在夫之後也夫之言扶言能扶成人君之德也孺之言屬言其繫屬人也婦之言服言其服事人也妻之言齊言與夫齊等也庶人之賤見其齊等也以上因其爵之尊卑爲立別號其實皆配夫通以妃爲稱少牢饋食禮云以某妃配某氏是大夫之妻亦稱妃也孟仲叔季兄弟姊妹長幼之別字也孟伯俱長也禮緯云庶長稱孟然則適妻之子長者稱伯妾子長於妻子則稱爲孟所以別適庶也故杜注文十五年及釋例皆云慶父爲長庶故或稱孟氏沈氏亦然案傳趙莊子之妻晉景公之姊則趙武適妻子也而武稱趙孟荀偃之卒也士匄請後曰鄭甥可則荀吳妾子也而吳稱知伯豈知氏常爲適而稱伯趙氏恒爲庶而稱孟者也蓋以趙氏趙盾之後盾爲庶長故子孫恒以孟言之與慶父同也推此言之知氏荀首之後傳云中行伯之季弟則俱是適妻之子但林父荀首並得立家故荀首子孫亦從適長稱伯也或可春秋之時不能如禮孟伯之字無適庶之異蓋從心所欲而自稱之耳契姓子宋是殷後故子爲宋姓婦人以字配姓故稱孟子

孟子卒。不稱薨不成喪也無謚先夫死不得從夫謚。謚實至反〔疏〕注不稱至夫謚○正義曰魯之夫人皆稱薨與謚此獨無謚公卒亦故特解之定十五年姒氏卒傳曰不成喪則知此不稱薨亦不成喪也案傳例不赴則不稱薨然則此云不成喪者正謂不赴於諸侯也周禮小史卿大夫之喪賜謚讀誄止賜卿大夫不賜婦人則婦人法不當有謚故號當繫夫釋例曰謚者於周之始王變質從文於是有諱焉傳曰周人以諱事神名終將諱之故易之以謚末世滋蔓降及匹夫爰暨婦人婦人無外行於禮當繫夫之謚以明所屬詩稱莊姜宣姜即其義也是言婦人於法無謚故取其夫謚冠於姓之上生以夫國冠之韓姞秦姬是也死以夫謚冠之莊姜定姒是也直見此人是某公之妻故從夫謚此謚非婦人之行也夫謚已定妻卽從而稱之先夫而死則夫未有謚或隨宜稱字故云無謚言婦人法無謚也先夫死不得從夫謚解其不稱惡也此言其正法耳其末世滋蔓則爲之作謚景王未崩妻稱穆后如此之類皆非禮也重言孟子者服虔云嫌與惠公俱卒故重言之下仲子亦然

繼室以聲子生隱公。聲謚也蓋孟子之姪娣也諸侯始娶則同姓之國以姪娣媵元妃死則次妃攝治內事猶不得稱夫人故謂之繼室○姪直結反字林文一反兄女也娣大計反女弟也娶七住反媵以證反又繩證反〔疏〕注聲謚至繼室。正義曰謚法不生其國曰聲是聲爲謚也襄二十三年傳稱臧宣叔娶于鑄生賈及爲而死繼室以其姪則姪之與娣皆得繼室此旣無文故設疑辭云蓋孟子之姪娣也成八年傳曰凡諸侯嫁女同姓媵之異姓則否莊十九年公羊傳曰諸侯娶一國則二國往媵之以姪娣從姪者何兄之子也娣者何弟也諸侯壹聘九女然則諸侯娶於三國國別各有三女此言諸侯始娶則同姓之國以姪娣媵者欲言媵者亦有姪娣省略爲文耳其實夫人與媵皆有姪娣但聲子或是孟子姪娣或是同姓之國媵者姪娣以其難明故杜兩解之初云孟子之姪娣又云同姓之國以姪娣媵是也故釋例曰古者諸侯之娶適夫人及左右媵各有姪娣皆同姓之國國三人凡九女參骨肉至親所以息陰訟陰訟息所以廣繼嗣是其義也然宋之同姓國依世本子姓殷時來宋空同黎比髦自夷蕭但春秋不載其國未知宋之同姓者是何釋言云媵送也言妾送適行故夫人姪娣亦稱媵也經傳之說諸侯唯有繼室之文皆無重娶之禮故知元妃死則次妃攝治內事次妃謂姪娣與媵諸妾之最貴者釋例曰夫人薨不更聘必以姪娣媵繼室是夫人之姪娣與二媵皆可以繼室也適庶交

爭禍之大者禮所以別嫌明疑防微杜漸故雖攝治內事猶不得稱夫人又異於餘妾故謂之繼室妻處夫之室故書傳通謂妻爲室言繼續元妃在夫之室

宋武公生仲子。仲子生而有文在其手。曰爲魯夫人。故仲子歸于我。婦人謂嫁曰歸以手理自然成字有若天命故嫁之於魯。婦人謂嫁曰歸本或無曰字此依公羊傳。〔疏〕宋武至于我。正義曰宋國公爵譜云宋子姓其先契佐唐虞爲司徒封於商成湯受命王有天下及紂無道周武王滅之而封其子武庚以紹殷後武庚作亂周公伐而誅之更封紂兄帝乙之元子微子啓爲宋公都商丘今梁國睢陽縣是也微子卒其弟微仲代立穆公七年魯隱公之元年也景公三十六年魯哀公之十四年獲麟之歲也昭公得之元年春秋之傳終矣其後五世百七十年而齊魏楚共滅宋依宋世家微子至武公凡十二君兄第相及者二人武公是微仲九世孫謚法克定禍亂曰武。注婦人至於魯。正義曰婦人謂嫁曰歸隱二年公羊傳文也以其手之文理自然成字有若天之所命使爲魯夫人然故嫁之於魯也成季唐叔亦有文在其手曰友曰虞下不言爲此傳言爲魯夫人者以宋女而作他國之妻故傳加爲以示異耳非爲手文有爲字也魯夫人之上有爲字也仲子手有此文自然成字似其天命使然故云有若天命也隸書起於秦末手文必非隸書石經古文虞作㷀魯作表手文容或似之其友及夫人固當有似之者也傳重言仲子生者詳言之與上重言孟子卒其義同也舊說云若河圖洛書天神語眞是天命此雖手有文理更無靈驗又非夢天故言有若

生桓公而惠公薨。言歸魯而生男惠公不以桓生之年薨。〔疏〕注言歸至年薨。正義曰杜知不以桓生之年薨者以元年傳曰惠公之薨也有宋師大子少葬故有闕少者未成人之辭并新始生之稱又改葬惠公而隱公不臨使桓爲主若薨年生則纔二歲未堪爲喪主又羽父弑隱與桓同謀若年始十二亦未堪定弑君之謀以此知桓公之生非惠公薨之年也年之長幼理無所異杜言此者欲明慶父爲莊公庶兄故顯言此以張本也釋例曰今推案傳之上下羽父之弑隱公皆諮謀於桓然則桓公巳成人也傳云生桓公而惠公薨指明仲子唯有此男非謂生在薨年也桓巳成人而弑隱卽位乃娶於齊自應有長庶長庶故氏曰孟是杜張本之意也

是以隱公立而奉之。隱公繼室之子當嗣世以禎祥之故追成父志爲桓尚少是以立爲太子帥國人奉之爲經元年春不書卽位傳。禎音貞爲桓于僞反少詩照反大音泰舊泰字皆作大後大字皆放此爲經于僞反後凡爲經爲傳張本起本之例皆放此更不音〔疏〕注隱公至位傳。正義曰繼室雖非夫人而貴於諸妾惠公不立大子母貴則宜爲君隱公當嗣父世正以禎祥之故仲子手有夫人之文其父愛之有以仲子爲夫人之意故追成父志以位讓桓但爲桓年少未堪多難是以立桓爲太子帥國人而奉之已則且攝君位待其年長故於歲首不卽君位傳於元年之前預發此語者爲經不書公卽位傳是謂先經以始事也凡稱傳者皆是爲經唯文五年霍伯臼季等卒注云爲六年蒐於夷傳者以蒐於夷與此文次相接故不得言張本也或言張本或言起本或言起檢其上下事同文異疑杜隨便而言也鄭衆以爲隱公攝立爲君奉桓爲大子案傳言立而奉之是先立後奉之也若隱公先立乃後奉桓則隱立之時未有大子隱之爲君復何所攝若先奉大子乃後攝立不得云立而奉之是鄭之謬也賈逵以爲隱立桓爲大子奉以爲君隱雖不卽位稱公改元號令於臣子朝正於宗廟言立桓爲大子可矣安在其奉以爲君乎是賈之妄也襄二十五年齊景公立傳云崔杼立而相之以此知立而奉之謂立爲大子帥國人奉之正謂奉之以爲大子也元年傳曰大子少是立爲大子之文也大子者父在之稱今惠公巳薨而言立爲大子者以其未堪爲君仍處大子之位故也禮記曾子問曰君薨而世子生是君薨之後仍可以稱大子也

經元年。春。王正月。隱公之始年周王之正月也凡人君卽位欲其體元以居正故不言一年一月也隱雖不卽位然攝行君事故亦朝廟告朔也告朔朝正例在襄二十九年卽位例在隱莊閔僖元年。朝直遙反下同〔疏〕經元年春王正月。正義曰此經字并下傳字亦杜氏所題以分年相附若不有經字何以異傳不有傳字何以別經又公羊穀梁二傳年上皆無經傳字故知杜所題也釋詁云元始也正長也此公之始年故稱元年此年之長月故稱正月言王正月者王者革前代馭天下必改正朔易服色以變人視聽夏以建寅之月爲正殷以建丑之月爲正周以建子之月爲正三代異制正朔不同故禮記檀弓云夏后氏尚黑殷人尚白周人尚赤鄭康成依據緯候以正朔三而改自古皆相變如孔安國以自古皆用建寅爲正唯殷革夏命而用建丑周革殷命而用建子杜無明說未知所從正是時王所建故以王字冠之言是今王之正月也王不在春上者月改則春移春非王所改故王不先春王必連月故王處春下周以建子爲正則周之二月三月皆是前世之正月也故於春每月書王王二月者言是我王之二月乃殷之正月也王三月者言是我王之三月乃夏之正月也既有正朔之異故每月稱王以別之何休云二月三月皆有王者二月殷之正月也三月夏之正月也王者存二王之後使統其正朔服其服色行其禮樂所以尊先聖通三統師法之義恭讓之禮於是亦云孔子作春秋於春每月書王以統三王之正其意以爲王二月王三月王是夏殷之王謂大禹成湯也爲周室之臣民尊夏殷之舊主每月書王敬奉前代揆之人情未見其可杞宋二王之後各行己祖正朔宋不行夏杞不行殷而使天下諸侯徧禮二代考諸典籍未之或聞杞宋不奉周正周人悉尊夏殷則是重過去而忽當今尊亡國而慢時主其爲顚倒不亦甚乎且經之所言王二月王三月若是夏殷之王當自皆言正月何以言王二月王三月乎謂之二月三月其王必是周王安得以爲夏殷王也若如公羊之說春秋黜周王魯則杞非王後夏無可尊復逼夏正何也但春之三月不必月皆有事若入年巳有王正月者則二月不復書王若巳有王二月者則三月不復書王以其上月巳是此王之月則下月從而可知故每年之春唯一言王耳春秋之例竟時無事乃書首月以記時此下二月有會盟之事則不得空書首月也正月無事而空書首月者以人君於始年初月必朝廟告朔因卽人君之位以繼臣子之心故君之始年必書曰元年春王正月公卽位史策之正法也隱公攝行君事雖不卽位而亦改元朝廟與人更始異於常年之正月故史特書其事見此月公宜卽位而自不卽位莊閔僖元年皆書春王正月與此同也定公元年不書正月者正月之時定公未立卽位在於六月歲首未得朝正公之卽位別見下文正月無所可見故不書也然則定以六月卽位卽位乃可改元正月巳稱元年者未改之日必乘前君之年既改之後方以元年紀事及其史官定策雖有一統不可半年從前半年從後雖非年初亦統此歲故入年卽稱元也釋例曰癸亥公之喪至自乾侯戊辰公卽位喪在外踰年乃入故因五日改殯之節國史用元年卽位之禮因以此年爲元年也古法既然故漢魏以來雖秋冬改元史於春夏卽以元年冠之是有因於古也受命之王必改正朔繼世之王奉而行之每歲頒於諸侯諸侯受王正朔故言春王正月王卽當時之王序云所書之王卽平王是其事也公羊傳曰王者孰謂謂文王也始改正朔自是文王所爲頒於諸侯非復文王之厤受今王之厤稱文王之正非其義也。注隱公至元年。正義曰傳云王周正月知是周王之正月也說公羊者云元者氣之始春者四時之始王者受命之始正月者政教之始公卽位者一國之始春秋緯稱黃帝受圖有五始謂此五事也杜於左氏之義雖無此文而五始之理亦於杜無害此非左氏褒貶之要自是史官記事之體故晉宋諸史皆言元年春王正月帝卽位是也元年正月實是一年一月而別立名故解之云凡人君卽位欲其體元以居正故不言一年一月也言欲其體元以居正者元正實是始長之義但因名以廣之元者氣之本也善之長也人君執大本長庶物欲其與元同體故年稱元年正者直方之間語也直其行方其義人君當執直心杖大義欲其常居正道故月稱正也以其君之始年歲之始月故特假此名以示義其餘皆卽從其數不復改也書稱月正元日意同於此又解無事而書正月之意隱雖不卽位然攝行君事而亦朝廟告朔改元布政故書首年始月以明其應卽位而不爲也天子之封諸侯也割其土壤分之臣民使之專爲已有故諸侯於其封內各得改元傳說鄭國之事云僖之元年朝於晉簡之元年士子孔卒是諸侯皆改元非獨魯也劉炫爲規過云元正爲取始長之義不爲體元居正規釋杜云欲其體元以居正謂人君體是元長以居正位不欲在下陵奪處位不終是劉妄解杜意不爲體其元善居於正道以規杜氏其理非也劉炫又難何休云唯王者然後改元立號春秋託新王受命於魯故因以錄卽位若然新王受命正朔必改是魯得稱元亦應改其正朔仍用周正何也既託王於魯則是不事文王仍奉王正何也諸侯改元自是常法而云託王改元是妄說也說公羊者云元者氣之始春者四時之始王者受命之始正月者政教之始公卽位者一國之始春秋緯云黃帝坐於扈閣鳳皇銜書致帝前其中得五始之文謂此五事何休又云公卽位者一國之始政莫大於正始故春秋以元之氣正天之端以天之端正王之政以王之政正諸侯之卽位以諸侯之卽位正竟內之治諸侯不上奉王之政則不得卽位故先言正月而後言卽位政不由王出則不得爲政故先言王而後言正月王者不奉天以制號令則無法故先言春而後言王天不深正其元則不能成其化故先言元而後言春五者同日並見相須成體非比辭也何休自云諸侯不得改元則元者王之元年非公之元年公卽位不在王之元年安得同日並見其成體也卽以託王於魯史之改元元既爲魯所改則政不由王出安得以王之政正諸侯元尊而王卑年大而月小年之有元改而無忌王之立政必云須奉舍其大而事其細敬所卑而慢所尊以此立敎必不可行聖人有作豈當爾也黃帝之作五始者爲天子法乎爲諸侯法乎諸侯不得改元必非諸侯法若非諸侯法安得有公卽位乎無公卽位則闕一始何得爲五始也若是天子法不得言王正月王卽位何休云以王之政正諸侯之卽位然王者豈復以已之政正已卽位不通若此何以行之言左氏者或取爲說是逐狂東走也隱莊閔僖四公元年傳皆說不書卽位之由故指以爲例隱不行卽位又讓不告至而歲首告朔朝正所以尊敬祖考也若不行卽位又不朝正則與臣子無別不成爲君故告朔朝廟也

○二月。公及邾儀父盟于蔑。

附庸之君未王命例稱名能自通于大國繼好息民故書字貴之名例在莊五年邾今魯國鄒縣也蔑姑蔑魯地魯國卞縣南有姑城○父音甫邾子之字凡人名字皆倣此蔑亡結反好呼報反鄒側留反卞皮彥反本或作弁【疏】三月至于蔑○正義曰公隱公也及與也與彼邾君字儀父者盟于蔑地譜云邾曹姓顓頊之後有六終產六子其弟五子曰安邾即安之後也周武王封其苗裔邾俠為附庸居邾今魯國鄒縣是也自安至儀父十二世始見春秋齊桓行霸儀父附從進爵稱子文公徙於繹桓公以下春秋後八世而楚滅之諸侯俱受王命各有寰宇上事天子旁交鄰國天子不信諸侯諸侯自不相信則盟以要之凡盟禮殺牲歃血告誓神明若有背違欲令神加殃咎使如此牲也曲禮曰約信曰誓涖牲曰盟周禮天官玉府職曰若合諸侯則共珠槃玉敦夏官戎右職曰盟則以玉敦辟盟遂役之贊牛耳桃茢秋官司盟職曰掌盟載之法曰邦國有疑會同則掌其盟約之載及其禮儀北面詔明神鄭玄以為槃敦皆器名也珠玉以為飾合諸侯者必割牛耳取其血歃之以盟敦以盛血槃以盛耳將歃則戎右執其器為眾陳其載辭使心皆開辟司盟之官乃北面讀其載書以告日月山川之神既告乃尊卑以次歃戎右傳敦血以授當歃者令含其血既歃乃坎其牲加書於上而埋之此則天子會諸侯使諸侯聚盟之禮也凡天子之盟諸侯十二歲於方岳之下故傳云再會而盟以顯昭明若王不巡守及諸侯有事朝王即時見曰會殷見曰同亦為盟禮其盟之法案覲禮為壇十有二尋深四尺加方明于其上方明者木也方四尺設六玉上圭下璧南方璋西方琥北方璜東方圭朝諸侯於壇訖乃加方明於壇而祀之列諸侯於庭玉府共珠槃玉敦戎右以玉敦辟盟遂役之贊牛耳桃茢司盟北面詔告明神諸侯以次歃血鄭注覲禮云王之盟其神主日王官之伯盟其神主月諸侯之盟其神主山川是盟禮之略也若諸侯之盟亦有壇知者故柯之盟公羊傳稱曹子以手劍刧桓公于壇是也其盟神則無復定限故襄十一年傳稱司慎司盟名山名川羣神羣祀先王先公七姓十二國之祖是也其盟用牛牲故襄二十六年傳云歃用牲又哀十七年傳云諸侯盟誰執牛耳是也其殺牛必取血及耳以手執玉敦之血進之於口知者定八年涉佗挍衞侯之手及捥又襄九年傳云與大國盟口血未乾是也既盟之後牲及餘血并盟載之書加於牲上坎而埋之故僖二十五年傳云宵坎血加書是也春秋之世不由天子之命諸侯自相與盟則大國制其言小國尸其事官雖小異禮則大同故釋例曰盟者殺牲載書大國制其言小國尸其事珠槃玉敦以奉流血而同歃是其事也其盟載之辭則傳多有之此時公求好於邾邾君來至蔑地公出與之盟史書魯事以公為主言公及邾者言自此及彼據魯為文也桓十七年公會邾儀父盟于趡彼言會此言及者彼行會禮此不行會禮故也故劉炫云策書之例先會後盟者上言會下言盟唯盟不會者直言及此為不行會禮故言及也或可史異辭非先會而盟則稱會知者文七年公會諸侯晉大夫盟于扈傳云公後至則是不及其會而經稱會故知盟稱會者未必先行會禮也○注附庸至姑城○正義曰傳言未王命知是附庸也莊五年郳犂來來朝傳曰未王命解其稱名之意是知附庸之君例稱名也禮記王制云不合於天子附於諸侯曰附庸鄭玄云不合謂不朝會也小城曰附庸附庸者以國附於大國未能以其名通是說附庸之義也王制又云天子之元士視附庸然則附庸貴賤與天子之元士同也其禮則四命知者天子大夫視子男卿視伯三公視公侯所視皆多一命明知附庸多於元士一命又諸侯世子未誓執皮帛視小國之君公之孤四命亦執皮帛及附庸亦執皮帛故知四命也然則天子大夫四命稱字附庸稱名者以王朝之臣故特尊之而稱字釋例曰名重於字故君父之前自名朋友之接自字是以春秋之義貶責書其名亦所重也褒厚顯其字辟所諱也然則應字而名則是貶應名而字則是貴故宰咺書名以貶之儀父書字以貴之傳文唯言貴之不說可貴之狀賈服以為儀父嘉隱公有至孝謙讓之義而與結好故貴而字之善其慕賢說讓知不然者案傳云公攝位而欲求好於邾是公先求邾非邾先慕公復何足貴且書曰儀父乃是新意仲尼以事有可善乃得書字善之不是緣魯之意以為褒貶安得以其慕賢便足貴之又桓十七年公及邾儀父盟于趡桓公不賢不讓彼經亦書儀父故知貴之之言不為慕賢說讓也附庸不能自通不與盟會今能自通大國繼好息民故知為此貴而字之不貴來朝而貴其盟者朝事大國則附庸常道齊盟結好非附庸所能故盟則貴之朝從常法

○夏五月。鄭伯克段于鄢。

不稱國討而言鄭伯議失教也段不弟故不言弟明鄭伯雖失教而段亦凶逆以君討臣而用二君之例者言段強大雋傑據大都以耦國所謂得雋曰克也國討例在莊二十二年得雋例在莊十一年母弟例在宣十七年鄭在熒陽宛陵縣西南鄢今潁川鄢陵縣○段徒亂反鄭伯弟名鄭於晚反又於建反又於然反弟音悌又如字雋音俊傑音桀熒戶扃反本或作滎非宛於阮反又於元反【疏】夏五月至于鄢○正義曰鄭國伯爵譜云鄭姬姓周厲王子宣王母弟桓公友之後也宣王封友於鄭今京兆鄭縣是也及幽王無道方遷其民於虢鄶虢鄶之君分其地遂國焉今河南新鄭縣是也莊公二十二年魯隱公之元年也聲公二十年獲麟之歲也二十三年而春秋之傳終矣聲公三十七年卒自聲以下五世八十七年而韓滅鄭此鄭伯莊公也諡法勝敵克壯曰莊○注不稱至陵縣○正義曰國討者謂稱國若人稱國稱人則明其為賊言一國之人所欲討也今稱鄭伯指言君自殺弟若弟無罪然譏其失兄之教不肯早為之所乃是養成其惡及其作亂則必欲殺之故稱鄭伯所以罪鄭伯也傳例母弟稱弟段實母弟以其不為弟行故去弟以罪段也兩罪之者明兄雖失教而段亦凶逆也釋例曰兄而害弟者稱弟以章兄罪弟又害兄則去弟以罪弟身統論其義兄弟二人交相殺害各有曲直存弟則示兄曲也鄭伯既失教若依例存弟則嫌善段故特去弟兩見其義是其說也襄三十年天王殺其弟佞夫傳曰罪在王則與鄭伯同議而佞夫不去弟者釋例曰佞夫稱弟不聞反謀也鄭段去弟身為謀首也然則佞夫不與反謀罪王而不罪佞夫故稱弟也傳例戰敗克取兩國之文段實鄭臣而言克段故申明傳意以解之得雋曰克莊十一年傳例也國討例在莊二十二年者彼經書陳人殺其公子御寇實君殺大子而稱陳人者陳人惡其殺大子之名故不稱君父以國討公子告也傳稱陳人殺其大子御寇以實言之明經所書國討之例也彼無凡例而言例者正以此傳云稱鄭伯譏失教也言稱是仲尼之變例也稱君為罪君則知稱人為國討序云推變例以正褒貶即此類也推以為例故言例在彼年諸注言例在者未必皆有凡例也地理志河南郡有宛陵新鄭各自為縣晉世分河南而立熒陽廢新鄭而入宛陵故鄭在宛陵西南也又地理志潁川郡有鄢陵縣

○秋七月。天王使宰咺來歸惠公仲子之賵。

宰官咺名也咺賵死不及尸弔生不及哀豫凶事故貶而名之此天子大夫稱字之例仲子者桓公之母婦人無諡故以字配姓來者自外之文歸者不反之辭○咺呼阮反賵芳鳳反【疏】秋七月至之賵○正義曰天王周平王也譜云周黃帝之苗裔姬姓后稷之後也后稷封於邰及夏之衰后稷之子不窋失其官竄於西戎至大王為狄所逼去邠居岐文王受命武王克殷而王有天下幽王為犬戎所殺平王遷都王城今河南縣是也平王四十九年魯隱公之元年也敬王又遷成周今洛陽是也敬王三十九年獲麟之歲也四十三年而敬王崩敬王子元王九年春秋之傳終矣元王以下十一世二百二十六年而周亡也周本紀武王至平王凡十三王兄弟相及者一人平王是武王十一世孫也惠公薨在往年明年仲子始薨蓋於時有疾王聞其疾謂之已薨故使大宰大夫名咺者來至於魯并歸惠公仲子之賵賵者助喪之物文五年注云車馬曰賵士喪既夕禮云公賵玄纁束帛兩馬士之制只得駕兩馬故賵以兩馬大夫以上皆駕四馬此宰咺來賵蓋用四馬也公羊傳曰喪事有賵賵者蓋以馬以乘馬束帛車馬曰賵穀梁傳曰乘馬曰賵皆謂宰咺用乘馬來也惠公仲子不言及者是并致二賵或是史異辭蓋二者各以乘馬不宜以一乘之馬賵二人也服虔云賵覆也天王所以覆被臣子案士喪既夕禮兄弟所知悉皆致賵非獨君之賵臣以賵為覆則可矣其言覆被臣子則非也何休亦云賵猶覆也蓋謂覆被亡者耳○注宰官至之辭○正義曰傳言緩且子氏未薨故名是不應名而名之也貶乃書名知法應書字故云此天子大夫稱字之例傳無明例故推此以為例也周禮天官大宰卿一人小宰中大夫二人宰夫下大夫四人宰夫小宰皆是大夫未知宰咺是何宰也宰夫職曰凡邦之弔事掌其戒令與其幣器財用鄭玄云弔事弔諸侯諸臣幣所用賵也既掌弔事或即充使此蓋宰夫也仲子乃惠公妾耳王使賵之者隱立桓為大子成桓母為夫人天王知其然故遺賵惠公因即賵之杜言仲子者桓公之母正見此意不然仲子為桓母傳有明文不須解也男子之有諡者人君則配王配公大夫或配子或配字皆不以字配姓婦人於法無諡故以字配姓言其正法然也釋例曰婦人無外行於禮當繫夫之諡以明所屬是言婦人不合諡也繫夫諡者夫人而已眾妾不合繫夫正當以字配姓也其聲子戴嬀有諡者皆越禮妄作也

○九月。及宋人盟于宿。

客主無名皆微者也宿小國東平無鹽縣也凡盟以國地者國主亦與盟例在僖十九年宋今梁國睢陽縣○與音預下同睢音雖【疏】注客主至陽縣○正義曰春秋之例若是命卿則名書於經此盟客主無名故知皆是微者公羊傳曰孰及之內之微者也穀梁傳曰及者何內卑者也宋人外卑者也卑微言非卿也客謂宋主謂魯直言及者他國可言某人魯史不得自言魯人直言及彼是魯及可知其微人與他國聚會亦直言會與此同也會盟之地地必有主舉地者地主之國或與或否故地主之國亦序於列其經舉國名以為盟地者國主與在其中不復序之於列以其可知故也例在僖十九年者彼經書會陳人蔡人楚人鄭人盟于齊傳曰陳穆公請脩好於諸侯以無忘齊桓之德冬盟于齊脩桓公之好也言脩桓公之好齊人必與可知也齊人不序於列而以齊為盟地是其盟之國地者國主與盟之例此亦推以為例非凡例也然則桓十四年公會鄭伯于曹即亦是例而遠指僖十九年者此既是盟故取盟為例其實會亦然也故彼注云以曹地曹與會是也僖二十七年楚人陳侯蔡侯鄭伯許男圍宋公會諸侯盟于宋宋不與盟亦地以宋者彼注云宋方見圍無嫌於與盟故直以宋地然則宣十四年楚子圍宋十五年公孫歸父會楚子于宋亦是不嫌宋與故地以宋也地理志梁國睢陽縣故宋國微子所封也

○冬十有二月。

祭伯來。祭伯諸侯爲王卿士者祭國伯爵也傳曰非王命也釋其不稱使○祭側界反國名傳祭仲同使如字又所吏反

〔疏〕注祭伯至稱使○正義曰僖二十四年傳富辰說周公封建親戚以蕃屏周而云邢茅胙祭則祭之初封畿外之國也穆王之時有祭公謀父今有祭伯世仕王朝蓋本封絕滅食采於王畿也莊二十三年祭叔來聘注以爲祭叔爲祭公來聘魯天子內臣不得外交是祭於此時爲畿內之國仍有封爵故言諸侯爲王卿士也釋例曰王之公卿皆書爵祭伯凡伯是也大夫稱字南季榮叔是也元士中士稱名劉夏石尚是也下士稱人公會王人于洮是也其或稱祭公舉官而言之此其定例也然春秋之世有王之卿士無采地者若王叔陳生伯輿之屬是也但未知書經其稱云何杜既云公卿稱爵而王子虎及劉卷卒稱名者彼是天王爲赴以名告魯如諸侯之例薨則稱名此云公卿稱爵者謂聘使往還與彼爲異也又襄十五年注云天子卿書字者以傳云劉夏逆王后于齊卿不行非禮也以劉夏非卿書名若卿則應書字以名字相對故舉以言焉其實卿書爵也此祭伯若王使來當云天王使祭伯來聘亦如天王使凡伯來聘今以自來爲文明非王命而私行也劉炫云卿而無爵或亦書字大夫有爵或亦書爵傳稱王叔陳生與伯輿爭政俱是卿士並不言爵又滕侯之先爲周卜正書稱齊侯呂伋爲虎賁氏則大夫或有爵也然則大夫有爵不可舍爵而書字卿而無爵不可越字而書名蓋有卿士亦書字大夫亦書爵子也王臣之見經者衆祭伯凡伯毛伯單伯召伯尹子單子劉子其間未必無大夫榮叔南季家父叔服其間未必無卿但無明證故依例辭之襄十五年注云天子卿書字是言天子卿有書字之理

○公子益師卒。傳例曰公不與小斂故不書日所以示厚薄也春秋不以日月爲例唯卿佐之喪獨記日以見義者事之得失既未足以褒貶人君然亦非死者之罪無辭可以寄文而人臣輕賤死日可略故特假日以見義○斂力驗反見賢遍反下同

〔疏〕注傳例至見義○正義曰傳文與上下作例者注皆謂之傳例釋例曰君之卿佐是謂股肱股肱或虧何痛如之疾則親問焉喪則親與小斂大斂愼終歸厚之義也故仲尼脩春秋卿佐之喪公不與小斂則不書日示厚薄戒將來也卽以新死小斂爲文則但臨大斂及不臨其喪亦同不書日也襄五年冬十二月辛未季孫行父卒傳曰大夫入斂公在位是公與小斂則書日之事也其翬柔溺等生見經傳死而不書卒者皆不以卿禮終也文十四年秋九月甲申公孫敖卒于齊已絕卿位公不與小斂而書日卒者釋例曰公孫敖縱情棄命既巳絕位非大夫也而備書於經者惠叔毀請於朝感子以赦父敦公族之恩崇仁孝之敘故傳曰爲孟氏且國故也是言雖不與斂恩實過厚故書日也莊三十二年秋七月癸巳公子牙卒時公有疾昭二十五年冬十月戊辰叔孫婼卒二十九年夏四月庚子叔詣卒時公孫在外成十七年冬十一月壬申公孫嬰齊卒于貍脤在外而卒皆公不與斂而書日者釋例曰其或公疾在外大夫不卒於國而猶存其日者君子不責人以所不得備非不欲臨也然則爲其有故不得以責公故皆書日也公孫嬰齊書所卒之地餘皆不書地者釋例曰魯大夫卒其竟內則不書地傳稱季平子行東野卒于房是也而先儒以爲雖以卿禮終而不臨其喪皆沒而不書杜知不臨其喪亦同不書日者案慶父之死不以卿禮終而經不書足知唯據不以卿禮終者經始不書明以卿禮終雖全不臨喪亦同書卒但不書日耳春秋諸事日與不日傳皆不發唯此發傳故特解之云春秋不以日月爲例唯卿佐之喪獨託日以見義也言事之得失未足以褒貶人君者春秋之文褒爲厚賞貶爲大罰君之於臣有恩則常事不足以加賞無恩則小失不足以致罰故云未足以褒貶也止欲貶責死者君自無恩然亦非死者之罪意欲以爲勸戒無辭可以寄文而人臣對君爲輕賤死日可略去故於此一條特假日以見義其餘則不以日月爲例故無傳也

傳元年。春。王周正月。言周以別夏殷○別彼列反夏戶雅反三代之號可以意求

不書卽位。攝也。假攝君政不脩卽位之禮故史不書於策傳所以見異於常○見賢遍反

〔疏〕不書卽位攝也○正義曰攝訓持也隱以桓公幼少且攝持國政待其年長所以不行卽位之禮史官不書卽位仲尼因而不改故發傳以解之公實不卽位史本無可書莊閔僖不書卽位義亦然也舊說賈服之徒以爲四公皆實卽位孔子脩經乃有不書故杜詳辨之釋例曰遭喪繼位者每新年正月必改元正位百官以序故國史皆書卽位於策以表之隱既繼室之子於第應立而尋父娶仲子之意委位以讓桓天子既已定之諸侯既已正之國人既已君之而隱終有推國授桓之心所以不行卽位之禮也隱莊閔僖雖居君位皆有故而不脩卽位之禮或讓而不爲或痛而不忍或亂而不得禮廢事異國史固無所書非行其禮而不書於文也顏氏說以爲魯十二公國史盡書卽位仲尼脩之乃有所不書若實卽位則爲隱公無讓若實有讓則史無緣虛書是言實不卽位故史不書也傳於隱閔云不書卽位於莊僖云不稱卽位者釋例曰丘明於四公發傳以不書不稱起文其義一也劉賈潁爲傳文生例云恩深不忍則傳言不稱恩淺可忍則傳言不書博據傳辭殊多不通案殺欒盈則云不言大夫殺良霄則云不稱大夫君氏卒則云不曰薨不言葬不書姓鄭伯克段則云稱鄭伯此皆同意而別文之驗也傳本意在解經非曲文以生例是言不書不稱義同之意也膏肓何休以爲古制諸侯幼弱天子命賢大夫輔相爲政無攝代之義昔周公居攝死不記崩今隱公生稱侯死稱薨何因得爲攝者周公攝政仍以成王爲主直攝其政事而已所有大事稟王命以行之致政之後乃死故卒稱薨不稱崩隱公所攝則位亦攝之以桓爲大子所有大事皆專命以行攝位被殺在君位而死故生稱公死稱薨是與周公異也且公羊以爲諸侯無攝鄭康成引公羊難云宋穆公云吾立乎此攝也以此言之何得非左氏是鄭意亦不從何說也下傳曰公攝位而欲求好於邾是位亦攝也又曰惠公之薨也大子少是以桓爲大子也所以異於正君者元年不卽位行還不告廟不臨惠公之葬不成聲子之喪尊仲子爲夫人薨則赴於諸侯又爲之立廟此是謙之實也隱公讓位賢君故爲春秋之首所以不入頌者魯僖公之時周王歲二月東巡守至于岱宗柴季孫行父爲之請於周大史克爲之作頌故得入頌隱公無人爲請故不入頌也

○三月。公及邾儀父盟于蔑。邾子克也。克儀父名**未王命。故不書爵。曰儀父。貴之也。**王未賜命以爲諸侯其後儀父服事齊桓以獎王室王命以爲邾子故莊十六年經書邾子克卒○故不書爵一本無故字獎將丈反

〔疏〕注王未至克卒○正義曰莊十三年齊桓會諸國于北杏邾人在焉及十六年而書邾子克卒故知由事齊桓乃得王命也賈服以爲北杏之會時巳得王命蓋以北杏之會邾人在列故謂其巳得命也列與不列在於主會之意不由有爵與否襄二十七年宋之盟齊人請邾宋人請滕邾滕不列於會故不書邾滕襄五年戚之會穆叔以屬鄫爲不利使鄫大夫聽命于會故經書鄫人然則爲人私屬則不列於會不爲人私屬則列於會不可據列會以否以明有爵也昭四年申之會淮夷列焉未必有爵也邾今無爵得與魯盟北杏會齊何須有爵莊十五年會于鄄傳曰齊始霸則齊桓爲霸自鄄會始耳北杏之時諸侯未從霸功未立桓尚未有殊勳儀父何足可紀且齊桓未有功於王焉能使王命之其得王命必在北杏之後但未知定是何年耳服虔云爵者醮也所以醮盡其材也

公攝位。而欲求好於邾。故爲蔑之盟。解所以與盟也○好呼報反與如字又音預

○夏。四月。費伯帥師城郎。不書。非公命也。費伯魯大夫郎魯邑高平方與縣東南有郁郎亭傳曰君舉必書然則史之策書皆君命也今不書於經亦因史之舊法故傳釋之諸魯事傳釋不書他皆倣此○費音祕郁於六反倣甫往反後此例皆同

〔疏〕注費伯魯大夫至倣此○正義曰史之策書皆君命者謂君所命爲之事乃得書之於策非謂君命遣書方始書也又解史策不書經亦不書之意仲尼書於經者亦因史之舊法舊史不書則亦不書故傳發此事釋經不書之意諸魯事傳釋不書他皆倣此謂下盟于翼作南門之類是也

○初。鄭武公娶于申。曰武姜。申國今南陽宛縣○宛於元反娶取住反

〔疏〕初鄭武公娶于申曰武姜○正義曰杜以爲凡例本其事者皆言初也賈逵云凡言初者隔其年後有禍福將終之乃言初也○注申國今南陽宛縣○正義曰外傳說伯夷之後曰申呂雖衰齊許猶在則申呂與齊許俱出伯夷同爲姜姓也國語曰齊許申呂由大姜言由大姜而得封也然則申之始封亦在周興之初其後中絕至宣王之時申伯以王舅改封於謝詩大雅崧高之篇美宣王褒賞申伯云王命召伯定申伯之宅是其事也地理志南陽郡宛縣故申伯國宛縣者謂宣王改封之後也以前則不知其地

生莊公。及共叔段。段出奔共故曰共叔猶晉侯在鄂謂之鄂侯○共音恭共地名凡國名地名人名字氏族皆不重音疑者復出後倣此鄂五各反

〔疏〕注段出奔共故曰共叔猶晉侯至之鄂侯○正義曰賈服以共爲謚謚法敬長事上曰共作亂而出非有共德可稱餬口四方無人與之爲謚故知段出奔共故稱共猶下晉侯之稱鄂侯也

莊公寤生。驚姜氏。故名曰寤生。遂惡之。寐寤而莊公已生故驚而惡之○寤五故反惡烏路反注同

〔疏〕莊公寤生驚姜氏故名曰寤生遂惡之○正義曰謂武姜寐時生莊公至寤始覺其生故杜云寐寤而莊公已生

愛共叔段。欲立之。欲立以爲太子**亟請於武公。公弗許。及莊公卽位。爲之請制。公曰。制。巖邑也。虢叔死焉。佗邑唯命。**虢叔東虢君也恃制巖險而不脩德鄭滅之恐段復然故開以佗邑虢國今滎陽縣○亟欺冀反數也爲于僞反巖五銜反本又作巖虢瓜伯反國名復扶又反

〔疏〕注虢叔至陽縣○正義曰僖五年傳曰虢仲虢叔王季之穆也晉語稱文王敬友二虢則虢國本有二也晉所滅者其國在西故謂此爲東虢也鄭語史伯爲桓公謀云虢叔恃勢鄶仲恃險皆有驕侈怠慢之心君以成周之衆奉辭伐罪無不克矣桓公從之是其恃險而不脩德爲鄭滅之事也云虢叔封西虢仲封東而此云虢叔東虢君者言所

滅之君字叔也傳云虢仲譖其大夫謂叔之子孫字曰仲也案傳燕國有二則一稱北燕郛國有二則一稱小郛此虢國有二而經傳不言東西者於時東虢已滅故西虢不稱西其並存之日亦應以東西別之地理志云河南郡熒陽縣應劭云故虢國今虢亭是也請京。使居之。謂之京城大叔。公順姜請使段居京謂之京城大叔言寵異於衆臣京鄭邑今熒陽京縣。○大音泰注及下皆同祭仲曰。都城過百雉。國之害也。○祭仲鄭大夫方丈曰堵三堵曰雉一雉之牆長三丈高一丈侯伯之城方五里徑三百雉故其大都不得過百雉。○過古臥反後不音者皆同堵丁古反長直亮反又如字高古報反又如字徑古定反〔疏〕注祭仲至百雉。○正義曰注諸言大夫者以其名氏顯見於傳更無卑賤之驗者皆以大夫言之其實是大夫以否亦不可委知也定十二年公羊傳曰雉者何五板而堵五堵而雉何休以爲堵四十尺雉二百尺許慎五經異義戴禮及韓詩說八尺爲板五板爲堵五堵爲雉板廣二尺積高五板爲一丈五堵爲雉雉長四丈古周禮及左氏說一丈爲板板廣二尺五板爲堵一堵之牆長丈高丈三堵爲雉一雉之牆長三丈高一丈以度其長者用其長以度其高者用其高也諸說不同必以雉長三丈爲正者以鄭是伯爵城方五里大都三國之一其城不過百雉則百雉是大都定制因而三之則侯伯之城當三百雉計五里積千五百步步長六尺是九百丈也以九百丈而爲三百雉則雉長三丈賈逵馬融鄭玄王肅之徒爲古學者皆云雉長三丈故杜依用之侯伯之城方五里亦無正文周禮冬官考工記匠人營國方九里旁三門謂天子之城天子之城方九里諸侯禮當降殺則知公七里侯伯五里子男三里以此爲定說也但春官典命職乃稱上公九命侯伯七命子男五命其國家宮室車旗衣服禮儀皆以命數爲節鄭玄以爲國家國之所居謂城方也如典命之言則公當九里侯伯七里子男五里故鄭玄兩解之其注尚書大傳以天子九里爲正說又云或者天子之城方十二里詩文王有聲箋言文王城方十里大於諸侯小於天子之制論語注以爲公大都之城方三里皆以爲天子十二里公九里也其駁異義又云鄭伯城方五里以匠人典命俱是正文因其不同故兩申其說今杜無二解以侯伯五里爲正者蓋以典命所云國家者自謂國家所爲之法禮儀之度未必以爲城居也先王之制。大都不過參國之一。三分國城之一。參七南反又音三。中五之一。小九之一。今京不度。非制也。不合法度非先王制〔疏〕大都至九之一。○正義曰定以王城方九里依此數計之則王城長五百四十雉其大都方三里長一百八十雉中都方一里又二百四十步長一百八雉也小都方一里長六十雉也公城方七里長四百二十雉其大都方二里又一百步長一百四十雉也中都方一里又一百二十步長八十四雉也小都方二百三十三步二尺長四十六雉又二丈也侯伯城方五里長三百雉其大都方一里又二百步長百雉也中都比王之小都其小都方一百六十六步四尺長三十三雉又一丈也子男城比王之大都其大都比侯伯之中都其中都方一百八十步長三十六雉也小都方百步長二十雉也考工記曰王宮門阿之制五雉宮隅之制七雉城隅之制九雉門阿之制以爲都城之制宮隅之制以爲諸侯之城制然則王之都城隅高五丈城蓋高三丈諸侯城隅高七丈城蓋高五丈也三丈以下不復成城其都城蓋亦高三丈也周禮四縣爲都周

公之設法耳但土地之形不可方平如圖其邑竟廣狹無復定準隨人多少而制其都邑故有大都小都焉下邑謂之都都亦一名邑莊二十八年傳曰宗邑無主閔元年傳曰分之都城俱論曲沃而都邑互言是其名相通也君將不堪。公曰。姜氏欲之。焉辟害。對曰。姜氏何厭之有。不如早爲之所。使得其所宜。○焉於虔反厭於鹽反無使滋蔓。蔓難圖也。蔓草猶不可除。況君之寵弟乎。公曰。多行不義。必自斃。子姑待之。斃踣也姑且也。○蔓音萬斃婢世反本又作獘舊扶設反踣蒲北反〔疏〕無使滋蔓。○正義曰此以草喻也草之滋長引蔓則難可芟除喻段之威勢稍大難可圖謀也。○注斃踣也。○正義曰釋言文也孫炎曰前覆曰踣既而大叔命西鄙北鄙貳於己。鄙鄭邊邑貳兩屬公子呂曰。國不堪貳。君將若之何。公子呂鄭大夫〔疏〕國不堪貳。○正義曰兩屬則賦役倍賦役倍則國人不堪也欲與大叔。臣請事之。若弗與。則請除之。無生民心。叔久不除則舉國之民當生他心公曰。無庸。將自及。言無用除之禍將自及大叔又收貳以爲己邑。前兩屬者今皆取以爲己邑至于廩延。言轉侵多也廩延鄭邑陳留酸棗縣北有延津。○廩力錦反子封曰。可矣。厚將得衆。子封公子呂也厚謂土地廣大公曰。不義不暱。厚將崩。不義於君不親於兄非衆所附雖厚必崩。○暱女乙反親也〔疏〕厚將崩。○正義曰以牆屋喻也厚而無基必自崩喻衆所不附將自敗也高大而壞謂之崩大叔完聚。完城郭聚人民。○完音桓〔疏〕注完城郭聚人民。○正義曰服虔以聚爲聚禾黍也段欲輕行襲鄭不作固守之資故知聚爲聚人非聚糧也完城者謂聚人而完之非欲守城也繕甲兵。具卒乘。步曰卒車曰乘。○繕市戰反卒尊忽反步兵也注及下同乘繩證反注及下同將襲鄭。夫人將啓之。啓開也公聞其期。曰。可矣。命子封帥車二百乘以伐京。古者兵車一乘甲士三人步卒七十二人京叛大叔段。段入于鄢。公伐諸鄢。五月辛丑。大叔出奔共。共國今汲郡共縣。○共音恭汲居及反書曰。鄭伯克段于鄢。段不弟。故不言弟。如二君。故曰克。稱鄭伯。譏失教也。謂之鄭志。不言出奔。難之也。傳言夫子作春秋改舊史以明義不早爲之所而養成其惡故曰失教段實出奔而以克爲文明鄭伯志在於殺難言其奔。○不弟大計反又如字難乃旦反注同〔疏〕如二君故曰克。○正義曰謂實非二君僞傑彊盛如是二君伐而勝之然後稱克非謂眞是二君也若眞是二君則以戰襲敗取爲文然既非二君而杜注經云以君討臣而

用二君之例又似眞二君者但杜於彼應云以君討臣而用如二君之例略其如字但云而用二君耳準獲麟之後史文夫子未脩之前應云鄭伯之弟段出奔共與秦伯之弟鍼出奔晉同也以其不弟故不言弟志在於殺故不言奔然則鄭伯亦是舊史之文而得爲新意者段以去弟爲貶宜以國討爲文仍存鄭伯見其失教其文雖是舊史即是仲尼新意也○注傳言至其奔。○正義曰經皆孔子所書此事特言書曰必是舊文不然夫子始改故知傳之此辭言夫子作春秋改舊史以明義也克者戰勝獲賊之名公伐諸鄢段即奔共既不交戰亦不獲段段實出奔而以克爲文者此非夫子之心謂是鄭伯本志不欲言其出奔難言其奔志在於殺故夫子承其本志而書克也鄭伯之於段也以其母所鍾愛順母私情分之大邑恣其榮寵實其殺心但大叔無義恃寵驕盈若徵加裁貶則恐傷母意故祭仲欲早爲之所子封請往除之公皆不許是其無殺心也言必自斃厚將崩者止謂自損其身不言惡能害國及其謀欲襲鄭禍將逼身自念友愛之深遂起初心之恨由是志在必殺難言出奔此時始有殺心往前則無殺意傳稱公曰姜氏欲之焉辟害詩序曰不勝其母以害其弟經曰父母之言亦可畏也是迫於母命不得裁之非欲待其惡成乃加誅戮也服虔云公本欲養成其惡而加誅使不得生出此鄭伯之志意也言鄭伯本有殺意故爲養成其惡不斯然矣傳曰稱鄭伯譏失教也止責鄭伯失於教薄之道不謂鄭伯元有殺害之心若從本以來即謀殺害乃是故相屠滅何止失教之有且君之討臣過其萌漸惡雖未就定得誅之何須待其惡成方始殺害服言本意欲殺乃是誣鄭伯也劉炫云以克爲文非其實狀故傳解之謂之鄭志言仲尼之意書克者謂是鄭伯本志也注又申解傳意言鄭伯志在於殺心欲其克難言其奔故仲尼書克不書奔如鄭伯之志爲文所以惡鄭伯也遂寘姜氏于城潁。城潁鄭地。○寘之豉反置也而誓之曰。不及黃泉。無相見也。地中之泉故曰黃泉既而悔之。潁考叔爲潁谷封人。封人典封疆者疆居良反〔疏〕注封人典封疆者。○正義曰周禮封人掌爲畿封而樹之鄭玄云畿上有封若今時界也天子封人職典封疆知諸侯封人亦然也傳言祭仲足爲祭封人宋高哀爲蕭封人論語有儀封人此言潁谷封人皆以地名封人蓋封人職典封疆居在邊邑潁谷儀祭皆是國之邊邑也聞之。有獻於公。公賜之食。食舍肉。公問之。對曰。小人有母。皆嘗小人之食矣。未嘗君之羹。請以遺之。食而不啜羹欲以發問也宋華元殺羊爲羹饗士蓋古賜賤官之常。○舍音捨遺唯季反下同啜川悅反華戶化反〔疏〕注食而至之常。○正義曰禮公食大夫及曲禮所記大夫士與客燕食皆有牲體殽胾非徒設羹而已此與華元饗士唯言有羹故疑是古賜賤官之常公曰。爾有母遺。繄我獨無。繄語助。○繄烏兮反又烏帝反潁考叔曰。敢問何謂也。據武姜在設疑也公語之故。且告之悔。對曰。君何患焉。若闕地及泉。隧而相見。其誰曰不然。隧若今延道。○語魚據反闕其月反隧音遂公從之。公入而賦。大隧之中。

其樂也融融。賦賦詩也融融和樂也○樂音洛注及下同融羊弓反［疏］注賦賦至樂也○正義曰賦詩謂自作詩也中融外洩各自爲韻蓋所賦之詩有此辭傳略而言之也融融和樂洩洩舒散皆是樂之狀以意言之耳服虔云入言公出言姜明俱出入互相見姜出而賦。大隧之外。其樂也洩洩。洩洩舒散也洩羊世反遂爲母子如初。君子曰。潁考叔純孝也。純猶篤也［疏］注純猶篤也○正義曰爾雅釋詁訓純爲大則純孝純臣者謂大孝大忠也此純猶篤者言孝之篤厚也愛其母。施及莊公。詩曰。孝子不匱。永錫爾類。其是之謂乎。不匱純孝也莊公雖失之於初孝心不忘考叔感而通之所謂永錫爾類詩人之作各以情言君子論之不以文害意故春秋傳引詩不皆與今說詩者同後皆倣此○施以豉反又式智反○匱其位反［疏］詩曰至謂乎○正義曰詩毛傳及爾雅之訓匱竭永長錫予爾女也此詩大雅既醉之五章言孝子爲孝不有竭極之時故能以此孝道長賜予女之族類言行孝之至能延及旁人其是此事之謂乎族類者言俱有孝心則是其族類也○注不匱至倣此○正義曰潁考以有純孝之行能錫莊公莊公雖失之於初孝心不忘則與潁考叔同是孝之般類也今考叔能感而通之是謂永錫爾類也詩人之作各以情言君子論之不以文害意出孟子文也此云春秋傳引詩不皆與今說詩者同何以昭八年注云叔向時詩義如此所以不同者此是上明作傳稱君子之言容可引詩斷章評論得失彼是叔向之語事近前代當時識刺故云叔向時詩義如此也詩注意類謂子孫族類此傳意以爲事之般類也

○秋。七月。天王使宰咺來歸惠公仲子之賵。緩。且子氏未薨。故名。惠公葬在春秋前故曰緩也子氏仲子也薨在二年賵助喪之物［疏］天王至故名○正義曰緩賵惠公生賵仲子事由於王非咺之過所以貶咺者天王至尊不可貶責貶王之使足見王非且緩賵惠公事是王過生賵仲子咺亦有愆使者受命不受辭欲令遵時設宜臨機制變王謂仲子已薨令咺并致其賵仲子尚存賵事須止宰咺知其未薨猶尚致賵是則不達時宜恥辱君命王則任非其人咺爲辱命之使君臣一體好惡同之貶咺亦所以責王也文五年王使榮叔歸含且賵不指所賵之人此指言惠公仲子者彼成風未葬不言可知此則惠公已葬子氏未薨若不言其人則不知爲誰來賵文九年秦人來歸僖公成風之襚亦爲年月已遠故指其所襚與此同也季文子求遭喪之禮以行亦豫凶事不貶者宰咺無喪致賵文子乃量時制宜備豫不虞古之善教與此不同天子七月而葬。同軌畢至。言同軌以別四夷之國○別彼列反諸侯五月。同盟至。同在方嶽之盟大夫三月。同位至。古者行役不踰時士踰月。外姻至。踰月度月也姻猶親也此言赴弔各以遠近爲差因爲葬節［疏］天子至姻至○正義曰天子諸侯大夫士位既不同禮亦異數赴弔遠近各有等差因其弔答以爲葬節且位高則禮大爵卑則事小大禮踰時乃備其小事畢月即成聖王制爲常規示民軌法欲使各脩其典無敢忒差資父事君生民之所極哀死送終臣子之所盡是以未及期而葬謂之不懷過期而葬謂之

緩慢春秋從實而錄以示是非天子七月諸侯五月者死月葬月皆通數之也文八年八月天王崩九年二月葬襄王是天子之七月也成十八年八月公薨于路寢十二月葬我君成公是諸侯之五月也宣八年傳云禮卜葬先遠日辟不懷也是卜遠日不吉乃卜近日辟不思親之嫌也則未及期而葬者不思其親理在可見故傳皆不言其事在過期乃葬者傳言緩以示譏耳桓王以桓十五年崩莊三年乃葬積七年也僖公以其三十三年十一月薨文元年四月乃葬薨葬中有閏積七月也二者並過於期故傳皆言緩以譏之也衛桓公以隱四年三月爲州吁所弒五年四月乃葬積十四月也莊公以其三十二年八月薨閔元年六月乃葬積十一月也二者雖亦過期而國有事難故傳皆言亂故是以緩原其非慢不以責臣子也然則諸侯五月而葬自是正法得禮可知不假發傳而成公之下傳特云書順者釋例曰魯君薨葬多不順制唯成公薨于路寢五月而葬國家安靜世適承嗣故傳見莊之緩舉成書順以包之然則特發此傳欲以包羣公之得失於莊見亂故而緩於僖見無故而緩於成見順禮傳發三者則其餘皆可知也士踰月者通死月亦三月也襄十五年十一月晉侯周卒十六年正月葬晉悼公杜云踰月而葬速是踰一月亦三月也此注云踰月度月者言從死月至葬月其間度一月也士與大夫不異而別設文者以大夫與士名位既異因其名異示爲等差故變其文耳其實月數同也同軌同盟至者謂遣使來至非諸侯身至釋例曰萬國之數至家封疆之守至重故天王之喪諸侯不得越竟而奔脩服於其國卿共弔葬之禮魯侯無故而穆伯如周弔此天子崩諸侯遣卿共弔葬之經傳也是言禮天子之喪諸侯不親奔也其諸侯相弔則昭三十年傳云先王之制諸侯之喪士弔大夫送葬是正禮也同位至待其使還也外姻至親戚畢集也於天子言畢至以下不言畢者天子貴在尊極海內爲家天下聞喪無敢不至故言畢也諸侯同盟或來或否大夫出使本奉君命雖或聞喪未必盡來故不言畢也此亦例而不言凡者序已解訖何休膏肓以爲禮士三月葬今云踰月左氏爲短鄭康成云人君殯數來日葬數往月大夫殯葬皆數來日來月士殯葬皆數往日往月士之三月大夫之踰月也鄭之此言天子諸侯葬數往月於左氏無害云大夫葬數來月恐非杜旨蘇寬之意以古禮大夫以上殯葬皆數來日來月士殯葬數往日往月空云古禮事無所出不可依用也劉炫云此亦例不言凡者諸所發凡皆爲經張例此舉葬之大期以譏宰咺之緩非是爲葬發例故不言凡也○注言同至之國○正義曰鄭玄服虔皆以軌爲車轍也王者馭天下必令車同軌書同文同軌畢至謂海內皆至也四夷異俗不可同具文軌天子之喪不能以時赴弔故言同軌以別四夷之國也周禮巾車木路以封蕃國蕃國即四夷也旣受王命車亦應同軌而言別四夷者四夷來朝天子天子賜之車服行於中國自然同軌其在本國軌必不同若以巾車之文即言與華夏同軌豈亦能同文也○注同在方嶽之盟○正義曰周禮司盟凡邦國有疑會同則掌其盟約之載然則天子之合諸侯有使諸侯共盟之禮也王合諸侯雖有巡守其非巡守則有事而會會之多少唯王所命不得有同盟常禮之同盟唯方嶽耳故左氏舊說十二年三考黜陟幽明旣分天子展義巡守柴望旣畢諸侯遂朝退相與盟同好惡獎王室是其當方諸侯同有方嶽之盟同盟情親吉凶相告故遣使會葬也○注古者至踰時○正義曰同位謂同爲大夫其在列位者待其來至三月待之故知古者於法行役不踰時也隱五年穀梁傳曰伐不踰時明行役聘問亦不踰時也贈死不及尸。尸未葬之通稱○稱尺證

反［疏］注尸未葬之通稱○正義曰曲禮下云在牀曰尸在棺曰柩是其相對言耳今以既葬乃來而云不及尸知尸是未葬之通稱也葬則尸不復見未葬猶及見之故以葬爲限也釋例曰喪贈之幣車馬曰賵貨財曰賻衣服曰襚珠玉曰含然而總謂之贈故傳曰贈死不及尸也然則此文雖爲賵發其實賵賻含襚總名爲贈但及未葬皆無所譏也襚以衣尸含以實口大斂之後無所用之既殯之後猶致之者示有恩好不以充用也今讚曰雜記弔含襚賵臨之等未葬則葦席既葬則蒲廣是葬後得行此言緩者禮記後人雜錄不可與傳同言也或可初葬之後則可久則不許弔生不及哀。諸侯已上既葬則縗麻除無哭位諒闇終喪○上時掌反縗七雷反諒音亮又音良闇如字［疏］注諸侯至終喪○正義曰昭十五年傳稱穆后崩王既葬除喪叔向曰三年之喪雖貴遂服禮也杜云天子諸侯除喪當在卒哭今王既葬而除故譏其不遂也案僖三十三年傳云卒哭而祔杜云既葬反虞則免喪故曰卒哭哭止也如杜此言則卒哭與葬相去非遠同在一月儀禮士三虞則天子諸侯皆同於此必知然者以卒哭是葬之餘事共在一月之中故杜云既葬則衰麻除或云既葬卒哭衰麻除以其相近故也若據雜記云諸侯五月而葬七月而卒哭中間既除或有國事稱號云何是知葬與卒哭相連間無事也然雜記云諸侯五月而葬七月而卒哭者案釋例曰禮記後人所作不與春秋同是杜所不用也既葬除喪雖杜有此說正以春秋之例皆既葬成君明葬是人君之大節也昭十二年傳曰齊侯衛侯鄭伯如晉晉侯享諸侯子産相鄭伯辭於享請免喪而後聽命晉人許之禮也於時鄭有簡公之喪未葬故請免喪其下傳又云六月葬鄭簡公上明作傳未嘗虛舉經文而虛言此葬得非終前免喪之言也以此知諸侯既葬則免喪喪服既除則無哭位諸侯既然知天子亦爾倘書高宗亮陰三年不言論語云何必高宗古之人皆然是天子諸侯除服之後皆諒陰終喪也晉書杜預傳云太始十年元皇后崩依漢魏舊制既葬帝及羣臣皆除服疑皇太子亦應除否詔諸尙書會僕射盧欽論之唯預以爲古者天子諸侯三年之喪始服齊斬既葬除喪服諒闇以居心喪終制不與士庶同禮於是盧欽魏舒問預證據預曰春秋晉侯享諸侯子産相鄭伯時簡公未葬請免喪以聽命君子謂之得禮宰咺歸惠公仲子之賵傳曰弔生不及哀此皆既葬除服諒闇之證也書傳之說既多學者未之思耳喪服諸侯爲天子亦斬衰豈可謂終服三年也預又作議曰周景王有后世子之喪既葬除喪而宴樂晉叔向譏之曰三年之喪雖貴遂服禮也王雖不遂宴樂以早此亦天子喪事見於古也稱高宗不言喪服三年而云亮陰三年此釋服心喪之文也譏景王不譏其除喪而譏其宴樂早則既葬應除而違諒闇之節也堯喪舜諒闇三年故稱遏密八音由此言之天子居喪齊斬之制菲杖絰帶當遂其服既葬而除諒闇以終之三年無改於父之道故曰百官總已以聽冢宰喪服既除故更稱不言之美明不復寢苫枕塊以荒大政也禮記云三年之喪自天子達又云父母之喪無貴賤一也又云端衰喪車皆無等此通謂天子居喪衣服之制同於凡人心喪之禮終於三年亦無服喪三年之文天子之位至尊萬幾之政至大羣臣之衆至廣不得同之於凡人故大行既葬祔祭於廟則因疏而除之已不除則羣臣莫敢除故屈已以除之而諒闇以終制天下之人皆曰我王之仁也屈已以從宜皆曰我王之孝也既除而心喪我王猶若此之篤也凡我臣子亦安得不自勉以崇禮此乃聖制移風易俗之本也議奏皇太子遂除衰麻而諒闇終喪於時內外卒聞預議多怪或者乃謂其違禮以合

時預謂鄉人段暢曰茲事體大本欲宣明古典知未合於當今也宜博采典籍爲之證據全大分明足以垂示將來暢遂敷通危疑以弘指趣其論具存焉杜譏引尙書傳云亮信也陰默也爲聽於冢宰信默而不言鄭玄以諒闇爲凶廬杜所不用豫凶事。非禮也。仲子在而來贈故曰豫凶事

○八月。紀人伐夷。夷不告。故不書。夷國在城陽莊武縣紀國在東莞劇縣隱十一年傳例曰凡諸侯有命告則書不然則否史不書於策故夫子亦不書于經傳見其事以明春秋例也他皆倣此○莞音官見賢遍反下三見同　疏　紀人伐夷○正義曰世族譜紀姜姓侯爵莊四年齊滅之世本夷妘姓傳無其人不知爲誰所滅釋例土地名夷國在城陽莊武縣莊十六年晉武公伐夷執夷詭諸杜云詭諸周大夫夷采地名釋例土地名注爲闕則二夷別也世族譜於夷詭諸之下注云妘姓更無夷國則以二夷爲一計莊武之縣遠在東垂不得爲周大夫之采邑而晉取其地是譜誤也

有蜚。不爲災。亦不書。蜚負蠜也莊二十九年傳例曰凡物不爲災不書又於此發之者明傳之所據非唯史策兼采簡牘之記他皆倣此○蜚扶味反蠜音煩又音盤　疏　注蜚負至倣此○正義曰釋蟲云蜚蠦蜚舍人李巡皆云蜚蠦一名蠜郭璞云蜚卽負盤臭蟲洪範五行傳云蜚負蠜夷狄之物越之所生其爲蟲臭惡南方淫女氣之所生也本草曰蜚厲蟲也然則蜚是臭惡之蟲害人之物故或爲災或不爲災也經傳皆云有蜚則此蟲直名蜚耳不名蜚蠦爾雅所釋當言蜚一名蠦蜚說爾雅者言蜚蠦一名蠜非也此蟲一名負盤漢書及此注多作負蠜者釋蟲云草螽負蠜彼則歲時常有非災蟲也蓋相涉誤爲蠜耳又明下有成例此不合書而傳發之者明傳之所據非獨正史之策亦兼采簡牘所有故傳據而言之○案上傳紀人伐夷注云傳見其事以明春秋例則此有蜚亦明春秋例此云傳之所據非唯史策兼采簡牘則上紀人伐夷亦是兼采簡牘但紀人伐夷他國不告故以明例解之蜚是魯國之有故以兼采簡牘言之其實二注互以相通也如此類

惠公之季年。敗宋師于黃。黃宋邑陳留外黃縣東有黃城○敗必邁反敗他也後倣此

公立而求成焉。九月。及宋人盟于宿。始通也。經無義例故傳直言其歸宿而已他皆倣此

○冬。十月。庚申。改葬惠公。公弗臨。故不書。以桓爲大子故隱公讓而不敢爲喪主隱攝君政故據隱而言

惠公之薨也。有宋師。太子少。葬故有闕。是以改葬。少詩照反　疏　有宋至改葬○正義曰上云惠公之季年敗宋師于黃公立而求成焉則隱公未立之前惠公敗宋師也今云惠公之薨也有宋師蓋是報黃之敗來伐魯也隱公將兵禦宋委葬事于太子故有闕也服虔以爲宋師卽黃之師也是時宋來伐隱公自與戰然則隱自敗宋還自求成傳何當屬敗於惠公而諱言公立也且薨之與葬相去旣遠豈有宋師薨時已來成而後去

○衛侯來會葬。不見公。亦不書。諸侯會葬非禮也不得接公成禮故不書於策他皆倣此衛國在汲郡朝歌縣○朝如字　疏　衛侯來會葬○正義曰衛國侯爵譜云姬姓文王子康叔封之後也周公旣誅祿父以其地封康叔爲衛侯居殷虛今朝歌是也狄滅衛文公居楚丘成公徙帝丘今東郡濮陽是也桓公十三年魯隱公之元年也出公輒十二年獲麟之歲也悼公二年春秋之傳終矣悼公自悼以下十一世二百五十五年而秦滅衛也衛世家桓公康叔十一世孫尙書顧命稱康叔爲衛侯則初封侯爵也世家康叔子則稱伯至頃侯復爲侯故今桓公爲侯爵○注諸侯至倣此○正義曰昭三十年傳云先王之制諸侯之喪士弔大夫送葬昭三年傳稱文襄之霸君薨大夫弔卿共葬事皆不言諸侯親會葬是諸侯會葬非禮也不得接公成禮故不書此云不見公不書介葛盧亦不見公而書者此則公在國而不與衛侯相見故不書彼則公身在會國人賓禮之又欲見其一年再來故書之也

○鄭共叔之亂。公孫滑出奔衛。公孫滑共叔段之子○滑于八反又乎八反

衛人爲之伐鄭。取廩延。鄭人以王師。虢師。伐衛南鄙。虢西虢國也弘農陜縣東南有虢城○爲于僞反陜失冉反俗字作陜

請師於邾。邾子使私於公子豫。公子豫魯大夫私請師○豫音預

豫請往。公弗許。遂行。及邾人。鄭人盟于翼。翼邾地

不書。非公命也。

○新作南門。不書。亦非公命也。非公命不書三見者皆興作大事各舉以備文

○十二月。祭伯來。非王命也。

○衆父卒。衆父公子益師字○衆音終

公不與小斂。故不書日。禮卿佐之喪小斂大斂君皆親臨之崇恩厚也始死情之所篤禮之所崇故以小斂爲文至於但臨大斂及不臨喪亦同不書日○與音預斂力驗反注皆同　疏　注禮卿至書日○正義曰喪大記君臨臣喪之禮云君於大夫大斂焉爲之賜則小斂焉卿是大夫之尊者也明小斂大斂君皆親之所以崇恩厚也小斂大斂皆應親之獨以小斂爲文故知始死情之所篤故也賈逵云不與大斂則不書卒然則在殯又不往者復欲何以裁之經傳無其事不宜妄說故杜以爲但臨大斂及不臨其喪亦同不書日也

經二年。春。公會戎于潛。戎狄夷蠻皆氐羌之別種也戎而書會者順其俗以爲禮皆謂居中國若戎子駒支者陳留濟陽縣東南有戎城潛魯地○氐都兮反羌卻良反種章勇反駒音拘濟子禮反水名凡地名皆同　疏　注戎狄至魯地○正義曰曲禮云東夷西戎南蠻北狄然則四者是九州之外別名也詩商頌曰自彼氐羌氐羌西戎之國名也杜欲明其在遠無以相形故云氐羌之別種謂是相類之物耳非謂四者是羌內之別也其實氐羌乃是戎內之別耳戎子駒支云我諸戎飲食衣服不與華同贄幣不通言語不達計應不堪會盟故解云言順其俗以爲禮也沈氏云會據公往戎爲主人故得隨主人之俗以爲會禮朝據戎來魯爲主人戎不能從主人之俗故朝禮不成戎是西方之夷必不遠來會魯故知謂居中國若戎子駒支者也駒支事見襄十四年

○夏。五月。莒人入向。向小國也譙國龍亢縣東南有向城莒國今城陽莒縣也將卑師少稱人弗地曰入例在襄十三年○向舒亮反譙在遙反亢音剛又苦浪反將子匠反　疏　莒人入向○正義曰世本莒己姓向姜姓此傳云莒人入向以姜氏還文八年傳稱穆伯奔莒從己氏是莒己向姜見於傳也譜云莒嬴姓少昊之後周武王封茲與於莒初都計後徙莒今城陽莒縣是也世本自紀公以下爲己姓不知誰賜之姓者十一世茲丕公方見春秋共公以下微弱不復見四世楚滅之向則唯此見經不能知其終始○注向小至三年○正義曰將卑師少稱人者周禮萬二千五百人爲軍二千五百人爲師五百人爲旅用兵多少其數無常重其舉大事動大衆滿師則書之不滿則不書輕其衆少故經皆不書旅也師者衆也雖復五軍三軍悉皆以師爲名取其衆義故經亦不書軍也釋例曰春秋不書軍旅壹皆曰師從衆辭是其義也經之大例君自將者言君不言師卿將者滿師則師將並書不滿則空舉將名大夫將者滿師則稱師不滿則稱人所以然者定四年傳曰君行師從卿行旅從則君行必有師卿行必有旅文雖不見理足可明君將不言帥師卿將不言帥旅以其可知故也卿行不合師從今乃帥領一師若不言帥師則師文不見卿尊自合書各師文又須別見故師將並舉言某帥師也其師少者卿自須見唯舉將名不云帥旅言衆少不足錄也大夫爵位卑下名氏不合見經但所帥滿師師自須見故言師不言將也若不滿師者一旅之衆則例所不書大夫位卑又名不當見則空舉其將謂之爲人人卽大夫身也其將尊師少及將卑師衆若其序列則將卑師衆者在上襄二年晉師宋師衛甯殖侵鄭是也隱五年公羊傳曰曷爲或言率師或不言率師將尊師衆稱某率師將尊師少稱將將卑師衆稱師將卑師少稱人君將不言率師書其重者也釋例曰大夫將滿師稱師不滿稱人而已卿將滿師則兩書不滿則直書名氏君將不言帥師卿將不言帥旅此史策記注之常此用公羊爲說也劉炫云盟會例卿則書名氏非卿則書人人當名氏之處由是將卑師少則書人亦與盟會同

○無駭帥師入極。無駭魯卿極附庸小國無駭不書氏未賜族賜族例在八年○駭戶楷反　疏　注無駭至八年○正義曰春秋之例卿乃見經今名書於經傳言司空故知無駭是魯卿諸名書於經皆是卿也故於此一注以下不復言之又王制云上大夫卿則卿亦大夫也故此注多以大夫言卿下注云裂繻紀大夫如此之類皆是卿也其名見於傳而注云大夫者則其爵眞大夫也穀梁以極爲國社云附庸者沈云以費伯帥師城郎因得勝極則極是竟內故云附庸凡卿出使必具其名氏以尊君命今不書氏故解云未賜族無族可稱故也賈云極戎邑也極爲戎邑傳無文焉戎之於魯本無怨惡言脩惠公之好則是求與魯親公未信戎故辭其盟耳秋卽與盟復脩戎好若已共戎會故不與盟旋令師入其都然後結好其爲惡行亦不是過讓位賢君固應不爾良史直筆焉得無譏傳乃本其勝之所由而歸功於費伯也

○秋。八月。庚辰。公及戎盟于唐。高平方與縣北有武唐亭八月無庚辰庚辰七月九日也日月必有誤○方音房與音預　疏　注高平至有誤○正義曰杜勘檢經傳上下月日制爲長歷此年八月壬寅朔其月三日甲辰十五日丙辰二十七日戊辰其月無庚辰也七月壬申朔則九日有庚辰杜觀上下若月不容誤則指言日誤若日不容誤則指言月誤此則上有秋下有九月則日月俱得有誤故云日月必有誤也

○九月。紀裂繻來逆女。裂繻紀大夫傳曰卿爲君逆也以別卿自逆也逆女或稱使或不稱使昏禮不稱主人史各隨其實而書非例也他皆倣此○裂音列繻音須爲于僞反下爲魯同別彼列反　疏　注裂繻至倣此○正義曰此書逆女傳曰卿爲君逆也宣五年齊高固來逆叔姬傳曰書曰叔姬卿自逆也是爲君逆則稱女自逆則書字故云以別卿自逆也釋例曰天子娶則稱逆王后

卿爲君逆則稱逆女其自爲逆則稱所逆之字尊卑之別也此不言紀侯使裂繻而成八年經書宋公使公孫壽來納幣俱是昏禮而立文不同故解之也言昏禮不稱主人者主人謂壻也爲有廉恥之心不欲自言娶婦故卿爲君昏行者必稟君母之命婦人之命不得通於鄰國若言卿自來非君所命故裂繻不言使也其無母者臣無所稟不得不稱君命故公孫壽言宋公使也史皆隨其實事而書之非襃貶之例也公羊傳曰何以不稱使昏禮不稱主人然則曷稱稱諸父兄師友宋公使公孫壽來納幣則其稱主人何辭窮也辭窮者何無母也然則紀有母乎曰有有則何以不稱母母不通也是婦人之言不通外國故不言君使亦不言母命作自來之文也公羊言無母者稱父兄師友宋公不稱父兄者諸侯臣其父兄故不得稱也昏禮記曰宗子無父母命之親皆沒已躬命之以宗子之尊尙不稱父兄況諸侯也其稱父兄師友謂大夫以下非宗子者耳昏禮記所云支子則稱其宗弟稱其兄是也

〇冬十月。伯姬歸于紀。無傳伯姬魯女裂繻所逆者

〇紀子帛、莒子盟于密。子帛裂繻字也莒魯有怨紀侯既昏于魯使大夫盟莒以和解之子帛爲魯結好息民故傳曰魯故也比之內大夫而在莒子上稱字以嘉之也字例在閔元年密莒邑城陽淳于縣東北有密鄉〇帛音白解如字又戶買反好呼報反〔疏〕注子帛至密鄉〇正義曰杜云比之內大夫而在莒子上者案諸經文魯大夫出會他國皆先書魯大夫下卽云及某人今子帛之下不云及者不可全同魯大夫故也

〇十有二月。乙卯。夫人子氏薨。無傳桓未爲君仲子不應稱夫人隱讓桓以爲大子成其母喪以赴諸侯故經於此稱夫人也不反哭故不書葬例在三年〔疏〕注桓未至三年〇正義曰妾子爲君其母成爲夫人敬嬴齊歸是也仲子實妾桓未爲君故仲子不應稱夫人也今稱夫人薨是隱成之讓桓爲大子成其母喪傳例曰不赴則不曰薨故知稱薨是赴於諸侯故經於此稱夫人也五年考仲子之宮公羊傳曰桓未君則曷爲祭仲子隱爲桓立故爲桓祭其母也然則何言爾成公意也是言隱公成仲子爲夫人也

〇鄭人伐衞。凡師有鍾鼓曰伐例在莊二十九年

傳二年。春。公會戎于潛。脩惠公之好也。戎請盟。公辭。許其脩好而不許其盟禦夷狄者不壹而足〇好呼報反注及下同〔疏〕注許其至而足〇正義曰戎貪而無信盟或背之公未得戎意恐好不久成故不許其盟也禦夷狄者不壹而足文九年公羊傳文言制禦夷狄當以漸教之不一度而卽使足也

〇莒子娶于向。向姜不安莒而歸。夏。莒人入向。以姜氏還。傳言失昏姻之義凡得失小故經無異文而傳備其事案文則是非足以爲戒他皆倣此〇還音旋後皆同

〇司空無駭入極。費庈父勝之。魯司徒司馬司空皆卿也庈父費伯也前年城郎今因得以勝極故傳於前年發之〇庈音琴

〇戎請盟。秋。盟于唐。復脩戎好也。〇復扶又反

〇九月。紀裂繻來逆女。卿爲君逆也。〇爲于僞反

〇冬。紀子帛、莒子盟于密。魯故也。

〇鄭人伐衞。討

公孫滑之亂也。治元年取廩延之亂

春秋左傳注疏卷二挍勘記　阮元撰盧宣旬摘錄

附釋音春秋左傳注疏卷第二　隱元年盡二年宋本春秋正義卷第二

杜氏注　孔穎達疏　按穎當作頴達當作達此六字在第二行杜氏上空四字疏字下空三字每卷標題同石經作杜氏盡十一年六字在第二行纂圖本在第三行淳熙本在第四行款式卷數與釋文合岳本氏下增注字在第三行

春秋經傳集解隱第一　此九字在第三行閩本監本毛本在第四行低一格石經淳熙本岳本纂圖本第上有公字與釋文合在第一行案正義當有公字石經此行八分後卷同纂圖本春秋上增監本纂圖四字後卷同宋本正義春秋經傳集解六字爲一條隱公第一四字跳行頂格爲一條杜氏二字爲一條不跳行亦與釋文石經合也

故題無常準　宋本毛本準作準案五經文字云從水傍隼字按閩監毛三本自此節至經元年以前正義低二格以後低一格失宋板舊式矣

傳釋經意　宋本監本毛本傳作博是也〇今依訂正

隱公魯君侯爵　宋本無隱公二小字上有隱公第一四大字大陰文疏字及正義曰三小字下接魯君侯爵云云

伯禽至隱公凡十三君　宋本凡下有一字

惠公弗皇子　史記十二諸侯年表作弗王魯周公世家作弗湟盧文弨挍本改作湟按文十六年釋文引魯世家作皇疏引同盧本不改史記律厤志亦作皇

漢御史大夫杜延年之後　按此十字乃裴松之注引傳子非陳壽魏志原文

封樂亭侯　案魏志封下有豐字

謚戴侯也　浦鏜正誤也改作于是也

當稱德者非所企及　閩本監本毛本當作嘗盧文弨挍改作常字按明末避諱多改常爲嘗

又參考衆家爲之釋例　浦鏜正誤據魏志注爲改作謂非也

傳

惠公元妃孟子　石經宋本淳熙本岳本妃作妃釋文亦作妃五經文字云從戊己之己此本作妃誤後準石經

明始適夫人也　釋文適本又作嫡案適與嫡字通此本注文雙行細字宋本同閩本始以注文改爲單行加注字於上非復宋本舊式監本毛本同

傳惠公元妃孟子　宋本無傳字以下正義七節揔入是以隱公立而奉之注下

一元之字　浦鏜正誤疑作元之一字或之字衍

故杜注文十五年　監本毛本文作云非

孟伯之字　浦鏜云字當作氏

無謚先夫死不得從夫謚　宋本岳本毛本謚作謚非也

魯之夫人　毛本夫人作大夫誤

公卒故特解之　宋本公作言閩本監本毛本作先公卒故毛本作此非

不赴則不稱薨　毛本薨作公非

注聲謚至繼室　各本室下有〇宋本凡標起訖處上下並空一字

亦有姪娣　監本毛本亦作又

猶不得稱夫人　各本作稱此本誤侵今訂正

仲子生而有文在其手　陳樹華云王充論衡雷虛篇紀妖篇並作文在其掌唯自然篇仍作手

其友及夫人　閩本監本毛本友誤文

皆諮謀於桓然則桓公已成人也　浦鏜正誤然作公

桓已成人　宋本巳作以案巳以古多通用

故氏聲孟　聲各本作日是也杜氏釋例同

隱公繼室之子當嗣世　毛本世誤是

是以立爲太子　宋本岳本毛本太作大是也釋文云菁太字皆作大後放此說詳釋文挍勘記

其父愛之　宋本愛作憂是也

但爲桓年少　宋本年作尙

凡稱傳者皆是爲經　陳樹華云經下當有張本二字

霍伯曰季等卒　監本曰作白

仍可以稱大子也　監本毛本脫可字

經元年

爲周室之臣民　毛本爲誤謂

偏視二代　浦鏜正誤視改作祖按此用周監二代之意監視也

尊王國而慢時主　閩本監本毛本王誤二

此下二月有會盟之事　考文云二作三與宋本合

以繼臣子之心　浦鏜云繼疑繫

雖非年初　武進臧禮堂據定元年疏引釋例改非作則

公即位喪在外　毛本作喪在外公即位非也
自是史官記事之體　毛本記作紀
故年稱元年　宋本下年字作也
杖大義　監本毛本杖作仗按仗俗杖字
黃帝坐於扈閣鳳皇銜書致帝前　宋本於下有元字銜字作銜毛本致字作至
何休又云　毛本又誤亦
正竟內之治　閩本監本毛本竟作境按境俗竟字
王者不奉天以制號令　閩本監本毛本同○補十行本初刻承後改作奉
則元者王之元年　毛本作王者誤
即以託王於魯史之改元　浦鏜云史疑作使
何休言　閩本監本毛本言作云
三月公及邾儀父盟于蔑　陳樹華云漢書鄒陽傳引作義父師古曰義讀爲儀元和惠棟春秋左傳補注云蔑本姑蔑定十二年傳費人北國人追之敗諸姑蔑是也隱公名息姑而當時史官爲之諱
能自通于大國　宋本于作於
蔑姑蔑魯地魯國　監本毛本作魯國魯地非也
卞縣南有姑城　釋文卞或作弁按卞俗弁字杜氏釋例土地名姑下有蔑字史記孔子世家正義引杜注亦作姑蔑城
自安至儀父十二世　各本作安釋例作佚
齊桓行霸　各本同釋例行霸作爲伯
諸侯俱受王命　毛本受誤有
曰邦國有疑　宋本曰作凡與周禮合
及其禮儀　閩本監本毛本儀作義
乃加方明于壇而祀之　毛本祀誤視
知者故柯之盟　浦鏜正誤故作於
故襄二十六年傳云歃用牲　宋本歃作歃不誤
定八年涉佗捘衞侯之手及捥　閩本監本毛本捥誤椀
以奉流血而同歃　釋例奉作承
附庸者以國附於大國　宋本以國下有事字

夏五月鄭伯克段于鄢　陳樹華引趙匡集傳云鄢當作鄔鄭地也史記正義作鄔云舊作鄢漢書地理志作傿按舊作鄢是也昭二十八年釋文云在周者烏戶反隱十一年王取鄔劉在鄭者晉偃成十六年戰于鄢陵此鄭地當從鄢國語鄭語史伯曰鄢弊補丹依騬歷華君之土也
言段強大儁傑　宋本淳熙本纂圖本閩本監本毛本作大儁下同陳樹華云莊十一年傳得儁曰克已作儁字不必定作儁也
鄭在熒陽宛陵縣西南　釋文云熒本或作滎非案熒陽熒澤字古無從水者陸氏音義全書皆作熒是也
鄭今潁川鄢陵縣　宋本淳熙本岳本纂圖本足利本鄭作鄢是也○今訂正
方遷其民於虢鄶　宋本閩本監本毛本方作友宋本遷作徙釋例同○補十行本初刻方後改作友
自聲以下　宋本聲下有公字釋例同
兄而害弟者稱弟以章兄罪　案釋例作兄害弟者則稱弟以彰兄罪浦鏜正誤者作則非
存弟則示兄曲也　襄廿七年引作書弟非也
地理志河南郡有宛陵新鄭　宋本有下有宛陵縣又有新鄭縣於漢則十一字按漢志宛作苑
去郲居岐　釋例居作至
幽三爲犬戎所役　各本役作殺是此本修板不誤監本毛本犬作大非也
元年九年春秋之傳終矣　釋例作十年
蓋用四馬也　毛本蓋作故非
亦序於列其經舉國名以爲盟地者　閩本監本毛本列其作其列按列字句絕
故言諸侯爲王卿士也　毛本士誤是
然則大夫有爵不可舍爵而書字　閩本監本毛本字作氏非
獨記日以見義者　宋本岳本纂圖本足利本記作託釋例同
喪則親與小斂大斂　釋例喪作死與作其
即以新死小斂爲文　釋例以作親
而備書於經者　閩本監本毛本經誤終

傳元年

不書即位攝也　宋本不上有傳字
而隱終有推國授桓之心　閩本監本毛本推作讓

顏氏說以爲魯十二公　宋本顏作潁案潁容之潁後漢書亦作潁王應麟姓氏急就篇同不得因廣韻潁水字下不言姓而疑之也
劉賈潁爲傳文生例　閩本監本毛本潁誤顧
且公羊以爲諸侯無攝　浦鏜正誤公羊作何休
其後儀父服事齊桓以獎王室　毛本桓誤侯獎宋本淳熙本岳本作獎釋文亦作獎字按說文作獎从犬各書或从大或从廾
注王未至克卒　宋本此節正義在公攝位節注下
不可據列會以否以明有爵也　閩本監本毛本以改與按唐人正義多作以否
非公命也　纂圖本閩本監本毛本公誤君
君舉必書　淳熙本必作筆非也
他皆倣此　岳本倣作放釋文同
初鄭武公娶于申曰武姜　毛本于作於非
初鄭武公娶于申曰武姜　宋本作初鄭至武姜以下正義廿節在其是之謂乎注下
杜以爲凡倒本其事者　宋本毛本倒作例
注申國今南陽宛縣　宋本作申國至宛縣
其後中絕　閩本監本毛本中誤申
注段出奔共故曰共叔猶晉侯至之鄂侯　宋本作注段出至鄂侯
非有共德可稱　閩本監本毛本共作其誤
餬口四方　閩本監本毛本餬作糊非
莊公寤生驚姜氏故名曰寤生遂惡之　宋本作莊公至惡之
虢叔死焉　石經凡從虎字皆闕筆避唐太祖諱故虢作虢
佗邑唯命　石經宋本岳本足利本佗作他
故開以佗邑　宋本岳本佗作他
史伯爲桓公詐謀云　宋本監本毛本詐作設
鄶仲恃險　監本毛本鄶誤鄫
云虢叔封西是也　浦鏜正誤據僖五年正義上增賈逵二字
傳云虢仲譖其大夫謂叔之子孫字曰仲也　閩本監本毛本譖誤謂謂誤譖
都城過百雉　水經注濟水篇引作京城過百雉仁和趙一清云此句祭仲泛言先王建侯之制故曰都城酈道元刪去今京不度句直改都城爲京城也

其實是大夫以否 閩本監本毛本以作與

三堵爲雉一雉之牆 毛本雉誤堆

又云或者天子之城方十二里 閩本監本毛本又誤文

論語注以爲公大都之城方三里 浦鏜正誤三作九

俱是正文 各本作文此誤丈今訂正

中都方一里又二百四十步 閩本監本毛本一誤二元和李鋭云王城方九里中都合五分取一置九里以五除之得一里又五分里之四又以里法三百步乘之四得一千二百步復以五除之得二百四十步故曰中都方一里又二百四十步也

長一百八雉也 浦鏜正誤云入上脫六十二字

必自斃 釋文斃本又作獘字按說文作獘从犬諸書改从大从廾而又別造斃字訓死

無生民心 石經凡民字皆闕筆作民避唐太宗諱

不義不暱 考工記凡昵之類不能方注鄭司農云故書昵或爲樴杜子春云樴讀爲不義不昵之昵或爲䵒李善文選注四十一引傳文暱亦作昵按昵暱之或字說文䵒字注引作不義不䵒或从刃作𥺌唐元度亦云䵒字見春秋傳日聲刃聲尼聲匿聲皆雙聲也

高大而壞謂之崩 監本壞誤壊

服虔以聚爲聚禾黍也 監本毛本脫爲聚二字

如是二君 宋本監本毛本是作似

夫子始然 宋本監本毛本然作改

以害其弟 各本作害此本誤言今訂正

足得誅之 閩本監本毛本足作君非

遂寘姜氏于城潁 石經潁字初刻作穎改刻作潁後潁考叔潁谷並同

潁考叔 案水經潁水注云陽乾山之潁谷潁考叔爲其封人然則潁當从水明矣傳潁考叔者猶言儀封人也而廣韻於從禾之穎下云又姓左傳潁考叔似未安

食而不啜羹 宋本而作至

且告之悔 顧炎武云石經且誤具按石經此處闕炎武所據王堯惠刻也

其樂也融融 惠棟補注融古文作肜文選張衡思元賦注引融作其樂也肜肜云融與肜古字通案後漢書馬融傳豐肜對蔚豐肜猶豐融也

其樂也洩洩 案洩洩當作泄泄考文提要作泄泄石經避太宗諱改宋以後本皆仍唐刻

潁考叔純孝也 石經凡純字闕筆作純避憲宗諱

不皆與今說詩者同 岳本作皆不誤倒

後皆倣此 宋本淳熙本岳本足利本後作他倣宋本岳本作放字正義同按作放爲古倣乃俗字他倒此

此傳意以爲事之般類也 毛本意作義非

天王至故名 宋本以下正義七節惣入非禮也注下

緩賵惠公 監本毛本脫賵惠二字

不指所賵之人 毛本指誤知人誤言

同在方嶽之盟 毛本嶽誤軌

弉王室 閩本監本毛本弉作奬

今讚曰 閩本監本毛本並作合讚按今讚正義屢引之浦鏜正誤改作令蓋皆非是襄傳元年正義讚作贊

既葬則縗麻除 諸本作縗釋文作衰

卒哭而祔 閩本監本毛本祔誤袝

大始十年 按大當作泰

明不復寢苫枕凷 閩本監本毛本凷作塊按凷古塊字

預謂鄉人段暢曰 按晉書禮志作殷暢

全大分明 按晉書禮志作令大義著明

豫凶事非禮也 石經豫作豫避唐代宗諱毛本改作預非也

夷國在城陽莊武縣 齊召南云城陽有壯武無莊武漢封宋昌晉封張華皆以壯武各本誤作莊

他皆倣此 宋本岳本倣作放

蜚負蠜也 釋文蠜音煩又音盤爾雅釋蟲蜚蠦蜰郭注云蜚即負盤按負盤即負蠜也

莊二十九年 閩本二誤三

亦明春秋例 毛本明誤名

他如此類 毛本誤作他類如此

故傳直言其歸宿而已 宋本淳熙本岳本足利本宿作趣按作趣與杜序合

是時宋來伐隱 宋本作伐魯是也

而猶言公立也 宋本監本毛本猶作別

豈有宋師纔時已來成而後去 宋本成而後作葬時未是也監本毛本未亦誤後

公孫滑出奔衛 石經無出字

取廩延 毛本取誤請

及不臨喪 宋本岳本纂圖本足利本臨下有其字

經傳無其事 宋本經作且

經二年 宋本春秋正義卷第三

若戎子駒支者 毛本戎誤王

莒己姓 毛本己誤紀字按人己之己與已止之已唐石經以及宋槧元刻之書皆分別不誤明時刊本往往互譌

須己氏 宋本閩本監本毛本須作從是也

周武王封茲與於莒 宋本與作輿

鄉尊自合書各 宋本毛本各作名

由是將卑師少 浦鏜正誤由是疑猶似案由與猶古多通用

無駭帥師入極 案漢書古今人表作亡駭

其名見於傳 各本作名此誤各今訂正

今不書氏 毛本今誤故

高平方與縣北有武唐亭 案劉昭續漢書郡國志注引杜說云武唐亭在方與縣西南

他皆放此 岳本脫皆字

不欲自言娶婦 監本毛本自作目非

故卿爲君昏侍者 宋本侍作行是也

昏禮記所云 毛本脫所字

弟稱其兄是也 浦鏜正誤弟下補則字

凡師有鐘鼓曰伐 岳本鐘作鍾

傳二年

盟或背之 毛本背誤肯

他皆倣此 淳熙本他作佗宋本岳本倣作放

費庈父勝之 石經宋本淳熙本岳本纂圖本足利本庈作庈是也釋文亦作庈音琴

治元年取廩延之亂 毛本治字空缺

附釋音春秋左傳注疏卷第三 隱三年盡五年

杜氏注　孔穎達疏

經三年。春。王二月。己巳。日有食之。無傳日行遲一歲一周天月行疾一月一周天一歲凡十二交會然日月動物雖行度有大量不能不小有盈縮故有雖交會而不食者或有頻交而食者唯正陽之月君子忌之故有伐鼓用幣之事今釋例以長厤推經傳明此食是二月朔也不書朔史失之書朔日例在桓十七年○己巳上音紀下音祀後倣此食如字本或作蝕音同量音亮縮所六反【疏】注日行至七年○正義曰古今之言厤者大率皆以周天爲三百六十五度四分度之一日行比月爲遲每日行一度故一歲乃行一周天月行比日爲疾每日行十三度十九分度之七故一月內則行一周天又行二十九度過半乃逐及日言一月一周天者略言之耳其實及日之時不啻一周天也日月雖共行於天而各有道每積二十九日過半行道交錯而相與會集以其一會謂之一月每一歲之間凡有十二會故一歲爲十二月日食者月掩之也日月之道互相出入或月在日表從外而入內或月在日裏從內而出外道有交錯故日食也二十九日過半月及日者以厤家一度分爲九百四十分則四百七十分爲半今月及日凡二十九日又四百九十九分是過半日校二十九分也日有食之言有物來食之也日月同處則日被月映而形魄不見聖人不言日被月食而云日有食之者以其月不可見作不知之辭穀梁傳曰其不言食之者何也知其不可知也是言愼疑故不言月也朔則交會故食必在朔然而每朔皆會應每月常食故解之言日月動物雖行度有大量不能不小有盈縮故有雖交會而不食者或有頻交而食者自隱之元年盡哀二十七年積二百五十五年凡三千一百五十四月唯三十七食是雖交而不食也襄二十二年九月十月頻食二十四年七月八月頻食是頻交而食也食無常月唯正陽之月君子忌之以日食者陰侵陽也當陽盛之月不宜爲弱陰所侵故有伐鼓用幣之事餘月則否其日食例皆書朔己巳之下經無朔字長厤推此己巳實是朔日而不書朔史失之也此注作大判言耳戰國及秦厤紀全差漢來漸候天時始造其術劉歆三統以爲五月二十三分月之二十而日一食𥦗得食日而不得加時漢末會稽都尉劉洪作乾象厤始推月行遲疾求日食加時後代脩之漸益詳密今爲厤者推步日食莫不符合但無頻月食法故漢朝以來殆將千歲爲厤者皆一百七十三日有餘而始一交會未有頻月食者今頻月而食乃是正經不可謂之錯誤世考之厤術事無不驗不可謂之疎失由是注不能定故未言之也又漢書高祖本紀高祖即位三年十月十一月晦日頻食則自有頻食之理其解在襄二十四年穀梁傳曰言日不言朔食晦日也朔日並不言食晦夜也朔日並言食正朔也言朔不言日食既朔也○

三月。庚戌。天王崩。周平王也實以壬戌崩欲諸侯之速至故遠日以赴春秋不書實崩日而書遠日者即傳其僞以懲臣子之過也襄二十九年傳曰鄭上卿有事使印段如周會葬今不書葬魯不會○即傳直專反印因刃反【疏】天王崩○正義曰曲禮下曰天子死曰崩諸侯曰薨大夫曰卒士曰不祿庶人曰死鄭玄云異死名者爲人褻其無知若猶不同然也自上顛壞曰崩薨顛壞之聲卒終也不祿不終其祿死之言澌也精神澌盡也是由天子尊若山崩然諸侯卑取崩之聲以爲尊卑之差也不書天王名者以海內之主至尊之極故敬而不敢名也穀梁傳云高曰崩厚曰崩尊曰崩天子之崩以尊也以其在民上故崩之其不名何也大上故不名也蘇氏云王后崩大子卒不書者赴不及魯也今以爲略之例所不書也告喪禮云告王喪曰天王登假此言崩者魯史裁約爲文不道當時赴不言登假也○注周平至不會正義曰今檢杜注無葬者皆顯言其謚此爲無葬故言周平王也仲尼脩經當改正眞僞以爲褒貶周人赴不以實孔子從僞而書者周人欲令諸侯速至故遠其崩日以赴也不書其實而從其僞言人知其僞則過足章矣故即傳其僞以懲創臣子之過釋例曰天王僞赴遂用其虛明日月闕否亦從赴辭君子不變其文以愼其疑且虛實相生隨而長之眞僞之情可以兩見承赴而書之亦所以示將來也

夏。

四月。辛卯。君氏卒。隱不敢從正君之禮故亦不敢備禮於其母【疏】君氏卒○正義曰君氏者隱公之母聲子也謂之君氏者言是君之母氏也母之與子氏族必異故經典通呼母舅爲母氏舅氏言其與已異氏也○

秋。武氏子來求賻。武氏子天子大夫之嗣也平王喪在殯新王未得行其爵命聽於冢宰故傳曰王未葬釋其所以稱父族又不稱使也魯不共奉王喪致令有求經直文以示不敬故傳不復具釋也○賻音附殯必刃反共音恭本又作供音同令力呈反復扶又反【疏】注武氏至釋也正義曰武氏者天子大夫之姓直云武氏子不書其字則其人未成爲大夫也若是上士例當書名又不應繫之父族謂之爲子明其是大夫之子也又王使至魯皆言天王使來此後不言王使明其不稱王命也以此知此人父喪已終宜嗣父位但平王未命而崩新王居喪未得行其爵命政事聽於冢宰冢宰使之適魯冢宰不得專命故作自來之文專言王未葬者意兼兩事王喪在殯新王不得加臣爵位故此人仍繫父族王又不得命臣出行故此人不稱王使以未葬之故闕此二事故傳以未葬解之○

八月。庚辰。宋公和卒。稱卒者略外以別內也元年大夫盟於宿故來赴以名例在七年○別彼列反○

冬。十有二月。齊侯鄭伯盟于石門。來告故書石門齊地或曰濟北盧縣故城西南濟水之門○

癸未。葬宋穆公。無傳魯使大夫會葬故書始死書卒史在國承赴爲君故惡其薨名改赴書也書葬則舉謚稱公者會葬者在外據彼國之辭也書葬例在昭六年○爲于僞反惡烏路反【疏】注魯使至六年○正義曰文九年叔孫得臣如京師葬襄王昭三年叔弓如滕葬滕成公如此之類遣卿行者皆書其使名此不書使名知是大夫往也大夫奉命出使位賤不合書名故直書其所爲之事而已盟則云及某盟會則云會某入葬則云葬某公舉其所爲之事明有使往可知也釋例曰先王之制諸侯之喪士弔大夫送葬及其失也禮過於重文襄之伯因而抑之諸侯之喪大夫弔卿共葬事夫人之喪士弔大夫送葬猶過古制故公子遂如晉葬襄公傳不言禮葬秦景公傳曰大夫如秦葬景公特稱禮也一以示古制二以示書他國之葬必須魯會三以示奉使非卿則不書於經此已明之徵文也是言大夫得正而卿過禮也諸侯曰薨禮之正名魯史自書君死曰薨若鄰國亦同書薨則與已君無別國史自在已國承他國赴告爲與已君同故惡其薨名雖赴稱薨皆改赴書卒略外以別內也至於書葬則五等之爵皆舉謚稱公者會葬者在於國外據彼國之辭彼國臣子稱君曰公書使之行不得不稱公也又云惡其薨名改赴書者釋例曰天子曰崩諸侯曰薨大夫曰卒古之制也春秋所稱曲存魯史之義內稱公而書薨所以自尊其君則不得不略外諸侯書卒以自異也至於既葬雖邾許子男之君皆稱謚而言公各順臣子之辭兩通其義是其說也案禮雜記赴告之辭云君訃於他國之君曰寡君不祿敢告於執事然則赴辭本無薨語而云惡其薨名者以夫人薨例云不赴於諸侯則不曰薨明其以薨告人故書薨也是知王侯喪者其適國命皆以崩薨相告記之所稱謂荅主人之問飾其文辭耳若以記文無薨即疑不以薨告記稱大夫士赴人之辭皆云不祿豈大夫無卒名也以此知相赴策書必以薨爲文但擯者口傳赴辭義在謙退從士之不祿故禮記言之赴則必以薨但改赴書卒耳史之書事莫不在國會葬者自可在外書策者國內書之而云據彼國之辭者書使行之事言使爲此事行故文從彼稱不謂書不在國也卿爲君逆謂之逆女亦是書已之使據彼稱女與此同也

傳三年。春。王三月。壬戌。平王崩。赴以庚戌。故書之。○夏。君氏卒。聲子也。不赴於諸侯。不反哭于寢。不祔于姑。故不曰薨。不稱夫人。故不言葬。夫人喪禮有三薨則赴於同盟之國一也既葬日中自墓反虞於正寢所謂反哭于寢二也卒哭而祔於祖姑三也若此則書曰夫人某氏薨葬我小君某氏此備禮之文也其或不赴不祔則爲不成喪故死不稱夫人薨葬不言葬我小君某氏反哭則書葬不反哭則不書葬今聲子三禮皆闕釋例論之詳矣○祔音附【疏】注夫人至詳矣正義曰僖八年致夫人傳曰不赴於同則弗致故知赴者赴於同盟之國也禮檀弓記葬禮云既封有司以几筵舍奠於墓左反日中而虞士喪禮既葬乃反哭於廟遂適殯宮而虞是既葬日中自墓反虞於正寢正寢即殯宮也僖三十三年傳與檀弓記皆云卒哭而祔喪服小記曰婦祔於祖姑雜記曰妾祔於妾祖姑是祔於姑者祔於祖姑也此三者皆夫人之喪禮夫人喪禮有三史策所書有二唯卒葬兩事而已其卒之異者或云夫人某氏薨仲子文姜之類是也或云某氏卒定姒孟子是也葬之異者或云葬我小君某氏文姜敬嬴之類是也或云葬某氏葬定姒是也或則不書葬也今聲子三禮皆闕經異常辭必是闕一事則變一文但傳既并釋注不顯配雖言釋例詳之例亦未甚分明此傳故上三事故下三事若以次相配則不赴於諸侯故不曰薨不反哭於寢故不稱夫人不祔於姑故不言葬文次相屬事乃似然但顧下三義則不爾定十五年姒氏卒傳曰不稱夫人不赴且不祔也哀十二年孟子卒傳曰死不赴故不稱夫人不反哭故不言葬小君彼二傳皆以不赴解不稱夫人以不反哭解不書葬然則由不赴故不曰薨由不反哭故不書葬也二事既然則由不祔故不稱夫人斷可知矣傳文不以次相配者初死乃赴葬乃反哭反哭之後始祔三者依事之先後爲文也至書於經則夫人與薨共文故先言不稱夫人後言不書葬順經之先後爲文也禮之本意必赴乃稱薨祔乃稱夫人反哭乃書葬者夫人與君同體死必赴於鄰國若不以赴告於鄰國則夫人之禮不成尊成以否義由赴告成尊之狀在於書薨故赴則稱薨不赴則不稱薨也禮適祔於適祖姑妾祔於妾祖姑亦既不祔於姑便是適妾莫辯故祔則稱夫人不祔則不稱夫人也既葬於墓反哭於寢哀之尤極情之最切既葬而不反哭全是不念其親葬與不葬殆無以異故不反哭則不書葬也皆所以懲臣子責其不行禮也人之行禮有勤有惰未必廢則俱廢行則皆行此聲子自三禮皆闕其餘或

可一行一否。釋例曰夫人子氏赴而不反哭故不書葬定姒則反哭而不赴故書葬而不言小君以此二者據傳則然理在不或但不知赴而不祔祔而不赴者辭當云何耳薨者夫人之死號不稱夫人必不得稱薨也小君者夫人之別號不稱夫人必不得稱小君也孟子卒下注云不稱夫人故不言薨是夫人與薨文相將也葬定姒傳曰不稱小君不成喪也注云不赴不祔故不稱小君傳以不赴不祔解不稱夫人注以不赴不祔解不稱小君是夫人小君文相將也夫人也薨也小君也三者相將之物不可致詰蓋赴祔二禮課行一事則具此三文二事並廢則三文皆去耳何則檢此傳相配不赴則不日薨不祔則不稱夫人是稱夫人由祔不由赴也孟子之傳乃云不赴故不稱夫人是稱夫人由於赴不由於祔也定姒之傳云不稱夫人不赴且不祔又以二事並解不稱夫人注云赴同祔姑夫人之禮二者皆闕故不曰夫人明是二者俱闕乃去夫人課行一事則稱夫人稱夫人則必書薨書薨則必稱小君所異者不反哭則不書葬若不書葬則小君之文無所施耳即仲子是也赴同祔姑皆是夫人之禮故赴而不祔祔而不赴則皆曰夫人某氏薨惠公自有元妃別爲仲子立廟則仲子未必祔姑蓋以赴同之故得稱夫人薨也不書姓。爲公故。曰君氏。不書姓辟正夫人也隱見爲君故特書於經稱曰君氏以別凡妾媵○爲公音于僞反見賢遍反別彼別反〔疏〕注不書至妾媵○正義曰辟正夫人謂辟仲子耳何則妾子爲君則其母得爲夫人不須辟仲子也但公以讓位之故不從正君之禮故亦不備禮於其母使之辟仲子也釋例曰凡妾子爲君其母猶爲夫人雖先君不命其母母以子貴其適夫人薨則尊得加於臣子外內之禮皆如夫人矣故姒氏之喪責以小君不成成風之喪王使會葬傳曰禮也隱以讓桓攝位故不成禮於聲子假稱君氏以別凡妾媵蓋是一時之宜隱之至義也是其辟仲子之意也○鄭武公。莊公。爲平王卿士。卿士王卿之執政者言父子秉周之政王貳于虢。虢西虢公亦仕王朝王欲分政於虢不復專任鄭伯○朝直遥反復扶又反任而鴆反後不音者皆同鄭伯怨王。王曰無之。故周鄭交質。王子狐爲質於鄭。鄭公子忽爲質於周。王子狐平王子○質音致下同狐音胡王崩。周人將畀虢公政。周人遂成平王本意○畀必二反與也四月。鄭祭足帥師取溫之麥。秋又取成周之禾。四月今二月也秋今之夏也麥禾皆未熟言取者蓋芟踐之溫今河內溫縣成周洛陽縣也○祭側界反芟所銜反〔疏〕注四月至陽縣也○正義曰此直言秋秋有三月若是季秋則今之七月杜必知秋今之夏者以此傳在武氏之上案經武氏之下有八月宋公和卒則知此是七月故爲今之夏謂今之五月也麥熟在夏而云麥禾皆未熟者謂四月之時麥未熟七月之時禾未熟二者異時故言皆也周鄭交惡。兩相疾惡君子曰。信不由中。質無益也。明恕而行。要之以禮。雖無有質。誰能間之。苟有明信。澗谿沼沚之毛。谿亦澗也沼池也沚小渚也毛草也○要於遥反間間廁之間谿苦兮反爾雅云山夾水曰澗山瀆無所通曰谿沼之紹反沚

音止亦音市本又作時蘋蘩薀藻之菜。蘋大蓱也蘩皤蒿薀藻聚藻也○蘋音頻蘩音煩薀紆粉反藻音早蓱蒲丁反皤蒲多反白蒿也〔疏〕澗谿至之菜○正義曰毛即菜也而重其文者谿沼言地之陋蘋藻言菜之薄故文重也○注谿亦至毛草○正義曰爾雅釋山云山夾水澗李巡曰山間有水釋名曰言水在兩山間也釋水曰水注川曰谿李巡曰水出於山入於川釋山又云山瀆無所通谿李巡曰山中水瀆雖無所通與水注川同名宋均曰無水曰谷有水曰谿然則谿亦山間有水之名是澗之類故云谿亦澗也沼者池之別名張揖廣雅亦云沼池也應劭風俗通云池者陂池從水也聲沚與時音義同釋水曰小渚曰沚釋名曰沚止也小水可止息其上草是地之毛周禮宅不毛謂宅內無草木也故杜以毛爲草草即下句蘋蘩薀藻是也蘩陸菜而云沼沚之毛者戎采之水旁非皆水內也○注蘋大至聚藻也○正義曰釋草云苹蓱其大者蘋舍人曰苹一名蓱大者名蘋郭璞曰水中浮蓱江東謂之薸陸機毛詩義疏云今水上浮蓱是也其麤大者謂之蘋小者曰蓱季春始生可糝蒸爲茹又可苦酒淹以就酒釋草又云蘩皤蒿孫炎曰白蒿也陸機疏曰凡艾白色爲皤蒿今白蒿春始生及秋香美可生食又可烝一名遊胡北海人謂之旁勃故大戴禮夏小正傳曰蘩遊胡遊胡旁勃也許慎說文云薀水草從艸從水巢聲或作藻從藻毛詩傳曰藻聚藻也然則此草好聚生薀訓聚也故云薀藻聚藻也陸機疏云生水底有二種其一種葉如雞蘇莖大如箸長四五尺其一種莖大如釵股葉如蓬謂之聚藻又云扶風人謂之藻聚爲發聲也此二藻皆可食煮熟挼去腥氣米麪糝蒸爲茹嘉美揚州人饑荒可以當穀食筐筥錡釜之器。方曰筐員曰筥無足曰釜有足曰錡○筐丘方反筥九呂反錡其綺反筐筥皆器也〔疏〕注方曰至曰錡○正義曰此皆毛詩傳鄭箋之文也說文云筥飯牛筐也廣雅云錡釜也潢汙行潦之水。潢汙停水行潦流潦○潢音黃汙音烏潦音老〔疏〕注潢汙至流潦○正義曰停水謂水不流也行道也雨水謂之潦言道上聚流者也服虔云畜小水謂之潢水不流謂之汙行潦道路之水是也此水用爲飲食故引泂酌之篇藻雖潦水所生要此潦非生蘩處也可薦於鬼神。可羞於王公。羞進也〔疏〕可薦至王公○正義曰上言鬼神此言王公是生王公也或以爲王公亦謂鬼神非生王公也此傳之意取詩爲言泂酌論天子之事是羞於王也采蘩云公侯之事是羞於公也言薦又言羞者鄭玄注庖人云備品物曰薦致滋味乃爲羞而況君子結二國之信。行之以禮。又焉用質。通言盟約彼此之情故言二國○焉於虔反約如字又於妙反風有采蘩采蘋。采蘩采蘋詩國風義取於不嫌薄物雅有行葦泂酌。詩大雅也行葦篇義取忠厚也泂酌篇義取雖行潦可以共祭祀也○葦于鬼反泂音迥共音恭○〔疏〕雅有行葦○正義曰采蘩采蘋泂酌上傳所言皆有彼篇之事其言未及行葦今言行葦者其意別取忠厚非以結上也昭忠信也。明有忠信之行雖薄物皆可爲用○行下孟反武氏子來求賻。王未葬也。○宋穆公疾。召大司馬孔父而屬殤公焉。曰。先君舍與夷而立寡人。先君穆公

兄宣公也與夷宣公子即所屬殤公○屬章欲反注同殤舒羊反舍音捨與如字一音餘〔疏〕武氏至葬也○正義曰蘇氏云案文九年毛伯來求金傳曰不書王命未葬也此傳直云王未葬不同者毛伯直釋不稱使故云不書王命此武氏子非但不稱使又稱父族二事皆由未葬故直云王未葬也○而立寡人○正義曰曲禮下曰諸侯見天子曰臣某侯某其與民言自稱曰寡人今與臣言亦云寡人則知其對臣民自稱同也老子曰孤寡不穀王侯之謙稱故以下諸侯自稱亦多言不穀寡人弗敢忘。若以大夫之靈。得保首領以沒。先君若問與夷。其將何辭以對。請子奉之。以主社稷。寡人雖死。亦無悔焉。對曰。羣臣願奉馮也。馮穆公子莊公也○沒本亦作殁同馮皮冰反本亦作憑公曰。不可。先君以寡人爲賢。使主社稷。若棄德不讓。是廢先君之舉也。豈曰能賢。言不讓則不足稱賢光昭先君之令德。可不務乎。吾子其無廢先君之功。先君以舉賢爲功我若不賢是廢之使公子馮出居於鄭。辟殤公也八月庚辰。宋穆公卒。殤公即位。君子曰。宋宣公可謂知人矣。立穆公。其子饗之。命以義夫。命出於義也夫語助○夫音符注同〔疏〕命以義夫○正義曰義者宜也錯心方直動合事宜乃謂之爲義宣公之立穆公知穆公之賢必以義理不棄其子今穆公方卒命孔父以義事而立殤公是穆公命立殤公出於仁義之中故杜云命出於義也必知命以義夫謂穆公命立殤公者以杜注云帥義而行則殤公宜受此命宜荷此祿公子馮不帥父義終傷咸宜之福明知殤公受穆公之命與殷湯武丁同有咸宜是知穆公命殤公是爲義也商頌曰。殷受命咸宜。百祿是荷。其是之謂乎。詩頌言殷湯武丁受命皆以義故任荷天之百祿也帥義而行則殤公宜受此命宜荷此祿公子馮不帥父義忿而出奔因鄭以求入終傷咸宜之福故知人之稱唯在宣公也殷禮有兄弟相及不必傳子孫宋其後也故指稱商頌○頌似用反荷本又作何何可反又音何注同任也任音壬忿芳粉反稱尺證反傳直專反〔疏〕商頌至謂乎○正義曰商頌玄鳥之卒章言成湯武丁此二王者受天之命皆得其宜故天之百種之祿於是乎荷負之言天祿皆歸故得而荷負也今穆公示殤公亦得其宜故殤公宜荷其祿詩之意其是此事之謂乎○注詩頌至商頌○正義曰唐虞之代契爲司徒封於商十四世至湯王有天下遂以商爲代號後世有武丁者中興賢君時有作詩頌之者謂之商頌美湯與武丁能荷天祿今殤公亦荷天祿與詩義同故引以證之公羊傳言宋之禍宣公爲之尤其舍子立弟果令馮有爭心以馮之爭爲宣公之過今此傳善宣公故申明其事若使帥義而行則殤公宜受此命宜荷此祿但公子馮不帥父義失其咸宜故知人之稱唯在宣公止善宣公知穆公耳馮自爭國非宣公之罪故善之傳言使公子馮出居于鄭則是父使之出注言忿而出奔者四年傳曰公子馮出奔鄭鄭

人欲納之。又衞告宋曰君若伐鄭以除君害是馮出奔鄭求入欲害宋國也父使居鄭欲以辟殤公馮乃因鄭欲以害殤公故據父言之則云使之出居據馮言之則云念而出奔各從其實而爲之文也謚法短折不成曰殤布德執義曰穆○

○冬。齊鄭盟于石門。尋盧之盟也。盧盟在春秋前盧齊地今濟北盧縣故城 庚戌。鄭伯之車僨于濟。既盟而遇大風傳記異也十二月無庚戌日誤○僨弗問反仆也 【疏】注既盟至日誤○正義曰釋言云僨僵也舍人曰背踣意也車踣而入濟是風吹之隊濟水非常之事故云傳記異也禹貢導沇水東流爲濟入于河溢爲滎釋例曰濟自滎陽卷縣東經陳留至濟陰北經高平東經濟北東北經濟南至樂安博昌縣入海案檢水流之道今古或殊杜既考校元由據當時所見載於釋例今一一皆依杜雖與水經乖異亦不復根尋也庚戌無月而云十二月者以經盟于石門在十二月知此亦十二月也經書十二月下云癸未葬宋穆公計庚戌在癸未之前三十三日不得共在一月彼長歷推此年十二月甲子朔十一日有甲戌二十三日丙戌不得有庚戌而月有癸未則月不容誤知日誤也

○衞莊公娶于齊東宮得臣之妹。曰莊姜。得臣齊大子也此太子不敢居上位故常處東宮 【疏】衞莊至莊姜○正義曰齊國侯爵譜云姜姓大公望之後其先四岳佐禹有功或封於呂或封於申故太公曰呂望也太公股肱周室成王封之於營丘今臨淄是也僖公九年魯隱公之元年也簡公四年獲麟之歲也簡公弟平公十三年春秋之傳終矣平公二十五年卒後二世七十年而田氏奪齊太公之後滅矣案齊世家莊公生僖公東宮得臣未知何公太子案史記十二諸侯年表衞莊公之立在春秋前二十五年齊僖公之立在春秋前八年然則莊姜必非齊僖公之女蓋是莊公之女僖公姊妹也得臣爲太子早死故僖公立也不言僖公姊妹而繫得臣者見其是適女也得臣爲太子云常處東宮者四時東爲春萬物生長在東西爲秋萬物成就在西以此君在西宮太子常處東宮也或可據易象西北爲乾乾爲君父故君在西東方震震爲長男故太子在東也 美而無子。衞人所爲賦碩人也。碩人詩義取莊姜美于色賢于德而不見答終以無子國人憂之○爲音于僞反 【疏】所爲賦碩人也○正義曰此賦謂自作詩也班固曰不歌而誦亦曰賦鄭玄云賦者或造篇或誦古然則賦有二義此與閔二年鄭人賦淸人許穆夫人賦載馳皆初造篇也其餘言賦者則皆誦古詩也 又娶于陳。曰厲嬀。生孝伯。早死。陳今陳國陳縣○嬀九危反 【疏】又娶于陳正義曰陳國侯爵譜云嬀姓虞舜之後當周之興有虞遏父者爲周陶正武王賴其利器用與其先聖之後以元女大姬妃遏父之子滿封於陳賜姓曰嬀號胡公桓公二十三年魯隱公之元年也滑公二十一年獲麟之歲也二十四年楚滅陳此當桓公時二嬀蓋桓公姊妹也 其娣戴嬀。生桓公。莊姜以爲己子。嬀陳姓也厲戴皆謚雖爲莊姜子然大子之位未定 【疏】注嬀陳至未定○正義曰謚法暴慢無親曰厲典禮無愆曰戴是皆謚也石碏言將立州吁乃定之矣請定州吁明大子之位未定衞世家言立完爲大子非也 公子州吁。嬖人之子也。嬖親幸也○吁況于反嬖必計反賤而得幸曰嬖 有寵而好兵。公弗禁。莊姜惡之。石碏諫曰。臣聞愛子。教之以義方。石碏衞大夫○好呼報反禁居鴆反一音金惡烏路反碏七略反 弗納於邪。驕奢淫泆。所自邪也。四者之來。寵祿過也。將立州吁。乃定之矣。若猶未也。階之爲禍。言將立爲太子則宜早定若不早定州吁必緣寵而爲禍○邪似嗟反下同泆音逸 【疏】弗納至過也○正義曰驕謂恃己陵物奢謂夸矜僭上淫謂耆欲過度泆謂放恣無藝此四者之來從邪而起故服虔云言此四者過從邪起是也劉炫云此四者所以自邪已身言爲之不已將至於邪邪謂惡逆之事劉又難服云邪是何事能起四過若從邪起何須云四者之來寵祿過也寵祿豈是邪事四者得從而來乎且言弗納於邪懼其緣驕以至於邪非先邪而後驕也 夫寵而不驕。驕而能降。降而不憾。憾而能昣者。鮮矣。如此者少也降其身則必恨恨則思亂不能自安自重○夫音扶發句之端後放此憾本又作感同胡暗反恨也五年同昣之忍反重也鮮息淺反少也 【疏】夫寵而至鮮矣○正義曰恃君寵愛未有不驕亦既驕矜必不能降其心強降其心未有不恨亦既怨恨必不能自重其身釋言云昣重也言恨則思亂必不能自安自重也寵而必驕降而必憾言其勢必自然故言其能不然者少也驕而不能降憾而不能昣言其心難自抑故言其能然者少也鮮訓少以一鮮揔四事言四事皆鮮也 且夫賤妨貴。少陵長。遠間親。新間舊。小加大。小國而加兵於大國如息侯伐鄭之比○妨音芳少詩照反長丁丈反間間廁之間下同比二反 淫破義。所謂六逆也。君義。臣行。父慈。子孝。兄愛。弟敬。所謂六順也。臣行君之義 【疏】賤妨至破義○正義曰賤妨貴謂位有貴賤少陵長謂年有長幼楚公子申多受小國之賂以偪子重子辛是賤人而妨貴人也邾捷菑以弟而欲奪兄位是年少而陵年長也齊東郭偃棠無咎專崔氏之政而侮崔成崔彊是疏遠而間親戚也晉胥童夷羊五得君寵而去三郤是新臣而間舊臣也息伐鄭曹伐宋是小國而加大國也陳靈蔡景姦穢無度是邪淫而破正義也妨謂有所害陵謂加尚之間謂居其間使彼疏遠也加亦加陵破謂破散淫義不兩立行惡則破善故言破也 去順效逆。所以速禍也。君人者。將禍是務去。而速之。無乃不可乎。弗聽。其子厚與州吁游。禁之。不可。桓公立。乃老。老致仕也四年經書州吁弒其君故傳先經以始事○去起呂反下同弒音試先悉薦反 【疏】去順效逆○正義曰州吁於逆則少陵長於順則弟不敬是去順效逆也六順六逆因事廣言非謂州吁徧犯之也○注老致至始事○正義曰禮七十而致事言還其所掌之事於君也傳之初始有此故言傳先經以始事餘不注從可知也

經四年。春。王二月。莒人伐杞。取牟婁。無傳書取言易也例在襄十三年杞國本都陳留雍丘縣推尋事跡桓六年淳于公亡國杞似并之遷都淳于僖十四年又遷緣陵襄二十九年晉人城杞之淳于杞又遷都淳于牟婁杞邑城陽諸縣東北有婁鄉○杞音起牟亡侯反易以豉反雍於用反 【疏】莒人至牟婁○正義曰譜云杞姒姓夏禹之苗裔武王克殷求禹之後得東樓公而封之於杞今陳留雍丘縣是也九世及成公遷緣陵文公居淳于成公始見春秋滑公六年獲麟之歲也滑公弟哀公三年春秋之傳終矣哀公十年卒自哀公以下二世十三年而楚滅杞檢杞於此歲已見於經桓二年有杞侯來朝莊二十七年有杞伯來朝於傳並無號謚又不書其卒僖二十三年杞成公卒其謚乃見於傳未知此年杞國定是何君當是成公之父祖耳牟婁杞邑莒伐取之自是以後常爲莒邑昭五年莒牟夷以牟婁來奔是也文三年秦人伐晉傳稱取王官及郊襄二十三年齊侯伐晉傳稱取朝歌並書伐不書取此伐取兩書者彼告伐不告取此伐取並告故也昭元年伐莒取鄆書取不書伐昭十年伐莒取郠書伐不書取鄆者元年兵未加莒而鄆逆服故書取不書伐十年晉以取鄆討公故書伐○不書取其伐國圍邑書圍以否亦從告也○注書取至婁鄉○正義曰襄十三年傳例曰凡書取言易也知此書取亦言易也地理志云陳留郡雍丘縣故杞國武王封禹之後東樓公是杞本都陳留雍丘縣也志又云北海郡淳于縣應劭曰春秋州公如曹左氏傳曰淳于公如曹臣瓚案州國名淳于國之所都此淳于縣於漢屬北海郡晉時屬東莞郡故釋例土地名云州國都於東莞淳于縣以雍丘淳于雖別郡而竟連也桓五年傳稱淳于公如曹度其國危遂不復六年春實來雖知其國必滅不知何國取之襄二十九年晉帥諸侯城杞昭元年祁午數趙文子之功云城淳于是知淳于即杞國之都也僖十四年諸侯城緣陵而遷杞不知從何而遷故云淳于公亡國疑似并之而遷居其地僖十四年又從淳于而遷於緣陵襄二十九年又從緣陵而遷於淳于以無明文疑不敢質故言推尋事跡似當然也若然淳于爲杞所并定似不虛而遷都淳于未有事跡自雍上而遷緣陵亦可知矣而杜必言遷都淳于又從淳于還緣陵者以桓六年淳于公亡國襄二十九年又杞都淳于則淳于始末是杞之所有又杞之所都故疑緣陵之前亦都淳于也取國易者則直言取若取邿取鄟之類是也故不須加伐於上若其伐國取邑其邑既小不得名通若不加伐於上不知得何國之邑是以雖易亦加伐則伐杞取牟婁伐邿取須句之類是也成二年取汶陽田乞師盟主興兵伐齊得邑既難而亦書取者因其伐齊晉使還汶陽之田魯不加兵故書取從易也劉君或疑此意遂云上言伐下言取者非易以規杜氏非也 ○戊申。衞州吁弒其君完。稱臣弒君臣之罪也例在宣四年戊申三月十七日有日而無月○弒本又作殺同音試凡弒君之例皆放此可以意求不重音完音丸 【疏】注稱臣至無月○正義曰宣四年傳例曰凡弒君稱君君無道也稱臣臣之罪也注云稱君謂唯書君名而稱國以弒言衆所共絕也稱臣者謂書弒者之名以示來世終爲不義然則此稱州吁之名稱臣者是臣之罪也言完非無道而州吁爲賊也州吁實公子而不稱公子者傳文更無褒貶直是告辭不同史有詳略耳公子雖復非族而文當族處春秋書族以否大有乖異故杜備言之釋例曰尋案春秋諸氏族之稱甚多參差而先儒皆以爲例欲託之於外赴則患有人身自來者例不可合因以辟陋未賜族爲說弒君不書族者四事州吁無知不稱公子公孫賈氏以爲弒君取國故以國言之案公子商人亦弒君取國而獨稱公子宋督賈氏以爲督有

無君之心，故去氏。案傳自以先書弒君見義，不在於氏也。宋萬，賈氏以爲未賜族，案傳稱南宮長萬，則爲已氏南宮，不得爲未賜族也。執殺大夫不書族者二事，楚殺得臣與宜申，賈氏皆以爲陋，案楚殺大夫公子側、大夫成熊之等六七人皆稱氏族，無爲獨於此二人陋也。欲以爲通例，則有若此之錯；欲以爲無義例，則傳曰嘉之，故不名，書曰仲孫，嘉之；書曰崔氏，非其罪；翬、溺帥師，皆曰疾之；稱族，尊君命；舍族，尊夫人；尊習罪已之文，所然著明。以此推之，知亦非仲尼所遺也。斯蓋非史策舊法，故無凡例，當時諸國以意而赴，其或自來聘使者，辭有詳略，仲尼脩春秋，因采以示義，義之所起，則刊而定之，不者即因而示之，不皆刊正也。故蔡人嘉之赴而經從稱季，傳曰蔡人嘉之；書崔氏，傳亦曰且告以族，明皆從其本也。書司馬華孫來盟，亦無他比，知非大例也。然則總而推之，春秋之義，諸侯之卿當以名氏備書於經，其加貶損則直稱人，若有褒異則或稱官、或稱氏，若內卿有貶則特稱名，文不直言魯人，故異於外也。若無褒無貶，傳所不發者，則皆就舊文。或未賜族，或時有詳略也。推尋經文，自莊公以上，諸弒君者皆不書氏；閔公以下，皆書氏，亦足明時史之異同，非仲尼所皆刊也。是杜解州吁不稱公子之意。杜知然者，正以經之所書，無常比例，褒則或書官、或書氏，貶則或稱人、或去族，既無定例，明非舊典，仲尼有所起發，則刊正舊史，無所褒貶，則因循故策。仲尼改者，傳辯其由，傳所不言，則知無義，正是史官自有詳略故耳。戊申在癸未之後二十五日，更盈一周，則八十五日。往年十二月癸未葬宋穆公，則此年二月不得有戊申。雖承二月之下，未必是二月之日。故長歷推此年二月有癸亥朔，十日壬申，二十二日甲申，不得有戊申也。三月壬辰朔，則十七日有戊申也。此經上有二月，下有夏，得在三月之內。不是字誤，故云有日而無月。僖二十八年冬，下無月而經有壬申公朝于王所，有日而無月，經有比類，故知此亦同之。凡如此者有十四事。

○夏，公及宋公遇于清。遇者草次之期，二國各簡其禮，若道路相逢遇也。清，衛邑，濟北東阿縣有清亭。〔疏〕注遇者至清亭。○正義曰：曲禮下云：「諸侯未及期相見曰遇，相見於郤地曰會。」然則會者豫謀間地，克期聚集，訓上下之則，制財用之節，示威於衆，各重其禮，雖特會一國，若二國以上，皆稱會也。遇者或未及會期，或暫須相見，各簡其禮，若道路相逢遇，然此時宋魯特會，欲尋舊盟，未及會期，衛來告亂，故二國相遇。若三國簡禮，亦曰遇，故莊四年「齊侯、陳侯、鄭伯遇于垂」是也。曲禮補未及期而相見，指此類也。周禮「冬見曰遇」，則與此別。劉、賈以遇者用冬遇之禮，故杜難之。釋例曰：「遇者倉卒簡儀，若道路相逢遇者耳。周禮諸侯冬見天子曰遇，劉氏因此名以說春秋，自與傳違。案禮春曰朝，夏曰宗，秋曰覲，冬曰遇，此四時之名。今者春秋不皆同之於禮。冬見天子，當是百官備物之時，而云遇禮簡易，經書季姬及鄫子遇于防，此婦呼夫共朝，豈當復用見天子之禮？於理皆違，是言春秋之遇與周禮冬遇異也。」草次猶造次，造次、倉卒皆迫促不暇之意。

○宋公、陳侯、蔡人、衛人伐鄭。○秋，翬帥師會宋公、陳侯、蔡人、衛人伐鄭。公子翬，魯大夫。不稱公子，疾其固請強君以不義也。諸外大夫貶，皆稱人；至於內大夫貶，則皆去族稱名。於記事之體，他國可言某人，而已魯之卿佐不得言魯人，此所以爲異也。翬、溺去族，傳曰疾之；叔孫豹則曰言違命，此其例也。○翬，許歸反；強，其丈反；去，起呂反，下同；溺，乃歷反。〔疏〕注他國至人。○正義曰：案鄭伯使宛來歸祊，庚寅我入祊；及齊侯伐我北鄙，及我師敗績，然魯事皆得稱我，則已之卿佐被貶，亦可稱我人。所以不然者，凡云我者，皆上有他國之辭，故對他稱我。魯人出會他國，上未有他國之文，不可發首言我人故也。

○九月，衛人殺州吁于濮。州吁弒君而立，未列於會，故不稱君。例在成十六年。濮，陳地，水名。○濮音卜。〔疏〕注州吁至水名。○正義曰：春秋之世，王政不行，賞罰之柄不在天子。弒君取國，爲罪雖大，若已列於諸侯會者，則不復討也。其有臣子殺之，即與弒君無異。未必禮法當然，要其時俗如是。宣公殺惡取國，納賂於齊以請會，傳曰「會于平州，以定公位」，杜云「篡立者諸侯既與之會，則不得復討，臣子殺之，與弒君同」，故公與齊會而位定，是其義也。釋例又云：「諸侯篡立，雖以會諸侯爲正，此列國之制也。至於國內，策名委質，即君臣之分定，故諸殺不成君者，亦與成君同義。」然杜前注云「篡立者諸侯既與之會，臣子殺之，與弒君同」，則若未會諸侯，臣子殺之，不與弒君同，似與釋例違者。釋例所云諸弒不成君亦與成君同義者，即莊九年齊人殺無知及此年衛人殺州吁，以其未會諸侯，故不書爵，猶不從兩下相殺之例，故云亦與成君同義。若既會諸侯，則臣弒稱爵，則文十八年「齊人弒其君商人」是也。曹伯負芻殺其大子而自立，成十五年諸侯同盟于戚，曹伯既列於會，然後晉人執之。十六年傳稱曹人請于晉曰「若有罪，則君列諸會矣」，是列會即成君矣。此州吁未列於會，故不稱君。曹人之辭即是成例，故云例在成十六年。殺之於濮，謂死於水旁也。釋例土地名，此濮下注云「闕」；哀二十七年傳濮下注云「濮自陳留酸棗縣受河，東北經濟陰，至高平鉅野縣入濟」。彼濮與此名同實異，故杜於此不言闕，直云濮陳地水名。

○冬，十有二月，衛人立晉。衛人逆公子晉而立之，善其得衆，故不書入於衛，變文以示義。例在成十八年。〔疏〕注衛人至八年。○正義曰：成十八年傳例曰：「凡去其國，國逆而立之曰入。」此公子晉去衛居邢，衛人迎而立之，於法正當書入，宜與齊小白同文。傳言書曰「衛人立晉」，衆也。是仲尼善其得衆，故改常例，變文以示義也。

傳四年春，衛州吁弒桓公而立。公與宋公爲會，將尋宿之盟。未及期，衛人來告亂。○夏，公及宋公遇于清。宿盟在元年。○宋殤公之即位也，公子馮出奔鄭，鄭人欲納之。及衛州吁立，將脩先君之怨於鄭，謂二年鄭人伐衛之怨。〔疏〕注謂二至之怨。○正義曰：二年伐衛見經，故以屬之。未必往前更無怨也。衛世家稱桓公十六年乃爲州吁所弒，則隱之二年當桓之世。服虔以先君爲莊公，非也。何則？宣公烝夷姜，生急子，公納急子之妻，生壽及朔，朔能構兄，壽能代死，則是年皆長矣。宣公以此年即位，桓十二年卒，終始二十矣。雖壽之死未知何歲，急子之娶當在初。若隱之二年莊公猶在，豈於父在之時，已得烝父妾生急子也？史記雖多謬誤，此當信然。而求寵於諸侯，以和其民。諸篡立者，諸侯既與之會，則不復討，故欲求此寵。○篡，初患反；復，扶又反，下文復伐同。使告於宋曰：「君若伐鄭，以除君害，害謂宋公子馮。君爲主，敝邑以賦與陳、蔡從，則衛國之願也。」言舉國之賦調。○從，才用反；調，徒弔反。宋人許之。於是陳、蔡方睦於衛，蔡今汝南上蔡縣。〔疏〕注蔡今至蔡縣。○正義曰：蔡國，侯爵。譜云：「蔡，姬姓，文王子叔度之後也。武王封之於汝南上蔡，爲蔡侯，作亂見誅。其子蔡仲，成王復封之於蔡。至平侯徙新蔡，昭侯徙九江下蔡。宣侯二十八年，魯隱公之元年也。昭侯子成侯十年，獲麟之歲也。成侯子聲侯四年，春秋之傳終矣。聲侯十四年卒，自聲侯以下二世二十八年而楚滅蔡。」地理志云：「汝南上蔡縣，故蔡國，周武王弟叔度所封。」故宋公、陳侯、蔡人、衛人伐鄭，圍其東門，五日而還。公問於衆仲曰：「衛州吁其成乎？」衆仲，魯大夫。對曰：「臣聞以德和民，不聞以亂。亂謂阻兵而安忍。以亂，猶治絲而棼之也。絲見棼縕，益所以亂。○棼，扶云反，亂也；縕，於云反。夫州吁阻兵而安忍，阻兵無衆，安忍無親，衆叛親離，難以濟矣。恃兵則民殘，民殘則衆叛；安忍則刑過，刑過則親離。〔疏〕阻兵而安忍。○正義曰：阻，恃。諸國之兵以求勝而征伐不已。○安忍，行虐事，刑殺過度也。夫兵猶火也，弗戢，將自焚也。夫州吁弒其君而虐用其民，於是乎不務令德，而欲以亂成，必不免矣。」○戢，莊立反。○秋，諸侯復伐鄭。宋公使來乞師，乞師不書，非卿。公辭之。從衆仲之言。羽父請以師會之，公弗許，固請而行。故書曰「翬帥師」，疾之也。羽父，公子翬。〔疏〕故書至疾之也。○正義曰：案元年傳「邾人、鄭人盟于翼，公子豫請往，公不許，遂行」，彼則不書，又不加貶責。此公子翬請往，公亦不許，而書於經，又加貶責者，公子豫，公不許，私竊而行；翬則強梁固請，公事不獲已，令其出會，故以君命而書，又加貶責。諸侯之師敗鄭徒兵，取其禾而還。時鄭不車戰。○州吁未能和其民，厚問定君於石子。石子，石碏也。以州吁不安，諸其父。石子曰：「王覲爲可。」〔疏〕王覲爲可。○正義曰：於王處行覲禮，此事是爲可也。曰：「何以得覲？」曰：「陳桓公方有寵於王，陳、衛方睦，若朝陳使請，必可得也。」厚從州吁如陳。石碏使告于陳曰：「衛國褊小，老夫耄矣，無能爲也。此二人者，實弒寡君，敢即圖之。」八十曰耄。稱國小己老，自謙以委陳，使因其往就圖之。○覲，其靳反，見也；朝，直遙反，後不出者皆放此；褊，必淺反，一音必珍反；耄，毛報反。陳人執之而請涖于衛。請衛人自臨討之。○涖音利，又音類，臨也。九月，衛人使右宰醜涖殺州吁于濮。石碏使其宰獳羊肩涖殺石厚于陳。

君子曰。石碏。純臣也。惡州吁而厚與焉。大義滅親。其是之謂乎。子從弒君之賊國之大逆不可不除故曰大義滅親明小義則當兼子愛之○獳奴侯反惡烏路反與焉音預○衛人逆公子晉于邢。冬。十二月。宣公即位。公子晉也○邢音刑國名〔疏〕宣公即位○正義曰賊討乃立自繼前君故不待踰年也書曰。衛人立晉。衆也。

經五年。春。公矢魚于棠。書陳魚以示非禮也書棠譏遠地也今高平方與縣北有武唐亭魯侯觀魚臺〔疏〕注書陳至魚臺○正義曰陳魚者獸獵之類謂使捕魚之人陳設取魚之備觀其取魚以爲戲樂非謂既取得魚而陳列之也其實觀魚而書陳魚者國君爵位尊重非蒐狩大事則不當親行公故遣陳魚而觀其捕獲主譏其陳故書陳魚以示非禮也傳曰非禮也且言遠地故知書棠譏遠地也○夏四月。葬衛桓公。○秋。衛師入郕。將卑師衆但稱師此史之常也○郕音成國名將子匠反○九月。考仲子之宮。初獻六羽。成仲子宮安其主而祭之惠公以仲子手文娶之欲以爲夫人諸侯無二嫡蓋隱公成父之志爲別立宮也公問羽數故書羽婦人無謚因姓以名宮○嫡丁歷反爲別于僞反〔疏〕九月至六羽○正義曰三年之內木主特祀於寢宮廟初成木主遷入其中設祭以安神也祭則有樂故初獻六羽初始也往前用八今乃用六也獻者奏也奏進聲樂以娛神也六羽謂六行之人秉羽舞也○注成仲至名宮○正義曰考成釋詁文也言初獻六羽者謂初始而獻非在後恒用知者案宣十五年初稅畝杜云遂以爲常故云初杜於此不解初義明不與彼同故春秋之經有文同事異如此之類是也注以祭交不見故辨之云成仲子宮安其主而祭之以其與獻羽連文知考謂祭以成之非謂始築宮成也又解立宮之意惠公以仲子手有夫人之文因即娶之雖不以爲夫人有欲以爲夫人之意禮諸侯不再娶於法無二適孟子入惠公之廟仲子無享祭之所蓋隱公成父之志爲別立宮仲子以二年十二月薨四年十二月已再期矣喪畢即應入廟至此始成宮者仲子立廟本非正法喪服既終將爲吉祭主無祭處始議立之故晚成也傳云始用六佾不書佾而書羽者以公問羽數故書羽也婦人法不當謚仲子無謚故因姓以名宮也立宮必書於策羽則非當所書善其復正故書之傳載衆仲之對而言公從之是其善之意也爲書六羽故言考宮言其因考以獻羽也若不爲羽當云立仲子之宮如立武宮煬宮然不須言考也禮雜記下云成廟則釁之路寢成則考之而不釁以廟則當釁寢則當考此廟言考者考是成就之義廟者鬼神所居祭祀以成之寢則生人所宅飲食以成之雜記注云路寢者生人所居不釁者不神之也考之者設盛食以落之是也廟成釁之者尊而神之蓋木主未入之前已行釁禮也案雜記釁廟之禮云祝宗人宰夫雍人皆爵弁純衣雍人拭羊宗人視之宰夫北面于碑南東上雍人舉羊升屋自中中屋南面刲羊血流于前乃降門夾室皆用雞先門而後夾室其衈皆於屋下割雞門當門夾室中室有司皆鄉室而立門則有司當門北面既事宗人告事畢乃皆退是釁廟之禮此言考宮獻羽自爲主已入廟則祭以成之非釁禮與彼異也故公羊傳曰考宮者何考猶入室也始祭仲子也是謂祭爲考也服虔云宮廟初成祭之名爲考將納仲子之主故考成以致其五祀之神以堅之其意謂考即是釁也案雜記釁廟之禮止有雞羊既不用樂何由獻羽言將納仲子之主則是仍未入宮然則作樂獻羽敬事何神考仲子之宮唯當祭仲子耳又安得致五祀之神乎蘇氏云不稱夫人宮者桓宮僖宮不言公則仲子例不合稱夫人宮也不稱廟而言宮者於經例周公稱大廟羣公稱宮故仲子依例稱宮也若然案文十三年大室屋壞大廟稱室者謂大廟之室屋壞耳若傳文則大廟或稱宮即大宮之椽是也羣公或稱廟即同宗於祖廟同族於禰廟是也○邾人。鄭人伐宋。邾主兵故序鄭上〔疏〕注邾主至鄭上○正義曰天下有道諸侯不得專行征伐春秋之時專行征伐以其不稟王命故以主兵爲首雖小國主兵即序於大國之上欲見伐由其國善惡所歸故也雖大夫爲主國君從之亦序主兵於上僖二十七年楚人陳侯蔡侯鄭伯許男圍宋注云傳言楚子使子王去宋經書人者恥不得志以微者告猶序諸侯之上楚主兵故是微人主兵亦序國君之上史策之常法也○螟。無傳蟲食苗心者爲災故書○螟亡丁反〔疏〕注蟲食至故書○正義曰釋蟲云食苗心螟食葉蟘食節賊食根蟊舍人曰食苗心者名螟言冥冥然難知也李巡曰食禾心爲螟言其姦冥冥難知也食禾葉者言其假貸無厭故曰蟘也食其節者言其貪狠故曰賊也食其根者言其稅取萬民財貨故曰蟊也孫炎曰皆政貪所致因以爲名郭璞曰分別蟲啖食禾所在之名耳李巡孫炎以政致爲名舍人郭璞以食處爲名陸機疏云舊說螟蟘蟊賊一種蟲也如言寇賊姦宄內外言之耳故揵爲文學曰此四種蟲皆蝗也實不同故分別釋之然則螟非以蟲名以食苗之處爲名耳○冬。十有二月。辛巳。公子彄卒。大夫書卒不書葬葬者臣子之事非公家所及○彄苦侯反〔疏〕注大夫至所及正義曰檀弓下云君於大夫將葬弔於宮君親弔之而不書者弔喪問疾人道之常假有得失不足褒貶如此小事例皆不書葬若國家所營則亦不可不書大夫之葬皆臣子自爲非公家所及事不關國無以得書葬也他國之君書葬者遣使往會須書君命故耳○宋人伐鄭。圍長葛。潁川長社縣北有長葛城

傳五年。春。公將如棠觀魚者。臧僖伯諫曰。凡物不足以講大事。臧僖伯公子彄也僖謚也大事祀與戎○觀魚者本亦作漁者其材不足以備器用。則君不舉焉。材謂皮革齒牙骨角毛羽也器用軍國之器君將納民於軌物者也。故講事以度軌量謂之軌。取材以章物采謂之物。不軌不物。謂之亂政。亂政亟行。所以敗也。言器用衆物不入法度則爲不軌不物亂敗之所起○度待洛反一音如字亟欺冀反數也〔疏〕觀魚者○正義曰說文云漁捕魚也然則捕魚謂之魚天官䱷人掌以時䱷爲梁凡䱷者掌其政令是謂捕魚魚者猶言獵者也○臧僖至敗也○正義曰凡物不足以講大事者物謂事物旌旗車服之屬若其爲教戰祭祀等大事故布設陳列則可如其細碎盤遊雖陳其物不堪足以講習大事止謂不爲大事而陳此物故云不足以講大事也其材不足以備器用者材謂皮革齒牙之屬若其爲飾器用故狩獵取材則可如其因遊宴戲樂所得之材不堪足以備飾器用止謂不爲器用而取此材故云不足以備器用也人君一國之主在民之上當直已而行之以法歐民而納之於善故云人君將納民於軌物者也言當爲軌物以納民於其中也既言民歸軌物更解軌物之名故講習大事以準度法度量謂之爲軌準度軌量即謂習戰治兵祭祀之屬是也取鳥獸之材以章明物色采飾謂之爲物章明物采即取材以飾軍國之器是也劉炫云捕魚獵獸其事相類此諫大意言人君可觀獵獸不可觀捕魚凡物者廣言諸物鳥獸魚鼈之類也材謂所有皮革毛羽之類也器謂車馬兵甲軍國所用之物也凡此[illegible]器用如此[illegible]教戰陳[illegible]足以教戰[illegible]云云同今[illegible]上下無章[illegible]禍敗也[illegible]魚是爲亂國之政[illegible]謂順時狩獵[illegible]造器物也[illegible]肉不登俎[illegible]非君所及[illegible]至與戎○正義曰[illegible]冬書公子[illegible]之子稱公子[illegible]王父之字爲氏[illegible]已加滅者蓋以僖伯是臧氏之祖傳家追言之也成十三年傳曰國之大事在祀與戎故知大事[illegible]以下云鳥獸之肉[illegible]祀者獵狩主以祭祀故[illegible]意也○注言器至所起○正義曰車馬旌旗衣服刀劍無不皆有法度器用衆物不入法度廣言之也器不當法用非其物則爲不軌不物政不在君則亂敗之所起也故春蒐。夏苗。秋獮。冬狩。蒐索擇取不孕者苗爲苗除害也獮殺也以殺爲名順秋氣也狩圍守也冬物畢成獲則取之無所擇也○蒐所求反索也獮息淺反說文作𤢎穀梁傳云春曰田秋曰蒐狩手又反索所百反孕以證反爲苗于僞反〔疏〕注蒐索至擇也○正義曰爾雅釋天四時之獵名與此同說者皆如此注故杜依用之周禮大司馬職中春教振旅遂以蒐田中夏教茇舍遂以苗田中秋教治兵遂以獮田中冬教大閱遂以狩田其名亦與此同鄭玄解苗田與此小異言擇取不孕任者若治苗去不秀實者孫炎亦然桓四年公羊傳曰春曰苗秋曰蒐冬曰狩三名既與禮異又復夏時不田穀梁傳曰四時之田皆爲宗廟之事也春曰田夏曰苗秋曰蒐冬曰狩皆與禮異者良由微言既絕曲辨妄生上明親受聖師故獨與禮合漢代古學不行明帝集諸學士作白虎通義因穀梁之文爲之生說曰王者諸侯所以田獵何爲苗除害上以共宗廟下以簡集士衆也春謂之田何春歲之本舉本名而言之也夏謂之苗何擇其懷任者也秋謂之蒐何蒐索肥者也冬謂之狩何守地而取之也四時之田總名爲田何爲田除害也案苗非懷任之名何云擇去懷任秋獸盡皆不瘦何云蒐索取肥雖名通義不通也故先儒皆依周禮左傳爾雅之文而爲之說其名亦有意焉雖復春獵獲則取之不能擇取不孕夏獮所取無多不能爲苗除害爲因時異而變文耳謂之獵者蔡邕月令章句云獵者捷取之名也皆於農隙

以講事也。各隨時事之間。○隙，去逆反。疏注各隨時事之間。○正義曰：隙訓間也。四仲之月，自是常期，就其月中簡選間日，雖則農月，必有間時，故曰隨時事之間也。仲冬農之最隙，故大備禮也。三年而治兵，入而振旅。雖四時講武，猶復三年而大習。出曰治兵，始治其事；入曰振旅，治兵禮畢，整衆而還。振，整也。旅，衆也。○振，之慎反。整也。復，扶又反。下同。疏注雖四至衆也。○正義曰：雖每年常四時講武，猶復三年而一大習，猶如四時常祀，三年而復爲禘祭，意相類也。出曰治兵者，以其初出，始治其事也；入曰振旅者，以治兵禮畢，整衆而還。振是整理之義，故振爲整也。旅，衆也，釋詁文。治兵、振旅，坐作進退，其禮皆同，所異者唯長幼先後耳。釋天云：出爲治兵，尚威武也；入爲振旅，反尊卑也。孫炎曰：出則幼賤在前，貴勇力也；入則尊老在前，復常法也。莊八年穀梁傳曰：出曰治兵，習戰也；入曰振旅，習戰也。公羊傳曰：出曰治兵，入曰振旅，其禮一也，皆習戰也。是其禮同也。何休公羊爲出曰祠兵，休云：殺牲饗士卒。鄭玄詩箋引公羊亦作治兵，是其所見本異也。此治兵振旅亦四時教之，但於三年大習爲詳其文耳。周禮春教振旅，秋教治兵者，四時教民，各以其宜，春即止兵收衆，事心於農；秋即繕甲厲兵，將威不軌，故異其文耳。歸而飲至，以數軍實。飲於廟，以數車徒器械及所獲也。○數，所主反。注同。械，戶戒反。疏注飲於至獲也。○正義曰：桓二年傳例曰：凡公行，告于宗廟；反行，飲至。彼飲至在廟，知此言飲至亦飲於廟也。軍之資實，唯有車徒器械，則有所獲。詩序：車攻，美宣王脩車馬，備器械，因田獵而選車徒。故知數軍實者，數車徒器械及所獲也。說文云：械，器之揔名。廣雅云：器械謂鎧甲兜鍪也。宣十二年傳言楚國無日不討軍實而申儆之，襄二十四年傳曰齊社蒐軍實，使客觀之，二注並云軍器，不言車徒及所獲者，彼無獵事，故不言也。昭文章。車服旌旗。疏注車服旌旗。○正義曰：周禮巾車職曰：革路建大白以即戎，木路建大麾以田。司服職曰：凡兵事韋弁服，凡甸冠弁服。鄭玄云：甸，田獵也。計田獵當乘木路，服冠弁，但三年治兵乃習兵大禮，不宜乘田車服田服，天子蓋乘革路，服韋弁也。在軍君臣同服，公卿以下蓋亦乘兵車，服兵服也。其旌旗則尊卑異建。治兵之禮爲辨旗物，必不建大白大麾。大司馬職曰：中秋教治兵，辨旗物之用，王載大常，諸侯載旂，軍吏載旗，師都載旜，鄉遂載物，郊野載旐，百官載旟。鄭玄云：軍吏，諸軍帥也。師都，遂大夫也。鄉遂，鄉大夫也。或載旜，或載物，衆屬軍吏無所將也。郊謂鄉遂之州長縣正以下也。野謂公邑大夫。載旐者，以其將羨卒也。百官，卿大夫也。載旟者，以其屬衛王也。凡旌旗有軍衆者畫異物，無者帛而已。然則治兵旌旗當如司馬職文也。按司常職云：及國之大閱，贊司馬頒旗物，王建大常，諸侯建旂，孤卿建旜，大夫士建物，師都建旗，州里建旟，縣鄙建旐，道車載旞，斿車載旌。計大閱治兵俱是教戰，而旌旗之物所建不同者，鄭玄云：凡頒旗物以出軍之旗則如秋，以尊卑之常則如冬。大閱備軍禮，而旌旗不如出軍之時，空辟實。然則大閱所建尊卑之常，治兵所建出軍之禮。此三年治兵與秋教治兵其名既同，建當不異，故服虔解此亦引司馬職文，明是旌旗所建用秋辨旗物之法。案大司馬職教治兵，王載大常，所以巾車云大麾以田，又云大白以即戎者，先儒以爲王田春夏則大麾，秋冬則大常，旌旗所用雖如治兵之時，然王若親軍則建大白。明貴賤，辨等列。等列，行伍。○辨，如字，又方免反，別也。行，戶郎反。順少長。出則少者在前，還則在後，所謂順也。○少，詩照反。注皆同。長，丁丈反。

下注同。習威儀也。鳥獸之肉，不登於俎。俎，祭宗廟器。○鳥獸之肉，一本作其肉。俎，莊呂反。皮革、齒牙、骨角、毛羽，不登於器。謂以飾法度之器。疏注鳥獸至於器。○正義曰：說文云：革，獸皮治去其毛，革更之。然則有毛爲皮，去毛爲革。周禮掌皮：秋斂皮，冬斂革。以其小異，故別時斂之。散文則皮革通也。頷上大齒謂之爲牙，鳥翼長毛謂之爲羽。齒牙毛羽各自小異，故歷言之也。登於俎，謂升俎以共祭；登於器，謂在器以爲飾。諸器之飾有用此材者。○注俎祭宗廟器。○正義曰：饗燕之饌莫不用俎，獨言宗廟器者，明田獵取禽主爲祭祀。若止共燕食，則公亦不爲。下注云法度之器，其義亦然，非法之器，公亦不舉。登訓爲升，服虔以上登爲升，下登爲成，二登不容異訓。且云不成於器，爲不辭矣。又器以此物爲飾，寧復待之乃成也。周禮廩人：凡祭祀共其魚之鱻薧。特牲、少牢祭祀之禮，皆有魚爲俎實。肉登於俎，公則射之，而以觀魚爲非禮者，此言不登於俎者，謂妄出遊獵，雖取鳥獸，元不爲祭祀；不登於器，亦謂盤遊，元不爲取材以飾器物。今公觀魚乃是遊戲，故以非之。然登俎登器之物，雖君所親，至於庶羞雜物細小之倫，雖爲祭祀，亦君不射。禮水土之品，籩豆之物，苟可薦者，莫不咸在，豈皆公親之也。劉炫云：此言田獵之時，小鳥小獸，則公不射。雖講事而田，尚不射小物，況魚非講事，不宜輒舉。不謂登俎之物皆公所親射。祭祀水土云云同。則公不射，古之制也。若夫山林川澤之實，器用之資，皁隸之事，官司之守，非君所及也。士臣皁，皁臣輿，輿臣隸。言取此雜猥之物，以資器備，是小臣有司之職，非諸侯之所親也。○射，食亦反。皁，才早反。輿音餘。猥，烏罪反。疏若夫至及也。○正義曰：山林之實，謂材木樵薪之類；川澤之實，謂蔆芡魚鱉之屬。此皆器用之所資須，賤人之所守掌，非人君所宜親及之也。此雖意諫觀魚，而廣言小事，故注云取此雜猥之物以資器備，非諸侯所親也。雜猥謂諸雜猥碎也。資謂器之資財，待此而備器之所用及所盛皆是也。穀梁傳曰：禮，尊不親小事，卑不尸大功。魚，卑者之事也。公觀之，非正也。與此同也。若然，月令季冬命漁師始漁，天子親往，寢魚先薦寢廟，彼禮天子親往，此譏公者，彼以時魚絜美，取之以薦宗廟，特重其事，天子親行，意在敬事鬼神，非欲以爲戲樂。隱公觀魚，志在遊戲，故譏之也。公曰：吾將略地焉。孫辭以略地。略，總攝巡行之名。傳曰：東略之不知，西則否矣。○行，下孟反。疏注孫辭至否矣。○正義曰：僖九年傳曰：東略之不知，西則否矣。又十六年傳曰：謀鄫，且東略也。略者，巡行之名也。公曰吾將略地焉，言欲案行邊竟，是孫辭也。若國竟之內，不應譏公遠遊，且言遠地，明是他竟也。釋例曰：舊說棠，魯地，據傳公辭，欲略地則非魯竟也。釋例土地名棠在魯部內，云本宋地，蓋宋魯之界上也。遂往陳魚而觀之。陳，設張也。公大設捕魚之備而觀之。○捕音步，一音搏。僖伯稱疾不從。書曰：公矢魚于棠。非禮也。且言遠地也。矢亦陳也。棠，魯地。竟故曰遠地。○從，才用反。竟音境。疏注矢亦陳也。○正義曰：釋詁云：矢，陳也。曲沃莊伯以鄭人、邢人伐翼。曲沃，晉別封成師之邑，在河東聞喜縣。莊伯，成師子也。翼，晉舊都，在平陽絳邑縣東。邢國在廣平襄國縣。○沃，烏毒反。疏注曲

沃至國縣。○正義曰：晉國，侯爵。譜云：姬姓，武王子唐叔虞之後也。成王滅唐而封之，今大原晉陽縣是也。燮父改之曰晉侯。燮父孫成侯徙都曲沃，今河東聞喜縣是也。穆侯徙都絳。鄂侯二年，魯隱公之元年也。定公三十一年，獲麟之歲也。出公八年而春秋之傳終矣。出公十七年卒，自出公以下五世，八十二年而韓、趙、魏滅晉也。地理志云：河東聞喜縣，故曲沃也。武帝元鼎六年行過，改名。應劭曰：武帝於此聞南越破，改曰聞喜。志又曰：趙國襄國縣，故邢國。然則於漢屬趙國，於晉屬廣平。王使尹氏、武氏助之。翼侯奔隨。尹氏、武氏，皆周世族大夫也。晉內相攻伐，不告亂，故不書。傳具其事，爲後晉事張本。曲沃及翼本末見桓二年。隨，晉地。○傳具，一本作傳見，賢遍反。夏，葬衛桓公。衛亂，是以緩。有州吁之亂，十四月乃葬。傳明其非慢也。四月，鄭人侵衛牧。牧，衛邑。經書夏四月葬衛桓公，今傳直言夏，而更以四月附鄭人侵衛牧者，於下事宜得月，以明事之先後，故不復備舉經文。三年君氏卒，其義亦同。他皆倣此。○牧，州牧之牧，徐音目。以報東門之役。東門役在四年。衛人以燕師伐鄭。南燕國，今東郡燕縣。○燕，於賢反。國名。疏注南燕至燕縣。○正義曰：燕有二國，一稱北燕，故此注言南燕以別之。世本：燕國，姞姓。地理志：東郡燕縣，南燕國，姞姓，黃帝之後也。小國無世家，不知其君號謚。唯莊二十年燕仲父見傳耳。鄭祭足、原繁、洩駕以三軍軍其前，使曼伯與子元潛軍軍其後。燕人畏鄭三軍，而不虞制人。北制，鄭邑，今河南城皋縣也，一名虎牢。○洩，息列反。曼音萬。六月，鄭二公子以制人敗燕師于北制。二公子，曼伯、子元也。君子曰：不備不虞，不可以師。曲沃叛王。秋，王命虢公伐曲沃，而立哀侯于翼。春，翼侯奔隨，故立其子光。衛之亂也，郕人侵衛，故衛師入郕。郕國也。東平剛父縣西南有郕鄉。○父音甫。疏注郕國至郕鄉。○正義曰：史記管蔡世家稱郕叔武，文王子，武王之母弟，後世無所見。既無世家，不知其君號謚。唯文十二年郕大子朱儒奔魯，書曰郕伯來奔。見於經傳，則郕國伯爵也。九月，考仲子之宮。將萬焉。萬，舞也。疏注萬舞也。○正義曰：案公羊傳曰：萬者何？干舞也。籥者何？羽舞也。則萬與羽不同。今傳云將萬焉，問羽數於衆仲，是萬與羽爲一者，萬羽之異，自是公羊之說。今杜直云萬舞也，則萬是舞之大名也。何休云：所以仲子之廟唯有羽舞無干舞者，婦人無武事，獨奏文樂也。劉炫云：公羊傳曰萬者，云籥者、云羽者爲文，萬者爲武。則左執朱干，右秉玉戚；文則左執籥，右秉翟。此傳將萬問羽，即似萬羽同者，以當此時萬羽俱作，但將萬而問羽數，非謂羽即萬也。經直書羽者，與傳互見之。公問羽數於衆仲。問執羽人數。對曰：天子用八，八八六十四人。諸侯用六，六六三十六人。疏注六六三十六人。○正義曰：何休說如此。服虔以用六爲六八四十八，大夫四爲四八三十二，士二爲二八十六。杜以舞勢宜方，行列既

臧即每行八數亦宜減故同何說也或以襄十一年鄭人賂晉侯以女樂二八爲二佾之樂知自上及下行皆八人斯不然矣彼傳見晉侯減樂之半以賜魏絳因歌鍾二肆遂言女樂二八爲下半樂張本耳非以二八爲二佾若二八即是二佾鄭人豈以二佾之樂賂晉侯晉侯豈以一佾之樂賜魏絳大夫四。四四十六人士二。二二四人士有功賜用樂夫舞所以節八音而行八風。八音金石絲竹匏土革木也八風八方之風也以八音之器播八方之風手之舞之足之蹈之節其制而序其情。八音金鍾石磬絲琴瑟竹簫管土塤木柷敔匏笙革鼓也八方之風謂東方谷風東南清明風南方凱風西南涼風西方閶闔風西北不周風北方廣莫風東北方融風匏白交反蹈徒報反〔疏〕夫舞至八風。正義曰舞爲樂主音逐舞節八音皆奏而舞曲齊之故舞所以節八音也八方風氣寒暑不同樂能調陰陽和節氣八方風氣由舞而行故舞所以行八風也。注八音至其情。正義曰八音爲金石土革絲木匏竹周禮大師職文也鄭玄云金鍾鎛也石磬也土塤也革鼓鼗也絲琴瑟也木柷敔也匏笙也竹管簫也八風八方之風者服虔以爲八卦之風乾音石其風不周坎音革其風廣莫艮音匏其風融震音竹其風明庶巽音木其風清明離音絲其風景坤音土其風涼兌音金其風閶闔易緯通卦驗云立春調風至春分明庶風至立夏清明風至夏至景風至立秋涼風至秋分閶闔風至立冬不周風至冬至廣莫風至風體一也逐天氣隨八節而爲之立名耳調與融一風二名昭十八年傳曰是謂融風是其調融同也沈氏云案樂緯云坎主冬至樂用管艮主立春樂用塤震主春分樂用鼓巽主立夏樂用笙離主夏至樂用絃坤主立秋樂用磬兌主秋分樂用鍾乾主立冬樂用柷敔此八方之音既有二說未知孰是故兩存焉更說制樂之本節音行風之意以八音之器宣播八方之風使人用手以舞之用足以蹈之節其禮制使不荒淫次序人情使不蘊結也蟋蟀詩曰無已大康職思其居是節其制也舜歌南風曰南風之時兮可以阜吾人之財兮南風之薰兮可以解吾人之慍兮是序其情也故自八以下。唯天子得盡物數故以八爲列諸侯則不敢用八公從之。於是初獻六羽。始用六佾也。魯唯文王周公廟得用八而他公遂因仍僭而用之今隱公特立此婦人之廟詳問衆仲衆仲因明大典故傳亦因言始用六佾其後季氏舞八佾於庭知唯在仲子廟用六。佾音逸。僭子念反〔疏〕注魯唯至用六。正義曰襄十二年傳曰魯爲諸姬臨於周廟是魯立文王之廟也文王天子自然用八禮記祭統曰昔者周公旦有勳勞於天下成王康王賜之以重祭朱干玉戚以舞大武八佾以舞大夏此天子之樂也康周公故以賜魯明堂位曰命魯公世世祀周公以天子之禮樂是周公之廟用八也傳曰始用六佾則知以前用八何休云僭齊也下傚上之辭魯之僭以必有所因故本其僭之所由言由文王周公廟用八佾他公之廟遂因仍僭而用之今隱公詳問衆仲衆仲因明大典公從其言於仲子之廟初獻六羽故傳亦因言始用六佾謂仲子之廟用六佾他公則仍用八也至襄昭之時魯猶皆亦用八故昭二十五年公羊傳稱昭公謂子家駒曰吾何僭哉荅曰朱干玉戚以舞大夏八佾以舞大武此皆天子之禮也是昭公之時僭用八也此減八從正禮尚書於經若更僭非禮無容不書自此之後不書僭用八佾知他廟僭而不改故杜自明其證其後季氏舞八佾於庭知唯在仲子廟用六也○宋人取邾田。邾人

告於鄭曰。請君釋憾於宋。敝邑爲道。釋四年再見伐之恨○道音導本亦作導鄭人以王師會之。王師不書不以告也伐宋。入其郛。以報東門之役。郛郛也東門役在四年。○郛芳夫反下同宋人使來告命。告命策書公聞其人郛也。將救之。問於使者曰。師何及。對曰。未及國。忿公知而故問責窮辭。○使所吏反下同公怒。乃止。辭使者曰。君命寡人同恤社稷之難。今問諸使者。曰。師未及國。非寡人之所敢知也。爲七年公伐邾傳○冬十二月。辛巳。臧僖伯卒。公曰。叔父有憾於寡人。諸侯稱同姓大夫長曰伯父少曰叔父有恨恨諫觀魚不聽〔疏〕注諸侯至不聽。正義曰詩伐木篇毛傳曰天子謂同姓諸侯諸侯謂同姓大夫皆曰父異姓則稱舅覲禮載天子呼諸侯之稱曰同姓大國則曰伯父其異姓則曰伯舅同姓小邦則曰叔父其異姓則曰叔舅然則諸侯之國有大小之異大夫無地之大小明以年之長少爲異莊十四年傳稱鄭厲公謂原繁爲伯父禮記祭統稱衛莊公呼孔悝爲叔舅諸侯呼異姓大夫爲伯舅同姓大夫爲叔父者雖則無文明亦然矣僖伯者孝公之子惠公之弟惠公立四十六年而薨則子臧此時年非幼少呼曰叔父者是隱公之親叔父也此注自言臣之大法耳寡人弗敢忘。葬之加一等。加命服之等○宋人伐鄭。圍長葛。以報入郛之役也。

春秋左傳注疏卷三挍勘記　阮元撰盧宣旬摘錄

附釋音春秋左傳注疏卷第三　隱三年盡五年

經三年

己巳日有食之　釋文食如字本或作蝕音同案詩日有食之漢書劉向傳引作日有蝕之是蝕與食通

或有頻交而食者　各本作頻此本誤三今訂正

令月來及日　宋本令作今不誤

是過半校二十九分也　閩本校誤要

知其不可知也　宋本下知字重是也

或有頻交而食者　各本作頻此本誤雖今訂正

襄二十二年　宋本下二作一不誤

食無常月　各本作食此本誤本今訂正

當陽量之月　閩本監本毛本量作長宋本作盛是也

故有伐鼓用幣之事　各本作用此本誤周今訂正

其日食例　各本作日此本誤衣今訂正

厤紀全差　宋本作全廢

會稽都尉劉洪　此本實闕劉字閩本同據宋本監本毛本補

漸益詳密　宋本詳作微

故漢朝以來　閩本監本毛本朝作典宋本作初

皆一百七十三日有餘而始一交會　浦鏜正誤皆下增以爲二字

不可謂之錯誤世考之厤術　監本毛本世作也

則自有頻食之理　宋本自作日不誤

言日不言朔　各本作朔此本誤明今訂正

食晦夜也　浦鏜云食晦夜三字本作夜食

即傳其僞以懲臣子之過也　岳本懲下有創字與正義合

典禮下曰　宋本典作曲是也

無葬者皆顯言其謚　閩本監本毛本無作凡字按此說杜注之例無字是也

明日月闕否　各本作闕此本誤開今訂正

且虛實相生　段玉裁挍作實虛相生

隨而長之　監本毛本長作表非

言其與已異氏也　閩本監本毛本異氏誤倒

魯不共奉王喪　各本作共此本誤其今訂正釋文云共本又作供

注武氏至釋名　各本名作也下有○此本誤脫

故來赴以名　岳本脫來字

或曰濟北盧縣故城西南濟水之門　淳熙本濟誤齊

癸未葬宋穆公　史記鄭世家漢書古今人表作繆公禮記喪服小記序以昭繆鄭氏注繆讀爲穆聲之誤也陳樹華云凡謚法曰穆者史漢多作繆蓋古字假借也

曰寡君不祿　閩本監本毛本君作人非也

則不曰薨　閩本則作故

傳三年

不赴於諸侯　石經宋本淳熙本岳本足利本於作于下哭于祔于毛本並改於纂圖本作祔于

既葬日中自墓反虞於正寢 宋本墓誤基淳熙本作暮亦非

今聲子三禮皆闕 宋本子作君案正義作子監本此處橫糊重脩監本誤于

既封有司以几筵舍奠於墓左 宋本墓誤基

反日中而虞 閩本監本毛本反作及

唯卒葬兩事而已 監本毛本兩作故

必有闕一事則變一文 宋本一事作二事

故不稱夫人 閩本監本毛本故作則

初死乃赴 宋本監本毛本乃作即

順記之先後爲文也 宋本監本毛本記作經不誤○今依訂正

課行一事則其此三文 宋本亦作課閩本監本毛本作果下同其各本作具是也○補其今改具

定姒之傳 浦鏜云姒氏誤定姒

不須辟孟子也 毛本孟作仲不誤○今依訂正

則尊得加於臣子 宋本得作德誤

亦仕王朝 宋本仕作任非

王欲分政於虢 毛本於作于非

鄭公子忽爲質於周 說文注引春秋傳曰鄭大子曶案曶與忽古今字論語仲忽漢書古今人表作仲曶

麥禾皆未熟 宋本熟作孰疏同陳樹華引博雅音云𥣚案說文解字从丮𦎫即孰字也與孰誰之孰無異唯玉篇孰字加火未知所出

苟有明信 詩釆蘩正義引作明德

澗谿沼沚之毛 釋文沚作時云本又作沚疏云沚與時音義同

蘋蘩薀藻之菜 詩釆蘋正義引作蘊藻文選蜀都賦注引同宋張有復古篇以蘊爲薀之俗體

蘋藻言菜之薄 山井鼎云蘋作蘊

然則谿亦山間有水之名 宋本無則字是也

小渚曰沚 陳樹華云南宋本渚作陼按今本爾雅作陼釋文云陼字又作渚

周禮宅不毛謂宅內無草木也 閩本草木作荓水非

陸機毛詩義疏 宋本毛本機作璣按嘉定錢大昕云古書機與璣通馬鄭尚書璿璣字皆作機隋書經籍志烏程令吳郡陸機本從木旁元恪與士衡同時又同姓名古人不以爲嫌也自李濟翁資暇集强作解事謂元恪名當從玉旁晁公武讀書志承其說以或題陸機者爲非自後經史刊本遇元恪名輒改從玉旁予謂考古者但當知艸木疏爲元恪撰非士衡撰若其名則皆從木而士衡名字與尚書相應果欲依今本尚書何不改士衡名邪

可糝蒸爲茹 宋本蒸作烝是也下同

說文曰藻水草從月從水巢聲 宋本同諸本藻作薻案說文藻云或从澡月字宋本作廾是也

或作藻從澡 宋本閩本從藻作從澡是

莖大如著 宋本著作箸是也

煮熟挼去腥氣 宋本熟作孰

員曰筥 宋本淳熙本岳本足利本員作圓釋文同案詩召南釆蘋傳作圓曰筥說文篆字注云圜曰篆圜與圓通篆即筥字義與毛傳同也

注方曰至曰錡下 宋本以下正義四節揔入昭忠信也注

此皆毛詩傳鄭箋之文也 宋本作詩毛傳不誤浦鏜正誤云鄭箋之三字衍文

濆汙停水 岳本作淳水案淳通作停

注濆汙至流潦 閩本汙誤音

故言二國 宋本言作云

采蘩采蘋 淳熙本蘩誤蘋

泂酌上傳所言皆有彼篇之事 補此本上傳誤主簿彼誤反今依各本訂正

雖薄物皆可爲用 纂圖本毛本可爲誤倒

武氏子來賻 毛本賻誤則

與夷宣公子即所屬殤公 毛本誤倒作即宣公子

若弃德不讓 閩本監本毛本弃作棄石經避唐太宗諱作弃

使公子馮出居於鄭 石經宋本淳熙本纂圖本毛本於作于是也

辟殤公也 淳熙本公也誤作入月

公子馮不帥父義 毛本帥誤出

百祿是荷 宋本荷作何注同釋文亦作何云本又作荷案詩作何字作何字則與說文字義合凡作荷者皆字之假借也

言成湯武丁 宋本成作殷是也

今穆公示殤公亦得其宜 宋本示作立是也

爲宣公之禍 宋本禍作過是也○今依訂正

是風吹之隊濟水 宋本閩本監本毛本隊作墜

謚爲榮 宋本閩本監本毛本榮作滎亦非案當作熒周禮職方氏注引作泆爲熒也今熒作滎衞包所改

癸未之前三十三日 毛本三十作二十非也

此太子不敢居上位故常處東宮 案此字衍文諸本所無

案史記十二年諸侯年表 宋本無上年字是也毛本記誤計

或可據知象 宋本監本毛本知作易不誤考文作見

故太子在東也 宋本東下有宮字

又娶于陳 宋本以下正義二節在莊姜以爲己子注後

魯隱公之立年也 宋本立作元是也○今依訂正

其娣戴嬀生桓公莊姜以爲己子 監本毛本娣字誤作姊已子石經岳本作己子是也

石碏諫曰 漢石經公羊殘碑碏從足作踖

淫謂耆欲過度 宋本耆作嗜正字耆假借字

邪是何事能起四過 毛本作四禍非也

降而不憾憾而能眕者鮮矣 釋文憾本又作感說文云感動人心也俗加立心說文所無陳樹華云釋文以憾爲正反以感爲一作之字

經四年

武王克殷求禹之後 按釋例作武王克紂求禹後

自哀公以下二世十三年而楚滅杞 按釋例杞作之

應劭曰 宋本劭作邵下並同按邵高也應字仲遠高遠義相近改作劭非也

淳于國之所都 浦鏜正誤于下有公字

六年春寔來雖知其國必滅 宋本寔作實

疑似并之 宋本監本毛本疑作杞是也

若然淳于爲杞所并 宋本若作雖

若取邿取鄟之類是也 宋本邿作郜是也○今依訂正

上言伐下言取者 宋本監本毛本下誤不

戊申衞州吁弒其君完 毛本戊申誤庚戌釋文弑本又作殺同音試陳樹華云弑殺二字經傳互出凡釋文作殺分注中無本又作弑之文而石經及諸刻本並作弑各本注同獨與釋文異者要是傳本不同陸氏未載及一作某字耳舉此可以例推今皆仍其舊但爲標出不更改從釋文凡適嫡禦御等字放此段玉裁曰凡殺其事曰殺

正其罪名曰弒弒者聖人正名定罪之書法而三傳紀事多用殺字後人轉寫經傳多致淆亂宜以此義求之

戊申三月十七日　宋本三月上有在字

注云稱君　毛本注作杜非

言衆所共絶也　毛本言作君非

而文當族處春秋書族以否　閩本處作據以作與

釋例曰　閩本例誤案

楚殺得臣與宜申賈氏皆以爲陋　毛本宜作夷非

未必是二月之日　閩本監本毛本二作一誤

二月壬辰朔　宋本二作三不誤○今依訂正

經有比類故知此亦同之　閩本監本毛本比作此非

諸侯未及期　毛本及誤必

克期聚集　浦鏜正誤克作剋

此婦呼夫共朝　重脩監本呼作乎非也

魯之卿佐　岳本魯作國連上文而已爲句案岳本是也他本已誤巳

宋鄭伯使宛來歸祊　重脩監本案誤宬宛毛本作完亦非

則已之事佐祓貶　宋本閩本監本毛本事作卿

魯人出會他國　此本人出會他國五字模糊據宋本補閩本監本毛本人出作之盟非也

不可發首言我人故也　閩本監本毛本首作例

不在天子弒君取國　閩本監本毛本弒作殺

即君臣之分定　宋本監本毛本分下有巳字

亦成君同義者　宋本監本毛本亦下有與字

至高平鉅野縣入濟彼濮與此名同實異　毛本脫彼濮二字

傳四年

夏公及宋公遇于清　纂圖本閩本監本毛本宋公作宋人非

終始二十矣　宋本十下有年字是也

夫州吁阻兵而安忍　陳樹華云文選西征賦注引杜注阻恃也又辨亡論引傳文并注同

恃兵則民殘民殘則衆叛　淳熙本脫民殘二字

阻兵而安忍　宋本此節正義在必不免矣之下

阻恃諸國之兵以求勝　宋本作阻訓恃也恃兵以求勝考文同

弗戢將自焚也　石經宋本岳本閩本戢作戢案說文五經文字戢在戈部

故書至疾之也　宋本此節正義在注時鄭不車戰之下

公子不許　宋本監本毛本子作亦是也○今依訂正

以州吁不安諸其父　淳熙本諸作謟

王覲爲可　宋本此節正義在其是之謂乎注下

老夫耄矣　釋文耄作老石經初刻作耄改亦作耄字按耄者𦒻省也

陳人執之而請涖于衛　石經宋本淳熙本于作於

石碏使其宰獳羊肩涖殺石厚于陳君子曰石碏純臣也　石經初刻脫其字自其宰至曰石字一行計十五字皆重刊

明小義則常兼子愛之　宋本淳熙本岳本足利本常作當是也

宣公即位　宋本此節正義在衆也之下

經五年

公矢魚于棠　史記作觀漁于棠漢書五行志亦作漁此古字假借也說文有魚無漁

今高平方與縣北有武唐亭魯侯觀魚臺　史記正義引杜注唐作棠魚作漁釋例亦云唐即棠本宋地

其實觀魚而書陳魚者　此本作貴閩本監本毛本作責亦非宋本作實是也今從宋本

故書羽　淳熙本羽作與非

杜於此不解初義　閩本監本毛本杜作度誤

婦人法不當諡　毛本婦作非誤

羽則非當所書　閩本監本毛本當所誤倒

宗人視之　案禮雜記宗人視之今監本禮記譌作視非也宋本注疏不誤此疏作視是也

血流于前　監本毛本血流誤倒

食其節者言其貪狼故曰賊也　毛本狼作狠非案詩正義引李巡云作食禾節者下其根亦作禾根

大夫書卒不書葬　閩本監本毛本脫下書字

弔喪問疾人道之常　宋本道作君

傳五年

臧僖伯諫曰　漢書五行志僖作釐古今人表亦作釐案僖與釐通

僖諡也　纂圖本閩本監本毛本僖誤伯

亂敗之所起　纂圖本毛本敗作政非也

觀魚者　宋本以下正義十四節揔入且言遠地也注下

正義曰說文云漁捕魚也　宋本閩本監本毛本漁作魚

即取財以飾軍國之器是也　毛本取誤此

秋獮冬狩　釋文云獮說文作𤢂

曲辨妄生　宋本辨作辯

明帝集諸學士作白虎通義　案困學紀聞云章帝會諸儒於白虎觀正義謂明帝誤

因穀梁之文爲之生說　毛本生誤主

擇其懷任者也　浦鏜正誤其疑去盧文弨挍本作擇去其懷任者也

整衆而還　纂圖本毛本整作振非

三年而復爲禘祭　監本禘誤諦

軍之資實唯有車徒器械　閩本監本毛本唯作雖非也

說文云械器之揔名　毛本械器誤倒

二注並云軍器　宋本監本毛本器作實

不言車徒　宋本不上有軍器二字

軍吏諸軍帥也　監本毛本帥作師案唐人帥多作師既又譌師

衆屬軍史　宋本閩本監本毛本史作吏

王建大常　閩本監本毛本王誤如

道車載旞　閩本監本毛本車作居旞作檖並誤

凡頒旗物　閩本監本毛本物作所非也

大閱備軍禮而旌旗不如出軍之時　閩本監本毛本夬軍字誤作師

等列行伍　淳熙本伍作任非也

以其小異　閩本監本毛本小作少非

凡祭祀共其魚之鱻薨　監本毛本其誤共

小鳥小獸　浦鏜正誤鳥作禽

則公不射　何焯挍本公改君非

川澤之實謂蔆芡魚蟹之屬　毛本蔆作菱案蔆通作菱

彼以時魚絜美　閩本監本毛本絜作潔○按今人用潔漢注唐石宋槧皆用絜近入則盡加水旁非也

僖九年傳曰　毛本九誤元

謀鄫且東略也　閩本監本毛本鄫誤鄶

若國竟之內　閩本監本毛本竟作境俗字

僖伯稱疾不從　顧炎武云石經疾誤作侯案石經此處闕顧炎武所據乃謬刻也

釋詁云　閩本監本毛本云作文非也

注曲沃至國縣　宋本此節正義在注隨晉地之下

燮父改之曰晉燮父孫成侯　閩本監本毛本燮改爕

注南燕至燕縣　宋本此節正義在不可以師句下

唯莊二十年燕仲父見傳耳　閩本監本亦脫年字據宋本毛本補

北制鄭邑　亦誤毛本北誤此考文云此作北足利本同案北字

敗燕師于北制　毛本北制誤倒

而立哀侯于翼　宋本脫于翼二字

注萬舞也　宋本以下正義五節揔入公從之節注下

節其制而序其清　宋本淳熙本足利本序作敍

離音絲　宋本離作离下同

使不藴結也　閩本監本毛本藴作蘊

魯唯文王周公廟得用八　纂圖本閩本監本毛本唯作惟下唯在同

詳問衆仲因明大典　宋本淳熙本岳本足利本重衆仲二字是也

其後季氏舞八佾於庭知唯在仲子廟用六　淳熙本庭作是唯誤雖

昔者周公旦有勳勞於天下　閩本監本毛本下誤子

他公之廟　毛本他誤也

公則仍用八也　閩本監本毛本仍作因

注諸侯至不聽　宋本此節正義在注加命服之等之下

是隱公之親叔父也　閩本監本毛本親作稱非

此注自言臣之大法耳　宋本監本毛本言下有呼字

附釋音春秋左傳注疏卷第四　隱六年盡十一年

杜氏注　孔穎達疏

經六年。春。鄭人來渝平。和而不盟曰平。渝羊朱反變也○【疏】注和而不盟曰平○正義曰宣十五年宋人及楚人平傳載其盟辭昭七年燕暨齊平傳稱盟于濡上似平皆有盟而云不盟者平實解怨和好之辭非要盟也彼自既平之後別爲盟耳此與定十年及齊平皆傳無盟事定十一年及鄭平乃云叔還如鄭涖盟平後乃盟知平非盟也○夏。五月。辛酉。公會齊侯盟于艾。泰山牟縣東南有艾山○艾五蓋反○秋。七月。雖無事而書首月具四時以成歲也皆放此。【疏】注雖無至放此○正義曰公羊傳曰此無事何以書春秋雖無事首時過則書首時過則何以書春秋編年四時具然後爲年此注用公羊爲說釋例曰年之四時雖或無事必空書首月以紀時變以明厤數也○冬。宋人取長葛。秋取冬乃告也上有伐鄭圍長葛長葛鄭邑可知故不言鄭也前年冬圍不克而還今冬乘長葛無備而取之言易也○易以豉反傳同【疏】注秋取至易也○正義曰經書冬傳言秋上明爲傳例不虛舉經文獨以秋言此事明是以秋取冬乃告也冬告者告言冬始取耳故書之於冬若其使以冬至告言秋取亦當追書於秋八年傳曰冬齊侯使來告成三國秋成冬告書之於秋明此以冬取告故書於冬也賈服以爲長葛不繫鄭者刺不能撫有其邑凡邑爲他國所取皆是不能撫有之何故於此獨爲惡鄭故杜以爲上有伐鄭圍長葛則長葛鄭邑可知故不言鄭也既言秋取實在秋因其經文在冬遂言冬乘無備襄十三年傳例曰凡書取言易也如此乘其無備而取之也杜知長葛不繫鄭非大都以名通者以前年云伐鄭圍長葛長葛之文繫於鄭故也劉炫以大都通名而規杜氏非也

傳六年。春。鄭人來渝平。更成也。渝變也公之爲公子戰於狐壤爲鄭所執逃歸怨鄭鄭伐宋公欲救宋宋使者失辭公怒而止忿宋則欲厚鄭鄭因此而來故經書渝平傳曰更成○壞如掌反使所吏反【疏】傳注渝變至更成○正義曰渝變也釋言文變平者變更前惡而復爲和好變即更之義成則平之訓故傳解渝平謂之更成自狐壤以來與鄭不和今日復和故曰更成言更復狐壤以前之好也服虔云公爲鄭所獲釋而不結平於是更爲約束以結之故曰渝平案傳公賂尹氏而與之逃歸非鄭所釋安得釋而結平也○翼九宗。五正。頃父之子嘉父。逆晉侯于隨。翼晉舊都也唐叔始封受懷姓九宗職官五正遂世爲晉強家五正五官之長九宗一姓爲九族也頃父之子嘉父晉大夫○頃音傾長丁丈反下文及注同【疏】注翼晉至大夫○正義曰唐叔始封受懷姓九宗職官五正者謂周成王滅唐始封唐叔以懷氏一姓九族及是先代五官之長子孫賜之唐言五官之長者謂於殷時爲五行官長今褒寵唐叔故以其家族賜之耳今云頃父之子嘉父者以頃父舊居職位名號章顯嘉父新爲大夫未甚著見故繫之於父諸繫父爲文者義皆同此也納諸鄂。晉人謂之鄂侯。鄂晉別邑諸地名疑者皆言有以示不審闕者不復記其闕他皆放此前年桓王立此侯之子於翼故不得復入翼別居鄂○鄂五各反不復扶又反下同【疏】注諸地至放此○正義曰杜言不復記其闕者謂但言某邑而已不云闕若鄂直云晉別邑及翼侯奔隨注云隨晉地鄭人侵衛牧注云牧衛邑如此之類皆不言闕是也若不知何國之地者則言闕若虞公出奔其池公孫嬰齊卒于貍脤道注云闕是也亦有雖知某國之地注亦云闕則隱十一年蘇忿生十二邑注陘云闕者以餘邑皆知所在唯此獨闕故也○夏。盟于艾。始平于齊也。春秋前魯與齊不平今乃弃惡結好故言始平于齊○好呼報反○五月。庚申。鄭伯侵陳。大獲。往歲。鄭伯請成于陳。成猶平也【疏】五月庚申○正義曰案經盟于艾亦在五月傳略不言月庚申之日須月以統之故別言五月他皆放此陳侯不許。五父諫曰。親仁善鄰。國之寶也。君其許鄭。五父陳公子佗○佗徒何反人名皆同陳侯曰。宋衛實難。可畏難也○難乃旦反注同鄭何能爲。遂不許。君子曰。善不可失。惡不可長。其陳桓公之謂乎。長惡不悛。從自及也。悛止也從隨也○悛七全反雖欲救之。其將能乎。商書曰。惡之易也。如火之燎于原。不可鄉邇。商書盤庚言惡易長如火焚原野不可鄉近○燎力召反又力弔反鄉本又作嚮同許亮反近附近之近其猶可撲滅。言不可撲滅○撲普卜反周任有言。周任周大夫○任音壬曰。爲國家者。見惡如農夫之務去草焉。芟夷蘊崇之。絕其本根。勿使能殖。則善者信矣。芟刈也夷殺也蘊積也崇聚也○去起呂反芟所銜反說文作癹匹末反云以足蹋夷草蘊紆紛反信如字一音申○秋。宋人取長葛。○冬。京師來告饑。公爲之請糴於宋、衛、齊、鄭。禮也。告饑不以王命故傳言京師而不書於經也雖非王命而公共以稱命己國不足旁請鄰國故曰禮也傳見隱之賢○爲于僞反糴直厤反見賢遍反○【疏】注告饑至之賢○正義曰王使至魯皆應書經此獨不書故解之以人情恕之不得自不輸粟空告他人故知己國不足旁請鄰國故曰禮也定五年歸粟于蔡尚書於經此不書者魯以往歲螟災故己國饑困所輸不多宋鄭輸粟不復告魯故皆不書此事無經而發故解傳意見隱之賢諸無經之傳皆意有所見悉皆放此○鄭伯如周。始朝桓王也。桓王即位周鄭交惡至是乃朝故曰始王不禮焉。周桓公言於王曰。我周之東遷。晉鄭焉依。周桓公周公黑肩也周采地扶風雍縣東北有周城幽王爲犬戎所殺平王東徙晉文侯鄭武公左右王室故曰晉鄭焉依○焉依如字或於虔反非雍於用反左音佐右音祐又並如字【疏】注周桓至焉依○正義曰桓公是周公黑肩事見桓十八年傳也幽王娶申女爲后生大子宜臼後得褒姒嬖之生子伯服廢申后逐大子以褒姒爲后伯服爲大子宜臼奔

申申侯乃與犬戎共攻幽王殺幽王於驪山之下於是諸侯乃與申侯共立宜臼是爲平王以西都偪戎晉又侯鄭武公夾輔平王東遷洛邑毛詩尚書國語史記皆略有其事善鄭以勸來者。猶懼不蒞。蒞至也○蒞其器反況不禮焉。鄭不來矣。爲桓五年諸侯從王伐鄭傳○

經七年。春。王三月。叔姬歸于紀。無傳叔姬伯姬之娣也至是歸者待年於父母國不與嫡俱行故書○嫡本又作適同丁厯反〔疏〕注叔姬至故書○正義曰女嫁於他國皆有姪娣與適俱行則所尊在適書適不書姪娣叔姬待年之女年滿特行故書其歸魯女嫁於他國之卿皆書之夫人之娣尊與卿同其書固是常例賈云書之者刺紀貴叔姬傳無其事是妄說也○滕侯卒。傳例曰不書名未同盟也滕國在沛國公丘縣東南○沛音貝〔疏〕滕侯卒○正義曰譜云滕姬姓文王子錯叔繡之後武王封之居滕今沛郡公丘縣是也自叔繡至宣公十七世乃見春秋隱公以下春秋後六世而齊滅之世本云齊景公亡滕案齊景公卒在獲麟之前世本言隱公之後仍有六世爲君而云齊景亡滕爲謬何甚服虔昭四年注亦云齊景亡滕是不考校而謬言之地理志云沛郡公丘縣故滕國也周文王子錯叔繡所封三十一世爲齊所滅○夏。城中丘。城例在莊二十九年中丘在琅邪臨沂縣東北○琅音郎沂魚依反○齊侯使其弟年來聘。諸聘皆使卿執玉帛以相存問例在襄元年〔疏〕注諸聘至元年○正義曰聘禮使者執圭以致命束帛加璧以致享鄭玄云享獻也既聘又獻所以厚恩惠也是執玉帛以相存問也玉人職云瑑圭璋璧琮八寸以覜聘注云八寸者據上公之臣案聘禮圭以聘君璋以聘夫人既行聘之後璧以享君琮以享夫人又鄭玄注小行人云使卿大夫覜聘降其君瑞一等則侯伯之臣圭璋璧琮皆六寸子男之臣皆四寸又小行人云圭以馬璋以皮璧以帛琮以錦琥以繡璜以黼鄭玄注云二王之後享天子圭以馬享后璋以皮其餘諸侯享天子璧以帛享后琮以錦子男享大國之君琥以繡享大國夫人璜以黼是玉帛之文也○秋。公伐邾。○冬。天王使凡伯來聘。凡伯周卿士凡國伯爵也汲郡共縣東南有凡城○共音恭凡字本作汎音凡戎伐凡伯于楚丘。以歸。戎鳴鍾鼓以伐天子之使見夷狄強虣不書凡伯敗者單使無衆非戰陳也但言以歸非執也楚丘衛地在濟陰城武縣西南○使所吏反下同見賢遍反虣蒲報反陳直覲反〔疏〕注戎鳴至西南○正義曰傳例有鍾鼓曰伐此既言伐知其鳴鍾鼓也杜意言以歸者以彼隨己而已非囚執之辭故云但言以歸非執也杜必知以歸非執者穀梁傳云以歸猶愈乎執也又昭十三年晉人執季孫意如以歸若以歸是執何須別起執文明直言以歸者非執也至如定四年以沈子嘉歸經云殺之哀七年以邾子益來傳云囚諸負瑕既有囚殺之文容或是執若直言以歸無囚殺之事者則非執者也春秋有文同事異此即其類也劉君引沈子邾子云以歸者皆執以規杜氏非其義也

傳七年。春。滕侯卒。不書名。未同盟也。凡諸侯同盟。於是稱名。故薨則赴以名。盟以名告神故薨亦以名告同盟告終。嗣也。以繼好息民。告亡者之終稱嗣位之主嗣位之主當奉而不忘故曰繼好好同則和親故曰息民○好呼報反注同謂之禮經。此言凡例乃周公所制禮經也十一年不告之例又曰不書於策明禮經皆當書於策仲尼脩春秋皆承策爲經丘明之傳博采衆記故始開凡例特顯此二句他皆放此〔疏〕凡諸至禮經○正義曰諸侯者公侯伯子男五等之揔號侯訓君也五等之主雖爵命小異而俱是國君故揔稱諸侯也諸發凡者皆周公之垂法史書之舊章丘明采合舊語以發明史例雖意是舊典而辭出丘明非全寫舊語同盟稱名薨則赴以名是周公之舊典其告終稱嗣以下乃是解釋赴意非舊語也僖二十三年又發例曰凡諸侯同盟死則赴以名禮也直言赴名是禮不言繼好是禮繼好息民是禮之大意非禮之實明是丘明言此以解赴名之意彼云禮也此云謂之禮經其事一也言謂此赴名爲禮之常法丘明之意言周公謂之然也謂之禮經雖指此一事諸發凡者莫不盡然以此爲例之初故特言之○注此言至放此○正義曰凡例是周公所制其來亦無所出以傳言謂之禮經則是先聖所謂之非丘明自謂之也史之書策必有舊法一代大典周公所制故知凡例亦是周公所制此言凡例則云謂之禮經不言凡例則云不書於策以此明所謂禮經皆當書策從傳之首至此始開凡例故特顯此二句二句者謂之禮經是一句與不書于策爲二句也然則九年凡雨自三日以往爲霖不以爲始而遠取十一年云始開凡例者以九年唯記當國雨雪之事史策舊文非是赴告國家大事之例○夏。城中丘。書不時也。○齊侯使夷仲年來聘。結艾之盟也。艾盟在六年○秋。宋及鄭平。七月庚申。盟于宿。公伐邾。爲宋討也。公拒宋而更與鄭平欲以鄭爲援今鄭復與宋盟故懼而伐邾欲以求宋故曰爲宋討○爲于僞反注爲宋同援于眷反復扶又反○初。戎朝于周。發幣于公卿。凡伯弗賓。朝而發幣於公卿如今計獻詣公府卿寺〔疏〕注朝而至卿寺正義曰朝於天子獻國之所有亦發陳財幣於公卿之府寺如今者如晉時諸州年終遣會計之吏獻物於天子因令以物詣公府卿寺然自漢以來三公所居謂之府九卿所居謂之寺風俗通曰府聚也公卿牧守府道德之所聚也藏府私府財貨之所聚也寺司也庭有法度令官所止皆曰寺釋名曰寺嗣也治事者相嗣續於其內○冬。王使凡伯來聘。還。戎伐之于楚丘。以歸。傳言凡伯所以見伐○陳及鄭平。六年鄭侵陳大獲今乃平十二月。陳五父如鄭涖盟。涖臨也○壬申。及鄭伯盟。歃如忘。志不在於歃血○歃色洽反歃血也如忘亡亮反服虔云如而也〔疏〕歃如忘○正義曰歃謂口含血也當歃血之時如似遺忘物然故注云志不在於歃血也服虔云如而也臨歃而忘其盟載之辭言不精也盟載之辭在於簡策祝史讀以告神非歃者自誦之何言忘載辭也且忘否在心五父終不自言已忘洩伯安知其忘而譏之洩伯曰。五父必不免。不賴盟矣。洩伯鄭洩駕○洩息列反鄭良佐如陳涖盟。良佐鄭大夫辛巳。及陳侯盟。亦知陳之將亂也。入其國觀其政治故揔言之也皆爲桓五年六年陳亂蔡人殺陳佗傳○治直吏反○鄭公子忽在王所。故陳侯請妻之。以忽爲王寵故○妻七計反鄭伯許之。乃成昏。爲鄭忽失齊昏援以至出奔傳○爲鄭于僞反

經八年。春。宋公衛侯遇于垂。垂衛地濟陰句陽縣東北有垂亭○句古侯反○三月。鄭伯使宛來歸祊。宛鄭大夫不書氏未賜族祊鄭祀泰山之邑在琅邪費縣東南○宛於阮反祊必彭反費音秘〔疏〕注宛鄭至東南○正義曰內卿貶則去族外卿貶則稱人外無去族之理今宛無族傳無譏文故知未賜族也傳言鄭釋泰山之祀使來歸祊知祊是鄭祀泰山之邑鄭以桓公之故受邑泰山之下天子祭泰山必從往助祭使共湯沐焉故公羊謂之湯沐之邑既有此邑因立別廟劉炫云言祀泰山之邑者謂泰山之旁有此邑邑內有鄭宗廟之祀蓋祀桓武之神庚寅。我入祊。桓元年乃卒易祊田知此入祊未肯受而有之○夏。六月。己亥。蔡侯考父卒。無傳襄六年傳曰杞桓公卒始赴以名同盟故也諸侯同盟稱名者非唯見在位二君也嘗與其父同盟則亦以名赴其子亦所以繼好也蔡未與隱盟蓋春秋前與惠公盟故赴以名○見賢遍反好呼報反〔疏〕注襄六至以名○正義曰同盟赴名自有成例而引杞桓公者蔡自春秋以來未與魯盟疑與惠公同盟故引杞桓爲例杞桓與成公同盟而以名赴襄公傳曰同盟故也則與其父盟得以名赴其子故疑蔡與惠盟故以名赴隱也同盟稱名則兩君相知君既知之則國內皆知故彼父雖薨得以名赴彼子以此名當與彼父對稱故也若父與彼盟彼君雖在此子不得以其名赴以此名未與彼君對稱故也辛亥。宿男卒。無傳元年宋魯大夫盟于宿宿與盟也晉荀偃禱河稱齊晉君名然後自稱名知雖大夫出盟亦當先稱己君之名以啓神明故薨皆從身盟之例當告以名也傳例曰赴以名則亦書之不然則否辟不敏也今宿赴不以名故亦不書名諸例或發於始事或發於後者因宜有所異同亦或丘明所得記注本末不能皆備故○宿與音預下不與同禱丁老反或丁報反〔疏〕注元年至備故○正義曰於例盟以國地則地主與之元年盟于宿知宿與盟也魯宋俱是微人宿君必不親與知宿亦大夫盟也盟禱雖異俱是告神荀偃之禱先稱君名知大夫聚盟亦各稱君名臣盟既稱君名則君薨得以名赴宿君之卒宜以名赴魯今宿男不名自不以名赴非法不得也故引僖二十三年傳例以明之言其赴不以名雖知亦不得書也諸君不親盟而以名赴魯注云大夫盟於某者義皆出此衛其隆難杜云周人以諱事神臣子何得以君之名告神又荀偃禱河一時之事耳非正禮也何得知大夫盟先稱君名乎杜必爲此解者以諱事神謂諱神之名以事其神若祭祖而諱祖之類山川之神尊於諸侯故尚書武成告名山川云有道周王發則荀偃禱河自稱君名於理何怪杜云諸例或發於始事或發於後者若七年滕侯卒傳曰凡諸侯同盟於是稱名及桓二年公至自唐凡公行告于宗廟是或發於始事也宣四年凡弒君稱君及僖二十六年凡師能左右之曰以是或發於後也云因宜有所異同者宣四年鄭公子歸生弒君嫌歸生無罪及宣五年高固來逆叔姬嫌見

偏成昏故傳因以明之是也云亦或丘明所得記注本末不能皆備者但杜又自疑以爲諸例皆應從始事而發在後發者以記注周公舊凡不繫於始事繫於後事丘明作傳因記注所繫遂以發之如杜此言則周公舊凡於記注之文散在諸事丘明作傳因記注之文發例故或先或後也

○秋七月。庚午。宋公、齊侯、衛侯、盟于瓦屋。齊侯尊宋使主會故宋公序齊上瓦屋周地【疏】注齊侯至周地○正義曰春秋之例國以大小爲序外傳鄭語云齊莊僖於是乎小伯此齊侯即僖公也此盟平宋衛也齊爲會主則齊宜在上今宋在齊上故特解之由宋敬齊侯與衛先過故齊侯尊宋使爲會主瓦屋既闕知是周地者以其會于溫盟于瓦屋會盟不得相遠溫是周地知瓦屋亦周地也

○八月。葬蔡宣公。無傳三月而葬速

○九月。辛卯。公及莒人盟于浮來。莒人微者不嫌敵公侯故直稱公例在僖二十九年浮來紀邑東莞縣北有邳鄉邳鄉西有公來山號曰邳來間○邳蒲悲反間如字【疏】注莒人至來間○正義曰僖二十九年公會王子虎及諸侯之卿盟于翟泉沒公不言貶卿稱人直言會某人某人傳曰卿不書罪之也在禮卿不會公侯會伯子男可也此莒人乃對會公侯故解之莒是小國卿當稱人非貶辭也微者不嫌能敵公侯故直稱公也

○螟。無傳爲災

○冬。十有二月。無駭卒。公不與小斂故不書日卒而後賜族故不書氏○斂力驗反

傳八年。春。齊侯將平宋衛。平宋衛於鄭有會期。宋公以幣請於衛。請先相見。宋敬齊命衛侯許之。故遇于犬丘。犬丘垂也地有兩名【疏】注犬丘至兩名○正義曰地有兩名新舊改易者傳則言實以明之若二名俱存者傳則錯經以見之此犬丘與垂兩名俱存故傳不言實釋例曰若一地二名當時並存則直兩文互見黑壤犬丘時來之屬是也猶卿大夫名氏互見非例也

○鄭伯請釋泰山之祀而祀周公。以泰山之祊易許田。三月。鄭伯使宛來歸祊。不祀泰山也。成王營王城有遷都之志故賜周公許田以爲魯國朝宿之邑後世因而立周公別廟焉鄭桓公周宣王之母弟封鄭有助祭泰山湯沐之邑在祊鄭以天子不能復巡狩故欲以祊易許田各從本國所近之宜恐魯以周公別廟爲疑故云已廢泰山之祀而欲爲魯祀周公孫辭以有求也許田近許之田○泰山如字東岳能復扶又反守手又反近附近之近下同又如字欲爲于僞反下爲魯同【疏】注成王至之田○正義曰成王營邑於洛以爲居土之中貢賦路均將於洛邑受朝許田近於王城故賜周公許田以爲魯國朝宿之邑詩魯頌曰居常與許復周公之宇是周公得許田也公羊傳曰許田者何魯朝宿之邑也是許田爲魯朝宿之邑鄭請易許田而求祀周公故知後世因在許田之中而立周公別廟焉鄭桓公以周宣王之母弟故於泰山之下亦受祊田以爲湯沐之邑祊邑內亦有鄭先君別廟此時周室既衰王不巡守鄭以天子不復巡守則泰山之祀廢祊既無所用故欲以祊易許田許田近鄭祊田近魯各從本國所近之宜也魯以許田奉周公之祀易其田則廢其祀恐魯以周公別廟爲疑慮將不許云已廢泰山之祀而欲爲魯祀周公言鄭得許田周公之祀不絕也云已廢泰山之祀者謂天子不復巡守鄭家已廢此助祭泰山祭祀之事無所祭祀故欲爲魯祀周公其實廢來已久今始云已廢者欲爲魯祀周公故云已廢耳方便遜辭以求於魯也定四年祝佗言康叔之受分物云取於有閻之土以共王職取於相土之東都以會王之東蒐有閻之土猶魯之許田也相土之東都猶鄭之祊邑也鄭近京師無假朝宿魯近泰山不須湯沐各受其一衛以道路並遠故兩皆有之禮記王制曰方伯爲朝天子皆有湯沐之邑於天子之縣內然則朝宿之邑亦名湯沐但向京師主爲朝王從王巡守主爲助祭祭必沐浴隨事立名朝宿湯沐亦互言之耳異義左氏說諸侯有大功德乃有朝宿湯沐之邑公羊說以爲諸侯皆有朝宿湯沐之邑許慎以公羊爲非則杜意亦從許慎也公羊爲非則杜意亦從許慎也公羊傳曰此魯朝宿之邑也則曷爲謂之許田諱取周田也諱取周田則曷爲謂之許田繫之許也曷爲繫之許近許也杜言近許之田是用公羊爲說杜依公羊之傳邑實近許故以許爲名劉君更無所馮直云別有許邑邑自名許非由近許國始名爲許以規杜氏非其義也

○夏。虢公忌父始作卿士于周。周人於此遂畀之政○畀必二反

○四月。甲辰。鄭公子忽如陳。逆婦嬀。辛亥。以嬀氏歸。甲寅。入于鄭。陳鍼子送女。先配而後祖。鍼子曰。是不爲夫婦。誣其祖矣。非禮也。何以能育。鍼子陳大夫禮逆婦必先告祖廟而後行故楚公子圍稱告莊共之廟鄭忽先逆歸而後告廟故曰先配而後祖○鍼其廉反誣亡符反共音恭本亦作恭【疏】注鍼子至後祖○正義曰先配後祖多有異說賈逵以配爲成夫婦也禮齊而未配三月廟見然後配案昏禮親迎之夜衽席相連是士禮不待三月也禹娶塗山四日即去而有啓生焉亦不三月乃配是賈之謬也鄭衆以配爲同牢食也先食而後祭祖無敬神之心故曰誣其祖也案昏禮婦既入門即設同牢之饌其間無祭祀之事先祭乃食禮無此文是鄭玄之妄也鄭玄以爲軷道之祭也先爲配匹而後祖道言未去而行配案傳既言入于鄭乃云先配而後祖寧是未去之事也若未去先配則鍼子在陳譏之何須云送女也此三說皆滯故杜引楚公子圍告廟之事言鄭忽先逆婦而後告廟故曰先配而後祖此時忽父見在計告廟以否當是莊公之事而譏忽者楚公子圍亦人臣矣而自布几筵告於莊共之廟不言稟君之命知逆者雖受父命當自告廟且忽先爲配匹而後告祖見其告祖方始議之知忽自告祖也或可鄭伯爲忽娶妻先逆而後告廟鍼子見而譏之公子圍告廟者專權自由耳非正也

○齊人卒平宋衛于鄭。秋。會于溫。盟于瓦屋。以釋東門之役。禮也。會溫不書不以告也定國息民故曰禮也平宋衛二國忿鄭之謀鄭不與盟故不書○與音預

○八月。丙戌。鄭伯以齊人朝王。禮也。言鄭伯不以虢公得政而背王故禮之齊稱人略從國辭上有七月庚午下有九月辛卯則八月不得有丙戌○背音佩【疏】注言鄭至丙戌○正義曰庚午之後十六日而有丙戌二十一日而有辛卯七月有庚午九月有辛卯其間不容一月是八月不得有丙戌更遞一周則丙戌去庚午七十七日八月亦不得有丙戌是明丙戌爲日誤長厤推七月丁卯朔四日庚午至二十日是丙戌九月丙寅朔二十六日辛卯其月二十一日是丙戌八月小丁酉朔十日丙午二十日丙辰二日戊戌十四日庚戌二十六日壬戌未知丙戌二字孰爲誤也不直云日誤而檢上下者因傳明文故顯言之他皆放此

○公及莒人盟于浮來。以成紀好也。二年紀莒盟于密爲魯故今公尋之故曰以成紀好○好呼報反下同

○冬。齊侯使來告成三國。齊侯冬來告稱秋和三國公使衆仲對曰。君釋三國之圖。以鳩其民。君之惠也。寡君聞命矣。敢不承受君之明德。鳩集也

○無駭卒。羽父請謚與族。公問族於衆仲。衆仲對曰。天子建德。立有德以爲諸侯因生以賜姓。因其所由生以賜姓謂若舜由嬀汭故陳爲嬀姓○汭如銳反【疏】注因其至嬀姓○正義曰陳世家云陳胡公滿者虞帝舜之後也昔舜爲庶人時居于嬀汭其後因爲氏姓姓嬀氏武王克殷得嬀滿封之於陳是舜由嬀汭故陳爲嬀姓也案世本帝舜姚姓哀元年傳稱虞思妻少康以二姚是自舜以下猶姓姚也昭八年傳曰及胡公不淫故周賜之姓是胡公始姓嬀耳史記以爲胡公之前已姓嬀非也胙之土而命之氏。報之以土而命氏曰陳○胙才故反報也【疏】注報之至曰陳○正義曰胙訓報也有德之人必有美報報之以土謂封之以國名以爲之氏諸侯之氏則國名是也周語曰帝嘉禹德賜姓曰姒氏曰有夏胙四岳國賜姓曰姜氏曰有呂亦與賜姓曰嬀命氏曰陳其事同也姓者生也以此爲祖令之相生雖下及百世而此姓不改族者屬也與其子孫共相連屬其旁支別屬則各自立氏禮記大傳曰繫之以姓而弗別百世而昏姻不通者周道然也是言子孫當共姓也其上文云庶姓別於上而戚單於下是言子孫當別氏也氏猶家也傳稱盟于子晳氏逐瘈狗入於華臣氏如此之類皆謂家爲氏氏族一也所從言之異耳釋例曰別而稱之謂之氏合而言之則曰族例言別合者若宋之華元華喜皆出戴公向魚鱗蕩共出桓公獨擧其人則云華氏向氏并指其宗則云戴族桓族是其別合之異也記謂之庶姓者以始祖爲正姓高祖爲庶姓亦氏族之別名也姓則受之於天子族則稟之於時君天下之廣兆民之衆非君所賜皆有族者人君之賜姓賜族爲此姓此族之始祖耳其不賜者各從父之姓族非復人人賜也晉語稱黃帝之子二十五人其得姓者十二人天子之子尚不得姓況餘人哉固當從其父耳黃帝之子兄弟異姓周之子孫皆姓姬者古今不同質文代革周代尚文欲令子孫相親故不使別姓其賜姓者亦少唯外姓嬀滿之徒耳賜族者有大功德宜世享祀者方始賜之無大功德任其興衰者則不賜之不賜之者公之同姓蓋亦自氏祖字其異姓則有舊族可稱不世其祿不須賜也衆仲以天子得封建諸侯故云胙土命氏據諸侯言耳其王朝大夫不封爲國君者亦當王賜之族何則春秋之世有尹氏武氏之徒明亦天子賜之與諸侯之臣義無異也此無駭是卿羽父爲之請族蓋爲卿乃賜族大夫以下或不賜也諸侯之臣卿爲其極既登極位理合建家若其父祖微賤此人新升爲卿以其位絕等倫其族不復因故身未被賜無族可稱魯挾鄭宛皆未賜族故單稱名也或

身以才舉者升卿位功德猶薄未足立家則雖爲卿竟不賜族羽父爲無駭請族知其皆由時命非例得之也華督生立華氏知其恐慮不得故早求之也由此而言明有竟無族者魯之翬挾柔溺各見於經而其後無聞是或不得族也其士會之帑處秦者爲劉氏伍員之子在齊爲王孫氏外傳稱知果知知伯之將滅自別其族爲輔氏如此之類皆是身自爲之非復君賜釋例曰子孫繁衍枝布葉分始承其本末取其別故其流至於百姓萬姓其言自有百姓萬姓未必皆君賜也晉語稱炎帝姓姜則伯夷炎帝之後姜自是其本姓而云賜姓曰姜者黃帝之後別姓非一自以姜姓賜伯夷更使爲一姓之祖耳非復因舊姓也猶后稷別姓姬不是因黃帝姓也

諸侯以字。諸侯位卑不得賜姓故其臣因氏其王父字爲諡。因以爲族。或使即先人之諡稱以爲族【疏】諸侯至爲族○正義曰杜意諸侯以字言賜先人字爲族也爲諡因以爲族謂賜族雖以先人之字或用先人所爲之諡因將爲族以諡爲族者衞齊惡宋戴惡之類是也而劉君乃稱以諡爲族全無一人妄規杜氏非其義也死後賜族乃是正法春秋之世亦有非禮生賜族者華督是也釋例曰舊說以爲大夫有功德者則生賜族非也至於鄭祭仲爲祭封人後升爲卿經書祭仲以生賜族者檢傳既無同華氏之文則祭者是仲之舊氏也諸侯以字有二等檀弓曰幼名冠字五十以伯仲周道然也則二十有加冠之字又有伯仲叔季爲長幼之字二者皆可以爲氏矣服虔云公之母弟則以長幼爲氏貴適統伯仲叔季是也庶公子則以配字爲氏尊公族展氏臧氏是也案鄭子人者鄭厲公之弟桓十四年鄭伯使其弟語來盟即其人也而其後爲子人氏不以仲叔爲氏則服言公之母弟以長幼爲氏其事未必然也杜以慶父叔牙與莊公異母自然仲叔非母弟族矣其或以二十之字或以長幼之字蓋出自時君之命也叔肹稱叔不稱孫而三桓皆稱孫俱氏長幼之字自不同也臧氏稱孫展氏不稱孫俱氏二十之字自不同也然則稱孫與不稱孫蓋出其家之意未必由君賜也以字爲族者謂公之曾孫以王父之字爲族也諸侯之子稱公子公子之子稱公孫公子公孫繫公之常言非族也其或貶責則亦與族同成十四年叔孫僑如如齊逆女傳曰稱族尊君命也僑如以夫人婦姜氏至自齊傳曰舍族尊夫人也宣元年公子遂如齊逆女遂以夫人至事與僑如正同其傳直云尊君命尊夫人不言稱族舍族既非氏族則不待君賜自稱之矣至於公孫之子不復得稱公曾孫如無駭之輩直以名行及其死也則賜之族以其王父之字爲族也此無駭是公之曾孫公之曾孫必須有族故據曾孫爲文言以王父字耳公之曾孫正法死後賜族亦有未死則有族者則叔孫得臣是也公子公孫於身必無賜族之理經書季友仲遂叔肹者皆是以字配名連言之故杜注並云字也其蕩伯姬者公子蕩之妻不可言公子伯姬故繫於夫字言蕩伯姬蕩非當時之氏其傳云立叔孫氏臧僖伯臧哀伯叔孫戴伯之徒皆傳家據後追言之耳其公孟彄世本以爲靈公之子字公孟名彄與季友仲遂相似俱以字配名劉炫不達此旨妄規杜過非也必如劉解生賜族之文證在何處其公之曾孫玄孫以外爰及異姓有新升爲卿君賜之族蓋以此卿之字即爲此族案世本宋督是戴公之孫好父說之子華父是督之字計督是公孫耳未合賜族應死後其子乃賜族故杜云督未死而賜族督之妄也沈亦云督之子方可有族耳

官有世功。則有官族。邑亦如之。謂取其舊官舊邑之稱以爲族皆稟之時君○稱尺證反【疏】注謂取至時君正義曰舊官謂若晉之士氏舊邑若韓魏趙氏非是君賜則不得爲族嫌其居官邑不待公命故云皆稟之時君此謂同姓異姓皆然也服虔止謂異姓又引宋司城韓魏爲證韓與司城非異姓司城又自爲樂氏不以司城爲族也

公命以字爲展氏。諸侯之子稱公子公子之子稱公孫公孫之子以王父字爲氏無駭公子展之孫故爲展氏

經九年。春。天子使南季來聘。無傳南季天子大夫也南氏季字也

○三月。癸酉。大雨震電。庚辰。大雨雪。三月今正月○電徒練反雨雪于付反傳同【疏】大雨震電○正義曰說文云震劈歷震物者電陰陽激曜也河圖云陰陽相薄爲雷陰激陽爲電然則震是雷之劈歷電是雷光僖十五年震夷伯之廟是劈歷破之雷之甚者爲震故何休云震雷也○大雨雪○正義曰說文云雨水從雲下也然則雨者天上下水之名既見雨從天下自上下者因以雨言之雨螽亦稱爲雨故下雪稱雨雪也平原出水爲大水直書大水平地尺爲大雪不直書大雪而云大雨雪者水則從天入地出地乃爲多見其在地之多言其出水之大故不言大雨水雪則自天而下下即委之於地見其自上而下言其下雪之多故言大雨雪水則俯視雪則仰觀故立文有異其大雨雹亦與雪同

挾卒。無傳挾魯大夫未賜族○夏。城郎。○秋七月。○冬。公會齊侯于防。防魯地在琅邪縣東南○華戶化反

傳九年。春。王三月。癸酉。大雨霖以震。書始也。書癸酉始雨日○霖音林爾雅云久雨謂之淫淫雨謂之霖庚辰。大雨雪。亦如之。書時失也。夏之正月微陽始出未可震電既震電又不當大雨雪故皆爲時失凡雨。自三日以往爲霖。此解經書霖也而經無霖字經誤【疏】注此解至經誤○正義曰傳發凡以解經若經無霖字則傳無由發故知經誤然則經當如傳言大雨霖以震不當云大雨震電是經脫霖以二字而妄加電也○平地尺爲大雪。○夏。城郎。書不時也。○宋公不王。不共王職○共音恭本亦作供鄭伯爲王左卿士。以王命討之。伐宋。宋以入郛之役怨公。不告命。入郛在五年公以七年伐邾欲以說宋而宋猶不和也公怒絕宋使。○秋。鄭人以王命來告伐宋。遣使致王命也伐宋未得志故復往告之○冬。公會齊侯于防。謀伐宋也。○北戎侵鄭。鄭伯禦之。患戎師。曰。彼徒我車。懼其侵軼我也。徒步兵也軼突也軼直結反又音逸○公子突曰。使勇而無剛者。嘗寇而速去之。公子突鄭厲公也嘗試也勇則能往無剛不恥退君爲三覆以待之。覆伏兵也戎輕而不整。貪而無親。勝不相讓。敗不相救。先者見獲。必務進。進而遇覆。必速奔。後者不救。則無繼矣。乃可以逞。逞解也○輕遣政反逞勅領反解音蟹或佳買反【疏】先者至以逞○正義曰嘗寇速去知戎必逐之逐其去者必有所獲獲謂獲鄭人也在先者見逐有所獲不復顧後必務在速進謂棄其後者獨自先進而遇覆必速奔走後者不救則是無繼續矣無繼則易敗如是乃可以解患服虔云先者見獲言必不往相救各自務進言其貪利也其言見獲者當謂戎被鄭獲也鄭人速去以誘之安得獲戎也在先者已被鄭獲重進者將復爲虜各自務進欲何所貪而云貪利也此則不可解無故以解亂之從之。戎人之前遇覆者。奔。祝聃逐之。祝聃鄭大夫○聃乃甘反一音士甘反衷戎師。前後擊之。盡殪。爲三部伏兵祝聃帥勇而無剛者先犯戎而速奔以遇二伏兵至後伏兵起戎還走祝聃反逐之戎前後及中三處受敵故曰衷戎師殪死也○衷丁仲反又音忠殪於計反處昌慮反【疏】注爲三至死也○正義曰前後及中三處受敵者前謂第一伏逆其前也後謂祝聃與後伏逐其後也中謂第二伏擊其中也衷戎師者謂戎師在三伏之中殪死也釋詁文戎師大奔。後駐軍不復繼也○駐丁住反十一月。甲寅。鄭人大敗戎師。此皆春秋時事雖經無正文所謂必廣記而備言之將令學者原始要終尋其枝葉究其所窮他皆放此○令力呈反要於遙反【疏】十一月至戎師○正義曰此即上傳所說擊戎之事史官得其戰狀乃裁約爲之辭經之所陳皆是此類既不書經故準經爲文以摠之

經十年。春。王二月。公會齊侯、鄭伯于中丘。傳言正月會癸丑盟釋例推經傳日月癸丑是正月二十六日知經二月誤○夏。翬帥師會齊人、鄭人伐宋。公子翬不待公命而貪會二國之君疾其專進故去氏齊鄭以公不王故亦更使微者從之伐宋不言及明翬專行非鄭之同謀也及例在宣七年○去起呂反傳同【疏】注公子至七年正義曰傳稱羽父先會齊侯鄭伯是不待公命也貪會二國之君自求其名時史疾其專進故貶去公子義與氏同故以氏言之中丘之會計君自親行今齊鄭稱人是使微者從之也於例師出與謀曰及傳稱盟于鄧爲師期公既與謀計當書及今乃言會明其以翬專行非鄧之謀釋例曰王命伐宋羽父不匡君以速進而先會二國自以爲名故貶去其族齊侯鄭伯鄭伯又爲王卿士二君奉王命以討宋惡羽父之專進故使與微者同伐動而無功故無成敗也案四年翬固請而行故貶去其氏此直言羽父先會齊侯鄭伯無固請之文亦貶之者又公子豫會邾人鄭人以不待公命而經不書此翬亦不待公命而經書者翬於四年傳稱固請明此先會亦固請也傳於四年其文已詳故於此而略耳豫會邾人鄭人本非公卿故不書此則公會齊鄭于中丘已爲師期翬又請公先會先會則是君命故以書之○六月。壬戌。公敗宋師于菅。齊鄭後期故公獨敗宋師書敗宋未陳也敗例在莊十一年菅宋地○菅古顏反陳直覲反【疏】注齊鄭至宋地○正義曰案傳公會齊侯鄭伯于老桃然後公敗宋師則知老桃之會謀與宋戰彼與公謀戰而公獨敗宋師知齊鄭後期也辛未。取郜。辛巳。取防。鄭後至得郜防二邑歸功于魯故書取明不用師徒也濟陰城武縣東南有郜城高平昌邑縣西南有西防城○郜古報反字林又

工竺反。○秋，宋人、衛人入鄭。宋人、蔡人、衛人伐戴。鄭伯伐取之。三國伐戴，鄭伯因其不和，伐而取之。書伐，用師徒也。書取，克之易也。戴國，今陳留外黃縣東南有戴城。○戴音再，字林作䣌，云故國在陳留。易，以豉反，傳同。〔疏〕注「三國」至「戴城」。○正義曰：案傳例，克邑不用師徒曰取，然則取者據克邑之文。其克得師衆而易者，亦曰取。但取者雖據克邑之易，今此克得軍師亦稱取者，是以莊十一年注云：威力兼備，若羅網所掩覆，一軍皆見禽制。若非前敵之易，何能覆而取之？故釋例曰：如取如攜。然則凡言取者，皆易辭。劉君以取之非易而規杜氏，非也。沈氏亦云：今日圍，明日取，故知易也。公羊傳曰：其言伐取之何？易也。是杜所用之義。地理志云：梁國甾縣，故戴國。應劭曰：章帝改曰考城。古者甾、載聲相近，故鄭玄詩箋讀似載爲熾，甾是其音大同，故漢於戴國立甾縣，於晉屬陳留。○冬，十月壬午，齊人、鄭人入郕。

傳十年春，王正月，公會齊侯、鄭伯于中丘。癸丑，盟于鄧，爲師期。尋九年會于防，謀伐宋也。公既會而盟，盟不書，非後也，蓋公還告會而不告盟。鄧，魯地。〔疏〕注「尋九」至「魯地」。○正義曰：九年傳稱會于防，謀伐宋，未及伐宋，而更爲此會，爲師伐宋之期，知是尋防會也。釋例曰：盟于鄧，盟于犖，盟于咸，公既在會而不書盟者，以理推之，會在盟前，知非後盟也，蓋公還告會而不告盟。○夏五月，羽父先會齊侯、鄭伯伐宋。言先會，明非公本期。釋翬之去族。○六月戊申，公會齊侯、鄭伯于老桃。會不書，不告於廟也。老桃，宋地。六月無戊申，戊申，五月二十三日，日誤。〔疏〕注「會不」至「日誤」。○正義曰：六月無戊申。戊申者，下有辛巳取防，亦在六月之內。戊申在辛巳之前三十三日，不得共在一月。上有五月，今別言六月，知日誤，月不誤。長歷推六月丙辰朔，三日戊午，五日庚申，未知二者孰是。壬戌，公敗宋師于菅。庚午，鄭師入郜。辛未，歸于我。庚辰，鄭師入防。辛巳，歸于我。壬戌，六月七日。庚午，十五日。庚辰，二十五日。鄭伯後期，而公獨敗宋師，故鄭頻獨進兵以入郜、防，入而不有，命魯取之，推功上爵，讓以自替，不有其實，故經但書魯取，以成鄭志，善之也。君子謂鄭莊公於是乎可謂正矣。以王命討不庭，下之事上，皆成禮於庭中。不貪其土，以勞王爵，正之體也。勞者，敘其勤以荅之。諸侯相朝，逆之以饔餼，謂之郊勞。魯侯爵尊，鄭伯爵卑，故言以勞王爵。○勞，力報反，注同。餼，音許氣反。〔疏〕注「勞者」至「王爵」。○正義曰：聘禮賓至于近郊，君使卿朝服用束帛勞。覲禮至于郊，王使人皮弁用璧勞。周禮司儀曰：諸公相爲賓，主君郊勞。皆不言以饔餼勞。案禮饔餼乃是既相見致大禮，不應於郊以設之。杜意蓋以飪食曰饔，牲曰餼，以勞客於郊，必有牲餼，故亦饔餼言之，非謂大禮之饔餼也。勞禮，大行人云：上公三勞，近郊勞一也，遠郊勞二也，竟首勞三也。侯伯再勞，去竟首。子男一勞，去遠郊。凡近郊勞皆君自行，遠郊使卿，竟首使大夫。掌客又云：上公五積，皆眡飧牽，侯伯四積，子男三積。是賓入竟之後，有致積之禮。積雖是牽，亦或有芻，或在郊致積，故謂之郊勞。沈依聘禮注：其郊之遠近，上公遠郊五十里，侯伯三十里，子男十里，近郊各半之。○蔡人、衛人、郕人不會王命。不伐宋也。○秋七月庚寅，鄭師入郊，猶在郊。鄭師還，駐兵於遠郊。宋人、衛人入鄭。宋、衛奇兵，承虛入鄭。蔡人從之，伐戴。從宋、衛伐戴也。八月壬戌，鄭伯圍戴。癸亥，克之，取三師焉。三國之軍在戴，故鄭伯合圍之。師者，軍旅之通稱。○稱，尺證反。〔疏〕注「三國」至「通稱」。○正義曰：三國之軍在戴城下，故鄭伯合圍之。不言圍戴者，本意圍三師，不圍戴也。不言圍三師者，今日圍，明日取，圍之不久，經以取告，不以圍告。三國經皆稱人，於例爲將卑師少，而傳言三師，故辯之。師者，軍旅之通稱。宋、衛既入鄭，而以伐戴召蔡人，伐戴乃召之。蔡人怒，故不和而敗。言鄭取之易也。○九月戊寅，鄭伯入宋。報入鄭也。九月無戊寅，戊寅，八月二十四日。〔疏〕注「報入」至「四日」。○正義曰：九月無戊寅者，經有十月壬午，長厤推壬午十月二十九日，戊寅在壬午之前四日耳，故九月不得有戊寅。上有八月，下有冬，則誤在日也。○冬，齊人、鄭人入郕。討違王命也。

經十有一年春，滕侯、薛侯來朝。諸侯相朝，例在文十五年。○薛，息列反。〔疏〕「十有一年」至「來朝」。○正義曰：十下言有者，于寶云：十盈則更始，以奇從盈數，故言有也。經備文，傳從略，故傳不言有。桓七年穀伯、鄧侯別言來朝，此兼言來朝○者，彼別行禮，此同時行禮，當長者在先，故爭之。夏，公會鄭伯于時來。時來，郲也。滎陽縣東有釐城，鄭地也。○郲音來。釐音來，王元規力之反。○秋七月壬午，公及齊侯、鄭伯入許。與謀曰及。還使許叔居之，故不言滅也。許，潁川許昌縣。○與音預。還音環。〔疏〕注「與謀」至「昌縣」。○正義曰：與謀曰及，宣七年傳例也。傳稱會于郲，謀伐許，是公與謀也。譜云：許，姜姓，與齊同祖，堯四嶽伯夷之後也。周武王封其苗裔文叔于許，今潁川許昌是也。靈公徙葉，悼公遷夷，一名城父，又居析，一名白羽。許男斯處容城。自文叔至莊公十一世，始見春秋。元公子結元年，獲麟之歲也。當戰國初，楚滅之。地理志云：潁川郡許縣，故許國，文叔所封，二十四世爲楚所滅也。漢世名許縣耳，魏武作相，改曰許昌。○冬十有一月壬辰，公薨。實弒，書薨，又不地者，史策所諱也。〔疏〕注「實弒」至「諱也」。○正義曰：他君見弒則書弒，魯君見弒則書薨。公薨例皆地，此公又不地，故解之，言魯史策書所諱也。不忍言君之見弒，又不忍言其僵尸之處，諱而不書，故夫子因之。傳不言書曰，知是舊史諱之也。董狐書趙盾弒君，仲尼謂之良史。不書君弒，則是舊史之不良。夫子不改其文而因之者，爲人臣者或心實愛君，爲諱愆過；或志在疾惡，故章賊名。雖事跡不同，而俱是爲國。聖賢兩通其事，欲見仁非一途。僖元年傳曰：諱國惡，禮也。以仲尼之善董狐，知爲史必須直也。以互明之，禮諱惡，知爲史又當諱也。釋例曰：臣之事君，猶子事父，微諫見志，造膝詭辭，執其事而諫其非，不必其得，蓋匡救將然，而將順其已然，故有隱諱之義焉。至於激節之士，則不然，南史執簡而累進，董狐書法而不隱，鬻拳劫君而自刖，晏嬰端委而引直，聖賢亦錄而善之，所以廣義訓，博大道。殷有三仁，此之謂也。是言聖賢兩通之意也。鄭伯髡頑、楚子麇、齊侯陽生之徒，俱實見弒，而以卒赴魯，是他國之臣亦有諱國惡者，非獨魯史也。

傳十一年春，滕侯、薛侯來朝，爭長。薛，魯國薛縣。○長，丁丈反，下注及文同。〔疏〕注「薛魯國薛縣」。○正義曰：譜云：薛，任姓，黃帝之苗裔奚仲封爲薛侯，今魯國薛縣是也。奚仲遷于邳，仲虺居薛，以爲湯左相。武王復以其冑爲薛侯。齊桓霸諸侯，黜爲伯。獻公始與魯同盟。小國無記，世不可知，亦不知爲誰所滅。地理志云：魯國薛縣，夏車正奚仲所國，後遷于邳，湯相仲虺居之。薛侯曰：我先封。薛祖奚仲，夏所封，在周之前。○夏，戶雅反。〔疏〕注「薛祖」至「之前」。○正義曰：定元年傳曰：薛之皇祖奚仲居薛，以爲夏車正，是夏所封也。滕侯曰：我周之卜正也。卜正，卜官之長。〔疏〕注「卜正，卜官之長」。○正義曰：周禮春官太卜下大夫二人，其下有卜師、卜人、龜人、菙人。大卜爲之長，正訓長也，故謂之卜正。薛，庶姓也，我不可以後之。庶姓，非周之同姓。〔疏〕注「庶姓」至「同姓」。○正義曰：周禮司儀職云：詔王儀，南鄉見諸侯，土揖庶姓，時揖異姓，天揖同姓。鄭玄云：庶姓，無親者也。異婚姻者也。是庶姓非同姓也。公使羽父請於薛侯曰：君與滕君辱在寡人。周諺有之曰：山有木，工則度之；賓有禮，主則擇之。擇所宜而行之。○諺音彥，俗言也。度，大洛反。周之宗盟，異姓爲後。盟載書皆先同姓，例在定四年。〔疏〕「周之」至「爲後」。○正義曰：賈逵以宗爲尊，服虔以宗盟爲同宗之盟，孫毓以爲宗伯屬官掌作盟詛之載辭，故曰宗盟。杜無明解。盟之尊卑自有定法，不得言尊盟也。周禮司盟之官乃是司寇之屬，非宗伯也。雖服之言得其旨也，而孫毓難服云：同宗之盟，則無與異姓，何論先後？若通共同盟，則何稱於宗？斯不然矣。天子之盟諸侯，令其獎王室，未聞離逖異姓，獨與同宗者也。但周人貴親，先敘同姓，以其篤於宗族，是故謂之宗盟。魯人之爲此言，見其重宗之義，執其宗盟之文，即云無與異姓。然則公與侯燕，則異姓爲賓，復言族燕不得有異姓也。孟軻所云說詩者不以辭害意，此之謂也。異姓爲後者，謂王官之伯降臨諸侯，以王命而盟者耳。其春秋之世，狎主齊盟者，則不復先姬姓也。踐土之盟，其載書云：王若曰：晉重、魯申，是用王命而盟也。召陵之會，劉子在焉，故祝佗引踐土爲比，爲有王官故也。宋之盟，楚屈建先於趙武，明是大國在前，不先姬姓。若姬姓常先，則楚不得競也。且言周之宗盟，是唯周乃然，故釋例曰：斥周而言，指謂王官之宰臨盟者也。其餘雜盟，未必皆然。是言餘盟不先姬姓。盟則同姓在先，朝則各從其爵，故鄭康成注禮記云：朝覲爵同同位。若然，案覲禮曰：諸侯前朝，皆受舍于朝，同姓西面北上，異姓東面北上。鄭玄云：言諸侯明來朝者衆矣，顧其入覲不得並耳，分別同姓異姓，受之將有先後也。若如此言，則似朝覲不以爵者，但朝覲實以爵同同位，就爵同之中，先同姓，後異姓。若盟則爵雖不同，先同姓也。禮記：周公朝諸侯于明堂之位，三公中階之前，北面東上；諸侯之位，阼階之東，西面北上；諸伯之國，西階之西，東面北上；諸子之國，門東，北面東上；諸男之國，門西，北面東上。

覲禮於方明之壇鄭言諸侯見王之位亦引明堂位爲說是則諸侯揔見皆以爵爲班雖不分別同姓異姓其受禮之時爵同者猶先同姓也其王官之伯臨諸侯之盟雖羣后咸在常先同姓故此言宗盟耳取重宗之事以喻已也取譬之事聊舉一邊寡人若朝于薛不敢與諸任齒朝於彼國自可下主國之宗諸侯衆盟不肯先盟主之宗也　寡人若朝于薛。不敢與諸任齒。薛任姓齒列也○任音壬注同【疏】注薛任姓齒列也○正義曰世本姓氏篇云任姓謝章薛舒呂祝終泉畢過言此十國皆任姓也禮記文王世子曰古者謂年齡齒亦齡也然則齒是年之別名人以年齒相次列以爵位相次列亦名爲齒故云齒也　君若辱貺寡人。則願以滕君爲請。薛侯許之。乃長滕侯。○夏。公會鄭伯于郲。謀伐許也。鄭伯將伐許。五月。甲辰。授兵於大宮。大宮鄭祖廟　公孫閼與潁考叔爭車。公孫閼鄭大夫○閼於葛反　潁考叔挾輈以走。輈車轅也○挾音協輈張留反【疏】挾輈以走○正義曰廟內授車未有馬駕故手挾以走輈轅也方言云楚衛謂轅爲輈服虔云考叔挾車轅韃馬而走古者兵車一轅服馬夾之若馬已在轅不可復挾且韃馬而走非捷步所及子都豈復乘車逐之　子都拔棘以逐之。子都公孫閼棘戟也　及大逵。弗及。子都怒。逵道方九軌也○逵求龜反爾雅云九達謂之逵杜云道方九軌此依考工記【疏】注逵道方九軌也○正義曰冬官考工記匠人營國經涂九軌軌車轍謂王城之內道廣並九車也爾雅釋宮云一達謂之道路二達謂之歧旁三達謂之劇旁四達謂之衢五達謂之康六達謂之莊七達謂之劇驂八達謂之崇期九達謂之逵說爾雅者皆以爲四道交出復有旁通故劉炫規過以逵爲九道交出也今以爲道方九軌者蓋以九出之道世俗所希不應城內得有此道以記有九軌故以逵當之言並容九軌皆得前逵亦是九逵之義故李巡注爾雅亦取並軌之義又涂方九軌天子之制諸侯之國不得皆有唯鄭城之內獨有其涂故傳於鄭國每言逵也故桓十四年焚渠門入及大逵莊二十八年衆車入自純門及逵市宣十二年入自皇門至于逵路劉君以爲國國皆有逵道以規杜氏其義非也

○秋。七月。公會齊侯、鄭伯伐許。庚辰。傅于許。傅于許城下○傅音附注同　潁考叔取鄭伯之旗蝥弧以先登。蝥弧旗名○蝥亡侯反弧音胡【疏】注蝥弧旗名○正義曰周禮諸侯建旂孤卿建旜而左傳鄭有蝥弧齊有靈姑銔皆諸侯之旗也趙簡子有蜂旗卿之旗也其名當時爲之其義不可知也　子都自下射之。顛。顛隊而死○射食亦反下及注同隊直類反　瑕叔盈又以蝥弧登。瑕叔盈鄭大夫　周麾而呼曰。君登矣。周徧也麾招也○麾許危反又許僞反呼火故反徧音遍　鄭師畢登。壬午。遂入許。許莊公奔衞。奔不書兵亂遁逃未知所在○遁徒頓反　齊侯以許讓公。公曰。君謂許不共。不共職貢○共音恭本亦作供音同注及下同　故從君討之。許既伏其罪矣。雖君有命。寡人弗敢與聞。乃與鄭人。鄭伯使許大夫百里奉許叔以居許東偏。許叔許莊公之弟東偏東鄙也○與聞音預　曰。天禍許國。鬼神實不逞于許君。而假手于我寡人。借手于我寡德之人以討許　寡人唯是一二父兄不能共億。父兄同姓羣臣供給億安也○億於力反　其敢以許自爲功乎。寡人有弟。不能和協。而使餬其口於四方。弟共叔段也餬鬻也段出奔在元年○餬音胡說文云寄食鬻本又作粥之育反又與六反【疏】注弟共至元年○正義曰莊公之弟逃於四方故知唯是共叔段也說文云餬寄食也以此傳言餬口四方故以寄食言之昭七年傳云饘於是鬻於是以餬余口釋言云餬饘也則餬是饘鬻別名今人以薄鬻塗物謂之餬紙餬帛則餬者以鬻食口之名故云餬其口也　其況能久有許乎。吾子其奉許叔。以撫柔此民也。吾將使獲也佐吾子。獲鄭大夫公孫獲　若寡人得沒于地。以壽終○壽如字又音授　天其以禮悔禍于許。言天加禮於許而悔禍之　無寧茲許公復奉其社稷。無寧寧也茲此也○復扶又反又音服　唯我鄭國之有請謁焉。如舊昏媾。謁告也婦之父曰昏重昏曰媾○媾古豆反重直龍反【疏】注謁告至曰媾○正義曰謁告也釋詁文婦之父曰昏釋親文也媾與昏同文故先儒皆以爲重昏曰媾　其能降以相從也。降降心也　無滋他族實偪處此。以與我鄭國爭此土也。吾子孫其覆亡之不暇。而況能禋祀許乎。禋齊以享謂之禋祀謂許山川之祀○覆芳服反暇行嫁反禋音因齊側皆反本亦作齋【疏】注禋齊至之祀○正義曰釋詁云禋祭也孫炎曰禋絜敬之祭周語曰精意以享禋也是絜齊以享謂之禋享訓獻也言絜清齊敬以酒食獻神也禮諸侯祭山川之在其地者若其受許之土則當祭許山川故知祀謂許山川之祀　寡人之使吾子處此。不唯許國之爲。亦聊以固吾圉也。圉邊垂也○爲于僞反圉魚呂反【疏】注圉邊垂也○正義曰釋詁云圉垂也舍人曰圉邊垂也　乃使公孫獲處許西偏。曰。凡而器用財賄。無寘於許。我死。乃亟去之。吾先君新邑於此。此今河南新鄭舊鄭在京兆○賄呼罪反字林音悔寘之豉反置也亟紀力反急也下注同【疏】注此今至京兆○正義曰地理志云河南郡新鄭縣詩鄭桓公之子武公所國是知新邑於此謂河南新鄭也且志又云京兆鄭縣周宣王弟鄭桓公邑是知舊鄭在京兆也志又云本周宣王弟友爲周司徒食采於宗周畿內是爲鄭桓公桓公問於史伯曰王室多故何所可以逃死史伯爲桓公謀取虢鄶之地令寄帑與賄而虢鄶受之後三年幽王敗桓公死其子武公與平王東遷卒定虢鄶之地然則傳云先君新邑於此謂武公始居此也史記鄭世家稱虢鄶自分十邑獻於桓公桓公竟國之案鄭語桓公始謀未取之也武公始國非桓公也全滅虢鄶非獻邑也馬遷之言皆謬耳昭十六年傳子產謂韓宣子曰我先君桓公與商人皆出自周以艾殺此地而共處之者謂寄帑與賄之時商人即與俱行耳非桓公身至新鄭　王室而既卑矣。周之子孫日失其序。鄭亦周之子孫　夫許。大岳之胤也。大岳神農之後堯四岳也胤繼也○大岳音泰【疏】注大岳至繼也○正義曰周語稱共工伯鯀二者皆黃炎之後言鯀爲黃帝之後共工爲炎帝之後炎帝則神農之別號周語又稱堯命禹治水共之從孫四岳佐之胙四岳國命爲侯伯賜姓曰姜氏曰有呂賈逵云共共工也從孫同姓末嗣之孫四岳官名大岳也主四岳之祭焉姜炎帝之姓其後變易至於四岳帝復賜之祖姓以紹炎帝之後以此知大岳是神農之後堯四岳也以其主岳之祀尊之故稱大岳許國是其後也胤繼也釋詁文舍人云胤繼世也　天而既厭周德矣。吾其能與許爭乎。君子謂鄭莊公於是乎有禮。禮。經國家。定社稷。序民人。利後嗣者也。許無刑而伐之。服而舍之。刑法也○厭於豔反【疏】禮經至嗣者也○正義曰經謂紀理之若詩之經營經始也國家非禮不治社稷得禮乃安故禮所以經理國家安定社稷以禮教民則親戚和睦以禮守位則澤及子孫故禮所以矣序民人利益後嗣經國家猶詩序之言經夫婦也　度德而處之。量力而行之。相時而動。無累後人。我死乃亟去之無累後人○度待洛反量音良下同相息亮反累劣僞反注同　可謂知禮矣。○鄭伯使卒出豭。行出犬雞。以詛射潁考叔者。百人爲卒二十五人爲行行亦卒之行列疾射潁考叔者故令卒及行間皆詛之○卒尊忽反注同豭音加豬別名行戶剛反注同詛則慮反令力呈反【疏】注百人至詛之○正義曰周禮夏官序制軍之法百人爲卒二十五人爲兩此言二十五人爲行者以傳先卒後行豭大於犬知行之人數少於卒也軍法百人之下唯有二十五人爲兩耳又大司馬之屬官行司馬是中士軍之屬官兩司馬亦中士知周禮之兩即此行是也周禮之行謂軍之行列知此行亦卒之行列也詛者盟之細殺牲告神令加之殃咎疾射潁考叔者令卒及行閒祝詛之欲使神殺之也一卒之內已用一豭又更令一行之間或用雞或用犬重祝詛之犬雞者或雞或犬非雞犬並用何則盟詛例用一牲不用二也豭謂豕之牡者爾雅釋獸豕牡曰豭豭者是牡知豭者是牡祭祀例不用牝且宋人謂宋朝爲艾豭明以雄猪喻也　君子謂鄭莊公失政刑矣。政以治民。刑以正邪。既無德政。又無威刑。是以及邪。大臣不睦又不能用刑於邪人○邪似嗟反下及注同

邢而詛之。將何益矣。○王取鄔、劉、二邑在河南緱氏縣西南有鄔聚西北有劉亭。○鄔烏戶反緱古侯反一音苦侯反聚才遇反 蔿、邘之田于鄭。蔿邘鄭二邑。○蔿九委反邘音于 而與鄭人蘇忿生之田。蘇忿生周武王司寇蘇公也。○忿芳粉反【疏】注蘇忿至公也。○正義曰成十一年傳曰昔周克商使諸侯撫封蘇忿生以溫爲司寇尚書立政稱周公告大史曰司寇蘇公是其事也 溫、今溫縣 原、在沁水縣西。○沁七浸反字林先任反郭璞三蒼解詁音狗沁之沁沈文何疏鴆反韋昭思金反水名 絺、在野王縣西南。○絺勑之反 樊、一名陽樊野王縣西南有陽城。○樊扶袁反 隰郕、在懷縣西南。○隰詳立反郕尚征反 欑茅、在脩武縣北。○欑木官反 向、軹縣西有地名向上。○向舒亮反注同軹音紙 盟、今盟津。○盟音孟 州、今州縣 陘、闕。○陘音刑 隤、在脩武縣北。○隤徒回反 懷。今懷縣。凡十二邑皆蘇忿生之田欑茅隤屬汲郡餘皆屬河內 君子是以知桓王之失鄭也。恕而行之。德之則也。禮之經也。己弗能有。而以與人。人之不至。不亦宜乎。蘇氏叛王十二邑王所不能有爲桓五年從王伐鄭張本 ○鄭息有違言。以言語相違恨 息侯伐鄭。鄭伯與戰于竟。息師大敗而還。息國汝南新息縣。○竟音境息一本作鄎音息【疏】注息國至息縣。○正義曰世本息國姬姓此息侯伐鄭責其不親親知與鄭國同姬姓也莊十四年傳楚文王滅息其初則不知誰之子何時封也地理志汝南郡有新息縣故息國也應劭云其後東徙故加新云若其後東徙當云故息何以反加新字乎蓋本自他處而徙此也 君子是以知息之將亡也。不度德。鄭莊賢。○度待洛反 不量力。息國弱 不親親。鄭息同姬之國 不徵辭。不察有罪。言語相恨當明徵其辭以審曲直不宜輕鬬 犯五不韙。而以伐人。其喪師也。不亦宜乎。韙是也。○韙韋鬼反蒼頡篇同喪息浪反 ○冬。十月。鄭伯以虢師伐宋。壬戌。大敗宋師。以報其入鄭也。入鄭在十年 宋不告命。故不書。凡諸侯有命。告則書。不然則否。命者國之大事政令也承其告辭史乃書之於策若所傳聞行言非將君命則記在簡牘而已不得記於典策此蓋周禮之舊制。○傳直專反 師出臧否。亦如之。臧否謂善惡得失也滅而告敗勝而告克此皆互告不須兩告乃書。○否音鄙又方九反注同 雖及滅國。滅不告敗。勝不告克。不書于策。【疏】凡諸至于策。○正義曰此傳雖因宋不告敗而發此例其言諸侯有命非獨爲彼伐之命故注云命者國之大事政令也謂諸國大事崩卒會盟戰伐克取君臣乖離水火災害經書他國之事皆是來告則書不告則否來告則書者或彼以實告改其告辭而書之或彼以虛告因其虛言而記之文襄貶章示善惡雖復依告者多不必盡皆依告衛獻公之出奔也傳稱孫林父甯殖出其君名在諸侯之策及其書經則云衛侯出奔齊如此之類是改告辭也晉人之敗秦也傳稱潛師夜起以敗秦于令狐秦實未陳不與晉戰晉人諱背前言妄以戰告及其書經乃言晉人及秦人戰于令狐如此之類是因虛言也雖復或因其虛或改其實終是歸於勸戒得告乃書也不然則否者雖復傳聞行言實知其事但非故遣來告亦不書所以慎謬誤辟不審若楚滅六蓼臧文仲歎而爲言知魯非不知但無命來告故不書也師出臧否亦如之者傳因被兵發例嫌出師伐人不必須告故重明之雖及滅國者既據侵伐發例又嫌滅國事重不待告命故更明之言不書于策者明告命之大事皆書於國史正策不以見仲尼脩定之文。○注臧否至乃書。○正義曰不言勝敗而言臧否者明其臧否之言非徒勝敗之謂故知是善惡得失揔謂理有曲直兵有彊弱也狄伐邢之類非狄能告也楚滅庸之徒非庸能告也故知敗克互言不須兩告乃書也且哀元年傳曰吳入越不書吳不告慶越不告敗也吳越並言知其不待兩告 ○羽父請殺桓公。將以求大宰。大宰官名。○大音泰注同【疏】注大宰官名。○正義曰周禮天子六卿天官爲大宰諸侯則并六爲三而兼職焉昭四年傳稱季孫爲司徒叔孫爲司馬孟孫爲司空則魯之三卿無大宰也羽父名見於經已是卿矣而復求大宰蓋欲令魯特置此官以榮己耳以後更無大宰知魯竟不立之 公曰。爲其少故也。吾將授之矣。授桓位。○爲于僞反少詩照反 使營菟裘。吾將老焉。菟裘魯邑在泰山梁父縣南不欲復居魯朝故別營外邑。○菟兎都反裘音求父音甫復扶又反下同 羽父懼。反譖公于桓公。而請弒之。公之爲公子也。與鄭人戰于狐壤。止焉。內諱獲故言止狐壤鄭地。○譖側鴆反弒音試下同一本作殺 鄭人囚諸尹氏。尹氏鄭大夫 賂尹氏而禱於其主鍾巫。主尹氏所主祭。○賂音路禱丁老反或多報反巫亡夫反 遂與尹氏歸。而立其主。立鍾巫於魯 十一月。公祭鍾巫。齊于社圃。社圃園名。○圃布古反 館于寪氏。館舍也寪氏魯大夫。○寪于委反 壬辰。羽父使賊弒公于寪氏。立桓公。而討寪氏。有死者。欲以弒君之罪加寪氏而復不能正法誅之傳言進退無據【疏】討寪氏有死者。○正義曰劉炫云羽父遣賊弒公公非寪氏所弒公在寪氏而死遂誣寪氏弒君欲以正法誅之君非寪氏所弒故討寪氏之家僅存死者而已言不揔誅之。○注欲以至無據。○正義曰劉炫云欲以弒君之罪加寪氏則君非寪氏所弒而復不能以正法誅之正法謂滅其族汙其宮也傳言此者進退無據進誅寪氏則實非寪氏弒君退舍寪氏則無弒君之人是其進退無據也 不書葬。不成喪也。桓弒隱篡位故喪禮不成

春秋左傳注疏卷四校勘記

阮元撰盧宣旬摘錄

附釋音春秋左傳注疏卷第四 隱六年盡十一年宋本春秋正義卷第四

經六年

鄭人來渝平 惠棟云渝讀爲輸二傳作輸廣雅云輸更也釋詁楚文變輸盟刺謂變更盟刺耳渝更也平成也故經書渝平傳云更成杜氏訓渝爲變必俗儒傳寫之譌案渝輸古通用爾雅云渝變也杜氏用雅訓變亦更之意也

具四時以成歲 岳本歲下有也字

也皆放此 宋本淳熙本岳本纂圖本足利本也作他淳熙本纂圖本放作倣

傳六年

傳曰更成 淳熙本成作平非也

注翼晉至大夫 宋本以下正義二節揔入納諸鄂節注下

公孫嬰齊卒于貍服 宋本服作脤是也

蘇忿生十二邑注陘云闕者 此本二字脫依宋本毛本補閩本監本考文作一非也

五月庚申 宋本此節正義在注祟聚也之下

商書曰惡之易也如火之燎于原不可鄉邇 此與莊十四年所引同如尚書作若鄉作嚮釋文云鄉本又作嚮同也按鄉正字嚮向皆俗字今尚書作嚮乃衞包所改

見惡如農夫之務去草焉 周禮秋官序官薙氏注引傳文無焉字賈疏同文選東京賦注引亦無焉字

芟夷蘊崇之 釋文云說文作癹四末反文選荅賓戲注晉灼曰發開也案發乃癹字之誤今諸本皆作芟字蘊石經宋本作薀釋文亦作薀周禮稻人薙人鄭司農注引傳文竝作薀此本作蘊俗字注及正義同

晉鄭焉依 水經渭水注引傳文焉作是與外傳合

注周桓至焉依 宋本此節正義在篇末

猶懼不蔇 衆經音義十二引作不暨案暨蔇古今字莊九年傳公及齊大夫盟于蔇公羊穀梁竝作暨

經七年

諸聘皆使卿執玉帛以相存問 淳熙本聘誤侯

例在襄九年 宋本足利本九作元正義同

汲郡共縣東南有凡城 釋文凡作汎續漢郡國志共縣有汎亭周凡伯國案汎與凡通

在濟陰城武縣西南 宋本岳本城作成與水經注所引合漢書地理志續漢郡國志亦竝作成武此本作城非也

傳七年

告終嗣也　石經宋本岳本足利本終下有稱字是也

下言凡例　毛本下作不字按作不是也言凡例不言凡例猶云合凡例不合凡例○今訂正

注朝而至卿寺　宋本此節正義在注傳言凡伯所以見伐之下

公卿牧守府　按當作公卿牧守曰府各本少曰字

令官所止皆曰寺　毛本令作今今字是也謂漢時稱謂如此

歃如忘　說文引作歃而忘惠棟云服虔曰如而也臨歃而忘其盟載之辭古如而字多通用

忘不在於歃血　諸本忘作志是也纂圖本閩本監本毛本血下衍也字

歃如忘　宋本此節正義在乃成昏注下

歃謂口含血也　毛本脫口字

泄伯安知其忘而譏之　監本毛本而下衍且字

以忽爲王寵故　宋本淳熙本岳本足利本爲作有毛本故作妻

經八年

鄭伯使宛來歸祊　祊漢書五行志引作邴案公羊穀梁作邴

注宛鄭至東南　宋本此節正義在庚寅節注下

諸侯同盟稱名者　足利本無侯字

非唯見在位二君也　纂圖本重脩監本毛本二作之非也

若父與彼盟　盧文弨挍本父下增不字

晉荀偃禱河稱齊晉君名　淳熙本偃誤傳

故尙書武成告名山川云　宋本監本毛本山下有大字是也

東莞縣北有邘鄉　毛本莞作菀

在禮卿不會公侯　閩本監本毛本公作諸非也

傳八年

若一地二名當時並存　案釋例作若二名當時並存宋本閩本監本毛本存作有

鄭桓公周宣王之母弟　史記周本紀正義引注桓公下有友字

鄭以天子不能復巡狩　纂圖本閩本監本毛本狩作守釋文亦作守案狩與守古通用

許慎以公羊爲非則杜意亦從許慎也公羊爲非則杜意亦從許慎也　案此本公羊爲非十二字重衍

鄭元以祖爲軷道之祭也　此本軷字模糊依宋本補閩本監本毛本作祓說文云出將有事于道必先告其神立壇四通樹茅以依神爲軷詩大雅生民篇取羝以軷毛傳云軷道祭也字或作祓

羽父請謚與族　岳本毛本謚並改作諡案段玉裁云五經文字謚諡二字音常利反上說文下字林以謚爲笑聲音呼益反今用上字據此說文作謚並不从兮从皿即字林以謚代謚亦未嘗一从兮从皿之字案經音義引說文亦作謚

注因其至爲姓　宋本以下正義三節總入公命以字爲展氏注下

胙之土而命之氏　文選陸士衡詩注引胙作祚土上有以字案胙者祚之俗

其旁支別屬則各自立氏　監本毛本旁字改作傍案旁與傍同

傳稱盟于子晳氏逐瘈狗入於華臣氏　閩本監本毛本晳誤晳于字瘈字監本毛本作瘈非也

或身以才舉者升卿位　宋本者作暫

知其皆由時命非例得之也　浦鏜正誤時疑作特

其士會之帑處秦者爲劉氏　監本毛本帑作孥

諸侯以字爲謚因以爲族　案鄭康成讀諸侯以字爲謚句見哀十六年正義杜讀諸侯以字爲句非仁和孫志祖云禮記檀弓魯哀公誄孔子鄭注云誄其行以爲謚也尼父因其字以爲之謚明用左傳此語又儀禮少牢饋食禮注云大夫或因字爲謚傳云魯無駭卒請謚與族公命之以字爲展氏是也史記五帝本紀集解引駁五經異義作諸侯以字爲氏氏乃謚字傳寫之訛

或使即先人之謚稱以爲族　宋本淳熙本岳本足利本使作便是也

經書祭仲以生賜族者　宋本以作似

俱氏二十之字自不同也　閩本氏作是非

注謂取至時君　宋本此節正義在諸侯至爲族節之後

經九年

天子使南季來聘　石經宋本岳本足利本子作王是也

電是雷光　毛本電作雷非也

挾卒　無傳挾魯大夫未賜族

右經文二字注文九字此本脫閩本同據石經宋本淳熙本岳本纂圖本監本毛本補

傳九年

防魯地在琅邪縣東南　宋本淳熙本岳本足利本邪下有華字與釋文合

書癸酉始始雨日　諸本作始雨日此本下始字衍文

故皆爲時失　淳熙本失下有也字

凡雨自三日以往爲霖　禮記月令鄭注云雨三日以上爲霖正義云隱公九年左傳文

注此解至經誤　宋本此節正義在平地尺爲大雪之下

故復往告之　宋本淳熙本岳本足利本往作更是也

先者見獲必務進　石經初刻作後必務進改刊去後字後又加於必字之上旁按石經旁加字多不可從

先者至以逞　宋本以下正義三節總入十一月節注下

祝聃帥勇而無剛者先犯戎而速奔以遇二伏兵　淳熙本帥誤師

山井鼎云足利本遇後人改作過非

經十年

非鄭之謀也　宋本監本毛本鄭作鄧案正義當作鄧閩本正義亦誤鄭○今訂作鄧

濟陰城武縣東南有郜城　岳本作成武是也

伐戴　諸本作戴陳樹華云昭廿三年正義引亦作戴石經初刻作戴後改載傳文同案作載與釋文合公羊穀梁同此本正義並作載是也說詳釋文挍勘記

傳十年

故鄭元詩箋讀假戴爲熾菑　宋本監本毛本戴作戴菑監本作甾非

戊申五月二十三日　足利本五作三非

蓋以執食曰饔　閩本監本毛本執作熟下同

承虛入鄭　岳本足利本承作乘

注三國至通稱　宋本此節正義在蔡人怒節注下

經以取告不以圍告　閩本監本毛本經作徑

經十一年

滎陽縣東有釐城　宋本淳熙本岳本足利本滎作熒○補案熒陽作熒是也此本多誤从水今並訂正挍不悉出

許潁川許昌縣　纂圖本毛本潁作穎非

堯四嶽伯夷之後也　閩本監本毛本嶽作岳

欲見仁非一涂　諸本作涂此本誤餘今訂正按涂者古塗字

造膝詭辭　宋本詭作譎是也

竊挐刼君而自則　宋本刼作執閩本監本毛本作劫則作則不誤宋本同也按依說文劫从力去聲○今並訂正

俱實見弒而以卒赴魯是他國之臣亦有諱國惡者　閩本監本毛本見誤在他國毛本作伯國非也

傳十一年

注薛魯國薛縣　宋本以下正義六節摠入乃長滕侯句下

奚仲遷于邳　監本毛本邳作邳非下同

注庶姓至同姓　宋本無同字作至姓也案各本注文皆無也字

庶姓無姓者　下姓字宋本作親是○今訂正

異婚姻者也　宋本婚作昏各本異下有姓字此本脫

山有木工則度之　陳樹華云爾雅釋器注引傳度作剫案張參五經文字云剫音度見周禮注及爾雅不云見春秋傳知唐時已作度不作剫也

則願以滕君爲請　毛本滕誤勝

夏公會鄭伯于郲謀伐許也　石經初刻作于時郲後刊去時字陳樹華云郲水經注引左傳作釐

公孫閼鄭大夫　淳熙本夫下衍閼字

挾輈以走　宋本以下正義十一節摠入將何益矣句下

子都拔棘以逐之　石經凡棘字俱作棘

餬鬻也　釋文鬻本又作粥之育反又與六反宋本鬻作粥俗省

詩鄭桓公之子武公所國　宋本詩下有鄭國二字與漢書合

後三年幽王敗　監本毛本作二年與漢志合

周語稱共工伯鮌　閩本監本毛本作伯鯀下同

蔿邘之田于鄭　陳樹華云說文邘字注周武王子所封在河內野王是也石經邘作邘非

在沁水縣西　陳樹華云郡國志作沁水西北有原城水經注作沁水縣西北有原城史記晉世家正義作河內沁水縣西北有原城並與今左傳注不合案春秋釋地亦作河內沁水縣西北有原城然據閻若璩胡朏明並云說地理之書多有舉西北以該北舉東以該南者

隰郕　惠棟云司馬彪曰懷有隰城劉昭引傳亦作城陳樹華云僖二十五年傳作隰城按郕省爲成成誤爲城古書

內往往如此

在脩武縣北　案釋例作脩武縣西北有欑城據此北上當有西字諸本作縣此本誤孫今訂正

息侯伐鄭　釋文息作鄎云一本作息案說文云鄎姬姓之國在淮北今汝南新鄎

此皆互告不須兩告乃書也　宋本淳熙本岳本上告作言是

魯非不知　監本魯誤曾下若欲令魯同

注大宰官名　宋本以下正義三節摠入不書葬節注下

而請弒之　諸本作弑釋文作殺

遂與鄭氏歸而立其主　石經宋本淳熙本岳本纂圖本足利本鄭作尹是也○今依訂正

館于寪氏　史記魯世家作蔿氏錢大昕云蔿薳古通用孟僖子有薳氏之簉其即寪氏之族乎

壬辰羽父使賊殺公于寪氏　釋文殺音弒石經宋本淳熙本岳本纂圖本作弒

欲以弒君之罪加寪氏　閩本監本毛本弒作殺非

正義曰劉炫云羽父遺賊弒公　宋本無正義曰三字弒公監本毛本公作殺公

桓弒隱篡位故喪禮不成　宋本淳熙本岳本足利本位作立

附釋音春秋左傳注疏卷第四

附釋音春秋左傳注疏卷第五　桓元年盡二年

杜氏注　孔穎達疏

桓公。陸曰桓公名軌惠公之子隱公之弟母仲子史記亦名允諡法辟土服遠曰桓〔疏〕正義曰魯世家桓公名允惠公之子隱公之弟仲子所生以桓王九年即位莊王三年薨世本桓公名軌世族譜亦爲軌諡法辟土服遠曰桓諡法非一唯舉一耳亦不知本以何行而爲此諡他皆放此是歲歲在玄枵

經元年。春。王正月。公即位。嗣子位定於初喪而改元必須踰年者繼父之業成父之志不忍有變於中年也諸侯每首歲必有禮於廟諸遺喪繼位者因此而改元正位百官以序故國史亦書即位之事於策桓公篡立而用常禮欲自同於遺喪繼位者釋例論之備矣。篡初患反〔疏〕注嗣子至備矣。正義曰顧命曰乙丑成王崩使齊侯吕伋以二干戈逆子釗于南門之外延入翼室恤宅宗孔安國云明室路寢延之使居憂爲天下宗主天子初崩嗣子定位則諸侯亦當然也釋例曰商書顧命天子在殯之遺制也推此亦足以準諸侯之禮矣是知嗣子位定於初喪孝子緣生以事死歲之首日必朝事宗廟因即改元釋例曰襄二十九年經書春王正月公在楚傳曰釋不朝正于廟也然則諸侯每歲首必有禮於廟今遺喪繼立者每新年正月亦改元正位百官以序故國史因書即位於策以表之此新君之常禮也桓之於隱本無君臣之義計隱公之死桓公即合改元不假踰年方行即位猶如晉厲被弒悼公即位改元今桓雖實篡立歸罪寪氏許言不與賊謀而用常禮自同於遺喪繼位者亦既實即其位國史依實書之仲尼因而不改反明公實篡立而自同於常亦足見桓之篡也○三月。公會鄭伯于垂。鄭伯以璧假許田。○假舉下反○夏。四月。丁未。公及鄭伯盟于越。公以篡立而脩好於鄭鄭因而迎之成禮於垂終易二田然後結盟垂犬丘衞地也越近垂地名鄭求祀周公魯聽受祊田令鄭廢泰山之祀知其非禮故以璧假爲文時之所隱○好呼報反傳同近附近之近祊百庚反令力呈反〔疏〕注公以至爲文時之所隱。正義曰成會禮於垂既易許田然後盟以結之故先會次假田然後書盟也言迎之成禮於垂者垂是衞地沈以爲公迎鄭伯於垂知時史之所隱諱者傳不言書曰知非仲尼本意也○秋。大水。書災也傳例曰凡平原出水爲大水○冬。十月。

傳元年。春。公即位。修好于鄭。鄭人請復祀周公。卒易祊田。事在隱八年○復扶又反公許之。三月。鄭伯以璧假許田。爲周公祊故也。魯不宜聽鄭祀周公又不宜易取祊田犯二不宜以動故隱其實不言祊稱璧假言若進璧以假田非久易也○爲于僞反〔疏〕注魯不至易也。正義曰祊薄於許加之以璧易取許田非假借之也今經乃以璧假爲文故傳言爲周公祊故解經璧假之言也注又解傳之意周公非鄭之祖魯不宜聽鄭祀周公天子賜魯以許田義當傳之後世不宜易取祊田於此一事犯二不宜以動故史官諱其實

不言以祊易許乃稱以璧假田言若進璧於魯以權借許田非久易然所以諱國惡也不言以祊假而言以璧假者此璧實入於魯但諸侯相交有執圭璧致信命之理今言以璧假似若進璧以致辭然故璧猶可言祊則不可言也何則祊許俱地以地借地易理已章非復得爲隱諱故也○夏。四月。丁未。公及鄭伯盟于越。結祊成也。結成易二田之事也傳以經不書祊故獨見祊。○見賢遍反盟曰。渝盟無享國。渝變也渝羊朱反享許丈反〔疏〕注渝變也。○正義曰釋言文也傳載其盟辭者以易田惡事而誓不變改見其終無悔心所以深惡魯也此時許田已入於鄭而詩頌僖公云居常與許復周公之宇蓋僖公之時復得之也齊人取讙及闡及其歸也經復書之自此以後不書鄭人來歸許田者此經書假言若暫以借鄭地仍魯物不得書鄭人歸之○秋。大水。凡平原出水爲大水。廣平曰原。〔疏〕凡平原至大水。○正義曰洪範云水曰潤下言雨自上而下浸潤於土陂鄭下地可使水潦停焉平原高地則不宜有也凡平原出水則爲大水平原出水言水不入於土而出於地上非湧泉出也。○注廣平曰原。○正義曰釋地文也李巡曰謂土地寬博而平正名之曰原○冬。鄭伯拜盟。鄭伯若自來則經不書若遣使則當言鄭人不得稱鄭伯疑謬誤。○使所吏反〔疏〕注鄭伯至謬誤。○正義曰六年傳云魯爲其班後鄭注云魯親班齊饋則亦使大夫戍齊矣經不書蓋史闕文然則經所不書自有闕文之類注既疑此事不云闕文而云謬誤者師出征伐貴賤皆書經所不書必是文闕若使事重使人雖賤亦書鄭人來渝平齊人歸讙及闡是也今以拜盟事輕若其使賤則例不合書故杜云若遣使來傳當云鄭人疑傳繆誤知非實是鄭伯爲不見公不書者以魯鄭相親易田結好鄭伯既拜盟而來魯君無容不見故知非實是鄭伯止是鄭人而已○宋華父督見孔父之妻于路。華父督宋戴公孫也孔父嘉孔子六世祖。○華戶化反大夫氏也後皆同督音篤〔疏〕注華父至世祖。○正義曰案世本云華父督宋戴公之孫好父說之子孔父嘉生木金父木金父生祁父其子奔魯爲防叔防叔生伯夏伯夏生叔梁紇叔梁紇生仲尼是孔父嘉爲孔子六世祖目逆而送之。曰美而豔。色美曰豔。○豔以贍反美色也〔疏〕目逆至而豔。○正義曰未至則目逆既過則目送俱是目也故以目冠之美者言其形貌美豔者言其顏色好故曰美而豔爲二事之辭色美曰豔詩毛傳文也

經二年。春。王正月。戊申。宋督弒其君與夷及其大夫孔父。稱督以弒罪在督也孔父稱名者內不能治其閨門外取怨於民身死而禍及其君。○閨音圭〔疏〕宋督至孔父。○正義曰凡言其者是其身之所有君是臣之君故臣弒君則云弒其君君臣是君之臣故君殺臣則云殺其大夫子亦君之子故云殺其世子稱國稱人以殺亦言其者人與國一國之辭君與大夫皆是國人所有故亦言其也若兩臣相殺死者非殺者所有則兩書名氏不得言其則王札子殺召伯毛伯是也與夷是督之君言弒其君則可孔父非督之大夫而言及其大夫者與君俱死據君爲文言宋督弒其君據督爲文而上弒其君也言及其大夫孔父據君爲文而下及其大夫言及與夷之大夫非督之大夫也仇牧荀息其意亦同。○注稱督至其君。○正義曰宣四年傳例曰弒君稱君君無道也稱臣臣之罪也故知稱督以弒罪在督也諸言父者雖或是字而春秋之世有齊侯祿父蔡侯考父季孫行父衛孫林父乃皆是名故杜以孔父爲名文七年宋人殺其大夫傳曰不稱名衆也且言非其罪也不名者非其罪則知稱名者皆有罪矣杜既以孔父爲名因論爲罪之狀內不能治其閨門使妻行於路令華督見之外取怨於民使君數攻戰而國人恨之身死而禍及其君故書名以罪孔父也釋例曰經書宋督弒其君與夷及其大夫孔父仲尼丘明唯以先後見義無善孔父之文孔父爲國政則取怨於民治其家則無閨閫之教身先見殺禍遂及君既無所善仇牧不警而遇賊又死無忠事晉之荀息期欲復言本無大節先儒皆隨加善例又爲不安經書臣蒙君弒者有三直是弒死相及卽實爲文仲尼以督爲有無君之心改書一事而已無他例也是以孔父行無可善書名罪之也案公羊穀梁及先儒皆以善孔父而書字知不然者案宋人殺其大夫司馬傳稱握節以死故書其官又宋人殺其大夫傳以爲無罪不書名今孔父之死傳無善事故杜氏之意以父爲名言若齊侯祿父宋公茲父之等父既是名孔則爲氏猶仇牧荀息被殺皆書名氏蓋孔父先世以孔爲氏故云孔督攻孔氏也婦人之出禮必擁蔽其面孔父妻行令人見其色美是不能治其閨門及殤公之好攻戰孔父須伏死而爭乃從君之非是取怨於百姓事由孔父遂禍及其君似公子比封立加弒君之罪杜君積累其惡故以書名責之劉君不達此旨妄爲規過非也○滕子來朝。無傳隱十一年稱侯今稱子者蓋時王所黜○〔疏〕注隱十至所黜。○正義曰杞行夷禮傳每發之此不發傳非爲夷禮自是以下滕當稱子故疑爲時王所黜於時周桓王東周雖則微弱猶爲天下宗主尚得命郳爲諸侯明能黜滕爲子爵○三月。公會齊侯、陳侯、鄭伯于稷。以成宋亂。成平也宋有弒君之亂故爲會欲以平之稷宋地〔疏〕注成平至宋地。○正義曰成平釋詁文也宣十五年傳晉侯治兵于稷以禦秦明其不出晉竟故以稷爲河東之稷山此欲平宋故以稷爲宋地○夏。四月。取郜大鼎于宋。戊申。納于大廟。宋以鼎賂公大廟周公廟也始欲平宋之亂終於受賂故備書之戊申五月十日○郜古報反大音泰傳大廟倣此〔疏〕注宋以至十日。○正義曰禮記明堂位稱魯君季夏六月以禘禮祀周公於大廟文十三年公羊傳曰周公稱大廟故知大廟周公廟也始欲平宋亂故會于稷終舍宋罪而受其賂故得失備書之始書成宋亂終書取郜鼎是其備書之也鄭衆服虔皆以成宋亂爲成就宋亂故以此言正之長厤此年四月庚午朔其月無戊申五月己亥朔十日得戊申是有日而無月也○秋。七月。杞侯來朝。公即位而來朝○蔡侯、鄭伯、會于鄧。潁川召陵縣西南有鄧城○召上照反〔疏〕注潁川至鄧城。○正義曰賈服以鄧爲國言蔡鄭會於鄧之國都釋例以此潁川鄧城爲蔡地其鄧國則義陽鄧縣是也以鄧是小國去蔡路遠蔡鄭不宜遠會其國且蔡鄭懼楚始爲此會何當反求近楚小國而與之結援故知非鄧國也○九月。入杞。不稱主帥微者也弗地曰入○帥所類反或作師○公及戎盟于唐。冬。公至自唐。傳例曰告于廟也特相會故致地也凡公行還不書至者皆不告廟也隱不書至謙不敢自同於正君書勞策勳〔疏〕注傳例至策勳。○正義曰釋例曰凡盟有一百五公行一百七十六書至者八十二其不書至者九十四皆不告廟也隱公之不告謙也餘公之不告慢也於禮也是言不告之意也知隱不書至爲謙者以隱是讓位賢君必不慢於宗廟假使慎慢宗廟止可時或失禮不應終隱之身竟不書至知其以謙之故勞非所憚勳無可紀不敢自同於正君書勞策勳故不告至也

傳二年。春。宋督攻孔氏。殺孔父而取其妻。公怒。督懼。遂弒殤公。君子以督爲有無君之心。而後動於惡。雖有君若無也故先書弒其君。會于稷。以成宋亂。爲賂故。立華氏也。經稱平宋亂者蓋以魯君受賂立華氏貪縱之甚惡其指斥故遠言始與齊陳鄭爲會之本意也傳言爲賂故立華氏明經本書平宋亂爲公諱諱在受賂立華氏也猶璧假許田爲周公祊故所謂婉而成章督未死而賜族督之妄也。○爲賂于僞反注除爲會一字並同惡其烏路反婉於阮反〔疏〕君子至其君。○正義曰諸傳言君子者或當時賢者或指斥仲尼或語出丘明之意而託諸賢者期於明理而已不復曲爲義例唯河陽之狩趙盾之弒洩治之罪危疑之理須取聖證故特稱仲尼以明之其餘皆託諸君子君子者言其可以居上位子下民有德之美稱也此言先書弒君則是仲尼新意不言仲尼而言君子者欲見君子之人意皆然非獨仲尼也督有無君之心而先書弒君者君人執柄臣人畏威每事稟命而行不敢妄相殺害督乃專殺孔父而取其妻非有忌君之心全無敬上之意不臣之迹在心已久非爲公怒始興毒害若先書孔父後書弒君便似既殺孔父始有惡心今先書弒君後書孔父見其先有輕君之心以著不義之極故也。○注經稱至妄也。○正義曰傳言爲賂故立華氏解經以成宋亂之言也成宋亂者欲殺賊臣定宋國今乃受貨賂立華氏非是平亂之狀而傳以解經故注申通其義以成宋亂者是四國爲會之本謀及其既會違背前謀非徒不討宋督乃更爲立華氏宋亂實不平而經書平宋亂者蓋以魯君受賂立華氏貪縱賊爲惡之甚時史惡其指斥不可言四國爲會縱賊取財故遠言爲會之本意言會于稷欲以平宋亂也傳以經文不實解其諱之所由所諱者諱其受賂立華氏故也爲周公祊故文與此同故以類相明然案爲周公祊故故字在下而向上結之此亦應云爲賂立華氏故也何以此文故字乃在立華氏之上爲賂之下者以周公祊故其文約少得以故字在下揔而結之此則文句長緩不可揔而結之先舉爲賂惡重所以云爲賂故也然後始言立華氏備詳其事今定本有故字檢晉宋古本往往無故字者妄也襄三十年諸侯之卿會于澶淵謀歸宋財既而無歸書曰宋災故尤之也此書成宋亂知非譏受賂尤四國者澶淵之會既卿稱人是尤之文此則具序君爵辭無貶責非尤過之狀知爲諱故而本其會意從其平文也文十七年晉會諸侯于扈欲以平宋之亂既而不討受賂而還其事與此正同而經書諸侯會于扈傳曰書曰諸侯無功也此亦無功不言諸侯會于稷而厤序諸國者扈之會晉爲伯會諸侯以討亂乃受賂而還猶如僖十四年諸侯城緣陵齊桓爲伯城而不終故貶稱諸侯此則齊陳鄭自相平亂故不加貶文知不爲公諱不貶諸侯者以狄泉之諱唯沒公文其餘皆貶此若必諱唯須沒公而已何須不貶諸國宜四年公及齊侯平

莒及郯成平同義而彼言平此言成者史官非一置辭不同猶暨之與及更無他義所謂史有文質不必改也文十三年傳稱衛侯鄭伯請平于晉公皆成之是知成平義無異也

宋殤公立。十年十一戰。殤公以隱四年立十一戰皆在隱公世

〔疏〕注殤公至公世○正義曰服虔云與夷隱四年即位一戰伐鄭圍其東門再戰取其禾皆在隱四年三戰取邾田四戰邾鄭入其郛五戰伐鄭圍長葛皆在隱五年六戰鄭伯以王命伐宋在隱九年七戰公敗宋師于菅八戰宋衛入鄭九戰宋人蔡人衛人伐戴十戰戊寅鄭伯入宋皆在隱十年十一戰鄭伯以虢師大敗宋師在隱十一年是皆在隱公世也

民不堪命。孔父嘉為司馬。督為大宰。故因民之不堪命。先宣言曰。司馬則然。言公之數戰則司馬使爾嘉孔父字○大音泰數音朔 已殺孔父而弒殤公。召莊公于鄭而立之。以親鄭。莊公公子馮也隱三年出居于鄭馮入宋不書不告也○馮皮冰反下同 以郜大鼎賂公。郜國所造器也故繫名於郜濟陰城武縣東南有北郜城

〔疏〕注郜國至郜城○正義曰穀梁傳曰郜鼎者郜之所為也孔子曰名從主人故曰郜大鼎也公羊傳曰器從名地從主人其意言器從本主之名地從後屬主人是知郜國所造故繫名於郜劉君難杜注郜國濟陰成武縣東南有北郜城郜宋邑濟陰成武縣東南有郜城俱是成武縣東南相去不遠何得所為郜國所為宋邑劉以南郜北郜並宋邑別有郜國以規杜氏知不然者以許田許國相去非遠則郜國郜邑何妨相近且杜言有者皆是疑辭何得執杜之疑以規其過如劉所解郜國竟在何處

齊陳鄭皆有賂。故遂相宋公。相息亮反下注傳相同 夏四月。取郜大鼎于宋。戊申。納于大廟。非禮也。臧哀伯諫曰。臧哀伯魯大夫僖伯之子 君人者。將昭德塞違。以臨照百官。猶懼或失之。故昭令德以示子孫。是以清廟茅屋。以茅飾屋著儉也清廟肅然清淨之稱也○著張慮反後不音者同稱尺證反

〔疏〕君人至子孫○正義曰君人謂與人為君也昭德謂昭明善德使德益章聞也塞違謂閉塞違邪使違命止息也德者得也謂內得於心外得於物在心為德施之為行德是行之未發者也而德在於心不可聞見故聖王設法以外物表之儉與度數文物聲明皆是昭德之事故傳每事皆言昭是昭其德也自不敢易紀律以上言昭德耳都無塞違之事自滅德立違以下言違德之事德之與違義不並立德明則違絕故昭德之下言塞違違立則德滅故立違之上言滅德立違謂建立違命之臣知塞違謂遏絕違命之人也國家之敗謂邦國喪亡知猶懼或失之謂恐失國家此諫辭有首尾故理互相見○注以茅至之稱○正義曰冬官考工記有葺屋瓦屋則屋之覆蓋或草或瓦傳言清廟茅屋其屋必用茅也但用茅覆屋更無他文明堂位曰山節藻梲複廟重檐刮楹達鄉反坫出尊崇坫康圭疏屏天子之廟飾也其飾備物盡文不應以茅為覆得有茅者杜云以茅飾屋著儉也以茅飾之而已非謂多用其茅總為覆蓋猶童子垂髦及蔽膝之屬示其存古耳白虎通曰王者所以立宗廟何緣生以事死敬亡若存故以宗廟而事之此孝子之心也宗者尊也廟者貌也象先祖之尊貌然則象尊之貌享祭之所獻其舍宇簡其出入其處肅然清靜故稱清廟清廟者宗廟之大稱詩頌清廟者祀文王之歌故鄭玄以文王解之言天德清明文王象焉故稱清廟此則廣指諸廟非獨文王故以清靜解之

大路越席。大路玉路祀天車也越席結草○越戶括反祀天車本或無天字者非

〔疏〕注大路至越席結草○正義曰路訓大也君之所在以大為號門曰路門寢曰路寢車曰路車故人君之車通以路為名也周禮巾車掌王之五路鄭玄云王在焉曰路彼解天子之車故云王在耳其實諸侯之車亦稱為路路之最大者巾車五路玉路為大故杜以玉路為大路巾車云玉路錫樊纓十有再就建大常十有二斿以祀故云祀天車也越席結蒲為席置於玉路之中以茵藉示其儉也經傳言大路者多矣注者皆觀文為說尚書顧命陳列器物有大輅綴輅先輅次輅孔安國以為玉金象以飾車以其偏陳諸路故以周禮次之傳二十八年王賜晉文公以大輅之服定四年祝佗言先王分魯衛晉以大路注皆以為金路以周禮金路同姓以封玉路不可以賜故知皆金路也襄二十九年王賜鄭子蟜以大路二十四年王賜叔孫豹以大路注皆云大路天子所賜車之總名以周禮孤乘夏篆卿乘夏縵釋例以所賜穆叔子蟜當是革木二路故杜以大路為賜車之總名服虔云大路木路杜不然者以大路越席猶如清廟茅屋清廟之華以茅飾屋示儉玉路之美以越席示質若大路是木則與越席各為一物豈清廟與茅屋又為別乎故杜以大路為玉路於玉路而施越席是方可以示儉故沈氏云玉路雖文亦以越席示儉而劉君橫生異義以大路為木路妄規杜氏非也

大羹不致。大羹肉汁不致五味

〔疏〕注大羹至五味○正義曰郊特牲云大羹不和貴其質也儀禮士虞特牲皆設大羹湆鄭玄云大羹湆煮肉汁也不和貴其質設之所以敬尸也是祭祀之禮有大羹也大羹者大古初食肉者煮之而已未有五味之齊祭神設之所以敬而不忘本也記言大羹不和故知不致者不致五味五味即洪範所云酸苦辛鹹甘也

粢食不鑿。黍稷曰粢不精鑿○粢音咨食音嗣餅也鑿子洛反精米也字林作毇子沃反云糲米一斛舂為八斗

〔疏〕注黍稷至精鑿○正義曰釋草云粢稷舍人曰粢一名稷稷粟也郭璞云今江東人呼粟為粢士虞記云明齊鄭云今文曰明粢粢稷也然則粢是稷之別名但稷是諸穀之長粢亦諸穀總名周禮小宗伯辨六粢之名物鄭玄云六粢謂黍稷稻粱麥苽是諸穀皆名粢也祭祀用穀黍稷為多故云黍稷曰粢飯謂之食傳云粢食不鑿謂以黍稷為飯不使細也九章筭術粟率五十鑿二十四言粟五斗為米二斗四升是則米之精鑿

昭其儉也。此四者皆示儉

衮。冕。黻。珽。衮畫衣也冕冠也黻韋韠以蔽膝也珽玉笏也若今吏之持簿○衮古本反黻音弗下同珽他頂反韠音必笏音忽持簿步古反徐廣云持簿手版也

〔疏〕注衮畫至持簿○正義曰畫衣謂畫龍於衣祭服玄衣纁裳詩稱玄衮是玄衣而畫以衮龍衮之言卷也謂龍首卷然玉藻曰龍卷以祭知謂龍首卷也尚書益稷云帝曰予欲觀古人之象日月星辰山龍華蟲作會宗彝藻火粉米黼黻絺繡言觀古人之象謂觀衣服所象日月以至黼黻十二物皆衣服之所有也華蟲以上言作會宗彝以下言絺繡則二者雖在於服而施之不同冬官考工記畫繢與繡布采異次知在衣則畫之在裳則刺之故鄭玄禮注及詩箋皆云衣繢而裳繡以此知衮是畫文故云衮畫衣也衮衣以下章數鄭玄注司服云有虞氏十二章自日月而下至周而日月星辰畫於旌旗又登龍於山登火於宗彝冕服自九章而下如鄭此言九章者龍一山二華蟲三火四宗彝五在衣藻六粉米七黼八黻九在裳鷩冕者去龍去山自華蟲而下七章華蟲一火二宗彝三在衣餘四章在裳毳冕者去華蟲去火五章自宗彝而下宗彝一藻二粉米三在衣餘二章在裳希冕者去宗彝去藻三章自粉米而下粉米一在衣餘二章在裳玄冕者其衣無畫裳上刺黻而已杜昭二十五年數九文不取宗彝則與鄭異也冠者首服之大名冕者冠中之別號故云冕冠也世本云黃帝作冕宋仲子云冕冠之有旒者禮文殘缺形制難詳周禮弁師掌王之五冕皆玄冕朱裏止言玄朱而已不言所用之物論語云麻冕禮也蓋以木為幹而用布衣之上玄下朱取天地之色其長短廣狹則經傳無文阮諶三禮圖漢禮器制度云冕制皆長尺六寸廣八寸天子以下皆同沈引董巴輿服志云廣七寸長尺二寸應劭漢官儀云廣七寸長八寸沈又云廣八寸長尺六寸者天子之冕廣七寸長尺二寸者諸侯之冕廣七寸長八寸者大夫之冕但古禮殘缺未知孰是故備載焉司馬彪漢書輿服志云孝明帝永平二年初詔有司采周官禮記尚書之文制冕皆前圓後方朱裏玄上前垂四寸後垂三寸天子白玉珠十二旒三公諸侯青玉珠七旒卿大夫黑玉珠五旒皆有前無後此則漢法耳古禮鄭玄注弁師云天子衮冕以五采繅前後各十二旒旒有五采玉有十二鷩冕前後九旒毳冕前後七旒希冕前後五旒玄冕前後三旒旒皆五采玉十有二上公衮冕三采繅前後九旒旒有三采玉九侯伯鷩冕三采繅前後七旒旒有三采玉七子男毳冕三采繅前後五旒旒有二采玉五孤卿以下皆二采繅二采玉其旒及玉各依命數耳謂之冕者冕俛也以其後高前下有俛俯之形故因名焉蓋以在上位者失於驕矜欲令位彌高而志彌下故制此服令貴者下賤也黻韠制同而名異鄭玄詩箋云芾大古蔽膝之象也冕服謂之芾其他服謂之韠以韋為之故云黻韋韠也詩云赤芾在股則芾是當股之衣故云以蔽膝也鄭玄易緯乾鑿度注云古者田漁而食因衣其皮先知蔽前後知蔽後後王易之以布帛而獨存其蔽前者重古道而不忘本也是說黻韠之元由也易下繫辭曰包犧氏之王天下也作為網罟以佃以漁則田漁而食伏犧時也禮運說上古之時云昔者先王食鳥獸之肉衣其羽皮是田漁而食因衣其皮也又曰後聖有作治其麻絲以為布帛是易繫辭曰黃帝堯舜垂衣裳而天下治然則易之布帛自黃帝始也垂衣裳服布帛初必始於黃帝其存蔽膝之象未知始自何代也禮記明堂位云有虞氏服韍言舜始作黻也尊祭服而異其名耳未必此時始存象也知冕服謂之黻者易云朱紱方來利用享祀知他服謂之韠者案士冠禮士服皮弁玄端皆服韠是他服謂之韠以冕為主非冕謂之他此欲以兩服相形故謂黻為韋韠黻之與韠祭服他服之異名耳其體制則同玉藻說玄端服之韠云韠君朱大夫素士爵韋發首言韠向末言韋明皆以韋為之凡韠皆象裳色言君朱大夫素則尊卑之韠直色別而已無他飾也其黻則有文飾焉明堂位曰有虞氏服黻夏后氏山殷火周龍章鄭玄云黻冕服之韠也舜始作之以尊祭服禹湯至周增以畫文後王彌飾也山取其仁可仰也火取其明也龍取其變化也天子備焉諸侯火而下卿大夫山士韎韋而已是說黻之飾也玉藻曰韠下廣二尺上廣一尺長三尺其頸五寸肩革帶博二寸鄭玄云頸五寸亦謂廣也頸中央肩兩角皆上接革帶以繫之肩與革帶廣同是說韠之制也記傳更無黻制皆是韠義明其制與韠同經傳作黻或作韍或作芾音義同也徐廣車服儀制曰古者韍如今蔽膝戰國

連兵以韍非兵飾去之漢明帝復制韍天子赤皮蔽膝蔽膝古韍也然則漢世蔽膝猶用赤皮魏晉以來用絳紗爲之是其古今異也以其用絲故字或有爲紱者天子之笏以玉爲之故云珽玉笏也管子云天子執玉笏以朝日是有玉笏之文也禮之有笏者玉藻云凡有指畫於君前用笏造受命於君前則書於笏釋名曰笏忽也君有命則書其上備忽忘也或曰笏可以簿疏物也徐廣車服儀制曰古者貴賤皆執笏卽今手板也然則笏與簿手板之異名耳蜀志稱秦宓見大守以簿擊頰則漢魏以來皆執手板故云若今吏之持簿玉藻云笏畢用也因飾焉言貴賤盡皆用笏因飾以示尊卑其上文云笏天子以球玉諸侯以象大夫以魚須文竹士竹本象可也鄭玄云球美玉也文猶飾也大夫士飾竹以爲笏不敢與君並用純物是其尊卑異也大夫與士笏俱用竹大夫以魚須飾之士以象骨爲飾不敢純用一物所以下人君也用物既殊體制亦異玉藻云天子搢珽方正於天下也諸侯荼前詘後直讓於天子也大夫前詘後詘無所不讓也鄭玄以爲謂之珽珽之言珽然無所屈前後皆方正也荼謂舒懦所畏在前也圜殺其首屈於天子也大夫上有天子下有己君故首末皆圜前後皆讓是其形制異也其長則諸侯以下與天子又異珽一名大圭周禮典瑞云王晉大圭以朝日是也冬官考工記大圭長三尺天子服之是天子之珽長三尺也玉藻云笏度二尺有六寸短於天子蓋諸侯以下度分皆然也

帶。裳。幅。舄。帶革帶也衣下曰裳幅若今行縢者舄複履○幅音逼舄音昔縢徒登反複音福

【疏】注帶革至複履○正義曰下有鞶是紳帶知此帶爲革帶玉藻革帶博二寸鄭云凡佩繫于革帶白虎通云男子有鞶革者示有金革之事然則示有革事故用革爲帶爲偏也昭十二年傳云裳下之飾也經傳通例皆上衣下裳故云衣下曰裳幅與行縢今古之異名故云若今行縢詩云邪幅在下毛傳曰幅偪也所以自偪束也鄭箋云邪幅如今行縢也偪束其脛自足至[illegible]故名行縢邪纏束之故名邪幅[illegible]屨人注云複下曰舄禪下曰屨然[illegible]履是揔名故云舄複履之謂其[illegible]事皆士皆著屨者冕服爵弁之[illegible]舄其之屨其卿大夫服舄冕者[illegible]玄端禕狄青爲闕狄赤者亦赤[illegible]玄舄夫人及卿大夫之妻合衣[illegible]諸侯對方之色赤爲黑飾是也[illegible]飾用

衡。紞。紘。綖。衡維持冠者紞冠之垂者紘纓從下而上者綖冠上覆○紞多敢反字林丁坎反紘獲耕反綖音延字林弋善反上時掌反下上下同

【疏】注衡維至上覆○正義曰此四物者皆冠之飾也周禮追師掌王后之首服追衡笄鄭司農云衡維持冠者鄭玄云祭服有衡垂于副之兩旁當耳其下以紞縣瑱彼婦人首服有衡則男子首服亦然冠由此以得支立故云維持冠者追者治玉之名王后之衡以玉爲之故追師掌焉弁師掌王之五冕弁及冕皆用玉笄則天子之衡亦用玉其諸侯以下衡之所用則未聞紞者縣瑱之繩垂於冠之兩旁故云冠之垂者魯語敬姜曰王后親織玄紞則紞必織線爲之若今之條繩鄭玄詩箋云充耳謂所以縣瑱者或名爲紞織之人君五色臣則三色是也條必雜色而魯語獨言玄者以玄是天色故特言之非謂純玄色也紘纓皆以組爲之所以結冠於人首也纓用兩組屬之於兩旁結之於領下垂其餘也紘用一組從下屈而上屬之於兩旁垂其餘也紘纓同類以之相形故云紘纓從下而上者弁師掌王之五冕皆玉笄朱紘祭義稱諸侯冕而青紘士冠禮稱緇布冠青組纓皮弁笄爵弁笄緇組纓鄭玄云有笄者屈組爲紘垂爲飾無笄者纓而結其條以其有笄者用紘力少故從下而上屬之無笄者用纓力多故從上而下結之冕弁皆有笄故用紘緇布冠無笄故用纓也魯語稱公侯夫人織紘綖知紘亦織而爲之士冠禮言組纓組紘知天子諸侯之紘亦用組也綖冠上覆者冕以木爲幹以玄布衣其上謂之綖論語商書皆云麻冕知其當用布也弁師掌王之五冕皆玄冕知其色用玄也孔安國論語注云績麻三十升布以爲冕卽是綖也鄭玄玉藻注云延冕上覆也此云冠上覆者冠冕通名故此注衡及綖皆以冠言之其實悉是冕飾也

昭其度也。尊卑各有制度

【疏】注尊卑各有制度○正義曰此上十二物者皆是明其制度哀伯思及則言無次第也鄭玄覲禮注云上公衮無升龍天子有升龍有降龍是衮有度也冕則公自衮以下侯伯自鷩以下是冕有度也黻則諸侯火以下卿大夫山是黻有度也珽則玉象不同長短亦異是珽有度也衮冕鷩冕裳四章毳冕希冕裳二章是裳有度也鄭玄屨人注云王吉服舄有三等赤舄爲上冕服之舄下有白舄黑舄王治祭服舄有三等玄舄爲上禕衣之舄下有青舄赤舄是舄有度也紞則人君五色臣則三色是紞有度也天子朱紘諸侯青紘是紘有度也其帶幅衡綖則無以言之也傳言昭其度明其尊卑各有制度

藻。率。鞞。鞛。藻率以韋爲之所以藉玉也王五采公侯伯三采子男二采鞞佩刀削上飾鞛下飾○率音律鞞補頂反鞛布孔反鞞鞛刀削之飾藉在夜反削音笑

【疏】注藻率至下飾○正義曰鄭玄覲禮注云繅所以藉玉以韋衣木廣袤各如其玉之大小典瑞注云繅有五采文所以薦玉木爲中幹用韋衣而畫之此言以韋爲之指木上之韋其實木爲幹也禮之言繅皆有玉共文大行人謂之繅藉曲禮單稱藉故知所以藉玉也大行人注云公執桓圭九寸繅藉九寸知大小各如其玉也大行人注云繅藉以五采韋衣板若奠玉則以藉之是由有奠之時須有繅以之藉玉故小大如玉耳典瑞職曰王執鎮圭繅藉五采五就以朝日公執桓圭侯執信圭伯執躬圭繅皆三采三就子執穀璧男執蒲璧繅皆二采再就以朝覲宗遇會同于王是王五采公侯伯三采子男二采也凡言五采者皆謂玄黃朱白蒼三采朱白蒼二采朱綠就成也五就謂五帀每一帀爲一就也禮之言藻其文雖多典瑞大行人聘禮覲禮皆單言繅或云繅藉未有言繅率者故服虔以藻爲畫藻率爲刷巾杜以藻率爲一物以拭物之巾無名藻率者服言禮有刷巾事無所出且哀伯謂之昭數固應禮之大者寧當舉拭物之巾與藻藉爲類故知藻率正是藻之複名藻得稱爲藻藉何以不可名爲藻率也玉藻說帶之制曰士練帶率下辟凡帶有率無箴功鄭玄云士以下皆禪不合而縪積如今作幭頭爲之也然則禪而不合縪率其邊謂之爲率此以韋衣木蓋亦縪積其邊故稱率也鄭司農典瑞注讀繅爲藻率之藻似亦藻率共爲藻也詩曰鞞琫容刀故知鞞鞛佩刀削之飾也少儀云刀授穎削授拊削是刀之類故與刀連言之鞞鞛二名明飾有上下先鞞後鞛故知鞞爲上飾鞛爲下飾劉君以毛詩傳下曰鞞上曰琫而規杜氏但一鞞或上或下俱是無正文不可以規杜過也

鞶。厲。游。纓。鞶紳帶也一名大帶厲大帶之垂者游旌旗之游纓在馬膺前如索帬○鞶步干反游音留注同膺於陵反索悉各反

【疏】注鞶紳至索帬○正義曰易訟卦上九或錫之鞶帶知鞶卽帶也以帶束要垂其餘以爲飾謂之紳上帶爲革帶故云鞶紳帶也所以別上帶也玉藻說帶云大夫大帶是一名大帶也詩毛傳云厲帶之垂者故用毛說以爲厲大帶之垂者也大帶之垂者名之爲紳而復名爲厲者紳是帶之名厲是垂之貌詩稱垂帶而厲是厲爲垂貌也玉藻稱天子素帶朱裏終辟諸侯素帶不朱裏大夫玄華辟垂帶皆博四寸士帶博二寸再繚四寸縪辟下垂賈服等說鞶厲皆與杜同唯鄭玄獨異禮記內則注以鞶爲小囊讀厲如裂繻之裂言鞶囊必裂繒緣之以爲飾案禮記稱男鞶革女鞶絲鞶是帶之別稱遂以鞶爲帶名言其帶革帶絲耳鞶非囊之號也禮記又云婦事舅姑施鞶袠袠是囊之別名今人謂裹書之物爲袠言其施帶施囊耳其鞶亦非囊也若以鞶爲小囊則袠是何器若袠亦是囊則不應帶二囊矣以此知鞶卽是紳帶爲得其實游是旒之垂者旆之別名九旗雖各有名而旌旗爲之揔號故云旌旗之游也案巾車王建大常十有二斿又大行人云上公九斿侯伯七斿子男五斿其孤卿建旜大夫士建物其斿各如其命數其鳥旟則七斿熊旗則六斿龜旐則四斿故考工記云鳥旟七斿以象鶉火熊旗六斿以象伐龜旐四斿以象營室是也鄭司農巾車注云禮家說曰纓當胷以削革爲之鄭玄云纓今馬鞅是纓在馬膺前也服虔云纓如索帬今乘輿大駕有之然則漢魏以來大駕之馬膺有索帬是纓之遺象故云如索帬也案巾車玉路樊纓十有再就鄭玄注云樊及纓皆以五采罽飾之金路樊纓九就象路樊纓七就革路條纓五就鄭玄云其樊及纓以條絲飾之木路前樊鵠纓鄭玄云以淺黑飾韋爲樊鵠色飾韋爲纓不言就數飾與革路同

昭其數也。尊卑各有數

【疏】注尊卑各有數○正義曰藻有五采三采之異是藻率有數也毛詩傳說容刀之飾云天子玉琫而珧珌諸侯璗琫而璆珌是鞞鞛有數也玉藻云紳長制士三尺有司二尺有五寸又大夫以上帶廣四寸士廣二寸是鞶厲有數也玉路十二斿金路九斿是游有數也玉路纓十有二就金路纓九就是纓有數也數之與度大同小異度謂限制數謂多少言其尊卑有節數也

火。龍。黼。黻。火畫火也龍畫龍也白與黑謂之黼形若斧黑與青謂之黻兩已相戾○黼音甫戾力計反

【疏】注火畫至相戾○正義曰考工記記畫繢之事云火以圜鄭司農云爲圜形似火也鄭玄云形如半環然又曰水以龍鄭玄云龍水物畫水者幷畫龍是衣有畫火畫龍也白與黑謂之黼黑與青謂之黻考工記文也其言形若斧兩已相戾相傳爲說孔安國虞書傳亦云黼若斧形黻爲兩已相背是其舊說然也周世衮冕九章傳唯言火龍黼黻四章者略以明義故文不具舉衣之所畫龍先於火今火先於龍知其言不以次也

昭其文也。以文章明貴賤

五色比象。昭其物也。車服器械之有五色皆以比象天地四方以示器物不虛設○比并是反械戶戒反

【疏】注車服至虛設○正義曰考工記云畫繢之事雜五色東青南赤西白北黑天玄地黃是其比象天地四方也比象有六而言五者玄在赤黑之間非別色也昭二十五年傳云九文六采言采色有六故注以天地四方六事當之五行之色爲五色加天色則爲六故五色六采互相見也昭其物者以示物不虛設必有所象其物皆象五色故以五色明之

錫。鸞。和。鈴。昭其聲也。錫在馬額鸞在鑣和在衡鈴在旂動皆有鳴聲○錫音楊馬面當盧鈴音令額顏客反鑣彼驕反旂勤衣反

【疏】注錫在至鳴聲○正義曰鄭玄巾車注云錫馬面當盧刻金爲之所謂鏤錫也詩箋云眉上曰錫刻金飾之今當盧也然則錫在眉上故云在馬額也詩稱輶車鸞鑣知鸞在鑣也鑣在馬口兩旁衡在服馬頸上鸞和亦鈴也以

處異故異名耳爾雅釋天說旌旗有鈴曰旂李巡曰以鈴置旐端是鈴在旂也錫在馬額鈴在旂先儒更無異說其鸞和所在則舊說不同毛詩傳曰在軾曰和在鑣曰鸞韓詩內傳曰鸞在衡和在軾前鄭玄經解注取韓詩爲說秦詩箋云置鸞於鑣異於乘車也其意言乘車之鸞在衡田車之鸞在鑣及商頌烈祖之箋又云鸞在鑣是疑不能定故兩從之也案考工記輪崇車廣衡長參如一則衡之所容唯兩服馬耳詩辭毋言八鸞當謂馬有二鸞鸞若在衡唯兩馬安得置八鸞乎以此知鸞必在鑣鸞既在鑣則和當在衡經傳不言和數未知和有幾也四者皆以金爲之故動則皆有鳴聲也

三辰旂旗，昭其明也。三辰日月星也畫於旂旗象天之明〔疏〕注三辰至之明正義曰春官神士掌三辰之法鄭玄亦以爲日月星也謂之辰辰時也日以照晝月以照夜星則運行於天昏明遞市而王所以示民早晚民得以爲時節故三者皆爲辰也三辰是天之光明照臨天下故畫以旌旗象天之明也九旗之物唯日月爲常不言畫星者蓋大常之上又畫星也穆天子傳稱天子葬盛姬建日月七星蓋畫北斗七星也案司常交龍爲旂熊虎爲旗不畫三辰而云三辰旂旗者旂旗是九旗之總名可以統大常故舉以爲言也

夫德儉而有度，登降有數。登降謂上下尊卑文物以紀之，聲明以發之，以臨照百官。百官於是乎戒懼，而不敢易紀律。今滅德立違，謂立華督違命之臣而寘其賂器於大廟，以明示百官。百官象之，其又何誅焉。國家之敗，由官邪也。官之失德，寵賂章也。郜鼎在廟，章孰甚焉。武王克商，遷九鼎于雒邑。九鼎殷所受夏九鼎也武王克商乃營雒邑而後去之又遷九鼎焉時但營洛邑未有都城至周公乃卒營雒邑謂之王城即今河南城也故傳曰成王定鼎于郟鄏○寘之豉反置也邪似嗟反雒音洛本亦作洛夏戶雅反郟古夾反鄏音辱〔疏〕注九鼎至郟鄏○正義曰據宣三年傳知九鼎是殷家所受夏九鼎也戰國策稱齊救周求九鼎顏率謂齊王曰昔周伐殷而取九鼎一鼎九萬人挽之九九八十一萬人挽之挽鼎人數或是虛言要知其鼎有九故稱九鼎也知武王遷九鼎於洛邑欲以爲都者鼎者帝王所重相傳以爲寶器戎衣大定之日自可遷置西周乃徙九鼎處于洛邑故知本意欲以爲都又以商書洛誥說周公營洛邑則知武王但有遷意周公乃卒營之地理志云河南縣故郟鄏地也武王遷九鼎焉周公致太平營以爲都是爲王城至平王居之言即今河南城者晉時猶以爲河南縣成王定鼎宣三年傳文

義士猶或非之。蓋伯夷之屬〔疏〕注蓋伯夷之屬○正義曰史記伯夷列傳曰伯夷叔齊孤竹君之二子也讓國俱逃歸周及至西伯卒武王東伐紂伯夷叔齊叩馬諫曰父死不葬爰及干戈可謂孝乎以臣伐君可謂仁乎左右欲兵之太公曰此義人也扶而去之武王既平殷夷齊恥之不食周粟隱於首陽山采薇而食之作歌曰登彼西山兮采其薇矣以暴易暴兮不知其非矣檢書傳之說非武王者唯此人故知是伯夷之屬

而況將昭違亂之賂器於大廟，其若之何。公不聽。周內史聞之曰：「臧孫達其有後於魯乎。君違，不忘諫之以德。」內史周大夫官也僖伯諫隱觀魚其子哀伯諫桓納鼎積善之家必有餘慶故曰其有後於魯〔疏〕注內史至於魯○正義曰周禮春官內史中大夫是周大夫官也積善之家必有餘慶易文言文也

○秋，七月，杞侯來朝，不敬。杞侯歸，乃謀伐之。

○蔡侯、鄭伯會于鄧，始懼楚也。楚國今南郡江陵縣北紀南城也楚武王始僭號稱王欲害中國蔡鄭姬姓近楚故懼而會謀○近附近之近〔疏〕注楚國至會謀正義曰地理志云南郡江陵縣故楚郢都楚文王自丹陽徙此世本云楚鬻熊居丹陽武王徙郢宋仲子云丹陽在南郡枝江縣今南郡江陵縣北有郢城史記稱文王徙都于郢地理志依史記爲說此時當楚武王也譜云楚芉姓顓頊之後也其後有鬻熊事周文王早卒成王封其曾孫熊繹於楚以子男之田居丹陽今南郡枝江是也熊達始稱武王武王十九年魯隱公之元年也武王居郢今江陵是也昭王徙都鄀惠王八年獲麟之歲也惠王二十一年春秋之傳終矣惠王五十七年卒自惠王以下十一世二百九年而秦滅之楚世家稱武王使隨人請王室尊吾號王弗聽還報楚楚王怒乃自立爲楚武王是楚武王始僭號稱王也劉炫云號爲武武非諡也

○九月，入杞，討不敬也。

○公及戎盟于唐，脩舊好也。惠隱之好○好呼報反注同

○冬，公至自唐，告于廟也。凡公行，告于宗廟。反行，飲至、舍爵、策勳焉，禮也。爵飲酒器也既飲置爵則書勳勞於策言速紀有功也○舍音赦置也舊音捨〔疏〕冬公至禮也○正義曰凡公行者或朝或會或盟或伐皆是也孝子之事親也出必告反必面事死如事生故出必告廟反必告至不言告禰廟而言告宗廟者諸廟皆告非獨禰也禮記曾子問曰諸侯適天子必告于祖奠于禰命祝史告于宗廟諸侯相見必告于禰命祝史告于五廟反必親告于祖禰乃命祝史告至于前所告者由此而言諸侯朝天子則親告祖禰祝史告餘廟朝鄰國則親告禰祝史告餘廟其路遠者亦親告祖故于其反也言告于祖禰明出時亦告祖也出時不言祖者鄭玄云道近或可以不親告祖明道遠者亦親告祖矣雖親與不親而諸廟皆告故摠言告于宗廟也曾子問曰凡告用制幣反亦如之則出入皆以幣告也但出則告而遂行反則告訖又飲至故行言告廟反言飲至以見至有飲而行無飲也飲至者嘉其行至故因在廟中飲酒爲樂也襄十三年傳曰公至自晉孟獻子書勞于廟禮也書勞策勳其事一也舍爵乃策勳策勳常在廟知飲至亦在廟也彼公至自晉朝還告廟也此公至自唐盟還告廟也十六年公至自伐鄭傳曰以飲至之禮伐還告廟也三者傳皆言禮知朝會盟伐告廟禮同傳所以反覆凡例也朝還告至而獻子書勞則策勳者非唯討伐之勳雖常事有以安國寧民或亦書功于廟也公行告至必以嘉會昭告祖禰有功則舍爵策勳無功則告事而已無不告也反行必告而春秋公行一百七十六書至者唯八十二耳其餘不書者釋例曰凡公之行不書至者九十有四皆不告廟也隱公之不告謙也餘公之不告慢於禮也慢於禮者舉大例言耳其中亦應有心實非慢而不宜告者若行有恥辱不足爲榮則克躬罪已不以告廟非爲慢於禮也若事實可恥而不以爲恥反行告廟則史亦書之宣五年傳曰公如齊高固使齊侯止公請叔姬焉夏公至自齊書過也釋例曰執止之辱厭尊毀列所以累其先君忝其社稷固當克躬罪己不以嘉禮自終宣公如齊既已見止連昏於鄰國之臣而行飲至之禮故傳曰書過也是不應告而告故書之以示過也釋例又曰桓公之喪至自齊此則死還告廟而書至者也莊公違禮如齊觀社用飲至之禮此則失禮之書至者也宣公黑壤之會以賂免諱不書盟而復書至亦諱不以見止告廟也襄公至自晉此則榮還而書至者也昭公至自齊居于鄆此則宜告而書至者也諸書至皆告廟啓反或即實而言或有所諱辟傳於伐見飲至之禮於宣見書過之譏於朝見書勞于廟舉此三者以包其他行也僖十六年公會諸侯于淮未歸而取項齊人以爲討而止公十七年秋聲姜以公故會齊侯于卞公始得歸而書公至自會是諱其見止而以會告廟故傳曰猶有諸侯之事焉且諱之是諱止而以會告也諸侯盟者必在會後皆書公至自會不言公至自盟者以盟是因會而爲之初必以會徵衆公行以會告廟故還以會告至雖并以盟告亦不云至自盟爲行時不以盟告故也僖二十八年公會諸侯于溫遂圍許經書公至自圍許襄十年公會諸侯于相遂滅偪陽經書公至自會二文不同釋例曰諸若此類事勢相接或以始致或以終致益時史之異耳無他義也定十二年公至自圍成行不出竟而亦告廟者釋例曰陪臣執命大都偶國仲由建墮三都之討而成人不從故公親伐之雖不越境動衆興兵大其事故出入皆告于廟也○注爵飲至功也○正義曰韓詩說一升曰爵爵盡也足也二升曰觚觚寡也飲當寡少三升曰觶觶適也飲當自適四升曰角角觸也次不自適觸罪過也五升曰散散訕也飲不自節爲人謗訕也摠名曰爵其實曰觴觴餉也然則飲酒之器其名有五而摠稱爲爵案燕禮爵用觚觶此飲至之爵不過用觚觶而已爲人君者賞不踰月欲民速覩爲善之利故舍爵即書勞於策言速紀有功也

特相會，往來稱地，讓事也。特相會公與一國會也會必有主二人獨會則莫肯爲主兩讓會事不成故但書地自參以上，則往稱地，來稱會，成事也。成會事○參七南反一音三上時掌反

○初，晉穆侯之夫人姜氏以條之役生太子，命之曰仇。條晉地大子文侯也意取於戰相仇怨○仇音求其弟以千畝之戰生，命之曰成師。桓叔也西河界休縣南有地名千畝意取能成其衆〔疏〕千畝之戰○正義曰案周本紀宣王三十九年王與姜戎戰于千畝取此戰事以爲子名也師服曰：「異哉，君之名子也。師服晉大夫○名如字或彌政反夫名以制義，名之必可言也義以出禮，禮從義出禮以體政，政以禮成政以正民。是以政成而民聽，易則生亂。反易禮義則亂生也〔疏〕夫名至生亂○正義曰出口爲名合宜爲義人之出言使合於事宜故云名以制義杖義而行所以生出禮法故云義以出禮復禮而行所以體成政教故云禮以體政以禮爲政以正下民故云政以正民今晉侯名子不得其宜禮教無所從出政不以禮則民各有心故爲始兆亂也嘉耦曰妃，怨耦曰仇，古之命也。自古

有此言○耦五口反妃芳非反今君命大子曰仇。弟曰成師。始兆亂矣。兄其替乎。穆侯愛少子桓叔俱取於戰以爲名所附意異故師服知桓叔之黨必盛於晉以傾宗國故因名以諷諫○替他計反廢也少詩照反諷芳鳳反【疏】注穆侯至諷諫○正義曰大子與桓叔雖並因戰爲名而所附意異仇取於戰相仇怨成師取能成師衆緣名求義則大子多怨仇而成師有徒衆穆侯本立此名未必先生此意但寵愛少子於時已著師服知桓叔將盛故推出此理因解其名以爲諷諫欲使之强幹弱枝耳人臣規諫若無端緒馮何致言以申己志非謂人之立名必將有驗而何休謂左氏後有興亡由立名善惡引后稷名棄爲膏肓以難左氏非也惠之二十四年。晉始亂。故封桓叔于曲沃。惠魯惠公也晉文侯卒子昭侯元年危不自安封成師爲曲沃伯靖侯之孫欒賓傅之。靖侯桓叔之高祖父言得貴寵公孫爲傅相○靖才井反欒力官反【疏】注靖侯至傳相○正義曰案晉世家靖侯生僖侯僖侯生獻侯獻侯生穆侯穆侯生桓叔靖侯是桓叔之高祖也史傳稱祖皆云祖父故謂高祖爲高祖父非高祖之父也特云靖侯之孫則知傳意言其得貴寵公孫爲傅相也此人之後遂爲欒氏蓋其父字欒師服曰。吾聞國家之立也。本大而末小。是以能固。故天子建國。立諸侯也諸侯立家。卿大夫稱家臣卿置側室。側室衆子也得立此一官【疏】注側室至一官○正義曰禮記文王世子云公若有出疆之政庶子守公宮正室守大廟鄭玄云正室適子也正室是適子故知側室是衆子言其在適子之旁側也文十二年傳曰趙有側室曰穿是卿得立此官也卿之家臣其數多矣獨言立此一官者其餘諸官事連於國臨時選用異姓皆得爲之其側室一官必用同族是卿廢所及唯知宗事故特言之案世族譜趙穿是夙之庶孫於趙盾爲從父昆弟而爲盾側室然選其宗之庶者而爲之未必立卿之親弟大夫有貳宗。適子爲小宗次子爲貳宗以相輔貳○適丁麻反爲小宗本或作爲大宗誤【疏】注適子至輔貳○正義曰禮有大宗小宗天子諸侯之庶子謂之別子及異姓受族爲後世之始祖者世適承嗣百世不遷謂之大宗爲父後者諸弟宗之五世則遷謂之小宗五世遷者謂高祖以下喪服未絕其繼高祖之適則總服之內共宗之其繼曾祖之適則小功之內共宗之繼祖繼禰所宗及亦然故鄭玄喪服小記注云小宗有四或繼高祖或繼曾祖或繼祖或繼禰皆至五世則遷以總服既窮不相宗敬故疏卽遷遷也禮記大傳曰有百世不遷之宗有五世則遷之宗百世不遷者別子之後也宗其繼別子之所自出者百世不遷者也宗其繼高祖者五世則遷者也是言大宗小宗之別也大夫身是適子爲小宗故其次者爲貳宗以相輔助爲副貳亦立之爲此官也杜知非大宗而云小宗者以其大夫不必皆是大宗據爲小宗者多故杜言之也若大夫身爲大宗亦止得立貳宗官耳禮記據公族爲說故言別子爲祖主說諸侯庶子耳其實異姓受族亦爲始祖其繼者亦是大宗但記文不及之耳沈云適子爲小宗謂是大夫之身爲小宗次者爲貳宗謂大夫庶弟貳宗以側室爲例皆是官名與五宗別士有隸子弟。士卑自以其子弟爲僕隸庶人工商各有分親。

皆有等衰。庶人無復尊卑以親疏爲分別也衰殺也○分扶問反又如字親七刃反又如字衰初危反注同復扶又反別彼列反殺所界反是以民服事其上。而下無覬覦。下不冀望上位○覬音冀覦羊朱反字林羊住反說文云欲也今晉。甸侯也。而建國。本既弱矣。其能久乎。諸侯而在甸服者○甸徒練反【疏】注諸侯至服者○正義曰周公斥大九州廣土萬里制爲九服邦畿方千里其外每五百里謂之一服侯甸男采衛要六服爲中國夷鎭蕃三服爲夷狄大司馬謂之九畿言其有期限也大行人謂之九服言其服事王也如其數計甸服內畔尚去京師千里晉距王城不容此數而得在甸服者周禮設法耳土地之形不可方平如圖未必每服皆如其數也地理志云初雒邑與宗周通封畿東西長南北短短長相覆爲千里是王畿不正方也志又云東都方六百里半之爲三百里外有侯服五百里爲八百里計晉都在大原去洛邑近八百里也畿既不方服必差改故晉在甸服也惠之三十年。晉潘父弒昭侯而立桓叔。不克。潘父晉大夫也昭侯文侯子晉人立孝侯。昭侯子也惠之四十五年。曲沃莊伯伐翼。弒孝侯。莊伯桓叔子翼晉國所都翼人立其弟鄂侯。鄂侯生哀侯。鄂國以隱五年奔隨其年秋王立哀侯于翼哀侯侵陘庭之田。陘庭翼南鄙邑○陘音刑陘庭南鄙啓曲沃伐翼。

春秋左傳注疏卷五校勘記　阮元撰盧宣旬摘錄

附釋音春秋左傳注疏卷第五　桓元年盡二年宋本春秋正義卷第五石經春秋經傳集解桓公第二盡十八年釋文自此卷以下無春秋經傳集解六字餘並同

桓公

經元年

公即位　惠棟云鄭衆曰古文春秋經公即位爲公即立云古位立同字棟案鄭注周禮小宗伯之職云故書位作立

今遭喪繼立者　宋本作繼位

注公以至爲文時之所隱　宋本閩本監本毛本作公以至所隱

成會鄭於垂　宋本鄭作禮是也

知非仲尼非意也　宋本監本毛本下非作新正德本閩本作本是也○今訂作本

書灾也　宋本淳熙本岳本纂圖本灾作災

傳元年

言雨自上而下浸潤於土　土諸本誤作上

疑謬誤　宋本謬作繆

魯親班齊餼　閩本監本毛本親誤稱

宋華父督見孔父之妻于路　石經督作督後同葉抄釋文亦作督廣韻以督爲俗字又詳昭十二年校勘記儀禮士冠禮注云宋大夫有孔甫甫字或作父賈公彥云甫通作父

美而豔　釋文作豔石經凡豔字皆作艷淳熙本同

經二年

宋督弒其君與夷　纂圖本弒作殺非注同下注宋有弒君之亂亦誤殺

言弒其君則可　監本毛本言誤主

禮必擁蔽其面　宋本擁作鄣案禮記內則鄭注云擁猶障也

自是以下滕當稱子　宋本監本毛本當作常

故以稷爲河東之稷山　諸本作山此本作止今訂正

不敢自同於正君　監本毛本敢誤可

傳二年

君子至其君　宋本此節正義在故先書弒其君句下

或語出邱明之意而託諸賢者　宋本託作記非

洩冶之罪　宋本洩作泄

君子者言其可以居上位　閩本監本毛本脫言字

○注經稱至妄也　宋本○作疏此節正義在注督之妄也下

濟陰城武縣東南有北郜城　宋本岳本城作成案續漢郡國志作成郜上無北字釋例亦無北字

郜國濟陰成武縣東南　宋本監本毛本作城武非也

以茅飾屋著儉也　監本毛本飾屋誤飭室

清廟肅然清淨之稱也　宋本岳本足利本淨作靜是也案疏文作靜宋本岳本無也字

疏君人至子孫　宋本此節正義在故昭令德以示子孫之下

○注以茅至之稱　宋本作疏此節正義宋本在注肅然清靜之稱下

冬官考工記有茸屋瓦屋　宋本監本毛本茸作葺案考工記作葺

傳言清廟茅屋　宋本言作日

明堂位曰山節藻棁複廟重檐　禮記明堂位複作復按復複古今字

敬王若存盧文弨挍本若下有事字

大路越席其越席家語作趏席王肅注云趏越同禮記禮運與釋文引字書越作趏

大路玉路祀天車也監本毛本玉誤王釋文云本或無天字者非

大路至越席結草宋本無越席二字

路之最大者宋本路上有大路二字是也

粢食不鑿釋文云鑿字林作毇云糲米一斛舂爲八斗說文毇字亦云一斛舂爲八斗也淮南子主術訓作粢食不毇玉篇鑿字下引傳作粢食不鑿陳樹華云鑿爲鑿蓋古字假借

六粢謂黍稷稻粱麥苽宋本閩本監本毛本粱作粢非也

韍韠以蔽膝也閩本監本毛本韠誤鞸淳熙本膝誤脉

韍韠制同而名異毛本韍作黻非

古禮鄭元注弁師云宋本古上有其字

古者田漁而食諸本作田此本誤曰今訂正

凡韠皆象裳色毛本象作是非

記傳更無韍制宋本毛本作無韍制按蔽膝之正字作韍从韋其作黻从黹者假借字也

或曰笏可以簿疏物也宋本笏作薄案釋名書契作簿可上有言字

蜀志稱秦宓見太守以簿擊頰案密今三國志作宓擊閩本監本誤繫

珽之言珽然無所屈珽然之珽當作挺

玉藻云笏度二尺有六寸閩本監本毛本二尺誤三尺

毛傳曰幅偪也所以自偪束也監本毛本偪作偪案毛傳作偪

偪束其脛宋本監本毛本偪作偪

禪下曰屨宋本監本毛本禪作禪非下禪複宋本毛本亦誤禪複

屨是總名監本毛本屨誤屨

屨之飾用比方毛本屨作屨非

衡紞紘綖文選張平子東京賦衡作珩李善引傳文及杜注同案珩與衡音義同

冕弁笄繼組纓案儀禮士冠禮纓作紘

其實悉冕冕飾也宋本監本毛本冕字不重是也

藻率鞞鞛文選東京賦李善注引率作綷非是詩公劉正義引鞛作琫

鞞佩刀削上飾宋本淳熙本岳本鞞作鞞是也○今依訂正

木爲中榦閩本監本毛本榦作幹下同非也

典瑞大行人聘禮覲禮皆單言繅宋本繅作藻

以拭物之巾無名率者監本拭作栻非下同案孔仲遠誤也依說文帥佩巾也即帨字古率帥通用故儀禮注云古文帥作率服虔云禮有刷巾其語亦見說文凡儀禮言帨者即左傳之率也

故知藻率正是藻之複名監本複作複非

凡帶有率無箴功閩本箴誤葴監本毛本作葴亦非

士以下皆禪不合而率積監本毛本禪作禪非下同率宋本作綷

削授柎宋本柎作拊與禮記少儀合

鞶厲游纓顏師古匡謬正俗云斿旌旗之斿字從㫃訓與旒同傳云鞶厲游纓是也案周禮司几筵正義文選東京賦李善注引並作斿周易訟卦正義引作旒惠棟云說文無斿字有游字云旌旗之游從㫃汓聲汓與泅同上形下聲按斿之變爲游省爲斿俗爲旒假借爲流其實一也

大夫元華辟垂閩本監本毛本華誤革

婦事舅姑施縏袠毛本縏誤鞶

革路條纓五就周禮條作絛此因鄭注條讀爲絛遂改作條

木路翦樊鵠纓周禮翦作前此因鄭注前讀爲緇翦之翦遂改作翦

天子玉琫而珧珌諸侯璗琫而璆珌監本毛本璗誤璗說文云琫佩刀上飾珌佩刀下飾天子以玉諸侯以金惠棟云爾雅者六經之訓詁也其釋器云黃金謂之璗其美者謂之鏐是璆珌當作鏐珌也

是游有數也宋本閩本監本毛本游作斿

今當虛也詩箋亦作今閩本監本毛本誤令

春官神士掌三辰之法案周禮士作仕毛本誤土

昏明遞市而王宋本監本毛本市作市不誤閩本作布王宋本監本毛本作正是也

遷九鼎于雒邑釋文云雒本亦作洛書召誥傳引作洛周禮冢宰正義文選任彥昇奏彈劉整注引並同陳樹華云漢書地理志河南郡有洛陽縣師古曰魚豢云漢火德忌水故洛去水而加佳段玉裁云此本不經之談而顏氏信之且傳會之云如魚氏說則光武以後改爲雒字也魏志黃初元年幸洛陽裴注引魏略曰詔以漢火行也火忌水故洛去水而加佳魏以行次爲土土水之牡也水得土而乃流土得水而乃柔故除佳加水變雒爲洛裴氏引魏畧於此者正謂黃初元年幸洛陽乃有此詔前此皆用雒後此皆用洛魚氏錄魏詔云爾則魏文帝之失也漢以前皆用雒非漢去水加佳也

時但營洛邑宋本淳熙本纂圖本毛本作雒與傳文合

以臣伐君案史記伯夷列傳伐作弒

爰采薇矣史記伯夷列傳爰采作采其

臧孫其有後於魯宋本淳熙本岳本足利本臧孫作故曰不誤○今依訂正

昭王徙都閩本監本毛本都誤都

反必告至閩本監本毛本告作面

命之曰仇漢書五行志中引作名之曰仇案名即命也說文云名自命也閔元年傳今名之大以從盈數史記魏世家引名作命禮記祭法黃帝正名百物國語魯語作成命百物史記天官書兔七命索隱曰謂兔星凡有七名也是命名古同聲同義

其弟以千畝之戰生漢書五行志中引畝作晦顏師古云晦古畝字也

命之曰成師史記晉世家漢書五行志命並作名

西河界休縣南有地名千畝毛詩祈父正義引作介休

異哉君之名子也石經初刊之作子磨改作之史記名作命

夫名以制義陳樹華云漢書引傳義作誼案誼義古今字

復禮而行閩本監本毛本復作履

自古有此言宋洪邁容齋隨筆引杜注亦作言惠棟挍本改作名云宋本作名未知所據何本也

兄其替乎惠棟云三體石經作其替漢書五行志引傳乎作虖案虖古乎字

則大子多怨仇監本毛本作仇怨

惠之二十四年石經作惠之廿四年惠棟云石經凡經傳中二十字作廿三十字作卅此古文春秋左氏傳本文也說文廿二十并也卅三十并也古文省說文所謂古文乃孔壁中之文也案說文廿字卅字讀如入如𠦜唐人用廿代二十用卅代三十仍讀二十三十其讀不同見廣韻注

故封桓叔于曲沃顧炎武云石經故誤政案石經不誤

適子爲小宗次者爲貳宗釋文云小宗本或作爲大宗誤纂圖本閩本監本毛本作次子宋本淳熙本岳本足利本作次者

下不冀望上位文選王命論李注引冀作敢

惠之三十年石經作惠之卅年

鄂國以隱五年奔隨宋本淳熙本岳本纂圖本足利本國作溪

哀侯侵陘庭之田史記晉世家庭作廷

附釋音春秋左傳注疏卷第五

附釋音春秋左傳注疏卷第六 桓三年盡六年

杜氏注　孔穎達疏

經三年。春。正月。公會齊侯于嬴。經之首時必書王明此厤天王之所班也其或廢法違常失不班厤故不書王嬴齊邑今泰山嬴縣○經三年正月從此盡十七年皆無王唯十年有二傳以爲義或有王字者非嬴音盈〔疏〕注經之至嬴縣○正義曰桓公元年二年十年十八年凡四年於春有王九年春無王無月其餘十三年雖春有月悉皆無王穀梁傳曰桓無王其曰王何也謹始也其曰無王何也桓弟弑兄臣弑君天子不能定諸侯不能救百姓不能去以爲無王之道遂可以至焉爾元年有王所以治桓也二年有王正與夷之卒也十年有王正終生之卒也十八年書王范甯注云此年書王以王法終治桓之事先儒多用穀梁之說賈逵云不書王弑君易祊田成宋亂無王也元年治桓二年治督十年正曹伯十八年終始治桓杜以正是王正厤從王出故以爲王者班厤史乃書王明此厤天王之所班也其或廢法違常失不班厤則諸侯之史不得書王言此十三年無王皆王不班厤故也劉炫規過云然天王失不班厤經不書王乃是國之大事何得傳無異文又昭二十三年以後王室有子朝之亂經皆書王豈是王室猶能班厤又襄二十七年再失閏杜云魯之司厤頓置兩閏又哀十三年十二月螽杜云季孫雖聞仲尼之言而不正厤如杜所注厤既天王所班魯人何得擅改又子朝奔楚其年王室方定王位猶且未定諸侯不知所奉復有何人尚能班厤昭二十三年秋乃書天王居于狄泉則其春未有王矣時未有王厤無所出何故其年亦書王也若春秋之厤必是天王所班則周之錯失不關於魯魯人雖或知之無由輒得改正襄二十七年傳稱司厤過再失閏者是周司厤也魯司厤也而杜釋例云魯之司厤始覺其謬頓置兩閏以應天正若厤爲王班當一論王命寧敢專置閏月改易歲年哀十三年十二月螽仲尼曰火猶西流司厤過也杜於釋例又云季孫雖聞此言猶不即改明年復螽於是始悟十四年春乃置閏欲以補正時厤既言厤爲王班又稱魯人輒改改之不憚於王亦復何須王厤杜之此言自相矛楯以此立說難得而通又案春秋經之闕文甚多其事非一亦如夫人有氏無姜有姜無氏及大雨霖廧咎如潰之類也此無王者正是闕文耳今删定知此不書王非是經之闕文必以爲失不班厤者杜之所據雖無明文若必闕文止應一事兩事而已不應一公之內十四年並闕王字杜以周禮有頒告朔于邦國都鄙以有成文故爲此說但齊桓晉文以前翼戴天子王室雖微猶能班厤至靈王景王以後王室卑微厤或諸侯所爲亦遂稟天子正朔所以有子朝之亂經仍稱王不責人所不得也猶如大夫之卒公疾在外雖不與小斂亦同書日之限然則司厤之過魯史所改據此而言有何可責劉君不尋此旨橫生異同以規杜過恐非其義也

○夏。齊侯、衛侯胥命于蒲。申約言以相命而不歃血也蒲衛地在陳留長垣縣西南○約如字又於妙反歃所治反垣音袁○六月。

公會杞侯于郕。○秋。七月壬辰朔。日有食之。既。無傳既盡也厤家之說謂日光以望時遙奪月光故月食日月同會月奄日故日食食有上下者行有高下日光輪存而中食者相奄密故日光溢出皆既者正相當而相奄間疏也然聖人不言月食日而以自食爲文闕於所不見

〔疏〕注既盡至不見○正義曰食既者謂日光盡也故云既盡也月體無光待日照而光生半照即爲弦全照乃成望望爲日光所照反得奪月光者厤家之說當日之衝有大如日者謂之闇虛闇虛當月則月必滅光故爲月食張衡靈憲曰當日之衝光常不合是謂闇虛在星則星微遇月則月食是言日奪月光故月食也若是日奪月光則應每望常食而望亦有不食者由其道度異也日月異道有時而交交則相犯故日月遞食交在望前朔則日食望則月食交在望後望則月食後月朔則日食交正在朔則日食既前後望不食交正在望則月食既前後朔不食大率一百七十三日有餘而道始一交非交則不相侵犯故朔望不常有食也道不正交則日斜照月故月光更盛道若正交則日衝當月故月光即滅譬如火斜照水日斜照鏡則水鏡之光旁照他物若使鏡正當日水正當火則水鏡之光不能有照日之奪月亦猶是也日月同會道度相交月揜日光故日食日奪月光故月食言月食是日光所衝日食是月體所映故日食常在朔月食常在望也食有上下者行有高下謂月在日南從南入食南下北高則食起於下月在日北從北入食則食發於高是其行有高下故食不同也故異義云月高則其食虧於上月下則其食虧於下也日月之體大小正同相揜密者二體相近正映其形故光得溢出而中食也相揜疏者二體相遠月近而日遠自人望之則月之所映者廣故日光不復能見而日食既也日食者實是月映之也但日之所在則月體不見聖人不言月來食日而云有物食之以自食爲文闕於所不見也

○公子翬如齊逆女。禮君有故則使卿逆〔疏〕注禮君至卿逆○正義曰天子尊無與敵不自親逆使卿逆而上公臨之諸侯則親逆有故得使卿八年祭公逆王后于紀傳曰禮也是當使人天子不親逆也襄十五年傳曰官師從單靖公逆王后于齊卿不行非禮也是知天子之禮當使卿逆而上公臨之也禮記哀公問曰冕而親迎不已重乎孔子對曰合二姓之好以繼先聖之後以爲天地宗廟社稷之主君何謂已重乎此對哀公指言魯事是諸侯正禮當親逆也莊二十四年公如齊逆女上明不爲之傳以其得禮故也文四年逆婦姜于齊傳曰卿不行非禮也以卿不行爲非禮知君有故得使卿逆也

九月。齊侯送姜氏于讙。讙魯地濟北蛇丘縣西有下讙亭已去齊國故不言女未至於魯故不稱夫人○讙呼端反蛇以支反

公會齊侯于讙。無傳夫人姜氏至自齊。無傳告於廟也不言翬以至者齊侯送之公受之於讙

○冬。齊侯使其弟年來聘。○有年。無傳五穀皆熟書有年〔疏〕有年○正義曰年訓爲稔謂歲爲年者取其歲穀一熟之義故禾稼既收農功畢入以其歲豐於常故史書有年於策此書有年宣十六年書大有年穀梁傳曰五穀皆熟爲有年五穀大熟爲大有年杜取穀梁爲說其義亦當然也周禮疾醫以五穀養病鄭玄云五穀麻黍稷麥豆即月令五時所食穀也賈逵云桓惡而有年豐異之也言有非其所宜有案昭元年傳曰國無道而年穀和熟天贊之也是言歲豐爲佐助之非妖異之物也君行既惡澤不下流遇有豐年輒以爲異是則無道之世唯宜有大饑不宜有豐年非上天佑民之本意也且言有不宜有傳無其說釋例曰劉賈許因有年大有年之經有鸜鵒來巢書所無之傳以爲經諸言有皆不宜有之辭也據經螟螽不書有傳發於魯之無鸜鵒不以有字爲例也經書十有一年十有一月不可謂不宜有此年不宜有此月也螟螽俱是非常之災亦不可謂其宜有也

傳三年。春。曲沃武公伐翼。次于陘庭。韓萬御戎。梁弘爲右。武公曲沃莊伯子也韓萬莊伯弟也御戎僕也右戎車之右〔疏〕注武公至之右○正義曰武公莊伯子韓萬莊伯弟世本世家文也周禮戎僕掌馭戎車戎右掌戎車之兵革使故知御爲戎僕右是戎車之右也

逐翼侯于汾隰。汾隰汾水邊○汾扶云反汾水名下濕曰隰〔疏〕注汾隰汾水邊○正義曰釋例曰汾水出大原故汾陽縣東南至晉陽縣西南經西河平陽至河東汾陽縣入河爾雅釋地云下溼曰隰知汾隰汾水邊也

驂絓而止。驂騑馬○驂七南反絓戶卦反騑芳非反〔疏〕注驂騑馬○正義曰說文云騑驂旁馬是騑驂爲一也初駕馬者以二馬夾轅而已又駕一馬以兩服爲參故謂之驂又駕一馬乃謂之駟故說文云驂駕三馬也駟一乘也兩服爲主以漸參之兩旁二馬遂名爲驂故總舉一乘則謂之駟指其騑馬則謂之驂詩稱兩驂如舞二馬皆稱驂禮記稱說驂而賻之一馬亦稱驂是本其初參遂以爲名也驂馬在衡外挽靷每絓於木由頸不當衡故也名騑者以驂馬有騑騑之容故少儀云騑騑翼翼是也

夜獲之。及欒共叔。共叔桓叔之傳欒賓之子也身傳翼侯父子各殉所奉之主故并見獲而死○共音恭注同殉似俊反

○會于嬴。成昏于齊也。公不由媒介自與齊侯會而成昏非禮也○介音界〔疏〕注公不至禮也○正義曰此成昏謂娉文姜也詩刺魯桓公不能禁制文姜云取妻如之何匪媒不得既曰得止曷又極止言桓公以媒得文姜此云不由媒者公親會齊侯必無媒也詩舉正法以刺上傳據實事以解經故不同耳

○夏。齊侯、衛侯胥命于蒲。不盟也。○公會杞侯于郕。杞求成也。二年入杞故今來求成○秋。公子翬如齊逆女。修先君之好。故曰公子。昏禮雖奉時君之命其言必稱先君以爲禮辭故公子翬逆女傳稱修先君之好公子遂逆女傳稱尊君命互舉其義○好呼報反注同〔疏〕注昏禮至其義○正義曰公子遂逆女傳言尊君命是奉時君之命也此言脩先君之好是稱先君爲辭也翬遂俱是逆女傳文各言其一是互舉其義昏禮納采辭曰某有先人之禮使某也請納采其納徵辭曰某有先人之禮使某也請納徵是男家辭也主人醴賓辭曰子爲事故至於某之室某有先人之禮請醴從者是女家辭也彼士禮也故稱先人若諸侯則稱先君以此知其言必稱先君以爲禮辭

齊侯送姜氏。非禮也。凡公女嫁于敵國。姊妹則上卿送之。以禮於先君。公子則下卿送之。於大國。雖公子。亦上卿送之。於天子。則諸卿皆行。公不自送。於小國。則上大夫送之。○齊侯送姜氏本或作送姜氏于讙公子則下卿送公子公女〔疏〕凡公至送之○正義曰昏以相敵爲耦先以敵國爲文然後於大國小國辨其所異姊妹於敵國猶上卿送之於大國則上卿必矣且姊

妹禮於先君不以所嫁輕重雖則小國亦使上卿送也於小國則上大夫送之文承公子之下謂送公子非送姊妹也周禮序官唯有中大夫無上大夫也禮記王制曰諸侯之上大夫卿鄭玄云上大夫曰卿則上大夫卿也又無上大夫矣而此云上大夫者諸侯之制三卿五大夫五人之中又復分爲上下成三年傳曰次國之上卿當大國之中中當其下下當其上大夫小國之上卿當大國之下卿中當其上大夫下當其下大夫是分大夫爲上下也

○冬。齊仲年來聘。致夫人也。古者女出嫁又使大夫隨加聘問存謙敬序殷勤也在魯而出則曰致女在他國而來則揔曰聘故傳以致夫人釋之〔疏〕注古者至釋之○正義曰經書來聘傳言致夫人是行聘禮而致之也故知使大夫隨加聘問得所以存謙敬序殷勤也其意言不堪事宗廟則欲以之歸也成九年季孫行父如宋致女與此事同而文異故辨之云在魯而出則曰致女在他國而來則揔曰聘是詳內略外之文傳嫌其不同故以致夫人釋之

○芮伯萬之母芮姜惡芮伯之多寵人也。故逐之。出居于魏。爲明年秦侵芮張本芮國在馮翊臨晉縣魏國河東河北縣○芮如銳反國名惡烏路反翊音翼〔疏〕注爲明至北縣○正義曰地理志云馮翊臨晉縣芮鄉故芮國也河東郡河北縣詩魏國也世本芮魏皆姬姓尚書顧命成王將崩有芮伯爲卿士名謚不見魏之初封不知何人閔元年晉獻公滅魏芮則不知誰滅之

經四年。春。正月。公狩于郎。冬獵曰狩行三驅之禮得田狩之時故傳曰書時禮也周之春夏之冬也田狩從夏時郎非國內之狩地故書地○狩手又反夏戶雅反下同〔疏〕注冬獵至書地○正義曰冬獵曰狩爾雅釋天文也易比卦九五王用三驅失前禽鄭玄云王者習兵於蒐狩驅禽而射之三則已法軍禮也失前禽者謂禽在前來者不逆而射之旁去又不射唯背走者順而射之不中則已是其所以失之用兵之法亦如之降者不殺奔者不禦皆爲敵不敵已加以仁恩養威之道是說三驅之事也狩獵之禮唯有三驅故知行三驅之正禮得田獵之常時故傳曰書時禮也善其得時明禮皆無違矣周之春正月建子即是夏之仲冬也周禮大司馬中冬教大閱遂以狩田是田狩從夏時也釋例曰三王異正朔而夏數爲得天雖在周代於言時擧事皆據夏正故公以春狩而傳曰書時禮也隱五年公矢魚于棠傳曰言遠地也僖二十八年天王狩于河陽傳曰言非其地也擧地名者皆言其非地故知此郎非國內之狩地故書地也若國內狩地大野是也哀十四年傳曰西狩於大野經不書大野明其得常地故不書耳由此而言則狩于禚蒐于紅及比蒲昌間皆非常地故書地也田狩之地須有常者古者民多地狹唯在山澤之間乃有不殖之地故天子諸侯必於其封內擇隙地而爲之僖三十三年傳曰鄭之有原圃猶秦之有具圃也是其諸國各有常狩之處遠其常處則犯害居民故書地以譏之

○夏。天王使宰渠伯糾來聘。宰官渠氏伯糾名也王官之宰當以才授位而伯糾攝父之職出聘列國故書名以譏之國史之記必書年以集此公之事書首時以成此年之歲故春秋有空時而無事者今不書秋冬首月史闕文他皆放此○糾居黝反〔疏〕注宰官至放此○正義曰周禮天官有大宰小宰宰夫知宰是官也傳言父在故名知伯糾是名自然渠爲氏矣周禮大宰卿小宰中大夫宰夫下大夫未知伯糾是何宰也貶之乃書名則於法當書字但中下大夫例皆書字則此宰高下猶未可量故注直言王官之宰不指小宰宰夫慎疑故也詩稱濟濟多士書戒無曠庶官爲政有三擇人爲急王官之宰當以才授位今其父居官而使子攝職是王者輕傳爵位遺人則可故書名以譏之糾之出聘事由於王而貶糾者王不應授糾糾不應受使二者俱有其過貶糾亦所以責王如宰咺之比也春秋編年之書四時畢具乃得爲年此無秋冬知是史闕文也舊史先闕故仲尼因之膏肓何休以爲左氏宰渠伯糾父在故名仍叔之子何以不名又仍叔之子以爲父在稱子伯糾父在不稱子鄭箴之云仍叔之子者譏其幼弱故略言子不名之至於伯糾能堪聘事私覿又不失子道故名且字也鄭氏所箴與杜同云伯糾名且字非杜義

傳四年。春。正月。公狩于郎。書時。禮也。郎非狩地故書時合禮〔疏〕注郎非至合禮○正義曰春秋之世狩獵多矣見於經者無數事焉其由得時得地則常事不書故也以獲麟在於大野得地則不書其地知地時並得則例皆不書此書公狩于郎必是有所譏刺所刺之意在於失常地也但傳於棠與河陽已云言非其地則非地之責於理已見而此狩得時恐并時亦刺故出合禮而非禮自明故注申其意言郎非狩地唯時合禮以地非禮也公羊傳曰常事不書此何以書譏何譏爾遠也公羊說諸侯遊戲不得過郊故有遠近之言左氏無此義要言遠者亦是譏其失常地也

○夏。周宰渠伯糾來聘。父在故名。○秋。秦師侵芮。敗焉。小之也。秦以芮小輕之故爲芮所敗○冬。王師、秦師圍魏。執芮伯以歸。芮伯三年出居魏芮更立君秦爲芮所敗故以芮伯歸將欲納之

經五年。春。正月。甲戌。己丑。陳侯鮑卒。未同盟而書名者來赴以名故也甲戌前年十二月二十一日己丑此年正月六日陳亂故再赴赴雖日異而皆以正月起文故但書正月慎疑審事故從赴兩書○鮑步飽反〔疏〕注未同至兩書○正義曰僖二十三年傳例曰赴以名則亦書之檢經傳魯未與陳盟而書鮑名知其來赴以名故也隱八年蔡侯考父卒注云春秋前與惠公盟故赴以名案史記年表隱之元年是陳桓公之二十三年則桓公亦得與惠公盟而云未同盟者以蔡侯之卒去惠尚近故疑與惠公盟此去惠公年月已遠且自隱公以來陳魯未嘗交好於惠公之世亦似無盟故以未同盟解之也以長麻推之知甲戌己丑別月而赴者並言正月故兩書其日而共言正月若其各以月赴亦應兩書其月但此異年之事設令兩以正月赴則當以四年十二月甲戌陳侯鮑卒五年正月己丑陳侯鮑卒

○夏。齊侯、鄭伯如紀。外相朝皆言如齊欲滅紀紀人懼而來告故書〔疏〕注外相至故書○正義曰傳言朝經言如知如即朝也下文周公如曹與此相類故云外相朝皆言如也魯出朝聘例言如獨言外朝者經有公朝王所以不盡云公如故獨云外也朝聘而謂之如者爾雅釋詁云如往也朝者兩君相見揖讓兩楹之間聘者使卿通問鄰國執圭以致君命據行禮而爲言也魯之君臣出適他國始行即書於策未知成禮與否終每有在塗乃復是禮未必成故直云如言其往彼國耳不果必成朝聘也公朝王所則朝訖乃書故指朝言之此齊鄭朝紀亦應朝訖乃告但略外故言如耳外相朝例不書而此獨書者傳言欲以襲紀紀人知之明其懼而告魯故書也

○天王使仍叔之子來聘。仍叔天子之大夫稱仍叔之子本於父字幼弱之辭也譏使童子出聘〔疏〕注仍叔至出聘○正義曰天子大夫例皆書字仍氏叔字知是天子大夫也公羊穀梁皆以仍叔之子爲父老代父從政左氏直云弱也言其幼弱不言父在則是代父嗣位非父在也伯糾身未居官攝行父事故稱名以貶之此子雖已嗣位而未堪從政故繫父以譏之譏王使童子出聘也蘇氏用公羊穀梁之義以爲父老來聘非父沒義或當然

○葬陳桓公。無傳○城祝丘。無傳齊鄭將襲紀故○秋。蔡人、衛人、陳人從王伐鄭。自王爲伐鄭之主君臣之辭也王師敗不書不以告○從如字又才用反○大雩。傳例曰書不時也失龍見之時○雩音于祭名見賢遍反○螽。無傳蚣蝑之屬爲災故書○螽音終蚣相容反蝑相魚反〔疏〕注蚣蝑至故書○正義曰釋蟲云蜤螽蚣蝑揚雄方言云舂黍謂之蚣蝑陸機毛詩疏云幽州人謂之舂箕舂箕即舂黍蝗類也長而青股鳴者或謂似蝗而小班黑其股狀如瑇瑁又五月中以兩股相切作聲聞十數步爾雅又有蠜蠜土螽樊光云皆蚣蝑之屬然則螽之種類多故言屬以包之傳稱凡物不爲災不書知此爲災故書

○冬。州公如曹。不書奔以朝出也爲下實來書也曹國今濟陰定陶縣○陶同勞反〔疏〕州公如曹○正義曰周禮公之地封疆方五百里侯四百里伯三百里子二百里男一百里隱五年公羊傳曰天子三公稱公王者之後稱公其餘大國稱侯小國稱伯子男然則三公之外爵稱公者唯二王之後杞與宋耳此州公及僖五年晉人執虞公並是小國而得稱公者鄭玄王制注以爲殷地三等百里七十里五十里武王克殷雖制五等之爵而因殷三等之地及周公制禮大國五百里小國百里所因殷之諸侯亦以功黜陟之其不滿者皆益之地爲百里焉是以周世有爵尊而國小爵卑而國大者言爵尊國小蓋指此州公虞公也並所是克商始封非爲殷之餘國鄭玄之言不可通於此也杜之所解亦無明言唯世族譜云虞姬姓武王克商封虞仲之庶孫以爲虞仲之後處中國爲西吳後世謂之虞公服虔云春秋前以黜陟之法進爵爲公未知孰是或可嘗爲三公之官若虢公之屬故稱公也以其無文故備言之劉炫難服云周法二王之後乃得稱公雖復周公大公之勲齊桓晉文之霸位止通侯未升上等州有何功得遷公爵若其爵得稱公土亦應廣安得爵爲上公地仍小國若地被兼黜爵亦宜減安得地既削小爵尚尊崇此則理之不通也○注不書至陶縣○正義曰如者朝也以朝出國不得書奔外朝不書以因來向魯故書其本也世本州國姜姓曹國伯爵譜云曹姬姓文王子叔振鐸之後也武王封之陶丘今濟陰定陶縣是也桓公三十五年魯隱公之元年也伯陽立十五年魯哀公之八年而宋滅曹地理志濟陰郡定陶縣詩曹國是也

傳五年。春。正月。甲戌。己丑。陳侯鮑卒。再赴也。於是陳亂。文公子佗殺太子免而代之。佗桓公弟五父也稱文公子明佗非桓公母弟也免桓公大子○佗大河反免音問父音甫 公疾病而亂

作。國人分散，故再赴。〔疏〕公疾病○正義曰鄭玄論語注云病謂疾益困也

○夏，齊侯、鄭伯朝于紀，欲以襲之。紀人知之。

○王奪鄭伯政，鄭伯不朝。奪不使知王政。○襲音習〔疏〕注奪不使知王政○正義曰隱三年傳稱王貳于虢謂欲分政於虢不復專任鄭伯也及平王崩周人將畀虢公政即周鄭交惡未得與之八年傳曰虢公忌父始作卿士于周於是始與之政共鄭伯分王政矣九年傳曰鄭伯爲王左卿士然則虢公爲右卿士與鄭伯夾輔王也此言王奪鄭伯政全奪與虢不使鄭伯復知王政故鄭伯積恨不復朝王

○秋，王以諸侯伐鄭，鄭伯禦之。王爲中軍；虢公林父將右軍，蔡人、衛人屬焉；虢公林父王卿士○將音子匠反下及注大將同 周公黑肩將左軍，陳人屬焉。黑肩周桓公也 鄭子元請爲左拒，以當蔡人、衛人；子元鄭公子拒方陳○拒俱甫反下同陳直覲反下文之陳反注同 爲右拒，以當陳人。曰：陳亂，民莫有鬭心。若先犯之，必奔。王卒顧之，必亂。蔡、衛不枝，固將先奔。不能相枝持也○卒尊忽反下同 既而萃於王卒，可以集事。從之。萃聚也集成也○萃似類反 曼伯爲右拒，曼伯檀伯○曼音萬〔疏〕注曼伯檀伯○正義曰十五年傳曰鄭伯因櫟人殺檀伯昭十一年傳曰鄭京櫟實殺曼伯知一人也 祭仲足爲左拒，原繁、高渠彌以中軍奉公，爲魚麗之陳。先偏後伍，伍承彌縫。司馬法車戰二十五乘爲偏以車居前以伍次之承偏之隙而彌縫闕漏也五人爲伍此蓋魚麗陳法○麗力之反注同縫扶容反乘繩證反〔疏〕注司馬至陳法○正義曰史記稱齊景公之時有田穰苴善用兵景公尊之位爲大司馬六國時齊威王用兵行威大放穰苴之法乃使大夫追論古者司馬兵法而附穰苴其中凡一百五十篇號曰司馬法車戰二十五乘爲偏是彼文也五人爲伍周禮司馬序官文也

戰于繻葛。繻葛鄭地○繻音須 命二拒曰：旝動而鼓。旝旃也通帛爲之蓋今大將之麾也執以爲號令○旝古外反又古活反本亦作檜建大木置石其上發機以磓敵麾許危反〔疏〕注旝旃至號令○正義曰旝之爲旃事無所出說者相傳爲然成二年傳張侯曰師之耳目在吾旗鼓進退從之是在軍之士視將旗以進退也今命二拒令旝動而鼓望旗之動鼓以進兵明旝是可觀之物又旝字從㫃旝旗之類故知旝爲旃也周禮司常通帛爲旃故云通帛爲之謂通用一絳帛無畫飾也鄭玄云凡旌旗有軍衆者畫異物無者帛而已鄉遂大夫或載旝或載物衆屬軍吏無所將如鄭之意則將不得建旃而此軍得有旃者僖二十八年傳曰城濮之戰晉中軍風于澤亡大旃之左旃是知戰必有旃故以旝爲旃也鄭氏之言自謂治兵之時出軍所建不廢戰陳之上猶自用旃指麾令時爲軍猶以旌麾號令故云蓋令大將之麾執以爲號令也賈逵以旝爲發石一日飛石引范蠡兵法作飛石之事以證之說文亦云建大木置石其上發其機以追敵與賈同也案范蠡兵法雖有飛石之事不言名爲旝也發石非旌旗之比說文載之於部而以飛石解之爲不類矣且三軍之衆人多路遠發石之動何以可見而使二拒準之爲擊鼓候也注以旃說爲長故從之

蔡、衛、陳皆奔，王卒亂。鄭師合以攻之，王卒大敗。祝聃射王中肩。王亦能軍。雖軍敗身傷猶殿而不奔故言能軍○射食亦反中丁仲反殿多見反 祝聃請從之。公曰：君子不欲多上人，況敢陵天子乎？苟自救也，社稷無隕多矣。鄭於此收兵自退○隕于敏反 夜，鄭伯使祭足勞王，且問左右。祭足即祭仲之字蓋名仲字仲足也勞王問左右言鄭志在苟免王討之非也○勞力報反注同名仲字仲足一本作名仲字足〔疏〕注祭足至非也○正義曰隱元年傳稱祭仲土云祭仲足此云祭足十一年傳云祭封人仲足此人雖名字互見而不知孰字孰名公羊以仲爲字左氏先儒亦以爲字但春秋之例諸侯之卿嘉之乃書字十一年經書祭仲而事無可嘉注意以仲爲名故云名仲字足釋例曰伯仲叔季固人字之常然古今亦有以爲名者而公羊守株專謂祭氏以仲爲字既謂之字無辭以善之因託以行權人臣而善其行權逐君是亂人倫壞大教也說左氏者知其不可更云鄭人嘉之以字告故書字此爲因有告命之例欲以苟免未是春秋之實也宰渠伯糾蕭叔大心皆以伯叔爲名卿仲亦名也傳又曰祭仲足或偏稱仲或偏稱足蓋名仲字足也是辨其名仲之意也凡傳所記事必有意存焉此丁寧說鄭言其志在苟免知其意言王討之非也

○仍叔之子，弱也。仍叔之子來聘童子將命無速反之心久留在魯故經書夏聘傳釋之於末秋〔疏〕注仍叔至末秋○正義曰此子來聘傳雖不言聘意蓋爲將伐鄭而遣告魯也經在伐鄭之上傳在伐鄭之下明其必有深意故注者原之以爲童子將命無速反之心久留在魯故經書夏聘傳釋之於末秋譏其夏至而秋末反也下句更言秋大雩則秋未爲末注云末秋者上有秋王以諸侯伐鄭此仍叔之文在秋事之末故云末秋也下文更云秋者自爲欲顯天時更別言秋

○秋，大雩。書不時也。十二公傳唯此年及襄二十六年有兩秋此發雩祭之例欲顯天時以相事故重言秋異於凡事○重直用反〔疏〕注十二至凡事○正義曰上旣言秋王以諸侯伐鄭而此復言秋故解之方發雩祭之例須辨雩祭之月欲顯言天時以指怠慢之事故重言秋秋異於凡事凡事則不須每事重舉時也襄二十六年重言秋者彼注自釋中間有初不言秋則嫌楚客過在他年

凡祀，啓蟄而郊。言凡祀通下三句天地宗廟之事也啓蟄夏正建寅之月祀天南郊○蟄直立反正音征〔疏〕注言凡至南郊○正義曰下三句謂雩嘗烝也雩是祭天嘗烝祭宗廟此無祭地而言祭地者因天連言地耳周禮天神曰祀地祇曰祭人鬼曰享對則別爲三名散則摠爲一號禮諸侯不得祭天魯以周公之故得郊祀上帝故雩亦祀帝書傳皆不言魯得祭地蓋不祭地也魯不祭地而注言天地者以發凡言例雖因魯史經文然凡之所論摠包天子及諸國則凡公嫁女於天子諸卿皆行及王曰小童之例是也此凡祀亦摠包天子及諸國則有祭地之文故社連言之釋例云凡祀舉郊雩烝嘗則天神地祇人鬼之祭皆通其他羣祀不錄可知也礿祠及地祇經無其事故不備言亦約文以相包也礿祠之祭過則亦書但無過時者故經不書耳夏小正曰正月啓蟄其傳曰言始發蟄也故漢氏之始以啓蟄爲正月中雨水爲二月節及大初以後更改氣名以雨水爲正月中驚蟄爲二月節以迄于今踵而不改今厤正月雨水中四月小滿中八月秋分中十月小雪中注皆以此四句爲建寅建巳建酉建亥之月則啓蟄當雨水龍見當小滿始殺當秋分閉蟄當小雪晉世之厤亦以雨水爲正月中而釋例云厤法正月節立春啓蟄爲中氣者因傳有啓蟄之文故遠取漢初氣名欲令傳與厤合其餘三者不可強同其名雖則不同其法理亦不異故釋例云案厤法有啓蟄驚蟄而無龍見始殺閉蟄此古人所名不同然其法推不得有異傳曰火伏而後蟄者畢此謂十月始蟄也至十一月則遂閉之猶二月之驚蟄旣啓之後遂驚而走出始蟄之後又自閉塞也是言啓蟄爲正月中閉蟄爲十月中也注以閉蟄爲十月而釋例云十一月遂閉之者以正月半蟄蟲啓戶二月初則驚而走出十月半蟄蟲始閉十一月初則遂閉之傳稱四者皆舉中氣言其至此中氣則卜此祭次月初氣仍是祭限次月中氣乃爲過時旣以閉蟄爲建亥之月又言十一月則遂閉之欲見閉蟄以後冬至以前皆得烝祭也故釋例云孟獻子曰啓蟄而郊郊而後耕耕謂春分也言得啓蟄當卜郊不應過春分也春分以前皆得郊則冬至以前皆得烝也釋例又曰傳公襄公夏四月卜郊但譏其非所宜卜而不譏其四月不可郊也以建卯之月猶可郊知建子之月猶可烝也正由節卻月前未涉後月中氣故耳傳本不舉月爲限而舉候以言者釋例曰凡十二月而節氣有二十四共通三百六十六日分爲四時閒之以閏月故節未必恒在其月初而中氣亦不得恒在其月之半是以傳舉天宿氣節爲文而不以月爲正也土功作者不必日月故亦言龍見而畢務戒事也火見而致用水昏正而栽日至而畢此其大準也是言凡候天時皆不以月爲其節有參差故也若周禮不舉天象故以月爲正大司馬職曰中夏獻禽以享礿中冬獻禽以享烝言四時之祭不得後仲月非謂孟月不得烝也釋例曰周禮祭宗廟以四仲蓋言其下限也下限至於仲月則上限起於孟月烝起建亥之月則嘗起建申之月此言始殺而嘗謂建酉之月亦是下限也若使是下限則周之正月得爲烝祭春秋之例得常不書而八年書正月烝者釋例云經書正月烝得仲月之時也其夏五月復烝此爲過烝若但書夏五月烝則唯可知其非時故先發正月之烝而繼書五月烝以示非時並明再烝瀆也然仲月雖不過時而月節有前卻若使節前月卻卽爲非禮此秋大雩是建午之月耳而傳言不時明涉其中節故譏之釋例云龍星之體畢見謂立夏之月得此月則當卜祀過涉次節則以過而書故秋雩書不時此涉周之立秋節也言涉立秋節者謂涉立秋之月中氣節也過涉次節亦謂中節非初節也若始涉初節則不譏之矣如此傳注必是建寅之月方始郊天周之孟春未得郊也禮記明堂位曰魯君孟春乘大輅載弧韣以祀帝於郊季夏六月以禘禮祀周公於太廟季夏周之六月卽孟春是周之正月矣又雜記云孟獻子曰正月日至可以有事於上帝七月日至可以有事於祖七月而禘獻子爲之如彼記文則魯郊以周之孟春而傳言啓蟄而郊者禮記後人所錄其言或中或否未必所言皆是正禮襄七年傳孟獻子曰啓蟄而郊禮記左傳俱稱獻子而記言日至傳言啓蟄一人兩說必有謬者若七月而禘獻子爲之時應有七月禘矣烝嘗過則書禘過亦應書何以獻子之時不書七月禘也是知獻子本無此言不得云禮記是而左傳非也

明堂位言正月郊者蓋春秋之末魯稍僭後見天子冬至祭天便以正月祀帝郊記者不察其本遂謂正月爲常明堂位後世之書其末章云魯君臣未嘗相弑也禮樂刑法政俗未嘗相變也春秋之世三君見弑鑿而弔士有誅俗變多矣尚云無之此言既誣則郊亦難信以此知記言孟春非正禮也鄭玄注書多用讖緯言天神有六地祇有二天有天皇大帝又有五方之帝地有崐崘之山神又有神州之神大司樂冬至祭於圜丘者祭天皇大帝北辰之星也月令四時迎氣於四郊所祭者祭五德之帝大微宮中五帝坐星也春秋緯文耀鉤云大微宮有五帝坐星蒼帝其名曰靈威仰赤帝曰赤熛怒黃帝曰含樞紐白帝曰白招拒黑帝曰汁光紀五德之帝謂此也其夏正郊天祭其所感之帝焉周人木德祭靈威仰也曾無冬至之祭唯祭靈威仰耳唯鄭玄立此爲義而先儒悉不然故王肅作聖證論引羣書以證之言郊則圜丘圜丘即郊天體唯一安得有六天也晉武帝王肅之外孫也秦始之初定南北郊祭一地一天用王肅之義杜君身處晉朝共遵王讀集解釋例都不言有二天然則杜意天子冬至所祭魯人啓蟄而郊猶是一天但異時祭耳此注直云祀天南郊不言靈威仰明與鄭異也劉炫云夏正郊天后稷配也冬至祭天圜丘以帝嚳配也

龍見而雩。龍見建巳之月蒼龍宿之體昏見東方萬物始盛待雨而大故祭天遠爲百穀祈膏雨。○見賢遍反注同宿音秀爲于僞反

【疏】注龍見至膏雨○正義曰天官東方之星盡爲蒼龍之宿見謂合昏見也雩之言遠也遠爲百穀祈膏雨遠者豫爲秋收言意深遠也穀之種類多故詩每言百穀舉成數也雨之潤物若脂膏然故謂甘雨爲膏雨襄十九年傳曰百穀之仰膏雨是也傳直言雩而經書大雩者賈逵云言大別山川之雩蓋以諸侯雩山川魯得雩上帝故稱大月令云大雩帝用盛樂是雩帝稱大雩也此龍見而雩定在建巳之月而月令記於仲夏章者鄭玄云雩之正當以四月凡周之秋五月之中而旱亦脩雩祀而求雨因著正雩於此月失之矣杜君以爲月令秦法非是周典穎子嚴以龍見即是五月釋例曰月令之書出自呂不韋其意欲爲秦制非古典也穎氏因之以爲龍見五月五月之時龍星已過於見此爲強牽天宿以附會不韋之月令非所據而據既以不安且又自違左氏傳稱秋大雩書不時此秋即穎氏之五月而忘其不時之文而欲以雩祭是言月令不得與傳合也鄭玄禮注云雩之言吁也言于嗟哭泣以求雨也郊雩俱是祈穀何獨雩爲吁嗟旱而脩雩言吁嗟可矣四月常雩於時未旱何當也吁嗟也賈服以雩爲遠故杜從之也

始殺而嘗。建酉之月陰氣始殺嘉穀始熟故薦嘗於宗廟

【疏】注建酉至宗廟○正義曰嘗者薦於宗廟以嘗新爲名知必待嘉穀熟乃爲之也詩稱八月其穫刈嘉穀在於八月知始殺爲建酉之月陰氣始殺也釋例曰詩蒹葭蒼蒼白露爲霜以證始殺百草也月令孟秋白露降季秋霜始降然則七月有白露八月露結九月乃成霜時寒乃漸歲事稍成八月嘉穀熟所薦之物備故以建酉之月薦嘗於宗廟案月令孟秋農乃登穀天子嘗新先薦寢廟則似七月穀熟矣七月當嘗祭而云建酉之月乃嘗祭者以上下準之始殺嘗祭實起於建申之月今云建酉者言其下限然杜獨於嘗祭舉下限者以秋物初熟孝子之祭必待新物故特舉下限而言之哀十三年子服景伯謂吳大宰曰魯將以十月上辛有事於上帝先公季辛而畢彼雖恐吳之辭亦是八月嘗祭之驗也何則於時會吳在夏公至在秋景伯言然之時秋之初也若嘗在建申當言九月不應遠指十月知十月是嘗祭之常期周之十月是建酉之月也建酉是下限耳若節前月卻孟秋物成亦可以孟秋嘗祭故釋例云周禮四仲月言其下限若建申得嘗何以釋例又云始殺而嘗謂建酉之月蒹葭蒼蒼白露爲霜又以始殺唯建酉之月者以賈服始殺唯據孟秋不通建酉之月故釋例破賈服而爲此言也先此則不可十四年八月乙亥嘗乃是建未之月故注云先其時亦過也

閉蟄而烝。建亥之月昆蟲閉戶萬物皆成可薦者衆故烝祭宗廟釋例論之備矣○閉必計反又必結反字林方結反烝之承反

【疏】注建亥至備矣○正義曰傳稱火伏而後蟄者畢周禮季秋內火則火以季秋入而孟冬伏昆蟲以孟冬蟄故知閉蟄是建亥之月也王制云昆蟲未蟄不以火田鄭玄云昆明也明蟲者得陽而生得陰而藏陰陽即寒溫也祭統注云昆蟲謂溫生寒死之蟲也是蟄蟲謂之昆蟲也月令仲春云蟄蟲咸動啓戶始出出言啓戶故蟄言閉戶爾雅釋詁云烝衆也知萬物皆成可薦者衆故名此祭爲烝

過則書。卜日有吉否過次節則書以譏慢也

【疏】卜日至慢也○正義曰祭必當卜卜有吉否不吉則當改卜次旬則不可期以一日卜不過三故限以一月過涉次月之節則書之以譏其慢

○冬。淳于公如曹。度其國危。遂不復。淳于州國所都城陽淳于縣也國有危難不能自安故出朝而遂不還○度待洛反復音服後不音者皆同難乃旦反

經六年。春。正月。寔來。寔實也不言州公者承上五年冬經如曹間無異事省文從可知○寔時力反省所景反

○夏四月。公會紀侯于成。成魯地在泰山鉅平縣東南

○秋。八月。壬午。大閱。齊爲大國以戎事徵諸侯之戍嘉美鄭忽而忽欲以有功爲班怒而訴齊魯人懼之故以非時簡車馬○閱音悅

【疏】大閱○正義曰公狩于郎公狩于禚皆書公大蒐大閱不書公者周禮雖四時教戰而遂以田獵但蒐閱車馬未必皆因田獵田獵從禽未必皆閱車馬何則息慢之主外作禽荒豈待教戰方始獵也公及齊人狩于禚乃與鄰國共獵必非自教民戰以矢魚于棠非教戰之事主爲遊戲而斥言公則狩于郎禚亦主爲遊戲故特書公也大蒐大閱國之常禮公身雖在非爲遊戲如此之類例不書公定十四年大蒐于比蒲邾子來會公公身在蒐而經不書公知其法所不書以其國家大事非公私欲故也且比蒲昌間皆舉蒐地此不言地者蓋在國簡閱未必田獵也昭十八年鄭人簡兵大蒐在於城內此亦當在城內○注齊爲至車馬○正義曰大閱之禮在於仲冬今農時閱兵必有所爲傳不言其意故注者原之於時四鄰與魯無怨又竟無征伐之處諸侯戍齊經所不見而傳說鄭忽怨事於大閱之上及十年鄭與齊衞來戰于郎知此大閱是懼鄭忽而畏齊人故以非時簡車馬也

蔡人殺陳佗。佗立踰年不稱爵者篡立未會諸侯也傳例在莊二十二年

【疏】注佗立至二年○正義曰殺陳佗傳無文不言無傳者以傳說此事在莊二十二年不是全無其事故不言無傳

○九月。丁卯。子同生。桓公子莊公也十二公唯子同是適夫人之長子備用大子之禮故史書之於策不稱大子者書始生也○適丁麻反傳同長丁丈反

【疏】注桓公至生也○正義曰適妻長子於注當爲大子故以大子之禮舉之由舉以正禮故史書於策古之人立大子其禮雖則無文蓋亦待其長大特加禮命如今之臨軒策拜始生之時未得即爲大子也以其備用正禮故書其生未得命故不言大子也杜云十二公唯子同是適夫人之長子又云文公哀公其母並無明文未知其母是適以否蓋其父未爲君之前已生縱令是適亦不書也釋例云據公衡之年成公又非穆姜所生杜此注云子同是適夫人之長子備用大子之禮故史書之然則雖適夫人之長子不用大子之禮亦不書也

○冬。紀侯來朝。

傳六年。春。自曹來朝。書曰。寔來。不復其國也。亦承五年冬傳淳于公如曹也言奔則來行朝禮言朝則遂留不去故變文言實來

○楚武王侵隨。隨國今義陽隨縣

【疏】注隨國至隨縣○正義曰世本隨國姬姓不知始封爲誰隨以此年見傳僖二十年經書楚人伐隨自是以後遂爲楚之私屬不與諸侯會同至定四年吳入郢昭王奔隨隨人免之卒復楚國楚人德之使列諸侯哀元年隨侯見經其後不知爲誰所滅

使薳章求成焉。薳章楚大夫○薳于委反

軍於瑕以待之。瑕隨地○瑕下加反

隨人使少師董成。少師隨大夫董正也○少詩照反注及下同後皆倣此

鬭伯比言于楚子曰。吾不得志於漢東也。我則使然。鬭伯比楚大夫令尹子文之父

我張吾三軍而被吾甲兵。以武臨之。彼則懼而協來謀我。故難間也。漢東之國。隨爲大。隨張。必弃小國。張自侈大也○被皮寄反下注被甲同間廁之間張豬亮反注同一音如字侈昌氏反又式氏反

小國離。楚之利也。少師侈。請羸師以張之。羸弱也○羸劣追反注及下同

熊率且比曰。季梁在。何益。熊率且比楚大夫季梁隨賢臣○率音律且子余反

鬭伯比曰。以爲後圖。少師得其君。言季梁之諫不過一見從隨侯卒當以少師爲計故云以爲後圖二年蔡侯鄭伯會于鄧始懼楚楚子自此遂盛終於抗衡中國故傳備言其事以終始之○抗苦浪反

【疏】以爲至其君○正義曰言此計今雖無益以爲在後圖謀也言季梁之諫不過一見從耳少師得其君心君將必用其計若用少師則此謀必合故請示弱以希後日之利

王毀軍而納少師。從伯比之謀

少師歸。請追楚師。隨侯將許之。信楚弱也

季梁止之曰。天方授楚。楚之羸。其誘我也。君何急焉。臣聞小之能敵大也。小道大淫。所謂道。忠於民而信於神也。上思利民。忠也。祝史正辭。信也。正辭不虛稱君美

今民餒而君逞欲。逞快也○餒奴罪反餓也

祝史矯舉以祭。臣不知其可也。詐稱功德以欺鬼神○矯居兆反

【疏】天方授楚○正義曰楚之先君熊繹始封於楚在蠻夷之間食子男之地至此君始彊盛威服鄰國似有天助故云天方授楚○臣聞至可也○正義曰臣聞小國

之能敵大國也必小國得道大國淫辟如是乃得爲敵也其意言隨未有道而楚未爲淫辟不能敵楚也既言隨未有道更說有道之事道猶道路行不失正名之曰道施於人君則治民事神使之得所乃可稱爲道矣故云所謂道者忠恕於民而誠信於神也此覆說忠信之義於文中心爲忠言中心愛物也人言爲信謂言不虛妄也在上位者思利於民欲民之安飽是其忠也祝官史官正其言辭不欺誑鬼神是其信也今隨國民皆飢餒而君快情欲是不思利民是不忠也祝史詐稱功德以祭鬼神是不正言辭是不信也無忠無信不可謂道小而無道何以敵大君欲敵之臣不知其可也欲君之下楚也

公曰。吾牲牷肥腯。粢盛豐備。何則不信。牲牛羊豕也牷純色完全也腯亦肥也黍稷曰粢在器曰盛。○牷音全腯徒忽反【疏】注牲牛至曰盛。○正義曰諸侯祭用大牢祭以三牲爲主知牲爲三牲牛羊豕也周禮牧人掌共祭祀之牲牷祭用純色故知牷謂純色完全言毛體全具也曲禮曰豚曰腯肥肥腯共文知腯亦肥也重言肥腯者古人自有複語耳服虔云牛羊曰肥豕曰腯案禮記豚亦稱肥非獨牛羊也粢是黍稷之別名亦爲諸穀之摠號祭之用米黍稷爲多故云黍稷曰粢粢是穀之體也盛謂盛於器故云在器曰盛

對曰。夫民。神之主也。言鬼神之情依民而行 是以聖王先成民。而後致力於神。故奉牲以告曰。博碩肥腯。謂民力之普存也。博廣也碩大也 謂其畜之碩大蕃滋也。謂其不疾瘯蠡也。謂其備腯咸有也。雖告神以博碩肥腯其實皆當兼此四謂民力適完則六畜既大而滋也皮毛無疥癬兼備而無有所闕。○畜吁又反下皆同蕃音煩瘯七木反本又作蔟同蠡力果反說文作瘰云瘯瘰皮肥也疥音介癬息淺反說文云乾瘍 奉盛以告曰。絜粢豐盛。謂其三時不害。而民和年豐也。三時春夏秋 奉酒醴以告曰。嘉栗旨酒。嘉善也栗謹敬也 謂其上下皆有嘉德。而無違心也。所謂馨香。無讒慝也。馨香之遠聞。○慝他得反聞音問又如字 故務其三時。脩其五教。父義母慈兄友弟恭子孝 親其九族。以致其禋祀。禋絜敬也九族謂外祖父外祖母從母子及妻父妻母姑之子姊妹之子女子之子并己之同族皆外親有服而異族者也。○九族杜釋與孔安國鄭玄不同禋音因 於是乎民和而神降之福。故動則有成。今民各有心。而鬼神乏主。民饑餒也。○饑音飢 君雖獨豐。其何福之有。君姑脩政而親兄弟之國。庶免於難。隨侯懼而修政。楚不敢伐。

【疏】夫民至於難。○正義曰鬼神之情依人而行故云夫民神之主也以民和乃神說故聖王先成其民而後致力於神言養民使成成就然後致孝享由是告神之辭各有成百姓之意祭之所用有牲有食有酒耳聖人文飾辭義爲立嘉名以告神季梁舉其告辭解其告意故奉牲以告神曰博碩肥腯者非謂所祭之牲廣大肥充而已乃言民之畜產盡肥充皆所以得博碩肥腯者由四種之謂故又申說四種之事四謂者第一謂民力普徧安存故致第二畜之碩大滋息民力普存所以致之者由民無勞役養畜以時故六畜碩大蕃多滋息民力普存又致第三不有疾病疥癘所以然者由民力普存身無疲苦故所養六畜飲食以理堉刷依法故皮毛身體無疥癬疾病民力普存又致第四備腯咸有所以然者由民力普存人皆逸樂種種養畜羣牲備有也奉盛以告神曰絜粢豐盛者非謂所祭之食絜淨豐多而已乃言民之糧食盡豐多也言豐絜者謂其春夏秋三時農之要節爲政不害於民得使盡力耕耘自事生產故百姓和而年歲豐也奉酒醴以告神曰嘉栗旨酒者非謂所祭之酒栗善味美而已乃言百姓之情上下皆善美也言嘉旨者謂其國內上下羣臣及民皆有善德而無違上之心若民心不和則酒食腥穢由上下皆善故酒食馨香非言酒食馨香無腥膻臭穢乃謂民德馨香無讒諛邪惡也所謂馨香摠上三者由是王者將說神心先和民志故務其三時使農無廢業脩其五教使家道協和親其九族使內外無怨然後致其絜敬之祀於神明矣於是民俗大和而神降之福故動則有成戰無不克今民各有心或欲從主或欲叛君不得爲無違上之心而鬼神之主百姓飢餒民方彫竭不得爲年歲豐也民既不和則神心不說君雖獨豐其何福之有神所不福民所不與以此敵大必喪其師君且脩政撫其民人而親兄弟之國以爲外援如是則庶幾可以免於禍難也告牲肥碩言民畜多告粢豐粢言民食多告酒嘉旨不言民酒多而言民德善者酒之與食俱以米栗爲之於盛已言年豐故於酒變言嘉德重明民和之意○注雖告至所闕○正義曰劉炫云杜以博碩肥腯據牲體而言季梁推此出理嫌其不寔故云其寔皆當兼此四謂又民力普存非畜之形貌而季梁以之解情又申之民力適完則得生養六畜故六畜既大而滋息也博碩言其形狀大蕃滋言其生乳多碩大蕃滋皆複語也瘯蠡畜之小病故以爲疥癬之疾也不疾者猶言不患此病也○注嘉善至敬也○正義曰嘉善釋詁文也杜訓栗爲謹敬言善敬爲酒案詩實穎實栗與田事相連故栗爲穗貌此栗與嘉善旨酒相類故栗爲謹敬之心即論語云使民戰栗與此相似劉炫以栗爲穗貌而規杜過於理恐非○注父義至子孝○正義曰父母於子並爲慈但父主教訓母主撫養撫養在於恩愛故以慈爲名教訓愛而加教故以義爲稱義者宜也敬之義方使得其宜弟之於兄亦宜爲友但兄弟相敬乃有長幼尊卑故分出其弟使之爲共言敬其兄而友愛○注禋絜至族者也○正義曰釋詁云禋敬也故以禋爲絜敬隱十一年注云絜齊以亨謂之禋意亦與此同也漢世儒者說九族有二異義今禮戴尚書歐陽說九族乃異姓有屬者父族四五屬之內爲一族父女昆弟適人者與其子爲一族己女昆弟適人者與其子爲一族己之女子子適人者與其子爲一族母族三母之父姓爲一族母之母姓爲一族母女昆弟適人者與其子爲一族妻族二妻之父姓爲一族妻之母姓爲一族古尚書說九族者從高祖至玄孫凡九皆同姓謹案禮緦麻三月以上恩之所及禮爲妻父母有服明在九族中九族不得但施於同姓鄭駮云玄之聞也婦人歸宗女子雖適人字猶繫姓明不得與父兄爲異族其子則然婚禮請期辭曰唯是三族之不虞欲及今三族未有不億度之事而迎婦也如此所云三族不當有異姓異姓其服皆緦禮雜記下緦麻之服不禁嫁女取婦是爲異姓不在族中明矣周禮小宗伯掌三族之別名喪服小記說族之義曰親親以三爲五以五爲九以此言之知高祖至玄孫昭然察矣是鄭從古尚書說以九族爲高祖至玄孫也此注所云猶是禮戴歐陽等說以鄭玄駮云女子不得與父兄爲異族故簡去其母唯取其子以服重者爲先耳其意亦不異也不從古學與鄭說者此言親其九族詩刺不親九族必以九族者疏遠恩情已薄故刺其不親而美其能親耳高祖至父己之所稟承也子至玄孫己之所生育也人之於此誰或不親而美其能親也詩刺棄其九族豈復上遺父母下棄子孫哉若言棄其九族謂棄其出高祖出曾祖者然則豈亦棄其出曾孫出玄孫者乎又鄭玄爲昏必三十而娶則人年九十始有曾孫其高祖玄孫無相及之理則是族終無九安得九族而親之三族九族族名雖同而三九數異引三族以難九族爲不相值矣若緣三及九則三九不異設使高祖喪玄孫死亦應不得爲昏禮何言九族之不虞也以此知九族皆外親有服而異族者也

○夏。會于成。紀來諮謀齊難也。齊欲滅紀故來謀之。○難乃旦反下同

○北戎伐齊。齊使乞師于鄭。鄭大子忽帥師救齊。六月。大敗戎師。獲其二帥。大良。少良。甲首三百。以獻於齊。甲首被甲者首。○帥所類反少詩照反 於是諸侯之大夫戍齊。齊人饋之餼。生曰餼。○饋其媿反遺也餼許既反牲腥曰餼 使魯爲其班。後鄭。班次也魯親班齊饋則亦使大夫戍齊矣經不書蓋史闕文【疏】注班次至闕文。○正義曰劉炫云在戍受饋而使魯爲班明魯人在矣襄五年戍陳書經此戍齊亦宜書今不書經疑史闕文以史策本闕仲尼不得書之十年說此云北戎病齊諸侯救之或可魯亦往救但傳無魯事之驗魯必不救不須解之 鄭忽以其有功也。怒。故有郎之師。郎師在十年

公之未昏於齊也。齊侯欲以文姜妻鄭大子忽。大子忽辭。人問其故。大子曰。人各有耦。齊大。非吾耦也。詩云。自求多福。詩大雅文王言求福由己非由人也。○妻七計反下及注同 在我而已。大國何爲。君子曰。善自爲謀。言獨絜其身謀不及國 及其敗戎師也。齊侯又請妻之。欲以佗女妻之 固辭。人問其故。大子曰。無事於齊。吾猶不敢。今以君命奔齊之急。而受室以歸。是以師昏也。民其謂我何。言必見怪於民 遂辭諸鄭伯。假父之命以爲辭爲十一年鄭忽出奔衞傳

○秋。大閱。簡車馬也。○九月。丁卯。子同生。以大子生之禮舉之。接以大牢。大牢牛羊豕也以禮接夫人重適也。○接如字鄭注禮記作捷讀此者亦或捷音【疏】注大牢至適也正義曰大牢牢之大者三牲牛羊豕具爲大牢儀禮少牢饋食之禮以羊豕爲少牢以牲多少稱大少也詩公劉曰執豕于牢周禮充人

掌繫祭祀之牲牷祀五帝則繫于牢芻之三月是牢者養牲之處故因以爲名鄭玄詩箋云繫養曰牢是其義也禮記內則曰國君世子生告于君接以大牢文在三日負子之上則三日之內接之矣記云凡接子擇日鄭云雖三日之內必選其吉焉是三日之內擇日接之爲子接母故記稱接子此傳舉之之下即云接以大牢亦以接子爲文其實接母故云以禮接夫人重適也鄭玄云接讀爲捷捷勝也謂食其母使補虛强氣也此言以禮接之則與鄭異也內則又云接子庶人特豚士特豕大夫少牢國君世子大牢其非冢子則皆降等

卜士負之。士妻食之。

禮世子生三日卜士負之射人以桑弧蓬矢射天地四方卜士之妻爲乳母○食音嗣弧音胡蓬步工反射食亦反[疏]注禮世至乳母○正義曰四方以上皆內則文也內則又云卜士之妻大夫之妾使食子食謂乳也故以乳母言之鄭玄云桑弧蓬矢本大古也天地四方男子所有事也士妻大夫之妾謂時自有子者定本直云射四方無天地案禮云桑弧蓬矢六今無天地誤也賈逵云桑者木中之衆蓬者草中之亂取其長大統衆而治亂

公與文姜宗婦命之。

世子生三月君夫人沐浴於外寢立於阼階西鄉世婦抱子升自西階君命之乃降蓋同宗之婦○阼才故反[疏]注世子至之婦○正義曰乃降以上皆內則文也鄭玄云子升自西階則人君見世子於路寢也見妾子就側室凡子生皆就側室以其生於側室見於路寢故從外而升階也襄二年葬齊姜傳曰齊侯使諸姜宗婦來送葬諸姜是同姓之女知宗婦是同宗之婦也公與夫人共命之故使宗婦侍夫人

公問名於申繻。對曰。名有五。有信。有義。有象。有假。有類。

申繻魯大夫○繻音須

以名生爲信。

若唐叔虞魯公子友

以德命爲義。

若文王名昌武王名發[疏]注若文至名發○正義曰周本紀稱大王見季歷生昌有聖瑞乃言曰我世當有興者其在昌乎則是大王見其有瑞慶其當興故名之曰昌欲令昌盛周也其度德命發則無以言之服虔云謂若大王度德命文王曰昌文王命武王曰發似其有舊說也以舊說以爲文王見武王之生以爲必發兵誅暴故名曰發

以類命爲象。

若孔子首象尼丘[疏]注若孔至尼丘○正義曰孔子世家云叔梁紇與顏氏禱於尼丘得孔子孔子生而首上汙頂故因名曰丘字仲尼是其象尼丘也

取於物爲假。

若伯魚生人有饋之魚因名之曰鯉○鯉音里[疏]注若伯至曰鯉○正義曰家語本姓篇云孔子年十九娶於宋幷官氏一歲而生伯魚伯魚生魯昭公以鯉魚賜孔子榮君之賜因名子曰鯉字伯魚此注不言昭公賜而云人有饋之者家語則伯魚之生當昭公九年昭公庸君孔子尚少未必能尊重聖人禮其生子取其意而遺其人疑其非昭公故

取於父爲類。

若子同生有與父同者

不以國。

國君之子不自以本國爲名也[疏]注國君至名也○正義曰下云以國則廢名以國不可易須廢名不諱若以他國爲名則不須自廢名也且春秋之世晉侯周衞侯鄭陳侯吳衞侯晉之徒皆以他國爲名以此知不以國者謂國君之子不得自以本國爲名不以山川者亦謂國內之山川下云以山川則廢主謂廢主謂廢國內之所主祭也若他國山川則非其主不須廢也此雖因公之問而對以此法曲禮亦云名子者不以國不以日月不以隱疾不以山川則諸言不以者臣民亦不得以也此注以其言國故特云國君之子耳其實雖非國君之子亦不得以國爲名其言廢名廢禮之徒唯謂國君之子若使臣民之名國家不爲之廢也然則臣民之名亦不以山川而孔子魯人尼丘魯山得以丘爲名者蓋以其有象故特以類命非常例也

不以官。不以山川。不以隱疾。

隱痛疾患辟不祥也[疏]注隱痛至祥也正義曰鄭玄云隱疾衣中之疾也謂若黑臀黑肱矣疾在外者雖不得言尚可指擿此則無時可辟俗語云隱疾難爲醫案周語單襄公曰吾聞成公之生也其母夢神規其臀以黑曰使有晉國故命之曰黑臀此與叔虞季友復何以異而云不得名也且黑臀黑肱本非疾病以證隱疾其類也詩稱如有隱憂是隱爲痛也以痛疾爲名則不祥之甚故以爲辟不祥

不以畜牲。

畜牲六畜[疏]注畜牲六畜○正義曰爾雅釋畜於馬牛羊豕狗雞之下題曰六畜故鄭衆服虔皆以六畜爲馬牛羊豕犬雞周禮牧人掌牧六牲鄭玄亦以馬牛等六者爲之然則畜牲一物養之則爲畜共用則爲牲故并以六畜解六牲

不以器幣。

幣玉帛[疏]注幣玉帛○正義曰周禮小行人合六幣圭以馬璋以皮璧以帛琮以錦琥以繡璜以黼然則幣玉帛者謂此圭璋璧琮帛錦繡黼之屬也以幣以幣爲玉帛則器者非徒玉器服虔以爲組豆罍彝犧象之屬皆不可以爲名也

周人以諱事神。名終將諱之。

君父之名固非臣子所斥然禮既卒哭以木鐸徇曰舍故而諱新謂舍親盡之祖而諱新死者故言以諱事神名終將諱之自父至高祖皆不敢斥言○周人以諱事神名絕句衆家多以名字屬下句鐸待洛反徇似俊反本又作殉同舍音捨下同[疏]周人至諱之○正義曰自殷以往未有諱法諱始於周周人尊神之故爲之諱名以此諱法敬事明神故言周人以諱事神子生三月爲之立名終久必將諱之故須豫有所辟爲下諸廢張本也終將諱之謂死後乃諱之○注君父至斥言○正義曰君父之名固非臣子所斥謂之父生存之時臣子不得指斥其名也禮稱父前子名君前臣名鄭玄云對至尊無大小皆相名是對父則弟可以名兄對君則子可以名父非此則不可也文十四年傳曰齊公子元不順懿公之爲政也終不曰公曰夫己氏注云猶言某甲是斥君名也彼以不順故斥其名知平常不斥君也成十六年傳曰欒書將載晉侯鍼曰書退國有大任焉得專之注云在君前故子名其父彼以對君故名其父知平常不斥父也雖不斥其名猶未是爲諱曲禮曰卒哭乃諱鄭玄云敬鬼神之名也諱辟也生者不相辟名衞侯名惡大夫有石惡君臣同名春秋不非是其未爲之諱故得與君同名但言及於君則不斥君名耳既言生已不斥死復爲之加諱欲表爲諱之節故言然以形之禮既卒哭以木鐸徇曰舍故而諱新自寢門至於庫門皆禮記檀弓文也既引其文更解其意謂舍親盡之祖而諱新死者也親盡謂高祖之父服絕廟毀而親情盡也卒哭之後則以鬼神事之故言以諱事神又解終將諱之所諱世數自父上至高祖皆不敢斥言此謂天子諸侯禮也曲禮曰逮事父母則諱王父母不逮事父母則不諱王父母鄭玄云此謂庶人適士以上廟事祖雖不逮事父母猶諱祖以其立廟事之無容不爲之諱也天子諸侯立親廟四故高祖以下皆爲諱親盡乃舍之既言以諱事神則是神名必諱文王名昌武王名發詩雖禘大祖祭文王之廟也其經曰克昌厥後周公制禮臨人有昌本之蒞七月之詩周公所作經曰一之日觱發烝民詩曰四方爰發皆不以爲諱而得言之者古人諱者臨時言語有所辟耳至於制作經典則直言不諱曲禮曰詩書不諱臨文不諱是爲詩爲書不辟諱也由作詩不諱故祭得歌之尚書牧誓云今予發武成云周王發武王稱名告衆史官錄而不諱知於法不當諱也金縢云元孫某獨諱者成王啓金縢之書親自讀之諱其父名曰改爲某既讀之後史官始錄依王所讀遂即云某武成牧誓則宣諸衆人宣訖則錄故因而不改也古者諱名不諱字禮以王父字爲氏明其不得諱也屈原云朕皇考曰伯庸是不諱之驗也

故以國則廢名。

國不可易故廢名[疏]注國不至廢名○正義曰國名受之天子不可輒易若以國爲名終卒之後則廢名不諱若未卒之前誤以本國爲名則改其所名晉之先君唐叔封唐燮父稱晉若國不可易而晉得改者蓋王命使改之

以官則廢職。以山川則廢主。

改其山川之名[疏]注改其山川之名○正義曰廢主謂廢其所主山川之名不廢其所主之祭知者漢文帝諱恒改北嶽爲常山諱名不廢嶽是也劉炫云廢主謂廢其所主山川不復更得其祀故須改其山川之名魯改二山是其事也

以畜牲則廢祀。

名豬則廢豬名羊則廢羊

以器幣則廢禮。晉以僖侯廢司徒。

僖侯名司徒廢爲中軍[疏]廢祀廢禮○正義曰祀以牲爲主無牲則祀廢器幣以行禮器少則禮闕祀雖用器少一器而祀不廢且諸禮皆用器幣故以廢禮揔之

宋以武公廢司空。

武公名司空廢爲司城

先君獻武廢二山。

二山具敖也魯獻公名具武公名敖更以其鄉名山○敖五羔反[疏]注二山至名山○正義曰晉語云范獻子聘於魯問具山敖山魯人以其鄉對獻子曰不爲具敖乎對曰先君獻武之諱也是以鄉名山也禮稱舍故而諱新親盡不復更諱計獻子聘魯在昭公之世獻武之諱久已舍矣而尚以鄉對者當諱之時改其山號雖已舍不復名故依本改名以其鄉對猶司徒司空雖歷世多而不復改名也然獻子言之不爲失禮而云名其二以自尤者禮入國而問禁入門而問諱獻子入魯不問故以之爲愆耳

是以大物不可以命。公曰。是其生也。與吾同物。命之曰同。

物類也謂同日[疏]注物類也謂同日○正義曰魯世家云桓公六年夫人生子與桓公同日故名之曰同是知同物爲同日也言物類者辨此以爲類命也○

冬。紀侯來朝。請王命以求成于齊。公告不能。

紀微弱不能自通於天子欲因公以請王命公無寵於王故告不能

春秋左傳注疏卷六挍勘記　阮元撰盧宣旬摘錄

附釋音春秋左傳注疏卷第六　桓三年盡六年宋本春秋正義卷第六

經三年

以王法終治桓之事　案終下當有始字閩本監本毛本亦無穀梁注疏本並脫

又哀十三年十二月螽　宋本三作二非也

其年王室方定　監本毛本定作亂案昭廿三年天王居于狄泉自是以後居無定所至廿六年王子朝奔楚始得入于成周遂定成周以爲都監毛本作亂非也

是周司麻也魯司麻也 案也當讀爲耶如荀子其求物也養生也浦鏜改作非魯誤
哀十三年十二月螽 宋本三作二
而以自食爲文 岳本文下有者字
傳三年
至河東汾陽縣入河 宋本作汾陰案水經注云漢書謂之汾陰脽即其地也
騑騑翼翼是也 禮記騑作匪匪此因鄭注匪讀如四牡騑騑遂改作騑
故并見獲而死 毛本死作免非也
齊侯送姜氏 釋文云本或作送姜氏于讙水經注汶水篇引傳文作齊侯送姜氏于下讙
齊侯送姜氏本或作送姜氏于讙公子則下卿送公子公女 此二十三字乃釋文閩本監本毛本誤作注
冬齊仲年來聘致夫人也 足利本仲年上補夷字非也
世本芮魏皆姬姓 諸本作姓此誤作如今訂正
經四年
皆無違矣 浦鏜正誤矣作失
則狩于禚 監本禚作禚非後同
則犯害去白 閩本監本毛本去白作民物亦非宋本作居民。今依宋本
傳四年
故書時合禮 岳本書作唯非陳樹華云天放菴翻岳本改作書不誤
駮出合禮 宋本毛本作合理
以時合禮地非禮也 宋本地上有知字毛本合禮作合理非
經五年
下文周公如曹 宋本周作州不誤
魯出朝聘例言如 宋本監本毛本例下有亦字
楊雄方言云 宋本毛本楊作揚非也案廣韻揚字下不言姓楊字注云姓出宏農天水二望漢書本傳云其先食采於楊因氏焉
舂黍謂之蚣蝑 監本舂作春非下同
陸機毛詩疏云 宋本機作璣非
其股狀如蝳蜎又 浦鏜正誤又作文案廣雅疏證引作文段玉裁曰此當作乂乂者今之釵

字或爲又或爲文皆非也
爲下寔來書也 宋本作寔來與傳合
地理志 宋本志下有云字
傳五年
民莫有鬬心 陳樹華云石經凡鬬字俱作鬭非是
不能相枝持也 毛本枝作支文選李善注魏文帝與吳質書引杜注亦作支
高渠彌 史記秦本紀作高渠眯
爲魚麗之陳 後漢書劉表傳注引傳文作魚儷集韻云魚儷陣名通作麗
旝動而鼓 案抄釋文旝作檜諸本皆作旝正義云旝字從㫃旗之類
又旝字從於旌旗之類 宋本作從㫃不誤。今依訂正下說文載之㫃部同
周禮司常通帛爲旝 宋本作通帛爲旝是也。今依訂正
衆屬軍史無所將 宋本史作吏不誤。今依訂正
發其機以追敵 宋本亦作追閩本監本毛本作䟆其機諸本作以機
況敢陵天子乎 監本毛本陵誤淩
言鄭志在苟免王討之非也 足利本後人記云非異本作罪
此爲因有告命之例 毛本爲作謂非
蕭叔大心 諸本作心此本誤以今訂正
仍叔之子 石經子字下增來聘二字非唐刻也
譏其夏至而秋末反也 監本末誤來
則秋未爲末 閩本監本毛本未誤末
言凡祀通下三句 毛本祀誤事
然凡之所論揔包天子及諸國 閩本監本毛本子作地誤
比古人所名不同 閩本監本毛本比誤此
非謂孟月不得蒸也 閩本監本毛本蒸作烝宋本作祭是也
而傳言不時涉其中節 宋本節作氣
雖鄭元立此爲義 案文獻通考祀后土門引作立爲此義
遠爲百穀祈膏雨 論語先進正義引杜注云雩之言遠也遠爲百穀祈膏雨也按邢氏所引爲完
雩之言遠者凡從于之字有迂遠之義也

凡周之秋五月之中而旱 諸本作五月惠棟校本作三月按依月令注作二是也秋三月三字連讀謂夏正之五月六月七月
此爲强牽天宿以附會不韋之月令 宋本不韋上有呂字
何當也吁嗟也 上也字閩本監本毛本作言宋本作已
故烝祭宗廟 纂圖本烝作蒸非
經六年
不言州公者承上五年冬經如曹 監本年誤筆
夏四月公會紀侯于成 陸氏穀梁音義曰左氏作杞侯陳樹華云三年書公會杞侯於郕此作紀侯疑傳寫之誤
國之之常禮 閩本監本毛本國之之作國家之宋本作國之常禮是也
而傳說鄭忽怒事於大閱之上 監本鄭誤郎
纂立未會諸侯也 淳熙本無也字足利本後人記云立異本作位
傳例在莊二十二年 宋本無例字是也
不稱太子者書始生也 案禮記內則正義引作不云世子書始生
傳六年
書曰寔來 詩韓奕正義云春秋桓六年州公寔來而左傳作實來惠棟云寔當作實石經傳作寔宋本同誤也陳樹華云案傳解經不容立異且公羊穀梁皆作寔來寔訓是是杜注乃云寔實也詩正義似亦足據非也案錢大昕云孔氏所據乃服虔本非杜本也覲禮伯父實來注今文實作寔是實即寔之古文春秋公羊穀梁爲今文左氏爲古文故二傳作寔來左氏作實來杜氏改從二傳失古文之舊矣
故變文言實來 岳本纂圖本閩本監本毛本實作寔
楚人德之 毛本德誤得
彼則懼而協來謀我 石經宋本淳熙本岳本纂圖本監本毛本來作以不誤
必弃小國 岳本前後皆作弃雖此處作棄非
楚之羸 顧炎武云石經羸誤作嬴案顧炎武所據乃謬刻石經此處剜闕
天方授楚 宋本此節正義在君何急焉之下
○臣聞至可也 宋本○作跡此節正義在注詐稱功德以欺鬼神之下
今隨國民皆飢餒 閩本監本毛本作饑餒非
粢盛豐備 案惠棟云禹廟殘碑作資盛說文作齍云稷也又云齍或從次作粢字按凡經典言粢盛皆粢盛之

誤監齍粢三字古通用爲祭祀之黍稷餈粢二字同用爲周禮之粉餈不知何時淆亂而莫有正之者

是以聖王先成民而後致力於神 毛本民誤名詩旱麓篇思齊篇正義引傳文民上並有於字

謂民力之普存也 詩我將篇正義引傳文謂下有其字

謂其不疾瘯蠡也 釋文云瘯本又作蔟同蠡葉抄釋文引說文作瘯云瘯皮肥也錢大昕云說文虫部蠡字注云畜產疫病也此瘯蠡之正字蠡蠡聲相近故假借爲蠡耳瘯亦俗字當爲族六畜之疫曰族蠡或作族瘯瘯蠡亦聲相近

絜粢豐盛 後漢書列女傳注引傳文絜作潔

兄友弟恭 宋本淳熙本恭作共

禋絜敬也 岳本無也字足利本後人記云禋下異本有祀字

并己之同族 纂圖本閩本監本毛本并誤非

民饑餒也 釋文亦作饑宋本足利本作飢

夫民至於難 宋本作對曰夫民至於難閩本監本毛本夫誤今

百姓飢餒 閩本監本毛本飢作饑

季梁推此出理 宋本閩本監本毛本作推出此理

嫌其不寔故云其寔皆當兼此四謂也 宋本寔並作實是

但兄弟相敬 宋本敬作於

言敬其兄而友愛 浦鏜正誤云友愛下疑脫其弟二字

尙書歐陽說九族乃異姓有屬者 宋本乃作反詩葛藟正義引屬上有親字

異姓其服皆緦 宋本緦下有麻字

周禮小宗伯掌三族之別名 閩本監本毛本別作列非浦鏜云名字衍

夏會于成 山井鼎云足利本後人記云成作郕

齊使乞師于鄭 石經宋本淳熙本岳本纂圖本齊下有侯字山井鼎云足利本後人記云異本作齊侯使

人各有耦 文選沈休文奏彈王源注引作人各有偶案耦偶正俗字

接以大牢 釋文接如字鄭注禮記作捷讀此者亦或捷音案爾雅釋詁接捷也

以牲多少稱大小也 閩本監本毛本作大小非也

其寔接母 宋本寔作實不誤

則皆降等 宋本降下有一字

射天地四方 宋本淳熙本足利本無天地二字與定本合孔沖遠云今天地無誤也

立於阼階西鄉 山井鼎云足利本後人記云鄉異本作向案經傳鄉背字多作鄉不作向也

對曰名有五 石經名有二字初作日名有三字後改刊

以名生爲信 論衡詰術篇生字在名字上按以生名以德名以類名語言一例論衡爲長

以德命爲義 論衡作德名案命名古同聲同義

以類命爲象 顧炎武云石經類誤德案石經類字殘闕右角尙可辨顧炎武所據乃謬刻

若孔子首象尼丘 盧文弨挍本云禮記曲禮正義引孔子作仲尼

孔子生而首上圩頂 案史記孔子世家作圩頂索隱謂圩音烏寂也故孔子頂若反宇

娶於宋并官氏 監本毛本并作幵宋本作井段玉裁云作幵與漢禮器碑合

取其意而遺其人 毛本遺作疑非

謂廢主謂廢國內之所主 宋本無謂廢主三字是也

鄭元亦以馬牛等六者爲之 浦鏜正誤爲疑當字誤

以幣以幣爲玉帛 宋本以幣字不重是

周人以諱事神名終將諱之 釋文以周人以諱事神名絕句云衆家多以名字屬下句陳樹華云淮南子曰視則名君高誘注云周人以諱事神敬之至也詩公劉正義引王基曰周人以諱事神書盤庚正義引亦以神字絕句禮記曲禮鄭注引春秋傳曰名終將諱之武進臧琳經義雜記云名終將諱之者即曲禮所謂卒哭乃諱是

以木鐸徇曰 釋文亦作徇又云本又作殉同纂圖本閩本監本毛本誤作狥下同

不復更得其祀 宋本其作共

名豬則廢豬 監本毛本豬作猪非

廢爲中軍 纂圖本軍下增也字非

更以其鄉名山 足利本後人記云名山下異本有者也二字

附釋音春秋左傳注疏卷第七 桓七年盡十八年

杜氏注　孔穎達疏

經七年。春。二月。己亥。焚咸丘。無傳。焚，火田也。咸丘，魯地，高平鉅野縣南有咸亭。譏盡物，故書。○焚，扶云反。〔疏〕注焚火至故書。○正義曰：咸丘地名。以火焚地，明爲田獵，故知焚是火田也。不言蒐狩者，以火田非蒐狩之法，而直書其焚，以識其盡物也。釋例曰：咸丘，魯地，非蒐狩常處。經不言蒐狩，但稱焚咸丘，言火田盡物，非蒐狩之義，是言火田非狩法，故不書狩。既非法，雖得地亦譏，不復譏其失地。地咸丘上，知地亦非也。禮記王制云：昆蟲未蟄，不以火田。則是已蟄得火田也。又爾雅釋天云：火田爲狩。似法得火田，而譏其焚者，說爾雅者李巡、孫炎皆云：放火燒草，守其下風。周禮羅氏蜡則作羅襦，鄭云：襦，細密之羅。此時蟄者畢矣，可以羅罔圍取禽也。今俗放火張羅，其遺教。然則彼火田者，直焚其一叢一聚，羅守下風，非闔焚其一澤也。禮，天子不合圍，諸侯不掩羣，尚不盡取一羣，豈容并焚一澤？知其譏盡物故書也。沈氏以周禮仲春火弊，謂夏之仲春，今周之二月乃夏之季冬，故譏其盡物，義亦通也。

○夏。穀伯綏來朝。○綏，須唯反。○鄧侯吾離來朝。不摠稱朝者，各自行朝禮也。穀國在南鄉筑陽縣北。○筑音竹。

傳七年。春。穀伯、鄧侯來朝。名。賤之也。辟陋小國，賤之。禮不足，故書名。以春來，夏乃行朝禮，故經書夏。○辟，匹亦反，本又作僻，同。〔疏〕注辟陋至書夏。○正義曰：傳直云賤之，不言賤意。以穀、鄧是南方諸侯，近楚小國，明以辟陋小國，故賤之也。賤之者，以其朝禮不足，故書名也。曲禮云：諸侯不生名。今生書其名，欲比之附庸，但實非附庸，故仍書其爵。介葛盧言來不言朝，全不能行朝禮，此則行朝禮，但禮不足耳。傳在春，經在夏，經書實朝之日，故春來至夏乃書之。世本鄧爲曼姓，莊十六年楚文王滅之。穀則不知何姓，是誰滅之。服注云：穀、鄧密邇於楚，不親仁善鄰以自固，卒爲楚所滅。无同好之救，桓又有弑賢兄之惡，故賤而名之。衛冀隆難杜云：傳曰要結外援，好事鄰國，以衛社稷。又云：服於有禮，社稷之衛。穀、鄧在南，地屬衡岳，以越棄彊楚，遠朝惡人，卒至滅亡，故書名以賤之。杜駮論先儒，自謂一準丘明之傳，今辟陋之語，傳本無文，杜何所準馮知其辟陋？傳又稱莒之辟陋，而經無貶文。穀、鄧辟陋，何以書名？此杜義不通。秦道靜釋云：杞桓公來朝，用夷禮，故曰子。杞文公來盟，傳云賤之，明其行夷禮也。然則穀、鄧二君，地接荊蠻，來朝書名，明是賤其辟陋也。此則傳有理例，故杜據而言之。若必魯桓惡人，不合朝聘，何以伯糾來聘，譏其父在；仍叔之子，譏其幼弱；又魯班齊饋，春秋所善；美魯桓之有禮，責三國之來伐，而言遠朝惡人，非其辭也。

○夏。盟、向求成于鄭，既而背之。盟、向，二邑名。隱十一年王以與鄭，故求與鄭成。○盟音孟。向，傷亮反。背音佩。〔疏〕注盟向至鄭成。○正義曰：此盟、向之邑必有主，據之言求成于鄭，是主求成也。隱十一年王以與鄭，傳稱王不能有。然則鄭雖得之，亦不能有，故今始求成，既而背之，是背鄭歸王，故王遷。鄭若主不歸王，則王無由得遷之也。○秋。鄭人、齊人、衛人伐盟、向。王遷盟、向之民于郟。郟，王城。○郟，古洽反。○冬。曲沃伯誘晉

小子侯殺之。曲沃伯武公也小子侯哀侯子

經八年。春。正月。己卯。烝。無傳此夏之仲月非爲過而書者爲下五月復烝見瀆也例在五年○烝之承反夏戶雅反爲下于僞反復扶又反見賢遍反〔疏〕八年春正月己卯烝○正義曰衞氏難杜云上五年閉蟄而烝謂十月此正月烝則是過時而烝春秋有一貶而起二事者若武氏子來求賻一責天王求賻二責魯之不共此正月烝一責過時二責見瀆何爲不可而云非爲過時者秦氏釋云案周禮四時之祭皆用四仲之月此正月則夏之仲冬何爲不得烝而云過時也又傳無過時之文明知直爲再烝而瀆也

○天王使家父來聘。無傳家父天子大夫家氏父字○夏。五月。丁丑。烝。無傳○秋。伐邾。無傳○冬。十月。雨雪。無傳今八月也書時失○雨于付反○祭公來。遂逆王后于紀。祭公諸侯爲天子三公者王使魯主昏故祭公來受命而迎也天子無外故因稱王后卿不書舉重略輕○祭側界反〔疏〕注祭公至略輕○正義曰隱元年云祭伯今而稱公知其爲天子三公公羊亦云祭公者何天子之三公也從周向紀不由魯國縱令因使過魯自當假道而去不須言來也凡言遂者因上事生下事之辭既書其來又言遂逆是先來見魯君然後向紀知王使魯主昏故祭公來受魯命而往迎也凡昏姻皆賓主敵體相對行禮天子嫁女於諸侯使諸侯爲主令與夫家爲禮天子聘后於諸侯亦使諸侯爲主令與后家爲禮嫁女則送女於魯令魯嫁女與人迎后則令魯爲主使魯遣使往逆故祭公受魯命也嫁王女者王姬至魯而後王夫家其王后昏后不來至魯者以王姬至魯待夫家之逆以爲禮故須至魯后則王命已成於魯無事故卽歸京師於逆稱王后舉其得王之命后禮已成於歸稱季姜申父母之尊言子尊不加於父母從父母之家而將歸於王據父母之家爲文故於歸申父母之尊也公不獨行必有卿從卿不書舉重略輕也知非卿不行者以傳云禮也釋例曰襄十五年劉夏逆王后于齊傳曰卿不行非禮也知祭公如紀時亦有卿卿不書舉重略輕猶鞌邲之戰唯書郤克林父此天子使公卿之文是杜約彼文知公行必卿從也異義公羊說天子至庶人皆親迎左氏說王者至尊無敵體之義不親迎鄭玄駁之曰文王親迎於渭濱卽天子親迎也天子雖尊其於后則夫婦也夫婦判合禮同一體所謂無敵豈施於此哉禮記哀公問曰冕而親迎不已重乎孔子對曰合二姓之好以繼先聖之後以爲天地之主非天子則誰乎是鄭以天子當親迎也此注之意猶以爲天子不親迎者以此時祭公迎后傳言禮也劉夏逆后譏卿不行皆不譏王不親行明是王不當親也文王之迎大姒身爲公子迎在殷世未可據此以爲天子禮也孔子之對哀公自論魯國之法魯周公之後得郊祀上帝故以先聖天地爲言耳其意非謂天子禮也且鄭玄注禮自以先聖爲周公及駁異義則以爲天子二三其德自無定矣

傳八年。春。滅翼。曲沃滅之○隨少師有寵。楚鬬伯比曰。可矣。讎有釁。不可失也。釁瑕隙也無德者寵國之釁也○釁許覲反注同夏。楚子合諸侯于沈鹿。沈鹿楚地黃隨不會。黃國今弋陽縣○弋餘職反使薳章讓黃。責其不會楚子伐隨。軍於漢淮之間。季梁請下之。弗許而後戰。下之請服也○下遐嫁反注同〔疏〕漢淮之間○正義曰漢淮二水名漢淮之間漢北淮南禹貢云嶓冢導漾東流爲漢又東爲滄浪之水過三澨至于大別南入于江孔安國云泉始出山爲漾水東南流爲沔水至漢中東行爲漢水釋例曰漢一名沔水出武都沮縣東經漢中魏興至南陽東南經襄陽至江夏安陸縣入江禹貢又云導淮自桐柏東會于泗沂東入于海釋例曰淮出義陽平氏縣桐柏山東北經汝陰淮南譙國沛國下邳至廣陵縣入海也所以怒我而怠寇也。少師謂隨侯曰。必速戰。不然。將失楚師。隨侯禦之。望楚師。望見楚師○將失楚師一本無師字季梁曰。楚人上左。君必左。君楚君也無與王遇。且攻其右。右無良焉。必敗。偏敗。衆乃攜矣。少師曰。不當王。非敵也。弗從。不從季梁謀戰于速杞。隨師敗績。隨侯逸。速杞隨地逸逃也鬬丹獲其戎車。與其戎右少師。鬬丹楚大夫戎車君所乘兵車也戎右車右也寵之故以爲右秋。隨及楚平。楚子將不許。鬬伯比曰。天去其疾矣。去疾謂少師見獲而死○去起呂反注同隨未可克也。乃盟而還。○冬。王命虢仲立晉哀侯之弟緡于晉。虢仲王卿士虢公林父○緡亡巾反○祭公來。遂逆王后于紀。禮也。天子娶於諸侯使同姓諸侯爲之主祭公來受命於魯故曰禮

經九年。春。紀季姜歸于京師。季姜桓王后也字姜紀姓也書字者伸父母之尊○伸音申〔疏〕注季姜至之尊○正義曰時當桓王故云桓王后也公羊傳曰其稱紀季姜何自我言紀父母之於子雖爲天王后猶曰吾季姜是申父母之尊也公羊又曰京師者何天子之居也京者何大也師者何衆也天子之居必以衆大之辭言之○夏。四月。○秋。七月。○冬。曹伯使其世子射姑來朝。曹伯有疾故使其子來朝○射姑音亦又音夜〔疏〕注曹伯至來朝○正義曰朝禮當君自親行不應使大子也當享而大子歎明年而曹伯卒知其有疾故使大子來朝也大子不合稱朝攝行父事故言朝也諸經稱世子及衞世叔申經作世字傳皆爲大然則古者世之與大字義通也

傳九年。春。紀季姜歸于京師。凡諸侯之女行。唯王后書。爲書婦人行例也適諸侯雖告魯猶不書○爲于僞反○巴子使韓服告于楚。請與鄧爲好。韓服巴行人巴國在巴郡江州縣○好音呼報反〔疏〕注韓服至州縣○正義曰以巴所使故言巴行人行人謂使人也地理志巴郡故巴國江州是其治下縣也昭十三年楚共王與巴姬埋璧則巴國姬姓也此年傳文十六年與秦楚滅庸以後不見蓋楚滅之楚子使道朔將巴客以聘於鄧。道朔楚大夫巴客韓服鄧南鄙鄾人。攻而奪之幣。鄾在今鄧縣南沔水之北○鄾音憂沔面善反殺道朔及巴行人。楚子使薳章讓於鄧。鄧人弗受。言非鄾人所攻夏。楚使鬬廉帥師及巴師圍鄾。鬬廉楚大夫鄧養甥、聃甥帥師救鄾。三逐巴師。不克。二甥皆鄧大夫○聃乃甘反〔疏〕三逐巴師不克○正義曰三逐巴師謂鄧師逐巴師也不克謂楚巴不能克鄧故鬬廉設權以誘之鬬廉衡陳其師於巴師之中。以戰而北。衡橫也分巴師爲二部鬬廉橫陳於其間以與鄧師戰而僞北北走也○衡如字一音橫陳直覲反注同又如字北如字一音佩嵇康音賀背鄧人逐之。背巴師而夾攻之。楚師僞走鄧師逐之背巴師巴師攻之楚師自前邀與戰○背音佩注同夾古洽反又古協反鄧師大敗。鄧人宵潰。宵夜也○潰戶對反○秋。虢仲、芮伯、梁伯、荀侯、賈伯伐曲沃。梁國在馮翊夏陽縣荀賈皆國名○夏戶雅反〔疏〕注梁國至國名○正義曰地理志云馮翊夏陽縣故少梁也是梁在夏陽也僖十七年傳曰惠公之在梁也梁伯妻之梁嬴孕過期既以國配嬴則梁爲嬴姓世本荀賈皆姬姓僖十九年秦人滅梁荀賈不知誰滅之晉大夫有荀氏賈氏蓋晉滅之以賜大夫○冬。曹大子來朝。賓之以上卿。禮也。諸侯之適子未誓於天子而攝其君則以皮帛繼子男故賓之以上卿各當其國之上卿○適丁歷反〔疏〕注諸侯至上卿○正義曰繼子男以上皆周禮典命文也鄭玄云誓猶命也言誓者明天子既命以爲之嗣樹子不易也釋例曰周禮諸侯之適子誓於天子則下其君禮一等未誓則以皮帛繼子男此謂公侯伯子男之世子出會朝聘之儀也誓者告於天子正以爲世子受天子報命者也未誓謂在國正之而未告天子者也曹之世子未誓而來故賓之以上卿謂比於諸侯之上卿繼子男之未命數相準故也是言曹大子由未誓之故賓之以上卿謂以賓客待之同上卿之禮也卿禮餼饔積膳之數掌客聘禮略有其事傳不言未誓知曹大子必未誓者若誓則下其君一等而已侯伯之子當如子男不得徒以上卿之禮待之也釋例總論世子故言比於諸侯之上卿此指說曹國故分明辨之云各如其國之上卿僖二十九年傳曰在禮卿不會公侯會伯子男可也昭二十三年傳曰列國之卿當小國之君固周制也然則小國之君乃當大國之卿小國之世子必不得當大國之卿故知各如其國之上卿耳何休膏肓以爲左氏以人子安處父位九非衰世救失之宜於義左氏爲短鄭箴云必如所言父有老耄罷病孰當理其政預王事也蘇云誓於天子下君一等未誓繼子男並是降下其君寧是安居父位享曹大子。初獻。樂奏而歎。酒始獻○享許兩反○施父曰。曹大子其有憂乎。非歎所也。施父魯大夫○施色豉反人名字父音甫〔疏〕非歎所也○正義曰服虔云古之爲享食所以觀威儀省禍福無喪而戚憂必讎焉今大子臨樂而歎是父將死而兆先見也

經十年。春。王正月。庚申。曹伯終生卒。未同盟而赴以名。○夏。五月。葬曹桓公。無傳。○秋。公會衛侯于桃丘。弗遇。無傳。衛侯與公爲會期，中背公，更與齊鄭，故公獨往而不相遇也。桃丘，衛地。濟北東阿縣東南有桃城。○中，如字，一音丁仲反。背音佩。○冬。十有二月。丙午。齊侯、衛侯、鄭伯來戰于郎。改侵伐而書來戰，善魯之用周班，惡三國討有辭。○惡，烏洛反，又音烏路反。〔疏〕注改侵至有辭。○正義曰：周禮大司馬以九伐之法正邦國，賊賢害民則伐之，負固不服則侵之。然則侵伐者，師旅討罪之名也。魯以周禮爲班，則魯有禮矣。三國伐有禮，是討有辭矣。春秋善魯之用周班，不使三國得伐之，故改侵伐而書來戰，言若三國自來戰，而魯人不與戰也。釋例曰：齊侯、衛侯、鄭伯來戰于郎，夫子善魯人之秉周班，惡三國之伐，在禮，故正王爵以表周制，去侵伐以見無罪，此聖人之所以扶奬王室，敦崇大教，故改常例以特見之，是其義也。

傳十年。春。曹桓公卒。終施父之言。○虢仲譖其大夫詹父於王。虢仲，王卿士。詹父，屬大夫。○譖，側鴆反。詹，章廉反。〔疏〕注虢仲至大夫。○正義曰：周禮每卿之下皆有大夫。傳言譖其大夫，知是屬已之大夫。非虢大夫者，若虢國大夫，虢仲自得加罪，無爲譖之於王。且其若是虢人，不得以王師伐虢故也。詹父有辭。以王師伐虢。○夏。虢公出奔虞。虞國在河東大陽縣。〔疏〕注虞國至陽縣。○正義曰：譜云：虞，姬姓也。周大王之子大伯之弟仲雍，是爲虞仲，嗣大伯之後。武王克商，封虞仲之庶孫以爲虞仲之後，處中國，爲西吳，後世謂之虞。虞公僖五年晉滅之。地理志：河東大陽縣，周武王封大伯後於此，是爲虞。虞公志言大伯後者，以仲雍嗣大伯故也。○秋。秦人納芮伯萬于芮。四年圍魏所執者。○初。虞叔有玉。虞叔，虞公之弟。〔疏〕注虞叔虞公之弟。○正義曰：祭叔既爲祭公之弟，知虞叔亦是虞公之弟。虞公求旃。旃，之也。○旃，之然反。弗獻。既而悔之。曰。周諺有之。匹夫無罪。懷璧其罪。人利其璧，以璧爲罪。○諺音彥。〔疏〕匹夫無罪。○正義曰：士大夫以上則有妾媵，庶人惟夫妻相匹，其名既定，雖單亦通，故書傳通謂之匹夫匹婦也。吾焉用此。其以賈害也。賈，買也。○焉，於虔反。賈音古，注同。乃獻。又求其寶劍。叔曰。是無厭也。無厭將及我。將殺我。○厭，於鹽反，下同。○遂伐虞公。故虞公出奔共池。共池，地名，闕。○共音恭，一音洪。○冬。齊衛鄭來戰于郎。我有辭也。初。北戎病齊。在六年。諸侯救之。鄭公子忽有功焉。齊人餼諸侯。使魯次之。魯以周班後鄭。鄭人怒。請師於齊。齊人以衛師助之。故不稱侵伐。不稱侵伐，而以戰爲文，明魯直諸侯曲，故言我有辭。

以禮自釋，交綏而退，無敗績。○綏，荀佳反。先書齊衛。王爵也。鄭主兵而序齊衛下者，以王爵次之也。春秋所以見魯猶秉周禮。○見，賢遍反。〔疏〕注鄭主至周禮。○正義曰：傳言先書齊衛，則齊衛不合先書，當先書鄭也。春秋之例，主兵者先書，此則鄭人主兵，鄭宜在先，而先序齊衛者，王爵齊衛爲侯，尊於鄭伯，故以王爵尊卑爲序也。不依主兵之例，而以王爵序者，魯班諸侯之戍，以鄭忽負功懷怒，致有此師，故特改常例，還以王爵次之，見魯猶秉周禮故也。

經十有一年。春。正月。齊人、衛人、鄭人盟于惡曹。惡曹，地闕。○夏。五月。癸未。鄭伯寤生卒。同盟於元年，赴以名。○秋。七月。葬鄭莊公。無傳。三月而葬，速。○九月。宋人執鄭祭仲。祭氏，仲名。不稱行人，聽迫脅以逐君，罪之也。行人例在襄十一年，釋例詳之。○聽，吐定反。〔疏〕注祭氏至詳之。○正義曰：莊二十五年陳侯使女叔來聘，傳曰嘉之，故不名。是諸侯之卿，嘉之乃不名，則於法當書名。祭仲行無可嘉，知仲非其字，故云祭氏仲名也。祭仲鄭卿而至宋見執，必是行至宋也。行使被執，例稱行人，此當云執鄭行人而不稱行人者，聽宋迫脅以逐出其君，罪之，故不稱行人。昭八年楚人執陳行人干徵師殺之，傳曰罪不在行人也。以罪不在，則稱行人，知祭仲罪在其身，故去行人也。釋例曰：祭仲之如宋，非會非聘，與於見誘，而以行人應命，不能死節，挾僞以篡其君，故經不稱行人，以罪之。是說罪仲之意。襄十一年楚人執鄭行人良霄，傳曰書曰行人，言使人也，是變例也。傳稱誘祭仲而執之，則本非行人，故經不言。杜必知以行人應命罪之故不稱行人者，祭仲若不至宋，宋人何得執之？既往至宋，卽是因事而行，亦既因事而行，便爲使人之例。杜以傳文稱誘，故序其本意，言非聘非會，聽宋迫脅，故不稱行人罪之。經與齊人執鄭詹文亦何異？劉君以祭仲是字，鄭人嘉之，妄規杜氏。就如劉言，既云罪其逐君，何以嘉而稱字？杜以蕭叔非字，故知祭仲是名。仲既書名爲罪，則不稱行人，是其貶責。劉云祭仲本非行人，未知有何所據。突歸于鄭。突，厲公也。爲宋所納，故曰歸。例在成十八年。不稱公子，從告也。文連祭仲，故不言鄭。〔疏〕注突厲至言鄭。○正義曰：成十八年傳例曰：諸侯納之曰歸。知此爲宋所納，故曰歸也。突實公子而不稱公子，傳無褒貶之例，知從告者之辭。告者不言公子，故不稱也。十五年許叔入于許，十七年蔡季歸于蔡，皆以字繫國。突不繫鄭者，以文連祭仲，祭仲之上已有鄭字，蒙上鄭文，故不言鄭也。以宋人執仲納突，乃是一事連書，故突得蒙上文。其鄭忽奔衞，則鄭人別告，故不連上文。鄭忽出奔衞。忽，昭公也。莊公既葬，不稱爵者，鄭人賤之，以名赴。〔疏〕注忽昭至名赴。○正義曰：僖九年傳曰：宋桓公卒，未葬而襄公會諸侯，故曰子。里克殺奚齊于次，書曰殺其君之子，未葬也。彼以未葬，故繫父。知既葬則成君。此莊公既葬，則忽成君矣，宜書鄭伯出奔。今書忽之名，知鄭人賤之，以名赴也。其賤之意，說在忽之復歸。○柔會宋公、陳侯、蔡叔盟于折。無傳。柔，魯大夫未賜族者。蔡叔，蔡大夫。叔，名也。折，地闕。○折，之設反，又市列反。〔疏〕注柔魯至地闕。○正義曰：以柔不稱族，與無駭相類，是無族可稱，知其未賜族也。亦以蔡叔無善可嘉，知叔是名。叔亦無族，蓋亦未賜族也。○公會宋公于夫鍾。無傳。夫鍾，成地。○夫音扶。冬。十有二月。公會宋公于闞。無傳。闞，魯地，在東平須昌縣東南。○闞，口暫反。須，宜踰反。

傳十一年。春。齊、衛、鄭、宋盟于惡曹。宋不書，經闕。〔疏〕注宋不書經闕。○正義曰：丘明作傳，本以解經，經傳不同者，傳是其實。今傳有宋而經無宋，知是經之闕文。宋爲大國，傳處鄭下，是史文舊闕，傳先舉經之所有，乃以闕者實之，故後言宋耳。非謂盟之序列宋在下也。服虔以爲不書宋，宋後盟。宋若後盟，盟本無宋，傳不得言齊衛鄭宋爲此盟也。傳之上下，例不虛舉，經文舉此盟者，爲經闕宋故也。○楚屈瑕將盟貳、軫。貳、軫，二國名。○屈，居勿反，楚大夫氏。貳音二。軫，之忍反，皆國名。鄖人軍於蒲騷。將與隨、絞、州、蓼伐楚師。鄖國在江夏雲杜縣東南，有鄖城。蒲騷，鄖邑。絞，國名。州國在南郡華容縣東南。蓼國，今義陽棘陽縣東南湖陽城。○鄖音云，國名。騷音蕭，又音修。絞，古卯反。蓼音了，本或作鄝，同。隨、絞、州、蓼四國名。夏，戶雅反。鄖本亦作䢵，音云。棘，紀力反。湖音胡。莫敖患之。莫敖，楚官名，卽屈瑕。○敖，五刀反。鬭廉曰。鄖人軍其郊。必不誡。且日虞四邑之至也。虞，度也。四邑，隨、絞、州、蓼也。邑亦國也。○且日，人逸反。度，待洛反。〔疏〕注邑亦國也。○正義曰：書云欲宅洛邑，傳每云敝邑，是也。君次於郊郢以禦四邑。君謂屈瑕也。郊郢，楚地。○郢，以井反，又以政反。〔疏〕注君謂屈瑕也。○正義曰：禮坊記云：禮，君不稱天，大夫不稱君，恐民之惑也。然則大夫不得稱君。此謂屈瑕爲君者，楚僭王號，縣尹稱公，故呼卿爲君。大夫正法當呼爲主。昭元年傳，醫和謂趙文子曰主相晉國，是其事也。祁盈之臣謂祁盈爲君，伯有之臣謂伯有爲公，是家臣稱其主耳。我以銳師宵加於鄖。鄖有虞心而恃其城。恃近其城。○近，附近之近。〔疏〕鄖有虞心。○正義曰：鄖人曰虞四邑之至，冀其與己合勢，有虞度外援之心，而又自恃近城，故無鬭志。莫有鬭志。若敗鄖師。四邑必離。莫敖曰。盍請濟師於王。盍，何不也。濟，益也。○盍，戶各反。濟，節計反。對曰。師克在和。不在衆。商周之不敵。君之所聞也。商紂，周武王也。傳曰：武王有亂臣十人，紂有億兆夷人。○億，於力反。〔疏〕注商紂至夷人。○正義曰：古文尚書泰誓曰：受有億兆夷人，離心離德。予有亂臣十人，同心同德。昭二十四年傳引之云，亦有離德，已與本小殊。此注與予爲武王，又倒其先後者，便文耳。雖言傳曰，非傳本文。劉炫云：欲以證商周之不敵，故先少而後多，非便文。成軍以出。又何濟焉。莫敖曰。卜之。對曰。卜以決疑。不疑何卜。遂敗鄖師於蒲騷。卒盟而還。卒盟貳軫。○鄭昭公之敗北戎也。在六年。齊人將妻之。昭公辭。祭仲曰。必取之。君多內寵。子無大援。將不立。

三公子皆君也。子突、子亹、子儀之母皆有寵。○妻七計反，下注同。援於眷反。亹亡匪反，本或作䓥。弗從。○夏，鄭莊公卒。初，祭封人仲足有寵於莊公，祭，鄭地，陳留長垣縣東北有祭城。封人守封疆者，因以所守爲氏。○疆居良反。莊公使爲卿。爲公娶鄧曼，生昭公，故祭仲立之。曼，鄧姓。○爲公娶，于僞反。曼音萬。宋雍氏女於鄭莊公，曰雍姞，生厲公。雍氏，姞姓，宋大夫也。以女妻人曰女。○雍音於恭反。女音尼據反，注曰女同。姞音其吉反，又音其秩反。雍氏宗有寵於宋莊公，故誘祭仲而執之，祭仲之如宋，非會非聘，見誘而以行人應命。○應，應對之應。【疏】注「祭仲至應命」。○正義曰：傳言誘而執之，則祭仲被誘如宋，在宋見執。執不在會，知非會也；被誘而往，知非聘也。直爲見誘而以行人應彼宋命也。行人謂往宋耳。劉炫云：杜欲成不稱行人之義，故以行人言之。曰：「不立突，將死。」亦執厲公而求賂焉。祭仲與宋人盟，以厲公歸而立之。○秋，九月，丁亥，昭公奔衛。己亥，厲公立。

經十有二年，春，正月。○夏，六月，壬寅，公會杞侯、莒子，盟于曲池。曲池，魯地，魯國汶陽縣北有曲水亭。○汶音問。○秋，七月，丁亥，公會宋公、燕人，盟于穀丘。穀丘，宋地。燕人，南燕大夫。○八月，壬辰，陳侯躍卒。無傳。厲公也。十一年與魯大夫盟於折，不書葬，魯不會也。壬辰，七月二十三日，書於八月，從赴。○躍羊略反。【疏】注「厲公至從赴」。○正義曰：躍爲厲公，世本文也。莊二十二年傳曰：陳厲公，蔡出也，故蔡人殺五父而立之。五父卽佗。六年殺佗而厲公立也。陳世家以佗與五父爲二人，言蔡人爲佗殺五父及桓公大子免而立佗，是爲厲公。立七年，大子免之三弟躍、林、杵臼共弑厲公而立躍，是爲利公。利公立五月卒，林立，是爲莊公。莊公卒，杵臼立，是爲宣公。案傳五父、佗一人，而世家以爲二人。案經蔡人殺佗在桓公卒之明年，不得爲佗立七年也。佗以六年見殺，躍以此年始卒，不得爲躍立五月也。既以佗爲厲公，又妄稱躍爲利公，世本本無利公，皆是馬遷妄說。束晳言馬遷分一人以爲兩人，以無爲有，謂此事也。壬辰是七月二十三日，上有七月，書於八月之下，如此類者，注皆謂之日誤。今云從赴者，以其終不可通，益欲兩解故也。以五年正月甲戌、己丑，陳侯鮑卒，甲戌非正月之日，而以正月起文，傳言再赴，是赴以正月也。彼以十二月之日爲正月赴魯，知赴者或有以前月之日從後月而赴，故因此以示別意。○公會宋公于虛。虛，宋地。○虛去魚反。○冬，十有一月，公會宋公于龜。龜，宋地。○丙戌，公會鄭伯，盟于武父。武父，鄭地。陳留濟陽縣東北有武父城。○父音甫。地名有父字者皆同甫音。○丙戌，衛侯晉卒。無傳。重書丙戌，非義例，因史成文也。未同盟而赴以名。○重直用反，下同。【疏】注「重書至以名」。○正義曰：春秋之中唯此重書日。其餘亦應有一日兩事各書日者，但更無其日，不可復知。計赴告之體，本應皆以日告，史官書策，復應各書其日。但他國之告，或有詳略，魯史記注，多違舊章，致使日與不日，無復定準。及其仲尼書經，不以日月褒貶，或略或詳，非此所急，故日月詳略，皆依舊文。此重書丙戌，非是義例，以舊史所重，故因史成文耳。○十有二月，及鄭師伐宋。丁未，戰于宋。既書伐宋，又重書戰者，以見宋之無信也。莊十一年傳例曰：皆陳曰戰。尤其無信，故以獨戰爲文。○見賢遍反。陳直覲反。【疏】注「既書至爲文」。○正義曰：春秋之例，戰不言伐，以其伐可知，故略其文也。伐者討有罪之辭，言戰又言伐者，皆是罪彼所伐之國。此既書伐宋，又重書戰者，以見宋之無信，言以鍾鼓聲其罪而伐之，彼不服罪而反與我戰，所以深責之也。莊二十八年齊人伐衛，衛人及齊人戰，此文亦當如彼，宜云及宋人戰。今直言戰于宋者，尤其無信，故以獨戰爲文。皆陳曰戰，戰是敵辭。不言及宋戰，不使宋得敵也。十年郎之戰，我有禮，彼無禮，齊、鄭無辭以罪我，不令我與彼敵，彼自獨戰爲文。此戰我有信而宋無信，我有辭以責宋，不使宋敢敵我，我自獨戰爲文。郎戰我有辭，故言戰不言伐；此戰宋無辭，故言伐不言與宋戰。二者雖文皆獨戰，而義存彼此，俱是善惡有殊，不得相敵故也。

傳十二年，夏，盟于曲池，平杞、莒也。隱四年，莒人伐杞，自是遂不平。○公欲平宋、鄭。秋，公及宋公盟于句瀆之丘。句瀆之丘，卽穀丘也。宋以立厲公，故多責賂於鄭，鄭人不堪，故不平。○句古侯反。瀆音豆。宋成未可知也，故又會于虛；冬，又會于龜。宋公辭平，宋公貪鄭賂，故與公三會而卒辭不與鄭平。故與鄭伯盟于武父，遂帥師而伐宋，戰焉，宋無信也。君子曰：「苟信不繼，盟無益也。詩云：『君子屢盟，亂是用長。』無信也。」詩小雅。言無信故數盟，數盟則情疏，情疏而憾結，故云長亂。○屢力俱反，本又作婁，音同。長丁丈反，注同。數音朔，下同。憾戶暗反。○楚伐絞，軍其南門。莫敖屈瑕曰：「絞小而輕，輕則寡謀。請無扞采樵者以誘之。」扞，衛也。樵，薪也。○輕遣政反。扞戶旦反。樵在遙反。從之。絞人獲三十人。獲楚人也。明日，絞人爭出，驅楚役徒於山中。楚人坐其北門，而覆諸山下，坐猶守也。覆，設伏兵而待之。○覆扶又反，注同。大敗之，爲城下之盟而還。城下盟，諸侯所深恥。【疏】注「城下至深恥」。○正義曰：宣十五年楚圍宋，傳稱華元謂子反曰：「敝邑易子而食，析骸以爨。雖然，城下之盟，有以國斃，不能從也。」寧以國斃，不肯從城下之盟，是其深恥也。必爲深恥者，諸侯當好事四鄰，以衛社稷，相時而動，量力而行。今乃構怨彊敵，兵臨城下，力屈勢沮，求服受盟，是其不知之甚，將爲鄰國所笑，故深恥之。伐絞之役，楚師分涉於彭。彭水在新城昌魏縣。【疏】注「彭水至魏縣」。○正義曰：釋例云：彭水出新城昌魏縣東北，至南鄉筑陽縣入漢。羅人欲伐之，使伯嘉諜之，三巡數之。羅，熊姓國，在宜城縣西山中，後徙南郡枝江縣。伯嘉，羅大夫。諜，伺也。巡，徧也。○諜徒協反。數色主反。枝質而反。伺音笥。徧音遍。【疏】注「羅熊至徧也」。○正義曰：羅，熊姓，世本文也。說文云：諜，軍中反間也。謂詐爲敵國之人，入其軍中，伺候間隙，以反報其主，故此訓諜爲伺，而兵書謂之反間也。巡，徧也，謂巡遶徧行之。

經十有三年，春，二月，公會紀侯、鄭伯。己巳，及齊侯、宋公、衛侯、燕人戰。齊師、宋師、衛師、燕師敗績。大崩曰敗績。例在莊十一年。或稱人，或稱師，史異辭也。衛宣公未葬，惠公稱侯以接鄰國，非禮也。【疏】「公會至敗績」。○正義曰：傳稱宋多責賂於鄭，故以紀、魯及齊與宋、衛、燕戰。然則此戰之興，本由宋、鄭相怨，雖復各連同好，當以宋、鄭爲主。其序紀在鄭上，宋處齊下者，若魯人不與，而鄭國自行，則以主兵爲先；若與魯同行，魯史所記，則當以魯爲主，不得復先主兵。亦既不先主兵，卽以大小爲序，故紀先鄭也。宋使齊爲先主，猶隱四年州吁伐鄭，使宋爲主，故齊先宋。此以公在會，故不以主兵爲先，尊卑爲序，故紀在鄭先。若然，莊二十六年會宋人、齊人伐徐，杜云宋主兵，故序齊上。彼魯亦在，而先主兵者，彼是魯人之微人，所會之國又少，此則公自在會，及所戰之國歷序又多，故不與彼同也。戰稱將，敗稱師，是史策之常法也。史所以然者，師是將之所帥，戰則將爲身重，敗則羣師盡崩，固當舉師言其敗。書其將，則是舉將身爲獨敗，無以見師之大崩，故戰則稱將，敗則稱師，言其衆師盡敗，非獨將身敗也。此燕人謂將也。楚子傷目，故稱楚子敗績。此若云燕人敗績，則是燕將身傷，以此不得不稱師。敗唯莊二十八年衛人敗績，違常文耳。○注「大崩至禮也」。○正義曰：言史異辭者，決莊二十八年衛人及齊人戰，衛人敗績也。此敗稱師，而彼敗稱人，是史異辭也。史非一人，立辭自異，非褒貶之例也。此二者於理則師是而人非，但不以爲義，故合各從其本耳。杜以既葬爲成君，雖則踰年，猶待葬訖，故以惠公爲非禮。釋例曰：父雖未葬，喪服在身，踰年則於其國內卽位稱君，伐鄭之役，宋公、衛侯是也。春秋書魯事，皆踰年卽稱公，不可曠年無君，則知他國亦同。然據父未葬，於其國內雖得伸其尊，若以接鄰國，則違禮失制也。是言先君未葬，則不得稱爵成君以接鄰國也。杜言違禮失制，亦無明文。案文八年八月天王崩，九年春毛伯來求金，傳曰「不書王命，未葬也」。彼以踰年未葬，不得稱王命使，是其禮制。未可以此知接鄰國則違禮制也。○三月，葬衛宣公。無傳。○夏，大水。無傳。○秋，七月。○冬，十月。

傳十三年，春，楚屈瑕伐羅，鬭伯比送之。還，謂其御曰：「莫敖必敗。舉趾高，心不固矣。」趾，足也。遂見楚子，曰：「必濟師。」難言屈瑕將敗，故以益師諷諫。○見賢遍反。齊箋計反。難乃旦反。諷方鳳反，本亦作風。楚子辭焉。不解其旨，故拒之。○解戶買反。入告夫人鄧曼。鄧曼曰：「大夫其非衆之謂，鄧曼，楚武王夫人。言伯比意不在於益衆。

也。其謂君撫小民以信。訓諸司以德。而威莫敖以刑也。莫敖狃於蒲騷之役。將自用也。狃忕也。蒲騷在十一年。○狃女久反。忕時世反。又時設反。必小羅。君若不鎮撫。其不設備乎。夫固謂君訓衆而好鎮撫之。撫小民以信也。召諸司而勸之以令德。訓諸司以德也。見莫敖而告諸天之不假易也。諸之也。言天不借貸慢易之人。威莫敖以刑也。○易以豉反。注同。借子夜反。貸他代反。慢武諫反。不然。夫豈不知楚師之盡行也。楚子使賴人追之。不及。賴國在義陽隨縣。賴人仕於楚者。盡津忍反。此類可以

【疏】大夫至行也。○正義曰。大夫伯比言濟衆者。非意求益衆之謂也。其此伯比之意。當謂君宜撫慰小人士卒以言信也。教訓諸司長率以令德。而威懼莫敖以刑罰也。莫敖狃於蒲騷之役。狃貫也。貫於蒲騷之得勝。遂恃勝以爲常。將自用其心。不受規諫。必輕小羅。以爲無能。君若不以言辭刑罰鎮重撫慰之。莫敖其將不設備乎。夫謂伯比。伯比之意。固當謂君教訓衆民而好以言辭鎮撫之。召軍之諸司而勸勉之以善德。見莫敖而告之道上天之意不借貸慢易之人。不使慢易之人得勝。言其必須敬懼也。其意當如此耳。若其不然。此伯比豈不知楚師之盡行也。而更請益師乎。○注狃忕也。○正義曰。說文云。狃狎也。忕習也。郭璞云。貫忕也。今俗語皆然。則狃忕皆貫習之義。以貫得勝。則輕易前敵。將自用其意。不復持重。

莫敖使徇于師曰。諫者有刑。徇宣令也。○徇似俊反。及鄖。亂次以濟。鄖水在襄陽宜城縣入漢。○鄖於晚反。又於萬反。亂次以濟。本或作亂次以濟其水。

【疏】注鄖水至入漢。○正義曰。釋例曰。鄖水出新城沶鄉縣東南。經襄陽至宜城縣入漢。

遂無次。且不設備。及羅。羅與盧戎兩軍之。盧戎南蠻。○盧如字。本或作廬。音同。大敗之。莫敖縊于荒谷。羣帥囚于冶父。縊自經也。荒谷冶父皆楚地。○縊一豉反。荒如字。木或作巟。音同。冶音也。以聽刑。楚子曰。孤之罪也。皆免之。宋多責賂於鄭。立突賂。鄭不堪命。故以紀魯及齊與宋衛燕戰。不書所戰。後也。公後地期而及其戰。故不書所戰之地。

【疏】注公後至之地。○正義曰。兩敵將戰。必豫期戰地。公未見紀鄭。紀鄭已與齊宋先設戰期。公不及設期。皆及其戰。故言戰而不書所戰之地。言此地非公所期。故不書也。釋例曰。桓十三年戰不書所所者期戰所在之地也。公會戰而後其期。猶及諸侯共其成敗。故備書諸國而不書地。成十六年傳曰。戰之日。齊國佐至於師。此其類也。然則諸戰書日者。日卽從月計。此經當云二月己巳公會紀侯鄭伯。今退己巳於鄭伯之下者。春秋之例。公之出會例多以月。要盟戰敗例多以日。故己巳之文在公會紀侯鄭伯之下。十二年十二月及鄭師伐宋。丁未戰于宋。亦其類也。服虔云。下日者。公至而後定戰日。地之與日當同時設期。公既不及期地。安得及期日也。劉炫云。公會紀鄭。告廟而行。始行卽書會也。其戰之日則戰罷乃告廟。史官雖連并其文。而存其本旨。己巳是戰日。故下日以附戰。

○鄭人來請脩好。○好呼報反。

經十有四年。春。正月。公會鄭伯于曹。脩十二年武父之好。以曹地。曹與會。○好呼報反。與音預。無冰。無傳。書時失。○夏五。不書月。闕文。鄭伯使其弟語來盟。○秋。八月。壬申。御廩災。御廩。公所親耕以奉粢盛之倉也。天火曰災。例在宣十六年。○廩力錦反。倉也。

【疏】注御廩至六年。○正義曰。傳稱御廩災。乙亥嘗。書不害也。明嘗之所用是御廩之所藏也。禮記祭義云。天子爲藉千畝。諸侯百畝。躬秉耒以事天地山川社稷先古。敬之至也。穀梁傳曰。天子親耕以共粢盛。王后親蠶以共祭服。國非無良農工女也。以爲人之所盡事其祖禰。不若以己所自親者也。月令季秋。乃命冢宰藏帝藉之收於神倉。鄭玄云。重粢盛之委也。帝藉所耕千畝也。藏祭祀之穀故爲神倉。以此諸文知御廩藏公所親耕以奉粢盛之倉也。廩卽倉之別名。周禮廩人爲倉人之長。其職曰。大祭祀則共其接盛。鄭玄云。接讀爲扱。扱以授舂人舂之。大祭祀之穀。藉田之收藏於神倉者。不以給小用。是公所親耕之粢。擬共祭祀。藏於倉廩。故謂之御廩。災其屋而不損其穀。故曰書不害也。

乙亥。嘗。先其時。亦過也。既戒日致齊。廩雖災。苟不害嘉穀。則祭不應廢。故書以示法。○先悉薦反。又如字。齊側皆反。

【疏】注先其至示法。○正義曰。八月建未。未是始殺。故云先其時。亦過也。周禮大宰。祀五帝。前期十日。帥執事而卜日。遂戒。亨先王亦如之。鄭玄云。十日者。容散齊七日。致齊三日。壬申在乙亥之前三日。是致齊之初日也。既已戒日致齊。御廩雖災。苟其不害嘉穀。有可以共祭祀。則祭不應廢。故書以示法也。若害穀則當廢。不可苟用他穀故也。先時亦過。過則當書。但書過已有成例。故傳指言不害。故沈氏云。杜以先時亦過。過則當書。傳何以專言不害。此上明之意。若非先時有災不害亦書。若非御廩有災先時亦書。進退明例也。服虔云。魯以壬申被災。至乙亥而嘗。不以災害爲恐。故衛難杜云。若救之則息。不害嘉穀。則傳當有救火之文。若如宋災。傳舉救火。今直言不害。明知不以災爲害。杜必爲不害嘉穀者。秦氏荅云。傳所以不載救火者。傳以指釋經文。略舉其要。所以不載救火。至於宋鄭之災。彼由簡牘備載。詳畧不等。不可相難也。

○冬。十有二月。丁巳。齊侯祿父卒。無傳。隱六年盟於艾。○宋人以齊人蔡人衛人陳人伐鄭。凡師能左右之曰以。例在僖二十六年。

傳十四年。春。會于曹。曹人致餼。禮也。熟曰饔。生曰餼。

【疏】注熟曰饔生曰餼。○正義曰。周禮外內饔皆掌割亨之事。亨人給外內饔之爨亨煮。饔者煮肉之名。知熟曰饔。哀二十四年傳稱晉人餼臧石牛。以生牛賜之。知生曰餼。又聘禮致饔餼五牢。飪一牢。腥二牢。餼二牢。飪是熟肉。腥是生肉。知餼是未殺。鄭玄以爲生牲曰餼。唯孫毓箋云。腥曰餼。欲以牽爲牽行。故餼爲已殺。非定解也。定解猶以生爲餼。傳諸言餼者。皆致生物於賓也。

○夏。鄭子人來尋盟。且脩曹之會。子人卽弟語也。其後爲子人氏。○秋。八月。壬申。御廩災。乙亥。嘗。書不害也。災其屋。救之則息。不及穀。故曰書不害。○冬。宋人以諸侯伐鄭。報宋之戰也。在十二年。焚渠門。入及大逵。渠門。鄭城門。逵道方九軌。○逵九龜反。伐東郊。取牛首。東郊。鄭郊。牛首。鄭邑。以大宮之椽歸。爲盧門之椽。大宮。鄭祖廟。盧門。宋城門。告伐而不告入取。故不書。○大音泰。椽直專反。榱也。圓曰椽。方曰桷。說文云。周謂之椽。齊魯謂之桷。

經十有五年。春。二月。天王使家父來求車。三月。乙未。天王崩。無傳。桓王也。夏。四月。己巳。葬齊僖公。無傳。五月。鄭伯突出奔蔡。突既篡立。權不足以自固。又不能倚任祭仲。反與小臣造賊盜之計。故以自奔爲文。罪之也。例在昭三年。○倚於綺反。

【疏】注突既至三年。○正義曰。凡諸侯出奔。皆被逐而出。非自出也。舊史書臣以逐君。仲尼脩春秋。責其不能自固。以自奔爲文。以故此注迹突之惡。言其罪之意。釋例曰。諸侯奔亡。皆迫逐而苟免。非自出也。傳稱衞孫林父寗殖出其君。名在諸侯之策。此以臣名赴告之文也。仲尼之經。更沒逐者主名。以自奔爲文。責其不能自安自固。所犯非徒所逐之臣也。言其所犯處多。非徒逐者獨惡。君不能君。故臣亦不臣。臣之逐君。其罪已著。沒其臣名。獨見君罪。言罪不純在其臣故也。衞獻公出奔不名。鄭伯突及北燕伯款蔡侯朱等皆書名者。從彼告辭。故釋例曰。衞赴不以名。而燕赴以名。隨赴而書之。義在彼不在此也。言責其不能自安自固。自奔卽是身罪。名之與不名。不復著義。故從告也。昭三年傳曰。書曰北燕伯款出奔。罪之也。是變例也。

鄭世子忽復歸于鄭。忽實居君位。故今還以復其位之例爲文也。稱世子者。忽以爲大子。有母氏之寵。宗卿之援。有功於諸侯。此大子之盛者也。而守介節以失大國之助。知三公子之彊。不從祭仲之言。修小善。絜小行。從匹夫之仁。忘社稷之大計。故君子謂之善自爲謀。言不能謀國也。父卒而不能自君。鄭人亦不君之。出則降名以赴。人則逆以大子之禮。始於見逐。終於見殺。三公子更立。亂鄭國者。實忽之由。復歸例在成十八年。○介音界。行下孟反。更音庚。

【疏】注忽實至八年。○正義曰。成十八年傳曰。復其位曰復歸。忽本既居君位。然後出奔。故今還以復位之例爲文也。經言復歸。明是復位之例。注言此者。以忽之出奔。不稱鄭伯。歸言世子。又非君號。非君而稱復歸。嫌其不是復位。故明之。禮。父在稱世子。忽父之喪。於今五年。世子非所當稱。故迹其稱之意。鄭曼所生。立爲世子。是有母氏之寵也。宗卿謂同姓之卿。祭仲之女曰雍姬。則祭仲姬姓。是同宗卿也。救齊敗戎。是有功也。而守介節。謂守瑣瑣介介之節。不娶齊女也。經書鄭忽出奔。不稱鄭伯。是降名以赴也。今稱世子復歸。是逆以大子之禮也。逆以大子之禮者。以突是庶子。無道出奔。更欲擇君。莫踰於忽。以本是世子。故迎之使還。爲是世子。所以得歸。鄭以世子名告。不以嘗爲君告。時史因其告辭。書曰世子。實復本位。書曰復歸。而忽之爲君。不能自固。始於見逐。終見殺。三公子更立爲君。亂鄭國者。實忽之由。釋例與此注盡同。其末云。故仲尼因以示義。言因舊史之文。卽稱世子。示鄭人本有不以爲君之義。忽於隱公之世。每稱公子。六年稱大子。則救齊之時已立爲大子故也。

○許叔入于許。許叔。莊公弟也。隱十一年鄭使

許大夫奉許叔居許東偏鄭莊公既卒乃入居位許人嘉之以字告也叔本不去國雖稱入非國逆例〔疏〕注許叔至逆例○正義曰入者自外之辭本其所自之處言其自許東偏而入于許國非從外國入也鄭莊公以十一年卒許叔今始入者蓋鄭突不使其復忽既得位親仁善鄰存許德許人冀其爲己之援故此年始得入也小白陽生入皆稱名此叔稱字故云許人嘉之以字告也杜知是字者以蔡季子來歸亦以書字故知之也杜以傳例云凡去其國國逆而立之曰入嫌此亦爲國逆之例釋例曰諸在例外稱入直是自外入內記事常辭義无所取賈氏雖夫人姜氏之入皆以爲例由先儒以爲國逆故言許叔本不去國非國逆之正例國逆正例據去國而來許叔本非去國故云非國逆例其實許始復國許叔得還上下交歡同心逆逆指其實事有國逆之理故於釋例云許叔有國逆之文但非國逆正例耳劉君不違此言妄規杜失非也□公會齊侯于艾。□邾人、牟人、葛人、來朝。無傳三人皆附庸之世子也其君應稱名故其子降稱人牟國今泰山牟縣葛國在梁國寧陵縣東北○牟亡侯反〔疏〕注三人至東北○正義曰三國俱稱人合行禮知其尊卑同也以邾子未得王命知牟葛之等是附庸郳犁來來朝附庸書名此若君自親來則亦應稱名若遣臣來聘又不得稱朝曹伯使世子射姑來朝是世子有稱朝之義知此三人皆附庸世子攝行父事而來朝也諸侯之卿稱名大夫降稱人是人之於名例差一等若附庸其君應稱名故其子降稱人釋例曰王之世子不名諸侯世子則名會王世子于首止曹世子射姑來朝是也附庸世子稱人邾人牟人葛人來朝是也是言世子稱謂之等級也地理志泰山郡牟縣故牟國也陳留郡寧陵縣應劭曰故葛伯國然則於晉屬梁國也□秋。九月。鄭伯突入于櫟。櫟鄭別都也今河南陽翟縣未得國直書入無義例也○櫟音歷翟徒歷反□冬。十有一月。公會宋公、衞侯、陳侯于袲。伐鄭。袲宋地在沛國相縣西南先行會禮而後伐也○袲昌氏反相息亮反〔疏〕注先行會禮○正義曰知非不與謀言會者以言于袲故知此行會禮也若不言地直言會則是不與謀例也召陵會杜注云於召陵先行會禮與此同也

傳十五年。春。天王使家父來求車。非禮也。諸侯不貢車服。車服上之所以賜下天子不私求財。諸侯有常職貢□祭仲專。鄭伯患之。使其壻雍糾殺之。將享諸郊。雍姬知之。謂其母曰。父與夫孰親。其母曰。人盡夫也。父一而已。胡可比也。婦人在室則天父出則天夫女以爲疑故母以所生爲本解之遂告祭仲曰。雍氏舍其室而將享子於郊。吾惑之。以告。祭仲殺雍糾。尸諸周氏之汪。汪池也周氏鄭大夫殺而暴其尸以示戮也○舍音捨汪烏黃反暴步卜反公載以出。愍其見殺故載其尸共出國曰。謀及婦人。宜其死也。□夏。厲公

出奔蔡。□六月。乙亥。昭公入。□許叔入于許。□公會齊侯于艾。謀定許也。□秋。鄭伯因櫟人。殺檀伯。而遂居櫟。檀伯鄭守櫟大夫○檀徒丹反□冬。會于袲。謀伐鄭。將納厲公也。弗克而還。

經十有六年。春。正月。公會宋公、蔡侯、衞侯于曹。□夏。四月。公會宋公、衞侯、陳侯、蔡侯伐鄭。春既謀之今書會者魯諱議納不正蔡常在衞上今序陳下蓋後至〔疏〕注春既至後至○正義曰宣七年傳例云與謀曰及不與謀曰會此春既謀之例當言及今書會者魯諱與諸侯聚議納不正之人故從不與謀之文釋例曰魯既春會于曹以謀伐鄭夏遂與師而更從不與謀之文者厲公篡大子忽之位謀而納之非正故諱之從不與謀之例是其義也諸侯之序以大小爲次班序譜稱自隱至莊十四年四十三歲征伐盟會者凡十六國時無霸主會同不并無有成序其間蔡與衞凡七會六在衞上唯此處在陳下故以爲蓋後至也○秋。七月。公至自伐鄭。用飲至之禮故書○冬。城向。傳曰書時也而下有十一月舊說因謂傳誤此城向亦俱是十一月但本事異各隨本而書之耳經書夏叔弓如滕五月葬滕成公傳云五月叔弓如滕郎知但稱時者未必與下月異也又推按此年閏在六月則月却而節前水星可在十一月而正也詩云定之方中作于楚宮此未正中也功役之事皆揔指天象不與言歷數同也故傳之釋經皆通言一時不月別○向失亮反定丁佞反〔疏〕注傳曰至月別正義曰杜以城向與下同月故揔叔弓如滕經傳之異如滕與葬同月知此城向與出奔同月但本事既異各隨本而書之下有月而此無月耳其實同是十一月也俱十一月水星昏猶未正故復推按歷數此年月却節前水星可在十一月而正又方者未至之辭故以定之方中爲方欲向中而實未正中十一月可以興土功書時非傳誤也劉炫規過以爲案周語云辰角見而雨畢天根見而水涸駟見而隕霜火見而清風戒寒故先王之教曰雨畢而除道水涸而成梁隕霜而冬裘具清風至而脩城郭故夏令曰九月除道十月成梁營室之中土功其始先儒以爲建戌之月霜始降房星見霜降之後寒風至而心星見鄭玄云辰角見謂九月本天根見謂九月末天根謂氐星是也自然火見是建亥之月又春秋城楚丘是正月而杜引詩云定之方中未正中也定星豈正月未正中乎據此諸文則火見土功必在建亥之月則建戌之月必無土功之理而杜以爲建戌之月得城向者非也今以爲周語之文單子見陳不除道故譏之爲此言故所畢時節並在早月也月令孟冬天子始裘單子云隕霜而冬裘具九月已裘是其早也且周語之文據尋常節氣九月而除道十月而與土功杜以此年閏在六月則建戌之月二十一日已得建亥節氣是十月節氣在九月之中土功之事何爲不可諸侯城楚丘自在正月衞人初作宮室必在其前杜以定星方欲正中於理何失劉君廣引周語之文以規杜杜以月却節前何須致難○十有一月。衞侯朔出奔齊。惠公也朔讒構取國故不言二公子逐罪之也

傳十六年。春。正月。會于曹。謀伐鄭也。前年冬謀納厲公不克故復更謀○復扶又反○夏。伐鄭。秋。七月。公至自伐鄭。以飲至之禮也。□冬。城向。書時也。□初。衞宣公烝於夷姜。生急子。夷姜宣公之庶母也上淫曰烝○烝之承反急如字詩作伋上時掌反一音如字〔疏〕注夷姜至曰烝○正義曰晉獻公烝於齊姜惠公烝於賈君皆是淫父之妾知此亦父妾故云庶母也成二年傳稱楚莊王以夏姬予連尹襄老襄老死其子黑要烝焉淫母而謂之烝知烝是上淫蓋訓烝爲進言自進與之淫也世家云初宣公愛夫人夷姜烝而謂之夫人馬遷謬耳屬諸右公子。爲之娶於齊。而美。公取之。生壽及朔。屬壽於左公子。左右媵之子因以爲號○屬音燭下同爲于爲反媵羊政反〔疏〕注左右至爲號○正義曰公子法無左右明其因母爲號公羊稱諸侯取一國則二國往媵之以有二媵故分爲左右說公羊者言右媵貴於左媵義或當然此左右公子蓋宣公之兄弟也夷姜縊。失寵而自縊死宣姜與公子朔構急子。宣姜宣公所取急子之妻構會其過惡○構古豆反會古外反公使諸齊。使盜待諸莘。將殺之。莘衞地陽平縣西北有莘亭○公使所吏反莘所巾反壽子告之。使行。行去也不可。曰。棄父之命。惡用子矣。惡安也○惡音烏注同有無父之國則可也。及行。飲以酒。壽子載其旌以先。盜殺之。急子至。曰。我之求也。此何罪。請殺我乎。又殺之。二公子故怨惠公。十一月。左公子洩、右公子職。立公子黔牟。黔牟羣公子○飲以酒於鴆反一本以作之洩息列反黔其廉反又音琴〔疏〕載其旌○正義曰代之而載其旌蓋旌有志識故也世家云與太子白旄而告盜曰見白旄者殺之或當以白旄爲旌但馬遷涉此文而爲之說其辭至鄙未必其言可信也惠公奔齊。

經十有七年。春。正月。丙辰。公會齊侯、紀侯。盟于黃。黃齊地○二月。丙午。公會邾儀父盟于趡。趡魯地稱字義與蔑盟同二月無丙午丙午三月四日也日月必有誤○趡翠軌反○夏。五月。丙午。及齊師戰于奚。奚魯地皆陳曰戰○陳直覲反□六月。丁丑。蔡侯封人卒。十一年大夫盟于折□秋。八月。蔡季自陳歸于蔡。季蔡侯弟也言歸爲陳所納□癸巳。葬蔡桓侯。無傳稱侯蓋謬誤三月而葬速〔疏〕注稱侯蓋誤○正義曰五等諸侯卒則各書其爵葬則舉謚稱公禮之常也此無貶責而獨稱侯故云蓋謬誤

也釋例曰卒而外赴者皆正爵而稱名愼死考終不敢違大典也書葬者皆從主人私稱客主之人敬各有本謙敬各得其所而後二國之禮成也葬蔡桓侯獨不稱公劉賈許曰桓卒而季歸無臣子之辭也蔡侯無子以弟承位羣臣無廢主社稷不乏祀故傳稱蔡人嘉之非貶所也杞伯稱子傳爲三發蔡侯有貶傳亦宜說史書謬誤疑有闕文是其疑之意也

○及宋人衞人伐邾。○冬。十月。朔。日有食之。甲乙者厤之紀也晦朔者日月之會也日食不可以不存晦朔晦朔須甲乙而可推故日食必以書朔日爲例

傳十七年。春。盟于黃。平齊紀。且謀衞故也。齊欲滅紀衞逐其君○及邾儀父盟于趡。尋蔑之盟也。蔑盟在隱元年○夏。及齊師戰于奚。疆事也。爭疆界也。○疆居良反注及下皆同於是齊人侵魯疆。疆吏來告。公曰。疆埸之事。愼守其一。而備其不虞。虞度也不度猶不意也。○埸音亦度待洛反下同〔疏〕疆埸至不虞。○正義曰疆埸謂界畔也至此易主故名曰埸典封疆者不得已往侵人無使人來侵已謹愼守其一家之所有以備不意度之事姑盡所備焉。事至而戰。又何謁焉。齊背盟而來公以信待故不書侵伐○背音佩下同○蔡桓侯卒。蔡人召蔡季于陳。桓侯無子故召季而立之季內得國人之望外有諸侯之助故書字以善得衆稱歸以明外納○秋。蔡季自陳歸于蔡。蔡人嘉之也。嘉之故以字告○伐邾。宋志也。邾宋爭疆魯從宋志背趡之盟○冬。十月。朔。日有食之。不書日。官失之也。天子有日官。諸侯有日御。日官日御典歷數者〔疏〕註日官至歷數。○正義曰周禮大史掌正歲年以序事頒告朔于邦國然則天子掌歷者謂大史也大史下大夫非卿故不在六卿之數傳言居卿則是尊之若卿故知非卿而位從卿故言居卿也平歷數者謂掌作歷數平其遲速而頒於邦國也晦朔弦望交會有期日月五星行道有度厤而數之故曰厤數也日官居卿以底日。禮也。日官天子掌厤者不在六卿之數而位從卿故言居卿也底平也謂平厤數○底音旨下同日御不失日。以授百官于朝。日官平厤以班諸侯奉之不失天時以授百官○初。鄭伯將以高渠彌爲卿。昭公惡之。固諫不聽。昭公立。懼其殺己也。辛卯。弒昭公而立公子亹。公子亹昭公弟。○惡烏路反下及注所惡皆同亹音尾君子謂昭公知所惡矣。公子達曰。公子達魯大夫〔疏〕君子至惡矣。○正義曰弒君者人臣之極惡也昭公惡其人其人果行大惡是昭公知所惡矣言昭公惡之不妄也韓子以爲君子言知所惡者非多其知之明而嫌其心不斷也曰知之若是其明也而不如早誅焉以及於死故言知所惡以見其無權也昭公知其惡而不能行其誅致使渠彌含憎懼死以徼幸故昭公不免於弒戒人君使彊於斷也○注公子達魯大夫○正義曰知非鄭人者若是鄭人當在君子之前言之傳先載君子之議後陳子達之言是達聞其言而評之與臧文仲聞參六之滅其事相類故知是魯人也高伯其爲戮乎。復惡已甚矣。復重也本爲昭公所惡而復弒君重爲惡也。○復扶又反注同一音服則乖注意重直用反下同

經十有八年。春。王正月。公會齊侯于濼。濼水在濟南厤城縣西北入濟。○濼盧篤反又力角反一音洛說文匹沃反○公與夫人姜氏遂如齊。公本與夫人俱行至濼公與齊侯行會禮故先書會濼既會而相隨至齊故曰遂〔疏〕公與至如齊。○正義曰僖十一年公及夫人會齊侯于陽穀彼言及此不言及者公并傳曰公何以不言及夫人夫人外也言夫人淫於齊侯而踈外公故不言及也穀梁傳曰不言及夫人何也以夫人之伉不稱數也言夫人驕伉不可及故舍而不數也杜無明解傳載申繻之言譏公男女相瀆蓋以相褻瀆之故果致大禍時史譏其男女無別故不書及也○注公本至於濼○正義曰據傳文知其嚮會之時即與夫人俱行至於濼水之上不言及夫人會者夫人從公行耳其會之時夫人不與既會乃相隨嚮齊故如齊之上始書夫人公自因會而行故言遂耳○夏。四月。丙子。公薨于齊。不言戕諱之也戕例在宣十八年。○戕在良反丁酉。公之喪至自齊。無傳告廟也丁酉五月一日有日而無月○秋。七月。○冬。十有二月。己丑。葬我君桓公。無傳九月乃葬緩慢也

傳十八年。春。公將有行。遂與姜氏如齊。始議行事申繻曰。女有家。男有室。無相瀆也。謂之有禮。易此必敗。女安夫之家夫安妻之室違此則爲瀆今公將姜氏如齊故知其當致禍亂。○瀆徒木反〔疏〕女有家男有室。○正義曰沈氏云卿大夫稱家家者內外之大名戶內曰室但男子一家之主職主內外故曰家婦人主閨內之事故爲室也劉炫云釋宮云宮謂之室其內謂之家則家之與室義無以異欲見男女之別故以室屬之其實室家同也公會齊侯于濼。遂及文姜如齊。齊侯通焉。公謫之。謫譴也。○謫直革反責也王又丁革反譴遣戰反以告。夫人告齊侯○夏。四月。丙子。享公。齊侯爲公設享燕之禮。○爲于僞反使公子彭生乘公。公薨于車。上車曰乘彭生多力拉公幹而殺之。○乘如字又繩證反注同上時掌反拉力荅反幹古旦反〔疏〕注上車至殺之。○正義曰莊元年公羊傳曰夫人譖公於齊侯齊侯怒與之飲酒於其出焉使公子彭生送之於其乘焉搚幹而殺之何休云搚折聲也齊世家云襄公使力士彭生抱上魯君車因摺殺魯桓公下車則死矣搚摺拉音義同也魯人告于齊曰。寡君畏君之威。不敢寧居。來脩舊好。禮成而不反。無所歸咎。惡於諸侯。請以彭生除之。除恥辱之惡也。○好呼報反咎其九反齊人殺彭生。不書非卿○秋。齊侯師于首止。陳師首止討鄭弒君也首止衞地陳留襄邑縣東南有首鄉子亹會之。高渠彌相。不知齊欲討己。○相息亮反七月。戊戌。齊人殺子亹而轘高渠彌。車裂曰轘。○轘音患裂音列〔疏〕注車裂曰轘。○正義曰襄二十二年傳稱轘觀起於四竟又曰觀起車裂是其事也周禮條狼氏誓僕右曰殺誓馭曰車轘然則周法有此刑也祭仲逆鄭子于陳而立之。鄭子昭公弟子儀也是行也。祭仲知之。故稱疾不往。人曰。祭仲以知免。仲曰。信也。時人譏祭仲失忠臣之節仲以子亹爲渠彌所立本既不正又不能固位安民宜其見除故卽而然譏者之言以明本意。○知音智又如字○周公欲弒莊王而立王子克。莊王桓王太子王子克莊王弟子儀。○弒申志反辛伯告王。遂與王殺周公黑肩。王子克奔燕。辛伯周大夫初。子儀有寵於桓王。桓王屬諸周公。辛伯諫曰。並后。妾如后。○屬音燭匹嫡。庶如嫡。○嫡丁厤反注同兩政。臣擅命。○擅市戰反耦國。都如國亂之本也。周公弗從。故及。及於難也。○難乃旦反

春秋左傳注疏卷七校勘記　阮元撰盧宣旬摘錄

附釋音春秋左傳注疏卷第七　桓七年盡十八年宋本春秋正義卷第七

經七年

高平鉅野縣南有咸亭　續漢郡國志作西有咸亭

不復識其失地地咸邱　宋本監本毛本次地字作也

傳七年

今僻陋之語傳本無文　宋本僻作辟與注合

注盟向至鄭成　宋本此節正義在注郟王城之下

既而背之　監本毛本而誤有

經八年

春正月己卯烝　閩本春上有八年二字

以爲天地之主非天子則誰乎　宋本作以爲天地宗廟社稷之主君何謂已重乎此言繼先聖之後爲天地之主非天子則誰乎

明是王不當親也　浦鏜正誤云親下當脫迎字

傳八年

漢淮之間　宋本此節正義在乃盟而還之下

東經漢中魏興　閩本監本毛本興作典誤

導淮自桐柏　閩本監本毛本柏作栢下同

不從季梁謀　淳熙本謀作戰

冬王命虢仲立晉哀侯之弟緡于晉　石經作緡于晉顧炎武云石經凡從民字皆改從氏避諱省筆案史記十二諸侯年表作湣

經九年

傳九年

注韓服至州縣　宋本以下正義二節摠入鄧師大敗節注下

此年傳文十六年與秦楚滅庸　宋本年下有見字

鄾在今鄧縣南沔水之北　文選李善注沈休文齊安陸昭王碑引注文作鄾今鄧鄉縣南江水之北案江字誤

夏楚使鬭廉帥師　石經初刻作楚子使後刊去子字

荀侯　陳樹華云應邵班叔皮北征賦注引作郇侯漢書地里志同

未誓於天子而攝其君　山井鼎云足利本後人記云異本君下有事字

注諸侯至上卿　宋本以下正義二節摠入篇末

蘇云誓於天子下君一等　浦鏜正誤蘇改作所

經十年

惡三國之伐在檀　閩本監本毛本三誤二在檀宋本監本毛本作有禮閩本亦誤在檀

此聖人之所以扶奬王室　宋本奬作獘

傳十年

終施父之言　纂圖本言下有乎字非也

注號仲至大夫　宋本以下正義二節摠入出奔虞注之下

注虞叔虞公之弟　宋本以下正義二節摠入注文共池地名闕之下

周諺有之匹夫無罪　石經此行九字之匹夫三字磨改周諺有之文選李善鸚鵡賦注引作周在有言

故韋昭通謂之匹夫匹婦也　閩本監本毛本亦誤作韋昭宋本作書傳是也○今正

吾焉用此其以賈害也　文選李善鸚鵡賦注引傳文作吾焉用之以賈其害

乃獻又求其寶劍　石經宋本淳熙本岳本足利本獻下有之字

齊人餼諸侯　案說文米部氣字引春秋傳作齊人來氣諸侯又曰或從既作槩或從食作餼惠棟云或從既者禮記既稟稱事是也或從食者今通用也古氣字作气故气爲古氣字氣爲古餼字許氏引作氣所謂述春秋傳以古文也

則齊衛不合先書　宋本脫則齊衛三字

不依主兵之例　毛本兵作賓非

經十一年

楚人執陳行人于徵師殺之　宋本于作于是也○今訂正

是說罪重之意　監本毛本重作治亦非宋本正德本作仲是也○依改作仲

公會宋公于夫鍾　纂圖本閩本監本毛本改作夫鐘非

在東平須昌縣東南　郡國志引注文南下有有闕城三字

傳十一年

將與隨絞州蓼伐楚師　釋文云蓼本或作鄝同陳樹華云詩鄭箋引同

鄖國在江夏雲社縣東南有鄖城　鄖國淳熙本岳本足利本作鄖國宋本同雲社岳本監本毛本並作雲杜不誤按鄖城釋文作湏音云本亦作鄖郡國志引鄖城下有故國二字

莫敖患之　漢書五行志作莫囂顏師古曰莫囂楚官名也字或作敖

注邑亦國也　宋本以下正義四節摠入注文卒盟貳軫之下

縣尹稱公　監本毛本尹作令非

傳曰武王有亂臣十人　陳樹華云臣字疑轉寫者所增是也說詳襄二十八年

此注改予爲武王　宋本改改作引按武王有亂臣十人叔孫穆子語見襄二十八年傳孔疏云引予爲武王者非也惟襄廿八年不引紂有億兆夷人之句而昭廿四年萇宏所引有之杜注葢槩括其辭耳

祭鄭地　監本祭上有宜字閩本毛本作注亦非

注祭仲至應命　宋本此節正義入厲公立之下

經十二年

又妄稱躍爲利公　毛本利誤厲

公會宋公于龜　石經凡龜字作龜

傳十二年

詩云君子屢盟　釋文屢作婁云本又作屢婁乃古屢字漢書凡屢字俱作婁

數盟則情疏　諸本作踈足利本作疎

情疏而憾結　釋文亦作而岳本作則非也

絞人獲三十人　石經三十作卅

析骸以爨　閩本監本毛本析作折非

注彭水至魏縣　宋本以下正義二節摠入篇末

使伯嘉諜之　石經凡諜字作諜

說文云軍中反間也　宋本云下有諜字是也閩本監本毛本作諜說文云非也

經十三年

雖復各連同好　閩本監本毛本各誤名

傳十三年

謂其御曰　漢書五行志中作謂其馭曰案馭古文御字

舉趾高　漢書五行志作舉止高案儀禮士昏禮注云古文止作趾詩七月篇四之日舉趾漢書食貨志作四之日舉止案說文無趾字止下云下基也象艸木出有止故以止爲足古書足趾字多作止

狃忕也　案忕字从心大聲諸本誤多一點唐初說文有之今本說文改爲愧闖之段玉裁云

蒲騷在十一年　宋本淳熙本足利本下有役字

賴人仕於楚者　案者下脫一○

大夫至行也　宋本以下正義三節摠入皆免之之下

非益衆之謂也　宋本非上有其字

夫謂伯比伯比之意　閩本監本毛本脫伯比二字

召軍之諸司而勸勉之以善德　毛本召誤兆

及鄢亂次以濟　釋文云本或作亂次以濟其水案水經注沔水引作以濟淇水乃轉寫其譌爲淇也

羅與盧戎兩軍之　釋文作盧戎云如字本或作盧音同

莫敖縊于荒谷　釋文云荒本或作巟陳樹華云案說文荒當作巟淳熙本監本毛本于作於非也按巟當是古本古字後人改之

注公後至之地　宋本此節正義入下節之後

經十四年

脩十二年武父之好以曹地曹與會纂圖本監本毛本脱下曹字

公所親耕以奉粢盛之倉也宋本岳本公上有藏字與疏合山井鼎云足利本所上有藏字所乃公字之誤岳本脱也字

天子爲藉千畝閩本監本毛本藉作籍非下同

大祭祀之穀藉田之取藏於神倉者宋本取作收案周禮注作收

既戒曰致齊廩雖災毛本亦誤曰諸本作曰宋本淳熙本足利本廩上有御字灾宋本淳熙本作災同

傳十四年

宋人以齊人蔡人衛人陳人伐鄭公羊衛人在蔡人上

致齊三日毛本致作至非下戒日致齊同

以大宮之椽歸爲盧門之椽監本盧誤虛

故不書毛本作故不入誤也

經十五年

天王使家父來求車儀禮士冠禮注引作家甫

諸侯奔亡閩本監本毛本亡誤也

杜知是字者以蔡季子來歸宋本以蔡下有季歸於蔡四字此等皆迥非他宋本所能及

公會宋公衞侯陳侯于袲伐鄭公羊宋公上有齊侯二字説文移字注引春秋傳曰公會齊侯于移陳樹華云是袲乃移之變體而宋公上當有齊侯也

傳十五年

在沛國相縣西南陳樹華云郡國志引杜預曰在縣西南一名犖一名犖二字似杜注

使其壻雍糾殺之石經壻作聓

經十六年

又推按此年閏在六月淳熙本此誤如閏誤門

作于楚宮淳熙本足利本于作爲

傳十六年

生急子釋文云急詩作伋詩丸蘭篇正義引傳亦作伋史記漢書古今人表並同

注夷姜至曰烝宋本以下正義三節揔入惠公奔齊之下

傳稱楚莊王以夏姬予連尹襄老毛本作連君非也

失寵而自縊死宋本淳熙本岳本纂圖本足利本縊作經

宣姜與公子朔構急子石經初刻構作搆後改從木旁構按説文無从手之搆

左公子洩漢書古今人表洩作泄是也

立公子黔牟閩本監本毛本黔誤黠注同

蓋旌有志識故也閩本監本無志字

經十七年

丙午三月四日也纂圖本月下增初字非也

夏五月丙午及齊師戰于奚石經宋本無夏字與序疏合

十三年大夫盟于折宋本淳熙本岳本纂圖本足利本三作一不誤〇今依訂正

注稱侯蓋誤宋本蓋下有謬字

傳十七年

疆場之事監本場誤場惠棟云古文作畺易周禮有畺地易説文云畺界也從畕三其界畫也或從疆土案漢書禮樂志吾易久遠晉灼曰易疆易也又食貨志云瓜瓠果蓏殖於疆易

疆場至不虞毛本場誤亦此節正義宋本在注故不書侵伐之下

日官居卿以底日禮也石經宋本岳本作底是也顧炎武云五經無底字皆是底字唯左傳襄二十九年處而不底昭元年勿使有所壅閉湫底音丁禮反今説文底字有下一畫誤字當從氐非也説詳宜三年傳

注日官至厤數謂平厤數此節正義閩本監本毛本在注底平也之下宋本入注以授百官之下

辛卯弑昭公而立公子亹宋本弑作殺非案子亹韓子難篇作子亶

公子達曰韓子難篇作公子圉

君子至惡矣宋本以下正義二節揔入篇末

非多其知之明閩本監本毛本明誤名

曰知之若是其明也毛本明作名非

而不如早誅焉閩本監本如作于非

戒人君使彊於斷也毛本彊作疆非也

故知是魯人也宋本無是字

復惡已甚矣惠棟云韓非子復惡作報惡鄭注周禮大司寇云復猶報也杜訓爲重失之

本爲昭公所惡而復弑君文選李善注長笛賦引弑作殺

經十八年

故如齊之上始書夫人閩本監本毛本始作加

不言戕諱之也戕例在宣十八年宋本淳熙本戕作戕不誤釋文亦作戕

傳十八年

申繻曰陳樹華云管子大匡篇作申俞

則家之與室義無以異監本毛本與誤爲

拉公幹而殺之陳華云幹玉篇引作骭

注上車至殺之宋本此節正義在注不書非卿之下

陳留襄邑縣東南有首鄉郡國志引杜預曰在襄邑東南有首止城

注車裂曰轘宋本此節正義在是行也節注下

周禮滌狼氏周禮秋官滌作條杜子春云條當爲滌器之滌此依杜注遂改條爲滌案滌器之滌古音同條毛本狼作狠非也

祭仲逆鄭子于陳而立之陳樹華云史記作公子嬰於陳而立之是爲鄭子索隱曰左傳以鄭子名子儀此云嬰蓋別有所見也按儀同倪倪即兒小兒也故左作儀史作嬰

時人譏祭仲失忠臣之節纂圖本監本毛本譏誤知

附釋音春秋左傳注疏卷第七

附釋音春秋左傳注疏卷第八 莊元年盡十年

杜氏注　孔穎達疏

莊公。陸曰莊公名同桓公子母文姜諡法勝敵克亂曰莊【疏】正義曰魯世家云莊公名同桓公之子文姜所生即桓六年子同生者也以莊王四年即位諡法勝敵克壯曰莊是歲歲在鶉火

經元年。春。王正月。○三月。夫人孫于齊。夫人莊公母也魯人責之故出奔內諱奔謂之孫猶孫讓而去。遜本亦作孫音同注及傳同【疏】元年春王正月。正義曰此月無事而空書月者莊雖不即君位而亦改元朝廟與民更始史書其事見此月公宜即位而父弒母出不忍即位故空書其文闕傳亦然。注夫人莊公母至而去。正義曰夫人孫意傳文不明故云魯人責之蓋責其訴公於齊侯而使公見殺故懟懼而出奔也公羊傳曰孫者何孫猶孫也內諱奔謂之孫穀梁傳曰孫之爲言猶孫也諱奔也杜用彼爲說昔帝堯孫位以讓虞舜故假彼美事而爲之名猶孫讓而去釋例曰使若不爲臣子所逐自孫位而去者○夏。單伯送王姬。無傳單伯天子卿也單采地伯爵也王將嫁女於齊既命魯爲主故單伯送女不稱使也王姬不稱字以王爲尊且別於內女也天子嫁女於諸侯使同姓諸侯主之不親昬尊卑不敵。單音善采七代反別彼列反【疏】注單伯至不敵。正義曰檢經上下公卿書爵大夫書字單伯書爵故爲卿也單者天子畿內地名人君賜臣以邑令采取賦稅謂之采地禮運曰諸侯有國以處其子孫大夫有采以處其子孫是謂食邑爲采地單氏世在王朝此及文公之世皆云單伯成公以下常稱單子知伯子皆爵也此時稱伯後降爲子耳又解不稱王使之意王於時將遣魯主昬必先有命豈得未嘗命魯徑送女來故知王已命魯爲主魯已承受王命單伯送女付魯而已不復重宣王命故不稱使也十一年王姬不云王使送者爲送者微也以姬繫王不稱女字以王爲尊故繫之於王且以別於內女內女則以字配姓謂之伯姬是也公羊傳曰使我主之曷爲使我主之天子嫁女乎諸侯必使諸侯同姓者主之諸侯嫁女于大夫必使大夫同姓者主之所以然者昬之行禮必賓主相敵天子於諸侯諸侯於大夫不親昬者尊卑不敵故也二王之後雖王所賓客示崇先代而已不得即與王敵嫁於二王之後亦使諸侯主之秦漢以來使三公主之呼爲公主

○秋。築王姬之館于外。公在諒闇慮齊侯當親迎不忍便以禮接於廟又不敢逆王命故築舍於外。諒音梁又音亮迎魚敬反【疏】注公在至於外。正義曰穀梁傳曰築之外變之正也仇讎之人非所以接昬姻也衰麻非所以接弁冕也其意言公與齊爲讎又身有重服不得與齊侯爲禮故築于外也左氏先儒亦用此爲說杜案傳文稱請以彭生除之齊人雖爲殺彭生心實讎齊但不敢逆王命故以諒闇爲辭故築館于外杜謂諸侯之喪既葬則衰麻除矣不得以喪服爲言也若讎不除服未釋則諸侯之國同姓多矣天王不應強使魯侯冒斬衰接父讎與之行吉禮也以此益明杜諒闇之言爲得其實徒以昬姻吉禮行事在廟公在諒闇之內慮齊侯當來親迎不可便以全吉之禮接賓於廟又讎除服釋不敢逆王命辭主昬故築舍於外使齊侯從外迎之○冬。十月。乙亥。陳侯林卒。無傳未同盟而赴以名○王使榮叔來錫桓公命。無傳榮叔周大夫榮氏叔字錫賜也追命桓公襃稱其德若昭七年王追命衛襄之比。比必利反【疏】注榮叔之比。正義曰公羊傳曰錫者何賜也命者何加我服也又詩唐風無衣之篇晉人爲其君請命於天子之使以無衣爲辭則王錫諸侯當有服也傳稱王賜晉惠公命受玉惰則王賜又有王玉也但賜諸侯以玉者欲使執而朝覲所以合瑞今追命桓公若追命衛襄之比止應襃稱其德賜之策書或當有服以表尊卑不復合瑞未必有玉也釋例曰天子錫命其詳未聞諸侯或即位而見錫或歷年乃加錫或已薨而追錫魯桓薨後見錫則亦衛襄之比也魯文即位見錫則亦晉惠之比也魯成八年齊靈二十三年乃見錫隨恩所加得失存乎其事言存乎其事者觀其錫之早晚知恩之厚薄觀其人之善惡知事之得失故傳不復顯言其是非也杜於追命衛襄之下注云命如今之哀策魏晉以來雖天子崩乃於有哀策將葬於是遣奠讀之陳大行功德敘臣子哀情非此類也人臣之喪不作哀策良臣既卒或贈之以官褒德敘哀載之於策將葬賜其家以告柩如今哀策蓋此謂也○王姬歸于齊。無傳不書逆公不與接【疏】注不書逆公不與接。正義曰成九年伯姬歸于宋杜云宋不使卿逆非禮以逆者非卿故不書此云公不與接者杜意以公不與接雖卿亦不書也所與知者十一年齊侯來逆共姬而經不書故也又嫁伯姬于宋魯與宋無故此時有故知不與接也春秋之例送女不書者取受我而厚之此單伯書者爲逆至於魯不至於齊故也○齊師遷紀郱鄑郚。無傳齊欲滅紀故徙其三邑之民而取其地郱在東莞臨朐縣東南郚在朱虛縣東南北海都昌縣西有訾城。郱蒲丁反鄑子斯反郚音吾朐其俱反訾子斯反【疏】注齊欲至訾城。正義曰齊人遷此三邑非三邑之人自遷也故知齊欲滅紀故徙其三邑之民而取其地也蘇氏云直取其地不取其民故云遷不云取不言所往之處者志在去之而已非欲安存其人故與宋人遷宿文同其又異於郱遷也釋例曰郱遷于夷儀則以自遷爲文宋人遷宿齊人遷陽則以宋齊爲文各從彼此所遷之實記注之常辭亦非例也郱在東莞言郡郚在朱虛不言郡者釋例土地名朱虛亦屬東莞使之蒙上郡

傳元年。春。不稱即位。文姜出故也。文姜與桓俱行而桓爲齊所殺故不敢還莊公父弒母出故不忍行即位之禮據文姜未還故傳稱文姜出也姜於是感公意而還不書不告廟。父殺音試一音如字【疏】注文姜至告廟。正義曰不稱即位爲文姜出故也則即位之日文姜未還故知莊公以文姜出母出不忍行其即位之禮也經書三月夫人孫于齊則是夫人來而復去故知文姜於是感公意而還也三月以來經傳皆無夫人還事故解之還不書不告廟釋例曰文姜之身終始七如齊再如莒皆以淫行書行而不書反則元年之還亦不告廟推此可知也公羊傳曰夫人固在齊矣其言孫于齊何念母也正月以存君念母以首事穀梁傳曰接練時錄母之變始人之也其意言文姜往年如齊至此年三月猶尚不反三月練祭念及其母乃書其出奔非三月始從魯去也左氏先儒皆用此說杜不然者史之所書據實而錄未有虛書其事者也夫人若遂不還則孫已久矣何故至是三月始言孫于齊乎公若念及於母自可迎使來歸何以反書其孫豈莊公召命史官使書其母孫乎又禮三年之喪期月而練桓公以往年四月薨至今年三月未得一期何故已得爲練而云接練錄變存君念母也若以經無還文即言留齊不反則自是以後亦無還文二年夫人會齊侯于禚豈復自齊會之哉以此知三月始從魯去也○三月。夫人孫于齊。不稱姜氏。絕不爲親。禮也。姜氏齊姓於文姜之義宜與齊絕而復奔齊故於其奔去姜氏以示義。復扶又反去起呂反【疏】注姜氏至示義。正義曰文姜終始皆稱姜氏唯此一文獨異故傳解其意云不稱姜氏絕不爲親言於夫人之義宜與齊絕不復爲親也姜氏者齊之姓也禮婦人在家則天父出嫁則天夫爲夫斬衰三年爲兄大功九月今兄殺己夫於文姜之義宜與齊絕姜意不與齊絕而復奔之故於其奔也特去姜氏去姜氏者若言夫人不是齊女不姓姜氏以示應絕之義應絕不絕所以刺文姜也傳言禮者爲夫絕兄禮之意也公羊傳曰夫人何以不稱姜氏貶曷爲貶與弒公也其與弒公奈何夫人譖公於齊侯公曰同非吾子齊侯之子也齊侯怒使公子彭生搚幹而殺之穀梁傳亦云不言氏姓貶之也左氏先儒取二傳爲說言傳稱絕不爲親禮也謂莊公絕母不復以之爲親爲父絕母得禮尊父之義故曰禮也杜不然者釋例曰文姜與公如齊以淫見譴懼而歸訴於襄公襄公殺公而委罪於彭生弒公之謀姜所不與疑懼而自留於齊莊公感其不反以闕即位之禮故姜氏自齊而還魯魯人探情以責之故復出奔夫子以爲姜氏罪不與弒於莊公之義當以母淫於齊而絕其齊親內全母子之道故經不稱姜氏傳曰絕不爲親禮也明絕之於齊也文姜稱夫人明母義存也哀姜外淫故孫稱姜氏明義異也觀此解之意夫宜與齊絕釋例之文言莊公宜與齊絕者夫人猶尚宜絕莊公固宜絕矣先儒謂莊公宜與母絕杜意莊公宜與齊絕故偏據莊公爲文所以排舊說耳其實夫人及公俱當與齊絕也○秋。築王姬之館于外。爲外禮也。齊彊魯弱又委罪於彭生魯不能讎齊然喪制未闋故異其禮得禮之變。未闋苦穴反【疏】注齊彊之變。正義曰傳不直言禮而云爲外禮者築之是常未足褒美正爲築之于外是應變之禮故解其意齊彊魯弱又委罪彭生魯既不能讎齊雖內實深讎外若無怨既不敢辭王命又不欲見齊侯因其喪制未闋故異其禮爲之於外是其得禮之變也樂息爲闋則闋訓爲息也未闋言其未止息也王姬之館必築之者公羊傳曰主王姬者必爲之改築於路寢則不可小寢則嫌羣公子之舍則以卑矣其道必爲之改築者也穀梁傳曰於廟則已尊於寢則已卑爲之築節矣鄭箴膏肓云宮廟朝廷各有定處無所館天子之女故宜築于宮外是言須築之意也但杜意若其內不恨齊非有喪制不須築於城之外耳此言外者謂城之外說公羊穀梁者亦以爲城外然王姬來嫁必須築館所以十一年王姬不築館者或因其舊館或築而不書也

經二年。春。王二月。葬陳莊公。無傳魯往會之故書例在昭六年○夏。公子慶父帥師伐於餘丘。無傳於餘丘國名也莊公時年十五則慶父莊公庶兄【疏】二年注於餘至庶兄。正義曰公羊穀梁皆以於餘丘爲邾之別邑左氏無傳正以春秋之世未有伐人之邑而不繫國者此無所繫故知是國釋例注闕不知其處蓋近魯小國也莊公時年十五者以桓六年生至此二年爲十五莊二十七年公羊傳曰公子慶父公子牙公子友皆莊公之母弟也左氏先儒用此爲說杜以不然故明之釋例曰經書公子慶父伐於餘丘而公羊以爲莊公母弟許其年歲既未能統軍又無晉悼王孫滿幼知之文此蓋公

羊之妾而先儒曾不覺悟取以爲左氏義今推案傳之上下羽父之弑隱公皆諮謀於桓公則桓公已成人也傳曰生桓公而惠公薨指明仲子唯有此男非謂生在薨年也桓以成人而弑隱即位乃娶於齊自應有長庶故氏曰孟此明證也公疾問後於叔牙牙稱慶父材疑同母也傳稱季友文姜之愛子與公同生故以死奉般情義相推考之左氏有若符契是杜明其異母之意也氏曰孟氏傳文實然而經稱仲孫杜無明釋八年傳稱仲慶父其舉諡稱之則謂之共仲蓋慶父雖爲庶長而以仲爲字其後子孫以字爲氏是以經書仲孫時人以其庶長稱孟故傳稱孟孫其以諡配字而謂之共仲猶臧僖伯管敬仲之類也劉炫云蓋慶父自稱仲欲同於正適言已少次莊公爲三家之長故以莊公爲伯而自稱仲春秋之例皆傳言實而經順其意經稱當時之事書其自稱之辭其人自稱仲孫不得不書爲仲傳序已適之事舉其時人之語時人呼爲孟氏不得不以孟錄論語云孟孫問孝於我是時人呼云孟氏也楚公子棄疾弑君取國改名爲居經書楚子居卒是從其自稱也

○秋七月齊王姬卒。無傳魯爲之主比之內女

疏注魯爲至內女 ○正義曰他國夫人之卒例皆不書唯魯女爲諸侯之妻書其卒耳王姬非是內女亦書其卒爲比之內女故也檀弓曰齊告王姬之喪魯莊公爲之大功或曰由魯嫁故爲之服姊妹之服是其比內女也

○冬十有二月夫人姜氏會齊侯于禚。夫人行不以禮故還皆不書不告廟也禚齊地 ○禚諸若反

○乙酉宋公馮卒。無傳再與桓同盟 ○馮皮冰反

疏注再與桓同盟也 ○正義曰桓十一年盟于折十二年于穀丘是再也

傳二年冬夫人姜氏會齊侯于禚書姦也。文姜前與公俱如齊後懼而出奔至此始與齊好會會非夫人之事顯然書之傳曰書姦姦在夫人文姜比年出會其義皆同

經三年春王正月溺會齊師伐衛。溺魯大夫疾其專命而行故去氏 ○溺乃狄反去起呂反

疏三年注溺魯至去氏 ○正義曰隱四年翬會宋公陳侯蔡人衛人伐鄭傳曰羽父請以師會之公弗許固請而行故書曰翬帥師疾之也彼不稱公子傳言疾之今溺亦不稱公子傳亦言疾之知其事與翬同疾其專命而行故去氏也公子非氏取與氏同故言氏也

○夏四月葬宋莊公。無傳

○五月葬桓王。

○秋紀季以酅入于齊。季紀侯弟酅紀邑在齊國東安平縣齊欲滅紀故季以邑入齊爲附庸先祀不廢社稷有奉故書字貴之 ○酅戶圭反本又作攜

疏注季紀至貴之 ○正義曰公羊傳曰紀季者何紀侯之弟也何以不名賢也何賢乎紀季請後五廟以存姑姊妹穀梁傳曰酅紀之邑也入于齊者以酅事齊也杜取彼爲說知季是紀侯之弟以酅邑入齊爲附庸之君附屬齊國也諸侯之卿例當書名善其能自存立故書字貴之也釋例曰齊侯鄭伯詐朝于紀紀侯以襲之紀人大懼而謀難於魯請王命以求成于齊公告不能齊遂偪之遷其三邑國有旦夕之危而不能自入爲附庸敢分季以酅使請事于齊大去之後季爲附庸先祀不廢社稷有奉季之力也故書字不書名書入不書叛也判分也傳曰始分爲紀侯大去張本也劉賈謂紀季以酅奔齊不言叛不能專酅也傳稱紀侯不能下齊以與紀季季非叛也紀亡之後叔姬歸于酅明爲附庸猶得專酅故可歸也是杜其說貴之意也以叔姬歸酅知酅爲附庸附庸之君雖無爵命而分地建國南面之主得立宗廟守祭祀僖二十一年傳曰任宿須句顓臾風姓也實司大皞與有濟之祀論語云夫顓臾昔者先王以爲東蒙主須句顓臾皆附庸也得祀所出之祖主其竟內山川明得祀先君奉社稷

○冬公次于滑。滑鄭地在陳留襄邑縣西北傳例曰凡師過信爲次兵未有所加所次則書之既書兵所加則不書其所次以事爲宜非虛次 ○滑乎入反又于入反

疏注滑鄭至虛次 ○正義曰此解略而釋例詳釋例曰凡師一宿爲舍再宿爲信過信爲次此周公之典以詳錄師出入行止遲速因爲之名也兵事尚速老師費財不可以久故春秋告命三日以上必記其次舍之與信不書者輕碎不以告也兵未有所加所次則書之以示遲速公次于滑師次于郎是也既書兵所加則不書其所次以事爲宜非虛次諸久兵而不書次是也既書兵所加而又書次者義在取於事次遂伐楚次于陘盟于牡丘遂次于匡是也所記或次在事前次以成事也或次在事後事成而次也皆隨事實無義例也杜言既書兵所加則不書其次者或伐或戰曠日特久其間必有三日之次既書戰伐則不書次雖次在事前次在事後皆不書也既書兵所加而又書次者義在取於次齊侯伐楚楚疆齊欲綏之以德故不速進而次于陘盟于牡丘本爲救徐各使大夫救徐次匡以爲之援義取於次故書兵所加而又書其次次在事前謂僖元年齊師宋師曹師次于聶北救邢也次在事後謂襄二十三年叔孫豹帥師救晉次于雍榆也聶北之下公羊傳曰曷爲先言次而後言救君也雍榆之下公羊傳曰曷爲先言救而後言次先通君命也左氏先儒取彼爲說言齊桓君也進止自由故先次後救叔孫臣也先通君命故先救後次杜以傳無此言故改正其謬言此二事或次以成事或事成而次皆隨事實先後而書之無義例也先儒又言書次者皆美之辭釋例曰叔孫救晉次于雍榆傳曰禮者善其宗助盟主非以次爲禮也齊桓次于聶北救邢亦以存邢具其器用師人無私見善不在次也而賈氏皆即以爲善次次之與否自是臨時用兵之宜非禮之所素制也言非素制者非禮家制此名以爲善號也沈氏云騁會鄭伯非軍旅而書次者古者君行師從卿行旅從故亦從師行之例也

傳三年春溺會齊師伐衛疾之也。傳重明上例 ○重直用反

○夏五月葬桓王緩也。以桓十五年三月崩七年乃葬故曰緩

○秋紀季以酅入于齊紀於是乎始判。判分也言分爲附庸始於此

○冬公次于滑將會鄭伯謀紀故也鄭伯辭以難。厲公在櫟故 ○難乃旦反櫟音歷或音書灼反

凡師一宿爲舍再宿爲信過信爲次。爲經書次例也舍宿不書輕也言凡師通君臣

疏傳注爲經至君臣 ○正義曰舍者軍行一日止而舍息也信者住經再宿得相信問也穀梁傳曰次止也則次亦止舍之名過信以上雖多日亦爲次不復別立名也通君臣者公次于滑君也叔孫豹次于雍榆臣也但是師行皆從此例君將不言帥師故止云公次亦師次也非師之次則不在此例釋例譏賈氏云若魯公次乾侯之比非爲用師不應在例而復例之亦爲僭也 ○

經四年春王二月夫人姜氏享齊侯于祝丘。無傳享食也兩君相見之禮非夫人所用直書以見其失祝丘魯地 ○食音嗣又如字本或作會以見賢遍反

疏四年注享食至魯地 ○正義曰鄭玄儀禮注云饗謂亨大牢以飲賓則享是飲酒大禮與會小別而以享爲會者言夫人與齊侯會而設享禮故書享齊侯也定十年夾谷之會傳稱齊侯將享公孔丘拒之乃不果享是享者兩君相見之禮二年穀梁傳曰婦人不言會言會非正也饗甚矣是享非夫人所當用也禮不合用而夫人用之故直書以見其失也定本享會作享食也

○三月紀伯姬卒。無傳隱二年裂繻所逆者內女唯諸侯夫人卒葬皆書恩成於敵體

疏注隱二至敵體 ○正義曰穀梁傳曰外夫人不卒此其言卒何也吾女也適諸侯則尊同以吾爲之變卒之也爲之變者爲之服也禮諸侯絕期尊同則爲之服服大功九月恩成於敵體故書其卒適大夫則略之釋例曰內女唯諸侯夫人卒乃書恩成於敵體其非適諸侯則略之以服制相準也生書其來而死不錄其卒從外大夫之比也

○夏齊侯陳侯鄭伯遇于垂。無傳

○紀侯大去其國。以國與季季奉社稷故不言滅不見迫逐故不言奔大去者不反之辭

疏注以國至之辭 ○正義曰傳稱紀侯不能下齊以與紀季是往年分酅與之紀國猶在今則全以紀與之故云以國與季釋例曰紀侯力弱慮窮自以列國不忍屈臣於齊使季以酅求安而脫身外寓季果爲附庸社稷有奉故不言滅不見迫逐故不言奔大去者不反之辭蓋時史即實而言仲尼弗改故傳不言故書曰也是說大去之意也滅人國者皆毀其宗廟遷其社稷紀季雖降爲附庸得自立廟社而其國不滅也諸侯之奔皆被逐而出此則不見迫逐故不言奔時史謂之大去仲尼以爲得理故因而用之十二年叔姬歸于酅則紀季雖全得紀國亦不移就紀都紀之宗廟社稷皆遷之於酅承祀如本故爲不滅雖云國祚不滅其實爲齊所吞紀之器物財賄亦應爲齊得成二年傳稱紀甗玉磬自之以紀得非滅紀所得也季既入臣於齊縱使齊不自取必應以之爲賂假令季以賂齊亦是滅紀所得也

○六月乙丑齊侯葬紀伯姬。無傳紀季入酅爲齊附庸而紀侯大去其國齊侯加禮初附以崇厚義故攝伯姬之喪而以紀國夫人禮葬之

疏注紀季至葬之 ○正義曰紀侯由齊大去則是齊爲紀讎而葬其夫人故解其意云雖爲齊侯所葬亦由魯往會之故書釋例曰紀侯大去其國令弟以邑附齊齊侯嘉而愍之恩及伯姬伯姬魯女故以來告大夫會葬故書齊侯葬紀伯姬也不書諡者亡國之婦夫妻皆降莫與之諡而賈許方以諸侯禮說又失之也 ○

秋七月。

○冬公及齊人狩于禚。無傳公越竟與齊微者俱狩失禮可知 ○狩手又反竟音境本又作境

傳四年春王正月楚武王荊尸授師孑焉以伐隨。尸陳也荊亦楚也更爲楚陳兵之法揚雄方言孑者戟也然則楚始於此參用戟爲陳 ○孑吉熱反方言云楚謂戟爲孑陳直覲反

疏注尸陳至爲陳 ○正義曰尸陳也釋詁文荊即楚之舊邑故云荊亦楚也楚本小國地狹民少雖時復出師未自爲法式今始言荊尸則武王初爲此楚國陳兵之法名曰荊尸使後人用之宣十二年傳稱荊尸而舉是遵行之也揚雄以爾雅釋古今之語作晉操之釆異方之語謂之方言方言云戟謂之孑郭璞云取名

於鉤孑也。戟是擊刺之兵，有上刺之刃，又有下鉤之刃，故以鉤孑爲名也。始云授師孑焉，是往前未以此器授師，故云然，則楚始於此參用戟爲陳。言參用之者，參雜用之，陳之所用非專用戟。將齊。入告夫人鄧曼曰。余心蕩。將授兵于廟，故齊。蕩，動散也。○將齊，側皆反，注同。鄧曼歎曰。王祿盡矣。盈而蕩。天之道也。先君其知之矣。故臨武事。將發大命。而蕩王心焉。楚爲小國，僻陋在夷，至此武王始起其衆，僭號稱王，陳兵授師，志意盈滿，臨齊而散，故鄧曼以天地鬼神爲徵應之符。○僻，匹亦反。僭，子念反。應，應對之應。若師徒無虧。王薨於行。國之福也。王薨於行，不死於敵。王遂行。卒於樠木之下。樠木，木名。○樠，朗蕩反，又莫昆反，又武元反。〔疏〕注樠木木名。○正義曰：此字之音或爲曼或爲朗，若以萬爲聲當作曼，以兩爲聲當作朗，字體難定，或兩爲之音。杜直云木名，不知木何所似。木有似榆者，俗呼爲朗榆，蓋爲朗也。令尹鬭祁。莫敖屈重。除道梁溠。營軍臨隨。隨人懼。行成。時祕王喪，故爲奇兵，更開直道。溠水在義陽厥縣西，東南入鄖水。梁，橋也。隨人不意其至，故懼而行成。○重，直用反，一音直容反。溠，高貴鄉公音側嫁反，水名，字林壯加反。鄖音云，或作負。〔疏〕注時祕至行成。○正義曰：除道謂除治新路，故知更開直道。梁溠，爲作梁於溠，故爲橋也。釋例曰：義陽厥縣西有滌水，源出縣北，從縣西東南至隨縣入鄖水。杜以滌解溠，蓋聲相近而字轉耳。莫敖以王命入盟隨侯。且請爲會於漢汭而還。汭，內也，謂漢西。○汭，如銳反，水曲曰汭。濟漢而後發喪。〔疏〕且請至發喪。○正義曰：莫敖既與隨侯盟，且又請隨侯與楚爲會禮於漢水之汭，而我還楚也。隨侯畏楚，遂從莫敖爲會禮，會訖，隨侯因濟漢還國，而後發王喪也。○紀侯不能下齊。以與紀季。不能降屈事齊，盡以國與季，明季不叛。○下，遐嫁反。夏。紀侯大去其國。違齊難也。違，辟也。○難，乃旦反。

經五年。春。王正月。○夏。夫人姜氏如齊師。無傳。書姦。〔疏〕五年夫人至齊師。○正義曰：於時齊無征伐之事，不知師在何處，蓋齊侯疆理紀地，有師在紀。杜云書姦，姦發夫人。當向紀地從之，不言會者，往其軍內就齊侯耳，不行會禮。○秋。郳犁來來朝。附庸國也。東海昌慮縣東北有郳城。犁來，名。國名，後爲小邾。○郳，五兮反。犁，力兮反。慮，如字，又力於反。○冬。公會齊人、宋人、陳人、蔡人伐衛。

傳五年。秋。郳犁來來朝。名。未王命也。未受爵命爲諸侯，傳發附庸稱名例也。其後數從齊桓以尊周室，王命以爲小邾子。○數音朔。〔疏〕注未受至邾子。○正義曰：郳者，附庸之國。犁來，其君之名。傳言未王命者，解其稱名之意，由未得爵命爲諸侯，故稱名也。經書其名，傳言未王命，此傳所發，卽是附庸稱名之例。例當稱名，故儀父稱字爲貴之也。郳之上世出於邾國。世本云：邾顏居邾，肥徙郳。宋仲子注云：邾顏別封小子肥於郳，爲小邾子。則顏是邾君，肥始封郳。譜云：小邾，邾俠之後也。夷父顏有功於周，其子友別封爲附庸，居郳。曾孫犁來始見春秋，附從齊桓以尊周室，命爲小邾子。穆公之孫惠公以下，春秋後六世而楚滅之。世本言肥，杜譜言友，當是一人。僖七年經書小邾子來朝，知齊桓請王命命之。○冬。伐衛。納惠公也。惠公，朔也。桓十六年出奔齊。

經六年。春。王正月。王人子突救衛。王人，王之微官也。雖官卑而見授以大事，故稱人而又稱字。〔疏〕六年注王人至稱字。○正義曰：昭十二年傳稱叔孫昭子三命踰父兄，則昭子之父叔孫豹再命也。再命而名見於經，知諸侯之卿再命、三命皆書名，一命乃稱人。諸侯之臣既然，則王朝之臣亦然。周禮王之上士三命，中士再命，下士一命，故杜以爲劉夏、石尙稱名氏者，上士也；中士稱王人者，下士也。僖八年公羊傳曰：王人，微者。知此王人亦微者，故云王人，王之微官也。春秋之世，二字而子在上者皆是字，故知子突是字。救衛必以師救，而文不稱師，於例爲將卑師少。以卑官而帥少師，救衛不能使衛侯不入，是無功也。無功而稱字者，以朔既讒構取國，而又不能於民，王意卽定黔牟，不欲使朔得入，故遣師救之。時史惡諸侯逆王命，故尊王使言子突，雖則官卑，蒙王長以大事，故稱人而又稱字，貴王人所以責諸侯也。釋例曰：莊六年，五國諸侯犯逆王命以納衛朔，大其事，故字王人，謂之子突。是說進之意也。進之不以稱名而越稱字者，王之上士、下士爵同而命異耳，進之同中士，未足以爲榮，故超從大夫之例，稱字以貴之也。文二年垂隴之會，晉士縠堪其事，卽書名氏，似若眞爲卿然也，故不復稱人。此貴子突止爲責諸侯，非是人實堪進，故稱人依其本班，稱字見其別有所爲耳。穀梁傳曰：王人，卑者也。稱名，貴之也，善救衛也。救者善，則伐者不正矣。杜意取彼爲說，唯以子突爲字耳。范甯注穀梁亦云此名當爲字，誤爾。○夏。六月。衛侯朔入于衛。朔爲諸侯所納，不稱歸而以國逆爲文，朔懼失衆心，以國逆告也。歸入例在成十八年。〔疏〕注朔爲至八年。○正義曰：去年齊、宋、陳、蔡伐衛，傳曰納惠公也。此年衛侯得入，則是諸侯納之，當言歸而經書入。成十五年宋華元奔晉，宋人迎而反之，當言復歸而經書歸。釋例曰：朔懼有違衆之犯，而以國逆告；華元實國逆，欲挾晉以自助，故以外納赴。春秋從而書之，示二子之情也。凡諸侯外納有三：一者以言語告請得入，蔡季歸于蔡是也；二者與師送入其國，楚人圍陳，納頓子于頓是也；三者所納之君別在他國，而諸侯師伐彼國令其得入，今公及諸侯伐衛是也。○秋。公至自伐衛。無傳。告於廟也。○螟。無傳。爲災。○螟，亡丁反。○冬。齊人來歸衛俘。公羊、穀梁經傳皆言衛寶，此傳亦言寶，唯此經言俘，疑經誤。俘，囚也。○俘，芳夫反。〔疏〕注公羊至囚也。○正義曰：釋例曰：齊人來歸衛寶，公羊、穀梁經傳及左氏傳皆同，唯左氏經獨言衛俘。考三家經傳有六，而其五皆言寶，此必左氏經之獨誤也。案說文，保從人，呆省聲，古文保不省。然則古字通用寶或保字，與俘相似，故誤作俘耳。杜既以爲誤而又解俘爲囚，是其不敢正決，故且從之。

傳六年。春。王人救衛。○夏。衛侯入。放公子黔牟于周。放甯跪于秦。殺左公子洩、右公子職。甯跪，衛大夫。宥之以遠曰放。○甯，乃定反。跪，其毀反。宥音又。乃卽位。君子以二公子之立黔牟爲不度矣。夫能固位者。必度於本末。而後立衷焉。不知其本。不謀。知本之不枝。弗強。本末，終始也。衷，節適也。譬之樹木，本弱者其枝必披，非人力所能強成。○度，待洛反，下同。衷，丁仲反，注同，王音忠。強，其丈反，注同。披，普靡反，又普知反。詩云。本枝百世。詩大雅。言文王本枝俱茂，蕃滋百世也。○蕃音煩。〔疏〕君子至百世。○正義曰：君子以二公子之立黔牟也，爲不知揆度形勢矣。夫立人爲君，使能自堅固其位者，必當揆度於本末。度其本者，謂其人才德實善，根本牢固；度其末者，謂其久終能保有邦國，蕃育子孫。知其堪能自固，而後立其衷焉。衷謂節適，言使得節適時乃立之也。若不能知其本之可立與否，則不當謀之。如似樹木，知其根本之弱，不能生長枝葉，以喻所立之人材力劣弱，不能保有邦國，蕃育子孫，則不須自強立之。詩以樹木本幹喻適，枝葉喻庶，言文王子孫本幹枝葉，適子庶子皆傳國百世，由文王之德堪使蕃滋故也。劉炫云：度其本，謂思所立之人有母氏之寵，有先君之愛，有彊臣之援，爲國人所信服也；度其末，謂思所立之人有度量，有知謀，有治術，爲下民所愛樂也。○冬。齊人來歸衛寶。文姜請之也。公親與齊共伐衛，事畢而還。文姜淫於齊侯，故求其所獲珍寶，使以歸魯，欲說魯以謝慙。○說音悅。楚文王伐申。過鄧。鄧祁侯曰。吾甥也。祁，諡也。姊妹之子曰甥。○祁，巨支反，字林上尸反。〔疏〕注祁諡至曰甥。○正義曰：諡法經典不易曰祁，衛有石祁子，亦諡也。釋親云：謂我舅者，吾謂之甥。是姊妹之子曰甥。止而享之。騅甥、聃甥、養甥請殺楚子。皆鄧甥，仕於舅氏也。○騅音隹。鄧侯弗許。三甥曰。亡鄧國者。必此人也。若不早圖。後君噬齊。若齧腹齊，喻不可及。○噬，市制反。齊，祖兮反。齧，五結反。其及圖之乎。圖之。此爲時矣。鄧侯曰。人將不食吾餘。言自害其甥，必爲人所賤。〔疏〕人將不食吾餘。○正義曰：食謂啖食。人之爲甥設享，而因享害之，所有餘食更爲人設之，將吾不肯復食吾之餘食也。賈逵以爲楚、鄧彊弱相懸，若從三甥之言，楚子雖死，鄧滅不旋踵，若剝腹去疾，炊炭止沸，左氏爲短。鄭衆云：楚之彊盛，從滅鄧以後，於時楚未爲彊，何得云彊弱相懸？蘇氏云：三甥旣有此語，左氏因史記之文錄其實事，非君子之論，何以非之？對曰。若不從三臣。抑社稷實不血食。而君焉取餘。言君無復餘。○焉，於虔反。復，扶又反，下文同。弗從。還年。楚子伐鄧。伐申還之年。十六年。楚復伐鄧。滅之。魯莊公十六年，楚終強盛，爲經書楚事張本。〔疏〕注魯莊公十六年。○正義曰：知非楚文王十六年者，以文王莊五年卽位，至十九年卒，唯十五年耳。

經七年。春。夫人姜氏會齊侯于防。防，魯地。○夏。

四月。辛卯。夜。恒星不見。恒常也謂常見之星辛卯四月五日月光尚微蓋時無雲日光不以昏没。○不見賢遍反注及傳皆同。[疏]七年注恒常至昏没。○正義曰恒常釋詁文夜者自昏至旦之摠名但此經不言夜中則此言夜者夜未至中謂初昏之後耳非竟夜不見星也穀梁夜作昔傳曰日入至於星出謂之昔不見者可以見也必如彼言星出以前名之曰昔則名昔之時法當未有星矣何以怪其不見而書爲異也明經所言夜者夜昏之後星應見之時而不見耳公羊傳曰恒星者何列星也言天官列宿常見之星也於時周之四月則夏之仲春月令仲春之月日在奎昏弧中鄭玄云弧在輿鬼南則於時南方之星盡當列見謂常見之星者謂南方星也杜以長厤推之知辛卯是四月五日也杜以五日月光尚微不能奄星使不見若有雲蔽當時復無雲蓋日光不以昏没是故以爲異也夜中。星隕如雨。如而也夜半乃有雲星落而且雨其數多皆記異也日光不匿恒星不見而云夜中者以水漏知之。○夜中夜半也丁仲反又如字隕于閔反落也匿女力反[疏]注如而至知之。○正義曰羊說如雨者言其狀似雨也此傳言星隕如雨與雨偕也偕訓爲俱與雨俱下不得爲狀似雨也故轉如爲而謂星落而且雨其數多與雜下所落非一星也非常爲異害物爲災此二事雖是天之變異不見物被災害皆記異也星隕非常固可記異雨乃常事亦言之者見星之隕其勢宜明時乃陰雨雨內見星所以爲異主言星之異不言雨之爲異也夜之早晚以星爲驗日光不匿恒星不見而云夜中者以水漏知之漏者晝夜百刻於時春分之月夜當五十刻二十五刻而夜半也○秋。大水。無傳○無麥苗。今五月周之秋平地出水漂殺熟麥及五稼之苗○漂匹妙反又匹遥反[疏]注今五至之苗。○正義曰直言無麥苗似是麥之苗而知麥苗別者公羊傳曰曷爲先言無麥而後言無苗待無麥然後書無苗如彼傳文知麥苗別也且此秋今之五月麥已熟矣不得方云麥之無苗故知熟麥及五稼之苗皆爲水漂殺也種之曰稼斂之曰穡月令五時食穀黍稷麻麥豆周禮謂之五穀故云五稼之苗何休云禾初生曰苗秀曰禾○冬。夫人姜氏會齊侯于穀。無傳穀齊地今濟北穀城縣

傳七年。春。文姜會齊侯于防。齊志也。文姜數與齊侯會至齊地則姦發夫人至魯地則齊侯之志故傳略舉二端以言之○數音朔[疏]注文姜至言之。○正義曰文姜數與齊侯會者二年于禚四年于祝丘五年如齊師此年于防于穀是也哀十五年傳稱齊致禚媚杏於衛則禚是齊地定五年傳稱季平子行東野卒于房則防是魯地傳於齊地言書姦於魯地言齊志故知至齊地則姦發夫人至魯地則齊侯之志也二年會之始此年會之末故傳略舉二端以言之明其餘意同也杜于禚于穀皆言齊地于祝丘言魯地見其有二意若其不然桓五年經書城祝丘祝丘魯地不須解之釋例曰婦人無外事見兄弟不踰閾故其他行非禮所及亦例所不存而當其時實有出入或以事宜或以淫縱小君之行不得不書故直書其行而其善惡各繫於本會于禚傳稱書姦夫人入齊地也會于防傳稱齊志齊侯入魯地也於經無例傳以實言之○夏。恒星不見。夜明也。星隕如雨。與雨偕也。偕俱也。○偕音皆○秋。無麥苗。不害嘉穀也。黍稷何可更種故曰不害嘉穀

經八年。春。王正月。師次于郎。以俟陳人。蔡人。無傳期共伐郕陳蔡不至故駐師于郎以待之[疏]八年注期共至待之。○正義曰唯言以俟陳蔡不知何故待之下有師及齊師圍郕或與陳蔡同計故云期共伐郕陳蔡不至故待之賈逵及說穀梁者皆云陳蔡欲伐魯故待之陳蔡於魯竟絕路遥春秋以來未嘗構怨何因輒伐魯也又俟者相須同行之辭非防寇拒敵之稱若是畏其來伐當謂之禦不得稱俟故知期共伐郕耳何休服虔亦言欲共伐郕○甲午。治兵。治兵於廟習號令將以圍郕[疏]注治兵至圍郕正義曰周禮中春教振旅中秋教治兵穀梁傳曰出曰治兵習戰也入曰振旅習戰也公羊傳曰出曰祠兵入曰振旅其禮一也皆習戰也釋天云出爲治兵尚威武也入爲振旅反尊卑也孫炎云出則幼賤在前貴勇力也入則尊老在前復常法也彼言治兵振旅皆謂因田獵而選車徒教戰法習號令知此治兵亦是習號令此治兵於廟欲就尊嚴之處使之畏威用命耳但軍旅之衆非廟內所容止應告於宗廟出在門巷習之昭十八年傳稱鄭人簡兵大蒐將爲蒐除杜云治兵於廣城內地迫故除廣之是告於廟習於巷也下有圍郕知治兵爲圍郕也沈云周禮中秋治兵月令孟春令云是月也不可以稱兵所以甲午治兵者以爲圍郕故非時治兵猶如備難而城雖非時不譏沈又云治兵之禮必須告廟告廟雖是內事治兵乃是外事故雖告廟仍用甲午且治兵則征伐之類又爲圍郕雖在郊內亦用剛日甲午治兵公羊以爲祠兵謂殺牲饗士卒○夏。師及齊師圍郕。郕降于齊師。二國同討而齊獨納郕○降戸江反傳皆同[疏]師及至齊師。○正義曰於例將卑師衆稱師此直言師則公不自將傳稱仲慶父請伐齊師聞郕降齊師在國請耳非是軍中請也○秋。師還。時史善公克己復禮全軍而還故特書師還[疏]注時史至師還。○正義曰春秋之例公行征伐還則書至命將出師未有書師還者也慶父請伐齊師欲以自圍郕之師迴伐齊師若用其言則方相戰鬭師或喪敗公乃自責無德引罪歸己時史善公克己復禮全軍而還喜其得還故特書師還也傳言君子是以善魯莊公君子謂當時之史書此師還以善魯莊公也仲尼以爲得理故因而用之克己復禮論語文也克勝也己雖恨齊勝情而止責己而不責於人合於人合於禮意僖三十年秦晉圍鄭傳稱秦人竊與鄭盟子犯請擊秦師晉侯不許與此事同而彼無善文者魯莊中平之主能有善事故爲可嘉晉文身爲霸主而私自恨鄭引秦共伐而秦人背之失其所與則爲不知得免不知之譏已爲幸矣雖不從子犯未足可尚時史不善其事故仲尼亦無襃文○冬。十有一月。癸未。齊無知弒其君諸兒。稱臣臣之罪也○兒如字一音五兮反

傳八年。春。治兵于廟。禮也。夏。師及齊師圍郕。郕降于齊師。仲慶父請伐齊師。齊不與魯共其功故欲伐之公曰。不可。我實不德。齊師何罪。罪我之由。夏書曰。皋陶邁種德。夏書逸書也稱皋陶能勉種德邁勉也○夏戸雅反後放此陶音遙德乃降。[疏]夏書至乃降。○正義曰此虞書皋陶謨之文以述禹事故傳謂之夏書孔安國以爲邁行種布降下也言皋陶能行布其德德乃下洽於民民歸之今引之斷章取證降義當言皋陶能布行其德由其有德乃爲人降服也杜不見古文故以爲逸書以邁爲勉言皋陶能勉力種樹功德不知德乃降亦是書文謂爲莊公之語故隔從下注言能慕皋陶之種德乃人自降服之自恨不能如皋陶也姑務脩德以待時乎。言苟有德乃爲人所降服姑且也○秋。師還。君子是以善魯莊公。經所以即用舊史之文○齊侯使連稱。管至父戍葵丘。連稱管至父皆齊大夫戍守也葵丘齊地臨甾縣西有地名葵丘○稱尺證反又如字瓜時而往。曰。及瓜而代。期戍。公問不至。問命也○期音基本亦作朞請代。弗許。故謀作亂。僖公之母弟曰夷仲年。生公孫無知。有寵於僖公。衣服禮秩如適。適大子○適丁歷反注同襄公絀之。二人因之以作亂。二人連稱管至父○絀勑律反有從妹在公宮。無寵。使間公。伺公之間隙○從才用反下從者皆同間如字注同或古莧反非曰。捷。吾以女爲夫人。捷克也無知之言○捷在接反女音汝○冬。十二月。齊侯游于姑棼。遂田于貝丘。姑棼貝丘皆齊地田獵也樂安博昌縣南有地名貝丘○棼扶云反貝補蓋反樂音洛見大豕。從者曰。公子彭生也。公見大豕而從者見彭生皆妖鬼公怒曰。彭生敢見。射之。豕人立而啼。公懼。墜于車。傷足喪屨。反。誅屨於徒人費。誅責也○啼田兮反隊直類反喪息浪反屨九具反費音祕弗得。鞭之見血。走出。遇賊于門。劫而束之。費曰。我奚御哉。袒而示之背。信之。費請先入。詐欲助賊○御魚呂反袒音但伏公而出。鬭。死于門中。石之紛如死于階下。石之紛如齊小臣亦鬭死○紛敷文反遂入。殺孟陽于牀。孟陽亦小臣代公居牀○牀士良反曰。非君也。不類。見公之足于戸下。遂弒之。而立無知。經書十一月癸未長厤推之月六日也傳云十二月傳誤初。襄公立無常。政令無常鮑叔牙曰。君使民慢。亂將作矣。奉公子小白出奔莒。鮑叔牙小白傅小白僖公庶子○鮑步卯反亂作。管夷吾。召忽奉公子糾來奔。管夷吾召忽皆子糾傅也子糾小白庶兄來不書皆非卿也爲九年公伐齊納子糾齊小白入于齊傳○召時照反糾居

黜反

初，公孫無知虐于雍廩。雍廩，齊大夫，爲殺無知傳。○廩力錦反

經九年，春，齊人殺無知。無知弑君而立，未列於會，故不書爵。例在成十六年。疏 九年注無知至六年。○正義曰：無知弑君自立，則是爲齊君矣，而不言弑其君者，爲未列於會，故不書爵。不書爵者，正謂不書弑其君也。釋例曰：諸侯不受先君之命而篡立，得與諸侯會者，則以成君書之，齊商人、蔡侯般之屬是也。若未得接於諸侯，則不稱爵，楚公子棄疾殺公子比、蔡人殺陳佗、齊人殺無知、衞人殺州吁、公子瑕之屬是也。諸侯篡立，雖以會諸侯爲正，此列國之制也。至於國內策名委質，即君臣之分已定，故雖殺不成君，亦與成君同義也。是言殺而不稱君之義也。曹伯負芻殺大子而自立，成十五年晉侯討而執之，十六年曹人請于晉曰：若有罪，則君列諸侯會矣。是列會則成君，故指彼以爲例。

○公及齊大夫盟于蔇。齊亂無君，故大夫得敵於公，蓋欲迎子糾也。來者非一人，故不稱名。蔇，魯地。琅邪繒縣北有蔇亭。○蔇其器反，繒才陵反。疏 注齊亂至蔇亭。○正義曰：僖二十九年傳曰：在禮，卿不會公侯，會伯子男可也。是大夫不得敵公也。若敵公，則經沒公不書而貶卿稱人，翟泉之盟是也。此不沒公者，齊亂無君，故大夫得敵公。既得敵公，當書名氏，而直言齊大夫者，來者非一人，故不稱名也。文十年宋人殺其大夫，傳曰：不稱名，衆也。是衆則不得書名。

夏，公伐齊納子糾。疏 公伐齊納子糾。○正義曰：公羊傳曰：糾者何？公子糾也。何以不稱公子？君前臣名也。何休曰：嫌當爲齊君，在魯君前不爲臣禮，故去公子見臣於魯也。賈逵云：不言公子，次正也。公羊之說不可通於左氏，次正不稱公子，其事又無所出。案今定本經文糾之上且有子字。自外入內，不稱公子者多，雖有楚公子比稱公子，蓋告辭有詳略，故爲文不同。此有伐齊之文，故不須言于齊；納捷菑于邾，爲無伐邾之文，故須言于邾。

齊小白入于齊。二公子各有黨，故雖盟而迎子糾，當須伐乃得入。又出在小白之後。小白稱入，從國逆之文，本無位。疏 注二公至無位。○正義曰：傳稱鮑叔牙以小白奔莒，管夷吾、召忽奉子糾來奔，則二子在國，寵均勢敵，故國內各有其黨。令齊大夫來盟于蔇，直是子糾之黨來迎子糾耳，小白之黨猶自向莒迎小白也。若其舉國同心，共推子糾來迎，即宜付之，不須以盟要之。今既與之盟，而興師送糾，是二公子各自有黨，須伐乃得入，故公伐齊也。昭十三年傳稱桓公有國、高以爲內主，則國子、高子是小白之黨也。彼云小白既早，公送子糾又遲，公伐齊納子糾，始行即書，小白入齊，得告乃書，故至齊之時，出小白之後。然傳例曰：凡去國，國逆而立之曰入。小白稱入，從國逆之文，以其本無位也。若本有位，則當云復歸。賈、服以爲齊大夫來迎子糾，公不亟遣而盟以要之，齊人歸迎小白。謂迎小白者疑是盟蔇大夫，故杜言各自有黨以解之。

○秋，七月，丁酉，葬齊襄公。無傳。九月乃葬，亂故。

○八月，庚申，及齊師戰于乾時，我師敗績。小白既定，而公猶不退師，歷時而戰，戰遂大敗。不稱公戰，公敗諱之。乾時，齊地。時水在樂安界，岐流，旱則竭涸，故曰乾時。○乾音干，岐其宜反，又巨移反，涸戶各反。疏 注小白至乾時。○正義曰：公以夏伐齊，已出小白之後，齊人得葬襄公，便是國寧位定，公可退而不退，戰而敗績，是公之罪。時史書策不稱公戰、公敗，爲公諱也。若言此戰非公，是將卑師衆，故直言師戰、師敗耳。此戰雖諱，猶書敗。升陘之戰，敗亦不書者，彼爲獲公胄，恥諱之深，故不書。

○九月，齊人取子糾殺之。公子爲賊亂則書。齊實告殺，而書齊取殺者，時史惡齊志在譎以求管仲，非不忍其親，故極言之。○惡烏路反，譎古穴反。疏 取子糾殺之。○正義曰：此名糾耳，稱子者，公羊傳曰：其稱子糾何？貴也。其貴奈何？宜爲君者也。何休云：以君薨稱子某，言之者，著其宜爲君，從未踰年君例。賈逵云：稱子者，愍之。案定本上納子糾已稱子，則此言子非愍之也。沈云：齊人稱子糾，故魯史從其所稱而經書子糾。知者，傳云子糾親也，請君討之，豈復是愍之乎？劉與賈同。注公子至言之。○正義曰：諸侯之臣爲卿乃見經，公子爲賊亂者，則書其名，不問位之貴賤。釋例曰：禍福不告則不書，然則國之大事見告，則皆承告而書，貴賤各以所告爲文也。禍莫大於享國有家，不禍莫甚於骨肉相殘，故公子取國及爲亂見殺者，亦皆書之，不必繫於爲卿，故子糾意恢以公子見書於經也。是說公子書經之意也。

○冬，浚洙。無傳。洙水在魯城北，下合泗。浚，深之，爲齊備。○浚蘇俊反，深也。洙音殊，水名；泗音四。疏 注洙水至齊備。○正義曰：釋例云：洙水出魯國東北，西南入沈水，下合泗。公羊傳曰：洙者何？水也。浚之者何？深之也。曷爲深之？畏齊也。是畏齊，故深之爲阻固也。

傳九年，春，雍廩殺無知。○公及齊大夫盟于蔇，齊無君也。○夏，公伐齊納子糾。桓公自莒先入。桓公，小白。○秋，師及齊師戰于乾時，我師敗績。公喪戎路，傳乘而歸。戎路，兵車。傳乘，乘他車。○喪息浪反，傳直專反，又丁戀反。乘繩證反，注傳乘字同。乘，他如字。○秦子、梁子以公旗辟于下道，二子，公御及戎右也。以誤齊師。○辟音避，本亦作辟，一音婢亦反。是以皆止。止，獲也。鮑叔帥師來言曰：子糾，親也，請君討之。鮑叔乘勝而進軍，志在生得管仲，故託不忍之辭。管、召，讎也，請受而甘心焉。管仲射桓公，故曰讎。甘心，言欲快意戮殺之。○召，詩照反；讎，市由反；射，食亦反。乃殺子糾于生竇。生竇，魯地。○竇音豆。召忽死之。管仲請囚，鮑叔受之，及堂阜而稅之。堂阜，齊地。東莞蒙陰縣西北有夷吾亭，或曰鮑叔解夷吾縛於此，因以爲名。○稅，本又作說，同上活反，一音失銳反。解，古買反。縛，扶略反。歸而以告曰：管夷吾治於高傒，高傒，齊卿高敬仲也。言管仲治理政事之才多於敬仲。○治直吏反，注同。傒音兮。使相可也。疏 注鮑叔至可也。○正義曰：此傳大略。世有管子書者，或是後人所錄，其言甚詳。其小匡篇曰：桓公自莒反於齊，使鮑叔牙爲宰，鮑叔辭曰：君有加惠於臣，使臣不凍餒，則是君之賜也。若必治國家，則非臣之所能也，其唯管夷吾乎。臣之所不如夷吾者五：寬惠愛民，臣不如也；治國不失秉，臣不如也；忠信可結於諸侯，臣不如也；制禮義可法於四方，臣不如也；介胄執枹立於軍門，使百姓皆知勇，臣不如也。夫管子，民之父母也，將欲治其子，不可棄其父母。公曰：管夷吾親射寡人中鉤，殆於死，今乃用之，可乎？鮑叔曰：彼爲其君勤也。君若宥而反之，其爲君猶是也。公曰：然則爲之奈何？鮑叔曰：君使人請之魯。公曰：夫施伯，魯之謀臣也，彼知吾將用之，必不吾與。鮑叔曰：君詔使者曰：寡君有不令之臣在君之國，願請之以戮於群臣。魯君必諾。且施伯之知夷吾之才，必將致魯之政。夷吾受之，則魯能弱齊矣；夷吾不受，彼知其將反齊，必殺之。君亟請之，不然無及。公乃使鮑叔行成，曰：公子糾，親也，請君討之。魯人爲殺公子糾。又曰：管仲，讎也，請受而戮之。魯君許諾。施伯謂魯侯曰：勿與，非戮之也，將用其政也。管仲，天下之賢人，今齊求而得之，則必長爲魯國憂。君何不殺之而授其屍？魯君曰：諾。將殺管仲，鮑叔進曰：殺之齊，是戮齊也；殺之魯，是戮魯也。寡君願生得之，以徇於國，爲群臣戮。若不生得，是君與寡君之賊比也，非弊邑之所請也。使臣不敢受命。於是乎魯君乃不殺，遂生束縛而以與齊。鮑叔受而哭之，三舉。施伯從而笑之，謂大夫曰：管仲必不死矣。鮑叔之不忍戮賢人，其知稱賢以自成也。至於堂阜之上，鮑叔祓而浴之三，桓公親迎於郊，遂與歸，禮之於廟，三酌而問爲政焉。外傳齊語與管子大同，管子當是本耳。管子無治於高傒之言。鮑叔之美管子，其言非一，說者各記所聞，故不同耳。公從之。○相，息亮反。

經十年，春，王正月，公敗齊師于長勺。齊人雖成列，魯以權譎稽之，列成而不得用，故以未陳爲文。例在十一年。長勺，魯地。○勺上酌反，陳直覲反，十一年經注同。疏 注齊人至魯地。○正義曰：例稱敵未陳曰敗某師，皆陳曰戰。此傳稱齊人成陳，擊鼓不應，稱敗齊師，故解之。孫子兵書曰：晝稽之，使失其先後。謂稽留彼敵，不時與戰，使先後失其次第。魯以曹劌之語，權謀譎詐以稽留之，列成而不得用，與未陳相似，故以未陳爲文。釋例曰：長勺之役，雖俱陳而鼓音不齊；檇李之役，越人患吳之整，以死士亂吳，雖皆已陳，猶以獨克爲文，舉其權詐是也。此注稽或作掩，誤耳。今定本作稽。

○二月，公侵宋。無傳。侵例在二十九年。○三月，宋人遷宿。無傳。宋強遷之而取其地，故文異於邢遷。○強其丈反。○夏，六月，齊師、宋師次于郎。不言侵伐，齊爲兵主，背蔇之盟，義與長勺同。○背音佩，傳同。疏 注不言至勺同。○正義曰：此春敗齊師于長勺，傳稱齊師伐我，則今次于郎，亦是欲來伐我，而經並不稱侵伐。侵伐者，責罪之文也。桓十年齊侯、鄭伯來戰于郎，傳曰：我有辭也。故不稱侵伐。則知此與長勺不書侵伐，亦爲我有辭也。我有辭者，齊來伐我，爲公伐齊納子糾來報伐也。公之伐齊，大夫來盟于蔇，許以子糾爲君，令魯伐齊納子糾，彼自背盟伐魯，非責魯也。魯有此辭，故齊人不合伐也。杜言二公子各有黨，則迎子糾者非小白之徒，而責齊背盟者，言彼蔇盟大夫背盟而從小白，誤公使伐齊耳，不言桓公背盟也。杜以傳於長勺之役有伐我之語，故就傳爲解，而以此同之。

公敗宋師于乘丘。乘丘，魯地。○乘繩證反。○秋，九月，荊敗蔡師于莘。荊，楚本號，後改爲楚。楚辟陋在夷，於此始通上國，然告命之辭猶未合典禮，故不稱將帥。莘，蔡地。○莘所巾反，將率子匠反，率又作帥，同所類反。疏 注荊楚至蔡地。○正義曰：荊、楚一木二名，故以爲國號，亦得二名。終莊公之世，經皆書荊，僖之元年乃書楚人伐鄭，蓋於爾時始改爲楚，以後常稱楚也。他國雖將有尊卑，師有多少，或稱師，或稱將，不得直書國名。史之書策承彼告辭，此直稱國，知其告命之辭未合典禮，故不稱將帥也。以蔡侯獻舞歸。獻舞，蔡季。疏 以蔡侯獻舞歸。○正義曰：穀梁傳曰：以歸，猶愈乎執也。杜於隱七年

注云但言以歸非執也則以歸者直將與其歸不被囚執其恥輕於執也釋例得獲例曰敵國交兵亦有兵器之獲欲殊其別君臣故於君曰滅於臣曰獲國君者社稷之主百姓之望當與社稷宗廟共其存亡者也而見獲於敵國雖存若亡死之與生皆與滅同至於偏軍元帥君之臣僕出身致命榮辱得失自其常事故傳曰胡子髡沈子逞滅獲陳夏齧君臣之辭也如杜此言師敗身虜亦應稱滅此不言滅而云以歸者釋例所云據宗廟社稷巳亡而君見獲於敵君身雖在與亡無異皆以滅爲文則定六年鄭游速帥師滅許以許男斯歸是也若社稷宗廟不亡君身見獲於敵則云以歸此蔡侯獻舞歸是也劉炫云在陳死則稱滅以還者則言以歸以規杜氏非也。冬。十月。齊師滅譚。譚國在濟南平陵縣西南傳曰譚無禮此直釋所以見滅經無義例他皆放此滅例在文十五年。譚徒南反　譚子奔莒。不言出奔國滅無所出【疏】注不言至所出。正義曰公羊傳曰何以不言出國巳滅矣無所出也

傳十年。春。齊師伐我。不書侵伐齊背蔇之盟我有辭　公將戰。曹劌請見。曹劌魯人。劌古衛反見賢遍反下同【疏】注曹劌魯人。正義曰史記作曹沫亦云魯人　其鄉人曰。肉食者謀之。又何間焉。肉食在位者。間猶與也。間間廁之間注同與音預【疏】注肉食至與也。正義曰孟子論庶人云五畝之宅樹之以桑五十者可以衣帛雞豚狗彘之畜無失其時七十者可以食肉是賤人不得食肉故云在位者也襄二十八年傳說子雅子尾之食云公膳日雙雞昭四年傳說頒冰之法云食肉之祿冰皆與焉大夫命婦喪浴用冰蓋位爲大夫乃得食肉也間謂間雜言不應間其中而爲之謀故云間猶與也　劌曰。肉食者鄙。未能遠謀。乃入見。問何以戰。公曰。衣食所安。【疏】衣食所安。正義曰公意衣食二者雖所以安身然亦不敢專已有之必以之分人　弗敢專也。必以分人。對曰。小惠未徧。民弗從也。分公衣食所惠不過左右故曰未徧。徧音遍注同　公曰。犧牲玉帛。【疏】犧牲玉帛。正義曰四者皆祭神之物曲禮曰天子以犧牛諸侯以肥牛鄭玄云犧純毛也肥養於滌也然則牲謂三牲牛羊豕也犧者牲之純色也魯自得用天子之禮要犧牲相配之語未必爲得用乃言之也　弗敢加也。必以信。祝辭不敢以小爲大以惡爲美。犧許宜反　對曰。小信未孚。神弗福也。孚大信也【疏】注孚大信也。正義曰孚亦信耳以言小信未孚故解孚爲大信以形之　公曰。小大之獄。雖不能察。必以情。必盡巳情察審也　對曰。忠之屬也。上思利民忠也。屬音蜀【疏】上注思利民忠也。正義曰桓六年傳文也言以情審察不用使之有枉則是思欲利民故爲忠之屬也　可以一戰。戰則請從。公與之乘。共乘兵車。從才用反乘繩證反　戰于長勺。公將鼓之。劌曰。未可。齊人三鼓。劌曰。可矣。齊師敗績。公將馳之。劌曰。未可。下視其轍。視車跡也。三息暫反又如字轍直列反　登軾而望之。【疏】登軾而望之。正義曰考工記云兵車之廣六尺有六寸三分車廣去一以爲隧隧謂輿內前後深四尺四寸也三分其隧一在前二在後以揉其式式在輿間從前量之深一尺四寸三分寸之二也以其廣之半爲之式崇崇三尺三寸也謂當車輿之內去前軫一尺四寸三分寸之二下去車板三尺三寸橫施一木名之曰軾得使人立於其後時依倚之曹劌登軾得臣云君馮軾皆謂此也　曰。可矣。遂逐齊師。既克。公問其故。對曰。夫戰。勇氣也。一鼓作氣。再而衰。三而竭。彼竭我盈。故克之。夫大國難測也。懼有伏焉。恐詐奔。軾音式伏如字舊扶又反　吾視其轍亂。望其旗靡。故逐之。旗靡轍亂怖遽。旗音其靡音美怖普布反遽其據反　○夏。六月。齊師。宋師。次于郎。公子偃曰。宋師不整。可敗也。公子偃魯大夫　宋敗。齊必還。請擊之。公弗許。自雩門竊出。蒙皐比而先犯之。雩門魯南城門皐比虎皮。○雩音于比音毗注同【疏】注雩門至虎皮。正義曰雩門爲魯南城門蓋時人猶以名之故知也僖二十八年傳稱胥臣蒙馬以虎皮此云蒙皐比而先犯之事與彼同知皐比是虎皮也以胥臣之事譬之必知定是虎皮其名曰皐比則其義未聞樂記云倒載干戈包之以虎皮名之曰建櫜鄭玄以爲兵甲之衣曰櫜櫜韜也而其字或作建皐故服虔引以解此　公從之。大敗宋師于乘丘。齊師乃還。○蔡哀侯娶于陳。息侯亦娶焉。息嬀將歸。過蔡。蔡侯曰。吾姨也。妻之姊妹曰姨【疏】注妻之姊妹曰姨。正義曰釋親云妻之姊妹同出爲姨孫炎云同出俱已嫁也　止而見之。弗賓。不禮敬也　息侯聞之。怒。使謂楚文王曰。伐我。吾求救於蔡而伐之。楚子從之。秋。九月。楚敗蔡師于莘。以蔡侯獻舞歸。○齊侯之出也。過譚。譚不禮焉。及其入也。諸侯皆賀。譚又不至。以九年入○過古禾反　冬。齊師滅譚。譚無禮也。譚子奔莒。同盟故也。傳言譚不能及遠所以亡

春秋左傳注疏卷八挍勘記　阮元撰盧宣旬摘録

附釋音春秋左傳注疏卷第八　莊元年盡十年宋本春秋正義卷第八石經春秋經傳集解莊公第三盡卅二年

【莊公】

即桓六年子同生者也　浦鏜正誤者疑是字之誤或下脫是字盧文弨挍本者作是字按不當作是

【經元年】

元年春王正月　宋本無元年春三字此節正義在春王正月下閩本監本毛本同

夫人孫于齊　釋文孫作遜云本亦作孫段玉裁云此二字宜人互易之昭廿五年音義可證古經典無遜字

注夫人莊公母至而去　宋本無莊公母三字此節正義在夫人孫于齊下閩本監本毛本同

成公以下當稱單子　宋本當作常是也○今訂作常

謂之伯姬是也　宋本伯姬下有叔姬二字閩本監本毛本亦脫

不可便以全吉之禮接賓於廟　重修監本全誤金

注榮叔至之比　諸本有至字此本脫

今追命桓公　毛本今誤令

【傳元年】

三月以來經傳皆無夫人還事　浦鏜正誤來作前

接練時録母之變始人之也　閩本監本毛本人誤念

夫宜與齊絶　宋本閩本監本毛本夫下有人字

所以排舊說耳　監本毛本排誤非

注齊彊至之變　諸本有至字此本脫

【經二年】

二年注於餘至庶兄　宋本閩本監本毛本脫二年二字

正以春秋之至　宋本之至作上下不誤毛本至作吉

齊告王姬之喪　案禮記告作穀鄭注云穀當爲告聲之誤遂改穀爲告

冬十有二月　七經孟子考文云足利本二作一非

不告廟也禚齊地　淳熙本脫也字按玉篇禾部禚云齊地名而示部禚字不云地名蓋顧希馮所據春秋字从禾說文無禚

【傳二年】

文姜此年出會　宋本淳熙本岳本纂圖本閩本監本毛本此作比是也○今依訂正

經三年

三年注溺魯至夫氏　宋本閩本監本毛本脱三年二字

請後五廟以存姑姊妹　毛本後誤復

齊侯鄭伯詐朝于紀欲以襲之　宋本下侯字作欲

寔司大皞　宋本寔作實案皞當作皡从日不从百也詳僖廿一年傳

各使大夫救徐　閩本監本毛本各誤名

曷爲先先言次而後言救君也　宋本先字不重

曷爲言救而後言次　宋本言上有先字是也

非禮家制此名　宋本名上有次字是也

傳三年

傳重盟上例　釋文亦作盟宋本淳熙本纂圖本岳本監本毛本作明不誤○今訂作明

七年乃葬故曰緩　岳本年作月非也

傳注爲經至君臣　宋本監本毛本無傳字

舍者軍行一日止而舍息也　閩本監本軍誤君

經四年

享食也　釋文云食音嗣又如字本或作會正義引定本云享會作享食

饗謂享大牢以飲賓　閩本監本毛本亯作享案古享獻之享亨飪之亨亨通之亨皆作亯也

傳稱齊侯將享公　毛本享作亯

定本享會作享食也　宋本無也字

隱二年　纂圖本二誤三

令則全以紀與之　宋本與上有國字

亦應爲齊得　宋本齊下有所字

恩及伯姬姬魯女　宋本作伯姬伯姬魯女

傳四年

授師孑焉　宋本孑作子案毛居正六經正誤從孑

揚雄方言　宋本淳熙本閩本監本揚作楊是也此本正義亦作楊○今改作楊

注尸陳至爲陳　宋本以下正義四節揔入傳漢而後發喪句下

未自爲法式　宋本法作灋

僻陋在夷　宋本淳熙本僻作辟釋文云僻匹亦反案陳樹華云釋文當作辟若本作僻無煩音切矣此皆傳寫之誤

或兩爲之音　宋本或作故

不知木何所似　毛本木誤本

除道梁溠　說文引作除涂梁溠

時祕王喪　閩本監本祕作秘俗字

且又請隨侯與楚爲會禮於漢水之汭　閩本監本毛本與誤畏

以與紀季　山井鼎云足利本及宋板後人記云以下異本有國字非

經五年

五年夫人至齊師　諸本脱五年二字

傳五年

曾孫犂來　監本毛本曾誤會

經六年

春王正月　公羊穀梁正作三

六年注王人至稱字　諸本脱六年二字

止爲敦責諸侯　宋本責作貴非也

名貴之也　宋本名上有稱字是也

楚人圍陳納頓子于頓是也　毛本陳作成誤

無傳告於廟也　閩本無傳二字空缺

寳或作保字與俘相似　閩本監本毛本亦脱作字據宋本補

傳六年

必度於本末　岳本於誤其

注祁謚至曰甥　宋本以下正義三節揔入十六年節注下

騅甥聃甥養甥請殺楚子　纂圖本閩本監本毛本聃作眲誤石經宋本作聃後同是也

後君噬齊　淳熙本齊作臍玉篇引亦作臍

若齧腹齊　釋文標齧也兩字臧禮堂云若上當有噬齧也三字

楚子雖死鄧滅曾不旋踵　毛本曾誤會

經七年

七年春夫人姜氏　纂圖本監本毛本春下衍秋字

恒星不見　岳本纂圖本監本毛本恒作恆案石經避唐穆宗諱宋本避宋眞宗諱後同○今訂正

七年注恒常至昏沒　諸本脱七年二字

夜中星隕如雨　論衡藝增篇引作星霣如雨周禮大司樂正義引作星霣而雨公羊作霣字林云霣即隕字也

正義曰羊說如雨者　宋本閩本監本毛本羊上有公字

與雜下所落非一星也　宋本監本毛本與下有雨字是也

傳七年

傳稱季平子行東野卒于房　宋本亦作房與定五年傳合案隱元年宣八年成十七年正義引並作房閩本監本毛本改作防

經八年

八年注期共至待之　諸本脱八年二字

人則尊老在前復常法也　閩本監本毛本法作灋下同

知此治兵亦是習號令　宋本令下有也字

杜云治兵於廣　宋本閩本監本毛本廣作廟不誤

時史善公克己復禮　宋本已作己不誤正義同

責己而不責於人合於人合於禮意　案合於人三字衍文宋本閩本監本毛本無

傳八年

齊無知弒其君諸兒　纂圖本閩本監本毛本弒作殺非

夏書至乃降　宋本此節正義在秋師還節注下

此虞書皋陶謨之文　陳樹華云皋陶謨當作大禹謨

冬十二月　石經十下有有字

隊于車　石經隊作墜

劫而束之　纂圖本閩本監本毛本劫作刧非

經書十一月癸未　閩本一作二誤

長麻推之月六日也　山井鼎云足利本後人記云月六日異本作十一月六日

【經九年】是言殺而不稱君之義也 宋本監本毛本義作意

故不稱名 毛本名誤君

夏公伐齊納子糾 臧琳云子字衍文沿唐定本之誤正義於此引賈逵云不言公子次正也又於後九月齊人取子糾殺之下引賈逵云稱子者愍之可證賈景伯本於此無子字

故杜言各自有黨以規之 閩本規作解宋本監本毛本作排

時水在樂安界岐流旱則竭涸 宋本岐作歧俗字

【傳九年】鮑叔帥師來言曰 案石經叔帥師來四字重刻

及堂追而稅之 案文選解嘲注引作脫釋文亦作稅云本又作說

東莞蒙陰縣西北有夷吾亭 淳熙本脫北字

或曰鮑叔解夷吾縛於此 閩本監本縛誤縳

鮑叔至可也 宋本此節正義在公從之句下

使臣不凍餧 毛本餧誤綏

臣之所不如夷吾者 閩本如誤加

寡君願生得之以徇於國 監本毛本徇作狥非也

遂生束縛而以與齊 浦鏜正誤據管子以上增柙字

鮑叔之不忍戮賢人其知知稱賢以自成也 案管子知字不重

【經十年】魯以權譎稽之 正義云此注稽或作掩誤耳今定本作稽

十年注齊人至魯地 諸本脫十年二字

權謀譎詐 宋本權上有設字

令魯伐齊納子糾 閩本監本毛本令誤今

楚辟陋在夷於此始通中國 重修監本在誤淮宋本淳熙本中作上是也

故不稱將帥 釋文帥作率又作帥按正義作將帥

荊楚一木二名 監本毛本一木誤一本

【傳十年】注曹劌魯人 宋本以下正義七節揔入吾視其轍亂節注下

史記作曹沫 閩本監本沫誤涞

七十者可以食肉 宋本作肉食

冰皆與焉 閩本監本毛本冰作氷非下同

間謂間雜 毛本謂作爲非

視車跡也 案文選李善注七命引注文轍車跡也

深一尺四寸三分寸之二也 監本毛本作寸之三非也

旗靡轍亂怖遽 釋文遽下有也字

注雩門至虎皮 宋本此節正義在公從之節下

注妻之姊妹曰姨 宋本此節正義在秋九月節下

冬齊師滅譚譚無禮也 山井鼎云足利本後人記云禮下異本有故字非也

附釋音春秋左傳注疏卷第八 止

附釋音春秋左傳注疏卷第九 莊十一年盡二十二年

杜氏注　孔穎達疏

經十有一年。春。王正月。無傳○夏。五月。戊寅。公敗宋師于鄑。鄑魯地傳例曰敵未陳曰敗某師○鄑子斯反【疏】十一年公敗宋師于鄑○正義曰往年公敗宋師于乘丘今爲乘丘之役侵我則是報復前怨魯當無辭亦不稱侵伐者莊立以來未嘗犯宋宋黨齊伐我故敗于乘丘今復重來更是宋之可責非魯罪也○秋。宋大水。公使弔之故書○冬。王姬歸于齊。魯主昏不書齊侯逆不見公

傳十一年。夏。宋爲乘丘之役故。侵我。公禦之。宋師未陳而薄之。敗諸鄑。凡師。敵未陳曰敗某師。通謂設權譎變詐以勝敵彼我不得成列成列而不得用故以未陳獨敗爲文○爲乘于僞反陳直覲反下及注皆同【疏】注通謂至爲文○正義曰設權譎變詐以勝敵者謂若長勺之役待齊人三鼓氣衰乃擊之定十四年檇李之役越子患吳之整使罪人屬劒自到吳師屬之目越子因而伐之此二者敵雖已陳設權勝之成列而不得用也此及昭元年晉荀吳敗狄于大鹵傳皆云未陳而薄之是其未成列也彼我不得成列與成列而不得用皆以未陳獨敗爲文言彼不能拒而此獨克之也昭五年叔弓敗莒師于蚡泉傳曰莒未陳也此已發例彼復發者釋例曰魯敗宋莒再發未陳之例者嫌君臣有異也 皆陳曰戰。堅而有備各得其所成敗決於志力者也【疏】注堅而至者也○正義曰戰者共鬬之辭彼此成列權無所施故爲各得其所成敗決於志力者也兩國交戰必有勝負或有未至成敗各自收斂故有言戰不言敗者桓十年齊侯鄭伯來戰于郎十二年及鄭師伐宋丁未戰于宋如此之類交戰而未至於敗故不書敗也或有彼實未陳應從未陳之例亦書戰者或有實敗而不書敗者皆從告辭也釋例曰令狐之役晉人潛師夜起而書戰者晉諱背其前意而夜薄秦師以戰告也河曲之戰秦晉交綏長岸之戰吳楚兩敗交綏並退軍士未慭吳楚俱病莫肯以告故皆書戰而不書敗也邲之戰上軍先陳林父乃敗故書戰又書敗也 大崩曰敗績。師徒橈敗若沮岸崩山喪其功績故曰敗績○橈乃孝反一音乃巧反沮在呂反壞也一音子餘反岸崩謂之沮喪息浪反【疏】注師徒至敗績○正義曰師徒撓敗成二年傳文穀梁傳曰高曰崩厚曰崩解其師非高厚而稱崩意沮訓壞也沮岸謂河岸崩也師旅大敗似岸崩山崩也績訓爲功喪其功績故曰敗績唯成十六年言楚子鄭師敗績者釋例曰鄢陵之戰楚師徒未大崩楚子傷目而退故指事而言也言楚子身敗非師敗也故言楚子敗績傳十五年晉侯及秦伯戰于韓獲晉侯其君被獲而不書敗者晉侯戎馬還濘而止爲秦所獲師不大崩故不書敗也城濮之戰傳稱楚左右師潰子玉收其卒而止故不敗是二軍敗而經書敗績鄢陵之戰傳稱子反曰臣之卒實奔是一軍敗而杜云師未大崩然則積者是大崩之名是敗多有少乃稱敗績敗少存多則不稱敗績也 得儁曰克。謂若大叔段之比才力足以服衆威權足以自固進不成爲外寇強敵退復發壯有二君之難而實非二君克

而勝之則不言彼敗績但書所克之名。○儁音俊本或作俊比必利反復扶又反狡壯交卯反下測亮反難乃旦反【疏】注謂若至之名。○正義曰克訓勝也戰勝其師獲得其軍內之雄儁者故云得儁曰克春秋稱克者唯有叔段一事而已既非敵國相伐又非君之討臣而於戰陳之例別立此名彼傳復云如二君故曰克故具迹叔段之事以充之凡例乃是舊典非獨爲段發故云叔段之比釋例與此盡同**覆而敗之。曰取某師。**覆謂威力兼備若羅網所掩覆一軍皆見禽制故以取爲文【疏】注覆謂至爲文。○正義曰取謂盡取無遺漏之意也哀九年宋皇瑗取鄭師于雍丘傳稱皇瑗圍鄭師每日遷舍壘合鄭師哭是自知盡死無逃逸之路也又曰使有能者無死是其合軍之內死生在宋也取狀如此而云覆而敗之知其如羅網掩覆一軍皆見禽制故以取爲文服虔云覆隱也設伏而敗之謂覆其無備出其不意敵人不知敗之易故曰取郎如於服言與未陳何異而別以爲例謂之取也荀吳敗狄于大原於越敗吳于檇李並攻其無備出其不意而經不言取鄭二公子敗燕師于北制鄭人大敗戎師是設伏敗之而傳不言取服謂此爲取何也宋圍鄭師壘合而哭自知必敗非敵人不知而書取何也**京師敗。曰王師敗績于某。**王者無敵於天下天下非所得與戰者然春秋之世據有其事事列於經則不得不因申其義有時而敗則以自敗爲文明天下莫之得校○京師敗本或作京師敗績者非校音教【疏】注王者至得校○正義曰此亦周公舊凡杜解舊凡之意得有王師敗績者以周公制禮理包盛衰故周禮載大喪及王師不功之事故舊凡例有敗績之文杜以尊卑逆順言之天王不應有戰敗之事遂申說凡例故云無敵於天下天下非所得與戰者然春秋之世據有其事成元年王師敗績于茅戎是事列於經上明不得不因申舊凡之義蘇氏之說義亦如此沈氏不解杜意以京師敗績非周公舊凡是孔子新意上明爲傳不得不因申孔子新意之義劉炫亦不達杜旨謂杜與沈氏意同非也**○秋。宋大水。公使弔焉。曰。天作淫雨。害於粢盛。若之何不弔。**不爲天所愍弔**對曰。孤實不敬。天降之災。又以爲君憂。拜命之辱。**謝厚命**臧文仲曰。宋其興乎。**臧文仲魯大夫**禹湯罪己。其興也悖焉。**悖盛貌○悖蒲忽反一作勃同**桀紂罪人。其亡也忽焉。**忽速貌○紂直久反【疏】禹湯罪己桀紂罪人○正義曰湯誥云其爾萬方有罪在予一人是罪己也泰誓數紂之罪云焚炙忠良刳剔孕婦是罪人也禹桀之時書多亡矣固亦應有此事沈引帝王世紀云禹見罪人下車泣之是罪己也桀殺關龍逢是罪人也**且列國有凶。稱孤。禮也。**列國諸侯無凶則常稱寡人【疏】注列國至寡人○正義曰列國謂大國也曲禮曰庶方小侯自稱曰孤諸侯與民言自稱曰寡人其在凶服曰適子孤鄭玄云與臣言亦自謂寡人是無凶則常稱寡人有凶則稱孤也**言懼而名禮。其庶乎。**言懼罪己名禮稱孤其庶庶幾於興○言懼而名禮絕句或以名絕句者非**既而聞之。曰。公子御說之辭也。**宋莊公子○御魚呂反本或作禦說音悅**臧孫達曰。是宜爲君。**

有恤民之心。【疏】既而至之心○正義曰謂御說明年爲君之後方始聞之聞之時已爲君故云是人宜其爲君也傳以御說有禮故以此言實之**○冬。齊侯來逆共姬。**齊桓公也○共音恭**○乘丘之役。**在十年**公以金僕姑射南宮長萬。**金僕姑矢名南宮長萬宋大夫○射食亦反長丁丈反【疏】注金僕姑矢名○正義曰用之射人必知是矢其名僕姑其義未聞**公右歂孫生搏之。**搏取也不書獲萬時未爲卿○歂市專反搏音博【疏】公右歂孫生搏之○正義曰檀弓云魯莊公及宋人戰于乘丘縣賁父御卜國爲右車右與此不同者禮記後人所錄聞於所聞之口其事未必實也案傳云公子偃先犯宋師公從而大敗之則本非交戰禮記稱馬驚敗績公隊佐車授綏御與車右皆死之必如記言則是魯師敗績安得稱公敗宋師于乘丘傳記不同固當記文妄耳**宋人請之。宋公靳之。**戲而相愧曰靳魯聽其得還○靳居覲反服云恥而惡之曰靳【疏】注戲而相愧曰靳至得還○正義曰服虔云恥而惡之曰靳傳稱宋人請之若是恥惡其人不應爲之請魯故杜以爲戲而相愧曰靳鄭玄注禮記儒行云遺人名爲儒而以儒靳故相戲俗有靳故之語知是戲而相愧之名也公羊傳以爲宋萬與閔公博婦人皆在側萬曰甚矣魯侯之淑魯侯之美閔公矜此婦人妒其言曰此虜也魯侯之美惡乎至何休云惡乎至猶何所至萬怒搏閔公絕其脰是其靳之事也**曰。始吾敬子。今子魯囚也。吾弗敬子矣。病之。**萬不以爲戲而以爲已病爲宋萬弒君傳

經十有二年。春。王三月。紀叔姬歸于酅。無傳紀侯去國而死叔姬歸魯紀季自定於齊而後歸之全守節義以終婦道故繫之紀而以初嫁爲文賢之也來歸不書非寧且非大歸○酅音攜【疏】十二年注紀侯至大歸○正義曰公羊傳曰其言歸于酅何隱之也何隱爾其國亡矣徒歸于叔爾穀梁傳曰其曰歸何吾女也夫國喪得其所故言歸焉爾杜略取彼意爲說釋例與此盡同大意以其賢愍其國亡乃依附於叔故書之耳**○夏四月。○秋八月。甲午。宋萬弒其君捷。及其大夫仇牧。**捷閔公不書葬亂也萬及仇牧皆宋卿仇牧稱名不警而遇賊無善事可襃○警居領反【疏】注捷閔至可襃○正義曰隱十一年公羊傳曰君弒臣不討賊非臣也子不復讎非子也葬生者之事也春秋君弒賊不討不書葬以爲不繫乎臣子也左氏無此義故杜明之不書葬爲亂故也凡葬魯不會則不書若使宋亂不葬魯本無可會之理兼見此義故言亂也萬及仇牧並名見於經知皆卿也萬不書氏者釋例曰宋萬賈氏以爲未賜族案傳稱南宮長萬則爲已氏南宮不得爲未賜族也推尋經文自莊公以上諸弒君者皆不書氏閔公以下皆書氏亦足明時史之異同非仲尼所皆貶也是杜意以爲史有詳略无義例也文八年宋人殺其大夫司馬傳曰司馬握節以死故書以官然則有善可襃當變文以見義此仇牧書名不警而遇賊無善可襃故不變其文公羊書其不畏彊禦故言此以異之**○冬十月。宋萬出奔陳。**奔例在宣十年

傳十二年。秋。宋萬弒閔公于蒙澤。蒙澤宋地梁國有蒙縣【疏】注蒙澤至蒙縣○正義曰昭十三年楚弒其君虔于乾谿書地此弒閔公于蒙澤不書地者釋例曰先儒旁采二傳橫生異例宋之蒙澤楚之乾谿俱在國內閔公之弒則以不書蒙澤國內爲義楚弒靈王復以地乾谿爲失所明仲尼本不以爲義例則上明亦無異文也是亦言史自詳略無義例也**遇仇牧于門。批而殺之。**手批之也○批普迷反又蒲穴反字林云擊也父節反**遇大宰督于東宮之西。又殺之。**殺督不書宋不以告○大音泰**立子游。**子游宋公子【疏】注子游宋公子○正義曰世族譜子游雜人不知何公之子**羣公子奔蕭。公子御說奔亳。**蕭宋邑今沛國蕭縣亳宋邑蒙縣西北有亳城○亳步各反**南宮牛。猛獲帥師圍亳。**牛長萬之子猛獲其黨**○冬十月。蕭叔大心、**叔蕭大夫名【疏】注叔蕭大夫名○正義曰卿大夫采邑之長則謂之宰公邑之長則曰大夫此則是宋蕭邑大夫也以此年有功宋人以蕭邑別封其人爲附庸二十三年經書蕭叔朝公附庸例稱名故杜以叔爲名**及戴、武、宣、穆、莊之族。**宋五公之子孫**以曹師伐之。殺南宮牛于師。殺子游于宋。立桓公。**桓公御說**猛獲奔衞。南宮萬奔陳。以乘車輦其母。一日而至。**乘車非兵車駕人曰輦宋去陳二百六十里言萬之多力○南宮萬奔陳本或作長萬長衍字也下亦然乘繩證反注同**宋人請猛獲于衞。衞人欲勿與。石祁子曰。不可。**石祁子衞大夫**天下之惡一也。惡於宋而保於我。保之何補。得一夫而失一國。與惡而弃好。非謀也。**宋衞本同好國○好呼報反注同**衞人歸之。亦請南宮萬于陳以賂。**【疏】于陳以賂正義曰斷以賂爲句言用賂請于陳也請猛獲于衞不言以賂蓋於衞無賂**陳人使婦人飲之酒。而以犀革裹之。比及宋。手足皆見。宋人皆醢之。**醢肉醬并醢猛獲故言皆○亦請南宮長萬於陳以賂絕句飲於鴆反犀音西裹音果比必利反見賢遍反醢音海

經十有三年。春。齊侯、宋人、陳人、蔡人、邾人會于北杏。北杏齊地○杏戶猛反**○夏六月。齊人滅遂。**遂國在濟北蛇丘縣東北○蛇音移**○秋七月。○冬。公會齊侯盟于柯。**此柯今濟北東阿齊之阿邑猶祝柯今爲祝阿○柯古何反

傳十三年。春。會于北杏。以平宋亂。宋有弒君之亂齊桓欲脩霸業【疏】十三年傳注宋有至霸業○正義曰桓二年會于稷以成宋亂者爲會之意欲平除宋督弒君之賊此云

平宋亂者宋萬已誅宋新立君其位未定齊桓欲脩霸業爲會以安定之非欲平除新君故宋人聽命來列於會也遂人不至。○夏。齊人滅遂而戍之。戍守也○冬。盟于柯。始及齊平也。始與齊桓通好○好呼報反○宋人背北杏之會。○背音佩十四年經注同

經十有四年。春。齊人陳人曹人伐宋。背北杏會故○夏。單伯會伐宋。既伐宋單伯乃至故曰會伐宋單伯周大夫〔疏〕十四年注既伐至大夫○正義曰傳稱諸侯伐宋齊請師于周則伐事已成單伯始至故云會伐宋言來就宋地會之也元年注云單伯天子卿也此云周大夫者大夫亦卿之揔號故兩言之○秋七月。荊入蔡。入例在文十五年○冬。單伯會齊侯宋公衛侯鄭伯于鄄。鄄衛地今東郡鄄城也齊桓脩霸業卒平宋亂宋人服從欲歸功天子故赴以單伯會諸侯爲文○于鄄音絹甄城音絹一音眞或音旃又舉然反或作鄄〔疏〕單伯至于鄄○正義曰春秋因魯史之文魯史自書其事會他國者皆言已往會之不問君之與臣會諸侯者皆魯人在會字之上若微人往會則會上無字直言其會明魯往會之微人不合書名書其所爲之事而已十六年會齊侯宋公陳侯衛侯鄭伯許男滑伯滕子同盟于幽是也若魯人不與而諸侯自會則并序諸侯言會于某十五年齊侯宋公陳侯衛侯鄭伯會于鄄是也雖霸主召會諸侯霸主之身列在諸侯之上耳不言霸主會諸侯以其俱是王臣不得與諸侯爲主故也若霸主之國遣大夫往會諸侯雖政在霸國大夫名列諸侯之下由非諸侯之主列位從其班爵文十四年公會宋公陳侯衛侯鄭伯許男曹伯晉趙盾同盟于新城是也若王臣在會不問尊卑皆列諸侯之上僖八年公會王人齊侯宋公衛侯許男曹伯陳世子款盟于洮九年公會宰周公齊侯宋子衛侯鄭伯許男曹伯于葵丘是也此會魯人不與單伯宜列在諸侯之上下言會于鄄耳今會字乃在齊侯之上是齊桓歸功天子故赴以單伯會諸侯爲文所以尊天子示名義也此會魯自不與魯所與者皆魯人在上史文以魯爲主耳當會之時以大小爲序魯不在上也釋例曰魯爲春秋主常列諸侯上非其實次也子帛卿也依魯大夫之比列於莒上故傳曰魯故也叔孫豹曰宋衛吾匹也又曰諸侯之會寡君未嘗後衛君是魯在衛上也宋既先代之後又襄公一合諸侯以紹齊桓之伯宋在齊上則魯次宋也

傳十四年。春。諸侯伐宋。齊請師于周。齊欲崇天子故請師假王命以示大順經書人傳諸侯者揔衆國之辭〔疏〕注齊欲至之辭○正義曰齊既以諸侯伐宋而更請師于周者齊桓始脩霸業方欲尊崇天子故請師假王命以示大順耳非慮伐不克而藉王威也經書人而傳言諸侯先儒以爲諸如此輩皆是諸侯之身釋例曰傳滅入例衛侯燬滅邢同姓故名此又云穀伯綏鄧侯吾離來朝名賤之也又云不書蔡許之君乘楚車也謂之失位此皆貶諸侯之例例不稱人也諸侯在事傳有明文而經稱人者凡十一條丘明不示其義而諸儒皆據案生意原無所出貶諸侯而去爵稱人是爲君臣同文非正等差之謂也又澶淵大夫之會傳曰不書其人案經皆去名稱人至諸侯親城緣陵傳亦曰不書其人而經揔稱諸侯此大夫及諸侯經傳所以爲別也通校春秋自宣公五年以下百數十年諸侯之咎甚多而皆無貶稱人者益明此蓋當時告命記注之異非仲尼所以爲例故也是言諸侯之貶或書名或沒而不書必不得稱人故以此經書人傳言諸侯爲總衆國之辭僖元年齊師宋師曹師救邢於例將卑師衆稱師則三國皆大夫也傳稱諸侯救邢亦是總衆國之辭與此同也夏。單伯會之。取成于宋而還。○鄭厲公自櫟侵鄭。厲公以桓十五年入櫟遂居之○櫟音歷及大陵。獲傅瑕。大陵鄭地傅瑕鄭大夫傅瑕曰。苟舍我。吾請納君。與之盟而赦之。六月。甲子。傅瑕殺鄭子及其二子。而納厲公。鄭子莊四年稱伯會諸侯今見殺不稱君無謚者微弱臣子不以君禮成喪告諸侯○舍音捨鄭子子儀初。內蛇與外蛇鬭於鄭南門中。內蛇死。六年而厲公入。〔疏〕六年而厲公入○服虔云蛇北方水物水成數六故六年而厲公入公聞之。問於申繻曰。猶有妖乎。對曰。人之所忌。其氣燄以取之。妖由人興也。尚書洛誥無若火始燄燄未盛而進退之時以喻人心不堅正○蛇市奢反繻音須妖於驕反燄以音豔誥古報反人無釁焉。妖不自作。人棄常。則妖興。故有妖。〔疏〕猶有至有妖○正義曰公聞厲公之入問於申繻曰猶有蛇妖而厲公得入乎古者由猶二字義得通用申繻對公曰人之所忌謂子儀畏懼厲公心不堅正其畏忌之氣燄燄未盛而進退之時以取此妖來應人也蛇鬭之事由人興也若使人無釁隙焉則妖孽不能自作人棄其常則妖自興以此故有妖棄常謂既不能彊又不能弱失常度也厲公入。遂殺傅瑕。使謂原繁曰。傅瑕貳。言有二心於已○釁許斷反周有常刑。既伏其罪矣。納我而無二心者。吾皆許之上大夫之事。吾願與伯父圖之。上大夫卿也伯父謂原繁疑原繁有二心且寡人出。伯父無裏言。無納我之言○裏音里入。又不念寡人。不親附已寡人憾焉。對曰。先君桓公命我先人典司宗祏。桓公鄭始受封君也宗祏宗廟中藏主石室言已世爲宗廟守臣○憾戶暗反祏音石藏主石函也守手又反〔疏〕注桓公至守臣○正義曰桓公初封西鄭蓋其畿內之國周禮王子母弟有功者得立祖王之廟故桓公始封爲君即命臣使典宗祏宗祏者慮有非常火災於廟之北壁內爲石室以藏木主有事則出而祭之既祭納於石室祏字從示神之也社稷有主而外其心。其何貳如之。苟主社稷。國內之民。其誰不爲臣。臣無二心。天之制也。子儀在位十四年矣。子儀鄭子也而謀召君者。庸非二乎。庸用也莊公之子猶有八人。若皆以官爵行賂勸貳而可以濟事。君其若之何。臣聞命矣。乃縊而死。莊公之子猶有八人傳唯見四人子忽子亹子儀竝死獨厲公在八人名字記傳無聞縊一賜反○蔡哀侯爲莘故。繩息嬀以語楚子。莘役在十年繩譽也○爲莘于僞反下所巾反語魚據反繩食承反說文作譝譽音餘又如字〔疏〕注繩譽也○正義曰字書繩作譝字從言訓爲譽楚子如息。以食入享。遂滅息。僞設享食之具○食音嗣注同以息嬀歸。生堵敖及成王焉。未言。未與王言○堵敖丁古反下五羔反杜云楚人謂未成君爲敖史記作杜敖楚子問之。對曰。吾一婦人而事二夫。縱弗能死。其又奚言。楚子以蔡侯滅息。遂伐蔡。欲以說息嬀○說音悅秋。七月。楚入蔡。君子曰。商書所謂惡之易也。如火之燎于原。不可鄉邇。其猶可撲滅者。其如蔡哀侯乎。商書盤庚言惡易長而難滅○易以豉反注同燎力召反又力弔反鄉許亮反撲普卜反般步丹反本又作盤長丁丈反○冬。會于鄄。宋服故也。

經十有五年。春。齊侯宋公陳侯衛侯鄭伯會于鄄。○夏。夫人姜氏如齊。無傳夫人文姜齊桓公姊妹父母在則禮有歸寧沒則使卿寧〔疏〕注夫人至卿寧○正義曰文姜僖公之女故爲桓公姊妹詩美后妃之德云歸寧父母是父母在則禮有歸寧襄十二年傳曰秦嬴歸于楚楚司馬子庚聘于秦爲夫人寧禮也是父母沒則使卿寧兄弟不得自歸也但不知今桓公有母以否故杜不明言得失○秋。宋人齊人邾人伐郳。宋主兵故序齊上○郳五兮反○鄭人侵宋。○冬。十月。

傳十五年。春。復會焉。齊始霸也。始爲諸侯長○復扶又反長丁丈反○秋。諸侯爲宋伐郳。郳附庸屬宋而叛故齊桓爲之伐郳○爲宋于僞反○鄭人間之而侵宋。○間間厠之間一本作閒

經十有六年。春。王正月。○夏。宋人齊人衛人伐鄭。宋主兵也班序上下以國大小爲次征伐則以主兵爲先春秋之常也他皆放此〔疏〕十六年注宋主至放此○正義曰往年齊桓始霸未敢即尸其任救患討罪今爲宋伐郳仍使宋自報怨故宋主兵序於齊上也諸侯會許男在曹滑之上班序上下以國大小爲次不以爵之尊卑也隱五年邾人鄭人伐宋附庸在伯爵之上是以主兵

爲先也歷檢上下皆然知是春秋常法禮記祭義云有虞氏貴德而尚齒夏后氏貴爵而尚齒殷人貴富而尚齒周人貴親而尚齒而春秋序會不先同姓而大國在上者孔子脩春秋有變周之文從殷之質故也 ○秋荆伐鄭。○冬十有二月會齊侯宋公陳侯衛侯鄭伯許男滑伯滕子同盟于幽。書會魯會之不書其人微者也言同盟服異也陳國小每盟會皆在衛下齊桓始霸楚亦始彊陳侯介於二大國之間而爲三恪之客故齊桓因而進之遂班在衛上終於春秋滑國都費河南緱氏縣幽宋地○介音界爲三恪苦各反本或作爲三恪之客費扶味反又音祕緱古侯反一音苦侯反【疏】注書會至宋地。○正義曰公羊傳曰同盟者何同欲也穀梁傳曰同者有同也同尊周也杜云服異者亦是同其欲同尊周也書同盟者當盟之時告神稱同釋例曰盟者假神明以要不信故載辭或稱同以服異爲言也是言載辭稱同也二十七年同盟于幽傳曰陳鄭服也文十四年同盟于新城傳曰從於楚者服且謀邾也成五年同盟于蟲牢傳曰鄭服也七年同盟于馬陵傳曰尋蟲牢之盟且莒服故也襄三年同盟于雞澤傳曰晉爲鄭服故合諸侯二十五年同盟于重丘傳曰齊成故也昭十三年同盟于平丘傳曰齊服也如此之類皆是服異故稱同也喪服繼父不同居傳曰嘗同居乃爲異居未嘗同居則不爲異居春秋同盟亦猶是也嘗同盟而異乃稱服異未嘗同盟則不爲服異故盟不稱同也僖二年齊侯宋公江人黃人盟于貫傳曰服江黃也定四年陳許頓胡楚之屬國皆來會于召陵其下云公及諸侯盟于臯鼬二盟並不稱同皆爲未嘗同盟非服異故不稱同也應稱同而不稱同者僖五年首止之盟鄭伯逃歸七年盟于甯母鄭伯使大子華聽命於會而不稱同者鄭心未服故傳稱子華請去三族管仲曰君其勿許鄭必受盟是甯母之時鄭未服也八年盟于洮鄭伯乞盟傳稱請服也而洮盟不稱同者鄭伯始請服耳未列于會故不稱同也文十五年夏晉郤缺帥師伐蔡戊申入蔡其冬諸侯盟于扈傳稱晉侯宋公衛侯蔡侯陳侯鄭伯許男曹伯盟于扈則是蔡新來服不稱同者傳稱郤缺入蔡以城下之盟而還是則蔡已先服故不稱同也宣十二年同盟于清丘傳曰恤病討貳十七年同盟于斷道傳曰討貳也成九年同盟于蒲傳曰爲歸汶陽之田故諸侯貳於晉晉人懼會於蒲以尋馬陵之盟十五年同盟于戚傳曰討曹成公也十七年同盟于柯陵傳曰尋戚之盟也十八年同盟于虛朾傳曰謀救宋也此六盟皆非服異稱同盟者清丘斷道與蒲於時諸侯已有二心同心討貳故稱同盟戚與虛朾同心疾惡故稱同盟柯陵之盟鄭人不服欲令諸侯同心伐鄭故稱同盟猶襄十八年諸侯同心疾齊稱同圍齊自此以前陳在衛下今在上知齊桓始進之釋例班序譜自隱至莊十四年四十三歲衛與陳凡四會衛在陳上自莊十五年盡僖十七年三十三歲凡八會陳在衛上故知是齊桓進之遂班在衛上終於春秋也 ○邾子克卒。無傳克儀父名稱子者蓋齊桓請王命以爲諸侯再同盟【疏】注克儀至同盟。○正義曰北杏之會邾人在焉令而稱子故云蓋齊侯請王命以爲諸侯得爲子爵見經也隱元年盟于蔑桓十七年盟于趡是再同盟也

傳十六年。夏諸侯伐鄭宋故也。鄭侵宋故。○宋故也本或作爲宋故 ○鄭伯自櫟入。在十四年 緩告于楚。秋楚伐鄭。及櫟。爲不禮故也。鄭伯治與於雍糾之亂者。在桓十五年。○爲于僞反與音預 九月殺公子閼。刖強鉏。二子祭仲黨。斷足曰刖。○公子閼安未反案隱十一年鄭有公孫閼距此三十五年不容復有公子閼若非闕字誤則子當爲孫刖音月又五刮反鉏仕魚反斷丁管反【疏】注二子至曰刖。○正義曰周禮司刑刖罪五百尚書呂刑剕罰之屬五百孔安國云刖足曰剕釋言云跳刖也李巡曰斷足曰刖也說文云刖絕也則剕刖是斷絕之名斷足之罪故云斷足曰刖 公父定叔出奔衛。共叔段之孫定謚也。○父音甫王音如字共音恭 三年而復之。曰不可使共叔無後於鄭。使以十月入。曰良月也。就盈數焉。數滿於十【疏】注滿於十。○正義曰易繫辭云天一地二天三地四天五地六天七地八天九地十至十而止是數滿於十也閔元年傳曰萬盈數也數至十則小盈至萬則大盈傳具載定叔事者服虔云定叔之祖共叔段有伐君之罪宜世不長而云不可使共叔無後於鄭言其刑之偏頗鄭厲公以孽篡適同惡相恤故黨於共叔欲令其後不絕傳所以惡厲公也 君子謂強鉏不能衛其足。言其不能早辟害 ○冬同盟于幽。鄭成也。○王使虢公命曲沃伯以一軍爲晉侯。曲沃武公遂并晉國僖王因就命爲晉侯小國故一軍。○并如字王必政反【疏】注曲沃至一軍。○正義曰桓八年傳稱曲沃武滅翼其年冬王命虢仲立晉哀侯之弟緡于晉至是乃并之也晉世家云曲沃武公代晉侯緡滅之盡以其寶器賂獻於周僖王僖王命曲沃武公爲晉君列爲諸侯於是盡并晉地而有之曲沃武公已即位二十七年矣自桓叔始封曲沃以至武公滅晉凡六十七歲而卒代晉爲諸侯是僖王命之事也周禮小國一軍晉土地雖大以初并晉國故以小國之禮命之 初晉武公伐夷執夷詭諸。夷詭諸周大夫夷采地名。○詭九委反采七代反後放此 蔿國請而免之。蔿國周大夫○蔿于委反 既而弗報。詭諸不報施於蔿國。○施始豉反 故子國作亂。謂晉人曰。與我伐夷而取其地。使晉取夷地 遂以晉師伐夷。殺夷詭諸。周公忌父出奔虢。周公忌父王卿士辟子國之難。○難乃旦反 惠王立而復之。魯桓十五年經書桓王崩魯莊三年經書葬桓王自此以來周有莊王又有僖王崩葬皆不見於經傳王室微弱不能復自通於諸侯故傳因周公忌父之事而見惠王惠王立在此年之末。○見賢遍反下同復自扶又反【疏】注魯桓至之末。○正義曰史記十二諸侯年表云莊王元年當魯桓十六年即位十五年而崩僖王元年當魯莊十三年即位五年而崩惠王元年當魯莊十八年即位在十八年而此年傳說惠王之立者杜云傳因周公忌父之事而見惠王立在此年之末是杜以周公忌父此年出奔至惠王立而得復與史記不違

經十有七年。春。齊人執鄭詹。齊桓始霸鄭既伐宋又不朝齊詹爲鄭執政大臣詣齊見執不稱行人罪之也行人例在襄十一年諸執大夫皆稱人以執之大夫賤故。○詹之廉反始伯音霸又如字本又作霸【疏】十七年注齊桓至賤故。○正義曰僖七年傳曰鄭有叔詹堵叔師叔先言詹是詹最貴也且傳稱鄭不朝也以君不朝而詹被執明詹是執政大臣爲不道君使朝故執之也若詹不至齊則無由被執知是詣齊見執蓋聘齊也昭八年楚人執陳行人于徵師殺之傳曰罪不在行人也無罪乃稱行人知不稱行人罪之也襄十一年楚人執鄭行人良霄傳曰書曰行人言使人也言使人者言非使人之罪也書曰者是仲尼新意故指以爲例也執諸侯有稱人稱侯之異執大夫者悉皆稱人以執之爲大夫賤故也劉炫以此注云詣齊見執釋例曰詹本非出使謂二者自相予楯今知非者齊以鄭不朝而責於鄭鄭令詹請齊謝罪齊人執之故釋例云元非出聘之使集解云詣齊被執二文雖異事實同耳劉炫不尋此意乃爲規過非也 ○夏齊人殲于遂。殲盡也齊人戍遂翫而無備遂人討而盡殺之故時史因以自盡爲文 ○殲子廉反翫五亂反而盡津忍反【疏】注殲盡至爲文。正義曰殲盡也釋詁文舍人曰殲衆之盡也時史惡其輕敵而以自盡爲文罪齊戍也釋例曰齊人殲于遂鄭棄其師亦時史即事以安文或從赴辭故傳亦不顯明義例也 ○秋鄭詹自齊逃來。無傳詹不能伏節守死以解國患而遁逃苟免書逃以賤之。○遁徒遜反【疏】注詹不至賤之。○正義曰伏節守死以解國患當如昭元年叔孫豹之居位待罪也逃居匹夫逃竄故云書逃以賤之鄭詹自齊逃來過魯而後歸鄭故書之 ○冬多麋。無傳麋多則害五稼故以災書。○麋亡悲反【疏】注麋多至災書。○正義曰麋是澤獸魯所常有是年暴多多則害五稼故言多以災書也

傳十七年。春。齊人執鄭詹。鄭不朝也。○夏。遂因氏頜氏工婁氏須遂氏饗齊戍。醉而殺之。齊人殲焉。饗酒食也四族遂之彊宗齊滅遂戍之在十三年。○頜烏納反又苦荅反婁力侯反饗本作享

經十有八年。春。王二月。日有食之。無傳不書日官失之【疏】十八年注不書日官失之。○正義曰經亦無朔字當云不書朔與日注不言朔脫也 ○夏公追戎于濟西。戎來侵魯公逐之於濟水之西 ○秋有蜮。蜮短狐也蓋以含沙射人爲災。○蜮本又作蜮音或本草謂之射工短弧本又作斷同丁管反弧又作狐音胡射人食亦反【疏】注蜮短至爲災。○正義曰穀梁傳曰蜮射人者也洪範五行傳曰蜮如鼈三足生於南越南越婦人多淫故其地多蜮淫女惑亂之氣所生也陸璣毛詩義疏云蜮短狐也一名射景如鼈三足在江淮水中人在岸上景見水中投人景則殺之故曰射景或謂含沙射人入皮肌其創如疥服虔云徧身濩濩或或故爲災沈氏云此有蜮傳重發例者以螟螽與蜚同是害禾稼此蜮則害人故傳特發之。○冬十月。

傳十八年。春。虢公晉侯朝王。王饗醴。命之宥。王之覲羣后始則行饗禮先置醴酒示不忘故飲宴則命以幣物宥助也所以助歡敬之意言備設。○醴音禮宥音又

〔疏〕注王之至備設。○正義曰王饗醴命之宥者王爲之設饗禮置醴酒命之以幣物所以助歡也宥助釋詁文周禮掌客王待諸侯之禮上公三饗三食三燕侯伯再饗再食再燕子男壹饗壹食壹燕三禮先言饗是王之覲羣后始則行饗禮也酒正辨五齊之名一曰泛齊二曰醴齊三曰盎齊四曰醍齊五曰沈齊鄭注云泛者成而滓浮泛泛然醴猶體也成而汁滓相將如今恬酒矣盎猶翁也成而翁翁然葱白色緹者成而紅赤沈者成而滓沈如今造清矣自醴以上尤濁然則以其尤濁故先置之示不忘古也知者禮運云燔黍捭豚下即云以燔以炙以爲醴酪是醴酒在先而有故曰先置醴酒云不忘古也詩序曰鹿鳴燕羣臣嘉賓也既飲食之又實幣帛筐篚以將其厚意聘禮云若不親食使大夫朝服致之以侑幣致饗以酬幣亦如之是饗禮有酬幣也禮主人酌酒於賓曰獻賓荅主人曰酢主人又酌以酬賓曰酬幣蓋於酬酒之時賜之幣也所賜之物即下玉馬是也傳稱饗醴命宥言其備設盛禮也此注命之宥者命在下以幣物宥助僖二十八年命晉侯助以束帛以將厚意皆命不同者以彼有命晉侯之事故也**皆賜玉五瑴。馬三匹。非禮也。**雙玉爲瑴。○瑴音角字又作珏〔疏〕注雙玉爲瑴。○正義曰蒼頡篇瑴作珏雙玉爲瑴故字從兩玉**王命諸侯。名位不同。禮亦異數。不以禮假人。**侯而與公同賜是借人禮。○借子夜反〔疏〕注侯而至人禮。○正義曰虢君不知何爵稱公謂爲三公也周禮王之三公八命侯伯七命是其名位不同也其禮各以命數爲節是禮亦異數也今侯而與公同賜是借人禮也假借同義取者假爲上聲借爲入聲與者假借皆爲去聲**○虢公、晉侯、鄭伯使原莊公逆王后于陳。陳嬀歸于京師。**虢晉朝王鄭伯又以齊執其卿故求王爲援皆在周倡義爲王定昏陳人敬從得同姓宗國之禮故傳詳其事不書不告。○爲王于僞反**實惠后。**陳嬀後號惠后寵愛少子亂周室事在僖二十四年故傳於此並正其后稱**○夏。公追戎于濟西。不言其來。諱之也。**戎來侵魯魯人不知去乃追之故諱不言其來〔疏〕注戎來至其來。○正義曰傳例有鐘鼓曰伐無曰侵戎之來也魯人不知宜無鐘鼓故以侵言之釋例曰戎之入魯魯人不知去而遠追又無其獲邊竟不備候不在疆所以爲諱諱此君之闕亦所以示戎將來之君也**○秋。有蜮爲災也。○初。楚武王克權。使鬭緡尹之。**權國名南郡當陽縣東南有權城鬭緡楚大夫。○緡亡巾反〔疏〕注鬭緡尹之。○正義曰尹訓正也楚官多以尹爲名此滅權爲邑使緡爲長故曰尹也**以叛。圍而殺之。**緡以權叛。○以叛絶句本或作畔俗字也**遷權於那處。**那處楚地南郡編縣東南有那口城。○那處那又作鄀同乃多反下昌呂反又昌慮反編必綿反一音步典反**使閻敖尹之。**閻敖楚大夫**及文王即位。與巴人伐申而驚其師。**驚巴師**巴人叛楚而伐那處。取之。遂門于楚。**攻楚城門**閻敖游涌而逸。**涌水在南郡華容縣閻敖既不能守城又游涌水而走。○涌音勇水名**楚子殺之。其族**

爲亂。冬。巴人因之以伐楚。

經十有九年。春。王正月。○夏四月。○秋。公子結媵陳人之婦于鄄。遂及齊侯、宋公盟。無傳公子結魯大夫公羊穀梁皆以爲魯女媵陳侯之婦其稱陳人之婦未入國略言也大夫出竟有可以安社稷利國家者則專之可也結在鄄聞齊宋有會權事之宜去其本職遂與二君爲盟故備書之本非魯公意而又失媵陳之好故冬各來伐。○媵以證反又繩證反送也竟音境好呼報反〔疏〕十九年注公子至來伐。○正義曰公羊傳曰媵者何諸侯娶一國則二國往媵之媵不書此何以書爲其有遂事書大夫無遂事此其言遂何聘禮大夫受命不受辭出竟有可以安社稷利國家者則專之可也穀梁文雖不明其意亦爲魯女媵陳侯之婦彼爲說故云公羊穀梁皆以爲魯女媵陳侯之婦穀梁傳曰其曰陳人之婦略之也以未入國而不言陳侯夫人成九年伯姬歸于宋晉衛齊三國來媵然則爲人媵者皆送至嫁女之國使之從適而行此鄄是衛地蓋陳取衛女爲婦魯使公子結送媵向衛至鄄聞齊宋將謀伐魯故權事之宜去其本職不復送女至衛遂與二君會盟故書之也送女至鄄停女會盟鄄是盟處故言于鄄非本期送女使至鄄也既盟之後遂不復送女其盟本非公意又失媵陳之好故至冬而三國來伐結之此盟於魯無益故無嘉善之文文八年冬十月壬午公子遂會晉趙盾盟于衡雍乙酉公子遂會雒戎盟于暴四日之間不容反報亦是專命而盟患難俱解故再稱名氏珍而貴之與此異也宣十二年宋華椒承羣僞之言以誤其國宋人被伐而敗華椒今三國伐魯不敗公子結者結之爲盟本欲安社稷利國家與華椒事異故不貶**○夫人姜氏如莒。**無傳非父母國而往書姦〔疏〕注非父至書姦。○正義曰此既無傳不知何爲如莒婦人不以禮出爲姦故曰書姦**○冬。齊人、宋人、陳人伐我西鄙。**無傳幽之盟魯使微者會鄄之盟又使媵臣行所以受敵鄙邊邑

傳十九年。春。楚子禦之。大敗於津。禦巴人爲巴人所敗津楚地或曰江陵縣有津鄉**還。鬻拳弗納。遂伐黃。**鬻拳楚大閽黃嬴姓國今弋陽縣。○鬻音育拳求圓反閽音昏守門人也嬴音盈姓也字從女〔疏〕注黃嬴姓。○正義曰世本文**敗黃師于踖陵。**踖陵黃地。○踖在亦反一音七略反**還。及湫。有疾。**南郡鄀縣東南有湫城。○湫子小反鄀音若**夏。六月。庚申。卒。鬻拳葬諸夕室。**夕室地名。○夕朝夕之夕**亦自殺也。而葬於絰皇。**絰皇冢前闕生守門故死不失職。○絰田結反絰皇闕也〔疏〕注絰皇至失職。○正義曰鬻拳自殺以殉當是近墓之地宣十四年傳稱楚子聞宋殺申冊投袂而起屨及於窒皇劍及於寢門之外則窒皇近於門外當是寢門闕也知此絰皇亦是冢前闕也且此人生爲大閽職掌守門明此亦是守門示死不失職也餘書无絰皇之名蓋唯楚有此號也**初。鬻拳強諫楚子。楚子弗從。臨之以兵。懼而從之。鬻拳曰。**

吾懼君以兵。罪莫大焉。遂自刖也。楚人以爲大閽。謂之大伯。若今城門校尉官。○強其丈反大伯音泰校戶教反字從木〔疏〕以爲大閽謂之大伯。○正義曰周禮天官閽人掌守王宮之中門之禁鄭玄云閽人司昏晨以啓閉者刑人墨者使守門秋官掌戮墨者使守門則閽者使守囿則閽不使刖而鬻拳得爲閽者周禮地官之屬有司門下大夫二人掌授管鍵以啓閉國門鄭玄云若今城門校尉主王城十二門此注亦云若今城門校尉官然則鬻拳本是大臣楚人以其賢而使典此職非爲刑而役之其爲大閽者當如地官之司門非天官之閽人亦主晨昏開閉以閽爲名謂之大伯伯長也爲門官之長也**使其後掌之。**使其子孫常主此官**君子曰。鬻拳可謂愛君矣。諫以自納於刑。刑猶不忘納君於善。**言愛君明非臣法也楚能盡其忠愛所以興〔疏〕注言愛君明非臣法也。○正義曰何休膏肓云人臣諫君非有死亡之急而以兵臨君開篡弑之路左氏以爲愛君於義左氏爲短故注言此以釋何休之難**○初。王姚嬖于莊王。生子頹。**王姚莊王之妾也姚姓也。○姚羊消反嬖必計反頹徒回反**子頹有寵。蔿國爲之師。及惠王即位。**周惠王莊王孫**取蔿國之圃以爲囿。**圃園也囿苑也。○圃必古反又音布囿音又徐于目反苑於阮反〔疏〕注圃園也囿苑也。○正義曰冢宰職云園圃毓草木鄭玄云樹果蓏曰圃園其樊也詩云折柳樊圃成十八年築鹿囿然則圃以蕃爲之所以樹果蓏囿則築牆爲之所以養禽獸二者相類故取圃爲囿**邊伯之宮近於王宮。王取之。**邊伯周大夫。○近附近之近**王奪子禽、祝跪與詹父田。**三子周大夫。○跪求委反**而收膳夫之秩。**膳夫石速也秩祿也。○收式周反**故蔿國、邊伯、石速、詹父、子禽、祝跪作亂。因蘇氏。**蘇氏周大夫桓王奪其十二邑以與鄭自此以來遂不和**秋。五大夫奉子頹以伐王。**石速士也故不在五大夫數**不克。出奔溫。**溫蘇氏邑**蘇子奉子頹以奔衛。衛師、燕師伐周。**燕南燕**○冬。立子頹。**

經二十年。春。王二月。夫人姜氏如莒。無傳**○夏。齊大災。**無傳來告以火故書天火曰災例在宣十六年〔疏〕二十年注來告至六年。○正義曰襄九年三十年宋災昭九年陳災十八年宋衛陳鄭災皆不言大知此來告以大故書大也**○秋七月。○冬。齊人伐戎。**無傳

傳二十年。春。鄭伯和王室不克。克能也**執燕仲父。**燕仲父南燕伯爲伐周故。○爲伐于僞反下文同〔疏〕注燕仲父南燕伯。○正義曰譜亦云南燕伯爵不知所出服虔亦云南燕伯爵**夏。鄭伯遂以王歸。王處于櫟。秋。王**

及鄭伯入于鄔。鄔王所取鄭邑○鄔烏苦反 遂入成周。取其寶器而還。冬。王子頹享五大夫。樂及徧舞。皆舞六代之樂○徧音遍【疏】注皆舞六代之樂○正義曰言樂及徧舞則樂之所有舞悉周徧故知皆舞六代之樂也周禮大司樂以樂舞教國子舞雲門大卷大咸大磬大夏大濩大武鄭玄云此周所存六代之樂也傳記所說雲門大卷黃帝也大咸堯也大韶舜也大夏禹也大濩湯也大武周武王也是為六代奏黃鍾歌大呂舞雲門以祀天神奏大蔟歌應鍾舞咸池以祭地示奏姑洗歌南呂舞大磬以祀四望奏蕤賓歌林鍾舞大夏以祭山川奏夷則歌中呂舞大濩以享先妣奏無射歌夾鍾舞大武以享先祖 鄭伯聞之。見虢叔。虢叔虢公字 曰。寡人聞之。哀樂失時。殃咎必至。今王子頹歌舞不倦。樂禍也。夫司寇行戮。司寇刑官○樂音洛殃咎上於良反下巨九反 君為之不舉。去盛饌○去起呂反饌仕眷反【疏】注去盛饌○正義曰周禮膳夫職曰王日一舉鼎十有二物皆有俎以樂侑食大喪則不舉大荒則不舉大札則不舉天地有災則不舉邦有大故則不舉鄭玄云殺牲盛饌曰舉襄二十六年傳曰古之治民者將刑為之不舉不舉則徹樂是不舉者貶膳食徹聲樂也 而況敢樂禍乎。奸王之位。禍孰大焉。臨禍忘憂。憂必及之。盍納王乎。虢公曰。寡人之願也。○奸音干盍胡獵反何不也

經二十有一年。春。王正月。○夏五月辛酉。鄭伯突卒。十六年與魯大夫盟于幽 ○秋。七月戊戌。夫人姜氏薨。無傳薨寢祔姑赴於諸侯故具小君禮書之○祔音附【疏】二十一年注薨寢至書之○正義曰經無所闕禮具可知杜為此注者以先儒之說使莊公絕母子之親故於此明之知母子不絕下葬注亦然 ○冬。十有二月。葬鄭厲公。無傳八月葬緩慢也

傳二十一年。春。胥命于弭。夏。同伐王城。鄭虢相命弭鄭地○弭面爾反 鄭伯將王自圉門入。虢叔自北門入。殺王子頹及五大夫。鄭伯享王于闕西辟。樂備。闕象魏也樂備備六代之樂○圉魚呂反辟蒲歷反【疏】注闕象魏也○正義曰定二年雉門及兩觀災注云兩觀闕也禮運云昔者仲尼與於蜡賓事畢出遊於觀之上鄭玄云觀闕也釋宮云觀謂之闕郭璞云宮門雙闕周禮大宰正月之吉縣治象之法于象魏使萬民觀治象鄭衆云象魏闕也哀三年魯災傳稱季桓子御公立于象魏之外命藏象魏曰舊章不可亡也由此言之則觀闕象魏其事一也劉熙釋名云闕在門兩旁中央闕然為道也然則其上縣法象其狀巍巍然高大謂之象魏使人觀之謂之觀也闕西辟者辟是旁側之語也服虔云西辟西偏也當謂兩觀之內道之西也

王與之武公之略。自虎牢以東。略界也鄭武公傅平王平王賜之自虎牢以東後失其地故惠王今復與之虎牢河南成皋縣○復扶又反【疏】注略界至皋縣○正義曰孟子云仁政必自經界始昭七年傳曰天子經略諸侯正封封略之內何非君土孟子經界即傳之經略且云封略之內封是竟則知略是界也武公東鄭之始封君也言武公之略則是武公舊竟若其由來不失不須今日復與故知後失其地惠王今復與之隱十一年王取鄔劉蔿邘之田于鄭蓋桓王之世失之也 原伯曰。鄭伯效尤。其亦將有咎。原伯原莊公也言效子頹舞徧樂○效戶教反徧音遍 五月。鄭厲公卒。王巡虢守。巡守於虢國也天子省方謂之巡守○守音狩本或作狩後放此注同【疏】注巡守至巡守○正義曰孟子云諸侯朝天子曰述職天子適諸侯曰巡守巡守者守也言諸侯為天子守土天子時巡行之易稱后不省方故云天子省方謂之巡守 虢公為王宮于玤。玤虢地○玤蒲項反 王與之酒泉。酒泉周邑 鄭伯之享王也。王以后之鞶鑑予之。后王后也鞶帶而以鑑為飾也今西方羌胡為然古之遺服○鞶步干反又蒲官反紳帶也鑑工暫反鏡也【疏】注后王至遺服○正義曰鞶是帶也鑑是鏡也此與定六年傳皆鞶鑑雙言則鞶鑑一物故知以鏡飾帶舉今羌胡之服以明之 虢公請器。王予之爵。爵飲酒器 鄭伯由是始惡於王。為僖二十四年鄭執王使張本○惡烏路反又如字使所吏反【疏】注虢公至於王○正義曰鄭伯謂厲公子文公也服虔云鞶鑑王后婦人之物非所以賜有功爵飲酒器玉爵也一升曰爵爵人之所貴者言鄭伯以其父得賜不如虢公為是始惡於王積而成怨僖二十四年遂執王使此為彼張本 ○冬。王歸自虢。傳言王之偏也

經二十有二年。春。王正月。肆大眚。無傳赦有罪也易稱赦過宥罪書稱眚災肆赦傳稱肆眚圍鄭皆放赦罪人蕩滌衆故以新其心有時而用之非制所常故書○眚所景反盪音蕩本又作蕩滌徒歷反【疏】二十二年注赦有至故書○正義曰肆大眚者肆緩也眚過也緩縱大過是赦有罪也大罪猶赦則小罪亦赦之猶今赦書大辟罪以下悉皆原免也易解卦象云雷雨作解君子以赦過宥罪解卦坎下震上震為雷坎為雨雷動雨下而萬物解散故君子以此卦象而放赦有過寬宥罪人也書稱眚災肆赦舜典文孔安國云眚過災害肆緩也過而有害當緩赦之肆眚圍鄭襄九年傳文也此諸言肆眚者皆是放赦罪人蕩滌衆故除其瑕穢以新其心也必其國有大患非赦不解或上有嘉慶須布大恩如是乃行此事故釋例曰天有四時以成歲雷霆以振之霜雪以齊之春陽以煖之雲雨以潤之然後能相育也天且弗違而況於人乎物不可終否故受之以同人同人者與人同也解天下之至結成天下之亹亹肆夫眚之謂也堯曰咨爾舜有罪不敢赦所以須待革命有時而用之非制所常故書之也杜唯言有時用之亦不知此時何以須赦穀梁傳曰肆大眚為嫌天子之葬也其意言文姜有罪不合以禮而葬若不赦不復書葬嫌天子許之明須赦而後得葬故為赦也賈逵以文姜為有罪故赦而後葬以說臣子也魯大赦國中罪過欲令文姜之過因是得除以葬文姜杜不明說要文姜出奔之日尚稱夫人夫人之名未嘗有貶何須以赦除之此赦必不為文姜但夫人以去年七月薨十一月則當合葬乃至此年正月經七月始葬如此遲緩必是國家有事須赦解之但不知其所由耳 ○癸丑。葬我小君文姜。無傳反哭成喪故稱小君 ○陳人殺其公子御寇。宣公太子也陳人惡其殺太子之名故不稱君父以國討公子告○御音禦本亦作禦惡烏路反【疏】注宣公至子告○正義曰傳言大子必是大子也僖五年晉侯殺其世子申生稱君稱世子此不然者釋例曰古者討殺其大夫各以罪狀宣告諸侯所以懲不義重刑戮也晉侯使以殺大子申生之故來告衛殺孔達傳載其辭雖有臨時之狀其告則常也然則殺大夫公子當以罪狀告人此傳不說御寇之罪則陳人不以罪告而經書公子是惡殺大子之名故不稱君父以國討公子告 ○夏五月。【疏】告夏五月○正義曰釋例曰年之四時雖或無事必空書首月以紀時變以明歷數莊公獨稱夏五月及經四時有不具者丘明無文皆闕繆也 ○秋七月丙申。及齊高傒盟于防。無傳高傒齊之貴卿而與魯之微者盟齊桓謙接諸侯以崇霸業 ○冬。公如齊納幣。無傳公不使卿而親納幣非禮也母喪未再期而圖昏二傳不見所譏左氏又無傳失禮明故○見賢遍反又如字【疏】注公不至明故○正義曰釋例曰宋公使華元來聘聘不應使卿故傳但言聘共姬也使公孫壽來納幣應使卿故傳明言其得禮也是納幣當使卿公不使卿親納幣非禮也

傳二十二年。春。陳人殺其大子御寇。傳稱大子以實言 陳公子完與顓孫奔齊。公子完顓孫皆御寇之黨○顓音專 顓孫自齊來奔。不書非卿 齊侯使敬仲為卿。敬仲陳公子完 辭曰。羈旅之臣。羈寄也旅客也 幸若獲宥。宥赦也 及於寬政。赦其不閑於教訓。而免於罪戾。弛於負擔。弛去離也○弛失氏反擔丁暫反離力智反 君之惠也。所獲多矣。敢辱高位。以速官謗。敢不敢也○謗布浪反 請以死告。以死自誓 詩云。翹翹車乘。招我以弓。豈不欲往。畏我友朋。逸詩也翹翹遠貌古者聘士以弓言雖貪顯命懼為朋友所譏責○翹祁堯反乘繩證反 使為工正。掌百工之官 飲桓公酒。樂。齊桓賢之故就其家會據主人之辭故言飲桓公酒○飲於鴆反注同樂音洛下注同【疏】注齊桓至公酒○正義曰春秋之世設享禮以召君者皆大臣擅寵如衛公叔文子宋桓魋之徒始為之耳為之非禮法也敬仲羈旅之臣且知禮者也必不召公臨已知是桓公賢之自就其家會也據敬仲為主人辭故言飲公酒耳 公曰。以火繼之。辭曰。臣卜其晝。未卜其夜。不敢。【疏】臣卜至不敢○正義曰服虔云臣將享君必卜之示戒慎也此桓公自就其家非敬

仲發心請享不得言將享必卜也蓋桓公告其往曰乃卜之耳言未卜其夜者詩云厭厭夜飲在宗載考鄭玄云考成也夜飲之禮在宗室同姓則成於庶姓讓之則止引此敬仲之事云此之謂不成是言敬仲非齊同姓故不敢也君子曰。酒以成禮。不繼以淫。義也。夜飲爲淫樂以君成禮。弗納於淫。仁也。初。懿氏卜妻敬仲。懿氏陳大夫龜曰卜○妻七計反〔疏〕注龜曰卜○正義曰曲禮文也周禮大卜掌三兆之法一曰玉兆二曰瓦兆三曰原兆其經兆之體皆百有二十其頌皆千有二百鄭玄云兆者灼龜發於火其形可占者其象似玉瓦原之璺罅是用名之焉原原田也頌謂繇也每體十繇然則卜人所占之語古人謂之爲繇其辭視兆而作出於臨時之占或是舊辭或是新造猶如筮者引周易或別造辭卜之繇辭未必皆在其頌千有二百之中也此傳鳳凰于飛下盡莫之與京襄十年傳稱衞卜禦寇姜氏問繇曰兆如山陵有夫出征而喪其雄哀九年傳稱晉趙鞅卜救鄭遇水適火史龜曰是謂沈陽可以興兵利以伐姜不利子商三者皆是繇辭其辭也韻則繇辭法當韻也郭璞撰自所卜事謂之辭林其辭皆韻習於古也占之曰吉。懿氏妻是謂鳳皇于飛。和鳴鏘鏘。雄曰鳳雌曰皇雄雌俱飛相和而鳴鏘鏘然猶敬仲夫妻相隨適齊有聲譽○和如字又戶臥反注同鏘七羊反本又作將將〔疏〕注雄曰至聲譽○正義曰釋鳥云鶠鳳其雌皇郭璞云瑞應鳥說文云鳳神鳥也天老曰鳳之象也鴻前麐後蛇頸魚尾鸛顙鴛思龍文龜背燕頷雞喙五色備舉出於東方君子之國翱翔四海之外過崐崘飲砥柱濯羽弱水莫宿丹穴見則天下大安寧從鳥凡聲鳳飛則羣鳥從之以萬數故古文鳳作朋字山海經云丹穴之山有鳥焉其狀如鶴五采而文名曰鳳皇首文曰德翼文曰順背文曰義膺文曰仁腹文曰信是鳥也飲食則自歌自舞是說鳳皇之狀也鳳皇雄雌俱飛喻敬仲夫妻相隨鏘鏘鳴之聲故以喻有聲譽也其妻有嬀之後。將育于姜。嬀陳姓姜齊姓五世其昌。並于正卿。八世之後。莫之與京。京大也○並于本或作並爲誤〔疏〕五世至與京○正義曰五世其昌言其始昌盛也並于正卿位與卿並得爲上大夫也莫之與京謂無與之比大言其位最高也五世八世當是卜兆之間有其象傳言其占之辭不言其知之意固非後學所得詳之陳厲公。蔡出也。姊妹之子曰出〔疏〕注姊妹之子曰出○正義曰釋親云男子謂姊妹之子爲出言姊妹出嫁而生子也故蔡人殺五父而立之。五父陳佗也殺陳佗在桓六年○佗大多反生敬仲。其少也。周史有以周易見陳侯者。周大史也○少詩照反見如字又賢遍反大音泰〔疏〕注周大史也○正義曰直言周史知是大史者周禮大史掌書昭二年傳稱韓宣子觀書於大史氏此以周易見陳侯故知是大史也以周易見者自以知周易見陳侯言已明易能筮故陳侯使之筮也陳侯使筮之。蓍曰筮○筮上制反蓍音尸〔疏〕注蓍曰筮○正義曰曲禮文也其揲蓍求卦之法則易繫辭具焉遇觀☴☷坤下巽上觀○觀古亂反注皆同之否。☰☷坤下乾上否觀六四爻變而爲否○否備鄙反注皆同〔疏〕遇觀之否正義曰此

注坤下巽上觀坤下乾上否及六四爻變諸如此輩皆據周易之文知之劉炫規過云觀之否者爲觀卦之否爻屯之比者屯卦之比爻皆不取後卦之義今刪定以爲不然何者以閔元年畢萬筮仕遇屯之比云屯固比入僖十五年晉獻公筮嫁伯姬得歸妹之睽云士刲羊亦無衁歸妹上六爻辭又云歸妹睽孤寇張之弧睽之上九爻辭又云歸妹之睽猶無相也昭五年明夷之謙云明夷于飛垂其翼又云謙不足飛不翔此之等類皆取前後二卦以占吉凶今人之筮亦皆如此故賈服及杜並皆同焉劉炫苟異前儒好爲別見以規杜氏非也沈云遇者不期而會之名筮者所得卦之吉凶非有宿契逢遇而已故謂之遇劉炫云下體坤坤爲地爲衆上體巽巽爲風爲木互體有艮艮爲門闕地上有木而爲門闕宮室之象宮室而可風化使天下之衆觀焉故謂之觀也下體坤坤爲地上體乾乾爲天天不下降地不上騰天地不通其氣上下否塞故謂之否也曰。是謂觀國之光。利用賓于王。此周易觀卦六四爻辭易之爲書六爻皆有變象又有互體聖人隨其義而論之○爻戶交反此其代陳有國乎。不在此。其在異國。非此其身。在其子孫。〔疏〕是謂至子孫○正義曰觀國之光利用賓于王二句周易文也此先云不在此其在異國後云非此其身在其子孫所以在下覆結先云其在後乎後云在異國者其在異國之下更欲演說異國是大嶽姜姓其言稍多且須以結末故進其在後乎於上先解之也庭實旅百以下方解利用賓于王則上句故曰觀國之下未須賓王之句而再言利用賓于王者蓋以觀國之光即是朝王之事直言觀光以文不足故連言賓王但未解賓王之義故於下更重解之傳稱引詩斷章則引易論事易未必如本此言觀國之光謂所爲筮者觀他人有國之光榮也此有國之人利用爲賓客於王朝也其意言見其子孫有其國作賓於王家耳非其身也代陳有國言代陳正適子孫有其國家陳滅此興是代之也○注此周至論之○正義曰易之爲書揲蓍求爻重爻爲卦爻有七八九六其七八者六爻並皆不變卦下揔爲之辭名之曰彖彖者才也揔論一卦之才德若乾元亨利貞之類皆是也其九六者當爻有變每爻別爲其辭名之曰象象者像也指言一爻所象若乾初九潛龍勿用之類皆是也不變者聚而爲彖其變者散而爲象計每爻於一卦當書兩體但以此爻陰陽既同雖變否有異且每爻異辭不可爻作二畫從上可知故不畫二也傳之筮者指取易義不爲論卦但明不畫卦也諸爲注者皆言上體下體若其畫卦示人則當不煩此注注亦不畫卦也今書有畫卦者當是後之學者自恐不識私畫以備忘遂傳之耳每爻各有象辭是六爻皆有變象二至四三至五兩體交互各成一卦先儒謂之互體聖人隨其義而論之或取互體言其取義爲常也光遠而自他有耀者也。〔疏〕光遠至耀者也正義曰易稱觀國之光故解其光義言光在此處遠照於他物從他物之上而有明耀者也謂光能遠照於他物有明故下云照之以天光是也坤。土也。巽。風也。乾。天也。風爲天於土上。山也。巽變爲乾故曰風爲天自二至四有艮象艮爲山○乾其然反〔疏〕於土上山也○正義曰六四之爻位在坤上坤爲土地山是地之高者居於土上是爲土上山也又巽變爲坤六四變爲九四從二至四互體有艮之象艮爲山故言山也有山之材。而照之以天光。於是乎

居土上。山則材之所生上有乾下有坤故言居土上照之以天光故曰。觀國之光。利用賓于王。四爲諸侯變而之乾有國朝王之象〔疏〕有山至于王○正義曰山則材之所生此人有山之材言其必大富也上天以明臨下照之以天光言天子臨照之也於是乎又居於土上既富矣而彼天照又復居有土地是爲國君之象也易位四爲諸侯變而爲乾乾爲天子是有國朝王之象故曰觀國之光利用賓于王庭實旅百。奉之以玉帛。天地之美具焉。故曰利用賓于王。艮爲門庭乾爲金玉坤爲布帛諸侯朝王陳贄幣之象旅陳也百言物備○摯音至本又作贄同〔疏〕庭實至于王○正義曰覲禮侯氏執圭見王王受圭禮成乃出又入行享禮獻國之所有此說行享禮也旅陳也庭之所實陳有百品言物備也奉之以玉帛謂執玉帛而致享禮彼天之照有地之材天子賜之土田國君獻國所有天地之美備具焉朝王之儀畢足矣故曰利用賓于王○注艮爲至物備○正義曰易說卦艮爲門闕乾爲金玉坤爲布帛杜以門內有庭傳言庭實故言艮爲門庭耳杜言諸侯朝王陳贄幣之象者謂陳之以行享禮也覲禮侯氏既見王乃云四享皆束帛加璧庭實唯國所有鄭玄云四當爲三大行人職曰諸侯廟中將幣皆三享其禮差又無取於四也初享或用馬或用虎豹之皮其次享三牲魚腊籩豆之實龜也金也丹漆絲纊竹箭也其餘無常貨此物非一國所能有唯國所有分爲三享皆以璧帛致之禮器云大饗其王事與三牲魚腊四海九州之美味也籩豆之薦四時之和氣也內金示和也束帛加璧尊德也龜爲前列先知也金次之見情也丹漆絲纊竹箭與衆共財也其餘無常貨各以其國之所有則致遠物也郊特牲曰旅幣無方所以別土地之宜而節遠邇之期也龜爲前列先知也以鍾次之以和居參之也虎豹之皮示服猛也束帛加璧往德也鄭玄覲禮之注所言出於彼也杜言贄幣即鄭所謂璧帛也此奉之以玉帛執以致庭實耳其王帛不入玉也覲禮侯氏致享執之玉致命王撫之而已不受之也又曰侯氏降授宰幣是庭實之幣皆庭受之唯馬受之於門外耳旅陳釋詁文也百者言其物備也猶有觀焉。故曰其在後乎。因觀文以傳占故言猶有觀非在已之言故知在子孫○觀古亂反〔疏〕注因觀至子孫○正義曰以卦名觀故因觀文以傳占也觀者視他之辭此賓王之事若所爲筮者身自當有則不應觀他此卦猶有觀焉觀非在已之言其人觀他有之故知在其子孫也風行而著於土。〔疏〕風行而著於土○正義曰服虔云巽在坤上故爲著土也一曰巽爲風復爲木風吹木實落去更生他土而長育是爲在異國故曰。其在異國乎。若在異國。必姜姓也。姜。大嶽之後也。姜姓之先爲堯四嶽○著直略反大嶽音泰下音岳〔疏〕注姜姓至四嶽○正義曰周語稱堯命禹治水共之從孫四嶽佐之胙四嶽國命爲侯伯賜姓曰姜氏曰有呂賈逵云共共工也從孫同姓末嗣之孫四岳官名大岳也主四岳之祭焉然則以其主嶽之祀尊之故稱大也山嶽則配天。物莫能兩大。陳衰。此其昌乎。變而象艮故知當興於大嶽之後得大嶽之權則有配天之大功故知陳必衰〔疏〕注變而至必衰○正義曰六四爻變爲九四與二共爲艮象艮爲山故知興於山嶽之國姜姓大岳之後

知其將育于姜地之高者莫過於山詩云崧高維嶽駿極于天言其大能至天故山嶽則配天也且乾在上艮在下亦是山嶽配天之象此人子孫養於大嶽之後官尊位貴得大嶽之權則其功德有配天之大然天子其功配天今縱得大嶽之權唯諸侯耳言配天者以其功大故甚言之物莫能兩大此有與光故名陳必衰也

及陳之初亡也。昭八年楚滅陳　陳桓子始大於齊。桓子敬仲五世孫陳無宇〔疏〕注桓子至無宇。○正義曰史記田完世家完卒謚為敬仲仲生穉孟夷夷生湣孟莊莊生文子須無文子生桓子無宇是為敬仲五世孫也

其後亡也。哀十七年楚復滅陳。○復扶又反　成子得政。成子陳常也敬仲八世孫陳完有禮於齊子孫世不忘德德協於卜故傳備言其終始卜筮者聖人所以定猶豫決疑似因生義教者也尚書洪範通龜筮以同卿士之數南蒯卜亂而遇元吉惠伯荅以忠信則可臧會卜僭遂獲其應丘明故舉諸縣驗於行事者以示來世而君子志其善者遠者他皆放此○豫音預本亦作預蒯居怪反僭子念反應應對之應縣音玄〔疏〕注成子至放此○正義曰沈氏云世家桓子生武子啓及僖子乞乞卒子常代之是為田成子是於敬仲為七世言八世者據其相代在位為八世也成子弒簡公專齊政是莫之與大也成子生襄子盤盤生莊子白白生大公和和遷齊康公於海上和立為齊侯和孫威王稱王四世而秦滅之作傳之時完之子孫已盛故傳備言其終始也世家云敬仲之如齊以陳字為田氏左傳終始稱陳田必非敬仲所改未知何時改耳左傳之初至此始有卜筮故杜於此通說之曲禮曰卜筮者先聖王之所以使民決嫌疑定猶與也是先王立之本意也因而生義教謂教人以行義行善則德協於卜行惡則遇吉反凶必以行義乃可卜也洪範曰汝則有大疑謀及乃心謀及卿士謀及庶人謀及卜筮謀及卿士而以卜筮同之是通龜筮以同卿士之數也南蒯卜為亂不信則不可臧會卜為僭不信乃遂吉二事相反故特引之言卜筮應人行也南蒯在昭十二年臧會在昭二十五年南蒯筮而言卜者卜筮通言耳杜引洪範者欲明龜筮未必神靈故云以同卿士之數言龜筮所見纔與卿士同耳又引南蒯者明吉凶由行不由卜筮欲使人脩德行不可純信卜筮也又引臧會者吉凶亦由卜筮不可專在於行欲使人敬龜筮也故上明舉縣驗於行事者以示來世脩德行敬龜筮言驗於行事者南蒯則行驗而龜筮不驗臧會則行不驗而龜筮驗言君子志其善者遠者善者謂勸人脩德行敬龜筮是也遠者謂舉其大綱勸人為善長久遠道非有臨時應驗此遠也者即上善者指其事謂之善指其教謂之遠劉炫云計春秋之時卜筮多矣丘明所載唯二十許事舉其縣驗於行事者其不驗者不載之君子之人當記其忠之善者知之遠者他皆放此

春秋左傳注疏卷九校勘記　阮元撰盧宣旬摘錄

附釋音春秋左傳注疏卷第九　莊十一年盡二十二年

經十一年

十一年公敗宋師于鄑　諸本脫十一年三字

故敗于乘邱　毛本敗誤敗

傳十一年

注通謂至為文　宋本以下正義六節揔入京師敗節注下

師徒撓敗　宋本撓作橈正義同釋文亦作橈是也○今訂從宋本

故曰敗績　宋本績字下有諸言敗績者皆云某師敗績十一字

然則績者是大崩之名　閩本監本毛本則作敗宋本作然則敗績者不誤

得雋曰克　淳熙本足利本雋作儁釋文云本或作俊諸本皆作儁案漢書陳湯傳注引作俊玉篇云儁同俊

故具迹叔段之事以充之　浦鏜正誤迹作跡

釋例與此盡同　監本此字脫

禹湯罪已其興也悖焉　石經宋本岳本作己不誤淳熙本纂圖本閩本監本毛本誤作已甚之已正義同釋文悖一作勃五經文字云悖俗作勃案呂覽當染篇漢書陳蕃傳注引並作勃非爾雅釋詁正義引又作悖然

禹湯罪已桀紂罪人　宋本以下正義三節揔入臧孫達曰節之下

公子御說之辭也　釋文云御本或作禦與史記漢書古今人表同

搏取也　宋本搏作傳誤

注金僕姑矢名　宋本以下正義三節揔入曰始吾敬子節注下

安得稱公敗宋師于乘邱　宋本安上有經字是也

注戲而相愧曰靳至得還　宋本作注戲而至得還

經十二年

十二年注紀侯至大歸　各本脫十二年三字

夫國喜得其所　宋本夫作失與穀梁合

不書葬亂也　山井鼎云足利本後人記云亂下有故字非也

公羊書其不畏彊禦　宋本閩本監本毛本書作善

傳十二年

注蒙澤至蒙縣　宋本以下正義四節揔入皆醢之注下

楚弒其君虔于乾谿　宋本楚下有公子比自晉歸于楚八字與昭十三年經合

批而殺之　案今說文作搥無批字玉篇引傳正作搥而殺之

手批之也　宋本淳熙本無也字

蒙縣西北有亳城　案郡國志水經注廿三引作薄城古字通

猛獲其黨一　宋本淳熙本岳本纂圖本無一字此誤衍山井鼎云足利本無其字非也

○冬十月蕭叔大心　宋本岳本冬上無○此本誤衍

南宮萬奔陳　釋文云本或作長萬長衍字也下亦然案下文亦請南宮萬于陳釋文作南宮長萬傳寫之失

斷以賂為句　宋本斷作繼非

經十三年

傳十三年

十三年傳注宋有至霸業　各本脫十三年傳四字宋本此節正義在注戍守也之下

遂人不至○　案宋本岳本無○此誤衍

經十四年

十四年注既伐至大夫　諸本脫十四年三字○補案各本全書正義標起止並不標年、皆與此同後不悉出

鄄衛地今東郡鄄城也　淳熙本閩本纂圖本監本毛本鄄城作甄城釋文亦作甄云或作鄄案集韻云鄄地名在衛通作甄

陳世子款盟于洮　監本毛本款作欵俗款字

宋在齊上則魯次宋也　宋本宋在作或在不誤

傳十四年

經書人傳諸侯者　宋本淳熙本岳本纂圖本足利本傳下有言字岳本脫者字

注齊欲至之辭　宋本此節正義在夏單伯會之節下

先儒以為諸如此輩　閩本輩誤韛

非正等差之謂也　宋本正作止是也

初內蛇與外蛇鬭於鄭南門中內蛇死　石經初刻鬭後改鬬

六年而厲公入　閩本監本毛本脫而厲公三字宋本以下正義三節揔入乃縊而死句下

○服虔云　宋本監本毛本○下有正義曰三字

其氣燄以取之　石經初刻燄作炎是也改作燄釋文亦作炎案漢書五行志藝文志引傳文並作其氣炎以取之顏師古注炎讀與燄同

蓋其畿內之國　宋本其作是不誤

○莊公之子猶有八人傳唯見四人子忽子亹子儀並死獨厲公在八人名字記傳無聞　案卅四字乃釋文自此本誤入正義閩本監本毛本並仍其謬○補案此本不誤

緄息嬀以語楚子　釋文緄說文作謴廣雅云謴啓也
宰役在十年　各本作莘役此本誤作莘役
注緄謷也　宋本此節正義入秋七月節注下
商書盤庚　釋文作般庚云本又作盤庚案周禮司勳注作般庚漢石經尚書殘碑般作股唐元度云石經舟皆作月

經十五年

傳十五年

經十六年　宋本春秋正義卷第九
往年齊桓始霸　宋本始作治非
戚與盧柯　宋本閩本監本毛本柯作村是也○今依訂正

傳十六年
注二子至曰刖　宋本以下正義二節揔入注言其不能早辟害之下
注滿於十　宋本注下有數字是也
傳稱曲沃武滅翼　宋本監本毛本武下有公字不誤
盡以是寶器賂獻於周僖王　宋本閩本監本毛本是作其不誤

經十七年
齊桓始霸　閩本監本毛本霸作伯釋文亦作伯音霸云本又作霸
鄭令詹請齊謝罪　宋本請作諳不誤
夏齊人殲于遂　漢書地理志注引遂作隧
骴而无備　宋本无作無是
逃居匹夫逃竄　宋本閩本監本毛本居作著不誤
冬多麋　葉抄釋文麋作麋非也案石經此處缺諸本作麋釋文亡悲反則從米是也

傳十七年

經十八年
秋有𧋍也　釋文𧋍本又作蜮漢書引經文作蜮說文云蜮短狐
𧋍短弧也　盧文弨曰按弧字是也能含沙射人故名之短弧釋文亦作短弧云本又作狐宋本淳熙本岳本並作狐釋文短本又作斷
或謂含沙射人入皮肌　浦鏜正誤云皮當作人盧文弨云穀梁疏作射人入人皮肌

傳十八年
示不忘故　宋本岳本纂圖本監本毛本作忘古是也案正義作古
所以助歡敬之意　纂圖本閩本監本毛本歡作勸非正義所以助勸也同
注王之至備設　宋本以下正義三節揔入王命諸侯節注下
王爲之設饗禮　毛本禮誤醴
侯伯三饗再食再燕　監本毛本三作二非也
四曰醍齊　宋本醍作緹字周禮作緹按緹正字醍俗字
然醴猶體也　毛本體作躰俗字
主人又酌以酬賓曰酬幣　宋本幣上有謂之酬三字是也
所賜之物即下玉馬是也　監本玉作王非
命晉侯助以束帛　宋本晉侯下有宥注云命晉侯六字與僖廿八年傳注合
皆賜玉五瑴　釋文云瑴字又作珏正義引倉頡篇瑴作珏雙玉爲瑴故字從兩玉說文瑴字云珏或從㱿岳本作瑴是也
宜無鐘鼓故以侵言之也　宋本監本毛本不重故字是
闕緡尹之　宋本此節正義在以代楚句下
遷權於那處　石經初刻同改刻鄀岳本作鄀與釋文合下並同

經十九年

傳十九年
注黃嬴姓　宋本以下正義四節揔入君子曰節注下
而葬於絰皇　惠棟云絰與窒通
掌守主宮之中門之禁也　宋本閩本監本毛本主作王是
生子頹　石經宋本足利本頹作穨案六經正誤云說文作穨臨川與國本並作穨當從之後同
姚姓也　宋本淳熙本無也字
及惠王即位　石經初刻有脫文及惠王即四字改刊時補正
注圃園也囿苑也　宋本此節正義在冬立子穨之下
囿其樊也　重修監本樊作棥誤

經二十年
來告以火　岳本纂圖本閩本監本毛本火作大是也按正義亦作大

二十年注來告至六年　各本脫二十年三字此節正義宋本在齊人伐戎句注下

傳二十年
注燕仲父南燕伯　宋本以下正義三節揔入寡人之願也句下
大磬大夏　閩本監本毛本磬作磬非下舞大磬同
奏黃鍾　閩本監本鍾作鐘下同
奏大蔟　閩本監本蔟作簇非
奏蕤賓　補案纂周禮作蕤
叔號公字　淳熙本字誤子纂圖本閩本監本毛本作虢叔公字非也

經二十一年
八月葬緩慢也　宋本淳熙本岳本足利本月下有乃字是也

傳二十一年
鄭號相命　岳本命下有也字
闕象魏也　宋本以下正義五節揔入冬王歸自虢注下
王巡虢守　山井鼎引林唐翁直解作王巡守虢非釋文云守本或作狩後放此注同
玤虢地　纂圖本毛本地作也誤
鞶帶而以鑑爲飾也　宋本淳熙本鑑作鏡定六年傳注同
今西方羌胡爲然古之遺服　宋本淳熙本岳本爲作猶是

經二十二年
經二十二年　石經此處殘闕宋本淳熙本岳本足利本十下有有字是也
蕩滌衆故　宋本岳本纂圖本閩本監本毛本蕩作盪釋文亦作盪云本又作蕩案正義作蕩衆下山井鼎云足利本有惡字
春陽以煖之　毛本煖作暖
尙稱夫人　監本毛本尙作常非也
此赦必不爲文姜　宋本姜下有也字
陳人殺其公子御寇　釋文云御本亦作禦案公羊穀梁皆作禦
跡告夏五月　監本毛本跡誤注此本告字衍

傳二十二年
使公孫壽來納幣　宋本重納幣二字是也

皆御寇之黨 監本寇誤光
使爲工正 毛本正誤政
注齊桓至公酒 宋本以下正義二十二節揔入篇末
敬仲羈旅之臣 宋本羈作羇俗字
據敬仲爲主人辭 宋本人下有之字
其象似玉瓦原之璺鏬 毛本璺作壐非也
頌爲繇也 宋本閩本監本爲作謂
此傳鳳凰于飛 宋本作鳳皇是也
郭璞撰自所卜事謂之辭林 按隋書經籍志有周易新林林易洞林皆郭璞撰此作辭誤
是謂鳳皇于飛 監本毛本皇作凰俗字注同
奠宿丹穴 案說文丹作風淮南子作鳳穴
鳳皇雄雌俱飛 毛本雄雌二字誤倒
言已明易能筮 宋本已作已不誤
觀六四爻變而爲否 宋本無爻字
爲觀卦之否爻 浦鏜正誤爲改作謂
得歸妹之睽云 睽各本作暌非宋本不誤下同
互體有艮 毛本有作爲非
艮爲門闕 監本闕誤闕下同
若乾初九潛龍勿用之類 閩本用誤毋
當書兩體 宋本監本毛本書作畫是也
今書有畫卦者 閩本書作畫非
聖人隨其義而論之也 宋本論之下有或取爻象四字是
諸侯朝王陳贄幣之象 纂圖本閩本監本毛本贄作摯釋文亦作摯云本又作贄同
陳有百品言物備也 毛本陳誤成宋本重百品二字閩本監本毛本並脫
謂執玉帛而致享禮 宋本禮下有也字
諸侯廟中將幣皆三享 毛本幣誤備
因觀文以傳占 宋本淳熙本岳本纂圖本足利本傳作搏是也正義同

姜大嶽之後也 周禮馬質正義引作大岳案說文岳古文嶽
從孫同姓未嗣之孫 宋本作末是也
桓子敬仲五世孫陳無宇 纂圖本閩本監本毛本宇誤字
仲生稺孟夷 閩本監本毛本稺誤釋
臧會卜僭 淳熙本卜作十非
及僖子乞乞卒子常代之 各本作僖此本誤僖今訂正宋本常作恒毛本代誤伐
成子弑簡公 監本毛本弑作殺非
汝則有大疑 閩本監本毛本有大二字誤倒
欲使人敬龜筮也 宋本龜作卜是也
當記其忠之善者 監本毛本忠作志

附釋音春秋左傳注疏卷第十 莊二十三年盡三十二年

杜氏注　孔穎達疏

經二十有三年。春。公至自齊。無傳。○祭叔來聘。無傳。穀梁以祭叔爲祭公來聘魯天子內臣不得外交故不言使不與其得使聘。○祭側界反。爲于僞反。【疏】二十三年注穀梁至使聘○正義曰諸言聘者皆言某侯使某來聘此不言使左氏無傳故取穀梁爲說穀梁傳云其不言使何也天子之內臣也不正其外交故不與使也然則言內臣不得外交必是畿內之國畿內之國非爲祭耳傳不言爲祭公來聘杜言爲祭公來聘者但祭叔連祭爲文必是祭人虞叔子虞公之弟此祭叔或是祭公之弟故以爲爲祭公來聘天子內臣不得外交諸侯故不言使不與其得使聘也魯受其聘行其禮故書聘耳二十五年陳女叔來聘嘉之故不名此無可嘉亦稱叔者杜意叔爲名爲字無以可知故不明言○夏。公如齊觀社。齊因祭社蒐軍實故公往觀之。【疏】注齊因至觀之○正義曰魯語說此事云夫齊棄大公之法而觀民於社孔晁云聚民於社觀戎器也襄二十四年傳稱楚子使薳啓彊如齊齊社蒐軍實使客觀之如此亦然故公往觀之釋例曰凡公出朝聘奔喪會葬皆但書如不言其事此春秋之常然則喪葬常事故不書觀社非常故特書　公至自齊。無傳。○荆人來聘。無傳。不書荆子使某來聘君臣同辭者蓋楚之始通未成其禮。【疏】注不書至其禮○正義曰釋例曰楚之君臣最多混錯此乃楚之初興未閑周之典禮告命之辭自生同異楚武王熊達始居江漢之間然猶未能自同列國故稱荆敗蔡師荆人來聘從其所居之稱而揔其君臣是言楚之始通未成其禮之意言君臣同辭者此云荆人來聘是臣來也僖二十一年楚人使宜申來獻捷言使則是君也而經亦書楚人是君臣同辭○公及齊侯遇于穀。無傳。穀音谷。○蕭叔朝公。無傳。蕭附庸國。叔名。就穀朝公故不言來。凡在外朝則禮不得具。嘉禮不野合。【疏】注蕭附至野合○正義曰無爵而稱朝知是附庸國也邾儀父貴之乃書字此無所貴知叔爲名也公羊傳曰其言朝公何公在外也文連遇于穀是就穀朝公穀是齊地故不言來也定十四年大蒐于比蒲邾子來會公比蒲魯地故言來也穀梁傳曰朝於廟正也於外非正也是言在外行朝則禮不得具定十年傳稱嘉樂不野合知嘉禮亦不野合嘉禮謂善禮非五禮之嘉也朝於五禮屬賓○秋。丹桓宮楹。桓公廟也。楹柱也。○楹音盈。○冬。十有一月。曹伯射姑卒。無傳。未同盟而赴以名。○射示亦反。又音亦。○十有二月。甲寅。公會齊侯盟于扈。無傳。扈鄭地。在滎陽卷縣西北。○扈音戶。卷音權。字林上權反。韋昭上云反。說文上粉反。

傳二十三年。夏。公如齊觀社。非禮也。曹劌諫曰。不可。夫禮。所以整民也。故會以訓上下之則。制財用之節。貢賦多少。朝以正班爵之義。帥長

幼之序。征伐以討其不然。不然不用命○長丁丈反〔疏〕夫禮至不然○正義曰夫禮者所以整理天下之民民謂甿庶貴賤者皆是也諸侯會聚所謀皆是尊王室脩臣禮故會以訓上下之則以諸侯事天子訓在下事其君也於會必號令諸國出貢賦多少即是制財用之節度也禮使小國朝大國是朝以正班爵之等義也爵同則小國在下是帥長幼之次序也諸侯之序以爵不以年此言長幼謂國大小也沈氏云爵同者據年之長幼故云帥長幼之序不朝不會則征討之故言征伐以討其不然 諸侯有王。從王事 王有巡守。省四方 以大習之。大習會朝之禮 非是君不舉矣。君舉必書。書於策 書而不法。後嗣何觀。○晉桓莊之族偪。桓叔莊伯之子孫強盛偪迫公室○偪彼力反 獻公患之。士蔿曰。去富子。則羣公子可謀也已。士蔿晉大夫富子二族之富強者○蔿于委反去起呂反下同 公曰。爾試其事。士蔿與羣公子謀。譖富子而去之。以罪狀誣之同族惡其富強故士蔿得因而間之用其所親為譖則似信離其骨肉則黨弱羣公子終所以見滅○惡烏路反間間廁之間 ○秋。丹桓宮之楹。

經二十有四年。春。王三月。刻桓宮桷。刻鏤也桷椽也將逆夫人故為盛飾○刻音克桷音角字林云齊魯謂桷為椽椽直專反〔疏〕二十四年注刻鏤至盛飾○正義曰釋器云金謂之鏤木謂之刻刻木鏤金其事相類故以刻為鏤也桷謂之榱榱即椽也穀梁傳曰刻桷非正也夫人所以崇宗廟也取非禮與非正而加之於宗廟以飾夫人非正也刻桓宮桷丹桓宮楹斥言桓宮以惡莊也是言丹楹刻桷皆為將逆夫人故為盛飾 ○葬曹莊公。無傳 ○夏。公如齊逆女。無傳親逆禮也〔疏〕注親逆禮也○正義曰公羊傳曰何以書親迎禮也親逆是正禮有故得使卿逆亦無譏也 ○秋。公至自齊。無傳 八月。丁丑。夫人姜氏入。哀姜也公羊傳以為姜氏要公不與公俱入蓋以孟任故丁丑入而明日乃朝廟○要於遙反任音壬後孟任皆同〔疏〕注哀姜至朝廟○正義曰公羊傳曰其言入何難也其難奈何夫人不可使入與公有所約然後入唯言有所要不知要何事故云蓋以孟任故也明日戊寅大夫宗婦覿用幣夫人若未朝廟不得受臣覿禮知明日乃朝廟既朝乃見大夫宗婦杜言朝廟者為覿用幣發也書入不書至者釋例曰莊公顧割臂之盟崇寵孟任故即位二十三年乃娶元妃雖丹楹刻桷身自納幣而有孟任之嫌故與姜氏俱反而異入經所以不以至禮書也 戊寅。大夫宗婦覿。用幣。宗婦同姓大夫之婦禮小君至大夫執贄以見明臣子之道莊公欲奢夸夫人故使大夫宗婦同贄俱見○覿徒歷反見也以見賢遍反下同夸苦瓜反〔疏〕注宗婦至俱見○正義曰襄二年葬齊姜傳稱齊侯使諸姜宗婦來送葬諸姜是同姓之女知宗婦是同姓大夫之婦也禮小君至大夫執贄以見明臣子之道禮亦無此文士相見禮稱大夫始見於君執贄夫人尊與君同臣始為臣有見君之禮明小君初至亦當有禮以見也且傳唯譏婦贄不宜用幣不言覿之為非知其禮當然也大夫當用羔鴈用幣亦為非禮也莊公欲奢夸夫人故使男女同贄惡其男女無別且譏僭為失禮故書之 ○大水。無傳 ○冬。戎侵曹。無傳 ○曹羈出奔陳。無傳 羈蓋曹世子也先君既葬而不稱爵者微弱不能自定曹人以名赴〔疏〕注羈蓋至名赴○正義曰此事左氏穀梁並無傳公羊以曹羈為曹大夫三諫不從而出奔杜以此經書曹羈出奔陳赤歸于曹與鄭忽出奔衛突歸于鄭其文相類故附彼為之說稱蓋為疑辭微弱不能自定曹人以名赴亦如鄭忽之出奔 ○赤歸于曹。無傳 赤曹僖公也蓋為戎所納故曰歸〔疏〕注赤曹至曰歸○正義曰史記曹世家與年表皆云僖公名夷三家經傳有五而皆言赤杜以鄭突類之知赤是曹君故以赤為僖公書有舛誤何必史記是而杜說非也傳例曰諸侯納之曰歸以戎侵曹而赤歸故云蓋為戎所納也賈逵以為羈是曹君赤是戎之外孫故戎侵曹逐羈而立赤亦以意言之無所據也 ○郭公。無傳蓋經闕誤也自曹羈以下公羊穀梁之說既不了又不可通之於左氏故不采用〔疏〕注蓋經至采用○正義曰公羊穀梁並以赤歸于曹郭公連文為句言郭公名赤失國而歸于曹是為說不了故不采用

傳二十四年。春。刻其桷。皆非禮也。并非丹楹故言皆〔疏〕注并非丹楹故言皆○正義曰穀梁傳曰禮楹天子諸侯黝堊大夫蒼士黈丹楹非禮也注云黝堊黑色黈黃色又曰禮天子之桷斲之礱之加密石焉諸侯之桷斲之礱之大夫斲之士斲本刻桷非正也加密石注云以細石磨之晉語云天子之室斲其椽而礱之加密石焉諸侯礱之大夫斲之士首之言雖小異要知正禮楹不丹桷不刻故云皆非禮也 御孫諫曰。臣聞之。儉。德之共也。侈。惡之大也。御孫魯大夫○御魚呂反本亦作禦侈昌紙反又戶氏反 先君有共德。而君納諸大惡。無乃不可乎。以不丹楹刻桷為共 ○秋。哀姜至。公使宗婦覿用幣。非禮也。傳不言大夫唯舉非常〔疏〕注傳不至非常○正義曰士相見禮云天下大夫相見以鴈上大夫相見以羔如士相見之禮始見於君執摯鄭玄云士大夫一也如彼禮文大夫始見於君用羔鴈始見夫人亦當然然則大夫用幣亦非常而以大夫為常者禮孤執皮帛則諸侯之臣有執帛者矣大夫執帛唯上偕耳其帛猶是男子所執婦人執幣則全非常事御孫唯諫婦人不宜執幣上明為所諫發傳故唯舉非常也左傳諸為諫者或言諫曰或不言諫意在載辭不為例也 御孫曰。男贄。大者玉帛。公侯伯子男執玉諸侯世子附庸孤卿執帛○贄真二反〔疏〕注公侯至執帛○正義曰周禮大宗伯職云公執桓圭侯執信圭伯執躬圭子執穀璧男執蒲璧是公侯伯子男皆執玉也典命職曰凡諸侯之適子誓於天子攝其君則下其君之禮一等未誓則以皮帛繼子男公之孤四命以皮帛眡小國之君是諸侯世子與孤卿執帛也附庸雖則無文而為一國之主來則謂之為朝未有爵命不合執玉明與世子同執帛也且哀七年傳稱禹合諸侯於塗山執玉帛者萬國附庸是國明執帛者附庸也鄭玄周禮注云皮帛者束帛而表以皮為之飾皮虎豹皮帛如今璧色繒也周禮以玉作六瑞以禽作六摯則瑞贄有異而此傳玉帛同言贄者鄭玄曲禮注云摯之言至也當謂執之見人以表至誠也典瑞注云瑞節信也禮天子執冒以見諸侯諸侯執圭璧以朝天子天子以冒冒之以為信故以瑞為名皮帛以下無此合信之事故以贄為名其實皆以表至誠故傳通以贄言之凡贄皆以爵不以命數也 小者禽鳥。卿執羔大夫執鴈士執雉〔疏〕注卿執至執雉○正義曰周禮大宗伯職文也鄭玄云羔取其羣而不失其類鴈取其候時而行雉取其守介而死不失其節鶩取其不飛遷雞取其守時而動曲禮曰飾羔鴈者以繢言天子之臣飾羔鴈以布又畫之諸侯之臣飾以布不畫之自雉以下無飾 以章物也。章所執之物別貴賤○別彼列反 女贄不過榛栗棗脩。以告虔也。榛小栗脩脯虔敬也皆取其名以示敬○榛側巾反脩鍛脯加薑桂曰脩虔音乾〔疏〕注榛小至示敬○正義曰曲禮云婦人之贄椇榛脯脩棗栗鄭玄云婦人無外事見以羞物也椇榛木名椇枳也有實今邳郯之東食之榛實似栗而小鄭又注周禮腊人云薄析曰脯捶之而施薑桂曰鍛脩然則脩脯大同故以脩為脯也虔敬釋詁文皆取其名以示敬者先儒以為栗取其戰栗也棗取其早起也脩取其自脩也唯榛無說蓋以榛聲近虔取其虔於事也 今男女同贄。是無別也。男女之別。國之大節也。而由夫人亂之。無乃不可乎。○晉士蔿又與羣公子謀。使殺游氏之二子。游氏二子亦桓莊之族 士蔿告晉侯曰。可矣。不過二年。君必無患。

經二十有五年。春。陳侯使女叔來聘。女叔陳卿女氏叔字○女音汝陳大夫氏 ○夏。五月。癸丑。衛侯朔卒。無傳惠公也書名十六年與內大夫盟于幽 ○六月。辛未。朔。日有食之。鼓用牲于社。鼓伐鼓也用牲以祭社傳例曰非常也〔疏〕二十五年注伐至常也○正義曰尚書召誥云用牲于郊牛二如此之類言用者皆用之以祭知此用牲以祭社也鼓之所用必是伐之伐理可見故不言伐鼓牲不言用則牲無所施於文不足故言用牲傳稱正月之朔慝未作日有食之於是乎用幣于社伐鼓于朝正月謂周六月也此經雖書六月杜以長厤校之此是七月七日非常月也鼓當于朝而此鼓于社非其處也社應用幣而於社用牲非所用也一舉而有三失故譏之 ○伯姬歸于杞。無傳不書逆女逆者微 ○秋。大水。鼓用牲于社于門。門國門也傳例曰亦非常也〔疏〕注門國門也○正義曰祭法云天子立七祀諸侯立五祀其門皆曰國門知此門亦國門國門謂城門也傳稱天災有幣無牲非日月之眚不鼓則鼓與牲二事皆失故譏之 ○冬。公子友如陳。無傳報女叔之聘諸魯出朝聘皆書如不果彼國必成其禮故不稱朝聘春秋之常也公子友莊公之母弟稱公子者史策之通言母弟至親異於他臣其相殺害則稱弟以示義至於嘉好之事兄弟篤睦非例所興或稱弟或稱公子仍舊史之文也母弟例在宣十七年○好呼報反傳同〔疏〕注報女至七年○正義曰魯出朝聘多有在道復者假令得到彼國尚不知受之以否故皆書如者往也直言往彼而

已不果彼國必成其禮故不稱朝聘為春秋之常也僖二十八年公朝于王所朝訖乃書故即稱為朝此公子友莊公之母弟也於莊世稱公子昭元年陳公子招陳哀公母弟也於哀世稱公子故解之稱公子者史策之通言也釋例曰庶弟不得稱弟而母弟得稱公子秦伯之弟鍼適晉女叔齊曰秦公子必歸此公子亦國之常言得兩通之證也是言公子母弟得通言之意也釋例又曰兄而害弟則稱弟以章兄罪弟又害兄則云弟以罪弟身統論其義兄弟二人交相殺害各有曲直存弟則示兄曲也是言其相殺害則稱弟以示義也釋例又曰若夫朝聘盟會嘉好之事此乃兄弟之篤睦非義例之所興故仍舊史之策或稱弟或稱公子踐土之盟叔武不稱弟此其義也案經桓三年齊侯使其弟年來聘十四年鄭伯使其弟語來盟成十年衛侯之弟黑背帥師侵鄭彼皆稱弟季友陳招並稱公子俱無褒貶所稱不同知是史文之異不為義例仲尼無所見義故仍舊史耳

傳二十五年。春。陳女叔來聘。始結陳好也。嘉之。故不名。季友相魯原仲相陳二人有舊故女叔來聘季友冬亦報聘嘉好接備卿以字為嘉則稱名其常也。○相息亮反下同。○夏。六月。辛未。朔。日有食之。鼓用牲于社。非常也。非常鼓之月長麻推之辛未實七月朔置閏失所故致月錯。〔疏〕注非常至月錯。○正義曰此及文十五年昭十七年皆書六月朔日有食之昭十七年傳稱祝史請所用幣昭子許之平子禦之曰止也唯正月朔慝未作日有食之於是乎有伐鼓用幣禮也其餘則否大史曰在此月也經書六月而史言在此月則知傳言正月之朔慝未作者謂此周之六月夏之四月也文十五年傳直說天子諸侯鼓幣異禮不言非常知彼言六月直六月也此亦六月而云非常下句始言唯正月之朔有用幣伐鼓之禮明此經雖書六月實非六月故云非常鼓之月長麻推此辛未為七月之朔由置閏失所故致月錯不應置閏而置閏誤使七月為六月也釋例曰莊二十五年經書六月辛未朔日有食之實是七月朔非六月故傳云非常也唯正月之朔有用幣伐鼓明此食非用幣伐鼓常月因變而起麻誤也文十五年經文皆同而更復發傳曰非禮者明前傳欲以審正陽之月後傳發例欲以明諸侯之禮此乃聖賢之微旨而先儒所未喻也劉炫云知非五月朔者昭二十四年五月日有食之傳云日過分而未至非若是五月亦應云過分而未至也今言慝未作則是已作之辭故知非五月案二十四年八月丁丑夫人姜氏入從彼推之則六月辛未朔非有差錯杜云置閏失所者以二十四年八月以前誤置一閏非是八月以來始錯也。○唯正月之朔。慝未作。正月夏之四月周之六月謂正陽之月今書六月而傳云唯者明此月非正月也慝陰氣。○正音政正月建巳之月慝他得反夏戶雅反。〔疏〕注正月至陰氣。○正義曰昭十七年傳大史論正月之事云當夏四月是謂孟夏知正月是夏之四月周之六月也詩云正月繁霜鄭玄云夏之四月建巳純陽用事是謂正月為正陽之月慝惡也人情愛陽而惡陰故謂陰為惡故云慝陰氣也未作謂陰氣未起也。○日有食之。於是乎用幣于社。伐鼓于朝。日食厤之常也然食於正陽之月則諸侯用幣于社請救於上公伐鼓于朝退而自責以明陰不宜侵陽臣不宜掩君以示大義。〔疏〕注日食至大義。○正義曰古之厤書亡矣漢興以來草創其術三統以為五月二十三分月之二十而日月交會近世為厤者皆以為一百七十三日有餘而日一食是日食者厤之常也古之聖王因事設戒夫以昭昭大明照臨下土忽爾殲亡俾晝作夜其為怪異莫斯之甚故立求神請救之禮責躬罪己之法正陽之月陽氣尤盛於此尤盛之月而為弱陰所侵故尤忌之社是上公之神尊於諸侯故用幣于社請救於上公伐鼓于朝退而自攻責也日食者月揜之也月者陰之精日者陽之精日君道也月臣道也以明陰不宜侵陽臣不宜揜君以示大義也昭二十九年傳曰故有五行之官是謂五官實列受氏姓封為上公祀為貴神社稷五祀是尊是奉故杜以社為上公之神。○秋。大水。鼓用牲于社于門。亦非常也。失常禮。○凡天災。有幣無牲。天災日月食大水也祈請而已不用牲也。〔疏〕注天災至牲也。○正義曰傳言亦非常亦上日食也但日食之鼓非常月伐鼓于社非常禮大水用牲亦非常禮俱是非常故亦前也傳既亦前即發凡例知天災之言兼日食大水也天之見異所以譴告人君欲令改過脩善非為求人飲食既遇天災隨時即告唯當告請而已是故有幣無牲若乃亢旱歷時霖雨不止然後禱祀羣神求弭災沴者設禮以祭祭必有牲詩雲漢之篇美宣王為旱禱請自郊徂宮無所不祭云靡神不舉靡愛斯牲是其為旱禱祭皆用牲也祭法曰埋少牢於泰昭祭時也相近於坎壇祭寒暑也王宮祭日也夜明祭月也幽禜祭星也雩禜祭水旱也鄭玄云凡此以下皆祭用少牢寒暑不時則或禳之或祈之是說祈禱之祭皆用牲　非日月之眚。不鼓。眚猶災也月侵日為眚陰陽逆順之事賢聖所重故特鼓之。○眚所景反。〔疏〕注眚猶至鼓之。○正義曰易稱是謂災眚書稱眚災肆赦是眚災相類故云眚猶災也月侵日為陰犯陽為逆逆順之事賢聖所重故見其逆事而特鼓之此據日食為說耳傳稱日月之眚日月並言則月食亦有鼓周禮大僕職云凡軍旅田役贊王鼓救日月亦如之是日月食皆有鼓也穀梁傳日天子救日置五麾陳五兵五鼓諸侯置三麾陳三鼓三兵大夫擊門士擊柝左氏雖無傳義或然也。○晉士蔿使羣公子盡殺游氏之族。乃城聚而處之。聚晉邑。○聚才喻反。冬。晉侯圍聚。盡殺羣公子。卒如士蔿之計。

經二十有六年。春。公伐戎。無傳。○夏。公至自伐戎。無傳。○曹殺其大夫。無傳不稱名非其罪例在文七年。〔疏〕二十六年注不稱至七年。○正義曰文七年傳稱書曰宋人殺其大夫不稱名眾也且言非其罪也是仲尼新意變例也。○秋。公會宋人、齊人伐徐。無傳宋序齊上主兵。○冬。十有二月。癸亥。朔。日有食之。無傳。

傳二十六年。春。晉士蔿為大司空。大司空卿官。〔疏〕注大司空卿官。○正義曰傳於此年以來說士蔿為獻公設計晉國以安今又言大司空明任以卿位也直言司空者是大夫即司空亞旅皆受一命之服是也晉自文公以後世為盟主征伐諸國卿以軍將為名司空非復卿官故文二年司空士穀非卿也雖則非卿職掌不異成十八年傳曰右行辛為司空使脩士蔿之法是其典事同也。○夏。士蔿城絳。以深其宮。絳晉所都也今平陽絳邑縣。○秋。虢人侵晉。冬。虢人又侵晉。為傳明年晉將伐虢張本此年經傳各自言其事者或經是直文或策書雖存而簡牘散落不究其本末故傳不復申解但言傳事而已。○牘徒木反究音救復扶又反解居蟹反。〔疏〕注為傳至而已。○正義曰此年傳不解經經傳各自言事伐戎日食體例已舉或可經是直文不須傳說曹殺大夫宋齊伐徐或須說其所以此去丘明已遠或是簡牘散落不能知故耳上二十年亦傳不解經彼經皆是直文故就此一說言下以明上。

經二十有七年。春。公會杞伯姬于洮。伯姬莊公女洮魯地。○洮徒刀反。〔疏〕二十七年注伯姬莊公女。○正義曰上二十五年始歸于杞莊公無母而此來寧知是莊公女也會女非常故於此言女以辯之。○夏。六月。公會齊侯、宋公、陳侯、鄭伯。同盟于幽。○秋。公子友如陳。葬原仲。原仲陳大夫原氏仲字也禮臣既卒不名故稱字季友違禮會外大夫葬具見其事亦所以知譏。○見賢遍反。〔疏〕注原仲至知譏。○正義曰玉藻記云士於君所言大夫沒矣則稱謚若字桓二年穀梁傳曰子既死父不忍稱其名臣既死君不忍稱其名是禮臣卒不名陳人不稱其名故魯史亦書其字。○冬。杞伯姬來。傳例曰歸寧。○莒慶來逆叔姬。無傳慶莒大夫叔姬莊公女卿自為逆則稱字例在宣五年。○為于偽反。○杞伯來朝。無傳杞稱伯者蓋為時王所黜。○黜勑律反。〔疏〕注杞稱至所黜。○正義曰桓二年杞侯來朝十二年公會杞侯莒子盟于曲池自爾以來不見經傳從此稱伯終於春秋故云蓋為時王所黜於時周王當桓莊僖惠不知何王黜之。○公會齊侯于城濮。無傳城濮衛地將討衛也。○濮音卜。

傳二十七年。春。公會杞伯姬于洮。非事也。非諸侯之事。天子非展義不巡守。天子巡守所以宣布德義。諸侯非民事不舉。卿非君命不越竟。○竟音境。○夏。同盟于幽。陳、鄭服也。二十二年陳亂而齊納敬仲二十五年鄭文公之四年獲成於楚皆有二心於齊今始服也。〔疏〕注二十至服也。○正義曰比年以來陳鄭無不服之狀此言其服故注者原之二十一年鄭厲公卒二十五年是鄭文公四年也文十七年傳稱鄭子家與趙宣子書云文公四年二月壬戌為齊侵蔡亦獲成於楚是二十五年既與楚平故至此始服也。○秋。公子友如陳。葬原仲。非禮也。原仲。季友之舊也。○冬。杞伯姬來。歸寧也。寧問父母安否。凡諸侯之女。歸寧曰來。出曰來

歸。歸不反之辭。夫人歸寧曰如某，出曰歸于某。【疏】凡諸至于某○正義曰：釋例曰：「歸寧者，女子既嫁，有時而歸，問父母之寧否。父母沒，則使卿歸問兄弟也。出者，謂犯七出而見絕者也。歸者，有所往之稱；來者，有所反之言。故嫁謂之歸，而寧謂之來。見絕而出，則以來歸爲辭。來歸者，非終安之稱。歸于某者，亦不反之辭。」是解其文異之意也。如某，此杞伯姬寧也。宣十六年郯伯姬來歸，出也。文九年夫人姜氏如齊，歸寧也。魯之夫人無被出者。文十八年夫人姜氏歸于齊，雖子死自去，歸而不反，亦出之類，故與出同文。○晉侯將伐虢，士蔿曰：「不可。虢公驕，若驟得勝於我，必棄其民。棄民不養之。無衆而後伐之，欲禦我，誰與？夫禮、樂、慈、愛，戰所畜也。夫民，讓事、樂和、愛親、哀喪，而後可用也。上之使民，以義讓哀樂爲本。言不可力強。○畜，勑六反，下及注皆同。哀樂，音洛。強，其丈反。【疏】夫禮至用也○正義曰：禮、樂、慈、愛，謂國君教民，民間有此四者，畜聚此事，然後可與人戰，故云戰所畜也。士蔿既言其目，更以其義覆之。禮尚謙讓，讓事謂禮也。樂以和親，樂和謂樂也。慈謂愛之深也，愛親謂慈也。愛極然後哀喪，哀喪謂愛也。民有此四事，然後可用以戰。虢弗畜也，亟戰，將饑。」言虢不畜義讓而力戰。○亟，欺冀反。饑，居疑反，又音機。○王使召伯廖賜齊侯命，召伯廖，王卿士。賜命爲侯伯。○召音邵。廖，力彫反。【疏】注召伯至侯伯○正義曰：召伯稱爵，知是王之卿士。召，采地。扶風雍縣東南有召亭，召康公之封也。春秋時召伯猶在西都畿內。釋例曰：「召，西都畿內地。既已賜秦，則東都別有召地，不復知其所在。」僖二十八年傳稱王命尹氏、王子虎策命晉侯爲侯伯，則知此賜齊侯命者亦賜命爲侯伯也。彼注云周禮九命作伯，則此亦九命之伯，謂九州之長，爲二伯也。彼僖元年傳曰「凡侯伯救患分災討罪，禮也」，注云侯伯，州長也。彼主說齊桓之事，亦謂九州之長，非州牧也。言州長者，兼見州牧之事耳。且請伐衛，以其立子頹也。立子頹在十九年。

經二十有八年，春，王三月，甲寅，齊人伐衛。衛人及齊人戰，衛人敗績。齊侯稱人者，諱取賂而還，以賤者告，不地者，史失之。【疏】注齊侯至失之○正義曰：傳稱齊侯而經書人，知其諱取賂以賤者告也。詩美僖公之伐淮夷，得其元龜象齒、大賂南金；襄十一年傳稱晉侯伐鄭，受鄭之賂，告於諸侯，皆不以爲諱，而此諱之者，彼服罪致賂，乃以得賂爲榮；此舍罪受賂，故以受之爲恥。會于稷，宋督取郜鼎，亦此之類也。戰皆書地，此獨不地，知是史失之也。莊十年公羊傳曰：「戰不言伐，圍不言戰，入不言圍，滅不言入，書其重者。」左無此義，而泓、韓、箕、邲、令狐、河曲、鄢陵、城濮、大棘、彭衙、長岸、柏舉之屬，皆書戰不書伐。此書伐又書戰，襄十八年諸侯同圍齊，言圍不言伐。文十五年晉郤缺伐蔡，戊申入蔡，書入，丘明無文，杜不爲說，皆是從告而書，史有詳略，無義例也。此經既言齊人伐衛，不言齊及衛戰，而言衛人及齊人戰者，公羊以爲伐人者爲客，被伐者爲主，以主及客，故使衛人主齊。尋案經傳，令狐、河曲、大棘、彭衙、長岸、泓、韓之屬，皆以主及客也。乾時升

陘及鞌，皆魯與人戰，以魯爲主。城濮、鄢陵與邲，外楚而內晉也。柏舉內蔡而外楚也。被伐爲主，或如公羊之說。○夏，四月，丁未，邾子瑣卒。無傳。未同盟而赴以名。○瑣，素果反。○秋，荊伐鄭。公會齊人、宋人救鄭。○冬，築郿。郿，魯下邑。傳例曰：邑曰築。○郿，亡悲反。【疏】注郿魯至曰築○正義曰：國都爲上，邑爲下，故云魯下邑。成十八年築鹿囿，傳曰「書不時也」。此傳唯發城築之例，不言時與不時者，春秋重土功，無備而興作者，傳每事各言時與不時，以別有所備禦，如書旱雩之別過雩也。其有所畏懼而興作者，唯一發而已。襄十九年城西郛，傳曰「懼齊也」，是其事也。此年大無麥禾，時歲饑虛，恐或侵伐，故築之以備難。從西郛之例，故不發傳也。大無麥禾。書於冬者，五穀畢入，計食不足而後書也。【疏】注書於至書也○正義曰：麥熟於夏，禾成在秋，而書於冬者，計食不足而後揔書之。此年不言水旱而得無麥禾者，服虔曰：「陰陽不和，土氣不養，故禾麥不成也。」傳言饑，而經不書者，得齊之糴，救民之急，不至於饑也。傳言饑者，指未糴之前，說告糴之意，故言饑也。臧孫辰告糴于齊。文仲。臧孫辰，魯大夫臧文仲。○糴，徒歷反。【疏】臧孫至于齊○正義曰：何休云：「買穀曰糴。」告糴者，將貨財告齊以買穀。魯語云：文仲以鬯圭與玉磬如齊告糴，曰：「不腆先君之敝器，敢告滯積，以紓執事。」齊人歸其玉而與之糴。公羊傳曰：「何以不稱使？以爲臧孫辰之私行也。君子之爲國也，必有三年之委，一年不熟，告糴，譏也。」穀梁亦然。據經，魯臣出使，例不言使，何以當怪此也？傳言告糴，禮也，必不得如二傳之說。服虔云：「不言如，重穀急辭，以其情急於糴，故不言如齊告糴；乞師則情緩於穀，故云如楚乞師。」○注臧孫至文仲○正義曰：世本孝公生僖伯彄，彄生哀伯達，達生伯氏缾，缾生文仲辰，辰是臧僖伯曾孫。

傳二十八年，春，齊侯伐衛，戰，敗衛師，數之以王命，取賂而還。○晉獻公娶于賈，無子。賈，姬姓國也。○烝於齊姜，齊姜，武公妾。○烝，之承反。生秦穆夫人及太子申生。又娶二女於戎，大戎狐姬生重耳，大戎，唐叔子孫別在戎狄者。○重，直龍反。【疏】注大戎至狄者○正義曰：晉語云狐氏出自唐叔。狐伯行之子實生重耳。又曰狐偃，其舅也。小戎子生夷吾。小戎，允姓之戎。子，女也。【疏】注小戎至女也○正義曰：昭九年傳稱晉率陰戎伐潁，王使辭於晉曰：「先王居檮杌于四裔，故允姓之姦居于瓜州。」知戎爲允姓也。凡言子者，通男女也。知子謂女也。二戎相對爲大小也。晉伐驪戎，驪戎男女以驪姬。驪戎在京兆新豐縣，其君姬姓，其爵男也。納女於人曰女。○驪，力知反。女，以呢反，注曰女同。歸，生奚齊。其娣生卓子。驪姬嬖，欲立其子，賂外嬖梁五與東關嬖五，姓梁名五，在閨闥之外者。東關嬖五，別在關塞者，亦名五。皆大夫，爲獻公所嬖幸，視聽外事。○卓，勑角反。閨音圭。闥，吐達反。塞，素代反。使言於公曰：「曲沃，君之宗也。曲沃，桓叔所封，先君宗廟所在。蒲與二屈，君之疆也。蒲，今平陽蒲子縣。二屈，今平陽北屈縣。或云二當爲北。○屈，勿反，一音居勿反。疆，居良反，下同。

不可以無主。宗邑無主，則民不威；疆埸無主，則啓戎心。戎之生心，民慢其政，國之患也。若使大子主曲沃，而重耳、夷吾主蒲與屈，則可以威民而懼戎，且旌君伐。」旌，章也。伐，功也。○埸音亦。使俱曰：「狄之廣莫，於晉爲都。晉之啓土，不亦宜乎？」廣莫，狄地之曠絕也。言遣二公子出都之，則晉方當大開土界。獻公未決，故復使二五俱說此美。○復，扶又反。晉侯說之。夏，使大子居曲沃，重耳居蒲城，夷吾居屈。羣公子皆鄙。鄙，邊邑。○說音悅。唯二姬之子在絳。二五卒與驪姬譖羣公子而立奚齊，晉人謂之二耦。二耜相耦，廣一尺，共起一伐，言二人俱共墾傷晉室，若此耦。○譖，責鴆反。耜音似。廣，古曠反。墾，苦狠反。○楚令尹子元欲蠱文夫人，文王夫人，息嬀也。子元，文王弟。蠱，惑以淫事。○蠱音古，惑也。【疏】注文夫人○正義曰：昭元年傳稱周易女惑男謂之蠱，知蠱謂惑以淫事。爲館於其宮側，而振萬焉。振，動也。萬，舞也。夫人聞之，泣曰：「先君以是舞也，習戎備也。今令尹不尋諸仇讎，而於未亡人之側，不亦異乎？」尋，用也。婦人既寡，自稱未亡人。御人以告子元。御人，夫人之侍人。子元曰：「婦人不忘襲讎，我反忘之！」秋，子元以車六百乘伐鄭，入于桔柣之門。桔柣，鄭遠郊之門也。○乘，繩證反。桔，戶結反。柣，待結反。【疏】注桔柣至門也○正義曰：此已入一門矣。又云入自純門，又是入一門矣。又復言縣門不發，則更有一門矣。不發是城門，則知純門外郭門，桔柣遠郊門也。尚書費誓序云「東郊弗開」，是郊有門也。○子元、鬬御彊、鬬梧、耿之不比爲旆，子元自與三子特建旆以居前。廣充幅長尋曰旐，繼旐曰旆。○御，魚呂反，本亦作禦，下注反禦同。彊，其良反，又居良反。梧音吾。比，并里反。旆，蒲具反。長，直亮反。旐音兆。【疏】注子元至曰旆○正義曰：軍行之次，旆最在先，故宣十二年傳稱令尹南轅反旆，是旆居前而殿在後也。釋文云：「繒廣充幅長尋曰旐，繼旐曰旆。」郭璞云：「旐帛全幅長八尺，旆帛續旐末爲燕尾者。」鬬班、王孫游、王孫喜殿。三子在後爲殿。○殿，丁見反。衆車入自純門，及逵市。純門，鄭外郭門也。逵市，郭內道上市。○純，如字。逵，求龜反。縣門不發。縣門施於內城門。鄭示楚以閒暇，故不閉城門，出兵而效楚言。故子元畏之，不敢進。○縣音玄，注同。楚言而出。子元曰：「鄭有人焉。」諸侯救鄭，楚師夜遁。鄭人將

奔桐丘。許昌縣東北有桐丘城。○遁徒困反諜告曰：楚幕有烏。乃止。諜間也。幕帳也。○諜音牒，幕音莫，間間廁之間。○冬。饑。臧孫辰告糴于齊。禮也。經書大無麥禾，傳言饑，傳又先書饑在築郿上者，說始糴，經在下，須得糴，嫌或諱饑，故曰禮。○築郿。非都也。凡邑有宗廟先君之主曰都。無曰邑。邑曰築。都曰城。周禮四縣爲都，四井爲邑，然宗廟所在，則雖邑曰都，尊之也。言凡邑，則他築非例。〔疏〕注周禮至非例。○正義曰：周禮小司徒職云：九夫爲井，四井爲邑，四邑爲丘，四丘爲甸，四甸爲縣，四縣爲都。注引此者，以證都大邑小耳。經傳之言都邑者，非是都則四縣，邑皆四井。此傳所發，乃爲小邑發例。大者皆名都，都則悉書曰城。小邑有宗廟，則雖小曰都，無乃爲邑，邑則曰築，都則曰城，爲尊宗廟，故小邑與大都同名。釋例曰：若邑有先君宗廟，雖小曰都，尊其所居而大之也。然則都而無廟，固宜稱城，城漆是也。而顓氏唯繫於有無君之廟，患漆本非魯邑，因說曰漆有邾之舊廟，是使魯人尊邾君之廢廟與先君同，非經傳意也。又解傳言凡邑，則主爲邑言，則他築非例也。若築臺、築囿、築王姬之館，則皆稱爲築，無大小之異。○

經二十有九年。春。新延廄。傳例曰：書不時。言新者，皆舊物不可用，更造之辭。○廄居又反。〔疏〕二十九年注傳例至之辭。○正義曰：馬之所處謂之廄。延是廄之名，名之曰延，其義不可知也。公羊傳曰：新延廄者何？脩舊也。謂舊廄而微壞，不可因而補治，故言新爲更造之辭也。傳言新作延廄，而經無作字。傳二十年新作南門，定二年新作雉門及兩觀，皆言新作，而此獨無作，是作傳之後轉寫闕文也。釋例曰：言新，意所起；言作，以興事。通謂興起功役之事也。摠而言之，不復分別因舊而與造新也。經書延廄稱新而不言作，傳言新作延廄，書不時也。此稱經文而以不時爲譏，義不在作也。然尋傳足以知經闕作字也。而劉、賈云：言新，有故木；言作，有新木；言廄，不書作，所用之木非公命也。凡諸與造，固當有新，固當有因。今爲春秋微義，直記別此門此觀有新木故木，既已鄙近，且材木者立廄之具也。公命立廄，則衆用皆隨之矣，焉有所用之木非公命也？此爲匠人受命立廄而盜共其用，豈然乎哉？○夏。鄭人侵許。傳例曰：無鐘鼓曰侵。○秋。有蜚。傳例曰：爲災。○蜚扶味反。○冬。十有二月。紀叔姬卒。無傳。紀國雖滅，叔姬執節守義，故繫之紀，賢而錄之。○城諸及防。諸、防皆魯邑。傳例曰：書時也。諸非備難而興作，傳皆重云時以釋之，他皆放此。諸，今城陽縣。○難乃旦反，重直用反。〔疏〕注城諸及防。○正義曰：此言城諸及防，文十二年城諸及鄆，定十四年城莒父及霄，襄十年傳晉師城梧及制，同時城二邑者，皆言及。穀梁傳曰：以及小也。何休云：諸君邑，防臣邑，言及，別君臣之義。賈逵云：言及，先後之辭。杜不爲注，先後之辭是也。

傳二十九年。春。新作延廄。書不時也。經無作字，蓋闕。凡馬。日中而出。日中而入。日中，春秋分也。治廄當以秋分，因馬向入而脩之。今以春作，故曰不時。○向許亮反，本或作嚮。〔疏〕注日中至不時。○正義曰：中者，謂日之長短與夜中分，故春秋二節謂之春分、秋分也。釋例曰：春秋分而晝夜等，謂之日中。凡馬，春分百草始繁，則牧於坰野；秋分農功始藏，水寒草枯，則皆還廄。此周典之制也。今春而作廄，已失民務，又違馬節，故曰書不時也。○夏。鄭人侵許。凡師。有鐘鼓曰伐。聲其罪。無曰侵。鐘鼓無聲。輕曰襲。掩其不備。○輕遣政反。〔疏〕凡師至曰襲。○正義曰：釋例曰：侵、伐、襲者，師旅討罪之名也。鳴鐘鼓以聲其過曰伐，寢鐘鼓以入其竟曰侵，掩其不備曰襲。此所以別輿師用兵之狀也。然則春秋之世，兵加於人，唯此三名。擊鼓斬木，俱名爲伐，鳴鐘鼓聲其罪，往討伐之，若擊鼓斬木然。侵者，加陵之意，寢其鐘鼓，潛入其竟，往侵陵之。襲者，重衣之名，倍道輕行，掩其不備，忽然而至，若披衣然。立此三名，制討罪之等級也。周禮大司馬掌九伐之法：賊賢害民則伐之，負固不服則侵之。天子討罪，無掩襲之事，唯侵伐二名與禮合，而禮更有七名：馮弱犯寡則眚之，暴內陵外則壇之，野荒民散則削之，賊殺其親則正之，放弒其君則殘之，犯令陵政則杜之，內外亂、鳥獸行則滅之。彼謂王者行兵，此據當時實事，時無其事，則傳不爲例。其滅與入爲例，故不列於此。○秋。有蜚。爲災也。凡物不爲災不書。○冬。十二月。城諸及防。書時也。凡土功。龍見而畢務。戒事也。謂今九月，周十一月，龍星角亢晨見東方，三務始畢，戒民以土功事。○見賢遍反，注下皆同。亢音剛，又苦浪反。〔疏〕凡土至而畢。○正義曰：釋例曰：都邑者，人之聚也；國家之藩衛，百姓之保障。不固則敗，不脩則壞，故雖不臨寇，必於農隙備其守禦，無妨民務。傳曰：龍見而畢務，戒事也。謂夏之九月，周之十一月，龍星角亢晨見東方，於是納其禾稼，三務始畢，戒民以土功事也。火見而致用，大火星次角亢而晨見，於是致其用也。水昏正而栽，謂夏之十月，定星昏而中，於是樹板幹而興作焉。日至而畢，謂日南至，微陽始動，故土功息。傳既顯稱凡例，而書時、書不時，各重發者，皆以別無備而興作，如書舉雩之別過雩也。若城西鄆，傳特曰懼齊，此無其意也。然則此發例者，止謂預脩備禦，非有當時之急，故擇閒月而爲之。若當時有急，則不拘此制。畢者，竟也。畢務，謂農務竟而民閒也。日至而畢，謂土功竟也。冬至之後，當更脩來年農事，不得復興土功也。○注謂今至功事。○正義曰：今之九月，則季秋也。月令季秋之月日在房。漢書律厤志論星之度數云：角十二，亢九，氐十五。自角之初至房初三十六度。晨之謂夜將旦，於晨之時日體在房，故角亢見在東方也。東方之宿盡爲龍星，角即著角也，故角亢專得龍名。戒謂令諸之也。春夏秋三時之務始畢，民將閒暇，故預令語民，將有土功之事，使自備也。火見而致用。大火心星，次角亢見者，致築作之物。〔疏〕注大火至之物。○正義曰：襄九年傳曰：心爲大火星，度心五，尾十八。月令孟冬之月日在尾，自心初至於尾末二十三度。十月之初，心星次角亢之後而晨見東方也。致築作之物，謂板榦畚挶諸是城之所用，皆致之於作所也。水昏正而栽。謂今十月，定星昏而中，於是樹板幹而興作。○栽，字林才代反，一音再。說文云：築牆長板。定，多佞反。〔疏〕注謂今至興作。○正義曰：五行北方水，故北方之宿爲水星。言水昏正者，夜之初昏，水星有正中者耳，非北方七宿皆正中也。詩云：定之方中，作于楚宮。釋文云：營室謂之定。孫炎云：定，正也。天下作宮室者，皆以營室爲正。周語云：營室之中，土功其始。是定星昏而正，爲土功之大候，故知水昏正謂十月定星昏而正中時也。鄭玄詩箋云：定星昏中而正，謂小雪時。小雪，十月之中氣。月令仲冬之月昏東壁中，室十六度，日行一度，是十月半而室中，十一月初而壁中。禮記中庸云：栽者培之。栽者，樹立之語，故知樹板幹而起首興作也。釋詁云：楨、翰，榦也。舍人曰：楨，正也，築牆所立兩木也。榦，所以當牆之兩邊鄣土者也。然則榦在牆之兩端，樹立之，即楨是也；榦則在兩邊鄣土，即板是也。板榦既異，而云樹板榦者，因類連言耳。日至而畢。日南至，微陽始動，故土功息。○樊皮叛王。樊皮，周大夫。樊，其采地；皮，名。

經三十年。春。王正月。○夏。次于成。無傳。將卑師少，故直言次。齊將降鄣，故設備。○將，子匠反。降，戶江反，下文注同。鄣音章，下同。〔疏〕三十年注將卑至設備。○正義曰：於例，將卑師少稱人。人謂大夫身也。大夫卑，名氏不見，故稱人。他國可言某人，魯事不得自稱魯人，故魯之大夫使出者，皆言其所爲之事而已。此大夫師而次于成，故直言次也。穀梁傳曰：次，止也，有畏也，欲救鄣而不能。是爲降鄣故設備也。○秋。七月。齊人降鄣。無傳。鄣，紀附庸國，東平無鹽縣東北有鄣城。小國孤危，不能自固，蓋齊遙以兵威脅使降附。〔疏〕注鄣紀至降附。○正義曰：公羊、穀梁傳並云：鄣，紀之遺邑也。釋例曰：劉、賈依二傳，以爲鄣紀之遺邑。計紀侯去國至此二十七年，紀侯猶不堪齊而去，則邑不得獨存。此蓋附庸小國，若郝鄣者也。是言鄣爲附庸之意。不言鄣降于齊，而云齊人降鄣，又不言侵伐，故云蓋以兵威脅使降附。○八月。癸亥。葬紀叔姬。無傳。以賢錄也。無臣子，故不作謚。○九月。庚午。朔。日有食之。鼓用牲于社。無傳。○冬。公及齊侯遇于魯濟。濟水歷齊魯界，在齊界爲齊濟，在魯界爲魯濟，蓋魯地。○濟，子禮反。〔疏〕注濟水至魯地。○正義曰：釋例曰：濟水自滎陽卷縣東經陳留，至濟陰北，經高平東北，經濟南，至樂安博昌縣入海。案高平、東平，魯西界也；濟南、樂安，齊竟內也。指言魯濟，故疑魯地。遇于魯地濟水之邊。○齊人伐山戎。山戎，北狄。

傳三十年。春。王命虢公討樊皮。夏。四月。丙辰。虢公入樊。執樊仲皮歸于京師。○楚公子元歸自伐鄭。而處王宮。欲遂蠱文夫人。鬬射師諫。則執而梏之。射師，鬬廉也。足曰桎，手曰梏。○射，食亦反，又食夜反。梏，古毒反。桎，之實反。〔疏〕注射師至曰梏。○正義曰：杜此注與譜並以射師與鬬廉爲一人，不知何據也。服虔云：射師，若敖子鬬班也。射師被梏，不言舍之，何以得殺子元也？知射師與班必非一人也。杜譜以爲鬬射師，若敖子。鬬班，言敖孫。周禮掌囚：上罪梏拲而桎，中罪桎梏，下罪梏。拲，兵文，拲施於手，知梏亦手也。鄭玄亦云：在手曰梏，在足曰桎。是先儒同此說也。易大畜六四：童牛之梏。牛云梏者，牛雖無手，謂梏前足也。○秋。申公鬬班殺子元。申，楚縣。楚僭號，縣尹皆稱公。○僭，子念反。鬬穀於菟爲令尹。自毀其家。以紓楚國之難。鬬穀於菟，令尹子文也。毀，減；紓，緩也。○穀，奴走反，楚人謂乳曰穀，漢書作穀，音同。於音烏。菟音徒。紓音舒，一音

直汝反難乃旦反下注同○冬。遇于魯濟。謀山戎也。以其病燕故也。齊桓行霸故欲爲燕謀難燕國今薊縣○爲于僞反薊音計

經三十有一年。春。築臺于郎。無傳刺奢且非土功之時○刺七賜反○夏。四月。薛伯卒。無傳未同盟○築臺于薛。無傳薛魯地○六月。齊侯來獻戎捷。傳例曰諸侯不相遺俘捷獲也獻奉上之辭齊侯以獻捷禮來故書以示過○捷在妾反遺唯季反傳同俘音孚〔疏〕三十一年注傳例至示過○正義曰捷勝也戰勝而有獲獻其獲故以捷爲獲也釋例曰歸者遺也獻者自下奉上之稱遺者敵體相與之辭傳曰諸侯不相遺俘齊侯楚人失辭稱獻失禮遺俘故因其來辭見自卑也以其大卑故書以示過此經言獻捷傳言遺俘則是獻捷獻囚俘也襄八年邢丘之會傳稱鄭伯獻捷于會又曰獲司馬燮獻于邢丘是獻俘謂之捷也襄二十五年鄭公孫舍之帥師入陳傳稱司空致地司徒致民是不以俘囚歸也亦云子産獻捷于晉然則無囚而獻其功空有器物亦稱捷也○秋。築臺于秦。無傳東平范縣西北有秦亭○冬。不雨。無傳不書旱不爲災例在僖三年

傳三十一年。夏。六月。齊侯來獻戎捷。非禮也。凡諸侯有四夷之功。則獻于王。王以警于夷。以警懼夷狄○警音景懼戒懼也中國則否。諸侯不相遺俘。雖夷狄俘猶不以相遺

經三十有二年。春。城小穀。小穀齊邑濟北穀城縣城中有管仲井大都以名通者則不繫國〔疏〕三十二年注小穀至繫國○正義曰傳稱爲管仲知是齊邑管仲所食采邑也吳滅州來晉滅下陽如此之類皆不繫國知大都以名通者則不繫國也華亥向寧入于宋南里以叛南里非大都不得以名通故繫之宋耳賈逵云不繫齊者世其祿然則彼不繫者豈皆世其祿乎○夏。宋公、齊侯、遇于梁丘。齊善宋之請見故進其班梁丘在高平昌邑縣西南○秋。七月。癸巳。公子牙卒。牙慶父同母弟僖叔也飲酖而死不以罪告故得書卒書日者公有疾不責公不與小斂○酖音鴆本亦作鴆與音預斂力豔反○八月。癸亥。公薨于路寢。路寢正寢也公薨皆書其所詳凶變〔疏〕注路寢至凶變○正義曰公羊傳曰路寢者何正寢也喪大記曰男子不死於婦人之手婦人不死於男子之手君夫人卒于路寢鄭玄云言死必於正處也是薨于路寢得其正也言詳凶變者釋例云詳內事謹凶變○冬。十月。己未。子般卒。子般莊公大子先君未葬故不稱爵不書殺諱之也○般音班殺音試一音如字下同〔疏〕注子般至諱之也○正義曰傳稱公疾問後於叔牙若巳有大子則不應須問當問之時似未有大子也季友以死奉般酖殺叔牙蓋於爾時始命爲大子公薨而般立知其爲大子也子惡之死也直書子卒不書名此子般及子野皆書名者釋例曰公子惡魯之正適嗣位免喪則魯君也襄仲倚齊而弒之國以爲諱故不稱君若言君之子也及子般子野或見殺或不勝喪言罪則不足成貶爲孝而滅性故直略而書卒也又曰未成君而卒若君未葬則嗣子書名在喪之禮也既葬則嗣君諒闇羣臣復吉免喪則成君也文公既葬襄仲殺惡及視書曰子卒與未成君同文所以爲諱也如杜此言未葬之前生則直稱爲子死則書曰子某卒猶外諸侯生稱其爵死書其名以爲禮之常也既葬則嗣子成君以理而卒當稱公薨全成君也子惡父既葬魯人諱其弒不得稱君其實已葬不得從子般子野未葬之例故書子卒而不稱名以示似未成君其實已成爲君上不得同公下不得同般野故直書爲子君繫之於父若言君之子也公羊以爲君存稱世子君薨稱子某既葬稱子踰年稱公據子般子野卒似欲當然但左氏稱宋桓公卒未葬而襄公會諸侯故曰子即發例曰凡在喪公侯曰子是未葬稱子傳之明文不得如公羊說也○公子慶父如齊。無傳慶父既殺子般季友出奔國人不與故懼而適齊欲以求援時無君假赴告之禮而行○狄伐邢。無傳邢國在廣平襄國縣〔疏〕狄伐邢注無傳○正義曰明年有傳而言無者明年自爲管仲之言發端耳非說此年伐邢之事故言無傳

傳三十二年。春。城小穀。爲管仲也。公感齊桓之德故爲管仲城私邑○爲于僞反注及下同○齊侯爲楚伐鄭之故。請會于諸侯。楚伐鄭在二十八年謀爲鄭報楚宋公請先見于齊侯。夏。遇于梁丘。見賢遍反又如字○秋。七月。有神降于莘。有神聲以接人莘虢地○莘所巾反〔疏〕注有神至虢地○正義曰易稱神也者妙萬物而爲言者也雖復鬼神之神亦無形象可見今言神降則人皆聞知故知有神謂有神聲以接人也吳孫權時有神自稱王表言語與人無異而形不可見今此神降于莘蓋亦王表之類神者氣也當在人上今下接人故稱降也國語說此事稱內史過對王云昔昭王娶於房曰房后實有爽德協於丹朱丹朱馮身以儀之生穆王焉若由是觀之其丹朱之神乎下說神居莘而虢公請土內史過往聞虢請命知莘是虢地惠王問諸內史過曰。是何故也。內史過周大夫○過古禾反對曰。國之將興。明神降之。監其德也。將亡。神又降之。觀其惡也。故有得神以興。亦有以亡。虞、夏、商、周。皆有之。亦有神異○監本又作鑑古暫反〔疏〕虞夏商周皆有之○正義曰國語內史過曰夏之興也祝融降於崇山其亡也回祿信於聆隧商之興也檮杌次於丕山其亡也夷羊在牧周之興也鸑鷟鳴於岐山其衰也杜伯射宣王於鎬是夏商周之所有也其虞則國語不言焉未知其所謂也服虔云虞舜祖考來格鳳皇來儀百獸率舞案虞書夔說舜樂所致非神降也必其傳會尚書以爲得神以興則虞舜得神以亡者又安在也王曰。若之何。對曰。以其物享焉。其至之日。亦其物也。享祭也若以甲乙日至祭先脾玉用蒼服上青以此類祭之○脾婢支反〔疏〕注享祭至祭之○正義曰此降莘之神非祀典所載神必須祭故內史過令以其物享之其物不知所謂更以至日稱之謂此神初降之日以其至日之物也月令春其日甲乙夏其日丙丁中央土其日戊己秋其日庚辛冬其日壬癸所用之物月令具有其文注引甲乙所舉一隅也丙丁日至祭用肺玉服皆赤也戊己日至祭用心玉服皆黃也庚辛日至祭用肝玉服皆白也壬癸日至祭用腎玉服皆玄也王從之。內史過往。聞虢請命。聞虢請於神求賜土田之命反曰。虢必亡矣。虐而聽於神。神居莘六月。〔疏〕神居莘六月○正義曰國語稱惠王十五年神降于莘年表惠王五年是魯莊公之十八年則此年惠王十五年也上云七月神降則今年七月降也居莘六月虢公使祝史享焉則今年十二月也內史過往已聞虢請命則過至虢亦十二月也傳先說王事使了後論虢事以終內史之言故文倒耳虢公使祝應、宗區、史嚚享焉。神賜之土田。祝大祝宗宗人史大史應區嚚皆名○區丘于反嚚五巾反大祝音泰下同史嚚曰。虢其亡乎。吾聞之。國將興。聽於民。政順民心將亡。聽於神。求福於神神聰明正直而壹者也。依人而行。唯德是與虢多涼德。其何土之能得。涼薄也爲僖二年晉滅下陽傳○涼音良〔疏〕神聰至能得○正義曰國語曰耳目心之樞機也故必聽和而視正聽和則聰視正則明然則所謂聰明者不聽淫辭不視邪人之謂也襄七年傳曰正直爲正正曲爲直言正者能自正直者能正人曲而壹者言其一心不二意也依人而行謂善則就之惡則去之虢多薄德神所不依其何土之能得言賜之土田必虛妄也若神所不依則不應賜土而言神賜之土田者神厭其人不告以實猶晉獻公筮以驪姬爲夫人亦云吉耳○初。公築臺臨黨氏。黨氏魯大夫築臺不書不告廟○黨音掌見孟任。從之。閟。孟任黨氏女閟不從公○閟音祕〔疏〕從之閟○正義曰服虔云從之言欲與通也而以夫人言許之。許以爲夫人割臂盟公。生子般焉。雩。講于梁氏。女公子觀之。雩祭天也講肄也梁氏魯大夫女公子子般妹○肄音四又以二反〔疏〕注雩祭至肄也○正義曰魯以周公之故得郊祀上天故雩亦祭天也文四年傳曰臣以爲肄業及之也肄謂習業故講爲肄圉人犖自牆外與之戲。圉人掌養馬者以慢言戲之○犖音洛又力角反〔疏〕注圉人掌養馬者○正義曰周禮圉人掌養馬芻牧之事昭七年傳曰馬有圉牛有牧子般怒。使鞭之。公曰。不如殺之。是不可鞭。犖有力焉。能投蓋于稷門。蓋覆也稷門魯南城門走而自投接其屋之桷反覆門上○覆芳服反〔疏〕注蓋覆至門上○正義曰稷門爲魯南城門蓋時人猶以名之故知也投蓋者謂自投其身以蓋物故以爲走而自投反覆門上劉炫規過云公言犖有力焉如杜此說勁捷耳非有力也當謂投車蓋過於稷門今知不然者周禮車蓋以物帛爲之輕而帆風非可投之物且傳直云投蓋于稷門不云過稷門明知自投反覆稷門之上今時猶然且

游楚趍乘而出女曰子南夫也則勁捷之人亦是勇力之事劉君以勁捷非力而規杜氏非也公疾。問後於叔牙。對曰。慶父材。蓋欲進其同母兄問於季友。對曰。臣以死奉般。季友莊公母弟故欲立般公曰。鄉者牙曰慶父材。成季使以君命命僖叔。待于鍼巫氏。成季季友也鍼巫氏魯大夫。○鄉許亮反鍼其廉反使鍼季酖之。酖鳥名其羽有毒以畫酒飲之則死。○畫音獲〔疏〕注酖鳥至則死。○正義曰說文云酖毒鳥也一名運日廣雅云鴆鳥雄曰運日雌曰陰諧廣志曰鴆鳥形似鷹大如鵰毛黑喙長七八寸黃赤如金食蛇及橡實常居高山巔晉語諸公讚云鴆鳥食蝮以羽翮擽酒水中飲之則殺人舊制鴆不得渡江有重法石崇爲南中郎得鴆以與王愷養之太如鵝喙長尺餘純食蛇虺司隷傅祗於愷家得此鳥奏之宣示百官燒於都街是說鴆鳥之狀也以其因酒毒人故字或爲酖曰。飲此則有後於魯國。不然。死且無後。飲之。歸及逵泉而卒。立叔孫氏。逵泉魯地不以罪誅故得立後世其祿○八月。癸亥。公薨于路寢。子般即位。次于黨氏。即喪位次舍也○冬。十月。己未。共仲使圉人犖賊子般于黨氏。共仲慶父○共音恭成季奔陳。出奔不書國亂史失之立閔公。閔公莊公庶子於是年八歲○閔亡謹反〔疏〕注閔公至八歲○正義曰傳稱閔公哀姜之娣叔姜之子哀姜以二十四年八月始入娣必與適俱行當以二十五年生子故云八歲

春秋左傳注疏卷十挍勘記　阮元撰盧宣旬摘録

附釋音春秋左傳注疏卷第十　莊二十三年盡三十二年

經二十三年

虞叔子虞公之弟　宋本子作是不誤

傳稱楚子使薳啟彊如齊　宋本疆作彊案傳文作彊

扈鄭地在滎陽　纂圖本閩本監本毛本滎誤榮淳熙本作熒亦俗字足利本作熒从火是也說詳隱元年○後凡誤从水並改定挍不悉出

傳二十三年

夫禮至不然　宋本此節正義在後嗣何觀之下

王有巡守　纂圖本毛本守作狩

經二十四年

將逆夫人故爲盛飾　纂圖本閩本監本毛本逆作迎非

何以書親迎禮也　案公羊作迎閩本監本毛本誤逆

且譏僭爲失禮故書之　閩本毛本僭作譖非

侯歸于鄭　補各本侯作矦此本侯字誤○今訂正

稱蓋爲疑辭　閩本監本毛本脫稱字

言郭公名赤　毛本赤誤亦

傳二十四年

注并非丹楹故言皆　宋本此節正義在注文以不丹楹刻桷爲共下

大夫著　案穀梁傳著作倉

御孫諫曰　釋文御本亦作禦漢書古今人表同

儉德之共也　案宏明集引作儉者德之恭

注傳不至非常　宋本以下正義四節揔入無乃不可乎之下

天下大夫相見以鴈　閩本監本毛本天作夫並衍文

始見於君執摯　閩本監本毛本摯作贄下節正義以禽作六摯則瑞摯同

典瑞注云瑞節信也　浦鏜正誤節作符案周禮注亦作符然說文云卩瑞信也瑞以玉爲信也古瑞卩二字互訓正義所據鄭注爲古本而今本作符不必從也

凡贄皆以爵不以命數　閩本監本毛本命作名

今邳郯之東食之榛實似栗而小　案禮記注亦作郯宋本作剡非也毛本栗誤力

捶之而施薑桂曰鍛脩　閩本監本毛本捶作極非也

經二十五年

二十五年注伐至常也　各本脫二十五年四字宋本伐上有鼓字是也

七日用鼓非常月也　宋本作七月是也

而母弟得稱公子　閩本監本毛本得作獨非

存弟則示兄曲也　襄廿七年正義引作書弟非

傳二十五年

故女來聘　宋本淳熙本岳本閩本監本毛本女下有叔字此本脫

注非常至月錯　宋本以下正義三節揔入日有食之節注下

非若是五月　宋本監本毛本非作此是也若毛本誤目

故謂陰爲惡故云慝陰氣也　宋本謂誤爲云字毛本作日

皆以爲一百七十三日有餘而日一食　宋本監本毛本三作二元和李銳云作三是也宋書景初術會通七十九萬一百一十以日法四千五百五十九除之得一百七十三日餘一千四百三之類

凡天災有幣無牲　監本天誤大

注天災至牲也　宋本以下正義二節揔入非日月之眚不鼓注下

幽禜祭星也雩禜祭水旱也　禮記禜作宗鄭注云宗當爲禜之誤正義遂改爲禜

非日月之眚不鼓　閩本監本毛本眚作眚非注及正義同

經二十六年

例在文七年　監本文作支非也

二十六年注不稱至七年　各本脫二十六年四字宋本此節正義在日有食之注下

傳二十六年

注大司空卿官　宋本此節正義在以深其宮注下

經二十七年

夏六月公會齊侯宋公陳侯鄭伯同盟于幽　纂圖本閩本監本毛本六月下脫公字

注杞稱至所黜　宋本此節正義在公會齊侯于城濮注下

傳二十七年

此杞伯姬寧也　宋本姬下有來字

故與出同文　閩本監本毛本同文誤倒

夫禮至用也　宋本此節正義在虢弗畜也節注下

士蔿既言其目更以其義覆之　宋本目作自字按目字是也目謂禮樂慈愛四者下以讓事樂和愛親哀喪分釋之

注召伯至侯伯　宋本此節正義在且請伐衛節注下

稱王命尹氏王子虎策命晉侯爲侯伯　宋本氏下有及字與傳文合

經二十八年

此舍罪受賂故以受之爲恥　重脩監本舍作會非也

左無此義　宋本左下有氏字

麥孰於夏閩本監本毛本孰作熟下不熟同

傳二十八年

大戎狐姬生重耳毛本重作仲誤

注大戎至狄者宋本以下正義二節揔入晉人謂之二五耦注下

即謂蒲子北屈也浦鏜正誤子作與是也北毛本誤比

鄗邊邑山井鼎云足利本邊上後人補在字

晉人謂之二耦補各本二耦作二五耦此本誤脫五字

蠱文夫人宋本以下正義三節揔入諜告日節注下

子元鬭御彊鬭梧耿之不比為旆釋文云御本亦作禦纂圖本閩本監本毛本彊誤疆

廣充幅宋本淳熙本岳本足利本同閩本明監本毛本廣上有緇字與正義合

釋文云緇廣充幅宋本文作天是也

旆帛續旐末為燕尾者閩本監本旐作旄非也

許昌縣東北有桐丘城足利本桐作同非案水經注廿二引注許昌上有潁川二字

而頓氏唯繫於有無君之廟宋本監本毛本無作先不誤

是使魯人尊邾之廢廟宋本是作曩

非經傳意也毛本意改義

經二十九年

新延廏石經宋本岳本毛本廏作廐釋文亦作廐後同

更造之辭淳熙本辭下有廏字案廏字當在○下因釋文而誤衍於此

通謂興起功役之事也宋本無也字

無鍾鼓曰侵宋本岳本閩本鍾作鐘

傳例曰為災毛本脫曰字

諸今城陽縣宋本淳熙本岳本足利本城陽下有諸字是也按上諸謂經文之諸下諸謂晉時縣名之諸

傳二十九年

定十四年城莒父及霄監本毛本霄作齊非也

以及小也宋本毛本以下有大字不誤監本及字闕

凡師有鍾鼓曰伐石經宋本岳本閩本鍾作鐘下注同

若披衣然閩本監本毛本披作被

內外亂鳥獸行則滅之案周禮作外內亂

凡土至而畢毛本而畢作畢務宋本以下正義四節揔入日至而畢注下

於是樹板榦而興作焉宋本閩本榦作榦監本毛本作幹並非

謂板榦畚楨閩本監本毛本榦作幹宋本作榦下同楨宋本作揭字按楨字說文所無乃周禮蕢字之俗體此處當用楨

水昏正而栽蔡氏月令章句引傳栽下有築字

周語云宋本云作曰

然則榦在牆之兩端樹立之宋本端下有當字

因親連言耳補各本親作類此親字誤也今訂正

經三十年

秋七月齊人降鄣淳熙本鄣誤彰

以為鄣紀之遺邑宋本監本毛本紀作杞非也

傳三十年

注射師至楷宋本此節正義在注紓緩也之下

下罪楷楷拳兵文監本毛本楷楷作楷牿非也宋本兵作共不誤毛本作異亦非監本初作異後改兵

申楚縣宋本淳熙本足利本縣下有也字

毀滅案毀訓滅與說文缺也壞也義合閩本監本毛本滅作減非也

冬遇于魯濟謀山戎也石經初刻謀下無伐字重刻增人非是

經三十一年

齊侯來獻戎捷說文引作齊人

三十一年注傳例至示過各本脫三十一年四字宋本此節正義在冬不雨注之下

傳三十一年

獻其獲宋本其下有所字

鄭公孫舍之帥師入陳監本帥師二字誤倒

經三十二年

濟地穀城縣城中有管仲井各本地作北

飲酖而死釋文酖本亦作鴆正義云以其因酒毒人故字或為酖字按據說文酖樂酒也丁含切鴆則於六書為同音假借

君夫人卒于露寢毛本于作於非

冬十月己未閩本監本毛本己作巳非

不書殺諱之也閩本監本毛本書作言非也

既葬則嗣君諒闇閩本監本毛本葬作喪非也

既葬則嗣子成君以理而卒閩本監本毛本理作禮

傳三十二年

春城小穀為管仲也顧炎武日知錄據范甯穀梁解以小穀為魯邑而疑左氏之誤孫志祖云春秋之言穀者除炎武所引外向有宣十四年公孫歸父會齊侯于穀襄十九年晉士匄侵齊至穀又成十七年傳齊國殺慶克以穀叛則齊地之名穀而不名小穀灼然矣小穀應屬魯邑左氏不應謬誤若此後讀公羊疏云一傳作小穀與左氏異始悟左氏經本作城穀此與申無宇所言齊桓公城穀而寘管仲焉語正合故杜注以為齊邑又引濟北穀城縣中有管仲井以實之今經傳及注俱作小穀者乃後人據二傳之文而誤加之左氏也惜杜氏手定本已亡無從是正

注有神至虢地下宋本以下正義五節揔入虢多涼德注下

監其德也釋文監本又作鑑案古鑑字多作監

其亡也回祿信於聆隧案後漢書楊賜傳注引作黔今國語周語作聆與說文同回毛本誤向

年表惠王五年是魯莊公之十八年宋本五作元與年表合

上云七月神降閩本監本毛本神降二字誤倒

從之閔宋本以下正義六節揔入立閔公注下

講肆也案肆當為肄字之誤宋本纂圖本閩本監本毛本作肆正義同閩本正義故講為肄仍作肆

椄其屋之桷閩本監本桷誤搉毛本作㮇亦非

說文云酖毒鳥也段玉裁挍改酖作鴆

廣志曰監本毛本曰作云

司隸傅祗於愷家得此鳥奏之閩本監本傅誤傳

附釋音春秋左傳注疏卷第十

附釋音春秋左傳注疏卷第十一 閔元年盡二年

閔公 陸曰閔公名啓方莊公之子母叔姜史記云名開諡法在國遭難曰閔 杜氏注 孔穎達疏 〔疏〕正義曰魯世家閔公名開莊公之子惠王十六年即位杜世族譜云名啓方漢景帝諱啓開因是而亂杜譜云啓方從世本文諡法在國逢難曰閔是歲歲在大梁

經元年。春。王正月。○齊人救邢。○夏六月。辛酉。葬我君莊公。○秋。八月。公及齊侯盟于落姑。落姑齊地季子來歸。季子公子友之字季子忠於社稷爲國人所思故賢而字之齊侯許納故曰歸〔疏〕元年注季子至曰歸。○正義曰季是友之字也子者男子之美稱國人賢而思之得其還魯喜而呼曰季子來歸史因其言而書之傳稱請復季友齊侯許之是得齊之力齊侯許納故曰歸也○冬。齊仲孫來。仲孫齊大夫以事出疆因來省難非齊侯命故不稱使也還使齊侯務寧魯難故嘉而字之來者事實省難其志也故經但書仲孫之來而傳尋仲孫之志。○疆居良反難乃旦反下及傳同〔疏〕注仲孫至之志。○正義曰傳稱仲孫湫則名湫而字仲孫也杜言以事出疆或使向他國因來省魯難非齊侯命之使來來而不稱君命故不言齊侯使也諸侯之卿例當書名此人還國使齊侯務寧魯難明年即有高子來盟是齊侯用其言魯人知其事不書其名嘉而字之杜云稱字嘉之則仲孫是字猶楚之孫伯或亦以孫爲字也來者身來至魯是事實也省難心自省之是其志也雖志在省難不告魯人云已省其難故經據實事但書仲孫之來傳尋其志言其來省難也

傳元年。春。不書即位。亂故也。國亂不得成禮○狄人伐邢。狄伐邢在往年冬管敬仲言於齊侯曰。戎狄豺狼。不可厭也。敬仲管夷吾。○豺士皆反狼音郎厭一鹽反諸夏親暱。不可棄也。諸夏中國也暱近也。○夏戶雅反暱女一反宴安酖毒。不可懷也。以宴安比之酖毒。○宴於見反本又作晏音同一音烏諫反酖直蔭反詩云。豈不懷歸。畏此簡書。詩小雅美文王爲西伯勞來諸侯之詩。○勞來力報反下力代反〔疏〕戎狄至簡書。○正義曰戎狄之心若豺狼之獸不可厭足也言其當伐戎狄也諸夏之國皆親近之人不可遺棄也言其當救邢也宴安自逸若酖毒之藥不可懷戀也言其當自勞也詩小雅出車之篇美文王勞來諸侯令賢臣出使此臣在外思歸而以王事自勉言我豈不思歸乎誠思歸也但畏此簡書來告急耳諸侯有事則書之於簡遣使執簡以告命告則須救故畏而不歸也此簡書者同有所惡則相憂之謂也請救邢以從簡書傳稱勤則不匱安則敗名齊侯縱心宴安不欲征伐安則自損其身故言酖毒以勸之釋獸云豺狗足郭璞云脚似狗說文云豺狼屬狗聲釋獸又云狼牡貛牝狼舍人曰牡名貛牝名狼陸機毛詩義疏云狼鳴能小能大善爲小兒啼聲以誘人去數十步其猛健者雖善用兵者不能免也二者皆貪殘之獸故比戎狄也。○注敬仲管夷吾。○正義曰敬諡諡法夙夜勤事曰敬仲字管氏夷吾名。○注諸夏至近也。○正義曰此言諸夏襄四年傳魏絳云諸華必叛華夏皆謂中國也中國而謂之華夏者夏大也言有禮儀之大有文章之華也暱近釋詁文舍人曰暱戚之近也言中國諸侯情親而路近簡書。同惡相恤之謂也。同恤所惡請救邢以從簡書。齊人救邢。○夏。六月。葬莊公。亂故是以緩。十一月乃葬○秋。八月。公及齊侯盟于落姑。請復季友也。閔公初立國家多難以季子忠賢故請霸主而復之齊侯許之。使召諸陳。公次于郎以待之。非師旅之事故不書次季子來歸。嘉之也。○冬。齊仲孫湫來省難。湫仲孫名。○湫子小反書曰仲孫。亦嘉之也。仲孫歸曰。不去慶父。魯難未已。時慶父亦還魯。○去起呂反下同公曰。若之何而去之。對曰。難不已。將自斃。斃踣也。○斃婢世反踣薄北反君其待之。公曰。魯可取乎。對曰。不可。猶秉周禮。周禮。所以本也。臣聞之。國將亡。本必先顛。而後枝葉從之。魯不弃周禮。未可動也。君其務寧魯難而親之。親有禮。因重固。能重能固則當就成之〔疏〕注能重至成之。○正義曰服虔云重不可動因其不可動而堅固之杜以此傳四句相類間攜貳攜貳皆間之覆昏亂昏亂皆敗之知此重固皆因之則非因重而固之間攜貳。離而相疑者則當因而間之。○間間厠之間注同覆昏亂。覆敗也。○覆芳服反注同霸王之器也。霸王所用故以器爲喻。○王于況反注同○晉侯作二軍。晉本一軍見莊十六年。○見賢遍反公將上軍。大子申生將下軍。趙夙御戎。畢萬爲右。爲公御右也夙趙衰兄畢萬魏犨祖父。○將子匠反下及注同衰初危反犨尺由反〔疏〕注爲公至祖父。○正義曰史記趙世家夙生共孟孟生趙衰晉語云趙衰先君之戎御趙夙之弟也杜以夙爲衰兄從晉語也魏世家畢萬生武子世本畢萬生芒季季生武仲州州即犨也杜以萬爲犨之祖父依世本也以滅耿。滅霍。滅魏。平陽皮氏縣東南有耿鄉永安縣東北有霍大山三國皆姬姓。○耿古幸反國名還爲大子城曲沃。賜趙夙耿。賜畢萬魏。以爲大夫。士蔿曰。大子不得立矣。分之都城。而位以卿。先爲之極。又焉得立。位以卿謂將下軍。○還爲于僞反焉於虔反不如逃之。無使罪至。爲吳大伯。不亦可乎。大伯周大王之適子知其父欲立季歷故讓位而適吳。○大音泰注同適丁歷反本又作嫡〔疏〕注大伯至適吳。○正義曰史記吳世家云吳大伯弟仲雍皆周大王之子而王季歷之兄也季歷賢而有聖子昌大王欲立季歷以及昌於是大伯仲雍二人乃奔荆蠻以辟季歷季歷果立是爲王季是大伯讓位適吳之事猶有令名。與其及也。言雖去猶有令名勝於留而及禍〔疏〕猶有至及也。○正義曰言逃雖失國猶有善名與其留而及禍也何者爲勝勸之使逃且諺曰。心苟無瑕。何恤乎無家。天若祚大子。其無晉乎。爲晉殺申生傳。○諺音彥祚在路反卜偃曰。畢萬之後必大。卜偃晉掌卜大夫萬盈數也。魏大名也。〔疏〕萬盈至名也。○正義曰以筭法從一至萬每十則改名至萬以後稱一萬十萬百萬千萬萬萬始名億從是以往皆以萬爲極是至萬則數滿也論語云巍巍乎其有成功是巍爲高大之名以是始賞。天啓之矣。天子曰兆民。諸侯曰萬民。今名之大。以從盈數。其必有衆。以魏從萬有衆象初。畢萬筮仕於晉。遇屯䷂震下坎上屯。○屯張倫反之比。䷇坤下坎上比屯初九變而爲比。○比毗志反注及下同。○爲〔疏〕遇屯之比。○正義曰震下坎上爲屯說卦云震動也坎彖云坎險也動而遇險有屯難之象坤下坎上爲比說卦坎爲水坤爲地水潤下而地受之相親比之象也辛廖占之。曰。吉。辛廖晉大夫。○廖力彫反〔疏〕注辛廖晉大夫。○正義曰杜云辛廖晉大夫則以畢萬筮仕在晉國而筮劉炫云若在晉國而筮何得云筮仕於晉又辛甲辛有並是周人何故辛廖獨爲晉大夫今知不然者傳以畢萬是畢國子孫今筮仕於晉言於晉以對畢耳非謂筮時在他國也案昭十五年傳云及辛有之二子董之晉於是乎有董史注云辛有周人二子適晉爲大史則辛氏雖出於周枝流於晉劉炫用服氏之說以爲畢萬在周筮仕於晉又以晉國不得有姓辛而規杜過其義非也屯固比入。吉孰大焉。其必蕃昌。屯險難所以爲堅固比親密所以得入。○蕃音煩震爲土。震變爲坤車從馬。震爲車坤爲馬〔疏〕注震爲車坤爲馬。○正義曰晉語云司空季子占公子重耳之筮云震車也坤彖云利牝馬之貞是坤爲馬也下注震爲足震爲長男坤爲母坤爲衆皆說卦文也足居之。震爲足兄長之。震爲長男。○長丁丈反母覆之。坤爲母衆歸之。坤爲衆六體不易。初一爻變有此六義不可易也合而能固。安而能殺。公侯之卦也。比合屯固坤安震殺故曰公侯之卦〔疏〕注比合至之卦。○正義曰震之爲殺傳無明文晉語云震車也車有威武昭二十五年傳云爲刑罰威獄以類其震曜殺戮是震爲威武殺戮之意故震爲殺也公侯之子孫。必復其始。畢萬公高之後傳爲魏之子孫衆多張本〔疏〕必復其始。○正義曰萬是畢公之後公侯之子孫必當復其初始言此人子孫又將爲公侯也及春秋之後二家分晉而魏爲諸侯是其筮之驗也

經二年。春。王正月。齊人遷陽。無傳陽國名蓋齊人偪徙之〔疏〕注陽國至徙之○正義曰世本無有陽國不知何姓杜世族譜土地名闕不知所在與宋人遷宿文同知陽是國名蓋齊人偪遷之○夏。五月。乙酉。吉禘于莊公。三年喪畢致新死者之主於廟廟之遠主當遷入祧因是大祭以審昭穆謂之禘莊公喪制未闋時別立廟廟成而吉祭又不於大廟故詳書以示譏○禘大計反祧他彫反昭上饒反闋苦穴反大廟音泰〔疏〕注三年至示譏○正義曰僖三十三年傳曰凡君薨卒哭而祔祔而作主特祀於主烝嘗禘於廟禘祀為吉祭說喪事而言禘知禘是喪終而吉祭也襄十五年晉悼公卒十六年傳稱晉人荅穆叔云以寡君之未禘祀知三年喪畢乃為禘也喪畢而為禘祭知致新死之主於廟也新主入廟則遠主當遷知其遷入祧者祭法云天子七廟有二祧則祧是遠祖廟也周禮守祧掌守先王先公之廟祧其遺衣服藏焉廟之遠主其廟既遷主無所處固當遷入祧也鄭玄以二祧為文王武王之廟遷主入廟當各從其班穆入文祧昭入武祧禮諸侯五廟更無別祧則當謂太祖之廟為祧也遠主初始入祧新死之主又當與先君相接故禮因是而為大祭以審序昭穆故謂之禘禘者諦也言使昭穆之次審諦而不亂也莊公以其三十二年八月薨至此年五月唯二十二月故喪制未闋也公羊傳曰其言于莊公何未可以稱宮廟也曷為未可以稱宮廟在三年之中矣三年之中未得以禮遷廟而特云莊公知為莊公別立廟廟成而吉祭也僖八年禘于大廟文二年大事于大廟宣八年有事于大廟彼言大事有事亦禘祭也則禘禮必于大廟今未可以吉祭而為吉祭又不于大廟故詳書以示譏也既云吉禘又云于莊公是其詳也○秋。八月。辛丑。公薨。實弒書薨又不地者皆史策諱之○九月。夫人姜氏孫于邾。哀姜外淫故孫稱姜氏○孫音遜注同〔疏〕注哀姜至姜氏○正義曰此決莊元年夫人孫于齊不稱姜氏也賈服之說皆以為文姜殺夫罪重故去姜氏哀姜殺子罪輕故不去姜氏故杜為此言以異之言外淫者謂以外姓為淫○公子慶父出奔莒。弒閔公故○冬。齊高子來盟。無傳蓋高傒也齊侯使來平魯亂僖公新立因遂結盟故不稱使也魯人貴之故不書名子男子之美稱○美稱尺證反〔疏〕注蓋高至美稱○正義曰莊二十二年及齊高傒盟于防自爾以來不見經傳故云蓋高傒也往年仲孫湫勸齊侯使寧魯難今而高子適魯知齊侯使來平魯亂也當齊侯初命高子之時慶父未出僖公未立及其至魯值僖公新立因遂與魯結盟而立之不云齊侯使者盟非齊侯之命故不稱使也齊侯不使之盟而高子輒為盟者齊侯使之來平魯亂新君既立遂盟而安之亦足稱齊侯之意其盟非專擅也魯人不能自安高子盟以安之魯人貴之故不書其名子者男子之美稱故呼之曰高子穀梁傳曰其曰來喜之也其曰高子貴之也盟立僖公也然則盟立僖公必僖公共盟不言公及齊高子盟者桓十四年鄭伯使其弟語來盟文十五年宋華孫來盟皆不言公及則不書公者春秋之常也晉荀庚衛孫良夫並為來聘既行聘禮更與公盟非是直為盟來故聘後別言及耳○十有二月。狄入衛。書入不能有其地例在襄十三年○鄭棄其師。高克見惡久不得還師潰而克奔陳故克狀其事以告魯也○惡烏路反潰戶內反〔疏〕注高克至魯也○正義曰此事詩序具焉大夫出奔多是本國來告傳稱晉侯使以殺大子申生之故來告又衛殺孔達告於諸侯是其本國告也宣十年傳例曰凡諸侯之大夫違告於諸侯曰某氏之守臣某失守宗廟敢告是大夫私家之告辭昭二十六年王子朝奔楚傳稱告于諸侯是奔者自告也此鄭文公心惡高克而欲得遠之克既奔陳無罪可告故杜以為高克自狀其事以告魯魯史以為克若將師出奔是為棄師之道不書高克出奔而書鄭棄其師者案詩序云公子素惡高克進之不以禮文公退之不以道危國亡師之本是棄其師也穀梁傳曰鄭棄其師惡其長也兼不反其眾則是棄其師也

傳二年。春。虢公敗犬戎于渭汭。犬戎西戎別在中國者渭水出隴西東入河水之隈曲曰汭○汭如銳反隈烏回反〔疏〕注犬戎至曰汭○正義曰西戎知犬戎是西戎別在中國者也釋例曰渭水出隴西狄道縣鳥鼠同穴山東經南安天水洛陽扶風始平京兆至弘農華陰縣入河釋丘云隩隈厓內為隩外為隈李巡曰厓內近水為隩孫炎云內隈曲裏也彼雖不言汭汭即隩也而汭字以內為聲明是水之隈曲之內也舟之僑曰。無德而祿。殃也。殃將至矣。遂奔晉。舟之僑虢大夫○僑音喬注同○夏。吉禘于莊公。速也。○初。公傅奪卜齮田。公不禁。卜齮魯大夫也公即位年八歲知愛其傅而遂成其意以奪齮田齮忿其傅并及公故慶父因之○齮魚綺反〔疏〕注卜齮至因之○正義曰莊公三十二年注云閔公於是年八歲此云即位年八歲者閔公之年歲傳文不明服虔於莊三十二年注云閔公於是年九歲於此注云公即位時年九歲僖二年注云閔公死時年九歲杜知其不可故於莊公之末注言年八歲以異之嗣子位定於初喪言即位者亦謂初立之年也秋。八月。辛丑。共仲使卜齮賊公于武闈。宮中小門謂之闈○共音恭闈音韋一音暉〔疏〕注宮中小門謂之闈○正義曰釋宮云宮中之門謂之闈其小者謂之閨小閨謂之閤彼就小門之內更別以為二名大率宮中之門皆小故云宮中小門也名之曰武則其義未聞○成季以僖公適邾。僖公閔公庶兄成風之子共仲奔莒。乃入立之。以賂求共仲于莒。莒人歸之。及密。使公子魚請。密魯地琅邪費縣北有密如亭公子魚奚斯也○費音祕又扶未反不許。哭而往。共仲曰。奚斯之聲也。乃縊。慶父之罪雖重季子推親親之恩欲同之叔牙存孟氏之族故略其罪不書殺又不書卒○縊一賜反〔疏〕注慶父至書卒○正義曰叔牙云慶父材者始有篡慶父之心本其惡未顯見故季子隱之而書其卒若自死然慶父弒二君其罪已彰著計當書其誅殺季子推親親之恩欲同之叔牙存孟氏之族故略其罪不書殺也又不可全同叔牙故又不書卒慶父子孫終為孟氏是季子推親親之恩在正法耳閔公。哀姜之娣叔姜之子也。故齊人立之。共仲通於哀姜。哀姜欲立之。閔公之死也。哀姜與知之。故孫于邾。齊人取而殺之于夷。

以其尸歸。為僖元年齊人殺哀姜傳夷魯地○與音預孫音遜僖公請而葬之。哀姜之罪已重而僖公請其喪還者外欲固齊以居厚內存母子不絕之義為國家之大計○成季之將生也。桓公使卜楚丘之父卜之。卜楚丘魯掌卜大夫曰。男也。其名曰友。在公之右。在右言用事間于兩社。為公室輔。兩社周社亳社兩社之間朝廷執政所在○亳步各反〔疏〕注兩社至所在○正義曰王者取五色之土封以為社若封諸侯隨方割其土包之以白茅賜之使立國社魯是周之諸侯故國社謂之周社哀四年亳社災是魯國有亳社穀梁傳曰亳社者亳之社也亳亡國也亡國之社以為廟屏戒也則亳社在宗廟之前也周禮大宗伯掌建國之神位右社稷左宗廟則諸侯亦當然定二年雉門及兩觀災則兩觀在雉門外也禮運云昔者仲尼與於蜡賓事畢出遊於觀之上蜡祭在廟故出廟而遊於觀也出此言之宗廟社稷在雉門之外分左右廟也鄭玄考按禮文以為魯制三門庫雉路天子諸侯皆三朝圖宗人之嘉事則有路寢庭朝日出視朝則在路門之外其詢國危詢國遷詢立君周禮朝士所掌外朝之位者乃在雉門之外耳雉門之外左有亳社右有周社間於兩社是在兩社之間朝廷詢謀大事則在此處是執政之所在也季氏亡。則魯不昌。〔疏〕季氏亡則魯不昌○正義曰服虔云謂季友出奔魯弒二君案傳子般既死乃云成季奔陳閔公既死乃云成季適邾皆君死乃出奔非由出奔乃致君死杜雖無注義必不然當謂季友子孫與魯升降從此以後季氏世為上卿終於春秋禮記稱悼公之喪季昭子問為君何食以後雖則無文當是與魯俱滅也又筮之。遇大有䷍乾下離上大有之乾䷀。乾下乾上乾大有六五變而為乾曰。同復于父。敬如君所。筮者之辭也乾為君父離變為乾故曰同復于父見敬與君同〔疏〕注筮者至君同○正義曰此離六五爻變不取周易之文筮者推演卦意自為其辭也離是乾子還變為乾故云同復于父言其尊與父同也國人敬之其敬如君之處所言其貴與君同也說卦乾為君父言其身之尊則云同復于父言其為人所敬則云敬如君所意異故分為二也及生。有文在其手曰友。遂以命之。遂以為名○冬。十二月。狄人伐衛。衛懿公好鶴。〔疏〕衛懿公好鶴○正義曰陸機毛詩義疏云鶴形狀大如鵝長腳青翼高三尺餘赤目赤頰喙長四寸餘多純白或有蒼色蒼色者今人謂之赤頰常夜半鳴故淮南子曰雞知將旦鶴知夜半其鳴高亮聞八九里雌者聲差下今吳人園囿中及士大夫家皆養之鶴有乘軒者。軒大夫車○好呼報反下戶各反軒許元反〔疏〕注軒大夫車○正義曰定十三年傳稱齊侯斂諸大夫之軒故杜云軒大夫車也服虔云車有藩曰軒將戰。國人受甲者皆曰。使鶴。鶴實有祿位。余焉能戰。公與石祁子玦。與甯莊子矢。使守。莊子甯速也玦玉玦○焉於虔反玦古穴反守手又反下告守及注同曰。以此贊國。擇利而為之。贊助也玦示以當決

斷矢示以禦難。○斷丁亂反，難乃旦反 與夫人繡衣，曰：聽於二子。取其文章順序 渠孔御戎，子伯爲右。黃夷前驅，孔嬰齊殿。傳言衛侯失民有素，雖臨事而戒，猶無所及。○殿丁練反 及狄人戰于熒澤，衛師敗績，遂滅衛。此熒澤當在河北。君死國散，經不書滅者，狄不能赴，衛之君臣皆盡，無復文告，齊桓爲之告諸侯，言狄已去，言衛之存，故但以人爲文。○熒戶扃反，無復扶又反，下復逐同，爲之于僞反，下文爲衛同。〔疏〕注此熒澤當在河北。○正義曰：禹貢豫州熒波既豬，導沇水入于河，溢爲熒，是熒在河南。此時衛都河北，爲狄所敗，乃東徙渡河，故知此熒澤當在河北。但沇水入河乃洪被河南，多故專得熒名，其北雖少，亦稱熒也。 衛侯不去其旗，是以甚敗。狄人囚史華龍滑與禮孔，以逐衛人。二人曰：我大史也，實掌其祭。不先，國不可得也。夷狄畏鬼，故恐言當先白神。○去起呂反，藏也，一云除也。華胡化反，大音泰，恐丘勇反 乃先之。至則告守曰：不可待也。守，石甯二大夫 夜與國人出。狄入衛，遂從之，又敗諸河。衛將東走，渡河，狄復逐而敗之。 初，惠公之即位也少。蓋年十五六。○少詩照反〔疏〕注蓋年十五六。○正義曰：衛宣公以隱四年立，桓十二年卒，終始二十年耳。即位之後，乃納急子之妻，生壽及朔。朔既有兄，知其蓋年十五六耳。 齊人使昭伯烝於宣姜。不可，強之。昭伯，惠公庶兄，宣公子頑也。昭伯不可。○烝之承反，強其丈反 生齊子、戴公、文公、宋桓夫人、許穆夫人。文公爲衛之多患也，先適齊。及敗，宋桓公逆諸河，迎衛敗衆。宵濟。夜渡，畏狄。衛之遺民男女七百有三十人，益之以共、滕之民爲五千人。共及滕，衛別邑。○共音恭 立戴公以廬于曹。廬，舍也。曹，衛下邑。戴公名申，立其年卒，而立文公。○廬力居反于曹，詩作漕，音同。〔疏〕注廬舍至文公。○正義曰：周禮秋官野廬氏掌道路宿息，地官遺人云：凡國野之道，十里有廬，廬有飲食。是廬爲舍也。廬于曹者，言隨宜寄舍耳。曹邑雖闕，不知其處，當在河東近楚丘也。戴公名申，世本、世家文。經傳皆云十二月狄入衛，衛人東徙渡河，收集離散，乃立戴公。此年之末，文公即位，計戴公爲君不過十數日耳。言立一年卒者，滅而復興，不是嗣位，故成喪爲諡。文公繼世而立，明年始爲元年，故戴公雖復日少，亦稱一年。年表亦以此年爲戴公元年。今定本云以其年卒。 許穆夫人賦載馳。載馳，詩衛風也。許穆夫人痛衛之亡，思歸唁之不可，故作詩以言志。○唁音彥 齊侯使公子無虧帥車三百乘、甲士三千人以戍曹。無虧，齊桓公子武孟也。車甲之賦異於常，故傳別見之。○虧去危反，乘繩證反，下及注同，見賢遍反 歸公乘馬，祭服五稱，

牛、羊、豕、雞、狗皆三百，與門材。歸，遺也。四馬曰乘。衣單複具曰稱。門材，使先立門戶。○稱尺證反，狗音苟，遺于乘反，單複音丹，下方服反〔疏〕注歸遺至門戶。○正義曰：歸者不反之辭，故爲遺也。周禮校人云：乘馬一師四圉。四馬曰乘，以乘車并師五人，必駕四馬故也。喪大記曰：袍必有表，不禪；衣必有裳，謂之一稱。是衣禪複具曰稱。 歸夫人魚軒，魚軒，夫人車，以魚皮爲飾。〔疏〕注魚軒至爲飾。○正義曰：詩云象弭魚服，此云魚軒，則用魚爲飾。其皮可以飾器物者，唯魚獸耳，故云以魚皮爲飾。陸機毛詩義疏云：魚獸似猪，東海有之，其皮背上有斑文，腹下純青，今人以爲弓鞬步叉者也。其皮雖乾燥，爲弓鞬矢服，經年海水將潮及天陰，毛皆起；水潮還及晴，則毛復如故。雖在數千里外，可以知海水之潮，自相感也。 重錦三十兩。重錦，錦之熟細者。以二丈雙行，故曰兩。三十兩，三十匹也。〔疏〕注重錦至匹也。○正義曰：服虔云重，牢也。杜以其遺夫人，貴美不貴牢，故以爲錦之熟細者。雜記曰：納幣一束，束五兩，兩五尋。八尺曰尋，則五尋四丈，謂之兩者，分爲兩段故也。謂之匹者，兩兩合卷，若匹偶然也。 ○鄭人惡高克，使帥師次于河上，久而弗召。師潰而歸，高克奔陳。高克，鄭大夫也。好利而不顧其君，文公惡之而不能遠，故使帥師而不召。○惡烏路反，注同，好呼報反，遠于萬反 鄭人爲之賦清人。清人，詩鄭風也。刺文公退臣不以道，危國亡師之本。○爲于僞反 ○晉侯使大子申生伐東山皋落氏。赤狄別種也。皋落其氏族。○皋古刀反，種章勇反〔疏〕注赤狄至氏族。○正義曰：狄有赤狄、白狄。成十三年傳晉侯使呂相絕秦云：白狄及君同州。則白狄與秦相近，當在晉西。此云東山，當在晉東。宣十五年晉師滅赤狄潞氏，潞縣在晉之東。此云伐東山皋落氏，知此亦在晉東，是赤狄別種也。皋落其氏族也，此族之人，狄之帥也。 里克諫曰：大子奉冢祀、社稷之粢盛，里克，晉大夫。冢，大也。○粢盛上音咨，下音成 以朝夕視君膳者也。膳，厨膳。○朝如字，又張遙反，膳市戰反〔疏〕注膳厨膳。○正義曰：鄭玄膳夫注云：膳之言善也，今時美物曰珍膳。是膳者，美食之名。厨者，造食之處，故云膳，厨膳也。禮記云文王之爲世子，食上必在視寒煖之節，食下問所膳，命膳宰，然後退。是大子朝夕視君膳者也。 故曰冢子。君行則守，有守則從。從曰撫軍，守曰監國，古之制也。夫帥師，專行謀，帥師者必專謀軍事。○則守手又反，下同，從才用反，下同，監古銜反 誓軍旅，宣號令也。 君與國政之所圖也，國政，正卿。 非大子之事也。師在制命而已，命將軍所制。 稟命則不威，專命則不孝，故君之嗣適不可以帥師。君失其官，帥師不威，將焉用之？大子統師，是失其官也。專命則不孝，是爲帥必不威也。○適丁歷反，本又作嫡，下配適同，焉於虔反 且臣聞皋落氏將戰，君

其舍之。公曰：寡人有子，未知其誰立焉。不對而退。見大子。大子曰：吾其廢乎？對曰：告之以臨民，謂居曲沃。 教之以軍旅，謂將下軍。○謂將子匠反，下將上軍並同 不共是懼，何故廢乎？〔疏〕對曰告之至廢乎。○正義曰：克謂大子還曲沃，告百姓以臨示下民之事，并教之軍旅之法，不共是二事爲懼矣，何故憂其廢乎。 且子懼不孝，無懼弗得立。脩己而不責人，則免於難。大子帥師，公衣之偏衣，偏衣，左右異色，其半似公服。○共音恭，本又作供，難乃旦反，下同，公衣之偏，於既反，下衣身之偏、衣之純、衣之尨服注衣之同〔疏〕注偏衣至公服。○正義曰：下云服其身則衣之純，言此偏衣不純，知其左右異色也。又云衣身之偏，言公以身衣之偏半衣大子，知其半似公服也。 佩之金玦。以金爲玦。 狐突御戎，狐突，伯行，重耳外祖父也，爲申生御。申生以大子將上軍。 先友爲右。梁餘子養御罕夷，先丹木爲右。罕夷，晉下軍卿也。梁餘子養爲罕夷御。 羊舌大夫爲尉。羊舌大夫，叔向祖父也。尉，軍尉。○向許丈反 先友曰：衣身之偏，握兵之要，偏，半也。謂佩金玦，將上軍。 在此行也，子其勉之。偏躬無慝，分身衣之半，非惡意也。○慝他得反 兵要遠災，威權在已，可以遠害。○遠于萬反，注及下同 親以無災，又何患焉？狐突歎曰：時，事之徵也；歎以先友爲不知君心。 衣，身之章也；章貴賤。 佩，衷之旗也。旗，表也。所以表明其中心。○衷音忠，旗音其 故敬其事則命以始，賞以春夏。 服其身則衣之純，必以純色爲服。 用其衷則佩之度。衷，中也。佩玉者，士君子常度。 今命以時卒，閟其事也；冬十二月，閟盡之時。○閟音秘 衣之尨服，遠其躬也；尨，雜色。○尨莫江反 佩以金玦，弃其衷也。服以遠之，時以閟之，尨涼冬殺，金寒玦離，寒涼殺離，言無溫潤。玦如環而缺不連。 胡可恃也？雖欲勉之，狄可盡乎？梁餘子養曰：帥師者受命於廟，受脤於社，脤，宜社之肉，盛以脤器。○脤市軫反，祭社之肉，盛音成 有常服矣。韋弁服，軍之常也。尨，偏衣。 不獲而尨，命可知也。死而不孝，不如逃之。罕夷曰：尨奇無常，雜色奇怪，非常之服。 金玦不復，雖復何爲？君有心矣。有害大子之心。 先丹木曰：是服也，狂夫阻之。阻，疑也。言雖狂夫猶知有疑。○阻莊呂反 曰盡敵

而反。曰公辭。○盡子忍反下盡敵同敵可盡乎。雖盡敵猶有內讒。不如違之。違去也狐突欲行。行亦去也羊舌大夫曰。不可。違命不孝。弃事不忠。雖知其寒。惡不可取。子其死之。寒薄也【疏】狐突至死之。○正義曰傳之上下諸言某御戎某爲右者謂國君自將太子亦然者攝君之事故與君同文也傳歷言將帥御右者以下各有言故此舉其目先友不知君有害太子之心故推此衣佩以爲善事勸之狐突歎先友不知君意乃極言時衣佩三者反覆以荅之罕夷唯舉服佩二事故云尨奇無常金玦不復也其梁餘子養先丹木唯言服舉其重者故子養云不獲而尨命可知也先丹木云是服也狂夫阻之是皆勸大子之行也狐突以衆言同己故決意欲行羊舌大夫乃以忠孝之事勸之使留各以意之所見故其言或深或淺○注羊舌至軍尉○正義曰羊舌氏也爵爲大夫號曰羊舌大夫不知其如何也此人生羊舌職生叔向故爲叔向祖父譜云羊舌氏晉之公族羊舌其所食邑也或曰羊舌氏姓李名果有人盜羊而遺其頭不敢不受受而埋之後盜羊事發辭連李氏李氏掘羊頭而示之以明已不食唯其舌存得免號曰羊舌氏也或曰者不知誰爲此言杜所不從記異聞耳○服以至時也○正義曰服以遠之覆上衣之尨服也時以閟之覆上命以時卒也上先時後服此先服後時者以下連尨涼冬殺之文又欲使冬殺與金寒相近冬殺是時故退之在下言尨涼則申上衣之尨服也冬殺則申上命以時卒也尨涼據服冬殺據時耳金寒玦離申上佩以金玦也金是秋之寒氣故言金寒也○注服宜至服器○正義曰釋天云起大事動大衆必先有事乎社而後出謂之宜知出兵必祭社祭社名爲宜周禮大宗伯以脤膰之禮親兄弟之國定十四年天王使石尚來歸脤知脤是器物可執之以賜人也今言受脤於社明是祭社之肉盛以脤器賜元帥也地官掌蜃祭祀共蜃器之蜃鄭玄云蜃大蛤以蜃之器以蜃飾因名焉○注阻疑也○正義曰劉炫云阻疑以意訓耳今言猶云阻疑是阻得爲疑也言雖狂夫猶知於此服有疑也服虔云阻止也方相之士蒙玄衣朱裳主索室中毆疫號之爲狂夫止此服言君與大子以狂夫所止之服衣之晉語云且是之衣也狂夫阻之衣也韋昭云狂夫方相氏之士也阻古詛字也將服是衣必先詛之是由無正訓各以意解劉以爲方相氏狂夫所服玄衣朱裳左右同色不得爲偏衣也當服此衣非是意所止也詛乃服之文無所出故杜別爲此解○注曰公辭○正義曰言公辭者當以公賜之偏衣金玦推其義理原公之意而爲之作辭非公出言作此辭也大子將戰。狐突諫曰。不可。昔辛伯諗周桓公。諗告也事在桓十八年○諗音審說文云深諫云。內寵並后。外寵二政。嬖子配適。大都耦國。亂之本也。周公弗從。故及於難。今亂本成矣。驪姬爲內寵二五爲外寵奚齊爲嬖子曲沃爲大都故曰亂本成矣【疏】注驪姬至成矣○正義曰辛伯之語先有成文其內寵之徒不爲晉發故劉炫云二五賤不得爲二政大子不以曲沃作亂不得爲大都而杜云驪姬爲內寵二五爲外寵奚齊爲嬖子曲沃爲大都者今刪定以爲辛伯之言雖不爲晉要晉國之亂事理相當故且以事託之二五爲耦壅傳晉宮曲沃彊大子奔之又築屈與蒲終爲禍難但此據太子故以曲沃爲文劉君不達此時而爲規過違傳意也立可必乎。孝而安民。子其圖之。奉身爲孝不戰爲安民與其危身以速罪也。有功益見害故言孰與危身以召罪【疏】孝而至罪也○正義曰去則孝而安民留則危身召罪等與其危身以召罪也豈若孝而安民乎勸使逃也○成風聞成季之繇。乃事之。成風莊公之妾僖公之母也繇卦兆之占辭○繇直救反而屬僖公焉。故成季立之。○屬章欲反○僖之元年。齊桓公遷邢于夷儀。二年。封衞于楚丘。邢遷如歸。衞國忘亡。忘其滅亡之困○衞文公大布之衣。大帛之冠。大布麤布大帛厚繒蓋用諸侯諒闇之服○衞文公大布之衣本或作衣大布之衣誤○繒疾陵反諒音良又音亮務材。訓農。通商。惠工。加惠於百工賞其利器用敬教。勸學。授方。任能。方百事之宜也【疏】務材至任能○正義曰務材務在植材用也訓農訓民勸農業也通商通商販之路令貨利往來也惠工加恩惠於百工賞其利器用也敬教敬民五教也勸學勸民學問也授方授民以事皆有方法也任能任其所委任信能用人也元年。革車三十乘。季年。乃三百乘。衞文公以此年冬立齊桓公始平魯亂故傳因言齊之所以霸衞之所由興革車兵車季年在僖二十五年盡招懷迸散故能致十倍之衆○乘繩證反下同迸必諍反

春秋左傳注疏卷十一校勘記　阮元撰盧宣旬摘錄

附釋音春秋左傳注疏卷第十一　閔元年盡二年宋本春秋正義卷十後並同石經春秋經傳集解閔公第四盡二年

閔公

經元年

元年注季子至曰歸　宋本無元年二字

傳元年

詩小雅美　宋本淳熙本岳本足利本美作也

戎狄至簡書　宋本以下正義三節揔入齊人救邢句下

狼牡貛牝狼也　山井鼎云宋板牝作牡下同按作牡狼非

善爲小兒喑聲　閩本監本毛本作喑宋本作啼是也

其猛健者　宋本作徤閩本監本毛本作揵

東吾名　宋本名下有也字

時慶父亦還魯　宋本淳熙本足利本亦下有已字

大伯周大王之適子　釋文云適本又作嫡淳熙本作嫡

乃奔荊蠻以辞季歷　宋本辞作辟不誤○今訂正

是魏爲高大之名　宋本作是巍巍魏二字一正一俗今人分別其音古人則字形字音皆不別

經二年

畢萬公高之後　宋本淳熙本足利本作萬畢是也

廟成而吉祭　纂圖本毛本吉作言誤

傳二年

言即位者亦謂初立之年也　監本毛本年誤命

宮中之門謂之衞　宋本監本毛本衞作闈不誤○今訂正

小閨謂之閤　毛本閤作閣非也

外欲國齊以居厚　淳熙本以作巳按以巳古通用

分左右廟也　宋本廟作廂不誤

季氏亡則魯不昌　宋本無此七字

衞懿公好鶴　宋本無此五字

及狄人戰于熒澤　監本毛本熒作滎非案宋監本毛本注文作熒正義誤滎

故但以人爲文　宋本淳熙本岳本足利本人作入是也

是熒在河南　宋本無是熒二字非也

立戴公以廬于曹　釋文云曹詩作漕音同案詩鄭箋引亦作漕惠棟云詩序曹字從水鄭箋傳作曹古文省也按說文漕者水轉穀也地名字不必从水今本毛詩鄭箋恐非

戴公名申　宋本申作甲案史記衞世家作申

立其年卒　正義云今定本作以其年卒按其年卒據正義則孔本作一年卒故發明之今本作其誤

掌道路宿息　監本毛本重掌字脫路字

言立一年卒者　宋本無立字

衣單複具曰稱　案儀禮士喪禮釋文引單作禪正義本作禪

袍必有表不禪　監本毛本禪誤襌下同

魚獸似猪　閩本監本毛本豬改猪

其皮雖乾燥爲弓韃矢服 浦鏜據詩正義雖改韃爲上增以字

自相感也 浦鏜據詩正義自上增氣字

故以爲錦之熟細者 宋本熟作孰

晉侯使太子申生 纂圖本毛本侯誤人

從曰撫軍 顧炎武云石經軍誤國案石經此處闕炎武所據乃繆刻也

故君之嗣適 釋文適本又作嫡下配適同

脩已而不責人 石經宋本岳本巳作已不誤石經人字上有於字似後人所增

時以闕之 淳熙本闕誤也

尨涼 案惠棟云說文引作牻椋云牻白黑雜毛牛椋牛也古文省少或借涼爲椋沈彤云案廣韻椋牻牛駁色蓋說文駹駁色二字牻椋謂牻服色駁也否則冬與金玦皆有義而牻獨無乎上文偏衣卽牻服蓋分織牻牛白黑毛爲之下所謂奇無常也

受服於社 詩大明緜鄭箋云春秋傳曰蜃宜社之肉正義曰左傳無此文而言傳曰衍字也閔二年左傳曰帥師者受命於廟受蜃於社也按據說文祳社肉也以蜃爲器盛之則亦可謂肉爲脤故左傳直云受蜃於社也此云受脤於社脤乃祳之俗字耳其古本必作祳或作蜃也

盛以脤器 段玉裁按本脤作蜃是也

命可知也 足利本也作矣非也

雖盡敵 石經敵字上後人旁增外字非也

不知其名何也 宋本如作名不誤

唯識其舌存得免號曰羊舌氏也 毛本雖誤誰氏誤是

蜃之器以蜃飾因名焉 監本毛本蜃作脤不誤案周禮注作蜃

外寵二政 案惠棟云二讀爲王貳于虢之貳韓非子引此正作貳

故曰亂本成矣 宋本足利本無矣字

注驪姬至本成 此節正義宋本在立可必乎之下

大帛之冠 案鄭氏注雜記引春秋傳曰衞文公大布之衣大白之冠正義引傳亦作大白

勸農業也 宋本勸作勸是也

令貨利往來也 閩本監本毛本令作合非也

盇招懷迸散 監本毛本迸作逃非也

春秋左傳注疏卷十一挍勘記

附釋音春秋左傳注疏卷第十二 僖元年盡五年

杜氏注　孔穎達疏

僖公○陸曰僖公名申莊公之子閔公之兄母成風謚法小心畏忌曰僖〔疏〕正義曰魯世家僖公名申莊公之子閔公庶兄其母成風所生也惠王十八年卽位謚法小心畏忌曰僖是歲歲在鶉首

經元年。春。王正月。○齊師、宋師、曹伯次于聶北。救邢。齊師諸侯之師救邢次于聶北者案兵觀釁以待事也次例在莊三年聶北邢地○聶女輒反釁許覲反〔疏〕齊師至邢地○正義曰公羊穀梁皆以爲齊師宋師曹師皆是侯伯之身公羊稱不與諸侯專封故變稱師耳此時方始救邢邢本不滅何以言其封也左氏無此義將卑師衆稱師此三國皆師多而大夫將故名氏不見並稱師公羊以爲此言次于聶北救邢與襄二十三年叔孫豹救晉次于雍榆二事相反爲之作說言此是君也進止自由彼是臣也先通君命買服取以爲說杜以傳無此事故不用其言釋例曰所記或次在事前次以成事也或次在事後事成而次也皆隨事實無義例也此時狄人尚强未可卽擊案兵觀釁以待其事須可擊乃擊之故次在事前○夏。六月。邢遷于夷儀。邢遷如歸故以自遷爲辭夷儀邢地〔疏〕注邢遷至邢地○正義曰傳稱師逐狄人具邢器用而遷之則是諸侯遷邢也而文作邢自遷者以邢遷如歸故以自遷爲文公羊傳曰遷者何其意也遷之者何非其意也言邢遷于夷儀許遷于白羽者皆是其國之意自欲遷之宋人遷宿齊人遷陽者他人强遷其國之意不欲遷也齊師、宋師、曹師城邢。傳一例曰救患分災禮也一事而再列三國於文不可言諸侯師故〔疏〕注傳例至師故○正義曰春秋之例先會而後盟者會則具序諸國盟則總稱諸侯公羊謂之前目而後凡此上文已列三國之師救邢救邢與城邢猶是一事相連耳而再列三國之師不依前目後凡者於文不可言諸侯師故也案此十五年歷序諸侯盟于牡上下書諸侯之大夫救徐襄二十七年歷序諸國大夫會于宋下云諸侯大夫盟于宋此不言諸侯之師城邢者此與會盟小異十四年諸侯城緣陵爲其事有闕故總稱諸侯此若云諸侯之師城邢似爲其事有闕總書爲貶故雖則煩文而再列三國○秋七月。戊辰。夫人姜氏薨于夷。齊人以歸。傳在閔二年不言齊人殺諱之書地者明在外薨〔疏〕注傳在至外薨○正義曰傳在閔二年者彼因孫于邾遂終言之實齊人殺之諱故不言殺也夫人之薨例不書地書地者明其在外而薨若言夫人自行至夷遇疾而薨齊人乃以其喪歸耳○楚人伐鄭。荊始改號曰楚〔疏〕注荊始改號曰楚○正義曰此前常呼爲荊此後遂稱爲楚據其見經爲言故云荊始改號莊二十八年仍書荊伐鄭自爾至今不知何年改○八月。公會齊侯、宋公、鄭伯、曹伯、邾人于檉。檉宋地陳國陳縣西北有檉城公及其會而不書盟還不以盟告○檉勑呈反〔疏〕注檉宋至盟告○正義曰經書會于檉傳言盟于犖卽檉也而經不書盟釋例曰盟于鄧盟于犖盟于咸公既在會而不書其盟以理推之會在盟前知非後盟也蓋公還告會而不告盟也○九月。公敗邾師于偃。偃邾地○冬。十月。壬午。公子友帥師敗莒師于酈。獲莒挐。酈魯地挐莒子之弟不書弟者非卿非卿則不應書嘉季友之功故特書其所獲大夫生死皆曰獲獲例在昭二十三年○酈力知反挐女居反又女加反〔疏〕注酈魯至三年○正義曰傳言莒子之弟而經不書弟者諸侯之臣爲卿乃見經見經則備書名氏若言莒子之弟挐則是爲卿之備文此不書弟見其非卿也傳曰非卿也嘉獲之也以非卿不應書經嘉季友之功能獲莒之大將故特書所獲以美季子公羊亦云此何以書大季子之獲也釋例曰莒挐非卿非卿則不應書今嘉獲故特書之特書猶不稱弟明諸書弟者皆卿也○十有二月。丁巳。夫人氏之喪至自齊。僖公請而葬之故告於廟而書喪至也齊侯既殺哀姜以其尸歸絕之於魯僖公請其喪而還不稱姜闕文〔疏〕注僖公至闕文○正義曰齊人治哀姜之罪取而殺之則位絕於魯非復魯之夫人其死不合書之於策以僖公請而葬之外欲固齊以居厚內存母子不絕之義故具書於經薨葬備禮諱之若言無罪而自死然既諱其殺不宜有貶公羊傳曰夫人何以不稱姜氏貶曷爲貶與弑公也穀梁傳曰其不言姜以其弑二子貶之也或曰爲齊桓諱殺同姓也賈逵云殺子輕故但貶姜然則姜氏者夫人之姓二字共爲一義不得去姜存氏去氏存姜若其必有所貶自可替其尊號去一姜字復何所明於薨於葬未嘗有貶何故喪至獨去一姜公羊傳又曰曷爲不於弑焉貶貶必於其重者莫重乎其以喪至也案禮之成否在於薨葬何以喪至獨得爲重喪至已加貶責於葬不應備文何故葬我小君復得成禮正以薨葬備禮知其無所貶責故杜以經無姜字直是闕文公羊穀梁見其文闕妄爲之說耳

傳元年。春。不稱卽位。公出故也。國亂身出復入故卽位之禮有闕○復扶又反下文同公出復入不書。諱之也。諱國惡禮也。掩惡揚善義存君親故通有諱例皆當時臣子率意而隱故無深淺常準聖賢從之以通人理有時而聽之可也○準之尹反〔疏〕元年至禮也○正義曰去年八月閔公死僖公出奔邾九月慶父出奔莒公卽歸魯言公出故者公出而復歸卽位之禮有闕爲往年公出奔之故非言應卽位之時公在外也齊小白陽生之徒皆出而復入經書其入僖公類之亦應書入往年公出復入不書諱之國內有亂致令公出不書公出復入諱國亂也國亂國之惡事諱國惡是禮也時史諱而不書仲尼因而不改嫌諱非禮故以禮居之○注掩惡至可也○正義曰坊記曰善則稱君過則稱己則民作忠善則稱親過則稱己則民作孝是掩惡揚善之義義存君與親也君親之惡務欲掩之是故聖賢作法通有諱例諱雖有例而事無定體或諱大不諱小或諱小不諱大皆當時臣子率己之意而爲之隱故無深淺常準隱十年公羊傳曰於外大惡書小惡不書於內大惡諱小惡書必如彼言是有常準歷檢春秋都無定例納鼎惡於易田諱田而不諱鼎公入小於公出諱入而不諱孫是其無常準也既無常準隨諱深淺舊史有所辟諱聖賢因而從之以通人事之理故容有掩惡之法釋例曰有時而聽之則可也正以爲後法則不經故不奪其所諱亦不爲之定制言若正爲後法每事皆諱則爲惡者無復忌憚居上者不知所懲不可盡令諱也人之所極唯君與親纔有小惡卽發其短非復臣子之心全無愛敬

之義是故不抑不勸有時聽之以爲諱惡者禮也無隱者直也二者俱通以爲世教也○諸侯救邢。實大夫而曰諸侯總衆國之辭〔疏〕注實大至之辭○正義曰於例將卑師衆稱師三國並稱爲師是皆大夫將也實大夫也而曰諸侯總衆國之辭也桓五年蔡人衛人陳人從王伐鄭傳曰王以諸侯伐鄭彼亦大夫將總衆國而稱諸侯也先儒以爲此役諸侯身行故言此以異之邢人潰出奔師。奔聶北之師也邢潰不書不告也○潰戶內反師遂逐狄人具邢器用而遷之師無私焉。皆撰具遷之無所私取○撰仕眷反又仕轉反〔疏〕注皆撰至私取○正義曰邢人潰而奔師棄其家之器物師逐狄人爲之斂聚皆撰具以還邢人師人無所私取善齊桓委任得人用兵嚴整也○夏邢遷于夷儀諸侯城之救患也凡侯伯救患分災討罪禮也。侯伯州長也分穀帛○分甫問反又如字長丁丈反〔疏〕注侯伯至穀帛○正義曰此因齊侯發例齊侯之爲侯伯當是王之二伯此言州長必是九州之長但州牧於是竟內亦當救患討罪以州牧亦掌此事故言州長以包之有災害者分之財物知分者分穀帛也○秋楚人伐鄭鄭卽齊故也盟于犖謀救鄭也。犖卽檉也地有二名○犖音洛又力角反○九月公敗邾師于偃虛丘之戍將歸者也。虛丘邾地邾人既送哀姜還齊人殺之因戍虛丘欲以侵魯公以義求齊齊送姜氏之喪邾人懼乃歸故公要而敗之○虛起居反要於遙反〔疏〕注虛丘至敗之○正義曰犖之盟也邾人在焉公既盟而敗其師傳不明言其故直云虛丘之戍不知虛丘誰地何故戍之服虔云虛丘魯邑魯有亂邾使兵戍虛丘魯與邾無怨因兵將還要而敗之所以惡僖公也邾之於魯本無怨惡僖公弃邾則爲之外主國亂則戍其內邑無故而敗其師亡信背義莫斯之甚非僖公作頌之主所當行也杜以爲不然故別爲此說此說亦無所據要其理當然也案十二月夫人之喪始至此九月敗邾師而云以義求齊齊送姜氏之喪者夫人以七月薨公卽求齊齊既許之邾聞許而將歸魯得許而敗邾師耳○冬莒人來求賂。求還慶父之賂公子友敗諸酈獲莒子之弟挐。莒既不能爲魯討慶父受魯之賂而又重來其求無厭故嘉季友之獲而非卿也嘉獲之也。書之○爲魯于僞反重直用反厭於鹽反公賜季友汶陽之田及費。汶陽田汶水北地汶水出泰山萊蕪縣西入濟○汶音問費音祕萊音來蕪〔疏〕汶陽至入濟○正義曰水北曰陽故知汶陽田汶水北地釋例曰汶水出泰山萊蕪縣西南經濟北至東平須昌縣入濟○夫人氏之喪至自齊君子以齊人殺哀姜也爲已甚矣女子從人者也。言女子有三從之義在夫家有罪非父母家所宜討也經二年春王正月城楚丘。楚丘衛邑不言城衛衛未遷〔疏〕注楚丘至未遷○正義曰此決城邢也彼既遷訖乃爲城之不言城夷儀而言城邢邢已遷也此則先城楚丘將以封衛言城楚丘不言城衛衛未遷也○夏五月辛巳葬我小君哀姜。無傳反哭成喪故稱小君例在定十五年○虞師晉師滅下陽。下陽虢邑在河東大陽縣晉於此始赴見經滅例在襄十三年大音泰一音如字見賢遍反○秋九月齊侯宋公江人黃人盟于貫。貫宋地梁國蒙縣西北有貫城貫與貰字相似江國在汝南安陽縣○貫古亂反貰市夜反又音世〔疏〕注江人黃人○正義曰公羊穀梁皆云江人黃人遠國之辭言其實是君也以其遠國降而稱人賈云江黃稱人刺不度德善鄭恃齊背楚終爲楚所滅其意雖異皆以江人黃人爲國君親來杜以諸侯之貶不至稱人則稱人者皆是其國之大夫耳齊桓威德稍盛遠國來服齊桓謙以接遠故與宋公會之○冬十月。不雨。傳在三年○楚人侵鄭。

傳二年春諸侯城楚丘而封衛焉。君死國滅故傳言封〔疏〕注君死至言封○正義曰封者聚土之名也天子之建諸侯必分之土地立其疆界聚土爲封以記之故建國謂之封國衛是舊國今云封者以其君死國滅更封建之故云封也不書所會後也。諸侯既罷而魯後至諱不及期故以獨城爲文○晉荀息請以屈產之乘與垂棘之璧假道於虞〔疏〕假道於虞○正義曰聘禮云若過他邦至于竟使次介假道束帛將命于朝下大夫取以入告出許是禮過他國必假道也聘尚假道況乎伐國故請以璧馬假借也穀梁傳曰借道乎虞以伐虢。荀息荀叔也屈地生良馬垂棘出美玉故以爲名四馬曰乘自晉適虢途出於虞故借道○屈求勿反又居勿反注同乘繩證反注同公曰是吾寶也對曰若得道於虞猶外府也。公曰宮之奇存焉。宮之奇虞忠臣○奇其宜反對曰宮之奇之爲人也懦而不能強諫。懦弱也○懦本又作懦乃亂反又乃貨反字林作㥨音乃亂反強其良反又其丈反且少長於君君暱之。親而狎之必輕其言○少詩照反長丁丈反暱一乙反雖諫將不聽。乃使荀息假道於虞曰冀爲不道入自顛軨伐鄍三門。前是冀伐虞至鄍鄍虞邑河東大陽縣東北有顛軨坂○軨音零鄍亡丁反坂音反〔疏〕注前是至軨坂○正義曰服虔以爲冀爲不道伐晉也冀之既病亦唯君故謂虞助晉也將欲假道稱前恩以誘之案傳荀息以寶假道公尚慮虞不許則晉之於虞舊非與國若其當經助晉則是昔來通好何憂乎不許而請進國之美寶尚畏宮之奇諫于故杜以爲冀自伐虞虞自報冀以虞能報冀晉不能報虢言已弱以示其恥言虞彊以誘其心此雖無文理必然也冀之既病則亦唯君故。言虞報伐冀使病將欲假道故稱虞彊以說其心冀國名平陽皮氏縣東北有冀亭○說音悅今虢爲不道保於逆旅。逆旅客舍也虢稍遣人分依客舍以聚衆抄晉邊邑○抄初教反又楚稍反強取物〔疏〕注逆旅至邊邑○正義曰

晉語云陽處父過甯舍於逆旅甯嬴氏知逆旅是客舍也逆迎也旅客也迎止賓客之處也保者固守之語知其分依客舍何候抄晉邊邑既又入而保之觀其此語則虢晉接鄰但向其都邑須過虞竟當以從彼詣虢路逕山險易來難往故也以侵敝邑之南鄙。敢請假道以請罪于虢。問虢伐己以何罪虞公許之且請先伐虢。喜於厚賂而欲求媚宮之奇諫不聽遂起師。夏晉里克荀息帥師會虞師伐虢滅下陽。晉猶主兵不信虞〔疏〕注晉猶至信虞○正義曰如傳之言直云會虞伐虢未知誰爲兵主但下云先書虞賄故也若虞爲兵主自當在先不須云先書虞也明晉實爲主而仲尼先書虞故知晉猶主兵不信虞也先書虞賄故也。虞非倡兵之首而先書之惡貪賄也○賄呼罪反惡烏路反○秋盟于貫服江黃也。江黃楚與國也始來服齊故爲合諸侯○爲于僞反下同○齊寺人貂始漏師于多魚。寺人內奄官豎貂也多魚地名闕齊桓多嬖寵內則如夫人者六人外則幸豎貂易牙之等終以此亂國傳言貂於此始擅貴寵漏洩桓公軍事爲齊亂張本○寺如字又音侍寺人奄官名貂音彫豎上主反擅時戰反洩息列反又以制反〔疏〕注寺人至張本○正義曰周禮內宰之屬有內小臣奄上士四人寺人王之正內五人內豎倍寺人之數寺人掌王之內人及女宮之戒令內豎掌內外之通令皆掌婦人之事是自內小臣以下皆用奄人爲官也鄭玄云豎未冠者之音名然則此人名貂幼童爲內豎之官以爲齊侯所寵後雖年長遂呼爲豎貂焉此時爲寺人之官故稱寺人貂也言漏師者漏泄師之密謀也漏師已是大罪此云始者言其終又甚焉故言始以爲齊亂張本○虢公敗戎于桑田。桑田虢地在弘農陝縣東北晉卜偃曰虢必亡矣亡下陽不懼而又有功是天奪之鑒。鑒所以自照而益其疾也。驕則生疾必易晉而不撫其民矣不可以五稔。稔熟也爲下五年晉滅虢張本○易以豉反稔入甚反○冬楚人伐鄭鬬章囚鄭聃伯。經書侵傳言伐本以伐興權行侵掠爲後年楚伐鄭鄭伯欲成張本○聃乃甘反掠音亮

經三年春王正月不雨夏四月不雨。一時不雨則書首月傳例曰不曰旱不爲災〔疏〕三年注一時至爲災○正義曰一時不雨則書首月者解去冬今春也書首月者皆竟時不雨次月不雨不復書也故夏四月不雨五月不雨不復書六月得雨乃書之此不雨日久方始追書其事每時一書所以詳其文也不於去年冬十月及今年正月不雨注必於夏四月不雨注者以下有六月雨既備書則五月不雨亦應備書今唯云夏四月不雨故注云一時不雨則書首月以解五月不書不云之意文二年自十二月不雨至于秋七月十三年自正月不雨至于秋七月二者皆揔書不雨又不書得雨之月與此年書不雨文異者穀梁傳曰一時言不雨者閔雨也閔雨者有志乎民者也六月雨雨云者喜雨也喜雨者有志乎民者也文二年傳曰歷時而言不雨文不憂

雨也不憂雨者無志乎民也言僖有憂民之志故每時一書文無憂民之志是以歷時總書賈逵取以爲說杜既不注或亦史異辭也○徐人取舒。無傳徐國在下邳僮縣東南舒國今廬江舒縣勝國而不用大師亦曰取例在襄十三年○邳皮悲反僮音童廬力居反【疏】注徐國至三年○正義曰諸侯相滅亡者多是土壤鄰接思啓封疆今檢杜注徐在下邳舒在廬江相去甚遠而越竟滅國無傳無注不知所以襄十三年傳例曰凡書取言易也用大師焉曰滅然則滅之與取俱是絕其國家有其土地難則稱滅易則爲取釋例曰用大師起大衆重力以陷敵因而有之故曰勝國通以滅爲文也取者乘其衰亂或受其潰叛或用小師而不頓兵勞力則直言取如取如攜言其易也是勝國而不用大師亦爲取也○六月。雨。示旱不竟夏○秋。齊侯、宋公、江人、黃人會于陽穀。陽穀齊地在東平須昌縣北○冬。公子友如齊涖盟。涖臨也○涖音利又音類【疏】注涖臨也○正義曰公羊傳曰涖盟者何往盟乎彼也來盟者何來盟于我也盟者殺牲歃血告誓神明人臨其上從我去書出我之意故言往彼臨視從外至者我共臨視故直舉其來○楚人伐鄭。

傳三年。春。不雨。夏六月。雨。自十月不雨至于五月。不曰旱。不爲災也。周六月夏四月於播種五稼無損○夏戶雅反秋。會于陽穀。謀伐楚也。二年楚侵鄭故○齊侯爲陽穀之會。來尋盟。冬。公子友如齊涖盟。公時不會陽穀故齊侯自陽穀遣人詣魯求尋盟魯使上卿詣齊受盟謙也○爲于僞反○楚人伐鄭。鄭伯欲成。孔叔不可。曰。齊方勤我。孔叔鄭大夫勤恤鄭難○難乃旦反弃德不祥。祥善也○齊侯與蔡姬乘舟于囿。蕩公。蔡姬齊侯夫人蕩搖也囿苑也蓋魚池在苑中○囿音又公懼。變色。禁之。不可。公怒。歸之。未絕之也。蔡人嫁之。爲明年齊侵蔡傳

經四年。春。王正月。公會齊侯、宋公、陳侯、衛侯、鄭伯、許男、曹伯侵蔡。蔡潰。民逃其上曰潰例在文三年遂伐楚。次于陘。遂兩事之辭楚強齊欲綏之以德故不速進而次陘陘楚地潁川召陵縣南有陘亭○陘音刑召上照反傳皆同【疏】注遂兩事之辭○正義曰桓八年祭公來遂逆王后于紀公羊傳曰遂者何生事也謂本無向紀之心至魯始生意也穀梁傳曰遂繼事之辭也此云兩事之辭謂既有上事復爲下事不以本謀有心無心爲異也此齊侯先有伐楚之心因行而侵蔡耳三十年襄仲將聘于周遂初聘于晉桓十八年公將有行遂與姜氏如齊如此之類本謀爲二事也六年諸侯伐鄭楚人圍許諸侯遂救許莊十九年公子結媵陳人之婦于鄄遂及齊侯宋公盟如此之類本無謀而因事便行也但是兩事皆稱爲遂故曰兩事之辭不別本謀與否○夏。許男新臣卒。未同盟而赴以名【疏】許男新臣卒○正義曰成十三年曹伯盧卒于師此不言于師者穀梁傳曰諸侯死於國不地死於外地死於師何爲不地內桓師也注云齊桓威德洽著諸侯安之雖卒於外與其在國同賈逵云不言於師善會主加禮若卒於國左氏無此義釋例曰若卒于朝會或書師或書地者史之成文非義所存然則或言于師或不言于師亦是史有詳略無義例也注稱赴以名者公雖在軍死須相赴史得赴乃書耳○楚屈完來盟于師。盟于召陵。屈完楚大夫也楚子遣完如師以觀齊屈完覩齊之盛因而求盟故不稱使以完來盟爲文齊桓退舍以禮楚故盟召陵召陵潁川縣也【疏】注屈完至縣也○正義曰公羊傳曰屈完者何楚大夫也何以不稱使尊屈完也曷爲尊屈完以當桓公也其意言屈完楚之貴者尊之以敵齊侯若屈完足以自專無假君命不爲楚子所使故作自來之文服虔取以爲說案孔子曰君使臣以禮臣事君以忠此聖人之明訓也今乃尊人之臣許其不爲君使輕人之主以爲不合使臣是乃縱羣下以覬覦敎強臣以專恣約之以禮豈當然乎故杜別爲此解楚子本使屈完如師以觀齊師之強弱強則欲服弱則欲拒屈完觀齊之盛因而求盟盟非楚子之意故不稱使以屈完自來盟爲文穀梁傳曰其不言使權在屈完也是其權時之便自來與齊盟也完之本意欲即盟於軍齊桓喜其來服退舍以禮楚言來盟于師書屈完之意也盟于召陵書實盟之所也成二年齊侯使國佐如師不言來而此言來者彼既云如師不須稱來此不言如師故云來耳此既云來盟不復須言及屈完盟彼無來盟之文故別言及國佐盟意異於此故文不同服虔云言來者外楚也嫌楚無罪言來以外之來者自外之文非別罪之所在若以言來即爲罪楚則仲孫高子之來也復外齊而罪之乎且惡楚者當惡其辟在蠻夷負固不服不服之日容可外之服而又外欲何爲也○齊人執陳轅濤塗。轅濤塗陳大夫○袁陳大夫氏也本多作轅濤音桃○秋。及江人、黃人伐陳。受齊命討陳之罪而以與謀爲文者時齊不行使魯爲主與謀例在宣七年○與音預下同【疏】注受齊至七年○正義曰直言及江黃者將卑師少故不言主師而言微者及之宣七年傳例曰凡師出與謀曰及不與謀曰會而春秋征伐受命於盟主者實是與謀皆不言及釋例曰盟主之令則上行乎下非匹敵和成之類故雖或先謀皆從不與謀之例然則此伐陳者受齊之命討陳之罪亦是上行乎下而經書及者於時齊師不行使魯爲主魯與江黃謀之然後共伐故以與謀爲文○八月。公至自伐楚。無傳告于廟○葬許穆公。○冬。十有二月。公孫茲帥師會齊人、宋人、衛人、鄭人、許人、曹人侵陳。公孫茲叔牙子叔孫戴伯

傳四年。春。齊侯以諸侯之師侵蔡。蔡潰。遂伐楚。楚子使與師言曰。君處北海。寡人處南海。唯是風馬牛不相及也。楚界猶未至南海因齊處北海遂稱所近牛馬風逸蓋末界之微事故以取喻○近附近之近【疏】注楚界至取喻○正義曰襄十三年傳稱楚子囊述共王之德撫有蠻夷奄征南海唯言征南海耳其竟未必至南海也因齊處北海遂稱所近言其相去遠也服虔云風放也牝牡相誘謂之風尚書稱馬牛其風此言風馬牛謂馬牛風逸牝牡相誘蓋是末界之微事言此事不相及故以取喻不相干也不虞君之涉吾地也。何故。管仲對曰。昔召康公命我先君大公。召康公周大保召公奭也○大音泰注同奭音釋【疏】召康公正義曰謚法安樂撫民曰康曰。五侯九伯。女實征之。以夾輔周室。五等諸侯九州之伯皆得征討其罪齊桓因此命以夸楚○女音汝夾古洽反舊古協反夸苦瓜反【疏】注五等至夸楚○正義曰大公爲王官之伯得以王命征討天下隨罪所在各致其罰故五等諸侯九州之伯皆得征討其罪齊桓因大公有此王命言已上世先公得征討有罪所以夸楚也鄭玄以爲周之制每州以一侯爲牧二伯佐之九州有九侯十八伯大公爲東西大伯中分天下者當各統四侯半一侯不可分故言五侯其伯則各有九耳侯爲牧伯佐之言是周制其事無所出也且征者征其所統之國非征侯伯之身何當校計人數以充五九之言即如其言使伯佐牧二伯共佐治而已非是分州之半復安得征九伯也校數煩碎非復人情故先儒無同之者賜我先君履。東至于海。西至于河。【疏】東至于海西至于河○正義曰釋例曰海自遼西北平漁陽章武勃海樂陵樂安北海東萊城陽東海廣陵吳郡會稽十四郡之東界以東河出西平西南二千里從西平東北經金城故北地朔方五原至故雲中南經平陽河東之西界東經河東河內之南界東北經汲郡頓丘陽平平原樂陵之東南入海杜之此言據其當時之河耳禹貢導河積石至于龍門南至于華陰東至于底柱又東至于孟津東過洛汭至于大伾北過降水至于大陸又北播爲九河同爲逆河入于海案驗其地自大伾以上河道不改大伾以下即是汲郡以東河水東流秦漢以來始然也古之河道自大伾而北過降水故迹不可復知其大陸則趙地之廣澤也大陸以北播爲九河九河故道河間成平以南平原鬲縣以北其九河者徒駭一大史二馬頰三覆釜四胡蘇五簡六絜七鉤盤八鬲津九徒駭最西以次而東故鄭注禹貢河間弓高縣往往有其處中候云齊桓霸過八流以自廣計桓公之時齊之西竟當在九河之最西徒駭蓋是齊之西界其東至于海當盡樂安北海之東界也南至于穆陵。北至于無棣。穆陵無棣皆齊竟也履所踐履之界齊桓又因以自言其盛○棣大計反竟音境下皆同爾貢包茅不入。王祭不共。無以縮酒。寡人是徵。包裹束也茅菁茅也束茅而灌之以酒爲縮酒尚書包匭菁茅茅之爲異未審○共音恭本亦作供下及注同縮所六反裹音果菁子丁反苞或作包匭音軌本或作軌【疏】注包裹至未審○正義曰禹貢荊州包匭菁茅孔安國云其所包裹而致者匭匣也菁以爲菹茅以縮酒郊特牲云縮酌用茅鄭玄云泲之以茅縮去滓也周禮甸師祭祀共蕭茅鄭興云蕭字或爲莤莤讀爲縮束茅立之祭前沃酒其上酒滲下去若神飲之故謂之縮縮滲也故齊桓公責楚不貢包茅王祭不共無以縮酒杜用彼鄭興之說也孔安國以菁與茅別杜云菁茅則以菁茅爲一特令荊州貢茅必當異於餘處但更無傳說故云茅之爲異未審也沈氏云太史公封禪書云江淮之間一茅三脊杜云未審者以三脊之茅比目之魚

比翼之鳥皆是靈物不可常貢故杜云未審也昭王南征而不復。寡人是問。昭王成王之孫南巡守涉漢船壞而溺周人諱而不赴諸侯不知其故故問之。○守手又反溺乃歷反〔疏〕注昭王至問之。○正義曰昭王成王之孫周本紀文也呂氏春秋季夏紀云周昭王親將征荊蠻辛餘靡長且多力爲王右還反涉漢梁敗王及祭公隕于漢中辛餘靡振王北濟反振祭公高誘注引此傳云昭王之不復君其問諸水濱由此言之昭王爲沒於漢辛餘靡焉得振王北濟也振王爲虛誠如高誘之注又稱梁敗復非船壞舊說皆言漢濱之人以膠膠船故得水而壞昭王溺焉不知本出何書對曰。貢之不入。寡君之罪也。敢不共給。昭王之不復。君其問諸水濱。昭王時漢非楚竟故不受罪。○濱音賓〔疏〕注昭王至受罪。○正義曰楚世家成王封熊繹於楚以子男之田國居丹陽宋仲子云丹陽南郡枝江縣也枝江去漢其路甚遠昭王時漢非楚竟故不受罪也師進次于陘。楚不服罪故復進師。○復扶又反夏。楚子使屈完如師。如陘之師觀強弱師退次于召陵。完請盟故齊侯陳諸侯之師。與屈完乘而觀之。乘共載。○乘繩證反注同齊侯曰。豈不穀是爲。先君之好是繼。與不穀同好如何。言諸侯之附從非爲己乃尋先君之好謙而自廣因求與楚同好孤寡不穀諸侯謙稱。○是爲于僞反注同好呼報反下及注同稱尺證反〔疏〕言諸至謙稱。○正義曰諸侯之交必稱先君以相接此時諸侯有魯宋陳衞鄭許曹桓公以前皆嘗與齊交接故齊侯稱繼先君之好謙以自廣也老子曰孤寡不穀王侯之謙稱也曲禮云諸侯與民言自稱寡人庶方小侯自稱曰孤其在四夷雖大曰子於內自稱不穀禮記雖爲定例事在臨時所稱此齊侯自稱不穀襄王出奔亦稱不穀皆出自當時之意耳爾雅訓穀爲善穀是養人之物言我不似穀之養人是謙也對曰。君惠徼福於敝邑之社稷。辱收寡君。寡君之願也。齊侯曰。以此衆戰。誰能禦之。以此攻城。何城不克。對曰。君若以德綏諸侯。誰敢不服。君若以力。楚國方城以爲城。漢水以爲池。方城山在南陽葉縣南以言竟土之遠漢水出武都至江夏南入江言其險固以當城池。○徼古堯反要也漢以爲池本或作漢水以爲池水衍字葉始涉反當丁浪反雖衆。無所用之。屈完及諸侯盟。○陳轅濤塗謂鄭申侯曰。師出於陳鄭之間。國必甚病。申侯鄭大夫當有共給之費故。○費芳味反若出於東方。觀兵於東夷。循海而歸。其可也。東夷郯莒徐夷也觀兵示威。○郯音談申侯曰。善。濤塗以告齊侯。許之。許出東方申侯見曰。師老

矣。若出於東方而遇敵。懼不可用也。若出於陳鄭之間。共其資糧屝屨。其可也。屝草屨。○見賢遍反糧音良屝符費反〔疏〕資糧屝屨。○正義曰少儀云君將適他臣如致金玉貨貝於君則曰致馬資於有司鄭玄云資猶用也然則諸所費用之物皆爲資也糧謂米粟行道之食也屝屨俱是在足之物善惡異名耳揚雄方言云屝麤屨也絲作之曰履麻作之曰屝不借粗者謂之屨喪服傳曰疏屨者藨蒯之菲也是屝用草爲之也注云草屨者屨履通言耳相形以曉人也定本爲草屨齊侯說。與之虎牢。還以鄭邑賜之。○說音悅執轅濤塗。○秋。伐陳。討不忠也。以濤塗爲誤軍道○許穆公卒于師。葬之以侯。禮也。男而以侯禮加一等凡諸侯薨于朝會。加一等。諸侯命有三等公爲上等侯伯爲中等子男爲下等死王事。加二等。謂以死勤事〔疏〕諸侯薨至二等。○正義曰沈氏云朝會亦王事而別言死王事者謂因王事或戰陳而死故別其文也於是有以衮斂。衮衣公服也謂加二等。○衮古本反衮冕上公服斂力驗反○冬。叔孫戴伯帥師會諸侯之師侵陳。陳成。歸轅濤塗。陳服罪故歸其大夫戴謚也○初。晉獻公欲以驪姬爲夫人。卜之不吉。筮之吉。〔疏〕卜之不吉筮之吉。○正義曰曲禮云卜筮不相襲鄭玄云卜不吉則又筮筮不吉則又卜是瀆龜筴也晉獻公卜娶驪姬不吉公曰筮之是也如彼記文卜之不吉不合更筮但獻公既愛驪姬欲必尊其位故卜既不吉更令筮之冀乎筮而得吉所以遂己心也詩云我龜既厭不我告猶鄭玄云卜筮數而瀆龜龜靈厭之不復告其所圖之吉凶由是瀆龜筮不復告之以實故終實不吉而筮稱其吉是筮非不知而不以實告也周禮筮人云凡國之大事先筮而後卜鄭玄云當用卜者先筮之即事漸也於筮之凶則止不卜而傳稱桓公卜季友晉獻公卜驪姬晉文公卜納王趙鞅卜救鄭皆先卜而後筮者周禮言其正法耳春秋之世臨時請問者或卜或筮出自當時之心不必皆先筮後卜崔靈恩以爲國之大事先筮而後卜筮凶則止不卜者筮必以三代之法若三法皆凶則止不卜若兩法是凶一法爲吉名爲筮逆猶是疑限故更卜以決之則洪範筮逆龜從是也故大卜掌三兆三易儀禮特牲少牢筮皆旅占是筮有衆占之法則靈恩之說義亦可通公曰。從筮。卜人曰。筮短龜長。不如從長。物生而後有象象而後有滋滋而後有數龜象筮數故象長數短。○不如依字讀或音而據反〔疏〕注物生至數短。○正義曰筮數以上皆十五年傳文象者物初生之形數者物滋見之狀凡物皆先有形象乃有滋息是數從象生也龜以本象金木水火土之兆以示人故爲長筮以末數七八九六之策以示人故爲短周禮占人掌占龜鄭玄云占人亦占筮言掌占龜者筮短龜長主於長者亦用此傳爲說案易繫辭云蓍之德圓而神卦之德方以知神以知來知以藏往然則知來藏往是爲極妙雖龜之長無以加此聖人演筮以爲易所知豈短於卜人欲令公舍筮從卜故云筮短龜長非是龜能實

長杜欲成筮短龜長之意故引傳文以證之若至理而言卜筮實無長短且其繇曰。專之渝。攘公之羭。繇卜兆辭渝變也攘除也羭美也言變乃除公之美。○繇直救反渝羊朱反下羭同攘如羊反一薰一蕕。十年尚猶有臭。薰香草蕕臭草十年有臭言善易消惡難除。○薰許云反蕕音由易以豉反〔疏〕專之至有臭。○正義曰言公若專心變之公心必將改變變乃除公之美公先有美此人將除去之薰是香草蕕是臭草一薰一蕕言分數正等使之相和雖積十年尚猶有臭氣香氣盡而臭氣存言善惡聚而多少敵善不能止惡而惡能消善○注繇卜至之美。○正義曰筮卦之辭亦名爲繇但此是卜人之言知是卜兆辭也卜人舉此辭以止公則兆須舊有此辭非卜人始爲之也卜人言其辭而不言其意不知得何兆此義何所出也渝變攘除皆釋言文也釋畜云夏羊牝羭牡羖則羭是羊之名美善之字皆從羊故羭爲美也變乃除公之美言公心必變而除公美也○注薰香至難除。○正義曰此傳之意言善惡相雜二字皆從草知是香草臭草也月令五時各言其臭中央土云其臭香易繫辭云其臭如蘭傳稱在君之臭味則臭是氣之摠名元非善惡之稱但既謂善氣爲香故專以惡氣爲臭耳十是數之小成故舉以爲言焉十年香氣盡矣惡氣尚存言善易消而惡難滅也杜知蕕是臭者內則云牛夜鳴則庮彼庮亦是臭義其字雖異其意亦同尚猶有臭猶則尚之義重言之耳猶尚書云弗遑暇食遑則暇也必不可。弗聽。立之。生奚齊。其娣生卓子。及將立奚齊。既與中大夫成謀。姬謂大子曰。君夢齊姜。必速祭之。齊姜大子母言求食。○卓吐濁反大子祭于曲沃。歸胙于公。胙祭之酒肉。○胙才故反公田。姬寘諸宮六日。公至。毒而獻之。毒酒經宿輒敗而經六日明公之惑。○寘之豉反公祭之地。地墳。與犬。犬斃。與小臣。小臣亦斃。〔疏〕公田至亦斃。○正義曰晉語說此事云公田驪姬受胙乃寘酖於酒寘堇於肉公至召申生獻公祭地地墳申生恐而出驪姬與犬肉犬斃飲小臣酒亦斃此傳既略當如國語也賈逵云堇烏頭也穀梁傳曰以酖爲酒藥脯以毒○注毒酒至之惑。○正義曰毒酒經宿便敗而公不怪其六日仍得如故明公之惑於驪姬不以六日爲怪也姬泣曰。賊由大子。大子奔新城。新城曲沃。○墳扶粉反斃婢世反公殺其傅杜原款。或謂大子。子辭。君必辯焉。以六日之狀自理。○款苦管反辯兵免反大子曰。君非姬氏。居不安。食不飽。我辭。姬必有罪。君老矣。吾又不樂。吾自理則姬死姬死則君必不樂不樂爲由吾也。○樂音洛注同曰。子其行乎。大子曰。君實不察其罪。被此名也以出。人誰納我。十二月。戊申。縊于新城。姬遂譖二公子曰。皆知之。重耳奔蒲。夷吾

奔屈。二子時在朝爲明年晉殺申生傳○被皮寄反又皮綺反縊一賜反譖側鴆反

經五年。春。晉侯殺其世子申生。稱晉侯惡用讒書春從告○惡烏路反

〔疏〕注稱晉至從告○正義曰公羊傳曰曷爲直稱晉侯以殺殺世子母弟直稱君者甚之也言父子相殘惡之甚者是惡其用讒殺大子故斥言晉侯以罪之罪晉侯則申生無罪也傳稱晉侯使以殺大子申生之故來告實以去年死告稱今年殺故以今年書也釋例曰晉魯久不交使而告殺申生則所告不必嘗有玉帛之使但欲廣聲其罪耳言廣聲其罪則晉侯謂讒言爲實誣加大子以罪時史知其實改告而書之此傳不言書曰則是舊史然也

○杞伯姬來朝其子。無傳伯姬來寧成風也朝其子者時子年在十歲左右因有諸侯子得行朝義而卒不成朝禮故繫於母而曰朝其子○杞伯姬來絕句來歸寧朝其子猶言其子朝

〔疏〕注伯姬至其子○正義曰伯姬未必是成風所生但哀姜既死成風得爲夫人縱非其母亦得歸寧也沈氏云伯姬以莊二十五年六月歸于杞假令後年生子則其年十四矣杜云十歲左右者以其從母言朝故云十歲左右也桓九年曹伯使世子射姑來朝是諸侯之子得有攝君之禮行朝之義但此子幼弱而卒不成朝故繫於母而曰朝其子也若其能行朝禮則世子當如射姑伯姬別言來耳

○夏。公孫茲如牟。叔孫戴伯娶於牟卿非君命不越竟故奉公命聘於牟因自爲逆○竟音境爲于僞反

〔疏〕注叔孫至爲逆○正義曰牟是附庸之國唯桓十五年邾人牟人葛人來朝自爾以來更不朝聘於魯魯不應使卿聘此小國當是叔孫聘妻已定但卿非君命不得越竟故諮公請使奉君命以聘因自爲逆婦故傳稱娶焉明其因娶而聘

○公及齊侯。宋公。陳侯。衞侯。鄭伯。許男。曹伯會王世子于首止。惠王大子鄭也不名而殊會尊之也首止衞地陳留襄邑縣東南有首鄉

○秋。八月。諸侯盟于首止。間無異事復稱諸侯者王世子不盟故也王之世子尊與王同齊桓行霸翼戴天子尊崇王室故殊貴世子○復扶又反

〔疏〕注間無至世子○正義曰公羊傳曰諸侯何以不序一事而再見者前目而後凡也言此諸侯還是上會之諸侯故從省文不復序也昭十三年秋公會劉子晉侯云云于平丘八月甲戌同盟于平丘不言諸侯者爲間無異事故也九年夏公會宰周公齊侯云云于葵丘九月諸侯盟于葵丘言諸侯者爲其間有伯姬卒故也此會盟之間無他異事復稱諸侯者爲王世子不盟故也穀梁傳曰復舉諸侯何也尊王世子而不敢與盟也釋例曰未有臣而盟君者而盟君是子可盟父故春秋王世子以下會諸侯者皆同會而不同盟是解復言諸侯者見王世子不與盟也王世子者王之儲副周禮膳夫掌養王及后世子歲終則會唯王及后世子之膳不會是其尊與王同也齊桓行霸翼戴天子尊崇王室故殊貴王之世子於會則歷序諸侯言會王世子則王世子不序諸侯之列也盟則諸侯自盟世子不與是殊貴世子也

鄭伯逃歸不盟。逃其師而歸之逃例在文三年

〔疏〕注逃其至三年○正義曰禮君行師從卿行旅從雖則會盟必有師旅鄭伯棄其師衆輕身逃歸釋例曰國君而逃師棄盟違其典儀棄其章服羣臣不知其謀社稷不保其安此與匹夫逃竄無異故例在上曰逃是言稱逃之意也逃在盟前辟盟而逃故云逃歸不盟公還先告會盟故後書鄭伯

○楚人滅弦。弦子奔黃。弦國在弋陽軑縣東南○軑音大

○九月。戊申。朔。日有食之。無傳

○冬。晉人執虞公。虞公貪璧馬之寶距絕忠諫稱人以執同於無道於其民之例例在成十五年所以罪虞且言易也晉侯脩虞之祀而歸其職貢於王故不以滅同姓爲譏○易以豉反

〔疏〕注虞公至爲譏○正義曰書晉人執虞公則從無道於民之例虞公於傳未有不道之狀但虞公貪璧馬之寶拒絕忠諫者所以安存社稷保祐下民志在貪寶無恤民之意即爲不道於民是故稱人以執之也實是滅其國而言執其君者所以罪虞公且言執之易釋例曰虞公昧於貨賂貪以自亡國非其國臣非其臣晉人取之若執一夫故稱人以執而不言滅罪虞且言易也二十五年衞侯燬滅邢傳曰同姓也故名虞亦晉之同姓不言晉侯名者傳稱晉侯脩虞祀且歸其職貢於王以是之故不以滅同姓爲譏謂不書晉侯名也

傳五年。春。王正月。辛亥。朔。日南至。周正月今十一月冬至之日日南極

公既視朔。遂登觀臺以望。而書。禮也。視朔親告朔也觀臺臺上構屋可以遠觀者也朔旦冬至歷數之所始治歷者因此則可以明其術數審別陰陽敘事訓民魯君不能常脩此禮故善公之得禮○登觀古亂反注同臺以望絕句而書本或作而書雲物非也別彼列反

凡分。至。啓。閉。必書雲物。分春秋分也至冬夏至也啓立春立夏閉立秋立冬雲物氣色災變也傳重申周典不言公者日官掌其職○重直用反

爲備故也。素察妖祥逆爲之備

〔疏〕辛亥至備故也○正義曰辛亥朔者月一日也日南至者冬至日也天子班朔於諸侯諸侯受而藏之於大祖廟每月之朔告廟受而行之諸侯有觀臺所以望氣祥也公既親自行此視朔之禮遂以其日往登觀臺之上以瞻望雲物之氣色而書其所見之物是禮也凡春秋分冬夏至立春立夏爲啓立秋立冬爲閉用此八節之日必登觀臺書其所見雲物氣色若有雲物變異則是歲之妖祥既見其事後必有驗書之者爲豫備故也視朔者月朔之禮也登臺者至日之禮也公常以一日視朔至日登臺但此朔即是至日故視朔而遂登臺也○注周正至南極○正義曰日之行天有南有北常立八尺之表以候景之短長夏至之景尺有五寸日最長而景最短是謂日北至也自是以後日稍近南冬至之景一丈三尺日最短而景最長是謂日南至也冬至者十一月之中氣中氣者月半之氣也月朔而巳得中氣是必前月閏閏前之月則中氣在晦閏後之月則中氣在朔閏者聚殘餘分之月其月無中氣半屬前月半屬後月是去年閏十二月十六日巳得此年正月朔大雪節故此正月朔得冬至也而杜長麻僖元年閏十一月此年閏十二月又閏之相去麻家大率三十二月耳杜於此閏相去凡五十月不與麻數同者杜推勘春秋日月上下置閏或稀或概自準春秋時法故不與常麻同○注視朔至得禮○正義曰視朔者公既告廟受朔即聽視此朔之政是其親告朔也禮天子曰靈臺諸侯曰觀臺釋宮云四方而高曰臺臺上構屋可以遠觀望故謂之觀臺也古之爲麻者皆舉其大數周年有三百六十五日四分日之一分爲十二月則一月各有三十日十六分日之七是故從前月初節至後月初節必三十日有餘也其日月之行天也日行遲月行疾每二十九日過半而月及日謂之一月故從朔至朔唯二十九日過半耳計一歲則有餘十一日而不得周年故作閏月以補之計十九年而有七閏古麻十九年爲一章以其閏餘盡故也步麻之始以朔旦冬至爲首麻之上元其年是十一月朔旦冬至十九年閏餘盡復得十一月朔旦冬至故以十九年爲一章積章成部積部成紀治麻者以此章部爲法因此可以明其術數推之而知氣朔也審別陰陽寒暑不失其時所以陳敘時事教訓下民魯君不能常脩此事故善公之得禮也○注分春至其職○正義曰一年分爲四時時皆九十餘日春之半秋之半晝夜長短等晝夜中分百刻故春秋之半稱春秋分也冬之半夏之半晝夜長短極極訓爲至故冬夏之半稱冬夏至也四時之氣寒暑不同春夏生物秋冬殺物生物則當啓殺物則當閉故立春立夏爲啓立秋立冬爲閉言物謂氣色者謂非雲而別有氣色杜恐與雲相亂故別云氣色也周禮保章氏以五雲之物辯吉凶水旱降豐荒之祲象鄭玄云物色也視日旁雲氣之色降下也知水旱所下之國鄭衆云以二至二分觀雲色青爲蟲白爲喪赤爲兵荒黑爲水黃爲豐鄭衆之言蓋出古侯之書計雲氣之占不啻此而已但世絕其學故莫能知焉左傳諸所發凡皆是周之舊典既言禮也更復發凡是重申周典也直言必書雲物不更云公是日官掌其職非公所當親也劉炫規云必書雲物亦是公親爲之但上文有公既視朔故下文去公字耳今刪定知不然者上言公既視朔是傳家之語下云必書雲物是周公舊凡之文包諸侯天子若諸侯稱公書雲物則王書雲物是知舊凡元無王公之文日官掌其事若以上文有公既視朔故知公字然則周公舊凡豈豫知自公既視朔沒去公字乎苟生異見妄規杜氏非也

○晉侯使以殺大子申生之故來告。釋經必須告乃書

○初。晉侯使士蔿爲二公子築蒲與屈。不慎。寘薪焉。不謹慎○爲于僞反下乃爲同寘之豉反

〔疏〕注不謹慎○正義曰不謹慎所爲多寘薪於中焉若今惟木

夷吾訴之。公使讓之。譙讓之○譙才笑反

士蔿稽首而對曰。

〔疏〕士蔿稽首○正義曰周禮大祝辨九拜一曰稽首二曰頓首三曰空首鄭玄云稽首拜頭至地也頓首拜頭叩地也空首拜頭至手所謂拜手也鄭雖解此三者拜之形容所以爲異也稽首頭至地頭下緩至地也頓首頭不至地暫一叩之而已尚書每稱拜手稽首者初爲拜頭至手乃復叩頭以至地至手是爲拜手至地乃爲稽首然則凡爲稽首者皆先爲拜手乃成稽首故尚書拜手稽首連言之傳雖不言拜手當亦先爲拜手乃爲稽首稽首拜手共成一拜之禮此其爲敬之極故臣於君乃然孔安國以爲盡禮致敬知此是禮之極盡也大祝九拜又云四曰振動五曰吉拜六曰凶拜七曰奇拜八曰褒拜九曰肅拜鄭玄云振動戰栗變動之拜拜而後稽顙齊衰不杖以下者凶拜稽顙而後拜謂三年服者奇拜謂一拜荅臣下拜褒拜再拜拜神與尸肅拜今時揖也介者不拜說者又以爲稽首臣拜君也頓首謂敵者相拜也空手謂君荅臣拜也

臣聞之。無喪而慼。憂必讎焉。讎猶對也無戎而城。讎必保焉。保而守之寇讎之保。又何慎焉。守官廢命。不敬。固讎之保。不忠。失忠與敬。何以事君。詩云。懷德惟寧。宗子惟城。詩大雅懷德以安則宗子之固若城

〔疏〕詩云

至惟城。○正義曰：詩大雅板之七章。懷，和也。寧，安也。和其德以撫民，則其國惟安矣。但能以德安國，則宗子之固若城。君其脩德而固宗子，何城如之？言城不如固宗子。三年將尋師焉，焉用慎？尋，用也。○焉用，於虔反。退而賦曰：狐裘尨茸，一國三公，吾誰適從？士蔿自作詩也。尨茸，亂貌。公與二公子爲三。言城不堅，則爲公子所訴，爲公所讓；堅之，則爲固讎，不忠，無以事君，故不知所從。○尨，莫江反，又音蒙。茸，如容反，又音戎。適，丁歷反。及難，公使寺人披伐蒲。重耳曰：君父之命不校。乃徇曰：校者，吾讎也。踰垣而走，披斬其袪，袪，袂也。○難，乃旦反。披，普皮反。校，音教。徇，似俊反。垣，音袁。袪，起魚反。翟，音狄。袂，面世反。【疏】注「袪袂也」。○正義曰：禮深衣記云：「袂之長短，反詘之及肘。」喪服云：「袂屬幅，袪尺二寸。」幅謂衣之身也。袂屬於幅，長於手，反屈至肘，則從幅盡於袖口，揔名爲袂；其袪近口，又別名爲袪。此斬其袪，斬其袖之末也。詩唐風羔裘傳云：「袪，袂末。」鄭玄玉藻注云：「袪，袂口也。」但袂是揔名，得以袂表袪，故云「袪，袂」。遂出奔翟。夏，公孫茲如牟，娶焉。因聘而娶，故傳實其事。○娶，七喻反，本又作取。會于首止，會王大子鄭，謀寧周也。惠王以惠后故，將廢大子鄭而立王子帶，故齊桓帥諸侯會王大子，以定其位。【疏】注「惠王至其位」。○正義曰：二十四年傳曰：「不穀不德，得罪于母氏之寵子帶。」書曰：「天王出居于鄭，辟母弟之難也。」如彼傳文，則襄王與子帶俱是惠后所生，但其母鍾愛其少子，故欲廢大子而立之。周本紀云：「襄王母早死，後母曰惠后，生叔帶。」與傳不同，史記謬也。七年，惠王崩，襄王畏子帶，不敢發喪，知此時有廢大子之意，故齊桓帥諸侯會大子，定其位，安王國也。陳轅宣仲怨鄭申侯之反己於召陵，宣仲，轅濤塗。故勸之城其賜邑，齊桓所賜虎牢。曰：美城之，大名也，子孫不忘。吾助子請。乃爲之請於諸侯，而城之美。樓櫓之備美設。○美城之，絕句。櫓，音魯。遂譖諸鄭伯曰：美城其賜邑，將以叛也。申侯由是得罪。爲七年鄭殺申侯傳。○秋，諸侯盟。王使周公召鄭伯曰：吾撫女以從楚，輔之以晉，可以少安。周公，宰孔也。王恨齊桓定大子之位，故召鄭伯使叛齊也。晉楚不服於齊，故以鎮安鄭。○秋，諸侯盟，本或此下更有「于首止」三字，非。女，音汝。鄭伯喜於王命，而懼其不朝於齊也，故逃歸不盟。孔叔止之曰：國君不可以輕，輕則失親。孔叔，鄭大夫。親，黨援也。○輕，遣正反，下同。失親，患必至，病而乞盟，所喪多矣。喪，息浪反。君必悔之。弗聽，逃其師而歸。○楚鬭穀於

菟滅弦，弦子奔黃。於是江、黃、道、柏方睦於齊，皆弦姻也。姻，外親也。道國在汝南安陽縣南。柏，國名，汝南西平縣有柏亭。弦子恃之而不事楚，又不設備，故亡。○晉侯復假道於虞以伐虢。宮之奇諫曰：虢，虞之表也。虢亡，虞必從之。晉不可啓，寇不可翫。翫，習也。○復，扶又反，下六年經注同。一之謂甚，其可再乎？爲二年假晉道滅下陽。諺所謂輔車相依，脣亡齒寒者，其虞、虢之謂也。輔，頰輔。車，牙車。○車，尺奢反。【疏】注「輔頰輔車牙車」。○正義曰：易咸卦上九：「咸其輔頰舌。」三者並言，則各爲一物。廣雅云：「輔，頰也。」則輔、頰爲一。釋名曰：「輔車，其骨彊，可以輔持其口，或謂牙車，牙所載也；或謂頷車也。」衛風碩人云：「巧笑倩兮。」毛傳云：「好口輔也。」如此諸文，牙車、頷車、牙下骨之名也；頰之與輔，口旁肌之名也。蓋輔車一處，分爲二名耳。輔爲外表，車是內骨，故云相依也。公曰：晉，吾宗也，豈害我哉？對曰：大伯、虞仲，大王之昭也。大伯不從，是以不嗣。大伯、虞仲皆大王之子，不從父命，俱讓適吳。仲雍支子別封西吳，虞公其後也。穆生昭，昭生穆，以世次計，故大伯、虞仲於周爲昭。○大，音泰，下及注同。昭，上饒反，注同，後昭穆放此。虢仲、虢叔，王季之穆也。王季者，大伯、虞仲之母弟也。虢仲、虢叔，王季之子，文王之母弟也。仲、叔皆虢君字。【疏】注「王季至君字」。○正義曰：大伯、虞仲辟季歷適荊蠻，若有適庶，不須相辟，知其皆同母也。周本紀云：「古公有長子曰大伯，次曰虞仲，大姜生季歷。」如史記之文，似王季與大伯別母，馬遷之言，疏謬耳。此言虢仲、虢叔，王季之穆，國語稱文王敬友二虢，故亦以爲文王母弟。母弟之言，事無所出。仲、叔皆文王之時虢君字也。據傳文，鄭滅一虢，晉滅一虢，不知誰是仲，誰是叔。後賈逵云：「虢仲封東虢，制是也；虢叔封西虢，虢公是也。」馬融云：「虢叔同母弟，虢仲異母弟。虢仲封下陽，虢叔封上陽。」案傳上陽、下陽同是虢國之邑，不得分封二人也。若二虢共處，鄭復安得虢國而滅之？雖賈之言，亦無明證，各以意斷，不可審知。爲文王卿士，勳在王室，藏於盟府。盟府，司盟之官。【疏】注「盟府司盟之官」。○正義曰：周禮司盟掌盟載之法，會同則掌其盟約之載。既盟則貳之。鄭玄云：「貳之者，寫副當以授六官。」唯言會同之盟，不掌勳功之事，而得有二虢之勳藏在盟府者，凡諸侯初受封爵，必有盟誓之言。檀弓云：「衛大史柳莊死，公與之邑裘氏與縣潘氏，書而納諸棺，曰：世世萬子孫毋變也。」其言即盟誓之辭也。漢書功臣侯表記高祖即位八載，天下乃平，始論功而定封，侯者一百四十三人，封爵之誓曰：「使黃河如帶，泰山若礪，國以永存，爰及苗裔。」其誓即盟之類。事必有因，於古明知以勳受封，必有盟要，其辭當藏於司盟之府也。將虢是滅，何愛於虞？且虞能親於桓、莊乎？其愛之也。【疏】「其愛之也」。○正義曰：愛之，謂愛虞也。虞豈能親於桓、莊乎？其當愛此虞也。服虔其作甚，注云：「愛之甚，當謂愛桓、莊之族甚也。」愛之若甚，何以誅之？且文勢不順，又改字失眞，繆之甚也。桓、莊

之族何罪，而以爲戮，不唯偪乎？桓叔、莊伯之族，晉獻公之從祖昆弟。獻公患其偪，盡殺之，事在莊二十五年。○偪，彼力反。【疏】注「桓叔至五年」。○正義曰：莊伯之族，從父昆弟也。桓叔之族，從祖昆弟也。唯言從祖昆弟，舉疏者而略言耳。親以寵偪，猶尚害之，況以國乎？公曰：吾享祀豐絜，神必據我。據，猶安也。○享，許兩反。對曰：臣聞之，鬼神非人實親，惟德是依。故周書曰：皇天無親，惟德是輔。周書，逸書。又曰：黍稷非馨，明德惟馨。馨，香之遠聞。○聞，音問，又如字。又曰：民不易物，惟德繄物。黍稷牲玉，無德則不見饗，有德則見饗。言物一而異用。○繄，烏兮反，是也。【疏】「周書」至「繄物」。○正義曰：「皇天無親，惟德是輔」，蔡仲之命文也。「黍稷非馨，明德惟馨」，君陳文也。「人不易物，惟德其物」，旅獒文也。杜不見古文，故以爲逸書。此傳與書異者，其作繄，師授不同，字改易耳，其意亦不異也。民不易物者，設有二人，俱以物祭，其祭相似，不改易此物，唯有德者繄此乃是物，無德而薦，神所不享，則此物不是物也。如是，則非德，民不和，神不享矣。神所馮依，將在德矣。若晉取虞，而明德以薦馨香，神其吐之乎？弗聽，許晉使。宮之奇以其族行。行，去也。○馮，皮冰反。使，所吏反，下注同。【疏】「以其族行」。○正義曰：晉語云：「宮之奇諫而不聽，出謂其子曰：將亡矣。吾不去，懼及焉。以其孥適西山。」韋昭云：「西山，國西界也。」曰：虞不臘矣。臘，歲終祭衆神之名。○臘，力盍反。【疏】注「臘歲終祭衆神之名」。○正義曰：月令孟冬臘先祖五祀。臘之見於傳記者，唯月令與此二文而已。秦本紀：惠王十二年，初臘。始皇三十一年，更改臘曰嘉平。蔡邕獨斷云：「臘者，歲終大祭，縱吏民宴飲，非迎氣，故但送不迎。」應劭風俗通云：「案禮，夏曰嘉平，殷曰清祀，周曰大蜡，漢改爲臘。臘者，獵也，田獵取獸祭先祖也。」此言虞不臘矣，明當時有臘祭。周時獵與大蜡各爲一祭，秦漢改曰臘，不蜡而爲臘矣。在此行也，晉不更舉矣。不更舉兵。八月甲午，晉侯圍上陽。上陽，虢國都，在弘農陝縣東南。問於卜偃曰：吾其濟乎？對曰：克之。公曰：何時？對曰：童謠云：丙之晨，龍尾伏辰，龍尾，尾星也。日月之會曰辰。日在尾，故尾星伏不見。○謠，音遙。見，賢遍反。均服振振，取虢之旂。戎事上下同服。振振，盛貌。旂，軍之旌旗。○均，如字，書作袀，音同。振，音眞，注同。鶉之賁賁，天策焞焞，火中成軍，虢公其奔。鶉，鶉火星也。賁賁，鳥星之體也。天策，傅說星。時近日，星微，焞焞無光耀也。言丙子平旦，鶉火中，軍事有成功也。此已上皆童謠言也。童齔之子，未有念慮之感，而會成嬉戲之言，似若有馮者，其言或中或否。博覽之士，能懼思之人，兼而志之，以爲鑒戒，以爲將來之驗，有益於世教。○鶉，述春反，又常倫反。賁，音奔。焞，他門反。說，音悅。近，附近之近。上，時掌反。齔，初問反，又恥問反，毀齒也。嬉

戲許宜反中丁仲反其九月十月之交乎。以星驗推之知九月十月之交謂夏之九月十月也交晦朔交會。夏戶雅反下同丙子旦。日在尾。月在策。是夜日月合朔於尾月行疾故至旦而過在策鶉火中。必是時也。〔疏〕童謠至時也○正義曰釋樂云徒歌謂之謠言無樂而空歌其聲逍遙然也於時有童之子爲此謠歌之辭故卜偃取以對公也夜之向明爲晨日月聚會爲辰星宿不見爲伏言乙日夜半之後丙日將旦之時龍尾之星伏在合辰之下當是之時軍人上下均同其服振振然而盛旂者晉軍旂也而往取虢故云取虢之旂南方鶉鳥之星其體賁賁然見於南方天策之星近日焞焞然無光耀甚微也鶉火之次正中於南方爾時其當成軍事也虢公其當奔走也既引童謠之言乃復指其時日在夏之九月十月之交乎謂九月十月晦朔之交也十月朔丙子之日平旦時日體在尾星月在天策鶉火正中於南方必是時克其之○注龍尾至不見○正義曰東方七宿皆爲蒼龍之宿其龍南首北尾角是龍角尾卽龍尾故云龍尾尾星也日月之會爲辰昭七年傳文於時日體在尾故云尾星與日同處共出入故常伏不見也丙之晨者謂夜將旦日未出時日月俱且雞鳴時也○注戎事上下同服○正義曰周禮司服職云凡兵事韋弁服鄭玄云韋弁以韎韋爲弁又以爲衣裳今時伍伯緹衣古兵服之遺色然則在兵之服皆韋弁均服者謂兵戎之事貴賤上下均同此服也○注鶉鶉至世教○正義曰南方七宿皆爲朱鳥之宿其鳥西首東尾鶉首鶉尾爲午爲鶉火已爲鶉尾鶉火星者謂柳星張也天策傳說星史記天官書之文莊子云傳說得之以騎箕尾傳說殷高宗之相死而託神於此星故名爲傳說星也傳說之星在尾之末合朔在尾故其星近日星微焞焞然無光耀也說文云亂毀齒也男八月齒生八歲而亂女七月齒生七歲而亂童亂之子未有念慮之感不解自爲文辭而羣聚集會成此嬉遊遨戲之言其言韻而有理似若有神馮之者其言或中或否不可常用博覽之士及能懼思之人兼而志之以爲鑒戒以爲將來之驗有益於世教故書傳時有采用之者文三年傳曰孟明之臣也其不解也能懼思也能懼思之人謂孟明之類也○注是夜至在策○正義曰以三統厤推之此夜是月小餘盡夜半合朔在尾十四度從乙夜半至平旦日行四分度之一月行三度有餘故丙子旦日在尾星月在天策鶉火之次正中也月令孟冬之月日在尾昏危中旦七星中七星則鶉火之次之星也冬。十二月。丙子。朔。晉滅虢。虢公醜奔京師。不書不告也周十二月夏之十月師還。館于虞。遂襲虞。滅之。執虞公。及其大夫井伯。以媵秦穆姬。秦穆姬晉獻公女送女曰媵以屈辱之而脩虞祀。且歸其職貢於王。虞所命祀〔疏〕虞所命祀○正義曰虞受王所命之祀謂天子命虞使祀其竟內山川之神也既滅其國故代虞祭之故書曰晉人執虞公。罪虞公。言易也。易以豉反

春秋左傳注疏卷十二挍勘記　阮元撰盧宣旬摘錄

附釋音春秋左傳注疏卷第十二　僖元年盡五年宋本春秋正義卷第十一石經春秋

經傳集解僖上第五　岳本纂圖本僖下有公字釋文同並盡十五年

僖公　史記漢書五行志律厤志僖並作釐宋史漢多作釐

經元年

齊師宋師曹伯次于聶北救邢　石經曹伯作曹師不誤案莊三年經冬公次于滑正義襄廿三年傳八月叔孫豹帥師救晉次于雍榆正義並作曹師

齊人以歸　石經以下有尸字似後人依閔二年傳增入不足爲據

知非後盟也　閩本監本毛本非作其案隱十年襄五年正義並作非是也

偪郲地　此三字監本毛本並脫

公子友帥師敗莒師于酈獲莒拏　石經宋本淳熙本岳本足利本拏作挐是也釋文亦作挐傳同

挐莒子之弟　纂圖本閩本監本毛本挐作拏非此本正義不誤

莒釋非卿　〔補〕案釋當作挐各本皆不誤今訂正

齊侯既殺哀姜　淳熙本既誤旺

不稱姜闕文　淳熙本脫文字

故其以經無姜字　宋本閩本監本毛本其作壯不誤○今依訂正

傳元年

義存君親　淳熙本存誤有

故無深淺常準　閩本監本毛本深淺誤倒

但州牧於是竟內　宋本監本毛本是作其盧文弨挍云於是作是其非也

故公要而敗之　纂圖本閩本監本毛本脫公字

邾之於魯　宋本毛本於作與

君子以齊人殺哀姜也　石經宋本淳熙本岳本足利本人下有之字

非父母家所宜討也　閩本監本毛本脫家字

經二年

梁國蒙縣西北有貫城貫與貫字相似　宋本纂圖本閩本監本毛本作貫城貫與不誤岳本作貫與貫字形相近而誤水經注引無與字郡國志注引與上有字字

傳二年

則稱人者　宋本則下有此字是也

假道於虞　宋本此節正義在以伐虢注下

途出於虞故借道　宋本閩本纂圖本監本毛本借作假

懦而不能強諫　釋文云懦本又作愞強宋本作彊

入自顛軨　水經注四引作巔軨

保於逆旅　荀子作御旅御與逆通尚書逆字皆作御

虢稍遣人分依客舍以聚衆抄晉邊邑　釋文無衆字

舍於逆旅甯嬴氏　閩本監本毛本嬴作羸非也

自當有先　宋本有作在不誤○今訂正

故知晉猶主兵　閩本監本毛本主兵誤倒

寺人內奄官豎貂也　淳熙本內誤多豎誤竪宋本作胥亦非下同

經三年

方始追事其事　閩本監本毛本作追敘宋本作追書不誤○今訂作書

故曰勝國逼以滅爲文也　浦鏜正誤曰下疑脫滅故二字案浦鏜非釋例曰作名

或用小師而不頓兵勢力　浦鏜正誤小作少頓閩本監本毛本作煩非也襄十三年正義引亦作頓

秋齊侯宋公江人黃人會于陽穀　淳熙本齊誤徐

冬公子友如齊涖盟　顧炎武云石經涖誤沁案石經不誤炎武所據乃謬刻也

往盟乎彼也　閩本監本毛本乎作于非也

傳三年

夏六月雨　石經六作四是也

於播種五稼無損　足利本無種字

三年楚侵鄭故　淳熙本岳本三作二不誤○今訂作二

祥喜也　補各本喜作善此本誤喜今訂正

未絕之也　石經宋本淳熙本作未之絕也

經四年

夏許男新臣卒　毛本臣誤城

楚子遣完如師以觀齊　閩本監本毛本如誤于

是乃縱羣下以覬覦　宋本覦誤覬

敎彊臣以專恣 宋本强作彊下同○案此本强宋本皆作彊後不悉出

因而求盟 宋本而作則非

是其權時之便 宋本時作盟便作宜

自來與齊盟也 宋本來作求

來者自外之文 宋本自作目非也

若以言來卽爲罪楚 宋本若作君

齊人執陳轅濤塗 釋文轅作表云本多作轅案公羊穀梁作表宋王應麟云轅與表同

故不言主師 監本師作帥非

傳四年

襄十三年傳 閩本監本毛本三誤二

召康公 宋本以下正義二節揔入日五侯九伯注下

何當按計人數 監本毛本按計誤作計較閩本亦作較

西至于河 各本有至字此本脫今補正

東至于海西至于河 宋本此節正義在無棣注下

其大陸則趙地之廣澤也 閩本監本毛本脫地字

絜七 宋本絜作潔俗字

當盡樂安北海之東界也 宋本海作界非也

爾貢包茅不入 詩伐木正義後漢書公孫瓚傳注李善注藉田賦冊魏公九錫文並作苞茅不入文選六代論作苞茅不貢高誘注淮南子同茅作茆案作苞是也史記樂書苞之以虎皮字從艸自石經始去艸頭後人往往仍之

王祭不共 釋文共本亦作供下及注同案詩伐木篇正義李善注冊魏公九錫文高誘注淮南子顏師古注漢書刑法志作供說文引傳亦作供

無以縮酒 正義曰郊特牲云縮酌用茅鄭元云泲之以茅縮去滓也周禮甸師祭祀共蕭茅鄭興云蕭字或爲莤莤讀爲縮臧琳云說文引春秋作無以莤酒又詩伐木有酒湑我傳湑莤之也箋云王有酒則泲莤之據說文知左傳作無以莤酒據甸師注知周禮作祭祀供莤茅蓋毛詩周禮左傳皆古文故與六書之旨合

包裹束也 宋本岳本裹作褁非

尚書包匭菁茅 釋文匭本或作軌包作苞云或作包段玉裁云穀梁傳疏文選吳都賦劉注引書亦作苞匭菁茅匭訓纏結讀爲糾古音同在弟三部也古音簋軌字皆讀如九匭从匸軌聲古文簋字簋黍稷方器也

故從匸鄭君於其同音得其義也

泲之以茅縮去滓也 閩本監本毛本泲作涑誤

昭王南征而不復 石經征下旁增沒字非唐刻不足據陳樹華云高誘注呂氏春秋音初引作沒而不復似本有沒字也按高誘注或自以意增未可爲典要

王及祭公隕于漢中 各本作王此本誤三今訂正浦鏜正誤據呂氏春秋音初篇隕作抎

君其問諸水濱 說文瀕字注云水厓人所賓附頻蹙不前而止從頁從涉案陳樹華云廣雅濱厓也頻頻比也徐鉉曰今俗別作水濱非是又案大雅不云自頻傳頻厓也鄭氏云頻當作濱正義曰以水厓之濱其字不應作頻故破之也傳作頻者蓋以古多假借或通用故也

君惠徼福於敝邑之社稷 釋文徼作儌是

漢水以爲池 釋文無水字云或作漢水以爲池水字衍案臧琳云杜注云方城山在南陽葉縣南漢水出武都至江夏南入江則方城者山名漢者水名傳文漢不云水猶之方城不言山也

當有共給之費故 監本毛本共作供非

君將適也 各本也作他與少儀合此本也字誤今訂正

屝麁屨也 宋本麁作麤不誤閩本監本毛本作粗○今訂作麤

不借粗者謂之屨 閩本監本毛本不借二字脫案不借字詳方言釋名儀禮注

是屝用草爲之也 閩本監本屝誤菲毛本作非亦誤

注云草屨者 案屨當作屝故下云屝屨通言耳今注文作屨從定本也

侯伯中等 宋本淳熙本纂圖本中上有爲字

謂以死勤事 宋本勤下有王字

諸侯薨王二等 宋本此節正義在注謂加二等之下

是瀆龜筮也 宋本筮作筴與鄭注曲禮合

龜靈厭之 閩本監本毛本靈誤虛

筮數以上皆十五年傳文 浦鏜正誤筮作有不誤文閩本監本毛本誤作云

一薰一蕕 案鄭注內則引作一薰一廮字雖異而音義並同也

歸胙于公 顧炎武云石經脫胙字案石經此處闕炎武所據

姬寘諸宮六日 顧炎武云石經宮誤作公案石經此處剜闕乃謬刻也

與犬犬斃 說文引傳斃作獘頓仆也从犬敝聲或作斃五經文字云獘字注云見春秋傳又作斃同說詳隱元年釋文校勘記

當如國語也 〔補〕此本當上空一字各本直接上文不空

公殺其傳杜原款 顧炎武云石經傅誤傳案石經此處闕

經五年

逃其師而歸之 宋本淳熙本岳本足利本之作也

注逃其三年 宋本閩本監本毛本其下有至字是也

弦國在弋陽軑縣東南 宋本岳本軑作軚葉抄釋文亦作軑是也案漢書地里志江夏郡有軑縣後漢書王霸傳子符徙封軑侯卽是地也

傳五年

麻家大率三十二月耳 毛本二作三

言物謂氣色者 浦鏜正誤言作雲色下有災變也三字依注增補也

下云必書雲物 閩本監本毛本云作文非

若今椎木 宋本監本毛本椎作梓是也

乃復叩頭以至地 宋本叩作申

拜而後稽顙 宋本拜上有吉拜二字與周禮大祝注合

踰垣而走 石經宋本淳熙本岳本足利本踰作踰不誤○今依訂正

夏公孫茲如牟娶焉 釋文娶作取云本又作娶○案此娶取互誤

陳轅宣仲怨鄭申侯之反己於召陵 石經宋本岳本己作已不誤

於是江黃道柏方睦於齊 岳本足利本栢作柏案六經正誤云興國本作柏

一之謂甚 纂圖本閩本監本毛本謂誤爲

爲二年假晉道滅下陽 齊召南云爲字訛當作謂

諺所謂輔車相依 案玉篇引作酺車相依

口旁朋之名也 宋本監本毛本朋作肌不誤○今依訂正

各以意斷 閩本監本毛本斷作解

注桓叔至五年 宋本此節正義在況以國乎之下

以其族行 宋本以下正義二節揔入虞不臘矣注下

案禮夏曰嘉平 宋本夏上有傳字

漢鶩臘 監本作鶩亦非宋本作漢改曰臘不誤

言漢改曰臘 浦鏜云秦誤言

不蜡而爲臘矣　宋本矣作耳

均服振振　釋文均如字同也字書均作袀周禮司几筵疏引傳文作均段玉裁云賈服杜君等皆爲袀袀同也今本疏袀字譌均

振振盛貌　段玉裁云李善注閒居賦盛作威

焞焞無光耀也　陳樹華云耀當作燿

童齔之子　岳本纂圖本作童齓釋文同也按今說文作齔从七段玉裁云當从七七音化

以爲鑒戒以爲將來之驗　纂圖本閩本監本毛本脫以爲鑒戒四字

今時伍伯緹衣　宋本伍作五按段玉裁按周禮司服注云王海引作伍伯賈疏訓伍爲行疑與宰夫注五伯本異

注虞所命祀　宋本此節正義在且言易也之下

公言易也　石經宋本淳熙本岳本足利本公作且不誤

春秋左傳注疏卷十二挍勘記

附釋音春秋左傳注疏卷第十三　僖六年盡十四年

杜氏注　孔穎達疏

經六年春王正月。夏，公會齊侯、宋公、陳侯、衛侯、曹伯伐鄭，圍新城。新城鄭新密，今滎陽密縣。秋，楚人圍許。楚子不親圍，以圍者告。諸侯遂救許。皆伐鄭之諸侯，故不復更敘。冬，公至自伐鄭。無傳。【疏】公至自伐鄭。○正義曰：二十八年公會晉侯云云于溫，諸侯遂圍許。二十九年公至自圍許。此年會伐鄭遂救許，不稱至自救許，而云至自伐鄭，與溫會反者，釋例曰：諸若此類，事勢相接，或以始致，或以終致，蓋時史之異也。此事當由公至自告廟，所告不同，史依告而書，不爲義例。

傳六年春，晉侯使賈華伐屈。夷吾不能守，盟而行。賈華，晉大夫。非不欲校力，不能守，言不如重耳之賢。將奔狄。郤芮曰：後出同走，罪也。嫌與重耳同謀而相隨。○郤，去逆反。芮，如鋭反。不如之梁。梁近秦而幸焉。乃之梁。以梁爲秦所親幸，秦既大國，且穆姬在焉，故欲因以求入。○近，附近之近。夏，諸侯伐鄭，以其逃首止之盟故也。盟在首止，五年。圍新密，鄭所以不時城也。實新密而經言新城者，鄭以非時興土功，齊桓聲其罪以告諸侯。【疏】注實新至諸侯。○正義曰：密是邑名，鄭人新築密邑，故傳稱新密。經不稱圍新密言圍新城，傳云鄭所以不時城也，解經言新城之意，鄭以非時築城，違禮害民，齊桓聲其罪以告諸侯，故書新城，以新城爲鄭之罪狀。劉炫云：先王之制，諸侯無故不造城，造城則攻其所造。司馬法曰：產城攻其所產，是也。秋，楚子圍許以救鄭。諸侯救許，乃還。冬，蔡穆侯將許僖公以見楚子於武城。楚子退舍武城，猶有忿志，而諸侯各罷兵，故蔡將許君歸楚。武城，楚地，在南陽宛縣北。○見，賢遍反。罷，皮買反，又皮罵反。宛，於阮反。許男面縛，銜璧，大夫衰絰，士輿櫬。縛手於後，唯見其面，以璧爲贄，手縛故銜之。櫬，棺也，將受死，故衰絰。○衰，七雷反。絰，直結反，注同。櫬，初覲反。贄音至，一音置。縛如字，舊扶臥反。楚子問諸逢伯。逢伯，楚大夫。對曰：昔武王克殷，微子啓如是。微子啓，紂庶兄，宋之祖也。【疏】注微子至祖也。○正義曰：案宋世家云：微子開者，殷帝乙之首子而帝紂之庶兄。周武王克殷，微子乃持其祭器造於軍門，肉袒面縛，左牽羊，右把茅，膝行而前以告。於是武王乃釋微子，復其位。成王誅武庚，乃命微子代殷之後，國於宋。史記之言，多有錯謬，微子手縛於後，故以口銜璧，又焉得牽羊把茅也。此皆馬遷之妄耳。武王親釋其縛，受其璧而祓之。祓，除凶之禮。○祓，芳弗反，徐音廢。說文云：除惡之祭也。【疏】注祓除凶之禮。○正義曰：周禮女巫掌歲時祓除，謂之祓除，明是除凶之禮也。襄二十九年稱公臨楚喪，使巫以桃茢先祓殯，此亦當以桃茢祓之。焚其櫬，禮而命之，使復其所。楚子從之。

經七年春，齊人伐鄭。夏，小邾子來朝。無傳。郳犂來始得王命而來朝也。邾之別封，故曰小邾。○鄭殺其大夫申侯。申侯，鄭卿，專利而不厭，故稱名以殺，罪之也。例在文六年。○厭，於鹽反，傳同。○秋，七月，公會齊侯、宋公、陳世子款、鄭世子華盟于甯母。高平方與縣東有泥母亭，音如甯。○母如字，又音無，注同。方音房。與音預。泥，乃麗反，又音甯，王奴兮反。○曹伯班卒。無傳。五年同盟于首止。○公子友如齊。無傳。罷盟而聘，謝不敏也。○冬，葬曹昭公。無傳。

傳七年春，齊人伐鄭。孔叔言於鄭伯曰：諺有之曰：心則不競，何憚於病。競，彊也。憚，難也。○憚，徒旦反。難，乃旦反，下及八年經傳並同。【疏】七年傳心則至於病。○正義曰：競，彊也。言心則不能彊盛，則當須屈服於人，何得難於屈弱之病而不下齊。既不能彊，又不能弱，所以斃也。國危矣，請下齊以救國。公曰：吾知其所由來矣。【疏】吾知其所由來矣。○正義曰：孔叔既請鄭伯下齊，公初欲下齊，不知何事而來得說於齊，後更云吾知其說齊所由來矣，謂由殺申侯說齊之事得來矣。姑少待我。欲以申侯說。○下，戶嫁反。對曰：朝不及夕，何以待君。朝如字。○夏，鄭殺申侯以說于齊，且用陳轅濤塗之譖也。濤塗譖在五年。初，申侯，申出也。姊妹之子爲出。有寵於楚文王。文王將死，與之璧，使行，曰：唯我知女。女專利而不厭，予取予求，不女疵瑕也。從我取，從我求，我不以女爲罪釁。○女音汝，下皆同。疵，似斯反，又疾移反。釁，許靳反，下文同。後之人，將求多於女。謂嗣君也，求多以禮義大望責之。女必不免。我死，女必速行。無適小國，將不女容焉。政狹法峻。○狹音洽。既葬，出奔鄭，又有寵於厲公。子文聞其死也，曰：古人有言曰：知臣莫若君。弗可改也已。○秋，盟于甯母，謀鄭故也。管仲言於齊侯曰：臣聞之，招攜以禮，懷遠以德。攜，離也。德禮不易，無人不懷。齊侯脩禮於諸侯，諸侯官受方物。諸侯

官司各於齊受其方所當貢天子之物。［疏］注諸侯至之物。○正義曰周禮大行人云侯服貢祀物甸服貢嬪物男服貢器物采服貢服物衛服貢材物要服貢貨物鄭玄云祀貢者犧牲之屬嬪物絲枲也器物尊彝之屬服物玄纁絺纊也材物八材也貨物龜貝也如彼禮文諸侯所貢之物皆以服數爲差尚書禹貢任土作貢皆貢土地所生不計路之遠近然則周禮雖依服數亦貢土地所生不宜遠求他方之物以貢王也王室盛明之時每國貢有常職天子既衰諸侯惰慢貢賦之事無復定準故霸主摠帥諸侯尊崇天子量其國之大小號令所出之物傳言諸侯各使官司取齊約束受其方所當貢天子之物言其一聽齊令美齊侯能以禮服諸侯 鄭伯使大子華聽命於會。言於齊侯曰。泄氏、孔氏、子人氏、三族。實違君命。三族鄭大夫。○泄息列反 若君去之以爲成。我以鄭爲內臣。君亦無所不利焉。以鄭事齊如封內臣。○去起呂反 齊侯將許之。管仲曰。君以禮與信屬諸侯。而以姦終之。無乃不可乎。子父不奸之謂禮。守命共時之謂信。守君命共時事。○奸音干共音恭注同 違此二者。姦莫大焉。公曰。諸侯有討於鄭。未捷。今苟有釁。從之。不亦可乎。子華犯父命是其釁隙。○隙去逆反 對曰。君若綏之以德。加之以訓辭。而帥諸侯以討鄭。鄭將覆亡之不暇。豈敢不懼。若摠其罪人以臨之。摠將領也子華奸父之命卽罪人。○覆芳服反 鄭有辭矣。何懼。以大義爲辭 且夫合諸侯以崇德也。會而列姦。何以示後嗣。列姦用子華。［疏］注列姦用子華。○正義曰經書齊侯宋公陳世子款鄭世子華盟于甯毋則已列於會矣管仲方云會而列姦何以示後嗣者桓公列之於會直是列其身耳管仲言列姦者謂將用其姦謀故杜云列姦用子華也不受子華之請卽是會不列姦他國無事可記齊史無所不隱故下句言他國記姦則廢君盟齊史隱諱則損盛德也 夫諸侯之會。其德刑禮義。無國不記。記姦之位。位會位也子華爲姦人而列在會位將爲諸侯所記 君盟替矣。替廢也。○替他計反 作而不記。非盛德也。君舉必書雖復齊史隱諱亦損盛德。○復扶又反 君其勿許。鄭必受盟。夫子華既爲大子。而求介於大國。以弱其國。亦必不免。介因也。○介音界 鄭有叔詹、堵叔、師叔、三良爲政。未可間也。齊侯辭焉。子華由是得罪於鄭。○冬。鄭伯使請盟于齊。以齊侯不

聽子華故。○堵丁古反又音者間間廁之間 ○閏月。惠王崩。襄王惡大叔帶之難。襄王惠王大子鄭也大叔帶襄王弟惠后之子也有寵於惠后惠后欲立之未及而卒。 懼不立。不發喪而告難于齊。爲八年盟 惡烏路反大音泰叔又作尗洮傳。洮他刀反

經八年。春。王正月。公會王人、齊侯、宋公、衛侯、許男、曹伯、陳世子款盟于洮。王人與諸侯盟不譏者王室有難故洮曹地。［疏］注王人至曹地。○正義曰公羊傳曰王人微者曷爲序乎諸侯之上先王命也穀梁傳曰王人之先諸侯何也貴王命也弁冕雖舊必加於首周室雖衰必先諸侯釋例以爲中士稱名下士稱人此言王人是天子之下士也諸侯相與爲盟所以同獎王室天子之臣不與諸侯同盟釋例曰未有臣而盟君臣而盟君是子可盟父故春秋王世子以下會諸侯者皆盟同會而不盟是言王臣正法不與諸侯盟也二十八年踐土之盟傳稱王子虎盟諸侯于王庭杜云王子虎臨盟不同歃故不書宣七年傳曰諸侯盟于黑壤王叔桓公臨之以謀不睦杜云王叔桓公銜天子之命以監臨諸侯不同歃尊卑之別也哀十三年傳曰公會單平公晉定公吳夫差于黃池杜云平公周卿士也不書尊之不與會此三者王臣皆不與盟是其正法然也若天子初立王室不安命臣使結盟諸侯以安王室雖非正法事勢宜然既無褒美亦無貶責此王人與諸侯盟不譏者王室有難王勑使來盟故也文十年及蘇子盟于女栗傳曰頃王立故也襄三年公會單子晉侯云云盟于雞澤杜云周靈王新卽位使王官伯出與諸侯盟以安王室皆事與此同以情義可許故都無貶責二十九年翟泉之盟於時諸侯輯睦王室無虞而王子虎下盟列國以瀆大典故貶稱王人是依禮不合故據法貶之春秋王臣與諸侯會盟凡十有餘事譏與不譏皆從此例 鄭伯乞盟。新服未與會故不序列別言乞盟。○與音預下同 ［疏］注新服至乞盟。○正義曰鄭伯往年使子華聽命心猶未服齊桓拒子華之請故今始服從齊桓以其新服尚未與之會故不序列而別言乞盟止言乞盟不知與盟以否傳稱鄭伯乞盟請服也既言請服義無不受當是既盟之後而別與之盟諸言乞師皆乞得其師知此乞盟亦乞得其盟但盟理可見不復別言盟耳。○夏。狄伐晉。○秋七月。禘于大廟。用致夫人。禘三年大祭之名大廟周公廟致者致新死之主於廟而列之昭穆夫人淫而與殺不薨於寢於禮不應致故僖公疑其禮歷三禘今果行之嫌異常故書之。○大音泰殺音試 ［疏］注禘三至書之。○正義曰釋天云禘大祭也言其大於四時之祭故爲三年大祭之名言每積三年而一爲此祭也大廟廟之大者故爲周公廟釋例曰三年喪畢致新死之主以進於廟廟之遠主當遷入祧於是乃大祭於大廟以審定昭穆謂之禘是諡致者致新死之主於廟而列之昭穆也此致致哀姜也哀姜薨已多年非復新死而於今始致者傳發凡例夫人不薨于寢則不致哀姜例不應致故僖公疑其禮喪畢之日不作禘祭之禮以致之既不爲哀姜作喪畢禘祭其禘自從閔公數之二年除閔喪爲禘至五年復禘今八年復禘姜死以來已歷三禘今因禘祭果復行之三年一禘禘自是常不爲夫人禘祭因禘而致夫人嫌其異於常禮故史官書之若其

不致夫人則此禘得常不書爲用致夫人而書之耳。○冬。十有二月。丁未。天王崩。實以前年閏月崩以今年十二月丁未告

傳八年。春。盟于洮。謀王室也。鄭伯乞盟。請服也。襄王定位而後發喪。王人會洮還而後王定位 ○晉里克帥師。梁由靡御。虢射爲右。以敗狄于采桑。傳言前年事也平陽北屈縣西南有采桑津。○射食亦反 梁由靡曰。狄無恥。從之必大克。不恥走故可逐 里克曰。懼之而已。無速衆狄。恐怨深而羣黨來報 虢射曰。期年狄必至。示之弱矣。期音基本或作朞注同○ 夏。狄伐晉。報采桑之役也。復期月。明期年之言驗 ○秋。禘而致哀姜焉。非禮也。凡夫人不薨于寢。不殯于廟。不赴于同。不祔于姑。則弗致也。寢小寢同同盟將葬又不以殯過廟據經哀姜薨葬之文則爲殯廟赴同祔姑今當以不薨于寢不得致也。○祔音附 ［疏］凡夫至致也。○正義曰夫人薨葬之禮有赴同祔姑反哭三事而已此說致之禮加以薨寢殯廟而不言反哭者蓋以致於廟者終始成其尊死生之禮畢不薨于寢死不得其所也不殯于廟葬之不以禮也死葬非禮則先神恥之故不具四事皆不合致反哭者直爲書葬以否假使不書其葬夫人之禮亦成自是生者之可譏非爲死者之有失雖不反哭亦得致之故於此不言反哭也。○注寢小至致也。○正義曰喪大記云男子不死於婦人之手婦人不死於男子之手君夫人卒於路寢既言婦人不死於男子之手必不得死於君之路寢言夫人卒於路寢謂卒於夫人之大寢對君路寢爲小故云小寢也同者同盟之國也檀弓曰喪之朝也順死者之孝心也其哀離其室也故至於祖考之廟而後行殷朝而殯於祖周朝而遂葬士喪禮朝而遂葬與記正同知周法不殯於廟而此傳及襄四年皆云不殯于廟以爲失禮知其將葬之時不以殯過廟耳殯過廟者將葬之時從殯宮出告廟乃葬非是殯尸於廟中也據經哀姜薨葬之文知其赴同祔姑可矣亦知其殯於廟者以元年十二月喪至二年五月始葬明至則殯於寢也既殯於寢自然葬當朝廟故據葬文亦知殯廟唯當以不薨於寢不得致耳 ○冬。王人來告喪。難故也。是以緩。有大叔帶之難。 ○宋公疾。大子茲父固請曰。目夷長且仁。君其立之。茲父襄公也目夷茲父庶兄子魚也。○父音甫長丁丈反 公命子魚。子魚辭曰。能以國讓。仁孰大焉。臣不及也。且又不順。立庶不順禮 遂走而退。

經九年。春。王三月。丁丑。宋公御說卒。四同盟。○御魚呂反說音悅 ［疏］注四同盟。○正義曰御說以莊十三年卽位十六年盟于幽十九年于鄄二十七年于幽僖元年于

檉四年于召陵五年于首止七年于甯毋八年于洮皆魯宋俱在是爲八同盟不數莊公之盟檉盟經不書亦不數故云四同盟劉君乃數莊公之盟又不數召陵以爲六同盟而規杜非也。○夏。公會宰周公、齊侯、宋子、衞侯、鄭伯、許男、曹伯于葵丘。周公宰孔也宰官周采地天子三公不字宋子襄公也傳例曰在喪公侯曰子陳留外黃縣東有葵丘。〔疏〕注周公至葵丘。正義曰傳稱王使宰孔賜齊侯胙知周公卽宰孔也其官爲大宰采地名爲周天子三公故稱公孔則其名也穀梁傳曰天子之宰通於四海其意言宰者六官之長官名也通於海內是故書其官名也通于四海者當謂大宰之長官耳其屬官不應得通而宰咺宰渠伯糾則必非長官亦稱爲宰者蓋自宰夫以上皆通也釋例曰今案春秋以考之其稱公者皆三公非五等之爵公也是言祭公周公皆三公也釋例又曰王之公卿皆書爵則卿亦不字杜云三公不字者以入春秋以來祭公家父季皆大夫稱字宰周公文承其後故云不字不於祭公逆王后注者因歷序諸國而言之莊八年傳曰連稱管至父戍葵丘杜云齊地臨淄縣西有地名葵丘知此葵丘與彼異者傳稱齊侯不務德而勤遠略西爲此會則此地遠處齊西不得近在臨淄故釋例以爲宋地陳留外黃縣東有葵丘或曰河東汾陰縣爲葵丘非也經書夏會葵丘九月乃盟晉爲地主無緣欲會而不及盟也是說不同之意

○秋。七月乙酉。伯姬卒。無傳公羊穀梁日未適人故不稱國已許嫁則以成人之禮書不復殤也婦人許嫁而笄猶丈夫之冠。○復扶又反殤式羊反笄古兮反冠古喚反〔疏〕注公羊至之冠。正義曰公羊傳曰此未適人何以卒許嫁矣婦人許嫁字而笄之死則以成人之喪治之穀梁傳意亦與之同嫁於大夫不書卒此許嫁者嫁於國君也但未往彼國不成彼國之婦故不稱國也喪服小記曰男子冠而婦人笄其義一也是許嫁而笄猶丈夫之冠也禮男子冠而不爲殤婦人笄而不爲殤故以成人之喪治之爲之服成人之服禮姊妹在室期出嫁大功檀弓曰姑姊妹之薄也蓋有受我而厚之者爲夫厚之故降之也曾子問云取女有吉日而女死如之何孔子曰壻齊衰而弔既葬而除之其夫不爲服則兄弟不爲降禮諸侯絕旁期此爲將嫁於諸侯故書其卒既書其卒當服其本服爲之齊衰期也但於時服否不可知耳○九月。戊辰。諸侯盟于葵丘。夏會葵丘次伯姬卒文不相比故重言諸侯宰孔先歸不與盟。○比毗志反重直用反與音預〔疏〕注夏會至與盟。正義曰平丘會後卽盟不言諸侯爲間無異事故也此亦會後爲盟間有伯姬卒盟會文不相比故重言諸侯又傳稱宰孔先歸則宰孔不盟杜云宰孔先歸不與盟者欲見縱無伯姬之卒亦當重言諸侯○甲子。晉侯佹諸卒。未同盟而赴以名甲子九月十一日戊辰十五日也書在盟後從赴。○佹九委反〔疏〕注未同至從赴。正義曰甲子在戊辰之前而書在盟後從赴從赴者赴在盟後也春秋之世史失其守赴告之文多違禮制計諸侯之薨當具以薨之月日告於鄰國隱三年傳曰平王崩赴以庚戌故書之是赴者妄稱日也襄二十八年傳曰王人來告喪問崩日以甲寅告故書之是元赴不以日被問乃稱日也文十四年傳曰七月乙卯夜齊商人弒舍齊人定懿公使來告難故書以九月是赴者不言死月魯史不審問卽書以來告之月也此甲子晉侯卒蓋赴以日而不以月魯史不復審問書其來告之日唯稱甲子而已不知甲子是何月之日故在戊辰後也若赴以九月告魯魯史當推其日之先後不得甲子在戊辰後也明告不以月故書其日耳。○冬。晉里奚克殺其君之子奚齊。獻公未葬奚齊未成君故稱君之子奚齊受命繼位無罪故里克稱名。○殺如字傳同公羊音試

傳九年。春。宋桓公卒。未葬。而襄公會諸侯。故曰子。凡在喪。王曰小童。公侯曰子。在喪未葬也小童者童蒙幼末之稱子者繼父之辭公侯位尊上連王者下絕伯子男周康王在喪稱予一人釗禮稱亦不言小童或所稱之辭各有所施此謂王自稱之辭非諸下所得書故經無其事傳通取舊典之文以事相接。○稱尺證反釗古堯反又音昭〔疏〕注在喪至相接。○正義曰既言桓公未葬卽發在喪之例知其在喪謂未葬也童者未冠之名童而又小故爲童蒙幼末之稱易蒙卦云匪我求童蒙童蒙求我蒙謂闇昧也幼童於事多闇昧是以謂之童蒙焉曲禮曰夫人自稱於其君曰小童鄭玄云小童若云未成人也王崩未葬嗣王自稱亦言已未成人也子者對父之名故云繫父之辭以未成君故繫於父不忍絕之稱也諸侯爵有五等唯言公侯曰子以公侯尊也傳稱在禮卿不會公侯會伯子男可也又子產云鄭伯男也使從公侯之貢懼弗給也是公侯之尊絕於伯子男此既言王卽云公侯是其與王相連特爲公侯立稱伯子男不得同之也春秋無伯子男在喪之事既不爲立稱又不得成君不知其當何所稱也然案桓十一年鄭忽出奔衞莊二十四年曹羈出奔陳杜云先君既葬不稱爵者國人賤之以名赴則既葬稱爵未葬稱名也周康王在喪稱予一人釗尚書康王之誥也曲禮云君天下者曰天子朝諸侯分職授政曰余一人天子未除喪曰余小子是禮天子自稱亦不言小童也此言王曰小童必有稱之時或所稱之辭各有所施但不知施何處耳如曲禮之文天子未除喪曰余小子則是未得稱一人而康王在喪稱予一人釗者當以諸侯列土之君將欲各歸其國故正其成君之稱以荅諸侯也此小童者王謙自稱之辭非諸下所得書故經無其事其公侯曰子乃是史書之文二者非相類之事而并爲一凡是傳通取舊典之文以事類相接耳非言小童是策書之例也釋例郊雩烝嘗例不云地祇及祫祠者經無其事故傳畧而不言此王曰小童亦經無其事所以言之者郊雩例多故經無者畧之此王曰小童與公侯相接其文簡約經雖無事亦連而言之釋例曰位彌高者事彌重重慮周於經遠故儀制異於凡人存其實篤其志足以敘親踈之情通萬事之理而已故諸列國之君在喪或不得已而脩會盟之事唯公侯特稱子以別尊卑是言獨爲公侯立稱之意春秋公侯稱子皆是其父未葬唯二十五年公會衞子莒慶盟于洮於時衞文公已葬而成公稱子釋例曰衞文公欲平莒於魯未終而薨故衞子尋父之志魯人由此亦脩文公之好此孝子之至感人情之所篤故成公雖已免喪至於此盟降從在喪之名故經隨而書子傳從而釋之云脩文公之好也○夏。會于葵丘。尋盟。且脩好。禮也。好。○呼報反下干好并注同王使宰孔賜齊侯胙。胙祭肉尊之比二王後。○胙才素反〔疏〕注胙祭至王後。○正義曰傳稱大子祭于曲沃歸胙于公此天子有事于文武賜齊侯以胙知胙是祭肉也周禮大宗伯以脤膰之禮親兄弟之國鄭玄云脤膰社稷宗廟之肉以賜同姓之國同福祿也脤膰卽胙肉也言親兄弟之國則異姓不合賜也二十四年傳曰宋先代之後也於周爲客天子有事膰焉是言二王之後禮合得之今賜齊侯是尊之比二王後也曰。天子有事于文武。有祭事也使孔賜伯舅胙。天子謂異姓諸侯曰伯舅〔疏〕注天子至伯舅。○正義曰曲禮曰五官之長曰伯天子同姓謂之伯父異姓謂之伯舅鄭玄云謂爲三公者周禮九命作伯齊桓是九命之伯故以伯舅呼之齊侯將下拜。孔曰。且有後命。天子使孔曰。以伯舅耋老。加勞。賜一級。無下拜。七十曰耋級等也。○耋田節反一音他結反勞力報反級音急〔疏〕注七十曰耋級等也。○正義曰釋言云耋老也舍人云年六十稱耋也郭璞云八十爲耋釋名云八十曰耋耋鐵也皮黑如鐵彼說或云六十或云八十杜云七十曰耋者耋之年齒既無明文曲禮云七十曰老爾雅以耋爲老故以爲七十曲禮升階之法云涉級聚足是級爲等也法當下拜賜之勿下是進一等對曰。天威不違顏咫尺。言天鑒察不遠威嚴常在顏面之前八寸曰咫。○咫之氏反〔疏〕注言天至曰咫。○正義曰顏謂額也楊雄方言云顏額謂顙也中夏謂之額東齊謂之顙河潁淮泗之間謂之顏魯語云肅慎氏貢楛矢長尺有咫賈逵亦云八寸曰咫說文云周制寸尺咫尋皆以人之體爲法中婦人手長八寸謂之咫周尺也小白余敢貪天子之命。無下拜。小白齊侯名余身也〔疏〕注小白至身也。○正義曰諸自稱余者當稱名之處耳齊侯既稱小白而復言余故解之余身釋詁文舍人曰余卑謙之身也孫炎曰余舒遲之身也郭璞曰今人亦自呼爲身恐隕越于下。隕越顛墜也據天王居上故言恐顛墜于下。○墜直類反下同以遺天子羞。敢不下拜。下拜登受。下拜堂下受胙於堂上。○遺于季反〔疏〕注下拜登受。○正義曰覲禮天子賜侯氏以車服諸公奉篋服如命書于其上升自西階東面大史氏右侯氏升西面立大史述命侯氏降兩階之間北面再拜稽首升成拜彼侯氏降階再拜是此下拜也升成拜是此登受。○秋。齊侯盟諸侯于葵丘。曰。凡我同盟之人。既盟之後。言歸于好。義取脩好故傳顯其盟辭宰孔先歸。既會先諸侯去○先諸侯悉薦反遇晉侯曰。可無會也。晉侯欲來會葵丘齊侯不務德而勤遠略。故北伐山戎。在莊三十一年南伐楚。在四年西爲此會也。東略之不知。西則否矣。言或向東必不能復西略。○復扶又反下不復會同其在亂乎。君務靖亂。無勤於行。在存也微戒獻公言晉將有亂晉侯乃還。不復會齊○九月。晉獻公卒。里克、丕鄭欲納文公。故以三公子之徒作亂。丕鄭晉大夫三公子申生重耳夷吾。○丕普悲反初。獻公使荀息傅奚齊。公疾。召之。曰。以是藐諸孤。言其幼賤與諸子縣藐。○藐妙小反又亡角反

縣音玄【疏】注言其至縣藐。正義曰：藐者縣遠之言，諸子皆長而奚齊獨幼，是小大相去縣藐也。藐諸孤者，言年既幼穉縣藐於諸子之孤。辱在大夫，其若之何？欲屈辱荀息使保護之。稽首而對曰：「臣竭其股肱之力，加之以忠貞。其濟，君之靈也；不濟，則以死繼之。」公曰：「何謂忠貞？」對曰：「公家之利，知無不爲，忠也。送往事居，耦俱無猜，貞也。」往，死者。居，生者。耦，兩也。送死事生，兩無疑恨，所謂正也。猜，七才反，疑也。及里克將殺奚齊，先告荀息曰：「三怨將作，三公子之徒。秦、晉輔之，子將何如？」荀息曰：「將死之。」里克曰：「無益也。」荀叔曰：「吾與先君言矣，不可以貳。能欲復言而愛身乎？荀叔，荀息也。復言，言可復也。【疏】能欲復言而愛身乎。正義曰：意能欲使前言可反復而行之，得愛惜身命不死乎？雖無益也，將焉辟之？且人之欲善，誰不如我？我欲無貳，而能謂人已乎？」言不能止里克使不忠於申生等。焉，於虔反，下文焉能克同。○冬十月，里克殺奚齊于次。次，喪寢。書曰「殺其君之子」，未葬也。荀息將死之，人曰：「不如立卓子而輔之。」荀息立公子卓以葬。十一月，里克殺公子卓于朝，荀息死之。君子曰：「詩所謂『白圭之玷，尚可磨也；斯言之玷，不可爲也』，詩大雅。言此言之缺難治甚於白圭。玷，丁簟反，又丁念反，缺也。荀息有焉。」有此詩人重言之義。○齊侯以諸侯之師伐晉，及高梁而還，討晉亂也。高梁，晉地，在平陽縣西南。令不及魯，故不書。前已發不書例，今復重發，嫌霸者異於凡諸侯。○令，力政反，本又作命。復，扶又反。重，直用反。○晉郤芮使夷吾重賂秦以求入，郤芮，郤克祖父，從夷吾者。○從，才用反。曰：「人實有國，我何愛焉？言國非己之有，何愛而不以賂秦。入而能民，土於何有？」能得民，不患無土。從之。齊隰朋帥師會秦師納晉惠公。隰朋，齊大夫。惠公，夷吾。○隰音習。秦伯謂郤芮曰：「公子誰恃？」對曰：「臣聞亡人無黨，有黨必有讎。言夷吾無黨，無黨則無讎，易出易入，以微勸秦。○易，並以豉反。【疏】注言夷至勸秦。正義曰：秦伯問公子誰恃，問公子於晉國之臣倚恃誰爲內主也。對言夷吾無黨無讎者，由無黨故往前易出，無讎故此時易入，言易出易入，以微勸秦使納之。夷吾弱不好弄，弄，戲也。好，呼報反。能鬬不過，有節制。長亦不改，不識其他。」公謂公孫枝曰：「夷吾其定乎？」公孫枝，秦大夫子桑也。長，丁丈反。對曰：「臣聞之，唯則定國。詩曰：『不識不知，順帝之則。』文王之謂也。詩大雅。帝，天也。則，法也。言文王闇行自然，合天之法。又曰：『不僭不賊，鮮不爲則。』僭，過差也。賊，傷害也。皆忌克也。能不然則可爲人法則。○僭，子念反，下注同。鮮，息淺反。無好無惡，不忌不克之謂也。今其言多忌克，既僭而賊。○好，呼報反，又如字。惡，烏路反。難哉！」言能自定難。公曰：「忌則多怨，又焉能克？是吾利也。」其言雖多忌，適足以自害，不能勝人也。秦伯慮其還害己，故曰是吾利。【疏】唯則至利也。正義曰：唯身有則者，乃能定國也。詩美文王之德，不記識古事，不學知今事，常順天之法則而行之。爲此行者，文王之謂也。又曰人行不僭差，不賊害，能如此者，少不爲人所法則，言必爲人所法則也。此二詩所云者，無所偏好，無所私惡，不爲忌差，不好勝人之謂也。今其此夷吾之言，多有所忌，多欲陵人，以此而求安定，難哉。今其言多忌克，覆上不忌不克。上既有無好無惡，不覆之者，以身行忌克，則有私好私惡之心，舉忌克足以包好惡也。公曰多忌於人，則多爲人怨，又焉能勝人？此乃是吾之利也。無好無惡，言文王之行也。不忌不克，述抑篇之義也。引二詩於前，以此言結之。○注詩大至之法。○正義曰：詩大雅皇矣之篇也。則，法，釋詁文。彼鄭箋云：其爲人不識古，不知今，順天之法而行之。是言闇行自然合天地之法也。禮記稱天無私覆，地無私載，合天地法者，卽無偏好無私惡之謂也。○注僭過至法則。○正義曰：詩大雅抑之篇也。彼毛傳云：僭，差也。鄭玄云：不殘賊。是賊爲害也。心有所忌則多過差，志在陵人必多爲賊害。下云不忌不克，覆述此文，故言僭賊者皆忌克也。○注其言至吾利。○正義曰：心忌前人，則人亦忌己；志在陵人，則人亦陵己。若使人皆忌之，人皆陵之，是適足以自害，不能勝人也。秦伯聞其忌克，慮其還來害己，故以不能勝人爲是吾利也。○宋襄公卽位，以公子目夷爲仁，使爲左師以聽政，於是宋治。故魚氏世爲左師。○治，直吏反。

經十年春王正月，公如齊。無傳。○狄滅溫，溫子奔衛。蓋中國之狄滅而居其土地。○晉里克弒其君卓及其大夫荀息。弒卓在前年，而以今春書者，從赴也。獻公既葬，卓已免喪，故稱君也。荀息稱名者，雖欲復言，本無遠謀，從君於昏。【疏】注弒卓至於昏。○正義曰：傳於前年甚詳，經以今年書之，明赴以今年弒也。傳稱立公子卓以葬，是免喪始死，故稱君也。文七年宋人殺其大夫，傳曰不稱名，衆也，且言非其罪也。死者不稱名，非其罪，故知稱名者皆有罪也。荀息稱名者，不知奚齊、卓子之不可立，又不能諫里克以存君，是其雖欲復言，本無遠謀也。襄十九年齊殺其大夫高厚，傳稱從君於昏。獻公惑於驪姬，殺適立庶，荀息知其事而爲之傅，奚齊是其從君於昏也。○夏，齊侯、許男伐北戎。無傳。北戎，山戎。○晉殺其大夫里克。奚齊者，先君所命，卓子又以在國嗣位，罪未爲無道，而里克親爲三怨之主，累弒二君，故稱名以罪之。【疏】注奚齊至罪之。正義曰：宣四年傳例曰：弒君稱君，君無道也；稱臣，臣之罪也。里克殺奚齊，弒卓子，皆書里克之名，是奚齊與卓子未爲無道也。殺大夫，傳言不稱名者爲無罪，則稱名爲有罪，故今稱里克之名以罪之。○秋七月。○冬，大雨雪。無傳。平地尺爲大雪。○雨，于付反。

傳十年春，狄滅溫，蘇子無信也。蘇子叛王卽狄，又不能於狄，狄人伐之，王不救，故滅。蘇子奔衛。蘇子，周司寇蘇公之後也。國於溫，故曰溫子。叛王事在莊十九年。【疏】注蘇子至九年。○正義曰：尚書立政云司寇蘇公。成十一年傳曰：昔周克商，蘇忿生以溫爲司寇。以此知蘇子，司寇蘇公之後也。國名爲蘇，所都之邑名爲溫，故溫、蘇遞見於經，是得兩稱故也。○夏四月，周公忌父、王子黨會齊隰朋立晉侯。周公忌父，周卿士。王子黨，周大夫。晉侯殺里克以說。自解說不篡。○篡，初患反。將殺里克，公使謂之曰：「微子則不及此。雖然，子弒二君與一大夫，爲子君者，不亦難乎？」對曰：「不有廢也，君何以興？欲加之罪，其無辭乎？言欲加己罪，不患無辭。【疏】欲加至辭乎。正義曰：言君今欲加臣之罪，其畏無辭以罪臣乎？言必方便有辭耳。臣聞命矣。」伏劍而死。於是丕鄭聘于秦，且謝緩賂，故不及。丕鄭，里克黨，以在秦，故不及里克俱死。○晉侯改葬共大子。共大子，申生也。○共音恭，本亦作恭。大音泰。秋，狐突適下國，下國，曲沃新城。【疏】注下國曲沃新城。○正義曰：曲沃，邑也，而稱國者，晉昭侯嘗以此邑封桓叔，桓叔國之三世，武公始并晉國，遷居而就之。此曲沃，晉之舊國，故謂之爲下國也。遇大子，大子使登，僕，使登車爲僕。忽如夢而相見，狐突本爲申生御，故復使登車爲僕。○復，扶又反，下文及注同。而告之曰：「夷吾無禮，【疏】夷吾無禮。○正義曰：賈逵云：烝於獻公夫人賈君，故曰無禮。馬融云：申生不自明而死，夷吾改葬之，章父之過，故曰無禮。杜不爲注，當以鬼神之意難得而知，夷吾無禮或非一事，不可指言，故不說也。余得請於帝矣，請罰夷吾。將以晉畀秦，秦將祀余。」對曰：「臣聞之，神不歆非類，民不祀非族。【疏】神不至非族。○正義曰：傳稱非我族類，其心必異，則類、族一也，皆謂非其子孫妄祀他人父祖，則鬼神不歆享之耳。祭法云：聖王之制祭祀也，法施於民則祀之，以死勤事則祀之，以勞定國則祀之，能禦大菑則祀之，能捍大患則祀之。若農棄爲稷，后土爲社，社稷功被天下，乃令率土報功。如此之徒，非獨歆己之族。若功不被於下民，名不載於祀典，唯其子孫祀

之神亦不歆他族，然則秦非晉類，而使祀申生，祀之大失也。晉無罪而滅以畀秦，刑之濫也。天豈不違此事而待狐突之言方改圖者，民之與神不相雜擾，雖理有大歸，非曲爲小惠，豈有一人冤枉，即能訴天，天受人訴，辭便將滅國？此事本是妖夢，假託上天，非天實爲之。人能改易，傳言鬼神所馮，有時而信，非言此事實是天心，不可執其言而以人事爲難也。君祀無乃殄乎。歆，饗也。殄，絕也。○畀，必利反，下注同。歆，許金反。且民何罪。失刑乏祀，君其圖之。君曰：諾。吾將復請。七日，新城西偏將有巫者而見我焉。新城，曲沃也。將因巫而見。○偏，匹綿反。【疏】七日至我焉。○正義曰：申生謂狐突云：更經七日，於新城西偏，將有巫者，而與之俱見我焉。故杜云將因巫而見。許之，遂不見。狐突許其言，申生之象亦沒。○見，賢遍反，又如字。及期而往，告之曰：帝許我罰有罪矣，敝於韓。敝，敗也。韓，晉地。獨敝惠公，故言罰有罪，明不復以晉畀秦。夷吾忌克多怨，終於失國，雖改葬加謚，申生猶忿，傳言鬼神所馮，有時而信。○馮，皮冰反。【疏】注敝敗至而信。○正義曰：晉語云：惠公即位，出共世子而改葬之，臭徹於外。國人誦之曰：貞之不報，孰是人斯，而有是臭也。貞爲不聽，信爲不誠，不更厥正，大命其傾。猗兮違兮，心之哀兮。歲之二七，其靡有徵兮。郭偃曰：甚哉，善之難也。君改葬共君以爲榮也，而惡滋章。十四年，君之冢祀其替乎。亦是申生猶忿之事。平鄭之如秦也，言於秦伯曰：呂甥、郤稱、冀芮實爲不從。若重問以召之，三子晉大夫。不從，不與秦賂。問，聘問之幣。○稱，尺證反，又如字。【疏】注三子至之幣。○正義曰：曲禮云：凡以弓劍苞苴簞笥問人者。鄭玄云：問，猶遺也。重問，謂多以財貨遺之也。下云幣重而言甘，故云問，聘問之幣也。臣出晉君，君納重耳，蔑不濟矣。蔑，無也。○冬，秦伯使泠至報問，且召三子。泠至，秦大夫。○泠，力丁反。郤芮曰：幣重而言甘，誘我也。遂殺平鄭、祁舉，祁舉，晉大夫。及七輿大夫，侯伯七命，副車七乘。○乘，繩證反。【疏】七輿大夫。○正義曰：周禮大行人云：侯伯七命，貳車七乘。即副也。每車一大夫主之，謂之七輿大夫。服虔云：上軍之輿帥七人，屬申生者。襄二十三年下軍輿帥七人，往前申生將上軍，今七輿大夫爲申生報怨。欒盈將下軍，故七輿大夫與欒氏。炫謂服言是。左行共華、右行賈華、叔堅、騅歂、纍虎、特宮、山祁，皆里平之黨也。七子，七輿大夫。○行，戶剛反，下同。共音恭。騅音佳。歂，市專反。纍，力追反。祁，巨之反，字林上尸反。平豹奔秦，平豹，平鄭之子。言於秦伯曰：晉侯背大主而忌小怨。大主，秦也。小怨，里平。○背音佩。民弗與也。伐之必出。公曰：失衆，焉能殺。謂殺里平之黨。○焉，於虔反。違禍，誰能出君。謂豹辟禍也。爲明年晉殺平鄭傳。

經十有一年，春，晉殺其大夫平鄭父。以私怨謀亂國，書名罪之。書春，從告。○夏，公及夫人姜氏會齊侯于陽穀。無傳。婦人送迎不出門，見兄弟不踰閾，與公俱會齊侯，非禮。○閾音域，門限也。一音況域反。○秋，八月，大雩。無傳。過時故書。○冬，楚人伐黃。

傳十一年，春，晉侯使以平鄭之亂來告。釋經書在今年。○天王使召武公、內史過賜晉侯命。天王，周襄王。召武公，周卿士。內史過，周大夫。諸侯即位，天子賜之命圭爲瑞。○過，古禾反。受玉惰。過歸，告王曰：晉侯其無後乎。王賜之命，而惰於受瑞，先自弃也已，其何繼之有。禮，國之幹也。敬，禮之輿也。不敬則禮不行，禮不行則上下昏，何以長世。爲惠公不終張本。○惰，徒臥反。長，直良反，又丁丈反。【疏】天王至長世。○正義曰：召武公亦名過。周語云：襄王使召公過及內史過賜晉惠公命，晉侯執玉卑，拜不稽首。內史過歸，以告王曰：晉不亡，其君必無後。不敬王命，棄其禮也。執玉卑，替其質也。拜不稽首，無其王也。替質無鎮，無王無人。晉侯無王，人亦將無之；欲替其鎮，人亦將替之。其言多而小異。孔晁云：左丘明集其典雅令辭與經相發明者以爲春秋傳，其高論善言別爲國語。凡左傳、國語有事同而辭異者，以其詳於左傳而略於國語，詳於國語而略於左傳。○夏，揚拒、泉皐、伊雒之戎【疏】伊雒之戎。○正義曰：釋例曰：諸雜戎居伊水雒水之間者，河南雒陽縣西南有戎城。伊水出上雒盧氏縣熊耳山，東北至河南雒陽縣入雒。雒水出上雒縣冢領山，東北經弘農至河南鞏縣入河。同伐京師，入王城，焚東門。揚拒、泉皐皆戎邑，及諸雜戎居伊水雒水之間者。今伊闕北有泉亭。○拒，俱字反。皐，古刀反。王子帶召之也。王子帶，甘昭公也。召戎欲因以篡位。秦、晉伐戎以救周。秋，晉侯平戎于王。爲二十四年天王出居鄭傳。○黃人不歸楚貢。冬，楚人伐黃。黃人恃齊故。

經十有二年，春，王三月，庚午，日有食之。無傳。不書朔，官失之。○夏，楚人滅黃。○秋，七月。○冬，十有二月，丁丑，陳侯杵臼卒。無傳。遺世子與僖公同盟甯毋及洮。○杵，昌呂反。臼，其九反。

傳十二年，春，諸侯城衞楚丘之郛，懼狄難也。楚丘，衞國都。郛，郭也。爲明年春狄侵衞傳。○郛，芳夫反。難，乃旦反，下同。【疏】注楚丘至衞傳。○正義曰：衞以二年遷於楚丘，諸侯爲之築其城。至此爲之築其郛。公羊傳曰：郛者何？郭也。不單言衞楚丘者，見楚丘未有郛也。諸侯不告魯，不與，故不書。無經而爲傳者，其言必有所爲，故云爲狄侵衞傳。○黃人恃諸侯之睦于齊也，不共楚職，曰：自郢及我九百里，焉能害我。共音恭。焉，於虔反。夏，楚滅黃。郢，楚都。○王以戎難故，討王子帶。子帶前年召戎伐周。秋，王子帶奔齊。○冬，齊侯使管夷吾平戎于王，使隰朋平戎于晉。平，和也。前年晉救周伐戎，故戎與周、晉不和。王以上卿之禮饗管仲。管仲辭曰：臣，賤有司也。有天子之二守國、高在，國子、高子，天子所命爲齊守臣，皆上卿也。莊二十二年高傒始見經，僖二十八年國歸父乃見傳。歸父之父曰懿仲，高傒之子曰莊子，不知今當誰世。○守，手又反，注同。見，賢遍反，下同。若節春秋來承王命，何以禮焉。節，時也。陪臣敢辭。諸侯之臣曰陪臣。○陪，步回反。王曰：舅氏。伯舅之使，故曰舅氏。○使，所吏反。余嘉乃勳，應乃懿德，謂督不忘。功勳美德，可謂正而不可忘者。不言位而言職者，管仲位卑而執齊政，故欲以職尊之。○督音篤。往踐乃職，無逆朕命。【疏】余嘉至朕命。○正義曰：余、朕皆我也。乃，女也。應，當也。懿，美也。督，正也。言我善女功勳，當女美德，謂女功德正而不可忘，宜受此禮，往居女職，無得逆我之命，欲令受上卿之禮。管仲受下卿之禮而還。管仲不敢以職自高，卒受本位之禮。君子曰：管氏之世祀也宜哉。【疏】君子至宜哉。○正義曰：丘明之意，假稱君子論管氏，應合世祀也。宜哉而遂不世祀，子孫絕滅，是行善無驗，故杜注云傳亦舉其無驗是也。讓不忘其上。詩曰：愷悌君子，神所勞矣。詩大雅。愷，樂也。悌，易也。言樂易君子，爲神所勞來，故世祀也。管仲之後於齊沒不復見，傳亦舉其無驗。○愷，本亦作凱，開在反。悌音弟，本亦作弟。勞，力報反，注同。樂音洛，下同。易，以豉反，下同。來，力代反。復，扶又反。【疏】注詩大至無驗。○正義曰：詩大雅旱麓之篇。愷樂、悌易皆釋詁文。樂易，言志度弘簡，忻樂而和易也。世族譜管氏出自周穆王。成十一年傳有齊管于奚，譜以爲雜人，則非管仲之子孫也。哀十六年傳稱楚白公殺齊管脩，杜云管脩，楚賢大夫，故齊管仲之後。是管仲之後於齊沒不復見也。

經十有三年，春，狄侵衞。傳在前年春。○夏，四月，葬陳宣公。無傳。○公會齊侯、宋公、陳侯、衞侯、鄭伯、許男、曹伯于鹹。鹹，衞地。東郡濮陽縣東南有鹹城。○濮音卜。○秋，九月，大雩。無傳。書過。○冬，公子友如齊。無傳。

傳十三年，春，齊侯使仲孫湫聘于周，且言王子帶。前年王子帶奔齊，言欲復之。事畢，不與王言。不言子帶事。歸復命曰：未可。王怒未怠，其十年乎。不十年，王

弗召也。夏，會于鹹，淮夷病杞故，且謀王室也。秋，爲戎難故，諸侯戍周，齊仲孫湫致之。戍，守也。致諸侯戍卒于周。○爲，于僞反，下注「欲爲」同。難，乃旦反。卒，子忽反。○冬，晉荐饑。麥禾皆不熟。荐在薦反重也。饑音飢。（疏）晉荐饑。○正義曰：釋天云：穀不熟爲饑，仍饑爲荐。李巡曰：穀不成熟曰饑，連歲不熟曰荐。使乞糴于秦。秦伯謂子桑：與諸乎？對曰：重施而報，君將何求？言不損秦。○糴，直歷反。施，式豉反，下同。重施而不報，其民必攜，攜而討焉，無衆必敗。不義故民離。謂百里：與諸乎？百里，秦大夫。對曰：天災流行，國家代有。救災恤鄰，道也。行道有福。丕鄭之子豹在秦，請伐晉。欲爲父報怨。秦伯曰：其君是惡，其民何罪？秦於是乎輸粟于晉，自雍及絳相繼。雍，秦國都。絳，晉國都。○雍，於用反。絳，古巷反。命之曰汎舟之役。從渭水運入河汾。○汎，芳劍反。汾，扶云反。（疏）注從水運入河汾。○正義曰：秦都雍，雍臨渭；晉都絳，絳臨汾。渭水從雍而東，至弘農華陰縣入河，從河逆流而北上，至河東汾陰縣，乃東入汾，逆流東行而通絳。故杜云從渭水運入河汾也。

經十有四年，春，諸侯城緣陵。緣陵，杞邑。辟淮夷，遷都於緣陵。○夏，六月，季姬及鄫子遇于防，使鄫子來朝。季姬，魯女，鄫夫人也。鄫子本無朝志，爲季姬所召而來，故言使鄫子來朝。鄫國，今琅邪鄫縣。○鄫，似綾反，本或作繒。○秋，八月，辛卯，沙鹿崩。沙鹿，山名。平陽元城縣東有沙鹿土山，在晉地。災害繫於所災所害，故不繫國。（疏）注沙鹿至繫國。○正義曰：公羊傳曰：沙鹿者何？河上之邑也。穀梁傳曰：林屬於山爲鹿。沙，山名也。服虔云：沙，山名；鹿，山足。林屬於山曰鹿。取穀梁爲說也。漢書元后傳稱：元后祖翁孺自東平陵徙魏郡元城委粟里。元城建公曰：昔春秋沙鹿崩，晉史卜之曰：陰爲陽雄，土火相乘，故有沙鹿崩。後六百四十五年，宜有聖女興。今王翁孺徙，正值其地，日月當之。元城郭東有五鹿之虛，即沙鹿地。計爾時去聖猶近，所言當得其實，故以沙鹿爲山名，依漢書爲義也。沙鹿實是晉地，不言晉沙鹿者，凡有災害繫於所災所害之處，不繫於所屬之國，故不繫晉也。釋例曰：陳既已滅，降爲楚縣，而書陳災者，猶晉之梁山、沙鹿崩不書晉也。災害繫於所災所害，故以所在爲名。災爲陳災，成周宣榭火，害爲梁山、沙鹿崩。山崩必有所害，故所災所害別言之。○狄侵鄭。無傳。○冬，蔡侯肸卒。無傳。未同盟而赴以名。○肸，許乙反。

傳十四年，春，諸侯城緣陵而遷杞焉。不書其人，有闕也。闕謂器用不具，城池未固而去，爲惠不終也。澶淵之會既而無歸，大夫不書，而國別稱人。今此摠曰諸侯，君臣之辭。不言城杞，杞未遷也。○澶，市然反。（疏）注闕謂至遷也。○正義曰：元年齊師、宋師、曹師城邢，傳稱具邢器用而遷之，師無私焉。是器用具而城池固，故具列三國之師，詳其文以美之也。今此摠云諸侯城緣陵，不言某侯某侯，與城邢文異，不具書其所城之人，爲其有闕也。知闕爲器用不具，城池不固而去，爲惠不終，故摠言諸侯以譏之。凡諸侯盟會不歷序其人，摠言諸侯者，皆是譏之辭。文十五年諸侯盟于扈，傳曰：書曰諸侯，無能爲也。十七年諸侯會于扈，傳曰：書曰諸侯，無功也。是其摠言諸侯，皆譏辭也。十六年會于淮，傳稱城鄫，役人病，不果城而還，亦是爲惠不終，而淮會具書其人者，淮之會爲謀鄫且東略，非爲城鄫而聚會。既會之後，乃欲城鄫而不果，本意不城鄫，無可貶也。先儒以爲諸侯有過，貶而稱人。杜據澶淵之會與此傳文，知諸侯之貶不至稱人。故釋例曰：傳滅入例，衞侯燬滅邢，同姓故名。又云：穀伯綏、鄧侯吾離來朝，名，賤之也。例又云：不書蔡許之君，乘楚車也，謂之失位。此皆諸侯貶之例，例不稱人也。諸侯在事，傳有明文而經稱人者凡十一條，上明不示其義，而諸儒皆據案生意，原無所出，貶諸侯而去爵稱人，是爲君臣同文，非正等差之謂也。又澶淵大夫之會，傳曰不書其人，案經皆去名稱人；至諸侯親城緣陵，傳亦曰不書其人，而經摠稱諸侯。此大夫及諸侯經傳所以爲別也。通校春秋，自宣公五年以下百數十年，諸侯之咎甚多，而皆無貶稱人者，益明此蓋當時告命注記之異，非仲尼所以爲例故也。○鄫季姬來寧，公怒止之，以鄫子之不朝也。來寧不書，而後年書歸鄫，更嫁之文也。明公絕鄫昏，既來朝而還。○還，戶關反。夏，遇于防，而使來朝。○秋，八月，辛卯，沙鹿崩。晉卜偃曰：期年將有大咎，幾亡國。國主山川。山崩川竭，亡國之徵。○期音基。咎，其九反。幾音祈，又音機。（疏）注國主至之徵。○正義曰：成五年傳曰：國主山川，故山崩川竭，君爲之不舉。周語：幽王二年，西周三川皆震，伯陽父曰：昔伊雒竭而夏亡，河竭而商亡。國必依山川，山崩川竭，亡國之徵也。卜偃明達災異，以山崩爲亡國之徵，知其將有大咎。不言知之意，非末學者所得詳也。釋例曰：天人之際，或異而無感，或感而不可知。沙鹿崩，因謂期年將有大咎；梁山崩，則云山有朽壞而自崩。此皆聖賢之讜言，達者所宜先識，是說卜偃之言非後人所能測。○冬，秦饑，使乞糴于晉，晉人弗與。慶鄭曰：背施無親，慶鄭，晉大夫。○背音佩，後皆同。施，式豉反，注及下而施毛、十五年皆同。幸災不仁，貪愛不祥，怒鄰不義，四德皆失，何以守國？虢射曰：皮之不存，毛將安傅？虢射，惠公舅也。皮以喻所許秦城，毛以喻糴。言既背秦施，爲怨以深，雖與之糴，猶無皮而施毛。○傅音附。（疏）注虢射惠公舅。○正義曰：晉語云：秦饑，惠公命輸之粟，虢射請勿與，慶鄭請與之。公曰：非鄭之所知也。遂不與。秦侵晉，至于韓，公謂慶鄭曰：寇深矣，奈何？慶鄭曰：非鄭之所知也，君其訊射也。公曰：舅所病也。是虢射爲惠公之舅也。慶鄭曰：棄信背鄰，患孰恤之？無信患作，失援必斃，是則然矣。虢射曰：無損於怨，而厚於寇，不如勿與。言與秦粟不足解怨，適足使秦強。慶鄭曰：背施幸災，民所弃也。近猶讎之，況怨敵乎？弗聽。退曰：君其悔是哉。

春秋左傳注疏卷十三校勘記　阮元撰盧宣旬摘錄

附釋音春秋左傳注疏卷第十三　僖六年盡十四年

經六年

今滎陽密縣　淳熙本足利本滎作熒是也

傳六年

非不欲校　閩本校作效誤

故欲因以求入　岳本入誤作之

故傳稱新密　閩本監本毛本脫新字

諸侯救許　石經救作投誤案石經自楚子圍許至諸侯救許十一字皆重刻

故蔡將許君歸楚　宋本將上有侯字

許男面縛銜璧　閩本作縛面誤倒

以璧爲贄　釋文贄作質云本又作贄

注祓除凶之禮　宋本此節正義在楚子從之之下

稱公臨楚喪　閩本監本毛本脫楚字

經七年

盟于甯母　葉抄釋文亦作母石經宋本岳本纂圖本監本毛本皆作母

傳七年

競强也　宋本强作彊正義同此本正義亦作彊

七年傳心則至於病　各本脫七年傳三字宋本正義入姑少待我注下

既不能彊　足利本彊作强

吾知其所由來矣　宋本此節正義在心則至於病疏後

我不以女爲罪釁　宋本纂圖本閩本監本毛本無我字

弗可改也已　顧炎武云石經改誤故案石經此處闕炎武所據乃謬刻也

若君去之以爲成　石經宋本作君若不誤

即罪人　淳熙本即誤其

齊史無所不隱　宋本不作可

雖復齊史隱諱　監本復誤後淳熙本史作更亦非

經八年

所以同獎王室　閩本監本毛本獎作奬

天子之臣不與諸侯同盟　宋本同作共

亦無貶責　閩本監本毛本亦作又

於時諸侯輯睦　閩本監本毛本輯作新按廿九年杜注作輯

止言乞盟　閩本乞作與非也

傳八年

而後王定位　宋本淳熙本岳本足利本作位定不誤

期年狄必至　北宋刻釋文云期本或作基注同也按基古文假借字亦見儀禮

明期年之言驗　纂圖本閩本監本毛本脱驗字

不祔于姑　釋文亦作祔閩本監本毛本作袝非也

則爲殯廟赴同祔姑　淳熙本則誤前

經九年

十九年于郢　宋本郢作鄭不誤○今訂作鄭

宰周公文承其後　監本毛本文作又

知此葵邱與彼異者　閩本監本毛本脱知此葵邱四字

既葬而除之　宋本除作降非也

甲子晉侯佹諸卒　纂圖本監本閩本毛本佹作詭案穀梁釋文云左氏作佹諸則作佹爲是

問崩曰以甲寅告　監本毛本寅誤子

冬晉里奚克殺其君之子奚齊　各本無上奚字是也山井鼎引足利本里下有其字即奚字之誤

傳九年

小童者童蒙幼末之稱　纂圖本閩本監本毛本末作稺非正義同

予者繼父之辭　各本作繼按正義作繫

非諸夏所得書　宋本岳本足利本夏作下不誤

蒙謂闇昧也　毛本昧作暗非也

曹羈出奔陳　監本毛本羈作覊按莊廿四年經作羈閩本作奇非也

非諸下所得書　閩本毛本下作王誤也

不云地祇及礿祠者　宋本祗作祇是也○今正

亦言而言之　宋本監本毛本上言字作連不誤○今依訂正

胙祭肉　案周禮大宗伯職疏引作膰肉

注天子至伯舅　宋本以下正義五節揔入下拜登受注下

以伯舅耋老　石經宋本淳熙本岳本纂圖本毛本耋作耊是也釋文同

涉級聚足　案禮記曲禮涉作拾鄭注拾當爲涉聲之誤孔氏因改爲涉

是進一等　閩本監本毛本等作級非

中婦人手長八寸謂之咫　重修監本中改申非也

隕越顛墜也　宋本淳熙本足利本墜作隊是正字釋文亦作隊下同

月堂下受胙於堂上　纂圖本閩本監本毛本月作自亦非宋本淳熙本岳本足利本作拜不誤

○秋齊侯盟諸侯于葵邱　監本○誤注字毛本誤傳字

諸侯欲求會葵邱　宋本岳本纂圖本監本毛本諸作晉求會宋本淳熙本監本毛本作來會不誤

言或向東　纂圖本監本毛本或作復非

君務靖亂無勤於行　李注文選三國名臣序贊引靖作靜勤作懃

送死事生兩無疑恨　纂圖本閩本監本毛本疑作猜

能欲復言而愛身乎　宋本此節正義在將爲辟之句下

言此言之鈌　宋本鈌作闕陳樹華云史記正義引作玷字按說文㓖缺也引詩白圭之㓖

高梁晉地在平陽縣西南　案二十四年注縣上有楊氏二字案釋地作楊縣氏亦衍文晉書地里志楊縣屬平陽郡可證也

經十年

卓以免喪　宋本淳熙本岳本足利本以作已

北伐山戎　宋本淳熙本纂圖本監本毛本伐作戎不誤○今依訂正

傳十年

子弑二君　宋本纂圖本弑作殺字按宋本是也實舉其事故曰殺二君與一大夫

言欲加已罪　宋本岳本已作己淳熙本作以非也

欲加至辭乎　宋本此節正義在臣聞命矣節注下

注下國曲沃新城　宋本以下正義五節揔入及期而往注下

天豈不達此事　閩本監本毛本天作夫非也

▲乏祀爲無主祭也　考文引足利本有此七字在君其圖之句下盧文弨挍本爲疑詞

十四年君之冢祀其替乎　閩本監本毛本冢作家誤也

三子至之幣　宋本以下正義二節揔入後出君注下

冬秦伯使泠至報問　毛本泠作冷誤注同

上軍之輿師七人　陳樹華云上字當作下前申生將上軍句上亦當作下也按閔二年傳云公將上軍大子申生將下軍陳樹華所訂是也

經十一年

晉殺其大夫丕鄭父　公羊疏云左氏經無父字然則今諸本有父者衍文也

傳十一年

受玉惰　案說文憜字下云不敬引春秋傳曰執玉憜

其何繼之有　纂圖本閩本監本毛本其誤而

孔晁云　毛本晁作鼂亦非

伊雒之戎　宋本此節正義在同伐京師句下

經十二年

傳十二年

不單言衞楚邱者　宋本楚上有而言衞三字

夏楚滅黃　石經初刻楚人滅黃後刊去人字

應乃懿德　惠棟云應讀曰膺言膺受女匡輔之美德也古人皆以應爲膺

君子至冝哉　宋本以下正義二節揔入管氏之世祀也注下

詩曰愷悌君子　釋文愷作凱注同云本亦作愷悌本亦作弟

傳稱楚曰公殺齊管脩　宋本曰作白是也

經十三年

秋爲戎難故　監本秋上○誤注淳熙本故誤致

傳十三年

致諸侯戍卒于周　葉抄釋文戍作戎

晉荐饑　宋本以下正義二節揔入篇末

注從水運入河汾　宋本閩本監本毛本水上有渭字是也

經十四年

季姬及鄫子遇于防　釋文云鄫本或作繒案公羊穀梁作繒

鄫國今琅邪鄫縣　毛本邪改琊非

平陽元城縣東有沙鹿土山在晉地　案晉書地里志元城屬陽平郡此本及諸本並誤作平陽二十三年傳出於五鹿注亦云陽平元城縣

林屬於山爲鹿沙山名也　閩本監本毛本鹿沙誤倒

傳十四年

公怒止之　顧炎武云石經止誤上案石經此處闕炎武所據乃謬刻閩本亦誤作上

則云山有杇壞而自崩　宋本閩本監本毛本杇作朽不誤壞閩本監本毛本誤作壞

猶無皮而施毛　宋本毛本下有也字

春秋左傳注疏卷十三挍勘記

附釋音春秋左傳注疏卷第十四　僖十五年盡二十一年

杜氏注　孔穎達疏

經十有五年。春。王正月。公如齊。無傳諸侯五年再相朝禮也例在文十五年【疏】注諸侯至五年○正義曰文十五年曹伯來朝傳曰禮也諸侯五年再相朝以脩王命古之制也杜云十一年曹伯來朝雖至此乃來亦五年也此十年公如齊至此則六年非五年再朝之事杜引之者以去朝歲亦五年故引證之劉炫云杜云禮者謂文十五年傳爲禮此仍非禮也○楚人伐徐。○三月。公會齊侯、宋公、陳侯、衛侯、鄭伯、許男、曹伯盟于牡丘。牡丘地名闕○牡茂后反遂次于匡。匡衛地在陳留長垣縣西南公孫敖帥師及諸侯之大夫救徐。公孫敖慶父之子諸侯既盟次匡皆遣大夫將兵救徐故不復具列國別也○復扶又反○夏。五月。日有食之。○秋。七月。齊師、曹師伐厲。厲楚與國義陽隨縣北有厲鄉八月。螽。無傳爲災○螽音終本亦作螽○九月。公至自會。無傳○季姬歸于鄫。無傳來寧不書此書者以明中絕○中丁仲反又如字○己卯。晦。震夷伯之廟。夷伯魯大夫展氏之祖父夷謚伯字震者雷電擊之大夫既卒書字○晦音悔【疏】注夷伯至書字○正義曰公羊穀梁傳皆以晦爲冥謂晝日闇冥也杜以長厤推己卯晦九月三十日春秋值朔書朔値晦書晦無義例也傳稱於是展氏有隱慝焉知此夷伯展氏之祖父也大夫之謚多連字稱之不知夷伯其名爲何又不知今之展氏其人是誰故漫言祖父耳謚法安人好靜曰夷是夷爲謚也伯是其字也說文云震劈歷振物者電陰陽激燿也然則震是劈歷而言雷電擊之者劈歷有聲有光雷電之大者耳故言雷電以明之玉藻云士於君所言大夫沒矣則稱謚若字是大夫既沒禮書其字也○冬。宋人伐曹。○楚人敗徐于婁林。婁林徐地下邳僮縣東南有婁亭○婁力侯反邳蒲悲反○十有一月。壬戌。晉侯及秦伯戰于韓。獲晉侯。例得大夫曰獲晉侯背施無親愎諫違卜故貶絕下從衆臣之例而不言以歸不書敗績晉師不大崩○愎皮逼反【疏】注例得至大崩○正義曰諸侯與大夫因戰而被殺者昭二十三年傳例君死曰滅大夫死曰獲其被囚虜者大夫生死同名皆稱爲獲國君生獲則曰以歸蔡侯獻舞沈子嘉胡子豹之類皆是也今此晉侯稱獲故解之不書敗績晉侯之車還濘而被執耳其師不大崩也

傳十五年。春。楚人伐徐。徐卽諸夏故也。三月。盟于牡丘。尋葵丘之盟。且救徐也。葵丘盟在九年○夏戸雅反下注同孟穆伯帥師及諸侯之師救徐。諸侯次于匡以待之。○夏。五月。日有食之。不書朔與日。官失之也。【疏】夏五月至失之○正義曰桓十七年已有例此重發者沈氏云彼直不書日今朔日皆不書故重發之○秋。伐厲以救徐也。○晉侯之入也。秦穆姬屬賈君焉。晉侯入在九年穆姬申生姊秦穆夫人賈君晉獻公次妃賈女也○屬音燭【疏】注晉侯至女也○正義曰莊二十八年傳曰晉獻公娶于賈無子烝於齊姜生秦穆夫人及大子申生先言穆姬後言申生知是申生姊也言娶于賈則是正妃杜言次妃者蓋杜別有所見也晉世家云申生母齊桓女也同母女弟爲秦穆夫人夷吾母重耳母女弟也案傳申生之母本是武公之妾武公末年齊桓始立不得爲齊桓女也號射惠公之舅狐偃文公之舅二母不得爲姊妹也皆馬遷之妄耳且曰盡納羣公子。羣公子晉武獻之族宣二年傳曰驪姬之亂詛無畜羣公子○詛莊據反晉侯烝於賈君。又不納羣公子。是以穆姬怨之。晉侯許賂中大夫。中大夫國內執政里丕等○烝之承反【疏】注中大至丕等○正義曰晉語稱夷吾謂秦公子縶曰中大夫里克與我矣吾命之以汾陽之田百萬丕鄭與我矣吾命之以負蔡之田七十萬此外猶應更有賂也既而皆背之。賂秦伯以河外列城五。東盡虢略。南及華山。內及解梁城。既而不與。河外河南也東盡虢略從河南而東盡虢界也解梁城今河東解縣也華山在弘農華陰縣西南○解音蟹注及下注同【疏】注河外至西南○正義曰河自龍門而南至華陰而東晉在西河之東南河之北以河北爲內河南爲外虢略虢之竟界也獻公滅虢而有之今許以賂秦列城五者自華山而東盡虢之東界其間有五城也傳稱許君焦瑕蓋焦瑕是其二其餘三城不可知也列城猶列國言是城之大者解梁城則在河北非此河外五城之數也晉饑。秦輸之粟。在十三年秦饑。晉閉之糴。在十四年故秦伯伐晉。卜徒父筮之。吉。徒父秦之掌龜卜者卜人而用筮不能通三易之占故據其所見雜占而言之【疏】注徒父至言之○正義曰徒父以卜冠名知是掌龜卜者卜人當卜而今用筮知其本非所掌不能通三易之占其卦遇蠱不引易文是據其所見雜占而言之劉炫云案成十六年筮卦遇復云南國蹙射其元王中厥目亦是雜占則筮法亦用雜占不必皆取易辭而云不能通三易之占者今刪定以爲此云涉河侯車敗又云千乘三去獲其雄狐了无周易片意又云卜徒父筮之是卜人掌筮故杜云不能通三易而成十六年非卜人爲筮且南國蹙雖非是辭還是周易之象不與此同劉君以彼難此而規杜過非也涉河。侯車敗。詰之。秦伯之軍涉河則晉侯車敗也秦伯不解謂敗在己故詰之○詰起吉反【疏】注秦伯至詰之○正義曰如杜此意則下千乘三去謂晉侯之乘車三度敗壞而去三去之後而獲晉君也劉炫以爲侯者五等摠名國君大號以涉河侯車敗爲秦伯車敗又云韓戰之前秦晉未有交兵何得言晉侯車有三敗以爲秦伯車三敗也今刪定知不然者以秦是伯爵晉實是侯爵既云侯車敗故知是晉侯車敗秦伯作聞車敗謂敗在己不達其旨故致詰問也又以韓戰之前秦晉未有交兵何得言晉侯車有三敗者此謂車有敗壞非

兵敗也劉君數生異見以規杜非也對曰：乃大吉也。三敗，必獲晉君。其卦遇蠱。☶☴巽下艮上蠱○蠱音古〔疏〕注巽下艮上蠱○正義曰：艮剛巽柔，剛上而柔下，巽順艮止，既順而止，無所爭競，可以有事，故曰蠱。序卦曰：蠱者，事也。曰：千乘三去，三去之餘，獲其雄狐。夫狐蠱，必其君也。於周易利涉大川往有事也亦秦勝晉之卦也今此所言蓋卜筮書雜辭以狐蠱爲君其義欲以喻晉惠公其象未聞○乘繩證反去起居反又起據反一音起呂反下同〔疏〕注於周至未聞○正義曰：筮者若取周易，則其事可推。此不引易，意不可知。故杜舍此傳文，而以周易言之。蠱卦彖云：利涉大川，往有事也。秦晉隔河，往而有事，亦是秦勝晉之卦也。今此所言不出於易，蓋卜筮之書別有雜辭，此雜辭不出周易，無可據而推求，故云其象未聞。蠱之貞，風也；其悔，山也。內卦爲貞外卦爲悔巽爲風秦象艮爲山晉象〔疏〕注內卦至晉象○正義曰：筮之畫卦，從下而始，故以下爲內，上爲外。此言貞風悔山，知內爲貞，外爲悔。洪範論筮云：曰貞曰悔。是筮之二體有貞悔之名也。貞，正也。筮者先爲下體，而以上卦重之，是內爲正也。乾之上九稱亢龍有悔，從下而上，物極則悔，是外爲悔也。凡筮者先爲其內，後爲其外，內卦爲已身，外卦爲他人，故巽爲秦象，艮爲晉象。歲云秋矣，我落其實，而取其材，所以克也。周九月夏之七月孟秋也艮爲山山有木今歲已秋風吹落山木之實則材爲人所取實落材亡，不敗何待？三敗及韓。晉侯車三壞〔疏〕注晉侯車三壞○正義曰：謂晉之車乘三度與秦戰而敗壞，非謂晉侯親乘之車也。杜言晉侯車壞者，成上侯車敗之文故也。且晉之車揔屬晉侯，亦得云晉侯車也。劉炫云：此一句是史家序事，充卜人之語，言秦伯之車三經敗壞，乃至於韓，而晉始懼。晉侯謂慶鄭曰：寇深矣，若之何？對曰：君實深之，可若何？公曰：不孫。卜右，慶鄭吉，弗使。惡其不孫不以爲車右此衷吾之多忌○孫音遜注同惡烏路反步揚御戎，家僕徒爲右。步揚郤犨之父乘小駟，鄭入也。鄭所獻馬名小駟○駟音士慶鄭曰：古者大事，必乘其產，生其水土，而知其人心，安其教訓，而服習其道，唯所納之，無不如志。今乘異產以從戎事，及懼而變，將與人易。變易人意亂氣狡憤，陰血周作，張脈僨興，外彊中乾。狡戾也憤動也氣狡憤於外則血脈必周身而作隨氣張動外雖有彊形而內實乾竭○狡古卯反憤扶粉反張中亮反注同脈音麥僨方問反〔疏〕亂氣至中乾○正義曰：言馬之亂氣狡戾而憤滿，陰血徧身而動作，張脈動起，外雖有彊形，內實乾竭。外爲陽，內爲陰，血在膚內，故稱陰血。血既動作，脈必張起，故言張脈也。氣憤於外，內必乾燥，內血爲力，故內潤則彊，內乾則弱。言乾竭者，竭，盡也，內乾則力盡。進退不可，周旋

不能，君必悔之。弗聽。九月，晉侯逆秦師，使韓簡視師。韓簡晉大夫韓萬之孫復曰：師少於我，鬭士倍我。公曰：何故？對曰：出因其資，謂奔梁求秦入用其寵，爲秦所納饑食其粟，三施而無報，是以來也。今又擊之，我怠秦奮，倍猶未也。公曰：一夫不可狃，況國乎？狃忕也言辟秦則使忕來○施式氏反年末注同狃女九反忕時世反又時設反遂使請戰，曰：寡人不佞，能合其衆而不能離也，君若不還，無所逃命。秦伯使公孫枝對曰：君之未入，寡人懼之；入而未定列，猶吾憂也。列位也苟列定矣，敢不承命？韓簡退曰：吾幸而得囚。得囚爲幸言必敗壬戌，戰于韓原。九月十三日〔疏〕注九月十三日○正義曰：以經書十一月壬戌，恐與經壬戌相亂，故顯言之。下注云：十一月壬戌，十四日是也。晉戎馬還濘而止。濘泥也還便旋也小駟不調故隋泥中○濘乃定反隋大果反公號慶鄭。慶鄭曰：愎諫違卜，愎戾也○號戶刀反王戶報反固敗是求，又何逃焉？遂去之。梁由靡御韓簡，虢射爲右，輅秦伯，將止之。輅迎也止獲也○輅五嫁反鄭以救公誤之，遂失秦伯。秦獲晉侯以歸。經書十一月壬戌十四日經從赴晉大夫反首拔舍從之。反首亂頭髮下垂也拔草舍止壞形毀服○拔蒲末反注皆同秦伯使辭焉，曰：二三子何其慼也？寡人之從君而西也，亦晉之妖夢是踐，豈敢以至？狐突不寐而與神言故謂之妖夢申生言帝許罰有罪今將晉君而西以厭息此語踐厭也○厭於冉反一音於甲反又於輒反下同晉大夫三拜稽首曰：君履后土而戴皇天，皇天后土實聞君之言，羣臣敢在下風。穆姬聞晉侯將至，以大子罃、弘與女簡璧登臺而履薪焉。罃康公名弘其母弟也簡璧罃弘姊妹古之宮閉者皆居之臺以抗絕之穆姬欲自罪故登臺而薦之以薪左右上下者皆履柴乃得通○罃於耕反履如字徐本作屨九具反抗苦浪反荐在薦反上時掌反〔疏〕注罃康至得通○正義曰：文十八年秦伯罃卒，即此康公也。罃、弘連文，卽言與女簡璧，知弘是罃弟，簡璧是其姊妹也。劉向列女傳說此事云：與大子罃、公子弘與女簡璧。亦以簡璧爲女也。此言登臺履薪，是自囚之事。哀八年傳稱邾子又無道，吳子囚諸樓臺，栫之以棘。以此二文知古之宮閉者皆居之於臺以抗絕之。俗本作屨者，屨是在足之服，故踐者亦稱屨，是以誤焉。定本作履薪。使以免服衰絰逆，且告。免衰絰遭喪之服令行人服此服迎秦伯且告將以恥辱自殺○免音問又作絻音同衰七雷反絰大結反令力呈反下同〔疏〕注免衰至自殺○正義曰：禮，死則有免，服成則衰絰，皆爲遭喪之服。傳文於此或有曰：上天降災，使我兩君相見，不以玉帛，而以興戎。若晉君朝以入，則婢子夕以死；夕以入，則朝以死。唯君裁之。左傳本無此言，後人妄增之耳。何以知其然？二十二年傳曰：寡君之使婢子侍執巾櫛。杜云：婢子，婦人之卑稱。若此有婢子，不當舍此而注彼也。又此注云：且告夫人將以恥辱自殺。若有此辭，不煩彼注。服虔解誼，其文甚煩，傳本若有此文，服虔必應多解，何由四十餘字不解一言，亦至二十二年始解婢子？明是本無之也。今定本亦無。曰：上天降災，使我兩君匪以玉帛相見，而以興戎。若晉君朝以入，則婢子夕以死；夕以入，則朝以死。唯君裁之。乃舍諸靈臺。在京兆鄠縣周之故臺亦所以抗絕令不得通外內○自曰上天降災此凡四十七字檢古本皆無晁杜注亦不得有有是後人加也鄠音戶大夫請以入。公曰：獲晉侯，以厚歸也。既而喪歸，焉用之？若將晉侯入則夫人或自殺○焉於虔反大夫其何有焉？何有猶何得且晉人慼憂以重我，謂反首拔舍天地以要我。不圖晉憂，重其怒也；我食吾言，背天地也。食消也○要於遙反重直用反下同重怒難任，背天不祥，必歸晉君。任當也○任音壬注及下同公子縶曰：不如殺之，無聚慝焉。公子縶秦大夫恐夷吾歸復相聚爲惡○縶張執反又丁立反慝他得反復扶又反子桑曰：歸之而質其大子，必得大成。晉未可滅，而殺其君，祇以成惡。祇適也○質音置下注質秦同祇音支且史佚有言曰：無始禍，史佚周武王時大史名佚○佚音逸大音泰無怙亂，恃人亂爲己利○怙音戶無重怒。重怒難任，陵人不祥。乃許晉平。晉侯使郤乞告瑕呂飴甥，且召之。郤乞晉大夫也瑕呂飴甥即呂甥也蓋姓瑕呂名飴甥字子金晉侯聞秦將許之平故告呂甥召使迎己○飴音怡子金教之言曰：朝國人而以君命賞，恐國人不從故先賞之於朝且告之曰：孤雖歸，辱社稷矣，其卜貳圉也。貳代也圉惠公大子懷公衆皆哭。哀君不還國晉於是乎作爰田。分公田之稅應入公者爰之於所賞之衆○爰于元反〔疏〕作爰田○正義曰：服虔、孔晁皆云：爰，易也。賞衆以田，易其疆畔。杜言爰之於所賞之衆，則亦以爰爲易，謂舊入公者，今改易與所賞之衆。呂甥

曰。君亡之不恤。而羣臣是憂。惠之至也。將若君何。衆曰。何爲而可。對曰。征繕以輔孺子。征賦也繕治也孺子大子圉○孺如喻反諸侯聞之。喪君有君。羣臣輯睦。甲兵益多。好我者勸。惡我者懼。庶有益乎。衆說。晉於是乎作州兵。五黨爲州州二千五百家也因此又使州長各繕甲兵○喪息浪反後同輯音集又七入反好呼報反惡烏路反說音悅長丁丈反下長男同【疏】作州兵○正義曰周禮鄉大夫以歲時登其夫家之衆寡辨其可任者州長則否今以州長管人既少督察易精故使州長治之初。晉獻公筮嫁伯姬於秦。遇歸妹䷵兌下震上歸妹之睽。䷥兌下離上睽歸妹上六變而爲睽○睽苦圭反徐音圭【疏】遇歸妹之睽○正義曰兌下震上爲歸妹震爲長男兌爲少女兌說也震動也少陰而承長陽說以動是嫁妹之象婦人謂嫁爲歸故名此卦爲歸妹兌下離上爲睽兌爲澤離爲火火動而上澤動而下乖離之象故名此卦爲睽睽乖也史蘇占之。曰。不吉。史蘇晉卜筮之史【疏】史蘇至之史○正義曰易歸妹上六爻辭女承筐無實士刲羊無血無攸利此引彼文而以血爲衁實爲貺唯倒其句改兩字而加二亦耳其意亦不異也二句以外皆史蘇自衍卦意而爲之辭非易文也易之爻辭亦名爲繇故云其繇曰刲刺也貺賜也刺所以求血士刲羊亦無血筐所以承貺女承筐亦無貺皆所求無獲是不吉之象西方鄰國有責讓之言不可報償也嫁妹者欲其與夫和親而其爻變爲睽歸妹之值睽爻既嫁而更乖張猶如無助者也言夫不助妻故乖離也震變爲離離還變爲震震爲雷離爲火震變爲離是雷變爲火以其雷爲火爲此嬴敗姬言秦將敗晉也震爲車上六爻在震體則無其應是爲車則脫其輹離爲火上九爻在離體則失其位是爲火則焚其旗車敗旗焚是不利於行師若其行師敗於宗族之丘邑也以其變爲睽卦復就睽卦求之睽卦則上九孤絕失位是乖離而孤獨也孤獨無助遇寇難則張之弧弧弓也遇寇張弓悑懼警備亦是不吉之象姪其從姑言兄子其當從至姑家與同處也在姑家六年其將逋亡逃歸其本國而棄遺其家室言將棄妻而獨歸也歸家之明年其將死於高梁之虛筮嫁女而得此卦是不吉之象其繇曰。士刲羊。亦無衁也。女承筐。亦無貺也。周易歸妹上六爻辭也衁血也貺賜也刲羊士之功承筐女之職上六無應所求不獲故下刲無血上承無實不吉之象也離爲中女震爲長男故稱士女○繇直救反刲苦圭反刺割也衁音荒筐曲方反貺音況本亦作況應應對之應下無應同中丁仲反【疏】注周易至士女○正義曰易之爻辭無二亦字傳文加之言男亦猶女女亦猶男其意同也易言血而此言衁知衁是血也貺賜釋詁文刲刺也屠宰男子之事故刲羊士之功也筐篚婦人所掌故承筐女之職也上爻與二其位相值一陰一陽乃爲相應上三俱是陰爻是爲無應動而無人應之所求無獲故下刺無血上承無實是不吉之象上爻變則是震爲離離爲中女故稱女承筐震爲長男男稱士故爲士刲羊王弼以兌爲羊羊謂三也上六處卦之窮仰無所承下又無應爲女而上承則虛筐而莫之與爲士而下命則刲羊而無血不應所命也言士發命而莫之應女承筐而莫之與是不吉之象服虔以離爲戈兵兌爲羊震變爲離是用兵刺羊之象也三至五有坎象坎爲血血在羊上故刺無血也震爲竹竹爲筐震變爲離離爲火火動而上其施不下故筐無實也此士刲羊女承筐是歸妹上六爻辭直據上六之一爻故杜云上六無應所求不獲故下刲無血上承無實與王輔嗣同則不須變爲離卦自有士女之義今杜云離爲中女便是據變之後始有女承筐之象既爲離卦則上九有應所以與易說卦不同者但易之所論當卦爲義此既用筮法震變爲離故以離震說其理與易不同故服虔亦稱離爲戈兵用變爲說也

西鄰責言。不可償也。將嫁女於西而遇不吉之卦故知有責讓之言不可報償○責側介反又如字償市亮反又音常【疏】注將嫁至報償○正義曰如杜此言直以遇卦不吉則知言不可償不知其象何所出也服虔以爲三至五爲坎坎爲月月生西方故爲西鄰坎爲水兌爲澤澤聚水故坎責之澤澤償水則竭故責言不可償此取象甚迂杜言虛而不經謂此類也歸妹之睽。猶無相也。歸妹女嫁之卦睽乖離之象故曰無相相助也○相息亮反注同【疏】注歸妹至助也○正義曰杜意嫁女而遇睽離之爻即是無相助也不知其象所出服虔云兌爲金離爲火金火相遇而相害故無助也震之離。亦離之震。二卦變而氣相通【疏】注二卦至相通○正義曰爲震與離通也震既與離通則離亦與震通言此二卦相通者與下張本震爲雷雷是動離爲火震之離是動來適火離之震是火往適動欲明火之動熾之意爲雷爲火。爲嬴敗姬。嬴秦姓姬晉姓震爲雷離爲火火動熾而害其母女嫁反害其家之象故曰爲嬴敗姬○嬴音盈【疏】注嬴秦至敗姬○正義曰震爲雷離爲火說卦文服虔云離爲日爲火秦嬴姓水位三至五有坎象水勝火故爲嬴敗姬車說其輹。火焚其旗。不利行師。敗于宗丘。輹車下縛也丘猶邑也震爲車離爲火上六爻在震則無應故車脫輹在離則失位故火焚旗言皆失車火之用也車敗旗焚故不利行師火還害母故敗不出國近在宗邑○說吐活反注同輹音福又音服案車旁著畐音福老子所云三十輻共一轂是也車旁著復音服是車下伏兔縛如字又扶臥反【疏】注輹車至宗邑○正義曰子夏易傳云輹車下伏兔也今人謂之車屐形如伏兔以繩縛於軸因名縛也土之高者曰丘衆之所聚爲邑故丘猶邑也晉語震爲車也說卦離爲火上爻在震則無應故車脫輹三亦陰爻是無應也在離則失位故火焚其旗初三五奇爲陽位二四上耦爲陰位在離則變爲陽而居陰位是失位也師行必乘車而建旗車敗旗焚故不利行師也火還害母故敗不出國近在宗邑也服虔云五至三有坎爲水象震爲車車得水而脫其輹也震爲龍龍爲諸侯旗離之震故火焚其旗也震東方木兌西方金木遇金必敗韓有先君之宗廟故曰宗丘歸妹睽孤。寇張之弧。此睽上九爻辭也處睽之極故曰睽孤失位孤絕故遇寇難而有弓矢之警皆不吉之象○難乃旦反警音景【疏】注此睽至之象○正義曰睽卦上九云上九睽孤見豕負塗載鬼一車先張之弧後說之弧匪寇昏媾往遇雨則吉彼文甚多此略取之先張之弧謂見寇而張弓故曰遇寇難而有弓矢之警皆不吉之象服虔云坎爲寇爲弓故曰寇張之弧姪其從姑。震爲木離爲火火從木生離爲震妹於火爲姑謂我姪者我謂之姑謂子圉質秦○姪待結反字林丈一反【疏】注震爲至質秦○正義曰釋親云父之姊妹爲姑女子謂昆弟之子爲姪是謂我姪者我謂之姑

六年。其逋逃歸其國。而棄其家。逋亡也家謂子圉婦懷嬴○逋補吾反【疏】注逋亡至懷嬴○正義曰桓十八年傳曰女有家男有室室家通言耳夫謂妻爲家棄其家謂棄其妻故爲懷嬴也子圉以十七年質于秦二十二年逃歸是六年乃逋也明年。其死於高梁之虛。惠公死之明年文公入殺懷公于高梁高梁晉地在平陽楊氏縣西南凡筮者用周易則其象可推非此而往則臨時占者或取於象或取於氣或取於時日王相以成其占若盡附會以爻象則構虛而不經故略言其歸趣他皆放此○虛去魚反王于況反相息亮反構本又作講各依字讀【疏】注惠公至放此正義曰圉以二十二年歸二十三年惠公死二十四年二月殺懷公于高梁是爲惠公死之明年也此筮之意言六年逋明年死則是逃歸之明年而云惠公死之明年者以二月即死據夏正言之猶是逃歸之明年也但周正已改故以惠公證之耳春秋筮事既多此占最少其象故杜因而明之云用周易則其象可推非周易則不可得知本意所取不在周易若盡皆附會爻象以求其事則象非其類事非其實全構虛而不經故略言歸趣而已不能盡得其象也陰陽書以爲春則爲木王火相土死金囚水休時日王相謂此也及惠公在秦。曰。先君若從史蘇之占。吾不及此夫。韓簡侍曰。龜象也。筮數也。物生而後有象。象而後有滋。滋而後有數。先君之敗德。及可數乎。史蘇是占。勿從何益。言龜以象示筮以數告象數相因而生然後有占占所以知吉凶不能變吉凶故先君敗德非筮數所生雖復不從史蘇不能益禍○夫音扶先君之敗德及絕句可數乎一讀及可數乎數色主反復扶又反【疏】韓簡至何益○正義曰卜之用龜灼以出兆是龜以金木水火土之象而告人筮之用蓍揲以爲卦是筮以陰陽蓍策之數而告人也凡是動植飛走之物物既生訖而後有其形象既爲形象而後滋多滋多而後始有頭數其意言龜以象而示人筮以數而告人惠公之意以先君若從史蘇之占不嫁伯姬於秦已便不及此禍尤先君不從卜筮也韓簡之意以爲惠公及禍自由先君獻公廢適立庶之敗德不由卜筮故云先君之敗德既定致公今及此禍可由筮數始生之乎敗德有其象數龜筮從後而知因嫁女於秦見於筮兆故云史蘇是占縱使當時不從何能加益此禍明禍敗既定龜筮知之從之不能損不從不能益也○注言龜至益禍○正義曰謂象生而後有數是數因象而生也若易之卦象則因數而生故先揲蓍而後得卦是象從數生也上云龜象筮數下直言數不言象者上總論卜筮故龜筮並言當時唯筮伯姬故下直舉數耳詩曰。下民之孽。匪降自天。僔沓背憎。職競由人。詩小雅言民之有邪惡非天所降僔沓面語背相憎疾皆人競所主作因以諷諫惠公有以召此禍也○孽魚列反僔尊本反沓徒合反邪似嗟反諷方鳳反【疏】詩曰至由人○正義曰詩小雅十月之交篇也下民之有邪惡妖孽非是下自上天今小人僔僔沓沓相對譚語背則相憎主於競逐爲惡者由人耳因以諷諫惠公言善惡由公

耳。○震夷伯之廟。罪之也。於是展氏有隱慝焉。隱惡非法所得尊貴罪所不加是以聖人因天地之變自然之妖以感動之知達之主則識先聖之情以自厲中下之主亦信妖祥以不妄神道助教唯此爲深○知音智【疏】注隱惡至爲深○正義曰慝訓惡也隱蔽之惡不見於外非法令所得繩也其人尊貴非刑罰所能加也忽有震破其廟乃是幽冥加罪聖人因天地之變自然之妖故章其事以感動穢行之人使自懲肅也知達之主則識先聖之情知此欲以懼愚人也中下之主亦信此妖祥之事謂身爲惡行神必加禍以此不妄動作易稱聖人以神道設教故云神道助教唯此事爲深因此遂汎解春秋諸有妖祥之事皆爲此也

○冬。宋人伐曹。討舊怨也。莊十四年曹與諸侯伐宋○楚敗徐于婁林。徐恃救也。恃齊救○十月。晉陰飴甥會秦伯。盟于王城。陰飴甥即呂甥也食采於陰故曰陰飴甥王城秦地馮翊臨晉縣東有王城今名武鄉秦伯曰。晉國和乎。對曰。不和。小人恥失其君而悼喪其親。痛其親爲秦所殺不憚征繕以立圉也。曰必報讎。寧事戎狄。君子愛其君而知其罪。不憚征繕以待秦命。曰必報德。有死無二。以此不和。秦伯曰。國謂君何。對曰。小人慼。謂之不免。君子恕。以爲必歸。小人曰。我毒秦。秦豈歸君。毒謂三施不報○憚徒旦反君子曰。我知罪矣。秦必歸君。貳而執之。服而舍之。德莫厚焉。刑莫威焉。服者懷德。貳者畏刑。此一役也。言還惠公使諸侯威服復可當一事之功○舍如字又音捨還音環【疏】注言還至之功○正義曰服虔云一役者謂韓戰之役知不然者呂甥之言勸秦伯而納晉侯假稱君子之意若納晉君可以更當一役之功欲深勸秦伯若直論韓戰之役於秦未有深利何肯納也故杜別爲其說劉炫以服義規之雖於理亦通未爲殊絕秦可以霸。納而不定。廢而不立。以德爲怨。秦不其然。秦伯曰。是吾心也。改館晉侯。饋七牢焉。牛羊豕各一爲一牢○饋其位反蛾析謂慶鄭曰。盍行乎。蛾析晉大夫也○蛾魚綺反本或作蟻一音五何反析星歷反本或作晳盍戶臘反對曰。陷君於敗。謂呼不往誤晉師失秦伯敗而不死。又使失刑。非人臣也。臣而不臣。行將焉入。十一月。晉侯歸。丁丑。殺慶鄭而後入。丁丑月二十九日○焉於虔反是歲。晉又饑。秦伯又餼之粟。曰。吾怨其君而矜其民。且吾聞唐叔之封也。箕子曰。其後必大。晉其庸可冀乎。唐叔晉始封之君武王之子箕子殷王帝乙之子紂之庶兄○冀許氣反【疏】注唐叔至庶兄○正義曰唐叔晉始封之君晉世家文也宋世家云箕子者紂親戚也止云親戚不知爲父兄也鄭玄王肅皆以箕子爲紂之諸父服杜以爲紂之庶兄既無正文各以其意言耳歷檢諸書不見箕子之名唯司馬彪注莊子云胥餘箕子名不知其然否姑樹德焉。以待能者。於是秦始征晉河東。置官司焉。征賦也

經十有六年。春。王正月。戊申。朔。隕石于宋五。隕落也聞其隕視之石數之五各隨其聞見先後而記之莊七年星隕如雨見星之隕而隊於四遠若山若水不見在地之驗此則見在地之驗而不見始隕之星史各據事而書○隕丁敏反數色主反隊直類反【疏】注隕落至而書○正義曰隕落釋詁文公羊傳曰曷爲先言實而後言石實石記聞聞其磌然視之則石察之則五是隨聞見先後而記之也傳稱隕星也則石亦是星而與星隕文倒故解之彼見星之隕不見在地之驗此見在地之石不見始隕之星史各據事而書故文異也三十三年書隕霜者亦見在地之霜不見在天之驗故霜上言隕與此同也星石霜言隕雷雹螽言雨者其狀似雨者稱雨不似雨者即稱隕也是月。六鷁退飛過宋都。是月隕石之月重言是月嫌同日鷁水鳥高飛遇風而退宋人以爲災告於諸侯故書○是月本或作是日鷁五歷反本或作鶂音同六其數也過古禾反重直用反傳注同【疏】注是月至故書○正義曰月令諸言是月皆是前事之月知此是隕石之月也石隕鷁退俱是宋事事相類而同時告故重言是月嫌同日也告者不以鷁退之日告故言是月以異之鷁水鳥者相傳爲然春秋考異郵云鷁者毛羽之蟲生陰而屬於陽洪範五行傳曰鷁者陽禽鷁字或作鶂廣志云鷁古退飛者今以其首爲舩頭莊子云鷁之相視眸子不運而風化博物志云雄雌相視則孕或曰雄鳴上風雌承下風則亦孕是也鳥飛不能自退傳言風也是鳥高飛遇風而退卻也公羊傳曰視之則六察之則鷁徐而察之則退飛是亦隨見先後而書之魯史而記宋事知其宋人以爲災告於諸侯故書○三月。壬申。公子季友卒。無傳稱字者貴之公與小歛故書日○與音預歛力驗反公與小歛本亦公與歛【疏】注稱字至書日○正義曰季是其字友是其名猶如仲遂叔肸之類皆名字雙舉劉炫以季爲氏而規杜過非也炫云季友仲遂皆生賜族非字也○夏。四月。丙申。鄫季姬卒。無傳○鄫似陵反○秋。七月。甲子。公孫茲卒。無傳○冬。十有二月。公會齊侯、宋公、陳侯、衛侯、鄭伯、許男、邢侯、曹伯于淮。臨淮郡左右○邢音刑淮音懷【疏】注臨淮郡左右○正義曰淮水發源入海其路甚長會于淮者必是會于水旁不得會于水內杜欲指其處無以可明故云臨淮郡左右

傳十六年。春。隕石于宋五。隕星也。但言星則嫌星使石隕故重言隕星【疏】注但言至隕星○正義曰下云風也是風使鷁退此若直言星也則嫌是星使石隕故重言隕星以明所隕之石即是星也易稱在天成象在地成形則星之在上其形不可知也古今之說星隕至地皆言爲石經書在地之驗故言隕石傳本在天之時故言隕星不知星之在上其形本是石也爲當既隕始變爲石聖賢不說難得而知六鷁退飛過宋都。風也。六鷁遇迅風而退飛風高不爲物害故不記風之異○迅音信又音峻疾也周內史叔興聘于宋。宋襄公問焉。曰。是何祥也。吉凶焉在。祥吉凶之先見者襄公以爲石隕鷁退能爲禍福之始故問其所在○焉於虔反見賢遍反又如字【疏】注祥吉至所在○正義曰中庸云國家將興必有禎祥國家將亡必有妖孼則事之先見善惡異名吉之先見謂之祥凶之先見謂之妖此揔云祥者彼對文耳書序云亳有祥桑穀共生于朝五行傳云青祥白祥之類惡事亦稱爲祥祥是揔名公問是何祥也吉凶焉在故杜并以吉凶解之言吉凶先見皆爲祥也襄公以爲石隕鷁退能爲禍福之始故問其所在盡當慮其在已故問之對曰。今茲魯多大喪。今茲此歲明年齊有亂。君將得諸侯而不終。魯喪齊亂宋襄公不終別以政刑吉凶他占知之【疏】注魯喪至知之○正義曰此三者叔興止言其事不說知之所由或觀政教刑法或他事別有占驗故云別以政刑他占知之言知之不由石鷁也劉炫云政者若周大夫入陳覓見官職不脩君臣南冠如夏氏知簡夷將亂子貢見公執玉卑知其替死也刑者若夷吾忌克多怨君子知其不終也吉凶有二陰陽調序四海玉燭時吉也陰陽錯逆寒暑失度民多癘疫五穀不登時凶也父慈子孝君義臣忠人吉也父不父子不子君不君臣不臣人凶也退而告人曰。君失問。是陰陽之事。非吉凶所生也。言石隕鷁退陰陽錯逆所爲非人所生襄公不知陰陽而問人事故曰君失問叔興自以對非其實恐爲有識所識故退而告人○錯七落反【疏】注言石至告人○正義曰劉炫云言是陰陽之事也則知事由陰陽若陰陽順序則物皆得性必無妖異故云陰陽錯逆所爲非人吉凶所生也傳稱天反時爲災地反物爲妖人反德爲亂亂則妖災生洪範咎徵曰狂恒雨若之類皆言人有愆失乃致陰陽錯逆而云陰陽錯逆非人所生者石隕鷁飛事由陰陽錯逆陰陽錯逆乃是人行所致襄公不問己行何失致有此異乃謂既有此異將來始有吉凶故荅云是乃陰陽之事非將來吉凶所生言將來若有吉凶協此石鷁之異耳非始從石鷁而出也襄公不知陰陽錯逆爲既往之咎乃謂將來吉凶出石鷁之問是不知陰陽而空問人事故云君失問也叔興若以實對當云由君德失致有此異今乃以政刑他古橫說齊亂魯喪自以對非其實恐爲有識所識故退而告人以此言也服虔云鷁退風咎君行所致非吉凶所從生襄公不問己行何失而致此變但問吉凶焉在以爲石隕鷁退吉凶何從而生故云君失問是劉炫用服義爲說也今刪定以杜注云石鷁陰陽錯逆所爲非人所生則陰陽錯逆自然有此非由人之事之失致此錯逆又吉凶不由石鷁所生故傳云是陰陽之事非吉凶所生是吉凶不由石鷁石鷁不由於人則吉凶之來別由人行所得失耳故釋例云或異而無感或感而不可知如此之類是也其傳云亂則妖災生洪範曰狂恒雨若此皆假之陰陽以爲勸戒

神道助教非實辭也但聖賢之説未知孰是故兩載其義以俟後賢吉凶由人。吾不敢逆君故也。積善餘慶積惡餘殃故曰吉凶由人君問吉凶不敢逆之故假他占以對○殃於良反 疏 注積善至以對○正義曰積善餘慶積惡餘殃易文言文也言將來吉凶由人行所致行善則有吉行惡則有凶吉凶自由於君不從石鶂而出吾不敢逆君之心故假他占以告之 ○夏。齊伐厲不克。救徐而還。十五年齊伐厲以救徐 ○秋。狄侵晉。取狐廚受鐸。涉汾。及昆都。因晉敗也。狐廚受鐸昆都晉三邑平陽臨汾縣西北有狐谷亭汾水出大原南入河○狐音胡廚直誅反鐸從各反汾扶云反水名大原音泰 疏 注狐廚至入河○正義曰汾水從平陽南流折而西入于河臨汾縣在汾水北狐谷疑是狐廚乃在縣之西北則狐廚受鐸皆在汾北狄自北而侵南涉汾水至于昆都昆都在汾南也 ○王以戎難告于齊。齊徵諸侯而戍周。十一年戎伐京師以來遂爲王室難○難乃旦反注同 ○冬。十一月。乙卯。鄭殺子華。終管仲之言事在七年 ○十二月。會于淮。謀鄫。且東略也。鄫爲淮夷所病故○爲于僞反 城鄫。役人病。有夜登丘而呼曰。齊有亂。不果城而還。役人遇厲氣不堪久駐故作妖言○呼火故反還音旋

經十有七年。春。齊人、徐人伐英氏。英於京反 ○夏。滅項。項國今汝陰項縣公在會別遣師滅項不言師諱之○項胡講反國名魯滅之也二傳以爲齊滅 疏 注項國至諱之○正義曰知非師少不言師而言諱之者沈云襄十三年傳云用大師焉曰滅此既稱滅故知用大師劉炫云案傳齊人以爲討討其滅國非討用師既不諱滅何以諱師炫謂將卑師少稱人不可自言魯人故不稱師炫不達此旨以爲將卑師少以規杜過非也 ○秋。夫人姜氏會齊侯于卞。卞今魯國卞縣○卞皮彥反 疏 夫人至于卞○正義曰婦人送迎不出門見兄弟不踰閾今出會齊侯無譏文者凡夫人之行得禮失禮直書其事善惡自明故於文悉無褒貶此時公爲齊人所止夫人會以釋之縱使違禮不合貶責 ○九月。公至自會。公既見執于齊猶以會致者諱之 ○冬。十有二月。乙亥。齊侯小白卒。與僖公八同盟赴以名 疏 注與僖至以名○正義曰元年盟于犖三年公子友如齊涖盟五年于首止七年于甯母八年于洮九年于葵丘十五年于牡丘四年與屈完盟于召陵諸侯皆在公亦與焉故爲八也同盟相赴以名主謂當時兩君但與其父盟亦得以名赴其子耳與僖盟既多故不復通數莊閔也

傳十七年。春。齊人爲徐伐英氏。以報婁林之役也。英氏楚與國婁林役在十五年○爲于僞反 ○夏。晉大子圉爲質於秦。秦歸河東而妻之。秦征河東置官司在十五年○圉魚呂反質音致下同妻七計反下同 惠公之在梁也。梁伯妻之。梁嬴孕過期。過十月不產懷子曰孕○嬴音盈下同孕以證反過古禾反 疏 注過十至曰孕○正義曰十月而產婦人大期又家語云人十月而生故知過期過十月也易稱婦孕不育說文云孕懷子也 卜招父與其子卜之。卜招父梁大卜○招上遙反大音泰 其子曰。將生一男一女。招曰。然。男爲人臣。女爲人妾。故名男曰圉。女曰妾。圉養馬者不聘曰妾 疏 注圉養至曰妾○正義曰昭七年傳曰馬有圉牛有牧內則云聘則爲妻奔則爲妾是也 及子圉西質。妾爲宦女焉。宦事秦爲妾○宦音患 ○師滅項。師魯師 淮之會。公有諸侯之事。未歸而取項。淮會在前年冬諸侯之事會同講禮之事 齊人以爲討而止公。內諱執皆言止 ○秋。聲姜以公故會齊侯于卞。聲姜僖公夫人齊女 九月。公至。書曰至自會。猶有諸侯之事焉。且諱之也。恥見執故託會以告廟 疏 注猶有至諱之也○正義曰實無諸侯之事而言至自會者尚似有諸侯之事焉 ○齊侯之夫人三。王姬、徐嬴、蔡姬皆無子。齊侯好內。多內寵。內嬖如夫人者六人。長衞姬生武孟。武孟公子無虧○好呼報反嬖必計反長丁丈反下注同 少衞姬生惠公。公子元○少詩照反 鄭姬生孝公。公子昭 葛嬴生昭公。公子潘○潘判丹反 密姬生懿公。公子商人 宋華子生公子雍。華氏之女子姓○華戶化反 公與管仲屬孝公於宋襄公。以爲大子。雍巫有寵於衞共姬。因寺人貂以薦羞於公。雍巫雍人名巫卽易牙○屬音燭共音恭本亦作恭貂音彫易音亦 疏 注雍巫至易牙○正義曰周禮掌食之官有內雍外雍此人爲雍官名巫而字易牙也 亦有寵。公許之立武孟。易牙既有寵於公爲長衞姬請立武孟○爲于僞反 管仲卒。五公子皆求立。冬。十月。乙亥。齊桓公卒。乙亥十月八日 易牙入。與寺人貂因內寵以殺羣吏。內寵內官之有權寵者 而立公子無虧。孝公奔宋。十二月。乙亥。赴。辛巳。夜殯。六十七日乃殯○殯必刃反

經十有八年。春。王正月。宋公、曹伯、衞人、邾人伐齊。納孝公 ○夏。師救齊。無傳 ○五月。戊寅。宋師及齊師戰于甗。齊師敗績。無虧既死曹衞邾先去魯亦罷歸故宋師獨與齊戰不稱宋公不親戰也大崩曰敗績甗齊地○甗魚免反又魚偃反又音言一音彥 ○狄救齊。無傳救四公子之徒 ○秋。八月。丁亥。葬齊桓公。十一月而葬亂故八月無丁亥日誤 ○冬。邢人、狄人伐衞。狄稱人者史異辭傳無義例 疏 注狄稱至義例○正義曰決上狄救齊不稱人也於例將卑師衆稱師將卑師少稱人謂中夏諸侯之例此稱邢人是將卑師少者夷狄既無爵命非有君臣之別文多稱戎稱狄今君臣同文或單稱狄或稱狄人是時史異辭非褒貶也穀梁傳曰狄其稱人何也善累而後進之伐衞所以救齊也其意以爲上已救齊今復伐衞救齊故進之稱人左氏無此義故爲史異辭

傳十八年。春。宋襄公以諸侯伐齊。三月。齊人殺無虧。以說宋○說音悅又如字 ○鄭伯始朝于楚。中國無霸故 楚子賜之金。既而悔之。與之盟曰。無以鑄兵。楚金利故○鑄之樹反 疏 注楚金利○正義曰考工記云吳越之劍是也 故以鑄三鐘。古者以銅爲兵傳言楚無霸者遠略 ○齊人將立孝公。不勝四公子之徒。遂與宋人戰。無虧已死故曰四公子○勝音升又升證反 夏。五月。宋敗齊師于甗。立孝公而還。○秋。八月。葬齊桓公。孝公立而後得葬 ○冬。邢人、狄人伐衞。圍菟圃。衞侯以國讓父兄子弟。及朝衆曰。苟能治之。燬請從焉。燬衞文公名○菟音徒圃布古反又音布燬吁委反 衆不可。不聽衞侯讓 而從師于訾婁。陳師訾婁衞邑○訾子斯反婁郎句反又郎鉤反 狄師還。獨言狄還則邢留距衞言邢所以終爲衞所滅 ○梁伯益其國而不能實也。多築城邑而無民以實之 命曰新里。秦取之。

經十有九年。春。王三月。宋人執滕子嬰齊。稱人以執宋以罪及民告例在成十五年傳例不以名爲義書名及不書名皆從赴○嬰於盈反 疏 注稱人至從赴○正義曰此云宋人執滕子下云邾人執鄫子二君於傳無不道之狀而皆稱人以執是宋公欲重其罪以罪及民告故史從而書之以示虛實釋例曰凡諸侯無加民之惡而稱人以執皆時之赴告欲重其罪以加民爲辭國史承之書之於策而簡牘之記具存夫子因示虛實故傳隨而著其本狀以明得失也滕子鄫子皆稱人見執宋欲重二國之罪故以不道赴或名或不名從所告之文也傳具載子魚之辭以虐二國之君見義明非罪也杜言書名從赴者諸侯被執其罪與不罪直以執者稱人稱侯爲異傳例不以書名爲義釋例曰諸見執者已在罪賤之地書名與否非例所加故但言執某侯

也其意言被執已是罪賤書名更無可加故不復以名爲義既不以爲義而被執者有名與不名知其皆從赴也○夏六月。宋公、曹人、邾人盟于曹南。無傳曹雖與盟而猶不服不肯致餼無地主之禮故不以國地而曰曹南所以及秋而見圍○餼許氣反【疏】注曹雖至見圍○正義曰哀十二年傳曰諸侯之會侯伯致禮地主歸餼桓十四年公會鄭伯于曹傳曰曹人致餼禮也春秋諸會於國都者即以國都名爲會地地主不序於列此會地於曹南則在曹之都也在曹之都而曹人在列是曹雖與盟而心猶不服秋宋人圍曹傳曰討不服也以不服而被圍知此地以曹南即是不服之狀明是不肯致餼無地主之禮以此故不以國地而曰曹南所以及秋而見圍以秋見圍知此時不服故注言之鄫子會盟于邾。不及曹南之盟諸侯既罷鄫乃會之於邾故不言如會【疏】注不及至如會○正義曰諸侯盟于曹南鄫子欲往會之未至於曹諸侯既罷以邾既盟訖故如邾會之本意欲往會盟未至於曹諸侯已去其實至於邾國故書會盟于邾言其意欲盟也二十八年踐土盟下云陳侯如會彼謂往王會所此不至會所故書其所至而不言如會襄七年鄬之會下鄭伯髡頑如會未見諸侯丙戌卒于鄵亦不至會所而云如會者其意欲會而在道身喪故亦書其所至義與此同但卒執事異故文異耳鄫子不及曹南而至於邾國蓋宋公知其在邾故使邾子執之己酉。邾人執鄫子用之。稱人以執宋以罪及民告也鄫雖失大國會盟之信然宋用之爲罰已虐故直書用之言若用畜產也不書社赴不及也不書宋使邾而以邾自用爲文南面之君善惡自專不得託之於他命○畜許又反【疏】注稱人至他命○正義曰昭十一年楚執蔡世子友用之與此執鄫子用之皆惡其無道直書用之言其若用畜牲所以惡楚宋也惡宋而以邾自用爲文者南面之君善惡自專不得託之他命事實惡宋亦所以惡邾也傳稱用之于社而經不書于社故云赴不及也劉炫規過云執蔡世子友用之不言岡山此何須云于社今刪定知不然者以莊二十五年鼓用牲于社今鄫子既同畜牲而用當云邾人用鄫子于社今不云于社故知赴不及則昭十一年執蔡世子友用之亦赴不及也○秋。宋人圍曹。衛人伐邢。伐邢在圍曹前經書在後從赴○冬。會陳人、蔡人、楚人、鄭人盟于齊。地於齊齊亦與盟【疏】注地於至與盟○正義曰地於齊者言即以齊爲所盟之地也傳稱陳穆公請脩桓公之好而爲此盟明是齊亦與盟地於齊而齊不序諸盟會以國都而地主不列於序者地主亦與盟會皆以此而知之耳○梁亡。以自亡爲文非取者之罪所以惡梁○惡烏路反【疏】注以自至惡梁○正義曰諸侯受命天子分地建國無相滅之理此以自亡爲文不書所取之國以爲梁國自亡非復取者之罪所以深惡梁耳非言秦得滅人國也釋例曰作事不時則怨讟動於民彼梁伯者虛典無虞之功詐稱無害之寇遂溝其宮以盜百姓之心開大國之志是妖釁之先徵自亡之實應故不言秦滅梁而以自亡爲文

傳十九年春。遂城而居之。承前年傳取新里故不復言秦也爲此冬梁亡傳○復扶又反○宋人執滕宣公。○夏。宋公使邾文公用鄫子于次睢之社。欲以屬東夷。睢水受汴東經陳留梁譙沛彭城縣入泗此水次有妖神東夷皆社祠之蓋殺人而用祭○睢音雖屬朱欲反譙在消反沛音貝泗音四祠音辭或音祀【疏】傳欲以屬東夷○正義曰屬訓聚也殺鄫子以懼東夷使東夷聚來歸己也齊桓以德屬諸侯諸侯聚歸齊桓○注睢水至用祭○正義曰釋例曰汴水自滎陽受河睢水受汴東經陳留梁國譙郡沛國至彭城縣入泗凡水首從水出謂之受流歸他水謂之入漢書之例爲然言汴從河出睢從汴出也次謂水旁也下云用諸淫昏之鬼則此祀不在祀典故云此水次有妖神妖神而謂之社傳言以屬東夷則此是東夷之神故言東夷皆社祠之劉炫云案昭十年季平子伐莒獻俘始用人於亳社彼亳社舊不用人杜何以知此社殺人而用祭乎今知不然者彼傳云始用人於亳社故知舊來不用此云使邾文公用鄫子于次睢之社既不言始明知舊俗用之劉取彼而規杜過非也司馬子魚曰。古者六畜不相爲用。司馬子魚公子目夷也六畜不相爲用謂若祭馬先不用馬○畜許又反注同爲于僞反下爲人同又如字注放此【疏】司馬至用馬○正義曰爾雅釋畜馬牛羊豕犬雞謂之六畜周禮謂之六牲養之曰畜用之曰牲其實一物也此云六畜不相爲用昭十一年傳曰五牲不相爲用彼注不云馬而以其餘當之明其俱爲祭祀所用彼此同也周禮校人春祭馬祖鄭玄云馬祖天駟也孝經說曰房爲龍馬六畜之言先祖者唯此一文而已以外牛羊之等其祖不知爲何神也謂若祭馬先不用馬略舉一隅據有文者言之耳沈氏云春秋說天苑主牛又有天雞天狗天豕以馬祖類之此等各有其祖小事不用大牲。【疏】小事不用大牲○正義曰雜記言釁廟用羊門夾室皆用雞隱十一年傳稱鄭伯之詛使卒出豭行出犬雞如此之類皆是不用大牲也而況敢用人乎。祭祀以爲人也。民。神之主也。用人。其誰饗之。齊桓公存三亡國。以屬諸侯。三亡國魯衛邢【疏】注三亡國魯衛邢○正義曰齊語云魯有夫人慶父之亂二君弒死國絕無嗣桓公使高子存之狄人攻邢桓公築夷儀以封之狄人攻衛衛人出廬于曹桓公城楚丘以封之是也衛則狄滅之矣魯邢不滅而言亡者美大齊桓之功耳義士猶曰薄德。謂欲因亂取魯緩救邢衛今一會而虐二國之君。宋公三月以會召諸侯執滕子六月而會盟其月二十二日執鄫子故云一會而虐二國之君又用諸淫昏之鬼。非周社故將以求霸。不亦難乎。得死爲幸。恐其亡國○秋。衛人伐邢。以報菟圃之役。邢不速退所以獨見伐於是衛大旱。卜有事於山川。不吉。有事祭也甯莊子曰。昔周饑。克殷而年豐。今邢方無道。諸侯無伯。伯長也○長丁丈反天其或者欲使衛討邢乎。從之。師興而雨。○宋人圍曹。討不服也。曹南盟不脩地主之禮故子魚言於宋公曰。

文王聞崇德亂而伐之。軍三旬而不降。崇崇侯虎○降戶江反下同退脩教而復伐之。因壘而降。復往攻之備不改前而崇自服○復扶又反注同一本作而復伐之伐衍字也壘力軌反軍壘詩曰。刑于寡妻。至于兄弟。以御于家邦。詩大雅言文王之教自近及遠寡妻嫡妻謂大姒也刑法也○御如字治也詩音五嫁反迎也嫡丁歷反大姒音泰姒音似今君德無乃猶有所闕。而以伐人。若之何。盍姑內省德乎。無闕而後動。盍胡臘反○陳穆公請脩好於諸侯。以無忘齊桓之德。冬。盟于齊。脩桓公之好也。宋襄暴虐故思齊桓○好呼報反下同○梁亡。不書其主。自取之也。不書取梁者主名初。梁伯好土功。亟城而弗處。民罷而弗堪。則曰。某寇將至。乃溝公宮。溝塹○亟欺冀反罷音皮塹七豔反曰。秦將襲我。民懼而潰。秦遂取梁。潰戶外反

經二十年春。新作南門。魯城南門也本名稷門僖公更高大之今猶不與諸門同改名高門也言新以易舊言作以興事皆更造之文也【疏】注魯城至文也○正義曰魯城南門本名稷門今新作者新脩彼稷門更令高大因改名高門此事非有所據魯人相傳云然今時魯人其言猶如此也新者易舊之意作者興事之辭皆是更造之文也劉賈先儒皆云言新有故木言作有新木故爲此言以異之釋例曰言新意所起言作以興事通謂興起功役之事揔而言之不復分別因舊與造新也○夏。郜子來朝。無傳郜姬姓國○郜古報反字林工竺反【疏】注郜姬姓國○正義曰二十四年傳富辰所云郜之初封文王之子聃季之弟以後更無所聞唯此年一見而已無時君諡號不知誰滅之○五月乙巳。西宮災。無傳西宮公別宮也天火曰災例在宣十六年【疏】注西宮至六年○正義曰穀梁以西宮爲閔公之廟禮宗廟在左不得稱西宮也公羊傳曰西宮者何小寢也小寢則曷爲謂之西宮有西宮則有東宮矣此注取公羊爲說故云公別宮也○鄭人入滑。入例在襄十三年○滑于八反○秋。齊人、狄人盟于邢。○冬。楚人伐隨。

傳二十年春。新作南門。書不時也。失土功之時凡啓塞從時。門戶道橋謂之啓城郭牆塹謂之塞皆官民之開閉不可一日而闕故特隨壞時而治之今僖公脩飾城門非開閉之急故以土功之制譏之傳嫌啓塞皆從土功之時故別起從時之例○塞素則反【疏】注門戶至之例○正義曰傳唯言啓塞從時不知啓塞之言意何所謂服虔云闔扇所以閉鍵閉所以塞月令仲春脩闔扇孟冬脩鍵閉從時從此時也傳既云作門不時更發從時之例則啓塞之事當是城門之類安得以爲闔扇鍵閉細小

之物乎？若是仲春孟冬，傳何以不言春冬，而直云從時？知從何時？豈上明作傳不了，待月令而後明哉？故杜更爲别説。雖杜之言亦無明證，正以門戶道橋所以開人行路，故以爲啓；城郭牆塹所以障蔽往來，故以爲塞。雖言無所據，而理在可通。此二事者，皆官民之所開閉，終當須之，不可一日而闕。言從時者，特從壞時而脩之，不得拘以土功時月也。此新作南門者，當時不是傾壞，僖公欲脩飾使高大耳，非開閉之急，得待土功閒月。今以日至之後興造此門，故以土功之制譏之，云書不時也。傳既譏僖公作門不時，嫌門戶牆塹之類亦急之事亦待土功之月，故别起從時之例，言啓塞不須待時，其新作門須待時耳。杜云城郭謂之塞，亦得從壞時而治之。所以春秋築城每云書不時者，謂非因破壞而輒脩理，故謂之不時。釋例曰：門戶道橋城郭牆塹，官民之開閉，不可一日闕者也，故特隨壞時而脩之，皆當其時而訖，不必用土功之常時也。故傳既曰書不時，又曰啓塞從時，重發以明二義，其他急事亦包之也。魯城南面三門，門隱公元年開一門，故今南四門。僖公意更繕治高大稷門，非啓塞之義，而以日至之後興功，故經書春，傳曰書不時，言失土功之時也。啓塞之事，猶得從宜而脩之。○滑人叛鄭而服於衛。夏，鄭公子士、洩堵寇帥師入滑。公子士，鄭文公子。洩堵寇，鄭大夫。○洩，息列反。堵，丁古反，王又音者。○秋，齊、狄盟于邢，爲邢謀衛難也。於是衛方病邢。○爲，于僞反。難，乃旦反。○隨以漢東諸侯叛楚。冬，楚鬭穀於菟帥師伐隨，取成而還。君子曰：隨之見伐，不量力也。量力而動，其過鮮矣。善敗由己，而由人乎哉？詩曰：豈不夙夜，謂行多露。詩召南。言豈不欲早暮而行，懼多露之濡己。以喻違禮而行，必有汙辱。是亦量宜相時而動之義。○穀，奴口反。於音烏。菟音徒。鮮，息淺反，下同。召，上照反。暮本亦作莫，音暮。汙，汙穢之汙，一音烏路反。相，息亮反。○宋襄公欲合諸侯。臧文仲聞之，曰：以欲從人則可，屈己之欲，從衆之善。以人從欲鮮濟。爲明年鹿上盟傳。

經二十有一年春，狄侵衛。無傳。爲邢故。○爲，于僞反，下爲邾同。○宋人、齊人、楚人盟于鹿上。鹿上，宋地。汝陰有原鹿縣。○宋爲盟主，故在齊人上。○夏，大旱。雩不獲雨，故書旱。自夏及秋，五稼皆不收。[疏]注「雩不」至「不收」。○正義曰：春秋之例，旱則脩雩，雩必爲旱，而經或書雩，或書旱者，雩而得雨，喜雩有益，書雩不書旱；雩不得雨，則書旱，明災成。此時雩不獲雨，故書旱也。周之夏，即今之二月、三月、四月也。於時方欲下種，此月不雨，未能成災，而書夏大旱者，此後雖得少雨，而終是不堪生殖，從夏及秋，五稼悉皆不收。不收之後，擇最早之月而書之，故書夏大旱也。劉炫云：大旱而不書饑者，傳云是歲也饑而不害，故不書饑。○秋，宋公、楚子、陳侯、蔡侯、鄭伯、許男、曹伯會于盂。盂，宋地。楚始與中國行會禮，故稱爵。○盂音于。執宋公以伐宋。不言楚執宋公者，宋無德而爭盟，爲諸侯所疾，故揔見衆國共執之文。○見，賢遍反。○冬，公伐邾。無傳。爲邾滅須句故。○句，其俱反，傳同。○楚人使宜申來獻捷。無傳。獻宋捷也。不言宋者，秋伐宋，冬來獻，捷事不異，年從可知。○不稱楚子使來，不稱君命行禮。○獻，軒建反。捷，在接反。

十有二月癸丑，公會諸侯盟于薄，釋宋公。諸侯既與楚共伐宋，宋服，故爲薄盟以釋之。公本無會期，聞盟而往，故書公會諸侯。○薄如字。[疏]注「諸侯」至「諸侯」。○正義曰：諸侯之被執者，皆不書其釋，釋而公不與，又不告，故魯史不得書之。此由公往與盟，見其得釋，故書之耳。文七年，公會諸侯晉大夫盟于扈，傳曰：公後至，故不書所會。凡會諸侯不書所會，後也。後至不書其國，辟不敏也。此盟亦揔言諸侯，不書其國，似是公之後期，故解之：魯先不屬楚，公本無會期，聞盟而往，故書公會諸侯，非後期也。公非後期而揔書諸侯者，此則會盂之諸侯也。一事而再見者，前目而後凡，自謂前已歷序，故後揔言耳，非爲魯公變文也。

傳二十一年春，宋人爲鹿上之盟，以求諸侯於楚。楚人許之。公子目夷曰：小國爭盟，禍也。宋其亡乎！幸而後敗。謂軍敗。○夏，大旱。公欲焚巫尪。巫尪，女巫也。主祈禱請雨者。或以爲尪非巫也，瘠病之人，其面上向，俗謂天哀其病，恐雨入其鼻，故爲之旱，是以公欲焚之。○尪，烏黃反。禱，丁老反，或丁報反。瘠，在亦反。向本亦作嚮，許亮反。故爲，于僞反。[疏]注「巫尪」至「焚之」。○正義曰：周禮女巫職云：旱暵則舞雩。此以爲旱欲焚之，故知巫尪女巫也。并以巫尪爲女巫，則尪是劣弱之稱，當以女巫尪弱，故稱尪也。或以爲尪非巫也，巫是禱神之人，尪是瘠病之人，二者非一物也。尪是病人，天恐雨入其鼻，俗有此說，不出傳記，義或當然，故解之也。檀弓云：歲旱，穆公召縣子而問焉，曰：天久不雨，吾欲暴尪而奚若？曰：天則不雨而暴人之疾子，虐，毋乃不可與？鄭玄云：尪者面鄉天，覬天哀而雨之。又曰：然則吾欲暴巫而奚若？鄭玄云：巫主接神，亦覬天哀而雨之。彼欲暴人疾而求雨，故鄭玄以爲覬天哀而下雨。此欲燒殺以求雨，故杜以爲天哀之而不雨。意異，故解異也。禮記既言暴尪，又别言暴巫，巫尪非一物。記言暴人之疾，則尪是病人，或說是也。臧文仲曰：非旱備也。脩城郭，貶食省用，務穡勸分，穡，儉也。勸分，有無相濟。○貶，彼檢反。省，所景反。[疏]注「穡儉也」。○正義曰：穡是愛惜之義，故爲儉也。襄二十四年穀梁傳曰：五穀不升謂之大侵。大侵之禮，君食不兼味，臺榭不塗，弛侯，廷道不除，百官布而不制，鬼神禱而不祀。曲禮云：歲凶，年穀不登，君膳不祭肺，馬不食穀。如此之類，皆是務爲儉也。務爲儉穡而脩城郭者，服虔云：國家凶荒，則無道之國乘而加兵，故脩城郭爲守備也。此其務也。巫尪何爲？天欲殺之，則如勿生；若能爲旱，焚之滋甚。公從之。是歲也，饑而不害。不傷害民。○秋，諸侯會宋公于盂。子魚曰：禍其在此乎！君欲已甚，其何以堪之？於是楚執宋公以伐宋。冬，會于薄以釋之。子魚曰：禍猶未也，未足以懲君。爲二十二年戰泓傳。○懲，直升反。泓，烏宏反。○任、宿、須句、顓臾，風姓也，實司大皞與有濟之祀。司，主也。大皞，伏羲。四國，伏羲之後，故主其祀。任，今任城縣也。顓臾在泰山南武陽縣東北。須句在東平須昌縣西北。四國封近於濟，故世祀之。○任音壬，注同。顓音專。臾，羊朱反。風姓也，本或作皆風姓。大音泰。皞，胡老反。濟，子禮反，注及下注同。羲本或作戲，許宜反。近，附近之近。以服事諸夏。與諸夏同服王事。○夏，戶雅反，注及下同。邾人滅須句。須句，成風家。成風爲之言於公曰：崇明祀，保小寡，周禮也。明祀，大皞、有濟之祀。保，安也。○爲，于僞反。蠻夷猾夏，周禍也。此邾滅須句，而曰蠻夷。昭二十三年叔孫豹曰：邾又夷也。然則邾雖曹姓之國，迫近諸戎，雜用夷禮，故極言之。猾夏，亂諸夏。○猾，于八反。叔孫豹，百教反。案杜注所引是叔孫婼語，今傳本多作豹，恐是傳寫誤也，宜爲婼。婼音勑若反。[疏]注「此邾」至「諸夏」。○正義曰：蠻夷猾夏，舜典文。猾訓爲亂，故云亂諸夏也。此注引昭二十三年傳，當云叔孫婼曰，徧檢古本，皆作豹字，蓋注後即寫誤。若封須句，是崇皞、濟而脩祀紓禍也。紓，解也。爲明年伐邾傳。○紓音舒。

春秋左傳注疏卷十四校勘記　阮元撰盧宣旬摘錄

附釋音春秋左傳注疏卷第十四　僖十五年盡廿一年

經十五年

此仍非禮也　閩本、監本、毛本非誤爲

八月螽　釋文螽本亦作蝝，案公羊作蝝

說文云震劈歷振物者　宋本亦作劈歷，下同。閩本、監本、毛本作霹靂，非也

禮書其字也　宋本禮下有當字

今此晉侯稱獲　監本、毛本稱作生，非也

傳十五年

注晉侯至女也　宋本以下正義三節揔入既而皆背之節注下

皆馬遷之妄耳　閩本、監本、毛本耳作也，非

晉侯烝於賈君　纂圖本、閩本、監本、毛本於改于，非也

蓋焦瑕是其二　閩本、監本、毛本脫焦瑕二字

言是城之大者　閩本、監本、毛本是作其，非

注秦伯至詰之　宋本以下正義五節入注文晉侯車三壞之下

千乘三去 惠士奇云上林賦江河爲阹注云遮禽獸爲阹阹即去賁一字

變化人意 宋本岳本化作易不誤○今依訂正

狃忕也 淳熙本岳本纂圖本閩本忕作怢非釋文亦作怢 案毛氏六經正誤云忕从大小之大非从犬犬㹨之犬也按字从心大聲說文本有此字見詩釋文正義今說文作愧非也

得因爲幸言必敗 纂圖本閩本監本毛本爲作謂非也

九月十三日 宋本此節正義在注文故隋泥中之下

輅秦伯 顧炎武云石經輅誤轄案石經不誤

反首亂頭髮下垂也 宋本淳熙本足利本下上有反字

登臺而履薪焉 釋文履云徐本作屨正義云俗本作屨定本作履

注辭康至得通 宋本以下正義二節揔入注文將以恥辱自殺之下

使以免服衰絰逆 釋文免作絻云又作免案當作免

不當舍此而注彼也 閩本監本毛本注作往非

不煩彼注 宋本彼作此

曰上天降災使我兩君匪以玉帛相見而以興戎若晉君朝以入則婢子夕以死夕以入則朝以死惟君裁之 案正義云左傳本無此言後人妄增之今定本亦無葉抄釋文云此凡四十二字檢古本皆無尋杜注亦不得有有是後人加也正義作使我兩君兩君相見不以玉帛與諸本亦異

亦所以杜絕 宋本淳熙本岳本纂圖本足利本杜作抗不誤

自曰上天降災 案自曰以下三十字乃釋文閩本監本毛本誤入注宋本淳熙本岳本所無

若將晉侯入 岳本若誤君鄗岳本仍改作若

祇以成惡 釋文亦作祗石經宋本淳熙本監本毛本作祇是也纂圖本誤祇段玉裁云凡古祇適也如詩亦祇以異祇攪我心之類皆从示从氏石經廣韻不誤○今訂正

且召之也 顧炎武云且誤國案石經此處闕炎武所據非唐刻

作爰田 宋本以下正義二節揔入注文又使州長各繕甲兵之下

乃改易與所賞之衆 宋本乃作今不誤○今依作乃

羣臣輯睦 案郭璞爾雅注引作百姓輯睦邢昺云案僖十五年及成十六年皆云羣臣輯睦其是乎

辨其可任者 閩本監本毛本辦作辯按周禮作辨

遇歸妹之睽 宋本以下正義十二節揔入明年其死于高梁之虛注下

是嫁妹之象 閩本監本毛本嫁作歸非

而以血爲盍 宋本盍作衁不誤○今依訂正

以其雷爲火爲此嬴敗姬 監本毛本其下衍爲字此上文脫爲字

上爻與二 宋本二作三不誤

始有女承筐之象 監本毛本始誤如宋本女作此

故車脫輹 案傳文脫作說釋文同又云注同則此亦當作說也

說卦離爲火 宋本火下有也字

後說之弧 閩本監本毛本說作脫非也

匪寇昏媾 閩本監本毛本昬作婚

於火爲姑 諸本作火沈彤云當作兌

家謂子圉婦懷嬴 宋本婦作歸非

明年其死於高梁之虛 宋本纂圖本閩本監本毛本於作于

或取于時曰旺相 補各本旺作王案釋文出王于況反是讀作旺字當作王

則構虛而不經 宋本構作搆乃慶元合刻時避宋高宗諱釋文作講云本亦作構依字讀

他皆放此 監本毛本放改倣正義至放此同

若盡皆附會爻象以求其事 閩本監本毛本若誤者

全構虛而不經 監本毛本全誤今宋本構作搆

陰陽書以爲春則爲木王 宋本則下無爲字

韓簡至何益 宋本以下正義三節揔入詩曰節注下

龜筮從後而知 閩本監本毛本龜筮誤倒

背則相憎 重修監本憎誤僧

唯此爲深 纂圖本閩本監本毛本唯改惟○案此本唯閩監毛本皆改作惟

蛾析謂慶鄭曰 釋文蛾本或作蟻析作晳本或作析案惠棟云妻壽曰古蛾與蟻通漢書白蛾羣飛扶服蛾伏陳球後碑蜂聚蛾動仲秋下旬碑蛾附皆與蟻同陳樹華云禮記蛾子時術之蛾音蟻後漢書皇甫嵩傳時人謂之黃巾亦名爲蛾賊注云蛾音魚綺反即蟻字也

注唐叔至庶兄 宋本此節正義在姑樹德焉節注下

經十六年

隕石于宋五 宋本春秋正義卷第十二石經春秋經傳集解僖中第六岳本中上有公字並盡廿六年 案周禮大司樂正義引左傳作霣石說文引作磒石

見星之隕而隊於四遠 淳熙本纂圖本閩本監本毛本隊作墜俗字

曷爲先言霣而後言石霣石記聞 宋本毛本霣作賈按公羊作霣

不似雨者即稱隕也 宋本無也字

是月六鷁退飛過宋都 石經月下旁增也字是後人妄加案公羊穀梁六鷁作六鶂釋文云本或作鶂說文引傳亦作鶂史記宋微子世家索隱引同然則三傳經文本皆作鶂字按說文作鶃引六鶃退飛無鷁字

鷁水鳥 李善注文選西都賦引作鶂水鳥也

公與小斂 釋文無小字云本亦作公與小斂

傳十六年

魯喪齊亂宋襄公不終 淳熙本脫宋字襄誤喪宋本足利本無公字

齊徵諸侯而戍周 石經無而字

經十七年

傳十七年

多內寵 案漢書五行志注李善注文選范蔚宗後漢書皇后紀論引無內字陳樹華云上有齊侯好內下有內嬖如夫人者六人之文則此句內字似贅疑涉後因內寵之文而衍且杜氏不應舍此句而注下句也

此人爲雍官 閩本監本毛本官作宜非也按作雍者饔之省

乙亥月八日 閩本監本毛本亥下衍十字

經十八年

傳十八年

注楚金利 宋本此節正義在故以鑄三鐘注下

故以鑄三鍾 石經宋本淳熙本岳本纂圖本閩本監本毛本鍾作鐘

而從師于訾婁 石經宋本淳熙本岳本足利本從作後是也

經十九年

注地於至與盟 毛本於下衍齊齊亦三字

傳十九年

夏宋公使邾文公 石經宋下有襄字乃後人所增非原刊也

用鄫子于次睢之社 淳熙本纂圖本監本毛本睢作雎非也

東夷皆社祠之 閩本纂圖本監本毛本作祀之非也

雜記言釁廟用羊 毛本記作紀非也

皆是不用大牲也 監本毛本不作以誤也

用人其誰饗之 案風俗通義引作用人其誰享之

退脩教而復伐之 釋文云一本作而復伐之伐衍字也宋本無案襄十一年注引比文有伐字詩皇矣篇正義引同李善注文選陳琳爲曹洪與魏文帝書引作退而脩德復伐之蓋以意增損也

溝壍 岳本壍作塹釋文亦作塹按玉篇引注作塹

經二十年

改名高門也 案水經泗水注引作故名南門也

言新有故木 監本毛本木誤在

言作有新在 宋本在作木不誤

傳二十年

城郭牆壍謂之塞 宋本淳熙本岳本壍作塹是也○今訂正

城郭牆塹 閩本毛本塹作壍非下同

經二十一年

故摠見衆國共執之文 淳熙本見作○非也

公會諸侯晉大夫盟于扈 監本毛本晉作及非也

傳二十一年

公欲焚巫尪 石經宋本岳本尪作尫葉抄釋文亦作尫下準此

穆公召縣子而問焉 宋本焉作然案檀弓作然

尪者面鄉天 閩本監本毛本鄉作嚮檀弓注作鄉

又曰然則吾欲暴巫而奚若 宋本閩本監本毛本脫然則二字

務穡 案論衡明雩篇李善注册魏公九錫文並作務嗇

實司大皡與有濟之祀 案玉篇日部皡字注云大皥蒼精之君伏羲氏也廣韻亦作大皥五經文字云皥古帝號皆從日月之日從白者誤石經宋本作皥下同釋文同

叔孫豹曰 釋文云豹宜爲婼今傳本多作豹恐是傳寫誤也案正義亦云當云叔孫婼曰偏檢古本皆作豹字

附釋音春秋左傳注疏卷第十四

春秋左傳注疏卷十四挍勘記

附釋音春秋左傳注疏卷第十五 僖二十二年盡二十四年

杜氏注　孔穎達疏

經二十有二年。春。公伐邾。取須句。須句雖別國而削弱不能自通爲魯私屬若顓臾之比魯謂之社稷之臣故滅奔及反其君皆略不備書惟書伐邾取須句○比必二反〔疏〕注須句至須句○正義曰上傳云須句子則須句子爵故云雖別國而不能自通爲魯私屬若襄公之世鄫國屬魯故知如顓臾之比略不備書也○夏。宋公、衞侯、許男、滕子、伐鄭。○秋。八月。丁未。及邾人戰于升陘。升陘魯地邾人縣公冑于魚門故深恥之不言公又不言師敗績○陘音刑縣音玄冑直救反○冬。十有一月。己巳。朔。宋公及楚人戰于泓。宋師敗績。泓水名宋伐鄭楚救之故戰也楚告命不以主帥人數故略稱人○帥所類反

傳二十二年。春。伐邾。取須句。反其君焉。禮也。得恤寡小之禮○三月。鄭伯如楚。○夏。宋公伐鄭。子魚曰。所謂禍在此矣。怒鄭至楚故伐之爲下泓戰起○初。平王之東遷也。周幽王爲犬戎所滅平王嗣位故東遷洛邑辛有適伊川。見被髮而祭於野者。辛有周大夫伊川周地伊水也○被皮寄反下注同曰。不及百年。此其戎乎。其禮先亡矣。被髮而祭有象夷狄〔疏〕其禮先亡○正義曰其中國之禮先亡矣秋。秦晉遷陸渾之戎于伊川。允姓之戎居陸渾在秦晉西北二國誘而徙之伊川遂從戎號至今爲陸渾縣也計此去辛有過百年而云不及百年傳舉其事驗不必其年信○渾戶門反一音胡困反〔疏〕注允姓至年信○正義曰昭九年傳曰先王居檮杌于四裔故允姓之姦居于瓜州伯父惠公歸自秦而誘以來是此戎爲允姓也彼注云瓜州今敦煌則陸渾是敦煌之地名也徙之伊川復以陸渾爲名故至今爲陸渾縣十一年傳稱伊洛之戎同伐京師則伊洛先有戎矣而以今始遷戎爲辛有言驗者蓋今之遷戎始居被髮祭野之處故耳○晉大子圉爲質於秦。將逃歸。謂嬴氏曰。與子歸乎。嬴氏秦所妻子圉懷嬴也○質音致妻七計反對曰。子。晉大子。而辱於秦。子之欲歸。不亦宜乎。寡君之使婢子侍執巾櫛。婢子婦人之卑稱也○櫛側乙反稱尺證反下之稱同〔疏〕注婢子婦人之卑稱○正義曰曲禮云夫人自稱於其君曰小童世婦以下自稱曰婢子是婢子爲婦人之卑稱以固子也。從子而歸。弃君命也。不敢從。亦不敢言。遂逃歸。傳終史蘇之占○富辰言於王曰。請召大叔。富辰周大夫大叔王子帶十二年奔齊○大叔音泰注同詩曰。協比其鄰。昏姻孔云。詩小雅言王者爲政先和協近親則昏姻甚相歸附也鄰猶近也孔甚也云旋也○比毗志反〔疏〕注詩曰至孔云○正義曰詩小雅正月之篇也毛傳云洽合鄰近云旋也言王者和合親比其近親則昏姻甚迴旋而相歸附其詩之意欲令王親親以及遠吾兄弟之不協。焉能怨諸侯之不睦。王說。王子帶自齊復歸于京師。王召之也。傳終仲孫湫之言也爲二十四年天王出居于鄭起○焉於虔反說音悅湫子小反○邾人以須句故出師。公卑邾。不設備而禦之。卑小也○禦本亦作御音魚呂反臧文仲曰。國無小。不可易也。無備雖衆。不可恃也。詩曰。戰戰兢兢。如臨深淵。如履薄冰。詩小雅言常戒懼○易以豉反下同兢居陵反本或作矜又曰。敬之敬之。天惟顯思。顯明也思猶辭也命不易哉。周頌言有國宜敬戒天明臨下奉承其命甚難〔疏〕敬之至易哉○正義曰詩周頌羣臣進戒成王之辭言爲國君者宜敬之哉敬之哉天之道唯明見思言天之臨下善惡必察奉承天命不易哉言其承天命甚爲難先王之明德。猶無不難也。無不懼也。況我小國乎。君其無謂邾小。蠭蠆有毒。〔疏〕蠭蠆有毒○正義曰說文云蠭飛蟲螫人者也蠆毒蟲也方言云燕趙謂蠭爲蠓螉其小者謂之蠮螉通俗文云蠆長尾謂之蠍蠍毒傷人曰蛆張列反字或作蜇而況國乎。弗聽。八月。丁未。公及邾師戰于升陘。我師敗績。邾人獲公冑。縣諸魚門。冑兜鍪魚門邾城門○蠭芳容反本又作蠭俗作蜂皆同蠆勑邁反一音勑戒反字林作蠆丑介反又他割反升陘本亦作登陘縣音玄兜丁侯反鍪莫侯反〔疏〕注冑兜鍪○正義曰說文云冑兜鍪也書傳皆云冑無兜鍪之文言兜鍪舉今以曉古蓋秦漢以來語○楚人伐宋以救鄭。宋公將戰。大司馬固諫曰。天之弃商久矣。君將興之。弗可赦也已。大司馬固莊公之孫公孫固也言君興天所弃必不可不如赦楚勿與戰弗聽。○冬。十一月。己巳。朔。宋公及楚人戰于泓。宋人既成列。楚人未既濟。未盡渡泓水司馬曰。子魚也彼衆我寡。及其未既濟也。請擊之。公曰。不可。既濟而未成列。又以告。公曰。未可。既陳而後擊之。宋師敗績。公傷股。門官殲焉。門官守門者師行則在君左右殲盡也○陳直覲反殲子廉反〔疏〕注門官至盡也

正義曰周禮虎賁氏掌先後王而趨以卒伍軍旅會同亦如之舍則守王閑王在國則守王宮國有大故則守王門諸侯之禮亡其官屬不可得而知此門官蓋亦天子虎賁氏之類故在國則守門師行則在君左右近公故盡死也殲盡釋詁文舍人云殲衆之盡也國人皆咎公。公曰：君子不重傷，不禽二毛。二毛頭白有二色。○咎其九反重直用反下同古之爲軍也，不以阻隘也。不因阻隘以求勝。○隘於賣反寡人雖亡國之餘，宋商紂之後不鼓不成列。耻以詐勝疏不鼓不成列。○正義曰軍法鳴鼓以戰因謂交戰爲鼓彼不成列而鼓以擊之是詐以求勝故注云耻以詐勝子魚曰：君未知戰。勍敵之人，隘而不列，天贊我也。勍強也言楚在險隘不得陳列天所以佐宋。○勍其京反阻而鼓之，不亦可乎？猶有懼焉。雖因阻擊之猶恐不勝且今之勍者，皆吾敵也。疏且今至吾敵也○正義曰用兵之法前敵無問彊弱不可遺留且復若留彊者還爲己害故曰且今之陳上不被損傷材力彊者皆能與吾相敵若其不殺還來害我是以雖及胡耇獲則取之何有恩義於二毛之人雖及胡耇，疏雖及胡耇○正義曰謚法保民耆艾曰胡胡是老之稱也釋詁云耇壽也舍人曰耇觀也血氣精華觀竭言色赤黑如狗矣孫炎曰耇面如凍梨色似浮垢老人壽徵也獲則取之，何有於二毛？今之勍者謂與吾競者胡耇元老之稱。○耇音苟明恥教戰，求殺敵也。明設刑戮以恥不果傷未及死，如何勿重？言尚能害己若愛重傷，則如勿傷；愛其二毛，則如服焉。言苟不欲傷殺敵人則本可不須鬭疏若愛至服焉○正義曰如猶不如古人之語然猶似敢即不敢若愛彼重傷則不如本勿傷之若愛其二毛不欲傷害則不如早服從之何須與戰三軍以利用也，爲利興○爲于僞反金鼓以聲氣也。鼓以佐士衆之聲氣疏注鼓以至聲氣○正義曰言金鼓以聲氣謂金鼓佐士衆之聲氣下文聲盛致志者謂士衆由聞金鼓聲氣滿盛能致勇武之志以擊前敵爲此前敵儳巖未陳鼓而擊之可也注不言金當以金有止衆之時不是盡以聲氣故也周禮鼓人掌教六鼓四金之音聲以節聲樂以和軍旅以正田役以金錞和鼓以金鐲節鼓以金鐃止鼓以金鐸通鼓是錞鐲鐸皆助鼓以聲氣其鐃則鳴之以止鼓大司馬教戰法亦云三刺之後乃鼓退鳴鐃且却哀十一年傳書曰此行也吾聞鼓而已不聞金矣杜云鼓以進軍金以退軍不聞金言將死也是金有止鼓之時非盡用以聲氣注不言金見此意也利而用之，阻隘可也；聲盛致志，鼓儳可也。儳巖未整陳。○儳仕銜反又仕減反陳直覲反又如字○丙子，晨，鄭文夫人芈氏、姜氏勞楚子於柯澤。楚子還過鄭鄭文公夫人芈氏楚女姜氏齊女也柯澤鄭地。○芈彌爾反楚姓也勞力報反柯音哥疏注楚子至鄭地○正義曰以芈是楚姓姜是齊姓故云楚女齊女耳亦無明文

言之二者共以夫人冠之蓋俱是夫人禮無二適而有兩夫人者當時僭恣不如禮也楚子使師縉示之俘馘。師縉楚樂師也俘所得囚馘所截耳○縉音晉俘芳扶反囚也馘古獲反戰所獲疏注師縉至截耳○正義曰書傳所言師曠師曹鐲師觸之類皆是樂師知此師縉亦樂師也釋詁云俘取也馘獲也李巡云囚敵曰俘伐執之曰取郭璞云今以獲賊耳爲馘毛詩傳曰殺而獻其耳曰馘鄭箋云馘所格者左耳也然則俘者生執囚之馘者殺其人截取其左耳欲以計功也君子曰：非禮也。婦人送迎不出門，見兄弟不踰閾。閾門限。○閾音域一音況域反疏閾注門限○正義曰釋宮云柣謂之閾孫炎曰柣門限也經傳諸注皆以閾爲門限謂門下橫木爲外內之限也戎事不邇女器。邇近也器物也言俘馘非近婦人之物○近如字又附近之近下同丁丑，楚子入饗于鄭，爲鄭所饗○爲于僞反九獻，用上公之禮九獻酒而禮畢疏注用上至禮畢○正義曰周禮大行人云上公九獻侯伯七獻子男五獻案儀禮主人酌以獻賓賓酢主人主人又酌以酬賓乃成一獻之禮九獻者九爲獻酬而禮始畢也楚子爵以霸主自許故鄭以極禮待之庭實旅百，庭中所陳品數百也疏注庭中至百也○正義曰饗禮既亡庭實所有及所加籩豆無以言之然鄭注周禮享禮兼燕禮食禮與飱禮略同掌客云饔餼之禮其死牢如飱之陳上公飱五牢飪一牢陳在西階之前正鼎九牛一羊二豕三魚四腊五腸胃六膚七鮮魚八鮮腊九從北南陳又有陪鼎三膷鼎一在牛鼎之後臐鼎一在羊鼎之後膮鼎一在豕鼎之後腥四牢陳於東階之前牢別九鼎無陪鼎也侯伯飱四牢飪一牢腥三牢子男飱二牢飪一牢腥二牢其陳列皆如上公又上公醯六十罋從陳於庭碑東醢六十罋從陳於碑西侯伯醯醢百罋子男八十罋其陳如上公又上公米百有二十筥橫陳於醯醢之間侯伯百筥子男八十筥陳如上公此飱禮庭實之物饔餼亦然掌客上公豆四十侯伯三十二子男二十四鄭注云公四十豆堂上十六西夾東夾各十二侯伯三十二豆堂上十二西夾東夾各十子男二十四豆堂上十二西夾東夾各六然籩數亦然其籩豆之物者周禮籩人掌四籩之實朝事之籩其實麷蕡白黑形鹽膴鮑魚鱐饋食之籩其實棗栗桃乾䕩榛實加籩之實蓤芡栗脯羞籩之實糗餌粉餈醢人掌四豆之實朝事之豆其實韭菹醓醢昌本麋臡菁菹鹿臡茆菹麇臡饋食之豆其實葵菹蠃醢脾析蠯醢蜃蚳醢豚拍魚醢加豆之實芹菹兔醢深蒲醓醢箈菹鴈醢筍菹魚醢羞豆之實酏食糝食此等所陳雖爲祭祀下云賓客亦如之是賓客與祭祀不異故三十年饗有昌歜白黑形鹽公食大夫禮亦有昌本之屬此云加籩豆六品必是此等之物但傳文不具無以言之加籩豆六品。食物六品加於籩豆籩豆禮食器饗畢，夜出，文芈送于軍，取鄭二姬以歸。二姬文芈女也叔詹曰：楚王其不沒乎！爲禮卒於無別，無別不可謂禮，將何以沒？不以壽終○詹章廉反沒門忽反諸侯是以知其不遂霸也。言楚子所以師敗城濮終爲商臣所弑○卒子恤反別彼列反下同濮音卜弑音試

經二十有三年春，齊侯伐宋，圍緡。緡宋邑高平昌邑縣東南有東緡城○緡亡巾反○夏五月庚寅，宋公茲父卒。三同盟疏注三同盟○正義曰茲父以九年即位其年盟于葵丘十五年于牡丘唯與魯同此二盟而已而云三者并數盟于薄釋宋公也案經盟于薄釋宋公則盟薄之時宋公未得與盟而數之者以凡盟之法皆舍其前惡結其後好故宣十五年楚人圍宋圍後始盟及城下之盟皆是其事今釋宣公之後恐楚人伐宋宋公恨楚故盟以結之若未釋宋公之前何須盟誓但經文欲顯公會之事故盟在釋前劉炫以宋公不與薄盟而規杜云非也○秋，楚人伐陳。疏楚人伐陳○正義曰傳稱楚成得臣帥師伐陳則是楚之貴卿也而稱人者釋例曰楚之君臣最多混錯此乃楚之初興未閑周之典禮告命之書自生異同猶秦之辟陋不與中國準故成二年以上春秋未以入例也如杜彼言楚不以得臣名告故稱人耳○冬十有一月，杞子卒。傳例曰不書名未同盟也杞入春秋稱侯莊二十七年絀稱伯至此用夷禮貶稱子○絀本又黜勑律反

傳二十三年春，齊侯伐宋，圍緡，以討其不與盟于齊也。十九年盟于齊以無忘桓公之德而宋獨不會復召齊人共盟鹿上故今討之○與音預復扶又反下不復成嫁同○夏五月，宋襄公卒，傷於泓故也。終子魚之言得死爲幸○秋，楚成得臣帥師伐陳，討其貳於宋也。成得臣子玉也遂取焦、夷，城頓而還。焦今譙縣也夷一名城父今譙郡城父縣二地皆陳邑頓國今汝陰南頓縣○焦子消反子文以爲之功，使爲令尹。叔伯曰：子若國何？叔伯楚大夫薳呂臣也以爲子玉不任令尹○薳爲彼反不任音壬對曰：吾以靖國也。夫有大功而無貴仕，貴仕貴位○靖音靜其人能靖者與有幾？言必矜功爲亂不可不賞○其人能靖者與絕句與音餘幾居宜反○九月，晉惠公卒。經在明年從赴懷公命無從亡人。懷公子圉亡人重耳○重直龍反期，期而不至，無赦。狐突之子毛及偃從重耳在秦，弗召。偃子犯也○期期上如字下音基下注未期亦音基從才用反後皆同冬，懷公執狐突曰：子來則免。未期而執突以不召子故對曰：子之能仕，父教之忠，古之制也。策名委質，貳乃辟也。名書於所臣之策屈膝而君事之則不可以貳辟罪也○質如字辟婢亦反注同膝星歷反疏注名書至罪也○正義曰策簡策也質形體也古之仕者於所臣之人書已名於策以明繫屬之也拜則屈膝而委身體於地以明敬奉之也名繫於彼所事之君則不可以貳心辟罪釋詁文○今臣之子，名在重耳，有年數矣。若又召

之。教之貳也。父教子貳。何以事君。刑之不濫。君之明也。臣之願也。淫刑以逞。誰則無罪。臣聞命矣。乃殺之。卜偃稱疾不出。曰。周書有之。乃大明服。周書康誥言君能大明則民服○濫力暫反已則不明。而殺人以逞。不亦難乎。民不見德。而唯戮是聞。其何後之有。言懷公必無後於晉爲二十四年殺懷公張本○逞勑景反本亦作逞之○十一月。杞成公卒。書曰子。杞夷也。成公始行夷禮以終其身故於卒貶之杞實稱伯仲尼以文貶稱子故傳言書曰子以明之○〔疏〕注成公至明之○正義曰何休膏肓難左氏云杞子卒豈當用夷禮死乎故解之此杞成公始行夷禮以終其身故於卒貶之卒者人之終於終貶之見其終身行夷禮也於時杞實稱伯唯此獨稱子是仲尼以文貶之稱子貶之而曰子者曲禮曰其在東夷北狄西戎南蠻雖大曰子四夷之君爵不過子故貶之爲子言如夷狄之大國耳不書名。未同盟也。凡諸侯同盟。死則赴以名。禮也。隱七年已見今重發不書名者疑降爵故也此凡又爲國史承告而書例○見賢遍反重而用反下重詳同又爲于僞反又如字赴以名。則亦書之。謂未同盟不然則否。謂同盟而不以名告辟不敏也。敏猶審也同盟然後告名赴者之禮也承赴然後書策史官之制也內外之宜不同故傳重詳其義〔疏〕不書至敏也○正義曰隱七年已有例矣今重發者釋例曰杞侯降爵嫌有異同盟傳重發不書之例又更發凡者以明雖薨赴有法若或違之國史亦承告而書不必改正也赴以名則亦書之者謂諸侯雖不同盟或以名赴也不然則否辟不敏者謂雖同盟而赴不以名則亦不書名以審違謬也○晉公子重耳之及於難也。晉人伐諸蒲城。事在五年難乃旦反蒲城人欲戰。重耳不可。曰。保君父之命。而享其生祿。享受也保猶恃也〔疏〕享其生祿○正義曰人以祿生故謂之生祿○於是乎得人。以祿致衆有人而校。罪莫大焉。校報也○校音教吾其奔也。遂奔狄。從者狐偃、趙衰、衰趙夙弟○衰初危反顛頡、魏武子、武子魏犨○頡戶結反犨尺由反○司空季子。胥臣臼季也時狐毛賈佗皆從而獨舉此五人賢而有大功○臼其九反佗徒何反〔疏〕胥臣至大功○正義曰胥氏也臣名也晉有臼邑蓋食采於臼邑字季子而爲司空之官故名氏互見也不言狐毛賈佗而獨舉此五人者賢而有大功故也顛頡歸晉尋即被戮而言大功者當爲從亡之時有大功也晉語稱公子長事賈佗賈佗非不賢蓋傳文意之所在便即言之未必五人皆賢於賈佗狄人伐廧咎如。廧咎如赤狄之別種也隗姓○廧在良反咎古刀反隗五罪反下文皆同〔疏〕注廧咎至隗姓○正義曰成三年晉郤克衛孫良夫伐廧咎如傳曰討赤狄之餘焉彼言赤狄之餘知是赤狄之別種也女曰叔隗季隗知爲隗姓也獲其二女叔隗、季隗。納諸公子。公子取季隗。生伯儵、叔劉。以叔隗妻趙衰。生盾。盾趙宣子○儵直由反妻七計反下同盾徒本反將適齊。謂季隗曰。待我二十五年不來而後嫁。對曰。我二十五年矣。又如是而嫁。則就木焉。言將死入木不復成嫁○請待子。處狄十二年而行。以五年奔狄至十六年而去○請待子絕句○過衛。衛文公不禮焉。出於五鹿。五鹿衛地今衛縣西北有地名五鹿陽平元城縣東亦有五鹿乞食於野人。野人與之塊。公子怒。欲鞭之。子犯曰。天賜也。得土有國之祥故以爲天賜○塊苦對反又苦怪反稽首受而載之。〔疏〕乞食至載之○正義曰晉語云過五鹿乞食於野人野人舉塊以與之公子怒將鞭之子犯曰天賜也民以土服又何求焉天事必象十二年必獲此土二三子志之歲在壽星及鶉尾其有此土乎天以命矣復於壽星獲於諸侯天之道也由是始之有此其以戊申乎所以申土也再拜稽首受而載之及齊。齊桓公妻之。有馬二十乘。四馬爲乘八十匹也○乘繩證反注及下皆同公子安之。從者以爲不可。將行。謀於桑下。齊桓既卒知孝公不可恃故○蠶妾在其上。以告姜氏。姜氏殺之。姜氏重耳妻恐孝公怒其去故殺妾以滅口○〔疏〕及齊至殺之○正義曰晉語云齊侯妻之甚善焉有馬二十乘將死於齊而已曰民生安樂孰知其他桓公卒孝公即位諸侯叛齊子犯知齊之不可以動而知文公之安齊有終焉之心欲行而患之與從者謀於桑下蠶妾在焉莫知其在也妾告姜氏姜氏殺之而謂公子曰。子有四方之志。其聞之者。吾殺之矣。公子曰。無之。姜曰。行也。懷與安。實敗名。公子不可。姜與子犯謀。醉而遣之。醒。以戈逐子犯。無去志故怒○敗必邁反醒星頂反〔疏〕醒以戈逐子犯○正義曰晉語云逐子犯曰若無所濟吾食舅氏之肉其知饜乎舅犯走且對曰若無所濟吾未知死所誰能與豺狼爭食若克有成公子無亦晉之柔嘉是以甘食偃之肉腥臊將焉用之遂行○及曹。曹共公聞其駢脅。欲觀其裸。浴。薄而觀之。薄迫也駢脅合幹○共音恭聞其駢幹絕句駢薄賢反脅許業反說文云駢脅并也廣雅云脅幹謂之肋通俗云腋下謂之脅欲觀如字絕句一讀至裸字絕句裸力果反又戶化反浴音欲薄如字國語云薄簾也幹古旦反○〔疏〕及曹至觀之○正義曰斷其裸以上爲句裸謂赤體無衣也駢脅非裸不見故欲觀其裸伺其浴乃逼迫以觀之晉語云曹共公聞其駢脅欲觀其狀止其舍諜其將浴設微薄而觀之孔晁云諜候也微蔽也○注薄迫也駢脅合幹○正義曰薄者逼近之意故爲迫也說文云駢脅并幹也肋脅骨也廣雅云脅幹謂之肋孔晁云聞公子脅幹是一骨故欲觀之通俗文曰腋下謂之脅如此諸說則脅是腋下之名其骨謂之肋幹是肋之別名駢訓比也骨相比迫若一骨然僖負羈之妻曰。吾觀晉公子之從者。皆足以相國。若以相。若以爲傳相○羈紀宜反相息亮反下及注同夫子必反其國。反其國。必得志於諸侯。得志於諸侯。而誅無禮。曹其首也。子盍蚤自貳焉。自貳自別異於曹○盍戶臘反蚤音早別彼列反乃饋盤飧。寘璧焉。臣無竟外之交故用盤藏璧飧中不欲令人見○饋其貴反遺也飧音孫說文云餔也字林云水澆飯也寘之豉反竟音境令力呈反公子受飧反璧。及宋。宋襄公贈之以馬二十乘。贈送也及鄭。鄭文公亦不禮焉。叔詹諫曰。臣聞天之所啓。〔疏〕天之所啓○正義曰啓開也凡是天開道者非人所能及欲令鄭伯禮之人弗及也。啓開也晉公子有三焉。天其或者〔疏〕天其或者○正義曰天意不可必知故言或者謂天意或當然也將建諸。君其禮焉。男女同姓。其生不蕃。蕃息也○蕃音煩注同〔疏〕男女至不蕃○正義曰禮取妻不取同姓辟違禮而取故其生子不能蕃息昌盛也晉語曰同姓不昬懼不殖也又曰異姓則異德異德則異類異類雖近男女相及以生民也同姓則同德同德則同心同心則同志同志雖遠男女不相及畏黷故也黷則生怨怨亂育災災育滅姓是故取同姓畏亂災也周禮不得取同姓彼遂演說其意耳未必取同姓者皆滅姓也晉公子。姬出也。而至于今。一也。大戎狐姬之子故曰姬出離外之患。出奔在外而天不靖晉國。殆將啓之。二也。有三士足以上人。而從之。三也。國語狐偃趙衰賈佗三人皆卿才○從如字一音才用反〔疏〕注國語至卿才○正義曰晉語云僖負羈言於曹伯曰晉公子生十七年而亡卿才三人從之可謂賢乎宋公孫固言於襄公曰晉公子好善不厭父事狐偃師事趙衰而長事賈佗此三人者實左右之公子居則下之動則諮焉僖負羈言有卿才公孫固說其名氏知是一物故并引之晉鄭同儕。儕等也○儕士皆反其過子弟。固將禮焉。況天之所啓乎。弗聽。及楚。楚子饗之。曰。公子若反晉國。則何以報不穀。對曰。子女玉帛。則君有之。羽毛齒革。則君地生焉。其波及晉國者。君之餘也。其何以報君。曰。雖然。何以報我。對曰。若以

君之靈。得反晉國。晉楚治兵。遇於中原。其辟君三舍。若不獲命。三退不得楚止命也。過王古禾反其左執鞭弭。右屬櫜鞬。以與君周旋。弭弓末無緣者。櫜以受箭。鞬以受弓。屬著也。周旋相追逐也。○弭莫爾反。爾雅云弓有緣者謂之弓無緣者謂之弭。屬音燭。注同。櫜古刀反。受箭器。鞬九言反。弓衣。緣悅絹反。〔疏〕注弭弓至逐也。○正義曰。釋器云。弓有緣者謂之弓。無緣者謂之弭。李巡曰。骨飾兩頭曰弓。不以骨飾兩頭曰弭。孫炎曰。緣謂繳束而漆之。弭謂不以繳束骨飾兩頭者也。二說雖反。俱以弭爲弓末也。詩云載櫜弓矢。則弓矢所藏俱名櫜也。昭元年傳伍舉請垂櫜而入。注云示無弓。則櫜亦受弓之物。方言云。弓藏謂之鞬。此櫜鞬二物。必一弓一矢。以鞬是受弓。故云櫜以受箭。因對文而分之耳。孔晁云。馬鞭及弓分在兩手。欲辟右帶櫜鞬之文。故云左執。子玉請殺之。畏其志大楚子曰。晉公子廣而儉。志廣而體儉文而有禮。其從者肅而寬。肅敬也忠而能力。〔疏〕廣而至能力。○正義曰。廣大者失於奢僭。故美其能儉也。文華者失於傲慢。故美其能有禮也。能敬者失於褊急。故美其能寬容也。忠誠者未必有力。故美其能勤也。此四者每兩事相反。而美其能兼有之。晉侯無親。外內惡之。晉侯惠公也。惡烏路反吾聞姬姓唐叔之後。其後衰者也。其將由晉公子乎。天將興之。誰能廢之。違天必有大咎。乃送諸秦。秦伯納女五人。懷嬴與焉。懷嬴子圉妻。子圉謚懷公。故號爲懷嬴。○咎其九反。與音預奉匜沃盥。既而揮之。匜沃盥器也。揮湔也。○奉芳勇反。匜以支反。一音以紙反。說文云。似羹魁。柄中有道。可注水。盥古緩反。揮許韋反。湔音薦。王音贊。一音箭。又音牋。〔疏〕注匜沃至湔也。○正義曰。說文云。匜似羹魁。柄中有道。可以注水。盥澡手也。從臼水臨皿。然則匜者盛水器也。盥謂洗手也。沃謂澆水也。懷嬴奉匜盛水。爲公子澆水。令公子洗手。既而以濕手揮之。使水湔汚其衣。故云揮湔也。怒曰。秦晉匹也。何以卑我。匹敵也公子懼。降服而囚。去上服。自拘囚以謝之。○去起呂反。拘音俱。〔疏〕注去上至謝之。○正義曰。晉語說此事云。公子欲辭。司空季子犯子餘勸取之。乃歸女而納幣且逆。孔晁云。歸懷嬴。更以貴妾禮迎之也。服虔云。申意於楚子。伸於知已。降服於懷嬴。屈於不知已。他日。公享之。子犯曰。吾不如衰之文也。有文辭也。○衰初危反。下同。請使衰從。公子賦河水。河水逸詩。義取河水朝宗于海。海喻秦。公賦六月。六月詩小雅。道尹吉甫佐宣王征伐。喻公子還晉必能匡王國。古者禮會因古詩以見意。故言賦詩斷章也。其全稱詩篇者。多取首章之義。他皆放此。○見賢遍反。斷端緩反。〔疏〕注六月至放此。○正義曰。杜言全引詩篇者。多取首章之義。劉炫規過云。案春秋賦詩有雖舉篇名不取首章之義者。故襄二十七年公孫段賦桑扈。趙孟曰匪交匪敖。乃是卒章。又昭元年云令尹賦大明之首章。既特言首章。明知舉篇名者不是首章。今刪定知不然者。以文四年賦湛露云天子當陽。又文十三年文子賦四月。是皆取首章。若取餘章者。傳皆指言其事。則賦載馳之四章。緣衣之卒章是也。所以令尹特言大明首章者。令尹意特取首章明德。故傳指言首章。與餘別也。杜言多取首章。言多則非是揔皆如此。劉以春秋賦詩有不取首章以規杜氏。非也。趙衰曰。重耳拜賜。公子降拜稽首。公降一級而辭焉。下階一級。辭公子稽首。○級音急衰曰。君稱所以佐天子者命重耳。重耳敢不拜。詩首章言匡王國。次章言佐天子。故趙衰因通言之。爲明年秦伯納之張本

經二十有四年。春。王正月。夏。狄伐鄭。秋。七月。冬。天王出居于鄭。襄王也。天子以天下爲家。故所在稱居。天子無外而書出者。譏王蔽於匹夫之孝。不顧天下之重。因其辟母弟之難。書出。言其自絕於周。○蔽必世反。難乃旦反。〔疏〕天王出居于鄭。○正義曰。出居。實出奔也。出謂出畿內。居若移居然。天子以天下爲家。所在皆得安居。故爲天子別立此名。釋例曰。天子以天下爲家。故傳曰凡自周無出。今以出居爲名而不書奔。殊之於別國。晉侯夷吾卒。文公定位而後告。未同盟而赴以名

傳二十四年。春。王正月。秦伯納之。不書。不告入也。納重耳也及河。子犯以璧授公子。曰。臣負羈紲從君巡於天下。羈馬羈。紲馬韁。○羈紀宜反。說文云。馬絡頭也。紲息列反。說文云。繫也。從才用反。又如字。韁居良反。〔疏〕注羈馬至馬韁。○正義曰。說文云。羈馬絡頭也。又曰。紲係也。少儀云。犬則執紲。牛則執紖。馬則執靮。服虔云。一曰犬韁曰紲。古者行則有犬。杜今正以紲爲馬韁者。紲是係之別名。係馬係狗皆得稱紲。彼對文耳。散則可以通。巡於天下用馬爲多。故主於馬耳。臣之罪甚多矣。臣猶知之。而況君乎。請由此亡。公子曰。所不與舅氏同心者。有如白水。子犯重耳舅也。言與舅氏同心之明。如此白水。猶詩言謂予不信。有如皦日。○皦古了反。〔疏〕注子犯至皦日。○正義曰。諸言有如皆是誓辭。有如日。有如河。有如皦日。有如白水。皆取明白之義。言心之明白如日如水也。有如上帝。有如先君。言上帝先君明見其心意。亦同也。投其璧于河。質信於河。○質音致濟河。圍令狐。入桑泉。取臼衰。桑泉在河東解縣西。解縣東南有臼城。○令力丁反。衰初危反。解戶買反。二月。甲午。晉師軍于廬柳。懷公遣軍距重耳。○廬力居反。柳力久反。秦伯使公子縶如晉師。師退。軍于郇。解縣西北有郇城。○縶張立反。郇音荀。辛丑。狐偃及秦晉之大夫盟于郇。壬寅。公子入于晉師。丙午。入于曲沃。丁未。朝于武宮。文公之祖武公廟戊申。使殺懷公于高梁。不書。亦不告也。懷公奔高梁。高梁在平陽楊縣西南。再發不告者。言外諸侯入及見殺。亦皆須告乃書于策。呂郤畏偪。呂甥郤芮。惠公舊臣。故畏爲文公所偪害。○偪音逼。爲于僞反將焚公宮而弒晉侯。寺人披請見。公使讓之。且辭焉。辭不見。○弒音試。又作殺。寺本又作侍。披普皮反。請見賢遍反曰。蒲城之役。在五年君命一宿。女卽至。卽日至。○女音汝。下皆同其後余從狄君以田渭濱。田獵。○渭音謂。水名。濱音賓女爲惠公來求殺余。命女三宿。女中宿至。雖有君命。何其速也。夫袪猶在。披所斬文公衣袂也。○爲于僞反。中丁仲反。下注中鉤同。女中宿至。或無至字。袪起魚反。袂滅制反。〔疏〕夫袪猶在。○正義曰。夫辭也。彼時斬袪之恨。今日猶在。女其行乎。對曰。臣謂君之入也。其知之矣。知君人之道若猶未也。又將及難。君命無二。古之制也。除君之惡。唯力是視。蒲人狄人。余何有焉。當二君世。君爲蒲狄之人。於我有何義。○難乃旦反。下及注皆同今君卽位。其無蒲狄乎。〔疏〕蒲人至狄乎。○正義曰。言獻公之時。君爲蒲邑人。惠公之時。君爲狄國人。余未事君。何有恩義於君。今君卽位。其無蒲狄乎。言有人在蒲在狄爲君猶是也。齊桓公置射鉤而使管仲相。乾時之役。管仲射桓公中帶鉤。○射食亦反。注同。相息亮反君若易之。何辱命焉。言若反齊桓。己將自去。不須辱君命行者甚衆。豈唯刑臣。披奄人。故稱刑臣。○甚衆。一本甚作其。〔疏〕行者至刑臣。○正義曰。公言女其行乎。欲使之出奔也。公若反齊桓。念舊惡。則出奔者甚衆多矣。豈唯刑臣一人乎。言畏罪者皆將去。公見之。以難告。告呂郤欲焚公宮三月。晉侯潛會秦伯于王城。己丑晦。公宮火。瑕甥、郤芮不獲公。乃如河上。秦伯誘而殺之。晉侯逆夫人嬴氏以歸。秦穆公女文嬴也秦伯送衛於晉三千人。實紀綱之僕。新有呂郤之難。國未輯睦。故以兵衛文公。諸門戶僕隸之事。皆秦卒共之。爲之紀綱。○輯音集。又七入反。本亦作集。卒子忽反。共音恭。本亦作供。〔疏〕注新有至紀綱。○正義曰。新有呂郤之難。國未輯睦。恐晉人情不可信。故秦伯以兵衛文公也。說文云。綱維紘繩也。紀絲別也。則綱是維之大繩。紀者別理絲縷。諸門戶僕隸之事。皆使秦卒共之。與晉人爲紀綱。謂爲之首領主帥也。初。晉侯之豎頭須。守藏者也。頭須。一曰里鳧須。豎

左右小吏。○豎上注反藏才浪反下同里鳧須房孚反韓詩外傳云晉文公亡過曹里鳧須從因盜重耳資而亡重耳無糧餒不能行介子推割股以食重耳然後能行〔疏〕注頭須至小吏。○正義曰一曰里鳧須者史記謂之里鳧須與傳文不同必有一謬故辨出其別不敢正之鄭玄周禮注云豎未冠者之官名其出也竊藏以逃。文公出時盡用以求納之。求納文公。○盡津忍反及入。求見。公辭焉以沐。謂僕人曰。沐則心覆。〔疏〕沐則心覆。○正義曰韋昭云沐則低頭故心反覆也心覆則圖反。宜吾不得見也。居者爲社稷之守。行者爲羈紲之僕。其亦可也。何必罪居者。國君而讎匹夫。懼者甚衆矣。僕人以告。公遽見之。言弃小怨所以能安衆。○求見賢遍反下得見同覆芳服反下同守手又反又如字甚衆本或作其衆遽其處反狄人歸季隗于晉。而請其二子。二子伯儵叔劉文公妻趙衰。生原同、屏括、摟嬰。原屏摟三子之邑。○妻七計反屏步平反括古活反趙姬請逆盾與其母。趙姬文公女也盾狄女叔隗之子子餘辭。子餘趙衰字姬曰。得寵而忘舊。何以使人。必逆之。固請。許之。來。以盾爲才。固請于公。以爲嫡子。而使其三子下之。以叔隗爲內子。而已下之。卿之嫡妻爲內子皆非此年事蓋因狄人歸季隗遂終言叔隗。○嫡本亦作適丁歷反注下遐嫁反下同○晉侯賞從亡者。介之推不言祿。祿亦弗及。介推文公微臣之語助。○從才用反介音界推昌誰反推曰。獻公之子九人。唯君在矣。惠懷無親。外內弃之。天未絕晉。必將有主。主晉祀者。非君而誰。天實置之。而二三子以爲己力。不亦誣乎。竊人之財。猶謂之盜。況貪天之功。以爲己力乎。下義其罪。上賞其姦。上下相蒙。蒙欺也難與處矣。〔疏〕下義至處矣。○正義曰在下者以貪天之功爲立君之義是下義其罪也在上者以立君之勳賞盜天之罪是上賞其姦也居下者義其罪是下欺上也居上者賞其姦是上欺下也如此上下相欺蒙難可與並居處矣其母曰。盍亦求之。以死誰懟。對曰。尤而效之。罪又甚焉。且出怨言。不食其食。怨言謂上下相蒙難與處。○盍戶臘反懟直類反其母曰。亦使知之。若何。既不求之且欲令推達言於文公。○令力呈反對曰。言身之文也。身將隱。焉用文之。是求顯也。其母曰。能如是乎。與女偕隱。偕俱也。○焉於虔反女音汝遂隱而死。晉侯求之不獲。以緜上爲之田。曰。以志吾過。且旌善人。旌表也西河界休縣南有地名緜上○鄭之入滑也。滑人聽命。入滑在二十年師還。又卽衞。鄭公子士洩、堵俞彌帥師伐滑。堵俞彌鄭大夫。○俞羊朱反彌亡皮反王使伯服、游孫伯如鄭請滑。二子周大夫鄭伯怨惠王之入而不與厲公爵也。事在莊二十一年又怨襄王之與衞滑也。怨王助衞爲滑請。○爲于僞反故不聽王命而執二子。王怒。將以狄伐鄭。富辰諫曰。不可。臣聞之。大上以德撫民。無親疏也。○聽吐鄭反而執二子本或作而執其二子其衍字也大音泰其次親親。以相及也。先親以及疏推恩以行義〔疏〕大上至及也。○正義曰曲禮云大上貴德其次務施報鄭玄以大上爲帝皇之世其次謂三王以來則以大上其次爲世代之先後也襄二十四年傳曰大上立德其次立功其次立言杜以立德謂黃帝堯舜立功謂禹稷立言謂史佚周任則以人之賢愚爲上次非復年代之先後也然則大上謂人之最大上上聖之人也以德撫民唯能是用不簡親疏也其次聖之人則親其所親以漸相及而至於遠人爲下周公親親之事張本也周公亦是上聖不以德而先親者制法爲後不獨爲身聖人之身不恃親也昔周公弔二叔之不咸。故封建親戚。以蕃屏周。弔傷也咸同也周公傷夏殷之叔世疏其親戚以至滅亡故廣封其兄弟。○蕃方元反管、蔡、郕、霍、魯、衞、毛、聃、郜、雍、曹、滕、畢、原、酆、郇。文之昭也。十六國皆文王子也管國在滎陽京縣東北雍國在河內山陽縣西畢國在長安縣西北酆國在始平鄠縣東。○郕音成聃乃甘反雍於用反注同酆音豐郇音荀邘、晉、應、韓。武之穆也。四國皆武王子應國在襄陽城父縣西韓國在河東郡界河內野王縣西北有邘城。○邘音于凡蔣、邢、茅、胙、祭。周公之胤也。胤嗣也蔣在弋陽期思縣高平昌邑縣西有茅鄉東郡燕縣西南有胙亭。○蔣將丈反茅亡交反胙才故反下注祭胙同祭則界反〔疏〕昔周至胤也。○正義曰伯仲叔季長幼之次也故通謂國衰爲叔世將亡爲季世昔周公傷彼夏殷二國叔世疏其親戚令使宗族之不同心以相匡輔至於滅亡故封立親戚爲諸侯之君以爲蕃籬屏蔽周室言封此以下文武周公之子孫爲二十六國也此二十六國武王克商之後下及成康之世乃可封建畢矣非是一時封建非盡周公所爲富辰以其事屬周公者以武王克殷周公爲輔又攝政制禮成一代大法雖非悉周公所爲皆是周公之法故歸之於周公耳昭二十八年傳曰昔武王克商光有天下兄弟之國十有五人姬姓之國四十人彼言由其克商乃得封建兄弟歸功於武王耳亦非武王之時已建五十五國其後不復封人也昭二十六年傳曰昔武王克殷成王靖四方康王息民並建母弟以蕃屏周昭九年傳曰文武成康之建母弟以蕃屏周則康王之世尚有封國非獨周公時也且見於經傳者管叔蔡叔霍叔周公攝政之初以流言見黜則三叔之國已是武王封矣尚書康誥之篇周公營洛之時始封康叔于衞洛誥之篇周公致政之月始封伯禽于魯書傳稱成王削桐葉爲珪以封唐叔如此之類不得爲武王封也凡蔣邢茅胙祭周公之胤也豈周公自封哉固當成王卽政之後或至康王之時始封之耳○注弔傷至兄弟○正義曰弔傷俱是悼往之辭咸訓爲皆故爲同也昭六年傳曰夏有亂政而作禹刑商有亂政而作湯刑周有亂政而作九刑三辟之興皆叔世也彼叔世爲三代之末世知此二叔亦二代之末世也二代之末疏其親戚以至滅亡周公刜其如此故制禮設法親其所親廣封兄弟以自蕃衞也蕃屏者分地以建諸侯使與京師作蕃籬屏扞也鄭衆賈逵皆以二叔爲管叔蔡叔傷其不和睦而流言作亂故封建親戚鄭玄詩箋亦然案其封建之中方有管蔡豈傷其作亂始封建之馬融以爲夏殷叔世故杜同之○注十六至縣東○正義曰文之昭者自后稷以後一昭一穆文王於次爲穆故文子爲昭武子爲穆昭二十八年傳稱武王兄弟之國十五人此十六彼十五者人異故說異耳非武王時十五而周公加一也此十六國所在之地蔡郕魯衞郜曹滕七國當時皆在已經解說霍在閔元年原在隱十一年郇在此年春亦已解說其毛聃闕故唯解管雍畢酆也武穆四國晉時見在故唯解應韓邢也周公之胤邢國見在隱五年解說凡祭闕故唯解蔣茅胙也召穆公思周德之不類。故糾合宗族于成周。而作詩。類善也糾收也召穆公周卿士名虎采地扶風雍縣東南有召亭周厲王之時周德衰微兄弟道缺召穆公于東都收會宗族特作此周公之樂歌常棣詩屬小雅。○召上照反注同糾居黝反棣大計反字林大內反曰。常棣之華。鄂不韡韡。常棣棣也鄂鄂然華外發不韡韡言韡韡以喩兄弟和睦則強盛而有光輝韡韡然。○鄂五各反不方九反韡韋鬼反凡今之人。莫如兄弟。言致韡韡之盛莫如親兄弟。其四章曰。兄弟鬩于牆。外禦其侮。鬩訟爭貌言內雖不和猶宜外扞異族之侵侮。○鬩呼歷反毛詩傳云狠也禦魚呂反下同侮亡甫反詩作務爭爭鬩之爭本又作評扞戶旦反〔疏〕召穆至其侮。○正義曰常棣之詩周公所作故周語說此事云周文公之詩曰卽明是周公作也召穆公厲王時人於時周德既衰兄弟道缺召穆公思周德之不善致使兄弟之恩缺收合宗族於成周爲設燕會而作此周公樂歌之詩曰常棣之木華鄂鄂然外發之時豈不韡韡而光明乎以衆華俱外發實韡韡而光明以喩兄弟衆多而相和睦豈不彊盛而有光輝乎言兄弟和睦實彊盛而有光輝兄弟和睦則彊盛如是然則凡今日天下之人欲致此韡韡之盛莫如兄弟之相親也其四章曰兄弟或有自不相善可爭訟于牆內若有他人侵之則同心合意外禦其他人之侵侮也○注類善至小雅○正義曰類善釋詁文糾者聚合之意故爲收也召穆公厲王宣王之臣詩江漢序云命召公平淮夷經曰王命召虎是也思周德之不善故知是厲王之時周德衰微兄弟道缺也召穆公於東都會宗族蓋當宣王之時若當厲王之時天子疏之召公雖則聚會不能使之親也於會之上作此周公之樂

歌欲感切宗族使相親也劉炫云杜云常棣詩屬小雅明是周公所作也。○注常棣至韡然。○正義曰常棣釋木文也舍人曰常棣一名棣郭璞曰今關西山中有棣樹子似櫻桃可啖鄂然華外發者華聚而發於外鄂鄂然而光明也不韡韡乎言其實韡韡也古之人爲有聲而倒者詩文多有此類。○注鬩訟爭貌。○正義曰釋言云鬩很也孫炎云相很戾也李巡本作恨注云相怨恨以心相怨恨而爲鬩是爲爭訟貌也如是則兄弟雖有小忿。不廢懿親。懿美也今天子不忍小忿以棄鄭親。其若之何。庸勳親親。暱近尊賢。德之大者也。○庸用也暱親也暱女乙反卽聾從昧。與頑用嚚。姦之大者也。【疏】庸勳至姦之大。○正義曰親暱尊是愛敬之辭也卽從與是依就之意也其庸卽用也用其有功勳者親其親族親者暱其近者尊其有賢行者此四事是德之大者也卽訓就也就其耳聾者從其目昧者與其心頑者用其口嚚者此四事是姦之大者也動親近賢據事上爲名聾昧頑嚚據身上爲名以狄無他事故於耳目心口之上爲惡名耳下文各以四事覆之唯棄嬖寵而用三良是言鄭伯之賢與上文倒隨便言耳杜言三良叔詹堵叔師叔所謂尊賢如杜此注則謂鄭伯尊賢與上文尊賢者能用三良則是鄭伯之賢王則當尊此鄭伯但杜注省略耳弃德崇姦。禍之大者也。崇聚也。○聾鹿工反昧音妹嚚魚巾反鄭有平惠之勳。平王東遷晉鄭是依惠王出奔虢鄭納之是其勳也又有厲宣之親。鄭始封之祖桓公友周厲王之子宣王之母弟弃嬖寵而用三良。七年殺嬖臣申侯十六年殺寵子子華也三良叔詹堵叔師叔所謂尊賢。○堵丁古反又音者於諸姬爲近。道近當暱之四德具矣。耳不聽五聲之和爲聾。目不別五色之章爲昧。心不則德義之經爲頑。口不道忠信之言爲嚚。狄皆則之。四姦具矣。周之有懿德也。猶曰莫如兄弟。故封建之。當周公時故言周之有懿德。○別彼列反其懷柔天下也。猶懼有外侮。扞禦侮者。莫如親親。故以親屏周。召穆公亦云。周公作詩召公歌之故言亦云今周德既衰。於是乎又渝周召以從諸姦。無乃不可乎。變周召親兄弟之道○渝羊朱反變也民未忘禍。王又興之。前有子頹之亂中有叔帶召狄故曰民未忘禍。○頹徒回反其若文武何。言將廢文武之功業王弗聽。使頹叔、桃子出狄師。二子周大夫。○桃如字本或作姚亦宜音桃○夏。狄伐鄭。取櫟。王德狄人。【疏】王德狄人。○正義曰苟其恩者謂之爲德古人有此語也將以其女爲后。富辰諫曰。

不可。臣聞之曰。報者倦矣。施者未厭。施功勞也有勞則望報過甚。○櫟力狄反施如字注同厭於豔反又於鹽反狄固貪惏。【疏】狄固貪惏。○正義曰方言云殺人取財曰惏王又啓之。女德無極。婦怨無終。婦女之志近之則不知止足遠之則忿怨無已終猶已也。○惏力南反方言云殺人而取其財曰惏近附近之近遠于萬反狄必爲患。王又弗聽。初。甘昭公有寵於惠后。甘昭公王子帶也食邑於甘河南縣西南有甘水惠后將立之。未及而卒。昭公奔齊。奔齊在十二年王復之。在二十二年又通於隗氏。隗氏王所立狄后王替隗氏。替廢也。○替他計反頹叔桃子曰。我實使狄。狄其怨我。遂奉大叔以狄師攻王。王御士將禦之。周禮王之御士十二人【疏】注周禮至二人。○正義曰周禮無御士之官唯夏官大僕之屬有御僕下士十有二人掌王之燕令云燕居時之令以親近王故欲爲王禦寇王曰。先后其謂我何。先后惠后也誅大叔恐違先后志寧使諸侯圖之。王遂出。及坎欿。國人納之。坎欿周地在河南鞏縣東。○坎苦感反欿大感反鞏九勇反秋。頹叔桃子奉大叔以狄師伐周。大敗周師。獲周公忌父、原伯、毛伯、富辰。原毛皆采邑。【疏】注原毛皆采邑。○正義曰此原伯毛伯蓋是文王之子原毛之後世爲王臣仍爲伯爵或本封絕滅食采畿內故云皆采邑也王出適鄭。處于氾。鄭南氾也在襄城縣南。○氾音凡後皆同【疏】注鄭南至氾南。○正義曰南氾是襄城縣南則鄭之西南之竟南近於楚西近於周故王處于氾及楚伐鄭師于氾皆以爲南氾其東氾在中牟縣南去鄭城既近三十年秦晉圍鄭秦軍氾南故爲東氾各隨其所近而言也大叔以隗氏居于溫。○鄭子華之弟子臧出奔宋。十六年殺子華故好聚鷸冠。鷸鳥名聚鷸羽以爲冠非法之服○好呼報反鷸尹橘反翠鳥也【疏】注鷸鳥至之服。○正義曰釋鳥云翠鷸李巡曰鷸一名爲翠其羽可以爲飾樊光云青羽出交州郭璞云似燕紺色生鬱林說文云翠青羽雀也案漢書尉佗獻文帝翠鳥千然則鷸羽可以飾器物聚此鷸羽以爲冠也鄭伯聞而惡之。惡其服非法。○惡烏路反使盜誘之。八月。盜殺之于陳宋之間。君子曰。服之不衷。身之災也。衷猶適也○衷音忠一音丁仲反注同詩曰。彼己之子。不稱其服。詩曹風刺小人在位言彼人之德不稱其服。○己音記稱尺證反注及下同刺七賜反子臧之服。不稱也夫。詩曰。自詒伊慼。其子臧之謂矣。詩小雅詒遺也慼憂也取其自遺憂

○之服一本作之及夫音扶詒以支反遺唯季反下同夏書曰。地平天成。稱也。夏書逸書地平其化天成其施上下相稱爲宜。○夏戶雅反後夏書皆放此施始豉反【疏】注夏書至爲宜。○正義曰此是大禹謨之文以說禹事故傳通以其篇爲夏書彼孔安國云水土治曰平五行序曰成水土既治是地平其化五行既序是天成其施杜雖不見孔傳於義亦不相違也○宋及楚平。宋成公如楚。還入於鄭。鄭伯將享之。問禮於皇武子。皇武子鄭卿對曰。宋。先代之後也。於周爲客。天子有事膰焉。有事祭宗廟也膰祭肉尊之故賜以祭胙○膰符袁反周禮又作鐇字音義皆同有喪拜焉。宋弔周喪王特拜謝之【疏】注宋弔至謝之。○正義曰禮弔喪之法皆主人拜其弔者謝其勤勞弔者不答拜以其爲事而來不自同於賓客此皆據弔及主人敵禮以上若其臣下來弔則主人不拜宋是先代之後王以敵禮待之故拜其來弔其餘諸侯則否豐厚可也。鄭伯從之。享宋公有加。禮也。有加禮物事事加厚善鄭能尊先代。○享宋公有加絕句禮也一本無也字讀則總爲句○冬。王使來告難曰。不穀不德。得罪于母弟之寵子帶。鄙在鄭地氾。鄙野也○難乃旦反下同敢告叔父。天子謂同姓諸侯曰叔父臧文仲對曰。天子蒙塵于外。敢不奔問官守。官守王之羣臣。○守手又反注及下同王使簡師父告于晉。使左鄢父告于秦。二子周大夫○鄢於晚反天子無出。書曰。天王出居于鄭。辟母弟之難也。叔帶襄王同母弟天子凶服降名。禮也。凶服素服降名稱不穀○鄭伯與孔將鉏、石甲父、侯宣多省視官具于氾。三子鄭大夫省官司具器用○鉏仕居反【疏】省視官具。○正義曰鄭伯與三大夫每日親自省視當國官司令具其器用送之于氾而後聽其私政也而後聽其私政。禮也。得先君後己之禮○聽吐定反○衛人將伐邢。禮至曰。不得其守。國不可得也。禮至衛大夫守謂邢正卿國子我請昆弟仕焉。乃往得仕。爲明年滅邢傳

春秋左傳注疏卷十五挍勘記　阮元撰盧宣旬摘錄

附釋音春秋左傳注疏卷第十五　僖二十二年盡二十四年

經二十二年

須句雖別國　山井鼎云別國諸本皆然唯宋板改作列國不知據何本也

唯書伐邾取須句　纂圖本閩本監本毛本唯作惟

傳二十二年

平王嗣位　宋本淳熙本岳本足利本位作立

婢子婦人之卑稱也　宋本淳熙本足利本無也字

詩小雅言常戒懼　宋本常作嘗

天惟顯思　岳本惟作維非

蠭蠆有毒　釋文蠭本又作螽俗作蜂蠆字林作蠤

張列反字或作𧉏　宋本張列反三字作雙行

公及邾師戰于升陘　釋文升作登云本亦作升陘案玉篇鄧胡經切鄉名在高密引傳作戰於升鄧

隘而不列　李善注魏都賦辨亡論顏延年陽給事誄陸士衡弔魏武帝文引作隘而不成列今諸本無成字

前敵無問彊弱　閩本問誤間毛本弱作焉亦非

書曰此行也　宋本書上有陳字是也

書傳所言師曠師曹鍋師觸之類　閩本毛本曠誤曠宋本曹下有師字

袂謂之閾　閩本監本毛本袂誤秩

丁丑楚子入饗于鄭　宋本淳熙本足利本饗作享石經此處闕下饗畢作享畢此亦當作享也

爲鄭所饗　足利本饗作享

主人又酌以酧賓　宋本監本毛本酧作酬

楚賓子爵　各本賓作實

庭實旅百　足利本百作伯注同

兼燕禮食禮與殯禮略同　毛本殯誤餐下如殯公殯侯伯殯子男殯此殯並誤作餐案當作殯

腳鼎一　閩本監本毛本腳作腳非也

牢引九鼎無陪鼎也　宋本監本毛本引作別字按當作列

茆菹麋臡　宋本麋作麋是也

豚拍魚醢　毛本拍誤栢

箈菹鴈醢　毛本箈字墨釘

荀菹魚醢　宋本監本毛本作荀此本誤荀

經二十三年

春齊侯伐宋圍緡　釋文亦作緍石經經傳皆作緍避唐太宗諱

而規杜云非也　宋本云作氏不誤

傳二十三年

淫刑以逞　釋文逞作呈云本或作逞按作呈字是古文假借

嫌有異同盟傳重發不書之例　宋本監本毛本盟作故

字季子而爲司空之官　宋本閩本監本毛本作季此本誤乎今訂正

狄人伐廧咎如　石經廧作廧釋文亦作廧毛氏六經正誤以作廧爲非案九經字樣云廧音牆左傳廧咎如

請待子　請上石經旁增然字非唐刻也

懷其安實敗名　石經宋本岳本其作與案岳珂九經三傳沿革例云建本及諸俗本多作懷其安今從監本蜀本及諸善本作與字是也○今依訂正

醉而遣之　石經醉字上有飲之酒三字乃後人所增也

欲觀其裸　宋本岳本纂圖本毛本裸作裸釋文亦作裸○今訂作裸

注薄迫也駢脅合幹　宋本作注薄迫至合幹

僖負羈之妻曰　纂圖本閩本監本毛本羈作羇俗字

臣聞天之所啓　監本啟下誤衍注字

正義曰天意不可必知　宋本此節正義在將建諸句下

辟違禮而取　考文辟作譬盧文弨挍本亦作譬

晉語曰同姓不昏　監本毛本昏作婚

犬戎狐姬之子　宋本淳熙本岳本足利本犬作大

而天下不靖晉國　石經宋本淳熙本岳本纂圖本閩本監本毛本無下字此本誤衍

國語狐偃趙衰賈佗三人皆卿才　淳熙本衰誤襄

其過子弟　盧文弨挍本過下增王字非也

三退不得楚止命也　閩本止作王非也

晉侯惠公也　岳本脫也字

沃謂澆水也　毛本水作手非

既而以濕手揮之　毛本濕作溼案經典多以濕爲溼

經二十四年

伸於知已　宋本伸作申已作己

殊之於別國　閩本監本毛本別作列

傳二十四年

春王正月　石經此行十一字初刻似脫王字

臣負羈紲　案說文引作臣負羈紲水經注四亦引作紲石經避廟諱偏傍作絏閩本監本毛本羈作羇

馬則執靮　宋本靮作靮不誤與少儀合○今依訂正

係馬係狗　監本毛本狗誤駒

所不與舅氏同心者　禮記檀弓正義引傳所下有反國二字案誓詞多云所不者是也檀弓正義反國二字疑後人妄加

有如皦日　宋本作皦注及正義同

高梁在平陽楊縣西南　監本毛本楊作揚非也

呂甥郤芮　宋本岳本纂圖本毛本芮作芮不誤淳熙本監本作芮亦非○今訂作芮

將焚公宮而弒晉侯　釋文弒作殺案李善幽通賦注引傳作殺後漢書宦者傳論注引同

蒲城之役　宋本役作役說文云古文役从人

彼時斬袪之恨今日猶在　監本毛本脫今日猶在四字

余未事君何有恩義於君焉　毛本焉誤爲

言若反齊桓　岳本君誤君

秦穆公女文嬴也　淳熙本文作之非

國未輯睦　釋文輯本亦作集案集輯古多通用

屏括摟嬰　摟石經宋本淳熙本岳本足利本作樓不誤注同

入滑在二十一年　宋本淳熙本岳本纂圖本足利本作二十年是也

推恩以行義　宋本淳熙本岳本足利本行作成

以蕃屏周　李善注文選曹子建求通親親表在彥升齊竟陵文宣王行狀並作以藩屏周室

應國在襄陽城父縣西南　宋本淳熙本岳本足利本西下有南字段玉裁挍作襄城父城縣西南是也

馬平昌邑縣西有茅鄉　宋本淳熙本岳本纂圖本監本毛本馬作高不誤案惠棟挍本西下增南字蓋據後漢書郡國志

文武成康之建母弟　監本毛本文武誤武王

封康叔于南　補各本南作衛是也今依訂正

周當成王卽政之後　宋本周作固是也

彼叔世爲三代之末世　宋本爲作謂

非武王時十五而周公加一也　毛本一作之誤

周公之允　監本毛本允誤亂

隱七年解訖　段玉裁校本七作五是也

鄂不韡韡　石經宋本淳熙本岳本纂圖本足利本韡韡作韡韡注同釋文亦作韡韡

豈不韡韡而光明乎　宋本韡韡作韡韡下同

暱近　李善注宣德皇后令引作昵近案昵爲暱之或體

庸勳至姦之大　宋本此節正義在注崇聚也之下

心不則德義之經爲頑　淳熙本德義誤倒

王德狄人　宋本此節正義在將以其女爲后之下

狄固貪惏　宋本此節正義在王又啟之句下

下士十有二人　毛本下作卜非也

處于氾　石經作氾岳本作氾釋文亦作氾盧文弨云當從釋文下同○今從釋文

郭璞云似燕紺色　閩本監本毛本紺作組非也

案漢書尉他獻文帝翠鳥毛　閩本監本毛本他作佗毛宋本作千與漢書南粵傳合

天子有事膰焉　釋文云周禮作繙字音義皆同案說文繙字下云宗廟火孰肉从炙番聲春秋傳曰天子有事繙焉

得罪于母弟之寵子帶　宋本無弟字考文提要據傳五年正義弟作氏是也

附釋音春秋左傳注疏卷第十五

春秋左傳注疏卷十五校勘記

附釋音春秋左傳注疏卷第十六　僖二十五年盡二十八年

杜氏注　孔穎達疏

經二十有五年。春。王正月。丙午。衛侯燬滅邢。衛邢同姬姓，惡其親親相滅，故稱名罪之。○燬，況委反。惡，烏路反。［疏］注衛邢至罪之○正義曰：曲禮曰：「諸侯不生名，滅同姓名。」傳云「同姓也，故名」。然則諸侯位貴居尊，故不斥其名。書名則是罪絕之事，故云罪之也。○夏。四月。癸酉。衛侯燬卒。無傳。五同盟。［疏］注五同盟○正義曰：燬以元年卽位，四年盟于召陵，五年于首止，八年于洮，九年于葵丘，十五年于牡丘，皆魯衛俱在，是五同盟也。○宋蕩伯姬來逆婦。無傳。伯姬，魯女，爲宋大夫蕩氏妻也。自爲其子來逆，稱婦，姑存之辭。婦人越竟迎婦，非禮，故書。○爲，于僞反。越竟，音境。○［疏］注伯姬至故書○正義曰：伯姬魯女，而以宋蕩冠之，知爲宋大夫蕩氏妻也。婦者對姑之文，姑卽伯姬，故知自爲子來逆婦。公羊傳曰：「宋蕩伯姬者何？蕩氏之母也。其稱婦何？有姑之辭也。」穀梁傳曰：「婦人既嫁不踰竟。」是婦人越竟逆婦，非禮也，以非禮故書之。紀裂繻來逆女，此云逆婦者，姑自來逆，故卽稱婦也。宋有蕩氏者，宋桓公生公子蕩，蕩生公孫壽，壽生蕩意諸，意諸之後以蕩爲氏，則此人字蕩也，故云蕩氏妻。○宋殺其大夫。無傳。其事則未聞。於例爲大夫無罪，故不稱名。○秋。楚人圍陳。納頓子于頓。頓迫於陳而出奔楚，故楚圍陳以納頓子。不言遂，明一事也。子玉稱人，從告。頓子不言歸，興師見納故。○［疏］頓迫至納故○正義曰：圍陳而納頓子，明頓子迫於陳而出奔也。楚人納之，知其出奔楚也。公羊傳曰：「何以不言遂？兩之也。」一舉兵而行此兩意，非因前生後，故不言遂，明此圍陳納頓子正是一事。釋例曰：「傳稱諸侯納之曰歸，今經諸稱納者，皆有興師見納之事，不待例而自明，故但言納，不復言歸。納不須兩見，故云頓子不言歸，興師見納故。」○葬衛文公。無傳。○冬。十有二月。癸亥。公會衛子、莒慶盟于洮。洮，魯地。衛文公既葬，成公不稱爵者，述父之志，降名從未成君，故書子以善之。莒慶不稱氏，未賜族。○洮，吐刀反。○［疏］注洮魯至賜族○正義曰：八年盟于洮，杜云曹地。三十一年魯始得曹田，此時不得爲魯地，注誤耳。禮，先君既葬，則嗣子成君。此文公既葬，成公不稱爵者，釋例曰：「文公欲平莒於魯，未終而薨，故衛子尋父之志，魯人由此亦脩文公之好，此孝子之至感而人情之所篤。故成公雖已免喪，至於此盟會降以在喪自名，猶武王伐紂稱大子發，故經隨而書子，傳從而釋之，曰脩文公之好也。」是說書子善之事。

傳二十五年。春。衛人伐邢。二禮從國子巡城。掖以赴外。殺之。［疏］掖以赴外○正義曰：說文云：「掖，持臂也。」謂執持其臂投之城外也。掖本持臂之名，遂謂臂下脅上爲掖，是因名轉而相生也。○正月。丙午。衛侯燬滅邢。同姓也。故名。禮至爲銘曰。余掖殺國子。莫余敢止。惡其不知恥，詐以滅同姓，而反銘功於器。○掖，音亦。說文云：以手持人臂曰掖。惡，烏路反。○秦伯師于河上。將納王。狐偃言於晉侯曰。求諸侯莫如勤王。勤納王也。諸侯信之。且大義也。繼文之業。［疏］繼文之業○正義曰：言欲繼文侯之功業，而使信義宣布於諸侯，今日納王，是爲可矣。○而信宣於諸侯。今爲可矣。晉文侯仇爲平王侯伯，匡輔周室。○仇，音求。○使卜偃卜之。曰。吉。遇黃帝戰于阪泉之兆。黃帝與神農之後姜氏戰于阪泉之野，勝之。今得其兆，故以爲吉。○［疏］注黃帝至爲吉○正義曰：大戴禮五帝德曰：「黃帝與赤帝戰于阪泉之野。」晉語云：「昔少典娶於有蟜氏，生黃帝、炎帝。黃帝爲姬，炎帝爲姜。二帝用師以相濟也。」韋昭注云：「濟當爲擠，擠，滅也。」史記稱黃帝伐炎帝之後于阪泉之野，炎帝卽神農也。黃帝將戰，卜得吉兆。今卜復得彼兆，故以爲吉也。○公曰。吾不堪也。文公自以爲已當此兆，故曰不堪。○對曰。周禮未改。今之王。古之帝也。言周德雖衰，其命未改，今之周王自當帝兆，不謂晉。○公曰。筮之。筮之。遇大有䷍乾下離上大有。之睽䷥。兌下離上睽。大有九三變而爲睽。○曰。吉。遇公用亨于天子之卦也。大有九三爻辭也。三爲三公而得位，變而爲兌，兌爲說，得位而說，故能爲王所宴饗。戰克而王饗。［疏］戰克而王饗○正義曰：卜遇黃帝吉兆，是戰克也；筮得大有，是王享也。吉孰大焉。言卜筮協吉。且是卦也。方更揔言二卦之義，不繫於一爻。天爲澤以當日。天子降心以逆公。不亦可乎。乾爲天，兌爲澤，乾變爲兌而上當離，離爲日，日之在天，垂曜在澤，天子在上，說心在下，是降心逆公之象。大有去睽而復。亦其所也。言去睽卦還論大有，亦有天子降心之象。乾尊離卑，降尊下卑，亦其義也。○下，遐嫁反。晉侯辭秦師而下。辭讓秦師使還，順流故曰下。三月。甲辰。次于陽樊。右師圍溫。大叔在溫故。左師逆王。夏。四月。丁巳。王入于王城。取大叔于溫。殺之于隰城。戊午。晉侯朝王。王饗醴。命之宥。既行饗禮而設醴酒，又加之以幣帛，以助歡也。宥，助也。○隰，音習。醴，音禮。宥，音又。請隧。弗許。闕地通路曰隧，王之葬禮也。諸侯皆縣柩而下。○隧，音遂，今之延道。闕，其月反。縣，音玄。柩，其九反。［疏］注闕地至而下○正義曰：隱元年傳曰「闕地及泉，隧而相見」，是闕地通路曰隧也。天子之葬，棺重禮大，尤須謹慎，去壙遠而闕地通路，從遠地而漸邪下之。諸侯以下，棺輕禮小，臨壙上而直縣下之。故隧爲王之葬禮，諸侯皆縣柩而下，故不得用隧。晉侯請隧者，欲請以王禮葬也。曰。王章也。章顯王者與諸侯異。未有代德。而有二王。亦叔父之所惡也。與之陽樊、溫、原、欑茅之田。晉於是始起南陽。在晉山南河北，故曰

南陽。惡烏路反欑才官反陽樊不服。圍之。蒼葛呼曰。蒼葛陽樊人。○呼喚故反德以柔中國。刑以威四夷。宜吾不敢服也。此誰非王之親姻。其俘之也。乃出其民。取其土而已。○俘芳扶反。○秋。秦晉伐鄀。鄀本在商密秦楚界上小國其後遷於南郡鄀縣。○鄀音若國名字林云楚邑楮斫反〔疏〕注鄀本至鄀縣。○正義曰言本在商密者據在後移都稱舊都以爲本耳其實此時在商密後始遷於鄀縣國至彼縣而滅故彼縣專得鄀名當此秦晉伐鄀之時國名爲鄀所都之邑名商密楚以申息之師戍商密者正謂戍鄀國也析是鄀之別邑戍人居析地爲商密之援楚鬭克屈禦寇以申息之師戍商密。鬭克申公子儀屈禦寇息公子邊商密鄀別邑今南鄉丹水縣戍守也二子屯兵於析以爲商密援。○禦魚呂反屯徒門反援于眷反秦人過析隈入而係輿人以圍商密。昏而傅焉。析楚邑一名白羽今南鄉析縣隈隱蔽之處係縛輿人詐爲克析得其四俘者昏而傅城不欲令商密知四非析人。○過古卧反王音戈析星歷反俗作㭊隈烏回反係音計輿音餘傅音附注同處昌慮反令力呈反宵坎血加書。僞與子儀子邊盟者。掘地爲坎以埋盟之餘血加盟書其上。○掘其勿反又其月反本又作闕其月反商密人懼曰。秦取析矣。戍人反矣。乃降秦師。囚申公子儀息公子邊以歸。商密既降析戍亦敗故得囚二子。○降戶江反後除注降名皆同楚令尹子玉追秦師。弗及。不復言晉者秦爲兵主。○復扶又反遂圍陳。納頓子于頓。爲頓圍陳爲于僞反。○冬。晉侯圍原。命三日之糧。原不降。命去之。諜出。諜間也。○諜音牒間間厠之間曰。原將降矣。軍吏曰。請待之。公曰。信。國之寶也。民之所庇也。得原失信。何以庇之。所亡滋多。退一舍而原降。遷原伯貫于冀。伯貫周守原大夫也。○庇必利反又音祕貫古亂反趙衰爲原大夫。狐溱爲溫大夫。狐溱狐毛之子。○溱側巾反○衛人平莒于我。十二月。盟于洮。脩衛文公之好。且及莒平也。莒以元年酈之役怨魯衛文公將平之未及而卒成公追成父志降名以行事故曰脩文公之好。○好呼報反注同酈力知反。○晉侯問原守於寺人勃鞮。勃鞮披也。○守手又反勃步忽反鞮丁兮反對曰。昔趙衰以壺飧從。徑。餧而弗食。言其廉且仁不忘君也。徑猶行也。○飧音孫從才用反舊如字徑古定反一讀以壺飧從絕句讀徑爲經連下句乖於杜意餧如罪反餓也。〔疏〕注言其至行也。○正義曰杜以徑猶行者以傳文爲徑故釋爲行上讀爲義劉炫改徑爲經謂經歷飢餓下屬爲句輒改其字以規杜氏非也故使處原。從披言也衰雖有大功猶簡小善以進之示不遺勞。○披普皮反。○

經二十有六年。春。王正月。己未。公會莒子衛甯速盟于向。向莒地甯速衛大夫莊子也。○向舒亮反○齊人侵我西鄙。公追齊師至酅。不及。公逐齊師遠至齊地故書之濟北穀城縣西有地名酅下○酅本又作巂戶圭反注同一音以轉反〔疏〕齊人至弗及。○正義曰於例將卑師少稱人將卑師衆稱師此來去一也而師人異文者穀梁傳曰其侵也曰人其追也曰師以公之弗及大之也此傳無解或如穀梁之言美公能逐其師若言追大師然變文以美公猶嘉季子之獲而書莒挐也公追戎于濟西不言所至此言至酅者美公遠追能追至齊地故書之也桓十年齊侯衛侯鄭伯來戰于郎傳曰不書侵伐我有辭也此齊人侵我討洮向二盟與莒和好我亦無罪而書侵者於時晉文初起諸侯無伯齊侯是桓公之子欲以盟主自居魯不告齊而私爲此盟非有正禮可辭齊侯容得侵伐故從本文。○夏。齊人伐我北鄙。孝公未入魯竟先使微者伐之。○竟音境傳同。○衛人伐齊。○公子遂如楚乞師。公子遂魯卿也乞不保得之辭〔疏〕注公子至之辭。○正義曰公子遂名書於經則是卿也而云大夫者大夫是揔辭也今定本爲魯卿乞則自我之心得否在於彼國乞者執謙之意不保必得之辭釋例曰凡乞者深求過理之辭執謙以偪成其計故雖小國之乞大國之乞小國亦皆從不與謀之例臧宣叔郤錡乞師是也然則與謀者彼此合計同謀共行乞師者取彼之力我獨用之故不與從與謀之例公羊傳曰乞者何卑辭也曷爲內外同辭重師也曷爲重師師出不正反戰不正勝穀梁亦同其意以爲兵凶器戰危事用師必有死傷不可必全得歸本不可謂之假借故皆以乞爲名。○秋。楚人滅夔。以夔子歸。夔楚同姓國今建平秭歸縣夔有不祀之罪故不譏楚滅同姓。○夔求龜反秭音姊。○冬。楚人伐宋。圍緡。公以楚師伐齊。取穀。傳例曰師能左右之曰以。○緡亡巾反。○公至自伐齊。無傳

傳二十六年。春。王正月。公會莒茲丕公。茲丕時君之號莒夷無謚以號爲稱。○丕普悲反稱尺證反。○甯莊子。盟于向。尋洮之盟也。洮盟在前年。○齊師侵我西鄙。討是二盟也。○夏。齊孝公伐我北鄙。衛人伐齊。洮之盟故也。公使展喜犒師。勞齊師。○犒苦報反勞也勞力報反下文同。○〔疏〕注勞齊師。○正義曰犒者以酒食餉饋軍師之名也服虔云以師枯槁故饋之飲食勞苦謂之勞也魯語云使展喜以膏沐犒師。○使受命于展禽。柳下惠。○〔疏〕注柳下惠。○正義曰魯語展禽對臧文仲云獲聞之是其人氏展名獲字禽柳下是其所食之邑名謚曰惠列女傳柳下惠死門人將謚之妻曰夫子之謚宜爲惠乎門人從以爲謚莊子云柳下季者季是五十字禽是二十字齊侯未入竟。展喜從之。曰。寡君聞君親舉玉趾。將辱於敝邑。使下臣犒執事。言執事不敢斥尊。○趾音止足也齊侯曰。魯人恐乎。對曰。小人恐矣。君子則否。齊侯曰。室如縣罄。野無青草。何恃而不恐。如而也時夏四月今之二月野物未成故言居室而資糧縣盡在野則無蔬食之物所以當恐。○恐立勇反下及注皆同縣音玄注同罄亦作磬盡也。○〔疏〕注如而至當恐。○正義曰服虔云言室屋皆發撤椽榱在如縣磬孔晃曰縣磬但有榱無覆蓋杜以下云野無青草言在野無青草可食明此在室無資糧可啖故改如爲而言居室而資糧縣盡劉炫云如磬在縣下無粟帛炫乃以服義規杜非也對曰。恃先王之命。昔周公大公股肱周室。夾輔成王。成王勞之。而賜之盟。曰。世世子孫無相害也。載在盟府。載載書也。○大音泰下及注同夾古洽反舊音古協反。○大師職之。職主也大公爲大師兼主司盟之官桓公是以糾合諸侯。而謀其不協。彌縫其闕。而匡救其災。昭舊職也。及君卽位。諸侯之望曰。其率桓之功。率循也。○縫扶容反我敝邑用不敢保聚。用此舊盟故不聚衆保守曰。豈其嗣世九年。而棄命廢職。其若先君何。君必不然。恃此以不恐。齊侯乃還。○東門襄仲臧文仲如楚乞師。襄仲居東門故以爲氏臧文仲爲襄仲副使故不書。○使所吏反。○臧孫見子玉而道之伐齊宋。以其不臣也。言其不臣事周室可以此罪責而伐之。○道音導。○夔子不祀祝融與鬻熊。祝融高辛氏之火正楚之遠祖也鬻熊祝融之十二世孫夔楚之別封故亦世紹其祀。○融餘忠反鬻音育。○〔疏〕祝融至其祀。○正義曰楚世家云楚之先出自帝顓頊高陽高陽生稱稱生卷章卷章生重黎黎爲高辛氏火正帝嚳命曰祝融帝誅重黎而以其弟吳回居火正爲祝融吳回生陸終陸終生季連季連芊姓楚其後也其後中微或在中國或在蠻夷不能紀其世周文王之時季連之苗裔曰鬻熊事文王曾孫熊繹成王封於楚是祝融鬻熊皆爲楚之遠祖也自祝融至鬻熊司馬遷不能紀其世杜言十二世不知出何書故劉炫規杜云計其間出有一千二百年略而言之則百年爲一世計父子爲十二世何以得近千二百年乎今刪定知不然者以其間或兄弟伯叔相及皆爲君故年多而世少或可轉寫誤劉更無別文以意而規杜氏未爲得也。○楚人讓之。對曰。我先王熊摯有疾。鬼神弗赦。而自竄于夔。熊摯楚嫡子有疾不得嗣位故別封爲夔子。○摯音至竄七亂反字林又千外反嫡丁歷反。○〔疏〕注熊摯至夔子

正義曰傳言熊摯有疾是以失楚明是適子有疾不得嗣位楚世家無其事不知熊摯是何君之適何時封夔案鄭語孔晁注云熊繹玄孫曰熊摯有疾楚人廢之立其弟熊延熊摯自棄於夔子孫有功王命爲夔子亦不知何所據也。吾是以失楚。又何祀焉。廢其常祀而飾辭文過。○秋。楚成得臣、鬭宜申帥師滅夔。以夔子歸。成得臣令尹子玉也鬭宜申司馬子西也○宋以其善於晉侯也。重耳之出也宋襄公贈馬二十乘○乘繩證反叛楚即晉。冬。楚令尹子玉、司馬子西帥師伐宋。圍緡。公以楚師伐齊。取穀。凡師能左右之曰以。左右謂進退在己○左右並如字〔疏〕凡師至曰以○正義曰能左右者謂欲左則左欲右則右故注云謂進退在己釋例曰凡師能左右之曰以謂求助於諸侯而專制其用征伐進退帥意而行故變會及之文而曰以施於匹敵相用者若伯主之命則上行於下非例所及也吳雖大國順蔡侯之請自將其衆唯蔡侯之命故亦言以吳子也傳例稱師則諸不言師者皆不用以爲例也以之於言所涉甚多劉賈許潁既不守例爲斷又亦不能盡通諸以唯取晉人執季孫以歸劉子單子以王猛居于皇尹氏毛伯以王子朝奔楚隨示以義數事而已又云諸稱以皆小以大下以上非其宜也尋案晉侯以季孫歸又非下以上也荆以蔡侯歸亦非小以大也寘桓公子雍於穀。易牙奉之以爲魯援。雍本與孝公爭立故使居穀以偪齊○寘之豉反援于眷反。楚申公叔侯戍之。爲二十八年楚子使申叔去穀張本桓公之子七人爲七大夫於楚。言孝公不能撫公族

經二十有七年。春。杞子來朝。○夏六月。庚寅。齊侯昭卒。十九年與魯大夫盟于齊○秋。八月。乙未。葬齊孝公。無傳三月而葬速乙巳。公子遂帥師入杞。弗地曰入八月無乙巳乙巳九月六日○冬。楚人、陳侯、蔡侯、鄭伯、許男圍宋。傳言楚子使子玉去宋經書人者恥不得志以微者告猶序諸侯之上楚主兵故○〔疏〕注傳言至兵故○正義曰此年傳云楚子及諸侯圍宋則是楚子親自來也十二月公會諸侯盟于宋公爲楚子在宋而往會之明與楚子共盟也明年傳晉侯執曹伯分曹衛之田以畀宋人其下始云楚子入居于申使子玉去宋由此而言楚子初來圍宋必親至宋國使子玉主兵明年見晉之盛身始去之獨留子玉於宋耳杜以諸侯之敗不至稱人今言楚人不得爲楚子之身也子玉楚之正卿宜書其名今書曰楚人非子玉也故以恥不得志以微者告也若然莊二十八年齊人伐衛杜云齊侯稱人者諱取賂而還以賤者告二十二年宋公及楚人戰于泓杜云楚告命不以主帥人數故略稱人則以彼二解義亦得通但傳有子玉在宋之文故據子玉解之所以弘通其義也初圍宋在此年冬楚子入居于申乃是明年三月圍至明年不克始是不得志耳非是初圍之時爲不得志也杜意當以此爲明年始告告以今冬圍耳下句即有公會諸侯于宋楚未來告而公得往會之者公傳聞即往非待告也其書圍宋之事必待事使來告傳聞行言不得書也然若成十三年公會諸侯伐秦傳稱戰于麻隧秦師敗績而經無戰敗之事杜云時公在師復不須告蓋經文闕漏傳文獨存即如彼言公見其事不復須告此時公會諸侯于宋即是親見宋圍何以不即書之而云待楚告者案檢上下襄十一年公會晉侯云云伐鄭傳稱鄭人行成下言晉趙武入盟鄭伯鄭子展出盟晉侯杜云二盟不書不告二十五年公會晉侯云云于夷儀傳稱伐齊齊人使隰鉏請成慶封如師杜云慶封獨使於晉不通諸侯故不書二十六年傳六月公會晉趙武宋向戌鄭良霄曹人于澶淵晉人執甯喜以歸杜云歸晉而後告諸侯故經書在秋此三事者公雖在會不告不書所言不須告者皆謂公親行其事麻隧公親在戰故云不復須告此時公往與盟不與圍宋故圍宋之事必待告乃書既以微者來告猶序諸侯之上者春秋之例會同以國大小爲序征伐則以主兵在前此序諸侯之上由楚主兵故也○十有二月。甲戌。公會諸侯盟于宋。無傳諸侯伐宋公與楚有好而往會之非後期宋方見圍無嫌於與盟故直以宋地○好呼報反與音預〔疏〕注諸侯至宋地○正義曰陳蔡鄭許皆是楚之屬國楚子帥而與之圍宋往年公使公子遂如楚乞師始與之通和好魯非楚之屬國圍宋之事公不與謀直聞其在宋往會之耳非是楚來召公公自往會之非後期也言此者文七年扈之盟爲公後期不序其國而揔曰諸侯此亦揔曰諸侯有後期之嫌故明之非爲後期而揔稱諸侯即上圍宋之諸侯也一事而再見者前目而後凡常例也圍稱楚人以微者告魯此與諸侯盟會必是楚子親之不復別言楚子者上已歷序諸侯遂令楚子當楚人之處即從揔文故不復曲序之也凡盟會以國爲地者必國主與其盟會此時宋方見圍無嫌與盟故直以宋地也○

傳二十七年。春。杞桓公來朝。用夷禮。故曰子。杞先代之後而迫於東夷風俗雜壞言語衣服有時而夷故杞子卒傳言其夷也今稱朝者始於朝禮終而不全異於介葛盧故唯貶其爵○公卑杞。杞不共也。杞用夷禮故賤之○共音恭本亦作恭下注同○夏。齊孝公卒。有齊怨。前年齊再伐魯不廢喪紀。〔疏〕不廢喪紀正義曰周禮小司徒掌喪紀之禁令庖人掌喪紀之庶羞樂記曰哀麻哭泣所以節喪紀也言喪紀者多矣喪紀者喪事之揔名諸侯相與唯有弔贈故注云弔贈之數不存廢也禮也。弔贈之數不有廢○秋。入杞。責無禮也。責不共也○責無禮本或作責禮也○楚子將圍宋。使子文治兵於睽。子文時不爲令尹故云使治兵習號令也睽楚邑○睽苦圭反又音圭○終朝而畢。不戮一人。終朝自旦及食時也子文欲委重於子玉故略其事○朝如字注同戮音六○子玉復治兵於蔿。子玉爲令尹故蔿楚邑○復扶又反蔿于委反終日而畢。鞭七人。貫三人耳。〔疏〕貫三人耳○正義曰耳助句也國老皆賀子文。〔疏〕國老皆賀○正義曰王制云有虞氏養國老於上庠養庶老於下庠然則國老者國之卿大夫士之致仕者也子文飲之酒。賀子玉堪其事○貫音官又古亂反飲於鴆反蔿賈尚幼。後至。不賀。蔿賈伯嬴孫叔敖之父幼少也○嬴音盈少詩照反下同子文問之。對曰。不知所賀。子之傳政於子玉。曰以靖國也。〔疏〕子之至國也○正義曰二十三年子玉伐陳城頓而還子文使爲令尹叔伯曰子若國何對曰吾以靖國也夫有大功而無貴仕其人能靖者與有幾子文恐子玉矜功爲亂故授令尹冀以靖國家此舉其前言以非之靖諸內而敗諸外。所獲幾何。子玉之敗。子之舉也。舉以敗國。將何賀焉。子玉剛而無禮。不可以治民。過三百乘。其不能以入矣。〔疏〕過三至入矣○正義曰若使爲帥過三百乘其必不能入前敵矣苟入而賀。何後之有。三百乘二萬二千五百人○傳直專反幾居豈反乘繩證反下同○冬。楚子及諸侯圍宋。宋公孫固如晉告急。公孫固宋莊公孫先軫曰。報施救患。取威定霸。於是乎在矣。先軫晉下軍之佐原軫也報宋贈馬之施○軫之忍反施式氏反注同〔疏〕注先軫至之施○正義曰劉炫云下蒐于被廬先軫始佐下軍此時未爲下軍之佐以規杜氏知不然者以方欲救宋即蒐被廬先軫此語與蒐相近不知未蒐之前先軫身作何官故以蒐後下軍之佐明之然先軫後年亦爲中軍帥不云中軍帥者相去既遠又隔下軍之佐故杜不言之狐偃曰。楚始得曹。而新昏於衛。若伐曹衛。楚必救之。則齊宋免矣。前年楚使申叔侯戍穀以偪齊於是乎蒐于被廬。晉常以春蒐禮改政令敬其始也被廬晉地○蒐所求反被皮義反廬力居反作三軍。閔元年晉獻公作二軍今後大國之禮謀元帥。中軍帥○帥所類反注同〔疏〕謀元帥○正義曰元長也謂將帥之長軍行則重者居中故晉以中軍爲尊而上軍次之其二軍則上軍爲尊故閔元年晉侯作二軍公將上軍趙衰曰。郤縠可。臣亟聞其言矣。說禮樂而敦詩書。詩書。義之府也。禮樂。德之則也。德義。利之本也。〔疏〕說禮至本也○正義曰說謂愛樂之敦謂厚重之詩之大旨勸善懲惡書之爲訓尊賢伐罪奉上以道禁民爲非之謂義詩書義之府藏也禮者謙卑恭謹行歸於敬樂者欣喜歡娛事合於愛揆度於內舉措得中之謂德禮樂者德之法則也心說禮樂志重詩書遵禮以布德習詩書以行義有德有義利民之本也晉語云文公問元帥於趙衰對曰郤縠可年五十矣守學彌惇夫好先王之法者德義之府也夫德義生民之本也能敦篤不忘百姓請使郤縠公從之夏書曰。賦納以言。明試以功。車服以庸。尚書虞夏書也賦納以言觀其志也明試以功考其事也車服以庸報其勞也賦猶取也庸功也○數本又作敷同胡木反亟欺冀反數也說音悅君其試之。〔疏〕夏書至試之○正義曰夏書言用臣之法賦取也取人納用以其言

察其言觀其志也分明試用以其功考其功觀其能也而賜之車服以報其庸庸亦功也知其有功乃賜之古人之法如此君其試用之○注尚書至功也○正義曰此古文虞書益稷之篇漢魏諸儒不見古文因伏生之謬從堯典至徧以下凡二十篇總名曰虞夏書以與禹對言故傳通謂大禹謨以下皆爲夏書也古本作敷納以言明庶以功敷作賦庶作試師受不同古字改易耳賦稅者取受之義故爲取也庸功釋詁文舜典云敷奏以言明試以功車服以庸文雖略同此引夏書非舜典也乃使郤縠將中軍。郤溱佐之。使狐偃將上軍。讓於狐毛而佐之。狐毛偃之兄。將子匠反下將上將皆同溱側巾反〔疏〕注狐毛偃之兄。○正義曰晉語偃辭曰毛之知賢於臣其齒又長毛也不在位不敢聞命命趙衰爲卿。讓於欒枝、先軫。欒枝貞子也欒賓之孫。欒魯官反使欒枝將下軍。先軫佐之。荀林父御戎。魏犨爲右。荀林父中行桓子。行戸剛反晉侯始入而教其民。二年欲用之。二十四年入子犯曰。民未知義。未安其居。無義則苟生。〔疏〕注無義則苟生。○正義曰未知君臣之義不作長久之圖苟且爲生以過朝夕是未安其居於是乎出定襄王。二十五年定襄王以示事君之義入務利民。民懷生矣。〔疏〕入務至生矣。○正義曰利民之事非止一塗晉語說文公爲政云棄責薄斂施舍分災救乏振滯匡困資無輕關易道通賈寬農務穡勸分省用足財利器明德以厚民性皆是利民之事民懷生者謂有懷義之心不復苟且劉炫云生既厚民皆懷戀居處將用之。子犯曰。民未知信。未宣其用。宣明也未明於見用之信〔疏〕注未明於見用之信。○正義曰信是人之所用若未伐原示信民未明於信是人用故傳云未宣其用云見用者言信見爲人所用於是乎伐原以示之信。伐原在二十五年民易資者。不求豐焉。不詐以求多明徵其辭。重言信。公曰。可矣乎。子犯曰。民未知禮。未生其共。於是乎大蒐以示之禮。蒐順少長明貴賤。長丁丈反作執秩以正其官。執秩主爵秩之官。秩直乙反民聽不惑而後用之。出穀戍。釋宋圍。楚子使申叔去穀子玉去宋一戰而霸。文之教也。謂明年戰城濮〔疏〕文之教也。○正義曰論語云上好禮則民莫敢不敬上好義則民莫敢不服上好信則民莫敢不用情今晉侯以義信禮教民然後用之是文德之教也明年傳君子謂晉於是役也能以德攻注云以文德教民而後用之謂此役也

經二十有八年。春。晉侯侵曹。晉侯伐衞。再舉晉侯者曹衞兩來告○公子買戍衞。不卒戍。刺之。公子買魯大夫子叢也內殺大夫皆書刺言用周禮三刺之法示不枉濫也公實畏晉殺子叢而誣叢以廢戍之罪恐不爲遠近所信故顯書其罪○刺七賜反殺也叢似東反枉紆往反〔疏〕注公子至其罪。○正義曰經言買傳言叢蓋名買字叢或一字相似而一謬也周禮司刺掌三刺之法以贊司寇聽獄訟一刺曰訊羣臣再刺曰訊羣吏三刺曰訊萬民鄭玄云刺殺也訊而有罪則殺之訊言也內殺大夫此及成十六年刺公子偃皆書刺者若云用彼三刺之法言問臣吏萬民皆言台殺乃始殺之以示不枉濫也此三刺之法位在外朝庫門之外臯門之內故小司寇掌外朝之政三公及州長百姓北面羣臣西面羣吏東面如此訊之也魯史獨設此名所以異於外也公羊以爲內諱殺大夫謂之刺以爲諸侯不得專殺故諱言刺之其意小異於此公實畏晉殺子叢以說晉言戍衞者叢之所爲又歸罪於叢言不終戍事故殺之恐不爲遠近所信故顯書子叢之罪也然魯殺子叢本有兩意不謂楚云不卒戍謂晉云叢欲戍衞今經之所書書謂楚之辭不書謂晉之辭者以魯先與楚同好恐楚疑之故顯書不卒戍之罪以告屬楚諸侯心實畏晉未敢宣露故經不書告晉之辭蘇云公子買不卒戍者告晉楚之辭也謂晉云公子買比來戍衞今不使終其戍事是以殺之謂楚云比令公子買楚戍衞其買不終戍事是以殺之楚人救衞。○三月。丙午。晉侯入曹。執曹伯。畀宋人。畀與也執諸侯當以歸京師晉欲怒楚使戰故以與宋所謂譎而不正○畀必利反注同譎古穴反〔疏〕注畀與也。○正義曰劉炫云公羊傳曰畀者何與也其言以畀宋人何與使聽之何休云宋稱人者明聽訟必師斷與其師衆共之穀梁傳曰畀與也其曰人何也不與晉侯畀宋公也注云畀上與下之辭故不以侯畀公案傳執曹伯分曹衞之田以畀宋人則田亦稱人非爲斷獄故云人也若不使晉侯與宋公自可改其畀名何以名之爲畀而使義不得與也若與宋人豈宋國卑賤之人得獨受曹伯而治之乎二傳之言皆不得合左氏當以人爲衆辭舉國而稱之耳○夏。四月。己巳。晉侯、齊師、宋師、秦師及楚人戰于城濮。楚師敗績。宋公齊國歸父秦小子慭既次城濮以師屬晉不與戰也子玉及陳蔡之師不書楚人恥敗告文略也大崩曰敗績○濮音卜慭魚覲反下與音預〔疏〕注宋公至敗績。○正義曰於例將卑師衆稱師此齊宋秦皆又稱師則將非尊者傳云宋公齊國歸父秦小子慭次于城濮及其交戰唯言晉師陳于莘北說晉之將帥與楚相敵都不言齊宋公卿知其既次城濮以師屬晉不與戰也沈氏云定四年戰于柏舉傳稱蔡侯吳子唐侯伐楚杜云唐侯不書兵屬於吳蔡今宋齊秦屬晉而書之者彼柏舉之戰唐師共屬吳蔡與之同陳故不書此齊宋師等雖屬晉猶異陳故得書之傳稱子玉及陳蔡之師皆在於陳而不書者楚人恥敗告辭略故史不得書之劉炫規過以爲晉人告略今知不然者但於此戰時魯猶不屬楚凡禍福相告必同好之國故知楚人來告也楚人來告不言陳蔡者恥其諸國皆在不能敵晉故略言楚人而已若其晉告則應矜其勝事以少敗多何肯略其陳蔡而不告也劉以爲晉人來告而規杜氏非也楚殺其大夫得臣。子玉違其君命以取敗稱名以殺罪之○衞侯出奔楚。○五月。癸丑。公會晉侯、齊侯、宋公、蔡侯、鄭伯、衞子、莒子、盟于踐土。踐土鄭地王子虎臨盟不同歃故不書衞侯出奔其弟叔武攝位受盟非王命所加從未成君之禮故稱子而序鄭伯之下經書癸丑月十八日也傳書癸亥月二十八日經傳必有誤○踐以淺反土如字或一音杜歃所洽反本又作啑〔疏〕注踐土至有誤。○正義曰傳稱王子虎盟諸侯于王庭而不書子虎知子虎臨盟不與歃定四年傳稱踐土之盟其載書云王若曰晉重魯申衞武蔡甲午鄭捷齊潘宋王臣莒期其次與會不同者會之班次以國大小爲序及其盟也王臣臨之異姓爲後故載書之次與會異也定四年召陵之會傳稱祝佗言於萇弘曰踐土之盟衞成公不在夷叔其母弟也猶先蔡萇弘說告劉子乃長衞侯於盟如彼傳文則踐土召陵二盟衞皆先蔡而經書諸國之序二會皆蔡在衞先者釋例曰周之宗盟異姓爲後故踐土載書齊宋雖大降於鄭衞斥周而言止謂王官之宰臨盟者也其餘雜盟未必皆然踐土召陵二會蔡在衞上時國次也至盟乃正其高下者敬恭明神本其始也是言盟會異次之意也如釋例之言王官之宰臨盟乃以異姓爲後則二十九年翟泉之盟王子虎在焉宣七年黑壤之盟王叔桓公臨之彼二盟亦當異姓爲後與會異次也八年洮之盟王人在列杜指王官之宰則卑者未必能別同姓異姓若無王官之伯則以大小爲序襄二十七年宋之盟晉楚爭先是其餘雜盟不先同姓之文也周禮典命云諸侯之適子誓於天子攝其君則下其君一等未誓則以皮帛繼子男叔武是衞侯之弟未得從世子之法攝位受盟舊無正禮其班位高下出於主會之意以其非王命所加使從未成君之禮故稱子而序於鄭伯之下蓋晉文之意使然陳侯如會。無傳陳本與楚楚敗懼而屬晉來不及盟故曰如會〔疏〕陳侯如會。○正義曰沈氏云八年鄭伯云乞盟此直云如會者彼及其盟故云乞盟此則不及其盟又陳侯不乞故與彼文異公朝于王所。無傳王在踐土非京師故曰王所〔疏〕注王在至王所。○正義曰穀梁傳曰朝不言所言所者非其所也是其由非京師故稱王所也公羊傳曰曷爲不言公如京師天子在是也曷爲不言天子在是不與致天子也其意言晉文公召王來踐土左傳於此無召王之事直云作王宮于踐土杜云襄王聞戰勝自往勞之故爲作宮則以王意自往非晉召之不同公羊說也○六月。衞侯鄭自楚復歸于衞。復其位曰復歸晉人感叔武之賢而復衞侯衞侯之入由于叔武故以國逆爲文例在成十八年衞元咺出奔晉。元咺衞大夫雖爲叔武訟訴失君臣之節故無賢文奔例在宣十年○咺況晚反爲于僞反下爲其同訴本又作愬蘇路反〔疏〕注元咺至十年。○正義曰宣十年齊崔氏出奔衞傳曰書曰崔氏非其罪也文八年宋司城來奔傳言司城效節於府人而出故書以官貴之也然書官及氏爲貴則書名不是賢文以元咺訴君於晉所訴雖直令君昭罪失君臣之節故無賢文書其名從本文也○陳侯款卒。無傳四同盟〔疏〕注凡四同盟○正義曰款以十三年即位十五年盟于牡丘十九年盟于齊二十一年于薄二十七年于宋魯陳俱在是四同盟也○秋。杞伯姬來。無傳莊公女歸寧曰來○公子遂如齊。無傳聘也○冬。公會晉侯、齊侯、宋公、蔡侯、鄭伯、陳子、莒子、邾人、秦人、于溫。陳共公稱子先君未葬例在九年宋襄公稱子自在本班陳共公稱子降在鄭下陳懷公稱子而在鄭上傳無義例蓋主會所次非襃貶也○共音恭

共公同〔疏〕注「陳共至貶也」。○正義曰：陳侯款經不書葬，正以稱子知其先君未葬也。宋襄稱子，九年葬，上會也。陳共公稱子，此會也。陳懷公稱子，定四年召陵會也。其班次上下，傳無義例，故疑此會所次非褒貶也。桓十六年公會宋公、衛侯、陳侯、蔡侯伐鄭，杜云「蔡常在衛上，今序陳下，蓋後至」。二十九年翟泉之盟，秦人在陳、蔡之下，傳歷序諸侯之卿而有秦小子憖，杜云「秦小子憖在蔡下者，若宋向戌之後會」。彼二事班失其次，杜以後至釋之。知此陳共公稱子降在鄭下非後至者，杜以後至爲說，亦無明文，正以國之大小班序先定，今乃退在小國之下，因向戌有後至之譏，故取以爲說耳。未成君者，例無定式，不知所由，故言「蓋」，爲疑辭，疑主會之意亦未必不由後至而降之。禮雜記云「君薨，大子號稱子，待猶君也」。然則待之如君，在本班者爲得禮也；降其班者，出自主會之意。○天王狩于河陽。晉地。今河內有河陽縣。晉實召王，爲其辭逆而意順，故經以王狩爲辭。○狩本又作守，音同。壬申。公朝于王所。壬申，十月十日。有日而無月，史闕文。○晉人執衛侯。歸之于京師。稱人以執，罪及民也。例在成十五年。諸侯不得相治，故歸之京師。〔疏〕晉人至京師。○正義曰：成十五年晉侯執曹伯歸于京師，彼不言之，此言之者，公羊傳曰「歸之于者，罪已定矣；歸于者，罪未定也」。左氏無此義，正是史異辭耳。衛元咺自晉復歸于衛。元咺與衛侯訟，得勝而歸，從國逆例者，明衛侯無道於民，國人與元咺。○諸侯遂圍許。會溫諸侯也。許比再會不至，故因會共伐之。○比如字王俾利反。曹伯襄復歸于曹。晉感侯獳之言而復曹伯，故從國逆例。○獳，乃侯反。〔疏〕注「晉感至之例」。○正義曰：侯獳愛君以請，此曹伯從國逆之例。成十六年曹人再請於晉，乃釋成公，而云「曹伯歸自京師」，從外納之文者，彼國人請君，自是恒事；此侯獳貨筮史，致其誠心，晉侯感其言而特釋之，所以顯侯獳，故從國逆例也。遂會諸侯圍許。言遂，得復而行，不歸國也。

傳二十八年。春。晉侯將伐曹。假道于衛。曹在衛東，故。衛人弗許。還自河南濟。從汲郡南渡，出衛南而東。○汲音急。侵曹伐衛。正月。戊申。取五鹿。五鹿，衛地。二月。晉郤縠卒。原軫將中軍。胥臣佐下軍。上德也。先軫以下軍佐超將中軍，故曰上德。胥臣，司空季子。○將，子匠反，注同。胥，思徐反。晉侯、齊侯盟于斂盂。斂盂，衛地。○斂，徐音廉，又力撿反。盂音于。衛侯請盟。晉人弗許。衛侯欲與楚。國人不欲。故出其君以說于晉。衛侯出居于襄牛。襄牛，衛地。○說音悅，或如字。公子買戍衛。晉伐衛，衛楚之昏姻，魯欲與楚，故戍衛。楚人救衛。不克。公懼於晉。殺子叢以說焉。召子叢而殺之，以謝晉。○說音悅。謂楚人曰。不卒戍也。謂告楚人，言子叢不終戍事而歸，故殺之。殺子叢在楚救衛下，經在上者，救衛赴晚至。○晉侯圍曹。門焉多死。

攻曹城門。曹人尸諸城上。磔晉死人於城上。○磔，張宅反。晉侯患之。聽輿人之謀曰。稱舍於墓。輿，衆也。舍墓，爲將發冢。○輿音餘。爲如字，又于僞反。〔疏〕輿人至於墓。○正義曰：此謀字或作誦，涉下文而誤耳。其云誦者，皆韻如詩賦，此稱舍於墓，直是計謀之言，不得爲誦。今定本作謀。師遷焉。曹人兇懼。遷至曹人墓。兇兇，恐懼聲。○兇，凶勇反。恐，丘勇反。爲其所得者。棺而出之。因其兇也而攻之。三月。丙午。入曹。數之以其不用僖負羈。而乘軒者三百人也。且曰獻狀。軒，大夫車。言其無德居位者多，故責其功狀。○棺，古患反，一音官。軒，許言反。令無入僖負羈之宮。而免其族。報施也。報殘壁之施。○施，始豉反，注同。殘音孫。魏犨、顚頡怒曰。勞之不圖。報於何有。二子各有從亡之勞。○顚，胡詰反。從，才用反。〔疏〕勞之至何有。○正義曰：二子有從行之勞，未得厚賞，故言勞苦之大不嘗圖謀其報，此小惠於何有，義恨公忘己而念彼也。爇僖負羈氏。爇，燒也。○爇，如悅反。魏犨傷於胷。公欲殺之。而愛其材。才力。使問。且視之病。將殺之。魏犨束胷見使者。曰。以君之靈。不有寧也。言不以病故自安寧。○見，賢遍反。使，所吏反。距躍三百。曲踊三百。距躍，超越也。曲踊，跳踊也。百猶勵也。○距音巨。躍，羊略反。三如字，又息暫反。百音陌，下放此。跳，徒彫反。勵音邁。〔疏〕注「距躍至勵也」。○正義曰：詩稱魚躍，易言龍躍，則躍是舉身向上之名。禮記婦人踊不絕地，則踊亦向上之名。詩云踊躍用兵，則踊躍二事勢相類也。說文云：躍，迅也；踊，跳也。然則躍以疾生名，故以距躍爲超越，言距地向前跳而越物過也。曲踊以曲爲言，則謂向上跳而折復下，故以曲踊爲跳踊耳。言直上向下而已。以傷病之人而再言三百，不可爲六百跳也。杜言百猶勵，亦不知何所謂，蓋復訓勵爲勉，言每跳皆勉力爲之。乃舍之。殺顚頡以徇于師。立舟之僑以爲戎右。舟之僑，故虢臣，閔二年奔晉，以代魏犨，爲先歸張本。○舍如字，又音捨，下同。徇，似俊反。宋人使門尹般如晉師告急。門尹般，宋大夫。○般音班。公曰。宋人告急。舍之則絕。與晉絕。告楚不許。我欲戰矣。齊秦未可。若之何。未肯戰。先軫曰。使宋舍我而賂齊秦。求救於齊秦。○舍音捨。藉之告楚。假借齊秦，使爲宋請。○藉，在亦反，借也。爲，于僞反。我執曹君。而分曹衛之田以賜宋人。楚愛曹衛。必不許也。不許齊秦之請。喜賂怒頑。能無戰乎。言齊秦喜得宋賂而怒楚之頑，必自戰也。不可告請，故曰頑。公說。執曹伯。分曹衛之田以畀

宋人。楚子入居于申。申在方城內，故曰入。○說音悅。畀，必利反。使申叔去穀。二十六年申叔戍穀。使子玉去宋。曰。無從晉師。晉侯在外十九年矣。而果得晉國。晉侯生十七年而亡，亡十九年而反，凡三十六年，至此四十矣。險阻艱難。備嘗之矣。民之情僞。盡知之矣。天假之年。獻公之子九人，唯文公在，故曰天假之年。而除其害。除惠、懷、呂、郤。天之所置。其可廢乎。軍志曰。允當則歸。無求過分。軍志，兵書。○當，丁浪反。分，扶問反。又曰。知難而退。又曰。有德不可敵。此三志者。晉之謂矣。謂今與晉遇，當用此三志。〔疏〕軍志至謂矣。○正義曰：允當則歸，謂信當分理則須歸還，無求過分決戰取勝也。知難而退，謂知前敵之難則須退辟也。有德不可敵，謂必知敵彊，不須與競也。此三志者，與晉相遇之謂矣。劉炫云：此志三云者，情有淺深。允當則歸，謂彼雖可勝，得當則還，言前人弱於已也。知難而退，謂勝不可必，早自止，數言前人與已敵也。有德不可敵，謂必知彼彊，不須與競，言前人彊於已也。三者從弱至彊，摠言晉之謂矣，指言晉彊於已也。子玉使伯棼請戰。伯棼，子越椒也，闘伯比之孫。○棼，扶云反，王扶粉反。曰。非敢必有功也。願以間執讒慝之口。間執，猶塞也。讒慝，若蔿賈之言謂子玉不能以三百乘入。○間，間廁之間，注同。慝，吐得反。乘，繩證反。王怒。少與之師。唯西廣東宮。與若敖之六卒。實從之。楚子還申，遣此兵以就前圍宋之衆。楚有左右廣，又太子有宮甲，分取以給之。若敖，楚武王之祖父，葬若敖者。子玉之祖也。六卒，子玉宗人之兵六百人，言不悉師以益之。○廣，古曠反，注同。卒，子忽反，注同。〔疏〕注「楚子至益之」。○正義曰：宣十二年傳欒武子說楚事云「其君之戎分爲二廣，廣有一卒，卒偏之兩」，是楚有左右廣也。周禮車僕掌戎路之萃、廣車之萃，鄭玄云「廣車，橫陳之車」。襄十一年鄭人賂晉侯以廣車，蓋兵車之名，名之爲廣，因即以車表兵，謂屬西廣之兵也。文元年商臣以宮甲圍成王，是東宮兵也。周禮司馬凡制軍，百人爲卒，知六卒六百人也。子玉使宛春告於晉師曰。請復衛侯而封曹。臣亦釋宋之圍。衛侯未出竟，曹伯見執在宋，已失位，故言復衛封曹。○宛，於元反，又於阮反。竟音境。子犯曰。子玉無禮哉。君取一。臣取二。君取一，以釋宋圍惠晉侯。臣取二，復曹衛爲己功。不可失矣。言可伐。先軫曰。子與之。〔疏〕先軫曰子與之。○正義曰：以子犯言爲無理，故先言子與之，欲令子犯與子玉復衛封曹，既言此以荅子犯，然後復言其不可之理，更別爲之立計，使私許復曹衛以攜之。定人之謂禮。楚一言而定三國。我一言而亡之。我則無禮。何以戰乎。不許楚言。是棄宋也。救而棄之。謂諸侯何。言將爲諸侯所

怪。楚有三施。我有三怨。怨讎已多。將何以戰。不如私許復曹衛以攜之。私許二國使告絕于楚而後復之攜離也。○施始豉反執宛春以怒楚。既戰而後圖之。須勝負決乃定計公說。乃拘宛春於衛。且私許復曹衛。曹衛告絕於楚。子玉怒。從晉師。晉師退。軍吏曰。以君辟臣。辱也。且楚師老矣。何故退。子犯曰。師直爲壯。曲爲老。豈在久矣。微楚之惠不及此。重耳過楚楚成王有贈送之惠。○說音悅拘音俱過古禾反退三舍辟之。所以報也。一舍三十里初楚子云若反國何以報我故以退三舍爲報背惠食言。〔疏〕背惠食言。正義曰釋詁云食僞也孫炎云食言之爲尚書湯誓云爾無不信朕不食言孔安國云食盡其言僞不實也哀二十五年傳孟武伯惡郭重曰何肥也公曰是食言多矣能無肥乎然則食言者言而不行如食之消散後終不行則前言爲僞通謂僞言爲食言故爾雅訓食爲僞也以亢其讎。亢猶當也讎謂楚也○背音佩下及注同亢若浪反我曲楚直。其衆素飽。不可謂老。直氣盈飽〔疏〕注直氣盈飽。正義曰素訓爲空忿怒之深空腹不食直氣盈飽也我退而楚還。我將何求。若其不還。君退臣犯。曲在彼矣。退三舍。楚衆欲止。子玉不可。夏四月戊辰。晉侯、宋公、齊國歸父、崔夭、秦小子憖次于城濮。國歸父崔夭齊大夫也小子憖秦穆公子也城濮衛地○夭於表反楚師背酅而舍。酅丘陵險阻名○酅戶圭反〔疏〕注酅丘陵險阻名。○正義曰兵法右背山陵前左水澤楚師背酅而舍知其背丘陵也蓋所舍之處有丘陵名酅其處有險阻也晉侯患之。聽輿人之誦。恐衆畏險故聽其歌誦曰。原田每每。舍其舊而新是謀。高平曰原喻晉軍美盛若原田之草每每然可以謀立新功不足念舊惠○每亡回反又梅對反舍音捨公疑焉。疑衆謂己背舊謀新子犯曰。戰也。戰而捷。必得諸侯。若其不捷。表裏山河。必無害也。晉國外河而內山公曰。若楚惠何。欒貞子曰。漢陽諸姬。楚實盡之。貞子欒枝也水北曰陽姬姓之國在漢北者楚盡滅之思小惠而忘大恥。不如戰也。晉侯夢與楚子搏。搏手搏。搏音博楚子伏己而盬其腦。盬唼也○盬音古腦乃老反唼子荅反又所荅反又子甲反〔疏〕注盬唼也○正義曰盬之爲唼未見正訓盍相傳爲然服虔云如俗語相罵云唼女腦矣是以懼。

子犯曰。吉。我得天。楚伏其罪。吾且柔之矣。晉侯上向故得天楚子下向地故伏其罪腦所以柔物子犯審見事宜故權言以荅夢○向或作嚮許亮反下同子玉使鬭勃請戰。鬭勃楚大夫曰。請與君之士戲。君馮軾而觀之。得臣與寓目焉。寓寄也○馮皮冰反軾音式與音預寓音遇晉侯使欒枝對曰。寡君聞命矣。楚君之惠。未之敢忘。是以在此。爲大夫退。其敢當君乎。既不獲命矣。不獲止命。爲于僞反敢煩大夫謂二三子。煩鬭勃令戒敕子玉子西之屬○令力呈反戒爾車乘。敬爾君事。詰朝將見。詰朝平旦○乘繩證反下及注皆同詰起吉反朝如字注同見如字又賢遍反晉車七百乘。韅靷鞅靽。五萬二千五百人在背曰韅在胷曰靷在腹曰鞅在後曰靽言駕乘脩備○韅許見反王又去見反靷說文作𩊧云著掖皮靷以刃反說文云軸也鞅於杖反說文云頸皮也靽音半一云縶也背如字〔疏〕注五萬至脩備正義曰說文云韅著掖皮也靷引軸也鞅頸皮也此注與說文不同盍以時驗而爲解也驂馬挽車有皮在背者有約胷者有在腹爲帶者有縶絆其足者從上而下次之在後在謂在足是也傳唯舉四事文無所結舉其小事皆具言其駕乘脩備明諸事皆備也晉侯登有莘之虛以觀師。曰。少長有禮。其可用也。有莘故國名少長猶言大小○莘所巾反虛丘魚反少詩照反注同長丁丈反遂伐其木。以益其兵。伐木以益攻戰之具輿曳柴亦是也○攻如字又音貢注同己巳。晉師陳于莘北。胥臣以下軍之佐當陳蔡。子玉以若敖之六卒將中軍。曰。今日必無晉矣。子西將左。子上將右。子西鬭宜申子上鬭勃○陳于直覲反卒子忽反下同將子匠反下及注同胥臣蒙馬以虎皮。先犯陳蔡。陳蔡奔。楚右師潰。陳蔡屬楚右師○潰戶內反狐毛設二旆而退之。旆大旗也又建二旆而退使若大將稍却○旆薄具反欒枝使輿曳柴而僞遁。曳柴起塵詐爲衆走○遁徒困反楚師馳之。原軫、郤溱以中軍公族橫擊之。公族公所率之軍狐毛、狐偃以上軍夾攻子西。楚左師潰。楚師敗績。子玉收其卒而止。故不敗。三軍唯中軍完是大崩○夾古洽反又音頰晉師三日館穀。館舍也食楚軍穀三日及癸酉而還。甲午。至于衡雍。作王宮于踐土。衡雍鄭地今熒陽卷縣襄王聞晉戰勝自往勞之故爲作宮○雍於用反卷音權又丘權反勞力報反

爲于僞反下文同鄉役之三月。鄉猶屬也城濮役之前三月○鄉許亮反本又作嚮同屬音燭鄭伯如楚致其師。爲楚師既敗而懼。〔疏〕鄭伯至而懼。○正義曰致其師者致其鄭國之師許以佐楚也戰時雖無鄭師要本心佐楚故既敗而懼使子人九行成于晉。子人氏九名○爲于僞反〔疏〕注子人氏九名。○正義曰桓十四年鄭伯使其弟語來盟傳稱子人來盟杜云子人卽弟語也其後爲子人氏七年傳子華云泄氏孔氏子人氏三族實違君命今子人九必是語之後也杜譜以九爲雜人謬矣晉欒枝入盟鄭伯。五月丙午。晉侯及鄭伯盟于衡雍。〔疏〕晉欒至衡雍。○正義曰此三盟及上文晉侯齊侯盟于斂孟皆不書者皆不告也丁未。獻楚俘于王。駟介百乘。徒兵千。駟介四馬被甲徒兵步卒○駟音四介音界被皮義反卒子忽反鄭伯傅王。用平禮也。傅相也以周平王享晉文侯仇之禮享晉侯○相息亮反己酉。王享醴。命晉侯宥。既饗又命晉侯助以束帛以將厚意王命尹氏及王子虎、內史叔興父策命晉侯爲侯伯。以策書命晉侯爲伯也周禮九命作伯尹氏王子虎皆王卿士也叔興父大夫也三官命之以寵晉〔疏〕注以策至寵晉○正義曰周語稱晉文公初立襄王使大宰文公及內史叔興賜文公命注國語者皆以爲大宰文公卽王子虎也今尹氏又在王子虎之上故以爲皆卿士唯叔興是大夫或云皆大夫皆字耳九命者大宗伯云一命受職再命受服三命受位四命受器五命賜則六命賜官七命賜國八命作牧九命作伯賜之大輅之服。戎輅之服。大輅金輅戎輅戎車二輅各有服○輅音路〔疏〕注大輅至有服。○正義曰周禮巾車金路鉤樊纓九就建大旂以賓同姓以封革路龍勒條纓五就建大白以卽戎金路以封同姓知大輅是金輅也革路以卽戎言戎輅戎車卽周禮之革路二輅各有服者周禮司服侯伯之服自鷩冕而下凡兵事韋弁服金輅祭祀所乘其大輅之服當謂鷩冕之服戎輅之服當謂韋弁服也彤弓一。彤矢百。玈弓矢千。彤赤弓玈黑弓弓一矢百則矢千弓十矢諸侯賜弓矢然後專征伐○彤徒冬反玈音盧本或作旅字非也矢千本或作玈弓十玈矢千後人專輒加也〔疏〕注彤赤至征伐。○正義曰彤赤玈黑舊說皆然說文彤從丹玈從玄是赤黑之別也周禮司弓矢掌六弓王弓弧弓以授射甲革椹質者夾弓庾弓以授射豻侯鳥獸者唐弓大弓以授學射者使者勞者鄭玄云勞者勤勞王事若晉文侯文公受王弓矢之賜者考工記弓人云往體多來體寡謂之夾庾之屬往體寡來體多謂之王弓之屬往體來體若一謂之唐弓之屬然則唐大是弓彊弱之名彤玈是弓所漆之色王弧則合九而成規唐大合七而成規夾庾合五而成規司弓矢又有八矢枉矢絜矢利火射用諸守城車戰殺矢鏃矢用諸近射田獵矰矢茀矢用諸弋射恒矢庳矢用諸散射鄭注考工記云枉矢之屬五分二在前三在後殺矢之屬三分一在前二在後矰矢之屬七分三在前四在後恒矢之屬軒輖中其枉殺矰恒弓所用絜鏃茀庳弩所用彼司弓矢旣云枉矢絜矢用諸守城車戰此天子賜諸侯弓矢使用之以戰則彤矢

竑矢當彼枉矢也但弓矢相配彊弓用重矢弱弓用輕矢既唐弓大弓彊弱中其恒矢軒輖亦中又司弓矢云恒矢庳矢用諸散射鄭玄云散射謂禮射及習射也此賜弓矢則禮樂之事形矢竑矢或當恒矢也竑弓矢千具於形而略於竑準之則矢千弓十也諸侯賜弓矢然後專征伐王制文秬鬯一卣。秬黑黍鬯香酒所以降神卣器名。秬音巨鬯勑亮反卣音酉又音由爾雅云卣中尊也〔疏〕注秬黑至器名。正義曰秬黑黍釋草文李巡云黑黍一名秬黍周禮鬯人掌共秬鬯而飾之鄭玄云鬯釀秬為酒芬香條暢於上下也鬱人掌祼器凡祭祀之祼事和鬱鬯以實彝而陳之禮祭祀必先祼是用之以降神也釋器云彝卣罍器也李巡曰卣鬯之罇也孫炎曰罇彝為上罍為下卣居中也詩江漢篇述宣王賜召穆公云秬鬯一卣告于文人鄭箋云賜之使祭其宗廟告其先祖也當賜之時實之於卣其祭則陳之於彝也虎賁三百人。〔疏〕虎賁三百。正義曰國語云天子有虎賁習武訓諸侯有旅賁禦災害大夫有貳車備承事士有陪乘告奔走周禮司馬之屬虎賁氏下大夫二人虎士八百人掌先後王而趨以卒伍車旅會同亦如之舍則守王閑曰。王謂叔父敬服王命。以綏四國。糾逖王慝。逖遠也有惡於王者糾而遠之。賁音奔逖勑歷反慝他得反惡也〔疏〕注逖遠至遠之。正義曰逖遠釋詁文糾者繩治之名有惡於王者敢繩治之而使遠於王也晉侯三辭。從命。曰。重耳敢再拜稽首。奉揚天子之丕顯休命。稽首首至地丕大也休美也。三息暫反又如字從例放此丕普悲反休許虯反注同受策以出。出入三覲。出入猶去來也從來至去凡三見王。見賢遍反○衞侯聞楚師敗。懼。出奔楚。遂適陳。自襄牛出使元咺奉叔武以受盟。奉使攝君事。使攝君事並如字或讀連上奉字為句使音所吏反非也癸亥。王子虎盟諸侯于王庭。踐土官之庭書踐土別於京師。別彼列反要言曰。皆獎王室。無相害也。有渝此盟。明神殛之。俾隊其師。無克祚國。獎助也渝變也殛誅也俾使也隊隕也克能也。獎將丈反渝羊朱反殛紀力反本亦作極下是殛同俾本亦作卑必爾反隊直類反祚才故反隕于敏反。〔疏〕注獎助至能也。正義曰勸獎者佐助之意故為助也餘皆釋言文注及其玄孫。無有老幼。君子謂是盟也信。合義信謂晉於是役也能以德攻。以文德教民而後用之。攻如字一音公送反初。楚子玉自為瓊弁玉纓。未之服也。弁以鹿子皮為之瓊玉之別名次之以飾弁及纓詩云會弁如星。瓊求營反說文云赤玉弁本又作玣皮彥反會本又作璯古外反又戶外反〔疏〕注弁以至如星。正義曰禮稱皮弁明其用皮也知以鹿子皮者相傳為然至今仍用之詩毛傳云瓊玉之美者則瓊亦玉也選美者飾弁以惡者飾纓耳周禮弁師掌王之皮弁會五采玉璂鄭玄云會縫中也璂讀如綦綦結也皮弁之縫中每貫結五采玉以為飾謂之綦又諸侯及孤卿大夫之皮弁各以其

等為之鄭玄云孤則璂飾四三命之卿璂飾三再命之大夫璂飾二是諸侯之臣其皮弁得以玉為飾也弁師又云王五采諸侯三采鄭玄云王璂飾十二上公九侯伯七子男五卿大夫皆二采璂飾各如其命數鄭又云三采朱白蒼二采朱綠其纓之飾則無以言之蓋以玉飾纓之朱耳詩云會弁如星衞風淇澳篇也鄭箋云會謂弁之縫中飾之以玉皪皪而處狀似星也。先戰。夢河神謂已曰。畀余。余賜女孟諸之麋。孟諸宋藪澤水草之交曰麋。先如字又悉薦反畀必利反與也女音汝麋亡皮反藪素口反〔疏〕注孟諸至曰麋。正義曰釋地云十藪宋有孟諸郭璞云今在梁國睢陽縣東北周禮職方氏正東曰青州其澤藪曰望諸禹貢豫州導菏澤被孟豬明皆是一物而字改易耳釋水云水草交為湄李巡曰水中有草木交會曰湄古字皆得通用故此作麋耳弗致也。大心與子西使榮黃諫。大心子玉之子子西子玉之族子玉剛愎故因榮黃榮黃榮季也。愎皮逼反弗聽。榮季曰。死而利國。猶或為之。況瓊玉乎。是糞土也。而可以濟師。將何愛焉。因神之欲以附百姓之願濟師之理。糞弗問反〔疏〕注因神至之理。正義曰劉炫云神道冥昧與人不交楚師之敗未必由此但於時戰在河旁河神許助若子玉從神所求不惜瓊玉則國人以為神得所欲必將助己自當三軍用命戰士爭先亦既不逆神心人謂神必不助則眾意皆阻莫不畏敵且兵凶戰危必有傷殺三軍之命在茲一舉猶尚愛惜此物是無恤民之心在軍之士誰肯競勸故云因神之欲以附百姓之願是濟師之理也裨竈請用瓘斝禳火非神所求若從而與之則驚動民意且災不可免徒長妖妄故子產不與異於此也弗聽。出告二子曰。非神敗令尹。令尹其不勤民。實自敗也。盡心盡力無所愛惜為勤。盡並津忍反既敗。王使謂之曰。大夫若入。其若申息之老何。申息二邑子弟皆從子玉而死言何以見其父老。○從如字又才用反子西孫伯曰。得臣將死。二臣止之曰。君其將以為戮。孫伯即大心子玉子也二子以此荅王使言欲令子玉往就君戮。使所吏反下前使同令力呈反及連穀而死。至連穀王無赦命故自殺也文十年傳曰城濮之役王使止子玉曰無死不及子西亦自殺縊而縣絕故得不死王時別遣追前使連穀楚地殺得臣經在踐土盟上傳在下者說晉事畢而次及楚屬文之宜。穀胡木反縊一賜反又於計反縣音玄屬音燭晉侯聞之。而後喜可知也。喜見於顏色。見賢遍反曰。莫余毒也已。蔿呂臣實為令尹。奉己而已。不在民矣。言其自守無大志○或訴元咺於衞侯曰。立叔武矣。其子角從公。公使殺之。角元咺子。從才用反又如字咺不廢命。奉夷叔以入守。夷謚。守手又反〔疏〕注夷謚。正義曰謚法安民好靖曰夷六月。晉人復衞侯。

以叔武受盟於踐土故聽衞侯歸。聽吐丁反甯武子與衞人盟于宛濮。武子甯俞也陳留長垣縣西南有宛亭近濮水。宛於阮反俞羊朱反近附近之近曰。天禍衞國。君臣不協。以及此憂也。衞侯欲與楚國人不欲故不和也今天誘其衷。衷中也。衷音忠或丁仲反下同使皆降心以相從也。不有居者。誰守社稷。不有行者。誰扞牧圉。牛曰牧馬曰圉。扞戶旦反牧音木養牛曰牧養馬曰圉不協之故。用昭乞盟于爾大神。以誘天衷。自今日以往。既盟之後。行者無保其力。居者無懼其罪。有渝此盟。以相及也。以惡相及明神先君。是糾是殛。國人聞此盟也。而後不貳。傳言叔武之賢甯武之忠衞侯所以書復歸衞侯先期入。不信叔武。先悉薦反甯子先。長牂守門。以為使也。與之乘而入。長牂衞大夫甯子患公之欲速故先入欲安喻國人。牂子郎反使所吏反公子歂犬華仲前驅。衞侯遂驅掩甯子未備二子衞大夫。歂市專反華戶化反又如字叔武將沐。聞君至。喜。捉髮走出。前驅射而殺之。公知其無罪也。枕之股而哭之。公以叔武尸枕其股。射食亦反下注同枕支鴆反注同歂犬走出。手射叔武故公使殺之。元咺出奔晉。元咺以衞侯驅入殺叔武故至晉愬之○城濮之戰。晉中軍風于澤。牛馬因風而走皆失之〔疏〕注牛馬至失之。正義曰劉炫規過以為放牛馬於澤遺失大旆左旆不失牛馬今刪定知不然者若不失牛馬唯亡左旆罪未至重何須殺之以徇牛馬是軍之要用於事尤重故費誓云馬牛其風臣妾逋逃則有常刑今既亡左旆又失牛馬為罪至重故殺之以徇若牛馬不失又大旆在軍何得因放牛馬而亡左旆故知風於澤者為別失馬牛又於軍中亡失大旆之左旆故杜云掌此二事而不脩理劉以為不失牛馬而規杜過非也亡大旆之左旃。大旆旗名繫旐曰旆通帛曰旃○旃章然反爾雅云因章曰旃〔疏〕注大旆至曰旃。正義曰釋天云縓廣充幅長尋曰旐繼旐曰旆則旆是旗之尾也今別名大旆則此旆有異於常故以大旆為旗名上云狐毛設二旆而退之亦此類也通帛為旜周禮司常文也鄭玄云通帛謂大赤從周正色無飾釋天云因章曰旃孫炎曰因其繒色以為旗章不畫之是也謂之左旆蓋是左軍所建者此亦於事難明不可強說祁瞞奸命。掌此二事而不脩為奸軍令。瞞莫干反奸音干司馬殺之。以徇于諸侯。使茅茷代之。師還。壬午。濟河。舟之僑先歸。士會攝右。權代舟之僑也士會隨武子士蔿之孫。茷扶廢反僑其驕反秋。七月。丙申。振旅愷

以入于晉。愷，樂也。○愷，開在反。樂音洛。【疏】注愷樂也。○正義曰：大司馬云：若師有功，則左執律，右秉鉞以先，愷樂獻于社。注云：律所以聽軍聲，鉞所以為將威。兵樂曰愷。司馬注曰：得意則愷樂，愷歌示喜也。獻俘授馘，飲至大賞。授，數也。獻楚俘於廟。○馘，古獲反。數，色主反。徵會討貳。徵召諸侯，將冬會于溫。殺舟之僑以徇于國，民於是大服。三罪，顛頡、祁瞞、舟之僑。君子謂文公其能刑矣，三罪而民服。詩云：惠此中國，以綏四方。不失賞刑之謂也。詩大雅。言賞刑不失，則中國受惠，四方安靖。○冬，會于溫，討不服也。討衞、許。○衞侯與元咺訟，爭殺叔武事。甯武子為輔，鍼莊子為坐，士榮為大士。大士，治獄官也。周禮命夫命婦不躬坐獄訟。元咺又不宜與其君對坐，故使叔鍼莊子為主，又使衞之忠臣及其獄官質正元咺。傳曰：王叔之宰與伯叔之大夫坐獄於王庭，各不身親，蓋令長吏有罪先驗吏卒之義。○鍼，其廉反。坐，如字，或一音才臥反。長，丁丈反。卒，子忽反。【疏】注大士至之義。○正義曰：周禮獄官多以士為名，鄭玄云：士，察也，主察獄訟之事者。周禮命夫命婦不躬坐獄訟，小司寇職文也。鄭玄云：為治獄吏褻尊者也。躬，身也。不身坐，必使其屬若子弟也。喪服傳曰：命夫者，其男子之為大夫者；命婦者，其婦人之為大夫妻者。凡斷獄訟，皆令競者坐而受其辭，故云不躬坐也。大司寇云：以兩造禁民訟，以兩劑禁民獄。鄭玄云：訟謂以財貨相告者，獄謂相告以罪名者。對文則小別，散則可以通。獄訟皆爭罪之事也。元咺不宜與君對坐，故使鍼莊子代衞侯為坐獄之主，甯子為輔，輔莊子也。以甯子位高，故先言之。士榮亦輔莊子，舉其官名，以其主獄事，故亦使輔之，與晉之獄官對理，質正元咺也。所引傳曰，在襄十年。衞侯不勝。三子辭屈。殺士榮，刖鍼莊子，謂甯俞忠而免之。執衞侯，歸之于京師，寘諸深室。深室，別為囚室。○刖音月，又五割反。寘，之豉反。甯子職納橐饘焉。甯俞以君在幽隘，故親以衣食為已職。橐，衣囊。饘，糜也。言其忠至所慮者深。○橐音託。饘，之然反。隘，於賣反。囊，乃郎反。糜，亡皮反。【疏】注甯俞至者深。○正義曰：甯俞親以衣食為已職者，慮君飢渴，且防酖毒也。詩毛傳曰：小曰橐，大曰囊。橐囊所以盛衣，亦可以盛食。宣二年傳曰：為之簞食與肉，寘諸橐以與之，是也。釋言曰：餬，饘也。鬻，糜也。郭璞曰：饘，糜也。孫炎曰：鬻，淖糜也。然則糜之與鬻，稠淖之異名耳。元咺歸于衞，立公子瑕。瑕謂公子適也。○適，丁歷反。是會也，晉侯召王，以諸侯見，且使王狩。晉侯大合諸侯而欲尊事天子以為名義，自嫌強大，不敢朝周，喻王出狩，因得盡羣臣之禮，皆譎而不正之事。○見，賢遍反。【疏】注諸侯至之事。○正義曰：晉侯本意止欲大合諸侯之師，共尊事天子，以為臣之名義，實無覬覦之心。但於時周室既衰，天子微弱，忽然帥九國之師，將數十萬衆入京師以臨天子，似有篡奪之謀，恐為天子拒逆，或復天子怖懼，棄位出奔，則晉侯心實盡誠，無辭可解，故自嫌彊大，不敢朝王，故召諸侯來會于溫。溫去京師路近，因加誣諭，令王就會受朝。天子不可以受朝為辭，故令假稱出狩，若言王自出狩，諸侯因會遇王，遂共朝王，得盡君臣之禮，皆孔子所謂譎而不正之事。穀梁傳曰：全天王之行也，為若將狩而遇諸侯之朝也，為天王諱也。是使王狩之意也。公羊以為踐土與此皆是晉侯召王。何休云：時晉文公年老，恐霸功不成，故上白天子曰：諸侯不可卒致，願王居踐土。下謂諸侯曰：天子在是，不可不朝。迫使正君臣，明王法。案溫去京師路無百里，晉侯已能致之於溫，何故不能致之於洛？何休妄造其辭，事非晉侯之意，故杜氏正之：自嫌彊大，不敢朝周耳。仲尼曰：以臣召君，不可以訓。使若天王自狩以失地，故書河陽，實以屬晉，非王狩地。○故書曰：天王狩于河陽。言非其地也，【疏】注使若至狩地。○正義曰：此傳稱仲尼之語，即云書曰，明是仲尼新意，非舊文也。杜以書曰為仲尼新意，亦以此而知之。聖人作法，所以貽訓後世，以臣召君，不可以為教訓，故改正舊史。舊史當依實而書，言晉侯召王，且使王狩。仲尼書曰天王狩于河陽，言天王自來狩獵于河陽之地，使若猶失其地，故書之以譏王。然釋例曰：天子諸侯田獵，皆於其封內，越國而取諸人。河陽實以屬晉，非王狩所，故言非其地，且明德也。義在隱其召君之闕，是說改史之意也。計天王之狩失地不書者，因此實非王地，借之以改舊史，若譏王狩然，實不譏王也。穀梁傳曰：水北為陽，山南為陽。溫，河陽也。一會于溫，言小諸侯；以河陽言之，大天子也。然河陽與溫止是一地，天子來就諸侯，假辭以稱狩耳。左氏無此義，但會指所在之地，故言溫；狩是田獵之所，故廣言其地。蘇氏云：明晉侯之德，沒其召君，書天子之狩，顯其失地，是褒諸侯貶天子。所以然者，此亦假其失地之文，欲明王狩所在，非實貶也。若隱其召君，則全沒不書，於義為可。必書天王非地之狩者，若全沒其文，無以明晉侯尊崇天子之德，故書天子出狩，諸侯往朝。且明德也。隱其召君之闕，欲以明晉之功德。河陽之狩，趙盾之弒，泄冶之罪，皆違凡變例，以起大義危疑之理，故特稱仲尼以明之。○弒音試。泄，息列反，冶音也。危疑如字，一本危作佹，九委反。【疏】注隱其至明之。○正義曰：晉侯所以召王，志在尊崇天子，故改舊史，隱其召君之闕，以明晉侯之功德，功德謂尊事天子是也。已明為傳所以寫仲尼之意。凡所改易，皆是仲尼，而於河陽之狩、趙盾之弒、泄冶之罪，此三事特稱仲尼曰者，史策所書皆實事。晉侯召王使狩，而作自狩之文，是言不實也。凡例弒君稱君，君無道，靈公不君，而稱臣以弒，似君無過也。大夫無罪見殺，不書其名，泄冶忠諫而被殺，書名，乃罪合死也。此三事皆違凡例，變舊例以起大義危疑之理，恐人不信，須聖言以為證，故特稱仲尼以明之。壬申，公朝于王所。傳執衞侯，經在朝王下，在上者，告執晚。【疏】壬申公朝于王所。○正義曰：傳之上下，例不虛舉經文。此虛舉經者，終上晉侯召王以諸侯見之事。丁丑，諸侯圍許。十月十五日，有日無月。晉侯有疾，曹伯之豎侯獳貨筮史，豎，掌通內外者。史，晉史。使曰：以曹為解。以滅曹為解故。○解，戶賣反，注同，又古買反。齊桓公為會而封異姓，封邢、衞。今君為會，而滅同姓。曹叔振鐸，文之昭也。叔振鐸，曹始封君，文王之子。○鐸，待洛反。先君唐叔，武之穆也。且合諸侯而滅兄弟，非禮也。與衞偕命，私許復曹、衞。而不與偕復，非信也。同罪異罰，非刑也。衞已復故。禮以行義，信以守禮，刑以正邪。舍此三者，君將若之何？公說，復曹伯，遂會諸侯于許。晉侯作三行以禦狄，荀林父將中行，屠擊將右行，先蔑將左行。晉置上中下三軍，今復增置三行，以辟天子六軍之名。三行無佐，疑大夫帥。○邪，似嗟反。舍音捨。說音悅。行，戶郎反，下及注同。將，子匠反。屠音徒。擊，古狄反，又音計。蔑，亡結反。復，扶又反。

春秋左傳注疏卷十六挍勘記　阮元撰盧宣旬摘錄

附釋音春秋左傳注疏卷第十六　僖廿五年至廿八年

經二十五年

自為其子來逆　閩本逆誤道

則此人字蕩也　浦鏜挍云字作氏

故但言納不復言歸　宋本重歸字，是也。案歸字下屬為句

三十一年魯始得曹田　閩本始誤殆

傳二十五年

掖以赴外　詩衞門篇正義引作持以赴外，謂持其臂而投之城外也。案說文：掖，持臂也。詩正義作持，以意改。段玉裁云：赴當仆字之誤，謂兩持其臂舁自城上投諸城下也。作赴則義未顯

遂謂臂下脅上為掖　閩本實闕下脅上三字

繼文之業　宋本此節正義在注匡輔周室之下

遇公用亨于天子之卦也　石經淳化本岳本纂圖本監本毛本無也字

故能為王所宴饗　岳本饗下有也字

戰克而王饗　宋本此節正義在注言卜筮協吉之下

筮得大有是王亨也　閩本監本毛本亨作饗

晉侯朝王王饗醴　石經宋本淳熙本足利本饗作享，釋文亦作享，云注同。國語晉語作饗，詩形弓正義引同，劉向新序引作享。案作享為正字，作饗為同音假借，左氏多用正字，說詳成十二年

闕地通路曰隧　山井鼎云禮喪大記疏引此注闕作闕，誤也。案李善思元賦注引作掘，亦非。不知古穿地謂之闕，闕地如闕地及泉，其一也。○今訂正

與之陽樊溫原欑茅之田　淳熙本監本閩本毛本欑作攢，釋文亦作攢，非也

晉於是始起南陽 石經宋本淳熙本岳本足利本起作啟不誤

蒼葛呼曰 石經宋本淳熙本岳本蒼作倉注同

蒼葛樊陽人 宋本淳熙本岳本足利本樊陽作陽樊不誤

昬而傳焉 顧炎武云石經傳誤傳案石經此處闕炎武所據乃謬刻也

掘地爲坎 釋文亦作掘云本又作闕字按此掘字必淺人所改

乃降秦師囚申公子儀息公子邊以歸 石經宋本淳熙本岳本重秦師二字

昔趙衰以壺飧從徑餒而弗食 閩本壺誤壼石經宋本飧作飱注同岳本作飱閩本監本毛本作餐案飧字當從夕從食正義曰劉炫改徑爲經謂經歷餞餒下屬爲句案經徑古多通用如楚詞招魂經堂入奧注經一作徑史記高祖本紀夜徑索隱曰舊音經隸辨徐氏紀產碑雖直徑菅即經菅也

謂經歷飢餒 閩本監本毛本飢作饑非

經二十六年

不及 石經宋本淳熙本岳本纂圖本監本毛本不作弗不誤

齊人至弗及 閩本弗作不非也

而書莒挐也 閩本監本毛本挐作拏非也

公子遂如楚乞師 案惠棟云遂世本作述述與遂古字通秦大夫西乞術本亦作遂是也

魯卿也 正義本卿作大夫云今定本爲魯卿

凡乞者〇求過理之辭 閩本監本毛本〇作有誤宋本作深〇今訂從宋本

執謙以逼成其討 宋本討作計與釋例合下合計同〇今依計正

傳二十六年

門人從以爲謚 閩本監本毛本謚作惠非宋本謚作謐案當作謚

室如縣罄 釋文罄亦作磬盡也石經此處闕諸本作罄程瑤田通藝錄云左傳室如縣罄字从缶从缶與从石同意罄有房室中空之象室無資糧故曰如縣罄也國語作縣罄韋注言魯府藏空虛但有榱梁如縣罄也假借之凡器中空皆謂之罄如詩云缾之罄矣是也空則有盡義故又謂盡爲罄詩云罄無不宜是也

我敝邑用不敢保聚 案石經不字上後人旁增是字非唐刻也

明是適子有疾 宋本閩本監本毛本適作嫡

立其弟熊延 閩本監本毛本延誤廷

左右謂進退在巳 宋本岳本巳作己不誤正義同

能左右者謂欲左則左 宋本謂作爲

劉賈許潁既不守例爲斷 閩本監本毛本潁作穎非也

經二十七年 宋本春秋正義卷第十三石經春秋經傳集解僖下第七岳本纂圖本僖下有公字並盡三十三年

杜意當以此爲明年始告 監本毛本告作來

然若成十三年公會諸侯伐秦 宋本亦作若閩本監本毛本誤作則

齊人使隰鉏請成 監本毛本鉏誤鉅

傳二十七年

不廢喪紀 宋本此節正義在禮也注下

弔贈之數不有廢 足利本有作可

樂記曰 監本毛本記作紀非也

責無禮也 釋文作責禮也本或作責無禮者非顧炎武云石經責誤青案石經此處闕炎武所據乃謬刻

貫三人耳 宋本以下正義四節在何後之有注下

謀元帥 宋本以下正義二節總入德義利之本也之下

郤縠可 釋文縠作穀云本又作穀同顧炎武云石經誤作穀案炎武所據乃謬刻

遵禮以布德 案禮下脫樂字當據宋本閩本監本毛本補

狐毛偃之兄 宋本以下正義二節摠入未安其居注下

魏犫爲右 補各本犫作犨下並同

入務至生矣 宋本以下正義二節摠入未宜其用注下

不詐以求多 纂圖本多下有也字非下句注同

公曰可矣乎 石經乎字旁增蓋初刊時脫去覆勘增正也

請明年戰城濮 纂圖本閩本監本毛本請作爲非也

經二十八年

如此許之也 宋本如作於是也

然魯殺之叢 補毛本之叢作子叢是也今依訂正

比令公子買楚戍衛 宋本楚上有爲字毛本脫爲楚二字

唯言晉師陳于莘北 毛本北作比非宋本作此屬下句

稱君以殺罪之 宋本淳熙本岳本足利本君作名不誤

時國次也 閩本監本毛本也誤之

則以大小爲序 監本毛本爲作無非也

杜云襄王聞戰勝 宋本聞下有晉字與傳注合

傳言司城效節於府人而出 閩本監本效作効案文入年傳作效

郲人秦人于溫 石經岳本郲人作邾子與穀梁同公羊作邾婁子按石經是也

若宋向戌之後會 宋本戌作戍是也下同

許比再會不至 宋本比作此非也

故因會共伐之 足利本無會字

故從國逆例 宋本足利本逆下有之字

注晉感至之例 毛本之誤逆此節正義宋本在遂會諸侯圍許注下

傳二十八年

謂楚人曰 石經宋本無曰字

謂告楚人言子叢不終成事而歸 宋本岳本足利本謂作詐

與人至於墓 宋本此節正義在師遷焉注下

皆韻如詩賦 閩本監本毛本皆作音

今定本作謀 監本毛本定作先非也

言其無德居位者多 淳熙本居作車非也

百猶勵也 宋本岳本勵作勸釋文亦作勸字正義同按勵者厲之俗說文所無勸音邁百音陌雙聲也

注距躍至勵也 宋本此節正義在以徇于師句下

說文云躍迅也 閩本監本毛本迅作退非也

報借齊秦 宋本淳熙本岳本足利本報作假是也

凡二十六年 宋本足利本二作三是也

則須退辟也 宋本辟作避

早自也斂 閩本監本毛本也作退亦非宋本作收

子玉使伯棼請戰 淳熙本玉誤欲石經此處闕宋本淳熙本岳本纂圖本足利本棼作棼不誤釋文亦作棼注同

先軫曰子與之 宋本以下正義三節摠入退三舍句下

豈在久矣 石經宋本淳熙本岳本足利本矣作乎是也

食言之爲 宋本閩本監本毛本爲作僞

孟武伯惡郭重曰　宋本都作郭是也

通謂僞言爲食言　宋本謂作爲非

素訓爲上　宋本上作空是也

鄡邱陵險阻名　宋本以下正義二節摠入吾且柔之矣注下

前左水澤　浦鏜挍本左作阻字挍史記淮陰侯列傳曰兵法右倍山陵前左水澤倍古背字背猶後也

原田每每　案李善注魏都賦作莓莓賈昌朝羣經音辨引作每每實一字也

駒晉君美盛　宋本淳熙本足利本君作軍是也

姬姓之國在漢北者　山井鼎引足利本之作諸

子犯審見事宜　淳熙本子作也非也

令戒勑子玉子西之屬　宋本毛本勑作敕不誤案說文勑勞也從力來聲陸德明云來旁作力俗以爲約勑字是也

纍靷鞅靽　釋文云纍說文作纍惠棟云案㬎古文以爲顯故傳作纍從古文省

靷宏軸也　案當作引軸

有約晉者　閩本實闕約字

使若大將稍却　纂圖本閩本監本毛本却作郤乃郤之譌

是大崩　淳熙本纂圖本是上衍不字

鄉役之三月　釋文鄉本又作嚮案說文引傳作嚮今傳作鄉古文假借

鄭伯至而懼　宋本以下正義二節總入注子人氏九名之下

傳相也　纂圖本相誤規

命晉侯宥　纂圖本閩本監本毛本宥作侑案周禮多用宥爲侑古文假借字也

尹氏王子虎　淳熙本尹作奚非也

注以策王霸晉　宋本以下正義一節入戎輅之服注下

賜之大輅之服　石經宋本岳本纂圖本閩本監本毛本作大輅案後漢書袁紹傳注引作路是也輅乃俗字耳

玈弓矢千　監本毛本玈誤旅釋文云玈本或作旅字非也段玉裁云古音旅盧無魚模斂侈之別如盧卽盧聲可證古字假旅爲驢魏三體石經遺字之存於洪氏者文侯之命篇有旅荒寧等字而誤系之春秋傳其旅二文一篆一隸卽盧弓盧矢之盧字也魏時邯鄲淳衛敬侯諸家去漢未遠根據尚精蓋左氏取多古文音義云玈本或作旅此正古本之善小雅彤弓音義亦云玈或作旅字者非此皆陸之疏爾玈之字魏人石經隸體不用則起於魏以後昧於假旅之指而改從元旁也說文無玈字石經矢千上後人據別本旁增十玈二字釋文云本或作玈弓十玈矢千後人專輒加也案詩小雅彤弓正義云傳文直云玈弓矢千定本亦然故服虔云矢千則弓十是本無十玈二字俗本有者誤也

彤赤弓玈黑弓　段玉裁挍本弓並作也是也

注彤赤至征伐　宋本以下正義四節總入王默注下

以服射甲革椹質者　宋本服作授是也

以授射豻侯鳥獸者　宋本豻作豣是也毛本侯誤猴

見諸近射田獵　宋本毛本見作用是也

秬鬯一卣　淳熙本卣誤卤注同

掌先後王而趨以卒伍　閩本監本伍作五非也

重耳敢再拜稽首　此本拜稽二字誤作小字注今訂正

自襄牛出　監本自字上○應作注

皆奬王室　釋文亦作奬淳熙本岳本纂圖本閩本監本毛本作獎

明神殛之　釋文殛本又作極誅也下是科是殛同爾雅殛誅也小雅菀柳魯頌閟宮正義引並作極是極與殛通也

俾隊其師　釋文俾作卑云本亦作俾

注奬助王能也　宋本此節正義入能以德攻注下

餘皆釋言文注　案注字衍宋本無

及其元孫也　石經宋本淳熙本岳本纂圖本足利本其作而是也

初楚子玉自爲瓊弁玉纓　案說文引作璿弁玉纓張衡集引同釋文弁作𤦲云本又作弁

弁以鹿子皮爲之　監本子誤孟

瓊玉之別名　淳熙本瓊作璚案璚與瓊同

侯伯七　閩本監本侯誤諸宋本毛本侯上衍諸字

衞風淇奧篇也　閩本監本毛本奧作澳非也

余賜女孟諸之麋　案禹貢作孟豬正義云左傳爾雅作孟諸周禮作望諸聲轉字異正是一地也

注孟諸至曰麋　宋本此節正義在弗致也之下

導荷澤　宋本荷作菏

水草交爲湄　監本水誤氷

則衆意皆阻　宋本阻作沮

裨竈請用瓘斝禳火　監本毛本斝作斚非也閩本作𣁋謬

無所愛惜爲勁　宋本淳熙本岳本纂圖本閩本監本毛本勁作勤不謬

王時別遣追前使　淳熙本遣誤遺

注夷謚　宋本此節正義在亡大旆之左旃注下非是

武子甯俞也　葉抄釋文俞作渝

有渝此盟以相及也　監本有誤者

奄甯子未備　纂圖本閩本監本毛本奄作掩是也

聞君王　纂圖本閩本監本毛本君作公非也

捉髮走出　淳熙本髮誤髪

注牛馬至失之　宋本以下正義摠入亡大旆之左旃節注夷謚疏後

爲別失馬牛　閩本監本毛本作失牛馬

掌此三事而不脩　宋本淳熙本岳本足利本三作二是也

注愷樂也　宋本此節正義入討不服也注下

故使叔鍼莊子爲主　宋本淳熙本岳本足利本無叔字是也

先驗吏卒之義　岳本義下有也字

爲治獄吏褻尊者也　閩本監本毛本褻作蓺非也

深室別爲囚室　纂圖本監本毛本別作則非也

橐衣囊　宋本衣下有之字

饘麋也　宋本岳本足利本作糜也不誤正義同

言其忠至所慮者深　宋本至作主

注甯俞至者深　宋本此節正義在立公子瑕注下

注晉侯至之事　宋本以下正義二節總入言其非地也注下

故自嫌彊大　閩本監本毛本彊作强與注合

此亦假其失地之文　監本毛本亦誤一

泄冶之罪　此處泄字宋本淳熙本岳本纂圖本閩本監本毛本並不作洩此本字之僅存者

故改舊史　閩本監本毛本改作解非

有日無月　纂圖本監本毛本無誤有

今復增置三行　纂圖本監本毛本今誤合

附釋音春秋左傳注疏卷第十七 僖二十九年盡三十三年

杜氏注　孔穎達疏

經二十有九年。春。介葛盧來。介東夷國也，在城陽黔陬縣。葛盧，介君名也。不稱朝，不見公，且不能行朝禮。雖不見公，國賓禮之，故書。○介音界，國名。黔，巨廉反，又音琴。陬，子侯反，又側留反。○公至自圍許。無傳。○夏。六月。會王人、晉人、宋人、齊人、陳人、蔡人、秦人盟于翟泉。翟泉，今洛陽城內大倉西南池水也。魯侯諱盟天子大夫，諸侯大夫又違禮盟公侯，王子虎違禮下盟，故不言公會，又皆稱人。○翟，直歷反。大倉音泰。［疏］注翟泉至稱人。○正義曰：傳曰卿不書，罪之也。在禮，卿不會公侯，唯言諸侯之卿會魯君，罪耳，不言罪魯侯與子虎。知其亦有罪者，襄二十六年公會晉人、鄭良霄、宋人、曹人于澶淵，彼爲趙武敵公，貶之稱人，而文不沒公。此沒公不書，明公別有罪。五年公及齊侯、宋公云云會王世子于首止，王世子不盟也。九年公會宰周公云云于葵丘，宰周公不盟也。往年踐土之會，王子虎盟諸侯于王庭。宣七年黑壤之會，王叔桓公臨之。王之公卿皆不與諸侯共盟，則知諸侯不合盟王臣，王臣不合與於盟。今王子虎亦貶稱人，知魯侯諱盟天子大夫，故沒公不書也。王子虎違禮下盟，故貶稱人。○秋。大雨雹。○雨，于付反，傳同。雹，蒲學反。○冬。介葛盧來。

傳二十九年。春。介葛盧來朝。舍于昌衍之上。魯縣東南有昌平城。○衍，以善反。公在會。饋之芻米。禮也。嫌公行不當致饋，故曰禮也。○饋，其媿反。芻，初俱反。［疏］饋之芻米。○正義曰：周禮掌客：天子待諸侯之禮，上公饔餼九牢，飧五牢，餼四牢，車禾視死牢，牢十車，則禾五十車。車米視生牢，牢十車，則米四十車。侯伯饔餼七牢，禾四十車，米三十車。子男饔餼五牢，禾三十車，米二十車。芻薪皆倍禾也。聘禮卿饔餼五牢，禾米與子男同。其附庸執帛，與公之孤同，則饔餼亦五牢，禾三十車，米二十車，薪芻倍禾。則此饋之芻米，芻六十車，米二十車。○夏。公會王子虎、晉狐偃、宋公孫固、齊國歸父、陳轅濤塗、秦小子慭盟于翟泉。尋踐土之盟。且謀伐鄭也。經書蔡人而傳無名氏，即微者。秦小子慭在蔡下者，若宋向戌之後會。○轅音袁。濤音桃。慭，魚覲反。向，式亮反。［疏］且謀伐鄭。○正義曰：晉侯受命，鄭伯傳王，踐土與溫二會咸在。鄭無叛晉之狀，而此會謀伐鄭者，文公昔嘗過鄭，鄭不禮焉。城濮戰前，鄭復如楚，雖以楚敗之後，畏威來會，晉侯以大義受之，內實懷恨。此會鄭人不至，必有背晉之心，故謀伐之也。晉語：城濮戰下稱文公誅觀狀以伐鄭，及其陴，鄭人以名寶行成，公不許，得叔詹將亨而舍之。左傳無伐鄭之事，蓋溫會以後已嘗伐鄭，鄭至今未服，故此會謀伐。明年遂與秦圍之。傳曰且貳於楚也。楚鄭自知負晉，故有貳心也。○注經書至後會。○正義曰：經若貶卿稱人，傳則言其名氏；若傳無名氏，則本是微人。此經書蔡人而傳無名氏，此是實蔡之微者。秦是大國，小子慭名見於傳，而在蔡微者之後，若宋向戌之後會也。襄二十六年公會晉人、鄭良霄、宋人、曹人于澶淵，傳曰趙武不書，尊公也。向戌不書，後也。鄭先宋，不失所也。宋是大國，常在鄭先，向戌既以會公貶，又以後至退其班，使在鄭下。此小子慭既以會公貶，又退之在蔡下，若彼宋向戌之後會也。然向戌後會，傳爲發之，經書良霄以駁向戌之後。今小子慭既是後會，傳不爲發，又不書蔡人之名以駁之者，但秦辟陋西戎，未同中國，蔡人又蔡之微者，不合書名，故傳不發之，經不貶責也。公孫固序在齊上者，蓋爲大司馬，尊於歸父。歸父雖執齊政，不廢身非上卿，如管仲之類。猶文十七年陳公孫寧、襄二十七年陳孔奐皆序在衞下，杜云非上卿，即此類也。卿不書。罪之也。晉侯始霸，翼戴天子，諸侯輯睦，王室無虞，而王子虎下盟列國，以瀆大典，諸侯大夫上敵公侯，虧禮傷教，故貶諸大夫，諱公與盟。○輯音集，又七入反。瀆，徒木反。上，時掌反，又如字。與音預。在禮。卿不會公侯。會伯子男可也。大國之卿當小國之君，故可以會伯子男。諸卿之見貶，亦兼有此闕，故傳重發之。○重，直用反。［疏］注大國至發之。○正義曰：昭二十三年傳叔孫婼曰：列國之卿當小國之君，固周制也。是其可以會伯子男也。諸卿見貶，兼有此闕，謂諸卿既上盟天子大夫，又上敵公侯，故云兼。案杜上注經云諸侯大夫違禮盟公侯，又注傳云諸侯大夫上敵公侯，則是唯責諸侯大夫上敵公侯，不責上盟天子之使，而言兼有此闕者，以魯君上盟天子之使，已諱而不書，則諸侯之臣罪在可悉，故傳云卿不書罪之，略言其事。故杜經傳二注唯言敵公侯，不云盟王使，以其可知故也。劉炫以爲直責其敵公侯，不責其盟王使，以規杜氏。必如劉義，則是君盟王使乃爲有罪，臣盟王使翻無貶責，使是君臣易位，尊卑失序，聖人垂訓，豈若是乎。○秋。大雨雹。爲災也。○冬。介葛盧來。以未見公。故復來朝。禮之。加燕好。燕，燕禮也。好，好貨也。一歲再來，故加之。○復，扶又反。好，呼報反，下同。介葛盧聞牛鳴。曰。是生三犧。皆用之矣。其音云。問之而信。傳言人聽或通鳥獸之情。○犧，許宜反。［疏］注傳言至之情。○正義曰：周禮夷隸掌與鳥言，貉隸掌與獸言。鄭司農云：夷狄之人或曉鳥獸之言。鄭玄云：夷隸，征東夷所獲。貉隸，征東北夷所獲。然則介葛盧是東夷之國，其土俗有知者，故介葛盧曉之。

經三十年。春。王正月。○夏。狄侵齊。○秋。衞殺其大夫元咺及公子瑕。咺見殺稱名者，訟君求直，又先歸立公子瑕，非國人所與，罪之也。瑕立經年，未會諸侯，故不稱君。［疏］注咺見至稱君。○正義曰：咺既稱名，故知以訟君立瑕爲咺之罪狀。春秋之世，諸侯雖簒弒而立，已列於會，雖復見弒，即成爲君，齊商人、蔡侯班之屬是也。瑕立雖已經年，未會諸侯，故不稱。若既不成君，即與元咺同爲國討之辭，元咺先死，故稱及也。瑕若成君，當據周歂、冶廑爲文，書曰衞殺其君瑕。衞侯鄭歸于衞。魯爲之請，故從諸侯納之例。例在成十八年。○爲，于僞反。○晉人、秦人圍鄭。晉軍函陵，秦軍氾南，各使微者圍鄭，故稱人。○函音咸。氾音凡。傳同。介人侵蕭。無傳。冬。天王使宰周公來聘。周公，天子三公兼冢宰也。○兼如字，又經念反。公子遂如京師。遂如晉。如京師，報宰周公。

傳三十年。春。晉人侵鄭。以觀其可攻與否。狄間晉之有鄭虞也。○間，間厠之間。夏。狄侵齊。齊，晉與國。○晉侯使醫衍酖衞侯。衍，醫名。晉侯實怨衞侯，欲殺而罪不及死，故使醫因治疾而加酖毒。○衍以善反。酖音鴆。［疏］注衍醫至酖毒。○正義曰：周禮大司馬以九伐之法正邦國，賊殺其親則正之。鄭玄云：正之者，執而治其罪。王霸記曰：正，殺之也。春秋僖二十八年晉人執衞侯歸之於京師，坐殺其弟叔武。如鄭彼言，則衞侯合死，而云罪不及死者，衞侯之心疑叔武耳，前驅歂犬卜君意而殺之，非衞侯命殺也。公知其無罪，枕股而哭，又命殺歂犬，是則殺非公意也，故不至死。若然，則是衞侯無罪，而往年衞侯與元咺訟，衞侯不勝，殺士榮，刖鍼莊子者，用讒疑賢，弟逾盟先期入，是衞侯之罪也。罪不合死，而晉侯心怨，欲得殺之，故使醫因治疾而加酖毒。若不治疾，不得使醫，故知因治疾也。魯語云：晉人執衞成公歸之于周，使醫酖之，不死，醫亦不誅。臧文仲言於僖公曰：夫衞君殆無罪矣。今晉侯酖衞侯而不死，亦不討其使者，諱而惡殺之也。是罪不合死之事也。甯俞貨醫。使薄其酖。不死。甯俞視衞侯衣食，故得知之。公爲之請。納玉於王與晉侯。皆十瑴。王許之。雙玉曰瑴。公本與衞同好，故爲之請。○爲，于僞反，注同。瑴音角。好，呼報反。秋。乃釋衞侯。○衞侯使賂周歂、冶廑曰。苟能納我。吾使爾爲卿。恐元咺距己，故賂周、冶。○歂，市專反。冶音也。廑音覲，又音謹，人名也。漢書音義云音勤字也，鄭氏音勤。周、冶殺元咺及子適、子儀。子儀，瑕母弟。不書，殺賤也。○適，丁歷反。○公入祀先君。周、冶既服將命。服卿服，將入廟受命。［疏］注服卿至受命。○正義曰：言祀先君而服將命，知其將入廟也。必入廟者，祭統云：古者明君爵有德而祿有功，必賜爵祿於大廟，示不敢專也。命臣必在廟，而王制云爵人於朝者，朝上詢於衆人，位定然後入廟受命。今世受官猶然。周歂先入。及門。遇疾而死。冶廑辭卿。見周歂死而懼。○九月。甲午。晉侯、秦伯圍鄭。以其無禮於晉。文公亡過鄭，鄭不禮之。○過，古禾反。且貳於楚也。晉軍函陵。秦軍氾南。此東氾也，在熒陽中牟縣南。［疏］注此東氾。○正義曰：劉炫云：二十四年王出適鄭，處于氾，注云鄭南氾也。釋例土地名僖二十四年氾下云此南氾也，周王出居于氾，楚伐鄭師于氾，襄城縣南氾城是也。此年氾下云此東氾也，秦軍氾南，晉伐鄭師于氾，熒陽中牟縣南氾澤是也。杜考校既精，當不徒爾，尋討傳文，未見杜意。佚之狐言於鄭伯曰。國危矣。若使燭之武見秦君。師必退。佚之狐、燭之武，皆鄭大夫。○佚音逸。公從之。辭曰。臣之壯也。猶不如人。今老矣。無能爲也已。公曰。吾不能早用子。今急而求子。是寡人之過也。然鄭亡。子

亦有不利焉。許之。夜縋而出。縋縣城而下。○縋丈僞反縣音玄見秦伯曰。秦、晉圍鄭。鄭既知亡矣。若亡鄭而有益於君。敢以煩執事。執事亦謂秦越國以鄙遠。君知其難也。設得鄭以爲秦邊邑則越晉而難保焉用亡鄭以倍鄰。陪益也○焉於虔反下焉取之同倍蒲回反鄰之厚。君之薄也。若舍鄭以爲東道主。行李之往來。共其乏困。行李使人。○舍音捨又如字共音恭本亦作供使所吏反〔疏〕注行李使人。○正義曰襄八年傳云一介行李杜云行李行人也昭十三年傳云行理之命杜云行理使人李理字異爲注則同都不解理字周語行理以節逆之賈逵云理吏也小行人也孔晁注國語其本亦作李字注云行李行人之官也然則兩字通用本多作理訓之爲吏故爲行人使人也君亦無所害。且君嘗爲晉君賜矣。許君焦、瑕。朝濟而夕設版焉。君之所知也。晉君謂惠公也焦瑕晉河外五城之二邑朝濟河而夕設版築以距秦言背秦之速。○朝如字注同版音板背音佩夫晉何厭之有。既東封鄭。又欲肆其西封。封疆也肆申也。○厭於鹽反疆居良反若不闕秦。將焉取之。〔疏〕不闕秦焉取之。○正義曰沈云不闕秦家更何處取之言有心取秦先謀取鄭言滅秦以將利晉益大疆土闕秦以利晉。唯君圖之。秦伯說。與鄭人盟。使杞子、逢孫、楊孫戍之。乃還。三子秦大夫反爲鄭守。○說音悅爲于僞反子犯請擊之。公曰。不可。微夫人之力不及此。請擊秦也夫人謂秦穆公○夫音扶注同因人之力而敝之。不仁。失其所與。不知。以亂易整。不武。秦晉和整而還相攻更爲亂也。○知音智吾其還也。亦去之。初。鄭公子蘭出奔晉。蘭鄭穆公從於晉侯伐鄭。請無與圍鄭。許之。使待命于東。晉東界。○與音預鄭石甲父、侯宣多逆以爲大子。以求成于晉。晉人許之。二子鄭大夫言穆公所以立。冬。王使周公閱來聘。饗有昌歜、白、黑、形鹽。昌歜昌蒲葅白熬稻黑熬黍形鹽鹽形象虎。○閱音悅歜在感反葅莊居反熬稻五刀反〔疏〕注昌歜至象虎○正義曰昌歜饗之所設必是籩豆之實周禮醢人朝事之豆其實有昌本麋臡鄭玄云昌本昌蒲根切之四寸爲葅彼昌本可以爲葅知此昌歜即是昌蒲葅也齊有邴歜魯有公甫歜其音爲觸說文云歜盛氣怒也從欠蜀聲此昌歜之音相傳爲在感反不知其字與彼爲同爲異徧檢書傳昌蒲之草無此別名未知其所由也此云白黑下云嘉穀穀之白黑唯稻黍爲然下云鹽虎形知其形象虎也辭曰。國君文足昭也。武可畏也。則有備物之饗。以象其德。薦五味。羞嘉穀。鹽虎形。以獻其功。嘉穀熬稻黍也以象其文也鹽虎形以象武也吾何以堪之。〔疏〕辭曰至堪之○正義曰周禮掌客王巡守百官從者所過之國共其積膳三公眡上公之禮卿眡侯伯之禮大夫眡子男之禮宰周公是天子三公其主國待之當尊於國君但周公自謙不敢當比國君耳既云備物之饗以象其德及說備物之下即云以獻其功功德互見之耳獻其功者獻謂呈見旌表之也備設以象德薦獻以見功故象獻分配爲文

○東門襄仲將聘于周。遂初聘于晉。公既命襄仲聘周未行故曰將又命自周聘晉故曰遂自入春秋魯始聘晉故曰初〔疏〕注公既至曰初。○正義曰經書實行之事傳說將命之初故云命之將聘于周未行又命之遂聘于晉令其從周即去更不迴也賈服不曉傳意解爲先聘晉後聘周故杜詳說之

經三十有一年。春。取濟西田。晉分曹田以賜魯故不繫曹不用師徒故曰取〔疏〕注晉分至曰取。○正義曰濟西之田實是曹地晉文分以賜魯故不繫於曹不繫晉者晉本意賜諸侯不爲己有故亦不繫晉也昭四年傳例曰凡克邑不用師徒曰取取田取邑義亦同也公子遂如晉。

○夏四月。四卜郊。不從。乃免牲。龜曰卜不從不吉也卜郊不吉故免牲免猶縱也〔疏〕注龜曰至縱也。○正義曰龜曰卜曲禮文也洪範稽疑云龜從筮從謂從人之心也人心欲吉不從是不吉也卜郊不吉不復爲郊牲無所用故免牲免猶縱放不殺之也穀梁傳曰免牲者爲之緇衣纁裳有司玄端奉送至于南郊免牛亦然左傳無說其事或然也桓五年傳例曰凡祀啓蟄而郊郊祀周之三月也今於夏四月卜郊者傳舉節氣有前有却但使春分未過仍得爲郊故四月得卜郊也故釋例曰凡十二月而節氣有二十四共通三百六十六日分爲四時間之以閏月故節不必得恆在其月初而中氣亦不得恆在其月之半是以傳舉天宿氣節爲文而不以月爲正信公襄公夏四月卜郊但譏其非所宜卜而不譏其四月不可郊也孟獻子曰啓蟄而郊郊而後耕耕謂春分也言得啓蟄當卜郊不得過春分耳是言四月得郊也周禮大宰職云祀五帝前期十日帥執事而卜日然則將祭必十日之前豫卜之也言四卜郊者蓋三月每旬一卜至四月上旬更一卜乃成爲四卜也此言四卜郊不從襄七年三卜郊不從公羊傳曰曷爲或言三卜或言四卜三卜禮也四卜非禮也三卜何以禮求吉之道三今左傳以爲禮不卜常祀則一卜亦非不云四非而三是異於公羊說猶三望。三望分野之星國中山川皆郊祀望而祭之魯廢郊天而脩其小祀故曰猶猶者可止之辭○分扶問反〔疏〕注三望至之辭○正義曰公羊傳曰三望者何望祭也然則曷祭祭泰山河海鄭玄以爲望者祭山川之名諸侯之祭山川在其地則祭之非其地則不祭且魯竟不及於河禹貢海岱及淮惟徐州徐即魯地三望謂淮海岱也賈逵服虔以爲三望分野之星國中山川今杜亦從之以襄九年傳曰陶唐氏之火正閼伯居商丘祀大火相土因之故商主大火昭元年傳云辰爲商星參爲晉星楚語云天子徧祀羣神品物諸侯二王後祀天地三辰及其土地之山川注國語者皆云諸侯二王後祀天地三辰日月星也非二王後祀分野星辰山川也以此知三望分野之星國內山川其義是也昭七年夏四月甲辰朔日有食之於時夏之二月日在降婁傳稱去衞地如魯地於十二次豕韋衞地降婁魯地魯祭分野之星其祭奎婁之神也此三望者因郊祀天而望祭之於法不獨祭也魯既廢郊天而獨脩小祀故曰猶公羊穀梁皆云猶者可止之辭

○秋七月。○冬。杞伯姬來求婦。無傳自爲其子成昏○爲于僞反○狄圍衞。十有二月。衞遷于帝丘。辟狄難也帝丘今東郡濮陽縣故帝顓頊之虛故曰帝丘○難乃旦反顓音專頊許玉反虛起魚反〔疏〕注辟狄至帝丘○正義曰傳稱狄圍衞衞遷于帝丘蓋有阻險可以辟狄難也釋例曰帝丘故帝顓頊之虛故曰帝丘昆吾氏因之故曰昆吾之虛東郡濮陽縣是也

傳三十一年。春。取濟西田。分曹地也。二十八年晉文討曹分其地竟界未定至是乃以賜諸侯○竟音境使臧文仲往宿於重館。高平方與縣西北有重鄉城○重直龍反注同方音房與音預重館人告曰。晉新得諸侯。必親其共。不速行。將無及也。從之。分曹地自洮以南。東傅于濟。盡曹地也。文仲不書請田而已非聘享會同也濟水自滎陽東過魯之西至樂安入海○洮吐刀反傅音附盡津忍反樂音洛〔疏〕重館至曹地也正義曰魯語說此事云獲地於諸侯爲多臧文仲反既復命爲之請曰地之多重館人之力也臣聞之曰善有章雖賤賞也今一言而辟竟其章大矣請賞之乃出而爵之襄仲如晉。拜曹田也。○夏四月。四卜郊。不從。乃免牲。非禮也。諸侯不得郊天魯以周公故得用天子禮樂故郊爲魯常祀〔疏〕注諸侯至常祀。○正義曰明堂位稱成王幼弱周公踐天子之位以治天下制禮作樂七年致政於成王成王以周公爲有勳勞於天下命魯公世世祀周公以天子之禮樂是以魯君孟春乘大路載弧韣旂十有二旒日月之章祀帝于郊配以后稷天子之禮也是魯以周公之故得用天子禮樂天子命之則爲常祀故郊爲魯之常祀也記言正月謂周正建子之月與傳啓蟄而郊其月不同禮記是後儒所作不可以難左傳猶三望。亦非禮也。禮不卜常祀。必其時而卜其牲日。卜牲與日知吉凶牛卜日曰牲。既得吉日則牛改名曰牲〔疏〕注既得至曰牲。○正義曰上云卜其牲日則牲之與日俱卜之也必當先卜牲而後卜日卜日得吉日則改牛爲牲然則牛雖卜吉未得稱牲牲是成用之名不可改名爲牲更卜吉凶明知卜牛在卜日之前也此言免牲是已得吉日牲既成矣成七年乃免牛是未得吉日牲未成也牲成而卜郊。上怠慢也。怠於古典慢瀆龜策望。郊之細也。不郊。亦無望可也。○秋。晉蒐于清原。作五軍以禦狄。二十八年晉作三行令罷之更爲上下新軍河東聞喜縣北有清原○行戶郎反趙

衰爲卿。二十七年命趙衰爲卿讓於欒枝今始從原大夫爲新軍帥○帥所類反（疏）趙衰爲卿○正義曰晉語云文公命趙衰爲卿讓於欒枝先軫後又使爲卿讓於狐偃狐毛卒又使爲卿讓於先且居公曰趙衰三讓其所讓皆社稷之衛也廢讓是廢德也以趙衰故蒐于清原作五軍使趙衰將新上軍箕鄭佐之胥嬰將下軍先都佐之如彼文止謂趙衰作五軍故特言趙衰爲卿以見之於時舊三軍之將佐先軫將中軍郤溱佐之先且居將上軍狐偃佐之欒枝將下軍胥臣佐之國語有其文也○冬。狄圍衛。衛遷于帝丘。卜曰。三百年。（疏）卜曰三百年○正義曰案史記衛世家及年表衛從此年以後歷十九君積四百三十年衛元君乃徙于野王元君卒子角代立秦滅衛廢角爲庶人衛成公夢康叔曰。相奪予享。相夏后啓之孫居帝丘享祭也○上日音越或人實反非也相息亮反注及下同夏戶雅反下同（疏）注相夏至祭也○正義曰夏本紀禹生啓啓生太康及仲康仲康生相是爲啓之孫也周禮祭人鬼曰享公命祀相。甯武子不可。曰。鬼神非其族類。不歆其祀。歆猶饗也○歆許金反杞鄫何事。言杞鄫夏後自當祀相相之不享。於此久矣。非衛之罪也。言帝丘久不祀相非衛所絕不可以間成王周公之命祀。諸侯受命各有常祀○間間廁之間請改祀命。改祀相之命（疏）注改祀相之命○正義曰昭七年傳稱晉居夏虛祀鯀而晉侯疾瘳此衛居帝丘而不合祀相者祭法云鯀障洪水而殛死載在祀典傳稱實爲夏郊三代祀之周室既衰晉爲盟主當代天子祭絕祀之神故祭鯀爲得禮相無功德於民惟當子孫自祭故稱杞鄫何事非衛之罪與鯀異也○鄭洩駕惡公子瑕。鄭伯亦惡之。故公子瑕出奔楚。瑕文公子傳爲納瑕張本洩駕亦鄭大夫隱五年洩駕距此九十年疑非一人○惡烏路反下同

經三十有二年。春。王正月。○夏。四月。己丑。鄭伯捷卒。無傳文公也三同盟○捷在妾反（疏）注文公也三同盟○正義曰經無其葬故言其諡也捷以莊二十二年即位至此與魯十餘同盟言三同盟者但杜數同盟不例若同盟少者數先君之盟或數大夫之盟或數經不書盟而傳載盟者若同盟多者唯數今君或就今君之中數其大會盟之顯著者此言三同盟者皆據王臣臨盟則八年盟于洮九年于葵丘二十八年于踐土是也劉炫不尋杜意而規其謬非也○衛人侵狄。報前年狄圍衛○秋。衛人及狄盟。不地者就狄廬帳盟○廬力於反帳張亮反（疏）注不地至帳盟○正義曰會狄于攢函言地今不言地故云就廬帳盟廬帳即是狄人所居之處上云衛人侵狄及狄盟猶若公如晉及晉侯盟是指其所居之處故不言地也劉炫云春秋時戎狄錯居中國此狄無國都處所直云及狄盟盟於狄之處也以狄俗逐水草無城郭宮室故云就廬帳盟○冬。十有二月。己卯。晉侯重耳卒。同盟踐土翟泉

傳三十二年。春。楚鬬章請平于晉。晉陽處父報之。晉楚始通。陽處父晉大夫晉楚自春秋以來始交使命爲和同○使所吏反○夏。狄有亂。衛人侵狄。狄請平焉。○秋。衛人及狄盟。○冬。晉文公卒。庚辰。將殯于曲沃。殯窆棺也曲沃有舊宮焉○窆彼驗反一木作塗（疏）注殯窆至宮焉○正義曰周禮鄉師職云大喪及葬與匠師御柩及窆執斧以涖匠師昭十二年傳曰日中而堋禮記皆作封封堋窆聲相近而字改易耳皆謂葬時下棺之名也殯則攢置於西序亦是下棺於地故殯爲窆棺也晉武公自曲沃而兼晉國曲沃有舊時宮廟故公卒而往殯焉禮諸侯五日而殯案經文以己卯卒庚辰是卒之明日即將殯者以曲沃路遠故早行耳禮在牀曰尸在棺曰柩下云棺有聲明是斂於棺而後行也出絳。柩有聲如牛。如牛呴聲○柩其救反禮云在牀曰尸在棺曰柩呴呼口反卜偃使大夫拜曰。君命大事。將有西師過軼我。擊之。必大捷焉。聲自柩出故曰君命大事戎事也卜偃聞秦密謀故因柩聲以正眾心○過古禾反又古臥反軼直結反又音逸杞子自鄭使告于秦。三十年秦使大夫杞子戍鄭曰。鄭人使我掌其北門之管。管籥也○籥餘若反若潛師以來。國可得也。穆公訪諸蹇叔。蹇叔曰。勞師以襲遠。非所聞也。○蹇叔秦大夫蹇紀輦反師勞力竭。遠主備之。無乃不可乎。師之所爲。鄭必知之。勤而無所。必有悖心。將害良善○悖必內反且行千里。其誰不知。公辭焉。辭不受其言召孟明。西乞。白乙。使出師於東門之外。孟明百里孟明視西乞西乞術白乙白乙丙（疏）注孟明至乙丙○正義曰世族譜以百里孟明視爲百里奚之子則姓百里名視字孟明也古人之言名字者皆先字後名而連言之其術丙必是名西乞白乙或字或氏不可明也譜云或以爲西乞術白乙丙爲蹇叔子案傳稱蹇叔之子與師言其在師中而已若是西乞白乙則爲將師不得云與也或說必妄記異聞耳蹇叔哭之。曰。孟子。吾見師之出。而不見其入也。公使謂之曰。爾何知。中壽。（疏）中壽○正義曰上壽百二十歲中壽百下壽八十言其過老悖不可用○孟子本或作孟今壽音授又如字拱九勇反爾墓之木拱矣。合手曰拱蹇叔之子與師。哭而送之。曰。晉人禦師必於殽。殽在弘農澠池縣西○殽本又作崤戶交反劉昌宗音豪澠緜善反縣忍反與芋恕反殽有二陵焉。大阜曰陵（疏）注大阜曰陵○正義曰釋地云高平曰陸大陸曰阜大阜曰陵李巡曰高平謂土地豐正名爲陸大陸謂土地高大名曰阜阜最高大爲陵其南陵。夏后皋之墓也。皋夏桀之祖父○夏戶雅反注同皋古刀反（疏）注皋夏桀之祖父○正義曰夏本紀文桀父名發桀名履癸其北陵。文王之所辟風雨也。此道在二殽之間南谷中谷深委曲兩山相嶔故可以辟風雨古道由此魏武帝西討巴漢惡其險而更開北山高道○辟音避谷古木反又音欲嶔許金反又音欽本或作嵐力含反惡烏路反（疏）注此道至高道○正義曰此道見在殽是山名俗呼爲士殽石殽其陁道在兩殽之間山高而曲兩山參差相映其下雨所不及故可以辟風雨也公羊傳曰蹇叔從其子而戒之曰爾即死必於殽之嶔巖是文王之所辟風雨者也此注言兩山相嶔故可以辟風雨者杜氏此言或取公羊之意嶔字蓋從山但嶔巖是山之貌而云相嶔文亦不順未能審杜意也何休云其處險阻陰勢一人可要百故文王過之驅馳常若辟風雨必死是問。以其深險故余收爾骨焉。秦師遂東。爲明年晉敗秦于殽傳○爲于僞反

經三十有三年。春。王二月。秦人入滑。滅而書入不能有其地○齊侯使國歸父來聘。○夏。四月。辛巳。晉人及姜戎敗秦師于殽。晉侯諱背喪用兵故通以賤者告姜戎姜姓之戎居晉南鄙戎子駒支之先也晉人角之諸戎掎之不同陳故言及○背音佩掎居綺反陳直覲反（疏）注晉侯至言及○正義曰杜以諸侯之賤不至稱人故知諱在喪用兵以賤者告也襄十四年傳戎子駒支自陳此事云謂我諸戎四嶽之裔胄且此云姜戎知是姜姓之戎也角之掎之皆彼傳文耳彼云晉禦其上戎亢其下是不同陳故言及也諸戎之陳共用師不言及者皆同陳也○癸巳。葬晉文公。○狄侵齊。○公伐邾。取訾婁。○秋。公子遂帥師伐邾。○晉人敗狄于箕。太原陽邑縣南有箕城郤缺稱人者未爲卿○訾子斯反（疏）注大原至爲卿○正義曰劉炫云案傳晉侯親兵先軫死敵則將帥非郤缺也而稱人者晉諱而以微人告今知不然者以戰于殽文公未葬故諱其背殯用兵此則文公既葬之後於禮得從戎事又敗狄有功又何恥諱而以微者告故杜云郤缺稱人未爲卿劉以晉侯稱人同於殽諱而規杜氏非也○冬。十月。公如齊。十有二月。公至自齊。○乙巳。公薨于小寢。小寢內寢也乙巳十一月十二日經書十二月誤○隕霜不殺草。李梅實。無傳書時失也周十一月今九月霜當微而重重而不能殺草所以爲災○隕于敏反○（疏）注書時至爲災○正義曰此在十二月下杜以長厤校之乙巳是十一月十二日謂經十二月爲誤以此經四事皆爲十一月夏之九月霜不應重重又不能殺草所以爲災也此云隕霜不殺草定元年冬十月隕霜殺菽穀梁傳曰未可以殺而殺舉重可殺而不殺舉輕其意言菽重草輕也○晉人陳人鄭人伐許。

傳三十三年。春。晉秦師過周北門。左右免冑

而下。王城之北門胄兜鍪兵車非大將御者在中故左右下御不下○胄直救反兜丁侯反鍪亡侯反將子匠反〔疏〕注王城至不下○正義曰成二年傳稱晉解張御郤克鄭丘緩爲右張侯曰矢貫子手及肘左輪朱殷傷手而血染左輪是御者在左大將居中也宣十二年傳稱楚許伯御樂伯攝叔爲右樂伯云射左以菆是射在左而御在中也鄭玄詩箋云兵車之法左人持弓右人持矛中人御車故左右下御不下 超乘者三百乘。王孫滿尚幼。觀之。言於王曰。秦師輕而無禮。必敗。謂過天子門不卷甲束兵超乘示勇○乘繩證反下及注皆同輕遣政反下同〔疏〕注謂過至示勇○正義曰服虔云無禮謂過天子門不橐甲束兵而但免胄呂氏春秋說此事云師行過周王孫滿曰過天子之城宜橐甲束兵左右皆下然則過天子門當卷甲束兵以古有此禮或出司馬兵法其書既亡未見其本 輕則寡謀。無禮則脫。脫易也○脫他活反易以豉反 入險而脫。又不能謀。能無敗乎。及滑。鄭商人弦高將市於周。遇之。以乘韋先牛十二犒師。商行賈也乘四韋先韋乃入牛古者將獻遺於人必有以先之○先悉薦反注有以先之同犒苦報反賈音古遺唯季反〔疏〕注商行至先之○正義曰周禮大宰以九職任萬民六曰商賈阜通貨賄鄭玄云行曰商處曰賈易云商旅不行是商行賈坐而言行賈者相形以曉人也乘車必駕四馬因以乘爲四名禮言乘矢謂四矢此言乘韋謂四韋也遺人之物必以輕先重後故先韋乃入牛老子云雖有拱璧以先四馬不如坐進此道是古者將獻饋必有以先之 曰。寡君聞吾子將步師出於敝邑。敢犒從者。不腆敝邑。爲從者之淹。居則具一日之積。腆厚也淹久也積芻米菜薪○步師步猶行也從才用反下同腆他典反爲于僞反下爲吾子同積子賜反下同〔疏〕注腆厚至菜薪○正義曰腆厚淹久經傳常訓也周禮大行人云王待諸侯之禮上公五積侯伯四積子男三積積皆謂米禾芻薪知此亦然案掌客上公五積皆視飧牽鄭注云飧牽謂牽牲以往不殺也亦有米禾芻薪鄭又注云上公飧五牢米二十車禾三十車侯伯四牢米禾皆二十車子男三牢米十車禾二十車芻薪皆倍其禾積既視飧則米禾芻薪與飧同 行則備一夕之衞。且使遽告于鄭。遽傳車○遽其據反傳張戀反〔疏〕注遽傳車○正義曰釋言云馹遽傳也孫炎曰傳車驛馬也 則束載厲兵秣馬矣。嚴兵待秦師○秣音末穀馬也說文作䬴云食馬穀也 使皇武子辭焉。曰。吾子淹久於敝邑。唯是脯資餼牽竭矣。資糧也生曰餼牽謂牛羊豕○餼許氣反牲腥曰餼牲生曰牽〔疏〕注資糧至羊豕○正義曰聘禮歸飧饔餼五牢飪一牢腥一牢餼一牢以飪是熟肉腥是生肉知餼是未殺故云生曰餼牛羊豕可牽行故云牽謂牛羊豕也 爲吾子之將行也。示知其情 鄭之有原圃。猶秦之有具囿也。原圃具囿皆囿名○圃布古反〔疏〕注原圃具囿皆

囿名○正義曰下注云中牟縣西有圃田澤則原圃地名以其地爲囿知具囿皆囿名也囿者所以養禽獸故令自取其麋鹿焉天子曰苑諸侯曰囿 吾子取其麋鹿。以閒敝邑。若何。使秦戍自取麋鹿以爲行資令敝邑得閒暇若何猶如何閒中牟縣西有圃田澤○麋亡悲反閒音閑注同令力呈反 杞子奔齊。逢孫揚孫奔宋。孟明曰。鄭有備矣。不可冀也。攻之不克。圍之不繼。吾其還也。滅滑而還。○齊國莊子來聘。自郊勞至于贈賄。禮成而加之以敏。迎來曰郊勞送去曰贈賄敏審當於事○勞力報反注同賄呼罪反當丁浪反又如字〔疏〕注迎來至於事○正義曰聘禮賓至于近郊君使卿朝服用束帛勞及聘事皆畢乃去賓遂行舍於郊公使卿贈如覿幣是來有郊勞去有贈賄也 臧文仲言於公曰。國子爲政。齊猶有禮。君其朝焉。臣聞之。服於有禮。社稷之衞也。爲公如齊傳 ○晉原軫曰。秦違蹇叔。而以貪勤民。天奉我也。奉與也○奉扶用反注及下同 奉不可失。敵不可縱。縱敵患生。違天不祥。必伐秦師。欒枝曰。未報秦施而伐其師。其爲死君乎。言以君死故忘秦施 ○縱子用反下同施始豉反注及下同 先軫曰。秦不哀吾喪。而伐吾同姓。秦則無禮。何施之爲。言秦以無禮加已施不足顧 吾聞之。一日縱敵。數世之患也。謀及子孫。可謂死君乎。言不可謂背君○數所主反背音佩 遂發命。遽興姜戎。子墨衰絰。晉文公未葬故襄公稱子以凶服從戎故墨之○衰七雷反絰直結反 梁弘御戎。萊駒爲右。萊音來 ○夏四月辛巳。敗秦師于殽。獲百里孟明視西乞術白乙丙以歸。遂墨以葬文公。晉於是始墨。後遂常以爲俗記禮所由變 文嬴請三帥。文嬴晉文公始適秦秦穆公所妻夫人襄公嫡母三帥孟明等○嬴音盈帥所類反注同妻七計反嫡丁歷反 曰。彼實構吾二君。寡君若得而食之。不厭。君何辱討焉。使歸就戮于秦。以逞寡君之志。若何。公許之。先軫朝。問秦囚。公曰。夫人請之。吾舍之矣。先軫怒曰。武夫力而拘諸原。婦人暫而免諸國。暫猶卒也○厭於豔反又於鹽反戮音六逞勑領反拘音俱卒寸忽反 墮軍實而長

寇讎。亡無日矣。墮毀也○墮許規反長丁丈反 不顧而唾。公使陽處父追之。及諸河。則在舟中矣。釋左驂以公命贈孟明。欲使還拜謝因而執之○唾他臥反驂七南反 孟明稽首曰。君之惠。不以纍臣釁鼓。纍囚繫也殺人以血塗鼓謂之釁鼓○纍力追反釁許覲反 使歸就戮于秦。寡君之以爲戮。死且不朽。若從君惠而免之。三年將拜君賜。意欲報伐晉 秦伯素服郊次。待之於郊 鄉師而哭曰。孤違蹇叔。以辱二三子。孤之罪也。不替孟明。孤之過也。大夫何罪。且吾不以一眚掩大德。眚過也○鄉許亮反替他計反眚所景反掩於檢反 ○狄侵齊。因晉喪也。○公伐邾。取訾婁。以報升陘之役。在二十二年 邾人不設備。秋。襄仲復伐邾。魯亦因晉喪以陵小國○復扶又反 ○狄伐晉。及箕。八月戊子。晉侯敗狄于箕。郤缺獲白狄子。白狄狄別種也故西河郡有白部胡○箕音基種章勇反〔疏〕郤缺獲白狄子○正義曰宣十五年晉師滅赤狄潞氏以潞子嬰兒歸彼書於經而此不書者蓋略賤之不以告也 先軫曰。匹夫逞志於君。謂不顧而唾 而無討。敢不自討乎。免胄入狄師。死焉。狄人歸其元。元首 面如生。言其有異於人 初。臼季使過冀。見冀缺耨。其妻饁之。臼季胥臣也冀晉邑耨鉏也野饋曰饁○臼其九反使所吏反過古禾反又古臥反耨乃豆反鉏田也饁于輒反字林于劫反鋤本又作鉏仕居反饋其位反餉也〔疏〕注臼季至曰饁○正義曰世本云垂作耨釋器云斪斸謂之定李巡曰鋤也廣雅云定謂之耨呂氏春秋云耨柄尺此其度也其耨六寸所以間稼也高誘注云耨耘苗也六寸所以入苗間也釋名云耨鋤嫗耨禾也釋詁云饁饋也孫炎曰饁野之饋也 敬。相待如賓。與之歸。言諸文公曰。敬德之聚也。能敬必有德。德以治民。君請用之。臣聞之。出門如賓。如見大賓 承事如祭。常謹敬也 仁之則也。公曰。其父有罪。可乎。缺父冀芮欲殺文公在二十四年○芮如銳反殺音試或如字 對曰。舜之罪也殛鯀。其舉也興禹。禹鯀子○殛紀力反誅也鯀古本反禹父也 管敬仲。桓之賊也。實相以濟。康誥曰。父不慈。子不祗。兄不友。弟不共。不相及也。康誥周書祗敬○實相息亮反不共音恭〔疏〕康誥至及也○正義曰此雖言康誥曰直

引康誥之意耳非康誥之全文也彼云子弗祗服厥父事大傷厥考心于父不能字厥子乃疾厥子于弟弗念天顯乃弗克恭厥兄兄亦不念鞠子哀大不友于弟曰乃其速由文王作罰刑茲無赦其意言不慈不祗不友不恭各用文王之法刑之不是罪子又罪父刑弟復刑兄是其不相及也詩曰。采葑采菲。無以下體。君取節焉可也。詩國風也葑菲之菜上善下惡食之者不以其惡而棄其善言可取其善節。○葑芳逢反菲芳匪反【疏】注詩國至善節。○正義曰彼毛傳曰葑須也菲芴也釋草云須葑孫炎曰須一名葑鄭玄坊記注云葑蔓菁也釋草又云菲芴也孫炎曰葍類也陸機毛詩義疏云葑蔓菁幽州人或謂之芥也菲似葍莖麤葉厚而長有毛三月中烝鬻為茹滑美又可以為羹是也此二菜其根有惡詩故云上善下惡食之者取善節也文公以為下軍大夫。反自箕。襄公以三命。命先且居將中軍。且居先軫之子其父死敵故進之。○且子徐反將子匠反【疏】注且居至進之。正義曰且居父在之時已將上軍以父死敵故進之以再命命先茅之縣賞胥臣。曰。舉郤缺。子之功也。先茅絕後故取其縣以賞胥臣以一命命郤缺為卿。復與之冀。還其父故邑。○復扶又反又音服亦未有軍行。雖登卿位未有軍列。○行戶剛反○冬。公如齊朝。且弔有狄師也。反。薨于小寢。即安也。小寢夫人寢也譏公就所安不終于路寢○晉、陳、鄭伐許。討其貳於楚也。楚令尹子上侵陳蔡。陳蔡成。遂伐鄭。將納公子瑕。三十一年瑕奔楚。○門于桔柣之門。瑕覆于周氏之汪。車傾覆池水中。○桔戶結反柣大結反覆芳服反注同汪烏黃反外僕髡屯禽之以獻。殺瑕以獻鄭伯。○髡苦門反屯徒門反文夫人斂而葬之鄶城之下。鄭文公夫人也鄶城故鄶國在滎陽密縣東北傳言穆公所以遂有國。○斂力驗反鄶古外反○晉陽處父侵蔡。楚子上救之。與晉師夾泜而軍。泜水出魯陽縣東經襄城定陵入汝。○夾古洽反一音古協反泜音雉又直里反王又徒死反陽子患之。使謂子上曰。吾聞之。文不犯順。武不違敵。子若欲戰。則吾退舍。子濟而陳。欲辟楚使渡成陳而後戰。○陳直覲反注同遲速唯命。不然紓我。紓緩也。○紓音舒一音直呂反老師費財。亦無益也。師久為老○費芳味反乃駕以待。子上欲涉。大孫伯曰。不可。晉人無信。半涉而薄我。悔敗何及。不如紓之。乃退舍。楚退欲使晉渡陽子宣言曰。楚師遁矣。遂歸。楚

師亦歸。大子商臣譖子上曰。受晉賂而辟之。楚之恥也。罪莫大焉。王殺子上。商臣怨子上止王立己故譖之。○遁徒困反○葬僖公。緩。文公元年經書四月葬僖公僖公實以今年十一月薨并閏七月乃葬故傳云緩自此以下遂因說作主祭祀之事文相次也皆當次在經葬僖公下今在此簡編倒錯。○編必連反又布千反倒丁老反【疏】注文公至倒錯。○正義曰經書十二月下云乙巳公薨杜以長厤推之十一月十二日有乙巳乙巳非十二月文元年傳曰於是閏三月非禮也故王四月并閏為七月禮當五月而葬今乃七月始葬故傳曰緩也左氏為傳凡有譏者皆先言所譏乃復述其事自此以下不論葬緩既言葬之緩遂因說作主祭祀之事皆事與葬連故文相次耳僖公葬在明年而此年有傳知其當在明年經葬僖公下今在此者簡編倒錯故爾杜以此年空說葬事而其上無經文元年空舉經而其下無傳故謂此年之傳當在彼經之下於理誠為順序於文失於重疊此云葬僖公彼又云葬僖公重生文者亦既錯謬必乖其本或由編絕之處三字分簡彼有葬無公此有公無葬後人並添足之致使彼此共剩一文耳若其不然不知所以謬也作主。非禮也。文二年乃作主遂因葬文通譏之凡君薨卒哭而祔。祔而作主。特祀於主。既葬反虞則免喪故曰卒哭哭止也以新死者之神祔之於祖尸柩已遠孝子思慕故造木主立几筵焉特用喪禮祭祀於寢不同之於宗廟言凡君者謂諸侯以上不通於卿大夫。○祔音附烝嘗禘於廟。冬祭曰烝秋祭曰嘗新主既立特祀於寢則宗廟四時常祀自如舊也三年禮畢又大禘乃皆同於吉。○烝之承反禘大計反【疏】凡君至於廟。○正義曰釋例云此諸侯之禮故稱君君既葬反虞則免喪故曰卒哭哭止也以新死者之神祔之於祖尸柩既已遠矣神形又不可得而見矣孝子之思彌篤彷徨求索不知所至故造木主立几筵特用喪禮祭祀於寢不同之於宗廟則復用四時烝嘗之禮也三年喪畢致新死者之主以進於廟廟之遠主當遷入祧於是乃大祭於大廟以審定昭穆謂之禘此皆自諸侯上達天子之制也其意與此注同文少詳耳劉炫云既言作主非禮因言作主祭祀吉凶之節凡諸侯之薨葬日而虞從是以後間日一虞七虞之後明日而為卒哭之祭卒哭之明日而作祔祭以新死之神祔於祖父於此祔祭而作木主以依神其主在寢特用喪禮祭祀於在寢之主其四時常祭祠禴烝嘗及三年喪畢為大祀禘祭並行之於廟正禮當如是耳今以葬僖公後積十月始作僖公木主是作主大緩故為非禮也○注既葬至大夫○正義曰檀弓曰既封有司以几筵舍奠於墓左反日中而虞葬日虞弗忍一日離也雜記曰士三虞大夫五諸侯七士虞記曰始虞用柔日再虞皆如初三虞卒哭用剛日如士虞之禮諸侯七虞其六虞用柔日最後虞改用剛日間一日乃卒哭卒哭亦用剛日則諸侯卒哭在葬後十四日也然始免喪與葬不得相遠共在一月之內故杜每云既葬卒哭衰麻除是其不甚相遠然喪事先遠日則葬在月半之後葬後行虞虞後卒哭所以得同月者但卜葬雖先遠日但葬是喪之大事又有虞祔之祭當應及早為之使得容其虞祔禮云喪事先遠日謂練祥禫除之屬晉平公之喪大夫欲見新君王與文伯宴樽以魯壺皆是既葬之後未卒哭之前雜記曰天子七月而葬九月而卒哭諸侯五月而葬七月而卒哭釋例云禮記後人所作不與春秋同是七虞九虞

杜所不用或云杜亦同之解云此注言虞則免喪者謂七虞皆畢乃免喪免喪後日而卒哭也理亦通耳檀弓曰葬日虞是日也以虞易奠卒哭曰成事是日也以吉祭易喪祭是葬前奠而不祭至虞乃為喪祭卒哭乃為吉祭也自初死至於卒哭晝夜哭無時謂之卒哭者卒此無時之哭自此以後唯朝夕哭耳天子諸侯則於此除喪全不復哭也檀弓於卒哭之下云明日祔於祖父士虞記亦云卒哭明日以其班祔是以新死之神祔之於祖也於此之時葬已多日尸柩既已遠矣孝子思慕彌篤彷徨不知所至故造木主立几筵以依神也作主致之於寢特用喪祭之禮祭之於寢不同祭之於宗廟也大夫以下不得稱君此言凡君者謂諸侯以上耳不得通於卿大夫也文二年公羊傳曰主者曷用虞主用桑練主用栗鄭玄注禮用公羊之說以為虞已有主此傳稱祔而作主者虞而作主禮本無文不可以公羊而疑左氏也○注冬祭至於吉○正義曰周禮禮記諸文皆有之也新主既特祀於寢則其餘宗廟四時常祀自如舊不廢也三年喪畢新主入廟廟之遠主當遷入祧乃為大祭於大廟以審昭穆謂之為禘於是新死者乃得同於吉也釋例曰舊說以為諸侯喪三年之後乃烝嘗案傳襄公十五年冬十一月晉侯周卒十六年春葬晉悼公改服脩官烝於曲沃會于溴梁其冬穆叔如晉且言齊故晉人荅以寡君之未禘祀其後晉人徵朝于鄭鄭公孫僑云溴梁之明年公孫夏從寡君以朝于君見於嘗酎與執膰焉此皆春秋之明證也是言知諸侯卒哭以後時祭不廢之事也釋例又曰凡三年喪畢然後禘於是遂以三年為節仍計除喪即吉之月卜日而後行事無復常月也是以經書禘及大事傳唯見莊公之速他無非時之議也如例所言除喪即吉禘遂以三年為常則新君即位二年而禘五年又禘八年又禘僖八年禘於大廟宣八年有事于大廟定八年從祀先公皆得三年之常期也案元年夫人姜氏薨當以三年喪畢而禘再經三年則九年乃可禘耳而得八年禘者哀姜喪畢不為作禘八年因禘祭乃致之故計閔公之喪數之耳昭十五年有事於武宮計非禘年而為禘者釋例曰禘於大廟禮之常也各於其宮時之為也雖非三年大祭而書禘用禘禮也昭二十五年傳曰將禘於襄公亦其義也三年之禘自國之常常事不書故唯書此數事祭雖得常亦記仲遂叔弓之非常也如杜此言昭十五年雖非禘年用禘禮故稱禘也鄭玄解禮三年一祫五年一禘杜解左傳都不言祫者以左傳無祫語則祫禘正是一祭故杜以審諦昭穆謂之為禘明其更無祫也古禮多亡未知孰是且使禮傳各從其家而為之說耳劉炫云以正經無祫文也唯禮記毛詩有祫字耳釋天文禘大祭也則祭無大於禘者若祫大於禘禘焉得稱大乎

春秋左傳注疏卷十七挍勘記　阮元撰盧宣旬摘錄

附釋音春秋左傳注疏卷第十七　僖二十九年盡三十三年

經二十九年

玉子虎違禮下盟　宋本淳熙本岳本纂圖本閩本監本毛本玉作王是也

會王世子于首正　宋本閩本監本毛本正作止不誤

傳二十九年

春葛盧來朝　石經宋本淳熙本岳本纂圖本監本毛本春下有介字是也

及其闡 浦鏜正誤及作反案國語作反

將亭而舍之 宋本亭作烹與國語晉語合

故有貳心也 宋本監本毛本貳作二

兼有此闕 宋本闕下有者字

冬介葛盧來以未見公 閩本監本以下誤增其字

經三十年

傳三十年

皆十瑴 岳本瑴作穀非

注服卿至受命 宋本此節正義在辭卿注下

秦軍氾南 石經氾作汜釋文作氾音凡翻岳本同是也

在熒陽中牟縣南 閩本監本毛本脫南字熒誤滎宋本作滎按宋本最善不應亦作滎陽蓋慶元重刻時淺人所改也

尋討傳文 閩本監本毛本文作云非也段玉裁云此疏有脫誤

然鄭亡子亦有不利焉 石經然上有雖字案碑文乃唐人重刻增入必有所據

焉用亡鄭以倍鄰 石經宋本淳熙本岳本足利本倍作陪宋本釋文亦作陪案錢大昕云从阜爲正

陪益也 閩本監本毛本陪作倍非

若舍鄰以爲東道主 補諸本作舍鄭此誤作鄰今訂正

注行李使人 宋本此節正義在君亦無所害句下

訓之爲吏 監本毛本訓誤順

肆申也 宋本申作由非

若不闕秦將焉取之 石經作不闕秦焉取之後人于不字上旁增若字焉字上旁增將字刻本輒據石經積補之字妄增唯宋本不誤考文提要同案正義本無若將二字

不闕秦焉取之 宋本此節正義在鄭人盟句下

使杞子逢孫楊孫戍之 石經宋本淳熙本岳本楊作揚下同

微夫人力不及此 石經宋本淳熙本岳本纂圖本監本毛本本上有之字是也

昌歜昌蒲菹 葉抄釋文葅作菹宋本正義同是也

昌本昌蒲根 各本作根此本誤作相今改正

齊有郈歜 閩本歜誤鄹

經三十一年

取田取邑義亦同也 重脩監本田作曰非也

爲之緇衣熏裳 宋本閩本監本毛本熏作纁考穀梁傳作熏裳按據儀禮則熏古文纁今文也

背郊祀望而祭之 宋本淳熙本岳本足利本背下有因字

魯廢郊天而脩其小祀 岳本前後並作脩惟此處作修

國中山川 監本毛本中誤之

因郊祀天而望祭之 監本毛本祀作祭非

蓋有阻險可以避狄難也 閩本監本毛本阻險作險阻

傳三十一年

晉新得諸侯 顧炎武云石經新誤親案石經此處闕所據乃謬刻也

東傅于濟 顧炎武云石經傅誤傳所據亦謬刻

重館至曹地也 宋本無也字非也

注諸侯至常祀 宋本以下正義二節總入可也句下

是以魯君孟春乘大路載弧韣 閩本監本毛本路作輅韣作韣按作路作韣是也

不可改名爲牲 閩本監本毛本可改名三字誤作吉日不此本修板誤同牲誤性○今改正

慢瀆龜策 監本毛本慢作漫非也

卜曰三百年 宋本以下正義二節總入相奪予享注下

相奪予享 岳本予作子翻本仍作予不誤宋本亦誤子

非衛所絕 纂圖本毛本絕作滅非

經三十二年

故言其謚也 案謚當作諡宋本多作謚者必是慶元重刻時所改

而規其謬非也 宋本謬作繆

會狄于欑函 閩本監本毛本欑作攢非也

故不言地也 閩本監本毛本脫也字

以狄俗逐水草 閩本監本毛本以作此非也

傳三十二年

殯空棺也 釋文空一本作塗字按塗是也殯用塗不可云空葬乃云空

執斧以涖匠師 閩本監本毛本涖作蒞

殯則欑置於西序 閩本監本毛本欑作攢字按禮記喪大記从木作欑从手者非也說文無攢

中壽 宋本以下正義四節總入余收爾骨焉節注下

晉人禦師必於殽 釋文殽本又作崤案後漢書龐參傳云孟明視喪師於崤

殽有二陵焉 毛本有誤在案李善注西都賦引傳作崤

其阨道在兩殽之間 監本毛本阨作阸誤應作阨

是文王之所避風雨者也 閩本監本毛本亦作也與公羊合宋本作故屬下讀

經三十三年

晉侯韓背喪用兵 宋本岳本纂圖本閩本監本毛本韓作諱案正義亦作諱淳熙本作驟非也

戎子駒友之先也 宋本淳熙本岳本纂圖本閩本監本毛本友作支是也

諸戎掎之 釋文亦作掎纂圖本毛本掎誤犄

晉諱而以微人告 浦鏜正誤人作者

又何恥諱而以微者告 浦鏜正誤又作有

傳三十三年

春晉秦師過周北門 案晉字衍石經宋本淳熙本岳本纂圖本監本毛本並無

故左右下御不下 閩本上下字誤不

入險而脫 顧炎武云石經入誤人案碑入字右邊闕炎武所據乃謬刻也

故先韋乃入牛 宋本牛下有也字

爲從者之淹 顧炎武云石經淹誤流案石經此處闕炎武所據亦謬刻也

注腆厚至菜薪 宋本以下正義二節總入丘使遽告于鄭注下

皆視殯牽 毛本殯作餼亦非宋本作餼下同○今並改作殯後不悉出

馹遽傳也 閩本監本毛本馹作驛非也

▲鄭穆公使視客館 視秦三大夫之舍○案傳文七字注文七字此本閩本並脫據石經宋本淳熙本岳本纂圖本監本毛本有此傳注

則束載厲兵秣馬矣 釋文云秣說文作𩝐云食馬穀也閩本監本誤作抹

注資糧至羊豕 宋本以下正義二節總入杞子奔齊節下

歸殯饔餼五牢 毛本殯作餐非宋本作殯從夕不從歹

猶秦之有具囿也 山井鼎云宋本囿作圃考文所謂宋本即此本也此本初刊似作圃後改從閩監文

弨鍾山札記云宋時本是具圃今本作具囿引初學記水經注高誘呂氏春秋注並作具圃爲是案唐石經宋本淳熙本岳本及諸刻本皆作圃

以閒敝邑若何　石經初刻閒誤閑重勘工

逢孫揚孫奔宋　纂圖本閩本監本毛本揚作楊

孟明曰　淳熙本曰誤白

注迎來至於事　宋本此節正義在注文爲公如齊傳下

曰彼實構吾二君　石經初刻作構是也後改從才旁宋本監本毛本作搆

○狄侵齊因晉喪也　監本○誤注字

郤缺獲白狄子注下　宋本以下正義五節總入亦未有軍行

耨枘尺此其度也　宋本枘作柄案呂氏春秋任地篇作柄○今訂作柄

欲殺文公　纂圖本閩本監本毛本殺作弒

舜之罪也殛鯀　石經鯀字改刻初刻似作鮌

祇敬　宋本淳熙本岳本纂圖本閩本監本毛本敬下有也字

詩曰采葑采菲　宋本曰作云石經此處闕

堇麁葉厚而長　宋本麁作麤案麁俗麤字

三月中烝煮爲茹　宋本烝作蒸

詩故云上善下惡　閩本詩作時是誤字按詩故謂詩之訓故

外僕髡屯禽之以獻　石經宋本凡髡字皆作髠是也○今依訂正

注文公至倒錯　宋本此節正義入非禮也注下

乙巳非十二月　山井鼎云宋板無二字案此本二字擠增

致使彼此共剩一文耳　宋本剩作乘

新主既立特祀於寢　宋本岳本足利本無立字與正義合

徬徨求索　宋本徬作彷

文少詳耳　閩本監本毛本少作小非也

礿祠烝嘗　監本毛本祠作祀非也

卒哭明日　浦鏜云案士虞禮無卒哭二字當作既夕也案浦鏜說大誤士虞記明日以其班祔注云卒哭之明日也

作主致之於寢　閩本監本毛本致作置

則其餘宗廟四時常祀　閩本監本毛本則誤而

附釋音春秋左傳注疏卷第十八　文元年盡四年

杜氏注　孔穎達疏

文公　陸曰文公名興僖公子母聲姜謚法慈惠愛民曰文忠信接禮曰文　〔疏〕正義曰魯世家文公名興僖公之子夫人聲姜所生以襄王二十六年即位謚法慈惠愛民曰文是歲歲在降婁

經元年。春。王正月。公即位。無傳先君未葬而公即位不可曠年無君　〔疏〕注先君至無君○正義曰諸侯之禮既葬成君先君雖則未葬既踰年矣而君即位者不可曠年無君故也即位必於歲首若歲首不行此禮則餘月不得行之是曠年無君故雖則未葬亦即行之釋例曰遭喪繼立者每新年正月必改元正位百官以序故國史書即位於策以表之文公成公先君之喪未葬而書即位因三正之始明繼嗣之正表朝儀以同百姓之心此乃國君明分制之大禮譬周康王麻冕黼裳以行事事畢然後反喪服也雖踰年行即位之禮名通於國內必須既葬卒哭乃免喪古之制也且引顧命康王之事以譬此者彼是既殯此是踰年雖時不同取其暫服吉服事相似耳康王之誥云王義嗣德荅拜彼始殯訖即呼爲王知諸侯既殯臣子亦呼爲公既尸其位名號即成但先君未葬事猶聽於冢宰未得即成爲君八年八月天王崩九年春毛伯來求金傳曰不書王命未葬也是踰年未葬不得命臣出使必待卒哭乃免喪也○**二月。癸亥。日有食之。**無傳癸亥月一日不書朔官失之○**天王使叔服來會葬。**叔氏服字諸侯喪天子使大夫會葬禮也　〔疏〕注叔氏至禮也○正義曰四年風氏薨五年王使榮叔歸含且賵召昭公來會葬傳曰禮也夫人之喪會葬爲禮知諸侯之喪天子使大夫會葬爲得禮也蘇氏云外卿來會葬不書此書者尊王使故特書之傳稱內史叔服內史於周禮爲中大夫天子大夫例書字知叔氏服字也○**夏。四月。丁巳。葬我君僖公。**七月而葬緩○**天王使毛伯來錫公命。**毛國伯爵諸侯爲王卿士者諸侯即位天子賜以命圭合瑞爲信僖十一年王賜晉侯命亦其比也○錫星歷反比必利反例也又如字　〔疏〕注毛國至比也○正義曰僖二十四年傳有原伯毛伯杜云原毛皆采邑此毛與彼計是一人而注不同者此毛當是文王之子封爲畿外之國於時諸侯無復有毛或是世事王朝本封絕滅從此以後常稱毛伯國名尚存仍爲伯爵必受得采邑爲畿內諸侯故注彼云采邑此云國也封爵既存故云諸侯爲王卿士者周禮大宗伯以玉作六瑞以等邦國王執鎮圭公執桓圭侯執信圭伯執躬圭子執穀璧男執蒲璧冬官玉人桓圭以下皆謂之命圭是用之以命諸侯也諸侯即位天子賜之以命圭魯是侯爵當賜之以信圭也玉人又云天子執冒四寸以朝諸侯其冒邪刻其下與圭頭相合諸侯執圭以朝天子天子執冒以冒之觀其相當以否所以合瑞爲信也僖十一年晉惠公新立王賜之命此亦新立是其比也傳稱晉侯受玉惰於此知賜命必有玉也公羊傳曰錫者何賜也命者何加我服也唐風無衣之篇晉人爲其君請命於天子之使以無衣爲辭則賜命亦有服杜不言服者主於玉而略之耳○**晉侯伐衞。**晉襄公先告諸侯而伐衞雖大夫親伐而稱晉侯從告辭也○**叔孫得臣如京師。**得臣叔牙之孫○**衞人伐晉。**衞孔達爲政不共盟主興兵鄰國受討喪邑故貶稱人○喪息亮反○**秋。公孫敖會晉侯于戚。**戚衞邑在頓丘衞縣西禮卿不會公侯而春秋魯大夫皆不貶者體例已舉故據用魯史成文而已內稱公卒稱薨皆用魯史　〔疏〕注戚衞至魯史○正義曰僖二十九年翟泉之盟諸侯之卿爲會魯侯故貶稱人則魯卿會他諸侯亦合貶而春秋魯大夫皆不貶者貶他國之卿已成體例體例已舉於魯不須加貶理足可明故據用魯史成文不復改易也他國君書卒及爵內常稱公稱薨亦體例已舉皆用魯史也○**冬。十月。丁未。楚世子商臣弒其君頵。**商臣穆王也弒君例在宣四年○頵憂倫反又上倫反○**公孫敖如齊。**傳例曰始聘焉禮也

傳元年。春。王使內史叔服來會葬。公孫敖聞其能相人也。公孫敖魯大夫慶父之子○相息亮反　**見其二子焉。叔服曰。穀也食子。難也收子。**穀文伯難惠叔食子奉祭祀供養者也收子葬子身也○見賢遍反下注孤見同食音嗣注同難乃旦反又如字供俱用反養餘亮反　**穀也豐下。必有後於魯國。**豐下蓋面方爲八年公孫敖奔莒傳○**於是閏三月。非禮也。**於厤法閏當在僖公末年誤於今年三月置閏蓋時達厤者所譏　**先王之正時也。履端於始。舉正於中。歸餘於終。**步厤之始以爲術之端首朞之日三百六十有六日日月之行又有遲速而必分爲十二月舉中氣以正月有餘日則歸之於終積而爲閏故言歸餘於終○朞居其反　**履端於始。序則不愆。**四時無愆過○愆起虔反　**舉正於中。民則不惑。**斗建不失其次寒暑不失其常故無疑惑　**歸餘於終。事則不悖。**四時得所則事無悖亂○悖必內反　〔疏〕於是至不悖○正義曰於是年魯厤置閏閏三月非禮也言於禮置閏不當在此月也因論置閏之法先王之正時也履端於始履步也謂推步厤之初始以爲術厤之端首舉月之正半在於中氣歸其餘分置於終末言於終末乃置閏也更復申之履端於始序則不愆謂四時之序不愆過也舉正於中民視瞻則不疑惑也歸餘於終事則不悖悖亂也此年不合置閏而置閏則不是歸餘於終故爲非禮也○注於厤至所譏○正義曰古今之厤法推閏月之術皆以閏餘減章歲餘以歲中乘之章閏而一所得爲積月命起天正算外閏所在也其有進退以中氣定之無中氣則閏月也古厤十九年爲一章章有七閏入章三年閏九月六年閏六月九年閏三月十一年閏十一月十四年閏八月十七年閏四月十九年閏十二月此據元首初章若於後漸積餘分大率三十二月則置閏不必恒同初章閏月僖五年正月辛亥朔日南至治厤者皆以彼爲章首之歲漢書律厤志云文公元年距僖五年辛亥二十九歲是歲閏餘十三閏當在十一月後而在三月故傳曰非禮也志之所言閏當在此年十一月後今三月已即置閏是嫌閏月大近前也杜以爲僖三十年閏九月文二年閏正月故言於厤法閏當在僖公末年誤於今年置閏嫌閏大近後也杜爲長厤置閏疏數無復定準凡爲厤者閏前之月中氣在晦閏後之月中氣在朔僖五

年正月朔旦冬至則四年當閏十二月也杜長厤僖元年閏十一月五年閏十二月與常厤不同者杜以襄二十七年再失閏司厤過昭二十年二月己丑日南至哀十二年十二月螽云火猶西流司厤過則春秋之世厤法錯失所置閏月或先或後不與常同杜唯勘經傳上下日月以爲長厤若日月同者則數年不置閏月若日月不同須置閏乃同者則未滿三十二月頻置閏所以異於常厤故釋例云春秋日有頻月而食者有曠年不食者理不得一一如筭以守恆數故厤無有不失也始失於毫毛尚未可覺積而成多以失弦望朔晦則不得不改憲以順之書所謂欽若昊天厤象日月星辰易所謂治厤明時言當順天以求合非苟合以驗天者也故當脩經傳日月以考晦朔以推時驗下又云據經傳微旨考日辰晦朔以相發明爲經傳長厤未必得天蓋春秋當時之厤也是杜自言不與常厤同。注步厤至於終。正義曰日月轉運於天猶如人之行步故推厤謂之步厤步厤之始以爲術之端首謂厤之上元必以日月全數爲始於前更無餘分以此日爲術之端首故言履端於始也朞之日三百六十有六日謂從冬至至冬至必滿此數乃周天也日月之行有遲有速日行遲月行速凡二十九日過半月行及日謂之一月過半者謂一日於厤法分爲九百四十分月行及日必四百九十九分是過半二十九分今一歲氣周有三百六十五日四分日之一其十二月一周唯三百五十四日是少十一日四分日之一未得氣周細而言之一歲止少弱十一日所以然者一月有餘分二十九一年十二月有餘分三百四十八是一歲既得三百五十四日又得餘分三百四十八其四分日之一一日爲九百四十分則四分日之一爲二百三十五分今於餘分三百四十八內取二百三十五以當御四分日之一餘分仍有一百一十三其整日唯有十一日又以餘分一百一十三減其一日九百四十分唯有八百二十七分是一年有餘十日八百二十七分少一百一十三分不成十一日也劉炫云則一歲爲十二月猶有十一日有餘未得周也分一周之日爲十二月則每月常三十日餘計月及日爲一月則每月唯二十九日餘前朔後朔相去二十九日餘前氣後氣相去三十日餘每月參差氣漸不正但觀中氣所在以爲此月之正取中氣以正月故言舉正於中也月朔之與月節每月剩一日有餘所有餘日歸之於終積成一月則置之爲閏故言歸餘於終。注斗建至疑惑。正義曰閏後之月中氣在朔則斗柄月初已指所建之辰閏前之月中氣在晦則斗柄月末方指所建之辰故舉月之正在於中氣則斗柄常不失其所指之次如是乃得寒暑不失其常○夏。

四月。丁巳。葬僖公。傳皆不虛載經文而此經孤見知僖公末年傳宜在此下○王使毛伯衛來錫公命。衛毛伯字。○一本作毛伯衛來錫公命一本作天王使〔疏〕注衛毛伯字。○正義曰知是字者以天子公卿例書爵不言名大夫稱字故毛伯雖卿或稱字案僖九年公會宰周公云云杜云三公不字明卿或書字叔孫得臣如周拜。謝賜命○晉文公之季年。諸侯朝晉。衛成公不朝。使孔達侵鄭。伐緜訾。及匡。孔達衛大夫匡在潁川新汲縣東北。○訾子斯反汲居及反晉襄公既祥。諸侯雖諒闇亦因祥祭爲位而哭。○諒音良又音亮〔疏〕晉襄公既祥。○正義曰禮朞而小祥晉文公以僖三十二年十二月卒則三十三年十二月爲小祥此云既祥謂小祥也使告于諸侯而伐衛。及南陽。今河內地先且居曰。效尤禍也。尤衛不朝故伐今不朝王是效衛致禍時王在溫故勸之。○且子餘反請君朝王。臣從師。晉侯朝王于溫。先且居、胥臣伐衛。五月。辛酉。朔。晉師圍戚。六月。戊戌。取之。獲孫昭子。昭子衛大夫食戚邑衛人使告于陳。陳共公曰。更伐之。我辭之。見伐求和不競大甚故使報伐示已力足以距晉。○共音恭更古孟反又音庚大音泰又如字衛孔達帥師伐晉。君子以爲古。古者越國而謀。合古之道而失今事霸主之禮故國失其邑身見執辱〔疏〕注合古至執辱。○正義曰釋例云衛孔達爲政不共盟主興兵於鄰國受討喪邑竊而告陳雖從陳之謀僅得自定以謀而濟故君子但言合古而不釋其尤也劉炫云春秋之時天子微弱霸主秉德刑以長諸侯諸侯從時命以事霸主大字小小事大所以相保持也晉之與衛小大不同而恥於受屈望以彊獲免明王在上理在可然度時之宜則非善計君子以爲合古之道失當今之宜亦不言其謀全非禮也○秋。晉侯疆戚田。故公孫敖會之。晉取衛田正其疆界○疆居良反注同○初。楚子將以商臣爲大子。訪諸令尹子上。子上曰。君之齒未也。齒年也言尚少。○少詩照反下文同而又多愛。黜乃亂也。楚國之舉。恒在少者。舉立也且是人也。蠭目而豺聲。忍人也。能忍行不義。○蠭本又作蜂芳逢反豺仕皆反不可立也。弗聽。既又欲立王子職。而黜大子商臣。職商臣庶弟也商臣聞之而未察。告其師潘崇曰。若之何而察之。潘崇曰。享江芊而勿敬也。江芊成王妹嫁於江。○芊亡氏反史記以爲成王妾從之。江芊怒曰。呼。役夫。呼發聲也役夫賤者稱。○呼報賀反注同役夫如字稱尺證反宜君王之欲殺女而立職也。告潘崇曰。信矣。潘崇曰。能事諸乎。問能事職不。○女音汝曰。不能。不能行大事乎。曰。能。大事謂弑君。○弑申志反一本無此注冬。十月。以宮甲圍成王。大子宮甲僖二十八年王以東宮卒從子玉蓋取此宮甲。○卒子忽反從如字又才用反王請食熊蹯而死。熊掌難熟冀久將有外救。○蹯音煩弗聽。丁未。王縊。諡之曰靈。不瞑。曰成。乃瞑。言其忍甚未斂而加惡諡。○瞑亡丁反又亡千反斂力驗反〔疏〕注言甚至惡諡。○正義曰既見其不瞑目則是未斂於棺故知未斂也禮葬乃加諡未斂而加惡諡言其忍之甚也冤枉之人衆矣未有能見其靈此事特爲商臣忍甚耳桓譚以爲自縊而死其目未合尸冷乃瞑非由諡之善惡也亂而不損曰靈安民立政曰成穆王立。以其爲大子之室與潘崇。〔疏〕爲大子之室。○正義曰商臣今既爲王以其爲大子之時所居室內財物僕妾盡以與潘崇非與其所居之宮室也使爲大師。且掌環列之尹。環列之尹宮衛之官列兵而環王宮。○大音泰環如字又音患○穆伯如齊。始聘焉。禮也。穆伯公孫敖凡君即位。卿出並聘。〔疏〕凡君至並聘。○正義曰即位者既葬除喪即成君之吉位也唯以既葬爲限不以踰年爲斷八年八月天王崩九年春毛伯來求金傳曰不書王命未葬也是未葬雖踰年不得命臣出使也宣十年夏四月齊侯元卒六月葬齊惠公冬齊侯使國佐來聘是既葬未踰年得命臣出使也何休膏肓以爲三年之喪使卿出聘於義左氏爲短鄭康成箴云周禮諸侯邦交歲相問殷相聘世相朝左氏合古禮何以難之踐脩舊好。要結外援。踐猶履行也。○好呼報反下及注同要於遙反援于眷反好事鄰國。以衛社稷。忠信卑讓之道也。忠德之正也。信德之固也。卑讓德之基也。傳因此發凡以明諸侯諒闇則國事皆用吉禮○殽之役。在僖三十三年晉人既歸秦帥。秦大夫及左右皆言於秦伯曰。是敗也。孟明之罪也。必殺之。秦伯曰。是孤之罪也。周芮良夫之詩曰。大風有隧。貪人敗類。詩大雅隧蹊徑也周大夫芮伯刺厲王言貪人之敗善類若大風之行毀壞衆物所在成蹊徑。○帥所類反芮如銳反詩大雅桑柔篇隧音遂道也敗必邁反注同蹊音兮徑古定反聽言則對。誦言如醉。言昏亂之君不好典誦之言聞之若醉得道聽塗說之言則喜而荅對。○誦似用反昏本亦作惛音昏匪用其良。覆俾我悖。覆反也俾使也不用良臣之言反使我爲悖亂。○覆芳服反俾本亦作卑必爾反注同是貪故也。孤之謂矣。孤實貪以禍夫子。夫子何罪。復使爲政。爲明年秦晉戰彭衙傳。○復扶又反

經二年。春。王二月。甲子。晉侯及秦師戰于彭衙。秦師敗績。孟明名氏不見非命卿也大崩曰敗績馮翊郃陽縣西北有彭衙城。○衙音牙見賢遍反郃戶納反〔疏〕注孟明至衙城。○正義曰於例將卑師衆稱師今稱秦師知將非尊者故云孟明名氏不見非命卿也傳稱秦伯不廢孟明復使爲政則孟明秦之執政之卿也而言非卿者成二年注云曹大夫常不書而書公子首者首命於國備於禮成爲卿故也然則備卿禮乃成爲卿禮不備則不書秦是辟陋之國不以卿禮成孟明不言孟明非執政也此年晉士穀堪其事故名書於垂隴襄二十九年鄭公孫段攝卿以行名見於城杞況此眞卿而不書者以秦辟陋在戎異於中國禮命不足故云非命卿也○丁丑。作僖公主。主者殷人以柏周人以栗

三年喪終則遷入於廟【疏】注主者至於廟。○正義曰主所用木經無正文公羊傳曰主者曷用虞主用桑練主用栗左傳唯言祔而作主主一而已非虞練再從公羊之言不可通於此也論語哀公問主於宰我宰我對曰夏后氏以松殷人以柏周人以栗先儒舊解或有以爲宗廟主者故杜依用之案古論語及孔鄭皆以爲社主社爲木主者古論不行於世且社主周禮謂之田主無單稱主者以張包周等並爲廟主故杜所依用劉炫就此以規杜過未爲得也○

三月乙巳。及晉處父盟。處父爲晉正卿不能匡君以禮而親與公盟故貶其族族去則非卿故以微人常稱爲耦以直厭不直不地者盟晉都。○去起呂反稱尺證反厭於涉反【疏】注處父至晉都。正義曰春秋卿則書名氏賤者則稱人外卿之貶例皆稱人魯卿之貶乃去其族去族以稱人相類人即是不爲卿也處父爲晉正卿不能匡君以禮君使盟魯即從君命親與公盟故貶去其族若言處父是晉之賤人則不復書公直言及晉處父盟若言魯之賤人往與之盟也魯之賤人不合書名舉其所爲之事而已言及不言人名是微人之常稱以常稱與處父爲偶若處父亦賤人也魯以微人敵微人直也晉卿敵公不直也如此書經者以魯之直厭晉之不直也然則不貶處父稱人者貶之稱人則惡名不見貶其族留其名所以惡處父也釋例曰隨此稱人則所罪之名不章故特書處父也翟泉澶淵亦會公侯所以稱人者以其衆卿非一依例總貶不地者盟於晉之都也諸侯會盟於他國之都者即以國名爲盟地魯之君臣獨往他國而與之盟者不都復舉國地三年冬公如晉十二月公及晉侯盟是也○夏。

六月。公孫敖會宋公、陳侯、鄭伯、晉士縠盟于垂隴。垂隴鄭地熒陽縣東有隴城士縠出盟諸侯受成於衛故貴而書名氏○縠戶木反本亦作穀同隴力勇反○自十有二月不雨。至于秋七月。無傳周七月今五月也不雨足爲災不書旱五穀猶有收○收如字又手又反○八月丁卯。大事于大廟。躋僖公。大事禘也躋升也僖公閔公庶兄繼閔而立廟坐宜次閔下今升在閔上故書而譏之時未應吉禘而於大廟行之其譏已明徒以逆祀故特大其事異其文○大廟音泰注及傳大廟同躋子兮反坐才臥反又如字【疏】注大事至其文。○正義曰昭十五年有事于武宮傳稱禘于武宮有事是禘則知大事亦是禘也躋升也釋詁文公羊傳曰躋者何升也禘祭之禮審諦昭穆諸廟已毀未毀之主皆於太祖廟中以昭穆爲次序父爲昭子爲穆太祖東向昭南向穆北向孫從王父以次而下祭畢則復其廟其兄弟相代則昭穆同班近據春秋以來惠公與莊公當同南面西上隱桓與閔僖亦同北面西上僖是閔之庶兄繼閔而立昭穆雖同位次閔下今升在閔上故書而譏之僖公以其三十三年十一月薨至此年十一月喪服始畢今始八月時未應吉而於大廟行之與閔公二年吉禘于莊公其違禮同也彼書吉禘其譏已明則此亦從譏可知不復更譏其速也徒猶空也空以逆祀之故亂國大典故特大其事謂之大事譏逆祀也釋例曰文公二年僖公之喪未終未應行吉禘之禮而於大廟行之其譏已明徒以躋僖而退閔故特大其事異其文定八年亦特書順祀皆所以起非常也有事于武宮及順祀傳皆稱禘則知大事有事于大廟亦禘也○冬。

晉人、宋人、陳人、鄭人伐秦。四人皆卿秦穆悔過終用孟明故貶四國大夫以尊秦伯【疏】注四人至尊秦。○正義曰四國大夫傳皆稱名氏是四人皆卿也秦穆悔過終用孟明仲尼特善其事無辭可以寄文故貶四國大夫稱人所以尊崇秦德以諸侯之名無所可加貶大夫以尊秦大夫非有罪也襄八年邢丘之會晉悼霸功既就德立刑行既諸侯之卿以尊晉侯其事與此同也釋例曰秦伯終用孟明而致敗敗而罪已赦其闕而養其志孟明增修其德以霸西戎夫子嘉之故於伐秦之役貶四國大夫四國大夫奉君命而行今以一義變例故稱尊秦謂之崇德明罪不在四國大夫也○公子遂如齊納幣。傳曰禮也僖公喪終此年十一月則納幣在十二月也士昏六禮其一納采納徵始有玄纁束帛諸侯則謂之納幣其禮與士禮不同蓋公爲太子時已行昏禮也○纁許云反【疏】注傳曰至昏禮。○正義曰公羊傳曰此何以書譏何譏爾譏喪娶也娶在三年之外則何譏乎喪娶三年之內不圖昏其意謂此喪服未畢而行昏禮也何休據此作膏肓以左氏爲短今左氏傳謂之禮也必是喪服已終杜以長麻推之知僖公以其三十三年十一月薨至此年十一月喪已畢矣納幣雖則無月以傳言禮則知納在十二月也士昏六禮其一納采次有問名納吉至納徵始有玄纁束帛士謂之納徵諸侯則謂之納幣以其幣帛多其禮大與士禮不同故異其名也案士之昏禮納采問名同日行事納采者納其采擇之禮主人既許之賓即問名將歸卜其吉凶也卜而得吉又遣使納吉如納采之禮納吉之後方始納徵納徵成也使使納幣以成昏禮也此納幣以前已有三禮須再度遣使一月之內不容三遣適齊蓋公爲大子時已行昏禮疑在僖公之世已行納采納吉今續而成之也杜言其一納采欲明納徵之前更有昏禮納幣非昏禮之始孫爲下句公爲大子時已行昏禮張本也大子昏禮理自不書雖則公昏唯書納幣其納采納吉亦不書也釋例曰諸侯昏禮亡以士昏禮準之不得唯止於納幣逆女逆女納幣二事皆必使卿行卿行則書之他禮非卿則不書也宋公使華元來聘聘不應使卿故傳但言聘共姬也使公孫壽來納幣納幣應使卿故傳明言得禮也君之昏亦唯存納幣逆女此其義

傳二年春。秦孟明視帥師伐晉。以報殽之役。二月。晉侯禦之。先且居將中軍。趙衰佐之。代郤溱。○禦魚呂反將子匠反衰初危反溱側巾反王官無地御戎。代梁弘狐鞫居爲右。鞫居續簡伯○鞫九六反甲子。及秦師戰于彭衙。秦師敗績。晉人謂秦拜賜之師。以孟明言三年將拜君賜故嗤之○嗤尺之反戰于殽也。晉梁弘御戎。萊駒爲右。戰之明日。晉襄公縛秦囚。使萊駒以戈斬之。囚呼。萊駒失戈。狼瞫取戈以斬囚。禽之以從公乘。遂以爲右。箕之役。箕役在僖三十三年○呼火故反瞫尺甚反字林式衽反乘繩證反先軫黜之。而立續簡伯。【疏】箕之至黜之○正義曰御與車右雖有常員必臨戰更選定之韓之戰上右慶鄭吉是其事也自殽戰之後狼瞫爲右箕之役將戰選右先軫黜之箕戰先軫死焉非既戰乃黜之也

狼瞫怒。其友曰。盍死之。瞫曰。吾未獲死所。未得可死處○盍戶臘反處昌慮反其友曰。吾與女爲難。欲共殺先軫○女音汝難乃旦反瞫曰。周志有之。勇則害上。不登於明堂。周志周書也明堂祖廟也所以策功序德故不義之士不得升死而不義。非勇也。共用之謂勇。共用死國用○共音恭注同吾以勇求右。無勇而黜。亦其所也。言今死而不義更成無勇宜見退謂上不我知。黜而宜。乃知我矣。言今見黜而合宜則吾不得復言上不我知○復扶又反子姑待之。【疏】周志至待之○正義曰周之志記有之曰有勇以害在上則爲不義之人不得升於明堂若殺先軫則必死死而不義非勇也如以死共國家之用是之謂勇吾自以有勇之故求爲車右若殺先軫則是無勇無勇而被黜退亦是得其所也吾復安得爲恨吾今恨者謂在上不我知也言其不知我有勇也若殺先軫即是成爲無勇無勇被黜退則黜而合其宜也乃是在上知我矣不得言在上不我知也子且待之○注周志至得升○正義曰志者記也謂之周志明是周世之書不知其書何所名也鄭玄以爲明堂在國之陽與祖廟別處左氏舊說及賈逵盧植蔡邕服虔等皆以祖廟與明堂爲一故杜同之祭統云古者明君必賜爵祿於大廟傳稱公行還告廟舍爵策勳是明堂之中所以策功序德故不義之人不得升之也害上即是不義故不得登明堂也及彭衙。既陳。以其屬馳秦師。死焉。屬屬已兵○陳直覲反晉師從之。大敗秦師。君子謂狼瞫於是乎君子。詩曰。君子如怒。亂庶遄沮。詩小雅言君子之怒必以止亂遄疾也沮止也○遄市專反沮在汝反又曰。王赫斯怒。爰整其旅。詩大雅言文王赫然奮怒則整師旅以討亂○赫火百反怒不作亂。而以從師。可謂君子矣。○秦伯猶用孟明。孟明增脩國政。重施於民。趙成子言於諸大夫曰。成子趙衰○施式豉反秦師又至。將必辟之。懼而增德。不可當也。詩曰。毋念爾祖。聿脩厥德。詩大雅言念其祖考則宜述脩其德以顯之毋念念也○辟音避毋音無注同孟明念之矣。念德不怠。其可敵乎。爲明年秦人伐晉傳○丁丑。作僖公主。書不時也。過葬十月故曰不時例在僖三十三年【疏】注過葬至三年。○正義曰僖三十三年傳已發例言作主非禮此復云書不時者彼因葬緩遂通譏作主之失未辯失之所由於此又言不時以明失禮之狀接成彼義也○晉人以公不朝來討。公如晉。夏四月己巳。晉人使陽處父盟公以恥之。使大夫盟公欲以恥辱魯也經書三月乙巳經傳必有誤書曰。及晉

處父盟以厭之也。厭猶損也晉以非禮盟公故文厭之以示譏○厭於涉反注同適晉不書諱之也。不書公如晉○公未至。六月。穆伯會諸侯。【疏】公未至諸侯○正義曰沈云非公命不書此穆伯會諸侯公未至而書者此公既在外命正卿守國故守國之臣亦合告廟而行故得書之也及晉司空士縠盟于垂隴。晉討衛故也。討元年衛人伐晉士縠士蔿子○蔿于委反書士縠堪其事也。晉司空非卿也以士縠能堪卿事故書○書士縠或作書晉士縠【疏】注晉司至故書○正義曰傳舉司空之官云堪其事乃書之明本不當書故知非卿也成二年傳稱魯賜晉三帥三命之服司空亞旅皆受一命之服是其知司空非卿之文也陳侯爲衛請成于晉。執孔達以說。陳始與衛謀謂可以強得免今晉不聽故更執孔達以茍免也○爲于僞反○秋。八月。丁卯。大事于大廟。躋僖公。逆祀也。僖是閔兄不得爲父子嘗爲臣位應在下令居閔上故曰逆祀○令力呈反閔上時掌反一本無上字【疏】注僖是至逆祀○正義曰禮父子異昭穆兄弟昭穆故同僖閔不得爲父子同爲穆耳當閔在僖上今升僖先閔故云逆祀二公位次之逆非昭穆亂也魯語云將躋僖公宗有司曰非昭穆也弗忌曰我爲宗伯明者爲昭其次爲穆何常之有如彼所言似閔僖異昭穆者位次之逆如昭穆之亂假昭穆以言之非謂異昭穆也若兄弟相代即異昭穆設令兄弟四人皆立爲君則祖父之廟即已從毀知其理必不然故先儒無作此說於是夏父弗忌爲宗伯。宗伯掌宗廟昭穆之禮○夏戶雅反昭上遙反後昭穆之例放此【疏】注宗伯至之禮○正義曰周禮大宗伯掌建邦之天神人鬼地祇之禮小宗伯掌建國之神位辯廟祧之昭穆諸侯之官所掌亦當然也尊僖公。且明見曰。吾見新鬼大。故鬼小。新鬼僖公既爲兄死時年又長故鬼閔公死時年少弗忌明言其所見○長丁丈反少詩照反【疏】注新鬼至所見○正義曰且明見者既尊崇僖公且明言其意之所見見其順大小升聖賢也劉炫以爲直據兄弟大小爲義不須云死之長幼以規杜氏今刪定知不然者以傳云新鬼大故鬼小則大小之語總該諸事非直獨據兄弟明知亦據年時也先大後小。順也。躋聖賢。明也。又以僖公爲聖賢明順。禮也。君子以爲失禮。【疏】君子以爲失禮○正義曰傳有評論皆託之君子此下盡先姑以來皆是一君子之辭耳引詩二文於詩之下各言君子者君子謂作詩之人此論事君子又引彼作詩君子以爲證耳僖公薨後始作魯頌爲傳之時乃設此辭非當時君子有此言也弗忌之意以先大後小爲順故言明順禮也君子之意以臣不先君爲順故云禮無不順各言其順不同也魯語展禽云夏父弗忌必有天殃其葬也焚煙達于上孔晁云已葬而柩焚煙達椁外禮無不順。祀。國之大事也。而逆之。可謂禮乎。子雖齊聖。不先父食久矣。齊肅也臣繼君猶子繼父○先悉薦反下不先皆同故禹不先鯀。

湯不先契。鯀禹父契湯十三世祖○鯀古本反契息列反殷始封之君【疏】注鯀父至世祖○正義曰鯀禹父夏本紀文也契湯十三世祖殷本紀文契生昭明昭明生相土相土生昌若昌若生曹圉曹圉生冥冥生振振生微微生報丁報丁生報乙報乙生報丙報丙生主壬主壬生主癸主癸生天乙天乙即湯也下注云不窋后稷子周本紀文服虔云周家祖后稷以配天明不可先也故言不先不窋禹湯異代之王故言不先鯀契也然則文武大聖后稷賢耳非是不可先也下句引詩皇祖后稷不欲重文故舉不窋以辟之文武不先不窋。不窋后稷子○窋知律反宋祖帝乙。鄭祖厲王。猶上祖也。帝乙微子父厲王鄭桓公父二國不以帝乙厲王不肖而猶尊尚之○肖悉召反【疏】注帝乙至尚之○正義曰帝乙微子父宋世家文厲王鄭桓公父鄭世家文微子桓公宋鄭始祖也言宋祖帝乙鄭祖厲王則二國立其廟而祀之微子不先帝乙桓公不先厲王猶上祖也言不以不肖猶尊尚之也宋爲王者之後得祀殷之先王帝乙之廟不毀者蓋以爲其所出故特存焉周制王子有功德出封者得廟祀所出之王魯以周公之故得立文王之廟襄十一年傳稱魯爲諸姬臨於周廟周廟文王廟也鄭之桓武世有大功故得立厲王之廟昭十八年傳稱鄭人救火使祝史徙主祏於周廟周廟厲王廟也是以魯頌曰。春秋匪解。享祀不忒。皇皇后帝。皇祖后稷。忒差也皇皇美也后帝天也詩頌僖公郊祭上天配以后稷○解戶賣反忒他得反差二也【疏】魯頌至后稷○正義曰魯頌閟宮之篇美僖公之德也上皇皇爲美下皇爲君言僖公春秋祭祀非有懈倦其所享祀不有差忒所祀之神有皇皇之美者爲君之上天配之以君祖后稷也君子曰。禮。謂其后稷親而先帝也。先稱帝也詩曰。問我諸姑。遂及伯姊。詩邶風也衛女思歸而不得故願致問於姑姊○邶音佩君子曰。禮。謂其姊親而先姑也。僖親文公父夏父弗忌欲阿時君先其所親故傳以此二詩深責其意仲尼曰。臧文仲其不仁者三。不知者三。下展禽。展禽柳下惠也文仲知柳下惠之賢而使在下位己欲立而立人○不知音智下同廢六關。塞關陽關之屬凡六關所以禁絕末遊而廢之○塞悉再反妾織蒲。三不仁也。家人販席言其與民爭利○販甫萬反作虛器。謂居蔡山節藻梲也有其器而無其位故曰虛○梲章悅反縱逆祀。聽夏父躋僖公祀爰居。三不知也。海鳥曰爰居止於魯東門外文仲以爲神命國人祀之○爰居爾雅一名雜縣樊光云似鳳皇爰居事見國語莊子云魯侯御而觴之于廟【疏】仲尼至知也○正義曰魯臣多矣而獨譏文仲者以文仲執國之政有大知之名爲不知之事故特譏之其餘則不足責矣論語稱仁者愛人知者不惑故以害於物者爲不仁闇於事者爲不知卑下展禽而不肯舉薦廢去六關而不設防禁妾織蒲席而與民爭利此三事爲不仁也無其位而作虛器不知禮而縱逆祀不識鳥而祀爰居此三事爲不知也○注展禽至立人○正義曰論語云臧文仲其竊位者與知柳下惠之賢而不與立也又曰仁者己欲立而立人知賢不舉是無恕心故爲不仁也○注塞

關至廢之○正義曰昭五年傳稱孟丙仲壬之子殺豎牛於塞關之外襄十七年傳稱師自陽關逆臧孫二關見於傳如此之屬凡有六也民以田農爲本商賈爲末農民力以自食商民遊以求食漢書賈誼說上曰今歐民而歸之農皆著其本各食其力末伎遊食之民轉而緣南畝則畜積足矣杜稱末遊者謂此末伎遊食之民也周禮司關司貨賄之出入掌其治禁是所以禁絕末遊者令其出入有度今而廢之使末遊之人無所禁約損害農民是不仁也○注家人至爭利○正義曰家語說此事作妾織席知織蒲是爲席以販賣之也大學云食祿之家不與民爭利故以此爲不仁也○注謂居至曰虛○正義曰論語云子曰臧文仲居蔡山節藻梲何如其知也鄭玄云節栭也刻之爲山梲梁上楹也畫以藻文蔡謂國君之守龜山節藻梲天子之廟飾皆非文仲所當有之有其器而無其位故曰虛君子下不僭上其居者如此是不知也○海鳥至祀之○正義曰魯語云海鳥曰爰居止於魯東門之外三日臧文仲命國人祭之展禽曰越哉臧孫之爲政也夫祀國之大節也節政之所成也故制祭祀以爲國典今無故而加典非政之宜也今海鳥至已不知而祀之以爲國典難以言仁且知矣夫無功而祀之非仁也弗知而不問非知也今茲海其有災乎夫廣川之鳥獸皆知辟其災是歲海多大風冬暖○冬。晉先且居、宋公子成、陳轅選、鄭公子歸生伐秦。取汪及彭衙而還。以報彭衙之役。卿不書。爲穆公故。尊秦也。謂之崇德。○成音城本或作戌音恤選息兗反汪烏黃反爲于僞反○襄仲如齊納幣。禮也。凡君即位。好舅甥。脩昏姻。娶元妃以奉粢盛。孝也。謂諒闇既終嘉好之事通于外內外內之禮始備此除凶之即位也於是遣卿申好舅甥之國修禮以昏姻也元妃嫡夫人奉粢盛供祭祀○好呼報反注同娶七住反妃芳菲反粢音咨盛音成嫡丁歷反共音恭孝。禮之始也。

經三年。春。王正月。叔孫得臣會晉人、宋人、陳人、衛人、鄭人伐沈。沈潰。傳例曰民逃其上曰潰沈國名也汝南平輿縣北有沈亭○沈尸甚反潰戶內反輿音餘一音預○夏。五月。王子虎卒。不書爵者天王赴也翟泉之盟雖輒假王命周王因以同盟之例爲赴○爲于僞反又如字本或作來赴【疏】注不書至爲赴○正義曰王子虎即王叔文公也謚之爲文必當有爵不書爵者畿內之國不得外交諸侯其臣不敢赴魯必天子爲之赴赴以王子爲親不復言其爵也翟泉之盟子虎在列而貶之稱人若王使來盟不應貶責不假王命則不得與盟故知於時輒假王命周王遂以同盟之禮爲之赴魯傳稱來赴弔如同盟禮也是其來赴往弔皆如同盟之禮○秦人伐晉。晉人恥不出以微者告○秋。楚人圍江。○雨螽于宋。自上而隋有似於雨宋人以其死爲得天祐喜而來告故書○雨于付反注及傳同螽音終隋徒火反傳注同祐音又○冬。公如晉。十有二月。己巳。公及晉侯盟。○晉陽處

父帥師伐楚以救江。

傳三年。春。莊叔會諸侯之師伐沈。以其服於楚也。沈潰。凡民逃其上曰潰。在上曰逃。潰衆散流移若積水之潰自壞之象也國君輕走羣臣不知其謀與匹夫逃竄無異是以在衆曰潰在上曰逃各以類言之○輕如字又遣政反竄七亂反〔疏〕凡夫至曰逃○正義曰公羊傳曰潰者何下叛上也國曰潰邑曰叛釋例曰衆保於城城保於德言上能以德附衆以功庇下民信其德恃其固故能交相依懷以衛社稷苟無固志盈城之衆一朝而散如積水之敗故曰潰潰者衆散流遁之辭也國君而逃師棄盟違其典儀棄其車服羣臣不知其謀社稷不保其安此與匹夫逃竄無異是以在衆爲潰在君爲逃以別上下之名無取於別國邑也賈頴以爲舉國曰潰一邑曰叛案左氏無此義也傳曰陳侯如楚慶氏以陳叛此則舉國不必言潰也叛者舉城而屬他非民潰之謂也是解潰逃之義也傳五年首止之盟鄭伯逃歸襄七年鄬之會陳侯逃歸皆書於經十年傳厥貉之會麇子逃歸不書者於時楚會諸侯魯不與楚不告故不書也襄十六年溴梁之會傳稱高厚逃歸不書於經者釋例云例之潰逃指爲一國一軍一邑君民相須爲用變文以別之也鄭詹見囚於齊自齊逃來此爲逸囚無下可逃春秋不指事而書所謂民逃非在上之逃也而賈氏復申以入例亦不安也如例所言高厚之逃縱有師衆止同逸囚之限非是逃例然鄭詹書而高厚不書者鄭詹爲逃來向魯故書高厚不別赴故不書　○衛侯如陳。拜晉成也。二年陳侯爲衛請成于晉。○爲于僞反　○夏。四月。乙亥。王叔文公卒。來赴弔如同盟。禮也。王子虎與僖公同盟於翟泉文公是同盟之子故赴以名傳因王子虎異於諸侯王叔又未與文公盟故於此顯示體例也經書五月又不書日從赴也〔疏〕注王子至赴也○正義曰隱七年傳例曰凡諸侯同盟於是稱名故薨則赴以名者指謂同盟之二君耳不言與其父盟得以名故名赴其子但同盟稱名則兩君相知君既知之則國內皆知故彼父雖卒得以名赴其子此理雖爾凡例未明王子虎與僖同盟文公是其同盟之子今乃以名赴文是其於禮合赴此類多矣傳因王子虎天子之臣異於諸侯王叔又未與文公同盟故於此顯示體例則其餘從可知也　○秦伯伐晉。濟河焚舟。示必死也。取王官及郊。王官晉地如　晉人不出。遂自茅津濟。封殽尸而還。茅津在河東大陽縣西封埋藏之。○大音泰　遂霸西戎。用孟明也。君子是以知秦穆公之爲君也。舉人之周也。周備也不偏以一惡棄其善　與人之壹也。壹無二心　孟明之臣也。其不解也。能懼思也。子桑之忠也。其知人也。能舉善也。子桑公孫枝舉孟明者。○解佳買反下同　詩曰。于以采蘩。于沼于沚。于以用之。公侯之事。秦穆有焉。詩國風言沼沚之蘩至薄猶采以共公侯以喻秦穆不遺小善○蘩音煩沼之紹反沚音止共音恭　夙夜匪解。以事一人。孟明有焉。詩大雅美仲山甫也一人天子也　詒厥孫謀。以燕翼子。子桑有焉。詒遺也燕安也翼成也詩大雅美武王能遺其子孫善謀以安成子孫言子桑有舉善之謀○詒以之反遺唯季反〔疏〕注詒遺至之謀○正義曰詒遺釋詁文燕之爲安常訓也翼者贊成之義故爲成也詩大雅文王有聲之篇美武王之事言子桑有此義也　○秋。雨螽于宋。隊而死也。螽飛至宋隊地而死若雨○隊直類反　○楚師圍江。晉先僕伐楚以救江。晉救江在雨螽下故使圍江之經隨在雨螽下〔疏〕注晉救至螽下○正義曰先僕救江經無其事但實在雨螽之後不進救江於前而退圍江於下欲令下與處父救江相接故也　○冬。晉以江故告于周。欲假天子之威以伐楚　王叔桓公晉陽處父伐楚以救江。桓公周卿士王叔文公之子桓公不書示威名不親伐〔疏〕注桓公至親伐○正義曰王叔文公不如何王之子字叔遂以叔爲氏桓公是其子王叔陳生是其後也衛有公叔文子此人蓋以王叔爲氏也　門于方城。遇息公子朱而還。子朱楚大夫伐江之師也聞晉師起而江兵解故晉亦還○帥所類反解音蟹又佳買反　晉人懼其無禮於公也。請改盟。改二年處父之盟　公如晉。及晉侯盟。晉侯饗公。賦菁菁者莪。菁菁者莪詩小雅取其既見君子樂且有儀○菁子丁反莪五多反樂音洛下文何樂小國之樂同　莊叔以公降拜。謝其以公比君一也　曰。小國受命於大國。敢不慎儀。君貺之以大禮。何樂如之。抑小國之樂。大國之惠也。晉侯降辭。降階辭讓公　登成拜。俱還上成拜禮○上時掌反又如字〔疏〕注俱還上成拜禮○正義曰燕禮賓降階再拜稽首公命小臣辭賓升成拜鄭玄云升成拜復再拜稽首也先時君辭之以禮若未成然此莊叔以公降拜晉侯辭之禮未成故更登成拜是賓王俱還上成拜禮也　公賦嘉樂。嘉樂詩大雅義取其顯顯令德宜民宜人受祿于天○嘉戶嫁反樂如字注同

經四年。春。公至自晉。無傳　○夏。逆婦姜于齊。稱婦有姑之辭〔疏〕逆婦姜于齊○正義曰桓三年齊侯送姜氏于讙注云已去齊國故不言女未至于魯故不稱夫人然則往逆當稱逆女入國當稱夫人此時逆則卿不行入復不告至其禮輕略異於常文徒以有姑故稱婦以齊女則稱姜直云逆婦姜于齊略賤之文也　○狄侵齊。無傳　○秋。楚人滅江。滅例在文十五年〔疏〕注滅例在十五年○正義曰案莊十年齊師滅譚注云滅例在文十五年滅弦滅黃滅夔皆不注獨更於此言者沈氏云滅譚爲入春秋之初故須指其例弦黃夔等傳皆載其見滅所由今滅江傳無事跡恐異於餘滅故更引滅例云在十五年　○晉侯伐秦。○衛侯使甯俞來聘。○俞羊朱反　○冬。十有一月。壬寅。夫人風氏薨。僖公母風姓也赴同祔姑故稱夫人○祔音附〔疏〕注僖公至夫人○正義曰杜言此者以成風本是莊公之妾嫌其不成夫人故明之也釋例曰凡妾子爲君其母猶爲夫人雖先君不命其母母以子貴其適夫人薨則尊得加於臣子內外之禮皆如夫人矣故姒氏之喪責以小君不成成風之喪王使會葬傳曰禮也是言適夫人既死妾母於法得成夫人也

傳四年。春。晉人歸孔達于衛。以爲衛之良也。故免之。二年衛執孔達以說晉　○夏。衛侯如晉拜。謝歸孔達　曹伯如晉會正。會受貢賦之政也傳言襄公能繼文之業而諸侯服從　○逆婦姜于齊。卿不行。非禮也。禮諸侯有故則使卿逆　君子是以知出姜之不允於魯也。允信也始來不見尊貴故終不爲國人所敬信也文公薨而見出故曰出姜　曰。貴聘而賤逆之。公子遂納幣是貴聘也　君而卑之。立而廢之。君小君也不以夫人禮迎是卑廢之　棄信而壞其主。在國必亂。在家必亡。主內主也○壞音怪　不允宜哉。詩曰。畏天之威。于時保之。敬主之謂也。詩頌言畏天威於是保福祿　○秋。晉侯伐秦。圍邧新城。以報王官之役。邧新城秦邑也王官役在前年○邧願晚反一音元　○楚人滅江。秦伯爲之降服出次。不舉過數。降服素服也出次辟正寢不舉去盛饌之禮有數今秦伯過之○爲于僞反下文注爲賦爲歌皆同去起呂反饌仕眷反〔疏〕注降服至過之○正義曰僖三十三年傳曰秦伯素服郊次意與此同知此降服爲素服也出次出於官而別次舍故云辟正寢也殺牲盛饌曰舉知不舉去盛饌也鄭國之禮有數不知其數幾何以言過數知其必有數耳哀十年傳稱齊人弒悼公赴於師吳子三日哭於軍門之外鄭國之數三日也　大夫諫。公曰。同盟滅。雖不能救。敢不矜乎。吾自懼也。秦江同盟不告故不書○矜居陵反　君子曰。詩云。惟彼二國。其政不獲。惟此四國。爰究爰度。其秦穆之謂矣。詩大雅言夏商之君政不得人心故四方諸侯皆懼而謀度其政事也言秦穆亦能感江之滅懼而思政爰於也究度能謀也○究音救度待洛反注同〔疏〕君子至謂矣○正義曰徧檢諸本君子曰下皆無詩云則傳文本自略也詩意言維彼夏商二國其政不得民心致使國家喪滅維此四方之國見其亡滅於是自謀於是自度其政事自懼已之滅亡也此詩所言其秦穆之謂也此詩大雅皇矣之篇　○衛甯武子來聘。公與之宴。爲賦湛露及彤弓。非禮之常公特命樂人以示意故言爲賦湛露彤弓詩小雅○湛直減反彤徒冬反〔疏〕注非禮至小雅○正義曰諸自賦詩以表已志者斷章以取義意不限詩之尊卑若使工人作

樂則有常禮穆叔所云肆夏樊遏渠天子所以享元侯也文王大明緜則兩君相見之樂也燕禮者諸侯燕其羣臣及燕聘問之賓禮也歌鹿鳴四牡皇皇者華如彼所云盡尊卑之常禮也自賦者或全取一篇或止歌一章未有頓賦兩篇者也其使工人歌樂各以二篇爲斷此其所以異也此時武子來聘魯公燕之於法當賦鹿鳴之三今賦湛露彤弓非是禮之常法傳特云爲賦知公特命樂人歌此二篇以示意也此二篇天子燕諸侯之詩公非天子賓非諸侯不知歌此欲示何意蓋以武子有令名歌此疑是試之耳 不辭。又不荅賦。使行人私焉。私問之 對曰。臣以爲肄業及之也。肄習也魯人失所賦甯武子佯不知此其愚不可及○肄字又作肆以二反注同佯音陽一音祥【疏】注肄習至可及○正義曰說文肄訓爲陳字從長聿聲肄訓爲習字從聿㣇聲古書經傳所作字皆同耳臣以爲工人自習詩業以及此篇非謂歌之以爲己也魯人失於所賦辭則章主之失荅則已當其寵故不辭又不荅佯若不知其所爲如愚人然論語云甯武子其知可及其愚不可及此亦是愚之一事也案燕禮無荅賦之法而怪其不荅賦者非常之賦宜有對荅故也 昔諸侯朝正於王。朝而受政敎也 王宴樂之。於是乎賦湛露。則天子當陽。【疏】天子當陽○正義曰湛露詩云湛湛露斯匪陽不晞陽謂日也言天子當日諸侯當露也 諸侯用命也。湛露曰湛湛露斯匪陽不晞晞乾也言露見日而乾猶諸侯稟天子命而行○樂音洛下注宴樂同晞音希 諸侯敵王所愾而獻其功。敵猶當也愾恨怒也○愾苦愛反【疏】諸侯至其功○正義曰敵者相當之言愾是恨怒之意當王所怒謂往征伐之勝而獻其功也 王於是乎賜之彤弓一。彤矢百。彤弓序云天子錫有功諸侯也 玈弓矢千。以覺報宴。覺明也謂諸侯有四夷之功王賜之弓矢又爲歌彤弓以明報功宴樂○玈音盧覺音角【疏】注覺明宴樂○正義曰覺者悟知之意故爲明也使諸侯明已心也莊三十一年傳曰諸侯有四夷之功則獻于王中國則否禮諸侯賜弓矢然後專征伐故有功則賜之以弓矢又歌此彤弓之詩以明天子之心知是報功宴樂也詩言一朝饗之則是爲宴設饗禮此云宴者明其爲宴樂耳非言設宴禮也 今陪臣來繼舊好。方論天子之樂故自稱陪臣○好呼報反 君辱貺之。其敢干大禮以自取戾。貺賜也干犯也戾罪也○貺音況戾力計反 ○冬。成風薨。爲明年王使來含賵傳

春秋左傳注疏卷十八挍勘記　阮元撰盧宣旬摘錄

附釋音春秋左傳注疏卷第十八　文元年盡四年宋本春秋正義卷第十四石經春秋經傳集解文上第八岳本纂圖本文字下增公字並盡十年

【文公】【經元年】

釋例曰　宋本曰作云

名號即成　毛本即誤既

王使榮叔歸含且賵　宋本毛本賵作賵是也

天子使大夫會葬爲得也　宋本得下有禮字

本是紀滅　宋本作本封絶滅不誤○今依訂正

【傳元年】

食子奉祭祀供養者也　宋本供作共釋文供俱用反陳樹華云釋文若本作供無煩音切且傳注前後多作共此乃傳寫之誤

歸餘於終　案史記厤書餘作邪注云邪音餘

事則不悖　漢書律厤志引傳悖作誖

章有七閏入章三年閏九月　閩本監本毛本入作八非

必以日月全數爲始　宋本月下有之字是也

一歲止少弱十一日　閩本監本毛本止作只

今於餘分三百四十八　毛本今作令

內取二百三十五　毛本三十作二十

王使毛伯衛來賜公命　釋文賜作錫淳熙本纂圖本閩本監本毛本同顧炎武云石經錫誤賜漢書五行志作毛伯賜命案經與傳文往往不同顧炎武以作賜爲誤非是釋文無王使二字云一本作王使一本作天王使

注衛毛伯字　宋本此節正義在注謝賜命之下

晉襄公既祥　宋本以下正義二節揔入注身見執辱之下

以謀而濟　監本濟作齊非也

大字小小事大　監本毛本字作事非也

則非善計　毛本計誤可

職商臣庶弟也　宋本淳熙本岳本纂圖本足利本無也字

享江芊而勿敬也　淳熙本芊作芉亦非顧炎武云石經誤作芉所據乃謬刻宋本岳本纂圖本毛本作芊不誤注同○今訂正

宜君王之欲殺女而立職也　案韓非子作廢女劉知幾史通言語篇引同陳樹華云上云黜商臣似作廢字爲是然江芊怒故甚其辭讀者正不必泥也

王以東宮卒從子玉　纂圖本子誤乎

言其忍甚　纂圖本忍誤忽

冤枉之人衆矣　閩本監本毛本冤作寃非也

爲大子之室　宋本此節正義在注文列兵而環王宮之下

凡君至並聘　宋本此節正義在注文皆用吉禮之下

則國事皆用吉禮　纂圖本毛本吉誤古

【經二年】

馮翊部陽縣西北有彭衙城　宋本淳熙本岳本足利本部作郃不誤○今訂正

左傳唯言祔而作主　閩本監本毛本祔誤袝

劉炫就所以規杜過　仁和梁履繩云所下脫見字非宋本所作此是也○今正

不雨足爲災　毛本足誤是

五穀猶有收　宋本收下有也字

時未應吉禘　重脩監本吉作告非也

釋詁文　閩本監本毛本誤云

故貶四國大夫以尊秦伯　宋本岳本足利本無伯字

四人至尊秦　閩本監本毛本作至秦伯非也

納徵始有元纁束帛　監本毛本始誤如

蓋公爲大子時已行昏禮也　宋本岳本足利本無也字

不得唯止於納幣逆女　閩本監本毛本止作只

君之昏　宋本君上有魯字是也

此其義　宋本義下有也字

【傳二年】

狐鞫居爲右　葉抄釋文鞫作鞠

故嗤之　葉抄釋文嗤作蚩

先軫死焉　宋本焉作爲屬下讀

欲共殺先軫　纂圖本共作其非也

公未至諸侯之下　宋本以下正義二節揔入注文以苟免也

士縠士蔿子　宋本淳熙本岳本纂圖本閩本監本毛本縠並作穀

令居閔上　宋本令作今非釋文一本無上字陳樹華云釋文無上字當作無閔字與文義方合

注僖是至逆祀　宋本以下正義三節揔入故混小注下

兄弟昭穆故同僖閔不得爲父子　閩本監本毛本故同作同故

似閔僖異昭穆者　宋本似作以

知其理必不然　監本毛本理作禮

明順禮也　毛本禮誤理

昭明生相土相土生昌若　閩本監本土誤士昭監本作相亦非

不欲重文　監本毛本文誤耳

故特存焉　宋本焉作爲屬下讀

使祝史從主祏於周廟　閩本監本毛本主誤王

非有懈倦　宋本倦作惓

僖親文公父　纂圖本文誤父

夏父弗忌欲阿時君　陳樹華云欲一本作從

已欲立而立人　宋本岳本已作已不誤足利本後人記云立人下異本有仁字非也

廢六關　顧炎武云石經關誤關碑文此處闕炎武所據乃謬刻案家語曰置六關王肅云六關關名魯本無此關文仲置之以稅行者故爲不仁傳曰廢六關非也惠棟云廢與置古字通公羊傳去其有聲者廢其無聲者鄭氏荅張逸曰廢置也以廢爲置猶以亂爲治徂爲存故爲今曩爲曏苦爲快臭爲香藏爲去郭璞所謂詁訓義有反覆旁通美惡不嫌同名杜注云六關所以禁絕末遊而廢之非也陳樹華云莊子徐無鬼於是乎爲之調琴廢一於堂廢一於室亦廢訓置之明證

所以禁絕末遊　纂圖本末誤未案依正義則絕當作約

今敺民而歸之農　閩本監本毛本敺作毆宋本作歐誤

是所以禁絕末遊者　宋本絕作約是也

海多大風冬暖　宋本作冬煖

經三年

汝南平輿縣北有沈亭　案史記管蔡世家正義引沈亭作郴亭

不應貶責　宋本不上有則字是也

自上而隋　毛氏六經正誤云灃本釋文作惰古字借用本作墮作隋者後人妄改宋本作隊蓋因傳文而誤案當作惰爲惰之省文

喜而來告故書　閩本監本毛本脫喜字

傳三年

各以類言之　宋本言作常非也

無下可逃　宋本下作不

王叔又未與文公同盟　宋本叔作子非也

封埋藏之　宋本埋作理非也

君子是以知秦穆公之爲君也　石經無公字之爲二字重刻足利本亦無公字案下文云秦穆有焉四年傳其秦穆之謂矣六年傳秦穆之不爲盟主也宜哉皆無公字諸刻本有者疑衍文

壹無二心　閩本監本毛本二作貳

夙夜匪解　足利本解作懈

言子桑有舉善之謀　纂圖本監本毛本舉善誤倒淳熙本舉誤小

釋詁文　閩本監本毛本文誤云

翼者贊成之義故爲成也　監本毛本爲誤有

隊而死也　石經隊作墜俗字漢書五行志引傳同

欲令下與處父救江相接故也　閩本監本毛本下誤不

聞晉師起而江兵解　纂圖本師作帥非

晉侯辭之禮未成　宋本侯下有降字之作以不誤

義取其顯顯令德　宋本無義字陳樹華云以上注例之不當有也

經四年

異於常文　宋本閩本監本毛本作文此本誤又今改正

滅例在文十五年　宋本無文字是也

赴同祔姑　纂圖本閩本監本毛本祔作袝非也

責以小君不成　閩本監本毛本責作貴案隱三年正義所引釋例亦作責貴字誤

傳四年

君子曰詩云惟彼二國　石經云字闕正義云徧撿諸本君子曰下皆無詩云此二字自屬衍文然石經既有未敢遽刪

君子至謂也　宋本毛本也作矣不誤○今改正

爲賦湛露及彤弓　石經湛字皆作湛避唐敬宗諱此湛字不缺筆爲後人妄加也

各以三篇爲斷　宋本三作二不誤

臣以爲肄業及之也　釋文作肄業以二反習也注同依字作肄石經及宋本皆作肄

說文肄訓爲陳　宋本肄作肄非

肄訓爲習字從聿彖聲　浦鏜云肄誤肄聿彖誤聿豸

天子當陽　宋本此節正義在諸侯用命也注下

諸侯敵王所愾而獻其功　說文引傳愾作鎎

玈弓矢千　石經弓字下旁有千玈二字諸刻本所無此後人妄增也

注覺明宴樂　宋本閩本監本毛本明下有至字是也

附釋音春秋左傳注疏卷第十九上　文五年盡十年

杜氏注　孔穎達疏

經五年。春。王正月。王使榮叔歸含且賵。珠玉曰含含口實車馬曰賵○含本亦作哈戶暗反說文作琀云送終口中玉賵芳鳳反〔疏〕王使至且賵○正義曰公羊傳曰其言歸含且賵何兼之兼之非禮也賈服云含賵當異人今一人兼兩使故書且以譏之案禮雜記諸侯相弔之禮含襚賵臨同日而畢與介代有事焉不言遣異使也諸侯相於則唯遣一使而責天子於諸侯必當異人禮何所出而非責王也春秋之世風教陵遲吉凶賀弔罕能如禮王之崩葬魯多不行魯之有喪寧能盡至全無所譏不含又無貶責既含且賵便責兼之不可是禮備不如不備行禮不如不行豈有如此之理哉左傳舉來含且賵會葬二事乃云禮也則二事俱是得禮無譏兼之意也言且者見有二禮而已宰咺言來歸此不言來者穀梁傳曰其不言來不周事之用也賵以早而含以晚其意以爲含者所以實口當及未殯而至以其至晚故不言來以責王也案雜記含者執璧將命坐委于殯東南有葦席既葬蒲席然則含襚者所以助喪盡恩示其有禮而已既葬猶尚致之不必以濟其用天子之與鄰國莫不道路長遠赴者猶尚不至責其未殯而來此是理之不通也且來者自外之文非是褒貶之意九年秦人來歸僖公成風之襚襚衣是斂之所用彼最晚矣何以復言來乎言來與不言來史異文耳宰咺秦人歸之既晚故舉其所爲之人此夫人新薨言歸含賵爲夫人可知故不言歸夫人含賵也何休膏肓以爲禮尊不含卑又不兼二禮左氏以爲禮於義爲短鄭康成箴云禮天子於二王後之喪含爲先襚次之賵次之賻次之於諸侯含之賵之小君亦如之於諸侯臣襚之諸侯相於如天子於二王後於卿大夫如天子於諸侯於士如天子於諸侯臣何休云尊不含卑是違禮非經意其一人兼歸二禮亦是爲譏如康成言尊不含卑禮無其事康成以爲譏一人兼二事者非左氏意也○注珠玉至曰賵○正義曰周禮玉府大喪共含玉穀梁傳曰貝玉曰含士喪禮含用米貝莊子說發冢之事云徐徐破其頰無傷口中珠是含有用珠者也故云珠玉曰含何休云天子以珠周禮大喪共玉不共珠也莊子所言發冢未必發天子冢也雜記云諸侯相含以璧未知何人用珠耳公羊傳曰含者何口實也孝子不忍虛其親之口故以米貝珠玉實之謂之飯含檀弓曰飯用米貝弗忍虛也不以食道用美焉爾士喪禮用生稻米是不以食道也車馬曰賵公羊傳文〇三月。辛亥。葬我小君成風。無傳反哭成喪故曰葬我小君王使召伯來會葬。召伯天子卿也召采地伯爵也來不及葬不譏者不失五月之內○召上照反〇夏。公孫敖如晉。無傳〇秦人入鄀。入例在十五年○鄀音若〇秋。楚人滅六。六國今廬江六縣○廬力居反〇冬。十月。甲申。許男業卒。無傳與僖公六同盟〔疏〕注與僖公六同盟○正義曰業以僖五年即位其年盟于首止八年于洮九年于葵丘十五年于牡丘二十一年于薄二十七年于宋魯許俱在是六同盟也

傳五年。春。王使榮叔來含且賵。召昭公來會

葬。禮也。成風莊公之妾天子以夫人禮賵之明母以子貴故曰禮〈疏〉注成風至曰禮〇正義曰傳舉二事以一禮結之則含賵會葬皆得禮也釋例稱賵賵襚含捴謂之贈言以夫人禮賵之指爲賵含也〇初。鄀叛楚即秦。又貳於楚。夏。秦人入鄀。〇六人叛楚即東夷。秋。楚成大心、仲歸帥師滅六。仲歸子家〇冬。楚子燮滅蓼。蓼國今安豐蓼縣〇燮息列反蓼音了字或作鄝音同臧文仲聞六與蓼滅。曰。皋陶庭堅不祀忽諸。德之不建。民之無援。哀哉。蓼與六皆皋陶後也傷二國之君不能建德結援大國忽然而亡〇陶音遥〇晉陽處父聘于衛。反過甯。甯嬴從之。甯晉邑汲郡脩武縣也嬴逆旅大夫〇嬴音盈〈疏〉注甯晉至大夫〇正義曰晉語說此事云舍於逆旅甯嬴氏注國語者賈逵孔晁皆以甯嬴爲掌逆旅之大夫故杜亦同之劉炫以甯嬴直是逆旅之主非大夫今刪定知不然者若是逆旅之主則身爲匹庶是卑賤之人猶如重館人告文仲重丘人馬孫蒯止應稱人而已何得名氏見傳杜以傳載名氏故爲逆旅大夫劉炫以爲容舍主人而規杜氏非也及溫而還。其妻問之。嬴曰。以剛。商書曰。沈漸剛克。高明柔克。沈漸猶滯溺也高明猶亢爽也言各當以剛柔勝己本性乃能成全也此在洪範今謂之周書〇漸似廉反注沈滯溺一本作滯弱亢古浪反〈疏〉注沈漸至周書〇正義曰此傳引周書是洪範之三德也彼說人之三德乃以此言覆之孔安國以此二句爲天地之德故注云沈漸謂地雖柔亦有剛能出金石高明謂天言天爲剛德亦有柔克不干四時杜以傳證人性即以人事解之沈漸謂人性之沈滯濡溺也高明謂人性之高亢明爽也滯溺者當以剛勝其本性亢爽者當以柔勝其本性必自屈矯已乃能成全不然則沈漸失於弱高明失於剛不能保其身也此文在洪範今謂之周書箕子商人所說故傳謂之商書夫子壹之。其不沒乎。陽子性純剛天爲剛德。猶不干時。寒暑相順況在人乎。且華而不實。怨之所聚也。言過其行〇行下孟反犯而聚怨。不可以定身。剛則犯人余懼不獲其利而離其難。是以去之。爲八年晉殺處父傳〇難乃旦反晉趙成子、欒貞子、霍伯、臼季皆卒。成子趙衰新上軍帥中軍佐也貞子欒枝下軍帥也霍伯先且居中軍帥也臼季胥臣下軍佐也爲六年蒐於夷傳〇帥所類反下同蒐所求反〈疏〉注成子至夷傳〇正義曰城濮之戰先軫郤溱將中軍狐毛狐偃將上軍欒枝胥臣將下軍晉語云狐毛卒先且居將上軍清原之蒐三軍如故趙衰箕鄭將新上軍胥嬰先都將新下軍箕之役先軫死先且居將中軍不知誰代且居將上軍也此言趙衰新上軍帥中軍佐并舉二官二年彭衙之役云先且居將中軍趙衰佐之注云代郤溱是趙衰新上軍帥中軍佐也

經六年。春。葬許僖公。無傳〇夏。季孫行父如陳。行父季友孫子秋。季孫行父如晉。〇八月。乙亥。晉侯驩卒。再同盟〇驩呼官反〈疏〉注再同盟〇正義曰二年及晉處父盟三年公及晉侯盟是再同盟也〇冬。十月。公子遂如晉。葬晉襄公。卿共葬事文襄之制也三月而葬速〇共音恭〈疏〉注卿共至葬速〇正義曰昭三十年傳曰先王之制諸侯之喪士弔大夫送葬昭三年傳曰昔文襄之霸也其務不煩諸侯君薨大夫弔卿共葬事是也〇晉殺其大夫陽處父。處父侵官宜爲國討故不言賈季殺〇晉狐射姑出奔狄。射姑狐偃子賈季也奔例在宣十年〇射音亦一音夜〇閏月不告月。猶朝于廟。諸侯每月必告朔聽政因朝宗廟文公以閏非常月故闕不告朔怠慢政事雖朝于廟則如勿朝故曰猶猶者可止之辭〇不告月月或作朔誤也不告朔本或作告月〈疏〉注諸侯至之辭〇正義曰周禮大史頒告朔于邦國鄭玄云天子頒朔于諸侯諸侯藏之祖廟至朔朝于廟告而受行之論語云子貢欲去告朔之餼羊是用特羊告于廟謂之告朔人君即以此日聽視此朔之政謂之視朔十六年公四不視朔僖五年傳曰公既視朔是也視朔者聽治此月之政亦謂之聽朔玉藻云天子聽朔於南門之外是也其日又以禮祭於宗廟謂之朝廟周禮謂之朝享司尊彝云追享朝享是也其歲首爲之則謂之朝正襄二十九年正月公在楚傳曰釋不朝正于廟是也告朔視朔聽朔朝廟朝享朝正二禮各有三名同日而爲之也文公以閏非常月故闕不告朔告朔之禮大朝廟之禮小文公怠慢政事既不告朔雖朝于廟則如勿朝故書猶朝于廟言猶以譏之必於月朔爲此告朔聽朔之禮者釋例曰人君者設官分職以爲民極遠細事以全委任之責縱諸下以盡知力之用揔成敗以效能否執八柄以明誅賞故自非機事皆委心焉誠信足以相感事實盡而不擁故受位居職者思効忠善日夜自進而無所顧忌也天下之細事無數一日二日萬端人君之明有所不照人君之力有所不堪則不得不借問近習有時而用之如此則六鄉六遂之長雖躬履此事躬造此官當皆移聽於內官迴心於左右政之粃亂恒必由此聖人知其不可故簡其節敬其事因月朔朝遷坐正位會羣吏而聽大政考其所行而決其煩疑非徒議將然也乃所以考已然又惡其密聽之亂公也故顯衆以斷之是以上下交泰官人以理萬民以察天下以治也文公謂閏非常月緣以闕禮傳因所闕而明言典制雖朝于廟則如勿朝故經稱猶朝于廟也經稱告月傳言告朔明告月必以朔也每月之朔必朝于廟因聽政事事敬而禮成故告以特羊然則朝廟朝正告朔視朔皆同日之事所從言之異耳是言聽朔朝廟之義也玉藻說天子之禮云聽朔於南門之外諸侯皮弁聽朔於大廟鄭玄以爲明堂在國之陽南門之外謂明堂也諸侯告朔以特羊則天子以特牛與天子用特牛告其帝及其神配以文王武王諸侯用特羊告大祖而已杜以明堂與祖廟爲一但明堂是祭天之處天子告朔雖杜之義亦應告人帝朝享即月祭是也祭法云王立七廟曰考廟王考廟皇考廟顯考廟祖考廟皆月祭之二祧享嘗乃止諸侯立五廟曰考廟王考廟皇考廟皆月祭之顯考廟祖考廟享嘗乃止然則天子告朔於明堂朝享於五廟諸侯告朔於大廟朝享自皇考以下三廟耳皆先告朔後朝廟朝廟小於告朔文公廢其大而行其小故云猶朝于廟公羊傳曰猶者可止之辭也天子玄冕以視朔皮弁以日視朝諸侯皮弁以聽朔朝服以日視朝其閏月則聽朔於明堂闔門左扉立於其中聽政於路寢門終月故於文王在門爲閏

傳六年。春。晉蒐于夷。舍二軍。僖三十一年晉蒐清原作五軍今舍二軍復三軍之制夷晉地前年四卿卒故蒐以謀軍帥〇舍音捨注同帥所類反下同〈疏〉注僖三至軍帥〇正義曰清原之蒐五軍十卿有先軫郤溱先且居狐偃欒枝胥臣趙衰箕鄭胥嬰先都箕之役先軫死往歲趙衰欒枝先且居胥臣卒八年傳說此蒐之事云晉侯將登鄭父先都則郤溱狐偃亦先卒矣清原十卿唯有箕鄭先都在耳故蒐以謀軍帥服虔云使射姑代先且居趙盾代趙衰也箕鄭將上軍林父佐也先蔑將下軍先都佐也改蒐于董趙盾將中軍射姑奔狄先克代佐中軍耳使狐射姑將中軍。代先且居〇將子匠反趙盾佐之。代趙衰也盾趙衰子〇盾徒本反陽處父至自溫。往年聘衛過溫今始至〇過古禾反改蒐于董。易中軍。易以趙盾爲帥射姑佐之河東汾陰縣有董亭陽子成季之屬也。處父嘗爲趙衰屬大夫〈疏〉注處父至大夫〇正義曰僖三十一年清原之蒐衰始爲卿三十三年處父已專帥侵蔡則處父之屬成子未有多年蓋情素相親而黨於趙氏耳非專以嘗爲其屬也故黨於趙氏。且謂趙盾能。曰。使能。國之利也。是以上之。宣子於是乎始爲國政。宣趙盾謚制事典。典常也正法罪。輕重當〇當丁浪反辟刑獄。辟猶理也〇辟婢亦反後同者更不音董逋逃。董督也〇逋補吾反由質要。由用也質要券契也治舊洿。治理洿穢〇洿音烏本又作汙同本秩禮。貴賤不失其本續常職。修廢官出滯淹。拔賢能也既成。以授大傅陽子與大師賈佗。使行諸晉國。以爲常法。賈佗以公族從文公而不在五人之數〇大音泰下同佗徒何反從才用反〈疏〉宣子至常法〇正義曰制事典者正國之百事使有常也正法罪者準所犯輕重豫爲之法使在後依用之也辟獄刑者有事在官未決斷者令於今理治之也董逋逃者舊有逋逃負罪播越者督察追捕之也由質要者謂斷爭財之獄用券契正定之也治舊洿者國之舊政洿穢不絜理治改正之也本秩禮者時有僭踰貴賤相濫本其次秩使如舊也續常職者職有廢闕任賢使能令續故常也出滯淹者賢能之人沈滯田里拔出而官爵之也此謂所爲制作法式者豫爲將來使案而遵行臨時決斷者將爲故事使後人放習故得行諸晉國以爲常法也〇注辟猶理也〇正義曰辟訓爲法依法斷決是理治之也此與上句所以爲異者正法罪謂準狀制罪爲將來之法若今之造律令也辟獄刑謂有獄未決斷當時之罪若昭十四年韓宣子命斷舊獄之類是也〇注董督也〇正義曰釋詁云董督正也俱訓爲正是董得爲督謂督察之也〇注由用也質要契券〇正義曰周禮小宰以官府之八成經邦治四曰聽稱責以傅別六曰聽取予以書契七曰聽賣買以質劑鄭衆云稱責謂貸予也傅別謂券書也聽訟責者以券書決之傅傅著約束於文書也別別爲兩兩家各得一也鄭玄云傅別謂爲大手書於一札中字別之書契謂出予受入之凡要也質劑謂兩書

一札同而別之長曰質短曰劑傳別質劑皆今之券書也事異其名耳如彼禮文知質要是契券也。○注治理洿穢。○正義曰洿者穢之別名不絜之稱也法有不便於民事有不利於國是爲政之洿穢也治理改正使絜清也。○注賈佗至之數。○正義曰晉語宋公孫固云晉公子長事賈佗又曰賈佗公族也而多識以共敬公子居則下之動則咨焉是以公族從文公也尚書周官大師大傅大保天子三公也宣十六年傳晉侯請于王命士會將中軍且爲大傅則大傅尊於中軍之將與大師皆爲孤卿也周禮上公之國有孤一人王制諸侯三卿晉侯爵也而有三軍六卿復有孤二人者晉爲霸主多置羣官共時所須不能如禮孤尊於卿法由在上故宣子法成授二孤使行之 ○臧文仲以陳衞之睦也。欲求好於陳。夏。季文子聘于陳。且娶焉。臣非君命不越竟故因聘而自爲娶。好呼報反娶七住反竟音境爲于僞反。○秦伯任好卒。任好秦穆公名。○任音壬 以子車氏之三子奄息、仲行、鍼虎爲殉。子車秦大夫氏也以人從葬爲殉。○車音居仲本亦作中音仲行戶郎反鍼其廉反殉似俊反殺人從死曰殉字林弋絹反 皆秦之良也。國人哀之。爲之賦黃鳥。黃鳥詩秦風義取黃鳥止于棘桑往來得其所傷三良不然。○爲于僞反下注爲立聲教爲作善言同 君子曰。秦穆之不爲盟主也宜哉。死而弃民。先王違世。猶詒之法。而況奪之善人乎。詩曰。人之云亡。邦國殄瘁。詩大雅言善人亡則國瘁病。○詒以之反瘁似醉反 無善人之謂。若之何奪之。古之王者。知命之不長。【疏】古之至不長。○正義曰知命之不長知其必將有死不得長生久視故制法度以遺後人非獨爲當已之世設善法也並建聖哲以下即位便爲之非臨死始爲此也下云衆隸賴之而後即命言其施行此事功成乃就死耳非謂設此法以擬死也 是以並建聖哲。建立聖知以司牧民。○王如字一音于況反聖知音智 【疏】注建立至牧民。○正義曰此說王者之事或封爲諸侯或置之羣官聖哲是人之儁者故摠言之耳 樹之風聲。因土地風俗爲立聲教之法 【疏】注因土至之法。○正義曰漢書地理志云凡民性有剛柔緩急聲音不同繫水土之風氣故謂之風好惡取舍動靜無常隨君上之情欲故謂之俗王制云廣谷大川異制民生其間者異俗器械異制衣服異宜脩其教不易其俗齊其政不易其宜故聖王爲教因其土地風俗爲立善聲教也聲教人之所立故言樹之今杜云因土地風俗爲立聲教之法如杜此言惟樹以聲而傳云樹之風聲而風亦樹者其實風俗亦是人君教化故孝經云移風易俗孔注尚書云立其善風揚其善聲是也 分之采物。旌旗衣服各有分制○分扶問反注同 【疏】注旌旗至分制。○正義曰采物謂采章物色旌旗衣服尊卑不同名位高下各有品制天子所有分而與之故云分之定四年傳稱分魯公以大路大旂之類皆是也 著之話言。話善也爲作善言遺戒○話戶快反 【疏】注話善至遺戒。○正義曰著之話言爲作善言遺戒著於竹帛故言著之也 爲之律度。鍾律度量所以治厤明時。○量音亮 【疏】注鍾律至明時。○正義曰周語云先王之制鍾也律度量衡於是乎生小大器用於是乎出又曰古之神瞽考中聲而量之以制度律均鍾百官軌儀其意言度律之聲以爲鍾之均於鍾律取法爲度量衡也故漢書律厤志云推厤主律莫不用焉度量衡皆出於黃鍾之律也度者分寸尺丈引所以度長短也本起於黃鍾之長以子穀秬黍中者一黍之廣度之九十分黃鍾之長一黍爲一分十分爲寸十寸爲尺十尺爲丈十丈爲引而五度審矣量者龠合升斗斛所以量多少也本起於黃鍾之龠以子穀秬黍中者千有二百實其龠合龠爲合十合爲升十升爲斗十斗爲斛而五量嘉矣權者銖兩斤鈞石所以稱輕重也本起黃鍾之重一龠容千二百黍重十二銖兩之爲兩十六兩爲斤三十斤爲鈞四鈞爲石而五權謹矣權衡一物衡平也權重也稱上謂之衡稱錘謂之權所從言之異耳其鍾者亦起於律故服虔云鳧氏爲鍾各自計律倍而半之黃鍾之管長九寸則黃鍾之鍾長二尺二寸半餘鍾亦各自計律倍而半之度量衡其本俱出於律傳言律度注言度量其言不及衡者文雖不足理實兼之易革卦象云君子以治厤明時此律度量衡皆推厤爲之爲此法以教天下使之明四時也 陳之藝極。藝準也極中也貢獻多少之法傳曰貢之無藝又曰貢獻無極 【疏】注藝準至無極。○正義曰藝是準限極是中正制貢賦多少之法立其準限中正使不多不少陳之以示民故言陳之所引傳曰及又曰皆昭十三年子產辭也 引之表儀。引道也表儀猶威儀。○道音導下同 【疏】注引道至威儀。○正義曰引謂在前故爲道也表章儀飾故猶威儀也威儀禮則王者制之以道民言引之道之不用重文故異之也 予之法制。告之訓典。訓典先王之書 【疏】注訓典先王之書。○正義曰訓典先王之書教訓之典取其言以語之故言告之法制謂王者身自制作已之所有故言予之 教之防利。防惡興利 【疏】注防惡興利。○正義曰防者防使勿然故爲防惡利者務生此利故爲興利傳言防利於文不足互見以曉人也此最爲急故特言教之 委之常秩。委任也常秩官司之常職 【疏】注委任至常職。○正義曰設官分職當委任責成故言委之常秩謂職掌位次故爲官司之常職 道之以禮。則使毋失其土宜。衆隸賴之。而後即命。即就也 聖王同之。今縱無法以遺後嗣。而又收其良以死。難以在上矣。君子是以知秦之不復東征也。不能復征討東方諸侯爲霸主。○遺唯季反復扶又反注同 ○秋。季文子將聘於晉。使求遭喪之禮以行。季文子季孫行父也聞晉侯疾故 【疏】注季文至疾故。○正義曰劉炫以爲聘使之法自須造遭喪之禮而行防其未然也非是聞晉侯有疾今知不然者依聘禮出使唯以幣物而行無別齎遭喪之禮若主國有凶則臨時辦備今文子聘晉特求遭喪之禮出聘之後晉侯遂卒考其情氣有異尋常聞晉侯之疾何爲不可劉炫以不聞晉侯之疾而規杜氏恐非其義也 其人曰。將焉用之。其人從者。○焉於虔反從才用反 文子曰。備豫不虞。古之善教也。求而無之實難。難卒得。○卒寸忽反 過求何害。所謂文子三思。○三息暫反 ○八月。乙亥。晉襄公卒。靈公少。晉人以難故。欲立長君。立少君恐有難。○少詩照反注同難乃旦反注及下皆同長丁丈反下皆同 趙孟曰。立公子雍。趙孟趙盾也公子雍文公子襄公庶弟杜祁之子 好善而長。先君愛之。且近於秦。秦舊好也。置善則固。事長則順。立愛則孝。結舊則安。爲難故。故欲立長君。有此四德者。難必抒矣。抒除也。○好呼報反下皆同近附近之近抒直呂反又時呂反 【疏】注抒除也。○正義曰字有聲相近而爲訓者鬼之爲言歸也春之爲言蠢也其類多矣抒聲近除故爲除也服虔作紓紓緩也 賈季曰。不如立公子樂。樂文公子。○樂音岳一音洛 辰嬴嬖於二君。辰嬴懷嬴也二君懷公文公也。○嬖必計反 立其子。民必安之。趙孟曰。辰嬴賤。班在九人。班位也 其子何震之有。震威也 且爲二嬖。淫也。爲先君子。不能求大而出在小國。辟也。母淫子辟。無威。陳小而遠。無援。將何安焉。杜祁以君故。讓偪姞而上之。杜祁杜伯之後祁姓也偪姞姞姓之女生襄公爲世子故杜祁讓使在己上。○辟匹亦反又作僻下同祁巨之反偪彼力反姞其吉反又其乙反 【疏】偪姞。○正義曰譜以偪爲國名地闕不知所在 以狄故。讓季隗而己次之。故班在四。以季隗是文公託狄時妻故復讓之然則杜祁本班在二。○隗五罪反復扶又反下將復怨同 先君是以愛其子。而仕諸秦。爲亞卿焉。亞次也言其賢故位尊。○亞於嫁反 秦大而近。足以爲援。母義子愛。足以威民。立之。不亦可乎。使先蔑、士會如秦逆公子雍。先蔑士伯也士會隨季也 賈季亦使召公子樂于陳。趙孟使殺諸郫。郫晉地。○郫婢支反 賈季怨陽子之易其班也。本中軍帥易以爲佐。○帥所類反下命帥同 而知其無援於晉也。少族多怨 九月。賈季使續鞫居殺陽處父。鞫居狐氏之族 書曰。晉殺其大夫。侵官也。君已命帥處父易之故曰侵官 ○冬。十月。襄仲如晉。葬襄公。○十一月。丙寅。晉殺續簡伯。簡伯續鞫居十一月無丙寅丙寅十二月八日也日月必有誤 賈季奔狄。宣子使臾駢送其帑。帑妻子也宣子以賈季中軍之佐同官故

○臾羊朱反駢蒲賢反又蒲丁反帑音奴【疏】注帑妻子也○正義曰詩云樂爾妻帑文已有妻故毛傳以帑爲子此傳無妻故杜并妻言之帑者細弱之號妻子俱得稱之傳稱以害鳥帑鳥尾猶尚稱帑况妻子也說文云帑金幣所藏字書帑從子經傳妻帑亦從巾夷之蒐賈季戮臾駢臾駢之人欲盡殺賈氏以報焉臾駢曰不可吾聞前志有之曰敵惠敵怨不在後嗣忠之道也敵猶對也若及子孫則爲非對非對則爲遷怒○盡津忍反【疏】敵惠至之道○正義曰敵惠謂有惠於彼不可望彼人之子報敵怨謂有怨於彼不可讎彼人之子父祖受人之惠子孫自可不忘要有恩於其父祖不可求報於彼子孫子孫或時不知乃是更復長怨故惠怨皆不在後是爲忠恕之道也夫子禮於賈季我以其寵報私怨無乃不可乎言己蒙宣子寵位介人之寵非勇也介因也○介音界損怨益仇非知也殺季家欲以除怨宣子將復怨己是多仇○知音智以私害公非忠也釋此三者何以事夫子盡具其帑與其器用財賄親帥扞之送致諸竟扞衛也○扞戶旦反竟音境○閏月不告朔非禮也經稱告月傳稱告朔明告月必以朔閏以正時四時漸差則致閏以正之時以作事順時命事事以厚生事不失時則年豐生民之道於是乎在矣不告閏朔棄時政也何以爲民爲民如字治也或音于僞反非也

經七年春公伐邾○三月甲戌取須句須句魯之封內屬國也僖公反其君之後邾復滅之書取易也例在襄十三年○須句其俱反復扶又反易以豉反遂城郚無傳因伐邾師以城郚郚魯邑卞縣南有郚城備邾難○郚音吾難乃旦反○夏四月宋公王臣卒二年與魯大夫盟於垂隴○王如字又往方反【疏】注二年至垂隴○正義曰王臣以僖二十四年即位與僖盟于踐土翟泉今唯言垂隴據與文同盟言之杜注或兼取前世或止取時君不爲例也○宋人殺其大夫宋人攻昭公并殺二大夫故以非罪書○戊子晉人及秦人戰于令狐趙盾廢嫡而外求君故貶稱人晉諱背先蔑而夜薄秦師以戰告○令力呈反○晉先蔑奔秦不言出在外奔○狄侵我西鄙嫡本又作適丁歷反背音佩○秋八月公會諸侯晉大夫盟于扈扈鄭地滎陽卷縣西北有扈亭不分別書會人總言諸侯晉大夫盟者公後會而分其盟○扈音戶卷音權又上權反別彼列反冬徐伐莒不書將帥徐夷告辭略○將子匠反帥所類反公孫敖如莒涖盟○涖音利又音類

傳七年春公伐邾間晉難也公因霸國有難而侵小○間間廁之間或如字難乃旦反注同○三月甲戌取須句寘文公子焉非禮也邾文公子叛在魯故公使爲守須句大夫也絕大皞之祀以與鄰國叛臣故曰非禮○寘之豉反下同大音泰皞戶老反○夏四月宋成公卒於是公子成爲右師莊公子公孫友爲左師目夷子樂豫爲司馬戴公玄孫鱗矔爲司徒桓公孫○矔古亂反【疏】注戴公玄孫鱗矔桓公孫○正義曰世本戴公生樂甫術術生碩甫澤澤生季甫甫生子僕伊與樂豫是也世本又云桓公生公鱗鱗生東鄉矔是也公子蕩爲司城桓公子也以武公名廢司空爲司城華御事爲司寇華元父也傳言六卿皆公族昭公不親信之所以致亂○御魚呂反本又作禦音同○昭公將去羣公子樂豫曰不可公族公室之枝葉也若去之則本根無所庇陰矣葛藟猶能庇其本根葛之能藟蔓繁滋者以本枝廕庥之多○去起呂反下及注同庇必利反又悲位反下同廕本又作蔭於鴆反藟本或作虆力軌反蔓音萬庥許求反又作庇藟類龜反故君子以爲比謂詩人取以喻九族兄弟○比必爾反【疏】葛藟至爲比○正義曰此引葛藟王風葛藟之篇也彼毛傳以之爲興此云君子以爲比者但比之隱者謂之興興之顯者謂之比比之與興深淺爲異耳此傳近取庇根理淺故以爲比毛意遠取河潤義深故以爲興由意不同故比興異耳況國君乎此諺所謂庇焉而縱尋斧焉者也縱放也必不可君其圖之親之以德皆股肱也誰敢攜貳若之何去之不聽穆襄之族率國人以攻公穆公襄公之子孫昭公所欲去者殺公孫固公孫鄭于公宮二子在公宮故爲亂兵所殺【疏】注二子至所殺○正義曰經書宋人殺其大夫傳言不稱名非其罪則此二子名氏當見於經亦卿官也僖二十二年傳稱大司馬固於時又有司馬子魚上文樂豫爲司馬下云六卿和公室六卿之外有此二子蓋是孤卿之官也宋是上公禮得有孤且春秋之時不必如禮六卿和公室樂豫舍司馬以讓公子卬卬昭公弟○舍音捨下同卬五郎反昭公即位而葬書曰宋人殺其大夫不稱名衆也且言非其罪也不稱殺者及死者名殺者衆故名不可知死者無罪則例不稱名【疏】注不稱至稱名○正義曰傳云不稱名怪殺者死者並不名也又言衆也解殺者衆多其名不可知也且言非其罪也解死者不名言死者無罪則於例不稱名也此傳言書曰是仲尼新意殺大夫有例無凡故每言書曰所謂曲而暢之也此言死者無罪故不稱名則被殺書名皆爲有罪故諸是大夫被殺書名者杜皆言其罪狀止以此傳爲例故也釋例曰大臣相殺死者無罪則兩稱名氏以示殺者之罪王札子殺召伯毛伯是也若死者有罪則不稱殺者名氏晉殺其大夫陽處父是也若爲賊者衆因亂而殺則亦稱國人殺者主名不分故也主名不分死者雖名氏可知亦隨而去之嫌於罪死者也士殺大夫則書曰盜盜殺鄭公子騑公子發公孫輒是也若然宋之穆襄之族既非六卿於例名氏不見亦應書盜而不言盜者彼殺鄭卿者知是尉止司臣之類故書盜以惡其人此則不得主名書盜不知所惡故不書其盜耳若知其人則亦書盜也○秦康公送公子雍于晉曰文公之入也無衛故有呂郤之難僖二十四年文公入○難乃旦反乃多與之徒衛穆嬴日抱大子以啼于朝曰先君何罪其嗣亦何罪舍適嗣不立而外求君將焉寘此穆嬴襄公夫人靈公母也○嬴音盈適本又作嫡同丁歷反將焉於虔反下焉用同出朝則抱以適趙氏頓首於宣子曰先君奉此子也而屬諸子曰此子也才吾受子之賜不才吾唯子之怨欲使宣子教訓之○屬音燭今君雖終言猶在耳在宣子之耳而棄之若何宣子與諸大夫皆患穆嬴且畏偪畏國人以大義來偪己○偪彼力反乃背先蔑而立靈公以禦秦師箕鄭居守趙盾將中軍先克佐之克先且居子代狐射姑○背音佩箕音基守手又反下注同將子匠反下注同荀林父佐上軍箕鄭將上軍居守故佐獨行先蔑將下軍先都佐之步招御戎戎津爲右及堇陰先蔑士會逆公子雍前還晉晉人始以逆雍出軍卒然變計立靈公故車右戎御猶在職堇陰晉地○招上遙反堇音謹一音靳卒寸忽反【疏】注先蔑至晉地○正義曰諸言御戎爲右皆是君之御右知此步招戎津始以逆雍出軍此擬爲雍之御右也改立靈公故御右猶在職也十二年河曲之戰傳稱范無恤御戎注云代步招晉君不行有御戎者成二年楚令尹子重爲楊橋之役王卒盡行彭名御戎注云王卒盡行故王戎車亦行然則河曲之戰亦公卒盡行公之戎車亦行故御戎在職也此時未至令狐令狐猶是晉地知堇陰亦是晉地也宣子曰我若受秦秦則賓也不受寇也既不受矣而復緩師秦將生心先人有奪人之心奪敵之戰心也○復扶又反先悉薦反奪人之心本或此下有後人待其反誤有軍之善謀也逐寇如追逃軍之善政也訓卒利兵秣馬蓐食潛師夜起蓐食早食於寢蓐也○卒子忽反秣音末蓐音辱戊子敗秦師于令狐至于刳首己丑先蔑奔秦

士會從之。從，刳首去也。令狐在河東，當與刳首相接。○刳，苦胡反。先蔑之使也，荀林父止之，曰：「夫人、大子猶在，而外求君，此必不行。子以疾辭，若何？不然，將及。禍將及己。攝卿以往，可也。何必子？同官爲寮，吾嘗同寮，敢不盡心乎？」弗聽。爲賦板之三章。板，詩大雅。其三章義取芻蕘之言猶不可忽，況同寮乎？僖二十八年，林父將中行，先蔑將左行。○寮，本又作僚，力彫反。爲，于僞反，下爲同寮同。芻，初俱反。蕘音饒。行，戶郎反，下同。又弗聽。及亡，荀伯盡送其帑及其器用財賄於秦，曰：「爲同寮故也。」荀伯，林父。士會在秦三年，不見士伯。士伯，先蔑。其人曰：「能亡人於國，言能與人俱亡於晉國。不能見於此，焉用之？」何用如此。士季曰：「吾與之同罪，俱有迎公子雍之罪。非義之也，將何見焉？」言己非慕先蔑之義而從之。及歸，遂不見。實先蔑爲正卿而不匡諫，且俱出奔，惡有黨也。士會歸在十三年。○惡，烏路反。

○狄侵我西鄙。公使告于晉。趙宣子使因賈季問酆舒，且讓之。酆舒，狄相。讓其伐魯。○酆，芳忠反。相，息亮反。酆舒問於賈季曰：「趙衰、趙盾孰賢？」對曰：「趙衰，冬日之日也；趙盾，夏日之日也。」冬日可愛，夏日可畏。○秋，八月，齊侯、宋公、衛侯、鄭伯、許男、曹伯會晉趙盾盟于扈，晉侯立故也。公後至，故不書所會。凡會諸侯，不書所會，後也。不書所會，謂不具列公侯及卿大夫。後至，不書其國，辟不敏也。此傳還自釋凡例之意。【疏】凡會至不敏。○正義曰：僖十四年諸侯城緣陵，傳曰：不書其人，有闕也。十五年諸侯盟于扈，傳曰：書曰諸侯，無能爲也。十七年諸侯會于扈，傳曰：書曰諸侯，無功也。然則揔稱諸侯，皆是罪諸侯也。此揔稱諸侯，不稱所會，爲公後也。傳還自釋凡例云：後至，不書其國者，辟不敏也。不敏猶不達也。諸國皆在，公獨後至，是公不達於事。辟公之不達於事，諱公罪而歸責於諸侯者，若言諸侯無功然，故貶諸侯而揔之，所以辟公恥也。○穆伯娶于莒，曰戴己，生文伯；其娣聲己生惠叔。穆伯，公孫敖也。文伯，穀也。惠叔，難也。○己音紀，一音祀。娣，大計反。難，乃多反。戴己卒，又聘于莒，莒人以聲己辭，則爲襄仲聘焉。襄仲，公孫敖從父昆弟。○爲，于僞反，下且爲、自爲同。○冬，徐伐莒。莒人來請盟。見伐故欲結援。穆伯如莒涖盟，且爲仲逆。及鄢陵，登城

見之，美。鄢陵，莒邑。○鄢，於晚反。自爲娶之。仲請攻之，公將許之。叔仲惠伯諫，惠伯，叔牙孫。曰：「臣聞之，兵作於內爲亂，於外爲寇。寇猶及人，亂自及也。今臣作亂而君不禁，以啓寇讎，若之何？」公止之。惠伯成之，平二子。使仲舍之，舍不娶。○舍音捨，注同。公孫敖反之，還莒女。復爲兄弟如初。從之。爲明年公孫敖奔莒傳。○復音服，又扶又反。晉郤缺言於趙宣子曰：「日衛不睦，故取其地。日，往日。取衛地在元年。今已睦矣，可以歸之。叛而不討，何以示威？服而不柔，何以示懷？柔，安也。非威非懷，何以示德？無德，何以主盟？子爲正卿，以主諸侯，而不務德，將若之何？夏書曰：逸書。『戒之用休，有休則戒之以勿休。○休，許虯反，注同。董之用威，董，督也。有罪則督之以威刑。勸之以九歌，勿使壞。』九功之德皆可歌也，謂之九歌。六府、三事，【疏】夏書至三事。○正義曰：此虞書大禹謨之文也。以其夏禹之言，故傳謂之夏書。勿使壞以上，皆彼正文。唯彼言俾勿壞，俾亦使也，一字別耳。彼上文云：水、火、金、木、土、穀惟修，正德、利用、厚生惟和，九功惟敘，九敘惟歌。乃次此辭。下云：帝曰：六府三事允治。郤缺令宣子脩德行禮，使人歌樂，故先引勸之以九歌，然後郤言六府、三事。謂之九功。水、火、金、木、土、穀，謂之六府。正德、利用、厚生，謂之三事。義而行之，謂之德、禮。正德，德也。禮以制財用之節，又以厚生民之命。無禮不樂，所由叛也。【疏】無禮至叛也。○正義曰：在上爲政，無禮則民不樂，是叛之所由。若吾子之德，莫可歌也，其誰來之？來猶歸也。○樂音洛。盍使睦者歌吾子乎？」宣子說之。爲明年晉歸鄭、衛田張本。○盍，戶臘反。【疏】注爲明至張本。○正義曰：鄭往前侵衛田，今晉令鄭歸還衛田也。言歸鄭衛田者，謂晉歸以鄭所取衛田，故杜下注云：匡本衛邑，中屬鄭，令鄭還衛是也。然晉亦還衛田，獨言鄭者，以鄭歸衛田爲主，遂略之。劉炫以爲歸鄭及歸衛田，經傳文歸衛不歸鄭，而規杜氏，非也。

經八年，春，王正月。○夏，四月。○秋，八月戊申，天王崩。○冬，十月壬午，公子遂會晉趙盾，盟于衡雍。壬午，月五日。○雍，於用反。○乙酉，公子遂會雒戎，盟于暴。乙酉，月八日也。暴，鄭地。公子遂不受命而盟，宜去族。善其解國患，故稱公子以貴之。○會雒戎，本或作伊雒之戎，此後人妄取傳文加耳。雒音洛。去，起呂反。【疏】注乙酉至貴之。○正義曰：以壬午、乙酉相去四日，其間不容報君，見其專命之意，故注詳其日也。衡雍，鄭地，知暴亦鄭地。臣無專命之義，故翬、溺皆去其族。此公子遂不受君命，因事遂行，輒與戎盟，宜去其族。傳言書曰公子遂，珍之，是善其解國患，故稱公子以貴之也。釋例曰：人臣受命不受辭，出竟有可以利社稷者，專之可也。故襄仲始盟趙盾，遂盟伊洛之戎，四日之間，經再書公子，不可以遂事常辭顯之也。○公孫敖如京師，不至而復。丙戌，奔莒。不言出，受命而出，自外行。○螽。無傳。爲災故書。○宋人殺其大夫司馬。宋司城來奔。司馬死不舍節，司城奉身而退，故皆書官而不名，貴之。○舍音捨。

傳八年，春，晉侯使解揚歸匡、戚之田于衛，匡本衛邑，中屬鄭。孔達伐不能克，今晉令鄭還衛，及取戚田，皆見元年。○解音蟹。中，丁仲反。令，力呈反。見，賢遍反。且復致公壻池之封，自申至于虎牢之竟。公壻池，晉君女壻，又取衛地以封之，今并還衛也。申，鄭地。傳言趙盾所以能相幼主而盟諸侯。○復，扶又反。壻音細，俗作婿。竟音境，下注同。相，息亮反。【疏】注公壻至諸侯。○正義曰：釋親云：女子子之夫爲壻。傳稱公壻，知是晉君之女壻。池，其名也。杜以上言歸匡、戚之田于衛，又言且復致，則晉亦致于衛，故言又取衛地以封之，今并還衛也。劉炫云：服虔以爲致之于鄭，以服言是，規杜，已釋之。○夏，秦人伐晉，取武城，以報令狐之役。令狐役在七年。○秋，襄王崩。爲公孫敖如周弔傳。○晉人以扈之盟來討。前年盟扈，公後至。○冬，襄仲會晉趙孟，盟于衡雍，報扈之盟也。遂會伊雒之戎。伊洛之戎將伐魯，公子遂不及復君，故專命與之盟。書曰「公子遂」，珍之也。珍，貴也。大夫出竟，有可以安社稷、利國家者，專之可也。【疏】注珍貴至之可。○正義曰：傳多言貴之，而此言珍之，事同而文異，故以珍爲貴也。大夫出竟以下，皆莊十九年公羊傳文。○穆伯如周弔喪，不至，以幣奔莒，從己氏焉。己氏，莒女。○宋襄夫人，襄王之姊也，昭公不禮焉。昭公，適祖母。○適，丁歷反。夫人因戴氏之族，華、樂、皇皆戴族。以殺襄公之孫孔叔、公孫鍾離及大司馬公子卬，皆昭公之黨也。司馬握節以死，故書以官。節，國之符信也。握之以死，示不廢命。【疏】注節國至廢命。○正義曰：周禮掌節：掌守邦節而辨其用，守邦國者用玉節，守都鄙者用角節。鄭玄云：王節有五，則典瑞云：穀圭以和難，以聘女；牙璋以起軍旅，以治兵守；珍圭以徵守，以恤凶荒；琬圭以治德，以結好；琰圭以易行，以除慝。其角節，鄭注云：未聞。此司馬司城或在官，盡執此等之玉節。小行人云：守都鄙者用管節。此司馬司城或食采地，即都鄙之主，此節或是管節也。掌節又云：山國用虎節，土國用人節，澤國用龍節。鄭注云：鑄金

爲之謂王使之使於土國之等掌節又云門關用符節貨賄用璽節道路用旌節鄭玄云門關者謂司門司關也道路者謂天子之卿遂大夫也其諸侯之國及門關鄉遂亦有節小行人云山國用虎節土國用人節澤國用龍節謂己是山澤之國出使用龍虎之節小行人又云道路用旌節門關用符節都鄙用管節鄭注云道路謂諸侯鄉遂及諸侯司門司關都鄙之等也今之爲官授以此節今握節以死示已不廢命也此夫人殺而經書宋人殺其大夫者夫人與君共有國家尊與君同不得爲兩下相殺故同國討之文雖同國討稱人實非國討之例以其死者不稱名無罪故也司城蕩意諸來奔。效節於府人而出。效猶致也意諸公子蕩之孫○效戶教反公以其官逆之。皆復之。亦書以官。皆貴之也。卿違從大夫公賢其效節故以本官逆之請宋而復之司城官屬悉來奔故言皆復〔疏〕注卿違至皆復○正義曰卿違從大夫昭七年傳文也效節於府人然後出奔示爲已解任而退不敢帶官而逃公賢其效節故以本官逆之爲是書宋司城來奔善其人故書其官也請宋復之事在十六年一人不得言皆知司城官屬悉與皆復也○夷之蒐。晉侯將登箕鄭父、先都。登之於上軍也夷蒐在六年〔疏〕注登之至六年○正義曰清原之蒐箕鄭佐新上軍先都佐新下軍二人先爲卿矣而復欲登之知登於上軍也然則七年令狐之戰傳歷言諸軍將佐箕鄭將上軍先都佐下軍先都不登容可怨恨箕鄭不失其登而亦共作亂者蓋先克之蒐狐趙并亦請退箕鄭先都先都於時即佐下軍箕鄭雖得不退因此意望以成小慽及狐射姑出奔箕鄭位次宜佐中軍而先克代射姑箕鄭守其故職蓋以此而恨也而使士縠、梁益耳將中軍。士縠本司空○縠戶木反將子匠反先克曰。狐、趙之勳。不可廢也。從之。狐偃趙衰有從亡之勳○從亡才用反先克奪蒯得田于堇陰。七年晉禦秦師於堇陰以軍事奪其田也先克中軍佐○蒯苦膾反故箕鄭父、先都、士縠、梁益耳、蒯得作亂。爲明年殺先克張本○爲于僞反

經九年。春。毛伯來求金。求金以共葬事雖踰年而未葬故不稱王使○共音恭本亦作供下同○夫人姜氏如齊。無傳歸寧○二月。叔孫得臣如京師。辛丑。葬襄王。卿共葬事禮也〔疏〕注卿共葬事禮也正義曰言禮者以明天子之喪卿弔卿會葬諸侯不親行也釋例曰萬國之數至衆封疆之守至重故天王之喪諸侯不得越竟而奔脩服於其國卿共弔送之禮既葬卒哭而除凶魯侯無故而移伯如周弔焉此天子崩諸侯遣卿弔送之經傳也杜以往年穆伯弔喪今令會葬二事傳無譏文知其禮當然也昭三十年傳鄭游吉云靈王之喪我先君簡公在楚以不在楚即當親行而言禮不親者彼言由君在楚上卿守國故使少卿印段往耳言君當親行也○晉人殺其大夫先都。下軍佐也以作亂討故書名○三月。夫人姜氏至自齊。無傳告于廟〔疏〕夫人至自齊○正義曰蘇氏云夫人歸寧書至唯有此耳餘不書者或禮儀不備或淫縱不告廟也○晉人殺其大夫士縠及箕鄭父。與先都同罪也○楚人伐鄭。楚子師於狼淵不親伐○公子遂會晉人、宋人、衛人、許人救鄭。○夏。狄侵齊。無傳○秋。八月。曹伯襄卒。無傳七年同盟于扈〔疏〕注七年同盟于扈○正義曰襄以僖八年即位其年盟于洮九年于葵丘十五年于牡丘二十一年于薄今唯言于扈據文公言之○九月。癸酉。地震。無傳地道安靜以動爲異故書〔疏〕注地道至故書○正義曰穀梁傳曰震動也公羊傳曰震者何動地也何休云傳先言動者喻若物之動地以曉人也周語伯陽父曰陽伏而不能出陰迫而不能烝遂於是有地震孔晁云陽氣伏於陰下見迫於陰故不能升以至於地動是地道安靜以動爲異也○冬。楚子使椒來聘。稱君以使大夫其禮辭與中國同椒不書氏史略文〔疏〕注稱君至略文○正義曰莊二十三年荊人來聘不稱楚子使某此稱君以使大夫其禮與中國同其禮既同椒亦宜書其某氏今不書氏傳無貶文知是史辭自略無義例也釋例曰楚殺得臣與宜申賈氏皆以爲陋案楚殺大夫公子側成熊之等六七人皆稱氏族無爲獨於此二人陋也斯蓋非史策舊法故無凡例當時諸國以意而赴其自來聘使者不辭有詳略仲尼脩春秋因采以示義義之所起則刊而正之不者即因而示之不皆刊正也諸侯之卿當以名氏備書於經其加貶損則直稱人若有褒異則或稱官或但稱氏若無褒無貶無所不發者則皆就舊文或賜族或未賜族或時有詳略也推尋經文自莊公以上諸弑君者皆不書氏閔公以下皆書氏亦不足以明時史之同異非仲尼所皆貶也秦人來歸僖公成風之襚。衣服曰襚秦辟陋故不稱使不稱夫人從來者辭○襚音遂說文作稅云贈終者衣被曰稅以此襚爲衣死人衣辟匹亦反〔疏〕注衣服至者辭○正義曰隱元年公羊傳曰衣被曰襚穀梁傳曰衣衾曰襚禮稱襚者君使臣致服故云衣服曰襚也秦處西戎其國辟陋故不稱君使猶楚在莊世稱荊人來聘也成風夫人也來者不言夫人從者之辭也先言僖公僖公先薨也不言及并致之者○葬曹共公。無傳○共音恭

傳九年。春。王正月。己酉。使賊殺先克。箕鄭等所使也亂殺先克不赴故不書乙丑。晉人殺先都、梁益耳。乙丑正月十九日經書二月從告○毛伯衛來求金。非禮也。天子不私求財故曰非禮不書王命。未葬也。○二月。莊叔如周。葬襄王。〔疏〕莊叔如周葬襄王○正義曰虛舉此經者嫌莊叔別以他事使周葬王更使人會故明之○三月。甲戌。晉人殺箕鄭父、士縠、蒯得。梁益耳蒯得不書皆非卿〔疏〕注梁益至非卿○正義曰士縠書經則是卿也七年令狐之戰三軍將佐無士縠十二年河曲之戰三軍將佐杜注無代士縠者而士縠得爲卿者先蔑奔秦傳無其代十二年欒盾將下軍注云代先蔑者據傳成文言之耳未必不是士縠代先蔑欒盾代士縠也箕鄭上軍將也傳文先箕鄭後士縠士縠若將下軍則是位之次也其事似然或者晉於將佐之外猶別有散位從卿若郤缺趙穿之類也傳箕鄭先士縠經士縠先箕鄭者經以殺之先後傳以位次序列傳蒯得居下知其以位次也賈逵云箕鄭稱及非首謀案襄二十三年陳殺其大夫慶虎及慶寅杜云言及史異辭無義例則此亦然也○范山言於楚子曰。晉君少。不在諸侯。北方可圖也。范山楚大夫○少詩照反下注同楚子師于狼淵以伐鄭。陳師狼淵爲伐鄭援也潁川潁陰縣西有狼陂○陂彼皮反四公子堅、公子尨及樂耳。三子鄭大夫○尨莫江反鄭及楚平。○公子遂會晉趙盾、宋華耦、衛孔達、許大夫救鄭。不及楚師。卿不書。緩也。以懲不恪。華耦華父督曾孫公子遂獨不在貶者諸魯事自非指爲其國襃貶則皆從國史不同之於他國此春秋大意他皆放此○懲直升反恪苦各反爲于僞反〔疏〕注華耦至放此○正義曰在禮卿不會公侯會則貶之稱人元年公孫敖會晉侯于戚文無所貶此公子遂與諸國同行諸卿皆貶遂獨不貶諸如此類莫不盡然知諸於魯事自非指爲其國襃貶皆從魯史以其體例已舉不假改正故也○夏。楚侵陳。克壺丘。壺丘陳邑以其服於晉也。○秋。楚公子朱自東夷伐陳。子朱息公也陳人敗之。獲公子茷。陳懼。乃及楚平。以小勝大故懼而請平也傳言晉君少楚陵中國明年所以有厥貉之會○茷扶廢反貉武百反○冬。楚子越椒來聘。執幣傲。子越椒令尹子文從子傲不敬○傲五報反注下同從才用反叔仲惠伯曰。是必滅若敖氏之宗。傲其先君。神弗福也。十二年傳曰先君之敝器使下臣致諸執事明奉使皆告廟故言傲其先君也爲宣四年楚滅若敖氏張本○敖五刀反使所吏反○秦人來歸僖公成風之襚。禮也。秦慕諸夏欲通敬於魯因有翟泉之盟故追贈僖公并及成風本非魯方嶽同盟無相赴弔之制故不譏其緩而以接好爲禮○夏戶雅反嶽音岳好呼報反下文注同諸侯相弔賀也。雖不當事。苟有禮焉。書也。以無忘舊好。送死不及尸故曰不當事書者書於典策垂示子孫使無忘過厚之好〔疏〕諸侯至舊好○正義曰此雖廣言諸侯主爲秦人發傳隱元年王使來賵尚譏其緩若是同盟之國必譏其緩可知釋例曰秦之與魯本非方嶽同盟魯薨不赴秦秦不賵魯自是其常也僖穆二公雖有同盟之義二君已卒則二子不得用同盟之禮也今秦康公遠慕諸華欲通敬於魯無以爲辭因翟泉有盟追贈僖公并及成風假弔禮而行故曰禮也送死不及尸謂不當其事書者書之於策垂之子孫以示過厚之好也是言此傳主爲秦也僖公成風服除久矣今始來弔贈當以變禮待之檀弓曰衛將軍文子之喪既除喪而後越人來弔主人深衣練冠待於廟垂涕洟子游曰將軍文氏之子其庶幾乎亡於禮者之禮也其動也中是古有以服終來弔者也何休膏肓云禮主於敬一使兼二喪又於禮既緩而左氏以之爲禮非也鄭箴云若以爲緩案禮衛將軍文子之喪既除

喪而越人來弔子游何得善之是鄭不非其緩也若識一使兼二禮雜記諸侯弔禮有含襚賵臨可以一使兼行知休言非也

經十年。春。王三月。辛卯。臧孫辰卒。無傳公與小斂故書日○與音預斂力驗反○夏。秦伐晉。不稱將帥告辭略○將子匠反帥所類反○楚殺其大夫宜申。宜申子西也謀弒君故書名○自正月不雨。至于秋七月。無傳義與二年同○及蘇子盟于女栗。女栗地名闕蘇子周卿士頃王新立故與魯盟親諸侯也○女音汝一音如字頃音傾○冬。狄侵宋。無傳○楚子、蔡侯次于厥貉。厥貉地名闕將伐宋而未行故書次

傳十年。春。晉人伐秦。取少梁。少梁馮翊夏陽縣○少商照反下注同夏戶雅反○夏。秦伯伐晉。取北徵。報少梁○徵如字三蒼云縣屬馮翊音懲一音張里反○初。楚范巫矞似、矞似范邑之巫○矞尹必反謂成王與子玉、子西曰。三君皆將強死。疏皆將強死○正義曰強健也無病而死謂被殺也城濮之役。王思之。故使止子玉曰。毋死。不及。止子西。子西縊而縣絕。在僖二十八年○強其丈反濮音卜毋音無縊一豉反縣音玄王使適至。遂止之。使為商公。商楚邑今上雒商縣○王使所吏反沿漢泝江。將入郢。沿順流泝逆流○沿悅專反泝息路反郢以井反又以政反疏注沿順流泝逆流○正義曰商在漢水北漢水東流而南入江子西既至商邑聞讒不敢居商縣沿漢水順流而下至江乃泝流逆上渚宮當郢都之南故王在渚宮下見之也下注云小洲曰渚釋水文王在渚宮。小洲曰渚○渚章呂反水中可居者曰洲洲音州下見之。懼而辭曰。臣免於死。又有讒言。謂臣將逃。臣歸死於司敗也。陳楚名司寇為司敗○子西畏讒言不敢之商縣疏注陳楚名司寇為司敗○正義曰言歸死於司敗主刑之官司寇是也論語有陳司敗知陳楚同此名也王使為工尹。掌百工之官又與子家謀弒穆王。穆王聞之。五月。殺鬬宜申及仲歸。仲歸子家不書非卿秋。七月。及蘇子盟于女栗。頃王立故也。僖十年狄滅溫蘇子奔衛今復見蓋王復之○復扶又反見賢遍反○陳侯、鄭伯、會楚子于息。冬。遂及蔡侯次于厥貉。陳鄭及宋麇子不書者宋鄭執卑苟免為楚僕任受役於司馬麇子恥之遂逃而歸三君失位降爵故不列於諸侯宋鄭猶然則陳侯不同也○麇九倫反疏注陳鄭至同也○正義曰杜以陳鄭會楚子于息遂與蔡侯次于厥貉則陳鄭當在次也傳稱厥貉之會麇子逃歸則麇子當在也宋公逆楚子則宋公亦在也獨書楚子蔡侯不言陳鄭宋麇故迹其事而為之說言宋陳鄭三君降爵麇子逃歸故不書也劉炫以為告文略故不書陳鄭宋今知不然者此楚會諸侯必是楚人來告若楚人來告當以得諸侯為榮何以略其宋鄭陳乎麇子不會傳云逃歸宋鄭二國為楚僕役猶如許蔡二君降乘楚車許蔡既不書於經故知宋鄭失位不見此乃傳事分明故杜為此解劉炫有以告文略以規杜氏非也將以伐宋。宋華御事曰。楚欲弱我也。先為之弱乎。何必使誘我。我實不能。民何罪。乃逆楚子。勞且聽命。時楚欲誘呼宋共戰御事華元父○勞力報反遂道以田孟諸。孟諸宋大藪也在梁國睢陽縣東北○道音導藪素口反睢音綏宋公為右盂。鄭伯為左盂。盂田獵陳名○盂音于陳直覲反期思公復遂為右司馬。復遂楚期思邑公今弋陽期思縣○弋以職反子朱及文之無畏為左司馬。將獵張兩甄故置二左司馬然則右司馬一人當中央○甄吉然反疏注將獵至中央○正義曰宋公為右盂無畏為左司馬而誅宋公之僕自謂當官而行明無畏當右子朱當左是其張兩甄故置二左司馬使各掌一甄自然右司馬一人當中央也命夙駕載燧。燧取火者○命眉病反燧音遂本又作𤇶宋公違命。不夙駕載燧無畏抶其僕以徇。或謂子舟曰。國君不可戮也。子舟曰。當官而行。何彊之有。子舟無畏字○抶恥乙反徇似俊反舟音州詩曰。剛亦不吐。柔亦不茹。詩大雅美仲山甫不辟彊禦○茹如呂反毋縱詭隨。以謹罔極。詩大雅詭人隨人無正心者謹猶慎也罔無也極中也○詭九委反疏毋縱至罔極○正義曰無從此詭人隨人無正心者以謹勑彼無中正之人言小罪尚不赦則大罪不敢為也是亦非辟彊也。敢愛死以亂官乎。為宣十四年宋人殺子舟張本○厥貉之會。麇子逃歸。為明年楚子伐麇傳

春秋左傳注疏卷十九上校勘記　阮元撰盧宣旬摘錄

附釋音春秋左傳注疏卷第十九上 文五年盡十年

經五年

王使榮叔歸含且賵 釋文含本亦作唅說文作琀

含襚賵臨 此本下文作隧亦非宋本閩本作襚不誤

傳五年

寧能盡至全無所識 宋本盡至下有王歸含賵二事而已宰咺叉賵而不含不至十七字

天子以夫人禮賵之 宋本作贈之案正義本作贈

冬楚子燮滅蓼 石經宋本岳本足利本楚下有公字釋文同釋文蓼音了字或作鄝音同

蓼國今委豐蓼縣 宋本淳熙本岳本纂圖本閩本監本毛本足利本委作安不誤

沈漸剛克 案古文尚書作沈潛段玉裁云漢書谷永傳曰忘湛漸之義湛漸即沈潛也蓋今文尚書作漸與左氏合

注甯晉至大夫 宋本以下正義二節揔入注文今謂之周書之下

不于四時 閩本監本毛本于誤千

為六年蒐於夷傳 釋文於作于與下傳文合

經六年

諸侯每月必告朔聽政 重脩監本諸誤謂

縱諸下以盡知力之用 監本毛本縱作從

思効忠善 毛本効作效

則六鄉六遂之長 閩本監本毛本鄉誤卿

因月朔朝 宋本朔下有廟字是也

朝服以日視朝 毛本日誤月

傳六年

晉侯將登鄭父先都 宋本登下有箕字與下傳合

先克代佐中軍耳 監本毛本脫耳字

輕重當 釋文作當也案上下文注應有也字

辟刑獄 石經宋本岳本纂圖本足利本作辟獄刑考文提要同與正義合釋文作辟獄是亦獄字在上也

質要券契也 各本券作劵亦非宋本作券字从刀非从力是也正義同案正義券契倒作契券

治理洿穢 監本洿上脫注字

質要契券 閩本監本毛本作券契非也

復有孤二人者 二字此本闕據宋本補閩本監本毛本作一人

以子車氏之三子奄息仲行鍼虎為殉 案詩黃鳥正義曰左傳作子輿史記秦本紀亦作子輿氏今傳文作車與孔氏所據本不同釋文仲作中云本亦作仲

無善人之謂 纂圖本人誤大

古之至不長 宋本以下正義十一節揔入聖王同之節注下

聖哲是人之儁者　閩本監本毛本儁作雋

故聖王爲教　毛本敎作政非也

注鍾律至明時　閩本監本毛本鍾作鐘下同

一黍之廣度之九十黃鍾之長一黍爲一分　毛本十下有分字爲上無黍字據漢書律厤志改也案隋志引此文作度之九十黍爲黃鍾之長一黍爲一分毛本依漢志刪黍字亦非

利者務生此利　毛本者誤故

道之以禮則使毋失其土宜　宋本淳熙本岳本纂圖本閩本監本毛本並衍以字石經以字乃後人據別本旁增則字屬下句非是

注季文至疾故下　宋本此節正義在注所謂文子三思之下

考其情氣有異尋常　宋本氣作事

難必抒矣　葉抄釋文抒作杼正義引服虔本作紓字按說文紓緩也紓爲正字抒爲假借字

注抒除也　宋本以下正義二節揔入注文郥胥地之下

服虔作紓紓緩也　閩本監本毛本紓作舒

讓季隗而已次之　石經宋本岳本巳作已不誤

注嵇妻子也　宋本以下正義二節揔入注扞衞也之下

父祖受人之惠　宋本父祖上有是字

子孫或時不知　監本毛本時作有

言以蒙宣子寵位　監本毛本以作巳亦非宋本岳本作已不誤

何以事夫子　石經磨去夫子二字重刊子字似未足據

時以作事　隋書經籍志引作時以序事

生民之道　鄭氏注周禮大史引作生民之本

經七年

因伐邾師以城郚　監本師作帥

夏四月宋公王臣卒　釋文云王臣本或作壬臣案穀梁作壬臣石經仍作王臣係改刻

趙盾廢嫡而外求君　釋文廢誤殷嫡作適本亦作嫡

公後會而分其盟　宋本淳熙本岳本纂圖本毛本分作及不誤

傳七年

寘文公子焉　顧炎武云石經焉誤曰案碑焉字全存所據乃謬刻也

絕大皞之祀　釋文皞作暭各本從白非也

桓公孫　宋本孫下有曜字

注戴公元孫鱗矔桓公孫　宋本此節正義在注所以致亂之下

華御事爲司寇　釋文御作禦云本又作御

若去之則本根無所庇陰矣　石經宋本淳熙本岳本纂圖本監本毛本陰作廕釋文亦作廕云本又作蔭

葛藟至爲比　宋本以下正義三節揔入非其罪也之下

若爲賊者衆因亂而殺　宋本衆作多

公孫輒是也　閩本監本輒誤輔

楚令尹子重爲楊橋之役　監本毛本楊作揚宋本作陽是也

訓卒利兵　論語必先利其器漢書梅福傳作厲其器陳樹華云古利厲通用

至于刳首　顧炎武云水經注引闞駰曰令狐即猗氏刳首在西三十里後漢衞敬侯碑陰文城惟解梁地即郇首山對靈足俗當猗卩刳字作郇玉篇郇口狐切秦地在河東

同官爲寮　釋文寮本又作僚案作僚用假借字

狄侵我西鄙　監本狄上誤衍注字下秋八月上同

齊侯宋公衞侯鄭伯許男曹伯　補各本衞侯下有陳侯此本誤脫

十七年諸侯會于扈　毛本七作六非也

夏書至三事　宋本以下正義三節揔入宜子說之注下

義而行之謂之德禮　纂圖本閩本監本毛本德誤得

匡本衞邑中蜀鄭令鄭還衞是也　各本作中屬此本作蜀非宋本令字上有今晉二字與八年傳注合

經八年

劉炫以爲歸鄭及歸衞田　宋本以作謂

公子遂會雒戎盟于暴　釋文本或作伊雒之戎此後人妄取傳文加耳案公羊作伊雒戎

故暈溺皆去其族　閩本監本毛本族下增也字

傳八年

女子子之夫爲壻　閩本監本毛本脫子字

專之可也　岳本足利本無也字案六經正誤引與國本同此本疏作珍貴至之可各本作至可也是也

握之以使示不廢命　毛本示上有人字衍文也

使於土國之等　毛本土作上非也

今之爲官授以此節　毛本今作令

不稱名無罪故也　監本名作人

知司城官屬悉與皆復也　宋本屬下有悉與來奔還五字

注登之至六年　宋本此節正義在注文爲明年殺先克張本之下

二人先爲卿矣　監本矣作也非

箕鄭守其故職葢以此而恨也　宋本職葢作職整誤也

經九年

即當親行　監本即作卿非也

言君當親行也　宋本言上有非字

夏狄侵齊　石經齊字初刊誤鄭後即改正

何休云　宋本云作曰

椒亦宜書其某氏　宋本無某字是也

智是史辭自略　閩本監本毛本智作皆非宋本作知是也口今訂從宋本

或時有詳畧也　浦鏜正誤畤作辭

亦不足以明時史之同異　宋本無不字與隱四年莊十二年正義合

秦人來歸僖公成風之隧　宋本岳本纂圖本毛本隧作襚石經此處闕釋文亦作襚云衣服曰襚說文作祱云贈終者衣被曰祱以此襚爲衣死人衣

注衣服至者辭　宋本此節正義在葬曹共公注下

來者不言夫人從者之辭也　從字下宋本閩本監本毛本有來字辭毛本誤引

先言僖公　毛本先誤元

不言及并致之者　毛本致作來非宋本者作也

傳九年

經書二月從告　監本二誤三毛本從誤役

則是位之次也　宋本則作即

楚子師于狼淵以伐鄭　石經凡淵字皆作𣶏避唐高祖

公子茷　纂圖茷誤厖

冬楚子越椒來聘　石經每行十字此行九字越椒來三字改刻初刊子下似有使字漢書五行志引傳文作楚使越椒來聘今諸本皆無使字無使者是也五行志使字疑子字之譌又按子越椒三字連讀宜四年傳云楚司馬子良生子越椒下文雖或言子越或言椒或言伯棼要之伯棼是字則合子越椒三字爲名傳文非楚子連讀也

執幣傲　惠棟云石經初刻作敖後改從人旁下傲其先君同各本作傲宋本釋文同云本又作傲

送死不及尸　纂圖本尸作戸

主爲秦人發傳　監本主誤王

經十年

公與小歛　釋文作公與斂

傳十年

皆將強死　宋本以下正義三節揔入注文不書非卿之下

無病而死　山井鼎云宋板無作不非也

曰毋死　石經此處闕淳熙本閩本監本毛本毋誤母

臣歸死於司敗也王使爲工尹　石經也王使三字重刊蓋初刻脫去王字也

子西畏讒言　纂圖本讒作士非

言歸死於司敗　宋本司敗下有知司敗三字

陳鄭及宋麇子不書者　重脩監本陳誤東

注陳鄭至同也　宋本以下正節三節揔入以亂官乎注之下

劉炫有以告文略以規杜氏非也　閩本監本毛本亦誤作有宋本作直是也

今弋陽期思縣　纂圖本弋誤戈

而誅宋公之僕　宋誅作扶是也

無從此詭人隨人無正心者　宋木從作縱不誤

麇子逃歸　案惠棟云麇亦作麕注不釋其地所在案盛宏之荊州記云當陽本楚之舊左氏傳云楚潘崇伐麕至于錫穴頴容釋例云麕在當陽

附釋音春秋左傳注疏卷第十九上

春秋左傳注疏卷十九上挍勘記

附釋音春秋左傳注疏卷第十九下　文十一年盡十五年

杜氏注　孔穎達疏

經十有一年。春。楚子伐麇。討前年逃厥貉○麇九倫反○夏。叔仲彭生會晉郤缺于承筐。承筐宋地在陳留襄邑縣西彭生叔仲惠伯郤缺冀缺○叔仲彭生叔又作林本或作叔彭生仲衍字缺丘悅反○秋。曹伯來朝。○公子遂如宋。○狄侵齊。○冬。十月。甲午。叔孫得臣敗狄于鹹。鹹魯地○鹹音咸

傳十一年。春。楚子伐麇。成大心敗麇師於防渚。成大心子玉之子大孫伯也防渚麇地潘崇復伐麇。至于錫穴。錫穴麇地○復扶又反錫音羊或作錫星歷反○夏。叔仲惠伯會晉郤缺于承筐。謀諸侯之從於楚者。九年陳鄭及楚平十年宋聽楚命○秋。曹文公來朝。即位而來見也。○見賢遍反○襄仲聘于宋。且言司城蕩意諸而復之。八年意諸來奔歸不書史失

〔疏〕注八年至失之。○正義曰諸侯之卿出奔而復歸者當書之服虔云反不書者施而不德衛冀隆亦同服義而難杜云襄二十九年欒氏施而不德春秋所善不書意諸之歸則是施而不德且經所不書傳即發文史失之即不書曰史失之之類是也此既無傳何知史失杜必以爲史失者案衛侯鄭之歸于衛也僖公納賂而請之衛侯判之入于衛也莊公與師而納之歸邾子益于邾自我而歸之皆受魯施並書於經何獨意諸施而不德若意諸施而德之春秋公侯大夫失位出奔得人力而反者多矣若皆施而不德不應赴告諸侯魯以不書爲是則書者爲非何以無貶責之文定人之謂禮存亡之謂義未有禮義在可諱之竟故杜以爲史官失之故不書於策

因賀楚師之不害也。往年楚次厥貉將以伐宋○鄋瞞侵齊。鄋瞞狄國名防風之後漆姓○鄋所求反說文作鄋云北方長狄國也在夏爲防風氏殷爲汪芒氏字林鄋一音先牢反瞞莫干反漆音七

〔疏〕注鄋瞞至漆姓○正義曰狄是北夷大號鄋瞞是其國名魯語云吳伐越隳會稽獲骨節專車吳子使來聘問之仲尼仲尼宴之客執骨而問曰敢問骨何爲大仲尼曰昔禹致羣臣於會稽之山防風氏後至禹殺而戮之其骨節專車此爲大矣客曰防風氏何守仲尼曰汪芒氏之君守封嵎之山者也爲漆姓在虞夏商爲汪芒氏於周爲長狄氏今曰大人客曰人長之極幾何仲尼曰僬僥氏長三尺短之至也長者不過十之數之極也此言長狄長狄之長者彼言於周爲長狄知鄋瞞即是防風氏之後故以國語爲說服云伐我不書諱之

遂伐我。公卜使叔孫得臣追之。吉。侯叔夏御莊叔。莊叔得臣○夏戶雅反緜房甥爲右。富父終甥駟乘。四人共車○乘繩證反注及下皆同○冬。十月。甲午。敗狄于鹹。獲長狄僑如。僑如鄋瞞國之君蓋長三丈獲僑如不書賤夷狄也○僑本作喬其驕反長如字又直亮反

〔疏〕注僑如至狄也。○正義曰經書敗狄于鹹即是敗一國也敗其國而獲此人傳不言是其將帥知是其國之君也穀梁傳曰長狄瓦石不能害叔孫得臣最善射者射其目身橫九畝斷其首而載之眉見於軾何休云蓋長百尺魯語仲尼所云此十倍僬僥氏之長者故云蓋長三丈魯語言不過十之是疑之言故云蓋也宣十五年晉師滅赤狄潞氏以潞子嬰兒歸彼獲嬰兒書之此獲僑如不書者潞國大其君貴故書之此國小僑如賤不書賤夷狄也

富父終甥摏其喉。以戈殺之。摏猶衝也○摏舒容反喉音侯戈古禾反

〔疏〕摏其喉以戈殺之。○正義曰考工記戈之長六尺六寸耳得及長狄之喉者兵車之法皆三人共乘魯宋與長狄之戰車皆四乘改其乘必長其兵謂之戈蓋形如戈也

埋其首於子駒之門。子駒魯郭門骨節非常恐後世怪之故詳其處○處昌呂反以命宣伯。得臣待事而名其三子因名宣伯曰僑如以旌其功○名如字或亡政反

〔疏〕注得臣至其功。○正義曰襄三十年傳說此事云叔孫莊叔敗狄于鹹獲長狄僑如及虺也豹也皆以名其子定八年傳稱魯苫越生子將待事而名之陽州之役獲焉故名之曰陽州知得臣亦待事以名其三子以旌章其功也此三子未必同年而生或生訖待事或事後始生欲以章己功取彼名而名之也

初。宋武公之世。鄋瞞伐宋。在春秋前

〔疏〕注在春秋前。○正義曰史記十二諸侯年表宋武公即位十八年以魯惠公二十一年卒在春秋前二十六年不知鄋瞞以何年伐宋也

司徒皇父帥師禦之。耏班御皇父充石。皇父戴公子充石皇父名○禦本亦作御魚呂反耏音而

〔疏〕注皇父至父名○正義曰皇父戴公子世本文古人連言名字者皆先字後名且此人子孫以皇爲氏知皇父字充石名

公子穀甥爲右。司寇牛父駟乘。以敗狄于長丘。長丘宋地獲長狄緣斯。緣斯僑如之先

〔疏〕獲長狄緣斯○正義曰服虔云不言所理埋其身首同處於戰地可知

皇父之二子死焉。皇父與穀甥及牛父皆死故耏班獨受賞

〔疏〕注皇父至受賞○正義曰賈逵云皇父與穀甥牛父三子皆死鄭衆以爲穀甥牛父二人死耳皇父不死馬融以爲皇父之二子從父在軍爲敵所殺名不見者方道二子死故得勝之如今皆死誰殺緣斯服虔云殺緣斯者未必三子之手士卒獲之耳下言宋公以門賞耏班耏班爲皇父御而有賞三子不見賞疑皆死賈君爲近之如馬之言於傳文爲順但耏班獨受賞知三子皆死故杜亦同之

宋公於是以門賞耏班。使食其征。門關門征稅也○稅舒銳反

〔疏〕注門關門征稅也○正義曰禮惟關門有征知門是關門也周禮司關司貨賄之出入掌其治禁與其征廛國凶札則無關門之征鄭玄云征廛者貨賄之稅孟子曰關幾而不征則天下行旅皆悅而願出於其塗矣如彼文知出入關者必有征稅但不知幾而稅一也然據禮文城門亦有征必知關門者以關門征稅其數既多故昭二十年偪介之關暴征其私是關禁之重異於城門此

云食其征稅故知闕稅也謂之耏門。晉之滅潞也。在宣十五年○潞音路獲僑如之弟焚如。齊襄公之二年。魯桓之十六年鄋瞞伐齊。齊王子成父獲其弟榮如。榮如焚如之弟焚如後死而先說者欲其兄弟伯季相次榮如以魯桓十八年死至宣十五年一百三歲其兄猶在傳言既長且壽有異於人王子成父齊大夫○且壽如字一音授埋其首於周首之北門。周首齊邑濟北穀城縣東北有周首亭衛人獲其季弟簡如。伐齊退走至衛見獲鄋瞞由是遂亡。○長狄之種絕種章勇反〔疏〕注長狄之種絕○正義曰此時長狄種絕仲尼猶云今曰大人者言當時呼往前長狄爲大人未必其時有之若當時猶有其種與人不應怪其骨也但如此傳文長狄有種種類相生當有支屬唯獲數人云其種遂絕深可疑之命守封隅之山賜之以漆爲姓則是世爲國主緜歷四代安得更無支屬唯有四人且君爲民心方以類聚不應獨立三丈之君使牧八尺之民又三丈之人誰爲匹配豈有三丈之妻爲之生産乎人情度之深可惑也但國語仲尼之談左傳丘明所說通賢大聖立此格言不可論其是非實疑之久矣蘇氏云國語稱今曰大人但迸居夷狄不在中國故云遂亡公羊穀梁並云長狄兄弟三人一之齊一之魯一之晉何以書記異猶如史記所云秦時大人見於臨洮○郕大子朱儒自安於夫鍾。安處也夫鍾郕邑○郕音成儒如朱反夫音扶國人弗徇。徇順也爲明年郕伯來奔傳○徇似俊反

經十有二年。春。王正月。郕伯來奔。稱爵見公以諸侯禮迎之○見賢遍反〔疏〕注稱爵至迎之○正義曰此實大子公以諸侯禮迎之公既尊之爲君史遂從公之意咸十年晉侯有疾立大子州蒲爲君會諸侯伐鄭經即書爲晉侯史官不可反公之心追言世子從君所稱更是其實故也○杞伯來朝。復稱伯舍夷禮○復扶又反一音服舍音捨○二月。庚子。子叔姬卒。既嫁成人雖見出弃猶以恩錄其卒〔疏〕既嫁至其卒○正義曰天子諸侯絕期嫁女於諸侯則尊同恩成於敵體其禮不爲降卒則服大功九月叔姬既爲杞之夫人雖見出弃猶以恩錄其卒喪服女子既嫁而反在父母之室從本服爲之齊衰期此既書其卒當服其本服杜譜不知此叔姬是何公之女要姑與姊妹皆服期也釋例曰出弃之女反在父母之室則與既笄成人者同故亦書卒也杞叔姬卒穀梁以爲公母姊妹謂同母姊妹○夏。楚人圍巢。巢吳楚間小國廬江六縣東有居巢城○秋。滕子來朝。○秦伯使術來聘。術不稱氏史略文○冬。十有二月。戊午。晉人秦人戰于河曲。不書敗績交綏而退不大崩也稱人秦晉無功以徼者告也皆陳曰戰例在莊十一年河曲在河東蒲坂縣南○陳直覲反坂音反○季孫行父帥師城諸及鄆。鄆莒魯所爭者城陽姑幕縣南有員亭員即鄆也以其遠偪外國故帥師城之○鄆音運幕音莫員音云一音運本又作鄆音同

傳十二年。春。郕伯卒。郕人立君。大子自安於外邑故大子以夫鍾與郕邽來奔。郕邽亦邑○邽音圭公以諸侯逆之。非禮也。非公寵叛人故書曰。郕伯來奔。不書地。尊諸侯也。既尊以爲諸侯故不復見其竊邑之罪○復扶又反見賢遍反○杞桓公來朝。始朝公也。公即位始來朝〔疏〕傳始朝公也○正義曰劉炫云魯公新立鄰國及時來朝則曰公即位而來朝晚則云始朝公也諸侯自新立來及時者則云即位而來見晚則云始見霸主即位魯公往朝則曰朝嗣君魯君新立往朝大國則曰即位而往見也且請絕叔姬而無絕昏。公許之。不絕昏立其娣以爲夫人不書大歸未笄而卒○笄古兮反〔疏〕注不絕至而卒○正義曰傳言請無絕昏成五年有杞叔姬來歸故知其娣爲夫人也其娣亦字叔者周之法稱叔也釋例曰杞桓公以僖二十三年即位襄六年卒凡在位七十一年文成之世經書叔姬二人一人卒一人出皆杞桓公夫人也傳例出曰來歸不書來歸未歸而卒也既歸而卒亦當書之成五年杞叔姬來歸八年書卒是也宣十六年郯伯姬來歸後不書卒者或更嫁於大夫故不書卒耳二月。叔姬卒。不言杞。絕也。既許其絕故不言杞書叔姬。言非女也。女未笄而卒不書○楚令尹大孫伯卒。成嘉爲令尹。若敖曾孫子孔羣舒叛楚。羣舒偃姓舒庸舒鳩之屬今廬江南有舒城舒城西南有龍舒〔疏〕注羣舒至龍舒○正義曰世本偃姓舒庸舒蓼舒鳩舒龍舒鮑舒龔以其非一故言屬以包之夏。子孔執舒子平及宗子。遂圍巢。平舒君名宗巢二國羣舒之屬○秋。滕昭公來朝。亦始朝公也。○秦伯使西乞術來聘。且言將伐晉。襄仲辭玉。曰。君不忘先君之好。照臨魯國。鎭撫其社稷。重之以大器。寡君敢辭玉。大器圭璋也不欲與秦爲好故辭玉○好呼報反注及下同重直用反璋音章〔疏〕大器至辭玉○正義曰聘君用圭享用璧聘夫人用璋享用琮聘禮記曰凡四器者唯其所寶以聘可也故知所言大器是圭璋也考工記玉人云瑑圭璋八寸璧琮八寸以覜聘聘禮記云所以朝天子圭與繅皆九寸問諸侯朱綠繅八寸鄭玄云於天子曰朝於諸侯曰問記之於聘文互相備言互相備者朝諸侯與天子同聘天子與諸侯同也所言朝圭九寸聘圭八寸謂上公禮也使臣出聘降君一等故八寸則侯伯之使當瑑圭六寸子男之使當瑑璧四寸也聘義曰以圭璋聘重禮也已聘而還圭璋此輕財而重禮之義也然則玉必還其來使而下云致諸執事以爲瑞節及襄仲辭之者禮聘終雖復得還玉初聘之時其意欲致與主國但主之且襄仲辭之者爲不欲與秦爲好國謙退禮終還對曰。不腆敝器。不足辭也。腆厚也○腆他典反主人三辭。賓客曰。寡君願徼福于周公魯公以事君。徼要也魯公伯禽也言願事君以并蒙先君之福○徼古堯反要於堯反下同不腆先君之敝器。使下臣致諸執事。以爲瑞節。節信也出聘必告廟故稱先君之器○瑞垂僞反要結好命。所以藉寡君之命。結二國之好。藉薦也○藉在夜反注同〔疏〕注藉薦也○正義曰聘禮執圭所以致君命致藉玉而後通若坐之有薦席然故以藉爲薦也是以敢致之。襄仲曰。不有君子。其能國乎。國無陋矣。厚賄之。賄贈送也○賄呼罪反○秦爲令狐之役故。爲于僞反冬。秦伯伐晉。取羈馬。令狐役在七年羈馬晉邑○令力丁反晉人禦之。趙盾將中軍。荀林父佐之。林父代先克○將子匠反下皆同郤缺將上軍。代箕鄭臾駢佐之。代林父○駢步邊反欒盾將下軍。欒枝子代先蔑○欒力官反盾徒本反胥甲佐之。胥臣子代先都范無恤御戎。代步招○招上遙反以從秦師于河曲。臾駢曰。秦不能久。請深壘固軍以待之。從之。秦人欲戰。秦伯謂士會曰。若何而戰。晉士會七年奔秦○壘力軌反〔疏〕深壘固軍○正義曰壘壁也軍營所處築土自衛謂之爲壘深者高也高其壘以爲軍之阻固案覲禮說爲壇深四尺鄭注云深高也是其義也對曰。趙氏新出其屬曰臾駢。必實爲此謀。將以老我師也。臾駢趙盾屬大夫新出佐上軍趙有側室曰穿。晉君之壻也。側室支子穿趙夙庶孫○穿音川〔疏〕注側室至庶孫○正義曰文王世子云公若有出疆之政庶子守公宮正室守大廟鄭玄云正室適子也正室是適子知側室是支子言在適子之側也世族譜穿趙夙之孫則是趙盾從父昆弟之子也盾爲正室故謂穿爲側室穿別爲邯鄲氏趙旃趙勝邯鄲午是其後也有寵而弱。不在軍事。弱年少也又未嘗涉知軍事○少詩照反好勇而狂。且惡臾駢之佐上軍也。若使輕者肆焉。其可。肆暫往而退也○惡烏路反輕遣政反肆音四秦伯以璧祈戰于河。禱求勝○禱丁老反一音丁報反十二月。戊午。秦軍掩晉上軍。趙穿追之。不及。上軍不動趙穿獨追之反。怒曰。裹糧坐甲。固敵是求。敵至不擊。將何俟焉。軍吏曰。將有待也。待可擊○裹音果〔疏〕裹糧坐甲○正義曰甲者所以制禦非常臨敵則被之於身未戰且坐之於地穿曰。我不知謀。將獨出。乃以其屬出。宣子曰。秦獲穿也。獲一卿矣。僖三十二年晉侯以一命命郤缺爲卿不在軍

帥之數。然則晉自有散位從卿者。○帥，所類反。散，悉但反。秦以勝歸，我何以報？乃皆出戰，交綏。司馬法曰：逐奔不遠，從綏不及。逐奔不遠則難誘，從綏不及則難陷。然則古名退軍爲綏。秦、晉志未能堅戰，短兵未至爭而兩退，故曰交綏。○爭，爭鬭之爭。〔疏〕注司馬至兩退。○正義曰：魏武全引司馬法云：將軍死綏。舊說綏，卻也，言軍卻，將當死。綏必是退軍之名。綏訓爲安，蓋兵書務在進取，恥言其退，以安行即爲大罪，故以綏爲名焉。秦行人夜戒晉師曰：兩君之士皆未慭也，明日請相見也。慭，缺也。○慭，魚覲反，又魚轄反。方言云：傷也。字林云：閒也，牛吝反。〔疏〕注慭缺也。○正義曰：慭者，缺之貌，今人猶謂缺爲慭也。沈氏云：方言云：慭，傷。傷即缺也。下云死傷未收，則是已有死者，但未至大崩，未甚喪敗，故爲皆未缺耳。臾駢曰：使者目動而言肆，懼我也。目動心不安，言肆聲放失常節。○使，所吏反。將遁矣。薄諸河，必敗之。薄，迫也。○遁，徒困反。薄，蒲莫反，下同。敗，畢賣反。胥甲、趙穿當軍門呼曰：死傷未收而弃之，不惠也。不待期而薄人於險，無勇也。乃止。晉師止，爲宣元年放胥甲傳。秦師夜遁。復侵晉，入瑕。○復，扶又反。○城諸及鄆，書時也。

經十有三年，春，王正月。○夏，五月，壬午，陳侯朔卒。無傳。再同盟。〔疏〕注再同盟。○正義曰：朔以僖二十九年即位，其年盟于翟泉，文二年于垂隴，七年于扈，云再同盟者，據文公言之。○邾子蘧蒢卒。未同盟而赴以名。○蘧，其居反。蒢，丈居反。〔疏〕注未同盟而赴以名。○正義曰：蘧蒢，邾子瑣之子也。莊二十九年即位，僖元年與魯盟于犖，而云未同盟，蓋據文公爲言，故云未同盟。劉炫以犖盟規之，非也。○自正月不雨，至于秋七月。無傳。義與二年同。○大室屋壞。大廟之室。○大，音泰，注及傳同。〔疏〕注大廟之室。○正義曰：傳稱書不共，則於此室當共，知大廟之室也。明堂位曰：祀周公於大廟。此周公之廟壞也。不直言大廟壞而云大室屋壞者，大廟之制，其簷四阿而下，當其室中又拔出爲重屋。明堂位云：大廟，天子明堂。復廟重檐，天子之廟飾。鄭云：復廟，重屋也。是天子之廟上爲重屋。此是大廟當中之室，其上之屋壞，非大廟全壞也。公羊傳曰：世室者何？魯公之廟也。周公稱大廟，魯公稱世室，羣公稱宮。此魯公之廟也，曷爲謂之世室？世室猶世世不毀也。左傳不辨此是何公之廟，而經謂之大室，則此室是室之最大者，故知是周公之廟，非魯公也。明堂位曰：魯公之廟，文世室也；武公之廟，武世室也。不毀則稱世室，世室非一君廟名。若是伯禽之廟，則宜舉其號謚。且左氏經爲大室，不作世室，故左氏先師賈、服等皆以爲大廟之室也。壞必更作，書其壞而不書作者，隨即之故，不書也。定二年五月，雉門及兩觀災，十月，新作雉門及兩觀，啓塞從時，譏其緩作，故別書之耳。○冬，公如晉。衛侯會公于沓。沓地闕。○沓，徒荅反。○狄侵衛。無傳。○十有二月，己丑，公及晉侯盟。十二月無己丑，己丑，十一月十一日。○公還自晉。鄭伯會公于棐。棐，鄭地。○棐，芳味反，又非尾反。

傳十三年春，晉侯使詹嘉處瑕，以守桃林之塞。詹嘉，晉大夫，賜其瑕邑，令帥衆守桃林以備秦。桃林在弘農華陰縣東潼關。○詹，章廉反。塞，悉代反。令，力呈反。華，戶化反。潼，音童。〔疏〕注詹嘉至潼關。○正義曰：桃林之塞在南河之南，遠處晉之南竟，從秦適周乃由此路。使詹嘉守此塞者，以秦與東方諸侯遠結恩好，及西乞聘魯，亦應更交餘國，慮其要結外援，東西圖己，故使守此阨塞，欲斷其來往也。晉人患秦之用士會也。夏，六卿相見於諸浮。諸浮，晉地。〔疏〕六卿相見於諸浮。○正義曰：六卿在朝，旦夕聚集，而特云相見於諸浮者，將欲密謀，慮其漏泄，故出就外野，屏人私議。諸浮當是城外之近地耳。趙宣子曰：隨會在秦，賈季在狄，難日至矣，若之何？六年賈季奔狄。○難，乃旦反。日，人實反。中行桓子曰：請復賈季。中行桓子，荀林父也。僖二十八年始將中行，故以爲氏。○行，戶郎反，注同。將，子匠反。能外事，且由舊勳。有狐偃之舊勳。〔疏〕能外事。○正義曰：賈季是狐突之孫，狐偃之子，本是狄人，能知外竟之事，謂知狄之情，得豫爲之備。郤成子曰：賈季亂，且罪大。殺陽處父故。不如隨會，能賤而有恥，柔而不犯。不可犯以不義。〔疏〕能賤而有恥。○正義曰：服虔云：謂能處賤，且又知恥，言不可汙辱。其知足使也，且無罪。乃使魏壽餘僞以魏叛者，以誘士會。執其帑於晉，使夜逸。魏壽餘，畢萬之後。帑，壽餘子。○知，音智。帑，音奴。〔疏〕注魏壽至之後。○正義曰：閔元年晉侯賜畢萬魏，魏犨者，萬之孫，爲魏之世適。壽餘爲魏邑之主，當是犨之近親，故云畢萬之後。請自歸于秦。秦伯許之。許受其邑。履士會之足於朝。躡士會足，欲使行。○躡，女涉反。秦伯師于河西，將取魏。魏人在東。今河北縣於秦爲在河之東。壽餘曰：請東人之能與夫二三有司言者，吾與之先。欲與晉人在秦者共先告喻魏有司。○夫，音扶。〔疏〕請東至之先。○正義曰：請舊是東方之人，并有才能堪與彼魏邑二三有司說歸秦之言者，吾與先行。使士會。士會辭曰：晉人，虎狼也。若背其言，臣死，妻子爲戮，無益於君，不可悔也。辭行，示己無去心。○背，音佩，下同。〔疏〕臣死至悔也。○正義曰：言身拘死於晉，妻爲戮於秦，必無益於君，不可改悔。秦伯曰：若背其言，所不歸爾帑者，有如河。言必歸其妻子，明白如河。乃行。繞朝贈之以策。策，馬檛。臨別授之馬檛，並示己所策以展情。繞朝，秦大夫。○朝，如字，又張遙反。策，本又作筴，初革反。檛，張瓜反，馬杖也。王，鄭華反。字林作簻，云：箠也，竹瓜反。〔疏〕注策馬檛。○正義曰：服虔云：繞朝以策書贈士會。杜不然者，壽餘請訖，士會即行，不暇書策爲辭，且事既密，不宜以簡贈人。傳稱以書相與，皆云與書，此獨不宜云贈之以策，知是馬檛。檛，杖也。曰：子無謂秦無人，吾謀適不用也。示己覺其情。既濟，魏人譟而還。喜得士會。○譟，素報反。還，音旋。秦人歸其帑。其處者爲劉氏。士會堯後劉累之胤，別族復累之姓。○累，劣彼反。〔疏〕其處者爲劉氏。○正義曰：伍員屬其子於齊，使爲王孫氏者，知己將死，豫令改族，其傳又爲而發之。士會之帑在秦，不顯於會之身，復無所辟，傳說處秦爲劉氏，未知何意言此。討尋上下，其文不類，深疑此句或非本旨。蓋以爲漢室初興，損棄古學，左氏不顯於世，先儒無以自申，劉氏從秦從魏，其源本出劉累，插注此辭，將以媚於世。明帝時，賈逵上疏云：五經皆無證圖讖明劉氏爲堯後者，而左氏獨有明文。竊謂前世藉此以求道通，故後引之以爲證耳。○注士會至之姓。○正義曰：昭二十九年傳稱陶唐氏既衰，其後曰劉累，能飲食龍，夏王孔甲賜氏曰御龍。襄二十四年傳范宣子云：匄之祖，自虞以上爲陶唐氏，在夏爲御龍氏，在商爲豕韋氏，在周爲唐杜氏，晉主夏盟爲范氏。晉語云：昔隰叔子違周難於晉，生子輿爲司空，世及武子，佐文、襄，輔成、景，是以受隨、范。賈逵云：隰叔，杜伯之子。周宣王殺杜伯，其子逃奔晉。子輿，士蔿也。武子爲之孫，即士會也。又世本：士蔿生士伯缺，缺生士會，會生士燮。會是蔿之孫，是爲堯後也。會子在秦，不被賜族，故自復累之姓爲劉氏。秦滅魏，劉氏從大梁。漢高祖之祖爲豐公，又徙沛，故高祖爲沛人。○邾文公卜遷于繹。繹，邾邑，魯國鄒縣北有繹山。○繹，音亦。鄒，側留反。〔疏〕注繹邾至繹山。○正義曰：邾都本在鄒縣，鄒縣北有繹山，徙都於彼山旁，山旁當有舊邑，故曰繹邾邑也。邾既遷都於此，竟內別有繹邑，宣十年公孫歸父帥師伐邾取繹，取彼之別邑，不取邾之國都也。但邾是小國，彼繹邑亦取繹山爲名，應近邾之都耳。史曰：利於民而不利於君。邾子曰：苟利於民，孤之利也。天生民而樹之君，以利之也。民既利矣，孤必與焉。左右曰：命可長也，君何弗爲？邾子曰：命在養民。死之短長，時也。民苟利矣，遷也，吉莫如之。左右以一人之命爲言，文公以百姓之命爲主。一人之命各有短長，不可如何；百姓之命乃傳世無窮，故徙之。○與，音預。傳，直專反。〔疏〕注左右至徙之。○正義曰：史明卜筮，知國遷君必死，不知君命自當卒也。左右之意，謂不遷命可長，左右勸君勿遷，以一人之命爲言也。文公之意，人君之命在於養民，遷則民利，志在必遷，以百姓之命爲主也。一人之命各有短長，長短先定，不遷亦死，是不可如何。百姓之命利在水土，遷就善居，則民安樂，乃傳世無窮也。晉遷新田，十世之利；衞遷帝丘，卜曰三百年，是傳世也。遂遷于繹。五月，邾文公卒。君子曰：知命。〔疏〕君子曰知命。○正義曰：俗人見其早卒，謂其由遷而死。死之短長有時，不遷至期亦卒。傳言君子曰知命，所以證俗人之惑。邾文公

以莊二十九年即位至今五十一年享國久矣命非短折也○秋。七月。大室之屋壞。書不共也。簡慢宗廟使至傾頹故書以見臣子不共○頹大回反見賢遍反〔疏〕書不共○正義曰釋例曰大室之屋國之所尊朽而不繕久旱遇雨乃遂傾頹不共之甚故特書之○冬。公如晉朝。且尋盟。衞侯會公于沓。請平于晉。公還。鄭伯會公于棐。亦請平于晉。公皆成之。鄭衞貳于楚畏晉故因公請平鄭伯與公宴于棐。子家賦鴻鴈。子家鄭大夫公子歸生也鴻鴈詩小雅義取侯伯哀恤鰥寡有征行之勞言鄭國寡弱欲使魯侯還晉恤之○鰥古頑反〔疏〕注子家至恤之○正義曰鴻鴈美宣王勞來諸侯之詩也首章云之子于征劬勞于野爰及矜人哀此鰥寡之子侯伯卿士也存省諸侯劬勞外野爰曰也矜憐也王命之日當及此可憐之人謂貧窮者又當哀此鰥夫寡婦當收斂之使有依附子家言鄭寡弱欲使魯侯遠行還晉存恤之也季文子曰。寡君未免於此。言亦同有微弱之憂文子賦四月。四月詩小雅義取行役踰時思歸祭祀不欲為還晉○為于偽反下皆同〔疏〕注四月至還晉○正義曰四月大夫行役之怨詩也首章云四月維夏六月徂暑先祖匪人胡寧忍予大夫言己四月初夏而行至六月往暑矣寒暑易節尚不得歸我之先祖非人乎王者何當施忍於我不使得祭祀也文子言己思歸祭祀不欲更復還晉子家賦載馳之四章。載馳詩鄘風四章以下義取小國有急欲引大國以救助○鄘音容〔疏〕注載馳至救助○正義曰載馳許穆夫人聞衞之滅思歸唁兄之詩也其四章曰陟彼阿丘言采其蝱女子善懷亦各有行許人尤之衆稚且狂其五章曰我行其野芃芃其麥控于大邦誰因誰極大夫君子無我有尤百爾所思不如我所之此義取小國有急控告大國文在五章而傳言四章故云四章以下言其并賦五章文子賦采薇之四章。采薇詩小雅取其豈敢定居一月三捷許為鄭還不敢安居○三息暫反又如字捷在接反〔疏〕注一月三捷○正義曰捷勝也三者謂侵也伐也戰也鄭伯拜。謝公為行公荅拜。

經十有四年。春。王正月。公至自晉。無傳告於廟○邾人伐我南鄙。叔彭生帥師伐邾。○夏。五月。乙亥。齊侯潘卒。七年盟于扈乙亥四月二十九日書五月從赴○潘判干反〔疏〕注七年至之月○正義曰齊世家孝公卒弟潘殺孝公子而立是為昭公昭公則以僖二十八年即位其年盟于踐土據文公言之唯同扈之盟耳杜以長歷校之知乙亥是四月二十九日書五月從赴者蓋赴以五月到惟言卒日不言其月即書其所至之月○六月。公會宋公、陳侯、衞侯、鄭伯、許男、曹伯、晉趙盾。癸酉。同盟于新城。新城宋地在梁國穀熟縣西○秋。七月。有星孛入于北斗。孛彗也既見而移入北斗非常所有故書之○孛音佩徐無憒反嵇康音渤海字彗嵇似歲反一音雖遂反見賢遍反〔疏〕注孛彗至書之○正義曰公羊傳曰孛者何彗星也其言入于北斗何北斗有中也何以書記異也穀梁傳曰孛之為言猶茀也其曰入北斗斗有環域也釋天云彗星為欃槍郭璞曰妖星也亦謂之孛言其形孛孛似歸彗也經言入于北斗則從他處而入是既見而移入北斗也彗星長有尾入于北斗杓中妖星非常所有故書○公至自會。無傳○晉人納捷菑于邾。弗克納。邾有成君晉趙盾不度於義而大興諸侯之師涉邾之竟見辭而退雖有服義之善所興者廣所害者衆故貶稱人○菑側其反度待各反竟音境〔疏〕納捷菑于邾○正義曰捷菑不言邾者下有于邾之文莊公伐齊納子糾不言齊者上有伐齊之文與此同也僖二十五年楚人圍陳納頓子于頓昭十二年齊高偃納北燕伯于陽彼舊是國君故稱其國哀二年晉趙鞅納衞世子蒯聵于戚世子之尊以名體國上下又無衞文故亦稱國與此異也齊小白齊陽生許叔蔡季之屬經無納文又復得國與此不同也劉炫云已去邾國又非邾君故不稱邾捷菑也得國為君皆舉國言之齊小白入于齊是也○九月。甲申。公孫敖卒于齊。既許復之故從大夫例書卒〔疏〕注既許至書卒○正義曰傳稱請葬不許明年傳云葬視共仲則是不得從大夫禮葬而得從大夫例書卒者卒葬異禮事不相連隱公書薨不書葬不成喪不以君禮成其葬也不以君禮猶得書公薨敖雖不以卿禮葬既許其復得從例書卒齊公子商人弒其君舍。舍未踰年而稱君者先君既葬舍已即位告弒君例在宣四年〔疏〕注舍未至四年○正義曰公羊之例既葬稱子踰年稱公左氏則不然僖九年九月晉侯詭諸卒冬晉里克殺其君之子奚齊傳曰書曰殺其君之子未葬也荀息立公子卓以葬十一月里克殺公子卓于朝經書里克弒其君卓是未葬稱子既葬稱君不待踰年始稱君也此稱弒其君舍舍已成君故云未踰年而稱君者先君既葬舍已即位也傳云五月昭公卒舍即位後七月為商人所弒經傳無葬昭公之文又齊侯以五月而卒傳稱七月弒舍時未合葬知已葬者正以舍已稱君決知既葬春秋之世多不如禮葬之早晚時有遲速雖復違禮而葬後君葬訖即成成君非計禮之葬日始成君也宣十年夏四月齊侯元卒六月葬齊惠公冬齊侯使國佐來聘是葬速成君之文也杜以成君在於既葬不以踰年為限此言未踰年者意在排舊說也○宋子哀來奔。大夫奔例書名氏貴之故書字〔疏〕注大夫至書字○正義曰崔杼無罪書崔氏出奔此貴于哀書其字云於例字貴於名故儀父女叔之徒皆書其字則書字是貴之常例也崔氏傳曰且告以族故因稱氏唯以不名為義○冬。單伯如齊。單伯周卿士為魯如齊故書○單音善為于偽反○齊人執單伯。諸侯無執王使之義故不依行人例○使所吏反〔疏〕注諸侯至人例○正義曰諸侯執諸侯之大夫無罪則稱行人以見無罪之義以王者之使不問有罪無罪諸侯皆不得執之則為不臣以諸侯無執王使之義故單伯不依行人例言單伯身雖無罪不依使例故不稱行人也諸侯不得執王使而諸侯之史得貶王使者史之所書周公定法已君有過猶尚書之王使有愆亦得貶也○齊人執子叔姬。叔姬魯女齊侯舍之母不稱夫人自魯錄之父母辭〔疏〕注叔姬至母辭○正義曰傳稱子叔姬妃齊昭公知舍之母也不稱夫人自魯錄之父母辭亦不知是何公之女魯是其父母家不言文公是其父稱子叔姬者服云子殺身執閔之故言子為在室辭十二年子叔姬卒已被杞絕是並在室也

傳十四年。春。頃王崩。周公閱與王孫蘇爭政。故不赴。凡崩薨。不赴則不書。禍福不告。亦不書。奔亡禍也歸復福也○頃音傾閱音悅〔疏〕注奔亡至福也○正義曰因崩薨而言禍福則禍亦崩薨之類福是反禍者也福莫大於享國有家禍莫甚於亡家喪國禍亦崩薨之類相次之物且奔亡歸復其事多矣雖有出入之例未見不告之義此傳於崩薨之末言之故知奔亡是禍歸復是福也懲不敬也。欲使怠慢者戒○懲直升反○邾文公之卒也。在前年公使弔焉。不敬。邾人來討。伐我南鄙。故惠伯伐邾。○子叔姬齊昭公。生舍。叔姬無寵。舍無威。公子商人驟施於國。驟數也商人桓公子○妃音配本亦作配驟仕救反施式豉反數音朔而多聚士。盡其家。貸於公有司以繼之。家財盡從公及國之有司富者貸○盡津忍反貸音待又音忒注同夏。五月。昭公卒。舍即位。○邾文公元妃齊姜。生定公。二妃晉姬。生捷菑。文公卒。邾人立定公。捷菑奔晉。○六月。同盟于新城。從於楚者服。從楚者陳鄭宋且謀邾也。謀納捷菑○秋。七月。乙卯夜。齊商人弒舍而讓元。元商人兄齊惠公也書九月從告七月無乙卯日誤○弒音試本又作殺元曰。爾求之久矣。我能事爾。爾不可使多蓄憾。不為君則恨多○蓄勑六反本又作畜憾本又作感戶暗反恨也將免我乎。爾為之。言將復殺我○復扶又反〔疏〕將免我乎○正義曰言爾已殺君矣我若為君爾將肯放免我乎言將復殺我劉炫云爾將免我為君之事乎○有星孛入于北斗。周內史叔服曰。不出七年。宋齊晉之君。皆將死亂。後三年宋弒昭公五年齊弒懿公七年晉弒靈公史服但言事徵而不論其占固非末學所得詳言○弒音試下同〔疏〕注後三至詳言○正義曰昭十七年傳申須云彗所以除舊布新也天事恆象又二十六年傳晏子云曰天之有彗也以除穢也宋齊晉三國之君並為無道皆當有穢德今彗出而彼死是除穢之事但未測何以知此三君當之史服但言事徵不言其占非末學所得詳言故言其驗而不推其義○晉趙盾以諸侯之師八百乘。納捷菑于邾。八百乘六萬人言力有餘○乘繩證反注同邾人辭曰。齊出貜且長。貜且定公○貜俱縛反徐居碧反且子餘反長丁丈反下

注同。宣子曰。辭順而弗從。不祥。乃還。立適以長故曰辭順○適丁歷反○周公將與王孫蘇訟于晉。王叛王孫蘇。王匡王叛不與而使尹氏與聃啓訟周公于晉。訟理之尹氏周卿士聃啓周大夫○聃乃甘反趙宣子平王室而復之。復使和親○楚莊王立。穆王子也子孔潘崇將襲羣舒。使公子燮與子儀守。而伐舒蓼。即羣舒○燮昔協反守手又反蓼音了二子作亂。城郢。而使賊殺子孔。不克而還。八月。二子以楚子出。將如商密。國語曰楚莊王幼弱子儀為師王子燮為傳○還音旋【疏】注國語至為傳○正義曰楚語蔡聲子云楚莊王方弱申公子儀父為師王子燮為傳使潘崇子孔帥師以伐舒燮及儀父施二帥而分其室師還至則以王如廬廬戢黎殺二子而復王廬戢黎及叔麇誘之。遂殺鬭克及公子燮。廬今襄陽中廬縣戢黎廬大夫叔麇其佐鬭克子儀也○廬力於反又音盧注同戢側立反麇九倫反初。鬭克囚于秦。在僖二十五年秦有殽之敗。在僖三十三年而使歸求成。成而不得志。無賞報也公子燮求令尹而不得。故二子作亂。傳言楚莊幼弱國內亂所以不能與晉競穆伯之從己氏也。在八年○己音紀又音祀魯人立文伯。穆伯之子穀也穆伯生二子於莒。而求復。文伯以為請。襄仲使無朝聽命。復而不出。不得聽政事終寢於家故出入不書○為請如字又于偽反下以為請同十五年亦放此與音預使與二年而盡室以復適莒。文伯疾而請曰。穀之子弱。孟獻子年尚少○盡津忍反復扶又反少詩照反請立難也。難穀弟○難乃多反又如字許之。文伯卒。立惠叔。穆伯請重賂以求復。惠叔以為請。許之。將來。九月。卒于齊。告喪。請葬。弗許。請以卿禮葬○宋高哀為蕭封人。以為卿。蕭宋附庸仕附庸還升為卿○【疏】注蕭宋至為卿○正義曰蕭本宋邑莊十二年宋萬弒閔公蕭叔大心者宋蕭邑之大夫也平宋亂立桓公宋人賞其勞以蕭邑封叔為附庸莊二十三年蕭叔朝公是為附庸故稱朝附庸宋國故云宋附庸也宣十二年楚子滅蕭此時蕭國仍在高哀仕於蕭國遂被拔擢升為宋卿不義宋公而出。遂來奔。出而待放從放所來故曰遂書曰。宋子哀來奔。貴之也。貴其不食汙君之祿辟禍速也○汙汙辱之也○齊人定懿公。使來告難。故書以

九月。齊人不服故三月而後定書以九月明經日月皆從赴○難乃旦反【疏】注齊人至從赴○正義曰商人實以七月弒舍取其位而齊人未服三月而後定定訖始來告不告舍死之月唯言商人弒舍魯史以其九月來告即書之於九月如此傳文告以九月即書九月明經之日月皆從赴而書非襃貶詳略也杜言此者排先儒言日月有襃貶之義齊公子元不順懿公之為政也。終不曰公。曰夫己氏。猶言某甲○夫音扶己音紀【疏】注猶言某甲○正義曰心惡其政不以為公凡與人言欲稱君者終不謂之為公曰夫己氏斥懿公之名也劉云甲己俱是名故云猶言某甲○襄仲使告于王。請以王寵求昭姬于齊。昭姬子叔姬曰。殺其子。焉用其母。請受而罪之。○焉於虔反冬。單伯如齊請子叔姬。齊人執之。恨魯恃王勢以求女故又執子叔姬。欲以恥辱魯

經十有五年。春。季孫行父如晉。○三月。宋司馬華孫來盟。華孫奉使鄰國能臨事制宜至魯而後定盟故不稱使其官皆從故書司馬○華戶化反使所吏反從才用反【疏】注華孫至司馬○正義曰成三年晉侯使荀庚來聘衛侯使孫良夫來聘丙午及荀庚盟丁未及孫良夫盟彼先以君命行聘禮既而別與之盟故書聘又書盟此雖使來聘魯不令結盟故書盟未稱使也僖四年楚屈完來盟于師即其比也諸侯之卿例書名氏以華耦能率其屬官備禮盡儀故貴其人書其官也八年宋人殺其大夫司馬宋司城來奔唯言其官不言氏族此既書司馬復曰華孫者劉炫云或以為華耦貴之既深故特書族案傳華耦魯人以為敏則君子不許是魯貴之不深蓋史有文質故辭有詳略○夏。曹伯來朝。○齊人歸公孫敖之喪。大夫喪還不書善魯感子以赦父敦公族之恩崇仁孝之教故特錄敖喪歸以示義【疏】注大夫至示義○正義曰桓十八年公之喪至自齊僖元年夫人氏之喪至自齊二注皆云告於廟也是公與夫人薨于外竟皆啓廟告至例書於策宣八年仲遂卒于垂成十七年公孫嬰齊卒于貍脤皆不書喪至是大夫喪還例不書此獨書齊人歸公孫敖之喪者釋例曰公孫敖縱情棄命既已絕位非大夫也而備書於經者惠叔毀請於朝感子以赦父敦公族之恩崇仁孝之教故曰為孟氏且國故是也不言來者魯人取之齊人送之非有專使特來故不言來哀八年齊人歸讙及闡注云不言來命歸之無指使此亦彼之類也○六月。辛丑。朔。日有食之。鼓用牲于社。傳例曰非禮也○單伯至自齊。○晉郤缺帥師伐蔡。戊申。入蔡。傳例曰獲大城曰入○齊人侵我西鄙。○季孫行父如晉。○冬。十有一月。諸侯盟于扈。將伐齊晉侯受賂而止故揔曰諸侯言不足序列○十有二月。齊人來歸子叔姬。齊人以王故來送子叔姬故與直出者異文【疏】注齊人至異文○正義曰傳例出曰來歸是直出之文也齊人以王之故來送叔姬故與直出異文也使者卑微不可言齊侯使人故云齊人來歸九年秦人來歸僖公成風之襚定十年齊人來歸鄆讙龜陰之田成九年晉人來媵之類皆是來者微賤不得稱君命故舉國稱人齊侯侵我西鄙。遂伐曹。入其郛。郛郭也○郛音孚

傳十五年。春。季文子如晉。為單伯與子叔姬故也。因晉請齊○為于偽反下為孟及下注為惠叔皆同○三月。宋華耦來盟。其官皆從之。書曰。宋司馬華孫。貴之也。古之盟會必備威儀崇贄幣賓主以成禮為敬故傳曰卿行旅從春秋時率多不能備儀華孫能率其屬以從古典所以敬事而自重使重而事敬則魯尊而禮篤故貴而不名○皆從才用反注旅從同又音如字贄音至率所類反又音律使所吏反【疏】注古之至不名○正義曰杜檢傳文諸言書曰者皆是仲尼新意此云其官皆從即云書曰司馬貴之明是貴其官從故書其官也聘禮之文有上介衆介至所聘之國誓于其竟則史讀書司馬執策賈人拭玉有司展幣其從羣官多矣詩鑾之篇言大臣出行徵臣隨從傳稱卿行旅從昭六年楚公子棄疾聘晉至於鄭竟而誓知其從人多矣盟會禮重於聘知古人盟會必備威儀崇贄幣賓之與主以成禮為敬故傳云其官皆從貴之也春秋之時率多不能備威儀故傳每言一个行李是也華孫今獨能率其官屬以從古典所以敬其君事而自鎮重也使人既重而承事恭敬則魯被尊而禮篤也奉使鄰國能尊主人厚禮是可貴之事故仲尼貴而不名至宴無故揚其先祖之罪為己謙是不敏之極魯人以為敏明君子所不與言仲尼貴其官從君子嗤其失辭有善有惡傳兩舉之也釋例曰古之盟會必備禮儀示等威明貴賤各以成禮為節節制兼備則各位不愆華孫居擾攘之世而能率由古典所以敬事而自重使重而事敬則魯尊而禮篤故貴之也至於宴會追稱先人之罪為已謙辭謙以失辭故傳云魯人以為敏明君子所不與也是言善惡兩舉之事也襄五年傳曰楚殺其大夫公子王夫貪也君子謂楚共王於是不刑言貪也罪王夫不刑責共王亦是兩舉之文其事類於楚也服虔云華耦為卿後而不度以君命脩好結盟舉其官屬從之空官廢職魯人不知其非反尊貴之其意以為貴之者魯人貴之非君子貴之案經儀父與魯結好子哀不義宋公司城效節來奔單伯自齊致命傳皆言書曰貴之實善而貴之也此亦云書曰司馬華孫貴之何故惡而貴之也劉炫又難云此為不知其非儀父豈亦魯不知其非而貴之乎孔子脩春秋裁其得失定其襃貶善惡章於其篇臧否示於來世若魯人所善亦善之所惡亦惡之已無心於抑揚遂遂魯人之善惡削筆之勞何所施用約之以理豈其然哉其官皆從謂共聘之官無闕當有留治政者豈舉朝盡行而責其空官也若以官從即責空官聘禮官屬不少豈周公妄制禮乎公與之宴。辭曰。君之先臣督。得罪於宋殤公。名在諸侯之策。臣承其祀。其敢辱君。耦華督曾孫也督弒殤公在桓二年耦自以罪人子孫故不敢屈辱魯君對共宴會請承命於亞旅。亞旅上大夫也○亞於嫁反【疏】注亞旅上大夫也○正義曰尚

書牧誓武王呼羣官而誓曰司徒司馬司空亞旅孔安國云亞次也旅衆也衆大夫其位次卿成二年傳魯賜晉三帥三命之服侯正亞旅受一命之服皆卿後即次亞旅知是上大夫也華孫不敢當君請受上大夫之宴

魯人以爲敏。無故揚其先祖之罪是不敏魯人以爲敏明君子所不與也【疏】魯人○正義曰魯人魯鈍之人

○夏曹伯來朝。禮也。諸侯五年再相朝。以脩王命。古之制也。十一年曹伯來朝雖至此乃來亦五年傳爲冬齊侯伐曹張本【疏】諸侯至制也○正義曰周禮大行人云凡諸侯之邦交歲相問也殷相聘也世相朝也鄭玄云父死子立曰世凡諸侯相朝皆小國朝於大國或敵國相爲賓或彼君新立此往朝焉或此君新即位自往朝彼皆是世相朝也襄元年邾子來朝傳曰凡諸侯即位小國朝之是此新立而彼朝之也文九年曹伯襄卒十一年曹伯來朝傳曰即位而來見也是彼新立而朝此也則知春秋之時猶有世相朝法與周禮合也周禮諸侯邦交唯有此法無五年再朝之制此云古之制也必是古有此法但禮文殘缺未知古是何時鄭玄云古者據今而遂前代之言夏殷之時天子蓋六年一巡狩諸侯間而朝天子其不朝者朝罷朝五年再相朝者似如此然則古者據今而道前世自不必皆道前代傳稱古者越國而謀非謂前代之人有此謀也古人有言非謂前代之人有此言也詩云我思古人非思夏殷之人也此云古者亦非必夏殷鄭言夏殷禮非也僖十五年公如齊杜云諸侯五年再相朝禮也引此證彼則是當時正法非謂前代禮也或人見僖公朝齊杜引此爲證遂言五年再相朝是事霸主之法然則魯非霸主曹伯何以朝之曹豈推魯爲霸主而屈已以朝之也且云古之制也即是古之聖王制爲此法天子不衰諸侯無霸明德天子豈慮世衰霸主威權不行而爲之制此法令諸侯以朝之此不達理之言耳然則諸侯之邦交者將以協近鄰結恩好安社稷息民人土宇相望竟界連接一世一朝疏闊大甚其於閒暇之年必有相朝之法周禮言世相朝者以其一舊一新彼此未卯於此之際必須往朝舉其禮之大者不言唯有此事五年再相朝正是周禮之制周禮文不具耳文襄之霸其務不煩諸侯以五年再朝往來大數更制三年一聘五年一朝所以說諸侯也五年一朝者亦謂朝大國耳且彼因說弔葬非獨霸主之喪明使諸侯相共行此禮也霸主遭時制宜非能創制改物諸侯或從時令或率舊章此在文襄之後仍守舊制故五年再相朝也傳言古之制以文襄已改故也昭十三年歲聘間朝是周之諸侯朝天子之法故釋例引之云明王之制歲聘以志業以解朝聘之數尚書周官六年五服一朝孔傳云一朝會京師是再朝而會周之正禮也若然太行人云侯服一歲一見甸服二歲一見男服三歲一見采服四歲一見衞服五歲一見要服六歲一見何於服數朝者大行人所云謂貢物而見或君自至或遣臣來除此貢物之外別有朝會之禮沈氏以爲諸侯五年再相朝及昭十三年皆爲朝牧伯之法以間朝以講禮與再朝而會是三歲之朝與六年之朝大率言之是五年之內再相朝也但魯非曹之伯國而沈云朝牧伯之禮又昭十三年朝盟王之法亦無明證沈氏之言未可從也

○齊人或爲孟氏謀。孟氏公孫敖家慶父爲長庶故或稱孟氏○長丁丈反【疏】注孟氏至孟氏○正義曰公孫敖慶父之子杜以慶父與莊公異母庶長稱孟雖強同於適自稱爲仲以其實是長庶故時人或稱孟氏

曰。魯爾親也。飾棺寘諸堂阜。堂阜齊魯竟上地飾棺不殯示無所歸○寘之豉反竟音境殯必刃反【疏】注堂阜至所歸○正義曰喪大記云飾棺君龍帷黼荒火三列黻三列素錦褚加帷荒纁紐六大夫畫帷畫荒火三列黻三列素錦褚纁紐二玄紐二鄭玄云飾棺者以華道路及壙中不欲使衆惡其親也荒蒙也在旁曰帷在上曰荒皆所以衣柳也土布帷布荒君大夫加文章焉黼荒緣邊爲黼文畫荒緣邊爲雲氣火黻爲列於其中耳褚以襯覆棺乃加帷荒於其上紐所以連結帷荒者也禮之飾棺唯有此耳齊人教之飾棺蓋依此大夫之制而爲之飾置諸堂阜故爲不殯示無所歸冀魯人哀之也沈氏云飾棺即雜記云諸侯死於道其輤有裧緇布裳帷素錦以爲屋而行大夫死於道以布爲輤而行義或當然

魯必取之。從之。卞人以告。卞人魯卞邑大夫○卞皮彦反【疏】注卞人魯卞邑大夫○正義曰治邑大夫例呼爲人孔子父爲鄹邑大夫謂之鄹人知此卞人是下邑大夫其邑近堂阜故見之而告魯君

惠叔猶毀以爲請。敖卒則惠叔請之至今期年而猶未已毀過喪禮○期居其反【疏】注敖卒至喪禮○正義曰敖卒已向周年猶尚毀以爲請知敖卒即請至今未已也傳言猶毀是不復應毀故知毀過喪禮也劉炫云敖去年九月卒至今年夏據月未帀不得稱期年今知非者杜以傳云惠叔猶毀據日月之久欲盛言其遠故云期年但首尾二年亦得爲期年之義劉以未周十二月而規杜氏非也

立於朝以待命。許之。取而殯之。殯於孟氏之寢終叔服之言齊人送之。書曰。齊人歸公孫敖之喪。爲孟氏。且國故也。爲惠叔毀請且國之公族故聽其歸殯而書之○爲于僞反

葬視共仲。制如慶父皆以罪降○共音恭聲己不視。帷堂而哭。聲己惠叔母怨敖從莒女故帷堂○己音紀【疏】帷堂○正義曰檀弓云尸未設飾故帷堂小斂而徹帷至大斂之節又帷堂以至於殯恒帷堂雜記云朝夕哭則不帷今聲己恨穆伯故朝夕哭仍帷堂檀弓又云帷殯非古自敬姜之哭穆伯始也與此相類也敬姜者穆伯妻文伯歜之母也穆伯季悼子之子公甫靖與敖非一人

襄仲欲勿哭。怨敖取其妻惠伯曰。喪親之終也。惠伯叔彭生雖不能始。善終可也。史佚有言曰。兄弟致美。各盡其美義乃終○佚音逸救乏。賀善。弔災。祭敬。喪哀。情雖不同。毋絕其愛。親之道也。子無失道。何怨於人。襄仲說。帥兄弟以哭之。他年。其二子來。敖在莒所生○毋音無說音悅【疏】祭敬至道也○正義曰祭敬者謂助祭於兄弟之家盡其敬也喪哀者謂兄弟死喪之事竭其哀也情雖不同謂內相怨恨情雖不能和同當無絕其愛是相親之道也

孟獻子愛之。聞於國。獻子穀之子仲孫蔑○聞音問或如字下同蔑亡結反○或譖之曰。將殺子。獻子以告季文子。二子曰。夫子以愛我聞。我以將殺子聞。不亦遠於禮乎。遠禮不如死。一人門于句鼆。一人門于戾丘。皆死。句鼆戾丘魯邑有寇攻門二子禦之而死○遠于萬反下同句七侯反鼆又作黽莫幸反戾力計反【疏】注句鼆至而死○正義曰句鼆戾丘有寇攻門不書者服虔云魯國中小寇非異國侵伐故不書也

○六月辛丑。朔。日有食之。鼓用牲于社。非禮也。得常鼓之月而於社用牲爲非禮【疏】注得常至非禮○正義曰此與莊二十五年經文正同彼傳云非常此傳云非禮者彼失常鼓之月言鼓之爲非常此得常鼓之月而用牲爲非禮彼云六月實是七月傳因日月之變以起時厤之誤故釋例曰文十五年與莊二十五年經文皆同而更復發傳曰非禮者明前傳欲以審正陽之月後傳發例欲以明諸侯之禮而用牲爲非禮也此乃聖賢之微旨而先儒所未喻也是解二傳不同之意

日有食之。天子不舉。去盛饌○去起呂反饌仕眷反【疏】注去盛饌○正義曰周禮膳夫掌王之食飲膳羞以養王及后世子王日一舉鼎十有二物皆有俎天地有災則不舉鄭玄云殺牲盛饌曰舉今云天子不舉是去盛饌貶膳食也

伐鼓于社。責羣陰伐猶擊也【疏】注責羣陰伐猶擊也○正義曰郊特牲云社祭土而主陰氣也君南鄉於北墉下荅陰之義也論語云鳴鼓而攻之伐鼓者是攻責之事故云責羣陰也日食者陰侵陽故責陰以救日孔安國尚書傳云凡日食天子伐鼓于社責上公然則社以上公配食天子伐鼓責羣陰亦以責上公也諸侯用幣于社請上公亦以請羣陰也互相備也

諸侯用幣于社。社尊於諸侯故請救而不敢責之○【疏】注社尊至責之○正義曰昭二十九年傳曰封爲上公祀爲貴神社稷五祀是尊是奉是社爲上公之神尊於諸侯禮用幣者皆是告請神明之事以社尊故用幣請救而不敢攻責也陰侵陽而請陰者請止而勿侵陽也

伐鼓于朝。退自責以昭事神。訓民事君。天子不舉諸侯用幣所以事神尊卑異制所以訓民【疏】注天子至訓民○正義曰天子不舉自貶食耳而以爲事神者畏敬神明乃自貶損徹膳不舉亦是事神之義故通以不舉爲事神也示有等威。古之道也。等威威儀之等差○差初佳反又初宜反

○齊人許單伯請而赦之。使來致命。以單伯執節不移且畏晉故許之書曰。單伯至自齊。貴之也。單伯爲魯拘執既免而不廢禮終來致命故貴而告廟○爲于僞反下似爲同拘音俱

○新城之盟。在前年蔡人不與。不會盟○與音預下同晉郤缺以上軍下軍伐蔡。兼帥二軍曰。弱不可以怠。怠解也○解佳賣反戊申。入蔡。以城下之盟而還。凡勝國。曰滅之。勝國絕其社稷有其土地○還音旋獲大城焉。曰入之。得大都而不有【疏】凡勝至入之○正義曰此傳已發凡例襄十三年復發傳云用大師曰滅弗地曰入再發例者兵之所加不可細舉故舉舊策之典以例而言用大師起大衆重力以陷敵因而有之故曰勝國通以滅爲文也以成師重力雖獲大城得而弗有故直以出入爲辭曰入之而已

城不包地，國不通邑，滅邑必主大師，是故再發例也。〇秋，齊人侵我西鄙，故季文子告于晉。〇冬，十一月，晉侯、宋公、衛侯、蔡侯、鄭伯、許男、曹伯盟于扈，尋新城之盟，且謀伐齊也。齊執王使且數伐魯。〇使，所吏反。下王使同。數，音朔。齊人賂晉侯，故不克而還。於是有齊難，是以公不會。明今不序諸侯，不以公不會故。〇難，乃旦反。下注同。書曰「諸侯盟于扈」，無能爲故也。惡其受賂不能討齊。〇惡，烏路反。凡諸侯會，公不與，不書，諱君惡也。謂國無難，不會義事，故爲惡。不書，謂不國別序諸侯。與而不書，後也。謂後期也。今貶諸侯，似爲公諱，故傳發例以明之。〇爲，于僞反。【疏】「凡諸侯」至「後也」。〇正義曰：七年公會諸侯、晉大夫盟于扈，傳曰公後至，故不書所會，因發例云凡會諸侯不書所會，後也。後至不書其國，辟不敏也。彼乃義事而公後期，諱君之惡，故揔稱諸侯。此亦揔稱諸侯，不會非公之罪，而經文相似，傳辯其嫌，故更復發例，而以善形惡。凡諸侯爲義事聚會而公不與，則不歷書諸國，諱君惡也。若公實與會而亦不書諸國，爲公後期也，即七年扈之盟是也。今公於此會受賂舍罪，致使魯有齊患，公雖不與，非公之罪。經與後期文同，似爲公諱，故傳發例以明之。此會公雖不與，非公惡也。〇齊人來歸子叔姬，王故也。單伯雖見執，能守節不移，終達王命，使叔姬得歸。〇齊侯侵我西鄙，謂諸侯不能也。不能討己。遂伐曹，入其郛，討其來朝也。此年夏朝。季文子曰：「齊侯其不免乎？己則無禮，執王使而伐無罪。〇己，音紀。使，所吏反。而討於有禮者，曰：『女何故行禮？』禮以順天，天之道也。己則反天，而又以討人，難以免矣。詩曰：『胡不相畏，不畏于天。』詩小雅。〇女，音汝。相，息亮反，又如字。【疏】「曰女」至「道也」。〇正義曰：言曰者，原齊侯之意而爲之辭也。責曹曰：女何故行禮？謂責於朝魯也。天道以卑承尊，人道以小事大。禮者，自卑而尊人。朝者，謙順以行禮。行禮以順天，是天之道也。〇「詩曰」至「于天」。〇正義曰：此詩小雅雨無正之篇。胡，何也。詩人責朝廷之臣，女羣臣上下何以不相畏乎？女上下不相畏，乃是不畏于天也。君子之不虐幼賤，畏于天也。在周頌曰：『畏天之威，于時保之。』詩周頌，言畏天威，于是保福祿。不畏于天，將何能保？以亂取國，奉禮以守，猶懼不終；多行無禮，弗能在矣。」爲十八年齊弒商人傳。〇守，手又反。

附釋音春秋左傳注疏卷第十九下　文十一年盡十五年　宋本春秋正義卷第十五

春秋左傳注疏卷十九下校勘記

阮元撰盧宣旬摘録

石經春秋經傳集解文下第九　岳本纂圖本文字下增公字　並盡十八年

經十一年

夏叔仲彭生會晉郤缺于承筐　釋文作叔彭生，叔又作尗，本或作叔仲彭生，仲衍字。石經宋本無仲字。案漢書五行志、水經陰溝水注並引作夏叔彭生會晉郤缺于承匡。石經宋本岳本筐作匡，傳文同，即襄三十年傳會郤成子于承匡之歲也，是也。

承筐宋地　宋本岳本筐作匡

傳十一年

成大心子玉之子　重脩監本子玉作于玉，非也。

至于錫穴　石經岳本纂圖本錫作鍚，與釋文合。案漢書地理志錫縣屬漢中郡，應劭曰音陽，師古曰即春秋所謂錫穴。而後漢書郡國志又云沔陽有鐵，安陽有錫，春秋時曰錫穴。釋文又曰錫本或作鍚，星歷反。劉昭郡國志補注引傳文亦作錫穴，似作錫字爲當。

注八年至失之　宋本此節正義在因賀楚師之不害也注下

未有禮義在可諱之竟　閩本監本毛本竟作意

防風之後漆姓　案史記孔子世家漆作釐，說苑亦作釐，世本無漆姓。此漆字當爲淶之譌。襄二十一年邾庶其以漆閭丘來奔，釋文云漆本或作淶，淶釐聲相近。

注鄋瞞至漆姓　宋本此節正義在注駟乘四人共車之下

昔禹致羣臣於會稽之山　盧文弨挍本臣作神，依國語史記改。案說苑、家語、博物志並作羣臣。

憔僥氏　宋本閩本監本毛本憔作僬，不誤。閩本監本僥誤堯。

長者不過十之　閩本監本之作尺，山井鼎云當作尺，非也。案宋本國語無之字，非。下正義云魯語言不過十之是也。

駟乘四人共車　纂圖本車作乘，非。

故云蓋長三丈　宋本閩本監本毛本作云，此本誤一，今訂正。

魯語言不過十之　閩本監本之作尺，非也。

摏其喉以戈殺之　宋本以下正義二節揔入以命宣伯句注下

恐後世怪之故詳其處　纂圖本閩本監本毛本怪作恠，俗體也。淳熙本作桂，尤謬。

傳稱魯苦越生子　宋本毛本苦作苫，與定八年傳合。

故名之曰陽州　浦鏜云故衍字。按定八年傳無故字。

注在春秋前　宋本以下正義四節揔入皇父之二子死焉注下

耏班御皇父充石　閩本監本毛本班作斑，非，下同。

司寇牛父駟乘　監本牛誤中

皇父與穀甥牛父三子皆死　宋本閩本監本毛本作甥，此本誤生，下同，今訂正。

如今皆死　宋本毛本今作令

班爲皇父御而有賞　毛本御作禦，非。

注門關門征稅也　毛本門征二字作至，非也。宋本此節正義在謂之耏門之下

禮惟關門有征　宋本惟作唯

關幾而不征　閩本監本毛本關下衍市字，諸本幾作譏。

欲其兄弟伯季相次　足利本伯作仲

但逆居夷狄　宋本閩本監本毛本夷狄作四夷

經十二年

此實大子公以諸侯禮迎之　宋本迎作逆

其禮不爲降　宋本爲作用

謂同母姊妹　宋本脫妹字

衛不稱氏史略文　毛本足利本衛誤衞，足利本文作之，亦非。

傳十二年

大子以夫鍾與郕邽來奔　顧炎武云石經邽誤封。案石經此處缺，炎武所據乃謬刻也。又按惠士奇曰服虔以郕邽爲郕邦之家寶圭，大子以其國寶與地夫鍾來奔也。然則邽不从邑。服說見太平御覽一百四十六。

傳始朝公也　宋本毛本無傳字

魯公往朝　閩本監本毛本亦作公，宋本作君，是也。

不書大歸未笄而卒　閩本監本毛本大作來，宋本岳本笄作歸，不誤。案閩本監本毛本此注下載釋文笄古兮反四字。正義曰傳例出曰來歸，不書來未歸而卒也。陳樹華云據此則大歸可作來歸，未笄作未歸爲順。初未敢遽定，復取釋文閱之，始悟笄古兮反四字乃爲下注中女未笄而卒笄字作音。設無釋文單行之本，何以正一字之差，貽誤匪淺。采摘分附，此弊起於南宋。

故知立其娣爲夫人也　毛本脫立字

一人卒一人出　閩本監本毛本卒出二字互倒

注羣舒至龍舒　宋本此節正義在注文羣舒之屬下

凡四器者宋本者作主案作者與聘禮記合

於天子曰朝閩本監本毛本亦作朝與鄭注聘禮記合宋本作聘

其意欲致與主國但主之且宋本但主下有國謙退禮終還六字閩本監本毛本亦誤在爲不欲與奏爲好句之下浦鏜云且當耳字誤非也

賓客曰石經宋本淳熙本岳本足利本客作荅是也

寡君願徼福于周公魯公以事君釋文徼作儌是也注同

代步昭也宋本淳熙本岳本足利本昭作招釋文亦作招是

深壘固軍宋本此節正義在上從之句下

將何俟焉石經初刻焉誤矣後勘正纂圖本俟誤侯

裹糧坐甲宋本此節正義在將何俟焉句下

僖三十二年宋本淳熙本岳本纂圖本足利本二作三案當作三

不在軍帥之敗宋本淳熙本岳本足利本同毛本在作有誤

司馬法曰岳本法作灋

逐奔不遠纂圖本毛本逐誤遂

短兵未至爭而兩退宋本岳本足利本至作致

舊說綏部也宋本部作郤是也按李善注文選奏彈曹景宗引司馬法作郤○今改正

但未至大崩宋本未作不

故爲皆未缺耳閩本監本毛本耳作也

經十三年

邾子蘧蒢卒釋文亦作蘧蒢石經初刻作籧篨後磨去廾頭未知所據公羊穀梁二字並從竹

蘧蒢邾子瑣之子也宋本瑣作瑣是也毛本誤今訂正

而下當其室中閩本監本毛本作室當其中

天子之廟飾宋本同與禮記明堂位合閩本監本毛本飾誤飭

公羊作世室宋本公羊下有經字

世室猶世世不毀也宋本同與公羊合閩本監本毛本脫世室二字

言此室是室之最大者宋本言作則是也

且左氏經爲大室閩本監本毛本且作案氏作傳非也

皆以爲大廟之室也閩本監本脫大字

十有二月已丑石經宋本岳本已作己不誤

傳十三年

欲斷其來往也宋本往下有故字

有狐偃之舊勳監本脫勳字

能賤而有恥宋本此節正義在能賤而有恥句下

帑壽餘子足利本子上有妻字非

請東人之能與夫二三有司言者石經宋本淳熙本岳本閩本監本亦作請纂圖本毛本誤作謂

言身拘死於晉監本毛本拘誤徇

妻爲戮於秦宋本妻下有子字

繞朝贈之以策釋文策作筴云本又作策

注策馬檛宋本以下正義三節摠入注文別族復累之姓下

漢高祖之祖爲豐公宋本漢上有又字

故高祖爲沛人宋本人下有也字

魯國鄒縣北有繹山今本水經注廿五引作嶧山非也

注繹邾至繹山宋本以下正義三節摠入君子曰知命句下

左右勸君勿遷閩本監本毛本勿改弗

謂其由遷而死閩本監本毛本脫其字

注子家至恤之宋本以下正義四節摠入公荅拜句下

至六月往晉矣閩本監本毛本往作徂非

我之先祖非人乎監本毛本非作匪

經十四年

十有四年纂圖本毛本脫有字

既見而移入北斗岳本移作後非也

言其形孛孛似埽彗也宋本閩本監本埽作掃是毛本誤作星

晉人納捷菑于邾晉人左傳以爲趙盾公羊以爲郤缺穀梁以爲郤克陳樹華云下十五年至宣九年郤缺兩見穀梁作郤克乃傳寫之誤

不以君禮成其葬也宋本葬作喪是也

晉侯詭諸卒毛本詭作佹與僖九年經合

經書里克弒其君卓閩本監本毛本弒作殺

後君葬訖即成成君閩本監本脫一成字

是葬速成君之文也監本毛本速作惠非也

例書名氏纂圖本脫氏字

書其字云閩本監本毛本亦作云非也宋本作者

傳十四年

注奔亡至福也宋本此節正義在懲不徹也注下

欲使怠慢者戒也宋本淳熙本岳本足利本者下有自字是

子叔姬齊昭公石經宋本淳熙本岳本纂圖本閩本監本毛本姬下並有妃字是也釋文同音配云本亦作配

從楚者陳鄭宋重脩監本宋誤米

齊商人弒舍而讓元釋文弒作殺音試按傳文直書其事作殺是也

爾不可使多蓄憾石經作畜後加廾頭釋文作畜云本亦作蓄憾本又作感按作感者古字

非末學所得詳言纂圖本末誤未

復使和親纂圖本閩本監本毛本復使誤倒

廬戢黎及叔麇誘之岳本足利本黎作棃注同案石經此處缺下十六年傳作使廬戢棃侵庸則此處亦當作棃也

二年而盡室以復適莒石經宋本淳熙本岳本足利本二作三是也

年尚少宋本少作幼

注蕭宋至爲卿宋本此節正義在書曰節注下

辟禍速也宋本速作遠

注齊人至從赴宋本以下正義二節摠入公曰夫已氏注下

凡與人言毛本人作夫非也

夫已氏斥懿公之名也宋本閩本監本斥作斥是也

焉用其母閩本監本脫其字

經十五年

故書司馬閩本監本毛本書誤稱

故書盟未稱使也 宋本未作不是也
故辭有詳略 宋本略下有也字
命歸之無指使 案哀八年經注指作旨浦鏜正誤作官非也
齊人侵我西鄙 石經宋本淳熙本岳本足利本齊人上有秋字

【傳十五年】

賓主以成禮爲敬 宋本主作宊非也
所以敬事而自重 纂圖本而作互非也
使重而事敬 宋本淳熙本岳本纂圖本閩本監本足利本作事毛本誤自
注古之至不名 宋本以下正義三節總入魯人以爲敏注下
知古人盟會 宋本人作之是也
故傳每言一个行李是也 宋本个作箇毛本作介
是言善惡兩舉之事也 閩本監本言誤故
善惡章於其篇 監本毛本章作彰
故不敢屈辱魯君 閩本監本毛本君誤公
候正亞旅 監本候作侯非也
自不必皆道前代 宋本自作耳屬上句
是事霸主之法 監本毛本事誤時
豈慮世衰 宋本衰作事
疎闊太甚 宋本疎作疏
周禮文不具耳 宋本文作之
或率舊章 宋本率作奉
歲聘以志業 宋釋例亦作歲與左傳正文合宋本作朝誤也
是再朝而會周之正禮也 宋本而作甸非
注孟氏至孟氏 宋本以下正義四節總入葬視共仲注之下
不欲使衆惡其親也 按今本喪大記注脫使字
帷堂 宋本此節正義在善終可也句下
小斂而徹帷 宋本帷作作非也
各盡其美義乃紀 閩本監本毛本紀作繼非宋本淳熙本岳本足利本作終是也○今訂作終

祭敬至道也 宋本此節正義在帥兄弟以哭之句下
君南鄉於北墉下 監本毛本墉誤牖閩本作牖亦非
晉侯宋公衞侯蔡侯鄭伯許男曹伯盟于扈 石經宋本淳熙本岳本纂圖本足利本蔡侯下有陳侯二字
惡受其賂 宋本淳熙本岳本作惡其受賂不誤
不會議事 宋本淳熙本岳本毛本議作義是也
彼乃議事而公後期 宋本毛本議作義下同而公閩本監本毛本誤而君
女何故行禮 足利本女作汝
疏曰女至道也 宋本此節正義在天之道也句下
○詩云至于天 此節正義宋本在注文詩小雅句下閩本監本毛本作○宋本作疏字
弗能在矣 山井鼎云謹案足利本後人記云在異本作存字按異本非也在者存也古經典二字通用

附釋音春秋左傳注疏卷第二十 文十六年盡十八年

杜氏注　孔穎達疏

經十有六年。春。季孫行父會齊侯于陽穀。齊侯弗及盟。及與也 ○夏。五月。公四不視朔。諸侯每月必告朔聽政因朝於廟今公以疾闕不得視二月三月四月五月朔也春秋十二公以疾不視朔非一也義無所取故特舉此以表行事因明公之實有疾非詐齊

【疏】注諸侯至詐齊○正義曰天子頒朔於諸侯諸侯受而藏之於祖廟每月之朔以特羊告廟受而施行之遂聽治此月之政謂之視朔因以其日又以朝享之禮祭皇考以下謂之朝廟此年公疾自二月至於五月已經四月不得視朔故書公四不視朔傳稱正月及齊平公有疾使季文子會齊侯則正月公初疾不得視二月朔至五月而四故知不得視二月三月四月五月朔也春秋十二公二百四十二年計有三千餘月公以疾不視朔當非一也餘皆不書而此獨書者公身有疾不得視朔國事不廢義無所取因此齊侯疑公故特舉此以表行事餘皆從可知也釋例曰魯之羣公以疾不視朔多矣因有事而見一此猶釋不朝王之義是其事也又於時齊侯不信公實有疾書此者且明公實有疾非詐齊也史之所書當書其始不於二月書之而以五月書者二月公始有疾未知來月瘳否不得豫書其數至六月公瘳乃積前數之闕故以五月書四也昭二十三年公如晉至河有疾乃復彼書有疾此不言有疾者在道而還容有他故昭十二年十三年公如晉至河乃復皆爲晉人辭公而還非爲疾也故須言有疾以辯之公不視朔唯有疾耳無所分辯故不書疾也告朔謂告於祖廟視朔謂聽治月政視朔由公疾而廢其告朔或有司告之不必廢也論語云子貢欲去告朔之餼羊必是廢其禮而羊在蓋從是以後更有不告朔者故欲去其羊耳六年閏月不告月書經以譏之在後若不告朔不復書之者蓋以閏月不告其譏已明故於後不復譏之閔二年吉禘于莊公已譏其速文二年大事于大廟不復譏之當亦如彼之類不重譏也

○六月。戊辰。公子遂及齊侯盟于郪丘。信公疾且以賂故郪丘齊地○郪音西又七西反 ○秋。八月。辛未。夫人姜氏薨。僖公夫人文公母也 ○毀泉臺。泉臺臺名毀壞之也○壞音怪 ○楚人秦人巴人滅庸。○巴必麻反 ○冬。十有一月。宋人弒其君杵臼。稱君君無道也例在宣四年○杵昌呂反臼強柳反

傳十六年。春。王正月。及齊平。齊前年再伐魯魯爲受弱故平○爲于僞反 公有疾。使季文子會齊侯于陽穀。請盟。齊侯不肯。曰。請俟君間。間疾瘳○間如字瘳勑周反差也 ○夏。五月。公四不視朔。疾也。公使襄仲納賂于齊侯。故盟于郪丘。○有蛇自泉宮出。入于國。如先君之數。伯禽至僖公十七君○伯禽至僖公十七君史記魯世家魯公伯禽子考公酋弟煬公熙子幽公宰弟魏

公費子厲公躍子鄭公具子順公瀼弟武公敖子懿公戲弟孝公稱子惠公弗皇子隱公息姑弟桓公允子莊公同子閔公開兄僖公申十七也魏公世本作微公順公一作慎公〔疏〕注伯禽至七君○正義曰魯世家魯公伯禽子考公酋弟煬公熙子幽公圉弟微公濞子厲公擢弟獻公具子順公瀼弟武公敖子懿公戲弟孝公稱子惠公弗皇子隱公息姑弟桓公允子莊公同子閔公開兄僖公申周公不之魯從魯公數之爲十七君也秋。八月。辛未。聲姜薨。毀泉臺。魯人以爲蛇妖所出而聲姜薨故壞之○壞音怪〔疏〕毀泉臺○正義曰蛇自宮出而毀其臺則臺在宮內人見從宮而出毀臺井毀其宮也○注魯公至壞之○正義曰人見蛇出而姜薨以爲臺是妖之穴仍謂此處有妖更將爲害毀之所以絕其源安民意也故釋例曰衆蛇自泉臺出如先君之數入於國聲姜之薨適與妖會而國以爲災遂毀泉臺書毀而不變文以示義者君人之心一國之俗須此爲安故不譏也以不變文知不譏也不書蛇入國者鸜鵒非魯國之有故書其所無蛇是魯地所有姜薨不由此蛇凡物不爲災則不書也○楚大饑。戎伐其西南。至于阜山。師于大林。又伐其東南。至于陽丘。以侵訾枝。戎山夷也大林陽丘訾枝皆楚邑○饑音飢一音機訾子斯反〔疏〕注戎山夷也○正義曰四夷之名隨方定稱則曰東夷西戎南蠻北狄其當處立名則各從方號故北戎病燕齊侯伐山戎北方得有戎故楚西亦有戎戎是山間之民夷爲四方揔號故云戎山夷也庸人帥羣蠻以叛楚。庸今上庸縣屬楚之小國麇人率百濮聚於選。將伐楚。選楚地百濮夷也○麇九倫反濮音卜選息兗反又息戀反〔疏〕注選楚地百濮夷也○正義曰將欲伐楚聚於此地故知是楚地也牧誓武王伐紂有庸濮從之孔安國云庸濮在江漢之南是濮爲西南夷也釋例曰建寧郡南有濮夷濮夷無君長揔統各以邑落自聚故稱百濮也下云各走其邑是無君長統之於是申息之北門不啓。備中國〔疏〕申息之北門不啓○正義曰申息北接中國有寇比從北來故二邑北門不敢開也楚人謀徙於阪高。楚險地○阪音反一音扶板反蒍賈曰。不可。我能往。寇亦能往。不如伐庸。夫麇與百濮。謂我饑不能師。故伐我也。若我出師。必懼而歸。百濮離居。將各走其邑。誰暇謀人。乃出師。旬有五日。百濮乃罷。濮夷無屯聚見難則散歸○蒍于委反屯徒門反聚才住反又如字難乃旦反又如字自廬以往。振廩同食。往往伐庸也振發也廩倉也同食上下無異饌也○廬力於反又音盧廩力甚反次于句澨。楚西界也○句古侯反澨市世反使廬戢黎侵庸。戢黎廬大夫及庸方城。方城庸地上庸縣東有方城亭庸人逐之。囚子揚窻。窻戢黎官屬○窻初江反三宿而逸。曰。庸師衆。羣蠻聚焉。不如

復大師。還復句筮師且起王卒。合而後進。師叔曰。不可。師叔楚大夫潘尫也○卒子忽反尫烏黃反姑又與之遇以驕之。彼驕我怒。而後可克。先君蚡冐所以服陘隰也。蚡冐楚武王父陘隰地名○可克或作可擊蚡扶粉反冐莫報反史記楚世家云蚡冐卒弟熊達殺蚡冐子而代立是爲楚武王與杜異陘音刑隰音習〔疏〕注蚡冐至地名○正義曰劉炫云案楚世家蚡冐卒弟熊達殺蚡冐子而代立是爲楚武王則蚡冐是兄不得爲父今知不然者以世家之文多有紕繆與經傳異者非是一條杜氏非不見其文但見而不用耳劉以世家而規杜非也言服陘隰則陘隰本是他國蚡冐始服之也釋例陘隰與僖四年次于陘爲一地潁川召陵縣南有陘亭楚自武王始居江漢之間則蚡冐之時未至中土不應已能越申息服潁川之邑疑非也又與之遇。七遇皆北。軍走曰北○北如字一音佩唯裨鯈魚人實逐之。裨鯈魚庸三邑魚魚復縣今巴東永安縣輕楚故但使三邑人逐之○裨婢支反鯈直留反庸人曰。楚不足與戰矣。遂不設備。楚子乘馹會師于臨品。馹傳車也臨品地名○馹人實反傳下戀反〔疏〕注馹傳車也○正義曰釋言云馹傳也舍人曰馹尊者之傳也郭璞曰傳車驛馬之名也分爲二隊。隊部也兩道攻之○隊徒對反注同子越自石溪。子貝自仞。以伐庸。子越鬬椒也石溪仞入庸道○溪苦兮反本又作谿貝浦蓋反今俗本多作貞音云仞人慎反秦人巴人從楚師。羣蠻從楚子盟。蠻見楚强故遂滅庸。傳言楚有謀臣所以興○宋公子鮑禮於國人。鮑昭公庶弟文公也○鮑步卯反宋饑。竭其粟而貸之。年自七十以上。無不饋詒也。時加羞珍異。羞進也○上時掌反饋其媿反詒以支反又以志反遺也無日不數於六卿之門。數不疏○數音朔注同國之材人。無不事也。有賢材者親自桓以下。無不恤也。桓鮑之曾祖〔疏〕宋公至恤也○正義曰禮於國人揔言接待之也竭其粟而貸與國之饑民也禮與人物曰饋詒遺也饋詒皆是與人物之名也民年七十以上無有不饋遺以飲食也珍異謂非常美食羞進也時加進珍異者謂四時初出珍異之物也無有一日不數數於六卿之門言參請不絕也國之賢材之人無不事公子皆事之也其族親自桓公以下子孫無不恤公子皆賑恤之也公子鮑美而豔。襄夫人欲通之。鮑適祖母○豔以驗反適丁歷反而不可。以禮防閑夫人助之施。昭公無道。國人奉公子鮑以因夫人。於是華元爲右師。華元督曾孫代公子成○施式豉反〔疏〕注華元督曾孫○正義曰世本云華督生世子家家生華孫御事事生華元右師是

也公孫友爲左師。華耦爲司馬。代公子卬鱗鱹爲司徒。蕩意諸爲司城。公子朝爲司寇。代華御事○鱹古亂反朝如字初。司城蕩卒。公孫壽辭司城。壽蕩之子請使意諸爲之。意諸壽之子既而告人曰。君無道。吾官近。懼及焉。禍及己弃官則族無所庇。子。身之貳也。姑紓死焉。姑且也紓緩也○庇必利反又悲位反紓音舒雖亡子。猶不亡族。已在故也既。夫人將使公田孟諸而殺之。公知之。盡以寶行。蕩意諸曰。盍適諸侯。公曰。不能其大夫至于君祖母以及國人。君祖母諸侯祖母之稱謂襄夫人○盍戶臘反稱尺證反〔疏〕注君祖至夫人○正義曰哀十六年傳蒯聵告周云蒯聵得罪于君父君母謂母爲君母則祖母爲君祖母矣故云君祖母者諸侯祖母之稱也昭公成公之子襄公之孫故襄夫人是其祖母也諸侯誰納我。且既爲人君。而又爲人臣。不如死。盡以其寶賜左右。以使行。行去也夫人使謂司城去公。對曰。臣之而逃其難。若後君何。言無以事後君○難乃旦反○冬。十一月。甲寅。宋昭公將田孟諸。未至。夫人王姬使帥甸攻而殺之。襄夫人周襄王姊故稱王姬帥甸郊甸之帥○甸徒近反〔疏〕注襄夫至之帥○正義曰周禮載師云以宅田士田賈田任近郊之地以官田牛田賞田牧田任遠郊之地以公邑之田任甸地以家邑之田任稍地以小都之田任縣地以大都之田任疆地凡任地近郊十一遠郊二十而三甸稍縣都皆無過十二彼從國都而出計遠近節級而別爲之名鄭玄引司馬法王國百里爲郊二百里爲州甸三百里爲野稍四百里爲縣五百里爲都諸侯之與天子竟雖不同亦當近國爲郊郊外爲甸天子之甸爲公邑之田則諸侯之甸亦公邑也帥甸者甸地之帥當是公邑之大夫也獨言帥甸無以相明故舉類言之云郊甸之帥其實正是甸地之帥非郊之帥也蕩意諸死之。不書不告書曰。宋人弒其君杵臼。君無道也。始例發於臣之罪今稱國人故重明君罪○重直用反〔疏〕注始例至君罪○正義曰宣四年傳例曰凡弒君稱君君無道也稱臣臣之罪也彼是弒君大例經下注云例在宣四年指彼例也彼雖在此之後乃是例之初始故謂彼爲始例因歸生弒君而發傳例是始發於臣之罪也此稱宋人弒其君文異於彼故重明君罪謂與彼例爲重也釋例曰鄭靈宋昭文異而例同重發以同之文公卽位。使母弟須爲司城。代意諸華耦卒。而使蕩虺爲司馬。虺意諸之弟○虺況鬼反

經十有七年。春。晉人、衞人、陳人、鄭人伐宋。自閔僖已下終於春秋陳侯常在衞侯上今大夫會在衞下傳不言陳公孫寧後至則寧位非上卿故也〔疏〕注自閔至故也○正義曰釋例班序譜自隱至莊十四年四十二歲衞與陳凡四會衞在陳上莊十五年盡僖十七年三十五歲凡八會陳在衞上莊十六年幽盟之下注云齊桓始霸楚亦始彊陳侯介於二大國之間而爲三恪之客故齊桓因而進之遂班在衞上終於春秋但齊桓升陳於衞上乃在莊之中年不得以莊爲始故云自閔僖以下終於春秋陳侯常在衞上也今此大夫會伐宋貶之稱人而陳在衞下襄二十六年澶淵之會傳稱宋向戌後至退在鄭良霄之下此傳具序大夫之名不言公孫寧後至被退成三年傳曰次國之上卿當大國之中中當其下下當其上上大夫彼言大夫位有尊卑次序以之升降則公孫寧位非上卿故降在衞下也檢春秋上下亦有後至無傳而杜云後至者則秦小子憖是也案彼則公孫寧未必非後至但杜弘通兩解故云非上卿耳○夏四月。癸亥。葬我小君聲姜。○齊侯伐我西鄙。西當爲北蓋經誤○西當作北出注〔疏〕注西當爲北蓋經誤○正義曰經言西鄙傳言北鄙服虔以爲再來伐魯西鄙書北鄙不書諱仍見伐案經十五年秋齊人侵我西鄙冬齊侯侵我西鄙僖二十六年春齊人侵我西鄙夏齊人伐我北鄙皆仍見侵伐書而不諱此何獨諱而不書凡言諱者諱國惡也齊侯無道而伐我我非有惡而可諱何以諱其仍伐故知正是一事經文誤耳知非傳誤者魯求與平即盟于穀穀是齊北穀城縣也穀在魯北知北鄙是也六月。癸未。公及齊侯盟于穀。○諸侯會于扈。昭公雖以無道見弒而文公猶宜以弒君受討故林父伐宋以失所稱人晉侯平宋以無功不序明君雖不君臣不可不臣所以督大教○弒本或作弒音試下同〔疏〕注昭公至大教○正義曰弒君稱君君之罪者欲以懲創人君使爲鑒戒不書弒者之名以見君亦合死其君雖則合死要非臣所得弒故文公宜以弒君受討林父稱人諸侯不序責死者罪弒者所以督大教大教謂尊君卑臣之教也○秋。公至自穀。無傳○冬。公子遂如齊。

傳十七年。春。晉荀林父、衞孔達、陳公孫寧、鄭石楚伐宋。討曰。何故弒君。猶立文公而還。卿不書。失其所也。卿不書謂稱人○夏四月。癸亥。葬聲姜。有齊難。是以緩。過五月之例○難乃旦反下及注皆同○齊侯伐我北鄙。襄仲請盟。六月。盟于穀。晉不能救魯故請服○晉侯蒐于黃父。一名黑壤晉地○父音甫壤如丈反遂復合諸侯于扈。平宋也。傳不列諸國而言復合則如上十五年會扈之諸侯可知也○復扶又反注同公不與會。齊難故也。書曰諸侯。無功也。刺欲平宋而復不能○與音預於是晉侯不見鄭伯。以爲貳於楚也。鄭子家使執訊而與之書。以告趙宣子。執訊通訊問之官爲書與宣子○訊音信〔疏〕使執訊而與之書○正義曰使執訊使之行適晉也與之書與此執訊書令持以告宣子曰。寡君即位三年。魯文二年召蔡侯而與之事君。九月。蔡侯入于敝邑以行。行朝晉也敝邑以侯宣多之難。寡君是以不得與蔡侯偕。宣多既立穆公恃寵專權○偕音皆十一月。克減侯宣多。而隨蔡侯以朝于執事。減損也難未盡而行言汲汲于朝晉○汲音急十二年。六月。歸生佐寡君之嫡夷。歸生子家名夷大子名○嫡丁歷反以請陳侯于楚。而朝諸君。請陳于楚與俱朝晉十四年。七月。寡君又朝。以蕆陳事。蕆勑也勑成前好○蕆勑展反前好呼報反一本作事〔疏〕注蕆勑也○正義曰蕆之爲勑無正訓也先儒相傳爲然賈服皆云蕆勑也十五年。五月。陳侯自敝邑往朝于君。往年正月。燭之武往朝夷也。將夷往朝晉○八月。寡君又往朝。以陳蔡之密邇於楚。而不敢貳焉。則敝邑之故也。密邇比近也○比毗志反雖敝邑之事君。何以不免。免免罪也在位之中。一朝于襄。襄公○朝直遥反而再見于君。君靈公也○見賢遍反〔疏〕一朝至于君○正義曰鄭穆公以僖三十三年即位晉襄公以文公六年卒一朝于襄三年十一月也再見於君十四年七月往年八月也或者十四年七月寡君又朝勑成陳事再見于君謂往年正月燭之武往朝夷八月寡君又朝是也夷與孤之二三臣相及於絳。孤之二三臣謂燭之武歸生自謂也絳晉國都〔疏〕孤之二三臣○正義曰禮諸侯與臣民言自謂寡人小國之君自稱曰孤臣與他國之人言稱已君爲寡君此歸生對晉稱已君當云寡君之二三臣昭十九年子產對晉人云寡君之二三臣札瘥夭昏是其事也此言孤者蓋鄭伯身自對晉或自稱孤歸生因即以孤言其君也雖我小國。則蔑以過之矣。今大國曰。爾未逞吾志。敝邑有亡。無以加焉。古人有言曰。畏首畏尾。身其餘幾。言首尾有畏則身中不畏者少○幾居豈反又曰。鹿死不擇音。音所茠蔭之處古字聲同皆相假借○茠虛求反蔭於鴆反〔疏〕注音所至假借○正義曰釋言云庇茠蔭也舍人曰庇蔽也茠依止也郭璞曰今俗呼樹蔭爲茠杜意言本當作蔭古字聲同皆相假借故傳作音言鹿死不擇庇蔭之處喻已不擇所從之國欲從楚也服虔云鹿得美草呦呦相呼至於困迫將死不暇復擇善音急之至也劉炫從服說以爲音聲謂不擇音聲而出之而難杜今知不然者以傳云鋌而走險急何能擇言走險論其依止之處以其怖急得險則停不能選擇寬靜茠蔭之所傳文所論止言其出處所在不論音聲好惡故杜不依服義劉以爲音聲而規杜非也小國之事大國也。德則其人也。以德加已則以人道相事不德。則其鹿也。鋌而走險。急何能擇。鋌疾走貌言急則欲蔭茠於楚如鹿赴險○鋌他頂反芘必利反又悲位反本或作茠〔疏〕注鋌疾走貌○正義曰鋌文連走故爲疾走貌命之罔極。亦知亡矣。言晉命無極將悉敝賦。以待於鯈。鯈晉鄭之竟言欲以兵距晉○鯈直留反竟音境唯執事命之。文公二年。六月。壬申。朝于齊。鄭文二年六月壬申魯莊二十三年六月二十四日四年。二月。壬戌。爲齊侵蔡。魯莊二十五年二月無壬戌壬戌三月二十日○爲于僞反亦獲成於楚。鄭與楚成居大國之間。而從於強令。豈其罪也。令號令也大國若弗圖。無所逃命。晉鞏朔行成於鄭。趙穿、公壻池爲質焉。趙穿晉卿也公壻池晉侯女壻○鞏九勇反質音致下同○秋。周甘歜敗戎于邥垂。乘其飲酒也。歜周大夫邥垂周地河南新城縣北有垂亭爲成元年晉侯平戎于王張本○歜昌欲反邥音審○冬。十月。鄭大子夷、石楚爲質于晉。夷靈公也石楚鄭大夫○襄仲如齊。拜穀之盟。復曰。臣聞齊人將食魯之麥。以臣觀之。將不能。齊君之語偷。臧文仲有言曰。民主偷必死。偷猶苟且偷他侯反

經十有八年。春。王二月。丁丑。公薨于臺下。○秦伯罃卒。無傳未同盟而赴以名○罃於耕反○夏五月。戊戌。齊人弒其君商人。不稱盜罪商人〔疏〕注不稱盜罪商人○正義曰弒君稱臣臣之罪賤臣弒君則稱盜哀四年盜殺蔡侯申是也盜字當臣名之處以賤不得書名變文謂之盜耳此弒商人者邴歜閻職亦應書盜不稱盜弒者罪商人今從弒君稱君之例也○六月。癸酉。葬我君文公。○秋。公子遂、叔孫得臣如齊。書二卿以兩事行非相爲介○介音界○〔疏〕注書二至爲介○正義曰卿爲卿介則書使不書介僖二十六年公子遂臧孫辰如楚乞師書不遂不書辰是其正也襄十四年季孫宿叔老並書之者晉人敬之自爾以後晉人輕魯幣而益敬其使故特兩書之於法不應書也此傳稱惠公立故且拜葬是以兩事行非相爲介故並書之耳定六年季孫斯仲孫何忌如晉傳稱桓子獻鄭俘孟孫報夫人之幣亦以兩事行故並書之但彼非是同時受命經應各自爲文但以晉人輕之故不各自別書與此意少異也○冬。十月。子卒。先君既葬不稱君者魯人諱弒以未成君書之子在喪之稱○弒申志反本又作殺

之稱。尺證反〔疏〕注先君至之稱。○正義曰齊公子商人弒其君舍以先君既葬故稱君也此亦先君既葬不稱君者魯人諱弒成君以未成君書之也子者葬前在喪之稱也若言猶在喪而自卒然諱之也釋例曰公子惡魯之正適嗣位免喪則魯君也襄仲舒倚齊而弒之國以為諱故不稱君若言君之子也 ○夫人姜氏歸于齊。○季孫行父如齊。無傳。○莒弒其君庶其。稱君君無道也〔疏〕注稱君君無道也。○正義曰楚世子商臣弒君言臣子此傳稱大子僕因國人以弒紀公不稱世子而稱臣者以見君無道傳言多行無禮於國是其無道之狀十六年宋人弒其君杵臼稱國又稱人此直云莒弒其君庶其不稱人者釋例曰劉賈許穎以為君惡及國朝則稱國以弒君惡及國人則稱人以弒案傳鄭靈宋昭經文異而例同故重發以同之子弒其父又嫌異於他臣亦重明其不異既不辯國之與人而傳云莒紀公多行無禮於國大子僕因國人以弒之經但稱國不稱人知國之與人雖言別而事同也

傳十八年。春。齊侯戒師期。將以伐魯。而有疾。醫曰。不及秋將死。公聞之。卜曰。尚無及期。尚庶幾也欲令先師期死。○令力呈反先悉薦反下同 惠伯令龜。以卜事告龜〔疏〕注以卜事告龜。○正義曰周禮大卜大祭祀則視高命龜鄭玄云命龜告龜以所卜之事士喪禮卜葬命龜云哀子某來日某卜葬其父某甫考降無有近悔如此之類是令龜之辭也令者告令使知其意與命同也 卜楚丘占之曰。齊侯不及期。非疾也。君亦不聞。言君先齊侯終。令龜有咎。言令龜者亦有凶咎見於卜兆為惠伯死張本。○見賢遍反 二月。丁丑。公薨。○齊懿公之為公子也。與邴歜之父爭田。弗勝。及即位。乃掘而刖之。斷其尸足。○邴音丙又彼病反歜昌欲反掘其勿反又其月反刖音月又五刮反斷丁管反 而使歜僕。僕御也 納閻職之妻。而使職驂乘。驂乘陪乘。○驂七南反乘繩證反注同 ○夏。五月。公游于申池。齊南城西門名申門齊城無池唯此門左右有池疑此則是 二人浴于池。歜以扑抶職。扑箠也抶擊也欲以相感激。○扑普卜反字宜從手作木邊非也抶勑乙反箠市蘂反又之蘂反激古歷反 職怒。歜曰。人奪女妻而不怒。一抶女庸何傷。職曰。與刖其父而弗能病者何如。言不以父刖為病恨。○女音汝 乃謀弒懿公。納諸竹中。歸。舍爵而行。飲酒訖乃去言齊人惡懿公二人無所畏。○舍音赦置也惡烏路反 齊人立公子元。桓公子惠公 ○六月。葬文公。○秋。襄仲、莊叔如齊。惠公立故。且拜葬也。襄仲賀惠公立莊叔謝齊來會葬 ○文公二妃

敬嬴生宣公。敬嬴嬖。而私事襄仲。宣公長。而屬諸襄仲。襄仲欲立之。叔仲不可。叔仲惠伯。○嬴音盈嬖必計反長丁丈反屬音燭 仲見于齊侯而請之。齊侯新立。而欲親魯。許之。見賢遍反〔疏〕襄仲至許之。○正義曰惡是齊甥齊侯許廢惡者惡以世適嗣立不受齊恩宣以非分得國荷恩必厚齊侯新立欲親魯為援故許之 ○冬。十月。仲殺惡及視。而立宣公。惡大子視其母弟殺視不書賤之 書曰子卒。諱之也。仲以君命召惠伯。詐以子惡命〔疏〕注詐以子惡命。○正義曰傳因殺惡之下即云而立宣公其實宣公之立當在惠伯死後惡雖已死未告外人故詐以子惡之命召惠伯使入公冉務人疑其宮內有變謂非子惡之命故云入必死耳亦未是審知惡已死也 其宰公冉務人止之。曰。入必死。叔仲曰。死君命可也。公冉務人曰。若君命。可死。非君命。何聽。弗聽。乃入。殺而埋之馬矢之中。惠伯死不書者史畏襄仲不敢書殺惠伯。○聽吐定反 公冉務人奉其帑以奔蔡。既而復叔仲氏。不絕其後 ○夫人姜氏歸于齊。大歸也。惡視之母出姜也嫌與有罪出者異故復發傳。○復扶又反 將行。哭而過市。曰。天乎。仲為不道。殺適立庶。市人皆哭。魯人謂之哀姜。所謂出姜不允於魯。○過古禾反又古臥反適丁歷反 ○莒紀公生大子僕。又生季佗。愛季佗而黜僕。且多行無禮於國。紀號也莒夷無謚故有別號。○佗徒何反 僕因國人以弒紀公。以其寶玉來奔。納諸宣公。公命與之邑。曰。今日必授。季文子使司寇出諸竟。曰。今日必達。未見公而文子出之故來不書。○竟音境 公問其故。季文子使大史克對曰。先大夫臧文仲教行父事君之禮。行父奉以周旋。弗敢失隊。曰。見有禮於其君者。事之。如孝子之養父母也。見無禮於其君者。誅之。如鷹鸇之逐鳥雀也。先君周公制周禮曰。則以觀德。則法也合法則為吉德。○大史音泰隊直類反養餘亮反鷹於陵反鸇之然反說文止仙反字林已仙反〔疏〕如鷹鸇之逐鳥雀。○正義曰釋鳥云鷹來鳩郭璞曰來當為爽字之誤耳左傳作爽鳩是也又云晨風鸇舍人曰晨風名鸇鸇摯鳥名郭璞曰鷂屬也 德以處事。處猶制也 事以度功。度量也。○度待洛反注及下同 功以食民。食養也。○食音嗣注同 作誓命曰。毀則為賊。誓要信也毀則壞法也。○壞音怪 掩賊為藏。掩匿也。○匿女乙反 竊賄為盜。賄財也 盜器為姦。器國用也 主藏之名。以掩賊為名 賴姦之用。用姦器也 為大凶德。有常無赦。刑有常 在九刑不忘。誓命以下皆九刑之書九刑之書今亡〔疏〕先君至不忘。○正義曰言制周禮曰作誓命曰謂制禮之時有此語為此誓耳此非周禮之文亦無誓命之書在後作九刑者記其誓命之言著於九刑之書耳德者得也自得於心心之所得有惡有善欲知善惡以法觀之合法則為吉德不合法則為凶德故曰則以觀德也既有善德乃能制斷事宜故曰德以處事也既為其事務求成功度量功勳必功成乃善故曰事以度功也民不自治立君牧養作事成功所以養食下民故曰功以食民也其意言在上位者必有法則乃為養民之主將言莒僕無可法則故言此以張本也又作要信誓命以戒後人曰有人毀法則者是為賊言其賊敗法也掩匿賊人是為藏言其藏罪人也竊人財賄謂之為盜盜人器用謂之為姦主為藏匿罪人之名持賴姦人所盜之用為極大之凶德有常刑無赦其事在九刑之書不遺忘也以宣公容納莒僕為主藏受其寶玉為賴姦故舉此以極諫也。○注誓命至今亡。○正義曰昭六年傳曰夏有亂政而作禹刑商有亂政而作湯刑周有亂政而作九刑三辟之興皆叔世也叔世謂衰世世衰民慢作嚴刑以督之稱其創制聖王以為所作之法夏作禹刑商作湯刑則周作九刑周公之刑也此云周公作誓命其事在九刑知自誓命以下皆九刑之書所載也謂之九刑必其諸法有九而九刑之書今亡不知九者何謂服虔云正刑一議刑八即引小司寇八議議親故賢能功貴勤賓之辟此八議者載於司寇之章周公已制之矣後世更作何所復加且八議八等之人就其所犯正刑議其可赦以否八者所議其刑一也安得謂之八刑杜知其不可故不解之 行父還觀莒僕。莫可則也。還猶周旋。○還音旋 孝敬忠信為吉德。盜賊藏姦為凶德。夫莒僕則其孝敬。則弒君父矣。則其忠信。則竊寶玉矣。其人則盜賊也。其器則姦兆也。兆域也 保而利之。則主藏也。以訓則昏。民無則焉。不度於善。度居也 而皆在於凶德。是以去之。昔高陽氏有才子八人。高陽帝顓頊之號八人其苗裔。○去起呂反顓音專頊許玉反裔以制反〔疏〕注高陽氏至苗裔。○正義曰先儒舊說及譙周考史皆以顓頊帝嚳為帝之身號高陽高辛皆國氏土地之號高陽次少昊高辛次高陽堯承高辛之後孔子之錄尚書自堯為始史籍之說皇帝其言不經大戴禮五帝德司馬遷五帝紀皆言顓頊帝嚳代別一人春秋緯命歷序顓頊傳九世帝嚳傳八世典籍散亡無以取信要二帝子孫至舜時始用必非帝之親子其八人者不能知其出生本系枝派遠近故略言其苗裔耳 蒼舒、隤敳、檮戭、大

臨、尨降、庭堅、仲容、叔達。此即垂益禹皋陶之倫。庭堅即皋陶字○隤徒回反敳五才反一音五回反韋昭音瑰檮直由反韋昭音桃戭以善反漢書作敱韋昭巳震反尨莫江反降下江反陶音遙○【疏】注此即至陶字○正義曰司馬遷采帝系世本以爲史記其夏本紀稱禹是顓頊之後秦本紀稱皋陶是顓頊之後伯益則皋陶之子垂之所出史無其文舊說相傳亦出顓頊故云此即垂益禹皋陶之倫也服虔云八人禹垂之屬也六年傳臧文仲聞六與蓼滅云皋陶庭堅不祀忽諸知庭堅皋陶爲一人其餘則不知誰爲禹誰爲益故云之倫之屬不敢斥言也班固漢書有古今人表銓量古人爲九等之次雖知禹益必在八愷稷契必在八元不能識知其人不得自相分配故八元八愷與皋陶禹稷並不出其名亦爲不知故也鄭玄注論語云皋陶爲士師號曰庭堅杜云庭堅皋陶字者古人名之與字難得審知言字者明其是一人也

齊聖廣淵。明允篤誠。天下之民謂之八愷。齊中也淵深也允信也篤厚也愷和也○愷開在反【疏】齊聖至八愷○正義曰此并序八人揔言其德或原其心或據其行一字爲一事其義亦更相通齊者中也率心由道舉措皆中也聖者通也博達衆務庶事盡通也廣者寬也器宇宏大度量寬弘也淵者深也知能周備思慮深遠也明者達也曉解事務照見幽微也允者信也終始不愆言行相副也篤者厚也志性良謹交遊款密也誠者實也秉心純直布行貞實也以其德行如是天下之民爲其美目謂之八愷愷和也言其和於物也孟子曰伊尹聖人之和者也○注齊中至和也○正義曰齊中釋言文允信篤厚釋詁文愷訓爲樂樂亦和也深水謂之淵故淵爲深也

高辛氏有才子八人。高辛帝嚳之號八人亦其苗裔○嚳苦毒反伯奮、仲堪、叔獻、季仲、伯虎、仲熊、叔豹、季貍。此即稷契朱虎熊羆之倫○奮甫問反熊音雄貍力之反契息列反依字當作偰古文作卨羆彼皮反【疏】注此即至之倫○正義曰契後爲殷稷後爲周史記殷周皆爲帝嚳之後也此言伯虎仲熊尚書有朱虎熊羆二者其字相類知此即稷契朱虎熊羆之倫也尚書更有夔龍之徒亦應有在元愷之內者但更無明證名字又殊不知與誰爲一故不復言之史記稷契皆爲帝嚳之子而上句注云其苗裔者史記堯亦帝嚳之子則稷契堯之親弟以堯之聖有大德之弟久而不知舜始舉用以情而測理必不然且云世濟其美其間必應累世不容高辛之下即至其身馬遷傳聞於人未必盡得其實世族譜取史記之說又從而譏之云案鯀則舜之五世從祖父也而及舜共爲堯臣堯則舜之三從高祖而妻其女此史記之疑者然則以其不可悉信故言苗裔以該之

忠肅共懿。宣慈惠和。天下之民謂之八元。肅敬也懿美也宣徧也元善也○徧音遍【疏】忠肅至八元○正義曰此亦揔言其德於義亦得相通忠者與人無隱盡心奉上也肅者敬也應機敏達臨事恪勤也共者治身克謹當官理治也懿者美也保己精粹立行純厚也宣者徧也應受多方知思周徧也慈者愛出於心恩被於物也惠者性多哀矜好拯窮匱也和者體度寬簡物無乖爭也以其德行如是天下之民爲之美目謂之八元元善也言其善於事也論語曰善人爲邦百年亦可以勝殘去殺矣○注肅敬至善也○正義曰肅敬釋訓文懿美釋詁文宣徧釋言文易文言曰元者善之長也

此十六族也。世濟其美。不隕其名。濟成也隕隊也○隕于敏反隊直類反【疏】此十六至其名○正義曰此十六人耳而謂之族者以其各有親屬故稱族也世濟其美後世承前世之美不隕其名不隊前世之美名言其世有賢人積善而至其身也劉炫云各有大功皆賜氏族故稱族

以至於堯。堯不能舉。舜臣堯。舉八愷。使主后土。后土地官禹作司空平水土即主地之官【疏】注后土至之官○正義曰后訓君也天稱皇天故地稱后土舜典云伯禹作司空呂刑云禹平水土則禹是主地之官故云主后土也

以揆百事。莫不時序。地平天成。揆度也成亦平也○揆葵癸反【疏】以揆至天成○正義曰用禹爲主后土之官令以揆度百事百事無不揆度於是皆有次序得地平其化天成其施言有成功也○注揆度至平也○正義曰揆度釋言文度百事者令之豫自籌度爲之數量法制事成則平其可否使之揔衆務也地平天成大禹謨之文孔安國云水土治曰平五行敘曰成釋詁云成平也是成亦爲平其義一也

舉八元。使布五教于四方。契作司徒五教在寬故知契在八元之中○契斯列反【疏】注契作至之中○正義曰舜典云帝曰契百姓不親五品不遜汝作司徒敬敷五教在寬尚書契敷五教此云舉八元使布五教以此故知契在八元中也然則尚書禹作司空此云舉八愷使主后土以此亦知禹在八愷中也但不知八愷之中何者是禹八元之中何者是契耳主后土布五教是事之大者故舉以爲言非是各令八人共主一事故主土雖禹主教雖契餘當別有所主或助而爲之尚書稱益佐禹治水是其助之事也

父義。母慈。兄友。弟共。子孝。內平。外成。內諸夏外夷狄○夏戶雅反【疏】父義至外成○正義曰一家之內父母兄弟子尊卑有五品父不義母不慈兄不友弟不共子不孝是五品不遜順也故使契爲司徒布五教於四方教父以義教母以慈教兄以友教弟以共教子以孝是之謂五教此五教可常行又謂之五典也諸夏夷狄皆從其教是爲內平外成所云五典克從即此內平外成之謂也

昔帝鴻氏有不才子。帝鴻黃帝掩義隱賊。好行凶德。醜類惡物。頑嚚不友。是與比周。醜亦惡也比近也周密也○好呼報反嚚魚巾反心不則德義之經爲頑口不道忠信之言爲嚚比毗志反天下之民謂之渾敦。謂驩兜渾敦不開通之貌○渾戶本反敦徒本反驩呼端反兜都侯反【疏】掩義至渾敦○正義曰掩蓋義事而不行隱藏其外而陰爲賊害也其有凶醜之類穢惡之物心頑而不則德義之經口嚚而不道忠信之言如此惡人不可與之親友者此不才子於是與之相附近相親密言惡人所愛惡同己者也以其爲惡如是故天下之民爲之惡目謂之渾敦渾敦不開通之貌言其無所知也服虔用山海經以爲驩兜人面馬喙渾敦亦爲獸名○注醜亦至密也○正義曰醜亦惡也物亦類也指謂惡人等輩重復而言之耳比是相近也周是親密也雖是親愛之義非爲善惡之名論語云君子周而不比小人比而不周以君子小人相對故鄭玄云忠信爲周阿黨爲比觀文爲說也○注謂驩至之貌○正義曰此傳所言虞書之事彼云四罪謂共工驩兜三苗鯀也此傳四凶乃謂之渾敦窮奇檮杌饕餮檢其事以識其人堯典帝言共工之行云靖言庸違傳說窮奇之惡云靖譖庸回二文正同知窮奇是共工也堯典帝求賢人驩兜舉共工應帝是與共工相比傳說渾敦之惡云醜類惡物是與比周知渾敦是驩兜也堯典帝言鯀行云咈哉方命圮族傳說檮杌之罪云告頑舍嚚傲很明德即是咈戾圮族之狀且鯀是顓頊之後知檮杌是鯀也尚書無三苗罪狀既竄去三凶自然饕餮是三苗矣先儒盡然更無異說皆以行狀驗而知之也莊子稱南方之神其名爲儵北方之神其名爲忽中央之神其名爲混沌混沌無七竅儵忽爲鑿之一日爲一竅七日而混沌死混沌與渾敦字之異耳莊子雖則寓言要以無竅爲混沌是渾敦爲不開通之貌此四凶者渾敦檮杌以狀貌爲之名窮奇饕餮以義理爲之名古人之意自異耳服虔案神異經云檮杌狀似虎毫長二尺人面虎足猪牙尾長丈八尺能鬭不退饕餮獸名身如牛人面目在腋下食人

少皞氏有不才子。少皞金天氏之號次黃帝○少詩照反注同皞胡老反【疏】注少皞至黃帝○正義曰金天國號少皞身號譙周云金天氏能脩大皞之法故曰少皞也其次黃帝則昭十七年傳有其事○

毀信廢忠。崇飾惡言。靖譖庸回。服讒蒐慝。以誣盛德。崇聚也靖安也庸用也回邪也服行也蒐隱也慝惡也盛德賢人也○蒐所留反慝他得反邪似嗟反【疏】毀信至盛德○正義曰毀信者謂信不足行毀壞之也廢忠者謂忠爲無益廢棄之也以惡言爲善尊崇脩飾之安於讒諂信用回邪常行讒疾陰隱爲惡以誣罔盛德之賢人也天下之民謂之窮奇言其行窮困所好可異也○注崇聚至人也○正義曰釋詁云崇充也舍人曰威大充盛大亦集聚之義故崇爲聚也庸用靖安回邪慝惡常訓也服從是奉行之義也蒐索隱伏是蒐得爲隱也服虔亦以蒐爲隱隱慝謂陰隱爲惡也成德謂成就之德故爲賢人也定本成德爲盛德

天下之民謂之窮奇。謂共工其行窮其好奇○奇其宜反共音恭行下孟反好呼報反【疏】注謂共至好奇○正義曰孔安國云共工官稱也其人爲此官故尚書舉其官也行惡終必窮故云其行窮也好惡言好讒慝是所好奇異於人也

顓頊有不才子。不可敎訓。不知話言。話善也○話戶快反告之則頑。德義不入心舍之則嚚。不道忠信○舍音赦傲很明德。以亂天常。天下之民謂之檮杌。謂鯀檮杌頑凶無儔匹之貌○傲五報反此很戶懇反檮徒刀反杌五忽反鯀古本反

此三族也。世濟其凶。增其惡名。以至于堯。堯不能去。方以宣公比堯行父比舜故言堯亦不能去須賢臣而除之○去起呂反注及下皆同【疏】注方以至除之○正義曰宣公不能去莒僕而行父能去之恐宣公以不去之爲恥行父以去之爲專史克方以宣公比堯行父比舜故言之堯朝有四凶堯亦不能去須賢臣而除之所以雪宣公不去之恥解行父專擅之失也然則聖主莫過於堯任賢王政所急大聖之朝不才揔萃雖曰帝其難之且復何其甚也此四凶之人才實中品雖行有不善未有大惡故能仕於聖世致位大官自非聖舜登庸大禹致力則滔天之害未或可平以舜禹之成功見此徒之多罪勳業既謝愆釁自生爲聖所誅其咎益大且虞史欲盛章舜德歸罪惡於前人史克以宣公比堯同四凶於莒僕此等並非下愚未有大惡

其爲不善唯帝所知尚書將言求舜以見帝之知人此傳安慰宣公故言堯不能去辭各有爲情頗增甚學者當以意達文不可即以爲實 縉雲氏有不才子。縉雲黃帝時官名 〔疏〕注縉雲至官名。正義曰昭十七年傳稱黃帝以雲名官故知縉雲黃帝時官名字書縉赤繒也服虔云夏官爲縉雲氏 貪于飲食。冒于貨賄。侵欲崇侈。不可盈厭。聚斂積實。不知紀極。不分孤寡。不恤窮匱。冒亦貪也盈滿也實財也。厭於鹽反匱其媿反 〔疏〕貨賄。正義曰鄭注周禮云金玉曰貨布帛曰賄 天下之民。以比三凶。非帝王子孫故別以比三凶 謂之饕餮。貪財爲饕貪食爲餮。饕他刀反餮他結反 〔疏〕注貪財至爲餮。正義曰此無正文先儒賈服等相傳爲然 舜臣堯。爲堯臣 〔疏〕注爲堯臣。正義曰昭七年傳稱王臣公公臣大夫謂王以公爲臣公以大夫爲臣皆是上臣下也而此云舜臣堯謂爲臣以事堯乃是下臣上也文同義異意足相顧故辯之云爲堯臣 賓于四門。闢四門達四聰以賓禮衆賢。闢婢亦反聰本亦作窻七工反 〔疏〕注闢四至衆賢。正義曰賓于四門是禮賢之事而舜典下文云闢四門明四目達四聰言開闢四方之門未開者廣視聽於四方使天下無壅塞亦是賓禮衆賢之事意同於上故引以解之。 流四凶族。案四凶罪狀而流放之 渾敦。窮奇。檮杌。饕餮。投諸四裔。以禦螭魅。投弃也裔遠也放之四遠使當螭魅之災螭魅山林異氣所生爲人害者。禦魚呂反螭勑知反山神獸形魅亡備反說文作鬽云老精物也鬽或從未 〔疏〕注投弃至害者。正義曰投者擲去故爲弃也舜典云流共工于幽洲放驩兜于崇山竄三苗于三危殛鯀于羽山四罪而天下咸服孔安國云幽洲北裔崇山南裔三危西裔羽山東裔在海中是放之四方之遠處螭魅若欲害人則使此四者當彼螭魅之災令代善人受害也宣三年傳王孫滿說九鼎云鑄鼎象物百物而爲之備民入川澤山林不逢不若螭魅罔兩莫能逢之知螭魅是山林異氣所生爲人害者也 是以堯崩而天下如一。同心戴舜。以爲天子。以其舉十六相。去四凶也。故虞書數舜之功曰。愼徽五典。五典克從。無違敎也。徽美也典常也此八元之功。戴多代反相息亮反下注同去起呂反數色主反徽許歸反 曰納于百揆。百揆時序。無廢事也。此八愷之功 曰賓于四門。四門穆穆。無凶人也。流四凶 〔疏〕故虞至人也。正義曰此虞書舜典之篇也三事六句舜典本文其云無違敎也無廢事也無凶人也是史克解虞書之意也每引一事以一句解之故每事言曰 舜有大功二十而爲天子。舉十六相去四凶也 今行父雖未獲一吉人。去一凶矣。於舜之功。二十之一也。庶幾免於戾乎。史克激稱以辯宣公之惑釋行父之志故其言美惡有過辭盡事宜也。激古歷反 〔疏〕注史克至宜也。正義曰宣公貪寶玉而受莒僕爲惑已大行父違君命而逐出之其專已甚故史克激揚而言舜之事堯以辯宣公之惑以解行父之志方欲盛談善惡說事必當增甚故其言美惡有大過之辭言美則大美言惡則大惡禹則鯀之子也說禹則云世濟其美言鯀則云世濟其凶明其餘亦有大過非其實也蓋事勢宜然耳何休以爲孔子云蕩蕩乎堯之爲君唯天爲大唯堯則之今如左氏堯在位數十年久抑元愷而不能舉養育凶人以爲民害而不能去則孔子稱堯虛言也桀紂爲惡一世則誅四凶歷數千歲而無誅放易云積不善之家必有餘殃虛言也左氏爲短但堯之爲君能舉十六相去四凶四凶之人未必世濟其惡但史克欲明行父之志欲辯宣公之惑故美惡過辭具於此注何休之難不足疑也

○宋武氏之族道昭公子。將奉司城須以作亂。文公殺昭公故武族欲因其子以作亂司城須文公弟。宋武氏之族本或作武穆之族者後人取下文妄加也道音導 十二月。宋公殺母弟須。及昭公子。使戴莊桓之族。攻武氏於司馬子伯之館。戴族華樂也莊族公孫師也桓族向魚鱗蕩也司馬子伯華耦也。向舒亮反 遂出武穆之族。穆族黨於武氏故 使公孫師爲司城。公孫師莊公之孫 公子朝卒。使樂呂爲司寇。以靖國人。樂呂戴公之曾孫爲宜三年宋師圍曹傳 〔疏〕注樂呂戴公曾孫。正義曰世本云戴公生樂甫術術生碩甫澤澤生夷父須須生大司寇呂今云曾孫誤也

春秋左傳注疏卷二十校勘記　阮元撰盧宣旬摘錄

附釋音春秋左傳注疏卷第二十 文十六年盡十八年

經十六年

十有六年春 石經脫春字後旁增

不得視二月三月四月五月朔也 足利本無得字

非許齊 宋本淳熙本岳本纂圖本閩本監本毛本許作詐不誤○今依訂正

比猶釋不朝王之義也 閩本監本比作此宋本正作王是

故須言有疾以辯之 監本毛本言作書

唯有候耳 宋本候作疾不誤○今依訂正

閏月不告月書經以譏之 〔補〕案不告月月當朔字之譌書經當是經書誤倒

傳十六年

閒疾瘳 釋文瘳下有也字

注伯禽至七君後 宋本以下正義三節揔入秋八月節注

子幽公圉 史記魯世家圉作宰索隱云系本作圉

以示義者 監本者誤曰

楚大饑 釋文云亦作飢音機案穀不熟謂之饑飢乃飢餓字

至于阜山 纂圖本阜誤鳥

注戎山夷也 宋本以下正義五節揔入遂滅庸注下

有寇比從北來 宋本比作必

使廬戢黎侵庸 石經宋本岳本纂圖本閩本監本毛本作棃

蚡冒楚武王父 釋文引注父下有也字又引史記楚世家云蚡冒卒弟熊達殺蚡冒子而代立是爲楚武王與杜異

服頼川之邑疑非也 宋本服上有遠字

唯裨儵魚人實逐之 淳熙本儵作儵注亦作儵釋文同

楚子乘馹會師于臨品 閩本監本毛本馹作驛案馹訓傳車當从日正義同

馹傳車也 宋本閩本監本毛本馹誤驛

宋公至恤也 宋本以下正義三節揔入注文乖意諸之弟之下

以禮防閑 宋本淳熙本岳本足利本禮下有自字是也

夫人助之施 石經宋本淳熙本岳本纂圖本足利本作乃助之施不誤

代公子卬 岳本卬作卬纂圖本作卯非也

鱗鱹爲司徒 石經宋本岳本鱹作矔釋文同是也

公知之盡以寶行蕩意諸曰 案石經此行自知至諸只九字陳樹華云蓋初刻以字下有其字也

盡以其寶賜左右以使行 石經宋本淳熙本岳本足利本右以作右而是也

周襄王姊 閩本監本毛本姊作妹非案八年傳云宋襄夫人襄王之姊也是也

郊甸之帥 淳熙本纂圖本足利本帥作師

注襄夫至之帥 宋本以下正義二節揔接上疏注君祖至夫人之下

以大都之田任彊地 宋本閩本彊作疆案周禮作畺

經十七年

自閔僖已下 閩本監本毛本已作以

而爲三恪之宮 監本毛本宮作官亦非宋本作客與莊十六年注合

諱國惡地（補）毛本地作也今依訂正

傳十七年

遂復合諸侯于扈此本脱于扈二字依石經宋本淳熙本岳本閩本監本毛本補

使執訊而與之書宋本以下正義六節揔入注文晉侯女壻之下

令持以告宣子閩本監本毛本持誤特

藏勑也勑成前好纂圖本毛本勑作敕案玉篇引作敕方言云藏敕廣雅釋詁亦云藏敕也釋文云好一本作事

謂不擇音聲而出之而難杜閩本監本無下而字

言急則欲蔭茠於楚閩本監本毛本茠作芘從釋文改也釋文又云本或作茠字按說文休息止也从人依木或作庥凡作茠者俗字

魯莊二十三年六月二十四日宋本無四字纂圖本魯誤曾

而從於强令宋本岳本强作彊

經十八年

注不稱盜畀商人宋本以下正義四節揔入莒弒其君庶其句下

邴商人今從弒君稱君之例也宋本毛本邴作畀浦鏜云今當令字誤

書不遂不書辰宋本閩本監本毛本無上不字此本衍

襄仲舒倚齊而弒之宋本無舒字是也

楚世子商臣弒君言臣子宋本閩本監本毛本下臣字作世

而稱臣者監本毛本同○案臣當君字之譌

劉賈許潁以爲君惡及國朝監本毛本潁作穎亦非宋本作穎是也○今依訂正

傳十八年

注以卜事告龜宋本此節正義在二月丁丑公薨句下

歜以扑抶職釋文亦作扑云字宜從手作木邊非也段玉裁云扑者說文攴字之變才即又也擊之曰扑因名其器亦曰扑

扑箠也葉抄釋文箠作華非

襄仲至許之宋本以下正義二節揔入謂之哀姜注下

不允放魯（補）毛本放作於今依訂正

莒紀公子生大子僕上子字衍文石經宋本淳熙本岳本纂圖本閩本監本毛本不誤

弗敢失隊石經凡隊字皆作墜此處獨作隊

如鷹鸇之逐鳥雀宋本自此節正義至注史克至宜也共卅二節揔入注蓋事宜也之下

鸇摯鳥名監本毛本摯作鷙按摯爲鷙之假借字

無赦在九刑不忘行父石經此行計九字行父二字疏陳樹華云蓋行字上多今字改刊去也

王刑一議刑八宋本閩本監本毛本王作正不誤○今依訂正

檮戭大臨尨降監本檮作檮與今本說文引傳合纂圖本尨誤厖案釋文云漢書戭作敳

不杞忽諸宋本閩本監本毛本杞作祀是也○今依訂正

並不出其名案不字衍文

明允篤誠石經篤作蔦非

伊尹聖人之和者也案伊尹當作柳下惠

此即稷契朱虎熊羆之倫釋文云契依字當作偰古文作禼

有大德之弟宋本德作賢

保巳精粹宋本巳作已是也

天下之民爲之美目閩本監本毛本之美作其美

以至於堯石經淳熙本於作于

何者是契耳閩本監本耳作矣非

尊卑有五品宋本卑作平非也

更無異說監本毛本更作蓋非也

其名爲忽宋本忽作怱非

虎足猪牙宋本猪作豬是正字

身如牛人面閩本監本毛本同宋本作羊

少皞氏有不才子石經宋本皞作暭釋文亦作暭是也

靖譖庸回案尚書撰異云即靖言庸違也回邪也古回違通用

以誣盛德正義引定本成德爲盛德服虔云成德爲成就之德是服虔所見本盛作成也陳樹華云成盛古字通公羊皆以盛爲成

顓頊有不才子石經宋本淳熙本岳本纂圖本項下有氏字

傲狠明德石經宋本淳熙本岳本纂圖本閩本監本毛本作傲很釋文同

檮杌案說文引傳作檮柮

謂鯀葉抄釋文鯀作鮌

頑凶無儔匹之貌案孟子離婁疏引注頑誤嚚儔作疇足利本亦作疇

故言堯亦不能去須賢臣而除之監本去誤立

非帝王子孫故別以比三凶岳本作非帝者子孫足利本無王字宋本同

達四聰釋文聰作聦云本亦作聰段玉裁云或疑不應作聦考風俗通十反篇云蓋人君者闢門開聦號咷博求此亦用堯典也蓋古文尚書本作囪聦者囪之或字聦又囪之俗體聰又囪之同音字作囪而或如字或讀爲聰猶之台可讀爲怡尼可讀爲昵庸可讀爲鏞也

以禦螭魅釋文引說文魅作鬽云老精物也鬽或從未案詩菀柳正義爾雅釋詁疏引作以禦魑魅

使常螭魅之災岳本螭作魑

投者鄭去宋本閩本監本毛本鄭作擲是也○今依訂正

流共工于幽洲閩本監本毛本洲作州

竄三苗于三危也孟子竄作殺案殺非殺戮即竄之假借

繹行父之志宋本淳熙本岳本纂圖本閩本監本毛本繹作釋是也○今依訂正

四凶歷數千歲（補）案千當十字之譌

附釋音春秋左傳注疏卷第二十一 宣元年盡四年

杜氏注　孔穎達疏

春秋經傳集解宣公。○陸曰宣公名倭一名接又作委文公子母敬嬴謚法善問周達曰宣。[疏]正義曰魯世家云宣公名倭或作接文公之子敬嬴所生以匡王五年即位是歲歲在壽星謚法善問周達曰宣

經元年。春。王正月。公即位。無傳。○公子遂如齊逆女。不譏喪娶者不待貶責而自明也卿為君逆例在文四年○娶七喻反為于偽反[疏]不譏至四年○正義曰文公喪未期此時已娶違禮不譏者此事甚惡言不待貶責而其惡自明也昭元年公羊傳曰春秋不待貶絕而罪惡見者不貶絕以見罪惡也貶絕然後罪惡見者貶絕以見罪惡是其義也文四年逆婦姜于齊傳云卿不行非禮也是卿為君逆之例也三月。遂以夫人婦姜至自齊。稱婦有姑之辭不書氏史闕文[疏]注稱婦至闕文○正義曰宣公母敬嬴在是有姑也夫人以姜為姓舉姓而稱姜氏去氏稱姜則不成文義知不稱氏者史闕文也傳言新作延廄而經無作字是作傳之時經猶未闕於後經始闕耳此文傳亦無氏知是本史先闕故云史闕文而不云經闕文也此史文既闕仲尼不正之者以無所褒貶故因其詳略也諸經所闕者或史文先闕仲尼不改或仲尼具文在後始闕公羊穀梁漢初始為其傳見其闕文妄為之說非其實也公羊傳曰夫人何以不稱姜氏貶曷為貶譏喪娶喪娶者公也則曷為貶夫人內無貶于公之道內無貶于公之道則曷為貶夫人夫人與公一體也穀梁之意亦然先儒取以為說服虔云古者一禮不備貞女不從故詩云雖速我訟亦不女從宣公既以喪娶夫人從亦非禮故不稱氏見略賤之也杜不然者女之出嫁事由父母夫來取之父母許之豈得問禮具否拒逆昏姻之命從夫喪娶父母之咎自可罪其父母何以貶責夫人若其貶責夫人當去夫人之號滅一氏字復何所明夫人之稱姜氏猶遂之稱公子也舍遂之族而去子稱公可乎亦知遂不可去子稱公夫人復安可以去氏稱姜也逆婦姜于齊以卿不行變文略賤此經貶遂不稱公子以成夫人之尊非略賤之事也詩責彊暴之男行不由禮陳其爭訟之辭述其守貞之意此豈是宣公淫掠而欲令齊女守貞哉○夏。季孫行父如齊。○晉放其大夫胥甲父于衛。放者受罪黜免宥之以遠○宥音又[疏]注放者至以遠○正義曰舜典云流宥五刑孔安國云以流放之法寬五刑是放者有罪當刑而不忍刑之寬其罪而放棄之也是三諫不從待放而去者彼雖無罪君不用其言任令自去亦是放棄之義放之與奔俱是去國而去情小異釋例曰奔者迫窮而去逃死四鄰不以禮出也放者受罪黜免宥之以遠也臣之事君三諫不從有待放之禮故傳曰義則進否則奉身而退迫窮而出奔及以禮見放俱去其國故傳通以為文仲尼脩春秋又以所稱為優劣也言優劣者放者君舍其罪緩步而出是其優也奔者北則懼死奔馳而去是其劣也昭八年楚人執陳公子招放之于越哀三年蔡人放其大夫公孫獵于吳與此胥甲父等皆甘心受罪黜其官位宥之以適遠方是實放而書放也襄二十九年傳稱齊公孫蠆公孫竈放其大夫高止於北燕書曰出奔罪高止也高止好以事自為功且專故難及之彼罪高止故實放而書奔也然則文十四年傳稱宋高哀不義宋公而出遂來奔高哀無罪亦改放而書奔者緣遣者之意為義奔者指去國之人立文據其所往之處皆是從外來耳高哀身來至魯自魯而稱來奔不書宋人之意故不得言放此乃外內之文異耳叛者以地適他稱叛入魯則稱來奔亦此之類也○公會齊侯于平州。平州齊地在泰山牟縣西○牟亡侯反○公子遂如齊。○六月。齊人取濟西田。魯以賂齊齊人不用師徒故曰取○秋。邾子來朝。無傳○楚子、鄭人侵陳，遂侵宋。晉趙盾帥師救陳。傳言救陳宋經無宋字蓋闕○盾徒本反[疏]注傳言至蓋闕○正義曰陳宋俱被楚侵明其並救二國傳稱救陳宋而經無宋字故設疑云蓋闕也服虔云趙盾既救陳[illegible]而楚師解去案經傳皆言侵陳遂侵宋陳在宋南去陳乃侵宋也若趙盾越宋而南救陳猶及楚師安得不及楚也若言欲救宋而楚師解去則救陳之已向宋矣何以書救陳也蓋以陳既被侵方始告晉師救陳楚又移師侵宋晉師比至於鄭楚師既已去矣國會于棐林同共伐鄭棐林鄭地明晉始至鄭不得與楚相遇故竟無戰事言救陳宋者皆是致其意耳宋公、陳侯、衛侯、曹伯會晉師于棐林。伐鄭。晉師救陳宋四國君往會之共伐鄭也不言會趙盾取於兵會非好會也棐林鄭地滎陽宛陵縣東南有林鄉○棐芳尾反好呼報反[疏]晉師至林鄉○正義曰晉本興師為救陳宋但楚師已去故四國之君往會晉師與共伐鄭言于棐林者行會禮乃伐與桓十五年公會宋公衛侯陳侯于袲伐鄭亦行會禮然後伐此同也晉師趙盾為將不言會[illegible]非好會言所會會其兵非會其人故稱師案定八年公會晉師于瓦注云卿不書禮不敵公知此非為趙盾[illegible]師者沈氏云此會有宋公陳侯等猶成二年會于蜀有蔡許之君故知此非為趙盾不得敵諸侯但取於兵會[illegible]唯有公故知與此異耳○冬。晉趙穿帥師侵崇。○崇本亦作宗○晉人、宋人伐鄭。

傳元年。春。王正月。公子遂如齊逆女。尊君命也。諸侯之卿出入稱名氏所以尊君命也傳於此發者與還文不同故釋之[疏]注諸侯至釋之○正義曰氏者位尊乃賜是臣之寵號具其名氏所以尊君命重故貴臣行行人貴則君命尊也諸侯之卿出入稱名氏宋華元衛元咺之類是也如魯卿公孫敖喪歸尚稱名氏明生歸亦然其歸父意如叔孫婼不稱氏者名有所為與常例不同也會盟征伐具名氏者皆是尊君命也傳獨於此發者為其與還文不同故於此釋之釋例曰昏禮雖奉時君之命其言必稱先君以為禮辭故公子翬逆女傳曰脩先君之好公子遂逆女傳稱曰尊君命互發其義也三月。遂以夫人婦姜至自齊。尊夫人也。遂不言公子替其尊稱所以成小君之尊也公子當時之寵號非族也故傳不言舍族釋例論之備矣○稱尺證反舍音捨[疏]注遂不至備矣○正義曰公子亦是寵號其事與族相似魯臣有罪則貶去其族族去則非卿今遂與夫人俱至物無兩大人不並尊若從夫人者尊則夫人卑矣故替其尊稱令從夫人者卑則夫人尊矣釋例曰往必稱族以示其重還雖在塗必舍族以替之所以成小君之尊是其義也成十四年叔孫僑如逆女及以夫人至其文與此正同彼傳云稱族尊君命舍族尊夫人此傳不言稱族舍族者釋例曰傳云公子遂如齊逆女尊君命也遂以夫人婦姜至自齊尊夫人也叔孫僑如逆女則曰稱族還曰舍族然則公子公孫繫公之常言非族也是言公子非族故與彼異文公子雖則非族稱舍亦與族同故其言尊君命尊夫人與彼亦不異也所以異者族必君賜乃稱之公子公孫繫公之常言不須待賜乃稱之耳○夏。季文子如齊。納賂以請會。宣公篡立未列於會故以賂請之○篡初患反○晉人討不用命者。放胥甲父于衛。胥甲下軍佐文十二年戰河曲不肯薄秦於險[疏]注胥甲至於險○正義曰案彼傳胥甲與趙穿同罪放胥甲而舍趙穿者於時趙盾為政穿見晉君之壻或本罪輕於胥甲故得无咎而立胥克。克甲之子先辛奔齊。○會于平州。以定公位。篡立者諸侯既與之會則不得復討臣子殺之與弒君同故公與齊會而位定○復扶又反[疏]注篡立至位定○正義曰春秋之世王政不行諸侯自相推戴廢立不由天子篡弒而立則鄰國討之若與之會則序之於列成其為君諸侯既已為會則臣子不得復討若其殺之則與弒君罪同宣公殺子惡而取國常畏魯人討已心不自安納賂請會故既與齊會而公位乃定成十五年戚之會討曹成公成公得列于會後曹人請于晉曰先君無乃有罪乎若有罪則君列諸會矣是列會則位定也○東門襄仲如齊拜成。謝得會也○六月。齊人取濟西之田。為立公故。以賂齊也。濟西故曹地僖三十一年晉文以分魯○為于偽反○宋人之弒昭公也。在文十六年晉荀林父以諸侯之師伐宋。宋及晉平。宋文公受盟于晉。又會諸侯于扈。將為魯討齊。皆取賂而還。文十五年十七年二扈之盟皆受賂[疏]注文十至受賂○正義曰杜以傳言皆取賂而還必有二事乃得稱皆故指二扈之盟以充皆義劉炫云案傳數晉罪近發宋弒昭公前扈之盟文所不及何當虛指其事言皆取賂故謂宋及晉平取宋賂為魯討齊取齊賂也案此言會諸侯于扈文承宋人之弒昭公下知非十七年會扈既取宋賂又取齊賂而稱皆必為十七年十五年二扈之盟者案十七年會于扈尋檢經傳全無魯討齊之事豈得違背經傳妄指十七年乎但宋弒昭公其罪既大故先言之為魯討齊其失小故後言之劉炫以傳文先後顛倒又以會于扈為十七年之事違背經傳而規杜非也取賂而還書本或云取齊賂而還檢勘古本及杜注意並無齊字文十七年宋及晉平唯受宋賂十五年會扈受齊賂耳傳言皆者皆齊宋也故知皆取齊賂者非也鄭穆公曰。晉不足與也。遂受盟于楚。陳共公之卒。楚人不禮焉。卒在文十三年○共

音恭陳靈公受盟于晉。秋，楚子侵陳，遂侵宋。晉趙盾帥師救陳、宋。會于棐林，以伐鄭也。楚蔿賈救鄭，遇于北林。與晉師相遇。滎陽中牟縣西南有林亭，在鄭北。囚晉解揚，晉人乃還。解揚，晉大夫。○解音蟹。○晉欲求成於秦。趙穿曰：我侵崇，秦急崇，必救之。崇，秦之與國。○秦急崇絕句，本或作崇急秦，必救之，是後人改耳。【疏】注「秦急崇」。○正義曰：崇是秦之與國，故秦人急於援崇。吾以求成焉。冬，趙穿侵崇，秦弗與成。○晉人伐鄭，以報北林之役。報囚解揚。於是晉侯侈，趙宣子爲政，驟諫而不入，故不競於楚。競，強也。爲明年鄭伐宋張本。○侈，昌氏反，又尸氏反。驟，仕救反。

經二年，春，王二月壬子，宋華元帥師及鄭公子歸生帥師戰于大棘，宋師敗績，獲宋華元。得大夫生死皆曰獲。例在昭二十三年。大棘在陳留襄邑縣南。【疏】宋華至生帥師。○正義曰：此華元、歸生及哀二年趙鞅、罕達，客主各言帥師者，皆是將尊師衆，故並具其文。或於歸生之下無帥師之字，脫耳。○注「得大至縣南」。○正義曰：此獲華元，生也。哀十一年獲齊國書，死也。以此知生死皆曰獲。昭二十三年傳云：書曰胡子髡、沈子逞滅，獲陳夏齧，君臣之辭也。傳言書曰，是仲尼變例也。○秦師伐晉。○夏，晉人、宋人、衛人、陳人侵鄭。鄭爲楚伐宋，獲其大夫。晉趙盾興諸侯之師，將爲宋報恥，畏楚而還，失霸者之義，故貶稱人。○爲，于爲反，下同。【疏】注「鄭爲至稱人」。○正義曰：諸經貶諸侯之卿稱人者，傳皆言其名氏。此傳唯稱趙盾及諸侯之師侵鄭，諸侯之將不言名氏，則實是微者，非貶之也。趙盾畏楚而還，故貶之稱人。釋例曰：鄭受楚命伐宋，大敗宋師，獲其二卿，此晉之不競也。晉於是中命衆國，大起其衆，將以雪宋之恥，取威定霸。趙盾爲政，而畏越椒之盛，不敢遂其所志，託辭班師，失宋之心，孤諸侯之望，所以致貶也。○秋，九月乙丑，晉趙盾弒其君夷皋。靈公不君，而稱臣以弒者，以示良史之法，深責執政之臣。例在四年。○皋，古刀反。【疏】注「靈公至四年」。○正義曰：釋例曰：經書趙盾弒君，而傳云靈公不君，又以明於例此弒宜稱君也。弒非趙盾，而經不變文者，以示良史之意，深責執政之臣。傳故特見仲尼曰越竟乃免，明盾亦應受罪也。雖原其本心，而春秋不赦其罪，蓋爲教之遠防。○冬，十月乙亥，天王崩。無傳。

傳二年，春，鄭公子歸生受命于楚，伐宋。受楚命也。○受命于楚，本或作命于楚。宋華元、樂呂御之。二月壬子，戰于大棘。宋師敗績。囚華元，獲樂呂。樂呂，司寇。獲不書，非元帥也。獲，生死通名。經言獲華元，故傳特護之曰囚，以明其生獲，故得見贖而還。○帥，所類反。贖，食欲反。及甲車四百六十乘，俘二百五十人，馘百人。狂狡輅鄭人，鄭人入于井。狂狡，宋大夫。輅，迎也。○乘，繩證反，下同。俘，芳夫反。馘，古獲反。馘百人，或馘百者，人衍字。狡，古卯反。輅，五嫁反。倒戟而出之，獲狂狡。君子曰：失禮違命，宜其爲禽也。戎，昭果毅以聽之之謂禮。聽謂常存於耳，著於心，想聞其政令。○宜其爲禽，一本作宜其禽也。毅，魚既反。著，直略反。殺敵爲果，致果爲毅。易之，戮也。易，反易。○【疏】君子至戮也。○正義曰：軍法以殺敵爲上。將軍臨戰，必三令五申之。狂狡失郎戎之禮，違元帥之命，曲法以拯鄭人，宜其爲禽也。昭，明也。兵戎之事，明此果毅以聽之之謂禮。能殺敵人是名爲果，言能果敢以除賊。致此果敢，乃名爲毅，言能彊毅以立功。易之，戮也，反易此道，則合刑戮也。昭謂明曉此禮，致謂達之於敵。彊也，能致用此意，乃爲彊人。言在軍對敵，必須殺也。尚書成湯數桀之罪以誓衆云：爾尚輔予一人，致天之罰，予其大賚汝。爾不從誓言，予則孥戮汝。武王數紂之罪以誓衆云：勗哉夫子，尚桓桓如虎如貔，如熊如羆，于商郊。爾所不勗，其于爾躬有戮。二王以至聖伐至惡，尚誓衆使多殺，是軍法務在多殺。殺敵乃爲禮也。公羊善宋襄公不鼓不成列，以爲文王之戰亦不過此。武王之戰既知不然，文王之戰豈當若是。審如公羊之言，文王未曉戰法，其不能身定天下，豈爲此乎。將戰，華元殺羊食士，其御羊斟不與。及戰，曰：疇昔之羊，子爲政；疇昔猶前日也。○食音嗣。斟，之金反。不與音預。【疏】注「疇昔猶前日也」。○正義曰：禮記檀弓云孔子謂子貢曰：吾疇昔之夜，夢坐奠於兩楹之間。鄭玄云：疇昔猶前日也。是相傳爲然。今日之事，我爲政。與入鄭師，故敗。君子謂羊斟非人也，以其私憾，敗國殄民。憾，恨也。殄，盡也。○憾本亦作感，戶暗反，注同。敗，必邁反，又如字。殄，大典反。於是刑孰大焉。詩所謂人之無良者，詩小雅。義取不良之人相怨以亡。其羊斟之謂乎，殘民以逞。○宋人以兵車百乘、文馬百駟，畫馬爲文，四百匹。○逞，勑領反。【疏】注「畫馬爲文」。○正義曰：謂文飾雕畫之，若朱其尾鬣之類也。以贖華元于鄭。半入，華元逃歸，立于門外，告而入。告宋城門而後入，言不苟。見叔牂，曰：子之馬然也。叔牂，羊斟也。卑賤，得先歸。華元見而慰之。○牂，子郎反。對曰：非馬也，其人也。叔牂知前言以顯，故不敢讓罪。既合而來奔。叔牂言畢，遂奔魯。合猶荅也。【疏】見叔至來奔。○正義曰：叔牂卑賤，故得先歸。華元見而安慰之，曰：往奔入鄭軍者，子之馬自然，非子之罪。叔牂自知前言已顯，不敢隱諱，乃對元曰：非馬也，其人也。言是已爲之。叔牂既荅華元而即來奔魯耳。服虔載三說，皆以子之馬然爲叔牂之語，對曰以不爲華元之辭。賈逵云：叔牂，宋守門大夫。華元既見叔牂，牂謂華元曰：子見獲於鄭者，是由子之馬使然也。華元對曰：非馬自奔也，其人爲之也，謂羊斟驅入鄭也。奔走也，言宋人贖我之事既和合，而我即來奔耳。鄭衆云：叔牂即羊斟也，在先得歸，華元見叔牂，牂即誣之曰：奔入鄭軍者，子之馬然也，非我也。華元對曰：非馬也，其人也。言是女驅之耳。叔牂既與華元合語而即來奔魯。又一說：叔牂，宋人，見宋以馬贖華元，謂元以贖得歸，謂元曰：子之得來，當以馬贖故然。華元曰：非馬也，其人也。言已不由馬贖，自以人事來耳。贖事既合而我即來奔。杜以傳文見叔牂而即言曰，則曰下皆當爲華元之語，不得爲叔牂之辭。且以華元與賤人交語而稱對，曰謂歸國而來奔，皆於文不順。又羊斟與叔牂當是名字相配，故不從三家而別爲之說。宋鄭氏來奔爲奔魯耳。合是聚合言語，故云合猶荅也。宋城，華元爲植，巡功。植，將主也。○植，直吏反，注同。將，子匠反。【疏】注「植將主也」。○正義曰：周禮大司馬大役屬其植，鄭司農云：植謂部曲將吏。故宋城，華元爲植，巡功，是植謂將領主帥監作者也。巡功謂巡城檢作功也。城者謳曰：睅其目，皤其腹，弃甲而復。睅，出目。皤，大腹。弃甲謂亡師。○謳，烏侯反。睅，戶板反。說文、字林云：大目也。蘇林云：寢視不安貌。孟康云：猶分然也。皤，步何反。○【疏】注「睅出目皤大腹」。○正義曰：說文云：睅，大目也。目大則出見，故云出目。皤是腹之狀，腹以大爲異，故爲大腹也。○于思于思，棄甲復來。于思，多鬢之貌。○于思，如字，又西才反。多鬚貌。賈逵云：白頭貌。復，扶又反。來，力知反，又如字，以協上韻。鬚，脩于反，字又作鬢。○【疏】注「于思多鬢之貌」。○正義曰：賈逵以爲白頭貌。成十五年華元爲右師，距此三十二年，計未得頭白，故杜以爲多鬢貌，亦是以意言之耳。使其驂乘謂之曰：牛則有皮，犀兕尚多，弃甲則那。那猶何也。○驂，七南反。犀音西。兕，徐履反。那，乃多反。【疏】犀兕尚多。○正義曰：釋獸云：犀似豕。郭璞曰：形似水牛，豬頭，大腹，庳腳，腳有三蹄，黑色，三角，一在頂上，一在額上，一在鼻上。鼻上者食角也，小而不橢，好食棘，亦似有一角者。劉欣期交州記曰：犀出九德，毛似豕，蹄有甲，頭似馬。吳錄地理志云：武陵沅南縣以南皆有犀。釋獸云：兕似牛。郭璞云：一角，青色，重千斤。說文云：兕如野牛，青毛，其皮堅厚可制鎧。交州記曰：兕出九德，有一角，角長三尺餘，形如馬鞭柄。偏檢書傳，犀兕二獸並出南方，非宋所有，假令波及宋國，必不能多。言尚多者，苟以荅謳者耳。役人曰：從其有皮，丹漆若何。華元曰：去之，夫其口衆我寡。傳言華元不吝其咎，寬而容衆。○漆音七。吝，力刃反。咎，其九反。○秦師伐晉，以報崇也。伐崇在元年。遂圍焦。焦，晉河外邑。○夏，晉趙盾救焦，遂自陰地及諸侯之師侵鄭，陰地，晉河南山北，自上洛以東至陸渾。○渾，戶昏反。以報大棘之役。楚鬭椒救鄭，曰：能欲諸侯而惡其難乎。遂次于鄭以待晉師。趙盾曰：彼宗競于楚，殆將斃矣。競，強也。鬭椒若敖之族，自子文以來世爲號令尹。○惡，烏路反。難，乃旦反。斃，婢世反。姑益其疾。乃去之。欲示弱以驕之。傳言趙盾所以稱人，且爲四年楚滅若敖氏張本。○晉

靈公不君。失君道也以明於例應稱國以弑○弑申志反 厚斂以彫牆。彫畫也○斂力驗反彫本亦作雕牆在良反 從臺上彈人。而觀其辟丸也。宰夫胹熊蹯不熟。殺之。寘諸畚。使婦人載以過朝。畚以草索為之筥屬○彈徒丹反胹音而煮也蹯扶元反寘之豉反畚音本草器也索素各反筥九呂反 疏宰夫胹熊蹯○正義曰字書過熟曰胹命此宰夫胹熊蹯其蹯不至於熟以其違命故殺之○注畚以至筥屬○正義曰周禮挈壺氏挈畚以令軍糧鄭衆云縣畚于稟假之處畚所以盛糧之器故以畚表稟說文云畚蒲器可以盛糧韓詩外傳云鮑焦挈畚采蔬遇子貢於道是畚可以盛糧盛菜以草索為之今人猶有此器形制似筥故為筥屬過朝以示人令衆懼已 趙盾士季見其手。問其故。而患之。將諫。士季曰。諫而不入。則莫之繼也。會請先。不入則子繼之。三進及溜。而後視之。士季隨會也三進三伏公不省而又前也公知欲諫故佯不視○其手一本作首溜力救反屋霤也 疏將諫至繼之○正義曰言二人將欲相隨入諫士季謂盾曰子是尊卿今與子俱諫而不入則莫之能繼續為諫會是卑卿請先往諫不入則子繼之○三進及溜○正義曰溜謂簷下水溜之處入門伏而不省三起而更進三進而及於君之屋溜言迫於公之前也 曰。吾知所過矣。將改之。稽首而對曰。人誰無過。過而能改。善莫大焉。詩曰。靡不有初。鮮克有終。詩大雅也○鮮息淺反少也下同 夫如是。則能補過者鮮矣。君能有終。則社稷之固也。豈惟羣臣賴之。又曰。袞職有闕。惟仲山甫補之。能補過也。詩大雅也袞君之上服闕過也言服袞者有過則仲山甫能補之○袞古本反 君能補過。袞不廢矣。常服袞也 猶不改。宣子驟諫。公患之。使鉏麑賊之。鉏麑晉力士○鉏仕俱反麑音迷一音五兮反 晨往。寢門闢矣。盛服將朝。尚早。坐而假寐。不解衣冠而睡○闢婢亦反盛音成本或作成睡垂偽反 麑退。歎而言曰。不忘恭敬。民之主也。賊民之主。不忠。弃君之命。不信。有一於此。不如死也。觸槐而死。槐趙盾庭樹○槐音懷又音回 ○秋。九月。晉侯飲趙盾酒。伏甲將攻之。其右提彌明知之。右車右○飲於鴆反提本又作祇上支反彌面皮反 趨登曰。臣侍君宴。過三爵。非禮也。遂扶以下。公嗾夫獒焉。明搏而殺之。獒猛犬也○遂扶舊本皆扶房手反服虔注作跣先典反云徒跣也今杜注本往往有跣者嗾素口反說文云使犬也服本作㕧夫音扶獒五羔反尚書傳云大犬也爾雅云狗四尺為獒說文云犬知人心可使者搏音博 疏趨登至非禮也○正義曰此言飲趙盾酒是小飲酒耳非正燕禮燕禮獻酬之後方脫屨升堂行無筭爵非止三爵而已其侍君小飲則三爵而退玉藻云君子之飲酒也受一爵而色洒如也二爵而言言斯禮已三爵而油油以退鄭玄云禮飲過三爵則敬殺可以去矣是三爵禮訖自當退也提彌明言此之時未必已過三爵假此辭以悟趙盾耳○遂扶至獒焉○正義曰服虔本扶作跣注云趙盾徒跣而下走禮脫屨而升堂降階乃納屨堂上無屨跣則是常何須云遂跣而下且遂者因上生下之言提彌明言訖而遂不得為趙盾遂也杜本作扶言扶盾下階也服虔云嗾㕧也夫語辭獒犬名公乃㕧夫獒使之噬盾也釋畜云狗四尺為獒是大犬之名以其使之噬盾故云獒猛犬也 盾曰。弃人用犬。雖猛何為。責公不養士而更以犬為己用 鬭且出。提彌明死之。初。宣子田於首山。舍于翳桑。田獵也翳桑桑之多蔭翳者首山在河東蒲坂縣東南○翳於計反蔭音陰又於鴆反 見靈輒餓。問其病。靈輒晉人 曰。不食三日矣。食之。舍其半。問之。曰。宦三年矣。宦學也○食音嗣下同舍其音捨 疏注宦學也○正義曰曲禮云宦學事師則二者俱是學也但宦者學仕宦學者尋經藝以此為異耳 未知母之存否。今近焉。去家近 請以遺之。使盡之。而為之簞食與肉。簞笥也○遺唯季反下注同簞音丹笥思嗣反 疏注簞笥也○正義曰鄭玄曲禮注云圓曰簞方曰笥然則俱是竹器方圓異名耳故以簞為笥鄭玄論語注亦云簞笥也 寘諸橐以與之。既而與為公介。靈輒為公甲士○橐他洛反而與音預公介音界 倒戟以禦公徒而免之。問何故。對曰。翳桑之餓人也。問其名居。問所居 不告而退。不望報也 遂自亡也。輒亦去 乙丑。趙穿攻靈公於桃園。穿趙盾之從父昆弟子乙丑九月二十七日○攻如字本或作弑 疏注穿趙至弟子○正義曰晉語云趙衰趙夙之弟世族譜盾是衰子穿是夙孫是穿為盾之從父昆弟之子也世本夙為衰祖穿為夙之曾孫世本轉寫多誤其本未必然也 宣子未出山而復。山晉竟之山也盾出奔聞公弑而還○竟音境下文注同弑申志反 大史書曰。趙盾弑其君。以示於朝。宣子曰。不然。對曰。子為正卿。亡不越竟。反不討賊。非子而誰。宣子曰。烏呼。我之懷矣。自詒伊慼。其我之謂矣。逸詩也言人多所懷戀則自遺憂○大音泰 孔子曰。董狐。古之良史也。書法不隱。不隱盾之罪○ 趙宣子。古之良大夫也。為法受惡。善其為法受屈○為于偽反注同 惜也。越竟乃免。越竟則君臣之義絕可以不討賊○ 疏注越竟至討賊○正義曰哀八年傳公山不狃云君子違不適讎國未臣而有伐之奔命焉死之可也注云未臣所適之國則可還奔命死其難如彼傳文雖則出奔臣義未絕此注云越竟則君臣之義絕者以仲尼云越竟乃免出竟則免責明其義已絕也襄三十年鄭人殺良霄傳曰不稱大夫言自外入也去國不稱大夫是為義絕之驗且受君之命乃得為臣今君欲殺已不逃奔他國君之於臣既已絕矣臣之於君能無絕乎董狐云子為正卿反不討賊明其威足討賊卿位猶在故責之耳我以君寵得為國卿杖君之威羣下用命亦既失位出奔國人不復畏我國內自有賊亂非我所能禁之故越竟得免由義絕故也不狃之言謂已以他故出奔非是君欲殺已閔其宗國宜還救之昭二十一年宋公子城以晉師救宋是其事也襄二十七年傳曰崔氏之亂申鮮虞來奔僕賃於野以喪莊公彼是公之寵臣去國而行君服豈復責無罪而將見殺逃竄而行免死者皆令反服君乎禮檀弓曰穆公問於子思曰為舊君反服古與子思曰古之君子進人以禮退人以禮故有舊君反服之禮也今之君子進人若將加諸膝退人若將隊諸淵無為戎首不亦善乎又何反服之禮之有是言去國雖同本情有異不可以一槩論也 宣子使趙穿逆公子黑臀于周而立之。黑臀晉文公子○臀徒門反 疏注黑臀晉文公子○正義曰周語單襄公云吾聞成公之生也其母夢神規其臀以黑曰使有晉國故命之曰黑臀晉世家成公者文公少子其母周女也 壬申。朝于武宮。壬申十月五日既有日而無月冬又在壬申下明傳文無較例○較音角 ○初。麗姬之亂。詛無畜羣公子。詛盟誓○麗力知反詛側慮反 疏初麗至公子○正義曰服虔云麗姬與獻公及諸大夫詛無畜羣公子欲令其二子專國杜不注義似不然若麗姬身為此詛姬死即應復常何得比至於今國無公族豈復文襄之霸遂踵麗姬法乎蓋為奚齊卓子以庶篡適晉國創其為亂不用復畜公子案檢傳文及國語文公之子雍在秦樂在陳黑臀在周襄公之孫談在周則是晉之公子悉皆出在他國是其因行而不改成公今始革之故傳本其初也則是內因麗姬之亂乃設此詛非麗姬自為詛也若麗姬為詛不須言麗姬之亂以言之亂知其創麗姬也自此之後雖立公族而顯者亦少唯有悼公之弟揚干悼公之子慭二人名見於傳昭十八年鄭人救火子產辭晉公子公孫於東門以外更無其人見由偏於六卿不被任用故耳 自是晉無公族。無公子故廢公族之官 疏注無公至之官○正義曰不畜羣公子故無公族是公族之官掌教公之子弟也下注云餘子適子之母弟亦治餘子之政子屬餘子之官則適子屬公族之官也孔晁注國語云公族大夫掌公族及卿大夫子弟之官是卿之適子屬公族也晉語云欒伯請公族悼公曰荀家惇惠荀會文敏黶也果敢無忌鎮靖使茲四人者為之膏粱之性難正也故使惇惠者教之文敏者道之果敢者諗之鎮靖者脩之使茲四人者為公族大夫是公族主教誨也 及成公即位。乃宦卿之適子而為之田。以為公族。宦仕也為置田邑以為公族大夫○適本又作嫡丁歷反下注同為于偽反 又宦其餘子。亦為餘子。

餘子嫡子之母弟〔疏〕注餘子至之政○正義曰下庶子爲妾子知餘子則是適子之母弟也言亦爲餘子則知餘子之官亦治餘子之政今主教卿大夫適妻之次子也下云庶子爲公行掌率公之戎車則公行不教庶子然則卿大夫之妾子亦是餘子之官教之矣其庶子爲公行。庶子妾子也掌率公戎行○行戶郎反注及下同〔疏〕注庶子至戎行○正義曰下句趙盾自以爲庶爲旄車之族則旄車之族卽公行也掌車而謂之公行知其掌率公戎車之行列也晉於是有公族。餘子、公行。皆官名〔疏〕晉於至公行○正義曰此晉有公族餘子公行詩魏風有公族公路公行其公族公行既同公路似此餘子但餘子不主路車公路非餘子也當與公行爲一以其主君路車謂之公路主車行列謂之公行其實正是一官詩人變文以韻句耳周禮無此三官之名夏官有諸子下大夫二人掌國子之倅事與公族同也春官有巾車下大夫二人掌王之五路事與公行同也無餘子同者天子諸侯禮異耳趙盾請以括爲公族。括趙盾異母弟趙姬之中子屏季也○括古活反中如字又丁仲反屏步丁反曰。君姬氏之愛子也。趙姬文公女成公姊也微君姬氏則臣狄人也。公許之。盾狄外孫也姬氏逆之以爲適事見僖二十四年○見賢遍反冬。趙盾爲旄車之族。旄車公行之官盾本卿適其子當爲公族辟屏季故更掌旄車○旄音毛一本作軞〔疏〕注旄車至旄車○正義曰主公車行列謂之公行車皆建旄謂之旄車之族詩云孑孑干旄又曰建旐設旄是公車必建旄也周禮主車之官謂之巾車巾者衣也主衣飾之車謂之巾車此掌建旄之車謂之旄車之族盾本卿之適子其子世承正適當爲公族使辟屏季故更爲旄車之族自以身爲妾子故使其子爲妾子之官知非盾身自爲旄車之族而云使其子者旄車之族賤官耳盾身既爲正卿無容退掌賤職六年經稱晉趙盾衛孫免侵陳仍書於經非身退位故知使其子耳原同長而使趙括者沈氏云以其君姬氏之愛子故使之非正適也使屏季以其故族爲公族大夫。盾以其故官屬與屏季使爲衰之適○衰初危反〔疏〕注盾以至之適○正義曰族卽屬也故官屬者父時舊官屬也將父時官屬盡與屏季使季爲衰之正適也盾之此意欲令身死之後使屏季承其父後爲趙氏宗主但晉人以盾之忠更使其子朔承盾後耳

經三年。春。王正月。郊牛之口傷。改卜牛。牛死。乃不郊。牛不稱牲未卜日猶三望。○葬匡王。無傳四月而葬速○楚子伐陸渾之戎。○夏。楚人侵鄭。○秋。赤狄侵齊。無傳○宋師圍曹。○冬。十月。丙戌。鄭伯蘭卒。再與文同盟〔疏〕注再與文同盟○正義曰蘭以僖三十三年卽位文二年盟于垂隴七年于扈十四年于新城魯鄭俱在當言三同盟而云再者以扈之盟經文不序諸侯故不數劉炫規之非也○葬鄭穆公。無傳

傳三年。春。不郊而望。皆非禮也。言牛雖傷死當更改卜取其吉者郊不可廢也前年冬天王崩未葬而郊者不以王事廢天事禮記曾子問天子崩未殯五祀不行既殯而祭自啓至于反哭五祀之祭不行已葬而祭〔疏〕注言牛至而祭○正義曰案經牛死在正月郊當用三月其間足得養牛牛雖一傷死當更改卜取其吉者郊天之禮不可廢也牛死而遂不郊故爲非禮也不郊非禮則於禮得郊禮諸侯爲天子斬衰天王崩未葬而得郊者不以王事廢天事也引曾子問者舉動輕以明重也初死以至於殯啓殯以至反哭於此之間五祀之祭不行耳既殯之後啓殯以前五祀之祭猶尚不廢郊天必不廢矣故鄭注云郊社亦然王制云喪三年不祭唯祭天地社稷爲越紼而行事鄭玄云不敢以卑廢尊紼輴車索禮天子殯於西序欑輴車而塗之繫紼以備火災言越紼而行事是在殯得祭也案曾子問既殯而祭其祭也尸入三飯不侑酳不酢而已矣謂尸唯三飯祝不侑勸其食食罷主人酳酒酳尸尸不酢主人曾子問又云已葬而祭祝畢獻而已謂尸飯而侑尸勸訖酳尸尸酢主人酢訖又布祝席祝坐主人酌酒以獻祝獻畢而止故鄭注云既葬彌吉畢獻祝而後止是也鄭又注彼云天子七祀言五者關中言之案禮記祭法云王爲羣姓立七祀曰司命曰中霤曰國門曰國行曰泰厲曰戶曰竈王自爲立七祀諸侯爲國立五祀曰司命曰中霤曰國門曰國行曰公厲諸侯自爲立五祀大夫立三祀曰族厲曰門曰行適士立二祀曰門曰行庶士庶人立一祀或立戶或立竈是其義也望。郊之屬也。不郊。亦無望可也。已有例在僖三十一年復發傳者嫌牛死與卜不從異○復扶又反○晉侯伐鄭。及郔。鄭及晉平。士會入盟。郔鄭地爲夏楚侵鄭傳○郔音延○楚子伐陸渾之戎。遂至於雒。觀兵于周疆。雒水出上雒冢領山至河南鞏縣入河○疆居良反定王使王孫滿勞楚子。王孫滿周大夫○勞力報反楚子問鼎之大小輕重焉。示欲偪周取天下○對曰。在德不在鼎。昔夏之方有德也。禹之世○夏戶雅反遠方圖物。圖畫山川奇異之物而獻之貢金九牧。使九州之牧貢金○鑄鼎象物。象所圖物著之於鼎○鑄之樹反著張慮反著直略反百物而爲之備。使民知神姦。圖鬼神百物之形使民逆備之故民入川澤山林。不逢不若。若順也螭魅罔兩。螭山神獸形魅怪物罔兩水神○螭勑知反魅亡備反本又作䰨罔亡丈反兩本又作蜽音同說文云罔兩山川之精物也○〔疏〕注螭山至水神○正義曰螭山神獸形魅怪物先儒相傳爲然魯語仲尼云木石之怪夔罔兩水之怪龍罔象則罔兩是木石之神杜以爲水神者魯語賈逵注云罔兩罔象言有夔龍之形而無實體然則罔兩罔象皆是虛無當揔彼之意非神名也上句言山林川澤則螭魅罔兩四神文十八年注螭魅山林異氣所生螭魅既爲山林之神則罔兩宜爲川澤之神故以爲水神也莫能逢之。逢遇也用能協于上下。以承天休。民無災害則上下和而受天祐○休許虯反下同祐音右桀有昬德。

鼎遷于商。載祀六百。載祀皆年○載祀爾雅云商曰祀唐虞曰載周曰年夏曰歲○〔疏〕注載祀皆年○正義曰釋天云唐虞曰載商曰祀周曰年孫炎云載取物終更始祀取四時祭祀一訖年取年穀一熟是載祀皆年之別名復言之耳律歷志云商三十一王六百二十九年商紂暴虐。鼎遷于周。德之休明。雖小。重也。不可遷○紂直九反其姦回昬亂。雖大。輕也。言可移天祚明德。有所厎止。厎致也○祚才故反厎音旨○成王定鼎于郟鄏。郟鄏今河南也武王遷之成王定之○郟古洽反鄏音辱卜世三十。卜年七百。天所命也。周德雖衰。天命未改。鼎之輕重。未可問也。〔疏〕卜世至七百○正義曰律歷志云周三十六王八百六十七年過卜數也○夏。楚人侵鄭。鄭卽晉故也。○宋文公卽位三年。殺母弟須及昭公子。武氏之謀也。武氏謀奉母弟須及昭公子以作亂事在文十八年使戴桓之族。攻武氏於司馬子伯之館。盡逐武穆之族。武穆之族。以曹師伐宋。秋。宋師圍曹。報武氏之亂也。○冬。鄭穆公卒。初。鄭文公有賤妾曰燕姞。姞南燕姓○姞其乙反又其吉反夢天使與己蘭。蘭香草〔疏〕夢天使與己蘭○正義曰夢言天者皆非天也此既言天使與己蘭卽云余爲伯儵伯儵卽非天也伯儵不得自稱爲天天不得變爲伯儵明是夢者恍惚之言耳成五年晉趙嬰夢天使謂己祭余余福女上天之神聰明正直寧當就淫亂之人降福以求食乎昭四年叔孫穆子夢天壓己弗勝號豎牛助而勝之若是上天之神寧當與豎牛爭力而不勝也明皆恍惚之言或別有邪神者不識而妄稱天耳夢曰。余爲伯儵。余而祖也。伯儵南燕祖○儵直留反以是爲而子。以蘭爲女子名○女音汝以蘭有國香。人服媚之如是。媚愛也欲令人愛之如蘭○媚亡冀反令力呈反旣而文公見之。與之蘭而御之。辭曰。妾不才。幸而有子。將不信。敢徵蘭乎。懼將不見信故欲計所賜蘭爲懷子月數公曰。諾。生穆公。名之曰蘭。文公報鄭子之妃。曰陳嬀。鄭子文公叔父子儀也漢律淫季父之妻曰報○嬀九危反生子華子臧。子臧得罪而出。出奔宋○臧作郎反誘子華而殺之南里。在僖十六年南里鄭地使盜殺子臧於陳宋之間。在僖二十四年又娶于江。生公子士。朝于楚。楚人酖之。及葉而死。葉楚地今

南陽葉縣。○毆，直蔭反。葉，式涉反。[疏]「朝于楚」。○正義曰：諸侯大子攝行父事稱朝，此公子士非大子亦稱朝者，以大子稱朝，故傳亦通言之，其實合稱聘耳。又娶于蘇，生子瑕、子俞彌。俞彌早卒。洩駕惡瑕，文公亦惡之，故不立也。洩駕，鄭大夫。○俞音愉，惡，烏路反，下同。公逐羣公子。公子蘭奔晉，從晉文公伐鄭。在僖三十年。○從，如字，又才用反。石癸曰：吾聞姬姞耦，其子孫必蕃。姞姓宜爲姬配耦。○癸，居揆反。蕃音煩，下同。姞，吉人也，后稷之元妃也。姞姓之女爲后稷妃，周是以興，故曰吉人。今公子蘭，姞甥也。天或啓之，必將爲君，其後必蕃。先納之，可以亢寵。亢，極也。○亢，苦浪反。與孔將鉏、侯宣多納之，盟于大宮而立之。大宮，鄭祖廟。○鉏，仕俱反。大音泰，注同。以與晉平。穆公有疾，曰：蘭死，吾其死乎，吾所以生也。刈蘭而卒。傳言穆氏所以大興於鄭，天所啓也。○刈，魚廢反。

經四年，春，王正月，公及齊侯平莒及郯。莒人不肯。公伐莒，取向。莒、郯二國相怨，故公與齊侯共平之。向，莒邑，東海承縣東南有向城，遠疑也。○郯音談。向，舒亮反。承，韋昭之饒反，一作丞，又音拯。○秦伯稻卒。無傳。未同盟。○稻，徒老反。○夏，六月，乙酉，鄭公子歸生弑其君夷。傳例曰：稱臣，臣之罪也。子公實弑，而書子家，罪其權不足也。○赤狄侵齊。無傳。○秋，公如齊。公至自齊。無傳。告于廟，例在桓二年。○冬，楚子伐鄭。

傳四年，春，公及齊侯平莒及郯，莒人不肯。公伐莒，取向，非禮也。平國以禮不以亂，伐而不治，亂也。責公不先以禮治之而用伐。○不治，直吏反。以亂平亂，何治之有？無治，何以行禮？○楚人獻黿於鄭靈公。穆公大子夷也。○黿音元。公子宋與子家將見。宋，子公也。子家，歸生。○見，賢遍反。子公之食指動。第二指也。[疏]「第二指」。○正義曰：大射禮云「右巨指鉤弦」，鄭玄云：「右巨指，右手大擘也。」又曰「設決朱極三」，鄭玄云：「極猶放也，所以韜指利放弦也。以朱韋爲之，三者，食指、將指、無名指。小指短，不用。」然則手之五指之名，曰巨指、食指、將指、無名指、小指也。定十四年傳「闔閭傷將指，取其一屨」，注云「其足大指見斬，遂失屨」，謂大指爲將指者，將者言其將領諸指也。足之用力大指爲多，手之取物中指最長，故足以大指爲將指，手以中指爲將指。其食指者，食所偏用，服虔云俗所謂嘘鹽指也。以示子家，曰：他日我如此，必嘗異味。及入，宰夫將解黿，相視而笑。公問之，問所笑。○解，如字，一音蟹。[疏]「黿」。○正義曰：說文云：「黿，大鼈也。」玄中要記曰：「千歲之黿能與人語。」子家以告。及食大夫黿，召子公而弗與也。欲使指動無效。○食音嗣。子公怒，染指於鼎，嘗之而出。公怒，欲殺子公。子公與子家謀先。先公爲難。○染，如琰反。先，悉薦反。難，乃旦反。子家曰：畜老猶憚殺之，六畜。○畜，許又反，注同。丞許六反。憚，徒旦反，難也。而況君乎？反譖子家，子家懼而從之。譖子家於公。夏，弑靈公。書曰：鄭公子歸生弑其君夷。權不足也。子家權不足以禦亂，懼譖而從弑君，故書以首惡。○禦，魚呂反。君子曰：仁而不武，無能達也。初稱畜老，仁也；不討子公，是不武也。故不能自通於仁道，而陷弑君之罪。凡弑君，稱君，君無道也；稱臣，臣之罪也。稱君，謂唯書君名而稱國以弑，言衆所共絶也。稱臣者，謂書弑者之名，以示來世，終爲不義。改殺稱弑，辟其惡名，取有漸也。書弑之義，釋例論之備矣。

[疏]「凡弑至之罪」。○正義曰：晉語云趙宣子曰：「大者天地，其次君臣。」則君臣之交，猶父子也。君無可弑之理，而云弑其君稱君，君無道者，弑君之人固爲大罪，欲見君之無道，罪亦合弑，所以懲創將來之君，兩見其義，非赦弑君之人以之爲無罪也。釋例曰：「天生民而樹之君，使司牧之，羣物所以繫命，故戴之如天，親之如父母，仰之如日月，事之如神明。其或受雪霜之嚴，雷電之威，則奉身歸命，有死無貳。故傳曰：『君，天也，天可逃乎？』此人臣所執之常也。然本無父子自然之恩，未無家人習翫之愛，高下之隔縣殊，壅塞之否萬端，是以居上者降心以察下，表誠以感之，然後能相親也。若亢高自肆，羣下絶望，情義圮隔，是謂路人，非君臣也。人心苟離，則位號雖有，無以自固。故傳例曰：『凡弑君，稱君，君無道也；稱臣，臣之罪稱。』君者，唯書君名而稱國稱人以弑，言衆之所共絶也。稱臣者，謂書弑者主名，以垂來世，終爲不義，而不可赦也。然君雖不君，臣不可以不臣，故宋昭之惡，罪及國人，晉荀林父討宋曰：何故弑君？猶立文公而還，深見貶削。懷諸賊亂以爲心者，固不容於誅也。若鄭之歸生、齊之陳乞、楚之公子比，雖本無其心，春秋之義亦同大罪，是以君子慎所以立也。諸侯不受先君之命而篡立，得與諸侯會者，則以成君書之，齊商人、蔡侯班之屬是也。若未得接於諸侯會，則不稱爵，楚公子棄疾殺公子比，蔡人殺陳佗，齊人殺無知，衛人殺州吁、公子瑕之屬是也。諸侯篡立，雖以會諸侯爲正，此列國之制也。至於國內，策名委質，即君臣之分已定，故殺不成君者，亦與成君同義。傳曰會于平州以定公位，又云若有罪則君列諸會矣，此以會爲斷也。經書趙盾弑君，而傳云靈公不君，又以明於例此弑宜稱君也。弑非趙盾，而經不變文者，以示良史之意，深責執政之臣。傳特見仲尼曰越竟乃免，明盾亦應受罪也。醫不三世，不服其藥，古之慎戒也。人子之孝，當盡心嘗禱而已，藥物之齊，非所習也。許止身爲國嗣，國非無醫，而輕果進藥，故罪同於弑。二者雖原其本心，而春秋不赦，蓋爲教之遠防也。楚靈無道於民，於例當稱國以弑，公子比首兵自立，楚衆散歸，而靈王縊死，故以比爲弑王也。比既得國，國人驚亂，棄疾從而扇之，比懼自殺，皆棄疾之由，故書公子棄疾殺公子比也。左氏義例止此而已，其餘小異，皆從赴也。」劉、賈、許、潁以爲君惡及國朝，則稱國以弑；君惡及國人，則稱人以弑。案傳鄭靈、宋昭經文異而例同，故重發以同之。子弑其父，又嫌異於他臣，亦重明其不異。既不碎別國之與人，而傳云莒紀公多行無禮於國，大子僕因國人以弑之，經但稱國不稱人，知國之與人雖言別而事一也。杜言小異從赴者，宋之蒙澤，楚之乾谿，俱是國內，而弑捷不書蒙澤；齊商人、衛州吁俱是公子，而州吁不稱公子。諸如此類，所有不同，皆從赴也。此弑君之例，有君罪臣罪之異，而諸侯出奔皆不書逐君之人以罪臣者，以君之見弑未必皆爲無道，故立臣罪之文以見君有無罪死者；國君而被臣逐，悉是不能固位，其罪皆在於君。故杜諸侯出奔例云：「諸侯奔者，皆迫逐而苟免，非自出也。仲尼之經，更沒逐者主名，以自奔爲文者，責其不能自安自固，所犯非徒所逐之臣也。蔡侯宋雖無罪，據其失位出奔，亦其咎也。」是說逐君無罪臣之文意也。

鄭人立子良。穆公庶子。辭曰：以賢則去疾不足，去疾，子良名。○去，起呂反，下皆同。以順則公子堅長。乃立襄公。襄公，堅也。○長，丁丈反。襄公將去穆氏，逐羣兄弟。而舍子良。以其讓己。○舍音赦，下同。子良不可，曰：穆氏宜存，則固願也。若將亡之，則亦皆亡，去疾何爲？何爲獨留。乃舍之，皆爲大夫。○初，楚司馬子良生子越椒。子文曰：必殺之。子文，子良之兄。是子也，熊虎之狀，而豺狼之聲；弗殺，必滅若敖氏矣。諺曰：狼子野心。是乃狼也，其可畜乎？子良不可。子文以爲大慼。及將死，聚其族，曰：椒也知政，乃速行矣，無及於難。且泣曰：鬼猶求食，若敖氏之鬼，不其餒而。而，語助。言必餒。○難，乃旦反。餒，奴罪反，餓也。及令尹子文卒，鬭般爲令尹，般，子文之子子揚。○般音班。子越爲司馬。蔿賈爲工正，譖子揚而殺之，子越爲令尹，己爲司馬。賈爲椒譖子揚，而已得椒處。○蔿，于委反。賈爲，于僞反。處，昌慮反。子越又惡之，惡賈。○惡，烏路反，注同。乃以若敖氏之族圄伯嬴於轑陽而殺之。圄，囚也。伯嬴，蔿賈也。轑陽，楚邑。○圄，魚呂反。嬴音盈。轑音遼。遂處烝野，將攻王。王以三王之子爲質焉，弗受。烝野，楚邑。三王，文、成、穆。○烝，之承反。質音致。師于漳澨。漳澨，漳水邊。○漳音章。澨，市制反。[疏]注「漳澨，漳水邊」。○正義曰：釋例云：「漳水出新城沶鄉縣，南至荆山，東南經襄陽、南郡當陽縣入沮。」爾雅水邊之名，唯有厓、涘、滸，無以澨爲水邊者。但此云漳澨，成十五年云決睢澨，睢、漳皆水名，舉水名而言澨，知澨是水邊也。秋，七月，戊

戊。楚子與若敖氏戰于皋滸。皋滸楚地。滸呼五反○伯棼射王。汰輈。及鼓跗。著於丁寧。伯棼越椒也輈車轅汰過也箭過車轅上丁寧鉦也。棼扶云反射食亦反下同汰他來反輈陟留反跗芳扶反著直畧反鉦音正〔疏〕及鼓跗著于丁寧。○正義曰車上不得置鎮箕以縣鼓故爲作跗若般之搯鼓也言著於丁寧則丁寧是器晉語云伐備鐘鼓聲其罪也戰以淳于丁寧儆其民也是丁寧戰之用也周禮鼓人以金錞和鼓鄭玄云錞淳于也其形圓如碓頭以金鐲節鼓鄭玄云鐲鉦也形如小鐘軍行鳴之以爲鼓節是錞即淳于鐲即丁寧故先儒皆以鐲爲鉦之別名丁寧即是鉦也又射。汰輈。以貫笠轂。兵車無蓋尊者則邊人執笠依轂而立以禦寒暑名曰笠轂此言箭過車轅及王之蓋。○貫古亂反笠音立轂古木反〔疏〕注兵車至之蓋。○正義曰服虔云笠轂轂之蓋如笠所以蔽轂上以禦矢也一曰車轂上鐵也或曰兵車旁幔輪謂之笠轂杜以彼爲不安故改之而爲此說亦是以意而言差於人情爲允耳師懼。退。王使巡師曰。吾先君文王克息。獲三矢焉。伯棼竊其二。盡於是矣。鼓而進之。遂滅若敖氏。初。若敖娶於䢵。䢵國名。○䢵本又作鄖音云〔疏〕王使至是矣。○正義曰此是彊軍人之心耳息有此矢矢當有法不得無人學作唯三而已且射中王車由射之工不由矢善若其由矢王國猶有一矢何不一發以取越椒生鬬伯比。若敖卒。從其母畜於䢵。畜養。○畜許六反淫於䢵子之女。生子文焉。䢵夫人使弃諸夢中。夢澤名江夏安陸縣城東南有雲夢城。○夢音蒙又亡貢反虎乳之。䢵子田。見之。懼而歸以告。告女私通所生○乳如主反遂使收之。楚人謂乳穀。謂虎於菟。故命之曰鬬穀於菟。以其女妻伯比。伯比所淫者。○穀如口反於音烏菟音徒妻七計反實爲令尹子文。鬬氏始自子文爲令尹其孫箴尹克黃。箴尹官名克黃子揚之子。○箴之金反使於齊。還及宋。聞亂。其人曰。不可以入矣。箴尹曰。弃君之命。獨誰受之。君。天也。天可逃乎。遂歸復命。而自拘於司敗。王思子文之治楚國也。曰。子文無後。何以勸善。使復其所。改命曰生。易其名也。○使於所吏反拘音俱〔疏〕注易其名。○正義曰言越椒之亂合誅絕其族今更存立故命曰生言應死而重生○冬。楚子伐鄭。鄭未服也。前年楚侵鄭不獲成故曰未服

春秋左傳注疏卷二十一挍勘記　阮元撰盧宣旬摘錄

附釋音春秋左傳注疏卷第二十一　宣元年盡四年宋本春秋正義卷第十六石經

春秋經傳集解宣上第十岳本宣字下增公字並盡十一年

宣公　宋本閩本監本毛本作宣公此本宣字上有春秋經傳集解六字從單注本誤增也顧炎武云石經文公宣公卷字更濫惡而成城字皆缺末筆案成城字文公卷不缺筆字亦有法炎武誤唯宣公卷字迹甚劣乃朱梁所補全忠祖名信父名誠故信作信成城作成城避嫌名也所存唐刻僅三之一凡唐諱皆如前卷

經元年

不貶絕以見罪　宋本罪下有惡字與昭元年公羊傳合

傳言新作延廄　監本廄作廐是俗字

内無貶于公之道　閩本監本毛本道下有也字從公羊傳增也

楚人執陳公子柖　〔補〕案各本柖作招與昭八年經傳合

六月齊人取濟西田　朱梁補刊石經濟誤齊

晉趙盾帥師救陳　補刊石經盾誤盾傳文同

冬晉趙穿帥師侵崇　補刊石經穿作穽誤崇公羊傳作柳釋文作宗云本亦作崇

傳元年

注諸侯至釋之　宋本以下正義二節揔入注文釋例論之備矣之下

遂不言公子替其尊稱　淳熙本公誤君替宋本岳本作替正義同

與彼亦不異也　宋本不作使是也

注胥甲至於險　宋本此節正義在先辛奔齊注下

皆取賂而還　正義云取賂而還書本或云取齊賂而還檢勘古本及杜注意並無齊字按或云非是

注文十至受賂　宋本此節正義在遂受盟於楚下

檢經傳全無魯討齊之事　宋本魯上有爲字是也

胥不足與也　補刊石經與誤与

楚人不禮焉　補刊石經禮改作礼

卒在文十二年　宋本岳本足利本二作三是也○今訂正

楚蔿賈救鄭　補刊石經救作救謬

四晉解揚　補刊石經誤作解楊

秦急崇　宋本此節正義在吾以求成焉節之下

吾以求成焉　補刊石經誤作以求

以報北林之役　補刊石經役誤役

故不競於楚　補刊石經競誤竸

經二年

得大夫生死皆曰獲例在昭二十三年　案傳元年注無得字例上有獲字餘並同

趙盾弒其君夷皐　顧炎武云石經弒誤作殺案石經此處乃朱梁補刻不足依據

傳二年

春鄭公子歸生受命于楚　補刊石經脫春字釋文作命于楚云本或作受命于楚非也案高注呂覽察微篇引作受命于楚釋文于作於臧琳云陸氏非之是也傳本無受字故注云受楚命若傳本作受命于楚則文義已明杜可無庸注矣

故傳特護之曰囚　纂圖本毛本特誤時

馘百人　補刊石經馘誤馘

戎昭果毅以聽之之謂禮　補刊石經毅誤作敎下文不誤

致果爲毅　補刊石經致誤殺

君子至毅也　宋本以下正義八節揔入役人曰節注下

致謂達之於赦殺彊也　宋本閩本監本毛本赦殺作敵殺是也

爾尚輔于一人　宋本毛本于作予不誤

與入鄭師　閩本監本與作與非也

以其私憾　石經此處缺釋文憾作感云本文作憾注同按釋文作感是也

文馬百駟　案今本說文引傳作馼馬百駟

叔牂如前言以顯　宋本淳熙本岳本足利本如作知不誤浦鏜正誤以作已案已以古多通用

謂歸國而來奔　宋本而下有言字是也盧文弨挍本作而曰來奔

于思多鬢之貌　釋文鬢又作鬚案惠棟云賈逵曰頭白貌毛詩瓠葉云有兔斯首鄭箋云斯白也今俗語斯白之字作鮮齊魯之間聲近斯正義曰服虔以于思爲白頭貌字雖異蓋亦以思聲近鮮故爲白頭也後漢書朱儁傳賊多髭者號于氏根注引杜注爲證案此則于爲須思爲白于思爲白須也

庳腳腳有三蹄　閩本監本毛本庳作痺腳腳毛本作脚脚乃俗字

黑色三角　監本三誤二

劉歆期交州記曰　宋本歆作欣記杭世駿改作志

去之夫其口衆我寡　陳樹華云林堯叟注云言此役夫然夫讀如字似未安一以去之二字爲句夫字屬下亦未妥不如三字連文夫作助語辭爲允也按以下六字爲句者是左傳凡云夫已氏夫先自敗也已言夫者皆指其人言也

卅爲號令尹　宋本淳熙本岳本纂圖本足利本作卅爲令尹無號字是也

失君道也　案後漢書王符傳注引注文失字上有不君二字以意增

厚斂以彫牆　釋文亦作彫云本亦作雕閩本監本毛本同注同案亦作雕用假借字

宰夫胹熊蹯不熟　案呂覽過理篇作臑熊蹯不熟李善注魏文帝名都篇亦引作臑枚乘七發云熊蹯之臑注引傳文亦同然說文云洏煑孰也則作胹者俗字作臑則更俗矣內則作濡亦是洏之誤熟岳本作孰宋本正義亦作孰是也

筥屬　宋本淳熙本翻岳本纂圖本閩本監本毛本岳本筥作莒非也

宰夫臑熊蹯　宋本以下正義十八節揔入爲公族大夫注下

寢門闢矣　補刊石經閩本監本毛本寢作寑非也

不忘恭敬民之主也　補刊石經恭作共民仍避唐諱缺筆

其右提彌明知之　釋文提作祇云本又作提後漢書郡國志引同案史記晉世家作示眯明索隱曰鄒誕生音示眯爲祁彌即左傳之提彌明蓋字異而音同

遂扶以下　釋文云舊本皆作扶房孚反服虔注作跣先典反云徒跣也今杜注本往往有作跣者正義亦云服虔本扶作跣注云趙盾徒跣而下走杜本作扶言扶盾下階也盧文弨云服本是也襄三年傳晉悼公懼魏絳之死亦跣而出皆是急迫不及納屨使然趙盾飲未至醉何假於扶明扶字誤也

言扶盾下階也　閩本監本毛本盾上衍趙字監本毛本也誤跣

公嗾夫獒焉　釋文云嗾服本作㖩正義曰服虔云嗾㖩也藏琳云依正義則服本亦作嗾但訓嗾爲㖩耳㖩字說文玉篇皆無至集韻始收毛本注疏作取不從口非也獒史記作敖

服虔云嗾㖩也　閩本監本毛本㖩作取段玉裁云此段宋本誤正義當云服虔本嗾作取注云取嗾也公乃嗾夫獒使之噬盾也

公乃㖩夫獒使之噬盾也　監本毛本㖩作嗾不誤

初宣子田於首山　案李善注叔元爲幽州牧與彭寵書引傳田作畋

舍于翳桑見靈輒餓　閩本監本毛本于作於餓作餞並非

今近焉　淳熙本今誤令

翳桑之餓人也　閩本監本餓誤餞

以示於朝　纂圖本閩本監本毛本示作視合於古文

烏呼我之懷矣　纂圖本閩本監本毛本足利本烏作嗚非也

自詒伊慼　惠棟云王肅曰此邶風雄雉之詩案今詩慼作阻惟小明詩作慼而上句又異王子雍或見三家之詩據以爲衛詩伊段玉裁按本作繄

書法不隱　宋本法作灋下爲法受惡同

公山不狃云　宋本狃作狃是也○今訂正

杖君之威　監本毛本杖作仗俗字

僕責於野以喪莊公　閩本監本責作貴亦非宋本毛本作賁是也○今訂正

其母夢神規其臀以黑曰　案宋本國語黑作墨

初麗姬之亂　釋文亦作麗閩本監本毛本作驪案麗驪字一耳

唯有悼公之弟揚干　毛本干作干非也

良由偪於六卿　毛本偪作逼案偪與逼同

子屬餘子之官　宋本子上有餘字

乃宦卿之適子而爲之田　此本初刊無子字後剜擠補刊石經宋本岳本亦無案昭廿八年正義詩汾沮洳正義並引作宦卿之適以爲公族亦無子字適釋文云又作嫡

餘子嫡子之母弟也　宋本淳熙本岳本嫡作適

下句趙盾　浦鏜正誤句作文

爲旄車之族則旄車之族即公行也　閩本監本毛本則旄車之族五字並脫

無餘子同者　宋本無下有與字

冬趙盾爲旄車之族　釋文亦作旄云一本作軞案詩汾沮洳箋作軞詩正義引傳亦作軞字按說文無軞字正義說以孑孑干旄建旄設旄則知孔本未嘗作軞也

經三年

傳三年

言牛至而祭　宋本此節正義在望郊之屬也節注下

舉動輕以明重也　宋本監本毛本無動字是也

郊之屬也　補刊石經屬作属非

及郔鄭及晉平　補刊石經宋本郔作延案說文郔字注云鄭地顧炎武云石經誤作延是也

郔鄭地　宋本郔作延非也

雒水出上雒冢領山　毛氏六經正誤引建本亦作上雒是也又云注疏及興國本作上洛足利本同按作洛者非古本也

楚子問鼎之大小輕重焉　補刊石經輕誤輕

不逢不若　惠棟云張平子西京賦云禁禦不若爾雅釋詁云若善也郭景純注引左傳曰禁禦不若今左傳作不逢不若案下傳云莫能逢之杜云逢遇也既云不逢又云莫逢文既重出且杜氏不應舍上句注下句此晉以後傳寫之譌案惠棟說是也

螭魅罔兩　釋文魅本又作彪兩本又作蛧鄭氏注周禮家宗人引作螭彪魍魎說文鼎字下引作螭魅蛧蜽段玉裁云螭者轉寫之譌字說文此字在厹部作离云山神獸形

螭山至水神　宋本以下正義三節揔入未可問也之下

莫能逢之　李善西京賦注引之作旃

民無災害　淳熙本災作灾

載祀皆年　釋文引注年下有也字

年取年穀一熟　宋本熟作孰

商紂暴虐　顧炎武云石經紂誤討案此乃明王堯惠謬刻也

有所厎止　補刊石經此處缺纂圖本閩本監本毛本厎作底顧炎武云五經無厎字皆是厎字今說文本作厎字下有一畫誤字當從氏段玉裁云此說非也凡氏聲之字在古音第十六支佳部凡氐聲之字在古音第十五脂微皆灰部厎本訓柔石經傳多借爲致凡字書韻書皆無作厎少下畫者惟唐開成石經五經文字广部厎誤作底广部厎致也不誤

武王遷之　武字上史記正義後漢書逸民傳注引杜注並有河南縣西有郟鄏陌八字又案水經注十五引杜氏釋地曰縣西南有郟鄏陌

武氏謀奉母弟須　宋本脫母字

夢天使與已蘭　宋本以下正義二節揔入刈蘭而卒注下已作已下同

余爲伯儵　宋本儵作儵釋文亦作儵非也案說文姞字注引作百鯈云黃帝之後姞姓

將不信　補刊石經此處信字未缺筆蓋書丹時偶忘避也

故欲討所賜蘭　宋本淳熙本岳本纂圖本毛本討作計是也閩本監本作託亦誤○今訂正

生子瑕　陳樹華云左傳作瑕瑕史記作瑕徐廣云一作瑕索隱曰音葭

經四年

東海承縣東南有向城　段玉裁依釋文承改丞

秋公如齊　顧炎武云秋誤作利案此處如齊下石經係補刊宋本岳本足利本有注文無傳二字諸本皆脫

在桓三年正　宋本淳熙本岳本足利本三作二不誤○今訂正

傳四年

第二指　宋本以下正義三節總入皆為大夫之下

相視而笑　岳本纂圖本閩本監本毛本笑作笑案石經凡笑字俱从竹从犬

權不足也　補刊石經權誤權

未無家人習翫之愛　宋本閩本毛本未作末是也○今訂正

謂書弒者主名　臧禮堂據注及隱四年正義改主作之是也

藥物之齊非所習也　閩本監本毛本齊作劑

故以比為弒王也　段玉裁挍本王作主

既不碎別國之與人　閩本監本毛本碎作辭

而傳云莒杞公多行無禮於國　宋本杞作紀是也○今依訂正

般子文之子子揚　閩本揚作楊非也

買為椒諸子揚　閩本監本為作爲非也

注漳澨漳水邊　宋本以下正義五節總入注文易其名也之下

汏輈及鼓跗　補刊石經宋本岳本作汏下同釋文亦作汏是也鼓毛本作鼔字正義同按汲古閣作鼔字皆从支與說文鼓與鼔同意者合今本說文篆體譌誤詳段玉裁說文讀

其形圜如碓頭　閩本監本毛本碓作確誤也

又射汏輈以貫笠轂　六經正誤云汏作汏轂作轂誤案汏字亦誤說見上轂說文云輻所湊也从車㱿聲釋文及石經各本並從隸省

尊者則邊人執笠　纂圖本閩本監本毛本邊作籩誤

差於人情為允耳　閩本監本毛本允作近

從其母畜於䢵　釋文於作于

䢵夫人使弃諸夢中　宋漢書班固敘傳作瞢中師古曰瞢雲瞢澤也引左傳作瞢中又云瞢與夢同案後漢書郡國志注引注文縣下無

江夏安陸縣城東南　城字

楚人謂乳穀謂虎於菟　閩本監本毛本謂作為非補刊石經誤作楚人謂乳為穀謂虎為於菟惠棟以為唐石經非也云漢書敘傳菟作擇如淳曰穀音構牛羊乳汁曰構師古曰穀讀如本字又音乃苟反擇或作菟並音塗廣雅作於䖘案穀當作穀說文子部云穀乳也說詳莊卅年釋文挍勘記

春秋左傳注疏卷二十一挍勘記

附釋音春秋左傳注疏卷第二十二　宣公五年盡十一年

杜氏注　孔穎達疏

經五年。春。公如齊。○夏。公至自齊。○秋。九月。齊高固來逆叔姬。高固齊大夫不書女歸降於諸侯（疏）注高固至諸侯○正義曰僖五年公孫茲如牟注云娶於牟也卿非君命不越竟故奉公命聘於牟因自為逆然則此高固亦是因來聘而自逆也此經書公孫茲如牟是以聘為文此高固以逆為文不言聘者此二者皆以非君之命不得越竟請君行聘而因自逆妻本意為逆不為聘也從魯而出私娶輕而君命重故書聘不書逆自外而來則嫁女重而受聘輕故書逆不書聘內外之異文耳諸侯嫁女於大夫則使大夫為之主而書於經者行禮為尊卑不敵故使大夫為主耳其女適他族以先公遺體許人必告於廟故書之耳嫁於諸侯者皆書其歸此不書歸者差降於諸侯也非齊夫人不得言歸於齊若言歸於齊高氏則下嫁於大夫非公之敵故不得書其歸也○叔孫得臣卒。無傳不書日公不與小斂○不與音預斂力驗反○冬。齊高固及子叔姬來。叔姬寧固反馬（疏）注叔姬寧固反馬○正義曰傳言來反馬也據高固為文耳嫌叔姬亦為反馬故辯之三者各有所為而且相隨行耳女既適人當稱夫族宋蕩伯姬是其事也叔姬已適高氏而猶言子叔姬者以其新歸於夫反馬乃成為婦今始來反馬故以父母之辭言之○楚人伐鄭。

傳五年。春。公如齊。高固使齊侯止公。請叔姬焉。留公強成昏○強其丈反○夏。公至自齊。書過也。公既見止連昏於鄰國之臣厭尊毀列累其先君而於廟行飲至之禮故書以示過○厭於涉反累劣偽反（疏）注公既至示過○正義曰凡公行還書至者往反無咎喜之而告廟也公如齊見止求與高固為昏方始得歸當以恥而不告亦復告廟飲至故依常書之以示過釋例曰凡反行飲至必以嘉會昭告祖禰有功則舍爵策勳無勳無勞告事而已若夫執止之辱厭尊毀列所以累其先君忝其社稷故當克躬罪已不以嘉禮自殄宣公如齊既已見止連昏於鄰國之臣而行飲至之禮故傳曰書過也言書過者書之以示公過也○秋。九月。齊高固來逆女。自為也。故書曰逆叔姬。即自逆也。適諸侯稱女適大夫稱字所以別尊卑也此春秋新例故稱書曰而不言凡也不於莊二十七年發例者嫌見逼而成昏因明之○自為於偽反別彼列反（疏）注適諸至明之○正義曰俱是外來逆女適諸侯諸侯遣臣來逆則稱逆女紀裂繻來逆女是也適大夫自來逆則稱所逆之字此高固來逆叔姬是也二文不同所以別尊卑也傳言卿自逆者別其與君逆也莊二十七年莒慶來逆叔姬文與此同不於彼發例者嫌此高固見迫而成昏與常例或異故因此以明其不異也○冬。來。反馬也。禮送女留其送馬謙不敢自安三月廟見遣使反馬高固遂與叔姬俱寧故經傳具見以示譏○廟見賢遍反下同使所吏反（疏）注禮送至示譏○正義曰禮送女適於夫氏留其所送之馬謙不敢自安於夫若彼出棄則將乘之以歸故留之也至三月廟見夫婦之情既固則夫家遣使反其所留之馬以示與之偕老不復歸也法當遣使不合親行高固因叔姬歸寧遂親自反馬與之俱來故經傳具見其事以示譏也儀禮昏禮者士之禮也其禮無反馬故何休據之作膏肓以難左氏言禮無反馬之法鄭玄荅之曰冠義云無大夫冠禮而有其昏禮則昏禮者天子諸侯大夫皆異也士昏禮云主人爵弁纁裳緇衣乘墨車從車二乘婦車亦如之此婦車出於夫家則士妻始嫁乘夫家之車也詩鵲巢云之子于歸百兩御之又曰之子于歸百兩將之將送也國君之禮夫人始嫁自乘其家之車也則天子諸侯嫁女留其乘車可知也高固大夫也來反馬則大夫亦留其車也禮雖散亡以詩之義論之大夫以上其嫁皆有留車反馬之禮留車妻之道也反馬婿之義也高固以秋九月來逆叔姬冬來反馬則婦入三月祭行乃反馬禮也是說禮有反馬之法唯高固不宜親行耳杜言三月廟見謂無舅姑者士昏禮婦至其夕成昏質明贊見婦於舅姑若舅姑既沒則婦入三月乃奠菜鄭玄云奠菜者祭菜也又記曰婦人三月然後祭行鄭玄云謂助祭也曾子問篇稱孔子曰三月而廟見稱來婦也擇日而祭於禰成婦之義也鄭玄云謂舅姑沒者也是舅姑沒者以三月而祭因以三月為反馬之節舅姑存者亦當以三月反馬也士昏禮又稱若不親迎則婦入三月然後婿見於妻之父母此高固親迎則不須更見故識其親反馬也案杜注經云叔姬寧固反馬傳唯舉反馬不言寧者以寧是常事唯反馬非禮故傳舉其非禮者。○楚子伐鄭。陳及楚平。晉荀林父救鄭伐陳。為明年晉衛侵陳傳

經六年。春。晉趙盾衛孫免侵陳。○夏四月。○秋。八月。螽。無傳○冬。十月。

傳六年。春。晉衛侵陳。陳即楚故也。○夏。定王使子服求后于齊。子服周大夫○秋。赤狄伐晉。圍懷及邢丘。邢丘今河內平皋縣晉侯欲伐之。中行桓子曰。使疾其民。驕則數戰為民所疾○數所角反以盈其貫。將可殪也。殪盡也貫猶習也○貫古患反注同殪於計反（疏）注殪盡至習也○正義曰釋詁云貫習也殪死也言其死盡故以殪為盡盈其貫者杜以為盈滿其心使貫習來伐劉炫云案尚書泰誓武王數紂之惡云商罪貫盈言紂之為惡如物在繩索之貫不得為習也今知不然者以詩稱射則貫兮先儒亦以為習故杜用焉義得兩通劉直以尚書之文而規杜過恐非也周書曰。殪戎殷。周書康誥也義取周武王以兵伐殷盡滅之（疏）周書曰殪戎殷○正義曰如杜所注戎訓為兵謂以兵伐殷而殪盡也殪字宜在下以周書本文故其字在上此類之謂也。為十五年晉滅狄傳○為于偽反下注同○冬。召桓公逆王后于齊。召桓公王卿士事不關魯故不書為成二年王甥舅張本○召上照反○楚人伐鄭。取成而還。九年十一年傳所稱厲之役蓋如此○鄭公子曼滿。與王子伯

廖語。欲爲卿。二子鄭大夫。曼音萬。廖力彫反伯廖告人曰。無德而貪。其在周易豐䷶離下震上豐之離䷝。豐上六變而爲純離也。周易論變，故雖不筮，必以變言其義。豐上六曰：豐其屋，蔀其家，闚其戶，闃其無人，三歲不覿，凶。義取無德而大其屋，不過三歲必滅亡。○蔀步口反，又普口反。闚古規反。闃苦鳴反。覿徒歷反。〔疏〕注豐上至滅亡○正義曰：豐卦震上離下，震爲動，離爲明，動而益明，豐大之義。豐卦上六變而爲純離之卦，故爲豐之離也。杜以筮得此卦爻變而爲彼卦，可言遇觀之否，遇坤之比耳，此直口語，不是揲蓍，而亦言豐之離者，周易論變爲義，故雖不筮，論易者必以變言其義，故言豐之離也。杜又引豐上六至不覿凶，皆周易之文也。王弼以爲上六以陰處極而最在外，不復於位，深自幽隱，絶跡深藏者也。蔀者覆鄣之物也。豐大其屋，又鄣蔽其家，闚之甚也。以甚闇而處大屋，不能久享其利，其屋雖大，其室將空，故窺其戶，而闃然無人也。經三歲而不能顯見則凶。伯廖引此者，義取無德而居乃屋，不過三歲必滅亡。○弗過之矣。不過三年間一歲。鄭人殺之。○間間厠之間

經七年。春。衛侯使孫良夫來盟。○夏。公會齊侯伐萊。傳例曰：不與謀也。萊國，今東萊黃縣。○萊音來。不與音預。〔疏〕衛侯至來盟○正義曰：文二年晉人以公不朝，使陽處父盟公以耻之，書曰及晉處父盟，去其族以厭耻也。然則公與大夫對盟，則爲耻辱。此良夫來盟無貶責者，彼公親朝晉，晉侯不與公盟，故遣大夫敵公，是爲耻辱。此不貶責者，其君不得親來，遣臣來與公盟，不對彼君，非爲耻也。○秋。公至自伐萊。無傳○大旱。無傳。書旱而不書雩，雩無功，或不雩。○冬。公會晉侯、宋公、衛侯、鄭伯、曹伯于黑壤。○壤如丈反

傳七年。春。衛孫桓子來盟。始通。且謀會晉也。公即位，衛始脩好。○好呼報反○夏。公會齊侯伐萊。不與謀也。凡師出。與謀曰及。不與謀曰會。與謀者，謂同志之國，相與講議利害，計成而行之，故以相連及爲文。若不獲已應命而出，則以外合爲文。皆據魯而言。師者，國之大事，存亡之所由，故詳其舉動以例別之。○不與音預，下及注與謀同。年末不與放此。應，應對之應。別，彼列反，下注同。〔疏〕凡師至曰會○正義曰：釋例曰：與謀者，同志之國，彼我之計未定，相與共謀，講議利害，計成而後行之，故以相連及爲文。不與謀而出師者，謂不得已而應命，故以外合爲文。皆據魯而言之也。公親會齊侯伐萊，而傳以師出示例，所以逼卿大夫師師者也。魯既春會于曹以謀伐鄭，夏遂起師，而更從不與謀之文者，厲公簒大子忽之位，謀而納之，非正，故諱不與謀之例。若夫盟主之合，則上行乎下，非匹敵和成之類，故雖或先謀，皆從不與謀之例。成八年晉士燮來聘，且言將伐郯，下云會伐郯是也。凡乞師者，深求過理之辭，執謙以偪成其計，故雖小國乞之於大國，大國乞之於小國，亦皆從不與謀之例，臧宣叔、郤錡是也。傳以師出爲例，是唯繫於戰伐，而劉、賈、許、潁濫以經諸及字爲義，本不在例，今欲強合之，所以多相錯伐也。杜言小乞大，大乞小者，僖二十六年公子遂如楚乞師，成二年臧宣叔如晉乞師，是小國乞於大國也。成十三年郤錡來乞師，十六年欒黶來乞師，十七年荀罃來乞師，十八年士魴來乞師，是大國乞於小國也。與謀者，心俱欲伐，彼此同謀。乞師者，非彼所欲，乞來爲已也。我乞彼者，彼不與我謀；彼乞我者，我不與彼謀。是故凡言乞者，皆從不與謀之例。宣叔是小乞大，郤錡是大乞小。除晉乞魯以外，更無大乞小者，故舉郤錡以辯乞小之事耳。晉是盟主，自是上行乎下，例無與謀之文，不由郤錡乞師乃從不與謀之例。○赤狄侵晉。取向陰之禾。此無秋字，蓋闕文。晉用桓子謀，故縱狄。○向舒亮反。〔疏〕注此無秋字蓋闕文○正義曰：苗秀乃名爲禾，夏則無禾可取，知此取必在秋。此無秋字，蓋闕文。○鄭及晉平。公子宋之謀也。故相鄭伯以會。冬。盟于黑壤。王叔桓公臨之。以謀不睦。王叔桓公，周卿士，銜天子之命以監臨諸侯，不同歃者，尊卑之別也。○相息亮反。歃所洽反，又所甲反。監古銜反。○晉侯之立也。在二年公不朝焉。又不使大夫聘。晉人止公于會。盟于黃父。公不與盟。以賂免。黃父即黑壤故黑壤之盟不書。諱之也。慢盟主以取執止之辱，故諱之。〔疏〕注慢盟至諱之○正義曰：昭十三年公會劉子、晉侯云云于平丘。八月甲戌，同盟於平丘，公不與盟。於時晉以讓憖弘多，不與公盟，公不得與，非國之耻，故書其同盟，而顯言不與。此時公實有罪，爲晉所執，不得與盟，是公之耻，故諱而不書其盟，若言諸侯實不盟，公無所可與然。

經八年。春。公至自會。無傳。義與五年書過同。〔疏〕注義與五年書過同○正義曰：彼執不以爲耻，而亦告廟，欲至故書之，以示過也。故杜云義與五年書過同。○夏。六月。公子遂如齊。至黃。乃復。無傳。蓋有疾而還。大夫受命而出，雖死以尸將事，遂以疾還，非禮也。〔疏〕注蓋有至禮也○正義曰：下言其卒，故疑有疾而還也。聘禮曰：賓入竟而死，遂也。若賓死未將命，則既斂于棺，造于朝，介將命。哀十五年傳曰：有朝聘而終，以尸將事之禮。是入所聘之竟，則當遂行。黃是齊竟，遂以疾還，非禮也。○辛巳。有事于大廟。仲遂卒于垂。有事，祭也。仲遂卒與祭同日，略書有事，爲繹張本。不言公子，因上行還，間無異事，省文，從可知也。稱字，時君所嘉，無義例也。垂，齊地，非魯竟，故書地。○大音泰，傳同。爲于僞反。省所景反。竟音境。〔疏〕注有事至書地○正義曰：有事，祭也者，謂禘祭也。釋例以昭十五年有事于武宮，傳稱禘于武公，則知此言有事亦是禘也。祭之日仲遂卒，不言禘而略言有事者，禘事得常，不云書禘，爲下繹祭張本耳。上言公子遂如齊，此言仲遂卒，不言公子者，此書有事爲仲遂卒而書之，與上相連，猶是一事，因上行還，間無異事，省公子之文，從可知也。衛氏難杜云：其間有辛巳有事于大廟，何得爲間無異事？秦氏釋云：有事于大廟，是爲仲遂卒起文，止是一事，故云間無異事也。既不書公子，而稱仲遂者，時君所嘉，故稱其字，非義例也。定五年傳季平子行東野，卒于房，房是魯地，卒於竟內，故不書其地。垂是齊地，非魯竟，故書地也。壬午。猶繹。萬入去籥。繹，又祭，陳昨日之禮，所以賓尸。萬，舞名。籥，管也。猶者，可止之辭。魯人知卿佐之喪不宜作樂，而不知廢繹，故內舞去籥，惡其聲聞。○去起呂反，注及傳同。籥羊略反。管音館。惡烏路反。聲聞音問，又如字。〔疏〕注繹又至聲聞○正義曰：繹，又祭，釋天文。孫炎云：祭明日尋繹復祭也。公羊傳曰：繹者何？祭之明日也。穀梁傳曰：繹者，祭之旦日之享賓也。天子諸侯謂之爲繹，少牢饋食禮也謂之賓尸。釋詁云：繹，陳也。是陳昨日之禮以賓尸也。公羊傳曰：萬者何？干舞也。籥者何？籥舞也。其言萬入去籥何？去其有聲者，廢其無聲者，知其不可而爲之也。可以已也。是萬爲舞名。禮明堂位曰：朱干玉戚，冕而舞大武。干，楯也。戚，斧也。此舞者左手執楯，右手執斧，故謂之干戚。王者以萬人服天下，故以萬爲名。詩云：碩人之言，左手執籥，右手秉翟。鄭玄云：籥如管，六孔。何休云：吹之以節舞。吹籥而舞謂之文舞。魯人知卿佐之喪不宜作樂，而不知廢繹，納舞去籥，惡其聲聞也。尋杜注意，不取公羊萬是干舞之義，則執羽吹籥是萬舞之名。又注隱五年亦直云萬舞也。下問羽數，則萬舞去籥惡其聲聞，是無干舞籥舞之別名也。沈氏問嘗禘郊社，籩簋既陳，天子崩，后之喪，廢，則卿喪不廢。繹是又祭，爲輕，故當廢之。○戊子。夫人嬴氏薨。無傳。宣公母也。○晉師、白狄伐秦。○楚人滅舒蓼。○秋。七月。甲子。日有食之。既。無傳。月三十日食。○冬。十月。己丑。葬我小君敬嬴。敬，謚。嬴，姓也。反哭成喪，故稱葬小君。〔疏〕注敬謚○正義曰：謚法夙夜敬事曰敬。○雨不克葬。庚寅。日中而克葬。克，成也。〔疏〕○雨……定十五年九月丁巳，葬我君定公，雨不克葬，戊午日下昃乃克葬。彼云乃，此云而者，公羊傳曰：而者何？難也。乃者何？難也。爲或言而，或言乃？乃難乎而也。何休云：難者，臣子重難也。得以正日葬其君，言乃，乃者內而深；言而，而者外而淺。下昃日晚久，故言乃。左氏無傳，杜又不說，或如公羊之言，或是史家異辭。○城平陽。今泰山有平陽縣。○楚師伐陳。

傳八年。春。白狄及晉平。夏。會晉伐秦。經在仲遂卒下，從赴。晉人獲秦諜。殺諸絳市。六日而蘇。蓋記異也。○諜徒協反，間也，今謂之細作。絳古巷反。○有事于大廟。襄仲卒而繹。非禮也。○楚爲衆舒叛。故伐舒蓼。滅之。舒蓼，二國名。○爲于僞反。〔疏〕注舒蓼二國名○正義曰：舒蓼二國名者，蓋轉寫誤，當云一國名。釋例土地名有舒、羣舒、舒蓼、舒庸、舒鳩，以爲五國，與文五年滅蓼同。蓋蓼滅後更復，故楚今更滅之。劉炫以杜爲一國而規之，非也。楚子疆之。正其界也。○疆居良反。○及滑汭。滑，水名。○滑于八反。汭如銳反，一音如悅反。盟吳越而還。吳國，今吳郡。越國，今會稽山陰縣也。傳言楚彊，吳越服從。○會古外反。稽古兮反。疆其良反。〔疏〕盟吳越而還○正義曰：譜云：吳，姬姓，周大王之子大伯、仲雍之後。大伯、仲雍讓其弟季歷，而去之荊蠻，自號句吳。

工夷言發聲也大伯無子而卒仲雍嗣之當武王克殷而因封其曾孫周章於吳爲吳子又別封章弟虞仲於虞自大伯五世而得封十二世而晉滅虞虞滅而吳始大至壽夢而稱王壽夢以上世數可知而不紀其年壽夢元年魯成公之六年也夫差十五年獲麟之歲也二十三年魯哀公之二十二年而越滅吳越姒姓其先夏后少康之庶子也封於會稽自號於越於者夷言發聲也濱在南海不與中國通後二十餘世至於允常魯定公五年始伐吳允常卒子句踐立是爲越王越王元年魯定公之十四年也魯哀公二十二年句踐滅吳霸中國卒春秋後七世大爲楚所破遂微弱矣外傳曰芊姓夔越是越本楚之別封也或非夏后之後也○晉胥克有蠱疾。惑以喪志。○蠱音古。喪息浪反郤缺爲政。代趙盾秋。廢胥克。使趙朔佐下軍。朔盾之子代胥克爲成十七年胥童怨郤氏張本○冬。葬敬嬴。旱無麻。始用葛茀。記禮變之所由茀所以引柩殯則有之以備火葬則以下柩○茀方勿反引柩索也柩其又反〔疏〕注記禮至下柩○正義曰禮記諸言自某始者皆與後人爲始此云始用葛茀則自此以後常用葛故云記禮變之所由茀字禮或作綍或作紼綍繩之別名也周禮遂人大喪屬六紼天子用六也喪大記君葬用四紼大夫士葬用二紼是紼者所以引柩也於殯則已有之繫於輴車以備火災有災則引柩以辟火及葬則用之以下柩也雨不克葬。禮也。禮，卜葬先遠日。辟不懷也。懷思也〔疏〕雨不至懷也○正義曰曲禮云凡卜筮日旬之外曰遠某日旬之內曰近某日喪事先遠日吉事先近日鄭玄云喪事葬與練祥也吉事祭祀冠取之屬也然則遠近日先卜上旬不吉卜次旬又不吉卜下旬喪事則先卜下旬卜葬先卜遠日辟不思念其親似欲汲汲而早葬之也今若冒雨而葬亦是不思其親欲得早葬故舉卜葬先遠日以證爲雨而止禮也王制云庶人葬不爲雨止者鄭玄云雖雨猶葬禮儀少也○城平陽。書時也。○陳及晉平。楚師伐陳。取成而還。言晉楚爭強

經九年。春。王正月。公如齊。無傳公至自齊。無傳○夏。仲孫蔑如京師。○齊侯伐萊。無傳○秋。取根牟。根牟東夷國也今瑯邪陽都縣東有牟鄉○八月。滕子卒。未同盟○九月。晉侯、宋公、衛侯、鄭伯、曹伯會于扈。○晉荀林父帥師伐陳。○辛酉。晉侯黑臀卒于扈。卒於竟外故書地四與文同盟九月無辛酉日誤○竟音境〔疏〕注卒於至日誤○正義曰釋例扈是鄭地故云卒於竟外黑臀以二年始立而云四與文同盟者杜注春秋又爲釋例前後經傳勘當備盡豈晉侯二年始立不于文公之世而云四與文同盟必是後寫之誤蘇氏亦以爲然劉炫以此規杜非也其君卒或書地或不書地皆從赴今云卒於竟外故書地者晉侯實在竟外卒非以爲例也劉炫云襄七年鄭伯髡頑卒於鄵昭二十五年宋公佐卒于曲棘竟內亦書地非竟外九月無辛酉者下有十月癸酉杜以長厤推之癸酉是十月十六日無辛酉在前十二日耳故云九月無辛酉上有八月下有十月非月誤也○冬。十月。癸酉。衛侯鄭卒。無傳三與文同盟〔疏〕注三與文同盟○正義曰鄭父燬以僖二十五年卒鄭代立其年盟于洮二十六年于向二十八年于踐土文七年于扈十四年於新城唯二與文同盟云三者以二三字體相近轉寫之誤耳若其不然杜無容不委劉炫以此規杜非也○宋人圍滕。○楚子伐鄭。○晉郤缺帥師救鄭。○陳殺其大夫洩冶。洩冶直諫於淫亂之朝以取死故不爲春秋所貴而書名○洩息列反冶音也〔疏〕注洩冶至書名○正義曰文八年宋人殺其大夫司馬貴之而不名此書洩冶之名是不爲春秋所貴故書名傳稱臣者所以治煩去惑是以伏死而爭則直諫者臣之盡忠之事洩冶忠諫而死不爲春秋所貴者釋例曰魯哀之可諫者甚衆未聞仲尼之苦言至於陳恒弑其君孔子沐浴而朝告於哀公求討不義顯事施舍足以致益者固人臣之所當造膝也若乃情色之惑君不能得之於臣父不能得之於子臣子而欲顯直於其君父適所以益謗而致罪也陳靈公宣淫悖德亂倫志同禽獸非盡言所救洩冶進無匡濟遠策退不危行言孫安昏亂之朝慕匹夫之直忘蘧氏可卷之德死而無益故經同罪賤之文傳特稱仲尼以明之忠爲令德非其人猶不可況不令乎此其義也是說不以貴洩冶之意也然則比干諫紂而死孔子稱殷有三仁焉善比干者家語云子貢曰陳靈公君臣宣淫於朝洩冶諫而殺之是與比干諫死同可謂仁乎孔子曰比干於紂親則諸父官則少師忠款之心在於存宗廟而已固當以必死爭之冀身死之後紂當悔悟本志存於仁者也洩冶之於靈公位在大夫無骨肉之親懷寵不去仕於亂朝以區區之身欲止一國之淫昏死而無益可謂狷矣詩云民之多辟無自立辟其洩冶之謂乎是言洩冶之行不得同於比干之意也

傳九年。春。王使來徵聘。徵召也言周徵也徵聘不書微加諷諭不指斥○諷芳鳳反夏。孟獻子聘於周。王以爲有禮。厚賄之。○賄呼罪反字林音悔○秋。取根牟。言易也。○易以豉反○滕昭公卒。爲宋圍滕傳○會于扈。討不睦也。謀齊陳陳侯不會。前年與楚成故晉荀林父以諸侯之師伐陳。不書諸侯師林父帥之無將帥○將子匠反帥所類反〔疏〕注不書至將帥○正義曰僖二十八年晉侯齊師宋師秦師及楚人戰於城濮彼注云宋公齊國歸父秦小子憖既次城濮以師屬晉不與戰也彼以師屬晉而經書其師此全不書者彼雖公卿不行仍有大夫帥師之將卑師衆故稱師耳此則全無將帥以兵付晉幷入晉軍林父獨自帥之故唯書林父伐陳也晉侯卒于扈。乃還。○冬。宋人圍滕。因其喪也。○陳靈公與孔寧、儀行父通於夏姬。皆衷其衵服。以戲于朝。二子陳卿夏姬鄭穆公女陳大夫御叔妻衷懷也衵近身衣○夏戶雅反衷音忠王丁仲反衵女乙反一音汝栗反說文云日日所衣裳也字林同又云婦人近身內衣也仁一反御如字一音魚呂反近附近之近洩冶諫曰。公卿宣淫。民無效焉。宣示也○效戶教反且聞不令。君其納之。納藏衵服○聞如字一音問公曰。吾能改矣。公告二子。二子請殺之。公弗禁。遂殺洩冶。孔子曰。詩云。民之多辟。無自立辟。其洩冶之謂乎。辟邪也辟法也詩大雅言邪辟之世不可立法國無道危行言孫○禁居鴆反又音金多辟本又作僻匹亦反注同立辟婢亦反注同邪似嗟反下同行下孟反孫音遜○楚子爲厲之役故。伐鄭。六年楚伐鄭取成於厲既成鄭伯逃歸事見十一年○爲于僞反見賢遍反○晉郤缺救鄭。鄭伯敗楚師于柳棼。柳棼鄭地○柳力手反棼扶云反國人皆喜。唯子良憂曰。是國之災也。吾死無日矣。自是晉楚交兵伐鄭十二年卒有楚子入鄭之禍

經十年。春。公如齊。公至自齊。無傳○齊人歸我濟西田。元年以賂齊也不言來公如齊因受之○濟子禮反○夏四月。丙辰。日有食之。無傳不書朔官失之○己巳。齊侯元卒。未同盟而赴以名○齊崔氏出奔衛。齊略見舉族出因其告辭以見無罪○見賢遍反下同〔疏〕注齊略至無罪○正義曰崔杼有寵於惠公惠公既薨高國二家恐其藉前世之寵又有寵於新君故畏其偪己因君薨而逐之崔杼未有罪也齊人疑其事故不言其名略言崔氏見其舉族出奔耳及仲尼脩之大夫出奔無罪不名卽因無罪故因告稱氏而書氏次見無罪若貴之或稱官或稱字如司城子哀之類是也○公如齊。五月。公至自齊。無傳○癸巳。陳夏徵舒弒其君平國。徵舒陳大夫也靈公惡不加民故稱臣以弒○夏戶雅反○六月。宋師伐滕。○公孫歸父如齊。葬齊惠公。無傳歸父襄仲之子○晉人、宋人、衛人、曹人伐鄭。鄭及楚平故○秋。天王使王季子來聘。王季子者公羊以爲天王之母弟然則字季子天子大夫稱字〔疏〕注王季至稱字○正義曰公羊傳曰王季子者何天子之大夫也其稱王季子何貴也其貴奈何母弟也是公羊以爲天王之母弟也母弟而稱季子然則字季子也天子大夫例稱字襄三十年天王殺其弟佞夫母弟稱弟此不言王弟者釋例云朝聘盟會嘉好之事此見弟之篤睦非義例之所興故仍舊史之策或稱弟或稱公子是由義無所見故因其舊文其相殺害乃稱弟以示義耳○公孫歸父帥師伐邾。取繹。繹邾邑魯國鄒縣北有繹山○繹音亦〔疏〕注繹邾至繹山○正義曰文十三年傳稱邾遷于繹則繹爲邾之都矣更別有繹邑今魯伐取之非取邾之都也亦因繹山爲名蓋近在邾都之旁耳○大水。無傳○季孫行父如齊。○冬。公孫歸父如齊。齊侯使國佐來聘。既葬成君

故稱君命使也。○饑。無傳有水災嘉穀不成。楚子伐鄭。

傳十年。春。公如齊。齊侯以我服故。歸濟西之田。公比年朝齊故。○夏。齊惠公卒。崔杼有寵於惠公。高國畏其偪也。高國二家齊正卿。杼直呂反。偪彼力反。公卒而逐之。奔衛。書曰崔氏。非其罪也。且告以族。不以名。典策之法告者皆當書以名今齊特以族告夫子因而存之以示無罪又言且告以族不以名者明春秋有因而用之不皆改舊史。〔疏〕注典策至改舊。○正義曰傳言且告以族不以名知法當以名告而齊人誤以族告也釋例云若乃稱司城以貴效節於府人書歸父之還以善復命於介因齊人告辭以著其無罪蓋隨事以示褒貶也傳既云書曰崔氏以明非罪復云且告以族不以名知典策之書舊當以名通也齊國雖繆以族告適合仲尼新褒之實因而不革以示無罪且明春秋之作或因仍舊史成文不必皆有改也何休膏肓以爲公羊譏世卿而難左氏蘇氏釋云崔杼祖父名不見經則知非世卿且春秋之時諸侯擅相征伐猶尚不譏世卿雖曰非禮夫子何由獨責又鄭駁異義引書世選爾勞又引詩刺幽王絕功臣之世然則興滅繼絕王者之常譏世卿之文其義何在。凡諸侯之大夫違。違奔放也。〔疏〕注違奔放也。○正義曰釋例曰迫窘而奔及以禮見放俱去其國故傳通以違爲文是言違兼奔放也。告於諸侯曰。某氏之守臣某。上某氏者姓下某名。○守手又反。〔疏〕注上某至某名。○正義曰若言崔氏之守臣杼也大夫受氏常世守宗廟故謂之守臣言守宗廟之臣也僖十二年管仲云天子之二守高國在彼謂天子命之爲守國之臣與此異也知此異於彼者豈天子命者出奔乃得告於諸侯餘臣出奔不得告也且下句云失守宗廟如守臣謂宗廟之臣非守國也天子賜姓諸侯賜族對文則姓與族別散文則可以通禮謂族人爲庶姓故云上某出者姓其實正是族也。失守宗廟。敢告。所有玉帛之使者則告。玉帛之使謂聘。○之使所吏反。〔疏〕注玉帛之使謂聘。○正義曰聘禮執玉致命執帛致享故云玉帛之使謂聘也下注云恩好不接故亦不告又昭二十年曹公孫會自鄸出奔宋注云嘗有玉帛之使來告故書則杜意以爲奔者之身嘗有玉帛之使於彼國已經相接則告之若奔者未嘗往聘恩好不接則不告唯告奔者嘗聘之國餘不告也劉炫以爲玉帛之使謂國家有交好之國皆告非指奔者之一身。不然則否。恩好不接故亦不告。○好呼報反。○公如齊奔喪。公親奔喪非禮也公出朝會奔喪會葬皆書如不言其事史之常也。○陳靈公與孔寧儀行父飲酒於夏氏。公謂行父曰。徵舒似女。對曰。亦似君。徵舒病之。靈公卽位於今十五年徵舒已爲卿年大無嫌是公子蓋以夏姬淫放故謂其子爲似以爲戲。○夏戶雅反。女音汝。公出。自其廄射而殺之。二子奔楚。○廄居又反。射食亦反。○滕人恃晉而不事宋。六月。宋師伐滕。○鄭及楚平。前年敗楚師恐楚深怨故與之平。諸侯之師伐鄭。取成而還。○秋。劉康公來報聘。報孟獻子之聘。卽王季子也。其後食采於劉。○師伐邾。取繹。爲子家如齊傳。○季文子初聘于齊。齊侯初卽位。○冬。子家如齊。伐邾故也。魯侵小恐爲齊所討故往謝。國武子來報聘。報文子也。○楚子伐鄭。晉士會救鄭。逐楚師于潁北。潁水出河南陽城至下蔡入淮。〔疏〕注潁水至入淮。○正義曰釋例曰潁水出河南陽城縣陽乾山東南經潁川汝陰至淮南下蔡縣入淮也。諸侯之師戍鄭。鄭子家卒。鄭人討幽公之亂。斲子家之棺。而逐其族。以四年弑君故也。斲薄其棺不使從卿禮。○斲竹角反。〔疏〕注以四至卿禮。○正義曰喪大記云君大棺八寸屬六寸椑四寸上大夫大棺八寸屬六寸下大夫大棺六寸屬四寸士棺六寸然則子家上大夫棺當八寸今斲薄其棺不使從卿禮耳不知斲薄之使從何禮也。改葬幽公。諡之曰靈。〔疏〕幽公。○正義曰諡法動靜亂常曰幽。

經十有一年。春。王正月。○夏。楚子、陳侯、鄭伯、盟于辰陵。楚復伐鄭故受盟也辰陵陳地潁川長平縣東南有辰亭。○復扶又反下復封陳同。○公孫歸父會齊人伐莒。無傳。○秋。晉侯會狄于欑函。晉侯往會之故以狄爲會主欑函狄地。○欑才端反。函音咸。〔疏〕注晉侯至狄地。○正義曰凡諸侯聚會不與者皆歷序諸國云會于某地上盟于辰陵卽其事也狄從諸夏序列亦然僖三十年齊人狄人盟于邢是也此異於彼而云晉侯會狄是狄在彼地晉往會之故傳說晉大夫欲召狄郤成子勸其勤是晉侯自往故以狄爲會主成十五年會吳于鍾離襄十年會吳于柤其意與此同。○冬。十月。楚人殺陳夏徵舒。不言楚子而稱人討賊辭也。〔疏〕注不言至辭也。○正義曰討賊辭者言弑君之賊人人皆欲殺之作舉國共殺之文故不言楚子也襄二十七年衛人殺其大夫甯喜亦是討賊但衛人自殺其臣故稱大夫徵舒非楚之臣不得言殺其大夫諸侯殺及執他國之臣皆不言某國大夫者以人臣卑賤故沒其爵號而空書名氏。○丁亥。楚子入陳。楚子先殺徵舒而欲縣陳後得申叔時諫乃復封陳不有其地故書入在殺徵舒之後。〔疏〕注楚子至之後。○正義曰案傳楚子爲陳討夏氏亂遂入陳殺夏徵舒轘諸栗門此經先書殺徵舒後書入陳者據先後事實爲文故杜注云楚子先殺徵舒而欲縣陳後得申叔時諫乃復封陳不有其地故書入在殺徵舒之後是其事也劉炫云楚子入陳乃殺徵舒經先書殺徵舒後言入陳者以楚子本意止欲討賊無心滅陳及殺徵舒滅陳爲縣後得申叔時諫乃復封陳於例不有其地故云入陳言楚人既殺徵舒楚子乃復入陳納二子於陳入陳之文爲下納張本傳云書曰入陳納公孫寧儀行父于陳書有禮也入納連文是入爲納也昭八年楚師滅陳執公子招放于越殺陳孔奐彼心欲滅陳此則王爲討賊無心滅陳而復封之君子善其自悔故退入陳於下隱其縣陳之過若其不然當云楚子入陳殺夏徵舒如此則楚子本爲入陳因入乃討陳賊則是惡楚子故書入在殺徵舒之後。納公孫寧儀行父于陳。二子淫昏亂人也君弑之後能外託楚以求報君之讎內結強援於國故楚莊得平步而討陳除弑君之賊於時陳成公播蕩於晉定亡君之嗣靈公成喪賊討國復功足以補過故君子善楚復之。○播補賀反。蕩如字。〔疏〕注二子至復之。○正義曰二子與君淫昏致使君死國亂實罪人也今楚子入陳而納之乃是納罪人也例應罪楚子而傳言書曰入陳納公孫寧儀行父于陳書有禮也既善楚子有禮則是恕彼之過故杜迹其合恕之由言賊討國復是二子之力其功足以補過故君子善楚復之賈逵云二子不繫之陳絕於陳也惡其與君淫故絕之善楚有禮也案子糾捷菑皆不繫國自是例之常賈說非也釋例云賈氏依放穀梁云稱納者內難之辭納公孫寧儀行父于陳言書有禮不可言內難也陳縣而見復上下交驩二人雖有淫縱之闕今道楚臣陳賊討君葬威權方盛傳稱其禮理無所難此先儒說之不安也杜言於時陳成公播蕩於晉者此傳云陳侯在晉襄二十五年傳云夏氏之亂成公播蕩是也

傳十一年。春。楚子伐鄭。及櫟。子良曰。晉楚不務德而兵爭。與其來者可也。晉楚無信。我焉得有信。乃從楚。夏。楚盟于辰陵。陳鄭服也。傳言楚與晉狎主盟。○櫟力狄反。爭爭鬭之爭。焉於虔反。夏楚盟本或作楚子。○楚左尹子重侵宋。子重公子嬰齊莊王弟。王待諸郔。郔楚地。○郔音延。○令尹蔿艾獵城沂。艾獵孫叔敖也沂楚邑。○艾五蓋反。獵力涉反。沂魚依反。〔疏〕注艾獵孫叔敖。○正義曰服虔亦云艾獵爲賈之子孫叔敖也此年云令尹蔿艾獵明年云令尹孫叔敖明一人也世本艾獵爲叔敖之兄世本多誤本不必然。使封人慮事。封人其時主築城者慮事謀慮計功。○慮如字一音力於反廣雅云無慮都邑也。〔疏〕注封人至計功。○正義曰周禮封人凡封國封其四疆造都邑之封域者亦如之大司馬大役與慮事受其要以待考而賞誅鄭玄云慮事者封人也於有役司馬與之屬賦丈尺與其用人數也是封人主造城邑計度人數此云使封人故云其時主築城者慮事謀慮城築之事無則慮之訖則計功也史書多有無慮之語皆謂揆度前事也。以授司徒。司徒掌役。量功命日。命作日數。分財用。財用築作具。平板榦。榦楨也。○榦古旦反。亦作幹。楨音貞。〔疏〕注榦楨也。○正義曰釋詁云楨翰榦也舍人曰楨正也築牆所立兩木也翰所以當牆兩邊鄣土者也彼楨爲榦故謂榦爲楨謂牆之兩頭立木也板在兩旁鄣土者卽彼文榦也平板榦者等其高下使城齊也。稱畚築。量輕重畚盛土器。○畚音本。盛音成。程土物。爲作程限。○爲于僞反。又如字。〔疏〕稱畚築程土物。○正義曰畚者盛土之器築者築土之杵司馬法輦車所載二築是也稱畚築者量其輕重均負土與築者之力也程土物謂鍬钁畚輦之屬爲作程限備豫也。議

遠邇。均勞逸。略基趾。趾城足。略行也。趾音止。行下孟反。具餱糧。餱乾食也。○餱音侯。糧音良。乾食如字。一音嗣。本或作乾飯。度有司。謀監主。○度待洛反。監古銜反。事三旬而成。十日爲旬。不愆于素。不過素所慮之期也。傳言叔敖之能使民。○愆起虔反。○晉郤成子求成于衆狄。衆狄疾赤狄之役。赤狄潞氏最强。故服役衆狄。○潞音路。遂服于晉。秋。會于欑函。衆狄服也。是行也。諸大夫欲召狄。郤成子曰。吾聞之。非德莫如勤。非勤何以求人。能勤有繼。其從之也。勤則功繼之。詩曰。文王既勤止。詩頌文王勤以創業。○創初亮反。文王猶勤。況寡德乎。○冬。楚子爲陳夏氏亂故伐陳。十年夏徵舒弑君。○爲于僞反。謂陳人無動。將討於少西氏。少西徵舒之祖子夏之名。○少詩照反。疏注少西至之名。○正義曰。禮以王父字爲氏。徵舒以夏爲氏。知子夏是字。少西是名。言少西氏者。氏猶家也。言將討少西之家。遂入陳。殺夏徵舒。轘諸栗門。轘車裂也。栗門陳城門。○轘音患。因縣陳。滅陳以爲楚縣。陳侯在晉。靈公子成公午。申叔時使於齊。反。復命而退。王使讓之曰。夏徵舒爲不道。弑其君。寡人以諸侯討而戮之。諸侯縣公皆慶寡人。楚縣大夫皆僭稱公。○使所吏反。僭子念反。疏以諸侯討而戮之。○正義曰。經無諸侯。而云以諸侯討之。諸侯皆慶者。時有楚之屬國從行也。十二年邲之戰。經不書唐。而傳云唐侯爲左拒。昭十七年長岸之戰。經不書隨。而傳言使隨人守舟。明此時亦有諸侯。但爲楚私屬。不以告耳。女獨不慶寡人。何故。對曰。猶可辭乎。王曰。可哉。曰。夏徵舒弑其君。其罪大矣。討而戮之。君之義也。抑人亦有言曰。牽牛以蹊人之田。而奪之牛。抑辭也。蹊徑也。○女音汝。蹊音兮。徑古定反。牽牛以蹊者。信有罪矣。而奪之牛。罰已重矣。諸侯之從也。曰討有罪也。今縣陳。貪其富也。以討召諸侯。而以貪歸之。無乃不可乎。王曰。善哉。吾未之聞也。反之可乎。對曰。吾儕小人。所謂取諸其懷而與之也。叔時謙言小人意淺。謂譬如取人物於其懷而還之。爲愈於不還。○儕士皆反。輩也。乃復封陳。鄉取一人焉以歸。謂之夏州。州鄉屬。示討夏氏所獲也。○復扶又反。夏戶雅反。疏謂之夏州。○正義曰。謂之夏州者。討夏氏。鄉取一人以歸楚。而成一州。故謂之夏州。故書曰。楚子入陳。納公孫寧儀行父于陳。書有禮也。沒其縣陳本意。全以討亂存國爲文。善其復禮。疏注沒其至復禮。○正義曰。言入陳納人爲有禮也。直言入陳納人。是沒其縣陳本意。言陳國見存。入而納此人耳。是全以討亂存國爲文。所以善其得禮。○厲之役。鄭伯逃歸。蓋在六年。自是楚未得志焉。鄭既受盟于辰陵。又徼事于晉。爲明年楚圍鄭傳。十年鄭及楚平。既無其事。辰陵盟後。鄭徼事晉。又無端跡。傳皆特發以明經也。自厲之役。鄭南北兩屬。故未得志。九年楚子伐鄭。不以黑壤興伐。遠稱厲之役者。志恨在厲役。此皆傳上下相包通之義也。○徼古堯反。疏注爲明至義也。○正義曰。十年鄭及楚平。既無其事。謂經無之也。鄭徼事晉。又無端跡。亦謂經所無也。傳若不發此語。不知楚以何故明年忽然圍鄭。爲此特發此傳。以明後年圍鄭之經也。自厲役以來。鄭南北兩屬。不專心於楚。故楚未得志。而明年圍之。七年晉爲黑壤之會。鄭伯在焉。厲役在黑壤之前。九年傳言楚子爲厲之役故伐鄭。事在黑壤之後。而彼傳不以黑壤與伐。而遠稱厲之役者。楚子之志所恨在於厲役逃歸。不爲黑壤會晉故也。上指厲。下指辰陵。中包黑壤。此皆傳上下相包通之義也。

春秋左傳注疏卷二十二校勘記　阮元撰盧宣旬摘錄

附釋音春秋左傳注疏卷第二十二　宣公五年盡十一年

經五年

以先公還體許人　宋本公下有之字

叔孫得臣卒　淳熙本得誤傳

而且相隨行耳　宋本無且字

傳五年

連昏於鄰國之臣　纂圖本毛本鄰作隣俗字正義同

故書曰逆叔姬即自逆也　補刊石經宋本岳本纂圖本閩本監本毛本即作御是也

嫌見逼而成昏　宋本淳熙本逼作迫

不於彼發例者　閩本缺於字

三月廟見　淳熙本作庿古廟字

鄭元荅之曰　盧文弨荅作箴是也

緇衣　浦鏜正誤衣作袘案儀禮作袘

乃奠菜鄭元云非也　閩本監本毛本乃奠菜鄭作然後祭行

擇日而祭於禰　毛本於作于案曾子問作於

經六年

傳六年

注殪盡至習也　宋本以下正義二節揔入此類之謂也注下

冬召桓公逆王后于齊　補刊石經桓誤蘇

九年十一年傳所稱屬之役　纂圖本閩本監本毛本屬作屬亦非宋本淳熙本岳本足利本作厲是也

共在周易豐之離　顧炎武云石經離卦誤書作同人案碑乃宋梁補刊非唐刻也

注豐上至滅亡　宋本此節正義在鄭人殺之句下

故窺其戶　宋本閩本監本毛本窺作闚不誤

經七年

衛侯至來盟　宋本此節正義在衛侯使孫良夫來盟句下

使陽處父父盟公以恥之　宋本閩本監本毛本父字不重

傳七年

衛孫桓子來盟　毛本孫誤宋

厲公簒大子忽之位　閩本大作太案古太子字皆作大

故諱不與謀之例　宋本諱下有從字是也

臧宣叔郤錡是也　閩本監本臧誤減下同毛本郤作郄亦非下同

所以多相錯伐也　閩本監本毛本伐作亂案伐疑代字之誤

公會劉子晉侯云于平邱　宋本重云字山井鼎云當作云云是也

經八年

若賓死未將命　毛本賓作實誤

有事至書地　宋本以下正義二節揔入去籥注下

既不書公子而稱仲遂者　宋本閩本監本毛本書作稱

敬謚　宋本岳本毛本謚作諡注正義同案當作謚說見前

敬謚　宋本此條正義在注文克成也之下

謚法夙夜敬事曰敬　宋本敬事作勤事是也

戊午日下昊乃克葬　宋本昊作昃是也閩本監本作昃毛本作昃下並同○今訂作昃

傳八年

晉人獲秦諜殺諸絳市 顧炎武云絳誤終宋石經此處乃朱梁補刊

有事于太廟 補刊石經宋本淳熙本岳本足利本太作大是也石經空于字書丹時失寫也

舒蓼二國名 諸本作二陸粲云羅泌曰蓼與舒蓼別舒蓼皐陶之後偃姓若舒又是一國僖之三年滅矣杜氏分舒蓼爲二國名孔氏遂以爲即文五年楚所滅之蓼皆臆說也按陸粲云是

舒蓼二國名下 宋本以下正義二節揔入盟吳越而還注下

羣舒舒蓼 閩本監本毛本羣舒下空一字非也

劉炫以杜爲一國而規之非也 宋本一作二

郤缺爲政 毛本郤作卻非下同

胡盾之子代胥克 監本代作伐誤

注記禮至下柩 宋本以下正義二節揔入注文懷忌也之下

禮或作綍 監本綍作茀非

經九年

夏仲孫蔑如京師 宋本淳熙本岳本纂圖本蔑作蔑不誤補刊石經作蔑非

九月晉侯宋公衞侯鄭伯曹伯會于扈 補刊石經九月下有公會二字衍文

晉侯實在竟外卒 宋本晉上有據字

則少師忠款之心 閩本監本毛本款作欵是俗字

傳九年

言周徵也 淳熙本周作問非

夏孟獻子聘於周 石經宋本於作于

厚賄之 閩本監本賄誤賂

不書至將帥 宋本此節正義在乃還句下

秦小子慭 宋本慭作憖與說文合此本子誤七今訂正

陳靈公與孔寧儀行父通於夏姬 案鄭氏注禮運賈氏疏士喪禮引傳寧作寍補刊石經宋本於並作于是也下以戲于朝字唯纂圖本毛本作於

民無効焉 補刊石經宋本淳熙本岳本効作效是也釋文作傚

經十年

十二年卒有楚子入鄭之禍 淳熙本十二誤土字

己巳齊侯元卒 石經宋本淳熙本岳本纂圖本巳巳作己巳是也○今訂正

靈公惡不加民 淳熙本民作氏

今魯伐取之 監本毛本伐作仍非也

傳十年

不皆改舊史 宋本無史字案正義摘注作典策至改舊是無史字之明證

注典策至改舊下 宋本以下正義四節揔入不然則否注下

仲尼新褒之實 宋本新作所是也

凡諸侯之大夫違 石經宋本淳熙本岳本監本毛本並作侯此本閩本誤作倭今訂正

上某氏者姓下某名 宋本氏作出下某下有出者二字案正義曰故云上某出者姓似從宋本爲得也

豈天子命者出奔 閩本監本毛本豈作蓋非也

如守臣謂守宗廟之臣 宋本如作知是也盧文弨挍本作則依考文改

飲酒於夏氏 補刊石經宋本於作于

公出自其廄 纂圖本監本毛本廄作廐俗字

注潁水至入淮 宋本此節正義在諸侯之師戍鄭句下

諸侯之師戍鄭鄭子家卒 毛本空上七字纂圖本同何焯云宋本無諸侯之師戍鄭句今宋本皆有何焯所據似纂圖本也

經十一年

注以四至卿禮 宋本此節正義在改葬幽公謚之曰靈句下

潁川長平縣東南有辰亭 案惠棟云鄭氏曰今此亭在長平城西北長平縣在東南或杜氏不謬傳寫誤耳

故以狄爲會主 淳熙本狄誤秋

櫝函狄地 毛本櫝作擴非也

皆歷序諸國 宋本毛本歷作列

傳云書曰入陳 閩本監本毛本云作言

因入乃討陳賊 宋本閩本作乃監本毛本作方非

傳十一年

定亡君之嗣 淳熙本亡作二非也

傳言楚與晉狎主盟 纂圖本監本毛本主誤王

注艾獵孫叔敖下 宋本以下正義四節揔入不從于素注下

本不必然 閩本監本毛本不必作必不

慮事謀慮計功 宋本岳本足利本謀作無按正義當作無

財用築作具 閩本監本作作用

平板榦 釋文榦作幹云本亦作榦是也

楨幹楨也 宋本幹楨作翰榦是也案莊廿九年成二年皆作翰榦○今訂正

臥鄗土者 宋本作臥是也此本作郎誤閩本監本毛本作即亦非○今從宋本

即彼文榦也 宋本毛本作文閩本監本誤丈榦宋本作翰

謀監主 宋本主作王

注少西至之名下 宋本以下正義四節揔入書有禮也注下

夏徵舒爲不道弒其君 監本毛本改殺其

反之可乎對曰吾儕小人 閩本監本毛本脫對字

全以討亂存國爲大 宋本淳熙本岳本監本毛本大作文是也

善其復禮 岳本監本毛本復作得與正義合

注没其至復禮 監本毛本復作得

又徵事于晉 釋文徵作徼

上指厲 宋本厲下有役字

附釋音春秋左傳注疏卷第二十三　宣十二年

杜氏注　孔穎達疏

經十有二年，春，葬陳靈公。無傳。賊討國復，二十一月然後得葬。○夏六月乙卯，晉荀林父帥師及楚子戰于邲，晉師敗績。晉上軍成陳，故書戰。邲，鄭地。○邲，扶必反，一音弼。陳音直覲反。疏注「晉上」至「鄭地」。○正義曰：此一軍成陳，兩軍不成陳，成陳而楚者，雖少以戰爲文。案昭二十三年雞父之戰，六國成陳而楚不成陳，陳者多而以敗爲文者，六國雖衆，楚爲兵主，楚既未陳，故以獨敗爲文，與此異也。○秋七月。○冬十有二月戊寅，楚子滅蕭。蕭，宋附庸國。十二月無戊寅，戊寅，十一月九日。疏注「蕭宋」至「九日」。○正義曰：莊十二年宋萬弑閔公，蕭叔大心者，宋蕭邑之大夫也，平宋亂，立桓公，宋人嘉之，以蕭邑封叔爲附庸。莊二十三年蕭叔朝公，是其事也。此年楚子滅蕭。定十一年宋公之弟辰入于蕭以叛，則此後復爲宋邑也。杜以長厤校之，十二月無戊寅，戊寅乃是十一月九日。此不言月，誤。長厤云日月必有誤者，案傳稱師人多寒，若是十一月，則今之九月，未是寒時，當月是而日誤也。○晉人、宋人、衛人、曹人同盟于清丘。晉、衛背盟，故大夫稱人。宋華椒承羣僞之言，以誤其國，宋雖有守信之善，而椒猶不免譏。清丘，衛地，今在濮陽縣東南。○背，蒲對反，下注同。疏注「晉衛」至「東南」。○正義曰：傳云「盟曰：恤病討貳」。於楚而宋伐之，衛救陳，不討貳也；楚伐宋而晉衛不救，不恤病也。是晉衛背盟，故貶其大夫而稱人。曹是小國，貶與不貶俱當稱人，故不言曹也。明年傳稱君子曰「清丘之盟，唯宋可以免」，則宋不違盟而亦貶宋卿者，彼晉、衛、曹並皆僞妄，華椒承羣僞之言以誤其國，致使宋爲盟故伐陳，衛人救之，楚人討之，伐陳怒楚，被伐無救。宋雖有守信之善，而椒猶不免譏者，諸國失信而累及椒也。晉衛不信，乃在盟後，非是心欲不信而妄作此盟，當盟之時，未有不信之狀，在後違約，不可豫知，而亦并責椒者，君子結交，當擇善而從之，所與不善，必將敗德。椒與不信約盟，則是不信之黨，雖獨守信，并亦貶之，戒後之人使擇交也。宋師伐陳。衛人救陳。背清丘之盟。

傳十二年春，楚子圍鄭。旬有七日，鄭人卜行成，不吉；卜臨于大宮，臨，哭也。大宮，鄭祖廟。○臨，力鴆反，下注同。大宮音泰，注同。疏注「臨哭」至「祖廟」。○正義曰：案雜記「客致含賵訖，請臨」；襄十二年傳「吳子壽夢卒，臨於周廟」，故云臨，哭也。宮即廟也，象其尊貌則謂之爲廟，言其牆屋則稱之爲宮。大宮之大者，鄭祖廟者，謂鄭大祖之廟也。且巷出車，吉。出車於巷，示將見遷，不得安居。國人大臨，守陴者皆哭。陴，城上俾倪。皆哭，所以告楚窮也。○陴，婢支反，徐扶移反。俾，普計反。倪，五計反。疏注「陴城上俾倪」。○正義曰：陴，城上小牆，俾倪者，看視之名。襄六年晏弱圍萊，堙之環城，傅於堞，注云：堞，女牆也。又二十五年吳子門于巢，巢牛臣隱於短牆以射之。二十七年盧蒲嫳攻崔氏，崔氏堞其宮而守之，注云：堞，短垣也。陴、堞、俾倪、短牆、女牆、女垣，皆一物也。說文云：堞，城上女垣也。廣雅云：陴倪，女牆也。釋名云：城上垣曰陴，於其孔中俾倪非常，亦言陴，益也，助城之高也。或曰女牆，言其卑小，比之於城，如女子之於丈夫也。楚子退師。鄭人脩城，進復圍之，三月克之。哀其窮哭，故爲退師，而猶不服，故復圍之，九十日。○復，扶又反，注同。故爲，于僞反。疏注「哀其」至「十日」。○正義曰：杜以三月克之謂經三月方始克之，故云九十日也。知非季春克之者，下云六月晉師救鄭，及河聞鄭既及楚平，桓子欲還，是將欲至河，鄭猶未敗；至河聞敗，猶欲還師，在國聞敗，必不發。若是季春克之，不應此至六月而晉人不聞，以此知三月非季春也。經傳皆言春圍鄭，不知圍以何月爲始。圍經旬有七日，爲之退師，聞其脩城，乃復更進圍，三月方始克之，則從初以至於克，凡經一百二十許日，蓋以三月始圍，至六月乃克也。入自皇門，至于逵路。塗方九軌曰逵。○逵，求龜反。爾雅云：九達謂之逵。說文作馗，云九達道，似龜背，故謂之馗。逵或馗字。鄭伯肉袒牽羊以逆，肉袒牽羊，示服爲臣僕。○袒，徒旱反。曰：「孤不天，不爲天所佑。○佑音又。不能事君，使君懷怒以及敝邑，孤之罪也。敢不唯命是聽？其俘諸江南，以實海濱，亦唯命。其翦以賜諸侯，使臣妾之，亦唯命。翦，削也。○俘，方夫反，囚也。濱音賓。翦，子淺反。若惠顧前好，楚鄭世有盟誓之好。○好，呼報反，注同。徼福於厲、宣、桓、武，不泯其社稷，周厲王、宣王，鄭之所自出也。鄭桓公、武公，始封之賢君也。願楚要福于此四君，使社稷不滅。泯，猶滅也。○厲宣，鄭桓公友，周厲王之子，宣王之母弟。桓武，鄭武公名滑突，桓公之子。泯，彌忍反，徐亡軫反。要，於遙反。疏注「周厲」至「滅也」。○正義曰：鄭桓公是周厲王之子，宣王母弟，又宣王封之，故僖二十四年及此皆厲、宣並言之。桓公始封西鄭，武公始居東鄭，二公是始封之賢君。若其存鄭，則四君祐楚，故願楚要福於此四君，使社稷不滅。泯，滅也，釋詁文。使改事君，夷於九縣，楚滅九國以爲縣，願得比之。○九縣：莊十四年滅息，十六年滅鄧，僖五年滅弦，十二年滅黃，二十六年滅夔，文四年滅江，五年滅六、滅蓼，十六年滅庸。傳稱楚武王克權，使鬬緡尹之，又稱文王縣申、息，此十一國，不知何以言九。疏注「楚滅」至「比之」。○正義曰：楚滅諸國見於傳者，哀十七年稱文王縣申、息，莊六年稱楚滅鄧，十八年稱武王克權，僖五年滅弦，十二年滅黃，二十六年滅夔，文四年滅江，五年滅六，又滅蓼，十六年滅庸，凡十一國見於傳。僖二十八年傳曰「漢陽諸姬，楚實盡之」，則楚之滅國多矣。言九縣者，申、息定是其二，餘不知所謂。蘇氏、沈氏以權是小國，庸先屬楚，自外爲九也。君之惠也，孤之願也，非所敢望也。敢布腹心，君實圖之。」左右曰：「不可許也，得國無赦。」王曰：「其君能下人，必能信用其民矣，庸可幾乎？」退三十里而許之平。退一舍以禮鄭。○下，遐嫁反。幾音冀。疏「庸可幾乎」。○正義曰：庸，用也。幾讀如冀，言用可冀幸而得之乎？何必滅其國。潘尫入盟，子良出質。潘尫，楚大夫。子良，鄭伯弟。○尫，烏黃反。質音致。

○夏六月，晉師救鄭。荀林父將中軍，代郤缺。○將，子匠反，下及注並同。下尹將、將左、將右皆放此。先穀佐之，彘季代林父。○穀，戶木反，本又作㲉，音同。彘，直例反。疏注「彘季代林父」。○正義曰：服虔云食采於彘，彘或當然也。文十二年河曲之戰，荀林父佐中軍，臾駢佐上軍，欒盾將下軍，自爾以來，傳無其代。知先穀代林父，郤克代臾駢，趙朔代欒盾也。八年傳趙朔佐下軍，知欒書代趙朔也。案傳文皆稱彘子，今注云彘季者，勘諸書亦以彘子彘季爲一人，則杜君別有所據。書傳殘缺，不可得而知也。劉炫云傳文皆稱彘子，何以知是彘季，以穀非彘季以規杜。今知非者，杜以子爲男子之稱，季是幼小之辭，季之與子，是得通稱。子路或爲季路，舉其常稱謂之子，論其字謂之季，故公子友或稱季友，而劉以傳唯稱彘子無彘季而規杜，非也。士會將上軍，河曲之役郤缺將上軍，宣八年代趙盾爲政將中軍，士會代將上軍。郤克佐之。郤缺之子，代臾駢。○臾，滋朱反。駢，蒲邊反。趙朔將下軍，代欒盾。欒書佐之。欒盾之子，代趙朔。趙括、趙嬰齊爲中軍大夫。括、嬰齊，皆趙盾異母弟。鞏朔、韓穿爲上軍大夫。荀首、趙同爲下軍大夫。荀首，林父弟。趙同，趙嬰兄。○鞏，九勇反。韓厥爲司馬。韓萬玄孫。疏注「韓萬玄孫」。○正義曰：韓世家云：韓之先事晉，得封於韓原，曰韓武子。後三世有韓厥。世本云：桓叔生子萬，萬生求伯，求伯生子輿，子輿生獻子厥。史記所云武子，蓋韓萬也。如彼二文，厥是萬之曾孫，而服虔、杜預皆言厥韓萬玄孫，不知何所據也。及河，聞鄭既及楚平，桓子欲還，曰：「無及於鄭而勦民，焉用之？桓子，林父。勦，勞也。○勦，初交反，徐又子小反。焉，於虔反。楚歸而動，不後。」動兵伐鄭。隨武子曰：「善。武子，士會。會聞用師，觀釁而動。釁，罪也。○釁，許靳反。服云：間也。疏注「釁罪也」。○正義曰：釁訓爲罪者，釁是間隙之名，今人謂瓦裂、龜裂皆爲釁，既有間隙，故爲得罪也。德、刑、政、事、典、禮不易，不可敵也，不爲是征。言征伐爲有罪，不爲有禮。○爲，于僞反，注同。疏「德刑」至「是征」。○正義曰：既言觀釁而動，更說無釁之事。德、刑、政、事、典、禮，此六事行之不變易者，不可與之敵也。聖王之制，征伐者爲有罪者耳，不爲是六事不易行征伐也。此舉六事之目，下文歷說楚不易六事以充之。楚軍討鄭，怒其貳而哀其卑，叛而伐之，服而舍之，德、刑成矣。伐叛，刑也；柔服，德也：二者立矣。昔歲入陳，討徵舒。今茲入鄭，民不罷勞，君無怨讟，讟，謗也。○罷音皮。讟，徒木反。疏「君無怨讟」。○正義曰：讟，謗也。政有常則民不恨，故國君無人怨，無人謗。擊鼓怨州吁，鄭人謗子產，是有怨謗也。政有經矣。經，常也。荊、

尸而舉。荆楚也尸陳也楚武王始更爲此陳法遂以爲名○此陳直覲反下同商農工賈。不敗其業。而卒乘輯睦。步曰卒車曰乘○賈音古卒子忽反注同乘繩證反注皆同輯音集又七入反〔疏〕商農至其業。○正義曰齊語云公曰成民之事若何管子對曰四民者勿使雜處公曰處士工商農若何管子對曰昔聖王之制也處士就間燕處工就官府處商就市井處農就田野彼四民謂士農工商此數亦四無士而有賈者此武子意言舉兵動衆四者不敗其業發兵則以士從征不容復就間燕故不云士而分商賈爲二行曰商坐曰賈雖同是販賣而行坐異業發兵征伐四者悉皆不與故揔云不敗其業也事不奸矣。奸犯也○奸音干○爲敖爲宰。擇楚國之令典。宰令尹蔿敖孫叔敖○爲于委反〔疏〕注宰令至叔敖○正義曰周禮六卿大宰爲長遂以宰爲上卿之號楚臣令尹爲長故從他國論之謂令尹爲宰楚國仍別有大宰之官但位任卑耳傳稱大宰伯州犂是也楚國名上卿爲令尹者釋詁云令善也釋言云尹正也言用善人正此官也楚官多以尹爲名皆取其人正直也軍行。右轅。左追蓐。在車之右者挾轅爲戰備在左者追求草蓐爲宿備傳曰令尹南轅又曰改乘轅楚陳以轅爲主○蓐音辱挾胡牒反又古洽反一音古協反〔疏〕注在車至爲主○正義曰司馬法兵車一乘甲士三人步卒七十二人甲士在車不共碎役所言左右者分步卒爲左右也兵車一轅服馬夾之而言挾轅者步卒被分在右者當軍行之時又分之使在兩廂挾轅以爲戰備楚陳以轅爲主故以轅表車正是挾車嚴兵以備不虞也其應在左者使之追求草蓐令離道求草不近兵車也蓐謂臥止之草故云爲宿備也此是在道時然故云軍行右轅左追蓐至於對陳之時則各在車之左右故豫定左右之分在道分使之耳前茅慮無。慮無如今軍行前有斥候蹋伏皆持以絳及白爲幡見騎賊舉絳幡見步賊舉白幡備慮有無也茅明也或曰時楚以茅爲旌識○蹋徒臘反幡芳元反騎其寄反識申志反又音志〔疏〕注慮無至旌識○正義曰茅明也在前者明爲思慮其所無之事恐其卒有非常當預告軍中兵衆使知而爲之備也如今軍行謂當杜之時行軍有此法也前有斥候蹋伏者令人遠在軍前斥度候望慮有伏兵使蹋行之持以絳及白爲幡與軍人爲私號也曲禮曰前有水則載青旌前有塵埃則載鳴鳶前有車騎則載飛鴻前有士師則載虎皮前有摯獸則載貔貅其事與此見賊舉幡相似也茅明釋言文舍人曰茅昧之明也中權。後勁。中軍制謀後以精兵爲殿○勁吉政反殿丁練反百官象物而動。軍政不戒而備。物猶類也戒勑令〔疏〕注物猶至勑令○正義曰類謂旌旗畫物類也百官尊卑不同所建各有其物象其所建之物而行動軍之政教不待約勑號令而自備辨也周禮大司馬中秋教治兵辨旗物之用王載大常諸侯載旂軍吏載旗師都載旜鄉遂載物郊野載旐百官載旟鄭玄云軍吏諸軍帥也師都遂大夫也鄉遂鄉大夫也或載旜或載物衆屬軍吏無所將也郊謂鄉遂之州長縣正以下野謂公邑大夫載旐者以其將羨卒也百官卿大夫也載旟者以其屬衞王也凡旌旗有軍衆者畫異物無者帛而已是其尊卑所建各有物類也案春官司常職云及國之大閱贊司馬頒旗物王建大常諸侯建旂孤卿建旜大夫士建物師都建旗州里建旟縣鄙建旐道車載旞斿車建旌俱是周禮而所建不同者大司馬所云中秋教治兵之法司常所云中冬教大閱之法鄭玄云凡頒旗物以出軍之旗則如秋以尊卑之常建則如冬大閱備軍禮旌旗不如出軍時空辟實也是爲時不同故所建異此云象物而動謂軍行之時當指治兵之法也能用典矣。其君之舉也。內姓選於親。外姓選於舊。言親疏並用舉不失德。賞不失勞。老有加惠。賜老則不計勞旅有施舍。旅客來者施之以惠舍不勞役〔疏〕其君至施舍○正義曰內姓謂同姓也其君之舉用人也於同姓則選之於親於外姓則選之於舊於親內選賢言唯賢是任不以親以舊便卽用之所舉不失有德所賞不失有勞必有德乃舉有勞乃賞言不賞無勞不舉無德臣民年老有加增恩惠外來旅客有施舍常法謂羈旅之臣以其新來施以恩惠舍不勞役也○注賜老則不計勞○正義曰老有加惠當謂年老有加增恩惠不論有勞與無勞也劉炫云老者當有恩惠之賜非勞役之限但恩惠則賞賜之以文連賞不失勞之下故杜云賜老則不計勞劉炫以不計勞之文而規杜氏一何煩碎君子小人。物有服章。尊卑別也○別彼列反貴有常尊。賤有等威。威儀有等差○差初佳反又初宜反〔疏〕注威儀有等差○正義曰言貴有常尊則當云賤有常卑而云賤有等威者威儀等差文兼貴賤既屬常尊於貴遂屬等威於賤使互相發明耳禮不逆矣。德立刑行。政成事時。典從禮順。若之何敵之。見可而進。知難而退。軍之善政也。兼弱攻昧。武之善經也。昧昏亂經法也○昧音妹〔疏〕德立至敵之○正義曰功德苦其不立刑威苦其不行政以成就爲上事以得時爲善典貴其從禮惡其逆故云德立刑行政成事時典從禮順各以義理相配爲文皆不易之事既歷序此事乃云若之何敵之副上德刑政事典禮不易不可敵也子姑整軍而經武乎。姑且也猶有弱而昧者。何必楚。仲虺有言曰。取亂侮亡。兼弱也。仲虺湯左相薛之祖奚仲之後○虺許鬼反侮亡呂反相息亮反〔疏〕注仲虺至之後○正義曰取亂侮亡尚書仲虺之誥文也定元年傳薛宰曰薛之皇祖奚仲居薛以爲夏車正仲虺居薛以爲湯左相二人皆是薛祖是仲虺爲奚仲之後汋曰。於鑠王師。遵養時晦。汋詩頌篇名鑠美也言美武王能遵天之道須暗昧者惡積而後取之○汋章略反於音烏鑠舒若反〔疏〕注汋詩至取之○正義曰汋詩經無汋字序云言能汋先祖之道以養天下故以汋爲名焉鑠美釋詁文於歎辭也時是也晦昧也言於美乎哉武王之用師也能遵天之道養是闇昧之君待闇昧者惡積而後取之言遵天之道者上天誅紂之期未至武王靖以待之是其遵天之道也耆昧也。耆致也致討於昧○耆音旨徐其夷反老也注及下同〔疏〕注耆致至於昧○正義曰耆音指指致聲相近故爲致也致討於昧者言養之使昧然後可討之上句云兼弱攻昧引仲虺之言以證兼弱引武王之事以證攻昧此不言攻昧而言耆昧者以汋詩之意言養紂而不言伐紂不得謂之攻昧故緣詩之意言致之於昧然後攻之武曰。無競惟烈。武詩頌篇名烈業也言武王兼弱攻昧故成無疆之業○疆居良反〔疏〕注武詩至之業○正義曰烈業也釋詁文競彊也詩意言無彊乎唯武王之功業言克商功業實無疆也此引武詩承兼弱攻昧之下故杜以傳意解之言武王兼弱取昧故成此無疆之業此詩汋武二篇並無兼弱之事因傳上文連言之撫弱耆昧。以務烈所可也。言當務從武王之功業撫而取之○以務烈所絕句〔疏〕撫弱至可也○正義曰上言兼弱此云撫弱言其撫養而取之未必皆攻伐以求之也此撫弱卽覆上仲虺有言兼弱也耆昧卽覆上汋曰於鑠王師者昧也以務烈所覆上武曰無競惟烈士會言不須敵楚兼撫餘諸侯弱者致討諸侯昧者以務武王烈業之所可也彘子曰。不可。彘子先穀晉所以霸。師武臣力也。今失諸侯。不可謂力。有敵而不從。不可謂武。由我失霸。不如死。且成師以出。聞敵彊而退。非夫也。非丈夫命有軍師。而卒以非夫。唯羣子能。我弗爲也。以中軍佐濟。佐彘子所帥也濟渡河○帥所類反下及注有帥元帥三帥同〔疏〕晉所至佐濟○正義曰言晉之所以得爲霸主者由軍師之武羣臣有力以有武力成此霸功今失諸侯不可謂之爲力見敵不能從不可謂之爲武命爲軍師者三軍將佐皆受君命爲軍之主帥以中軍佐濟謂一軍之內將佐分之各有所帥故注云佐彘子所帥也僖二十八年胥臣以下軍之佐與此同也知莊子曰。此師殆哉。莊子荀首○知音智〔疏〕知莊子至大咎○正義曰莊子見彘子逆命必當有禍乃論其事云此師之行甚危殆哉周易之書而有此事師之初六變而爲臨初六爻辭云軍師之出當須以法若不善則致其凶既引易文以人從律今者師出乃以律從人則有不臧之凶又覆解不臧之義云執事上下相順和成則爲臧若相違逆則爲不臧既釋不臧之事又釋以律之意坎爲衆今變爲兌兌爲柔弱是衆散爲弱坎爲川今變爲兌兌爲澤是川壅爲澤坎爲法象今爲衆則弱爲川則壅是法律破壞從人之象故曰律否臧以釋易文律否臧之義否臧易注云爲師之始齊師者也齊衆以律失律則散故師出以律律不可失失律而臧何異於否失令有功法所不赦故師出不以律否臧皆凶釋否臧既了又釋凶之一字故云且律竭言法律竭盡也川水當盈而以竭盡且又被夭塞不得整流似法當嚴整而以破壞被人違逆不得施行所以致此凶禍解釋凶義既了以盡易意然後論彘子之惡當此初六之禍故云水之不行是謂臨矣彘子有帥不從欲論不行之臨事誰甚於彘子周易所言是彘子之謂若能違辟前敵於事猶可若果敢遇敵必致禍敗也此禍敗之事彘子主受之雖在敵免死而歸必大咎也師坎爲水坤爲衆衆行如水師出之象故名其卦爲師服虔云坎爲水坤爲衆又互體震震爲雷雷鼓類又爲長子長子帥衆鳴鼓巡水而行行師之象也臨兌爲澤坤爲地居地而俯視於澤臨下之義故名爲臨周易有之。在師䷆坎下坤上師之臨䷒兌下坤上臨師初六變而之臨曰。師出以律。否臧凶。此師卦初六爻辭律法否不也○臧子郎反執事順

成爲臧。逆爲否。今彘子逆命不順成故應否臧之凶○應對之應衆散爲弱。坎爲衆今變爲兑兑柔弱〔疏〕注坎爲至柔弱○正義曰晉語文公筮尚有晉國司空季子占之曰震雷也車也坎水也衆也主雷與車而尚水與衆是坎爲衆也易說卦兑爲少女故爲柔弱衆聚則彊散則弱坎變爲兑是衆散爲弱也川壅爲澤。坎爲川今變爲兑兑爲澤是川見壅○壅於勇反本又作雍注皆同〔疏〕注坎爲至見壅○正義曰說卦坎爲溝瀆溝瀆即是川也說卦兑爲澤川是流水今變爲澤是川見壅也有律以如己也。如從也法行則人從法敗則法從人坎爲法象今爲衆則散爲川則壅是失法之用從人之象〔疏〕注如從至之象○正義曰釋詁云如往也往是相從之義故訓爲從也法行則人從之率人以從法也法敗則法從人人各有心棄法不用法從人也釋言云坎律銓也樊光曰坎卦水也水性平律亦平銓亦平也郭璞曰坎易坎卦主法法律皆所以銓量輕重是坎爲法象也今坎變爲兑爲衆則散而爲弱爲川則壅而爲澤是失法之所用法敗從人之象也故曰。律否臧。且律竭也。竭敗也坎變爲兑是法敗〔疏〕注竭敗至法敗○正義曰竭是水涸之名坎爲水爲法水之竭似法之敗故云竭敗也坎變爲兑則爲水不流則爲法不行失爲坎之用是法敗之象盈而以竭。夭且不整。所以凶也。水遇夭塞不得整流則竭涸也○夭於表反〔疏〕注水遇至涸也○正義曰哀九年傳曰如川之滿不可游也水當盈川而以壅故竭是水遇夭塞不得整流則竭涸也夭遏是壅塞之義故云遇夭塞也不行謂之臨。水變爲澤乃成臨卦澤不行之物有帥而不從。臨孰甚焉。此之謂矣。譬彘子之違命亦不可行果遇必敗。遇敵彘子尸之。主此禍〔疏〕注主此禍也○正義曰釋言訓尸爲主故云主此禍也服虔亦云此禍也又引易師卦六五長子帥師弟子輿尸凶長子帥師以中行也弟子輿尸使不當也佐之於元帥弟子也而專以師濟使不當也軍必破敗而輿尸案下句云雖免而歸則謂彘子當在陳而死師卦有輿尸之語其言尸之或容有此意但尸字不可兩解故杜略去之雖免而歸。必有大咎。爲明年晉殺先縠傳○咎其九反韓獻子謂桓子。獻子韓厥曰。彘子以偏師陷。子罪大矣。子爲元帥。師不用命。誰之罪也。失屬亡師。爲罪已重。不如進也。今鄭屬楚故曰失屬彘子以偏師陷故曰亡師○令力呈反事之不捷。惡有所分。捷成也與其專罪。六人同之。不猶愈乎。三軍皆敗則六卿同罪不得獨責元帥師遂濟。楚子北師次於郔。郔鄭北地○郔音筵沈尹將中軍。沈或作寢寢縣也今汝陰固始縣○沈音審〔疏〕注沈或至始縣○正義曰楚官多名爲尹沈者或是邑名而其字或作寢哀十八年有寢尹吳由于因解寢爲縣名不言寢是而沈非也子重將左。子反將右。將飲馬於河而歸。子反公子側○飲於鴆反

聞晉師既濟。王欲還。嬖人伍參欲戰。參伍奢之祖父○嬖必計反徐甫詣反字林方豉反參七南反令尹孫叔敖弗欲。曰。昔歲入陳。今茲入鄭。不無事矣。戰而不捷。參之肉。其足食乎。參曰。若事之捷。孫叔爲無謀矣。不捷。參之肉。將在晉軍。可得食乎。令尹南轅反旆。迴車南鄉旆軍前大旗○旆蒲具反鄉本又作嚮同許亮反伍參言於王曰。晉之從政者新。未能行令。其佐先縠。剛愎不仁。未肯用命。愎很也○愎皮逼反很胡懇反其三帥者。專行不獲。欲專其所行而不得聽而無上。衆誰適從。聽彘子趙同趙括則爲軍无上令衆不知所從○適丁歷反此行也。晉師必敗。且君而逃臣。若社稷何。王病之。告令尹。改乘轅而北之。次于管以待之。晉師在敖鄗之間。熒陽京縣東北有管城敖鄗二山在熒陽縣西北○乘繩證反管古緩反管城管叔所封也本或作菅古顏反非也敖五刀反鄗苦交反〔疏〕次于管○正義曰土地名熒陽京縣東北有管城古管國也鄭皇戌使如晉師。曰。鄭之從楚。社稷之故也。未有貳心。楚師驟勝而驕。其師老矣。而不設備。子擊之。鄭師爲承。承繼也○皇戌雖律反使所吏反驟仕救反楚師必敗。彘子曰。敗楚服鄭。於此在矣。必許之。欒武子曰。武子欒書○敗必邁反楚自克庸以來。在文十六年其君無日不討國人而訓之。討治也于民生之不易。禍至之無日。戒懼之不可以怠。于曰也○易以豉反在軍。無日不討軍實而申儆之。軍實軍器○儆敬領反于勝之不可保。紂之百克。而卒無後。訓之以若敖蚡冒。篳路藍縷。以啓山林。若敖蚡冒皆楚之先君篳路柴車藍縷敝衣言此二君勤儉以啓土○紂直九反蚡扶粉反冒莫報反篳音必藍力甘反縷力主反〔疏〕注若敖至啓土○正義曰楚世家云熊咢卒子熊儀立是爲若敖若敖卒子霄敖立霄敖卒子熊眴立是爲蚡冒蚡冒卒弟熊達立是爲楚武王案杜注文十六年傳蚡冒楚武王父不從史記也以荊竹織門謂之篳門則篳路亦以荊竹編車故謂篳路爲柴車方言云楚謂凡人貧衣破醜敝爲藍縷藍縷謂敝衣也服虔云言其縷破藍藍然箴之曰。民生在勤。勤則不匱。不可謂驕。

箴誠○箴章金反匱其位反先大夫子犯有言曰。師直爲壯。曲爲老。我則不德。而徼怨于楚。我曲楚直。不可謂老。不得謂以力爭諸侯徼要也○要一遙反其君之戎。分爲二廣。君之親兵○廣古曠反下及注皆同廣有一卒。卒偏之兩。十五乘爲一廣司馬法百人爲卒二十五人爲兩車十五乘爲大偏今廣十五乘亦用舊偏法復以二十五人爲承副〔疏〕廣有至之兩○正義曰兩廣之別各有一卒之兵百人也一卒之外復有十五乘之偏并二十五人之兩既言一卒又云卒偏之兩言卒之者成辭婉句耳或解云兩屬於偏云偏之兩者謂偏家之兩知不然者案成七年以兩之一卒亦云之字豈又是兩家之卒且杜注云十五乘爲大偏今楚亦用舊偏法此一廣之中實有此偏并是偏名爲兩而出一卒別復有偏之一兩二十五人從之劉炫云兩廣之別各有一卒一百人一卒外復有偏一兩二十五人兵法十五乘爲偏有一兩從之兩是偏家之物故謂此爲偏之兩其實一廣十五乘有一百二十五人從之○注十五至承副○正義曰下云楚子爲乘廣三十乘分爲左右知十五乘爲一廣也史記稱齊景公時有司馬田穰苴善用兵至六國時齊威王使大夫追論古者司馬兵法附穰苴於其中凡百五十篇號曰司馬法百人爲卒二十五人爲兩十五乘爲偏皆司馬法之文百人爲卒二十五人爲兩周禮亦有此文但周禮無偏故杜并引司馬法耳此云大偏對成七年九乘爲小偏故此爲大偏也桓五年二十五乘爲偏戰時臨陳所用不同不可與此相對爲大小杜注多少皆望文也言亦用舊偏法者謂楚雖荆尸而舉仍用舊偏舊於穰苴前已有則應周禮有文但以亡沒者多故禮文不具右廣初駕。數及日中。左則受之。以至于昏。內官序當其夜。內官近官序次也○序當其夜一本作序當其次〔疏〕右廣至其夜○正義曰右廣雞鳴初駕數及日中則左廣受而代之以至於昏此晝日事也其內官親近王者爲次序以當其夜若今宿直遞持更也以待不虞。不可謂無備。子良。鄭之良也。師叔。楚之崇也。師叔潘尫爲楚人所崇貴師叔入盟。子良在楚。楚鄭親矣。來勸我戰。我克則來。不克遂往。以我卜也。鄭不可從。趙括趙同曰。率師以來。唯敵是求。克敵得屬。又何俟。必從彘子。得屬服鄭〔疏〕以我卜也○正義曰將我晉戰之勝負卜其遂來遂往猶人揲蓍看卦善惡而卜其去之與往也知季曰。原屏。咎之徒也。知季莊子也原趙同屏趙括徒黨也○知音智荀首後爲智氏屏步丁反趙莊子曰。欒伯善哉。莊子趙朔欒伯武子實其言。必長晉國。實猶充也言欒書之身行能充此言則當執晉國之政也○長徐丁丈反行下孟反楚少宰如晉師。少宰官名○少詩照反注及下同曰。寡君少遭閔凶。不能文。閔憂也聞

二先君之出入此行也。二先君，楚成王、穆王。〔疏〕注二先至穆王。○正義曰：莊十六年楚始伐鄭，文王之世也。二十八年子元伐鄭，成王之初也。僖五年首止之會，鄭伯逃歸，自是以後，鄭始時復從楚。成王以前，鄭未屬楚，故出入此行，唯成、穆耳。今之莊王，成王孫、穆王子，出入此行，猶往來於鄭。將鄭是訓定，豈敢求罪于晉。二三子無淹久。淹，留也。隨季對曰：昔平王命我先君文侯曰：與鄭夾輔周室，毋廢王命。今鄭不率，率，遵也。○夾，古洽反，舊古協反。毋音無。寡君使羣臣問諸鄭，豈敢辱候人。候人謂伺候望敵者。○候音戶豆反。伺音司，又音息嗣反。敢拜君命之辱。彘子以為諂，使趙括從而更之，曰：行人失辭。言誤對。○諂，勑檢反。寡君使羣臣遷大國之迹於鄭，遷，徙也。曰：無辟敵。羣臣無所逃命。楚子又使求成于晉，晉人許之，盟有日矣。有期日。楚許伯御樂伯，攝叔為右，以致晉師。單車挑戰，又示不欲崇和，以疑晉之羣帥。○單音丹。挑，徒了反，下文同。帥，所類反。〔疏〕注單車至羣帥。○正義曰：周禮環人掌致師，鄭玄云：致師，致其必戰之志。則致師者，致己欲戰之意於敵人，故單車揚威武以挑之。下云趙旃請挑戰是也。挑彼晉師，故言以致晉師也。楚子既求成，而又令挑戰，示其不欲崇和，以疑誤晉之羣帥。許伯曰：吾聞致師者，御靡旌摩壘而還。靡旌，驅疾也。摩，近也。○摩，末多反。壘，力軌反。近，附近之近。樂伯曰：吾聞致師者，左射以菆，車左也。菆，矢之善者。○射，食亦反，下注音同。菆，側留反。〔疏〕注左車至善者。○正義曰：兵車自非元帥，皆射者在左，御在中央，故云左車左。樂伯居左，故稱左也。下云莊子抽矢菆，納諸廚子之房，選好矢而留之，知菆是矢之善者。代御執轡，御下兩馬，掉鞅而還。兩，飾也。掉，正也。示閒暇。○兩馬，徐云或作掚，皆力掌反，或音亮。掉，徒弔反，徐乃較反。鞅，於丈反。閒音閑。〔疏〕注兩飾至閒暇。○正義曰：兩飾、掉正，皆無明訓。服虔亦云，是相傳為然也。飾馬者，謂隨宜刷刮馬，又正其鞅，以示閒暇。攝叔曰：吾聞致師者，右入壘，折馘，折馘，斷耳。○折，之設反，注同。馘，古獲反。斷音短。執俘而還。皆行其所聞而復。晉人逐之，左右角之。張兩角，從旁夾攻之。樂伯左射馬，而右射人，角不能進。矢一而已。麋興於前，射麋麗龜。麗，著也。龜，背之隆高當心者。○麋，亡悲反。著，直略反。〔疏〕注麗著至心者。○正義曰：易離卦彖云：離，麗也。日月麗乎天，百穀草木麗乎土。是麗為著之義。龜之形，背高而前後下，此射麋麗龜，謂著其高處，故杜以龜為背之隆高當心者。服虔亦然，是相傳為此說也。晉鮑癸

當其後，使攝叔奉麋獻焉，曰：以歲之非時，獻禽之未至，敢膳諸從者。鮑癸止之，曰：其左善射，其右有辭，君子也。既免。止不復逐。○從，才用反，下從者同。〔疏〕以歲至從者。○正義曰：周禮獸人冬獻狼，夏獻麋，春秋獻獸物者，謂獻之以共王之膳耳，非能徧及於百官也。禮冬獵曰狩，言圍守而取之，獲禽多也。於時虞人所獻，或須及羣臣，故言歲之非時，獻禽之未至，以為語之辭耳。晉魏錡求公族未得，錡，魏犨子，欲為公族大夫。○錡，魚綺反。犨，尺周反。〔疏〕注錡魏犨子。○正義曰：服虔亦以為犨子，世本以為犨孫。世本多誤，未必然也。而怒，欲敗晉師，請致師，弗許。請使，許之。遂往請戰而還。楚潘黨逐之，及熒澤，見六麋，射一麋以顧獻，曰：子有軍事，獸人無乃不給於鮮？敢獻於從者。熒澤在熒陽縣東。新殺為鮮，見六得一，言其不如楚。○敗，必邁反，又如字。使，所吏反。熒，戶扃反。射，食亦反。鮮音仙，注同。叔黨命去之。叔黨，潘黨，潘尫之子。趙旃求卿未得，旃，趙穿子。且怒於失楚之致師者，請挑戰，弗許。請召盟，許之。與魏錡皆命而往。郤獻子曰：二憾往矣，獻子，郤克。○憾，胡暗反。弗備必敗。彘子曰：鄭人勸戰，弗敢從也。楚人求成，弗能好也。師無成命，多備何為？士季曰：備之善。若二子怒楚，楚人乘我，喪師無日矣。乘，猶登也。○好，呼報反，下同。喪，息浪反。不如備之。楚之無惡，除備而盟，何損於好？若以惡來，有備不敗。且雖諸侯相見，軍衛不徹，警也。徹，去也。○警音景。去，起呂反。彘子不可。不肯設備。士季使鞏朔、韓穿帥七覆于敖前，帥，將也。覆，為伏兵七處。○覆，扶又反，注同。帥如字。將，子匠反。處，昌慮反。故上軍不敗。趙嬰齊使其徒先具舟于河，故敗而先濟。潘黨既逐魏錡。言魏錡見逐而退。趙旃夜至於楚軍，二人雖俱受命而行，不相隨，趙旃在後至。席於軍門之外，使其徒入之。布席坐，示无所畏也。〔疏〕使其徒入之。○正義曰：使己從人入壘，以取俘馘也。楚子為乘廣三十乘，分為左右。右廣雞鳴而駕，日中而說。左則受之，日入而說。說，舍也。○乘，繩證反，下三十乘、十乘并注皆同。說，舒銳反，注及下同。許偃御右廣，

養由基為右。彭名御左廣，屈蕩為右。楚王更迭載之，故各有御右。○屈，居勿反。更音庚。迭，直結反。乙卯，王乘左廣，以逐趙旃。趙旃棄車而走林，屈蕩搏之，得其甲裳。下曰裳。○搏音博。晉人懼二子之怒楚師也，使軘車逆之。軘車，兵車名。○軘，徒溫反。〔疏〕注軘車兵車名。○正義曰：襄十一年鄭人賂晉侯以廣車、軘車淳十五乘，甲兵備。甲兵從之，是兵車明矣。鄭玄云：廣車，橫陳之車。服虔云：軘車，屯守之車。古名難得而知，其義或當然矣。潘黨望其塵，使騁而告曰：晉師至矣。楚人亦懼王之入晉軍也，遂出陳。孫叔曰：進之。寧我薄人，無人薄我。詩云：元戎十乘，以先啟行。先人也。元戎，戎車在前也。詩小雅，言王者軍行必有戎車十乘在前開道，先人為備。○騁，勑景反。陳，直覲反，下注皆同。先，悉薦反，注及下同。〔疏〕注元戎至為備。○正義曰：元，大也。戎車，也。詩小雅六月之篇，言王者軍行必有大車十乘，常在軍前，以開道，諸軍從行，所以先人為備也。詩毛傳云：夏后氏曰鉤車，先正也；殷曰寅車，先疾也；周曰元戎，先良也。三代行軍皆前有此車，其名司馬法之文也。其先正、先疾、先良，毛解其名，鄭玄又釋其意：鉤車備設鉤般，其行曲直有正，故曰先正。寅，進也，此車能進取遠道，故曰先疾。元戎，大車之善者，故曰先良也。軍志曰：先人有奪人之心。薄之也。奪敵戰心。遂疾進師，車馳卒奔，乘晉軍。桓子不知所為，鼓於軍中曰：先濟者有賞。中軍、下軍爭舟，舟中之指可掬也。兩手曰掬。○卒，子忽反，下及注並同。掬，九六反。晉師右移，上軍未動。言餘軍皆移去，唯上軍在，經所以書戰，言猶有陳。〔疏〕晉師至未動。○正義曰：晉之三軍，上軍在左，中軍在中，下軍在右。言晉之中軍、下軍敗走，在上軍之右者皆移，唯上軍未動，故杜云餘軍皆移去，唯上軍在。工尹齊將右拒卒以逐下軍。工尹齊，楚大夫。右拒，陳名。○拒音矩，本亦作矩，下同。楚子使唐狡與蔡鳩居告唐惠侯，二子，楚大夫。唐，屬楚之小國，義陽安昌縣東南有上唐鄉。○狡，古卯反。〔疏〕告唐惠侯。○正義曰：此未戰之前告，經不書唐侯者，為楚私屬，故不見也。曰：不穀不德而貪，以遇大敵，不穀之罪也。然楚不克，君之羞也。敢藉君靈以濟楚師。藉，猶假借也。使潘黨率游闕四十乘，游車補闕者。○乘，繩證反，下之乘并注易乘同。〔疏〕注游車補闕者。○正義曰：周禮車僕有闕車之倅，鄭玄云：闕車所用補闕之車也。此言游闕，知游車以擬補闕，今使從唐侯，是補闕也。從唐侯以為左拒，以從上軍。駒伯曰：待諸乎。駒伯，郤克，上軍佐也。隨

季曰。楚師方壯。若萃於我。吾師必盡。萃，集也。○萃，似醉反。不如收而去之。分謗生民。不亦可乎。同奔爲分謗，不戰爲生民。殿其卒而退。不敗。以其所將卒爲軍後殿。○殿，多練反，注同。王見右廣。將從之乘。屈蕩尸之曰。君以此始。亦必以終。尸，止。軍中易乘，則恐軍人識。自是楚之乘廣先左。以乘左得勝故。

【疏】注以乘左得勝故。○正義曰：桓八年傳云「楚人尚左」，君必左者，謂置車尚左，故君在左。此言先左，謂乘廣先左耳。上文且云右廣初駕，日中乃授左廣，則舊法先乘右廣。今楚王偶然乘左廣以逐趙旃，因是而得戰勝，以爲宜乘左廣。自是以後，乘廣先左，以乘左得勝故也。

晉人或以廣隊。不能進。廣，兵車。○隊，直類反。

【疏】注廣兵車。○正義曰：襄十一年鄭人賂晉侯以廣車，定四年史皇以乘廣死，是兵車稱廣也。此言晉人廣隊，下云拔旆投衡，軍行則旆在軍前，不是車皆有旆也。此蓋是晉人在軍之前載旆之車。

楚人惎之脫扃。惎，教也。扃，車上兵闌。○惎，其器反。扃，古熒反，徐公冥反。服云扃橫木校輪間，一曰車前橫木也。西京賦云「旗不脫扃」，薛綜云：扃所以止旗也。

【疏】注惎教至兵闌。○正義曰：脫扃、拔旆，皆是教人之語，知惎爲教也。服虔云扃橫木，有橫木投於輪間。一曰扃車前橫木。張衡西京賦云「旗不脫扃」，薛綜注云：扃所以止旗。今杜以扃爲車上兵闌，各以意言，皆無明證。而禮扛鼎之木，其名曰扃，則扃是橫木之名。教之脫扃，則扃是可脫之物。杜云兵闌，蓋橫木車前以約車上之兵器，慮其落也。隊坑則橫木有礙，故不能進。

少進。馬還。又惎之。拔旆投衡。乃出。還，便旋不進。旆，大旗也。拔旆投衡上，使不帆風，差輕。○帆，凡劒反，又作帊，普霸反。差，於賁反。

【疏】注還便至差輕。○正義曰：旆扇風重，故馬便旋而不能進。釋天云：「縿廣充幅，長尋曰旐。繼旐曰旆。」郭璞曰：「帛續旐末爲燕尾者。」此旆能扇風，使重，令馬不能進，則其制必大矣，故云旆大旗也。城濮之役，亡大旆之左旃，此之類也。旆懸於竿，插之車上。衡是馬頸上橫木，故拔取旗竿投於衡上，臥之，使不帆風，則於車差輕，故得出坑也。帆是扇風之名，今人船上張布以鄣風，名之曰帆。

顧曰。吾不如大國之數奔也。趙旃以其良馬二濟其兄與叔父。以他馬反。遇敵不能去。弃車而走林。逢大夫與其二子乘。逢氏。○數，所角反。乘，繩證反。謂其二子無顧。不欲見趙旃。顧曰。趙傁在後。傁，老稱也。○傁，素口反。稱，尺證反。怒之使下。指木曰。尸女於是。授趙旃綏以免。明日以表尸之。表所指木，取其尸。○女音汝。皆重獲在木下。兄弟累尸而死。○重，直隴反。

【疏】注兄弟累尸而死。○正義曰：獲者，被殺之名。並皆被殺，唯當言皆獲耳。欲見尸相重累之，皆獲，故杜辨之云「兄弟累尸而死」。累即傳之重也。

楚熊負羈囚知罃。知莊子以其族反之。負羈，楚大夫。知罃，知莊子之子。族，家兵。反，還戰。○罃，於耕反。還音環。厨武子御。武子，魏錡。○厨，直誅反。下軍之士多從之。知莊子下軍大夫，故每射。抽矢菆。納諸厨子之房。抽，擢也。菆，好箭。房，箭舍。○射，食夜切，又食亦反。擢，直角反。厨子怒曰。非子之求。而蒲之愛。蒲，楊柳，可以爲箭。董澤之蒲。可勝既乎。董澤，澤名，河東聞喜縣東北有董池陂。既，盡也。○勝音升。陂，彼宜反。

【疏】可勝既乎。○正義曰：重物不可舉者謂之不勝，用之不可盡者亦言不勝，史傳多有其事，今人無復此語，故少難解耳。既，盡也。可勝盡乎，言用之不可盡也。

知季曰。不以人子。吾子其可得乎。吾不可以苟射故也。射連尹襄老。獲之。遂載其尸。射公子穀臣。囚之。以二者還。穀臣，楚王子。○射，食亦反，下同。

【疏】不以至故也。○正義曰：言我不以好箭射楚貴人之子而質之，吾之子其可得乎？吾爲此計者，不可用惡箭苟且爲射故也。

及昏。楚師軍於邲。晉之餘師不能軍。不能成營屯。宵濟。亦終夜有聲。言其兵衆將不能用。○將，子匠反。丙辰。楚重至於邲。重，輜重也。○重，直勇反，又直用反，注上重字同。輜，側其反。重也，直用反。

【疏】注重輜重也。○正義曰：輜重，載物之車也。說文云：「輜，一名軿，前後蔽也。」蔽前後以載物謂之輜車，載物必重謂之重車，人挽以行謂之輦。輜、重、輦一物也。襄十年傳稱秦堇父輦重如役，挽此車也。輜重載器物糧食，常在軍後，故乙卯日戰，丙辰始至於邲也。周禮鄉師「大軍旅會同，正治其徒役與其輂輦」，鄭玄云：「輂駕馬，輦人輓行，所以載任器也。止以爲蕃營。」司馬法曰：「夏后氏謂輦曰余車，殷曰胡奴車，周曰輜輦。輦一斧一斤一鑿一梩一鋤，周輦加二版二築。」又曰：「夏后氏二十人而輦，殷十八人而輦，周十五人而輦。」說者以爲夏出師不踰時，殷踰時，周歷時，故前世輦少而後世輦多。

遂次于衡雍。潘黨曰。君盍築武軍。築軍營以章武功。○雍，於用反。盍，戶臘反。而收晉尸。以爲京觀。積尸封土其上，謂之京觀。○觀，古亂反，注及下京觀同。臣聞克敵。必示子孫。以無忘武功。楚子曰。非爾所知也。夫文。止戈爲武。文字。武王克商。作頌曰。載戢干戈。載櫜弓矢。戢，藏也。櫜，韜也。詩美武王能誅滅暴亂而息兵。○戢，側立反。櫜，古刀反。韜，他刀反。我求懿德。肆于時夏。允王保之。肆，遂也。夏，大也。言武王既息兵，又能求美德，故遂大而信王保天下。○夏，戶雅反，注同。

【疏】武王至保之。○正義曰：昔武王克商，周公爲之作頌曰：武王誅紂之後，則戢藏其干戈，則櫜韜其弓矢，言既誅暴亂，則無復所用，故韜藏之。懿，美也。肆，遂也。時，是也。夏，大也。允，信也。武王以天下既定，又能求美德之士而任用之，故於是功業遂大，信哉唯我武王保之，美武王能保天下也。○注戢藏至息兵。○正義曰：戢訓爲斂聚，斂藏之義，故爲藏也。櫜一名韜，盛弓矢之衣也。干戈弓矢藏而不復用，是美武王能誅滅暴亂而息兵也。此所引者，周頌時邁之篇也。詩序云：頌者，以其成功告於神明。則頌詩功成乃成，乃作此。傳言武王克商作頌者，武王克商，後世追爲作頌，頌其克商之功，非克商之作也。國語引此云周文公之頌曰，則此周公所作也。傳言克商作頌者，包下三篇，皆述武王之事。○注肆遂至天下。○正義曰：肆之爲遂，相傳爲此訓也。夏大，釋詁文。求美德，謂求而任用之。遂大者，功業遂大也。

又作武。其卒章曰。耆定爾功。武，頌篇名。耆，致也。言武王誅紂致定其功。○耆音旨，注同。

【疏】又作至爾功。○正義曰：既作時邁，又作武篇也。頌皆一章，言其卒章者，謂終章之句也。言武王誅紂，致定爾武之大功也。

其三曰。鋪時繹思。我徂維求定。其三，三篇。鋪，布也。繹，陳也。時，是也。思，辭也。頌美武王能布政陳教，使天下歸往求安定。○鋪，普吳反，徐音敷。繹音亦。

【疏】其三至求定。○正義曰：其三，周頌賚之篇也。鋪，布也。繹，陳也。徂，往也。言武王能布陳政教，故其時之民歸武王者，皆云我徂惟自求安定，美武王能安民，故民歸之也。○注其三至安定。○正義曰：鋪是布散之義，故爲布也。繹陳，釋詁文。思是語之辭，不爲義也。

其六曰。綏萬邦。屢豐年。其六，六篇。綏，安也。屢，數也。言武王既安天下，數致豐年。此三、六之數，與今詩頌篇次不同，蓋楚樂歌之次第。○屢，力住反，注同。數，所角反，下數致同。

【疏】其六曰至豐年。○正義曰：其六，周頌桓之篇也。綏，安也。屢，數也。言武王伐紂，安天下萬國，數有豐孰之年，美武王能和衆國，豐民財也。○注其六篇至次第。○正義曰：綏安，釋詁文。屢數，常訓也。杜以其三、其六與今詩頌篇次不同，故爲疑辭，蓋楚樂歌之第，言楚之樂人歌周頌者別爲次第，故賚第三、桓第六也。劉炫以爲其三、其六者，是楚子第三引鋪時繹思，第六引綏萬邦。今刪定知非者，此傳若是舊文及傳家敘事，容可言楚子第三引鋪時繹思，第六引綏萬邦。此既引楚子之言，明知先有三、六之語，故楚子引之得云其三、其六。若楚子始第三引詩、第六引詩，豈得自言其三曰、其六曰？劉以其三、其六爲楚子引詩次第，以規杜過，何辟之甚。沈氏難云：襄二十九年季札觀樂，篇次不同，杜云仲尼未刪定。此亦不同，而云楚樂歌之次者，襄二十九年雖少有篇次不同，大略不甚乖越，故云仲尼未刪定以前。此之三、六全與詩次不同，故云楚樂歌之第。今頌篇次，桓第八，賚第九也。

夫武。禁暴。戢兵。保大。定功。安民。和衆。豐財者也。此武七德。

【疏】夫武至財者也。○正義曰：楚子既引四篇，乃陳七德，則四篇之內有此七者之義。戢干戈，櫜弓矢，禁暴戢兵也。時夏保之，保大也。耆定爾功，定功也。我徂求定，安民也。綏萬邦，和衆也。屢豐年，豐財也。我徂求定，是能安民，故往求定也。綏萬國由德能和衆，故萬國安也。

故使子孫無忘其章。著之篇章，使子孫不忘。

【疏】注著之至不忘。○正義曰：杜以不忘其章，謂子孫不忘上四篇之詩，故云著之篇章，使子孫不忘。必知然者，以文承武王克商作頌之後，文連四篇詩義，故以爲著之篇章。劉炫云能有七德，故子孫不忘，章明功業，橫取下文京觀爲無忘其章明武功，以規杜失，非也。

今我使二國暴骨。暴矣。觀兵以威諸侯。兵不戢矣。暴而不戢。安能保大。猶有晉在。焉得定功。所違民欲猶多。民何安焉。無

德而強爭諸侯，何以和衆？利人之幾，幾，危也。○暴骨，蒲卜反，本或作曝。焉得，於虔反。強，其丈反。而安人之亂，以爲己榮，何以豐財？兵動則年荒。武有七德，我無一焉，何以示子孫？其爲先君宮，告成事而已。祀先君，告戰勝。【疏】注「祀先君告戰勝」。○正義曰：禮記曾子問稱古者師行必以遷廟主行，載于齊車，言必有尊也。尚書甘誓云「用命賞于祖」，謂遷廟之祖主也。爲先君宮，爲此遷主作宮於此，祀之，告成事，告戰勝也。禮大傳記云：牧之野，武王之大事也。既事而退，奠於牧室。亦是新作室而奠祭也。曾子問又曰：「無遷主則何主？」孔子曰：「天子諸侯將出，必以幣帛皮圭告于祖禰，遂奉以出，載于齊車以行，每舍奠焉而後就舍。」武非吾功也。古者明王伐不敬，取其鯨鯢而封之，以爲大戮，於是乎有京觀，以懲淫慝。鯨鯢，大魚名，以喻不義之人吞食小國。○鯨，直京反。鯢，五兮反。懲，直升反。慝，他得反。【疏】注「鯨鯢大魚名」。○正義曰：裴淵廣州記云：鯨鯢長百尺，雄曰鯨，雌曰鯢。鯢目即明月珠也，故死即不見眼睛也。周處風土記云：鯨鯢，海中大魚也。俗說出入穴即爲潮水。今罪無所，晉罪無所犯也。而民皆盡忠以死君命，又何以爲京觀乎？祀于河，作先君宮，告成事而還。傳言楚莊有禮，所以遂興。〇是役也，鄭石制實入楚師，將以分鄭而立公子魚臣。辛未，鄭殺僕叔及子服。僕叔，魚臣也。子服，石制也。【疏】「是役」至「魚臣」。○正義曰：入楚師，言入此楚師於鄭國。服虔云：入楚師，使楚師來入鄭，是也。此石制引楚師入鄭，將以分鄭國，以半與楚，取半立公子魚臣爲鄭君，已欲擅其寵也。君子曰：史佚所謂毋怙亂者，謂是類也。言恃人之亂以要利。○佚音逸。毋音無。怙音戶。要，一遙反。詩曰：「亂離瘼矣，爰其適歸？」詩小雅。離，憂也。瘼，病也。爰，於也。言禍亂憂病，於何所歸乎？歎之。○瘼音莫。【疏】注「詩小至歎之」。○正義曰：詩小雅四月之篇也。離憂、瘼病、爰於，皆釋詁文。言時世禍亂，必有憂病者，於何其所適歸乎？歎此禍亂不知將何以歸也。歸於怙亂者也夫！恃禍則禍歸之。○夫音扶。鄭伯、許男如楚。爲十四年晉伐鄭傳。秋，晉師歸，桓子請死，晉侯欲許之。士貞子諫曰：「不可。貞子，士渥濁。○渥，於角反。【疏】「桓子請死」。○正義曰：檀弓云：謀人之軍師，敗則死之；謀人之邦邑，危則亡之。今桓子將軍師敗，故請死。城濮之役，晉師三日穀，在僖二十八年。○穀音卜。文公猶有憂色。左右曰：『有喜而憂，如有憂而喜乎？』言憂喜失時。公曰：『得臣猶在，憂未歇也。歇，盡也。○歇，許竭反。困獸猶鬬，況國相乎！』及

楚殺子玉，子玉，得臣。○相，息亮反。下「熊相」同。公喜而後可知也。喜見於顏色。○見，賢遍反。曰：『莫余毒也已。』是晉再克而楚再敗也。楚是以再世不競。成王、穆王。○競，其敬反。今天或者大警晉也。警戒也。而又殺林父以重楚勝，其無乃久不競乎！林父之事君也，進思盡忠，退思補過，社稷之衛也，若之何殺之？夫其敗也，如日月之食焉，何損於明？」晉侯使復其位。言晉景所以不失霸。○重，直用反。【疏】「進思至補過」。○正義曰：孝經有此二句。孔安國云：進見於君，則必竭其忠貞之節，以圖國事，直道正辭，有犯無隱；退還所職，思其事宜，獻可替否，以補王過。此孔意，進謂見君，退謂還私職也。或當以此二句據臣心爲文。文既據臣，君在其上，施之於君，則稱進；內省其身，則稱退。盡忠者，盡己之心以進獻於君；補過者，內脩己心以補君從失。故以盡忠爲進，補過爲退耳，非謂進見與退還也。○冬，楚子伐蕭，宋華椒以蔡人救蕭。蕭人囚熊相宜僚及公子丙。王曰：「勿殺，吾退。」蕭人殺之。王怒，遂圍蕭。蕭潰。申公巫臣曰：「師人多寒。」王巡三軍，拊而勉之。拊，撫慰勉之。○僚，力彫反。潰，戶內反。拊，芳甫反。【疏】「蕭潰」。○正義曰：實未潰，史以實王之意，故言潰。知者，下云「明日蕭潰」是也。三軍之士皆如挾纊。纊，綿也。言說以忘寒。○挾，戶牒反。纊音曠。說音悅。【疏】注「纊綿也」。○正義曰：玉藻云：纊爲繭，緼爲袍。鄭玄云：纊，新緜也。遂傅於蕭。還無社與司馬卯言，號申叔展。還無社，蕭大夫。司馬卯、申叔展，皆楚大夫也。無社素識叔展，故因卯呼之。○傅音附。還音旋。卯，馬飽反。號，徐戶到反，一音戶刀反，呼也。叔展曰：「有麥麴乎？」曰：「無。」「有山鞠窮乎？」曰：「無。」麥麴、鞠窮所以禦濕，欲使無社逃泥水中。無社不解，故曰無。軍中不敢正言，故謬語。○麴，去六反。鞠，起弓反。禦，魚呂反，下同。解音蟹，下同。【疏】注「麥麴至謬語」。○正義曰：麥麴、鞠窮所以禦濕，賈逵有此言，則相傳爲此說也。尚書說命云：若作酒醴，爾惟麴糵。則麥麴作酒之物。本草有芎藭者，是藥草之名。觀傳文勢，欲使無社逃於泥水中，而問有此物以否，知是禦濕所用，但不知若爲用之耳。「河魚腹疾奈何？」叔展言無禦濕藥，將病。曰：「目於眢井而拯之。」無社意解，欲入井，故使叔展視虛廢井而求拯己。出溺爲拯。○眢，烏丸反。眢井，廢井也。字林云：井無水也。一皮反。拯，拯救之拯，注同。【疏】「河魚至拯之」。○正義曰：上句是叔展之言，曰下是無社對語。無社頻荅言無，叔展乃言必須入水，故以水厄告之，云如似河中之魚，久在水內則生腹疾，無此二物，其奈濕何？無社乃解其意，告叔展云：當目視於眢井而拯出之。出溺爲拯，方言文。「若爲茅絰，哭井則已。」叔展又教結茅以表井，須哭乃應以爲信。○絰，直結反。已音紀，舊音以。應，應對之應。【疏】「若爲至則已」。○正義曰：此亦叔展之言也。無社既解其意，令展視井拯己，但廢井必多，不可知處，故教無社令結茅爲絰，置於井上。又恐無社錯應他人，更教之云：若號哭向井，則是我之己。己身，叔展自謂也。明日，蕭潰。申叔視其井，則茅絰存焉，號而出之。號，哭也。傳言蕭人無守心。○號，戶刀反，注同。守，手又反。○晉原穀、宋華椒、衛孔達、曹人同盟于清丘。原穀，先穀。【疏】注「原穀，先穀」。○正義曰：杜譜以爲雜人，則不知誰之子也。案傳先軫或稱原軫，此蓋先軫之後也。傳有名號之異，杜譜皆並言之。先穀之下不言原穀，是杜脫也。上文稱爲彘子，服虔以爲食菜於彘，今復稱原，原其上世所食也。於時趙氏有原同，蓋分原邑而共食之也。曰：「恤病討貳。」於是卿不書，不實其言也。宋伐陳，衛救之，不討貳也。楚伐宋，晉不救，不恤病也。宋爲盟故伐陳。陳貳於楚故。衛人救之。孔達曰：「先君有約言焉，若大國討，我則死之。」爲于僞反。衛成公與陳共公有舊好，故孔達欲背盟救陳，而以死謝晉。爲十四年衛殺孔達傳。○約，於妙反，又如字。共公音恭。好，呼報反。背音佩。十四年經注同。

春秋左傳注疏卷二十三校勘記　阮元撰盧宣旬摘錄

附釋音春秋左傳注疏卷第二十三　宣十二年。宋本春秋正義卷第十七。石經春秋經傳集解宣下第十一。岳本宣字下增公字，並盡十八年。

經十二年

而又徼事晉故　釋文徼作儌

蕭叔人心者　宋本監本毛本人作大，是也。

戊寅乃是十一月九日　閩本監本毛本脫戊寅二字

傳十二年

臨哭至祖廟　宋本以下正義六節揔入子良出質注下

陴城上僻倪　宋本僻作俾，是也。案說文云：陴，城上女牆俾倪也。釋名作睥睨，言於其孔中睥睨非常也。廣雅作埤堄，云女牆也。○今依宋本作俾倪，疏內並同。

巢牛臣隱於短牆以射之　宋本毛本臣誤城

陴倪女牆也　宋本作陴俾倪女牆也。案今本廣雅作埤堄。

不應此至六月而晉人不聞　宋本閩本監本毛本此作比

圍三月　宋本圍上有進字

不泯其社稷　各本作泯，補刊石經作泯，依石經避唐太宗嫌名。

願楚要福于此四君　纂圖本毛本于作於與傳文同
皆厲宣並言之　閩本並誤竝
先穀佐之　補刊石經此處缺釋文云穀本又作轂
注彘季代林父　宋本自此以下至注鯨鯢大魚名正義惣入告成事而還句注下
隨武子曰善　石經宋本淳熙本岳本纂圖本隨作隨
觀釁而動　李善注班孟堅述高帝紀引傳文釁作舋俗字也
不易行征伐也　宋本不易下有者字
楚軍討鄭　石經宋本淳熙本足利本軍作君是也
服而舍之　李善注文選辨亡論引作赦之
傳稱大宰伯州犂是也　宋本犂作黎
不共碎役　閩本監本毛本碎作卒非也
前有斥候蹹伏　案爾雅釋言疏引亦作蹹岳本足利本作蹋是也釋文同案說文無蹹字○今訂正
而自備辨也　宋本辨作辦
以其屬衞王也　閩本監本毛本王作士誤也
言唯賢是任　宋本言上有於舊內選賢五字
皆不易之事　宋本皆下有是字
副上德　閩本監本副誤嗣
序云言能汋先祖之道以養天下故以汋爲名焉　案詩序汋作酌
耆音指指致聲相近　閩本監本毛本指指改旨旨
聞敵彊而退　閩本監本彊作疆
命有軍師　補各本有作以師作帥與釋文正義合此本誤也
必當有禍　監本毛本禍誤過
似法當嚴整　閩本監本毛本似作以非
必大告也　宋本必下有有字是也
故應否臧之凶　宋本岳本足利本否作不
川壅爲澤　釋文云壅本又作雍注皆同案說文巛字注引作雝澤字下多凶字
乘法不用　閩本監本毛本乘作乖亦非宋本作棄是也○今依宋本

法從人也　宋本法上有是字是也
故曰律否臧　補刊石經否作不
則爲法不行　宋本則上有水不流三字
澤不行之物　纂圖本監本毛本澤誤釋
此禍也　宋本此上有主字是也
爲明年晉殺先穀傳　宋本淳熙本晉下有人字
六人同之　補刊石經六誤作立改刊加兩點遂成亦字謬
三軍皆敗　毛本皆作既
楚子北師次於郔　釋文亦作郔監本毛本誤作延注同
令尹叔孫敖弗欲曰　補刊石經宋本淳熙本岳本叔孫作孫叔是也○今訂正
令尹南轅反斾　補刊石經宋本岳本斾作旆不誤注同○今訂正
迴車南鄉　宋本纂圖本毛本迴作廻釋文云鄉本又作嚮案後漢書袁紹傳注引作回軍南向按鄉是正字
次于管以待之　釋文于作於又云管本或作菅案管字是也管即管叔所封之國見僖二十四年杜於彼注亦云管國在滎陽京縣東北
晉師在敖鄗之閒　顧炎武云石經師誤帥案石經不誤所據乃王堯惠刻也
鄭皇戌使如晉師曰　宋本岳本閩本監本戌作戍是也釋文亦作戍浦鏜云凡人名除定十三年公叔戌外並從戍亥之戌○按不悉出
在軍　宋本軍誤君
子熊煦立　浦鏜正誤煦作眴按浦鏜按亦非玉篇口部眴字云史記曰楚先有熊眴是爲蚡冒則眴當从口
凡人貧衣破醜敝爲藍縷　考文破作被非
多少皆望文也　宋本望作妄字按疏謂三處偏字皆各望文爲訓耳望是也
舊於穰苴前已有　宋本舊下有偏字
又何俟　補刊石經俟字下後人旁增焉字非也
實猶充也　監本毛本充誤克下同
毋廢王命　纂圖本閩本監本毛本毋誤母
遷徙也　淳熙本纂圖本閩本毛本徙作徙非也

靡旌驅疾也　宋本旌作族非
御下兩馬　案惠棟云鄭注周禮瑑人引作掚馬釋文引徐先民云或作掚案此則兩本掚字故服杜訓爲飾古文省作兩
龜背之隆高當心　宋本淳熙本岳本足利本心下有者字
非能徧及於百官也　毛本徧作偏非
及熒澤　岳本纂圖本熒作滎非注同案後漢書郡國志注引傳文脫澤字
與魏錡皆命而往　石經皆下旁有受字後人妄加也
二憾往矣　釋文憾作感石經宋本亦作感石經改刊加小旁不可從也
右廣雞鳴而駕　纂圖本閩本監本毛本雞作鷄
養由基爲右　毛本由作由避所諱後漢書班彪傳作游文選東都賦同
屈蕩搏之　閩本監本毛本搏作摶誤
備設鉤盤　案盤字當作般說詳毛詩挍勘記
敢藉君靈　石經初刻藉誤从竹改从艹
使潘黨率游闕四十乘　鄭氏注周禮車僕引傳文率作帥游作斿
屈蕩尸之曰　石經宋本淳熙本岳本尸作戶是也案漢書王嘉傳注李善文選范蔚宗宦者傳論注引並同錢大昕跋余仁仲挍刻左傳本云家藏淳熙九經及長平游御史本巾箱小本俱作戶字
亦必以終　李善注范蔚宗宦者論引作必以此終
尸止　宋本淳熙本岳本足利本尸作戶止下有也字是也
軍中易乘　宋本淳熙本軍字脫
上文且則右廣初駕　閩本監本毛本則作云盧文弨挍本且則作則云亦非宋本且作旦
今楚王偶然乘左廣以逐趙旃　宋本監本毛本廣作車非
此言晉人廣隊　閩本此作比非也
楚人惎之脫扃　惠棟云說文引作楚人舁之云舉也黃顥說廣車陷楚人爲舉之案此則惎當爲舁杜氏所據本與許所據不同也
扃車上兵闌　宋本岳本闌作蘭案管子小匡篇注云蘭錡兵架也
注惎教至兵蘭　閩本監本毛本蘭作闌非
今杜以扃爲車上兵闌　宋本闌作蘭下同
逢大夫與其二子乘　閩本逢作逄岳本有注云逢音龐蜀本作逄此七字挍刊時誤入案逢从夆是

也从夅者誤

趙傁在後　惠棟云叟與傁同見無極山碑說文作叜云叜或作傁案五經文字云傁素口反與叟同見春秋傳

抽矢菆　惠棟云鄭注既夕禮云古文菆作騶漢書鼂錯傳云材官騶發矢道同的如淳曰騶矢也小顏曰騶謂善矢左氏傳作菆字其音同耳則知古菆字作騶也按騶自是假借字作菆是正字

與其輂輦　監本輂作輂非也

止以爲蕃營　閩本監本毛本蕃作藩

築軍營以章武功　淳熙本岳本足利本章作彰

載戢干戈　監本毛本干誤于

則頌詩功成乃成乃作　案乃成二字衍文宋本無

夏大釋詁文　宋本閩本監本毛本大誤八

鋪時繹思　案詩周頌正義引作敷時繹思

我徂維求定　石經宋本淳熙本岳本維作惟案傳引詩書多從小旁

我往惟自求安定　閩本監本毛本往作徂毛本惟作維

屢豐年　案惠棟云說文無屢字當從毛詩作婁今詩亦有作屢者俗作之

蓋楚樂歌之次第　依正義及宋本標起止皆云之第則次字衍也

注其六六篇至次第　宋本無篇至二字次作之字按疏云故楚樂次之第是注古本無次字也

季札觀樂　宋本札作扎非也

今頌篇次　宋本今下有周字是也

取其鯨鯢而封之　惠棟云說文引作䲔鯢云海大魚也或从京漢書薛宣傳曰古者明王伐不敬取其䲔鯢小顏曰䲔古鯨字

又何以爲京觀乎　宋本淳熙本岳本足利本何作可石經無觀字後旁增于京字下爾雅疏引亦脫

子服石制也　淳熙本子作予誤

是役至魚臣　宋本以下正義二節揔入注恃亂則禍歸之之下

桓子請死　宋本以下正義二節揔入使復其位注下

晉師三日穀　石經日字下旁增館字此後人據僖廿八年傳妄加也

今天或者大警晉也　淳熙本大誤天正德本作夫亦非

遂圍蕭蕭潰　顧炎武云下有明日蕭潰之文此處疑衍若此云蕭潰下便不得言遂傅于蕭也炎武說是也

拊而勉之　文選李善注潘安仁馬汧督誄引拊作撫

蕭潰　宋本以下正義五節揔入明日蕭潰節注下

皆如挾纊　說文引亦作皆如挾纊云或從光作絖水經注廿二如作同非是

纊綿也　宋本綿作緜正義同按緜綿正俗字

遂傅於蕭　補刊石經蕭下有城字非也

有山鞠窮乎　羣經音辨引作鞠藭

鞠窮所以禦濕　纂圖本毛本濕作溼

奈何　淳熙本岳本奈作柰按柰正字。今訂正

哭井則已　補刊石經宋本岳本已作己是也。今訂正

己展叔自謂也　浦鏜正誤作叔展是也

注原穀先穀　宋本此節正義在衛人救之節注下

於是卿不書　補刊石經作於是乎卿不書

附釋音春秋左傳注疏卷第二十四 宣十三年至十八年

杜氏注　孔穎達疏

經十有三年。春。齊師伐莒。○夏。楚子伐宋。○秋。螽。無傳。爲災故書。冬。晉殺其大夫先縠。書名以罪討。

傳十三年。春。齊師伐莒。莒恃晉而不事齊故也。○夏。楚子伐宋。以其救蕭也。救蕭在前年。君子曰。清丘之盟。唯宋可以免焉。宋討陳之貳今宋見伐晉衛不顧盟以恤宋而經同貶宋大夫傳嫌華椒之罪累及其國故曰唯宋可以免○累劣僞反【疏】注宋討至以免○正義曰往年清丘之盟宋卿亦貶傳稱不實其言此年宋被楚伐而晉衛不救即是不實之狀於此發傳言唯宋可以免者意在責諸國耳嫌華椒之罪累及其國恐言宋亦有罪宜其不救但盟之不信唯椒身合貶宋國無罪言惟宋可以免見諸國皆合責也○秋。赤狄伐晉。及清。先縠召之也。邲戰不得志故召狄欲爲變清一名清原○冬。晉人討邲之敗。與清之師。歸罪於先縠而殺之。盡滅其族。君子曰。惡之來也。己則取之。其先縠之謂乎。盡滅其族爲誅已甚故曰惡之來也【疏】注盡滅至來也○正義曰先縠之罪不合滅族盡滅其族爲誅已甚亦是晉刑大過是爲大惡君子既嫌晉刑大過又尤先縠自招故曰惡之來也己自取之惡之來也言大惡之事來先縠之家○清丘之盟。晉以衛之救陳也討焉。尋清丘之盟以責衛使人弗去。曰。罪無所歸。將加而師。孔達曰。苟利社稷。請以我說。欲自殺以說晉○使所吏反我說如字又音悅以說音悅又如字罪我之由。我則爲政。而亢大國之討。將以誰任。亢禦也謂禦宋討陳也○亢苦浪反任音壬我則死之。爲明年殺孔達傳

經十有四年。春。衛殺其大夫孔達。書名背盟于大國罪之夏五月。壬申。曹伯壽卒。無傳文十四年盟新城○晉侯伐鄭。○秋。九月。楚子圍宋。○葬曹文公。無傳○冬。公孫歸父會齊侯于穀。

傳十四年。春。孔達縊而死。衛人以說于晉而免。以殺告故免于伐○縊一賜反遂告于諸侯曰。寡君有不令之臣達。構我敝邑于大國。既伏其罪矣。敢告。

諸殺大夫亦皆告 衛人以為成勞。復室其子。以有平國之功復以女妻之○復扶又反妻七計反【疏】注以有至妻之○正義曰釋詁以平為成則成亦平也男子謂妻為室故杜以為衛人以其父有平定國家之勞復以女妻之言衛侯以女妻之也劉炫以為傳文無衛侯之女為孔達之妻復室其子謂復以室家還其子謂達既被誅家當沒入官復以孔達財物家室還其子今知非者案檢傳文上孔達云苟利社稷請以我說是孔達忠於衛國本實無罪所以告於諸侯祇欲虛以對晉衛人荷其功力何得沒其家資男子謂妻為室則室者夫之言故傳云女有家男有室今若以孔達之妻而還其子便則以母還子不得云復室其子又諸國大夫之妻傳皆不載其氏姓何得獨責孔達之妻須言衛侯之女既言復室其子明孔達之妻則衛侯之女可知劉以孔達之妻為衛侯之女於傳無文以規杜過於義非也 使復其位。襲父祿位○夏。晉侯伐鄭。為邲故也。晉敗於邲鄭遂屬楚○為于偽反 告於諸侯。蒐焉而還。蒐簡閱車馬○蒐所留反閱音悅 中行桓子之謀也。曰。示之以整。使謀而來。鄭人懼。使子張代子良于楚。十二年子良質於楚子張穆公孫○行戶郎反質音致 鄭伯如楚。謀晉故也。鄭以子良為有禮。故召之。有讓國之禮○楚子使申舟聘于齊。曰。無假道于宋。申舟無畏 亦使公子馮聘于晉。不假道于鄭。申舟以孟諸之役惡宋。文十年楚子田孟諸無畏抶宋公僕○馮皮冰反惡烏路反抶勑乙反 曰。鄭昭。宋聾。昭明也聾闇也○聾力工反【疏】注昭明也聾闇也○正義曰人之聽視聰明唯在耳目而已鄭昭言其目明則宋不明也宋聾言其耳闇則鄭不闇也耳目各舉一事而對以相反言宋不解事必殺我也 晉使不害。我則必死。王曰。殺女。我伐之。見犀而行。犀申舟子以子託王示必死○使所吏反使者同女音汝見賢遍反 及宋。宋人止之。華元曰。過我而不假道。鄙我也。鄙我。亡也。以我比其邊鄙是與亡國同○過古卧反又古禾反 殺其使者。必伐我。伐我。亦亡也。亡一也。乃殺之。楚子聞之。投袂而起。投振也袂袖也○袂面世反袖徐又反 屨及於窒皇。窒皇寢門闕○屨九具反窒直結反【疏】注窒皇寢門闕○正義曰下云劍及於寢門之外則屨之所及未至於外故以窒皇為寢門之闕謂至門逐及也莊十九年鬻拳葬於絰皇注云絰皇冢前闕闕者亦以此而知也經傳通謂兩觀為闕唯指雉門高大為縣舊章而使民觀之故推門之觀特得闕名名為闕者以其在門兩旁而中央闕然為道雖則小門亦如此耳故杜於寢門冢門皆以闕言之此作窒彼作絰字異音同未知孰是其名為窒皇及市名蒲胥其義皆未聞 劍及於寢門之外。車及於蒲胥之市。秋。九月。楚子圍宋。○冬。公孫歸父會齊侯于穀。見晏桓子。與之言魯樂。桓子告高宣子。桓子晏嬰父宣子高固○樂音洛【疏】與之言魯樂○正義曰樂謂樂居高位也 曰。子家其亡乎。懷於魯矣。子家歸父字懷思也 懷必貪。貪必謀人。謀人。人亦謀己。一國謀之。何以不亡。為十八年歸父奔齊傳【疏】懷於至不亡○正義曰懷思也謂思高位於魯也既思高位必貪貪必計謀他人既謀去他人他人亦謀去己一國之人謀去之何以不至亡也 ○孟獻子言於公曰。臣聞小國之免於大國也。聘而獻物。物玉帛皮幣也【疏】孟獻至公說○正義曰臣聞小國之免罪於大國也使卿往聘大國而獻其玉帛皮幣之物於是主人亦禮待之庭前所實籩豆醯醢有百品也君自親朝於牧伯之國而獻其治國之功若征伐之功於是主人敬以待之主人之身有威儀容貌車服之飾有物采文章嘉淑皆善也有善言辭善稱讚燕而送賓有加增賄貨言賓往既共則主報亦厚禮使小國如此朝聘大國者謀其不免於罪也若不往朝聘待其被誅責而始薦賄貨則無及於好事矣今楚子在宋君其圖之勸君使往聘也劉炫以為皆是實事聘而獻物謂獻其國內之物於是所獻之物庭中實之有百品謂聘享之禮龜金竹箭之屬有百品也朝而獻功言治國有功故土饒物產於是玄纁璣組羽毛齒革乃得為容貌之物采文章嘉淑謂美善之物加貨謂賄賂之多多獻賄賂以謀其不免於罪也○注物玉帛皮幣也○正義曰聘禮賓執圭以致命享用束帛加璧夫人聘用璋享用玄纁束帛加琮其享幣又有皮馬是聘所獻物有玉帛皮幣也 於是有庭實旅百。主人亦設籩豆百品實於庭以荅賓【疏】注主人至荅賓○正義曰聘禮君使卿韋弁服歸饔餼五牢有司入陳鼎豆簋鉶醯醢百罋米百筥黍稷稻粱皆設於中庭是主人設籩豆百品實於庭以荅賓也劉炫謂治國有功土饒云云炫以杜注莊二十二年庭實旅百奉之以玉帛諸侯朝王陳贄幣之象則朝聘陳幣亦實百品於庭非獨主人也 朝而獻功。獻其治國若征伐之功於牧伯 於是有容貌。采章。嘉淑。而有加貨。容貌威儀容顏也采章車服文章也嘉淑令辭稱讚也加貨命宥幣帛也言往共則來報亦備【疏】注容貌至亦備○正義曰杜謂於是有者皆主人之事故以容貌為威儀容顏當謂善為威儀容顏以接賓也采章車服文章謂主人陳設物采文章以接賓周禮車逆之類也嘉淑皆訓為善容貌采章以外別言善善故以為令辭稱讚謂接賓之時善言辭善稱讚也加貨謂好貨加增於常若僖二十九年介葛盧來朝禮之加燕好成十三年孟獻子為介王重賄之之類故以加貨為命宥幣帛也劉炫云案此勸君行聘唯當論聘之義深不宜言主之禮備豈慮楚不禮而言此也君之威儀無時可舍豈待朝聘賓至乃始審威儀正顏色無賓客則驕容儀容儀非報賓之物何言報禮備又獻其治國劉炫云傳稱朝以正班爵之儀率長幼之序則不名獻功成二年王禮鞏伯如侯伯克敵使大夫告慶之禮則侯伯克敵祇合使大夫告王征伐之功何故親朝獻牧伯禮小朝大小國不合專征復有何功可獻炫謂采章加貨則聘享獻國所有玄纁璣組羽毛齒革皆充衣服旌旗之飾可以為容貌物采文章嘉淑謂美善之物加貨言賄賂之多皆賓所獻亦庭實也於聘揔言庭實於朝指其所有詳於君略於臣也案莊二十二年傳庭實旅百則朝者庭實又成二年傳云侯伯克敵使大夫告慶之禮據此文則聘賓有庭實又庭實旅百與容貌采章相對杜何知庭實容貌之等非是賓之所有必為主人之物又君無獻征伐之功何以知獻功於牧伯今知劉說非者僖二十二年楚子入享于鄭庭實旅百加籩豆六品又昭五年燕有好貨饔有陪鼎僖二十九年葛盧來朝禮之加燕好此傳云嘉淑而有加貨故知加貨庭實之等皆是主人待賓之物禮傳賓之於主無加貨之文故杜為此解襄八年鄭伯親獻蔡捷于邢丘是獻征伐之功於牧伯也劉苟違杜義以為庭實旅百及容貌采章嘉淑加貨之等並為賓物又以諸侯親朝無獻征伐之功以規杜氏違經背傳於義非也 謀其不免也。誅而薦賄。則無及也。薦進也見責而往則不足解罪○賄呼罪反 今楚在宋。君其圖之。公說。為明年歸父會楚子傳○說音悅

經十有五年。春。公孫歸父會楚子于宋。○夏。五月。宋人及楚人平。平者揔言二國和故不書其人【疏】注平者至其人○正義曰平者和也言其先不平而今始平小服大弱下彊之意昭七年暨齊平燕與齊平也定十年及齊平十一年及鄭平魯與平也諸言平者皆舉國言平揔言二國和同之意故不書其人謂不書公卿也燕暨齊平不言人此言宋人楚人史異辭耳穀梁傳曰人者眾辭也平稱眾上下欲之也賈逵云稱人眾辭善其與眾同欲然則彼平稱人者豈唯國君欲平而在下不欲平乎傳載盟辭則此平有盟不書盟者釋例曰宋人及楚人平實盟書平從赴辭也 ○六月。癸卯。晉師滅赤狄潞氏。以潞子嬰兒歸。潞赤狄之別種潞氏國故稱氏子爵也林父稱師從告○潞音路種章勇反【疏】注潞赤至從告○正義曰狄有赤狄白狄就其赤白之間各自別有種類此潞是國名赤狄之內別種一國夷狄祖其雄豪者子孫則稱豪名為種若中國之始封君也謂之赤白其義未聞蓋其俗尚赤衣白衣也傳稱天子建德因生以賜姓胙之土而命之氏者即以國名為氏但華夏不須言國名不以氏配赤狄既須言狄單國不復成文故以氏配之潞氏甲氏皐落氏皆是也杜言氏國故稱氏雖指解此狄而中國亦然劉炫云狄稱種者周禮內宰上春生種稑之種賤之同之草木故稱種林父尊卿當稱師師今從將卑師眾之例直稱師者從告也 ○秦人伐晉。無傳 ○王札子殺召伯。毛伯。稱殺者名兩下相殺之辭兩下相殺則殺者有罪王札子王子札也蓋經文倒札字○札側八反徐又側乙反召上照反倒丁老反【疏】注稱殺至札字○正義曰穀梁傳曰不言其兩下相殺也言兩臣下自相殺非君殺臣不得言其大夫也釋例曰大臣相殺死者無罪則兩稱名氏以示殺者之罪王札子殺召伯毛伯是也若死者有罪不稱殺者名氏晉殺其大夫陽處父是也傳稱此人為王子捷札一人而札在子上故疑經文倒札字也公羊傳曰王札子者何長庶之號也何休云天子之庶兄也左傳言札為王孫蘇所使非是尊貴不得為王之庶兄故譖以為雜入不知

何王之子。○秋。螽。無傳。螽音終。○仲孫蔑會齊高固于無婁。無傳。無婁杞邑。○初稅畝。公田之法十取其一今又履其餘畝復十收其一故哀公曰二吾猶不足遂以爲常故曰初稅始銳反復扶又反〔疏〕注公田至曰初○正義曰公羊傳曰古者什一而藉古者曷爲什一而藉什一者天下之中正也多乎什一大桀小桀寡乎什一大貉小貉什一者天下之中正也什一行而頌聲作矣何休云多取於民比於桀蠻貉無百官制度之費稅薄穀梁傳亦云古什一而藉孟子云夏后氏五十而貢殷人七十而助周人百畝而徹其實皆什一也趙岐注云民耕五十畝者貢上五畝耕七十畝者以七畝助公家耕百畝者徹取十畝以爲賦雖異名而多少同故云皆什一也書傳言十一者多矣故杜言古者公田之法十取其一謂十畝內取一舊法既已十畝取一矣今又履其餘畝更復十收其一乃是十取其二故論語云哀公曰二吾猶不足謂十內稅二猶尚不足則從此之後遂以十二爲常故曰初言初稅十二自此始也諸書皆言十一而周禮載師云凡任地近郊十一遠郊二十而三甸稍縣都皆無過十二漆林之征二十而五者彼謂王畿之內所共多故賦稅重諸書所言十一皆謂畿外之國故鄭玄云十一而稅謂之徹徹通也爲天下之通法言天下皆十一耳不言畿內亦十一也孟子又曰方里爲井井九百畝其中爲公田八家皆私百畝同養公田公事畢然後敢治私事漢書食貨志取彼意而爲之文云井田方一里是爲九夫八家共之各受私田百畝公田十畝是爲八百八十畝餘二十畝爲廬舍諸儒多用彼爲義如彼所言則家別一百一十畝是爲十外稅一也鄭玄詩箋云井稅一夫其田百畝則九而稅一其意異於漢書不以志爲說也又孟子對滕文公云請野九一而助國中什一使自賦鄭玄周禮匠人注引孟子此言乃云是邦國亦異外內之法則鄭玄以爲諸侯郊外郊內其法不同郊內十一使自賦其一郊外九而助一是爲二十而稅二故鄭玄又云諸侯謂之徹者通其率以十一爲正言郊內郊外相通其率爲十稅一也杜今直云十取其一則又異於鄭唯謂一夫百畝以十畝歸公今又履其餘畝稅之更十取一耳履畝穀粱傳文也趙岐不解夏五十殷七十之意蓋古者人多田少一夫唯得五十七十畝耳五十而貢貢五畝七十而助助七畝好惡於此鄭注考工記云周人畿內用夏之貢法邦國用殷之助法○冬。蝝生。螽子以冬生遇寒而死故不成螽○蝝悅全反字林尹稍反劉歆云蚳蜉子也董仲舒云蝗子〔疏〕注螽子至成螽○正義曰釋蟲云草螽負蠜蜤螽蜙蝑李巡云皆分別蝗子異方之語也釋蟲又云蝝蝮蜪李巡云蝮蜪一名蝝蝝蝗子也郭璞云蝗子未有翅者劉歆以爲蚳蜉有翅者非也如李郭之說是蝝爲螽子也上云秋螽秋而生子於地至冬其子復生遇寒而死故不成災傳稱凡物不爲災不書此不爲災而書之者傳云幸之也此年既飢若使蝝早生更爲民害則其困甚矣喜其冬生以爲國家之幸故喜而書之公羊傳亦云蝝生不書此何以書幸之也○饑。風雨不和五稼不豐〔疏〕注風雨至不豐○正義曰此年秋螽知不爲螽而饑者春秋書螽多矣有螽之年皆不書饑而此獨書饑知年饑不專爲螽故云風雨不和五穀不豐也

傳十五年。春。公孫歸父會楚子于宋。終前年傳。○宋人使樂嬰齊告急于晉。晉侯欲救之。伯宗曰。不可。伯宗晉大夫。古人有言曰。雖鞭之長。不及馬腹。言非所擊。天方授楚。未可與爭。雖晉之彊。能違天乎。諺曰。高下在心。度時制宜。度待洛反。○川澤納汙。受汙濁。○汙音烏注同。山藪藏疾。山之有林藪毒害者居之○藪素口反〔疏〕川澤至藏疾○正義曰周禮虞之官有大澤大藪小澤小藪爾雅十藪皆是大澤則藪是澤類鄭玄周禮注云澤水所鍾也水希曰藪是藪者澤之少水之名也川澤山藪相配爲文者川是流水澤是委水俱是水故揔云納汙言其納汙濁也山有木藪有草毒螫之蟲在草在木故俱云藏疾言其藏毒害也藪是澤類而杜云山之有林藪者藪雖澤類傳文與山相連藪是草木積聚之處近山近澤皆得稱藪上既有川澤之文下別云山藪之事此藪近山故杜云山之有林藪也劉炫以爲澤旁之藪以規杜氏非也瑾瑜匿瑕。匿亦藏也雖美玉之質亦或居藏瑕穢○瑾其靳反瑜羊朱反匿女力反〔疏〕注匿亦至瑕穢○正義曰瑾瑜玉之美名聘義曰瑕不揜瑜瑜不揜瑕鄭玄云瑕玉之病也瑜其中間美者玉之性善惡不相揜此云匿瑕似以美匿惡故云匿亦藏也言玉質雖美亦瑕藏其中不言瑜能揜蓋瑕也國君含垢。忍垢恥○垢古口反本或作詬音同天之道也。晉侯恥不救宋故伯宗爲說小惡不損大德之喻○爲于僞反君其待之。待楚衰乃止。使解揚如宋。使無降楚。曰。晉師悉起。將至矣。鄭人囚而獻諸楚。楚子厚賂之。使反其言。反言晉不救○解音蟹降戶江反不許。三而許之。登諸樓車。使呼宋而告之。樓車車上望櫓○櫓音魯遂致其君命。楚子將殺之。使與之言曰。爾既許不穀。而反之。何故。非我無信。女則弃之。速即爾刑。對曰。臣聞之。君能制命爲義。臣能承命爲信。信載義而行之爲利。謀不失利。以衛社稷。民之主也。義無二信。欲爲義者不行兩信○女音汝下注而女也同信無二命。欲行信者不受二命君之賂臣。不知命也。受命以出。有死無霣。霣廢隊也○霣于敏反隊直類反又可賂乎。臣之許君。以成命也。成其君命死而成命。臣之祿也。寡君有信臣。已不廢命下臣獲考。考成也死又何求。楚子舍之以歸。○夏五月。楚師將去宋。在宋積九月不能服宋故申犀稽首於王之馬前曰。毋畏知死而不敢廢王命。王弃言焉。王不能荅。未服宋而去故曰弃言○申叔時僕。僕御也曰。築室反耕者。宋必聽命。從之。築室於宋分兵歸田示無去志王從其言宋人懼。使華元夜入楚師。登子反之牀。起之。曰。寡君使元以病告。兵法因其鄉人而用之必先知其守將左右謁者門者舍人之姓名因而利道之華元蓋用此術得以自通○守手又反將子匠反道音導曰。敝邑易子而食。析骸以爨。爨炊也○析思歷反骸戶皆反本又作骨公羊傳作骸何休注云骸骨也爨七亂反雖然。城下之盟。有以國斃。不能從也。寧以國斃不從城下盟○斃婢世反去我三十里。唯命是聽。子反懼。與之盟而告王。退三十里。宋及楚平。華元爲質。盟曰。我無爾詐。爾無我虞。楚不詐宋宋不備楚盟不書不告○質音致〔疏〕子反懼與之盟○正義曰服虔云與華元私盟許爲退師若孟任割臂與魯莊公盟下云盟曰是兩國平後共盟而楚人爲此辭耳非此華元子反私盟之辭也○潞子嬰兒之夫人。晉景公之姊也。酆舒爲政而殺之。又傷潞子之目。酆舒潞相○酆芳忠反相息亮反晉侯將伐之。諸大夫皆曰。不可。酆舒有三儁才。儁絕異也言有才藝勝人者三○儁音俊〔疏〕注儁絕至者三○正義曰辨名記云倍人曰茂十人曰選倍選曰儁千人曰英倍英曰賢萬人曰桀倍桀曰聖是儁爲絕異之稱也有三儁才知其有才藝勝人者三事耳不知三者何事也不如待後之人。伯宗曰。必伐之。狄有五罪。儁才雖多。何補焉。不祀。一也。耆酒。二也。弃仲章而奪黎氏地。三也。仲章潞賢人也黎氏黎侯國上黨壺關縣有黎亭○耆市志反黎禮兮反國名虐我伯姬。四也。傷其君目。五也。〔疏〕不祀至五也○正義曰此五者從輕至重祀雖爲大罪廢祀未是害物故先言之耆酒則廢亂政事有害於民故次之弃賢人而侵鄰國其害已大又次之殺夫人傷君目罪之大者故後言之棄仲章而奪黎氏地是爲二事而并數爲一者俱是爲政之惡故并數之奪黎氏地已盡奪之使黎侯失位故下云立黎侯而還更復其國也怙其儁才。而不以茂德。茲益罪也。後之人或者將敬奉德義。以事神人。而申固其命。審其政令若之何待之。不討有罪。曰將待後。後有辭而討焉。毋乃不可乎。夫恃才與衆。亡之道也。商紂由之。故滅。由用也〔疏〕商紂由之故滅○正義曰史記殷本紀云紂賢辯捷疾聞見甚敏材力過人手格猛獸知足以拒諫飾是非之端矜人臣以能高天下以聲以

爲皆出己之下武王伐滅之是由恃才僞故滅也天反時爲災。寒暑易節地反物爲妖。羣物失性民反德爲亂。亂則妖災生。故文反正爲乏。文字〔疏〕天反至災生。○正義曰據其害物謂之災言其怪異謂之妖時由天物在地故屬災於天屬妖於地其實民有亂德感動天地天地爲之見變妖災因民而生天地共爲之耳非獨天爲災而地爲妖民謂人也感動天地皆是人君感之非庶民也昭七年傳曰國無政不用善則自取謫於日月之災言以政取謫是其由君不由民以民表人故釋例引此即改民爲人是其民謂人也傳言天災地妖民亂歷序以尊卑爲次更言亂則妖災生明妖災由民起妖災亦通言耳天雖四時氣雖寒暑故杜以反時爲寒暑易節物則其數無窮故揔云羣物失性反其常性即是妖也釋例曰物者雜而言之則昆蟲草木之類也大而言之則歲時日月星辰之謂也歲者水旱饑饉也時者寒暑風雨雹電雪霜也日月者薄食夜明也星辰者彗孛霣錯失其次也山崩地震者陽伏而不能出陰迫而不能升也凡天反其時地反其物以害其物性皆爲妖災是言妖災皆通天地共爲之也此傳地反物者唯言妖耳洪範五行傳則有妖孽禍痾眚祥六者之名以積漸爲義漢書五行志說此六名云凡草物之類謂之妖妖猶夭胎言尚微也蟲豸之類謂之孽孽則牙孽矣及六畜謂之禍言其著也及人謂之痾痾病貌言浸深也甚則異物生謂之眚自外來謂之祥是六名以漸爲稱唯眚祥有外內之異耳大旨皆是妖也○故文反正爲乏○正義曰許愼說文序云蒼頡之初作書蓋依類象形謂之文其後形聲相益謂之字文者物象之本字者孳乳而生是文謂之字也制字之體文反正爲乏服虔云言人反正者皆乏絶之道也人反德則妖災生妖災生則國滅亡是乏之絶之道也盡在狄矣。晉侯從之。六月。癸卯。晉荀林父敗赤狄于曲梁。辛亥。滅潞。曲梁今廣平曲梁縣也書癸卯從赴〔疏〕盡在狄矣。○正義曰言盡在狄矣則狄皆有之其反德爲亂則五罪是也天地災妖傳不指斥不知於時潞國有何災何妖也酆舒奔衛。衛人歸諸晉。晉人殺之。○王孫蘇與召氏、毛氏爭政。三人皆王卿士使王子捷殺召戴公及毛伯衞。王子捷即王札子卒立召襄。襄召戴公之子〔疏〕卒立召襄。○正義曰卒終也謂終立之非此時即立毛氏後亦不滅但傳不言之耳○秋。七月。秦桓公伐晉。次于輔氏。晉地壬午。晉侯治兵于稷。以略狄土。略取也稷晉地河東聞喜縣西有稷山壬午七月二十九日晉時新破狄土地未安權秦師之弱故別遣魏顆距秦而東行定狄也○顆苦果反立黎侯而還。狄奪其地故晉復立之○復扶又反及雒。魏顆敗秦師于輔氏。晉侯還及雒也雒晉地○雒音洛獲杜回。秦之力人也。初。魏武子有嬖妾。無子。武子疾。命顆曰。必嫁是。武子魏犨顆之父○嬖必計反疾病則曰。必以爲殉。及卒。顆嫁之。

曰。疾病則亂。吾從其治也。及輔氏之役。顆見老人結草以亢杜回。亢禦也○殉似俊反本或作必以殉治直吏反下治命同亢苦浪反杜回躓而顚。故獲之。夜夢之曰。余而所嫁婦人之父也。而女也○躓陟吏反徐又丁四反爾用先人之治命。余是以報。傳舉此以示教○晉侯賞桓子狄臣千室。千家亦賞士伯以瓜衍之縣。士伯士貞子○瓜古華反衍以善反曰。吾獲狄土。子之功也。微子。吾喪伯氏矣。伯桓子字邲之敗晉侯將殺林父士伯諫而止○喪息浪反羊舌職說是賞也。職叔向父○說音悅向香丈反曰。周書所謂庸庸祗祗者。謂此物也夫。周書康誥庸用也祗敬也物事也言文王能用可用敬可敬○夫音扶士伯庸中行伯。言中行伯可用君信之。亦庸士伯。此之謂明德矣。文王所以造周。不是過也。故詩曰。陳錫哉周。能施也。錫賜也詩大雅言文王布陳大利以賜天下故能載行周道福流子孫○施式豉反率是道也。其何不濟。○晉侯使趙同獻狄俘于周。不敬。劉康公曰。不及十年。原叔必有大咎。劉康公王季子也原叔趙同也○俘芳扶反不敬一本作而傲天奪之魄矣。心之精爽是謂魂魄爲成八年晉殺趙同傳○魄普白反〔疏〕注心之至同傳○正義曰心之精爽是謂魂魄魂魄去之何以能久昭二十五年傳文○初稅畝。非禮也。穀出不過藉。周法民耕百畝公田十畝借民力而治之稅不過此以豐財也。〔疏〕初稅至財也○正義曰藉者借也民之田穀出共公者不過取所借之田欲以豐民之財故不多稅也既譏其稅畝言非禮乃舉正禮言穀出不過藉則知所稅畝者是藉外更稅故杜氏爲十一外更十取一且以哀公之言驗之知十二而稅自此始也○冬。蝝生。饑。幸之也。蝝未爲災而書之者幸其冬生不爲物害時歲雖饑猶喜而書之〔疏〕冬蝝生饑幸之也○正義曰幸之者爲幸蝝冬生不幸饑也而傳以饑連蝝生乃云幸之者以歲饑而復有災則民彌益其困由饑之故乃以爲幸故傳連饑釋之

經十有六年。春。王正月。晉人滅赤狄甲氏及留吁。甲氏留吁赤狄別種晉既滅潞氏今又并盡其餘黨士會稱人從告○吁況于反種章勇反并必政反一音如字○夏。成周宣榭火。傳例曰人火之也成周洛陽宣榭講武屋別在洛陽者爾雅曰無室曰榭謂屋歇前○榭本又作謝音同〔疏〕注傳例至歇前○正義曰楚語云先王之爲臺榭也榭不過講軍實臺不過望氛祥知榭是講武屋也名之曰宣則其義未聞服虔云宣揚威武之處義或當然也成周周之下都此榭別在洛陽講習武事則往就之爾雅釋宮云無室曰榭又云闍謂之臺有木者謂之榭李巡曰臺積土爲之所以觀望臺上有屋謂之榭則榭是臺上之屋居臺而臨觀講武故無室而歇前歇前者無壁也如今廳是也公羊以爲宣宮之榭謂宣王之廟也以其中興其廟不毀與左氏異也○秋。郯伯姬來歸。○冬。大有年。無傳○郯音談

傳十六年。春。晉士會帥師滅赤狄甲氏及留吁、鐸辰。鐸辰不書留吁之屬○鐸待洛反三月。獻狄俘。獻于王也晉侯請于王。戊申。以黻冕命士會將中軍。且爲大傳。代林父將中軍且加以大傳之官黻冕命卿之服大傳孤卿○黻音弗將子匠反大音泰注同〔疏〕注代林至孤卿○正義曰晉之中軍之將執政之上卿也大傳又尊於上卿且加大傳以褒顯之禮命臣者皆賜之以服使服而受命傳言以黻冕者黻冕是命孤卿之服故以之命士會也論語稱禹惡衣服而致美乎黻冕鄭玄云黻祭服之衣冕其冠也此云黻冕亦當然也黻蔽膝也祭服謂之黻其他服謂之韠俱以韋爲之制同而色異韠各從裳色黻則其色皆赤尊卑以深淺爲異天子純朱諸侯黃朱大夫赤而已大夫以上冕服悉皆有黻故禹言黻冕此亦云黻冕但冕服自有尊卑耳周禮司服孤之服自希冕而下此士會黻冕當是希冕也天子大傳三公之官也諸侯大傳孤卿之官也周禮典命云公之孤四命鄭衆云九命上公得置孤卿一人春秋時晉爲霸王侯亦置孤卿文六年有大傳陽子大師賈佗則晉嘗置二孤於是晉國之盜逃奔于秦。羊舌職曰。吾聞之。禹稱善人。稱舉也不善人遠。此之謂也夫。詩曰。戰戰兢兢。如臨深淵。如履薄冰。善人在上也。言善人居位則無不戒懼○遠于萬反夫音扶兢居陵反本亦作矜善人在上。則國無幸民。諺曰。民之多幸。國之不幸也。是無善人之謂也。諺音彥○夏。成周宣榭火。人火之也。凡火。人火曰火。天火曰災。〔疏〕凡火至曰災○正義曰人火從人而起人失火而爲害本其火之所來故指火體而謂之爲火天火則自然而起不能本其火體故以其所害言之謂之爲災聖人重天變故異其名春秋天變多矣唯此言火耳○秋。郯伯姬來歸。出也。○爲毛召之難故。王室復亂。毛召難在前年○爲于僞反難乃旦反注同復扶又反王孫蘇奔晉。晉人復之。毛召之黨欲討蘇氏故出奔○冬。晉侯使士會平王室。定王享之。原襄公相禮。原襄公周大夫相佐也○相息亮反注同殽烝。烝升也升殽於俎○殽戶交反烝之承反〔疏〕注烝升至升殽於俎○正

義曰禮升殽於俎皆謂之烝故烝爲升也鄭玄詩箋云凡非穀而食之曰殽則殽是可食之名切肉爲殽乃升於俎故謂之殽烝武子私問其故。享當體薦而殽烝故怪問之武士會謚季其字〔疏〕注享當至其字。○正義曰若公侯來朝王爲設享則當有體薦其半體亦謂之房烝武子謂已被王享亦當房烝今乃殽烝故怪而問之王聞之。召武子曰。季氏。而弗聞乎。王享有體薦。享則半解其體而薦之所以示共儉〔疏〕注享則至共儉。○正義曰王爲公侯設享則半解其體而薦之爲不食故不解折所以示共儉也示共儉與下示慈惠成十二年傳文宴有折俎。體解節折升之於俎物皆可食所以示慈惠也○折之設反注同〔疏〕注體解至惠也。○正義曰王爲公侯設宴禮體解節折升之於俎卽殽烝是也其物解折使皆可食共食噉之所以示慈惠也其宴飮殽烝其數無文若祭祀體解案特牲饋食禮有九體則肩一臂二臑三肫四胳五正脊六橫脊七長脅八短脅九此謂士禮也若大夫禮則十一體加脡脊代脅其諸侯天子無文或同十一公當享。卿當宴。王室之禮也。公謂諸侯〔疏〕注公謂諸侯。○正義曰五等諸侯揔名爲公故云公謂諸侯言諸侯親來則爲之設享又設燕也享用體薦燕用折俎若使卿來雖爲設享仍用公之燕法亦用折俎是王室待賓之禮也周語說此甚詳王召士季曰子弗聞乎禘郊之事則有全烝王公立飫則有房烝親戚宴享則有殽烝今叔父使士季實來唯是先王之宴禮欲以貽爾體解節折而共飲食之於是乎有折俎以示容合好將安用全烝注國語者皆云禘祭宗廟郊祭天地則有全其牲體而升於俎謂之全烝王公立飫卽享禮也禮之立成者名爲飫半解其體而升於俎謂之房烝傳言體薦卽房烝也親戚宴享則宴享禮同皆體解節折乃升於俎謂之殽烝此傳畧而爲文猶是彼意故注皆取彼解之武子歸而講求典禮。以脩晉國之法。傳言典禮之廢久

經十有七年。春。王正月。庚子。許男錫我卒。無傳再與文同盟〔疏〕注再與文同盟。○正義曰錫我以文六年卽位七年盟于扈十四年于新城皆許俱在是再同盟也丁未。蔡侯申卒。無傳未同盟而赴以名丁未二月四日○夏。葬許昭公。無傳○六月。癸卯。日有食之。無傳不書朔官失之○己未。公會晉侯、衞侯、曹伯、邾子。同盟于斷道。斷道晉地○斷直管反一音短○秋。公至自會。無傳○冬。十有一月。壬午。公弟叔肹卒。傳例曰公母弟○肹許乙反

傳十七年。春。晉侯使郤克徵會于齊。徵召也欲爲斷道會齊頃公帷婦人使觀之。郤子登。婦人笑於房。跛而登階故笑之○頃音傾跛波可反〔疏〕注跛而登階。○正義曰沈氏引穀梁傳云魯行父禿晉郤克跛衞孫良夫眇曹公子首僂故婦人笑之是以知郤克跛也穀梁傳定本作郤克眇衞孫良夫跛獻子怒。出而誓曰。所不此報。無能涉河。不復度河而東○復扶又反獻子先歸。使欒京廬待命于齊。曰。不得齊事。無復命矣。欒京廬郤克之介使得齊之罪乃復命○廬音盧又力於反郤子至。請伐齊。晉侯弗許。請以其私屬。又弗許。私屬家衆也爲成二年戰于鞌傳○鞌音安齊侯使高固、晏弱、蔡朝、南郭偃會。晏弱桓子○朝如字及斂盂。高固逃歸。聞郤克怒故○斂徐音廉一音力漸反盂音于夏。會于斷道。討貳也。盟于卷楚。卷楚卽斷道○卷音權一音居免反辭齊人。晉人執晏弱于野王。執蔡朝于原。執南郭偃于溫。執三子不書非卿野王縣今屬河內苗賁皇使。見晏桓子。賁皇楚鬭椒之子楚滅鬭氏而奔晉食邑于苗地晏弱時在野王故因使而見之○賁扶云反使所吏反注及下同歸言於晉侯曰。夫晏子何罪。昔者諸侯事吾先君。皆如不逮。言汲汲也○逮音代或大計反汲音急舉言羣臣不信。諸侯皆有貳志。舉亦皆也齊君恐不得禮。不見禮待故不出。而使四子來。左右或沮之。沮止也○沮在呂反曰。君不出。必執吾使。故高子及斂盂而逃。夫三子者曰。若絕君好。寧歸死焉。爲是犯難而來。吾若善逆彼。彼齊三人○好呼報反爲于僞反難乃旦反以懷來者。吾又執之。以信齊沮。吾不既過矣乎。過而不改。而又久之。以成其悔。何利之有焉。使反者得辭。反者高固謂得不當來之辭〔疏〕注以信齊沮。○正義曰使沮者之言信也。○而又至有焉。○正義曰晏桓子等懼晉之命不得已而來恨齊侯之使也今晉不以禮待之而又久執之以成其悔恨言本恨齊今又恨晉齊侯見晉如此將有背晉之心齊若叛晉何利之有言此者勸晉侯免之耳而害來者。以懼諸侯。將焉用之。晉人緩之。逸。緩不拘執使得逃去也傳言晉不能脩禮諸侯所以貳○焉於虔反拘九于反○秋。八月。晉師還。○范武子將老。老致仕初受隨故曰隨武子後更受范復爲范武子○復扶又反召文子曰。燮乎。吾聞之。喜怒以類者鮮。文子士會之子燮其名○燮素協反鮮息淺反易者實多。易遷怒也詩曰。君子如怒。亂庶遄沮。君子如祉。亂庶遄已。詩小雅也遄速也沮止也祉福也○遄市專反祉音恥君子之喜怒以已亂也。弗已者必益之。郤子其或者欲已亂於齊乎。不然。余懼其益之也。余將老。使郤子逞其志。庶有豸乎。豸解也欲使郤子從政快志以止亂○豸本又作鳩直是反或音居牛反非也解音蟹此訓見方言〔疏〕注豸解也。○正義曰方言文爾從二三子唯敬。二三子晉諸大夫乃請老。郤獻子爲政。○冬。公弟叔肸卒。公母弟也。凡大子之母弟。公在曰公子。不在曰弟。以兄爲尊凡稱弟。皆母弟也。此策書之通例也庶弟不得稱公弟而母弟或稱公子若嘉好之事則仍舊史之文惟相殺害然後據例以示義所以篤親親之恩崇友于之好釋例論之備矣○好呼報反〔疏〕凡大至弟也。○正義曰此例再言凡者前凡明稱母弟之人適子及妾子之等後凡明策書稱弟者皆母弟之義公之母弟見經者鄭段魯公子友衞叔武實母弟而不稱弟陳公子招昭元年稱公子八年稱弟釋例曰弟之寵異於衆弟蓋緣自然之情以養母氏之志公在雖俱稱公子其兄爲君則特稱弟殊而異之親而睦之旣以隆友于之恩亦以獎爲人弟之敬成相親之益也通庶子爲君故不言夫人之子而曰母弟母弟之見於經者二十而傳之所發六條而已凡稱弟皆母弟此策書之通例也庶弟不得稱弟而母弟得稱公子故傳之所發隨而釋之諸稱弟者不得言皆必稱弟也秦伯之弟鍼適晉女叔齊曰秦公子必歸此公子亦國之常言得兩通之證也仲尼因母弟之例據以與義鄭伯懷害弟之心天王縱羣臣以殺其弟夫子探書其志故顯稱二兄以首惡佞夫稱弟不聞反謀也鄭段去弟身爲謀首也然則兄以而害弟稱弟以章兄罪弟又害兄則去弟以罪弟身也推此以觀其餘秦伯之弟鍼陳侯之弟黃衞侯之弟鱄出奔皆是兄害其弟也秦伯有千乘之國而不能容其母弟傳曰罪秦伯歸罪秦伯則鍼罪輕也陳侯不能制禦臣下使逐其弟傳曰非罪非黃之罪則罪在陳侯此互舉之文也至於陳招殺兄之子宋辰率羣卿以背宗國披大臣以成叛逆然不推刃於其兄故以首惡稱弟稱名從兩下相殺也統論其義兄弟二人交相殺害各有曲直存弟則示兄曲也鄭伯既云失教若依例存弟則嫌善段故特去弟兩見其義也若夫朝聘盟會嘉好之事此乃兄弟之篤睦非義例之所興故仍舊史之策或稱弟或稱公子踐土之盟叔武不稱弟此其義也莒挐非卿非卿則不應書今嘉獲故特書猶不稱弟明諸書弟者皆卿也先儒說母弟善惡褒貶既多相錯涉又云稱弟皆謂公子不爲大夫者得以君爲尊秦傳莒挐非卿乃法所不書書而不言弟非得以君爲尊也凡聘享嘉好之事於是使卿故夷仲年之聘皆以卿稱弟而行此例所謂兄稱弟皆母弟左傳明文而自違之穎氏又曰臣無竟外之交故云弟以貶季友子招樂憂故去弟以懲過鄭段去弟唯以名通故謂之貶今此二人皆稱公子公子者名號之美稱又非貶所也劉炫云再言凡者前凡據適妻子爲文後凡嫌妾子爲君母弟不得稱弟故更言凡也

經十有八年。春。晉侯、衞世子臧伐齊。○臧子郎反公伐杞。無傳○夏。四月。○秋。七月。邾人戕鄫子于

郕。傳例曰自外曰戕邾大夫就郕殺郕子。○戕在良反徐又在精反郕才陵反〔疏〕注傳例至郕子○正義曰杜以會盟之例卿則書名氏大夫則稱人此稱邾人故云邾大夫耳賈逵亦云邾使大夫往殘賊之○甲戌。楚子旅卒。未同盟而赴以名吳楚之葬僭而不典故絕而不書同之夷蠻以懲求名之僞○僭子念反懲直升反止也又作徵如字明也〔疏〕注未同至之僞○正義曰諸侯之葬魯不會則不書知吳楚之葬爲僭不書者襄二十九年傳稱葬楚康王公親送葬經亦不書故知其不爲會不會也禮坊記曰天無二日國無二王示民有君臣之別春秋不稱楚越之王喪恐民之惑也鄭玄云楚越之君僭號稱王不稱其喪謂不書葬也公羊傳曰吳楚之君不書葬辟其號也辟其號者五等諸侯死則稱爵書卒及葬則從彼臣子之辭皆稱爲公若書楚葬亦宜從彼所稱當云葬楚王以此僭而不典不得稱王故遂絕之而不書其葬同之蠻夷言其不足紀錄以懲創自求名號之僞同之蠻夷者蠻夷卒亦不書言其不書似之也○公孫歸父如晉。○冬。十月。壬戌。公薨于路寢。○歸父還自晉。至笙。遂奔齊。大夫還不書春秋之常也今書歸父還奔善其能以禮退不書族者非常所及今特書畧之笙魯竟也故不言出○笙音生徐又勑貞反云本又作檉亦作朾案徐後音是依二傳文竟音境

傳十八年。春。晉侯、衛大子臧伐齊。至于陽穀。齊侯會晉侯盟于繒。以公子彊爲質于晉。晉師還。蔡朝、南郭偃逃歸。晉既與齊盟守者解緩故得逃○繒才陵反質音致解佳買反○夏。公使如楚乞師。欲以伐齊。公不事齊齊與晉盟故懼而乞師于楚不書微者行○秋。邾人戕鄫子于鄫。凡自虐其君曰弒。自外曰戕。弒戕皆殺也所以別內外之名弒者積微而起所以相測量非一朝一夕之漸戕者卒暴之名○弒音試注同弒字從式殺字從殳他皆放此別彼列反一朝如字卒寸忽反〔疏〕注弒戕至之名○正義曰弒者試也言臣下伺候間隙試犯其君戕者殘也言外入卒暴而來殘賊殺害也弒戕皆是殺也所以別內外之名耳釋例曰列國之君而受害於臣子其所由者積微而起所以相測量非一朝一夕之漸故改殺爲弒戕者卒暴之名有國之君當重門設險而輕近暴客變起倉卒亦因事而見戒也臣弒其君子弒其父世之惡逆君子難言故春秋諸自內虐其君者適以弒爲文也春秋弒君多矣其戕唯此一事自內弒其君足明無道臣罪之例戕者外人所殺爲無防害皆是君自招之縱使君或無道其惡不加外國不被得從弒君之例也若賊死則書滅此謂在國見殺耳○楚莊王卒。楚師不出。既而用晉師。成二年戰于鞌是○楚於是乎有蜀之役。在成二年冬蜀魯地泰山博縣西北有蜀亭○公孫歸父以襄仲之立公也。有寵。歸父襄仲子欲去三桓。以張公室。時三桓強公室弱故欲去之以張大公室○去起呂反下注將去並同張如字一音陟亮反與公謀而聘于晉。欲以晉人去之。冬。公薨。季文子言於朝曰。使我殺適立庶。以失大援者。仲也夫。適謂子惡齊外甥襄仲殺之而立宣公南通於楚既不能固又不能堅事齊晉故云失大援也○適丁歷反注同援于眷反夫音扶臧宣叔怒曰。當其時。不能治也。後之人何罪。子欲去之。許請去之。宣叔文仲子武仲父許其名也時爲司寇主行刑言子自以歸父害已欲去者許請爲子去○請爲于僞反遂逐東門氏。襄仲居東門故曰東門氏子家還及笙。子家歸父字壇帷復命於介。除地爲壇而張帷介副也將去使介反命於君○壇音善介音界〔疏〕復命於介○正義曰聘禮復命之禮云公南鄉使者執圭反命曰以君命聘于某君某君受幣于某宮某君再拜以享某君某君再拜若聘君薨于後歸執圭復命于殯升自西階不升堂子卽位不哭辯復命如聘子臣皆哭與介入北鄉哭出祖括髮入門右卽位踊是君之存亡皆有復命之禮今身將出奔不得親自復命故立介於位介當南面歸父於介前北面執圭復命既復命之後北面哭乃退括髮訖前卽位北面哭三踊而出以復命之語語介使卻命介以此言告於殯也既復命。袒括髮。以麻爲髮○袒音但括古活反卽位哭。三踊而出。依在國喪禮設哭位公薨故遂奔齊。書曰。歸父還自晉。善之也。

春秋左傳注疏卷二十四校勘記　阮元撰盧宣旬摘錄

附釋音春秋左傳注疏卷第二十四　宣十三年至十八年

經十三年

傳十三年

已則取之　石經此處缺宋本岳本纂圖本已作巳不誤今從之

亦是晉刑大過　閩本監本毛本大作太下同

爲明年殺孔達傳　閩本監本毛本爲上不加注字舊式也

經十四年

冬公孫歸父會齊侯于穀　毛本于作丁誤

傳十四年

構我敝邑于大國　石經初刻構作搆改從木旁是也閩本監本毛本作構

注以有至妻之　宋本此節正義在使復其位注下

復以女妻之　閩本監本毛本復作故按作復是也

晉敗於邲鄭遂屬楚　纂圖本毛本於作于屬作服誤也

蒐簡閱車馬　足利本作軍馬

鄭伯如楚　閩本鄭誤郎

楚子使申舟聘于齊　呂氏春秋行論篇注引舟作周案舟周口字通石經此處缺

注昭明也聾闇也　宋本以下正義三節總入楚子圍宋之下

屨及於窒皇　惠棟云高誘呂覽行論篇注引傳作絰皇與莊十九年絰皇一也

謂至門逐及也　閩本監本毛本逐作遂非也

唯指雉門高大　宋本高字上有以雉門三字是也

與之言魯樂　宋本以下正義二節總入何以不亡注下

貪必計謀他人　宋本謀下有去字

孟獻子至公說　宋本以下正義三節總入注文爲明年歸父會楚子傳之下

於是元纁璣組　宋本是下有有字

享用秉帛加璧　補毛本秉作束秉字誤也今正

則朝聘陳幣亦實百品於庭非獨主人也　浦鏜正誤朝作此獨作謂云從傳士凱注解辨誤按

而有加貨　淳熙本加誤嘉注同

容貌文章以外　浦鏜正誤文作釆是○今依改

葛盧來朝　宋本葛上有介字是也

經十五年

潞赤狄之別種潞氏國　宋本足利本無下潞字案正義引注云杜言氏國故稱氏足證潞字爲衍文

而中國亦然　按各本同依上文則亦字當作不字

更復十收其一　監本毛本收作取

趙岐不解夏五十殷七十之意　宋本岐作歧俗字

一夫唯得五十七十畝耳　閩本監本毛本耳誤且屬下讀

好惡於此　閩本監本毛本惡於作異如

蜤螽蜙蝑　監本毛本蜤作蜇蜙作蚣並誤閩本亦作蚣

至冬其子復生　宋本冬作今

五稼不豐　纂圖本毛本稼作穀非也

五穀不豐也 宋本閩本監本毛本穀作稼不誤

傳十五年

雖晉之彊 閩本監本彊作疆

山藪藏疾 漢書路溫舒傳引傳藏疾作臧疾案藏古作臧

川澤至藏疾 宋本以下正義三節揔入去我三十里節注下

周禮虞之官 宋本禮下有擇字是也

是藪者澤之少水之名也 閩本監本少作小非也

瑜能揜蓋瑕也 毛本揜作掩同監本作揄非

國君含垢 釋文云垢本或作詬案漢書路溫舒傳引作詬

晉侯恥不救宋 監本毛本恥作耻俗字

毋畏知死而不敢廢王命 纂圖本監本毛本毋作無非也

必先知其守將左右謁者門者 淳熙本者下增守字非也

析骸以爨 釋文云骸本又作骨案史記宋世家楚世家呂氏春秋引作骨何休注公羊云骸骨也

酆舒有三雋才 宋本淳熙本岳本足利本雋作儁石經此處缺案下文作雋才則此處亦當作雋

雋絕至者三 宋本以下正義六節揔入晉人殺之句下

辨名記 閩本監本辨作辦形相近而誤案辨名又作別名見白虎通聖人篇

倍人曰戎 宋本戎作茂不誤浦鏜正誤倍作五是也

倍選曰雋 閩本監本毛本雋作儁下同

上黨壺關縣有黎亭 監本壺作壼

祀雖爲大罪 宋本祀上有不字是也

紂賢辯捷疾 浦鏜正誤賢作資依史記殷本紀改也

飾是非之端 案殷本紀作言足以飾非

地反物爲妖 案說文祅字注云地反物爲祅

天地爲之見變 宋本爲作謂

時者寒暑風雨靁電雪霜也 宋本靁作震

凡草物之類謂之妖 宋本閩本監本毛本物作木案漢書五行志作物

及人謂之痾 監本及作反非也

痾病類言浸深也 案漢書五行志類作貌侵作寖

壬午十月二十九日 宋本淳熙本岳本足利本十作七不誤

灌秦師之弱 淳熙本師作帥

而東行定狄也 宋本淳熙本岳本纂圖本足利本也作地

狄奪其地 纂圖本毛本狄作欲非也

晉侯還及雒也 淳熙本也誤地

必以爲殉 閩本殉作徇釋文無爲字云本或作必以爲殉案論衡死僞篇引作必以是爲殉則爲字當有也

而女也 宋本纂圖本閩本監本毛本女作汝

爾用先人之治命 石經用字下有而字案漢書張衡傳注論衡死僞篇引傳無而字顧炎武九經誤字云監本脫當依石經未辨此處石經乃朱梁補刊也

吾獲狄土也 顧炎武云石經土誤士案炎武所據乃王堯惠刻

曰周書所謂庸庸祗祗者 淳熙本謂誤得

故詩曰陳錫哉周 石經宋本纂圖本監本毛本哉作載案詩傳訓哉爲載正義曰哉與載古字通

故杜氏爲十一外更十取一 宋本氏作以

故傳連饑釋之 宋本毛本饑作譏非也

經十六年

成周宣榭火 釋文榭作謝云本又作榭案惠棟云說文無榭字周郙敦銘曰王格于宣射古文榭字作射

冬大有年 案說文秊字注引作大有秊从禾千聲云穀孰也

傳十六年

注代林至孤卿 宋本此節正義在善人在上節之下

以韋爲之祭 宋本閩本監本毛本祭作制屬下讀是也○今依改

但冕服自有尊卑耳 毛本脫服字但下衍轍字

有太傅陽子 宋本太作大下同

禹稱善人 玉篇引作禹偁善人云與稱同

戰戰兢兢 釋文云兢兢本亦作矜矜纂圖本閩本監本毛本作競競非也

春秋天變多矣 宋本天變作書災是也

毛召難在前年 纂圖本閩本監本毛本召誤伯下注同

注烝升也升殽於俎 宋本以下正義五節揔入以脩晉國之法注下

武子私問其故 宋本子作季石經此處缺山井鼎云今本後人武子上補足季字所挍諸本皆無檢杜注武士會諡季其字不爲無據也陳樹華云杜氏爲下傳文季氏而出此注且內外傳文間稱士季無有稱季武子者山井鼎說非也

王享有體薦 詩伐木正義禮王制正義引享作饗

宴有折俎 詩伐木正義引作燕以折俎

正義曰五等諸侯揔名 閩本監本毛本脫正義曰三字

以脩晉國之法 宋本法作灋

經十七年

傳例曰父母弟 纂圖本閩本監本毛本父作同亦非宋本淳熙本岳本足利本作公是也○今改正

傳十七年

不復度河而東 補各本度作渡

注跛而登階 宋本以下正義三節揔入而害來者節注下

討貳也 閩本貳作弍非

盟于卷楚 顧炎武云石經誤作巷案此處石經乃補刊

將有背晉之心 宋本毛本將作當

郤子其或者欲已亂於齊乎 顧炎武云石經乎誤平案石經不誤炎武所據乃王堯惠刻考文引宋板作欲已於亂乎非也

庶有豸乎 唐石經初刻豸作鳩後改豸釋文亦作鳩注同案羣經音辨引作庶有鳩乎云今文作豸集韻四紙引同云徐邈讀通作豸與釋文合

注豸解也 宋本此節正義在乃請老郤獻子爲政句下

前凡明稱母弟之人 閩本監本毛本人作文

釋例曰弟之寵 宋本弟上有母字

見於經者二十 毛本於作于十誤千

衛侯之弟縛出奔 宋本閩本監本毛本縛作鱄不誤

皆是兄害其弟也 宋本也上有者字

則鍼罪輕也 閩本監本毛本則誤見

傳言非罪 閩本監本毛本言作曰

存弟則示兄曲也 襄廿七年正義引作書弟非也

則嫌善段 閩本監本毛本善作書非

莒挐非卿　閩本監本毛本挐作拏非下同

又非貶所也　閩本監本毛本貶所作所貶

經十八年

邾人戕鄫子于鄫　纂圖本閩本監本毛本戕誤戕注同○案傳並同

國無二王　宋本國作主與坊記合

當云葬楚王　宋本楚下有莊字是也

歸父還自晉至笙　釋文云笙本作檉亦作朾案公羊穀梁作檉

笙魯竟也　宋本岳本足利本也作外

傳十八年

欲以伐齊　石經欲作將下空一字

凡自虐其君曰弒　石經自下有內字案周禮大司馬之職正義李善魏都賦注引傳並有內字顧炎武云虐上多內字誤也

弒戕皆是殺也　毛本戕誤君

故春秋諸自內虐其君者　閩本監本毛本諸誤謂

楚於是乎有蜀之役　淳熙本乎誤平

時三桓強　閩本監本作疆非纂圖本毛本作彊

許請爲子去　宋本淳熙本岳本纂圖本監本毛本去下有之字

子家歸父字　宋本無字字

復命於介　宋本此節正義在遂奔齊節之下

某君受幣于某官　宋本官作宮與聘禮合○今依訂正

辯復命　宋本辯作辨案聘禮作辯

皆有復命之禮　宋本禮作法

今身將出奔　閩本監本毛本今誤若將出誤在外○今改正

祖括髮　石經初刻脫祖字改刻增祖括二字案惠棟云上喪禮曰主人髻髮祖鄭注云古文髻作括爲古文髻也

附釋音春秋左傳注疏卷第二十四

春秋左傳注疏卷二十四挍勘記

附釋音春秋左傳注疏卷第二十五　成元年盡二年

杜氏注　孔穎達疏

成公○陸曰成公名黑肱宣公子謚法安民立政曰成〔疏〕正義曰魯世家云成公名黑肱宣公之子穆姜所生以定王十七年卽位謚法安民立政曰成釋例曰計公衡之年成公又非穆姜所生不知其母何氏也案宣元年夫人婦姜至自齊卽穆姜也至此始十八年耳二年傳稱公衡爲質於楚公衡成公子也既堪爲質則其年已長成公若是穆姜之子未得有成長之男

經元年。春。王正月。公即位。無傳○二月。辛酉。葬我君宣公。無傳○無冰。無傳周二月今之十二月而無冰書冬溫〔疏〕注周二至冬溫○正義曰襄二十八年春無冰彼春無月則是竟春無冰此亦應竟春無冰而書在二月下者以盛寒之月書之也穀梁傳曰終時無冰則志此未終時而言無冰何也終無冰矣加之寒之辭也其意言此月寒最甚此月無冰則終無冰矣杜言今之十二月者見此意也冬而無冰是時之失故書之記冬溫也○三月。作丘甲。周禮九夫爲井四井爲邑四邑爲丘丘十六井出戎馬一匹牛三頭四丘爲甸甸六十四井出長轂一乘戎馬四匹牛十二頭甲士三人步卒七十二人此甸所賦今魯使丘出之譏重斂故書○甸徒練反一音繩證反乘繩證反卒尊忽反斂力驗反〔疏〕周禮至故書○正義曰周禮九夫爲井四井爲邑四邑爲丘四丘爲甸小司徒職文也司馬法六尺爲步步百爲畝畝百爲夫夫三爲屋屋三爲井四井爲邑四邑爲丘丘有戎馬一匹牛三頭是曰匹馬丘牛四丘爲甸甸六十四井出長轂一乘馬四匹牛十二頭甲士三人步卒七十二人戈楯具謂之乘馬然則杜之此注多是司馬法文而獨以周禮冠之者以司馬法祖述周禮其所陳者卽是周法言此是周之禮法耳不言周禮有此文也鄭注論語云司馬法成方十里出革車一乘與此不同者鄭注小司徒云方十里爲成緣邊一里治溝洫實出稅者方八里六十四井案鄭注小司徒又引司馬法云成出革車一乘甲士十人徒二十人十成爲終千井革車十乘甲士百人徒二百人十終爲同萬井革車百乘甲士千人徒二千人與此車一乘甲士三人步卒七十二人不同者小司徒辨畿內都鄙之地域鄭所引士十人徒二十人者謂公卿大夫畿內采地之制此之所謂諸侯邦國出軍之法故不同也古者用兵天子先用六鄉六鄉不足取六遂六遂不足取公卿采邑及諸侯邦國若諸侯出兵先盡三鄉三遂鄉遂不足然後總徵竟內之兵案此一車甲士步卒總七十五人周禮大司馬五人爲伍五伍爲兩四兩爲卒五卒爲旅五旅爲師五師爲軍大敗不同者大司馬所云謂鄉遂出軍及臨時對敵布陳用兵之法此甲士三人步卒七十二人謂徵課邦國出兵之時所徵之兵既至臨陳還同鄉遂之法必知臨敵用鄉遂法者以桓五年戰于繻葛先偏後伍又宣十二年廣有一卒卒偏之兩及尚書牧誓云千夫長百夫長是臨時對敵皆用卒兩師旅也長轂馬牛甲兵戈楯皆一甸之民同共此物若鄉遂所用車馬甲兵之屬皆國家所共知者以一鄉出一軍則是家出一人其物不可私備故也此言四丘爲甸並據上地言之若以上中下地相通則二甸共出長轂一乘耳甸卽乘也六十四井出車一乘是故以甸爲名此一乘甲兵甸之所賦今魯使丘出甸賦乃四倍於常譏其重斂故書之也穀梁傳曰作爲也丘爲甲也丘甲國之事也丘作甲非正也古者立國家百官具農工皆有職以事上古者有四民有士民有商民有農民有工民丘作甲非正也其意以爲四邑爲丘使一丘農民皆作甲以農爲工失其本業故譏之今左氏經傳並言作丘甲重斂之事傳無明文而知必異穀梁以爲丘作甸甲者以傳云爲齊難故作丘甲以慮有齊難而多作甲兵知使丘爲甸甲而倍作之也士卒牛馬悉倍於常而獨言甲者甲是新作之物其餘斂充之耳非作之也譏其新作故舉甲言之初稅畝言初此不言初者此備齊難暫爲之耳非是終用故不言初然則築城備難非時不譏此亦備難而譏之者魯是大國甲兵先多僖公之世頌云公車千乘昭公之蒐傳稱革車千乘此時不應然也其甲足以拒敵而又加之重斂故譏之○夏。臧孫許及晉侯盟于赤棘。晉地○秋。王師敗績于茅戎。茅戎別種也不言戰王者至尊天下莫之得校故以自敗爲文不書敗地而書茅戎明爲茅戎所敗書秋從告○茅戎亡交反史記及三傳皆作貿戎種章勇反○冬十月

傳元年。春。晉侯使瑕嘉平戎于王。平文十七年邥垂之役詹嘉處瑕故謂之瑕嘉○邥音審詹之廉反單襄公如晉拜成。單襄公王卿士謝晉爲平戎○單音善爲于僞反下文同劉康公徼戎。將遂伐之。康公王季子也戎平還欲要其無備○徼古堯反要也要一遙反〔疏〕注康公至無備○正義曰宣十年經書王季子來聘傳言劉康公卽王季子也傳言平戎于王戎必遣使詣周受平但康公要戎者非要戎平還之使單使來平不足伐也欲伐其國耳以未平之日設備禦周今既平矣戎必無備要其無備將遂往伐之故下云遂伐茅戎起兵伐其國也叔服曰。背盟而欺大國。此必敗。叔服周內史○背音佩下音同背盟不祥。欺大國不義。神人弗助。將何以勝。不聽。遂伐茅戎。三月。癸未。敗績于徐吾氏。徐吾氏茅戎之別也〔疏〕敗績于徐吾氏○正義曰敗于徐吾之地也茅戎已是戎內之別徐吾又是茅戎之內聚落之名王師與茅戎戰之處○爲齊難故。作丘甲。前年魯乞師於楚欲以伐齊楚師不出故懼而作丘甲○難乃旦反下同○聞齊將出楚師。夏。盟于赤棘。與晉盟懼齊楚○秋。王人來告敗。解經所以秋乃書○冬。臧宣叔令脩賦繕完。治完城郭○繕完市戰反下和端反具守備。曰。齊楚結好。我新與晉盟。晉楚爭盟。齊師必至。雖晉人伐齊。楚必救之。是齊楚同我也。同共也○守手又反好呼報反知難而有備。乃可以逞。逞解也爲二年齊侯伐我傳○解音蟹

經二年。春。齊侯伐我北鄙。○夏四月。丙戌。衛

孫良夫帥師及齊師戰于新築。衛師敗績。新築衛地皆陳曰戰大崩曰敗績四月無丙戌丙戌五月一日。築音竹陳宜覲反○六月。癸酉。季孫行父、臧孫許、叔孫僑如、公孫嬰齊、帥師會晉郤克、衛孫良夫、曹公子首、及齊侯戰于鞌。齊師敗績。魯乞師於晉而不以與謀之例者從盟主之令上行於下非匹敵和成之類例在宣七年曹大夫常不書而書公子首者首命於國備於禮成爲卿故也鞌齊地。僑其驕反注同郤去逆反鞌音安與音預敵如字本或作適亦音敵〔疏〕注魯乞至齊地。正義曰此云盟主之令不從與謀釋例云乞師不得從與謀所以不故同者以事得兩通故互言之魯於聘與盟會雖二卿並行止書一使至於行師用兵則並書諸將此書四卿昭定之世或書三卿或書二卿皆謂重兵故書之其他國唯書元帥詳內略外也書曹公子首者釋例曰公侯伯子男及卿大夫士命數周官具有等差當春秋時漸以變改是故仲尼明據時之宜從而然之不復與周官同也命者其君正爵命之於朝其官室車旗衣服禮義各如其命數皆以卿禮書於經衛之於晉不得比次國則邾莒杞鄫之屬固以微矣此等諸國當時附隨大國不得列於會者甚衆及其得列上不能自通於天子下無暇於備禮成制故與於盟會戰伐甚多唯曹公子首得見經其餘或命而禮儀不備或未加命數故皆不書之是言首成爲卿故書○秋。七月。齊侯使國佐如師。己酉。及國佐盟于袁婁。穀梁曰鞌去齊五百里袁婁去齊五十里〔疏〕注穀梁至十里。正義曰齊之四竟不應過遠且鞌已是齊地未必竟上之邑豈得去齊有五百里乎穀梁又云壹戰綿地五百里則是甚言之耳釋例土地名鞌與袁婁並闕不知其處遠近無以驗之○八月。壬午。宋公鮑卒。未同盟而赴以名。鮑步卯反○庚寅。衛侯速卒。宣十七年盟于斷道據傳庚寅九月七日○取汶陽田。晉使齊還魯故書不以好得故不言歸。汶音問好呼報反〔疏〕注晉使至言歸。正義曰晉使齊還魯魯不用力故直書取哀八年齊人歸讙及闡此不言齊人歸者不以好得非齊歸我故不言歸○冬。楚師、鄭師、侵衛。子重不書不親伐〔疏〕注子重不書不親伐。正義曰僖二十五年楚人圍陳注云子玉稱人從告此云子重不書不親伐者彼以路遠或當不以實告此傳言侵衛遂侵我道路既近告當以實經傳皆言楚師例是將卑師衆故以爲子重不親伐所以弘通其義也○十有一月。公會楚公子嬰齊于蜀。公與大夫會不貶嬰齊者時有許蔡之君故〔疏〕注公與至君故。正義曰傳稱在禮卿不會公侯會公侯則貶之而稱人翟泉之盟是也此嬰齊會公乃稱公子而不貶者爲其會有蔡許之君蔡侯許男與公相敵嬰齊不與公敵故不貶也傳稱孟孫賂楚楚人許平即云十一月公及楚公子嬰齊蔡侯許男秦右大夫說宋華元陳公孫寧衛孫良夫鄭公子去疾及齊國之大夫盟于蜀凡會盟觀者必先會而後盟盟時蔡許在列會時必亦在焉以二君乘楚車謂之失位經雖抑而不書會時其身實在且二君與楚同行無容不列於會故知二君在會嬰齊不敵公也或以爲於時兵將嬰齊爲主蔡許爲王左右隸屬嬰齊則二君卑於嬰齊何由得與公敵斯不然矣征伐以主兵爲先盟會以尊卑爲序春秋之常也僖二十七年楚人陳侯蔡侯鄭伯許男圍宋楚既稱人必非貴者爲其主兵猶序於上文七年公會諸侯晉大夫盟于扈傳曰齊侯宋公衛侯陳侯鄭伯許男曹伯會晉趙盾盟于扈於時晉爲盟主召諸侯使集會而趙盾猶序於下文不先諸侯則知此時行兵楚爲其主會則蔡許在先故二君自敵公明嬰齊不敵公也襄二十六年公會晉人鄭良霄宋人曹人于澶淵傳曰公會晉趙武宋向戌鄭良霄曹人于澶淵趙武不書尊公也於是衛侯會之然則時有衛侯猶貶趙武者於時衛侯雖往晉將執之不得與會而趙武敵公故貶之也彼傳又曰晉人執甯喜北宮遺使女齊以先歸衛侯如晉人執之於會已執其卿衛侯如晉晉即執之明其不得與會公無所敵故趙武敵公與此異也○丙申。公及楚人、秦人、宋人、陳人、衛人、鄭人、齊人、曹人、邾人、薛人、鄫人盟于蜀。齊在鄭下非卿傳曰卿不書匱盟也然則楚卿於是始與中國準自此以下楚卿不書皆貶惡也。匱其位反〔疏〕注齊在至惡也。正義曰諸會盟同地而間無他事者例不重序其人此會盟序者前會之時唯公會楚耳蔡許從楚而行唯應蔡許在列秦宋以下諸國未至會盟人別故別序也諸征伐會盟實卿而貶稱人者傳皆言其名氏實是大夫而本合稱人者則傳皆言大夫此傳鄭公子去疾以上言其名氏則皆是卿也齊國之大夫則實是大夫故齊在鄭下爲非卿故也傳曰卿不書匱盟也謂匱盟之故并貶楚卿楚卿於是盟上始與中國相準釋例曰楚之尹臣最多混錯舊說亦隨文強生善惡之狀混瀆無已其不能得辭則皆言惡蠻夷得志然當齊桓之盛而經以屈完敵之若必有褒貶非抑楚也此乃楚之初與未聞周之典禮告命之書自生同異猶秦之辟陋不與中國準故春秋抑秦以存例也楚之熊繹始封於楚辟在荊山蓽路藍縷以居俗嗇及武王熊達始居江漢之間然未能自同於列國故經稱荊敗蔡師荊人來聘從其所居之稱而揔其君臣至於魯僖始稱楚人而班次在於蔡下僖二十一年當楚成王之世能遂其業內列於公侯會於盂楚之君爵始與中國列然其臣名氏猶多參錯至魯成二年楚公子嬰齊始乃具列傳曰卿不書匱盟也兼爲楚臣示例也自此以上春秋未以入例自此以下褒貶之義可得而論之也杜言兼爲楚臣示例者解傳言匱盟之意傳言卿不書者非獨言諸侯之卿不書兼言楚卿亦不書是兼爲楚卿示例

傳二年。春。齊侯伐我北鄙。圍龍。龍魯邑在泰山博縣西南頃公之嬖人盧蒲就魁門焉。攻龍門也。頃音傾嬖必計反魁苦回反龍人囚之。齊侯曰。勿殺。吾與而盟。無入而封。封竟。竟音境。弗聽。殺而膊諸城上。膊磔也。膊普各反磔陟百反〔疏〕注膊磔也。正義曰周禮掌戮掌斬殺賊諜而搏之鄭玄云搏當爲膊諸城上之膊字之誤也膊謂去衣磔之方言云膊曝也齊侯親鼓。士陵城。三日。取龍。遂南侵及巢丘。取龍侵巢丘不書其義未聞〔疏〕注取龍至未聞。正義曰外取內邑非魯之罪無所可諱而此獨不書故杜云其義未聞賈逵云殺盧蒲就魁不與齊盟以亡其邑故諱不書耳案楚子滅蕭襲莒人皆殺楚人而經不變文以加異此何當改文以諱惡也哀八年齊人取讙及闡以淫女見取猶尚書之此殺敵見取何以當諱知諱義不通故不從也○衛侯使孫良夫、石稷、甯相、向禽將侵齊。與齊師遇。齊伐魯還相遇於衛也良夫孫林父之父石稷石碏四世孫甯相甯俞子。相息亮反向舒亮反碏七略反俞羊朱反石子欲還。孫子曰。不可。以師伐人。遇其師而還。將謂君何。言無以荅君若知不能。則如無出。今既遇矣。不如戰也。夏有。闕文失新築戰事石成子曰。師敗矣。子不少須。衆懼盡。成子石稷也衛師已敗而孫良夫復欲戰故成子欲使須救。復扶又反子喪師徒。何以復命。皆不對。又曰。子國卿也。隕子辱矣。隕見禽獲。喪息浪反隕于敏反〔疏〕皆不對。正義曰子者指斥孫子其言並告諸將言皆不對者孫子與甯相向禽皆不對又曰子國卿也乃專與孫子言耳子以衆退。我此乃止。我於此止禦齊師。禦魚呂反且告車來甚衆。新築人救孫桓子故並告令軍中齊師乃止。次于鞫居。鞫居衛地○鞫居六反新築人仲叔于奚救孫桓子。桓子是以免。于奚守新築大夫〔疏〕注于奚守新築大夫。正義曰大夫守邑以邑冠之呼爲某人孔子父鄹邑大夫傳稱鄹人紇論語謂孔子爲鄹人之子即此類也既。衛人賞之以邑。賞于奚辭。請曲縣。軒縣也周禮天子樂宮縣四面諸侯軒縣闕南方。縣音玄注同〔疏〕注軒縣至南方。正義曰周禮小胥正樂縣之位王宮縣諸侯軒縣大夫判縣士特縣鄭衆云宮縣四面縣軒縣去其一面判縣又去一面特縣又去一面四面象宮室四面有牆故謂之宮縣軒縣三面其形曲故春秋傳曰請曲縣繁纓以朝諸侯之禮也鄭玄云樂縣謂鍾磬之屬縣於筍虡者軒縣去其南面辟王也判縣左右之合又空北面特縣於東方或於階間而已是先儒皆以闕南方故曲也家語說此事云請曲縣之樂繁纓以朝王肅云軒縣闕一面故謂之曲縣繁纓以朝。許之。繁纓馬飾皆諸侯之服。繁步干反注同〔疏〕注繁纓至之服。正義曰周禮巾車掌王之五路玉路樊纓十有再就以祀金路樊纓九就同姓以封象路樊纓七就以封異姓革路條纓五就以封四衛木路前樊鵠纓以封蕃國鄭玄云樊讀如鞶帶之鞶謂今馬大帶也纓今馬鞅玉路金路象路其樊及纓皆以五彩罽飾之就成也玉路十二成金路九成象路七成革路條纓以條絲飾之而五成木路以淺黑飾韋爲樊鵠色飾韋爲纓亦五成是言天子諸侯樊纓之飾繁即鞶也字之異耳巾車又云孤乘夏篆卿乘夏縵大夫乘墨車士乘棧車其飾皆無樊纓是繁纓爲馬之飾皆諸侯之服也案儀禮既夕士薦馬纓三就又諸侯之卿有受革輅木輅之賜皆有繁纓而云諸侯之服者以與曲縣相對又于奚所請故云諸侯之服且諸侯之卿特賜乃有大輅士喪禮爲送葬設盛服耳皆非正法所有

仲尼聞之曰：「惜也，不如多與之邑。唯器與名，不可以假人。器，車服。名，爵號。君之所司也。名以出信，名位不愆，爲民所信。○愆，起虔反。信以守器，動不失信，則車服可保。器以藏禮，車服所以表尊卑。禮以行義，尊卑有禮，各得其宜。義以生利，得其宜則利生。利以平民，政之大節也。若以假人，與人政也。政亡則國家從之，弗可止也已。」【疏】注「仲尼至止也已」。○正義曰：仲尼在後聞之，曰：此曲縣繁纓可惜也，不如多與之邑。唯車服之器與爵號之名，不可以借人也。此名號車服，是君之所主也。名位不愆，則爲下民所信，此名所以出信也。動不失信，然後車服可保，此信所以守車服之器也。禮明尊卑之別，車服以表尊卑，車服之器，其中所以藏禮，言禮藏於車服之中也。義者，宜也。尊卑各有其禮，上下乃得其宜，此禮所以行其物宜也。物皆得宜，然則是利生焉，此義所以生利益也。利益所以成民，此乃政教之大節也。若以名器借人，則是與人政也。政教既亡，則國家從之而亡，不復可救止也已。言利以平民者，平成也，每事有利，所以成就下民，使國益民，皆是利也。此以曲縣繁纓與人，假人器耳。名器俱是可重，故并言也。孫桓子還於新築，不入，不入國。遂如晉乞師。臧宣叔亦如晉乞師，皆主郤獻子。宣十七年郤克至齊，爲婦人所笑，遂怒，故魯、衞因之。孫桓子、臧宣叔皆不以國命，各自詣郤克，故不書。晉侯許之七百乘。五萬二千五百人。○乘，繩證反，下同。郤子曰：「此城濮之賦也。城濮在僖二十八年。○濮音卜。有先君之明與先大夫之肅，故捷。克於先大夫，無能爲役。言己才無能爲先大夫之役使。請八百乘。」許之。六萬人。郤克將中軍，士燮將上軍，范文子代荀庚。○將，子匠反。【疏】注「范文子代荀庚」。○正義曰：宣十二年邲之戰，傳稱荀林父將中軍，先縠佐之，士會將上軍，郤克佐之，趙朔將下軍，欒書佐之。十三年晉殺先縠，當是士會佐中軍，郤克將上軍，不知誰代郤克佐上軍，疑是荀首爲之。十六年士會將中軍，則林父卒矣，當是郤克佐中軍，疑是荀首將上軍，荀庚佐之。十七年士會請老，郤克將中軍，當是荀首佐中軍，荀庚將上軍。所以知者，此年傳稱楚屈巫對莊王云：「知罃之父，中行伯之季弟也，新佐中軍。」則荀首於莊王之世已佐中軍，明士會老後郤克遷而荀首代也。首於邲戰尚爲大夫，不應宣之末年得佐中軍，故疑先縠死後代郤克佐上軍也。明年荀庚來聘，傳稱「中行伯之於晉也，其位在三」，則此時荀庚將上軍矣。林父卒來已久，不應始用荀庚，故疑林父卒後荀庚即佐上軍，士會老後荀庚轉將上軍，故杜以爲士燮代荀庚也。邲戰以來，趙朔無代，今欒書將下軍，則趙朔卒矣，故知欒書代趙朔。不知此時誰代欒書佐下軍也。欒書將下軍。代趙朔。韓厥爲司馬，以救魯、衞。臧宣叔逆晉師，且道之。季文子帥師會之。及衞地，韓獻子將斬人，郤獻子馳將救之。至，則既斬之矣。郤子使速以徇，告其僕曰：「吾以分謗也。」不欲使韓氏獨受謗。○道師，音導。徇，似俊反。師從齊師于莘。莘，齊地。○莘，所巾反。六月壬申，師至于靡笄之下。靡笄，山名。○靡如字，又音摩。笄音雞。齊侯使請戰，曰：「子以君師辱於敝邑，不腆敝賦，詰朝請見。」詰朝，平旦。○腆，他典反。詰，起吉反。朝如字，注及下朝夕、朝食同。見，賢遍反。對曰：「晉與魯、衞，兄弟也。來告曰：『大國朝夕釋憾於敝邑之地。』大國謂齊。敝邑，魯、衞自稱。○憾，胡暗反，本又作感。寡君不忍，使羣臣請於大國，無令輿師淹於君地。輿，衆也。淹，久也。○令，力呈反。師如字，下無令輿師同。一音所類反。能進不能退，君無所辱命。」言自欲戰，不復須君命。○復，扶又反。齊侯曰：「大夫之許，寡人之願也；若其不許，亦將見也。」齊高固入晉師，桀石以投人，桀，擔也。○擔，丁甘反。禽之而乘其車，既獲其人，因釋己車而載所獲者車。繫桑本焉，以徇齊壘，將至齊壘，以桑樹繫車而走，欲自異。○壘，力軌反。曰：「欲勇者賈余餘勇。」賈，賣也。言己勇有餘，欲賣之。○賈音古，注同。賣，摩懈反。癸酉，師陳于鞌。邴夏御齊侯，逢丑父爲右。晉解張御郤克，鄭丘緩爲右。齊侯曰：「余姑翦滅此而朝食。」姑，且也。翦，盡也。○陳，直覲反。邴音丙，又彼命反。夏，戶雅反。解張音蟹，下如字，一音直亮反。不介馬而馳之。介，甲也。郤克傷於矢，流血及屨，未絕鼓音，中軍將自執旗鼓，故雖傷而擊鼓不息。○將，子匠反，下將在左同。【疏】注「中軍至不息」。○正義曰：以郤克爲中軍之將，言己之傷而未絕鼓音，明是法當自執旗鼓也。周禮大僕「軍旅田役，贊王鼓」，鄭玄云：「王通鼓，佐擊其餘面。」上云齊侯親鼓，則天子諸侯自將兵者亦親執旗鼓以令衆。曰：「余病矣。」張侯曰：張侯，解張也。「自始合，而矢貫余手及肘，余折以御，左輪朱殷，朱，血色。血色久則殷。殷音近烟，今人謂赤黑爲殷色。言血多汙車輪，御猶不敢息。○貫，古亂反，下注同。肘，竹九反。折，之設反。殷，於閑反，徐於辰反，注同。近，附近之近。汙，汙穢之汙，字林一故反。豈敢言病？吾子忍之。」緩曰：「自始合，苟有險，余必下推車，子豈識之？然子病矣。」以其不識己推車。○推，昌誰反，又他回反，注及下推車同。張侯曰：「師之耳目，在吾旗鼓，進退從之。此車一人殿之，可以集事。殿，鎮也。集，成也。○殿，多練反，注同。若之何其以病敗君之大事也？絕句。擐甲執兵，固即死也。擐，貫也。即，就也。○擐音患。【疏】注「君之至事也」。○正義曰：郤克云「余病矣」，言己不堪擊鼓，欲有退軍之意，故責之云：如之何其以身病之故，欲喪敗君之大事也？病未及死，吾子勉之。」左并轡，右援枹而鼓，馬逸不能止，師從之。晉師從郤克車。○并，必政反，徐方聘反。援音爰。枹音浮，鼓槌也。字林云：擊鼓柄也。本亦作桴。【疏】注「援桴而鼓」。○正義曰：說文云：援，引也。枹，擊鼓杖也。援枹而鼓，謂引杖以擊之。齊師敗績。逐之，三周華不注。華不注，山名。○華，如字，又戶化反。注，之住反。韓厥夢子輿謂己曰：子輿，韓厥父。「旦辟左右。」故中御而從齊侯。居中代御。若自非元帥，御者皆在中，將在左。○帥，所類反。【疏】注「居中至在左」。○正義曰：韓厥爲司馬，亦是軍之諸將也。以夢之故，乃居中爲御。明其本不當中，先非御者。若御不在中，又不須云代御。以此知自非元帥，其餘軍之諸將，皆御者在中，將在左。邴夏曰：「射其御者，君子也。」公曰：「謂之君子而射之，非禮也。」齊侯不知戎禮。○射，食亦反，下并注皆同。【疏】注「齊侯不知戎禮」。○正義曰：僖二十二年傳曰：「雖及胡耇，獲則取之，明恥教戰，求殺敵也。」宣二年傳曰：「戎昭果毅以聽之之謂禮。殺敵爲果，致果爲毅。」是戎事以殺敵爲禮。齊侯謂射君子爲非禮者，乃是齊侯不知戎禮也。射其左，越于車下。越，隊也。○隊，直類反。射其右，斃于車中。綦毋張喪車，從韓厥，曰：「請寓乘。」綦毋張，晉大夫。寓，寄也。○綦毋音其，下音無。喪，息浪反。乘，繩證反。從左右，皆肘之，使立於後。以左右皆死，不欲使立其處。○處，昌慮反。【疏】注「皆肘之」。○正義曰：說文云：肘，臂節也。謂左右爲凶處，故以肘排退之。韓厥俛定其右。俛，俯也。右被射，仆車中，故俯安隱之。○俛音勉。仆音赴，又蒲北反。【疏】韓厥俛定其右。○正義曰：言此者，爲下丑父與公易位，由厥之俯，故不覺其易。綦毋張蓋助厥定右，故並不見之。逢丑父與公易位。居公處。將及華泉，驂絓於木而止。驂馬絓也。○華，戶化反。絓，戶卦反，一音卦。驂，七南反。丑父寢於轏中，轏，士車。○轏，士産反，又士板反。字林仕諫反，云臥車也。【疏】注「轏士車」。○正義曰：周禮巾車「士乘棧車」，鄭玄云：「棧車不革輓而漆之。」考工記輿人云「棧車欲弇」，鄭玄云：「爲其無革輓，不堅，易坼壞。」然則弇者謂上狹下闊也。轏與棧字異，音義同耳。蛇出於其下，以肱擊之，傷而匿之，故不能推車而及。爲韓厥所及。丑父欲爲右，故匿其傷。○肱，古弘反。匿，女力反，注同。韓厥執縶馬前，縶，馬絆也。執之，示脩臣僕之職。○縶，張立反。絆音半。再拜稽首，奉觴加璧以進。進觴璧，亦以示敬。○觴，式羊反。【疏】韓厥

至以進。○正義曰襄二十五年鄭公孫舍之帥師入陳傳曰陳侯免擁社子展執縶而見再拜稽首承飲而進獻事與此同唯無璧耳蓋古者有此禮彼雖敗績猶是國君故戰勝之將示之以臣禮事之不忍即加屈辱所以申貴賤之義晉語云靡笄之役郤獻子伐齊齊侯來獻之以得殞命之禮也服虔引司馬法其有殞命以行禮如會所用儀也若殞命則左結旗司馬按銜右持苞壺左承飲以進杜不引之者蓋彼此不甚相當故也曰。寡君使羣臣爲魯衛請。曰。無令輿師。陷入君地。本但爲二國救請不欲乃過入君地謙辭。○爲于僞反注同令力呈反下臣不幸。屬當戎行。無所逃隱。屬適也。○屬音燭注同行下郎反且懼奔辟。而忝兩君。臣辱戎士。若奔辟則爲辱晉君并爲齊侯羞故言二君此蓋韓厥自處臣僕謙敬之飾言。○辟音避注同徐扶臂反服氏扶赤反敢告不敏。攝官承乏。言欲以已不敏攝承空乏從君俱還。○從才用反又如字丑父使公下。如華泉取飲。鄭周父御佐車。宛茷爲右。載齊侯以免。佐車副車。○宛紆元反茷扶廢反韓厥獻丑父。郤獻子將戮之。呼曰。自今無有代其君任患者。有一於此。將爲戮乎。郤子曰。人不難以死免其君。我戮之不祥。赦之以勸事君者。乃免之。齊侯免。求丑父。三入三出。重其代已故三入晉軍求之。○呼火故反任音壬難乃旦反〔疏〕注重其至求之。○正義曰劉炫以齊侯三入齊軍又三出齊軍以求丑父每出之時齊之將帥敗而怖懼以師而退不待齊侯致使齊侯入于狄卒今知不然者以傳文三入在前三出在後若用此說齊侯先在晉軍今入齊軍得以三入在前今齊侯既先在齊軍欲出求丑父應先出後入不應先入後出且初時二出容有二入在後之出遂入狄卒有出無入何得云三入又以傳文師帥兩字分明故杜以爲齊侯每出齊師以帥厲退者每出之文別自爲義不計上之三出劉君不達此旨妄規杜失非也每出。齊師以帥退。入于狄卒。齊師大敗皆有退心故齊侯輕出其衆以帥厲退者遂進入狄卒狄卒者狄人從晉討齊者。○卒子忽反注及下同輕遣政反進補諍反狄卒皆抽戈楯冒之以入于衛師。衛師免之。狄衛畏齊之強故不敢害齊侯皆共免護之。○楯食準反又音允冒亡報反遂自徐關入。齊侯見保者曰。勉之。齊師敗矣。所過城邑皆勉厲其守者。○守手又反辟女子。使辟君也齊侯單還故婦人不辟之。○辟音避注皆同一音扶赤反單音丹女子曰。君免乎。曰。免矣。曰。銳司徒免乎。曰。免矣。銳司徒主銳兵者。○銳悅歲反曰。苟君與吾父免矣。可若何。言餘人不可復如何。○復扶又反乃奔。走辟君齊侯以爲有禮。

先問君後問父故也既而問之。辟司徒之妻也。辟司徒主壘壁者。○辟音壁必見反注同徐甫亦反予之石窌。石窌邑名齊北盧縣東有地名石窌。○窌力救反一音力到反晉師從齊師。入自上輿。擊馬陘。上輿馬陘皆齊邑。○陘音刑齊侯使賓媚人。賂以紀甗玉磬與地。媚人國佐也甗玉甑皆滅紀所得。○媚美異反賂音路甗魚輦反徐音彥又音言字林牛健反甑子孕反又慈陵反〔疏〕注媚人至所得。○正義曰經書齊侯使國佐如師故知賓媚人即國佐也杜譜云國佐賓媚人武子三事互見於經傳不知賓媚人是何等名號也鄭衆注考工記云甗無底甑方言云甑自關而東謂之甗知甗是甑也下云子得其國寶知甗亦以玉爲之傳文王在甗磬之間明二者皆是玉也莊四年紀侯大去其國不言齊滅而云滅紀所得者紀侯被偪而去後齊侯收其民人又取其國寶此則與滅無異故爲此解不可。則聽客之所爲。賓媚人致賂。晉人不可。曰。必以蕭同叔子爲質。同叔蕭君之字齊侯外祖父子女也難斥言其母故遠言之。○質音致下同難乃旦反而使齊之封內盡東其畝。使壟畝東西行。○盡津忍反壟力勇反行戶郎反又如字對曰。蕭同叔子非他。寡君之母也。若以匹敵。則亦晉君之母也。吾子布大命於諸侯。而曰必質其母以爲信。其若王命何。言違王命且是以不孝令也。詩曰。孝子不匱。永錫爾類。詩大雅言孝心不乏者又能以孝道長賜其志類若以不孝令於諸侯。其無乃非德類也乎。不以孝德賜同類〔疏〕蕭同至類也乎。○正義曰蕭同叔子非他人是寡君之母也若以匹敵言之則亦晉君之母也吾子布大命於諸侯而曰必質其諸侯之母以爲信其若王命何先王之命諸侯也使之孝於母親其類今輕慢其母不愛同類即是違王命也柰此王命何乎今輕齊侯之母亦是輕晉侯之母自輕其母即是不孝且告吾諸侯云以母爲質是此者以不孝之事令諸侯也詩之意言孝子所以行孝不爲匱乏之道故以孝道長賜女之族類諸侯皆晉侯之類晉侯皆以孝德賜同類若以不孝之事號令諸侯其無乃非是以孝德賜同類乎責其違孝道也所引詩者大雅既醉之篇先王疆理天下。物土之宜。而布其利。疆界也理正也物土之宜播殖之物各從土宜。○疆居良反注下皆同故詩曰。我疆我理。南東其畝。詩小雅或南或東從其土宜〔疏〕詩曰至其畝。○正義曰此詩小雅信南山之篇今吾子疆理諸侯。而曰盡東其畝而已。唯吾子戎車是利。晉之伐齊循壟東行易。○易以豉反無顧土宜。其無乃非先王之命也乎。反先王則不義。何以爲盟主。其

晉實有闕。闕失四王之王也。禹湯文武。○之王于況反樹德而濟同欲焉。樹立也濟成也五伯之霸也。夏伯昆吾商伯大彭豕韋周伯齊桓晉文。或曰齊桓晉文宋襄秦穆楚莊〔疏〕注夏伯至晉文。○正義曰鄭語云祝融能昭顯天地之光明其後八姓昆吾爲夏伯矣大彭豕韋爲商伯論語云管仲相桓公霸諸侯昭九年傳曰文之伯也豈能改物是三代有伍伯矣伯者長也言爲諸侯之長也鄭玄云天子衰諸侯興故曰霸霸把也言把持王者之政教故其字或作伯或作霸也勤而撫之。以役王命。役事也今吾子求合諸侯。以逞無疆之欲。疆竟也。○竟如字又音境〔疏〕四王至之欲。○正義曰禹湯文武四王之王天下也立德於民而成其同欲民有所欲上即同之東畝南畝皆順民意五伯之霸諸侯也雖勤勞其功而撫順之以奉事王命而已不改王之制度也吾子求合諸侯以快其無疆畔之欲止求自快已欲不與民同是違王霸之政也詩曰。布政優優。百祿是遒。詩頌殷湯布政優和故百祿來聚遒聚也。○遒在由反徐子由反子實不優。而弃百祿。諸侯何害焉。言不能爲諸侯害〔疏〕詩曰至害焉。○正義曰詩商頌言成湯布政優優然而寬故百種福祿於是聚歸之子實不能優寬而自棄福祿於諸侯何害言不能爲諸侯害也所引詩者商頌長發之篇不然。不見許寡君之命使臣則有辭矣。曰。子以君師辱於敝邑。不腆敝賦。以犒從者。戰而曰犒爲孫辭。○使所吏反犒苦報反從才用反〔疏〕注戰而曰犒爲孫辭。○正義曰士卒之勞於外師衆枯槁以酒食勞之謂之犒師此以師拒戰非犒勞之義而亦稱犒者言以此師衆往當待之如以酒食犒之然爲孫順之辭耳畏君之震。師徒橈敗。震動橈曲也○橈乃教反吾子惠徼齊國之福。不泯其社稷。使繼舊好。唯是先君之敝器土地不敢愛。子又不許。請收合餘燼。燼火餘木。○泯彌忍反好呼報反合如字一音閤燼似刃反背城借一。欲於城下復借一戰。○背音佩復扶又反敝邑之幸。亦云從也。況其不幸。敢不唯命是聽。言完全之時尚不敢違晉今若不幸則從命〔疏〕注言完至從命。○正義曰言於先完全福幸之時尚不違晉故言亦云從也是指其實事劉炫以爲齊人請戰言敝邑脫或有幸戰勝亦云從也虛稱未然之事乖違文勢上下苟異杜氏而規其過非也魯衛諫曰。齊疾我矣。諫郤克也其死亡者。皆親暱也。子若不許。讎我必甚。唯子則又何求。子得其國寶。謂甗磬。○暱女乙反我亦得地。齊歸所侵而紓於難。齊服則難緩。○紓音紓緩也一音直呂反難乃旦反下同其榮多矣。齊晉亦唯天所授。豈必晉。晉人許之。

對曰。羣臣帥賦輿。賦輿猶兵車 以爲魯衛請。若苟有以藉口。而復於寡君。藉薦也復白也○爲于僞反藉在夜反注同〔疏〕注藉薦復白也○正義曰禮承玉之物名爲繅藉藉是承薦之言故爲薦也復者報命於君故爲白也言無物則空口以爲報少有所得則與口爲藉故曰藉口服虔云今河南俗語治生求利少有所得皆言可用藉手矣 君之惠也。敢不唯命是聽。禽鄭自師逆公。禽鄭魯大夫歸逆公會晉師

秋七月。晉師及齊國佐盟于爰婁。使齊人歸我汶陽之田。公會晉師于上鄍。上鄍地闕公會晉師不書史闕○鄍覓經反〔疏〕注上鄍至史闕○正義曰定八年經書公會晉師于瓦此獨不書故云史闕謂舊史先闕故仲尼脩經無之

賜三帥先路三命之服。三帥郤克士燮欒書已嘗受王先路之賜今改而易新并此車所建所服之物○帥所類反注及下同〔疏〕賜三至之服○正義曰周禮典士命公之孤四命其卿三命其大夫再命其上一命侯伯之卿大夫士亦如之此三帥皆卿也本國三命故魯賜以三命之服司馬司空輿帥候正亞旅皆大夫本國一命故皆受一命之服於卿言一賜於大夫言受互相足也周禮大夫再命此司馬司空等皆一命者春秋之時其事已異於周禮故大夫一命○注三帥至之物○正義曰三卿皆統一軍故揔稱三帥魯君之賜晉臣正可知其法所得服改新以與之耳不得特命他臣發初賜以此物且彼若先無此物則無由敢受魯賜故杜以爲此三帥已嘗受王先路之賜今改而易新并此車所建之旌旗所著之衣服皆賜之也案釋例先路者革路若木路或云先或云次蓋以就數爲差其受之於王則稱大杜言革路若木路者或用革或用木也知受之於王則稱大者鄭子蟜叔孫穆子受之於王皆稱大是也革木是卿大夫車之尊者故云大路金路是諸侯車之尊者亦稱大則定四年大路大旂是也玉路天子車之尊者亦稱大故顧命云大路在賓階面是也言所建所服之物者周禮巾車革路建大白以即戎司服云凡兵事韋弁服巾車又云木路建大麾以田司服又云凡田冠弁服然則此車所建或是大白大麾所服或是韋弁冠弁劉炫以爲既言先路則是晉君之賜杜云受王先路之賜非其義也今知不然者杜以穆叔子蟜嘗受王路故杜據而言之釋例應云受王大路之賜言先路者順傳先路之文故也劉以爲嘗受晉君賜而規杜氏非也

司馬。司空。輿帥。候正。亞旅。皆受一命之服。晉司馬司空皆大夫輿帥主兵車候正主斥候亞旅亦大夫也皆魯侯賜〔疏〕注晉司至侯賜○正義曰司馬司空本是卿官之名但晉之諸卿皆以三軍將佐爲號其司馬司空皆爲大夫之官仍有爲卿之嫌故云晉司馬司空皆大夫也明他國以爲卿晉以爲大夫也輿帥至於亞旅本是大夫官名故又云亦大夫也軍行有此大夫從者司馬主甲兵司空主營壘輿帥主兵車候正主斥候亞旅次於卿是衆大夫也無專職掌散共軍事故後言之直言受服嫌非魯賜故云皆魯侯賜

○八月。宋文公卒。始厚葬。用蜃炭。益車馬。始用殉。燒蛤爲炭以瘞壙多埋車馬用人從葬○蜃市忍反蛤也炭吐旦反殉似淩反蛤古荅反瘞於例反壙苦晃反一音曠〔疏〕注燒蛤至從葬○正義曰晉語云雀入于海爲蛤雉入于淮爲蜃月令孟冬雉入大水爲蜃鄭玄云大水謂淮也大蛤曰蜃則蜃者蛤之類也周禮掌蜃掌斂互物蜃物以共闉壙之蜃鄭玄云互物蚌蛤之屬闉猶塞也將并椁先塞下以蜃禦濕也是用蜃以瘞壙也禮檀弓記曰塗車芻靈自古有之鄭玄云芻靈束茅爲人馬謂之靈者神之類也不解塗車當是用泥爲車也傳言益車馬者謂用此塗車茅馬益多於常故云多埋車馬也鄭玄云殺人以衛死者曰殉言殉還其左右也言始用殉則自此以後宋君葬常用殉故謂此爲始也劉炫以爲用蜃炭者用蜃復用炭知不然者杜以傳用蜃炭共文故知燒蛤爲炭又且炭亦灰之類雖灰亦得稱炭劉君以爲用蜃復用炭而規杜氏非也

重器備。重猶多也○重直恭反注同〔疏〕注重猶多也○正義曰重謂重疊故猶多多爲皿器也言器備者士喪禮下篇陳明器云用器弓矢耒耜敦杅槃匜役器甲冑干笮燕器杖笠翣其器有共用之器有備禦之器故言器備

椁有四阿。棺有翰檜。四阿四注椁也翰旁飾檜上飾皆王禮○椁音郭翰戶旦反一音韓檜古外反徐音會〔疏〕注四阿至王禮○正義曰周禮匠人云殷人四阿重屋鄭玄云阿棟也四角設棟也是爲四注椁也士喪禮下篇陳明器云抗木橫三縮二謂於椁之上設此木從二橫三以負土則士之椁上平也今此椁上四注而下則其上方而尖也禮天子椁題湊諸侯不題湊不題湊則無四阿釋詁云楨翰榦也舍人曰楨正也築牆所立兩木也翰所以當牆兩邊障土者也翰在旁則知此翰亦在旁也詩云會弁如星鄭玄云會謂弁之縫中言其際會之處也會在弁之上知此檜亦在士棺有此物明是其飾故以爲旁飾上飾也言椁有棺有則是本不當有言其厚葬譏其奢僭宋公所僭必僭天子明此四阿翰檜皆是王之禮也蜃炭言用亦本不當用其蜃炭蓋亦王之禮也車馬器備法得有之言益言重但譏其多耳殉則本不得然非譏其僭

君子謂華元樂舉於是乎不臣。臣治煩去惑者也。是以伏死而爭。今二子者。君生則縱其惑。謂文十八年殺母弟須○去起呂反下去之同爭爭鬬之爭 死又益其侈。是棄君於惡也。何臣之爲。若言何用爲臣○侈昌氏反又式氏反〔疏〕注若言何用爲臣○正義曰言何用爲臣是不成臣也言雖有若無劉君還以爲不成臣與杜義無別而規杜氏非也

○九月。衛穆公卒。晉三子自役弔焉。哭於大門之外。師還過衛故因弔之未復命故不敢成禮○過古禾反又古臥反 衛人逆之。逆於門外設喪位 婦人哭於門內。喪位婦人哭於堂賓在門外故移在門內 送亦如之。遂常以葬。至葬行此禮〔疏〕哭於至以葬○正義曰哭於大門之外謂大門之外西東面衛人逆之謂大門外之東西面各從賓主之位婦人哭於門內謂門內之西東面以堂上在西東面故也至於三子之去衛人送之其位亦如之自此有鄰國弔者常行此禮以至於葬沈氏云雜記弔者即位于門西東面上孤西面極者受命曰孤某使請事客曰寡君使某如何不淑相者入告出曰孤某須矣弔者入主人升堂西面弔者升自西階東面致命此臣奉君命行弔之禮今三子師行經衛竟不敢成禮故於大門之外○注喪位至於堂○正義曰喪大記云君之喪夫人坐于西方內命婦姑姊妹子姓立于西方外命婦率外宗哭於堂上北面又曰婦人迎客送客不下堂是喪位婦人哭於堂

○楚之討陳夏氏也。在宣十二年○夏戶雅反下同 莊王欲納夏姬。申公巫臣曰。不可。君召諸侯。以討罪也。今納夏姬。貪其色也。貪色爲淫。淫爲大罰。周書曰。明德慎罰。周書康誥 文王所以造周也。明德務崇之之謂也。慎罰務去之之謂也。〔疏〕周書至謂也○正義曰周書康誥之篇周公述文王之事以告康叔云惟乃丕顯考文王克明德慎罰巫臣既引其言乃申其意言文王能爲此行故所以造周國也務崇之謂務欲崇益道德務去之謂務欲去其刑罰

若興諸侯。以取大罰。非慎之也。君其圖之。王乃止。子反欲取之。巫臣曰。是不祥人也。是夭子蠻。子蠻鄭靈公夏姬之兄殺死無後○殺申志反下文殺靈侯同 殺御叔。御叔夏姬之夫亦早死○御魚據反〔疏〕夭子蠻殺御叔○正義曰子蠻御叔自以短命死耳似天鍾美於是致使物無兩大故以二事爲夏姬之罪 弑靈侯。陳靈公也 戮夏南。夏姬子徵舒 出孔儀。孔寧儀行父 喪陳國。楚滅陳○喪息浪反下注而喪同 何不祥如是。人生實難。其有不獲死乎。言死易得無爲取夏姬以速之○易以豉反 天下多美婦人。何必是。子反乃止。王以予連尹襄老。襄老死於邲。不獲其尸。邲戰在宣十二年 其子黑要烝焉。黑要襄老子○要一遙反烝之承反 巫臣使道焉。曰。歸。吾聘女。道夏姬使歸鄭○道音導注同聘女匹政反下音汝〔疏〕歸吾聘女○正義曰禮記內則云聘則爲妻奔則爲妾道之云歸鄭國吾依禮聘女以爲妻也 又使自鄭召之。曰。尸可得也。襄老尸 必來逆之。姬以告王。王問諸屈巫。屈巫巫臣○屈居勿反 對曰。其信。知罃之父。成公之嬖也。而中行伯之季弟也。知罃父荀首也中行伯荀林父也邲之戰楚人囚知罃○知罃音智下於耕反 新佐中軍。而善鄭皇戌。甚愛此子。愛知罃也 其必因鄭而歸王子與襄老之尸以求之。王子楚公子穀臣也邲之戰以荀首囚也 鄭人懼於邲之役。而欲求媚於晉。其必許之。王遣夏姬歸。將行。謂送者曰。不得尸。吾不反矣。巫臣聘諸鄭。鄭伯許

之。聘夏姬。及共王即位，將爲陽橋之役。楚伐魯至陽橋，在此年冬。○共音恭。使屈巫聘于齊，且告師期。巫臣盡室以行。室家盡去。申叔跪從其父將適郢，遇之。叔跪，申叔時之子。○跪其委反，一音居委反。從才用反。郢以井反，又以政反。曰：異哉。夫子有三軍之懼，而又有桑中之喜，宜將竊妻以逃者也。桑中，衛風淫奔之詩。及鄭，使介反幣，而以夏姬行。介，副也。幣，聘物。○介音界。將奔齊，齊師新敗，曰：吾不處不勝之國。遂奔晉，而因郤至。至，郤克族子。〔疏〕注至郤克族子。○正義曰：世本郤豹生冀芮，芮生缺，缺生克。又云豹生義，義生步揚，揚生蒲城鵲居，居生至。如世本，克是豹之曾孫，至是豹之玄孫，於克爲二從兄弟子。以臣於晉。晉人使爲邢大夫。邢，晉邑。○邢音刑。子反請以重幣錮之。禁錮勿令仕。○錮音固。令力呈反。〔疏〕注禁錮勿令仕。○正義曰：說文云：錮，鑄塞也。鐵器穿穴者，鑄鐵以塞之，使不漏。禁人使不得仕宦者，其事亦似之，故謂之禁錮。今世猶然。王曰：止。其自爲謀也則過矣，其爲吾先君謀也則忠。忠，社稷之固也，所蓋多矣。蓋，覆也。○自爲于僞反，又如字。爲吾于僞反。且彼若能利國家，雖重幣，晉將可乎？言不許。若無益於晉，晉將弃之，何勞錮焉？爲七年楚滅巫臣族、晉南通吳張本。○晉師歸，范文子後入。武子曰：無爲吾望爾也乎？武子，士會，文子之父。對曰：師有功，國人喜以逆之，先入，必屬耳目焉，是代帥受名也，故不敢。武子曰：吾知免矣。知其不益己禍。○屬章欲反。後同。帥所類反。下注稱帥、軍帥、將帥同。吾知，一本無知字。郤伯見，公曰：子之力也夫。對曰：君之訓也，二三子之力也，臣何力之有焉？郤伯，郤克。○見賢遍反。下同。夫音扶。范叔見，勞之如郤伯。對曰：庚所命也，克之制也，燮何力之有焉？荀庚將上軍，時不出，范文子上軍佐，代行帥，故稱帥以讓。○勞力報反。將子匠反。下同。欒伯見，公亦如之。對曰：燮之詔也，士用命也，書何力之有焉？詔，告也。欒書，下軍帥，故推功上軍。傳言晉將帥克讓，所以能勝齊。○宣公使求好于楚，莊王卒，宣公薨，不克作好。在十八年。○好呼報反。下同。公即位，受盟于晉，元年盟赤棘。會晉伐

齊。衛人不行使于楚，不聘楚。○使所吏反。而亦受盟于晉，從於伐齊。故楚令尹子重爲陽橋之役以救齊。將起師，子重曰：君弱，傳曰寡人生十年而喪先君。共王即位至是二年，蓋年十二三矣。羣臣不如先大夫，師衆而後可。詩曰：濟濟多士，文王以寧。詩大雅。言文王以衆士安。○濟子禮反。夫文王猶用衆，況吾儕乎？儕，等。○儕仕皆反。且先君莊王屬之曰：無德以及遠方，莫如惠恤其民而善用之。乃大戶，閱民戶口。○閱音悅。已責，弃逋責。○逋補吾反。逮鰥，施及老鰥。○鰥古頑反。施始豉反。救乏，赦罪。悉師，王卒盡行。王卒盡行，故王戎車亦行。雖無楚王，令二君當左右之位。○卒子忽反。注同。令力呈反。〔疏〕注王卒至之位。○正義曰：諸言御戎，皆御君之戎車。此云彭名御戎，知王戎車亦行也。若君親在軍，則君當車中，御者在左，勇力之士在右，故御戎、戎右常連言之。此王車雖行，王身不在，故不立戎右，使御者在中，令蔡、許二君居王車上，當左右之位，若夾衛王然。下注云乘楚王車爲左右，是二君皆在車之上也。彭名御戎，蔡景公爲左，許靈公爲右。二君弱，皆強冠之。冬，楚師侵衛，遂侵我師于蜀。公賂之而退，故不書侵。○強其丈反。冠古亂反。使臧孫往。臧孫，宣叔也。辭曰：楚遠而久，固將退矣。無功而受名，臣不敢。不敢虛受退楚名。楚侵及陽橋，陽橋，魯地。孟孫請往賂之。楚侵遂深，故孟孫請以賂往。孟孫，獻子也。以執斲、執鍼、織紝，執斲，匠人。執鍼，女工。織紝，織繒布者。○斲竹角反。鍼之林反。紝女金反，徐而鴆反。皆百人。公衡爲質，公衡，成公子。○質音致。以請盟。楚人許平。十一月，公及楚公子嬰齊、蔡侯、許男、秦右大夫說、宋華元、陳公孫寧、衛孫良夫、鄭公子去疾及齊國之大夫盟于蜀。齊大夫不書其名，非卿也。○說音悅。去起呂反。〔疏〕注齊大至卿也。○正義曰：諸大夫盟會，經貶之稱人，或揔言大夫。若實是國卿，本合書名者，傳即顯其名氏；若本是大夫，不合書名者，傳直言其大夫。見其貶與不貶，俱當稱人，故不復言其名氏。此傳言齊國之大夫，不顯其名，爲非卿故也。襄十六年溴梁之會，經書戊寅大夫盟，傳云於是叔孫豹、晉荀偃、宋向戌、衛甯殖、鄭公孫蠆、小邾之大夫盟。於時會上鄭之下有曹、莒、邾、薛、杞，而小邾之大夫最處其下，舉小邾而上包之。此盟鄭人之下有齊、曹、邾、薛、鄫，俱是大夫，最在上，舉齊而下揔之。止爲齊若是卿，則合言名氏，此會非卿，故舉齊也。卿不書，匱盟也。於是乎畏晉而竊與楚盟，故曰匱

盟。匱，乏也。〔疏〕注匱乏也。○正義曰：私竊爲盟，盟終不固，此盟是匱乏之道也。傳既言匱盟以解經，又自解名曰匱盟之意：於是乎畏晉而竊與楚盟，故曰此是匱乏之盟也。諸侯之卿竊與楚盟，而仲尼貶之，言其不應背晉，故責之也。責諸侯之背晉，是成晉爲盟主也。哀十二年公會吳于橐皋，吳子請盟，公不欲，使子貢辭之，而私與衛侯、宋皇瑗盟。彼畏吳而竊與吳盟，不貶者，不與吳爲盟主，言其私盟可許，但魯自畏吳，不書其盟，其情無可責也。釋例曰：諸侯畏晉而竊與楚盟，書盟而貶其卿，此所以成晉爲盟主也。吳之疆大，始於會鄫，終於黃池，凡三會三伐三盟，推書會伐而不書盟者，吳以盟主自居，而行其夷禮，禮儀不典，則盟神不蠲，非所以結信義、昭明德，故不錄其盟，不與其成爲盟主也。既不與吳之爲盟主，則宋、魯、衛三國私盟可許，故無貶文是也。若然，僖二十一年公會諸侯盟于薄，二十七年公會諸侯盟于宋，彼二者皆顯與楚盟，並無貶責，此竊與楚盟而貶之者，當僖公之時，齊桓既卒，晉文未興，中國無伯，雖彊遠共楚盟，無所可責。此時晉爲盟主，堪率諸侯，私竊爲盟，心實畏晉，故貶之耳。然諸侯之卿畏晉，容可貶之；楚之疆盛，恒與晉敵，非是畏晉，卿亦貶者，楚既疆盛，應顯然作盟，今私竊受盟，不敢宣露，非是畏晉之義，且成晉爲伯，事須貶楚。蔡侯、許男不書，乘楚車也，謂之失位。乘楚王車爲左右，則失位也。卿不書則稱人，諸侯不書皆不見經，君臣之別。○見賢遍反。別彼列反。〔疏〕注乘楚至之別。○正義曰：小國之從大國，其征伐也，皆自乘其車，自率其軍，至戰陳之時，與同出力耳。此二君棄己之車，乘楚之乘，乃爲楚王左右，則是失位。既失其位，非復國君，故侵與盟會並皆不序。經書楚師、鄭師侵衛，於時蔡、許在矣；公會楚公子嬰齊于蜀，蔡、許亦在也；及盟，又蔡、許之君在焉。侵也，會也，盟也，三事並失其位，經悉不書，故傳於盟下釋之，明上侵衛、會蜀皆失位也。舊說諸侯之不及貶亦書爲人，杜意謂諸侯之貶不至於人，故因此而又明之。卿不書則稱人，諸侯不書則全不見經，此是君臣之別，明貶諸侯無稱人之法也。君子曰：位其不可不慎也乎！蔡、許之君，一失其位，不得列於諸侯，況其下乎？詩曰：不解于位，民之攸塈。詩大雅。言在上者勤正其位，則國安而民息也。攸，所也。塈，息也。○解佳賣反。塈許器反。〔疏〕詩曰至攸塈。○正義曰：此大雅假樂之篇。其是之謂矣。楚師及宋，公衡逃歸。臧宣叔曰：衡父不忍數年之不宴，宴，樂也。○數所主反。樂音洛。以弃魯國，國將若之何？誰居？後之人必有任是夫，國弃矣。居，辭也。言後人必有當此患。○居音基。任音壬。夫音扶。是行也，晉辟楚，畏其衆也。君子曰：衆之不可已也。大夫爲政，猶以衆克，況明君而善用其衆乎？大誓所謂商兆民離，周十人同者，衆也。大誓，周書。萬億曰兆。民離則弱，合則成，衆言殷以散亡，周以衆興。〔疏〕大誓至衆也。○正義曰：泰誓云：受有億兆夷人，離心離德；予有亂臣十人，同心同德。此言大誓所謂者，引其意，非本文也。○

晉侯使鞏朔獻齊捷于周。王弗見，使單襄公辭焉。曰：蠻夷戎狄，不式王命。式用也。○捷在妾反淫湎毁常，王命伐之，則有獻捷。王親受而勞之，所以懲不敬，勸有功也。兄弟甥舅，侵敗王略，兄弟同姓國，甥舅異姓國。略，經略法度。○湎面善反，勞力報反，敗必邁反王命伐之，告事而已，不獻其功，所以敬親暱，告伐事而不獻囚俘。○暱女乙反禁淫慝也。淫慝謂蔑掠百姓取囚俘也。○慝他得反，蔑本又作暴，薄報反，掠音亮今叔父克遂有功于齊，克能也而不使命卿鎮撫王室，所使來撫余一人，而鞏伯實來，未有職司於王室，鞏朔上軍大夫，非命卿，名位不達於王室又奸先王之禮。謂獻齊捷。○奸音干余雖欲於鞏伯，欲受其獻其敢廢舊典以忝叔父？夫齊，甥舅之國也，而大師之後也。齊世與周昏，故曰甥舅。○大音泰寧不亦淫從其欲以怒叔父，抑豈不可諫誨？士莊伯不能對。莊伯，鞏朔。○從子用反，本亦作縱王使委於三吏，委屬也。三吏，三公也。○【疏】注三吏三公也。○正義曰：曲禮云五官之長曰伯，其擯於天子也曰天子之吏。鄭玄云謂三公也。是公者天子之吏也。三公稱吏，故知三吏三公也禮之如侯伯克敵使大夫告慶之禮，降於卿禮一等。王以鞏伯宴，而私賄之，使相告之曰：非禮也，勿籍。相，相禮者。籍，書也。王畏晉，故私宴賄以慰鞏朔。○相息亮反，注同【疏】禮之至一等。○正義曰：如侯伯克敵使大夫告慶之禮，則不得依獻捷之禮。其獻捷之禮，王待之必重於告慶之禮。鞏朔，晉之上軍大夫也，縱使得如獻捷之禮，亦當降卿禮一等。傳言降於卿禮一等，以見王待鞏朔不失常也

春秋左傳注疏卷二十五校勘記　阮元撰盧宣旬摘録

附釋音春秋左傳注疏卷第二十五 成元年盡二年。宋本春秋正義卷第十八。石經春秋經傳集解成上第十二。淳熙本岳本成字下增公字，並盡十年

成公

經元年

無傳 毛本傳下有注字誤倒

書冬温 重脩監本冬誤多

彼春無月 毛本月誤冰

此亦應竟春無冰 閩本監本脫此字

大敗不同者 監本毛本敗作致，亦非，宋本作數是也

士卒牛馬 閩本監本毛本作馬牛

此時不應然也 宋本不作亦，是也

秋王師敗績于茅戎 釋文云茅戎，史記及二傳皆作貿戎也。按茅貿古音皆讀如矛

茅戎別種也 六經正誤引建本同，宋本淳熙本纂圖本監本毛本重戎字，宋本無種字，與正誤所引注疏及臨川本合。毛氏云戎別也欠種字，誤。釋文別種音章勇反，無種字者誤也。岳本脫也字

傳元年

晉侯使瑕嘉平戎于王 周禮典瑞釋文引作叚嘉。惠棟云古文止作叚，讀爲遐

劉康公徼戎 石經徼作儌

注康公至無備 宋本以下正義二節揔入背盟不祥節注下

是齊楚同我也 此本楚同二字誤作小字注文，今訂正

經二年

夏四月丙戌 石經宋本岳本纂圖本戍作戌，是也，下同

及齊師戰于新築 石經師下半字缺。顧炎武云師誤侯，所據乃王堯惠刊也

例在宣七年 纂圖本正德本閩本監本毛本作十年，誤也

鞌去齊五百里表婁去齊五十里 案穀梁二齊字並作國。陳樹華云杜氏引據恐不明白，改作齊也

且鞍已是齊地 宋本監本毛本鞍作鞌。案鞌鞍正俗字

取汶陽田 石經陽下後人妄增之字

此云子重不書不親伐者 閩本親誤稱，下同

乃稱公子 宋本作討，亦應貶。考文作言，亦應貶

凡會盟觀者 宋本無觀字，盟上有且字，是也

許男圍宋 宋本閩本監本毛本作圍，此本誤爲今，訂正

文七年 監本毛本七誤作十

衛侯如晉人執之 宋本閩本監本毛本人字上重晉字，與襄廿六年傳合

此會盟序者 宋本序上有別字，是也

唯應蔡許在列 閩本監本毛本應誤慮

故春秋抑秦以存例也 宋本抑秦作亦未

以居俗葬 宋本毛本作以居草莽，是也

及武王熊逵 宋本毛本逵作達，監本作通，依史記楚世家改也。杜氏世族譜文十六年、宣十二年、昭廿二年正義及釋文引世家並作熊達，漢地理志、淮南子主術訓注亦俱作達，困學紀聞十一引史同，宋本是也

傳二年

圍龍 案史記魯世家、晉世家龍並作隆，索隱曰劉氏云隆即龍也

盧蒲就魁門焉 石經就作就，非

殺而膊諸城上 閩本監本膊誤膞，正義同

注膊磔也 宋本以下正義七節揔入弗可止也已下

齊侯親鼓 石經纂圖本閩本監本毛本鼓字作鼓。按說文支部鼓字之録切，宋人誤用爲工戶切，最爲謬說

三日 毛本日誤百

相遇於衛也 宋本淳熙本岳本纂圖本足利本也作地，是也

隕子辱矣 說文引傳隕作抎

我於此止禦齊師 纂圖本監本毛本我於誤倒。釋文禦作御

次于鞫居 石經鞫字右半言字模糊，葉抄釋文作鞫

周禮天子樂宮縣四面 宋本淳熙本岳本面作周。案周禮小胥鄭司農注云宮縣四面，家語正論解王肅注云禮天子宮懸四周

大夫判縣 宋本大夫上有卿字，與周禮同

請曲縣繁纓以朝 毛本請誤語，繁誤於

軒縣闕一面 毛本闕誤曲

謂金馬大帶也 宋本毛本金作今，是也，下同

士薦馬纓三就 閩本監本毛本就作薦，非也

皆非正法所有 宋本有下有也字

故并言也 宋本也作名，是也

孫栢子還於新築 石經宋本淳熙本岳本纂圖本毛本作桓，此本誤作栢，閩本同，今訂正

無能爲之役使 宋本淳熙本岳本足利同，無能作不中

士燮將上軍 石經宋本淳熙本岳本足利本將作佐是也案四年傳亦云士燮佐上軍至十三年傳始云士燮將上軍此時不得爲將明矣

注范文子代荀庚 宋本以下正義廿四節揔入司馬司空節注之下

郤子使速以徇 監本毛本徇誤狥

大國朝夕釋憾於敝邑之地 宋本憾作感石經初刊同後人妄加小旁釋文亦作感是也云本亦作憾

賈賣也 岳本足利本賣作買非也

逢丑父 閩本逢作逄非也段玉裁云字从夆逢丑父逢伯陵逢蒙皆薄紅反東轉爲江乃薄江反宋人廣韻改字从夅薄江切殊謬不可不正

余姑翦滅此而朝食 此本而後二字誤作小注石經宋本淳熙本岳本足利本無後字是也[illegible]案說文繫傳引翦滅作揃搣似不可爲典要

中軍將自執旗鼓 纂圖本閩本監本毛本脫軍字

然子病矣 淳熙本子誤子

○絶句 此二字釋文也閩本監本毛本誤作注

右援枹而鼓 釋文枹作桴云鼓槌也案李善注孫子荆爲石仲容與孫浩書引作桴禮記云蕢桴而土鼓元應書引詔定古文官書云枹桴二字同體說詳釋文挍勘記

援桴而鼓 宋本閩本監本毛本桴作枹

且辟左右 石經宋本且作旦顧炎武云石經誤非也案錢大昕云夢必在夜則作旦義爲長

綦毋張喪車 石經宋本淳熙本岳本毋作母不誤注同

從左右皆肘之 淳熙本纂圖本肘作射非也

周禮中車 宋本毛本中作巾是也

棧車不韋鞔而漆之 宋本韋作革與周禮巾車注合鞔宋本作輓非是

易坼壞 閩本監本毛本坼作拆非也

韓厥執縶馬前 石經縶字上半缺案說文引傳作韓厥執馽前讀若輒縶馽或从糸執聲臧琳云古文左氏本作韓厥執馽前馽即縶正字今本訛爲馬又別出縶字縶當爲衍文

郤獻子伐齊侯來 宋本侯上重齊字是也

狄卒皆抽戈楯冒之 諸本作戈此本誤弋今訂正

遂自徐關入 案作徐即十七年傳云國佐以穀畔齊侯與之盟於徐關纂圖本閩本監本毛本作齊非也

齊侯見保者曰 石經初刻脫侯字後增

辟女子 案惠棟云下云乃奔則辟當讀爲躃與五年伯宗辟重同周禮大司寇云使其屬躃康成曰故書躃作避杜子春云避當爲辟謂辟除姦人者也按謂躃止行也古躃字有作辟注訓爲避非也

可若何 毛本何誤乎

晉師從齊師 閩本監本毛本晉師誤晉侯

擊馬陘 案史記齊世家陘作陵徐廣曰一作陘賈逵曰馬陘齊地也

又取其國寶 宋本國作珍

使壟畝東西行 案史記集解引服虔注無西字朱鶴齡亦云西字衍文然西非衍字注謂作由西達東之路耳

乎今輕齊侯之母 閩本乎作子是也監本此處模糊

且告吾諸侯云 宋本吾作語

注夏伯至晉文 宋本此節正義在四王至之欲之下

詩曰布政優優 案詩作敷政鄭氏儀禮聘禮注云今文布作敷

故百種福祿 宋本閩本監本毛本作百此本誤首今訂正

師徒橈敗 石經凡橈字偏旁皆改刻此正從木是也

謂甗磬 淳熙本甗誤獻

若苟有以藉口而復於寡君 閩本監本藉下衍於字陳樹華云一本無若字宜作一本無於字也

則與口爲藉 閩本監本毛本與作於非

注上鄍至史闕 毛本鄍字下增地闕二字

周禮典士命 宋本無士字是也

司馬司空輿帥 閩本帥作師非也

玉路天子車之尊者 閩本監本毛本玉作王

輿帥 閩本監本毛本帥作師非注及正義同

用蜃炭 釋文蜃作⿱辰䖵案說文䖵部無⿱辰䖵字作⿱辰䖵非也

注燒蛤至從葬 宋本以下正義四節揔入何臣之爲注下

多爲皿器也 閩本監本亦誤作皿宋本毛本作明

敦扞槃匜 宋本毛本扞作杅是也

楚爲四注椁也 閩本監本毛本作槨也

譏其奢僭 監本毛本僭作侈

言雖有若無 毛本言誤亦

晉二子自役弔焉 石經宋本淳熙本岳本足利本二作三林氏直解云三子謂郤克士燮欒書也

至於三子之去 閩本監本毛本三作二非也

榲者受命曰 宋本閩本監本毛本榲作相是也

孤某使某請事 閩本監本毛本亦脫次某字據宋本補

在宜十二年 宋本淳熙本岳本纂圖本足利本二作一不誤

周書至謂也 宋本以下正義五節揔入若無益於晉節注下

亦早死 毛本早誤畢

殺靈侯 石經宋本殺作弑

邲之戰以荀首囚也 宋本岳本足利本無以字也作之淳熙本亦作之是也

禁人使不得仕官者 陳樹華云官疑宦是也

在位十八年 宋本淳熙本岳本纂圖本足利本位作宜是也

共王即位至是二年 岳本足利本二作三陳樹華云楚莊王卒於宜十八年之秋當依岳本作三山井鼎云或云作三年非蓋未之審耳閩本即誤郎

而善用之 纂圖本閩本監本毛本善下衍其字

注王卒至之位 宋本以下正義六節揔入是行也節注下

公略之而退 宋本淳熙本岳本足利本略作賂不誤

以執斲執鍼織紝 釋文紝作絍案說文云紝或从任作絍李善注東都賦引杜注云織絍織繒布也

最在上 宋本最上有齊字是也

然諸侯之卿 重脩監本卿誤鄉

非是畏晉之義 宋本非作亦

民之攸塈 毛本誤作攸暨注及正義同

衆之不可已也 石經宋本淳熙本岳本足利本可下有以字

謂虣掠百姓 釋文虣作暴云本亦作虣案李善注蕪城賦洞簫賦引字書云虣古文暴字

三公者天子之吏也 此八字乃釋文岳本混入注中

注三吏三公也 宋本以下正義二節揔入非禮也勿籍注下

王待之必重於告慶之禮 閩本待誤作侍

附釋音春秋左傳注疏卷第二十五 止

附釋音春秋左傳注疏卷第二十六 成三年盡十年

杜氏注　孔穎達疏

經三年。春。王正月。公會晉侯、宋公、衛侯、曹伯伐鄭。宋衛未葬而稱爵以接鄰國非禮也。【疏】注宋衛至禮也。○正義曰。僖九年傳曰。宋桓公卒。未葬而襄公會諸侯。故曰子。凡在喪。公侯曰子。傳因宋未葬而發在喪之例。是先君未葬。嗣君不得稱爵以會諸侯也。知非踰年得成君者。文八年八月天王崩。九年春毛伯來求金。傳曰不書王命。未葬也。彼王既踰年矣。猶不得稱王命。臣知諸侯雖則踰年。但是未葬。不得稱爵以接鄰國。正以王不命臣。明知其非禮也。○辛亥。葬衛穆公。無傳。○二月。公至自伐鄭。無傳。○甲子。新宮災。三日哭。無傳。三年喪畢。宣公神主新入廟。故謂之新宮。書三日哭。善得禮。宗廟親之神靈所馮居而遇災。故哀而哭之。○馮。皮冰反。【疏】注三年至哭之。○正義曰。公羊傳曰。新宮者何。宣公之宮也。宣宮則曷為謂之新宮。不忍言也。其言三日哭何。廟災三日哭。禮也。穀梁傳曰。新宮者。禰宮也。三日哭。哀也。其哀。禮也。迫近不敢稱謚。恭也。二傳皆以新宮為宣宮。三日哭為得禮。故杜依用之。宣公以其十八年冬十月薨。至二年十月而大祥。祥而禘祭。神主新始入廟。故謂之新宮。禮檀弓記曰。有焚其先人之室。則三日哭。故曰新宮火。亦三日哭。鄭玄云。謂火燒其宗廟。新宮火。人火也。記稱新宮火者。指此新宮災耳。傳例曰。天火曰災。人火曰火。三家經傳有五字皆為災。鄭玄以為人火。雖非其義。要天火人火。其哭皆當三日。是其善得禮也。哀三年桓宮僖宮災不言哭。而此言三日哭者。釋例曰。新宮者。宣公之廟。父廟也。諒闇始闋而遇天災。故感而哭之。以致哀異於餘廟也。○乙亥。葬宋文公。無傳。七月而葬緩。○夏。公如晉。○鄭公子去疾帥師伐許。○公至自晉。無傳。○秋。叔孫僑如帥師圍棘。棘。汶陽田之邑。在濟北蛇丘縣。○蛇。以支反。一音如字。○大雩。無傳。過時書。○晉郤克、衛孫良夫伐廧咎如。赤狄別種。○廧。在良反。咎。古刀反。種。章勇反。○冬。十有一月。晉侯使荀庚來聘。○衛侯使孫良夫來聘。○丙午。及荀庚盟。【疏】及荀庚盟。○正義曰。隱元年及宋人盟于宿。魯之微者及之也。此言及荀庚盟。及孫良夫盟。十一年及郤犨盟。皆是公自及之。非臣及之也。知者。僖二十八年傳晉欒枝入盟鄭伯。襄十一年傳晉趙武入盟鄭伯。鄭子展出盟晉侯。臣對君者。皆君自與盟。知此使來亦公自與盟也。上言來聘。盟又不地。盟於國都。公親可知。故不言公。○丁未。及孫良夫盟。先晉後衛。尊霸主。鄭伐許。無傳。不書將帥。告辭略。○將。子匠反。帥。所類反。【疏】傳不書至辭略。○正義曰。直舉國名。傳無其說。知是告辭略。故史異文耳。賈逵云。鄭小國。與大國爭諸侯。仍伐許。不稱將帥。夷狄之。刺無知也。此年夏。鄭公子去疾帥師伐許。明年冬。鄭伯伐許。先後並無貶責。何獨此伐偏刺之

傳三年。春。諸侯伐鄭。次于伯牛。討邲之役也。伯牛。鄭地。邲役在宣十二年。遂東侵鄭。晉潛軍深入。鄭公子偃帥師禦之。偃。穆公子。使東鄙覆諸鄤。覆。伏兵也。○覆。扶又反。注同。鄤。亡袁反。又莫干反。余武旦反。一音萬。敗諸丘輿。鄤、丘輿皆鄭地。晉偏軍為鄭所敗。故不書。皇戌如楚獻捷。○夏。公如晉。拜汶陽之田。謝前年晉使齊歸魯汶陽田故。○許恃楚而不事鄭。鄭子良伐許。○晉人歸楚公子穀臣與連尹襄老之尸于楚。以求知罃。邲之戰。楚獲知罃。於是荀首佐中軍矣。荀首。知罃父。故楚人許之。王送知罃。曰。子其怨我乎。對曰。二國治戎。臣不才。不勝其任。以為俘馘。執事不以釁鼓。以血塗鼓為釁鼓。○勝音升。下注同。俘。芳夫反。馘。古獲反。釁。許覲反。【疏】注以血至釁鼓。○正義曰。說文。釁。血祭也。禮雜記釁廟之禮云。雍人舉羊升屋自中。中屋南面。刲羊血流于前。乃降。釁廟以血塗廟。知釁鼓以血塗鼓也。使歸即戮。君之惠也。臣實不才。又誰敢怨。王曰。然則德我乎。【疏】然則德我乎。○正義曰。德加於彼。彼荷其恩。故謂荷恩為德。論語以德報德。傳稱王德狄人。皆是也。對曰。二國圖其社稷。而求紓其民。紓。緩也。○紓音舒。各懲其忿以相宥也。宥。赦也。○懲。直升反。宥音又。兩釋纍囚。以成其好。纍。繫也。○纍。力追反。好。呼報反。下同。二國有好。臣不與及。其誰敢德。言二國本不為己。○與音預。為。于偽反。王曰。子歸何以報我。對曰。臣不任受怨。君亦不任受德。無怨無德。不知所報。王曰。雖然。必告不穀。對曰。以君之靈。纍臣得歸骨於晉。寡君之以為戮。死且不朽。戮其不勝任。○任音壬。下亦不任同。【疏】死且不朽。○正義曰。懷荷君恩。身雖死而朽腐。此恩不朽腐也。死尚不朽。以示其至死不忘也。若從君之惠而免之。以賜君之外臣首。首其請於寡君。而以戮於宗。亦死且不朽。稱於異國君曰外臣。若不獲命。君不許戮。而使嗣宗職。嗣其祖宗之位職。次及於事。而帥偏師以脩封疆。雖遇執事。遇楚將帥。○疆。居良反。將。子亮反。帥。所類反。其弗敢違。違。辟也。其竭力致死。無有二心。以盡臣禮。所以報也。王曰。晉未可與爭。重為之禮而歸之。○秋。叔孫僑如圍棘。取汶陽之田。棘不服。故圍之。僑如。叔孫得臣子。○晉郤克、衛孫良夫伐廧咎如。討赤狄之餘焉。宣十五年晉滅赤狄潞氏。其餘民散入廧咎如。故討之。【疏】注宣十至討之。○正義曰。謂赤狄餘民散入咎如之內。今伐咎如者。來就咎如之內。討彼赤狄餘黨。然廧咎如容赤狄餘民。則咎如亦赤狄矣。劉炫以為廧咎如之國。即是赤狄之餘。今知不然者。以赤狄之國。種類極多。潞氏、甲氏、鐸辰、皋落氏等皆是其類。並為建國。假令潞氏、甲氏、鐸辰、皋落雖滅。自外猶存。則是不滅者多。止應言討赤狄之類。不得稱餘。且伐者聲其鐘鼓。討者責其罪狀。以廧咎如容安赤狄餘黨。故伐而討責。若以廧咎如即是赤狄之餘。應取土地。興兵絕滅。何當唯伐討而已。劉以廧咎如即是赤狄之餘而規杜。非也。廧咎如潰。上失民也。此傳釋經之文。而經無廧咎如潰。蓋經闕此四字。○潰。戶內反。【疏】注此傳至四字。○正義曰。傳言上失民也。釋經潰文。若經無潰文。則傳無所解。故疑經闕此四字。釋例曰。傳文廧咎如潰。上失民也。今經但言伐廧咎如。無廧咎如潰之文。若經本無此文。則上明為橫益經文。而加失民之傳也。是言知經闕之意也。三年潰逃已有例矣。復發傳者。嫌夷狄異於中國。故重發也。○冬。十一月。晉侯使荀庚來聘。且尋盟。尋元年赤棘盟。荀庚。林父之子。衛侯使孫良夫來聘。且尋盟。尋宣七年盟。公問諸臧宣叔曰。中行伯之於晉也。其位在三。下卿。【疏】其位在三。○正義曰。於時郤克將中軍。荀首佐之。荀庚將上軍。是其位在三也。注云下卿者。傳稱小國之上卿當大國之下卿。又古衛在晉不得為次國。則以衛為小國。荀庚若是中卿。自然當先晉矣。乃云晉為盟主。其將先之。直以盟主先晉。明是二人位等。以此知荀庚是下卿也。晉立三軍。將佐有六。第三猶為下卿。則其餘皆下卿也。蓋以諸侯之禮。唯合三卿。三是其正。故定以三人為上中下。餘皆從下卿也。卿有上下。往年賜晉三帥。皆以三命之服者。侯伯之卿禮皆三命。上卿下卿命不異也。孫子之於衛也。位為上卿。將誰先。對曰。次國之上卿當大國之中。中當其下。下當其上大夫。降一等。小國之上卿當大國之下卿。中當其上大夫。下當其下大夫。降大國二等。上下如是。古之制也。古制公為大國。侯伯為次國。子男為小國。衛在晉。不得為次國。春秋時以強弱為大小。故衛雖侯爵。猶為小國。【疏】注春秋至小國。○正義曰。古制公為大國。侯伯為次國。子男為小國。以土地之大小命數為等差也。春秋之世。強陵弱。大吞小。爵雖不能自改。地則以力升降。諸侯聚會。強者為雄。史書時事。大小為序。此事不可改易。仲尼即而用之。宋公在齊侯之下。許男在曹伯之上。不復計爵之尊卑。故衛雖侯爵猶為小國。以地狹小故也。襄二十五年傳子產語晉曰。今大國多數圻矣。圻方千里。是晉有方千里者三四也

昭五年十三年傳皆言晉有革車四千乘計衞比於晉不過當五六分之一耳故不得爲次國其爲次國者當齊秦乎晉爲盟主。其將先之。計等則二人位敵 丙午。盟晉。丁未。盟衞。禮也。以盟主故先晉 ○十二月甲戌。晉作六軍。爲六軍僭王也萬二千五百人爲軍。○僭子念反 韓厥、趙括、鞏朔、韓穿、荀騅、趙旃皆爲卿。賞鞌之功也。韓厥爲新中軍趙括佐之鞏朔爲新上軍韓穿佐之荀騅爲新下軍趙旃佐之。晉舊自有三軍今增此故爲六軍。○騅音隹 【疏】注韓厥至六軍 ○正義曰杜知韓厥爲新中軍及上下新軍將佐者以下六年傳云韓厥將新中軍且爲僕大夫時晉更增置新中上下三軍韓厥將新中軍名居其首故杜依名配其將佐 ○齊侯朝于晉。將授玉。行朝禮 【疏】將授玉○正義曰玉謂所執之圭也凡諸侯相朝升堂授玉於兩楹之間於此時郤克趨進故記之也史記齊世家曰頃公十一年晉初置六軍頃公朝晉欲尊王晉景公景公不敢當晉世家云景公十二年齊頃公如晉欲上尊景公爲王景公讓不敢然此時天子雖微諸侯並盛晉文不敢請隧楚莊不敢問鼎又齊弱於晉所較不多豈爲一戰而勝便即以王相許準時度勢理必不然竊原馬遷之意所以有此說者當讀此傳將授玉以爲將授王遂節成爲此謬辞耳 郤克趨進曰。此行也。君爲婦人之笑辱也。寡君未之敢任。言齊侯之來以謝婦人之笑非爲脩好故云晉君不任當此惠○君爲于僞反下爲兩君同任音壬 晉侯享齊侯。齊侯視韓厥。韓厥曰。君知厥也乎。齊侯曰。服改矣。戎朝異服也言服改明識其人 【疏】注戎朝異服○正義曰周禮司服凡兵事韋弁服禮玉藻記云諸侯皮弁以聽朔朝服以日視朝聘禮賓皮弁聘公皮弁迎賓迎聘容尚以皮弁迎朝賓必皮弁矣在朝君臣同服公當皮弁則韓厥於時亦皮弁也鄭玄云韋弁以韎韋爲弁又以爲衣裳春秋傳曰晉郤至衣韎韋之跗注是也皮弁之服以十五升白布衣素積以爲裳是戎朝異服也 韓厥登舉爵曰。臣之不敢愛死。爲兩君之在此堂也。○荀罃之在楚也。鄭賈人有將寘諸褚中以出。既謀之。未行。而楚人歸之。賈人如晉。荀罃善視之。如實出己。賈人曰。吾無其功。敢有其實乎。吾小人。不可以厚誣君子。遂適齊。傳言知罃之賢。○賈音古下同寘之豉反褚中呂反

經四年。春。宋公使華元來聘。○三月。壬申。鄭伯堅卒。無傳二年大夫盟于蜀 壬申二月二十八日 ○杞伯來朝。○夏。四月。甲寅。臧孫許卒。無傳 ○公如晉。○葬鄭襄公。無傳 ○秋。公至自晉。○冬。城鄆。無傳公欲叛晉故城而爲備○鄆音運 【疏】冬城鄆○正義曰釋例土地名魯有二鄆文十二年城諸及鄆杜云此東鄆昔魯所爭者城陽姑幕縣南有員亭或曰鄆即員也成十六年傳晉人執季文子公待于鄆杜云此西鄆昭公所出居者東郡廩丘縣東有鄆城然則此爲公欲叛晉故城鄆以爲備當西鄆也 ○鄭伯伐許。

傳四年。春。宋華元來聘。通嗣君也。宋共公即位○共音恭 【疏】通嗣君也○正義曰文元年公孫敖如齊傳曰始聘焉禮也凡君即位卿出並聘踐脩舊好要結外援好事鄰國以衞社稷忠信卑讓之道也其事與此一也謂君初即位聘鄰國耳在魯而出謂之始聘自外而來謂之通嗣君言彼君嗣位以來未與魯通於此始通之也 ○杞伯來朝。歸叔姬故也。將出叔姬先脩禮朝魯言其故 ○夏。公如晉。晉侯見公。不敬。季文子曰。晉侯必不免。言將不能壽終也後十年陷廁而死 詩曰。敬之敬之。天惟顯思。命不易哉。詩頌言天道顯明受其命甚難不可不敬以奉之○易以豉反 夫晉侯之命在諸侯矣。可不敬乎。敬諸侯則得天命 ○秋。公至自晉。欲求成于楚而叛晉。季文子曰。不可。晉雖無道。未可叛也。國大臣睦。而邇於我。邇近也 諸侯聽焉。未可以貳。聽服也 史佚之志有之。周文王大史○大音泰 曰。非我族類。其心必異。楚雖大。非吾族也。與魯異姓 其肯字我乎。公乃止。字愛也 ○冬。十一月。鄭公孫申帥師疆許田。前年鄭伐許侵其田今正其界○疆居良反 許人敗諸展陂。鄭伯伐許。取鉏任泠敦之田。展陂亦許地○陂彼皮反鉏仕居反任音壬泠力丁反 ○晉欒書將中軍。代郤克○將子匠反 荀首佐之。士燮佐上軍。以救許。伐鄭。取氾祭。氾祭鄭地成皋縣東有氾水○氾音凡注同或音祀祭側介反 【疏】注氾祭至氾水○正義曰杜注滎陽中牟縣有東氾襄城縣有西氾知此氾祭非彼二氾而以成皋縣東有氾水者以傳爲晉伐鄭取氾祭既爲晉人所取當是鄭之西北界即今之氾水也字書水旁巳爲氾水旁已爲氾字相亂也漢書音義亦爲氾今氾水上源謂氾谷 楚子反救鄭。鄭伯與許男訟焉。於子反前爭曲直 皇戌攝鄭伯之辭。代之對 子反不能決也。曰。君若辱在寡君。寡君與其二三臣共聽兩君之所欲。成其可知也。欲使自屈在楚子前決之 不然。側不足以知二國之成。側子反名爲明年許愬鄭於楚張本○愬音素 ○晉趙嬰通于趙莊姬。趙嬰趙盾弟莊姬趙朔妻朔盾之子

經五年。春。王正月。杞叔姬來歸。出也傳在前年 【疏】注杞叔姬來歸○正義曰杞既出之猶稱杞者雜記曰諸侯出夫人夫人比至于國以夫人之禮行至以夫人入鄭玄云行道以夫人之禮者棄妻致命其家乃義絶不用此爲始 ○仲孫蔑如宋。○夏。叔孫僑如會晉荀首于穀。穀齊地 ○梁山崩。記異也梁山在馮翊夏陽縣北 【疏】注記異也○正義曰公羊傳曰梁山崩何以書記異也公羊以爲非常爲異害物爲災此山崩無所害故爲異也 ○秋。大水。無傳 ○冬。十有一月。己酉。天王崩。○十有二月。己丑。公會晉侯、齊侯、宋公、衞侯、鄭伯、曹伯、邾子、杞伯。同盟于蟲牢。蟲牢鄭地陳留封丘縣北有桐牢

傳五年。春。原屏放諸齊。放趙嬰也原同屏季嬰之兄○屏步丁反 嬰曰。我在。故欒氏不作。我亡。吾二昆其憂哉。且人各有能有不能。言已雖淫而能令莊姬護趙氏○令力丁反 舍我何害。弗聽。嬰夢天使謂已。祭余。余福女。使問諸士貞伯。貞伯曰。不識也。既而告其人。自告貞伯從人○舍音捨又音赦聽吐丁反女音汝從才用反 【疏】注自告貞伯從人○正義曰嫌告趙嬰使人故云自告貞伯從人也若告趙嬰使人不得云神福仁而禍淫 曰。神福仁而禍淫。淫而無罰。福也。祭其得亡乎。以得放遣爲福 祭之。之明日而亡。爲八年晉殺趙同趙括傳 ○孟獻子如宋。報華元也。前年宋華元來聘 ○夏。晉荀首如齊逆女。故宣伯餫諸穀。野饋曰餫運糧饋之敬大國也○餫音鄆饋其媿反 【疏】注野饋至大國○正義曰釋詁云餫饋也孫炎曰餫野之饋也彼言野饋餫田農在野之人此言野饋饋在野行路之人俱是在野言之謂之餫者言其運糧饋之彼自逆女而往饋之者敬大國也 ○梁山崩。晉侯以傳召伯宗。傳驛○傳中戀反注及下同驛音亦 伯宗辟重。曰。辟傳。重載之車○辟重匹亦反徐甫亦反本又作僻曰辟音避 重人曰。待我。不如捷之速也。捷邪出○捷在妾反邪似嗟反 【疏】注捷邪出○正義曰捷亦速也方行則遲邪出則速楚辭謂邪行小道爲捷徑是捷爲邪出 問其所。曰。絳人也。問絳事焉。曰。梁山崩。將召伯宗謀之。問將若之何。曰。山有朽壤而崩。可若何。國主山川。主謂

所主祭○絳古巷反壤如丈反故山崩川竭。君爲之不舉。去盛饌爲于偽反去起呂反饌仕戀反降服。損盛服乘縵。車無文○縵武旦反又莫半反【疏】注車無文○正義曰周禮巾車掌王之五路皆不言車有文飾其下服車五乘孤乘夏篆卿乘夏縵大夫乘墨車鄭玄云夏篆五采畫轂約也夏縵亦五采畫無瑑耳墨車不畫也孤之車有瑑約明諸侯之車必有瑑約詩所謂約軝錯衡是其事也乘縵車無文蓋乘大夫墨車也覲禮侯氏乘墨車乃朝鄭玄云墨車大夫制也乘之者入天子之國車服不可盡同也彼爲適王尚乘墨車明此山崩降服亦乘墨車也徹樂。息八音出次。舍於郊【疏】注舍於郊○正義曰僖三十三年傳秦伯以師敗于殽素服郊次此言出次降服明亦次於郊也文四年傳楚人滅江秦伯爲之降服出次注云辟正寢與此文互相見也祝幣。陳玉帛史辭。自罪責以禮焉。禮山川其如此而已。雖伯宗若之何。伯宗請見之。見之於晉君○見賢遍反注皆同不可。不肯見遂以告而從之。從重人言○許靈公愬鄭伯于楚。前此年鄭伐楚故六月。鄭悼公如楚訟。不勝。楚人執皇戌及子國。以鄭伯不直故也子國鄭穆公子故鄭伯歸。使公子偃請成于晉。秋。八月。鄭伯及晉趙同盟于垂棘。垂棘晉地○宋公子圍龜爲質于楚而歸。圍龜文公子○質音致下注同華元享之。請鼓譟以出。鼓譟以復入。出入輒擊鼓○譟素報反復扶又反下同曰。習攻華氏。宋公殺之。蓋宣十五年宋楚平後華元使匱龜代已爲質故怨而欲攻華氏○冬。同盟于蟲牢。鄭服也。諸侯謀復會。宋公使向爲人辭以子靈之難。子靈圍龜也宋公不欲會以新誅子靈爲辭爲明年侵宋傳○向舒亮反難乃旦反一本無之難二字子靈爲辭一本無爲辭二字○十一月。己酉。定王崩。經在蟲牢盟上傳在下月倒錯衆家傳悉無此八字或衍文○倒丁老反【疏】注經在至衍文○正義曰傳不虛舉經文此無所明又上下倒錯諸家之傳又悉無此言必是衍文此杜以疑事毋質不敢輒去之耳

經六年。春。王正月。公至自會。無傳○二月。辛巳。立武宮。魯人自鞌之功至今無患故築武軍又作先君武公宮以告成事欲以示後世【疏】注魯人至後世○正義曰杜以傳稱季文子以鞌之功立武宮故云魯人自鞌之功至今無患追思鞌戰以爲已功故築武軍又作先君武公之廟以告戰勝之事欲以章示後世明已之功也其意言築爲武軍又作武公之廟公羊傳曰武宮者何武公之宮也是立宮爲武公廟也武公是成公九世之祖其廟毀已久矣今復立之以爲不毀之廟禮明堂位曰魯公之廟文世室也武公之廟武世室也世室者其世世不毀劉炫以爲直立武公之宮不築武軍今知不然者以下傳云聽於人以救其難不可以立武立武由己非由人也是已明譏魯立武以章武功明非徒築宮而已又宣十二年潘黨請築武軍楚子云武有七德我無一焉武非吾功遂不敢築武軍以明武功此則上明譏魯章武功明亦築武軍也若其唯築武宮傳應云不可以立武宮不得單稱武也劉以爲唯築武公之宮而規杜非也○取鄟。鄟附庸國也○鄟徐音專又徒欒反○衞孫良夫帥師侵宋。○夏。六月。邾子來朝。無傳○公孫嬰齊如晉。嬰齊叔肸子○壬申。鄭伯費卒。前年同盟蟲牢○費音祕○秋。仲孫蔑叔孫僑如帥師侵宋。○楚公子嬰齊帥師伐鄭。○冬。季孫行父如晉。○晉欒書帥師救鄭。

傳六年。春。鄭伯如晉拜成。謝前年再盟子游相。子游公子偃○相息亮反下甯相同授玉于東楹之東。禮授玉兩楹之間鄭伯行疾故東過【疏】注禮授至東過○正義曰聘禮云公受玉于中堂與東楹之間鄭玄云中堂南北之中也入堂之深尊賓事也東楹之間亦以君行一臣行二也聘禮大夫奉命來聘君臣不敵故授玉于東楹之間國君來朝尊卑禮敵傳言東楹之東以譏鄭伯行速明禮當授玉于兩楹之間士貞伯曰。鄭伯其死乎。自弃也已。視流而行速。不安其位。宜不能久。視流不端諦○諦音帝○二月。季文子以鞌之功立武宮。非禮也。宣十二年潘黨勸楚子立武軍楚子荅以武有七德非已所堪其爲先君宮告成事而已今魯倚晉之功又非霸主而立武宮故譏之○倚於綺反【疏】注宣十至譏之○正義曰服虔云鞌之戰禱武公以求勝故立其宮案定元年傳昭公出故季平子禱于煬公立煬宮此若爲禱而立何以不言禱也无驗之說故不可從聽於人以救其難。不可以立武。立武由己。非由人也。言請人救難勝非已功○難乃旦反注同○取鄟。言易也。易以豉反○三月。晉伯宗夏陽說衞孫良夫甯相鄭人伊雒之戎陸渾蠻氏侵宋。夏陽說晉大夫蠻氏戎別種也河南新城縣東南有蠻城經唯書衞孫良夫獨衞告也○夏戶雅反說音悅下文注同渾戶門反種章勇反以其辭會也。辭會在前年師于鍼。衞人不保。不守備○鍼其廉反一音針說欲襲衞。曰。雖不可入。多俘而歸。有罪不及死。伯宗曰。不可。衞唯信晉。故師在其郊。而不設備。若襲之。是弃信也。雖多衞俘。而晉無信。何以求諸侯。乃止。師還。衞人登陴。聞說謀故○陴婢支反晉人謀去故絳。○晉復命新田爲絳故謂此故絳○復扶又反諸大夫皆曰。必居郇瑕氏之地。郇瑕古國名河東解縣西北有郇城○郇音旬解音蟹沃饒而近盬。盬鹽也猗氏縣鹽池是○近附近之近下及注近寶皆同盬音古猗於宜反【疏】沃饒至失也○正義曰土田良沃五穀饒多民豐則國利財多則君樂其處不可失也○注盬鹽至池是○正義曰說文云盬河東鹽池袤五十一里廣七里周摠百一十六里字從鹽省古聲然則盬是鹽之名盬雖是鹽唯此池之鹽獨名爲盬餘鹽不名盬也國利君樂。不可失也。韓獻子將新中軍。且爲僕大夫。兼大僕○樂音洛下謂樂同將子匠反下注軍將同大僕音泰公揖而入。獻子從公立於寢庭。路寢之庭【疏】注路寢之庭○正義曰禮玉藻云君日而視朝退適路寢聽政知寢庭是路寢之庭也沈氏云大僕職云王視燕朝則正位掌擯相鄭注云燕朝朝於路寢之庭韓獻子既爲僕大夫故知寢庭路寢之庭也其路門之外朝則司士掌焉故司士掌治朝之儀治朝則路門之外每日治朝事之朝也其庫門之外朝則朝士掌焉故朝士云掌外朝之法此是詢衆庶問罪人之處也凡人君內朝二外朝一內朝二者路門內外之朝也外朝一者庫門外之朝也若諸侯三門皐應路外朝則在應門外魯之三門庫雉路則外朝在雉門外謂獻子曰。何如。問諸大夫言是非對曰。不可。郇瑕氏土薄水淺。土薄地下其惡易覯。惡疾疢覯成也○易以豉反下注同覯古豆反疢勑覲反本或作疹同【疏】注惡疾疢覯成也○正義曰下云土厚水深居之不疾此云土薄水淺必居之多疾以此知惡是疾疢也爾雅訓覯爲見杜以惡爲疾疢疾非難見之物唯苦其病成耳故訓覯爲成言其病易成由水土惡故也易覯則民愁。民愁則墊隘。墊隘羸困也○墊丁念反隘於賣反羸劣偽反【疏】易覯至墊隘○正義曰疾疢易成則下民愁苦民既愁苦則必羸困而謂之墊隘者方言云墊下也地之下濕狹隘猶人之羸瘦困苦故杜以墊隘爲羸困也於是乎有沈溺重腿之疾。沈溺溼疾重腿足腫○溺乃歷反腿治偽反一音直媿反足腫章勇反一音常勇反不如新田。今平陽絳邑縣是土厚水深。居之不疾。高燥故有汾澮以流其惡。汾水出大原經絳北西南入河澮水出平陽絳縣南西入汾惡垢穢○汾扶云反澮古外反垢古口反且民從教。无災患十世之利也。【疏】且民至利也○正義曰民有災患則不服從上无災患則從教化十者數之小成故云十世之利也夫山澤林盬。國之寶也。國饒則民驕佚。財易則民驕侈○佚音逸【疏】注財易至驕侈○正義曰魯語敬姜云昔者聖王之處民也擇瘠土而居之勞其民而用之故長王天下夫民勞則思思則善心生逸則淫淫則忘善忘善則惡心生沃土之民不材逸也瘠土之民莫不向義勞也敬姜此語自是激發之辭未必聖王盡然要亦有此理也大史公書稱武王克殷患殷民富侈大史公曰奢昏厚葬以破其產爲其富而驕佚故設法以貧之也管子曰倉廩實而知禮節衣食

足而知榮辱，讓生於有餘，爭生於不足。論語稱孔子適衞，欲先富而後教，爲其貧而無恥，欲營生以富之也。此皆觀民設教，故其理不同。若遷都近鹽，則民皆商販，則富者彌富驕侈而難治，貧者益貧飢寒而犯法。且貧者資富而致貧，富者削貧而爲富，惡民之富，乃是愍民之貧，欲使貧富均而勞逸等也。近寶，公室乃貧，不可謂樂。近寶則民不務本。〔疏〕注近寶則民不務本。○正義曰：農業，人之本也；商販，事之末也。若民居近寶，則棄本逐末，廢農爲商，則貧富兼并。若貧富兼并，則貧多富少，貧者無財以共官，富者不可以倍稅，賦稅少則公室貧也。公說，從之。夏四月丁丑，晉遷于新田。爲季孫如晉傳。說音悅。○六月，鄭悼公卒。終士貞伯之言。○子叔聲伯如晉。命伐宋。晉人命聲伯。秋，孟獻子、叔孫宣伯侵宋，晉命也。○楚子重伐鄭，鄭從晉故也。前年楚晉盟。○冬，季文子如晉，賀遷也。○晉欒書救鄭，與楚師遇於繞角。繞角，鄭地。楚師還。晉師遂侵蔡。楚公子申、公子成以申息之師救蔡，申息，楚二縣。○成音城。禦諸桑隧。汝南朗陵縣東有桑里，在上蔡西南。○禦，魚呂反。隧音遂。趙同、趙括欲戰，請於武子，武子將許之。武子，欒書。知莊子、荀首，中軍佐。范文子、士燮，上軍佐。韓獻子韓厥，新中軍將。諫曰：不可。吾來救鄭，楚師去我，吾遂至於此，此蔡地。是遷戮也。戮而不已，又怒楚師，戰必不克。遷戮不義，怒敵難當，故不克。雖克不令。成師以出，而敗楚之二縣，何榮之有焉？六軍悉出，故曰成師。以大勝小，不足爲榮。若不能敗，爲辱已甚，不如還也。乃遂還。於是軍帥之欲戰者衆，或謂欒武子曰：聖人與衆同欲，是以濟事。子盍從衆？盍，何不也。○帥，所類反，下注同。盍，戶臘反。子爲大政，中軍元帥。將酌於民者也。酌，取民心以爲政。子之佐十一人，六軍之卿佐。〔疏〕子之佐十一人。○正義曰：服虔云：是時欒書將中軍，荀首佐之；荀庚將上軍，士燮佐之；郤錡將下軍，趙同佐之；韓厥將新中軍，趙括佐之；鞏朔將新上軍，韓穿佐之；荀雖將新下軍，趙旃佐之。其不欲戰者，三人而已。知、范、韓也。欲戰者可謂衆矣。商書曰：三人占，從二人。衆故也。商書，洪範。〔疏〕注商書洪範。○正義曰：武王克殷始作洪範，今見在周書，傳謂之商書者，以箕子商人所陳故也。武子曰：善鈞從衆。鈞，等也。夫善，衆之

主也。三卿爲主，可謂衆矣。三卿皆晉之賢人。從之，不亦可乎。傳善欒書得從衆之義，且爲八年晉侵蔡傳。

經七年，春，王正月，鼷鼠食郊牛角，改卜牛。鼷鼠又食其角，乃免牛。无傳。稱牛，未卜日。免，放也。免牛可也，不郊，非禮也。○鼷音兮。〔疏〕鼷鼠至免牛。○正義曰：釋獸鼷鼠。李巡曰：鼷鼠，一名鼷鼠。孫炎曰：有螫毒者，蓋如今鼠狼。改卜牛下重言鼷鼠又食其角，不重言牛者，何休云：言角，牛可知。後食牛者未必故鼠，故重言鼠。改卜被食角者，言乃免牛，則前食角者亦免之矣，從下免，省文也。○注稱牛至禮也。○正義曰：僖三十一年傳曰：牛卜日曰牲。今稱牛，是未卜日也。免，放也，放不殺。遂不郊也。○吳伐郯。郯音談。○夏五月，曹伯來朝。○不郊，猶三望。无傳。書不郊，間有事三望，非禮。○秋，楚公子嬰齊帥師伐鄭。○公會晉侯、齊侯、宋公、衞侯、曹伯、莒子、邾子、杞伯救鄭。八月戊辰，同盟于馬陵。馬陵，衞地，陽平元城縣東南有地名馬陵。公至自會。无傳。○吳入州來。州來，楚邑，淮南下蔡縣是也。○冬，大雩。無傳。書過。○衞孫林父出奔晉。

傳七年，春，吳伐郯，郯成。季文子曰：中國不振旅，蠻夷入伐，而莫之或恤，振，整也。旅，衆也。無弔者也夫。言中國不能相愍恤，故夷狄內侵。○夫音扶。詩曰：不弔昊天，亂靡有定。其此之謂乎。詩小雅。刺在上者不能弔愍下民，故號天告亂。○昊，戶老反。號，戶刀反。〔疏〕詩曰至有定。○正義曰：此詩小雅節南山之篇。有上不弔，其誰不受亂？上謂霸主。吾亡無日矣。君子曰：知懼如是，斯不亡矣。○鄭子良相成公以如晉，見且拜師。謝前年晉救鄭之師。爲楚伐鄭張本。○相，息亮反。見，賢遍反。○夏，曹宣公來朝。〔疏〕曹宣公來朝。○正義曰：比文及八年傳召桓公來賜公命，並无所解釋而虛載經文者，釋例曰：其經傳事同而文異者，成告命之辭有差異，或氏族名號當須互見，此蓋須互見名號，故舉之也。○秋，楚子重伐鄭，師于氾。氾，鄭地，在襄城縣南。○氾音凡。諸侯救鄭。鄭共仲、侯羽軍楚師，二子，鄭大夫。○共音恭。囚鄖公鍾儀，獻諸晉。八月，同盟于馬陵，尋蟲牢之盟，且莒服故也。蟲牢盟在五年。莒本屬齊，齊服，故莒從之。○鄖本亦作貟，音云，邑名。○晉人以鍾儀歸，囚諸軍府。軍藏府也。爲九年晉侯見鍾儀張本。○藏，才浪反。○楚圍宋之役，在宣十四年。師還，

子重請取於申、呂以爲賞田，王許之。分申、呂之田以自賞。申公巫臣曰：不可。此申、呂所以邑也，是以爲賦，以御北方。若取之，是無申、呂也。言申、呂賴此田成邑耳。不得此田，則无以出兵賦，而二邑壞也。所以邑也，一本作所邑也。御，魚呂反。晉、鄭必至于漢。王乃止。子重是以怨巫臣。子反欲取夏姬，巫臣止之，遂取以行。子反亦怨之。及共王卽位，楚共王以魯成公元年卽位。○共音恭。子重、子反殺巫臣之族子閻、子蕩及清尹弗忌，皆巫臣之族。○閻音鹽。及襄老之子黑要，以夏姬故并怨黑要。○要，一遙反。而分其室。子重取子閻之室，使沈尹與王子罷分子蕩之室，子反取黑要與清尹之室。巫臣自晉遺二子書，子重、子反。○罷音皮，下同。遺，唯季反。曰：爾以讒慝貪惏事君，而多殺不辜，余必使爾罷於奔命以死。巫臣請使於吳，晉侯許之。吳子壽夢說之，乃通吳于晉。○壽夢，季札父。慝，他得反。惏，力含反。請使，所吏反。夢，莫公反。說音悅。札，側八反。以兩之一卒適吳，舍偏兩之一焉。司馬法：百人爲卒，二十五人爲兩，車九乘爲小偏，十五乘爲大偏。蓋留九乘車及一兩二十五人，令吳習之。○卒，子忽反，注同。舍音赦，書音捨。乘，繩證反，下注同。令，力呈反。○〔疏〕以兩至一焉。○正義曰：以兩之一謂將二十五人也，又言卒謂更將百人也，言之者婉句耳。凡一將一百二十五人適吳也。舍偏謂舍一偏之車九乘也。兩之一焉，又舍二十五人也。凡舍九乘車三十五人與吳矣。發首言兩之一者，爲舍此兩之一，故先言之；又言卒者，見巫臣所將非唯有一兩也。司馬法車九乘爲小偏，十五乘爲大偏。傳言偏，不言大，當是留九乘車矣。唯言留一偏，不見元將車數，不知去時幾乘車去也。上明爲傳辭皆易解，此獨蹇澀，或誤本文。蘇氏云：舍九乘車，以六乘車還，則以去時十五乘車。傳不言者，以舍既備偏，明去時有車可知，從省文也。沈氏云：聘使未有將兵車者，今此特將兵車，爲方欲教吳戰陳，故與常不同。○與其射御，教吳乘車，教之戰陳，教之叛楚。前是吳常屬楚。○陳，直覲反。寘其子狐庸焉，使爲行人於吳。吳始伐楚，伐巢，伐徐。巢、徐，楚屬國。○寘，之豉反。子重奔命。救徐巢。○馬陵之會，吳入州來。子重自鄭奔命。因伐鄭而行。○子重、子反於是乎一歲七奔命。蠻夷屬於楚者，吳盡取之，是以始大，通吳於上國。上國，諸夏。○夏

戶雅反。○衛定公惡孫林父。冬。孫林父出奔晉。林父孫良夫之子。○惡烏路反衛侯如晉。晉反戚焉。戚林父邑林父出奔戚隨屬晉○戚七狄反○〔疏〕戚林至屬晉○正義曰傳言晉反戚焉則戚已屬晉襄二十六年衛孫林父入于戚以叛此不言叛故解之戚是孫氏世所食邑林父出奔之後戚自從隨而屬晉非林父入而將去故不言叛也

經八年。春。晉侯使韓穿來言汶陽之田。歸之于齊。齊服事晉故晉來語魯使還二年所取田○語魚據反。○晉欒書帥師侵蔡。○公孫嬰齊如莒。○宋公使華元來聘。○夏。宋公使公孫壽來納幣。昬聘不使卿今華元將命故特書之宋公無主昬者自命之故稱使也公孫壽蕩意諸之父○〔疏〕注昬聘至之父○正義曰傳於華元來聘之下云聘共姬也則華元新始告魯欲圖爲昬昬禮發首云昬禮下達乃言納采鄭玄云達通也將欲與彼合昬姻必先使媒氏通其言女氏許之乃後使人納其采擇之禮此華元來聘則彼昬禮所謂下達者也士禮使媒諸侯不可求媒於其國自使臣行則亦媒之義昬有六禮下達之後初有納采擇之禮既行納采其日即行問名問女之名將歸卜其吉凶也歸既卜得吉又使使者往告謂之納吉納吉則昬禮定矣復遣納徵徵成也納幣以成昬禮士禮納徵有玄纁束帛儷皮其諸侯謂之納幣以其幣多故指幣言之納幣以後又有請期親迎是之謂六禮也計華元來聘之後當有納采納吉二使二使之後乃次納幣今唯書納幣者納采納吉其使非卿故不書也釋例曰諸侯昬禮亡以士昬禮準之不得唯止於納幣逆女納幣逆女二事皆必使卿行卿行則書之他禮非卿則不書也宋公使華元來聘聘不應使卿故傳但言聘共姬也使公孫壽來納幣納幣應使卿故傳明言得禮也魯君之昬唯存納幣逆女此其義也先言聘女不應使卿今華元以卿將命故特書之也隱二年公羊傳曰昬禮不稱主人宋公使公孫壽來納幣則其稱主人何辭窮也辭窮者何無母也禮有母則母命之宋公無主昬者宋公自命之故稱宋公使公孫壽來也公孫壽蕩意諸之父者文十六年傳文○晉殺其大夫趙同、趙括。傳曰原屏咎之徒也明本不以德義自居宜其見討故從告辭而稱名○〔疏〕注傳曰至稱名○正義曰傳稱莊姬譖之則是同括無罪大夫無罪見殺例不書名此並書名故解之宣十二年傳曰原屏咎之徒也明本不以德義自居而妄叨高位宜其見討今雖實不作亂從告而稱其名言從告者凡殺大夫必以其實有罪告不肯言其無罪魯史詳其曲直乃立其文故所書或從或否耳○秋。七月。天子使召伯來賜公命。諸侯即位天子賜以命圭與之合瑞八年乃來緩也天子天王王者之通稱○通稱尺證反○〔疏〕注諸侯至通稱○正義曰天子賜諸侯之命書傳亦無正禮唯文元年天王使毛伯來錫公命僖十一年傳王賜晉惠公命周語王賜晉文公命皆是即位而賜之又賜之以圭擬朝而合瑞諸侯即位禮必朝王明當即位即賜之命今八年乃來是緩也隱元年宰咺來賵爲其緩書名以譏之此亦緩也而不譏之者彼贈死不及尸弔生不及哀子氏未薨而豫凶事所失者大故特譏之春秋之時賜命禮廢唯文公即位而賜成公八年乃賜桓公死後

追賜其餘皆不得賜苟以得之爲榮故不復譏其緩也且賜之以圭者爲朝而合瑞魯尚不朝天子不宜譏天子賜緩也天子之見經者三十有二稱天王者二十五稱王者八稱天子者一即此事是也三稱並行傳無異說故知天子天王王者之通稱也其不同者史異辭耳公羊傳曰其稱天子何元年春王正月正也其餘皆通矣杜用彼說也賈逵云諸夏稱天王畿內曰王夷狄曰天子王使榮叔歸含且賵以恩深加禮妾母恩同畿內故稱王成公八年乃得賜命與夷狄同故稱天子左氏無此義故杜不從之○冬。十月。癸卯。杞叔姬卒。前五年來歸者女歸適人雖見出弃猶以成人禮書之終爲杞伯所葬故稱杞叔姬。○晉侯使士燮來聘。○叔孫僑如會晉士燮、齊人、邾人伐郯。先謀而稱會盟主之命不同之於列國○衛人來媵。古者諸侯取適夫人及左右媵各有姪娣皆同姓之國國三人凡九女所以廣繼嗣也魯將嫁伯姬於宋故衛來媵之○媵以證反又繩證反適丁歷反姪大結反字林丈一反娣大計反○〔疏〕注古者至媵之○正義曰莊十九年公羊傳曰媵者何諸侯娶一國則二國往媵之以姪娣從姪者何兄之子也娣者何弟也諸侯一聘九女是諸侯娶適夫人及左右媵各有姪娣也傳曰同姓媵之異姓則否是夫人與媵皆同姓之國也魯衛同姓故來媵之釋例曰古者諸侯之娶適夫人及左右媵各有姪娣皆同姓之國國三人凡九女參骨肉至親所以息陰訟陰訟息所以廣繼嗣也當時雖無其人必待年而送之所以絕望求塞非常也辭稱蠢愚不敎故遣大夫隨之亦謂之一媵臣所以將謙敬之實也夫人薨不更聘必以姪娣媵繼室一與之醮則終身不二所以重婚姻固人倫人倫之義既同上足以奉宗廟下足以繼後世此夫婦之義也○

傳八年。春。晉侯使韓穿來言汶陽之田。歸之于齊。季文子餞之。餞送行飲酒○餞錢淺反說文云送去食也字林子扇反毛詩箋云祖而舍軷飲酒於其側曰餞○〔疏〕注餞送行飲酒○正義曰詩大雅韓奕篇云韓侯出祖出宿于屠顯父餞之清酒百壺是餞爲送行飲酒也○私焉。私與之言曰。大國制義以爲盟主。〔疏〕大國至盟主○正義曰義者宜也事得其宜謂之爲義汝陽之田宜其歸魯是歸魯爲義歸齊不義大國當制其義事以爲諸侯之盟主是以諸侯懷德畏討。無有貳心。謂汝陽之田。敝邑之舊也。而用師於齊。使歸諸敝邑。用師鞌之戰今有二命。曰。歸諸齊。信以行義。義以成命。小國所望而懷也。信不可知。義無所立。四方諸侯。其誰不解體。言不復肅敬於晉○復扶又反〔疏〕信以至解體○正義曰言之有信義事乃行是信以行義事必以義命乃成就故義以成命也杖信以行義事以義而命諸侯故以小國所望而歸之懷歸也言而無信則信不可知所命非義則義無所立如是則四方諸侯其誰不解體解體謂事晉之心皆陳慢也詩曰。女也不爽。士貳其行。士也罔極。

二三其德。爽差也極中也詩衛風婦人怨丈夫不一其行喻魯事晉猶女之事夫不敢過差而晉有罔極之心反二三其德○行下孟反注同差初賣反又初佳反〔疏〕詩曰至其德○正義曰衛風氓之篇七年之中。一與一奪。二三孰甚焉。士之二三。猶喪妃耦。而況霸主。霸主將德是以。以用也○喪息浪反妃音配耦苦口反而二三之。其何以長有諸侯乎。詩曰。猶之未遠。是用大簡。猶圖也簡諫也詩大雅言王者圖事不遠故用大道諫之○長音如字一音丁丈反行父懼晉之不遠猶。而失諸侯也。是以敢私言之。〔疏〕詩曰至言之○正義曰詩大雅板之篇也言王者之所圖謀其事未能長遠我以是故用大道諫王行父今亦懼晉之不能遠圖而因此以失諸侯是以敢私言之私布此言即是大諫也○驪力馳反晉欒書侵蔡。六年未得志故遂侵楚。獲申驪。申驪楚大夫楚師之還也。謂六年遇於繞角時〔疏〕楚師之還也○正義曰還在六年不於彼言者因其今獲申驪追言六年侵沈述欒書得從善之功故於此并言之晉侵沈。獲沈子揖。初從知范韓也。繞角之役欒書從知莊子范文子韓獻子之言不與楚戰自是常從其謀師出有功故傳善之沈國今汝南平輿縣○揖徐音集又於立反輿音餘一音預君子曰。從善如流。宜哉。宜有功也如流喻速詩曰。愷悌君子。遐不作人。遐遠也作用也詩大雅言文王能遠用善人不語助○愷開在反樂也悌徒禮反易也○〔疏〕詩曰至作人○正義曰大雅旱麓之篇求善也夫。作人斯有功績矣。是行也。鄭伯將會晉師。會伐蔡之師○夫音扶門于許東門。大獲焉。過許見其無備因攻之○過古禾反○聲伯如莒。逆也。自爲逆婦而書者因聘而逆○爲于僞反下文爲趙嬰同○宋華元來聘。聘共姬也。穆姜之女成公姊妹爲宋共公夫人聘不應使卿故傳發其事而已○共音恭〔疏〕注穆姜之女○正義曰明年季文子如宋致女還稱宋士之樂穆姜出拜謝之知是穆姜所生之女也○夏。宋公使公孫壽來納幣。禮也。納幣應使卿○晉趙莊姬爲趙嬰之亡故。譖之于晉侯。趙嬰亡在五年曰。原屏將爲亂。欒郤爲徵。欒氏郤氏亦徵其爲亂○六月。晉討趙同趙括。武從姬氏畜于公宮。趙武莊姬之子莊姬晉成公女畜養也○〔疏〕注趙武至養也○正義曰史記趙世家云趙朔娶晉成公姊爲夫人案傳趙衰適妻是文公之女若朔妻成公之姊則亦文公之女父之從母不可以爲妻且文公之卒距此四十六年莊姬此時尚少不得爲成公姊也賈服先儒皆以爲成公之女故杜從之

史記又稱有屠岸賈者有寵於靈公此時爲司寇追論趙盾弒君之事誅趙氏殺趙朔趙同趙括而滅其族案二年傳欒書將下軍則於時朔已死矣同括爲莊姬所譖此年見殺趙朔不得與同括俱死也於時晉君明諸臣彊無容有屠岸賈輒廁其間得如此專恣又說云公孫杵臼取他兒代武死程嬰匿武於山中居十五年因晉侯有疾韓厥乃請立武爲趙氏後與左傳皆違馬遷妄說不可從也。以其田與祁奚。韓厥言於晉侯曰。成季之勳。宣孟之忠。成季趙衰。宣孟趙盾。○祁巨之反字林上尸反衰初危反盾徒本反而無後。爲善者其懼矣。三代之令王。皆數百年保天之祿。夫豈無辟王。賴前哲以免也。言三代亦有邪辟之君但賴其先人以免禍耳○數所主反辟匹亦反注及下同哲陟列反邪似嗟反〔疏〕夫豈至免也○正義曰此趙同趙括謂天祿之父祖若桀紂之輩雖邪辟子孫賴禹湯之功而食天祿○周書曰。不敢侮鰥寡。所以明德也。周書康誥言文王不侮鰥寡而德益明欲使晉侯之法文王○侮亡甫反鰥古頑反乃立武而反其田焉。○秋。召桓公來賜公命。召桓公周卿士○晉侯使申公巫臣如吳。假道于莒。與渠丘公立於池上。渠丘公莒子朱也池城池也渠丘邑名莒縣有蘧里○蘧其居反○〔疏〕注渠丘至蘧里○正義曰十四年莒子朱卒知渠丘公即是朱也渠丘莒之邑名夷不當有謚或作別號此朱以邑名爲號不知其故何也。曰。城已惡。莒子曰。辟陋在夷。其孰以我爲虞。虞度也○已惡如字已猶大也本或作城已惡矣度待洛反○對曰。夫狡焉狡猾之人○狡交卯反猾于八反思啓封疆。以利社稷者。何國蔑有。唯然。故多大國矣。唯或思或縱也。世有思開封疆者有縱其暴掠者莒人當唯此爲命○疆居良反注同唯然音維本或作雖後人改也掠音亮〔疏〕唯然○正義曰俗本唯作雖今定本作唯勇夫重閉。況國乎。爲明年莒潰傳○重直龍反又直勇反閉補計反又補結反一音戶且反○冬。杞叔姬卒。來歸自杞。故書。愍其見出來歸故書卒也若更適大夫則不復書卒○復扶又反○○晉士燮來聘。言伐郯也。以其事吳故。七年郯與吳成公賂之。請緩師。文子不可。文子士燮曰。君命無貳。失信不立。禮無加貨。事無二成。公私不兩成○君後諸侯。是寡君不得事君也。欲與魯絕○後如字徐音胡豆反○燮將復之。季孫懼。使宣伯帥師會伐郯。○衛人來媵共姬。禮也。凡諸侯嫁女。同姓媵之。異姓則否。必以同姓者參骨肉至親所以息陰訟○〔疏〕衛人至則否○正義曰膏肓以爲媵不必同姓所以博異氣今左傳異姓則否十年齊人來媵何以無貶刺之文左氏爲短鄭箴云禮稱納女於天子云備百姓於國君云備酒漿不得云百姓是不博異氣也齊是大國今來媵我得之爲榮不得貶也

經九年。春。王正月。杞伯來逆叔姬之喪以歸。○公會晉侯、齊侯、宋公、衛侯、鄭伯、曹伯、莒子、杞伯，同盟于蒲。蒲衞地在長垣縣西南。公至自會。無傳○二月。伯姬歸于宋。宋不使卿逆非禮。○夏。季孫行父如宋致女。女嫁三月又使大夫隨加聘問謂之致女所以致成婦禮篤昏姻之好○好呼報反〔疏〕注女嫁至之好○正義曰桓三年九月夫人姜氏至自齊冬齊侯使其弟年來聘傳曰齊仲年來聘致夫人也此二月伯姬歸于宋夏季孫行父如宋致女二者其間並近三月禮婦入三月廟見知致女必以三月蓋廟見之後婦禮既成使大夫聘問謂之致女其成婦之禮存謙敬序殷勤所以篤昏姻之好也仲年行父俱是致女而彼言聘者在魯而出則曰致女在他國而來則但言聘外內之異文也以彼言聘而實是致女故二注皆言使大夫隨加聘問爲此也晉人來媵。媵伯姬也○秋。七月。丙子。齊侯無野卒。無傳五同盟丙子六月一日書七月從赴〔疏〕注五同盟○正義曰無野以宣十年即位此三年及國佐盟于袁婁又盟于蜀五年于蟲牢七年于馬陵此年于蒲皆魯齊俱在是五同盟也○晉人執鄭伯。鄭伯既受盟于蒲又受楚賂會於鄧故晉執之稱人者晉以無道於民告諸侯例在十五年晉欒書帥師伐鄭。○冬。十有一月。葬齊頃公。無傳。頃音傾○楚公子嬰齊帥師伐莒。庚申。莒潰。民逃其上曰潰楚人入鄆。鄆莒別邑也楚偏師入鄆故稱人○秦人白狄伐晉。○鄭人圍許。城中城。魯邑也在東海廩丘縣西南此閏月城在十一月之後十二月之前故傳曰書時○〔疏〕注魯邑至書時○正義曰長歷推此年閏十一月傳城中城文在十二月上而云書時也即是閏月城之閏月年後即是十二月節故不昏已正而城之是得時也

傳九年。春。杞桓公來逆叔姬之喪。請之也。叔姬已絕於杞魯復強請杞使還取葬○復扶又反下同強其丈反杞叔姬卒。爲杞故也。還爲杞婦故卒稱杞○爲于僞反下注爲魯下文爲歸汶陽同逆叔姬。爲我也。既弃而復逆其喪明爲魯故○逆叔姬絕句爲我也本或無爲字○爲歸汶陽之田故。諸侯貳於晉。歸田在前年晉人懼。會於蒲。以尋馬陵之盟。馬陵在七年○季文子謂范文子曰。德則不競。尋盟何爲。競強也范文子曰。勤以撫之。寬以待之。堅彊以御之。明神以要之。柔服而伐貳。德之次也。是行也。將始會吳。吳人不至。爲十五年會鍾離傳○御魚呂反要一遙反○二月。伯姬歸于宋。爲致女復命起○楚人以重賂求鄭。鄭伯會楚公子成于鄧。爲晉人執鄭伯傳○夏。季文子如宋致女。復命。公享之。賦韓奕之五章。韓奕詩大雅篇名其五章言蹶父嫁女於韓侯爲女相所居莫如韓樂文子喻魯侯有蹶父之德宋公如韓侯宋土如韓樂○蹶九衛反爲于僞反相息亮反樂音洛下同穆姜出于房。再拜曰。大夫勤辱。不忘先君。以及嗣君。施及未亡人。穆姜伯姬母聞文子言宋樂喜而出謝其行勞婦人夫死自稱未亡人○施以豉反先君猶有望也。言先君亦望文子之若此敢拜大夫之重勤。又賦綠衣之卒章而入。綠衣詩邶風也取其我思古人實獲我心喻文子言得已意○重直勇反又直用反綠如字本又作祿吐亂反注同邶音邶又作鄁○晉人來媵。禮也。同姓故○秋。鄭伯如晉。晉人討其貳於楚也。執諸銅鞮。銅鞮晉別縣在上黨○鞮丁兮反欒書伐鄭。鄭人使伯蠲行成。晉人殺之。非禮也。兵交。使在其間可也。明殺行人例○蠲古玄反又音圭使在所吏反楚子重侵陳以救鄭。陳與晉故晉侯觀于軍府。見鍾儀。問之曰。南冠而縶者誰也。南冠楚冠縶拘執○縶中立反拘九于反〔疏〕注南冠楚冠○正義曰應劭漢官儀云法冠一曰柱後冠左傳南冠而縶則楚冠也秦滅楚以其冠賜近臣御史服之即今解豸冠也古有解豸獸觸不直者故執憲以其用形爲冠令觸人也鄭人所獻楚囚也。使稅之。鄭獻鍾儀在七年稅解也○稅吐活反徐始銳反注同有司對曰。召而弔之。再拜稽首。問其族。對曰。泠人也。泠人樂官○泠力丁反依字作伶〔疏〕注泠人樂官○正義曰詩簡兮序云衞之賢者仕於泠官鄭玄云泠官樂官也泠氏世掌樂官而善焉故後世多號樂官爲泠官呂氏春秋稱黃帝使泠倫自大夏之西崑崙之陰取竹斷兩節而吹之以爲黃鍾之宮昭二十一年傳景王鑄無射泠州鳩其之是泠氏世掌樂官也周語云景王鑄鍾成泠人告和魯語云泠簫詠歌及鹿鳴之三此稱泠人詩稱泠官是泠爲樂官之名也公曰。能樂乎。對曰。先父之職官也。敢有二事。言不敢學他事使與之琴。操南音。南音楚聲○操七刀反下同公曰。君王何如。對曰。非

小人之所得知也。固問之。對曰：其爲大子也，師保奉之，以朝于嬰齊，而夕于側也。嬰齊，令尹子重。側，司馬子反。言其尊卿敬老。不知其他。公語范文子，文子曰：楚囚，君子也。言稱先職，不背本也。樂操土風，不忘舊也。稱大子，抑無私也。舍其近事而遠稱少小，以示性所自然，明至誠。○語，魚據反。背音佩，下同。舍音捨。少，詩照反。〔疏〕注舍其至至誠。○正義曰：楚王既爲君矣，不言爲君時事，而遠稱大子者，若言爲君時事，嫌爲君隱惡，或疑已在君位，矯情爲善。舍其當時近事，遠稱大子少小者，未爲君時不須隱蔽，以示王性自然，言其從小如此，以明己之至誠無所私也。禮，君前臣名，字則貴於名。此道二卿之名，不言字，是尊晉君也。名其二卿，尊君也。尊晉君也。不背本，仁也。不忘舊，信也。無私，忠也。尊君，敏也。敏，達也。仁以接事，信以守之，忠以成之，敏以行之，事雖大必濟。言有此四德，必能成大事。君盍歸之，使合晉楚之成。公從之，重爲之禮，使歸求成。爲下十二月晉楚結成張本。○盍，戶臘反。○冬十一月，楚子重自陳伐莒，圍渠丘。渠丘城惡，衆潰，奔莒。戊申，楚入渠丘。月六日。莒人囚楚公子平。楚人曰：勿殺，吾歸而俘。莒人殺之，楚師圍莒。莒城亦惡，庚申，莒潰。月十八日。楚遂入鄆，莒無備故也。終巫臣之言。君子曰：恃陋而不備，罪之大者也；備豫不虞，善之大者也。莒恃其陋，而不脩城郭，浹辰之間，而楚克其三都，無備也夫。浹辰，十二日也。○浹，子協反，徐又音子答反。夫音扶。〔疏〕注浹辰十二日也。○正義曰：浹爲周匝也。從甲至癸爲十日，從子至亥爲十二辰。周禮縣治象，浹日而斂之，謂周甲癸十日也。此言浹辰，謂周子亥十二辰，故爲十二日也。詩曰：雖有絲麻，無棄菅蒯；雖有姬姜，無棄蕉萃。凡百君子，莫不代匱。言備之不可以已也。逸詩也。姬姜，大國之女。蕉萃，陋賤之人。○菅，古顏反。蒯，苦怪反。蕉，在遙反。萃，在醉反。匱，其位反。〔疏〕無弃菅蒯。○正義曰：釋草云：白華野菅。郭璞曰：菅，茅屬。陸璣毛詩疏曰：菅似茅，滑澤無毛，肕宜爲索，漚及曝尤善。蒯與菅連，亦菅之類。喪服疏屨者，傳曰：藨蒯之非也。可以爲屨，明肕如菅，並可代絲麻之乏，故云無棄也。○秦人、白狄伐晉，諸侯貳故也。○鄭人圍許，示晉不急君也。此秋晉執鄭伯。

是則公孫申謀之曰：我出師以圍許，示不畏晉。爲將改立君者，而紓晉使，紓，緩也。勿亟遣使請晉，示不欲更立君。○爲將，並如字，或于僞反，非也。本或作僞將。紓音舒。使，所吏反，注及下同。亟，紀力反，急也，或欺異反，數也。晉必歸君。爲明年晉侯歸鄭伯張本。○城中城，書時也。○十一月，楚子使公子辰如晉，報鍾儀之使，請脩好結成。鍾儀奉晉命歸，故楚報之。○好，呼報反。

經十年春，衞侯之弟黑背帥師侵鄭。○夏四月，五卜郊，不從，乃不郊。無傳。卜常祀不郊，皆非禮，故書。〔疏〕注卜常至故書。○正義曰：曲禮論卜筮云：旬之外曰遠某日，旬之內曰近某日，則卜者每旬一卜。傳稱啓蟄而郊，則周之三月郊之大期。此云五卜者，當是三月三卜，四月又二卜，皆不吉，乃止也。僖三十一年傳云：禮不卜常祀，不應卜而卜，以不吉而不郊，皆非禮也。○五月，公會晉侯、齊侯、宋公、衞侯、曹伯伐鄭。晉侯，太子州蒲也。稱爵，見其生代父居位，失人子之禮。○見，賢遍反。〔疏〕注晉侯至之禮。○正義曰：如傳文，知晉侯是大子也。漢末有汝南應劭作舊名諱議云：昔者周穆王名滿，晉厲公名州滿，又有王孫滿，是同名不諱。則此爲州滿，或兩州之蒲誤耳。今定本作蒲。傳無譏文，知譏其生代父位，失人子之禮者，傳稱凡在喪，公侯曰子，父喪代位，尚不稱君，生代父位，譏之必矣。傳言立大子以爲君，若其不譏，則不須此傳，是顯其譏之意。○齊人來媵。無傳。媵伯姬也。異姓來媵，非禮也。○丙午，晉侯獳卒。六同盟。據傳丙午六月七日，有日無月。○獳，乃侯反。〔疏〕注六同盟。○正義曰：獳以宣九年即位，十七年盟于斷道，元年于赤棘，二年于袁婁，五年于蟲牢，七年于馬陵，九年于蒲，皆魯、晉俱在，是六同盟也。○秋七月，公如晉。○冬十月。

傳十年春，晉侯使糴茷如楚，糴茷，晉大夫。○糴，徐徒弔反，一音杜敖反，又上弔反。茷，扶廢反，一音蒲發反，又蒲艾反。報大宰子商之使也。子商，楚公子辰。使在前年。○大音泰。使，所吏反，下及注使在同。○衞子叔黑背侵鄭，晉命也。晉命衞使侵鄭。○鄭公子班聞叔申之謀，改立君之謀。三月，子如立公子繻。子如，公子班。○繻音須。夏四月，鄭人殺繻，立髡頑。子如奔許。髡頑，鄭成公大子。○髡，苦門反。頑，如字，徐五班反。欒武子曰：鄭人立君，我執一人焉，何益？不如伐鄭而歸其君，以求成焉。晉侯有疾。五月，晉立大子州蒲以爲君，而會諸侯伐鄭。生立子爲君，此父不父，子不子。經因書晉侯，其惡明。○州蒲，本或作州滿。鄭子罕賂以襄鍾，子罕，穆公子。襄鍾，鄭襄公之廟鍾。○

子然盟于脩澤，子駟爲質。子然、子駟，皆穆公子。滎陽卷縣東有脩武亭。○質音致。卷音權，字林上權反，如淳漢書音同。辛巳，鄭伯歸。鄭伯歸不書，鄭不告入。○晉侯夢大厲，被髮及地，搏膺而踊曰：殺余孫不義。厲，鬼也。趙氏之先祖也。八年晉侯殺趙同、趙括，故怒。○被，皮寄反。搏音博。踊音勇。〔疏〕注厲鬼至故怒。○正義曰：鬼怒言殺余孫不義，必是枉死者之祖也。景公即位以來，唯有殺趙同、趙括，故知是趙氏之先祖。趙氏先祖，其人非一，鬼不自言其名，未知誰之鬼。世本云：公明生趙夙。晉語云：趙衰，趙夙之弟。則括之祖公明是也。服虔又以爲公明之鬼。凡爲疫厲之鬼，皆妖邪之氣，未必真是彼人，故杜不復指斥。余得請於帝矣。壞大門及寢門而入。公懼，入于室，又壞戶。公覺，召桑田巫。桑田，巫邑。○壞音怪，下同。及寢門，一本無及字。覺，古孝反。巫言如夢。公曰：何如？曰：不食新矣。言公不得及食新麥。公疾病，求醫于秦，秦伯使醫緩爲之。緩，醫名。爲，猶治也。○醫，於其反。未至，公夢疾爲二豎子，曰：彼良醫也，懼傷我，焉逃之？其一曰：居肓之上，膏之下，若我何？肓，鬲也。心下爲膏。○懼傷我，絕句。焉，徐於虔反，一讀如字，屬上句。逃之，絕句。肓，徐音荒。說文云：心下鬲上也。鬲音革。〔疏〕注肓鬲至爲膏。○正義曰：此賈逵之言，杜依用之。古今傳文皆以爲膏之下，賈、服、何休諸儒等亦皆以爲膏。雖凝者爲脂，釋者爲膏，其實凝者亦曰膏，故內則云：小切狼臅膏。則此膏謂連心脂膏也。劉炫以爲釋者爲膏，連心之脂不得稱膏，以爲膏當爲鬲，改易傳文，而規杜氏，非也。醫至，曰：疾不可爲也。在肓之上，膏之下，攻之不可，達之不及，藥不至焉，不可爲也。達，針。攻音工。公曰：良醫也。厚爲之禮而歸之。六月丙午，晉侯欲麥，周六月，今四月，麥始熟。使甸人獻麥，甸人，主爲公田者。○甸，徒練反。饋人爲之，召桑田巫，示而殺之。將食，張，張，腹滿也。○饋，其媿反。爲，如字。張，中亮反，注同。如廁，陷而卒。小臣有晨夢負公以登天，及日中，負晉侯出諸廁，遂以爲殉。傳言巫以明術見殺，小臣以言夢自禍。○鄭伯討立君者，戊申，殺叔申、叔禽。叔禽，叔申弟。〔疏〕注叔禽叔申弟。○正義曰：此無文也。以禽與申俱死，當是坐其兄，知是弟也。君子曰：忠爲令德，非其人猶不可，況不令乎？言申叔爲忠，不得其人，還害身。〔疏〕忠爲至令乎。○正義曰：言叔申忠誠，爲此令善之德，施之於鄭伯，施非得其善人，猶尚不可，何況不有令德者乎？言令德者，往年公孫申曰：我出師以圍許，爲將改立君

者而紓晉使晉必歸君是也。○秋，公如晉。親弔非禮晉人止公，使逆葬。
於是羅茂未反。是春晉使羅茂至楚結成，晉謂魯二於楚，故留公，須羅茂還驗其虛實冬，
葬晉景公。公送葬，諸侯莫在。魯人辱之，故不
書，諱之也。諱不書晉葬也

春秋左傳注疏卷二十六挍勘記　阮元撰盧宣旬摘録

附釋音春秋左傳注疏卷第二十六　成三年盡十年

經三年

三家經傳有五字　監本毛本五作火

乙亥葬宋文公　淳熙本脫宋字

晉郤克衞孫良夫伐廧咎如　石經宋本淳熙本作廧俗字省筆耳

及荀庚盟　宋本此節正義在冬十有一月節注下

傳三年

覆伏兵也　釋文注亦作兵也宋本淳熙本脫也字

皇戌如楚獻捷　石經宋本岳本戌作戍不誤

以爲俘馘　案說文聝字注引作以爲俘聝从耳或聲云或从首作馘

注以血至釁鼓節下　宋本以下正義三節揔入其竭力致死

正義曰　宋本曰字空缺

亦死且不朽　閩本朽誤杇

注宣十至討之下　宋本以下正義二節揔入上失民也注

則傳無所解　閩本監本毛本所作此非

釋例曰傳文　宋本文作云

三年潰逃已有例矣　宋本三上有文字是也

其位在三　宋本以下正義二節揔入丙午節之下

子產語晉曰　宋本語作論

十二月甲戌　石經宋本岳本纂圖本閩本毛本戌作戍是也

將授玉　案惠士奇云授玉古文左傳作授王詳左傳補注然玉王二字篆體分別甚微此處自因太史公誤認玉爲王正義所言是也

將授玉　宋本以下正義二節揔入在此堂也之下

景公不敢當　案史記當作受

以爲將授王　毛本王作玉非也

遂飾成爲此謬辭耳　補各本飾作飾

君爲婦人之笑辱也　石經初刻作御後改作婦

非爲脩好　淳熙本好誤子下句故云誤文云

故云晉君不任當此惠　宋本無惠字

迎聘客尙以皮弁　監本毛本客作賓

如實出已　石經宋本岳本已作巳是也

經四年

傳四年

陷厠而死　淳熙本而誤師岳本厠作廁不誤

取鉏任泠敦之田　閩本泠誤泠

取汜祭　石經汜作氾岳本纂圖本毛本作氾是也釋文亦作汜音凡注同或音祀案正義引字書云水旁巳爲汜水旁巳爲汜字相亂也

注汜祭至汜水　宋本此節正義在不然節注下

襄城縣有南汜　閩本監本毛本南作西按作南與僖廿四年注合

字書水旁巳爲汜　案巳當作巳

今汜水上源爲汜谷　宋本爲作謂

欲使自屈在楚子前決之　岳本在作於監本毛本作于山井鼎引考異亦作于楚子下多之字

經五年

夫人比至于國　宋本國上有其字與禮記雜記合毛本于誤干

傳五年

注自告貞伯從入注下　宋本此節正義在祭之之明日而七

俱是在野言之　宋本言上有皆以野三字

謂之輝者　閩本監本毛本輝作饋非也

彼自逆女　閩本監本毛本自作晉非也

注捷邪出下　宋本以下正義三節揔入遂以告而從之注

山有朽壤而崩　閩本朽誤杇

前此年鄭伐楚故　宋本足利本此作比楚作許與三年經合淳熙本岳本纂圖本亦作許

經六年

故云魯人自牽之功　宋本故云上有案在二年今始立武宮九字

傳六年

注禮授至東過　宋本此節正義在士貞伯曰節注下

傳言東楹之東　宋本傳字上有且字

注宣十至譏之　宋本此節正義在聽於人節注下

何以不言禱也　宋本何作可

經唯書衞孫良夫　岳本唯作惟宋本無衞字

乃止　淳熙本止誤上

沃饒至失也下　宋本以下正義入節揔入公說從之節注

君日出而視朝　宋本日下有出字是也

惡疾疢　監本毛本疢作疚正義同釋文亦作疢云本或作疹同也按當云本或作疹俗譌从尔

地之下濕狹隘　毛本濕作溼下文注亦作溼

汾水出大原　淳熙本岳本纂圖本大作太按太泰字古皆作大

飢寒而犯法　閩本監本毛本飢誤饑法作灋

而勞逸等也　宋本閩本監本毛本逸作佚

前年楚晉盟　宋本淳熙本足利本楚作從不誤

汝南朗陵縣東有桑里　案後漢書郡國志引注作桑里亭

子之佐十一人平注下　宋本以下正義二節揔入從之不亦可

今見在周書正　宋本閩本監本毛本作今此本誤令今改

經七年

釋獸　宋本獸下有云字是也

郯音談　此釋文也閩本監本並誤作注

陽平元城縣　案郡國志引注作平陽誤也

傳七年

詩曰至有定　宋本此節正義在斯不亡矣之下

尋蟲牢之盟　石經亦作蟲顧炎武云誤作蠱所據乃王堯惠刻也

軍藏府也　淳熙本軍誤車

軍九乘為小偏　宋本淳熙本岳本纂圖本監本毛本軍作車是也

以兩至一焉　宋本此節正義在子重子反節注下

以舍既備偏　宋本備作犕

今此特將兵車　宋本閩本監本毛本作今此本誤令今改正

林父出奔　監本脫出字

戚自從隨而屬晉　閩本監本毛本而上衍之字

經八年

必先使媒氏通其言　宋本通上有下字

諸侯不可求媒於其國　宋本毛本其作他

晉殺其大夫趙同趙括　閩本括誤栝

天子使召伯來賜公命　案曲禮正義引作來錫公命公羊穀梁亦作錫

八年乃來綏也　重脩監本綏誤作緌

天子天王　監本王誤作主

天王使毛伯來錫公命　閩本監本毛本王誤作于

三十有二　浦鏜正誤二作四盧文弨云是也

稱王者八　宋本八作六不誤

畿內曰王　宋本王作主

女歸適人　宋本淳熙本岳本纂圖本監本毛本歸作既是也重脩監本女誤作文

傳八年

注餞送行飲酒　宋本以下正義五節摠入是以敢私言之句下

信以至解體　宋本閩本監本毛本作信以此本誤倒今訂正

猶女之事夫　宋本脫事夫二字

是用大簡　案詩作大諫杜云簡諫也古義本通

楚師之還也　宋本無也字以下正義二節摠入門于許東門之下

今汝南平與縣　閩本監本毛本與作輿釋文亦作輿字按釋文當作與字故曰音餘一音預宋本作平與則作與者古本也

注穆姜之女　宋本此節正義在禮也注下

注趙武至養也　宋本以下正義二節摠入乃立武而反其田焉之下

與左傳皆違　閩本監本毛本皆作背

以其田與祁奚　纂圖本祁作祈非也

夫豈無辟王賴前哲以免也　釋文辟作僻哲作喆

謂天祿之父祖　齊召南按本謂作嗣

秋召桓公來賜公命　閩本賜作錫

莒縣有蘧里　郡國志引注蘧下有邱字

渠邱至蘧里　宋本以下正義二節摠入勇夫重閉節注下

夫狡焉思啟封疆　陸粲附注云狡焉當屬下為句李善潘岳關中詩注引傳封上有其字

唯然　釋文云唯音維本或作雖後人改也正義曰俗本唯作雖今定本作唯

君命無貳　纂圖本無誤不

是寡君不得事君也　閩本脫也字

經九年

在長垣縣西南　毛本垣作咺非也

篤昏姻之好　纂圖本昏作婚

注女嫁至之好　宋本此節正義入晉人來媵注下

桓三年九月　監本毛本三誤二

其成婦之禮　宋本其上有致字

在東海廩邱縣西南　宋本岳本纂圖本監本毛本廩作廪案晉書地理志東海郡屬有厚邱無廩邱而劉昭注續漢書郡國志于東海郡厚邱條下引杜云縣西南有中鄉城又水經沭水注云又南逕東海厚邱縣則廩當是厚字之誤

傳九年

使還取葬　閩本還誤之

馬陵在七年　宋本淳熙本足利本陵下有盟字

堅疆以御之　石經宋本淳熙本岳本閩本監本毛本疆作彊是也

又賦綠衣之卒章而入　釋文云綠本又作褖案詩綠衣箋云綠當為褖字之誤陸氏又作之說從鄭箋也

詩邶風也　纂圖本閩本監本毛本邶誤鄁釋文亦作鄁云文作鄁

注南冠楚冠　宋本以下正義三節摠入君盍歸之節注下

即今解豸冠也　閩本監本解作獬毛本作獬豸作廌案字林亦作廌

故執憲以其用形為冠　宋本用作甬不誤監本毛本作以其形用非也

泠人也　釋文云泠依字作伶案作伶非也五經文字云泠樂官或作伶訛

呂氏春秋稱黃帝使泠倫　宋本泠作伶

以為黃鍾之宮　宋本閩本監本毛本鍾作鐘下鑄鍾同

泠州鳩其之也　閩本監本毛本其作藏亦誤宋本作非是

樂操土風　操字閩本誤作橾

備豫不虞　石經凡豫字皆缺筆避代宗諱此處誤作豫

注浹辰十二日也　宋本以下正義二節摠入詩曰節注下

浹為周匝也　宋本匝作帀按帀正匝俗字

無弃菅蒯　案玉篇蔽字注引作無棄菅蔽蒯字注云同上

無弃蕉萃　漢書文帝紀注引亦作蕉萃案詩東門之池正義引作憔悴後漢應劭傳注云蕉萃憔悴古通用

陸璣毛詩疏曰　案璣當作機

肋宜為索　宋本肋作肕刃是也下同按詩白華正義爾雅疏並作韌

勿亟遣使請晉　宋本淳熙本岳本纂圖本監本毛本請作詰不誤

請脩好結成　監本毛本請作謂誤

經十年

晉侯大子州蒲也　宋本淳熙本岳本纂圖本閩本監本毛本亦作蒲正義引應劭諱議云周穆王名滿晉厲公名州滿又有王孫滿則此為州滿定本亦作滿釋文云州蒲本或作州滿劉氏史通雜駁篇以蒲為誤案史記又作壽曼梁玉繩云曼滿音相近壽州字相通

見其生代父居位　釋文無其字

應劭作舊名諱議云　宋本名作君是也監本諱誤緯

或兩州蒲誤耳　閩本監本毛本亦誤作兩宋本作為

冬十月　浦鏜云案禮記中庸正義成十年不書冬十月此有者當是後人妄增耳

傳十年

晉立大子州蒲以為君　釋文云本或作州滿案定本作滿說見經

鄭子罕賂以襄鍾宋本淳熙本岳本足利本鍾作鐘與石經合注同

熒陽卷縣東有脩武亭淳熙本監本毛本熒作滎非也案水經濟水注引脩武作武脩方輿紀要云原武縣有武脩亭故卷城在今原武縣北宋本卷作巷誤也

注厲鬼至故怒宋本以下正義二節摠入小臣節注下

唯有殺趙同趙括閩本監本毛本並作有亦非宋本作枉是也

則括之祖浦鏜云括上當脫同字

凡爲疫厲之鬼閩本監本毛本厲誤癘

桑田巫邑也宋本淳熙本岳本纂圖本監本毛本巫作晉是

懼傷我焉逃之岳本我字絕句釋文云焉於虔反一讀如字屬上句逃之絕句

肓鬲也心下爲膏閩本監本毛本作肓鬲至爲膏

劉炫以爲釋首者宋本無首字

達針釋文作鍼也音針

麥始孰宋本淳熙本岳本纂圖本閩本監本毛本孰作熟

張如廁玉篇脹字注引作脹如廁案脹乃俗字釋文亦作張

注叔禽叔申弟之下宋本以下正義二節摠入君子曰節注

況不令乎高注呂覽王忠篇引作況不令之尤者乎是所見本有異也

於是羅茷未反淳熙本羅作罹非監本注文茷誤作茂

晉謂魯二於楚岳本閩本監本毛本二作貳

附釋音春秋左傳注疏卷第二十六

春秋左傳注疏卷二十六挍勘記

附釋音春秋左傳注疏卷第二十七 成十一年盡十五年

杜氏注　孔穎達疏

經十有一年。春。王三月。公至自晉。正月公在晉不書諱見止疏注正月至見止○正義曰襄二十九年正月公在楚傳曰釋不朝正于廟也彼以踰年故書正月公在楚此亦踰年不書正月公在晉者爲諱見止故正月不以告廟案此春秋上下公之在晉諱與不諱悉皆不書此言諱見止者以此兼有諱義故詳之也宣五年傳公如齊高固使齊侯止公請叔姬焉夏公至自齊書過也注云公既見止連昏於鄰國之臣厭尊毀列累其先君而於廟行飲之禮故書以示過宣七年公會晉侯云云于黑壤傳稱晉侯以公不朝又不聘止公于會不與公盟八年公至自晉注云義與五年書過同此亦見止還而告至杜不言義與書過同者公實不貳於楚晉以無罪止公非所當諱故依法告至然則正月諱不告者正月公猶被執守臣若其告廟當云公被晉執故諱而不告公還不以爲恥故告至耳○晉侯使郤犨來聘。己丑。及郤犨盟。郤犨郤克從父兄弟○犨尺由反○疏注郤犨至兄弟○正義曰案世本郤豹生冀芮芮生缺缺生克也又云豹生義義生步揚揚生州州即犨也如彼文則犨與克俱是豹之曾孫當爲從祖昆弟服虔以爲從祖昆弟杜云從父昆弟或父當是祖字誤耳○夏。季孫行父如晉。○秋。叔孫僑如如齊。○僑其驕反○○冬。十月。

傳十一年。春。王三月。公至自晉。晉人以公爲貳於楚。故止公。公請受盟。而後使歸。前年七月公如晉至是乃得歸○郤犨來聘。且涖盟。公請受盟故使大夫來臨之○涖音利又音類○聲伯之母不聘。聲伯之母叔肹之妻不聘無媒禮○聘本亦作娉四政反肹許乙反媒亡回反穆姜曰。吾不以妾爲姒。昆弟之妻相謂爲姒穆姜宣公夫人宣公叔肹同母昆弟○姒音似疏注昆弟之妻相謂爲姒○正義曰世人多疑娣姒之名皆以爲兄妻呼弟妻爲娣弟妻呼兄妻爲姒因即惑於傳文不知何以爲說今謂母婦之號隨夫尊卑爲娣姒之名從身長幼以其俱來夫族其夫班秩既同尊卑無以相加遂從身之少長喪服小功章曰娣姒婦報傳曰娣姒婦者弟長也以弟長解娣姒言娣是弟姒是長也公羊傳亦云娣者何弟也是其以弟解娣自然以長解姒長謂身之年長非夫之年長也釋親云長婦謂稚婦爲娣婦娣婦謂長婦爲姒婦止言婦之長稚不言夫之大小今穆姜謂聲伯之母爲姒昭二十八年傳叔向之嫂謂叔向之妻爲姒二者皆呼夫弟之妻爲姒豈計夫之長幼乎釋親又云女子同出謂先生爲姒後生爲娣孫炎云同出謂俱嫁事一夫也事一夫者以己生先後爲娣姒則知娣姒以己之年非夫之年也故賈逵鄭玄及此注皆云兄弟之妻相謂爲姒言兩人相謂謂長者爲姒知娣姒之名不計夫之長幼也生聲伯而出之。嫁於齊管于奚。生二子而寡。以歸聲伯。聲伯以其外弟爲大夫。外弟管于奚之子爲魯大夫○而嫁其外妹於施孝叔。孝叔魯惠公五世孫郤犨來聘。求婦於聲伯。聲伯奪施氏婦以與之。婦人曰。鳥獸猶不失儷。儷耦也○儷力計反疏注儷耦也○正義曰禮謂兩皮爲儷皮儷兩也故爲耦子將若何。曰。吾不能死亡。言不與郤犨婦懼能忿致禍○婦人遂行。生二子於郤氏。郤氏亡。晉人歸之施氏。施氏逆諸河。沈其二子。沈之於河○沈徐蔭反注同一音如婦人怒曰。已不能庇其伉儷而亡之。伉敵也○已音以又音紀庇必利反又音祕伉苦浪反疏注伉敵也○正義曰伉者相當之言故爲敵也伉儷者言是相敵之匹耦又不能字人之孤而殺之。字愛也將何以終。遂誓施氏。約誓不復爲之婦也傳言郤犨淫縱所以亡也○復扶又反下文注復出皆同○夏。季文子如晉報聘。且涖盟也。郤犨文子交盟魯晉之君其意一也故但書來盟舉重略輕疏注郤犨至略輕○正義曰晉臣來盟於魯魯臣往盟於晉俱是相要其意一也意既同矣可書一以包二宜舉重而略輕遣使爲輕君親爲重故郤犨書聘又書盟文子直書如晉略言其聘而已衛冀隆難以爲他卿來敵魯君春秋所諱魯卿出敵他國顯書名氏則應郤犨來盟爲輕行父盟晉爲重今書郤犨之盟則是舉輕略重何得云舉重略輕蘇氏釋云所言輕重者自謂魯之君臣盟爲輕君盟爲重二國各稟君命奉使而行非關敵公之義其意不同不得相難○周公楚惡惠襄之偪也。惠王襄王之族○惡烏路反且與伯與爭政。伯與周卿士○伯與音餘本亦作輿不勝。怒而出。及陽樊。陽樊晉地王使劉子復之。盟于鄄而入。三日。復出奔晉。王既復之而復出所以自絕於周爲明年周公出奔傳鄄周邑○鄄音絹○秋。宣伯聘于齊。以脩前好。宰以前之好○好呼報反注同○晉郤至與周爭鄇田。鄇溫別邑今河內懷縣西南有鄇人亭○鄇音侯字林音侯鄇人本又作侯人如字王命劉康公單襄公訟諸晉。郤至曰。溫。吾故也。故不敢失。言溫郤氏舊邑○單音善疏注言溫郤氏舊邑○正義曰鄇是溫之別邑本從溫內分出溫屬晉鄇屬周溫是郤氏舊邑郤氏既已得溫則謂從溫而分出者亦宜從溫而屬郤氏故郤至爭之其劉子單子之言襄王勞文公而賜之溫於時鄇已分矣賜晉以溫不賜以鄇也狐氏陽氏先處溫邑於時亦不得鄇鄇本未嘗屬晉故爲王官之邑○劉子單子曰。昔周克商。使諸侯撫封。各有其封內之地蘇忿生以溫爲司寇。與檀伯達封于河。蘇忿生周武王司寇蘇公也與檀伯達俱封於河內○檀徒丹

反。〔疏〕注蘇忿生至公也。○正義曰：尚書立政云：周公若曰：大史司寇蘇公。此傳與彼俱言蘇公，爲司寇，明是一人。此言克商即爲司寇，是爲武王司寇。蘇氏即狄，又不能於狄而奔衛。事在僖十年。襄王勞文公而賜之温。在僖二十五年。勞，力報反。狐氏、陽氏先處之。狐溱、陽處父先食温地。溱，側巾反。而後及子。若治其故，則王官之邑也，子安得之？晉侯使郤至勿敢爭。傳言郤至貪所以亡。○宋華元善於令尹子重，又善於欒武子。聞楚人既許晉糴茷成，而使歸復命矣。在往年。○華，戶化反。冬，華元如楚，遂如晉，合晉楚之成。爲明年盟宋西門外張本。○秦晉爲成，將會于令狐。晉侯先至焉。秦伯不肯涉河，次于王城，使史顆盟晉侯于河東。史顆，秦大夫。○令，力丁反。顆，苦果反。晉郤犫盟秦伯于河西。就盟王城。范文子曰：是盟也何益？齊盟所以質信也。齊，一心。質，成也。會所信之始也。始之不從，其何質乎？秦伯歸而背晉成。爲十三年伐秦傳。背音佩，卷內皆同。

經十有二年，春，周公出奔晉。○夏，公會晉侯、衛侯于瑣澤。瑣澤，地闕。○瑣，素果反，依字宜作璅。○秋，晉人敗狄于交剛。交剛，地闕。○冬，十月。

傳十二年，春，王使以周公之難來告。周公奔在前年。○難，乃旦反。書曰：周公出奔晉。凡自周無出，周公自出故也。天子無外，故奔者不言出。周公爲王所復，而自絕於周，故書出以非之。〔疏〕注天子至非之。○正義曰：凡言出者，謂出其封內。天子以天下爲家，本無出封之理，以無外之故，雖有出奔之人，史策皆不言出。昭二十六年尹氏、召伯、毛伯以王子朝奔楚，實出而不言出，是其事也。襄王蔽於匹夫之孝，不顧天下之重，故書云出居于鄭。此周公王既復之，而又自出，故書云出奔。是不應言出而言出，皆所以罪責之也。鄭玄荅孫皓云：凡自周無出者，周無放臣之法，罪大者刑之，小則宥之，以爲實無出法。案書流宥五刑，則宥者流之，非不出也。舜放四罪，投之四裔，安得不出畿乎？若如周禮無流放之文，即云周無放臣之法，禮三諫不從，待放於郊，然則周臣三諫不從，終是不業王放，欲令諫者何所措身？左傳發凡，自是書策之例，因即以爲周制，謂其實無出者，執文害意，爲蔽何甚。○宋華元克合晉楚之成。終前年事。夏，五月，晉士燮會楚公子罷、許偃。二子，楚大夫。○罷音皮。癸亥，盟于宋西門之外，曰：凡晉楚無相加戎，好惡同之，同恤菑危，備救凶患。若有害楚，則晉伐之；在晉，楚亦如之。交贄往來，道路無壅，贄，幣也。○好惡並如字，又上呼報反，下烏路反。菑音災。贄本又作摯，之二反。壅，於勇反。〔疏〕注贄幣也。○正義曰：傳言交贄往來，謂聘使來去，謂聘享之幣也。聘禮賓執圭以通命，執幣以致享，故知贄是幣也。謀其不協，而討不庭。討背叛不來在王庭者。有渝此盟，明神殛之，殛，誅也。○渝，羊朱反。殛，本又作極，紀力反，注同。俾隊其師，無克胙國。俾，使也。隊，失也。○俾，本亦作卑，必爾反。隊，直類反，注同。胙，才故反。鄭伯如晉聽成，聽猶受也。晉楚既成，鄭往受命。會于瑣澤，成故也。晉既與楚成，合諸侯以申成好。○好，呼報反，盡年皆同。○狄人間宋之盟以侵晉，而不設備。○間宋，間廁之間。秋，晉人敗狄于交剛。○晉郤至如楚聘，且涖盟。楚子享之，子反相，爲地室而縣焉。縣鍾鼓也。○相，息亮反。縣音玄，注同。郤至將登，登堂。金奏作於下。擊鍾而奏樂。〔疏〕注擊鍾而奏樂。○正義曰：作樂謂之奏，奏樂先擊鍾，故周禮大司樂、樂師每事皆云令奏鍾鼓。以鍾先擊，故先言鍾也。鍾以金爲之，謂之金奏，故鍾師掌金奏。鄭玄云：金奏，擊金以爲奏樂之節。金謂鍾及鎛也。鄭玄燕禮注云：以鍾鎛播之，鼓磬應之，所謂金奏也。是金爲奏節之初，故傳言金奏作於下。作樂先擊鍾，故注云擊鍾而奏樂也。禮記仲尼燕居云：兩君相見，入門而縣興，升堂而樂闋。郊特牲曰：賓入大門而奏肆夏，示易以敬也。鄭玄云：賓，朝聘者。朝聘連言之，則燕享朝賓聘客皆入門即奏樂矣。其實朝賓入門而奏樂，聘客則至庭乃奏樂。此郤至將登堂始奏樂者，縣當在庭，而楚之爲地室而縣，待客將登乃奏，皆所以見異，故欲以驚賓矣。燕享聘客皆當入門奏肆夏，若燕已之羣臣，則有王事之勞者乃得以樂納賓，其常燕唯有升歌間合而已，無納賓之樂也。故燕禮記云：若以樂納賓，則賓及庭奏肆夏。鄭玄云：卿大夫有王事之勞者，則奏此樂焉。是燕已之臣無王事之勞者，不以樂納賓也。驚而走出。子反曰：日云莫矣，寡君須矣，吾子其入也。賓曰：君不忘先君之好，施及下臣，貺之以大禮，重之以備樂。貺，賜也。○莫音暮，本亦作暮。施，以豉反。重，直用反。〔疏〕驚而至備樂。○正義曰：卒聞地下鍾聲，出其不意，故驚而走出。其出實爲驚怖，因即飾辭辭樂，言已不敢當大禮，匿其驚走之意。如天之福，兩君相見，何以代此？下臣不敢。言此兩君相見之禮。〔疏〕注言此至之禮。○正義曰：仲尼燕居云：兩君相見，入門而縣興。是賓入門作樂，爲兩君相見之禮也。而燕禮雖兼聘問之賓，以燕已臣爲主，而云若以樂納賓，燕已之臣尚有以樂納賓之法，則燕享聘客必以樂納賓矣。故鄭玄郊特牲注云：賓，朝聘者。朝聘並言，則君臣同樂。郤至不敢同君，故以之爲辭耳，非謂禮不得也。子反曰：如天之福，兩君相見，無亦唯是一矢以相加遺，焉用樂？言兩君相見，無用此樂。○遺，唯季反。焉，於虔反。〔疏〕注言兩至此樂。○正義曰：子反意言晉楚並是大國，不肯相朝，唯戰乃相見。其相見之時，唯當用是一矢以相加陵相遺與耳，無爲用此樂也。寡君須矣，吾子其入也。賓曰：傳諸交讓得賓主辭者，多曰賓主以明之。〔疏〕注傳諸至明之。○正義曰：知傳諸交讓得賓主辭者，多曰賓主者，此傳每稱郤至爲賓，文十二年傳稱西乞術爲賓，并稱主人曰，是也。若讓之以一矢，禍之大者，其何福之爲？世之治也，諸侯間於天子之事，則相朝也。王事間缺，則脩私好。○治，直吏反，下注治世同。間音閑，注同。於是乎有享宴之禮，享以訓共儉，享有體薦，設几而不倚，爵盈而不飲，肴乾而不食，所以訓共儉。○享，許丈反，舊又許亮反，本亦作饗。宴，於見反，徐於顯反。倚，於綺反。〔疏〕注享有至共儉。○正義曰：享有體薦，宣十六年傳文也。設几而不倚，爵盈而不飲，昭五年傳文也。禮聘義記曰：聘之禮，至大禮也。酒清人渴而不敢飲也，肉乾人飢而不敢食也。彼言聘禮，即是享聘賓之禮。此事皆所以教訓恭儉也。宴以示慈惠。宴則折俎相與共食。○折，之設反。〔疏〕注宴則至共食。○正義曰：宣十六年傳云：宴有折俎。宴則節折其肉，升之於俎，相與共啗食之，所以表示慈惠也。○共儉以行禮，而慈惠以布政。政以禮成，民是以息。百官承事，朝而不夕。不夕，言無事。○朝，直遥反。朝日朝，徐音朝旦之朝。〔疏〕朝而不夕。○正義曰：旦見君謂之朝，莫見君謂之夕。哀十四年傳稱子我夕，晉語稱叔向夕，皆謂夕見君也。人息事少，故百官承奉職事，皆朝朝而莫不夕。不夕，言無事也。○此公侯之所以扞城其民也。扞，蔽也。言享宴結好鄰國，所以蔽扞其民。○扞，戶旦反。〔疏〕注扞蔽至其民。○正義曰：扞者，扞禦寇難，故爲蔽也。言燕享結好，與鄰國通和，甲兵不興，人得安息，所以蔽扞其民，若如城然，故云所以扞城其民也。故詩曰：赳赳武夫，公侯干城。詩周南之風。赳赳，武貌。干，扞也。言公侯之以武夫，止于扞難而已。○赳，居黝反，一音居醜反。難，乃旦反。干，戶旦反，本亦作扞，又如字，下同。〔疏〕注詩周至而已。○正義曰：詩周南兔罝之篇，言兔罝之人亦是賢者，其人乃是赳赳然雄武之夫，與公侯共扞城其民也。引詩之意，言世治無事，公侯之與武夫設共儉慈惠之禮，與人扞難而已，不使伐他國也。干，扞，釋言文。○及其亂也，諸侯貪冒，侵欲不忌，爭尋常以盡其民，八尺曰尋，倍尋曰常。言爭尺丈之地以相攻伐。○冒，莫報反，又亡北反。〔疏〕注八尺至攻伐。○正義曰：周禮考工記云：人長八尺，殳長尋有四尺，崇於人四尺；車戟常，崇於殳四尺。是八尺曰尋，倍尋曰常。輸其少，故言爭尺丈之地以相攻伐，盡殺其民。孟子曰：爭城以戰，殺人盈城；爭地以戰，殺人盈野。是謂盡殺其民也。略其武夫，以爲己腹心股肱爪牙。略，取也。言世亂則公侯制禦武夫以從己志，使侵害鄰國，爲搏噬之用，無已。○搏音

博噬市制反【疏】注略玫至無已○正義曰武夫有武能爲人之扞蔽世治則公侯同於武夫同其腹心相與扞己民而已不侵犯他人也世亂則使武夫同於公侯其公侯欲得拓竟寬土則制禦武夫以從己志使武夫爲己腹心股肱爪牙令之侵害鄰國搏擊也噬齧也大能搏噬譬之於犬爲搏噬之用無已時也故詩曰赳赳武夫公侯腹心舉詩之正以駁亂義詩言治世則武夫能合德公侯外爲扞城內制其腹心○駁邦角反【疏】注舉詩至腹心○正義曰此亦兔罝之篇美賢人之事而引之以證世亂故解之此舉詩之正以駁世亂之義詩言治世則武夫能合德公侯外則扞城其民內則制其腹心也以其人心則本貪縱之則害物矣美公侯能以武夫制己腹心自守扞難而已不害人也天下有道則公侯能爲民干城而制其腹心亂則反之略其武夫以爲己腹心爪牙○能爲于僞反又如字【疏】天下至反之○正義曰天下有道之時則公侯能爲扞城禦難而使武夫制其己之腹心不侵犯他國也亂則反之不復扞蔽己民乃以武夫從己腹心將武夫爲股肱爪牙以侵害他國是反治世也晉楚世爲仇敵常有相害之心子反言一矢相加仍懷戰鬭之意故郤至言世治則自守世亂則相侵害荅上一矢之言冀得久爲和好故說此也今吾子之言亂之道也不可以爲法然吾子主也至敢不從遂入卒事歸以語范文子文子曰無禮必食言吾死無日矣夫言晉楚不能久和必復相伐爲十六年鄢陵戰張本○語魚據反夫音扶本亦無此字復扶又反鄢謁晚反漢書音義一建反【疏】無禮至矣夫○正義曰以一矢爲辭是無禮也食言是其將背盟也背盟必相伐故爲死亡無日矣冬楚公子罷如晉聘且涖盟報郤至十二月晉侯及楚公子罷盟于赤棘晉地

經十有三年春晉侯使郤錡來乞師將伐秦也侯伯當召兵而乞師謙辭○錡魚綺反【疏】注將伐至謙辭○正義曰晉雖是侯伯恐魯不與若言召兵或容辭說言乞則不得不與釋例曰乞師者深求過理之辭執謙以逼成其計是解乞爲謙意○三月公如京師伐秦道過京師因朝王○過古禾反又古臥反【疏】注伐秦至朝王○正義曰公本爲伐秦道過京師因往朝王不稱朝而言公如京師者以明公朝于王所王不在京師故指言王所據王言之不得不稱朝此則王在京師京師是國之揔號不斥王身不可稱朝故依常朝聘鄰國之文稱如而已劉炫云魯朝聘皆言如不果彼國必成其禮或在道而還如者書其始發言往而已言公朝王所者發國不爲朝王至彼過王朝之朝訖乃書故稱朝也此過京師亦宜稱朝言如者發雖主爲伐秦即有朝王之意書其初發故言如也○夏五月公自京師遂會晉侯齊侯宋公衛侯鄭伯曹伯邾人滕人伐秦○曹伯盧卒于師五同盟○盧本亦作盧力吳反【疏】注五同盟○正義曰盧以宣十五年即位十七年盟于斷道成二年于袁婁又于蜀五年于蟲牢七年于馬陵九年于蒲凡六同盟不數宣公斷道爲五○秋七月公至自伐秦無傳○冬葬曹宣公

傳十三年春晉侯使郤錡來乞師將事不敬將事致君命孟獻子曰郤氏其亡乎禮身之幹也敬身之基也郤子無基【疏】禮身至無基○正義曰幹以樹木爲喻基以牆屋爲喻樹木以本根爲幹有幹故枝葉茂焉牆屋以下土爲基有基乃牆屋成焉人身以禮敬爲本必有禮敬身乃得存郤子無基則亦無幹但言有所局不復得言幹耳且先君之嗣卿也受命以求師將社稷是衞而惰棄君命也不亡何爲郤錡郤克子故曰嗣卿爲十七年晉殺郤錡傳○惰徒臥反○三月公如京師宣伯欲賜欲王賜己請先使王以行人之禮禮焉不加厚○使所吏反孟獻子從王以爲介而重賄之介輔相威儀者獻子相公以禮故王重賄之○從才用反介音界相息亮反下同【疏】宣伯至賄之○正義曰周語云簡王八年魯成公來朝使叔孫僑如先聘且告見王孫說與之語說言於王曰魯叔孫之來有異焉其幣薄而言諂殆請之也若請之必欲賜也且其狀方上而銳下宜觸冒人王其勿賜若貪陵之人來而盈願是不賞善也且財不給王使私問諸魯魯人云請之也王遂不賜禮如行人孔晁云行人使人也以使人之禮禮之不從聘者之賜禮也又曰魯侯至仲孫蔑爲介王孫說與之語說讓說以語王王厚賄之公及諸侯朝王遂從劉康公成肅公會晉侯伐秦劉康公王季子劉成二公不書兵不加秦成子受脤于社不敬脤宜社之肉也盛以脤器故曰脤宜出兵祭社之名○脤市軫反盛音成【疏】注脤宜至之名○正義曰宜者祭社之名脤是盛肉之器受脤于社受祭社之胙肉也周禮掌蜃祭祀共蜃器之蜃鄭玄云飾祭器之屬也春秋定十四年秋天王使石尚來歸蜃蜃之器以蜃飾因名焉鄭衆云脤可以白器令色白是盛以脤器故曰脤也既言宜社又自解宜名釋天云起大事動大衆必先有事乎社而後出謂之宜孫炎曰有事祭也宜求見祐也是宜者出兵祭社之名劉子曰吾聞之民受天地之中以生所謂命也是以有動作禮義威儀之則以定命也能者養之以福養威儀以致福不能者敗以取禍是故君子勤禮小人盡力勤禮莫如致敬盡力莫如敦篤敬在養神篤在守業國之大事在祀與戎祀有執膰膰祭肉○盡津忍反下同膰音煩○【疏】注膰祭肉○正義曰詩詠祭祀之禮云爲俎孔碩或膰或炙又曰旨酒欣欣燔炙芬芬毛傳云傳火曰燔祭肉有燔而膰者因謂祭肉爲膰也戎有受脤神之大節也交神之大節今成子惰棄其命矣惰則失中和之氣其不反乎爲成肅公卒于瑕張本【疏】民受至反乎○正義曰天地之中謂中和之氣也民者人也言人受此天地中和之氣以得生育所謂命也命者教命之意若有所稟受之辭故孝經說云命者人之所稟受度是也命雖受之天地短長有本順理則壽考逆理則夭折是以有動作禮義威儀之法則以定此命言有法則命之長短得定無法則夭折無恒也故人有能者養其威儀禮法以往適於福或本分之外更得延長也不能者敗其威儀禮法而身自取禍或本分之內仍有減割也爲其求福畏禍之故君子勤禮以臨下小人盡力以事上勤禮莫如致敬盡力莫如用心敦篤敬之所施在於養神朝廷百官事神必敬篤在守業草野四民勿使失業也國之大事在祀與戎宗廟之祀則有執膰兵戎之祭則有受脤此是交神之大節也今成子受脤而惰是自棄其命矣死必在近此行其不得反乎爾之往也養之以福謂將身向福也敗以取禍謂禍及身也福則人之所欲作往就之辭也禍則人之所惡作自來之語也敬則所施有處故言致敬也厚則在己身無所可致故重言敦篤也執膰受脤俱是於祭末受而執之互相見也劉炫云命者㝠也言其生育之性得之於㝠兆也○夏四月戊午晉侯使呂相絕秦呂相魏錡子蓋口宣己命○相息亮反注同曰昔逮我獻公及穆公晉獻公秦穆公○逮音代一音大計反相好戮力同心申之以盟誓重之以昏姻穆公夫人獻公之女○好呼報反下同戮力相承音六稽康力幽反呂靜字韻與飂同字林音遼【疏】戮力同心○正義曰孔安國以戮力爲陳力以論語有陳力就列故也戮力猶言勉力努力耳天禍晉國文公如齊惠公如秦辟驪姬也不言狄梁舉所恃大國○辟音避驪力知反無祿獻公即世穆公不忘舊德俾我惠公用能奉祀于晉僖十年秦納惠公○俾本或作卑必爾反下及注同又不能成大勳而爲韓之師僖十五年秦伐晉獲惠公【疏】又不至之師○正義曰言秦既納惠公又不能遂成大功而復伐晉爲此韓之師也下云亦悔于厥心謂秦悔伐晉也亦悔于厥心用集我文公集成也是穆之成也成功於晉文公躬擐甲胄跋履山川草行爲跋○擐音患胄直又反跋蒲末反踰越險阻征東之諸侯虞夏商周之胤而朝諸秦則亦既報舊德矣鄭人怒君之疆場我文公帥諸侯及秦圍鄭晉自以鄭貳於楚故圍之鄭非侵秦也晉以此誣秦事在僖三十年○疆居良反場音亦秦大夫不詢于我寡君擅及鄭盟詢謀也盟者秦伯謙言大夫○詢思巡反擅市

戰反諸侯疾之，將致命于秦。致死命而討秦。時無諸侯，蓋諸侯遣致此意。〔疏〕注致死至此意。○正義曰：劉炫以爲誣秦。今知不然者，凡誣秦者，謂加之罪，傳辭少略者可得稱誣。今傳云諸侯疾之，將致命于秦，文公恐懼，綏靜諸侯。又云我有大造于西。傳文既詳，明諸侯實有此意。若無諸侯，何得稱爲大造？且秦師襲鄭，鄭亦疾秦，此則諸侯之義也。劉以爲實無諸侯而規杜，過非也。文公恐懼，綏靜諸侯。秦師克還無害，則是我有大造于西也。造，成也。言晉有成功於秦。○恐，曲勇反。無祿，文公即世，穆爲不弔。不見弔傷。〔疏〕注不見弔傷。○正義曰：曲禮云：知生者弔，知死者傷。知生而不知死，弔而不傷；知死而不知生，傷而不弔。鄭玄云：人恩各施於所知也。弔傷皆謂致命辭也。雜記諸侯使人弔辭曰：寡君聞君之喪，寡君使某，如何不淑。此施於生者。傷辭未聞也。說者有行弔傷之辭云：皇天降災，子遭罹之，如何不淑。此施於死者。蓋傷辭畢，退皆哭，是弔傷之事。蔑死我君，寡我襄公，寡，弱也。○死我君，本或以我字在死上。〔疏〕注蔑死至襄公。○正義曰：輕蔑文公，以爲死無知矣。謂襄公寡弱而陵忽之。迭我殽地，奸絕我好，伐我保城，殄滅我費滑。伐保城，誣之。費滑，滑國都於費，今緱氏縣。○迭，直結反，徐音逸。殽，戶交反。奸音干。費，扶味反。滑，于八反。緱，古侯反。〔疏〕奸絕我好。○正義曰：奸，亂；斷絕，不復與我和好也。○注伐保至氏縣。○正義曰：伐我涑川，俘我王官，傳皆無文，獨謂此爲誣者，於時輕行襲鄭，不得在道用兵，故知此伐保城是誣之也。春秋之時更無費國，秦惟滅滑，不滅費，知費即滑也。國都於費，國邑並舉，以圓文耳。散離我兄弟，撓亂我同盟，滑，晉同姓。○撓，乃卯反，徐許高反。傾覆我國家。我襄公未忘君之舊勳，納文公之勳。○覆，芳服反，下同。而懼社稷之隕，是以有殽之師。在僖三十三年。○隕，于敏反，下同。猶願赦罪于穆公，晉欲求解於秦。穆公弗聽，而即楚謀我。天誘其衷，成王隕命，秦使鬭克歸楚求成，事見文十四年。文元年楚弒成王。○見，賢遍反。〔疏〕注秦使至成王。○正義曰：文十四年傳云：初，鬭克囚于秦，秦有殽之敗，使歸求成。僖三十三年秦敗于殽，文元年楚弒成王，故謀不成也。穆公是以不克逞志于我。逞，快也。○逞，勅景反。穆襄即世，康靈即位。文六年晉襄、秦穆皆卒。康公，我之自出，晉外甥。又欲闕翦我公室，傾覆我社稷，帥我蝥賊，以來蕩搖我邊疆。蝥賊，食禾稼蟲名，謂秦納公子雍。○闕，其月反，徐如字。蝥賊，莫侯反。爾雅：蟲食苗爲蝥，食節爲賊。〔疏〕注蝥賊至子雍。○正義曰：釋蟲云：食根蟊，食節賊，是食禾稼之蟲也。我是以有令狐之役。在文七年。康猶不悛，入我河曲，悛，改也。○悛，七全反。伐我涑川，俘我

王官，涑水出河東聞喜縣，西南至蒲坂縣入河。○涑，徐息錄反，又音速，字林同。俘，芳夫反。翦我羈馬，我是以有河曲之戰。在文十二年。東道之不通，則是康公絕我好也。言康公自絕，故不復東通晉。○復，扶又反。及君之嗣也，君，秦桓公。我君景公引領西望曰：庶撫我乎？望秦撫恤。君亦不惠稱盟，不肯稱晉望而共盟。○稱，尺證反，注同。利吾有狄難，謂晉滅潞氏時。○難，乃旦反。入我河縣，焚我箕、郜，芟夷我農功，夷，傷也。○箕，音基，一音其。郜，古報反。芟，所銜反。夷，本亦作痍，音夷。虔劉我邊陲，虔、劉，皆殺也。○〔疏〕注虔劉皆殺也。○正義曰：劉，殺，釋詁文。方言云：虔，殺也。重言殺者，亦圓文耳。我是以有輔氏之聚。聚，衆也。在宣十五年。○聚，才喻反，注同。〔疏〕注聚衆也。○正義曰：謂聚衆以拒秦也。以上有殽之師、令狐之役、河曲之戰，不用重文，故變文言聚。古人爲文亦有辟耳。君亦悔禍之延，延，長也。而欲徼福于先君獻、穆，晉獻、秦穆。○徼，古堯反。使伯車來命我景公伯車，秦桓公子。曰：吾與女同好棄惡，復脩舊德，以追念前勳。言誓未就，景公即世，我寡君是以有令狐之會。令狐會在十一年。中厲公之命，宜言寡人，稱君，誤也。○女，音汝，下文皆同。好，呼報反，一音如字。復，音服，又扶又反。寡君，讀者亦作寡人。〔疏〕注令狐至君誤也。○正義曰：劉炫以爲臣之出使，自稱己君皆曰寡君。今呂相雖奉君，兼有已語，稱寡君正是其理。杜何知宜爲寡人，稱君爲誤？今刪定知劉說非者，以呂相奉厲公之命而往絕秦，則皆是厲公之言，不得兼有已語。案隱十一年鄭伯告許大夫云：假手于我寡人。今呂相稱厲公之命，還與自稱無異，亦當云我寡人。故知稱君爲誤。劉以稱寡君爲是，以規杜，過非也。又不祥，祥，善也。背棄盟誓。白狄及君同州，及，與也。〔疏〕白狄及君同州。○正義曰：周禮職方氏：正西曰雍州，其川涇汭，其浸渭洛。皆秦地也。正北曰并州，其澤藪曰昭餘祁，其川虖池、嘔夷，皆晉地也。是秦屬雍而晉屬并，白狄蓋狄之西偏屬雍州也。君之仇讎，而我之昏姻也。季隗，廧咎如赤狄之女也。白狄伐而獲之，納諸文公。○隗，五罪反。廧，在良反。咎，音羔。〔疏〕注季隗至文公。○正義曰：三年晉衛伐廧咎如，傳曰：討赤狄之餘焉。知廧咎如是赤狄也。文公所奔之狄，不言赤白，以其伐赤，不應赤自相伐，知白狄也。其女雖是赤狄之種，而由白狄以納文公，得以白狄爲昏姻也。且此辭多誣，欲親狄以曲秦，故引狄爲昏姻耳。晉人自數伐狄，寧復顧昏姻也。杜以傳有季隗之事，引之以證昏姻，未必晉於白狄處無昏姻。君來賜命曰：吾與女伐狄。寡君不敢顧昏姻，畏君之威，而受命于吏。君有二心於狄，曰：晉將伐女。狄應且憎，是用告我。言狄雖應答秦，而心實憎秦無信。○應，應對之應，注

同。楚人惡君之二三其德也，亦來告我曰：秦背令狐之盟，而來求盟于我，昭告昊天上帝、秦三公、楚三王，三公，穆、康、共。三王，成、穆、莊。○惡，烏路反，下同。昊，戶老反。共，音恭。〔疏〕昭告昊天上帝。○正義曰：禮，諸侯不得祭天，其盟不主天神。鄭玄覲禮注云：巡守之盟，其神主日；諸侯之盟，其神主山川。襄十一年亳城北之盟，其載書云：司慎、司盟，名山名川。注云：二司，天神。唯告天之別神，不告昊天上帝。此秦楚爲盟告天帝者，春秋之時，不能如禮，且此辭多誣，未必是實。晉與諸國結盟，皆不告昊天上帝，何由秦楚獨敢告之？蓋欲示楚人恨秦之深，言其所告處重耳。曰：余雖與晉出入，出入，猶往來。余唯利是視。不穀惡其無成德，是用宣之，以懲不壹。諸侯備聞此言，斯是用痛心疾首，暱就寡人。疾，亦痛也。暱，親也。○懲，直升反。暱，女乙反。〔疏〕以懲不壹。○正義曰：楚道秦人用心不壹，其盟不足與，固宜示諸侯以懲創不壹之人。寡人帥以聽命，唯好是求。君若惠顧諸侯，矜哀寡人，而賜之盟，則寡人之願也。其承寧諸侯以退，承君之意以寧靜諸侯。豈敢徼亂？徼，要也。○要，一遙反。君若不施大惠，寡人不佞，其不能諸侯退矣。敢盡布之執事，俾執事實圖利之。俾，使也。〔疏〕寡人不佞。○正義曰：服虔云：佞，才也。不才者，自謙之辭也。論語云：焉用佞？禦人以口給，屢憎於人。則佞非善事，而以不佞爲謙者，佞是口才捷利之名，本非善惡之稱，但爲佞有善有惡耳。爲善敏捷是善佞，爲惡敏捷是惡佞。但君子欲訥於言而敏於行，言之雖多，情或不信，故云焉用佞耳。秦桓公既與晉厲公爲令狐之盟，而又召狄與楚，欲道以伐晉，諸侯是以睦於晉。晉辭多誣秦，故傳據此三事以正秦罪。○道，音導。晉欒書將中軍，荀庚佐之。庚代荀首。○將，子匠反，凡將某軍者放此，以意求之。士燮將上軍，代荀庚。郤錡佐之。代士燮。韓厥將下軍，代郤錡。荀罃佐之。代趙同。趙旃將新軍，代韓厥。○旃，之然反。郤至佐之。代趙括。郤毅御戎，欒鍼爲右。郤毅，郤至弟。欒鍼，欒書子。○鍼，其廉反。孟獻子曰：晉帥乘和，師必有大功。帥，軍帥。乘，車士。○帥，所類反。乘，繩證反，注同。五月丁亥，晉師以諸侯之師及秦師戰于麻隧。秦師敗績，獲秦成差及不更女父。不更，秦爵。戰敗績不書，以爲晉直秦曲，則韓役書戰。時公在師，復不須告，克獲有功，亦無所諱。蓋經文闕漏，傳文獨存。○隧，音遂。差，初佳反，徐初宜反。更，

音庚女音汝復扶又反〔疏〕注不更至獨存。正義曰秦之官爵有此不更之名知女父是人之名字不更是官爵之號漢書稱商君爲法於秦戰斬一首者賜爵一級其爵名一爲公士二上造三簪褭四不更五大夫六公大夫七官大夫八公乘九五大夫十左庶長十一右庶長十二左更十三中更十四右更十五少上造十六大上造十七駟車庶長十八大庶長十九關內侯二十徹侯商君者商鞅也秦孝公之相封於商號爲商君案傳此有不更女父襄十一年有庶長鮑庶長武春秋之世已有此名蓋後世以漸增之商君定爲二十非是商君盡新作也其名之義難得而知耳傳言戰敗而經不書杜以意測之不知其故欲以爲秦曲晉直不以曲者敵直故不書戰則僖十五年韓之戰秦直晉曲書戰于韓也欲以爲不告故不書當時公親在師復不須告也欲以爲無功諱負則克獲有功亦無所諱也再三揆度不識所以故云蓋經文闕漏傳文獨存也經文依史官策書策書所無故經文遂闕也傳文采於簡牘簡牘先有故傳文獨存也

曹宣公卒于師。師遂濟涇。及侯麗而還。涇水出安定東南經扶風京兆高陸縣入渭也。涇音經麗力馳反〔疏〕注涇水至渭也。正義曰釋例曰涇水出安定朝那縣西東南經新平扶風至京兆高陸縣入渭迓晉侯于新楚。迓迎也既戰晉侯止新楚故師還過迎之麻隧侯麗新楚皆秦地。迓本又作訝五嫁反〔疏〕注迓迎至秦地。正義曰經書公會晉侯齊侯宋公衛侯鄭伯曹伯邾人滕人伐秦是伐時諸侯親行也傳云晉師以諸侯之師及秦師戰則知諸侯不親行也蓋皆別次以待之新楚當是晉侯次之處也以傳不言其次晉侯或留戰勝而移處故云止新楚也成肅公卒于瑕。終劉子之言瑕晉地。○六月。丁卯。夜。鄭公子班自訾求入于大宮。不能。殺子印、子羽。訾鄭地大宮鄭祖廟十年班出奔許今欲還爲亂子印子羽皆穆公子。班本亦作般同訾子斯反大音泰下同印一刃反反軍于市。己巳。子駟帥國人盟于大宮。子駟穆公子遂從而盡焚之。焚燒也殺子如、子駹、孫叔、孫知。子如公子班子駹班弟孫叔子如子孫知子駹子。駹武邦反〔疏〕注子如至駹子。正義曰子如即是子班據傳可知以外無文見其同時被殺必是近親相傳爲此說耳。○曹人使公子負芻守。使公子欣時逆曹伯之喪。二子皆曹宣公庶子。芻初俱反守手又反欣時如字徐云或作款亦音欣案公羊傳作喜時宜音忻秋。負芻殺其大子而自立也。宣公大子諸侯乃請討之。晉人以其役之勞。請俟他年。冬。葬曹宣公。既葬。子臧將亡。子臧公子欣時國人皆將從之。不義負芻故成公乃懼。成公負芻告罪。且請焉。請留子臧乃反而致其邑。還邑於成公。爲十五年執曹伯傳

經十有四年。春。王正月。莒子朱卒。無傳九年盟于蒲。○

夏。衛孫林父自晉歸于衛。晉納之故曰歸。○秋。叔孫僑如如齊逆女。成公逆夫人最爲得禮而經無納幣者文闕絕也〔疏〕注成公至絕也。正義曰釋例曰成公逆女及夫人至最爲得禮故詳其文上明謂之微而顯婉而成章也然則杜以傳文詳知其最得禮也釋例又云成公娶夫人而不納幣此經文闕也貴聘而賤逆失禮之微者傳猶詳之言其不終若實不納幣非所略也是言闕之意也闕絕者闕而文斷絕蓋疑仲尼脩定後其文始闕若脩時已闕傳應言其故也。○鄭公子喜帥師伐許。○九月。僑如以夫人婦姜氏至自齊。○冬。十月。庚寅。衛侯臧卒。五同盟〔疏〕注五同盟。正義曰臧父速以二年八月卒而臧代立其年十一月衛大夫與公盟于蜀三年孫良夫來盟五年于蟲牢七年于馬陵九年于蒲皆魯衛俱在是五同盟也。○秦伯卒。无傳二年大夫盟於蜀而不赴以名例在隱七年

傳十四年。春。衛侯如晉。晉侯強見孫林父焉。林父以七年奔晉強見欲歸之。強其丈反注同見賢遍反注強見下而見之同定公不可。夏。衛侯既歸。晉侯使郤犨送孫林父而見之。衛侯欲辭。定姜曰。不可。定姜定公夫人是先君宗卿之嗣也。同姓之卿〔疏〕注同之卿。正義曰世本孫氏出於衛武公至林父八世是同姓也大國又以爲請。不許。將亡。雖惡之。不猶愈於亡乎。君其忍之。違大國必見伐故亡。爲如字或于僞反惡烏路反安民而宥宗卿。不亦可乎。復林父位宥音又衛侯見而復之。○衛侯饗苦成叔。成叔郤犨甯惠子相。相佐禮惠子甯殖相息亮反注同苦成叔傲。甯子曰。苦成家其亡乎。古之爲享食也。以觀威儀。省禍福也。故詩曰。兕觥其觩。旨酒思柔。詩小雅言君子好禮飲酒皆思柔德雖設兕觥觩然不用以兕角爲觥所以罰不敬觩陳設之貌。傲五報反本又作敖音同下同食音嗣兕徐辭姊反觥古橫反觩徐音虯又巨彪反一音巨秋反好呼報反〔疏〕注詩小至之貌。正義曰詩小雅桑扈之章言設爵不用之意君子好禮與於燕者皆思柔順之德无過可罰故雖設觵爵不用之也兕是獸名觵是爵稱知兕觵以兕角爲觵也周禮小胥職云觵其不敬者是所以罰不敬也異義韓詩說觵五升所以罰不敬也觵廓也著明之貌君子有過廓然明著詩毛傳說觵大七升許愼云觵罰有過一飲七升爲過多當謂五升是也詩頍弁云有觩其角則觩是角貌此詩之意指其角貌言陳設不用故云陳設之貌彼交匪傲。萬福來求。彼之交於事而不慠乃萬福之所求〔疏〕詩曰至來求。正義曰兕觵罰酒之爵言古之王者與羣臣燕飲無失禮者用兕觵之爵其觩然空陳設之無所可罰在席飲美酒者皆能思柔順中和故不用也彼飲燕君子與人交接非有傲慢之心故萬種福祿求來歸之今夫子傲。取禍之道也。爲十七年郤氏亡。○秋。宣伯如齊逆女。稱族。尊君命也。〔疏〕稱族尊君命。正義曰宣元年已發尊君命尊夫人之例今復發者彼以喪娶嫌非正禮且公子非族故重明之何休膏肓難左氏叔孫僑如舍族爲尊夫人案襄二十七年豹及諸侯之大夫盟復何所尊而亦舍族春秋之例一事再見者亦以省文耳左氏爲短鄭箴云左氏以豹違命故貶之而去族今僑如無罪而亦去族故以爲尊夫人也春秋有事異文同則此類也。○八月。鄭子罕伐許。敗焉。爲許所敗。○敗必邁反下同戊戌。鄭伯復伐許。庚子。入其郛。郛郭也。○復扶又反許人平以叔申之封。四年鄭公孫申疆許田許人敗之不得定其封疆今許以是所封田求和於鄭疆居良反下同。○九月。僑如以夫人婦姜氏至自齊。舍族。尊夫人也。舍族謂不稱叔孫。○舍音捨注同故君子曰。春秋之稱。微而顯。辭微而義顯。○稱尺證反志而晦。志記也晦亦微也謂約言以記事事敘而文微。○晦呼內反婉而成章。婉曲也謂屈曲其辭有所辟諱以示大順而成篇章。○婉怨晚反盡而不汙。謂直言其事盡其事實無所汙曲。○汙憂于反注同懲惡而勸善。善名必書惡名不滅所以爲懲勸。○懲直升反非聖人誰能脩之。脩史策成此五者。○衛侯有疾。使孔成子、甯惠子立敬姒之子衎以爲大子。成子孔達之孫敬姒定公妾衎獻公。○衎徐苦旦反冬。十月。衛定公卒。夫人姜氏既哭而息。見大子之不哀也。不內酌飲。歎曰。是夫也。將不唯衛國之敗。其必始於未亡人。定姜言獻公行無禮必從己始下言暴妾使余是也。○內如字徐音納酌市略反又章略反烏呼。天禍衛國也夫。吾不獲鱄也。使主社稷。鱄衎之母弟。○夫音扶鱄徐市戀反一音專大夫聞之。無不聳懼。孫文子自是不敢舍其重器於衛。寶器。○聳息勇反舍音赦或音捨盡寘諸戚。寘置也戚孫氏邑。○寘之豉反而甚善晉大夫。備亂起欲以爲援爲襄十四年衛侯出奔傳

經十有五年。春。王二月。葬衛定公。無傳。○三月。乙巳。仲嬰齊卒。無傳襄仲子公孫歸父弟宣十八年逐東門氏既而又使嬰齊紹其後曰仲氏〔疏〕注襄仲至仲氏。正義曰公羊穀梁皆以嬰齊爲仲遂之子歸父之弟也以爲歸父之弟則同其言稱仲之意則異公羊以爲弟無後兄之義使嬰齊爲歸父之子則爲仲遂之孫故以王父字爲氏穀梁以爲宣八年仲遂卒者

爲殺子赤，疏之不使稱公子。父既見疏，不得稱公子，故其子由父亦疏之，不得稱公孫，故別言仲氏。杜之此注，其言不明，當以爲襄仲歸父本以東門爲氏，及命嬰齊紹歸父之後，改之曰仲氏也。劉炫云：仲遂受賜爲仲氏，故其子孫稱仲氏耳。

○癸丑，公會晉侯、衛侯、鄭伯、曹伯、宋世子成、齊國佐、邾人同盟于戚。成音城。晉侯執曹伯歸于京師。不稱人以執者，曹伯罪不及民，歸之京師，禮也。〔疏〕注「不稱」至「禮也」。○正義曰：諸傳於其事之下發凡例者，杜皆於經之下引傳而言傳例曰。今傳因曹伯發凡，杜不引傳例者，據稱人以執爲例，却云不然則否。曹伯稱侯以執，從不然之例，故杜不得引之也。不稱人以執者，曹伯罪不及民，其稱人之例，於義爲然也。諸侯不得相治，故歸之京師，使天子治之，是禮也。釋例曰：執諸侯當歸于京師，而或以歸，或歸于諸侯，皆失其所，從實而顯之，義可知也。公至自會。無傳。○夏，六月，宋公固卒。四同盟。〔疏〕注「四同盟」。○正義曰：父鮑以二年八月卒，而固代立。其年十一月，宋大夫與公盟于蜀，五年于蟲牢，七年于馬陵，九年于蒲，皆魯宋俱在，是四同盟。○楚子伐鄭。○秋，八月，庚辰，葬宋共公。三月而葬，速。○共音恭。○宋華元出奔晉。宋華元自晉歸于宋。華元欲挾晉以自重，故以外納告。○挾音協。〔疏〕注「華元」至「納告」。○正義曰：案傳華元奔晉，魚石即議止之，魚石自止華元于河上，元始至河，本未至晉。既書奔晉，又書自晉歸者，華元既出宋，即來告；華元既歸宋，復來告。十八年傳例曰：凡去其國，國逆而立之曰入，復其位曰復歸，諸侯納之曰歸。此是魚石止之，宜從國逆之例，而爲諸侯納之文，書曰自晉歸者，華元與欒書相善，布懽桓族，欲挾晉以自重，以晉納告于諸侯，春秋從而書之，以示元之本情故也。宋殺其大夫山。不書氏，明背其族。宋魚石出奔楚。公子目夷之曾孫。○冬，十有一月，叔孫僑如會晉士燮、齊高無咎、宋華元、衛孫林父、鄭公子鰌、邾人會吳于鍾離。吳夷未嘗與中國會，今始來通，晉帥諸侯大夫而會之，故殊會，明本非同好。鍾離，楚邑，淮南縣。○燮，息協反。咎，其九反。鰌音秋。好，呼報反。○許遷于葉。許畏鄭，南依楚，故以自遷爲文。葉，今南陽葉縣也。○葉，舒涉反。

傳十五年春，會于戚，討曹成公也。討其殺大子而自立，事在十三年。執而歸諸京師。書曰「晉侯執曹伯」，不及其民也。惡不及民。凡君不道於其民，諸侯討而執之，則曰「某人執某侯」，稱人示眾所欲執。不然則否。謂身犯不義者。〔疏〕「凡君」至「則否」。○正義曰：春秋執諸侯多矣，或名或否，此例不言之者，釋例曰：諸侯見執者，已在罪賤之地，名與否非例所加，故但書執某侯也。天生民而樹之君，使司牧之，勿使失性。若乃肆於民上，人懷怨讎，諸侯致討，則稱某人執某侯，眾討之文也。諸侯雖身犯不義，而惡不及民，則不稱人以執之者，晉人執曹伯是也。諸無加民之惡而稱人以執，皆時之赴告欲重其罪，以加民爲辭，國史承以書策而簡牘之記具存，夫子因示虛實，傳隨而著其本狀，以明得失也。諸侯將見子臧於王而立之，子臧辭曰：「前志有之曰：『聖達節，聖人應天命，不拘常禮。○見，賢遍反。應，應對之應。拘，九于反。次守節，謂賢者。下失節。愚者妄動。爲君非吾節也。雖不能聖，敢失守乎？』」遂逃，奔宋。〔疏〕「聖達」至「守乎」。○正義曰：節猶分也。人生天地之間，性命各有其分。聖人達於天命，識已知分，若以厤數在已，則當奉承靈命，不復拘君臣之交、上下之禮，舜禹受終，湯武革命，是言達節者也。若自知已分不合高位，得而不取，與而不受，子臧、季札、衛公子郢、楚公子閭，如此之類，皆守節者也。下愚之人，不識已分，侜張妄作，取非其理，干紀亂常，如此之輩，古今多矣，州吁、無知之等，皆失節者也。子臧自以身是庶子，不合有國，故言爲君非吾節也。雖不能爲聖，敢失其守節者乎？○夏，六月，宋共公卒。爲下宋亂起。○楚將北師。侵鄭衛。子囊曰：「新與晉盟而背之，無乃不可乎？」子反曰：「敵利則進，何盟之有？」晉楚盟在十二年。子囊，莊王子公子貞。○囊，乃郎反。申叔時老矣，在申，老歸本邑。聞之，曰：「子反必不免。信以守禮，禮以庇身，信禮之亡，欲免得乎？」言不得免。○庇，必利反，又音秘。楚子侵鄭，及暴隧，遂侵衛，及首止。鄭子罕侵楚，取新石。新石，楚邑。○隧音遂。欒武子欲報楚，韓獻子曰：「無庸，庸，用也。使重其罪，民將叛之。背盟數戰，罪也。○數，所角反。無民，孰戰？」爲明年晉敗楚於鄢陵傳。○秋，八月，葬宋共公。於是華元爲右師，魚石爲左師，蕩澤爲司馬，蕩澤，公孫壽之孫。〔疏〕注「蕩澤公孫壽之孫」。○正義曰：世本云：公孫壽生大司馬虺，虺生司馬澤也。華喜，督之玄孫者，又云：督生世子家，家生季老，老生司徒鄭，鄭生司徒喜也。公孫師，莊公之孫者，又云：莊公生右師戌，戌生司城師也。鱗朱，鱗矔孫者，又云：桓公生公子鱗，鱗生東鄉矔，矔生司徒文，文生大司寇子奏，奏生小司寇朱也。向戌，桓公曾孫者，又云：桓公生向父肸，肸生司城訾守，訾守生小司寇鱣及合左師，左師即向戌也。華喜爲司徒，華父督之玄孫。公孫師爲司城，莊公孫。向爲人爲大司寇，鱗朱爲少司寇，鱗矔孫。○少，詩照反，下同。矔，古亂反。向帶爲大宰，魚府爲少宰。蕩澤弱公室，殺公子肥。輕公室，以爲弱，故殺其枝黨。肥，文公子。○帶音帶，本又作帶。大音泰。華元曰：「我爲右師，君臣之訓，師所司也。今公室卑而不能正，蕩澤不能討。吾罪大矣。不能治官，敢賴寵乎？」乃出奔晉。二華，戴族也；華元、華喜。司城，莊族也；六官者皆桓族也。魚石、蕩澤、向爲人、鱗朱、向帶、魚府皆出桓公。魚石將止華元，魚府曰：「右師反，必討，是無桓氏也。」恐華元還討蕩澤，并及六族。魚石曰：「右師苟獲反，雖許之討，必不敢。言畏桓族強。且多大功，國人與之，不反，懼桓氏之無祀於宋也。華元大功，克合晉楚之成，劫子反以免宋圍。右師討，猶有戌在。向戌，桓公曾孫，言其賢，華元必不討。○戌音恤。桓氏雖亡，必偏。」偏，不盡。魚石自止華元于河上。請討，許之，乃反。使華喜、公孫師帥國人攻蕩氏，殺子山。喜、師非桓族，故使攻之。書曰「宋殺大夫山」，言背其族也。蕩氏，宋公族，還害公室，故去族以示其罪。○去，起呂反。魚石、向爲人、鱗朱、向帶、魚府出舍於睢上。睢，水名。五大夫畏同族罪，及將出奔。○睢音雖，徐許惟反，又音綏。華元使止之，不可。冬，十月，華元自止之，不可，乃反。五子不止，華元還。魚府曰：「今不從，不得入矣。不得復入宋。○復，扶又反。右師視速而言疾，有異志焉。若不我納，今將馳矣。」登丘而望之，則馳，騁而從之，五子亦馳逐之。○登丘而望之，則馳絕句。騁，勑景反。則決睢澨，閉門登陴矣。澨，水涯。決，壞也。○澨，市利反。涯，本又作崖，魚佳反，一音宜。壞音怪。左師、二司寇、二宰，遂出奔楚。四大夫不書，獨魚石告。○陴，毗支反。〔疏〕注「四大」至「石告」。○正義曰：襄元年傳謂此五人爲五大夫，故除去魚石，謂之四大夫也。彼四大夫所以不書者，宋人獨以魚石告，不以四人告也。服虔云：魚石卿，故書；以爲四人非卿，故不書。杜不然者，案文七年傳云：宋成公卒，於是公子成爲右師，公孫友爲左師，樂豫爲司馬，鱗矔爲司徒，公子蕩爲司城，華御事爲司寇，六卿和公室。哀二十六年傳：宋景公無子，於是皇緩爲右師，皇非我爲大司馬，皇懷爲司徒，靈不緩爲左師，樂茷爲司城，樂朱鉏爲大司寇，六卿三族降聽政。據彼二文，則向爲人爲大司寇，亦是卿也。若五人皆告，爲卿則書，向爲人亦當書之，何以獨書魚石？杜言獨以魚石告，正爲向爲人不書故也。或少司寇、二宰等，六卿之外，亦是卿官，合書名氏，猶如魯之三卿外，別有公孫嬰齊、臧孫許，但非如六卿等世掌國政也。華元使向戌爲左師，老佐爲司馬，樂裔爲司寇，以靖國人。老佐，戴公五世孫。○裔，以制反。晉三郤害伯宗，譖而殺之，及欒弗忌。欒弗忌，晉賢大夫。伯州犁奔楚。伯宗子。

子○墊力分反韓獻子曰。郤氏其不免乎。善人。天地之紀也。而驟絶之。不亡何待。既殺伯宗又及弗忌故曰驟也爲十七年晉殺三郤傳○驟仕救反初。伯宗每朝。其妻必戒之曰。盜憎主人。民惡其上。子好直言。必及於難。傳見雖婦人之言不可廢○惡烏路反好呼報反難乃旦反見賢遍反○十一月。會吳于鍾離。始通吳也。始與中國接○許靈公畏偪于鄭。請遷于楚。辛丑。楚公子申遷許于葉。

春秋左傳注疏卷二十七校勘記　阮元撰盧宣旬摘錄

附釋音春秋左傳注疏卷第二十七　成十一年盡十五年宋本春秋正義卷第十九石經春秋經傳集解成下第十三岳本成字下增公字並盡十八年

經十一年

公至自晉　監本毛本晉作會與宣八年經合

晉侯使郤犨來聘　監本郤誤卻下同

己丑及郤犨盟　閩本監本毛本己誤已

郤犨郤克從父兄弟　案正義引注兄作昆又云服虔以爲從祖昆弟或父當爲祖字誤耳非也此條注文當正爲從祖昆弟以儀禮稱爲昆弟兄弟畫然不同言之則定當作昆也

或父當是祖字誤耳　宋本是作爲

傳十一年

聲伯之母不聘　釋文作不娉云本亦作聘字按作娉與說文合

長婦謂稚婦爲娣婦　宋本毛本下重娣婦二字是也

儷耦也　李善鸚鵡賦注引作偶也

今河內懷縣西南有鄇人亭　釋文鄇作候云本又鄇字按說文邑部引傳爭鄇田

其劉子單子之言　閩本監本其作則

經十二年

傳十二年

晉士燮會楚公子罷許偃　閩本監本燮作爕

二子楚大夫　纂圖本子楚作公之非也

交贄往來道路無壅　釋文贄本又作摯石經宋本足利本壅作雍案周禮秋官有雍氏惠棟云古壅字皆作雍無從土者說文作雝

俾隊其師　釋文俾作卑云本亦作俾諸本作俾石經左邊缺

縣鍾鼓也　宋本岳本纂圖本閩本監本毛本鍾作鐘疏內並同

享以訓共儉　賈公彥儀禮燕禮疏引享作饗共作恭詩卷耳正義同按依左傳字例作享周禮儀禮字例作饗二禮疏引傳宜作享而申明之曰享與饗同如李善之注文選則善矣輒改左傳文爲饗未合也

肉乾人飢而不敢食也　監本毛本飢誤饑

皆所以教訓恭儉也　宋本恭作共

共儉以行禮而慈惠以布政政以禮成　石經行字起禮字止計十一字蓋書丹時失去而字後復增入也

人得○安息　宋本閩本監本毛本作人得安息此本誤增也

止于扞難而已　毛本于誤干

言爭尺丈之地　岳本丈作寸非也

則公侯能爲扞城禦難　宋本爲下有民字是也

世亂則相侵害　閩本監本毛本脫害字

經十三年

若言召兵　監本言作能非

以明公朝于王所　閩本于誤子

公自京師　石經公下有至字衍文也

傳十三年

禮身至無基　宋本此節正義在不亡何爲注下

但言有所局　監本局作拘

故王重賄之　宋本淳熙本岳本纂圖本足利本賄作賜

宜觸冒人王　閩本監本王作主按國語周禮作王

是不賞善也　閩本監本毛本不賞誤倒

成子受脤于社　詩緜正義引傳作受蜃

盛以脤器故曰脤　段玉裁挍本以脤作以蜃按說文云盛以蜃故謂之祳

天王使石尚來歸蜃　定十四年經作脤

䐹可以白器　宋本監本毛本䐹作脤按鄭司農注周禮作蜃是也又按正義大致蜃脤同字而轉寫又不無訛誤

是以有動作禮義威儀之則　案漢書律厤志五行志引傳禮義在動作二字上律厤志以作故義作誼是所據本不同也

能者養之以福　各本並作之以惟漢書五行志律厤志漢酸棗令劉熊碑均作以之惠棟云杜注養威儀以致福則當如漢書所引作養以之福與下敗以取禍文正相對案顏氏注漢志云之往也往就福也段玉裁云作養以之福謂將身向福也亦與漢志合

盡力莫如敦篤　漢書五行志引作惇篤案惇通作敦

注膰祭肉　此節正義宋本在民受至反乎之後揔入其不反乎注下

燔炙芬芬　宋本閩本監本毛本燔作膰案詩作燔

其不反乎　漢書五行志引乎作虖案虖古乎字

養之以福　段玉裁挍改作以之

戮力同心　石經宋本戮作勠釋文亦作勠案說文勠并力也从力翏聲惠棟說詳補注○疏內並同

辟驪姬也　釋文驪作麗同

俾我惠公　釋文俾作卑云本亦作俾石經此處缺

晉自以鄭貳於楚　閩本監本毛本改作二於非

則是我有大造于西也　李善注陸機弔魏武帝文引傳于作乎石經此處缺

蔑死我君　石經初刊作蔑我先君後于我字之上改死字先字改我字釋文云本或以我字在死字上非也

迭我殽地　閩本作送我誤字也按迭者軼之假借凡浸哭而過曰軼

奸絶我好　石經好字上旁增同字非唐刻也

奸絶我好　宋本此節正義在奸絶我好之下

疏注伐保至氏縣　閩本監本毛本疏亦作○依宋本改此一節正義宋本在上注今緱氏縣之下

銅謂此爲誣者　閩本監本毛本銅作今亦誤宋本作獨是也○今從宋本

撓亂我同盟　宋本撓作橈六經正誤云撓作橈誤建本從才非從木旁也按毛說是也說文撓擾也與木旁之橈義別且从手之字上聲从木之字去聲釋文云乃卯反即橈顛之奴巧切也

闕翦我公室　正義曰闕謂缺損翦謂滅削言欲損害晉之公室　宋本以上二十四字在傾覆我社稷句下閩本監本毛本亦脫

又欲闕翦我公室　纂圖本監本毛本翦作剪俗字

俘我王官　葉抄釋文俘作浮

則是康公絶我好也　石經公字下後人旁增弃字我字下止增同字非唐刻也

謂晉滅潞氏時　宋本閩本監本毛本同淳熙本潞誤作潞

芟夷我農功　釋文夷作痍云本又作夷

虔劉我邊陲　石經宋本淳熙本岳本纂圖本足利本作我邊垂是也按說文垂遠邊也陲危也其義各別

而欲徼福於先君獻穆　釋文徼作徼是也

我寡君是以有令狐之會　注釋文云讀者亦作寡人陸粲云杜注云宜言寡人稱君誤也今案上文我是以有令狐之役我是以有河曲之戰我是以有輔氏之聚此準上例疑寡君當爲衍字

今呂相雖奉君　閩本監本毛本作今此本誤令今改正

而我之昏姻也　宋本淳熙本岳本無之字與石經合此本初刊亦無後擠增纂圖本閩本監本毛本作而我之昏姻也皆仍此本之誤

迺守之盟　宋本迺上有王字與覲禮注合

暱就寡人　釋文暱作昵案昵爲暱之或字

以懲不壹　宋本此節正義在以懲不壹句下

其不能諸侯退矣　宋本淳熙本岳本閩本監本毛本能下有以字與石經合

寡人不佞　宋本此節正義在其不能以諸侯退矣句下

帥軍帥乘車士　纂圖本毛本帥作師非

三辯褎　段玉裁挍漢書百官公卿表七上褎作裏

六公大夫七官大夫　浦鏜云公官字互誤是也

襄十一年有庶長鮑　閩本監本毛本鮑誤鉋

東南徑扶風京兆高陸縣入渭也　經宋本岳本足利本徑作經

迓晉侯于新楚　釋文迓本又作訝石經及諸本皆作訝

使公子欣時逆曹伯之喪　釋文云欣徐云或作款亦音欣公羊傳作喜時宜音忻案漢書古今人表作曹剎時顏師古注云即曹欣時也

經十四年

傳十四年

衞侯旣歸　淳熙本脫侯字

同之卿　宋本監本毛本同下有姓字

衞侯饗苦成叔　漢書五行志引饗作享字按左傳多作享此作饗爲僅見

苦成叔傲　釋文云傲本又作敖音同下同漢書五行志引作敖師古曰敖讀曰傲則此字古本當作敖

苦成家其亡乎　石經家字上旁增叔字與初學記所引合然非唐刻未敢從也乎五行志引作虖

兕觥其觩　釋文亦作觵石經此處鈌宋本淳熙本岳本纂圖本監本毛本作觵案說文觵字注云兕牛角可以飲者也从角黃聲其狀觵觵故謂之觵觥字注云俗觵從光據此當以觵爲正也說文引詩觩作斛

觩陳設之貌　淳熙本貌誤象

注詩小至之貌　宋本此節正義在詩曰至來求之下

詩曰至來求　宋本此節正義在今夫子飾注下

求來歸之　毛本求來誤倒

左氏以豹違命故貶之　閩本監本毛本違誤遺

謂屈曲其辭　淳熙本岳本纂圖本閩本監本毛本屈曲二字誤倒

經十五年

據稱人以執爲例　宋本據上有傳字

故歸之京師　閩本監本故作欲非也

公子目夷之會孫　淳熙本會作魯非也

吳夷未嘗與中國會　閩本監本未作昧非也

傳十五年

名與否　宋本名上有書字

愚者妄動　纂圖本愚誤作遇

不復拘君臣之交　毛本交誤文

敢失其守節者乎　毛本守誤安

注蕩澤公孫壽之孫　宋本作注蕩澤云云此節正義在猶有戍在句注之下據宋本改

家生季老　閩本監本毛本季作秀非

鱗朱鱗矔孫者　宋本監本毛本宋作朱是也。今訂正

鱗生東鄉矔　宋本鄉作卿非案文七年正義引世本作鄉段玉裁云鄉即向也

守生小司寇鱣　毛本守誤安

向帶爲大宰　宋本淳熙本岳本足利本帶作帶與石經合釋文云本又作帶案說文無帶字而經典帶字時有如此作者

今公室卑而不能正　毛本公誤宮

書曰宋殺大夫山　宋本淳熙本岳本足利本殺下有其字石經此處鈌依字數而論亦當有其字也

左師二司寇二宰遂出奔楚　閩本二司作三司誤也

樂豫爲司馬　閩本樂誤欒

向戍　石經宋本岳本閩本監本戍作戌是也

十一月會吳于鍾離　閩本監本毛本脫于字

附釋音春秋左傳注疏卷第二十八　成十六年盡十八年

杜氏注　孔穎達疏

經十有六年。春。王正月。雨木冰。無傳記寒過節冰封著樹。雨木冰如字公羊傳曰雨而木冰也舊子付反著直畧反［疏］正月雨木冰。正義曰正月今之仲冬時猶有雨未是盛寒雨下即著樹爲冰記寒甚之過其節度公羊穀梁皆云雨而木冰是冰封著樹也今世時有之皆寒甚所致也○夏四月。辛未。滕子卒。未同盟不書名。○鄭公子喜帥師侵宋。喜穆公子子罕也○六月。丙寅朔。日有食之。無傳○晉侯使欒黶來乞師。將伐鄭黶欒書子。○黶於斬反徐於玷反［疏］注黶欒書子。○正義曰十八年悼公之入黶尚爲公族大夫此時欒書尚在黶未爲卿而得名見經者襄二十九年鄭公孫段未爲卿而見經杜云蓋以攝卿行然則此亦當以攝卿故書○甲午。晦。晉侯及楚子、鄭伯戰于鄢陵。楚子、鄭師敗績。楚師未大崩楚子傷目而退故曰楚子敗績鄢陵鄭地今屬潁川郡。○鄢謁晚反又於建反［疏］注楚師至敗績。○正義曰此戰楚師未至於敗而楚子身傷故書楚子敗績也泓之戰宋公傷股師亦敗績故書師敗而不書宋公敗也君將不言師師以君重於師也戰陳以師相敵死亡既多舉師爲重故師敗君傷者唯書師敗而已不復書君身敗也劉炫又云若君將被殺獲者爲重既書師敗又書殺獲即韓之戰獲晉侯大棘之戰獲華元雞父之戰獲胡沈之君是也楚殺其大夫公子側。側子反背盟無禮卒以敗師故書名○秋。公會晉侯、齊侯、衞侯、宋華元、邾人于沙隨。不見公。沙隨宋地梁國寧陵縣北有沙隨亭不見公。不及鄢陵戰故不諱者恥輕於執止［疏］注不及至執止。○正義曰諸公被執者皆諱不書執此會晉侯不肯見公公不諱之者公爲國內有故不及戰期雖不見公非公之罪是爲恥輕於執止故直書之以示譏公之意冀公改過無後犯及歸書公至自會以無罪不諱故依法告廟也公至自會。無傳○公會尹子、晉侯、齊國佐、邾人伐鄭。尹子王卿士子爵○曹伯歸自京師。爲晉侯所赦故書歸諸侯歸國或書名或不書名或言歸自某或言自某歸無傳義例從告辭○九月。晉人執季孫行父舍之于苕丘。苕丘晉地舍之苕丘明不以歸不稱行人非使人。○苕音條使所吏反［疏］注苕丘至使人。○正義曰昭十三年晉人執季孫意如以歸此言舍之苕丘明其不以歸也大夫因使被執無罪者則書行人以見無罪於時行父從公伐鄭在軍見執雖則無罪不稱行人以其非使人故也季孫意如得釋而歸書意如至自晉此行父得釋不書至者釋例曰賈氏以爲書執行父舍于苕丘言失其所不書至者刺晉聽讒執之示已無罪也案傳四之苕丘以別晉都無義例也公待于鄆與行父俱歸厭於公尊故不書行父至耳若欲示無罪則宜於執見義今既直書其執處絕不書至乃所以示終於見執非示無罪也穀

欒以行父至不致者爲公在故與杜義合也冬。十月。乙亥。叔孫僑如出奔齊。公未歸命國人逐之○十有二月。乙丑。季孫行父及晉郤犨盟于扈。晉許魯平故盟○公至自會。無傳伐亟以會致史異文○乙酉。刺公子偃。魯殺大夫皆言刺義取於周禮三刺之法○刺本又作刾七賜反爾雅云殺也

傳十六年。春。楚子自武城使公子成以汝陰之田求成于鄭。汝水之南近鄭地○近附近之近鄭叛晉。子駟從楚子盟于武城。爲晉伐鄭起○夏四月。滕文公卒。○鄭子罕伐宋。滕宋之與國鄭因滕有喪而伐宋故傳舉滕侯卒侵伐經傳異文經從告傳言實他皆放此宋將鉏樂懼敗諸汋陂。敗鄭師也樂懼戴公六世孫將鉏樂氏族○鉏仕魚反徐音在魚反汋七藥反徐音酌一音市藥反陂彼宜反【疏】注樂懼至氏族○正義曰樂懼是戴公六世孫世本有文也將鉏爲樂氏之族不知所出杜譜於樂氏之下樂鉏將鉏爲一人傳無樂鉏之文不知其故何也退舍於夫渠。不儆。宋師不儆備○夫音扶儆京領反鄭人覆之。敗諸汋陵。獲將鉏樂懼。宋恃勝也。汋陵夫渠汋陵皆宋地○覆徐敷目反一音扶又反又芳又反○衛侯伐鄭。至于鳴鴈。爲晉故也。鳴鴈在陳留雍丘縣西北○爲于僞反○晉侯將伐鄭。范文子曰。若逞吾願。諸侯皆叛。晉可以逞。逞快也晉厲公無道三郤驕故欲使諸侯叛冀其懼而思德若唯鄭叛。晉國之憂。可立俟也。欒武子曰。不可以當吾世而失諸侯。必伐鄭。乃興師。欒書將中軍。士燮佐之。代荀庚【疏】欒書至燮佐之○正義曰晉語云鄢陵之役晉伐鄭荆救之欒武子將上軍范文子將下軍與此異者彼孔晁注云上下中軍之上下也傳曰欒書將中軍士燮佐之又曰欒范以其族夾公行引此爲正是彼謂分中軍爲二將將上而佐將下郤錡將上軍。代士燮荀偃佐之。代郤錡偃荀庚子韓厥將下軍。郤至佐新軍。荀罃居守。荀罃下軍佐於是郤犨代趙旃將新軍新上下軍罷矣○守手又反【疏】注荀罃至罷矣○正義曰十三年傳云韓厥將下軍荀罃佐之又此年末傳云知武子將下軍郤犨將新軍是其文也三年作六軍其新三軍將佐六人皆賞鞌之功死亡不復存至此唯有韓厥在耳郤至佐新軍不言中下是新軍唯一知新上下軍於是罷矣郤犨如衛。遂如齊。皆乞師焉。欒黶來乞師。孟獻子曰。有勝矣。卑讓有禮故知其將勝楚戊寅。晉師起。鄭人聞有晉師。使告于楚。姚句耳與往。句耳鄭大夫與往非使也爲先歸張本○句古侯反與音預使所吏反○楚子救鄭。司馬將中軍。子反令尹將左。子重右尹子辛將右。公子壬夫過申。子反入見申叔時。叔時老在申○過古禾反曰。師其何如。對曰。德刑詳義禮信。戰之器也。器猶用也德以施惠。刑以正邪。詳以事神。義以建利。禮以順時。信以守物。民生厚而德正。財足則思無邪○邪似嗟反注皆同用利而事節。動不失利則事得其節時順而物成。羣生得所上下和睦。周旋不逆。動順理求無不具。下應上○應應對之應各知其極。無二心故詩曰。立我烝民。莫匪爾極。烝衆也極中也詩頌言先王立其衆民無不得中正○烝之乘反注同【疏】注烝衆至中正○正義曰烝衆釋詁文極中常訓也詩頌思文之篇美后稷之德周語云昔我先王世后稷故杜以先王言之言先王后稷立其衆人無不得其中正也當堯之末洪水滔天人不粒食皆失其正性后稷教人耕稼以養之各復本性故無不得中正也是以神降之福。時無災害。民生敦厖。和同以聽。敦厚也厖大也○厖莫降反【疏】注敦厚厖大也○正義曰皆釋詁文也言人之生計若財物足皆豐厚而多大管子曰倉廩實而知禮節衣食足而知榮辱讓生於有餘爭生於不足是其人生厚大則心和而聽上命也莫不盡力。以從上命。致死以補其闕。闕戰死者此戰之所由克也。今楚內棄其民。不施惠而外絕其好。義不建利○好呼報反瀆齊盟。不詳事神○瀆徒木反而食話言。信不守物○話戶快反奸時以動。禮不順時周四月今二月奸農業○奸音干本或作干【疏】注禮不至農業○正義曰沈氏云晉亦奸時所以無天殃者以鄭既有罪晉人討之楚黨有罪之鄭故獨謂之奸時而疲民以逞。刑不正邪而苟快意○疲本亦作罷音皮下注同【疏】注刑不至快意○正義曰魯語曰大刑用甲兵其次用斧鉞故大者陳之原野小者致之朝市則征伐之刑刑之大者刑不正邪而苟快意正謂伐晉是也此六句言楚無上六事隨便而言故與上不次服虔以外絕其好爲刑不正邪也食話言爲義不建利也疲民以逞爲信不守物也杜以食話言是言之不信也快意征伐是刑之失所也故不從舊說民不知信。進退罪也。人恤所底。其誰致死。底至也○底徐音旨又之履反【疏】注底至也○正義曰底聲近至故爲至也在上之信不著於人號令無常動靖恣意或作東或西或欲遲欲速每事如此不可測量人不知信進退獲罪人人各憂其身不知性命所至誰肯致死戰也子其勉之。吾不復見子矣。言其必敗不反○復見一本無復字復扶又反【疏】對曰至子矣○正義曰叔時此對首尾相成先舉六名云戰之器也言有此六事乃可以戰若器用然也自德以施惠至信以守物辨六事施用之處也自民生厚至所由克言能用六事得戰勝之意也自今楚內棄其民至疲民以逞言楚不行六事也民不知信以下言楚必敗之意也德者得也自得於心美行之大名有大德者以德撫人是德用之以施恩惠也有奸邪者斷以刑罰是刑用之以正邪辟也詳者祥也古字同耳釋詁云祥善也李巡曰祥福之善也事神得福乃名爲祥是祥用之以事神也義者宜也物皆得宜利乃生焉故義所以生立利益也禮者履也其所踐履當識時要故禮所以順時事也言而無信物將散矣故信所以守羣物也人君用此道以撫下民民之生計豐厚財用足則民之德皆正矣德謂人之性行論語云民德歸厚矣即是正也此一句覆上德以施惠由上施恩惠故民生計豐厚也財用有利益而每事得節飢則有食寒則有衣其事皆得節矣此一句覆上義以建利也政不擾民時節皆順春種夏耨而物得成矣此一句覆上禮以順時也自上及下和睦相親周旋運轉不有違逆上之所求下無不具下民自知其中無復二心故詩美先王成立我之衆民無不於女先王得其中正言先王善養下民使得中也自上下和睦以下至莫匪爾極總論在上德義禮三事得以教於下則在下之人皆無邪惡以信自守即包上刑以正邪信以守物二句也聖王先成於民而後致力於神民既如此是以明神下之福祐時無水旱災害此覆上詳以事神也故下民生計皆豐厚而多大人皆和同其心以聽其上無不盡已之力以從上命戰陳之上有被殺傷者皆致其死命以補其空闕之處此戰之所由得而勝也今楚內棄其國內之民不行施惠是無德也外絕其鄰國之好不得其利是無義也與晉結盟而復背之貫瀆齊同之盟是無詳也與人要言今背其語食消善言是無信也夏之二月農事正煩奸犯時節而動兵伐人是無禮也晉人無罪苟欲伐之疲勞下民以快已欲是無刑也六事皆無是無器也無器而戰其可勝乎上若有信民知所適上既無信不知所從前言則違後令從後令則背前言人既不知在上之信其進與退皆得罪也人人憂其所至不知已之性命將至何處其誰肯致死而戰也子其勉力爲之此行也必敗吾不復得見子矣知其必死與之長訣也姚句耳先歸。子駟問焉。對曰。其行速。過險而不整。速則失志。不思慮也不整喪列。志失列喪。將何以戰。楚懼不可用也。五月。晉師濟河。聞楚師將至。范文子欲反。曰。我僞逃楚。可以紓憂。紓緩也○喪息浪反下同紓音舒夫合諸侯。非吾所能也。以遺能者。我若羣臣輯睦以事君。多矣。武子曰。不可。六月。晉楚遇於鄢陵。范文子不欲戰。郤至曰。韓之戰。惠公不振旅。衆散敗也在僖十五年○遺唯季反下注問遺也同輯又作集音同亦七入反箕之役。先軫不反命。死於狄也在僖三十三年邲之師。荀伯不復從。荀林父奔走不復故道在宣十二年○從徐子容反音或如字

皆晉之恥也。子亦見先君之事矣。見先君成敗之事今我辟楚。又益恥也。文子曰。吾先君之亟戰也有故。亟，數也。○亟，去吏反。數，所角反秦狄齊楚皆彊。不盡力。子孫將弱。今三彊服矣。齊、秦、狄敵楚而已。唯聖人能外內無患。自非聖人。外寧必有內憂。驕亢則憂患生也。○亢，苦浪反盍釋楚以爲外懼乎。甲午。晦。楚晨壓晉軍而陳。壓笮其未備。○盍，戶臘反。壓，於甲反，徐於輒反。陳，直覲反，下及注皆同。笮，側百反軍吏患之。范匄趨進。匄，士燮子。○匄，本又作丐，古害反曰。塞井夷竈。陳於軍中而疏行首。疏行首者，當陳前決開營壘爲戰道。○行，戶郎反，一音如字，注同。壘，力軌反晉楚唯天所授。何患焉。文子執戈逐之。曰。國之存亡。天也。童子何知焉。欒書曰。楚師輕窕。固壘而待之。三日必退。退而擊之。必獲勝焉。郤至曰。楚有六間。不可失也。其二卿相惡。子重、子反。○窕，勑彫反，又勑弔反。惡，如字，又烏路反王卒以舊。罷老不代。○卒，子忽反，下皆同鄭陳而不整。不整列蠻軍而不陳。蠻夷從楚者不結陳不違晦。晦，月終，陰之盡，故兵家以爲忌【疏】注晦月至忌。○正義曰：日爲陽精，月爲陰精。兵尚殺害，陰之道也。行兵貴月盛之時。晦是月終，陰之盡也。故兵家以晦爲忌，不用晦日陳兵也。昭二十三年七月戊辰晦，吳敗楚師于雞父。吳犯兵忌而戰勝者，杜云：違兵忌，晦戰，擊楚所不意。彼知楚有可敗之機。晦是兵家所忌，原楚之情，必以吳爲不動，故以晦日掩之，擊楚不備故也。在陳而囂。囂，喧嘩也。○囂，許驕反，徐讀曰嗷，五高反，注及後同。喧，本又作諠，況元反。嘩，本又作譁，音華合而加囂。陳合宜靜，而益有聲各顧其後。莫有鬬心。人恤其所底舊不必良。以犯天忌。我必克之。楚子登巢車以望晉軍。巢車，車上爲櫓。○巢，說文作轈，云兵車高如巢以望敵也。字林同。櫓音魯【疏】注巢車車上爲櫓。○正義曰：說文云：轈，兵高車加巢以望敵也。櫓，澤中守草樓也。是巢與櫓俱是樓之別名子重使大宰伯州犂侍于王後。州犂，晉伯宗子，前年奔楚。○大宰音泰。官名大者多同，以意求之王曰。騁而左右。何也。騁，走也曰。召軍吏也。皆聚於中軍矣。曰。合謀也。張幕矣。曰。虔卜於先君也。虔，敬也。○幕音莫徹幕矣。曰。將發命也。甚囂。且塵上矣。曰。將塞井夷竈而爲行也。夷，平也。○上，時掌反。行，戶郎反，下夾公行同皆乘矣。左右執兵而下矣。曰。聽誓也。左，將帥；右，車右。○乘，繩證反，下同。將，子匠反，下去將同。帥，所類反，下元帥同【疏】注左將帥右車右。○正義曰：兵車爲元帥，在中，御者在左也。其餘將帥皆御者在中，將帥在左也。左右執兵而下，唯御者持車不下耳戰乎。曰。未可知也。乘而左右。皆下矣。曰。戰禱也。禱請於鬼神。○禱，丁老反，或丁報反伯州犂以公卒告王。公，晉侯苗賁皇在晉侯之側。亦以王卒告。賁皇，楚鬬椒子，宣四年奔晉。○賁，扶云反皆曰。國士在。且厚。不可當也。晉侯左右皆以伯州犂在楚，知晉之情，且謂楚衆多，故憚合戰，與苗賁皇意異。○憚，徒旦反【疏】注晉侯至意異。○正義曰：服虔以此皆曰之文在州犂、賁皇之下，解云賁皇、州犂皆言曰：晉楚之士皆在君側，且陳厚，不可當。以爲州犂言晉彊，賁皇言楚彊，故云皆曰也。若如服言，賁皇既言楚不可當，何故復請分良以擊其左右？故杜不用其說。晉侯左右皆爲此言，以憚伯州犂耳苗賁皇言於晉侯曰。楚之良。在其中軍王族而已。請分良以擊其左右。而三軍萃於王卒。萃，集也。○萃，似醉反必大敗之。公筮之。史曰。吉。其卦遇復。䷗震下坤上復。無變【疏】注震下至無變。○正義曰：說卦震爲雷，坤爲地。復象曰：雷在地中，復。服虔云：復，反也。陰盛於土，陽動於下，以喻小人作亂於上，聖人興道於下，萬物復萌，制度復理，故曰復也。其筮六爻無變者，故言其所遇之卦而已曰。南國蹙。射其元王中厥目。此卜者辭也。復，陽長之卦。陽氣起子，南行推陰，故曰南國蹙也。南國勢蹙，離受其咎。離爲諸侯，又爲目。陽氣激南，飛矢之象，故曰射其元王，中厥目。○蹙，子六反。射，食亦反，注及下射之同。中，丁仲反，注同。長，丁丈反。激，古狄反【疏】注此卜至厥目。○正義曰：此實筮也，而言卜者，卜筮通言耳。此既不用周易，而別爲之辭，蓋卜筮之書更有此類，筮者據而言耳。服虔以爲陽氣觸地射出，爲射之象。杜以陽氣激南，爲飛矢之象。二者無所依馮，各以意說，得失終於無驗，是非無以可明。今以杜言離爲諸侯者，案禮器云：大明生於東，君西酌犧象。鄭玄云：象日出東方而西行也。詩邶柏舟鄭箋云：日，君象也。說卦離爲日，故爲諸侯國蹙王傷。不敗何待。公從之。從其言而戰有淖於前。淖，泥也。○淖，乃孝反，徐徒較反乃皆左右相違於淖。違，辟也步毅御晉厲公。欒鍼爲右。步毅，即郤毅彭名御楚共王。潘黨爲右。石首御鄭成公。唐苟爲右。欒范以其族夾公行。二族強，故在公左右。○共音恭。夾，古洽反【疏】注二族至左右。○正義曰：劉炫云：族者，屬也，屬謂中軍。以中軍夾公耳，非謂宗族之兵。今知非者，杜云二族者，順傳之文，無明言宗族之事。劉誣杜以爲宗族，妄規其過，非也陷於淖。欒書將載晉侯。鍼曰。書退。國有大任。焉得專之。在君前，故子名其父。大任，謂元帥之職。○焉，於虔反【疏】國有至專之。○正義曰：言國有元帥之大任，何得專意廢之而爲御也。○注在君至其父。○正義曰：曲禮曰：父前子名，君前臣名。鄭玄云：對至尊無大小皆相名。以君至尊，爲在君前，故子名其父且侵官。冒也。載公爲侵官。○冒，莫報反，徐莫北反失官。慢也。去將而御，失官也離局。姦也。遠其部曲爲離局。○離，力志反，注同。遠，于萬反有三罪焉。不可犯也。乃掀公以出於淖。掀，舉也。○掀，徐許言反，云捧轂舉之則公掀起也。一曰掀，引也，胡根反，一音虛斤反。字林云舉出也。火氣也，又上近反【疏】注掀舉也。○正義曰：說文云：掀，舉出也。公在於淖，知掀當訓爲舉也癸巳。潘尫之黨。與養由基蹲甲而射之。徹七札焉。黨，潘尫之子。蹲，聚也。一發達七札，言其能陷堅。○尫，烏黃反。黨，一本作潘尫之子黨。案注云黨，潘尫之子也，則傳文不得有子字。古本此及襄二十三年申鮮虞之傳摯皆無子字。蹲，在尊反，徐又在損反，一音才官反。札，側八反，徐側乙反【疏】潘尫之黨。○正義曰：潘尫之子，其名爲黨。襄二十三年申鮮虞之傳摯，辭與此同。古人爲文略言耳以示王。曰。君有二臣如此。何憂於戰。二子以射夸王。○夸，苦瓜反王怒曰。大辱國。賤其不尚知謀。○知音智詰朝。爾射死藝。言女以射自多，必當以藝死也。詰朝，猶明朝，是戰日。○朝，如字，注同。女音汝呂錡夢射月。中之。退入於泥。呂錡，魏錡。○射，食亦反，下至使射呂錡皆同占之曰。姬姓。日也。周世姬姓尊異姓。月也。異姓卑必楚王也。射而中之。退入於泥。亦必死矣。錡自入泥，亦死象。○中，丁仲反，下及注皆同及戰。射共王中目。王召養由基。與之兩矢。使射呂錡。中項。伏弢。弢，弓衣。○項，戶講反。弢，他刀反以一矢復命。言一發而中郤至三遇楚子之卒。見楚子。必下。免冑而趨風。疾如風楚子使工尹襄問之以弓。問，遺也【疏】注問遺也。○正義曰：遺人以物謂之爲問。問弦多以琴，問子貢以弓。論語云：問人於他邦。皆是也曰。方事之殷也。殷，盛也有韎韋之跗注。君子也。韎，赤色。跗注，戎服，若袴而屬於跗，與袴連。○韎，莫拜反，又音妹，徐莫蓋反。跗，方于反。注，之樹反。袴，苦故反。屬，章玉反【疏】注韎赤至袴連。○正義曰：鄭玄詩箋云：韎，茅蒐染也。韎，聲也。韋昭云：茅蒐，今絳草也，急疾呼茅蒐成韎也。茅蒐即今之蒨也。賈逵云：一染曰韎。釋器云：一染謂之縓。一入赤，爲淺赤色也。跗注，兵戎之服，自要以下而注於脚跗，謂屬袴於下，與跗相連。周禮司服：凡兵事，韋弁服。鄭玄云：韋弁以韎韋爲弁，又以爲衣裳。晉郤至衣韎韋之跗注是也。鄭以跗當爲幅，謂裁韋若布帛之幅相縫屬。鄭言以爲衣裳，則衣裳不連。聘禮：君使卿韋弁歸饔餼。鄭玄云：其服蓋韎布以

為衣而素裳鄭以彼非戎事當為素裳明衣裳不連跗杜言連者謂要脚連耳若然在軍之服其色皆同耳謂均服振振上下同色郤至與衆同服所以獨見識者禮法雖有此服軍士未必盡然郤至服必鮮華故楚王偏識之識見不穀而趨。無乃傷乎。恐其傷郤至見客。免冑承命曰。君之外臣至從寡君之戎事。以君之靈。間蒙甲冑。間猶近也○近如字一本或作與音預不敢拜命。介者不拜○介音界【疏】注介者不拜○正義曰曲禮云介者不拜為其拜而萲拜鄭玄云萲則失容節萲猶笮也慮其笮甲折○敢告不寧君命之辱。以君辱賜命故不敢自安【疏】注以君至自安○正義曰劉炫以為楚王云無乃傷乎恐其傷也答云敢告不寧告其身不傷耳魏犨云不有寧也以傷為寧此與魏犨相似今知不然者案僖二十八年魏犨云以君之靈不有寧也謂不有被傷以自寧也知不與彼同者以彼云不有寧謂不有損傷此直云不寧既無有字又先無被傷之狀與魏犨不同也案檢杜注敢告不寧君命之辱宜連讀之若敢告不寧別自為句則君命之辱一句零行無所依附故知與彼不同劉君不尋此意以為與魏犨相似而規杜非也為事之故。敢肅使者。言君辱命來問以有軍事不得答故肅使者肅手至地若今揖○為于偽反使所吏反注及下同揖伊志反揖也字林云舉首下手也【疏】注言君至今揖○正義曰周禮大祝辨九拜九曰肅拜鄭司農云肅拜但俯下手今時揖是也說文云揖舉首下手也其勢如今揖之小別晉宋儀注貴人待賤人賤人拜貴人揖三肅使者而退。晉韓厥從鄭伯。從逐也其御杜溷羅曰。速從之。其御屢顧。不在馬。可及也。韓厥曰。不可以再辱國君。乃止。二年鞌戰韓厥已辱齊侯○溷戶昏戶本二反郤至從鄭伯。其右茀翰胡曰。諜輅之。余從之乘。而俘以下。從遣輕兵單進以距鄭伯車前而自後登其車以執之○茀府勿反翰徐音韓諜音牒輅五嫁反乘繩證反輕遣政反又如字【疏】注欲遣至執之○正義曰說文云諜軍中反間也兵書有反間之法謂詐為敵國之人入其軍中伺候間隙以反告已軍令謂之細作人也此欲令諜迎鄭伯則非一人細作於時鄭伯退走故杜以為輕兵單進遶鄭伯之前逆距鄭伯使鄭伯前視輕兵不復顧後得自後登其車以執之也鄭軍亂走輕兵獨出其間亦諜之類故翰胡得以諜言之郤至曰。傷國君有刑。亦止。石首曰。衛懿公唯不去其旗。是以敗於熒。乃內旌於弢中。熒戰在閔二年○去起呂反熒戶局反旌音精【疏】內旌於弢中○正義曰旌謂鄭伯所建之旗弢是盛旌之囊也周禮全羽為旞析羽為旌謂空建鳥隼者也但九旗竿首皆有析羽故旌為之總名故此傳鄭伯與子重所建皆以旌言之其鄭伯所建當是交龍之旂子重所建當是熊虎之旗周禮中秋教治兵辨旗物諸侯載旂軍吏載旗鄭玄云軍吏諸軍帥也凡旌旗有軍衆者畫異物無者帛而已子重為將自然當建熊虎之旗唐

茍謂石首曰。子在君側。敗者壹大。我不如子。子以君免。我請止。乃死。敗者壹大謂軍大崩也言石首亦君之親臣而就御與車右不同故首當御君以退己當死戰楚師薄於險。薄迫也叔山冉謂養由基曰。雖君有命。為國故。子必射。王有死藝命○冉如炎反乃射。再發盡殪。為于偽反射食亦反叔山冉搏人以投。中車折軾。晉師乃止。言二子皆有過人之能○發如字徐音廢殪於計反搏音博中丁仲反折之設反又市列反軾音式囚楚公子茷。為郤至見譖張本○茷扶廢反【疏】囚楚公子茷○正義曰晉語謂之王子發鉤蓋一名一字也欒鍼見子重之旌。請曰。楚人謂夫旌子重之麾也。彼其子重也。日臣之使於楚也。子重問晉國之勇。臣對曰。好以衆整。曰。又何如。又問其餘○夫音扶麾許危反日人實反使所吏反下免使者同好呼報反下及注皆同臣對曰。好以暇。暇閒暇○閒音閑今兩國治戎。行人不使。不可謂整。臨事而食言。不可謂暇。食好整之言○使所吏反又如字請攝飲焉。攝持也持飲往飲子重○往飲於鴆反公許之使行人執榼承飲。造于子重承奉也○榼苦臘反造七報反曰。寡君乏使。使鍼御持矛。御侍也是以不得犒從者。使某攝飲。子重曰。夫子嘗與吾言於楚。必是故也。不亦識乎。知其以往言好暇故致飲○犒苦報反從才用反受而飲之。免使者而復鼓。免脫也○復扶又反注及下同旦而戰。見星未已。子反命軍吏察夷傷。夷亦傷也【疏】注夷亦傷也○正義曰服虔云金創為夷杜以戰用五兵唯殳無刃所言傷者皆刃傷也何須於此獨辨金木故知夷亦傷也復言之耳補卒乘。補死亡○乘繩證反下同繕甲兵。繕治也展車馬。展陳也○陳如字雞鳴而食。唯命是聽。復欲戰晉人患之。苗賁皇徇曰。蒐乘補卒。蒐閱也○徇似俊反蒐所留反秣馬利兵。秣穀馬也○秣音末脩陳固列。固堅也○陳直覲反又如字蓐食申禱。申重也○蓐音辱重直用反明日復戰。乃逸楚囚。逸縱也○縱子用反王聞之。召子反謀。穀陽豎獻飲於子反。子反醉而不能見。穀陽子反內豎○見賢遍反【疏】注穀陽子反內豎○正義曰鄭玄云豎未冠者之名故杜以為內豎也案呂氏春秋云荊共王

與晉厲公戰于鄢陵荊師敗共王傷臨戰司馬子反渴而求飲豎陽穀操酒而進之子反曰却酒也豎陽穀曰非酒也子反曰却酒也豎陽穀又曰非酒也子反受而飲之子反之為人也嗜酒甘而不能絕於口醉戰既罷共王欲復戰而謀使召司馬子反子反辭以心疾共王駕往視之入幄中聞酒臭而還曰今日之戰不穀親傷所恃者司馬也而司馬又若此不穀無與復戰矣於是遂罷師去之斬司馬子反以為戮與此不同者傳依簡牘本紀彼采傳聞異辭所說既殊其文亦異王曰。天敗楚也夫。余不可以待。乃宵遁。晉入楚軍。三日穀。食楚粟三日也○夫音扶三日穀本或作三日館穀誤也范文子立於戎馬之前曰。君幼。諸臣不佞。佞才也○君幼本或作君幼弱何以及此。君其戒之。戒勿驕周書曰。惟命不于常。有德之謂。周書康誥言勝無常命唯德是與【疏】注周書至是與○正義曰周公稱成王之命告康叔以此言也唯上天之命不常於一人也言善則得之惡則失之唯有德者於是與之楚師還及瑕。瑕楚地王使謂子反曰。先大夫之覆師徒者。君不在。謂子玉敗城濮時王不在軍○覆芳服反子無以為過。不穀之罪也。子反再拜稽首曰。君賜臣死。死且不朽。王引過亦所以責子反臣之卒實奔。臣之罪也。子重使謂子反曰。初隕師徒者。而亦聞之矣。盍圖之。聞子玉自殺終二卿相惡○卒從此已前皆子忽反隕于敏反盍戶臘反對曰。雖微先大夫有之。大夫命側。側敢不義。言以義命已不敢不受【疏】雖微至不義○正義曰微無也縱使雖無先大夫有此舊事今大夫將義命已敢不以為之義乎側亡君師。敢忘其死。王使止之。弗及而卒。戰之日。齊國佐。高無咎至于師。無咎高固子衛侯出于衛。公出于壞隤。壞隤魯邑齊衛皆後非獨魯明晉以僑如故不見公○壞戶怪反徐音懷隤徒回反【疏】衛侯至壞隤○正義曰出于衛者已出衛竟也公出於壞隤始從壞隤而出猶未出魯竟下云公待於壞隤設守而後行是出國止於壞隤更從壞隤而出宣伯通於穆姜。穆姜成公母欲去季孟。而取其室。季文子孟獻子○去起呂反將行。穆姜送公。而使逐二子。公以晉難告。會晉伐鄭○難乃旦反曰。請反而聽命。姜怒。公子偃。公子鉏。趨過。二子公庶弟○鉏仕居反【疏】注二子公庶弟○正義曰沈氏云以刺公子偃不云弟故也指之曰。女不可是皆君也。言欲廢公更立君○女音汝公待於壞隤。申宮儆備。申勑宮備○儆京領反設

守而後行。是以後。後晉楚戰期守手又反使孟獻子守于公宮。秋。會于沙隨。謀伐鄭也。鄭伯未服宣伯使告郤犨曰。魯侯待于壞隤。以待勝者。觀晉楚之勝負郤犨將新軍。且爲公族大夫。以主東諸侯。主齊魯之屬取貨于宣伯。而訴公于晉侯。訴譖也晉侯不見公。○曹人請于晉曰。自我先君宣公即位。在十三年國人曰。若之何。憂猶未弭。弭息也既葬國人皆將從子臧所謂憂未息○弭亡氏反而又討我寡君。前年晉侯執曹伯以亡曹國社稷之鎮公子。謂子臧逃奔宋是大泯曹也。泯滅也先君無乃有罪乎。言今君無罪而見討得無以先君故若有罪。則君列諸會矣。諸侯雖有篡弒之罪侯伯已與之會則不復討前年會于戚曹伯在列盟畢乃執之故曹人以爲無罪○篡初患反弒音試復扶又反下及下文復請同【疏】注諸侯至無罪○正義曰諸侯廢立當由天子但春秋之世王政不行若篡弒而立則侯伯既列於會便是已成爲君臣人得殺之鄰國不得復討往年爲戚之會主爲討曹但晉侯既列於會盟畢乃始執之故曹人以爲無罪也宣元年會于平州以定公位齊非侯伯而得公位定者縱非侯伯乃是彊鄰既得與會即爲黨援晉若討魯齊必救之於是晉國竟不伐魯是由會齊而公位遂定也君唯不遺德刑。遺失也以伯諸侯。豈獨遺諸敝邑。敢私布之。爲曹伯歸不以名告傳○伯如字又音霸【疏】注爲曹至告傳○正義曰諸侯被執及歸或名或否雖從告辭傳不爲例但諸侯尊貴不斥其名曲禮曰諸侯不生名諸侯失地名滅同姓名是諸侯稱名者是罪責之事彼告者亦量其事之善否惡之則以名告故釋例曰蔡侯般弒父自立楚子欲顯行刑誅以章伯業誘而殺之蔡人深怨故稱名以告春秋從而書之是告者謂其有罪則稱名以告謂其無罪則告不以名此曹人訴君無罪晉侯從而釋之言其無罪而歸故晉人不以名告下云晉侯謂子臧反吾歸而君是晉人告其歸也此傳說曹伯無罪是爲經不以名告之傳也○七月。公會尹武公及諸侯伐鄭。將行。姜又命公如初。欲復使公逐季孟公又申守而行。諸侯之師次于鄭西。我師次于督揚。不敢過鄭。督揚鄭東地○守手又反下注同過古卧反又古禾反○子叔聲伯使叔孫豹請逆于晉師。豹叔孫僑如弟也僑如於是遂作亂豹因奔齊【疏】注豹叔至奔齊○正義曰此時七月也至十月而僑如奔齊昭四年傳稱穆子去叔孫氏及庚宗遇婦人使私爲食而宿焉後生豎牛適齊娶於國氏生孟丙仲壬乃云宣伯奔齊穆子饋之則似豹在齊多年僑如始往故服虔以爲叔孫豹先在齊矣此時從國佐在師聲伯令人就齊師使豹豹不忘宗國聞白國佐爲魯請逆杜不然者若豹以前在齊則非復魯臣聲伯正可因之以請不得云聲伯使豹聲伯安得專使背叛之臣也又聲伯豈無魯人可使而崎嶇艱險遠使他國之人乎今傳言聲伯使豹明在魯軍得爲聲伯使耳下云聲伯食使者而後食不言食豹而言食使者明豹因請逆遂即不還還者豹之介耳於時魯師在鄭從鄭向齊塗出於魯豹必過魯乃去故得宿於庚宗彼傳因言宿於庚宗遂說娶於國氏生二子耳二子之生必在僑如奔後豹之還魯雖無歸年而襄二年始見於經豎牛已能奉雉故杜以爲此年去彼年歸故下注云傳因言其終爲食於鄭郊。師逆以至。聲伯戒叔孫以必須所逆晉師至乃食聲伯四日不食以待之。食使者。使者豹之介○食使音嗣使所吏反注同介音界下文敢介大國同而後食。言其忠也○而後食一本作聲伯而後食○諸侯遷于制田。滎陽宛陵縣東有制澤知武子佐下軍。武子荀罃以諸侯之師侵陳。至于鳴鹿。陳國武平縣西南有鹿邑遂侵蔡。未反。侵陳蔡不書公不與○與音預諸侯遷于潁上。戊午。鄭子罕宵軍之。宋齊衛皆失軍。將主與軍相失宋衛不書後也○將子匠反【疏】注將主至後也○正義曰服虔以失軍爲失其軍糧傳稱諸侯遷于潁上子罕宵軍之則軍諸侯之營不軍其輜重安得爲失軍糧也故杜以爲將主與軍相失謂夜裏迸散相失耳此諸侯即伐鄭之諸侯也經書公會尹子晉侯齊國佐邾人伐鄭不書宋衛傳言宋衛皆失軍則宋衛在矣在而不書後至故也曹人復請于晉。晉侯謂子臧。反。吾歸而君。以曹人重子臧故子臧反。曹伯歸。子臧自宋還子臧盡致其邑與卿而不出。不出仕○宣伯使告郤犨曰。魯之有季孟。猶晉之有欒范也。政令於是乎成。今其謀曰。晉政多門。不可從也。政不由君寧事齊楚。有亡而已。蔑從晉矣。蔑無也若欲得志於魯。請止行父而殺之。行父季文子也我斃蔑也。蔑孟獻子時留守公宮○斃婢世反而事晉。蔑有貳矣。魯不貳。小國必睦。不然。歸必叛矣。九月。晉人執季文子于苕丘。公還。待于鄆。鄆魯西邑東郡廩丘縣東有鄆城○廩力甚反使子叔聲伯請季孫于晉。郤犨曰。苟去仲孫蔑而止季孫行父。吾與子國親於公室。親魯甚於晉公室○去起呂反下同對曰。僑如之情。子必聞之矣。聞其淫慝情○慝吐得反下文同若去蔑與行父。是大棄魯國而罪寡君也。若猶不棄。而惠徼周公之福。使寡君得事晉君。則夫二人者。魯國社稷之臣也。若朝亡之。魯必夕亡。以魯之密邇仇讎。仇讎謂齊楚○夫音扶朝如字【疏】若朝至夕亡○正義曰朝亡之謂朝失蔑與行父也魯必夕亡謂亡屬他國也下云亡而爲讎是欲棄晉而屬齊楚亡而爲讎。治之何及。言魯屬齊楚則還爲晉讎郤犨曰。吾爲子請邑。對曰。嬰齊。魯之常隸也。隸賤官○爲于僞反敢介大國。以求厚焉。介因也承寡君之命以請。承奉也若得所請。吾子之賜多矣。又何求。范文子謂欒武子曰。季孫於魯。相二君矣。二君宣成○相息亮反妾不衣帛。馬不食粟。可不謂忠乎。信讒慝而棄忠良。若諸侯何。子叔嬰齊奉君命無私。不受郤犨請邑○衣於既反食舊如字對上句應作嗣音謀國家不貳。謂四日不食以堅事晉圖其身不忘其君。辭邑不食皆先君而後身若虛其請。是棄善人也。子其圖之。乃許魯平。赦季孫。冬。十月。出叔孫僑如而盟之。僑如奔齊。諸大夫共盟以僑如爲戒十二月。季孫及郤犨盟于扈。歸。刺公子偃。偃與鉏俱爲姜所指而獨殺偃偃與謀○偃與音預召叔孫豹于齊而立之。近此七月聲伯使豹請逆於晉聞魯人將討僑如豹乃辟其難先奔齊生二子而魯乃召之故襄二年豹始見經傳於此因言其終○難乃旦反見賢遍反○齊聲孟子通僑如。聲孟子齊靈公母宋女使立於高國之閒。位比二卿僑如曰。不可以再罪。奔衛。亦閒於卿。傳亦終言僑如之佚○閒徐音閒廁之閒讀者或如字○晉侯使郤至獻楚捷于周。與單襄公語。驟稱其伐。伐功也【疏】晉侯至其伐○正義曰周語稱郤至見召桓公與之語召桓公與告單襄公非郤至自與襄公語也襄公論郤至將死荅召桓公語耳非語諸大夫也其文與此小異其意與此大同周語詳而此傳略先賢或以爲國語非丘明所作爲其或有與傳不同故也驟稱其伐謂數數自伐其功周語說郤至自伐之言多矣其辭不可具載單子語諸大夫曰。溫季其亡乎。溫季郤至○語魚據反【疏】溫季其亡乎○正義曰周語單襄公荅召桓公云人有言曰兵在頸者其郤至之謂乎即具論郤至之失乃曰以吾觀之兵在其頸不可久也位於七人之下。佐新軍位在八【疏】位於七人之下○正義曰此時欒書將中軍士燮佐之郤錡將上軍荀偃佐之韓厥將下軍荀罃佐之郤犨將新軍郤至佐之是位在七人之下○而

求掩其上。稱己之伐掩上功。〔疏〕注稱己至上功。正義曰：周語曰郤至自稱己有大功欲求晉國之政，召桓公謂之曰：吾子則賢矣，晉國之舉不失其次，吾懼政之未及子也。至謂召桓公曰：何次之有？先大夫荀伯下軍之佐以爲政，趙宣子未有軍行而以爲政，今欒伯自下軍往，是三子也，吾又過之，無不及也，若佐新軍而以之爲政，不亦可乎？將必求之，是掩上功。怨之所聚，亂之本也。多怨而階亂，怨爲亂階。何以在位。夏書曰：怨豈在明，不見是圖。逸書也。不見，細微也。○見，賢遍反，又如字，注同。〔疏〕夏書至可乎。正義曰：夏書五子之歌第一章也。其爲人所怨者，豈必在明白之處乎？其於人所不見，當於是圖謀之。此書之言，將謂愼其細小之事者也。今乃明明言之，道己欲掩其上，此事甚明，其可乎？言必不可也。杜不見古文，故云逸書。將愼其細也。今而明之，其可乎。言郤至顯稱己功，所以明怨咎。

經十有七年，春，衞北宮括帥師侵鄭。括，成公曾孫。○括，古活反。○夏，公會尹子、單子、晉侯、齊侯、宋公、衞侯、曹伯、邾人伐鄭。晉未能服鄭，故假天子威，周使二卿會之。晉爲兵主，而猶先尹、單，尊王命也。單伯稱子，蓋降爵。○六月乙酉，同盟于柯陵。柯陵，鄭西地。○柯，古河反。○秋，公至自會。無傳。○齊高無咎出奔莒。○九月辛丑，用郊。無傳。九月郊祭，非禮明矣。書用郊，從史文。〔疏〕注九月至史文。正義曰：傳例啓蟄而郊，今九月郊，是非禮明矣。公羊傳曰：用者何？用者不宜用也。九月非所用郊也。穀梁傳曰：夏之始可以承春，以秋之末承春之始，蓋不可矣。九月用郊，用者不宜用也。賈逵以二傳爲說，諸書用者，不宜用也。釋例曰：辛丑用郊，文異而已，明不發傳，因時史之辭，非聖賢意也。劉、賈以爲諸言用皆不宜用，反於禮者也。施之用郊，似若有義，至於用幣、用鄫子，諸若此此，皆當須書用以別所用者也。若不言用，則事皆不明，所謂辭窮，非聖人故造此用以示義也。且諸過祀、三望之類，奚獨皆不書用邪？案左氏傳用幣于社，傳曰得禮；冉有用矛於齊師，孔子以爲義，無不宜用之例也。巳明云我師，豈欺我哉？○晉侯使荀罃來乞師。無傳。將伐鄭。○冬，公會單子、晉侯、宋公、衞侯、曹伯、齊人、邾人伐鄭。鄭猶未服故也。○十有一月，公至自伐鄭。無傳。○壬申，公孫嬰卒于貍脤。十一月無壬申，日誤也。貍脤闕。○貍，力之反。脤，市軫反。〔疏〕注十一至脤闕。○正義曰：杜長厤推十一月丁亥朔，六日壬辰，十六日壬寅，二十六日壬子，十日丙申，二十二日戊申，不知壬申字何者爲誤。長厤云：公羊、穀梁傳及諸儒皆以爲十月十五日也。十月庚午圍鄭，十三日也，推至壬申，誠在十五日。然據傳曰十一月諸侯還自鄭，壬申至于貍脤而卒，此非十月，分明誤在日也。又杜於土地之篇，凡有地名二十六所不知所在之國，貍脤即是其一，不知是何國之地，故直云闕也。杜又稱舊說曰：壬申，十月十五日，貍脤，魯地也。傳曰十月庚午圍鄭，則二日未得及魯竟也。釋例又曰：魯大夫卒其竟內，則不書地。傳稱季平子行東野，卒于房，是也。以此益明貍脤非魯地矣。以下有十二月丁巳朔，逆而推之，故諸舊說皆以壬申爲十月十五日也。公羊、穀梁傳以爲待公至然後卒大夫，故十月之日書在十一月之下，於左傳則不通，故杜以爲日誤。○十有二月丁巳朔，日有食之。無傳。○邾子貜且卒。無傳。五同盟。○貜，俱縛反，徐居碧反。且，子餘反。〔疏〕注五同盟。正義曰：貜且以文十四年即位，宣十七年盟于斷道，成二年于蜀，五年于蟲牢，七年于馬陵，九年于蒲，十五年于戚，此年于柯陵，凡七同盟，而云五者，沈以杜數同盟之例，但有君盟者，不數大夫之盟。此二年盟蜀，十七年盟柯陵，皆邾之大夫，故不數之。劉炫并數二盟而規其過，非也。○晉殺其大夫郤錡、郤犨、郤至。○楚人滅舒庸。

傳十七年春，王正月，鄭子駟侵晉虛滑。虛、滑，晉二邑。滑故滑國，爲秦所滅，時屬晉，後屬周。○虛，起居反。〔疏〕注虛滑至屬周。○正義曰：僖三十三年秦人滅滑，經書人，則是滅而不有，不知滅後屬何國也。此言侵晉，知此時屬晉耳。襄十八年傳楚公子格侵費滑、胥靡，注云胥靡鄭邑，不言費滑，杜意當以費滑爲周邑也。然則若是周邑，當言侵周以別之。定六年傳稱鄭伐周馮滑、胥靡，爾時胥靡亦爲周邑，蓋費滑、胥靡周鄭之間，襄時屬鄭，定時屬周。衞北宮括救晉，侵鄭，至于高氏。不書救，以侵告。高氏在陽翟縣西南。夏五月，鄭大子髡頑、侯獳爲質於楚。侯獳，鄭大夫。○髡，苦門反。獳，乃侯反。質音致。楚公子成、公子寅戍鄭。○公會尹武公、單襄公及諸侯伐鄭，自戲童至于曲洧。今新汲縣治曲洧城，臨洧水。○戲，許宜反。洧，于軌反。治，直吏反。〔疏〕注洧水。○正義曰：釋例云洧水出熒陽密縣西北陽城山，東南至潁川長平縣入潁。○晉范文子反自鄢陵，前年鄢陵戰還。使其祝宗祈死，祝宗，主祭祀祈禱者。曰：君驕侈而克敵，是天益其疾也，難將作矣。愛我者唯祝我，使我速死，無及於難，范氏之福也。六月戊辰，士燮卒。傳言厲公無道，故賢臣憂懼，因禱自裁。○侈，尺氏反，又尸氏反。難，乃旦反，下同。祝，之又反。〔疏〕注傳言至自裁。○正義曰：劉炫以爲士燮及昭子之卒，適與死會，非自殺。今知非者，以傳云使祝宗祈死，又云祝我使我速死，無及於難，是其欲死之意。叔孫昭子心懷憂懼，亦與此同，身皆並卒，故知自裁。若其二人之死，適與死會，春秋之內唯有兩人願死，何得身死皆與相當？故杜斟酌傳文，以爲自殺。劉以爲偶然而死，以規杜失，非也。何休膏肓以爲人生有三命，有壽命以保度，有隨命以督行，有遭命以摘暴，未聞死可祈也。故杜以爲因禱自裁也。傳記此事者，欲見厲公無道，賢臣憂懼。○乙酉，同盟于柯陵，尋戚之盟也。戚盟在十五年。○楚子重救鄭，師于首止。諸侯還。畏楚強。○齊慶克通于聲孟子，與婦人蒙衣乘輦而入于閎。慶克，慶封父。蒙衣亦爲婦人服，與婦人相冒。閎，巷門。○與如字，徐音預。閎音宏。冒，亡報反。〔疏〕于閎。○正義曰：釋宮云：宮中衖謂之壼，衖門謂之閎。孫炎曰：衖，舍間道也。李巡曰：閎，衖頭門也。鮑牽見之，以告國武子。鮑牽，鮑叔牙曾孫。○武子召慶克而謂之。慶克久不出，慙臥於家，夫人所以怪之。而告夫人曰：國子謫我。謫，譴責也。○謫，直革反。譴，遣戰反。夫人怒。國子相靈公以會，會伐鄭。○相，息亮反，下相施氏同。高、鮑處守。高無咎、鮑牽。○守，手又反。及還，將至，閉門而索客。蒐索備姦人。○索，所白反，注同。孟子訴之曰：高、鮑將不納君，而立公子角，國子知之。角，頃公子。○頃音傾。秋七月壬寅，刖鮑牽而逐高無咎。無咎奔莒。高弱以盧叛。弱，無咎子。盧，高氏邑。○刖音月，又五刮反。齊人來召鮑國而立之。國，牽之弟文子。初，鮑國去鮑氏而來，爲施孝叔臣。施氏卜宰，卜立家宰。匡句須吉。○句，其俱反。施氏之宰有百室之邑。與匡句須邑，使爲宰。以讓鮑國而致邑焉。施孝叔曰：子實吉。對曰：能與忠良，吉孰大焉。鮑國相施氏忠，故齊人取以爲鮑氏後。仲尼曰：鮑莊子之知不如葵，葵猶能衞其足。葵傾葉向日，以蔽其根。言鮑牽居亂，不能危行言孫。○知音智。向，許亮反，本又作嚮。行，下孟反。○冬，諸侯伐鄭。前夏未得志故。十月庚午，圍鄭。楚公子申救鄭，師于汝上。十一月，諸侯還。不書圍，畏楚救，不成圍而還。〔疏〕汝上。○正義曰：釋例云汝水出南陽魯陽縣大盂山，東北至河南梁縣，東南經襄城、潁川、汝南，至汝陰褒信縣入淮。○初，聲伯夢涉洹，洹水出汲郡林慮縣，東北至魏郡長樂縣入清水。○洹音桓，一音今土俗音袁。慮，力於反。樂音洛，下樂平同。或與己瓊瑰食之，瓊，玉。瑰，珠也。食珠玉，含象。○瓊，求營反。瑰，古回反。含，戶暗反，本亦作唅。〔疏〕注瓊玉至含象。○正義曰：瓊是玉之美者。廣雅云：玫瑰，珠也。呂靜韻集云：玫瑰，火齊珠也。含者或用玉，或用珠，故夢食珠玉爲含象也。詩毛傳云：瓊瑰，石而次玉。禮緯：天子含用珠，諸侯用玉，大夫用碧。此聲伯得有瓊瑰者，案周禮天子含用玉，則禮緯之文未可全依，或可珠玉兼有，故釋例云珠玉曰含。泣而爲瓊瑰，盈其懷。淚下化爲珠玉，滿其懷。從而歌之曰：濟洹之水，贈我以瓊瑰。歸乎歸乎，瓊瑰

盈吾懷乎。（從就也。夢中爲此歌。）懼不敢占也。還自鄭。壬申。至于貍脤而占之。曰。余恐死。故不敢占也。今衆繁而從余三年矣。無傷也。言之之莫而卒。（繁猶多也。傳戒數占夢。○莫音暮。數所角反。【疏】今衆至傷也。○正義曰。聲伯之意以初得此夢謂凶在已。懼不敢占。今衆既繁多而從余三年。余之此夢凶災散在衆人。不在已也。故云無傷。）○齊侯使崔杼爲大夫。使慶克佐之。帥師圍盧。（討高弱。○杼直呂反。）齊侯使國佐從諸侯圍鄭。以難請而歸。（請於諸侯。○難乃旦反。下及注同。）遂如盧師。殺慶克。以穀叛。（疾克淫亂。故殺之。）齊侯與之盟于徐關而復之。十二月。盧降。使國勝告難于晉。待命于清。（勝國佐子。使以高氏難告晉。齊欲討國佐。故留其子於外。清陽平樂縣是。爲明年殺國佐傳。○降下江反。【疏】待命于清。○正義曰。欲遣國勝告難。故令待進止之命在于清地。非是使還待命。）○晉厲公侈。多外嬖。（外嬖愛幸大夫。○嬖必計反。）反自鄢陵。欲盡去羣大夫而立其左右。（終如士燮言。○反自鄢陵本作自鄢陵。去起呂反。）胥童以胥克之廢也。怨郤氏。（胥童胥克之子。宣八年郤缺廢胥克。）而嬖於厲公。郤錡奪夷陽五田。五亦嬖於厲公。郤犨與長魚矯爭田。執而梏之。（梏械也。○矯居表反。梏古毒反。械戶戒反。）與其父母妻子同一轅。（繫之車轅。）既矯。亦嬖於厲公。欒書怨郤至。以其不從已而敗楚師也。欲廢之。（鄢陵戰欒書欲固壘。郤至言楚有六間。以取勝也。）使楚公子茷告公曰。此戰也。郤至實召寡君。（鄢陵戰晉囚公子茷以歸。）以東師之未至也。（齊魯衛之師。）與軍帥之不具也。曰此必敗。（荀罃佐下軍居守。郤犨將新軍乞師。故言不具。○帥所類反。守手又反。）吾因奉孫周以事君。（孫周晉襄公曾孫悼公。君楚王也。【疏】注孫周至悼公。○正義曰。晉世家云。悼公周者。其先祖父捷。晉襄公少子也。不得立。號爲桓叔。桓叔生惠伯談。談生悼公周。是周爲襄公曾孫也。）公告欒書。書曰。其有焉。不然。豈其死之不恤。而受敵使乎。（謂鄢陵戰時楚子問郤至以弓。○使所吏反。）君盍嘗使諸周而察之。（嘗試也。○盍戶臘反。使所吏反。又如字。）郤至聘于周。欒書使孫周見之。公使覘之。信。（覘伺也。○覘勑廉反。伺音司。又絲嗣反。）遂怨郤至。厲公田。與婦人先殺而飲酒。後使大夫殺。（傳言厲公無道。先婦人而後卿佐。）郤至奉豕。（進之於公。）寺人孟張奪之。（寺人奄士。）郤至射而殺之。公曰。季子欺余。（季子郤至。公反以爲郤至奪孟張豕。○射食亦反。）厲公將作難。胥童曰。必先三郤。族大多怨。去大族不偪。（不偪公室。○偪彼力反。下同。）敵多怨有庸。（討多怨者易有功。○易以豉反。）公曰。然。郤氏聞之。郤錡欲攻公。曰。雖死。君必危。郤至曰。人所以立。信知勇也。信不叛君。知不害民。勇不作亂。失茲三者。其誰與我。死而多怨。將安用之。（言俱死無用多其怨咎。○知音智。下同。）君實有臣而殺之。其謂君何。我之有罪。吾死後矣。若殺不辜。將失其民。欲安得乎。（言不得安君位。）待命而已。受君之祿。是以聚黨。有黨而爭命。（爭死命也。）罪孰大焉。（傳言郤至無反心。）壬午。胥童、夷羊五。帥甲八百。將攻郤氏。（八百人也。）長魚矯請無用衆。公使清沸魋助之。（沸魋亦嬖人。○沸甫味反。魋徒回反。）抽戈結衽。（衽裳際。○衽而甚反。徐音而鴆反。）而僞訟者。（僞與清沸魋訟。）三郤將謀於榭。（榭講武堂。【疏】注榭講武堂。○正義曰。楚語云。榭不過講軍實。焉是榭爲講武堂。傳言將謀於榭。似仍未至榭。猶在塗也。下云殺駒伯苦成叔於其位。位所坐之處。則已至榭矣。三郤慮公殺已。謀欲自安。未及謀而已死。故云將耳。非謂未至榭也。或可將謀於榭。是未至榭。故杜云位所坐處也。謂當時隨便所坐之處。故長魚矯得僞訟而殺之。若已至榭。不應就榭僞訟。）矯以戈殺駒伯苦成叔於其位。（位所坐處也。駒伯郤錡。苦成叔郤犨。○處昌慮反。）溫季曰。逃威也。遂趨。（郤至本意欲稟君命而死。今矯等不以君命而來。故欲逃凶賊。爲害故曰威。言可畏也。或曰畏。當爲藏。）矯及諸其車。以戈殺之。皆尸諸朝。（陳其尸於朝。）胥童以甲劫欒書中行偃於朝。矯曰。不殺二子。憂必及君。公曰。一朝而尸三卿。余不忍益也。對曰。人將忍君。（人謂書與偃。○一朝如字。【疏】一朝而尸三卿。○正義曰。一朝謂一旦也。晉語說此事。一旦而尸三卿。不可益也。）臣聞亂在外爲姦。在內爲軌。御姦以德。（德綏遠。○軌本又作宄。音同。御魚呂反。下同。）御軌以刑。（刑治近也。）不施而殺。不可謂德。臣偪而不討。不可謂刑。德刑不立。姦軌並至。臣請行。遂出奔狄。（行去也。○施如字。或式豉反。）公使辭於二子。（辭謝書與偃也。）曰。寡人有討於郤氏。郤氏既伏其辜矣。大夫無辱。其復職位。（胥童劫而執之。故云辱也。）皆再拜稽首曰。君討有罪。而免臣於死。君之惠也。二臣雖死。敢忘君德。乃皆歸。公使胥童爲卿。公遊于匠麗氏。（匠麗嬖大夫家。）欒書中行偃遂執公焉。召士匄。士匄辭。（辭不往也。）召韓厥。韓厥辭曰。昔吾畜於趙氏。孟姬之讒。吾能違兵。（畜養也。違去也。韓厥少爲趙盾所待養。及孟姬之亂。晉將討趙氏。而厥去其兵。示不與黨。言此者明已無所偏助。孟姬亂在八年。○去起呂反。下同。少詩照反。）古人有言曰。殺老牛。莫之敢尸。而況君乎。二三子不能事君。焉用厥也。（尸主也。○焉於虔反。）○舒庸人以楚師之敗也。（敗於鄢陵。○舒庸東夷國。）道吳人圍巢。伐駕。圍釐虺。（巢駕釐虺楚四邑。○道音導。下及注同。駕如字。一音加。釐力之反。虺許鬼反。）遂恃吳而不設備。楚公子槖師襲舒庸。滅之。○閏月乙卯晦。欒書中行偃殺胥童。（以其劫已故。○槖他洛反。）民不與郤氏。胥童道君爲亂。故皆書曰晉殺其大夫。（厲公以私欲殺三郤而三郤死不以無罪書。偃以家怨害胥童而胥童受國討文明。郤氏失民。胥童道亂。宜其爲國戮。【疏】注厲公至國戮。○正義曰。厲公以私欲殺三郤。則三郤無罪。經應直云晉殺其大夫。不應稱名也。又胥童爲欒書中行偃所殺。乃直是兩下相殺。今經書二者並爲國討之文。故傳解之。言民不與郤氏。郤氏有罪也。胥童道君爲亂。胥童有罪也。故皆書曰晉殺其大夫。以二者據其死狀皆非國討。故傳正其二者之罪。解其並爲國討之意。劉炫云。杜言三郤不以無罪書。正謂不書盜。書盜即無罪也。胥童之死本非國家所殺。故特言胥童受國討文。其實傳意并論郤氏受國討。故云皆書曰晉殺其大夫也。杜又云郤氏失民。胥童道亂。乃總釋傳並言二者皆爲國討之意也。）

經十有八年。春。王正月。晉殺其大夫胥童。（傳在前年。經在今春。從告。）○庚申。晉弒其君州蒲。（不稱臣。君無道。）○齊殺其大夫國佐。（國武子也。）○公如晉。○夏。楚子、鄭伯伐宋。宋魚石復入于彭城。（傳例曰。以惡入也。彭城宋邑。今彭城縣。○復扶又反。）○

公至自晉。○晉侯使士匄來聘。○秋，杞伯來朝。○八月，邾子來朝。○築鹿囿。築牆爲鹿苑。○囿音又。○己丑，公薨于路寢。○冬，楚人、鄭人侵宋。子重先遣輕軍侵宋，故稱人而不言伐。○輕，遣政反。○晉侯使士魴來乞師。魴音房。○十有二月，仲孫蔑會晉侯、宋公、衛侯、邾子、齊崔杼同盟于虛朾。虛朾地闕。○虛，起居反。朾，他丁反。○丁未，葬我君成公。

傳十八年春王正月庚申，晉欒書、中行偃使程滑弒厲公，程滑，晉大夫。葬之于翼東門之外，以車一乘。言不以君禮葬，諸侯葬車七乘。○乘，繩證反，注同也。【疏】注言不至七乘。○正義曰：周禮大行人：上公貳車九乘，侯伯七乘，子男五乘，謂生時副貳之車也。其送葬亦當如之。今唯一乘，是不以君禮葬也。以晉是侯爵，故指言侯禮七乘耳。諸侯各依命數，不是皆七乘也。襄二十五年傳齊人葬莊公，下車七乘，杜以特言七乘，明七非舊制，故彼注云：齊舊依上公禮九乘，以齊嘗爲侯伯，因而用九，九非侯之正法。故此以正言之。使荀罃、士魴逆周子于京師而立之，悼公，周也。生十四年矣。大夫逆于清原。周子曰：孤始願不及此。雖及此，豈非天乎。言有命也。抑人之求君，使出命也。立而不從，將安用君？二三子用我今日，否亦今日。共而從君，神之所福也。傳言其少有才，所以能自固。○少，詩照反。對曰：羣臣之願也，敢不唯命是聽。庚午，盟而入。與諸大夫盟。館于伯子同氏。晉大夫家。館，舍也。辛巳，朝于武宮。武宮，曲沃始命君。【疏】辛巳朝于武宮。○正義曰：服虔本作辛未。晉語亦作辛巳，孔晁云：以辛未盟入國，辛巳朝祖廟，取其新也。案晉語稱庚午大夫逆于清原，傳云庚午盟而入，逆日即盟，非辛未也。傳與晉語皆言辛巳朝于武宮，服本自誤耳。孔晁強欲合之，非也。逐不臣者七人。夷羊五之屬也。周子有兄而無慧，不能辨菽麥，故不可立。菽，大豆也。豆麥殊形，易別，故以爲癡者之候。不慧，蓋世所謂白癡。○菽音叔。易，以豉反。別，彼列反。癡，勑疑反。○齊爲慶氏之難，前年國佐殺慶克。○爲，于僞反。難，乃旦反。故，甲申晦，齊侯使士華免以戈殺國佐于內宮之朝。華免，齊大夫。內宮，夫人宮。【疏】注華免齊大夫至人宮。○正義曰：杜世族譜於齊國雜人之中有華免，而無士字。此注以華免爲大夫，則士者爲士官也。官掌刑，故使殺國佐也。於夫人之宮有朝羣妾之處，故云內宮之朝。蓋齊侯召入與語而殺之。師逃于夫人之宮。伏兵內宮，恐不勝。書曰：齊殺其大夫國佐，棄命專殺，以穀叛故也。國佐本疾淫亂，殺慶克，齊以是討之，嫌其罪不及死，故傳明言其三罪。使清人殺國勝。勝，國佐子，前年待命于清者。國弱來奔。弱，勝之弟。王湫奔萊。湫，國佐黨。○湫，子小反，徐子鳥反。萊音來。慶封爲大夫，慶佐爲司寇。封、佐皆慶克子。既，齊侯反國弱，使嗣國氏，禮也。佐之罪不及不祀。○二月乙酉朔，晉侯悼公即位于朝。朝廟，五日而即位也。厲公殺絕，故悼公不以嗣子居喪。○殺音試。【疏】注朝廟至居喪。○正義曰：辛巳距乙酉五日，先定所脩之政，待朔旦而後施之，故五日也。晉語云：正月乙酉，公即位。孔晁云：二月即位，言正月者，記者誤也。厲公被殺而嗣絕，故悼公自外而入，即位之日即命百官，施布政教，與居喪即位，其禮不同。釋例曰：厲公見殺，悼公自外紹立，本非君臣，無喪制也。若然，禮喪服小記云：與諸侯爲兄弟者服斬。鄭玄云：謂卿大夫以下也，與尊者爲親，不敢以輕服服之。言諸侯者，明雖在異國，猶來爲三年也。計厲是文公之曾孫，悼，文公之玄孫，有緦麻之親，法當服斬，而云無喪制者，悼之父祖去晉適周，與本親隔絕，無往來恩義。厲公既見殺，悼即被迎，迎之以爲晉君，即與厲公體敵，且葬厲公以車一乘，國內尚不以爲君，不可責悼公服斬也。縱使當爲之斬，絕而別立，亦非嗣矣。始命百官，始爲政。施舍已責，施恩惠，舍勞役，止逋責。○施舍，如字，一音始豉反。逋，布吳反。逮鰥寡，惠及微。○鰥，古頑反。振廢滯，起舊德。匡乏困，救災患，匡亦救也。禁淫慝，薄賦斂，宥罪戾，宥，寬也。○慝，他得反。斂，力驗反。宥音又。戾，力計反。節器用，節省也。○省，所景反，下同。時用民，使民以時。欲無犯時。不縱私欲。○縱，本亦作從，子用反。使魏相、士魴、魏頡、趙武爲卿。相，魏錡子。魴，士會子。頡，魏顆子。武，趙朔子。此四人，其父祖皆有勞於晉國。○相，息亮反。頡，戶結反。顆，苦果反。【疏】注相魏至晉國。○正義曰：晉語云：使呂宣子佐下軍，曰：邲之役，呂錡佐知莊子於下軍，獲楚公子穀臣與連尹襄老，以免子羽。鄢陵之役，親射楚王而敗楚師，以定晉國而無後，其子孫不可不崇也。使彘共子將新軍，曰：武子之季，文子之母弟也。武子宣法以定晉國，文子勤身以定諸侯，二子之德，其可忘乎？故以彘季屏其宗。使令狐文子佐之，曰：昔克潞之役，秦來圖敗晉功，魏顆以其身退秦于輔氏，親止杜回，其勳銘于景鐘，至于今不忘，其子不可不興也。彼言呂宣子，魏相也。彘共子，士魴也。令狐文子，魏頡也。又曰：呂宣子卒，公以趙文子能恤大事，使佐下軍。趙武父祖功名顯著，故不復序之。是四人父祖皆有勞於晉國。荀家、荀會、欒黶、韓無忌爲公族大夫，使訓卿之子弟共儉孝弟。無忌，韓厥子。○孝弟，音悌，本亦作悌。【疏】荀家至孝弟。○正義曰：晉語云：欒伯請公族大夫，公曰：荀家惇惠，荀會文敏，黶也果敢，無忌鎮靖，膏粱之性難正也，故使惇惠者教之，文敏者道之，果敢者諗之，鎮靖者修之。使茲四人者爲公族大夫也。晉公族大夫職掌教誨，故使訓卿之子弟，令之共儉孝悌也。晉語云：韓獻子老，使公族穆子受事于朝，辭曰：厲公之亂，無忌備公族，弗能死。孔晁云：備公族大夫。則韓無忌先爲公族大夫。今言使爲之者，悼公始命百官，更改新授之。使士渥濁爲大傅，使脩范武子之法。渥濁，士貞子。武子爲景公大傅。○渥，於角反。【疏】使士渥至時使。○正義曰：晉語云：君知士貞子之帥志博聞而宣惠於教也，使爲大傅。知右行辛之能以數宜物定功也，使爲司空。知欒糾之能御以和於政也，使爲戎御。知荀賓之有功力而不暴也，使爲戎右。是四人者，皆公知其能而使之耳。范武子爲大傅，孤也。士蔿爲司空，卿也。皆前世能者，其法可遵，故使二大夫居其官而脩其法也。二人皆是大夫，非孤卿也。右行辛爲司空，使脩士蔿之法。辛，將右行，因以爲氏。士蔿，獻公司空也。○行，戶郎反。蔿，于委反。將，子匠反，下軍將同。【疏】注辛將至爲氏。○正義曰：傳二十八年晉作三行，三十一年即罷之，以爲五軍，其置三行無多年歲。彼云屠擊將右行，未知此人即屠擊之子孫也，爲是其祖代屠擊也。正以荀林父將中行，遂以中行爲氏，故謂此人之先將右行，因以爲氏耳。弁糾御戎，校正屬焉。弁糾，欒糾也。校正，主馬官。○弁，皮彥反，本又作卞，同。糾，居黝反。校，戶孝反，注同。【疏】注弁糾至馬官。○正義曰：以晉語知是欒糾也。周禮大御，御官之長，別有戎僕，掌御戎車。春秋征伐之世，以御戎爲重，此御戎當是御之尊者。校正當周禮校人，校人掌王馬之政。襄九年傳曰：命校正出馬，知是主馬之官也。周禮校人不屬大御，此蓋諸侯兼官，或是悼公新法。此傳所言諸官，皆不得與周禮同也。使訓諸御知義。戎士尚節義也。【疏】注戎士尚節義。○正義曰：此訓諸御，謂諸是御車之人。設令國有千乘，乘有一御，皆令此官教之。戎士尚節義，故訓之使知義，如羊斟之徒，是不知義也。周禮校人主養馬耳，不知御車，此言校正屬焉，乃云訓御，蓋令校正助御戎訓御。荀賓爲右，司士屬焉。司士，車右之官。【疏】注司士車右之官。○正義曰：周禮司士掌羣臣之版，以詔王治其職，非車右之類，不得屬車右也。周禮有司右，上士也，掌羣右之政，凡國之勇力之士能用五兵者屬焉。其下更有戎右中大夫、齊右下大夫、道右上士，此三右或官尊於司右，而司右掌其政令。春秋之世，車右爲尊，此司士蓋周禮司右之類，爲車右屬官。服虔以爲司士主右之官，謂司右也。使訓勇力之士時使。勇力，皆車右也。勇力多不順命，故訓之以共時之使。○共音恭，本亦作供，下文同。【疏】注勇力至之使。○正義曰：所訓勇力之士，皆謂爲車右者也。設令國有千乘，乘有一右，此官訓之，使共時之使。失於彊暴，如魏犨之徒，不順上命，故訓之使不犯法也。卿無共御，立軍尉以攝之。省卿戎御，令軍尉攝御而已。○省，所景反。令，力呈反。【疏】卿無至攝之。○正義曰：卿謂軍之諸將也，若梁餘子養御罕夷，解張御郤克之類，往前恒有定員，掌共卿御。今始省其常員，唯立軍尉之官，臨有軍事，使兼攝之，令軍尉兼卿御也。祁奚爲中軍尉，羊舌職佐之。魏絳爲司馬，魏犨子也。張老爲候奄。鐸遏寇爲上軍尉，籍偃爲之司馬。偃，籍談父，爲上軍司馬。○

鐸待洛反過於葛反徐音謁使訓卒乘。親以聽命。相親以聽上命○卒子忽反乘繩證反下及注皆同程鄭爲乘馬御。六騶屬焉。使訓羣騶知禮。程鄭荀氏別族乘馬御乘車之僕也六騶六閑之騶周禮諸侯有六閑馬乘車尚禮容故訓羣騶使知禮○騶側留反【疏】祁奚至知禮○正義曰晉語云公知祁奚之果而不淫也使爲元尉知羊舌職之聰敏肅給也使佐之知魏絳之勇而不亂也使爲元司馬知張老之知而不詐也使爲元候知鐸過寇之共敬而信彊也使爲輿尉知籍偃之惇帥舊職而共儉也使爲輿司馬知程鄭之端而不淫且好諫而不隱也使爲贊僕晉語皆稱其才而用之善公之知人也言元尉元司馬元候者此皆中軍之官元大也中軍尊故稱大也輿尉輿司馬者皆上軍官也輿衆也官與諸軍同故稱衆也從車者爲卒在車者爲乘使此中軍與上軍軍尉司馬各教其軍之士卒使相親以聽在上之命○注程鄭至知禮○正義曰荀氏別族世本有文周禮齊僕下大夫掌馭金路以賓朝覲宗遇饗食皆乘金路杜言乘馬御乘車之僕則當彼齊僕也晉語謂之贊僕當時爲之官名耳周禮掌馬之官無名騶者襄二十三年傳稱豐點爲孟氏之御騶騶亦御之類月令季秋天子乃教田獵命僕夫七騶咸駕載旌旐則騶是主駕之官也鄭玄云七騶謂趣馬主爲諸官駕說者也周禮趣馬下士掌駕說之頒是騶爲主駕之官駕車以共御者程鄭爲乘馬御御之貴者故令掌駕之官亦屬之校人職云良馬三乘爲皁皁一趣馬趣馬下士三皁爲繫繫一馭夫馭夫中士六繫爲廄廄一僕夫僕夫上士天子十有二閑邦國六閑鄭玄云每廄爲一閑閑有二百一十六匹如彼計之每廄有趣馬十八人六閑之騶有一百八人皆屬程鄭而使總領之也戎車貴彊力乘車尚禮容故訓羣騶使知禮令教馬進退使合禮法也校人乘馬一師四圉三乘爲皁皁一趣馬三皁爲繫繫一馭夫六繫爲廄廄一僕夫六廄成校校有左右天子十二閑馬六種邦國六閑馬四種家四閑馬二種鄭玄云每廄爲一閑二百一十六匹易乾爲馬此應乾之策也校有左右則天子良馬五種各有四百三十二匹合二千一百六十匹駑馬三之四百三十二匹則千二百九十六匹合三千四百五十六匹詩云騋牝三千舉大數也玉路駕種馬戎路駕戎馬金路駕齊馬象路駕道馬田路駕田馬駑馬給官中之役邦國六閑四種去戎種其齊道田各用一閑駑馬三之則千二百九十六匹大夫四閑二種去齊道田馬一閑駑馬三之則八百六十四匹四匹一師也十二匹一趣馬也三十六匹一馭夫也二百一十六匹一僕夫也凡六官之長。皆民譽也。大國三卿晉時置六卿爲軍帥故摠舉六官則知羣官無非其人○長丁丈反帥所類反下之帥爲帥皆同也【疏】凡六至譽也○正義曰上已歷言諸官特爲公所知者更復摠言所任皆得其人於時晉立六卿卿名下有統領羣官非一凡六官之在民上爲長者皆是有德有能之人是民所褒譽者也使魏相以下至程鄭爲乘馬御以上凡有八條之官魏相等爲卿一也荀家等爲公族大夫二也士渥濁爲大傅三也右行辛爲司空四也弁糾爲御戎五也荀賓爲右六也祁奚爲中軍尉至籍偃爲司馬七也程鄭爲乘馬御八也自公族大夫以下七條各云使爲其事而卿下不云使者以卿摠攝羣職非偏主一事故也公族大傅司空不云某官屬焉者以其當官自主更無餘官來屬其祁奚爲中軍尉及羊舌職張老魏絳鐸過寇籍偃雖是數官摠爲一條使訓卒乘親以聽命此唯有中軍上軍無下軍之官者蓋時下軍無闕不別立其

官故也其卿無共御立軍尉以攝之一句爲下祁奚爲中軍尉肹緒也大略所敘皆尊官在前卑官在後○注大國至其人○正義曰大國三卿是正法當時晉置六卿爲三軍之將佐皆是帥也於是晉又更置新軍凡有四軍八卿但新軍或置或廢故傳不數之耳六官之長非獨卿身乃謂其下凡爲人之長者皆有民之美譽故摠舉六官則知羣官無非其人者也舉不失職。官不易方。官守其業無相踰易【疏】舉不至易方○正義曰所舉用者皆堪其官不有失職者也文任文官武任武官其用爲官各守其業不踰易其方也若文人爲武武人爲文則違方易務不能守其業矣爵不踰德。量德授爵師不陵正。旅不偪師。正軍將命卿也師二千五百人之帥也旅五百人之帥也言上下有禮不相陵偪【疏】注正軍至陵偪○正義曰傳言不陵不偪者皆謂下不陵偪其上旅卑於師師卑於正知正是軍將命卿也唯舉師旅不相陵偪言上下有禮皆不相陵偪也民無謗言。所以復霸也。此以上通言悼公所行未必皆在即位之年○復扶又反下及注復入皆同上時掌反【疏】所以復霸○正義曰霸者把也把持王政鄭玄云天子衰諸侯興故曰霸夏有昆吾商有豕韋大彭周有齊桓晉文此最彊者也故書傳通謂彼五人爲五霸耳但霸是彊國爲之天子既衰諸侯無主若有彊者即營霸業其數無定限也而何休以霸不過五不許悼公爲霸以鄉曲之學足以忿人傳稱文襄之霸襄承文後紹繼其業以後漸弱至悼乃彊故云復霸○公如晉。朝嗣君也。○夏六月。鄭伯侵宋。及曹門外。曹門宋城門也遂會楚子伐宋。取朝郟。楚子辛、鄭皇辰侵城郜。取幽丘。同伐彭城。朝郟城郜幽丘皆宋邑○取朝如字郟古治反郜古報反納宋魚石、向爲人、鱗朱、向帶、魚府焉。五子以十五年出奔楚獨書魚石爲師告以三百乘戍之而還。書曰復入。惡其依阻大國以兵威還故書復入○乘繩證反惡烏路反凡去其國。國逆而立之曰入。謂本無位紹繼而立復其位曰復歸。亦國逆○復歸音服一音扶又反諸侯納之曰歸。謂諸侯以言語告請而納之有位無位皆曰歸以惡曰復入。謂身爲戎首稱兵入伐害國殄民者也此四條所以明外內之援辨逆順之辭通君臣取國有家之大例○以惡本或作以惡入曰復入【疏】凡去至復入○正義曰釋例曰凡去其國者通謂君臣及公子母弟也國逆而立之本無位則稱入本有位則稱復歸齊小白入于齊無位也衞侯鄭復歸于衞復其位也諸侯納之有位無位皆曰歸衞孫林父蔡季是也身爲戎首則曰復入晉欒盈是也此所以明外內之援辨逆順之辭故經正魚石衞衎以表舊制傳稱凡例摠而明之也衞人逆公子晉于邢宜稱入善其得衆公子友忠於社稷國人所思焉故閔公爲落姑之盟以復之夫衞公子晉絕位而在邢魯之季子勢弱而出奔咸得民望享國有家是以聖人貴之殊其文也莊六年五國諸侯犯逆王命以納衞朔大其事故字王人謂之子矣朔懼有違衆之犯而以國逆告華元實國逆欲挾晉以自助故以外納赴春秋從而書之以示二子之情也

韓魏有耦國之彊陳蔡有復國之端故晉趙鞅楚公子比皆稱歸從諸侯納之例言非晉楚之所能制也侯儒愛君以請故曹伯有國逆之辭許始復國故許叔有國逆之文此皆時史因周典以起時事之情也傳例稱諸侯納之曰歸今檢經諸稱納者皆有與師見納之事不須例而自明故但言納而不復言歸也衞侯鄭曹伯負芻皆見執在周晉魯請而復之鄭書歸于衞負芻稱歸自京師所發事同而文異者例意本在於歸不以他文爲義也賈氏又以爲諸歸國稱所自之國所自之國有力也案楚公子比去晉而不送是無援於外而經書自晉陳侯吳蔡侯廬皆平王所封可謂有力而不言自楚此既明證又春秋稱入其例有二施於師旅則曰不地在於歸復則曰國逆又以立爲例逆而不立則皆非例所及鄭之良霄以寇而入即見殺而復例之例稱凡去其國明非夫子之制也周敬王王子猛不書出而書入襄王書出而不書入凡自周無出故非春秋舊例也諸在例外稱入直是自外入內記事者常辭義無所取而賈氏雖夫人姜氏之入皆以爲例如此甚多又依放穀梁云稱納者內難之辭因附會諸納爲義至于納北燕伯于陽傳稱因其衆窮不能通乃云時陽守距難故稱納此又無證經書楚人圍陳納頓子于頓則頓國之所欲也北燕伯傳有因衆之文不可言內難也又書納公孫寧儀行父于陳陳縣而見復上下交驩二人雖有淫縱之闕今道楚匡陳賊討君葬威權方盛傳稱有禮理無有難此皆先說之不安也沈氏云國逆而立之曰入唯謂國君知不兼臣者以臣而無位本賤不書故知臣無國逆之例也其復入唯謂臣知者以君雖不君臣不可不臣君若入國臣無違拒之法且杜云身爲戎首稱兵入伐是戎首指臣爲文故知不得兼君也杜所以云四條者通君臣取國有家之大例即是事通君臣者此據大略而言不復曲細爲別也宋人患之。西鉏吾曰。何也。西鉏吾宋大夫○鉏仕居反徐在居反吾音魚西鉏吾人名也若楚人與吾同惡。以德於我。吾固事之也。不敢貳矣。惡謂魚石大國無厭。鄙我猶憾。言已事之則以我爲鄙邑猶恨不足此吾患也○厭於鹽反憾戶暗反不然。而收吾憎。使贊其政。謂不同惡魚石而用之使佐政以間吾釁。亦吾患也。今將崇諸侯之姦。而披其地。崇長也謂楚今取彭城以封魚石披猶分也○間如字又間廁之間釁許靳反披普彼反注同長丁丈反【疏】不然至吾患○正義曰不然謂不與吾同惡也而收取吾之所憎謂魚石是也使佐其楚國之政以伺間吾之釁隙而侵伐我如此則亦是吾之所患若晉用楚材皆爲楚國之患焉是也以塞夷庚。夷庚吳晉往來之要道楚封魚石於彭城欲以絕吳晉之道【疏】注夷庚至之道○正義曰夷平也詩序云由庚萬物得由其道是以庚爲道也此云以塞夷庚下云而懼吳晉知謂塞吳晉往來之要道也吳晉往來路由彭城楚取彭城以封魚石欲以斷絕吳晉往來之道使其不得往來故吳晉所以懼耳若其不然何其獨云懼吳晉也夷庚止謂吳晉往來之平道耳非山川險難之名故杜土地名不得指其所在逞姦而攜服。毒諸侯而懼吳晉。偪吳晉之道故懼攜離也【疏】逞姦而攜服○正義曰逞快也封魚石爲快姦人也攜離也諸侯見楚助賊服從者其心皆離是離其服從者之心吾庸多

矣。非吾憂也。且事晉何爲。晉必恤之。言宋常事晉，何爲顧有此患難。難，乃旦反。○公至自晉。晉范宣子來聘，且拜朝也。拜謝公朝。君子謂晉於是乎有禮。有卑讓之禮也。○秋，杞桓公來朝，勞公，且問晉故。公以晉君語之。語其德政。○勞，力報反。語，魚據反，注同。杞伯於是驟朝于晉而請爲昏。爲平公不徹樂張本。〔疏〕驟朝于晉。正義曰：詩云「載驟駸駸」，驟是疾行之名，從魯即疾朝于晉也。○七月，宋老佐、華喜圍彭城，老佐卒焉。言所以不克彭城。○八月，邾宣公來朝，即位而來見也。見，賢遍反。○築鹿囿，書不時也。非土功時。○己丑，公薨于路寢，言道也。在路寢，得君薨之道。〔疏〕言道也。正義曰：喪大記云「君、夫人卒於路寢」，是在路寢得君薨之道也。○冬，十一月，楚子重救彭城，伐宋。使偏師與鄭人侵宋，子重爲後鎮。宋華元如晉告急。韓獻子爲政，於是欒書卒，韓厥代將中軍。曰：欲求得人，必先勤之。勤恤其急。成霸安彊，自宋始矣。晉侯師于台谷以救宋。台谷地闕。○台，勑才反，一音臺。〔疏〕成霸安彊。○正義曰：謂文公成霸安彊，自宋爲始，言今宋有患，不可不救也。遇楚師于靡角之谷，楚師還。畏晉強也。靡角，宋地。晉士魴來乞師。將救宋也。季文子問師數於臧武仲。武仲，宣叔之子。對曰：伐鄭之役，知伯實來，下軍之佐也。知伯，荀罃。今彘季亦佐下軍。彘季，士魴。○彘，直例反。如伐鄭可也。伐鄭在十七年。事大國，無失班爵而加敬焉，禮也。從之。從武仲言。○十二月，孟獻子會于虛朾，謀救宋也。宋人辭諸侯，而請師以圍彭城。不敢煩諸侯，故但請其師。爲襄元年圍彭城傳。孟獻子請于諸侯，而先歸會葬。○丁未，葬我君成公，書順也。薨于路寢，五月而葬，國家安靜，世適承嗣，故曰書順也。○適，丁歷反。〔疏〕書順也。○正義曰：自此以前，莊、宣薨于路寢，桓、莊、僖、文、宣皆書葬矣。今於此公薨之下言道也，於葬之下言書順也，獨發傳者，隱、桓、閔皆爲人所殺，僖公薨于小寢，文公薨于臺下，皆其薨不得道也。莊、宣雖薨于路寢，莊則子般見殺，宣則歸父出奔，家國不安，非是得道順禮，唯成公耳，故傳於此發之。釋例曰：魯君薨葬多不順制，唯成公薨于路寢，五月而葬，國家安靜，世適承嗣，故傳見莊之緩，舉成書順，以包之，是也。

春秋左傳注疏卷二十八校勘記　阮元撰盧宣旬摘録

附釋音春秋左傳注疏卷第二十八　成十六年盡十八年

經十六年

雨木冰　淳熙本木誤大

喜穆公子子罕也　淳熙本穆誤穆

故曰楚子敗績　纂圖本子作師非也

若君將被殺獲者爲重　宋本爲字上有復以殺獲者五字是也

無傳義例　宋本淳熙本天放菴翻岳本足利本作傳無義例是也

於時行父從公伐鄭　毛本時誤是

與行父俱歸　監本俱誤但

叔孫僑如出奔齊　漢書五行志引作喬如

刺公子偃　釋文刺作刾云依字作刺案刾俗刺字

傳十六年

敗諸汋陂　石經宋本岳本汋作汋釋文同

至于鳴鴈　毛本于作於鴈作雁注同

晉侯將伐鄭　毛本伐誤代

郤錡將上軍　纂圖本毛本郤作卻誤下同

死亡不復存　宋本存作補

有勝矣　有字上石經旁增晉字此後人妄加也

時順而物成　淳熙本物誤物

求無不具　淳熙本具誤吴

注烝衆至中正　以下正義五節在對曰王子矣正義之後宋本總入子其勉之節注下

昔我先王世后稷　浦鏜云先下誤衍王字據俗本國語云也

敦厚也　宋本無也字與孔疏摘注合

瀆齊盟　惠棟云崔憬易注云瀆古黷字傳皆以瀆爲黷

食話言爲義　毛本話作語宋本義作並皆非也

人恤所底　宋本岳本底作厎與石經合注及正義並同

動靖悠意　閩本監本毛本靖作情非也

有奸邪者　盧文弨云奸當作姦

詳則祥也　閩本監本毛本則作者是也

財用有科益　閩本財作則亦非宋本監本毛本科作利是也○今改作利

和睦相親　宋本睦下有而字

以補其空闕之處　毛本補作備非

外絶其鄰國之好　毛本鄰作隣俗字

民知所適　毛本知作之誤

人既不知在上之信　宋本閩本監本毛本作上此本誤七今訂正

我若羣臣輯睦以事君多矣　石經若字下旁增退字多矣下旁增又何求三字皆非唐刻惠棟云當是晁公武據蜀石經益之案惠說未確釋文輯作集云又作輯案輯與集同

荀林父奔走　淳熙本奔走誤作三反

范匄趣進　釋文云匄本又作丐史記晉世家注作范丐

注晦月至忌　宋本至下有爲字是也

晦是月終陰之盡也　監本毛本盡作盛非也

在陳而囂　纂圖本監本毛本囂作嚻下同

囂喧嘩也　岳本嘩作譁釋文作諠譁云本又作喧嘩

楚子登巢車以望晉軍　說文引傳作轈車

伯州犂以公卒告王　淳熙本王誤玉

必大敗矣　石經宋本淳熙本岳本纂圖本監本毛本矣作之是也

服虔云復反也　監本服虔云誤作虔云云

爲飛矢之象　毛本矢誤失

是非無以可明　毛本可字空缺

潘黨爲右石首御鄭成公　淳熙本右石二字誤倒

陷於淖　石經陷字上旁有公字乃後人妄增非唐刻也

與養由基　漢書班固東都賦作游基

申鮮虞之傳摯　宋本毛本傳作傅是也

鄭元詩注云　浦鏜云注當作箋是也○今訂正

韎韋也　段玉裁校本韎字上增茅蒐二字是也謂齊人急疾呼茅蒐成韎也

謂要脚連耳　毛本謂作爲非也
識見不穀而趨　案惠棟云識當爲適外傳作屬訓爲適
爲其拜而菱拜　監本毛本其誤共
又先無被傷之狀　閩本被誤彼
三肅使者而退　淳熙本三作二非也
其右茀翰胡曰通　按韋昭國語周語注引作右弗宋庠云古字
周禮全羽爲旞　閩本監本毛本旞作旞非宋本作旞○今從宋本
但九旗犛首　監本毛本九作凡誤也
故旌爲之揔名　毛本爲作謂非
已當死戰　宋本岳本已作已是也纂圖本死戰二字誤倒
好以暇　石經初刻無以字後重刊入故此行十一字
造于子重　纂圖本毛本于作於非
日寡君乏使　閩本乏誤之
注夷亦傷也　宋本無也字
苗賁皇徇曰　閩本監本徇誤狗
蓐食申禱　岳本禱作禱非也
申重也　監本重誤董
穀陽豎　史記晉楚世家呂氏春秋權勳篇淮南子人間訓作陽穀與今本異
晉入楚軍三日穀　監本三誤二石經日字下後人旁加館字釋文云本或作三日館穀誤國語晉語韋注引作晉師三日館穀即釋文所謂或作之本而館從舍作舘尤爲俗字
不常於一人也　重修監本一誤明
亦所以責子反　閩本監本毛本反下有也字非
聞子玉自殺　毛本玉作二非
申宮儆備　李善注陸士衡豪士賦序引儆作警說文儆下引傳儆宮文異
申勑宮備　毛本勑作勅纂圖本作敕
是大泜曹也　淳熙本亦作泜仍石經避諱而改宋本岳本纂圖本閩本監本毛本作泯是也注同○今訂正
臣人得殺之　閩本殺誤投宋本人下有不字
乃是彊鄰　閩本監本毛本彊作疆非也

君唯不遺德刑　毛本遺作以誤
注爲曹至告傳　閩本脫注字
子叔聲伯　纂圖本毛本聲作申非也
聲伯戒叔孫　監本戒誤戚
歸必叛矣　顏師古漢書朱博傳注引作畔矣
待于鄆　惠棟云京相璠曰公羊作運字今東郡廩邱縣東入十里有故運城即此城也
使子叔聲伯請季孫于晉　淳熙本孫誤叔
又何求　石經求字改刊求字下後人旁增焉字
赦季孫　石經赦字上後人旁增而字
使立於高國之閒　毛本於作于國作固並非
奔衛亦閒於卿　石經奔字上有遂字乃後人所增惠棟云今本皆脫遂字非確論也
夏書至可乎　宋本此節正義在將愼其細也節注下

經十七年

曹伯邾人伐鄭　補各本曹伯作曹伯此本誤師今訂正
十一月無壬申日誤也　淳熙本誤作許非也
六日壬辰　毛本辰誤申
十月庚午圍鄭　毛本午下重午字非也
貍脤即是其一　毛本是誤知

傳十七年

君驕侈而克敵　李善注干寶晉紀揔論引作君無禮而克敵非
是天益其疾也　纂圖本天作大誤
惟祝我　宋本淳熙本岳本惟作唯與石經合
因禱自裁　纂圖本裁誤言
若其二人之死　閩本監本毛本死作卒
與婦人相冒　毛本冒作省閩本監本作冐並非
慙䣕於家　岳本慙作慚
國牽之弟文子　纂圖本文誤父
卜立家宰　宋本足利本家作冢是也顧炎武云此施氏之家臣也如論語仲弓爲季氏宰之宰解冢宰非炎武未見舊本故也纂圖本卜作下誤○家今改作冢
葵傾葉向日　釋文向作嚮云本亦作向皆俗鄉字
食珠玉含象　釋文云含本亦作唅纂圖本玉誤王
廣雅云玫瑰珠也　毛本玫作玖亦誤宋本監本作玟是也下同○玫今改玟
瓊瑰石而次玉　毛本石誤食
濟洹之水　各本作濟毛本誤齊
言之之莫而卒　詩秦風渭陽正義引作言之至莫而卒毛本莫誤莫
討高若　宋本淳熙本岳本纂圖本監本毛本若作弱
反自鄢陵　石經反字一行十一字疑初刻無反字釋文云一本又作自鄢陵
爭死命也　宋本淳熙本岳本纂圖本足利本無也字
八百人也　宋本淳熙本岳本纂圖本足利本無也字
或曰畏當爲藏　宋本畏作威是也
一朝而尸三卿　惠棟云韓子載厲公語曰吾一朝而夷三卿鄭注周禮夌人云夷之言尸也是夷與尸古字通又古夷字作𡰥與尸相近故或從尸或從𡰥也
余不忍益也　韓子益作盡
在內爲軌　釋文云軌本又作宄書盤庚正義引作宄漢書元帝紀注軌與宄同也按宄者正字也軌者假借字也
刑治近也　宋本岳本纂圖本足利本無也字淳熙本作刑治也非
辭謝書與偃也　宋本淳熙本岳本纂圖本足利本無也字下故云辱也辭不往也同
公遊于匠麗氏　盧文弨校本云大戴禮記保傅篇作匠黎史記作匠驪則麗當讀平聲案國語周語韋注引作鄺
孟姬之讒　閩本讒誤纔
舒庸東夷國人　宋本淳熙本岳本纂圖本足利本無人字是也
楚公子櫜師襲舒庸　纂圖本閩本監本毛本櫜誤櫜顧炎武云石經櫜誤作櫜非也案櫜師乃楚公子名石經櫜字下旁有師字乃後人妄增淳熙本子誤于

經十八年

晉弑其君州蒲　案蒲字當作滿石刻及諸本作蒲
己丑公薨于路寢　纂圖本閩本監本毛本己誤已

傳十八年

使程滑弑厲公　李善注劉孝標辨命論引弑作殺

悼公周也　宋本淳熙本岳本纂圖本無也字下言有命也注同

辛巳朝于武宮　正義曰服虔本作辛未晉語亦作辛巳孔晁云以辛未盟入國辛巳朝祖廟取其新也案晉語稱庚午大夫逆于清原傳云庚午盟而入逆日即盟非辛未也傳與晉語皆云辛巳朝于武宮服本自誤耳孔晁強欲合之非也案臧琳云庚午既盟而入故明日辛未即朝於始祖廟服本是也若作辛巳則與盟而入之日相去十有二日久入而不朝何也故知國語作巳字誤而杜本左傳同之何邪據孔注國語知孔氏所見左傳與服本同作辛未特孔氏不知國語巳字爲誤而強欲通之爲非耳正義謂逆日即盟此說是也至以服本爲誤則偏袒之失

夷羊五之屬也　宋本淳熙本岳本纂圖本無也字

周子有兄而無慧　諸本作慧李善注劉孝標辨命論引作惠古字通

齊爲慶氏之難前年國佐殺慶克故甲申晦　陳樹華云注當入故字之下案宋本淳熙本岳本皆以難字爲句非也

官掌刑故　閩本監本毛本故作政亦非宋本官上有士字無故字是也

悼文公之元孫　宋本文上有是字

薄賦歛　宋本岳本歛作斂與石經合

武子季　宋本子下有之字與晉語合

魏顆以身退秦于輔氏　宋本身上有其字浦鏜挍本于上增師字並與晉語合也

至于今不忘　監本忘作育是也按韋注云育遂也

使佐下軍　宋本監本毛本下作新與國語合

公曰荀家惇惠　宋本閩本監本毛本荀作荀是也

無忌愼靖　監本毛本愼作鎭下同按明道本國語作鎭靜韋注云鎭重也靜安也

膏粱之性難正也　浦鏜挍粱作梁是也

使脩范武子之法　石經此處脩作偹非

使士渥至時使　宋本以下正義六節揔入使訓勇力之士時使注下

知荀賓之有功力而不暴也　宋本閩本有功字監本初刻亦有後剜去毛本無按明道本國語無功字

以晉語知是欒糾也　重脩監本欒誤欒

掌王馬之政　閩本監本王誤主非也

設令國有千乘　閩本監本毛本千作十

爲車右屬官　宋本爲上有故字

失於彊暴　宋本彊作强閩本監本作疆非也

魏絳爲司馬　監本絳作絳非也

程鄭荀氏別族　淳熙本作荀氏非

知程鄭爲端而不淫　宋本閩本監本毛本作端此本誤瑞今訂正浦鏜正誤云爲字衍文是也

輿司馬者　重脩監本輿誤與

掌焉之官　閩本監本毛本焉作駕宋本作馬是也○今從宋本

命僕夫七騶咸駕　案夫當作及乃與月令合

載旌旗　宋本旗作旐與月令合

六繫爲廄　毛本爲作馬非也

天子十有二閑　毛本閑作閒非下六閑同

校人乘馬　此本校誤校據宋本閩本訂正監本作教亦誤

二百二十六匹　宋本二十作一十與鄭注校人合

各有四百三十二匹　毛本二誤三

十二匹一趣馬也　重脩監本趣誤起

晉時置六卿爲軍師　重脩監本置誤蓋

更復揔言所任　宋本閩本監本毛本作任此本誤住今訂正

卿各下名有統領　宋本無各字名作各是也閩本監本毛本卿下衍名字

不能守其業矣　監本毛本業作職非也

量德授爵　纂圖本毛本授作受非也

曹門宋城門也　宋本淳熙本岳本纂圖本足利本無也字

爲師告　宋本淳熙本岳本纂圖本足利本師作帥

朔懼有違衆之犯　閩本監本毛本違作逆非

華元實國迎　監本毛本迎作逆

侯獳愛君以請　監本毛本獳作孺非也

案楚公子比去晉而不送　閩本監本毛本送作返非也

又以立爲例　宋本又上重國逆二字與襄卄五年昭卄一年正義合

則皆非例所入　宋本入作及是也監本誤作人下文而入即入並誤作人

明非夫子之制也　監本毛本夫作天

大國無厭　釋文厭作猒字按古書猒字淺人多改爲厭不知其義不同也如此條正當作猒

鄙我猶憾　石經凡憾字皆作感後人加小此處正作憾疑轉寫之譌

不然至吾患　宋本此節正義在亦吾患也句下

故杜土地名　監本土誤上

有卑讓之禮也　宋本淳熙本岳本纂圖本足利本無也字

且問晉故　淳熙本問誤間

語其德政　足利本政作也非

非土功時　淳熙本土作此誤

成霸安彊　宋本淳熙本纂圖本閩本監本毛本彊作疆與石經合

成霸安疆　宋本此節正義在自宋始矣句下

靡角宋地　重脩監本宋誤朱

將救宋也　宋本淳熙本岳本纂圖本足利本無也字

唯成公耳　宋本唯字上有得道順禮四字是也

附釋音春秋左傳注疏卷第二十八

附釋音春秋左傳注疏卷第二十九　襄元年盡四年

杜氏注　孔穎達疏

襄公。○陸曰襄公名午成公子母定姒諡法因事有功曰襄辟土有德曰襄〔疏〕正義曰魯世家云襄公名午成公之子定姒所生以簡王十四年即位諡法因事有功曰襄是歲歲在壽星

經元年春王正月。公即位。無傳於是公年四歲〔疏〕注於是公年四歲○正義曰九年傳曰會于沙隨之歲寡君以生晉侯曰十二年矣知於是公年四歲○仲孫蔑會晉欒黶、宋華元、衞甯殖、曹人、莒人、邾人、滕人、薛人圍宋彭城。魯與謀於虛朾而書會者禀命霸主非匹敵故○魯與音預○夏。晉韓厥帥師伐鄭。○仲孫蔑會齊崔杼、曹人、邾人、杞人次于鄫。鄫鄭地在陳留襄邑縣東南書次兵不加鄭次鄫以待晉師○鄫才陵反〔疏〕注鄫鄭至晉師○正義曰釋例曰兵未有所加所次則書之以示遲速既書兵所加則不書其所次此書次于鄫者為此魯齊曹邾杞其兵皆不加鄭故書次也傳曰於是東諸侯之師次于鄫以待晉師是韓厥伐鄭此次以待之。○秋。楚公子壬夫帥師侵宋。○九月辛酉。天王崩。無傳辛酉九月十五日〔疏〕注辛酉九月十五日○正義曰顯言此日者欲明下冬聘是十月之初為王崩日近赴人未至故也○邾子來朝。○冬。衞侯使公孫剽來聘。剽子叔黑背子○剽匹妙反字林匹召反○晉侯使荀罃來聘。冬者十月初也王崩赴未至皆未聞喪故各得行朝聘之禮而傳善之〔疏〕注冬者至善之○正義曰禮記曾子問曰諸侯相見揖讓入門不得終禮廢者幾孔子曰六天子崩大廟火日食后夫人之喪雨霑服失容則廢是王崩當廢禮也今傳釋此朝聘皆云禮也知此冬者是十月之初崩赴未至由其俱未聞喪故得以吉行禮而傳善之

傳元年春己亥。圍宋彭城。下有二月則此己亥為正月正月無己亥日誤〔疏〕注下有至日誤○正義曰長麻推此年正月庚戌朔其月無己亥圍宋彭城經在正月之下傳文下有二月則其己亥必是正月月不容誤知是日誤非宋地。追書也。成十八年楚取彭城以封魚石故曰非宋地夫子治春秋追書繫之宋〔疏〕注成十至之宋○正義曰公羊傳曰宋華元曷為與諸侯圍宋彭城為宋誅也其為宋誅奈何魚石走之楚楚為之伐宋取彭城以封魚石成十八年傳曰楚伐彭城納魚石焉以三百乘戍之而還西鉏吾曰崇諸侯之姦而披其地不言取為楚邑而云披地長奸是左氏之意亦為楚以彭城封魚石為國故注言封魚石也既列為國非復宋地傳言追書是仲尼新意故云夫子治春秋追書繫之宋也言追書者其地已非宋有追來使屬宋耳非謂夫子在後追書前事若以追為在後追前則仲尼新意皆是追書前事非獨此為追書也於是為宋討魚石。故稱宋。且不登叛人也。登成也不與其專邑叛君故使彭城還繫宋○為于偽反〔疏〕注登成至繫宋○正義曰登成釋詁文不與其專邑叛君不與楚得取邑封人故使彭城還繫於宋也釋例曰楚人棄君助臣取宋彭城以封叛者削正與偽雖非復宋地故追書繫宋不與楚之所得是其義也言不登叛人則叛罪重矣不書魚石以彭城叛者孫林父將戚而出故得書云孫林父入于戚以叛此則因楚之力取彭城與宋交爭非欲出附他國故言復入也若揔而言之俱是背叛於君故云不登叛人也謂之宋志。稱宋亦以成宋志〔疏〕於是至宋志○正義曰魚石舊是宋人今還取宋地以自封若其不繫於宋則成此魚石為一國之君夫子追繫於宋乃有二意於是為宋討魚石宜繫於宋且又不成此為叛人使得取君之邑以為一國之主有此二意故繫之於宋謂之宋志者言宋人志在攻取彭城故以魚石繫之於宋成此宋人之志○注稱宋至宋志○正義曰此與隱元年謂之鄭志義勢同也鄭伯實不獲段而經書克謂之鄭志言鄭伯志於殺雖實不克段而書之為克見鄭伯之志也此彭城實非宋地而經書為宋謂之宋志言宋人志在取之雖實非宋地而繫之於宋成宋人之志也夫子脩春秋而傳於此二條特言謂之宋志謂之鄭志者夫子所脩春秋或褒或貶皆是夫子之志非取國人之心此宋志鄭志者以其雖是夫子所脩還取二國本志故也案下十年成鄭虎牢傳云非鄭地也言將歸焉杜云繫之于鄭以見晉志即此類也於此三事傳例已明故彼不云謂之晉志也彭城降晉。晉人以宋五大夫在彭城者歸。寘諸瓠丘。彭城降不書賤略之瓠丘晉地河東東垣縣東南有壺丘五大夫魚石向為人鱗朱向帶魚府○降戶江反注同寘之豉反瓠徐侯吳反一音戶故反垣音袁〔疏〕注彭城至略之○正義曰案莊八年郕降于齊師既書於經則知彭城之降亦合書也今不書者但以其賤故略之也晉欒盈復入于晉下云晉人殺欒盈而書於經此彭城降所以賤略不書者彼以殺之為重來告故書此以降事為輕故為賤略齊人不會彭城。晉人以為討。二月。齊大子光為質於晉。光齊靈公大子○質音致○夏五月。晉韓厥、荀偃帥諸侯之師伐鄭。入其郛。荀偃不書非元帥○郛芳夫反元帥所類反〔疏〕韓厥至其郛○正義曰傳唯言諸侯之師不見諸侯之國未知諸侯之師是何國師也於是東諸侯之師次于鄫以待晉師則次鄫之師皆不與伐鄭此諸侯之師其中必無齊魯曹邾也案上圍彭城除此五國以外猶有宋衞莒滕薛下云晉侯衞侯次于戚以為之援則衞師從伐之明矣明年戚之會知武子云滕薛小邾之不至皆齊故也始怪滕薛鄭滕薛在矣東諸侯皆次于鄫無小邾在齊魯之東與東人同次前圍彭城亦無小邾莒此時或無莒侯之師當是宋衞滕薛也賈逵云韓厥荀偃帥師宋衞滕薛伐鄭齊魯曹邾杞大于鄫故諸侯人郛不書者晉人○先以鄭罪令於諸侯故書伐鄭不復告故不書○注荀偃不書非元帥○正征並舉諸將他國之師唯書元帥詳內略外春秋之常故杜為注復時一言之耳敗其徒兵於洧上。徒兵步兵○洧于軌反〔疏〕注徒兵步兵○正義曰論語云以吾從大夫之後不可徒行謂無車空行也步行謂之徒行故步兵謂之徒兵也隱四年傳云敗鄭徒兵注云時鄭不車戰則此亦然也於是東諸侯之師次于鄫。以待晉師。齊魯曹邾杞晉師自鄭以鄫之師侵楚焦夷及陳。於是孟獻子自鄫先歸不與侵陳楚故不書○焦如字徐在堯反不與音預〔疏〕注於是至不書○正義曰獻子先歸傳無其事正以不書侵楚侵陳知其必先歸矣若獻子從師則書不待告以獻子先歸晉不告魯故侵陳楚皆不書也然不知獻子何以先歸傳既不言未測其故也今贊云則先歸者以前年虛朾會獻子先歸會葬今公雖即位年又幼小君既新立故獻子先歸晉侯、衞侯次于戚。以為之援。為韓厥援○秋。楚子辛救鄭。侵宋呂留。呂留二縣今屬彭城郡鄭子然侵宋。取犬丘。譙國酇縣東北有犬丘城迂迴疑○酇才汗反又子旦反迂音于○九月。邾子來朝。禮也。邾宣公○冬。衞子叔、晉知武子來聘。禮也。凡諸侯即位。小國朝之。小事大大國聘焉。大字小以繼好結信。謀事補闕。禮之大者也。闕猶過也禮以安國家利民人為大○好呼報反

經二年春王正月。葬簡王。無傳五月而葬速○鄭師伐宋。書伐從告○夏五月庚寅。夫人姜氏薨。○六月庚辰。鄭伯睔卒。未與襄同盟而赴以名庚辰七月九日書六月經誤○睔古困反徐又胡忖反〔疏〕注未與至經誤○正義曰睔以成六年即位九年盟于蒲十五年于戚又七年楚子重伐鄭諸侯救鄭而楚退同盟于馬陵諸侯雖不重序明亦與鄭同盟則是與成三同盟矣與其父盟於法得以名赴其子此云未與襄同盟而赴以名者言其嘗與成同盟此類多矣注皆云與其父同盟而已此注特言未與襄同盟者鄭既從楚嫌其已背前盟不合更以名赴故明之也此經六月庚辰鄭伯睔卒傳言七月庚辰鄭伯睔卒經傳必有誤者杜以長麻校之此年六月壬寅朔其月無庚辰七月壬申朔九日得庚辰則傳與麻合知傳是而經誤也此經六月七日其文皆具所言誤者非徒字誤而已乃是書經誤七月之事錯書以為六月故長麻云書於六月經誤言元本書之非字誤也○晉師、宋師、衞甯殖侵鄭。宋雖非卿師重故敘衞上○殖市力反〔疏〕注宋雖至衞上○正義曰於例將卑師眾稱師師少也晉為兵主故當先書宋雖非卿以師為重故序甯殖之上○秋七月。仲孫蔑會晉荀罃、宋華元、衞孫林父、曹人、邾人于戚。己丑。葬我小君齊姜。齊諡也三月而葬速○齊如字諡法執心克莊曰齊或音側皆反非〔疏〕注齊諡至葬速○正義曰諡法執心克莊曰齊是齊為諡也葬而舉諡禮之常也此特云齊諡者以諡齊者少且齊同字夫人齊女嫌齊非諡晉大子申生之母稱齊姜者齊女姓姜氏彼齊非諡故此須明之○

叔孫豹如宋。豹於此始自齊還爲卿○冬。仲孫蔑會晉荀罃、齊崔杼、宋華元、衞孫林父、曹人、邾人、滕人、薛人、小邾人于戚。遂城虎牢。以偪鄭〔疏〕遂城虎牢○正義曰虎牢是鄭舊邑此時屬晉而不繫晉者莊三十二年注云大都以名通者則不繫國此以名通故不繫晉也十年戍鄭虎牢繫於鄭者傳曰非鄭地也言將歸焉彼爲將歸鄭而繫之鄭也或當虎牢雖已屬晉晉人新得不爲已有故不繫晉也

○楚殺其大夫公子申。

傳二年。春。鄭師侵宋。楚令也。以彭城故○齊侯伐萊。萊人使正輿子、賂夙沙衞以索馬牛。皆百匹。夙沙衞齊寺人索簡擇好者○萊音來輿音餘本亦作與索所白反〔疏〕馬牛皆百匹○正義曰司馬法上出馬一匹牛三頭則牛當稱頭而亦云匹者因馬而名牛曰匹并言之耳經傳之文此類多矣易繫辭云潤之以風雨論語云沽酒市脯不食玉藻云大夫不得造車馬皆從一而省文也齊師乃還。君子是以知齊靈公之爲靈也。諡法亂而不損曰靈言諡應其行○應應對之應年末同行下孟反○夏。齊姜薨。初。穆姜使擇美檟。檟梓之屬○檟古雅反木名〔疏〕注檟梓之屬○正義曰釋木云槐小葉曰榎郭璞曰槐當爲楸楸細葉者爲榎又云大而皵小而皵檟樊光云大老也皵楛皮也皮老而麤楛者爲楸小少也少而麤楛者爲檟又云椅梓郭璞曰即楸也如彼所云楸梓皆檟之小別故云梓之屬也以自爲櫬與頌琴。櫬棺也頌琴琴名猶言雅琴皆欲以送終○櫬初覲反〔疏〕注櫬棺至送終○正義曰以論死者言櫬知櫬是棺也四年注云櫬親身棺也以親近其身故以櫬爲名焉禮記檀弓曰天子之棺四重水兕革棺一杝棺一梓棺二鄭玄云杝椵也所謂椵棺也梓棺二所謂屬與大棺也記文從內向外水兕革棺最近尸也次爲椑以椵爲之次屬與大棺乃以梓爲之檀弓又云君即位而爲椑鄭玄云椑謂杝棺親尸者椑堅著之言也天子椑內又有水兕革棺喪大記云君大棺八寸屬六寸椑四寸如彼記文諸侯之棺三重親身之棺名之爲椑椑即櫬是也其椑用椵爲之屬與大棺乃用梓耳此以梓爲櫬者名之曰櫬其內必無棺也擇檟爲櫬其櫬必用梓也記唯言即位爲椑不言椑所用木鄭玄據天子之棺其椑用杝即云椑謂杝棺也天子之椑自用杝則諸侯不必然據此傳文諸侯之椑必用梓也頌琴者詩爲樂章琴瑟必以歌詩詩有雅頌故以頌爲琴名也猶如言雅琴也櫬琴同文知皆欲以送終也季文子取以葬。君子曰。非禮也。禮無所逆。婦養姑者也。虧姑以成婦。逆莫大焉。穆姜成公母齊姜成公婦○養徐余亮反詩曰。其惟哲人。告之話言。順德之行。詩大雅哲知也話善也言知者行事無不順○話戶快反知音致下同季孫於是爲不哲矣。言逆德○爲不哲矣一本作不爲哲矣〔疏〕詩曰至哲矣○正義曰詩大雅抑之篇也其惟有知之人告之以善言則順從之爲美德之行矣言之者行事無有不順從者今季孫逆之於是爲不知矣哲知釋言文也且姜氏。君之姒也。襄公適母故曰君之姒○姒必履反適丁歷反本又作嫡〔疏〕注襄公至之姒○正義曰曲禮曰生曰父曰母死曰考曰妣襄公是成公之妾定姒所生齊姜是其適母故曰君之姒也詩曰。爲酒爲醴。烝畀祖妣。以洽百禮。降福孔偕。詩周頌烝進也畀與也偕徧也言敬事祖妣則鬼神降福季孫葬姜氏不以禮是不敬祖妣○烝之承反畀必利反注同洽戶夾反偕音皆徧音遍〔疏〕詩曰至孔偕○正義曰詩周頌豐年之篇也豐有之年多稻多黍醸之爲酒爲醴以進與祖妣以洽百種之禮爲烝嘗之祭鬼神享之則下與福祐甚周徧言今事妣失禮神將不福祐之也烝進畀與皆釋詁文偕訓爲俱俱亦徧之義也釋言云孔甚也○齊侯使諸姜宗婦來送葬。宗婦同姓大夫之婦婦人越疆送葬非禮○疆居良反〔疏〕注宗婦至非禮○正義曰諸姜同姓之女也宗婦同姓之婦也夫人齊姜是齊國之女故使其宗親之婦女來會葬也齊爲姜姓歷世多矣不可姜姓之女姜姓之婦今其皆來魯國莊二十四年大夫宗婦覿用幣者宗婦是同姓大夫之婦知此宗婦亦是同姓大夫之婦然則諸姜是齊同姓之女嫁與齊大夫之爲妻者也禮記檀弓云婦人不越疆而弔人是越疆送葬非禮也召萊子。萊子不會。故晏弱城東陽以偪之。爲六年滅萊傳東陽齊竟上邑○竟音境〔疏〕召萊子萊子不會○正義曰世族譜不知萊國之姓齊侯召萊子者不爲其姓姜也以其比鄰小國意陵蔑之故召之欲使從送諸姜宗婦來向魯耳萊子以其輕侮故不肯會○鄭成公疾。子駟請息肩於晉。欲辟楚役以負擔喩○擔都暫反公曰。楚君以鄭故。親集矢於其目。謂鄢陵戰晉射楚王目○射食亦反非異人任。寡人也。言楚子任此患不爲他人蓋在己○非異人任絶句任音壬一讀至人字絶句爲于僞反若背之。是棄力與言。其誰暱我。言盟誓之言○背音佩棄力服本作棄功暱本又作昵女乙反徐乃吉反免寡人。唯二三子。〔疏〕集矢至三子○正義曰說文云鳥之短尾者揔名爲隹隹在木上爲集集是鳥止之名矢有羽似鳥故亦稱集也楚君被射目者非是爲異人也在此患者爲寡人也今若背之棄其助鄭之力與盟誓之言他人其誰肯親我乎免寡人此棄力背言之責唯二三子耳○秋。七月。庚辰。鄭伯睔卒。於是子罕當國。攝君事〔疏〕子罕當國○正義曰禮君薨聽於冢宰不須攝行君事此令子罕當國者鄭國間於晉楚國家多難喪代之際或致傾危蓋成公顧命使之當國非常法也子駟爲政已是正卿知當國者爲攝君事矣沈氏云魯襄四歲國家無虞今僖公年雖長大爲偪於晉楚故令子罕當國也子駟爲政。爲政卿子國爲司馬。晉師侵衞。晉伐喪非禮諸大夫欲從晉。子駟曰。官命未改。成公未葬嗣君未免喪故言未改不欲違先君意〔疏〕官命未改○正義曰先君既葬嗣君正位乃得建官命臣十六年晉侯改服脩官是其事也先君未葬皆因舊事不得建官命臣故云官命未改庶事悉皆未改不可即違先君言此者不用從晉之意故也會于戚。謀鄭故也。鄭久叛晉謀討之孟獻子曰。請城虎牢以偪鄭。虎牢舊鄭邑今屬晉知武子曰。善。鄫之會。吾子聞崔子之言。今不來矣。元年孟獻子與齊崔杼次于鄫崔杼有不服晉之言獻子以告知武子〔疏〕注元年至武子○正義曰元年伐鄭次于鄫唯有韓厥荀偃於時武子未必在軍當是此會始告之耳滕薛小邾之不至。皆齊故也。三國齊之屬寡君之憂不唯鄭。言復憂齊○復扶又反下文將復復會同罃將復於寡君。而請於齊。以城事白晉君而請齊會之欲以觀齊志得請而告。吾子之功也。得請謂齊人應命告諸侯會築虎牢若不得請。事將在齊。將伐齊吾子之請。諸侯之福也。城虎牢足以服鄭息征伐豈唯寡君賴之。傳言荀罃能用善謀○穆叔聘于宋。通嗣君也。○冬。復會于戚。齊崔武子、及滕薛小邾之大夫皆會。知武子之言故也。武子言事將在齊齊人懼帥小國而會之遂城虎牢。鄭人乃成。如孟獻子之謀○楚公子申爲右司馬。多受小國之賂。以偪子重、子辛。偪奪其權勢楚人殺之。故書曰。楚殺其大夫公子申。言所以致國討之文

經三年。春。楚公子嬰齊帥師伐吳。公如晉。○夏。四月。壬戌。公及晉侯盟于長樗。晉侯出其國都與公盟于外○樗勑居反〔疏〕注晉侯至于外○正義曰文三年公如晉及晉侯盟盟不書地在晉都也此時晉侯出其國都與公盟于長樗蓋近城之地盟訖還入於晉故公歸書曰公至自晉也文三年盟于晉都此盟出城外者出與不出皆由晉侯意耳此或是悼公謙以待人不敢使國君就已出盟于外若似相就然故出城也公至自晉。無傳不以長樗至本非會〔疏〕注不以至非會○正義曰假令公朝於晉更與晉侯餘處別會即從會所而歸亦得書曰公至自晉何則一行而有二事者或以始致或以終致出自當時之意書其所告之事而已所告先後無定例也但此盟于長樗晉侯爲盟之故暫出城耳本非刻期聚會之處唯得以自晉告廟不得以長樗告也注言本非會解其必不得以長樗致之意也○六月。公會單子、晉侯、宋公、衞侯、鄭伯、莒子、邾子、齊世子光。己未。同盟于雞澤。雞澤在廣平曲梁縣西南周靈王新即位使王官伯出與諸侯盟以安王室故無譏○單音善〔疏〕注雞澤至無譏○正義曰諸侯不得

盟天子之臣天子之臣不得與諸侯聚盟盟則加以貶責傳二十九年翟泉之盟貶王子虎稱人是其事也傳八年洮之盟王人在列傳曰謀王室也諸侯共謀王室不譏王人在盟是由襄王新立命遣與盟故耳此盟單子在列於經亦無譏文靈王以往年新立明是王新卽位使王官之伯出與諸侯結盟以安王室故無所譏與洮之盟同也釋例曰未有臣而盟君臣而盟君是子可盟父故春秋王世子以下會諸侯者皆同會而不同盟洮之盟王室有子帶之難襄王懼不得立告難于齊遣王人與諸侯盟故傳釋之曰謀王室以明王勑其來盟非諸侯所敢與也踐土之盟王子虎臨諸侯而不與同歃故經但列諸侯而傳具載其實此實聖賢之垂意以爲將來之永法也一年之間諸侯輯睦翼戴天子而翟泉之盟子虎在列君子以爲非天子之命齮上下常節故不存魯侯而人子虎以示篤戒也今雞澤之會單子與盟亦王所命也杜言王使盟者傳無其文正以經無貶責知是命使盟也

陳侯使袁僑如會。陳疾楚政而來屬晉本非召會而自來故言如會○僑其驕反〔疏〕注陳疾至如會○正義曰凡盟主召其同好之國刻期而與結盟來不及期則加貶責他國後期則沒其國而不序於列魯君後期則摠稱諸侯不復國別歷序文七年公會諸侯晉大夫盟于扈是也僖二十八年踐土之盟陳侯如會此袁僑如會皆本非同好慕義而來喜其來而不責其晚故言陳疾楚政而來屬晉本非召會而袁僑自來故言如會解其後至特書而不貶之意也七年鄭伯髡頑如會自是被召而來其人未見諸侯在道而卒故書如會爲卒張本與此異也

戊寅。叔孫豹、及諸侯之大夫、及陳袁僑盟。諸侯既盟袁僑乃至故使大夫別與之盟言諸侯之大夫則在雞澤之諸侯也殊袁僑者明諸侯大夫所以盟盟袁僑也據傳盟在秋長歷推戊寅七月十三日經誤〔疏〕注諸侯至經誤○正義曰諸侯盟會歷序國君其下云某人某人皆是大夫也若卿來則書卿名氏文十四年公會宋公陳侯衛侯鄭伯許男曹伯晉趙盾于新城如此之類其事多矣此袁僑來若及盟卽序於列當在世子光下今諸侯既盟袁僑乃至不可特爲袁僑更復重盟若其不與之盟則又逆陳來意以袁僑是大夫故使大夫盟之若其陳侯自來諸侯雖則盟訖亦當更與之盟不得使大夫也凡諸侯盟會皆先目後凡上文雞澤之會既以具序諸侯此摠言諸侯大夫則雞澤諸侯足以明矣故不復具序諸國從省文耳諸侯大夫既以摠書而獨見叔孫豹者經據魯史魯史所記詳內略外傳十五年牡丘之盟下公孫敖帥師及諸侯之大夫救徐獨書魯臣亦此類也言諸侯之大夫其內可以兼袁僑而殊袁僑言及陳袁僑盟者明此諸侯之大夫所以爲此盟者止爲盟陳袁僑耳且上文雞澤之會其內未有陳侯直言諸侯之大夫則不得包陳袁僑故殊之也

○秋。公至自會。無傳○冬。晉荀罃帥師伐許。

傳三年。春。楚子重伐吴。爲簡之師。簡選練克鳩茲。至于衡山。鳩茲吴邑在丹陽蕪湖縣東今皐夷也衡山在吴興烏程縣南使鄧廖帥組甲三百。被練三千。組甲被練皆戰備也組甲漆甲成組文被練練袍○廖力彫反組音祖下皆同被皮義反徐扶僞反注及下同〔疏〕注組甲至練袍○正義曰賈逵云組甲以組綴甲車士服之被練帛也以帛綴甲步卒服之凡甲所以爲固者以盈竅也帛盈竅而任力者半卑者所服組盈竅而盡任力尊者所服馬融云組甲以組爲甲裏公族所服被練以練爲甲裏卑者所服然則甲貴牢固組練俱用絲也練若不固宜皆用組何當造不牢之甲而令步卒服之豈欲其被傷故使甲不牢也若練以綴甲何以謂之被也又組是絛繩不可以爲衣服安得以爲甲裏杜言組甲漆甲成組文今時漆甲有爲文者被練文不言甲必非甲名被是被覆衣著之名故以爲練袍被於身上雖並無明證而杜要愜人情

以侵吴。吴人要而擊之。獲鄧廖。其能免者。組甲八十。被練三百而已。子重歸。既飲至。三日。吴人伐楚。取駕。駕。良邑也。鄧廖。亦楚之良也。君子謂子重於是役也。所獲不如所亡。當時君子○要於遥反〔疏〕注當時君子○正義曰傳言君子多矣獨此言當時君子者諸言君子論議往事多是丘明自言託之君子此傳君子謂子重亡多於獲楚人以君子之言咎責子重不得爲後世君子故云當時君子楚人以是咎子重。子重病之。遂遇心病而卒。憂恚故成心疾○咎其九反恚一端反○公如晉。始朝也。公即位而朝○夏。盟于長樗。孟獻子相。公稽首。相儀也稽首首至地○相息亮反注同〔疏〕注稽首至地○正義曰周禮九拜一曰稽首諸侯事天子之禮也知武子曰。天子在。而君辱稽首。寡君懼矣。稽首事天子之禮孟獻子曰。以敝邑介在東表。密邇仇讎。仇讎謂齊楚與晉爭○介音界爭爭鬭之爭寡君將君是望。敢不稽首。傳言獻子能固事盟主○晉爲鄭服故。且欲脩吴好。鄭服在前年○爲于僞反好呼報反將合諸侯。使士匄告于齊曰。寡君使匄以歲之不易。不虞之不戒。寡君願與一二兄弟相見。不易多難也虞度也戒備也列國之君相謂兄弟○易以豉反注同難乃旦反年內同度待洛反以謀不協。請君臨之。使匄乞盟。齊侯欲勿許。而難爲不協。乃盟於耏外。與士匄盟耏水名○耏音而〔疏〕盟於耏外○正義曰此是士匄適齊齊侯與盟其盟不離城之左右若是地名山名不得有外內之異爾雅云厓內爲隩外爲隈李巡曰厓內近水爲隩外爲隈孫炎曰內曲裏也外曲表也是水有內外之異知此耏爲水名其水蓋曲而近城故稱耏外讎也○正義曰讎者相負挾怨之名奚負狐狐負奚皆謂之讎此是奚負狐也不是舉之以解怨故下云稱其讎不爲諂也○祁奚請老。老致仕晉侯問嗣焉。嗣續其職者稱解狐。其讎也。將立之而卒。解狐卒解音蟹○又問焉。對曰。午

也可。午祁奚子於是羊舌職死矣。晉侯曰。孰可以代之。對曰。赤也可。赤職之子伯華於是使祁午爲中軍尉。羊舌赤佐之。各代其父君子謂祁奚於是能舉善矣。稱其讎。不爲諂。立其子。不爲比。舉其偏。不爲黨。諂媚也偏屬也○諂他檢反比毗志反〔疏〕稱其至爲黨○正義曰設令他人稱其讎則諂以求媚也立其子則心在親比也舉其偏則情相阿黨也今祁奚以其人實善故舉薦之人見彼善知奚不諂不比不黨也諂者阿順曲從以求彼意故以諂爲媚媚愛也言爲諂以求愛也偏者半廂之名故傳多云東偏西偏軍師屬己分之別行謂之偏師傳云彘子以偏師陷是偏爲廂屬之名也祁奚爲中軍尉羊舌職佐之職屬祁奚復舉其子是舉其偏屬也商書曰。無偏無黨。王道蕩蕩。商書洪範也蕩蕩平正無私其祁奚之謂矣。解狐得舉。未得位故曰得舉祁午得位。伯華得官。建一官而三物成。一官軍尉物事也〔疏〕建一官而三物成○正義曰尉佐同掌一事故爲建一官也三事成者成其得舉得位得官也官位一也變文相辟耳服虔云所舉三人各能成其職事案解狐得舉而死身未居職何成事之有能舉善也。夫唯善故能舉其類。詩云。惟其有之。是以似之。祁奚有焉。詩小雅言唯有德之人能舉似己者○也夫音扶絕句一讀以夫爲下句首〔疏〕詩云至似之○正義曰此小雅裳裳者華之篇也其卒章云右之右之君子有之維其有之是以似之○六月。公會單頃公及諸侯。己未。同盟于雞澤。單頃公王卿士○頃音傾晉侯使荀會逆吴子于淮上。吴子不至。道遠多難○楚子辛爲令尹。侵欲於小國。陳成公使袁僑如會求成。患楚侵欲袁僑濤塗四世孫〔疏〕侵欲於小國○正義曰多有所欲求索无厭侵害小國故小國怨也晉侯使和組父告于諸侯。告陳服秋。叔孫豹及諸侯之大夫、及陳袁僑盟。陳請服也。其君不來使大夫盟之匹敵之宜○晉侯之弟揚干、亂行於曲梁。行陳次○行戶郎反注同陳直覲反魏絳戮其僕。僕御也〔疏〕魏絳戮其僕○正義曰以車亂行是御者之罪故戮其僕也周禮司寇之屬有掌戮之官鄭玄云戮猶辱也既斬殺又辱之其職云掌斬殺賊諜而膊之凡殺其親者焚之殺王之親者辜之殺人者踣諸市肆之三日鄭玄云膊謂去衣磔之焚燒也辜謂磔之踣僵尸也肆猶申也陳也彼膊焚辜肆皆謂陳以示人然則此言戮者非徒殺之而已乃殺之以徇諸軍昭四年楚戮慶封負之斧鉞以徇於諸侯先徇乃殺之也成二年韓獻子既斬人郤子使速以徇是殺之而後徇也此戮卽彼徇之

謂也文十年楚申舟扶宋公之僕以徇或曰國君不可戮也彼扶以徇亦稱爲戮下云至於用鉞當是殺之乃以徇也

晉侯怒。謂羊舌赤曰。合諸侯。以爲榮也。揚干爲戮。何辱如之。必殺魏絳。無失也。對曰。絳無貳志。事君不辟難。有罪不逃刑。其將來辭。何辱命焉。言終。魏絳至。授僕人書。僕人晉侯御僕【疏】事君至不逃刑○正義曰此言絳之宿心舊行耳非獨爲此事而言也服虔云謂致斬揚干之僕是不辟獲死之難然則斬僕信依法也豈是絳之罪而得謂之有罪不逃刑乎不逃不辟此事自亦是矣要本其宿心非是專爲此事也

將伏劍。士魴、張老止之。公讀其書曰。日君乏使。使臣斯司馬。斯此也【疏】將伏劍○正義曰謂仰劍刃身伏其上而取死也臣聞師衆以順爲武。順莫敢違軍事有死無犯爲敬。守官行法雖死不敢有違君合諸侯。臣敢不敬。君師不武。執事不敬。罪莫大焉。臣懼其死。以及揚干。無所逃罪。懼自犯不武不敬之罪不能致訓。至於用鉞。用鉞斬揚干之僕○鉞音越【疏】臣聞至用鉞○正義曰臣聞師旅兵衆順從上命莫敢違逆是爲威武此據在軍之衆也軍旅之事守官行法欲討罪人雖有死難不敢辟死犯違法令而從舍罪人是爲共敬也君命既合諸侯臣豈敢畏懼死罪放舍罪人不爲共敬也今君之師衆違命亂行既已不武自謂揚干也執事之臣畏懼其死罪不戮罪人是爲不敬魏絳自謂也不武不敬罪莫大焉是揚干與已皆有大罪臣若不討非直臣有死罪揚干亦合有死罪臣懼身之死罪連及揚干是臣罪更重無所逃辟重罪也不能以禮漸致教訓至於用鉞以斬其僕是臣之罪重也臣之罪重。敢有不從。以怒君心。言不敢不從戮請歸死於司寇。致尸於司寇使戮之公跣而出。曰。寡人之言。親愛也。吾子之討。軍禮也。寡人有弟。弗能教訓。使干大命。寡人之過也。子無重寡人之過。聽絳死爲重過○跣先典反重直用反注同敢以爲請。請使無死晉侯以魏絳爲能。以刑佐民矣。反役。與之禮食。使佐新軍。羣臣旅會今欲顯絳故特爲設禮食○食音嗣注同又如字特爲于僞反【疏】與之禮食○正義曰與之禮食者若公食大夫禮以大夫爲賓公親爲之特設禮食○使佐新軍○正義曰服虔云於是魏頡卒矣使趙武將新軍代魏頡升魏絳佐新軍代趙武也世族譜魏顆魏絳俱是魏犨之子顆長生頡則絳是頡之叔父顆別爲令狐氏絳爲魏氏益顆長而庶絳幼而適故也魏世家武子生悼子悼子生絳則絳是犨孫計其年世孫應是也先儒悉皆不然未知何故張老爲中軍司馬。

代魏絳士富爲候奄。代張老士富士會別族○楚司馬公子何忌侵陳。陳叛故也。○許靈公事楚。不會于雞澤。冬。晉知武子帥師伐許。

經四年。春。王三月己酉。陳侯午卒。前年大夫盟雞澤三月無己酉日誤○夏。叔孫豹如晉。○秋。七月戊子。夫人姒氏薨。成公妾襄公母姒杞姓【疏】注成公至杞姓○正義曰二年齊姜薨者是成公夫人故此爲成公之妾也據傳匠慶之言知是襄公之母以子既爲君故得稱夫人而言薨也於時諸國杞鄫之徒皆姒姓據大者言之故云姒杞姓疑是杞女而未審故也葬陳成公。無傳八月辛亥。葬我小君定姒。無傳定謚也赴同祔姑反哭成喪皆以正夫人禮母以子貴踰月而葬速【疏】注定謚至葬速○正義曰謚法純行不爽曰定舊說妾子爲君其母不得成爲夫人故杜詳言之於例亦同稱薨也祔姑稱小君也反哭成喪書葬也今定姒三禮皆具薨葬備文皆以正夫人之禮者由母以子貴故也釋例曰凡妾子爲君其母猶爲夫人雖先君不命其母母以子貴其適夫人薨則尊得加於臣子而內外之禮皆如夫人矣故姒氏之喪責以小君不成成風之喪王使來會葬傳曰禮也夫人姒氏薨葬皆以禮備爲文明季子雖議從畧賤聞匠慶之言懼而備禮殯葬無闕也禮公子爲其母練冠縓緣既葬除之及其嗣位爲君非復公子適母薨則申其母尊而先儒同之公子亦謬矣是杜言妾母得爲夫人之意也季孫初議欲不成定姒之喪匠慶以君長懼之乃畧取季孫之木君子謂之多行無禮必自及也則季孫初議是無禮也既季孫議爲無禮明知於禮得成是知妾母成尊是爲正法但尊無二上適母若在君尚不得盡禮於其母臣民豈得以夫人之禮事之哉適母既薨則君得盡禮君既盡夫人之禮事其母臣民豈得以妾意遇之哉故適母薨則妾母尊也哀姜既薨成風乃正出姜既出敬嬴乃正齊姜既薨定姒乃正襄公一世無娶夫人之文故齊婦得正也鄭玄以爲正夫人有以罪廢妾母得成爲夫人也哀姜雖被齊殺僖公請而葬之棄經薨葬備文安得以罪黜也又齊姜非以罪黜定姒薨葬成尊成風定姒並無譏文知其法得成也○冬。公如晉。○陳人圍頓。

傳四年。春。楚師爲陳叛故。猶在繁陽。前年何忌之師侵陳今猶未還繁陽楚地在汝南鮦陽縣南○爲于僞反鮦孟康音紂直又反一音童或音直勇反非韓獻子患之。言於朝曰。文王帥殷之叛國。以事紂。唯知時也。知時未可爭今我易之。難哉。晉力未能服楚受陳爲非時三月。陳成公卒。楚人將伐陳。聞喪乃止。軍禮不伐喪【疏】注軍禮不伐喪○正義曰十九年晉士匄侵齊至穀聞齊侯卒乃還傳曰聞喪而還禮也是軍禮不伐喪陳人不聽命。不義楚命臧武仲聞之曰。陳不服於楚。必亡。大國行禮焉而不服。在大猶有咎。而況小乎。夏。楚彭名侵陳。陳無禮故也。爲下陳圍頓傳○咎其九反下同穆叔如晉。報知武子之聘也。武子聘在元年晉侯享之。金奏肆夏之三。不拜。肆夏樂曲名周禮以鐘鼓奏九夏其二曰肆夏一名樊三曰韶夏一名遏四曰納夏一名渠蓋擊鐘而奏此三夏曲○肆夏戶雅反注及下同九夏一曰王夏二曰肆夏三曰韶夏四曰納夏五曰章夏六曰齊夏七曰族夏八曰陔夏九曰驁夏肆夏一名樊國語云金奏肆夏樊遏渠杜遂分爲三夏之別名呂叔玉云肆夏時邁也樊遏執競也渠思文也韶上招反遏於葛反納夏本或爲夏納誤渠其居反工歌文王之三。又不拜。工樂人也文王之三大雅之首文王大明綿歌鹿鳴之三。三拜。小雅之首鹿鳴四牡皇皇者華【疏】金奏至三拜○正義曰奏謂作樂也作樂先擊鐘鍾是金也故稱金奏周禮鐘師掌金奏鄭玄云金奏擊金以爲奏樂之節金謂鐘及鎛也又燕禮注云以鐘鎛播之鼓磬應之所謂金奏也此晉人作樂先歌肆夏肆夏是作樂之初故於肆夏先言金奏也次工歌文王樂已先作非復以金爲始故言工歌也於文王已言工歌鹿鳴又畧不言工互見以從省耳其實金奏肆夏亦是工人歌之工歌文王擊金仍亦不息其歌鹿鳴亦是工歌之耳○注肆夏至夏曲○正義曰周禮鍾師凡樂事以鐘鼓奏九夏王夏肆夏昭夏納夏章夏齊夏族夏陔夏驁夏言以鍾鼓奏之也又以文王頌之知是樂曲名也杜子春云王出入奏王夏尸出入奏肆夏牲出入奏昭夏四方賓來奏納夏臣有功奏章夏夫人祭奏齊夏族人侍奏族夏賓醉而出奏陔夏公出入奏驁夏定本納夏爲夏納此傳直言之三不知其三之名魯語同說此事而云金奏肆夏繁遏渠天子所以享元侯也文王大明緜則兩君相見之樂也文王之三盡文王大明緜以文王爲首并取其次二篇以爲三則知肆夏之三亦以肆夏爲首亦并取其次二夏以爲三也且下云三夏天子所以享元侯也三者皆名爲夏知是其次二夏并肆夏爲三也周禮謂之肆夏昭夏納夏魯語謂之繁遏渠故杜以爲每夏而有二名肆夏一名樊昭夏一名遏納夏一名渠先儒所說義多不同周禮注載杜子春云肆夏與文王鹿鳴俱稱三謂其三章也以此知肆夏詩也呂叔玉云肆夏繁遏渠皆周頌也肆夏時邁也繁遏執競也渠思文也肆遂也夏大也言遂於天位也故時邁曰肆于時夏允王保之繁多也遏止也言福祿止於周之多也故執競曰降福穰穰降福簡簡福祿來反渠大也言以后稷配天王道之大也故思文曰思文后稷克配彼天鄭玄云以文王鹿鳴言之則九夏皆詩篇名頌之族類也此歌之大者載在樂章樂崩亦從而亡是以頌不能具數家之說各以意言經典散亡无以取正劉炫云杜爲此解頌九三夏之名而分字配篇不甚憾當何則文王之三卽文王是其一大明緜是其二鹿鳴之三則鹿鳴是其一四牡皇皇者華是其二然則肆夏之三亦當肆夏是其一樊遏渠是其二安得復以樊爲肆夏之別名也若樊卽是肆夏何須重舉二名雖恥習前蹤亦未踰先哲今刪定知不然者以此文云肆夏之三是自肆夏以下有三故爲韶夏納夏凡爲三夏但此三夏各有別名故國語謂之繁遏渠是一字以當一夏若國語直云金奏繁遏渠則三夏之名沒而不顯故於繁字之上特以肆夏冠之云肆夏繁樊既是肆夏明遏是韶夏渠是

納夏也國語舉其難明以會左氏三夏之義劉不曉杜之深意遂欲妄從先儒先儒二說何所馮準先儒以樊遏二字共爲執競以渠之一字獨爲思文分字既无定限文句多少任意則杜以樊共肆夏爲句何爲不可劉君乃與奪恣情不顧曲直妄規杜過於義深非也

韓獻子使行人子員問之。行人通使之官○員音云徐于貧反使所吏反下注及文皆同〔疏〕注行人通使之官○正義曰周禮大行人掌大賓之禮大客之儀小行人掌使適四方協賓客之禮諸侯行人當亦掌此事故爲通使之官也此言韓獻子使行人問魯語云晉侯使行人問者彼孔晁注云韓獻子白晉侯使行人問也曰。子以君命辱於敝邑。先君之禮。藉之以樂。以辱吾子。藉薦也○藉在夜反○吾子舍其大而重拜其細。敢問何禮也。對曰。三夏。天子所以享元侯也。使臣弗敢與聞。元侯牧伯○舍音捨重直用反下皆同敢與音預下及與同牧徐音目〔疏〕注元侯牧伯○正義曰周禮大宗伯云八命作牧九命作伯鄭玄云牧謂侯伯有功德者加命得專征伐於諸侯也伯謂上公有功德者加命爲二伯得征五侯九伯者也鄭司農云牧一州之牧也伯長諸侯爲方伯也然則牧是州長伯是二伯雖命數不同俱是諸侯之長也元長也謂之長侯明是牧伯文王。兩君相見之樂也。臣不敢及。及與也文王之三皆稱文王之德受命作周故諸侯會同以相樂○相樂音洛〔疏〕注及與相樂○正義曰及與也釋詁文言不敢與在其間而聞之魯語并陳兩事乃摠云皆昭令德以合好非使臣之所敢聞彼倶不敢聞此分之爲等級耳詩序文王言文王受命作周大明言文王有明德故天復命武王伐紂緜言文王之興本由大王是文王之三皆稱文王之德能受天命造立周國故諸侯會同歌此以相燕樂也朝而設享是亦二君聚會故以會同言之肆夏旣亡不知其篇之義故唯取詩意以解文王鹿鳴耳詩是樂章樂歌詩篇聖王因其尊卑定其差等詩有四始風也小雅也大雅也頌也鄭玄以肆夏爲頌之族類其差與頌同矣天子享元侯歌肆夏則於其餘諸侯不得用肆夏矣當歌文王與兩君相見同也然則兩元侯相見與天子享之禮同亦歌肆夏之類仲尼燕居兩君相見升歌清廟謂元侯也不歌肆夏辟天子也諸侯來朝乃歌文王遣臣來聘必不得同矣當歌鹿鳴也傳言文王兩君相見之樂則其臣來聘不得與其君同亦當歌鹿鳴也燕禮雖以已臣爲主兼燕四方之賓其樂歌鹿鳴是其定差也燕禮升歌訖乃爲笙歌三篇堂下吹笙以播詩也笙歌訖乃爲間歌六篇堂上歌一篇堂下吹一篇相間代也故燕禮云乃間歌魚麗笙由庚歌南有嘉魚笙崇丘歌南山有臺笙由儀是也間歌訖遂合鄉樂周南關雎葛覃卷耳召南鵲巢采蘩采蘋合樂謂堂上堂下合作樂也鄉樂者風詩也燕禮歌小雅而合鄉樂以合卑於歌一等則知諸所歌者其合樂用詩皆卑於升歌一等故鄭玄詩譜云天子享元侯歌肆夏合文王於諸侯歌文王合鹿鳴諸侯於鄰國之君與天子於諸侯同天子諸侯燕其羣臣及聘問之賓皆歌鹿鳴合鄉樂笙間所用則鄭玄云未聞也燕禮升歌小雅笙歌間歌亦用小雅則笙間用詩與升歌差同而云未聞者升歌合樂其用風雅皆用發首二篇笙用南陔間用魚麗不復更用其首篇者未聞者未知其用何篇也此傳言三夏天子所以享元侯則文王兩君相見之樂亦謂享也雖不言燕燕亦當然此傳晉侯享穆叔爲歌鹿鳴穆叔以已所當得三拜而受燕禮也工歌鹿鳴則是享燕同樂明享之與燕用樂各自同矣若然肆夏之爲樂章樂之最尊者兩君相見尤尚不得用之而燕禮者諸侯燕已羣臣之禮而記云若以樂納賓則賓及庭奏肆夏鄭玄云卿大夫有王事之勞者則奏此樂所以得用之者彼謂納賓之樂郊特牲云賓入大門而奏肆夏示易以敬也鄭玄云賓朝聘者是朝賓聘客俱得用之與此升歌異也

鹿鳴。君所以嘉寡君也。敢不拜嘉。晉以叔孫爲嘉賓故歌鹿鳴之詩取其我有嘉賓叔孫奉君命而來嘉叔孫乃所以嘉魯君〔疏〕注晉以至魯君○正義曰詩序言鹿鳴燕羣臣嘉賓正謂燕已之臣以已臣爲嘉賓耳叔孫以晉歌此篇者以已爲嘉賓故拜受之也燕禮記云若與四方之賓燕則公迎之于大門內鄭玄云四方之賓謂來聘者也是燕聘客唯君迎爲異餘悉與已臣同也四牡。君所以勞使臣也。敢不重拜。詩言使臣乘四牡騑騑然行不止勤勞也晉以叔孫來聘故以此勞之○以勞力報反注勞之同騑芳非反〔疏〕注詩言至勞之○正義曰詩序曰四牡勞使臣之來謂遣臣出使來歸乃勞之也叔孫以晉歌此篇勞已來聘故重拜受之也魯語云四牡君之所以章臣之勤也敢不拜章皇皇者華。君教使臣曰。必諮於周。皇皇者華君遣使臣之詩言忠臣奉使能光輝君命如華之皇皇然又當諮于忠信以補已不及忠信爲周其詩曰周爰諮諏周爰諮謀周爰諮度周爰諮詢言必於忠信之人諮此四事○諏子須反度待洛反下文注同詢音荀〔疏〕注皇皇至四事○正義曰此詩本意文王教出使之臣使遠而有光華又當諮問善道於忠信之人今晉君歌此以寵穆叔穆叔執謙以爲晉侯所教故云君教使臣下云臣獲五善敢不重拜與詩本意異也忠信爲周魯語文也爰於也若遇忠信之人於是訪問諮度諏謀等四事也魯語云皇皇者華君教使臣曰每懷靡及諏謀度詢必咨於周敢不拜教臣聞之。訪問於善爲咨。問善道咨親爲詢。問親戚之義咨禮爲度。問禮宜咨事爲諏。問政事咨難爲謀。問患難○難乃旦反注同〔疏〕咨親至爲謀○正義曰魯語言此四事唯咨親爲詢與此文同其餘咨材爲諏咨事爲謀咨義爲度三者與此皆異韋昭改從此傳注云材當爲事事難爲難孔晁注云材謂政幹也臣獲五善。敢不重拜。五善謂諮詢度諏謀〔疏〕臣獲五善○正義曰教之咨人卽得一善故并咨爲五魯語云君旣使臣以大禮重之以六德孔晁云既有五善又自謂无及成爲六德言自謂知所无及懷靡謙以問知者此亦卽是一德故爲六德也皆是受君之教乃知如此亦是君之所賜故云臣獲也○秋。定姒薨。不殯于廟。無櫬。不虞。櫬親身棺季孫以定姒本賤既无器備議其喪制欲殯不過廟又不反哭○過古禾反〔疏〕注櫬親至反哭○正義曰櫬者親身之棺初死卽當有之將葬以殯過廟葬訖乃爲虞祭今定姒初薨匠慶以君長櫬之乃始作櫬知此是季孫以定姒本賤素无器備議其喪制欲如此耳非是終久遂无之也檀弓曰君卽位而爲椑夫人尊與君同亦當生已有櫬今議欲不爲是素无器備故始議之也檀弓又曰喪之朝也順死者之孝心也其哀離其室也故至於祖考之廟而後行殷朝而殯於祖周朝而遂葬士喪禮朝而遂葬與記正同知周法不殯于廟而此及僖八年傳皆云不殯于廟以爲非禮知其將葬之時不以殯過廟耳非是殯尸於廟中也葬訖日中反虞於正寢謂之反哭今故不虞有欲不爲反哭也

匠慶謂季文子曰。匠慶魯大匠子爲正卿。而小君之喪不成。謂如季孫所議則爲夫人禮不成不終君也。慢其母是不終事君之道君長。誰受其咎。言襄公長將責季孫○長丁丈反注同初。季孫爲己樹六檟於蒲圃東門之外。蒲圃場圃名季文子樹檟欲自爲櫬○爲于僞反下注爲定姒爲言卜爲執事同圃布古反場直良反〔疏〕注蒲圃至爲櫬○正義曰詩云九月築場圃毛傳云春夏爲圃秋冬爲場樹菜蔬爲圃治禾黍爲場圃同地耳故杜以場明圃圃名蒲也檟是爲櫬之木知季孫樹之欲自爲櫬也匠慶請木。爲定姒作櫬季孫曰。略。不以道取爲略匠慶用蒲圃之檟。季孫不御。御止也傳曰遂得成禮故經無異文○御魚呂反注同〔疏〕注御止至異文○正義曰止謂之禦御卽禦也故訓爲止季孫本議欲無櫬不虞今傳唯言取木爲櫬而已尚不知得殯廟虞祭以否不虞卽是不反哭不反則不得書葬今定姒薨葬備文則因匠慶之言遂得每事成禮是故經無異文君子曰。志所謂多行無禮。必自及也。其是之謂乎。〔疏〕季孫至謂乎○正義曰不以道取爲略今律略人略賣人是也季孫言略令匠慶略他木也官非無木可用意欲不成其喪謂木不順其意怒慶此請令略木爲之也匠慶又忿季孫未必無木可用故取季孫之檟其意言遣我略人我止略女季孫令之爲略匠慶奉命而略雖自被略不得止之季孫此議自是無禮也被匠慶略木是自及也君子言古之志記所謂多行無禮必自及者其季孫之謂乎而釋例論此云議從略賤彼自是解正義之語與此不以道取爲略別也○冬。公如晉聽政。受貢賦多少之政晉侯享公。公請屬鄫。鄫小國也欲得使屬魯如須句顓臾之比使助魯出貢賦公時年七歲蓋相者爲之言鄫今琅邪鄫縣○句其俱反顓音專臾羊朱反比必二反相息亮反〔疏〕注鄫小至鄫縣○正義曰附庸附大國耳鄫乃子爵而欲得屬魯者春秋之世小國不能自通多附於大國二十七年齊人請邾宋人請滕邾滕猶尚附人況鄫又小也故杜譬之如須句顓臾之比須句亦子爵使助魯出貢賦耳時公年七歲未能自謀蓋國內共爲此計使相者代公言之晉侯不許。孟獻子曰。以寡君之密邇於仇讎。而願固事君。無失官命。晉官徵發之命〔疏〕注晉官徵發之命○正義曰二年鄭子駟以君初喪云官命未改此魯以國小賦重恐失官命二者官命雖同而主意有異故杜彼以未葬解之此以徵發解之觀文爲說鄫無賦於司馬。晉司馬又掌諸侯之賦爲執事朝夕之命敝邑。敝邑褊小。闕而爲罪。闕不共也○朝夕如字褊必淺反共音恭寡君是以願借助焉。借鄫以自助○借子亦反注同晉侯

許之。為明年叔孫豹、鄫世子巫如晉傳。楚人使頓間陳而侵伐之，故陳人圍頓。間，伺間缺。○間陳，間厠之間。伺音司，間音閑，又間厠之間，又如字。無終子嘉父使孟樂如晉，無終，山戎國名。孟樂，其使臣。○使臣，所吏反。因魏莊子納虎豹之皮，以請和諸戎。欲戎與晉和。莊子，魏絳。晉侯曰：「戎狄無親而貪，不如伐之。」魏絳曰：「諸侯新服，陳新來和，將觀於我，我德則睦，否則攜貳。勞師於戎，而楚伐陳，必弗能救，是棄陳也，諸華必叛。諸華，中國。戎，禽獸也。獲戎失華，無乃不可乎？夏訓有之曰：『有窮后羿。』」夏訓，夏書。有窮，國名。后，君也。羿，有窮君之號。○夏，戶雅反。下注皆同。羿音詣。【疏】注「夏訓」至「之號」。○正義曰：夏書五子之歌云：太康尸位以逸豫，畋于有洛之表，十旬弗反。有窮后羿因民弗忍，距于河。厥弟五人御其母以從，五子咸怨，述大禹之戒以作歌。其一曰：皇祖有訓。是大禹立言以訓後，故傳謂此書為夏訓也。羿居窮石之地，故以窮為國號，以有配之，猶言有周、有夏也。后，君也。窮國之君曰羿，羿是有窮君之號。公曰：「后羿何如？」怪其言不次，故問之。對曰：「昔有夏之方衰也，后羿自鉏遷于窮石，因夏民以代夏政。禹孫大康淫放失國，夏人立其弟仲康。仲康亦微弱，仲康卒，子相立，羿遂代相，號曰有窮。鉏，羿本國名。○鉏，仕居反。大音泰。相，息亮反。下及注同。【疏】注「禹孫」至「國名」。○正義曰：夏本紀禹生啟，啟生大康，是禹孫也。為羿所距，書序云「大康失邦」，是為淫放失國也。本紀又云：大康崩，弟仲康立。尚書胤征云「惟仲康肇位四海」，孔安國云：羿廢大康而立其弟仲康為天子，則仲康羿之所立，但羿握其權，仲康不能除去之耳。哀元年傳稱有過澆殺斟灌以滅后相，相依斟灌，故澆滅之，是相立為天子，乃出依斟灌，則相之立也，蓋亦羿立之矣。此傳言羿代夏政，云不脩民事，寒浞殺羿，言取其國家，則羿必自立為天子也。當是逐出后相，羿乃自立。相依斟灌、斟尋，夏祚猶尚未滅，蓋與羿並稱王也。及寒浞殺羿，因羿室而生澆，澆已長大，自能用師，始滅后相。相死之後始生少康，少康生杼，杼又年長，已堪誘豷，方始滅浞而立少康。計大康失邦，及少康紹國，向有百載，乃滅有窮。據此傳文，夏亂甚矣，而夏本紀云：仲康崩，子相立；相崩，子少康立。都不言羿浞之事，是馬遷說之疏也。恃其射也，羿善射。【疏】注「羿善射」。○正義曰：尚書云：大康尸位以逸豫，有窮后羿因民弗忍，距于河。孔安國云：羿，諸侯名。杜云：有窮君之號，則與孔不同也。羿善射，論語文也。說文云：羿，帝嚳射官也。賈逵云：羿之先祖世為先王射官，故帝嚳賜羿弓矢，使司射。淮南子云：堯時十日並出，堯使羿射九日而落之。楚辭天問云：羿彈日，烏焉解羽。歸藏易亦云：羿彈十日。也言雖不經，難以取信，要言嚳時有羿，堯時有羿，則羿是善射之號，非復人之名字。信如彼言，則不知此羿名為何也。不脩民事，而淫于原獸。淫，放。原，野。棄武羅、伯因、熊髡、尨圉，四子皆羿之賢臣。○髡，苦門反。尨，莫邦反。圉，魚呂反。而用寒浞。寒浞，伯明氏之讒子弟也。寒國，北海平壽縣東有寒亭。伯明，其君名。○浞，仕角反，徐在角反。伯明后寒棄之，夷氏羿收之，信而使之，以為己相。浞行媚于內，內，宮人。【疏】伯明后寒棄之。○正義曰：寒是國名，伯明寒君之名也。后，君也。伯明君此寒國之時，而棄不收采也。○注「夷氏」。○正義曰：此傳再言夷羿，故以夷為氏也。而施賂于外，愚弄其民，欺罔之。而虞羿于田，樂之以游田。○樂音洛，下樂安同。樹之詐慝，以取其國家，樹，立也。○慝，他得反，後同。外內咸服。信浞詐。羿猶不悛。悛，改也。○悛，七全反。將歸自田，羿獵還。家眾殺而亨之，以食其子。食羿子。○亨，普彭反。煮也。食音嗣，注同。【疏】家眾殺而亨之。○正義曰：家眾謂羿之家眾。人反羿以從浞，為浞而殺羿也。孟子云：逢蒙學射於羿，盡羿之道，思天下惟羿為愈己，於是殺羿，則殺羿者逢蒙也。其子不忍食諸，死于窮門。殺之於國門。靡奔有鬲氏。靡，夏遺臣事羿者。有鬲，國名，今平原鬲縣。○鬲音革。浞因羿室，就其妃妾。生澆及豷，恃其讒慝詐偽，而不德于民。使澆用師，滅斟灌及斟尋氏。二國，夏同姓諸侯，仲康之子后相所依。樂安壽光縣東南有灌亭，北海平壽縣東南有斟亭。○澆，五弔反。豷，許器反。斟，之林反。灌，古亂反。【疏】注「二國夏同姓諸侯」。○正義曰：世本文也。處澆于過，處豷于戈。過、戈皆國名。東萊掖縣北有過鄉。戈在宋鄭之間。○過，古禾反，注及下同。戈，古禾反。掖音亦。漢書作夜，孟康音掖。【疏】注「戈在宋鄭之間」。○正義曰：哀十二年傳曰：宋鄭之間有隙地焉，曰嵒、戈、錫，是也。靡自有鬲氏，收二國之燼，燼，遺民。○燼，才刃反。【疏】注「燼，遺民」。○正義曰：燋燭既燒之餘，名之曰燼。二國之燼，謂澆之所殺死亡之餘，遺脫之民也。思報父兄之讎，故靡得收而用之。以滅浞而立少康。少康，夏后相之子。○少，詩照反，注及下同。少康滅澆于過，后杼滅豷于戈。后杼，少康子。○杼，直呂反。【疏】注「后杼少康子」。○正義曰：夏本紀少康崩，子杼立，是也。有窮由是遂亡，失人故也。浞因羿室，故不改有窮之號。【疏】有窮至故也。○正義曰：有窮遂亡，謂浞亡也。武羅、伯因、熊髡、尨圉本羿棄之，浞亦不用，失人是國之大患，故言之以規悼公也。昔周辛甲之為大史也，命百官，官箴王闕。辛甲，周武王大史。闕，過也。使百官各為箴辭，戒王過。○箴，之林反。【疏】注「辛甲」至「王過」。○正義曰：晉語稱文王訪于辛尹，賈逵以為辛甲、尹佚，則辛甲文王之臣，而下及武王。但文王之時，天命未改，不得命百官官箴王闕，故以為武王時大史也。闕謂過失也。大史號令百官，每官各為箴辭。虞人掌獵，故以獵為箴也。漢成帝時揚雄爰虞箴，遂依放之作十二州二十五官箴，後亡失九篇。後漢崔駰、駰子瑗、瑗子寔世補其闕，及臨邑侯劉騊駼、大傅胡廣各有所增，凡四十八篇，廣乃次而題之，署曰百官箴，皆放此虞箴為之。於虞人之箴，虞人掌田獵。【疏】注「虞人掌田獵」。○正義曰：周禮山虞：大田獵，則萊山田之野。澤虞：大田獵，則萊澤野。萊謂芟其草萊，以為殺圍之處。詩毛傳云：大芟草以為防，是也。曰：『芒芒禹迹，畫為九州，芒芒，遠貌。畫，分也。○芒，莫郎反。畫，乎麥反。【疏】注「芒芒」至「分也」。○正義曰：畫分者，言畫地分之以為竟也。禹貢唯冀州，帝都，不言竟界，以餘州所至，則冀州可知也。八州各言竟界，云濟河惟兗州，海岱惟青州，海岱及淮惟徐州，淮海惟揚州，荊及衡陽惟荊州，荊河惟豫州，華陽黑水惟梁州，黑水西河惟雍州，是禹所畫分也。經啟九道。啟開九州之道。【疏】注「啟開九州之道」。○正義曰：既分海內以為九州，遂皆以九言之。禹貢云九州攸同，九山刊旅，九川滌源，九澤既陂，故此亦言九道，言禹開通九州之道也。民有寢廟，獸有茂草，各有攸處，德用不擾。人神各有所歸，故德不亂。○攸處，如字，本或作攸家。擾，如小反，亂也。在帝夷羿，冒于原獸，冒，貪也。○冒，莫報反，又音亡北反。【疏】在帝夷羿。○正義曰：帝王之號，當時所稱。三代稱王，自以德劣於前，謙而不稱為帝，其統天下實與帝同，所謂今之王，古之帝也。後人之稱先代，或以王帝，或以帝言王。史記於夏殷諸王皆稱為帝。此羿篡立為王，故以帝稱焉。忘其國恤，而思其麀牡。言但念獵。○麀音憂。鹿牡也。牡，茂后反。武不可重，重猶數也。○重，直用反，注同。數，所角反。【疏】注「重猶數也」。○正義曰：杜讀為重累之重，故為數也。服虔云：重，猶大也。言武事不可大任。用不恢于夏家。羿以好武，雖有夏家，而不能恢大之。○恢，苦回反。獸臣司原，敢告僕夫。』獸臣，虞人。告僕夫，不敢斥尊。虞箴如是，可不懲乎？」於是晉侯好田，故魏絳及之。及后羿事。○好，呼報反。下文同。懲，直升反。【疏】於是至及之。○正義曰：魏絳本意主勸和戎，忽云有窮后羿以開公問，遂說羿事以及虞箴，箴乃與初言不相應會，故傳為此二句以解魏絳之意。公曰：「然則莫如和戎乎？」對曰：「和戎有五利焉：戎狄荐居，貴貨易土，荐，聚也。易猶輕也。○荐，在薦反，又才遜反。或云：草也。易，以豉反，徐神豉反，注同。【疏】注「荐，聚也」。○正義曰：釋言云：荐，再也。孫炎曰：荐草生之再也。卽荐是聚也。服虔云：荐，草也。言狄人逐水草而居，徙無常處。劉炫案莊子云：麋鹿食荐，卽荐是草也，服言是。土可賈焉，一也。邊鄙不聳，民狎其野，穡人成功，二也。聳，懼。狎，習也。○賈音古。聳，息勇反。戎狄事晉，四鄰振動，諸侯威懷，三也。以德綏戎，師徒不勤，甲兵不頓，四也。頓，壞。【疏】注「頓壞也」。○正義曰：頓謂挫傷所壞。今俗語云委頓，是也。鑒于后羿，而用德度，以后羿為鑒戒。遠至邇安，五也。君其圖之！」公說，使魏絳盟諸戎，脩民

事。田以時。傳言晉侯能用善謀。○說音悅 ○冬，十月，邾人、莒人伐鄫。臧紇救鄫，侵邾，敗于狐駘。臧紇，武仲也。鄫屬魯，故救之。狐駘，邾地。魯國蕃縣東南有目台亭。○紇，恨發反。駘，徒來反，徐勑才反。蕃本又作蕃，應劭音皮，一音方袁反。白褒魯國記云：陳子游爲魯相，蕃子也，國人爲諱，改曰皮也。台，吐才反。〔疏〕注蕃縣。○正義曰：魯國地理志曰：蕃讀如藩屏之藩，言魯國南藩也。汝南陳子游爲魯相，子游者，藩之子也，國人辟諱，遂改皮音而爲蕃字，因而不改也。國人逆喪者皆髽。魯於是乎始髽。髽，麻髮合結也。遭喪者多，故不能備凶服，髽而已。○髽，側瓜反。合結，音計。本義作髻，又作紒，音同。〔疏〕注髽麻至而已。○正義曰：髽之形制，禮無明文，先世儒者各以意說。鄭衆以爲枲麻與髮相半結之。馬融以爲屈布爲巾，高四寸，著於顙上。鄭玄以爲去纚而紒。案檀弓記稱南宮縚之妻，孔子之兄女也。縚母喪，孔子誨之髽曰：爾毋從從爾，爾毋扈扈爾。鄭玄云：從從謂大高，扈扈謂大廣。若布高四寸，則有定制，何當慮其從從扈扈而誨之哉？如鄭玄去纚而空露其紒，則髮上本無服矣。喪服女子在室爲父髽衰三年，空露紒髮，安得與衰共文而謂之髽衰也？魯人逆喪皆髽，豈直露紒迎喪哉？凶服以麻表，髽字從髟，是髮之服也。杜以鄭衆爲長，故用其說，言麻髮合結，亦當麻髮半也。於時魯師大敗，遭喪者多，婦人迎子，迎夫，不能備其凶服，唯髽而已，同路迎喪，以髽相弔。傳言魯於是始髽者，自此以後，遂以髽爲弔服，雖有吉者，亦髽以弔人。檀弓曰：魯婦人之髽而弔也，自敗於壺駘始也。鄭玄云：時家家有喪，髽而相弔。知於是始髽者，始用髽相弔也。髽者，依喪服，婦人爲斬衰三年者髽，故喪服云：女子子在室箭笄，髽衰三年是也。其齊衰期亦髽，故檀弓云：南宮縚之妻之姑之喪，夫子誨之髽是也。其婦人弔服，則鄭注檀弓云：大夫之妻錫衰，士之妻則疑衰，皆吉笄無首素總也。國人誦之曰：臧之狐裘，敗我於狐駘。臧紇時服狐裘。我君小子，朱儒是使。朱儒朱儒，使我敗於邾。襄公幼弱，故曰小子。臧紇短小，故曰朱儒。敗不書，魯人諱之。○朱本或作侏，亦音朱。

春秋左傳注疏卷二十九校勘記　阮元撰盧宣旬摘録

附釋音春秋左傳注疏卷第二十九　襄元年盡四年。宋本春秋正義卷第二十。石經春秋經傳集解襄元第十四，淳熙本襄下有公字，岳本元作一，並盡九年

〔襄公〕

〔經元年〕

秋楚公子壬夫帥師侵宋　顏氏匡謬正俗云：楚公子壬夫字子辛，今之學者以其字子辛，遂改壬夫爲壬夫，同是日辰名字相配也。案楚有公子午字子庚，庚是十榦，午是十支，法有相配，辛壬同在十榦，此與庚午不相類，固當依本字讀爲壬夫，不宜穿鑿改爲壬。案顏說非也。石經以下皆作壬，漢書古今人表亦作公子壬夫，陸氏穀梁音義壬音而林反

注辛酉九月十五日　監本毛本辛酉誤作無傳

〔傳元年〕

追書前事　閩本監本毛本書作思，非也

注登成至繫宋　宋本此節正義在於是至宋志之下

於是至宋志　此節及登城至繫宋節注稱宋至宋志節，宋本揔入謂之宋志注下

乃有二意　毛本二作三，非也

言鄭伯志於殺　宋本志下有在字

非取國人之心　閩本監本毛本心作志

瓠邱晉地　纂圖本毛本地誤城

河東東垣縣東南有壺邱　宋本壺作瓠。水經注河水篇云：清水又東南逕陽壺城東，即垣縣之壺邱亭。郡國志河東郡有壺邱亭，注引注云：縣東南有壺邱亭。宋本作瓠邱，非也。又按河東有垣縣，無東垣縣，周禮注、說文及此杜注皆衍東字，宜刪

於戚之會　毛本於作與，非也

敗其徒兵於洧上　宋本纂圖本閩本監本毛本於作于

徒兵步兵　案傳二十八年注云：徒兵，步卒

至長平入潁　案潁字是也，毛本足利本誤穎

故步兵謂之徒兵也　重脩監本下兵誤與

今公雖即位　監本公作歸，非也

小國朝之　鄭氏周禮大行人注引作大國朝焉，小國聘焉。賈疏同。王制正義引鄭氏周禮注同，孔自引左傳仍作小國朝之。儀禮聘禮賈疏凡兩見，俱作小國朝焉

〔經二年〕

又七年楚子重伐鄭　監本毛本又誤文

以冨鄭　纂圖本閩本監本毛本冨作逼，宋本淳熙本岳本足利本作偪。案偪逼古今字

〔傳二年〕

二年春鄭師侵宋楚令也　纂圖本閩本監本毛本師誤伯

萊人使正輿子　釋文云：輿本或作與。惠士奇曰：荀子云萊不用子馬而齊并。楊倞云：或曰正輿氏字子馬

穆姜使擇美檟　郭注爾雅釋木引作使擇美榎

皮老而麄楷者爲楸　宋本麄作麤，是正字。浦鏜正誤楷作散，與爾雅疏引樊注合，下同

櫬親身棺也　宋本親作櫬，非也。案四年注作親

所謂椵棺也　宋本椵作椑，與檀弓注合

頌琴者　重脩監本琴誤奉

言之者行事　宋本之作知

偕徧也　纂圖本毛本徧作偏，非也。釋文亦作徧

則下與福祐甚周徧　宋本閩本監本毛本祐作佑

今其皆來魯國　宋本今作令，是也

婦人不越疆而弔人　宋本閩本監本毛本作弔，此本誤弟，今訂正

是棄力與言其誰暱我　釋文云：棄力，服本又作棄功。暱本又作昵。案臧林云：當從服本作棄功，言楚有功于鄭也

此棄力背言之責　毛本力言二字誤倒

成公未葬　宋本淳熙本岳本纂圖本閩本監本毛本作未，此本誤宋，今訂正

鄭人叛晉謀討之　宋本岳本足利本人作久，是也

〔經三年〕

諸侯共謀王室　毛本共誤不

不譏王人　毛本不誤共

以明王勑其來盟　宋本毛本勑作敕

故經但列諸侯　案釋例但作唯

止爲盟陳袁僑耳　宋本閩本監本毛本作耳，此本誤作且，今改正

〔傳三年〕

在丹陽蕪湖縣東　淳熙本蕪誤羌，宋本足利本作無，此本丹誤月，今據各本訂正

今皐吏也　宋本淳熙本岳本監本毛本吏作夷，是也

託之君子此傳君子　閩本監本毛本脫此傳君子四字

乃盟於耏外　石經纂圖本毛本於作于，釋文亦作于

讐也○正義曰讎者　此節正義宋本閩本監本毛本在注文解狐卒句下，此本與盟於耏外正義合爲一節，非是

於是羊舌職死矣　淳熙本羊舌二字誤作善

商書洪範也　纂圖本閩本監本毛本脫也字

能舉似己者○也 監本○在也字之下岳本纂圖本毛本並作者也宋本淳熙本作能舉似己者是也

維其有之 宋本閩本監本毛本維作惟

單頊公王卿士 淳熙本脫王字纂圖本毛本作正亦非

事君不辟難 纂圖本毛本不作必非也

事君王不逃刑 宋本無不字閩本監本毛本作至不逃非

然則斬僕信依法也 宋本信依作依軍不誤閩本監本毛本法作灋

非是專爲此事也 宋本也作耳

軍事有死無犯爲敬 纂圖本毛本事誤仕

而從舍罪人 毛本從作放

經四年

注定謚至葬速 毛本至誤之

於例亦同稱薨也 宋本監本毛本亦作赴是也

明季子雖議從略賤 宋本季下有文字是也

殯葬無闕也 閩本監本毛本闕作闗亦非宋本作闕是也○今依宋本

豈得以妾意遇之哉 閩本監本毛本意作毋非也

鄭元以爲匹夫人有以罪廢 閩本監本毛本有以二字誤倒

傳四年

晉士匄侵奪齊至穀 宋本無奪字與十九年經合

周禮以鐘鼓奏九夏 淳熙本岳本鐘作鍾

一名樊 閩本監本樊作繁案國語作繁

金謂鍾及鎛也 宋本鎛作鏄下同

昭夏納夏 閩本監本毛本昭作部下同案周禮鍾師作昭

此傳直言之三不朝其三之名 閩本監本毛本朝作拜亦非宋本作辨

文王之三盡文王大明緜 閩本監本毛本盡作蓋

并取其次三篇 宋本閩本監本毛本三作二是也

呂叔王云 宋本王作玉不誤

言遂於天位也 宋本天作大位字下有謂王位三字是也

降福穰穰 閩本監本毛本穰穰作禳禳非

云肆夏繁樊既是肆夏 閩本監本毛本樊作繁既作即非

何所馮準 閩本監本馮作憑非後同者不更出

先儒以樊遏二字共爲執競 閩本監本毛本樊作繁非

彼孔晁注云 毛本晁誤韶

韓獻子白 宋本閩本監本毛本白作曰

加命爲二伯 毛本脫二字

伯長諸侯爲方伯也 重脩監本伯長誤自長

注及與相樂 宋本閩本監本毛本與下有至字是也

彼俱不敢聞 閩本監本毛本俱誤懼宋本聞作間

定其差等 閩本監本毛本差等誤倒

堂下吹一篇 監本吹誤次

笙由庚 閩本監本毛本庚誤賡

不復更用其首篇者 宋本無者字

尤尚不得用之 宋本尤作猶

所以章臣之覲也 宋本覲作勤是也案國語臣上有使字

能光輝君命 毛本命誤君案盧文弨挍本輝作煇陳樹華云如廿年公賦南山有臺注能爲國光暉宋本作煇字是也按說文有暉煇無輝輝者煇之俗說文煇暉皆解日光也

周爰諮諏 釋文諮作咨與毛詩合

必咨於周 閩本監本毛本咨作諮

事難爲難 宋本事難作事當是也

言自謂知所無及 按所無當作無所乃與詩傳箋合

懷靡謙以問知者 宋本無靡字

今故不虞有欲不爲反哭也 宋本故作欲有作者是也

匠慶魯大匠 纂圖本毛本大匠誤大夫

言襄公長將責季孫 淳熙本責誤賚重脩監本誤貴

傳曰遂得成禮 宋本淳熙本岳本曰作言

注禦止至異文 此節正義宋本揔入季孫至謂乎之後

御即禦也 監本毛本即誤猶

謂木不順其意 宋本監本毛本謂作請

我止略女 宋本閩本監本毛本止作只非也

小國不能自通 監本毛本能作得

晉司馬又掌諸侯之賦 毛本晉作吾非也

羿居窮石之地 毛本石誤不

羿遂伐相 宋本淳熙本岳本伐作代

惟仲康肇位四海 宋本肇作肈

夏祚猶尚未滅 宋本亦作猶尚閩本監本毛本二字誤倒

杜云有窮君之號 監本毛本杜誤此

羿彈日 段玉裁挍本作羿焉彈日與楚辭合

羿彈十日也 段玉裁挍本彈作彃是也浦鏜據尚書及論語疏日字下增說文云彃者射六字

堯時有羿 宋本時下有亦字是也

棄武羅伯因 石經宋本淳熙本岳本纂圖本監本毛本作伯因是案漢書古今人表作柏因史記正義作伯姻

北海平壽縣東有寒亭 監本東作有毛本作東並非

伯明后寒棄之 宋本此節正義在注文夷氏之下

樂之以游田 淳熙本岳本足利本游作遊

信況許 纂圖本毛本許作計宋本淳熙本岳本監本作詐山井鼎云當作詐是也

則殺羿者逢蒙也 宋本閩本毛本作逢此本誤逢監本作逄亦非

生澆及豷 案惠棟云澆說文引作敖論語作奡管子云若敖之在堯說文引論語奡盪舟是敖與奡通今傳作澆者敖澆聲相近師讀各異故也陳樹華云古今人表作奡師古曰音五到反楚詞所謂澆者也顏氏不引左傳而引楚詞失之論語疏亦云澆即奡也

東萊掖縣北有過鄉 釋文云掖漢書作夜孟康音掖

曰嵒戈錫是也 浦鏜正誤錫作鍚案哀十二年傳作鍚

晉稱文王訪于辛尹 宋本晉下有語字是也

每官各爲箴辭 宋本此下有以戒王若箴之療疾故名箴焉言官箴者各以其官所掌而爲箴辭二十六字各本並脫又閩本監本毛本各爲誤作各以

大艾草以爲防是也　監本毛本艾誤芠

淮海惟揚州　閩本監本揚作楊宋郭忠恕佩觿曰楊柳也亦州名

人神各有所歸　沈彤云人神當作人獸

雖有夏家而不能恢大之　此本之誤反宋本淳熙本岳本足利本反作之不誤宋太平御覽引同今依訂正纂圖本毛本作也閩本監本作而不能恢也並非

麞鹿食荐　案莊子麞作麇荐作薦翻宋本麇字實鈔

四鄰振動　纂圖本監本毛本鄰作隣俗字

魯國蕃縣東南有目台亭　宋本淳熙本纂圖本監本毛本足利本蕃作番釋文亦作番云本又作蕃閩本目誤月

於時魯師大敗　宋本毛本時作是非監本大作失不誤

自敗於壺終始也　閩本壺誤壺監本毛本作臺依檀弓改也宋本監本毛本終作駘山井鼎云駘作鮐與禮記合閩本亦誤終

敗我於狐駘　石經敗我於狐四字重刻蓋初刻脫我字也

襄公幼弱　纂圖本閩本監本毛本脫襄字

附釋音春秋左傳注疏卷第二十九止

春秋左傳注疏卷二十九挍勘記

附釋音春秋左傳注疏卷第三十　襄五年盡九年

杜氏注　孔穎達疏

經五年。春。公至自晉。○夏。鄭伯使公子發來聘。發子產父○叔孫豹、鄫世子巫、如晉。比魯大夫故書巫如晉○巫亡扶反○仲孫蔑、衛孫林父會吳于善道。魯衛俱受命於晉故不言及吳先在善道二大夫往會之故曰會吳善道地闕〔疏〕注魯衛至地闕○正義曰諸言及者皆魯君命之使與彼行故稱及彼此傳稱晉將爲吳合諸侯使魯衛先會之魯衛俱受命於晉非是魯君命蔑使與林父會吳故不言及也下文戚之會序吳於列書公會晉侯云云吳人鄫人于戚此不序吳於林父之下而別云會吳者爲吳人先在善道與林父往彼會之故云會吳也十年會吳于柤成十五年會吳于鍾離皆是吳在彼地往彼會之故殊會吳也公羊以爲外吳言春秋內其國而外諸夏內諸夏而外夷狄故殊會以外之左氏無此義杜不從公羊故皆云吳在彼也下戚會不殊吳者來會于戚故與諸國同序列也○秋。大雩。○楚殺其大夫公子壬夫。書名罪其貪○公會晉侯、宋公、陳侯、衛侯、鄭伯、曹伯、莒子、邾子、滕子、薛伯、齊世子光、吳人、鄫人、于戚。穆叔使鄫人聽命於會故鄫見經不復殊吳者吳來會于戚○見賢遍反復扶又反下同公至自會。無傳○冬。戍陳。諸侯在戚會皆受命戍陳各還國遣戍不復有告命故獨書魯戍〔疏〕注諸侯至魯戍○正義曰此戍陳及十年戍鄭虎牢僖二年城楚丘案傳皆諸國同行而經獨書魯者城楚丘傳云不書所會後也彼爲魯人後期諸侯已散故作獨城之文此則於戚之會受命戍陳十年諸侯伐鄭於伐鄭受命戍鄭虎牢還國各自遣戍更無告命故獨書魯戍也○楚公子貞帥師伐陳。公會晉侯、宋公、衛侯、鄭伯、曹伯、齊世子光、救陳。十有二月。公至自救陳。無傳○辛未。季孫行父卒。

傳五年。春。公至自晉。公在晉既聽屬鄫聞其見伐遂命臧紇出救故傳稱經公至以明之○王使王叔陳生愬戎于晉。王叔周卿士也戎陵虣周室故告愬於盟主○愬悉路反虣白報反晉人執之。士魴如京師。言王叔之貳於戎也。王叔反有二心於戎失奉使之義故晉執之○使所吏反○夏。鄭子國來聘。通嗣君也。鄭僖公初即位○穆叔覿鄫大子于晉。以成屬鄫。覿見也前年請屬鄫故將鄫大子巫如晉以成之○覿直歷反見賢遍反〔疏〕注覿見至成之○正義曰覿見釋詁文也前年魯請屬鄫雖被晉許而鄫人未知故將巫至晉以成之書曰。叔孫豹、鄫大子巫、如晉。言比諸魯大夫也。豹與巫俱受命於魯故經不書及比之魯大夫〔疏〕豹與至大夫○正義曰巫若自受鄫命則豹當言及今巫來至魯魯侯命之命與豹同行與豹俱受魯命故經不言及比之魯大夫也魯大夫兩人同行皆不言及文十八年公子遂叔孫得臣如齊定六年季孫斯仲孫何忌如晉其類皆是也○吳子使壽越如晉。壽越吳大夫辭不會于雞澤之故。三年會雞澤吳不至今來謝之且請聽諸侯之好。更請會○好呼報反晉人將爲之合諸侯。使魯衛先會吳。且告會期。以其道遠故使魯衛先告期○將爲于僞反故孟獻子、孫文子、會吳于善道。二子皆受晉命而行○秋。大雩。旱也。雩夏祭所以祈甘雨若旱則又脩其禮故雖秋雩非書過也然經與過雩同文是以傳每釋之曰旱也雩而獲雨故書雩而不書旱〔疏〕注雩夏至書旱○正義曰例稱龍見而雩是夏祭常禮所以祈甘雨也過時則書若値歲旱則又脩此雩禮而爲祈禱故雖秋雩非書過也此是爲旱而雩非常雩過時也但經書大雩則過雩旱雩無以相別故爲旱而雩傳皆言旱以釋之釋例曰始夏而雩者爲純陽用事防有旱災而祈之也至於四時之旱又因用此禮而求雨故亦曰雩經書雩而傳不以旱釋之者皆過雩也經書過雩則與旱雩不別故傳皆發之是解發傳言旱之意也雩爲旱禱而不書旱者雩而獲雨故書雩而不書旱雩不得雨則書旱以明災成僖二十一年夏大旱楚也雩而獲雨則書雩穀梁傳文也○楚人討陳叛故。討治也曰。由令尹子辛。實侵欲焉。乃殺之。書曰。楚殺其大夫公子壬夫。貪也。君子謂楚共王於是不刑。陳之叛楚罪在子辛共王既不能素明法教陳叛之日又不能嚴斷威刑以謝小國而權其罪人與兵致討加禮於陳而陳恨彌篤乃怨而歸罪子辛子辛之貪雖足以取死然共王用刑爲失其節故言不刑○共音恭斷丁亂反〔疏〕注陳之至不刑○正義曰釋例曰陳之叛楚罪在子辛共王既不能明法示教以肅大臣陳叛之日又不能嚴斷威刑以謝小國而擁其罪人以興兵致討暴師經年加禮於陳陳恨彌篤乃慍而歸罪子辛子辛之貪雖足以取死然共王用刑爲失其節故君子論之以爲不刑也加禮於陳者謂四年楚將伐陳聞喪乃止是也不刑者言不得用刑之道也詩曰。周道挺挺。我心扃扃。講事不令。集人來定。逸詩也挺挺正直也扃扃明察也講謀也言謀事不善當衆致賢人以定之○挺他頂反扃工迥反徐孔穎反已則無信。而殺人以逞。不亦難乎。共王伐宋封魚石背盟敗于鄢陵殺子反公子申及壬夫八年之中戮殺三卿欲以屬諸侯故君子以爲不可○背音佩〔疏〕注共王至不可○正義曰釋例以君子此言止爲殺公子申與壬夫二人而已此注又兼言殺子反者傳言已則無信凡共王也背盟而敗于鄢陵及殺子反皆是共王無信之事故追言之也殺此三卿欲令諸侯息忿還來屬已故言欲以屬諸侯以屬諸侯者傳十九年傳文也

逞訓解也共王殺此三人望解已意而諸侯不從意竟不解故云殺人以逞不亦難乎夏書曰。成允成功。亦逸書也允信也言信成然後有成功【疏】注亦逸至成功○正義曰此虞書大禹謨之文禹是夏王故傳稱夏書杜不見古文故稱逸書亦前逸詩也彼舜謂禹能成聲教之信成治水之功爲二事此傳引之言共王無信故無成功杜順傳意言信成然後有成功爲一事也○九月丙午。盟于戚。會吳且命戍陳也。公及其會而不書盟非公後會蓋不以盟告廟【疏】注公及至告廟○正義曰凡諸侯會而盟者皆先會而後盟非先盟而後會既及其會知非後盟釋例曰盟于鄧盟於犂盟于戚公既在會而不書其盟者以理推之會在盟前知非後盟也蓋公還告會而不告盟也穆叔以屬鄫爲不利。使鄫大夫聽命于會。鄫之魯竟故欲以爲屬國既而與莒有忿會不能救恐致譴責故復乞還之傳言鄫人所以見於戚會○近附近之近下文陳近同竟音境譴棄戰反復扶又反見賢遍反○楚子囊爲令尹。公子貞○囊乃郎反范宣子曰。我喪陳矣。楚人討貳而立子囊。必改行。改子辛所行○喪息浪反行如字徐下孟反而疾討陳。疾急也陳近于楚。民朝夕急。能無往乎。有陳。非吾事也。無之而後可。言晉力不能及陳故七年陳侯逃歸○朝夕如字冬。諸侯戍陳。備楚子囊伐陳。十一月。甲午。會于城棣以救之。公及救陳而不及會故不書城棣鄭地陳留酸棗縣西南有棣城○棣力計反一音徒妹反【疏】注公及至棣城○正義曰桓十五年公會宋公衛侯陳侯于袲伐鄭既會而伐并會書之計此亦當書會故解之公及救陳而不及其會故不書會○季文子卒。大夫入斂。公在位。在阼階西鄉○斂力豔反鄉許亮反【疏】注在阼階西鄉○正義曰喪大記云大夫之喪將大斂既鋪絞紟衾衣君至主人迎先入門右巫止于門外君釋菜祝先入升堂君卽位于序端士喪禮君若有賜焉則視斂既布衣君至君升自阼階西鄉以君臨士喪西鄉知臨大夫之喪卽位于序端者亦西鄉也鄭玄士冠禮注云阼猶酢也東階所以荅酢賓容也堂東西牆謂之序劉炫又引記云君既卽位于序端卿大夫卽位于堂廉楹西北面東上主人房外南面主婦尸西東而遷尸卒斂宰告主人降北面于堂下君撫之主人拜稽顙君降升主人馮之命主婦馮之士之喪將大斂君不在其餘禮猶大夫也宰庀家器爲葬備。庀具也○庀匹婢反無衣帛之妾。無食粟之馬。無藏金玉。無重器備。器備謂珍寶甲兵之物○衣於既反無食如字又音嗣重如字又直龍反君子是以知季文子之忠於公室也。相三君矣。而無私積。可不謂忠乎。○相息亮反積子賜反【疏】相三君矣○正義曰季孫行父以文六年見經則爲卿久矣宣公之初襄仲執政宣八年仲遂卒後始文子得政故至今爲相三君也

經六年。春。王三月。壬午。杞伯姑容卒。○夏。宋華弱來奔。華椒孫○秋。葬杞桓公。無傳○滕子來朝。○莒人滅鄫。○冬。叔孫豹如邾。○季孫宿如晉。行父之子○十有二月。齊侯滅萊。書十二月從告

傳六年。春。杞桓公卒。始赴以名。同盟故也。杞入春秋未嘗書名桓公三與成同盟故赴以名【疏】注杞入至以名○正義曰杞入春秋以來唯僖二十三年杞成公卒用夷禮書杞子卒未嘗書杞君之名也世本杞桓公是成公之弟成公卒而桓公立至此七十一年唯成五年盟于蟲牢七年于馬陵九年于蒲魯杞俱在未嘗與襄同盟嫌其不合以名赴故傳發之釋例曰杞伯姑容未與襄同盟而事逮其父用同盟之禮蓋斷好之義也嫌於赴非所盟之君故傳曰始赴以名同盟故也宋華弱與樂轡少相狎。長相優。又相謗也。狎親習也優調戲也○少詩照反狎戶甲反長丁丈反調徒弔反【疏】注狎親至戲也○正義曰論語云雖狎必變曲禮云賢者狎而敬之狎是相褻慢相貫習之名也二十八年傳稱慶氏之徒觀優至於魚里是優爲戲名也晉語有優施史記滑稽傳有優孟優旃皆善爲優優遂以優著名是優爲調戲也子蕩怒。以弓梏華弱于朝。子蕩樂轡也張弓以貫其頸若械之在手故曰梏○梏古毒反貫古亂反【疏】注子蕩至曰梏○正義曰貫者穿也張弓以貫首其頸穿於弓之中故曰貫其頸周禮掌囚有梏桎在手曰梏在足曰桎頸貫於弓若手在梏故云以弓梏也桎梏俱各爲械釋名云械者戒也戒止人使不得遊行也平公見之。曰。司武而梏於朝。難以勝矣。司武司馬言其懦弱不足以勝敵○懦乃亂反又乃臥反遂逐之。夏。宋華弱來奔。司城子罕曰。同罪異罰。非刑也。專戮於朝。罪孰大焉。亦逐子蕩。子蕩射子罕之門。曰。幾日而不我從。言我射女門女亦當以不勝任見逐○射食亦反注同幾居豈反女音汝勝音升子罕善之如初。言子罕雖見辱不追忿所以得安【疏】司城至如初○正義曰子罕以華弱奔後而發此言蓋以告諸大夫非告君也亦逐子蕩一句亦是子罕之語說子蕩之罪言亦宜逐子蕩也子蕩恐卽被逐故射子罕之門宋亦不復逐之子蕩作被逐之意故云幾日而不我從也宋人不復更逐故子罕善之如初不恨其射門也或當實逐子蕩故子蕩云幾日而不我從理亦通也○注言子至得安○正義曰服虔云言子罕不阿同族亦逐樂轡以正國法忠之至也及樂轡射其門畏從華弱之罰復善樂轡如初是爲茹柔吐剛喪其志矣傳故舉之明春秋之義善惡俱見杜以春秋之世君弱臣強莫不蓋失掩罪以相忍爲國向戍欲蓋華臣子罕不怨樂轡皆忍忿求安之事不足以爲大尤知傳載此言是善其得安非尤其從惡故異於服也○秋。滕成公來朝。始朝公也。○莒人滅鄫。鄫恃賂也。鄫有貢賦之賂在魯恃之而慢莒故滅之○冬。穆叔如邾。聘且脩平。平四年狐駘戰○晉人以鄫故來討。曰。何故亡鄫。鄫屬魯恃賂而慢莒魯不致力輔助無何以還晉尋便見滅故晉責魯季武子如晉見。且聽命。始代父爲卿見大國且謝亡鄫聽命受罪○見賢遍反注同【疏】注始代至受罪○正義曰昭二年晉韓宣子來聘傳曰告爲政而來見也大國政卿尚來見小國知此傳言見者是始代父爲政卿往見於大國也○十一月。齊侯滅萊。萊恃謀也。賂夙沙衛之謀也事在二年於鄭子國之來聘也。四月。晏弱城東陽。而遂圍萊。子國聘在五年二年晏弱城東陽至五年四月復託治城因遂圍萊○復扶又反甲寅。堙之環城。傅於堞。堞女牆也堙土山也周城爲土山及女牆○堙音因環戶關反又音患傅音附堞音牒一名俾亦謂之俾倪徐養涉反【疏】注堞女至女牆○正義曰兵書攻城有爲堙之法宣十五年公羊傳曰子反乘堙而窺宋城是堙爲土山使高與城等而攻之也言環城是環遶其城知周帀其城爲土山也及杞桓公卒之月。此年三月乙未。王湫帥師及正輿子。棠人軍齊師。王湫故齊人成十八年奔萊正輿子萊大夫棠萊邑也北海卽墨縣有棠鄉三人帥別邑兵來解圍○湫子小反徐子鳥反齊師大敗之。敗湫等丁未。入萊。萊共公浮柔奔棠。正輿子王湫奔莒。莒人殺之。四月。陳無宇獻萊宗器于襄宮。無宇桓子陳完玄孫襄宮齊襄公廟○共音恭晏弱圍棠。十一月丙辰。而滅之。遷萊于郳。遷萊子于郳國○郳五兮反本或作遷于郳萊衍字【疏】遷萊于郳○正義曰郳卽小邾也二年傳曰滕薛小邾之不至皆齊故也小邾附屬於齊故滅萊國而遷其君於小邾使之寄居以終身也高厚崔杼定其田。定其疆界高厚高固子○疆居良反

經七年。春。郯子來朝。○夏。四月。三卜郊不從。乃免牲。稱牲既卜日也卜郊又非禮也○郯音談【疏】夏四月至免牲○正義曰周禮大宰職云祀五帝前期十日帥執事而卜日然則將祭十日之前預卜之蓋一旬一卜也例稱啓蟄而郊建寅之月也此四月三卜蓋三月二卜四月又一卜也春分之前猶是啓蟄節內於法仍可以郊據傳獻子之言三卜在春分之後則初卜卽已大晚故三卜而涉於春分也人心欲其吉不吉是不從不從則不郊故免牲而不殺也○注稱牲至禮也○正義曰僖三十一年夏四月四卜郊不從乃免牲傳曰禮不卜常祀而卜其牲日牛卜日曰牲牲成而卜郊上怠慢此經與彼正同唯四卜三卜爲異耳彼言其非則此亦非也牛巳稱牲是既卜日矣牲既成矣而又卜郊與傳同譏故云又非禮也○小邾子來朝。○城費。南遺假事難而城之○費音祕難乃旦反【疏】注南遺至城之○正

義曰：此傳唯說南遺請城之由，不言時與不時，則知南遺假託言有事難而請城之。○秋，季孫宿如衛。○八月，螽。無傳。爲災故書。○冬十月，衛侯使孫林父來聘。壬戌，及孫林父盟。楚公子貞帥師圍陳。○十有二月，公會晉侯、宋公、陳侯、衛侯、曹伯、莒子、邾子于鄬。謀救陳。陳侯逃歸，不成救，故不書救也。鄬，鄭地。○鄬，于軌反，字林几吹反。【疏】注謀救至鄭地。○正義曰：楚既圍陳，而陳侯亦列於會者，當是圍之不密，故陳侯得出會求救也。陳侯逃歸，陳遂屬楚，諸侯不與楚戰，各自罷歸，不成爲救，故不書救也。鄭伯髡頑如會，未見諸侯。丙戌，卒于鄵。實爲子駟所弒，以瘧疾赴，故不書弒。稱名爲書卒，同盟故也。如會，會於鄬也。未見諸侯，未至會所而死。鄵，鄭地。不欲再稱鄭伯，故約文上其名於會上。○鄵，七報反，又采南反，字林千消反。弒音試，下同。爲書，于僞反。上其，時掌反。【疏】注實爲至會上。○正義曰：魯之隱閔被弒而書薨，諱而不言弒，則亦不以被弒赴諸侯。此鄭伯實爲子駟所弒而以瘧疾赴，於諸侯亦如隱閔之類，諱而不言弒，故魯史不得書弒也。穀梁傳曰：禮，諸侯不生名，此其生名何也？卒之名也。卒之名則何爲加之如會之上？見以如會卒也。是言書之名爲書卒而稱之也。三年盟于雞澤，五年盟于戚，魯、鄭俱在同盟，故赴以名，法當書名，故進名於上，其名本爲下卒，非是生名之也。如會者，會諸侯於鄬，欲往赴其會也。公羊傳曰：未見諸侯，其言如會何？致其意也。原其意本欲往會，故書之也。未見諸侯，言其未至會所而死，非至會而不見也。書卒于鄵者，赴以所卒之地，故書之。陳侯逃歸。畏楚逃晉而歸。

傳七年春，郯子來朝，始朝公也。○夏四月，三卜郊，不從，乃免牲。孟獻子曰：吾乃今而後知有卜筮。夫郊祀后稷，以祈農事也。郊祀后稷以配天。后稷，周始祖，能播殖者。【疏】注郊祀至殖者。○正義曰：言后稷周之始祖能播殖者，辨知后稷是何人，不爲能播殖故祀以祈農事。自謂郊天以祈農耳。案孝經云：孝莫大於嚴父，嚴父莫大於配天，則周公其人也。昔者周公郊祀后稷以配天，宗祀文王於明堂以配上帝。止云配天而祀之，不言祈農也。郊特牲說郊天之義曰：萬物本乎天，人本乎祖，此所以配上帝也。郊之祭也，大報本反始也。宣三年公羊傳曰：郊則曷爲必祭稷？王者必以其祖配。王者則曷爲必以其祖配？自內出者，無匹不行；自外至者，無主不止。何休云：天道闇昧，故推人道以接之。不以文王配者，重本尊始之義也。據此諸文，則郊天者爲物本於天，故祭天以報本，神必須配，故推祖以配天，止報生成之恩，非求未來之福。此傳專言郊祀社稷，主爲祈農事者，斯有旨矣。祭祀者爲報已往，非求將來之福也。但祭爲明神所享，神以將來致福，將來何穫多福，乃由祭以得之。禮器稱君子曰：祭祀不祈。祭者意雖不祈，其實福以祭降，以祭獲福，即祈之義也。宗廟之祭，緣生事死，盡其孝順之心，非求耕稼之利。少牢饋食者，大夫之祭禮也。其祭之末，尸嘏主人使女受福于天，宜稼于田，彼豈爲田而祭哉？神以宜田福之耳。郊天之義亦由是也。神以人爲主，人以穀爲命，人以精意事天，天以宜稼祐人，以此謂之祈農，本意非祈農也。詩噫嘻序曰：春夏祈穀于上帝。禮，孟春之月，月令曰：是月也，天子乃以元日祈穀于上帝，即是郊天之祭也。其下即云：乃擇元辰，天子親載耒耜，躬耕帝籍。是郊而後耕也。獻子此言正與禮合。孝經止言尊嚴其父祖，述孝子之志，本意不說郊天之祭，無由得有祈穀之言。何休膏肓執彼難此，追而想之，亦可以歎息也。是故啓蟄而郊，郊而後耕。今既耕而卜郊，宜其不從也。啓蟄，夏正建寅之月。耕謂春分。○蟄，直立反。夏，戶雅反。【疏】注啓蟄至春分。○正義曰：釋例曰：麻法正月節立春，啓蟄爲中氣；二月節雨水，春分爲中氣。是啓蟄爲夏正建寅之月中氣也。月令祈穀之後，即擇日而耕，初耕亦在正月。傳言既耕而卜郊，宜其不從，是此卜之時已涉春分之節，時過不復可郊，故言耕謂春分，指釋獻子言耕是春分之節，不謂春分始可耕也。釋例又曰：僖公、襄公夏四月卜郊，但譏其非所宜卜，不譏其四月不可郊也。孟獻子曰：啓蟄而郊，郊而後耕。耕謂春分也。言得啓蟄即當卜郊，不得過春分也。是言此卜在春分之後，故獻子譏之。據傳獻子此言，郊天之禮必用周之三月，而雜記云：孟獻子曰：正月日至，可以有事於上帝；七月日至，可以有事於祖。七月而禘，獻子爲之也。此與禮記俱稱獻子，二文不同，必有一謬。禮記後人所錄，左傳當得其真。若七月而禘獻子爲之，則當獻子之時應有七月禘者，烝嘗過則書，禘過亦宜書，何以獻子之時不書七月禘也？足知禮記之言非獻子矣。

○南遺爲費宰。費，季氏邑。叔仲昭伯爲隧正。隧正，主役徒。昭伯，叔仲惠伯之孫。○隧音遂。【疏】注隧正主役徒。○正義曰：九年注云：隧正，官名。五縣爲隧，則隧正當周禮之遂人也。掌諸遂之政令，徒役出諸遂之民，故爲主役徒者。欲善季氏，而求媚於南遺，謂遺請城費，使遺請城。吾多與而役。故季氏城費。傳言祿去公室，季氏所以強。○小邾穆公來朝，亦始朝公也。亦郯子也。○秋，季武子如衛，報子叔之聘，且辭緩報，非貳也。子叔聘在元年。言國家多難，故不時報。○難，乃旦反。○冬十月，晉韓獻子告老。公族穆子有廢疾，將立之。穆子，韓厥長子，成十八年爲公族大夫。○長，丁丈反，下師長同。代厥爲卿。辭曰：詩曰：豈不夙夜，謂行多露。詩言雖欲早夜而行，懼多露之濡己。義取非禮不可妄行。【疏】詩曰至多露。○正義曰：詩國風召南行露之首章也。言人行者豈不欲早夜而行乎？謂早夜而行則多露濡己。義取非禮不可以妄行。穆子引之，言非其才不可以妄居官位。又曰：弗躬弗親，庶民弗信。詩小雅。言譏在位者不躬親政事，則庶民不奉信其命。言己有疾，不能躬親政事。【疏】弗躬至弗信。○正義曰：此詩小雅節南山之篇。詩注云：言王之政不躬而親之，則恩澤不信於衆民矣。無忌不才，讓其可乎？請立起也。無忌，穆子名。起，無忌弟宣子也。與田蘇游，而曰好仁。田蘇，晉賢人。蘇言起好仁。○好，呼報反，注及下同。詩曰：靖共爾位，好是正直。神之聽之，介爾景福。靖，安也。介，助也。景，大也。詩小雅。言君子當思不出其位，求正直之人與之並立，如是則神明順之，致大福也。○共音恭，下注同。介音界，下及注同。【疏】注介助也景大也。○正義曰：定本介、景皆爲大也。恤民爲德，靖共其位，所以恤民。【疏】注靖共至恤民。○正義曰：天生烝民，立君以牧之，君不獨治，爲臣以佐之，君之與臣皆爲恤民而設之也。能安靖共敬在其職位，是其所以憂民也。正直爲正，正己心。正曲爲直，正人曲。參和爲仁，德、正、直三者備，乃爲仁。○參，七南反，或音三。如是則神聽之，介福降之。立之，不亦可乎？言起有此三德，故可立。【疏】詩曰至可乎。○正義曰：詩小雅小明之篇。言人能安靖共敬以居爾之職位，愛好正直之人與之共處於朝，則神明聽順之，當助女以大福也。既引詩文，又述其意。能憂念下民，是爲德也。正直己心，是爲正也。能以己正正人之曲，是爲直也。此德也、正也、直也，三者和備，是爲仁也。人能如是，則神明聽之，大福降與之。田蘇是知人者也。田蘇言起好仁，起必備有此行，立之不亦可乎？庚戌，使宣子朝，遂老。韓厥致仕。晉侯謂韓無忌仁，使掌公族大夫。爲之師長。【疏】注爲之師長。○正義曰：無忌先爲公族大夫，今言使掌，是與諸公族大夫爲師長也。○衛孫文子來聘，且拜武子之言，緩報非貳之言。而尋孫桓子之盟。盟在成三年。公登亦登。禮，登階臣後君一等。○後，胡豆反，下文不後寡君同。【疏】注禮登至一等。○正義曰：聘禮公迎賓于大門內，及廟門，公揖入，立于中庭，納賓，賓入，三揖，至于階，三讓，公升二等。鄭玄云：先賓升二等，亦欲君行一，臣行二。言君先升二等，然後臣始升一等，是禮登階臣當後君一等。叔孫穆子相，趨進曰：諸侯之會，寡君未嘗後衛君。敵體並登。○相，息亮反，下駟相同。嘗後，如字，徐胡豆反。今吾子不後寡君，寡君未知所過。吾子其少安。安，徐也。孫子無辭，亦無悛容。悛，改也。○悛，七全反。穆叔曰：孫子必亡。爲臣而君，過而不悛，亡之本也。詩曰：退食自公，委蛇委蛇。委蛇，順貌。詩召南。言人臣自公門入私門，無不順禮。○委，於危反。蛇，以支反。下同。召，上照反。謂從者也，從，順也。衡而委蛇必折。衡，橫也。橫不順道，必毀折。爲十四年林父逐君起本。【疏】詩曰至必折。○正義曰：詩國風召南羔羊之篇。言大夫賢者，退朝而食，從公門入私門，委蛇委蛇然。委蛇，順從之貌。詩之此意，謂順者也。今孫子爲臣而君，自處是橫，不順道，以橫道而爲委蛇，其人必將毀折，不得終其職位。○楚子囊圍陳，會于鄬以救之。晉會諸侯。○鄭僖公之爲大子也，於成之十六年，魯成公。○【疏】注魯成公。○正義曰：杜必言魯成公者，欲明非鄭成公也。知非者，以鄭成公成七年即位，至襄二年卒，唯十四年，無十六年故也。與子罕適晉，不禮焉。

又與子豐適楚，亦不禮焉。子豐，穆公子。及其元年，朝于晉。鄭僖元年，魯襄三年。子豐欲愬諸晉而廢之，子罕止之。及將會于鄬，子駟相，又不禮焉。侍者諫，不聽，又諫，殺之。及鄬，子駟使賊夜弑僖公，而以瘧疾赴于諸侯。傳言經所以不書弑。簡公生五年，奉而立之。僖公子。○陳人患楚。楚圍陳故。慶虎、慶寅謂楚人曰：吾使公子黃往而執之。二慶，陳執政大夫。公子黃，哀公弟。楚人從之。○為，于偽反。【疏】使公子黃往。○正義曰：於時楚師圍陳，使公子黃往入楚軍也。二慶使告陳侯于會，鄬之會。曰：楚人執公子黃矣。君若不來，羣臣不忍社稷宗廟，懼有二圖。背君屬楚。○背音佩。陳侯逃歸。鄬會所以不書救。

經八年，春，王正月，公如晉。○夏，葬鄭僖公。無傳。○鄭人侵蔡，獲蔡公子燮。鄭子國稱人，刺其無故侵蔡，以生國患。燮，蔡莊公子。○燮，息協反。【疏】注鄭子至公子。○正義曰：此決舍之入陳。鄭有宿怨，此時與蔡無怨，晉復無命使侵，無故興師，以生國患，以其動而無謀，故貶之。釋例曰：陳、蔡，楚之與國，鄭欲求親於晉，故伐而入之。晉士莊伯詰其侵小，且問陳之罪，子產答以東門之役，故免於譏。及其侵蔡，既無晉命，又無直辭，君死主少，興師以求媚於晉，不能以德懷親，以直報怨，故二大夫異於子產也。陳之見伐，本以助晉，晉不逆勞而以法詰之，得盟主遠理，故仲尼曰：晉為伯，鄭入陳，非文辭不為功。善之也。○季孫宿會晉侯、鄭伯、齊人、宋人、衛人、邾人于邢丘。時公在晉，晉悼難勞諸侯，唯使大夫聽命，故季孫在會而公先歸。○邢，徐音刑。難，乃旦反。【疏】注時公至先歸。○正義曰：公以正月如晉，此會之下始云公至，則晉侯適會，公乃歸魯。季孫蓋從公朝晉，卽從晉赴會，故季孫在會而公先歸。○公至自晉。無傳。○莒人伐我東鄙。○秋，九月，大雩。○冬，楚公子貞帥師伐鄭。○晉侯使士匄來聘。

傳八年，春，公如晉朝，且聽朝聘之數。晉悼復脩霸業，故朝而稟其多少。○復，扶又反。霸，本亦作伯，音霸，又如字。【疏】注晉悼至多少。○正義曰：昭三年鄭子大叔云：文襄之霸也，令諸侯三歲而聘，五歲而朝。自襄以後，晉德少衰，諸侯朝聘無復定準。今晉悼復脩霸業，更合諸侯，故公朝晉而稟其多少。如公朝者，蓋亦非一。晉侯謙，不敢在國約束，故出外合之。又難煩諸侯，使大夫聽命，為邢丘之會，以命朝聘之數。數之多少，傳亦無文。據子太叔之言，不說悼公之法，而遠陳文襄之令，則悼公此命還同文襄耳，非復別制法也。○

○鄭羣公子以僖公之死也，謀子駟。子駟先之。夏，四月，庚辰，辟殺子狐、子熙、子侯、子丁。辟，罪也。加罪以戮之。○先，悉薦反，又如字。辟，婢亦反，注同。熙，許其反，徐音怡。○【疏】注辟罪至戮之。○正義曰：辟，罪，釋詁文也。不直言殺而云辟殺，明是加誣以罪而殺之。子駟知其謀，已不以罪殺，恐動衆心，故加誣以罪，言其罪自當死，非為己討，所以自解說也。孫擊、孫惡出奔衛。二孫，子狐之子。【疏】注二孫子狐之子。○正義曰：賈逵云然，未必有文可據，相傳為此說也。○庚寅，鄭子國、子耳侵蔡，獲蔡司馬公子燮。鄭侵蔡，欲以求媚於晉。子耳，子良之子。不言敗，唯以獲告。【疏】注鄭侵至獲告。○正義曰：於時鄭無蔡怨，又無晉令，鄭自發心侵蔡，知欲求媚於晉也。獲其將必與之戰，戰敗乃獲之。不言敗者，唯以獲告，不告敗也。鄭人皆喜，唯子產不順，子產，子國子。不順衆而喜。曰：小國無文德而有武功，禍莫大焉。楚人來討，能勿從乎？從之，晉師必至。晉、楚伐鄭，自今鄭國不四五年弗得寧矣。子國怒之曰：爾何知？國有大命，而有正卿，童子言焉，將為戮矣。大命，起師行軍之命。○五月，甲辰，會于邢丘，以命朝聘之數，使諸侯之大夫聽命。季孫宿、齊高厚、宋向戌、衛甯殖、邾大夫會之。晉難重煩諸侯，故使大夫聽命。鄭伯獻捷于會，故親聽命。獻蔡捷也。大夫不書，尊晉侯也。晉悼復文襄之業，制朝聘之節，儉而有禮，德義可尊，故退諸侯大夫以崇之。【疏】注晉悼至崇之。○正義曰：禮，卿不會公侯，會則貶之稱人，自是常例，而云尊晉侯者，此有鄭伯在會，自與晉侯相敵，諸不敵晉侯，無罪不合貶也。但欲尊晉侯，無辭以見之，故貶大夫以尊之。大夫非有罪也。文二年晉侯、宋、陳、鄭四國之卿伐秦，皆貶稱人，謂之崇德，其意與此同也。諸侯之卿皆貶，而獨不貶季孫者，文元年公孫敖會晉侯于戚，注云：禮，卿不會公侯，而春秋魯大夫皆不貶者，體例已舉，故據用魯史成文，是其義也。言儉而有禮德義可尊者，難煩諸侯，使大夫聽命，亦是有禮之事也。○莒人伐我東鄙，以疆鄫田。莒既滅鄫，魯侵其西界，故伐魯東鄙，以正其封疆。○疆，居良反，注同。○秋，九月，大雩，旱也。○冬，楚子囊伐鄭，討其侵蔡也。子駟、子國、子耳欲從楚，子孔、子蟜、子展欲待晉。待晉來救。子孔，穆公子。子蟜，子游子。子展，子罕子。○蟜，居表反。子駟曰：周詩有之曰：俟河之清，人壽幾何？逸詩也。言人壽促而河清遲，喻晉之不可待。○壽音授，或如字，注同。幾，居豈反。兆云詢多，職競作羅。兆，卜。詢，謀也。職，主也。言既卜且謀，多則競作羅網之難，無成功。○難，乃旦反。【疏】兆云詢多。○正義曰：杜云兆卜詢謀也。既卜且謀，多如杜此言，則云是語辭。謀之多族，民之多違，族，家也。事滋無成。滋，益也。民急矣，姑從楚以紓吾民。晉師至，吾又從之。敬共幣帛，以待來者，小國之道也。犧牲玉帛，待於二竟，二竟，晉楚界上。○紓音舒。共音恭。竟音境，注同。以待彊者而庇民焉，寇不為害，民不罷病，不亦可乎？子展曰：小所以事大，信也。小國無信，兵亂日至，亡無日矣。五會之信，謂三年會雞澤，五年會戚，又會城棣，七年會鄬，八年會邢丘。○庇，必利反，又音祕，下同。罷音皮。【疏】注謂三至邢丘。○正義曰：鄬之會，鄭伯未至而卒，亦數之者，鄭伯雖身死耳，其會與鄭同謀，故數之。今將背之，雖楚救我，將安用之？言失信得楚不足貴。○背音佩，至卷末皆同。親我無成，晉親鄭。鄙我是欲，楚欲以鄭為鄙邑而反欲與成。不可從也。言子駟不可從。不如待晉。晉君方明，四軍無闕，八卿和睦，必不棄鄭。四軍謂上中下新軍也。軍有二卿。【疏】八卿和睦。○正義曰：八卿者，據九年傳荀罃將中軍，士匄佐之；荀偃將上軍，韓起佐之；欒黶將下軍，士魴佐之；趙武將新軍，魏絳佐之。楚師遼遠，糧食將盡，必將速歸，何患焉？舍之聞之，舍之，子展名。杖莫如信。完守以老楚，杖信以待晉，不亦可乎？子駟曰：詩云：謀夫孔多，是用不集。詩小雅。孔，甚也。集，就也。言人欲為政，是非相亂而不成。○杖，直亮反，下同。守，手又反，或如字，下守官并注同。發言盈庭，誰敢執其咎？言謀者多，若有不善，無適受其咎。○咎，其九反，下同。適，丁歷反，下同。如匪行邁謀，是用不得于道。匪，彼也。行邁謀，謀於路人也。不得于道，衆無適從。【疏】詩云至于道。○正義曰：詩小雅小旻之三章也。言謀事之夫甚多，是非相奪，無可適從，為是之故，其事用此益不成也。發言詾詾而盈滿於庭，無能決當是非，事若不成，誰敢執其咎責者？如彼道上行人，每得人卽與之謀，意無所從，為是之故，用此不得于正道也。○注匪彼至適從。○正義曰：鄭玄以匪為非，如非行邁之謀，言止而不行，坐圖遠近也。杜以如者如似他物，故以匪為彼，言如彼行人逢值歧路，問其所從也。鄭以行為道，邁為行，言道上行人，杜亦當然。請從楚，騑也受其咎。騑，子駟名。○騑，芳非反。乃及楚平。使王子伯騑告于晉，伯騑，鄭大夫。○騑，扶賢反，又扶經反。曰：君命敝邑：脩而車賦，儆而師徒，以討亂略。蔡人不從，敝邑之人不敢

寧處。悉索敝賦。索盡也○儆居領反索悉各反注同一音所百反以討于蔡。獲司馬燮。獻于邢丘。今楚來討曰。女何故稱兵于蔡。稱舉也女音汝焚我郊保。郭外曰郊保守也馮陵我城郭。馮迫也○馮皮冰反注同敝邑之衆。夫婦男女。不遑啓處。以相救也。遑暇也啓跪也○跪其委反【疏】注遑暇也啓跪也○正義曰皆釋言文也舍人曰閒暇無事也李巡曰啓小跪也翦焉傾覆。無所控告。翦盡也控引也○覆芳服反控苦貢反民死亡者。非其父兄。即其子弟。夫人愁痛。夫人猶人人也○夫音扶注同不知所庇。民知窮困而受盟于楚。孤也與其二三臣。不能禁止。孤鄭伯不敢不告。知武子使行人子員對之曰。君有楚命。見討之命亦不使一介行李。告于寡君。一介獨使也行李行人也○介古賀反注同獨使所吏反而即安于楚。君之所欲也。誰敢違君。寡君將帥諸侯以見于城下。唯君圖之。晉范宣子來聘。且拜公之辱。爲明年晉伐鄭傳○見賢遍反或如字謝公此春朝告將用師于鄭。公享之。宣子賦摽有梅。摽有梅詩召南摽落也梅盛極則落詩人以興女色盛則有衰衆士求之宜及其時宣子欲魯及時共討鄭取其汲汲相赴○摽徐扶妙反又扶表反興許膺反季武子曰。誰敢哉。言誰敢不從命今譬於草木。寡君在君。君之臭味也。言同類○譬本亦作辟音譬後放此歡以承命。何時之有。遲速無時武子賦角弓。角弓詩小雅取其兄弟婚姻無相遠也賓將出。武子賦彤弓。彤弓天子賜有功諸侯之詩欲使晉君繼文之業復受彤弓於王○彤徒冬反復扶又反宣子曰。城濮之役。在僖二十八年○濮音卜我先君文公獻功于衡雍。受彤弓于襄王。以爲子孫藏。藏之以示子孫○雍於用反藏如字徐才浪反匄也。先君守官之嗣也。敢不承命。言己嗣其父祖爲先君守官不敢廢命欲匡晉君君子以爲知禮。彤弓之義義在晉君故范匄受之所謂知禮【疏】注彤弓至知禮○正義曰文四年甯俞來聘爲賦彤弓甯俞不敢當此賦彤弓而宣子受之故解其意彼以彤弓當甯俞故甯俞不敢受此賦彤弓其義在於晉君非當范匄受之而爲知禮也

經九年。春。宋災。天火曰災來告故書【疏】注天火至故書○正義曰得告則書史之常例於此須言告者公羊傳曰外災不書此何以書爲王者之後記災也曷爲或言災或言火大者曰災小者曰火然則內何以不言火內不言火者甚之也公羊此言不可通於左氏故杜明爲此注以異之○夏。季孫宿如晉。○五月。辛酉。夫人姜氏薨。成公母○秋。八月。癸未。葬我小君穆姜。無傳四月而葬速○冬。公會晉侯。宋公。衛侯。曹伯。莒子。邾子。滕子。薛伯。杞伯。小邾子。齊世子光伐鄭。十有二月。己亥。同盟于戲。伐鄭而書同盟則鄭受盟可知傳言十有二月己亥以長厤推之十二月無己亥經誤戲鄭地○戲許宜反【疏】注伐鄭至鄭地○正義曰成十七年夏公會尹子云云伐鄭六月乙酉同盟于柯陵於時鄭實不服諸侯自同盟耳鄭不與盟也此注云伐鄭而書同盟則鄭受盟可知者此盟耳鄭與傳文分明不是準約同盟之文始知鄭與盟也杜言此解經於盟不書鄭伯之意耳經若重序諸侯必當鄭伯在列但經已前目諸侯不復重序鄭伯不見故特解之以其伐鄭而書同盟則鄭與盟可知同盟之文足以包鄭故不復見鄭作耳非謂因伐而同盟者所伐之國必與也柯陵之盟鄭實不服諸侯自相與盟非同鄭也文同事異不可執彼以難此十一年諸侯伐鄭同盟于亳城北其文與此同矣此經書十二月己亥同盟于戲傳言十一月己亥同盟于戲經傳不同必有一誤而傳於戲盟之下更言十二月癸亥門其三門己亥在癸亥之前二十四日杜以長厤推之十一月庚寅朔十日得己亥十二月己未朔五日得癸亥故長厤參校上下己亥在十一月十日又十二月五日有癸亥則其月不得有己亥經書十二月誤也此誤者唯以一字誤爲二非書經誤也楚子伐鄭。

傳九年。春。宋災。樂喜爲司城。以爲政。樂喜子罕也爲政卿知將有火災素戒爲備火之政【疏】注樂喜至之政○正義曰文七年及成十五年二傳言宋六卿之次皆云右師左師司馬司徒司城司寇其右師最貴故華元曰我爲右師君臣之訓師所司也然則宋國之法當右師爲政今言司城爲政者蓋宋以華閱是華元之子以元有大功使閱繼其父耳子罕賢知故特使爲政齊任管夷吾魯任叔孫婼皆位卑而執國政此亦當然也此傳言以爲政者以爲救火之政耳但從此以後歷檢傳文鄭人討賊宋人獻玉扶築臺之謳御向戌之賞皆是政卿之任故言爲政卿也下晉侯云宋災於是乎知有天道是宋人自知天道當有火災故子罕素相戒勑爲備人之政也自伯氏司里以下巷伯儆宮以上皆是子罕素戒之事是政卿命之非子罕也使伯氏司里。伯氏宋大夫司里里宰【疏】注伯氏至里宰○正義曰釋言云里邑也李巡云里居之邑也是里爲邑居之名也周禮五鄰爲里里以五鄰必同居故以里爲名里長謂之宰周禮里宰每里下士一人謂六遂之內二十五家之長也此言司里謂司城內之民若今城內之坊里也里必有長不知其官之名周禮有里宰故以宰言之非是郊外之民二十五家之長也使伯氏司此城內諸里之長各令率里內之民表火道以來皆使伯氏率里民爲之火所未至。徹小屋。塗大屋。大屋難徹就塗之陳畚挶。具綆缶。畚簣籠挶土轝綆汲索缶汲器○畚音本草器也挶九錄反綆古杏反汲水索缶方九反汲水瓦器簣其位反籠力東反轝音預汲音急索悉各反【疏】注畚簣至汲器○正義曰說文云畚蒲器所以盛糧也宣二年注云畚以草索爲之其器可以盛糧又可以盛土也論語稱爲山用簣是簣爲盛土之器故以畚爲簣籠也說文云挶戟持也戟持者執持此舉其臂如戟形故也其字從手謂以手持物也與畚共文畚是盛土之器則挶是舉土之物也綆者汲水之索儀禮謂之繘方言云自關而東周洛韓魏之間謂之綆關西謂之繘釋器云盎謂之缶說文云缶瓦器所以盛酒漿亦謂之罌罌可以汲水故云汲器也易井卦亦謂取井水爲汲也備水器。盆鑑之屬○鑑戶暫反【疏】注盆鑑至之屬○正義曰周禮凌人春始治鑑鄭玄云鑑如甀大口以盛冰則鑑是盛水之器知備水器者備盆鑑之屬量輕重。計人力所任○任音壬蓄水潦。積土塗。巡丈城。繕守備。巡行也丈度也繕治也行度守備之處恐因災有亂○蓄本又作畜勑六反潦音老守手又反注守備同巡行下孟反下同度待洛反下同處昌慮反【疏】巡丈城○正義曰十尺爲丈巡行其城以丈度之故云丈城表火道。火起則從其所趣標表之○標必遙反使華臣具正徒。華臣華元子爲司徒正徒役徒也司徒之所主也【疏】注華臣至主也○正義曰周禮大司徒掌徒庶之政令小司徒凡用衆庶則掌其政教凡國之大事致民具司徒掌役徒也言具正徒司里所使遂正所納皆是臨時調民而役之若今之夫役也司徒所具正徒者常共官役若今之正丁也令隧正。納郊保。奔火所。隧正官名也五縣爲隧納聚郊野保守之民使隨火所起往救之○隧音遂【疏】注隧正至救之○正義曰此隧正當天子之遂大夫故遂大夫職云各掌其遂之政令遂人職云五家爲鄰五鄰爲里四里爲酇五酇爲鄙五鄙爲縣五縣爲遂鄭司農云王國百里內爲六鄉外爲六遂鄭玄云郊內比閭族黨州鄉郊外鄰里酇鄙縣遂異其名者示相變耳尚書費誓云魯人三郊三遂然則諸侯之有鄉遂亦以郊內郊外別之也郊內屬鄉者近於國都司徒自率之以入城矣郊外屬遂者是郊野保守之民不可全離所守司徒令遂正量其多少納之於國隨火所起而奔往救之華臣直言具正徒不言其事者以是郊內之民共救火百役即上畜水潦積土塗之類非唯救火而已若郊保之民既遠故使隨火所起奔往救之直救火而已使華閱討右官。官庀其司。亦華元子代元爲右師討治也庀具也使具其官屬○閱音悅庀芳婢反注同向戌討左。亦如之。向戌左師使樂遄庀刑器。亦如之。樂遄司寇刑器刑書○遄市專反【疏】注樂遄至刑書○正義曰此人掌其刑器知其爲司寇也恐其爲火所焚當是國之所重必非刑器爲刑書也哀三年魯人救火云出禮書御書不名器此言刑器必藏於器物鄭鑄刑書而叔向責之晉鑄刑鼎而仲尼譏之彼鑄之於鼎以示下民故譏其使民知之此言刑器必不在鼎當書於器物官府自掌之不知其在何器也或書之於版號此版爲刑器耳使皇鄖命校正出馬。工正出車。備甲兵。庀武守。皇鄖皇父充石之後校正主馬工正主車使各備其官○鄖音云本亦作貟音同校戶教反注同出

馬如字徐尺遂反下同守手又反下同〔疏〕注皇鄭至其官○正義曰服虔云皇鄭皇父充石之後十世宗卿爲人之子大司馬椒也車馬甲兵司馬之職使皇鄭掌此事皇鄭必是司馬也校正主馬於周禮爲校人職是司馬之屬官也周禮司馬之屬無主車之官巾車車僕職皆掌車乃爲宗伯之屬昭四年傳云夫子爲司馬與工正書服是諸侯之官司馬之屬有工正主車也國有火災恐致姦寇故使司馬命此二官出車馬備甲兵以防非常也傳言庀武守者甲兵器械藏於府庫若今武庫使具其守守此武庫也此事輕於車馬故後言之

使西鉏吾庀府守。鉏吾大宰也府六官之典○鉏吾音魚〔疏〕注鉏吾至之典○正義曰鉏吾大宰傳無其文賈逵云然相傳說耳不知其本何所出也周禮大宰之職掌建邦之六典以佐王治邦國一曰治典二曰教典三曰禮典四曰政典五曰刑典六曰事典六官之典謂此也杜以府爲六官之府當謂六官之典其事載之於書故使具其守劉炫以爲府守謂府庫守藏今知不然者以百司府藏已屬左右二師上華閱討右官官庀其司向戌討左亦如之則是府庫之物二師總令羣官所主案哀三年魯遭火災出禮書御書藏象魏皆以典籍爲重明此府守是六官之典若以爲府庫財物便是不重六典唯貴財物劉以爲府庫而規杜非也

令司宮巷伯儆宮。司宮奄臣巷伯寺人皆掌宮內之事○儆音景〔疏〕注司宮至之事○正義曰昭五年傳楚子欲以羊舌肸爲司宮欲加宮刑以此知司宮奄臣謂奄人爲臣主司宮內周禮無司宮巷伯之官唯有內小臣奄上士四人掌王后之命正其服位鄭玄云奄稱士者異其賢也奄人之官此最爲長則司宮當天子之內小臣也周禮又云寺人王之正內五人鄭玄云正內路寢也釋宮云宮中巷謂之壼孫炎曰巷舍間道也王肅云今後宮稱永巷是巷者宮內道名伯長也是宮內門巷之長也周禮內小臣其次卽有寺人故知巷伯是寺人也又以詩篇名巷伯經云寺人孟子作爲此詩故知巷伯寺人一也鄭以巷伯爲內小臣既無明文各以意說

二師令四鄉正敬享。二師左右師也鄉正鄉大夫享祀也〔疏〕注二師至祀也○正義曰周禮大司徒云五家爲比五比爲閭四閭爲族五族爲黨五黨爲州五州爲鄉鄉大夫每鄉卿一人天子六鄉卽以鄉爲之長此傳云二師命四鄉正則別立鄉正非卿典之但其所職掌當天子之鄉大夫耳周禮鄉大夫各掌其鄉之政教正月之吉受教法于司徒退而頒之于其鄉則鄉正當屬司徒此傳言二師命之者上文右師討右左師討左則宋國之法二師分掌其方左右各掌其二鄉并言其事故云二師命四鄉正也費誓云魯人三郊三遂則魯立三鄉此云命四鄉正則宋立四鄉者周禮鄉爲一軍大國三軍宋是大國不過三軍而有四鄉者當時所立非正法也於是宋置六卿況四鄉乎周禮祭人鬼曰享故享爲祀也止令敬享不知所享何神周禮大祝國有天災彌祀社稷禱祠鄭玄云天災疫癘水旱也彌猶徧也徧祀社稷及諸所禱又大司徒以荒政十有二聚萬民其十有一曰索鬼神鄭衆云索鬼神求廢祀而脩之雲漢之詩所謂靡神不舉靡愛斯牲者也彼凶荒之年永旱之災尚索鬼神而祭之此遇天火爲災亦當徧祀羣神其所合祭皆應祭之也蓋火起始命之祭耳

祝宗用馬于四墉。祀盤庚于西門之外。祝大祝宗宗人墉城也用馬祭于四城以禳火盤庚殷王宋之遠祖城積陰之氣故祀之凡天災有幣無牲用馬祀盤庚皆非禮○墉本又作庸音同盤字亦作般步干反禳如羊反〔疏〕注祝大至非禮○正義曰周禮大祝掌六祝之辭以事鬼神祇祈福祥小宗伯掌建國之神位特牲少牢士大夫之祭祀也皆宗人掌其事然則諸是祭神言辭大祝掌之禮儀宗人掌之故所有祭祀皆祝宗同行此事別命祝宗使奉此祭非鄉正所爲也文承二師命下亦是二師命之不復言命者亦從上省文也用馬者以馬爲牲祭於四面之城以禳火也禳卻也卻火使滅也盤庚湯之九世孫殷之第十九王也自盤庚至紂又十二王而殷滅盤庚弟小乙是宋微子之八世祖也盤庚之爲殷王無大功德而祀盤庚者當時之意不知何故特祀之也祀盤庚不別言牲明其祀亦用馬也城以積土爲之土積則爲陰積陰之氣或能御火故祭城以禳火禮亦無此法也莊二十五年傳例曰凡天災有幣無牲用馬祀盤庚皆非禮言用馬祭城祭盤庚皆非禮也此備火災所使羣官急者在前緩者在後故先伯氏司里次華臣具正徒次到隧正納郊保然後二師揔庀羣官先右後左尊卑之次也以刑器事馬甲兵典法國之所重故特命三官庀具其物先外官備具救火然後及內故次司宮巷伯人事既畢乃祭享鬼神故次敬享祀盤庚之事也

晉侯問於士弱士弱士渥濁之子莊子○渥於角反曰。吾聞之。宋災。於是乎知有天道。何故。問宋何故自知天道將災對曰。古之火正。或食於心。或食於咮。以出內火。是故咮爲鶉火。心爲大火。謂火正之官配食於火星建辰之月鶉火星昏在南方則令民放火建戌之月大火星伏在日下夜不得見則令民內火禁放火○咮竹又反徐丁遘反出如字徐尺遂反內如字徐音納鶉音純見如字又賢遍反〔疏〕注謂火至放火○正義曰昭二十九年傳五行之官有木正火正金正水正土正此五官各掌其職封爲上公祀爲貴神謂能其事者後世祀之火正之官居職有功祀火星之時以此火正之神配食也五行之官每歲五時祀之謂之五祀月令云其神句芒祝融后土蓐收玄冥配五帝而食其神矣而火正又配食於火星者以其於火有功祭火星又祭之后稷得配天火正何故不得配帝又配星也有天下者祭百神天子又配天之時因祭四方之星諸侯祭其分野之星其祭火星皆以正配食也火正配火星而食有此傳文其金木水土之正不知配何神而食經典散亡不可知也周禮司爟掌行火之政令季春出火民咸從之季秋內火民亦如之鄭玄云火所以用陶冶民隨國而爲之鄭司農云以三月本時昏心星見於辰上使民出火九月本黃昏心星伏在戌上使民內火故春秋傳曰以出內火周禮所言皆據夏正故以周禮之意解其心咮爲火之由建辰之月卽月令季春之月日在胃昏七星中南方七宿有井鬼柳星張翼軫七者共爲朱鳥之宿星七卽七星也咮謂柳也春秋緯文耀鉤云咮謂鳥陽七星爲頸宋均注云陽猶首也柳謂之咮咮鳥首也七星爲朱鳥頸也咮與頸共在於午者鳥之正宿口屈在頸七星與咮體相接連故也鶉火星昏而在南方於此之時令民放火咮星爲火之候故於十二次咮爲鶉火也建戌之月卽月令季秋之月日在房東方七宿角亢氐房心尾箕七者共爲蒼龍之宿釋天云大辰房心尾也大火謂之大辰孫炎曰龍星明者以爲時候大火心也在中最明故時候主焉以是故此傳心爲大火九月日體在房心相近與日俱出俱沒伏在日下不得出見故令民內火禁放火也火官合配其人蓋多不知誰食於心誰食於咮此傳鶉火大火共爲出火之候周禮之注不言咮者以咮非內火之候故唯指大火以解出內之文故其言不及咮也

陶唐氏之火正閼伯居商丘。陶唐堯有天下號閼伯高辛氏之子傳曰遷閼伯於商丘主辰辰大火也今爲宋星然則商丘在宋地○閼於葛反〔疏〕注陶唐至宋地○正義曰史記五帝本紀云帝堯爲陶唐氏是堯有天下以陶唐爲代號也氏猶家也古言高辛氏陶唐氏猶言周家夏家也閼伯高辛氏之子遷閼伯于商丘主辰皆昭元年傳文也爾雅以大火爲大辰是辰爲大火也昭十七年傳云宋大辰之虛是大火爲宋星也閼伯已居商丘祀大火今大火爲宋星則知宋亦居商丘以此明之故云然則商丘在宋地也釋例云宋商商丘三名一地梁國睢陽縣也傳曰陶唐氏之火正閼伯居商丘祀大火又曰宋大辰之虛也然則商丘在宋或以爲漳水之南故殷虛爲商丘非也是由商丘所在不明故釋例與此注俱以閼伯明之

祀大火。而火紀時焉。謂出內火時

相土因之。故商主大火。相土契孫商之祖也始代閼伯之後居商丘祀大火○相息亮反注同契息列反〔疏〕祀大火至大火○正義曰祀大火者閼伯祀此大火之星居商丘而祀火星也相土因之後主大火是商丘之地屬大火也然則在地之土各有上天之分周禮保章氏以星土辯九州之地所封封域皆有分星鄭玄云星土星所主土也封猶界也大界則曰九州州中諸國之封域於星亦有分焉其書亡矣今其存可言者十二次之分也星紀吳越也玄枵齊也娵訾衛也降婁魯也大梁趙也實沈晉也鶉首秦也鶉火周也鶉尾楚也壽星鄭也大火宋也析木燕也是言地屬於天各有其分之事也鄭唯云其存可言不知存者本是誰說其見於傳記者則此云商主大火昭元年傳云參爲晉星二十八年傳云龍宋鄭之星則蒼龍之方有宋鄭之分也又曰以害鳥帑周楚惡之則朱鳥之方有周楚之分也昭七年四月日食傳稱魯衛惡之去衛地如魯地則春分之日在魯衛之分也又十年傳曰今茲歲在顓頊之虛姜氏任氏實守其地則於時歲星在齊薛之分也又三十二年傳曰越得歲而吳伐之凶則於時歲星在吳越之分也晉語云實沈之虛晉人是居周語云歲在鶉火我有周之分野是有分野之言也天有十二次地有九州以此九州當彼十二次周禮雖云皆有分星不知其分誰分之也何必所分能當天地星紀在於東北吳越實在東南魯衛東方諸侯遙屬戌亥之次又三家分晉方始有趙而韓魏無分趙獨有之漢書地理志分郡國以配諸次其地分或多或少鶉首極多鶉火甚狹徒以相傳爲說其源不可得而聞之於其分野後人所有妖祥而占者多得其効蓋古之聖哲有以度知非後人所能測也○注相土至大火○正義曰殷本紀契生昭明昭明生相土相土是契孫也本紀云帝舜封契於商鄭玄云商國在大華之陽皇甫謐云今上洛商縣是也如鄭玄意契居上洛之商至相土而遷於宋之商及湯有天下遠取契所封商以爲一代大號服虔云相土居商丘故湯以爲天下號王肅書序注云契孫相土居商丘故湯以爲國號宋詩述后稷云卽有邰家室述契云天命玄鳥降而生商卽稷封邰而契封商也若契之居商卽是商丘則契已居之不得云相土因閼伯也若別有商地則湯之爲商不是因相土矣且經傳言商未有稱商丘者釋例云宋之先契佐唐虞封於商武王封微子啓爲宋公都商丘是同鄭玄說也傳言商主大火商謂宋也宋主大火耳成湯不主火也宋是商後謂宋爲商昭八年傳曰自根牟至于商衛是名宋爲商之驗釋例曰商宋一地謂此商也相土商之祖者是湯之祖亦宋之祖也堯封閼伯於商丘比及相土應歷

數出，故云代閼伯之後居商丘，祀大火也。商人閱其禍敗之釁，必始於火。是以日知其有天道也。閱猶數也。商人數所更歷，恒多火災。宋是殷商之後，故知天道之災必火。○釁，許靳反。數，所主反，下同。更音庚。【疏】商人至道也○正義曰：閱猶數也。釁謂間隙也。商人謂殷商之人爲王之時數其禍敗之釁隙，必始於火，言其政教有失，將欲致禍，旣開禍敗之釁，必有火災應之也。今宋是商後，亦如商世，欲有禍敗，必初始於火。是以言日知其有天道也。然殷商不居商丘，必有火者，以商是相土子孫，相土居商丘，祀火之故，故火之爲災，連及殷商之世也。傳唯言此而已，亦不知爾時宋有何失而致此災。公曰：可必乎？對曰：在道。國亂無象，不可知也。言國無道，則災變亦殊，故不可必知。【疏】公曰至知也○正義曰：公曰此事可必乎？但有從失必致火乎？對曰：在其君之所行道耳。若時政小失，天未棄之，或下災異，冀其覺悟，或可常有火災也。若國家昏亂，無復常象，不可知也。象謂妖祥，有所象似以戒人也。國若無道，災變亦殊，旣無所象，故不可必知也。○夏，季武子如晉，報宣子之聘也。宣子聘在八年。○穆姜薨於東宮。太子宮也。穆姜淫僑如，欲廢成公，故徙居東宮。事在成十六年。始往而筮之，遇艮之八。䷳艮下艮上。周禮大卜掌三易，然則雜用連山、歸藏、周易。二易皆以七八爲占，故言遇艮之八。○艮，古根反。【疏】注艮下至之八○正義曰：周禮大卜掌三易之法，一曰連山，二曰歸藏，三曰周易。鄭玄云：易者，揲蓍變易之數可占者也。名曰連山，似山之出內雲氣也。歸藏者，萬物莫不歸而藏於其中也。洪範言卜筮之法，三人占則從二人之言。孔安國云：夏、殷、周卜筮各異，三法並卜，從二人之言。是言筮用三易之事也。大卜，周官，而職掌三易，然則周世之卜雜用連山、歸藏、周易也。周易之爻唯有九六，此筮乃言遇艮之八，二易皆以七八爲占，故此筮遇八，謂艮之第二爻不變者是八也。揲蓍求爻，繫辭有法，其揲所得有七八九六。說者謂七爲少陽，八爲少陰，其爻不變也；九爲老陽，六爲老陰，其爻皆變也。周易以變爲占，占九六之爻，傳之諸筮皆是占變爻也。其連山、歸藏以不變爲占，占七八之爻。二易並亡，不知實然以否。世有歸藏易者，僞妄之書，非殷易也。假令二易俱占七八，亦不知此筮爲用連山，爲用歸藏。所云遇艮之八，不知意何所道，以爲先代之易，其言亦無所據。賈、鄭先儒相傳云耳。先儒爲此意者，此言遇艮之八，下文穆姜云是於周易，晉語公子重耳筮得貞屯悔豫皆八，其下司空季子云是在周易，並於遇八之下別言周易，知此遇八非周易也。史曰：是謂艮之隨。䷐震下兌上，隨。史疑古易遇八爲不利，故更以周易占變爻，得隨卦而論之。【疏】注震下至論之○正義曰：震爲雷，兌爲澤。象曰：澤中有雷，隨。鄭玄云：震，動也；兌，說也。內動之以德，外說之以言，則天下之民慕其行而隨從之，故謂之隨也。史疑古易遇八者爲不利，故更以周易占變，變其爻，乃得隨卦而論之，所以說姜意也。隨其出也。史謂隨非閉固之卦。君必速出。姜曰：亡。亡猶無也。○亡，如字，讀者或音無。是於周易曰：隨，元亨利貞，无咎。易筮皆以變者占，遇一爻變義異，則論彖，故姜亦以彖爲占也。史據周易，故指言周易以折之。○亨，許庚反，下同。彖，吐亂反。折，之設反。【疏】注易筮至折之○正義曰：易筮皆以變者爲占，傳之諸筮皆是也。若一爻獨變，則得指論此爻。遇一爻變以上，或二爻三爻皆變，則每爻義異，不知所從，則當總論彖辭。故姜亦以彖爲占。此元亨利貞无咎，是隨卦之彖辭也。史言是謂艮之隨者，據周易而言，故姜亦指言周易以折之也。周易卦下之辭謂之爲彖。彖者，統論一卦之體，明其所由之主。隨彖云元亨利貞无咎者，元，長也，長亦大也；亨，通也；貞，正也。隨卦震下兌上，以剛下柔，動而適說，故物皆隨之，而不能大通於事，逆於時也。相隨而不爲利正，共適邪淫，則災之道也。必有此元亨利貞四德，乃得无咎過耳。無此四德，則不免於咎。元，體之長也。亨，嘉之會也。利，義之和也。貞，事之幹也。體仁足以長人，嘉德足以合禮，利物足以和義，貞固足以幹事。然，故不可誣也。是以雖隨无咎。言不誣四德，乃遇隨无咎。明無四德者，則爲淫而相隨，非吉事。○長，丁丈反，下同。嘉德，易作嘉會。【疏】注言不至吉事○正義曰：不誣四德者，四德實有於身，不可誣罔以無爲有也。如是乃遇隨卦，可得身无咎耳。明其無此四德而遇隨卦者，乃是淫而相隨，非是善事，故得隨必有咎也。穆姜自以身無四德，遇隨爲惡，其意謂隨爲惡卦，故云雖隨无咎。今我婦人而與於亂，固在下位，婦人卑於丈夫。○與音預。而有不仁，不可謂元。不靖國家，不可謂亨。作而害身，不可謂利。弃位而姣，姣，淫之別名。○姣，戶交反，注同。徐又如字。服氏同。嵇叔夜音效。【疏】注姣淫之別名○正義曰：服虔讀姣爲放效之效，言效小人爲淫。淫自出於心，非效人也。今時俗語謂淫爲姣，故以姣爲淫之別名。不可謂貞。有四德者，隨而無咎。我皆無之，豈隨也哉？我則取惡，能無咎乎？必死於此，弗得出矣。傳言穆姜辯而不德。【疏】元體至出矣○正義曰：自幹事以上與周易文言正同。彼云元者善之長，此云體之長；彼云嘉會足以合禮，此云嘉德。唯二字異耳，其意亦不異也。元者，始也，長也。物得其始，爲衆善之長，於人則謂首爲元，元是體之長。以善爲體，知亦善之長也。亨，通也；嘉，善也。物無不通，則爲衆善之會，故通者善之會也。物得裁成，乃名爲義，義理和協，乃得其利，故利者義之和也。貞，正也。物得其正，乃成幹用，故正者事之幹也。體仁，以仁爲體也。君子體是仁人，堪得與人爲長。體仁足以長人也。以身有美德，動與禮合，嘉德足以合禮也。以已利物，義事和協，利物足以和義也。正而牢固，事得幹濟，貞固足以幹事也。此四德者，在身必然，固不可誣罔也。是以雖得隨卦，而其身无咎。今我婦人也，而與於僑如之亂。婦人卑於男子，固在下位，而有不仁之行，不可謂之元也。不安靖國家，欲除去季孟，不可謂之亨也。作爲亂事，而自害其身，使放於東宮，不可謂之利也。棄夫人之德位，而與僑如淫姣，不可謂之貞也。有此元亨利貞四德，乃得隨而无咎。四德我皆無之，豈當隨卦也哉？我則自取此惡，其身能无咎乎？必死於此宮，不能出矣。○秦景公使士雃乞師于楚，將以伐晉。楚子許之。子囊曰：不可。當今吾不能與晉爭。晉君類能而使之，隨所能。○雃，苦田反。舉不失選，得所選。○選，息戀反，注同。官不易方。方猶宜也。其卿讓於善，讓勝己者。其大夫不失守，各任其職。其士競於教，奉上命。其庶人力於農穡，種曰農，收曰穡。【疏】注種曰農收曰穡○正義曰：農是力田之名。詩毛傳云：種之曰稼，斂之曰穡。稼者，言如嫁女之有所生也；穡，愛也，言愛惜而收斂之也。此文穡無所對，故以農爲種名，其實農是營田之名，種曰稼也。○商工皁隸不知遷業。四民不雜。【疏】注四民不雜○正義曰：齊語四民者，士農工商。此傳言其士競於教，是說士也；庶人力於農穡，是說農也。士農已訖，唯有工商在耳，故以皁隸賤官足成其句。杜言四民不雜，通上士庶爲四，非以皁隸工商爲四也。○韓厥老矣，知罃稟焉以爲政。代將中軍。范匄少於中行偃而上之，使佐中軍。使匄佐中軍，偃將上軍。○少，詩照反，下同。中行，戶郎反。韓起少於欒黶，而欒黶、士魴上之，使佐上軍。黶、魴讓起，起佐上軍，黶將下軍，魴佐之。○黶，於斬反。魏絳多功，以趙武爲賢而爲之佐。武，新軍將。將，子匠反。君明臣忠，上讓下競。尊官相讓，勞職力競。當是時也，晉不可敵，事之而後可。君其圖之！王曰：吾旣許之矣。雖不及晉，必將出師。秋，楚子師于武城以爲秦援。秦人侵晉，晉饑，弗能報也。爲十年晉伐秦傳。○饑音飢，又音幾。○冬十月，諸侯伐鄭。鄭從楚也。庚午，季武子、齊崔杼、宋皇鄖從荀罃、士匄門于鄟門。鄟，城門也。三國從中軍。○鄟音專，本亦作專。衛北宮括、曹人、邾人從荀偃、韓起門于師之梁。師之梁亦鄭城門。三國從上軍。滕人、薛人從欒黶、士魴門于北門。二國從下軍。○杞人、郳人從趙武、魏絳斬行栗。二國從新軍。行栗，表道樹。○行栗，如字，行道也。【疏】斬行栗○正義曰：行道也，謂之行栗，必是道上之栗。周語云：列樹以表道。知此行栗是表道之樹。甲戌，師于氾。衆軍還聚氾。氾，鄭地，東氾。○氾音凡。令於諸侯曰：脩器備，兵器戰備。盛餱糧，餱，乾食。○盛音成。餱音侯。歸老幼，示將久師。居疾于虎牢，諸侯已取鄭虎牢，故使諸軍疾病息其中。肆眚圍鄭。肆，緩也。眚，過也。不書圍鄭，逆服不成圍。○眚，生領反，徐所幸反。【疏】注肆緩至成圍○正義曰：肆訓爲緩，緩從罪人，謂放赦之也。將求民力鬬，恩赦罪，赦諸侯之軍內犯法者。服虔以爲放鄭囚。案傳未與鄭戰，無因可放。設使有因可放，鄭人以賂而獲，非有所犯，不得謂之肆眚也。不書圍鄭者，此肆眚圍鄭是號令之辭耳，鄭人聞而逆服

不成圍故也 鄭人恐。乃行成。與晉成也。○恐丘勇反 中行獻子曰。遂圍之。以待楚人之救也。而與之戰。不然無成。獻子荀偃也。恐楚救鄭，鄭復屬之。○復扶又反 知武子曰。許之盟而還師。以敝楚人。敝罷也。○罷音皮 吾三分四軍。分四軍爲三部【疏】注分四軍爲三部。○正義曰：賈逵以爲三分四軍爲十二部，鄭衆以爲分四軍爲三部。杜以分爲十二則一部人少，不足亢敵，故從鄭說，分四軍爲三部。晉各一動而楚三來，欲罷楚使不能也。與諸侯之銳以逆來者。來者楚也。於我未病。楚不能矣。晉各一動而楚三來，故曰不能。猶愈於戰。勝聚戰 暴骨以逞。不可以爭。言爭當以謀，不可以暴骨。○暴蒲卜反，注同，徐扶沃反。爭，爭鬭之爭，注同，又如字 大勞未艾。君子勞心。小人勞力。先王之制也。艾息也。言當從勞心之勞。○艾魚廢反，又五蓋反，注同 諸侯皆不欲戰。乃許鄭成。十一月己亥。同盟于戲。鄭服也。鄭服故言同盟 將盟鄭。六卿公子騑、子駟 公子發、子國 公子嘉、子孔 公孫輒、子耳 公孫蠆、子蟜。○蠆勅邁反 公孫舍之子展 及其大夫門子。皆從鄭伯。門子，卿之適子。○從才用反，適丁歷反【疏】注門子卿之適子。○正義曰：周禮小宗伯掌三族之別，以辨親疏，其正室皆謂之門子。鄭玄云：正室，適子也，將代父當門者也。是卿之適子爲門子也。晉士莊子爲載書。莊子，士弱。載書，盟書。曰。自今日既盟之後。鄭國而不唯晉命是聽。而或有異志者。有如此盟。如違盟之罰。公子騑趨進曰。天禍鄭國。使介居二大國之間。介猶閒也。○介音界，注同。猶閒音間厠之間，又如字 大國不加德音。而亂以要之。謂以兵亂之力強要鄭。○要一遙反，注強要下要人要盟皆同，強其丈反 使其鬼神不獲歆其禋祀。其民人不獲享其土利。夫婦辛苦墊隘。墊隘猶委頓。底至也。○歆許今反，墊丁念反，隘於懈反，底音旨 無所底告。自今日既盟之後。鄭國而不唯有禮與彊可以庇民者是從。而敢有異志者。亦如之。亦如此盟。○庇必利反 荀偃曰。改載書。子駟亦以所言載於策，故欲改之。公孫舍之曰。昭大神要言焉。要誓以告神 若可改也。大國亦可叛也。知武子謂獻子曰。我實不德。而要人以盟。豈

禮也哉。非禮何以主盟。姑盟而退。脩德息師而來。終必獲鄭。何必今日。我之不德。民將棄我。豈唯鄭。若能休和。遠人將至。何恃於鄭。乃盟而還。遂兩用載書。○休許虯反 晉人不得志於鄭。以諸侯復伐之。十二月癸亥。門其三門。三門，鄟門、師之梁、北門也。癸亥，月五日。晉果三分其軍，各攻一門。○復扶又反 閏月。戊寅。濟于陰阪。侵鄭。以長厤參校上下，此年不得有閏月戊寅。戊寅是十二月二十日。疑閏月當爲門五日。五字上與門合爲閏，則後學者自然轉日爲月。晉人三番四軍，更攻鄭門，門各五日。晉各一攻，鄭三受敵，欲以苦之。癸亥去戊寅十六日，以癸亥始攻，攻輒五日，凡十五日，鄭故不服而去。明日戊寅，濟于陰阪，復侵鄭外邑。陰阪，洧津。○閏月依注讀爲門五日。阪音反，又扶板反。番芳元反。更音庚。復扶又反。洧于軌反。【疏】注以長至洧津。○正義曰：杜以長厤推之，此年無閏，故知此閏字當爲門五，又月當爲日也。晉人分四軍爲三番，以二番爲待楚之備，一番以攻鄭之門，一番一門，以癸亥初攻，每門五日，積十五日。欲以苦鄭而來楚也。楚不敢來，鄭猶不服，至明日戊寅，于陰阪復侵鄭外邑而後歸也。鄭都洧水之旁，故知陰阪洧津也。衛氏難云：案昭二十年朔旦冬至，其年云閏月戊辰殺宣姜，又二十二年云閏月取前城，並不應有閏，而傳稱閏，是史之錯失，不必皆在應閏之限，杜豈得云此年不得有閏，而改爲門五日也。若然，閏月殺宣姜，閏月取前城，皆爲門五日乎？秦氏釋云：以傳云三分四軍，又云十二月癸亥門其三門，既言三分，則三番攻門，計癸亥至戊寅十六日，番別攻門五日，三五十五日，明日戊寅濟于陰阪，上下符合，故杜爲此解。蘇氏又云：案長歷襄十年十一月丁未是二十四日，十一年四月己亥是十九日，據丁未至己亥一百七十三日，計十十一月之後十一年四月之前，除兩箇殘月，唯置四箇整月，用日不盡，尚餘二十九日，故杜爲長厤於十年十一月後置閏。既十年有閏，明九年無閏也。次于陰口而還。陰口，鄭地名。子孔曰。晉師可擊也。師老而勞。且有歸志。必大克之。子展曰。不可。傳言子展能守信。○公送晉侯。晉侯以公宴于河上。問公年。季武子對曰。會于沙隨之歲。寡君以生。沙隨在成十六年。晉侯曰。十二年矣。是謂一終。一星終也。歲星十二歲而一周天。【疏】注歲星至周天。○正義曰：直言一星終，知是歲星者，以古今歷書推步五星，金水日行一度，土三百七十七日行星十二度，火七百八十日行星四百一十五度，四者皆不得十二年而一終。唯木三百九十八日行星三十三度，十二年而彊一周，舉其大數，十二年而一終，故知是歲星。國君十五而生子。冠而生子。禮也。冠，成人之服，故必冠而後生子。○冠古亂反，注下皆同 君可以冠矣。大夫盍爲冠具。武子對曰。君冠必以祼享之禮

行之。祼謂灌鬯酒也。享，祭先君也。○盍戶臘反，祼古亂反，灌古亂反【疏】注祼謂至祭先君也。○正義曰：周禮大宗伯以肆獻祼享先王。鬱人：凡祭祀之祼事，和鬱鬯以實彝而陳之。鄭玄云：鬱，鬱金香草也。鬯，釀秬爲酒，芬香條暢於上下也。築鬱金，煮之以和鬯酒。郊特牲云：灌用鬯臭。鄭玄云：灌謂以圭瓚酌鬯始獻神也。然則祼即灌也，故云祼謂灌鬯酒也。祼是祭初之禮，故舉之以表祭也。周禮祭人鬼曰享，故云享祭先君也。劉炫云：冠是大禮，當徧羣廟。以金石之樂節之。以鍾磬爲舉動之節 以先君之祧處之。諸侯以始祖之廟爲祧。○祧他彫反【疏】君冠至處之。○正義曰：冠是嘉禮之大者，當祭以告神，故有祼享之禮以祭祀也。國君無故不徹縣，故有金石之樂，行冠禮之時爲舉動之節也。冠必在廟，故先君之祧處之也。既行祼享祭，必有樂，所言金石節之，謂冠時之樂，非祭祀之樂也。諸侯之冠禮亡，唯有士冠禮在耳。其禮亦行事於廟，而不爲祭祀，士無樂可設，而唯處祧同耳。士冠必三加，始加緇布冠，次加皮弁，次加爵弁，公則四加。大戴禮公冠篇於士三加後更加玄冕是也。案此傳文，則諸侯十二加冠也。文王十三生伯邑考，則十二加冠，親迎于渭，用天子禮，則天子十二冠也。晉語柯陵會，趙武冠見范文子，冠時年十六七，則大夫十六冠也。士庶則二十而冠，故曲禮云二十曰弱冠是也。○注諸侯至爲祧。○正義曰：祭法云：遠廟爲祧，天子有二祧。鄭玄云：祧之言超也，超上去意也。諸侯無祧，聘禮云不腆先君之祧，是謂始祖廟也。聘禮注云：天子七廟，文武爲祧；諸侯五廟，則祧始祖也，是亦廟也。言祧者，祧尊而廟親，待賓客者上尊者。然則彼以始祖之尊，故特言祧耳。昭元年傳云：敢愛豐氏之祧。大夫之廟亦以祧言之，是尊之意也。不待至魯而假於衛者，及諸侯賓客未散故也。今寡君在行。未可具也。請及兄弟之國而假備焉。晉侯曰。諾。公還及衛。冠于成公之廟。成公，今衛獻公之曾祖，從衛所處。【疏】注成公至所處。○正義曰：成公是獻公曾祖，衛世家文也。服虔以成公是衛之曾祖，即云祧謂曾祖之廟也。曾祖之廟何以獨有祧名？王制大夫三廟，一昭一穆與太祖之廟爲三，鄭之豐氏豈得立曾祖之廟乎？而亦謂之祧也。杜言從衛所處，意在排舊說也。以晉悼欲速，故寄衛廟而假鍾磬，其祼享之禮，歸魯乃祭耳。假鍾磬焉。禮也。○楚子伐鄭。與晉成故 子駟將及楚平。子孔、子蟜曰。與大國盟。口血未乾而背之。可乎。子駟、子展曰。吾盟固云。唯彊是從。今楚師至。晉不我救。則楚彊矣。盟誓之言。豈敢背之。且要盟無質。神弗臨也。質主也。【疏】注質主也。○正義曰：質之爲主，以意言耳，無正訓也。晉云唯晉命是聽，鄭云唯彊是從，二辭俱以告神，是其無定主也。服虔云：質，誠也，無忠誠之信，故神弗臨也。○所臨唯信。信者。言之瑞也。瑞符也。善之主也。是故臨之。神臨之 明神不蠲要盟。蠲絜也。背之可也。乃及楚平。公子罷戎入盟。同盟于中分。中分

鄭城中里名。罷戎莌大夫。罷音皮，徐音彼。中分並如字，徐音丁仲反。【疏】注中分鄭城中里名。○正義曰：言入盟是入城盟也。入城而言盟地，知是城內里名。楚莊夫人卒。共王母。王未能定鄭而歸。○晉侯歸，謀所以息民。魏絳請施舍。施恩惠，舍勞役。輸積聚以貸。輸盡也。積子賜反，下同。聚才住反。貸他代反。自公以下，苟有積者，盡出之。國無滯積，散在民。亦無困人。公無禁利，與民共。亦無貪民。禮讓行。祈以幣更，不匱乏。賓以特牲，務崇省。省所景反。器用不作，因仍舊。車服從給。足給事也。行之期年，國乃有節。三駕而楚不能與爭。三駕三興師，謂十年師於牛首，十一年師於向，其秋觀兵於鄭東門，自是鄭遂服。期音基，本亦作朞。向舒亮反。

春秋左傳注疏卷三十挍勘記　阮元撰盧宣旬摘錄

附釋音春秋左傳注疏卷第三十　襄五年盡九年

經五年

此魯大夫故書巫如晉　宋本淳熙本岳本足利本此作比字按作比是也謂比鄫世子於魯大夫○今訂正

仲孫蔑衛孫林父會吳于善道　纂圖本毛本仲誤叔

楚殺其大夫公子壬夫　匡謬正俗云壬夫當爲工夫非也說見經元年

穆叔使鄫人聽命於會　宋本淳熙本岳本足利本於作于

傳五年

戎陵蔑周室　釋文陵作淩

故告愬於盟主　纂圖本毛本於作于宋本淳熙本無於字足利本同

言王叔之貳於戎也　纂圖本毛本於作于非也

王叔反有二心於戎　毛本於作于

巫若自受鄫命　毛本自誤坐

故孟獻子孫文子會吳于善道　纂圖本毛本吳于誤吳子

防有旱災而祈之也　閩本監本毛本旱災誤災旱

又因用此禮而求雨　監本又因作又則非案杜氏釋例作則又

尤共王也　毛本共誤上

故追言之也　此本言之二字闕今據宋本閩本監本毛本補正

欲令諸侯息忿　閩本欲改故非也

亦亦前逸詩也　監本毛本亦亦作亦逸非也

經六年

季孫宿如晉　宿外傳作夙鄭氏檀弓注亦作夙正義引世本云行父生夙案宿乃古文夙字

傳六年

蓋斷好之義也　毛本作善斷亦非宋本斷作繼

恃之而慢言　宋本淳熙本岳本纂圖本監本毛本言作莒是也

告爲政而來見也　盧文弨挍本見下增禮字據昭二十年傳文也

十一月　案經作十二月者杜以爲從告也

甲寅堙之環城傅於堞　案玉篇垔字下杜注云土山也又堙字注同垔杜注作垔傳文可知蓋顧野王所見本作垔也石經堞作埬避唐太宗諱

知周帀其城爲土山也　宋本閩本監本帀作市毛本亦誤市山誤城

乙未王湫帥師及正輿子棠人軍齊師　閩本脫帥字

遷萊于郳　釋文無萊字云本或作遷萊于郳萊衍字案石經萊字下改刊此行十一字蓋初刻時本無萊字也

經七年

夏四月至免牲　閩本監本毛本至誤乃

則初卜即巳大晚　毛本巳作以案巳以古通用

而卜其牲曰　宋本監本曰作日是也

如會會於鄬也　纂圖本於作于非也

故約文上其名於會上　纂圖本閩本監本毛本上誤作書釋文亦作上其名與正義合是也足利本上改作正非

傳七年

郊則曷爲必祭稷　宋本閩本監本毛本作祭此本誤祭今訂正

非求未來之福　宋本閩本監本毛本作未此本誤云今訂正

此傳專言郊祀社稷　宋本毛本社作后與傳合

詩噫嘻序曰　閩本噫誤意

躬耕帝籍　案月令籍作藉

孝經止言尊嚴其父　閩本監本毛本止誤只

今既耕而卜郊　石經而下有後字疑衍文案正義及曲禮正義應邵風俗通義引傳文皆無後字

二月節驚蟄　沈形驚蟄改作雨水按沈形改是也與古厤合不然驚蟄即啓蟄不當重複○今正

故爲主役徒者　宋本閩本監本毛本役徒誤倒

公族穆子有廢疾　石經宋本岳本廢作癈是也案說文癈固病也與廢興字有別凡經典癈疾字宋後俗本多作廢

言議在位者　宋本無言字

則庶民不奉信其命　淳熙本奉誤奏

介助也景大也　正義引定本介景皆爲大也

靖共至恤民　宋本此節正義在詩曰至可乎正義之下

三者和備　毛本三作二非也

公迎賓于大門內　宋本監本亦作于下立于至于同毛本並誤作於

賓父三揖　監本毛本父作又宋本作入與聘禮合

亦欲君行一臣行一　宋本作臣行二是也

委蛇委蛇　石經初刻作委委虵虵案詩羔羊釋文云沈讀作委委虵虵是沈氏所見本作兩重文也下衡而委蛇石經初亦作虵

從順行　宋本淳熙本足利本行作也是也

謂順者也　毛本謂作爲非也

經八年

獲蔡公子燮　淳熙本閩本監本燮改爕案穀梁作濕陸氏音義曰濕本又作隰左氏作燮

得盟主遠理　閩本監本毛本遠作道

邾人于邢丘　足利本邢誤刑山井鼎云下傳注皆同非也

傳八年

晉悼復脩霸業　足利本霸作伯釋文亦作伯音霸又如字云本亦作霸

使大夫聽命政　宋本監本毛本政作故屬下句

以命朝聘之數　毛本命作明非也

童子言焉　石經于下旁增何字後人據俗刻妄加也

亦是有禮之事也　宋本亦上有即字

以待彊者而庇民焉　毛本庇作庀非也

無適受其咎　淳熙本無作无考文補遺咎下有也字

謀於路人也纂圖本毛本於作于
逢值歧路閩本監本歧作岐字按歧路字即岐山字也
儆而師徒毛本師作司非也
索盡也釋文亦作索陸粲附注云既云悉則不得重言盡矣廣雅釋詁索取也悉索蓋言盡取以行也或疑索當爲率據國語云悉帥敝賦率與索通譌爲索耳陳樹華云索訓爲取固是或說則非
不違啓處石經宋本岳本違作皇注皇暇也岳本作違
亦不使一介行李告于寡君石經宋本淳熙本足利本介作个注同釋文亦作个
今譬於草木釋文作今辟案羣經音辨引傳亦作今辟於艸木云今本作譬
取其兄弟婚姻宋本婚作昏
彤弓天子賜有功諸侯之詩重脩監本彤誤形
以爲子孫藏釋文藏作藏案懷藏字古皆作臧

經九年

傳言十有二月己亥淳熙本無有字宋本翻岳本作十一月不誤足利本同
經以長厤推之宋本經作杜是也

傳九年

齊任管夷吾宋本毛本任作用
鄭人討賊宋本討作請非也
抶築臺之謳毛本抶作扶非也
是政卿命之宋本政作二
非子罕也閩本監本罕作産非也
釋言氏宋本氏作云是也
每里下士一人毛本每作五非也
謂司城內之民閩本監本內之誤倒
不知其官之名毛本名誤民
陳畚挶挶字石經初刻从才改刊从木惠棟云唐石經作梮正義曰其字从手此臆說也漢書引此傳作䡅䡅音菊與梮同音史記河渠書云山行則梮韋昭曰梮木器如今轝牀人轝以行也然則䡅與梮音義皆同案說文有挶字無梮字正義云其字從手謂以手持物與畚共文畚是盛土之器則挶是轝土之物是孔沖遠所據之本从才不从木必以爲梮是挶非未可也

畚簣籠正義本亦作簣釋文作蕢
挶土轝釋文轝作輿
盆鑒之屬閩本監本毛本鑒誤鑿正義同
周禮凌人春始治鑑閩本監本毛本鑑作鑒非案周禮作鑑說文鑑大盆也凌閩本監本誤淩
鑑如甀大口以盛冰監本毛本冰誤水
蓄水潦釋文蓄作畜本又作蓄漢書五行志引傳作畜顏師古云蓄讀曰畜
巡丈城各本作丈此本誤文注及正義同今並訂正
使華臣具正徒案漢書五行志引作備正徒
遂正所納山井鼎云遂恐隧誤
此隧正當天子之遂毛本天作大非也
注樂遄至刑書毛本改作樂遄司寇刑器刑書非也
必非刑器爲刑書也宋本必非下有刑人之器故以六字
使皇鄖命校正出馬釋文鄖本亦作員音同山井鼎云上下諸文崇禎本皆作挍今不悉記當以意求也案毛本作挍避所諱
皇鄖至其官毛本鄖下增皇父二字非舊式也
與工正書服閩本監本書誤義
杜以府爲六官之典閩本監本府誤此
故使具其守監本毛本其作官
謂奄人爲臣毛本爲作謂非也
寺人王之王內五人閩本監本毛本作主之主內亦誤宋本下王字作正是也
二師令四鄉正敬享石經初刻亦作令改刊作命案正義引傳文並作命是孔氏所據本作命也
此傳云二師令四鄉正閩本此處闕宋本令作命是也○今依作命
故云二師命四鄉正也閩本監本毛本命作令非
周禮大祝閩本此處闕監本毛本禮誤神
祀盤庚于西門之外釋文盤作般字亦作盤案洪氏隸釋載蔡邕石經殘碑於盤庚下篇首句作般則知盤本作般也
以出內火漢書五行志引傳作以出入火惠棟云周毛伯鄭敦云毛伯內門立中庭內讀爲入立讀爲位古文

春秋經公即位爲公即立出入火爲出內火皆古文也尚書九江納錫大龜史記內作入是古入字皆作內
皆以正配食也宋本以下有火字是也
以三月本時昏監本三作二非也
傳曰遷閼伯於商邱宋本淳熙本岳本纂圖本於作于宋本正義亦作于監本曰誤日
祀大火閩本監本毛本祀作祝非也
相土因之惠棟云汲郡古文曰帝相十五年商侯相土作乘馬鄭氏周禮校人注引世本亦云相土作乘馬古文士上相亂如盄和鍾以土爲士牧敦以士爲土土又與杜通故荀子云杜作乘馬
姊嗇衞也毛本姊作姉非也
分郡國以配諸次閩本監本郡誤羣
多得其効浦鏜正誤効作效
今上洛商縣是也監本上作止非也
釋例云監本釋誤則
謂宋爲昭商宋本無昭字是也
穆姜薨於東宮石經宋本於作于
遇艮之八石經艮上體畫作𡇒卦非也
艮下艮上宋本淳熙本岳本足利本上字下有艮字是也
周禮大卜宋本大卜作大卜謬
連山似山之出內雲氣也監本出誤山
三人占宋本三上有云字
澤中有雷隨閩本此處缺重脩監本雷誤當
史謂隨非閉固之卦足利本謂作爲非
姜曰亡是於周易曰諸本亡字絕句何焯云當以是字絕句言必亡是理也按亡句絕言無速出之事是於周易言此艮之八在周易則隨也
隨元亨利貞無咎纂圖本無作无下同案洪氏容齋三筆云今易書无咎无妄多作无失之其實非也
然故不可誣也石經宋本岳本纂圖本毛本足利本作故監本閩本誤作固
注言不至吉事此節正義宋本在元體至出矣之下姣滿至別名之上
於人則謂首爲元閩本監本毛本謂作爲非也
秦景公使士雅乞師于楚釋文亦作雅監本誤作稚閩本作雅案說文雅字注云春秋時秦有

上雅于纂圖本毛本改作於非也

甲戌師于汜　石經宋本岳本纂圖本作甲戌是也閩本監本毛本汜作氾注同石經作汜非也

盛餱糧　葉抄釋文餱作糇案糇本作餱說文云餱乾食也徐錯傳云今人謂飯乾爲餱詩小雅伐木篇云乾餱以愆大雅公劉篇云乃裹餱糧是也

鄭服故言同盟　宋本無盟字案文章正宗引注亦無盟字

公子發　閩本監本脫公字

注門子卿之適子　毛本卿之二字改作至字

謂以兵亂之力强要鄭　纂圖本毛本力作功山井鼎云功當作力是也

無所厎告　石經宋本岳本底作厎注同釋文亦作厎是也說詳宣三年

我實不德而要人以盟豈禮也哉非禮何以主盟　案石經德字起非字止爲一行計十一字陳樹華云疑初刻次句無而字或無以字

更改鄭門　宋本岳本纂圖本閩本監本毛本改作攻是也

陰阪有津　宋本淳熙本岳本纂圖本閩本監本毛本有作洧不誤

以癸亥初攻　毛本攻作文誤也　又二十二年　閩本監本毛本二年誤三年

門其三門　閩本三作二非也　則三番攻門　閩本監本番作分非也

火七百八十日行星四百一十五度　毛本四一二字誤倒李銳云漢書三統術曰火一見七百八十日千五百六十八萬九千七百分凡行星四百一十五度八百二十一萬八千五分

國君十五而生子　淳熙本生誤孟

注祼謂至祭先君也　宋本無祭先二字此節正義在君冠至處之之下諸侯至爲祧之上

然則祼即灌也　監本祼誤灌

冠是大禮當徧羣廟　宋本徧下有告字是也

以鍾磬爲舉動之節　宋本淳熙本纂圖本閩本監本毛本鍾作鐘

親迎于渭　毛本于作於　一昭一穆　監本下一字脫毛本作二非

杜言從衞所處　閩本監本毛本言作意

故寄衞庿而假鍾磬　宋本閩本監本毛本庿作廟案庿古廟字鍾宋本閩本監本毛本作鐘

假鍾磬焉禮也　石經宋本岳本纂圖本閩本監本毛本鍾作鐘

質誠也　閩本監本誠作成案王應麟困學紀聞引作誠

蠲潔也　纂圖本閩本監本毛本絜作潔並俗字宋本作絜

附釋音春秋左傳注疏卷第三十一　襄十年盡十二年。

杜氏注　孔穎達疏

經十年。春。公會晉侯、宋公、衛侯、曹伯、莒子、邾子、滕子、薛伯、杞伯、小邾子、齊世子光會吳于柤。吳子在柤，晉以諸侯往會之，故曰會吳。吳不稱子，從所稱也。柤，楚地。○柤，莊加反。【疏】注「吳子至楚地」正義曰：成十五年諸侯大夫會吳于鍾離，五年魯、衛會吳于善道，皆大夫來也。此傳云「會吳子壽夢」，則吳子自來也。五年戚之會，吳序鄶上，此殊吳者，亦如鍾離、善道，晉以諸侯往彼會之，故曰會吳也。哀十三年，公會晉侯及吳子于黃池，彼稱吳子，此不稱子者，從其所稱也。蘇氏云：謂諸侯直稱之曰吳，故從諸侯之所稱也。至於黃池之會，自去其僭號而稱子，以告令諸侯，故諸侯亦從而稱之也。劉炫云：從所稱者，諸侯盟會，會則必自言其爵，盟則自言其名，故盟得以名告神，會得以爵書策。吳是東夷之君，未閑諸夏之禮，於此自稱爲吳，不知以爵告衆，故從所稱書吳也。故釋例云「吳晚通上國，故其君臣朝會不同於例，亦猶楚之初始」，是言吳未知稱爵也。○夏。五月。甲午。遂滅偪陽。偪陽，妘姓國，今彭城傅陽縣也。因柤會而滅之，故曰遂。○偪，徐甫目反，又彼力反，本或作逼。妘音云。【疏】注「偪陽至曰遂」○正義曰：偪陽妘姓，傳文也。鄭語云：妘姓鄔、鄶、路、偪陽也。遂者，因上事生下事之辭。此因柤會而遂滅偪陽，雖復隔以日，月文猶繫於會柤，因會柤而始謀滅之，故言遂也。公至自會。無傳。○楚公子貞、鄭公孫輒帥師伐宋。○晉師伐秦。荀罃不書，不親兵也。【疏】注「荀罃至兵也」○正義曰：傳稱荀罃伐秦，而經不書罃，知罃不親兵，以師告也。○秋。莒人伐我東鄙。○公會晉侯、宋公、衛侯、曹伯、莒子、邾子、齊世子光、滕子、薛伯、杞伯、小邾子伐鄭。齊世子光先至於師，爲盟主所尊，故在滕上。【疏】注「齊世子至滕上」。○正義曰：周禮典命：諸侯之適子誓於天子，攝其君，則下其君之禮一等；未誓，則以皮帛繼子男。鄭玄云：誓猶命也。言誓者，用天子既命以爲之嗣也。十九年傳云「光之立也，列於諸侯矣」，則光是未誓者也，法當繼於子男之下。柤之會，列於小邾之下，是其正也。於此伐也，傳稱崔杼使大子光先至于師，故長於滕。晉悼以齊是大國，光復先至，心善其共，遂進其班，爲盟主所尊，故在滕上，言其非正法也。○冬。盜殺鄭公子騑、公子發、公孫輒。非國討，當兩稱名氏，殺者非卿，故稱盜，以盜爲文，故不得言其大夫。【疏】注「非國至大夫」。○正義曰：若國家討而殺之，則舉國名言殺其大夫；若非國討，兩下相殺，則兩書名氏，王札子殺召伯、毛伯是也。此非國討，亦當兩書名氏，但殺之者尉止、司臣之徒皆非卿也，非卿則名氏不合見經，故稱之爲盜。凡言其者，是其所有也。君是臣之君，故書弒其君；臣是君之臣，故書殺其大夫。盜者，寇賊之名，賤之，不繫於國，被殺者非盜之所有，既以盜爲文，故不得言其大夫，若如他物殺之然。哀四年盜殺蔡侯申，注云「賤者，故稱盜，不言弒其君，賤盜也」。文十六年公羊傳曰「大夫弒君稱名氏，賤者窮諸人；大夫相殺稱人，賤者窮諸盜」。其義雖不可通於左氏，其言賤盜之意則同。○戍鄭虎牢。伐鄭諸侯各受晉命戍虎牢，不復爲告命，故獨書魯戍，而不敘諸侯。○復，扶又反。○楚公子貞帥師救鄭。○公至自伐鄭。無傳。

傳十年。春。會于柤，會吳子壽夢也。壽夢，吳子乘。○夢，莫公反。【疏】注「壽夢吳子乘」。○正義曰：十二年吳子乘卒，是也。服虔云：壽夢，發聲。吳蠻夷，言多發聲，數語共成一言。壽夢，一言也。經言乘，傳言壽夢，欲使學者知之也。然壽夢與乘聲小相涉，服以經傳之異，即欲使同之，然則餘祭、戴吳豈復同聲也？當是名字之異，故未言之。三月。癸丑。齊高厚相大子光以先會諸侯于鍾離，不敬。吳子未至，光從東道與東諸侯會遇，非本期地，故不書會。高厚，高固子也。癸丑，月二十六日。○相，息亮反，下同。【疏】注「吳子至六日」。○正義曰：言先會諸侯，則是會期未到，故知吳子未至，而諸侯自會也。柤與鍾離相近，地在宋之東南，知光從東道與東方諸侯遇，蓋邾、莒、滕、薛之徒自相會遇也。本非期會之地，會亦不以告魯，故不書也。如杜此注，則吳子元遣亦未赴於柤，而上注云「吳子在柤，諸侯往會之」者，吳子未至，告晉言已至柤而已，非晉侯自期於柤召吳子使赴也。戚之會，則吳子在善道，召使赴戚，故與諸國同序於列也。杜明言癸丑是三月二十六日，下四月戊午云月一日，五月庚寅云月四日，甲午云月八日，所以明言日者，欲證前九年閏月爲門五日，於上下日月相當，故杜備言其日也。劉炫曰：杜言癸丑二十六日者，見與下四月一日會柤近，知非二會也。士莊子曰：高子相大子以會諸侯，將社稷是衛，而皆不敬。厚與光俱不敬。棄社稷也，其將不免乎。爲十九年齊殺高厚、二十五年弒其君光傳。夏。四月。戊午。會于柤。經書春，書始行也。戊午，月一日。【疏】注「經書春書始行」。○正義曰：傳言夏會，而經書春，知經書始行，傳言會日也。諸赴盟會者，初去告行而已，盟會必行還乃書。何則？初去之時，未知所會幾國，豈得即書會也？明其皆是行還告廟乃書之耳。但所書者，或追記發國之初，或即書所會之日。此會柤，以其經傳不同，乃知春行夏會。其餘傳無會日，亦應有如此者，如此之類，是追記初行也。二十年六月庚申，公會晉侯云云于澶淵；成五年十二月己丑，公會晉侯云云于蟲牢。如此之類，是即書會日也。此蓋舊無定法，史官不同，故立文異耳。○晉荀偃、士匄請伐偪陽而封宋向戌焉。以宋常事晉，而向戌有賢行，故欲封之爲附庸。○行，下孟反。荀罃曰：城小而固，勝之不武，弗勝爲笑。固請。丙寅，圍之，弗克。丙寅，四月九日。孟氏之臣秦堇父輦重如役，堇父，孟獻子家臣。步挽重車以從師。○堇，徐音謹。挽音晚。【疏】輦重如役。○正義曰：重者，車名也。載物必重，謂之重；人挽以行，謂之輦。軍行以載器物，止則以爲藩營。此人挽此重車以從役也。宣十二年解已具之。偪陽人啓門，諸侯之士門焉。見門開，故攻之。縣門發，郰人紇抉之以出

門者。門者諸侯之士在門內者也紇郰邑大夫仲尼父叔梁紇也郰邑魯縣東南莝城是也言紇多力抉舉縣門出在內者○縣音玄注及下同郰側留反紇恨發反抉烏穴反徐又古穴反出如字一音屈遂反【疏】注縣門至門者○正義曰縣門者編版廣長如門施關機以縣門上有寇則發機而下之諸侯之士攻偪陽之門已有入者縣門乃發郰人紇抉而舉之以出門者謂攻門者也紇爲郰邑大夫公邑大夫皆以邑名冠之呼爲某人孔子之父名紇字叔梁古人名字並言者皆先字而後名故史記孔子世家稱爲叔梁紇也服虔云抉撅也謂以木撅抉縣門使舉令下容人出也門者下屬爲句

狄虒彌建大車之輪而蒙之以甲以爲櫓。狄虒彌魯人也蒙覆也櫓大楯○虒音斯彌徐音彌一音武脾反櫓音魯楯常尹反又音尹

左執之右拔戟以成一隊。百人爲隊○隊徒對反徐徒猥反【疏】狄虒至一隊○正義曰鄭玄云大車平地載任之車也考工記車人爲車柯長三尺大車轂長半柯輪崇三柯是輪高九尺其車周圍周二丈七尺建立也立此大車之輪而覆之以甲以爲櫓也考工記殳長尋有四尺車戟常崇於殳四尺八尺曰尋倍尋曰常則戟長一丈六尺也隊是行列之名百人爲隊相傳爲然成一隊者言其當百人也○

孟獻子曰詩所謂有力如虎者也。詩邶風也○邶音佩

主人縣布堇父登之及堞而絕之。偪陽人縣布以試外勇者○堞音牒徐養涉反

隊則又縣之蘇而復上者三。主人辭焉乃退。主人嘉其勇故辭謝不復縣布○隊直類反復扶又反注同上時掌反三息暫反又如字【疏】蘇而復上○正義曰宣八年傳曰晉人獲秦諜殺諸絳市六日而蘇則蘇者死而更生之名也堇父隊而悶絕似若死然得蘇而復緣布上

帶其斷以徇於軍三日。帶其斷布以示勇○斷徒亂反徇似俊反

諸侯之師久於偪陽荀偃士匄請於荀罃曰水潦將降懼不能歸。向夏恐有久雨從丙寅至庚寅二十五日故曰久○潦音老

請班師。班還

知伯怒。知伯荀罃○知音智

投之以机出於其間。出偃匄之間○机本又作几同

曰女成二事而後告余。二事伐偪陽封向戌○女音汝下及注皆同

余恐亂命以不女違。既成政之爲亂命

女既勤君而興諸侯牽帥老夫以至于此既無武守。無武功可執守

而又欲易余罪曰是實班師不然克矣。謂偃匄將言爾

余羸老也可重任乎。不任受女此責○羸劣危反重直用反任音壬注同

七日不克必爾乎取之。言當取女以謝不克之罪

五月庚寅。月四日

荀偃士匄帥卒攻偪陽親受矢石。躬在矢石間○卒子忽反【疏】注躬在矢石間○正義曰服虔云古者以石爲箭鏑引國語有隼集於陳侯之庭楛矢貫之石砮以證石爲箭鏃若石是箭鏃則猶是矢也何須矢石並言杜言在矢石間則不以石爲矢也周禮職金凡國有大故而用金石則掌其令鄭玄云用金石者作槍雷椎椁之屬雷即礧也兵法守城用礧石以擊攻者陳思王征蜀論云下礧成雷椎殘木碎是也○

甲午滅之。月八日

書曰遂滅偪陽言自會也。言其因會以滅國非之也【疏】注言其至之也○正義曰僖四年公會齊侯云云侵蔡蔡潰遂伐楚二十三年齊侯伐衛遂伐晉如此之類一行而有二事者法當言遂遂非善惡之名而此傳特云書曰遂滅偪陽言自會也則知此言遂者有非之意所以然者彼因伐遂伐本謀伐行兵容可一舉而伐兩國會非征伐之事荀偃士匄於會始請則偪陽無大罪諸侯無宿謀因會滅人情在可責傳稱言自會也是尤其從會行也釋例云會以訓上下敘德刑遂滅偪陽言滅生於會非本意也是言因會以滅國非之之事也書曰者是仲尼新意則舊史不然本蓋別書諸侯滅偪陽仲尼改之而言遂耳

以與向戌。向戌辭曰君若猶辱鎮撫宋國而以偪陽光啓寡君。羣臣安矣其何貺如之。言見賜之厚無過此○貺音況賜也【疏】光啓寡君○正義曰光昭宋國開其疆竟以賜寡君

若專賜臣。是臣興諸侯以自封也其何罪大焉。敢以死請。乃予宋公○宋公享晉侯于楚丘請以桑林。桑林殷天子之樂名【疏】注桑林至樂名○正義曰若非天子之樂則宋人不當請荀罃不須辭以宋人請而荀罃辭明其非常樂也宋是殷後得用殷樂知桑林是殷天子之樂名也經典言殷樂爲大護而此復云桑林者蓋殷家本有二樂如周之大武象舞也名爲大護則傳記有說湯以寬治民除其邪虐言能覆護下民使得其所故名其樂爲大護其曰桑林先儒無說唯書傳言湯伐桀之後大旱七年史卜曰當以人爲禱湯乃翦髮斷爪自以爲牲而禱於桑林之社而雨大至方數千里或可禱桑林以得雨遂以桑林名其樂也皇甫謐云殷樂一名桑林以桑林爲大護別名無文可馮未能察也

荀罃辭。辭讓之

荀偃士匄曰諸侯宋魯於是觀禮。宋王者後魯以周公故皆用天子禮樂故可觀

魯有禘樂賓祭用之。禘三年大祭則作四代之樂別祭羣公則用諸侯樂○禘大計反【疏】注禘三年大祭則作四代之樂別至樂侯○正義曰明堂位云季夏六月以禘禮祀周公於大廟朱干玉戚冕而舞大武皮弁素積裼而舞大夏彼禘祭唯用大武大夏而不言韶護以二十九年魯爲季札舞四代之樂知四代之樂魯皆有之明堂位云凡四代之服器魯兼用之禘是三年大祭禮無過者知禘祭於大廟則作四代之樂也禮唯周公之廟得用天子之禮知其別祭羣公則用諸侯之樂諸侯之樂謂時王所制之樂大武是也然則禘是禮之大者羣公不得與同而於賓得同禘者敬鄰國之賓故得用大祭之樂也其天子享諸侯亦同祭樂故大司樂云大祭祀王出入奏王夏尸出入奏肆夏牲出入奏昭夏大饗不入牲其他如祭祀鄭注云不入牲不奏昭夏也出入亦奏王夏奏肆夏又禮記祭統云大嘗禘升歌清廟下管象仲尼燕居云兩君相見亦升歌清廟下而管象是祭與享賓用樂同也而荀罃云我辭禮矣沈氏云嘉樂不野合故也魯之禘祭用四代樂則天子禘用六代樂也鄭康成義以爲禘祫各異祫大禘小天子祫用六代之樂禘用四代之樂魯有禘樂謂有周之禘祭之樂非左氏義也劉炫云禘是大禮賓得與同者享賓用樂禮傳無文但賓禮既輕必異於禘魯以享賓當時之失用之已久遂以爲常荀偃士匄引過謬之事以語晉侯使聽宋耳魯以禘樂享賓猶以十一牢爲士鞅吳以引徵百牢亦非正也

宋以桑林享君不亦可乎。言其天子樂也

舞師題以旌夏。師樂師也旌夏大旌也題識也以大旌表識其行列○題大兮反夏戶雅反注同識申志反又如字下同行戶郎反【疏】舞師題以旌夏○正義曰舞師樂人之師主陳設樂事者也謂舞初入之時舞師建旌夏以引舞人而入以題識其舞人之首故晉侯卒見懼而退入于房也謂之旌夏蓋形制大而別爲之名也

晉侯懼而退入于房。旌夏非常卒見之人心偶有所畏○卒寸忽反

去旌卒享而還。及著雍疾。晉侯疾也著雍晉地○去起呂反著徐都慮反一音除慮反雍於用反

卜桑林見。祟見於卜兆○見賢遍反注同祟息遂反

荀偃士匄欲奔請禱焉。奔走還宋禱謝○禱丁老反

荀罃不可曰我辭禮矣彼則以之。以用之

猶有鬼神於彼加之。言自當加罪於宋

晉侯有閒。閒疾差也○差初賣反

以偪陽子歸獻于武宮謂之夷俘。諱俘中國故謂之夷○俘芳夫反【疏】謂之夷俘○正義曰昭十七年晉荀吳滅陸渾之戎獻俘于文宮不言謂之夷俘彼真是戎也此言謂之夷俘明非夷而謂之夷知其諱俘中國名之也莊三十一年傳曰凡諸侯有四夷之功則獻于王中國則否中國之俘既不合獻王故獻廟亦諱知其無罪內愧於心故諱之謂之夷俘

偪陽妘姓也。使周內史選其族嗣納諸霍人。禮也。霍人晉邑內史掌爵祿廢置者使選偪陽宗族賢者令居霍奉妘姓之祀善不滅姓故曰禮也使周史者示有王命○令力呈反下令在勸令同【疏】注霍晉至王命○正義曰霍是舊國閔元年晉獻公滅之以爲晉邑也內史掌爵祿廢置周禮內史職文也禮天子不滅國諸侯不滅姓其身有罪宜廢者選其親而賢者更紹立之論語所云興滅國繼絕世者謂此也晉侯以偪陽之罪不合絕祀故歸諸天子使周內史選偪陽宗族賢者繼嗣偪陽妘姓是祝融之孫陸終第四子求言之後虞夏以來世祀不絕今復繼之善其不滅姓故曰禮也晉侯不自選其人而使周內史者諸侯不得專封示有王命不自專也言納諸霍人者此霍邑或稱霍人猶如晉邑謂之柏人也必知霍人爲霍邑者班固漢書樊噲傳云攻霍人是霍人邑名也劉炫云霍晉邑人掌邑大夫猶鄹邑大夫稱鄹人紇蓋使爲晉附庸也

師歸孟獻子以秦堇父爲右。嘉其勇力

生秦丕茲事仲尼。言二父以力相尚子事仲尼以德相高○秦丕茲一本作秦不茲

六月楚子囊鄭子耳伐宋師于訾毋。宋地○訾子斯反毋音無

庚午圍宋門于桐門。不成圍而攻其城門○

晉荀罃伐秦。報其侵也。侵在九年。○衞侯救宋。師于襄牛。鄭子展曰。必伐衞。不然。是不與楚也。得罪於晉。又得罪於楚。國將若之何。子駟曰。國病矣。師數出疲病也。○數所角反。疲音皮。子展曰。得罪於二大國。必亡。病不猶愈於亡乎。諸大夫皆以爲然。故鄭皇耳帥師侵衞。楚令也。亦兼受楚之勑命也。皇耳皇戌子。孫文子卜追之。獻兆於定姜。姜氏問繇。繇兆辭。○繇直救反。疏注繇兆辭○正義曰周禮大卜掌三兆之法一曰玉兆二曰瓦兆三曰原兆其經兆之體皆百有二十其頌皆千有二百鄭玄云頌謂繇也是言灼龜得兆其兆各有繇辭即下三句是也此傳唯言兆有此辭不知卜得何兆但知舊有此辭故卜者得據以荅姜耳其千有二百皆此類也此繇辭皆韻古人讀雄與陵爲韻詩無羊正月皆以雄韻蒸韻陵是其事也曰。兆如山陵。有夫出征。而喪其雄。姜氏曰。征者喪雄。禦寇之利也。大夫圖之。衞人追之。孫蒯獲鄭皇耳于犬丘。蒯孫林父子。○喪息浪反。下同。禦魚呂反。蒯苦怪反。○秋。七月。楚子囊、鄭子耳伐我西鄙。於魯無所恥諱而不書其義未聞疏注於魯至未聞○正義曰服虔云不書諱從晉不能服鄭旋復爲楚鄭所伐恥而諱之也杜以從盟主而不能服叛國於魯未足爲恥被伐無所可諱故云其義未聞還圍蕭。八月丙寅克之。蕭宋邑。九月。子耳侵宋北鄙。孟獻子曰。鄭其有災乎。師競已甚。競爭競也。○爭爭鬭之爭下文有之爭同。周猶不堪競。況鄭乎。周謂天王。有災其執政之三士乎。鄭簡公幼少子駟子國子耳秉政故知三士任其禍也爲下盜殺三大夫傳。○少詩照反任音壬。○莒人間諸侯之有事也。故伐我東鄙。諸侯有討鄭之事。○間間廁之間。○諸侯伐鄭。齊崔杼使大子光先至于師。故長於滕。大夫宜賓之以上卿而今晉悼以一時之宜令在滕侯上故傳從而釋之。○長丁丈反。己酉。師于牛首。鄭地。○初。子駟與尉止有爭。將禦諸侯之師。而黜其車。禦牛首師也黜減損。尉止獲。又與之爭。獲囚俘。子駟抑尉止曰。爾車非禮也。言女車猶多過制。○疏注言女至過制○正義曰前已減損其車復云爾車非禮明是仍嫌車多言其過制大夫之制不知車當幾乘從軍之車未必制有定限子駟心憎尉止嫌其豪富本意不爲過禮制也遂弗使獻。所獲不使獻。初。子駟爲

田洫。司氏、堵氏、侯氏、子師氏皆喪田焉。洫田畔溝也。子駟爲田洫以正封疆而侵四族田○洫況域反堵音者或丁古反喪息浪反下同疆居良反疏注洫田至族田○正義曰考工記匠人爲溝洫耜廣五寸二耜爲耦一耦之伐廣尺深尺謂之畎田首倍之廣二尺深二尺謂之遂九夫爲井井間廣四尺深四尺謂之溝方十里爲成成間廣八尺深八尺謂之洫方百里爲同同間廣二尋深二仞謂之澮然則溝洫俱是通水之路相對大小爲異耳皆於田畔爲之故云田畔溝也爲田造洫故稱田洫此四族皆是富家占田過制子駟爲此田洫正其封疆於分有剩則減給他人故正封疆而侵四族田也小司徒云九夫爲井四井爲邑四邑爲丘四丘爲甸四甸爲縣四縣爲都注云此謂都鄙采地之制也故五族聚羣不逞之人。因公子之徒以作亂。八年子駟所殺公子嬰等之黨。○嬰許其反本亦作熙又音怡。於是子駟當國。攝君事也。子國爲司馬。子耳爲司空。子孔爲司徒。冬十月戊辰。尉止、司臣、侯晉、堵女父、子師僕、帥賊以入。晨攻執政于西宮之朝。公宮。殺子駟、子國、子耳。劫鄭伯以如北宮。子孔知之。故不死。子孔公子嘉也知難不告利得其處也爲十九年殺公子嘉傳○難乃旦反處昌慮反書曰。盜。言無大夫焉。尉止等五人皆士也大夫謂卿子西聞盜。不儆而出。子西公孫夏子駟子○儆音景夏戶雅反尸而追盜。先臨尸而追盜盜入於北宮。乃歸授甲。臣妾多逃。器用多喪。子產聞盜。子產子國子爲門者。置守門庀羣司。具衆官。○庀匹婢反閉府庫。慎閉藏。完守備。成列而後出。兵車十七乘。千二百七十五人○藏才浪反又如字守手又反乘繩證反尸而攻盜於北宮。子蟜帥國人助之。殺尉止、子師僕。盜衆盡死。侯晉奔晉。堵女父、司臣、尉翩、司齊奔宋。尉翩尉止子司齊司臣子○翩音篇子孔當國。代子駟爲載書。以位序。聽政辟。自羣卿諸司各守其職位以受執政之法不得與朝政○辟婢亦反與音預下魯不與同疏注自羣至朝政○正義曰於時鄭伯幼弱政在諸卿國事相與議之不得一人獨決子孔性好專權自以身既當國望其一聽於己新經禍亂與大夫設盟爲盟載之書曰自羣卿諸司以下皆以位之次序一聽執政之法悉皆稟受成旨不得干與朝政令其權柄在己也大夫諸司門子不順子產謂之專欲難成謂此也服虔云鄭舊世卿父死子代今子孔欲擅改之使以次先爲士大夫乃至卿也若如服言唯當門子恨耳何由大夫諸司亦不順也子孔若爲此法卽是自害其子子孔之子亦當恨何獨他家門子乎焚書倉門則還依舊法舊法若父死子代子產卽應代父何由十九年始立爲卿大

夫諸司門子弗順。將誅之。子孔欲誅不順者。子產止之。請爲之焚書。既止子孔又勸令燒除載書。○爲于僞反子孔不可。曰。爲書以定國。衆怒而焚之。是衆爲政也。國不亦難乎。難以至治○治直吏反子產曰。衆怒難犯。專欲難成。合二難以安國。危之道也。不如焚書以安衆。子得所欲。欲爲政也衆亦得安。不亦可乎。專欲無成。犯衆興禍。子必從之。乃焚書於倉門之外。衆而後定。不於朝內燒欲使遠近見所燒。○諸侯之師城虎牢而戍之。晉師城梧及制。欲以偪鄭也不書城魯不與也梧制皆鄭舊地○梧音吾士魴、魏絳戍之。書曰。戍鄭虎牢。非鄭地也。言將歸焉。二年晉城虎牢而居之今鄭復叛故修其城而置戍鄭服則欲以還鄭故夫子追書繫之于鄭以見晉志○復扶又反見賢遍反下同疏諸侯至歸焉○正義曰如此傳文諸侯戍虎牢士魴魏絳戍梧與制耳其虎牢之內亦應更有晉戍也二年晉城虎牢則虎牢久已屬晉非復鄭有今繫鄭者晉侯之意鄭人若服將歸之焉善晉侯故探其心而繫之鄭也釋例曰虎牢鄭之邬竟晉人既有之矣又城而居之將以脅鄭鄭畏而强服遇楚而復叛八年之間一南一北至於數四晉悼慮其未已故大城置戍先以示威鄭服之日釋戍而歸之德立刑行故能終有鄭國春秋探書其本心善之也鄭及晉平。○楚子囊救鄭。十一月。諸侯之師還鄭而南。至於陽陵。還繞也陽陵鄭地○還本亦作環戶關反徐音患注同楚師不退。知武子欲退。曰。今我逃楚。楚必驕。驕則可與戰矣。武子荀罃欒黶曰。逃楚。晉之恥也。合諸侯以益恥。不如死。我將獨進。師遂進。己亥。與楚師夾潁而軍。潁水出城陽至下蔡入淮○潁音頴子蟜曰。諸侯既有成行。必不戰矣。言有成去之志從之將退。不從亦退。從猶服也退。楚必圍我。猶將退也。不如從楚。亦以退之。以退楚宵涉潁。與楚人盟。夜渡畏晉知之欒黶欲伐鄭師。伐涉潁者荀罃不可。曰。我實不能禦楚。又不能庇鄭。鄭何罪。不如致怨焉而還。致怨爲後伐之資○禦魚呂反庇必利反今伐其師。楚必救之。戰而不克。爲諸侯笑。克不可命。勝負難要不可命以必克○要一遙反不如還也。丁

未。諸侯之師還侵鄭北鄙而歸。欲以致怨楚人亦還。鄭服故也。王叔陳生與伯輿爭政。二子王卿士。○輿本又作與音同王右伯輿。右助。○右音又注同王叔陳生怒而出奔。及河。王復之。欲奔晉殺史狡以說焉。說王叔也。○狡古卯反說音悅注同又如字不入。遂處之。處叔河上晉侯使士匄平王室。王叔與伯輿訟焉。爭曲直王叔之宰。宰家臣與伯輿之大夫瑕禽。瑕禽伯輿屬大夫坐獄於王庭。獄訟也周禮命夫命婦不躬坐獄訟故使宰與屬大夫對爭曲直士匄聽之。王叔之宰曰。篳門閨竇之人而皆陵其上。其難爲上矣。篳門柴門閨竇小戶穿壁爲戶上銳下方狀如圭也言伯輿微賤之家。○篳音必閨音圭本亦作圭竇音豆瑕禽曰。昔平王東遷。吾七姓從王。牲用備具。王賴之。而賜之騂旄之盟。平王徙時大臣從者有七姓伯輿之祖皆在其中主爲王備犧牲共祭祀王恃其用故與之盟使世守其職騂旄赤牛也舉騂旄者言得重盟不以犬雞。○盟從才用反注同又如字騂息營反字林許營反旄音毛爲于僞反共音恭[疏]注平王至犬雞。○正義曰七姓從王從王之大臣有七姓也瑕禽言伯輿之祖是七從之一言其世貴也其祖爲王主備犧牲以共祭祀王恃其賴之言其世有功也平王初遷國家未定故與大臣結盟令使世掌其職也周禮牧人陽祀用騂牲檀弓云周人尚赤牲用騂尚書洛誥云文王騂牛一武王騂牛一諸言騂皆是赤牛則知此騂旄是赤牛也旄謂尾也共旌旗之用故其字從旌旗者旌旗行而從風偃也曰。世世無失職。若篳門閨竇。其能來東底乎。且王何賴焉。言我若貧賤何能來東使王恃其用而與之盟邪底至也。○底音旨今自王叔之相也。政以賄成。隨財制政而刑放於寵。寵臣專刑不任法[疏]刑放於寵。○正義曰刑罰放赦之事在於寵臣官之師旅。不勝其富。師旅之長皆受賂吾能無篳門閨竇乎。言王叔之屬富故使吾貧[疏]不勝其富。○正義曰勝訓堪也言財多不可用盡不能堪此唯大國圖之。圖猶識也下而無直。則何謂正矣。正者不失下之直。○何或作可誤也[疏]下而至正矣。○正義曰凡在上正定在下須明在下曲直瑕禽自云已有直理不被上知則是使下無直在上何謂正矣故云正者不失下之直也劉炫云七年傳云正直爲正正曲爲直晉辭王朝之獄乃以下正上宣子若在下而無直心何以謂之爲正也勸宣子使心正矣范宣子曰。天子所右。寡君亦右之。所左亦左之。宣子知伯輿直不欲自專故推之於王。○右音又下同左音佐下同左右亦並如字[疏]天子至左之。○正義曰人有左右右便而左不便故以所助者爲右不助者爲左宣子知伯輿直故從王之所助也使王叔氏與伯輿合要。合要辭王叔氏不能舉其契。要契之辭。○契苦計反注同[疏]使王至其契。○正義曰周禮鄉士職云辯其獄訟異其死刑之罪而要之鄭玄云要之爲其罪辭如今劾矣彼謂官人略取罪狀爲其要約之辭如今斷事也漢世名斷獄爲劾故云如今劾矣此言要辭亦是辭之要約如今辯荅也合要者使其各爲要約言語兩相辯荅伯輿辭直王叔無以應之故不能舉其要約之辭也王叔奔晉。不書。不告也。單靖公爲卿士。以相王室。代王叔

經十有一年。春。王正月。作三軍。增立中軍萬二千五百人爲軍[疏]注增立至爲軍。○正義曰昭五年云舍中軍明此年作而彼年舍故知舊有二軍今增立中軍也然則正是作中軍耳而云作三軍者傳言三子各毀其乘則舊時屬己之乘毀之以足成三三軍是舊軍盡廢而全改作之故云作三軍也杜見其以三改二復據彼中軍之文故言增立中軍耳萬二千五百人爲軍周禮夏官序文○夏。四月。四卜郊。不從。乃不郊。無傳[疏]夏四至不郊。○正義曰此四月四卜與僖三十一年文同蓋亦三月三卜而四月又一卜也止言不郊不言免牲牛蓋不以其禮免直使歸其本牧而已故不書也○鄭公孫舍之帥師侵宋。○公會晉侯。宋公。衛侯。曹伯。齊世子光。莒子。邾子。滕子。薛伯。杞伯。小邾子伐鄭。世子光至復在莒子之先故晉悼亦進之。○復扶又反[疏]注世子至進之。○正義曰劉炫以爲序莒上者直是先至非爲先莒今知不然者往年傳云齊大子光先至于師故長於滕是前經爲先滕至序在滕子之上今經序在莒子之先明知亦先莒而至也若非先莒而至唯當還序滕子之上耳劉炫无所依馮直云先至更長之而規杜氏非也○秋。七月。己未。同盟于亳城北。亳城鄭地伐鄭而書同盟鄭與盟可知。○亳薄洛反徐扶各反與音預○公至自伐鄭。無傳○楚子。鄭伯伐宋。○公會晉侯。宋公。衛侯。曹伯。齊世子光。莒子。邾子。滕子。薛伯。杞伯。小邾子。伐鄭。晉遂尊光會于蕭魚。鄭服而諸侯會蕭魚鄭地公至自會。无傳以會至者觀兵而不果侵伐[疏]注以會至侵伐。○正義曰劉炫云杜釋例自言事勢相接或以始至或以終致是時史異辭何爲此注而云不果侵伐今知劉說非者凡云或以始致或以終致皆據實有伐事今據傳文云觀兵于鄭東門是則實無伐事故云不果侵伐劉不達此意而規杜非也○楚人執鄭行人良霄。良霄公孫輒子伯有也。○霄音消○冬。秦人伐晉。

傳十一年。春。季武子將作三軍。魯本無中軍唯上下二軍皆屬於上有事三卿更帥以征伐季氏欲專其民人故假立中軍因以改作。○更音庚[疏]注魯本至改作。○正義曰以昭五年舍中軍知此時作者作中軍是魯本无中軍也以閔元年晉侯作二軍謂之上軍下軍知魯有二軍亦名上下軍也此言請爲三軍各征其軍知往前二軍皆屬公也明其有事則三卿更互帥之以征伐耳三卿不得專其民也此時襄公幼弱季氏世秉魯政因公之少欲專其民故假立中軍因以改作也禮明堂位云成王封周公於曲阜地方七百里其賦必有三軍也詩魯頌閟宮頌僖公能復周公之宇云公徒三萬鄭玄云大國三軍合三萬七千五百人言三萬者舉成數也則僖公復古制亦三軍矣蓋自文公以來霸主之令軍多則貢事自減爲二軍耳非是魯衆不滿三軍也若然昭五年舍中軍書之於經往前若減一軍亦應書之而經不書者作三軍與舍中軍皆是變故改常卑弱公室季氏秉國權專擅改作故史特書之耳若國家自量强弱其軍或減或益國史不須書也何則僖公復古始有三萬則以前无三萬矣僖公作亦不書何怪舍不書也蘇氏亦云僖公之時實有三軍自文以後舍其一軍不書者非是故有所舍故不書蘇氏又云鄭注詩公徒三萬以爲三軍鄭荅臨碩之問云公徒三萬爲二軍者鄭隨問而荅當以詩箋爲正蘇氏又云蒐于紅革車千乘所以今不滿三軍者以當時采地衆多公邑民少故不能滿三軍三子各毀其乘以足之與前解異也周禮小司徒云凡起徒役无過家一人是家出一人故鄉爲一軍天子六軍出自六鄉則大國三軍出自三鄉其餘公邑采地之民不在三軍之數季武子今爲三軍則異於是矣以魯國屬公之民皆分爲三亦謂之三軍其軍之民不啻一萬二千五百家也何則魯國合竟之民屬公者豈唯有三萬七千五百家乎明其決不然矣由此言之此作三軍與禮之三軍名同而實異也春秋之世兵革遞興出軍多少量敵强弱勍寇未息卒士盡行士卒之數无復定準成二年鞌之戰晉車八百乘計有六萬人雖三卿帥之昭十三年平丘之會晉叔向云寡君有甲車四千乘在計四千士卒成二十四軍爾時晉國唯立三軍則甲車四千屬三軍耳其軍豈止一萬二千五百人乎昭八年魯蒐于紅傳稱革車千乘千乘之衆充三軍之數明知此分合竟之民以爲三軍軍之所統其數異於禮也膏肓何休以爲左氏說云尊公室休以爲與舍中軍義同於義左氏爲短鄭康成箴云左氏傳云作三軍三分公室各有其一謂三家始專兵甲卑公室云左氏說者尊公室失左氏意遠矣義符杜說也告叔孫穆子曰。請爲三軍。各征其軍。征賦稅也三家各征其軍之家屬。○稅舒銳反[疏]注征賦至家屬。○正義曰周禮大司徒以土均之法制天下之地征王制云市廛而不稅關譏而不征經典之文通謂賦稅爲征故云征賦稅也往前民皆屬公公稅其民以分賜羣臣今武子欲令民即屬己己所應得自稅取之恐穆子不從故先言之請分國內之民以爲三軍三家各自征稅其軍之家屬冀望穆子亦便於己而從其計也言軍之家屬者丁壯從軍者官無所稅其家屬不入軍者乃稅之耳穆子曰。政將及子。子必不能。政者霸國之政令禮大國三軍魯次國而爲大國之制貢賦必重故憂不能堪[疏]注政者至能堪。○正義曰於時天子衰微政在霸主霸主量國大小責其貢賦若爲三軍則是次國若作三軍則爲大國大國之制貢賦必重故云霸主重貢之政將及於子子必不能堪之憂其不能堪之言三軍不可爲也魯爲三軍二軍國之大小同耳但作三軍則自同大國自同大國則霸主必依大國責其貢重也武子固請之。穆子曰。然則盟諸。穆子知季氏將復變易故盟之。○復扶又反

乃盟諸僖閎。僖宮之門。○閎音宏。【疏】注「僖宮之門」。○正義曰：釋宮云：「衖門謂之閎。」孫炎曰：「巷舍間道也。」李巡曰：「閎，巷頭門也。」以此知僖閎是僖公之廟門也。詛諸五父之衢。五父衢，道名，在魯國東南。詛以禍福之言相要。○詛，側慮反。父音甫。衢，其俱反。要，一遥反。正月，作三軍，三分公室而各有其一。三分國民衆。三子各毀其乘。壞其軍乘，分以足成三軍。○乘，繩證反，注及下並同。壞音怪。足，將住反，亦如字。【疏】注「壞其」至「三軍」。○正義曰：往前民皆屬公，國家自有二軍，若非征伐，不屬三子，故三子自以采邑之民以爲己之私乘，如子產出兵車十七乘之類，是其私家車乘也。今既三分公室，所分得者即是己有，不須更立私乘，故三子各自毀壞舊時車乘部伍，分以足成三軍也。壞者，壞其部伍將領也。令使各自屬其軍，不復立私乘故也。季氏使其乘之人以其役邑入者無征，使軍乘之人率其邑役入季氏者，无公征。不入者倍征。不入季氏者，則使公家倍征之，設利病欲驅使入己，故昭五年傳曰「季氏盡征之」，民辟倍征，故盡屬季氏。【疏】「季氏」至「倍征」。○正義曰：其乘之人，即所分得者，國内三分有一之人也。役謂共官力役，則今之丁也。邑謂賦税，若今之租調也。以其役之與邑皆來入季氏者，則无公征也。若不以入季氏者，則使公家倍征之，當一而責其二也。設利害以懼民，毆之使入己耳。民畏倍征，故盡歸季氏，所分得者無一入公也。知邑是賦税者，以言役邑入，則役之與邑皆從民而入官也。從民入官，唯在力役與賦税耳，故知邑是賦税也。賦税而謂之邑者，賦税所入，若私邑然，故以邑言之。孟氏使半爲臣，若子若弟。取其子弟之半也。四分其乘之人，以三歸公而取其一。叔孫氏使盡爲臣。盡取子弟，以其父兄歸公。【疏】「孟氏」至「爲臣」。○正義曰：昭五年傳追說此事云：「季氏盡征之，叔孫氏臣其子弟，孟氏取其半焉。」叔孫氏臣其子弟，不臣父兄，謂取二分而二歸公也。孟氏取其半，又如叔孫所取，其中更取其半，又以半歸公，謂取一分而三歸公也。彼傳順序，此文顛倒，傳意以叔孫爲主，而先說孟氏，言孟氏如叔孫所得，使其半爲己之臣。叔孫所得，子與弟也。此孟氏若子若弟，是子弟中課取其一，又分半以歸公也。叔孫使子弟盡爲己臣，唯以父兄歸公耳。不然不舍。制軍分民，不如是，則三家不舍其故而改作也。此蓋三家盟詛之本言。○舍音捨。【疏】注「制軍」至「本言」。○正義曰：如上所分，三家所得，又各分爲四，季氏盡取四分，叔孫取二分而二分歸公，孟氏取一分而三分歸公。分國民以爲十二，三家得七，公得五也。舍謂舍故也。制三軍分國民，若不如是，則三家不肯舍其故法而別改作也。使盡爲臣以上，是序事之辭。不然不舍一句，是要契之語，故云此蓋三家盟詛之本言。盟詛本言必應詳具，但史家略取其意而爲之立文，不復如本辭耳。○鄭人患晉楚之故，諸大夫曰：「不從晉，國幾亡。幾，近也。○幾音機，注同，徐音譏。楚弱於晉，晉不吾疾也。疾，急也。晉疾，楚將辟之。何爲而使晉師致死於我，言當作何計。楚弗敢敵，而後可固與也。固與晉也。」子展曰：「與宋爲惡，諸侯必至，吾從之盟。楚師至，吾又從之，則晉怒甚矣。晉能驟來，楚將不能，吾乃固與晉。」大夫說之，使疆埸之司惡於宋。使守疆埸之吏侵犯宋。○說音悅。疆，居良反，注同。埸音亦，注同。宋向戌侵鄭，大獲。子展曰：「師而伐宋可矣。若我伐宋，諸侯之伐我必疾，吾乃聽命焉，且告於楚。楚師至，吾乃與之盟，而重賂晉師，乃免矣。」言如此乃免於晉楚之難。○難，乃旦反。夏，鄭子展侵宋。欲以致諸侯。○四月，諸侯伐鄭。己亥，齊太子光、宋向戌先至于鄭，門于東門。傳釋齊太子光所以序莒上也。向戌不書，宋公在會故。其莫，晉荀罃至于西郊，東侵舊許。許之舊國，鄭新邑。○莫音暮。【疏】「東侵舊許」。○正義曰：昭十二年傳楚子云「我伯父昆吾舊許是宅，鄭人貪賴其田而不我與」，是舊許爲鄭邑也。謂之舊許，明是許之舊國，許南遷而鄭得之。衛孫林父侵其北鄙。六月，諸侯會于北林，師于向，向地在潁川長社縣東北。○向，舒亮反。右還次于瑣，行北而西爲右還。熒陽苑陵縣西有瑣侯亭。○瑣，素果反。苑，於阮反，又於元反。圍鄭。觀兵于南門，觀，示也。西濟于濟隧。濟隧，水名。○濟隧，上子禮反，下音遂。鄭人懼，乃行成。秋七月，同盟于亳。范宣子曰：「不慎，必失諸侯。慎，敬威儀，謹辭令。諸侯道敝而無成，能無貳乎？」數伐鄭，皆罷於道路。○數，所角反。罷音皮。乃盟，載書曰：「凡我同盟，毋蘊年，蘊積年穀而不分災。○毋音無，下皆同。蘊，紆粉反。毋壅利，專山川之利。○壅，於勇反。毋保姦，藏罪人。毋留慝，速去惡。○慝，他得反。去，起呂反。救災患，恤禍亂，同好惡，好惡並如字，或讀上呼報反，下烏路反。獎王室。獎，助也。○獎，將丈反。或間茲命，司慎司盟，名山名川，二司，天神。○間，間廁之間。茲命，本或作兹。【疏】注「二司天神」。○正義曰：盟告諸神，而先稱二司，知其是天神也。覲禮：諸侯覲于天子，爲官方三百步，壇十有二尋，深四尺，加方明于其上。方明者，木也，方四尺，設六色：青、赤、白、黑、玄、黄；設六玉：圭、璋、琥、璜、璧、琮。公侯伯子男皆就其旂而立。天子祀方明，禮日月、四瀆、山川、丘陵。彼方雖不言盟，其所陳設，盟之禮也。鄭玄云：「方明者，上下四方神明之象也。會同而盟，明神監之，則謂之天之司盟，有象者猶宗廟之有主乎？天子巡守之盟，其神主日；諸侯之盟，其神主山川；王官之伯會諸侯而盟，其神主月。」是言盟之所告，告天神也。鄭云神監之謂之司盟，司盟非一神也。其司慎亦不知指斥何神，但在山川之上，知其是天神耳。名山，山之有名者，謂五嶽、四鎮也。名川謂四瀆也。羣神羣祀，羣祀，在祀典者。先王先公，先王，諸侯之大祖，宋祖帝乙、鄭祖厲王之比也。先公，始封君。○大音泰。凡大祖、大廟、大官皆放此。比，必利反。七姓十二國之祖，七姓：晉、魯、衛、鄭、曹、滕，姬姓；邾、小邾，曹姓；宋，子姓；齊，姜姓；莒，己姓；杞，姒姓；薛，任姓。實十三國，言十二，誤也。○己音紀，或音杞。任音壬。【疏】注「七姓」至「誤也」。○正義曰：十三國爲七姓，世本、世家文也。姬即次曹，意及則言，不以大小爲次也。實十三國而言十二，服虔云：「晉主盟，不自數。」知不然者，案定四年祝佗稱踐土之盟云「晉重、魯申」，於是晉爲盟主，自在盟内，何因晉今主盟乃不自數？故知字誤也。劉炫難服虔云：「案宣子恐失諸侯，謹慎辭令，告神要人，身不自數，己不在盟，彼叛必速，豈有如此理哉！」明神殛之，殛，誅也。○殛，紀力反，注同。俾失其民，隊命亡氏，踣其國家。」俾，使也。踣，斃也。○俾，本又作卑，必爾反。隊，直類反。踣，蒲北反，徐又敷豆反。斃，婢世反。○楚子囊乞旅于秦。乞師旅於秦。秦右大夫詹帥師從楚子，將以伐鄭。鄭伯逆之。丙子，伐宋。鄭逆服，故更伐宋也。秦師不書，不與伐宋而還。○詹，之廉反。與音預。○九月，諸侯悉師以復伐鄭。此夏諸侯皆復來，故曰悉師。○復，扶又反，注同。鄭人使良霄、大宰石㚟如楚，告將服于晉，曰：「孤以社稷之故，不能懷君。君若能以玉帛綏晉，不然則武震以攝威之，孤之願也。」楚人執之。書曰「行人」，言使人也。書行人，言非使人之罪。古者兵交，使在其間，所以通命示整，或執殺之，皆以爲譏也。既成而後告，故書在蕭魚下。石㚟爲介，故不書。○㚟，莫勑反。攝，如字，又之涉反。使，所吏反，注同。介音界。【疏】注「書行」至「不書」。○正義曰：釋例曰：「使以行言，言以接事，信令之要，於是乎在。舉不以怒，則刑不濫；刑不濫，則兩國之情得通。兵有不交而解者，皆行人之勳也。是以雖飛矢在上，走驛在下，及其末節，不統大理，遷怒肆忿，使意於行人，譬諸豺狼求食而已。傳曰『鄭人使伯蠲行成，晉人殺之，非禮也。兵交，使在其間可也』，故夫子特顯行人之文，行人有六而傳發其三者，因良霄以顯其稱行人之事，因干徵師以示其非罪，因叔孫婼以同外内。大夫則餘三人皆隨例而爲義也。諸以行人爲名，通及外内，以卿出使，義取於非其罪也。若濤塗、甯喜之屬，罪在其身；鄭叔詹、魯行父之等，以執政受罪，本非使出，故不稱行人，從實而書，皆以罪之也。鄭祭仲之如宋也，非會非聘，與於見誘，而以行人應命，不能死節，挾僞以篡其君，故經不稱行人以罪之也。」是言罪之故不稱行人，則稱行人者皆無罪也。鄭人先遣告楚，乃從諸侯，故傳在會先也。經在會後，既成而後告執，故書執在蕭魚會下。○諸侯之師觀兵于鄭東門。鄭人使王子伯駢行成。甲戌，晉趙武入盟鄭伯。冬十月丁亥，鄭子展出盟晉侯。二盟不書，不告。十二月戊寅，會于蕭魚。經書秋，史失之。【疏】注「經書秋史失之」。○正義曰：會于蕭魚，經雖無月，但會下有冬，故以爲會在秋也。傳言日月次第分明，是經繆，史官失之也。

庚辰。赦鄭囚。皆禮而歸之。納斥候。不相備也○斥徐音尺一音昌夜反禁侵掠。晉侯使叔肸告于諸侯。叔肸叔向也告諸侯亦使赦鄭四○掠音亮肸許乙反向許丈反公使臧孫紇對曰。凡我同盟。小國有罪。大國致討。苟有以藉手。鮮不赦宥。寡君聞命矣。言晉討小國有藉手之功則赦其罪人德義如是不敢不承命○藉在夜反注同鮮息淺反宥音又○鄭人賂晉侯以師悝。師觸。師蠲。悝觸蠲皆樂師名○悝苦回反蠲古玄反又音圭〔疏〕注悝觸蠲皆樂師名○正義曰樂師稱師下稱賂以樂知此三人皆樂師悝觸蠲是其名也服虔見下有鐘鎛師磬即云三師鐘師鎛師磬師謂悝能鐘觸能鎛蠲能磬也然則鄭人以師茂師慧賂宋者又能鐘乎能鎛乎三師必是能鐘磬者要不可即以名次配言之廣車。軘車淳十五乘。甲兵備。廣車軘車皆兵車名淳耦也○廣古曠反軘徒溫反淳述倫反徐又之倫反乘繩證反下及注同〔疏〕注廣車至耦也○正義曰皆是兵車而別爲之名蓋其形制殊用處異也鄭玄云廣車橫陳之車也服虔云軘車屯守之車也或可因所用遂爲名及其用之亦無常也射禮數射筭二筭爲純一筭爲奇是淳爲耦也凡兵車百乘。他兵車及廣軘共百乘〔疏〕注他兵至百乘○正義曰徧見服本皆云淳十五乘則凡兵車百乘者更合言軘廣或軘廣之外別有百乘杜本軘十五乘更以他兵車七十乘增軘廣共爲百乘耳知非軘廣之外更有百乘而云兼軘廣者以上既言廣車軘車下云凡兵車百乘言凡是摠攝之辭故知摠上軘廣也若然直言兵車百乘於理自足上別云廣車軘車者以廣車軘車甲兵備足自外之車甲兵不備又別有車名非軘廣也歌鐘二肆。肆列也縣鐘十六爲一肆二肆三十二枚○肆音四縣音玄〔疏〕注肆列至二枚○正義曰以肆爲列者鐘磬皆編縣之在簨虡而各有行列也周禮小胥云凡縣鐘磬半爲堵全爲肆鄭玄云鐘磬者編縣之二八十六枚而在一虡謂之堵鐘一堵磬一堵謂之肆半之者謂諸侯之卿大夫士也諸侯之卿大夫半天子之卿大夫西縣鐘東縣磬士亦半天子之士縣磬而已如鄭彼言鐘與磬全乃成爲肆此傳於鐘即言肆者十六枚而在一虡古今皆同其虡不可分也虡不可分而云有全有半明如鄭言鐘磬相對肆爲全單爲半此傳言歌鐘二肆則兼有磬矣若其無磬不得成肆杜以傳唯云歌鐘故但解鐘數云三十二枚其磬數亦同矣此二肆皆爲編縣也下云及其鎛磬者鎛是大鐘磬是大磬皆特縣之非編縣也據鄭玄禮圖如此也言歌鐘者歌必先金奏故鐘以歌名之晉語孔晁注云歌鐘鐘以節歌也劉炫云傳言歌鐘二肆及其鎛磬則鎛磬亦二肆肆之爲名實由鐘磬相對但傳於磬下不復更言其數於鐘則言二肆明鎛磬數與之同乃成肆若磬無二肆則半賜魏絳無磬矣安得有金石也知色別各三十二枚也歌必先云云同及其鎛磬。鎛磬皆樂器○鎛音博女樂二八。十六人晉侯以樂之半賜魏絳。曰。子教寡人。和諸戎狄。以正諸華。在四年八年之中。九合諸侯。如樂之和。〔疏〕八年至之和○

正義曰服虔云八年從四年以來至十一年也九合諸侯者五年會于戚一也其年又會于城棣救陳二也七年會于鄬三也八年會于邢丘四也九年會于戲五也十年會于柤六也又戍鄭虎牢七也十一年同盟于亳城北八也又會于蕭魚九也晉語說此事云於今八年七合諸侯孔晁云不數救陳與戍鄭虎牢餘爲七也如樂之和謂諸侯和同如樂之相應和也無所不諧。諸亦和也○九合諸侯謂五年會戚又會城棣救陳七年會鄬八年會邢丘九年盟于戲十年會柤又伐鄭戍虎牢十一年同盟亳城北又會蕭魚請與子樂之。共此樂○樂音洛一音岳注同辭曰。夫和戎狄。國之福也。八年之中。九合諸侯。諸侯無慝。君之靈也。二三子之勞也。臣何力之有焉。抑臣願君安其樂而思其終也。詩曰。樂只君子。殿天子之邦。詩小雅也謂諸侯有樂美之德可以鎮撫天子之邦殿鎮也○殿都遍反注及下同樂只君子。福祿攸同。攸所也便蕃左右。亦是帥從。便蕃數也言遠人相帥來服從便蕃然在左右○蕃音煩注同數所角反〔疏〕詩曰至帥從○正義曰詩小雅采菽之篇也旨美也言樂美之德君子以有樂美之德可以鎮撫天子之邦國也以有樂美之德政故爲福祿之所同歸也既能鎮邦國受福祿雖復疏遠之人便蕃然數來在其左右亦於是相帥而來從之也夫樂以安德。和其心也義以處之。處位以義禮以行之。行教令信以守之。守所行仁以厲之。厲風俗而後可以殿邦國。同福祿。來遠人。所謂樂也。言五德皆備乃爲樂非但金石書曰。居安思危。逸書思則有備。有備無患。敢以此規。規正公公曰。子之教。敢不承命。抑微子。寡人無以待戎。待遇接納不能濟河。渡河南服鄭夫賞。國之典也。藏在盟府。司盟之府有賞功之制〔疏〕注司盟至之制○正義曰周禮司盟會同則掌其盟約之載既盟則貳之貳之者寫兩本盟書一埋盟處一藏盟府也唯言會同之盟不掌功勳之事而得有賞功之制者僖五年傳曰虢仲虢叔爲文王卿士勳在王室藏於盟府是司盟之府掌藏功勳典策故有賞功之制也不可廢也。子其受之。魏絳於是乎始有金石之樂。禮也。禮大夫有功則賜樂〔疏〕注禮大至賜樂○正義曰以魏絳蒙賜始有金石之樂知未賜不得有也賜之而云禮也知禮法得賜之也周禮小胥云大夫判縣士特縣鄉飲酒禮云笙入堂下磬南北面鄉射禮云縣于洗東北西面喪大記云疾病君大夫徹縣是大夫得有鍾磬之樂有功乃賜之正禮也唯言魏絳有金石之樂不言女樂女樂房中私宴之樂或不以賜之○秦庶長鮑。庶長武。帥師伐晉。以救鄭。庶長秦爵也不書救鄭已屬晉無所救○長丁丈反下及注同鮑步卯反鮑先入晉

地。士魴禦之。少秦師而弗設備。壬午。武濟自輔氏。從輔氏渡河○禦魚呂反後放此與鮑交伐晉師。己丑。秦晉戰于櫟。晉師敗績。易秦故也。不書敗績晉恥易秦而敗故不告也櫟晉地○櫟力的反徐失灼反易以豉反

經十有二年。春。王二月。莒人伐我東鄙。圍台。琅邪費縣南有台亭○台才反又音臺一音翼之反季孫宿帥師救台。遂入鄆。鄆莒邑○鄆音運○夏。晉侯使士魴來聘。○秋。九月。吳子乘卒。五年會於戚公不與盟而赴以名○與音預〔疏〕注五年至以名○正義曰劉炫云杜於五年注以爲公及其盟還而不以盟告廟也今注云會於戚公不與盟而赴以名何爲兩注自相矛楯今知劉難非者以戚盟經既不書公之與否又傳無其事杜弘過其義故爲兩解劉不尋杜旨而規其過非也○冬。楚公子貞帥師侵宋。○公如晉。

傳十二年。春。莒人伐我東鄙。圍台。季武子救台。遂入鄆。乘勝入鄆報見伐○取其鐘以爲公盤。○夏。晉士魴來聘。且拜師。謝前年伐鄭師○秋。吳子壽夢卒。壽夢吳子之號臨於周廟。禮也。周廟文王廟也周公出文王故魯立其廟吳始通故曰禮○臨力蔭反下同〔疏〕注周廟至曰禮○正義曰杜以下文周廟尊於周公之廟知是文王廟也以鄭祖厲王立所出王廟知爲周公出文王故魯立其廟也哀二年蒯聵禱云敢昭告皇祖文王亦立文王廟也郊特牲曰諸侯不敢祖天子大夫不敢祖諸侯而公廟之設於私家非禮也而諸侯得立王廟者彼謂無功德非王命而輒自立之則爲非禮魯衛有大功德王命立之是其正也鄭祖厲王亦然此是常禮特於吳子而傳發例者以吳始通公能依禮故於此言禮也○凡諸侯之喪。異姓臨於外。於城外向其國向或作嚮許亮反○〔疏〕注於城外向其國○正義曰禮奔喪之記云哭父之黨於廟母妻之黨於寢師於廟門外朋友於寢門外所識於野張帷此傳言於外與彼於野同於城外向其國張帷而哭之耳同姓於宗廟。所出王之廟〔疏〕同姓於宗廟○正義曰此即周廟也但發大例意通古今故不復斥言周耳其實於周之世亦周廟也異姓之國無所出王之廟者其哭同姓必不得同諸異姓亦當於祖廟同宗於祖廟。始封君之廟同族於禰廟。父廟也同族謂高祖以下○禰乃禮反○是故魯爲諸姬臨於周廟。諸姬同姓國于偽反下皆同○爲邢、凡、蔣、茅、胙、祭臨於周公之廟。即祖廟也六國皆周公之支子別封爲國共祖周公○邢音刑蔣將丈反案富辰所稱邢在蔣下今傳在凡上未知何者爲是茅亡交反胙才故反祭側界反徐又如字○冬。楚子囊、秦庶長

無地伐宋師于楊梁，以報晉之取鄭也。取鄭在前年。梁國睢陽縣東有地名楊梁。○長丁丈反，下同。靈王求后于齊。齊侯問對於晏桓子。桓子對曰：先王之禮辭有之，天子求后於諸侯，諸侯對曰：夫婦所生若而人。不敢譽亦不敢毀，故曰若如人。○譽音餘，又如字。妾婦之子若而人。言非適世也。○適丁歷反。無女而有姊妹及姑姊妹。【疏】及姑姊妹。○正義曰：釋親云：父之姊妹曰姑。樊光曰：春秋傳云姑姊妹。然則古人謂姑爲姑姊妹，若父之姊爲姑姊，父之妹爲姑妹。列女傳梁有節姑姊入火而救兄子，是謂父妹爲姑妹也。後人從省，故單稱爲姑也。古人稱祖父，近世單稱祖，亦此類也。則曰先守某公之遺女若而人。齊侯許昏。王使陰里逆之。陰里，周大夫結成也。爲十五年劉夏逆王后傳。○守手又反。夏戶雅反。公如晉朝，且拜士魴之辱，禮也。士魴聘在此年夏，嫌君臣不敵，故曰禮也。秦嬴歸于楚。秦景公妹爲楚共王夫人。○嬴音盈。楚司馬子庚聘于秦，爲夫人寧，禮也。子庚，莊王子午也。諸侯夫人父母既沒，歸寧使卿，故曰禮。【疏】秦嬴至禮也。○正義曰：此事不見於經，而傳自廣記，備言以明禮之事耳。楚共王以成元年即位，秦嬴歸楚，蓋應多年。傳因子庚之聘，發其歸楚，非此年歸而即使歸寧。案昭元年秦鍼奔晉，傳云其母曰弗去懼選，鍼則景公之弟。昭元年其母猶在，此注云父母既沒歸寧使卿者，父母並在，則身自歸寧；若父沒母存，身不自歸，則亦使卿寧也。杜云父母既沒，連言之耳。

春秋左傳注疏卷三十一校勘記　阮元撰盧宣旬摘録

附釋音春秋左傳注疏卷第三十一　襄十年盡十二年。石經春秋經傳集解襄二第十五，岳本襄字下增公字，並盡十五年

經十年

祖楚地　淳熙本祖誤相。惠棟云：祖是宋地，非楚地也。晉楚方爭，而與諸侯會於其地，必無是埋也。案京相璠云：祖，宋地，今彭城偪陽縣西北有相水溝，去偪陽八十里，東南流，逕偪陽縣故城東北，又南亂於沂，而注於泗，謂之祖口城。此云楚地，乃轉寫之誤，或以昭六年注祖鄭地當之，其說更非

遂滅偪陽　釋文云：偪，徐仙民音甫目反，本或作逼。惠棟云：徐音是也。漢書古今人表有福陽子，案注云妘姓，師古曰即偪陽也。穀梁作傳陽，郡國志云傳陽有柤水，引經文亦作福，並音之轉耳。石經及諸刻本皆作偪

今彭城傳陽縣也　宋本岳本纂圖本監本毛本傳作傅，不誤。閩本作偪

鄅鄫路偪陽也　毛本鄫誤鄫

齊世至滕上　閩本監本毛本世下增子字

用天子既命以爲之嗣也　宋本用作明，與鄭注合

爲盟主所尊　監本主作王，非也

戍鄭虎牢　監本戍誤戊。石經虎作虎，避所諱

各受晉命戍虎牢　淳熙本各誤名。監本戍作戊，亦非。下同

傳十年

光從東道與東諸侯會遇　纂圖本監本毛本光作先，非也

士莊子曰　惠棟云：服虔本作士莊伯，見大平御覽。石經及宋刊本皆作子

鄅人紇抉之　惠棟云：鄅元引作郰人，論語同。案郰字古或省文从取。說文曰：郰，魯下邑，孔子之鄉，从邑取聲

百人爲隊　文選東都賦注引作百人爲一隊。案各本無一字，李注以意增也

庫人爲車　宋本監本毛本庫作車

隊則又縣之　石經隊作墜。案墜土字後加

余恐亂命　淳熙本余誤命

牽帥老夫　文選李注謝宣遠答靈運詩引帥作率。案帥率字通

言其因會以滅國　監本滅作威，誤

本謀氏行兵　閩本氏作戍，監本作戊，毛本作戍，並形相近而誤。宋本作伐，是也。○今從宋本

是九其從會行也　監本毛本九作究，亦非。宋本作九，不誤。○今從宋本

經典言樂殷爲大護　盧文弨挍本樂殷作殷樂

或可禱桑林以得雨　儀禮經傳通解引亦作可。閩本監本毛本作曰，非是

注禘三年大祭則作四代之樂別至樂侯　宋本無年大祭則作四代之樂別十字。樂侯，監本毛本作侯樂，與注文合。宋本同

禘者敬鄰國之賓　宋本無禘者二字。齊召南亦以二字爲衍文，是也

下管象　閩本監本毛本管上有而字，與祭統合

言具天子樂也　宋本淳熙本岳本監本足利本具作俱，是也

師樂師也　宋本淳熙本作師帥也，與釋文正義皆合。案鄭注周禮地官云師之言帥也，是也

旌夏大旌也　案後漢書馬融傳廣成頌注引大旌作大旗

舞師樂人之帥　閩本監本毛本帥作師，非也

以偪陽子歸獻于武宮　淳熙本于作於

謂之柏人也　閩本監本柏作栢

掌邑大夫　宋本掌下有畺字

生秦丕茲　釋文云：一本作秦不茲。家語秦商字不慈。案丕不經典中每多互用

言二父以力相尚　宋本纂圖本監本毛本二作董。段玉裁曰：作二者是也。下文秦丕茲仲尼爲二子，則秦董父郰人紇爲二父。二父以力相尚，事見上文。韓文公書張中丞傳後云兩家子弟才智下，不能通知二父志，亦爲妄人改作二賢

以德相高　纂圖本閩本監本毛本高誤尚

楚子囊鄭子耳伐我西鄙　石經宋本淳熙本岳本伐作侵，不誤

大夫宜賓之以上卿　宋本淳熙本岳本纂圖本監本毛本夫作子，是也

己酉師于牛首　宋本纂圖本閩本監本毛本于作於，石經淳熙本作于

爾車非禮也　石經車下旁增多字。惠棟云：案注當有多字也。按云非禮，故注以猶多釋之，非傳文本有多字也。凡石經旁增之字，皆淺人惑於俗本所爲

公子婜　釋文云：婜本亦作熙。宋本淳熙本足利本作熙字。按婜字見說文女部，說樂也

先臨尸而追盜　淳熙本作追賊，宋本作逐賊。案陳樹華云：上傳云帥賊以入，盜即賊也。傳言追盜，故注以逐賊釋之。宋本是也

還鄭而南　釋文曰：還本又作環。惠棟云：案鄭注士喪禮云古文環作還。哀三年傳道還公宮同。公羊傳云以地還之也，又云師還齊侯。按還環古今字

子蟜曰　案石經此處刓缺。顧炎武云蟜誤矯，所據乃王堯惠謬刻也。諸本前後皆作蟜，是也

胥涉潁　石經宋本岳本纂圖本監本毛本胥作胥。案張猛龍碑胥作胥，蓋字形之小誤，後遂因胥而譌作胥。岳氏之九經三傳沿革例曾辨胥字之譌，而未詳其致誤之由

我實不能禦楚　釋文作能御。淳熙本重我字，非也

又不能庀鄭　補　各本庀作庇

今伐其師　顧炎武云石經今誤令。案石經此處缺，所據乃謬刻也

右助　宋本淳熙本岳本足利本助下有也字

篳門閨竇之人　釋文閩本亦作圭。案文選李注謝元暉拜中軍記室辭隨王牋引作篳門圭竇。玉篇云：篳亦作篳。惠棟云：說文引作篳門圭窬。康成禮記注：篳門，荊竹織門也；圭窬，門旁窬也，穿牆爲之如圭矣。玉篇亦引作窬。窬竇古音同部字

使世守其職　淳熙本脫守字

是七從之一　宋本從作姓，不誤

故其字從旌旗者　宋本旌旗作斿斿是也

其能來東底乎　石經宋本岳本作厎乎釋文同

不勝其富　此節正義宋本在注文師旅之長皆受賂句下

則何謂正矣　石經何字殘缺釋文云何或作可誤也陳樹華云古文可爲何字之省文按古人語急可謂猶言何可謂也

正者不失下之直　閩本監本此七字誤作正義正上脫注字

所左亦左之　石經上左字殘缺淳熙本作右非也

周禮卿士職云　宋本卿作鄉是也

經十一年

杜見其以三攺二　閩本監本毛本攺作以二改三按以三改二謂以今之三攺昔之二亦通

此四月四卜　宋本閩本監本毛本並作卜此本誤十今訂正

己未同盟于亳城北　石經宋本岳本己作己是也公羊穀梁亳作京公羊疏云穀梁與此同左傳經作亳城北服氏之經亦作京城北乃與此傳同之也惠棟云案亳城當依服氏作京京鄭地在滎陽隱元年傳謂之京城是也

傳十一年

軍多則貢事　監本毛本事下衍多字閩本初刻亦無後擠增宋本事作重不誤

膏肓何休以爲左氏說云　監本毛本肓作盲非案膏肓何休當作何休膏肓各本誤倒

故先言之　宋本言作告是也

若爲三軍　閩本毛本若下衍不字三字宋本作二是也

是僖公之廟門也　宋本之廟作廟之是也

壞其軍乘　纂圖本閩本監本毛本軍誤車

欲駈使入己　岳本纂圖本足利本駈作驅按駈俗驅字古文作敺

唯在力役　宋本在作有是也

吾乃與之盟（補）各本乃作又

毋薀年　釋文亦作蘊石經薀字改刊初刻作蘊非也

奬王室　岳本纂圖本毛本奬作獎注同

名山名川　石經初刻作大川改刻名

彼方雖不言盟　宋本方作文不誤

鄭云神監之　宋本云下有明字是也

於是晉爲盟主　盧文弨校本是作時

乃不自數　毛本自誤目

俾失其民　釋文云俾本又作卑陳樹華云釋文前以卑爲正以俾爲一作之字此又以卑爲一作之字疑傳寫之誤

隊命亡氏　石經隊作墜

則稱行人者　宋本者作若

是經繆　監本毛本繆改謬

服虔見下有鐘鎛師磬　宋本監本毛本無師字是也

鐘師鎛磬師　宋本鎛下有師字不誤

然則鄭人以師茂師慧賂宋者　宋本茂作茷是也

數射筭　毛本筭作算下並同按說文作筭者今之筭籌也作算者數也用字之例當於具數字作算筭籌字作筭而唐石宋槧多用筭少用算者音同而義近之故也近刻則多用算

杜本輈十五乘　臧禮堂云杜訓淳爲耦耦爲十五則三十乘故下云更以他兵車七十乘共爲百乘是杜本當作淳不作輈也

歌鐘二肆　岳本鐘作鍾注同注內懸鐘鐘字釋文作鍾陳樹華云今傳文依石經注依宋本俱作鐘字前後一例也

單爲半此　宋本此作也是也

故但解鐘數　監本毛本數作磬非也

各三十二枚也　閩本監本各作名非也

鎛磬皆樂器　纂圖本毛本器作名非也

八年至之和　宋本此節正義在無所不諧注下

九年會于戲五也　浦鏜正誤會作盟是也

諧亦和也　此句下閩本監本有○毛本無○而九合諸侯至會蕭魚五十二字皆以釋文誤作注

樂只君子　淳熙本閩本足利本亦作只與詩合下同石經宋本岳本纂圖本監本毛本作旨

書曰居安思危　惠棟云周書程典作於安思危楚策虞卿謂春申君曰臣聞之春秋於安思危所謂春秋即左傳也虞卿傳左氏春秋於鐸椒轉授荀卿然則傳文居安當作於安案居於音相近

公曰子之教敢不承命抑微子　石經子之子字起微子微字止此行只九字初刻似尚多一字

禮大夫有功則賜樂　監本此節注下脫疏字

士魴禦之　淳熙本岳本禦作御釋文亦作御

經十二年

春王二月　石經宋本淳熙本岳本足利本二作三不誤

夏晉侯使士魴來聘　公羊魴作彭何休解云考諸正本皆作士魴作彭者誤矣

秋九月吳子乘卒　案傳作吳子壽夢卒十年正義引服虔云壽夢發聲吳蠻夷言多發聲數語共成一言壽夢一言也經言乘傳言壽夢欲使學者知之也錢大昕云乘壽皆齒音當讀如疇與乘爲雙聲夢古音莫登切與乘爲疊韵併兩字爲一言孫炎制反切蓋萌芽於此

傳十二年

公能休禮　閩本監本毛本休作體亦誤宋本作依是也○今訂從宋本

張帷而哭之耳　監本帷誤帳

同族於禰廟　淳熙本廟作朝誤也

爲邢凡蔣茅胙祭　釋文云案富辰所稱邢在蔣下今傳在凡上未知何者爲是

師于楊梁　石經宋本淳熙本楊作揚注同郡國志梁國下有陽梁聚引傳文作楊案廣雅云楊揚也詩王風揚之水釋文云或作楊二字古多通用

故曰若如人　齊召南云而訛作如案而如也注正以如釋而

言非適世也　宋本淳熙本岳本纂圖本監本毛本無世字是也

及姑姊妹　此節正義宋本在先守某公之遺女若而人下

父之姊妹曰姑　姊妹曰三字模糊依閩本監本毛本補宋本曰作爲與釋親合

然則古人謂姑爲姑姊妹若父之姊爲姑姊　妹若父三字模糊依閩本監本毛本補宋本若作蓋是也

梁有節姑妹　案下文取其兄子則姑妹是矣而列女傳妹作姊疑今列女傳誤釋隸載武梁祠堂畫像亦作姑姊

王使陰里逆之（補）毛本逆作結是也案十行本初刻是結字後改誤逆

附釋音春秋左傳注疏卷第三十一

附釋音春秋左傳注疏卷第三十二　襄十三年盡十五年

杜氏注　孔穎達疏

經十有三年，春，公至自晉。○夏，取邿。邿，小國也。任城亢父縣有邿亭。傳例曰：書取，言易也。○邿音詩。任音壬。亢，苦浪反，又音剛。父音甫。易，以豉反。傳同。○秋，九月，庚辰，楚子審卒。共王也。成二年大夫盟于蜀。○冬，城防。

傳十三年，春，公至自晉，孟獻子書勞于廟，禮也。書勳勞於策也。桓二年傳曰：公至自唐，告於廟也。凡公行告於宗廟，反行飲至，舍爵策勳焉，禮也。桓十六年傳又曰：公至自伐鄭，以飲至之禮也。然則還告廟及飲至及書勞，三事偏行一禮則亦書至，悉闕乃不書至。傳因獻子之事以發明凡例，釋例詳之。○舍如字，又音捨。【疏】注書勳至詳之。○正義曰：其書勞與策勳一也。周禮王功曰勳，事功曰勞。對則勳大而勞小，故傳變文以包之。注云書勳勞於策，明其不異也。桓二年傳發凡例，有告廟也、飲至也、策勳也。桓十六年傳言飲至，此年傳言書勞，二者各舉其一，所以反覆凡例。以此知三事偏行一禮則亦書至，悉闕乃不書至耳。所云偏行一禮，謂偏行告至，其飲至、策勳，則不可偏行也。何則？告廟因行飲至，舍爵而即策勳，飲至並行之於廟，豈得不告至而在廟聚飲乎？不告至而入廟書勞乎？明其決不然矣。但告至已後，或飲至而不書勞，或書勞而不飲至，二事或有闕其一者。傳因獻子書勞，復言禮也，所以發明凡例。釋例曰：公行或朝或會，或盟或伐，得禮失禮，其事非一，故傳隨而釋之。於盟釋告廟，嫌他例不通，故復摠云凡公行告于宗廟，反行飲至，舍爵策勳焉，禮也。此以明公之出竟，當無不告，及其反也，則必飲至，有功成策勳。故公至自伐鄭，傳重言以飲至之禮；孟獻子書勞于廟，傳復云禮，所以反覆凡例也。公朝於晉而獻子書勞，知策勳非唯計伐之功，雖或常行，有以定國安民，亦書功於廟也。然則凡反行飲至，必以嘉會昭告祖禰，有功則舍爵策勳，無勞告事而已。○夏，邿亂，分為三。國分為三部，志力各異。師救邿，遂取之。魯師也。經不稱師，不滿二千五百人。傳通言之。【疏】注魯師至言之。○正義曰：莊八年師及齊師圍郕，彼是大夫將滿師，故稱師。此亦大夫將，所將不滿二千五百人，故直言取邿，而不得言師也。傳言師者，師是衆人之摠名，雖少亦通言之。凡書取，言易也。不用師徒，及用師徒而不勞，雖國亦曰取。【疏】注不用至曰取。○正義曰：宣九年取根牟，傳曰言易也；成六年取鄟，傳曰言易也；昭四年取鄫，傳曰言易也。莒亂，著丘公立而不撫鄫，鄫叛而來，故曰取。凡克邑不用師徒曰取。與此四發取例，傳皆云言易也。取鄟之下又發凡例云：克邑不用師徒曰取者，不用師徒，即是易得之狀，所以覆明凡例也。若用而不勞，則與不用相似，故杜云用而不勞亦曰取也。凡例克邑，邿乃是國，知雖國亦曰取。釋例曰：取者，乘其衰亂，或受其潰叛，或用小師而不頓兵勞力，則直言取，如攜言其易也。傳四發取例者，邿以師徒，鄫叛而來，根牟東夷，鄟附庸國名，各不同故也。邿為小國，非邑非夷，故以凡例附之。用大師焉曰滅。敵人距戰，斬獲俘馘，用力難重，雖邑亦曰滅。○馘，古獲反。【疏】注敵人至曰滅。○正義曰：國大邑小，嫌邑易國難，滅取止見難易，不由國邑大小，故注辯之。上云易則雖國亦曰取，此取邿邿

是國也。此言用力難重，則雖邑亦曰滅。僖二年虞師晉師滅下陽，昭十三年吳滅州來，皆邑而言滅，是也。弗地曰入。謂勝其國邑，不有其地。【疏】注謂勝至其地。○正義曰：入謂入其都邑，謂勝其國邑，制其民人，當入之日與滅亦同，但尋即去之，不為己有，故云勝其國邑，不即有其土地。如此之類，謂之為入。國邑雙舉者，國邑皆稱入也。文十五年晉郤缺入蔡，是入國也；成七年吳入州來，九年楚人入鄆，是入邑也。若然，閔二年狄入衛，哀八年宋公入曹，二者傳皆言滅，而經書入者，釋例曰：狄滅衛而書入者，狄無文告，衛之君臣死盡，齊桓存之，以告諸侯，言狄已去，不能有其土地也。曹背晉而好宋，是以致討，宋公既還而不忍褚師之詬怒，而反兵一舉滅曹，滅非本志，故以入告也。○荀罃、士魴卒。晉侯蒐于緜上以治兵。為將命軍帥也。必蒐而命之，所以與衆共。○為，于偽反。帥，所類反。使士匄將中軍，辭曰：伯游長。伯游，荀偃。○長，丁丈反。昔臣習於知伯，是以佐之，非能賢也。七年韓厥老，知罃代將中軍，士匄佐之。匄今將讓，故謂爾時之舉不以己賢。事見九年。○見，賢遍反。請從伯游。荀偃將中軍，代荀罃。士匄佐之。位如故。使韓起將上軍，辭以趙武。又使欒黶，以武位卑，故不聽。更命黶。辭曰：臣不如韓起。韓起願上趙武，君其聽之。使趙武將上軍，武自新軍超四等，代荀偃。韓起佐之。位如故。欒黶將下軍，魏絳佐之。黶亦如故。絳自新軍佐超一等，代士魴。○新軍無帥。將佐皆遷。○將，子匠反。晉侯難其人，使其什吏率其卒乘官屬，以從於下軍，禮也。得慎舉之禮。○難，乃旦反，或如字。什音十。卒，子忽反。乘，繩證反。【疏】晉侯至禮也。○正義曰：什吏謂十人之長也。從車曰卒，在車曰乘。新軍將佐皆遷，晉侯選賢未得，難用其人，使其軍內十人之長率其步卒車士與其新軍官屬軍尉司馬之類，以從於下軍，令下軍將佐兼領之，得慎舉之禮也。周禮夏官序云：凡制軍，萬有二千五百人為軍，軍將皆命卿；二千有五百人為師，師帥皆中大夫；五百人為旅，旅帥皆下大夫；百人為卒，卒長皆上士；二十五人為兩，兩司馬皆中士；五人為伍，伍皆有長。不言十人有長，而此傳云什吏者，夏官所云周禮之正法耳，其量時制事，未必盡然。尚書牧誓有千夫長、百夫長，齊語管子設法五人為伍，五十人為小戎，二百人為卒，二千人為旅，萬人為軍。吳語吳王孫雄設法百人為行，十行一旌，十旌一將軍。引司馬法云：十人之帥執鈴，百人之帥執鐸，千人之帥執鼓，萬人之將執大鼓。三者數人置帥，皆以什計之，異於周禮，則晉人為軍或十人置吏也。○晉國之民是以大和，諸侯遂睦。君子曰：讓，禮之主也。范宣子讓，其下皆讓。欒黶為汰，弗敢違也。晉國以平，數世賴之。刑善也夫。刑，法也。○汰音泰。數，所主反。夫音扶。一人刑善，百姓休和，可不務乎？書曰：一人有慶，兆民賴之，

其寧惟永，其是之謂乎。周書呂刑也。一人，天子也。寧，安也。永，長也。義取上有好善之慶，則下賴其福。○休，許糾反。好，呼報反。周之興也，其詩曰：儀刑文王，萬邦作孚。詩大雅。言文王善用法，故能為萬國所信。孚，信也。言刑善也。【疏】詩曰至善也。○正義曰：此大雅文王之篇。儀，善也。刑，法也。孚，信也。善用法者，文王也。言文王善用法，故能為萬國所信。言文王之法善也。及其衰也，其詩曰：大夫不均，我從事獨賢。詩小雅。刺幽王役使不均，故從事者怨恨，稱己之勞，以為獨賢，無讓心。言不讓也。【疏】詩曰至讓也。○正義曰：詩小雅北山之篇，刺幽王役使不均平。被使之人自稱己之功勞，我所以特從王事者，在上獨以我為賢，自云己賢，是不讓也。○世之治也，君子尚能而讓其下，能者在下位，則貴尚而讓之。○治，直吏反。小人農力以事其上，是以上下有禮，而讒慝黜遠，由不爭也，謂之懿德。及其亂也，君子稱其功以加小人，加，陵也。君子在位者。○慝，他得反。遠，于萬反，又如字。爭，爭鬭之爭。小人伐其技以馮君子。馮亦陵也。自稱其能為伐。○技，其綺反。馮，皮冰反。是以上下無禮，亂虐並生，由爭善也。爭自善也。謂之昏德。國家之敝，恒必由之。傳言晉之所以興。○楚子疾，告大夫曰：不穀不德，少主社稷，生十年而喪先君，未及習師保之教訓，而應受多福。多福謂為君。○少，詩照反。喪，息浪反。是以不德，而亡師于鄢。鄢在成十六年。○鄢音偃。以辱社稷，為大夫憂，其弘多矣。弘，大也。若以大夫之靈，獲保首領以殁於地，唯是春秋窀穸之事，窀，厚也。穸，夜也。厚夜猶長夜。春秋謂祭祀，長夜謂葬埋。○殁音沒。窀，張倫反，一音徒門反。穸音夕。【疏】注窀厚至葬埋。○正義曰：晉語云：窀，厚也。說文云：夕，暮也，從月半見。夜字從夕，知是以夕為夜也。厚、長意同，故厚夜猶長夜也。孝經云：春秋祭祀，以時思之，故春秋謂祭祀也。長夜者，言夜不復明，死不復生，故長夜謂葬埋也。以其事施於葬，故今字皆從穴。王意自取祭之與葬，皆不敢從先君之禮。所以從先君於禰廟者，從先君代為禰廟。【疏】注從先至禰廟。○正義曰：祭法云：諸侯立五廟，曰考廟、王考廟、皇考廟、顯考廟、祖考廟。此云禰廟，即彼考廟也。曲禮云：生曰父，死曰考。考，成也，言有成德也。禰，近也，於諸廟父最為近也。禮，三年之喪畢，則以遷新主入廟，是從先君代為禰廟也。計昭穆之次，昭次入昭廟，穆次入穆廟，皆代為祖廟，而言代為禰廟者，是從先君之近也。請為靈若厲。欲受惡諡以歸先君也。亂而不損曰靈，戮殺不辜曰厲。大夫擇焉。莫對。及五命乃許。秋，楚共王卒。子

囊謀諡。大夫曰。君有命矣。子囊曰。君命以共。若之何毀之。赫赫楚國。而君臨之。撫有蠻夷。奄征南海。以屬諸夏。而知其過。可不謂共乎。請諡之共。大夫從之。傳言子囊之善。○共音恭。下同。夏戶雅反。○吳侵楚。養由基奔命。子庚以師繼之。子庚楚司馬。○養叔曰。吳乘我喪。謂我不能師也。養叔養由基也。必易我而不戒。戒備也。易以豉反。○子爲三覆以待我。覆伏兵。○覆扶又反。我請誘之。子庚從之。戰于庸浦。庸浦楚地。○浦判五反。大敗吳師。獲公子黨。君子以吳爲不弔。不用天道相弔恤。詩曰。不弔昊天。亂靡有定。言不爲昊天所恤則致罪也。爲明年會向傳。○昊胡老反。〔疏〕弔不至有定。○正義曰。詩小雅南山之篇。○冬。城防。書事時也。土功雖有常節。通以事間爲〔疏〕注土功至爲時。○正義曰。莊二十九年傳例曰。凡土功。龍見而畢務。戒事也。火見而致用。水昏正而栽。是土功之常節也。本設此節以爲農事既閒。故以此時興土功。今此冬城防。經傳皆不言月。當在火見致用之前。此歲農收差早。雖天象未至。而民事已閒。故云土功雖有常節。通以事間爲時。言時節未是時。而事以得時。故言書事時也。釋例曰。冬城防。臧武仲請畢農事。故傳曰書事時也。言興作出火見致用之前。亦得兼以事時而禮之。於是將早城。臧武仲請俟畢農事。禮也。○鄭良霄。大宰石㚟猶在楚。十一年楚人執之。至今。石㚟言於子囊曰。先王卜征五年。先征五年而卜吉凶也。征謂巡守征行。○先征悉薦反。守手又反。注同。○注先征至征行。○正義曰。先征五年而卜其吉凶也者。以謂征前五年而預卜之也。征訓行也。先王之行。謹與而卜。必是禮之大者。大禮遠行。莫過巡守。故知征謂巡守也。征行。釋言文也。傳言卜征五年。未知何代之禮。案尚書舜典云。五載一巡守。孔安國云。堯舜同道。舜攝則然。堯又可知。周禮大行人云。十有二歲王巡守殷國。王制云。天子五年一巡守。鄭玄云。天子以海內爲家。時一巡省之。五年者。虞夏之制也。周則十二歲一巡守。如孔鄭之言。唐虞及夏皆五年一巡守。然則卜征五年。虞夏法也。在周之世而遠陳虞夏法者。蓋重古而言之。或周之巡守不必十二年也。周十二年一巡守。法歲是行天一周也。虞夏五年一巡守。取五行遷王而偏也。而歲習其祥。祥習則行。五年五卜皆同吉。乃巡狩。〔疏〕而歲至則行。○正義曰。禮記云。卜筮不相襲。鄭玄云。襲因也。釋詁云。祥善也。歲因其善。謂去年吉。今年又吉也。善因則行。謂五年五吉。善善相因襲。則先王然後行巡守也。傳稱卜不習吉。而得五年五卜者。卜不習吉。謂不可一時再卜耳。此則每年一卜。非相習也。不習則增修德而改卜。不習謂卜不吉。○不習則增絕句。一本無增字。則連下揔爲句。〔疏〕注不習謂卜不吉。○正義曰。其善不因往年。是謂不習吉也。脩德改卜。更以卜吉爲始。又得五吉乃行也。今楚實不競。行人何罪。不能脩德與晉競。止鄭一卿。以除其偪。一卿謂良霄。使睦而疾楚。以固於晉。焉用之。位不偪則大臣睦。怨疾楚則事晉固。○焉用之。本或作何用之。於虔反。〔疏〕止鄭至用之。○正義曰。貴者多則勢相偪。今止鄭一卿於楚。以除其國內相偪之患。位不偪則大臣和睦。使鄭在家之人和睦而疾楚。以牢固事於晉。焉用之。何須用此良霄。留之於楚。使歸而廢其使。行而見執於楚。鄭又遂堅事晉。是鄭廢本見使之意。○其使所吏反。注同。怨其君以疾其大夫。而相牽引也。不猶愈乎。楚人歸之。〔疏〕使歸至愈乎。○正義曰。往者鄭使良霄向楚。其意欲得楚執良霄。鄭得堅事晉國。是鄭本遣良霄其意如此。今若放良霄使歸於鄭。則鄭不得堅事晉國。是廢其本使之意。蘇氏之說亦然也。良霄被執久留在楚。今若歸之。則怨恨其君以憎疾其大夫。而相牽引。令鄭國大臣不和。則事晉之心不固。不猶少差乎。方言云。病差謂之愈。後年注以愈爲差。此亦當爲差也。服虔云。愈猶病愈。是愈爲差之義也。鄭玄論語注云。愈猶勝也。

經十有四年。春。王正月。季孫宿。叔老。會晉士匄。齊人。宋人。衛人。鄭公孫蠆。曹人。莒人。邾人。滕人。薛人。杞人。小邾人。會吳于向。叔老聲伯子也。魯使二卿會晉。敬事霸國。晉人自是輕魯幣而益敬其使。故叔老雖介亦列於會也。齊崔杼。宋華閱。衛北宮括。在會惰慢不攝。故貶稱人。蓋欲以督率諸侯。奬成霸功也。吳來在向。諸侯會之。故曰會吳。向鄭地。○其使所吏反。介音界。惰徒臥反。〔疏〕十四年注叔老至鄭地。○正義曰。叔老聲伯子。叔肸孫。故以叔爲氏也。卿出聘使及盟會。皆以大夫爲介。禮之常也。此會魯使季孫宿與叔老二卿會晉。敬事霸國。故以卿爲介。於例唯征戰重兵。詳內畧外。魯師出征伐。則諸將並書。其聘與會唯書使主。其介不合書也。晉人自是輕魯幣而益敬其使。叔老雖則爲介。而晉爲盟主。亦列之於會。魯人以其並列於會。故並書之也。傳稱宋華閱。仲江。會伐秦。向之會亦如之。則此會宋亦二卿。華閱猶尚被貶。仲江固不在列。若二卿並敬其事。俱得列會。亦當並書於策。何則。盟主列之於會。魯史無容略之也。故傳言崔杼。華閱。會伐秦。不書。惰也。向之會亦如之。北宮括不書於向。書於伐秦。攝也。是齊宋衛三國之卿於此會也。情慢不自整攝。故貶稱人。罪其身。故去名氏。猶序鄭卿之上。從其大小舊次也。在會惰慢。未是大咎。即加貶責者。此是仲尼新意。蓋欲督率諸侯。奬成晉悼霸功故也。以吳來在向。諸侯就向會之。故不序吳於列。而云會吳于向。與鍾離善道同也。○二月。乙未。朔。日有食之。無傳。○夏。四月。叔孫豹會晉荀偃。齊人。宋人。衛北宮括。鄭公孫蠆。曹人。莒人。邾人。滕人。薛人。杞人。小邾人。伐秦。齊宋大夫不書。義與向同。○己未。衛侯出奔齊。諸侯之策書孫甯逐衛侯。春秋以其自取奔亡之禍。故諸侯失國者皆不書逐君之賊也。不書名。從告。〔疏〕注諸侯至從告。○正義曰。二十年甯子疾。召悼子曰。諸侯之策云云。甯殖自爲此言。明知諸國策書皆云孫林父甯殖逐衛侯。不言甯殖自出奔也。仲尼脩春秋。以其自取奔亡之禍。故諸侯失國者。皆是被臣逐之。悉非其君自出。仲尼尤其不能自安。皆不書逐君之賊。所以責其君也。北燕伯款出奔齊。蔡侯朱出奔楚。並書名。此不書名。從告也。釋例曰。諸侯奔亡。皆迫逐而苟免。非自出也。傳稱孫林父甯殖出其君。名在諸侯之策。此以臣名赴告之文也。仲尼之經更沒逐者之名。主以自奔爲文。責其君不能自安自固。所犯非徒所逐之臣也。衛赴不以名。而燕赴以名。各隨赴而書之。義在於彼。不在此也。杜言在彼不在此者。義在自出爲罪。不在名與不名。以其失國已足罪賤。不假復以名責。故史記隨赴而書。仲尼依舊爲定也。曲禮云。諸侯失地名。滅同姓名。記之所言。當據春秋爲義。滅同姓名。春秋既依用之。則失地書名。亦是大例。而杜云名與不名無義例者。案經書衛侯燬滅邢。傳云同姓也。故名。其言與記符同。左氏本有此例也。失地書名。則傳無其事。且記言失地者。謂國被人奪。非棄位出奔者也。州公如曹。紀侯大去。皆是失地之君。經不書名。亦不發傳。知失地之君不以名爲貶也。穀伯綏。鄧侯吾離來朝。公羊傳皆云何以名。失地之君也。則禮記之文。或據公羊之義。不可逼於左氏。故杜不爲此說。○莒人侵我東鄙。無傳。報入鄆。○秋。楚公子貞帥師伐吳。○冬。季孫宿會晉士匄。宋華閱。衛孫林父。鄭公孫蠆。莒人。邾人于戚。

傳十四年。春。吳告敗于晉。前年爲楚所敗。會于向。爲吳謀楚故也。謀爲吳伐楚。○爲于僞反。注爲吳卒不爲同。范宣子數吳之不德也。以退吳人。吳伐楚喪。故以爲不德。數而遣之。卒不爲伐楚。執莒公子務婁。在會不書。非卿。○務徐莫侯反。又音如字。婁力侯反。或力俱反。以其通楚使也。莒貳於楚。故比年伐魯。○使所吏反。將執戎子駒支。駒支戎子名。范宣子親數諸朝。行之所在。亦設朝位。曰。來。姜戎氏。昔秦人迫逐乃祖吾離于瓜州。四嶽之後皆姓姜。又別爲允姓。瓜州地在今燉煌。○迫音百。瓜古華反。燉徒門反。煌音皇。〔疏〕傳注四嶽至燉煌。○正義曰。周語稱堯遭洪水。使禹治之。共之從孫四嶽佐之。胙四嶽國。命爲侯伯。賜姓曰姜。賈逵云。共。共工也。從孫。同姓末嗣之孫。四嶽。官名。大嶽也。主四嶽之祭焉。姜。炎帝之姓。其後變易。至於四嶽。帝復賜之祖姓。以紹炎帝之後。是四嶽爲姜姓也。下傳云謂我諸戎。四嶽之裔胄。是姜戎爲四嶽之後。姜姓。故稱姜戎也。昭九年傳云。先王居檮杌于四裔。故允姓之姦居于瓜州。伯父惠公歸自秦。而誘以來。同說此事。而云允姓。知姜姓之後又別爲允姓也。其姜姓是帝堯所賜。允姓不知誰賜之也。周語云。胙四嶽國爲侯伯。謂爲諸侯之長。下注云。四嶽。堯時方伯。據彼文而知之。乃祖吾離被苫蓋。蓋苫之別名。○被普支反。苫式占反。蓋戶臘反。爾雅曰。白蓋謂之苫。蒙荊棘。以來歸我先君。蒙冒也。○冒莫報反。〔疏〕注蓋苫之別名。○正義曰。釋器云。白蓋謂之苫。孫炎曰。白蓋茅苫也。郭璞曰。白茅苫也。今江東呼爲蓋。○被苫

蓋蒙荆棘。正義曰被苦蓋言無布帛可衣唯衣草也蒙荆棘言無道路可從冒榛藪也說其窮困之極耳 我先君惠公有不腆之田。腆厚也。腆他典反 與女剖分而食之。中分爲剖。女音汝下同剖普口反中丁仲反又如字 今諸侯之事我寡君不如昔者。蓋言語漏洩。則職女之由。職主也。洩息列反徐音以世反 詰朝之事。爾無與焉。詰朝明旦不使復得與會事。詰起吉反朝如字注同與音預注及下同復扶又反 與將執女。對曰。昔秦人負恃其衆。貪于土地。逐我諸戎。惠公蠲其大德。蠲明也。〔疏〕昔秦至諸戎。正義曰僖二十二年傳云秦晉遷陸渾之戎于伊川則秦晉共遷之也昭九年傳云惠公歸自秦而誘以來又似晉侯獨誘之也此云秦人逐之惠公與田乃是被秦逐而自歸晉也三文不同者此戎本處瓜州明遠在秦之西北秦貪其土晉貪其人二國共誘而使遷僖傳是其實也昭傳王專責晉故指言晉耳此傳宣子施恩於戎故言被逐歸晉駒支順宣子之言故云秦貪土地逐我諸戎秦本貪其土地而遷也 謂我諸戎。是四嶽之裔胄也。四嶽堯時方伯姜姓也裔遠也胄後也。裔以制反胄直又反 毋是翦棄。翦削也。毋音無 賜我南鄙之田。狐貍所居。豺狼所嗥。我諸戎除翦其荆棘。驅其狐貍豺狼。以爲先君不侵不叛之臣。至于今不貳。不內侵亦不外叛。貍力之反又作狸同豺仕皆反嗥戶羔反 昔文公與秦伐鄭。秦人竊與鄭盟而舍戍焉。在僖三十年 於是乎有殽之師。在僖三十三年。殽戶交反 晉禦其上。戎亢其下。亢猶當也。亢若浪反 秦師不復。我諸戎實然。譬如捕鹿。晉人角之。諸戎掎之。掎其足也。捕音步。掎居綺反徐又音賦 與晉踣之。踣僵也。踣蒲北反又蒲豆反。僵居良反 〔疏〕譬如至踣之。正義曰角之謂執其角也掎之言戾其足也前覆謂之踣言與晉共倒之 戎何以不免。自是以來。晉之百役。與我諸戎相繼于時。言給晉役不曠時 以從執政。猶殽志也。意常如殽無中二也 豈敢離逷。今官之師旅。無乃實有所闕。以攜諸侯。而罪我諸戎。我諸戎飲食衣服不與華同。贄幣不通。言語不達。何惡之能爲。不與於會。亦無瞢焉。瞢悶也。逷他歷反贄音至不與音預瞢莫贈反徐又武登反一音武忠反。 賦青蠅而退。青蠅詩小雅取其愷悌君子無信讒言。蠅似仍反愷開在反悌徒禮反下文及注同

宣子辭焉。辭謝 使卽事於會。成愷悌也。成愷悌不信讒也不書者戎爲晉屬不得特達 於是子叔齊子爲季武子介以會。自是晉人輕魯幣而益敬其使。齊子叔老也言晉敬魯使經所以並書二卿。介音界使所吏反注同 ○吳子諸樊既除喪。諸樊吳子乘之長子也乘卒至此春十七月既葬而除喪。長丁丈反 將立季札。札諸樊少弟。札則八反少詩照反 札辭曰。曹宣公之卒也。諸侯與曹人不義曹君。曹君公子負芻也殺太子而自立事在成十三年 將立子臧。子臧去之。遂弗爲也。以成曹君。君子曰。能守節。君義嗣也。諸樊適子故曰義嗣。適丁歷反 誰敢奸君。有國非吾節也。札雖不才。願附於子臧。以無失節。固立之。棄其室而耕。乃舍之。傳言季札之讓且明吳兄弟相傳。奸音干傳直專反 夏。諸侯之大夫從晉侯伐秦。以報櫟之役也。櫟役在十一年 晉侯待于竟。使六卿帥諸侯之師以進。言經所以不稱晉侯。竟音境 及涇不濟。諸侯之師不肯渡也涇水出安定朝那縣至京兆高陵縣入渭。朝如字如淳音株那乃多反 叔向見叔孫穆子。穆子賦匏有苦葉。詩邶風也義取於深則厲淺則揭言已志在於必濟。匏白交反揭起例反 〔疏〕注詩邶至必濟。正義曰此詩本文云匏有苦葉濟有深涉深則厲淺則揭釋水全引下三句而釋之云揭者揭衣也以衣涉水爲厲繇膝以下爲揭繇膝以上爲涉繇帶以上爲厲李巡云濟渡也水深則厲水淺則揭衣渡也不解衣而渡水曰厲孫炎曰揭褰衣裳也以衣涉水濡褌也詩意言遇水深淺期之必渡穆子賦此詩言已志在於必濟也魯語云叔向見叔孫穆子穆子曰豹之業在匏有苦葉矣叔向退召舟虞與司馬曰夫苦匏不材於人共濟而已魯叔孫賦匏有苦葉必將涉矣彼叔向之意取匏有苦葉爲義此注取深厲淺揭爲義者穆子止賦此詩不言所取之意未必叔向曲得其情杜以厲揭爲義切於取匏有苦葉故不從國語而別爲此解 叔向退而具舟。魯人莒人先濟。鄭子蟜見衛北宮懿子曰。與人而不固。取惡莫甚焉。若社稷何。懿子說。二子見諸侯之師。而勸之濟。濟涇而次。傳言北宮括所以書於伐秦。說音悅 秦人毒涇上流。師人多死。飲毒水故 鄭司馬子蟜帥鄭師以進。師皆從之。至于棫林。棫林秦地。棫位逼反徐于目反一音於鞠反 不獲成焉。秦不服 〔疏〕不獲成焉。正義曰此役止爲報櫟之敗非欲求與秦成而云不獲成者凡與師伐國彼若服罪謝過卽當相與和平故注解其意不獲成焉者止謂秦不服也服虔云不得成戰陳之事案傳諸伐國者皆服之而已不是皆成戰陳之事此何以獨云不獲成戰也 荀偃令曰。雞鳴而駕。塞井夷竈。示不反 唯余馬首是瞻。言進退從己 欒黶曰。晉國之命。未是有也。余馬首欲東。乃歸。黶惡偃自專故棄之歸。惡烏路反 下軍從之。左史謂魏莊子曰。不待中行伯乎。中行伯荀偃也莊子魏絳也左史晉大夫 莊子曰。夫子命從帥。夫子謂荀偃。帥所類反下及注皆同 欒伯吾帥也。吾將從之。從帥所以待夫子也。以從命爲待也欒黶下軍帥莊子爲佐故曰吾帥 伯游曰。吾令實過。悔之何及。多遺秦禽。恐多爲秦所禽獲。遺唯季反 乃命大還。晉人謂之遷延之役。遷延卻退 欒鍼曰。此役也。報櫟之敗也。役又無功。晉之恥也。吾有二位於戎路。欒鍼欒黶弟也二位謂黶將下軍鍼爲戎右 敢不恥乎。與士鞅馳秦師死焉。士鞅反。鞅士匄子 欒黶謂士匄曰。余弟不欲往。而子召之。余弟死。而子來。是而子殺余之弟也。弗逐。余亦將殺之。士鞅奔秦。欒黶汰侈誣逐士鞅也而女也。侈昌氏反本或作奓又尺氏反女音汝 〔疏〕注欒黶至女也。正義曰欒鍼自以家有二位恥其無功與士鞅共馳秦師非鞅召之是誣逐士鞅也 於是齊崔杼。宋華閱。仲江。會伐秦。不書。惰也。臨事惰慢不脩也仲江宋公孫師之子 向之會。亦如之。衛北宮括不書於向。亦惰 書於伐秦。攝也。能自攝整從鄭子蟜俱濟涇 秦伯問於士鞅曰。晉大夫其誰先亡。對曰。其欒氏乎。秦伯曰。以其汰乎。對曰。然。欒黶汰虐已甚。猶可以免。其在盈乎。盈欒黶之子 秦伯曰。何故。對曰。武子之德在民。如周人之思召公焉。愛其甘棠。況其子乎。武子欒書黶之父也召公奭聽訟於甘棠之下周人思之不害其樹而作勿伐之詩在召南。召上照反注同奭詩亦反 欒黶死。盈之善未能及人。武子所施沒矣。而黶之怨實章。將於是乎在。秦伯以爲知言。爲之請於晉而復之。爲傳二十一年晉滅欒氏張本。施如字又始豉反爲之于僞反 ○衛

獻公戒孫文子、甯惠子食。勑戒二子，欲其宴食。【疏】注勑戒至宴食。○正義曰：君之於臣，有禮食，宴食。儀禮公食大夫禮者，主國之君食聘賓之禮也。其食己之大夫，亦當放之，而迎送荅拜之儀有差降耳。曲禮云：凡進食之禮，左殽右胾。鄭玄云：此大夫士與賓客燕食之禮。其禮食則宜放公食大夫禮也。如鄭之言，大夫與客禮食，尚放公食大夫禮，明知國君與臣禮食，亦當放之。公食大夫之禮，其禮甚大，衞侯雖則無道，不應與臣禮食，而得棄之射鴻，知是公自勑戒二子，欲共之爲宴食。宴食者，閑燕無事，召臣與之共食耳。皆服而朝。服朝服待命於朝。【疏】注服朝服。○正義曰：言服而朝，明朝服也。諸侯每日視朝，其君與臣皆服玄冠緇布衣素積以爲裳。禮通謂此服爲朝服。宴食雖非大禮，要是以禮見君，故服朝服。公食大夫之禮，賓朝服，則臣於君雖非禮食，亦當朝服也。日旰不召。旰晏也。○旰，古旦反。而射鴻於囿。二子從之。從公於囿。○射，食亦反。囿音又。不釋皮冠而與之言。皮冠，田獵之冠也。既不釋冠，又不與食。【疏】注皮冠至與食。○正義曰：此公射鴻於囿而冠皮冠，明皮冠是田獵之冠也。且虞人掌獵，昭二十年傳曰：皮冠以招虞人。又十二年傳言雨雪，楚子皮冠以出，出田獵也。是諸侯之禮，皮冠以田獵。周禮司服云：凡甸冠弁服。鄭玄云：甸，田獵也。冠弁，委貌也。其服緇布衣素積以爲裳，是服諸侯視朝之服也。彼天子之禮，故以諸侯朝服而田，異於此也。昭十二年傳又云：右尹子革夕，王見之，去皮冠。杜云：敬大臣。是君敬大臣，宜釋皮冠。既不釋皮冠，又不與食，二子所以怒也。二子怒。孫文子如戚。戚，孫文子邑。孫蒯入使。孫蒯，孫文子之子。○使，所吏反，又如字。公飲之酒。使大師歌巧言之卒章。巧言，詩小雅。其卒章曰：彼何人斯，居河之麋，無拳無勇，職爲亂階。戚，衞河上邑。公欲以喻文子居河上而爲亂。大師，掌樂大夫。○飲，於鴆反。麋，亡悲反，本或作湄。拳音權。大師辭。師曹請爲之。辭以爲不可。師曹，樂人。初，公有嬖妾，使師曹誨之琴。誨，教也。○嬖，必計反。師曹鞭之。公怒，鞭師曹三百。故師曹欲歌之，以怒孫子，以報公。公使歌之，遂誦之。恐孫蒯不解，故。○解音蟹。蒯懼，告文子。文子曰：君忌我矣，弗先，必死。欲先公作亂。○先，息薦反。并帑於戚。帑，子也。○并，必政反。帑音奴。【疏】注并帑於戚。○正義曰：孫子衞朝大臣，食邑於戚，其子先分兩處。將欲作亂，慮禍及其子，故令并帑處於戚。而入見蘧伯玉曰：君之暴虐，子所知也。大懼社稷之傾覆，將若之何。伯玉，蘧瑗。○蘧，其居反。覆，芳服反。瑗，于眷反。對曰：君制其國，臣敢奸之。奸猶犯也。雖奸之，庸知愈乎。言逐君更立，未知當差否。○愈，羊主反。愈，差也。差，初賣反。遂行，從近關出。懼難作，欲速出竟。○難，乃旦反。竟音境，下文皆同。【疏】從近關出。○正義曰：聘禮及竟謁關人。鄭玄云：古者竟上爲關，以譏異服，識異言。又周禮司關注云：關，界上之門也。衞都不當竟中，其界有遠有近，欲速出竟，故從近關出也。

公使子蟜、子伯、子皮與孫子盟于丘宮，孫子皆殺之。三子，衞羣公子，疑孫子，故盟之。丘宮，近戚地。○蟜，古表反。近，附近之近。四月己未，子展奔齊。子展，衞獻公弟。公如鄄。鄄，衞地。○鄄音絹。使子行於孫子，孫子又殺之。使往請和也。子行，羣公子。公出奔齊，孫氏追之，敗公徒于河澤。濟北東阿縣西南有大澤。鄄人執之。公徒因敗散還，故爲公執之。○爲，于僞反，下爲孫氏同。【疏】注公徒至執之。○正義曰：服虔云：執追公徒者。公如鄄，故鄄人爲公執之。計孫氏追公，徒衆必盛，鄄人爲公可言與之戰耳，不得言執之也。且文承敗公徒下，豈敗公徒之後乃執之乎？下文方說二子追公，豈復是鄄人執二子也？故杜以爲公徒因敗而散亡，鄄人爲公執散走者。初，尹公佗學射於庾公差，庾公差學射於公孫丁。二子追公。二子，佗與差，爲孫氏逐公。○佗，徒何反。差，初佳反，徐初宜反。公孫丁御公。爲公御也。子魚曰：射爲背師，不射爲戮，射爲禮乎。子魚，庾公差。禮射不求中。○射，食亦反，下及注除禮射一字皆同，或一讀射而禮乎。食夜反。背音佩。中，丁仲反。射兩軥而還。軥，車軛卷者。○軥，其俱反，徐又古豆反。軛，於革反。卷音權，又起權反。尹公佗曰：子爲師，我則遠矣。乃反之。佗不從丁學，故言遠。始與公差俱退，悔而獨還射丁。公孫丁授公轡而射之，貫臂。貫佗臂。○貫，古亂反，一音官，注同。【疏】注初尹至貫臂。○正義曰：孟子云：鄭人使子濯孺子侵衞，衞使庾公之斯追之。子濯孺子疾作。庾公之斯至，曰：夫子何爲不執弓？曰：今日我疾作，不可以執弓。庾公之斯曰：小子學射於尹公之佗，尹公之佗學射於夫子，我不忍以夫子之道反害夫子。雖然，今日之事，君事也，我不敢廢。抽矢叩輪，去其金，發乘矢而後反。其姓名與此略同，行義與此正反。不應一人之身有此二行，孟子辯士之說，或當假爲之辭，此傳應是實也。○注軥車軛。○正義曰：說文云：軥，車軛下曲者。服虔云：車軛兩邊叉馬頸者。子鮮從公。子鮮，公母弟。及竟，公使祝宗告亡，且告無罪。告宗廟。定姜曰：無神何告。若有，不可誣也。誣，欺也。定姜，公適母。○適，丁歷反。有罪，若何告無。舍大臣而與小臣謀，一罪也。先君有冢卿以爲師保，而蔑之，二罪也。謂不釋皮冠之比。○舍音捨。比，必二反。余以巾櫛事先君，而暴妾使余，三罪也。告亡而已，無告無罪。時姜在國，故不使得告無罪。○櫛，側乙反。【疏】注暴妾使余。○正義曰：言暴虐使余如妾。公使厚成叔弔于衞，曰：寡君使瘠聞君不撫社稷，而越在他竟。越，遠也。瘠，厚成叔名。○厚，本或作郈，音同。弔于衞，本或作弔于衞侯，侯衍字也。瘠，在亦反。若之何不弔。以同盟之故，使瘠敢私於執事。執事，衞諸大夫。曰：有君不弔，弔，恤也。有臣不敏。敏，達也。【疏】有臣不敏。○正義曰：不敏，不達於禮也。君不赦宥，臣亦不帥職，增淫發洩，其若之何。衞人使大叔儀對，大叔儀，衞大夫。○洩，息列反。大音泰。曰：羣臣不佞，得罪於寡君。寡君不以即刑而悼棄之，以爲君憂。君不忘先君之好，辱弔羣臣，又重恤之。重恤謂愍其不忘也。○好，呼報反。重，直用反，注及下同。敢拜君命之辱，重拜大貺。謝重恤之賜。厚孫歸復命，語臧武仲曰：衞君其必歸乎。有大叔儀以守，守於國。○語，魚據反。守，手又反。有母弟鱄以出，或撫其內，或營其外，能無歸乎。齊人以郲寄衞侯。郲，齊所滅郲國。○鱄，徐市轉反，又音專。郲音來。及其復也，以郲糧歸。言其貪。右宰穀從而逃歸，衞人將殺之。穀，衞大夫也。以其從君，故欲殺之。○從，才用反，又如字，注同。辭曰：余不說初矣。言初從君，非說之，不獲已耳。○說音悅，下同。【疏】余不說初矣。○正義曰：言余之不說於君，初從君不得已而從之出耳，非是愛君而從，在道始悔初從也。余狐裘而羔袖。言一身盡善，唯少有惡，喻君出其罪不多。○袖，本又作褎，似又反。【疏】狐裘而羔袖。○正義曰：玉藻云：君衣狐白裘，錦衣以裼之。又曰：錦衣狐裘，諸侯之服也。是裘之用於羔也。乃赦之。衞人立公孫剽。剽，穆公孫。○剽，匹妙反，一音甫遙反。孫林父、甯殖相之，以聽命於諸侯。聽盟會之命。○相，息亮反。衞侯在郲。臧紇如齊唁衞侯，與之言，虐。退而告其人曰：衞侯其不得入矣。其言糞土也。亡而不變，何以復國。武仲不書，未爲卿。○唁，徐作唁，音唁，弔失國曰唁。問反。子展、子鮮聞之，見臧紇，與之言道。道，順理。孫說，謂其人曰：衞君必入。夫二子者，或輓之，或推之，欲無入，得乎。爲二十六年衞侯歸傳。○輓音晚。推如字，又他回反。師歸自伐秦。晉侯舍新軍，禮也。成國不過半天子之軍。成國，大國。○舍音捨，下及注同。【疏】注成國大國。○正義曰：周禮大宗伯以九儀之命正邦國之位，五命賜則，七命賜國。鄭玄云：則，地未成國之名。王之下大夫四命，出封加一等，五命賜之以方百里、二百里、三百里

之地者方四百里以上爲成國，如鄭之言，成國者唯公與侯耳。伯雖與侯同命，地方三百里，未得爲成國也。成國乃得半天子之軍，未成則不得也。夏官序云：大國三軍，次國二軍，小國一軍。當以公侯爲大國，伯爲次國，子男爲小國也。諸侯五等，唯有三等之命，伯之命數可以同於侯，其軍則計地大小，故伯國之軍不得同於侯也。此據禮正法耳。春秋之世，鄭置六卿，未必不爲三軍。周爲六軍，諸侯之大者三軍可也。於是知朔生盈而死，朔，知罃之長子。盈，朔弟也。盈生而朔死。○知音智。長，丁丈反。盈生六年而武子卒，彘裘亦幼，皆未可立也。新軍無帥，故舍之。裘，士魴子也。十三年荀罃、士魴卒，其子皆幼，未任爲卿，故新軍無帥，遂舍之。○彘，直例反。帥，所類反，注同。任音壬。師曠侍於晉侯。師曠，晉樂大師子野。晉侯曰：「衛人出其君，不亦甚乎？」對曰：「或者其君實甚。良君將賞善而刑淫，養民如子，蓋之如天，容之如地。民奉其君，愛之如父母，仰之如日月，敬之如神明，畏之如雷霆，其可出乎？夫君，神之主也，民之望也。若困民之主，匱神乏祀，百姓絕望，社稷無主，將安用之？弗去何爲？天生民而立之君，使司牧之，勿使失性。有君而爲之貳，貳，卿佐。○出如字，徐音黜。仰，本亦作卬，音仰。霆，徒丁反，又音挺，本又作電。匱，其位反。乏之祀，本或作之祀，誤也。去，起呂反。使師保之，勿使過度。是故天子有公，諸侯有卿，卿置側室，側室，支子之官。大夫有貳宗，貳宗，宗子之副貳者。士有朋友，庶人、工、商、皁、隸、牧、圉皆有親暱，以相輔佐也。善則賞之，賞謂宣揚。○暱，女乙反。【疏】注「賞謂宣揚」。○正義曰：賞者，善善之名也。但上之善下，則賜之以財，故遂以賞爲賜財之號。此言天子以下皆有臣僕以輔佐其上，而下之賞上不得奉以貨財，唯當延其譽耳，故知賞謂宣揚也。過則匡之，匡，正也。患則救之，救其難也。○難，乃旦反。失則革之。革，更也。自王以下，各有父兄子弟，以補察其政。補其愆過，察其得失。史爲書，謂大史君舉則書。【疏】注「謂大」至「則書」。○正義曰：周禮有大史、小史、內史、外史、御史，史官有五，名知此史謂大史者，以傳稱齊崔杼弒其君，云大史書之，知君舉則書皆大史書也。瞽爲詩，瞽，盲者，爲詩以風刺。○瞽音古。盲，莫庚反。風，芳鳳反。【疏】注「瞽盲」至「風刺」。○正義曰：周禮樂官大師之屬有瞽矇之職，鄭玄云：凡樂之歌，必使瞽矇爲焉，命其賢知者以爲大師、小師。鄭衆云：無目眹謂之瞽，有目眹而無見謂之矇，無目是盲者也。詩者，民之所作，采得民詩，乃使瞽人爲歌，以風刺，非瞽人自爲詩也。周語云：天子聽政，公卿至於列士獻詩，瞽獻曲。韋昭云：公以下至上士各獻諷諫之詩，瞽陳樂曲，獻之於王。是言瞽爲歌詩之事。工誦箴諫，工，樂人也。誦箴諫之辭。○箴，之林反。【疏】注「工樂」至「之辭」。○正義曰：儀禮通謂樂人爲工，工亦瞽也。詩辭自是箴諫，而箴諫之辭或有非詩者，如虞箴之類，其文似詩而別，且諫者萬端，非獨詩箴而已。詩必播之於樂，餘或直誦其言，與歌誦小別，故使工瞽異文也。周語云：師箴，瞍賦，矇誦，亦是因事而異文耳。大夫規誨，規正諫誨其君。【疏】注「規正諫誨其君」。○正義曰：規亦諫也。鄭玄詩箋云：規者，正圓之器，以恩親正君曰規。然則物有不圓者，規之使圓；行有不周者，正之使備，猶規正物然，故云規正諫誨其君也。○士傳言，士卑不得徑達，聞君過失，傳告大夫。○傳，直專反，注同。庶人謗，庶人不與政，聞君過則誹謗。○與音預。非，如字，本或作誹，音亦同，又甫味反。【疏】注「庶人」至「誹謗」。○正義曰：庶人卑賤，不與政教，聞君過失，不得諫爭，得在外誹謗之。謗謂言其過失，使在上聞之而自改，亦是諫之類也。昭四年傳謂鄭人謗子產，周語厲王虐，國人謗王，皆是言其實事，謂之爲謗。但傳聞之事，有實有虛，或有妄謗人者，今世遂以謗爲誣類，是俗易而意異也。周語云：庶人傳語。是庶人亦得傳言以諫上也。此有士傳言，故別云庶人謗，爲等差耳。商旅于市，旅，陳也。陳其貨物，以示時所貴尚。【疏】注「旅陳」至「貴尚」。○正義曰：旅，陳，釋詁文也。商旅于市，謂商人見君政惡，陳其不正之物以諫君也。易云：商旅不行。旅亦是商。此云陳者，彼云商旅不行，故以旅爲商。此文連于市，若以旅爲商，且云商旅于市，則文不成義，故以旅爲陳也。劉炫云：王制言巡守之事云：命市納賈，以觀民之所好惡，志淫好辟。鄭玄云：市，典市者。賈謂物貴賤厚薄也。質則用物貴，淫則侈物貴。此亦觀彼所陳。上觀民，此民觀上。商陳此物，自爲求利，非欲諫君，但觀所陳，則貴尚可見。在上審而察之，其過足以自改，故亦爲諫類，則齊驚踊之比是也。百工獻藝。獻其技藝，以喻政事。○技，其綺反。【疏】「百工獻藝」。○正義曰：周禮考工記云：審曲面勢，以飭五材，以辨民器，謂之百工。鄭玄云：五材各有工，言百，衆言之也。則工是巧人，能用五材，金木水火土者也。此百事之工各自獻其藝能，以其所能譬喻政事，因獻所造之器，取喻以諫上，即夏書所云工執藝事以諫是也。故夏書曰：『遒人以木鐸徇于路。逸書。遒人，行人之官也。木鐸，木舌金鈴。徇於路，求歌謠之言。○遒，在由反，徐又在幽反，又子由反。鐸，待洛反。徇，似俊反。鈴，力丁反。【疏】注「逸書」至「之言」。○正義曰：此在胤征之篇，其本文云：每歲孟春，遒人以木鐸徇于路，官師相規，工執藝事以諫，其或不共，邦有常刑。此傳引彼，略去每歲孟春，直引遒人以下，乃以正月孟春結之，殷勤以示歲首恒必然也。孔安國云：遒人，宣令之官。木鐸，金鈴木舌，所以振文教也。周禮無遒人之官，彼云其或不共，邦有常刑，是號令羣臣百工使之諫也。木鐸徇路，是號令之事。孔言宣令之官，杜以爲行人之官者，以其云徇於道路，故以爲行人之官，采訪謌謠者，與孔宣令之官其事不異。劉炫以爲杜不見古文，以遒人爲宣令之官，徇路求諫，而規杜氏不見古文，誠如劉說，然杜之所解，於義自通，苟生異見，其義非也。官師相規，官師，大夫。自相規正。【疏】注「官師」至「規正」。○正義曰：杜意謂師爲長，故以官師爲大夫，言大夫是羣官之長，大夫自相規正。案孔安國云：官，衆官也。更相規闕。其意以師爲衆。杜必知官師是大夫者，此云官師相規，上云大夫規誨，規文既同，故以爲大夫。尚書文無所對，故孔云官衆官也。工執藝事以諫。』所謂獻藝。正月孟春，於是乎有之，諫失常也。有遒人徇路之事。天之愛民甚矣，豈其使一人肆於民上，肆，放也。以從其淫，而棄天地之性？必不然矣。」傳善師曠能因問盡言。○從，子用反，本或作縱。

秋，楚子爲庸浦之役故，在前年。○爲，于僞反。子囊師于棠以伐吳，吳不出而還。子囊殿，殿，軍後。○殿，多練反。以吳爲不能而弗儆。吳人自皐舟之隘要而擊之，皐舟，吳險阨之道。○儆音景。隘，於懈反。要，一遙反。阨，於賣反。楚人不能相救，吳人敗之，獲楚公子宜穀。傳言不備，不可以師。○

王使劉定公賜齊侯命，將昏於齊故也。定公，劉夏。位賤以能而使之，傳稱謚，舉其終。○曰：「昔伯舅大公右我先王，股肱周室，師保萬民。世胙大師，以表東海。胙，報也。表，顯也。謂顯封東海，以報大師之功。○右音又。胙，才故反。○【疏】「師保萬民」。○正義曰：師，法也。保，安也。言大公與民爲法，而民得以安也。尚書泰誓武王數紂之罪云：放黜師保。孔安國云：可法以安者，反放退之，是謂良臣爲民之師保也。○王室之不壞，繄伯舅是賴。繄，發聲。○壞如字，服本作懷。繄，烏兮反。【疏】「王室」至「是賴」。○正義曰：服虔本壞作懷，解云：懷，柔也。繄，蒙也。賴，恃也。王室之不懷柔諸侯，恃蒙齊桓之匡正也。孫毓云：案舊本及賈氏皆作壞，杜雖不注，當謂王室之不傾壞者，唯伯舅大公是賴也。上文不言桓公，不得爲賴桓公也。今余命女環，環，齊靈公名。○女音汝。環，戶關反。茲率舅氏之典，纂乃祖考，無忝乃舊。敬之哉！無廢朕命。」纂，繼也。因昏而加褒顯，傳言王室不能命有功。○

晉侯問衛故於中行獻子。問衛逐君當討否。獻子，荀偃。對曰：「不如因而定之。衛有君矣，已立剽。伐之，未可以得志，而勤諸侯。史佚有言曰：『因重而撫之。』重不可移，就撫安之。○佚音逸。仲虺有言曰：『亡者侮之，亂者取之，推亡固存，國之道也。』仲虺，湯左相。○虺，許鬼反。侮，亡甫反。相，息亮反。【疏】「仲虺」至「道也」。○正義曰：尚書仲虺之誥云：兼弱攻昧，取亂侮亡，推亡固存，邦乃其昌。孔安國云：弱則兼之，闇則攻之，亂則取之，有亡形則侮之，有亡道則推而亡之，有存道則輔而固之。王者如此，國乃昌盛。此傳取彼之意而改爲之辭，其言非本文也。○君其定衛以待時乎。」待其昏亂之時，乃伐之。○

冬，會于戚，謀定衛也。定立剽。○

范宣子假羽毛於齊而弗歸，齊人

始貳。析羽爲旌，王者游車之所建，齊私有之，因謂之羽毛，宣子聞而借觀之。○析，星歷反。疏注「析羽」至「觀之」。○正義曰：周禮司常掌九旗之物名，全羽爲旞，析羽爲旌，道車載旞，游車載旌。鄭玄云：全羽、析羽皆五采，繫之於旞旌之上，所謂注旄於干首也。凡九旗之帛皆用絳。道車，象路也，王以朝夕燕出入。游車，木路也，王以田以鄙。是其析羽爲旌，王者游車之所建也。鄭玄唯言全羽析羽有五采耳，猶不辯羽是何羽。周禮有夏采之官，鄭玄云：夏采，夏翟羽色。禹貢徐州貢夏翟之羽，有虞氏以爲緌，後世或無，故染鳥羽象而用之，謂之夏采。其職云：掌大喪以乘車建緌，復于四郊。鄭玄云：明堂位曰有虞氏之旂，夏后氏之綏，則旌旗有是緌者，或以旄牛尾爲之，綴於橦上，所謂注旄於干首者。釋天云：注旄首曰旌。李巡曰：以旄牛尾著旌首者也。孫炎曰：析五采羽注旄上也，下亦有旒縿。據彼諸文言之，則羽旄者有五色鳥羽，又有旄牛尾也。言全羽析羽者，蓋有全取其翅，或析取其翮，故有全析二名也。繫此鳥羽牛尾而於干首，猶自別有絳爲旒縿縣之於干，今之旗獨尙然也。此傳直言羽耳，注不引全羽而以析羽解之者，以全羽尊於析羽，齊人建以赴會，當是羽之賤者，故以爲析羽。不然則無以知之。計羽毛所用其費無多，晉人自應有之，而此年范宣子假羽毛於齊，定四年晉人假羽旄於鄭，皆假之他國者，或當制作巧異，故聞而借觀之。○楚子囊還自伐吳。卒。將死，遺言謂子庚必城郢。楚徙都郢，未有城郭，公子燮、公子儀因築城爲亂，事未得訖，子囊欲訖而未暇，故遺言見意。○見，賢遍反。君子謂子囊忠。君薨，不忘增其名，謂前年諡君爲共。○將死，不忘衞社稷，可不謂忠乎？忠，民之望也。詩曰：行歸于周，萬民所望，忠也。詩小雅。忠信爲周，言德行歸於忠信，即爲萬民所瞻望。○行，下孟反，注同。疏「行歸」至「于周」。○正義曰：此詩小雅都人士之篇也。注云：城郭之域曰都，言都人之士所行要歸於忠信，其餘萬民寡識者咸瞻望而法傚之。

經十有五年，春，宋公使向戌來聘。二月己亥，及向戌盟于劉。疏「十五年」及「向戌盟于劉」。○正義曰：荀庚、孫良夫、郤犫等來聘，且尋盟者，皆直云及某盟，不言地者，由在國與之盟也。此言盟于劉者，出國與盟，故書其盟地，猶如晉侯與公出盟于長樗也。釋例劉地闕，蓋魯城外之近地也。○劉夏逆王后于齊。劉，采地。夏，名也。天子卿書字，劉夏非卿，故書名。天子無外，所命則成，故不言逆女。疏注「劉采」至「逆女」。○正義曰：宣十年天王使王季子來聘，傳稱劉康公來聘，是王季子食采於劉，遂爲劉氏。此劉夏當是康公之子，即前年傳稱劉定公是也。釋例曰：天子公卿書爵。此言天子卿書字，又云劉夏非卿，其實非大夫而云非卿者，以名相配，以劉夏非卿稱名，故云天子卿書字以決之。傳稱卿不行，故云劉夏非卿以對之，皆望經傳爲義也。或以爲無爵卿書字，杜何意於此獨舉無爵之卿也？諸侯之娶言逆女，此與桓八年皆言逆王后者，天子無外，所命則已成后矣，故不言逆女也。劉炫云：例云天子公卿書爵，此言卿書字者，以其有爵則書爵，無則書字。傳稱官師，即此劉夏。釋例以夏爲士，則此夏此時似未有爵，若夏是卿，當書字。傳言卿不行非禮，則禮本當使卿，故以卿決之。卿當書字，夏非卿，故書名。例稱天子大夫書字，但此禮不使大夫，故不以大夫決之。夏。

齊侯伐我北鄙，圍成。公救成，至遇。無傳。遇，魯地。書至遇，公畏齊，不敢至成。○季孫宿、叔孫豹帥師城成郛。備齊故。夏城郛，非例所譏。秋，八月丁巳，日有食之。無傳。八月無丁巳，丁巳，七月一日也。日月必有誤。○邾人伐我南鄙。○冬，十有一月癸亥，晉侯周卒。四同盟。疏注「四同盟」。○正義曰：周以成十八年即位，其年盟于虛朾，襄三年于雞澤，五年于戚，九年于戲，十一年于亳城北，凡五同盟。言四者，唯數襄公盟也。

傳十五年春，宋向戌來聘，且尋盟。報二年豹之聘，尋十一年亳之盟。見孟獻子，尤其室，九責過也。曰：子有令聞，而美其室，非所望也。對曰：我在晉，吾兄爲之，毀之重勞，且不敢間。傳言獻子友于兄，且不隱其實。○間音問，重，直用反，間，間廁之間。疏傳注「傳言」至「其實」。○正義曰：間，非也。不敢非兄，是友于兄也。不隱其實者，謂恕情實言，無無所隱諱也，故云不隱其實也。○官師從單靖公逆王后于齊，卿不行，非禮也。官師，劉夏也。天子官師非卿也。劉夏獨過魯告昏，故不書單靖公。天子不親昏，使上卿逆而公監之，故曰卿不行非禮。○過，古禾反。監，工銜反。疏注「官師」至「非禮」。○正義曰：祭法云：官師一廟。鄭玄云：官師，中士、下士也。釋例云：元士、中士稱名，劉夏、石尚是也。下士稱人，公會王人于洮是也。是天子之官師非卿，故劉夏從單靖公而譏卿不行也。桓八年祭公來逆王后于紀，經書祭公，此云官師從單靖公，唯書劉夏，知劉夏獨過魯告昏，靖公不至魯也。祭公言來遂逆，此劉夏不言來遂逆者，彼祭公命魯主昏，則是因來遂逆，此不命魯主昏，直過魯告耳，故不言來遂也。公羊、穀梁亦皆直云過我也。此公既行矣，唯譏卿之不行，不譏王不親逆，是知於禮天子不親昏，使上卿逆而公臨之，故唯言卿不行非禮也。釋例據此傳，知天子當使公卿，天子不親逆也。○楚公子午爲令尹，代子囊。公子罷戎爲右尹，蔿子馮爲大司馬，子馮，叔敖從子。○罷音皮，又戶買反。蔿，于委反。馮，皮冰反。從，才用反。疏注「子馮叔敖從子」。○正義曰：案世本蔿艾獵是孫叔敖之兄，馮是艾獵之子，則馮是叔敖兄之子也。杜集解及釋例皆以蔿艾獵、叔敖爲一人，馮是叔敖之子。世本轉寫多誤，杜當考得其眞。公子橐師爲右司馬，公子成爲左司馬，屈到爲莫敖，屈到，屈蕩子。○橐音託。成音城。屈，居勿反。公子追舒爲箴尹，追舒，莊王子子南。○箴，之林反。屈蕩爲連尹，養由基爲宮廄尹，以靖國人。君子謂楚於是乎能官人。官人，國之急也。能官人，則民無覦心。無覬覦以求幸。○廄，徐音救。覦，羊朱反，徐音踰。覬音冀。○疏「屈蕩爲連尹」。○正義曰：服虔云：連尹，射官。言射相連屬也。若是主射，當使養由基爲之，何以使由基爲宮廄尹，棄能不用，豈得爲能官人也？官名臨時所作，莫敖之徒並不可解，故杜皆不解之。詩云：嗟我懷人，寘彼周行。能官人也。詩周南也。寘，置也。行，列也。周，徧也。詩人嗟歎，言我思得賢人，置之徧於列位，是后妃之志，以官人爲急。○嗟歎，寘，之豉反，下同。行，戶郎反，注及下同。徧音遍，下同。疏注「詩周」至「爲急」。○正義曰：周南卷耳之篇也。序云：后妃之志，又當輔佐君子，求賢審官。故詩人述其意，后妃嗟歎，言我思得賢人，置之使徧於列位，是后妃之志，以官人爲急，故嗟歎思之。王及公、侯、伯、子、男、甸、采、衞、大夫，各居其列，所謂周行也。言自王以下，諸侯、大夫各任其職，則是詩人周行之志也。甸、采、衞，五服之名也。天子所居千里曰圻，其外曰侯服，次曰甸服，次曰男服，次曰采服，次曰衞服，五百里爲一服。不言侯、男，略舉也。○任音壬。圻音祈。疏「王及」至「行也」。○正義曰：后妃之志，志在輔王求賢，置之於公卿以下之位耳，非欲更別求賢置之於王位也。但公卿以下尚欲使之皆賢，豈欲王之不賢乎？雖不欲他賢代王，而欲使王行益賢也。以周訓爲徧，言徧在列位，故自王以下及六服之內，大夫以上，皆言之，各以賢能居其列位，是詩人所謂周行者也。計后妃之意，亦下及士，但傳以士卑，故指言大夫耳。詩傳以周行謂周之列位，此注云周編者，斷章爲義，與詩說不同也。此云能官人者，謂能官用賢人爲公侯以下，王則天之所命，非人所用。兼言王者，王居天位，倚行善政，則是爲能官人，故杜云自王以下各任其職。○鄭尉氏、司氏之亂，其餘盜在宋。亂在十年。鄭人以子西、伯有、子產之故，三子之父皆爲尉氏所殺故。納賂于宋，以馬四十乘，百六十匹。○乘，繩證反，下千乘同。與師茷、師慧。樂師也。茷、慧，其名。○茷，扶廢反，徐音伐。三月，公孫黑爲質焉。公孫黑，子皙。○質音致。皙，星歷反。司城子罕以堵女父、尉翩、司齊與之，良司臣而逸之，賢而放之。○女音汝。託諸季武子，武子寘諸卞。子罕以司臣託季氏。○卞，皮彥反。鄭人醢之，三人也。三人，堵女父、尉翩、司齊。疏「鄭人醢之三人」。○正義曰：以文承司臣之下，嫌其亦醢司臣，故言之三人。師慧過宋朝，將私焉。私，小便。其相曰：朝也。相，師者。○相，息亮反，注及下同。慧曰：無人焉。相曰：朝也，何故無人？慧曰：必無人焉。若猶有人，豈其以千乘之相易淫樂之矇？必無人焉故也。千乘相，謂子產等也。言不爲子產殺三盜，得賂而歸之，是重淫樂而輕國相。○易，以豉反，輕也。矇音蒙。爲，于僞反，下文爲之攻之同。子罕聞之，固請而歸之。言子罕能改過。○夏，齊侯圍成，貳於晉故也。不畏霸主，故敢伐魯。於是乎城成郛。郛，郭也。○秋，邾人伐我南鄙。亦貳於晉故。使告于晉，晉將爲會

以討邾莒。十二年十四年莒人伐魯未之討也晉侯有疾，乃止。冬，晉悼公卒，遂不克會。爲明年會溴梁傳○溴古𨵻反鄭公孫夏如晉奔喪，子蟜送葬。夏子西也言諸侯畏晉故卿共葬○共音恭○宋人或得玉，獻諸子罕。子罕弗受。獻玉者曰：以示玉人，玉人能治玉者玉人以爲寶也，故敢獻之。子罕曰：我以不貪爲寶，爾以玉爲寶，若以與我，皆喪寶也。不若人有其寶。（疏）不若有其寶○正義曰我得不貪女得其玉是我女二人各有其寶稽首而告曰：小人懷璧，不可以越鄉，言必爲盜所害○喪息浪反納此以請死也。請免死子罕寘諸其里，使玉人爲之攻之，攻治也富而後使復其所。賣玉得富○十二月，鄭人奪堵狗之妻，而歸諸范氏。堵狗堵女父之族狗娶於晉范氏鄭人既誅女父畏狗因范氏而作亂故奪其妻歸范氏先絕之傳言鄭之有謀○堵音者狗本或作苟娶七住反

春秋左傳注疏卷三十二校勘記　阮元撰盧宣旬摘錄

附釋音春秋左傳注疏卷第三十二 襄十三年盡十五年春秋正義卷第二十二

經十三年

傳十三年

桓二年傳曰 淳熙本桓作相避所諱

有功成策勳 宋本成作則案儀禮經傳通解引亦作則

注魯師至言之 宋本以下正義四節揔入弗地曰入注下

師是衆人揔名 宋本人下有之字是也

或用小師 閩本監本毛本小作少

與滅亦同 毛本同作名非也

昔臣習於知伯 纂圖本毛本知作智非

以從於下軍 石經以從於下四字是改刻疑初刻脫一字

晉侯至禮也 宋本以下正義三節揔入恒必由之注下

欒黶爲汰 石經宋本汰作汏是也與葉抄釋文合

言文王之法善也 毛本之作用

小人農力以事其上 石經初刻作展力後改農陳樹華云魏了翁讀書雜抄曰農力乃農用八政之農厚是也按古文鴻範農用八政鄭云農讀曰醲

獲保首領以殁於地 釋文亦作殁音没石經宋本岳本足利本作没案傳文前後多作没

注窀厚至葬埋 宋本以下正義二節揔入大夫從之注下

窀厚也 宋本窀作屯與晉語合

從月半見 宋本見作是非也

夜字從夕 宋本夜作夛是也

禮三年之喪畢 宋本無之字

則以遷新主入廟 宋本則以二字作逮祖遷三字各本作主此本誤士今訂正

是從先君之近也 宋本作謂與見在生者爲禰廟

赫赫楚國 石經楚字改刊

則致罪也 陸粲附注云罪字誤當作亂字

詩小雅南山之篇 宋本雅下有節字

注土功至爲時 宋本此節正義在禮也句下

水昏正而栽 水昏正而四字此本實缺據宋本補閩本監本毛本栽作裁非也

故以此時興土功 以此時興四字此本實缺據宋本補閩本監本毛本以此時興作得用力於非也

當在火見致用之前此歲農收差早 之前此歲四字此本實缺據宋本補閩本監本毛本此歲誤作當時此本農作震亦非

故云土功雖有常節通以事閒爲時 有常節通四字此本實缺據宋本閩本監本毛本補

言時節未是時 此本是字實缺據宋本閩本監本毛本補

故言書事時也釋例曰 事時也釋四字此本實缺據宋本閩本監本毛本補閩監毛釋誤經

書事時也言興作出火 時也言興四字此本實缺據宋本補閩本監本毛本言興作此字非也

於是將旱城 諸本作旱此本誤早今訂正

征謂巡守征行 各本作守釋文云下同本又作狩

注先征至征行 此本注上脫疏字宋本以下正義五節揔入楚人歸之句下

而卜其吉凶也者以謂征前五年而預卜之也 也者以三字宋本無此本作墨釘之也上卜字誤小依宋本閩本監本毛本改正

先王之行謹慎而卜必是禮之大者 慎而卜必是五字此本實缺據宋本補閩本監本毛本慎而卜必作敬之至況非也 ○

征謂巡守也征行釋言文也 也征行釋言五字此本實缺據宋本補閩本監本毛本脫上也字釋言誤作之禮

案尚書舜典云五載一巡守 典云五載一五字此本實缺據宋本補閩本監本毛本典誤痔脫云字

堯又可知周禮大行人云 周禮大行人五字此本實缺據宋本補閩本監本毛本知下衍矣字禮大行人誤作官又

天子五年一巡守鄭元云 巡守鄭元四字此本實缺據宋本補閩本監本毛本鄭元二字誤傳字

虞夏之制也周則十二歲一巡守 制也周則十五字此本實缺據宋本補閩本監本毛本脫也字

一巡守然則卜征五年 巡守然則卜五字此本實缺據宋本補閩本監本毛本然則作是字非也

蓋重古而言之 蓋重古而言五字此本及閩本實缺依宋本監本毛本補

周十二年一巡守法歲星行天一周也 守法歲星行五字此本實缺據宋本補閩本監本毛本法誤者脫行字

虞夏五年一巡守取五行避王而徧也 年一巡守取五字此本實缺據宋本補閩本監本毛本守誤者王誤主脫取字

而歲習其祥祥習則行 鄭注禮記表記周禮大卜正義引傳習作襲案習古文襲字

五年五卜 此本下五字實缺據宋本岳本足利本補淳熙本作王纂圖本閩本監本毛本作習亦非

祥善也歲因其善謂去年吉 也歲因其善五字此本實缺據宋本補閩本監本毛本脫因字歲作習善作祥並非 ○

謂五年五吉善善相因 善善相因四字此本實缺據宋本補閩本監本毛本善善相因作歲歲因襲非也

而得五年五卜者卜不習吉 年五卜者卜五字此本實缺據宋本補閩本監本毛本五卜誤吉字下卜字誤彼

謂不可一時再卜耳此則每年一卜 再卜耳此則五字此本實缺據宋本補閩本監本毛本再卜誤重吉脫耳字

不習則增脩德而改卜 石經脩字下後人旁增其字非唐刻也毛本脩作修

不習謂卜不吉 習字此本空闕據各本補

其善不因往年 善不因往年五字此本實缺據宋本補閩本監本毛本善作曰因往作習者並誤年字亦脫

脩德改卜更以卜吉爲始 卜更以卜吉五字此本實缺據宋本補閩本監本毛本上卜字誤行脫更字卜吉誤六年

不能脩德與晉競 不字與字此本實缺能誤龍據宋本淳熙本岳本閩本監本補正纂圖本毛本脩作修

貴者多則勢相偪 毛本貴誤責

位不偪則大臣和睦 位不偪則四字此本實缺據宋本補閩本監本毛本脫位字

以牢固事於晉 以牢固事四字此本實缺據宋本補閩本監本毛本牢固二字誤作堅

使歸至僉乎 使字此本實缺據各本補

其意欲得楚執良霄 得字此本實缺據宋本補閩本監本毛本作使

經十四年

十四年注叔老至鄭地 宋本無十四年三字

故諸失國者 閩本監本毛本諸下有侯字宋本同脫失字

傳十四年

故比年伐魯 宋本比作此字按此字非是十年秋莒人伐我東鄙十二年春莒人伐我東鄙圍台十四年夏莒人侵我東鄙故曰比年伐魯

四嶽之後皆姓姜 宋本淳熙本岳本足利本姓姜作姜姓是也

傳注四嶽至燉煌 宋本無傳字以下正義五節總入而益敬其使注下

被苫蓋蒙荊棘 宋本此節正義在蓋苫之別名條前

蓋言語漏洩 淳熙本洩作泄是也李善注文選贈文叔良詩任彥昇奏彈曹景宗引作漏泄

泰本實其土地而遷也 宋本實下有貪字也上有之字閩本監本毛本脫實字

裔遠也 岳本脫也字

狐貍所居 岳本依釋文作狸案說文無狸字陸氏云本又作貍

無中二也 纂圖本毛本中作有非也

取其愷悌君子 釋文愷作凱下及注同案下文石經及各本並作愷淳熙本作愷謬

齊子叔老字也 顧炎武云齊子叔老謚也注作字蓋傳寫之誤

曹君公子負芻也 毛本君誤召

詩邶至必濟 宋本以下正義三節總入爲之請於晉而復之注下

繇帶以上爲厲 閩本監本上作止非也

左史晉大夫 宋本岳本足利本夫作史

故曰吾帥 淳熙本帥作師非也

吾今實過 宋本岳本監本足利本今作令與石經合

士鞅反 顧炎武云石經反誤及案石經此處剝缺所據乃王堯惠刻也

欒黶汰侈 宋本汰作汏淳熙本作去

秦伯問於士鞅曰 淳熙本問誤門

召公奭聽訟於甘棠之下 宋本足利本訟下有舍字淳熙本甘誤世

勑戒至宴食 宋本以下正義十二節總入欲無入得乎注下

明皮冠是田獵之冠也 毛本明作昭非也

王見之去皮冠 案昭十二年傳作去冠被

所以怒也 毛本怒誤忘

公如鄭 閩本監本如作于非也

使子行於孫子 石經子行二字改刊此行只九字初刻尚有一字山井鼎云足利本後人記云子行下異本有請字然則石經刊去之字即請字也

敗公徒于河澤 石經宋本淳熙本岳本纂圖本監本毛本河作阿不誤案水經河水注引傳作柯澤

射爲禮乎 石經爲字改刊釋文云或一讀射而禮乎疑石經爲字初刻乃而字也

孟子辯士之說 閩本監本毛本辯作辨

軥車軛下曲者 宋本無車字與今說文同

告宗廟 宋本淳熙本岳本足利本廟下有也字

公使厚成叔弔于衛 釋文厚本或作郈弔于衛本或作弔于衛侯侯衍字也案李注文選嵇康幽憤詩引作郈成叔惠棟云呂氏春秋有郈成子與右宰穀同時以傳考之即厚成叔也厚與郈通世本作厚外傳作郈禮記作后左氏或作厚或作郈字異而實同

余狐裘而羔袖 石經余下後人旁增猶字非也

臧紇如齊唁衛侯 釋文云唁徐作殆字按殆字古書少有

與之言 淳熙本岳本與之上有衛侯二字與石經合

注成國大國 宋本此節正義在故舍之注下

賜之以方百里二百里三百里之地者方四百里以上

爲成國 按此與今周禮注不同而不可據改

敬之如神明 石經初刻作明神改刻神明

夫君神之主也民之望也 宋本淳熙本岳本上也字作而與石經合

若困民之主匱神乏祀 釋文亦作乏云本或作之祀誤也沈彤云主當作生乏當作之按國語亦有此文

注賞謂宜揚 宋本以下正義十節總入必不然矣注下

各有父兄子弟 淳熙本兄子二字誤倒

無目朕謂之瞽 宋本朕作眹下文同按眹乃俗字說文有朕無眹朕之言縫也

是言瞽爲歌詩之事 宋本事下有也字

以歌誦小別 閩本監本毛本以作與

以恩親正君曰規 此本恩字模糊依宋本正德本閩本改正監本毛本恩親作愚見非也

聞君過則誹謗 宋本足利本則作得陳樹華云玩正義中聞君過失不得諫爭得在外誹謗之之文則諸本作則者非也釋文誹作非云本或作誹

遒人以木鐸徇于路 淳熙本于作於與石經合釋文亦作於注內徇於路於字纂圖本監本毛本作子非閩本監本毛本徇作狥亦誤正義及下注同

昭四年 閩本監本毛本昭上誤增○

木舌金鈴 釋文鈴下有也字

天之愛民甚矣 淳熙本天誤夫

殿軍後 纂圖本監本毛本軍後互倒

右我先王 詩伐木正義引作佐我先王

師保萬民 宋本以下正義二節總入無廢朕命注下

王室之不壞　釋文云服本壞作懷
無忝乃舊　纂圖本監本毛本舊作舅非也
仲虺至道也　宋本以下正義二節揔入齊人始貳注下
有亡形則侮之　案作形與譌孔傳合毛本形作刑非也
假羽毛於齊而弗歸　案毛乃旄之誤當改正注同經典旄誤爲毛者不止此一處也
王者游車之所建　案孟子梁惠王疏引注文作斿車
游車載旌　案周禮游作斿
所謂注旄於干首也　閩本監本旄作毛非也
則旌旗有是綏者　毛本綏作緌非也段玉裁周禮漢讀考云是綏乃徒綏之誤
綴於幢上　宋本幢作橦是也
所謂注旄於干首者　閩本監本旄作旌非毛本干誤于
釋天云　閩本監本毛本天誤文
子囊欲討而未暇　淳熙本暇作假非也
言德行歸於忠信　纂圖本監本毛本於作于
○注云城郭之域曰都　宋本毛本無○是也浦鏜正誤云注當作箋是也

經十五年

十五年及向戌盟于劉　宋本無十五年三字以下正義二節揔入夏逆王后于齊注下
皆望經傳爲義也　閩本監本毛本傳下衍以字

傳十五年

九責過也　纂圖本毛本責誤貴
無所隱諱也　宋本無也字
劉夏右尚是也　宋本閩本監本毛本右作石
此公既行矣　閩本監本既作就非
子馮叔敖從子　宋本以下正義四節揔入所謂周行也注下
杜集解及釋例　毛本解作云非也
詩人嗟嘆　宋本淳熙本岳本嘆作歎
甸采衛五服之名也　纂圖本閩本監本毛本脫也字
詩注以周行　浦鏜云注當作傳是也

三月公孫黑爲質焉　宋本三作二
公孫黑子晳　纂圖本閩本監本毛本晳誤晢後同
三人堵女父尉翩司齊　毛本堵誤者山井鼎云當作堵
鄭人醢之三人　宋本此節正義在子罕聞之節注下
故言之三人　宋本無之字
豈其以千乘之相　宋本作豈以其誤
是重淫樂而輕相國　宋本足利本相國作國相是也
爲明年會溴梁傳　宋本淳熙本岳本纂圖本溴作湨
不若有其寶　宋本若下有人字是也此節正義在富而後使復其所注下
是我女二人各有其寶　宋本女上有與字
鄭人既誅女父　淳熙本誅誤詵

附釋音春秋左傳注疏卷第三十二止

附釋音春秋左傳注疏卷第三十三　襄十六年盡十八年

杜氏注　孔穎達疏

經十有六年。春。王正月。葬晉悼公。踰月而葬速也。【疏】十六年注踰月而葬速○正義曰四年七月夫人姒氏薨八月葬我小君定姒纔別月耳杜云踰月而葬速也今晉悼往年十一月卒此年正月葬積三月也杜亦云踰月而葬者踰越也所越有多有少俱是踰越之義故杜弘通兩解之○

三月。公會晉侯、宋公、衛侯、鄭伯、曹伯、莒子、邾子、薛伯、杞伯、小邾子，于溴梁。不書高厚逃歸故也溴水出河內軹縣東南至溫入河○溴古闃反徐公壁反軹之氏反韋昭音枳【疏】注不書至故也○正義曰傳於會溴梁之下晉侯與諸侯宴乃言高厚逃歸則高厚會訖乃逃也於會不書齊者以高厚逃歸晉人怒之諸侯卽有伐齊之志不與高厚得爲來會公歸告廟歷告所會不告高厚故不書也

戊寅。大夫盟。諸大夫本欲盟高厚高厚逃歸故遂自共盟雞澤會重序諸侯今此間無異事卽上諸侯大夫可知○重直用反【疏】注諸大至可知○正義曰公羊以爲溴梁之盟君若贅旒然穀梁云不曰諸侯之大夫大夫不臣也皆以爲此時諸侯微弱權在大夫諸侯皆在而大夫自盟政教約信在於大夫其事不由君也不曰諸侯之大夫者刺大夫不臣也賈服取以爲說言惡大夫專而君失權也案傳荀偃怒使諸侯大夫盟高厚以君臣不敵故使大夫盟之君使之盟非自專也以齊人既有二心高厚歌詩不類知小國必有從齊者也諸侯大夫本意欲盟高厚高厚雖已逃歸仍恐餘國有二故大夫遂自共盟使同會之國皆一其志也雞澤之會又隔袁僑如會故重言諸侯之大夫今此間無異事直言大夫卽是上會諸侯之大夫不言諸侯以可知故也○

晉人執莒子、邾子以歸。邾莒二國數侵魯又無道於其民故稱人以執不以歸京師非禮也○數所角反【疏】注邾莒至禮也○正義曰十二年莒人伐我東鄙十四年莒人侵我東鄙十五年邾人伐我南鄙是邾莒二國數侵伐魯也凡例云君不道於其民則稱人以執知此二國君又皆無道於民故稱人以執之也諸侯不得相治故成十五年晉侯執曹伯僖二十八年晉人執衛侯皆書歸于京師此言以歸乃是自歸晉國故非禮也○齊侯伐我北鄙。無傳齊貳晉故○夏。公至自會。無傳○

五月。甲子。地震。無傳○叔老會鄭伯、晉荀偃、衛甯殖、宋人伐許。荀偃主兵當序鄭上方示叔老可以會鄭伯故荀偃在下【疏】注荀偃至在下○正義曰春秋之例征伐則主兵者爲先雖大夫爲將諸侯從之亦以主兵爲先僖二十七年楚人陳侯蔡侯鄭伯許男圍宋取其事也但禮卿不會公侯會伯子男可也方示叔老可以會鄭伯故退荀偃於下所以特見此義故發傳云爲夷故也宋大於衛稱人而在衛下宋使大夫爲將故也○秋。齊侯伐我北鄙。圍郕。○郕音成○大雩。無傳書過○冬。叔孫豹如晉。

傳十六年。春。葬晉悼公。平公卽位。平公悼公子彪○彪彼虯反○

羊舌肸爲傅。肸叔向也代士渥濁○肸許乙反向許丈反〔疏〕傳羊舌肸爲傅。○正義曰成十八年傳士渥濁爲大傅此代士渥濁亦當爲大傅也○宣十六年士會將中軍且爲大傅注云大傅孤卿彼以中軍之將兼之故知是孤卿也士渥濁以大夫居之今此復代渥濁亦是大夫也昭五年傳楚子稱叔向爲上大夫明此以上大夫爲傅也諸侯之有孤卿猶天子之有三公無人則闕故隨其本官高下而兼攝之也而衞冀隆不達此意以士渥濁叔向等皆爲卿故爲大傅若是大夫何得居孤卿之任妄以難杜於義非也○張君臣爲中軍司馬。張老子代其父祁奚、韓襄、欒盈、士鞅爲公族大夫。祁奚去中軍尉爲公族大夫去劇職就間官韓襄無忌子也○間音閑虞丘書爲乘馬御。代程鄭○乘繩證反改服脩官。烝于曲沃。既葬改喪服脩官選賢能曲沃晉祖廟烝冬祭也諸侯五月而葬既葬卒哭作主然後烝嘗於廟今晉踰月葬作主而烝祭傳言晉將有溴梁之會故速葬○烝之承反警守而下。會于溴梁。順河東行故曰下○警居領反守手又反命歸侵田。諸侯相侵取之田○以我故。執邾宣公、莒犂比公。犂比莒子號也十二年十四年莒人侵魯前年邾人伐魯晉將爲魯討之悼公卒不克會故平公終其事○犂徐力私反一音力兮反比音毗注同爲于僞反下文爲夷同邾莒在齊楚往來道中故并以此責之經書執在大夫盟下既盟而後告○使所吏反且曰。通齊楚之使。晉侯與諸侯宴于溫。使諸大夫舞。曰。歌詩必類。歌古詩當使各從義類○齊高厚之詩不類。齊有二心故○〔疏〕注齊有二心故○正義曰歌古詩各從其恩好之義類高厚所歌之詩獨不取恩好之義類故云齊有二心劉炫云歌詩不類知有二心者不服晉故違其令違其令是有二心也荀偃怒。且曰。諸侯有異志矣。使諸大夫盟高厚。高厚逃歸。齊爲大國高厚若此知小國必當有從者〔疏〕注齊爲至從者○正義曰荀偃不言齊有異志而云諸侯有異志故解之以高厚若此故知小國必當有從者摠疑諸侯有異志不獨疑齊故高厚雖逃猶自諸國共盟也於是叔孫豹、晉荀偃、宋向戌、衞甯殖、鄭公孫蠆、小邾之大夫盟。曰。同討不庭。自曹以下大夫不書故傳舉小邾以包之○向舒亮反戌音恤蠆勑邁反○許男請遷于晉。許欲叛楚諸侯遂遷許。許大夫不可。晉人歸諸侯。唯以其師討許之不肯遷鄭子蟜聞將伐許。遂相鄭伯以從諸侯之師。鄭與許有宿怨故其君親行○蟜居表反相息亮反穆叔從公。從公歸○從才用反又如字注同齊子帥師會晉荀偃。書曰。會鄭伯。爲夷故也。夷平也春秋於魯事所記不與外事同者客主之言所以爲文固當異也魯卿每會公侯春秋無譏故於此示例不先書主兵之荀偃而書後至之鄭伯時皆諸侯大夫義取皆平故得會鄭伯○〔疏〕注夷平至鄭伯○正義曰春秋於魯事所記不與外事同者於外則依實而言於魯則言不以實不實者魯國大小是宋衞之匹其常會序列當在宋下衞上及其書策皆云公會某侯雖會主亦魯在其上大夫出會亦在先如此者客主之言所以爲文其言固當有異耳以主客之故先魯而後他國魯非實在先也傳稱在禮卿不會公侯而魯卿每會公侯春秋無譏文元年公孫敖會晉侯于戚是也杜云體例已舉據用魯史成文是春秋無譏既常不譏無以示可否之義故於此變文以示例特言書曰是仲尼新意舊史當書荀偃在前今仲尼改之不先書主兵之荀偃而書後至之鄭伯以當時共伐許者皆是諸侯之大夫義取與鄭伯尊卑皆平得會鄭伯故也言後至之鄭伯者三月會于溴梁夏公至自會則鄭伯亦已歸矣五月之下始書伐許鄭伯聞將伐許乃從諸侯之師是諸侯謀伐已定鄭伯始來從之故杜言後至也夏。六月。次于棫林。庚寅。伐許。次于函氏。棫林函氏皆許地○棫爲逼反徐于目反函音咸○晉荀偃、欒黶帥師伐楚。以報宋揚梁之役。晉師獨進揚梁役在十二年○黶於斬反楚公子格帥師。及晉師戰于湛阪。襄城昆陽縣北有湛水東入汝○格古核反湛直林反徐又丈林反一音直斬反阪音反徐或扶板反楚師敗績。晉師遂侵方城之外。不書不告復伐許而還。許未遷故○復扶又反○秋。齊侯圍郕。郕魯孟氏邑貳晉故伐魯孟孺子速徼之。孟獻子之子莊子速也徼要也○孺本作孺如住反速本亦作邀音同徼古堯反要一遥反齊侯曰。是好勇。去之以爲之名。速遂塞海陘而還。海陘魯隘道○好呼報反陘音刑徐古定反隘於懈反○冬。穆叔如晉聘。且言齊故。言齊再伐魯晉人曰。以寡君之未禘祀。禘祀三年喪畢之吉祭○禘大計反〔疏〕注禘祀至吉祭○正義曰僖三十三年傳云凡君薨卒哭而祔祔而作主特祀於主烝嘗禘於廟如彼傳文則既祔之後可以爲烝嘗也閔二年五月吉禘于莊公以其時未可吉書以譏之此年正月晉已烝于曲沃仍云未得禘祀知其禘祀是三年喪畢之吉祭也與民之未息。新伐許及楚不然不敢忘。穆叔曰。以齊人之朝夕釋憾於敝邑之地。是以大請。敝邑之急。朝不及夕。引領西望曰。庶幾乎。庶幾晉來救○朝夕如字下同憾本亦作感戶暗反比執事之間。恐無及也。見中行獻子。賦圻父。圻父詩小雅周司馬掌封畿之兵甲故謂之圻父詩人責圻父爲王爪牙不脩其職使百姓受困苦之憂而無所止居○比必利反間音閑行戶郎反圻其依反父音甫注同〔疏〕圻父○正義曰此詩小雅篇刺宣王也云圻父予王之爪牙胡轉予于恤靡所止居注云宣王之末司馬職廢此勇力之士責司馬云我乃王之爪牙之士當爲王閑守之衞女何移我於憂使我無所止居乎謂見使從軍與姜戎戰于千畝而敗之時也獻子曰。偃知罪矣。敢不從執事以同恤社稷。而使魯及此。及此憂見范宣子。賦鴻鴈之卒章。鴻鴈詩小雅卒章曰鴻鴈于飛哀鳴嗸嗸唯此哲人謂我劬勞言魯憂困嗸嗸然若鴻鴈之失所大曰鴻小曰鴈○嗸五刀反劬求于反宣子曰。匄在此。敢使魯無鳩乎。鳩集也○匄古害反鳩居牛反〔疏〕注鳩集也○正義曰釋詁云鳩聚也聚亦集之義國有兵寇則民人不得集聚也

經十有七年。春。王二月。庚午。邾子牼卒。無傳宣公也四同盟○牼苦耕反又戶耕反〔疏〕十七年注宣公也四同盟○正義曰經不書葬故詳言其謚牼以成十八年即位其年盟于虛朾襄三年于雞澤五年于戚九年于戲十一年于亳城北十六年于溴梁皆魯邾俱在凡六同盟沈氏云去虛朾之盟又不數溴梁故爲四劉炫以爲杜氏謬非也○宋人伐陳。○夏。衞石買帥師伐曹。石買石稷子○秋。齊侯伐我北鄙。圍桃。弁縣東南有桃虛○虛起居反○高厚帥師伐我北鄙。圍防。○九月。大雩。無傳書過○宋華臣出奔陳。暴亂宗室懼而出奔實以冬出書秋者以始作亂時來告○華戶化反〔疏〕注暴亂至來告○正義曰傳說此事文在冬不知其實以冬出經書在秋故知追以秋告實冬出而告以秋明以華臣始作亂時來告也但傳因華臣之出本其懼罪之由故於冬之下追言華閱卒耳其實華閱之卒或在九月之前華臣弱其室殺其宰不在九月內耳○冬。邾人伐我南鄙。

傳十七年。春。宋莊朝伐陳。獲司徒卬。卑宋也。司徒卬陳大夫卑宋不設備○朝如字凡人名字皆放此卬五郎反注同○衞孫蒯田于曹隧。越竟而獵孫蒯林父之子○蒯苦怪反隧音遂竟音境飲馬于重丘。重丘曹邑○飲於鴆反重直龍反毀其瓶。重丘人閉門而詬之。詬罵也○瓶步經反詬呼豆反罵馬嫁反曰。親逐而君。爾父爲厲。厲惡鬼林父逐君在十四年○〔疏〕傳親逐至爲厲○正義曰蒯與其父共逐其君則是身親爲惡故言親逐而君爾父爲厲者父爲惡首故以惡鬼罵之○是之不憂。而何以田爲。○夏。衞石買、孫蒯伐曹。取重丘。孫蒯不書非卿〔疏〕注孫蒯不書非卿○正義曰經書他國征伐例書元帥而已此經已書石買縱蒯是卿亦不書杜爲此注者蘇氏云孫氏世爲上卿蒯若是上卿應書蒯不書石買故云非卿也或可事由孫蒯故決之曹人愬于晉。爲明年晉人執石買傳○愬悉路反齊人以其未得志于我故。前年圍成辟孟孺子秋。齊侯伐我北鄙。圍桃。高厚圍臧紇于防。防臧紇邑○紇恨發反○師自陽

閼逆臧孫。至于旅松。陽關在泰山鉅平縣東旅松近防地也魯師畏齊不敢至防○近附近之近下居近同郰叔紇、臧疇、臧賈帥甲三百。宵犯齊師。送之而復。郰叔紇叔梁紇臧疇臧賈臧紇之昆弟也三子與臧紇共在防故夜送臧紇於旅松而復還守防○郰側留反復還扶又反○齊師去之。失臧紇故齊人獲臧堅。堅臧紇之族○齊侯使夙沙衛唁之。且曰。無死。使無自殺○唁音彥堅稽首曰。拜命之辱。抑君賜不終。姑又使其刑臣禮於士。以杙抉其傷而死。言使賤人來唁己是惠賜不終也夙沙衛奄人故謂之刑臣○杙羊職反抉烏穴反徐又古穴反傷如字一本作瘍音羊【疏】君賜不終正義曰來唁是君之恩賜使賤者唁是爲惠不終也服虔云言君義己故來唁之是惠賜也謂己無死不以義望己是不終也○冬。邾人伐我南鄙。爲齊故也。齊未得志於魯故邾助之○爲于僞反○宋華閱卒。華臣弱皋比之室。臣閱之弟皋比閱之子弱侵易之○比音毗易以豉反使賊殺其宰華吳。賊六人以鈹殺諸盧門合左師之後。盧門宋城門合向戌邑後屋後○鈹普皮反左師懼曰。老夫無罪。賊曰。皋比私有討於吳。遂幽其妻。幽吳妻也曰。畀余而大璧。畀與也○畀必利反注同宋公聞之。曰。臣也。不唯其宗室是暴。大亂宋國之政。必逐之。左師曰。臣也。亦卿也。大臣不順。國之恥也。不如蓋之。乃舍之。左師爲己短策。苟過華臣之門。必騁。惡之○騁勑領反惡烏路反年末注同【疏】不如蓋之○正義曰服虔云蓋覆蓋之言左師無鷹鸇之志而蓋不義之人故尤之此未必然正是左師諱國惡恥聞於外故蓋之耳非是畏華臣也○爲己短策○正義曰服虔云策馬棰也自爲短策過華臣之門助御者擊馬而馳惡之甚也必爲短策者私助御者不欲使人知也十一月。甲午。國人逐瘈狗。瘈狗入於華臣氏。國人從之。華臣懼。遂奔陳。華臣心不自安見逐狗而驚走○瘈徐居世反一音制字林作狾九世反云狂犬也○宋皇國父爲大宰。爲平公築臺。妨於農功。周十一月今九月收斂時○大音泰後放此爲平于僞反妨音芳收如字又手又反子罕請俟農功之畢。公弗許。築者謳曰。澤門之皙。實興我役。澤門宋東城南門也皇國父白皙而居近澤門○謳烏侯反澤門本或作皐門者誤也皙星歷反徐思益反邑中之黔。實慰我心。子罕黑色而居邑中○黔徐音琴一音其廉反

子罕聞之。親執扑。扑杖○扑普卜反以行築者。而抶其不勉者。曰。吾儕小人皆有闔廬以辟燥濕寒暑。闔謂門戶閉塞○行下孟反抶音恥乙反儕仕皆反闔戶臘反廬力居反【疏】注闔謂門戶閉塞○正義曰月令仲春修闔扇鄭玄云用木曰闔用竹葦曰扇是闔爲門扇所以閉塞廬舍之門戶也今君爲一臺而不速成。何以爲役。役事也謳者乃止。或問其故。子罕曰。宋國區區。而有詛有祝。禍之本也。傳善子罕分謗○區丘于反詛莊慮反祝之又反○齊晏桓子卒。晏嬰父也晏嬰麤縗斬。斬不緝之也縗在胷前麤三升布○麤本又作麤縗本又作衰七雷反注同緝七入反○【疏】注斬不至升布○正義曰喪服斬衰裳傳曰斬者何不緝也馬融云不緝不緶也謂斬布用之不緶其端也衰用布爲之廣四寸長六寸當心故云在胷前也喪服傳曰衰三升鄭玄云布八十縷爲升然則傳以三升之布布之最麤故謂之麤也以麤布爲衰而斬之故以麤縗斬爲文之次苴絰帶。杖。菅屨。苴麻之有子者取甚麤也杖竹杖菅屨草屨○苴七徐反絰直結反以苴麻爲絰及帶杖禮記云苴杖竹也菅古顏反屨九具反【疏】苴絰帶杖菅屨○正義曰喪服云苴絰杖絞帶此傳帶不言絞亦當爲絞帶也若要帶則謂之絰故喪服注云麻在首在要皆曰絰喪服傳曰苴絰者麻之有蕡者也杖竹杖也絞帶分繩帶也馬融云蕡者枲實枲麻之有子者其色麤惡故用之苴者麻之色鄭玄士喪禮注云苴麻者其貌苴服重者尚麤惡喪服及此傳絰帶杖三者皆在苴下言其色皆苴也絰帶用麻杖用竹麻竹雖異而其苴則同故三者共蒙苴也鄭玄云麻在首在要皆曰絰此言絰者謂首絰也凡喪服冠纓帶屨皆象吉時常服但變之使麤惡耳其衰與絰是新造以明義故特爲立其名衰之言摧也絰之言實也明孝子之心實摧痛故制此服立此名也衰當心絰在首偶立各於心首者心是發哀之主首是四體所先故制服以表之要絰之下又有絞帶絰殺首絰五分之一絞帶殺要絰亦然雖大小有三等而同用苴麻喪服杖在帶上此傳杖在帶下者喪服具明其服故杖在上然後言絞帶冠繩纓此傳略言其禮欲明帶與絰俱用麻故杖在帶下喪服傳云菅屨者菅菲也菲者屨之別名故杜注云草屨也食鬻。居倚廬。寢苫。枕草。此禮與士喪禮略同其異唯枕草耳然枕凷亦非喪服正文○鬻之六反一音羊六反謂朝一溢米暮一溢米倚於綺反廬倚東牆而爲之故曰倚廬苫傷廉反編草也枕之鴆反注同王儉云夏枕凷冬枕草凷音苦對反一音苦怪反【疏】注此禮與士喪禮至正文○正義曰喪服傳文及士喪禮記皆云居倚廬寢苫枕凷歠粥朝一溢米夕一溢米是此禮與士喪禮略同其異者唯彼言枕凷此言枕草耳然枕凷者乃是禮記及喪服傳耳亦非喪服正文杜意言古禮未必無枕草之法也居倚廬寢苫者鄭玄云倚木爲廬在中門外東方北戶苫編稾也此初喪爲然其旣虞之後則每事有變具於禮文鄭玄云二十兩曰溢爲米一升二十四分升之一知者古者一斛百二十斤一斗十二斤十二斤百九十二兩一升十九兩二分少八分未充二十兩更取一升分作百九十二分二十四分取一得八分添前十九兩二分是爲二十兩也其

老曰。非大夫之禮也。時之所行士及大夫縗服各有不同晏子爲大夫而行士禮其家臣不解故譏之○解音蟹【疏】注時之至譏之○正義曰雜記云大夫爲其父母兄弟之未爲大夫者之喪服如士服士爲其父母兄弟之爲大夫者之喪服如士服如彼記文則大夫與士喪服不同記是後人所記記當時之事今此晏子之老亦譏晏子所爲非大夫之禮是時之所行士及大夫喪服各有不同也晏子實爲大夫而行當時之士禮晏子反時以從正其家老不解謂晏子爲失故據時所行而譏之也晏子其父始卒則晏子未爲大夫言晏子爲大夫者禮喪服大夫之子行從大夫之法曰。唯卿爲大夫。晏子惡直己以斥時失禮故孫辭畧荅家老○【疏】注晏子至家老○正義曰檀弓云魯穆公之母卒使人問於曾申曾申對曰哭泣之哀齊斬之情饘粥之食自天子達然則天子以下其服父母尊卑皆同無大夫士之異晏子所行是正禮也言唯卿得服大夫服我是大夫得服士服又言己位卑不得從大夫之法者是惡其直己以斥時之失禮故孫辭略荅家老也家語曾子問此事孔子云晏平仲可謂能辟害也不以己是而駁人之非孫辭以辟咎義也夫家語雖未必是孔子之言要其辭合理故王肅與杜皆爲此說鄭玄注雜記引此傳言晏子云唯卿爲大夫此平仲之謙也言喪服服布麤衰斬衰三升義服斬衰三升半爲母服齊衰四升正服齊衰五升義服齊衰六升降服大功七升正服大功八升義服大功九升降服小功十升正服小功十一升義服小功十二升緦麻十五升去其半鄭注雜記云士爲父斬衰縷如三升半而三升不緝言縷之精麤如三升半成布而縷三升故云麤衰在齊斬之間鄭又云士爲母衰五升縷而四升爲兄弟衰六升縷而五升鄭玄以雜記之文士爲父母兄弟之服不得與大夫同皆縷細降一等其縷數與大夫同但雜記之文記當時之制以當時大夫與士有異故爲此解非杜義也

經十有八年。春。白狄來。不言朝不能行朝禮○夏。晉人執衛行人石買。石買即是伐曹者宜即懲治本罪而晉因其爲行人之使執之故書行人以罪晉○使所吏反○秋。齊師伐我北鄙。不書齊侯齊侯不入竟○竟音境○冬十月。公會晉侯、宋公、衛侯、鄭伯、曹伯、莒子、邾子、滕子、薛伯、杞伯、小邾子同圍齊。齊數行不義諸侯同心俱圍之○數所角反曹伯負芻卒于師。無傳禮當與許男同三同盟○芻初俱反【疏】十八年注禮當至同盟○正義曰僖四年許男新臣卒傳曰葬之以侯禮也凡諸侯薨于朝會加一等諸侯命有三等男加一等之葬以侯禮此曹是伯爵與許男同當葬以公禮也彼許男之卒不書于師此言卒于師者釋例曰若卒于朝會或書師或書地者史之成文非義例所存也負芻以成十三年即位十五年盟于戚十七年于柯陵襄五年于戚九年于戲十一年于亳城北十六年于溴梁凡六同盟不數成公之盟溴梁是大夫去之是爲三劉炫以杜爲誤非也○楚公子午帥師伐鄭。

傳十八年。春。白狄始來。白狄狄之別名未嘗與魯接故曰始○夏。晉

人執衛行人石買于長子，執孫蒯于純留，長子、純留二縣，今皆屬上黨郡。孫蒯不書，父在位，蒯非卿。○長，丁丈反，或如字。純，徒溫反，或如字，地理志作屯。爲曹故也。前年衛伐曹。○爲，于僞反。秋，齊侯伐我北鄙。中行獻子將伐齊，夢與厲公訟，弗勝，厲公，獻子所弒者。○弒，申志反。公以戈擊之，首隊於前，跪而戴之，奉之以走，見梗陽之巫皋。梗陽，晉邑，在太原晉陽縣南。皋，巫名也。夢并見之。○隊，直位反。跪，其委反。奉，芳勇反。梗，古杏反。皋，古刀反。他日，見諸道，與之言，同。巫亦夢見獻子與厲公訟。巫曰：「今茲主必死，若有事於東方，則可以逞。」巫知獻子有死徵，故勸使快意伐齊。獻子許諾。晉侯伐齊，將濟河。獻子以朱絲係玉二瑴，雙玉曰瑴。○瑴，古學反。而禱曰：「齊環怙恃其險，負其衆庶，環，齊靈公名。負，依也。○禱，丁老反，一音丁報反。怙音戶。棄好背盟，陵虐神主。神主，民也。謂數伐魯殘民人。○好，呼報反。背音佩。數，所角反。曾臣彪將率諸侯以討焉。彪，晉平公名。稱臣者，明上有天子，以謙告神。曾臣，猶末臣。【疏】傳注「彪晉至末臣」。○正義曰：王制云「五嶽視三公，四瀆視諸侯」，則諸侯於河神，其辭不得稱臣，故解其意。稱臣者，以明上有天子，言己是天子之臣，以謙告神也。曾祖、曾孫者，曾爲重義，諸侯之於天子，無所可重，曾臣猶末臣，謙卑之意耳。其官臣偃實先後之。守官之臣，偃，獻子名。○先，悉薦反。後，戶豆反。守，手又反，又如字。苟捷有功，無作神羞，羞，恥也。官臣偃無敢復濟。偃信巫言，故以死自誓。○復，扶又反，下注「復與」同。唯爾有神裁之。」沈玉而濟。冬，十月，會于魯濟，尋溴梁之言，同伐齊。溴梁在十六年，盟曰「同討不庭」。○沈音鴆，或如字。濟，子禮反。齊侯禦諸平陰，塹防門而守之廣里。平陰城在濟北盧縣東北，其城南有防，防有門，於門外作塹，橫行廣一里，故經書圍。○禦，魚呂反。塹，七豔反。廣，古曠反，注同。【疏】注「平陰至書圍」。○正義曰：平陰城南有防者，形猶在，杜觀其跡而知之也。言塹防門而守之，明是齊人自於門外作塹以固守也。此平陰齊邑，而言圍齊者，沈氏云：「君在故稱圍。」劉炫云：「案下傳范鞅門于雍門，又門于揚門，州綽門于東閭，既門其三門，即是圍事，杜何知不以門于三門爲圍，必以禦諸平陰爲圍乎？」今刪定知不然者，案上九年諸侯伐鄭，傳稱門其三門，而經不稱圍，則攻門非圍也。此傳云塹防門而守之，則是被圍之道，劉以門其三門爲圍而規杜氏，非也。夙沙衛曰：「不能戰，莫如守險。」謂防門不足爲險。弗聽。諸侯之士門焉，齊人多死。范宣子告析文子析文子，齊大夫子家。○析，星歷反。曰：

「吾知子，敢匿情乎？魯人、莒人皆請以車千乘自其鄉入，既許之矣。若入，君必失國。子盍圖之？」子家以告公，公恐。晏嬰聞之曰：「君固無勇，而又聞是，弗能久矣。」不能久敵晉。○匿，女力反。乘，繩證反。盍，戶臘反。恐，曲勇反。齊侯登巫山以望晉師。巫山在盧縣東北。晉人使司馬斥山澤之險，雖所不至，必旆而疏陳之。斥，候也。疏建旆旗，以爲陳示衆也。○斥音尺，一音昌夜反。旆，步蓋反。陳，直覲反，注同。使乘車者左實右僞，以旆先，僞以衣服爲人形也。建旆以先驅。輿曳柴而從之。以揚塵。齊侯見之，畏其衆也，乃脫歸。脫，不張旗幟。○脫，勑括反，注同，一音他外反。幟，申志反，一音赤志反。丙寅晦，齊師夜遁。師曠告晉侯曰：「烏烏之聲樂，齊師其遁。」烏得空營，故樂也。○遁，徒困反。樂音洛，注同。邢伯告中行伯曰：邢伯，晉大夫邢侯也。中行伯，獻子。「有班馬之聲，齊師其遁。」夜遁，馬不相見，故鳴。班，別也。○別，彼列反。叔向告晉侯曰：「城上有烏，齊師其遁。」十一月丁卯朔，入平陰，遂從齊師。夙沙衛連大車以塞隧而殿。此衛所欲守險。○連、大，並如字。隧者，遂道也。殿，都練反，下及注同。殖綽、郭最曰：「子殿國師，齊之辱也。奄人殿師，故以爲辱。○最，徐子會反。子姑先乎！」乃代之殿。衛殺馬於隘以塞道。恨二子，故塞其道，欲使晉得之。○隘，於懈反。晉州綽及之，射殖綽，中肩，兩矢夾脰，脰，頸也。○射，食亦反，下注同。中，丁仲反。夾，古洽反，或古協反。脰音豆。【疏】注「脰頸也」。○正義曰：說文云：「脰，項也。」考工記云「以脰鳴者」，又曰「大體短脰」，「數目顧脰」。公羊傳稱宋萬搏閔公，絶其脰。鄭玄、何休皆以脰爲頸，頸之與項，亦一物也。曰：「止，將爲三軍獲；不止，將取其衷。」不止，復欲射兩矢中央。○衷音忠。顧曰：「爲私誓。」州綽曰：「有如日！」言必不殺女，明如日。○女音汝。乃弛弓而自後縛之。反縛之。○弛，式氏反，本又作施，音同。其右具丙亦舍兵而縛。州綽之右。郭最皆衿甲面縛，衿甲，不解甲。○舍音捨。衿，其鴆反。【疏】乃弛弓。○正義曰：下云「其右具丙，亦舍兵」，則此是州綽弛弓也。坐于中軍之鼓下。晉人欲逐歸者，魯、衛請攻險。險，固城守者。○守，手又反。己卯，荀偃、士匄以中軍克京茲。在平陰城東南。乙酉，魏絳、欒盈、

以下軍克邿。欒黶死，其子盈佐下軍。邿，平陰西有邿山。○邿音詩。趙武、韓起以上軍圍盧，弗克。十二月戊戌，及秦周，伐雍門之萩。秦周，魯大夫。趙武及之，共伐萩也。雍門，齊城門。○雍，於用反。萩音秋，本又作楸。范鞅門于雍門，其御追喜以戈殺犬于門中。殺犬示閒暇。○閒音閑。孟莊子斬其橁以爲公琴。莊子，孺子速也。橁，木名。○橁，勑倫反，又相倫反。己亥，焚雍門及西郭、南郭。劉難、士弱率諸侯之師焚申池之竹木。二子，晉大夫。○難，乃多反，又如字。壬寅，焚東郭、北郭。范鞅門于揚門。齊西門。州綽門于東閭。齊東門。左驂迫，還于東門中，以枚數闔。枚，馬檛也。闔，門扇也。數其枚，示不恐。○驂，七南反。迫音百。還音旋，一音患。枚，每回反。數，所主反，注同。闔，戶臘反。檛，陟瓜反。恐，曲勇反。齊侯駕，將走郵棠。郵棠，齊邑。○郵音尤。大子與郭榮扣馬，大子，光也。榮，齊大夫。○扣音口。曰：「師速而疾，略也。言欲略行其地，無久攻意。○行，下孟反。將退矣，君何懼焉？且社稷之主不可以輕，輕則失衆。君必待之。」將犯之，大子抽劍斷鞅，乃止。甲辰，東侵及濰，南及沂。濰水在東莞東北，至北海都昌縣入海。沂水出東莞蓋縣，至下邳入泗。○輕，遣政反，下同。斷音短。濰，本又作維，音同。沂，魚依反。莞音官。蓋，古害反。邳，蒲悲反。泗音四。○鄭子孔欲去諸大夫，欲專權。○去，起呂反，下同。將叛晉而起楚師以去之。使告子庚，子庚弗許。子庚，楚令尹公子午。楚子聞之，使楊豚尹宜告子庚曰：「國人謂不穀主社稷而不出師，死不從禮。不能承先君之業，死將不能先君之禮。○豚，徒門反。不穀即位，於今五年，師徒不出，人其以不穀爲自逸，而忘先君之業矣。謂己未嘗統師自出。大夫圖之，其若之何？」子庚歎曰：「君王其謂午懷安乎！吾以利社稷也。」見使者，稽首而對曰：「諸侯方睦於晉，臣請嘗之。嘗，試其難易也。○使，所吏反。易，以豉反。若可，君而繼之；不可，收師而退，可以無害，君亦無辱。」子庚帥師治兵於汾。襄城縣東北有汾丘城。○汾，扶云反。於是子蟜、伯有、子張從鄭伯伐齊。子張，公孫黑肱。子孔、子展、

子西守。二子知子孔之謀。二子子展子西。○守手又反下完守同完守入保。完城郭內保守子孔不敢會楚師。楚師伐鄭，次於魚陵。魚陵魚齒山也在南陽犨縣北鄭地。○犨尺由反右師城上棘，遂涉潁，次于旃然。將涉潁故於水邊權築小城以爲進退之備旃然水出滎陽城皋縣東入汴。○旃之然反汴皮彥反蔿子馮、公子格率鋭師侵費滑、胥靡、獻于、雍梁。胥靡獻于雍梁皆鄭邑河南陽翟縣東北有雍氏城。○蔿本又作薳于委反馮皮冰反費扶味反滑于八反雍於用反右回梅山。在滎陽密縣東北。○回如字徐胡猥反侵鄭東北，至于蟲牢而反。子庚門于純門，信于城下而還。信再宿也。○牢力刀反純如字一音市荀反涉於魚齒之下。魚齒山之下有滍水故言涉。○滍音雉甚雨及之。楚師多凍，役徒幾盡。

晉人聞有楚師。師曠曰：不害。吾驟歌北風，又歌南風。南風不競。歌者吹律以詠八風南風音微故曰不競也師也師曠唯歌南北風者聽晉楚之強弱。○凍丁弄反幾音祈驟仕救反〔疏〕甚雨及之○正義曰楚師南行有大雨從北而南逐及楚師○注歌者至強弱○正義曰律呂雖有十二其風有八八風者乾風不周坎風廣莫艮風調震風明庶巽風清明離風景坤風涼兌風閶闔八方之風風別先有音曲揔吹律呂以詠八方音曲今師曠以律呂歌南風音曲南風音微不與律聲相應故云不競服虔以爲卯酉以北律呂爲北風以南爲南風與杜八風義違非杜義也多死聲。楚必無功。董叔曰：天道多在西北。歲在豕韋月又建亥故曰多在西北南師不時，必無功。不時謂觸歲月叔向曰：在其君之德也。言天時地利不如人和〔疏〕多死聲○正義曰服虔云南風律氣不至故聲多死○注歲在至西北○正義曰歲君右行於天大率一歲行一次二十八年歲在星紀距此十一年卻而數之此年在豕韋豕韋一名娵訾當亥之次也周十二月夏之十月其月又建亥故曰多在西北○注言天至人和○正義曰孟子云天時不如地利地利不如人和

春秋左傳注疏卷三十三挍勘記　阮元撰盧宣旬摘錄

附釋音春秋左傳注疏卷第三十三　襄十六年盡十八年石經春秋經傳集解襄三第十六岳本襄字下增公字並盡二十二年

經十六年

十六年注踰月而葬速　宋本無十六年三字

故杜宏通兩解之　宋本之作也

三月公會晉侯于湨梁　石經宋本岳本湨作溴下同釋文同案昊聲與臭聲迥別陸氏公羊音義云昊本又作湨今公羊亦作湨

不書至故也　宋本以下正義二節揔入大夫盟注之下

又隔袁僑如會　宋本又作文

十五年邾人伐我南鄙　毛本邾作莒非也

乃是自歸晉國　毛本晉作于非也

取其事也　宋本取作是不誤

圍郕　宋本岳本郕作成與石經合傳同案公羊穀梁皆作成

傳十六年

悼公子彪　釋文彪下有也字諸本脫

傳羊舌肸爲傅　監本傅作注非也宋本毛本脫傳字宋本以下正義四節揔入速遂塞海陘而還注下

士渥濁爲大傅　閩本亦誤作傳下同宋本監本毛本作傅是也今改正

○宣十六年　宋本○無浦鏜正誤云宣上當脫注代士渥濁五字

無忌子也　宋本足利本無也字

晉人歸諸侯　淳熙本人作侯非也

故得會鄭伯　宋本足利本脫故字

以報宋揚梁之役　足利本揚作楊注同石經初刻從木後改从才說詳十二年

秋齊侯圍郕　監本郕作成是也注同

貳晉故伐魯　淳熙本貳作二非

注禘祀至吉祭　宋本以下正義三節揔入宣子日節注下

知其禘祀　宋本其作此與續儀禮經傳通解引合

以齊人之朝夕釋憾於敝邑之地　釋文憾作感云本亦作憾案羣經音辨云感恨也動也戶暗切春秋傳朝夕釋感於敝邑

哀鳴嗸嗸　此本下嗸字作嗷今改正

謂我劬勞　淳熙本謂作爲非是

經十七年

弁縣東南有桃虛　閩本監本毛本此注入圍桃下

不知其實以冬出　宋本不作下屬上句讀

不在九月內耳　宋本不作當

傳十七年

傳十七年　石經宋本淳熙本岳本纂圖本足利本作七此本誤一今正

飲馬于重丘　釋文飲上有遂字

重丘人閉門而詢之　宋本閉誤閑

親逐至爲厲　宋本以下正義二節揔入注文晉人執石買傳下

或可事由孫蒯故決之　閩本監本毛本可作曰

齊人以其未得志于我故　淳熙本纂圖本于作於非也

前年圍成辟孟孺子　毛本成改郕

郰叔紇　岳本郰作鄹釋文同

抑君賜不終姑又使其刑臣禮於士　石經此行君字起刑字止此行只九字非初刻也

以杙抉其傷而死　釋文云傷一本作瘍○〔補〕案此本瘍誤蕩今正

曰畀余而大璧　閩本監本璧誤壁

苟過華臣之門必騁　顧炎武云石經騁誤聘案石經此處不誤炎武非也

不如蓋之　宋本以下正義二節揔入遂奔陳注之下

左師經鷹鸇之志　宋本毛本經作無是也今正監本無字改刊

國人逐瘈狗瘈狗入於華臣氏　釋文云瘈字林作猘案說文猘字下引春秋傳曰猘犬入華臣氏之門漢書五行志引亦作猘是左傳古文本作猘也諸本無之門字惟論衡感類篇引與說文同

妨於農功　石經宋本淳熙本岳本纂圖本足利本功作收釋文同

澤門之晳　纂圖本閩本監本毛本晳作晢注同案晳乃明晳之晳从日折聲與此从白析聲異也石經及各本作澤門釋文云本或作皐者誤案詩大明緜正義引作皐門之晳惠棟云古皐澤字相同孫叔敖碑云收九罭之利婁壽以爲澤字但皐字白下本從四下夲本一字漢碑从四下羊者誤上林賦云亭皐十里服虔注云皐澤也詩鶴鳴于九皐王仲任薛夫子皆以爲九折之澤諸侯本有皐門何獨宋不然也

親執扑　釋文亦作扑足利本作朴石經初作朴後唐元度挍正從才是也

注闔謂門戶閉塞　宋本此節正義在注文傳善子罕分謗之下

晏嬰麤縗斬　釋文麤作麄云本又作麤縗作衰云本又作縗案說文無麄字鄭注禮記雜記後漢書東海恭王傳注李善注文選解嘲注齊竟陵文宣王行狀引傳文並作麤斬衰陸氏以縗爲又作之字　服正字而經典多假衰爲之

注斬不至升布宋本以下正義五節揔入曰唯卿爲大夫節注下
故云有冒前也宋本毛本有作在有字誤也今正
布之最麁宋本麁作麤下同
取甚麤也宋本淳熙本岳本纂圖本足利本甚作其不誤
杖竹杖也宋本杖上有苴字按喪服傳作苴杖竹也
絞帶兮繩帶也監本毛本兮作弓亦非宋本作者與喪服傳合
首是四體所先閩本監本毛本所作之　又有絞帶宋本帶下有要字
食鬻案鄭注禮記雜記漢書東海恭王傳引作食粥
注此禮與士喪禮至正文宋本無與士喪禮四字
同木爲廬閩本監本毛本同作用亦非宋本作倚是也
詩之所行宋本淳熙本岳本纂圖本監本毛本詩作時不誤今依改
行從大夫之法宋本行作得是也
義服齊服六升宋本下服字作衰是也今依改

經十八年

十七年于阿陵〔補〕諸本阿作柯

傳十八年

厲公獻子所弑者釋文弑作殺淳熙本脱者字
首隊於前石經隊作墜俗字
獻子以朱絲係玉二瑴岳本瑴作㲉與釋文合
齊環怙恃其險石經齊下後人旁增侯字
注彪晉至末臣宋本此節正義在南及沂注下
平陰城在濟北盧縣東北陳樹華云案酈道元水經注八引注文縣下有故城二字
平陰至晉圍宋本以下正義三節揔入注文彪晉至末臣節之後
形猶在宋本形上有地字是也　又門于場門宋本場作揚是也
僞以衣服爲人形也宋本足利本服作物淳熙本作旆非
以揚塵淳熙本揚作楊非
齊師其遁淳熙本其誤之
曰有班馬之聲郭注爾雅釋言引作般馬之聲案班般古字通

乃代之殿淳熙本代誤伐
欲使晉得之心宋本淳熙本岳本足利本無心字纂圖本作也亦非此本心下有隘於懈反四字乃釋文而誤入者○補案心字當改○
數目頭脰宋本頭作顧不誤
稱宋萬博閔公宋本毛本博作搏不誤閩本監本作摶非也
乃弛弓而自後縛之釋文云弛本又作施音同閩本監本縛作縳非也下同
反縛之岳本之作也
平陰西有郚山淳熙本山誤出此本山下有郚音詩三字乃釋文而誤入者○今加○
及秦周伐雍門之萩惠士奇云呂氏春秋愼大篇曰齊達子率其餘卒以軍於秦周高誘注曰秦周齊城門名也案秦周當是齊地名杜注以爲魯大夫失之閩本萩誤荻釋文云本又作秋按萩者楸之假借字如史漢貨殖傳千樹萩即千樹楸也
孟莊子斬其橁以爲公琴淳熙本橁誤櫄注同監本琴誤雍惠棟云公琴頌琴也頌與公古字通按惠棟語非
范鞅門于揚門石經初刻揚字木旁後改才
左驂迫還于東門中石經宋本淳熙本岳本足利本無東字是也傳之門即上文之東閭
數其枚示不恐宋本淳熙本岳本枚作板是也
東侵及濰各本作濰葉抄釋文作維云本亦作濰
使楊豚尹宜石經宋本淳熙本岳本足利本楊作揚釋文同
死將不能先君之禮宋本淳熙本岳本足利本作死將不得從先君之禮
旃然水出熒陽城皐縣宋本纂圖本監本城皐作成皐按水經注引同
蔿子馮釋文蔿作薳云本又作蔿案二字同張參五經文字序例云蔿薳同姓春秋互出是也
在熒陽密縣東北案劉昭郡國志引東北作西北
甚雨及之案惠棟云甚古文湛字見詛楚文莊子天下篇云沐甚雨節疾風崔譔本甚作湛音淫湛雨猶久雨也或云檀弓云雨甚至甚當讀如字亦通也按後說是
楚師多凍石經淳熙本凍作涷案毛氏六經正誤云作涷誤涷音東夏月暴雨曰涷非涷冱之凍凍從冫冫與冰同
故曰不競也師也宋本淳熙本岳本足利本無師也二字
甚雨及之宋本以下正義五節揔入叔向曰節注下
逐及楚師閩本監本毛本逐作遂
歲君右行於天宋本監本毛本君作星是也

附釋音春秋左傳注疏卷第三十四 襄十九年盡二十一年

杜氏注　孔穎達疏

經十有九年。春。王正月。諸侯盟于祝柯。前年圍齊之諸侯也。祝柯縣今屬濟南郡。○柯古多反。晉人執邾子。稱人以執，惡及民也。公至自伐齊。無傳。〔疏〕注十九年公至自伐齊。○正義曰：往年圍齊，今以伐致，傳既不說，杜亦不解，公羊傳曰：此同圍齊也，何以致伐？未圍齊也。未圍齊，則其言圍齊何？抑齊也。曷爲抑齊？爲其亟伐也。其意言往年同圍齊者，實非圍齊，故以伐致。案傳，攻平陰，齊侯塹防門而守之，則是兵實圍齊，不得如公羊說也。賈逵云：圍齊而致伐，以策伐勳也。伐者加兵之名，圍則伐內之別，圍伐終是一事，不得各有其勳，何言策伐勳也。但圍是伐內之別，此言至自伐齊，僖二十九年言至自圍許，史異辭，無義例。取邾田，自漷水。取邾田以漷水爲界也。漷水出東海合鄉縣，西南經魯國至高平湖陸縣入泗。○漷，好虢反，徐音郭，又虎伯反，字林口郭口獲二反。季孫宿如晉。葬曹成公。無傳。○夏。衞孫林父帥師伐齊。秋。七月。辛卯。齊侯環卒。世子光三與魯同盟。〔疏〕注世子至同盟。○正義曰：環以成十年即位，十五年同佐盟于戚，十七年自盟于柯陵，十八年崔杼于虛朾，襄三年世子光于雞澤，五年世子光于戚，九年世子光于戲，十一年世子光于亳城北，不數成公之世，世子光纔四同盟，言三者，襄五年戚盟不書經，故杜不數，劉炫以爲杜誤，非也。○晉士匄帥師侵齊，至穀，聞齊侯卒，乃還。詳錄所至及還者，善得禮。八月。丙辰。仲孫蔑卒。無傳。○齊殺其大夫高厚。鄭殺其大夫公子嘉。○冬。葬齊靈公。無傳。○城西郛。魯西郭。○郛，芳夫反。○叔孫豹會晉士匄于柯。魏郡內黃縣東北有柯城。○城武城。泰山南武城縣。

傳十九年。春。諸侯還自沂上，盟于督揚，曰：大毋侵小。督揚即祝柯也。○毋音無。督，丁毒反。執邾悼公，以其伐我故。伐魯在十七年。○遂次于泗上，疆我田。正邾魯之界也。泗水名。○疆，居良反。取邾田，自漷水，歸之于我。邾田在漷水北，今更以漷爲界，故曰取邾田。〔疏〕傳注邾田至邾田。○正義曰：邾在魯南，田在漷水北，今更以漷水爲界，取邾漷北之田歸于魯也。十六年命歸侵田，此年正邾魯之界，則此田舊是魯界，邾人取以爲已有，今日使之歸魯，故曰取邾田也。公羊傳曰：其言自漷水何？以漷爲竟也。何言乎以漷爲竟？漷移也。其意言邾魯以漷水爲竟，漷水移入邾界，魯隨而有之。賈服取以爲說，言刺晉偏而魯貪。案傳晉命歸侵田，此邾先侵魯田，令反本，何晉偏而魯貪？公羊之說不可通也。晉侯先歸。公享晉六卿于蒲圃。賜之三命之服。六卿過魯。○圃，布古反。過，古禾反。

軍尉、司馬、司空、輿尉、候奄皆受一命之服。如鞌戰還之賜唯無先輅。○鞌音安賄荀偃束錦。加璧乘馬。先吳壽夢之鼎。荀偃中軍元帥故特賄之五匹爲束四馬爲乘壽夢吳子乘也獻鼎於魯因以爲名古之獻物必有以先今以璧馬爲鼎之先○賄呼罪反乘馬繩證反注四馬爲乘同先吳悉薦反又如字夢莫公反帥所類反【疏】注荀偃至之先○正義曰雜記云納幣一束束五兩兩五尋鄭玄云納幣謂昏禮納徵也十箇爲束貴成數兩兩合其卷是謂五兩八尺曰尋五兩兩五尋則每卷二丈也合之則四十尺今謂之匹猶匹偶之云與彼雖主說昏幣但經傳所言束帛束錦者其束多少皆與彼同故云五匹爲束也吳子乘以十二年卒乘獻此鼎於魯魯人因以其人名之謂之吳壽夢之鼎今以此鼎賄荀偃也古之獻物必有以先之老子云雖有拱抱之璧以先駟馬謂以璧爲馬先也僖三十三年鄭商人弦高以乘韋先牛十二犒師謂以韋爲牛先也二十六年鄭伯賜子展先路三命之服先八邑謂以車服爲邑之先也皆以輕物先重物此錦璧可執馬可牽行皆輕於鼎故以璧馬爲鼎之先以輕先重非以賤先貴鼎價未必貴於璧馬也荀偃癉疽。生瘍於頭。癉疽惡創○癉丁但反徐音旦疽七徐反瘍音羊創初良反○【疏】癉疽生瘍於頭○正義曰說文云癉勞病也疽癰也腫也瘍頭創也然則傳言荀偃病此疽腫潰遂生創於頭杜云癉疽惡創略言其病創耳濟河。及著雍。病。目出。大夫先歸者皆反。士匄請見。弗內。請後。曰鄭甥可。士匄中軍佐故問後也鄭甥荀吳其母鄭女○著張慮反又直慮反雍於用反見賢遍反二月。甲寅。卒。而視。不可含。目開口噤○視如字徐市至反下同含戶暗反本亦作唅下同噤其蔭反宣子盥而撫之曰。事吳敢不如事主。猶視。大夫稱主○盥音管欒懷子曰。其爲未卒事於齊故也乎。懷子欒盈○爲于僞反下注爲懷子同乃復撫之曰。主苟終。所不嗣事于齊者。有如河。乃瞑受含。嗣續也○復扶又反瞑亡丁反一音亡千反桓譚以爲荀偃病而目出初死其目未合尸冷乃合非其有所知也傳因其異而記之耳宣子出曰。吾淺之爲丈夫也。自恨以私待人○晉欒魴帥師從衞孫文子伐齊。爲懷子之言故也欒魴欒氏族不書兵幷林父不別告也經書夏從告○幷如字又必政反○季武子如晉拜師。謝討齊晉侯享之。范宣子爲政。代荀偃將中軍○將子匠反後放此賦黍苗。黍苗詩小雅美召伯勞來諸侯如陰雨之長黍苗也喻晉君憂勞魯國猶召伯○召上照反下同勞力報反來力代反長丁丈反季武子興再拜稽首曰。小國之仰大國也。如百穀之仰膏雨焉。若常膏之。其天下輯睦。豈唯敝邑。賦六

月。六月尹吉甫佐天子征伐之詩以晉侯比吉甫出征以匡王國○仰如字徐五亮反下同膏雨如字徐古報反常膏古報反又如字輯音集本又作集季武子以所得於齊之兵。作林鍾而銘魯功焉。林鍾律名鑄鍾聲應林鍾因以爲名○鑄之樹反應應對之應【疏】注林鍾律名鑄鍾聲應林鍾因以爲名○正義曰月令季夏律中林鍾是林鍾六月之律名也周語云景王將鑄無射問律於泠州鳩對曰律所以立均出度也古之神瞽考中聲而量之以制度律均鍾百官軌儀賈逵云律謂六律六呂以均鍾大小清濁也考成也成平也平中和之聲度律呂之長短以立均鍾以成和平之聲而百官之道得象而儀之是言度律呂長短然後鑄鍾鍾聲應律遂以律名鍾此鍾聲應林鍾故以林鍾爲名臧武仲謂季孫曰。非禮也。夫銘。天子令德。天子銘德不銘功諸侯言時計功。舉得時動有功則可銘也大夫稱伐。銘其功伐之勞今稱伐。則下等也。從大夫故【疏】令稱伐則下等也○正義曰諸侯之銘當言時既功時計功魯之伐齊也借人之力功非已有妨民農務不可謂時二者既無可稱唯有從行征伐可得稱伐勞耳伐雖可稱若稱伐則從大夫之例於三者爲下等不足爲功美也計功。則借人也。借晉力也○借如字一音倩亦反言時。則妨民多矣。何以爲銘。且夫大伐小。取其所得以作彝器。彝常也謂鍾鼎爲宗廟之常器○夫音扶彝以之反銘其功烈。以示子孫。昭明德而懲無禮也。今將借人之力。以救其死。若之何銘之。小國幸於大國。以勝大國爲幸○懲直升反而昭所獲焉。以怒之。亡之道也。爲城西郛武城傳○齊侯娶于魯。曰顏懿姬。無子。其姪鬷聲姬生光。以爲大子。兄子曰姪顏鬷皆二姬母姓因以爲號懿聲皆謚○娶子住反姪直結反鬷子公反諸子。仲子。戎子。戎子嬖。諸子諸妾姓子者二子皆宋女○仲本亦作中音仲下皆放此嬖必計反仲子生牙。屬諸戎子。屬託之○屬音之蜀反注同戎子請以爲大子。許之。齊侯許之仲子曰。不可。廢常不祥。廢立嫡之常○嫡本或作適丁歷反間諸侯難。事難成也○間間廁之間光之立也。列於諸侯矣。列諸侯之會今無故而廢之。是專黜諸侯。謂光已有諸侯之尊而以難犯不祥也。君必悔之。公曰。在我而已。遂東大子光。廢而徙之東鄙使高厚傅牙以爲大子。夙沙衞爲少傅。齊侯疾。崔杼微逆光。疾病而立之。光殺戎子。

終言之○少詩照反下注公猶少同杼直呂反【疏】注終言之○正義曰知終言之者以云尸諸朝非禮下始云五月齊靈公卒莊公即位若非即位之後豈得尸戎子於朝故傳終言之尸諸朝。非禮也。婦人無刑。無黥刖之刑○黥其京反刖音月又五刮反【疏】注無黥刖之刑○正義曰婦人淫則閉之於宮犯死不得不殺而云婦人無刑知其於五刑之中無三等刑耳三等墨劓刖也三等之刑墨輕則重故舉其輕重而略其劓也周禮謂之墨尚書謂之黥黥墨爲一故依尚書言黥也服虔云婦人從人者也故不爲制刑及犯惡從男子之刑也若與男子俱受黥刖劓亦是婦人刑矣何獨主男子而婦人從之也劉炫難服云犯淫則男子割勢婦人閉宮豈得從男子乎雖有刑。不在朝市。謂犯死刑者猶不暴尸○暴蒲卜反夏五月。壬辰。晦。齊靈公卒。經書七月辛卯光定位而後赴莊公即位。太子光也執公子牙於句瀆之丘。以夙沙衞易已。衞奔高唐以叛。光謂衞教公易已高唐在祝柯縣西北○句古侯反瀆音豆○晉士匄侵齊。及穀。聞喪而還。禮也。禮之常不必待君命【疏】注禮之至君命○正義曰傳言禮也則兵不伐喪必有常禮禮有此法故聞喪即還公羊傳曰還者何善辭也何善爾大其不伐喪也此受命乎君而伐齊則何大乎其不伐喪大夫以君命出進退在大夫也何休云禮兵不從中御外臨事制宜唯義所在故善之是與左氏同也穀梁傳曰還者事未畢之辭也不伐喪善之也善之則何爲未畢也君不尸小事臣不專大名善則稱君過則稱已則民作讓矣士匄外專君命故非之也然則爲士匄者宜奈何宜墠帷而歸命乎介其意言待命乃還故杜言不必待君命所以排穀梁也○於四月。丁未。於此年四月鄭公孫蠆卒。赴於晉大夫。范宣子言於晉侯。以其善於伐秦也。十四年晉伐秦子蟜見諸侯師而勸之濟涇六月。晉侯請於王。王追賜之大路。使以行禮也。大路天子所賜車之總名以行葬禮傳言大夫有功則賜服路【疏】注大路至服路○正義曰二十四年穆叔如周王嘉其有禮賜之大路與此並賜諸侯之卿其文皆云大路知大路天子所賜車之總名也周禮巾車王之五路有玉路金路象路革路木路又有服車五乘孤乘夏篆卿乘夏縵大夫乘墨車士乘棧車庶人乘役車又曰凡良車散車不在等者其用無常周禮有此文耳其封諸侯賜之以車則同姓以金路異姓以象路四衞以革路蕃國以木路其賜諸侯之卿則無文釋例曰周官王之五路及卿大夫士服車各有名又有良車散車不在等者其用無常謂此上五路之良散當以出賜故言其用無常也傳通稱玉路金路爲大路路及賜魯穆叔鄭子蟜當是革路若木路所以封四衞及蕃國之君也而亦曰大路者據受王之殊錫皆舉其總名或云先或云次當各自以就數爲差也杜言當是革路若木路者雖疑不敢質謂當是此二路也必疑然者以服車稱車不稱路王若賜之夏篆夏縵不應謂之爲大路名之曰大路必在五路之中矣金路象路乃賜同姓異姓之國君不可以賜其臣而傳稱列國之卿當小國之君固周制也位當小國之君則車亦可以同之故疑是革路若木路也革路木路路之卑

者亦稱大路者，以受王殊賜，皆舉其摠名也。若受之於君，或稱先或稱次。杜云以就數爲差者，三命之卿就數三，再命之卿就數二，故鄭賜子展先路三命之服，子產次路再命之服是也。若其不然，王賜叔孫穆子其車，若是夏篆、夏縵，即與常車無異，何故生弗敢乘，及死乃請以葬也？鄉飲酒禮者，大夫之禮也。樂工人卒歌，主人獻工，大師則爲之洗。鄭玄云：大夫若君賜之樂，謂之大師，爲之洗，尊之也。彼尊君賜樂，謂工師爲太師；此尊王賜車，謂王車爲大路，其意類於彼也。膏肓何休以天子車稱路，諸侯車稱路車，大夫稱車，今鄭子蟜諸侯之大夫耳，當與天子同賜其車，而名之曰大路，非正也。孔子曰：唯器與名不可以假人，名不正則言不順，於義左氏爲短。案周禮天子衮冕，上公亦稱衮冕；天子析羽爲旌，諸侯及大夫亦稱旌；又天子樂官稱大師，鄉飲酒禮君賜樂亦稱大師，此皆名同於上，則卿大夫大路何獨不可同之於天子大路之名乎？何休之難非也。○秋八月。齊崔杼殺高厚於灑藍，而兼其室。灑藍，齊地。○灑，色買反，徐所綺反。藍，力甘反。書曰齊殺其大夫。從君於昏也。傳解經不言崔杼殺而爲國討文。○鄭子孔之爲政也專。專權。國人患之。乃討西宮之難。十年尉止等作難西宮，子孔知而不言。○難，乃旦反，注及下同。與純門之師。前年子孔召楚師至純門。子孔當罪。以其甲及子革、子良氏之甲守。以自守也。○守，手反，下守備同。甲辰。子展、子西率國人伐之。殺子孔而分其室。書曰鄭殺其大夫。專也。亦以國討爲文。子然、子孔，宋子之子也。子然，子革父。士子孔，圭嬀之子也。宋子、圭嬀皆鄭穆公妾。士子孔，子良父。○嬀，居危反。圭嬀之班。亞宋子而相親也。亞，次也。○亞，於嫁反。士子孔亦相親也。僖之四年。子然卒。鄭僖四年，魯襄六年。簡之元年。士子孔卒。魯襄八年。司徒孔實相子革、子良之室。司徒孔與二父相親，故相助其子。○相，息亮反，注同。三室如一。言同心。故及於難。故二子并及難。子革、子良出奔楚。子革爲右尹。子革，即鄭丹。鄭人使子展當國。子西聽政。立子產爲卿。衞公猶幼，故大夫當國。○齊慶封圍高唐。弗克。夙沙衞以叛，故圍之。冬十一月。齊侯圍之。見衞在城上。號之。乃下。衞下與齊侯語。○號，徐胡報反，召也，一音戶刀反。問守備焉。以無備告。揖之。乃登。齊侯以衞告誠，揖而禮之，欲生之也。衞志於戰死，故不順齊侯之揖而還登城。〔疏〕見衞至乃登。○正義曰：杜於此注皆用賈逵之說。服虔引彭仲博云：齊欲誅衞，呼而下，與之言，固可取之，無爲揖之，復令登城。仲博以爲齊侯號衞，慙而下。云問守備焉，問衞之守高唐者，衞無恩信，故令守者以無備告。齊侯善其言，故揖之，乃命士卒登城。服虔謂此說近之。案傳之次第，衞在城上號之乃下，是衞下也。問守備焉，問衞也。若其別問餘人，當云問其守者，不得云問守備也。若齊侯揖之而命士卒登城，則士於此時已登矣，何故下文方曰殖綽、工僂會夜縋納師也？衞已下城，齊侯不即執取者，或有所隔礙，不得取之。漢末曹操與馬超對語，徐晃與關羽對語，皆警敵交言而不能相取，亦何怪古之人乎？聞師將傳。食高唐人。殖綽、工僂會。夜縋納師。因其會食。二子，齊大夫。○傳音附。食音嗣。僂，力侯反。縋，直僞反。醢衞于軍。○醢音海。〔疏〕夜縋納師。○正義曰：二子因其無備，先往城上，乃從城上縣繩納師。○城西郛。懼齊也。前年與晉伐齊，又鑄其器爲鍾，故懼。○齊及晉平。盟于大隧。大隧，地闕。○隧音遂。故穆叔會范宣子于柯。齊晉平，魯懼齊，故爲柯會以自固。穆叔見叔向。賦載馳之四章。四章曰：控于大邦，誰因誰極。控，引也。取其欲引大國以自救助。○控，苦貢反。〔疏〕注四章至救助。○正義曰：控于大邦，乃是載馳五章，而云四章者，文十三年鄭子家賦載馳之四章，義取控于大邦，意在五章而并賦四章，彼注已云四章以下，故於此略之。詩注云：極，至也。今衞侯欲求援引之力助於大國之諸侯，亦誰因乎？由誰至乎？閔之，故欲歸問之。叔向曰。肸敢不承命。叔向度齊未肯以盟服，故許救魯。○度，待洛反。穆叔曰。齊猶未也。不可以不懼。乃城武城。○衞石共子卒。石買。○共音恭。悼子不哀。買之子石惡。孔成子曰。是謂蹷其本。蹷猶拔也。○蹷，求月反，一音居月反，又居衞反。〔疏〕注蹷猶拔也。○正義曰：蹷者，倒也，樹倒必拔根，故云蹷猶拔也。父是親之極，孝爲德之本，於父尚猶不哀，必是不能愛人也。已不愛人，人亦不愛；已人皆不愛，必將喪家。知其不能保有宗嗣也。必不有其宗。爲二十八年石惡出奔傳。

經二十年春王正月辛亥。仲孫速會莒人盟于向。向，莒邑。○向，舒亮反。○夏六月庚申。公會晉侯、齊侯、宋公、衞侯、鄭伯、曹伯、莒子、邾子、滕子、薛伯、杞伯、小邾子。盟于澶淵。澶淵在頓丘縣南，今名繁汙。此衞地，又近戚田。○澶，市然反。汙音紆。近，附近之近。秋。公至自會。無傳。○仲孫速帥師伐邾。○蔡殺其大夫公子燮。燮，莊公子。○燮，息協反。蔡公子履出奔楚。燮母弟也。○陳侯之弟黃出奔楚。稱弟，明無罪也。〔疏〕二十年注稱弟明無罪也。○正義曰：傳言非其罪也，則無罪之文明矣，而云稱弟明無罪者，賈逵以爲稱名罪其偪。杜以鄭段有罪，去弟以罪段，今此存弟，非是罪黃之文也。言此以排賈氏也。叔老如齊。○冬十月丙辰朔。日有食之。無傳。季孫宿如宋。

傳二十年春。及莒平。孟莊子會莒人盟于向。督揚之盟故也。莒數伐魯，前年諸侯盟督揚以和解之，故二國自復共盟，結其好。○數，所角反，下同。解，古買反，又戶買反。復，扶又反，下始復同。好，呼報反，下皆同。〔疏〕傳盟于至故也。○正義曰：於經服異則稱同盟。此齊成而盟不言同者，往年齊與晉平，盟于大隧，是齊已服於晉矣，非於此始服，故不言同也。晉以齊既平和，而召諸侯以爲此會，傳解其爲盟之意，故云齊成故也。○夏。盟于澶淵。齊成故也。齊與晉平。○邾人驟至。以諸侯之事。弗能報也。驟，數也。謂十五年、十七年伐魯。秋。孟莊子伐邾以報之。既盟而又伐之，非。○蔡公子燮欲以蔡之晉。背楚。○背音佩。蔡人殺之。公子履其母弟也。故出奔楚。與兄同謀故。○陳慶虎、慶寅畏公子黃之偪。二慶，陳卿。恐黃偪奪其政。○偪，彼力反。愬諸楚曰。與蔡司馬同謀。同欲之晉。楚人以爲討。討責陳。公子黃出奔楚。奔楚自理。初。蔡文侯欲事晉。曰。先君與於踐土之盟。先君文侯父莊侯甲午也。踐土盟在僖二十八年。○與音預。晉不可棄。且兄弟也。畏楚不能行而卒。宣十七年文侯卒。楚人使蔡無常。徵發無準。公子燮求從先君以利蔡。不能而死。書曰。蔡殺其大夫公子燮。言不與民同欲也。罪其違衆。陳侯之弟黃出奔楚。言非其罪也。稱弟，罪陳侯及二慶。〔疏〕注稱弟至二慶。○正義曰：稱弟者，止爲罪陳侯，但陳侯之罪在信二慶，故杜兼言二慶耳，稱弟不爲罪二慶也。釋例曰：兄而害弟者，稱弟以章兄罪；弟又害兄，則去弟以罪弟身。推此以觀其餘，秦伯之弟鍼、陳侯之弟黃，皆是兄害其弟者也。秦伯有千乘之國而不能容其母弟，傳曰罪秦伯也，歸罪秦伯，則鍼罪輕也。陳侯不能制禦臣下，使逐其弟，傳曰言非其罪也，非黃之罪，則罪在陳侯。示互舉之文也。公子黃將出奔。呼於國曰。慶氏無道。求專陳國。暴蔑其君。而去其親。五年不滅。是無天也。爲二十三年陳殺二慶傳。○呼，好故反。去，起呂反。○齊子初聘于齊。禮也。齊魯有怨，朝聘禮絕，今始復通，故曰初；繼好息民，故曰禮。○冬。季武子如宋。報向戌之聘也。向戌聘在十五年。褚師段逆之以受享。段，共公子子石也。逆以入國受享禮。○褚，張呂反。段，徐徒亂反。共音恭。賦常棣之七章以卒。武子賦也。七章以卒，盡八章。取其妻子好合，如鼓瑟琴；宜爾室家，樂爾妻帑。言二國好合，宜其室家，相親如兄弟。○棣，大計反。樂音洛。帑音奴。宋人重賄之。歸復命。公

亭之。賦魚麗之卒章。魚麗詩小雅卒章曰物其有矣維其時矣喻聘宋得其時○麗力馳反〔疏〕賦魚麗之卒章○正義曰魚麗詩小雅物其有矣者謂言魚有鱨鯊魴鯉并有旨酒也維其時矣者注云太平而後微物衆多取之有時用之有道則萬物莫不多也公賦南山有臺。南山有臺詩小雅取其樂只君子邦家之基邦家之光喻武子奉使能爲國光輝○只之氏反本亦作旨使所吏反武子去所曰。臣不堪也。去所辟席○衛甯惠子疾。召悼子。悼子甯喜曰。吾得罪於君。悔而無及也。名藏在諸侯之策。曰孫林父、甯殖出其君。君入則掩之。掩惡名○策初革反出如字徐音黜若能掩之。則吾子也。若不能。猶有鬼神。吾有餒而已。不來食矣。餒餓也○餒奴罪反悼子許諾。惠子遂卒。爲二十六年衛侯歸傳

經二十有一年。春。王正月。公如晉。邾庶其以漆閭丘來奔。二邑在高平南平陽縣東北有漆鄉西北有顯閭亭以邑出爲叛適魯而言來奔內外之辭○漆本或作漆徐音七閭力於反〔疏〕二邑在高平南陽至之辭○正義曰杜解地邑自爲其例言在者指知其處言有者以示不審此言二邑在高平者知其在高平郡界耳又言有者並不審其處也釋例曰漆高平南平陽縣東北有漆鄉閭丘高平南平陽縣西北有顯閭亭是二邑知在高平而不審其地故言有也諸侯之臣入其私邑而以之出奔者皆書爲叛衛孫林父宋華亥宋公之弟辰趙鞅荀寅等皆書爲叛者背其本國之大辭也此及莒牟夷邾黑肱亦以邑叛本國但叛來歸魯據其至魯爲奔而言來奔內外之辭言俱是叛而辭異耳且傳謂庶其等爲三叛人明其來是叛也○夏。公至自晉。無傳○秋。晉欒盈出奔楚。盈不能防閑其母以取奔亡稱名罪之〔疏〕注盈不至罪之○正義曰宣十年齊崔氏出奔衛書其族也文八年宋司城來奔擧其官也又十四年宋子哀來奔稱其字也皆爲無罪不書其名則書名爲罪之文據傳盈無大罪故辨之不能防閑其母以取奔亡稱其名罪之也不能防閑其母詩序文也周禮虎賁氏舍則守王閑又校人謂馬廄爲閑則閑是欄衛禁防之名也禮之防失若彼閑然論語云大德不踰閑閑謂禮法言不能以禮法禁防母也○九月。庚戌朔。日有食之。無傳○冬。十月。庚辰朔。日有食之。無傳○曹伯來朝。○公會晉侯、齊侯、宋公、衛侯、鄭伯、曹伯、莒子、邾子于商任。商任地闕○任音壬

傳二十一年。春。公如晉。拜師及取邾田也。謝十八年伐齊之師漷水之田○邾庶其以漆閭丘來奔。庶其邾大夫季武子以公姑姊妻之。計公年不得有未嫁姑姊蓋寡者二人○公姑姊杜以公之姑及姊是二人也或曰列女傳稱梁有節姑姊謂父之姊也此云姑姊是父之姊也一人耳以杜氏爲誤案成二年楚侵及陽橋孟孫往賂以公衡以公衡爲質杜云衡成公子也楚師及宋公衡逃歸臧宣叔云衡父不忍數年之不晏以棄魯國則公衡之年下計猶十七八成公是其父固當三十有餘矣成二年至此三十八歲姑又成公之姊則年近七十矣設令公衡非成公之子猶是成公之弟成九年伯姬歸于宋伯者長稱九年始嫁則爲成公之妹成公不得有姊矣若成公別有庶長之姊以成公公衡之年推之亦不復堪嫁故知二人也唯公羊以成公即位年幼據左氏成四年傳云公如晉晉侯見公不敬公歸欲求成于楚得季文子諫而止此非年幼也反覆推之杜氏不誤妻之七計反下同〔疏〕傳註計公至二人○正義曰杜以姑爲父之女昆弟姊是已之女昆故計公之年以爲寡者二人劉炫云案十二年傳云無女而有姊妹及姑姊妹則古人謂姑爲姑姊妹也而知此姑姊是襄公父之姊止一人耳不得云寡者二人今知不然者以襄公成公之子成公即位二年已令大子公衡爲質於楚及宋逃歸則公衡年十五六矣成公即位之初已三十有餘計至於今七十許歲其姊雖存年極老矣安可以妻庶期劉以爲成公之姊而規杜氏非也皆有賜於其從者。於是魯多盜。季孫謂臧武仲曰。子盍詰盜。詰治也○從才用反下同盍胡臘反下盍反同詰起吉反〔疏〕子盍○正義曰鄭玄服虔皆以盍爲何不也武仲曰。不可詰也。紇又不能。季孫曰。我有四封。而詰其盜。何故不可。子爲司寇。將盜是務去。若之何不能。武仲曰。子召外盜而大禮焉。何以止吾盜。吾謂國中○去起呂反下皆同子爲正卿。而來外盜。使紇去之。將何以能。庶其竊邑於邾以來。子以姬氏妻之。而與之邑。使食漆閭丘其從者皆有賜焉。若大盜禮焉以君之姑姊與其大邑。其次皁牧輿馬。給其賤役從皁至牧凡八等之人○皁在早反凡八等之人謂皁輿隸僚僕臺圉牧也〔疏〕注給其至之人○正義曰昭七年傳曰皁臣輿輿臣隸隸臣僚僚臣僕僕臣臺馬有圉牛有牧自皁至牧有八等也其次謂庶其從者魯給之以八等之人其小者。衣裳劍帶。是賞盜也。賞而去之。其或難焉。紇也聞之。在上位者。洒濯其心。壹以待人。軌度其信。可明徵也。徵驗也○洒西禮反濯直角反度待洛反〔疏〕軌度至徵也○正義曰謂使其臣信有軌則法度可明以爲徵驗也劉炫云軌法也行依法度而言有信也而後可以治人。夫上之所爲。民之歸也。上所不爲。而民或爲之。是以加刑罰焉。而莫敢不懲。若上之所爲。而民亦爲之。乃其所

也。又可禁乎。夏書曰。念茲在茲。逸書也茲此也謂行此事當念使可施之於此○不懲直升反釋茲在茲。釋除也謂欲有所治除於人亦當顧已得無亦有之名言茲在茲。名此事言此事亦皆當令可施於此○令力呈反允出茲在茲。允信也信出於此則善亦在此惟帝念功。言帝念功則功成也將謂由已壹也。信由已壹而後功可念也。言非但意念而已當須信已誠至〔疏〕夏書至念也○正義曰念茲在茲謂念此所行之事欲施於他得可施之於此身然後行之釋茲在茲釋除也謂有所除治於此前人之上亦當在此身無有罪過然後除之名言茲在茲謂名此事言此事亦皆當令可施於此猶若名此除盜言此除盜已能除盜是除盜之事可施於此若已不能除盜遺人除盜是不可施於此也允出茲在茲允信也謂誠信之心出於此身則善亦誠在此身也信由已壹謂信實由已專壹然後善功可念此斷章爲義故與尚書本文稍殊也庶其非卿也。以地來。雖賤必書。重地也。重地故書其人其人書則惡名彰以懲不義〔疏〕庶其非卿也○正義曰公羊穀梁皆以邾莒之徒小國不合有卿釋例曰公侯伯子男及其卿大夫士命數周官具有等差當春秋時漸已變改是以仲尼已明據時之宜仍其行事從而然之不復與周官同而先儒考合周官禮記各致異端今詳推經傳國之大小皆據當時土地人民不復依爵故書秦楚之卿而畧於滕薛也諸侯大國之卿皆必有命固無所疑其名亦曰大夫也故經傳卿大夫之文相涉晉殺三卿而經書大夫邢丘之會傳稱大夫亦皆卿也蜀之盟齊國之大夫溴梁之盟小邾之大夫此不命一命之大夫故不書也命者謂其君正爵命之於朝其宮室車旗衣服禮儀各如其命數則皆以卿禮書之於經衛之於晉不得比次國則邾莒杞鄫之屬固以微矣此等[illegible]能[illegible]唯曹之首子得見於經其餘或命而故與甚衆其戰伐上多數故皆不書之也邾莒之等其奔亡亦多所不書唯數未加命已知其合制者少也又邾庶其等傳皆言非卿以地來雖賤而必書紀裂繻來逆女傳曰卿爲君逆知此等微國亦應有卿有卿則應書於經徒以卑陋制不合禮失禮之例以杞降爲夷華耦具官君子貴之至於此等卿而不備禮亦所以見其略賤也諸儒以爲邾莒無命卿既違傳稱劉賈又云春秋之序三命以上乃書於經顯氏以爲再命稱人傳曰叔孫昭子三命踰父兄昭公十年昭子始加三命而先此傳叔孫皆自見經知所書皆再命也是杜大明春秋書卿名氏之例以邾莒自當有卿書名氏其不書於經皆爲禮不備故庶其非卿謂非再命之卿也○齊侯使慶佐爲大夫。慶佐崔杼黨復討公子牙之黨。執公子買于句瀆之丘。公子鉏來奔。叔孫還奔燕。三子齊公族言莊公斥逐親戚以成崔慶之勢終有弑殺之禍○復扶又反鉏仕居反還音旋殺之申志反又如字○夏。楚子庚卒。楚子使薳子馮爲令尹。訪於申叔豫。叔豫叔時孫叔豫曰。國多寵而王弱。弱政教微而貴臣強國

不可爲也。遂以疾辭。方暑。闕地下冰而牀焉。重繭衣裘。鮮食而寢。繭緜衣。○闕求月反繭古典反禮記云纊爲繭衣裘於既反鮮息淺反少也下鮮過并注同【疏】注繭緜衣。○正義曰玉藻曰纊爲繭縕爲袍鄭玄云衣有著之異名也纊謂今之新緜縕謂今纊及舊絮也然則繭是袍之別名謂新緜著袍故云緜衣也置冰牀下使有寒氣其上加緜衣暑月多衣所以示疾楚子使醫視之。復曰。瘠則甚矣。瘠瘦也。○瘠在亦反而血氣未動。言無疾乃使子南爲令尹。子南公子追舒也爲二十二年殺追舒傳○欒桓子娶於范宣子。生懷子。桓子欒黶懷子盈也范鞅以其亡也。怨欒氏。十四年欒黶彊逐范鞅使奔秦○彊其丈反故與欒盈爲公族大夫。而不相能。桓子卒。欒祁與其老州賓通。欒祁桓子妻范宣子女盈之母也范氏堯後祁姓○相能如字徐乃代反幾亡室矣。言亂甚○幾其依反懷子患之。祁懼其討也。愬諸宣子曰。盈將爲亂。以范氏爲死桓主而專政矣。桓主欒黶【疏】以范至政矣。○正義曰桓是黶之謚大夫稱主誣欒盈言盈以范氏爲死桓主道范氏之意以桓主已死其家衰弱故陵侮欒氏而專晉國之政矣也。不怒而以寵報之。謂宣子不爲黶責怒鞅而反與鞅寵位。○爲于僞反下文吾爲同曰。吾父逐鞅又與吾同官而專之。同爲公族大夫而鞅專其權勢吾父死而益富。死吾父而專於國。有死而已。吾蔑從之矣。言宣子專政盈欲以死作難。○難乃旦反其謀如是。懼害於主。吾不敢不言。范鞅爲之徵。證其有此懷子好施。士多歸之。宣子畏其多士也。信之。懷子爲下卿。下軍佐。○好呼報反施式豉反宣子使城著而遂逐之。著晉邑在外易逐。○著直豫反又張慮反易以豉反秋。欒盈出奔楚。宣子殺箕遺、黃淵、嘉父、司空靖、邴豫、董叔、邴師、申書、羊舌虎、叔羆。十子皆晉大夫欒盈之黨也羊舌虎叔向弟。○邴音丙羆彼皮反【疏】秋欒至叔羆。○正義曰如此傳文則欒盈出奔之後宣子始殺十子也晉語云平公六年箕遺及黃淵嘉父作亂不克而死公乃問陽畢陽畢對曰論逞志而虧君以亂國者之後而去之是遂威而遠權也欒氏之誣晉國久矣欒書實覆宗殺厲公以厚其家若滅欒氏則民威矣公許諾盡逐羣賊而使祁午及陽畢適曲沃逐欒盈如國語則先殺十子後逐欒盈與此異者賈逵云十子皆欒盈之黨知范氏將害欒氏故先爲之作難討范氏不克而死然則欒盈城著十子在國謀殺宣子不克宣子先殺之乃使適

著逐欒盈此傳先言欒盈後言其黨耳非是欒盈既奔之後殺十子也此傳言城著而遂逐之則是就著逐欒盈國語言適曲沃逐欒盈者曲沃是欒氏之采邑蓋就著逐其身適曲沃逐其家也囚伯華、叔向、籍偃。籍偃上軍司馬人謂叔向曰。子離於罪。其爲不知乎。譏其受囚而不能去○知音智下及注同叔向曰。與其死亡若何。言雖囚何若於死亡詩曰。優哉游哉。聊以卒歲。知也。詩小雅言君子優游於衰世所以辟害卒其壽是亦知也。○詩小雅案今小雅無此全句唯采菽詩云優哉游哉亦是戾矣【疏】優哉游哉。○正義曰此小雅采菽之篇彼詩云優哉游哉亦是戾矣與此不同者蓋師讀有異樂王鮒見叔向曰。吾爲子請。叔向弗應。出不拜。樂王鮒晉大夫樂桓子。○鮒音附應應對之應下注同一本作不應其人皆咎叔向。叔向曰。必祁大夫。祁大夫祁奚也食邑於祁因以爲氏祁縣今屬太原。○咎其九反室老聞之。曰。樂王鮒言於君。無不行。其言皆得行求赦吾子。吾子不許。謂不應出不拜祁大夫所不能也。不能動君而曰必由之。何也。叔向曰。樂王鮒。從君者也。何能行。祁大夫外舉不棄讎。內舉不失親。其獨遺我乎。詩曰。有覺德行。四國順之。詩大雅言德行直則天下順之○行下孟反注同夫子覺者也。覺較然正直○較音角晉侯問叔向之罪於樂王鮒。對曰。不棄其親。其有焉。言叔向篤親親必與叔虎同謀於是祁奚老矣。老去公族大夫聞之。乘馹而見宣子曰。詩曰。惠我無疆。子孫保之。詩周頌也言文武有惠訓之德加於百姓故子孫保賴之。○馹人實反傳也疆居良反下注同書曰。聖有謩勳。明徵定保。逸書謩謀也勳功也言聖哲有謀功者當明定安之。○謩莫胡反勳如字書作訓【疏】有覺至順之。○正義曰此詩大雅抑之篇。○惠我至保之。○正義曰此詩周頌烈文之篇。○注逸書至安之。○正義曰此引書曰夏書胤征之文也彼作聖有謨訓此云惠訓不倦行本當作訓但杜以傳作聖有謩勳故順傳文解之劉背傳文而規杜氏非也夫謀而鮮過。惠訓不倦者。叔向有焉。謀鮮過有謩勳也惠訓不倦惠我無疆也社稷之固也。猶將十世宥之。以勸能者。今壹不免其身。壹以弟故○宥音又以棄社稷。不亦惑乎。鯀殛而禹興。言不以父罪廢其子○鯀古本反殛紀力反【疏】鯀殛而禹興。○正義曰尚書稱堯使鯀治水九載績用不成乃求得舜而徵用之歷試三年乃禪以位舜典美舜之功象以典刑之

下如云流共工于幽州放驩兜于崇山竄三苗于三危殛鯀于羽山四罪而天下咸服孔安國云作者敘典刑而連引四罪明皆徵用所行於此總見之是言舜初被徵用先誅鯀而後舉禹故言鯀殛而禹興僖三十三年傳曰舜之罪也殛鯀其舉也興禹洪範云鯀則殛死禹乃嗣興皆言誅鯀乃舉禹而鄭玄注尚書以爲禹治水既畢乃流四凶言其先舉禹而後誅鯀既違經傳之文且復於理不當故王肅難云禹治水而後以鯀爲無功而殛之是爲用人子之功而流放其父則爲禹之勤勞適使父殛舜失五典克從之義禹陷三于莫大之罪進退無據迂亦甚哉伊尹放大甲而相之。卒無怨色。太甲湯孫也荒淫失度伊尹放之桐宮三年改悔而復之而無恨心言不以一怨妨大德。○大音泰相息亮反【疏】注太甲至大德。○正義曰太甲湯孫世本紀文也書序云太甲既立不明伊尹放諸桐宮三年復歸于亳思庸伊尹作太甲三篇是太用能自改悔伊尹復之之事也管蔡爲戮。周公右王。言兄弟罪不相及。○右王音又若之何其以虎也棄社稷。子爲善。誰敢不勉。多殺何爲。宣子說。與之乘。以言諸公而免之。共載入見公。○說音悅乘繩證反見賢遍反下文始見并注同不見叔向而歸。言爲國非私叔向也。○爲于僞反下不爲已亦爲子皆同叔向亦不告免焉而朝。不告謝之明不爲已初。叔向之母妬叔虎之母美而不使。不使見叔向父○妬丁故反其子皆諫其母。其母曰。深山大澤。實生龍蛇。言非常之地多生非常之物彼美。余懼其生龍蛇以禍女。女敝族也。敝衰壞也龍蛇喻奇怪○女音汝下同國多大寵。六卿專權不仁人間之。不亦難乎。余何愛焉。使往視寢。生叔虎。美而有勇力。欒懷子嬖之。故羊舌氏之族及於難。欒盈過於周。周西鄙掠之。劫掠財物。○間間廁之間於難乃旦反掠音亮辭於行人。王行人也曰。天子陪臣盈。諸侯之臣稱於天子曰陪臣得罪於王之守臣。范宣子爲王所命故曰守臣。○守手又反注同將逃罪。罪重於郊甸。重得罪於郊甸郊甸謂爲郊甸所侵掠也郭外曰郊郊外曰甸。○罪重直用反注同甸徒練反無所伏竄。敢布其死。布陳也。○竄七亂反昔陪臣書能輸力於王室。王施惠焉。輸力謂輔相晉國以翼戴天子。○相息亮反其子黶不能保任其父之勞。大君若不棄書之力。亡臣猶有所逃。大君謂天王。○任音壬【疏】注大君謂天王。○正義曰進言於王而稱大君知大君謂天王也大君君之大者故以爲天子易云大君有命亦謂天子也若棄書之力。而思

纍之罪。臣戮餘也。罪戮之餘。將歸死於尉氏。尉氏，討姦之官。不敢還矣。敢布四體，唯大君命焉。布四體，言無所隱。【疏】注尉氏討姦之官。○正義曰：歸死尉氏，猶言歸死於司敗，明尉氏主刑人，故爲討姦之官。周禮司寇之屬無尉氏之官，蓋周室既衰，官名改易，於時有此官耳。其司敗亦非周禮之官名也。王曰：九而效之，其又甚焉。晉逐盈而自掠之，是效九。○效，或作傚，戶教反。使司徒禁掠欒氏者。歸所取焉。使候出諸轘轅。候，送迎賓客之官也。轘轅關在緱氏縣東南。○轅音袁。【疏】使司至氏者。○正義曰：周官司寇掌詰姦慝刑暴亂，當使司寇，而此云司徒者，以司徒掌會萬民之卒伍，以起徒役，以比追胥，以此追寇盜，是其所掌。獲得罪人，乃使司寇刑之耳。○冬，曹武公來朝，始見也。即位三年，始來見公。○會於商任，錮欒氏也。禁錮欒盈，使諸侯不得受。○錮音固。齊侯、衛侯不敬。叔向曰：二君者必不免。會朝，禮之經也；禮，政之輿也；政須禮而行。政，身之守也；政存則身安。怠禮失政，失政不立，是以亂也。爲二十五年齊弒光、二十六年衛弒剽傳。○弒，申志反，下同。剽，匹妙反。【疏】會朝至亂也。○正義曰：經，訓常也，法也。會以訓上下之則，朝以正班爵之義，是會朝爲禮之常法也。政待禮而行，猶人須車以載，禮是政之車輿也。禮運云：政者，君之所以藏身也。言政行於外，身藏其中，政是身之所守也。怠慢於禮則政無車，無車則政不行，是失政也。君既失政，則身無所守，失政則身不立，是其所以亂也。○知起、中行喜、州綽、邢蒯出奔齊。四子，晉大夫。○知音智。行，戶郎反。蒯，苦怪反。【疏】注四子晉大夫。○正義曰：國語陽畢對公，公許諾，盡逐羣賊，此謂也。皆欒氏之黨也。欒王鮒謂范宣子曰：盍反州綽、邢蒯，勇士也。宣子曰：彼欒氏之勇也，余何獲焉？言不爲已用。王鮒曰：子爲彼欒氏，乃亦子之勇也。言子待之如欒氏，亦爲子用也。【疏】子爲至勇也。○正義曰：子斥宣子也。子能爲彼欒氏待遇其人，如欒氏，彼荷子之恩，乃亦爲子之勇矣。○齊莊公朝，指殖綽、郭最曰：是寡人之雄也。州綽曰：君以爲雄，誰敢不雄？然臣不敏，平陰之役，先二子鳴。十八年晉伐齊及平陰，州綽獲殖綽、郭最，故自比於雞鬭勝而先鳴。○先，悉薦反。莊公爲勇爵。設爵位以命勇士。殖綽、郭最欲與焉。自以爲勇。○欲與音預，下同。州綽曰：東閭之役，臣左驂迫，還於門中，識其枚數。識門版數，亦在十八年。○枚，本亦作板。【疏】識其枚數。○正義曰：十八年傳云：以枚數闔。枚謂馬撾，以馬枚數門扇之板。此云識其枚數，枚謂門扇之枚。彼時數得其數，則二枚不同。今人數物猶云一枚二枚也。其可以與於此乎？公曰：子爲晉君也。對曰：臣爲隸新。言但爲僕隸尚新耳。○子爲，于僞反。然二子者，譬於禽獸，臣食其肉而寢處其皮矣。言嘗射得之。○射，食亦反。

春秋左傳注疏卷三十四挍勘記　阮元撰盧宣旬摘録

附釋音春秋左傳注疏卷第三十四　襄十九年盡二十一年

經十九年

十九年公至自伐齊　宋本無十九年三字

爲其亟伐　宋本伐下有也字

以郭水爲界也　宋本淳熙本岳本纂圖本閩本監本毛本郭作漷是也

漷水出東海合鄉縣　各本作海宋本誤作北

十七年自盟于柯陵　閩本監本毛本自作同是也

泰山南武城縣　錢大昕云續漢志宋齊隨志皆作南城晉書列傳中亦無武字唯志有之係誤衍杜注哀十四年傳作南城劉昭注續漢志引注文亦是南城此武字必後人誤加也

傳十九年

督揚即祝柯也　淳熙本揚作楊非也

傳注郱田至郱田　宋本無傳字以下正義三節揔入賦六月注下

唯無完輅　宋本淳熙本岳本纂圖本毛本完作先

荀偃癉疽　案玉篇疽字下引左氏傳云荀偃疸疽生瘍於頭疽惡創也亦作癉

不可含　顧炎武云石經含誤作唅案石經此處刓缺所據乃王堯惠刻也釋文云含本亦作唅下同論衡死僞篇李注文選潘安仁馬汧督誄引並作唅字案唅乃俗字含乃古字許氏說文則作琀

其爲未卒事於齊故也乎　石經也字起一行計十二字惜碑刓缺不可考矣

所不嗣事于齊者　顧炎武云石經事誤是案石經事字上半尚存炎武誤

其天下輯睦　釋文云輯本又作集李注文選王元長永明十二年策秀才文引傳作集睦案集輯古字通○按此節注下有百穀○正義曰穀之種類極多言百舉成數也疏文一段宋本誤在上節正義略言其病刓耳之下各本皆脫

作林鍾而銘魯功焉　石經宋本淳熙本岳本纂圖本閩本監本毛本鍾作鐘注同

注林鍾律名鑄鍾聲應林鍾因以爲名　各本鍾作鐘下同宋本律名鑄鍾聲應林鍾因以十字作至字以下正義二節揔入亡之道也注下

古之神聲　宋本聲作瞽與國語合

天子令德　顧炎武云石經天誤夫案石經此處刓缺所據乃謬刻也

當言時既功時計功　案時既功三字衍文宋本監本毛本無

亡之道也　石經之字下後人旁增之字非也

鬷聲姬　纂圖本監本毛本鬷作鬷非也

遂專大子光　(補)諸本專作東專字誤也今改正

廢而徙之東鄙　淳熙本徙誤徒

注終言之　宋本以下正義三節揔入禮也注下

故傳終言之　宋本故下有知字

還若事未畢之辭也　浦鏜正誤若作者考文同與穀梁合

宜樿帷而歸命乎　宋本閩本監本毛本樿作墠是也

范宣子言於晉侯　各本作於詩周頌臣工正義引作言諸晉侯

而勸之濟涇　宋本濟字空缺

與比並賜諸侯之卿　閩本亦作比宋本監本毛本作此是也今正

故言其用無常也　宋本無作非

膏肓何休以天子車稱大路也　案一本改作何休膏肓是

守手反　(補)諸本手下有又字

士子孔亦相親也　石經宋本士作二不誤

司徒孔實相子革子良之室也　石經徒字下後人旁增子字非

司徒孔與三父相親　宋本淳熙本岳本纂圖本毛本三作二是也監本二字模糊今依改

見衛至乃登　宋本以下正義二節揔入酟衛于軍句下

服虔引彭仲博云　閩本監本毛本博云作傳文非也

仲博以爲齊侯號衛　閩本監本毛本博誤傳

徐晃與闞羽對語　毛本晃作晃非也

又鑄其器爲鍾　宋本淳熙本岳本纂圖本閩本監本毛本鍾作鐘

注四章至救助　宋本此節正義在乃城武城句下

文一十三年　宋本無一字是也

穆叔曰　石經宋本淳熙本岳本纂圖本足利本叔下有歸字是也

注屨猶拔也宋本此節正義在必不有其宗注下
已人皆不愛宋本無己字是也
經二十年
今名繁汙水經注五引注文作繁淵云澶淵即繁淵也
二十年注稱弟明無罪也宋本無二十年三字
叔孫如齊補明監本毛本叔孫作叔老孫字誤也今改正
傳二十年
傳盟于至故也宋本無傳字毛本于下有向字此節正義宋本在齊成故也注下
恐黃偪奪其政淳熙本奪作達非也
先君與於踐土之盟石經先字上後人旁加吾字非也
徵發無準宋本準作准非也
注稱弟至二慶宋本此節正義在是無天也注下
齊子初聘于齊禮也淳熙本于作於非也
賦常棣之七章以卒釋文亦作常石經此處剜缺淳熙本作棠非
樂爾妻帑岳本帑作孥淳熙本樂上衍故字
賦魚麗之卒章宋本此節正義在臣不堪也注下
喻武子奉使能爲國光輝岳本輝作暉淳熙本纂圖本閩本監本毛本輝作煇
若不能石經能字下後人旁加掩字非也
不來食矣足利本閩本監本矣誤也
經二十一年
邾庶其以漆閭丘來奔釋文云漆本或作涞○補釋文挍勘記盧文弨本涞作漆攷證云舊作涞梁仲子云韓勑禮器碑涞不水解涞亦漆字知作涞爲誤案引韓勑碑非也陸氏因泰來字相混已久正謂或從來作涞也○案盧本涞作漆上從亡不從土是也
二邑在高平南陽至之辭毛本作二邑在高至內外之辭宋本無在高平南陽五字
以並不審宋本監本毛本並作示是也○補宋本此因下行並不審其處相涉而誤也今依改正
趙鞅補鐘正誤趙上增晉字是也
據其至魯爲奔文是也宋本奔作弃
明其來是叛也宋本來作亦不誤
文八年監本毛本文誤又

庚辰朔日有食之此本脫日字據石經宋本淳熙本岳本纂圖本閩本監本毛本補
傳二十一年
成二年至此二十八歲補案二十當作三十諸本皆不誤今依改
成九年監本毛本九作元非也
傳注計公至二人毛本無傳字公下有年字宋本作注計公至二人以下正義六節摠入重地也注下
安可以妻庶期宋本閩本監本毛本期作其案漢書地理志作邾庶期
吾謂國中纂圖本監本毛本國中誤倒
衣裳劒帶纂圖本毛本劒作劍
民之歸也足利本記云歸上異本有所字非也
言帝念也宋本淳熙本岳本纂圖本毛本也作功是也今依正
故與尙書本文稍殊也宋本無也字
其人書則惡名彰足利本彰作章
公侯伯子男宋本閩本監本毛本作伯此本誤侯今訂正
周官具有等差毛本具誤其
諸侯大國之卿閩本監本誤夫
則邾莒杞鄫之屬宋本鄫作鄶
邾卑我之等閩本監本卑作畀
終有弒殺之禍盧文弨云弒殺不成文當本是見殺而後人注弒字於殺字旁傳寫者誤以改見爲弒也釋文殺音申志反陳樹華以釋文爲或有誤非也
重繭衣裘宋爾雅釋言袍繭也郭注引作重繭衣裘說文繭字注春秋傳曰盛夏重繭
繭緜衣淳熙本緜作綿俗字此本作錦尤誤今正
注繭緜衣宋本此節正義在乃使子南爲令尹注下
纊謂今之新緜縕謂今纊及舊絮也毛本謂並作爲非也閩本監本下謂字亦作爲
十四年欒黶彊逐范鞅使奔秦宋本足利本彊作强淳熙本閩本監本作彊非也
以范至政矣宋本以下正義十一節摠入使候出諸轘轅注下
其家衰弱閩本監本毛本衰作喪宋本作衰
秋欒盈出奔楚閩本監本亦脫秋字據石經宋本淳熙本岳本纂圖本毛本補
叔羆石經及諸本作羆監本作罷釋文同
論逞志而虧君以亂國者之後而去之補鐘正誤論作掄案晉語作掄

而使祁午宋本閩本監本毛本祁作祈非也
有覺德行禮記緇衣引詩作有梏德行鄭注云梏大也
聖有謩勳釋文云勳書作訓
當明定安之宋本淳熙本岳本足利本明下有信字是也
行本當作訓宋本行作則是也
流共工于幽州宋本州作洲非案文十八年正義及孟子萬章篇禮記射義注引書皆作州段玉裁云今尙書作洲者衞包以俗字改也
孔安國云作者敘典刑宋本者下有先字
皆言誅鯀乃舉禹閩本監本毛本乃作而
故王肅雖云宋本雖作難是也
改梅而復之宋本淳熙本岳本纂圖本閩本監本毛本梅作悔不誤
世本紀文也閩本監本毛本紀作記
叔向之母妬叔虎之母美而不使毛本妬作妒案說文妒字注婦妒夫也干祿字書以妒爲正非也今石經及諸本並作妬石經使字下旁增視寢二字按視寢二字依王充論衡言毒篇所引增入不足爲據也
實生龍蛇石經初刻虵後改蛇下同
不仁人閒之石經不字上後人旁加而字
欒盈過於周石經過字上有奔楚二字盈字下旁有出字案周禮侯人正義引作晉欒盈出奔楚過周此出字似非後人所加也
周西鄙掠之石經鄙字下後人旁加人字非也
大君君之大者毛本下大字誤太
官名改易閩本監本改易誤倒
以此追胥宋本此作比是也
政侍禮而行宋本侍作待不誤閩本監本毛本作恃
身藏其忠宋本監本毛本忠作中是也
注四子晉大夫宋本以下正義三節摠入寢處其皮矣注下
此謂也宋本作謂此也
晉伐齊及平陰宋本淳熙本岳本纂圖本監本毛本並作及此本及閩本作反今訂正
識門版數淳熙本岳本版作板
以馬枚數門扇之板此云識其枚數枚謂門扇之板閩本監本毛本脫此云識其枚數枚謂門扇之板十二字

附釋音春秋左傳注疏卷第三十五 襄二十二年盡二十四年

杜氏注　孔穎達疏

經二十有二年。春。王正月。公至自會。無傳○夏。四月。○秋。七月。辛酉。叔老卒。無傳子叔齊子○冬。公會晉侯、齊侯、宋公、衛侯、鄭伯、曹伯、莒子、邾子、薛伯、杞伯、小邾子、于沙隨。公至自會。無傳○楚殺其大夫公子追舒。書名者寵近小人貪而多馬爲國所患○近附近之近

傳二十二年。春。臧武仲如晉。公頻與晉侯外會今各將罷還魯之守卿遣武仲爲公謝不敏故不書○守手又反爲公于僞反〔疏〕注頻與晉侯外會至故不書○正義曰經書正月公至自會則武仲初發公仍未至傳言武仲如晉正爲御叔傲使不論聘晉之意故杜原公之未歸而遣使使又不書於經知是魯之守臣使適晉也二十六年鄭伯朝晉而歸使公孫夏聘不敬知此亦是爲公謝不敏非公命故不書也服虔云武仲非卿故不書前年傳武仲爲司寇後年出奔書於經此年不得云非卿也雨。過御叔。御叔在其邑。將飲酒。御叔魯御邑大夫○過古禾反御叔魚呂反又魚據反曰。焉用聖人。武仲多知時人謂之聖○焉於虔反知音智又如字〔疏〕注武仲至之聖○正義曰周禮大司徒以鄉三物教萬民一曰六德知仁聖義忠和鄭玄云聖通而先識也尚書洪範云睿作聖者通識之名時人見其多知故以聖人言之非爲武仲實是大聖也尚書稱惟狂克念作聖惟聖罔念作狂詩稱人之齊聖皇父孔聖母氏聖善皆非大聖也我將飲酒而已。雨行。何以聖爲。穆叔聞之。曰。不可使也。而傲使人。言御叔不任使四方○傲五報反使人所吏反注同任音壬國之蠹也。令倍其賦。古者家有國邑故以重賦爲罰傳言穆叔能用教○蠹丁故反〔疏〕注古者至用教○正義曰周禮大司徒云凡建邦國諸公之地方五百里其食者半諸侯之地方四百里諸伯之地方三百里其食者三之一諸子之地方二百里諸男之地方百里其食四之一鄭玄云其食者半三之一四之一者土均邦國地貢輕重之等必足其國禮俗喪紀祭祀之用乃貢其餘大國貢重正之也小國貢輕字之也此是諸侯之國貢王之差也司勳職云凡頒賞地三之一食鄭玄云賞地之稅三分計稅王食其一二全入於臣此采邑貢王之數也然則諸侯之臣受其采邑者亦當三分之一而歸於公故云古者家其國邑言以國邑爲已之家有貢於公者是減已而貢之故以重賦爲罰言重倍其賦當以三分而二入公也○夏。晉人徵朝于鄭。召鄭使朝鄭人使少正公孫僑對。少正鄭卿官也公孫僑子產○少詩照反注及下少年同僑其驕反〔疏〕注少正鄭卿官也○正義曰十九年傳云立子產爲卿知少正是鄭之卿官名也春秋之時官名變改周禮無此名也曰。在晉先君悼公九年。我寡君於是即位。魯襄八年即位八月。即位年之八月而我先大夫子駟從寡君以朝于執事。執事不禮於寡君。言朝執事謙不敢斥晉侯寡君懼。因是行也。我二年六月。朝于楚。因朝晉不見禮生朝楚心晉是以有戲之役。在九年○戲許宜反楚人猶競而申禮於敝邑。敝邑欲從執事。而懼爲大尤。曰。晉其謂我不共有禮。是以不敢攜貳於楚。我四年三月。先大夫子蟜又從寡君以觀釁於楚。實朝言觀釁飾辭也言欲往視楚知可去否○共音恭下共祀同釁許覲反晉於是乎有蕭魚之役。在十一年謂我敝邑。邇在晉國。譬諸草木。吾臭味也。晉鄭同姓故而何敢差池。差池不齊一○差初宜反又初佳反一音七河反池徐本作沱直知反一音徒何反注同楚亦不競。寡君盡其土實。土地所有重之以宗器。宗廟禮樂之器鍾磬之屬○重直用反以受齊盟。齊同也遂帥羣臣隨于執事。以會歲終。朝正〔疏〕注朝正也○正義曰言以會歲終則歲事終以至正月朝正也朝正二十九年傳文也貳於楚者。子侯、石盂。歸而討之。石盂石臭○盂音于臭勑畧反溴梁之明年。溴梁在十六年子蟜老矣。公孫夏從寡君以朝于君。見於嘗酎。酒之新熟重者爲酎嘗新飲酒爲嘗酎○夏戶雅反下同見賢遍反又如字酎直又反〔疏〕注酒之至嘗酎○正義曰月令孟夏天子飲酎用禮樂鄭玄云酎之言醇也謂重釀之酒也春酒至此始成與羣臣以禮樂飲之於朝正尊卑也彼言飲酎當是夏祭之後此言嘗酎謂見於夏祭故云與執膰焉謂祭末受胙肉也與執燔焉。助祭○與音預燔作膰音煩祭肉也又間二年。聞君將靖東夏。謂二十年澶淵盟○間間廁之間又如字四月。又朝以聽事期。先澶淵二月往朝以聽會期○先悉薦反不朝之間。無歲不聘。無役不從。以大國政令之無常。國家罷病。不虞荐至。荐仍也○罷音皮荐在薦反無日不惕。豈敢忘職。惕懼也○惕他歷反大國若安定之。其朝夕在庭。何辱命焉。言自將往不須來召○朝如字若不恤其患。而以爲口實。口實但有其言而已〔疏〕注口實至而已○正義曰但有微責之言實出於口也服虔云實謂譴讓也其無乃不堪任命。而翦爲仇讎。翦削也謂見剝削不堪命則成仇讎敝邑是懼。其敢忘君命。委諸執事。執事實重圖之。傳言子產有辭所以免大國之討○秋。欒盈自楚適齊。晏平仲言於齊侯曰。商任之會。受命於晉。受錮欒氏之命今納欒氏。將安用之。小所以事大。信也。失信不立。君其圖之。弗聽。退告陳文子曰。君人執信。臣人執共。忠信篤敬。上下同之。天之道也。君自棄也。弗能久矣。爲二十五年齊弒其君光傳○九月。鄭公孫黑肱有疾。歸邑于公。黑肱子張肱古宏反召室老宗人。立段。段子石黑肱子而使黜官薄祭。黜官無多受職祭以特羊。殷以少牢。四時祀以一羊三年盛祭以羊豕殷盛也〔疏〕注四時至盛也○正義曰少牢饋食禮者諸侯之大夫時祭之禮也是時祭用少牢今公孫黑肱使黜官薄祭故時祭用特羊殷祭乃少牢諸侯之大夫止用少牢而禮器云君子大牢而祭謂之禮匹士大牢而祭謂之攘鄭玄云君子謂大夫以上是大夫祭有用大牢時也又雜記云上大夫之虞也少牢卒哭成事祔皆大牢據此二文大夫得用大牢者禮器之文據天子大夫故也雜記據喪祭故進用等士喪禮士虞用少牢是也大夫無禘祫而而云殷三年祭者禮記言大夫有善於君祫及五世是大夫有功或得禘祫也劉炫云禮器云君子大牢而祭謂之禮匹士大牢而祭謂之攘鄭玄云君子謂大夫以上是大夫祭有用大牢時也雜記云大夫之虞也皆少牢卒哭與祔皆大牢喪祭有大牢明吉祭亦有也此言特羊必是時祭殷以少牢明是三年一爲大祭猶天子諸侯禘祫也禮大夫時祭少牢大祭大牢今黑肱全減之盛也足以共祀。盡歸其餘邑。曰。吾聞之。生於亂世。貴而能貧。民無求焉。可以後亡。敬共事君。與二三子。生在敬戒。不在富也。己巳。伯張卒。君子曰。善戒。詩曰。慎爾侯度。用戒不虞。鄭子張其有焉。詩大雅侯維也義取慎法度戒未然○盡歸津忍反凡此例可求故特音之〔疏〕詩曰至有焉○正義曰詩大雅抑之篇侯維也言謹慎爾身唯在依法度用此以戒不億度之事鄭子張其有此詩之義焉言生在敬戒是慎法度也貴而能貧是戒不虞也○冬。會于沙隨。復錮欒氏也。晉知欒盈在齊故復錮也○復扶又反注同下復使下注復生不復行皆同欒盈猶在齊。晏子曰。禍將作矣。齊將伐晉。不可以不懼。爲明年齊伐晉傳○楚觀起有寵於令尹子南。未益祿而有馬數十乘。言子南偏寵觀起令富○數所主反乘繩證反令力呈反楚人患之。王將討焉。子

南之子棄疾爲王御士。御王車者。王每見之，必泣。棄疾曰：「君三泣臣矣，敢問誰之罪也？」王曰：「令尹之不能，爾所知也。國將討焉，爾其居乎？」問能止事我否。對曰：「父戮子居，君焉用之？洩命重刑，臣亦不爲。」漏泄君命，罪之重。○焉，於虔反，下焉入同。泄，息列反，又以制反。王遂殺子南於朝，轘觀起於四竟。轘，車裂以徇。○轘音患。竟音境，下同。子南之臣謂棄疾：「請徙子尸於朝。」欲犯命取殯。○殯，必刃反。曰：「君臣有禮，唯二三子。」不欲犯命移尸。三日，棄疾請尸，王許之。既葬，其徒曰：「行乎？」行，去也。曰：「吾與殺吾父，行將焉入？」曰：「然則臣王乎？」曰：「棄父事讎，吾弗忍也。」於事是讎，於實是君。遂縊而死。傳譏康王與人子謀其父，失君臣之義○故雖謂讎而不敢報。○與音預。殺如字，一音試。縊，一賜反。復使薳子馮爲令尹，公子齮爲司馬，屈建爲莫敖。屈建，子木也。○齮，五綺反。屈，居忽反。有寵於薳子者八人，皆無祿而多馬。他日朝，與申叔豫言，弗應而退。從之，又於人中。申叔辟薳子，不欲與語。○應，應對之應。又從之，遂歸。退朝，見之，薳子就申叔家見之。曰：「子三困我於朝，吾懼，不敢不見。吾過，子姑告我，何疾我也？」對曰：「吾不免是懼，何敢告子？」言恐與子并罪，故不敢與子語。○不見，賢遍反。曰：「何故？」對曰：「昔觀起有寵於子南，子南得罪，觀起車裂。何故不懼？」自御而歸，不能當道。薳子惶懼，意不在御。至，謂八人者曰：「吾見申叔夫子，所謂生死而肉骨也。已死復生，白骨更肉。知我者，如夫子則可。夫子謂申叔也。如夫子，謂以義匡己。不然，請止。」止不相知。辭八人者，而後王安之。辭，遣之。○十二月，鄭游眅將歸晉。游眅，公孫蠆子。○眅，普板反。未出竟，遭逆妻者，奪之，以館于邑。舍止其邑，不復行。丁巳，其夫攻子明，殺之，以其妻行。十二月無丁巳，丁巳，十一月十四日也。子展廢良而立大叔，良，游眅子。大叔，眅弟。○大音泰。曰：「國卿，君之貳也，民之主也，不可以苟。請舍子明之類。」子明有罪，而良又不賢故。○舍音捨。求亡妻者，使復其所。使游氏勿怨，鄭國不討專殺之人，所以抑強扶弱，臨時之宜。曰：「無昭惡也。」交怨則父之不脩益明也。〔疏〕注「交怨至明也」○正義曰：若游氏報殺此人，則人知其父被殺，其父所以見殺，爲奪人妻故也。報殺則人知其父，是父之行不脩益明也。

經二十有三年，春，王二月癸酉朔，日有食之。無傳。○三月己巳，杞伯匄卒。五同盟。○匄，古害反。〔疏〕二十三年注五同盟○正義曰：匄以十年即位，九年盟于戲，十一年于亳城北，十六年于湨梁，十九年于祝柯，二十年于澶淵，皆魯杞俱在，是五同盟。○夏，邾畀我來奔。無傳。畀我，是庶其之黨，同有竊邑叛君之罪，來奔，故書。○畀，必利反。〔疏〕注「畀我至故書」○正義曰：杜從賈說，以爲庶其之黨，同有竊邑叛君之罪。劉炫規過云：杜此注云庶其之黨，庶其奔魯三年，若是其黨，邾人即應討之，何因至今始奔？庶其以邑奔魯，魯人還以賜之，畀我不得彼邑，竊邑之狀復何在焉？釋例又曰：小國之卿，或命而禮儀不備，或未加命數，故不書之。邾畀我之等，其奔亡亦多，所書唯數人而已，知其合制者少也。如彼所說，又以畀我是卿，何爲兩說自相矛楯乎？炫以爲釋例是集解非，今刪定知不然者，原杜之意，以二十一年邾庶其竊邑來奔，去此既近，邾更無事，今畀我來奔，必是庶其之黨，同有竊邑叛君之罪。春秋之例，命卿有罪出奔，皆書名。畀我書名，罪其與庶其同黨，非謂畀我非命卿，與釋例不違。劉不曉杜旨，妄爲規，非也。○葬杞孝公。無傳。○陳殺其大夫慶虎及慶寅。書名，皆罪其專國叛君。言及，使異辭，無義例。〔疏〕注「書名至義例」○正義曰：被殺書名，是罪之文，故以專國叛君爲二慶罪狀。成十七年晉殺其大夫郤錡、郤犨、郤至，哀四年蔡殺其大夫公孫姓、公孫霍，皆不言及。文九年晉殺其大夫士縠及箕鄭父，與此並言及，傳無其說，知是史異辭，無義例也。○陳侯之弟黃自楚歸于陳。諸侯納之曰歸，黃至楚自理，得直，欲爲楚所納。○晉欒盈復入于晉，以惡入曰復入。○復，扶又反，注同。入于曲沃。兵敗奔曲沃，據曲沃衆還與君爭，非欲出附他國，故不言叛。○還，戶關反。爭，爭鬪之爭。〔疏〕注「兵敗至言叛」○正義曰：案傳，欒盈潛入曲沃之甲以入晉都，及敗，又入于曲沃。潛入之時，晉人不覺，及敗後更入，晉人以其狀告，故先書復入于晉，後言入于曲沃，謂其後入，故云兵敗奔曲沃也。不言叛者，叛謂以邑叛屬他國，欒盈既入曲沃，據曲沃之衆與君戰爭，兵敗而死，終亦不附他國，故不言叛也。然則昭二十一年宋華亥入于宋南里以叛，定十一年宋公之弟辰入于蕭以叛，十三年晉趙鞅入于晉陽以叛，荀寅入于朝歌以叛，皆非叛屬他國，而並書叛者，彼皆與國相距，不勝而即出奔，得歸乃言復，國皆有叛屬他國之意，故本國皆以叛告。此欒盈與君爭，勝不勝即死，未有叛屬他國之意，故晉人不以叛告也。○秋，齊侯伐衛，遂伐晉。兩事，故言遂。〔疏〕注「兩事故言遂」○正義曰：遂者，因上事生下事之辭，是兩事，故曰遂。僖二十八年晉侯侵曹，晉侯伐衛，亦是一舉而爲兩事，不言遂者，於彼注云：再舉晉侯者，曹衛兩來告。然則此言遂者，齊人來告，以齊告爲文，故乃言遂也。

○八月，叔孫豹帥師救晉，次于雍榆。豹救晉，待命于雍榆，故書次。雍榆，晉地，汲郡朝歌縣東有雍城。○雍，於用反。朝如字。○己卯，仲孫速卒。孟莊子也。○冬十月乙亥，臧孫紇出奔邾。書名者，阿順季氏，爲之廢長立少，以取奔亡，罪之。○爲，于僞反。長，丁丈反。少，詩照反。〔疏〕注「書名至罪之」○正義曰：書名是罪之文。案傳紇爲孟氏所譖，其奔非紇之罪，故杜以阿順季氏廢長立少爲紇之罪狀也。○晉人殺欒盈。○齊侯襲莒。輕行掩其不備曰襲。因伐晉還襲莒，不言遂者，間有事。○輕，遣政反。〔疏〕注「輕行掩其不備曰襲因伐晉還至有事」○正義曰：莊二十九年傳例曰：凡師有鐘鼓曰伐，無曰侵，輕曰襲。是輕者舍其輜重，倍道輕行，掩其不備曰襲。傳言齊侯還自晉，不入，遂襲莒。經不言遂者，間有他事故也。若然，僖六年夏公會齊侯云云伐鄭，秋楚人圍許，諸侯遂救許；二十八年公會晉侯云云于溫，天王狩于河陽云云，諸侯遂圍許，彼亦間有他事而言遂者，兩事言遂，取其省文。彼二者公皆親在，事不待告，故遂承上事，摠言諸侯遂行。此書齊事，雖告稱遂行襲莒，亦不可書遂，爲間有數事與前文隔絕故也。

傳二十三年春，杞孝公卒，晉悼夫人喪之。悼夫人，晉平公母，杞孝公姊妹。○喪如字，徐息浪反。平公不徹樂，非禮也。徹，去也。○去，起呂反。禮，爲鄰國闕。禮，諸侯絕期，故以鄰國責之。○爲，于僞反，下注爲召、下而爲注同。期，居其反。〔疏〕傳注「禮諸侯至責之」○正義曰：杞孝公，晉平公之舅也，尊同則相爲不降，平公於禮爲舅當服緦麻三月。但緦服既輕，其恩不過鄰國，故傳言禮爲鄰國闕也。杜言諸侯絕期者，據禮之正法，言諸侯尊，降其親，雖有本服，賜者亦當爲之闕，故以鄰國責之。禮，父在爲母服期，喪絕旁期，非母也。○陳侯如楚，朝也。公子黃愬二慶於楚，楚人召之。二慶，慶虎及寅也。二十年，二慶譖黃，黃奔楚，自理。今陳侯往楚，乃信黃，爲召二慶。○愬，息路反。使慶樂往，殺之。慶樂，二慶之族。二慶畏誅，故不敢自往。○使慶樂往絕句。慶氏以陳叛。因陳侯在楚而叛之，不書叛，不以告。夏，屈建從陳侯圍陳。陳人城，治城以距君。屈建，楚莫敖。○從，才用反，又如字。板隊而殺人。役人相命，各殺其長。慶氏忿其板隊，遂殺築人，故役人怒而作亂。○隊，直類反，注同。長，丁丈反。遂殺慶虎、慶寅。楚人納公子黃。君子謂慶氏不義，不可肆也。肆，放也。故書曰：「惟命不于常。」周書康誥，言有義則存，無義則亡。〔疏〕「君子至于常」○正義曰：杜言慶氏以陳叛，叛不書，不以告，則傳載君子之言，其意不爲經也。君子自論慶氏之罪，所爲不義，不可放肆，以爲宜其誅滅，故引尚書康誥言天命之不于常，有義則存，無義則亡。慶氏族有二卿，爲不義之故而並喪亡，故君子論其事傷之也。服虔以爲傳發此言，爲不書慶氏以陳叛，爲楚所圍，稱國以殺，不成惡人，肆其志也。服意見元年圍宋彭城，追書繫宋，不登叛人，謂此亦宜然。

故爲此解然叛是大罪若書爲叛其惡益明何當匿其罪名謂之不可肆也若慶氏不可放肆故不書其叛則林父華亥趙鞅荀寅之徒豈皆可使放肆而書其叛乎且傳文不言書經之意知之不爲經也故杜以爲叛不告故不書耳○

晉將嫁女于吳。齊侯使析歸父媵之。以藩載欒盈及其士。藩車之有障蔽者使若媵妾在其中○析星歷反媵以證反又繩證反藩方元反注同障之亮反又音章〔疏〕晉將至媵之○正義曰晉將嫁女爲吳之夫人齊以女爲媵使析歸父送媵女於晉令與適俱行也禮媵同姓適異姓今晉嫁女於同姓齊以異姓爲媵皆非禮也而不言非禮者但傳本主說欒盈不言事之可否納諸曲沃。欒盈邑也欒盈夜見胥午而告之。胥午守曲沃大夫對曰。不可。天之所廢。誰能興之。子必不免。吾非愛死也。知不集也。集成也○知音智又如字盈曰。雖然。因子而死。吾無悔矣。我實不天。子無咎焉。言我雖不爲天所祐子無大咎故可因○咎其九反祐音又許諾。伏之而觴曲沃人。胥午匿盈而飲其衆○觴式羊反匿女力反飲於鴆反樂作。午言曰。今也得欒孺子何如。孺子欒盈對曰。得主而爲之死。猶不死也。皆歎。有泣者。爵行。又言。皆曰。得主何貳之有。盈出。徧拜之。謝衆之忠已四月。欒盈帥曲沃之甲。因魏獻子以晝入絳。獻子魏舒絳晉國都初。欒盈佐魏莊子於下軍。莊子魏絳獻子之父獻子私焉。故因之。私相親愛趙氏以原屏之難怨欒氏。成八年莊姬譖之欒郤爲徵○屏薄輕反難乃旦反韓趙方睦。韓起讓趙武故和睦中行氏以伐秦之役怨欒氏。十四年晉伐秦欒黶違荀偃命曰余馬首欲東而固與范氏和親。范宣子佐中行偃於中軍知悼子少而聽於中行氏。悼子知罃之子荀盈也少年十七知氏中行氏同祖故相聽從○知音智少詩照反注同〔疏〕注悼子至聽從○正義曰十三年傳云荀罃卒十四年傳言盈生六年而武子卒是其少也知悼子荀首之孫中行偃荀林父之曾孫首是林父之弟首爲知氏林父爲中行氏是同祖也悼子是荀偃二從叔父故相聽從計悼子年十六不得爲十七是故沈氏云後人傳寫誤劉炫以此而規杜氏非也程鄭嬖於公。鄭亦荀氏宗○嬖必計反〔疏〕程鄭嬖於公○正義曰鄭雖非卿亦是彊族言嬖於公見其不助欒氏唯魏氏及七輿大夫與之。七輿官名○輿音餘〔疏〕注七輿官名○正義曰僖十年傳言七輿大夫杜云侯伯七命副車七乘謂副車每車有一大夫主之則此七輿大夫杜亦爲主副車之官也劉炫云若是主公車則當情親於公不應曲附欒氏服虔云下軍輿帥七人炫謂服言是欒王鮒侍坐於范宣子。或告曰。欒氏至矣。宣子懼。桓子曰。奉君以走固宮。必無害也。桓子欒王鮒○鮒音附坐如字一音才卧反走如字一音奏且欒氏多怨。子爲政。欒氏自外。子在位。其利多矣。既有利權。又執民柄。賞罰爲民柄○柄彼命反〔疏〕且欒至民柄○正義曰欒氏多怨言易克既有爲利之權又執民之八柄也○注賞罰爲民柄○正義曰周禮大宰以八柄詔王馭群臣一曰爵二曰祿三曰予四曰置五曰生六曰奪七曰廢八曰誅此八者爵祿予置生是賞也奪廢誅是罰也賞罰二事分爲八名此時臨與敵戰雖賞罰而已故以賞罰言之鄭玄云柄所秉執以起事者也然則柄以器物爲喻若用斧之執其柄也將何懼焉。欒氏所得。其唯魏氏乎。而可強取也。夫克亂在權。子無懈矣。公有姻喪。夫人有杞喪○強其丈反下注強取同懈佳賣反〔疏〕注夫人有杞喪○正義曰隱元年傳說葬之節云士踰月外姻至則姻是外親之摠名杞孝公卒夫人有兄弟之服是有杞喪也傳言公有姻喪注言夫人有杞喪者下文樂王鮒使宣子墨縗冒絰詐爲夫人故也案經葬杞孝公之下始書欒盈復入于晉則欒盈之入在孝公葬後杜解諸侯既葬除服而夫人猶有服者葬杞孝公書曾使去之日欒盈入晉當在葬杞孝公之前故夫人猶有服故得詐爲之也王鮒使宣子墨縗冒絰。晉自殽戰還遂常墨縗○縗七雷反本又作衰同冒莫報反絰直結反冒絰以絰冒其首也一云縗冒絰三者皆墨之〔疏〕墨縗冒絰○正義曰夫人爲其兄弟當大功喪服大功布衰裳牡麻絰冒絰者言以絰冒其首也樂王鮒使宣子詐爲夫人孝服也二婦人輦以如公。恐欒氏有內應距之故爲婦人服而入奉公以如固宮。固宮宮之有臺觀備守者○觀古喚反守手又反〔疏〕奉公以如固宮○正義曰晉語云范宣子以公入于襄公之宮蓋襄公有別宮牢固故謂之固宮范鞅逆魏舒。用王鮒計欲強取之則成列既乘。將逆欒氏矣。趨進曰。欒氏帥賊以入。鞅之父與二三子在君所矣。二三子諸大夫○乘繩證反下驂乘超乘并注同使鞅逆吾子。鞅請驂乘。持帶。驂乘必持帶備隋隊○隋徒果反隊直類反遂超乘。跳上獻子車○跳他彫反上時掌反右撫劍。左援帶。劫之○援音袁命驅之出。僕請。請所至鞅曰。之公。宣子逆諸階。逆獻子也執其手。賂之以曲沃。恐不與己同心初。斐豹隸也。著於丹書。蓋犯罪沒爲官奴以丹書其罪○斐音非一音芳匪反〔疏〕注蓋犯至其罪正義曰周禮司厲職云其奴男子入于罪隸女子入于舂槀鄭玄云奴從坐而沒入縣官者男女同名杜用鄭說以無正文故云蓋以斐豹請焚丹書知以丹書其籍近世魏律緣坐配沒爲工樂雜戶者皆用赤紙爲籍其卷以鉛爲軸此亦古人丹書之遺法欒氏之力臣曰督戎。國人懼之。斐豹謂宣子曰。苟焚丹書。我殺督戎。宣子喜曰。而殺之。所不請於君焚丹書者。有如日。言不負要盟如日○督丁毒反乃出豹而閉之。閉著門外○著陟畧反督戎從之。踰隱而待之。隱短牆也督戎踰入。豹自後擊而殺之。范氏之徒在臺後。公臺之後欒氏乘公門。乘登也宣子謂鞅曰。矢及君屋。死之。鞅用劍以帥卒。用短兵接敵欲致死○卒子忽反欒氏退。攝車從之。鞅攝宣子戎車遇欒樂。欒盈之族曰。樂免之。死將訟女於天。言雖死猶不舍女罪○女音汝注同射之。不中。又注。注屬矢於弦也○射食亦反中丁仲反注之住反注同屬之玉反則乘槐本而覆。欒樂車轢槐而覆○槐音懷覆芳服反注同轢音歷或以戟鉤之。斷肘而死。欒魴傷。欒盈奔曲沃。晉人圍之。魴欒氏族○斷音短肘張九反〔疏〕注魴欒氏族○正義曰服虔云魴盈之子俱無文也計欒盈宣子之外孫胥午謂爲孺子未得有子已堪戰十九年欒魴已帥師伐齊必非欒盈子故杜以爲欒氏族世族譜欒魴爲欒氏族以欒樂爲雜人不知杜意何故也○秋。齊侯伐衛。先驅。穀榮御王孫揮。召揚爲右。先驅前鋒軍○揮許韋反召上照反申驅。成秩御莒恒。申鮮虞之傳摯爲右。申驅次前軍傳摯申鮮虞之子○鮮音仙之傳摯音至本或作申鮮虞之子傳摯〔疏〕申鮮虞之傳摯爲右○正義曰俗本多云申鮮虞之子今案注云傳摯申鮮虞之子若傳先有子字無煩此注故今定本皆無曹開御戎。晏父戎爲右。公御右也○晏父音甫貳廣。上之登御邢公。盧蒲癸爲右。貳廣公副車○廣古曠反注同邢音刑啓。牢成御襄罷師。狼蘧疏爲右。左翼曰啓○牢曾刀反一本作罕成罷音皮徐音彼一音皮買反狼音郎蘧其居反〔疏〕注左翼曰啓○正義曰左翼曰啓右翼曰胠賈逵以爲此言或當有成文也且此傳上下先驅申驅是前軍也大殿是後軍也明啓胠是在旁之軍說文云胠掖下也胠是在旁明矣凡言左右以左爲先知啓是左也名之曰啓或使之先行詩云以先啓行服虔引司馬法謀帥篇曰大前驅啓乘車大晨倅車屬焉大晨大殿也音相似如服言古人有名軍爲啓者胠。商子車御侯朝。桓跳爲右。右翼曰胠○胠起居反徐又音脅或起業反朝如字一音直遙反跳徒彫反大殿。商子游御夏之御寇。崔如爲右。大殿後軍○殿都練反注同夏戶雅反御魚呂反燭庸之越駟乘。四人共乘

殿車也。傳具載此言，莊公廢舊臣任武力。○騶，乘繩證反。自衛將遂伐晉。晏平仲曰。君恃勇力以伐盟主。若不濟。國之福也。不德而有功。憂必及君。崔杼諫曰。不可。臣聞之。小國間大國之敗而毀焉。必受其咎。君其圖之。弗聽。陳文子見崔武子。文子，陳完之孫須無。武子，崔杼也。○間，間廁之間。又如字。咎，其九反。曰。將如君何。武子曰。吾言於君。君弗聽也。以爲盟主。而利其難。羣臣若急。君於何有。言有急不能顧君，欲弑之以說晉。○難，乃旦反。弑，申志反，下同。說音悅，一音如字。子姑止之。文子退。告其人曰。崔子將死乎。謂君甚而又過之。弑君之惡過於背盟主。○背音佩。不得其死。過君以義。猶自抑也。況以惡乎。自抑損。齊侯遂伐晉。取朝歌。朝歌今屬汲郡。爲二隊。入孟門。登大行。二隊，分兵爲二部。孟門，晉隘道。大行山在河內郡北。○隊，徒對反，徐徒猥反。大音泰。行，徐戶郎反，一音如字。隘，於解反。張武軍於熒庭。張武軍謂築壘壁。熒庭，晉地。○熒，戶扃反。庭音庭，本亦作廷。壘，力軌反。壁亦作辟，音壁。【疏】注「張武」至「壘壁」。○正義曰：宣十二年傳稱楚既戰勝，潘黨請築武軍；昭十三年傳子干帥陳蔡之師入楚，陳蔡請爲武軍，蔡公曰欲速，且役病矣，請藩而已，乃藩爲軍。以此知武軍謂築壘壁也。張謂張設築作之具。服虔云張設旗鼓也。戍郫邵。取晉邑而守之。○郫，婢支反。封少水。封晉尸於少水以爲京觀。○少，詩照反，地名，下注孟氏之少立少同。觀，官喚反。以報平陰之役。乃還。平陰役在十八年。趙勝帥東陽之師以追之。獲晏氂。趙勝，趙旃之子。東陽，晉之山東，魏郡廣平以北。晏氂，齊大夫。○勝音升，一音申證反。氂，力之反，徐音來。【疏】注「趙勝」至「大夫」。○正義曰：昭二十二年傳曰荀吳略東陽，遂襲鼓，滅之。鼓在鉅鹿，居山之東，山東曰朝陽，知東陽是寬大之語，揔謂晉之山東，故爲魏郡廣平以北。二年齊晏弱城東陽以偪萊，哀八年吳伐魯，克東陽而晉齊魯皆有東陽，名同而實異。服虔以東陽爲魯邑，謬之甚矣。東陽之師謂下文叔孫豹所帥者也。八月。叔孫豹帥師救晉。次于雍榆。禮也。救盟主，故曰禮。【疏】注「救盟主故曰禮」。○正義曰：公羊傳曰：曷爲先言救而後言次？先通君命也。僖元年齊師、宋師、曹師次于聶北救邢，公羊傳曰：曷爲先言次而後言救？君也。其意言君則進止自由，故先次後救；臣則先通君命，故先救後次。賈氏取以爲說，謂此傳云禮者，言其先救後次爲得禮也。釋例曰：所記或次在事前，次以成事也；或次在事後，事成而次也。皆隨事實，無義例也。叔孫豹次于雍榆，傳曰禮者，善其宗助盟主，非以次爲禮也。齊桓次于聶北救邢，亦存邢具其器用，師人無私，見善不在次也。杜以此故言救盟主，故曰禮，所以明異舊說也。○季武子無適

子。公彌長。而愛悼子。欲立之。公彌，公鉏。悼子，紇也。○適，丁歷反。長，丁丈反，下皆同。鉏，仕居反。紇，恨發反。訪於申豐曰。彌與紇。吾皆愛之。欲擇才焉而立之。申豐趨退。歸。盡室將行。申豐，季氏屬大夫。○他日又訪焉。對曰。其然。將具敝車而行。其然，猶必爾。○敝，婢世反，徐扶滅反。乃止。止不立紇。訪於臧紇。臧紇曰。飲我酒。吾爲子立之。季氏飲大夫酒。臧紇爲客。爲上賓。○飲，於鴆反，下皆同。吾爲，于僞反，下注爲定、爲公鉏同。既獻。已獻酒。臧孫命北面重席。新樽絜之。酒樽既新，復絜澡之。○重，直恭反。樽音尊，本亦作尊。復，扶又反，下非復下文復戰同。澡音早。召悼子。降逆之。大夫皆起。臧孫下迎悼子。及旅。而召公鉏。獻酬禮畢，通行爲旅。【疏】注「獻酬」至「爲旅」。○正義曰：案鄉飲酒禮，主人席於阼階上西面，賓席於堂戶西南面，介席於西階上東面，衆賓席於上賓之西南面。初，賓介及衆賓至，立於門外東面，主人出迎于門外西面，主人延賓入，及介衆賓等立於西階下，主人揖賓升，主人酌酒於阼階上拜獻賓，賓西階上拜受，飲卒爵，酌酒以酢主人，主人阼階上飲卒爵，又酌酒先自飲以酬賓，賓拜受酬酒，奠于薦東，賓降，主人又酌酒於西階上獻介，於西階上受爵飲卒爵以酢主人，主人於西階上受爵飲卒爵，介降，主人又酌酒於西階上獻衆賓，衆賓飲訖降，引樂工入歌詩，主人獻樂工，又引笙入立於堂下，主人獻笙師訖，主人及賓介衆賓等皆升就席，乃立相者爲司正，使弟子一人舉觶於賓，賓酬主人，主人酬介，介酬衆賓，衆賓是爲旅也。杜言獻酬禮畢者，謂獻酬賓介及衆賓禮畢也。言通行爲旅者，謂一人舉觶於賓，旅衆相酬，通至於下。案鄉飲酒禮，未旅以前賓介皆立，此傳云大夫皆起，則季氏飲大夫酒，未必純如鄉飲酒禮，則獻酬事訖，大夫皆坐，然則既獻召悼子者，謂獻臧紇及大夫訖而召悼子，至旅酬之時而召公鉏。使與之齒。使從庶子之禮，列在悼子之下。季孫失色。恐公鉏不從。季氏以公鉏爲馬正。馬正，家司馬。慍而不出。閔子馬見之。閔子馬，閔馬父。○慍，紆運反，怨也，怒也。曰。子無然。禍福無門。唯人所召。爲人子者。患不孝。不患無所。所，位處。○處，昌慮反。敬共父命。何常之有。言廢置在父無常位也。若能孝敬。富倍季氏可也。父寵之，則可富。【疏】「若能」至「氏可也」。○正義曰：悼子既爲適子，將承季氏之後，故謂悼子爲季氏。下言爲孟孫，其意亦然。富倍季氏，言可過悼子也。姦回不軌，更獲罪戾，非徒貧賤而已，是爲倍下民，故杜云禍甚於貧賤也。姦回不軌。禍倍下民可也。禍甚於貧賤。公鉏然之。敬共朝夕。恪居官次。次，舍也。○朝如字。恪，苦各反。季孫喜。使飲已酒。而以具往。盡舍旃。具，饗燕之具。○舍音捨。故公鉏氏富。

又出爲公左宰。出季氏家臣，仕於公。孟孫惡臧孫。不相善。○惡，烏路反，下之惡子、之惡我、君所惡皆同。季孫愛之。愛其成己志。孟氏之御騶豐點好羯也。羯，孟莊子之庶子，秩之弟，孝伯也。○騶，側留反。點，都簟反，又之廉反。好，呼報反。羯，居竭反。曰。從余言。必爲孟孫。爲孟孫後。【疏】「孟氏之御騶」。○正義曰：成十八年傳曰：程鄭爲乘馬御，六騶屬焉，使訓羣騶知禮。注云：六騶，六閑之騶，則騶是掌馬之官，蓋兼掌御事，謂之御騶。再三云。羯從之。孟莊子疾。豐點謂公鉏。苟立羯。請讎臧氏。使孟氏與公鉏共憎臧孫。公鉏謂季孫曰。孺子秩固其所也。固自當立。若羯立。則季氏信有力於臧氏矣。臧氏因季孫之欲而爲定之，猶爲有力。今若專立孟氏之少，則季氏有力過於臧氏。【疏】「信有力於臧氏矣」。○正義曰：不應得而得之，則彼荷其恩，故功力多也。弗應。己卯。孟孫卒。公鉏奉羯立于戶側。戶側，喪主。○應，應對之應。【疏】「立于戶側」。○正義曰：喪大記云：大夫之喪，主人坐于東方。此立于戶側，則在室戶之東，西面立也。禮記云坐，此云立者，以季孫來，故立耳。季孫至。入。哭而出。曰。秩焉在。公鉏曰。羯在此矣。季孫曰。孺子長。公鉏曰。何長之有。唯其才也。季孫廢鉏立紇，云欲擇才，故以此答之。○焉，於虔反。且夫子之命也。遂誣孟孫。遂立羯。秩奔邾。臧孫入哭。甚哀。多涕。出。其御曰。孟孫之惡子也。而哀如是。季孫若死。其若之何。臧孫曰。季孫之愛我。疾疢也。常志相順從，身之害。○疢，恥刃反。孟孫之惡我。藥石也。常志相違戾，猶藥石之療疾。【疏】「孟孫」至「石也」。○正義曰：治病藥分用石，本草所云鍾乳、礬、磁石之類多矣。美疢不如惡石。夫石猶生我。愈已疾也。【疏】「夫石猶生我」。○正義曰：服虔云：夫謂孟孫也。桓十三年傳夫固謂君，夫豈不知，服虔云夫謂鬬伯比也。二十六年傳夫不惡女乎，服、杜並云夫謂大子也。其年又曰夫獨無族姻乎，杜云夫謂晉也。三十一年傳夫亦愈知治矣，杜云夫謂尹何。皆謂所斥前人爲夫，此言之類也。疢之美。其毒滋多。孟孫死。吾亡無日矣。孟氏閉門。告於季孫曰。臧氏將爲亂。不使我葬。欲爲公鉏譖臧氏。季孫不信。臧孫聞之。戒。戒，爲備也。冬十月。孟氏將辟。藉除於臧氏。辟，穿藏也。於臧氏借人除葬道。○辟，婢亦反，徐甫亦反，注同。藉，徐音借，又如字。藉亦借也。藏，才浪反。臧孫使正夫助之。正夫，隧正。○隧音遂，下文之隧同。【疏】注「正夫隧正」。○正義曰：七年傳稱叔仲昭伯爲

隧。正謂南遺請城費，君多與而役。是役夫，遂正所主。知此正夫是遂正也。遂正當屬司徒，臧氏爲司寇而借之於臧氏者，蓋當時臧氏兼主掌之。除於東門，甲從己而視之。畏孟氏，故從甲士視作者。○從，才用反，注同。一音如字。孟氏又告季孫。季孫怒，命攻臧氏。見其有甲故。乙亥，臧紇斬鹿門之關以出，奔邾。魯南城東門。【疏】注魯南城東門。○正義曰：蓋舊名猶在，相傳如此也。且邾在魯之東南，奔邾出此門以爲便。○初，臧宣叔娶于鑄，生賈及爲而死。鑄國，濟北蛇丘縣所治。○娶，七住反。鑄，之樹反。蛇音移。治，直吏反。繼室以其姪。女子謂兄弟之子爲姪。○姪，大結反，又丈一反。穆姜之姨子也。姪，穆姜姨母之子，與穆姜爲姨昆弟。【疏】注姪穆至昆弟。○正義曰：釋親云：妻之姊妹同出爲姨。孫炎曰：同出，俱已嫁也。然則據父言之謂之姨，據子言之當謂之從母，但子效父語，亦呼爲姨。姨子昆弟，即喪服從母昆弟是也，故曰姨昆弟。生紇，長於公宮。姜氏愛之，故立之。立爲宣叔嗣。臧賈、臧爲出在鑄。還舅氏也。臧武仲自邾使告臧賈，且致大蔡焉。大蔡，大龜。○大蔡，龜名也。一云龜出蔡地，因以爲名。【疏】注大蔡大龜。○正義曰：漢書食貨志云：元龜爲蔡。論語云：臧文仲居蔡。家語稱漆彫平對孔子云：臧氏有守龜，其名曰蔡。文仲三年而爲一兆，武仲三年而爲二兆。是大蔡爲大龜，蔡是龜之名耳。鄭玄云出蔡地，因以爲名焉，非也。曰：紇不佞，失守宗祧。遠祖廟爲祧。○祧，他彫反。敢告不弔。不爲天所弔恤。紇之罪不及不祀。言應有後。【疏】注言應有後。○正義曰：禮，天子封諸侯以國，諸侯賜大夫以族。天子不滅國，諸侯不滅族。有小罪則廢其身，擇立次賢，使紹其先祀。論語云：興滅國，繼絕世。謂此也。必有大罪乃得滅之，周禮大司馬云：外內亂，鳥獸行，則滅之。是也。武仲自言罪輕，不及於不祀，言其應有後也。子以大蔡納請，其可。請爲先人立後。○請爲，于僞反，下爲已請、自爲請爲其先人、下文遂自爲也皆同。賈曰：是家之禍也，非子之過也。賈聞命矣。再拜受龜，使爲以納請。賈使爲爲已請。遂自爲也。爲自爲請。臧孫如防，防，臧孫邑。使來告曰：紇非能害也，知不足也。言使甲從己，但慮事淺耳。○知音智。非敢私請。爲其先人請也。苟守先祀，無廢二勳，二勳，文仲、宣叔。【疏】注二勳文仲宣叔。○正義曰：哀二十四年傳曰：晉侯將伐齊，使來乞師，曰：昔臧文仲以楚師伐齊取穀，宣叔以晉師伐齊取汶陽。寡君欲徼福於周公，願乞靈於臧氏。是二勳謂文仲、宣叔也。敢不辟邑。據邑請後，故孔子以爲要君。○要，一遙反，下同。乃立臧爲。臧紇致防而奔齊。其人曰：其盟我乎？謂陳其罪惡，盟諸大夫以爲戒。臧孫曰：無辭。廢長立少，季孫所忌，故謂無辭以罪已。將

盟臧氏，季孫召外史掌惡臣，而問盟首焉。惡臣，謂奔亡者。盟首，載書之章首。【疏】季孫召外史。○正義曰：周禮外史掌書外令，掌四方之志。今季孫召外史，蓋魯亦立此官也。對曰：盟東門氏也，曰：毋或如東門遂，不聽公命，殺適立庶。文公命立子惡，公子遂殺之，立宣公。○毋音無。聽，吐定反。適，丁歷反。盟叔孫氏也，曰：毋或如叔孫僑如，欲廢國常，蕩覆公室。謂譖公與季孟於晉。○覆，芳服反。季孫曰：臧孫之罪，皆不及此。孟椒曰：盍以其犯門斬關？季孫用之，乃盟臧氏曰：無或如臧孫紇干國之紀，犯門斬關。干亦犯也。○盍，戶臘反。臧孫聞之，曰：國有人焉。誰居？其孟椒乎。孟椒，孟獻子之孫子服惠伯。居猶與也。○居音基，與音餘。○晉人克欒盈于曲沃，盡殺欒氏之族黨。欒魴出奔宋。書曰：晉人殺欒盈。不言大夫，言自外也。自外犯君而入，非復晉大夫。○齊侯還自晉，不入，不入國。遂襲莒，門于且于。且于，莒邑。○于，子餘反。傷股而退。齊侯傷。明日將復戰，期于壽舒。壽舒，莒地。杞殖、華還載甲夜入且于之隧，宿於莒郊。二子，齊大夫。且于隧，狹路。○殖，市力反。華，胡化反。還音旋。狹，戶夾反。【疏】夜入且于之隧。○正義曰：既入而又得出宿，知所入非城邑也，故杜以爲狹道。檀弓說此事云：齊莊公襲莒于奪，杞梁死焉。言于奪，則當爲地名。鄭玄引此傳云：隧、奪聲相近。言其與此一事，則此亦爲地名。若是地名，不得云且于之隧。即如記文，蓋當且于之旁別有奪地，非此且于之隧也。明日，先遇莒子於蒲侯氏。蒲侯氏，近莒之邑。○近，附近之近。莒子重賂之，使無死，曰：請有盟。欲以盟要二子，無致死戰。華周對曰：貪貨棄命，亦君所惡也。華周，即華還。昏而受命，日未中而棄之，何以事君？莒子親鼓之，從而伐之，獲杞梁。杞梁，即杞殖。莒人行成。勝大國益懼，故行成。齊侯歸，遇杞梁之妻於郊，使弔之。梁戰死，妻行迎喪。辭曰：殖之有罪，何辱命焉？言若有罪，不足弔。若免於罪，猶有先人之敝廬在，下妾不得與郊弔。婦人無外事，故下猶賤也。○廬，力居反。與音預。【疏】注婦人至賤也。○正義曰：檀弓云：哀公使人弔蕢尚，遇諸道，辟於路，畫宮而受弔焉。曾子曰：蕢尚不如杞梁之妻之知禮也。鄭玄云：行弔禮於野，非也。然則男子亦不得受野弔，而言婦人無外事者，檀弓云：君遇柩於路，必使人弔之。鄭玄云：君於民臣有父母之恩。是男子從柩在野，則得野受弔。婦人無外事，雖從柩，亦不得野受弔耳。若男子得受野弔，而曾子非蕢尚者，以蕢尚在朝顯著，故宜弔於其家。若君遇柩於路使人弔之者，謂庶人及微小之臣也。檀弓因蕢尚而說此事云：杞梁死，其妻迎其柩於路而哭之哀。則杞梁之妻於時從杞梁柩，雖從柩而辭不受弔，是由異於男子故也。服虔以下從上讀，言敝廬在下。禮記無下，知下猶賤，謙言賤妾也。齊侯弔諸其室。傳善婦人有禮。○齊侯將爲臧紇田。與之田邑。臧孫聞之，見齊侯，與之言伐晉。齊侯自道伐晉之功。○臧孫聞之見，賢遍反。齊侯絕句。一讀以見字絕句，齊侯向下讀。對曰：多則多矣，抑君似鼠。夫鼠晝伏夜動，不穴於寢廟，畏人故也。今君聞晉之亂而後作焉，作，起兵也。【疏】不穴於寢廟。○正義曰：一解鼠不敢穿寢廟墉以爲穴者，即畏人故也。但寢則近人，廟則幽靜，鼠不穿廟，豈是畏人故也？寢廟閒雅，鼠不即以爲穴，必須穿壁始敢安處，止爲畏人故也。計燕巢鼠穴，自是其常，假喻言之，不可執此爲難也。寧將事之，非鼠如何？乃弗與田。臧孫知齊侯將敗，不欲受其邑，故以比鼠，欲使怒而止。仲尼曰：知之難也。有臧武仲之知，謂能辟齊禍。○知之音智。而不容於魯國，抑有由也。作不順而施不恕也。夏書曰：念茲在茲。逸書也。念此事在此身，言行事當常念如在已身也。【疏】作不至恕也。○正義曰：服虔云：不順謂阿季氏廢長立少也，不恕謂惡孟氏立庶也。然則作而不順當如服言。傳無惡孟氏之事，故不取。當謂知其不可而爲之，是不恕也。順事恕施也。

經二十有四年，春，叔孫豹如晉。賀克欒氏。○仲孫羯帥師侵齊。○夏，楚子伐吳。○秋，七月，甲子，朔，日有食之，既。無傳。【疏】秋七至之既。○正義曰：漢書律厤志載劉歆三統之術，以爲五月二十三分月之二十乃爲一交，以爲交在望前，朔則日食，望則月食；交在望後，望則月食，後月朔則日食；交正在朔，則日食既，前後望不食；交正在望，則月食既，前後朔不食。而二十一年九月十月頻月日食，此年七月八月日食。凡交前十五度、交後十五度，並是食竟。去交遠則日食漸少，去交近則日食漸多，正當交則日食既。若前月在交初一度日食，則至後月之朔，日猶在交之末度，未出食竟，月行天既而來及於日，或可更食。若前月日在交初二度以後，則後月復食無理。今七月日食既而八月又食，於推步之術必無此理，蓋古磨滅致有錯誤。劉炫云：漢末以來八百餘載，考其注記，莫不皆爾，都無頻月日食之事。計天道轉運，古今一也，後世既無其事，前世理亦當然。而今有頻食，於術不得有。交之所在，日月必食，日食在朔，月食在望，日月共盡一體，日食少則月食多，日食多則月食少，日食盡則前後望月不食，月食盡則前後朔日不食，以其交道既不復其相掩故也。此與二十一年頻月日食理必不然，但其字則變古爲篆，改篆爲隸，書則縑以代簡，紙以

代緣多厤世代年數遥遠喪亂或轉寫誤失其本真先儒因循莫敢改易執文求義理必不通後之學者宜知此意也

○齊崔杼帥師伐莒。○大水。無傳○八月，癸巳，朔，日有食之。無傳○公會晉侯、宋公、衛侯、鄭伯、曹伯、莒子、邾子、滕子、薛伯、杞伯、小邾子于夷儀。○冬，楚子、蔡侯、陳侯、許男伐鄭。○公至自會。無傳○陳鍼宜咎出奔楚。陳鍼子八世孫慶氏之黨書名惡之也。○鍼其兼反咎其九反惡烏路反〔疏〕注陳鍼子八世孫　正義曰世本文也。○叔孫豹如京師。○大饑。無傳

傳二十四年。春。穆叔如晉。范宣子逆之。問焉。曰。古人有言曰。死而不朽。何謂也。穆叔未對。宣子曰。昔匄之祖。自虞以上爲陶唐氏。陶唐堯所治地大原晉陽縣也終虞之世以爲號故曰自虞以上○上時掌反注同治直吏反〔疏〕注陶唐至以上　正義曰如杜此注陶唐共爲一名即是晉陽縣也釋例云晉大鹵大原大夏參虛晉陽六名大原晉陽縣也雖載六名而言不及唐釋例又別記小國所都唐大原晉陽縣也亦云唐是晉陽而言不及陶則以陶與唐別不是共爲一名也史記云帝堯爲陶唐氏韋昭云陶唐皆國名猶湯稱殷商也案經傳契居商故湯以商爲國號后盤庚遷殷故殷商雙舉歷檢書傳未聞帝堯居陶而以陶冠唐蓋地以二字爲名所稱或單或複也張晏云堯爲唐侯國於中山唐縣然則唐是中山縣名非晉陽也堯自唐侯而升爲天子既爲天子乃治於晉陽故杜於晉陽六名言不及唐記其諸國之都乃云唐是晉陽言堯爲天子號曰陶唐其治在晉陽耳唐非晉陽縣內之地名也舜受堯禪封堯子丹朱爲王者之后猶稱爲唐其名不易終虞之世以陶唐爲號故曰自虞以上也

在夏爲御龍氏。謂劉累也事見昭二十九年○見賢遍反〔疏〕注謂劉至九年○正義曰昭二十九年傳曰陶唐氏既衰其后有劉累學擾龍于豢龍氏以事孔甲夏后加之賜氏曰御龍

在商爲豕韋氏。豕韋國名東郡白馬縣東南有韋城〔疏〕注豕韋至韋城○正義曰鄭語云祝融之後八姓大彭豕韋爲商伯矣又曰彭姓彭祖豕韋則商滅之矣賈逵云大彭豕韋爲商伯其後世失道殷德復興而滅之然則商之初豕韋國君爲彭姓也其後乃以劉累之後代之亦不知殷之何王滅彭姓而封累後也昭二十九年傳稱夏王孔甲嘉劉累賜氏曰御龍以更豕韋之後則賜劉累身封豕韋而此云在商爲豕韋氏者杜於彼注云劉累代彭姓之豕韋累尋遷魯縣豕韋復國至商而滅累之後世復承其國爲豕韋氏是杜解劉累及其後世再封豕韋之事

在周爲唐杜氏。唐杜二國名殷末豕韋國於唐周成王滅唐遷之於杜爲杜伯杜伯之子隰叔奔晉四世及士會食邑於范氏杜今京兆杜縣○隰徐入反復扶又反下同〔疏〕注唐杜至杜縣○正義曰以國語杜伯文不連唐知唐杜二國名又以豕韋爲一嫌唐杜亦一故辨之也昭元年傳稱堯遷實沈于大夏唐人是因以服事夏商其季世曰唐叔虞及成王滅唐而封大叔是言周成王滅唐也周語曰周之衰也杜伯射宣王於鎬是周有杜國故杜以爲成王滅唐遷之於杜爲杜伯也晉語訾祏對范宣子云昔隰叔子違周難奔於晉生子輿爲司空世及武子佐文襄爲卿以輔成景後之人可則是以受隨范賈逵云宣王殺杜伯其子逃而奔晉子輿士蔿字武子士會也會士蔿之孫是隰叔四世及士會食邑於范爲范氏也劉炫云案杜於昭元年注云唐人若劉累之等累遷魯縣此在大夏即如彼言則居唐之人非累之裔此注何云豕韋國於唐也又據何文知初封於唐後封於杜乎今知劉說非者彼注雖似有異其義與此不殊後傳云唐人是因杜以唐人非一人之稱故云劉累之等謂累之子孫故云之等也累遷魯縣傳云唐人是因因居大夏則累之子孫遷居大夏也杜知殷末封之於唐者以周成王滅唐故也知後封於杜者以宣王時有杜伯故也是成王之時有唐無杜宣王之時有杜無唐故杜爲此解劉炫又規云唐非豕韋之裔杜亦未必是後安知滅唐遷於杜也賈逵注國語云武王封堯後爲唐杜又二國以爲並時爲國非滅唐封杜劉以爲唐非劉累之後又取賈逵注國語武王封堯後爲唐杜二國以爲[illegible]規杜氏非也炫謂宣子歷言己之宗族於上世有國有家未必繼體相承炫於處秦爲劉謂非上明之舉豕韋唐杜不信元豈之言已之遠祖數自識許或聞此義必將見嗤但傳言於人懼誤後學意之所見不敢有隱唯賢者哉之

晉主夏盟爲范氏。其是之謂乎。晉爲諸夏盟主范氏復爲之佐言己世爲興家○夏戶雅反注同穆叔曰。以豹所聞。此之謂世祿。非不朽也。魯有先大夫曰臧文仲。既沒。其言立。立謂不廢絕○既沒其言立今俗本皆作其言立於世檢元熙以前本則無於世二字其是之謂乎。豹聞之。大上有立德。黃帝堯舜○大音泰其次有立功。禹稷其次有立言。史佚周任臧文仲○佚音逸任音壬〔疏〕大上至立言○正義曰大上其次以人之才知淺深爲上次也大上謂人之最上者上聖之人也其次次聖者謂大賢之人也其次又次大賢者也立德謂創制垂法博施濟衆聖德立於上代惠澤被於無窮故服以伏羲神農杜以黃帝堯舜當之言如此之類乃是立德也禮運稱禹湯文武成王周公後代人主之選計成王非聖但欲言周公不得不言成王耳禹湯文武周公與孔子皆可謂立德者也立功謂拯厄除難功濟於時故服杜皆以禹稷當之言如此之類乃是立功也祭法云聖王之制祭祀也法施於民則祀之以死勤事則祀之以勞定國則祀之能禦大菑則祀之能捍大患則祀之法施於民乃謂上聖當是立德之人其餘勤民定國禦災捍患皆是立功者也立言謂言得其要理足可傳記傳稱史逸有言論語稱周任有言及此臧文仲既沒其言存立於世皆其身既沒其言尚存故服杜皆以史佚周任臧文仲當之言如此之類乃是立言也老莊荀孟管晏楊墨孫吳之徒制作子書屈原宋玉賈逵揚雄馬遷班固以後撰集史傳及制作文章使後世學習皆是立言者也此三者雖經世代當不朽腐故穆子歷言之雖久不廢。此之謂不朽。若夫保姓受氏。以守宗祊。祊廟門○祊布彭反注同〔疏〕注祊廟門○正義曰釋宮云祊謂之門李巡曰祊故廟門名也孫炎曰詩云祝祭於祊謂廟門也世不絕祀。無國無之。祿之大者。不可謂不朽。傳善穆叔之知言

○范宣子爲政。諸侯之幣重。鄭人病之。二月。鄭伯如晉。子產寓書於子西。以告宣子。寓寄也○寓音遇曰。子爲晉國。四鄰諸侯不聞令德。而聞重幣。僑也惑之。僑聞君子長國家者。非無賄之患。而無令名之難。夫諸侯之賄。聚於公室。則諸侯貳。貳離也○長丁丈反難如字又乃旦反賄呼罪反若吾子賴之。則晉國貳。賴恃用之諸侯貳。則晉國壞。晉國貳。則子之家壞。何沒沒也。沒沒沈滅之言○沒如字一音妹沈溺也將焉用賄。夫令名。德之輿也。德須令名以遠聞○焉於虔反聞音問又如字德。國家之基也。有基無壞。無亦是務乎。有德則樂。樂則能久。詩云。樂只君子。邦家之基。有令德也夫。詩小雅言君子樂美其道爲邦家之基所以濟令德○樂只音洛夫音扶下也夫同上帝臨女。無貳爾心。有令名也夫。詩大雅言武王爲天所臨不敢懷貳心所以濟令名○女音汝〔疏〕詩云至名也夫○正義曰詩小雅南山有臺之篇言美也言有樂美之德君子以有樂美之德故爲邦家之基本也此詩所言此君子有令德也夫又引詩大雅大明之篇詩人謂武王言上天之意臨視女武王所臨不敢懷貳於女之心此詩所言武王有美君子者言君子有可樂可美之德也劉炫云上天之意臨視女武王故在下臣民無懷貳於女之心也恕思以明德。則令名載而行之。是以遠至邇安。毋寧使人謂子。子實生我。無寧寧也○毋音無而謂子浚我以生乎。浚取也言取我財以自生○浚思俊反〔疏〕毋寧至生乎○正義曰無寧寧也言人等作二事爲不取人財寧使人謂子實能生我民也爲多取人財使人言子不能自活而須我以生活乎此二者孰勝也象有齒以焚其身。賄也。焚斃也○斃婢世反〔疏〕注焚斃也○正義曰焚是燒也象不燒死故訓爲斃服虔云焚讀曰僨僨僵也爲生齒牙僵仆其身宣子說。乃輕幣。是行也。鄭伯朝晉。爲重幣故。且請伐陳也。鄭伯稽首。宣子辭。子西相曰。以陳國之介恃大國而陵虐於敝邑。介因也大國楚也○說音悅爲于僞反下注當爲同相息亮反介音戒注及下同寡君是以請罪焉。請罪施陳也○是以請罪焉一本作是以請請罪焉請並七井反徐上請字音情敢不稽首。

人陳傳○孟孝伯侵齊，晉故也。前年齊伐晉，魯爲晉報侵。○夏，楚子爲舟師以伐吳。舟師，水軍。不爲軍政，不設賞罰之差。無功而還。爲，下吳召舒鳩起本。○齊侯既伐晉而懼，將欲見楚子。楚子使薳啓彊如齊聘，且請期。請會期。彊，其良反，又居良反。齊社，蒐軍實，使客觀之。祭社，因閱數軍器以示薳啓彊。○蒐，所求反。閱音悅。數，所主反。陳文子曰：齊將有寇，吾聞之，兵不戢，必取其族。戢，藏也。族，類也。取其族，還自害也。戢，側立反。○秋，齊侯聞將有晉師，夷儀之師。使陳無宇從薳啓彊如楚，辭，且乞師。辭有晉師，未得相見。崔杼帥師送之，遂伐莒，侵介根。介根，莒邑，今城陽黔陬縣東北計基城是也。齊既與莒平，因兵出侵之，言無信也。○黔，其廉反，又其令反，如淳音耿弁反。陬，側留反，又子侯反，韋昭音諏。基本又作其，音基，又如字。漢書作斤，如淳斤音基。會于夷儀，將以伐齊，水不克。晉合諸侯以報前年見伐。○冬，楚子伐鄭以救齊，門于東門，次于棘澤。以齊無宇乞師故也。諸侯還救鄭。夷儀諸侯。晉侯使張骼、輔躒致楚師，求御于鄭。欲得鄭人自御，知其地利故也。骼，庚百反，一音古洛反。躒，力狄反，徐音洛。鄭人卜宛射犬，吉。射犬，鄭公孫。○宛，於元反。射，食亦反，徐神石反。子大叔戒之曰：大國之人不可與也。言不可與等也，欲使卑下之。大叔，游吉。○大叔音泰。下，遐嫁反。對曰：無有衆寡，其上一也。言在已上者有常分，無大小國之異。○分，扶問反。【疏】無有至一也。○正義曰：射犬之意，言成與彼俱是大夫，無有國士大小人民衆寡之異，其在我上，彼此一也。其意言我下鄭卿，亦下晉御，彼若是卿，我當下之，彼是大夫，我不下之。大叔曰：不然。部婁無松柏。部婁小阜，松柏大木，喻小國異於大國。○部，蒲口反，徐扶苟反。婁本或作塿，路口反，徐力侯反。阜，扶有反。【疏】注部婁至大國。○正義曰：釋地云：大陸曰阜，大阜曰陵。李巡曰：大陸謂土地高大名曰阜，阜最大爲陵。則阜地之高者是上陵之類也。部婁小阜相傳爲然。大山有松柏，小阜無松柏，小阜異於大山，喻小國異於大國，不得與大國之人等也。服虔云：喻小國無賢材知勇之人而與大國等也。二子在幄，坐射犬于外。二子，張骼、輔躒。幄，帳也。○幄，於角反。既食而後食之。使御廣車而行。廣車，兵車。○後食音嗣。廣，古曠反，注同。已皆乘乘車。乘車，安車。○下乘字繩證反，注及下皆同。將及楚師，而後從之乘，皆踞轉而鼓琴。轉，衣裝。○踞，居慮反。轉，張戀反，注及下同。一音張巒反。裝，側良反。一本作囊。【疏】注轉衣裝。○正義曰：踞謂坐其上也。戰車所有可坐其上，明是衣囊耳，當是盛衣甲之囊也。下云取冑於囊，當别有小囊盛冑。定本作衣裝。近不告而馳之。射犬恨，故近敵不告而馳。皆取冑於橐而冑，入壘皆下，搏人以投，收禽挾囚。禽，獲也。○冑，直救反。橐，古毛反。壘，力軌反。搏音博，徐甫各反。挾音協。弗待而出。射犬又不待二子。皆超乘，抽弓而射。既免，復踞轉而鼓琴。曰：公孫，同乘，兄弟也。言同乘義如兄弟。○復，扶又反，下復討同。故再不謀。謂不告而馳，不待而出。對曰：曩者志入而已，今則怯也。皆笑曰：公孫之亟也。亟，急也。言其性急不能受屈。○曩，奴黨反，鄉也。怯，去業反。亟，居力反，注同。【疏】曩者至怯也。○正義曰：曩猶向也。向者志入前敵而馳驅，入遇怯而出，非是故不告也。○楚子自棘澤還，使薳啓彊帥師送陳無宇。傳言齊楚固相結也。○吳人爲楚舟師之役故，在此年夏。○爲，于僞反，下注同。召舒鳩人，舒鳩人叛楚。舒鳩，楚屬國。召欲與共伐楚。楚子師于荒浦，荒浦，舒鳩地。○浦，判五反。使沈尹壽與師祁犁讓之。二子，楚大夫。○犁，力兮反，又利之反。舒鳩子敬逆二子，而告無之，且請受盟。二子復命，王欲伐之。薳子曰：不可。令尹薳子馮。彼告不叛，且請受盟，而又伐之，伐無罪也。姑歸息民，以待其卒。卒，終也。卒而不貳，吾又何求？若猶叛我，無辭有庸。乃還。彼無辭，我有功。爲明年楚滅舒鳩傳。○陳人復討慶氏之黨，鍼宜咎出奔楚。言宜咎所以稱名。○齊人城郟。郟，王城也。於是穀雒鬪，毀王宮。齊叛晉，欲求媚於天子，故爲王城之。○郟，古洽反。【疏】注郟王至城之。○正義曰：傳稱成王定鼎于郟鄏，周公孰而營之，謂之洛邑，亦名王城。其地舊名郟，故以郟爲城名。周語云：靈王二十二年，穀洛鬪，毀王宮。計靈王以二年即位，往年爲二十二年，往年毀壞其城，故齊人今歲爲王城之也。穆叔如周聘，且賀城。王嘉其有禮也，賜之大路。大路，天子所賜車之摠名。爲昭四年叔孫以所賜路葬張本。○晉侯嬖程鄭，使佐下軍。代欒盈也。○鄭行人公孫揮如晉聘。揮，子羽也。○揮，許韋反。程鄭問焉，曰：敢問降階何由？問自降下之道。○下，遐嫁反，又如字。【疏】注問自降下之道。○正義曰：下注階猶道也。知問降階者，問自降下之道。程鄭既得爲卿，以卿是高位，欲降意下人，故問自降下之道。子羽不能對。歸以語然明。然明，鬷蔑。○語，魚據反。鬷，子公反。然明曰：是將死矣。不然，將亡。貴而知懼，懼而思降，乃得其階，階猶道也。下人而已，又何問焉？言易知。○下，戶嫁反。易，以豉反。且夫既登而求降階者，知人也，不在程鄭。其有亡釁乎？不然，其有惑疾，將死而憂也。言鄭本小人，爲明年程鄭卒張本。○夫音扶。知音智。釁，許覲反。【疏】其有至憂也。○正義曰：程鄭忽問降階，然明譏其將死，故云此程鄭身有罪禍，懼奔亡之釁而輒問降階也。若不然，則有迷惑之疾，將死而憂乎？何休難此云：善言者君子所尚，有小人道之，輒爲死徵，是善言不可出口。此未得傳之意也。然明者，鄭之知人，知程鄭以佞媚嬖幸得升卿位，非有謙退止足之心，今忽問降階，是改其常度。以其改常，知其將死，故疑其知將有亡釁惑疾而憂，故能出此語耳。善言非其常，所以知其死，非謂口出善言即當死也。趙文子賢人也，將死其語偷；程鄭小人也，將死其言善。俱是失常，無所怪惑也。

春秋左傳注疏卷三十五校勘記　阮元撰盧宣旬摘錄

附釋音春秋左傳注疏卷第三十五　襄二十二年盡二十四年

經二十二年

注頻與晉侯外會至故不書　毛本作注公頻與至不書。宋本作公頻至不書，無與字，以下正義三節宋本揔入令倍其賦注下

傳二十二年

雨過御叔　御叔在其邑　閩本監本御叔字不重，非也

知仁聖義忠和　監本毛本忠作中　者通識之名　宋本者上有是聖二字

非爲武仲實是大聖也　宋本也上有人字。浦鏜云爲當謂字誤

古者家有國邑　宋本足利有作其。案正義作其

注少正鄭卿官也　宋本以下正義四節揔入執事實重圖之注下

鍾磬之屬　宋本纂圖本監本毛本鍾作鐘

注朝正也　宋本無也字　天子飲酎　監本子字模糊

謂祭未受胙肉也　浦鏜正誤未作末，是也。○今依作末

與執燔焉　釋文云燔本又作膰。案惠棟云僖廿四年傳及成十三年傳皆作膰。說文曰鐇，宗廟火孰肉，从炙番聲。春秋傳曰：天子有事鐇焉，以饋同姓諸侯。此傳燔字當作鐇，轉寫誤爲燔耳

實謂譴讓也　宋本實上有口字，是也

歸邑于公　淳熙本于作於，非

注四時至盛也　宋本以下正義二節揔入鄭子張其有爲注下

故進用等　宋本用下有一字

大夫無禘祫而云殷三年祭者　案上而字衍文宋本所無監本毛本誤作一閩本墨釘

今黑肱全滅之盛也　宋本無盛字

用此以戒不億度之事　閩本監本億作憶誤

洩命重刑　釋文洩作泄陳樹華云注内漏泄君命泄字唯宋本作洩此外諸本皆作泄與釋文合此刻本本字之僅存者

十二月鄭游販將歸晉　纂圖本監本毛本販作眅亦非宋本淳熙本岳本作販歸作如與石經合宋北宋刊本釋文亦作販山井鼎云从目爲是説文眅多白眼也从目反聲春秋傳曰鄭游販字子明普班反

以館于邑　淳熙本于誤子

舍止其邑不復行　纂圖本監本毛本舍誤令

是父之行不脩益明也　宋本是上有非字

經二十三年　宋本春秋正義卷第二十三石經春秋經傳集解襄四第十七岳本襄下增公字淳熙本無集解二字襄下亦增公字並盡廿五年

二十三年注五同盟　宋本無二十三年四字

夏邾畀我來奔　宋本畀我作畁我石經亦作畁我按釋文凡畀字皆云必利反以音理言之畁在五支畀在六脂畁字不可代畀音必利反石經始譌而宋本仍之非也

妄爲規非也　宋本非上有過字是也

注書名至義例　宋本此節正義在注文故爲楚所納句下

之甲以入晉　宋本之上有乃卒曲沃四字

謂其後入　宋本其下有敗而二字

注兩事故言遂　宋本此節正義在注文東有雍城之下

故乃言遂也　宋本無乃字

以取奔亡罪之　閩本監本毛本取作此非也

注輕行掩其不備曰襲因伐晉還至有事　宋本無掩其至晉還十字

倍道輕行　宋本倍作信非

傳二十三年

杞孝公姊妹　宋本淳熙本岳本纂圖本閩本監本毛本姝作妹是也淳熙本姊誤姝○今改正

傳注禮諸侯至貴之　宋本毛本無傳字宋本作注禮諸至貴之

雖有本服賜者　宋本賜作期

慶樂二慶之族　淳熙本誤作之袟

板隊而殺人　石經隊作墜

知之不爲經也　宋本之作其

藩車之有障蔽者　釋文障作鄣按説文障隔也从阜章聲

晉將至滕之下　宋本以下正義十一節揔入晉人圍之注

又執民之八柄也　宋本無也字

子無懈矣　石經宋本懈作解與釋文合

王鮒使宣子墨縗冒至　石經宋本淳熙本岳本纂圖本閩本監本毛本至作絰是也釋文云縗本又作衰

故爲婦人服而入　淳熙本人下有之字

固宮宮之有臺觀備守者　宋本上宮字誤言

劫之　纂圖本閩本監本毛本劫作刧非也

逆獻子也　岳本脱也字

斐豹　廣韻斐字注姓左傳晉有斐豹是斐本又作奜也

蓋犯罪沒爲官奴　漢書張衡傳注引注文犯上有豹字

男女同名　宋本女作子非也

踰隱而待之　毛本踰誤踰

用短劒兵接敵　宋本淳熙本岳本纂圖本毛本足利本短劒作劒短

欒樂車櫟槐而覆　閩本櫟作擽亦非宋本淳熙本作轢與釋文合

申鮮虞之傅摯爲右　釋文云本或作申鮮虞之子傅摯即正義所謂俗本是也定本亦無子字

申鮮虞之傅摯爲右　宋本以下正義二節揔入注文自抑損之下

若傅先有子字　監本傅作傳非也

大殿後軍　纂圖本後軍誤從車

燭庸之越駟乘　淳熙本庸誤戎

謂築壘壁　釋文作辟也音壁各本脱也字

注張武至壘壁　宋本至字作軍謂築三字正義三節揔入八月節注下

子干帥陳蔡之師入楚　重脩監本毛本干作千非也

張設旗鼓也　宋本鼓作此非

獲晏氂　石經氂作氂岳本作氂釋文同云徐音來案惠棟云外傳作萊古字通徐音是也毛本誤作氂注同

趙勝趙旃之子　淳熙本旃作同非也

亦存邢　宋本亦下有以字是也

新樽絜之　釋文云樽本或作尊是也案五經文字有尊無樽左氏几作樽者皆爲後人所加唯昭九年請佐公使尊不誤惠棟云案曹憲文字指歸云樽字無此從缶從木者説文曰字从酋寸酒官法度也今之尊卑從此得名故尊亦爲君父之稱

獻酬禮畢通行爲旅　宋本淳熙本岳本足利本通上有而字

注獻酬至爲旅　宋本以下正義十四節揔入其孟椒乎注下

富倍季氏可也　淳熙本可誤何

具饗燕之具　纂圖本監本毛本饗燕誤倒

孺子秩　淳熙本秩誤疾

戶側喪主　淳熙本主作之非也

吾亡無日矣　淳熙本日誤自

孟氏閉門　淳熙本氏作天誤也

戒爲備也　淳熙本爲作僞非是

藉除於臧氏　石經藉初刻从竹改从廾

正夫隧正　宋本淳熙本隧作遂

注正夫遂正　閩本監本毛本遂作隧

是役夫遂正所主　宋本閩本監本毛本遂作隧下同山井鼎云此疏有四遂正但最上隧正同今本也

奔邾出此門以爲便　宋本無以字

與穆姜爲姨昆弟　淳熙本昆作兄非也

惡臣謂奔亡者　淳熙本足利本謂作諸

盟首載書之章首　淳熙本章誤卓

謂譖公與季孟於晉　淳熙本季作香誤也

無或如臧孫紇　石經此處剜缺釋文無作毋音無下同案上文作毋此則不應獨異釋文是也

杞殖華還　宋本李注文選洞簫賦引作芑梁殖云芑與杞同孟子告子正義引還作旋

夜入且于之隧　宋本以下正義二節揔入弔諸其室注下

則此亦爲地名　宋本此上有謂字

莒子親鼓之　淳熙本鼓作皷誤

齊侯弔諸其室齊侯將爲臧紇田　石經侯字起紇字止計十一字刓缺無考

抑君似鼠　淳熙本似作以非也

不穴於寢廟　宋本以下正義二節摠入順事恕施也之下

即畏人故也　重脩監本即作自非也

非鼠何如　石經宋本岳本作如何是也如何即而何○此本誤作何如今訂正

經二十四年

注賀克欒氏　此叔孫豹如晉注監本脫

以爲五月二十二分月之二十　宋本二分作三分與律厤志合

此年七月八月日食　宋本日字上有頻月二字

月行天既帀　毛本帀作而非也

既不復其相揜故也　宋本無其字是也

宜知此意也　宋本無也字

傳二十四年

自虞以上爲陶唐氏　李注文選謝元暉齊敬皇后哀策文引作已上

注陶唐至以上　宋本以下正義六節摠入不可謂不朽注下

其后有劉累　考文云后作後

至商而滅　監本滅字模糊重脩監本誤作成

遷之於杜爲杜伯杜伯之子　閩本監本脫下杜伯二字

食邑於范氏　宋本淳熙本岳本纂圖本足利本氏上有復爲范三字

故辯之也　宋本辯作辨

昝祏對范宣子云　監本作祏毛本作祐並非

昔隰叔子違周雖　宋本雖作難與晉語合

不信元愷之言　宋本愷作凱

既沒其言立　案禮記禮器正義引作其言立於後世釋文云今俗本皆作其言立於世檢元熙以前本則無於世二字禮疏所引疑即陸氏所謂俗本而增損之

立功謂拯厄除難　閩本監本毛本厄作危

故服杜皆以史佚周任臧文仲當之　毛本任作佚非也

賈逵　段玉裁校本逵作詛

祊故廟門名也　浦鏜正誤云故字衍

則子之家壞　惠棟云石經改刻則子家壞無之字

沒沒沈滅之言　淳熙本沈作滅

樂只君子　石經宋本岳本只作旨案十一年傳昭十三年傳引詩並作旨

詩云至名也夫　宋本以下正義三節摠入敢不稽首注下

寡君是以請罪焉　釋文作是以請請罪焉請並七井反徐上請字音情案石經罪焉二字刓缺不重請字脫文也而各本仍其誤

請得罪於陳也　宋本於作施是也施陳猶言加兵於陳○今從宋本

計基城是也　釋文基作其音基又如字云漢書作斤如淳音基段玉裁云斤當作亓音基作斤是誤字

諸侯還救鄭　此本救鄭二字實缺脩板無救字閩本同據石經及各本補正

輔躒　諸本作躒說文引春秋傳作輔[illegible]

大叔游吉　淳熙本脫大字

無有至一也　宋本以下正義四節摠入公孫之亟也注下

部婁無松柏　閩本監本柏作栢案說文附字注云附婁小土山也引傳作附婁無松柏部與附蓋古字通北宋刻釋文婁本或作塿應劭風俗通義李注文選魏都賦引並作培塿周伯琦六書正譌云俗用培塿非也

喻小國異於大國　重脩監本下國字誤山

張骼輔躒　淳熙本躒作樂非也

使御廣車而行　纂圖本御作銜非

皆踞轉而鼓琴　惠棟云踞當作居傳氏辨誤云轉字從車與衣裝何與此必軫字之譌詩小戎俴收注云收軫也謂車前後兩端橫木踞之可以鼓琴且下文云取冑於橐而冑則橐固爲衣裝矣又何衣裝之有也按惠棟語當更詳之杜意謂轉即縛之假借字也二十五年傳申鮮虞以帷縛其妻縛直轉反即衣裝之義也

轉衣裝　正義本作衣囊即釋文以爲一作之本也

故再不謀　石經宋本淳熙本岳本纂圖本監本毛本故作胡是也

求媚於天子　淳熙本於誤旋

郟王至城之　宋本此節正義在賜之大路注下

故齊人今歲爲王城之也　重脩監本王城誤正成

注問自降下之道　宋本以下正義二節摠入篇末

附釋音春秋左傳注疏卷第三十六　襄二十五年盡二十五年

杜氏注　孔穎達疏

經二十有五年。春。齊崔杼帥師伐我北鄙。○夏。五月。乙亥。齊崔杼弑其君光。齊侯雖背盟主未有無道於民故書臣罪崔杼也○背音佩○公會晉侯、宋公、衛侯、鄭伯、曹伯、莒子、邾子、滕子、薛伯、杞伯、小邾子、于夷儀。○六月。壬子。鄭公孫舍之帥師入陳。子產之言陳以不義見入故舍之無識釋例詳之〔疏〕注子產至詳之。○正義曰釋例曰陳蔡楚之與國鄭欲求親於晉故伐而入之晉士莊伯詰其侵小問陳之罪子產荅以東門之役故免於譏及其侵蔡既無晉命又無直辭君死主少興師以求媚於晉義取亂晵不能以德懷親又不能以直報怨故二大夫異於子產也陳之見伐本以助晉晉不逆勞而以法詰之得盟主道理故仲尼曰晉爲伯鄭入陳非文辭不爲功善之也○秋。八月。己巳。諸侯同盟于重丘。夷儀之諸侯也重丘齊地己巳七月十二日經誤○重直龍反〔疏〕注夷儀至經誤。○正義曰僖五年公及齊侯云云會王世子于首止秋八月諸侯盟于首止公羊傳曰諸侯何以不序一事而再見者前目而後凡也是言前序後摠取省文之義故此直言諸侯猶是上夷儀之諸侯也劉炫云定四年公會劉子云云于召陵五月公及諸侯盟于皐鼬杜云復稱公者會盟異處故此亦異處而不言公者炫謂史異辭於彼有規傳云七月經言八月杜以長厤校之七月十二日有己巳知是經誤也公至自會。無傳○衛侯入于夷儀。夷儀本邢地衛滅邢而爲衛邑晉愍衛衍失國使衛分之一邑書入者自外而入之辭非國逆之例○衍苦旦反〔疏〕注夷儀至之例。○正義曰僖元年邢遷于夷儀是夷儀本是邢地僖二十五年衛滅邢而有之還名其地爲夷儀故爲衛之邑也釋例曰春秋稱入其例有二施於師旅則曰不地在於歸復則曰國逆又以立爲例逆而不立則皆非例所在及諸在例外稱入直是自外入內記事者常辭義無所取而賈氏雖夫人姜氏之入皆以爲例如此甚多是杜以先儒妄以入例故顯言非國逆也於時剽爲衛君非國逆又不得位而稱侯者晉人稱爲衛侯以告魯故書侯也桓十五年鄭伯突入于櫟與此同也○楚屈建帥師滅舒鳩。傳在衛侯入夷儀上經在下從告○冬。鄭公孫夏帥師伐陳。陳猶未服○十有二月。吳子遏伐楚。門于巢。卒。遏諸樊也爲巢牛臣所殺不書滅者楚人不獲其尸吳以卒告未同盟而赴以名○遏於葛反徐音謁〔疏〕吳子至巢卒。○正義曰諸侯不生名此吳子名在伐楚上者爲卒書名上之以省文猶鄭伯髡頑如會丙戌卒于鄵也

傳二十五年。春。齊崔杼帥師伐我北鄙。以報孝伯之師也。前年魯使孟孝伯爲晉伐齊○爲晉于僞反下爲己娶同公患之。使

告于晉孟公綽曰。崔子將有大志。志在弒君孟公綽魯大夫○綽昌若反徐本作卓音同不在病我。必速歸。何患焉。其來也不寇。不爲寇害使民不嚴。欲得民心異於他日。齊師徒歸。徒空也○齊棠公之妻。東郭偃之姊也。棠公齊棠邑大夫〔疏〕注棠公至大夫○正義曰楚僭號稱王故縣尹稱公齊不僭號亦邑長稱公者蓋其家臣僕呼之曰公傳即因而言之猶伯有之臣云吾公在壑谷也東郭偃臣崔武子。棠公死。偃御武子以弔焉。見棠姜而美之。美其色也使偃取之。爲己取也○取如字又七住反注同或作娶字偃曰。男女辨姓。辨別也○別彼列反今君出自丁。齊丁公崔杼之祖〔疏〕注丁公○正義曰諡法述義不克曰丁臣出自桓。不可。齊桓公小白東郭偃之祖同姜姓故不可昏武子筮之。遇困䷮坎下兌上困○坎苦敢反兌徒外反之大過䷛。巽下兌上大過困六三變爲大過○巽音孫〔疏〕遇困之大過○正義曰坎下兌上爲困兌爲澤坎爲水水在澤下則澤中無水也易困象曰澤無水困澤以鍾水潤生萬物今澤無水則萬物困病故名其卦爲困也巽下兌上爲大過彖曰大過大者過也陽大陰小二陰而夾四陽大者過也史皆曰吉。阿崔子〔疏〕史皆曰吉○正義曰史者筮人也史有多人皆言爲吉阿崔子之意也服虔云皆二卦安也示陳文子。文子曰。夫從風。坎爲中男故曰夫變而爲巽故曰從風○中丁仲反風隕妻。不可娶也。風能隕落物者變而隕落故曰妻不可娶○隕于敏反娶亦作取七住反注同且其繇曰。困于石。據于蒺蔾。入于其宮。不見其妻。凶。困六三爻辭○繇直又反蒺音疾蔾力利反困于石。往不濟也。坎爲險爲水水之險者石不可以動也〔疏〕注坎爲至以動○正義曰坎彖云習坎重險也說卦坎爲水水之險者爲石也石不可動往而遇石是往不濟也據于蒺蔾。所恃傷也。坎爲險兌爲澤澤之生物而險者蒺蔾恃之則傷○〔疏〕注蒺蔾至則傷○正義曰兌爲澤說卦文也釋草云茨蒺蔾郭璞曰布地蔓生細葉子有三角刺人蒺蔾有刺是草之險者踐之則被刺故恃之則傷也入于其宮。不見其妻。凶。無所歸也。易曰非所困而困名必辱非所據而據身必危既辱且危死期將至妻其可得見邪今卜昏而遇此卦六三失位無應則喪其妻失其所歸也○應應對之應喪息浪反〔疏〕注易曰至所歸○正義曰所引易曰易下繫辭文也孔子引此爻之辭而以此言述之非所困而困者謂六三是坎坎爲水水之險者爲石過石當須辟之非合所困而困之故名必辱也非所據而據謂六三在坎之上澤之下於蒺蔾之間應當辟之非合所據而乃據之故身必危也石未卽害身之物所以云名必辱蒺蔾害體之物故云身必危既有困辱且復傾危此死時其將至矣妻其可得見乎孔子述

此爻之義如是今卜昏而遇此卦是不吉之象也六三以陰居陽位是失位也三應在上上亦陰爻是無應也動而無應是喪失所歸故不見其妻也劉炫云困卦六三上承九四四非三應而三欲附之附之不入自取其困不應爲此困而爲之名必辱也六三失位而下乘九二以柔乘剛非安身之道不應據而據之身必危也崔子曰。嫠也何害。先夫當之矣。寡婦曰嫠言棠公已當此凶○嫠本又作釐力之反遂取之。莊公通焉。驟如崔氏。以崔子之冠賜人。侍者曰。不可。公曰。不爲崔子。其無冠乎。言雖不爲崔子猶自應有冠○驟愁又反徐在遘反〔疏〕不爲至冠乎○正義曰公意言冠易得不足惜縱使餘人不爲崔子者其可無冠乎況崔子富貴其當自有冠也劉炫云冠是首服之大名周禮司服卿玄冕此崔子之冠蓋玄冕也今知非者以禮運云冕弁兵革藏於私家非禮也崔子冕在公府非助君祭不得用之將以賜人人非是卿何處施用案傳云驟如崔氏以崔子之冠賜人當謂就崔子家以崔子冠賜人當是玄冠也或冠模制作有異故以賜人崔子因是。因是怒公又以其間伐晉也。間晉之難而伐之○間間厠之間注同難乃旦反曰。晉必將報。欲弒公以說于晉。而不獲間。公鞭侍人賈舉。而又近之。乃爲崔子間公。伺公間隙○弒申志反說音悅又如字近附近之近下近於公宮并注同爲于僞反下莒爲下注爲崔子同夏五月。莒爲且于之役故。莒子朝于齊。且于役在二十三年○且子餘反甲戌。饗諸北郭。崔子稱疾不視事。欲使公來乙亥。公問崔子。問疾遂從姜氏。姜入于室。與崔子自側戶出。公拊楹而歌。歌以命姜○拊芳甫反拍也楹音盈侍人賈舉止衆從者。而入閉門。爲崔子閉公也重言侍人者別下賈舉○從才用反重直用反別彼列反甲興。公登臺而請。弗許。請免請盟。弗許。請自刃於廟。勿許。求還廟自殺也皆曰。君之臣杼疾病。不能聽命。不能親聽公命近於公宮。言崔子宮近公宮或淫者詐稱公陪臣干掫有淫者。不知二命。干掫行夜言行夜得淫人受崔子命討之不知它命○陪臣干徐云讀曰犴胡且反注同服音如字掫側柳反徐又子俱反一音作侯反說文云掫夜戒有所擊也從手取聲字林同音子侯反服本作諏子須反謀也今傳本或作諏猶依掫音行夜音下孟反下同〔疏〕注干掫至他命○正義曰昭二十年傳說齊公孫青聘衞之事云賓將掫主人辭賓曰若不獲扞外役是不有寡君也乃親執鐸終夕與於燎燎即是掫之事扞外役即是干之義也故先儒相傳皆以干掫爲行夜說文云掫夜戒有所擊從手取夜扞寇盜手有所擊故以干掫爲行夜官名也服虔云一曰干扞也諏謀也言受崔子命扞禦謀淫之人有此謬說

故掫字或誤從言也今定本作干掫受崔子之命又受公命是爲二命故云受崔子命討之不知他命也公踰牆。又射之中股。反隊。遂弒之。賈舉、州綽、邴師、公孫敖、封具、鐸父、襄伊、僂堙皆死。八子皆齊勇力之臣爲公所嬖者與公共死於崔子之宮○射食亦反中丁仲反股音古隊直類反具求付反鐸待洛反僂力侯反堙音因〔疏〕又射之中股○正義曰上未有射公之文而云又射之者以公未踰牆必已射公但射公不中傳文不載以踰牆射之中股故傳言其事而云又也祝佗父祭於高唐。高唐有齊別廟也○佗徒河反至復命。不說弁而死於崔氏。爵弁祭服○說他活反弁皮彥反申蒯侍漁者。侍漁監取魚之官○蒯苦怪反監古銜反退謂其宰曰。爾以帑免。帑宰之妻子○帑音奴我將死。其宰曰。免。是反子之義也。與之皆死。反死君之義崔氏殺鬷蔑于平陰。鬷蔑平陰大夫公外嬖傳言莊公所養非國士故其死難皆嬖寵之人○鬷子公反難乃旦反下皆同晏子立於崔氏之門外。聞難而來其人曰。死乎。曰。獨吾君也乎哉。吾死也。言己與衆臣無異曰。行乎。曰。吾罪也乎哉。吾亡也。自謂無罪曰。歸乎。曰。君死安歸。言安可以歸君民者。豈以陵民。社稷是主。臣君者。豈爲其口實。社稷是養。言君不徒居民上臣不徒求祿皆爲社稷○爲于僞反注皆爲及下文同故君爲社稷死則死之。爲社稷亡則亡之。謂以公義死亡若爲己死而爲己亡。非其私暱。誰敢任之。私暱所親愛也非所親愛無爲當其禍○暱女乙反任音壬當也且人有君而弒之。吾焉得死之。而焉得亡之。言己非正卿見待無異於衆臣故不得死其難也○弒申志反焉於虔反下同將庸何歸。將用死亡之義何所歸趣門啓而入。枕尸股而哭。以公尸枕己股○枕之鴆反注同興。三踊而出。人謂崔子必殺之。崔子曰。民之望也。舍之得民。舍置也○踊羊寵反盧蒲癸奔晉。王何奔莒。二子莊公黨爲二十八年殺慶舍張本叔孫宣伯之在齊也。宣伯魯叔孫僑如成十六年奔齊叔孫還納其女於靈公。嬖生景公。還齊羣公子納宣伯女於靈公○還音旋丁丑。崔杼立而相之。慶封爲左相。盟國人於大宮。大宮大公廟○相息亮反下同大音泰注同曰。所不與崔慶者。晏子

仰天歎曰。嬰所不唯忠於君、利社稷者是與。有如上帝。乃歃。盟書云所不與崔慶者有如上帝讀書未終晏子抄荅易其辭因自歃○曰所不與崔慶者本或此下有有如此盟四字者後人妄加歃所洽反又所甲反辛巳。公與大夫及莒子盟。莒子朝齊遇崔杼作亂未去故復與景公盟○復扶又反大史書曰。崔杼弒其君。崔子殺之。其弟嗣書而死者二人。嗣續也并前有三人死其弟又書。乃舍之。南史氏聞大史盡死。執簡以往。聞既書矣。乃還。傳言齊有直史崔杼之罪所以聞閭丘嬰以帷縛其妻而載之。與申鮮虞乘而出。二子莊公近臣○帷位悲反縛直轉反乘繩證反鮮虞推而下之。下嬰妻也○推如字又他回反曰。君昏不能匡。危不能救。死不能死而知匿其暱。匿藏也暱親也○匿女力反暱女乙反其誰納之。行及弇中。將舍。弇中狹道○弇於檢反又於廉反狹音洽嬰曰。崔慶其追我。鮮虞曰。一與一。誰能懼我。言道狹雖衆無所用遂舍。枕轡而寢。恐失馬也○枕之鴆反食馬而食。駕而行。出弇中。謂嬰曰。速驅之。崔慶之衆。不可當也。遂來奔。道廣衆得用故不可當○食馬音嗣崔氏側莊公于北郭。側瘞埋之不殯於廟○瘞於滯反埋無皆反丁亥。葬諸士孫之里。士孫人姓因名里死十三日便葬不待五月四翣。喪車之飾諸侯六翣○翣所甲反〔疏〕注喪車至六翣○正義曰周禮縫人掌衣翣柳之材鄭玄云必先纏衣其木乃以張飾也喪大記云飾棺君黼翣二黻翣二畫翣二鄭玄云漢禮翣以木爲筐廣三尺高二尺四寸方兩角高衣以白布畫者畫雲氣其餘各如其象柄長五尺車行使人持之而從既窆樹於壙中檀弓曰周人牆置翣是也是說翣之制也方言云自關而東謂扇爲翣則翣是扇之類也禮器云天子八翣諸侯六翣大夫四翣鄭玄云八翣者加龍翣二不蹕。蹕止行人○蹕音必下車七乘。不以兵甲。下車送葬之車齊舊依上公禮九乘又有甲兵今皆降損○乘繩證反注及下七百乘同〔疏〕不蹕○正義曰禮喪車乘人專道而行無貴賤一也蹕者止行人也此不止行人略賤之○注下車至降損○正義曰服虔云下車遣車也雜記云遣車視牢具鄭玄云言車多少各如所包遣奠牲體之數也然則遣車載所包遣奠而藏之者與遣奠天子大牢包九个諸侯亦大牢包七个大夫亦大牢包五个士少牢包三个大夫以上乃有遣車如鄭之所言遣車者乃是明器塗車芻靈載所包遣奠藏之於壙中下車若是明器則甲兵亦是明器當云無甲兵不得云不以甲兵也杜言送葬之車則謂此爲貳車非遣車也言下車者蓋謂麤惡之車非良車也周禮大行人云上公貳車九乘侯伯貳車七乘子男貳車五乘則齊是侯爵法

當車七乘耳今傳擧七乘言其不依舊法知齊舊依上公之禮貳車九乘其送葬又有甲兵今皆降損也用甲兵者葬是送終大禮法當備列軍陳若漢葬霍光發材官輕車比軍伍校士軍陳至茂陵以送其葬所以榮之也○晉侯濟自泮。泮闕○泮普半反會于夷儀。伐齊以報朝歌之役。朝歌役在二十三年不書伐齊齊人逆服兵不加齊人以莊公說。以弒莊公說晉也○說如字又音悅注同〔疏〕注以弒莊公說晉也○正義曰劉炫云杜意晉謀伐齊齊人乃弒莊公以說晉也炫謂莊公死後晉始謀伐齊齊人以莊公伐晉晉欲報伐莊公既以此說晉言晉讎既死今新君服從晉也使隰鉏請成。慶封如師。慶封獨使於晉不通諸侯故不書鉏隰朋之曾孫○鉏仕居反使所吏反男女以班。賂晉侯以宗器樂器。宗器祭祀之器樂器鐘磬之屬〔疏〕男女以班○正義曰劉炫云哀元年蔡人男女以辨與此同杜意男女分別將以賂晉也炫謂男女分別示晉以恐懼服罪非以爲賂也自六正。三軍之六卿五吏。三十帥。五吏文職三十帥武職皆軍卿之屬官○帥所類反注及下注將帥同〔疏〕注五吏至屬官○正義曰此齊以晉將來伐就會賂之則五吏三十帥皆軍內之官也三軍將佐有六與六正數同故以六正爲六卿也其五吏三十帥皆是軍內之官以三軍與六正數同必是在軍之官但軍官不復可知下句言三軍之大夫百官之正長則軍內羣官足包之矣於大夫之上言五吏三十帥此吏帥未必貴於大夫當以有所掌故先言之耳以吏者治也故爲文職帥者有所率領故爲武職杜氏以意而解不能審悉故云皆軍卿之屬官略言之耳既以帥爲武職則帥是大帥下句復云師旅明當小於此帥故杜以下師旅爲小將帥董遇云五吏謂一正有五吏爲三十帥之長亦以意言之耳俗本三十帥爲三十師非也三軍之大夫。百官之正長。師旅。百官正長羣有司也師旅小將帥○長丁丈反注同及處守者。皆有賂。皆以男女爲賂處守守國者○處守手反注處守同守如字或手又反〔疏〕注皆以男女爲賂○正義曰杜以上句男女以班與賂連文故云皆以男女爲賂劉炫以爲男女以班示降服於晉有賂者皆有貨財賂之非以男女爲賂與杜異也晉侯許之。晉侯受賂還不譏者齊有喪師自宜退〔疏〕注晉侯至宜退○正義曰案傳會于夷儀伐齊以報朝歌之役齊人以莊公說則晉初伐齊之日未知莊公已死齊人以說方始知之齊既有喪師自須退縱令受賂未合致譏故杜爲此解而劉以爲齊弒君之役晉始來伐而規杜氏非也使叔向告於諸侯。告齊服公使子服惠伯對曰。君舍有罪。以靖小國。君之惠也。寡君聞命矣。○晉侯使魏舒、宛沒逆衛侯。衛獻公以十四年奔齊○宛於元反將使衛與之夷儀。崔子止其帑。以求五鹿。崔杼欲得衛之五鹿故留衛侯妻子於齊以質之〔疏〕崔子至五鹿○正義曰衛侯本以妻子奔齊今衛侯將入夷儀崔子止其帑於齊所以止之以求五鹿故也衛侯若得衛國望以五鹿與齊故止其妻子以質之也

○初。陳侯會楚子伐鄭。在前年當陳隧者。井堙木刊。隧徑也堙塞也刊除也○隧音遂徐又徒猥反下同堙音因刊苦干反徑古定反鄭人怨之。六月。鄭子展、子產帥車七百乘伐陳。宵突陳城。突穿也遂入之。陳侯扶其大子偃師奔墓。欲逃冢間遇司馬桓子。曰。載余。陳之司馬曰。將巡城。不欲載公以巡城辭遇賈獲。賈獲陳大夫載其母妻。下之而授公車。公曰。舍而母。辭曰。不祥。雖急猶不欲男女无別○別彼列反下文同與其妻扶其母以奔墓。亦免。子展命師無入公宮。與子產親御諸門。欲服之而已故禁侵掠○御魚呂反掠音亮陳侯使司馬桓子賂以宗器。陳侯免。擁社。免喪服擁社抱社主示服○免音問注同徐音万喪冠也擁於勇反使其衆男女別而纍以待於朝。纍自囚係以待命○纍類悲反一音呂執反〔疏〕注纍自至待命○正義曰宣十二年楚子入鄭鄭伯肉袒牽羊所以不別以男女四繫以待命者此雖降服猶望國存故以四繫男女擬爲鄭之僕隸彼則恐其遂滅請俘江南國已亡滅男女非已之有故與此不同子展執縶而見。見陳侯○縶陟立反見賢遍反再拜稽首。承飲而進獻。承飲奉觴示不失臣敬子美入。數俘而出。子美子產也但數其所獲人數不將以歸○數俘所主反注但數同下方夫反祝祓社。司徒致民。司馬致節。司空致地。乃還。祓除也節兵符陳亂故正其衆官脩其所職以安定之乃還也○祓方弗反徐音沸〔疏〕注祓除至還也○正義曰周禮女巫掌歲時祓除釁浴鄭玄云歲時祓除如今三月上巳如水上之類釁浴謂以香薰草藥沐浴彼言祓除知此祓社是祓除也其祓除之事當如鄭之言也周禮有掌節之官節爲兵符若今之銅虎符竹使符也陳國既亂致使官司廢闕民人分散符節失亡故令陳之司徒招致民人司馬集致符節司空檢致土地使各依其舊師乃迴還也劉炫云陳國既亂民節與地非復陳有子展子產心不滅陳各使己之官屬各依其職事致之於陳使民依職領受其衆官備其所職以安定之乃還也諸官皆鄭人在軍有此官者蓋權使攝爲之未必是正官服虔以爲祝與司徒等皆是陳人各致其所主於子產案傳陳侯擁社自抱以逆又何須祝祓之子美數俘獲尚不取何當取其民地使陳致之既致乃還則是滅矣何以云入陳也○秋。七月己巳。同盟于重丘。齊成故也。伐齊而稱同盟以明齊亦同盟〔疏〕注伐齊至同盟○正義曰杜以經言同盟傳言伐齊直書諸侯同盟齊人不序於列故據同盟之言以明齊亦與盟劉炫以爲齊直遣慶封如師齊侯不與盟今知非者以五月齊弒莊公之後即立景公及七月始盟傳言齊成故也明齊侯在盟莊十六年同盟于幽傳云鄭成也二十七年同盟于幽傳云鄭成也二十七

年同盟于幽傳云陳鄭服也並與此文同又傳稱重丘之盟未可忘也故知齊亦同盟劉以爲齊侯不與盟而規杜氏非也。○趙文子爲政。趙武代范匄令薄諸侯之幣而重其禮。以重禮待諸侯穆叔見之。謂穆叔曰。自今以往。兵其少弭矣。弭止也○弭亡氏反齊崔慶新得政。將求善於諸侯。武也知楚令尹。令尹屈建〔疏〕注令尹屈建○正義曰趙文子初始爲政與令尹相知望其在後兵息知是新令尹也下文始言屈建爲令尹者因伐舒鳩而追序之其實爲子馮卒在此盟前故服杜皆以令尹爲屈建也若敬行其禮。道之以文辭。以靖諸侯。兵可以弭。爲二十七年晉楚盟于宋傳○道音導○楚薳子馮卒。屈建爲令尹。屈建子木屈蕩爲莫敖。代屈建宣十二年邲之役楚有屈蕩爲左廣之右世本屈蕩屈建之祖父今此屈蕩與之同姓名○邲扶必反廣古曠反舒鳩人卒叛。前年辭不叛楚令尹子木伐之。及離城。離城舒鳩城吳人救之。子木遽以右師先。先至舒鳩○遽其據反子彊、息桓、子捷、子駢、子盂帥左師以退。五人不及子木與吳相遇而退○捷在接反駢蒲賢反又蒲丁反盂音于吳人居其間七日。居楚兩軍之間子彊曰。久將墊隘。隘乃禽也。不如速戰。墊隘處水雨○墊丁念反方言云下也隘於懈反〔疏〕注墊隘處水雨○正義曰成六年注云墊隘羸困也方言云墊下也吳地下溼久駐於此處水雨大至民將困病故恐爲人所禽制也請以其私卒誘之。簡師陳以待我。簡閱精兵駐後爲陳○卒子忽反下同陳直覲反注同駐張住反我克則進。奔則亦視之。視其形勢而救助之乃可以免。不然必爲吳禽。從之。五人以其私卒先擊吳師。吳師奔。登山以望見楚師。不繼。復逐之。傳諸其軍。吳還逐五子至其本軍○復扶又反下復伐陳同傳音附簡師會之。吳師大敗。遂圍舒鳩。舒鳩潰。八月。楚滅舒鳩。五子既敗吳師遂前及子木共圍滅舒鳩○潰戶內反○衛獻公入于夷儀。爲下自夷儀與甯喜言張本○鄭子產獻捷于晉。獻入陳之功而不獻其俘〔疏〕注獻入陳之功○正義曰上云數俘而出不將以歸知其空獻功不獻俘也戎服將事。戎服軍旅之衣異於朝服〔疏〕注戎服至朝服○正義曰周禮司服云凡兵事韋弁服鄭玄云韋弁以韎韋爲弁又以爲衣裳也諸侯之朝服玄冠緇布衣素積以爲裳是戎服異於朝服也晉人問陳之罪。對曰。昔虞閼父爲周陶

正。以服事我先王。閼父舜之後當周之興閼父爲武王陶正○閼於葛反我先王賴其利器用也。與其神明之後也。舜聖故謂之神明庸以元女大姬配胡公。庸用也元女武王之長女胡公閼父之子滿也○大音泰配亦作妃音配長丁丈反〔疏〕注庸用至滿也○正義曰庸聲近用故爲用也史記陳世家云陳胡公滿者虞帝舜之後也舜傳禹而舜子商均爲封國夏后之時或失續周武王克殷求舜後得嬀滿封之於陳以奉帝舜祀是爲胡公而封諸陳。以備三恪。周得天下封夏殷二王後又封舜後謂之恪并二王後爲三國其禮轉降示敬而已故曰三恪○恪若洛反〔疏〕注周得至三恪○正義曰樂記云武王克殷未及下車而封黃帝之後於薊封帝堯之後於祝封帝舜之後於陳下車而封夏后氏之後於杞投殷之後於宋郊特牲云天子存二代之後猶尊賢也尊賢不過二代鄭玄以此謂杞宋爲二王之後薊祝陳爲三恪杜今以周封夏殷之後爲二王後又封陳并二王後爲三恪杜意以此傳言以備三恪則以陳備三恪而已若遠取薊祝則陳近矣何以言備以其稱備知其通二代而備其數耳二代之後則各自行其正朔用其禮樂王者尊之深也舜在二代之前其禮轉降恪敬也封其後示敬而已故曰恪雖通二代爲三其二代不假稱恪唯陳爲恪耳于今是賴。言陳周之甥至今賴周德桓公之亂。蔡人欲立其出。陳桓公鮑卒於是陳亂事在魯桓五年蔡出桓公之子厲公也我先君莊公奉五父而立之。五父佗桓公弟殺大子免而代之鄭莊公因就定其位○佗徒何反蔡人殺之。欲立其出故我又與蔡人奉戴厲公。奉戴猶奉事至於莊宣。皆我之自立。陳莊公宣公皆厲公子夏氏之亂。成公播蕩。又我之自入。君所知也。播蕩流移失所宣十一年陳夏徵舒弒靈公靈公之子成公奔晉自晉因鄭而入也○夏戶雅反播補賀反今陳忘周之大德。蔑我大惠。棄我姻親。介恃楚衆。以憑陵我敝邑。不可億逞。億度也逞盡也○介音戒憑皮冰反億於力反逞勑景反度待洛反我是以有往年之告。謂鄭伯稽首告晉請伐陳未獲成命。未得伐陳命則有我東門之役。前年陳從楚伐鄭東門當陳隧者。井堙木刊。敝邑大懼不競而恥大姬。上辱大姬之靈天誘其衷。啓敝邑之心。啓開也開道其心故得勝○衷音忠陳知其罪。授手于我。用敢獻功。晉人曰。何故侵小。對曰。先王之命。唯罪所在。各致其辟。辟誅也○辟婢亦反注同〔疏〕何故侵小○正義曰陳大於鄭而謂之侵小者言陳對晉爲小不言小於鄭也子展伐陳此言侵謂侵陵之非用兵之侵

也且昔天子之地一圻。方千里圻音祈列國一同。方百里〔疏〕列國一同○正義曰周法大國五百里此爲一同者引夏殷時國小以譏晉國之寬大權以拒晉耳自是以衰。衰差降○衰初危反注同〔疏〕衰差降○正義曰中國七十小國五十是降差今大國多數圻矣。若無侵小。何以至焉。晉人曰。何故戎服。對曰。我先君武莊爲平桓卿士。鄭武公莊公爲周平王桓王卿士○數色主反下數甲兵數疆潦各并注同城濮之役。文公布命曰。各復舊職。晉文公濮音卜命我文公戎服輔王。以授楚捷。不敢廢王命故也。城濮在僖二十八年士莊伯不能詰。士莊伯士弱也○詰起吉反復於趙文子。文子曰。其辭順。犯順不祥。乃受之。冬十月。子展相鄭伯如晉。拜陳之功。謝晉受其功○相息亮反子西復伐陳。陳及鄭平。前雖入陳服之而已故更伐以結成仲尼曰。志有之。志古書言以足志。文以足言。足猶成也○足將住反又如字下及注同不言。誰知其志。言之無文。行而不遠。雖得行猶不能及遠晉爲伯。鄭入陳。非文辭不爲功。慎辭哉。樞機之發榮辱之主〔疏〕注樞機至之主○正義曰易繫辭文也鄭玄云樞戶樞也機弩牙也戶樞之發或明或闇弩牙之發或中或否以譬言語之發有榮有辱傳言子產善爲文辭於鄭有榮也○楚蒍掩爲司馬。蒍子馮之子子木使庀賦。庀治○庀匹婢反〔疏〕注庀治○正義曰庀訓爲具而言治者以下說治賦之事治之使具故以庀爲治也數甲兵。閱數甲午。蒍掩書土田。書土地之所宜度山林。度量山林之材以共國用○度待洛反注及下注同共音恭鳩藪澤。鳩聚也聚成藪澤使民不得焚燎壞之欲以備田獵之處○藪素口反燎力召反處昌慮反〔疏〕注鳩聚至之處○正義曰鳩聚釋詁文也釋地有十藪李巡曰藪澤之別名也周禮澤虞有大澤大藪小澤小藪鄭玄云澤水所鍾也水希曰藪其職云若大田獵則萊澤野是藪爲田獵之處或焚其草則散失澤藪之用故聚成使不得焚燎之也辨京陵。辨別也絕高曰京大阜曰陵別之以爲冢墓之地○別彼列反下同〔疏〕注辨別至之地○正義曰釋丘云絕高爲之京非人爲之丘李巡曰上高大者爲京也孫炎曰爲之人所作也則京爲丘類人力所作也釋地云大陸曰阜大阜曰陵李巡曰大陸謂土地高大名曰阜阜最大爲陵也檀弓稱趙文子與叔譽觀于九原觀晉諸大夫之墓也僖三十二年傳云殽有二陵焉其南陵夏后皋之墓也故知別丘陵以爲葬墓之地表淳鹵。淳鹵埆薄之地表異輕其賦稅○淳音純鹵音魯說文云鹵西方鹹也埆音學〔疏〕注淳鹵至賦稅○正義曰賈逵云淳鹹也說文云鹵西方鹹地

也從西省象鹽形安定有鹵縣東方謂之斥西方謂之鹵呂氏春秋稱魏文侯時吳起爲鄴令引漳水以灌民田民歌之曰決漳水以灌鄴旁終古斥鹵生稻粱是鹹薄之地名爲斥鹵禹貢云海濱廣斥是也淳鹵地薄收穫常少故表之輕其賦稅　數疆潦。疆界有流潦者計數減其租入○疆居良反注同賈又其兩反潦音老　【疏】注疆界至租入○正義曰賈逵以疆爲彊㯺境埆之地鄭衆以爲疆界內有水潦者案周禮草人凡糞種彊㯺用蕡鄭玄云彊㯺彊堅者則彊地猶堪種植非水潦之類故從鄭衆之說數其疆界有水潦者計數減其租稅也孫毓讀爲彊潦注云砂礫之田也　規偃豬。偃豬下濕之地規度其受水多少○偃於建反又一音如字豬陟魚反尚書傳云停水曰豬　【疏】注偃豬至多少○正義曰禹貢徐州大野既豬孔安國云水所停曰豬檀弓云有弒其父者洿其宮而豬焉是豬者停水之名偃豬謂偃水爲豬故爲下溼之地規度其地受水多少得使田中之水注之　町原防。廣平曰原防隄也隄防間地不得方正如井田別爲小頃町○町徒頂反隄丁兮反頃苦穎反　【疏】注廣平至頃町○正義曰廣平曰原釋地文李巡曰謂土地寬博而平正名曰原釋丘云墳大防孫炎曰謂隄也隄防之間或有平地不得平正以爲井田取其可耕之處別爲小頃町也說文云町田踐處曰町史遊急就篇云頃町界畝是町亦頃類故連言之也謂廣平爲原者因爾雅之文其實此原謂隄防之間也劉炫云廣平曰原土地寬平當與隰相配非是不得爲井田也釋地於陸阜陵阿之下云可食者曰原孫炎曰可食謂有井田也陸阿山田可種穀者亦曰原也謂彼陵阿之間可食之地非廣平也　牧隰皐。隰皐水岸下溼爲芻牧之地○牧州牧之牧　【疏】注隰皐至之地○正義曰釋地云下溼曰隰李巡曰下溼謂土地窊下名爲隰也詩云鶴鳴于九皐毛鄭皆以皐爲澤之坎是皐爲水岸也下溼與水岸不任耕作故使牧牛馬於中以爲芻牧之地　井衍沃。衍沃平美之地則如周禮制以爲井田六尺爲步步百爲畝畝百爲夫九夫爲井○衍以善反賈云下平曰衍有溉曰沃　【疏】注衍沃至爲井○正義曰周禮大司徒以土會之法辨五地之物生四曰墳衍五曰原隰衍地高於原傳稱郇瑕氏之地沃饒魯語云沃土之民逸則衍沃俱是平美之地衍是高平而美者沃是下平而美者二者並是良田故如周禮之法制之以爲井田是賈逵云下平曰衍有溉曰沃所指雖異俱謂良美之田也六尺爲步以下皆司馬法之文自度山林以下至此有九事賈逵以爲賦稅差品其注云山林之地九夫爲度九度而當一井也藪澤之地九夫爲鳩八鳩而當一井也京陵之地九夫爲辨七辨而當一井也淳鹵之地九夫爲表六表而當一井也疆潦之地九夫爲數五數而當一井也偃豬之地九夫爲規四規而當一井也原防之地九夫爲町三町而當一井也隰皐之地九夫爲牧二牧而當一井也衍沃之地畝百爲夫九夫爲井周禮小司徒云乃經土地而井牧其田野鄭玄云隰皐之地九夫爲牧二牧而當一井今造都鄙授民田有不易有一易有再易通率二而當一是之謂井牧是鄭賈同此說也案周禮所授民田不過再易唯有三當一耳不得有九當一也山林藪澤京陵偃豬本非可食之地不在授民之限雖九倍與之何以充稅而使之當一井也且以度鳩之等皆爲九夫之名經傳未有此目故杜不用其說　量入脩賦。量九土之所入而治理其賦稅○量音良又音亮注同　【疏】量入脩賦○正義曰量其九土所宜觀其收入多少乃準其所入脩其賦稅其九土之內偃豬京陵無物可入而言九土之所

入者揔言之　賦車。籍馬。籍疏其毛色歲齒以備軍用　【疏】賦車籍馬○正義曰賦與籍俱是稅也稅民之財使備車馬因車馬之異故別爲其文　賦車兵。車兵甲士　徒卒。步卒○卒子忽反　【疏】賦車兵徒卒○正義曰車兵者甲士也徒兵者步卒也知非兵器者上云數甲兵下云甲楯之數故知此兵謂人也劉炫云兵者戰器車上甲士與步卒所執兵各異也司兵掌五兵鄭衆云五兵者戈殳戟酋矛夷矛又曰軍事建車之五兵鄭玄云車之五兵鄭司農所云者是也步卒之五兵無夷矛而有弓矢事或當然　甲楯之數。使器杖有常數○楯食準反又音尹杖直亮反　既成。以授子木。禮也。得治國之禮傳言楚之所以興　○十二月。吳子諸樊伐楚。以報舟師之役。舟師在二十四年　門于巢。攻巢門　巢牛臣曰。吳王勇而輕。若啓之。將親門。啓開門也○輕遣政反　我獲射之。必殪。殪死也○射食亦反下同殪於計反　是君也死。彊其少安。從之。吳子門焉。牛臣隱於短牆以射之。卒。○彊居良反　○楚子以滅舒鳩賞子木。辭曰。先大夫蔿子之功也。以與蔿掩。往年楚子將伐舒鳩蔿子馮請退師以須其叛楚子從之卒獲舒鳩故子木辭賞以與其子　○晉程鄭卒。子產始知然明。前年然明謂程鄭將死今如其言故知之　問爲政焉。對曰。視民如子。見不仁者誅之。如鷹鸇之逐鳥雀也。子產喜以語子大叔。且曰。他日吾見蔑之面而已。蔑然明名○鷹於陵反鸇之然反徐又居延反語魚據反　今吾見其心矣。子大叔問政於子產。子產曰。政如農功。日夜思之。思其始而成其終。朝夕而行之。行無越思。思而後行○朝如字　如農之有畔。言有次　其過鮮矣。○衛獻公自夷儀使與甯喜言。求復國也　甯喜許之。大叔文子聞之。大叔儀也　曰。烏呼。詩所謂我躬不說。皇恤我後者。甯子可謂不恤其後矣。皇暇也詩小雅言今我不能自容說何暇念其後平謂甯子必身受禍不得恤其後也○說音悅注同詩作閱容也　【疏】我躬至我後○正義曰詩小雅小弁之篇　將可乎哉。殆必不可。君子之行。思其終也。思使終可成　思其復也。思其可復行　書曰。愼始而敬終。終以不困。逸書　【疏】書曰至不困○正義曰尚書蔡仲之命云愼厥初惟厥終終以不困此所引者蓋是彼文學者各傳所聞而字有改易或引其意而不全其文

故不同也　詩曰。夙夜匪解。以事一人。一人以喻君○解佳賣反　今甯子視君不如弈棋。弈圍棋也○弈音亦棋音其　【疏】注弈圍棋○正義曰方言云圍棋謂之弈自關東齊魯之間皆謂之弈蓋此戲名之曰弈故說文弈從廾言竦兩手而執之孟子稱弈秋善弈秋人自以善弈而著名也棋者所執之子故云弈者舉棋不定不勝其耦謂舉子下之不定則不勝其耦是棋爲子也以子圍而相殺故謂之圍棋沈氏云圍棋稱弈者取其落弈之義也　其何以免乎。弈者舉棋不定。不勝其耦。而況置君而弗定乎。必不免矣。九世之卿族。一舉而滅之。可哀也哉。甯氏出自衛武公及喜九世也　傳會于夷儀之歲。齊人城郟。在二十四年不直言會夷儀者別二十五年夷儀會○此傳本爲後年修成當續前卷二十五年之傳後簡編爛脫後人傳寫因以在此耳郟音古洽反別彼列反　【疏】注在二至儀會○正義曰凡傳却言前事者皆舉時事爲驗二十四年二十五年頻年會于夷儀恐其事無以相別故復言齊人城郟以明秦晉爲成在二十四年也不直言齊人城郟者以其非經故也此已連經舉之故下文烏餘奔晉直舉城郟之歲不言會于夷儀　其五月。秦晉爲成。晉韓起如秦涖盟。秦伯車如晉涖盟。伯車秦伯之弟鍼也○涖音利又音類車音居鍼其廉反　成而不結。不結固也傳爲後年脩成起本當繼前年之末而特跳此者傳寫失之○爲于僞反跳直彫反傳寫直專反一本作轉　【疏】注不結至失之○正義曰漢書藝文志云左氏傳三十卷則丘明自分爲三十也丘明作傳使文勢相接爲後年之事而年前發端者多矣文十年傳云厥貉之會麇子逃歸十一年云楚子伐麇宣十一年傳云厲之役鄭伯逃歸十二年而云楚子圍鄭皆傳在前卷之末豫爲後卷之始此爲後年修成發其前成不結其事與彼相類不宜獨載卷首知其當繼前年之末也而特跳出在於此卷之首者是傳寫失之也學者以此語字多欲令與下相接故輒斷彼末寫於此首後人因循不敢改易故失之言失其本真也說文云跳躍也謂足絕地而高舉也魏晉儀注寫章表別起行頭者謂之跳出故杜以跳言之

春秋左傳注疏卷三十六挍勘記　阮元撰盧宣旬摘錄

附釋音春秋左傳注疏卷第三十六　襄二十五年盡二十五年

經二十五年

齊侯雖背盟主　淳熙本侯誤俟

問陳之罪　浦鏜正誤云問上脫且字

己巳七月十二日經誤　岳本二作一非也

楚人不獲其尸　淳熙本人作不誤也

傳二十五年

孟公綽曰 釋文云綽徐本作卓案漢成陽令唐扶頌曰朝有公卓家有參鶱洪适曰公卓即孟公綽也

注棠公至大夫 宋本以下正義十三節揔入不以甲兵注下

使偃取之 淳熙本取誤作敢

故不可昏 淳熙本昏作婚

凙以鐘水 浦鏜正誤云鐘當作鍾

不可以動也 宋本淳熙本岳本足利本無也字

據于蒺棃 石經纂圖本閩本亦作棃下及注同岳本監本毛本作蔾與釋文合宋本作蔾從易本文也淳熙本誤棃

釋草云 毛本草作艸下同

茨蒺蔾 監本毛本作蒺蔾下正義同

死其將至 浦鏜正誤其作期是也

非合所困而困之 宋本而下有乃字

身必危也 毛本危作安非也

殘也何害先夫當之矣 顧炎武云石經夫誤天案石經此處模糊唯夫字尚可辨炎武非也

或冠模制作有異 毛本模誤摸

故以賜人 宋本人下有也字

欲弑公以說于晉 釋文弑作殺云申志反按杼但知欲殺公耳豈自知爲弑哉弑者定其罪之辭也凡若此等可以意求之

伺公間隙 淳熙本伺作間非也

姜入于室 石經初刻作姜氏入于室改刊去氏字故此行九字

陪臣干掫有淫者 正義引定本亦作掫案史記作陪臣爭趣有淫者徐廣曰爭一作扞索隱曰左傳作扞趣陳樹華云干扞本字也掫趣古字通

扞掫行夜 釋文夜下有也字諸本脫

說文曰掫夜戒守有所擊從手取 宋本取下有聲字段玉裁云此有守字從上無也字與徐鉉本合

掫謀也 宋本掫作諏不誤服本作諏見釋文

公踰牆 岳本牆作墻非也

中股反隊 石經隊作墜

豈以陵民 淳熙本豈作可非也

且人有君而弑之 石經此處刓缺弑字上半可辨

枕尸股而哭 淳熙本哭下衍之字

殺慶舍張本 淳熙本舍作舎

曰所不與崔慶者 石經崔慶者下多有如上帝四字陳樹華云石經涉下文而誤衍也按晏子春秋作所不與崔慶者晏子仰天歎曰此後人妄增晏子字耳語未終而晏子攙越說之必無是也

閒丘嬰以帷縛其妻而載之 石經宋本岳本閩本監本縛作縛不誤○今訂正

出弇中 石經此行十一字中字覆按時補刊案上文注云弇中狹道哀十四年失道於弇中即此是也

側壍埋之 淳熙本埋誤理

四翣 案周禮縫人鄭司農注羣經音辨引並作四𦐇不䨱𦐇爲翣之假借字也

必先繾衣其木 浦鏜正誤木作材按宋板周禮注作木

廣三尺四寸 宋本四上有高二尺三字與鄭注喪大記合

又有甲兵 岳本作兵甲案正義當作甲兵岳氏誤倒

注以弑莊公說晉也 宋本以下正義五節揔入寡君聞命矣句下

樂器鍾磬之屬 宋本淳熙本纂圖本閩本監本毛本鍾作鐘

三十帥 石經三十作卅正義云俗本三十帥爲三十師非也按唐人書帥爲師師乃帥之俗字或遂譌爲師見五經文字及干祿字書

注鼎自至待命 宋本以下正義二節揔入乃還注下

二十七年同盟于幽傳云鄭成也 補案此十三字誤衍各本並無

注令尹屈建 宋本此節正義在兵可以弭注下

子彊 閩本監本毛本彊作疆非也下同

注墊隘處水雨 宋本此節正義在楚滅舒鳩注下

注獻入至其俘 宋本此節以下正義八節揔入愼辭哉注下

駐後爲陳 釋文作後駐

閼父爲武王陶正 淳熙本閼誤於

舜聖故謂之神明 閩本監本聖作賢非也

庸以元女大姬配胡公 釋文配作妃云本亦作配

或失續 宋本失下有或字是也

以備三恪 說文引作以陳備三愙徐鍇等曰今俗作恪按惠棟云義雲章亦以愙爲恪

而封黃帝之後於薊 監本毛本而作乃誤也

投殷之後於宋 宋本投作封與樂記合

至於莊宣 石經宋本於作于

宣十一年陳夏徵舒弑靈公 諸本並衍一字山井鼎云宋板十字下闕後人補入二字非也徵舒弑靈公在宣十年諸本作十一年誤也

以憑陵我敝邑 宋本淳熙本岳本憑作馮與釋文合

當陳隧者井堙木刊 顧炎武云石經堙誤煙案炎武所據乃翻刻家語洪範正義引並作井堙周禮稻人正義作井闉

授手于我 案家語作授首于我惠棟云手古首字儀禮大射儀士喪禮並以手爲古文首字沈彤云手當爲首聲同而誤非也

辟誅也 淳熙本誅誤除

且昔天子之地一圻 纂圖本監本毛本昔誤夫案周禮鄭司農注引傳圻作畿古字同

方千里圻音祈 下三字乃釋文閩本監本誤入注

何以至焉 足利本後人記云至下異本有大字非也

注庀治 宋本以下正義十二節揔入禮也注下

使民不得焚燎壞之 浦鏜正誤云壞衍字以續通解校案正義無壞字

淳鹹也 浦鏜正誤也作地

吳起爲鄴令 案高誘注呂氏春秋樂成篇云西門豹文侯用爲鄴令史起亞之吳乃史字之誤

賈逵以彊爲彊檗境埆之地 宋本爲彊作爲彊閩本監本毛本檗作檗亦非下同宋本作檗是也

彊檗彊堅者 閩本監本毛本彊作疆非宋本下彊字作强

偃豬下濕之地 纂圖本監本毛本濕作溼

寬平當與隰相配 毛本隰作濕非

陸阿山田 宋本陸作陵是也

衍地高於原 宋本原下有也字

賦車兵徒卒 石經宋本岳本監本卒作兵顧炎武云石經卒誤作兵非也梁履繩云杜於徒兵下注云步卒

釋文卒子忽反若傳文爲徒卒則杜不須注陸氏何不舉傳文而標注字邪

賦車兵徒卒　宋本監本卒作兵

徒兵者　毛本兵誤卒

使器杖有常數　宋本作仗是正字陳樹華云作仗非誤也

彊其少安　宋本淳熙本岳本纂圖本閩本監本毛本彊作疆釋文同居良反石經本作彊後加土

子大叔問政於子産　淳熙本子誤乎

言若次　纂圖本監本毛本有誤其

曰烏乎　石經宋本淳熙本乎作呼是也

詩所謂我躬不說　石經初刻作閱後改說釋文云詩作閱

我躬至我後　宋本以下正義二節摠入篇末

不如弈棋　纂圖本監本毛本弈作奕按說文作弈云圍棋也从亦卄聲

弈圍棋也　纂圖本監本毛本弈誤奕正義同

故說文弈從其　宋本其作廾是也

秋人自以善弈而著名也　浦鏜正誤云人疑蓋字誤

傳　春秋正義卷第二十四石經春秋經傳集解襄五第十八岳本五上增公字並盡二十八年按宋殘本此卷起會于夷儀之歲閩本監本毛本亦在卅六卷之末皆仍十行本之誤

此傳本爲後年至以在此耳　案此三十二字乃釋文淳熙本誤作注

注在二至儀會　宋本以下正義二節摠入篇末

傳寫失之　諸本作傳釋文云一本作轉

麇子逃歸　毛本麇誤麋下伐麇同

欲今與下相接　宋本今作令是也監本毛本作合並非

涖音利至廉反　案此十三字及釋文淳熙本誤入注

附釋音春秋左傳注疏卷第三十六止

春秋左傳注疏卷三十六校勘記

附釋音春秋左傳注疏卷第三十七　襄二十六年盡二十六年

杜氏注　孔穎達疏

經二十有六年。春。王二月。辛卯。衞甯喜弑其君剽。剽匹妙反○衞孫林父入于戚以叛。衎雖未居位林父專邑背國猶爲叛也○背音佩　疏　注衎雖至叛也○正義曰叛者背君之名嫌無君不得爲叛故注明之林父畏衎入殺己以邑先叛故衎今雖未居位林父以背國之故猶爲叛也　甲午。衞侯衎復歸于衞。復其位曰復歸名與不名傳無義例　疏　注復其至義例○正義曰復其位曰復歸成十八年傳例也僖二十八年衞侯鄭復歸于衞曹伯襄復歸于曹與此衞侯衎皆書其名成十六年曹伯歸自京師不書名俱是歸國立文不同傳無義例史異辭也○夏。晉侯使荀吳來聘。吳荀偃子○公會晉人、鄭良霄、宋人、曹人于澶淵。卿會公侯皆應貶方責宋向戌後期故書良霄以駮之若皆稱人則嫌向戌直以會公貶之○澶市延反駮邦角反　疏　注卿會至貶之○正義曰僖二十九年傳曰在禮卿不會公侯會伯子男可也是卿會公侯皆合貶良霄亦當貶也但向戌會公已自當貶而又有後期之責仲尼書經方責向戌後期故書良霄以駮之書良霄所以責向戌非是舍霄罪也若良霄與晉宋皆貶稱人則嫌向戌直以會公被貶其後期之責不見故書良霄名退宋班明向戌有二罪也案春秋諸國之會後至者多唯退班在下不褒進先至之人此直退宋人在鄭人之下於文自足必特書良霄以駮向戌者以向戌宋之執政上卿魯公親自在會後期而至情慢之甚故特書良霄深責向戌異於他例也○秋。宋公殺其世子痤。稱君以殺惡其父子相殘害○痤才何反惡烏路反○晉人執衞甯喜。八月。壬午。許男甯卒于楚。未同盟而赴以名　疏　注未同盟而赴以名○正義曰宣十七年許男錫我卒甯即錫我之子嗣立以來未與魯會盟而赴以名也○冬。楚子、蔡侯、陳侯、伐鄭。○葬許靈公。

傳二十六年。春。秦伯之弟鍼如晉脩成。脩會夷儀之歲之成　叔向命召行人子員。欲使荅秦命員音云　行人子朱曰。朱也當御。御進也言次當行　疏　注御進至當行○正義曰言當進侍君受君命也行人非一遞進御此日次朱當御次而不使是黜之也　三云。叔向不應。子朱怒曰。班爵同。同爲大夫○應應對之應　何以黜朱於朝。黜退也　撫劍從之。從叔向也　叔向曰。秦晉不和久矣。今日之事。幸而集。晉國賴之。集成　不集。三軍暴骨。子員道二國之言無私。子常易之。姦以事君者。吾所能御也。拂衣從之。拂衣褰裳也○暴蒲卜反徐扶沃反道音導御魚呂反拂芳弗反褰起虔反本或作騫音雖同義非也說文云褰袴也　疏　注拂衣褰裳也○正義曰拂者拔迅之義以其將鬭知拂衣即褰裳也對則上衣下裳散則可以相通故以褰裳解拂衣　人救之。平公曰。晉其庶乎。庶幾於治○治直吏反　吾臣之所爭者大。師曠曰。公室懼卑。臣不心競而力爭。謂二子不心競爲忠而撫劍拂衣○爭爭鬭之爭　不務德而爭善。爭謂所行爲善　私欲已侈。能無卑乎。私欲侈則公義廢○侈昌氏反又尺氏反　疏　平公至卑乎○正義曰平公見其臣鬭而言其庶乎者以其臣爭爲國國事必興故庶幾於治也劉炫云不心競而力爭不務德而爭善皆道子朱之心非叔向之罪杜言二子不心競似亦并責叔向者以鬭雖一曲一直乃是兩人爭理故以二子言之據其鬭而言力爭則叔向亦爭爭善則叔向无之叔向以守員無私欲令應客亦非叔向无可爭杜云爭謂所行爲善唯言子朱之心也○衞獻公使子鮮爲復。使爲己求反國○鮮音仙爲于僞反注同　辭。辭不能　敬姒強命之。敬姒獻公及子鮮之母○姒音似強其丈反　對曰。君無信。臣懼不免。敬姒曰。雖然。以吾故也。許諾。初。獻公使與甯喜言。言復國　甯喜曰。必子鮮在。不然必敗。子鮮賢國人信之必欲使在其間　故公使子鮮。子鮮不獲命於敬姒。不得止命　以公命與甯喜言曰。苟反。政由甯氏。祭則寡人。甯喜告蘧伯玉。伯玉曰。瑗不得聞君之出。敢聞其入。十四年孫氏欲逐獻公瑗走從近關出○蘧其居反瑗于眷反又于萬反　遂行。從近關出。告右宰穀。衞大夫　右宰穀曰。不可。獲罪於兩君。前出獻公今弒剽○弒申志反　天下誰畜之。畜猶容也○畜許六反注同一音勑六反　悼子曰。吾受命於先人。不可以貳。悼子甯喜也受命在二十年　穀曰。我請使焉而觀之。觀知可還否○使所吏反還音環　遂見公於夷儀。反曰。君淹恤在外。十二年矣。淹久也○見賢遍反一音如字淹於廉反徐於嚴反　而無憂色。亦無寬言。猶夫人也。言其爲人猶如故○夫人音扶　若不已。死無日矣。已止也　悼子曰。子鮮在。右宰穀曰。子鮮在何益。多而能亡。於我何爲。言子鮮爲義多不過亡出　悼子曰。雖然。不可以已。孫文子在戚。孫嘉聘

於齊。孫襄居守。二子孫文子之子○守手又反 二月。庚寅。甯喜、右宰穀伐孫氏。不克。伯國傷。伯國孫襄也父兄皆不在故乘弱攻之 甯子出舍於郊。欲奔 伯國死。孫氏夜哭。國人召甯子。甯子復攻孫氏。克之。辛卯。殺子叔及大子角。子叔衛侯剽言子叔剽無謚故○復扶又反下復愬同【疏】辛卯角殺子叔及大子角○正義曰服虔云殺大子角不書舉重者案晉侯宋公殺其世子及陳侯之弟招殺陳世子皆書經則世子不輕於大夫也孔父荀息之徒弑君之下并亦言大夫大夫既書於經則弑君并殺世子世子亦當書不得爲舉重也杜既不解當以不告故耳○注子叔至謚故○正義曰此剽是穆公之孫黑背之子於獻公爲從父昆弟成十年衛侯之弟黑背帥師侵鄭傳云衛子叔黑背侵鄭是黑背字子叔即以子叔爲族也元年衛侯使公孫剽來聘傳云衛子叔來聘是舉族而稱之也今云殺子叔亦是舉其族爲剽無謚故稱族也 書曰。甯喜弑其君剽。言罪之在甯氏也。嫌受父命納舊君無罪故發之 孫林父以戚如晉。以邑屬晉 書曰。入于戚以叛。罪孫氏也。臣之祿。君實有之。義則進。否則奉身而退。專祿以周旋。戮也。林父事剽而衎入義可以退唯以專邑自隨爲罪故傳發之【疏】書曰至戮也○正義曰春秋書叛者有此孫林父與宋華亥宋公之弟辰晉趙鞅晉荀寅五者經皆書叛邾庶其莒牟夷邾黑肱皆以地來奔雖文不稱叛傳謂此三人爲三叛人則三者亦是叛也所言叛者或據邑而拒其君或竊地他國皆爲有地隨已故稱爲叛昭二十二年宋華亥向甯華定自宋南里出奔楚定十四年宋公之弟辰自蕭來奔地不隨已則不稱叛是叛雖反背之辭皆由地以生名也叛者判也欲分君之地以從他國故以叛爲名焉叛無凡例傳言書曰是仲尼書爲叛也人君賜臣以邑以爲祿食臣之祿謂所食邑也君實有之言其不得專以爲已有也君臣以義而合義則進以事君受此祿食否則奉身而退當身奔他國而以祿歸君專君之祿以周旋從己於法爲罪戮之人故書入於戚以叛罪孫氏也釋例曰古之大夫或錫之田邑或分之都城故有千室之邑百乘之家君之祿義則進否則奉身而退若專祿以周旋雖無危國害主之實皆書曰叛叛者反背之辭也庶賤之人不齒於列故雖有善惡不章顯名氏若乃被邑害國則以地重必書其名且終顯其惡也適魯則書地曰來奔來奔則叛可知蓋記事外內之辭也劉賈說三叛人以地來奔不書叛謂不能專也此直外內之辭既以地來妻公之姑姊遂其大邑不得復言不能專也是杜以庶其之等皆爲叛也專祿者謂專君之祿以爲已有東西隨已謂之爲專服虔云專祿謂以戚叛也既叛衛亦不臣於晉自謂若小國是爲專祿其意言專獨有之不屬人也若不屬晉何爲被衛侵而愬於晉地若不入晉晉復何以成之傳言言以戚如晉服言不臣於晉是反王明以解傳也 甲午。衛侯入。書曰。復歸國。納之也。本晉納之夷儀今從夷儀入國嫌若晉所納故發國納之例言國之所納而復其位 大夫逆於竟者。執其手而與之言。道逆者。自車揖之。逆於門者。頷之而已。頷搖其頭言衎驕心易生○竟音境頷戶感反本又作頷易以豉反 公至。使讓大叔文子曰。寡人淹恤在外。二三子皆使寡人朝夕聞衛國之言。二三子諸大夫○大音泰朝如字 吾子獨不在寡人。在存問之公聞文子荅甯喜之言故怨之【疏】注公聞至之言○正義曰沈氏云大叔文子聞甯喜許公之言而發數本非面荅甯喜之言而云荅者時聞甯喜之言遂自評論不許於甯子與對面相荅無異故言荅也 古人有言曰。非所怨勿怨。寡人怨矣。所怨在親親 對曰。臣知罪矣。臣不佞。不能負羈絏以從扞牧圉。臣之罪一也。有出者。有居者。出謂衎居謂剽也○羈居宜反絏息列反扞戶幹反圉魚呂反下同 臣不能貳。通外內之言以事君。臣之罪二也。有二罪。敢忘其死。乃行。從近關出。公使止之。傳言衛侯不能安和大臣 ○衛人侵戚東鄙。以林父叛故 孫氏愬于晉。晉戍茅氏。茅氏戚東鄙○愬悉路反下同 殖綽伐茅氏。殺晉戍三百人。殖綽齊人今來在衛 孫蒯追之。弗敢擊。文子曰。厲之不如。厲惡鬼也 遂從衛師。敗之圉。蒯感反言更還逐殖綽圉衛地 雍鉏獲殖綽。雍鉏孫氏臣 復愬于晉。爲下晉討衛張本 ○鄭伯賞入陳之功。入陳在前年 三月。甲寅。朔。享子展。賜之先路三命之服。先路次路皆王所賜車之揔名蓋請之於王○路本亦作輅音路【疏】注先路至於王○正義曰周禮巾車云服車五乘孤乘夏篆卿乘夏縵大夫乘墨車則禮於卿大夫所當乘者名車不名路也而傳稱王賜叔孫豹鄭子蟜者皆云大路知此先路次路皆王所賜車之揔名也賜車稱路從王賜之名必是稟王之命故云蓋請之於王也宣十六年傳云晉侯請于王以黻冕命士會知諸侯命臣有請王之法故云蓋也 先八邑。以路及命服爲邑先八邑三十二井○先徐悉薦反下同或如字【疏】注以路至二井○正義曰禮遺人以物皆以輕先重後故以路及命服爲邑之先也周禮小司徒四井爲邑故杜以八邑爲三十二井劉炫云案論語有十室之邑又杜注免餘邑爲一乘之邑又宋鄭之間六邑嵒戈錫等杜何以知此邑非彼等之邑必以爲四井之邑今知不然者邑之爲名大小無定子展子產爲卿日久先有采邑今以入陳有功加賜田土不應更以八个大邑而又與之至於免餘辭邑云唯卿備百邑故杜以爲一乘之邑合論語百乘之家其實一乘稱邑文無所出周禮稱四井爲邑杜以正邑解之故云三十二井得爲漸賜土田之義又八邑六邑爲節級之差劉以爲大邑而規杜氏非也 賜子產次路再命之服。先六邑。子產辭邑曰。自上以下。隆殺以兩。禮也。臣之位在四。上卿子展次卿子西十一年良霄見經十九年乃立子產爲卿故位在四○殺所界反見賢遍反【疏】注上卿至在四○正義曰十五年傳云鄭人以子西伯有子產之故納賂于宋是伯有在子西之下也十九年傳云子展當國子西聽政當國謂攝君事聽政謂爲上卿是子西次子展故此注以子西爲二良霄爲三二十七年鄭伯享趙孟于垂隴子展伯有子西子產子大叔二子石從如彼文次伯有在子西之上二十九年裨諶論子產位次云天又除之奪伯有魄子西即世政焉辟之先言伯有後言子西又是子西在伯有之下者據十九年傳子西必在伯有之上蓋其後更有進退杜據傳之上文以次之 且子展之功也。臣不敢及賞禮。請辭邑。賞禮以禮見賞謂六邑也 公固予之。乃受三邑。位次當受二邑以公固與之故受三邑 公孫揮曰。子產其將知政矣。知國政 讓不失禮。○晉人爲孫氏故。召諸侯。將以討衛也。夏。中行穆子來聘。召公也。召公爲澶淵會○爲于僞反 ○楚子、秦人。侵吳。及雩婁。聞吳有備而還。雩婁今屬安豐郡○雩音于徐況于反如淳同韋昭音虛或一呼反婁如字徐力俱反如淳音樓 遂侵鄭。五月。至于城麇。鄭皇頡戍之。皇頡鄭大夫守城麇之邑○麇九倫反頡戶結反 出與楚師戰。敗。穿封戌囚皇頡。公子圍與之爭之。公子圍共王子靈王也○戌音恤 正於伯州犂。正曲直也 伯州犂曰。請問於囚。乃立囚。伯州犂曰。所爭。君子也。其何不知。言王子圍及穿封戌皆非細人易別識也○易以豉反別彼列反 上其手曰。夫子爲王子圍。寡君之貴介弟也。介大也○上時掌反下注同介音界 下其手曰。此子爲穿封戌。方城外之縣尹也。誰獲子。上下手以道囚意○道音導 囚曰。頡遇王子弱焉。弱敗也言爲王子所得 戌怒。抽戈逐王子圍。弗及。楚人以皇頡歸。印堇父與皇頡戍城麇。印堇父鄭大夫○抽勑留反印一刃反堇音謹 楚人囚之。以獻於秦。鄭人取貨於印氏以請之。子大叔爲令正。主作辭令之正 以爲請。子產曰。不獲。謂大叔辭以貨請堇父必不得○爲于僞反又如字 受楚之功。而取貨於鄭。不可謂國。秦不其然。受楚獻功大名也以貨免之小利故謂秦不爾【疏】秦其不然○正義曰秦不肯其如是也 若曰。拜君之勤鄭國。微君之

惠。楚師其猶在敝邑之城下。其可。言如此堇父可得弗
從。遂行。秦人不予。更幣。從子產。而後獲之。更遣
使執幣用子產辭乃得堇父傳稱子產之善。○使所吏反○六月。公會晉趙武、宋
向戌、鄭良霄、曹人于澶淵。以討衞。疆戚田。正戚
之封疆。○疆居良反注同取衞西鄙懿氏六十。以與孫氏。戚城西北
五十里有懿城因姓以名城取田六十井也〔疏〕注戚城至井也○正義曰傳言西鄙懿氏則西鄙之地以懿氏
爲名也謂之懿氏則以懿爲氏族之名蓋上世有大夫姓懿氏食邑於此地因以其姓名其城也杜以懿氏既爲邑名而
云取其六十故以爲取田六十井服虔云六十邑劉炫以服言爲是今知非者此六十之文揔屬懿氏懿氏不見經傳則
畢細可知既非卿大夫何得廣有土地分六十之邑而與孫氏且直言六十本無邑文故杜以爲六十井劉從服說以規
杜氏非也趙武不書。尊公也。罪武會公侯向戌不書。後也。
後會期鄭先宋。不失所也。如期至〔疏〕趙武至所也○正義曰僖二十九年諸侯
之卿會公于翟泉皆貶之稱人傳曰卿不書罪之也八年諸
侯之卿會晉侯于邢丘亦貶稱人傳曰大夫不書尊晉侯也
然則尊公侯罪大夫其義一也傳文互相見耳此言趙武不
書尊公也亦是罪武也故杜云罪武會公侯也其會公侯之
罪向戌良霄與趙武亦同但爲別有見義不貶良霄不得揔
云卿不書罪之故特言趙武不書尊公明良霄向戌亦爲尊
公不應書也向戌不書後也言既爲會諸侯復爲後會期故
不得如良霄書名氏也會之班次以國大小爲序諸會鄭在
宋後此會鄭先於宋爲鄭依期而至不失所也如不失其所
自是常事非有善可襃而得進其班者鄭班常在衞下此會
齊衞不至無常班宋自當次晉此直退宋耳非進鄭也言其
不失所直是不失常亦非襃文也計良霄會公亦應合貶所
以得書名者方責向戌後期故書良霄以駮向戌非爲舍霄
罪也釋例曰澶淵之會趙武向戌良霄以大夫而會魯侯違
在禮之制其罪一也戌加後會之尤霄有不失所之進文不
得並言卿不書罪之故特言尊公明公尊非三人之所敵三
人之罪既正而二人獨以他義別敘也以是杜言良霄會公
亦合貶也言霄有不失所之進者正謂不使與宋俱退得進
復其本班耳非有升進異於常也宋以後至退班不在曹人
下者宋是大國退居鄭下足以爲責故令仍在曹上此會曹
國最小其班當居末曹人非後至也案翟泉之盟諸卿敵
公則沒公此亦諸卿敵公不沒公者翟泉之盟杜注云魯侯
諱盟天子大夫是以沒公然則此大夫敵公非公有罪是以不沒公也於是衞侯會之。晉將
執之不得與會故不書。○與會音預〔疏〕注晉將至不書。○正義曰下云衞侯如晉晉人執而囚之是於此會爲將
執之不得與會也不得與會而傳云衞侯會之言其至會所耳晉人執甯喜。北宮遺、
使女齊以先歸。討其弒君伐孫氏也遺北宮括之子女齊司馬侯歸晉而後告諸侯故經書在
秋。○女音汝衞侯如晉。晉人執而囚之於士弱氏。士弱晉主
獄大夫秋。七月。齊侯、鄭伯爲衞侯故如晉。欲共請之。○爲于僞

反下爲臣注爲林父爲臣皆同晉侯兼享之。晉侯賦嘉樂。嘉樂詩大
雅取其嘉樂君子顯顯令德宜民宜人受祿于天。○嘉戶嫁反注同〔疏〕注嘉樂至于天。○正義曰嘉樂君子以下
皆詩之文也晉侯賦此言已嘉樂二君也二君以晉侯樂已之故故齊賦蓼蕭言澤及於已鄭賦緇衣言不敢遠晉所以
荅嘉樂也服虔云晉侯自嘉樂愚之甚也國景子相齊侯。景子國弱相息亮反。賦
蓼蕭。蓼蕭詩小雅言太平澤及遠若露之在蕭以喻晉君恩澤及諸侯。○蓼音六大音泰子展相
鄭伯。賦緇衣。緇衣詩鄭風義取適子之館兮還予授子之粲兮言不敢違遠於晉。○緇側其反粲
七旦反遠于萬反叔向命晉侯拜二君曰。寡君敢拜齊
君之安。我先君之宗祧也。敢拜鄭君之不貳
也。蓼蕭緇衣二詩所趣各不同故拜二君辭異。○祧他彫反〔疏〕叔向至貳也。○正義曰沈氏云賦蓼蕭喻
晉侯德澤及諸侯言晉侯有德是安我宗廟也其言與注合緇衣首章云緇衣之宜兮敝予又改爲兮適子之館兮還予
授子之粲兮欲常進衣服獻飲食是其不二心也劉炫云蓼蕭首章云既見君子燕笑語兮是以有譽處兮言晉侯有聲
譽常處位是得宗廟安也國子使晏平仲私於叔向。私與叔向語曰。
晉君宣其明德於諸侯。恤其患而補其闕。正
其違而治其煩。所以爲盟主也。今爲臣執君。
若之何。謂晉爲林父執衞侯叔向告趙文子。文子以告晉
侯。晉侯言衞侯之罪。使叔向告二君。言自以殺晉戍三百
人爲罪不以林父故國子賦轡之柔矣。逸詩見周書義取寬政以安諸侯若柔轡之御
剛馬。○見賢遍反〔疏〕注逸詩至剛馬。○正義曰漢書藝文志有周書篇目其書今在或云是孔子刪尚書之餘
案其文非尚書之類彼引詩云馬之剛矣轡之柔矣馬亦不剛轡亦不柔志氣麃麃取與不疑此詩餘無所見故謂彼文
是也子展賦將仲子兮。將仲子詩鄭風義取衆言可畏衞侯雖別有罪而衆人猶謂晉
爲臣執君。○將仲子兮將七羊反注同本亦無兮字此依詩序晉侯乃許歸衞侯。叔
向曰。鄭七穆。罕氏其後亡者也。子展儉而壹。
子展鄭子罕之子居身儉而用心壹鄭穆公十一子子然二子孔三族已亡子羽不爲卿故唯言七穆。○鄭七穆謂子展
公孫舍之罕氏也子西公孫夏駟氏也子產公孫僑國氏也伯有良霄良氏也子大叔游吉游氏也子石公孫段豐氏也
伯石印段印氏也穆公十一子謂子良公子去疾也子罕公子喜也子駟公子騑也國公子發也子孔公子嘉也子游公
子偃也子豐也子印也子羽也子然也士子孔也子然二子孔已亡子羽不爲卿故止七也〔疏〕注子展至七穆
正義曰居身儉而用心壹叔向自以察貌觀言而知之其知不由賦詩也子然二子孔三族已亡十九年傳文也子羽不
爲卿者案成十三年鄭公子班自訾求入于大宮不能殺子印子羽不書於經故知不爲卿也杜注彼云皆穆公子也又

世族譜云子羽穆公子其後爲羽氏即羽頡是其孫此非行人子羽公孫揮也世族譜以公孫揮爲雜人自外唯有罕
駟豐游印國良七族見於經傳皆出穆公故稱七穆也○初。宋芮司徒生女子。
芮司徒宋大夫○芮如銳反赤而毛。棄諸堤下。共姬之妾。取
以入。共姬宋伯姬也。○堤亦作隄徐丁兮反沈直兮反共音恭名之曰棄。長而
美。平公入夕。平公共姬子也○長丁丈反共姬與之食。公見
棄也而視之尤。尤甚也姬納諸御。嬖。生佐。佐元公惡
而婉。佐貌惡而心順○婉於阮反大子痤美而很。貌美而心很戾○很胡懇反
合左師畏而惡之。合左師向戌○惡烏路反下皆同寺人惠牆
伊戾爲大子内師而無寵。惠牆氏伊戾名○牆或作牆音牆戾力計反
〔疏〕注惠牆氏伊戾名○正義曰服虔云惠伊皆發聲實爲牆戾杜以下文單稱伊戾是舍族稱名故以惠牆爲氏
伊戾爲名也内師者身爲寺人之官公使之監知大子内事爲在内人之長也秋。楚客聘於晉。
過宋。上已有秋復發傳者中間有初不言秋則嫌楚客過在他年○復扶又反大子知之。
請野享之。公使往。伊戾請從之。公曰。夫不惡
女乎。夫謂大子也○夫音扶注同女音汝〔疏〕大子知之。○正義曰知之謂與楚客舊相知故請野享之
對曰。小人之事君子也。惡之不敢遠。好之不
敢近。敬以待命。敢有貳心乎。縱有共其外。莫
共其内。伊戾爲大子内師不行恐内侍廢闕。○遠于萬反好呼報反近附近之近共音恭本又作供下同
臣請往也。遣之。至則欿用牲。加書徵之。詐作盟處爲大
子反徵驗也。○欿古感反處昌慮反而騁告公。騁馳也騁勑景反曰。大子將爲
亂。既與楚客盟矣。公曰。爲我子。又何求。對曰。
欲速。言欲速得公位公使視之。則信有焉。有盟徵焉問諸夫
人與左師。夫人佐母棄也則皆曰固聞之。公囚大子。大
子曰。唯佐也能免我。以其婉也召而使請。曰日中
不來。吾知死矣。左師聞之。聒而與之語。聒讙也欲
使佐失期○聒古活反下同讙呼端反〔疏〕注聒讙也○正義曰聲亂耳謂之聒多爲言語讙譁亂其耳故聒爲
讙也過期。乃縊而死。佐爲大子。公徐聞其無罪
也。乃亨伊戾。左師見夫人之步馬者。步馬習馬○縊
一賜反亨普彭反問之。對曰。君夫人氏也。左師曰。誰爲

君夫人。余胡弗知。圉人歸以告夫人。夫人使饋之錦與馬。先之以玉。以玉爲錦馬之先。○饋其位反先悉薦反又如字曰。君之妾棄使某獻。左師改命曰君夫人。而後再拜稽首受之。左師令使者改命也傳言宋公闇左師諫大子所以無罪而死。○令力呈反使所吏反下文通使同諫羊朱反〔疏〕左師至受之。○正義曰夫人氏者氏猶家也言夫人家之馬也瘞死佐爲大子棄卽正爲夫人步馬之時夫人名已定矣故對云君夫人氏也但棄本是妾左師欲令夫人重己故佯不知之夫人聞之懼己不得爲夫人故自稱爲妾饋之錦馬也左師喜得其賜故令使者改命曰君夫人而後拜受之使棄成爲夫人傳言左師之諫也　○鄭伯歸自晉。請衞侯歸使子西如晉聘。辭曰。寡君來煩執事。懼不免於戾。言自懼失敬於大國而得罪使夏謝不敏。夏子西名。○夏戶雅反君子曰。善事大國。將求於人必先下之言鄭所以能自安。○下遐嫁反　○初。楚伍參與蔡太師子朝友。其子伍舉與聲子相善也。聲子子朝之子伍舉子胥祖父椒舉也。○朝如字〔疏〕注聲子至舉也。○正義曰聲子則經傳所云蔡公孫歸生是也傳言其子伍舉足明舉爲參之子聲子文不繫朝故云子朝之子以辨明之伍舉娶於王子牟。王子牟爲申公而亡。獲罪出奔。○娶七住反牟亡侯反爲申如字舊于僞反楚人曰。伍舉實送之。伍舉奔鄭。將遂奔晉。聲子將如晉。遇之於鄭郊。班荊相與食。而言復故。班布也布荊坐地共議歸楚事朋友世親〔疏〕伍舉至復故。○正義曰楚語云椒舉將奔晉蔡聲子遇之於鄭郊饗之以璧賄曰子尚良食尚能事晉君以爲諸侯主辭曰非所願也若得歸骨於楚死且不朽聲子曰子尚良食吾歸子故椒舉降三拜納其乘馬聲子受之是杜所云其議歸楚之事傳云言復故謂此也聲子曰。子行也。吾必復子。及宋向戌將平晉楚。平在明年〔疏〕注平在明年。○正義曰明年聲子始說子木傳於此言之者蓋伍舉以此年去楚故傳記之於此年也聲子通使於晉。爲圍通平事。○爲于僞反還如楚。令尹子木與之語。問晉故焉。故事且曰。晉大夫與楚孰賢。對曰。晉卿不如楚。其大夫則賢。皆卿材也。如杞梓皮革。自楚往也。杞梓皆木名。○杞梓徐上音起下音子雖楚有材。晉實用之。言楚亡臣多在晉子木曰。夫獨無族姻乎。夫謂晉對曰。雖有。而用楚材實多。歸生聞之。歸生聲子名善爲國者。

賞不僭而刑不濫。賞僭則懼及淫人。刑濫則懼及善人。若不幸而過。寧僭無濫。與其失善。寧其利淫。無善人。則國從之。從之亡也。○僭子念反下皆同濫力暫反〔疏〕賞不僭而刑不濫。○正義曰僭謂僭差濫謂濫佚賞不僭所賞必有功不僭差也刑不濫所刑必得罪不濫佚也詩曰。人之云亡。邦國殄瘁。無善人之謂也。詩大雅殄盡也瘁病也。○殄徒典反瘁在醉反〔疏〕詩曰至謂也。○正義曰詩大雅瞻卬之篇也言國內賢人之旣云已喪亡矣則邦國盡皆困病此詩之意言無善人之謂也故夏書曰。與其殺不辜。寧失不經。懼失善也。逸書也不經不用常法〔疏〕故夏至善也。○正義曰此在大禹謨之篇皐陶論用刑之法也經常也言若用刑錯失等與其殺不罪之人寧失於不常之罪謂實有罪而失於妄免也此書之意懼失善也商頌有之曰。不僭不濫。不敢怠皇。命于下國。封建厥福。詩商頌言殷湯賞不僭差刑不濫溢不敢怠解自寬暇故能爲下國所命爲天子。○解佳賣反〔疏〕注爲下至天子。○正義曰此商頌殷武之篇詩注謂天命湯於在下之國此云爲下國所命謂下國諸侯推命湯爲天子則商書云東征西夷怨南征北狄怨又云室家相慶曰后來其蘇是也此湯所以獲天福也。古之治民者。勸賞而畏刑。樂行賞而憚用刑恤民不倦。賞以春夏。刑以秋冬。順天時是以將賞爲之加膳。加膳則飫賜。飫饜也酒食賜下无不饜足所謂加膳也。○爲之于僞反下爲之不舉同飫於據反饜本亦作厭於豔反下同此以知其勸賞也。將刑爲之不舉。不舉則徹樂。不舉盛饌。○饌士眷反〔疏〕將刑至徹樂。○正義曰周禮膳夫職云王日一舉鼎十有二物皆有俎以樂侑食鄭玄云殺牲盛饌曰舉又日大喪則不舉大荒則不舉大札則不舉天地有災則不舉邦有大故則不舉鄭衆云大故刑殺也莊二十年傳曰司寇行戮君爲之不舉是禮法將刑爲之不舉也舉則以樂勸食不舉故徹去樂縣大司樂云大札大凶大災大臣死國之大憂令弛縣鄭玄云弛釋下之釋下卽是徹縣也大司樂弛縣之內不言刑殺大故文不具耳此以知其畏刑也。夙興夜寐。朝夕臨政。此以知其恤民也。三者禮之大節也。有禮無敗。今楚多淫刑。其大夫逃死於四方。而爲之謀主。以害楚國。不可救療。所謂不能也。療治也所謂楚人不能用其材也。○朝如字療力召反子儀之亂。析公奔晉。在文十四年。○析星歷反晉人寘諸戎車之殿。以爲謀主。殿後軍。○寘之豉反殿多練反注同繞角之役。

晉將遁矣。析公曰。楚師輕窕。易震蕩也。若多鼓鈞聲。以夜軍之。鈞同其聲。○遁徒困反窕徐敕堯反又通弔反易以豉反鈞音均徐居旬反楚師必遁。晉人從之。楚師宵潰。晉遂侵蔡。襲沈。獲其君。敗申息之師於桑隧。獲申麗而還。成六年晉欒書救鄭與楚師遇於繞角楚師還晉侵沈獲沈子八年復侵楚敗申息獲申麗。○潰戶內反隧音遂麗力馳反復扶又反鄭於是不敢南面。楚失華夏。則析公之爲也。雍子之父兄譖雍子。君與大夫不善是也。不是其曲直。○夏戶雅反雍子奔晉。晉人與之鄐。鄐晉邑。○鄐許六反徐又超六反以爲謀主。彭城之役。晉楚遇於靡角之谷。在成十八年晉將遁矣。雍子發命於軍曰。歸老幼。反孤疾。二人役。歸一人。簡兵蒐乘。簡擇蒐閱。○蒐所留反乘繩證反閱音悅秣馬蓐食。師陳焚次。次舍也焚舍示必死。○秣音末蓐音辱陳直覲反明日將戰。行歸者而逸楚囚。欲使楚知之楚師宵潰。晉降彭城而歸諸宋。以魚石歸。在元年。○降戶江反楚失東夷。子辛死之。則雍子之爲也。楚東小國及陳見楚不能救彭城皆叛五年楚人討陳叛故殺令尹子辛子反與子靈爭夏姬。子靈巫臣而雍害其事。子反亦雍害巫臣不使得取夏姬。○雍於勇反注同子靈奔晉。晉人與之邢。邢晉邑。○邢音刑以爲謀主。扞禦北狄。通吳於晉。教吳叛楚。教之乘車射御驅侵。使其子狐庸爲吳行人焉。吳於是伐巢。取駕。克棘。入州來。駕棘皆楚邑譙國酇縣東北有棘亭。○譙在遥反酇才多反又子旦反或作贊〔疏〕射御驅侵。○正義曰教之驅車侵伐人也楚罷於奔命。至今爲患。則子靈之爲也。事見成七年。○罷音皮見賢遍反若敖之亂。伯賁之子賁皇奔晉。晉人與之苗。若敖亂在宣四年苗晉邑。○賁扶云反下同以爲謀主。鄢陵之役。在成十六年。○鄢音偃楚晨壓晉軍而陳。晉將遁矣。苗賁皇曰。楚師之良。在其中軍。王族而已。言楚之精卒唯在中軍。○壓本又作厭於甲反徐於輒反而陳直覲反下成陳幷注同卒子忽反若塞井夷竈。成陳以當

之。塞井夷竈以爲陳〔疏〕注塞井至爲陳○正義曰成十六年傳說此事云范匄趨進曰塞井夷竈陳於軍中則此謀范匄所爲今以爲苗賁皇之計者鄭衆云此范匄所言苗賁皇亦言之故聲子引以爲喻欒范易行以誘之。欒書時將中軍范燮佐之易行謂簡易兵備欲令楚貪己不復顧二穆之兵○易以豉反注及下易成同賈音亦行戶郎反注及下同賈音衡令力呈反下同復扶又反下復注同〔疏〕欒范易行以誘之○正義曰賈逵鄭衆皆讀易爲變易之易賈以行爲道也欒爲將范爲佐二人分中軍別將之欲使欒與范易道令范先誘楚欒以良卒從而繫之鄭謂易行中軍與下軍易卒伍也計設謀之時軍既未動道未定分何以言改道也將卒相附繫屬久矣无容臨戰而改易將卒且言易行行非卒伍之名安得爲易卒伍也二者之說皆不可通以傳言誘之則謂贏師毀軍示弱以誘敵故讀易爲簡易之易謂簡易行陳少其兵備令楚貪己不復顧二穆之兵使中行二郤得克二穆也楚語說此事云雍子謂欒書曰楚師可料也在中軍王族而已若易中下楚必歆之韋昭云中下中軍之上下也歆猶貪也簡易欒范之行示之弱以誑楚也是韋昭已讀爲簡易之易故杜從之也此與楚語俱述聲子之言傳言鄢陵之敗苗賁皇之爲楚語亦論鄢陵之役而云雍子之爲二文不同或丘明傳聞兩說兩記之也劉炫以爲國語非丘明所作爲有此類往往與左傳不同故也中行二郤必克二穆。郤錡時將上軍中行偃佐之郤至佐新軍令此三人分良以攻二穆之兵楚子重子辛皆出穆王故曰二穆○錡魚綺反吾乃四萃於其王族。必大敗之。四萃四面集攻之○萃在醉反〔疏〕注四萃至攻之○正義曰楚語云三萃以攻其王族必大敗之韋昭云時晉有四軍言三集者中軍見入而上下及新軍乃三集以致攻之韋昭見彼爲三字故說之使通耳蓋二文不同必有一誤晉人從之。楚師大敗。王夷師熸。夷傷也吳楚之間謂火滅爲熸○熸子潛反〔疏〕注夷傷至爲熸○正義曰月令云瞻夷察傷知夷亦傷也於時呂錡射王中目是王傷也吳楚之間謂火滅爲熸相傳有此語也言軍師之敗若火滅然子反死之。鄭叛吳興。楚失諸侯。則苗賁皇之爲也。子木曰。是皆然矣。聲子曰。今又有甚於此。椒舉娶於申公子牟。子牟得戾而亡。君大夫謂椒舉。女實遣之。懼而奔鄭。引領南望曰。庶幾赦余。亦弗圖也。言楚亦不以爲意○娶本又作取七住反女音汝今在晉矣。晉人將與之縣。以比叔向。以舉材能比叔向彼若謀害楚國。豈不爲患。子木懼。言諸王。益其祿爵而復之。聲子使椒鳴逆之。椒鳴伍舉子傳言聲子有辭伍舉所以得反子孫復仕於楚〔疏〕子木至逆之○正義曰楚語說此事云子木愀然曰夫子何如召之其來乎對曰亡人得復何爲不來子木曰不來則若之何對曰資東陽之盜殺之其可乎子木曰不可我爲楚卿而賂盜以賊一夫於晉非義也子

爲我召之吾倍其室乃使椒鳴召其父而復之○許靈公如楚。請伐鄭。十六年晉伐許他國皆大夫獨鄭伯自行故許恚欲報之○恚一睡反曰。師不興。孤不歸矣。八月。卒于楚。楚子曰。不伐鄭。何以求諸侯。冬十月。楚子伐鄭。爲許○爲于僞反下爲國同鄭人將禦之。子產曰。晉楚將平。諸侯將和。和在明年楚王是故昧於一來。昧猶貪冒○昧音妹冒亡報反又亡北反不如使逞而歸。乃易成也。逞快也夫小人之性。釁於勇。嗇於禍。以足其性而求名焉者。非國家之利也。若何從之。釁動也嗇貪也言鄭之欲與楚戰者皆釁勇貪名之人非能爲國計慮久利不可從也○釁許覲反足子住反又如字〔疏〕夫小至從之○正義曰於時鄭國勇夫皆貪欲禦寇敗楚以成己名故子產爲此言以破之夫此鄭國欲得戰者小人之性釁動於勇貪於禍亂冀得戰鬭以足滿其性而自求成武勇之名焉欲得禦寇者皆自爲其身非國家之利也若何得從之言不可從也○注釁動至從也○正義曰賈鄭先儒皆以釁爲動也王肅云釁謂自矜奮以夸人王延壽魯靈光殿賦云佐奮釁以軒翥是釁爲奮動之意也嗇是吝惜之名故爲貪也詩云民之貪亂寧爲荼毒是小人之性貪禍亂也言鄭人欲與楚戰者皆是奮動於勇貪求名譽之人欲望因有禍亂以成己名非能爲國家計慮希長久之利不可從也定本云嗇養也非也子展說。不禦寇。十二月乙酉。入南里。墮其城。南里鄭邑○說音悅下注同禦魚呂反墮許規反涉於樂氏。樂氏津名門于師之梁。鄭城門縣門發。獲九人焉。涉于氾而歸。於氾城下涉汝水南歸○縣音玄氾音凡徐扶嚴反〔疏〕注於氾至南歸○正義曰杜檢氾是地名非水名而云涉于氾是於氾地涉水耳釋例土地名云楚伐鄭師于氾襄城縣南氾城是也汝水出南陽魯縣東南經襄城是知於氾城下涉汝水而南歸也而後葬許靈公。卒靈公之志而後葬之○衛人歸衛姬于晉。乃釋衛侯。衛侯以女說晉而後得免君子是以知平公之失政也。傳言晉之衰○晉韓宣子聘于周。王使請事。問何事來聘對曰。晉士起將歸時事於宰旅。無他事矣。起宣子名禮諸侯大夫入天子國稱士時事四時貢職宰旅冢宰之下士言獻職貢於宰旅不敢斥尊〔疏〕注起宣至斥尊○正義曰周禮大國之卿三命天子之上士亦三命曲禮云列國之大夫入天子之國曰某士是諸侯大夫入天子之國禮法當稱士也以其人官卑故下士獨得旅稱周禮大宰之屬官有旅下士三十有二人是知宰旅爲冢宰之下士也劉炫云知時事四時貢職者小行人云春入貢秋獻功王親受之鄭玄云貢謂六服所貢功謂考績之功是諸侯大夫貢時事之義也王聞之曰。韓氏

其昌阜於晉乎。辭不失舊。阜大也傳言周衰諸侯莫能如禮唯韓起不失舊○齊人城郟之歲。在二十四年其夏。齊烏餘以廩丘奔晉。烏餘齊大夫廩丘今東郡廩丘縣故城是○廩力甚反〔疏〕注烏餘至城是○正義曰釋例土地名以廩丘爲齊地案廩丘地在東郡則是衛之邦域齊竟不至此也羊角高魚皆在東郡廩丘與之相近齊不得別有廩丘烏餘齊之大夫得以廩丘奔晉者蓋齊人往前取得衛邑以賜烏餘如鄭公孫段之得州宋樂大心之有原也宋鄭大夫得以晉地爲采邑是知齊大夫得以衛地爲采邑杜見齊人以之奔晉故釋例以爲齊地明年討烏餘皆取其邑而歸諸侯蓋以廩丘歸齊也襲衛羊角。取之。今廩丘縣所治羊角城是○治直吏反遂襲我高魚。高魚城在廩丘縣東北有大雨。自其竇入。雨故水竇開○竇音豆介于其庫。以登其城。克而取之。入高魚庫而介其甲○介音界取魯高魚无所諱而不書其義未聞〔疏〕注取魯至未聞○正義曰服虔云取魯高魚及反之皆不書蓋諱之杜以被人取邑无所可諱故云其義未聞莊十八年公追戎于濟西傳云不言其來諱之也戎來不覺國以爲諱盜竊魯邑而云無可諱者所言諱者諱國惡禮也侯不在疆戎來不覺是國無政令故諱之此守高魚者不覺介於其庫直是守者罪耳非國之恥故諸被伐取魯邑皆不諱也昭二十五年齊侯取鄆書而不諱知失邑無可諱也此亦戰于麻隧之類蓋經文脫漏耳又取邑于宋。於是范宣子卒。宣子范匄諸侯弗能治也。及趙文子爲政。乃卒治之。文子言於晉侯曰。晉爲盟主。諸侯或相侵也。則討而使歸其地。今烏餘之邑。皆討類也。言於比類宜見討○比必利反〔疏〕於是至治之○正義曰烏餘以二十四年奔晉二十五年范宣子卒趙文子代之爲政至明年始討烏餘故云乃卒治之傳先言治之下乃述其治之事也而貪之。是無以爲盟主也。請歸之。公曰。諾。孰可使也。對曰。胥梁帶能無用師。晉侯使往。胥梁帶晉大夫能無用師言有權謀

春秋左傳注疏卷三十七校勘記　阮元撰盧宣旬摘錄

附釋音春秋左傳注疏卷第三十七　襄二十六年盡二十六年

經二十六年

經二十有六年　石經二十作廿岳本脫有字

傳二十六年

注衎雖至叛也　宋本以下正義二節揔入復歸于衞注下

公會晉侯　宋本宋殘本淳熙本岳本足利本侯作人不誤石經此處刓缺○今依訂正

注御進至當行宋本以下正義三節揔入能無畢乎注下
遯進御宋本遯上有更字是也
集成淳熙本二字誤作傳文
拂衣褰裳也釋文作騫裳云本或作褰音雖同義非也拔依說文攐摳衣也此爲正字騫褰皆假借字褰絝也
拂衣披迅之義宋本衣作者不誤監本毛本披作振宋本亦作振重修監本作張非也
叔向以子貞無私欲令應客亦非叔向無可爭宋本毛本應客下有叔子貞應客五字亦非下有叔向爭善四字監本此九字剜擠
唯言子朱之心也閩本監本毛本唯作惟言子二字監本模糊
敬姒強命之宋殘本敬字缺末筆下同
苟反李善注文選豪士賦引作苟反國非也
吾受命於先人纂圖本吾作善非也
覰知可還否淳熙本脫還字
辛卯角殺子叔及太子角閩本亦誤衍上角字宋本監本毛本太作大是也宋本標起止無上三字以下正義四節宋本揔入復懋于晉注下
唯以尊邑自隨爲罪纂圖本監本毛本唯誤徙
必書其名監本毛本必作以非
傳言以戚如晉此本以上衍言字據宋本閩本監本毛本刪
頷之而已毛本頷作頷誤葉抄釋文作頷云本又作鎮案惠棟云說文引作顉云低頭也玉篇引杜氏注亦作顉又音欽曲頤也列子云巧夫顉其頤而歌合律張湛注云顉猶搖頭也以顉爲頷此古文假借耳
遂自評論考文云評作計
蒯感父言淳熙本父作之非也
雍鉏孫氏臣閩本監本毛本臣下衍也字
賜之先路三命之服釋文作輅云本亦作路案輅俗路字經傳多作路釋名云路亦車也儀禮注君所乘車曰路是也
注先路至於王下宋本以下正義三節揔入讓不失禮句下
不應更以八个大邑而又與之宋本个作箇
隆殺以兩石經宋殘本宋本纂圖本監本毛本隆作降案漢書韋元成傳引傳作降殺

子西即世政焉辟之諸本作政按傳作將
杜據傳上文以次之案宋本之下有耳字
雩婁今屬安豐郡閩本空闕安字宋本宋殘本淳熙本足利本今上有縣字是也
夫子爲王子圍淳熙本脫下子字
主作辭令之正監本毛本正作止誤也
秦不其然纂圖本閩本監本毛本不其誤倒
秦其不然下宋本作秦不其然此節正義在而後獲之注
傳稱子産之善宋本宋殘本稱作積非也
有懿城淳熙本城作成誤也
注戚城至井也宋本以下正義七節揔入子展儉而壹注下
懿氏不見經傳閩本監本毛本脫懿氏二字
使女齊以先歸淳熙本使誤傳
衛侯如晉晉人執而囚之於士弱氏宋殘本不重晉字非也
受祿于天宋殘本宋本于作於
注嘉樂至于天宋本于作於
言自以殺晉戍三百人爲罪監本毛本戍誤成
國子賦轡之柔矣毛本子誤之
衛侯雖別有罪宋本宋殘本淳熙本足利本衛上有言字
而衆人猶謂晉爲臣執君足利本無人字重脩監本謂誤請
子然二子孔三族已亡閩本二誤七
故稱七穆也監本毛本穆作族非也
芮司徒宋大夫淳熙本司作同誤
棄諸堤下釋文堤作隄漢書五行志引作棄之隄下
佐元公宋本宋殘本淳熙本岳本纂圖本監本毛本作佐元公此本誤作佐公元佐下空缺一字今據各本訂正閩本作佐元公名
大子痤美而很痤淳熙本誤座
寺人惠牆伊戾諸本作牆葉抄釋文作廧云或作牆石經牆字改刊疑初刻亦作廧
注惠牆氏伊戾名宋本以下正義四節揔入而後再拜稽首受之注下

則嫌楚客過在他年纂圖本則誤别
尹戾請從之石經宋本宋殘本岳本閩本監本毛本尹作伊是也
伊戾爲大子内師纂圖本監本毛本大作太非淳熙本師誤帥
有盟徵焉纂圖本監本毛本盟作明非宋本宋殘本淳熙本岳本足利本焉作也是也
聒讙也李注文選嵇叔夜絶交書引作聒讙也
聲亂耳謂之聒此本耳字模糊依宋本補閩本監本毛本誤作叫
左師令使者改命也閩本令誤合淳熙本者誤首
初楚伍參與蔡太師子朝友石經初刻伍作五後加亻下同宋本宋殘本淳熙本岳本太作大與石經合
其子伍舉與聲子相善也毛本下子字誤予
注聲子至舉也宋本以下正義十四節揔入彼若謀害節注下
伍舉實送之臧琳云下文聲子曰子牟得戾而亡君大夫謂椒舉女實遣之又國語楚語上子牟有罪而亡康王以淑舉爲遣之又子牟得罪而亡執政弗是謂淑舉曰女實遣之則伍舉實送之送乃遣字之譌楚之君臣以子牟出奔爲伍舉遣之行將罪及於起謀者故伍舉亦懼禍出奔若但送子牟之行則伍舉罪輕當不至於出奔也
饗之以璧賄曰宋本賄作侑與楚語合
故椒舉降三拜浦鏜云故衍字按明道本國語無故字
明年聲子始說子木宋本木作氏
詩大雅瞻卬之篇也毛本卬作仰非
故能爲下國所命爲天子此本故字實缺據宋本宋殘本淳熙本岳本纂圖本足利本補正閩本監本毛本故作則非也
古之治民者淳熙本者誤也
恤民不倦纂圖本倦誤惓
飫饜也釋文云饜本亦作厭案李注文選王仲宣從軍詩引作厭依說文則當作猒
國之大憂宋本國上有凡字與周禮合
若多鼓鈞聲毛本作多鼓是也宋殘本作多鼗
君與夫人不善是也宋本宋殘本岳本夫人作大夫與石經合
晉楚遇於靡角之谷閩本監本毛本楚遇二字誤倒
譙國酇縣諸本作酇釋文或作贊

注塞井至爲陳　宋本至字作夷竈以三字

以傳言誘之　宋本以上有杜字是也

苗賁皇之爲　監本毛本賁作奔非也

中行二郤　石經宋本宋殘本淳熙本岳本纂圖本閩本毛本卻作郤下同是也

中軍見入　監本毛本見作先按韋注作先

瞻夷察傷　閩本監本瞻作贍按月令作瞻傷察創依說文夷當作痍傷也

今又有甚於此　石經此下旁增者字非唐刻也

椒舉娶於申公子牟　釋文云娶本又作取石經及諸本作娶

釁於勇嗇於禍以足其性而求名焉者　石經此行勇字起而字止九字初刻似多一字此重刊也

逞快也　宋殘本快誤怏

夫小至從之　宋本以下正義三節摠入而後葬許靈公注下

佐奮釁以靳　案文選釁作疊李善引杜注亦作疊俗字

對曰晉士起　禮記曲禮正義引作擯者曰晉士起與今本異

注起宜至斥尊　宋本此節正義在辭不失舊注下

注烏餘至城是　宋本以下正義三節摠入而貪之節注下

如鄭公孫段之得用　正德本閩本用字空缺監本誤川宋本毛本作州是○今訂作州

取魯高魚　淳熙本魯作曾非也

宣子范匄　諸本作宣淳熙本誤入

附釋音春秋左傳注疏卷第三十七止

春秋左傳注疏卷三十七挍勘記

附釋音春秋左傳注疏卷第三十八　起二十七年盡二十八年

杜氏注　孔穎達疏

經二十有七年。春。齊侯使慶封來聘。景公即位通嗣君也

○夏。叔孫豹會晉趙武、楚屈建、蔡公孫歸生、衞石惡、陳孔奐、鄭良霄、許人、曹人于宋。案傳會者十四國齊秦不交相見邾滕爲私屬皆不與盟宋爲主人地於宋則與盟可知故經唯序九國大夫楚先晉歃而書先晉貴信也陳于晉會常在衞上孔奐非上卿故在石惡下。奐呼亂反與音預下同先悉薦反又如字歃所洽反〔疏〕注案傳至惡下。正義曰案傳諸國大夫及諸侯之身至宋者有晉楚齊秦魯衞陳蔡鄭許曹邾滕并宋爲主人凡十四國也齊秦不交相見邾滕爲人私屬皆不與於盟爲盟而爲此會故不盟者會亦不序也宋爲地主法當不序於列故經唯序九國大夫也案傳楚先晉歃則當先書楚傳言書先晉晉有信也是仲尼貴晉有信故先書趙武也釋例班序譜諸侯二十國起僖二十八年盡哀十四年大率皆陳後次後亦衞是陳于晉會常在衞上也今孔奐乃降於蔡衞在石惡之下故知奐非上卿故也成二年傳曰次國之上卿當大國之中中當其下是計卿位爲班也知非奐後至者以傳與蔡公孫歸生同至故也案傳七月之下乃云庚辰子木至自陳陳孔奐蔡公孫歸生至則諸侯大夫七月始集於而此會書在夏者事雖在秋行還乃告追以叔孫豹發時之十年夏會于相而經書在春注云經書春書始行此亦之類也

○衞殺其大夫甯喜。甯喜弒剽立衎衎今雖不以弒剽致討於大義宜追討之故經以國討爲文書名也書在宋會下從赴〔疏〕注甯喜至從赴。正義曰見殺書名者皆是罪之文殺喜之傳乃爲專而殺之喜之於衎未爲罪當死也故其應死之狀弒君之賊於當誅衎雖不以弒剽致討義宜追討之故雖非國人討賊因其被殺亦以國討爲文書其名以罪喜也不以弒君之罪討之故言追也○衞

侯之弟鱄出奔晉。衞侯始者云政由甯氏祭則寡人而今復患其專緩荅免餘既負其前信且不能友于賢弟使至出奔故書弟以罪兄。鱄市轉反又音專復扶又反〔疏〕注衞侯至罪兄。正義曰釋例曰仲尼因母弟之例以興義鄭伯懷害弟之心天王羣臣以殺其弟夫子探書其志故顯書二兄以首惡弟不聞反謀也鄭段去弟身爲謀首也然則兄而害弟者稱弟以章兄罪弟又害兄則去弟以罪弟身也推此以觀其餘秦伯之弟鍼陳侯之弟黃衞侯之弟鱄皆是兄害其弟者也統論其義兄弟二人交相殺害各有曲直書弟則示兄曲也是杜以鱄之出奔非鱄之罪故跡其事以爲衞侯罪狀也衞侯始者使鱄與甯喜言云苟得反國政由甯氏祭則寡人是則甯喜專權未爲負約而今公患其專政故免餘請殺復緩荅免餘任令殺喜既負其言信又不能友于賢弟使至出奔故書其弟以罪兄也昭元年秦伯之弟鍼出奔晉傳曰罪秦伯知此亦罪衞侯也

○秋七月辛巳。豹及諸侯之大夫盟于宋。夏會之大夫也豹不倚順以顯弱命之君而辨小是以自從故以違命貶之釋例論之備矣。倚於綺反〔疏〕注夏會至備矣。正義曰杜云夏會之大夫者

經書在夏故云夏會其實會在秋耳諸國朝會而因有他事者皆前目而後凡故此不復序而摠云諸侯之大夫還是夏而叔孫不從也豹去族者傳言季孫以公命豹使視邾滕順也不視邾滕其是小也順君之命其禮大不視邾滕爲是小豹不從此順道以顯弱命之君而辨小是以自從故以違命貶之也於時魯國君弱臣彊政令出於季氏魯君不得有命臣之理臣之小者季氏以己意命之皆不敢不從也叔孫豹秉心彊直季氏所憚恐不從己意故假稱公命耳其時魯言公命者實非公命而假稱公耳其時魯君未嘗有命此傳稱公以公命是假可知豹雖心知是假若其即以爲真則國內義士皆將生心必相告云豹之所命悉不可違豈不使取法聞是公命雖非亦從公命則知公之所命悉爲順也如此則國在此一舉比順道以從公命則弱命之君未爲大失豹乃辨其小是以從己心違君之命故貶之釋例曰季氏專魯三世矣君出於私門非國所知也叔孫豹魯之賢臣欲匡難以矯時故君之命貶之釋例曰季孫憚之不敢自命而假公命以敕叔孫豹季孫憚之不登朝國人知其意故以違命貶之也杜言請又不辭之使所宜崇長雖有小失而遂行之甚而不悟出命不可以違則季氏有權而又不會爲無意以貶之君以顯弱命之君使臣卑而順若尊於理小耳○冬十有二月乙卯朔日有食之。今長麻推十一月朔非十二月也傳曰辰在申再失閏矣若是十一月則爲三失閏故知經誤〔疏〕注今長至經誤。正義曰此經言十二月而傳言十一月今杜以長麻推之十一月乙亥朔非十二月也傳曰辰在申再失閏矣若是十二月當爲辰在亥以申爲亥則是三辰失閏非再失也推麻與傳合知傳是而經誤也

傳二十七年。春。胥梁帶使諸喪邑者具車徒以受地必周。諸喪邑謂齊魯宋也周密也必密來使烏餘具車徒以受封。勿以受地爲名。喪息浪反注同烏餘以其衆出封也使諸侯偽致烏餘之封者。致致也使齊魯宋偽若致邑封烏餘者而遂執之盡獲之。皆獲其徒衆取其邑而歸諸侯諸侯是以睦於晉。雖失政而諸侯猶睦〔疏〕注皆取至於晉。正義曰傳言趙文子賢故平公雖失政而諸侯若不重言諸侯則天下諸侯以此諸侯是也劉炫云晉宋古本皆不重言諸侯則雖齊魯宋三國睦於晉也劉炫云晉宋古本皆不重言諸侯則天下諸侯以此睦於晉也○齊慶封來聘。其車美。孟孫謂叔孫曰慶季之車不亦美乎。慶封字叔孫曰豹聞

之。服美不稱。必以惡終。美車何爲。叔孫與慶封食。不敬。爲賦相鼠。亦不知也。相鼠詩鄘風曰相鼠有皮人而無儀人而無儀不死何爲慶封不知此詩爲己言其闇甚爲明年慶封來奔傳。○稱尺證反爲賦于僞反注同相息亮反注同鄘音容

○衞甯喜專。公患之。公孫免餘請殺之。免餘衞大夫 公曰。微甯子不及此。及此反國也 吾與之言矣。言政由甯氏 事未可知。恐伐之未必勝 祇成惡名。止也。祇適也○祇音支注同 對曰。臣殺之。君勿與知。乃與公孫無地、公孫臣謀。二公孫衞大夫○勿與音預 使攻甯氏。弗克。皆死。無地及臣皆死 公曰。臣也無罪。父子死余矣。獻公出時公孫臣之父爲孫氏所殺

〔疏〕注獻公所殺。○正義曰。十四年傳曰。公使子蟜子伯子皮與孫子盟于丘宮。孫子皆殺之。彼所殺者皆是公子。而此臣是公孫。公言臣也無罪。父子死余。知是爾時死耳。亦不知彼所殺者誰是臣之父也。

夏。免餘復攻甯氏。殺甯喜及右宰穀。尸諸朝。穀不書非卿也。○復扶又反 石惡將會宋之盟。受命而出。衣其尸。枕之股而哭之。欲斂以亡。懼不免。且曰。受命矣。乃行。行會于宋爲明年石惡奔傳。○衣於既反枕之鴆反斂力驗反 子鮮曰。逐我者出。謂孫林父 納我者死。謂甯喜○納本又作内音納 賞罰無章。何以沮勸。君失其信。而國無刑。不亦難乎。難以治國。○沮在呂反

〔疏〕子鮮至難乎。○正義曰。逐我者應死而得生出。納我者有功而更身死。章明也。沮止也。罰有罪所以止人爲惡。賞有功所以勸人爲善。今賞罰既無章明。何以得爲止勸乎。刑法也。君失其信。違信而殺甯喜。而國無法。賞罰無所章明。以此爲國。不亦難乎。言治國難也。

且鱄實使之。使甯喜納君 遂出奔晉。公使止之。不可。不肯留 及河。又使止之。止使者而盟於河。誓不還。○使者所吏反 託於木門。木門晉邑 不鄉衞國而坐。怨之深也。○鄉許亮反本亦作嚮 木門大夫勸之仕。不可。曰。仕而廢其事。罪也。從之。昭吾所以出也。將誰愬乎。從之謂治其事也事治則明己出欲仕無所自愬。○愬息路反 吾不可以立於人之朝矣。終身不仕。自誓不仕終身。

〔疏〕注自誓不仕終身。○正義曰。終身不仕。敘事辭也。言自誓不仕以終其身。故傳言終身不仕也。此終身者。子鮮之身終也。下云公喪之終身者。獻公之身終也。獻公以二十九年夏卒。其子鮮之卒。蓋差在獻公之前耳。故公喪服以終身也。

公喪之。如稅服終身。稅即總也。喪服總縗裳縷細而希。非五服之常。本無月數。痛愍子鮮。故特爲此服。此服無月數。而獻公尋薨。故言終身。○喪息郎反又息浪反稅徐云讀總音歲注同服音吐外反縗本亦作衰音七雷反

〔疏〕注稅即至言終身。○正義曰。傳云公喪之者。言公爲之服喪服也。禮無稅服之名。如稅服者。不知何服也。服虔云。衰麻已除。日月已過。乃聞喪而服。是爲稅服。服之輕者。案禮記過而追服。實名爲稅。以聞凶之日爲服喪之始。其服追過而服之。衰麻不爲有異。何云服之輕者。公若依彼稅服法。其兄弟之服則還是齊衰期耳。何以得云如也。杜以其義不通。故云稅即總也。當是聲相近而字改易耳。喪服有總衰裳牡麻絰。既葬除之。其章唯有諸侯大夫爲天子。以外無人服此服也。喪服傳曰。總衰者。小功之總也。鄭玄云。治縷如小功而成布四升半。細其縷者以恩輕。升數少者以服至尊。凡布細而疏者謂之總。是總者縷細而希疏也。喪服之文在大功之下。小功之上。是非五服之常也。既葬除之。是本無月數也。禮天子諸侯絕旁期。計公於子鮮不應爲之服。獻公痛愍子鮮。特爲服此服也。此服既無月數。獻公服之。不自云幾月當止。獻公尋自身薨。至死未釋此服。故云終身也。兄弟之服本服期耳。獻公驕淫之君。不應過其常月。杜言獻公尋薨。謂此子鮮之卒差在獻公前耳。

公與免餘邑六十。辭曰。唯卿備百邑。臣六十矣。下有上祿。亂也。此一乘之邑非四井之邑論語稱十室又云千室明通稱。○乘繩證反通稱尺證反

〔疏〕注此一至通稱。○正義曰。司馬法。成方十里。出革車一乘。此一乘之邑。每邑方十里也。論語云。百乘之家。大夫稱家。邑有百乘。是百乘爲采邑之極也。此云唯卿備百邑。知所言邑者。皆是一乘之邑。非四井之邑也。杜以一乘名邑。書傳無文。故引論語千室十室。明其大小通稱邑也。

臣弗敢聞。且甯子唯多邑。故死。臣懼死之速及也。公固與之。受其半。以爲少師。公使爲卿。辭曰。大叔儀不貳。能贊大事。贊佐也。○少詩照反 君其命之。乃使文子爲卿。文子大叔儀

○宋向戌善於趙文子。又善於令尹子木。欲弭諸侯之兵以爲名。欲獲息民之名。○弭徐武婢反 如晉。告趙孟。趙孟謀於諸大夫。韓宣子曰。兵。民之殘也。財用之蠹。蠹害物之蟲。○蠹本又作蠧丁故反

〔疏〕注蠹害物之蟲。○正義曰。釋蟲云。蝎，桑蠹。李巡云。蝎，木蟲也。穆天子傳云。天子蠹書於羽陵。曝去書内簡中之蟲。是蟲在木中謂之爲蠹。昭三年傳云。公聚朽蠹。則在諸物之中。皆名爲蠹。故云害物之蟲也。害物之蟲既名爲蠹。故害於物者皆以蠹言之。孫子兵書云。興師十萬。日費千金。是兵爲財用之蠹也。

小國之大菑也。將或弭之。雖曰不可。必將許之。言雖知兵不得久弭今不可不許。○菑音災 弗許。楚將許之。以召諸侯。則我失爲盟主矣。晉人許之。如楚。楚亦許之。如齊。齊人難之。陳文子曰。晉楚許之。我焉得已。且人曰弭兵。而我弗許。則固攜吾民矣。將焉用之。齊人許之。告於秦。秦亦許之。皆告於小國。爲會於宋。五月。甲辰。晉趙武至於宋。丙午。鄭良霄至。六月。丁未。朔。宋人享趙文子。叔向爲介。司馬置折俎。禮也。折俎體解節折升之於俎合卿享宴之禮故曰禮也周禮司馬掌會同之事。○難之乃旦反下懼難同焉於虔反下將焉用焉能皆同介音界後注同折之設反注同徐又音制俎莊呂反

〔疏〕注折俎至之事。○正義曰。折俎謂體解節折升之於俎。周語文也。宣十六年傳曰。王享有體薦。宴有折俎。公當享。卿當宴。王室之禮也。彼傳之意。言享公當依享法有體薦也。享卿當如宴法有折俎也。彼王自言之。故云王室禮耳。其諸侯之待公卿。禮法亦當然也。故此享趙孟而置折俎。合卿享宴之禮。故曰禮也。周禮大司馬云。大會同則帥士庶子而掌其政令。大祭祀饗食。羞牲魚。是司馬掌會同薦羞之事。故宋人此享。令司馬置折俎也。

仲尼使舉是禮也。以爲多文辭。宋向戌自美弭兵之意敬逆趙武趙武叔向因享宴之會展賓主之辭故仲尼以爲多文辭。○使舉是禮也沈云舉謂記錄之也

〔疏〕仲尼至文辭。○正義曰。此文甚畧。本意難知。蓋於此享也。賓主多有言辭。時人跡而記之。仲尼見其事。善其言。使弟子舉是宋享趙孟之禮。以爲後人之法。丘明述其意。仲尼所以特舉此禮者。以爲此享多文辭。以文辭可爲法。故特舉而施用之。○注宋向至文辭。○正義曰。杜以賓主之辭。禮有定式。於此享也。何以獨多文辭。故解其多辭之意。服虔云。以其多文辭。故特舉而用之。後世謂之孔氏聘辭。以孔氏有其辭。故傳不復載也。所言孔氏聘辭。不知事何所出。實享禮而謂之爲聘。舉舊辭而目曰孔氏。事亦不必然也。

戊申。叔孫豹、齊慶封、陳須無、衞石惡至。須無陳文子 甲寅。晉荀盈從趙武至。趙武命盈追己故言從趙武後武遣盈如楚

〔疏〕注趙武命盈追己。○正義曰。沈氏曰。知非晉侯命者。若是晉侯。應云甲寅荀盈至。今云從武至。故知趙武命也。杜云後武遣盈如楚。見此意耳。

丙辰。邾悼公至。小國故君自來 壬戌。楚公子黑肱先至。成言於晉。時令尹子木止陳遣黑肱就晉大夫成盟載之言兩相然可。○肱古弘反 丁卯。宋戌如陳。從子木成言於楚。就於陳成楚之要言 戊辰。滕成公至。亦小國君自來 子木謂向戌。請晉楚之從。交相見也。使諸侯從晉楚者更相朝見。○更音庚見賢遍反 庚午。向戌復於趙孟。趙孟曰。晉、楚、齊、秦。匹也。晉之不能於齊。猶楚之不能於秦也。不能服而使之 楚君若能使秦君辱於敝邑。寡君敢不固請於齊。請齊使朝楚 壬申。左師復言

於子木。子木使馹謁諸王。（馹，傳也。謁，告也。○馹，人實反。傳，張戀反。）王曰。釋齊、秦。他國請相見也。（經所以不書齊、秦。）秋七月。戊寅。左師至。（從陳還。）是夜也。趙孟及子晳盟。以齊言。（子晳，公子黑肱。素要齊其辭，至盟時不得復訟爭。○晳，星歷反。復，扶又反。）庚辰。子木至自陳。陳孔奐、蔡公孫歸生至。（二國大夫與子木俱至。）曹、許之大夫皆至。以藩爲軍。（示不相忌。○藩，方元反。）〔疏〕以藩爲軍○正義曰：古人行兵，止則築爲壘塹，以備不虞。此藩籬爲軍者，方欲弭兵，以示不相忌也。晉、楚各處其偏。（晉處北，楚處南。）伯夙謂趙孟（荀盈。）〔疏〕注伯夙荀盈○正義曰：伯夙即是荀盈，於傳亦無明據，未測何以知之。服虔云伯夙，晉大夫，其意以爲別有伯夙，非荀盈也。曰。楚氛甚惡。懼難。（氛，氣也。言楚有襲晉之氣。○氛，芳云反，徐扶云反。）趙孟曰。吾左還入於宋。若我何。（營在宋北，東頭爲上，故晉營在東，有急可左迴入宋東門。）辛巳。將盟於宋西門之外。楚人衷甲。（甲在衣中，欲因會擊晉。○衷音忠，徐丁仲反。）伯州犁曰。合諸侯之師。以爲不信。無乃不可乎。夫諸侯望信於楚。是以來服。若不信。是棄其所以服諸侯也。固請釋甲。子木曰。晉楚無信久矣。事利而已。苟得志焉。焉用有信。大宰退。（伯州犁。）告人曰。令尹將死矣。不及三年。求逞志而棄信。志將逞乎。志以發言。言以出信。信以立志。參以定之。（志、言、信三者具，而後身安存。）信亡。何以及三。（爲明年子木死起本。）〔疏〕志將至及三○正義曰：志將逞乎，言其不得逞也。在心爲志，出口爲言，志有所之，乃出口，故志以發言也。與人爲信，必言以告之，故言以出信也。於人有信，志乃得立，故信以立志也。人之處身於世，常恐不得安定。參即三也，言也，信也，志也。三者俱備，然後身得安定。欲安其身，用此三者以定之。信亡則志不立，失志必死，不久何以得及三年。趙孟患楚衷甲。以告叔向。叔向曰。何害也。匹夫一爲不信。猶不可。單斃其死。（單，盡也。斃，踣也。○單音丹，注同。斃，婢世反。踣，蒲北反。）〔疏〕匹夫至其死○正義曰：匹夫謂賤人也。賤人一爲不信，猶尚不可，況國卿也。不信之人，盡踣其死，言無得生者。前覆曰踣，謂倒地死也。若合諸侯之卿。以爲不信。必不捷矣。食言者不病。（不病者，單斃於死。）〔疏〕食言者不病○正義曰：不病者，不唯病害而已，必至於死也。言之不用，若食之消散，故謂無信爲食言也。非子之患也。（楚食言當死，晉不食言故無患。）夫以信召人。而以僭濟之。（濟，成也。○僭，子念反，不信也。）必莫之與也。安能害我。且吾因宋以守病。（爲楚所病，則欲入宋城。）則夫能致死。與宋致死。雖倍楚可也。（宋爲地主，致死助我，則力可倍楚。○夫如字，或音扶。）子何懼焉。又不及是。曰弭兵以召諸侯。而稱兵以害我。（稱，舉也。）〔疏〕夫能至及是○正義曰：夫謂宋也。宋能致死助我，今晉師與宋致死，不但唯敵於楚，雖更力倍於楚可也。子何須懼焉。又想楚人之情，不應及是之惡。吾庸多矣。非所患也。（晉獨取信，故其功多。）季武子使謂叔孫以公命曰。視邾、滕。（兩事晉、楚，則貢賦重，故欲比小國。武子恐叔孫不從其言，故假公命以敦之。）〔疏〕注兩事至敦之○正義曰：案傳上文六月戊申，叔孫豹至，丁卯，向戌如陳，從子木成言於楚，子木乃請晉、楚之從交相見。則叔孫發魯之時，未有此交相見之議也。子木既有此請，季孫在國聞之，季孫使謂叔孫者，使人就宋謂之也。於時季氏事魯國之利害，季孫所量，自慮兩屬貢賦必重，疑邾、滕將爲人之私，故令豹比視小國。此直季孫意耳，非公意也。若是餘人爲使，季孫以已意命之，無敢違者。但叔孫彊直，季孫所憚，告以已意，恐不見從，故假稱公命以敦勸之，望其敬公命而遂已志也。長麻丁卯是六月二十一日也，辛巳是七月五日也。丁卯已有此議，辛巳方始結盟，則叔孫既得公命，其去盟日猶遠，反魯覆請，足得往來。但叔孫知非公命，不復更請，臨盟則率已之意，自從所欲。故釋例云：豹不登朝固請，受命而行，邾、滕降次，事非機危，既不馳請，又不辭會，率意改命，失命之甚。是言其間足得反請，而叔孫不請，故責之也。既而齊人請邾。宋人請滕。皆不與盟。（私屬二國故。○與音預。）叔孫曰。邾、滕。人之私也。我。列國也。何故視之。宋、衛。吾匹也。乃盟。故不書其族。言違命也。（季孫專政於國，魯君非得有命。今君唯以此命告豹，豹宜崇大順以顯弱命之君，而遂其小是，故貶之。）〔疏〕注季孫至貶之○正義曰：季孫專政於國，魯君非得有命。此以公命，非公可知，叔孫亦知非公命，故不肯從之。其實叔孫違命，止違季孫意耳。但季孫假以公命謂之，叔孫雖內知非公，而其辭稱公，即須從命。叔孫既得此命，宜應內自思省：我君由來無命，今君唯以此命我，事雖非理，亦宜聽從。如是則敬君之情深矣。豹宜崇此大順之道，以顯弱命之君，而乃挍計公言是非，不肯同於小國，遂其小是，以忘大順，故貶之。此義至妙，唯杜始得之矣。賈逵云：叔孫義也，魯疾之，非也。服虔云：叔孫欲尊魯國，不爲人私，雖以違命見貶，其於尊國之義得之。案經去其族，是文貶也；傳言違命，是實惡也。賈、服違經反傳，背左氏，異孔子。孔子貶之，賈逵賞之，巨明言其違命；服虔善其尊國，是不以巨明之言解左傳，不以孔子之意說春秋也。晉楚爭先。（爭先歃血。）晉人曰。晉固爲諸侯盟主。未有先晉者也。楚人曰。子言晉楚匹也。若晉常先。是楚弱也。且晉楚狎主諸侯之盟也久矣。（狎，更也。○先晉，悉薦反，或如字。狎，戶甲反。更音庚。）〔疏〕且晉至久矣○正義曰：陳、蔡、鄭、許乍南乍北，成二年楚公子嬰齊爲蜀之盟，諸夏之國大夫皆在，是晉楚更代主諸侯之盟實久也。豈專在晉。叔向謂趙孟曰。諸侯歸晉之德只。（只，辭。○只，之氏反。）非歸其尸盟也。（尸，主也。）子務德。無爭先。且諸侯盟。小國固必有尸盟者。（小國主辨具。○辨，皮莧反。）〔疏〕注小國主辨具○正義曰：盟實大國爲主，而此云小國主盟，知其主辨具也。哀十七年公會齊侯盟于蒙，孟武伯問於高柴曰：諸侯盟，誰執牛耳？季羔曰：鄫衍之役，吳公子姑曹；發陽之役，衛石魋。武伯曰：然則彘也。所言主辨具者，如彼執牛耳之類，皆小國主備之法。當小國執牛耳，鄫衍吳公子執之者，於時吳爲盟主，夷不知禮，故自使其人執之也。盟法大國制其言，小國尸其事。此盟爭先歃，不爭主備，叔向以小國主盟爲言者，叔向以久爭不決，或將戰鬬，因盟時小國有所主，欲令趙孟下楚，假此以勸之耳。楚爲晉細。不亦可乎。（欲推使楚主盟。）乃先楚人。書先晉。晉有信也。（蓋孔子追正之。）壬午。宋公兼享晉楚之大夫。趙孟爲客。（客，一坐所尊，故季孫飲大夫酒，臧紇爲客。○坐，才臥反。飲，於鴆反。）〔疏〕注客一至爲客○正義曰：享宴之禮，賓旅雖多，特以一人爲客。燕禮者，諸侯燕臣之禮也。經云小臣納卿大夫，卿大夫皆入門右，北面東上。乃云射人請賓，公曰：命某爲賓。賓出立于門外，更使射人納賓，公降一等揖之。賓即客也，是客一坐所尊也。季孫飲大夫酒，臧紇爲客，二十三年傳也。魯語云：公父文伯飲南宮敬叔酒，路堵父爲客，羞鼈焉小，堵父怒，相延食鼈，辭曰：將使鼈長而食之。遂出。文伯母聞之，怒曰：吾聞之先子曰：祭養上尸，享養上賓。鼈於何有，而使夫人怒也。是一坐所尊敬之事也。案燕禮記曰：公與燕，則大夫爲賓。與大夫燕，亦大夫爲賓。又聘禮燕聘賓，則以上介爲賓。此宋公享大夫，以趙孟爲客者，燕禮謂與已之臣子燕，嫌卿敵公，故以大夫爲賓。聘禮據特來聘者，敬其使人，故使介爲賓。此則兼享晉楚大夫，異於常禮，以尊敬霸主之國，故令趙孟爲客。服虔云：楚君恒以大夫爲賓者，大夫卑，雖尊之猶遠君也。楚先歃爲盟主，故尊趙孟爲客。案此享宋爲主，非楚爲主，服之妄也。劉炫云：兼享晉楚之大夫，不以屈建爲賓者，賓唯一人，出自當時意耳。子木與之言。弗能對。使叔向侍言焉。子木亦不能對也。乙酉。宋公及諸侯之大夫盟于蒙門之外。（前盟諸大夫不敢敵公禮也。今宋公以近在其國，故謙而重盟。重盟故不書蒙門，宋城門。○重，直用反，下二字同。）〔疏〕子木至對也○正義曰：上云晉卿不如楚，其大夫則賢，是也。子木問於趙孟曰。范武子之德何如。（士會。賢聞於諸侯，故問之。○聞音問，又如字。）對曰。夫子之家事治。言於晉國無隱情。其祝史陳信於鬼神。無愧辭。（祝陳馨香，德足副之，故不愧。○治，直吏反。愧，九位反。）子木歸以語王。

王曰。尚矣哉。尚上也○語魚據反下同能歆神人。歆享也使神享其祭人懷其德○歆所金反宜其光輔五君。以為盟主也。五君謂文襄靈成景【疏】注五君謂文襄靈成景○正義曰晉語訾祏對范宣子曰武子佐文襄諸侯無二心為卿以輔成景軍無敗政及為元帥居大傅國無姦民是以受隨范是其光輔五君也服虔云文公為戎右襄靈為大夫成公為卿景公為大傅也子木又語王曰。宜晉之伯也。有叔向以佐其卿。楚無以當之。不可與爭。晉荀寅遂如楚涖盟。重結晉楚之好○好呼報反○鄭伯享趙孟于垂隴。自宋還過鄭○隴力勇反子展、伯有、子西、子產、子大叔、二子石從。二子石印段公孫段○從才用反趙孟曰。七子從君。以寵武也。請皆賦。以卒君貺。武亦以觀七子之志。詩以言志子展賦草蟲。草蟲詩召南曰未見君子憂心忡忡亦既見止亦既覯止我心則降以趙孟為君子○蟲直忠反召上照反下同忡勑忠反覯古豆反降戶江反又如字下注同趙孟曰。善哉。民之主也。在上不忘降故可以主民抑武也不足以當之。辭君子伯有賦鶉之賁賁。鶉之賁賁詩鄘風衛人刺其君淫亂鶉鵲之不若義取人之無良我以為兄我以為君也○鶉順倫反賁音奔【疏】注鶉之至君也○正義曰伯有賦此詩者義取人之無善行者我以此為君是有嫌君之意於時鄭簡公是穆公之玄孫良霄是穆公之曾孫君非良霄之兄杜言并取人之無良我以為兄者因詩成文故連言之劉君以為非兄而規杜非也趙孟曰。牀第之言不踰閾。況在野乎。非使人之所得聞也。第簀也此詩刺淫亂故云牀第之言閾門限使人趙孟自謂○第側里反閾音域徐況逼反使所吏反注同簀音責【疏】注第簀也○正義曰釋器云簀謂之第孫炎曰牀也郭璞曰牀版也然則牀是大名簀是牀版檀弓云大夫之簀與簀名亦得統牀故孫炎以為牀也子西賦黍苗之四章。黍苗詩小雅四章曰肅肅謝功召伯營之烈烈征師召伯成之比趙孟於召伯趙孟曰。寡君在。武何能焉。推善於其君子產賦隰桑。隰桑詩小雅義取思見君子盡心以事之曰既見君子其樂如何○盡津忍反樂音洛下注及文至樂以安民並同趙孟曰。武請受其卒章。卒章曰心乎愛矣遐不謂矣中心藏之何日忘之趙武欲子產之見規誨子大叔賦野有蔓草。野有蔓草詩鄭風取其邂逅相遇適我願兮○蔓音萬邂戶賣反逅戶豆反趙孟曰。吾子之惠也。大叔喜於相遇故趙孟受其惠印段賦蟋蟀。蟋蟀詩唐風曰無以大康職思其居好樂無荒良士瞿瞿言瞿瞿然顧禮儀○印一刃反蟀所律反大康音泰居音據好呼報反下同瞿瞿居什反趙孟

曰。善哉。保家之主也。吾有望矣。能戒懼不荒所以保家【疏】保家之主也○正義曰大夫稱主言是守家之主不亡族也下云數世之主亦然公孫段賦桑扈。桑扈詩小雅義取君子有禮文故能受天之祜○祜音戶趙孟曰。匪交匪敖。福將焉往。此桑扈詩卒章趙孟因以取義○敖五報反焉於虔反下政其焉往同若保是言也。欲辭福祿。得乎。卒享。文子告叔向曰。伯有將為戮矣。詩以言志。志誣其上而公怨之。以為賓榮。言誣則鄭伯未有其實趙孟倡賦詩以自寵故言公怨之以為賓榮○倡昌亮反【疏】詩以至賓榮○正義曰在心為志發言為詩是詩所以言人之志意也鄭君實未有罪伯有稱人之無良是誣其上也伯有不臣被公之所怒以公怨怒當自須掩蓋而賦詩道公無良反將公之所怨以為賓之榮寵劉炫云而公顯然將比來之怨以為對賓之榮樂也其能久乎。幸而後亡。言必先亡叔向曰。然。已侈。所謂不及五稔者。夫子之謂矣。稔年也為三十年鄭殺良霄傳○侈昌氏反又戶氏反字林充豉反稔而甚反熟也穀一熟故為一年文子曰。其餘皆數世之主也。子展其後亡者也。在上不忘降。謂賦草蟲曰我心則降○數所主反印氏其次也。樂而不荒。謂賦蟋蟀曰好樂無荒樂以安民。不淫以使之。後亡不亦可乎。○宋左師請賞。曰。請免死之邑。欲宋君稱功加厚賞故謙言免死之邑也【疏】樂以至可乎○正義曰印段賦蟋蟀義取好樂無荒即不淫也好樂則用樂以安民也其使民也又不淫以使之民皆愛之守位必固在人後亡不亦可乎○注欲宋君稱功無之邑也○正義曰服虔云向戌自以止兵民不鬬自矜其功故求免死之賞也如服此言免死謂止兵兵不鬬民免死也杜以為謙則向戌自以為已免死也若使計謀不當則罪合死自矜其功言已得免死故請賞邑也公與之邑六十。以示子罕。子罕曰。凡諸侯小國。晉楚所以兵威之。畏而後上下慈和。慈和而後能安靖其國家。以事大國。所以存也。無威則驕。驕則亂生。亂生必滅。所以亡也。天生五材。金木水火土也民並用之。廢一不可。誰能去兵。兵之設久矣。所以威不軌而昭文德也。聖人以興。謂湯武○去起呂反下皆同亂人以廢。謂桀紂廢興存亡。昏明之術。皆兵之由也。而子求去之。不亦誣乎。以誣道蔽諸侯。

罪莫大焉。縱無大討。而又求賞。無厭之甚也。削而投之。削賞左師之書○蔽必世反徐亡世反服虔王肅董遇並作弊婢世反云踣也厭於鹽反徐於廉反【疏】廢興至諸侯○正義曰言之術者謂德刑禮義是興存盛明之法術也驕淫殘虐是廢亡昏闇之法術也皆兵之由者謂皆畏懼此兵行善不行惡畏之則興不畏則亡故云皆兵之由也言不亦誣乎者謂廢興存亡悉皆由兵向戌之意以廢興存亡不須一用兵是實須而誣同云不須故云不亦誣乎服虔曰斃踣也一日罷也則知服本作斃王肅董遇本皆作蔽謂以誣人之道掩諸侯也杜本作蔽當如王董為蔽掩之也○削而投之○正義曰宋公賞邑書之於札向戌執之以示子罕子罕削其字而又投之於地也向戌初謀此事子罕不即止之而至此始怒者蓋初謀子罕不知或子罕初亦不覺久思乃知其非也左師辭邑。向氏欲攻司城。司城子罕左師曰。我將亡。夫子存我。德莫大焉。又可攻乎。君子曰。彼己之子。邦之司直。詩鄭風司主也○己音記樂喜之謂乎。樂喜子罕也善其不阿向戌何以恤我。我其收之。逸詩恤憂也收取也向戌之謂乎。善向戌能知其過○齊崔杼生成及彊而寡。偏喪曰寡寡特也○喪息浪反娶東郭姜。生明。東郭姜以孤入。曰棠無咎。無咎棠公之子○娶七住反無咎音無本亦作无咎其九反與東郭偃相崔氏。東郭偃姜之弟○相息亮反崔成有病而廢之。有惡疾也【疏】注有惡疾也○正義曰若非惡疾猶堪為後以疾而廢明是惡疾疾之惡者也不知其何疾也論語稱伯牛有疾不欲見人淮南子云伯牛癩此崔成猶能作亂未必是癩也彊無病亦不得立者愛後妻欲立明故也而立明。成請老于崔。崔濟南東朝陽縣西北有崔氏城成欲居崔邑以終老○朝如字一音直遙反崔子許之。偃與无咎弗予。曰。崔宗邑也。必在宗主。宗邑宗廟所在宗主謂崔明成與彊怒。將殺之。告慶封曰。夫子之身。亦子所知也。唯无咎與偃是從。父兄莫得進矣。大恐害夫子。敢以告。夫子謂崔杼【疏】父兄莫得進矣○正義曰成彊是崔杼之子而云父兄者成彊之意以崔杼任无咎與偃棄遠宗族不可自斥於己故舉宗族父兄也慶封曰。子姑退。吾圖之。告盧蒲嫳。嫳慶封屬大夫封以成彊之言告嫳○嫳普結反徐敷結反盧蒲嫳曰。彼、君之讎也。天或者將棄彼矣。彼實家亂。子何病焉。君謂齊莊公為崔杼所弒崔之薄。慶之厚也。崔敗則慶專權他日又告。成彊復告○復扶又反慶封曰。苟利夫子。必

去之。難吾助女。九月庚辰，崔成、崔彊殺東郭偃、棠无咎於崔氏之朝。崔子怒而出，其衆皆逃，求人使駕，不得。使圉人駕，寺人御而出。圉人養馬者，寺人奄士。○難乃旦反，女音汝，圉魚呂反。且曰：「崔氏有福，止余猶可。」恐滅家禍不止其身。遂見慶封。慶封曰：「崔、慶一也。言如一家。是何敢然？請爲子討之。」使盧蒲嫳帥甲以攻崔氏。崔氏堞其宮而守之。堞，短垣，使其衆居短垣內以守。○請爲子僞反，下注「嫳爲」、「爲齊莊」同。堞音牒，徐養涉反。【疏】崔氏堞其宮。○正義曰：謂新築女牆而守之。弗克。使國人助之，遂滅崔氏，殺成與彊，而盡俘其家。其妻縊。妻，東郭姜。嫳復命於崔子，且御而歸之。嫳爲崔子御。至，則無歸矣，乃縊。終入於其宮，不見其妻，凶。崔明夜辟諸大墓。開先人之冢以藏之。○辟婢亦反，徐出亦反。辛巳，崔明來奔。慶封當國。當國，秉政。○楚薳罷如晉涖盟。罷，令尹子蕩。報荀盈也。○罷音皮。晉侯享之。將出，賦既醉。既醉，詩大雅，曰：「既醉以酒，既飽以德，君子萬年，介爾景福。」以美晉侯，比之太平君子也。叔向曰：「薳氏之有後於楚國也，宜哉！承君命，不忘敏。子蕩將知政矣。敏以事君，必能養民，政其焉往？」言政必歸之。○崔氏之亂，在二十五年。申鮮虞來奔，僕賃於野，以喪莊公。爲齊莊公服喪。○賃女鴆反，以喪如字，又息浪反。冬，楚人召之，遂如楚，爲右尹。傳言楚能用賢。○十一月乙亥朔，日有食之。辰在申，司麻過也，再失閏矣。謂斗建指申。周十一月，今之九月，斗當建戌而在申，故知再失閏也。文十一年三月甲子至今年七十一歲，應有二十六閏，今長麻推得二十四閏，通計少再閏。釋例言之詳矣。【疏】注「謂斗」至「詳矣」。○正義曰：斗建從甲至癸十者謂之日，從子至亥十二者謂之辰。傳言辰在申者，謂其日昏時斗柄所指於十二辰爲在申也。九月當建戌而建申，故爲再失閏也。文十一年三月至今七十一歲應有二十六閏者，麻法十九年爲一章，章有七閏，從文十一年至襄十三年凡五十七年，已成三章，當有二十一閏；又從襄十四年至今爲十四年，又當有五閏，故爲應有二十六閏也。長麻推得二十四閏者，杜以長麻實於其間分置二十四閏。釋例云：「閏者，會集數年餘日，因宜以安之，故閏月無中氣，斗建斜指兩辰之間也。魯之司歷漸失其閏，至此年日食之月，以儀審望，知斗建之在申。斗建在申，乃是周家九月也，而其時麻稱十一月，故知再失閏也。於是始覺其謬，遂頓置兩閏以應天正，以敘事期。然則前閏月爲建酉，後閏月爲建戌，十二月爲建亥，而歲終焉。是故明年經書春無冰，傳以爲時災也。若不復頓置二閏，則明年春是今之九月、十月、十一月也。今之九月、十月、十一月無冰，非天時之異，無緣總書春也。尋案今世所謂魯麻者，不與春秋相符，殆來世好事者爲之，非眞也。今俱不知其法術，具依春秋經傳，反覆其終始，以求之近得其實矣。」杜言以儀審望者，大史鑄銅作渾天儀，列二十八宿之度，設機關候望以測七曜所在，故於彼鑄銅儀而審望之，知此月斗建申也。長麻稱凡經傳有七百七十九日，漢末宋仲子集七麻以考春秋，魯麻得五百二十九日，失二百五十日，是其不與春秋相符也。劉炫云：遠取文十一年三月甲子者，以三十年絳縣老人云「臣生之歲正月甲子朔」，以全日故。又云言通計者，若據前閏以來短計，不得有再失之理，今遠從文十一年以來計之，是爲通計也。

經二十有八年春，無冰。前年知其再失閏，頓置兩閏以應天正，故此年正月建子，得以無冰爲災而書。○應應對之應。○夏，衞石惡出奔晉。甯喜之黨。書名，惡之。○惡烏路反。○邾子來朝。○秋八月，大雩。○仲孫羯如晉。告將朝楚。○羯居謁反。○冬，齊慶封來奔。崔杼之黨，耆酒荒淫而出。書名，罪之。自魯奔吳不書，以絕位，不爲卿。○耆市志反。○十有一月，公如楚。爲宋之盟故朝楚。○爲于僞反。○十有二月甲寅，天王崩。靈王也。○乙未，楚子昭卒。康王也。十二月無乙未，日誤。【疏】注「十二」至「日誤」。○正義曰：甲寅之後四十二日始得乙未，則甲寅、乙未不得同月。長麻推此年十二月戊戌朔，甲寅是十七日，其月無乙未也。經有十一月、十二月，月不容誤，知日誤也。

傳二十八年春，無冰。梓慎曰：「今茲宋、鄭其饑乎？梓慎，魯大夫。今年鄭游吉、宋向戌言之，明年饑甚，傳乃詳其事。○梓音子。【疏】注「梓慎」至「其事」。○正義曰：此年傳鄭游吉云「歲之不易」，宋向戌云「飢寒之不恤」，是今年言之也。明年傳云鄭饑，子皮餼國人粟；於是宋亦饑，子罕請於平公，出公粟以貸，是詳其事也。歲在星紀，而淫於玄枵。歲，歲星也。星紀在丑，斗牛之次；玄枵在子，虛危之次。十八年晉董叔曰「天道多在西北」，是歲歲星在亥，至此年十一歲，故在星紀，明年乃當在玄枵。今已在玄枵，淫行失次。○枵許驕反。【疏】注「歲歲」至「失次」。○正義曰：左傳及國語所云歲在者，皆謂歲星所在，故云歲，歲星也。五星者，五行之精也。麻書稱木精曰歲星，火精曰熒惑，土精曰鎭星，金精曰大白，水精曰辰星。此五者皆右行於天。二十八宿則著天不動，故謂二十八宿爲經，五星爲緯，言若織之經緯然也。天有十二次，地有十二辰。丑、子、亥，北方之辰也。次之與辰上下相值，故云星紀在丑，玄枵在子。釋天云：「星紀，斗牽牛也。玄枵，虛也。」孫炎曰：「星紀，日月五星之所終始也，故謂之星紀。虛在正北，北方色玄，故曰玄枵。枵之言耗，耗虛之意也。」漢書律麻志云：星紀初斗十二度，終於婺女七度；玄枵初婺女八度，終於危十五度。是星紀爲斗牛之次，玄枵爲虛危之次也。九年傳稱晉侯問公生歲，乃曰「十二年矣，是謂一終，一星終也」，言歲星大率十二年而一周天也。十八年晉董叔曰「天道多在西北」，是言其年歲星在亥也。歲星右行於天，至此年十一年耳，行未及周，故此年歲星常法當在星紀，明年乃當在玄枵。今年已在玄枵，是其淫行失次也。漢書律麻志載劉歆三統麻，歆以爲歲星一百四十四年行天一百四十五次，一千七百二十八年爲歲星歲數，言數滿此年，剩得行天一周也。三統之麻以庚戌爲上元，此年距上元積十四萬二千六百八十六歲。置此歲數，以歲星歲數一千七百二十八除之，得積終八十二，去之，歲餘九百九十。以一百四十五乘歲餘，得十四萬三千五百五十，以一百四十四除之，得九百九十六爲積次，不盡一百二十六爲次餘。以十二除之，得八十三，去之盡，是爲此年更發初在星紀也。欲知入次度者，以次餘一百二十六乘一次三十度，以百四十四除之，得二十六度餘，是歲星本平行此年之初已入星紀之次二十六度餘，當在婺女四度，於法未入於玄枵也。傳言淫於玄枵，未知已在玄枵幾度也，準其大率耳。而五星之次行有遲有疾，有留伏逆順，於麻法更自別有推步之術，此不可詳也。以有時菑，陰不堪陽。時菑，無冰也。盛陰用事而溫無冰，是陰不勝陽，地氣發泄。○菑音災，注同。泄息列反，下同。【疏】注「時菑」至「發泄」。○正義曰：傳先言無冰，乃載梓慎之語，則梓慎之語爲無冰而發，知時菑謂春無冰也。言以有時菑者，以此歲星淫行之年而有天時溫燠之菑。四時之序，冬月當寒，故溫則爲菑害也。冬月盛陰用事，陰寒在地，當遏陽使不出，時應寒而溫無冰，是陰陽相競，陰氣不能勝陽，故陽氣出地，地氣發泄，而使時溫無冰也。歲星自淫行，天時自溫暖，其溫不由歲星，梓慎以其年有二事而揔言其占耳。服虔云：「歲爲陽，玄枵爲陰，歲乘陰，進至玄枵，陰不勝陽，故溫無冰。」按下云「蛇乘龍」，龍乃謂玄枵乘歲星，非歲星乘玄枵也。若必以此無冰謂歲乘玄枵所致，則成元年春無冰者，豈謂歲星乘玄枵乎？成十六年雨木冰者，復是玄枵乘歲星也？蛇乘龍。蛇，玄武之宿，虛危之星。龍，歲星。歲星，木也，木爲青龍。失次出虛危下，爲蛇所乘。○宿音秀，下同。【疏】注「蛇玄」至「所乘」。○正義曰：蟲獸在地而有象在天，二十八宿分在四方，方有七宿，共成一象。東方爲青龍之象，西方爲白虎之象，皆南首北尾也。南方爲朱鳥之象，北方爲玄武之象，皆西首東尾也。曲禮說軍陳象物云：「行前朱鳥，後玄武，左青龍，右白虎。」是玄武在北方也。龜蛇二蟲共爲玄武，故蛇是玄武之宿，虛危之星也。七星共爲玄武，但歲星淫行在虛危之分，故特指虛危言之耳。傳言蛇乘龍，龍即歲星也。歲星木精，木位在東方，東方之宿爲青龍之象，故歲星亦以龍爲名焉。龍行疾而失次，出於虛危宿下，龍在下而蛇在上，是龍爲蛇所乘也。歲星，天之貴神，福德之星，今被乘，勢屈，是不能祐其本國之象，故知宋、鄭饑也。龍，宋、鄭之星也。歲星本位在東方，東方房心爲宋，角亢爲鄭，故以龍爲宋、鄭之星。○亢音剛，又若浪反。【疏】注「歲星」至「之星」。○正義曰：歲星屬木，木位在東方，東方之次皆是龍分。天之分野，卯爲大火，辰爲壽星。大火，房心，爲宋分；壽星，角亢，爲鄭分，故龍爲宋、鄭之星也。然則寅爲析木之津，析木，燕之分野。梓慎言不及燕，別當有以知之，非吾徒所能測也。宋、鄭必饑。玄枵，虛中也。玄枵三宿，虛星在其中。枵，耗名也。土虛而民耗，不饑何爲？」歲爲宋、鄭之星，今失常，淫入虛耗之次，時復無冰，地氣發泄，故曰土虛民耗。○耗呼報反，復扶又反。【疏】「枵耗」至「何爲」。○正義曰：枵聲近耗，故枵是耗之名也。次有三宿，虛爲其中。土虛不實，而人民耗損，不饑何爲也？地氣發泄而使時溫無冰，即是土虛之事也。於時魯國無冰，是魯亦地氣發泄。下子服惠伯云「飢寒

之不恤是魯亦饑矣經不書饑饑當差於宋鄭故梓慎唯言宋鄭饑耳 夏齊侯陳侯蔡侯北燕伯杞伯胡子沈子白狄朝于晉宋之盟故也 陳侯蔡侯胡子沈子楚屬也宋盟曰晉楚之從交相見故朝晉燕國今薊縣○燕烏賢反薊音計【疏】注陳侯至薊縣○正義曰傳言宋之盟故雖文在諸國之下止為楚屬發傳故杜明之陳蔡胡沈為宋盟朝晉其齊燕杞狄先非楚屬其朝不為宋之盟也譜云北燕姬姓召公奭之後也周武王封之於燕居漁陽薊縣其國僻小不通諸夏自召公至簡公款二十九世始見經簡公子獻公十二年獲麟之歲也獻公子孝公七年春秋之傳終矣孝公立十五年卒孝公以下六世始大稱王十二世二百二十五年秦滅之 齊侯將行慶封曰我不與盟何為於晉 以宋盟釋齊秦○與音預下同 陳文子曰先事後賄禮也 事大國當先從其政事而後薦賄以副已心○賄呼罪反 小事大未獲事焉從之如志禮也 言當從大國請【疏】小事至禮也○正義曰言小國之事大國也當每事順從若未獲大國所命之事但如其志之所欲即不待彼命逆即從之如其志意禮也禮者自卑而尊人故先承意志是事大之禮也 雖不與盟敢叛晉乎重丘之盟未可忘也 重丘盟在二十五年○重直龍反 子其勸行 衛人討甯氏之黨故石惡出奔晉衛人立其從子圃以守石氏之祀禮也 石惡之先石碏有大功於衛國惡之罪不及不祀故曰禮○從子才用反圃布古反碏七略反 ○邾悼公來朝時事也 言傳來朝非宋盟宋盟雖施於朝晉楚 秋八月大雩旱也○蔡侯歸自晉入于鄭鄭伯享之不敬子產曰蔡侯其不免乎 不免禍 日其過此也 往日至晉時○日人實反過古禾古臥二反 君使子展迋勞於東門之外而傲 迋往也○迋于況反後同勞力報反 吾曰猶將更之今還受享而惰乃其心也君小國事大國而惰傲以為己心將得死乎若不免必由其子其為君也淫而不父 通大子班之妻○傲五報反下同惰徒臥反【疏】君小國事大國○正義曰晉宋古本及王肅注其文皆如此君國謂為國君言其為君之難也今定本作小國 僑聞之如是者恒有子禍 為三十年蔡世子班弒其君傳○ 孟孝伯如晉告將為宋之盟故如楚也 魯晉屬故告晉而行○將為于偽反 蔡侯之如晉也鄭伯使游吉如楚及漢楚人還之曰宋之

盟君實親辱 君謂鄭伯○還音環 今吾子來寡君謂吾子姑還吾將使馹奔問諸晉而以告 問鄭君應來朝否○馹人實反 子大叔曰宋之盟君命將利小國而亦使安定其社稷鎮撫其民人以禮承天之休 休福祿也○休許虯反注同 此君之憲令而小國之望也 憲法也 寡君是故使吉奉其皮幣 聘用乘皮束帛○乘繩證反 以歲之不易聘於下執事 言歲有饑荒之難故鄭伯不得自朝楚○易以豉反難乃旦反 今執事有命曰女何與政令之有必使而君棄而封守跋涉山川蒙犯霜露以逞君心小國將君是望敢不唯命是聽無乃非盟載之言以闕君德而執事有不利焉小國是懼不然其何勞之敢憚【疏】今執至敢憚○正義曰執事謂楚也楚人詰大叔唯有止還之語耳命游吉還使鄭伯來故游吉原其意為此辭作甚之言耳而執事有不利焉違盟言闕君德是於楚為不利也小國是懼懼楚不利耳不敢自憚勞也 子大叔歸復命告子展曰楚子將死矣不脩其政德而貪昧於諸侯以逞其願欲久得乎周易有之在復䷗ 震下坤上復○女音汝何 之頤䷚ 震下艮上頤復上六變得頤○頤以之反 曰迷復凶 復上六爻辭也復反也極陰反陽之卦上處極位迷而復反失道已遠遠而無應故凶○應應對之應【疏】注復上至故凶○正義曰卦從下起從下而畫陰陽之卦也上處極位位極更無所往故為迷也既迷而後反本從下積而至迷是為失道已遠上應在三三亦陰爻遠而無應故凶也復易注云復反也還也陰氣侵陽陽失其位至此始還反起於初故謂之復陽君象君失國而還反道德更與也頤養也易注云頤者口車輔之名震動於下艮止於上口車動而上因輔嚼物以養人故謂頤為養也 其楚子之謂乎欲復其願 謂欲得鄭朝以復其願【疏】注謂欲至其願○正義曰楚子本意願鄭伯來朝全不顧道理唯欲復其本願 而棄其本 不脩德 復歸無所是謂迷復 失道已遠又无所歸 能無凶乎君其往也送葬而歸以快楚心 言楚子必死君往當送其葬 楚不幾十年未能恤諸侯也 幾近也言失道遠者復之亦難○幾居依反又音祈【疏】注幾近至亦難○正義曰幾近釋詁文也十者數之小成言失道遠者復之亦難故舉成數以言之周易復卦上六爻云迷復凶有災眚用行

師終有大敗以其國君凶至于十年不克征是易有十年之語故游吉期之以十年服虔云此行也楚康王卒至昭四年楚靈王合諸侯于申距今八年故曰不幾十年是謂十年不克征也言楚不能復為害○復扶又反下復顧同 吾乃休吾民矣 休息 裨竈曰今茲周王及楚子皆將死 裨竈鄭大夫○裨婢支反 歲棄其次而旅於明年之次以害鳥帑周楚惡之 旅客處也歲星棄星紀之次客在玄枵歲星所在其國有福失次於此禍衝在南南為朱鳥鳥尾曰帑鶉火鶉尾周楚之分故周王楚子受其咎俱論歲星過次梓慎則曰宋鄭饑裨竈則曰周楚王死傳故備舉以示卜占惟人所在○帑音奴惡如字一音烏路反衝尺容反分扶問反【疏】注旅客至所在○正義曰易有旅卦傳言羇旅旅皆是客故為客處也歲星常行之度此年當在星紀星紀是其所居之次也今歲星棄其所居星紀之次乃客處在於明年所居之次言其未應往而往向彼玄枵之次為客寄也昭三十二年傳云越得歲而吳伐之必受其凶是歲星所在其國有福當之衝其國有禍今失次於北故禍衝在南子午之位南北相衝衝於玄枵衝當鶉火南方為朱鳥之宿帑者細弱之名於人則妻子為帑於鳥則鳥尾曰帑妻子為人之後鳥尾亦鳥之後故俱以帑為言也天之分野鶉火周分鶉尾楚分歲星之衝當此周楚之分故周王楚子受其咎也歲星客在玄枵惟衝鶉火而鶉尾亦有咎者蓋以歲星漸西衝則漸東尾之於鳥猶是一身故衝其身而及其尾此則裨竈能知亦非吾徒所測也此與上文俱論歲星過次所占不同其事俱驗而已明兩載之是傳故備舉以示卜占效驗惟人所在言其知之在於人各自有意見也 ○九月鄭游吉如晉告將朝于楚以從宋之盟子產相鄭伯以如楚舍不為壇 至敵國郊除地封土為壇以受郊勞○相息亮反下同壇徒丹反勞力報反【疏】注至敵至郊勞○正義曰聘禮賓至于近郊君使卿用束帛勞無設壇之法下云先君適四國未嘗不為壇蓋以朝禮君親行事重故有之也禮有壇墠者先儒以為除地曰墠封土曰壇此并言除地封土者尚書金縢云三壇同墠是作壇在除地之內故除地封土并言之服虔本作墠解云除地為墠王肅本作壇而解云除地坦坦者則讀為墠也按下云作壇以昭其功昭其功若是除地草穢尋生不足以昭示後人杜言壇是也下言草舍者不為壇則不除地故為草舍耳 外僕言曰昔先大夫相先君適四國未嘗不為壇 外僕掌次舍者 自是至今亦皆循之今子草舍無乃不可乎子產曰大適小則為壇小適大苟舍而已焉用壇僑聞之大適小有五美宥其罪戾赦其過失救其菑患賞其德刑 刑法也○焉用於虔反下焉用作壇焉辟之又焉用盟皆同宥音又菑音災【疏】亦皆循之○正義曰因循不廢也 教其不及小國不困懷服如歸是故作壇以昭其功宣告後人無怠

於德。怠解也。解，佳賣反。小適大有五惡。說其罪戾。自解說也。請其不足。行其政事。奉行大國之政。共其職貢。從其時命。從朝會之命。○共音恭。不然。則重其幣帛。以賀其福而弔其凶。皆小國之禍也。焉用作壇以昭其禍。所以告子孫。無昭禍焉可也。無昭禍以告子孫。○齊慶封好田而耆酒。與慶舍政。舍，慶封子。慶封當國，不自爲政，以付舍。○好，呼報反。耆，市志反。則以其內實遷于盧蒲嫳氏。易內而飲酒。內實，寶物妻妾也。移而居嫳家。數日。國遷朝焉。就於盧蒲氏朝見封。○數，所主反。見，賢遍反。〔疏〕國遷朝焉○正義曰：慶封雖與舍政，使舍知政事耳，封猶有當國之重，故國之卿大夫皆遷就嫳家朝焉。使諸亡人得賊者以告而反之。亡人，辟崔氏難出奔者。○難，乃旦反。〔疏〕使諸至反之○正義曰：崔氏之亂，但是莊公之黨，崔氏以之爲賊，當時辟難並悉出奔。崔氏既亡，慶封召令還國，故言使諸逃亡之人得賊名而出者，以己情告而悉反之。故反盧蒲癸。盧蒲癸臣子之。子之，慶舍。有寵。妻之。子之以其女妻癸。○妻，七計反，注及下注皆同。慶舍之士謂盧蒲癸曰。男女辨姓。子不辟宗。何也。辨，別也。別姓而後可相取。慶氏、盧蒲氏皆姜姓。○辨，彼列反，下同。相取，七住反，本亦作娶。曰。宗不余辟。言舍欲妻己。〔疏〕宗不余辟○正義曰：男女辨姓，則妻亦辟宗。癸謂慶舍爲宗，言彼宗不於處相辟也。余獨焉辟之。賦詩斷章。余取所求焉。惡識宗。言己苟欲有求於慶氏，不能復顧禮，譬如賦詩者取其一章而已。○斷音短。惡音烏，安也，注同。癸言王何而反之。二人皆嬖。二子皆莊公黨。二十五年崔氏弒莊公，癸、何出奔，今還求寵於慶氏，欲爲莊公報讎。○嬖，必計反，下同。欲爲，于僞反。使執寢戈而先後之。寢戈，親近兵杖。○先，悉薦反。後，戶豆反。近，附近之近。杖，直亮反。公膳日雙雞。卿大夫之膳食。○膳，市戰反。謂公家供卿大夫之常膳。〔疏〕公膳日雙雞○正義曰：按禮記玉藻云：天子日食少牢，朔月大牢；諸侯日食特牲，朔月少牢；其大夫則日食特豚，朔月特牲。今膳日雙雞者，齊國臨時之事，不如禮也。饔人竊更之以鶩。御者知之。則去其肉。而以其洎饋。御，進食者。饔人、御者欲使諸大夫怨慶氏，減其膳。蓋盧蒲癸、王何之謀。○鶩，徐音木，鴨也。去，起呂反，藏也。洎，其器反，肉汁也。說文云：洎，灌釜也。字林已涖反。饋，其位反。〔疏〕更之以鶩○正義曰：釋鳥云：舒鳧，鶩。舍人曰：鳧，野名也；鶩，家名也。李巡曰：野曰鳧，家曰鶩。郭璞曰：鴨也。然則謂之舒者，舒遲也。家養馴不畏人，故飛行遲，以遲別野名耳，其爲鴨一也。○而以其洎饋○正義曰：說文云：洎，灌釜也。周禮士師職云：祀五帝，則洎鑊水。鄭玄云：洎謂增其沃汁也。然則洎者，添釜之名。添水以爲肉汁，遂名肉汁爲洎。去肉而空以汁饋，欲其怨之深也。

子雅、子尾怒。二子皆惠公孫。〔疏〕注二子皆惠公孫○正義曰：昭三年傳云：二惠競爽猶可。又十年傳曰：齊惠欒、高氏皆耆酒。是知皆惠公孫也。慶封告盧蒲嫳。以二子怒告嫳。盧蒲嫳曰。譬之如禽獸。吾寢處之矣。言能殺而席其皮。使析歸父告晏平仲。欲與共謀子雅、子尾。平仲曰。嬰之衆不足用也。知無能謀也。言弗敢出。不敢洩謀。○知無音智。有盟可也。子家曰。子之言云。子家，析歸父。又焉用盟。告北郭子車。子車，齊大夫。子車曰。人各有以事君。非佐之所能也。佐，子車名。陳文子謂桓子曰。禍將作矣。吾其何得。桓子，文子之子無宇。對曰。得慶氏之木百車於莊。慶封時有此木，積於六軌之道。〔疏〕注慶封至之道○正義曰：釋宮云：六達謂之莊。注爾雅者皆以爲六道旁出。杜以九達並九軌，故亦以莊爲六軌也。文子曰。可慎守也已。善其不志於貨財。盧蒲癸、王何卜攻慶氏。示子之兆。曰。或卜攻讎。敢獻其兆。龜兆。子之曰。克。見血。冬十月。慶封田于萊。陳無宇從。丙辰。文子使召之。請曰。無宇之母疾病。請歸。慶季卜之。季，慶封。○萊音來。從，才用反。示之兆。曰。死。奉龜而泣。無宇泣。○奉，芳勇反。乃使歸。慶嗣聞之。嗣，慶封之族。○慶嗣，繼嗣之嗣。本或作慶翩，誤。曰。禍將作矣。謂子家。速歸。子家，慶封字。禍作必於嘗。嘗，秋祭。歸猶可及也。子家弗聽。亦無悛志。悛，改寤也。○悛，七全反。寤，五故反。子息曰。亡矣。幸而獲在吳越。子息，慶嗣。陳無宇濟水而戕舟發梁。戕，殘壞也。不欲慶封得救難。○戕，在羊反。難，乃旦反，下外難同。盧蒲姜謂癸曰。有事而不告我。必不捷矣。姜，癸妻，慶舍女。癸告之。告欲殺慶舍。姜曰。夫子愎。莫之止。將不出。我請止之。夫子謂慶舍。○愎，皮逼反。癸曰。諾。十一月乙亥。嘗于大公之廟。慶舍涖事。臨祭事。○大音泰。盧蒲姜告之。且止之。弗聽。曰。誰敢者。遂如公。至公所。麻嬰爲尸。爲祭尸。慶奊爲上獻。上獻，先獻者。○奊，戶結反。〔疏〕慶奊爲上獻○正義曰：祭祀之禮，主人先獻。下文慶舍死，公懼而歸，則於時公親在矣。又此祭慶舍涖事，公與慶舍不爲上獻，而奊爲上獻者，慶舍使爲之，不可以禮責也。奊即繩也，爲下殺慶繩張本。

盧蒲癸、王何執寢戈。慶氏以其甲環公宮。廟在宮內。○環如字，徐音患。陳氏、鮑氏之圉人爲優。優，俳。○優，於求反。俳，皮皆反。〔疏〕注優俳○正義曰：優者，戲名也。晉語有優施，史記滑稽傳有優孟、優旃，皆善爲優戲，而以優著名。史游急就篇云：倡優俳笑。是優俳一物而二名也。今之散樂，戲爲可笑之語而令人之笑是也。宋大尉袁淑取古之文章令人笑者，次而題之，名曰俳諧集。慶氏之馬善驚。士皆釋甲束馬。束絆之也。○絆音半。〔疏〕慶氏之馬善驚○正義曰：善驚謂數驚。古人有此語，今人謂數驚爲好驚，好亦善之意也。而飲酒。且觀優。至於魚里。魚里，里名。優在魚里，就觀之。〔疏〕注魚里至觀之○正義曰：杜以優在魚里，士往觀之。劉炫以爲國人從旁爲優引行以至魚里，以規杜氏。但傳文不顯，古事難知，劉輒以爲規，一何煩碎。欒、高、陳、鮑之徒介慶氏之甲。欒，子雅。高，子尾。陳，陳須無。鮑，鮑國。○介音界。子尾抽桷擊扉三。桷，椽也。扉，門闔也。以桷擊扉爲期。○桷音角。扉音非，門扇也。椽，直專反。闔，戶榼反。盧蒲癸自後刺子之。王何以戈擊之。解其左肩。猶援廟桷。動於甍。甍，屋棟。○刺，七亦反。援音爰。甍，亡耕反，字林亡成反。〔疏〕注甍屋棟○正義曰：先儒相傳爲然也。張衡西京賦曰：甍宇齊平。言諸屋棟簷高下等也。說文云：甍，棟梁也。是又名爲梁。此是屋上之長材，椽所以馮依者也，今俗謂之屋脊。以俎壺投殺人而後死。言其多力。遂殺慶繩、麻嬰。慶繩，慶奊。公懼。鮑國曰。羣臣爲君故也。言欲尊公室，非爲亂。○爲君，于僞反，下爲之誦同。陳須無以公歸。稅服而如內宮。言公懼於外難。○稅，吐活反，一音如字。慶封歸。遇告亂者。丁亥。伐西門。弗克。還伐北門。克之。入伐內宮。陳、鮑在公所故。弗克。反陳于嶽。嶽，里名。○陳，直覲反。嶽，五角反。請戰。弗許。遂來奔。獻車於季武子。美澤可以鑑。光鑑形也。○鑑，古暫反。展莊叔見之。魯大夫。曰。車甚澤。人必瘁。宜其亡也。叔孫穆子食慶封。慶封氾祭。禮食有祭，示有所先也。氾祭，遠散所祭，不共。○瘁，在醉反，本或作萃，同。食慶音嗣。氾，芳劍反。〔疏〕注禮食至不共○正義曰：禮法，食必先祭。祭古之先食，以示有所先也。公食大夫禮云：賓升席坐，取韭菹，以徧擩于醢，上豆之間祭。又言祭鉶羹於上鉶之間，祭飲酒於上豆之間，是祭食之禮各有其處。論語云：汎愛衆。汎是寬博之語，故知汎祭爲遠散所祭，言其不共也。穆子不說。使工爲之誦茅鴟。工，樂師。茅鴟，逸詩，刺不敬。○說音悅。茅，亡交反。鴟，尺之反。刺，七賜反。亦不知。既而齊人

來讓。讓魯受慶封奔吳。吳句餘予之朱方。句餘，吳子夷末也。朱方，吳邑。○句，古侯反，下句瀆同。【疏】注句餘至吳邑。○正義曰：此時吳君是餘祭。明年餘祭死，乃夷末代立，昭十五年吳子夷末卒是也。服虔以句餘爲餘祭。杜以爲夷末者，以慶封此年之末始來奔魯，齊人來讓，方更奔吳，明年五月而閽弒餘祭，計其間未得賜慶封以邑，故以句餘爲夷末也。聚其族焉而居之。富於其舊。子服惠伯謂叔孫曰：天殆富淫人。慶封又富矣。穆子曰：善人富謂之賞，淫人富謂之殃。天其殃之也。其將聚而殲旃。殲，盡也。旃，之也。爲昭四年殺慶封傳。○殲，子潛反。○癸巳，天王崩。未來赴，亦未書，禮也。嫌時已聞喪，當書，故發例。○崔氏之亂，喪羣公子，故鉏在魯，叔孫還在燕，賈在句瀆之丘。在襄二十一年。○喪，息浪反。故鉏，仕居反，公子鉏也，本或作故公鉏者，非。瀆音豆。及慶氏亡，皆召之，具其器用而反其邑焉。反，還也。與晏子邶殿，其鄙六十。邶殿，齊別都。以邶殿邊鄙六十邑與晏嬰。○邶，蒲對反。殿，多薦反，又如字，注及下同。【疏】注六十邑。○正義曰：傳直言六十，杜知六十邑者，下云與北郭佐邑六十，則此亦是六十邑也。弗受。子尾曰：富，人之所欲也，何獨弗欲？對曰：慶氏之邑足欲，故亡。吾邑不足欲也，益之以邶殿，乃足欲。足欲，亡無日矣。在外，不得宰吾一邑。不受邶殿，非惡富也，恐失富也。且夫富，如布帛之有幅焉，爲之制度，使無遷也。遷，移也。○惡，烏路反。且夫音扶。幅音福。【疏】外不得宰。○正義曰：外猶以外，宰猶益也。以邶殿爲外也，言吾先有邑，更不得益邶殿耳。夫民生厚而用利，於是乎正德以幅之，言厚利皆人之所欲，唯正德可以爲之幅。【疏】夫民至幅之。○正義曰：人皆欲生計重厚而多財用利益，心既無厭，於是乎用正德以幅之，言用正德以爲邊幅，使有度也。使無黜嫚，黜猶放也。○黜，勑律反。嫚，徐音慢。謂之幅利。利過則爲敗。吾不敢貪多，所謂幅也。與北郭佐邑六十，受之。與子雅邑，辭多受少。與子尾邑，受而稍致之。致還公。公以爲忠，故有寵。釋盧蒲嫳于北竟。釋，放也。○竟音境。求崔杼之尸，將戮之，不得。叔孫穆子曰：必得之。武王有亂臣十人，亂，治也。○治，直吏反。【疏】武王有亂臣十人。○正義曰：尚書泰誓文也。亂，治也。以武王自言我有治理政事者十人。鄭玄論語注云十人謂文母、周公、大公、召公、畢公、榮公、大顛、閎夭、散宜生、南宮适。崔杼其有乎？不十人，不足以葬。葬必須十人。崔氏不能令十人同心，故必得。○令，力呈反。【疏】不十人不足以葬。○正義曰：案武王有亂臣十人而得天下，崔子若有十人，唯得葬者，武王聖人，十人皆大德，故有天下。崔子是罪人，又有十人是凡人，故唯可以葬也。所引武王十人者，唯取同心之義。既崔氏之臣曰：與我其拱璧，崔氏大璧。○拱，居勇反，徐音恭。【疏】與我其拱璧。○正義曰：其者，其崔杼也，故云崔氏大璧。拱謂合兩手也。此璧兩手拱抱之，故爲大璧。吾獻其柩。於是得之。十二月乙亥朔，齊人遷莊公，殯于大寢。更殯之於路寢也。十二月戊戌朔，乙亥誤。○柩，其救反。以其棺尸崔杼於市。崔氏弒莊公，又葬不如禮，故以莊公棺著崔杼尸邊，以章其罪。○著，丁略反。國人猶知之，皆曰：崔子也。始求崔杼之尸不得，故傳云國人皆知之。【疏】注始求至知之。○正義曰：始求崔杼尸不得，嫌以他尸代之，傳言國人猶知之，皆曰崔子，言猶尚識其形，知是眞崔子也。○爲宋之盟故，公及宋公、陳侯、鄭伯、許男如楚。公過鄭，鄭伯不在。已在楚。○爲，于僞反。過，古禾反。伯有廷勞於黃崖，不敬。熒陽宛陵縣西有黃水，西南至新鄭城西入洧。○勞，力報反。崖，本又作涯，魚佳反。穆叔曰：伯有無戾於鄭，鄭必有大咎。伯有不受戮，必還爲鄭國害。敬，民之主也，而棄之，何以承守？言無以承先祖，守其家。鄭人不討，必受其辜。濟澤之阿，言薄土。○濟，子禮反。行潦之蘋藻，言賤菜。○潦音老。蘋音頻。藻音早。寘諸宗室，薦宗廟。○寘，之豉反。季蘭尸之，敬也。言取蘋藻之菜於阿澤之中，使服蘭之女而爲之主，神猶享之，以其敬也。【疏】濟澤至尸之敬也。○正義曰：此意取采蘋之詩也。詩云：于以采蘋，南澗之濱。于以采藻，于彼行潦。于以奠之，宗室牖下。誰其尸之，有齊季女。彼詩采蘋於澗，采藻於潦，此并言行潦之蘋藻，又別言濟澤之阿者，以其亦是出菜之處，故先言之也。獨言濟者，以濟在魯國，故穆叔獨舉所見而言也。女將行嫁，就宗子之家教之以四德，三月教成，設祭於宗子之廟。此詩述教成之祭，寘諸宗室，謂薦於宗子之家廟也。詩言季女，而此言季蘭，謂季女服蘭草也。案宣三年傳曰：蘭有國香，人服媚之。如是，蘭是女之服也。敬可棄乎？爲三十年鄭殺良霄傳。及漢，楚康王卒。公欲反。叔仲昭伯曰：我楚國之爲，豈爲一人行也？昭伯，叔仲帶。○爲，于僞反，下除而爲之備一字並反。子服惠伯曰：君子有遠慮，小人從邇。邇，近也。飢寒之不恤，誰遑其後？遑，暇也。不如姑歸也。叔孫穆子曰：叔仲子專之矣。言足專任。子服子，始學者也。言未識遠。榮成伯曰：遠圖者，忠也。成伯，榮駕鵞。○駕音加。鵞，五河反。公遂行。從昭伯謀。宋向戌曰：我一人之爲，非爲楚也。飢寒之不恤，誰能恤楚？姑歸而息民，待其立君而爲之備。宋公遂反。【疏】向戌至楚也。○正義曰：魯宋俱是朝楚，向戌與叔仲昭伯言不同者，二者並爲楚是大國，故朝其君。昭伯欲令公行，故以國大勸公，言大國可畏也。向戌欲令公還，故以君身規公，言君死宜反也。意異，故言異耳。○楚屈建卒。趙文子喪之如同盟，禮也。宋盟有衷甲之隙，不以此廢好，故曰禮。○喪，如字，又息浪反。隙，去逆反，本或作郤。好，呼報反。○王人來告喪，問崩日，以甲寅告，故書之，以徵過也。徵，審也。此緩告，非有事宜，直臣子怠慢，故以此發例。○徵，張陵反，本或作懲，誤。【疏】注徵審至發例。○正義曰：昭三十年傳云：非公且徵過。杜云：徵，明也。則此徵之訓亦爲明。明審此緩告者，非有事故宜緩，直是臣子怠慢耳。杜序以故書爲新意，故於此發新例，以明諸無事故而緩來告者，皆是譏其怠慢也。

春秋左傳注疏卷三十八校勘記　阮元撰盧宣旬摘錄

附釋音春秋左傳注疏卷第三十八　起二十七年盡二十八年

經二十七年

宋爲主人　淳熙本人作故，非也。

故經唯序九國大夫　淳熙本唯誤進。

陳于晉會常在衞上　足利本後人記云：晉會，異本作盟會。

甯喜至從赴　宋本以下正義二節揔入衞侯之弟節注下。

於當誅　宋本於下有法字，是也。

不以弒君之罪討之故言追也　浦鏜正誤云：罪當時字誤。

書弟則示兄曲也　閩本、監本、毛本示作是。

其君民食於深宮　補案：民當作眠。

宋衞吾匹不視邾滕　閩本、監本視作是，非也。

冬十有二月乙卯朔　石經、宋本、宋殘本、淳熙本、岳本、足利本卯作亥，不誤。

非十二月也　毛本十作一，非也。

傳二十七年

傳使烏餘具車徒　宋本、毛本無傳字。以下正義二節，宋本揔入諸侯是以睦於晉注下。

烏餘以衆出　石經宋本宋殘本淳熙本岳本纂圖本監本毛本足利本以下有其字是也

皆取其邑而歸諸侯是以睦於晉　案劉炫云晉宋古文皆不重言諸侯正義曰定本重有諸侯今石經及諸本皆重諸侯二字細玩傳文當以使諸侯至皆取其邑而歸爲句下文諸侯是以睦於晉爲句若此處重諸侯字則文理有礙然則晉宋古本是定本非也

祇成惡名止也　宋殘本祇作祗纂圖本監本毛本作祗亦非宋本作祇與石經及宋刻釋文合

祇適也　淳熙本誤入上注恐伐之未必勝之句下按唐人祇適也其字衣旁廣韻玉篇皆然

父子死余矣　顧炎武云石經余誤餘按石經不誤

注獻公所殺　宋本監本毛本公下有至字以下正義五節宋本摠入乃使文子爲卿注下

夏免餘復攻甯氏　顧炎武云石經餘誤余案石經此處刓缺所據乃謬刻也

納我者死　釋文納作内云本又作納

注稅即至言終身　宋本監本毛本無言字

服之輕者　宋本服上重稅服二字

杜以言義不通　宋本言作其是也

大夫稼家　閩本監本毛本稼作之亦非宋本作稱是也

財用之蠹　葉抄釋文蠹作蠧云本亦作蠹注及正義同

蠹害物之虫　宋本宋殘本淳熙本岳本虫作蟲不誤正義放此

注蠹害物之虫　宋本以下正義十七節摠入盟于蒙門之外注下

蝎木蟲也　宋本木下有中字

楚亦許之如齊人難之陳文子曰晉楚許之　石經楚字起之字止分作二行行九字初刻似齊下多一字晉楚二字之閒亦多一字

則固攜吾民矣　石經宋殘本岳本攜作擕

以爲此享多文辭　宋本閩本監本毛本作文此本誤人今訂正

禮有定式　監本毛本定作足誤也

丁卯宋戌如陳　宋本宋殘本淳熙本岳本纂圖本監本毛本宋下有向字是也石經初刻向上有宋字後刊去故向字一行九字案錢大昕云上文已書向戌此不當更言宋石經刊去是也

不能服而使之　纂圖本服作復非也

子木使馹謁諸王　石經此處刓缺閩本監本毛本馹作驛非也注文同

戊寅左師至　淳熙本左誤反

陳孔奐蔡公孫歸生至　石經及諸本作奐毛本誤渙

此藩籬爲軍者　宋本此下有以字是也

是棄其所以服諸侯也　石經及諸刻本作所淳熙本誤信

與宋致死　岳本無此四字沈彤云此疑因疏文誤增舊本無之

晉獨取信　淳熙本取作旺誤

則貢賦重　淳熙本貢作真非是

但叔孫彊直　閩本監本彊作疆非也

辛巳亐始結盟　閩本監本毛本亐作乃亦非宋本作方是也○今從宋本

反魯復請　宋本復作覆

而乃校計公言是非　毛本校作較

楚爲晉細　淳熙本纂圖本監本毛本爲作謂非也

欲推使楚主盟　淳熙本纂圖本欲作故非也

路堵父爲客　浦鏜正誤路作露與國語合

公與燕　宋本與下有卿字是也

無愧辭　釋文愧作媿按依說文則當作媿

注五君謂文襄靈成景　宋本此節正義在不可與爭句下

晉語訾祏對范宣子曰　閩本監本祏作祐非也

諸侯無二心　監本二字脫上畫考文云二作貳按明道本國語作二

及爲元師　宋本閩本監本毛本師作帥按作師是也國語作及爲成師唐固注云爲成公君師此元字亦當爲成字之誤

晉荀寅遂如楚涖盟　閩本監本毛本亦誤作寅宋本宋殘本淳熙本岳本纂圖本足利本作盈與石經合

鄭伯享趙孟于垂隴　淳熙本于作子非也

請皆賦以卒君貺　李善注荅東阿王書賦下有詩字似以意增也

注鶉之至君也　宋本以下正義五節摠入不亦可乎句下

牀第之言　淳熙本第作笫並非下同

曰既見君子　山井鼎云足利本後人曰上補又字非也

中心藏之　山井鼎云一本後人改藏作臧案作臧是也

不亡族也　閩本監本毛本亡作忘非也

故能受天之祜　宋殘本閩本祜作祐按釋文作祜

匪交匪敖　山井鼎云後人改匪交作彼交不知據何本案王念孫云匪即彼也說詳廣雅疏證五下

謂賦蟋蟀曰　纂圖本曰上衍詩字

即不淫也　宋本即不上重無荒二字

民皆愛之　皆字此本空闕據宋本閩本監本毛本補

宋左師請賞　宋本閩本監本毛本此節經文及注在正義不亦可乎之後

注欲宋君稱功無之邑也　閩本無作至宋本監本毛本作欲宋至邑也以下正義三節宋本摠入向戌之謂乎注下

自以爲已免死也　宋本已作己下同

而子求之　石經宋本宋殘本淳熙本岳本纂圖本監本毛本求下有去字閩本初刻無後刓擠

以誣道蔽諸侯　石經及諸本作蔽釋文云服虔王肅董遇並作弊案正義云董遇王肅本皆作蔽謂以誣人之道掩諸侯也與陸氏異惠棟云敝與弊通昭十四年傳云叔魚蔽罪邢侯周禮大司寇職云以邦成弊之鄭衆曰弊之斷其獄訟也服虔又作斃字異而音義實同也

服虔曰斃踣也一曰罷也則知服本作斃　閩本監本毛本上斃字改敝下改弊案斃踣也本爾雅釋詁文

左師辭邑　淳熙本師作帥

何以恤我我其收之　石經初刻收誤牧後改刊惠棟云頌云假以溢我說文及廣韻引詩云誐以謐我誐與何音相近伏生尚書云惟刑之謐哉古文作恤慎也故毛傳亦訓溢爲慎今傳作恤與毛傳義合或古謐字通鄭氏訓爲盈溢失之杜氏訓恤爲憂尤誤說文云誐嘉善也毛傳訓假爲嘉義亦同案段玉裁云莊子書以言其老洫也陸德明云洫本亦作溢同音逸然則恤與謐洫皆同部相假借

收取也　岳本也誤之

東郭姜以孤入　纂圖本監本毛本姜作彊誤也

曰棠無咎　石經宋本宋殘本無作无與釋文合惠棟云无見衛宏古文奇字今易无咎字皆從此

注有惡疾也　宋本以下正義三節摠入慶封當國注下

疾之惡者也　宋本疾字上重惡疾二字

苟利夫子必去之　考文云宋板之作也非是

使盧蒲嫳帥甲以攻崔氏　足利本帥作率

終入於其宮　宋本宮誤言

閒先人之冢以藏之　閒諸本作開此本誤宋本宋殘本岳本冢作冢是也淳熙本誤家

必能養民　毛本必誤以

申鮮虞來奔　纂圖本申作中

以應大止　宋本閩本監本毛本大止作天正是也

具依春秋經傳　監本閩本毛本具作俱

大凡經傳有七百七十九日　監本毛本七十作九十李銳云晉書志作七十宋本是也

經二十八年

以絕位不爲卿　淳熙本卿作鄉非也

楚子昭卒　案史記論衡吉驗篇昭作招

傳二十八年

注梓愼至其事下　宋本以下正義六節揔入不饑何爲注下

飢寒之不恤　監本飢作饑非也

枵之言耗耗虛之意也　宋本耗作秏是也○今從宋本

一千七百二十八年　浦鏜正誤云一上脫計字從昭卅二年疏挍

以十一除之　宋本一作二是也李銳云漢書三統術日積次盈十二除去之○今改作二

而溫無冰　淳熙本冰誤凘

而有天時溫煖之蓄　宋本煖作暖

歲星自淫行天時自溫暖　監本行天二字誤倒

蛇乘龍　石經初刻地後改蛇

木位在東方　宋本木誤末

枵耗名也　石經宋本宋殘本淳熙本閩本耗作秏與釋文合注及正義並同○今訂作秏

虛爲其中　監本毛本爲作危非也

飢寒之不恤　監本毛本飢作饑非

夏齊侯陳侯蔡侯北燕伯　淳熙本脫陳侯二字伯誤地

楚屬也　淳熙本屬誤子

今薊縣　淳熙本薊誤蘇

注陳侯至薊縣下　宋本以下正義二節揔入子其勸行注下

從之如志　此本如志二字誤作注今訂正

未可忘也　顧炎武云石經忘誤志案石經此處剜缺所據乃補刻也

入于鄭鄭伯享之　石經此處剜缺淳熙本不重鄭字非也

君使子展廷勞於東門之外而傲　案漢書五行志引廷勞作往勞傲作敖下隋敖同釋文於作于

君小國事大國　案漢書五行志引傳亦作君小國釋文云古本無小字正義曰晉宋古本及王肅注其文皆如此君國謂國君言其爲君之難也今定本作小國案臧琳云案正義知孔本作君國事大國晉宋古本及王肅本並同蓋君國猶言君人正義云君國謂爲國君是也唐定本因君國字古因改君字爲小陸氏更參合古今古作君小國事大國則愈改而愈失其眞猶幸有古本無小字一言考之正義爲合而陸氏參合之迹亦不求而自見矣正義標起止君小國小字亦因釋文誤衍也

君小國事大國　宋本此節正義在恒有子禍注下

爲三十年蔡世子班弒其君傳　淳熙本纂圖本三作二非案班經文作般

吾將使駟奔問諸晉而以告　閩本監本毛本駟作驛非也

跋涉山川　案儀禮聘禮注云詩傳曰軷道祭也謂祭道路之神春秋傳曰軷涉山川○宋殘本自必使而君君字起至知無能謀也謀字止缺兩葉

今執至敢憚　宋本以下正義五節揔入周楚惡之注下

輔爵物以養人　宋本毛本爵作爵

吾乃休吾民矣　淳熙本足利本矣作也

禪竈曰　石經宋本岳本禪作裨是也

舍不爲壇　石經舍上有草字乃重刊增入也正義曰服虔本作墠惠士奇云墠壇二字俱從土而單亶爲聲似古通用案三家詩今文作東門之墠毛詩古文作東門之壇左氏亦古文當作壇爲正

注至敵至郊勞　宋本以下正義二節揔入無昭禍焉可也注下

昭其禍　宋本昭上有以字是也

因循不廢也　宋本因上有言字

宣告後人無怠於德　石經後字起一行計十一字人無怠三字改刊

奉行大國之政　淳熙本行作其非也

國遷朝焉　宋本以下正義十五節揔入其將聚而殲旃注下

則女亦辟宗　閩本監本毛本女作妻非

言彼宗不於處相辟也　宋本於下有我字

寢戈親近兵杖　淳熙本近作迫

而以其洎饋　宋本無而字

子雅子尾怒　案惠棟云韓非子云子夏子尾者景公之二弟也夏與雅古字通

使析歸父告晏平仲　顧炎武云石經晏誤宴案石經日字上半猶存炎武非也

不敢洩謀　淳熙本洩作淺誤也

文子使召之　顧炎武云石經召誤君案石經此處剜缺炎武所據謬刻也

子家慶封字　岳本字誤子

幸而獲在吳越　毛本在作其誤也

十一月乙亥嘗于大公之廟慶舍涖事盧蒲姜告之且止之　石經一字起一行舍字起一行每行計十一字

慶奊　宋本宋殘本奊作奊是也案說文云頭衺骫奊態也從矢圭聲

又此祭慶舍涖事　宋本閩本監本毛本作涖此本誤位今訂正

慶氏之馬善驚　顧炎武云石經馬誤焉案馬字石經尚存一半炎武所據補刊本也

士皆釋甲束馬　監本馬誤焉

國人從旁爲優　毛本旁作傍非也

劉輒以爲規　閩本監本毛本無劉字

桷椽也　宋殘本作椽也非也

盧蒲癸自後刺子之　宋本宋殘本岳本刺作刺是也

猶援廟桷動於甍　閩本監本甍誤薨淳熙本作薨尤非注同石經初刻亦誤作薨後改正

此是屋上之長林　宋本林作材是也

以俎壺投殺人而後死　石經初刻人誤之後改正

羣臣爲君故也　石經初刻脫也後旁增入是也

言欲尊公室　宋本宋殘本淳熙本纂圖本閩本監本毛本作室此本誤宝今訂正

人必瘁　石經作瘁誤也

慶封氾祭　岳本作氾釋文同芳劒反案周禮大僕注寏讀如慶封氾祭之氾

取韭菹以偏擩于醢　宋本偏作徧按儀禮作辯段玉裁校本擩作擩云古音耎聲在十四

部需聲在四部其音畫然分別後人乃或淆亂其偏旁本从耎者譌而爲需而音由是亂矣說詳說文注

祭飲酒於上豆之間　宋本酒作食

穆子不說　石經宋本作弗說與釋文合

吳句餘予之朱方　淳熙本句作勾宋殘本予作子並非

子服惠伯謂叔孫曰　石經叔孫誤倒

善人富謂之賞　後漢書方術傳注引作善人富謂之幸

賈在句瀆之丘　案二十一年傳云公執子賈于句瀆之丘此作賈未知孰是

在襄二十一年　宋本宋殘本淳熙本足利本無襄字宋殘本宋本岳本足利本一誤五

與晏子邶殿　石經宋本宋殘本淳熙本岳本纂圖本毛本邶作邶不誤下同○今並訂正

注六十邑　宋本以下正義七節揔入皆曰崔子也注下

下云與北郭佐邑六十　諸本作云此本誤文今訂正

受而稍致之　淳熙本稍誤俏

武王有亂臣十人　宋本宋殘本淳熙本岳本足利本無臣字與石經合案石經此行止九字蓋初刻有臣字後改正也惠棟云石經論語亦然又昭廿四年傳引大誓亦無臣字後人皆據晉時所出古文大誓以益之非也顧炎武云石經脫臣字失之

崔氏大璧　宋殘本大作之

注始求而知之也　閩本亦誤作而宋本監本毛本作至是

伯有廷勞於黃崖　釋文云崖本又作涯石經及諸本皆作崖

伯有無戾於鄭　諸本作伯纂圖本誤苟

濟澤至尸之敬也　宋本無尸之二字以下正義二節揔入宋公遂反句下

南閭之濱　宋本閩本監本毛本閭作澗是也

如是女之服蘭也　閩本監本毛本如誤知宋本重是字之作子

飢寒之不恤　監本飢作饑非下同

成伯榮駕鵞　宋本駕作鴐北宋刻釋文同說詳定元年

不以此廢好　纂圖本此廢誤比發

非有事宜　纂圖本宜誤且

故以此廢例　纂圖本亦作以例誤列諸本廢作發淳熙本亦誤廢○案毛本以作於義長

附釋音春秋左傳注疏卷第三十八　止

附釋音春秋左傳注疏卷第三十九　起二十九年盡二十九年

杜氏注　孔穎達疏

經二十有九年。春。王正月。公在楚。公在外闕朝正之禮甚多而唯書此一年者魯公如楚既非常此公又踰年故發此一事以明常［疏］注公在至明常○正義曰僖十六年冬公會諸侯于淮十七年秋九月公至自會宣七年冬公會諸侯于黑壤八年春公至自會成十年秋公如晉十一年春公至自晉十二年冬公如晉十三年春公至自晉此等正月公皆不在其數多矣是公在外闕朝正之禮甚多而皆不書唯書此一年者魯公如楚云云釋例曰襄二十九年春正月公在楚凡公之行始則書所如遠則書公至今中復書公在楚者明國之守臣每月亦以公不朝之故告於廟也每月必告而特於正月釋之者蓋歲之正也月之正也日之正也三始之正嘉禮所重人理所以自新故特顯以通他月也公之在外所以闕朝正之禮甚多唯書此一年釋此一事者斯禮有常非義例所急故因公遠出踰年存此一事以示法也○夏。五月。公至自楚。○庚午。衞侯衎卒。無傳四同盟○衎苦旦反［疏］注四同盟○正義曰衎以成十五年即位其年盟于戚十七年于柯陵十八年于虛朾襄三年于雞澤五年于戚七年及孫林父盟九年于戲十一年于亳城北二十七年于宋衎自前即位及後復歸凡與魯九同盟劉炫以爲杜云四同盟者誤今知不然者以其與成公三盟不數五年盟戚經不書不數七年林父是大夫又特共魯盟亦不數故爲四同盟也劉不尋此理而規杜過非也○閽弒吳子餘祭。閽守門者下賤非士故不言盜○閽音昏弒申志反祭側界反［疏］注閽守至言盜○正義曰周禮閽人王宮每門四人鄭玄云閽人司昏晨以啓閉者刑人墨者使守門既服墨刑使之守門是下賤人也哀四年盜殺蔡侯申此爲下賤非士故不言盜也穀梁傳曰不稱名姓閽不得齊於人不稱其君閽不得君其君也○仲孫羯會晉荀盈、齊高止、宋華定、衞世叔儀、鄭公孫段、曹人、莒人、滕人、薛人、小邾人、城杞。公孫段伯石也三十年伯有死乃命爲卿今蓋以攝卿行○羯居謁反［疏］注公孫至卿行○正義曰公孫段即伯石也據三十年傳伯有死始命伯石爲卿則此時未爲卿矣未爲卿而得書其名故疑之云蓋以攝卿行也以隱公攝位爲君而國人君之諸侯與之知攝位爲卿者諸侯亦即以爲卿序之於列故史得以卿書也文七年傳稱晉使先蔑如秦逆公子雍荀林父謂蔑曰攝卿以往可也何必子是知有使大夫攝卿之法也○晉侯使士鞅來聘。○杞子來盟。杞復稱子用夷禮也○復扶又反［疏］注杞復至禮也○正義曰杞入春秋書爵稱侯又稱伯僖二十三年二十七年稱子傳曰用夷禮故曰子自爾以來常稱爲伯今復稱子傳云書曰子賤之也明爲用夷禮故賤之知杞復稱子用夷禮也○吳子使札來聘。吳子餘祭既遣札聘上國而後死札以六月到魯未聞喪也不稱公子其禮未同於上國○札側八反［疏］注吳子至上國○正義曰上云閽弒吳子此言吳子使聘傳曰其出聘也通嗣君也不知通嗣君通誰嗣也賈逵服虔皆以爲夷末新即位使來通聘案隱三年武氏子來求賻文九年毛伯來求金並不言王使傳皆云王未葬也是知先君未葬嗣君不得命臣此與閽弒吳子文不隔月吳魯相去經塗至遠豈以君死之月即命臣子而得書吳子使也且傳稱季札至魯偏觀周樂至戚聞鐘聲譏孫文子云君又在殯而可以樂乎自請觀樂識人聽樂曠世大賢豈當若是故杜以爲通嗣君謂餘祭嗣也二十五年遏爲巢牛臣所殺餘祭嗣立至此始使札通上國吳子未死之前命札出使既遣札聘而後身死札以六月到魯未及聞喪故每事皆行吉禮也經傳皆無札至之月知以六月到者以城杞在五月之下城杞既訖乃有士鞅來聘杞子來盟若共在月中則不容此事下文有秋知札以六月至也札去之後吳始告喪告以五月被弒故追書在聘上耳札實公子不書公子者吳是東夷其禮未同於上國故史不書氏以札是卿故書其名耳釋例曰吳晚通上國其君臣朝會不同於例亦猶楚之初始也昭二十七年傳稱延州來季子聘于上國是吳謂諸夏爲上國也○秋。九月。葬衞獻公。無傳○齊高止出奔北燕。止高厚之子○燕音烟○冬。仲孫羯如晉。

傳二十九年春王正月。公在楚。釋不朝正于廟也。釋解也告廟在楚解公所以不朝正［疏］注釋至朝正○正義曰公本在國每月之朔常以朝享之禮親自祭廟今以在外之故闕於此禮國之守臣於此朔日告廟云公在楚史官因書於策傳解其告廟之意告云公在楚者解釋公所以不得親自朝正也楚人使公親襚。諸侯有遣使賵襚之禮今楚欲遣使之比○襚音遂說文云衣死人衣遣使所吏反下同賵芳鳳反一本作贈比必利反［疏］楚人使公親襚正義曰檀弓云襄公朝于荊康王卒荊人曰必請襲魯人曰非禮也荊人強之巫先拂柩荊人悔之記之所言即是此事所異者此言請襚彼言請襲此言祓殯彼言拂柩雖俱說此事先後不同禮死而沐浴即襲襲後始小斂大斂乃殯案往年傳公及漢聞康王卒公欲反則康王之卒公未至楚楚人使公親襚傳在此年言之則此年始命公親襚襚不得爲襲也卒已踰月不得柩仍在地是知殯是而柩非記虛而傳實也然則襚衣所以衣尸既殯而使公襚者致襚所以結恩好其衣不必充用雜記記致襚之禮云委衣于殯東是既殯猶致襚也文九年秦人來歸僖公成風之襚僖薨十年猶致之況既殯也○注諸侯至之比○正義曰雜記云弔者含襚賵臨是諸侯之臣使於鄰國之禮也楚人以諸侯相於有遣使賵襚之禮今以公身既在意在輕魯欲以公依遣使之比使公親行之也○公患之。穆叔曰。祓殯而襚。則布幣也。先使巫祓除殯之凶邪而行襚禮與朝而布幣無異○祓音拂徐音廢邪似嗟反［疏］祓殯至幣也○正義曰案雜記諸侯使臣致襚之禮云委衣於殯東今楚人以公身在意欲輕魯公依遣使之比公以楚人輕己所以患之故穆叔云若使巫人先往祓殯則是君臨臣喪之禮祓除既了而行襚禮布陳衣物與行朝之時布陳幣帛無異有何可患劉炫云朝禮兩君相見先授玉然後致享乃布陳幣帛於庭也祓殯者君臨臣喪之禮先使祓殯行臨喪之禮然後致襚則全是布幣之禮言與朝而布幣無異也君臨臣喪者由先見臣故以祓殯比行朝禮自然致襚似布幣楚以親襚屈魯魯以祓殯自尊令贊曰疏云以殯有凶邪畏惡患之不肯親襚穆叔云先使巫人祓除殯

之凶邪。既無而行禭禮，布陳衣物，與行朝之時布陳幣帛無異，言俱無咎，有何可患。乃使巫以桃苅先祓殯。苅，黍穰。○苅音列，徐音例。穰，如羊反。鄭注周禮云：苅，苕箒。〔疏〕乃使至祓殯。○正義曰：巫者接神之官。周禮男巫"王弔則與祝前"。檀弓云："君臨臣喪，以巫祝桃苅執戈，惡之也。"鄭玄云："爲有凶邪之氣在側。桃，鬼所惡。苅，萑苕，可埽不祥。"君臨臣喪，禮有此法，故使巫以桃苅先祓殯，若以楚子爲臣然，所以屈楚也。苅是帚，蓋桃爲棒也。毛詩傳曰："薍爲萑。"苕謂薍穗也。杜云"苅，黍穰"者，今世所謂苕帚者，或用薍穗，或用黍穰，是二者皆得爲之也。楚人弗禁。既而悔之。禮，君臨臣喪乃祓殯，故楚悔之。○二月癸卯，齊人葬莊公於北郭。兵死不入兆域，故葬北郭。〔疏〕注兵死至北郭。○正義曰：周禮冢人"掌公墓之地，辨其兆域"。凡死於兵者，不入兆域。○夏四月，葬楚康王。公及陳侯、鄭伯、許男送葬至於西門之外。諸侯之大夫皆至于墓。楚郟敖即位。郟敖，康王子熊麇也。王子圍爲令尹。圍，康王弟。鄭行人子羽曰：是謂不宜，必代之昌。松柏之下，其草不殖。言楚君弱，令尹強，物不兩盛。爲昭元年圍弒郟敖起本。公還及方城。季武子取卞，取卞邑以自益。使公冶問，問公起居。公冶，季氏屬大夫。璽書追而與之。璽，印也。〔疏〕注璽印也。○正義曰：蔡邕獨斷云："璽，印也，信也。天子璽白玉螭虎紐。古者尊卑共之。"月令曰："周封璽。"季武子使公冶問璽書，此諸侯大夫印稱璽也。衞宏云："秦以前，民皆以金玉爲印，唯其所好。自秦以來，唯天子之印獨稱璽，又以玉，羣臣莫敢用也。"案周禮掌節"貨賄用璽節"，鄭玄云"今之印章也"，則周時印已名璽，但上下通用。曰：聞守卞者將叛，臣帥徒以討之，既得之矣，敢告。公冶致使而退。致季氏使命。及舍而後聞取卞。發書乃聞之。公曰：欲之而言叛，祇見疏也。言季氏欲得卞而欺我言叛，益疏我。〔疏〕公曰至疏也。○正義曰：武子書云"聞卞將叛"，則是叛形未著，故公猜之，言武子自欲得之而誣言其叛，多見疏外我也。多見疏，猶論語云"多見其不知量也"。服虔本作"祇見疏"，解云：祇，適也。晉宋杜本皆作"多"。古人多、祇同音。張衡西京賦云"炙炮夥，清酤多，皇恩溥，洪德施"，施與多爲韻，此類衆矣。公謂公冶曰：吾可以入乎？以季氏疏己，故不敢入。對曰：君實有國，誰敢違君？公與公冶冕服。以卿服玄冕賞之。〔疏〕注以卿至賞之。○正義曰：公冶先爲大夫，公今以恩加賜，知以卿服玄冕賞之也。周禮司服云卿大夫之服自玄冕而下，是卿與大夫同服玄冕也。其旗當以命數爲異耳。固辭，強之而後受。公欲無入，榮成伯賦式微，乃歸。式微，詩邶風，曰："式微式微，胡不歸。"式，用也。義取寄寓之微陋，勸公歸也。五月，公至自楚。公冶致其邑於季氏，本從季氏得邑，故還之。而終不入

焉。不入季孫家。曰：欺其君，何必使余？季孫見之，則言季氏如他日。不見，則終不言季氏。及疾，聚其臣，大夫家臣。曰：我死，必無以冕服斂，非德賞也。言公畏季氏而賞其使，非以我有德。○斂，力驗反。且無使季氏葬我。○葬靈王。不書，魯不會。鄭上卿有事，子展使印段往。伯有曰：弱，不可。印段年少官卑。○少，詩照反。〔疏〕葬靈至段往。○正義曰：鄭之上卿即子展也。有事，謂君適楚而代守國也。計於時鄭卿在國猶有子西、伯有，不使彼行而使印段者，蓋別有所掌，共子展守國，故不得行也。子展曰：與其莫往，弱不猶愈乎？詩云：王事靡盬，不遑啓處。詩小雅。盬，不堅固也。啓，跪也。言王事無不堅固，故不暇跪處。○盬音古。跪，其委反。〔疏〕注詩小至跪處。○正義曰：小雅四牡之章。盬亦蠱也。昭元年傳曰"於文皿蟲爲蠱，穀之飛亦爲蠱"，蠱是蟲之害物，故爲不牢固也。釋言云："皇，暇也。啓，跪也。"李巡曰："皇，間暇也。啓，小跪也。"言王事無有不牢固，已當牢固之，故不得間暇而跪處也。東西南北，誰敢寧處？謂上卿。堅事晉、楚，以蕃王室也。言我固事晉、楚，乃所以蕃屏王室。○蕃，芳元反。王事無曠，何常之有？遂使印段如周。傳言周衰，卑於晉、楚。○吳人伐楚，獲俘焉，以爲閽，使守舟。吳子餘祭觀舟，閽以刀弒之。言以刀，明近刑人。○近，附近之近。○鄭子展卒，子皮即位。子皮代父爲上卿。於是鄭饑而未及麥，民病。子皮以子展之命，餼國人粟，戶一鍾。在喪，故以父命也。六斛四斗曰鍾。○餼，許氣反。是以得鄭國之民。〔疏〕以子展之命。○正義曰：蓋死日近，死時民已饑，故假其生時之遺命也。故罕氏常掌國政，以爲上卿。宋司城子罕聞之，曰：鄰於善，民之望也。民亦望君爲善。〔疏〕鄰於善民之望也。○正義曰：鄰，近也。近於善，民亦望君爲善也。宋亦饑，請於平公，出公粟以貸，使大夫皆貸。司城氏貸而不書。施而不德。○貸，他代反，下同。施，始豉反，下文同。爲大夫之無者貸。宋無饑人。叔向聞之，曰：鄭之罕，宋之樂，其後亡者也。二者其皆得國乎？得掌國政。○向，許丈反。民之歸也。施而不德，樂氏加焉，其以宋升降乎！升降隨宋盛衰。○晉平公，杞出也，故治杞。治理其地，脩其城。〔疏〕注治理至其城。○正義曰：經書城杞，謂築杞城耳。下使女叔侯來治杞田，知治杞之地，非獨脩其城也。

六月，知悼子合諸侯之大夫以城杞。孟孝伯會之。鄭子大叔與伯石往。大叔不書，不親事。○知音智。大叔音泰，下同。子大叔見大叔文子，文子，衞大叔儀。與之語。文子曰：甚乎其城杞也！子大叔曰：若之何哉？晉國不恤周宗之闕，而夏肄是屏。周宗，諸姬也。夏肄，杞也。肄，餘也。屏，城也。○夏，戶雅反，注下皆倣此。肄，以二反。詩傳云：斬而復生曰肄。方言云：枿，餘也。秦晉之間曰肄。〔疏〕夏肄是屏。○正義曰：方言云："肄、枿，餘也。秦晉之間曰肄。"鄭玄云："斬而復生曰肄。"杞是夏後，滅而復存，猶木之枿生小栽也。其棄諸姬，亦可知也已。諸姬是棄，其誰歸之？吉也聞之：棄同即異，是謂離德。詩曰：協比其鄰，昏姻孔云。詩小雅。言王者和協近親，則昏姻甚歸附也。○比，毗志反。晉不鄰矣，其誰云之？云猶旋，旋歸之。○齊高子容與宋司徒見知伯，女齊相禮。子容，高止也。司徒，華定也。知伯，荀盈也。女齊，司馬侯也。相禮，儐威儀也。○女音汝。相，息亮反。賓出，司馬侯言於知伯曰：二子皆將不免。子容專，專自是也。司徒侈，皆亡家之主也。知伯曰：何如？對曰：專則速及，速及禍也。○侈，昌氏反，又尸氏反。侈將以其力斃，力盡而自斃。○斃，婢世反。專則人實斃之，將及矣。爲此秋高止出奔燕、昭二十年華定出奔陳傳。○專則人實斃之絕句。將及矣，本或作侈將及矣者，非。○范獻子來聘，拜城杞也。謝魯爲杞城。○爲，于僞反，下文爲之歌皆同。公享之。展莊叔執幣。公將以酬賓。射者三耦。二人爲耦。○耦，五口反。〔疏〕射者三耦。○正義曰：燕禮云："若射，則大射正爲司射，如鄉射之禮。"是燕有爲射之時也。此云公享之，則享法亦有射也。周禮射人云："諸侯之射以四耦。"此三耦者，彼是畿內諸侯，故四耦；此及儀禮大射畿外諸侯，故三耦。或當臣與君異也。公臣不足，取於家臣。家臣：展瑕、展玉父爲一耦；公臣：公巫召伯、仲顏莊叔爲一耦；鄫鼓父、黨叔爲一耦。言公室卑微，公臣不能備於三耦。○召，上照反。鄫，才陵反。黨音掌。○晉侯使司馬女叔侯來治杞田，使魯歸前侵杞田，所歸少，故不書。弗盡歸也。晉悼夫人慍曰：齊也取貨。夫人，平公母，杞女也。謂叔侯取貨於魯，故不盡歸杞田。○慍，紆運反，怒也，怨也。先君若有知也，不尚取之。不尚叔侯之取貨。〔疏〕注不尚至取貨。○正義曰：服虔云："不尚，尚也。尚當取女叔侯殺之。"下叔侯云"先君而有知也，毋寧夫人，而焉用老臣"，服虔

云毋寧寧也寧自取夫人將焉用老臣乎杜以其言大悖無復君臣之禮故改之以爲夫人云不尚取之者先君不高尚此叔侯之取貨也毋寧夫人謂先君當怪夫人之所爲也劉炫以夫人慍而出辭則其言當悖直言不尚此事所譏大輕淺非是慍之意昭八年穿封戌云若知君之及此追恨不殺靈王其意乃悖於此蓋古者不諱之言服虔之說未必非也公告叔侯。叔侯曰虞。虢。焦。滑。霍。揚。韓。魏。皆姬姓也。八國皆晉所滅焦在陝縣揚屬平陽郡○虢瓜百反焦子消反滑乎八反晉是以大。若非侵小。將何所取。武獻以下。兼國多矣。武公獻公晉始盛之君誰得治之。杞夏餘也。而即東夷。行夷禮魯周公之後也。而睦於晉。以杞封魯猶可。而何有焉。何有盡歸之魯之於晉也。職貢不乏。玩好時至。公卿大夫。相繼於朝。史不絕書。書魯之朝聘○好呼報反下好善同府無虛月。無月不受魯貢如是可矣。何必瘠魯以肥杞。且先君而有知也。毋寧夫人。而焉用老臣。言先君毋寧恠夫人之所爲無用責我○瘠在亦反毋音無焉用於虔反○杞文公來盟。魯歸其田故來盟書曰子。賤之也。賤其用夷禮○吳公子札來聘。見叔孫穆子。說之。謂穆子曰。子其不得死乎。不得以壽終○說音悅壽音授好善而不能擇人。吾聞君子務在擇人。吾子爲魯宗卿。而任其大政。不慎舉。何以堪之。禍必及子。爲昭四年豎牛作亂起本【疏】好善而不能擇人○正義曰昔有當塗貴邳國公蘇威嘗問曰知人是善然後好之何以言其不能擇人有曰好善仁擇人賢雖有仁心驟不周物故好而不能擇也劉炫以此言亦有所切於彼請觀於周樂。魯以周公故有天子禮樂【疏】注魯以至禮樂○正義曰明堂位云成王以周公爲有勳勞於天下是以封周公於曲阜命魯公世世祀周公以天子之禮樂又曰凡四代之服器魯兼用之是魯以周公故有天子之禮樂也使工爲之歌周南召南。此皆各依其本國歌所常用聲曲○召上照反本或作邵【疏】歌周南召南○正義曰歌周南召南之詩而以樂音爲之節也周南召南皆文王之詩也周召者岐山之陽地名周之先公曰大王者自豳始遷焉而脩德建王業大王生王季王季生文王於時雍梁荆豫徐揚之民皆歸文王文王三分天下有其二以服事殷文王改都於豐乃分岐邦周召之地賜周公且召公奭以爲采邑使此二公施教於已所職之國爲文王行先公賢化與已聖化使二公雜而施行之但南土感化有深有淺其作詩也或感聖化或感賢化及武王伐紂定天下巡狩述職陳諸國之詩以觀民風俗其六州所作詩其得聖人之化者謂之周南其得仁賢之化者謂之召南其實皆是文王之化而分繫

周召二公耳必分繫者文王以諸侯之身行王者之化詩人述其本志爲作聖賢之風此詩體實是風不可以雅名之文王身有王號不可以風繫之名無所繫詩不可棄因二公爲王行化是故繫之二公周公聖以聖化繫之召公賢以賢化繫之周南十一篇召南十四篇季札此時徧觀周樂詩篇三百不可歌盡或每詩歌一篇兩篇以示意耳未必盡歌之也劉炫云不直言周召者以其實非二公身化也○注言南者詩序云化自北而南也謂從岐周南被江漢也○注此皆至聲曲○正義曰詩人觀時政善惡而發憤作詩其所作文辭皆準其樂音令宮商相和使成歌曲樂人采其詩辭以爲樂章述其詩之本音以爲樂之定聲其聲既定其法可傳雖多歷年世而其音不改今此爲季札歌者各依其本國歌所常用聲曲也由其各有聲曲故季札聽而識之言本國者變風諸國之音各異也曰。美哉。美其聲【疏】注美其聲○正義曰先儒以爲季札所言觀其詩辭而知故杜顯而異之季札所云美哉者皆美其聲也詩序稱詩者志之所之也在心爲志發言爲詩情動於中而形於言言之不足故嗟嘆之長歌以申意也及其八音俱作取詩爲章則人之情意更復發見於樂之音聲出言爲詩各述已情聲能寫情情皆可見聽音而知治亂觀樂而曉盛衰神瞽大賢師曠季札之徒其當有以知其趣也始基之矣。周南召南王化之基猶未也。猶有商紂未盡善也盡律忍反然勤而不怨矣。未能安樂然其音不怨怒○樂音洛下和樂聲下文樂而不荒同【疏】注未能至怨怒○正義曰詩序云治世之音安以樂亂世之音怨以怒此作周召之詩其時猶有紂存音雖未能安樂已得不怨怒矣爲之歌邶。鄘。衛。武王伐紂分其地爲三監三監叛周公滅之更封康叔并三監之地故三國盡被康叔之化○鄘音容被皮義反【疏】注武王伐紂分其地三監○正義曰邶鄘衛者商紂畿內之地名也漢書地理志云周既滅殷分其畿內爲三國詩風邶鄘衛國是也邶以封紂子武庚鄘管叔尹之衛蔡叔尹之以監殷民謂之三監故書序曰武庚王崩三監叛周公誅之盡以其地封弟康叔故邶鄘衛三國之詩相與同風此注取漢志爲說也漢世大儒孔安國賈逵馬融之徒皆以爲然故杜亦同之鄭玄詩譜云武王伐紂以其京師封紂子武庚爲殷後庶殷頑民被紂化日久未可以建諸侯乃三分其地置三監管叔蔡叔霍叔使尹而教之自紂城而北謂之邶南謂之鄘東謂之衛武王崩後五年周公居攝三監導武庚叛成王既黜殷命殺武庚復伐三監更於此三國建諸侯以殷餘民封康叔於衛使爲之長後世子孫稍彊兼并彼二國混其地而名之先儒雖鄭言然康叔以後七世至頃侯仁人不遇邶人作柏舟之詩以刺之以後繼作十九篇爲邶風十篇爲鄘風十篇爲衛風皆美刺衛君而分爲三耳此三國之風實同是衛詩而必爲三者鄭玄云作者各有所傷從其本國分而異之故爲邶鄘衛之詩焉其意以爲邶鄘衛各是大國土風不同作者雖俱有美刺而各述土風故大師各從其本分而異之曰。美哉。淵乎。憂而不困者也。淵深也亡國之音哀以思其民困衛康叔武公德化深遠雖遭宣公淫亂懿公滅亡民猶秉義不至於困○思息嗣反下憂思同吾聞衛康叔武公之德如是。是其衛風乎。康叔周公弟武公康叔九世孫皆衛之令德君也聽聲以爲別故有疑言○別彼列反【疏】注康叔至疑言○正義曰康叔周公弟武公康叔九世孫世本世家文也魯爲

季札作樂爲之歌聲曲耳不告季札以所歌之樂名也札言吾聞康叔武公之德如是是先聞其善今聲合其意雖不知其名而疑是衛風也言是其衛風乎疑之辭也直聽聲以爲別不因名而後知故有疑言焉爲之歌王。王黍離也幽王遇西戎之禍平王東遷王政不行於天下風俗下與諸侯同故不爲雅【疏】注王黍離至爲雅○正義曰王詩黍離爲首王非國名故擧首篇以表之王者周東都王城畿內方六百里之地也始武王作邑于鎬是爲西都周公攝政營洛邑謂之王城是爲東都成王既居洛邑復還歸西都十一世至幽王遇西戎之禍平王東遷王城於時王政不行於天下其風俗下同諸侯王畿內之人怨刺者以其政同諸侯皆作風詩不復爲雅其音既是風體故大師別之謂之王國之變風也謂之王者以王當國猶春秋之王人天命未改尚尊之故不言周也曰。美哉。思而不懼。其周之東乎。宗周隕滅故憂思猶有先王之遺風故不懼爲之歌鄭。詩第七【疏】爲之歌鄭○正義曰周宣王封母弟友於西都畿內是爲鄭桓公於漢則京兆郡鄭縣是其都也幽王之時桓公爲大司徒見幽王政荒問於史伯史伯曰王室多故余懼及焉其何所可以逃死史伯教之濟洛河潁之間有虢鄶之國取而守之雖是可以少固及幽王爲犬戎所殺桓公死之其子武公與晉文侯定平王於東都王城卒取史伯所云虢鄶之地而居之於漢則河南郡新鄭縣是其都也武公入作卿士國人作緇衣之篇以美之以後凡二十一篇皆鄭風也曰。美哉。其細已甚。民弗堪也。是其先亡乎。美其有治政之音譏其煩碎知不能久【疏】曰美至亡乎○正義曰樂歌詩篇情見於聲美哉者美其政治之音有所善也鄭君政教煩碎情見於詩以樂播詩見於聲內言其細碎已甚矣下民不能堪也民不堪命國不可久是國其將在先亡乎居上者寬則得衆爲政細密庶事煩碎故民不能堪也爲之歌齊。詩第八【疏】爲之歌齊○正義曰齊者古少皞之世爽鳩氏之虛也武王伐紂封大師呂望於齊是爲齊大公其封域在禹貢青州岱山之陰濰淄之野於漢則齊郡臨淄縣是其都也大公後五世哀公荒淫怠慢國人作雞鳴之詩以刺之後凡十一篇皆齊風也曰。美哉。泱泱乎。大風也哉。泱泱弘大之聲○泱於良反韋昭於康反表東海者。其大公乎。大公封齊爲東海之表式○大音泰國未可量也。言其或將復興○復扶又反下不復讖同爲之歌豳。豳詩第十五豳周之舊國在新平漆縣東北○豳彼貧反【疏】爲之歌豳○正義曰豳者禹貢雍州岐山之北原隰之野其地西近戎北近狄豳是彼土之地名於漢則扶風栒邑縣是其都也周室之先后稷之曾孫曰公劉者自郃而遷彼焉由能脩后稷之業教民以農桑民咸歸之而成國積九世至大王乃入處於岐山世世脩德卒成王業武王崩成王幼周公攝政管叔流言云公將不利於孺子周公於是擧兵東伐之乃陳后稷先公風化之所由致王業之艱難作七月之詩以表志大師以其主意於先公在豳時之事故別其詩以爲豳國之變風凡七篇皆是周公之事也曰。美哉。蕩乎。樂而不淫。其周公之東乎。蕩乎蕩然也樂而不淫言有節周公遭管蔡之變東征三年爲成王陳后稷先公不敢荒淫以成王業故言其周公之東乎○樂而不淫音岳又音洛注同下而又何樂而可以樂

倣此爲成于僞反王業如字又于況反〔疏〕曰美至東乎○正義曰美哉亦美其聲也蕩蕩覽大之意好樂不已則近於荒淫故美其樂而不淫也先聞周公之德此聲同於所聞故疑之云其周公之在東乎言在東之時爲此聲也爲之歌秦。詩第十一後仲尼刪定故不同○刪所姦反〔疏〕爲之歌秦○正義曰秦者隴西山谷之名於漢則隴西郡秦亭秦谷是也堯時有伯益者佐禹治水有功帝舜賜之姓曰嬴氏其後世之孫曰非子事周孝王孝王使之養馬於汧渭之閒封之爲附庸邑之於秦谷非子曾孫秦仲宣王又命以爲大夫始有車馬禮樂射御之好國人作車鄰之詩以美之秦仲之孫襄公平王之初興兵討西戎以救周王既東遷乃以岐豐之地賜之始列爲諸侯更有駟驖以下凡十篇皆秦風也○注詩第至不同○正義曰此爲季札歌詩風有十五國其名皆與詩同唯其次第異耳則仲尼以前篇目先具其所刪削蓋亦無多記傳引詩亡逸甚少知本先不多也史記孔子世家云古者詩三千餘篇孔子去其重取三百五篇蓋馬遷之謬耳曰。此之謂夏聲。夫能夏則大。大之至也。其周之舊乎。秦本在西戎汧隴之西秦仲始有車馬禮樂去戎狄之音而有諸夏之聲故謂之夏聲及襄公佐周平王東遷而受其地故曰周之舊○汧苦賢反去起呂反又如字爲之歌魏。詩第九魏姬姓國閔元年晉獻公滅之〔疏〕爲之歌魏○正義曰魏者虞舜夏禹所都之地在禹貢冀州雷首之北析城之西於漢則河東郡河北縣是其都也周以封同姓世本無魏之世家不知始封之君何所名也鄭玄以爲周平桓之世魏君儉嗇且褊急不務施德國人作葛屨之詩以刺之後凡七篇皆魏風也曰。美哉。渢渢乎。大而婉。險而易。行以德輔。此則明主也。渢渢中庸之聲婉約也險當爲儉字之誤也大而約則儉節易行惜其國小無明君也○渢扶弓反徐敷劒反韋昭音凡婉紆阮反險依注音儉易以豉反注同爲之歌唐。詩第十唐晉詩〔疏〕爲之歌唐○正義曰唐者帝堯舊都之地於漢則大原郡晉陽縣是也周成王封母弟叔虞於堯之故墟曰唐侯其地南有晉水虞子燮父改爲晉侯燮父後六世至僖侯甚嗇愛物儉不中禮國人閔之作蟋蟀之詩以刺之以後凡十二篇皆唐風也詩序云此晉也而謂之唐本其風俗憂深思遠有堯之遺風又叔虞初國亦以唐爲名故名其詩爲唐風曰。思深哉。其有陶唐氏之遺民乎。不然。何憂之遠也。晉本唐國故有堯之遺風憂深思遠情發於聲○思息嗣反非令德之後。誰能若是。爲之歌陳。詩第十二〔疏〕曰思深哉至能若是○正義曰陶唐之化遺法猶在作歌之民與唐世民同故察此歌曰思慮深遠哉見其思深故疑之云其有陶唐氏之遺民乎若其不是唐民何其憂思之遠也非承令德之後誰能如此深慮也令德謂唐堯也○爲之歌陳○正義曰陳者大皞伏羲氏之虚也於漢則淮陽郡陳縣是其都也帝舜之胄有虞遏父者爲周武王陶正武王賴其利器用又以其人是聖舜神明之後乃封其子滿於陳使奉虞舜之祀賜姓曰嬀是爲陳胡公後五世至幽公荒淫無度國人作宛丘之詩以刺之以後凡十篇皆陳風也曰。國無主。其能久乎。淫聲放蕩無所畏忌故曰國無主自鄶以

下。無譏焉。鄶第十三曹第十四言季子聞此二國歌不復譏論之以其微也○鄶古外反〔疏〕注鄶第至微也○正義曰言以下知兼有曹也鄶者古高辛氏火正祝融之虚也國在禹貢豫州外方之北滎波之南居溱洧之間於漢則河南郡密縣竟内有其都也祝融之後分爲八姓唯有妘姓爲鄶國者處祝融之地焉鄶是小國世本無其號諡不知其君何所名也鄭玄以爲周王夷厲之時鄶公不務政事而好衣服大夫作羔裘之詩以刺之凡四篇皆鄶風也其後鄭武公滅其國而處之曹者禹貢兗州陶丘之地名於漢則濟陰郡定陶縣是其都也周武王封其弟叔振鐸於曹後十一世當周惠王時昭公好奢而任小人國人作蜉蝣之詩以刺之以後凡四篇皆曹風也鄶曹二國皆國小政狹季子不復譏之以其微細故也爲之歌小雅。小雅小正亦樂歌之常〔疏〕爲之歌小雅○正義曰詩序云言天下之事形四方之風謂之雅雅者正也政有小大故有小雅焉有大雅焉然則小雅大雅皆天子之詩也立政所以正下故詩序訓雅爲正又以政解之天子以政教齊正天下故民述天子之政還以齊正而爲名故謂之雅也王者政教有大有小詩人述之亦有大小故有小雅大雅焉據詩以小雅所陳有飲食賓客賞勞羣臣燕賜以懷諸侯征伐以彊中國樂得賢者長育人材於天子之政皆小事也大雅所陳有受命作周代殷繼伐受先王之福祿尊祖考以配天醉酒飽德官人用士澤被昆蟲仁及草木於天子之政皆大事也詩人歌其大事制爲大體述其小事制爲小體體有大小故分爲二焉詩體既異樂音亦殊其音既定其法可傳後之作者各從其舊二雅正經述小政爲小雅述大政爲大雅既有小雅之體亦有小雅大雅之音王道既衰變雅並作取小雅之音歌其政事之變者謂之變小雅取大雅之音歌其政事之變者謂之變大雅故變雅之美刺皆由音制有大小不復由政事之大小也風述諸侯之政非無大小但化止一國不足分別頌則功成乃作歸美報神皆是大事無復小體故風頌不分雅則分爲二也周自文王受命發跡肇基武王伐紂功成業就及成王周公而治致升平頌聲乃作此功成之頌本由此風雅而來故錄周南召南之風鹿鳴文王之雅以爲詩之正經計周南召南之風鹿鳴文王之雅所述文王之事亦有同時者也但文王實是諸侯而有天子之政詩人所作立意不同述諸侯之政則爲之作風述天子之政則爲之作雅就雅之内又爲大小二體是由體制異非時節異也詩見積漸之義小雅先於大雅故魯爲季札亦先歌小雅曰。美哉。思而不貳。思文武之德無貳叛之心怨而不言。有哀音其周德之衰乎。小衰也猶有先王之遺民焉。謂有殷王餘俗故未大衰〔疏〕曰美至民焉○正義曰杜以此言皆歎正小雅也言其時之民思文武之德不有二心也雖怨時政而能忍而不言其是周德衰小之時乎猶有殷先王之遺民故使周德未得大也服虔以爲此歎變小雅也其意言思上世之明聖而不貳於當時之王怨當時之政而不有背叛之志也其周德之衰微乎疑其幽厲之政也劉炫以服言爲是而謂杜解錯謬今知不然者以小雅大雅二詩相對今歌大雅云其文王之德乎是歌其善者以大雅準之明知歌小雅亦歌其善者也若其不然何意大雅歌善小雅歌不善且魯爲季札歌詩不應揚先王之惡以示遠夷劉不達此旨以服意而規杜非也○注衰小也○正義曰衰者差也九章筭術謂差分爲衰分言從大漸差而小故杜以衰爲小也服虔讀爲衰微之衰謂幽厲之時

也爲之歌大雅。大雅陳文王之德以正天下〔疏〕注大雅至天下○正義曰大雅亦有武王成王之詩杜言文王者以下云其文王之德乎故也曰。廣哉。熙熙乎。熙熙和樂聲曲而有直體。論其聲其文王之德乎。雅頌所以詠盛德形容故但歌其美者不皆歌變雅爲之歌頌。頌者以其成功告於神明〔疏〕注頌者至神明○正義曰鄭玄云頌之言容也天子之德光被四表格于上下無不覆燾無不持載此謂之容也詩序云頌者美盛德之形容以其成功告於神明也言天子盛德有形容可美可美之形容謂道教周備也成功者營造之功畢也天之所營在於命聖聖之所營在於任賢賢之所營在於養民民安而財豐衆和而事濟如是則司牧之功畢矣故告於神明也劉炫又云干戈既戢夷狄來賓嘉瑞悉臻遠近咸服羣生遂其性萬物得其所即功成之驗也萬物本於天人本於祖天之所命者牧人祖之所本者成業人安業就告神明使知雖社稷山川四嶽河海皆以民爲主欲民安樂故作詩歌其成功偏告神明所以報神恩也王者政有興廢未嘗不祭羣神祖廟政未大平則神無恩力故大平德洽始報神功也頌詩止法祭祀之狀不言德神之力者美其祭祀是報德可知言其降福是荷恩可知幽王小雅云先祖匪人胡寧忍予則於時之意豈復美其祭乎故美其祭則報情顯以成功告神明之意如此止謂周頌也其商頌則異雖是祭祀之歌祭先祖王廟述其生時之功乃是死後頌德非以成功告神意同大雅與周頌異魯則止頌僖公纔如變風之美者文體類小雅又與商頌異也此當是歌周頌杜解盛德所同兼殷魯三頌皆歌也曰。至矣哉。言道備○至矣哉一本無矣字直而不倨。倨傲○倨音據徐音居傲五報反曲而不屈。屈撓○撓乃孝反邇而不偪。謙退○偪彼力反遠而不攜。攜貳遷而不淫。淫過蕩復而不厭。常日新○厭於豔反徐於贍反哀而不愁。知命樂而不荒。節之以禮用而不匱。德弘大○匱其位反廣而不宣。不自顯施而不費。因民所利而利之○施始豉反費芳味反取而不貪。義然後取處而不底。守之以道○底丁禮反行而不流。制之以義五聲和。宮商角徵羽謂之五聲○徵張里反八風平。八方之氣謂之八風節有度。守有序。八音克諧節有度也無相奪倫守有序也盛德之所同也。頌有殷魯故曰盛德之所同〔疏〕曰至至同也○正義曰至矣哉言其美之至也以王道周備故爲至美也自直而不倨至行而不流凡十四事皆音有此意明王者之德季札或取於人或取於物以形見此德每句皆下字破上字而美其能不然也人性直者失於倨傲此直而能不倨也謂王者體性質直雖富有四海而不倨傲慢易在下物有曲者失於屈橈此曲而能不屈也謂王者曲降情意以尊接下恒守尊嚴不有屈橈相去近者失於相偪此邇而能不偪也謂王者雖爲在下與之親近能執謙退不陵偪在下相去遠者失於乖離此遠而能不攜也謂王者雖爲在下與之疏遠而能不有攜離倚疑在下數遷徙者失於淫佚此遷而能不淫也謂王者雖有遷動流去能以德自守不淫至淫蕩去而復反則爲人所厭

此復而能使不厭也謂王者政教日新雖反覆而行不爲下之厭薄哀者近於憂愁此哀而能不愁也謂王者雖遇凶災知運命如此不有憂愁樂者失於荒廢此樂而能不荒廢也用之不已物將匱乏此用而不可匱也志寬大者多自宣揚此雖廣而不自宣揚也好施與者皆費財物此能施而不費損也取人之物失於貪多此雖取而不爲貪多也處而不動則失於留滯也雖久處而能不底滯也謂王者相時而動時未可行雖復止處意不底滯行而不已則失於流放此雖常行而能不流放也謂王者量時可行施布政教能制之以義不妄流移五等之聲皆和八方之風皆平八音之作有其節皆有常度音之所守有分其守各有次序周魯與商皆有盛德此上諸事盛德之所同也○注八音至序也○正義曰八音克諧無相奪倫舜典文也倫理也言八音能和諧是其音有節度也八音不相奪道理是音各守其分有次序也○注頌有至所同○正義曰杜以爲之歌頌言其亦歌商魯故以盛德之所同謂商魯與周其德俱盛也劉炫以爲魯頌只美僖公之德本非德洽之歌何知不直據周頌而云頌有商魯乎今知不然者但頌之大體皆述其大平祭祀告神之事魯頌雖非大平經稱皇皇后帝皇祖后稷又云周公皇祖亦其福女美其祭神獲福與周頌相似且季文子請周作頌取其美名又季札至魯欲襃崇魯德取其一善故云盛德所同若直歌周頌宜加周字不得唯云歌頌故杜爲此解劉以爲魯頌不得與周頌同而規杜氏非也見舞象箾南籥者。象箾舞所執南籥以籥舞也皆文王之樂○箾音朔籥羊畧反疏見舞象箾南籥者○正義曰樂之爲樂有歌有舞歌則詠其辭而以聲播之舞則動其容而以曲隨之歌者樂器同而辭不一聲隨辭變曲盡更歌故云爲之歌風爲之歌雅及其舞則每樂別舞其舞不同季札請觀周樂魯人以次而舞每見一舞各有所歎故以見舞爲文不言爲之舞也且歌則聽其聲舞則觀其容歌以主人爲文故言爲歌也舞以季札爲文故言見舞也樂有音聲唯言舞者樂以舞爲主周禮大司樂云以樂舞教國子舞雲門大卷大咸大磬大夏大濩大武又云乃分樂而序之以祭以享以祀舞雲門以祀天神舞咸池以祭地祇舞大韶以祀四望舞大夏以祭山川舞大濩以享先妣舞大武以享先祖凡六樂者文之以五聲播之以八音鄭玄云播之言被也是其以舞爲主而被以音聲故魯作諸樂於季札皆云見舞也禮法歌在堂而舞在庭故郊特牲云歌者在上匏竹在下貴人聲也以貴人聲樂必先歌後舞故魯爲季札先歌諸詩而後舞諸樂其實舞時堂上歌其舞曲也○注象箾至之樂○正義曰賈逵云箾舞曲名言天下樂箾去無道杜云箾舞者所執二者俱無所據各以意言之耳詩述碩人之善舞云左手執籥右手秉翟籥是舞者所執則箾亦舞者所執杜說當得其實但不知箾是何等器耳杜云皆文王之樂則象箾與南籥各是一舞南籥既是文舞則象箾當是武舞也詩云維清奏象舞則此象箾之舞故鄭玄注詩云象用兵時刺伐之舞是武舞可知其名之曰南其義未聞也知是武王制者以爲人子者貴其成父之事文王既有大功武王無容不述於周公之時已象伐紂之功作大武之樂不應復象文王之伐制爲別樂故知此舞是武王制爲王者之作禮樂必大平乃得爲之武王未及大平而得作此樂者一代大典須待大平此象文王之功非爲易代大法故雖未制禮亦得爲之周公大平雖作大武尊重文王之功留播之以爲別樂故六代之樂不數此象也周禮分樂而序之象舞不以祭祀或當祈告所用故魯今亦有之劉炫云知是文王樂者詩云維清緝熙文王之典此象樂之所舞故知是文王樂也鄭玄注象

又云此樂名象而已以其象事有舞音故詩序謂之象舞舞非此樂名故此直言舞也其箾籥是可執之物司馬相如上林賦曰拂鷖鳥捎鳳凰則捎亦拂之類今人謂拂爲拂捎此必傳於古其箾捎字同也杜不解南劉炫謂南如周南之意南在箾籥之間蓋二者共有南義曰。美哉。猶有憾。美哉美其容也文王恨不及已致大平○憾本亦作感胡暗反大平音泰疏注美哉至大平○正義曰歌聽聲而舞觀形故知美者美其容也歌詩由口而出樂音以詩爲章人歌君德情見於音聽聲知政容或可爾計聖人之德非舞容可象而季札觀舞皆知其德者聖人之作樂也各象當時之事時事見於舞故觀之可以知也樂記稱賓牟賈問大武之樂云敢問遲之遲而又久何也子曰夫樂者象成者也摠干而山立武王之事也發揚蹈厲大公之志也武亂皆坐周召之治也且夫武始而北出再成而滅商三成而南四成而南國是疆五成而分周公左召公右六成復綴以崇天子夾振之而四伐盛威於中國也分夾而進事早濟也久立於綴以待諸侯之至也彼言大武之舞是象武王之事則知諸樂之舞皆象時王功德也聖王功德見於舉動之容故觀其舞容各知其德也見舞大武者。武王樂疏見舞大武者○正義曰鄭玄周禮注云大武武王樂也武王伐紂以除其害言其德能成武功也此舞四代之樂從後代而稍前也象是文王之樂事在大武之先先舞象而後舞武者以象非一代大樂故先舞之曰。美哉。周之盛也。其若此乎。見舞韶濩者。殷湯樂○韶上昭反本或作招濩音護又戶郭反疏見舞韶濩者○正義曰周禮謂之大濩鄭玄云大濩湯樂也湯以寬治民而除其邪言其德能使天下得其所也然則以其防濩下民故稱濩也此言韶濩不解韶之義韶亦紹也言其能紹繼大禹也曰。聖人之弘也。而猶有慙德。聖人之難也。慙於始伐見舞大夏者。禹之樂疏見舞大夏者○正義曰樂記解此樂名夏大也鄭玄云言禹能大堯舜之德又周禮注云禹治水敷土言其德能大中國也季札見此舞歎禹勤苦爲民而不以爲恩德則鄭周禮注是也曰。美哉。勤而不德。非禹其誰能脩之。盡力溝洫勤也○洫況域反見舞韶箾者。舜樂○韶箾音簫疏見舞韶箾者○正義曰樂記解此樂名云韶繼也鄭玄云韶之言紹也言舜能繼紹堯之德杜不解箾義箾即簫也尚書曰簫韶九成鳳皇來儀此云韶箾即彼簫韶是也孔安國云言簫見細器之備也蓋韶樂兼簫爲名簫字或上或下耳曰。德至矣哉。大矣。如天之無不幬也。幬覆也○幬徒報反如地之無不載也。雖甚盛德。其蔑以加於此矣。觀止矣。若有他樂。吾不敢請已。魯用四代之樂故及韶箾而季子知其終也季札賢明才博在吳雖已涉見此樂歌之文然未聞中國雅聲故請作周樂欲聽其聲然後依聲以參時政知其興衰也聞秦詩謂之夏聲聞頌曰五聲和八風平皆論聲以參政也舞畢知其樂終是素知其篇數疏注魯用至篇數○正義曰明堂位云四代之服器官魯兼用之是魯之所用四代而已唯用四代之樂不得用雲門大咸故舞及韶箾而季札知其終也先儒以爲季札在吳

未嘗經見此樂爲歌諸詩其所歎美皆以詩辭之內求所歎之意故杜辨之在吳雖已見此樂歌之文但未聞中國雅聲其所言者皆聽聲而知非察其文辭故取傳文證之明是素知其篇數也其出聘也。通嗣君也。吳子餘祭嗣立故遂聘于齊。說晏平仲。謂之曰。子速納邑與政。納歸之公○說音悅下皆同無邑無政。乃免於難。齊國之政。將有所歸。未獲所歸。難未歇也。歇盡也○難乃旦反下皆同歇許謁反故晏子因陳桓子以納政與邑。是以免於欒高之難。難在昭八年聘於鄭。見子產。如舊相識。與之縞帶。子產獻紵衣焉。大帶也吳地貴縞鄭地貴紵故各獻己所貴示損己而不爲彼貨利○縞古老反徐古到反繒也紵直呂反疏注大帶至貨利○正義曰玉藻說大帶之制大夫以素爲帶禪其垂三尺者外以玄內以華居士錦帶弟子縞帶季札吳卿也而以縞帶與子產者是其當時之所有耳吳始通上國未必服章依禮也杜以縞是中國所有紵是南邊之物非土所有各是其貴知其示損己耳不爲彼貨利也若其不然傳不須載明其有此意也孔安國云縞白繒也鄭玄禮記注云白經赤緯曰縞黑經白緯曰纖謂子產曰。鄭之執政侈。難將至矣。政必及子。子爲政。愼之以禮。不然。鄭國將敗。侈謂伯有疏注侈謂伯有○正義曰據二十七年傳伯有次子展之下此年子展卒故伯有執政也上文云子展卒子皮代爲政者蓋鄭人以子展有大功使子皮代父爲上卿耳其父始卒國政猶在伯有下云伯有使公孫黑如楚是伯有執政之事也適衞。說蘧瑗。蘧伯玉○蘧其居反瑗于眷反史狗。史朝之子文子○史朝如字下文公子朝同史鰌。史魚○鰌音秋公子荊。公叔發。公叔文子公子朝。曰。衞多君子。未有患也。自衞如晉。將宿於戚。戚孫文子之邑聞鍾聲焉。曰。異哉。吾聞之也。辯而不德。必加於戮。辯猶爭也爭爭鬭之爭夫子獲罪於君以在此。孫文子以戚叛懼猶不足。而又何樂。夫子之在此也。猶燕之巢於幕上。言至危○幕音莫君又在殯。而可以樂乎。獻公卒未葬遂去之。不止宿文子聞之。終身不聽琴瑟。聞義能改適晉。說趙文子。韓宣子。魏獻子。曰。晉國其萃於三族乎。言晉國之政將集於三家○萃在醉反集也說叔向。將行。謂叔向曰。吾子勉之。君侈而多良。大夫皆富。政將在家。富必厚施故政

在家。○施，式豉反。〔疏〕君侈而多良。○正義曰：謂多以惡人爲良而善之。吾子好直，必思自免於難。○秋，九月，齊公孫蠆、公孫竈放其大夫高止於北燕。蠆，子尾。竈，子雅。放者，宥之以遠。○蠆，敕邁反。宥音又。乙未，出。書曰「出奔」，罪高止也。實放書奔，所以示罪。〔疏〕注「實放」至「示罪」。正義曰：釋例云：奔者，迫窘而去，逃死四鄰，不以禮出也。放者，受罪黜免，宥之以遠也。迫窘而奔及以禮見放，俱去其國，故傳通以爲文。仲尼脩春秋，又以所稱爲優劣也。夫立功立事者，國之厚益，而身之表的也。表高的明，雖婦人猶欲彎弓，而況當塗之士，是以君子慎之。道家貴善行者無轍迹，功遂而身退。高止既犯其始，又專以終之，免死爲幸，斯乃聖賢之篤戒。故變放言奔，又致其罪，以示過。胥甲之放，命陳招之首惡，篤厲以鶩敎也。杜以高止之罪輕於陳招、胥甲，而變放言奔，以止爲重，故原聖意欲以申之。高止好以事自爲功，且專，故難及之。○好，呼報反。○冬，孟孝伯如晉，報范叔也。范叔，士鞅也。此年夏來聘。爲高氏之難故，高豎以盧叛。豎，高止子。○爲，于僞反，下注爲子產同。豎，上主反。十月，庚寅，閭丘嬰帥師圍盧。高豎曰：苟請高氏有後，請致邑。還邑於君。齊人立敬仲之曾孫酀，敬仲，高傒。○酀，於顯反。傒音兮。良敬仲也。良猶賢也。〔疏〕齊人至仲也。○正義曰：依世本，敬仲生莊子，莊子生傾子，傾子生宣子，宣子生厚，厚生止，止是敬仲玄孫之子也。世本又云：敬仲生莊子，莊子生傾子，傾子之孫武子偃。據世本則偃爲敬仲玄孫，今傳云玄孫，必有一誤也。此酀即後所云高偃是也。世族譜以高武子爲酀、偃爲一人，蓋酀、偃聲相近而字爲二耳。董遇注此亦作偃。劉炫云：據世本，高止敬仲玄孫之子，不立止近親，遠取敬仲曾孫者，齊人賢敬仲，故繫之言敬仲曾孫，則此人祖父皆非正適，今別立之，遠繼敬仲後，高止祖父皆絕其祀也。十一月，乙卯，高豎致盧而出奔晉。晉人城緜而寘旃。晉人善其致邑。○緜音綿。寘，之豉反。旃，之然反。○鄭伯有使公孫黑如楚。黑，子晳。○晳，星歷反。辭曰：楚、鄭方惡，而使余往，是殺余也。伯有曰：世行也。言女世爲行人。○女音汝。子晳曰：可則往，難則已，何世之有？伯有將強使之。子晳怒，將伐伯有氏，大夫和之。十二月，己巳，鄭大夫盟於伯有氏。裨諶曰：是盟也，其與幾何。言不能久也。裨諶，鄭大夫。○強，其丈反。裨，婢之反。諶本亦作湛。其與如字，或音預。幾，居豈反。詩曰：君子屢盟，亂是用長。今是長亂之道也。禍未歇也，必三年而後能紓。紓，解也。○屢，力住反。長，丁丈反，下同。紓，直呂反。徐音舒。解音蟹。然明曰：政將焉往。裨諶曰：善之代不善，天命也，其焉辟子產。言政必歸子產。○焉，於虔反，下同。舉不踰等，則位班也。子產位班次應知政。擇善而舉，則世隆也。世所高也。天又除之，奪伯有魄。喪其精神，爲子產驅除。○喪，息浪反。除並如字。驅，一讀上音丘具反，下直據反。子西即世，將焉辟之。天禍鄭久矣，其必使子產息之，乃猶可以戾。戾，定也。不然，將亡矣。〔疏〕裨諶曰善之代不善云云。○正義曰：案傳伯有死後，子皮授子產政，云虎帥以聽命，則子皮於時位在子產上也。此裨諶論鄭卿位次，其言不及子皮者，蓋以子皮非舊卿，雖繼父而居高位，民望政次未之許也。及伯有既死，子西亦卒，子皮位爲上卿，故鄭人使知政耳。

春秋左傳注疏卷三十九挍勘記　阮元撰盧宣旬摘錄

附釋音春秋左傳注疏卷第三十九　起二十九年盡二十九年。宋本春秋正義卷第二十五。石經春秋經傳集解襄第十九，翻刻岳本襄下增公字，並盡三十一年。○案岳本此卷缺，今以明翻本挍。

經二十九年

十一年春　毛本一作二，非也。

閽弑吳子餘祭　釋文弑作殺，申志反。禮記曲禮「刑人不在君側」正義引同。

令蓋以攝卿行也　宋本、纂圖本、翻岳本、閩本、毛本令作今，是也。監本今字模糊。

賈逵服虔皆以爲夷末新即位　宋本、閩本、毛本末作末。

傳二十九年

注釋至朝正　宋本釋下有解字，以下正義五節總入「既而悔之」注下。

楚人使公親襚　案說文引傳作「楚使公親襚」。

令楚欲遣使之此　諸本令作今，此作比。宋本、淳熙本、岳本、纂圖本、足利本欲下有依字，是也。

諸侯至之此　宋本、閩本、監本、毛本此作比，不誤。

楚人以諸侯相於　閩本、監本、毛本於作好，非也。

祓殯而襚　岳本、閩本、監本祓誤被，注及正義同。

先使巫祓除殯之凶邪　閩本、監本、毛本脫除字。

公依遣使之比　宋本公上有令字。

然後致亨　宋本、閩本、監本、毛本亨作享。

自然致襚似布幣　毛本似作以。

令贊曰疏云　宋本令作今。

既無而行襚禮　宋本既無上有凶邪二字。

葪是篲　宋本篲作帚，是也。

今世所謂若帚者　閩本、監本、毛本帚作篲，非。

周禮冡人　宋本、閩本、監本、毛本冡作冢，不誤。

卞其兆域　閩本、監本、毛本卞作下，宋本作辨，是也。

言楚君弱　淳熙本弱作郭，誤也。

璽書追而與之　石經、宋本與作予。案外傳亦作予。

注璽印也　宋本以下正義三節總入「且無使季氏葬我」句下。

璽印也信也　浦鏜正誤云：信上脫印字，是也。

周封璽　段玉裁挍本周作固。按今月令作「固封疆」。

又以玉　今本獨斷以上有獨字。

欲之而言叛　石經初刊脫叛字，即增言字下。

祇見疏也　宋本祇作祇。正義引服虔本亦作祇，釋文同。石經作祇，是也。凡唐石經、廣韻皆作祇，从衣从氏，適也。毛誼父六經正誤云：祇作祇誤。祇音低，祇裯，短衣，案祇裯之祇見方言，從氐不從氏。釋文云：本又作多。正義云：晉宋杜本皆作多，古人多、祇同音。惠棟云：踈當爲疏字之誤也。呂覽知接篇云「無由接而言見誅」，高誘曰：誅讀誣妄之誣。下云「欺其君何必使余」，明疏爲誣。欲之而言叛，非誣乎？陳樹華云：杜氏好改古文，故古文古義存者少矣。疏，呼光切，見說文。

公謂公冶曰　翻岳本謂誤問。

固辭強之而後受　石經固辭二字誤倒。

勸公歸也　宋本、足利本無也字。

注葬靈王段往　宋本正義無注字，以下正義二節在「遂使印段如周」注下。

蓋別有所掌兵子展守國　宋本兵作共，閩本、監本、毛本作矣，非也。

不遑啓處　石經、宋本遑作皇。

皇暇也　宋本皇下有閒字。按今本爾雅作「偟，暇也」。

以子展之命　宋本以下正義二節總入「其以宋升降乎」注下。

注治理至其城　宋本以下正義四節總入「子賤之也」注下。

知治杞之地　宋本重治杞二字，是也。

周宗諸姬也　諸本作諸，此本誤諸，今訂正。

夏肄杞也　岳本脱也字

鄭元云　案當作毛傳云

則昏姻甚歸附也　宋本足利本無也字

齊高子容　石經本有齊字後磨去改刊高子容三字故此行是也傳於列國諸卿或書國或不書國皆有義例如此篇大叔文子不書衛高子容不書齊已見經文故也經不書游吉故子大叔稱鄭以别之華定書官不書族故稱宋以别于他國左氏傳不可增損一字如此

相禮侍威儀也　淳熙本侍誤特

侈將以其力斃專則人實斃之將及矣　石經此行九字斃字起及字止將及二字改刊疑初作侈將及矣釋文所云本或作侈將及矣者非是也案漢書五行志引傳文斃作獘

爲此秋高止出奔燕　淳熙本纂圖本止誤正

展玉父　宋本翻岳本玉作王與石經合

公巫召伯仲　釋文召作邵案唐韻云魯有仲顏莊叔是仲當連下

下叔侯云　宋本下下有文字是也

杜以其言大悖無復君臣之禮　宋本悖無作爵欲非也

先君不高尙此叔侯之取貨也　閩本監本毛本作尙此本模糊據以補正宋本此作地非也

追恨不殺靈王　宋本恨作欲非也

翟揚韓魏　諸本作揚石經初刻揚後改從才段玉裁云初刻作揚是也

焦在陝縣　淳熙本陝作郟非

何有盡歸之　淳熙本有誤存

書會之朝聘　岳本脱之字

言先君毋寧怪夫人之所爲　淳熙本君誤若

不得以壽終　宋本明翻岳本終作死

爲昭四年豎牛作亂起本　閩本監本毛本豎誤竪

好善而不能擇人　宋本正義自此節起至君侈而多良節止揔入自免於難句下

文王改都於豐　宋本閩本監本毛本豐作豊

故嗟嘆之　宋本嘆作歎

取詩爲章　宋本取作歌

爲之歌邶鄘衛　諸本作邶監本誤[illegible]下同

兼并彼一國　宋本一作二是也

而必爲三者　宋本必下有分字是也

注王黍離至爲雅　宋本無離字

於漢則京兆郡鄭縣　齊召南云西漢京兆稱尹不稱郡鄭氏詩譜本無郡字河南郡同扶風下亦衍郡字

與晉文侯定平王於東都王城　監本與誤爲

後凡十一篇皆齊風也　宋本後上有以字是也

爲之歌豳　毛本作豳與說文合

美哉亦美其聲也　監本毛本亦作又非也

而受其地　宋本淳熙本明翻岳本其下有故字是也

魏姬姓國　宋本淳熙本纂圖本明翻岳本閩本監本毛本作姓此本誤往今訂正

魏君儉嗇目褊急　閩本目作自亦非宋本監本毛本作且是也監本褊誤偏

險而易行　注云險當爲儉字之誤也惠士奇云險史記作儉古文也古文易云動乎儉中又云儉德辟難皆讀爲險險而易行即易之易以知險杜云當爲儉誤是也惠棟云漢劉脩碑云動乎儉中今易作險案文選張載魏都賦注引傳作儉是也釋文依注音儉

則險節易行　宋本明翻岳本監本毛本險作儉是也上文曰當爲儉矣則竟易爲儉字此漢人注經之例也

周成王封母弟叔虞於堯之故虛　宋本閩本監本毛本虛作墟案墟虛古今字

其有陶唐氏之遺民乎　案漢書地理志引亦作遺民杜注云晉本唐國故有堯之遺風詩唐風正義史記吳世家引傳作遺風

何憂之遠也　石經何下有其字案詩唐風正義引傳作何其憂之遠也之遠上石經旁加思字非唐刻也

陳者大皞伏犧氏之虛也　閩本監本毛本犧作羲

帝舜之胄　毛本舜誤堯

言季子聞此二國歌　淳熙本二作一非纂圖本閩本監本毛本作三亦誤

而好衣服　浦鏜云好下脱絜字從詩譜增

曹者禹貢兖州陶邱之地名　浦鏜云之下脱北字從詩譜增也

代殷繼伐　宋本監本毛本作伐殷繼代閩本惟上伐字作代按詩序皇矣是代殷之詩文王有聲是繼伐之詩此本是也

既有小雅之體　補案小雅下當有大雅二字

無復小體　浦鏜正誤小作别

本由此風雅而來　宋本此作比

思文武之德　監本武作王毛本作工並非

謂有殷王餘俗故未大衰　宋本淳熙本無衰字史記集解引注文同正義云故使周德未得大也亦無衰字

以其成功告於神明可也　閩本亦作可宋本監本毛本作者

未嘗不祭羣神祖廟　浦鏜正誤祖廟二字作但字屬下讀

頌詩止法祭祀之狀　宋本監本毛本法作述

纔如變風之美者　閩本監本毛本如作知

曲而不屈　史記屈作詘案作詘是正字古人言詰詘猶今人言屈曲也

處而不底　石經底作底非案說文底山居也下也从广氐聲玉篇同廣韻云底下也止也

倩疑在下　宋本監本毛本倩作猜

象箾舞所執　足利本舞下有者字李善注文選長笛賦引同

言天下樂箾去無道也　段玉裁云箾當作削此以削訓箾

詩云維清奏象舞則此象箾之舞　浦鏜云詩下脱序字則疑即字誤

不應復象文王之代　浦鏜正誤應作言

故此直言舞也　浦鏜正誤舞作象

捎鳳凰　宋本凰作皇是也

其箾拍字同也　宋本監本毛本拍作捎

四成而南國是疆　宋本疆作彊浦鏜云禮記正義云象武王伐紂之後南方之國於是疆理也

言其德能成武功也　閩本監本毛本脱也字

以象以一代大樂　閩本監本毛本下以字作爲亦誤宋本作非是也○今從宋本

見舞韶濩者　諸本作韶釋文云本或作招

韶亦紹也　浦鏜正誤亦作言

聖人之宏也　蔡邕注典引引作聖人之治也

樂記解此樂名　宋本名下有云字

言簫見細器之備也　宋本閩本監本毛本作也此本誤他今改正

如天之無不幬也　案後漢書朱穆傳注引作如天之無不燾史記同是二字古多通用

在吳雖已涉見此樂歌之文　淳熙本涉誤步

公叔發　案禮記檀弓注云文子衛獻公之孫名拔或作發正義曰案世本衛獻公生成子當當生文子拔是獻公孫也或作發者以春秋左氏傳傳作發故云或作發

言晉國之政　諸本作政史記正義引作祚

故政在家　案史記正義引作故政在三家也

放其大夫高止於北燕　諸本不重於字此衍文也

注實放至示罪　宋本此節正義在故難及之句下

故傳逼以違文　閩本監本毛本違作爲宋本作以違爲文是也

齊人至仲也　宋本此節正義在注文晉人善其致邑句下

裨諶曰　惠棟云漢書古今人表作卑湛師古曰卑音脾湛音諶風俗通曰卑氏鄭大夫卑湛之後後漢有卑躬爲北海大守杜改卑爲裨俗又改湛爲諶古文盡亡矣釋文猶作湛云本亦作諶段玉裁云裨諶之名益本是煁字煁者烓也烓者行竈也故裨諶之字曰竈

不然將亡矣　石經將亡二字改刊初刻脫將字後增正也

故鄭人使知政耳　宋本無耳字

附釋音春秋左傳注疏卷第三十九

春秋左傳注疏卷三十九挍勘記

附釋音春秋左傳注疏卷第四十　襄三十年盡三十一年

杜氏注　孔穎達疏

經三十年。春。王正月。楚子使薳罷來聘。罷音皮。○夏。四月。蔡世子般弑其君固。般音班。○五月。甲午。宋災。天火曰災。○宋伯姬卒。○天王殺其弟佞夫。稱弟以惡王殘骨肉。佞乃定反。惡烏路反。下惡宋同。一音如字。【疏】注稱弟至骨肉。○正義曰。傳言罪在王。知稱弟以惡王也。○王子瑕奔晉。不言出奔。周無外。○秋。七月。叔弓如宋。葬宋共姬。共姬從夫謚也。叔弓。叔老之子。卿共葬事。禮過厚。三月而葬。速。○共音恭。注皆同。傳亦做此。【疏】注共姬至過厚。○正義曰。公羊傳曰。其稱謚何。賢也。杜以共非夫人之謚。故注顯而異之。夫謚爲共。從夫謚而稱之耳。共非夫人之身行也。昭三十年傳曰。先王之制。諸侯之喪。士弔。大夫送葬。則夫人之喪不得過之也。昭三年傳云。文襄之霸也。君薨。大夫弔。卿共葬事。夫人。士弔。大夫送葬。是法皆不使卿也。伯姬魯女。以災而死。魯人愍之。故使卿共葬事。禮過厚也。○鄭良霄出奔許。耆酒荒淫。書名。罪之。○耆市志反。【疏】注耆酒至罪之。○正義曰。據傳子皙伐伯有。而伯有非有罪也。春秋出奔書名。皆是罪之之文。故杜跡其罪狀。耆酒荒淫。故書名也。自許入于鄭。不言復入。獨還無兵。○復扶又反。【疏】注不言至無兵。正義曰。成十八年傳例曰。以惡曰復入。謂還而以兵害國爲惡事而入。若魚石以楚師伐宋。取其彭城。欒盈帥曲沃之甲以入于絳。如是乃爲惡入也。良霄獨還無兵。入國始爲惡。非是以惡入。故不得書復入。直言入者。自外而入內耳。非彼例也。成十五年宋華元出奔晉。宋華元自晉歸于宋。奔之與歸再書名氏。此良霄不重書名氏者。彼宋再告。此鄭一告。故連書之。○鄭人殺良霄。○冬。十月。葬蔡景公。無傳。○晉人。齊人。宋人。衛人。鄭人。曹人。莒人。邾人。滕人。薛人。杞人。小邾人會于澶淵。宋災故。會未有言其事者。此言宋災故。以惡宋人不克己自責而出會求財。○澶市然反。字林云丈仙反。澶水在宋。【疏】注會未至求財。○正義曰。案桓二年會于稷以成宋亂。則是會言其事。而此言會未有言其事。義相違者。彼言以成宋亂。直述言所會之事。與桓十五年會于袲伐鄭相似。經不明言事之意。故今此言宋災故。是丁寧之辭。不與彼同。按傳責諸侯之卿。并及宋人。杜此注何以唯言惡宋人不克己自責。不兼爲諸侯卿者。以傳云書曰某人某人宋災故。尤之也。是宋災之文獨繫向戌稱人。故知宋災特惡宋也。

傳三十年。春。王正月。楚子使薳罷來聘。通嗣君也。郟敖即位。穆叔問王子之爲政何如。王子圍爲令尹。○問爲王子之爲政。一本作問王子圍之爲政。服虔王肅本同。【疏】傳王子之爲政。○正義曰。傳無圍字。故杜云王子圍爲令尹也。服虔云。王子。楚令尹王子圍也。王肅云。王子。楚令尹圍也。對曰。吾儕小人。食而聽事。猶懼不給命。而不免於戾。焉與知政。固問焉。不告。穆叔告大夫曰。楚令尹將有大事。子蕩將與焉。子蕩薳罷。○儕仕皆反。焉與。上於虔反。下音預。下將與。與於食同。助之匿其情矣。子圍素貴。郟敖微弱。諸侯皆知其將爲亂。故穆叔問之。○匿女力反。○子產相鄭伯以如晉。叔向問鄭國之政焉。對曰。吾得見與否。在此歲也。駟良方爭。未知所成。駟氏子皙也。良氏伯有也。○相息亮反。爭爭鬪之爭。下注駟良爭同。若有所成。吾得見。乃可知也。叔向曰。不既和矣乎。對曰。伯有侈而愎。愎很也。○愎彼力反。很胡懇反。子皙好在人上。莫能相下也。雖其和也。猶相積惡也。惡至無日矣。爲此年秋良霄出奔傳。○好呼報反。下遐稼反。○三月。癸未。晉悼夫人食輿人之城杞者。輿衆也。城杞在往年。○食音似。輿音餘。絳縣人或年長矣。無子。而往與於食。有與疑年。使之年。使言其年。○長丁丈反。【疏】有與至之年。○正義曰。有與同食者問此老人之年。不告以實。疑其年也。使之年者。更使言其眞年也。曰。臣小人也。不知紀年。臣生之歲。正月甲子朔。四百有四十五甲子矣。其季於今。三之一也。所稱正月謂夏正月也。三分六甲之一。得甲子甲戌。盡癸未。○夏戶雅反。吏走問諸朝。皆不知故問之。○吏走。一本作使走。如字。速疾之意也。一曰走使之人也。服虔王肅本作吏。云吏不知厤者。【疏】吏走問諸朝。○正義曰。俗本吏作使。服虔云。吏不知厤數。故走問於卿大夫。王肅云。吏不知厤也。師曠曰。魯叔仲惠伯會郤成子于承匡之歲也。在文十一年。【疏】師曠至歲也。○正義曰。劉炫云。傳之敘事自可以魯爲主。若載人語。則當如其本言。此師曠晉人。自道晉事。當云郤成子會魯叔仲惠伯。所以云叔仲惠伯會郤成子于承匡之歲者。上明意在以魯爲主。遂使此言反耳。上明尚不免於此。況後解說者乎。今知非者。凡晉史所記云公會某侯者。皆據公卿往會他。若他來會我。則以他爲文。若衛侯會公于沓。鄭伯會公于棐是也。今郤成子在承匡。晉往會之。以晉爲主。晉人之言。正是其宜。劉炫以爲晉人不當稱叔仲惠伯會郤成子。以爲上明之誤。恐非也。是歲也。狄伐魯。叔孫莊叔於是乎敗狄于鹹。獲長狄僑如。及虺也豹也。而皆以名其子。七十三年矣。叔孫僑如。叔孫豹皆取長狄名。○鹹

首咸僑其驕反虺虛鬼反〔疏〕是歲至年矣。正義曰敗狄于鹹事在彼歲未必其年頓生三子當是欲表其功雖在後生子追以前事名之史趙曰。亥有二首六身。史趙晉大史亥字二畫在上併三六爲身如算之六。畫音獲下同下二如身。是其日數也。下亥上二畫豎置身旁〔疏〕史趙至數也。正義曰二畫爲首六畫爲身下首之二畫竝之使如其身旁則是生來日數也因亥書似算位故假之以爲言其本作亥字不爲此也案字書古之亥字體殊不然蓋春秋之時亥字有二六之體異於古制其說文是小篆之書又異於此說文云亥荄也十月微陽起接盛陰從二二古文上字一人男一人女也從乚象懷子咳咳之形也士文伯曰。然則二萬二千六百有六旬也。文伯士弱之子〔疏〕士文至旬也。正義曰文十一年至此年爲七十四年而上云七十三年案文十一年正月甲子朔爲夏之正月是其年三月也此年之二月癸未是夏之十二月計爲七十三年猶尚年未終也假作全年算之置七十三年以全日三百六十五日乘之已得二萬六千六百四十五日也每年有四分日之一是四年而成一日以四除七十三年又得十八日并全日爲二萬六千六百六十三日計終此十二月盡有二萬六千六百六十三日四分日之一今除去三日四分日之一整取六旬合當十二月二十七日今杜長厤云二十三日癸未是少四日所以不與常厤同者蓋杜爲長厤約準春秋日月以爲長厤與常厤不同故置閏遠近不定蓋七十三年之內於常厤校四個大月而剩用四日故癸未爲二十三日若依常厤是二十七日也劉炫云所以少三日者文十一年非首章年其閒閏有前却故長厤此月辛酉朔二十三日得癸未求月庚寅朔計至朔長二日長厤去年閏入月由閏近故也趙孟問其縣大夫。則其屬也。屬趙武〔疏〕趙孟至屬也。正義曰諸是守邑之長公邑稱大夫私邑則稱宰此言問其縣大夫也絳非趙武私邑而云則其屬者蓋諸是公邑國卿分掌之而此邑屬趙武也召之而謝過焉。曰。武不才。任君之大事。以晉國之多虞。不能由吾子。由用也使吾子辱在泥塗久矣。武之罪也。敢謝不才。遂仕之。使助爲政。辭以老。與之田。使爲君復陶。復陶主衣服之官。○復音服〔疏〕注復陶至之官。正義曰昭十二年傳說楚子出猶云皮冠秦復陶翠被豹舄執鞭以出復陶之文在冠履之間知復陶是衣也此言君復陶知是主君衣服之官也衣服之名復陶其義未聞以爲絳縣師。縣師掌地域辨其夫家人民〔疏〕又以爲絳縣師。正義曰既使爲主衣服之官又以爲絳邑之縣師也周禮縣師上士二人其職掌邦國都鄙稍甸郊里之地域而辨其夫家人民田萊之數及其六畜車輦之稽凡造都邑量其地而制其域以歲時徵野之賦貢天子之縣師掌此諸事則諸侯之縣師亦當然故杜略引周禮以解之據如周禮則縣師是王朝之官而此言絳縣師者絳是晉國所都之邑蓋以居在絳邑故繫絳以言之而廢其輿尉。以役孤老故〔疏〕而廢其輿尉。正義曰服虔云輿尉軍尉主發衆使民於時趙武將中軍若是軍尉當是中軍尉也。注

以役孤老故。正義曰知者上云無子是孤年七十三是老也於是魯使者在晉。歸以語諸大夫。季武子曰。晉未可媮也。媮薄也。○使所吏反語魚據反媮它侯反有趙孟以爲大夫。有伯瑕以爲佐。伯瑕士文伯有史趙、師曠而咨度焉。有叔向、女齊以師保其君。其朝多君子。其庸可媮乎。勉事之而後可。傳言晉所以強不失諸侯且明懸也。○度待洛反○夏四月。己亥。鄭伯及其大夫盟。駟良爭故君子是以知鄭難之不已也。鄭伯微弱不能制其臣下君臣詛盟故曰亂未已。○難乃旦反詛側慮反○蔡景侯爲大子般娶于楚。通焉。大子弑景侯。終子產言有子禍也。○爲于僞反娶七住反○初。王儋季卒。儋季周靈王弟。○儋丁甘反其子括。將見王而歎。括除服見靈王入朝而歎。○括古活反見賢遍反注同單公子愆期爲靈王御士。過諸廷。愆期行過王廷。○單音善愆起虔反下同廷音庭注同聞其歎而言曰。烏乎。必有此夫。欲有此朝廷之權。○烏乎本又作嗚呼音同夫音扶入以告王。且曰。必殺之。不慼而願大。視躁而足高。心在他矣。不殺必害。王曰。童子何知。及靈王崩。儋括欲立王子佞夫。佞夫靈王子景王弟。○躁早報反佞夫弗知。戊子。儋括圍蔿。逐成愆。成愆蔿邑大夫。○蔿于委反成愆奔平畤。平畤周邑。○畤音止又音市本或作疇五月癸巳。尹言多、劉毅、單蔑、甘過、鞏成殺佞夫。五子周大夫。○過音戈鞏力勇反括、瑕、廖奔晉。括瑕廖不書賤也。○廖力彫反一音勑留反書曰。天王殺其弟佞夫。罪在王也。佞夫不知故經書在宋災下從赴○或叫于宋大廟。叫呼也。○叫古弔反大廟音泰一本無大字呼火故反曰。譆譆出出。譆譆熱也出出戒伯姬。○譆許其反出如字鄭注周禮引此作誒誒劉昌宗亦音出鳥鳴于亳社。殷社。○亳步各反〔疏〕鳥鳴于亳社。○正義曰哀四年亳社災穀梁傳曰亳社者亳之社也亳亡國也亡國之社以爲廟屏戒也然則此亳社是殷社也殷都於亳武王伐紂而頒其社於諸侯以爲亡國之戒此鳥鳴于魯國之亳社也服虔云殷宋之祖也故鳴其社伯姬魯女欲使魯往悟伯姬也如曰。譆譆。皆火妖也甲午。宋大災。宋伯姬卒。待姆也。姆女師。○姆徐音茂字林音亡又反一音母〔疏〕宋大災。○正義曰莊二十年齊大災杜云來告以大故書此不書大告者不言大也服虔

云不書大非災火及人伯姬坐而待之耳然則昭十八年衛宋陳鄭災皆及人何以不言大也。注姆女師。○正義曰鄭玄昏禮注云姆婦人年五十無子出而不復嫁能以婦道教人者若今時乳母矣何休云選老大夫妻爲姆也大夫之妻當在夫室安得從女而嫁也若言既爲夫人選大夫之妻爲之則禮言女未嫁而有姆非至夫家始選也君子謂宋共姬女而不婦。女待人。待人而行婦義事也。義從宜也伯姬時年六十左右〔疏〕注義從至左右。○正義曰義者宜也從宜宜辟火也成九年伯姬歸于宋至此四十年故爲六十左右也○六月。鄭子產如陳涖盟。歸復命。告大夫曰。陳亡國也。不可與也。不可與結好。○好呼報反聚禾粟。繕城郭。恃此二者而不撫其民。其君弱植。公子侈。大子卑。大夫敖。政多門。政不由一人。○植上職反植徐直吏反一音時力反敖五報反本亦作傲服本作放云淫放也〔疏〕其君弱植。○正義曰周禮謂草木爲植物植爲樹立君志弱不樹立也。大夫敖。○正義曰言大夫驕敖也服虔云言大夫淫放則服本爲大夫放矣故今俗本多爲放字以介於大國。介間也。○介音界能無亡乎。不過十年矣。爲昭八年楚滅陳傳○秋七月。叔弓如宋。葬共姬也。傷伯姬之遇災故使卿共葬。○共音恭○鄭伯有耆酒。爲窟室。窟室地室。○耆市志反窟口忽反而夜飲酒。擊鍾焉。朝至未已。朝者曰。公焉在。家臣故謂伯有爲公。○焉於虔反其人曰。吾公在壑谷。壑谷窟室。○壑呼洛反皆自朝布路而罷。布路分散。○罷皮買反徐扶彼反既而朝。伯有朝鄭君則又將使子皙如楚。歸而飲酒。庚子。子皙以駟氏之甲伐而焚之。伯有奔雍梁。雍梁鄭地。○雍於用反醒而後知之。遂奔許。大夫聚謀。子皮曰。仲虺之志仲虺湯左相。○醒星頂反相息亮反云。亂者取之。亡者侮之。推亡固存。國之利也。罕、駟、豐同生。罕子皮駟子皙豐公孫段也三家本同母兄弟。○侮亡甫反伯有汏侈。故不免。三家同出而伯有孤特又汏侈所以亡。○汏音泰人謂子產就直助彊。時謂子皙直三家彊子產曰。豈爲我徒。徒黨也言不以駟良爲黨國之禍難。誰知所敝。或主彊直。難乃不生。言能彊能直則可弭難今三家未能伯有方爭。○難乃旦反下及注同弭彌氏反爭爭鬭之爭姑成吾所。欲以無所附著爲所。○著直略反辛丑。子產斂伯有氏之死者而殯之。不及謀

而遂行不與於國謀○斂力豔反下同不與音預下文不與同印段從之義子產子皮止之衆曰人不我順何止焉子皮曰夫子禮於死者況生者乎遂自止之壬寅子產入癸卯子石入子石印段皆受盟于子皙氏乙巳鄭伯及其大夫盟于大宮大宮祖廟盟國人于師之梁之外師之梁鄭城門伯有聞鄭人之盟己也怒聞子皮之甲不與攻己也喜曰子皮與我矣癸丑晨自墓門之瀆入墓門鄭城門○瀆徐音豆因馬師頡介于襄庫以伐舊北門馬師頡子羽孫○頡戶結反介音界下文同駟帶率國人以伐之駟帶子西之子子皙之宗主皆召子產駟氏伯有俱召子產曰兄弟而及此吾從天所與兄弟恩等故無所偏助伯有死於羊肆羊肆市列子產襚之枕之股而哭之斂而殯諸伯有之臣在市側者既而葬諸斗城斗城鄭地名○襚音遂枕之鴆反股音古子駟氏欲攻子產子皮怒之曰禮國之幹也殺有禮禍莫大焉乃止斂葬伯有為有禮於是游吉如晉還聞難不入○懼禍并及難乃旦反復命于介八月甲子奔晉駟帶追之及酸棗與子上盟用兩珪質于河子上駟帶也沈珪於河為信也酸棗陳留縣○與子上用兩珪質于河質如字一音致一本作與子上絕句用兩珪質于河別為一句也沈音鴆又如字使公孫肸入盟大夫己巳復歸游吉歸也○肸許乙反書曰鄭人殺良霄不稱大夫言自外入也既出位絕非復鄭大夫○復扶又反於子蟜之卒也子蟜公孫蠆卒在十九年○蟜居表反將葬公孫揮與裨竈晨會事焉會葬事○揮許韋反過伯有氏其門上生莠子羽曰其莠猶在乎子羽公孫揮以莠喻伯有侈知其不能久存○莠羊九反草也於是歲在降婁降婁中而旦降婁奎婁也周七月今五月降婁中而天明○降戶江反下及注同奎苦圭反【疏】注降婁至天明○正義曰降婁奎婁釋天文也孫炎曰降下也奎為溝瀆故稱降也杜以周七月今五月降婁中而天明劉炫以為五月降婁未中而規杜失今知非者以二月諸星復位合昏奎婁在戌以衡反之平旦在辰又三月日體在胃平旦之時

奎婁在胃昴之前亦當在辰既三月平旦在辰則四月在巳五月在午月令旦危中者據夜有長短及星度有廣狹是細計之數杜據大略而言故與月令不同劉以月令之交而規杜氏非也可以終歲指降婁也歲星十二年而一終歲不及此次也已不及降婁裨竈指之曰猶其亡也歲在娵訾之口娵訾營室東壁二十八年歲星淫在玄枵今三十年在娵訾是歲星停在玄枵二年○娵子須反訾子斯反壁音壁枵許驕反【疏】注娵訾至二年○正義曰釋天云娵訾之口營室東壁也李巡曰娵訾玄武宿也營室東壁北方宿名孫炎曰娵訾之歎則口開方營室東壁四方似口故因名云十二次子為玄枵亥為娵訾二十八年傳稱歲在星紀而淫於玄枵二十八年已在玄枵今三十年始在娵訾三年始移一次是歲星住在玄枵二年也其明年乃及降婁僕展從伯有與之皆死僕展鄭大夫伯有黨羽頡出奔晉為任大夫羽頡馬師頡任晉縣今屬廣平郡○任音壬雞澤之會在三年鄭樂成奔楚遂適晉羽頡因之與之比而事趙文子言伐鄭之說焉以宋之盟故不可宋盟約弭兵故○比毗志反子皮以公孫鉏為馬師鉏子罕之子代羽頡○鉏仕居反楚公子圍殺大司馬蒍掩而取其室蒍掩二十五年為大司馬申無宇曰王子必不免無宇芋尹○芋于付反善人國之主也王子相楚國將善是封殖而虐之是禍國也且司馬令尹之偏偏佐也○相息亮反下善相之同而王之四體也俱股肱也絕民之主去身之偏艾王之體以禍其國無不祥大焉何以得免為昭十三年楚弒靈王傳○去起呂反艾魚廢反○為宋災故諸侯之大夫會以謀歸宋財冬十月叔孫豹會晉趙武齊公孫蠆宋向戌衛北宮佗鄭罕虎及小邾之大夫會于澶淵佗北宮之子○佗徒河反虎子皮既而無歸於宋故不書其人君子曰信其不可不慎乎澶淵之會卿不書不信也夫諸侯之上卿會而不信寵名皆棄不信之不可也如是寵謂族也○不信也夫音扶一讀以夫為下句首詩曰文王陟降在帝左右信之謂也詩大雅言文王所以能上接天下接人動順帝者唯以信又曰淑慎爾止無載爾偽不信

之謂也逸詩也言當善慎舉止無載行詐偽書曰某人某人會于澶淵宋災故尤之也傳云既而無歸所以釋諸侯大夫之不書也又云宋災故尤之所以釋向戌之并貶也戌為正卿深致火災燒殺其夫人未聞克己之意而以求財合諸侯故與不歸財者同文【疏】注傳云至同文○正義曰諸侯不歸宋財諸國大夫合貶耳向戌不合貶也而向戌亦貶稱人故傳明經所由杜又釋傳之意傳云既而無歸者是釋上傳之文故不書其人是也經又別言宋災故者此一句見向戌之并貶釋此傳書曰某人某人之文也向戌若不求財當顯書名氏今貶稱某人與諸國某人同故云所以釋向戌之并貶與不歸財者同文也不書魯大夫諱之也向戌既以災求財諸大夫許而不歸客主皆貶君子以尊尊之義也君親有隱故畧不書名大夫以示例○鄭子皮授子產政伯有死子皮知政以子產賢故讓之辭曰國小而偪偪近大國○偪彼力反近附近之近族大寵多不可為也為猶治也子皮曰虎帥以聽誰敢犯子子善相之國無小言在治政○治直吏反小能事大國乃寬為大所恤故也子產為政有事伯石賂與之邑伯石公孫段有事欲使之子大叔曰國皆其國也奚獨賂焉言鄭大夫共憂鄭國事何為獨賂之子產曰無欲實難言人不能無欲皆得其欲以從其事而要其成非我有成其在人乎言成猶在我非在他也○要一遙反下注同何愛於邑邑將焉往言猶在國○焉於虔反子大叔曰若四國何恐為四鄰所笑子產曰非相違也而相從也言賂以邑欲為和順四國何尤焉鄭書有之鄭國史書曰安定國家必大焉先先和大族而後國家安○少大焉先並如字姑先安大以待其所歸要其成也既伯石懼而歸邑卒與之卒終也伯有既死使大史命伯石為卿辭大史退則請命焉請大史更命己復命之又辭如是三乃受策入拜子產是以惡其為人也惡其虛飾○復扶又反三息暫反又如字策初革反惡烏路反注同使次己位畏其作亂故寵之子產使都鄙有章國都及邊鄙車服尊卑各有分部○分扶運反上下有服公卿大夫服不相踰田有封洫封疆也洫溝也洫況域反疆居良反廬井有伍廬舍也九夫為井使五家相保大人之忠儉者謂卿大夫○大人之忠儉者本或作大夫者非從而與之泰侈者因而斃之因其罪而斃踣之○

踣蒲北反豐卷將祭。請田焉。弗許。田獵也。○卷眷勉反，徐居阮反曰。唯君用鮮。鮮野獸眾給而已。眾臣祭以芻豢為足。○芻初俱反。豢音患。牛羊曰芻，犬豕曰豢子張怒。子張豐卷退而徵役。召兵欲攻子產子產奔晉。子皮止之。而逐豐卷。豐卷奔晉。子產請其田里。請於公不沒入三年而復之。反其田里及其入焉。田里所收入從政一年。輿人誦之曰。取我衣冠而褚之。褚畜也。奢侈者畏法，故畜藏。○褚張呂反，音勑六反，又許六反，本又作褚同取我田疇而伍之。孰殺子產。吾其與之。並畔為疇。○並蒲杏反，又蒲頂反及三年。又誦之曰。我有子弟。子產誨之。我有田疇。子產殖之。殖生也。○殖時力反，徐是吏反，此協下韻子產而死。誰其嗣之。嗣續也。傳言鄭所以興

經三十有一年。春。王正月。○夏六月。辛巳。公薨于楚宮。公不居先君之路寢而安所樂，失其所也。○樂音洛，一音岳，又一音五教反○秋。九月。癸巳。子野卒。未成君不書葬○己亥。仲孫羯卒。○冬。十月。滕子來會葬。諸侯會葬非禮○癸酉。葬我君襄公。○十有一月。莒人弒其君密州。不稱弒者主名，君無道也。○弒申志反

傳三十一年。春。王正月。穆叔至自會。澶淵會還見孟孝伯。語之曰。趙孟將死矣。其語偷。不似民主。偷苟且。○語之魚據反，下吾語諸同。偷他侯反且年未盈五十。而諄諄焉如八九十者。弗能久矣。成二年戰於鞌，趙朔已死，於是趙文子始生，至襄三十年會澶淵，蓋年四十七八，故言未盈五十。○諄徐之閏反，或一音之純反若趙孟死。為政者其韓子乎。韓子韓起吾子盍與季孫言之。可以樹善君子也。言韓起有君子之德，今方知政，可素往立善。○盍戶臘反晉君將失政矣。若不樹焉。使早備魯。使韓子早為魯備既而政在大夫。韓子懦弱。大夫多貪。求欲無厭。齊楚未足與也。魯其懼哉。孝伯曰。人生幾何。誰能無偷。朝不及夕。將安用樹。穆叔出而告人曰。孟孫將死矣。吾語諸趙孟之偷也。而又甚焉。言朝不及夕，偷之甚也。○懦乃亂反。厭於鹽反。人生幾何，居豈反，本或作民生。无幾何，朝如字，注同又與季孫語晉故。如與孟孫言季孫不從。及趙文子卒。在昭元年晉公室卑。政在侈家。韓宣子為政。不能圖諸侯。魯不堪晉求。讒慝弘多。是以有平丘之會。平丘會在昭十三年，晉人執季孫意如。○慝他得反○齊子尾害閭丘嬰。欲殺之。使帥師以伐陽州。陽州魯地我問師故。魯以師往問齊何故伐我夏五月。子尾殺閭丘嬰以說于我師。言伐魯者嬰所為也。伐陽州不書，不成伐。○說如字工僂灑。渻竈。孔虺。賈寅出奔莒。四子嬰之黨。○僂力侯反。灑所蟹反，舊所綺反。渻生領反，徐本作省，所幸反，一音息井反，一音銷。虺許鬼反出羣公子。為昭十年欒高之難復羣公子起本。○難乃旦反○公作楚宮。適楚好其宮，歸而作之。○好呼報反穆叔曰。大誓云。民之所欲。天必從之。今尚書大誓亦無此文，故諸儒疑之。○大音泰，本亦作泰【疏】注今尚書至疑之。○正義曰：今尚書大誓，謂漢魏諸儒馬融、鄭玄、王肅等所注者也。自秦焚詩書，漢初求之，尚書唯得二十八篇，故大常孔臧與孔安國書云：尚書二十八篇，前世以為放二十八宿，都不知尚書有百篇也。在後又得偽大誓一篇，通為二十九篇。漢魏以來，未立於學官。馬融尚書傳序云：大誓後得，案其文似若淺露。又春秋引大誓曰：民之所欲，天必從之。國語引大誓曰：朕夢協朕卜，襲于休祥，戎商必克。孟子引大誓曰：我武惟揚，侵于之疆，則取于殘，殺伐用張，于湯有光。孫卿引大誓曰：獨夫紂。禮記引大誓曰：予克紂，非予武，惟朕文考無罪；紂克予，非朕文考有罪，惟予小子無良。今之大誓皆無此言。吾見書傳多矣，所引大誓而不在大誓者甚眾，不復悉記，畧舉五事以明之，亦可知已。王肅亦云：大誓近非本經。是諸儒疑之也。杜氏在晉之初，亦未見真本。及江東晉元帝時，其豫章內史梅賾始獻孔安國所注古文尚書，其內有泰誓三篇，記傳所引大誓，其文悉皆有之君欲楚也夫。故作其宮。若不復適楚。必死是宮也。六月辛巳。公薨于楚宮。叔仲帶竊其拱璧。拱璧公大璧。○夫音扶。復扶又反。拱九勇反以與御人。納諸其懷。而從取之。由是得罪。得罪謂魯人薄之，故子孫不得志於魯立胡女敬歸之子子野。胡歸姓之國。敬歸襄公妾次于季氏。秋。九月。癸巳。卒。毀也。過哀毀瘠以致滅性。○瘠在亦反○己亥。孟孝伯卒。終穆叔言立敬歸之娣齊歸之子公子裯。齊謚。裯昭公名。○娣大計反。齊歸如字，注同。裯直由反穆叔不欲。曰。大子死。有母弟則立之。無則長立。立庶子則以年。○長丁丈反年鈞擇賢。義鈞則卜。古之道也。先人事後卜筮也。義鈞謂賢等非適嗣。何必娣之子。言子野非適嗣。○適丁歷反且是人也。居喪而不哀。在慼而有嘉容。是謂不度。不度之人。鮮不為患。若果立之。必為季氏憂。武子不聽。卒立之。比及葬。三易衰。衰衽如故衰。言其嬉戲無度。○鮮息淺反。比必利反，一本無及字。三如字，又息暫反。衰本又作縗，亦作榱，同，七雷反，下同。衽而甚反，徐而鴆反，裳下也。嬉許其反【疏】衽。○正義曰：喪服注云：衽為兩燕尾，凡用布三尺五寸，上正一尺，兩燕尾袤裁二尺五寸，下廣四寸，綴於身旁，所以掩裳際也於是昭公十九年矣。猶有童心。君子是以知其不能終也。為昭二十五年公孫於齊傳○冬。十月。滕成公來會葬。惰而多涕。惰不敬也。○惰徒臥反。涕他禮反子服惠伯曰。滕君將死矣。怠於其位。而哀已甚。兆於死所矣。有死兆能無從乎。為昭三年滕子卒傳○癸酉。葬襄公。公薨之月。子產相鄭伯以如晉。晉侯以我喪故。未之見也。子產使盡壞其館之垣。而納車馬焉。士文伯讓之曰。敝邑以政刑之不脩。寇盜充斥。充滿，斥見，言其多。○相息亮反。盡子忍反。壞音怪，下皆同。館古亂反，字從食，字林云：容舍也，旁作舍非。垣音袁，牆也。斥見賢遍反無若諸侯之屬辱在寡君者何。是以令吏人完客所館。館舍也。○令力呈反，下注同。完音丸高其閈閎。閎門也。○閈戶旦反。說文云：閭也，汝南平輿縣里門曰閈。沈云：閈也。閎獲耕反。杜云：門也。爾雅云：衖門謂之閎是也。爾雅又云：所以止扉謂之閎。然爾雅本止扉之名或作閣字，讀者因改左傳皆作各音。案下文云門不容車，此云高其閈閎，俱謂門耳，於義自通，無為穿鑿【疏】高其閈閎。○正義曰：說文云：閈，門也。汝南平輿里門曰閈。釋宮云：衖門謂之閎。李巡曰：衖頭門也。然則閈閎皆門名，言高為其門耳厚其牆垣。以無憂客使。無令客使憂寇盜。○使所吏反，注同今吾子壞之。雖從者能戒。其若異客何。以敝邑之為盟主。繕完葺牆。葺覆也。○從才用反，下賓從同。葺侵入反，徐音集，一音子入反。謂以草覆牆【疏】繕完葺牆。○正義曰：周禮匠人有葺屋、瓦屋。瓦屋以瓦覆，葺屋以草覆。此云葺牆，謂草覆牆也以待賓客。若皆毀之。其何以共命。寡君使匄請命。請問毀垣之命。○共音恭。匄本作丐，古害反。士文伯名也。今傳本皆作匄字，或作丐字，釋例亦然。解者云：士伯是范氏之族，不應與范宣子同名，作丐是也。案士文伯字伯瑕，又春秋時人名字皆相配，楚令尹陽丐字子瑕

即與文伯名字正同又鄭有騶乞字子瑕句與乞義同則作句者是又案魯有仲嬰齊是莊公之孫又有公孫嬰齊是文公之孫仲嬰齊於公孫嬰齊爲從祖同時同名鄭有公孫段字子石又云伯石印段字伯石傳又謂之二子石然印段即公孫段從父兄弟之子尚同名字伯瑕與宜子何廢同乎〔疏〕寡君使句○正義曰句士文伯名也晉宋古本及釋例皆作丏俗本作句此士文伯是范氏之別族不宜與范宣子同名今定本作句恐非褊小。介於大國。介間也誅求無時。誅責也是以不敢寧居。悉索敝賦。以來會時事。隨時來朝會○索所白反一音悉各反逢執事之不閒。而未得見。又不獲聞命。未知見時。不敢輸幣。亦不敢暴露。其輸之則君之府實也。非薦陳之不敢輸也。薦陳猶獻見也○閒音閑見賢遍反其暴露之則恐燥濕之不時而朽下及注同暴步卜反下同蠹。以重敝邑之罪。僑聞文公之爲盟主也。僑子產名文公晉重耳○燥素早反蠹丁故反蟲敗也以重直用反下重罪同僑其驕反重耳直龍反宮室卑庳。無觀臺榭。以崇大諸侯之館。館如公寢。庫廄繕脩。司空以時平易道路。易治也○庳音婢亦音卑觀古亂反榭音謝本亦作謝土高曰臺有木曰榭廄九又反易以豉反注同〔疏〕無觀臺榭○正義曰釋宮云四方而高曰臺有木者謂之榭李巡曰臺上有屋謂之榭然則臺榭皆高可升之以觀望言無觀望之臺榭也○館如公寢○正義曰言往前文公之客館如今日晉君之路寢也圬人以時塓館宮室。圬人塗者塓塗也○圬本作汚同音烏塓莫歷反〔疏〕圬人至宮室○正義曰釋宮云鏝謂之杇李巡曰鏝一名杇塗工作具也郭璞云泥鏝也然則圬是塗之所用因謂泥牆屋之人爲圬人塓亦泥也使此泥屋之人以時泥塗客館之宮室也諸侯賓至。甸設庭燎。庭燎設火於庭○甸徒遍反燎力妙反徐力遥反一音力弔反庭燎大燭〔疏〕庭燎○正義曰郊特牲云庭燎之百由齊桓公始也鄭玄云僭天子也庭燎之差公蓋五十侯伯子男皆三十僕人巡宮。巡宮行夜○行下孟反下巡行同車馬有所。有所處賓從有代。代客役巾車脂轄。巾車主車之官○巾車如字劉昌宗周禮音居覲反轄戶瞎反隸人牧圉各瞻其事。瞻視客所當得○瞻之廉反百官之屬各展其物。展陳也謂羣官各陳其物以待賓公不留賓。而亦無廢事。賓得速去則事不廢憂樂同之。事則巡之。巡行也○樂音洛教其不知。而恤其不足。賓至如歸。無寧菑患。言見遇如此寧當復有菑患邪無寧寧也○菑音災復扶又反不畏寇盜。而亦不患燥

濕。今銅鞮之宮數里。銅鞮晉離宮○鞮丁兮反數所主反而諸侯舍於隸人。舍如隸人舍門不容車。而不可踰越。門庭之內迫迮又有牆垣之限○迮側百反〔疏〕注門庭之內迫迮○正義曰知非館門卑小不得容車而云門庭之內迫迮者以傳稱舍於隸人明院宇迮小也盜賊公行。而天厲不戒。厲猶災也言水潦無時潦音老○賓見無時。命不可知。若又勿壞。是無所藏幣以重罪也。敢請執事。將何以命之。問晉命已所止之宜○見賢遍反雖君之有魯喪。亦敝邑之憂也。言鄭與魯亦有同姓之憂若獲薦幣。薦進也脩垣而行。行去也君之惠也。敢憚勤勞。文伯復命。反命於晉君趙文子曰。信。信如子產言我實不德。而以隸人之垣以贏諸侯。贏受也○贏音盈〔疏〕注贏受也○正義曰賈服王杜皆讀爲盈盈是滿也故皆訓爲受是吾罪也。使士文伯謝不敏焉。晉侯見鄭伯。有加禮。禮加敬厚其宴好而歸之。乃築諸侯之館。叔向曰。辭之不可以已也如是夫。子產有辭。諸侯賴之。若之何其釋辭也。詩曰。辭之輯矣。民之協矣。辭之繹矣。民之莫矣。詩大雅言辭輯睦則民協同辭說繹則民安定莫猶定也○好呼報反如是夫音扶讀者亦以夫爲下句首輯音集又七入反繹本又作懌音亦說音悅其知之矣。謂詩人知辭之有益○鄭子皮使印段如楚。以適晉告。禮也。得事大國之禮○莒犂比公生去疾及展輿。既立展輿。犂比莒子密州之號○犂力私反或音力兮反比音毗去起呂反輿音餘本又作與音同立以爲世子又廢之。犂比公虐。國人患之。十一月。展輿因國人以攻莒子。弒之。乃立。展輿立爲君○弒之乃立弒音試本或作乃自立者誤去疾奔齊。齊出也。去疾母齊女也展輿吳出也。爲明年奔吳傳書曰。莒人弒其君買朱鉏。買朱鉏密州之字○鉏仕居反言罪之在也。罪在鉏也傳始例申明君臣書弒今者父子故復重明例○復扶又反重直用反○吳子使屈狐庸聘于晉。狐庸巫臣之子也成七年適吳爲行人○屈君勿反狐音胡通路也。通吳晉之路趙文子問焉。曰。延州來季子。其果立乎。延州來季札邑〔疏〕延州來季札邑○正義曰釋例土地名延州來闕不知其

處則杜謂延州來三字共爲一邑服虔云延延陵也州來邑名季子讓王位升延陵爲六入食邑州來傳家通言之案傳文謂之延陵季子則是延陵與州來必不得爲一但不知何以呼爲延陵耳或延陵亦是邑名蓋並食二邑故連言之巢隕諸樊。在二十五年○隕于敏反閽戕戴吳。在二十五年戴吳餘祭○閽音昏戕在良反祭側界反天似啓之何如。對曰。不立。是二王之命也。非啓季子也。若天所啓。其在今嗣君乎。嗣君謂夷昧甚德而度。德不失民。民歸德度不失事。審事情民親而事有序。其天所啓也。有吳國者。必此君之子孫實終之。季子守節者也。雖有國不立。言其三兄雖欲傳國與之終不肯立○傳直專反○十二月。北宮文子相衛襄公以如楚。文子北宮佗襄公獻公子○相息亮反宋之盟故也。晉楚之從交相見也過鄭。印段廷勞于棐林。如聘禮而以勞辭。用聘禮而用郊勞之辭○過五禾反廷于況反勞力報反下及注同棐芳尾反本又作斐文子入聘。報印段子羽爲行人。馮簡子與子大叔逆客。逆文子事畢而出。言於衛侯曰。鄭有禮。其數世之福也。其無大國之討乎。詩云。誰能執熱。逝不以濯。詩大雅濯以水濯手○數所主反濯直角反禮之於政。如熱之有濯也。濯以救熱。何患之有。此以上文子辭○上時掌反子產之從政也。擇能而使之。馮簡子能斷大事。子大叔美秀而文。其貌美其才秀○斷丁亂反下同公孫揮能知四國之爲。知諸侯所欲爲而辨於其大夫之族姓。班位貴賤能否。而又善爲辭令。裨諶能謀。謀於野則獲。得所謀也○裨婢支反諶市林反謀於邑則否。此才性之敝鄭國將有諸侯之事。子產乃問四國之爲於子羽。且使多爲辭令。與裨諶乘以適野。使謀可否。而告馮簡子使斷之。事成。乃授子大叔使行之。以應對賓客。是以鮮有敗事。北宮文子所謂有禮也。傳跡子產行事以明北宮文子之言○乘繩證反鮮息淺反○鄭人游于鄉校。鄉之學校○校戶孝反下同鄭國謂學爲校以

論執政。論其得失。然明謂子產曰。毀鄉校何如。患人於中謗議國政。○謗，布浪反。【疏】鄉校。○正義曰：詩序云子衿刺學校廢，是校爲學之別名。子產曰。何爲。夫人朝夕退而游焉。以議執政之善否。其所善者。吾則行之。其所惡者。吾則改之。是吾師也。若之何毀之。我聞忠善以損怨。爲忠善則怨謗息。○夫音扶，下并注同。朝，直遙反。舊如字。惡，烏路反，又如字。不聞作威以防怨。欲毀鄉校，即作威。豈不遽止。然猶防川。遽，畏懼也。遽，其據反。大決所犯。傷人必多。吾不克救也。不如小決使道。道，通也。○道音導，注同。不如吾聞而藥之也。以爲己藥石。【疏】不如至之也。○正義曰：言不如不毀鄉校，使人游處其中，聞謗我之政者而即改焉，以爲我之藥石也。然明曰。蔑也今而後知吾子之信可事也。小人實不才。若果行此。其鄭國實賴之。豈唯二三臣。仲尼聞是語也。曰。以是觀之。人謂子產不仁。吾不信也。仲尼以二十二年生，於是十歲，長而後聞之。○長，丁丈反。【疏】注仲尼至聞之。○正義曰：公羊傳於二十一年十一月之下云：十有一月庚子，孔子生。穀梁傳於二十一年十月之下云：庚子，孔子生。賈逵注經云：此言仲尼生，哀十六年夏四月己丑卒，七十三年。昭二十四年服虔載賈逵語云：是歲孟僖子卒，屬其子使事仲尼，仲尼時年三十五。定以孔子爲襄二十一年生也。孔子世家云：魯襄公二十二年而孔子生，年七十三，魯哀公十六年夏四月己丑卒。杜此注從史記也。

○子皮欲使尹何爲邑。爲邑大夫。子產曰。少。未知可否。尹何年少。○少，詩照反，注同。子皮曰。愿。吾愛之。不吾叛也。愿，謹善也。○愿音願。【疏】不吾叛也。○正義曰：謂尹何也。劉炫云：叛，違也。欲令子產不於我有違，得使尹何爲邑也。使夫往而學焉。夫亦愈知治矣。夫謂尹何。○治，直吏反，下注之治同。【疏】夫亦愈知治矣。○正義曰：病差謂之愈，言不能之病愈，知治必速也。劉炫云：尹何比未解治邑，以爲己病，今若遣往學治邑之病差，自然以後知治邑矣。子產曰。不可。人之愛人。求利之也。今吾子愛人則以政。以政與之。猶未能操刀而使割也。其傷實多。多自傷。○操，七刀反。其傷實多，一本作其傷多。子之愛人。傷之而已。其誰敢求愛於子。子於鄭國。棟也。棟折榱崩。僑將厭焉。敢不盡言。子有美錦。不使人學製焉。製，裁也。○棟，丁弄反。榱，所追反，椽也。厭，本又作壓，於甲反，徐於輒反，下同。製音制。

大官大邑。身之所庇也。而使學者製焉。其爲美錦。不亦多乎。言官邑之重多於美錦。○所庇，必利反，又音祕。僑聞學而後入政。未聞以政學者也。若果行此。必有所害。譬如田獵。射御貫則能獲禽。貫，習也。○貫，古患反。若未嘗登車射御。則敗績厭覆是懼。何暇思獲。子皮曰。善哉。虎不敏。吾聞君子務知大者遠者。小人務知小者近者。我小人也。衣服附在吾身。我知而慎之。大官大邑所以庇身也。我遠而慢之。慢，易也。○覆，芳服反。易，以豉反。微子之言。吾不知也。他日我曰。子爲鄭國。我爲吾家。以庇焉其可也。今而後知不足。自知謀慮不足。自今請雖吾家。聽子而行。子產曰。人心之不同。如其面焉。吾豈敢謂子面如吾面乎。抑心所謂危。亦以告也。子皮以爲忠。故委政焉。子產是以能爲鄭國。傳言子產之治，乃子皮之力。○衛侯在楚。北宮文子見令尹圍之威儀。言於衛侯曰。令尹似君矣。將有他志。言語瞻視，行步不常。【疏】令尹似君矣。○正義曰：言令尹威儀已是國君之容矣。服虔云：言令尹動作以君儀，故云以君矣。服言以君儀者，明年傳云一執戈者前矣，是用君儀也。俗本作似君，若云似君，不須言矣。今定本亦作似君，恐非。雖獲其志。不能終也。詩云。靡不有初。鮮克有終。終之實難。令尹其將不免。公曰。子何以知之。對曰。詩云。敬慎威儀。惟民之則。令尹無威儀。民無則焉。民所不則。以在民上。不可以終。公曰。善哉。何謂威儀。對曰。有威而可畏謂之威。有儀而可象謂之儀。君有君之威儀。其臣畏而愛之。則而象之。故能有其國家。令聞長世。臣有臣之威儀。其下畏而愛之。故能守其官職。保族宜家。順是以下皆如是。是以上下能相固也。衛詩曰。威儀棣棣。不可選也。詩邶風。棣棣，富而閑也。選，數也。○鮮，息淺反。令聞，音問，本亦作問。衛詩，此邶詩，刺衛頃公，故曰衛詩。棣，本又作逮，直待反。選，息兗反，注同。數，所主反，下文同。

言君臣上下。父子兄弟。內外大小。皆有威儀也。周詩曰。朋友攸攝。攝以威儀。詩大雅。攸，所也。攝，佐也。言朋友之道。必相教訓以威儀也。周書數文王之德曰。逸書也。大國畏其力。小國懷其德。言畏而愛之也。詩云。不識不知。順帝之則。言則而象之也。大雅。又言文王行事無所斟酌，唯在則象上天。○斟，之林反。【疏】曰大至其德。○正義曰：尚書武成篇曰：大國以威加小國，以德撫，故大畏力，小懷德也。○不識至之也。○正義曰：不識不知，謂不妄斟酌以爲識知，唯順天之法則，是言則而象之，謂文王法則放象上天而行。下傳覆此，謂天下則象文王，不同者，謂文王能則象於天，故天下亦則象文王也。紂囚文王七年。諸侯皆從之囚。紂於是乎懼而歸之。可謂愛之。文王伐崇。再駕而降爲臣。文王聞崇德亂而伐之，三旬不降，退脩教而復伐之，因壘而降。○降，戶江反。復，扶又反。【疏】紂囚文王七年。○正義曰：傳言囚文王七年，文王必七年爲囚矣。尚書無逸云：文王受命惟中身，厥享國五十年。則文王在位歷年多矣，未知何時被囚也。周本紀稱紂囚西伯於羑里，閎天之徒求美女美寶而獻之紂，紂大說，乃赦西伯，賜之弓矢，使之得征伐其下。乃云虞芮爭獄，俱讓而去，諸侯聞之曰：西伯受命之君也。如馬遷所云，虞芮質獄之前被囚也。尚書傳稱文王一年質虞芮，二年伐邘，三年伐密須，四年伐犬夷，紂乃囚之，四友獻寶，乃得免於虎口，出而伐耆。鄭玄尚書注據書傳爲說，云紂聞文王斷虞芮之訟，後又三伐皆勝，始畏而惡之，拘於羑里。紂得散宜生等獻寶而釋文王，文王釋而伐黎。以爲四年囚之，五年釋之，即如所言，被囚不盈一年，此傳不得言紂囚文王七年也。文王既已改元而又專伐諸國，是則反形已露，雖紂之愚，非寶貨所能釋也。馬遷之言當得其實，在質虞芮之前囚之，故囚之得七年也。蠻夷帥服。可謂畏之。文王之功。天下誦而歌舞之。可謂則之。文王之行。至今爲法。可謂象之。有威儀也。故君子在位可畏。施舍可愛。進退可度。周旋可則。容止可觀。作事可法。德行可象。聲氣可樂。動作有文。言語有章。以臨其下。謂之有威儀也。○行，下孟反，下同。樂音洛，又音岳。

經三十年

春秋左傳注疏卷四十校勘記　阮元撰盧宣旬摘錄

附釋音春秋左傳注疏卷第四十　襄三十年盡三十一年

天火曰灾　宋本淳熙本纂圖本明翻岳本閩本監本毛本灾作災

共姬從夫謚也　宋本明翻岳本毛本謚作謚非

據傳子晳伐伯有　閩本監本毛本晳誤晢

宋灾故　石經宋本淳熙本纂圖本明翻岳本毛本灾作災石經故下後人增也字非也

杜此注故以唯言惡宋人　宋本監本毛本故作何是也

以傳云書曰某人某人　浦鏜正誤云某人下脫會于澶淵四字山井鼎云某作厶俗字也

傳三十年

穆叔問王子之爲政何如　釋文作問王子圍之爲政云一本無圍字案石經此行重刻疑初刊有圍字也

王子之爲政　宋本此節正義在注文故穆叔問之下

子蕩將與焉　石經宋本淳熙本纂圖本明翻岳本閩本監本毛本作蕩此本誤湯今訂正

三月癸未　石經宋本淳熙本明翻岳本足利本三作二不悞

有與疑年　石經有與一行九字初刻有字下有兩字後刊去刻與字

有與至之年　宋本此節正義起至注以役孤老故止揔入勉事之而後可注下

得甲子甲戌　纂圖本閩本監本毛本戌作戍亦非宋本淳熙本明翻岳本作戌是也

吏走問諸朝　釋文作使案正義曰俗本吏作使

魯叔仲惠伯會郤成子于承匡之歲也　石經仲字起承字止此行九字惠伯會郤四字係改刊

晉人之言　宋本之作所

併三六爲身　閩本監本毛本六誤人

然則二萬二千六百有六旬也　淳熙本明翻岳本足利本二千作六千與石經合按正義本同

爲一十四年　宋本閩本監本毛本一作七是也

得二萬六千一百四十五日也　宋本閩本監本毛本一作六不誤

所以少三日者　宋本三作二

辯其夫家人民　淳熙本明翻岳本辯作辨案周禮作辨

田來之數　宋本來作萊不誤閩本監本毛本作畒非也

蓋以居在絳邑　閩本監本毛本居作車非是

其庸可媮乎　纂圖本媮誤偷

蔡景侯爲大子般娶于楚　石經此處刓缺顧炎武云娶誤作聚所據謬刻也釋文于作於

單公子愆期爲靈王御士　石經期誤旗

烏乎必有此夫　石經宋本淳熙本乎作呼釋文作嗚呼云本又作烏乎

不殺必害　石經必下有爲字非也

或叫于宋大廟曰譆譆出出　宋本明翻岳本叫作叫釋文同石經作叫惠棟云叫說文引作計云大呼也傳遜曰說文云譆痛也案說文誒可惡之辭引傳云誒誒出出從言矣聲譆痛也从言喜聲蓋許意謂左作誒誒即譆譆之假借字也其所見左氏作誒與他家作譆者異耳鄭氏周禮注引作譆譆詘詘釋文云一本無大字

烏鳴于亳社　宋本以下正義四節揔入婦義事也注下

大及人　閩本監本毛本大作火

鄭元昏禮注云　宋本元作云

聚禾粟　石經及諸本作禾此本誤木今訂正

大夫敖　釋文云敖本亦作傲服虔作放案正義云言大夫驕敖也服虔云言大夫淫放則服本爲大夫放矣故今俗本多爲放字

其君弱植　宋本以下正義二節揔入能無亡乎節注下

植爲樹立　宋本爲作謂

則又將使子晳如楚　閩本監本晳作晢非也下同

伯有汰侈故不免　石經此處刓缺宋本淳熙本明翻岳本汰作汏是也注同釋文亦作汏

就直助彊　閩本監本彊作疆非也下及注同

今三家未能伯有方爭　宋本淳熙本纂圖本明翻岳本足利本能下有則字

壬寅子産入　淳熙本入誤人

聞子皮之甲不與攻已也　淳熙本甲誤申

子皮與伐矣　石經宋本淳熙本纂圖本明翻岳本閩本監本毛本伐作我是也

駟帶追之　石經駟作四顧炎武云石經駟誤四是也

注降婁至天明　宋本以下正義二節揔入子皮以公孫鉏爲馬師注下

而規杜失　毛本失誤矣監本初亦作矣後刊去厶

以衡反之　宋本閩本監本毛本作衡此本誤衜今改正

歲星十二年而一歲　宋本淳熙本纂圖本明翻岳本足利本一歲作一終是也

娵訾營室東壁　宋本淳熙本纂圖本明翻岳本閩本監本毛本璧作壁是也

故因名云　宋本云下有也字

楚公子圍殺大司馬蒍掩而取其室　石經宋本蒍作薳

蒍掩二十五年爲大司馬　宋本蒍作薳

佗北宮之子　纂圖本監本毛本宮下有結字閩本初刻無後擠刊宋本淳熙本明翻岳本足利本結作括是也

又曰淑愼爾止無載爾僞　注云逸詩案陳樹華云又曰二字即承上而言似皆屬大雅之文梁履繩云廿一年傳詩曰優哉游哉聊以卒歲杜云詩小雅正義曰此采菽之篇彼詩云優哉游哉亦是戾矣與此不同者蓋師讀有異是可取以爲證

宋災故尤之也　石經宋災上有爲字按此左氏援引聖經斷不妄增一字石經凡若此等皆唐時濫惡之本名儒所不窺者而板本轉相傳不誤也

戌爲正卿　宋本正作政

而以求才合諸侯　宋本淳熙本纂圖本明翻岳本閩本監本毛本才作財是也下同

注傳云至同文　宋本此節正義在諱之也注下監本云作文非也

諸侯不歸宋才　宋本閩本監本毛本才作財不誤

諸大夫許而不歸　足利本諸下有侯字非

言成猶在我非在他也　宋本淳熙本無也字

乃受策入拜　石經淳熙本策作筴釋文作筴

使次已位　石經宋本明翻岳本已作己是也

大人之忠儉者　石經初刻夫後改人釋文云本或作大夫者非

因其罪而斃踣之　宋本淳熙本纂圖本明翻岳本足利本其下有有字是也

請於公不役入　明翻岳本足利本役作沒陳樹華云十一年傳云以其役邑入者無征可證閩本監本毛本入作人非也

取我衣冠而褚之　案呂覽樂成篇作貯之元應書引同盧文弨云周禮廛人注褚藏釋文云褚本作貯又作褚

褚畜也　纂圖本畜作蓄釋文作褚云本又作畜同

子産而死誰其嗣之　案呂覽樂成篇而作若李善東都賦注潘安仁關中詩注褚淵碑文注引並作

若

經三十一年

莒人殺其君密州　案傳作買朱鉏段玉裁云與密州音相同左傳經自作買朱鉏疑後人以公穀之經易此

傳三十一年

人生幾何　漢書引傳作民生幾何釋文同云本或作民生無幾何案臧琳云陸本與漢志正同當從之本或作無幾何無衍字也

渻寵　諸本作消釋文云徐本作省

大誓云　釋文云大本亦作泰案尚書撰異云大誓與大誥之大同音泰者非據正義引顧彪說則作泰誓尚在彪以前非衛包始改

注今尚至疑之　宋本此節正義在由是得罪注下

戎商必克　閩本監本毛本戎作伐誤也

略舉五事以明之　閩本監本毛本舉改引

大誓近非本經　段玉裁據書正義近下增得字非下增其字

而從取之　石經初刻而從誤倒後改正

胡歸姓之國　淳熙本姓作子

年鈞擇賢義鈞則卜　閩本監本毛本鈞誤均注同

非適嗣　釋文亦作適石經初刻作嫡後改從適纂圖本閩本監本毛本作嫡非也

三易衰衽如故衰　史記漢書五行志引亦作衰石經初刻並作褰後改衰釋文作褰云本又作縗亦作衰字按縗正字也衰假借字也褰俗字也

衽　宋本此節正義在於是昭公十九年矣注下

公孫於齊傳　閩本監本傳誤傳

子產使盡壞其館之垣　釋文云館字從食字林云客舍也旁或作舍非

高其閈閎　釋文云閎或作閣字案爾雅釋宫郭注引作高其閈閣釋文云云即郭氏所據本也今本爾雅注作閎者乃後人所改

閎門也　後漢書馬援傳注引杜氏左傳注閈閎門也此但解閎疑有脫

高其閈閎　宋本以下正義九節揔入其知之矣注下

然則閈閎皆門名　宋本皆下有是字是也

繕完葺牆　李涪刊誤云繕完葺三字於文爲繁當是繕宇葺牆以書之峻宇雕牆爲比段玉裁云古三字重疊者時有安可以今人文法繩之下文無觀臺榭豈非三字重疊耶況此篇因壞垣屬辭士文伯誇垣之好不應見毀添設宇字則無謂矣

寡君使匄請命　明翻岳本匄作匃釋文作丏正義云晉宋古本及釋例皆作丏俗本作匄此士文伯是范氏之別族不宜與范宣子同名今定本作匄恐非據此則正義本作丏字也

皆作丏　宋本丏字則作丐字按作丐則當彌兗切作匄則古代切而丐則匄之俗體耳

宮室卑庳　纂圖本庳誤痺張載魏都賦注引作埤案說文庳中伏舍从广卑聲一曰屋庳或讀若逋則此當作庳爲正

圬人以時塓館宫室　張載魏都賦注引塓作冪按廣雅作墳而塓塓冪皆說文所無說文祇有幎字圬人塗塈義出於此釋文圬作污云本又作圬

由齊相公始也　宋本監本毛本相作桓按作相避諱也

今銅鞮之宫數里　纂圖本今誤合鞮誤鍉閩本監本毛本亦誤作鍉注同

而天厲不戒　石經宋本淳熙本纂圖本明翻岳本天厲作天癘毛誼父六經正誤云夭癘不戒注疏及臨川本作天地之夭興國本監本作天閼之夭案杜氏注云癘猶災也言水潦無時據此義則當作天地之天然經有言癘疫天札則天癘亦不爲非陸粲附注云天厲者天之厲氣猶周官司救所謂天患陳樹華云毛氏未見石經故不能遽定哀元年傳云天有菑癘更是一證又按凡經典癘疾癘鬼字皆从疒而轉寫傳刻多譌爲厲正之不可勝正

賈服王注　宋本注作杜是也

辭之繹矣　釋文繹本亦作懌案詩作懌俗字

展與立爲君　諸本作與此作與因釋文又作之字而誤改也○今訂正

莒人弒其君買朱鉏　監本鉏誤組注同

成七年適吳爲行人　纂圖本監本毛本七誤十閩本作卜亦非

延州來季札邑　毛本延上有注字宋本此節正義在雖有國不立注下

在二十五年　宋本淳熙本纂圖本明翻岳本足利本五作九是也

嗣君謂夷昧　宋本明翻岳本昧作末字按依宋本作末則作昧之本亦當是左日右末非左日右未也

文子北宫佗　毛本佗誤陀

印段廷勞于棐林　釋文棐本又作斐石經此行改刊計九字

此才性之微　明翻岳本足利本微作蔽

鄉校　宋本以下正義三節揔入吾不信也注下

夫人朝夕退而游焉　石經初刻脫朝字重刊增入此行計十一字纂圖本游作遊

十有一月庚子　孫志祖云案公羊經上文云十月庚辰朔則庚子爲十月二十一日十一月不得有庚子也釋文庚子孔子生傳文上有十月庚辰此亦十月也據此則古本公羊無十有一月四字有者後人妄增穀梁亦作十月蓋孔子以周之十月夏正八月二十一日生此作十有一月孔仲達所據本已誤

蜀其子使事仲尼　宋本閩本監本毛本蜀作屬是也

愿吾愛之　石經初刻似作願改刊作愿

不吾叛也　宋本以下正義二節揔入子產是以能爲鄭國注下

猶未能操刀而使割也　纂圖本未誤夫

令尹似君矣　石經宋本淳熙本纂圖本明翻岳本閩本監本毛本作似漢書五行志引傳亦作似正義曰服虔云言令尹動作以君儀故云以君矣俗本作似君矣按此條孔本作似君而正義詳引服注明當作以君極爲明晰

令尹似君矣之下　宋本以下正義四節揔入謂之有威儀也

言令尹動作以君儀故云以君矣　王應麟引亦作以閩本監本毛本誤似

今定本亦作以之恐非　閩本監本毛本之作字宋本作似君恐非是也

令聞長世　釋文聞本亦作問李善魏都賦注景福殿賦注引並作問

威儀棣棣　釋文棣棣本又作逮逮案禮記孔子閒居作威儀逮逮

富而閑也　毛本閑作閒字按閒即嫺字之假借說文嫺雅也按毛傳作棣棣富而閑習也

尚書武成篇曰　宋本曰作也

大本紀　宋本大作周不誤山井鼎云恐又字誤非也

二年伐邘　宋本毛本邘作邢是也閩本作邢監本作刊

四年伐犬夷　閩本監本毛本犬誤大

附釋音春秋左傳注疏卷第四十　止

附釋音春秋左傳注疏卷第四十一 起元年盡元年

杜氏注　孔穎達疏

昭公

○陸曰：昭公名裯，襄公子，母齊歸，在位二十五年，遜于齊，在外八年，凡三十三年，薨于乾侯。諡法：威儀恭明曰昭。〔疏〕正義曰：魯世家昭公名裯，襄公之子，齊歸所生，以周景王四年即位。諡法：威儀共明曰昭。是歲歲在大梁。

經元年春王正月，公即位。無傳。○叔孫豹會晉趙武、楚公子圍、齊國弱、宋向戌、衛齊惡、陳公子招、蔡公孫歸生、鄭罕虎、許人、曹人于虢。招實陳侯母弟，不稱弟者，義與莊二十五年公子友同。今讀舊書，則楚當先晉，而先書趙武者，亦取宋盟貴武之信，故尚之也。衛在陳蔡上，先至於魯。○招，常遙反。虢，瓜百反。當先，悉薦反。〔疏〕注招實至於魯。○正義曰：八年經書陳侯之弟招，故知是陳侯母弟也。不稱弟者云云，莊二十五年注云：公子友，莊公之母弟，稱公子者，史策之通言。母弟至親，異於他臣，其相殺害則稱弟以示義。至於嘉好之事，兄弟篤睦，非例所興，或稱弟，或稱公子，仍舊史之文也。八年招殺世子，故稱弟以章招罪。此奉使以會諸國，非義例之所興，舊史書為公子，而仲尼因之也。公羊傳曰：此陳侯之弟招也，何以不稱弟？貶。曷為貶殺世子偃師貶。大夫相殺稱人，此其稱名氏以殺何？言將自是弒君也。然則曷為不於其弒焉貶？以親者弒，然後其罪惡甚。春秋不待貶絕而罪惡見者，不貶絕以見罪惡也；貶絕然後罪惡見者，貶絕以見罪惡也。今招之罪已重矣，曷為復貶乎此？著招之有罪也。何著乎招之有罪？言楚之託乎討招以滅陳也。其意言八年楚託討於招以滅陳，著招之罪重，故於此預貶之。先儒或取公羊為說。釋例云：頴氏曰：臣無竟外之交，故去弟以貶。季友、子招樂憂，故去弟以懲過。鄭段去弟，唯以名通，故謂之貶。今此二人皆書公子，公子者，名號之美稱，非貶所也。是解招不稱弟之意也。春秋之初，衛在陳上。莊十六年幽之盟，衛在陳下。自爾以來，常在陳下。莊十六年注云：陳國小，每盟會皆在衛下。齊桓始霸，楚亦始彊，陳侯介於二大國之間，而為三恪之客，故齊桓因而進之，遂班在衛上，終於春秋。是衛之班次常在陳下。今衛乃在蔡之上，必有其故也。襄十年諸侯伐鄭，齊世子光序在滕子之上，傳曰：齊崔杼使大子光先至于師，故長於滕。是先至有進班之理，故謂此為先至於會故也。

○三月，取鄆。不稱將帥，將卑師少。書取，言易也。○鄆音運。將，子匠反，下同。帥，所類反。易，以豉反。〔疏〕注不稱至易也。○正義曰：將卑師少，例當稱人。魯史不得自言魯人，直書所為之事，明其有人取之也。若將卑師衆，則言師取某。襄十三年傳例云：凡書取，言易也。故杜以此為易耳。賈逵云：楚以伐莒來討，故諱伐不諱取。劉炫以賈說為是，故又規杜云：案傳武子伐莒，知非將卑師少也。稱伐則是非易也，杜何得以為易將卑師少乎？今刪定知不然者，以諸稱取，傳皆以易釋之，此取文與彼同，故以為易也。若以武子伐而取之，則致力難重，當以滅為文，與滅項同也。案滅項被討，不諱滅，此亦被討，何以諱滅而言取？若必有所諱，當傳有其事。今傳云莒魯爭鄆，為日久矣，魯無大罪，亦何所諱也？傳云武子伐莒者，武子為伐莒之主耳，別遣小將而行，故不書武子，猶如成二年傳言楚子重侵衛，經書楚師，杜云子重不書，不親兵之類是也。不書伐者，以兵未加鄆，鄆人逆服，與襄九年傳稱諸侯圍鄭，經不書，杜云鄭人逆服不成圍相似。劉以賈氏之注而規杜氏，非也。

○夏，秦伯之弟鍼出奔晉。稱弟，罪秦伯。○鍼，其廉反。○六月丁巳，邾子華卒。無傳。三同盟。〔疏〕注三同盟。正義曰：華以襄十八年即位，十九年盟于祝柯，二十年于澶淵，二十五年于重丘，皆邾魯俱在，是三同盟。○晉荀吳帥師敗狄于大鹵。大鹵，大原晉陽縣。○大鹵，大如字，徐音泰。鹵音魯。穀梁傳云：中國曰大原，夷狄曰大鹵。○秋，莒去疾自齊入于莒。國逆而立之曰入。○去，起呂反。莒展輿出奔吳。弒君賊，未會諸侯，故不稱爵。○莒展輿出奔吳，一本莒展出奔吳。〔疏〕注弒君至稱爵。○正義曰：釋例云：諸侯不受先君之命而篡立，得與諸侯會者，則以成君書之；若未得接於諸侯，則不稱爵。傳曰：會于平州，以定公位。又云：先君若有罪，則君列諸會矣。此以會為斷也。是杜據彼傳之二文，知此為未會諸侯，不稱爵。○叔弓帥師疆鄆田。春取鄆，今正其封疆。○疆，居良反，注同。葬邾悼公。無傳。○冬十有一月己酉，楚子麇卒。楚以瘧疾赴，故不書弒。○麇，九倫反。瘧音虐。書弒，申志反，或作殺，音同。〔疏〕注楚以至書弒。正義曰：傳稱縊而弒之，而經書卒者，襄七年鄭子駟使賊夜弒僖公，而以瘧疾赴于諸侯，而經書為卒，知此亦以瘧疾赴，故不書弒。○公子比出奔晉。書名，罪之。〔疏〕注書名罪之。○正義曰：齊崔氏、宋司城無罪，書氏書官。此傳無罪狀，直以不能自固其從耳。出奔又無可善，無可善即是罪，未必犯大罪也。

傳元年春，楚公子圍聘于鄭，且娶於公孫段氏。伍舉為介。伍舉，椒舉。介，副也。○娶，七住反。介音界，注同。將入館。就客舍。鄭人惡之。知楚懷詐。○惡，烏路反。使行人子羽與之言，乃館於外。舍城外。既聘，將以衆逆。以兵入逆婦。子產患之，使子羽辭曰：以敝邑褊小，不足以容從者，請墠聽命。欲於城外除地為墠，行昏禮。○褊，必淺反。下同。從，才用反。墠音善。令尹命大宰伯州犁對曰：君辱貺寡大夫圍，謂圍將使豐氏撫有而室。豐氏，公孫段。○貺音況。圍布几筵，告於莊、共之廟而來。莊王，圍之祖。共王，圍之父。○几，本亦作机。筵音延。共音恭。〔疏〕圍布至而來。○正義曰：聘禮，臣奉君命聘於鄰國，猶尚釋幣于禰乃行，況昏是嘉禮之重，故圍自布几筵，告父祖之廟而來也。文王世子曰：五廟之孫，祖廟未毀，雖為庶人，冠取妻必告。鄭玄云：告於君也。亦既告君，必須告廟。君尊，不主臣昏，故圍自告也。若野賜之，是委君貺於草莽也，是寡大夫不得列於諸卿也。言不得從卿禮。○莽，莫蕩反。〔疏〕若野至卿也。○正義曰：言我若受野賜之禮，則是委頓我君之命，得貺於草莽之中，則是寡大夫不得列於諸卿之位也。不寧唯是，又使圍蒙其先君，蒙，欺也。告先君而來，不得成禮於女氏之廟，故以為欺先君。〔疏〕不寧至先君。○正義曰：不寧，寧也。言寧有唯是之事，又使圍蒙其先君，連讀為義也。告廟云將向豐氏之家取妻，若使受之於野，不至豐氏之家，是欺先君也。言又者，既辱令君，又辱先君，故云又也。將不得為寡君老，大臣稱老。懼辱命而黜退。其蔑以復矣。唯大夫圖之。子羽曰：小國無罪，恃實其罪。恃大國而無備，則是罪。將恃大國之安靖己，而無乃包藏禍心以圖之。小國失恃，而懲諸侯，使莫不憾者，距違君命，而有所壅塞不行是懼。言已失所恃，則諸侯懲恨，以距君命，壅塞不行，所懼唯此。○懲，直升反。憾，戶暗反。壅，本又作擁，於勇反，注及下注同。不然，敝邑館人之屬也。館人，守舍人也。其敢愛豐氏之祧。祧，遠祖廟。○祧，他彫反。〔疏〕注祧遠祖廟。○正義曰：祭法云：遠廟為祧。鄭玄云：祧之言超也，超上去意也。以祧是尊遠之意，故以祧言廟耳。此公孫段是穆公之孫，子豐之子，其家唯有子豐之廟，君若特賜，或得立穆公之廟耳，其家無遠祖廟也。杜言遠祖廟者，順傳文，且據正法言之。伍舉知其有備也，請垂櫜而入。垂櫜，示無弓。○櫜，古刀反，弓衣也。許之。正月乙未，入，逆而出，遂會於虢，虢，鄭地。尋宋之盟也。宋盟在襄二十七年。祁午謂趙文子曰：宋之盟，楚人得志於晉。得志謂先歃。午，祁奚子。○歃，所洽反。今令尹之不信，諸侯之所聞也。子弗戒，懼又如宋。恐楚復得志。○復，扶又反，下同。子木之信稱於諸侯，猶詐晉而駕焉。駕猶陵也。詐謂衷甲。○駕，如字，又音加，注及下同。衷音忠。況不信之尤者乎。尤，甚也。楚重得志於晉，晉之恥也。子相晉國，以為盟主，於今七年矣。襄二十五年始為政，以春言，故云七年。○重，直用反。相，息亮反。〔疏〕於今七年。○正義曰：襄二十五年傳云趙文子為政，至此八年也，而云七年者，殷周雖改正朔，常以夏正為言，此春正月，故為七年，年末醫和則云八年。再合諸侯，襄二十五年會夷儀，二十六年會澶淵。〔疏〕再合諸侯。○正義曰：襄二十六年經書公會晉人、鄭良霄、宋人、曹人于澶淵，晉人即趙武也。時有魯公在會，雖則唯公一人，即是諸侯，不得謂之大夫也，故知再會諸侯數澶淵也。三合大夫，襄二十七年會于宋，三十年會澶淵，及今會虢也。服齊狄，寧東夏，襄二十八年齊侯、白狄朝晉。○夏，戶雅反。平秦亂，襄二十六年秦晉為成。城淳于，襄二十九年城杞之淳于，杞遷都。○淳音純。師徒不頓，國家不罷，民無謗讟，讟，誹也。○罷音皮。讟音獨。誹，芳畏反。〔疏〕注讟誹也。○正義曰：說文云：謗，毀也；誹，謗也。然則謗、讟、誹，其義同，皆是非

毁人古人重言之猶險阻艱難也諸侯無怨。天無大災。子之力也。有令名矣。而終之以恥。午也是懼。吾子其不可以不戒。文子曰。武受賜矣。受午言然宋之盟。子木有禍人之心。武有仁人之心。是楚所以駕於晉也。今武猶是心也。楚又行僭。僭不信。僭子念反下同非所害也。武將信以爲本。循而行之。譬如農夫。是穮是蓘。穮耘也。壅苗爲蓘。穮彼驕反蓘古本反耘音云除草也〔疏〕注穮耘至爲蓘。正義曰漢書殖貨志云后稷始甽田以二耜爲耦廣尺深尺曰甽長終一畝一畝三甽一夫三百甽而播種於甽中苗生三葉以上稍壯耨壟草因隤其土以附苗根故其詩云或耘或耔黍稷儗儗耘除草也耔附根也言苗稍壯每耨輒附其根比至盛暑壟盡平而根深能風與旱故儗儗而盛也此言穮蓘即詩之耘耔也故知穮是耨以土壅苗根爲蓘也耨定本耘雖有饑饉。必有豐年。言耕鉏不以水旱息必獲豐年之收。饉其靳反鉏仕居反收手又反又如字〔疏〕雖有至豐年。正義曰言耕鉏不息必有豐年之收以喻禮信不怠必爲諸侯之長也且吾聞之。能信不爲人下。吾未能也。自恐未能信也詩曰。不僭不賊。鮮不爲則。信也。詩大雅。僭不信。賊害人也。鮮息淺反能爲人則者。不爲人下矣。吾不能是難。楚不爲患。楚令尹圍請用牲。讀舊書。加于牲上而已。舊書宋之盟書。楚恐晉先歃。故欲從舊書加于牲上不歃血。經所以不書盟。○難乃旦反下注並同晉人許之。三月。甲辰。盟。楚公子圍設服離衞。設君服二人執戈陳於前以自衞離陳也〔疏〕注設君至陳也。正義曰穆子言似君知設服設君服也唯譏執戈不言衣服則君服即二戈是也離衞之語必爲執戈發端但語畧難明服虔云二人執戈在前在國居君離宮陳衞在門然則執戈在前國君行時之衞非在家守門之衞也守門之衞其兵必多非徒二戈而已縱使在國居君之離宮即明宮門之衞以爲離衞其言大不辭矣故杜以離衞即執戈是也言一二人執戈陳列於前以自防衞也離之爲陳雖無正訓兩人一左一右相離而行故稱離衞亦陳之義叔孫穆子曰。楚公子美矣君哉。美服似君鄭子皮曰。二執戈者前矣。禮國君行有二執戈者在前〔疏〕注禮國至在前。正義曰士喪禮言君臨臣喪之禮云小臣二人執戈先二人後是知國君之行常有二執戈者在前也國君亦有二戈在後子皮唯言前有二戈者當是公子圍不設後戈故也蔡子家曰。蒲宮有前。不亦可乎。公子圍在會特緝蒲爲王殿屋屏蔽以自殊異言既造王宮而居之。雖服君服無所恠也。○緝七入反〔疏〕注公子至恠也。正義曰服虔云蒲宮楚君離宮言令尹在國已居君之宮出有前戈不亦可乎令尹居君離宮事無所出且諸侯大夫見其在會之儀不譏在國所居伯州犂云此行也辭以而假之寡君言行而借戈以衞非在國借宮以居也故杜以爲公子圍在會特緝蒲爲王殿屋以自殊異此亦無所案據要愜人情楚伯州犂曰。此行也。辭而假之寡君。聞諸大夫譏之故言假以飾令大過鄭行人揮曰。假不反矣。言將遂爲君伯州犂曰。子姑憂子晳之欲背誕也。襄三十年鄭子晳殺伯有背命放誕將爲國難言子且自憂此無爲憂令尹不反戈。○背音佩注同誕音但子羽曰。當璧猶在。假而不反。子其無憂乎。子羽行人揮當璧謂棄疾事在昭十三年言棄疾有當璧之命圍雖取國猶將有難不無憂也齊國子曰。吾代二子愍矣。國子國弱也二子謂王子圍及伯州犂圍此冬便篡位不能自終州犂亦尋爲圍所殺故言可愍○篡初患反〔疏〕注國子至可愍。正義曰服虔云愍憂也代伯州犂憂公子圍代子羽憂子晳劉炫從服言而規杜失今知不然者以圍不能自終伯州犂尋爲圍所殺是皆遇凶害故云吾代二子愍矣若以二子爲伯州犂子羽子羽則無禍害又何可愍而代之乎劉以服意而規杜過非也。○小旻之卒章。正義曰小旻詩小雅刺幽王也陳公子招曰。不憂何成。二子樂矣。言以憂生事。事成而樂。○樂音洛注及下樂憂而樂同衞齊子曰。苟或知之。雖憂何害。齊子齊惡言先知爲備雖有憂難無所損害宋合左師曰。大國令。小國共。吾知共而已。共承大國命不能知其禍福。○共音恭下及注同晉樂王鮒曰。小旻之卒章善矣。吾從之。小旻詩小雅。其卒章義取非唯暴虎馮河之可畏也。不敬小人亦危殆。王鮒從斯義故不敢譏議公子圍。○鮒音附旻亡巾反馮皮冰反退會。子羽謂子皮曰。叔孫絞而婉。絞切也。譏其似君。反謂之美。故曰婉。○絞古卯反婉紆阮反註同宋左師簡而禮。無所臧否。故曰簡共事大國。故曰禮。○否悲矣反舊方九反樂王鮒字而敬。字愛也。不犯凶人。所以自愛敬子與子家持之。子皮子家蔡公孫歸生持之言無所取與。○持如字本或作恃誤〔疏〕注子皮至取與。正義曰持謂執持之也子皮直云二執戈者前矣雖意知不可而辭無譏切子家云蒲宮有前不亦可乎意雖并譏蒲宮言乃謂之爲可不如子羽之譏評不同伯州犂之飾辭持其兩端無所取與是持之也弈棋謂不能相害爲持意亦同於此也皆保世之主也。齊衞陳大夫其不免乎。國子代人憂。子招樂憂。齊子雖憂弗害。夫弗及而憂。與可憂而樂。與憂而弗害。皆取憂之道也。憂必及之。大誓曰。民之所欲。天必從之。逸書三大夫兆憂。能無至乎。開憂兆也言以知物。其是之謂矣。物類也。察言以知禍福之類。八年陳招殺大子國弱齊惡當身各無患。○當丁浪反季武子伐莒取鄆。兵未加莒而鄆服故書取而不言伐莒人告於會。楚告於晉曰。尋盟未退。尋弭兵之盟而魯伐莒。瀆齊盟。瀆慢也。瀆待木反請戮其使。時叔孫豹在會欲戮之。○使所吏反下注其使出使下召使者同樂桓子相趙文子。桓子樂王鮒相佐也。○相息亮反注同欲求貨於叔孫。而爲之請。使請帶焉。難指求貨。故以帶爲辭。○而爲于僞反下注爲諸侯同弗與。梁其踁曰。貨以藩身。子何愛焉。踁叔孫家臣。○踁戶定反藩方元反叔孫曰。諸侯之會。衞社稷也。我以貨免。魯必受師。言不戮其使必伐其國〔疏〕注言不至其國。正義曰晉語趙文子謂叔孫曰子盍逃之對曰豹也受命於君以從諸侯之盟爲社稷也若魯有罪受盟者逃魯必不免是吾出而絕之也若爲諸侯戮魯誅盡矣必不加請爲戮也是言不戮其使必伐其國也是禍之也。何衞之爲。人之有牆。以蔽惡也。喻己爲國衞如牆爲人蔽牆之隙壞。誰之咎也。咎在牆。○隙去逆反咎其九反注同衞而惡之。吾又甚焉。罪甚牆雖怨季孫。魯國何罪。怨季孫之伐莒叔出季處。有自來矣。吾又誰怨。季孫守國。叔孫出使。所從來久。今遇此戮。無所怨也〔疏〕注季孫至怨也。正義曰歷檢上世以來季孫出使不少於叔孫而云叔出季處從來久者季孫世爲上卿注當上卿守國次卿出使以此爲從來久耳必須使上卿者上卿非不使也然鮒也賄。弗與不已。召使者。裂裳帛而與之。曰。帶其褊矣。言帶褊盡故裂裳示不相逆。○賄呼罪反趙孟聞之曰。臨患不忘國。忠也。謂言魯國何罪思難不越官。信也。謂言叔出季處。○難乃旦反下同圖國忘死。貞也。謂不以貨免謀主三者。義也。三者忠信貞有是四者。又可戮乎。并義而四乃請諸楚曰。魯雖有罪。其執事不辟難。執事謂叔孫畏威而敬命矣。謂不敢辟戮子若免之。以勸左右可也。若子之羣吏處不辟汙。汙勞事。○汙音烏注及下同〔疏〕注汙勞事。正義曰處國之所辟者唯有辟勞事耳故以汙爲勞事也言事之勞身若穢之汙物也出不逃難。不苟免其何患之有。患之所生。汙而不治。難而不守。所由來也。能是二者。又何患焉。不靖其

能。其誰從之。安靖賢能則衆附從魯叔孫豹可謂能矣。請免之。以靖能者。子會而赦有罪。不伐魯赦叔孫又賞其賢。諸侯其誰不欣焉。望楚而歸之。視遠如邇。疆場之邑。一彼一此。何常之有。言今衰世疆場無定主○疆居良反注及下至莒之疆事同場音亦注同王伯之令也。言三王五伯有令德時【疏】注言三至德時○正義曰以傳言王伯故言三王下云虞有三苗則帝時亦有非獨三王也但王亦帝也故傳通言其王耳引其封疆。引正也正封界而樹之官。樹立也立官以守國舉之表旗。旌旗以表貴賤○旗音其【疏】舉之表旗○正義曰舉立也為立表貴賤之旌旗也故杜云旌旗以表貴賤而著之制令。為諸侯作制度法令使不得相侵犯過則有刑。猶不可壹。於是乎虞有三苗。三苗饕餮放三危者○饕吐刀反餮他結反夏有觀扈。觀國今頓丘衛縣扈在始平鄠縣書序曰啓與有扈戰于甘之野○夏戶雅反觀音館舊音官扈音戶鄠音于商有姺邳。二國商諸侯邳今下邳縣○姺西典反又西禮反邳皮悲反周有徐奄。二國皆嬴姓書序曰成王伐淮夷遂踐奄徐即淮夷○嬴音盈自無令王。諸侯逐進。逐猶競也狎主齊盟。其又可壹乎。彊弱無常故更主盟○狎戶甲反更音庚恤大舍小。足以為盟主。大謂簒弒滅亡之禍又焉用之。焉用治小事○焉於虔反注同封疆之削。何國蔑有。主齊盟者。誰能辯焉。辯治也【疏】注二國至淮夷○正義曰二國皆嬴姓世本文也書序曰成王伐淮夷遂踐奄亦淮夷與奄同時伐之此徐奄連文故以為徐即淮夷然是相傳說也服虔云一曰魯公所伐徐戎也案費誓云淮夷徐戎並興孔安國云淮浦之夷徐州之戎並起為寇則徐亦非國名此徐是國名當謂淮浦之夷其國名徐書序舉其大號此傳言其國名也僖公時楚人伐徐杜云下邳僮縣東南有大徐城彼近淮旁成王時徐蓋亦在彼地也此傳所云四代有罪之國其三苗與有扈徐奄尚書略有其事其觀與姺邳則史傳無文傳言王伯之令猶尚有此輩則此輩皆是王道盛明時諸侯也○封疆至辯焉○正義曰言封疆之相侵削何國無有此乃常事主領齊盟者誰能一一治之吳濮有釁。楚之執事。豈其顧盟。吳在東濮在南今建寧郡南有濮夷釁過也○濮音卜釁許靳反莒之疆事。楚勿與知。諸侯無煩。不亦可乎。莒魯爭鄆。為日久矣。苟無大害於其社稷。可無亢也。亢禦○與音預亢苦浪反徐又音剛禦魚呂反去煩宥善。莫不競勸。子其圖之。固請諸楚。楚人許之。乃免叔孫。令尹享趙孟。賦大明之首章。大明詩大雅首章言文王明明照於下故能赫赫盛於上令尹意在首章故特稱首章以自光大○去起呂反宥音又【疏】去煩至競勸○正義曰不往討魯諸侯無煩是去煩也叔孫賢人今若赦之是宥善也德義如是餘人莫不競力勸慕為善矣趙孟賦小宛之二章。小宛詩小雅二章取其各敬爾儀天命一去不可復還以戒令尹○宛紆阮反復扶又反【疏】注小宛至復還○正義曰詩序云大夫刺幽王也其二章云人之齊聖飲酒溫克彼昏不知壹醉日富各敬爾儀天命不又注又復也令女君臣各敬慎威儀天命一去不復來也事畢。趙孟謂叔向曰。令尹自以為王矣。何如。問將能成否對曰。王弱。令尹彊。其可哉。言可成雖可不終。趙孟曰。何故。對曰。彊以克弱而安之。彊不義也。安於勝君是彊而不義不義而彊。其斃必速。詩曰。赫赫宗周。褒姒滅之。彊不義也。詩小雅褒姒周幽王后幽王惑焉而行不義遂至滅亡言雖赫赫盛彊不義足以滅之○姒音似滅如字詩作威音呼悅反令尹為王。必求諸侯。晉少懦矣。懦弱也○懦乃亂反諸侯將往。若獲諸侯。其虐滋甚。滋益也民弗堪也。將何以終。夫以彊取。取不以道不義而克。必以為道。以不義為道道以淫虐。弗可久已矣。為十三年楚弒靈王傳【疏】道以至已矣○正義曰以不義謂之為道而淫虐為之民所不堪不可久矣○

夏四月。趙孟、叔孫豹、曹大夫入于鄭。會罷過鄭○過古禾反鄭伯兼享之。子皮戒趙孟。戒享期禮終。趙孟賦瓠葉。受所戒禮畢而賦詩瓠葉詩小雅義取古人不以微薄廢禮雖瓠葉兎首猶與賓客享之○瓠戶故反享許丈反又普庚反子皮遂戒穆叔。且告之。告以趙孟賦瓠葉穆叔曰。趙孟欲一獻。瓠葉詩義取薄物而以獻酬知其一獻子其從之。子皮曰。敢乎。言不敢穆叔曰。夫人之所欲也。又何不敢。夫人趙孟○夫音扶注同及享。具五獻之籩豆於幕下。朝聘之制大國之卿五獻○幕武博反【疏】注朝聘至五獻○正義曰周禮大行人稱上公饔餼九牢饗禮九獻侯伯七獻子男五獻皆獻數各同饔餼之數也案聘禮卿聘饔餼五牢故卿皆五獻至春秋之時大國之卿乃得從卿禮若次國之卿依大國大夫之制唯三獻耳故杜此注云大國之卿五獻又昭六年傳注云大夫三獻是也趙孟辭。趙孟自以今非聘鄭故辭五獻私於子產曰。私語武請於冢宰矣。冢宰子皮請謂賦瓠葉乃用一獻。趙孟為客。禮終乃宴。卿會公侯享宴皆折俎不體薦○折之設反【疏】注卿會至體薦○正義曰傳言禮終乃宴謂之享禮既終即因而為宴不待異日也杜解享宴禮異所以得相因者以其殽俎同故也宣十六年傳云王享有體薦宴有折俎公當享卿當宴王室之禮也彼傳之意言享公當依享法有體薦也享卿當如宴法有折俎也彼王自言之故云王室禮耳其實諸侯之待公卿禮亦當然以卿會公侯享宴皆折俎不體薦享宴同得因行禮也穆叔賦鵲巢。鵲巢詩召南言鵲有巢而鳩居之喻晉君有國趙孟治之趙孟曰。武不堪也。又賦采蘩。亦詩召南義取蘩菜薄物可以薦公侯享其信不求其厚○蘩音煩曰。小國為蘩。大國省穡而用之。其何實非命。穆叔言小國微薄猶蘩菜大國能省愛用之而不棄則何敢不從命穡愛也○省所景反徐所幸反注同子皮賦野有死麕之卒章。野有死麕詩召南卒章曰舒而脫脫兮無感我帨兮無使尨也吠脫脫安徐帨佩巾義取君子徐以禮來無使我失節而使狗驚吠喻趙孟以義撫諸侯無以非禮相加陵○麕亦作麏九倫反脫吐外反帨始銳反尨武江反吠扶廢反趙孟賦常棣。常棣詩小雅取其凡今之人莫如兄弟言欲親兄弟之國○常棣直計反且曰。吾兄弟比以安。尨也可使無吠。受子皮之詩○比毗志反下注德比同穆叔、子皮、及曹大夫興拜。三大夫皆兄弟國興起也舉兕爵曰。小國賴子。知免於戾矣。兕爵所以罰不敬言小國蒙趙孟德比以安自知免此罰戮○兕徐履反戾力計反注同飲酒樂。趙孟出。曰。吾不復此矣。不復見此樂○樂音洛注同復扶又反注及下不復年并注同天王使劉定公勞趙孟於潁。館於雒汭。王周景王定公劉夏潁水出陽成縣雒汭在河南鞏縣南水曲流為汭○勞力報反下以勞之同潁營井反汭如銳反夏戶雅反劉子曰。美哉禹功。見河雒而思禹功明德遠矣。微禹。吾其魚乎。吾與子弁冕端委。以治民臨諸侯。禹之力也。弁冕冠也端委禮衣言今得共服冠冕有國家者皆由禹之力○弁冕端委本亦作弁端委【疏】注弁冕至之力○正義曰冠者首服之摠名弁冕冠中之小別弁冕是首服端委是身服言弁冕端委摠舉冠衣而言非謂定公趙孟身所自衣也哀七年傳云大伯端委以治周禮仲雍斷髮文身以文身從彼之俗知端委是依禮之衣杜直言端委禮衣不知是何衣也名曰端委又無所說周禮司服於士服之下云其齊服有玄端素端鄭玄云謂之端者取其正也謂士之衣袂皆二尺二寸而屬幅是廣袤等也其袪尺二寸大夫以上侈之者蓋半而益一焉半而益一則其袂三尺三寸袪尺八寸如鄭此言唯士服當端制大夫以上不復端也服虔云禮衣端正無殺故曰端文德之衣尚褒長故曰委案論語鄉黨非帷裳必殺之鄭康成云帷裳謂朝祭之服其制正幅如帷非帷裳者謂深衣削其幅縫齊倍要禮記深衣制短不見膚長不被土然則朝祭之服當曳地服言是也子盍亦遠績禹功。而大庇民乎。勸趙孟使纂禹功○子盍戶臘反何不也亦遠績禹功本或作亦遠績功庇必利反

又音祕〔疏〕遠績禹功。正義曰績亦功也重其言耳遠績禹功者勸之爲大功使遠及後世若大禹也謂勸武何不遠慕大禹之績而立大功以庇民也對曰。老夫罪戾是懼。焉能恤遠。吾儕偷食。朝不謀夕。何其長也。言欲苟免目前不能念長久。○爲於虔反下焉用焉能同儕仕皆反朝如字下同〔疏〕吾儕偷食。○正義曰儕等也言吾等於彼卑賤苟且飲食之人也劉子歸以語王曰。諺所謂老將知而耄及之者。八十曰耄。耄亂也。○語魚據反知音智耄莫報反其趙孟之謂乎。爲晉正卿。以主諸侯。而儕於隸人。朝不謀夕。言其自比於賤人而無恤民之心〔疏〕注言其至之心。○正義曰趙孟自言吾儕偷食是自比於隸役賤人也在上位者當憂勞百姓卑賤之人勞身而已自比賤人是無憂民之心也棄神人矣。民爲神主不恤民故神人皆去神怒民叛。何以能久。趙孟不復年矣。言將死不復見明年神怒不歆其祀。民叛不即其事。祀事不從。又何以年。爲此冬趙孟卒起本○叔孫歸。虢會歸曾夭御季孫以勞之。旦及日中不出。恨季孫伐莒使己幾被戮曾夭謂曾阜曰。曾阜叔孫家臣旦及日中。吾知罪矣。魯以相忍爲國也。忍其外。不忍其內。焉用之。欲受楚戮是忍其外日中不出是不忍其內阜曰。數月於外。言叔孫勞役在外數月。○數所主反注同一旦於是。庸何傷。賈而欲贏。而惡囂乎。言譬如商賈求贏利者不得惡諠譁之聲。○賈音古注同贏音盈注同惡烏路反注及下同囂許驕反徐五高反注同諠或作讙呼端反〔疏〕注言譬至之聲。○正義曰言已伐莒求利而不得惡日中不出譬如商賈求利不得惡諠譁之聲以商賈在市市人多諠譁之聲阜謂叔孫曰。可以出矣。叔孫指楹曰。雖惡是。其可去乎。乃出見之。楹柱也以諭魯有季孫猶屋有柱。○楹音盈去起呂反○鄭徐吾犯之妹美。犯鄭大夫公孫楚聘之矣。楚子南穆公孫公孫黑又使強委禽焉。禽鴈也納采用鴈。○強其丈反犯懼。告子產。子產曰。是國無政。非子之患也。唯所欲與。犯請於二子。請使女擇焉。皆許之。子皙盛飾入。布幣而出。布陳贄幣子皙公孫黑。○贄音至子南戎服入。左右射。超乘而出。女自房觀之。曰。子皙信美矣。抑子南夫也。言丈夫。○乘繩證反夫夫婦婦。所謂順也。

適子南氏。子皙怒。既而櫜甲以見子南。欲殺之而取其妻。子南知之。執戈逐之。及衝。擊之以戈。衝交道。○櫜古刀反本或作衷丁隆反衝尺容反〔疏〕夫夫至順也。○正義曰夫如夫道當剛強也婦如婦節當柔弱也如是所謂順也曹大家女誡曰生男如狼猶恐其尫生女如鼠猶懼其武是男欲剛而女欲柔也子皙傷而歸。告大夫曰。我好見之。不知其有異志也。故傷。大夫皆謀之。子產曰。直鈞。幼賤有罪。罪在楚也。先聘子南直也子南用戈子皙直也子產力未能討故鈞其事歸罪於楚。○好如字一音呼報反直鈞音均絕句乃執子南而數之曰。國之大節有五。女皆奸之。奸犯也。○女音汝下皆同奸音干畏君之威。聽其政。尊其貴。事其長。養其親。五者所以爲國也。今君在國。女用兵焉。不畏威也。奸國之紀。不聽政也。奸國之紀謂傷人。○長丁丈反下同養如字下同子皙上大夫。女嬖大夫。而弗下之。不尊貴也。幼而不忌。不事長也。忌畏也。○嬖必計反下戶嫁反兵其從兄。不養親也。君曰。余不女忍殺。宥女以遠。勉速行乎。無重而罪。五月。庚辰。鄭放游楚於吳。將行子南。子產咨於大叔。大叔游楚之兄子。○從兄如字又才用反重直用反又直勇反大叔曰。吉不能亢身。焉能亢宗。亢蔽也。○亢苦浪反彼國政也。非私難也。子圖鄭國。利則行之。又何疑焉。周公殺管叔而蔡蔡叔。蔡放也。○難乃旦反而蔡蔡叔上蔡字音素葛反說文作𥻆音同字從殺下米云𢷾𥻆散之也會杜義下蔡叔如字〔疏〕殺管叔至蔡叔。○正義曰說文云𥻆散之也從米殺聲然則𥻆字殺下米也𥻆爲放散之義故訓爲放也隸書改作已失本體𥻆字不復可識寫者全類蔡字至有重爲一蔡字重點以讀之者尚書蔡仲之命云周公乃致辟管叔于商囚蔡叔于郭鄰以車七乘孔安國云囚謂制其出入郭鄰中國之外地名是放蔡叔之事也孔唯言中國之外地不知在何方也夫豈不愛王室。故也。吉若獲戾。子將行之。何有於諸游。爲二年鄭殺公孫黑傳。○夫音扶〔疏〕夫豈至故也。○正義曰夫謂周公也夫此周公豈不愛管蔡乎所以𥻆放之爲王室故也○秦后子有寵於桓。如二君於景。后子秦桓公子景公母弟鍼也其權寵如兩君其母曰。弗去懼選。選數也恐景公數其罪而加戮。○選息轉反徐素短反注及下同數所主反注及下文數世同

癸卯。鍼適晉。其車千乘。書曰。秦伯之弟鍼出奔晉。罪秦伯也。罪失教。○乘繩證反下及注同〔疏〕癸卯至伯也。○正義曰釋例曰秦伯有千乘之國不能容其母弟傳曰罪秦伯則鍼罪輕也言其對兄爲輕耳非無罪也公羊以爲仕諸晉謂之奔者譏秦伯有千乘之國不能容其母弟故謂之出奔也劉炫云奔者迫窘而去逃死四鄰不以禮出也今鍼適晉乃與母計議緩步而出實非奔也仲尼既書爲奔傳釋云罪秦伯秦伯不豫教誨其弟不能早爲之所致奢富過度懼而去國罪其失兄之教鍼不自知度亦是其罪歸罪秦伯言兄罪耳例曰以下同也后子享晉侯。爲晉侯設享禮。○爲于僞反造舟于河。造舟爲梁通秦晉之道。○造七報反注同李巡注爾雅云比其船而度也郭云併舟爲橋〔疏〕造舟于河。○正義曰詩云造舟爲梁是比舟以爲橋也釋水云天子造舟李巡曰比其舟而渡曰造孫炎曰比舟爲梁郭璞曰比船爲橋皆不解造義蓋造爲至義言船相至而並比也十里舍車。一舍八乘爲八反之備〔疏〕注一舍至之備。○正義曰直言十里舍車不知每舍幾車以下言八反知一舍入乘爲入反之具也自雍及絳。雍絳相去千里用車八百乘。○雍於用反歸取酬幣。備九獻之儀始禮自齎其一故續送其八酬酒幣。○齎子兮反本又作賫〔疏〕注備九至酒幣。○正義曰僖二十二年鄭享楚子爲九獻知此備九獻之儀也每一獻酒必有幣車以隨之后子從始自齎其一以爲初獻故續送其八也飲酒之禮主人初獻於賓賓酢主人主人受賓之酢禮飲訖又飲乃酌以酬賓如是乃成爲一獻於酬之時始有幣以勸飲故以爲酬酒幣也終事八反。每十里以八乘車各以次載幣相授而還不徑至故言八反千里用車八百乘其二百乘以自隨故言千乘傳言秦鍼之出極奢富以成禮欲盡敬於所赴。○還音環徑古定反〔疏〕注每十至所赴。○正義曰服虔以爲每於十里置幣車一乘千里百乘以次相授車率皆日行一百六十里謂從絳向雍去而復還一享之間八度至也然則千里之路往還入反車率日行一百六十里計則一至萬六千里雖追風逐日之足猶將不逮於此後子之馬何以馳驟乎縱令如此纔可以章馬疾未足以明其多司馬侯何以怪其車多而發問也杜以反者爲車反復其車故處耳每於十里置車八乘后子初發幣則續行自齎其一以爲初獻餘則以次續至八乘則車反此王享已終八車皆反之以此謂之八反非言反至雍也此幣發雍計已多日故設享之初此八車之幣去絳不過一二十里耳使之相續而來每獻皆到以示已之豪富故令漸送之也如杜此言則后子預前約束使幣早發而來非臨享始取而云歸取酬幣者后子必適晉多日然後設享非初至即享君也爲享之具酒食之屬皆在絳備之其幣亦應於絳備之乃遣還取秦國之幣故言歸取不言設享之日始歸取也上云其車千乘下司馬侯問其車多則是見車多而發問也故杜辨其車之所在千里用車八百乘其二百乘以自隨故言千乘也傳說此車多之事者言秦鍼之出極奢富以成禮盡敬於所赴之國故爲此以示豪也司馬侯問焉。曰。子之車盡於此而已乎。對曰。此之謂多矣。若能少此。吾何以得見。言已坐車多故出奔。○見賢遍反坐才臥反女叔齊以告公。女叔齊司馬侯。○

女音汝且曰。秦公子必歸。臣聞君子能知其過。必有令圖。令圖。天所贊也。后子見趙孟。趙孟曰。吾子其曷歸。問何時當歸對曰。鍼懼選於寡君。是以在此。將待嗣君。趙孟曰。秦君何如。對曰。無道。趙孟曰。亡乎。對曰。何爲。一世無道。國未艾也。艾絶也。○艾魚廢反注同國於天地。有與立焉。言欲輔助之者多不數世淫。弗能斃也。趙孟曰。天乎。對曰。有焉。趙孟曰。其幾何。對曰。鍼聞之。國無道而年穀和熟。天贊之也。贊佐助也。○幾居豈反下同鮮不五稔。鮮少也。少尚當歷五年。多則不啻。○稔而甚反。啻始豉反【疏】國無至五稔。○正義曰。國無道而歲又饑。則君或早夭。年穀和熟。則天佐助之。故少猶五年。多或不啻也。期之五年者。后子之意耳。襄二十七年傳云所謂不及五稔。蓋古有此言也趙孟視蔭曰。朝夕不相及。誰能待五。蔭日景也。趙孟意衰。以日景自喻。故言朝夕不相及。誰能待五。○蔭於金反。本亦作陰。朝夕如字。景如字。又於領反【疏】趙孟至待五。○正義曰。趙孟自比於日景。此景朝夕尚移。不能相及。人命流去。與此相似。既無常定。誰能待五后子出而告人曰。趙孟將死矣。主民。翫歲而愒日。翫愒皆貪也。○翫五喚反。說文云。習猒也。字又作忨。愒苦蓋反其與幾何。言不能久。○與如字。又音預○鄭爲游楚亂故。游楚子南。○爲于僞反六月丁巳。鄭伯及其大夫盟于公孫段氏。罕虎、公孫僑、公孫段、印段、游吉、駟帶、私盟于閨門之外。實薰隧。閨門鄭城門。薰隧門外道名。實之者。爲明年子產數子皙罪稱薰隧盟起本。○閨音圭。薰許云反。隧音遂。數色主反。又色具反公孫黑強與於盟。使大史書其名。且曰七子。自欲同於六卿。故曰七子。○強其丈反。與音預子產弗討。子皙強。討之恐亂國。○晉中行穆子敗無終及羣狄于大原。卽大鹵也。無終山戎。○大原音泰【疏】晉中至大原。○正義曰。釋例土地名以北戎、山戎、無終三名爲一。北平有無終縣。大原卽大原郡晉陽縣是也。計無終在大原東北二千許里。遠就大原來與晉戰。不知其何故也。蓋與諸戎近晉者相率而共來也。襄四年無終子遣使如晉請和諸戎。則無終是其大者。故顯言其國名也崇卒也。崇聚也。○卒子忽反。下及注皆同將戰。魏舒曰。彼徒我車。所遇又阨。地險不便車。○阨委又作隘。於懈反。便婢面反以什共車。必克。更增十人以當一車之用。○什音十。共音恭【疏】以什共車必克。○正義曰。周禮十人爲什。以一什之人共一車之地。故必克也困諸阨。又克。車每困於阨道。今去車。故爲必克。○去起呂反。下皆同請皆卒。去車爲步卒自我始。乃毀車以爲行。魏舒先自毀其屬車爲步陳。○行戶郎反。陳直覲反。下文五陳、未陳同五乘爲三伍。乘車者車三人。五乘十五人。今改去車。更以五人爲伍。分爲三伍。○五乘繩證反。注五乘同荀吳之嬖人不肯卽卒。斬以徇。魏舒輒斬之。荀吳不恨。所以能立功。○徇辭俊反爲五陳以相離。兩於前。伍於後。專爲右角。參爲左角。偏爲前拒。皆臨時處置之名。○拒九甫反【疏】爲五至前拒。○正義曰。五陳者。卽兩、伍、專、參、偏是也。相離者。布置使相遠也。服虔引司馬法云。五十乘爲兩。百二十乘爲伍。八十一乘爲專。二十九乘爲參。二十五乘爲偏。彼皆準車數多少以爲別名。此傳去車用卒而有此名。則此名不以車數爲別也。杜云皆臨時處置之名。其意不同服說。則名與人數不可得知也。周禮則五人爲伍。二十五人爲兩。無專、參、偏之名也以誘之。翟人笑之。笑其失常未陳而薄之。大敗之。傳言荀吳能用善謀○莒展輿立。而奪羣公子秩。公子召去疾于齊。秋。齊公子鉏納去疾。齊雖納去疾。莒人先召之。故從國逆例書入。去疾奔齊在襄三十一年展輿奔吳。吳外孫叔弓帥師疆鄆田。因莒亂也。此春取鄆。今正其疆界。○疆居良反。注同於是莒務婁瞀胡、及公子滅明。以大厖與常儀靡、奔齊。三子展輿黨。大厖、常儀靡。莒二邑。○務婁並如字。務又音謀。一音無。瞀徐音茂。又音謀。厖武江反君子曰。莒展之不立。棄人也夫。奪羣公子秩。是棄人。○夫音扶人可棄乎。詩曰。無競維人。善矣。詩周頌。言惟得人則國家彊【疏】詩曰至善矣。○正義曰。周頌烈文之篇也。彼注云。競。彊也。無彊乎。維得賢人也。得賢人則國家彊矣。故天下諸侯順其所爲也○晉侯有疾。鄭伯使公孫僑如晉聘。且問疾。叔向問焉。曰。寡君之疾病。卜人曰。實沈臺駘爲祟。史莫之知。敢問此何神也。子產曰。昔高辛氏有二子。伯曰閼伯。季曰實沈。高辛帝嚳。○駘他才反。祟息遂反。閼於葛反。嚳苦毒反居于曠林。不相能也。曠林地闕。○能如字。又奴代反日尋干戈。以相征討。尋用也后帝不臧。后帝堯也。臧善也【疏】注后帝至堯也。○正義曰。襄九年傳稱閼伯爲陶唐氏之火正。知后帝是堯也遷閼伯于商丘。主辰。商丘宋地。主祀辰星。辰大火也商人是因。故辰爲商星。商人湯先相土封商丘。因閼伯故國祀辰星。○相息亮反【疏】注商人至辰星。○正義曰。殷本紀稱相土契孫。是湯之先也。襄九年傳云。閼伯居商丘。祀大火。相土因之。故商主大火。辰卽大火星也。故商大祀辰星。商謂宋也。宋商後。故稱商人也遷實沈于大夏。主參。大夏今晉陽縣。○夏戶雅反。注及下同。參所林反。注及下同唐人是因。以服事夏商。唐人若劉累之等。累遷魯縣。此在大夏【疏】注唐人至大夏。○正義曰。謂之唐人。當是陶唐之後。二十九年傳云。陶唐氏既衰。其後有劉累。知此唐人是彼劉累之等類也。言等類者。謂劉累後世子孫。累雖遷魯縣。子孫仍在大夏。故歷夏及商也。劉炫云。彼稱累事孔甲。下云遷于魯縣。此云唐人是因。以服事夏商。則此居於大夏子孫終商不滅。非累子孫。是其同族等類耳。服虔以唐人卽是劉累。故杜顯而異之。云累遷魯縣。此在大夏其季世曰唐叔虞。唐人之季世。其君曰叔虞【疏】注唐人至叔虞。○正義曰。服虔以爲唐叔虞。卽下句邑姜所生者也。杜以傳說唐人。云季世。明季世是唐人之末世。叔虞卽唐人之末君矣。邑姜之子叔虞。乃是晉之始祖。豈得以後世始封之君。謂之前代之末世也。故云唐人之季世。其君曰叔虞。帝命邑姜之子曰虞者。將以唐國與之。取唐君之名以爲名耳當武王邑姜。方震大叔。邑姜。武王后。齊大公之女。懷胎爲震。大叔。成王之弟叔虞。○震本又作娠。之愼反。又音申。懷妊也。大音泰。注及下同。胎他來反【疏】注邑姜至叔虞。○正義曰。傳言武王邑姜。繫之武王。知是武王后也。十二年傳稱呂級王舅。級是齊大公之子丁公也。級爲王舅。知邑姜是大公之女也。說文云。娠。女妊身動也。從女辰聲。是懷胎爲震。震取動義。字書以是女事。故令字從女耳。叔虞成王母弟。晉世家文也夢帝謂己。余命而子曰虞。帝天。取唐君之名將與之唐。屬諸參。而蕃育其子孫。及生有文在其手。曰虞。遂以命之。及成王滅唐。而封大叔焉。故參爲晉星。叔虞封唐。是爲晉侯。○屬之玉反。蕃音煩叔虞封唐。是爲晉侯。案史記叔虞封唐侯。叔虞之子燮父改爲晉侯【疏】夢帝至曰虞。○正義曰。晉世家云。初。武王之與叔虞母會時。夢天謂武王曰。余命女生子名虞。謂此夢爲武王之夢也。若是武王之夢。此傳直云武王方生大叔。其文足矣。何以須言邑姜方震也。邑姜方震而夢。明是邑姜夢矣。安得以爲武王夢也。薄姬之夢龍據其心。燕姞之夢蘭爲己子。彼皆夢發於母。此何以夢發於父。是馬遷之妄言耳。服解此云。己。武王也。是習非而遂迷者也。○注叔虞至晉侯。○正義曰。晉世家云。唐叔子燮。是爲晉侯。杜譜亦云燮父改爲晉侯。則叔虞之身不稱晉也。叔虞爲晉之祖。故言爲晉侯也由是觀之。則實沈。參神也。昔金天氏有裔子曰昧。爲玄冥師。生允格、臺駘。金天氏帝少皞。裔。遠也。玄冥。水官。昧爲水官之長。○裔以制反。昧音妹。爲玄冥師。師長也。爲官之長。皞戶老反。長丁丈反【疏】注金天至之長。○正義曰。金天氏帝少皞。帝系、世本文也。金天代號。少皞身號。月令於冬云其神玄冥。是玄冥爲水官也。昧爲玄冥師。師訓長也。故云昧爲水官之長。二十九年傳云。少皞氏有四叔。脩及熙爲玄冥。昧爲金天裔子。當是脩熙之後。釋例曰。脩及熙皆爲玄冥。未知昧爲誰之子。或是

其子孫也臺駘能業其官。纂昧之業。纂子管反。宣汾洮。宣猶通也汾洮二水名。〔疏〕宣汾洮。正義曰釋例曰汾水出大原故汾陽縣至河東汾陰縣入河其洮水闕不知所在當亦是晉地之水後世竭涸無其處耳障大澤。陂障之。以處大原。大原晉陽也臺駘之所居帝用嘉之。封諸汾川。帝顓頊。〔疏〕注帝顓頊。正義曰顓頊爲帝承金天之後臺駘是金天裔孫爲臣宜當顓頊故以帝用嘉之爲顓頊嘉耳昧於金天已云裔子臺駘又是昧之所生則去少皞遠矣而帝系世本皆云少皞是黃帝之子顓頊是黃帝之孫臣世多而帝世少史籍散亡無可檢勘此事未必然也釋例云案緐則舜之五世從祖父也而及舜共爲堯臣堯則舜之三從高祖而妻其女此史記之可疑者也是皆疑不能決因舊說耳沈姒蓐黃實守其祀。四國臺駘之後。今晉主汾而滅之矣。滅四國。由是觀之。則臺駘汾神也。抑此二者不及君身。山川之神。則水旱癘疫之災。於是乎禜之。有水旱之災則禜祭山川之神若臺駘者周禮四曰禜祭爲營攢用幣以祈福祥。癘音例疫音役禜音詠徐又音營日月星辰之神。則雪霜風雨之不時。於是乎禜之。星辰之神若實沈者〔疏〕山川至禜之。正義曰水旱癘疫在地之災山川帶地故祭山川之神也雪霜風雨天氣所降日月麗天故祭日月星辰之神也此因其所在分繫之耳其實水旱癘疫亦是天氣所致雪霜風雨亦是在地之災耳雨之不時而致水旱水旱與雨不甚爲異而分言之者據其雨不下而霖不止是雨不時也據其苗稼生死則爲水與旱也禜是祈禱之小祭耳若大旱而雩則徧祭天地百神不復别其日月與山川者也。注有水至福祥。正義曰水旱癘疫俱祭山川杜畧癘疫而不言之耳杜言山川之神若臺駘者下云星辰之神若實沈者言此禜祭祭其先世主山川主星辰者之神耳非獨祭此山川星辰之神也計日月無其主之者以與星辰俱是天神遠言之耳周禮大祝掌六祈以同鬼元一曰類二曰造三曰禬四曰禜五曰攻六曰說鄭衆云禜日月星辰山川之祭也鄭玄云禜告之以時有災變也禜如日食以朱絲禜社也玄之此言取公羊爲說莊二十五年公羊傳曰日食以朱絲禜社或曰脅之或曰爲闇恐人犯之故營之然社有形質故可朱絲營繞日月山川非可營之物不得以此解禜也賈逵以爲營攢用幣杜依用之日月山川之神其祭非有常處故臨時營其地立攢表用幣告之以祈福祥也攢聚也聚草木爲祭處耳癘疫謂害氣流行歲多疾病然則君身有病亦是癘氣而云不及君身者陳思王以爲癘疫之氣止害貧賤其富貴之人攝生厚者癘氣所不及其事或當然也且子產知晉君之病不在於此故言二者不及君身以病非癘疫故不須祭臺駘等也若君身。則亦出入飲食哀樂之事也。山川星辰之神。又何爲焉。言實沈臺駘不爲君疾。樂音洛〔疏〕若君至事也。正義曰家語孔子云飲食不時逸勞過度者病其殺之此云出入卽逸勞也據國君之身則朝以聽政晝以訪問是出也夕以脩令夜以安身是入也僑聞之。君子有四時。朝以聽政。聽國政。朝如字。晝以訪問。問可否。夕以脩令。念所施。夜以安身。於是乎節宣其氣。宣散也。〔疏〕節宣其氣。正義曰以時節宣散其氣也節卽四時是也凡人形神有限不可久用神久用則竭形大勞則敝不可以久勞也神不用則鈍形不用則痿不可以久逸也固當勞逸更遞以宣散其氣朝以聽政久則疲疲則易之以訪問訪問久則倦倦則易之以脩令脩令久則怠怠則易之以安身安身久則滯滯則易之以聽政以後事改前心則亦所以散其氣也勿使有所壅閉湫底。以露其體。湫集也底滯也露羸也壹之則血氣集滯而體羸露。壅於勇反湫子小反徐音秋又在酒反服云著也底丁禮反服云止也羸劣危反注同〔疏〕勿使至其體。正義曰壅謂障而不使行若土壅水也閉謂塞而不得出若閉門戶也湫謂氣聚底謂氣止四者皆是不散之意也氣不散則食不消食不消則食少食少則肌膚瘦肌膚瘦則骸骨露也言人之養身當須宣散其氣勿使氣有壅閉集滯以羸露其形骸也。注湫集至羸露。正義曰服虔云湫著也底止也杜云湫集也底滯也皆是以意訓耳壅閉言其不得散出故以湫底爲集滯言氣聚集而停滯也若以湫爲著則與止同義故易之以爲集集其止滯亦同義也上文所云四時之事告其壹之則血氣集滯使不得宣散氣不散則骨羸露也肥則膚肉厚骨不見瘦則肌膚薄故體羸露羸露是露骨之名其義與倮相近倮露形也羸露骨也瘦必羸羸亦瘦之别名今晉侯壹之者唯謂安身親近婦人四時皆爾以恒安身不動故使氣集滯也兹心不爽。而昏亂百度。兹此也爽明也百度百事之節〔疏〕兹心至百度。正義曰形之與神相隨而有形以神爲主神以形爲宅形彊則神彊形弱則神弱神常隨形而盛衰也既露其體則神識亦弱致使此心不明照察失宜而昏亂百事之節度也今無乃壹之。同四時也則生疾矣。僑又聞之。內官不及同姓。內官嬪御嬪婢人反其生不殖。殖長也美先盡矣。則相生疾。同姓之相與先美矣美極則盡盡則生疾〔疏〕其生至生疾。正義曰此僑重述不及同姓之意言內官若取同姓則夫婦所以生疾性命不得殖長何者以其同姓相與先美今既爲夫妻又相寵愛美之至極在先盡矣乃相厭患而生疾病非直美極惡生疾病而已又美極驕寵更生妬害也故晉語云異姓則異德異德則異類異類雖近男女相及以生民也同姓則同德同德則同心同心則同志同志雖遠男女不相及畏瀆故也瀆則生怨怨亂育災災育滅性是故取女辟同姓畏亂災也禮記大傳云百世而昏姻不通者周道然也然則周法始如此耳前代則不然也蓋以前代敬簡未設禁防周人以其慢瀆故立法以禁之劉炫云違禮而娶則人神不祐故所生不長也晉文姬出而霸諸侯同姓未必皆不殖此以禮法爲言勸勵人耳。注同姓至生疾。正義曰劉炫云人之本心自然有愛愛之所及先及近親同姓是親之近者其愛之美必深是同姓之相與先自美矣若使又爲夫妻則相愛之美九極極則美先盡矣美盡必有惡生故美盡則生疾此以禮爲防推致此意耳晉語云同君子是以惡之。故志曰。買妾不知其姓。則卜之。違此二者。古之所慎也。壹四時取同姓二者古人所慎。惡如字又烏路反取七住反〔疏〕買妾至卜之。正義曰曲禮云娶妻不取同姓故買妾不知其姓則卜之鄭玄云爲其近禽獸也妾賤或時非媵取於賤者世無本繫也男女辨姓。禮之大司也。辨别也。别彼列反。今君內實有四姬焉。同姓姬四人其無乃是也乎。若由是二者。弗可爲也已。爲治也四姬有省。猶可。無則必生疾矣。據異姓去同姓故言省。省所景反徐所幸反注同去起呂反〔疏〕四姬至疾矣。正義曰子產云四姬之外若有異姓之女接御於公減省公之寵愛於四姬之事如此猶可若無異姓之女減省公情專愛四姬則必由此故以生疾矣劉炫云子產言若於同姓不深病猶可差若於四姬有此省相見稀接御則此病猶尚可如無稀省耽之過度則必生疾叔向曰。善哉。肸未之聞也。此皆然矣。叔向出。行人揮送之。送叔向叔向問鄭故焉。且問子皙。對曰。其與幾何。言將敗不久。與如字又音預幾居豈反無禮而好陵人。怙富而卑其上。弗能久矣。爲明年鄭殺公孫黑傳好呼報反怙音戶晉侯聞子產之言。曰。博物君子也。重賄之。晉侯求醫於秦。秦伯使醫和視之。曰。疾不可爲也。是謂近女室。疾如蠱。蠱惑疾。近附近之近。蠱音古〔疏〕是謂至如蠱。正義曰女在房室故以室言之是謂近女室說此病之由由近女室爲此病也又言疾如蠱言此疾似蠱疾也蠱者心志惑亂之疾若今昏狂失性其疾名之爲蠱公惑於女色失其常性如彼惑蠱之疾也蠱是惑疾公心既惑是蠱疾而云如蠱者蠱是失志之疾名志之所失不獨爲女宣八年傳胥克有蠱疾者直是病而失性不由近女爲之此公淫而失志未全爲蠱故云如蠱。注蠱惑疾正義曰和言公疾如蠱下云惑以喪志知蠱是心志惑亂之疾非鬼非食。惑以喪志。惑女色而失志。喪息浪反〔疏〕非鬼至喪志。正義曰此說公病之狀病有鬼爲之者有食爲之者此病非鬼非食以淫於女色情性惑亂以喪失志意也良臣將死。天命不祐。良臣不匡救君過故將死而不爲天所祐。祐音右公曰。女不可近乎。對曰。節之。先王之樂。所以節百事也。故有五節。五聲之節遲速本末以相及。中聲以降。五降之後。不容彈矣。此謂先王之樂得中聲聲成五降而息也降罷退。降音絳下及注同或音戶江反彈徒丹反又徒旦反〔疏〕先王至彈矣。正義曰女之爲節不可得說故以樂譬之先王之爲此樂也所以限節百種之事故爲樂有五聲之節爲聲有遲有速從本至末緩急相及使得中和之聲其曲既了以此罷退五聲既成中和罷退之後謂爲曲已了不容更復彈作以爲煩手淫聲鄭衞之曲也劉炫云言五降而息罷退者五聲一周聲下而息前聲罷退以待後聲非作樂息也樂曲成

乃息非五聲一周得息也又傳於是至弗聽劉云此說降後不彈之意也五聲皆降則聲一成曲既未成當從上始不以後聲未接前聲而容手妄彈擊是爲煩手此手所擊非復正聲是爲淫聲淫聲之慢塞人心耳乃使人忘失平和之性故君子不聽也於是有煩手淫聲。慆堙心耳。乃忘平和。君子弗聽也。五降而不息則雜聲並奏所謂鄭衞之聲○慆他刀反下同堙音因〔疏〕注五降至之聲。正義曰五降不息則非復正聲手煩不已則雜聲並奏記傳所謂鄭衞之聲謂此也樂記云鄭衞之音亂世之音也又曰鄭音好濫淫志衞音趨數煩志是言鄭衞之聲是煩手雜聲也物亦如之。言百事皆如樂不可失節至於煩。乃舍也已。無以生疾。○煩不舍則生疾○舍音捨注同君子之近琴瑟。以儀節也。非以慆心也。爲心之節儀使動不過度天有六氣。謂陰陽風雨晦明也降生五味。謂金味辛木味酸水味鹹火味苦土味甘皆由陰陽風雨而生〔疏〕注謂金至而生○正義曰尚書洪範云五行一曰水二曰火三曰木四曰金五曰土水曰潤下火曰炎上木曰曲直金曰從革土爰稼穡潤下作鹹炎上作苦曲直作酸從革作辛稼穡作甘孔安國云鹹水鹵所生也苦焦氣之味也酸木實之性也辛金之氣味也甘味生於百穀也是五味爲五行之味也以五者並行於天地之間故洛書謂之五行物皆有本本自天來故言五者皆由陰陽風雨而生也是陰陽風雨晦明合雜共生五味若先儒以爲雨爲木味風爲土味晦爲水味明爲火味陽爲金味而陰氣屬天不爲五味之主此杜所不用也洪範本文以生數爲次水火木金土大禹謨六府之次水火金木土穀以月令於四時之次木火土金水杜數五味之次金木水火土以五行相循更互相代其次不以爲常隨便言耳此注所言五味五色五聲配五行者經傳多有之洪範是其本月令尤分明杜所解者皆依月令文也發爲五色。辛色白酸色青鹹色黑苦色赤甘色黃發見也○見賢徧反徵爲五聲。白聲商青聲角黑聲羽赤聲徵黃聲宮徵驗也○徵張里反淫生六疾。淫過也滋味聲色所以養人然過則生害〔疏〕天有至六疾○正義曰上既以樂譬女乃云物亦如之至煩乃舍言用之有節也此又本諸上天言物皆不得過度也氣皆由天故言天有六氣也五味在地故云降生五味也五味是五行之味六氣共生五行故杜解五味皆由陰陽風雨晦明而生是言六氣共生之非言一氣生一行也味則嘗而可知未有形色可視發見而爲五色也色既不同其聲亦異徵驗而爲五聲也此味聲色也皆本諸上天所以養人用之大過則生六種之疾○注淫過至生害○正義曰此淫生六疾承氣味色聲之下則謂四者之過皆生疾也但醫和將說晦淫惑疾故下句特舉六氣之淫其言不及味與聲色故杜解以備之言滋味聲色所以養人然過則生疾以見淫生六疾非獨六氣生疾也但晉侯不以味聲色生疾故醫和不言之耳六氣曰陰、陽、風、雨、晦、明也。分爲四時。序爲五節。六氣之化分而序之則成四時得五行之節〔疏〕注六氣至之節○正義曰六氣並行無時止息但氣有温暑涼寒分爲四時春夏秋冬也序此四時以爲五行之節計一年有三百六十五日序之爲五行每行得有七十二日有餘土無定方分主四季故每季之末有十八日爲

土正主日也過則爲菑。陰淫寒疾。寒過則爲冷○菑音災下同陽淫熱疾。熱過則喘渴○喘昌兗反風淫末疾。末四支也風爲緩急雨淫腹疾。雨濕之氣爲洩注○洩息列反下如字晦淫惑疾。晦夜也爲宴寢過節則心惑亂明淫心疾。明晝也思慮煩多心勞生疾○思息利反〔疏〕過則至心疾○正義目上云淫生六疾揔謂氣味聲色此云過則爲菑獨謂六氣過耳過即淫也故歷言六氣之淫各生疾也此六者陰陽風雨有多時有少時晦明則天有常度無多少時也今言淫者謂人受用此氣有過度者也陰過則冷陽過則熱風多則四支緩急雨多則腹陽泄注此四者雖各以其氣與人爲病若其能自防護受之不多則得無此病也其晦明亦是天氣不以病人但人用晦明過度則人亦爲病晦是夜也夜當安身女以宜氣近女過度則心散亂也明是晝也晝以營務營務當用心思慮煩多則心勞敝也陰陽風雨當受之有節晦明當用之有限無節無限必爲菑害故過則爲菑也○注末四至緩急○正義曰人之身體頭爲元首四支爲末故以末爲四支謂手足也風氣入身則四支有緩急賈逵以末疾爲首疾謂風眩也女。陽物而晦時。淫則生內熱惑蠱之疾。女常隨男故言陽物家道常在夜故言晦時〔疏〕女陽至之疾○正義曰男爲陽女爲陰女常隨男則女是陽家之物也而晦夜之時用之若用之淫過則生內熱惑蠱之疾以女陽物故內熱以晦時惑蠱也晉語云文子問醫和曰君其幾何對曰若諸侯服不過三年不服不過十年過是晉之殃也孔晁云人雖有命荒淫者必損壽無外患則并心於內故三年死諸侯不服則思外患損其內情故十年無道之君久在民上實國之殃也今君不節不時。能無及此乎。出告趙孟。趙孟曰。誰當良臣。對曰。主是謂矣。主相晉國。於今八年。晉國無亂。諸侯無闕。可謂良矣。和聞之。國之大臣。榮其寵祿。任其寵節。有菑禍興而無改焉。改改行以救菑○相息亮反行下孟反必受其咎。今君至於淫以生疾。將不能圖恤社稷。禍孰大焉。主不能禦。吾是以云也。云主將死○咎其九反禦本亦作御魚呂反趙孟曰。何謂蠱。對曰。淫溺惑亂之所生也。溺沈沒於嗜欲○溺乃狄反嗜時志反〔疏〕淫溺至生也○正義曰此淫謂淫於女也沒水謂之溺沒於嗜欲與溺水相似故淫溺連言之此論晉侯蠱疾故言淫溺惑亂之所生耳人自有無故失志志性恍惚不自知者其疾名爲蠱蠱非盡由淫也以毒藥藥人令人不自知者今律謂之蠱毒於文。皿蟲爲蠱。文字也皿器也器受蟲害者爲蠱○皿命景反說文讀若猛字林音猛穀之飛亦爲蠱。穀久積則變爲飛蟲名曰蠱在周易。女惑男。風落山。謂之蠱。䷑巽下艮上蠱巽爲長女爲風艮爲少男爲山少男而說長女非匹故惑山木得風而落○巽音遜艮

古很反長丁丈反下同少詩照反下同說音悅皆同物也。物猶類也趙孟曰。良醫也。厚其禮而歸之。賄贈之禮○楚公子圍使公子黑肱、伯州犁城犫、櫟、郟。黑肱王子圍之弟子皙也犫縣屬南陽郟縣屬襄城櫟今河南陽翟縣三邑本鄭地○犫尺州反櫟音歷徐失灼反郟古洽反鄭人懼。子產曰。不害。令尹將行大事。謂將弒君而先除二子也。二子謂黑肱伯州犁禍不及鄭。何患焉。冬。楚公子圍將聘于鄭。伍舉爲介。未出竟。聞王有疾而還。伍舉遂聘。十一月己酉。公子圍至。入問王疾。縊而弒之。縊絞也孫卿曰以冠纓絞之長歷推己酉十二月六日經傳皆言十一月月誤也○介音界竟音境縊一豉反弒申志反絞古卯反〔疏〕注縊絞至誤也○正義曰孫卿姓荀名況著書一部名荀卿子漢宣帝諱詢故轉爲孫也下有十二月甲辰朔甲辰後五日得己酉故杜以長歷推己酉是十二月六日而此鄭敖之卒經傳皆云十一月己酉杜謂十一月誤者止謂十一月不得有己酉以己酉爲誤十一月非誤也必知然者若以爲十二月己酉則六日己酉子干奔晉至晉猶見趙孟七日庚戌趙孟卒便是日相切迫無相見之理故知十一月爲是己酉爲誤劉炫以爲杜云誤者以十一月爲誤當云十二月而規杜氏非也劉炫規云杜言十一月誤當爲十二月案下文趙孟庚戌卒彼是郟敖今日死趙孟明日卒則子干奔晉不得見趙孟而議其祿故謂十一月是己酉字誤也遂殺其二子幕及平夏。皆郟敖子○幕音莫夏戶雅反右尹子干出奔晉。子干王子比宮廏尹子皙出奔鄭。因築城而去○廏居又反殺大宰伯州犁于郟。葬王于郟。謂之郟敖。郟敖楚子麇使赴于鄭。伍舉問應爲後之辭焉。問赴者對曰。寡大夫圍。伍舉更之曰。共王之子圍爲長。伍舉更赴辭使從禮此告終稱嗣不以篡弒赴諸侯○共王音恭長丁丈反子干奔晉。從車五乘。叔向使與秦公子同食。食祿同○從才用反乘繩證反下同皆百人之餼。百人一卒也其祿足百人○餼許氣反卒子忽反〔疏〕注百人至百人○正義曰百人爲卒周禮司馬序官文也祿足百人謂與之田取稅以共食爲百人餼也晉語稱秦后子楚公子干來仕叔向爲大傅實賦祿韓宣子問二公子之祿焉對曰大國之卿一旅之田上大夫一卒之田夫二公子者上大夫皆一卒可也趙文子曰。秦公子富。謂秦鍼富強秩祿不宜與子干同叔向曰。底祿以德。底致也○底音旨德鈞以年。年同以尊。公子以國。不聞以富。且夫以千乘去其國。彊禦已甚。詩曰。不侮鰥寡。

不畏彊禦。詩大雅侮陵也。夫音扶侮亡甫反鰥古頑反〔疏〕底祿至以尊。正義曰德大則官高官高則祿厚故致祿以德之小大爲差也年同以尊謂以官爲之尊卑也秦楚匹也。使后子與子干齒。以年齒爲高下而坐辭曰。鍼懼選。楚公子不獲。是以皆來。亦唯命。不獲不得自安言俱奔事有優劣唯主人命所處謙辭且臣與羈齒。無乃不可乎。后子先來仕欲自同於晉臣爲主人子干後來奔以爲羈旅之客史佚有言曰。非羈何忌。忌敬也欲謙以自別。○佚音逸別彼列反〔疏〕非羈何忌。正義曰忌敬也史佚有言云非是羈客何須敬之言子干是客當須敬之我不敢與同是謙以自別也楚靈王即位。遠罷爲令尹。遠啓彊爲大宰。○靈王公子圍也即位易名熊虔罷音皮彊其良反又居良反鄭游吉如楚。葬郟敖。且聘立君。歸謂子產曰。具行器矣。行器謂備楚王汰侈而自說其事。必合諸侯。吾往無日矣。子產曰。不數年。未能也。爲四年會申傳。○汰音泰說音悅徐音始悅反數所主反十二月。晉既烝。烝冬祭也。烝之承反。趙孟適南陽。將會孟子餘。孟子餘趙衰趙武之曾祖其廟在晉之南陽溫縣往會祭之。○衰初危反〔疏〕注孟子餘趙衰。正義曰服虔以孟爲趙盾子餘爲趙衰若其必然當先衰後盾何以先言孟也杜以孟子餘是趙衰一人蓋子餘是字孟是長幼之字也甲辰。朔。烝于溫。趙氏烝祭甲辰十二月朔晉既烝趙孟乃烝其家廟則晉烝當作甲辰之前傳言十二月月誤〔疏〕注趙氏至月誤。正義曰杜以十二月晉既烝趙孟始適南陽則趙孟初行已是十二月也此句乃云甲辰朔烝于溫案文言之則是來年正月朔也服虔云甲辰朔夏十一月朔也若是夏十一月朔當於明年言之而此年說之何也杜以服言不通故爲此解云晉既烝趙孟乃烝其家廟則晉烝當在甲辰之前當言十一月傳言十二月月誤也劉炫以爲晉烝後及趙孟適南陽並在十一月之前文繫十二月者欲見烝後卯行先公後私十二月之文爲下甲辰朔起本舉月遙屬下明晉烝猶在朔前十二月非誤也若必如劉言傳當云晉既烝趙孟適南陽將會孟子餘十二月甲辰朔烝于溫足明先公後私之義何須虛張十二月於上遙爲甲辰朔起本傳文上下未有此例劉炫之言非也庚戌。卒。十二月七日終劉定公秦后子之言鄭伯如晉。弔及雍乃復。弔趙氏蓋趙氏辭之而還傳言大夫彊諸侯畏而弔之。○及雍於用反

春秋左傳注疏卷四十一挍勘記　阮元撰盧宣旬摘錄

附釋音春秋左傳注疏卷第四十一　起元年盡元年宋本春秋正義卷第二十六石經春秋經傳集解昭元第廿淳熙本纂圖本明翻岳本廿作二十釋文及下卷同淳熙本昭下有公字明翻岳本作昭公一並盡三年

昭公

昭公名稠　杜氏釋例史記十二諸侯年表漢書古今人表律厤志世本並作稠徐廣云又作袑宋本作稠魯世家同與襄公三十一年昭公廿五年傳文合閩本監本毛本改裯

經元年

元年　淳熙本元誤六

先至於魯　宋本淳熙本纂圖本明翻岳本監本毛本魯作會宋監毛正義標起訖同是也

殺世子偃師貶　宋本殺上有爲字與公羊合

非貶所也　監本毛本所作詞

案傳武子伐莒　宋本傳下有季字

晉荀吳師師敗狄于大鹵　石經宋本淳熙本纂圖本明翻岳本閩本監本毛本師作帥師是也

莒展與出奔吳　釋文無與字云一本作莒展與案公羊穀梁皆無與字

不稱爵　宋本不上有故字

楚子麇卒　閩本監本作麇乃麇之誤案史記楚世家作負索隱曰左傳作麏陳氏云麏與麇通

傳稱謚而殺之　毛本謚誤謐閩本監本弒作殺非

公子比出奔晉　石經宋本淳熙本纂圖本明翻岳本足利本公上有楚字是也

傳元年

伍舉爲介　石經此伍字係原刻巳下伍字皆初刻作五後加人旁惠棟云孫叔敖碑作五舉案唐石經初刻亦作五後改從人非也

以敝邑褊小　石經宋本明翻岳本褊作福與釋文合

行昏禮　閩本監本毛本昏作婚疏並同

令尹命大宰伯州犂對曰　監本毛本州誤氏

圍布几筵　釋文几本亦作机案机者几之俗

圍布至而來　宋本以下正義四節在入逆而出句下

猶尚釋幣于禰乃行　閩本監本毛本脫釋字

告父祖之廟而來也　閩本監本毛本作告祖父母之廟而來也誤也

而無乃包藏禍心以圖之　李善注文選阮瑀爲曹公作書與孫權引傳包作苞案作苞是也說詳傳四年注

而有所壅塞不行是懼　諸本作壅釋文作雍云本又作壅注及下注同

子木之信　淳熙本木誤才

以春言故云七年　山井鼎云足利本後人記云言異本作立按作立者非也

於今七年下　宋本以下正義十一節摠入其是之謂矣注

年末醫和則云八年　宋本年下有也字閩本監本末誤未

宋人曹于澶淵　宋本閩本監本毛本于上有人是也

武有仁人之心　諸本作仁此本誤何今訂正

令武猶是心也　顧炎武云石經令誤作今案石經此處模糊炎武所據乃謬刻

武將信以爲本　閩本監本毛本武誤我

是穮是蔉　石經穮字初刊作藨後改正案李善注文選張茂先勵志詩穮作藨引注文同然說文穮下引春秋傳則作是穮是衮衮字不从艸

漢書殖貨志　案漢書殖當作食

后稷始甽田　宋本畎作甽與漢書食貨志合

廣尺深尺曰甽　閩本監本毛本甽作畎

苗生三葉以上　段玉裁云漢書無三字

因儧其士以附苗根　閩本儧作瀆監本毛本作壝宋本作隤與漢志合各本士作土是也

耨定本耘　宋本本下有作字是也

即明官門之衞以爲離衞　宋本明作名是也

其言大不辭矣　閩本監本毛本辭作倖

吾代二子愍矣　石經愍作愍石經凡從民字皆改從氏避太宗諱也案漢書五行志引作閔

小旻之卒章　補案此標注連正義當在晉樂王鮒節下誤置此處

子與子家持之　釋文云持本或作持按持當作恃十九年音義云本或作恃怙之恃非也

不如子羽之譏訐　監本毛本訐作評閩本作詳

三大夫兆憂能無至乎　石經宋本淳熙本纂圖本明翻岳本監本毛本重憂字是也案漢書五行志引下憂字作矣矣蓋憂之譌

注言不至其國下　宋本以下正義八節摠入乃免叔孫句

是吾出而絕之也　監本毛本絕作危與明道本國語合

必不加請爲戮也　宋本閩本監本毛本加下有師字請閩本作靖非也

吾又誰怨 纂圖本怨誤恐

出不逃難 石經初刻作不出逃難後改正

所由來也 諸本作由此本誤田今訂正

疆埸之邑 纂圖本閩本監本毛本埸作場非也注同

故傳通言其王耳 宋本無其字

故三危者 宋本淳熙本纂圖本明翻岳本監本毛本故作放是也

扈在始平鄠縣 宋本淳熙本纂圖本明翻岳本閩本毛本鄠作鄠不誤

啓與有扈戰于甘之野 諸本作于宋本作於

注二國至淮夷 監本毛本此段正義在上文周有徐奄注下

誰能一一治之 宋本之下有焉字

各敬爾儀大命一去 宋本淳熙本纂圖本明翻岳本監本毛本儀字下有天命不又言五字大各本作天是也

注小宛至復還 宋本以下正義二節揔入弗可久已矣注下

注又復也 宋本注下有云字

天命所去不復來也 閩本監本毛本所作

令尹自以爲王矣 諸本作王此本誤去今訂正

王弱令尹彊 閩本監本彊作疆非下同

是疆而不義 宋本淳熙本纂圖本明翻岳本監本毛本疆作彊不誤

褒姒滅之 釋文云滅詩作威案說文威字注云滅也从火戌火死於戌陽氣至戌而盡引詩曰褒姒烕之漢書谷永傳引詩同

爲十二年楚弒靈王傳也 宋本明翻岳本足利本二作三是

猶與賓客享之 諸本作客此本誤各今改正

知其一獻 宋本淳熙本纂圖本明翻岳本監本毛本其作欲足利本獻下有之禮二字

注朝聘至五獻 宋本以下正義二節揔入吾不復此矣注下

皆獻數不同饔餼之數也 閩本監本毛本不作各宋本無數不二字是也

禮終乃宴 詩彤弓正義引作禮終乃燕

謂之享禮既終 宋本無之字

言享公當依享法 宋本閩本監本毛本作言此本誤三今訂正

享宴俎同 宋本閩本監本毛本作同此本誤司今訂正

不求其厚 岳本厚下有也字

子皮賦野有死麕之卒章 纂圖本監本毛本麕作麏非釋文作麏所據之本不同也

無使厖也吠 宋本明翻岳本足利本厖作尨不誤

尨也可使無吠 纂圖本閩本監本毛本尨作厖非也

雒汭在河南鞏縣南 毛本雒作洛非也下同

微禹吾其魚乎 周禮大司徒疏引作吾其爲魚乎爲字係別本所增

吾與子弁冕端委以治民臨諸侯 釋文作弁端委云本亦作弁冕端委案石經此行十一字似初刻無冕字後增入也

弁冕冠也 惠棟云說文云覍冕也故杜訓爲冕冠弁冕之冕衍文也案周禮大司徒疏引有冕字非善本也

注弁冕至之力 宋本以下正義四節揔入又何以年注下

禮記深衣制 宋本衣下有之字是也

子盍亦遠績禹功 北宋刻釋文無禹字云本或作亦遠績禹功案周禮大司徒疏李善注文選袁彥伯三國名臣序贊陸士衡五等論引傳無亦字疑釋文亦無亦字非無禹字也本或作亦遠績禹功石經子盍亦一行十一字似亦字亦初刻所無北宋刻釋文績作續說詳校勘記

勸趙孟使篡禹功 淳熙本亦誤作篡宋本纂圖本明翻岳本閩本監本毛本作纂是也

謂勸武何不遠慕大禹之績 閩本監本毛本慕誤纂何不監毛作何以亦非

齊等也 宋本閩本監本毛本齊作儕是也

言吾等於彼卑賤苟且飲食之人也 宋本飲作求

不得惡諠譁之聲 釋文諠作讙云或作諠按說文讙譁也从言雚聲釋文本作讙與說文合

注言譬至之聲 宋本此節正義在乃出見之注下

犯鄭大夫 纂圖本閩本監本毛本大夫誤作夫人

既而櫜甲以見子南 毛本南誤男櫜釋文云本或作㯻案鄭司農攷工記函人注引作櫜甲而見子南賈疏同

夫夫至順也 宋本自此以下正義三節揔入何有於諸游注下

猶恐其尫 閩本尫作尩非監本毛本作尪亦誤

猶懼其武 案武本作虎避諱改也

五者所以爲國也 纂圖本重以字非也

宥女以遠勉速行乎 淳熙本脫勉字

周公殺管仲而蔡蔡叔 釋文云上蔡字音素葛反放也說文作⿱殺米音同字從殺下米案禹貢云二百里蔡鄭氏云蔡之言殺減殺其賦古音蔡同殺張參五經文字云⿱殺米春秋傳多借蔡字爲之

殺管叔至蔡叔 宋本無上叔字

癸卯至伯也 宋本以下正義七節揔入其與幾何注下

比舩爲橋 閩本橋誤誓宋本舩作船下同

必有幣隨之 此本幣下空缺二字正德本閩本作車以監本毛本作帛以並誤宋本作必有幣隨之今訂正

服虔以爲每於十里置車一乘 此本車上空缺一字閩本監本毛本作幣非也

一何駛乎 閩本監本毛本駛誤駃

后子預前約束 閩本監本束誤速毛本作柬亦非

故杜辨其車之所在 閩本監本毛本辨作辯車作事並非

趙孟曰天乎 石經作天乎漢書五行志引作天虖按錢大昕云與上文七乎相對謂國既不七則君當夭折也

翫歲而愒日 諸本作翫葉鈔釋文云又作忨是也案說文心部忨字注云貪也从心元聲引傳作忨歲而㵣日外傳作忨日而㵣歲韋昭云忨偷也㵣遲也漢書五行志亦作忨歲

公孫黑強與於盟 淳熙本強作彊注同

晉中至大原 宋本以下正義三節揔入大敗之注下

所遇又阨 釋文云阨本又作隘

皆臨時處置之名 監本毛本處誤取

公子召去疾于齊 石經于作於

叔弓帥師疆鄆田 石經及諸本作帥此本誤師今訂正

棄人也夫 淳熙本脫夫字

詩曰無競維人善矣 石經宋本淳熙本明翻岳本維作惟

居于曠林 纂圖本監本毛本于作於非也

注后帝至堯也 宋本無至字以下正義廿一節揔入重賄之句下

故稱商人也 宋本無也字

主參　釋文云所林反注及下同案注文無參字

二十九年傳云　閩本監本毛本二作三非也

其季世曰唐叔虞　李善注文選曹子建與吳季重書引作季葉改世作葉避所諱

當武王邑姜方震大叔　釋文云震本又作娠案史記鄭世家漢書高帝紀應劭注呂覽重言篇高誘注引傳並作娠正義引說文云娠女妊身動也是懷胎爲震震取動義字書以是女事故今字從女耳陳樹華云邑姜方震自爲震動之字不作娠

十二年傳稱呂級王舅　監本毛本級作伋下同

夢帝謂已　石經宋本明翻岳本巳作己是也

余命而子曰虞　漢書地理志引作余名案說文云名自命也史記天官書兔七命索隱云謂兔星凡有七名也祭法黃帝正名百物國語魯語作成命百物是名命二字古同聲同義

及成王滅唐而封大叔焉　惠棟云史記鄭世家封作國案尚書序云武王既勝殷邦諸侯又康誥序云以殷餘民邦康叔孔氏云國康叔爲衛侯此傳依史記當云邦大叔古字邦封同聲漢諱邦改曰國故曰國大叔也論語邦域之中今作封域是字同之驗下文封諸汾川同

余命女生子名虞　閩本監本毛本命女作命汝

薄姬之夢龍據其心　宋本閩本監本毛本心作身是也

纂昧之業　淳熙本纂作篡非

臺驗是金天裔孫　宋本閩本監本毛本驗作駘是也

昧於金天　宋本閩本監本毛本作昧此本誤味今訂正

則臺駘汾神也　案史記鄭世家作汾洮神也水經注引傳作汾洮之神也

山川之神則水旱癘疫之災於是乎禜之日月星辰之神則雪霜風雨之不時於是乎禜之　惠棟云鄭氏注周禮鬯人引傳云日月星辰之神則雪霜風雨之不時於是乎禜之山川之神則水旱癘疫之不時誠雖於是乎禜之賈公彥云鄭君所讀春秋先日月與賈服傳不同故也彼無不時此有之者鄭氏以義增之非傳文

爲營欑用幣　監本欑字模糊正德本閩本作攢毛本作儹並非下同

不復別其日月與山川者也　宋本無者字

計日月無其主之者　監本毛本脫之字

掌六祈以同鬼神示　諸本作祈此本誤析今改閩本亦脫神字據宋本監本毛本補

以朱絲縈社也　閩本監本毛本縈作營下同按周禮大祝注作縈公羊傳作以朱絲營社釋文云一傾反又如字本亦作縈同營縈皆謂規其外

以此解禜也　宋本閩本監本毛本作禜此本誤榮今改正

癘氣所不及　閩本監本毛本癘誤疫

久則疲　宋本久上重聽政二字

勿使有所壅閉湫底　石經底作底葉鈔釋文同少下畫非是

底滯也　淳熙本也誤少

以羸露其形骸也　宋本骸作體是也

底止也　宋本閩本監本毛本底作底按訓止則字當从广爾雅釋詁云底止也

則骨羸露也　宋本骨作體是也

瘦必羸　宋本瘦下有者字是也

神常隨形而盛衰也　監本毛本常作長

此向重述不及同姓之意　宋本閩本監本毛本向作僑是也

畏瀆故也　監本毛本故作敬與國語晉語合

是謂近女室疾如蠱　王念孫云室乃生之誤近女爲句生疾如蠱爲句女蠱爲韻下文食志祐爲韻

是謂至如蠱　宋本以下正義十三節揔入厚其禮而歸之注下

是蠱疾　宋本是上有即字

蠱是失志之疾名　宋本疾作病

先王之樂　案漢書藝文志引樂上有作字非正義本也

當從上始　宋本當下有更字是也

不以後聲未接前聲　宋本閩本監本毛本未作來

淫聲之慢　宋本監本毛本慢作漫

衛音從速煩志　閩本監本毛本從速作趨數宋本作促速案從當作促鄭氏注樂記趨數讀爲促速

月令尤分明　分字此本空缺依宋本補閩本監本毛本作爲

天有至六疾　宋本此節正義在注五降至之聲之前

爲驗而爲五聲也　宋本爲作徵是也

注淫過至生害　宋本此節正義在謂金至而生之下

六氣並行　監本毛本並作共

爲土正主日也　補案主當作王音旺

末四支也　毛本支字作肢正義同按說文胑體四胑也从肉只聲胑或从支

雨濕之氣爲洩注　纂圖本毛本濕作溼淳熙本洩作戌

謂風胘也　閩本監本胘作肱亦非宋本毛本作眩是也

則女是陽家之物也　監本毛本家作象

惑蠱也　宋本惑上有故字

損其內指　宋本閩本監本毛本指作情是也

任其寵節　石經宋本淳熙本纂圖本明翻岳本閩本監本毛本寵作大不誤

溺沈沒於嗜欲　纂圖本閩本監本毛本沈作沉案沉俗沈字淳熙本沒誤沿宋本嗜作耆與釋文合正義同

此論晉侯將蠱疾　宋本將下有爲字

人自有無故失志　閩本監本毛本無作欲

器受蠱書者爲蠱　宋本淳熙本纂圖本明翻岳本閩本監本毛本蠱書作蟲害也

伍舉爲介　石經伍初刻作五人旁後加

注縊絞至誤也　宋本以下正義四節揔入不數年未能也注下

姓荀名說　段玉裁按本說作況是也

彼是郟敖今日死　宋本彼作便是也

郟敖楚子麇　宋本淳熙本纂圖本明翻岳本毛本麇作麋是也

此告終稱嗣　盧文弨云此字衍裴駰注史記引性無

底祿以德　石經宋本明翻岳本底作底不誤注同

彊禦已甚　纂圖本閩本監本毛本彊作疆非是下及啓彊同

行器謂備　宋本淳熙本明翻岳本監本毛本謂作會

楚王汰侈而自說其事　石經宋本明翻岳本汰作汏不誤釋文亦作汏

注孟子餘趙衰　宋本以下正義二節揔入鄭伯如晉節注下

並在十一月之前　宋本一作二不誤

附釋音春秋左傳注疏卷第四十二 昭二年盡四年

杜氏注　孔穎達疏

經二年，春，晉侯使韓起來聘。○夏，叔弓如晉。叔弓，叔老子。○秋，鄭殺其大夫公孫黑。書名，惡之。薰隧盟，子產不討，遂以為卿，故書之。○惡，烏路反。【疏】書名至書之。○正義曰：傳稱子產數其罪，是書名為惡之也。往年傳云子皙上大夫也，則非卿，非卿則不合書。薰隧之盟，子皙強與卿列，子產不討，即以為卿，故書之。○冬，公如晉，至河乃復。弔少姜也。晉人辭之，故還。○少，詩照反，傳放此。○季孫宿如晉。致襚服也。公實以秋行，冬還乃書。○襚，音遂。【疏】注致襚至乃書。○正義曰：傳稱季孫宿遂致服焉，知其致襚服也。傳說此事文正在冬上，而經書在冬，知公實以秋行，至冬還乃書。書還時日月，不復追言秋，故文在冬也。

傳二年，春，晉侯使韓宣子來聘，公即位故。【疏】注公即位故。○正義曰：傳言且告為政而來見，則其來非獨為為政，故知主為公即位故也。襄元年傳曰：凡諸侯即位，小國朝之，大國聘焉。是也。且告為政而來見，禮也。代趙武為政，雖盟主而脩好同盟，故曰禮。○見，賢遍反。好，呼報反。【疏】注代趙武為政。○正義曰：五年傳曰：韓起之下有趙成、中行吳、魏舒、范鞅、知盈，則六者三軍之將佐也。韓起代趙武將中軍，趙成繼父為卿，代韓起也。觀書於大史氏，見易象與魯春秋，曰：周禮盡在魯矣。易象上下經之象辭，魯春秋史記之策書。春秋遵周公之典以序事，故曰周禮盡在魯矣。【疏】觀書至王也。○正義曰：大史之官職掌書籍，必有藏書之處，若今之祕閣也。觀書於大史氏者，氏猶家也，就其所司之處觀其書也。見易象易象魯無增改，故不言魯易象。其春秋用周公之法書魯國之事，故言魯春秋也。魯國寶文王之書，遵周公之典，故云周禮盡在魯矣。文王、周公能制此典，因見此書而追歎周德，吾乃於今日始知周公之德，以周公制春秋之法故也；與周之所以得王天下之由，由文王有聖德能作易象故也。此二書晉國亦應有之，韓子舊應經見，而至魯始歎之，乃云今知者，因味其義而善其人，非為素不見也。吾乃今知周公之德與周之所以王也。易象、春秋，文王、周公之制。當此時儒道廢，諸國多闕，唯魯備，故宣子適魯而說之。○以王，于況反。周弘正依字讀。說，音悅。【疏】注易象至魯矣。○正義曰：易有六十四卦，分為上下二篇，及孔子又作易傳十篇以翼成之，後世謂孔子所作為傳，謂本文為經，故云上下經也。易文推演爻卦，象物而為之辭，故易繫辭云：八卦成列，象在其中。又云：易者，象也。是故謂之易象。孔子述卦下總辭謂之為彖，述爻下別辭謂之為象，以其無所分別，故別立二名以辨之，其實卦下之語亦是象物為辭，故二者俱為象也。定四年傳稱分魯公以備物典策，所言典策，則史官書策之法，若發凡言例，皆是周公制之。周衰之後，諸國典策各違舊章，唯魯春秋遵此周公之典以序時事，故云周禮盡在魯矣。○注易象春秋文王至而說之。○正義曰：易象文王所作，春秋周公垂法，故杜雙舉釋之，云易象、春秋，文王、周公之所制也。易繫辭云：易之興也，其當殷之末世、周之盛德邪？當文王與紂之事邪？鄭玄云：據此言以易是文王所作，斷可知矣。且史傳讖緯皆言文王演易，演謂為其辭以演說之，易經必是文王作也。但易之爻辭有箕子之明夷利貞，箕子明傷乃在武王之世，文王不得言之。又云：王用享于岐山。又云：東鄰殺牛，不如西鄰之禴祭，實受其福。二者之意皆斥文王，若是文王作經，無容自伐其德，故先代大儒鄭衆、賈逵等或以為卦下之彖辭文王所作，爻下之象辭周公所作，雖復紛競大久，無能決當是非，杜今雙舉並釋，以同鄭說也。然據傳先言易象，後言春秋，則應先云周之所以王，與周公之德也。今傳乃先云周公之德者，易象諸國同有，其春秋獨遵周公典法，韓子美周禮在魯，故先云周公之德。公享之。季武子賦緜之卒章。緜，詩大雅。卒章取文王有四臣，故能以緜緜致興盛，以晉侯比文王，以韓子比四輔。○四臣，大顛、閎夭、散宜生、南宮适。四輔，謂先後、奔走、疏附、禦侮。【疏】注文王有四臣。○正義曰：緜詩云：予曰有疏附，予曰有先後，予曰有奔奏，予曰有禦侮。注云：率下親上曰疏附，相道前後曰先後，喻德宣譽曰奔奏，武臣折衝曰禦侮。韓子賦角弓。角弓，詩小雅。取其兄弟昏姻無胥遠矣，言兄弟之國宜相親。季武子拜曰：敢拜子之彌縫敝邑，寡君有望矣。彌縫猶補合也。謂以兄弟之義。○縫，扶恭反。合，如字，一音閤。武子賦節之卒章。節，詩小雅。卒章取式訛爾心，以畜萬邦，以言晉德可以畜萬邦。○節，才結反。徐又如字。訛，五禾反。既享，宴于季氏，有嘉樹焉。宣子譽之。譽其好也。○譽，音餘，注同。【疏】注譽其好也。○正義曰：服虔云：與，游也。宣子游其樹下。夏諺曰：一游一譽，為諸侯度。所引夏諺，孟子文也。若是游於其下，宣子本自無言，武子何以輒對？故杜以為譽其美好也。武子曰：宿敢不封殖此樹，以無忘角弓。封，厚也。殖，長也。○長，丁丈反。遂賦甘棠。甘棠，詩召南。召伯息於甘棠之下，詩人思之而愛其樹。武子欲封殖嘉樹如甘棠，以宣子比召公。○召，上照反，下同。宣子曰：起不堪也，無以及召公。宣子遂如齊納幣。為平公聘少姜。○為，于偽反，下為之請同。見子雅。子雅召子旗，子旗，子雅之子。使見宣子。宣子曰：非保家之主也，不臣。志氣亢。○見，賢遍反，下見彊同。亢，苦浪反。見子尾。子尾見彊。彊，子尾之子。宣子謂之如子旗。亦不臣。大夫多笑之。唯晏子信之，曰：夫子，君子也。夫子，韓起。君子有信，其有以知之矣。為十年齊欒施、高彊來奔張本。自齊聘於衛。衛侯享之。北宮文子賦淇澳。淇澳，詩衛風。美武公也。言宣子有武公之德。○淇，音其。澳，於六反。宣子賦木瓜。木瓜亦衛風。義取於欲厚報以為好。○好，呼報反，後文注皆同。夏四月，韓須如齊逆女。須，韓起之子。逆少姜。齊陳無宇送女。致少姜。少姜有寵於晉侯。晉侯謂之少齊。為立別號，所以寵異之。○少，詩照反。【疏】注為立至異之。○正義曰：婦人稱姓，姜其常，蓋以其齊女，故以齊為別號，所以寵異之。言少姜少齊，蓋本字為少也。服虔云：所以寵異，不與齊衆女字等，言齊國如此好女甚少。謂陳無宇非卿。欲使齊以適夫人禮送少姜。○適，丁歷反。執諸中都。中都，晉邑，在西河界休縣東南。○界，音介。休，許虯反。少姜為之請，曰：送從逆班。班，列也。【疏】送從逆班。○正義曰：昏禮諸侯以下法當親迎，有故得使卿，明是使上卿也。桓三年傳例云：凡公女嫁于敵國，姊妹則上卿送之，以禮於先君；公子則下卿送之。於大國，雖公子亦上卿送之。是送者與逆者俱為上卿，是送者依逆者班列。若公子嫁於敵國，及姊妹嫁於小國，皆下卿送之，是降逆者一等；公子嫁於小國，上大夫送之，是降逆者二等也。若晉以少姜為夫人，當以上卿逆，齊當以上卿送，是亦送逆同班。少姜據多言之，故云送從逆班。或可晉使公族大夫逆少姜，元不以夫人之禮，則同妾媵之屬，送者皆從逆班次，不與桓三年逆夫人之禮同。少姜據此而言，故云送從逆班也。劉炫云：昏禮諸侯以下法當親迎，有故得使卿，明是使上卿也。凡例云：凡公女嫁于敵國，姊妹則上卿送之，公子則下卿送之，是送卑於逆者一等，故云送者從逆者之班次，言當卑於逆者也。畏大國也，猶有所易，是以亂作。韓須公族大夫，陳無宇上大夫，言齊畏晉，改易禮制，使上大夫送，遂致此執辱之罪。蓋少姜謙以示譏。○叔弓聘于晉，報宣子也。此春韓宣子來聘。晉侯使郊勞。聘禮賓至近郊，君使卿勞之。○勞，力報反，注皆同。辭曰：寡君使弓來繼舊好，固曰：女無敢為賓。徹命於執事，敝邑弘矣。徹，達也。○女，音汝，下及注皆同。敢辱郊使，請辭。辭郊勞。○使，所吏反，下同。致館。辭曰：寡君命下臣來繼舊好，好合使成，臣之祿也。得通君命，則於己為榮祿。敢辱大館。敢，不敢。叔向曰：子叔子知禮哉！吾聞之曰：忠信，禮之器也；卑讓，禮之宗也。宗猶主也。辭不忘國，忠信也。謂稱舊好。先國後己，卑讓也。始稱敝邑之弘，先國也；次稱臣之祿，後己也。詩曰：敬慎威儀，以近有德。夫子近德矣。詩大雅。○近，附近之近，下同。○秋，鄭公孫黑將作亂，欲去游氏而代其位。游氏，大叔之族。黑為游楚所傷，故欲害其族。○去，起呂反。傷疾作而不果。前年游楚所擊創。○創，初良反。駟氏與諸大夫欲殺之。駟氏，黑之族。子產在鄙，聞之，懼弗及，乘遽而至。遽，傳驛。○遽，其據反。爾雅云：馹、遽，傳也。孫炎注云：傳車驛馬。傳，中戀反。驛，音亦。【疏】注遽傳驛。○正義曰：釋言云：馹、遽，傳也。孫炎曰：傳車驛馬也。使吏數之，數，責其罪。曰：伯有之亂，在襄三十一年。以大國之事，而未爾討

也。務共大國之命不暇治女罪。共音恭下文注皆同爾有亂心無厭。國不女堪。專伐伯有。而罪一也。昆弟爭室。而罪二也。謂爭徐吾犯之妹。厭於鹽反薰隧之盟。女矯君位。而罪三也。謂使大史書七子。矯居表反有死罪三。何以堪之。不速死。大刑將至。再拜稽首辭曰。死在朝夕。無助天爲虐。子産曰。人誰不死。凶人不終。命也。作凶事。爲凶人。不助天其助凶人乎。請以印爲褚師。印子晳之子。褚師市官。朝如字下同印一刃反褚張呂反注同〔疏〕死在至爲虐。正義曰言我劇疾見作死在朝夕之間天已虐我無更助天爲爲虐也。注褚師市官。正義曰蓋相傳說也子産曰。印也若才。君將任之。不才。將朝夕從女。女罪之不恤。而又何請焉。不速死。司寇將至。七月。壬寅。縊。尸諸周氏之衢。衢道也。衢其于反加木焉。書其罪於木以加尸上〇晉少姜卒。公如晉。及河。晉侯使士文伯來辭曰。非伉儷也。晉侯溺於所幸爲少姜行夫人之服故諸侯弔不敢以私煩諸侯故止之〇伉苦浪反儷力計反〔疏〕非伉儷也。正義曰成十一年注云伉敵也儷耦也言少姜是妾非敵身對耦之人也少姜是妾杜言晉侯爲少姜行夫人之服者以明年傳云寡君在縗經之中知其爲之服也請君無辱。公還。季孫宿遂致服焉。致少姜之襚服。公以末秋行始冬還乃書之故經在冬叔向言陳無宇於晉侯曰。彼何罪。彼無宇君使公族逆之。齊使上大夫送之。猶曰不共。君求以貪。國則不共。逆卑於送是晉國不共而執其使。君刑已頗。何以爲盟主。頗不平。使所吏反頗普多反且少姜有辭。謂請無宇之辭冬。十月。陳無宇歸。晉侯赦之〇十一月。鄭印段如晉弔。弔少姜

經三年。春。王正月。丁未。滕子原卒。襄二十五年盟重丘。重直恭反〔疏〕注襄二至重丘。正義曰杜世族譜滕成公是文公之子成十六年滕子卒自爾以來襄五年盟于戚九年于戲十一年于亳城北十九年于祝柯二十年于澶淵二十五年于重丘皆魯滕俱在凡六同盟但經傳更無明文未知皆是滕成公以否杜氏之意疑故指重丘近者而言劉炫以爲皆是滕成公而規杜氏非也〇夏。叔弓如滕。〇五月。葬滕成公。卿共小國之葬禮過厚葬襄公滕子來會故魯厚報

之。共音恭傳倣此〇秋。小邾子來朝。〇八月。大雩。〇冬。大雨雹。無傳記災。雨于付反雹蒲學反〇北燕伯款出奔齊。不書大夫逐之而言奔罪之也書名從告〔疏〕注不書至從告。正義曰傳稱燕大夫比以殺公之外嬖公懼奔齊是被逐而出非自去也傳又云書曰北燕伯款出奔齊罪之也是仲尼新意不書大夫逐之而言其自奔是罪之也釋例曰諸侯奔亡皆迫逐而苟免非自出也傳稱孫林父甯殖出其君名在諸侯之策此以臣名赴告之文也仲尼之經更沒逐者主名以自奔文責其君不能自安自固所犯非徒所逐之臣也衛赴不以名而燕赴以名各隨赴而書之義在彼不在此也傳不發於蔡朱衛衎而發於燕款者款罪輕於衛衎而重於蔡朱故舉中示例以兼通上下也晉悼感衛衎而問師曠恃其目盲因問以極言且明君不能君故臣亦不能臣罪不純在臣也杜言在彼不在此者書其出奔已是罪賤不假書名以見罪故名與不名皆從本赴不復更見義也

傳三年。春。王正月。鄭游吉如晉。送少姜之葬。梁丙與張趯見之。二子晉大夫趯他歷反梁丙曰。甚矣哉。子之爲此來也。卿共妾葬過禮甚〇爲于僞反子大叔曰。將得已乎。言不得止昔文襄之霸也。晉文公襄公〔疏〕文襄至霸也。正義曰襄是文公子能繼父業故連言之其命朝聘之之數弔葬之使皆文公令之非襄公也其務不煩諸侯。令諸侯三歲而聘。五歲而朝。有事而會。不協而盟。明王之制歲聘間朝在十三年今簡之〇間間厠之間〔疏〕注明王至簡之。正義曰十三年傳云明王之制使諸侯歲聘以志業間朝以講禮再朝而會以示威再會而盟以顯昭明彼謂諸侯於天子朝聘會盟之數計十二年而有八聘四朝再會一盟此說文襄之霸令諸侯朝聘霸主大國之法也諸侯朝天子因朝而爲盟會所以同好惡獎王室霸主之合諸侯不得令其同盟以獎已故令有事而會不協而盟不復設年限之期周室既衰政在霸主霸主不可自同天子以明王舊制大煩諸侯不敢依用故設此制以簡之君薨。大夫弔。卿共葬事。夫人士弔。大夫送葬。先王之制諸侯之喪士弔大夫送葬在三十年蓋時俗過制故文襄雖節之猶過於古足以昭禮命事謀闕而已。朝聘以昭禮盟會以謀闕無加命矣。命有常今嬖寵之喪。不敢擇位。而數於守適。不敢以其位卑而令禮數如守適夫人然則時適夫人之喪弔送之禮以過文襄之制〇而數所具反徐所主反適丁歷反注同本或作嫡下同令力呈反〔疏〕今嬖至守適。正義曰今嬖寵賤妾之喪不敢計擇妾位卑賤而令禮數即同於守適夫人也言守適者夫守外職妻守內職言夫人守內官之適長故以守適言夫人也文襄之制夫人喪士弔大夫送葬今游吉卿也而云同於守適則於時適夫人喪已令卿送葬矣故杜云然則時適夫人之喪弔送之禮以過文襄之制也劉炫云不敢擇取使人於卑賤之位而禮數同於守內官之適夫人也唯懼獲戾。豈敢憚煩。少姜有寵而死。齊必繼室。繼室復薦女〇復扶又反下不出者皆同今茲吾又將來賀。不唯此行也。張趯曰。善哉。吾得聞此數也。然自今子其無事矣。譬如火焉。火心星火中。寒暑乃退。心以季夏昏中而暑退季冬旦中而寒退〔疏〕注心以至寒退。正義曰月令季夏之月日在柳昏心中旦奎中季冬之月日在婺女昏婁中旦氐後卽次房心是季冬旦火中也此其極也。能無退乎。晉將失諸侯。諸侯求煩不獲。言將不能復煩諸侯二大夫退。子大叔告人曰。張趯有知。其猶在君子之後乎。識其無隱諱〇知音智〇丁未。滕子原卒。同盟。故書名。同盟於襄之世亦應從同盟之禮故傳發之〔疏〕注同盟至發之。正義曰文三年王子虎卒傳曰弔如同盟禮也杜云王子虎與僖公同盟於翟泉文公是同盟之子故赴以名然則與其父盟得以名赴其子於子虎之卒既已發傳而此復發者以子虎非諸侯又滕入春秋以來未嘗書滕子名故於此重發傳也〇齊侯使晏嬰請繼室於晉。復以女繼少姜曰。寡君使嬰曰。寡人願事君。朝夕不倦。將奉質幣。以無失時。則國家多難。是以不獲。不得自來〇朝如字質徐之一反又音如字難乃旦反不腆先君之適。謂少姜〇腆他典反以備內官。焜燿寡人之望。則又無祿。早世隕命。寡人失望。君若不忘先君之好。惠顧齊國。辱收寡人。徼福於大公丁公。徼要也二公齊先君言收恤寡人則先君與之福也〇焜胡本反又音昆燿羊照反服云明也燿照也隕于敏反好呼報反徼古堯反大公音泰要一遙反〔疏〕焜燿寡人之望。正義曰服虔云燿照也焜明也言得備妃嬪之列照明已之意望也照臨敝邑。鎮撫其社稷。則猶有先君之適。適夫人之女及遺姑姊妹。遺餘也〔疏〕及遺姑姊妹。正義曰姑姊妹亦先君之女也上云先君之適謂適夫人所生遺姑姊妹謂非夫人所生者也若而人。言如常人不敢譽〇譽音餘君若不棄敝邑。而辱使董振擇之。以備嬪嬙。寡人之望也。董正也振整也嬪嬙婦官〇振之刃反一音眞注同嬙本又作廧在良反〔疏〕注董正至婦官。正義曰董正釋詁文也振爲整理之意言正整選擇示精審也周禮天子有九嬪嬪是婦官知嬙亦婦官哀元年傳說夫差宿有妃嬙御焉蓋周末婦官有此名漢成帝時匈奴來朝詔以掖庭王嬙賜之是名因於古也韓宣子使叔向對曰。寡君之願也。寡君不能

獨任其社稷之事。未有伉儷。在縗絰之中。是以未敢請。制夫人之服則葬訖君臣乃釋服。○任音壬縗本亦作衰七雷反絰直結反【疏】未有伉儷。○正義曰少姜本非正夫人而云未有伉儷者蓋晉侯當時無正夫人其繼室者使韓起上卿逆之鄭罕虎如晉賀之則後娶者爲夫人也君有辱命。惠莫大焉。若惠顧敝邑。撫有晉國。賜之內主。豈惟寡君。舉羣臣實受其貺。其自唐叔以下。實寵嘉之。唐叔晉之祖。○貺音況【疏】舉羣臣。○正義曰舉亦皆之義言舉朝羣臣也既成昏。許成昏晏子受禮。受賓享之禮叔向從之宴。相與語。叔向曰。齊其何如。問興衰晏子曰。此季世也。吾弗知。齊其爲陳氏矣。不知其他唯知齊將爲陳氏。○吾弗知絕句公棄其民。而歸於陳氏。棄民不恤齊舊四量。豆區釜鍾。四升爲豆。各自其四。以登於釜。四豆爲區區斗六升四區爲釜釜六斗四升登成也量音亮下及注同區烏侯反注及下皆同釜十則鍾。六斛四斗陳氏三量。皆登一焉。鍾乃大矣。登加也加一謂加舊量之一也以五升爲豆五豆爲區五區爲釜則區二斗釜八斗鍾八斛。○舊本以五升爲豆四豆爲區四區爲釜直加豆爲五升而區釜自大故杜云區二斗釜八斗是也本或作五豆爲區五區爲釜者爲加舊豆區爲五亦與杜注相會非於五升之豆又五五而加也【疏】鍾乃大矣。○正義曰陳氏三量各登其一則釜爲八斗陳氏亦自依釜數釜十爲鍾比於齊之舊鍾不言四而加一故云鍾乃大矣言其大於齊鍾明亦自十其釜也以家量貸。而以公量收之。貸厚而收薄。○貸他代反山木如市。弗加於山。魚鹽蜃蛤。弗加於海。賈如在山海不加貴。○蜃食軫反蛤古荅反賈音嫁【疏】山木至於海。○正義曰如訓往也言將山木往至市也於木既云如市魚鹽蜃蛤亦如市可知蒙上文也民參其力。二入於公。而衣食其一。言公重賦斂。○參七南反又音三斂力驗反公聚朽蠹。而三老凍餒。三老謂上壽中壽下壽皆八十已上不見養遇。○聚徐在喻反一音在主反蠹丁故反三老服云工老商老農老也凍丁貢反餒奴罪反壽音授下同上時掌反【疏】注三老至養遇。○正義曰服虔云三老者工老商老農老案民有四民其老無別不宜以三種之民爲三老且士之老者亦應須恤不當獨遺士也故杜以爲上中下壽言皆八十以上則上壽百年以上中壽九十以上下壽八十以上此亦以意言之釋此文耳不通於餘文也若秦伯謂蹇叔云中壽爾墓之木拱矣不言九十而死木已拱矣國之諸市。屨賤踊貴。踊刖足者屨言刖多。○屨九具反踊音勇刖足者之屨也刖音月又五刮反民人痛疾。而或燠休之。燠休痛念之聲謂陳氏也。○燠於喻反徐音憂又於到反一音於六反休虛喻反徐許留反賈云燠厚也休美也【疏】注燠休至氏也。○正義曰賈逵云燠厚也休美也服虔云燠休痛其痛而念之若今時小兒痛父母以口就之曰燠休代其痛也杜氏燠休痛念之聲其意如服言也此民人痛疾承踊貴之下以其傳文相連無所分別故言謂陳氏也其愛之如父母。而歸之如流水。欲無獲民。將焉辟之。箕伯。直柄。虞遂。伯戲。四人皆舜後陳氏之先。○焉於虔反戲許宜反【疏】注四人至之先。○正義曰論陳氏而言此四人知四人皆陳氏之先也八年傳云舜重之以明德寘德於遂遂世守之及胡公不淫遂在舜之後知四人皆舜之後世數遠近不可復知也其相胡公大姬。已在齊矣。胡公四人之後周始封陳之祖大姬其妃也言陳氏雖爲人臣然將有國其先祖鬼神已與胡公共在齊。○相息亮反服如字大姬音泰【疏】其相至齊矣。○正義曰杜不解相服虔云相隨也蓋相訓爲助不爲隨也言箕伯四人其皆助胡公大姬神靈已在齊矣神之在否不可測度而晏子爲此言者以陳氏必興姜姓必滅示已審見其事故言先神歸之其實神歸以否非晏子所能知也今定本相作祖叔向曰。然。雖吾公室。今亦季世也。戎馬不駕。卿無軍行。言晉衰弱不能征討救諸侯。○行戶郎反公乘無人。卒列無長。百人爲卒言人皆非其人非其長。○乘繩證反卒子忽反注同長丁丈反注同庶民罷敝。而宮室滋侈。滋益也。○罷音皮侈尺氏反又昌氏反道殣相望。餓死爲殣。○殣音覲說文云道中死者人所覆也毛詩作墐傳云墐路冢也而女富溢尤。女嬖寵之家民聞公命。如逃寇讎。欒、郤、胥、原、狐、續、慶、伯、降在皁隸。八姓晉舊臣之族也皁隸賤官。○郤去逆反皁才早反隸力計反【疏】注八姓至賤官。○正義曰此八姓之先欒郤胥原狐皆卿也續簡伯慶鄭伯宗。亦見於傳先皆大夫也政在家門。大夫專政民無所依。君日不悛。以樂慆憂。慆藏也悛改也。○悛七全反樂音洛又音岳慆他刀反【疏】以樂慆憂。○正義曰劉炫云慆慢也好音樂而慢易憂禍也杜以慆爲藏當讀如弓韜之韜言以音樂身埋藏憂愁於樂中猶古詩云埋憂地下也公室之卑。其何日之有。言今至讒鼎之銘讒鼎名也。○讒仕咸反服云疾讒之鼎也【疏】注讒鼎名也。○正義曰服虔云讒鼎疾讒之鼎明堂位所云崇鼎是也一云讒地名禹鑄九鼎於甘讒之地故曰讒鼎二者並無案據其名不可審知故杜直云鼎名而已曰。昧旦丕顯。後世猶怠。昧旦早起也丕大也言夙興以務大顯後世猶解怠。○昧音妹丕普悲反解佳賣反況日不悛。其能久乎。晏子曰。子將若何。問何以免此難。○況日人實反難乃旦反叔向曰。晉之公族盡矣。肸聞之。公室將卑。其宗族枝葉先落。則公從之。肸之宗十一族。同祖爲宗。○肸許乙反【疏】肸之宗十一族。○正義曰世族譜云羊舌氏晉之公族也羊舌其所食邑名唯言晉之公族不知出何公也杜云同祖爲宗謂同出一公有十一族也譜又云或曰羊舌氏姓李名果有人盜羊而遺其頭不敢不受而埋之後盜羊事發辭連李氏李氏掘羊頭示之以明已不食唯識其舌存得免號曰羊舌氏杜言或曰蓋舊有此說杜所不從記異聞耳唯羊舌氏在而已。肸又無子。無賢子公室無度。無法度幸而得死。言得以壽終爲幸豈其獲祀。言必不得祀初。景公欲更晏子之宅。曰。子之宅近市。湫隘囂塵。不可以居。湫下隘小囂聲塵土。○近附近之近下同湫子小反徐音秋又在酒反下同隘於賣反囂許驕反一音五高反請更諸爽塏者。爽明塏燥。○塏苦代反燥素刀反【疏】注爽明塏燥。○正義曰塏高地故爲燥也以所居下濕塵埃故欲更於明燥之處晏子春秋云將更於豫章之圃豫章之圃高地也辭曰。君之先臣容焉。先臣晏子之先人臣不足以嗣之。於臣侈矣。侈奢也且小人近市。朝夕得所求。小人之利也。敢煩里旅。旅衆也不敢勞衆爲己宅。○朝如字下朝夕同公笑曰。子近市。識貴賤乎。對曰。既利之。敢不識乎。公曰。何貴何賤。於是景公繁於刑。繁多也有鬻踊者。故對曰。踊貴屨賤。既已告於君。故與叔向語而稱之。傳護晏子令不與張趯同譏。○鬻羊六反賣也令力呈反【疏】注傳護晏子。○正義曰傳護晏子故爲發此傳而叔向亦言己國傳雖無譏蓋亦嘗以諫君故無譏也景公爲是省於刑。君子曰。仁人之言。其利博哉。晏子一言。而齊侯省刑。詩曰。君子如祉。亂庶遄已。詩小雅如行也祉福也遄疾也言君子行福則庶幾亂疾止也。○爲是于僞反省所景反下同祉音恥遄市專反其是之謂乎。及晏子如晉。公更其宅。反則成矣。既拜。拜謝新宅乃毀之。而爲里室。皆如其舊。本壞里室以大晏子之宅故復之。○壞音怪復音服下卒復爲其復欲復之同則使宅人反之。還其故宅。○還音環且諺曰。非宅是卜。唯鄰是卜。卜良鄰。○諺音彥二三子先卜鄰矣。二三子謂鄰人違卜不祥。君子不犯非禮。去儉即奢爲非禮小人不犯不祥。古之制也。吾敢違諸乎。卒復其舊宅。公弗許。因陳桓子以請。乃許之。傳言齊晉之衰賢臣懷憂且言陳氏之興○夏。四月。鄭伯如晉。公孫段

相。甚敬而卑。禮無違者。晉侯嘉焉。授之以策。策，賜命之書。○相，息亮反。策，初革反。曰。子豐有勞於晉國。子豐，段之父。【疏】正義曰：服虔云：鄭僖公之爲大子，子豐與之俱適晉，訐從大子一朝於晉，不足以爲勞也。或當別有功勞事，無所見，故杜不解之。余聞而弗忘。賜女州田。州縣，今屬河內郡。○女音汝。以胙乃舊勳。伯石再拜稽首。受策以出。君子曰。禮其人之急也乎。伯石之汏也。汏，驕也。○胙，十路反。汏音泰。一爲禮於晉。猶荷其祿。況以禮終始乎。詩曰。人而無禮。胡不遄死。其是之謂乎。初。州縣。欒豹之邑也。豹，欒盈族。○荷，戶可反，任也。又音可。及欒氏亡。范宣子、趙文子、韓宣子。皆欲之。文子曰。溫吾縣也。州本屬溫，溫趙氏邑。二宣子曰。自郤稱以別三傳矣。郤稱，晉大夫，始受州，自是州與溫別，至今傳三家。○稱，尺證反。以別絕句。三傳，直專反。注同。晉之別縣。不唯州。誰獲治之。言縣邑既別甚多，無有得追而治取之。文子病之。乃舍之。二子曰。吾不可以正議而自與也。皆舍之。及文子爲政。趙獲曰。可以取州矣。獲，趙文子之子。○乃舍，音赦，又音捨。下同。文子曰。退。使獲退也。二子之言義也。二子，二宣子也。違義禍也。余不能治余縣。又焉用州。其以微禍也。君子曰。弗知實難。患不知禍所起。○焉，於虔反。知而弗從。禍莫大焉。有言州必死。豐氏故主韓氏。故猶舊也。豐氏至晉，舊以韓氏爲主人。伯石之獲州也。韓宣子爲之請之。爲其復取之之故。爲後若還晉，因自欲取之。爲七年豐氏歸州張本。○爲之，于僞反。下爲其復、爲少姜、下注爲之辟仇、爲平公逆，皆同。○五月。叔弓如滕。葬滕成公。子服椒爲介。及郊。遇懿伯之忌。敬子不入。忌，怨也。懿伯，椒之叔父。敬子，叔弓也。叔弓禮椒，爲之辟仇。○介音界。辟音避。【疏】五月至成公。○正義曰：經書夏叔弓如滕，五月葬滕成公。今傳文叔弓如滕亦在五月之下。杜於桓十六年注引此事以爲本事異兩書之故，或言月，或言時，事異故文異。其實叔弓亦以五月行也。劉炫云：叔弓以四月發魯，滕以五月葬君，叔弓書始行之月，滕書實葬之月，故書經異文也。傳述遇讎之事，并就葬月言耳。○子服至不入。○正義曰：檀弓下云：滕成公之喪，使子叔敬叔弔，進書，子服惠伯爲介。及郊，爲懿伯之忌不入。惠伯曰：政也，不可以叔父之私不將公事。遂入。敬叔即此敬子也。懿伯是惠伯之叔父，爲人所殺。及滕郊，遇懿伯之忌，逢其讎也。敬叔不入，以禮惠伯，欲使惠伯報叔父之讎，殺彼人也。惠伯以公義不可先入受館。記文雖字有小異，意與傳同。而鄭玄注云：敬叔有怨於懿伯，難惠伯，故不入。又云：敬叔於昭穆以懿伯爲叔父。其言差錯，不可顯解，是鄭之謬也。○注忌怨至辟仇。○正義曰：記云不可以叔父之私，知懿伯是椒之叔父也。叔弓不入者，禮椒也。爲椒有辟仇之恥，禮之，欲使殺之。

惠伯曰。公事有公利。無私忌。椒請先入。乃先受館。敬子從之。惠伯，子服椒也。傳言叔弓之有禮。【疏】惠伯至從之。○正義曰：檀弓云：子夏請問居昆弟之仇如之何？曰：仕不與共國，銜君命而使，雖遇之不鬬。鄭玄云：爲負而廢君命也。叔父之與昆弟，親疏同耳，故有公利無私忌，辟仇非恥，故椒請先入也。○晉韓起如齊逆女。爲平公逆。公孫蠆爲少姜之有寵也。以其子更公女。而嫁公子。更嫁公女。○蠆，敕邁反。人謂宣子。子尾欺晉。晉胡受之。宣子曰。我欲得齊而遠其寵。寵將來乎。寵謂子尾。○遠，于萬反。○秋。七月。鄭罕虎如晉。賀夫人。且告曰。楚人日徵敝邑。以不朝立王之故。楚靈王新立。敝邑之往。則畏執事。其謂寡君。而固有外心。其不往。則宋之盟云。云交相見。進退罪也。寡君使虎布之。布，陳也。宣子使叔向對曰。君若辱有寡君。在楚何害。脩宋盟也。君苟思盟。寡君乃知免於戾矣。君若不有寡君。雖朝夕辱於敝邑。寡君猜焉。猜，疑也。○猜，七才反。君實有心。何辱命焉。言若有事晉心，楚王不可不須告。君其往也。苟有寡君。在楚猶在晉也。張趯使謂大叔曰。自子之歸也。歸在此年春。小人糞除先人之敝廬。曰。子其將來。今子皮實來。小人失望。大叔曰。吉賤不獲來。賤非上卿。○糞，甫問反。【疏】吉賤不獲來。○正義曰：張趯自晉使告大叔，大叔在鄭，遙報趯語而云不獲來者，教使者報趯，作至晉時語，故云不獲來。今人之語猶然也。畏大國尊夫人也。且孟曰而將無事。吉庶幾焉。孟，張趯也。庶幾如趯言。○小邾穆公來朝。季武子欲卑之。不欲以諸侯禮待之。穆叔曰。不可。曹滕二邾。實不忘我好。敬以逆之。猶懼其貳。又卑一睦焉。一睦謂小邾。○實不忘我好絕句。一讀以好字向下。好，呼報反。下文羣好同音。【疏】注一睦謂小邾。○正義曰：睦，親也。言曹滕二邾皆親魯，小邾是親魯者之一國也。

逆羣好也。其如舊而加敬焉。志曰。能敬無災。又曰。敬逆來者。天所福也。季孫從之。○八月。大雩。旱也。○齊侯田於莒。莒，齊東竟。○竟音境。下同。盧蒲嫳見。泣且請曰。余髮如此種種。余奚能爲。嫳，慶封之黨。襄二十八年放之於竟。種種，短也。自言衰老不能復爲害。○嫳，普結反，又匹舌反。見，賢遍反。種，本亦作董，董，章勇反。公曰。諾。吾告二子。二子，子雅、子尾。歸而告之。子尾欲復之。子雅不可。曰。彼其髮短而心甚長。其或寢處我矣。言不可信。九月。子雅放盧蒲嫳于北燕。恐其復作亂。【疏】放盧至北燕。○正義曰：前已在竟，今復徙之遠國也。燕簡公多嬖寵。欲去諸大夫而立其寵人。冬。燕大夫比以殺公之外嬖。比，相親比。○去，起呂反。比，毗志反。注同。公懼。奔齊。書曰。北燕伯款出奔齊。罪之也。款罪輕於衞衎，重於蔡朱，故舉中示例。○衎，苦旦反。○十月。鄭伯如楚。子產相。楚子享之。賦吉日。吉日，詩小雅。宣王田獵之詩。楚王欲與鄭伯共田，故賦之。○相，息亮反。既享。子產乃具田備。王以田江南之夢。楚之雲夢，跨江南北。○夢，如字，徐莫公反。注同。○齊公孫竈卒。竈，子雅。司馬竈見晏子。曰。司馬竈，齊大夫。又喪子雅矣。晏子曰。惜也。子旗不免。殆哉。以其不臣。○喪，息浪反。姜族弱矣。而嬀將始昌。嬀，陳氏。○嬀，九危反。二惠競爽猶可。子雅、子尾皆齊惠公之孫也。競，彊也。爽，明也。又弱一个焉。姜其危哉。○个，古賀反。

經四年。春。王正月。大雨雹。當雩而雹，故以爲災而書之。○雨，于付反。傳文雨雹同。雹，蒲學反。○夏。楚子、蔡侯、陳侯、鄭伯、許男、徐子、滕子、頓子、胡子、沈子、小邾子、宋世子佐、淮夷、會于申。楚靈王始會諸侯。○沈音審。○楚人執徐子。稱人以執，以不道於其民告。○秋。七月。楚子、蔡侯、陳侯、許男、頓子、胡子、沈子、淮夷伐吳。因申會以伐吳。不言諸侯者，鄭、徐、滕、小邾、宋不在故也。胡國，汝陰縣西北有胡城。【疏】楚子至于申。○正義曰：釋例班序譜稱：齊桓既沒，宋楚爭盟，起僖十八年盡二十七年，陳與蔡凡三會，在蔡上。楚合諸侯，蔡與陳凡六會，其五在陳上。莊十六年注云：陳國小，每盟會皆在衞下。齊桓始霸，楚亦始彊，陳侯介於二大國

之間而爲三恪之客故齊桓因而進之遂班在衞上終於春秋然則陳實小於蔡衞桓公進陳班耳楚以大小爲序不進陳班故蔡多在陳上○注因申至胡城○正義曰傳稱楚子以諸侯伐吳則因會而遂行春秋一事而再見者皆前目而後凡計此當云諸侯伐吳不言諸侯者以屬晉之國鄭徐滕小邾宋皆不在行不得揔言諸侯故別序之也傳稱宋華費遂鄭大夫從則宋鄭在行亦不序者楚既慰遣彼自義從楚人成已意遣不以告也 執齊慶封，殺之。楚子欲行霸爲齊討慶封故稱齊○爲于僞反 遂滅賴。○九月，取鄫。鄫莒邑傳例曰克邑不用師徒曰取○鄫才陵反 ○冬，十有二月，乙卯，叔孫豹卒。

傳四年春王正月，許男如楚，楚子止之。欲與俱田 遂止鄭伯，復田江南，許男與焉。前年楚子已與鄭伯田江南故言復○復扶又反注同與音預 使椒舉如晉求諸侯，二君待之。二君鄭許 椒舉致命曰：寡君使舉曰：日君有惠，賜盟于宋，宋盟在襄二十七年 曰晉楚之從交相見也。以歲之不易，不易言有難○易以豉反注同難乃旦反下文注同 寡人願結驩於二三君，欲得諸侯謀事補闕○驩喚端反 使舉請間。君若苟無四方之虞，虞度也○請間徐音閑一音如字度待洛反 則願假寵以請於諸侯。欲借君之威寵以致諸侯 晉侯欲勿許。司馬侯曰：不可。楚王方侈，天或者欲逞其心，以厚其毒而降之罰，未可知也。其使能終，亦未可知也。晉楚唯天所相，相助也○侈昌氏反又尺氏反逞敕景反相息亮反注同 不可與爭。君其許之，而脩德以待其歸。若歸於德，吾猶將事之，況諸侯乎？若適淫虐，楚將棄之，棄不以爲君 吾又誰與爭？曰：晉有三不殆，其何敵之有？殆危也○殆直改反 國險而多馬，齊楚多難，多簒弒之難○簒初患反弒申志反 有是三者，何鄉而不濟？對曰：恃險與馬，而虞鄰國之難，是三殆也。四嶽，東嶽岱西嶽華南嶽衡北嶽恒○鄉許亮反本又作嚮嶽音岳岱音代在兗州華如字又胡化反在雍州衡如字在荆州恒如字或作常在冀州案作恒者是也北嶽本名恒山漢爲文帝諱改作常耳【疏】四嶽○正義曰釋山云河南華河東岱河北恒江南衡李巡曰華西嶽華山也岱東嶽泰山也恒北嶽恒山也衡南嶽衡山也釋例土地名云東岳泰山奉高縣泰山也南岳長沙湘南縣衡山也西岳弘農華陰縣西南華山也北岳中山曲陽縣西北恒山也郭璞注恒山名常山辟漢文帝諱耳爾雅於釋山發首言此四山明其即是四嶽故注者皆以嶽解之且諸書史傳讖緯皆以岱衡華恒爲四嶽四嶽必是此四山也釋山又云泰山爲東嶽華山爲西嶽霍山爲南岳恒山爲北嶽岱泰衡霍二文不同者此二嶽者皆一山而二名也白虎通云嶽者何嶽之爲言桷也桷功德也應劭風俗通云嶽桷也桷考功德黜陟也然則四方方有一山天子巡狩至其下桷考諸侯功德而黜陟之故謂之嶽也風俗通又云泰山山之尊者一曰岱宗岱始也宗長也萬物之始陰陽交代故爲五嶽長王者受命恒封禪之衡山一名霍山言萬物霍然大也華變也萬物成變由於西方也恒常也萬物伏北方有常也是解衡之與霍泰之與岱皆一山有二名也張揖云天柱謂之靈山漢書地理志云天柱在廬江灊縣風俗通亦云靈山廟在廬江灊縣如彼所云則霍山在江北而得與江南衡山爲一者本江南衡山一名霍山漢武帝移嶽神於天柱又名天柱爲霍山故漢魏以來衡霍別耳郭璞注爾雅云霍山今在廬江灊縣灊水出焉別名天柱山漢武帝以衡山遼曠故移其神於此今其土俗人皆呼之爲南嶽南嶽本自以兩山爲名非從近來也而學者多以霍山不得爲南嶽又云從漢武帝始名之如此言爲武帝在爾雅之前乎斯不然也是解衡霍二名之山也書傳多云五岳此傳云四嶽者中岳嵩高即大室是也下別言之故此云四岳也 三塗、在河南陸渾縣南○三塗山名大行轘轅崤澠也渾戶昏反又戶困反【疏】三塗○正義曰服虔云三塗大行轘轅崤澠也謂三塗爲三處道也杜云在河南陸渾縣南則以三塗爲一釋例土地名云三塗河南陸渾縣南山名或曰三塗伊闕大谷轘轅三道也傳曰晉將伐陸渾而先有事於洛與三塗先祭山川也謂三道皆非也是杜據彼十七年傳文知三塗是山非三道也 陽城、在陽城縣東北【疏】陽城○正義曰陽城山名也土地名云河南陽城縣東北山潁水所出也 大室、在河南陽城縣西北○大室音泰下文大室同大室即中嶽嵩高山也在豫州【疏】大室○正義曰大室即嵩高也釋山云嵩高爲中岳郭璞云大室山也別名外方今在河南陽城縣西北土地名云大室河南陽城縣西嵩高山中嶽也地理志云武帝置嵩高縣以奉大室之山是爲中嶽又有少室在大室之西也 荆山、在新城沶鄉縣南○沶音市又音爾漢書音義音秖或一音隸則當水旁作示恐非本或作渫字誤也 中南，在始平武功縣南 九州之險也，是不一姓。雖天下至險無德則滅亡 冀之北土，燕代○燕烏賢反 馬之所生，無興國焉。恃險與馬，不可以爲固也，從古以然。是以先王務脩德音，以亨神人。亨通也○亨許庚反注同【疏】注亨通也○正義曰易文言云亨者嘉之會也嘉會禮通謂之亨是亨爲通也言治民事神使人神通說故云以亨神人也 不聞其務險與馬也。鄰國之難，不可虞也。或多難以固其國，啓其疆土，或無難以喪其國，失其守宇。於國則四垂爲宇○疆居良反喪息浪反下同【疏】注於國至爲宇○正義曰易稱上棟下宇宇謂屋簷也於屋則簷邊爲宇也於國則四垂爲宇也四垂謂四竟邊垂 若何虞難？

齊有仲孫之難，而獲桓公，至今賴之。仲孫公孫無知事在莊九年 晉有里丕之難，而獲文公，是以爲盟主。里克丕鄭事在僖九年○丕普悲反 衞邢無難，敵亦喪之。閔二年狄滅衞僖二十五年衞滅邢○邢音刑 故人之難，不可虞也。恃此三者，而不脩政德，亡於不暇，又何能濟？君其許之。紂作淫虐，文王惠和，殷是以隕，周是以興，夫豈爭諸侯？乃許楚使。使叔向對曰：寡君有社稷之事，是以不獲春秋時見。言不得自往謙辭○紂直救反隕于敏反楚使所吏反向許丈反見賢遍反下注朝見昏見同 諸侯君實有之，何辱命焉？椒舉遂請昏，蓋楚子遣舉時兼使求昏 晉侯許之。楚子問於子產曰：晉其許我諸侯乎？對曰：許君。晉君少安，不在諸侯。安於小小不能遠圖○少安如字 其大夫多求，貪也 莫匡其君。在宋之盟，又曰如一。晉楚同也【疏】莫匡其君○正義曰釋言云匡正也孝經云君子之事上也將順其美匡救其惡 若不許君，將焉用之？宋盟爲用○焉於虔反注同 王曰：諸侯其來乎？對曰：必來。從宋之盟，承君之歡，不畏大國，大國晉也 何故不來？不來者，其魯衞曹邾乎！曹畏宋，邾畏魯，魯衞偪於齊而親於晉，唯是不來。其餘君之所及也，誰敢不至？言楚威力所能及○偪彼力反【疏】其餘至不至○正義曰言其餘諸侯君之威力所能及誰敢不來至楚者也 王曰：然則吾所求者，無不可乎？對曰：求逞於人，不可；逞快也求人以快意人必違之 與人同欲，盡濟。○大雨雹。季武子問於申豐曰：雹可禦乎？禦止也申豐魯大夫爲下會申傳 對曰：聖人在上，無雹，雖有不爲災。古者日在北陸而藏冰，陸道也謂夏十二月日在虛危冰堅而藏之【疏】聖人至爲災○正義曰無雹復云雖有不爲災者言有相形之勢也聖人在上無雹言必無雹雖有不爲災復見無雹之意猶論語云祭肉不出三日出三日不食之矣○注陸道至藏之○正義曰釋天云北陸虛也西陸昴也孫炎云陸中也北方之宿虛爲中也西方之宿昴爲中也彼以陸爲中杜以陸爲道者陸之爲中爲道皆無正訓各以意言耳杜以西陸朝覿謂奎星朝見昴爲西方中宿則昴未得見宿是日行之道爾雅言平曰陸高平是道路之處故以陸爲道也日在北陸爲夏之

十二月也十二月日在玄枵之次小寒節大寒中漢書律厤志載劉歆三統厤云玄枵之初日在婺女八度爲小寒節在危初度爲大寒中終於危十五度是夏之十二月日在虛危也於是之時大寒極冰厚故取而藏之也周禮凌人正歲十有二月令斬冰詩云二之日鑿冰沖沖月令季冬冰盛水腹命取冰鄭玄云腹厚也以此知日在北陸謂夏之十二月也西陸朝覿而出之。謂夏三月日在昴畢蟄蟲出而用冰春分之中奎星朝見東方【疏】西陸朝覿而出之。正義曰覿見也西道之宿有星朝見者於是而出之謂奎星晨見而出冰也。注謂夏至東方。正義曰杜以西陸爲三月日在大梁之次清明節穀雨中三統厤云大梁之初日在胃七度爲清明節在昴八度爲穀雨中終於畢十一度是夏之三月日在昴畢於是之時蟄蟲已出有溫暑臭穢宜當用冰故以時出之也厤法星去日半次則得朝見三統厤春分日在婁四度宿分奎有十六度乃次婁則春分之日奎之初度去日已二十度矣故春分之中得早朝見東方也西方凡有七宿傳言西陸朝覿於傳之文未知何宿覿也服虔以爲二月日在婁四度春分之中奎始朝見東方以是時出冰月令仲春天子乃獻羔啓冰是也服虔又以此言出之卽是仲春啓冰故爲此說案下句再言其藏其出覆此藏出之文言其出之也朝之祿位賓食喪祭於是乎用之卽是班冰之事非初啓也安得以出之爲啓冰也如鄭玄荅其弟子孫皓問云西陸朝覿謂四月立夏之時周禮夏班冰是也與杜說異理亦通也劉炫云春分奎星已見杜以夏三月仍云奎始朝見非其義也杜鄭及服三說鄭爲近之今知非者杜以西陸朝覿實是春分二月故杜此注云春分之中奎星朝見東方及下獻羔啓之注云謂二月春分獻羔祭韭是也皆據初出其冰公始用之時也所以杜又注云謂夏之三月日在昴畢蟄蟲出而用冰者以此傳云西陸朝覿而出之下傳覆之云其出之也朝之祿位賓食喪祭於是乎用之既云朝之祿位冰食喪祭則是普賜羣臣故杜云謂夏三月又下注云言不獨其公是據普班之時也故下傳又云火出而畢賦是也然冰之初出在西陸始朝覿之時冰之普出在西陸朝覿之後揔而言之亦得稱西陸朝覿而出之也劉炫不細觀杜意以爲杜既言春分朝見又言謂夏三月以規杜失非也其藏冰也。深山窮谷。固陰沍寒。於是乎取之。沍閉也必取積陰之冰所以道達其氣使不爲災【疏】其藏至取之。正義曰此傳再言其藏其出者上言取之用之之事下言藏之出之之禮也山則遠而難窮故言深山也谷則近而易盡故言窮谷也固牢也沍閉也牢陰閉寒言其不得見日寒甚之處於是乎取之。注沍閉至爲穴。正義曰周禮鼈人掌互物鄭司農云互物謂龜鼈有甲蒲胡是沍爲閉也深山窮谷之冰至夏猶未釋陽氣起於下隔於冰伏積而不能出憤發或散而爲雹藏冰必取此山谷之內積陰之冰所以道達其氣使不爲災也藏冰凌室所藏不多積陰之冰不可取盡不取川池之冰以示道達陽氣耳未必陽氣皆待此而達也其出之也。朝之祿位。賓食喪祭。於是乎用之。言不獨共公【疏】其出至用之。正義曰此謂公家用之也朝廷之臣食祿在位大夫以上皆當賜之冰也其公家有賓客享食公家有喪有祭於是乎用之言其不獨共公身所用也周禮凌人云春始治鑑凡內外饔之膳羞鑑焉凡酒漿之酒醴亦如之祭祀共冰鑑賓客共冰大喪共夷槃冰是公家所用冰也。其藏之也。黑牡秬黍。以享

司寒。黑牡黑牲也秬黑黍也司寒玄冥北方之神故物皆用黑有事於冰故祭其神。牡茂后反秬音巨冥亡丁反【疏】注黑牡至其神。正義曰此祭玄冥之神非大神且非正祭計應不用大牲杜言黑牡黑牲當是黑牡羊也秬黑黍釋草文也啓冰唯獻羔祭韭藏冰則祭用牲黍者啓唯告而已藏則設享祭之禮祭禮大而告禮小故也月令於冬云其神玄冥故知司寒是玄冥也北方之神故物皆用黑從其方色也有事於冰故祭其寒神其出之也。桃弧棘矢。以除其災。桃弓棘箭所以禳除凶邪將御至尊故。弧音胡禳如羊反邪似嗟反【疏】注桃弓至尊故。正義曰說文云弧木弓也謂空用木無骨飾也服虔云桃所以逃凶也棘矢者棘赤有箴取其名也蓋出冰之時置此弓矢於凌室之戶所以禳除凶邪將御至尊故慎其事爲此禮也此傳言其出之也雖覆上文出之之文其實此出之謂二月初出之時公將用之故設弓矢也劉炫云此言出之覆上西陸朝覿知是火出時事二月已啓此方用弓矢者二月啓冰始薦宗廟此公將用之故設弓矢也其出入也。時。食肉之祿。冰皆與焉。食肉之祿謂在朝廷治其職事就官食者。與音預【疏】注食肉至食者。正義曰在官治事官皆給食大夫以上食乃有肉故魯人謂曹劌曰肉食者謀之又說子雅子尾之食云公膳日雙雞是大夫得食肉也傳言食肉之祿卽此肉是也若依禮常所合食案玉藻云天子日食少牢諸侯日食特牲大夫特豕士特豚則士亦食肉但彼是在家之禮非公朝常食也杜言謂在朝廷治其職事就官食者以明在官之食有冰耳下云自命夫命婦無不受冰謂賜之冰受以歸在家用之也大夫命婦。喪浴用冰。命婦大夫妻。浴音欲【疏】大夫至用冰。正義曰喪服傳曰大夫弔於命婦錫衰命婦弔於大夫亦錫衰此傳與彼命婦之文皆與大夫相對故杜知是大夫妻也喪大記云君設大盤造冰焉大夫設夷盤造冰焉士倂瓦盤無冰鄭玄云禮自仲春之後尸既襲既小斂先內冰盤中乃設牀於其上不施席而遷尸焉秋涼而止士喪禮君賜冰亦用夷盤是當喪之時特賜之冰浴訖乃設故云喪浴用冰祭寒而藏之。享司寒。祭寒而藏之本或作祭司寒者非獻羔而啓之。謂二月春分獻羔祭韭開冰室。韭音九【疏】祭寒至啓之。正義曰上已云其藏冰也黑牡秬黍以享司寒今復云祭寒而藏之與上一事而重其文者欲明獻羔而啓之還是獻之於寒神故更使藏之啓之文相對也。注謂二至之冰室。正義曰詩云四之日其蚤獻羔祭韭四之日卽夏之二月也告神而始開冰室始薦宗廟薦神之後公遂用之俱在春分之月公始用之。公先用優尊火出而畢賦。火星昏見東方謂三月四月中【疏】注火星至月中。正義曰十七年傳云火出於夏爲三月於商爲四月於周爲五月此云火出而畢賦謂以火出而後賦之以火出爲始也周禮云夏頒冰爲正歲之夏卽四月是也故杜兼言四月自命夫命婦。至於老疾。無不受冰。老致仕在家者山人取之。縣人傳之。山人虞官縣人遂屬。傳直專反【疏】注山人至遂屬。正義曰周禮山虞掌山林之政令知山人虞官也周禮五縣爲遂是縣爲遂之屬也輿人納之。隸人藏之。輿隸皆賤官。輿音餘夫冰以風壯。冰因

風寒而堅。壯側亮反而以風出。順春風而散用其藏之也周。周密也其用之也徧。及老疾。徧音遍則冬無愆陽。愆過也謂冬溫。愆起虔反夏無伏陰。伏陰謂夏寒春無淒風。淒寒也。淒七西反秋無苦雨。霖雨爲人所患苦。霖音林【疏】注霖雨爲人所患苦。正義曰詩云以祈甘雨此云苦雨雨水一也味無甘苦之異養物爲甘害物爲苦耳月令云孟夏行秋令則苦雨數來五穀不滋是霖雨爲人所患謂之苦也鄭玄云申之氣乘之苦雨白露之類時物得而傷也。雷出不震。震霆也。霆音亭又音挺又亭佞反【疏】注震霆也。正義曰說文云震辟歷振物者釋天云疾雷爲霆霓郭璞云雷之急激者謂霹歷則霆是震之別名雷出不震言有雷而不爲霹靂也下云雷不發而震言無雷而有霹靂也無菑霜雹。癘疾不降。癘惡氣也。菑音災下同癘音例【疏】無菑至不降。正義曰霜雹卽是菑言無此菑害之霜雹也寒暑失時則民多癘疾癘疾天氣爲之故云降也民不夭札。短折爲夭夭死爲札。札側八反一音截字林作壯列反【疏】注短折至爲札。正義曰洪範六極一曰凶短折孔安國曰短未六十折未三十是短折爲少夭之名也周禮膳夫大札則不舉鄭玄云天札疫癘也謂遭疫癘而夭死也癘疾謂民病夭札謂人死故云夭死爲札今藏川池之冰。棄而不用。既不藏深山窮谷之冰又火出不畢賦有餘則棄之風不越而殺。雷不發而震。越散也言陰陽失序雷風爲害。殺如字又色界反徐色例反【疏】風不至而震。正義曰風不以理舒散而暴疾殺物雷不徐緩動發而震擊爲害雹之爲菑。誰能禦之。七月之卒章。藏冰之道也。七月詩豳風卒章曰二之日鑿冰沖沖謂十二月鑿而取之三之日納于凌陰冰室也四之日其蚤獻羔祭韭謂二月春分蚤開冰室以薦宗廟。豳彼貧反鑿在洛反沖沖直忠反凌陵證反一音陵蚤音早【疏】注七月至宗廟。正義曰凌人十二月令斬冰月令十二月令取冰當是卽以其月納於凌室也詩言三之日納于凌陰卽是正月矣不以鑿冰之月卽納之者鄭玄云豳土晚寒可以正月納冰言由晚寒故也上言將欲頒賦公始用之知蚤開冰室唯薦宗廟何休膏肓難此云春秋書雹以爲政之所致非由冰也若今朝廷藏冰亦不於深山窮谷何故或無雹天下郡縣皆不藏冰何故或不雹若言有之於古者必有驗於今此其不合於義失天下相與之意鄭玄箴之曰雨雹政失之所致是固然也國之失政君子知其大者其次知其小者藏冰之禮凌人掌之月令載之豳詩歌之此獨非政與故其小者耳夫深山窮谷固陰沍寒極陰之處冰凍所聚不取其冰則氣畜不泄結滯而爲伏陰凡雨水陽也雪雹陰也雨水而伏陰薄之則凝而爲雹雨雪而愆陽薄之則合而爲霰申豐見時失藏冰之禮而有雹推之陰陽知此伏陰所致亦聖人之寓言也詳載其言者以著藏冰之禮不可廢耳炫謂鄭言是也申豐寄言於此以諫失政其雹不是盡由冰也○夏。諸侯如楚。魯、衛、曹、邾不會。曹、邾辭以難。公辭以時祭。衛侯辭以疾。如子產言。難乃旦反【疏】邾不會

正義曰宋之盟邾滕爲私屬不許亥相見而楚召邾滕使從會者邾滕自欲辟役不在宋盟又晉合諸侯常列於會襄二十九年城杞三十年會于澶淵邾滕皆在楚知其事故使召之此申之會滕至而邾不至　鄭伯先待于申。自楚先至會地　六月丙午。楚子合諸侯于申。椒舉言於楚子曰。臣聞諸侯無歸。禮以爲歸。今君始得諸侯。其愼禮矣。霸之濟否。在此會也。夏啓有鈞臺之享。啓禹子也河南陽翟縣南有鈞臺陂蓋啓享諸侯於此。○夏啓戶雅反注傚此鈞音均陂彼宜反　商湯有景亳之命。河南鞏縣西南有湯亭或言亳卽偃師。○亳步各反鞏九勇反　周武有孟津之誓。將伐紂也。○孟本又作盟音孟　成有岐陽之蒐。周成王歸自奄大蒐於岐山之陽岐山在扶風美陽縣西北。○岐其宜反蒐所求反　康有酆宫之朝。酆在始平鄠縣東有靈臺康王於是朝諸侯。○酆芳弓反　穆有塗山之會。周穆王會諸侯於塗山塗山在壽春東北〔疏〕夏啓至之會。○正義曰此六王之事唯周武王孟津之誓尚書有其事武王伐殷作泰誓三篇是也其餘五者皆書傳無文不能知其本末。○注周成至西北。○正義曰書序云成王歸自奄在宗周誥庶邦作多方其經云告爾四國多方則於時諸侯大集故謂岐陽之蒐在此時也　齊桓有召陵之師。在僖四年。○召上照反　晉文有踐土之盟。在僖二十八年　君其何用。宋向戌、鄭公孫僑在諸侯之良也。君其選焉。選擇所用。○向舒亮反戌音恤僑其驕反　王曰。吾用齊桓。用會召陵之禮〔疏〕吾用齊桓。○正義曰用會召陵之禮出自王意也服虔云召陵之役齊桓退舍以禮楚靈王令感其意是以用之　王使問禮於左師與子產。左師曰。小國習之。大國用之。敢不薦聞。言所聞謙示所未行　獻公合諸侯之禮六。其禮六儀也宋爵公故獻公禮〔疏〕注其禮六儀。○正義曰以言禮六故言其禮六儀當是會上有此六儀不知六者何謂也　子產曰。小國共職。敢不薦守。獻伯子男會公之禮六。鄭伯爵故獻伯子男會公之禮其禮同所從言之異。○共音恭守手又反〔疏〕注鄭伯至之異。○正義曰杜知其禮同所從言之異者以左師獻公合諸侯之禮六子產獻伯子男會公之禮六若其各異凡十二禮下椒舉云禮吾所未見者六焉故知其禮同也於公言之云合諸侯之禮於伯子男言之云會公之禮是所從言之異　君子謂合左師善守先代。子產善相小國。王使椒舉侍於後以規過。規正二子之過。○相息亮反　卒事不規。王問其故。對曰。禮吾未見者有六焉。又何以規。左師子產所獻六禮楚皆未嘗行　宋大子

佐後至。王田於武城。久而弗見。椒舉請辭焉。請王辭謝之　王使往曰。屬有宗祧之事於武城。言爲宗廟田獵。○屬章玉反適也祧他彫反爲于僞反〔疏〕武城。○正義曰土地名楚之武城在南陽宛縣北也魯之武城在泰山南武城縣也有澹臺子羽冢　寡君將墮幣焉。敢謝後見。恨其後至故言將因諸侯會布幣乃相見經并書宋太子佐知此言在會前。○墮許規反布也服云輸也見如字又賢遍反〔疏〕將墮幣焉。○正義曰杜唯云將因諸侯會布幣乃相見不解墮之義案隱六年公羊傳鄭人來輸平輸平者何輸平猶墮成也然則墮是輸之義也朝聘之禮客必致幣於主據主則爲受據客則爲輸襄三十一年傳子產論幣云其輸之則君之府實也非薦陳之不敢輸也是謂布幣爲輸幣也言將待輸幣之時乃相見見既在後故遣我來敢謝後見也服虔云墮輸也言將輸受宋之幣於宗廟案禮之享幣皆令宰受不以薦宗廟雖訓爲輸義不當也　徐子吳出也。以爲貳焉。故執諸申。言楚子以疑罪執諸侯　楚子示諸侯侈。自奢侈　椒舉曰。夫六王二公之事。六王啓湯武成康穆也二公齊桓晉文　皆所以示諸侯禮也。諸侯所由用命也。夏桀爲仍之會。有緡叛之。仍緡皆國名。○仍而承反緡亡巾反　商紂爲黎之蒐。東夷叛之。黎東夷國名。○力兮反　周幽爲大室之盟。戎狄叛之。大室中嶽　皆所以示諸侯汏也。諸侯所由弃命也。今君以汏。無乃不濟乎。王弗聽。子產見左師曰。吾不患楚矣。汏而愎諫。愎很也。○汏音泰愎皮逼反很胡懇反　不過十年。左師曰。然。不十年侈。其惡不遠。遠惡而後棄。惡及遠方則人弃之　善亦如之。德遠而後興。爲十三年楚弑其君傳　○秋。七月。楚子以諸侯伐吳。宋大子、鄭伯先歸。經所以更敘諸侯也時晉之屬國皆歸獨言二國者鄭伯久於楚宋大子不得時見故慰遣之。○見賢遍反又如字　宋華費遂、鄭大夫從。從伐吳以荅見慰。○費扶味反從才用反注同　使屈申圍朱方。朱方吳邑齊慶封所封也屈申屈蕩之子。○屈居忽反　八月甲申。克之。執齊慶封而盡滅其族。慶封以襄二十八年奔吳八月無甲申日誤〔疏〕八月甲申。○正義曰長歷推此年七月己未朔二十六日得甲申八月己丑朔其月無甲申而傳上有七月下有九月不容誤故知日誤　將戮慶封。椒舉曰。臣聞無瑕者可以戮人。慶封惟逆命。是以在此。逆命謂性不恭順　其肯從於戮乎。言不肯默而從戮

播於諸侯。焉用之。播揚也。○播披佐反徐云字或作幡敷袁反焉於虔反　王弗聽。負之斧鉞。以徇於諸侯。使言曰。無或如齊慶封。弑其君。弱其孤。以盟其大夫。齊崔杼弑君慶封其黨也故以弑君罪責之。○鉞音越徇似俊反杼直呂反〔疏〕弱其孤。○正義曰崔杼弑莊公立其弟景公孤謂景公也以其幼小輕弱之　慶封曰。無或如楚共王之庶子圍。弑其兄之子麇而代之。以盟諸侯。王使速殺之。遂以諸侯滅賴。賴子面縛銜璧。士袒輿櫬從之。造於中軍。中軍王所將。○共音恭麇九倫反袒音但輿櫬所覲反櫬棺也造七報反將子匠反下將帥同〔疏〕以盟諸侯。○正義曰靈王卽位以來經傳不見與諸侯盟事蓋楚子自與屬楚諸侯私盟不告魯而慶封知之　王問諸椒舉。對曰。成王克許。在僖六年　許僖公如是。王親釋其縛。受其璧。焚其櫬。王從之。從舉言。○縛如字舊扶臥反　遷賴於鄢。鄢楚邑。○鄢於晚反又於建反　楚子欲遷許於賴。使鬭韋龜與公子弃疾城之而還。爲許城也韋龜子文之玄孫。○爲于僞反　申無宇曰。楚禍之首。將在此矣。召諸侯而來。伐國而克。城竟莫校。謂築城於外竟諸侯無與爭。○竟音境注同爭爭鬬之爭　王心不違。民其居乎。言將有事不得安也　民之不處。其誰堪之。不堪王命。乃禍亂也。○九月。取鄫。言易也。莒亂著丘公立而不撫鄫。鄫叛而來。故曰取。凡克邑不用師徒曰取。著丘公去疾也不書奔者潰散而來將帥微也重發例者以通叛而自來。○易以豉反著直居反徐直據反去起呂反潰戶對反帥所類反重直用反　○鄭子產作丘賦。丘十六井當出馬一匹牛三頭今子產別賦其田如魯之田賦在哀十一年〔疏〕注丘十至一年。○正義曰丘之十六井當出馬一匹牛三頭司馬法之文也服虔以爲子產作丘賦者賦此一丘之田使之出一馬三牛復古法耳丘賦之法不行久矣今子產復脩古法民以爲貪故謗之案春秋之世兵革數興鄭在晉楚之間尤當其劇正當重於古不應廢古法也若往前不脩此法豈得全無賦乎故杜以爲今子產於牛馬之外別賦其田如魯之田賦在哀十一年彼注云丘賦之法因其田財通出馬一匹牛三頭今欲別其田及家財各爲一賦故言田賦然則此與彼同賦斂家資使出牛馬又別賦其田使之出粟若今輸租更出馬一丘牛三頭是一丘出兩丘之稅案周禮有夫征家征夫征謂出稅家征謂出車徒給傜役此牛馬之屬則周禮之家征也其夫征十一而稅是與家征別也　國人謗之。謗毀也　曰。其父死於路。謂子

國爲尉氏所殺己爲蠆尾。謂子產重賦毒害百姓。○蠆敕邁反以令於國。國將若之何。子寬以告。子寬鄭大夫子產曰。何害。苟利社稷。死生以之。以用也且吾聞爲善者不改其度。故能有濟也。民不可逞。度不可改。度法也詩曰。禮義不愆。何恤於人言。逸詩。子產自以爲權制濟國於禮義無愆吾不遷矣。遷移也渾罕曰。國氏其先亡乎。渾罕子寬。○渾戶溫反罕徐許但反君子作法於涼。其敝猶貪。涼薄也。○音良徐音亮作法於貪。敝將若之何。言不可久行姬在列者。在列國也蔡及曹滕。其先亡乎。偪而無禮。蔡偪楚曹滕偪宋鄭先衛亡。偪而無法。偪晉楚【疏】姬在至衛亡○正義曰渾罕意譏子產將言鄭之先亡故遂博言諸國亡之先後杜據世本史記作世族譜說諸國滅亡之年此下十一年楚滅蔡十三年蔡復封春秋後二世十八年而楚滅蔡也哀八年宋滅曹也滕以春秋後六世而齊滅之鄭在春秋後五世九十一年韓滅鄭衛在春秋後十一世二百五十八年而秦滅衛也據蔡之前亡則渾罕之言終亦驗矣政不率法而制於心。民各有心。何上之有。子產權時救急渾罕譏之正道○冬。吳伐楚。入棘、櫟、麻。棘櫟麻皆楚東鄙邑譙國酇縣東北有棘亭汝陰新蔡縣東北有櫟亭。○櫟力狄反徐又失灼反酇才汗反【疏】注棘櫟至櫟亭○正義曰吳來伐楚入此三邑知此三邑皆楚之東鄙故疑新蔡縣東北有櫟亭者是此櫟亭也鄭有櫟邑者則河南陽翟縣也以報朱方之役。朱方役在此年秋楚沈尹射奔命於夏汭。夏汭漢水曲入江今夏口也吳兵在東北楚盛兵在東南以絕其後。○尹射食夜反又食亦反一音夜夏戶雅反汭如銳反咸尹宜咎城鍾離。宜咎本陳大夫襄二十四年奔楚。○咸之林反咎其九反薳啓彊城巢。然丹城州來。然丹鄭穆公孫襄十九年奔楚。○薳于委反彊其良反又居良反東國水。不可以城。彭生罷賴之師。彭生楚大夫罷鬭韋龜城賴之師。○罷皮買反徐甫綺反○初。穆子去叔孫氏。及庚宗。成十六年辟僑如之難奔齊庚宗魯地。○難乃旦反遇婦人。使私爲食而宿焉。問其行。告之故。哭而送之。婦人聞而哭之適齊。娶於國氏。國氏齊正卿姜姓。○娶七住反生孟丙仲壬。夢天壓己。弗勝。穆子夢也。○壓於甲反又於輒反勝音升下同顧而見人。黑而上僂。上僂肩傴。○僂力主反傴紆甫反深目而豭喙。口象猪。○豭音加喙許穢反號之曰。牛。助余。乃勝之。旦而皆召其徒。無之。徒從者。○號胡到反一音戶刀反下同從才用反且曰。志之。志識也。○識申志反一音式及宣伯奔齊。饋之。宣伯僑如穆子之兄成十六年奔齊穆子饋宣伯。○饋求位反餉也宣伯曰。魯以先子之故。先子宣伯先人將存吾宗。必召女。召女何如。對曰。願之久矣。言兄始爲亂己則有今日之願蓋怨言。○女音汝下同魯人召之。不告而歸。既立。在齊生孟丙仲壬魯召之立爲卿襄二年始見經。○見賢遍反下接見同所宿庚宗之婦人。獻以雉。獻穆子問其姓。問有子否。○問其姓女生曰姓姓謂子也對曰。余子長矣。能奉雉而從我矣。襄二年豎牛五六歲。○長丁丈反下同奉芳勇反【疏】襄二至六歲○正義曰穆子還魯傳無歸歲襄二年始見於經疑是其年新還也成十六年傳云子叔聲伯使叔孫豹請逆于晉師於時豹猶在魯疑其因使而遂奔齊蓋自鄭過魯而去故得宿於庚宗成十六年出奔襄二年始還凡經五年故豎牛五六歲能奉雉也計豎牛至襄二年四歲也杜言五六歲者豎牛見穆子未必即以還年見之召而見之。則所夢也。未問其名。號之曰。牛。曰。唯。皆召其徒。使視之。遂使爲豎。豎小臣也傳言從夢未必吉。○唯維癸反徐以水反唯應辭猶咊也○豎上注反【疏】曰唯○正義曰曲禮云父召無諾先生召無諾唯而起鄭玄云應辭唯恭於諾有寵。長使爲政。爲家政公孫明知叔孫於齊。公孫明齊大夫子明也與叔孫相親知又如字歸。未逆國姜。子明取之。國姜孟仲母。○取七住反故怒其子。長而後使逆之。子孟丙仲壬【疏】故怒至逆之○正義曰怒者怒其妻也忿其母遂及其子其子在齊成長而後逆之歸魯非謂逆其妻也田於丘蕕。丘蕕地名。○蕕音由遂遇疾焉。豎牛欲亂其室而有之。強與孟盟。不可。欲使從己孟不肯。○強其丈反下同【疏】強與孟盟○正義曰孟雖適妻之子叔孫未立爲嗣豎牛欲亂其室望己有之未應即欲爲適使孟事己強與盟者欲其與己同心使己得專恣耳叔孫爲孟鍾。曰。爾未際。際接也孟未與諸大夫相接見。○爲于僞反又如字【疏】注際接至接見○正義曰釋詁云際接捷也郭璞曰捷謂相接續也大夫將立適子必須接見同寮季武子立紇飲大夫酒是其事也孟丙未與大夫交接故爲之作鍾因落鍾令與相見饗大夫以落之。以豭猪血釁鍾曰落。○釁許覲反【疏】注以豭至曰落○正義曰說文云釁血祭也雜記釁廟之禮云雍人舉羊升屋自中中屋南面刲羊血流于前是釁祭之法以血澆落之知落之即是釁也雜記又曰凡宗廟之器其名者成則釁之以豭豚是知以豭猪之血也記稱宗廟之器成乃釁以豭豚此叔孫爲孟作鍾非是宗廟之器亦釁之者周禮小子職曰釁邦器及軍器鄭玄云邦器謂禮樂之器及祭器之屬此鍾是禮樂之器故釁也既具。饗禮具使豎牛請日。請饗日【疏】使豎牛○正義曰孟不自請使豎牛者內則云由命士以上父子皆異宮鄭玄云異宮者崇敬也以其異宮故使豎牛入弗謁。謁白也出命之日。詐命曰及賓至。聞鍾聲。牛曰。孟有北婦人之客。北婦人國姜也客謂公孫明怒將往。牛止之。賓出。使拘而殺諸外。殺孟丙。○拘音俱牛又強與仲盟。不可。仲與公御萊書觀於公。萊書公御士名仲與之私遊觀於公宮。○萊書音來人姓名觀古亂反注同又如字公與之環。賜玉環使牛入示之。示叔孫入不示。出命佩之。牛謂叔孫見仲而何。而何如何。○見賢遍反下及注杜泄見同叔孫曰。何爲。怪牛言曰不見既自見矣。言仲已自往見公公與之環而佩之矣。遂逐之。奔齊。疾急。命召仲。牛許而不召。杜洩見。告之飢渴。授之戈。杜洩叔孫氏宰也牛不食叔孫叔孫怒欲使杜洩殺之。○洩息列反食音嗣對曰。求之而至。又何去焉。言求食可得無爲去豎牛蓋杜洩力不能去設辭以免。○去起呂反注及下同豎牛曰。夫子疾病。不欲見人。使寘饋于个而退。寘置也个東西廂。○寘之豉反本或作奠个古賀反謂廂屋廂本作箱息羊反【疏】牛謂至見矣○正義曰而如同是語辭故注云而何如何牛謂叔孫曰以仲見君何問何故以仲見君也叔孫怪其語故曰何爲牛曰不將仲見君乎若不將見則既自見君矣言不待父命所以怒叔孫也大夫立子爲適必自見之於君宣十四年申舟見犀而行定六年樂祁見溷而行是其事也或曰豎牛謂叔孫曰今將仲見君其事如何叔孫以己見病故怪之曰何爲以不同○注寘置至西廂○正義曰禮置器物於地皆謂之寘是寘爲置也月令天子居左个右个是个爲東西廂也牛弗進。則置虛。命徹。寫器令空示若叔孫已食命去之。○令力呈反十二月。癸丑。叔孫不食。乙卯。卒。三日絕糧牛立昭子而相之。昭子豹之庶子叔孫婼也。○相息亮反婼敕略反公使杜洩葬叔孫。豎牛賂叔仲昭子與南遺。昭子叔仲帶也南遺季氏家臣。○賂音路使惡杜洩於季孫而去之。憎洩不與己同志。○惡烏路反杜洩將以路葬。且盡卿禮。路王所賜叔孫車南遺謂季孫曰。叔孫未乘路。葬焉用之。且冢卿無路。介卿以葬。不亦左乎。冢卿謂季孫介次也左不便。○葬焉於虔反下將焉同介音界左如字注同舊音佐便婢面反季孫曰。然。使杜洩舍路。舍置也。○舍式夜反注同或音捨不可。曰。夫子受命於朝。而聘于王。

在襄二十四年夫子謂叔孫王思舊勳而賜之路。感其有禮以念其先人復命而致之君。豹不敢自乘君不敢逆王命而復賜之。使三官書之。吾子爲司徒。實書名。謂季孫也書名定位號。○復扶又反夫子爲司馬。與工正書服。謂叔孫也服車服之器工正所書孟孫爲司空以書勳。勳功也【疏】吾子至書勳。○正義曰杜泄是叔孫家臣故稱己君爲夫子工正是司馬之屬官也季孟亦有屬官共書其事但季孟身在不假言屬以叔孫已亡取屬官爲徵故兼言之所以司徒書名者周禮大司徒掌十二教十有一曰以賢制爵十有二曰以庸制祿故司徒書名定位號也司馬與工正書服者周禮夏官司馬其屬有司士掌羣臣之政亦以德詔爵以功詔祿工正雖不屬司馬掌作車服故與司馬書服也案周禮司勳屬夏官今司空書勳者春秋之時又是諸侯之法不可盡與禮同今死而弗以。是弃君命也。書在公府而弗以。是廢三官也。若命服。生弗敢服。死又不以。將焉用之。乃使以葬。季孫謀去中軍。豎牛曰。夫子固欲去之。誣叔孫以媚季孫。○媚眉冀反【疏】注誣叔至季孫。○正義曰季孫因叔孫之弱欲四分公室已取其二故謀去中軍豎牛云夫子固欲去之是誣叔孫以媚季孫

春秋左傳注疏卷四十二挍勘記　阮元撰盧宣旬摘錄

附釋音春秋左傳注疏卷第四十二　昭二年盡四年

經二年

傳說此事文王在冬上　宋本無王字閩本監本毛本王作正亦衍文冬作秋非也

傳二年

注公即位故下　宋本以下正義七節揔入無以及召公句

魯國寶文王之書逸周公之典　宋本監本毛本逸作遵是也

各爲舊章　宋本監本毛本爲作違是也

○注易象春秋文王至而說之　此本脫○宋本無春秋文王而五字

周之盛德邪　下同監本毛本邪作耶閩本初刻作邪後改耶

皆斥文王　宋本斥作斥是也

以同鄭說也　宋本監本毛本以作似

故先云周公之德　宋本云作言

取文王有四臣字　宋本淳熙本明翻岳本足利本取上有義

宣子譽之　惠棟云服虔曰譽游也宣子游其下夏諺曰一游一譽爲諸侯度今孟子作豫趙岐章句曰豫亦遊也春秋傳曰魯季氏有嘉樹宣子譽焉周易序卦曰豫必有隨鄭氏注引孟子吾君不豫以爲證則知此傳譽字本作豫故服趙互引爲證孫子兵法曰人効死而上能用之雖優游暇譽令猶行也外傳作暇豫李善曰譽與豫古字通

爲諸侯所引　宋本監本毛本侯下有度字是也閩本初刻亦脫後擠刻助字非

子尾見彊　石經見下後人旁增子字

注爲立至異之下　宋本以下正義二節揔入是以亂作注

婦人稱姓姜其當　宋本監本毛本姜下有是字當作常不誤

在西河界休縣東南　諸本作界郡國志引注同釋文作介

送者皆從者班次　宋本監本毛本從下有逆字閩本初刻亦脫後擠刻補入

使上大夫送　淳熙本送誤迭

注遽傳驛　宋本以下正義三節揔入加木焉注下

在襄三十一年　淳熙本纂圖本明翻岳本監本毛本無一字是也

務共大國之命　岳本脫之字

請以印爲褚師　石經宋本明翻岳本纂圖本褚作禇與釋文合

無更助天爲爲虐也　宋本爲字不重是也

晉侯使士文伯來辭曰　淳熙本辭誤聘

非伉儷也　宋本此節正義在如晉弔注下

始冬還乃書之　淳熙本明翻岳本足利本重還字是也宋本還上空一字亦當作還字也

叔向言陳無宇於晉侯曰　淳熙本宇誤咎

齊使上大夫送之　顧炎武云石經送誤迎案石經此處缺炎武所據乃謬刻也

逆甲於宋　宋本明翻岳本監本毛本宋作送是也

經三年

襄二十五年盟重邱　足利本五誤三

十一年于亳城北　諸本作北此本誤此今改正監本亳作毫非也

冬大雨雹　諸本作雹此本誤電今改正

傳三年

杜氏之意　宋本無之字

以自奔文　宋本毛本奔下有爲字是也監本初刻亦脫後擠刻

文襄至霸也　宋本至作之是以下正義四節揔入注文識其無隱諱之下

其命朝聘之數　補案下之字誤重

令諸侯朝聘霸主大國之法也　宋本令上有令諸侯者謂五字

弊王室　毛本弊作獘此本下弊字亦作獘毛本同

以過文襄之制　明翻岳本監本毛本以作已按以已古多通用

以過文襄之制也　監本毛本以作已

少姜有寵而死　石經宋本淳熙本姜作齊顧炎武以石經爲誤陳樹華云晉侯寵異少姜謂之少齊大叔從而尊稱曰少齊耳何得以爲誤或少齊一本作少姜故傳本有異今定作齊字按陳說是也

火中寒暑乃退　石經此處缺案詩豳風正義禮記檀弓正義李善注文選閒居賦引作火星中而寒暑乃退鄭氏周禮注作火星中而寒暑退或一本有星字而字也

且氏後即次房心　宋本氏下有中氐二字是也

寡君使嬰曰寡人願事君　岳本脫使嬰曰寡人五字

將奉質幣　石經質字係改刊

焜燿寡人之望下　宋本以下正義十七節揔入乃許之注

以備嬪嬙　釋文嬙作廧云本又作嬙監本誤作嬙注同也按以作廧爲近正廧即牆之或體嬪婦敘列如牆然故謂之牆

注董正至婦官　諸本作董此本誤量今訂正

振爲整理之意　宋本毛本意作義

宿有妃嬙婦御焉　宋本婦作嬪

葢周末婦官有此名　宋本名下有也字

在縗經之中　諸本作縗石經此處缺釋文作衰云本亦作縗

豈惟寡君　石經宋本淳熙本明翻岳本惟作唯

豆區釜鍾　石經宋本明翻岳本閩本監本釜作釡按釡依說文宜作釜从金父聲索靖所書急就篇章艸正如此今字乃絫省淳熙本明翻岳本鍾作鐘下同

以五升爲豆五豆爲區五區爲釜　釋文下二五字皆作四云舊本如此直加豆爲五升而區釜自大故杜云區二斗釜八斗是也本或作五豆爲區五區爲釜者爲加舊豆區爲五亦與杜注相合非於五升之豆又五五而加也

貸其而收薄　宋本淳熙本纂圖本明翻岳本閩本監本毛本其作厚不誤監毛貸字上○乃注字之誤

而三老凍餒石經凍作涷案涷乃暴雨名石經非也
言刖多釋文亦作刖是也足利本刖作刑
而或燠休之釋文亦作休宋本明翻岳本休作休非注同毛誼父六經正誤云休皆作休誤休从人从芝术之术从木者音虛尤反休息也从术者音吁句反係廟諱嫌名案毛說非也
燠休代其痛也宋本閩本監本毛本作代此本誤氏今改正
杜氏燠休痛念之聲宋本氏作云是也燠字閩本空缺
其相胡公大姬已在齊矣諸本作相正義引定本作祖案沈形云胡公爲周始封陳之祖則相乃祖字之誤定本相作祖按定本作祖非是若作祖則文理欠順
而女富溢尤淳熙本溢誤益
欒郤胥原狐皆卿也諸本作狐此本誤孤宋本皆上有先字
續簡伯慶鄭伯宗〇案〇衍宋本毛本無
慆藏也悛改也明翻岳本無上也字盧文弨挍本云當作悛改慆藏也
讒鼎名也足利本後人記云一本作讒鼎鼎之名也
一云讒地名諸本作云此本誤六今訂正
昧旦丕顯釋文亦作丕纂圖本閩本監本毛本作丕石經初作丕後人加末筆殆未知丕丕本無二字中一直或長或短隸體小變耳中直本無二筆也
丕大也纂圖本監本毛本丕作丕
不敢不受而埋之宋本重受字是也
幸而得死石經死字改刊初刻似誤兒字
爽明塏燥宋本燥作燥正義同毛誼父正誤云燥作燥誤與國本建本皆作燥淳本釋文作燥也當作燥亦當有也字案毛說是也今釋文有也字
注爽明塏燥閩本監本毛本燥作燥下同
塏高地故爲燥也宋本高下有是字
則使宅人反之且諺曰陳樹華曰朱氏日鈔云且字文義不接或疑上有闕文又疑曰字之誤諺曰以下皆晏子使宅人反故室辭
子豐至晉國宋本此節正義在爲其復取之之故注下
鄭僖公之爲大子豐與之俱適晉監本毛本大誤太下同宋本重子字是也
伯石之汏也淳熙本纂圖本明翻岳本閩本監本毛本汏作汰注同釋文亦作汰非也石經宋本作汏

猶荷其祿惠棟云荷當作何
溫吾縣也二宣子曰自郤稱以別三傳矣晉之別縣不唯州石經吾字起一行稱字起一行皆九字案自郤二字三傳二字似改刊
二子曰石經二字下後人旁增宣字
知而弗從毛本弗誤復石經此處缺顧炎武云石經復誤作弗所據乃謬刊也
敬子不入禮記檀弓鄭注引作敬叔不入
五月至成公宋本以下正義四節揔入敬子從之注下
五月葬滕公宋本滕下有成字是也
吉賤不獲來宋本此節正義在畏大國尊夫人也節注下
實不忘我好宋本以好字絕句釋文云一讀以好字向下
注一睦謂小邾宋本此節正義在季孫從之之下
余髮如此種種釋文云徐本作董董賈氏羣經音辨引同云今本作種
彼其髮短而心甚長石經短上後人增雖字非也
放盧至北燕宋本至作蒲嬖于三字
以殺公之外嬖纂圖本殺誤救
齊公孫蠆卒監本作蠆卒非
又弱一个焉監本个作介非

經四年宋本春秋正義卷第二十七石經春秋經傳集解昭二第廿一淳熙本岳本昭下增公字並盡七年
楚靈王始會諸侯宋本淳熙本纂圖本明翻岳本足利本會作合是也
胡國汝陰縣西北有胡城史記楚世家正義引陰作南無有字
楚子至于申宋本此節正義在會于申之下
〇注因申至胡城宋本〇作疏字是也
波自義從宋本閩本監本毛本波作彼是也

傳四年
賜盟于宋石經于字改刊
天或者欲逞其心案劉向新序引作欲盈盈逞古多通用
曰晉有三不殆石經宋本淳熙本毛本曰上有公字監本初刻亦無後擠刊是也
何鄉而不濟諸本作鄉釋文云本又作嚮新序引傳亦作嚮俗鄉字

北嶽恒釋文云恒如字本或作常在冀州案作恒者是也北岳本名恒山漢爲文帝諱改作常耳
四嶽宋本以下正義八節揔入與人同欲盡濟注下
嶽本自以兩山爲名段玉裁挍本嶽上有南字是也
是解衡霍二名之由也宋本閩本監本毛本由作山
書傳多云五岳宋本岳作嶽
故此云四岳也宋本監本毛本岳作嶽宋本無也字
在河南陽城縣西北宋本淳熙本岳本北作南
武帝置嵩高縣段玉裁挍本嵩作崈
在新城沶鄉縣南釋文云沶音市又音尒漢書音義音釋或一音隸則當水旁作示恐非本或作潗字誤也
中南案新序作終南水經注云地理志曰縣有大一山古文以爲終南杜預以爲中南也陳樹華云左傳本作終杜氏改作中也
恃險與馬不可以爲固也顧炎武云石經馬誤焉案石經不誤陳樹華云馬字模糊亦非劉向新序引不可作不足
啓其疆土閩本監本疆作彊非也
魯衞偪於齊而親於晉諸本作偪石經初刊作逼後改偪
聖人至爲災宋本以下正義二十節揔入雹之爲菑節注下
正義曰無雹宋本曰下有無雹謂無害物之雹雖有依時小雹不與物爲災也劉炫云既云二十五字案儀禮經傳通解引同
復見無雹之意宋本復作覆
爲夏之十二月也宋本爲作謂
二之日鑿冰沖沖宋本沖作沖按沖俗沖字
有星朝見者宋本星作早與儀禮經傳通解引合
三統厤在閩本亦誤作在宋本監本毛本作云是也
故以時出之也宋本毛本時上有是字監本初刻無後擠刊
奎始溫見東方閩本監本毛本溫作朝宋本作晨
言不獨其公閩本監本毛本其作是亦非宋本作共
固陰冱寒釋文冱作沍字按說文無冱字古祇作互

沍閉也　諸本作沍此本作互今改正淳熙本閉誤門

其藏至取之補　此本五字並模糊依宋本閩本監本毛本補

上言取之用之處下言藏之　此本言取之用之之處下八字模糊依宋本補閩本監本毛本處作事

掌元物　宋本監本毛本元作互不誤下同

皆待此而達也　宋本無也字

棘赤有筏　宋本閩本監本毛本筏作箴是也

則士亦食肉　宋本作肉食

祭寒而藏之　鄭氏豳風箋引作祭司寒而藏之正義曰箋引述其事略其司字箋以經有藏冰獻羔二事故略引下句以當之不引上句故取上句之意加司字以足之初學記引亦有司字釋文云本或作祭司寒者非是也

開冰室也　宋本淳熙本岳本纂圖本足利本開上有始字是

祭寒至啓之正　宋本閩本監本毛本作寒此本誤寔今改

爲正歲之夏即四月是也　宋本爲作謂

春無淒風　石經宋本淒作凄與釋文合注同按淒字从水者見說文从冫者俗字

震辟歷震物者　宋本辟歷作霹靂下同是也

夭死爲札　宋本夭作大不誤

大札則不舉　閩本監本毛本大誤夭

夭札疫癘也　宋本夭作大下同

二之日鑿冰冲冲　諸本作二此及閩本誤三今改正監本冰誤水宋本岳本冲作沖是也

謂二月春分　閩本監本毛本分作風是也

可以正月納冰　宋本可上有故字是也

亦聖人之寓言也　宋本閩本監本毛本作寓此本誤寓今改正

邾不會　宋本以下正義十一節揔入乃禍亂也句下

夏啟有鈞臺之享　石經此行十一字夏啟有鈞臺五字似重刊

啟禹子也　岳本脫也字

周武有孟津之誓　釋文孟作盟音孟案孟明古音同用惠棟云禹貢正義曰杜預云孟津河內河陽縣南孟津也案鈞臺景亳岐陽酆宮塗山皆有注盟津獨無自是轉寫脫卻此條應補入

時伐紂也　宋本淳熙本岳本纂圖本足利本時作將不誤

周成王歸自奄　岳本脫周字

杜知其禮周　宋本監本毛本周作同是也

凡十三禮　宋本監本毛本三作二是也

王使椒舉待於後以規過　石經宋本淳熙本岳本纂圖本監本毛本待作侍是也

禮吾未見者有六焉　宋本淳熙本纂圖本吾下有所字與石經合

寡君將墮幣焉　諸本作墮詩小雅正月正義引傳作隳乃俗字也

六王啓湯武成康穆王　宋本淳熙本岳本纂圖本監本毛本王作也不誤

皆所以示諸侯汏也　淳熙本纂圖本監本毛本汏作汰非

八月甲申克之執齊慶封　石經此行十一字甲申克之執五字改刊

而盡滅夷狄　石經宋本淳熙本岳本纂圖本監本毛本夷狄作其族是也今改正

注邱十至一年　宋本以下正義二節揔入政不率法節注下

邱之十六井　宋本監本毛本無之字是也

給徭役　宋本徭作傜是也

是與家征別也　宋本無也字

逸詩　宋本淳熙本詩下有也字

子產自以爲權制濟國　淳熙本濟誤齊

韓滅鄭　宋本韓上有而字

棘櫟至櫟亭　宋本此節正義在東國水節注下

是此櫟亭也　宋本無亭字

則河南陽翟縣也　宋本也上有是字

咸尹宜咎城鍾離　淳熙本纂圖本毛本咸作箴亦非石經宋本岳本足利本作葴與釋文合

生孟丙仲壬　諸本作壬石經初刻任後改壬

深目而猳喙　釋文猳作豭按說文豭牡豕也从豕叚聲

注襄二至六歲　宋本以下正義十一節揔入注文誣叔孫以媚季孫之下

齊大夫子明之也　宋本淳熙本岳本纂圖本監本毛本之作也是也

田於丘蕕　李善注文選運命論引作田於蒲邱

叔孫爲孟鍾　宋本岳本鍾作鐘與石經合正義及下注同

以血澆落之　宋本閩本監本毛本作血此本誤而今改正

異宮者樂敬也　宋本樂作柴是也

謁日也　宋本淳熙本岳本足利本日作白是也

聞鍾聲　淳熙本岳本纂圖本毛本鍾作鐘

怒將往　重脩監本往誤住

萊書公卿士名　宋本淳熙本岳本纂圖本足利本卿作御不誤淳熙本士誤主

杜洩見　釋文作泄是也賈公彥疏儀禮聘禮引作杜泄

告之飢渴　纂圖本閩本監本毛本飢作饑非也

使寘饋于个而退　釋文云寘本或作貿李善注文選思元賦運命論引傳个作介非

个東西廂　釋文廂下有也字諸本脫又云本又作箱字按廂俗字箱正字

則置虛命徹　重脩監本置誤直

示若叔孫已食　淳熙本若誤君

乙卯卒　監本毛本乙誤已

吾子爲司徒實書名　重脩監本名誤石

夫子爲司馬與工正書服　監本工誤王

亦以德爵　宋本作亦以德詔爵監本毛本脫亦字

附釋音春秋左傳注疏卷第四十三 昭五年盡六年

杜氏注　孔穎達疏

經五年。春。王正月。舍中軍。襄十一年始立中軍。舍音捨傳同。楚殺其大夫屈申。書名罪之。公如晉。夏。莒牟夷以牟婁及防茲來奔。城陽平昌縣西南有防亭姑幕縣東北有茲亭。牟亡侯反幕亡博反。秋七月。公至自晉。戊辰。叔弓帥師敗莒師于蚡泉。蚡泉魯地。蚡扶粉反。秦伯卒。無傳不書名未同盟。冬。楚子、蔡侯、陳侯、許男、頓子、沈子、徐人、越人伐吳。

傳五年。春。王正月。舍中軍。卑公室也。罷中軍季孫稱左師孟氏稱右師叔孫氏則自以叔孫爲軍名〔疏〕舍中軍卑公室也○正義曰襄十一年初作三軍十二分其國民三家得七公得五國民不盡屬公公室已是卑矣今舍中軍四分公室三家自取其稅減己稅以貢於公國民不復屬於公公室彌益卑矣是舍中軍者三家所以卑弱公室也作中軍卑公室之漸舍中軍卑公室之極初作云作三軍今不云舍三軍者初云作者舊有二軍今更增一軍人數不足故揔皆渾破各毀其乘足成三軍故云作三軍此則唯舍中軍之衆屬上下二軍其上下二軍依舊不動故唯云舍中軍也劉炫云四分公室制法別耳還作三軍不得言舍三軍○注罷中至軍名○正義曰魯之軍名傳無其號晉作三軍爲上中下則魯之三軍亦當然也其廢中軍之後上下二軍分爲四分哀十一年齊師伐魯傳稱孟孺子泄帥右師冉求帥左師冉求季氏宰也又言叔孫武叔退而蒐乘更無別稱知自以叔孫爲軍名也毀中軍于施氏。成諸臧氏。季孫不欲親其議勑二家會諸大夫發毀置之計又取其令名○臧子郎反〔疏〕注取其令名○正義曰取其令名者季孫實欲自厚令諸大夫議論似若已之不與取其令善廉絜之名也劉炫以爲施者舍也臧者善也成諸臧氏取其令名也其二家謂叔孟非謂施臧二氏也初作中軍。三分公室而各有其一。三家各有一軍家屬季氏盡征之。無所入於公叔孫氏臣其子弟。以父兄歸公孟氏取其半焉。復以子弟之半歸公○復扶又反〔疏〕初作至半焉○正義曰將述其舍倒本其初初作中軍謂襄十一年也三分公室而各有其一民皆分屬三家就中減以與公令公自稅取也季氏盡征之不減入於公令盡屬於已也叔孫氏臣其子弟明其更有父兄以一家之內有此四品叔孫氏則以父兄之稅入公予弟之稅入已揔率所屬之人恐皆如此若揔計父兄之數不足以子弟添父兄若子弟不足以父兄添子弟大率半屬於已以父兄歸公者尊公室也孟氏則於子弟之中而取其半於一家之內或取其子或取其弟大率而言三分歸公一分入巳也或以爲其軍分爲四分假以父兄子弟四分託之若以假託爲言何得云若子若弟直云叔孫氏兩分歸公兩分入己孟氏三分歸公一分入已於文簡畧其事易知何須以父兄子弟虛爲假託故知不然也魯之三卿季彊孟弱縱使如此差之季氏猶應以一分歸公言盡征之者季氏專恣也及其舍之也。四分公室。季氏擇二。簡擇取二分。二分扶運反或如字〔疏〕及其至擇二○正義曰季氏因叔孫家禍退之使同於孟孫獨取其半爲專已甚又擇取善者是專之極故傳言擇二以見之二子各一。皆盡征之而貢于公。國人盡屬三家隨時獻公而已以書使杜洩告於殯。告叔孫之柩○殯必刃反柩其又反曰。子固欲毀中軍。既毀之矣。故告。杜洩曰。夫子唯不欲毀也。故盟諸僖閎。詛諸五父之衢。皆在襄十一年○閎音宏詛側慮反衢其俱反受其書而投之。投擲也○擲直亦反帥士而哭之。痛叔孫之見誣叔仲子謂季孫曰。帶受命於子叔孫曰。葬鮮者自西門。不以壽終爲鮮西門非魯朝正門○鮮音仙徐息淺反注同壽音授〔疏〕注不以至正門○正義曰叔孫餓死而帶言葬鮮知不得以壽終者名之爲鮮言年命鮮少也叔仲帶得以此言告季孫則季孫知豎牛餓殺叔孫矣而不討者季孫利其禍而己得專故舍之而不討也杜洩云卿喪自朝知西門非正門季孫命杜洩。命使從西門杜洩曰。卿喪自朝。魯禮也。從生存朝覲之正路〔疏〕注從生至正路○正義曰服虔云言卿葬三辭於朝從朝出正門卿佐國之楨幹君之股肱必過於朝重之也案檀弓云君爲大夫將葬弔於宮及出命引之三步則止如是三君退是君當就家視之無造君朝之禮且杜洩不欲從西門所競道路耳假令自朝而去猶得更從西門不須言自朝也故杜以自朝爲從生存朝覲之正路蓋以西門幽辟故欲從正路而出南門吾子爲國政。未改禮而又遷之。遷易也羣臣懼死。不敢自也。自從也既葬而行。善杜洩能辟禍仲至自齊。聞喪而來季孫欲立之。南遺曰。叔孫氏厚則季氏薄。彼實家亂。子勿與知。不亦可乎。南遺使國人助豎牛。以攻諸大庫之庭。攻仲壬也魯城內有大庭氏之虛於其上作庫○與音預虛起居反〔疏〕大庫之庭○正義曰十八年傳梓慎登大庭氏之庫是魯城內有大庭氏之虛於其上作庫謂之大庭氏之庫此言大庫明是彼也此言之庭庭是堂前地名仲壬在此庫之庭前豎牛就攻之此庭非大庭也司宮射之。中目而死。豎牛取東鄙三十邑。以與南遺。取叔孫氏邑○射食亦反中丁仲反昭子卽位。朝其家衆曰。豎牛禍叔孫氏。使亂大從。使從於亂○使亂大從如字服云使亂大和順之道殺適立庶。又披也〔疏〕使亂大從○正義曰杜云使從於亂服虔云使亂大和順之道其邑。將以赦罪。披析也謂以邑與南遺昭子不知豎牛餓殺其父故但言其見罪○適丁歷反本又作嫡披普皮反析星歷反見賢遍反〔疏〕注披析至見罪○正義曰昭子若知豎牛餓殺其父則當顯加誅戮不應宜以殺適立庶爲大罪也若昭子知雖不殺則昭子有大罪矣仲尼不宜善其不以立己爲功勞也是昭子不知豎牛餓殺其父但言見罪仲尼又據其見言而善之罪莫大焉。必速殺之。豎牛懼。奔齊。孟仲之子殺諸塞關之外。齊魯界上關○塞悉代反投其首於寧風之棘上。寧風齊地仲尼曰。叔孫昭子之不勞。不可能也。不以立己爲功勞據其所言善之時魯人不以餓死語昭子○語魚據反周任有言曰。爲政者不賞私勞。不罰私怨。詩云。有覺德行。四國順之。詩大雅覺直也言德行直則四方順從之○任音壬行下孟反注同初。穆子之生也。莊叔以周易筮之。穆子父得臣也遇明夷䷣離下坤上明夷○坤若門反之謙䷎艮下坤上謙明夷初九變爲謙○艮古恨反〔疏〕遇明夷之謙○正義曰離下坤上爲明夷離爲日坤爲地象曰明入地中明夷夷者傷也日在地中光不外發則爲明傷也艮下坤上爲謙艮爲山象曰地中有山謙以高下下謙虛之義以示卜楚丘。楚丘卜人姓名曰。是將行。行出奔而歸爲子祀。奉祭祀以讒人入。其名曰牛。卒以餒死。明夷。日也。離爲日夷傷也日明傷○餒奴罪反餓也日之數十。甲至癸故有十時。亦當十位。自王已下。其二爲公。其三爲卿。日中當王食時當公平旦爲卿雞鳴爲士夜半爲皁人定爲輿黃昏爲隸日入爲僚晡時爲僕日昳爲臺隅中日出闕不在第尊王公曠其位○皁才早反輿音餘僚力彫反晡布吳反昳田結反隅遇俱反〔疏〕楚丘至餒死○正義曰此先畧言卦意有此四事也是者是此子也將出奔而歸爲國卿奉子叔孫之祭祀也并以讒人入而其名曰牛然此子終以餓死也牛在國生云以入者去時未有來而有之以入其家非從外國人既巳畧論此意乃復具釋爻辭云明夷于飛垂其翼君子于行三日不食有攸往主人有言此三辭之間無爲祀之意但卦名明夷故先推卦名求爲祀之義也先行後歸始得爲祀然後推演爻辭得其行去之象又論不食讒言之事爻辭之內亦無名牛故別於離卦以求牛名推演爻之三辭既訖乃復更推卦體以終爲祀之言故曰其爲子後以揔結前言也○注日中至其位○正義曰七年傳曰天有十日人有十等彼卽歷言從王至臺十等之目此傳既云十時十位位以王公卿爲三日以中食旦爲三日上其中知從中而右旋配之也晡謂食也晡時謂日西食時也日昳謂蹉跌而下也隅謂東南隅也過隅未中故爲隅中也若據時之先後則從旦至食乃至於中宜以左旋爲次今傳以配十位從中而右旋者以人之道高以下爲基貴以賤爲本欲從賤而漸至於貴也若從中左旋則位乃漸退非進長之義故右旋也日上其中。日中盛明故以當王食日爲二。公位旦日爲三。卿位明夷之謙。明而未

融。其當旦乎。融朗也離在坤下日在地中之象又變爲謙謙道卑退故曰明而未融日明未融故曰其當旦乎〔疏〕注融朗至旦乎○正義曰明而未融則融是大明故爲朗也釋言云明朗也樊光云詩云高朗令終日月光明是朗爲大明也據卦離下坤上日在地中之象又爻變爲謙謙是卑退之意日未出而又卑故曰明而未融日明未融故曰其當旦也若於易之明夷據日入之後故明夷象云初登于天照四國也後入于地失則也此傳明夷據日未出前者以日未出與日已入皆日在地下其明不見故各取象爲義故曰爲子祀。莊叔卿也卜豹爲卿故知爲子祀日之謙當鳥。故曰明夷于飛。離爲日爲鳥離變爲謙日光不足故當鳥鳥飛行故曰于飛〔疏〕注離爲至于飛○正義曰說卦離爲日爲雉雉爲鳥也離之一卦爲日爲鳥日爲高明鳥爲微細今日之謙退不得高明下當爲細是日光不足故當鳥也明之未融。故曰垂其翼。於日爲未融於鳥爲垂翼象日之動。故曰君子于行。明夷初九得位有應君子象也在明傷之世居謙下之位故將辟難而行○應對之應謙下如字又遐嫁反難乃旦反〔疏〕注明夷至而行○正義曰卦有六位初三五奇數爲陽位也二四上耦數爲陰位也初與四二與五三與上位相值爲相應陽之所求者陰陰之所求者陽陽陰相值爲有應陰還值陰陽還值陽爲無應明夷初九陽爻在奇是得位也所應在四四爲陰爻是有應也居得位而物應之是君子象也初九在明傷之世有大難也居謙下之位宜卑退也以此知將辟難而行也當三在旦。故曰三日不食。旦位在三又非食時故曰三日不食〔疏〕注旦位至不食○正義曰位當三而時在旦是三日象也旦又未至食時非食時則無可食故曰三日不食也離。火也。艮。山也。離爲火。火焚山。山敗。離艮合體故○敗必邁反又如字注同於人爲言。艮爲言〔疏〕注艮爲言○正義曰說卦云成言乎艮故艮爲言也敗言爲讒。爲離所焚故言敗故曰有攸往。主人有言。言必讒也。離變爲艮故言有所往往而見燒故主人有言而見敗故必讒言○攸音由純離爲牛。易離上離下離畜牝牛吉故言純離爲牛○牝頻忍反舊扶死反〔疏〕注易離至爲牛○正義曰純離者言上體下體皆是離也易離卦云畜牝牛吉故言純離爲牛明夷初九無此牛象但明夷初卦下體是離故轉於純離之卦求牛象也世亂讒勝。勝將適離。故曰其名曰牛。離焚山則離勝譬世亂則讒勝山焚則離獨存故知名牛也豎牛非牝牛故不吉謙不足。飛不翔。謙道沖退故飛不遠翔垂不峻。翼不廣。峻高也翼垂下故不能廣遠故曰其爲子後乎。不遠翔故知不遠去〔疏〕謙不至後乎○正義曰其爻辭唯云君子于行無還之義故復推此爻於鳥爲飛不用翼不大知其不能遠去行必當歸故曰其爲子後乎吾子亞卿也。抑少不終。旦日正卿之位莊叔父子世爲亞卿位不足以終盡卦體蓋引而致之○楚子以屈伸爲貳於吳。乃

殺之。造生貳心以屈生爲莫敖。生屈建子使與令尹子蕩如晉逆女。過鄭。鄭伯勞子蕩于氾。勞屈生于菟氏。氾菟氏皆鄭地○過古禾反勞力報反後皆同氾徐扶嚴反菟大胡反晉侯送女于邢丘。子產相鄭伯會晉侯于邢丘。傳言楚強諸侯畏敬其使○相息亮反使所吏反〔疏〕注傳言至其使○正義曰聘禮云若過邦至于竟使次介假道束帛將命于朝下大夫取以入告出許饋之以其禮上賓大牢積惟芻禾如彼禮文唯當饋之而已今鄭伯親勞是鄭畏楚也桓三年傳例云凡公女嫁于敵國公子則下卿送之於天子則諸卿皆行尚公不自送昏禮父母送女不下堂今晉侯親送女至邢丘是畏楚也此兼顧上文故云諸侯畏敬其使○公如晉。即位而往見○見賢遍反自郊勞至于贈賄。往有郊勞去有贈賄○賄呼罪反〔疏〕注往有至贈賄○正義曰聘禮賓至于近郊君使卿朝服用束帛勞及聘事皆畢乃云賓遂行舍于郊公使卿贈如覿幣聘既如此朝亦當然其朝據大行人上公三勞主國使下大夫勞于畿卿勞于遠郊主君自勞于近郊其去贈賄無文聘尚有賄明朝亦然但禮文不具耳其文據公去言故云往有也贈據晉言故云去有也無失禮。揖讓之禮晉侯謂女叔齊曰。魯侯不亦善於禮乎。對曰。魯侯焉知禮。公曰。何爲自郊勞至于贈賄。禮無違者。何故不知。對曰。是儀也。不可謂禮。禮所以守其國。行其政令。無失其民者也。今政令在家。○在大夫女音汝焉於虔反不能取也。有子家羈。弗能用也。羈莊公玄孫懿伯也○羈居宜反奸大國之盟。陵虐小國。謂伐莒取鄆○奸音干鄆音運利人之難。謂往年莒亂而取鄆○難乃旦反下及注並同不知其私。不自知有私難公室四分。民食於他。他謂三家也言魯君與民無異〔疏〕民食於他○正義曰言公如民然求食於他也其時四分公室民皆屬三家三家稅以貢公公仰給食自無食也思莫在公。不圖其終。無爲公謀終始者○思息吏反謂羣臣慮也一音如字爲于僞反〔疏〕思莫至其終○正義曰羣臣思慮無在公者不爲公圖謀其終言其終必禍敗無爲謀者爲國君。難將及身。不恤其所。禮之本末。將於此乎在。在恤民與憂國而屑屑焉習儀以亟。言以習儀爲急○屑屑先結反亟紀力反急也言善於禮。不亦遠乎。君子謂叔侯於是乎知禮。時晉侯亦失政叔齊以此諷諫○諷芳鳳反本亦作風音同○晉韓宣子如楚送女。叔向爲介。鄭子皮、子大叔勞諸索氏。河南成皋縣東有大索城○介音界

大叔音泰索悉洛反大叔謂叔向曰。楚王汏侈已甚。子其戒之。叔向曰。汏侈已甚。身之災也。焉能及人。若奉吾幣帛。慎吾威儀。守之以信。行之以禮。敬始而思終。終無不復。事皆可復行○焉於虔反從而不失儀。從順也敬而不失威。道之以訓辭。奉之以舊法。考之以先王。以先王之禮成其好○道音導好呼報反度之以二國。度晉楚之勢而行之○度待洛反注同〔疏〕奉吾至二國○正義曰朝聘之禮亨用幣帛致國之所有送女雖則非聘亦以幣帛通意故云奉吾幣帛慎吾威儀也信當守而無失故云守之以信也禮當勉力履行故云行之以禮也禮無不敬故以敬爲始也始敬則終亦敬終恐其惰故云思終也思終亦思始終始無有不可復行之事行必得禮使皆可復行也曲從則失儀從而不失儀不曲從也過敬則無威敬而不失威不妄敬也聖人教訓之辭用之以通意故言道之也聘使舊故之法奉承以致命故言奉之也用先王之禮以成其交好故言考之也量二國形勢以傳通時事故言度之也皆準事爲文雖汏侈若我何。及楚。楚子朝其大夫曰。晉。吾仇敵也。苟得志焉。無恤其他。今其來者。上卿上大夫也。若吾以韓起爲閽。刖足使守門○仇音求閽音昏刖音月又五刮反〔疏〕注刖足使守門○正義曰周禮掌戮云墨者使守門劓者使守關宮者使守內刖者使守囿髡者使守積則守門者當以墨也知不以韓起爲墨者楚子意在辱晉必將加之重罪墨是刑之輕者知其必非墨也且欲以叔向爲宮刑明起刑亦次宮也莊十九年傳稱鬻拳自刖楚人以爲大閽知此亦是刖也欲以叔向爲司宮爲奄官之長則韓起爲閽亦欲令爲門官之長刑若鬻拳故以鬻拳之刑解之以羊舌肸爲司宮。加宮刑○肸許乞反足以辱晉。吾亦得志矣。可乎。大夫莫對。薳啓彊曰。可。苟有其備。何故不可。恥匹夫不可以無備。況恥國乎。是以聖王務行禮。不求恥人。朝聘有珪。珪以爲信〔疏〕朝聘有珪○正義曰周禮典瑞云公執桓圭侯執信圭伯執躬圭子執穀璧男執蒲璧以朝覲宗遇會同于王諸侯相見亦如之是朝有珪也又曰瑑圭璋璧琮以覜聘是聘有珪也聘用圭璧其飾雖與君同其長降君一等聘禮記曰所以朝天子圭與繅皆九寸問諸侯朱綠繅八寸問卽聘也鄭玄云九寸上公之圭也於天子曰朝於諸侯曰問記之於聘文互相備鄭云互相備者言諸侯相朝與朝天子同也遣使聘天子與諸侯同也彼典瑞及聘禮記聘圭八寸據上公爲文耳公之使既降公一等知侯伯之使當瑑圭六寸子男之使當瑑璧四寸考工記玉人云瑑圭璋八寸璧琮八寸以覜聘亦謂上公之聘也其實子男君臣用璧云朝聘有圭者據公侯伯言之○注珪以爲信○正義曰鄭玄典瑞注云人執以見曰瑞禮神曰器瑞符信也用珪朝聘

所以爲信故執之享覜有璋。享饗也覜見也既朝聘而享見也臣爲君使執璋○覜他弔反徐他彫反璋音章享饗並許丈反鄭服皆以享爲獻耳見賢遍反下同臣爲于僞反使所吏反【疏】享覜有璋正義曰鄭氏先儒以爲朝聘之禮使執玉以授主國之君乃行享禮獻國之所有覜見也謂行享禮以見主國之君也案小行人合六幣圭以馬璋以皮璧以帛琮以錦琥以繡璜以黼鄭玄云上公享王圭以馬享后璋以皮侯伯子男享王璧以帛享后琮以錦公侯伯於諸侯則享用璧琮子男於大國享君琥以繡於夫人璜以黼此云享覜有璋者據上公享后言之所以特舉享后者舉璋與圭相對其實享禮圭與璧琮琥璜皆有令檢杜注意義則不然謂王國設酒食以饗賓賓則執璋以行禮故云享覜有璋注云享饗也破享獻之享爲饗食之饗杜必然者以此傳下云設机而不倚爵盈而不飲宴有好貨飧有陪鼎皆論饗禮及饗宴之事故破享爲饗卽大行人三饗三食三宴之類是也但饗禮既亡執璋無文耳故杜云臣爲君使執璋則詩云奉璋峨峨尚書大保秉璋以酢之類是也小有述職。諸侯適天子曰述職○述職述其所治國之功職也【疏】注諸侯至述職○正義曰孟子云天子適諸侯曰巡狩巡狩者巡所守也諸侯朝天子曰述職述職者述所職也其意言諸侯在治國家事天子以時入朝述脩其所職也天子職在立諸侯撫下民以時巡狩省視其功勞也大有巡功。天子巡守曰巡功○巡功巡所守之功績巡守手又反設机而不倚。爵盈而不飲。言務行禮○机音几倚於綺反【疏】設机至不飲○正義曰朝聘之禮有設几進爵之時朝禮雖亡而聘禮有其暑也聘義曰聘射之禮至大禮也質明而始行事日幾中而後禮成非強有力者弗能行也酒清人渴而不敢飲也肉乾人飢而不敢食也是言務在行禮不敢倚机不敢飲酒也宴有好貨。宴飲以貨爲好衣服車馬在客所無○好呼報反注及下同【疏】注宴飲至所無○正義曰謂主國宴賓以貨爲恩好謂衣服車馬在客所無者與之也明年晉享季武子重其好貨僖二十九年介葛盧來禮之加宴好詩序云鹿鳴燕羣臣嘉賓也既飲食之又實幣帛筐篚以將其厚意是也飧有陪鼎。熟食爲飧陪加也加鼎所以厚殷勤○飧音孫陪薄回反徐扶杯反【疏】注熟食至殷勤○正義曰聘禮賓始入館宰夫朝服設飧飪一牢在西鼎九羞鼎三鄭玄云食不備禮曰飧飪熟也其鼎賓如饔饎羞鼎則陪鼎也以其實言之則曰羞以其陳言之則曰陪是飧有陪鼎鄭以飧禮小饔饎禮大故云食不備禮曰飧言饔饎備而飧不備也杜以饎生而飧熟故云熟食爲飧聘禮又云君使卿韋弁歸饔饎五牢飪一牢鼎九設于西階前陪鼎當內廉鄭玄云陪鼎三牲臛膷臐膮也陪之庶羞加也服虔云陪牛羊豕鼎故云陪鼎周禮掌客云凡諸侯之禮上公飧五牢饔饎九牢侯伯飧四牢饔饎七牢子男飧三牢饔饎五牢是朝聘皆有飧也案聘禮歸饔饎五牢於賓館飪一牢鼎九設于西階前牛鼎一羊鼎一豕鼎一魚鼎一腊鼎一腸胃鼎一膚鼎一鮮魚鼎一鮮腊鼎一凡九鼎從北向南而陳又有陪鼎三其一曰膷鼎牛臛也在牛鼎之西其一曰臐鼎羊臐也在羊鼎之西其一曰膮鼎豕臛也在豕鼎之西其陪所設當西階之內廉腥二牢陳于東階之前南陳牢別七鼎無鮮魚鮮腊也并上飪一牢所謂死牢三又饎二牢陳于門內之西是卿之饔饎五牢案鄭注掌客其子男饔饎五牢與卿同其腥鼎加鮮魚鮮腊牢別有九也其陳設如卿之禮侯伯饔饎七牢死牢四飪一牢在西

腥三牢在東饎三牢在門西其陳設如子男之禮上公饔饎九牢死五牢飪七牢在西腥四牢在東饎四牢陳于門西其陳皆如侯伯之禮也大行人注云爵卿也則飧二牢饔饎五牢爵大夫也則飧大牢饔饎二牢入有郊勞。賓至逆勞之於郊出有贈賄。去則贈之以貨賄禮之至也。國家之敗。失之道也。則禍亂興。失朝聘宴好之道城濮之役。在僖二十八年○濮音卜晉無楚備。以敗於邲。在宣十二年言兵禍始於城濮○邲皮必反邲之役。楚無晉備。以敗於鄢。在成十六年○鄢於晚反【疏】以敗於鄢○正義曰以上文類之當注云言兵禍始於邲而不注者從可知也自鄢以來。晉不失備。而加之以禮。重之以睦。君臣和也○重直用反是以楚弗能報。而求親焉。既獲姻親。又欲恥之。以召寇讎。備之若何。言何以爲備○姻音因誰其重此。言怨重若有其人。恥之可也。謂有賢人以敵晉則可恥之若其未有。君亦圖之。晉之事君。臣曰可矣。求諸侯而麇至。麇羣也○麇音隕反又其郎反注同求昏而薦女。薦進也君親送之。上卿及上大夫致之。猶欲恥之。君其亦有備矣。不然奈何。韓起之下。趙成、中行吳、魏舒、范鞅、知盈。五卿位在韓起之下皆三軍之將佐也成趙武之子吳荀偃之子○行戶郎反鞅於丈反知音智將子匠反羊舌肸之下。祁午、張趯、籍談、女齊、梁丙、張骼、輔躒、苗賁皇。皆諸侯之選也。言非凡人○趯他歷反骼古百反或音各躒力狄反又力各反本又作櫟同賁扶云反選息戀反韓襄爲公族大夫。韓須受命而使矣。襄韓無忌子也爲公族大夫須起之門子年雖幼已任出使○使所吏反注及下注同任音壬【疏】韓須受命而使○正義曰三年傳云韓須如齊逆少姜是受命出使之事箕襄、邢帶、二人韓氏族叔禽、叔椒、子羽、皆韓起庶子【疏】注皆韓起庶子○正義曰賈逵云然杜依用之杜以上箕襄邢帶食邑於箕邢故爲韓氏之族叔禽叔椒皆謂叔爲文羽又稱子事似兄弟故云皆韓起庶子劉炫以爲叔禽叔椒子羽等亦是韓起之族既無明證而妄規杜氏非也皆大家也。韓賦七邑。皆成縣也。成縣賦百乘也○韓賦七邑韓襄起之兄子箕襄邢帶二人韓氏族韓須叔禽叔椒子羽四人皆韓起子凡七人人一邑乘繩證反下皆同羊舌四族。皆彊家也。四族銅鞮伯華叔向叔魚叔虎兄弟四人○鞮丁兮反【疏】注四族至四人○正義曰家語孔子曰銅鞮伯華不死天下其定矣其人名赤字伯華食邑於銅鞮叔魚名鮒見於十三年傳叔虎見於襄二十一

年傳於時虎已死今得數叔虎者雖身死其族猶在故傳不言羊舌四人而云四族明指其族也據傳文叔向兄弟四人有叔虎案世本叔向兄弟有季夙疑季夙卽是虎也故服氏數伯華叔向叔魚季夙劉炫以爲叔虎於時已死則有季夙而規杜氏非也晉人若喪韓起、楊肸。五卿八大夫。五卿趙成以下八大夫祁午以下○喪息浪反楊肸叔向本羊舌氏食菜於楊故又號楊肸也輔韓須、楊石。楊石叔向子食我也○食音嗣因其十家九縣。韓氏七羊舌氏四而言十家舉大數也羊舌四家共二縣故但言彊家【疏】注韓氏至彊家○正義曰杜以家縣爲一故并韓賦七邑與羊舌四族乃爲十一而言十家舉大數也羊舌四族族有一縣則又大多故以爲四家共二縣也劉炫以爲韓須是起之門子不別更稱家去韓須之外韓氏唯有六家并羊舌四族故爲十家也今知不然者以傳歷序韓襄爲公族大夫韓須受命而使卽云箕襄以下皆大家故知韓須在其內也又韓賦七邑則韓須有邑既有其邑自然稱家哀二年傳曰上大夫受縣論語云百乘之家家卽縣也劉以爲韓須不得爲家家不得稱縣以爲韓氏六家羊舌四家爲十家而規杜氏非也長轂九百。長轂戎車也縣百乘○轂古木反【疏】長轂○正義曰考工記車人云兵車乘車輪崇六尺六寸田車輪崇六尺三寸兵車轂長三尺三寸又云大車半柯長尺半是短也其餘四十縣。遺守四千。計遺守國者尚有四千乘○遺唯季反奮其武怒。以報其大恥。伯華謀之。伯華叔向兄中行伯、魏舒帥之。伯中行吳其蔑不濟矣。君將以親易怨。失婚姻之親實無禮以速寇。而未有其備。使羣臣往遺之禽。以逞君心。何不可之有。王曰。不穀之過也。大夫無辱。謝薳啟彊【疏】何不可之有○正義曰啟彊發首言可此云何不可之有言其可也紹上可之言服虔云何不可之有如是大不識文勢厚爲韓子禮。王欲敖叔向以其所不知而不能。言叔向之多知○敖五報反叔向以其所不知絕句多知如字一音智【疏】王欲至不能○正義曰王欲謂叔向以爲敖樂以其所不知不解之處試之而竟不能王之所爲叔向悉解故杜云叔向之多知亦厚其禮。韓起反。鄭伯勞諸圉。圉鄭地名辭不敢見。禮也。奉使君命未反故○見賢遍反○鄭罕虎如齊。娶於子尾氏。自爲逆也○娶七住反爲于僞反晏子驟見之。陳桓子問其故。對曰。能用善人。民之主也。謂授子產政○驟仕救反夏。莒牟夷以牟婁及防茲來奔。牟夷非卿而書。尊地也。尊重也重地故書以名其人終爲不義莒人愬于晉。愬魯受牟夷○愬悉路反晉侯欲止公。范獻子曰。不可。人朝而執之。

誘也。討不以師，而誘以成之，惰也。爲盟主而犯此二者，無乃不可乎？請歸之，間而以師討焉。間，暇也。○誘音酉。惰，徒臥反。間音閑，注同，又如字。 又歸公。秋七月，公至自晉。莒人來討，討受牟夷。不設備。戊辰，叔弓敗諸蚡泉，莒未陳也。嫌君臣異，故重發例。○陳，直覲反。重，直用反。 ○冬十月，楚子以諸侯及東夷伐吳，以報棘、櫟、麻之役。役在四年。 薳射以繁揚之師會於夏汭。會楚子。○射，食夜反，又食亦反。 越大夫常壽過帥師會楚子于瑣。瑣，楚地。○過，古禾反。瑣，素果反。 聞吳師出，薳啟彊帥師從之，從吳師也。 遽不設備，吳人敗諸鵲岸。廬江舒縣有鵲尾渚。○遽，其據反。岸，五旦反。 楚子以馹至於羅汭。馹，傳也。羅，水名。○馹，人實反。傳，中戀反。 吳子使其弟蹶由犒師，犒，勞。○蹶，居衛反。犒，苦報反。 楚人執之，將以釁鼓。王使問焉，曰：「女卜來吉乎？」對曰：「吉。寡君聞君將治兵於敝邑，卜之以守龜，曰：『余亟使人犒師，請行以觀王怒之疾徐，而爲之備，尚克知之。』言吳令龜如此。○釁，許覲反。女音汝。守，手又反，下同。亟，紀力反。 龜兆告吉，曰：『克可知也。』君若驩焉，好逆使臣，滋敝邑休殆，休，解也。○好，呼報反。使，所吏反，下並同。解，佳賣反。 而忘其死，亡無日矣。今君奮焉，震電馮怒，馮，盛也。○馮，皮冰反，徐敷求反，注同。 虐執使臣，將以釁鼓，則吳知所備矣。敝邑雖羸，若早脩完，完，器備。○羸，力危反。完音丸。 〔疏〕今君至釁鼓。○正義曰：言今君奮起威嚴，如天震電，盛爲瞋怒，虐執云云是也。 其可以息師。息楚之師。 難易有備，可謂吉矣。且吳社稷是卜，豈爲一人？使臣獲釁軍鼓，而敝邑知備，以禦不虞，其爲吉孰大焉？國之守龜，其何事不卜？言常卜。○易，以豉反。豈爲，于僞反。禦，魚呂反。 〔疏〕難易有備。○正義曰：言知楚爲患難，則吳易有防備也。○且吳社稷是卜。○正義曰：恐楚王言女既云吉，何故今欲被殺？故言此以塞之。○國之守龜。○正義曰：又恐王言龜既言吉而使人被殺，則是龜不信，故又言此以荅之。 一臧一否，其誰能常之？城濮之兆，其報在邲。城濮戰，楚卜吉，其効乃在邲。○否，悲矣反，舊方有反。 今此行也，其庸

有報志。言吳有報楚意。 乃弗殺。楚師濟於羅汭，沈尹赤會楚子，次於萊山。薳射帥繁揚之師先入南懷，楚師從之，及汝清，南懷、汝清，皆楚界。○萊音來。 吳不可入。有備。 楚子遂觀兵於坻箕之山。觀，示也。○觀，舊音官，讀爾雅者皆官喚反，注同。坻，直夷反。 是行也，吳早設備，楚無功而還，以蹶由歸。楚子懼吳，使沈尹射待命于巢，薳啟彊待命于雩婁，禮也。善有備。○雩音于，徐況于反，如淳同，韋昭音虛。婁，力侯反，徐力俱反，如淳音樓。 ○秦后子復歸於秦，景公卒故也。元年奔晉。終五稔之言。○五稔，而甚反。

經六年春王正月，杞伯益姑卒。再同盟。 〔疏〕注再同盟。○正義曰：益姑以襄二十四年即位，二十五年盟于重丘，魯、杞俱在，二十九年又杞子來盟，是再同盟。 ○葬秦景公。○夏，季孫宿如晉。○葬杞文公。無傳。 ○宋華合比出奔衛。合比事君不以道，自取奔亡，書名罪之。○華，戶化反。比，如字，又毗志反。 〔疏〕注合比至罪之。○正義曰：寺人柳有寵，大子佐惡之，合比請殺之，求媚於大子，而欲殺君之寵臣，是事君不以道也。以此而自取奔亡，故書名以罪之。 ○秋九月，大雩。○楚薳罷帥師伐吳。罷音皮。 ○冬，叔弓如楚。○齊侯伐北燕。

傳六年春王正月，杞文公卒，弔如同盟，禮也。魯怨杞因晉取其田，而今不廢喪紀，故禮之。 大夫如秦葬景公，禮也。合先王之禮。士弔，大夫送葬。 〔疏〕注合先至之禮。○正義曰：先王之制，諸侯之喪，士弔，大夫送葬，三十年傳文也。釋例曰：先王之制，諸侯之喪，士弔，大夫送葬。及其失也，禮過於重。文、襄之伯，因而抑之，諸侯之喪，大夫弔，卿共喪事，夫人之喪，士弔，大夫送葬，猶過古制。故公子遂如晉葬襄公，傳不言禮；葬秦景公，傳曰大夫如秦葬景公，特稱禮也。一以示古制，二以示書他國之葬必須魯會，三以示奉使非卿則不書於經。此皆丘明之微文也。 ○三月，鄭人鑄刑書。鑄刑書於鼎，以爲國之常法。○鑄，之樹反。 〔疏〕注鑄刑書於鼎。○正義曰：傳直言鑄刑書，知鑄之於鼎者，二十九年傳云晉趙鞅、荀寅賦晉國一鼓鐵以鑄刑鼎，著范宣子所爲刑書焉。彼是鑄之於鼎，知此亦是鼎也。 叔向使詒子產書，詒，遺也。○詒，以之反。遺，唯季反。 曰：「始吾有虞於子，虞，度也。言準度子產以爲己法。○度，待洛反，下同。 今則已矣。已，止也。 昔先王議事以制，不爲刑辟，懼民之有爭心也。臨事制刑，不豫設法也。法豫設則民知爭端。○辟，婢亦反，下皆同。爭，爭鬭之爭，注及下注同。 〔疏〕注臨事至爭端。○正義曰：尚書伊訓云：先王肇修人紀，制官刑，儆于有位。又穆王命呂侯訓夏贖刑，作呂刑之篇。其經云：墨罰之屬千，劓罰之屬千，剕罰之屬五百，宮罰之屬三百，大辟之屬二百。五刑之屬三千。周禮司刑掌五刑之法，以麗萬民之罪：墨罪五百，劓罪五百，宮罪五百，剕罪五百，殺罪五百。據此二文，雖王者相變，條數不同，皆是豫制刑矣。而云臨事制刑，不豫設法者，聖王雖制刑法，舉其大綱，但共犯一法，情有淺深，或輕而難原，或重而可恕，臨其時事，議其重輕，雖依準舊條，而斷有出入，不豫設定法，告示下民，令不測其淺深，常畏威而懼罪也。法之所以不可豫定者，於小罪之間，或情有大惡，盡皆致之極刑，則本非應重之罪，悉令從其輕比，又不足以創小人也。於大罪之間，或情有可恕，盡加大辟，則枉害良善，輕致其罰，則脫漏重辜。以此之故，不得不臨時議之，準狀加罪。今鄭鑄之於鼎，以章示下民，亦既示民，卽爲定法，民有所犯，依法而斷，設令情有可恕，不敢曲法以矜之，罪實難原，不得違制以入之。法既豫定，民皆先知，於是倚公法以展私情，附輕刑而犯大惡，是無所忌而起爭端也。漢魏以來，班律於民，懼其如此，制爲比例，入罪者舉輕以明重，出罪者舉重以明輕，因小事而別有大罪者，則云所爲重，以重論，皆不可一定故也。 猶不可禁禦，是故閑之以義，閑，防也。 糾之以政，糾，舉也。 行之以禮，守之以信，奉之以仁，奉，養也。 制爲祿位以勸其從，勸從教。 嚴斷刑罰以威其淫。淫，放也。 〔疏〕閑之至其淫。○正義曰：義者宜也，合於事宜。閑謂防衞也。閑之以義，曰衞之使合於事宜者也。政者正也，齊正在下。糾謂舉治也。糾之以政，舉治之使從於齊正也。禮當勉力履行，故行之以禮也。信當守而勿失，故守之以信也。仁心所以養物，故奉之以仁也。位以序德，祿以酬勤，有德能勤，則居官食祿，制爲祿位以勸其從順教令也。其有犯罪，則制之刑罰，故嚴斷刑罰以威其驕淫放佚也。嚴斷，言其不放舍也。對文則加罪爲刑，收贖爲罰，散則刑罰通也。閑之以下，皆言在上位者行此事治民也。 懼其未也，故誨之以忠，聳之以行，聳，懼也。○聳，息勇反。行，下孟反。 教之以務，時所急。 使之以和，說以使民。○說音悅。 臨之以敬，涖之以彊，施之於事爲涖。○涖音利，又音類。 斷之以剛。義斷恩。 〔疏〕懼其至以剛。○正義曰：此上言行事，此又言用心。言雖行上事，懼其未從教也，故復勞心以撫之。於文，中心爲忠，如心爲恕，謂如其己心也。事親事君，遠及諸物，宜恕以待之，不得虛詐。忠是萬事之本，故陳忠恕之事以訓誨之。行善得善，行惡得惡，舉善惡之行以恐懼之。時之所急，民或不知，故教示之以當時之務。居上位者失於以威迫人，故使之以和，當和說以使之。臨、涖一也。臨謂位居其上，俯臨其下；涖謂有所施爲，臨撫其事。臨謂平常之時，涖謂當事之時。居上位者失於驕慢，臨之以敬，言常共敬以臨之；其監於行事者失於懈惰，涖之以彊，言當彊力以臨之。柔而少決，爲政之病，故斷之以剛。此云彊，斷之以剛，卽上嚴斷之義。嚴謂威可畏，剛謂情無私。此皆論心，故重言之。○注聳懼也。○正義曰：釋詁文也。彼作竦，音義同。○注施之於事爲涖。○正義曰：涖亦臨也，而與臨別文，故解之。周禮肆師稱涖卜，曲禮云涖官，春秋書涖盟，皆謂當其事而臨之，故云施之於事爲涖，則臨謂平常，涖謂當事，以此爲異，故別文也。若散而言之，涖亦臨也，故論語云「不莊以涖之，則民不敬」，是也。○注義斷恩。○正義曰：喪服四

制云門內之治恩揜義門外之治義斷恩尙書傳征云威克厥愛允濟愛克厥威允罔功是斷獄者皆當義斷恩猶求聖哲之上。明察之官。上公王也官卿大夫也忠信之長。慈惠之師。民於是乎可任使也。而不生禍亂。民知有辟。則不忌於上。權移於法故民不畏上○長丁丈反〔疏〕猶求至使也○正義曰以剛以上雖率意教人猶爲未善更求聖哲王公之上制明察大夫之官法忠誠信著之長則慈愛溫惠之師敎用此四法以教民民於是乎可任使也○注權移至畏上○正義曰刑不可知威不可測則民畏上也今制法以定之勒鼎以示之民知在上不敢越法以罪已又不能畏上曲法以施恩則權柄移於法故民皆不畏上並有爭心。以徵於書。而徼幸以成之。因危文以生爭緣徼幸以成其巧僞○徼本又作邀古堯反巧如字又苦孝反〔疏〕注因危至巧僞○正義曰法之設文有限民之犯罪無窮爲法立文不能網羅諸罪民之所犯不必正與法同自然有危疑之理因此危文以生與上爭罪之心緣徼幸以成其巧僞將有實罪而獲免者也弗可爲矣。爲治也夏有亂政。而作禹刑。商有亂政。而作湯刑。夏商之亂著禹湯之法言不能議事以制○夏戶雅反〔疏〕注夏商至以制○正義曰夏商之有亂政在位多非賢哲察獄或失其實斷罪不得其中至有以私亂公以貨枉法其事不可復治乃遠取創業聖王當時所斷之獄因其故事制爲定法亦如鄭鼎所鑄遵舊施行言不能臨時議事以制刑罪也周有亂政。而作九刑。周之衰亦爲刑書謂之九刑〔疏〕注周之至九刑○正義曰準夏商所作當爲文武周公之制不以聖王名刑而謂之九刑者蓋周公别爲此名故稱之耳三辟之興。皆叔世也。言刑書不起於始盛之世〔疏〕注言刑至之世○正義曰三辟謂禹刑湯刑九刑也辟罪也三者斷罪之書故爲刑書皆是叔世所爲言刑書不起於始盛之世議事制罪叔世不復能然采取上世決事之比作書以爲後法其事是始盛之世世作書於衰亂之時服虔云政衰爲叔世叔世踰於季世季世不能作辟也今吾子相鄭國。作封洫。在襄三十年○相息亮反洫況域反立謗政。作丘賦在四年○謗布浪反制參辟。鑄刑書。制參辟謂用三代之末法○參七南反一音三〔疏〕注制參至末法○正義曰制參辟鑄刑書是一事也爲其文是制參辟勒於鼎是鑄刑書也三代之辟皆取前世故事制以爲法子產亦取上世故事故謂之制參辟言其所制用三代之末法非謂子產所作還寫三代之書也子產蓋亦采取上世所聞見斷獄善者以爲書也將以靖民。不亦難乎。詩曰。儀式刑文王之德。日靖四方。詩頌言文王以德爲儀式故能日有安靖四方之功刑法也〔疏〕詩曰至四方○正義曰周頌我將之篇祀文王之樂歌也杜言文王以德爲儀式刑法也則儀式刑三者皆爲法也言以德爲儀式法者是文王之德也由其以德爲法故能日日有安靖四方之功也服虔云儀善式用刑法靖謀也言善用法文王之德日日謀安四方此解於文便於杜也又曰。儀刑文王。萬邦作孚。詩大雅言文王作儀法爲天下所信〔疏〕又曰至作孚○正義曰大雅文王之篇也服虔云儀善也刑法也善用法者文王也言文王善用其法故能爲萬國所信也亦便於杜如是何辟之有。言詩唯以德與信不以刑也民知爭端矣。將棄禮而徵於書。以刑書爲徵〔疏〕民知至於書○正義曰端謂本也今鑄鼎示民則民知爭罪之本在於刑書矣制禮以爲民則作書以防民罪違禮之愆非刑書所禁故民將棄禮而取徵驗於書也刑書無違禮之罪民必棄禮而不用矣錐刀之末。將盡爭之。錐刀末喻小事亂獄滋豐。賄賂並行。終子之世。鄭其敗乎。肸聞之。國將亡。必多制。數改法〔疏〕終子至敗乎○正義曰子產鑄刑書而叔向責之趙鞅鑄刑鼎而仲尼譏之如此傳文則刑之輕重不可使民知也而李悝作法蕭何造律頒於天下懸示兆民秦漢以來莫之能革以今觀之不可一日而無律也爲當吏不及古民僞於昔爲是聖人作法不能經遠古今之政何以異乎斯有旨矣古者分地建國作邑命家諸侯則奕世相承大夫亦子孫不絕皆知國爲我土衆實我民自有愛吝之心不生殘賊之意故得設法以待刑臨事而議罪不須豫以告民自令常懷怖懼故仲尼叔向所以譏其鑄刑書也秦漢以來天下爲一長吏以時遷代其民非復己有懦弱則爲殿負彊猛則爲稱職且疆域闊遠戶口滋多大郡竟餘千里上縣數以萬計豪橫者陵蹈邦邑桀健者雄張閭里故漢世酷吏專任刑誅或乃肆情好殺成其不橈之威逞衆用已以表難測之知至有積骸滿穽流血丹野郅都被蒼鷹之號延年受屠伯之名若復信其殺伐任其縱舍必將喜怒變常愛憎改竟不得不作法以齊之宣衆以令之所犯當條則斷之以律疑不能決則讞之上府故得萬民以察天下以治聖人制法非不善也古不可施於今今人所作非能聖也足以周於用所觀民設教遭時制宜謂此道也其此之謂乎。復書曰。若吾子之言。復報也〔疏〕若吾子之言○正義曰若如也誠如吾子之言也僑不才。不能及子孫。吾以救世也。既不承命。敢忘大惠。以見箴戒爲惠〔疏〕吾以救世也○正義曰當時鄭國大夫邑長蓋有斷獄不平輕重失中故作此書以令之所以救當世士文伯曰。火見。鄭其火乎。火心星也周五月昏見火未出而作火。以鑄刑器。刑器鼎也藏爭辟焉。火如象之。不火何爲。象類也同氣相求火未出而用火相感而致災〔疏〕注象類至致災○正義曰作刑書以示民教民使爭罪故謂之爭辟火出而象之象類也謂以類相感而致災也同氣相求易文言文也周禮司爟云季春出火民咸從之季秋內火民亦如之鄭玄云火所以用陶冶民隨國而爲之是火星未出不得用火今鄭火未出而用火以鑄鼎及火星出則相感以致災服虔云鑄鼎藏爭辟故今出火與五行之火爭明故爲災在器故稱藏也夏季孫宿如晉。拜莒田也。謝前年受牟夷邑不見討晉侯享之。有加籩。籩豆之數多於常禮武子退。使行人告曰。小國之事大國也。苟免於討。不敢求貺。貺賜也得貺不過三獻。周禮大夫三獻〔疏〕注周禮大夫三獻○正義曰周禮卿五獻大夫三獻故鄭注掌客爵卿也饔餼五牢爵大夫也饔餼三牢獻視饔餼之數故言大夫三獻也若依古禮大小國之卿皆五獻大夫三獻故聘禮侯伯之卿出聘饔餼五牢獻同饔餼之數至春秋之時唯大國得從古禮故昭元年鄭人享趙孟注云朝聘之制大國之卿五獻其次國以下卿則從大夫之禮故今武子云得貺不過三獻周禮無此文大行人云上公九獻侯伯七獻子男五獻獻各如其命數典命云公侯伯之卿皆三命知其當三獻也大夫卿之揔名故注云三獻也今豆有加。下臣弗堪。無乃戾也。懼以不堪爲罪〔疏〕今豆有加○正義曰上言加籩此言豆者籩豆並加互舉其一也韓宣子曰。寡君以爲驩也。以加禮致驩對曰。寡君猶未敢。未敢當此加也〔疏〕寡君猶未敢○正義曰魯侯爵禮當七獻上文唯言享有加籩止知加於常禮不知幾獻籩豆未必過七獻也言寡君猶未敢當此者謙耳況下臣。君之隸也。敢聞加貺。固請徹加。而後卒事。晉人以爲知禮。重其好貨。宴好之貨○宋寺人柳有寵。有寵於平公○寺本又作侍柳良九反寺人名大子佐惡之。華合比曰。我殺之。欲以求媚大子○惡烏路反柳聞之。乃坎用牲埋書。詐爲盟處○處昌慮反下同而告公曰。合比將納亡人之族。亡人華臣也襄十七年奔衞既盟于北郭矣。公使視之有焉。遂逐華合比。合比奔衞。於是華亥欲代右師。亥合比弟欲得合比處乃與寺人柳比。從爲之徵曰。聞之久矣。聞合比欲納華臣○柳比毗志反公使代之。代合比爲右師見於左師。左師向戌○見賢遍反又如字左師曰。女夫也必亡。夫謂華亥○女音汝下并注同夫方于反注同女喪而宗室。於人何有。人亦於女何有。言人亦不能愛女○喪息浪反詩曰。宗子維城。毋俾城壞。毋獨斯畏。詩大雅言宗子之固若城俾使也○俾必爾反〔疏〕詩曰至斯畏○正義曰大雅板之篇凡伯刺厲王之詩也言宗子之固惟若城也即謂宗子爲城言宗人當固之毋使此城傾壞傾壞則女獨矣女既獨此必有所畏懼也女其畏哉。爲二十年華亥出奔傳○六月丙戌。鄭災。終士文伯之言○楚公子棄疾如晉。報韓子也。報前年送女過鄭。鄭罕虎公孫僑游吉。從鄭伯以勞諸柤。辭不敢見。不敢當國君之勞柤鄭地○過地卧反又古禾反從才用反或如字勞力報反注及下同柤側加反見賢遍反下見王注見鄭伯如見楚王私見鄭伯同固

請見之。見如見王。見鄭伯如見楚王，言弃疾共而有禮。〔疏〕注共而有禮。正義曰：見如見王是共也，解不敢見是禮也。以其乘馬八匹私面。私見鄭伯。○乘，繩證反。見子皮如上卿，如見楚卿。以馬六匹。見子產以馬四匹。見子大叔以馬二匹。降殺以兩。○殺，所界反。禁芻牧採樵。不入田。不犯田種。○芻，初俱反。樵，似遙反，下同。不樵樹。不采蓺。蓺，種也。〔疏〕不樵樹，不采蓺。○正義曰：不樵樹，不伐樹以爲樵；不采蓺，不采所種之菜果。不抽屋。不強匄。誓曰：有犯命者，君子廢，小人降。君子則廢黜不得居位，小人則退給下劇也。○抽，敕留反。強，其丈反，又其良反。匄，本或作丐，音蓋，乞也。說文作匄，逯安說：亡人爲匄。黜，敕律反。〔疏〕不抽屋，不強匄。○正義曰：服虔云：抽，裂也。言不毀裂所舍之屋也。匄，乞也，不就人強乞也。舍不爲暴。主不慁賓。慁，患也。○慁，戶困反。往來如是。鄭三卿皆知其將爲王也。三卿：罕虎、公孫僑、游吉。韓宣子之適楚也，楚人弗逆。公子棄疾及晉竟，晉侯將亦弗逆。叔向曰：楚辟我衷，辟，邪也。衷，正也。○竟音境，下注同。辟，匹亦反，注及下同。衷音忠。邪，似嗟反。若何效辟？詩曰：爾之教矣，民胥效矣。詩小雅。言上教下效。○效，戶孝反，下同。從我而已，焉用效人之辟？書曰：聖作則。逸書。則，法也。○焉，於虔反。無寧以善人爲則，無寧，寧也。而則人之辟乎？匹夫爲善，民猶則之，況國君乎？晉侯說，乃逆之。傳言叔向知禮。○說音悅。秋九月，大雩，旱也。徐儀楚聘于楚。儀楚，徐大夫。楚子執之。逃歸。懼其叛也，使薳洩伐徐。薳洩，楚大夫。○洩，息列反。吳人救之。令尹子蕩帥師伐吳，師于豫章，而次于乾谿。乾谿在譙國城父縣南，楚東竟。○谿，苦兮反。父音甫。吳人敗其師於房鍾，房鍾，吳地。獲宮廄尹棄疾。鬬韋龜之父。○廄，九又反。子蕩歸罪於薳洩而殺之。歸罪於薳洩，不以敗告，故不書。○冬，叔弓如楚聘，且弔敗也。弔爲吳所敗。〔疏〕且弔敗也。○正義曰：如上注不以敗告，故不書，而得弔敗者，本自爲聘，聞敗因弔之，故言且也。○十一月，齊侯如晉，請伐北燕也。告盟主。士匄相士鞅逆諸河，禮也。士匄，晉大夫。相爲介。得敬逆來者之禮。○匄，古害反，本或作丐。相，息亮反，注同。士鞅，於丈反。今傳本皆作士匄相士鞅。古本士匄或作王正。董遇、王肅本同。學者皆以士匄是范宣子，即士鞅之父，不應取其父同姓名人以爲介，今傳本誤也。依王正爲是。王元規云：古人質，口不言之耳，何妨爲介也。案：士文伯是士鞅之族，亦名匄，無妨今相范鞅即文伯也。然士文伯名，古本或有作正者，解見前卷襄三十一年。介音界。〔疏〕士匄相士鞅。○正義曰：世族譜以王正爲雜人，諸本及王肅、董遇注皆作王正，俗本或誤爲士匄，此人不當與士鞅之父同姓名而爲之介也。晉侯許之。十二月，齊侯遂伐北燕，將納簡公。簡公，北燕伯，三年出奔齊。晏子曰：不入。燕有君矣，民不貳。吾君賄，左右諂諛，作大事不以信，未嘗可也。爲明年暨齊平傳。○諂，敕檢反。諛，羊朱反。

春秋左傳注疏卷四十三校勘記　阮元撰盧宣旬摘錄

附釋音春秋左傳注疏卷第四十三　昭五年盡六年

經五年

蔡侯　淳熙本蔡誤祭

傳五年

舍中軍卑公室也　宋本以下正義二十節摠入吾子亞卿也節注下

此則唯舍中軍之衆　宋本之上有分中軍三字

傳稱孟子孺泄帥右師　宋本子孺作孺子是也

季孫不欲親其議　纂圖本毛本欲誤用

勑二家會諸大夫　宋本毛本勑作敕

孟氏取其半焉及其舍之也四分公室　石經氏字起一行計十一字

民皆分屬三家　毛本民字空缺

天率半屬於公半屬於已　閩本監本毛本亦脫於公半屬四字據宋本補

以書使杜洩告於殯　纂圖本毛本於改于

投擲也　宋本淳熙本足利本也作地與釋文合

得以此言告季叔　補各本叔作孫案叔字誤今訂正

從生至正路　宋本閩本監本毛本作生此本誤主今改正

君爲大夫　宋本爲作於

如是三　宋本三上有者字是也

大庫之庭　閩本監本庫下有至字

梓損登大庭氏之庫　補各本損作慎案損字誤今訂正

昭子不知豎牛餓殺其父　諸本作牛此本誤半今改正淳熙本豎作賢非也

詩云　諸本作云石經初刻作曰後改正

曰是將行　石經行下後人旁增乎字非也

卒以餒死　毛本卒誤足

離爲明　宋本淳熙本岳本纂圖本明作日是也

自王已下　毛本已作以

日昳爲臺　補釋文校勘記昳由結反北宋本葉抄本昳作跌由作田按皆是也古書日昳字皆作跌田結反後人始造昳字以改古書

闕不在第　諸本作闕此本誤闕今改正

乃復具釋爻辭云　宋本重爻辭二字

故曰其爲○後　宋本○作子不誤閩本監本毛本脫子字

從王至臺十等之日　閩本監本目誤日

日未出而又畢　宋本畢下有退字是也

故曰其當旦也　補鏜正誤也作乎

故各取象爲義　宋本義下有也字

明之未融　宋本淳熙本岳本纂圖本足利本之作而與石經合

當三在旦　石經初刻三在誤倒後改正

故轉於純離之卦求牛象也　閩本監本毛本轉作傳非宋本無也字

楚子以屈伸爲貳於吳　石經宋本淳熙本岳本足利本伸作申

鄭伯勞子蕩于氾勞屈生于菟氏　淳熙本子誤于石經宋本氾作汜岳本閩本作氾是也毛本二于字並改於

子產相鄭伯　淳熙本產誤陸

注往有至贈賄　宋本以下正義三節摠入言善於禮節注下

及聘事皆畢乃云　監本毛本云作去

主國使下大夫勞于畿　閩本監本毛本于作王非也

晉侯謂女叔齊曰　諸本作晉纂圖本毛本誤齊

有子家羈　公羊穀梁羈作駒漢書五行志同

謂往年莒亂而取鄫　閩本監本毛本鄫誤鄶淳熙本作贈尤非

不知其私宋本其誤甚
公仰給食宋本仰下有他字
奉吾至二國宋本以下正義十七節揔入辭不敢見節注之下
送女雖則弗聘宋本弗作非是也
禮當勉力復行宋本復作履是也
故云思故也宋本閩本監本毛本故作終是也
行必得理閩本監本毛本理作禮是也
吾亦得志矣毛本亦誤以
薳啓彊曰纂圖本閩本監本毛本彊作疆非也
朝聘有珪惠棟云說文珪古文圭
考功記玉人云浦鏜正誤功作工是也重脩監本玉誤王
所以時舉享后者宋本監本毛本時作特是也
即大行人三饗三食三宴之類是也宋本閩本監本毛本作三饗此本誤作二饗今改正
天子巡守曰巡功諸本作守宋本作狩
設机而不倚閩本監本机作機誤案賈氏儀禮燕禮疏引作几
曰幾中而後禮成宋本監本毛本曰作日是也
以貨財爲恩好宋本閩本監本毛本作財此本誤才今改正
牲臛膷臐膮也宋本作牲臛膷臐膮也閩本同監本毛本臛作臃考文作膗與鄭注合下同
其一曰膷鼎牢膗也宋本監本毛本牢作牛是也膷閩本誤鄉
在羊鼎之西毛本鼎作膗非也
其一曰曉鼎宋本監本毛本曉作膮不誤
上公饔餼九牢監本牢誤牛
飪一牢監本毛本一作七是也
大行人注云浦鏜云注見掌客云大行人誤是也
去則贈之以貨賄毛本賄誤財
求諸侯而麋至李善注文選顏延年應詔讌曲水詩注引作麕至引杜注同
皆彊家也石經此處缺諸本作彊閩本監本作疆非也

見于襄二十一一年傳補兩一字誤重
楊肸石經此處刓缺宋本淳熙本楊作揚段玉裁云羊舌肸食采於楊故亦偁楊肸其子食我亦偁楊石漢書地理志河東郡楊縣應仲遠謂即楊侯國案宋本淳熙本作揚非是
韓氏七賈公彥周禮縣師疏引注七下有邑字
故以爲四家共二縣也諸本作家此本誤冢今改正
不別更稼家宋本監本毛本稼作稱是也宋本毛本別誤必
考工記宋本毛本工誤功
伯仲行矣宋本淳熙本岳本纂圖本監本毛本仲作中案作中者是
失婚姻之親宋本婚作昏
娶於子尾氏顧炎武云石經娶誤作聚案石經娶字不誤
會於夏汭石經此處缺纂圖本監本毛本於作于非也
越大夫常壽過帥師會楚子于瑣諸本作于釋文作於
盧江舒縣有鵲尾渚纂圖本閩本監本毛本盧誤盧
君若驩焉顧炎武云石經若誤苦案石經不誤
滋敝邑休殆石經宋本淳熙本岳本纂圖本監本毛本殆作怠
今君王覺鼓宋本以下正義四節揔入注文善有備之下
薳射帥繁揚之師淳熙本揚作楊石經作陽與襄四年傳合

經六年

傳六年

則不書於經閩本監本毛本脫則字
鑄刑書於鼎宋本以下正義二十一節揔入藏爭辟焉節注下
趙歎宋本閩本監本毛本歎作歎不誤○今訂正
語遺也宋本淳熙本岳本纂圖本監本毛本語作詒不誤○今訂正
掌五刑之法宋本閩本監本毛本作五此本誤王今改正
則罪五百閩本監本毛本則作剕宋本作刖與周禮合
令鄭鑄之於鼎宋本監本毛本令誤今
是故閑之以義漢書刑法志引作以誼案誼義古今字
曰衛之使合於事宜者也宋本曰作防無者字

聳之以行諸本作聳漢書刑法志引作雙晉灼曰古竦字
涖之以彊閩本監本毛本彊作疆漢書刑法志引涖作莅與釋文同
喪服四制云諸本作云此本誤三今訂正
上公王也惠棟云公王當作公侯正義曰更求聖哲王公之上制然則公王乃王公之誤倒
動鼎以示之宋本監本毛本動作勸是也
而徼幸以成之釋文徼作儌云本又作邀監本幸作幸非也
因危文以生爭諸本作文此本誤又今改正
緣徼倖以成其巧僞淳熙本岳本纂圖本閩本監本倖作幸
周之衰亦爲刑書監本爲誤謂毛本謂下增之字尤非
議事制罪宋本議上重始盛之世四字是也
作書於衰亂之時宋本時下有也字
勸於鼎宋本監本毛本勸作勸不誤
言其所制閩本監本毛本脫制字
爲天下所信宋本淳熙本岳本監本毛本信下有孚信也三字纂圖本孚上衍釋字
賄賂並行漢書刑法志引作貨賂並行
其民非復已有宋本已作己下用己同
愛憎改竟宋本閩本監本毛本竟作意
所觀民設教宋本所下有謂字是也
若吾子之言足利本脫吾字
以見箴戒爲惠諸本作箴釋文作鍼
所以救當世宋本世下有也字
火心星也岳本脫也字
火未出而作火案禮記郊特牲正義引作用火
火如象之漢書五行志引作火而象之古如而字通用
注周禮大夫三獻宋本以下正義三節揔入況下臣節注下
則從大夫之禮宋本從下有大國二字
故今武子云諸本作今此本誤令今改正
獻各如其命數閩本監本毛本脫獻字

故注云三獻也　毛本獻作卿非也

寡君以爲驩也　惠棟云左傳權字皆作驩此古文之異者高誘注戰國策云權猶合也

以加禮致驩　宋本淳熙本岳本纂圖本足利本驩下有心字

亡知加於常禮　閩本監本毛本亡作巳宋本作止是也

欲以求媚大子　淳熙本求誤束監本毛本大作太非也

襄十七年奔衞　宋本淳熙本岳本纂圖本閩本監本毛本作衞陳樹華校作陳是也

宗子維城　石經此處缺宋本維作惟

俾使此　宋本淳熙本岳本纂圖本閩本監本毛本此作也是也

詩曰至斯畏　宋本此節正義在女其畏也之下

不敢當國君之勞　淳熙本脫君字

共而有禮　宋本以下正義三節揔入而則人之辟乎節注下

禁芻牧採樵不入田　宋本採作采與釋文合

不采埶　宋本淳熙本岳本埶作蓺注同石經作藝

遊吉　宋本淳熙本岳本纂圖本閩本監本毛本遊作游

楚辟我衷　釋文辟作僻注及下效辟亦皆作僻

而則人之辟乎　石經辟字改刊

徐儀楚聘于楚　案說文作徐鄦楚云鄦臨淮徐地

使薳洩伐徐　諸本作洩釋文作泄是也

士匄相士鞅逆諸河　釋文云今傳本皆作士匄古本或作王正董遇王肅本亦作王正陸德明孔穎達皆以王正爲是穎達以釋例作王正爲證然則杜注當本是王正晉大夫也

士匄相士鞅　宋本此節正義在未嘗可也句注下

此人不當與士鞅之父同姓名而爲之介也　監本毛本與誤取

左右謟諛　石經此處缺宋本纂圖本監本毛本謟作諂是也釋文同

春秋左傳注疏卷四十三校勘記止

附釋音春秋左傳注疏卷第四十四　昭七年盡八年

杜氏注　孔穎達疏

經七年。春。王正月。暨齊平。暨與也燕與齊平前年冬齊伐燕間無異事故不重言燕從可知○暨其器反傳同重直用反【疏】注暨與至可知○正義曰暨與釋詁文也此直言暨齊平不知誰與齊平穀梁傳云以外及內曰暨謂此爲魯與齊平賈逵何休亦以爲魯與齊平許惠卿以爲燕與齊平服虔云襄二十四年仲孫羯侵齊二十五年崔杼伐我自爾以來齊魯不相侵伐且齊是大國無爲求與魯平此六年冬齊侯伐北燕將納簡公齊侯貪賄而與之平故傳言齊求之也齊次于虢燕人行成其文相比許君近之案經例即燕與齊平當書燕魯與諸侯平皆言暨下三月公如楚叔孫婼如齊涖盟公不在國故齊無來者據經言之賈君爲得杜則從許說也故兩載其說意從賈解其所疑云前年冬齊伐燕文接此春間無異事故不云燕省文也又此年稱齊暨燕平之月傳所舉經文知此是燕與齊平也釋例曰昭六年冬齊侯伐北燕七年春而平冬春相接間無異事省文故不重言燕猶桓五年冬州公如曹六年春因書寔來也傳以其不分明故起見齊燕平之月以正之也○三月。公如楚。○叔孫婼如齊涖盟。無傳公將遠適楚故叔孫如齊尋舊好○婼敕略反徐又音釋好呼報反【疏】注公將至舊好○正義曰魯與齊鄰公遠適楚慮其或來侵伐遣使與之盟尋舊好也案經婼之如齊在公如楚下杜言將適楚者叔孫婼非公命則不得去書經明是公未發時命之公發後始去杜言將見此意夏。四月。甲辰。朔。日有食之。○秋。八月。戊辰。衞侯惡卒。元年大夫盟于虢【疏】衞侯惡卒○正義曰穀梁傳曰鄉曰衞齊惡今日衞侯惡此何爲君臣同名也君子不奪人名不奪人親之所名重其所以來也王父名子也注云不奪人名明臣雖欲改君不當聽也君不聽臣易名者欲使人重父命也父受名于王父王父卒則稱王父之命名之曲禮云卒哭乃諱鄭玄云敬鬼神之名也生者不相辟名衞侯名惡大夫有石惡君臣同名春秋不非謂此事也然則此君卒哭之後臣當辟其諱曲禮云君子已孤不更名當舍名而稱字○注元年大夫盟于虢○正義曰虢會不盟而言盟者令尹圍請讀舊書加于牲上雖不爲載書亦以名告神與盟同也○九月。公至自楚。○冬。十有一月。癸未。季孫宿卒。○十有二月。癸亥。葬衞襄公。

傳七年。春。王正月。暨齊平。齊求之也。齊伐燕燕人賂之反從求平如晏子言【疏】齊求之也○正義曰傳云齊求之自言其平之意下云盟于濡上是其平之事也下言齊侯次于虢燕人行成則是燕先發意而言齊求之者齊若志在伐燕不當在竟久次久次而不行即是求之之狀也燕必知其意乃成耳癸巳。齊侯次于虢。虢燕竟○虢瓜百反竟音境燕人行成。曰。敝邑知罪。敢不聽命。先君之敝器。請以謝罪。敝器瑤甕玉櫝之屬○瑤音遙甕烏送反徐於容反櫝徒木反公孫晳曰。受服而退。俟釁而動。可也。晳齊大夫○晳星歷反徐思益反釁許覲反二月。戊午。盟于濡上。濡水出高陽縣東北至河間鄚縣入易水○濡徐音須說文女于反一音而又反又而于反鄚音莫本又作莫【疏】注濡水至易水○正義曰今案高陽無此水也水源皆出於山其出平地皆是山中平地燕趙之界無泉出者未知杜言何所案據燕人歸燕姬。嫁女與齊侯賂以瑤甕玉櫝斝耳。不克而還。瑤玉也櫝匱也斝耳玉爵○斝古雅反一音嫁禮記夏曰醆殷曰斝周曰爵說文斝從斗匱其位反【疏】注瑤玉至玉爵○正義曰孔安國尚書傳云瑤美石此云瑤甕玉櫝與玉別文亦似非玉杜以瑤爲玉者詩毛傳云瓊瑤美玉則瑤之爲物在玉石之間與玉小別故或以爲石或以爲玉瓊是玉之美名詩以瓊瑤爲玉故毛言美玉耳周禮醢人王舉則共醢六十甕以齊醢菹醓實之則甕是小器當以瓦爲之以瑤爲甕故爲寶也論語云龜玉毀於櫝中是櫝爲盛物之匱也明堂位云爵夏后氏以琖殷以斝周以爵鄭玄云斝畫禾稼也斝是爵名文承玉櫝之下明亦以玉爲之言耳者蓋此器旁有耳若今之杯故名耳楚子之爲令尹也。爲王旌以田。析羽爲旌王旌游至於軫○旌音旌析星歷反游音留軫之忍反【疏】注析羽至於軫○正義曰析羽爲旌周禮司常文也鄭玄云析羽皆五采繫之於旞旌之上所謂注旄於干首也凡九旗之帛皆用絳然則干首有羽羽爲旌名遂以旌爲旗稱其垂至軫者謂游至軫非羽至軫也禮緯稽命徵云禮天子旗九刃曳地諸侯七刃齊軫大夫五刃齊較士三刃齊首周禮節服氏衮冕六人維王之大常鄭玄云王旌十二旒兩兩以縷綴連旁三人持之禮天子旌曳地杜以楚雖僭號稱王未必即如天子不應建大常旌曳地故以諸侯解之言王旌游至於軫謂楚王旌也蓋建交龍之旗而游至軫耳然諸侯之旌短於王旌二刃大夫之旌亦短於諸侯之旌二刃案周禮軫去地四尺較去軫並五尺五寸而禮緯云諸侯齊軫大夫齊較於事爲疑不可知也芋尹無宇斷之。曰。一國兩君。其誰堪之。及即位。爲章華之宮。納亡人以實之。章華南郡華容縣○芋于付反斷音短【疏】芋尹○正義曰芋是草名哀十七年陳有芋尹蓋皆以草名官不知其故無宇之閽入焉。有罪亡入章華宮無宇執之。有司弗與。王有司也曰。執人於王宮。其罪大矣。執而謁諸王。執無宇也王將飲酒。適其歡也無宇辭曰。天子經略。經營天下畧有四海故曰經畧諸侯正封。封疆有定分○疆居良反下同分扶問反【疏】天子至正封○正義曰莊二十一年注云畧界也則此畧亦爲界也經營天下以四海爲界界內皆爲己有故言畧有四海謂有四海之內也天子界內天子自經營之故言經畧也諸侯封內受之天子非己自營故言正封謂不侵人不與人正之使有定分古之制也。封畧之內。何非君土。食土之毛。誰非君臣。毛草也故詩曰。普天之下。莫非王土。率土

之濱，莫非王臣。詩小雅。濱，涯也。○普，本或作溥，音同。毛傳云：大也。濱音賓。涯，五佳反。〔疏〕詩曰至王臣。○正義曰：北山，大夫刺幽王也。役使不均，云溥天之下云云。鄭箋云：此言王之土地廣矣，王之臣又衆矣，何求而不得，何使而不行。率土之濱者，地之形勢，水多於土，民居水畔，故云循土之涯也。天有十日，甲至癸。人有十等。王至臺。下所以事上，上所以共神也。故王臣公，公臣大夫，大夫臣士，士臣皁，皁臣輿，輿臣隸，隸臣僚，僚臣僕，僕臣臺。馬有圉，牛有牧。養馬曰圉，養牛曰牧。○共音恭。圉，魚呂反。〔疏〕王臣至臣臺。○正義曰：文十八年傳云：舜臣堯者，謂舜爲臣以事堯也。此云王臣公者，謂上以下爲臣，文同而意異也。公者，五等諸侯之揔名。環齊要略云：自營爲厶，八厶爲公，言正無私也。大夫者之言扶也，大能扶成人也。士者，事也，言能理庶事也。服虔云：皁，造也，造成事也。輿，衆也，佐皁舉衆事也。隸，隸屬於吏也。僚，勞也，共勞事也。僕，僕豎，主藏者也。臺，給臺下微名也。此皆以意言之，循名求義，不必得本，故杜皆略而不說。以待百事。今有司曰：女胡執人於王宮？將焉執之？周文王之法曰：有亡荒閱。荒，大也。閱，蒐也。有亡人當大蒐其衆。○女音汝。焉，於虔反。閱音悅。蒐，所由反。所以得天下也。吾先君文王作僕區之法，楚文王。僕區，刑書名。○僕區，烏侯反，徐如字。服云：僕，隱也；區，匿也。爲隱匿亡人之法也。〔疏〕注僕區刑書名。○正義曰：引其言戒刑法，知是刑書名也。名曰僕區，未知其義。服虔云：僕，隱也；區，匿也。爲隱匿亡人之法也。曰：盜所隱器，隱盜所得器。與盜同罪。所以封汝也。行善法，故能啓疆北至汝水。〔疏〕注行善至汝水。○正義曰：文王之法，所以得天下，言行善法所以得爲天子也。僕區之法，所以封汝，言去盜賊所以大啓封疆也。哀十七年傳曰：彭仲爽，申俘也，文王以爲令尹，實縣申息，朝陳蔡，封畛於汝。是文王啓疆至汝水。若從有司，是無所執逃臣也。逃而舍之，是無陪臺也。言皆將逃。王事無乃闕乎？昔武王數紂之罪，以告諸侯曰：紂爲天下逋逃主，萃淵藪。萃，集也。天下逋逃悉以紂爲淵藪澤而歸之。○數，色具反，又色主反。逋，布吳反。萃，在醉反。藪，素口反。〔疏〕昔武至淵藪。○正義曰：此在尚書武成篇也。武王既克殷，歸至于豐，乃陳伐紂之事告於諸侯，言將伐之時，以商之罪告于皇天后土所過名山大川曰：今商王受無道，暴殄天物，害虐烝民，爲天下逋逃主，萃淵藪。是言天下罪人逋逃者以紂爲主，集而歸之，如魚入深淵，獸奔藪澤也。故夫致死焉。人欲致死討紂。○夫音扶，又方于反。君王始求諸侯而則紂，無乃不可乎？若以二文之法取之，盜有所在矣。言王亦爲盜。王曰：取而臣以往。往，去之。盜有寵，未可得也。盜有寵，王自謂。

爲葬靈王張本。遂赦之。赦無宇。○楚子成章華之臺，願以諸侯落之。宮室始成，祭之爲落。臺今在華容城內。〔疏〕注宮室至城內。○正義曰：雜記云：成廟則釁之，路寢成則考之而不釁。釁屋者，交神明之道也。鄭玄云：言露寢生人所居，不釁者，不神之也。考之者，設盛食以落之爾。檀弓曰：晉獻文子成室，諸大夫發焉，是也。然則不釁似無祭，而杜言宮室始成祭之爲落者，以其言落，必是以酒澆落之。雖不如廟以血塗其上，當祭中霤之神以安之。大宰薳啓彊曰：臣能得魯侯。薳啓彊來召公，辭曰：昔先君成公命我先大夫嬰齊曰：吾不忘先君之好，將使衡父照臨楚國，鎮撫其社稷，以輯寧爾民。嬰齊受命于蜀，蜀盟在成二年。衡父，公衡。○好，呼報反。輯音集，又七入反。奉承以來，弗敢失隕，而致諸宗祧。言奉成公此語以告宗廟。○隕，于敏反。祧，他彫反。曰：我先君共王引領北望，日月以冀，冀魯朝。○共音恭。〔疏〕日我至北望。○正義曰：日，謂往日也。嬰齊與魯盟于蜀，事在成二年，共王之初。共王卽望魯朝，故言往日我先君共王引領北望也。董遇注無日字。諡法：既過能改曰共。傳序相授，於今四王矣。四王：共、康、郟敖及靈王。○傳，直專反。郟，古洽反。嘉惠未至，唯襄公之辱臨我喪，襄公二十八年如楚臨康王喪。孤與其二三臣悼心失圖。在哀喪故。社稷之不皇，況能懷思君德？皇，暇也。言有大喪，多不暇。今君若步玉趾，辱見寡君，趾，足也。寵靈楚國，以信蜀之役，致君之嘉惠，是寡君既受貺矣，何蜀之敢望？言但欲使君來，不敢望如蜀復有質子。○復，扶又反。質音致，又如字。〔疏〕寵靈至貺矣。○正義曰：言開其恩寵，賜以威靈，以及楚國，以明受命于蜀之事，不虛致令君之嘉惠於楚，卽是寡君受貺矣。其先君鬼神實嘉賴之，豈唯寡君？君若不來，使臣請問行期。問魯見伐之期。○使，所吏反。寡君將承質幣而見于蜀，以請先君之貺。請問也。○質音致，徐之二反，又如字。見，賢遍反。公將往，夢襄公祖。祖，祭道神。〔疏〕注祖祭道神。○正義曰：詩云韓侯出祖，仲山甫出祖，是出行必爲祖也。曾子問曰：諸侯適天子與諸侯相見，皆云道而出。是祖與道爲一，知祖是祭道神也。周禮大馭掌馭玉路以祀及犯軷，王自左馭，馭下祝，登受轡，犯軷遂驅之。鄭玄云：行山曰軷，犯之者，封土爲山象，以菩芻棘柏爲神主，既祭，以車轢之而去，喻無險難也。又聘禮記云：出祖釋軷，祭酒脯，乃飲酒于其側。鄭玄云：祖，始也，行出國門，止陳車騎，釋酒脯之奠於軷，爲行始也。詩傳曰：軷，道祭也。謂祭道路之神。春秋傳曰：軷涉山川。然則軷，山行之名也。道路以險阻爲難，是以委土爲山，或伏

牲其上，使者爲軷祭，酒脯祈告也。卿大夫處者於是餞之，飲酒於其側。禮畢，乘車轢之而遂行，是謂祖軷之事也。詩云取羝以軷，謂諸侯也。天子則以犬，故犬人云伏瘞亦如之。鄭司農云：伏，謂伏犬，以王車轢之，是也。大夫用酒脯。梓愼曰：君不果行。襄公之適楚也，夢周公祖而行。今襄公實祖，君其不行。子服惠伯曰：行。先君未嘗適楚，故周公祖以道之；襄公適楚矣，而祖以道君。不行，何之？三月，公如楚，鄭伯勞于師之梁。鄭城門。○道之，音導，下同。勞，力報反，下同。孟僖子爲介，不能相儀，僖子，仲孫貜。○介音界。相，息亮反。貜，俱縛反，又俱碧反。及楚，不能荅郊勞。爲下僖子病不能相禮張本。○夏四月甲辰朔，日有食之。晉侯問於士文伯曰：誰將當日食？對曰：魯衛惡之。受其凶惡。○惡之，如字，或烏路反，非也。衛大魯小。公曰：何故？對曰：去衛地，如魯地。衛地豕韋也，魯地降婁也。日食於豕韋之末，及降婁之始乃息，故禍在衛大，在魯小也。周四月，今二月，故日在降婁。○降，戶江反，下同。〔疏〕注衛地至降婁。○正義曰：周禮保章氏以星土辨九州之地所封，封域皆有分星，是在地封域必當天星之分，但古書亡失。鄭注保章氏引堪輿云：寅，析木，燕也。卯，大火，宋也。辰，壽星，鄭也。巳，鶉尾，楚也。午，鶉火，周也。未，鶉首，秦也。申，實沈，晉也。酉，大梁，趙也。戌，降婁，魯也。亥，娵訾，衛也。子，玄枵，齊也。丑，星紀，吳越也。秦漢以來，地分天次，娵訾衛也，降婁魯也。娵訾之次，一名豕韋，故云衛地豕韋也。三統麻：娵訾初，日在危十六度，立春節在營室十四度，雨水中終於奎四度也。降婁初，日在奎五度，驚蟄節在婁四度，春分中終於胃六度也。此時周四月，今二月，故日在降婁，但闇有前卻，不知日在何度而食也。言去衛地如魯地，蓋始入降婁之初耳。於是有災，魯實受之。災發於衛，而魯受其餘禍。其大咎其衛君乎！魯將上卿。八月衛侯卒，十一月季孫宿卒。○咎，其九反。公曰：詩所謂彼日而食，于何不臧者，何也？感日食而問詩。〔疏〕詩所至不臧。○正義曰：十月之交，大夫刺幽王也。十月之交，朔月辛卯，日有食之，亦孔之醜。注云：日爲君，辰爲臣，辛金也，卯木也，又以卯侵辛，故甚惡也。又云：彼月而食，則爲其常，此日而食，于何不臧。詩作此，此云彼者，師讀不同也。對曰：不善政之謂也。國無政，不用善，則自取謫于日月之災。謫，譴也。○謫，直革反。譴，遣戰反。〔疏〕對曰至之災。○正義曰：士文伯緣公之問，設勸戒之辭，言人君爲政不善，可以感動上天，則自取譴責於日月之災，以日食之災由君行之所致也。昏義云：天子聽男教，后聽女順，天子治陽道，后治陰德，是故男教不修，陽事不得，適見於天，日爲之食；婦順不脩，陰教不得，適見於天，月爲之食。此傳彼記皆是勸戒辭耳。日月之會，自有常數，每於一百七十三日有餘則日月之道一交，交則日月必食，雖千歲之日食，豫筭

而盡知寧復由教不脩而政不善也此時周室微弱王政不行非復能動天也設有天變當與天下爲災何獨衞君魯卿當其名也若日食在其分次其國卽當有咎則每於日食必有君死豈日食之歲常有一君死乎足明士文伯言衞君魯卿之死不由日食而知矣人君者位貴居尊志移心溢或滔慾恣情慾壞亂天下聖人假之神靈作爲鑒戒夫以昭大明照臨下土忽爾殲亡俾晝作夜其爲怪異莫斯之甚故鳴之以鼓柝射之以弓矢庶人奔走以相從嗇夫馳騶以告衆降物辟寢以哀之祝幣史辭以禮之立貶食去樂之數制入門廢朝之典示之以罪己之宜教之脩德之法所以重天變警人君也天道深遠有時而驗或亦人之禍釁偶與相逢故聖人得因其變常假爲勸戒知達之士識先聖之幽情中下之主信妖祥以自懼但神道可以助教不可專以爲教神之則惑衆去之則害宜故其言若有若無其事若信若不信期於大通而已世之學者宜知其趣焉

故政不可不愼也。務三而已。一曰擇人。擇賢人二曰因民。因民所利而利之三曰從時。順四時之所務

○晉人來治杞田。前汝叔侯不盡歸今公適楚晉人恨故復來治杞田○復扶又反下復伐同〔疏〕注前汝至杞田○正義曰下云君之在楚於晉罪也知晉人以此故復來治杞田也宋之盟云晉楚之從交相見今復恨者以此時不免楚意爲此盟耳私心不欲諸侯向楚又無辭可以禁之故內懷恨而治其田

季孫將以成與之。成孟氏邑本杞田謝息爲孟孫守。不可。謝息僖子家臣○爲于僞反注及下爲杞同守手又反下守臣同曰。人有言曰。雖有挈缾之知。守不假器。禮也。挈缾汲者喻小知爲人守器猶知不以借人○挈若結反缾蒲丁反之知音智注小知同汲音急借子夜反夫子從君。而守臣喪邑。夫子謂孟僖子從公如楚○喪息浪反雖吾子亦有猜焉。言季孫亦將疑我不忠○猜七才反季孫曰。君之在楚。於晉罪也。言晉罪君之至楚又不聽晉。魯罪重矣。晉師必至。吾無以待之。不如與之。間晉而取諸杞。候晉間隙可復伐杞取之○間如字注同吾與子桃。魯國卞縣東南有桃虛○虛起居反成反。誰敢有之。是得二成也。魯無憂而孟孫益邑。子何病焉。辭以無山。與之萊柞。萊柞二山○萊音來柞子洛反又音昨乃遷于桃。謝息遷也晉人爲杞取成。不書非公命

○楚子享公于新臺。章華臺也使長鬣者相。鬣鬚也欲光夸魯侯○鬣力輒反相息亮反鬚音須夸苦華反〔疏〕使長鬣者相○正義曰吳楚之人少鬚故選長鬣者相禮也好以大屈。宴好之賜大屈弓名○好呼報反注同屈居勿反大屈弓名服同又云大曲也賈云寶金可以爲劒出大屈也〔疏〕注大屈弓名○正義曰賈逵云大屈寶金可以爲劒大屈金所生地名服虔云一曰大屈弓名魯連書曰楚子享魯侯於章華之臺與大曲之弓既而悔之薳啓疆見魯侯魯侯歸之大屈卽大曲也

既而悔之。薳啓彊聞之。見公。公語之。拜賀。公曰。何賀。對曰。齊與晉越。欲此久矣。寡君無適與也。而傳諸君。君其備禦三鄰。言齊晉越將伐魯而取之○見賢遍反語魚據反適丁歷反傳直專反愼守寶矣。敢不賀乎。公懼。乃反之。傳言楚靈不信所以不終

○鄭子產聘于晉。晉侯疾。韓宣子逆客。私焉。私語曰。寡君寢疾。於今三月矣。並走羣望。晉所望祀山川皆走往所禱○禱丁老反又丁報反有加而無瘳。今夢黃熊入于寢門。其何厲鬼也。對曰。以君之明。子爲大政。其何厲之有。昔堯殛鯀于羽山。羽山在東海祝其縣西南○瘳敕留反黃熊音雄獸名亦作能如字一音奴來反三足鼈也解者云獸非入水之物故是鼈也一曰既爲神何妨是獸案說文及字林皆云能熊屬足似鹿然則能既熊屬又爲鼈類今本作能者勝也東海人祭禹廟不用熊白及鼈爲膳斯豈鯀化爲二物乎殛紀力反誅也本又作極音義同鯀古本反下注同〔疏〕今夢至寢門○正義曰諸本皆作熊字賈逵云熊獸也說文云熊獸似豕山居冬蟄釋獸云羆如熊黃白文孫炎曰書云如熊如羆則熊似羆之獸卽今之所謂熊是也釋獸又云熊虎醜其子狗李巡曰熊虎之類其子名狗則熊獸似虎非熊也又釋魚云鼈三足能樊光曰鼈皆四足今三足故記之是鼈之異狀張衡東京賦云能鼈三趾梁王云鮌之所化是能鼈也若是熊獸何以能入羽淵但以神之所化不可以常而言之若是能鼈何以得入寢門先儒既以爲獸今亦以爲熊獸是也汲冢書瑣語云晉平公夢見赤熊闚屏惡之而有疾使問子產言闚屏牆必是獸也張叔皮論云賓爵下革田鼠上騰牛哀虎變鮌化爲熊久血爲燐積灰生蠅傅玄潛通賦云聲伯忌瓊瑰而弗占兮晝言諸而暮終嬴正沈璧以祈福兮鬼告凶而命窮黃母化而黿兮鮌殛變而成熊二者所韻不同或疑張叔爲能著作郎王劭云古人讀雄與熊者皆于陵反張叔用舊音傅玄用新音張叔亦作熊也案詩無羊與正月及襄十年衞卜禦寇之繇皆以雄韻陵劭言是也

其神化爲黃熊。以入于羽淵。實爲夏郊。三代祀之。鯀禹父夏家郊祭之歷殷周二代又通在羣神之數并見祀○夏戶雅反注夏下同〔疏〕注鯀禹至見祀○正義曰祭法云夏后氏禘黃帝而郊鯀言郊祭天而以鯀配是夏家郊祭之也殷周二代自以其祖配天雖復不以鯀配郊鯀有治水之功又通在羣神之數并見祀通夏世爲三代祀之也祭法又曰夫聖王之制祀也能禦大菑則祀之能捍大患則祀之鯀鄣鴻水而殛死禹能脩鯀之功非此族也不在祀典是言鯀有大功而歷代祀之也祭法又云有虞氏禘黃帝而郊嚳祖顓頊而宗堯夏后氏亦禘黃帝而郊鯀祖顓頊而宗禹殷人禘嚳而郊冥祖契而宗湯周人禘嚳而郊稷祖文王而宗武王家語子羔問曰周人祖文王而宗武王虞夏祖宗異代者孔子曰殷周祖宗其廟可以不毀則其他所祖宗者功德不殊雖在異代亦可以無疑矣周人愛召公猶敬其樹況祖宗其功德而可以不尊奉其廟哉

晉爲盟主。其或者未之祀也乎。言周衰晉爲盟主得佐天子祀羣神〔疏〕注言周至羣神○正義曰祭法曰有天下者祭百神諸侯在其地則祭之亡其地則不祭然則鯀非晉地之神晉人不合祭之也但周室既衰晉爲盟主得佐助天子祭祀羣神故不祀鯀而鯀爲祟也晉語說此事云昔者鯀違帝命殛之于羽山化爲黃熊以入于羽淵實爲夏郊三代舉之夫鬼神之所及非其族類則紹其同位今周室少卑晉實繼之其或者未舉夏郊邪宜子以告祀夏郊董伯爲尸五日晉侯疾間是言晉當繼周得佐天子祀羣神也僖三十一年傳云相之不享於此久矣非衞之罪也杞鄫何事然則杞是夏後自當祀相衞不祀相而晉祀鯀者相無功唯子孫當祀鯀則列在祀典天子祀之故晉繼周祀鯀也

韓子祀夏郊。祀鯀〔疏〕祀夏郊○正義曰言祀夏家所郊者故注云祀鯀晉侯有間。間差也○差初賣反賜子產莒之二方鼎。方鼎莒所貢〔疏〕方鼎○正義曰服虔云鼎三足則圓四足則方

子產爲豐施歸州田於韓宣子。豐施鄭公孫段之子三年晉以州田賜段○爲于僞反下爲初言同曰。日君以夫公孫段爲能任其事。而賜之州田。今無祿早世。不獲久享君德。其子弗敢有。不敢以聞於君。私致諸子。此年正月公孫段卒○夫音扶任音壬下同宣子辭。子產曰。古人有言曰。其父析薪。其子弗克負荷。荷擔也以微薄喻貴重○析星歷反荷本亦作何河可反又音荷擔丁甘反施將懼不能任其先人之祿。其況能任大國之賜。縱吾子爲政而可。後之人若屬有疆埸之言。敝邑獲戾。恐後代宣子者將以鄭取晉邑罪鄭○若屬音燭疆居良反埸音亦而豐氏受其大討。吾子取州。是免敝邑於戾。而建置豐氏也。敢以爲請。傳言子產貞而不諒〔疏〕注傳言至不諒○正義曰貞而不諒論語文也貞正也諒信也段受晉邑卒而歸之正也知宣子欲之而言畏懼後禍是不信也

宣子受之。以告晉侯。晉侯以與宣子。宣子爲初言。病有之。初言謂與趙文子爭州田以易原縣於樂大心。樂大心宋大夫原晉邑以賜樂大心也

○鄭人相驚以伯有。曰伯有至矣。則皆走不知所往。襄三十年鄭人殺伯有言其鬼至鑄刑書之歲二月。在前年或夢伯有介而行。介甲也○介音界曰。壬子。余將殺帶也。駟帶助子皙殺伯有壬子六年三月三日明年壬寅。余又將殺段也。公孫段豐氏黨壬寅此年正月二十八日〔疏〕注公孫段豐氏黨○正義曰劉炫云段

卽豐氏當言駟氏黨字之誤以規杜氏今知非者段爲豐氏傳有明文杜既注傳無容不悉蓋後人轉寫之誤劉君雖規未必是杜之失及壬子。駟帶卒。國人益懼。齊燕平之月。此年正月壬寅。公孫段卒。國人愈懼。其明月。子產立公孫洩及良止以撫之。乃止。公孫洩子孔之子也襄十九年鄭殺子孔良止伯有子也立以爲大夫使有宗廟○洩息列反子大叔問其故。子產曰。鬼有所歸。乃不爲厲。吾爲之歸也。大叔曰。公孫洩何爲。子孔不爲厲問何爲復立洩○復扶又反子產曰。說也。爲身無義而圖說。伯有無義以妖鬼故立之恐惑民幷立洩使若自以大義存誅絕之後者以解說民心○說如字下及注同徐始鋭反【疏】子產至圖說○正義曰言立公孫洩者所以解說民心也伯有作亂而死不應立其後祀今立良止民必怪之爲伯有之身無義立後而圖謀自解說於民也解說者以子孔良霄俱被誅殺今幷立二人言若國家自以大義存誅絕之後不爲妖鬼立良止也以此解說民心從政有所反之。以取媚也。民不可使知之故治政或當反道以求媚於民○治直吏反【疏】從政至媚也○正義曰反之謂反正道也從其政事治國家者有所反於正道以取民愛也反正道者子孔誅絕於道理不合立公孫洩今既立良止恐民以鬼神爲惑故違正道兼立公孫洩以取媚於民令民不惑也段與帶之卒自當命盡而終耳未必良霄所能殺也但良霄爲厲因此恐民心不安義須止過故立祀止厲所以安下民也何休膏肓難此言孔子不語怪力亂神以鬼神爲政必惑衆故不言也今左氏以此令後世信其然廢仁義而祈福於鬼神此大亂之道也子產雖立良止以託繼絕此以鬼賞罰要不免於惑衆豈當述之以示季末鄭玄箴之曰伯有惡人也其死爲厲鬼厲者陰陽之氣相乘不和之名尚書五行傳六厲是也人死體魄則降知氣在上有尚德者附和氣而興利孟夏之月令雩祀百辟卿士有益于民者由此也爲厲者因害氣而施災故謂之厲鬼月令民多厲疾五行傳有禦六厲之禮禮天子立七祀有大厲諸侯立五祀有國厲欲以安鬼神弭其害也子產立良止使祀伯有以弭害乃禮與洪範之事也子所不語怪力亂神謂虛陳靈象於今無驗也伯有爲厲鬼著明若此而何不語乎子產固爲衆愚將惑故幷立公孫洩云從政有所反之以取媚也孔子曰民可使由之不可使知之子產達於此也不媚不信。說而後信之○說音悅不信。民不從也。及子產適晉。趙景子問焉。景子晉中軍佐趙成曰。伯有猶能爲鬼乎。子產曰。能。人生始化曰魄。魄形也○魄普白反既生魄。陽曰魂。魂陽神氣也【疏】人生至曰魂○正義曰人稟五常以生感陰陽以靈有身體之質名之曰形有噓吸之動謂之爲氣形氣合而爲用知力以此而彊故得成爲人也此將說淫厲故遠本其初人之生也始變化爲形形之靈者名之曰魄也既生魄矣魄內自有陽氣氣之神者名之曰魂也魂魄神靈之名本從形氣而有形氣既殊魂魄亦異附形之靈爲魄附氣之神爲魂也附形之靈者謂初生之時耳目心識手足運動啼呼爲聲此則魄之靈也附氣之神者謂精神性識漸有所知此則附氣之神也是魄在於前而魂在於後故云既生魄陽曰魂魂魄雖俱是性靈但魄識少而魂識多孝經說曰魄白也魂芸也白明白也芸芸動也形有體質取明白爲名氣唯噓吸取芸動爲義鄭玄祭義注云氣謂噓吸出入者也耳目之聰明爲魄是言魄附形而魂附氣也人之生也魄盛魂強及其死也形消氣滅郊特牲曰魂氣歸于天形魄歸于地以魂本附氣氣必上浮故言魂氣歸于天魄本歸形形既入土故言形魄歸于地聖王緣生事死制其祭祀存亡既異別爲作名改生之魂曰神改生之魄曰鬼祭義曰氣也者神之盛也魄也者鬼之盛也合鬼與神教之至也死必歸土此之謂鬼其氣發揚于上神之著也是故魂魄之名爲鬼神也檀弓記延陵季子之哭其子云骨肉歸復于土命也若魂氣則無不之也爾雅釋訓云鬼之爲言歸也易繫辭曰陰陽不測之謂神以骨肉必歸于土故以歸言之魂氣無所不通故以不測名之其實鬼神之本則魂魄是也劉炫云人之受生形必有氣氣形相合義無先後而此云始化曰魄陽曰魂是則先形而後氣先魄而後魂魂魄之生有先後者以形有質而氣無質尋形以知氣故先魄而後魂其實並生無先後也○注陽神氣也○正義曰以形有質故爲陰魂無形故爲陽既以化表形故以陽見氣氣爲陽知形爲陰互相見也用物精多。則魂魄強。物權勢【疏】用物至魄強○正義曰魂既附氣氣又附形形彊則氣彊形弱則氣弱魂以氣彊魄以形強若其居高官而任權勢奉養厚則魂魄強也○注物權勢○正義曰物非權勢之名而以物爲權勢者言有權勢則物備物備謂奉養之物衣食所資之揔名也是以有精爽至於神明。爽明也【疏】是以至神明○正義曰此言從微而至著耳精亦神也爽亦明也精是神之未著爽是明之未昭言權勢重用物多養此精爽至於神明也匹夫匹婦強死。其魂魄猶能馮依於人。以爲淫厲。強死不病也人謂匹夫匹婦賤身○強其丈反況良霄。我先君穆公之冑。子良之孫。子耳之子。敝邑之卿。從政三世矣。鄭雖無腆。腆厚也○冑直又反從政三世矣子良公子去疾生子耳公孫輒輒生伯有良霄三世爲鄭卿腆他典反【疏】從政三世○正義曰子良子耳良霄三世皆爲卿抑諺曰。蕞爾國。蕞小貌○蕞在最反而三世執其政柄。其用物也弘矣。其取精也多矣。其族又大。所馮厚矣。良霄魂魄所馮者貴重○柄彼命反而強死。能爲鬼。不亦宜乎。傳言子產之博敏○子皮之族。飲酒無度。相尙以奢相困以酒【疏】注相尙至以酒○正義曰相尙以奢食無度也相困以酒飲無度也故馬師氏與子皮氏有惡。馬師氏公孫鉏之子罕朔也襄三十年馬師頡出奔公孫鉏代之爲馬師與子皮俱同一族○鉏仕居反頡戶結反齊師還自燕之月。在此年二月罕朔殺罕魋。魋子皮弟○魋徒回反【疏】罕朔殺罕魋○正義曰公孫鉏子展之弟展生子皮鉏生罕朔朔是子罕之孫禮謂之從父昆弟罕朔奔晉。韓宣子問其位於子產。問朔可使在何位子產曰。君之羈臣。苟得容以逃死。何位之敢擇。卿違從大夫之位。謂以禮去者降位一等罪人以其罪降。罪重則降多古之制也。朔於敝邑亞大夫也。其官馬師也。大夫位馬師職獲戾而逃。唯執政所寘之。得免其死。爲惠大矣。又敢求位。宣子爲子產之敏也。使從嬖大夫。爲子產故使降等不以罪降○爲子于僞反注同嬖必計反【疏】使從嬖大夫○正義曰子產數游楚云子皙上大夫女嬖大夫不尊貴也則晉之嬖大夫亦是下大夫子產云朔亞大夫也今晉侯使朔爲下大夫故杜云爲子產故使降一等不以罪降○秋。八月。衞襄公卒。晉大夫言於范獻子曰。衞事晉爲睦。睦和也晉不禮焉。庇其賊人。而取其地。賊人孫林父其地戚也○庇必利反又音祕故諸侯貳。詩曰。鶺鴒在原。兄弟急難。詩小雅鶺鴒渠也飛則鳴行則搖喻兄弟相救於急難不可自舍○鶺本又作卽精亦反鴒本又作令力丁反難如字又乃旦反注同搖音遙又以照反【疏】詩曰至急難○正義曰小雅常棣之篇也以鶺鴒之在原喻兄弟之急難也鶺鴒水鳥也今而在原失其常處飛則鳴行則搖不能自舍也喻人當居平安之世今有兄弟在急難相救之情亦不能自舍也但鳥有飛行可言人之不能自舍無狀可言耳○注鶺鴒渠○正義曰釋鳥文郭璞曰雀屬又曰。死喪之威。兄弟孔懷。威畏也言有死喪則兄弟宜相懷思兄弟之不睦。於是乎不弔。不相弔恤況遠人。誰敢歸之。今又不禮於衞之嗣。嗣新君也衞必叛我。是絕諸侯也。獻子以告韓宣子。宣子說。使獻子如衞弔。且反戚田。傳言戚田所由還衞○說音悅還音環衞齊惡告喪于周。且請命。王使成簡公如衞弔。簡公王卿士也且追命襄公曰。叔父陟恪。在我先王之左右。以佐事上帝。陟登也恪敬也帝天也叔父謂襄公命如今之哀策○恪苦各反【疏】注陟登至哀策○正義曰陟登恪敬釋詁文也周禮所云上帝皆是天也如今之哀策者漢魏以來賢臣既卒或贈以本官印綬近世或更贈以高官褒德叙哀載之於策將葬賜其家以告柩如今之哀策謂此也余敢忘高圉亞圉。二圉周之先也爲殷諸侯亦受殷王追命者○圉魚呂反【疏】注二圉至命者○正義曰案周本紀高圉是公劉玄孫之孫高圉生亞圉亞圉大王亶父之祖也並爲殷之諸侯今王追命襄公而云不忘二圉知其亦是

受殷王追命此杜以意言耳二國之受追命無文也○九月。公至自楚。孟僖子病不能相禮。不能相儀荅郊勞以此爲己病○病不能相禮本或作病不能禮相息亮反注相儀同勞力報反乃講學之。講習也苟能禮者從之。及其將死也。二十四年孟僖子卒傳終言之召其大夫曰。僖子屬大夫禮人之幹也。無禮無以立。吾聞將有達者曰孔丘。僖子卒時孔丘年三十五〔疏〕注孔丘年三十五○正義曰當言三十四而云五蓋相傳誤耳聖人之後也。聖人殷湯而滅於宋。孔子六代祖孔父嘉爲宋督所殺其子奔魯〔疏〕注孔子六代祖○正義曰家語本姓篇云宋湣公熙生弗父何何生宋父周周生世子勝勝生正考父考父生孔父嘉其後以孔爲氏也孔父生木金父金父生睪夷父夷父生防叔防叔辟華氏之偪而奔魯生伯夏伯夏郎生梁紇梁紇郎生孔子其祖弗父何以有宋而授厲公。弗父何孔父嘉之高祖宋閔公之子厲公之兄何適嗣當立以讓厲公○適丁歷反及正考父。弗父何之曾孫佐戴武宣。三人皆宋君三命茲益共。三命上卿也言位高益共故其鼎銘云。考父廟之鼎一命而僂。再命而傴。三命而俯。俯共於傴傴共於僂○僂力主反傴紆甫反循牆而走。言不敢安行亦莫余敢侮。其共如是亦不敢侮慢之○侮亡甫反饘於是。鬻於是。以餬余口。於是鼎中爲饘鬻饘鬻餬屬言至儉○饘之然反爾雅餬饘也鬻之六反孫炎云淖糜也餬音胡〔疏〕饘於至余口○正義曰釋言云餬饘也郭璞云糜也又云鬻糜也孫炎曰淖糜也然則餬饘鬻糜相類之物稠者曰糜淖者曰鬻餬饘是其別名將糜向口故曰以餬余口猶今人以粥向帛黏使相著謂之餬帛其共也如是。臧孫紇有言紇武仲也曰。聖人有明德者。若不當世。其後必有達人。聖人之後有明德而不當大位謂正考父〔疏〕注聖人至考父○正義曰聖人謂殷湯也不當世謂不得在位爲國君也上文具言考父之德知此聖人之後有明德而不得在世當大位者止謂正考父也既是聖人之後而又有明德身無貴位必慶隆子孫故言其後必有達人謂知能通達之人於夫子身爲大夫乃稱夫子此時仲尼未仕不得稱爲夫子以未仕之時爲仕後之語是丘明竟尊之而失事實陳恒未死言謚亦此類也今其將在孔丘乎。我若獲沒。得以壽終必屬說與何忌於夫子。使事之。說南宮敬叔何忌孟懿子皆僖子之子○屬音燭說音悅而學禮焉。以定其位。知禮則位安〔疏〕注南宮至敬叔○正義曰說南宮氏也敬謚也叔字也又字容也字括也名說一名縚故孟懿子、與南宮敬叔、師事仲尼。仲尼曰。能補過者。君子也。詩曰。君子

是則是效。詩小雅孟僖子可則效已矣。○單獻公棄親用羈。獻公周卿士單靖公之子頃公之孫羈寄客也○單音善○冬。十月。辛酉。襄頃之族殺獻公而立成公。襄公頃公之父成公獻公弟○頃音傾十一月。季武子卒。晉侯謂伯瑕伯瑕士文伯曰。吾所問日食從矣。可常乎。衛侯武子皆卒故對曰。不可。六物不同。各異時民心不壹。政殊事序不類。有變易官職不則。治官居職非一法則同始異終。胡可常也。詩曰。或燕燕居息。或憔悴事國。詩小雅言不同○憔在遙反詩作盡瘁在醉反〔疏〕詩曰至事國○正義曰小雅北山大夫刺幽王也役使不均已勞於從事而不得養其父母焉或燕燕居息燕燕安息貌或盡瘁事國盡力勞病以從國事此作憔悴蓋師讀不同其異終也如是。公曰。何謂六物。對曰。歲時日月星辰是謂也。公曰。多語寡人辰。而莫同。何謂辰。對曰。日月之會是謂辰。一歲日月十二會所會謂之辰○語魚據反〔疏〕歲時日月星辰○正義曰釋天云載歲也夏曰歲周曰年李巡曰載一歲莫不覆載也孫炎曰四時一終曰歲取歲星行一次也年取年穀一熟是也言歲卽年也時謂四時春夏秋冬也日謂十日從甲至癸也月從正月至十二月也星二十八宿也辰謂日月所會一歲十二會從子至亥也周禮馮相氏掌十有二歲十有二月十有二辰十日二十有八星之位謂此六物也大歲所在十二年始帀故爲十二歲○辰而莫同○正義曰東南隅有辰也大火謂之辰也又有日月之會辰也又北方有辰星也日月會謂之辰者辰時也言日月聚會有時也故以配日。謂以子丑配甲乙〔疏〕故以配日○正義曰言辰無常所分在十二以十幹配之明非一所也○衛襄公夫人姜氏無子。姜氏宣姜嬖人婤姶生孟縶。孔成子夢康叔謂己。立元。成子衛卿孔達之孫烝鉏也元孟縶弟夢時元未生○婤音周又直周反徐敕周反姶烏荅反縶張立反烝之承反〔疏〕注夢時元未生○正義曰知者傳曰婤姶生孟縶卽云成子夢若已生元當云婤姶生孟縶及元然云孔成子夢且說夢已下乃云晉韓宣子聘歲生元明未生也余使羈之孫圉與史苟相之。羈烝鉏子苟史朝子○羈居宜反相息亮反下同朝如字史朝亦夢康叔謂己。余將命而子苟與孔烝鉏之曾孫圉相元。史朝見成子。告之夢。夢協。協合也晉韓宣子爲政。聘于諸侯之歲。在二年婤姶生子。名之曰元。孟縶之足不良。能行。跛也○跛波我反〔疏〕之足不良

正義曰當斷不良爲句能行向下讀之知者案二十年杜注云縶足不良故以官邑還豹是也孔成子以周易筮之。曰。元尚享衛國。主其社稷。令著辭遇屯䷂。震下坎上屯○屯張倫反又曰。余尚立縶。尚克嘉之。嘉善也遇屯䷂之比䷇。坤下坎上比屯初九爻變○比毗志反注同〔疏〕之比○正義曰所以上屯無變者皆遇少爻故也以示史朝。史朝曰。元亨。又何疑焉。周易曰屯元亨○亨許庚反注元亨皆同成子曰。非長之謂乎。言屯元亨謂年長非謂名元○長丁丈反注同對曰。康叔名之。可謂長矣。元善之長也○名如字徐武政反孟非人也。將不列於宗。不可謂長。足跛非全人不可列爲宗主且其繇曰。利建侯。繇卦辭○繇直又反嗣吉。何建。建非嗣也。嗣子有常位故無所卜又無所建今以位不定卜嗣得吉則當從吉而建之也○言何建本或作可建二卦皆云。謂有建侯之文〔疏〕二卦皆云○正義曰謂前卜元之二卦非謂後卜縶之卦也子其建之。康叔命之。二卦告之。筮襲於夢。武王所用也。弗從何爲。外傳云大誓曰朕夢協朕卜襲於休祥戎商必克此武王辭〔疏〕注外傳云○正義曰外傳云者國語引大誓也古文尚書大誓具有此文此傳之意取大誓也杜不見古文故引外傳解之弱足者居。跛則偏弱居其家不能行侯主社稷。臨祭祀。奉民人。事鬼神。從會朝。又焉得居。各以所利。不亦可乎。孟跛利居元吉利建○焉於虔反故孔成子立靈公。十二月。癸亥。葬衛襄公。靈公元也

經八年。春。陳侯之弟招殺陳世子偃師。以首惡從殺例故稱弟又稱世子○招常遙反〔疏〕注以首至世子○正義曰招與公子過共殺偃師而立公子留[illegible]出奔鄭招乃歸罪於過而使陳人殺之及楚師來討又推過爲首得免重責不死而放之於[illegible]招之詐如楚之意則宜書過殺[illegible]招爲首傳言書曰陳侯之弟招殺[illegible]仲尼新意以招爲首惡也從殺[illegible]例曰大臣相殺死者無罪則兩[illegible]子殺召伯毛伯是也若死者有[illegible]大夫陽處父是也然則世子雖[illegible]相殺之例故稱弟以見殺者之[illegible]人臣也鄭段去弟陳招不去弟[illegible]不推刃於其兄故以首惡稱弟[illegible]下相殺也是言招罪輕於害兄[illegible]夏。四月。辛丑。陳侯溺卒。襄二十七年大夫盟于宋○溺乃歷反〔疏〕注襄二至于宋○正義曰溺以襄五年卽位爾來陳常從楚唯有襄二十七年大夫與魯同盟于宋劉炫云往年衛侯惡卒杜云元年大夫盟于虢此不數虢

以杜爲上下自相反今知不然者以盟于宋經有明文故指之號盟文不見經故不數也其諸侯惡更無盟處唯有號盟故數之劉不尋杜意而規其過非也○叔弓如晉。○楚人執陳行人干徵師。殺之。稱行人明非行人罪。○干古丹反陳公子留出奔鄭。留爲招所立未成君而出奔○秋。蒐于紅。革車千乘不言大者經文闕也紅魯地沛國蕭縣西有紅亭遠疑○蒐所求反紅戶東反乘繩證反沛音貝[疏]注革車至闕也○正義曰傳稱革車千乘是大蒐也十一年大蒐于比蒲二十二年大蒐于昌間定十三年十四年大蒐于比蒲皆云大蒐此不云大知經闕文也釋例云紅之蒐傳言革車千乘所以示大蒐也而經不書大諸事同而文異傳不曲言經義者直是時史之闕畧仲尼畧而從之春秋不可錯綜經文此之類也劉賈潁云蒐于紅不言大者言公大失權在三家也十一年蒐于比蒲經書大蒐復云書大者言大衆盡在三家隨文造意以非例爲例不復知其自違也○陳人殺其大夫公子過。與招共殺偃師書名罪之○過古禾反○大雩。無傳不旱而秋雩過也○冬。十月壬午。楚師滅陳。不稱將帥不以告壬午月十八日○將子匠反執陳公子招。放之于越。無傳復稱公子見已卒○復扶又反殺陳孔奐。無傳招之黨楚殺之○奐呼亂反[疏]注招之黨楚殺之○正義曰孔奐之爲招黨傳無其文正以殺稱名氏是有罪之文知其是招黨也文七年宋人殺其大夫傳曰不稱名衆也且言非其罪也無罪不稱名知稱名爲有罪矣若使孔奐無罪仲尼必當變文但此非常例先無定制不知其將何所稱也執招殺奐皆是楚人爲之承上楚師以滅陳之下是楚可知不復每文書楚杜以注文隔故言楚殺之不言殺陳大夫者殺他國之臣例不書爵宣十一年楚人殺陳夏徵舒是其類也此執招殺奐皆滅陳乃爲之故依次而書書在滅陳之下○葬陳哀公。嬖人袁克葬之魯往會故書○嬖必計反[疏]注嬖人至故書○正義曰賈服以葬哀公之文在殺孔奐之下以爲楚葬哀公故杜辯之哀克葬之案傳克欲殺馬毀玉楚人將欲殺克不得爲楚葬之若是楚葬宜云楚人葬陳哀公當如齊侯葬紀伯姬不得直言葬也且諸言葬某公者皆是魯往會葬之文大夫不得書名言其所爲之事而已故云魯往會故書也案傳袁克之葬乃是私竊葬之而魯得會者諸侯之卒告卒不告葬但葬有常期知卒即往會之未必得以禮從赴也

傳八年春。石言于晉魏榆。魏榆晉地○魏榆服云魏邑也榆州里名[疏]注魏榆晉地○正義曰服虔云魏邑榆州里名襄二十三年叔孫豹次于雍榆雍榆地名知魏榆亦地名也晉侯問於師曠曰。石何故言。對曰。石不能言。或馮焉。謂有精神馮依石而言○馮皮冰反注同不然。民聽濫也。濫失也○濫力暫反下注同[疏]民聽濫○正義曰或民聽濫失實無言而妄稱有言也抑臣又聞之抑疑辭曰。作事不時。怨讟動于民。則有非言之物而言。今宮室崇侈。民力彫盡。彫傷也○讟徒木反怨讟並作。莫保其性。性命也民不敢自保其性命石言不亦宜乎。於是晉侯方築虒祁之宮。虒祁地名在絳西四十里臨汾水○虒音斯本又作虒同祁巨之反又音臣之反汾扶云反叔向曰。子野之言。君子哉。子野師曠字君子之言。信而有徵。故怨遠於其身。怨咎遠其身也○遠于萬反注同咎其九反下文同小人之言。僭而無徵。故怨咎及之。詩曰。哀哉不能言。匪舌是出。唯躬是瘁。詩小雅也不能言謂不知言理以僭言見退者其言非不從舌出以僭而無信自取瘁病故哀之○僭子念反注同不信也出如字又尺遂反瘁在醉反哿矣能言。巧言如流。俾躬處休。其是之謂乎。哿嘉也巧言如流謂非正言而順敍以聽言見荅者言其可嘉以信而有徵自取安逸師曠此言緣問流轉終歸于諫故以比巧言如流也當叔向時詩義如此故與今說詩者小異○哿古可反毛詩傳云可也俾必耳反本又作卑休許糾反美也[疏]詩曰至謂乎○正義曰小雅雨無正之篇也可哀憐哉彼不能言之人其所言者非不從舌是出但其言僭而無徵惟於己身是病以不能言而自病其身是可哀也可嘉美矣彼能言者巧爲言語如水之轉流然其言信而有徵自使其身處休美之地以言能而自處其美地故可嘉也此能言處休者其是子野之謂乎○注哿嘉至小異○正義曰詩毛傳云哿可也哿無正訓以其字從加從可故各以意訓耳此詩上文云聽言則荅譖言則退然後次此哀哉故杜以哀哉不能言覆上譖言則退謂言而不見信被黜退者也哿矣能言覆上聽言則荅謂言可聽用見應荅者也以其言可嘉善信而有徵故自取安逸處休美也師曠因公之問其言流轉終歸于諫其言實巧故以比巧言如流也據今毛鄭解詩哀哉不能言者賢人不能言也不能以其正道曲從君心故身見困病哿矣能言乃指時世所謂能言者巧言從俗如轉流矣阿諛順旨不依正法得使身居休美與此所引意異故言當叔向時詩義如此與今說詩者小異隱元年注云詩人之作各以情言君子論之不以文害意故春秋傳引詩不皆與今說詩者同他皆放此然則引詩斷章取義得異於本而云叔向時詩義如此者但叔向此言在孔子刪詩之前與刪詩之後其義或異故云叔向時詩義如此隱元年論詩者君子之言君子即丘明也其言則刪詩之後乃與詩說不同故云引詩斷章此杜大畧而言其實未脩之前有引詩亦有斷章者是宮也成。諸侯必叛。君必有咎。夫子知之矣。爲十年晉侯彪卒傳○陳哀公元妃鄭姬生悼大子偃師。元妃夫人也二妃生公子留。下妃生公子勝。二妃嬖。留有寵。屬諸徒招與公子過。招及過皆哀公弟也哀公有廢疾。○廢甫肺反三月。甲申。公子招。公子過。殺悼大子偃師。而立公子留。○夏。四月。辛亥。哀公縊。憂恚自殺經書辛丑從赴○縊一豉反恚一睡反[疏]注經書辛丑從赴○正義曰經云辛丑傳言辛亥經傳異者多是傳實經虛故言從赴長厤四月戊戌朔四日辛丑十四日辛亥一月之內有此二日故不云日誤干徵師赴于楚。干徵師陳大夫且告有立君。公子勝愬之于楚。以招過殺偃師告愬也楚人執而殺之。殺干徵師公子留奔鄭。書曰。陳侯之弟招殺陳世子偃師。罪在招也。楚人執陳行人干徵師殺之。罪不在行人也。疑爲招赴楚當同罪故重發之○爲于僞反下爲子良立宰爲之立宰同重直用反[疏]注疑爲至發之○正義曰襄十一年楚人執鄭行人良霄傳稱書曰行人言使人也此復發傳故言重發之也釋例曰行人有六而發傳有三者因良霄以顯其稱行人因干徵師以示其非罪因叔孫婼以同外內大夫則餘三人皆隨例而爲義也○叔弓如晉。賀虒祁也。賀宮成游吉相鄭伯以如晉。亦賀虒祁也。史趙見子大叔曰。甚哉其相蒙也。蒙欺也○相息亮反下而相吾室同可弔也而又賀之。子大叔曰。若何弔也。其非唯我賀。將天下實賀。言諸侯畏晉非獨鄭○若何弔也本或作若何弔也○秋。大蒐于紅。自根牟至于商衛。革車千乘。大蒐數軍實簡車馬也根牟魯東界瑯邪陽都縣有牟鄉商宋地魯西竟接宋衛也言千乘明大蒐且見魯衆之大數也○乘繩證反注同數色主反竟音境見賢遍反○七月。甲戌。齊子尾卒。子旗欲治其室。子旗欒施也欲并治子尾之家政丁丑。殺梁嬰。梁嬰子尾家宰八月。庚戌。逐子成。子工。子車。三子齊大夫子尾之屬子成頃公子固也子工成之弟鑄也子車頃公之孫捷也○頃音傾下文並同鑄之樹反捷在接反皆來奔。不書非卿而立子良氏之宰。子良子尾之子高彊也子旗爲子良立宰其臣曰。孺子長矣。孺子謂子良○孺而樹反本亦作孺長丁丈反而相吾室。欲兼我也。兼并也授甲將攻之。陳桓子善於子尾。亦授甲將助之。或告子旗。子旗不信。則數人告將往。又數人告於道。遂如陳氏。桓子將出矣。聞之而還。聞子旗至○數色主反下同[疏]將往至陳氏○正義曰將往子良之家也又數人告不復敢向子良之家遂如陳氏服虔云將往者欲往到陳氏問助子良攻我意謬甚也游服而逆之。○去戎備著常遊戲之服○去起呂反著張略反請命。問桓子所至對曰。聞彊氏授甲將攻子。子聞諸。曰。弗聞。子盍亦授甲。

無宇請從。無宇桓子名。盍胡臘反下同從才用反子旗曰。子胡然。彼孺子也。吾誨之猶懼其不濟。吾又寵秩之。謂爲之立宰其若先人何。子盍謂之。謂之使无攻我周書曰。惠不惠。茂不茂。周書康誥也言當施惠於不惠者勸勉於不勉者茂勉也康叔所以服弘大也。服行也桓子稽顙曰。頃靈福子。頃公靈公樂氏所事之君。〇稽音啓顙素黨反【疏】注周書至勉也。〇正義曰周公戒康叔當施惠於不肯施惠者勸勉其不能勉力者今子良不能勉力爲善欲令桓子勸勉之故引此書也茂勉也釋詁文。〇頃。〇正義曰謚法祗動追懼曰頃吾猶有望。望子旗惠及己遂和之如初。和欒高二家陳公子招歸罪於公子過而殺之。言招所以不死而得放九月。楚公子弃疾帥師奉孫吳圍陳。孫吳悼大子偃師之子惠公宋戴惡會之。戴惡宋大夫冬十一月壬午。滅陳。壬午十月十八日傳言十一月誤【疏】注壬午至月誤。〇正義曰杜以長厤校之十月乙丑朔十八日得壬午也十一月無壬午經書十月厤與經合知傳言十一月者誤也輿嬖袁克殺馬毁玉以葬。輿眾也袁克嬖人之貴者欲以非禮厚葬哀公【疏】注輿眾至哀公。〇正義曰注就輿眾嬖之內特舉袁克之名知克是嬖人之貴者也葬無殺馬毁玉之法知欲以非禮厚葬哀公也服虔云一曰馬陳侯所乘馬玉陳侯所佩玉故殺馬毁玉不欲使楚得之事亦有似知不然者楚既滅陳則爲已有克不能私藏馬玉欲殘毁之故不從楚人將殺之。請寘之。寘置馬玉。〇寘之豉反既又請私。私盡君臣恩私於幄。加絰於顙而逃。幄帳也逃不欲爲楚臣。〇幄於角反絰直結反使穿封戌爲陳公。戌楚之大夫滅陳爲縣使戌爲縣公。〇穿音川戌音恤曰城麇之役不諂。戌麇役在襄二十六年戌與靈王爭皇頡。〇麇九倫反注同諂勑檢反頡戶結反侍飲酒於王。王曰。城麇之役。女知寡人之及此。女其辟寡人乎。及此謂爲王。〇女音汝下同對曰。若知君之及此。臣必致死禮以息楚。息寧靜也晉侯問於史趙曰。陳其遂亡乎。對曰。未也。公曰。何故。對曰。陳顓頊之族也。陳祖舜舜出顓頊。〇顓音專頊許玉反歲在鶉火。是以卒滅。陳將如之。顓頊氏以歲在鶉火而滅火盛而水滅。〇鶉市春反【疏】對曰至楚國。〇正義曰致死禮者欲爲郟敖致死殺靈王也穿封戌既臣事靈王而爲此悖言追恨不殺君者以明在君爲君之義見己忠直若如今日有人欲謀靈王己必致死殺之此對是諂非悖也。〇注顓頊至水滅。〇正義曰顓頊崩年歲星在鶉火之次於時猶有書傳言之故史趙得而知也歲星天之貴神所在必昌鶉火得歲而火益盛火盛而水滅顓頊水德故以此年終也陳是顓頊之族故知陳將如之亦當歲在鶉火陳乃滅也史趙別有以知假此而爲言耳不可一準此言以驗國之興滅今在析木之津。猶將復由。箕斗之間有天漢故謂之析木之津由用也。〇析星歷反復扶又反一音服【疏】注箕斗至用也。〇正義曰析木之津於十二次爲位在寅也釋天云析木之津箕斗之間漢津也孫炎曰析別水木以箕斗之間是天漢之津也劉炫謂是天漢即天河也天河在箕斗二星之間箕在東方木位斗在北方水位分析水木以箕星爲隔隔河須津梁以渡故謂此次爲析木之津也不言析木而言析木之津者此次自南而盡北故依此次而名析木也襄三十年傳稱歲星在娵訾之口其明年乃及降婁歲星歲行一次降婁距此九年故此年歲在析木之津也由用釋詁文言將用是而更興且陳氏得政于齊。而後陳卒亡。物莫能兩盛自幕至于瞽瞍。無違命。幕舜之先瞽瞍舜父從幕至瞽瞍間無違天命廢絕者。〇幕音莫瞽音古瞍素口反【疏】注幕舜至絕者。〇正義曰魯語云幕能帥顓頊者也有虞氏報焉孔晁云幕能修道功不及祖德不能及宗故每於歲之大烝而祭焉謂之報言虞舜祭幕明幕是舜先不知去舜遠近也帝系云顓頊生窮蟬窮蟬生敬康敬康生句芒句芒生蟜牛蟜牛生瞽瞍亦不知幕於蟜牛以前是誰名字之異也從幕至瞽瞍無違天命廢絕言其不絕世繼嗣相傳以至舜也觀傳此文瞽瞍以前似有國土而尚書序云虞舜側微孔安國云爲庶人故微賤經云有鰥在下曰虞舜明是下賤矣蓋至瞽瞍始失國耳此久遠之事不可知也舜重之以明德。寘德於遂。遂舜後蓋殷之興存舜之後而封遂言舜德乃至於遂。〇重直用反【疏】注遂舜至於遂。〇正義曰三年傳云箕伯直柄虞遂伯戲則遂在直柄之後故云蓋殷興存舜之後而封之也言舜有明聖之德其德流及於遂故言寘德於遂寘置也置此德於遂身令使遂有德也遂世守之。及胡公不淫。故周賜之姓。使祀虞帝。胡公滿遂之後也事周武王賜姓曰嬀封諸陳紹舜後。〇嬀九危反【疏】注胡公至舜後。〇正義曰胡公封陳之由襄二十五年傳已具之矣世本舜姓姚氏哀元年傳稱夏后少康奔虞虞思妻之以二姚虞思猶姓姚也至胡公周乃賜姓爲嬀耳因昔虞舜居嬀水故周賜以嬀爲姓也陳世家言舜居嬀汭其後因姓嬀氏謂胡公之前已姓嬀矣是馬遷之妄也臣聞盛德必百世祀。虞之世數未也。繼守將在齊。其兆既存矣。言陳氏興盛於齊形兆已見。〇見賢遍反【疏】其兆既存矣。〇正義曰陳氏世世益賢而位漸高有恩德而得民意其有國之徵兆既存在矣言可知也

春秋左傳注疏卷四十四校勘記　阮元撰盧宣旬摘錄

附釋音春秋左傳注疏卷第四十四　昭七年盡八年

經七年

即燕與齊平　監本毛本即誤既

傳以其不分明　閩本監本毛本不誤下

杜言將適楚者　重脩監本杜誤持

鄉曰衛齊惡　監本毛本鄉作卿非也

不奪親之所名　浦鏜正誤奪下有人字據穀梁增也

傳七年

齊求之也　宋本以下正義三節揔入注文卑耳玉爵之下

燕必知其音意乃成耳　正德本閩本音作旨宋本監本毛本無音字乃下有行字

至河間鄚縣入易水　釋文云鄚本又作莫宋本誤鄭

賂以瑤罋　石經初刻罋從瓦後改從缶

注析羽至於軫　宋本以下正義八節揔入遂赦之注下

繫之於旞　閩本監本毛本旞作旞非也

所以注旄於干首也　宋本監本毛本以作謂是也諸本作旄宋本作旄閩本干誤千

亦短於諸侯之旌二刃　此本旌字下空闕二字

執無宇也　諸本作宇此本誤字今改正

普天之下　釋文普作溥云今之左氏傳本或作普陳樹華云毛詩作溥孟子引詩亦作普據釋文則左傳舊作溥也

故王臣公　石經臣字改刊案後漢書濟南安王傳注表紹傳注引此句下有公臣卿句下皁臣輿誤作皁臣隸脫輿臣隸句

言正無私也　宋本言下有公字

之言扶也　宋本閩本監本毛本之上有夫字是也

末知其義　宋本閩本監本毛本末作未是也

爲隱亡人之法也　案釋文引服注亡上有匿字

行善法故能啓疆　諸本作疆淳熙本作彊

以紂爲上　宋本監本毛本上作主是也

取而臣以往　淳熙本取誤敢

往去之　宋本淳熙本纂圖本監本毛本之作也

今在華容城內　淳熙本城誤戎

注宫室至城內　宋本以下正義四節揔入及楚不能荅郊勞注下

言露寢生人所居 浦鏜正誤露作路按鄭注作路
以血塗其十 監本十作卜宋本毛本作上是也
大宰薳啓彊 纂圖本閩本監本毛本彊作疆是也下同
奉承以來 毛本奉承誤倒
日我先君共王 淳熙本纂圖本日作曰案正義云日謂往日也董遇注無日字毛詛父六經正誤以作日月之日爲誤非也岳本此處缺
日月以龔 補各本龔作冀注同
何蜀之敢望 石經此處刓缺纂圖本毛本敢作告非也
君若不求 石經此處缺宋本淳熙本纂圖本監本毛本求作來是也
既祭以車轢之 考文既祭二字誤作前監本毛本轢作櫟非監本下轢字不誤
孟僖子爲介 諸本作介石經初刻誤个後改正
誰將當目食 石經宋本淳熙本岳本纂圖本監本毛本目作日是也
故禍在衞大在魯小也 岳本脫也字
注衞地至降婁 宋本以下正義三節摠入三日從時注下
是在地封域 宋本無是字
引堪餘云 監本毛本餘作輿是也
戍降婁魯也 宋本閩本監本毛本作戌此本誤成今改正
詩所謂彼日而食于何不臧者 案陳樹華云詩作此日而食漢書五行志引亦作此日引傳無者字
朔月辛卯 案今本毛詩月誤日
豫筭而盡知 宋本豫上有皆字筭作算是也毛本同
當其各也 閩本各作名亦誤宋本監本毛本作咎
照臨下上 閩本上作士亦非宋本監本毛本作土是也
故鳴之以鼓折 閩本折作拆亦非宋本監本毛本作柝不誤
教之脩德之去 宋本毛本之下有以字監本初刻亦脫後擠刊
晉人來治祀田 淳熙本來誤作求石經宋本岳本纂圖本閩本監本毛本祀作杞是也
前汝叔侯不盡歸 宋本岳本汝作女正義同
前女至杞田 宋本此節正義在注文不書非公命之下

成孟氏邑本杞田 淳熙本田誤山
言季孫亦將疑我不忠 淳熙本我誤戎
吳無以待之 石經宋本岳本纂圖本監本毛本吳作吾是也
魯國汴縣東南有桃虛 宋本岳本纂圖本監本毛本汴作卞是也
使長鬣者相 案說文引傳作儠是儠爲正字鬣爲假借字
欲先夸魯侯 宋本淳熙本先作光是也葉鈔釋文亦作光
使長鬣者相 宋本以下正義二節摠入愼守寶矣節注下
薳啓彊見魯侯 宋本薳作蔿閩本監本毛本彊作疆
薳啓彊聞之 纂圖本閩本監本毛本彊作疆
言齊晉越將伐魯而取之 淳熙本脫而字
並走羣望 臧琳云當作並趣羣望字之壞也詩棫樸左右趣之傳趣趨也箋云文王臨祭祀其容濟濟然故左右之諸臣皆促疾於事謂相助積薪望祀山川雖不積薪然諸臣之促疾祀事則同也古趣字多有誤作走者如玉篇趣下引詩來朝趣馬今詩作走馬是趣譌走之一證也
今夢黃熊入于寢門 石經此處刓缺宋本岳本于作於正義曰諸本皆作熊釋文作能又云今本作能者勝案陸說是也
昔堯殛鯀于羽山 釋文云殛本又作極段玉裁云極窮也孟子言極之於所往是也凡作殛者皆極字之假借也
今夢至寢門 宋本以下正義五節摠入賜子產莒之二方鼎注下
孫炎曰書云 宋本曰作引是也
則熊似羆似豕之獸 宋本無似羆二字
張叔皮論云 案錢大昕云李善注文選卷六卷四十三引張升反論卷三十一卷四十引張叔及論卷五十五引張升反論語與春秋疏所引本是一篇而篇名或云反論或云反論語或云及論或云皮論其人名或云叔或云升攷後漢書文苑傳有張升字彥眞陳留尉氏人著賦誄頌碑書凡六十篇梁七錄有外黃令張升集二卷反論殆升所撰之一篇如解嘲釋譏之類曰皮曰及皆字形相涉而譌叔與升亦字形相涉也
賓爵下革 宋本閩本監本毛本革誤華據潛揅堂文集所引改正
故晉繼周祀鯀也 宋本無也周下有當字
子產爲豐施歸州田於韓宣子 毛本於改于
豐施 淳熙本施字空缺

荷擔也以微薄喻貴重 釋文亦作擔宋本作儋毛詛父六經正誤云擔作儋誤當作擔案毛詛父云誤非也依說文當作儋古書多假儋爲之擔俗字 貴重宋本誤倒作重貴
若屬有疆埸之言 纂圖本毛本埸誤場
而豐氏受其大討 毛本受誤愛
傳信子產也 宋本淳熙本岳本纂圖本監本毛本信作言是也
注傳言至不諒 宋本此節正義在以易原縣於樂大心注下
貞而不諒 重脩監本貞誤眞
以賜樂大心也 岳本脫也字
鄭人殺伯有 岳本脫人字
注公孫段豐氏黨 宋本以下正義九節摠入不亦宜乎注下
何休膏盲 宋本盲作肓是也
子產雖立艮止 宋本閩本監本毛本艮作良不誤下同
命雩祀百辛即土有益于民者 宋本閩本監本毛本辛即作辟卿是也
既生魄陽曰魂 纂圖本毛本魂作魄非也
惑陰陽以靈 宋本閩本監本毛本惑作感不誤
魄盛魂強 宋本強作彊
形既入士 宋本監本毛本士作土是也
則魂魄強 宋本淳熙本纂圖本毛本強作彊與石經合
用物至魄強 宋本毛本強作彊下魄強同
則物備 宋本物下有能字
此言從微而至著耳 耳字依宋本改此本誤斗閩本監本毛本作蓋亦非
注相尚至以酒 宋本以下正義三節摠入使從嬖大夫注下
君之羈臣 石經此處缺淳化本羈作覊
以其罪降 補監本毛本降作降注同
詩曰至急難 宋本以下正義四節摠入余敢忘高圉亞圉注下
喻人當居平守之世 宋本監本毛本守作安是也
漢魏以來 毛本漢字實缺
孟僖子病不能相禮 諸本有相字論語季氏篇疏引傳文同釋文無相字云本或作病不能相禮惠

棟云今本禮上有相字下云苟能禮者從之則相字衍蓋襲
上文相儀之誤當從釋文
孔某年三十五諸本作孔某此本作孔立形相近而誤毛
本作子非正義曰當言三十四而云五蓋
相傳誤耳
孔某年三十五宋本以下正義五節揔入孟僖子可則效已矣之下
家吾本姓篇云宋本監本毛本吾作語是也
宋佀公熙毛本佀作汎是也汎與杜注閔同今本家語作襄公大誤
金父生皐夷父浦鏜正誤皐作睪
伯夏即生梁紇宋本無即字是也
即生孔子宋本子下有也字
其祖弗父何以有宋而授厲公毛本授誤受
三命茲益共後漢書馬援傳注引作三命滋益恭
亦不敢侮慢之宋本岳本纂圖本監本毛本亦上有人字岳監毛三本脫慢字
注南宮至敬叔宋本監本毛本無至字是也
單獻公弃親用羈宋本岳本羈作羇與石經合
治官居職非一法則宋本淳熙本纂圖本岳本監本毛本無則字是也
同始異終淳熙本異誤易
或燕燕居息或憔悴事國石經居字事字上旁並有以字後人所妄加也
詩曰至事國宋本以下正義四節揔入故以配日注下
十二年始市閩本市作布亦非宋本監本毛本作市是也
嬖人婤姶生孟縶閩本姶誤始正義及下同纂圖本下婤姶生子亦誤始
孔成子夢康叔謂己立元毛本元誤兀
夢時元未生監本元作至非也宋本以下正義五節揔入故孔成子節注下
且說夢已下宋本巳作以
孟縶之足不良能行石經此處缺監本毛本能作弱按不良能行猶言不善於能行也正義欲於不
良斷句非也
能行向下讀之監本作弱行向下讀之毛本作弱向下行誤
今著卿宋本岳本監本今作令是也
嗣吉何建釋文云何本或作可建陳樹華云可乃古何字

得吉則當從吉而建之也諸本作吉淳熙本誤言
大誓曰纂圖本大作泰非也
襲於休祥淳熙本襲作聚
經八年宋本春秋正義卷第二十八石經春秋經傳集解昭三第廿二岳本昭下有公字並盡十二年
招與公子過共殺偃師重脩監本共作其非也
又推過為首宋本又上有招字是也
以招為首惡也監本毛本首惡誤倒
楚人執陳行人干徵師殺之宋殘本干誤于
劉賈穎曰宋本穎作潁是也
注嬖人至故書閩本監本毛本脫注字
傳八年
注魏榆晉地宋本以下正義四節揔入是宮也節注下
知魏榆亦地名也宋本無也字
石不能言或馮焉案漢書五行志言下有神字蓋後人依杜注增之耳不可信也
怨讟動于民石經此處缺宋本宋殘本淳熙本足利本于作於
莫保其性石經此處缺宋本宋殘本保作信案漢書五行志引同師古曰信猶保也一說信讀爲申
俾躬處休石經此處缺釋文俾作卑云本又作俾
以言能而自處其美地宋本言能作能言是也
與刪詩之後毛本與誤則
元配夫人也宋本宋殘本淳熙本岳本纂圖本監本毛本配下有嫡字是也釋文作適云本又作嫡
屬諸徒招石經宋本宋殘本淳熙本岳本纂圖本閩本監本毛本諸下有司字是也案史記管蔡世家索隱曰
招或作苕或作昭
哀公有癈疾北宋刻釋文亦作癈纂圖本閩本監本毛本誤作廢案說文云癈固疾也在疒部毛詛父六經
正誤云與國本作廢非也
注經書辛丑從赴宋本以下正義二節揔入公子留奔鄭節注下
楚人執而殺之諸本作而此本誤弓今改正
楚人執陳行人干徵師殺之纂圖本監本毛本作楚子誤于
故重發之諸本作發此本誤廢今改正

而發傳有三者案襄十一年正義作而傳發其三者
因良霄以顯其稱行人案襄十一年正義人下有之事二字
賀虒郊也石經宋本宋殘本淳熙本岳本纂圖本監本毛本郊作祁是也
自根牟至于商衛宋殘本商作啇非也
琅邪陽都縣有牟鄉淳熙本纂圖本監本毛本邪作琊字案宋殘本以下缺五葉
子成頃公子固也毛本頃誤丞
亦授甲將助之毛本授誤受
又數人告於道石經宋本纂圖本毛本於作于
將往至陳氏宋本以下正義三節揔入遂和之如初注下
聞彊氏授甲將攻子監本彊誤疆
茂不茂陳樹華云茂書作懋案茂懋字異而音義並同也
服行也監本服上脫注字
謚法祗動追懼曰頃監本毛本謚作諡祗作祇非毛本曰誤民
奉孫吳圍陳纂圖本圍誤困
注壬午至月誤宋本以下正義九節揔入臣聞盛德節注下
麻與經合此本合字實缺據宋本閩本監本毛本補
戊楚之大夫宋本淳熙本岳本纂圖本監本毛本足利本無之字是也
臣必致死禮以息楚宋本淳熙本毛本足利本楚下有國字監本初刻亦脫後擠增案石經此處缺
以字數計之當有國字
陳顓頊之族也宋本族作後
對曰至楚國監本毛本楚國作息楚非是
於時猶有書專言之宋本監本毛本專作傳
析木之津浦鏜正誤木下補謂字按謂字不當有爾雅邢昺疏可證也
幕能師顓頊者也宋本師作帥與外傳合
顓頊生窮蟬閩本監本蟬誤嬋下同
蟜牛生瞽叟閩本監本毛本叟作瞍下同
虞之世數未也毛本數作支誤也
春秋左傳注疏卷四十四挍勘記止

附釋音春秋左傳注疏卷第四十五　昭九年盡十二年

經九年，春，叔弓會楚子于陳。以事往，非行會禮。〔疏〕注「以事」至「會禮」。○正義曰：此與宣十五年公孫歸父會楚子于宋，其事同也。楚子在彼，魯敬大國，自往會之，非楚子召使會，自以小國事大國之禮往。○許遷于夷。許畏鄭欲遷，故以自遷爲文。〔疏〕注「許畏」至「爲文」。○正義曰：許自楚莊王以來世屬於楚，常與鄭爲仇敵，今畏鄭欲遷都近楚，楚從其意而遷之，故以許自遷爲文。若許不欲遷而楚強遷之，則當云楚人遷許，如宋人遷宿、齊人遷陽。○夏四月，陳災。天火曰災。陳既已滅，降爲楚縣，而書陳災者，猶晉之梁山、沙鹿崩，不書晉。災言繫於所災所害，故以所在爲名。〔疏〕注「天火」至「爲名」。○正義曰：天火曰災，宣十六年傳例也。公羊、穀梁經皆作陳火。公羊傳曰：「陳已滅矣，其言陳火何？存陳也。」穀梁傳曰：「國曰災，邑曰火。火不志，此何以志？閔陳而存之也。」賈、服取彼爲說，言愍陳不與楚，故存陳而書之，言陳尙爲國也。杜以左氏無此義，故辯而異之，云陳既已滅，降爲楚縣，不言楚陳災而直書陳災者，猶如晉之梁山、沙鹿崩，不書晉也。以彼不繫晉，知此自不當繫楚，非是存陳如舊國也。凡災害所及，繫於所災所害之處，故以所在爲名，不復繫其本國。大都以名通，例不繫國。陳是楚之大都，無緣當繫於楚，二傳妄說，故杜不從。所災所害者，所災謂陳災是也，所害謂梁山、沙鹿崩是也。然災害繫於所災所害，而宣十六年不直云宣榭火，而以宣榭繫成周者，以宣榭其名不顯，若不繫成周，不知何處宣榭，與此別也。○秋，仲孫貜如齊。○貜，俱縛反。○冬，築郎囿。於郎地築苑。○囿音又，苑也。

傳九年，春，叔弓、宋華亥、鄭游吉、衞趙黶會楚子于陳。楚子在陳，故四國大夫往，非盟主所召，不行會禮，故不揔書。○黶，於減反。〔疏〕注「楚子」至「揔書」。○正義曰：往年楚公子弃疾帥師圍陳，楚子不親行也。既滅陳以爲縣，楚子自往巡行鎮撫之。魯、宋、鄭、衞聞其在陳，畏威加敬，各遣大夫往彼會之，非是盟主所召，至亦不行會禮，故魯史獨書己使，不復揔書諸國也。傳因叔弓所見，故歷序四國大夫，以見諸國皆行，非獨魯也。十年叔孫婼如晉，葬平公，傳因歷序諸國大夫，此意與彼同也。服虔以爲此會宋、鄭、衞之大夫不書，叔弓後也。服見文七年公會諸侯、晉大夫盟于扈，傳歷序諸國，乃云「公後至，故不書所會」。「凡會諸侯，不書所會，後也。後至，不書其國，辟不敏也」。服意準彼爲義，故云叔弓後耳。彼後爲盟主所召，故諱後期，此則楚非盟主，何以當諱？春秋之意，豈欲魯弃晉而從楚，乃爲之諱其會楚遲也？且彼不書所會，乃揔書諸侯，此若是會，經何以不揔書叔弓會諸侯之大夫？傳何以不言叔弓會楚子、宋華亥、鄭游吉、衞趙黶于陳也？今傳以四國大夫共會楚子，義非扈類，足以可明。且叔弓若後，傳當言之。傳不言後，而服以爲後，是欲代丘明爲傳，非解之也。故杜顯而異之，言不行會禮，故不揔書，見此意。○二月庚申，楚公子弃疾遷許于夷，實城父。此時改城父爲夷，故傳實之。城父縣屬譙郡。〔疏〕注「此時」至「譙郡」。○正義曰：杜以地名經傳不同，而傳言實者，則以爲名有改易也；傳不言實，則以爲二名並存也。所言實者，皆舉舊以實新。此地舊名城父，此時新改爲夷，然言城父是舊名，故傳以實明之。凡有二義，經書未改之名，傳以所改實舊名，故傳以實明之。凡有二義，經書未改之名，傳以所改實之，則昭十八年許遷于白羽，傳云「許遷於析，實白羽」；定十年公會齊侯于夾谷，傳云「會于祝其，實夾谷」是也。若經書已改之名，則傳亦舉其已改，實其未改之號，即此「許遷于夷」，傳云「遷許于夷，實城父」；定十三年齊侯、衞侯次于垂葭，傳云「次于垂葭，實郹氏」是也。此四者，或經書未改，或經書已改，傳皆上句舉其已改之名，下句實其未改之號。凡一地前後二名者，非謂經時爲未改之名，傳時爲已改之名，乃於經傳以前上世之時已有所改。前後之名，夫子集史記而爲經，丘明采簡牘而作傳。史記或書其舊名者，即白羽、夾谷是也；或史記書其後名者，即夷與垂葭是也。丘明據簡牘爲傳，以所改後名而實之。故僖二十五年秦取析矣，襄二十六年聲子云析公之亂，皆舉白羽改爲析之後，但簡牘稱析，故杜云於傳時白羽改爲析，止謂簡牘之時，非丘明作傳時也。若其不然，孔子脩經，丘明作傳，事相連接，時日不遠，豈可脩經時爲白羽，作傳即改爲析？故杜云此四者皆爲所在之地舊名，絕於當時，史記有遺者也。劉炫不審思杜意，怪僖公、襄公之世已有析名，而規杜氏，非也。

取州來淮北之田以益之。益許田。〔疏〕「取州」至「益之」。○正義曰：釋例云：「州來，淮南下蔡縣，汝水之南也。」淮北之田，淮水北田，則州來邑在淮南，邑民有田在淮北也。許國盡遷于夷，夷田少，故取以益之。伍舉授許男田。然丹遷城父人於陳，以夷濮西田益之。以夷田在濮水西者與城父人。○濮音卜。遷方城外人於許。成十五年許遷於葉，因謂之許。今許遷於夷，故以方城外人實其處。傳言靈王使民不安。○葉，始涉反。處，昌慮反。○周甘人與晉閻嘉爭閻田。甘人，甘大夫襄也。閻嘉，晉閻縣大夫。○閻，以廉反。〔疏〕注「甘人」至「大夫」。○正義曰：孔子父叔梁紇爲鄹邑之長，論語謂孔子爲鄹人之子，是典邑大夫法當以邑名冠之而稱人。知此甘人即是下文甘大夫襄也。甘人是甘縣大夫，知閻嘉是晉之閻縣大夫，名嘉也。甘閻接竟，田或相侵，故共爭之。晉梁丙、張趯率陰戎伐潁。陰戎，陸渾之戎。潁，周邑。○趯，他歷反。王使詹桓伯辭於晉，辭，責讓之。桓伯，周大夫。○詹，之廉反。曰：「我自夏以后稷，魏、駘、芮、岐、畢，吾西土也。在夏世以后稷功受此五國，爲西土之長。駘在始平武功縣所治斄城。岐在扶風美陽縣西北。○夏，戶雅反，注同。駘，他來反，依字應作邰。芮，如銳反。岐，其宜反。長，丁丈反，下師長同。治，直吏反。斄，本又作漦，他來反，又音來，一音力之反。〔疏〕注「在夏」至「西北」。○正義曰：周語云：「昔我先世后稷，以服事虞夏。及夏之衰也，弃稷弗務，我先王不窋用失其官。」案本紀，不窋是后稷之子，繼其父業，世爲大國，故受此五國爲西土之長也。釋例土地名云：「魏，河東河北縣也。芮，馮翊臨晉縣芮鄉是也。畢在京兆長安縣西北。駘在武功。岐在美陽。」今案其地，芮在魏之西南百餘里耳，岐在駘之西北無百里也。詩稱后稷封邰，與岐、畢相近，爲之長可矣。計魏在邰東六百餘里，而令邰國與魏爲長，道路太遙。公劉居豳，又在岐西北四百餘里。此傳極言遠竟，而辭不及豳，並不知其故。及武王克商，蒲姑、商奄，吾東土也。樂安博昌縣北有蒲姑城。○蒲如字，又音薄。奄，於撿反。樂音洛。〔疏〕「及武」至「東土」。○正義曰：武王克商，光有天下，外薄四海，皆爲周地。上文既言西土，故以下唯說三方。其實西方所至，過於上文，自岐以西猶是周竟，但不復重言之耳。服虔云：「蒲姑、商奄，濱東海者也。蒲姑，齊也。商奄，魯也。」二十年傳曰「蒲姑氏因之」，定四年傳曰「因商奄之民，命以伯禽」。巴、濮、楚、鄧，吾南土也。肅慎、燕、亳，吾北土也。肅慎，北夷，在玄菟北三千餘里。○巴，必加反。燕，於賢反。亳，步各反。〔疏〕注「巴濮」至「北土」。○正義曰：土地名云：「巴，巴郡江州縣也。楚，南郡江陵縣也。鄧，義陽鄧縣也。建寧郡南有濮夷地。」然則巴、楚、鄧，中夏之國，唯濮爲遠夷耳。土地名又云：「燕國，薊縣也。」亳是小國，闕，不知所在，蓋與燕相近，亦是中國也。唯肅慎爲遠夷。○注「肅慎」至「餘里」。○正義曰：書序云：「成王既伐東夷，肅慎來賀。」魯語云：「武王克商，肅慎氏貢楛矢。」韋昭云：「肅慎，東北夷之國，去扶餘千里。」晉之玄菟郎在遼東北，杜言玄菟北三千里，是北夷之近東者，故杜言北夷，韋言東北夷。吾何邇封之有？邇，近也。〔疏〕「吾何邇封之有」。○正義曰：言我之封疆何近之有，邇，近也。文武成康之建母弟，以蕃屏周，亦其廢隊是爲。爲後世廢隊，兄弟之國當救濟之。○蕃，方元反。屏，必井反。隊，直類反，注同。爲，于僞反，注同。〔疏〕「文武」至「是爲」。○正義曰：傳稱虢仲、虢叔，王季之穆，是文王母弟也。管、蔡、郕、霍、魯、衞、毛、聃，史記以爲武王之母弟也。唐叔，成王之母弟也。其康王之母弟，則書傳無文。文王，周之始王，故言文王，文王未得封諸侯也。弟以同母爲親，故言母弟耳，所封非同母者亦多矣。建爲國君，所以爲蕃籬屏蔽周室，使與天子藏郤患難。亦其慮後世子孫或有廢隊王命，望諸侯共救濟之，是爲此也。豈如弁髦，而因以敝之？童子垂髦，始冠必三加冠，成禮而弃其始冠，故言弁髦，因以敝之。○弁，皮彥反，本又作卞。髦音毛。始冠，古亂反。〔疏〕「豈如」至「敝之」。○正義曰：豈如弁髦，因以敝之者，弁謂緇布冠，髦謂童子垂髦。凡加冠之禮，先用緇布之冠，纚括垂髦，三加之後，去緇布之冠，不復更用，故云因以敝之。今王自比，豈得將王室如緇布冠加髦之後，不須復用，因以敝之？猶言以我王家封建晉國之後，因即弃而不事之也。○注「童子」至「冠也」。○正義曰：案禮未誓之時必垂髦，故云童子垂髦也。士冠禮始冠緇布冠，次加皮弁，次加爵弁，是始冠必三加冠也。其記冠義云：「始冠緇布之冠，冠而敝之可也。」玉藻亦云：「始冠緇布冠，自諸侯下達，冠而敝之可也。」鄭玄云：「本大古耳，非時王之法服也。」是言本古而暫冠，既加而即弃，是禮成而弃其始冠，故云弁髦而因以敝之也。弁有爵弁、皮弁，嫌緇布之冠不得名弁，故云弁亦冠也。周禮弁師掌冕，是弁爲大名也。劉炫以爲弁髦二物，以童子垂髦爲髦，彼兩髦。又云因以敝之者，謂親沒不髦。案禮加冠以後，親沒以前，身既成人，猶自垂髦，何得云童子垂髦？既親沒乃弃，杜注何以不言親沒也？若三加之後弃弁不弃髦，杜注何得云弃其始冠，故言弁髦，因以敝之？既連髦而言，明非親沒之髦也。髦之形像，鄭注士喪禮云未聞。先王居檮杌于四裔，以禦螭魅。言檮杌，略舉四凶之一。下言四裔，則三苗在其中。○檮，徒刀反。杌，五忽反。裔，以制反。禦，魚呂反。螭，勑知反。魅，本又作鬽，武冀反。〔疏〕注「言檮」至「其中」。○正義曰：文十八年傳稱舜臣堯，流四凶族渾敦、窮奇、檮杌、饕餮，投諸四裔，以禦螭魅。先儒皆以爲渾敦，驩兜也；窮奇，共工也；檮杌，鯀也；饕餮，三苗也。此傳以晉率陰戎伐潁，止須言饕餮耳，而云檮杌者，略舉四凶之一耳。下言四裔，則三苗在其中可知也。若直說鯀，當言居檮杌于羽山，不須言四裔也。故允姓之姦居于瓜州。允姓，陰戎之祖。

與三苗俱放三危者。瓜州，今敦煌。○姦古顏反。瓜古華反。敦都門反。煌音皇。〔疏〕注允姓至敦煌。○正義曰：此言主責陰戎，知允姓，陰戎之祖也。言允姓之姦者，謂其姦邪之人，惡言之也。尚書云「竄三苗于三危」，此言允姓居于瓜州，時同而人別，知與三苗俱放於三危也。伯父惠公歸自秦，而誘以來。僖十五年，晉惠公自秦歸。二十二年，秦晉遷陸渾之戎於伊川。使偪我諸姬，入我郊甸，則戎焉取之。邑外爲郊，郊外爲甸，言戎取周郊甸之地。○偪彼力反。甸徒遍反。焉於虔反，又如字。〔疏〕則戎焉取之。○正義曰：焉猶何也。若不由晉，則戎何得取周之地也。○注邑外至之地。○正義曰：釋地云：「邑外謂之郊。」周禮載師掌任土之法，具敘王畿之內遠近之次，自國中以外，有近郊、遠郊，次甸，次稍，次縣，次都，是郊外爲甸也。陸渾之戎居伊洛之間，是取周郊甸之地。戎有中國，誰之咎也。咎在晉。○咎其九反。后稷封殖天下，今戎制之，不亦難乎。后稷修封疆，殖五穀，今戎得之，唯以畜牧。○殖時力反。疆居良反。畜許又反，一音許六反。牧音目，又音茂。伯父圖之。我在伯父，猶衣服之有冠冕，木水之有本原，民人之有謀主也。民人謀主，宗族之師長。〔疏〕我在至主也。○正義曰：言我周存在於伯父，有益如衣服云云。伯父若裂冠毀冕，拔本塞原，專弃謀主，雖戎狄其何有余一人。伯父猶然，則雖戎狄無所可責。晉率陰戎伐周邑，故云然。〔疏〕雖戎至一人。○正義曰：言伯父我親猶自如此，則雖戎狄其何有恩義於我一人。既無恩親，侵我亦無可責。叔向謂宣子曰：文之伯也，豈能改物。言文公雖霸，未能改正朔，易服色。○伯如字，又音霸。翼戴天子，而加之以共。翼，佐也。自文以來，世有衰德，而暴滅宗周。宗周，天子。以宣示其後，諸侯之貳，不亦宜乎。且王辭直，子其圖之。宣子說。王有姻喪，外親之喪。○說音悅。〔疏〕王有姻喪。○正義曰：隱元年傳云「士踰月，外姻至」，姻是外親，故杜云外親之喪也。服虔云：婦之父曰姻。王之后喪父，於王亦有服義，故往弔。案妻父爲姻，雖有此稱，王之納后，必取諸侯之女，后之父母不得身在京師，往弔可耳，何以得致襚也？以致襚言之，知是外親之喪耳，不知外親喪是誰死。使趙成如周弔，且致閻田與襚。襚，送死衣。○襚音遂。贈死衣服。反頮俘。王亦使賓滑執甘大夫襄以說於晉，晉人禮而歸之。賓滑，周大夫。○俘方夫反。滑乎八反，又于八反。說如字，又音悅。○夏四月，陳災。鄭裨竈曰：五年，陳將復封，封五十二年而遂亡。子產問其故，對曰：陳，水屬也。陳，顓頊之後，故爲水屬。○復扶又反，下注復封皆同。〔疏〕陳水屬。○正義曰：陳，顓頊之後，顓頊以水德王

天下，故爲水屬也。陳是舜後，舜爲土德，不近言土屬而遠繫顓頊爲水屬者，蓋裨竈知陳將欲復興，須取水爲占驗，假此以爲言耳。未必帝王子孫永與所承同德。楚之先世嘗爲火官，即以火爲楚象，豈復五行之官後世皆依其行乎？此皆賢哲有以知之。火，水妃也。火畏水，故爲之妃。○妃方非反，一音配，注同。〔疏〕注火畏至之妃。○正義曰：陰陽之書有五行妃合之說。甲乙木也，丙丁火也，戊己土也，庚辛金也，壬癸水也。木克土，土克水，水克火，火克金，金克木。木畏金，以乙爲庚妃也；金畏火，以辛爲丙妃也；火畏水，以丁爲壬妃也；水畏土，以癸爲戊妃也；土畏木，以己爲甲妃也。杜用此說，故云火畏水，故爲之妃也。服虔云：火，離也；水，坎也。易卦離爲中女，坎爲中男，故火爲水妃。而楚所相也。相，治也。楚之先祝融爲高辛氏火正，主治火事。○相息亮反，注同。〔疏〕注相治至火事。○正義曰：相訓助也，主火而助君爲治，故以爲治也。二十九年傳曰：「火正曰祝融。顓頊氏有子曰犁，爲祝融。」楚世家云：高陽生稱，稱生卷章，卷章生犁，犁爲高辛氏火正，甚有功，能光融天下，帝嚳命曰祝融。共工作亂，帝使黎誅之而不盡，帝誅黎，而以其弟吳回爲後，復居火正，爲祝融。回生陸終，陸終生子六人，六曰季連，楚其後也。是楚之先爲火正，治火事。今火出而火陳，火，心星也。火出於周爲五月，而以四月出者，以長厤推，前年誤置閏。〔疏〕注火心至置閏。○正義曰：襄九年傳曰「心爲大火」，十七年傳曰「火出於周爲五月」。今經書四月陳災，傳言火出而火陳，火得以四月出者，長厤云：閏當在此年五月後，而在前年，故火以四月出也。長厤以爲前年閏八月，則此年四月五日得中氣，二十日得五月節，故四月得火見。逐楚而建陳也。水得妃而興，陳興則楚衰，故曰逐楚而建陳。〔疏〕注水得至建陳。○正義曰：杜以陳爲楚邑，楚人在陳，陳興則楚衰，故曰逐楚而建陳，當謂逐去楚人之在陳者，若穿封戌爲陳公者也，但毆逐楚國之人，於義甚通。劉炫乃改逐爲遁，言火逃遁去楚而建立陳國，而規杜，非也。妃以五成，故曰五年。妃，合也。五行各相妃合，得五而成，故五歲而陳復封，爲十三年陳侯吳歸于陳傳。○妃音配，注妃並同。〔疏〕注妃合至陳傳。○正義曰：妃，合，釋詁文也。易繫辭云：天一，地二，天三，地四，天五，地六，天七，地八，天九，地十。天數五，地數五，五位相得而各有合。鄭玄云：天地之氣各有五。五行之次：一曰水，天數也；二曰火，地數也；三曰木，天數也；四曰金，地數也；五曰土，天數也。此五者，陰無匹，陽無耦，故又合之。地六爲天一匹也，天七爲地二耦也，地八爲天三匹也，天九爲地四耦也，地十爲天五匹也。二五陰陽各有合，然後氣相得，施化行也。是言五行各相妃合，生數以上皆得五而成，故云五歲而陳將復封。歲五及鶉火，而後陳卒亡。楚克有之，天之道也，故曰五十二年。是歲歲在星紀，五歲及大梁而陳復封，自大梁四歲而及鶉火，後四周四十八歲，凡五及鶉火，五十二年。天數以五爲紀，故五及鶉火，火盛水衰。〔疏〕注是歲至水衰。○正義曰：如杜所注，歲星每年而行一次，至昭三十二年，則歲星在寅，未至於丑。其傳云：越得歲而吳伐之。故服氏以爲有事于武宮之歲，龍度天門，謂十五年歲星從申越未而至午。歷家以周天十二次，次別爲百四十四分，歲星每年行一百四十五分，是歲星行一次外剩行一分，積一百四十四年，乃剩行一次，故昭十五年得超一辰。今杜氏既無此義，而三十二年歲星在丑者，但歲星之行，天之常數，超辰之義，不言自顯，故杜不注。若然，楚卒滅

陳在哀十七年，則歲星當踰鶉火至鶉尾，而云五及鶉火者，以顓頊歲在鶉火而滅，故裨竈舉大畧而言，云五及鶉火，不復細言殘數。雖至鶉尾，亦經由鶉火。天有五星，又大微宮中有五帝坐，又四方中央亦有五，是天數以五爲紀，故五及鶉火也。歲星，天之貴神，所在之國必昌。歲在鶉火，火得歲星之助，火既盛而水則衰。○晉荀盈如齊逆女，自爲逆。○爲于僞反。還，六月，卒于戲陽。魏郡內黃縣北有戲陽城。○戲許宜反。殯于絳，未葬。晉侯飲酒，樂。膳宰屠蒯趨入，請佐公使尊，公之使人執尊酌酒，請爲之佐。○樂音洛。屠音徒。禮記作杜蕢。蒯苦怪反。使尊如字，亦所吏反。許之。公許之。而遂酌以飲工。工，樂師師曠也。○飲於鴆反，下又飲同。〔疏〕注工樂師師曠也。○正義曰：禮記檀弓說此事云：知悼子卒，未葬，平公飲酒，師曠、李調侍。知工即師曠也，外嬖叔即李調也。曰：女爲君耳，將司聰也。樂所以聰耳。○女音汝，下皆同。〔疏〕注樂所以聰耳。○正義曰：樂以和心，聲從耳入，故樂者所以聰耳。大師掌樂，務使君聽，故爲君耳，將司聰也。辰在子卯，謂之疾日。疾，惡也。紂以甲子喪，桀以乙卯亡，故國君以爲忌日。○喪息浪反。〔疏〕注疾惡至忌日。○正義曰：訓疾爲惡，言王者惡此日，不以舉吉事也。尚書武成篇云：時甲子昧爽，受率其旅若林，會于牧野，罔有敵于我師，前徒倒戈，攻于後以北，血流漂杵。是紂以甲子喪也。詩云：韋顧既伐，昆吾夏桀。言昆吾與桀同時死也。十八年傳：二月乙卯，周毛得殺毛伯過而代之，萇弘曰：毛得必亡，是昆吾稔之日也。昆吾之死與桀同日，知桀以乙卯亡也。以此二王之亡爲天誅之日，故國君以爲忌日，惡此日也。檀弓云：君子有終身之憂，故忌日不樂。鄭玄云：謂死日也。彼謂親亡之日，至此日而念親，故此日不用舉吉事，非是惡此日也。此與忌日名同意異。君徹宴樂，學人舍業，爲疾故也。君之卿佐，是謂股肱。股肱或虧，何痛如之。言痛疾過於忌日。○舍音捨。爲于僞反，下爲是同。女弗聞而樂，是不聽也。不聞是義而作樂。又飲外嬖嬖叔。外都大夫之嬖者。〔疏〕注外都至嬖者。○正義曰：此言外嬖嬖叔，即李調是也。禮記云：調也，君之褻臣也。既云褻臣，而謂之外嬖，知是外都大夫之嬖者，猶晉獻公時有外嬖梁伍、東關嬖伍。曰：女爲君目，將司明也。職在外，故主視。服以旌禮，旌，表也。禮以行事，事，政令。事有其物，物，類也。物有其容。容，貌也。今君之容，非其物也。有卿佐之喪而作樂歡會，故曰非其物。而女不見，是不明也。亦自飲也。曰：味以行氣，氣以實志，氣和則志充。〔疏〕服以至不明。○正義曰：吉有弁冕，凶有衰麻，禮有吉凶之異，作衣服以表之。如此之類，是服以旌禮也。周禮司服：六冕以祭祀，皮弁以視朝，韋弁以即戎，冠弁以田獵。如此之類，是禮以行事也。傳稱哀有哭泣，樂有歌舞，如此之類，是事有其物。言行事各有其物類也。記稱：衰麻則有哀色，端冕則有敬色，介冑則有不可犯之色。周禮保氏教國

子六儀一曰祭祀之容二曰賓客之容三曰朝廷之容四曰喪紀之容五曰軍旅之容六曰車馬之容少儀曰言語之美穆穆皇皇朝廷之美濟濟翔翔祭祀之美齊齊皇皇車馬之美騑騑翼翼鸞和之美肅肅雍雍如此之類是物有其容也君有卿佐之喪宜有悲哀之貌而與羣臣飲酒作樂今君之容貌非其類也而女不見是不明也　志以定言。在心爲志發口爲言　言以出令。臣實司味。二御失官。而君弗命。臣之罪也。工與嬖叔侍御君者失官不聽明〔疏〕味以至罪也○正義曰調和飲食之味以養人所以行人氣也氣得和順所以充人志也志意充滿慮之於心所以定言語也詳審言語宣之於口所以出號令也臣實主掌食味今工師不聽叔也不明二侍御者並失其官而君不出令以罪之必是食味失也宜是臣之罪也　公說。徹酒。初。公欲廢知氏而立其外嬖。爲是悛而止。說音悅知音智下同悛七全反〔疏〕公說至而止○正義曰公心欲廢知氏故輕悼子之喪不廢飲酒得蒯以禮責之乃知君臣義重其禮不可輒廢爲是悛而止悛改也改革前意也禮記記此事飲酒事同而其言盡別記是傳聞故與此異二者必有一謬當傳實而記虛也　蹶佐下軍以說焉。蹶荀盈之子知文子也佐下軍代父也說自解說○蹶本又作橛力狄反徐音洛

○孟僖子如齊殷聘。禮也。自叔老聘齊至今二十年禮意久曠今脩盛聘以無忘舊好故曰禮○好呼報反〔疏〕注自叔至曰禮○正義曰襄二十年叔老聘齊至今二十年更不遣聘是邦交禮意久曠絕也殷訓盛也今脩盛聘以無忘舊好故禮之也聘禮云小聘曰問不享有獻不及夫人主人不延几不郊勞然則聘禮經之所言是大聘也王制云諸侯之於天子也比年一小聘三年一大聘鄭玄云小聘使大夫大聘使卿聘禮既是大聘使卿矣殷聘又當盛於大聘不知以何爲盛或當享禮之物多矣

○冬。築郎囿。書時也。季平子欲其速成也。叔孫昭子曰。詩曰。經始勿亟。庶民子來。詩大雅言文王始經營靈臺非急疾之衆民自以子義來勸樂爲之○亟紀力反樂如字又五教反一音洛〔疏〕詩曰至子來○正義曰大雅靈臺之篇也言文王經始靈臺之基趾其意勿使急成之但其衆民自以子成父事而來勸樂而早成之耳子成父事不待督帥故云子來以示民樂之意　焉用速成。其以勦民也。勦勞也○焉於虔反勦初交反又子小反　無囿猶可。無民其可乎。

經十年。春。王正月。○夏。齊欒施來奔。耆酒好內以取敗亡故書名○耆市志反傳同好呼報反　○秋。七月。季孫意如、叔弓、仲孫貜帥師伐莒。三大夫皆卿故書之季孫爲主二子從之〔疏〕注三大至從之○正義曰成二年鞌之戰魯四卿並書此三卿皆書重兵詳內故備書之其他國行兵唯書元帥而已略外也傳云平子伐莒取郠平丘又獨見執明是季孫爲伐莒之主二子從之　○戊子。晉侯彪卒。五同盟○彪彼虯反　○九月。叔孫婼如晉。○葬晉平公。三月而葬速　○十有二月。甲子。宋公成卒。十一同盟也無冬史闕文○成音城何休音恤〔疏〕注五同盟○正義曰彪以襄十六年即位其年盟于溴梁十九年于祝柯二十年于澶淵二十五年于重丘二十七年于宋不數元年號會是五同盟○注十一同盟○正義曰成以成十六年即位十七年盟于柯陵十八年于虛朾襄三年于雞澤五年于戚九年于戲十一年于亳城北十五年及向戍盟于劉十六年于溴梁十九年于祝柯二十年于澶淵二十五年于重丘二十七年于宋元年于虢皆魯宋俱在凡十三同盟杜意數多者不數特盟襄十五年向戍盟于劉及虢盟不數故十一劉炫并數以規杜過非也如此數盟不同者或由轉寫誤

傳十年。春。王正月。有星出于婺女。客星也不書非孛○婺武付反孛蒲對反　鄭裨竈言於子產曰。七月戊子。晉君將死。今茲歲在顓頊之虛。歲歲星也顓頊之虛謂玄枵○裨婢支反虛起魚反注同枵許驕反〔疏〕注歲歲至玄枵○正義曰釋天云玄枵虛也顓頊之虛虛也郭璞曰虛在正北顓頊水德位在北方當以北方三次以玄枵爲中玄枵次有三宿又虛在其中以水位在北顓頊居之故謂玄枵虛星爲顓頊之虛也　姜氏、任氏實守其地。姜齊姓任薛姓齊薛二國守玄枵之地○任音壬注同　居其維首。而有妖星焉。告邑姜也。客星居玄枵之維首邑姜齊大公女晉唐叔之母星占婺女爲既嫁之女織女爲處女邑姜齊之既嫁女妖星在婺女齊得歲故知禍歸邑姜○大音泰〔疏〕居其至姜也○正義曰維者綱也玄枵次有三宿女爲其初女是次之綱維也居其維首謂星居之也其玄枵維首而有妖異之星焉以將死之妖告邑姜也邑姜齊女告邑姜言其子孫當死也　邑姜。晉之妣也。天以七紀。二十八宿面七○妣必履反宿音秀〔疏〕邑姜晉之妣也正義曰曲禮云生曰母死曰妣鄭玄云妣之言媲媲於考也邑姜唐叔之母故爲晉之妣也邑姜亦是成王之母而於周無災任姜共守其地而不告薛女此則裨竈自知非吾徒所能測　戊子。逢公以登。星斯於是乎出。逢公殷諸侯居齊地者逢公將死妖星出婺女時非歲星所在故齊自當禍而以戊子日卒〔疏〕戊子至乎出○正義曰昔戊子之日逢公以此日登天於時有星是此星也於是婺女乎出爾時妖星出於婺女而戊子逢公死今此星亦出婺女知戊子晉君當死也逢公死日星出婺女當時猶有書記故裨竈得而知之○注逢公至日卒○正義曰二十年晏子說齊地云有逢伯陵因之則伯陵是逢君之始祖也周語說玄枵之次云我皇妣大姜之姪伯陵之後逢公之所馮神也孔晁云大姜大王之妃王季之母也女子謂昆弟之子曰姪伯陵大姜之祖逢公大姜之姪伯陵之後逢公殷諸侯也然則伯陵之後世爲逢君皆是逢公未知戊子卒者何名號也逢公死時妖星亦出婺女於時歲星不在齊分故齊地之君自當其禍此時歲在齊分故外孫當之　吾是以識之。爲晉侯彪卒傳

○齊惠欒、高氏皆耆酒。欒高二族皆出惠公　信內多怨。說婦人言故多怨○說音悅　彊於陳、鮑氏而惡之。惡陳鮑○惡烏路反注同　夏。有告陳桓子曰。子旗、子良將攻陳、鮑。亦告鮑氏。桓子授甲而如鮑氏。遭子良醉而騁。欲及子良醉故騁告鮑文子○騁勑領反　遂見文子。文子鮑國　則亦授甲矣。使視二子。二子子旗子良　則皆從飲酒。桓子曰。彼雖不信。彼傳言者○傳直專反　聞我授甲。則必逐我。及其飲酒也。先伐諸。陳、鮑方睦。遂伐欒、高氏。子良曰。先得公。陳、鮑焉往。欲以公自輔助○先伐諸一本無伐字焉於虔反下焉歸同　遂伐虎門。欲入公公不聽故伐公門〔疏〕齊惠欒高氏○正義曰齊惠公生子欒公子高高生子尾尾生子良欒生子雅雅生子旗旗生是欒孫良是高孫以王父字爲氏皆出惠公故曰惠欒高氏也○遂伐虎門○正義曰周禮師氏掌以美詔王居虎門之左司王朝鄭玄云虎門路寢門也王日視朝於路寢門外畫虎焉以明勇猛於守宜也司猶察也察王之視朝若有善道可行者則當前以詔王彼師氏察非王得失明其近王故以虎門爲路寢門此亦當然或以虎門非路寢門當是宮之外門不與周禮同　晏平仲端委立于虎門之外。端委朝服〔疏〕注端委朝服○正義曰元年傳劉定公謂趙文子云吾與子弁冕端委哀七年傳曰大伯端委以治周禮則端委是在公之服故云朝服鄭玄云諸侯與其臣皮弁以視朔朝服以視朝其朝服玄冠緇布衣素積以爲裳也　四族召之。無所往。四族欒高陳鮑　其徒曰。助陳、鮑乎。曰。何善焉。言無善義可助　助欒、高乎。曰。庸愈乎。罪惡不差於陳鮑○差初賣反　然則歸乎。曰。君伐焉歸。公召之而後入。公卜使王黑以靈姑銔率。吉。請斷三尺焉而用之。王黑齊大夫靈姑銔公旗名斷三尺不敢與君同○銔扶眉反又音丕率所律反徐所類反斷丁管反注同〔疏〕公卜至用之○正義曰公卜卜與欒高戰也靈姑銔者齊侯旌旗之名卜使王黑以此靈姑銔之旗率人以戰得吉也禮諸侯當建交龍之旂此靈姑銔蓋是交龍之旂當時爲之名其義不可知也知是旗者以請斷三尺而用之故知是旗　五月庚辰。戰于稷。稷祀后稷之處○稷地名六國時齊有稷下館處昌慮反　欒、高敗。又敗諸莊。莊六軌之道〔疏〕注莊六軌之道○正義曰釋宮云六達謂之莊舊說皆云六道旁出杜皆以一達爲一軌　國人追之。又敗諸鹿門。鹿門齊城門　欒施、高彊來奔。高彊不書非卿　陳、鮑分其室。晏子謂桓子。必致諸公。讓。德之主也。謂懿德。凡有血氣。皆有爭心。故利

不可強。不可強取。○爭，爭鬭之爭。強，其丈反，注同。思義爲愈。義。利之本也。蘊利生孽。姑使無蘊乎。蘊，畜也。孽，妖害也。○蘊，紆粉反。孽，魚列反。音勑六反。可以滋長。桓子盡致諸公。而請老于莒。莒，齊邑。○長，丁丈反。桓子召子山。子山，子商、子周，襄三十一年子尾所逐羣公子。私具幄幕器用從者之衣屨。私具，不告公。○幄，於角反。幕音莫。從，才用反。屨，九具反。而反棘焉。棘，子山故邑，齊國西安縣東有戟里亭。子商亦如之而反其邑。子周亦如之。而與之夫于。子周本無邑，故更與之。濟南於陵縣西北有于亭。反子城、子公、公孫捷。三子，八年子旗所逐。而皆益其祿。凡公子、公孫之無祿者。私分之邑。桓子以己邑分之。國之貧約孤寡者。私與之粟。曰。詩云。陳錫載周。能施也。詩大雅。言文王能布陳大利以賜天下，行之周偏。○載如字，詩作哉，毛云：哉，載也。鄭云：始也。施，始豉反，下注同。偏音遍。桓公是以霸。齊桓公亦能施以致霸。【疏】曰詩云至桓公是以霸。○正義曰：曰者，桓子辭也。既私施與，又言已施之意。大雅文王之篇。錫，賜。載，行。周，偏也。言文王能布陳大利以賜天下，行之周偏。此言文王之能施也。桓公亦用此能霸諸侯，焉得不務施乎？言已多施爲此也。公與桓子莒之旁邑。辭。讓不受。穆孟姬爲之請高唐。陳氏始大。穆孟姬，景公母。傳言陳氏所以興。○爲，于僞反。○秋七月。平子伐莒。取郠。郠，莒邑。取郠不書，公見討平丘，魯諱之。○郠，古杏反。獻俘。始用人於亳社。以人祭殷社。○俘，芳夫反。亳，步洛反。臧武仲在齊。聞之。曰。周公其不饗魯祭乎。周公饗義。魯無義。詩曰。德音孔昭。視民不佻。詩小雅。佻，偷也。言明德君子必愛民。○視如字，詩作示。佻，他彫反。佻之謂甚矣。而壹用之。將誰福哉。壹，同也。同人於畜牲。○畜，許又反。【疏】詩曰至福哉。○正義曰：小雅鹿鳴之篇也。孔，甚。昭，明。佻，偷也。言君子之人爲賓客，德音甚明，其視下民不偷薄苟且也。偷之已謂甚矣，而一同畜牲用之，將誰肯福祐之哉？佻、偷，釋言文。李巡曰：佻，偷薄之偷也。孫炎曰：偷，苟且也。○戊子。晉平公卒。如禪籩之言。鄭伯如晉。及河。晉人辭之。游吉遂如晉。禮，諸侯不相弔，故辭。九月。叔孫婼、齊國弱、宋華定、衛北宮喜、鄭罕虎、許人、曹人、莒人、邾人、薛人、杞人、小邾人如晉。葬平公也。經不書諸侯大夫者，非盟會。鄭子皮將以幣行。見新君之贄。○見，賢遍反，下不得見、下文因見同。贄音至。

子產曰。喪焉用幣。用幣必百兩。載幣用車百乘。○焉，於虔反。乘，繩證反。【疏】百兩。○正義曰：尚書武王戎車三百兩。孔安國云：兵車稱兩。百兩必千人。千人至。將不行。行，用也。不行。必盡用之。不得見新君，將自費用盡。○費，芳味反，下同。幾千人而國不亡。言千人之費不可數。○幾，居豈反。數，所角反。子皮固請以行。既葬。諸侯之大夫欲因見新君。叔孫昭子曰。非禮也。弗聽。叔向辭之。曰。大夫之事畢矣。送葬禮畢。而又命孤。孤斬焉在衰絰之中。既葬未卒哭，故猶服斬衰。○衰，七雷反。絰，直結反。其以嘉服見。則喪禮未畢。其以喪服見。是重受弔也。大夫將若之何。皆無辭以見。子皮盡用其幣。歸。謂子羽曰。非知之實難。將在行之。言不患不知，患不能行。○嘉服見如字，又賢遍反，下同。重，直用反。以見，賢遍反，下同。夫子知之矣。我則不足。言已由子產之戒，既知其不可，而遂行之，是我之不足。【疏】非知至不足。○正義曰：尚書說命云：非知之艱，行之惟艱。此言出彼意也。非知之實爲難，將在行之爲難也。言子產語已，已既知之，知而不行，所以自悔。夫子，子產。知之矣，知喪不用幣也。我則知不足矣。書曰。欲敗度。縱敗禮。逸書。○敗，必邁反，下同。【疏】書曰至敗禮。○正義曰：尚書太甲篇也。孔傳云：言已放縱情欲，毀敗禮儀法度。我之謂矣。夫子知度與禮矣。我實縱欲。而不能自克也。欲因喪以慶新君，故縱而行之。不能自勝。○勝音升。昭子至自晉。大夫皆見。高彊見而退。高彊，子良。昭子語諸大夫曰。爲人子。不可不慎也哉。昔慶封亡。子尾多受邑而稍致諸君。君以爲忠而甚寵之。將死。疾于公宮。在公宮被疾。○語，魚據反。輦而歸。君親推之。推其車而送之。○推，如字，又他回反，注同。其子不能任。是以在此。忠爲令德。其子弗能任。罪猶及之。難不慎也。喪夫人之力。棄德曠宗。以及其身。不害乎。夫人謂子尾。曠，空也。○任音壬，下同。喪，息浪反。夫音扶，注同。【疏】難不慎。○正義曰：言人居身，難可不謹慎。詩曰。不自我先。不自我後。其是之謂乎。詩小雅。言禍亂不在他，正當己身，以喻高彊身自取此禍。○冬十二月。宋平公卒。初。元公惡寺人柳。欲殺之。元公，平公大子佐也。○惡，烏路反。寺又作侍。

【疏】詩曰至我後。○正義曰：正月，大夫刺幽王也。云：父母生我，胡俾我瘉？不自我先，不自我後。注云：父母謂文武也。天使父母生我，何故不長遂我，而使我遭此暴虐之政而病？此何不出我之前，居我之後？窮苦之情，苟欲免身。○平○正義曰：諡法：內外賓服曰平。○元○正義曰：諡法：好建國都曰元。及喪。柳熾炭于位。以溫地。○熾，尺志反。炭，吐旦反。將至。則去之。使公坐其處。○去，起呂反。惡，烏路反。比葬。又有寵。言元公好惡無常。○比，必利反。好，呼報反。惡，烏路反。

經十有一年。春。王二月。叔弓如宋。○葬宋平公。○夏四月丁巳。楚子虔誘蔡侯般。殺之于申。蔡侯雖弑父而立，楚子誘而殺之，刑其羣士。蔡大夫深怨，故以楚子名告。○虔，其連反。般音班。弑，申志反。此【疏】注蔡侯至名告。○正義曰：蔡侯雖弑父而立，實宜受討，但立爲君於蔡已十三年，楚子誘而殺之，又刑其羣士，不以弑父之罪討之。蔡大夫深怨楚子，故以楚子名赴告。禮，諸侯不生名，書名是罪絕之事。以其名告，欲使諸國之史書名以罪絕之也。若是楚告，不當自罪其君，知是蔡人告也。公子圍殺君取國，改名曰虔。楚公子弃疾帥師圍蔡。○五月甲申。夫人歸氏薨。昭公母，胡女，歸姓。○大蒐于比蒲。○仲孫貜會邾子。盟于祲祥。祲祥，地闕。○比音毗，徐扶夷反。祲，子鴆反，徐又七林反。○秋。季孫意如會晉韓起、齊國弱、宋華亥、衛北宮佗、鄭罕虎、曹人、杞人于厥慭。厥慭，地闕。○佗，徒何反。慭，魚靳反，徐五巾反，一音五轄反。○九月。己亥。葬我小君齊歸。齊，諡。○齊如字。○冬十有一月。丁酉。楚師滅蔡。執蔡世子有以歸。用之。用之，殺以祭山。【疏】蔡世子。○正義曰：父既死矣，猶稱世子者，君死而國未服，以禮即位，故國以世子告。

傳十一年。春。王二月。叔弓如宋。葬平公也。嫌以聘事行，故傳具之。○景王問於萇弘曰。今茲諸侯何實吉。何實凶。萇弘，周大夫。○萇，直良反。對曰。蔡凶。此蔡侯般弑其君之歲也。歲在豕韋。襄三十年蔡世子般弑其君，歲在豕韋，至今十三歲，歲復在豕韋。般即靈侯也。○復，扶又反，下歲復在同。弗過此矣。言蔡凶不過此年。楚將有之。然壅也。蔡近楚，故知楚將有之。楚無德而享大利，所以壅積其惡。○壅，於勇反，注及後同。近，附近之近，下同。歲及大梁。蔡復楚凶。天之道也。楚靈王弑立之歲，歲在大梁，到昭十三年歲復在大梁。美惡周必復，故知楚凶。楚子在申。召蔡靈侯。靈侯將往。蔡大夫曰。王貪而無信。唯蔡於

感。蔡近楚之大國故楚常恨其不服順。○於感戶暗反今幣重而言甘。誘我也。不如無往。蔡侯不可。五月丙申。楚子伏甲而饗蔡侯於申。醉而執之。夏四月丁巳。殺之。刑其士七十人。公子弃疾帥師圍蔡。傳言楚子無道。○重直用反韓宣子問於叔向曰。楚其克乎。對曰。克哉。蔡侯獲罪於其君。謂弒父而立而不能其民。不能施德天將假手於楚以斃之。借楚手以討蔡。○斃婢世反何故不克。然肸聞之。不信以幸。不可再也。楚王奉孫吳以討於陳曰。將定而國。陳人聽命。而遂縣之。事在八年今又誘蔡而殺其君。以圍其國。雖幸而克。必受其咎。弗能久矣。桀克有緡。以喪其國。紂克東夷而隕其身。紂爲黎之蒐東夷叛之。桀爲仍之會有緡叛之。故伐而克之。○緡武巾反。喪息浪反。下且喪君同。隕于敏反【疏】桀克至其身。○正義曰桀身奔南巢故云喪國也。紂首縣白旗故云隕身也楚小位下。而亟暴於二王。能無咎乎。天之假助不善。非祚之也。厚其凶惡。而降之罰也。且譬之如天。其有五材。而將用之。力盡而敝之。是以無拯。不可沒振。金木水火土五者爲物用久則必有敝盡盡則弃捐故言無拯拯猶救助也不可沒振猶沒不可復振○亟欺冀反數也咎其又反下同祚本又作酢在路反拯拯濟之拯注同振之愼反捐以專反救本亦作捄音救不可復振扶又反本或作沒振【疏】楚小至咎乎○正義曰亟數也比於桀紂則楚小位下而數行暴虐甚於桀紂二王能無咎惡乎○是以至沒振○正義曰拯音烝之上聲也方言云出溺爲拯拯是救助之義天之用楚如人用五材力盡而敝敝則棄之是以無救助之者拯是救溺之名遂以救溺爲喻也不可沈沒之後復振救之振亦救也言楚如沒水不可救也○注金至弃捐○正義曰金木水火土五者之材皆爲物用用久則必敝盡敝盡則弃捐之捐亦弃也言天之用楚亦如此也○五月。齊歸薨。大蒐于比蒲。非禮也。○孟僖子會邾莊公盟于祲祥。脩好。禮也。蒐非存亡之由故臨喪不宜爲之盟會以安社稷故喪盟謂之禮○好呼報反泉丘人有女。夢以其帷幕孟氏之廟。泉丘魯邑○夢以其帷位悲反一本作夢以帷幕音莫遂奔僖子。其僚從之。鄰女爲僚友者隨而奔僖子○僚力彫反盟于清丘之社。曰。有子。無相弃也。二女自共盟

僖子使助薳氏之簉。簉副倅也薳氏之女爲僖子副妾別居在外故僖子納泉丘人女令副助之○薳爲彼反本又作蔿簉本又作造初又反說文簉從艸倅七對反令力呈反【疏】注簉副至助之○正義曰禮有副車倅車皆謂副貳之車也簉亦副倅之意妻爲正適妾爲副貳薳氏之女先爲副貳別居在外故使泉丘人女與之聚居令副助而爲對偶之反自祲祥。宿于薳氏。生懿子及南宮敬叔於泉丘人。其僚無子。使字敬叔。字養也。似雙生。○生如字或一音所敬反【疏】於泉丘人。○正義曰以傳直云宿於薳氏即連言生懿子及南宮敬叔氏薳氏所生故傳顯云生懿子及南宮敬叔於泉丘人於泉丘人宜上讀爲句○楚師在蔡。○向四月之師。○向本又作鄉亦作向同許亮反晉荀吳謂韓宣子曰。不能救陳。又不能救蔡。物以無親。物事也【疏】物以無親○正義曰物事也事事如此以是故無人肯親我晉國晉之不能。亦可知也。已爲盟主。而不恤亡國。將焉用之。○將焉於虔反○秋。會于厥慭。謀救蔡也。不書救蔡不果救蔡鄭子皮將行。子產曰。行不遠。不能救蔡也。蔡小而不順。楚大而不德。天將弃蔡以壅楚。盈而罰之。盈楚惡蔡必亡矣。且喪君而能守者鮮矣。三年。王其有咎乎。美惡周必復。王惡周矣。元年楚子弒君而立歲在大梁後三年十三歲歲星周復於大梁○鮮息淺反復扶又反一本又作復在晉人使狐父請蔡于楚。弗許。○狐父晉大夫○狐音胡○單子會韓宣子于戚。單子單成公視下言徐。叔向曰。單子其將死乎。朝有著定。著定朝內列位常處謂之表著○著張慮反徐治居反注及下同處昌慮反【疏】注著定至表著○正義曰著定謂佇立定處故謂朝內列位常處也周禮司士正朝儀之位辨其貴賤之等王南鄉三公北面東上孤東面北上卿大夫西面北上王族故士虎士在路門之右南面東上大僕大右大僕從者在路門之左南面西上鄭玄云此王日視朝事於路門外之位此是朝上之位貴賤有定處也會有表亦是位之定處但著下言定則表亦是定故直言會有表耳俗本表下有旗謬也野會設表爲位亦當有物記處如今之位版也謂之表著者杜意當以下文表著之位不謂此也劉炫謂下文有著有表二文不同以著定爲朝有著不得謂之表著而規杜氏今知非者杜意當以下文會朝之言必聞於表著故於朝有著之文并探下文會有表以配著故云謂之表著所以覆結下文非謂著之一字即名表著也劉炫不達杜旨而爲規過非也會有表。野會設表以爲位【疏】注野會至爲位○正義曰禮諸侯建旂設旂以爲表也周禮司儀云將合諸侯則令爲壇三成宮旁一門覲禮云諸侯覲于天子爲宮方三百步四門壇十有二尋

深四尺上介皆奉其君之旂置于宮尚左公侯伯子男皆就其旂而立鄭玄云置于宮者建之豫爲其君見王之位也諸公中階之前北面東上諸侯東階之東西面北上諸伯西階之西東面北上諸子門東北面東上諸男門西北面東上尚左者建旂公東上侯先伯伯先子子先男而位皆上東方也諸侯入壝門或左或右各就其旂而立王降階南鄉見之是天子於野會諸侯設表以爲位也周禮大司馬中冬教大閱門立四表是以設表爲位也盟主之會諸侯必亦旂表位大夫聚會亦應有以表位但無文以言耳衣有禬帶有結。禬領會結帶結也○禬古外反說文云帶所結也會朝之言。必聞于表著之位。所以昭事序也。視不過結禬之中。所以道容貌也。言以命之。容貌以明之。失則有闕。今單子爲王官伯。而命事於會。視不登帶。言不過步。貌不道容。而言不昭矣。不道不共。不昭不從。貌正曰共言順曰從○道音導下同【疏】言不過步○正義曰言聲所聞不過一步○注貌正曰從○正義曰洪範五事貌曰恭言曰從其意云容貌當恭恪言是則可從是貌正曰共言順曰從無守氣矣。爲此年冬單子卒起本【疏】無守氣○正義曰言無守身之氣將必死○九月。葬齊歸。公不慼。晉士之送葬者。歸以語史趙。史趙曰。必爲魯郊。言昭公必出在郊野不能有國○語魚據反【疏】晉士至魯郊○正義曰傳稱文襄之制夫人喪士弔大夫送葬此言晉士送葬者蓋大夫來而士爲介未必士獨行也此士以公不感語史趙故特言士耳必爲魯郊言昭公必爲魯人所逐而出在郊侍者曰。何故。曰。歸姓也。不思親。祖不歸也。姓生也言不思親則不爲祖考所歸祐○祐音又叔向曰。魯公室其卑乎。君有大喪。國不廢蒐。謂蒐比蒲有三年之喪。而無一日之慼。國不恤喪。不忌君也。忌畏也君無慼容。不顧親也。國不忌君。君不顧親。能無卑乎。殆其失國。爲二十五年公孫於齊傳○冬。十一月。楚子滅蔡。用隱大子于岡山。蔡靈公之大子蔡侯廬之父○岡音剛廬力吳反【疏】用隱大子于岡山○正義曰此時楚以畜牲用之無人爲之作謚必是蔡侯廬歸國乃追謚其父爲隱耳釋例土地名岡山闕不知其處經言以歸用之必是楚地山也申無宇曰。不祥。五牲不相爲用。況用諸侯乎。五牲牛羊豕犬雞○爲于僞反或如字【疏】況用諸侯○正義曰世子雖未即位以其父既死則當君處故以諸侯言之甚之也○注五牲至犬雞○正義曰爾雅以此五者并馬爲六畜周禮謂之六牲但馬非常祭所用故去馬而以此五者當之王必悔之。悔爲暴虐○十二月。

畢成。公卒。終叔向之言。○楚子城陳、蔡、不羹。襄城縣東南有不羹城，定陵西北有不羹亭。○羹，舊音郎，漢書地理志作更字。〔疏〕不羹。○正義曰：古者羹臛之字音亦爲郎，故魯頌閟宮、楚辭招魂與史游急就篇羹與房、漿、糠爲韻，但近世以來獨以此地音爲郎耳。使弃疾爲蔡公。王問於申無宇曰：弃疾在蔡何如？對曰：擇子莫如父，擇臣莫如君。鄭莊公城櫟而寘子元焉，使昭公不立。子元，鄭公子。莊公寘子元於櫟，桓十五年厲公因之以殺櫟大夫檀伯，遂居櫟，卒使昭公不安位而見殺。○櫟，力狄反。〔疏〕注子元至見殺。○正義曰：杜以子元爲鄭公子曼伯，與檀伯爲一人。莊公城櫟而置子元，又使檀伯爲櫟邑大夫，故厲公得因子元而殺檀伯。劉炫以爲傳言城櫟以置子元，當謂賜元以櫟，則以元爲櫟邑之長，若其別有大夫，子元寄居於櫟，便是城櫟以置檀伯，何言置子元也？若厲公因子元以殺檀伯，則子元是櫟邑之一夫耳，豈是莊公城櫟之咎乎？且桓十五年傳云：鄭伯因櫟人殺檀伯，不言因子元也。子元鄭之公子，不得爲櫟人也。鄭衆云：子元即檀伯也。厲公殺檀伯居櫟，因櫟之衆偪弱昭公，使至殺死。案桓五年傳云：子元請爲左拒，即云曼伯爲右拒，則曼伯、子元近是爲一，以規杜氏。今知劉說非者，案晉封桓叔于曲沃，而以欒賓傅之；鄭使許叔居許，而以公孫獲爲佐；楚使大子建居城父，而以奮楊助之。並是一邑之內而有二人，則莊城櫟而置子元，別有檀伯居櫟，何爲不可？子元共櫟邑之人而納厲公，但此因棄疾在蔡，故特指子元。桓十五年直明厲公之入，故捻言櫟人，辭有彼此，不可爲怪。劉子元爲曼伯，案隱五年傳云：曼伯與子元潛軍軍其後。又下云：鄭二公子敗燕師于北制。是子元非曼伯也。劉妄規杜，非也。齊桓公城穀而寘管仲焉，至于今賴之。城穀在莊三十二年。臣聞五大不在邊，五細不在庭。上古金木水火土謂之五官，玄鳥氏、丹鳥氏亦有五，又以五鳩鳩民，五雉爲五工正，蓋立官之本也。末世隨事施職，是以官無常數。今無宇稱習古言，故云五大也。言五官之長專盛過節，則不可居邊；細弱不勝任，亦不可居朝廷。〔疏〕注上古至朝廷。○正義曰：二十九年傳曰：有五行之官，是謂五官。木正曰句芒，火正曰祝融，金正曰蓐收，水正曰玄冥，土正曰后土。是上古金木水火土謂之五官也。十七年傳云：少皞氏紀於鳥，爲鳥師而鳥名。鳳鳥氏，麻正也；玄鳥氏，司分者也；伯趙氏，司至者也；青鳥氏，司啓者也；丹鳥氏，司閉者也。是玄鳥、丹鳥亦有五也。彼傳又云：五鳩，鳩民者也；五雉爲五工正。數皆有五，蓋古立官之本以五爲常。末世隨事施職，是以官無常數，不復以五耳。今無宇稱習古言，故云三大也。言五官之長，其人大，大專盛過節，則不可居邊城，或將據邊城以陵本國也。五官之長大細弱，則不勝其任，不能使威行於下，將爲人所陵，亦不可居朝廷也。賈逵云：五大，謂大子、母弟、貴寵公子、公孫、累世正卿也。鄭衆云：大子，晉申生居曲沃是也；母弟，鄭共叔段居京是也；貴寵公子，若弁疾在蔡是也；貴寵公孫，若無知食渠丘是也；累世正卿，衛甯殖居蒲、孫氏居戚是也。五細，賤妨貴，少陵長，遠間親，新間舊，小加大也，不在庭，不當使居朝廷爲政也。此五大五細，無宇唯言五耳，不知五者何謂，故先儒各自以意言之。杜之言亦無明證，正以彼不必通，故改之耳。親不在外，羈

不在內。今弃疾在外，鄭丹在內。襄十九年丹奔楚。君其少戒。王曰：國有大城，何如？對曰：鄭京、櫟實殺曼伯。曼伯，檀伯也。厲公得櫟，又并京。○曼音萬。〔疏〕注又并京。○正義曰：厲公并京，傳無其事，正以京、櫟連言，故云又并京。宋蕭、亳實殺子游。在莊十二年。齊渠丘實殺無知。在莊九年。渠丘，今齊國西安縣也。齊大夫雍廩邑。〔疏〕注在莊至廩邑。○正義曰：渠丘爲雍廩之邑。傳言雍廩殺無知，此云齊渠丘實殺無知，以此知渠丘是雍廩邑也。鄭衆以渠丘爲無知之邑。無知不坐邑死，何以言渠丘殺無知？蕭、亳非子游之邑，渠丘不得爲無知邑。衞蒲、戚實出獻公。蒲，甯殖邑；戚，孫林父邑。出獻公在襄十四年。○出，如字，徐音黜。若由是觀之，則害於國。末大必折，折其本。尾大不掉，君所知也。爲十三年陳蔡作亂傳。○掉，徒弔反。〔疏〕則害至不掉。○正義曰：宋殺子游，齊殺無知，乃是賴得大邑以討篡賊，而謂之害於國者，以其能專廢置，則是國害。天子之建諸侯，欲令蕃屏王室；諸侯之有城邑，欲令指揮從已。不得使下邑制國都，故大城爲國害也。末大必折，以樹方喩也；尾大不掉，以畜獸喩也。楚語說此事云：制城邑若體性焉，自首領股肱至於拇指毛脈，大能掉小，故變而不勤。夫邊境者，國之尾也，譬之如牛馬，處暑之既至，寅蠻之既多，而不能掉其尾，臣懼之

經十有二年春，齊高偃帥師納北燕伯于陽。三年燕伯出奔齊。高偃，高傒玄孫，齊大夫。陽即唐，燕別邑，中山有唐縣。不言于燕，未得國都。○傒音奚。〔疏〕注三年至國都。○正義曰：劉炫云：杜請以偃與鄭爲一，亦云高傒玄孫。案襄二十九年傳云：敬仲曾孫鄭，非玄孫也。今知非者，案世本：敬仲生莊子，莊子生傾子，傾子之孫鄭，是偃爲敬仲玄孫也。經言于陽，傳言于唐，知陽即唐也。不言于燕，未得國都，與哀二年納蒯瞶于戚同。○三月，壬申，鄭伯嘉卒。五同盟。〔疏〕注五同盟。○正義曰：嘉以襄九年即位，其年盟于戲，十一年于亳城北，十六年于溴梁，二十年于澶淵，二十五年于重丘，二十七年于宋，元年于虢，皆魯、鄭俱在，凡七。云五者，杜以其盟既多，故皆據君在盟會而言之。襄二十七年是大夫之盟，元年虢會，讀舊書二者不數，故爲五也，或可轉寫錯誤。夏，宋公使華定來聘。華定，華椒孫。○公如晉，至河乃復。晉人以莒故辭公。○五月，葬鄭簡公。三月而葬，速。楚殺其大夫成熊。傳在葬簡公上，經從赴。○熊音雄。○秋七月。○冬十月，公子慭出奔齊。書名，謀亂故也。○慭，魚覲反，一讀爲整，工領反。○楚子伐徐。不書圍，以乾谿師告。〔疏〕注不書至師告。○正義曰：傳稱使蕩侯、潘子、司馬督、囂尹午、陵尹喜帥師圍徐以懼吳，楚子次于乾谿，以爲之援。如傳文，則實圍徐也。不書圍者，不以所圍之師告，以乾谿援師告也。○晉伐鮮虞。不書將帥，史闕文。○將，子匠反。帥，所類反。〔疏〕注不書至闕文。○正義曰：十五年晉荀吳帥師伐鮮虞，定四年晉士鞅、衞孔圉帥師伐鮮虞，二者皆書將帥，此獨不書將帥，知是史闕或是告辭略，史闕不得書，亦得言史闕文也。穀梁曰：其曰晉，狄之也。不正其與夷狄交伐中國，故狄稱之也。賈、服取以爲說。左氏無貶中國從夷狄之法。傳曰：亡者侮之，亂者取之。又曰：間攜貳，覆昏亂，霸王之器也。鮮虞，夷狄也，近居中山，不式王命，不共諸夏，不事盟主，伐而取之，唯恐知力不足，焉有以夏討夷反狄中國？從此以後，用師多矣，何以不常狄晉，更復書其將也？杜以其言不通，故顯而異之。

傳十二年春，齊高偃納北燕伯款于唐，因其衆也。言因唐衆欲納之，故得先入唐。○三月，鄭簡公卒，將爲葬除。除葬道。○爲，于僞反。及游氏之廟，游氏，子大叔族。將毀焉。子大叔使其除徒執用以立，而無庸毀。用，毀廟具。〔疏〕執用至庸毀。○正義曰：用謂毀廟之具，若今鍬钁之類也。庸亦用也。教其除道之徒執所用作具以佇立，而無用即毀廟也。曰：子產過女而問何故不毀，乃曰：不忍廟也。諾，將毀矣。教毀廟者之辭。○女音汝。既如是，子產乃使辟之。司墓之室有當道者。簡公別營葬地，不在鄭先公舊墓，故道有臨時迂直也。司墓之室，鄭之掌公墓大夫徒屬之家。○迂音于，一音於。〔疏〕司墓之室。○正義曰：周禮墓大夫，下大夫二人，中士八人，掌凡邦墓之地域，爲之圖，令國民族葬。鄭之司墓亦當如彼，此是掌公墓大夫也。言之室有當道者，則非司墓自家之室，故注以爲徒屬之家，猶尚書注云玄孫之親言之，以見高祖、曾祖之弟皆親相似。毀之，則朝而塴；塴，下棺。○朝如字。塴，北鄧反，徐甫贈反。禮家作窆，徐驗反，義同。〔疏〕注塴下棺。○正義曰：周禮作窆，禮記作封，此作塴，皆是葬時下棺於壙之事，而其字不同，是聲相近，經篆隸而字轉易耳。弗毀，則日中而塴。子大叔請毀之，曰：無若諸侯之賓何？不欲久留賓。子產曰：諸侯之賓能來會吾喪，豈憚日中？無損於賓，而民不害，何故不爲？遂弗毀，日中而葬。君子謂子產於是乎知禮。禮，無毀人以自成也。憚，待旦反。○夏，宋華定來聘，通嗣君也。宋元公新即位。享之，爲賦蓼蕭，弗知，又不荅賦。蓼蕭，詩小雅，義取燕笑語兮，是以有譽處兮，樂與華定燕語也。又曰：既見君子，爲龍爲光，欲以寵光賓也。又曰：宜兄宜弟，令德壽豈，言賓有令德，可以壽樂也。又曰：和鸞雝雝，萬福攸同，言欲與賓同福祿也。○爲，于僞反。蓼音六。樂音洛。〔疏〕爲賦蓼蕭。○正義曰：享燕之禮，自有常樂，今特云爲賦蓼蕭者，文四年衛甯武子來聘，公與之宴，爲賦湛露及彤弓，注云：非禮之常，公特命樂人以示意。則知此亦特命樂人，所以嘗試華定。昭子曰：必亡。宴語之不懷，懷，思也。寵光之不宣，宣，揚也。令德之不知，同福之不

受將何以在。爲二十年華定出奔傳。〔疏〕昭子至不受○正義曰不懷不宜不知不受皆據華定爲文也詩云燕笑語兮言定當思此笑語與主相對也詩云爲龍爲光定當應此寵光宣揚之也詩云令德受凱定當知已有德與否須辭謝之也詩云萬福攸同定當受同福荷君恩也各准事而爲之文○齊侯、衞侯、鄭伯如晉。朝嗣君也。晉昭公新立○公如晉。亦欲朝嗣君○至河乃復。取郠之役。在十年莒人愬于晉。晉有平公之喪。未之治也。故辭公。公子慭遂如晉。慭魯大夫如晉不書還不復會而奔故史不書於策〔疏〕注慭魯至於策○正義曰此經書公子慭出奔齊名見於經則慭是卿也出奔既書於策如晉亦應書之今不書者杜以宣十八年書公孫歸父如晉歸父還自晉至笙遂奔齊傳稱歸父還至笙聞公薨乃壇帷復命於介然後出奔書曰歸父還自晉善之也彼善之故書其去又書其還此慭知已謀泄逃介而先不復命於君而還出奔故史不書於策言其爲此故不書其如晉也劉炫云杜以慭還不復命於介而奔止可不書其還何故如晉亦不書也此蓋謂君使臣聘必當告廟告廟乃得書於策公歸告復不告使慭故不書如晉今刪定以爲慭初欲謀亂魯國而往聘晉魯人責其謀亂不復命故賤而不錄其聘也出奔書者榮其罪人斯得故顯而書之也劉以爲出聘不告廟故不書而規杜氏案不復命而奔傳有其事公子慭不告廟傳無其文以無文之事妄規杜氏非也○晉侯享諸侯。子產相鄭伯。辭於享。請免喪而後聽命。簡公未葬○相息亮反下同〔疏〕子產至於享○正義曰僖九年宋桓公卒未葬襄公會諸侯故曰子是先君未葬有從會之禮也鄭偪於楚以固事晉故父雖未葬朝晉嗣君不得已而行於情可許也諸侯相享享必有樂未葬不可以從吉故辭享爲得禮晉人許之。禮也。善晉不奪孝子之情晉侯以齊侯宴。中行穆子相。穆子荀吳投壺。晉侯先。穆子曰。有酒如淮。有肉如坻。淮水名坻山名○淮舊如字四瀆水也學者皆以淮坻之韻不切云淮當爲濰濰齊地水名下稱澠亦是齊國水也案澠是齊水齊侯稱之荀吳既非齊人不應遠舉濰水古韻緩作淮足得無勞改也坻直疑反徐直夷反詩云宛在水中坻坻水中高地也〔疏〕正義曰禮記有投壺之禮其文無相者祝辭此中行穆子與齊侯皆有言辭者投之中否似若有神故設爲此語或可投時皆有言語禮自不載之耳伯瑕責穆子唯言壺何爲焉其以中爲儁責其失辭不云法不言是投壺皆有言也凡宴不射即爲投壺投壺之禮壺去席二矢半司射執八算東面投壺如射三而止其矢室中五扶堂上七扶庭中九扶鋪四指曰扶扶四寸也算長尺二寸壺頸修七寸腹修五寸口徑二寸半容斗五升壺中實小豆爲其矢之躍而出也小豆取滑且堅矢以柘若棘毋去其皮取其堅且重也舊說矢大七分○注淮水名坻山名○正義曰杜以淮爲水名當謂四瀆之淮也劉炫以爲淮坻非韻淮當作濰又以坻爲水中之地以規杜氏今知不然者以古之爲韻不甚要切故詩云汎彼柏舟在彼中河髧彼兩髦實維我儀又云爲絺爲綌服之無斁儀河斁綌尙得爲韻淮坻相韻何故不可此若齊侯之語容可舉齊地濰水此是穆子在晉何意舉齊地水乎又酒肉相對多少相似案爾雅小洲曰渚小渚曰沚小沚曰坻何得以坻之小地對淮之大水故杜以坻爲山名劉炫又以山無名坻者案楚子觀兵於坻箕之山坻非山乎劉以此規杜失非也寡君中此。爲諸侯師。中之。齊侯舉矢曰。有酒如澠。有肉如陵。澠水出齊國臨淄縣北入時水陵大阜也○中丁仲反下及注同澠音繩時如字本或作澠音同〔疏〕注澠水至阜也○正義曰釋例云澠水齊國臨淄縣北經樂安博昌縣南界西入時水釋地云大阜曰陵寡人中此。與君代興。代更也○更音庚亦中之。伯瑕謂穆子曰。伯瑕士文伯子失辭。吾固師諸侯矣。壺何爲焉。其以中儁也。言投壺中不足爲儁異齊君弱吾君。歸弗來矣。欲與晉君代興是弱之○齊君弱吾君輕吾君以爲弱也穆子曰。吾軍帥彊禦。卒乘競勸。今猶古也。齊將何事。言晉德不衰於古齊不事晉將無所事○帥所類反禦魚呂反卒子忽反乘繩證反公孫傁趨進曰。日旰君勤。可以出矣。以齊侯出。傁齊大夫傳言晉之衰○傁素口反徐又所流反旰古旦反○楚子謂成虎若敖之餘也。成虎令尹子玉之孫與鬭氏同出於若敖宣四年鬭椒作亂今楚子信譖而討若敖之餘〔疏〕成虎○正義曰經書熊傳言虎者此人名熊字虎傳言其字經書其名名字相覆猶伯魚名鯉或譖成虎於楚子。成虎知之而不能行。書曰。楚殺其大夫成虎。懷寵也。解經所以書名○六月。葬鄭簡公。傳終子產辭享明既葬則爲免喪經書五月誤○晉荀吳僞會齊師者。假道於鮮虞。遂入昔陽。鮮虞白狄別種在中山新市縣昔陽肥國都樂平沾縣東有昔陽城○種章勇反沾張廉反韋昭音拈字林他廉反〔疏〕注鮮虞至陽城○正義曰宣十五年晉師滅赤狄潞氏十六年晉人滅赤狄甲氏及留吁成三年晉郤克衞孫良夫伐廧咎如傳曰討赤狄之餘焉是赤狄已滅盡矣知鮮虞與肥皆白狄之別種也杜以昔陽爲肥國之都樂平沾縣東有昔陽城疑此爲都也下注云鉅鹿下曲陽縣西南有肥累城復疑肥國取彼爲名也劉炫以爲齊在晉東僞會齊師當自晉而東行也假道鮮虞遂入昔陽則昔陽當在鮮虞之東也今案樂平沾縣在中山新市西南五百餘里何當假道於東北之鮮虞而反入西南之昔陽也既入昔陽而別言滅肥則肥與昔陽不得爲一安得以昔陽爲肥國之都也昔陽即是肥都何以復言鉅鹿下曲陽有肥累之城疑是肥名取於彼也肥爲小國竟不必遠豈肥名取鉅鹿之城建都於樂平之縣也十五年荀吳伐鮮虞圍鼓杜云鼓白狄之別鉅鹿下曲陽縣有鼓聚炫謂肥鼓並在鉅鹿昔陽即是鼓都在鮮虞之東南也二十二年傳云晉荀吳使師僞糴者負甲以息於昔陽之門外遂襲鼓滅之則昔陽之爲鼓都斷可知矣今杜以昔陽爲肥國都是者以傳云遂入昔陽即云壬午滅肥是因入而滅之故云昔陽肥國都也昔陽既在樂平沾縣而杜又云鉅鹿下曲陽縣西南有肥累城相去遠者以肥是本封之名後遷於此與此何異且昔陽今屬廣州去遷緣陵鄭本都非後遷山南二百許里劉炫自云肥之與鼓俱在曲陽是知肥累城與昔陽不甚懸絕劉意欲破杜乃云樂平沾縣在中山東南西南五百餘里又自云昔陽鼓國在北與肥相近在中山東是自相矛盾也然鮮虞在北昔陽在南所以得假道鮮虞遂入昔陽南而行往會齊師故先迴路假道鮮虞南入昔陽如欲伐桀迂路從陑出其不意也且杜君土地例有稱者皆疑辭故杜云一則晉時樂平沾縣何知不是今之昔陽但肥都古今或鼓相近昔陽既滅肥國故二十二年息昔陽之門外遂襲鼓而取之劉意好異聞妄規杜過非也秋。八月。壬午。滅肥。以肥子緜皋歸。肥白狄也緜皋其君名鉅鹿下曲陽縣西有肥累城爲下晉伐鮮虞起○皋古刀反累劣彼反○周原伯絞虐其輿臣。使曹逃。原伯絞周大夫原公也輿衆也曹羣也○絞古卯反〔疏〕注原伯絞周大夫○正義曰杜以原伯絞爲周大夫甘簡公爲周卿士此無明據以意言耳冬。十月。壬申。朔。原輿人逐絞而立公子跪尋。跪尋絞弟○跪求委反又音詭絞奔郊。郊周地○甘簡公無子。立其弟過。甘簡公周卿士○過古禾反下之子過反過將去成景之族。成公景公皆過之先君○去起呂反成景之族賂劉獻公。欲使殺過劉獻公亦周卿士劉定公子○丙申。殺甘悼公。悼公即過而立成公之孫鰌。鰌平公○鰌音秋○丁酉。殺獻太子之傅庾皮之子過。過劉獻公太子之傅殺瑕辛于市。及宮嬖綽、王孫沒、劉州鳩、陰忌、老陽子。六子周大夫及庾過皆甘悼公之黨傳言周衰原甘二族所以遂微○季平子立而不禮於南蒯。南蒯南遺之子季氏費邑宰○蒯苦怪反費音秘南蒯謂子仲。子仲公子慭吾出季氏而歸其室於公。室季氏家財子更其位。更代也○更音庚注同我以費爲公臣。子仲許之。南蒯語叔仲穆子。且告之故。穆子叔仲帶之子叔仲小也語以欲出季氏以不見禮故○語魚據反注同季悼子之卒也。叔孫昭子以再命爲卿。悼子季武子之子平子父也傳言叔孫之見命乃在平子爲卿之前及平子伐莒。克之。更受三命。十年平子伐莒以功加三命昭子不伐莒亦以例加爲三命〔疏〕季悼至爲卿○正義曰悼子之卒不書於經則是未爲卿也其卒當在武子之前平子以孫繼祖武子卒後即平子立也傳言悼子卒者欲見昭子爲卿遠在平子之先○注十年至三命○正義曰十年平子伐莒言名

書於經，即平子於時已爲卿矣。釋例曰：魯之叔孫父兄再命而書於經，晉司空亞旅一命而經不書。推此知諸侯之卿大夫再命以上皆書於經，自一命以下大夫及士經皆稱人名氏不得見也。劉賈云：春秋之序三命以上乃書於經。穎氏以爲再命稱人。傳云叔孫昭子三命踰父兄，昭公十年昭子始加三命，先此叔孫皆自見經，知所書皆再命也。是杜檢傳文知再命書名。平子伐莒書名，知其已再命矣。平子伐莒克之，昭子不伐莒也，昭子無功而更受三命，知平子以功加三命，昭子以例加爲三命也。叔仲子欲構二家，欲構使相憎。謂平子曰：三命踰父兄，非禮也。言昭子受三命，自踰其先人。〔疏〕注言昭至先人○正義曰：禮記文王世子云：其朝于公，內朝，庶子治之，雖有三命不踰父兄。鄭玄云：治之，治公族之禮也。雖於內朝則然，其餘會聚之事，則與庶姓同，一命齒于鄉里，再命齒于父族，三命不齒。不齒者，不在父兄行列中也。彼言三命不踰父兄者，自謂在公內朝位在父兄下耳，非謂不得受三命踰父兄也。叔仲子欲構二家，因禮有三命不踰父兄之法，遂言昭子受三命自踰其先人，以此爲非禮也。平子初得其言不甚曉解，故使昭子令自貶黜，見昭子不服，乃自知其非，故懼而歸罪於叔仲子也。昭子無兄，叔仲子引禮法連言之耳。平子曰：然。故使昭子。使昭子自貶黜。昭子曰：叔孫氏有家禍，殺適立庶，故婼也及此。禍在四年。適，丁歷反。若因禍以斃之，則聞命矣。言因亂討，已不敢辭。若不廢君命，則固有著矣。著位次。昭子朝而命吏曰：婼將與季氏訟，書辭無頗。頗，偏也。○頗，普何反。季孫懼，而歸罪於叔仲子。故叔仲小、南蒯、公子憖謀季氏。憖告公，而遂從公如晉。憖，子仲。南蒯懼不克，以費叛如齊。子仲還，及衛，聞亂，逃介而先。介，副使也。○介音界，使，所吏反。及郊，聞費叛，遂奔齊。言及郊，解經所以書出。〔疏〕注言及至書出○正義曰：凡言出奔，皆自內而出。文七年晉先蔑奔秦，先在秦地，因即奔秦，故不言出也。歸父還自晉，至笙，遂奔齊，笙在魯之竟外，故不言出也。此言及郊，已入魯竟，傳言及郊，解經所以書出。南蒯之將叛也，其鄉人或知之，過之而歎，鄉人過蒯而歎。且言曰：恤恤乎，湫乎攸乎。恤恤，憂患。湫，愁隘。攸，懸危之貌。○湫，子小反，徐又在酒反，一音秋。攸，如字，徐以帚反。隘，於賣反。懸音玄，本又作縣。〔疏〕注恤恤至之貌○正義曰：釋詁云：恤，憂也。故以恤恤爲憂患之意也。湫是湫隘，故以湫爲愁隘之意也。詩云攸攸旆旌，故以攸爲懸之貌也。言南蒯之心若此。深思而淺謀，邇身而遠志，家臣而君圖。家臣而圖人君之事，故言思深而謀淺，身近而志遠。○思，息嗣反，注同。〔疏〕深思至君圖○正義曰：深思而淺謀，思慮深而知計淺，言其知小而謀大也。邇身而遠志，身卑近而志高遠，言其越分以求通也。家臣而君圖，爲家臣而謀君事，言其非

已所當爲也。上二句言其心，下一句指其事。爲下句而發上句，故注倒言之。有人矣哉。言今有此人，微以戒之。南蒯枚筮之。不指其事，汎卜吉凶。○枚，武回反。汎，芳劍反。〔疏〕南蒯枚筮之○正義曰：禮有銜枚，所銜之木，大如箸也。今人數物云一枚兩枚，是籌之名也。尚書大禹謨：舜讓禹，禹讓不受，請帝枚卜功臣，惟吉之從。孔安國云：枚謂歷卜之而從其吉。彼謂人下一籌，使歷卜之也。此則不告筮者以所筮之事，空下一籌而使之筮，故杜云不指其事，汎卜吉凶也。或以爲杜云汎卜吉凶，謂枚雷總卜。曲禮云無雷同，是總衆之辭也。今俗諺云枚雷，則其義理或然也。遇坤䷁坤上坤下坤。○坤，苦門反。之比䷇，坤下坎上比。坤六五爻變。○比，毗志反，注同。曰：黃裳元吉。坤六五爻辭。以爲大吉也。示子服惠伯曰：即欲有事，何如？惠伯曰：吾嘗學此矣，忠信之事則可，不然必敗。外彊內溫，忠也。坎險故彊，坤順故溫，彊而能溫，所以爲忠。〔疏〕以爲大吉○正義曰：筮遇此爻，而辭云黃裳元吉，南蒯自以爲所謀之事必大吉。○注坎險至爲忠○正義曰：坎象云習坎，重險，險是坎爲險也。說卦云坤順也。六五爻變則上體爲坎，坎有險難，故爲剛彊也。坤道和順，故爲溫柔也。剛彊以禦難，柔順以事主，故外彊而能內溫，所以爲忠也。和以率貞，信也。水和而土安正，和正，信之本也。故曰黃裳元吉。黃，中之色也。裳，下之飾也。元，善之長也。中不忠，不得其色。言非黃。○長，丁丈反。〔疏〕注水和至本也○正義曰：坎爲水，水性和柔；坤爲土，土性安正。率，循也；貞，正也。用和柔之性以循安正道，既和且正，信之本，故爲信也。○故曰黃裳元吉○正義曰：天下之事雖則萬端，總之諸法，大歸忠信而已。能忠能信，無施不可，以有忠信，故曰黃裳元吉，解此爻辭之意。下不共，不得其飾。不爲裳。事不善，不得其極。失中德。〔疏〕注失中德○正義曰：極訓爲中，不得其忠，言其失中德也。此文以上二句類之，當云善不極不得爲長，文不然者，惠伯之語，雖反覆相疊，不可字字相對，隨便而言，故與上不類。外內倡和爲忠，不相違也。○倡，昌亮反。和，戶卧反。率事以信爲共，率猶行也。〔疏〕注率猶行也○正義曰：率訓循，循而行，故率猶行也。供養三德爲善，三德謂正直、剛克、柔克也。○供，九用反。養，餘亮反。〔疏〕注三德至克也○正義曰：洪範三德，一曰正直，二曰剛克，三曰柔克。孔安國云：正直者，能正人之曲直；剛克者，剛能立事；柔克者，和柔能治。三者皆人之性也。剛則失之於彊，柔則失之於弱，故貴其能剛能柔，謂剛不苛酷，柔不滯溺也。供養三德爲善者，剛則抑之，柔則進之，以志意供給長養之，使合於中道，各成其德，乃爲善也。董遇注本爲共養，解云盡共所以養成三德也。○非此三者弗當。非忠信善，不當此卦。○當，如字，注同，或下浪反。〔疏〕黃中至弗當○正義曰：既言爻爲此辭之意，又解此辭所言之義也。五方則爲五色，黃是中央之色也。衣裳所以飾身，裳是在下之飾也。元者，始也，首也，於物爲初始，於人爲頭首，元是諸善之長也。五方之中，猶人之心中，心中不忠，則不得其黃之

色也。身體之下，猶名位之下，爲下不共，則不得其裳之飾也。學事不善，則不得其善之中，言爲事不中，則非善之長也。更覆言忠、共、善三者之義。外內倡和爲忠，言君在內，臣在外，君倡臣和，不相乖違，是名爲忠也。行事以信，無有虛詐，是名爲共也。人之爲德有正直剛柔，供養此三者之德，使其德無愆，乃名爲善也。非此三者，忠也，共也，善也，則於此卦不當也。不當此卦，雖吉不可。○且夫易，不可以占險，將何事也？且可飾乎？夫易猶此易，謂黃裳元吉之卦。問其何事，欲令從下之飾。○夫音扶，注同。令，力呈反。〔疏〕且夫至事也○正義曰：且夫易，謂此黃裳元吉之易也，唯可以占忠信之事，不可以占危險之事也。問南蒯今將欲爲何事也，且可飾乎？言此易所占，唯且可爲在下之飾乎，不可爲餘事也。中美能黃，忠則黃也；上美爲元，善則元也；下美則裳，共則裳也。忠善共三者皆成，可如此筮之言吉也。三者猶有所闕，筮雖吉，未可用也。○注夫易至之飾○正義曰：惠伯指論此卦而言夫易，非是漫言易，故知夫易猶言此易，謂此黃裳元吉之易卦也。險謂危險，言此卦不可以占厄險之事。心疑南蒯事險，故問將何事也。且可爲下之飾也，欲令南蒯從下之飾爲共。中美能黃，上美爲元，下美則裳，參成可筮。參美盡備，吉可如筮。○參，七南反，又音三。猶有闕也，筮雖吉，未也。有闕謂不參成。將適費，飲鄉人酒。南蒯自其家遷適費。○飲，於鴆反。鄉人或歌之曰：我有圃，生之杞乎。言南蒯在費欲爲亂，如杞生於圃，圃非宜也。杞，世所謂枸杞也。○圃，布古反。杞音紀。枸音苟，本又作狗。○從我者子乎，子，男子之通稱。言從己可不失今之尊。○稱，尺證反。去我者鄙乎，倍其鄰者恥乎。鄰猶親也。○倍音佩。已乎已乎，非吾黨之士乎。已乎已乎，言自遂不改。〔疏〕鄉人至士乎○正義曰：鄉人以南蒯季氏家臣而欲反害季氏，故爲歌以感切之也。圃者所以殖菜蔬也，杞非可食之物，我有圃生之杞，以喻南蒯在費所欲爲亂也。若能從我之言不爲亂者，是爲子也。子者，男子之美稱，不失尊貴，得爲子也。去我而背叛者，鄙賤之行也。倍其鄰近者，恥惡之事也。若已乎已乎，自遂其心不肯改者，則不復是吾黨之士乎。釋木云：杞，枸檵。舍人曰：枸杞也。○注已乎至不改○正義曰：杜此解原南蒯之意，蒯君云此事已乎已乎，自遂其心，如不肯改，則此南蒯非復是吾黨之士也。服虔云：已乎，決絕之辭。則謂歌者自言己意，可已乎已乎，此南蒯今已非是吾黨之士。平子欲使昭子逐叔仲小。欲以自解說。小聞之，不敢朝。昭子命吏謂小待政於朝，曰：吾不爲怨府。言不能爲季氏逐小，生怨禍之聚。爲明年叔弓圍費傳。○爲季，于僞反，下同。○楚子狩于州來，狩，冬獵也。○狩本亦作守，同，手又反，注同。次于潁尾，潁水之尾在下蔡。使蕩侯、潘子、司馬督、囂尹午、陵尹喜帥師圍徐以懼吳。五子，楚大夫。徐，吳與國，故圍之以偪吳。○潘，普干反。督音篤，本亦作囂，五刀反，徐許驕反。楚子次于乾谿，在譙國城父縣南。以爲之援。

雨雪。王皮冠、秦復陶。秦所遺羽衣也○擐于眷反雨于付反王皮冠一本作楚子皮冠復音服一音福陶徒刀反遺唯季反〔疏〕注秦所遺羽衣○正義曰文在冠下舃上知是衣也目之以秦明是秦所遺也冒雪服之知是毛羽之衣可以禦雨雪也 翠被。以翠羽飾被○被普義反注及下同 豹舃。以豹皮為屨○舃音昔 執鞭以出。執鞭以教令○鞭必綿反注或革旁作更者五孟反非也 僕析父從。楚大夫○析星歷反從才用反〔疏〕翠被○正義曰釋鳥云翠鷸樊光云青出交州李巡曰其羽可以飾物郭璞曰似燕紺色生鬱林鄭子臧好鷸冠以此鳥之羽飾冠○僕析父從○正義曰劉炫以為僕析父從右尹子革夕見於王為下與華語張本以規杜今知不然者若僕析父共子華二人同時見王王與之語則二人並在子華獨對傳應云子革對曰不得直云對故杜以為右尹子革將夕故下與云對事理分明劉妄規杜過非也 右尹子革夕。子革鄭丹夕莫見○莫音暮見賢遍反 王見之。去冠被，舍鞭。敬大臣○去起呂反舍音捨 與之語曰。昔我先王熊繹，楚始封君○繹音亦〔疏〕注楚始封君○正義曰此與呂級王孫牟燮父禽父杜所注者皆是世家文也燮父禽父亦王孫傳於牟言王孫燮禽亦蒙之 與呂級、齊太公之子丁公○級音急本亦作伋 王孫牟、衛康叔子康伯 燮父、晉唐叔之子○燮素協反父音甫下同 禽父、周公子伯禽 並事康王。康王成王子 四國皆有分，我獨無有。四國齊晉魯衛分珍寶之器○分扶問反下及注皆同〔疏〕注四國至之器○正義曰書序云武王既勝殷邦諸侯班宗彝作分器旅獒云明王慎德四夷咸賓無有遠邇畢獻方物惟服食器用王乃昭德之致于異姓之邦無替厥服分寶玉于伯叔之國時庸展親魯語云古者分同姓以珍玉展親也分異姓以遠方之職貢使無忘服也是言諸侯皆得天子之分器也定四年傳稱分魯公以夏后氏之璜封父之繁弱分康叔以大呂之鍾分唐叔以密須之鼓闕鞏之甲沽洗之鍾其齊之所得則無以言之 今吾使人於周，求鼎以為分，王其與我乎。對曰。與君王哉。昔我先王熊繹，辟在荊山。在新城沶鄉縣南○辟匹亦反沶音市又音示 篳路藍縷，以處草莽。跋涉山林，以事天子。唯是桃弧棘矢，以共禦王事。桃弧棘矢以禦不祥 言楚在山林少所出有○篳音必藍力甘反縷力主反莽武黨反跋蒲末反共音恭禦魚呂反 齊，王舅也。成王母齊大公女 晉及魯、衛，王母弟也。楚是以無分，而彼皆有。今周與四國服事君王，將唯命是從，豈其愛鼎。王曰。昔我皇祖伯父昆吾，舊許是宅。陸終氏生六子長曰昆吾少曰季連季連楚之祖故謂昆吾為伯父昆吾嘗居許地故曰舊許是宅○長丁丈反少詩照反嘗一本作曾才能反〔疏〕注陸終至是宅○正義曰楚世家云陸終生子六人坼剖而產

焉一曰昆吾二曰參胡三曰彭祖四曰會人五曰曹姓六曰季連季連芊姓楚其後也昆吾是楚之遠祖之兄也舊許是宅昆吾嘗居許地許既南遷故云舊許是宅其地此時屬鄭故云鄭人貪賴其田而不我與哀十七年傳衛侯夢見人登昆吾之觀北面而譟曰登此昆吾之虛杜云今在濮陽城中蓋昆吾居此二處未知孰為先後也 今鄭人貪賴其田，而不我與。我若求之，其與我乎。對曰。與君王哉。周不愛鼎，鄭敢愛田。王曰。昔諸侯遠我而畏晉。今我大城陳、蔡、不羹，賦皆千乘。子與有勞焉。諸侯其畏我乎。對曰。畏君王哉。是四國者，專足畏也。四國陳蔡二不羹○遠于萬反羹音郎乘繩證反與音預〔疏〕注四國至不羹○正義曰劉炫以為楚語云靈王城陳蔡不羹使僕夫子晳問於范無宇曰今吾城三國賦皆千乘亦當晉矣請侯其來乎對曰是三城者豈不使諸侯之惕焉彼再言三城無四國也縱使不羹有二或當前後遷焉非是並有二也炫謂古四字積畫四當為三以規杜過今知不然者以三之與四古雖積畫錯否難知但今諸儒所注春秋傳本並云四國無作三者國語是不傳之書何可執以為真而攻左氏劉雖有所規未可從也 又加之以楚，敢不畏君王哉。工尹路請曰。君王命剝圭以為鏚柲，鏚斧也柲柄也破圭玉以飾斧柄○剝邦角反鏚音戚柲音祕〔疏〕破圭玉以飾斧柄○正義曰斧柯長三尺和氏之玉長一尺二寸圭玉非為斧柄之物故知破之為飾 敢請命。請制度之命 王入視之。析父謂子革。吾子，楚國之望也。今與王言如響，國其若之何。譏其順王心如響應聲○響許丈反應應對之應 子革曰。摩厲以須，王出，吾刃將斬矣。以己喻鋒刃欲自摩厲以斬王之淫慝○慝他得反 王出，復語。左史倚相趨過。倚相楚史名○復扶又反倚於綺反徐其綺反相息亮反 王曰。是良史也。子善視之。是能讀三墳、五典、八索、九丘。皆古書名○墳扶云反索所白反本又作素〔疏〕注皆古書名○正義曰孔安國尚書序云伏犧神農黃帝之書謂之三墳言大道也少昊顓頊高辛唐虞之書謂之五典言常道也八卦之說謂之八索求其義也九州之志謂之九丘丘聚也言九州所有土地所生風氣所宜皆聚此書也楚左史倚相能讀三墳五典八索九丘即謂上世帝王遺書也周禮外史掌三皇五帝之書鄭玄云楚靈王所謂三墳五典是也賈逵云三墳三王之書五典五帝之典八索八王之法九丘九州亡國之戒延篤言張平子說三墳三禮禮為大防爾雅曰墳大防也書曰誰能典朕三禮三禮天地人之禮也五典五帝之常道也八索周禮八議之刑索空空設之九丘周禮之九刑丘空也亦空設之馬融說三墳三氣陰陽始生天地人之氣也五典五行也八索八卦九丘九州之數也此諸家者各以意言無正驗杜所不信故云皆古書名 對曰。臣嘗問焉。

昔穆王欲肆其心，周穆王肆極也 周行天下，將皆必有車轍馬跡焉。祭公謀父作祈招之詩，以止王心。謀父周卿士祈父周司馬世掌甲兵之職招其名祭公方諫遊行故指司馬官而言此詩逸○周行如字又下孟反轍直列反祭側界反招常遙反又音昭父音甫〔疏〕注謀父至詩逸○正義曰尚書酒誥云若疇圻父是祈父為官名也詩小雅有祈父之篇其詩云祈父予王之爪牙胡轉予于恤毛傳云祈父司馬也職掌封圻之甲兵鄭箋云此司馬也時人以其職號之故曰祈父杜用彼說故云祈父司馬世掌甲兵之職也祈既是官故以招為其名謂穆王之時有司馬之官其名曰招也祭公方諫遊行故指司馬官而為言也賈逵云祈求也昭明也言求明德也馬融以圻為王圻千里王者遊戲不過圻內昭明也言千里之內足明德 王是以獲沒於祇宮。獲沒不見篡弒○祇音支又音祁篡初患反弒申志反〔疏〕祇宮○正義曰馬融云圻內遊觀之宮也杜不解蓋以為王離宮之名也 臣問其詩而不知也。若問遠焉，其焉能知之。王曰。子能乎。對曰。能。其詩曰。祈招之愔愔，式昭德音。愔愔安和貌式用也昭明也○焉能於虔反愔愔一心反徐於林反 思我王度，式如玉，式如金。金玉取其堅重 形民之力，而無醉飽之心。言國之用民當隨其力任如金冶之器隨器而制形故言形民之力去其醉飽過盈之心○冶音也去起呂反〔疏〕其詩至之心○正義曰穆王之時有祈父官名招即是司馬官也職掌兵甲常從王行祭公諫王遊行設言以戒司馬也言祈招之愔愔美其志性安和愔愔然也女當用此職掌以明我王之德音也思使我王之德度用如玉然用如金然使之堅而且重可寶愛也若用民力當隨其所能而制其形模依此形模用民之力而無有醉飽盈溢之心也以王之遊行必勞損民力故令依注用之○注言國至之心○正義曰言國之用民民當隨其力任量其力之所堪而任用之不使勞役過其所堪也如金冶之器隨器而制形者鑄冶之家將作器而制其模謂之為形今代猶名焉用民之力依模用之故言形民之力也食充其腹謂之飽酒卒其量謂之醉醉飽者是酒食饜足過度之名也穆王用民之力不知饜足故令去其醉飽過盈之心 王揖而入，饋不食，寢不寐，數日。深感子革之言○饋其位反數所主反 不能自克，以及於難。克勝也○難乃旦反勝升證反又音升 仲尼曰。古也有志，克己復禮，仁也。信善哉。楚靈王若能如是，豈其辱於乾谿。○晉伐鮮虞，因肥之役也。肥役在此年〔疏〕克己復禮仁也○正義曰劉炫云克訓勝也己謂身也有嗜慾當以禮義齊之嗜慾與禮義交戰使禮義勝其嗜慾身得歸復於禮如是乃為仁也復反也言情為嗜慾所逼已離禮而更歸復之今刊定云克訓勝也己謂身也謂身能勝去嗜慾反復於禮也

春秋左傳注疏卷四十五挍勘記　阮元撰盧宣旬摘錄

經九年

注以事會禮 宋本監本毛本事下有至字

則當云楚人遷許 宋本云作爲

而書陳災者 淳熙本災誤少

災言繫於所災所害 宋本岳本監本毛本言作害是也

不書也 宋本書下有晉字是也

傳九年

楚公子弃疾遷許于夷 石經于字缺

此時至譙郡之下 宋本以下正義二節揔入注文使民不安

故傳以實明之 閩本監本毛本明作名

傳以所改實之 監本實下有名字毛本作明字並衍文

凡有二義經書未改之名傳以所改實之 補案此十六字誤衍上文

傳云許遷於析 毛本於改于

次于垂葭實郥氏是也 閩本監本毛本郥作即非

已有所改前後之名 毛本已作亦

夫子集史記而爲經 毛本夫誤父段玉裁挍本作孔

析公之亂 臧禮堂云案傳云子儀之亂析公奔晉此作析公之亂葢孔沖遠誤憶耳

汝水之南也 宋本也作地

然丹遷城父人於陳 纂圖本毛本於作于下於許同並非

許遷於葉 釋文亦作於纂圖本毛本作于非

廿八至大夫 宋本以下正義十六節揔入注文賓滑周大夫之下

晉梁丙張趯率陰戎伐潁 石經初刻誤穎後改正下歸潁俘同

桓伯周大夫 淳熙本桓作相

駘 釋文云依字應作郃顧炎武云詩作邰

百餘里耳 監本百字實缺

肅愼北夷 淳熙本北誤伯

在元菟北三千餘里 諸本作北此本誤此今改正

即在遼東北 宋本重東字此本誤脫

亦其廢隊是爲 石經隊初刊作墜後磨去土字是也

故言弁髦因以敝之 宋本淳熙本岳本纂圖本足利本之字下有弁亦冠也四字與正義合

冠而敝可也 宋本可上有之字是也

爲髦彼兩髦 閩本監本毛本彼作被非也

止須言饕餮耳 閩本監本毛本止誤正

而云檮杌者 毛本云改言

僖十十五年 補案十字誤重

二十二年 纂圖本下二字作三非也

邑外謂之郊 宋本毛本謂誤爲

后稷脩封疆 岳本前後並作脩此處作修

木水之有本原 纂圖本原改源

雖戎狄其何有余一人 淳熙本戎誤成

而暴滅宗周 石經宋本滅作蔑

陳水屬 宋本以下正義七節揔入故曰五十二年句注下

火水妃也 陸粲附注云下注妃合音配則此亦同音大元注引傳作火水嬰也嬰古妃字

土畏木以己爲甲妃也 宋本監本毛本木作水非也

故火爲水妃 毛本妃作也非也

卷章生犂 宋本犂作黎

帝使黎誅之 監本毛本黎作犂下同

當謂逐去楚人之在陳者 閩本監本毛本謂作爲非也

故昭十五年得超一辰 宋本閩本監本毛本作超此本誤招今訂正

若然楚卒滅陳 此本滅字模糊依宋本補正閩本監本毛本作城非也

則歲星當偷鶉火至鶉尾 閩本監本毛本偷作逾亦非宋本作踰○今從宋本

卒于戲陽 案後漢書光武紀作羛陽注引左傳文云戲與羛同又按說文我部云羛郡有羛陽縣

膳宰屠蒯趨入 纂圖本監本毛本膳作饍案饍俗膳字諸本作屠蒯禮記作杜蕢鄭注云杜蕢或作屠蒯

工樂師師曠也 閩本監本曠作曠非也正義同毛本正義亦誤曠

工樂師師曠也 宋本以下正義七節揔入公說徹酒節注下

將司聰也 纂圖本毛本司作師非毛本正義亦誤

故此日不用舉吉事 宋本故下有忌字是也

是謂般肱 石經此處殘缺纂圖本閩本監本毛本謂作爲非也

職在外故主視 監本毛本在誤爲

其禮不可輒廢 毛本輒作徹非也

使荀躒佐下軍以說焉 釋文云躒本又作櫟軍字監本空缺

主人不延几 浦鏜正誤延作筵與聘禮合

詩曰至予來 宋本此節正義在無囿猶可節下

無囿猶可 顧炎武云石經囿誤宥案石經不誤炎武非也

經十年

耆酒好內 淳熙本纂圖本閩本監本毛本耆作嗜閩本內誤內

三月而葬速 淳熙本月誤日

宋公成卒 釋文云成音城何休音恤案公羊作戌釋文云宋戌讀左傳者音城何云向恤與君同名則宜音恤

注五同盟 宋本此節正義在九月節注下注十一同盟節正義在十有二月節注下

十八年于虛朾 監本朾誤村

十六年于臭梁 閩本監本毛本臭作溴亦非宋本作溴是也○今從宋本

傳十年

注歲歲至元枵 宋本以下正義五節揔入吾是以譏之注下

客星居元枵之維首 宋本元作女非也

實守其地 韋昭周語注引作其祀

織女爲處女 纂圖本毛本爲作謂非是

則陵是逢君之始祖也 宋本則下有伯字是也

未知戊子卒者何名號也 宋本閩本監本毛本同何下宋本有所字

齊惠欒高氏皆耆酒 宋本脫皆字石經此處殘缺

故騁告鮑文子 淳熙本岳本纂圖本騁作騁

則皆從飲酒 石經宋本淳熙本岳本纂圖本監本毛本從作將是也

欲以公自輔助 淳熙本纂圖本足利本助作佐

齊惠欒高氏 宋本以下正義六節揔入穆孟姬雖注下

齊惠公生子欒 毛本齊誤晉宋本生下有公字是也
旗生是欒孫 宋本無生字是也
孫以王父字王父字爲氏 宋本王父字不重是也
彼師氏察王得失 毛本師誤司
晏平仲端委立于虎門之外 宋殘本此句起
端委朝服 案九年注作端委禮服
公卜使王黑以靈姑銔率 宋殘本王字模糊
王黑齊大夫 宋殘本大字模糊
斷三尺不敢與君同 宋殘本斷三不三字模糊
欒高敗 宋殘本敗作師
欒施高彊來奔 纂圖本毛本彊作強非也
謂懿德 宋本淳熙本岳本纂圖本閩本監本毛本謂上有讓之二字是也石經讓字殘缺
蘊利生孽 石經宋本宋殘本淳熙本岳本足利本蘊作薀下及注同與北宋刻釋文合說文薀字注引春秋傳亦作薀利生孽案蘊俗薀字岳本孽作孼釋文作孽說文無孽字
蘊畜也孽妖害也 淳熙本妖誤疾宋殘本淳熙本岳本纂圖本注文七字在姑使無薀乎句下與此本同
于山子商 宋殘本商誤啇
陳錫載周 諸本作載周語國語引詩同釋文云詩作哉毛傳云哉載也
曰詩云至桓公是以霸 監本毛本無桓公二字宋本作曰詩至以霸
桓公亦用此能霸諸侯 宋本能下有施是以三字
郠莒邑 重脩監本郠誤鄭
魯無義 石經義字下後人旁增矣字
視民不佻 釋文云詩作示案詩亦作視
郲人辭人 石經宋本宋殘本淳熙本岳本纂圖本足利本郲人下有滕人二字
百兩 宋本以下正義三節揔入而不能自克也注下
孤斬焉在衰絰之中 釋文云衰本又作縗字石經此處正作衰字足以正前此改刊之不誤
大夫將若之何 毛本若作知非也
我則知不足矣 宋本無矣字

高彊見而退 閩本監本彊作疆非也
昭子語諸大夫曰 案石經夫字以下一行十一字自爲字起皆改刊初刻似多一字改從定本故次行僅九字也
其子弗能任罪猶及之難不慎也 石經子字起慎字止此行計十一字自之字以下刓缺
不害乎 石經宋本淳熙本宋殘本岳本纂圖本閩本監本毛本不下有亦字是也
難不慎 宋本以下正義二節揔入詩曰不自我先節注下
言人居身難 此本身字模糊據宋本補閩本監本作之毛本作其皆非也
詩曰至我後 宋本閩本監本毛本正義在冬十二月節之前
○平○正義曰 此節正義閩本毛本監本在注文平公大子佐也之下與此本同宋本在注文言元公好惡無常之下
內外賓服曰平 梁玉繩云逸書謚法解平謚有三而內外賓服乃正也孔氏誤
好建國都曰元 案逸周書謚法解好作始

經十一年

春王二月 石經此處殘缺傳文亦作二月公羊作正月
但立爲君於蔡 毛本於作于
仲孫 纂圖本仲誤季
厥慭 釋文慭徐五巾反惠棟云案公羊作屈銀是慭讀爲銀徐音是也說文云慭从心猌聲又犬部云猌從犬來聲讀又若銀是古音皆以慭爲銀

傳十一年

歲復在大梁 毛本梁誤楚
雖蔡於感 諸本作咸釋文云戶暗反石經亦不加小旁此古字之僅存者
五月丙申 石經宋本宋殘本淳熙本岳本纂圖本足利本五作三是也
不可再也 淳熙本可作阿毛本再作討並誤
桀克有緡以喪其國 自桀字以下宋殘本缺一葉
桀克至其身 宋本以下正義四節揔入注文猶没不可復振之下
非祚之也 釋文祚作胙云本又作祚陳樹華云當作胙爲正
猶没不可復振 釋文云本亦無復字

○水木至弃捐 宋本水作注金二字是也
僖子使助薳氏之簉 釋文云薳本又作蔿簉本又作造說文簉從艸案五經文字艸部簉字注云叉又反倅也春秋傳從竹
簉副至助之 宋本以下正義二節揔入注文似雙生之下
似雙生 纂圖本似誤以
物以無親 宋本此節正義在注文狐父晉大夫之下
亦可知也已爲盟主而不恤亡國將焉用之 岳本已作巳石經此處刓缺此行也字起將字止計十一字案陳樹華云宋本及明刻諸本並作已止之已岳本作人已之已惜釋文無音石經又缺以文義論之當作已止之已又案惠棟讀本以已字屬上是作已不作己也
○秋會于厥慭 宋本無○
不果救蔡 宋本淳熙本岳本纂圖本足利本無蔡字是也
三年王其有咎乎 宋殘本自王字以下起
歲在大梁 監本毛本在誤爲釋文云大或作於
單子其將死乎 臧琳云漢書五行志無將字乎作虖虖古乎字
注著定至表著 宋本以下正義五節揔入無守氣矣注下
必聞於表著 宋本於作于
會有表 正義云俗本表下有旗謬也
侯先伯 毛本伯誤西
是以設表爲位也 宋本是下有亦字
必亦旌表位 宋本亦下有以字
衣有襘 釋文亦作襘閩本誤禬監本誤繪下結襘並同按說文衣部有襘字帶所結也禮記作袷注云交領也此傳云視不過結襘之中即曲禮天子視不上於袷不下於帶也然則杜釋襘爲領會可正許氏之誤
注貌正曰從 宋本正下有至字
其意云 監本毛本云作曰
晉士至魯郊 宋本此節正義在君無慼容節注下
則不爲祖考所歸祐 岳本祐作佑此本所誤听閩本遂作聽今據諸本改正
忌畏也 宋殘本此處模糊纂圖本閩本監本毛本忌畏誤倒
蔡侯廬之父 釋文亦作盧纂圖本作盧非

用隱大子于山岡宋本以下正義三節摠入王必悔之注下山岡字誤倒

楚子城陳蔡不羹諸本作羹釋文云漢書地理志作更字

不羹宋本以下正義六節摠入尾大不掉節注下

與檀伯爲一人補案一當作二諸本並誤今改正

則莊城櫟而置子元宋本莊下有公字

不可爲怪閩本怪作惟尤非宋本監本毛本作怪是也

劉子元爲曼伯補宋本毛本劉下有又以二字監本初刻無後擠補閩本亦脫又字

又下云閩本監本毛本云作文非

亦不可居朝廷閩本監本廷作庭非

羈不在內石經宋本宋殘本岳本羈作羇

國有大臣石經宋本宋殘本淳熙本岳本纂圖本閩本監本毛本臣作城是也○今訂正

在襄生四年閩本監本生作公亦誤宋本宋殘本淳熙本岳本纂圖本毛本生作十是也○今訂正

欲令蕃屏王室毛本蕃作藩按說文蕃艸茂也从艸番聲藩屏也从艸潘聲毛本是

若體牲焉案國語楚語牲作性

故變而不勤閩本監本毛本勤作動

䖟蟄之既多案國語楚語蟄作蠆當攺

臣懼之宋本臣下有亦字與楚語合

經十二年

或可轉寫錯誤閩本監本毛本轉作傳○案可當作由

以乾谿師告淳熙本師誤帥

何以不常狄晉而復之其人也閩本監本毛本之作舉宋本作書而作更人作

將是也○今從宋本

傳十二年

言因唐衆欲納之毛本言因誤倒

執用至庸毀宋本以下正義三節摠入以自成也之下

故道有臨時迂直也釋文亦作迂宋本宋殘本作迃毛本時誤在

則朝而堋石經此處缺釋文云堋禮家作窆正義曰周禮作窆禮記作封此作窆其字不同是聲相近經篆隸而字轉易耳案說文作堋字注引春秋傳曰朝而堋

享之岳本享上增公字非也

言賓有令德宋本賓作實

爲賦蓼蕭宋本以下正義二節摠入注文華定出奔傳下

令德受貺補案受當作壽毛本亦誤

定當受同福宋本受下有此字

注慭曾至於策宋本以下正義五節摠入以齊侯出句注下

宛在水中日坻補案日字誤衍

或可投時皆有言語閩本監本毛本可作作非

即爲投壺閩本監本毛本即作是非

服之无斁宋本无作無

吾軍帥彊禦纂圖本毛本帥誤師釋文彊作強

日旰君勤石經君字下缺說文旰字注引春秋傳曰日旰君勞

成虎宋本此節正義在注文解經所以書名之下

注鮮虞至陽城宋本此節正義在注文爲下晉伐鮮虞起之下

晉郤克衛孫良夫伐墻咎如宋本墻作廧

杜以昔陽爲肥國之都正德本閩本監本昔作晉非毛本作者尤誤

昔陽即是肥都宋本昔上有若字

後遷虢鄗此本虢字模糊據宋本補閩本毛本作號監本作虢並非

與此何異且宋本異下作異且且字屬下讀是也○補案此本且作日不成字今改從宋本

去下曲陽道路非遠毛本遠作遠非是

在中山南二百許里閩本監本毛本許作餘

如湯之伐桀監本毛本伐作放按書序作伐桀史記殷本紀亦云湯伐桀

鉅鹿下曲陽縣西有肥累城宋本宋殘本淳熙本岳本足利本西下有南字案郡國志引注亦作西南

原伯絞周大夫宋本此節正義在注文郊周地之下

過將去成景之族閩本監本景下衍公字是也

以功加三命毛本功誤至

季悼子至命爲卿宋本以下正義十九節摠入小聞之節注下

著位次宋本宋殘本淳熙本岳本纂圖本閩本監本毛本作著此本誤者今改正宋殘本位作仁非也

故以攸爲懸之貌也宋本之上有危字是也

邇身而遠志宋殘本遠作速非也

微以感之閩本監本感誤戒

汎卜吉凶淳熙本卜吉二字誤作旨纂圖本作下亦非

是籌之名也宋本是上有則枚二字是也

今俗該云閩本監本毛本該作語亦非宋本作諺是也○今從宋本

坤上坤下坤宋本宋殘本淳熙本岳本纂圖本足利本作坤下坤上不誤

外彊內溫忠也纂圖本閩本監本毛本彊作強注及正義並同

筮遇比爻閩本監本毛本比作此

既和且正信之本毛本信作性非

解此爻辭之意閩本監本毛本意下衍也字

循而行宋本循下有道字是也

供養三德爲善正義引董遇注本爲共養解云盡共所以養成三德也案惠棟云古供字作共董季直本是也訓爲盡共恐未然三德謂黃裳元也注亦誤

黃中至弗當宋本此節在失中德正義之前

可如此筮之言吉也閩本監本如作知

南蒯曰共家還適費宋本宋殘本淳熙本岳本足利本還作還不誤

杞世所謂狗杞也此本狗字模糊據宋本補淳熙本岳本纂圖本閩本監本毛本作枸

子男子之通稱沈彤云通當作美

言從已可不失今之尊宋本宋殘本岳本已作巳不誤

杞枸櫞閩本監本櫞誤欄

蒯君云宋本監本毛本君誤者

服虔云已乎閩本監本乎誤矣宋本已乎重與傳文合

潁水之尾在下蔡宋本宋殘本淳熙本岳本纂圖本蔡下有西字

司馬督宋殘本淳熙本督作督石經督字下半殘缺釋文作裻云本亦作督案五經文字云裻音督則石經必作裻不作督也惠棟云裻與督通說文云裻背縫莊子養生主云緣督以爲經亦謂背縫也方言云繞循謂之襟裷郭氏云衣督脊也

注泰所遺羽衣　宋本以下正義十四節揔入仲尼曰節之下

冒雪服之　閩本監本毛本冒作冐非服閩本誤復監本誤腹毛本誤羽

執鞭以出　諸本作鞭釋文云或革旁作更者五孟反非也

青出交州　宋本青下有羽字是也

似燕紺色　宋本燕作鷰字按唐人作燕鳥字多如此

子革鄭丹　監本革誤華

王見之去冠被　按襄十四年正義引作去皮冠以意增字耳

與呂級　釋文云級本又作汲岳本足利本作伋宋六經正誤云呂級興國本作汲尚書作伋姑兩存之

姑洗之鐘　宋本閩本監本毛本鐘作鍾

篳路藍縷　纂圖本毛本足利本藍作籃案史記作篳露藍蔞徐廣曰案服虔云篳露柴車素大路也藍蔞言衣敝壞其蔞藍藍然也是徐廣所見服氏本亦作藍山井鼎云作藍恐非誤也

以事天子　宋殘本事字以下全缺

一曰昆吾　宋本閩本監本毛本有一字此本空缺今據補

登此昆吾之虛　閩本監本毛本虛作墟

使僕夫子晳問於范無宇曰　閩本晳誤哲諸本作問此本誤門今訂正

豈不使諸侯之惕焉　案國語楚語之下有心惕二字

但古今諸儒　古字據宋本補閩本監本毛本亦脫

工尹路請曰　石經初刊有工字後磨去故此行九字

君王命剝圭以為鏚柲　釋文亦作柲閩本監本毛本誤秘閩監本注同毛本注作柄尤非又按鏚者戚之俗字戚者戉也戉者大斧也

斧柯長三尺　毛本柯誤何

析父謂子革　石經析字磨改革字以下一行計九字

以斬王之淫慝　足利本斬作斷與釋文合

三墳三王之書　宋本王作皇

各以意言無正驗　宋本言下有皆字

故云皆古書名　監本毛本名下衍耳字

昔穆王欲肆其心　案家語作昔周穆王李善注赭白馬賦引無昔字有周字陳樹華云疑作昔周穆王益楚亦有穆王子革對楚子言故加周字此非引書者以意增改也

祭公謀父作祈招之詩　正義曰賈逵云祈求也昭明也馬融以圻為王圻千里據此則賈逵本作祈昭馬融本作圻昭也

王是以獲沒於祗宮　釋文沒作歿祗宮家語作支宮祗宮在南鄭見竹書紀年顧炎武惠棟並引之也按祇與支音同古音之十六部今音之五支也傳作祗家語作支正是一字

形民之力　家語形作刑惠棟云古刑字皆作形段玉裁云形同型型法也謂為之程法以用民之力而不太過也杜注得之型古通作刑亦作形正義云作器而制其模謂之為形正謂形即型也

去其醉飽過盈之心　正義亦作盈毛本誤淫

常從王行　毛本常誤當

依此形模　監本毛本此作其

謂之為形令代猶名焉　此本形令誤飛令據宋本閩本監本毛本訂正

有嗜慾當以禮義齊之　宋本有上有身字嗜作耆下同

今刊定云　閩本監本毛本刊誤劉

附釋音春秋左傳注疏卷第四十五

附釋音春秋左傳注疏卷第四十六　昭十三年

杜氏注　孔穎達疏

經十有三年。春。叔弓帥師圍費。不書南蒯以費叛不以告廟。費音秘〔疏〕注不書至告廟○正義曰定八年傳云陽虎入于讙陽關以叛注云叛不書略家臣則此亦為略家臣故不告廟也以不告廟故史不得書二注互相備○夏。四月。楚公子比自晉歸于楚。弒其君虔于乾谿。比去晉而不送書歸者依陳蔡以入言陳蔡猶列國也比歸而靈王死故書弒其君靈王無道而弒稱臣比非首謀而反書弒比雖脅立猶以罪加也靈王死在五月又不在乾谿楚人生失靈王故本其始禍以赴之○谿苦兮反〔疏〕注比去至赴之○正義曰傳稱依陳蔡人以國許復其國而藉其力故書為歸言是陳蔡納之釋例曰韓魏有耦國之彊陳蔡有復國之端故晉趙鞅楚公子比皆稱歸從諸侯納之例言非晉楚之所能制是其義也計靈王無道於國其弒不應稱臣又比為觀從所誑迫脅而立非是首謀而反書比弒君者比歸而王死故書比弒其君比雖被脅而立靈王為比而死雖非比弒猶以弒君之罪加比哀六年注云楚比劫立陳乞流涕子家憚老皆疑於免罪故春秋明而書之以為弒主釋例曰若鄭之歸生齊之陳乞楚公子比雖本無其心春秋之義亦同大罪是以君子慎所以立也其意以為弒君之惡惡之大者雖則本無其心君實由之而死若舍而不責則下無所忌故書其名成其罪所以示來世勵後人為教之遠防也靈王見弒實由無道但欲見比罪故稱臣名非言靈王為有道猶如宣二年晉趙盾弒其君夷皋釋例曰傳言靈公不君又以明於例此弒宜稱君也弒非趙盾而經不變文者以示良史之意深責執政之臣彼為章盾之罪稱臣名此亦為章比之罪稱臣名非言靈王不合弒稱君也又傳稱五月王縊于芋尹申亥氏他年申亥以王柩告則靈王死在五月其死又不在乾谿而經書四月比弒其君虔于乾谿者楚人生失靈王告時未知死否但以乾谿之地先王以為王必死矣本其始禍故以四月弒君赴也劉炫云比以四月歸既歸而王死故以云云同楚公子棄疾殺公子比。比雖為君而未列於諸侯故不稱爵殺不稱人罪棄疾〔疏〕注比雖至棄疾○正義曰釋例曰諸侯不受先君之命而簒立得與諸侯會者則以成君書之齊商人蔡侯般之屬是也若未得接於諸侯則不稱爵楚公子棄疾殺公子比蔡人殺陳佗齊人殺無知衛人殺州吁公子瑕之屬是也諸侯簒立雖以會諸侯為正此列國之制也至於國內策名委質卽君臣之分已定故諸殺不稱君亦與成君同義也傳曰會于州以定公位又云若有罪則君列諸會矣此以會為斷也衛州吁無知皆弒君自立其死稱人以殺此比亦弒君而立不稱人以殺而云棄疾殺者棄疾利比之位而殺之其意不得為討賊不稱人所以罪棄疾也釋例云比既得國國人驚亂棄疾從而恐之比懼自殺皆棄疾之由故書公子棄疾殺公子比是言不稱弒其君又說罪棄疾之意也○秋。公會劉子、晉侯、齊侯、宋公、衛侯、鄭伯、曹伯、莒子、邾子、滕子、薛伯、杞伯、小邾子、于平丘。平丘在陳留長垣縣西南。垣音袁八月。甲戌。同盟于

平丘。書同齊服故公不與盟。魯不堪晉求讒慝弘多公不與盟非國惡故不諱。與音預注同慝他得反〔疏〕注魯不至不諱。正義曰宣七年公會晉侯云云于黑壤傳曰晉侯之立也公不朝焉又不使大夫聘晉人止公于會盟于黃父公不與盟以賂免故黑壤之盟不書諱之也彼公不與盟諱而不書此書之者彼不相朝聘公實有罪諱國之惡故不書其盟此時公實無罪非是國惡故書而不諱襄三十二年傳曰晉公室卑政在侈家韓宣子爲政不能圖諸侯魯不堪晉求讒慝弘多是以有平丘之會此年傳云邾人莒人愬于晉曰魯朝夕伐我幾亡矣注云自昭公即位邾魯同好又不朝夕伐莒無故怨愬晉人信之所謂讒慝弘多是言晉受讒言公無罪非國惡故不諱也晉人執季孫意如以歸。公至自會。無傳○蔡侯廬歸于蔡。廬音盧又力居反陳侯吳歸于陳。陳蔡皆受封于楚故稱爵諸侯納之曰歸〔疏〕注陳蔡至曰歸。正義曰公羊傳曰此皆滅國也其言歸何不與諸侯專封也其意言諸侯不得專封不與楚封陳蔡使若陳蔡之君自有國而歸之然以是故稱爵言歸若言各自有爵非由楚也杜以傳言平王封陳蔡又二君之歸再言禮也則與滅繼絕是爲得禮無有不與楚封之事也二者皆是舊國立君紹其先祀襲其封爵爵是先世之爵非楚今始立之故言陳蔡皆受封于楚已立爲侯故稱爵以歸國非入國始爲君也禮諸侯不生名二君皆書名者稱爵以其受封于楚書名以其未成爲君稱名稱爵兩見之也諸侯納之曰歸成十八年傳例○冬十月，葬蔡靈公。蔡復而後以君禮葬之○公如晉，至河乃復。晉人辭公○吳滅州來。州來楚邑用大師焉曰滅〔疏〕注州來至曰滅。正義曰州來楚邑不繫楚者大都以名通者例皆不繫國用大師焉曰滅襄十三年傳例

傳十三年春，叔弓圍費，弗克，敗焉。爲費人所敗不書諱之平子怒，令見費人執之以爲囚俘。冶區夫曰：非也。區夫魯大夫。俘芳夫反冶音也區烏侯反一音丘于反〔疏〕非也。正義曰非三代服叛之道也若見費人，寒者衣之，飢者食之，爲之令主，而共其乏困，費來如歸，南氏亡矣，民將叛之，誰與居邑？若憚之以威，懼之以怒，民疾而叛，爲之聚也。若諸侯皆然，費人無歸，不親南氏，將焉入矣？平子從之。費人叛南氏。費叛南氏在明年傳善區夫之謀終言其效。○衣於既反食音嗣共音恭憚待旦反爲之聚也于僞反焉于虔反效戶孝反〔疏〕民疾至聚也。正義曰季氏既執費人人皆憎疾季氏而叛之爲南氏之積聚也○楚子之爲令尹也，殺大司馬薳掩而取其室。在襄三十年。薳于委反掩於檢反及即位，奪薳居田。居掩之族言薳氏所以怨遷許而質許圍。遷許在九年圍許大夫。質音致

蔡洧有寵於王。王之滅蔡也，其父死焉。楚滅蔡在十一年洧仕楚其父在國故死。洧于軌反王使與於守而行。使洧守國王行至乾谿。與音預守手又反〔疏〕楚子至而行。正義曰易稱善不積不足以成名惡不積不足以滅身小人以小善爲無益而弗爲以小惡爲無傷而弗去也故惡積而不可揜罪大而不可解至於滅身也申之會，越大夫戮焉。申會在四年〔疏〕申之至戮焉。正義曰王肅云越大夫常壽過也申之會經書淮夷而不書越者以常壽過有罪不得列會故不書越也戮者陳其罪惡以徇諸軍言將殺之終亦不殺過至今在楚故怨而作亂王奪鬬韋龜中犨，韋龜令尹子文玄孫中犨邑名。犨尺州反○又奪成然邑而使爲郊尹。成然韋龜子郊尹治郊竟大夫。○竟音境蔓成然故事蔡公。蔡公棄疾也故猶舊也韋龜以棄疾有當璧之命故使成然事之。○蔓音萬故薳氏之族及薳居、許圍、蔡洧、蔓成然，皆王所不禮也。因羣喪職之族，啓越大夫常壽過作亂，常壽過申會所戮者。喪息浪反過古禾反〔疏〕故薳至成然。正義曰言族者以掩既被殺雖有族存故言族也韋龜成然皆被奪邑所以不數韋龜而獨數成然者以是時韋龜已死故不言之上言奪邑者積王之惡見成然怨恨之深猶父子被奪故也圍固城，克息舟，城而居之。息舟楚邑城之堅固者〔疏〕圍固至居之。正義曰圍固城城之固者克息舟息舟郎是其一也以圍時有所毀故更城而居之觀起之死也，其子從在蔡，事朝吳，觀起死在襄二十二年朝吳故蔡大夫聲子之子。從如字朝如字〔疏〕注故蔡大夫聲子之子。正義曰言故蔡大夫者此時蔡滅見爲楚縣吳今在蔡其父先爲蔡國大夫故云故蔡大夫聲子之子也曰：今不封蔡，蔡不封矣。我請試之。觀從以父死怨楚故欲試作亂以蔡公之命召子干、子皙，二子皆靈王弟元年子干奔晉子皙奔鄭。皙星歷反及郊而告之情，告以蔡公不知謀強與之盟，入襲蔡。蔡公將食，見之而逃。不知其故驚起辟之。○強其丈反〔疏〕強與之盟。正義曰二子聞非蔡公之命欲還故觀從強與之盟遂入襲蔡觀從使子干食，坎用牲，加書而速行。使子干居蔡公之膳食蔡公之食並僞與蔡公盟之徵驗以示衆已徇於蔡，蔡已觀從也。○已音紀徇似俊反曰：蔡公召二子，將納之，與之盟而遣之矣，將師而從之。詐言蔡公將以師助二子蔡人聚，將執之。執觀從辭曰：失賊成軍，而殺余，何益？乃釋之。賊謂子干子皙也言蔡公已成軍殺己不解罪朝吳曰：二三子若能死亡，則如違之，以待所濟。言若能爲靈王死亡則可違蔡公之命以待成敗所在。○爲于僞反若求安定，則如與之，以濟所欲。言與蔡公則可得安定且違上，何適而可？言不可違上也上謂蔡公衆曰：與之。乃奉蔡公，召二子而盟于鄧。潁川召陵縣西南有鄧城二子子干子皙依陳、蔡人以國。國陳蔡而依之〔疏〕依陳蔡人以國。正義曰二子更無兵衆雖依倚陳蔡人耳以國者許爲復其國以此招慰之楚公子比、子干公子黑肱、子皙。肱古弘反公子棄疾、蔡公蔓成然、蔡朝吳帥陳、蔡、不羹、許、葉之師，因四族之徒，四族薳氏許圍蔡洧蔓成然。○羹音郎葉始涉反以入楚。及郊，陳、蔡欲爲名，故請爲武軍。欲築壘壁以示後人爲復讎之名。○壘力軌反壁本亦作辟音璧蔡公知之，曰：欲速，且役病矣，請藩而已。乃藩爲軍。藩籬也。○藩方元反注同離也依字應作籬今作離假借也力知反〔疏〕蔡公至而已。正義曰蔡公知之知陳蔡人之情也蔡公楚之公子猶各惜本國恥有報讎之名築壘以示後世故請藩而已蔡公使須務牟與史猈先入，因正僕人殺大子祿及公子罷敵。須務牟史猈楚大夫蔡公之黨也正僕大子之近官。○牟亡侯反猈皮皆反徐扶蟹反又扶移反或扶贍反本或作猈音同罷音皮徐甫綺反一音蒲買反〔疏〕正僕人。正義曰因大僕也周禮下大夫二人公子比爲王，公子黑肱爲令尹，次于魚陂。竟陵縣城西北有甘魚陂。○陂彼宜反公子棄疾爲司馬，先除王宮。使觀從從師于乾谿，而遂告之。從乾谿之師告使叛靈王且曰：先歸復所，後者劓。劓截鼻。○劓魚器反截鼻之刑師及訾梁而潰。靈王還至訾梁而衆散。○訾子斯反注同潰戶內反王聞羣公子之死也，自投于車下，曰：人之愛其子也，亦如余乎？侍者曰：甚焉。小人老而無子，知擠于溝壑矣。擠隊也。○擠子細反說文云排也一音子禮反壑許各反隊直類反王曰：余殺人子多矣，能無及此乎？右尹子革曰：請待于郊，以聽國人。聽國人之所與王曰：衆怒不可犯也。曰：若入於大都，而乞師於諸侯。王曰：皆叛矣。曰：若亡於諸侯，以聽大國之圖。君也。王曰：大福不再，祇取辱焉。然

丹乃歸于楚。然丹子革弃王而歸楚。○祗音支。王沿夏，將欲入鄢。夏漢別名。順流爲沿。順漢水南至鄢。○沿以全反。夏戶雅反，漢水也。鄢徐於建反，一音於晚反。入本又作至。芋尹無宇之子申亥曰：吾父再奸王命，謂斷王旌，執人於章華宮。○芋于付反，徐又音羽。奸音干。斷丁管反。王弗誅，惠孰大焉？君不可忍，惠不可弃，吾其從王。乃求王，遇諸棘圍以歸。棘里名。闈，門也。○棘闈音韋。孔晁云：棘，楚邑。闈，巷門。〔疏〕注棘里名闈門也。○正義曰：吳語云：昔楚靈王不君，其臣箴諫不入，其民不忍飢勞之殃，三軍叛王於乾谿。王獨行，屏營彷徨於山林之中，三日乃見其涓人疇，王呼之曰：余不食三日矣。疇趨而進，王枕其股以寢於地。王寐，疇枕王以塊而去之。王覺而無見也，乃匍匐將入於棘闈，棘闈不納，乃入芋尹申亥氏焉。孔晁曰：棘，楚邑。闈，門也。案襄二十六年傳言吳伐楚克棘，四年傳言吳伐楚入棘，以棘爲邑，或是也。夏五月癸亥，王縊于芋尹申亥氏。癸亥，五月二十六日，皆在乙卯丙辰後。傳終言之。經書四月，誤。○縊於豉反。〔疏〕注癸亥至月誤。○正義曰：此癸亥之日，實在乙卯丙辰之後，傳先言之者，因申亥求王，遂言王縊，是傳終言之也。既以五月統癸亥之日，而乙卯丙辰亦是五月之日，雖則言有顛倒，卽令蒙此五月之文也。劉炫云：杜此注經書四月誤，案上經注云靈王實以五月死，楚人生失靈王，本其始禍以赴，兩注不同，以爲杜非。今知不然者，以其生失靈王，不知死在五月，遂以四月始禍言靈王之死，是其錯誤之事，於文似異，義實一也。劉以爲二注文異而規杜氏，非也。申亥以其二女殉而葬之。觀從謂子干曰：○殉似俊反。謂子干本或作謂子干曰。不殺弃疾，雖得國，猶受禍也。子干曰：余不忍也。子玉曰：人將忍子，子玉，觀從。吾不忍俟也。乃行。國每夜駭曰：王入矣。相恐以靈王也。○駭戶楷反。恐丘勇反，下同。乙卯夜，弃疾使周走而呼曰：王至矣。周，徧也。乙卯，十八日。○呼好故反，下同。徧音遍。國人大驚。使蔓成然走告子干、子皙曰：王至矣。國人殺君司馬，將來矣。司馬謂弃疾也。言司馬見殺，以恐子干。君若早自圖也，可以無辱。衆怒如水火焉，不可爲謀。又有呼而走至者曰：衆至矣。二子皆自殺。不書弒君，位未定也。○弒申志反。丙辰，弃疾卽位，名曰熊居。葬子干于訾，實訾敖。不成君無號謚者，楚皆謂之敖。○熊音雄。〔疏〕注不成至之敖。○正義曰：郟敖與此訾敖皆不成君無號謚也。元年傳云葬王于郟，謂之郟敖。此云葬子干于訾，實訾敖，並以地名冠敖，未知其故。又世家楚之先君有若敖、霄敖，皆在位多年，亦稱爲敖，不知敖是何義。殺囚，衣之王服，而流

諸漢，乃取而葬之，以靖國人。使子旗爲令尹。子旗，蔓成然。○衣於既反。旗音其。楚師還自徐。前年圍徐之師。〔疏〕楚師還自徐。○正義曰：上云師及訾梁而潰，此又云楚師還自徐者，上所云者是乾谿援師，此謂蕩侯等五子伐徐師，故杜云前年圍徐之師。吳人敗諸豫章，獲其五帥。定二年楚人伐吳，師于豫章。吳人見舟于豫章，而潛師于巢，以軍楚師於豫章。又柏舉之役，吳人舍舟于淮汭，而自豫章與楚夾漢。此皆當在江北淮水南，蓋後徙在江南豫章。○五帥所類反，謂蕩侯、潘子、司馬督、囂尹午、陵尹喜五人。見賢遍反。汭如銳反。平王封陳、蔡，復遷邑，復九年所遷邑。〔疏〕注復九年所遷邑。○正義曰：成十五年許遷于葉。九年傳云：遷城父人於陳，遷方城外人於許。今復遷邑，則許還葉，方城外與城父人各復其本邑。致羣賂，始舉事時所貨賂。○賂音路。施舍寬民，宥罪舉職。舉職，脩廢官。○宥音又。召觀從。王曰：唯爾所欲。觀從教子干殺弃疾，今召用之，明在君爲君之義。○爲于僞反。對曰：臣之先佐開卜。佐卜人開龜兆。乃使爲卜尹。使枝如子躬聘于鄭，且致犫、櫟之田。犫、櫟本鄭邑，楚中取之。平王新立，故還以賂鄭。○櫟力狄反。事畢，弗致。知鄭自說服，不復須賂故。○說音悅。復扶又反，下將復使同。鄭人請曰：聞諸道路，將命寡君以犫、櫟，敢請命。對曰：臣未聞命。既復，王問犫、櫟。降服而對，降服，如今解冠也。謝違命。曰：臣過失命，未之致也。王執其手曰：子毋勤。姑歸，不穀有事，其告子也。王善其有權，有事將復使之。○毋音無。〔疏〕臣過至致也。○正義曰：言臣罪過漏失君命，遺忘之，未之致與也。○子毋勤。○正義曰：言子毋以見使爲勤勞。他年，芋尹申亥以王柩告，乃改葬之。初，靈王卜，曰：余尚得天下。尚，庶幾。○柩其久反。〔疏〕尚得天下。○正義曰：謂得云天子也。不吉，投龜，詬天而呼曰：是區區者而不余畀，區區，小天下。○詬本又作訽，呼豆反，徐許后反。呼火故反。畀必利反，徐甫至反，與也。余必自取之。民患王之無厭也，故從亂如歸。初，共王無冢適，冢，大也。○厭於鹽反。共音恭。適丁歷反，下無適音同。有寵子五人，無適立焉。乃大有事于羣望，羣望，星辰山川。〔疏〕注羣望星辰山川。○正義曰：楚語云：天子徧祀羣神，諸侯祀天地三辰及其土之山川。孔晁云：三辰，日月星也。祀天地，謂二王後也。非二王後，祭分野山川而已。又元年傳云：辰爲商星，參爲晉星。是諸侯得祭分野之星。知此羣望是星辰山川也。於十二次，鶉尾爲楚，當祀翼、軫之星，及其國內山川。哀六年傳曰：江、漢、雎、漳，楚之望也。其山蓋荊山、衡山之類。而祈曰：請神

擇於五人者，使主社稷。乃徧以璧見於羣望，曰：當璧而拜者，神所立也，誰敢違之？既，乃與巴姬密埋璧於大室之庭。巴姬，共王妾。大室，祖廟。○徧音遍。見賢遍反，下注微見同。巴必加反。埋亡皆反。大室音泰。〔疏〕徧以璧。○正義曰：謂以一璧徧見諸神。若神各一璧，乃多而無當其上。○注巴姬共王妾。○正義曰：知者，襄十二年傳云：楚司馬子庚聘于秦，爲夫人寧，禮也。彼秦女是夫人，明巴姬是妾。使五人齊，而長入拜。從長幼以次拜。○齊側皆反，又作齋。長丁丈反，注及下同。康王跨之，過其上也。○跨苦化反。靈王肘加焉，子干、子皙皆遠之。平王弱，抱而入，再拜，皆厭紐。微見璧紐，以爲審識。○肘中九反。遠于萬反。厭於甲反，徐又於輒反。紐女九反。識申志反，又如字。鬬韋龜屬成然焉，知其將立，故記其子。○屬音燭。且曰：弃禮違命，楚其危哉！弃立長之禮，違當璧之命，終致靈王之亂。子干歸，韓宣子問於叔向曰：子干其濟乎？對曰：難。宣子曰：同惡相求，如市賈焉，何難？宣子謂弃疾親恃子干，共同好惡，故言如市賈，利以相求。○賈音古。好惡並如字，又上呼報反，下烏路反。下皆放此。對曰：無與同好，誰與同惡？言弃疾與子干，則亦不得同惡。取國有五難：有寵而無人，一也；寵須賢人而固。有人而無主，二也；雖有賢人，當須內主爲應。○應，應對之應。有主而無謀，三也；謀，策謀也。有謀而無民，四也；民，衆。有民而無德，五也。四者既備，當以德成。子干在晉十三年矣，晉楚之從不聞達者，可謂無人。晉楚之士從子干游，皆非達人。族盡親叛，可謂無主。無親族在楚。無釁而動，可謂無謀。時楚未有大釁。○釁許靳反。爲羈終世，可謂無民。終身羈客在晉，是無民。亡無愛徵，可謂無德。楚人無愛念之者。〔疏〕亡無愛徵。○正義曰：言子干之亡，楚人無愛念之者，無徵驗也。王虐而不忌，靈王暴虐，無所畏忌，將自亡。楚君子干涉五難以弒舊君，誰能濟之？言楚借君子干以弒靈王，終無能成。有楚國者，其弃疾乎！君陳、蔡，城外屬焉。城，方城也。時穿封戌既死，弃疾并領陳事。苛慝不作，盜賊伏隱，私欲不違，不以私欲違民事。○苛音何，本或作荷，音同，下同。慝他得反。民無怨心。先神命之，先神謂羣望。〔疏〕先神命之。○正義曰：楚國既封，卽有三望。三望起於先代，故曰先神。國民信之，芊姓有亂，

必季實立。楚之常也。獲神。一也。當璧拜。有民。二也。民信之。令德。三也。無苛慝。寵貴。四也。貴妃子。居常。五也。弃疾季。有五利以去五難。誰能害之。子干之官。則右尹也。數其貴寵。則庶子也。以神所命。則又遠之。其貴亡矣。位不尊。○去起呂反。數所主反。遠于萬反。亡矣音無。又如字。其寵弃矣。父既沒故。〔疏〕其貴至棄矣。○正義曰。亡。無也。其貴位則無矣。其寵愛之者又棄矣。然則父死棄疾寵亦棄。獨言子干者。以子干母賤。唯恃父寵。寵又棄矣。則無恃託。故專屬子干。民無懷焉。非令德。國無與焉。無內主。將何以立。宣子曰。齊桓晉文不亦是乎。皆庶賤。對曰。齊桓。衛姬之子也。有寵於僖。衛姬。齊僖公妾。有鮑叔牙、賓須無、隰朋以爲輔佐。有莒、衛以爲外主。齊桓出奔莒。衛有舅氏之助。有國、高以爲內主。國氏高氏。齊上卿。〔疏〕注國氏高氏。○正義曰。僖十二年傳管仲云有天子之二守國高在是也。從善如流。言其疾也。下善齊肅。齊。嚴也。肅。敬也。○下遐嫁反。齊側皆反。注同。不藏賄。清也。○賄呼罪反。不從欲。儉也。○從子用反。施舍不倦。施舍猶言布恩德。求善不厭。是以有國。不亦宜乎。我先君文公。狐季姬之子也。有寵於獻。好學而不貳。言篤志。○厭於豔反。好呼報反。生十七年。有士五人。狐偃、趙衰、顛頡、魏武子、司空季子五士從出。○衰初危反。頡戶結反。從才用反。有先大夫子餘、子犯。子餘。趙衰。子犯。狐偃。以爲腹心。有魏犨、賈佗以爲股肱。魏犨。魏武子也。稱五人而說四士。賈佗又不在本數。蓋叔向所賢。○佗徒何反。〔疏〕注魏犨至所賢。○正義曰。上言五人。直舉其數。下說四士。獨據有賢也。五人內不數賈佗者。佗以公族從文公。不在五人之數也。蓋叔向之意所將爲賢。即言之。有齊、宋、秦、楚以爲外主。齊妻以女。宋贈以馬。楚王享之。秦伯納之。○妻七計反。有欒、郤、狐、先以爲內主。謂欒枝、郤穀、狐突、先軫也。○欒魯官反。郤去逆反。穀戶木反。亡十九年。守志彌篤。惠、懷弃民。惠公、懷公不恤民也。民從而與之。獻無異親。民無異望。獻公之子九人。唯文公在。天方相晉。將何以代文。此二君者。異於子干。共有寵子。國有奧主。謂弃疾也。○相息亮反。下同。共音恭。奧烏報反。〔疏〕國有奧主。○正義曰。室內西南隅謂之奧。奧是內之義。奧主。國內之主。故謂弃疾也。無施於民。無援於外。去晉而不送。歸楚而不逆。何以冀國。傳言子干所以蒙弒君之名。弃疾所以得國。○施式豉反。○晉成虒祁。在八年。○虒音斯。諸侯朝而歸者皆有貳心。賤其奢也。爲取郠故。取郠在十年。○爲于僞反。郠古杏反。晉將以諸侯來討。叔向曰。諸侯不可以不示威。知晉德薄。欲以威服之。乃並徵會。告于吳。秋。晉侯會吳子于良。下邳有良城縣。○邳皮悲反。水道不可。吳子辭。乃還。辭不會。〔疏〕水道不可。○正義曰。吳地水行。故謂水道。不可。謂水路不通。吳子既辭晉侯。乃還向平丘之會。七月丙寅。治兵于邾南。甲車四千乘。三十萬人。○乘繩證反。下及注皆同。羊舌鮒攝司馬。鮒。叔向弟也。攝。兼官。○鮒音附。遂合諸侯于平丘。子產、子大叔相鄭伯以會。子產以幄幕九張行。幄幕。軍旅之帳。○幄於角反。幕音莫。四合象宮室曰幄。在上曰幕。〔疏〕幄幕九張。○正義曰。周禮幕人掌帷幕幄帟綬之事。鄭玄云。王出宮則有是事。在旁曰帷。在上曰幕。皆以布爲之。四合象宮室曰幄。王所居之帳也。帟。王在幕若幄中坐上承塵。帟皆以繒爲之。凡四物者以綬連繫焉。然則幕與幄異。幕大而幄小。幄在幕下張之。幄幕九張。蓋九幄九幕也。子大叔以四十。既而悔之。每舍損焉。及會亦如之。亦九張也。傳言子產之適宜。大叔之從善。次于衛地。叔鮒求貨於衛。淫芻蕘者。欲使衛患之而致貨。○芻初俱反。說文云。刈草也。蕘如遙反。飼牲曰芻。草薪曰蕘。〔疏〕芻蕘。○正義曰。周禮充人掌繫祭祀之牲牷。祀五帝則繫于牢。芻之三月。說文云。蕘。薪也。從艸。然則芻者飼牛馬之草也。蕘者共燃火之草也。衛人使屠伯饋叔向羹與一篋錦。屠伯。衛大夫。○屠音徒。饋其位反。篋苦協反。曰。諸侯事晉。未敢攜貳。況衛在君之宇下。屋宇之下。喻近也。而敢有異志。芻蕘者異於他日。敢請之。請止之。叔向受羹反錦。受羹示不逆其意。且非貨。曰。晉有羊舌鮒者。瀆貨無厭。瀆。數也。○瀆徒木反。厭於鹽反。數音朔。亦將及矣。將及禍。爲此役也。役事也。○爲如字。或于僞反。〔疏〕爲此役。○正義曰。言叔鮒爲此淫芻蕘之事也。子若以君命賜之。其已。客從之。未退而禁之。禁芻蕘者。晉人將尋盟。齊人不可。有貳心故。晉侯使叔向告劉獻公。獻公。王卿士劉子。曰。抑齊人不盟。若之何。對曰。盟以底信。底。致也。○底音旨。君苟有信。諸侯不貳。何患焉。告之以文辭。董之以武師。雖齊不許。君庸多矣。董。督也。庸。功也。討之有辭。故功多也。〔疏〕董督至多也。○正義曰。釋詁云。董、督。正也。是董爲督也。又云。庸、勞。勞亦功也。討之有辭。則前敵易克。故功多也。天子之老請帥王賦。元戎十乘以先啓行。天子大夫稱老。元戎。戎車在前者。啓。開也。行。道也。〔疏〕天子之老。○正義曰。上注云獻公王卿士。此注云天子大夫稱老。老者。是大夫之總名。詩云方叔元老。毛傳云方叔卿士。命而爲將。是卿士稱老也。曲禮云。五官之長曰伯。自稱於諸侯曰天子之老。彼謂三公也。如彼文。則三公乃得稱天子之老。卿亦得稱老者。彼說三公之事。言三公之自稱耳。不言卿之自稱不得同三公也。曲禮又云。諸侯使人於諸侯。使者曰寡君之老。諸侯之使尚得稱老。明知天子之卿得稱天子之老也。○元戎至啓行。○正義曰。詩小雅六月之篇也。元。大也。大戎。戎車之大在軍前者也。啓開行道。常訓耳。遲速唯君。欲佐晉討齊。叔向告于齊曰。諸侯求盟。已在此矣。今君弗利。寡君以爲請。對曰。諸侯討貳。則有尋盟。若皆用命。何盟之尋。託用命以拒晉。叔向曰。國家之敗。有事而無業。事則不經。業。貢賦之業。有業而無禮。經則不序。須禮而有次序。有禮而無威。序則不共。禮須威嚴而後共。有威而不昭。共則不明。威須昭告神明而後信義著。不明弃共。百事不終。所由傾覆也。信義不明則弃威。不威弃禮。無禮無經。無經無業。故百事不成。○覆芳服反。是故明王之制。使諸侯歲聘以志業。志。識也。歲聘以脩其職業。間朝以講禮。三年而一朝。正班爵之義。率長幼之序。○間。間廁之間。長。丁丈反。再朝而會以示威。六年而一會。以訓上下之則。制財用之節。再會而盟以顯昭明。十二年而一盟。所以昭信義也。凡八聘、四朝、再會。王一巡守。盟于方嶽之下。○守手又反。嶽音岳。志業於好。聘也。○好呼報反。下注同。講禮於等。朝也。示威於衆。會也。昭明於神。盟也。自古以來。未之或失也。存亡之道。恒由是興。晉禮主盟。依先王、先公舊禮主諸侯盟。懼有不治。奉承齊犧。齊盟之犧牲。○治直吏反。舊如字。犧許宜反。而布諸君。求終事也。終。竟也。君曰余必廢之。何齊之有。唯君圖之。寡君聞命矣。齊人懼。對曰。小國言之。大國制之。敢不聽從。既聞命矣。敬共以往。遲速唯君。叔向曰。諸侯有間矣。間。隙也。

【疏】叔向至命矣○正義曰叔向此言論聘朝會盟四事意在言盟并說會朝聘爲次序耳國家之所以敗也有交好之事而無貢賦之業交好之事不得常矣有貢賦之常而無上下之禮事雖有常則不次序矣有上下之禮而無可畏之威雖有次序則不共敬矣有可畏之威而不昭告神明雖爲共敬則不明著矣信義不明棄共敬也承事不共敬棄次序也班位不序棄常度也徵命不常棄事宜也事既棄矣則百事不終國家所由傾覆只爲此也聖人知其不可是故明王之制使諸侯每歲令大夫一聘天子以志識貢賦之業間一歲諸侯親自入朝以講習上下之禮天子於諸侯再朝而一大會以示可畏之威再會而一爲盟誓以顯諸侯之昭明者也志識貢賦之業在於交好故使聘也講習上下之禮在於等差故使朝也示可畏之威在於衆聚故爲會也昭明德之信在於告神故爲盟也自古以來遵行此法未之有失也國家存亡之道恒由是興爲之則存廢之則亡存亡起於此也今晉以先王之禮主諸侯之盟懼諸侯之事有不治理者奉承齊盟所用之犧牲以來王此而布諸齊君求終竟盟約之事也齊君言曰今余必廢之何齊盟之有必如此諸唯君自圖謀之寡君聞君之命矣言晉知齊必背盟即欲與之戰○注業貢賦之業○正義曰下句覆述此事云歲聘以志業每年聘者所以共貢賦耳知此業者是貢賦之業也下又云志業於好說聘事而謂之好則好謂交好諸侯天子雖尊卑不同亦是交好然則有事者謂有交好之事也不經者經訓常也謂交好不常也或聘不以時或貢賦不充是不常也○注威須至義著○正義曰昭亦明也昭爲昭告神祇明謂信義明著言會雖示威威猶未著必須昭告神明以要束其心而後天子信義始得明著於天下矣○注信義至不成○正義曰杜以信義不明威無可畏則是棄廢也不畏威則禮不行是棄禮也無禮則無經無經則無業故百事所以不成劉炫以此傳四文皆緣上事而致下事其上則事業禮威所致則經序共明傳既言不明棄共自然當云不共棄序不序棄經不經棄事今杜云不明則棄威不威棄禮無禮無經無經無業以杜違背傳文而規杜失令知劉義非者杜以不明棄共不共棄序不序棄經不經棄事自是傳文分明但傳云百事不終明知非徒棄共棄序其威禮亦棄也杜與傳共爲表裏非是違傳劉不解杜意妄爲規過謬矣○注志識至職業○正義曰志是記識故爲識也歲歲使於天子所以獻其貢賦令諸國各自記具職貢是脩其職業也○注三年至之序○正義曰間朝者據聘爲言也既云歲聘因從聘歲爲始更間一年乃朝故知間朝是三年而一朝也朝以正班爵之義率長幼之序與下注會以訓上下之則制財用之節皆莊二十三年傳文也○注十二至之下○正義曰顯昭明三字皆爲明也十二年而爲一盟大明明黜陟之法諸侯之有明德者表顯升進之於此盟以尤顯諸侯有昭明之德者告誓神明所以昭明王之信義以示黜陟必有信也計此十二年間凡八聘四朝再會一盟方嶽之下也尚書周官曰六年五服一朝又六年王乃時巡考制度于四岳諸侯各朝于方岳大明黜陟如彼文六年五服諸侯一時朝王即此再朝而會是也此傳之文與尚書正合杜言巡守盟于方嶽閒與彼義符同明此是周典之舊法也而周禮之文不載此法大行人云侯服歲壹見其貢祀物甸服二歲壹見其貢嬪物男服三歲壹見其貢器物采服四歲壹見其貢服物衛服五歲壹見其貢材物要服六歲壹見其貢貨物先儒說周禮者皆以彼爲六服諸侯各以服數來朝與此傳文無由得合先達通儒未有解者古書亡滅不可備知然則尚書周官是成王號令之辭尚書之言定是正法左氏復與彼合言必不虛周禮文是明

文不得不信蓋周公成王之時即自有此二法也又周禮每歲壹見唯言貢物何必見者即是親朝各計道路短長或當遣使貢耳先儒謂彼爲朝未有明據大行人又云十有二歲王巡守殷國巡守之歲周禮同於尚書六年一朝尚書何以違禮又大宗伯云時見曰會殷見曰同鄭玄以爲時見無常期也諸侯有不順服者王將有征討之事合諸侯而命事焉十二歲王如不巡守則六服盡朝謂之殷見鄭以時見無常期者出自鄭之意耳非有明文可據也殷見是此再會而盟時見當此再朝而會未必即如鄭說時見爲無常期也蓋此傳及尚書是正禮也大行人歲壹見者是遣使貢物非親朝也今此上聘朝會雖以爲諸侯於天子之禮然諸侯相朝亦當然也故云志業於好講禮於等示威於衆其昭明於神雖天子於諸侯之禮然王官之伯及霸主亦得與諸侯爲盟故晉爲盟主以此告齊令齊受盟也必知此朝聘文兼諸侯者以釋例引明王之制八聘四朝云文襄之制因而簡之三歲而聘五歲而朝以諸侯爲文明歲聘間朝兼諸侯相朝也知盟年朝會俱行者以傳云再朝而會云云故知盟年朝會不廢也又云歲聘以志業不言再聘以行朝故知朝年不行聘禮但以朝聘君臣不等盟會敵禮相當故朝年不行聘盟年得有朝會知有盟者傳云同盟至故也○小國言之○正義曰申上不用尋盟之意也其意是小國言之可不可則大國制之也大國謂其須盟言已不敢違也

不可以不示衆。八月辛未。治兵。習戰建而不旆。建立旌旗不曳其旆旆游也。旆步貝反。【疏】注建立至游也。○正義曰釋天云緇廣充幅長尋曰旐繼旐曰旆郭璞曰帛續旐末爲燕尾者然則旐謂旒身旆謂旒尾旆繼於旐本是相連之物非別體也而不曳其旆當纏繼於干頭蓋如禮記所云德車結旌也釋天又云練旒九周禮所謂九游七游即是旆故云旆游也然郭氏既云旆繼於旐今之燕尾即旆是旐末然天子十有二游并屬於一幅之廣於理不可蓋游數多者旁綴於縿如今之旗是也其軍前之旆如郭璞之說

壬申。復旆之。諸侯畏之。軍將戰則旆故曳旆以恐之。復扶又反恐丘勇反下並同【疏】注軍將至恐之。○正義曰本作旆者爲舒而曳之以爲容飾結之爲非常曳之爲得常復旆之者曳之爲復常也軍法戰則舒旆晉人舒旆似其將戰故曳旆以恐之諸侯見其曳旆而皆畏之

邾人、莒人愬于晉曰。魯朝夕伐我。幾亡矣。自昭公即位邾魯同好又不朝夕伐莒無故怨愬晉人信之所謂讒慝弘多○愬音素朝夕如字注同幾音祈【疏】注自昭至伐莒○正義曰三年傳穆子云曹滕二邾實不忘我好又無相伐之事是昭公即位邾魯同好也不朝夕伐莒者案元年十年再伐莒耳是不朝夕伐也

我之不共。魯故之以。不共晉貢以魯故也○共音恭注及下注同晉侯不見公。使叔向來辭曰。諸侯將以甲戌盟。寡君知不得事君矣。請君無勤。託謙辭以絕魯子服惠伯對曰。君信蠻夷之訴。蠻夷謂邾莒以絕兄弟之國。弃周公之後。亦惟君。寡君聞命矣。叔向曰。寡君有甲車四千乘在。雖以無道行之。必可畏也。

況其率道。其何敵之有。牛雖瘠。僨於豚上。其畏不死。僨仆也○瘠在亦反僨方問反仆音付一音蒲北反【疏】注僨仆也○正義曰前覆曰仆言牛倒豚上豚必死也言牛雖瘠者謂魯以晉爲無德輕之故以瘦牛自喻

南蒯、子仲之憂。其庸可弃乎。弃猶忘也若奉晉之衆。用諸侯之師。因邾、莒、杞、鄫之怒。四國近魯數以小事相忿鄫已滅其民猶存故并以恐魯○鄫才陵反近附近之近數音朔以討魯罪。間其二憂。因南蒯子仲二憂爲間隙何求而弗克。魯人懼。聽命。不敢與盟○與音預下文不與同甲戌。同盟于平丘。齊服也。經所稱同令諸侯日中造于除。除地爲壇盟會處○造七報反壇本或作墠音善處昌慮反癸酉。退朝。先盟朝晉○先悉薦反子產命外僕速張於除。張幄幕子大叔止之。使待明日。及夕。子產聞其未張也。使速往。乃無所張矣。地已滿也傳言子產每事敬於大叔及盟。子產爭承。承貢賦之次【疏】注承貢賦之次○正義曰承者奉上之語後承前下承上故以承爲次爭貢賦之次言所出貢賦多少之次當承何國之下故言爭承也鄭衆云爭所爲承次貢賦之輕

曰。昔天子班貢。輕重以列。列位也列尊貢重。周之制也。公侯地廣故所貢者多【疏】注公侯至者多○正義曰周禮大司徒云公地方五百里其食者半侯地方四百里伯地方三百里其食者參之一子地方二百里男地方百里其食者四之一鄭康成注云食者必足其國禮俗喪紀祭祀之用乃貢其餘上公之地以一易侯伯之地以再易子男之地以三易是上公優饒其半以爲荒萊之地侯伯優饒其三分之二子男優饒其四分之三是大國優饒少而出貢多小國優饒多而出貢少假令大國小國其地美惡一種則地多者貢多地少者貢少故杜云公侯地廣所貢者多是也

卑而貢重者。甸服也。甸服謂天子畿內共職貢者【疏】注甸服至貢者○正義曰禹貢云五百里甸服孔安國云規方千里之內謂之甸服爲天子服治田去王城面五百里王制云千里之內曰甸鄭玄云服治田出穀稅是甸服謂天子畿內也畿內於京師路近令其共正職貢故貢重也言卑而貢重者畿內有公卿大夫之采邑公八命卿六命大夫四命其列位卑於畿外公侯伯子男也周禮小司徒鄭注云井田之法備於一同今止於都者采地食者皆四之一其制三等百里之國凡四都一都之田稅入於王五十里之國凡四縣一縣之田稅入於王二十五里之國凡四甸一甸之田稅入於王食采者卑與尊同故云卑而貢重也畿外之國則卑者貢輕尊者貢重

鄭伯男也。而使從公侯之貢。言鄭國在甸服外爵列伯子男不應出公侯之貢【疏】注言鄭至之貢○正義曰鄭伯男也舊有多說鄭衆服虔云鄭伯爵在男服也周禮男服在三距王城千五百里鄭去京師不容此數賈逵云男當作南謂南面之君也子產爭國小貢重輒

言鄭伯爲南面之君復何所益南面君者豈貢得輕乎鄭志云男謂子男也周之舊俗雖爲侯伯皆食子男之地鄭之此言不知所出鄭食子男之地不知復在何時武公既遷東鄭則并十邑爲國不得食子男之地若西鄭之時食子男之地則今爲大國自當貢重子產不得遠言上世國小以距今之貢重晉之朝士焉肯受屈而自日中以爭至于昏乎原此諸說悉皆不通周語云鄭伯男也王而卑之是不尊貴也王肅注此與彼皆云鄭伯爵而連男言之猶言曰公侯是句辭也杜用王說言鄭國在甸服之外其爵列於伯子男言已爵卑國小不應出公侯之貢也今使從公侯之貢懼弗給也諸侯地有五等命有三等伯居五等之中與侯同受七命據地小大分爲三等則侯同於公伯同子男僖九年在喪之例云公侯曰子言不及伯是不得同於侯也僖二十九年大夫會國君之例云在禮卿不會公侯會伯子男可也是伯國下同子男也子產自言其君爵卑下引子男爲例故云鄭伯男也懼弗給也。敢以爲請。諸侯靖兵。好以爲事。靖息也。好呼報反行理之命。行理使人通聘問者。使所吏反無月不至。貢之無藝。藝法制【疏】行理至不至。正義曰言晉國使人來責貢賦之命無月不至於鄭每月皆來也○注藝法制。正義曰服虔云藝極也一曰常也二者並非正訓杜以藝爲經藝故爲法制也貢有法制定數徵求無限則不可共也小國有闕。所以得罪也。諸侯脩盟。存小國也。貢獻無極。亡可待也。存亡之制。將在今矣。自日中以爭。至于昏。晉人許之。既盟。子大叔咎之曰。諸侯若討。其可瀆乎。瀆易也。咎其九反。易以豉反【疏】貢獻無極。正義曰極謂限極無極謂無已時。諸侯至瀆乎。正義曰言諸侯若來討鄭其可不由子輕易晉乎子產曰。晉政多門。政不出一家貳偷之不暇。何暇討。貳不壹偷苟且【疏】貳偷至暇討。正義曰政出多門則其情不一情既不一則各懷苟且各自苟且免於目前無人爲國遠慮也爲此二心爲此苟且不有閑暇何暇來討鄭乎國不競。亦陵。何國之爲。不競爭則爲人所侵陵不成爲國。爭爭鬭之爭下爭競同公不與盟。信郲莒之訴欲討魯故晉人執季孫意如。以幕蒙之。蒙裹也。裹音果使狄人守之。司鐸射魯大夫。鐸待洛反射食亦反又食夜反【疏】使狄人守之。正義曰有北狄之人從晉師來會故使狄人守囚猶如長岸之戰楚使隨人守舟懷錦奉壺飲冰。以蒲伏焉。守者御之。乃與之錦而入。蒲伏竊往飲季孫冰箭筩蓋可以取飲○奉芳勇反蒲本又作匍同步都反又音扶本亦作扶伏本又作匐同蒲北反又音服守手又反又如字御魚呂反飲於鴆反筩音童又音勇【疏】注蒲伏至取飲。正義曰蒲伏即匍匐也說文匍手行也匐伏地也詩陳后稷之初生云誕實匍匐今司鐸射竊往飲季孫之所似小兒伏地而手行冰是箭筩之蓋相傳爲然本作此器以蓋箭筩脫而用之可以取飲此以壺盛飲用此冰以飲之

晉人以平子歸。子服湫從。湫子服惠伯從至晉。湫子小反徐音椒又子鳥反案子服湫又作子服椒止一人耳從才用反注同子產歸。未至。聞子皮卒。哭且曰。吾已。已猶決竟無爲爲善矣。唯夫子知我。言子皮知己之善【疏】無爲爲善矣。正義曰子產言我此日行善唯子皮知之今子皮既卒無人知我之善故云無爲更須爲善矣仲尼謂子產於是行也。足以爲國基矣。詩曰。樂只君子。邦家之基。詩小雅言樂與君子爲治乃國家之基本○治直吏反子產君子之求樂者也。且曰。合諸侯。藝貢事。禮也。嫌爭競不順故以禮明之【疏】詩曰至禮也。正義曰此詩小雅南山有臺之篇詩云樂只君子以其能爲邦家之基也今子產是君子之人所求樂者也仲尼且復言曰盟主會合諸侯限藝貢賦之事使貢賦有常是爲禮也盟主制定貢賦是爲得禮則子產爭之不爲有失嫌爭競無禮故以禮明之〇鮮虞人聞晉師之悉起也。五年傳曰遺守四千今甲車四千乘故爲悉起而不警邊。且不脩備。言夷狄無謀。警音景晉荀吳自著雍以上軍侵鮮虞。及中人。驅衝競。中山望都縣西北有中人城驅衝車與狄爭逐【疏】晉荀至鮮虞。正義曰上云悉起得有上軍在者晉侯從平丘會還行至著雍聞鮮虞不警遂使荀吳侵之非從本國而去故云自著雍以上軍侵鮮虞也大獲而歸。爲十五年晉伐鮮虞起〇楚之滅蔡也。靈王遷許、胡、沈、道、房、申於荊焉。平王即位。既封陳蔡。而皆復之。禮也。滅蔡在十一年許胡沈小國也道房申皆故諸侯楚滅以爲邑荊荊山也傳言平王得安民之禮汝南有吳防縣即防國【疏】注得安民之禮。正義曰此乃遷動而云安者以狐死首丘人生戀舊往彼靈王偪從元情悉眷故君平王今復從其所欲民心獲安故云得安民之禮也隱大子之子廬歸于蔡。禮也。隱大子大子有也廬蔡平侯悼大子之子吳歸于陳。禮也。悼大子偃師也吳陳惠公〇冬。十月。葬蔡靈公。禮也。國復成禮以葬也此陳蔡事傳皆言禮嫌楚所封不得比諸侯故明之〇公如晉。荀吳謂韓宣子曰。諸侯相朝。講舊好也。執其卿而朝其君。有不好焉。不如辭之。乃使士景伯辭公于河。景伯士文伯之子彌牟也。舊好呼報反〇吳滅州來。令尹子期請伐吳。王弗許。曰。吾未撫民人。未事鬼神。未脩守備。未定國家。而可民力。敗不可悔。州來在吳。猶在楚也。子姑待之。傳言平王所以能有國。守手又反〇季孫猶在晉。子服惠伯私於中行穆子私與之語曰。魯事晉。何以不如夷之小國。魯兄弟也。土地猶大。所命能具。若爲夷棄之。使事齊楚。其何瘳於晉。瘳差也。爲于僞反下爲夷將爲同瘳勑留反差初賣反親親與大。賞共罰否。所以爲盟主也。子其圖之。諺曰。臣一主二。言一臣必有二主道不合得去事他國。諺音彥吾豈無大國。言非獨晉可事穆子告韓宣子。且曰。楚滅陳蔡。不能救。而爲夷執親。將焉用之。乃歸季孫。惠伯曰。寡君未知其罪。合諸侯而執其老。老尊卿稱。焉於虔反。稱尺證反若猶有罪。死命可也。死晉命也若曰無罪而惠免之。諸侯不聞。是逃命也。何免之爲。請從君惠於會。欲得盟會見遣不欲私去宣子患之。謂叔向曰。子能歸季孫乎。對曰。不能。鮒也能。鮒叔魚乃使叔魚。叔魚見季孫曰。昔鮒也得罪於晉君。自歸於魯君。蓋襄二十一年坐叔虎與欒氏黨并得罪。坐才臥反微武子之賜。不至於今。武子季平子祖父雖獲歸骨於晉。猶子則肉之。敢不盡情。歸子而不歸。鮒也聞諸吏。將爲子除館於西河。西使近河。近附近之近其若之何。且泣。泣以信其言平子懼。先歸。惠伯待禮。待見遣之禮

春秋左傳注疏卷四十六校勘記　阮元撰盧宣旬摘錄

附釋音春秋左傳注疏卷第四十六　昭十三年宋本春秋正義卷第二十九石經春秋經傳集解昭四第廿三淳熙本纂圖本岳本昭下有公字並盡十七年

經十三年

比去晉而不送　諸本作去此本誤云今改正宋本岳本纂圖本監本毛本亦作送淳熙本誤选閩本作還

韓魏有耦國之彊　監本彊作疆

猶如宣二年　閩本監本毛本脫如字

會于州以定公位　諸本州上有平字此本脫閩本監本毛本脫于字

使若陳蔡之君　宋本脫使若陳蔡四字

故言陳蔡　毛本言誤其

傳十三年

非也　宋本以下正義二節揔入注文終言其效之下

飢者食之　纂圖本監本毛本飢作饑非也

賷人無歸　毛本無誤南

平子從之　自平字以上宋殘本缺

王行至乾谿　宋本宋殘本淳熙本岳本纂圖本監本毛本作王此本及閩本作三今改正

楚子至而行　宋本以下正義十二節揔入使子旗爲令尹注下

故惡積而不可拚　毛本拚作掩按說文作掩又云自關以東謂取曰拚一曰覆也从手弇聲

韋龜以棄疾有當璧之命　淳熙本璧誤壁宋殘本作辱謬

猶父子被奪故也　監本毛本猶作由

息舟楚邑城之堅固者　纂圖本毛本舟作州

即是其〇也　閩本監本毛本〇作邑亦非宋本作一是也〇今從宋本

注故蔡大夫聲子之子　毛本大夫聲子四字改作至字

子晳　石經宋本宋殘本晳作晳釋文同

二子聞非蔡公之命　宋本聞作閒

並僞與蔡公盟之徵驗以示衆　毛本徵作懲非也

以待成敗所在　岳本纂圖本閩本監本毛本所在作如何非是

二子更無兵衆　閩本監本毛本兵作寡非宋本二誤三

薳氏　淳熙本薳誤還

欲築壘壁　釋文壁作辟云本亦作壁宋本壘誤愚

藩籬也　釋文籬作離云依字應作籬今作離假借也案說文無籬字當作離後人據陸氏加竹非也

須務牟　諸本作牟石經作牟

次于魚陂　毛本于誤干

靈王還至訾梁而衆散　淳熙本還誤遠

知擠于溝壑矣　諸本作擠書微子篇正義引傳作隮按說文擠排也躋登也躋亦作隮訓登亦訓墜義之相反而相成者也此傳宜依尚書正義作隮

祇取辱焉　宋殘本淳熙本祇作秖石經作祇是也

弃王而歸楚　宋本宋殘本淳熙本岳本無而楚二字是也足利本楚字亦無

王訟夏　諸本作訟案說文沿字注引傳作沿

謂斷王旌　足利本王作其非也

過諸棘圍以歸　石經宋殘本宋本岳本圍作闈是也釋文同

其民不忍飢勞之殃　監本飢作饑非也

皆在乙卯丙辰後　淳熙本纂圖本皆作歲非也

劉以爲二注文異　注字據宋本補此本空缺閩本監本毛本亦脫

觀從謂子干曰　石經日字後人旁增釋文云謂子干本或作謂子干曰

有若敖省敖　宋本省作胥按世家作胥〇今從宋本

楚師還自徐　宋本此節正義在獲其五帥注下

注復九年所遷邑　宋本以下正義三節入乃改葬之句下

今召用之　宋本宋殘本岳本足利本今上重弃疾二字是也

知鄭自說服　纂圖本知誤如

降服如今解冠也　纂圖本毛本服誤復宋殘本冠作疑亦非

未之致也　淳熙本未作末非也

子毋勤　淳熙本纂圖本閩本監本毛本毋作母釋文亦作毋音無宋本正義同案正義本當作母釋文本當作毋故云音無釋文必不爲毋字作音也

倘得天下　宋本以下正義四節入楚其危哉注下

三辰日月星辰也　毛本作三星誤也

若神各一璧乃多　監本若誤君宋本乃上有其璧二字

使五人齊而長入拜　釋文云齊本又作齋案史記作召五公子齋而入

且曰弃禮違命　毛本違作韋非也

民衆　陳樹華云史記正義引杜注有也字

當以德成　淳熙本作土入德戎誤史記正義引注成下有之字亦以意增也

終身羇客在晉　淳熙本纂圖本毛本羇作羈非

亡無愛徵　宋本以下正義六節揔入何以冀國注下

君陳蔡　李善注文選阮嗣宗爲鄭沖勸晉王牋引作君居陳蔡非也

苛慝不作　案惠棟云古苛字本作荷檀弓泰山婦人曰無苛政釋文曰苛本亦作荷毛詩序云哀刑政之荷今本作苛漢張表碑亦以荷爲苛陳樹華云師古注漢書酈食其傳亦云荷與苛同

不以私欲違民事　纂圖本事誤命

芊姓有亂　淳熙本芊誤芋

故專屬子干　諸本作于此本誤二今訂正

衛姬齊僖公妾　毛本僖誤桓

稱五人而說四士　淳熙本士誤土

異於子干　宋殘本干誤于

傳言子干　監本干誤于

下邳有良城縣　纂圖本城作成

水道不可　宋本以下正義四節揔入未退而禁之注下

攝兼官也　宋本宋殘本淳熙本岳本纂圖本足利本無也字此本此句下有鮒音附三字乃釋文而誤入注者〇今訂正

帝王在幕也　浦鏜正誤王作主乃依今俗本注疏改之非

則繫于牢　毛本于作干非也

獻公主卿士劉子　宋本宋殘本淳熙本岳本纂圖本閩本監本毛本主作王是也〇今訂正

盟以底信　石經宋本宋殘本淳熙本岳本底作底是也說詳宣三年〇今訂正

董督至多也　宋本上有注字自此以下正義至詩云至禮也止揔入注文故以禮明之句下

是大夫之揔名　宋本夫下有公卿二字

凡八聘四朝再會　重脩監本八誤入

盟于方嶽之下　此本方字空缺據宋本岳本閩本監本毛本補

未之或失也　毛本之誤知

以示可畏之威　重脩監本威誤成

下又云　宋本毛本又作文

昭爲昭告神祇　閩本監本祇作祇非

是脩其職業也　毛本是作自非

左氏復與彼合　毛本氏作傳

不得不信　監本上不字誤來

各計道路短長　閩本監本毛本短長誤倒

未必即如鄭說　監本毛本即誤旣

亦得與諸侯爲盟　監本毛本與誤於

盟會敵禮相當　盧文弨挍本禮作體

帛續旐末爲燕尾者　閩本毛本末誤未下旐末此本亦誤旐未

當繼繼於干頭　段玉裁挍本繼作結

寡君知不得事君矣　淳熙本事下衍見字

亦惟君　石經宋本宋殘本淳熙本岳本足利本惟作唯

鄅已滅其民猶存　宋本存作在案在即存也

故并以恐魯　淳熙本并誤弄

經所以稱同　山井鼎云宋板足利本同下後人補足盟字恐非

子產命外僕速張於除　監本僕速二字誤倒

傳言子產每事敏於大叔　諸本作每宋殘本誤母

子產爭承　諸本作承陳華樹曰禮記經解正義引作丞

爭所爲承次貢賦之輕重　宋本作爭所當奉承貢賦之輕

其食者參之一　毛本參作三

令其共正職貢　宋本正作王

今止於都者　諸本作今此本誤令今改正

食采者卑與尊同　諸本作采此本誤宋今訂正

鄭伯男也　正義引賈逵云男當作南謂南面之君也又周語曰鄭伯南也

舊有多說　閩本監本毛本有作自非

焉肯受屈　監本毛本肯作有非也

周語云鄭伯男也　按今周語男作南王肅注伯男猶言公侯亦見家語注

王肅注　毛本注誤王

故云鄭伯男也　宋本閩本監本毛本作男也此本男字上有○今刪正

行理使人逼聘問者　淳熙本者誤行

政不出一家　監本一誤二

不競爭則爲人所侵陵　淳熙本所誤川

故使狄人守囚　閩本監本毛本囚作之亦誤宋本作囚是也○今從宋本

以蒲伏焉　釋文云蒲伏本又作匍匐案正義曰蒲伏即匍匐也

說文匍手行也　宋本文下有云字

似小兒伏地而手行　宋本行下有也字

子服湫從　釋文云湫徐音椒又作子服椒止一人耳案惠棟云湫本與椒同音說文湫从水秋聲荀子引詩曰鳳皇秋秋其翼若干其聲若簫秋與簫協韻明秋亦有椒音惠伯名椒獨此作湫者聲之誤也晉以來唯徐仙民識古音諸儒皆不及也按惠說誤古音椒如摯簫如修

詩曰樂只君子　宋殘本宋本曰作云石經此處殘缺宋本岳本只作旨案王氏詩攷引亦作旨淳熙本亦作旨

言樂與君子爲治　纂圖本閩本監本毛本與誤只

乃國家之基本　監本毛本本字誤入音義

詩曰至禮也　宋本曰作云

晉荀至鮮虞　宋本此節正義在大獲而歸注下

汝南有吳防縣即防國　段玉裁挍本云前後漢志及晉志皆作吳房案防與房古通用宜防亦作宜房其明徵也

得安民之禮　宋本此節正義在冬十月注下

隱大子之子廬歸于蔡禮也　顧炎武云石經廬誤盧案石經盧字完善炎武非也

悼大子之吳歸于陳禮也　石經宋殘本宋本淳熙本岳本纂圖本閩本監本毛本之下有子字是也○今據補正

令尹子期請伐吳　石經宋本宋殘本淳熙本岳本足利本期作旗淳熙本伐誤我

老尊卿稱　纂圖本閩本監本毛本卿作鄉誤也

附釋音春秋左傳注疏卷第四十七　昭十四年盡十六年

杜氏注　孔穎達疏

經十有四年。春。意如至自晉。書至者喜得免。○三月。曹伯滕卒。無傳。四同盟。〔疏〕注四同盟。○正義曰：曹伯負芻以襄十八年冬十月卒，則武公立十九年盟于祝柯，二十年于澶淵，二十五年于重丘，二十七年于宋，皆魯曹俱在，是四同盟也。○夏四月。無傳。○秋。葬曹武公。無傳。○八月。莒子去疾卒。未同盟。○去，起呂反。○冬。莒殺其公子意恢。以禍亂告，不必繫於爲卿，故雖公子亦書。意恢與亂君爲黨，故書名惡之。○恢，苦回反。惡，烏路反。〔疏〕注以禍至惡之。○正義曰：莒是小國，其卿多不備禮，唯莊僖之世有莒慶見經，爾來唯牟夷以竊地故書，此外更無見者。今意恢非卿亦書，故解其意。云云釋例曰：禍福莫大於享國有家，禍莫甚於骨肉相殘，故公子取國及爲亂見殺者亦皆書之，不必繫於爲卿。故公子糾、意恢以公子見書於經，是解非卿而書之意也。諸公子大夫被殺而書名，皆是惡之之文。意恢與亂君爲黨，故書名惡之。

傳十四年。春。意如至自晉。尊晉罪已也。以舍族爲尊晉罪已。○舍音捨。〔疏〕傳注以舍至罪已。○正義曰：一命大夫，經書爲人，以卿之貴得備名氏，若有罪過宜貶黜者，他國之卿則稱某人，魯卿不得自稱魯人，有罪則貶去其族，族去則非卿。此舍意如之族，是爲罪已也。以季孫本實伐莒，晉人討而執之，放令歸魯，荷晉恩德，罪已，亦以尊晉，故云尊晉罪已也。文二年晉人、宋人、陳人、鄭人伐秦，稱晉先且居、宋公子成、陳表選、鄭公子歸生伐秦，卿不書，爲穆公故，尊秦也，謂之崇德。注云：秦穆悔過，終用孟明，故貶四國大夫以尊秦也。此貶意如以尊晉，其事與彼同也。此意如至自晉，傳言尊晉罪已；二十四年婼至自晉，傳直云尊晉，不言罪已，俱是去族，傳文不同者，釋例曰：意如至自晉，傳言尊晉罪已；婼至自晉，傳復重發，但言尊晉者，意如以罪見執，宜在罪已；婼本使人，不應見執，故尊晉而已。內大夫行還皆不書至，異於公也。今此二人執而見釋，更以書至見義也。若然，季孫見執，爲魯有罪矣，而往年公不與盟，注云非國惡，故不諱者，魯實伐莒取郠，若以伐莒責魯，則無辭，而兼受邾人之訴，妄稱朝夕伐我，爲此不與公盟，故言非國之惡，其執季孫不是無罪也。子服惠伯云"寡君未知其罪"而執其老者，拒晉之怨辭耳。尊晉罪已。禮也。禮偷已而不責人。○南蒯之將叛也。盟費人。司徒老祁、慮癸。二人南蒯家臣。○祁，巨夷反，字林音上尺反。〔疏〕注二人南蒯家臣。○正義曰：世族譜司徒老祁爲一人，慮癸爲一人。服虔云：司徒，姓也；老祁，字也；慮癸亦姓字也。二子，季氏家臣也。杜以下句請於南蒯曰"臣願受盟"，知是南蒯家臣。偽廢疾。使請於南蒯曰。臣願受盟而疾興。若以君靈不死。請待間而盟。間，差也。○差，音初賣反。許之。二子因民之欲叛也。請朝衆而盟。欲因合衆以作亂。遂劫南蒯。曰。羣臣不忘其君。

君謂季氏。劫居業反〔疏〕注君謂季氏。○正義曰費是季氏之邑南蒯已是季氏家臣此南蒯之下羣臣還欲歸邑季氏知君謂季氏畏子以及今三年聽命矣。子若弗圖。費人不忍其君。將不能畏子矣。不能復畏子。○畏子以及今絕句復扶又反子何所不逞欲。請送子。送使出奔請期五日。南蒯請期冀有變遂奔齊。侍飲酒於景公。公曰。叛夫。戲之對曰。臣欲張公室也。張強也子韓皙曰。齊大夫。○皙音星歷反家臣而欲張公室。罪莫大焉。言越職司徒老祁、慮癸、來歸費。歸魯齊侯使鮑文子致之。南蒯雖叛費人不從未專屬齊二子逐蒯而復其舊故經不書歸費齊使文子致邑欲以好非事實也。○好呼報反〔疏〕注南蒯至非事實也。○正義曰經書叔弓圍費則歸費亦應書經經不書歸故解其意也南蒯雖以費叛降齊費人不從未專屬齊叔弓圍費齊人不救是其未專屬齊也二子逐蒯而費復其舊便是本末去魯故經不書歸費是二子自以費歸非齊人來歸也齊人因其自歸而使文子致邑施恩於魯欲以假好非事實也〇夏。楚子使然丹簡上國之兵於宗丘。且撫其民。上國在國都之西西方居上流故謂之上國宗丘楚地分貧振窮。分與也振救也。○分如字徐甫問反長孤幼。養老疾。收介特。介特單身民也收聚不使流散。○長丁丈反收介音界又古賀反注同單音丹救災患。宥孤寡。寬其賦稅。○宥音又稅始銳反赦罪戾。詰姦慝。詰責問也。○戾力計反詰起吉反慝他得反舉淹滯。淹滯有才德而未敘者禮新敘舊。新羈旅也祿勳合親。勳功也親九族任良物官。物事也〔疏〕夏楚子至物官。○正義曰周禮司兵掌五兵鄭衆云五兵者戈殳戟酋矛夷矛鄭玄云步卒之五兵則無夷矛而有弓矢然則兵者戰器之名戰必令人執兵因即名人爲兵也此簡上國之兵謂料簡人丁之彊弱於宗丘之地集而簡之且即慰撫其民也大體貧窮相類細言窮困於貧貧者家少貨財窮謂全無生業分財貨以與貧者授生業以救窮者孤弱幼少無父母有賜與以長成之老疾乏於藥膳有饋饍以養育之孤介特獨者收斂之不使流散有水火災寇盜之患者救助之孤子寡妻寬其賦稅雖有罪戾原情可恕者赦放之姦邪慝惡爲民害者詰治之賢才淹滯未蒙任用者舉用之外人新來者禮待之舊人未用者進敘之施祿於功勳使有功必得祿也和合其親戚使宗族皆相親也任賢良以職事使野無遺賢準事能以任官皆令才職相當不使違方易務此皆撫民之事也○注上國至楚地○正義曰下云簡東國之兵亦如之知此是簡西國之兵也西國東國皆是楚人在國之東西者以水皆東流西方居上流故謂之上國西爲上則東爲下下言東則此是西互相見也○注分與也振救也○正義曰分減富者之財以與貧者則分爲施與之名故爲與也窮者全無生業或授之田宅賜之器物以救濟之○注介特至流散○正義曰傳稱一介行李

逢澤有介麋焉則介亦特之義也介特謂單身特立無兄弟妻子者無所附著或將轉移收聚之令有附依不使流散○注寬其賦稅○正義曰服虔以宥爲寬赦其罪杜以下云赦罪戾則此有非寬罪故以爲寬其賦稅也王制云少而無父謂之孤老而無子謂之獨老而無妻謂之矜老而無夫謂之寡此四者天民之窮而無告者也皆有常餼然則孤寡常有餼賜本無賦稅而云寬賦稅者正以不責賦稅即是寬之也孤寡之貧者有餼賜能自給者免賦稅文雖不言鰥獨宥與孤寡必同○注物事也○正義曰任良謂選賢而任之也物官謂量事而官之也賈逵云物官量能授官也鄭衆云物官相其才之所宜而官之是也使屈罷簡東國之兵於召陵。兵在國都之東者。○罷音皮召上照反亦如之。如然丹好於邊疆。結好四鄰。○好呼報反注同彊居良反息民五年。而後用師。禮也。〇秋。八月。莒著丘公卒。郊公不慼。郊公著丘公子。○著直居反徐直據反〔疏〕息民五年正義曰謂從此簡兵之後息民不征既滿五年而後用師征伐是爲禮也即十九年城州來以挑吳是也案十七年與吳戰于長岸未滿五年而云息民五年者平王之意息民五年長岸之戰吳來伐楚被伐不可不戰雖戰非王本心也國人弗順。欲立著丘公之弟庚與。庚與莒共公。○與音餘本亦作與下同共音恭蒲餘侯惡公子意恢。而善於庚與。蒲餘侯莒大夫茲夫也意恢莒羣公子。○惡烏路反下同郊公惡公子鐸。而善於意恢。鐸亦羣公子。○鐸待洛反公子鐸因蒲餘侯而與之謀曰。爾殺意恢。我出君而納庚與。許之。爲下冬殺意恢傳〇楚令尹子旗有德於王。不知度。有佐立之德與養氏比。而求無厭。養氏子旗之黨養由基之後。○比毗志反厭於鹽反本又作饜下注同王患之。九月。甲午。楚子殺鬬成然而滅養氏之族。使鬬辛居鄖。以無忘舊勳。辛子旗之子鄖公辛。○鄖音云〇冬。十二月。蒲餘侯茲夫殺莒公子意恢。郊公奔齊。公子鐸逆庚與於齊。齊隰黨公子鉏送之。有賂田。莒賂齊以田。○鉏仕居反〇晉邢侯與雍子爭鄐田。邢侯楚申公巫臣之子也雍子亦故楚人。○鄐許六反又超六反〔疏〕注邢侯至楚人。正義曰巫臣雍子皆楚人也襄二十六年傳稱巫臣奔晉晉人與之邢雍子奔晉晉人與之鄐則鄐是雍子之田也邢侯巫臣之子而得與之爭鄐者孔晁注晉語云邢與鄐比爭疆界久而無成。士景伯如楚。士景伯晉理官叔魚攝理。攝代景伯〔疏〕叔魚攝理。○正義曰晉語云士景伯如楚叔魚爲贊理孔晁云景伯晉理官叔魚佐之景伯聘楚叔魚專斷韓宣子命斷舊獄。罪在

雍子。雍子納其女於叔魚。叔魚蔽罪邢侯。蔽斷也。○命斷丁亂反注同蔽必世反注同徐甫世反王補弟反〔疏〕注蔽斷也。○正義曰周禮大司寇云凡庶民之獄訟以邦成蔽之鄭衆云蔽之斷其獄訟也尚書康誥云服念五六日至于旬時丕蔽要囚孔安國云服膺思念五六日至於十日至于三月乃大斷之皆以蔽爲斷是相傳爲說邢侯怒。殺叔魚與雍子於朝。宣子問其罪於叔向。叔向曰。三人同罪。施生戮死可也。施行罪也雍子自知其罪。而賂以買直。鮒也鬻獄。邢侯專殺。其罪一也。已惡而掠美爲昏。掠取也昏亂也。○鬻羊六反賣也掠音亮貪以敗官爲墨。墨不絜之稱。○敗必邁反又如字稱尺證反殺人不忌爲賊。忌畏也夏書曰。昏墨賊殺。逸書三者皆死刑皋陶之刑也。請從之。乃施邢侯。而尸雍子與叔魚於市。仲尼曰。叔向。古之遺直也。言叔向之直有古人遺風。○陶音遙乃施如字服云施罪於邢侯也孔晁注國語云廢也尸氏反〔疏〕乃施至於市。○正義曰晉語說此事云叔向既對宣子邢侯聞之而逃遂施邢侯氏孔晁云廢其族也則國語讀爲弛訓之爲廢家語說此事亦爲弛王肅注云弛宜爲施施行也服虔云施罪於邢侯施猶劾也邢侯亡故劾之杜無注當從施也成十七年晉殺三郤皆尸於朝此尸於市者以其賤故也治國制刑。不隱於親。謂國之大問已所荅當也主於他事則宜有隱。○當丁浪反三數叔魚之惡。不爲末減。末薄也減輕也以正言之。○數色主反又色具反下同爲于僞反末武葛反〔疏〕三數至末減。○正義曰三度數叔魚之惡不爲薄輕言皆重厚極言之也三者即下云數其賄也稱其詐也言其貪也是也服虔讀減爲咸下屬爲句不爲末者不爲末衆隱蔽之也咸曰義也言人皆曰叔向是義妄也曰。義也夫。可謂直矣。於義未安直則有之。○夫音扶一讀芳于反下同平丘之會。數其賄也。謂言賣貨無厭以寬衞國。晉不爲暴。歸魯季孫。稱其詐也。謂言鮒也能以寬魯國。晉不爲虐。邢侯之獄。言其貪也。以正刑書。晉不爲頗。三言而除三惡。加三利。三惡暴虐頗也三惡除則三利加。○頗普何反〔疏〕注三惡暴虐頗。○正義曰尚書武王數紂之罪泰誓云敢行暴虐牧誓云俾暴虐于百姓武成云暴殄天物害虐烝民然則暴是亂下之稱虐是殺害之名大同而小異殺親益榮。榮名益已猶義也夫。三罪唯荅宣子問不可以不正其餘則以直傷義故重疑之。○重直用反〔疏〕注三罪至疑之。○正義曰杜讀此文言猶義也夫言不是義也故言以直傷義謂叔向非是義也劉炫云直則是義而規杜氏今知不然者義者於事合宜所

爲得理直者，唯無阿曲，未能圓通，故書云直而溫。若直而無溫，則非德非義。是義之與直二者不同，故上傳云義也夫，此傳云猶義也夫，於義之下並云夫。夫是疑怪之辭，故杜以爲非義哉，可謂之直矣。故仲尼云叔向古之遺直，不云遺義。是直與義別。劉以直義爲一而規杜氏，非也。

經十有五年。春。王正月。吳子夷末卒。無傳。未同盟。○

二月。癸酉。有事于武宮。籥入。叔弓卒。去樂卒事。略書有事。爲叔弓卒起也。武宮，魯武公廟。成六年復立之。○籥羊略反。去起呂反。爲于僞反。復扶又反。【疏】有事至卒事。○正義曰：有事謂有祭事于武公之宮廟也。祭必有樂，樂有文舞武舞。文執羽籥，武執干鍼。其入廟也，必先文而後武。當籥始入，叔弓暴卒，故於是去樂，不用而終卒祭事也。叔弓之卒，當籥入之時，故舉籥入也。及其去之，則諸樂皆去，故云去樂。鍾鼓管磬悉皆去之，非獨去籥舞也。祭禮鼎俎既陳，籩豆既設，然後舞樂始入。緣先祖之心，以大臣之卒，必聞樂不樂。又孝子之心，不忍徹已設之饌，故去樂卒事。○注略書至立之。○正義曰：閔二年吉禘于莊公，僖八年禘于大廟，彼皆書禘。此傳言禘于武公，則亦是禘，不書爲禘而言有事者，此經所書不論禘祭是非，略書有祭事者，本爲叔弓卒起也。止爲叔弓之卒，須道當祭之時，所書不爲禘也。釋例曰：三年之禘，自國之常，常事不書，故唯書此數事。祭雖得常，亦記仲遂、叔弓之非常也。是言叔弓之卒非常，故書之也。釋例亦云：凡三年喪畢，然後禘。於是遂以三年爲節，當仍計除喪即吉之月，卜日而後行事，無復常月也。是以經書禘及大事，傳唯見莊公之速，他無非時之譏也。即如例言，三年一禘，若計襄公之薨，則禘當在二年、五年、八年、十一年、十四年，此年非禘年也。若計齊歸之薨，則禘當在十三年、十六年，此年亦非禘年也。而云祭雖得常者，釋例曰：禘于大廟，禮之常也；各于其宮，時之爲也。雖非三年大祭，而書禘，用禘禮也。昭二十五年傳曰將禘於襄公，亦其義也。是言于武宮者，時之所爲，實非禘年，用禘禮。此實非常，但經之所書，唯譏莊公之速，其餘不復譏耳。既不以爲譏，即是得常，故云祭雖得常。叔弓爲非常也。武宮者，魯武公廟，毀已久矣，成六年復立之，遂即不毀。明堂位云：魯公之廟，文世室也；武公之廟，武世室也。鄭玄云：此二廟象周有文武之廟也。世室者，不毀之名。是魯以武公爲不毀之廟，故禘于其宮，不于大廟，亦非常也。

○夏。蔡朝吳出奔鄭。朝吳不遠讒人，所以見逐而書名。○遠于萬反。

○六月。丁巳。朔。日有食之。無傳。

○秋。晉荀吳帥師伐鮮虞。

○冬。公如晉。

傳十五年。春。將禘于武公。戒百官。齊戒。○禘大計反。齊側皆反。【疏】戒百官。○正義曰：周禮大宰祀五帝，前期十日帥執事而卜日，遂戒；享先王亦如之。鄭玄云：前期，前所諏之日也。十日，容散齊七日、致齊三日也。執事，宗伯大卜之屬。既卜，又戒百官以始齊。此戒百官亦謂戒之令齊，故杜云齊戒，言是齊之戒也。祭統云：及時將祭，君子乃齊。齊之爲言齊也，齊不齊以致齊也。是故君子之齊也，專致其精明之德也。故散齊七日以定之，致齊三日以齊之，定之之謂齊。齊者，精明之至也。是將祭必齊，祭前豫戒之也。梓愼曰。禘之日。其有咎乎。吾見赤黑之祲。非祭祥也。

喪氛也。祲，妖氛也。蓋見於宗廟，故以爲非祭祥也。氛，惡氣也。○咎其九反。祲子鴆反。氛芳云反，徐扶云反。蓋見賢遍反。【疏】注祲妖至氣也。○正義曰：周禮有眡祲之官，鄭玄云：祲，陰陽氣相侵，漸成祥者。其職掌十煇之法，一曰祲，二曰象。鄭衆云：煇，謂日光氣也。然則祲是陰陽之氣相侵之名，日光之氣有各爲祲之所見，非獨見於日光，故直云祲，妖氛也。梓愼唯言見祲，不言祲之所在。爲祭而言，故疑云蓋見於宗廟，故以爲非祭祥也。月令云：氛霧冥冥。則亦氛也。以言喪氛，故以氛爲惡氣也。見赤黑之祲，以爲喪氛，則赤黑是喪象。梓愼有以知之。服虔云：水黑火赤，水火相過。云其在涖事乎。涖，臨也。○涖音利。【疏】其在涖事乎。○正義曰：既見喪氛，又言喪之所在，其在涖事之人乎。意疑涖事者當其咎也。二月。癸酉。禘。叔弓涖事。籥入而卒。去樂卒事。禮也。大臣卒，故爲之去樂。○去起呂反，注及下同。爲于僞反。○楚費無極害朝吳之在蔡也。朝吳，蔡大夫，有功於楚平王，故無極恐其有寵，疾害之。○費扶味反。欲去之。乃謂之曰。王唯信子。故處子於蔡。子亦長矣。而在下位。辱。必求之。吾助子請。請求上位。○長丁丈反。【疏】在下位辱。○正義曰：言在下位可恥辱也。服虔以辱從下讀，訓之爲欲。欲必求之，吾助子請，妄也。又謂其上之人曰。蔡人在上位者。王唯信吳。故處諸蔡。二三子莫之如也。而在其上。不亦難乎。弗圖。必及於難。夏。蔡人逐朝吳。朝吳出奔鄭。王怒曰。余唯信吳。故寘諸蔡。且微吳。吾不及此。女何故去之。無極對曰。臣豈不欲吳。非不欲善吳。○於難乃旦反。寘之豉反。女音汝。【疏】二三子莫之如也。○正義曰：言二三子無如吳之見信。然而前知其爲人之異也。言其多權謀。【疏】然而至異也。○正義曰：然此朝吳於事必豫前知，其爲人之有異於餘人也。吳在蔡。蔡必速飛去吳。所以翦其翼也。以鳥喻也。言吳在蔡，必能使蔡速強而背楚。○背音佩。○六月。乙丑。王大子壽卒。周景王子。○秋。八月。戊寅。王穆后崩。大子壽之母也。傳爲晉荀躒如周葬穆后起。○晉荀吳帥師伐鮮虞。圍鼓。鼓，白狄之別。鉅鹿下曲陽縣有鼓聚。○聚才喻反。鼓人或請以城叛。穆子弗許。左右曰。師徒不勤。而可以獲城。何故不爲。穆子曰。吾聞諸叔向曰。好惡不愆。民知所適。事無不濟。愆，過也。適，歸也。○好呼報反。惡烏路反，或並依字讀，下及注皆同。愆起虔反。【疏】好惡至所適。○正義曰：所好必善，所惡必惡，在上者所好所惡不有愆過，則下民知所適歸，言皆知歸於善也。或以吾城叛。吾所甚惡也。人以城來。吾獨何好焉。賞所甚惡。若所好何。無以復加所好。○復扶又反。若其弗賞。是失信也。何以庇民。力能則進。否則退。量力而行。吾不可以欲城而邇姦。所喪滋多。使鼓人殺叛人。而繕守備。圍鼓三月。鼓人或請降。使其民見。曰。猶有食色。姑脩而城。軍吏曰。獲城而弗取。勤民而頓兵。何以事君。穆子曰。吾以事君也。獲一邑而教民怠。將焉用邑。邑以賈怠。不如完舊。完猶保守。○庇必利反，又音祕。喪息浪反。繕市戰反。守手又反。降戶江反。見賢遍反。焉於虔反。賈音古，下同。【疏】獲一邑而教民怠。○正義曰：君不受其降，民皆一心事其本國，不敢怠情以叛其主。今若受其降人，便是許其叛主，則是教我國人令其外叛。是雖獲一邑，而教民怠情，不守死事君，是所得少，所失多。賈怠無卒。卒，終也。棄舊不祥。鼓人能事其君。我亦能事吾君。率義不爽。爽，差也。【疏】鼓人至吾君。○正義曰：言今不聽降叛，使鼓人能事其君也；教民不怠，是我亦能事吾君也。好惡不愆。城可獲而民知義所。知義所在也。荀吳必其能獲，故因以示義。【疏】注知義至示義。○正義曰：知義所在，在於事君不怠，情不苟求生也。十七年荀吳詐祭于雒以滅陸渾，二十二年負甲僞糴以入昔陽，而此時獨得降而不納者，此時荀吳自度已力必其能獲，故因以示義。有死命而無二心。不亦可乎。鼓人告食竭力盡。而後取之。克鼓而反。不戮一人。以鼓子䳒鞮歸。䳒鞮，鼓君名。○䳒本又作鳶，悅全反。鞮丁兮反。○冬。公如晉。平丘之會故也。平丘會，公不與盟，季孫見執，今既得免，故往謝之。○與音預。○十二月。晉荀躒如周葬穆后。籍談爲介。既葬除喪。以文伯宴。樽以魯壺。文伯，荀躒也。魯壺，魯所獻壺樽。○躒力狄反，本又作櫟，同。介音界。樽本或作尊，又作罇，並同。【疏】注魯壺魯所獻壺樽。○正義曰：周禮司尊彝云：秋嘗冬烝，其饋獻用兩壺樽。鄭玄云：壺者以壺爲尊。燕禮云：司宮尊于東楹之西，兩方壺，左玄酒。是禮法有以壺爲樽。王曰。伯氏。諸侯皆有以鎭撫王室。晉獨無有。何也。感魯壺而言也。鎭撫王室，謂貢獻之物。文伯揖籍談。文伯無辭，揖籍談使對。對曰。諸侯之封也。皆受明器於王室。謂明德之分器。○分扶問反，年內同。以鎭撫其社稷。故能薦彝器於王。

薦獻也彝常也謂可常寶之器若魯壺之屬。○彝以之反晉居深山。戎狄之與鄰。而遠於王室。王靈不及。拜戎不暇。言王寵靈不見及故數爲戎所加陵。○遠于萬反又如字數音朔〔疏〕拜戎不暇。○正義曰數爲戎所侵陵拜謝戎師不有閑暇其何以獻器。王曰。叔氏。而忘諸乎。叔籍談字叔父唐叔。成王之母弟也。其反無分乎。密須之鼓。與其大路。文所以大蒐也。密須姞姓國也在安定陰密縣文王伐之得其鼓路以蒐。○蒐所求反姞其吉反又其乙反闕鞏之甲。武所以克商也。闕鞏國所出鎧。○鞏九勇反鎧開代反唐叔受之。以處參虛。匡有戎狄。參虛實沈之次晉之分野。○參所金反注同〔疏〕注參虛至分野。○正義曰實沈之次晉之分野上繫參之虛域故云參虛其後襄之二路。周襄王所賜晉文公大路戎路鏚鉞秬鬯。鏚斧也鉞金鉞秬黑黍鬯香酒。○鏚音戚鉞音越秬音巨鬯音暢〔疏〕注鏚鉞至香酒。○正義曰廣雅云鏚鉞斧也俱是斧也蓋鉞大而斧小大公六韜云大柯斧重八斤一名天鉞是鉞大於斧也尚書牧誓云武王左杖黃鉞孔安國云以黃金飾斧是鉞以金飾也秬黑黍釋草文也周禮有鬯人之官鄭玄云鬯釀秬爲酒芬香條暢於上下也是鬯爲香酒也賜之鏚鉞者使之專殺戮也賜之秬鬯者使之祭先祖也王制云諸侯賜弓矢然後征賜鈇鉞然後殺賜圭瓚然後爲鬯詩陳宣王賜召穆公云秬鬯一卣告于文人是也彤弓虎賁。文公受之。以有南陽之田。事在僖二十八年。○彤徒冬反賁音奔撫征東夏。非分而何。夫有勳而不廢。加重賞。○夏戶雅反〔疏〕撫征東夏。○正義曰服者撫之叛者征之晉於諸夏國差近西故令主東夏有績而載。書功於策奉之以土田。有南陽撫之以彝器。弓鉞之屬旌之以車服。襄之二路明之以文章。旌旗子孫不忘。所謂福也。福祚之不登叔父。焉在。言福祚不在叔父當在誰邪。○福祚之不登叔父絕句焉於虔反下將焉用之同〔疏〕福祚至焉在。○正義曰言福祚之不在叔父此福祚更焉所在乎言其不在他也登陟即是在之義也且昔而高祖孫伯黶。司晉之典籍。以爲大政。故曰籍氏。孫伯黶晉正卿籍談九世祖。○黶以斬反〔疏〕注孫伯至世祖。○正義曰孫伯黶爲晉之正卿世掌典籍有功故曰籍氏是籍談九世祖也其九世之次世本云黶生司空頡頡生南里叔子子生叔正官伯伯生司徒公公生曲沃正少襄襄生司功大伯伯生侯季子子生籍游游生談談生秦是也九世之祖稱高祖者言是高遠之祖也鄭子以少皞爲高祖意與此同及辛有之二子董之晉。於是乎有董史。辛有周人也其二子適晉爲大史籍黶與之共董督晉典因爲董氏董狐其後〔疏〕注辛有至其後。正義曰僖二十

二年傳曰平王之東遷也辛有適伊川則辛有平王時人也此王因籍談董言晉國唯有籍董二族世掌典籍女司典之後也。何故忘之。籍談不能對。賓出。王曰。籍父其無後乎。數典而忘其祖。忘祖業。○女音汝數色主反〔疏〕籍父其無後乎。○正義曰定十四年晉人敗范中行氏之師於潞獲籍秦秦即談之子是無後籍談歸。以告叔向。叔向曰。王其不終乎。吾聞之。所樂必卒焉。今王樂憂。若卒以憂。不可謂終。王一歲而有三年之喪二焉。天子絕期唯服三年故后雖期通謂之三年喪。○樂音洛下文注皆同期居其反下同〔疏〕王其至謂終。○正義曰言王其不得以壽終乎言將夭命而橫死也吾聞之心之所樂必卒於此焉今王在憂而樂是爲樂憂也亦既樂憂必以憂卒若性命之卒以憂而死不可謂之終也言以憂死是不終其天年也○注天子至年喪○正義曰喪服斬衰三年章內有父爲長子傳曰何以三年也正體於上又乃將所傳重也齊衰杖期章內有夫爲妻傳曰爲妻何以期也妻至親也服問曰君所主夫人妻大子適婦鄭玄云言妻見大夫以下亦爲此三人爲喪主記言君者主謂諸侯而天子亦與妻爲喪主也然則妻服齊衰期耳而傳以后崩大子卒爲三年之喪二者喪服杖期章內有父在爲母傳曰何以期屈也至尊在不敢申其私親也父必三年然後娶達子之志也父以其子有三年之戚爲之三年不娶則夫之於妻有三年之義故可通謂之三年之喪於是乎以喪賓宴。又求彝器。樂憂甚矣。且非禮也。彝器之來。嘉功之由。非由喪也。三年之喪。雖貴遂服。禮也。天子諸侯除喪當在卒哭今王既葬而除故譏其不遂王雖弗遂。宴樂以早。亦非禮也。言今雖不能遂服猶當靜嘿而便宴樂又失禮也。○嘿亡北反本或作默同〔疏〕於是至喪也。○正義曰弔喪送葬之賓不合與之宴樂王於是乎以喪賓共宴樂又求常寶之器在憂而爲此樂其爲樂憂甚矣且求器又非禮也諸侯有常器之來獻王者乃爲嘉功之由諸侯自有善功乃作常器以獻其功獻非由喪也言王不可責喪賓獻器也○三年至非禮○正義曰遂由申也竟也其意言三年之喪雖貴爲天子由當申遂其服使終日月乃是禮也除喪大速是非禮也王雖不能遂竟其服猶當靜嘿而已不宜宴樂而宴樂以早也亦非禮也○注天子至不遂○正義曰禮葬日爲虞既虞之後乃爲卒哭之祭喪服傳稱成服之後晝夜哭無時既虞後朝夕各一哭而已卒哭者謂卒此無時之哭故鄭玄士喪禮注云卒哭虞後祭名始朝夕之間哀至即哭至此祭止也唯朝夕哭而已傳稱既葬除喪譏王不遂其服知天子諸侯除喪當在卒哭今王既葬而除故譏其不遂也杜云卒止也止哭與鄭不同若如此言除喪當在卒哭而上下杜注多云既葬除喪者以葬日即虞虞即卒哭卒哭去葬相去不遠共在一月葬是大禮事書於經故成君以否皆舉葬言之○注言今至禮也○正義曰王不能遂服乃與喪賓宴又失禮也以其喪服將終早除猶可宴事必不可也襄十六年葬晉悼公平公即位會于湨梁與諸侯宴于溫又九年八月葬我小

君穆姜其年十二月晉侯以公宴于河上傳皆無譏則卒哭之後得宴樂禮。王之大經也。一動而失二禮。無大經矣。失二禮謂既不遂服又設宴樂〔疏〕禮王之大經。○正義曰經者綱紀之言也傳稱經國家經德義詩序云經夫婦中庸云凡爲天下國家有九經言禮是王之大經紀也服虔曰經常也常所當行也言以考典。考成也典以志經。忘經而多言舉典。將焉用之。爲二十二年王室亂傳〔疏〕言以至用之。正義曰人之出言所以成典法也典法所以記禮經也王一動而失二禮忘已大經矣而多爲言語舉先王分器之典將焉用之

經十有六年。春。齊侯伐徐。○楚子誘戎蠻子殺之。○誘音酉〔疏〕楚子至殺之。○正義曰四夷之名在西曰戎春秋之時錯居中國杜言河南新城縣東南有蠻城則是內地之戎在楚北也戎是種號蠻是國名子爵也十一年楚子虔誘蔡侯般殺之彼書楚子之名此不書楚子名者彼注云蔡大夫深怨故以楚子名告此非蠻人所告蓋楚人不以其君名告故不得書其名也公羊傳曰楚子何以不名夷狄相誘君子不疾也曷爲不疾若不疾乃疾之也言其不足疾更是深責之也賈逵云楚子不名以立其子二說異於杜也蔡侯般書名蠻子不名者釋例曰諸見執者已在罪賤之地書名與否非例所加或名不名從所赴之文○夏。公至自晉。○秋。八月。己亥。晉侯夷卒。未同盟○九月。大雩。○雩音于○季孫意如如晉。○冬。十月。葬晉昭公。三月而葬速

傳十六年。春。王正月。公在晉。晉人止公。不書。諱之也。猶以取鄭故也公爲晉人所執止故諱不書〔疏〕公在至之也。○正義曰禮君不在國則守國之臣每月告廟云公在某處釋君不得親自朝廟之意若於歲首不在則或史書之於策襄二十九年春王正月公在楚傳曰釋不朝正於廟是也此年正月公在晉計亦應告廟書策但爲晉人執止公不以被執告廟故史不書諱之○齊侯伐徐。楚子聞蠻氏之亂也。與蠻子之無質也。質信也。○質之實反或音致使然丹誘戎蠻子嘉殺之。遂取蠻氏。既而復立其子焉。禮也。詐之非也立其子禮也河南新城縣東南有蠻城。○復扶又反〔疏〕齊侯伐徐。○正義曰虛舉經文者經在楚誘戎蠻上傳依經文故先舉之下有徐人行成之事非虛舉但行成在誘蠻後故先依次舉經於上爲下徐人行成起本也不下此經文就徐人者出自史意○楚子至禮也○正義曰蠻子雖與楚舊交元無誠信故云與蠻子之無信也誘而殺之誠爲不可楚能復立其子大勝遂滅其國嫌其殺父立子猶爲非禮故禮之也大舜之刑也鯀殛而禹興周公之誅也放蔡叔而立蔡仲是立子爲得禮二月。丙申。齊師至于蒲隧。蒲隧徐地下邳取慮縣東有蒲如陂。○隧音遂邳普悲反取慮上音秋下力居反如淳取音陬訾之陬慮音郗婁之婁如陂彼皮反徐人行成。

徐子及郯人、莒人會齊侯盟于蒲隧。賂以甲父之鼎。甲父古國名高平昌邑縣東南有甲父亭徐人得甲父鼎以賂齊○郯音談父音甫叔孫昭子曰。諸侯之無伯。害哉。爲小國害齊君之無道也。興師而伐遠方。會之有成。而還莫之亢也。無亢禦○亢苦浪反無伯也夫。詩曰。宗周既滅。靡所止戾。正大夫離居。莫知我肄。詩小雅戾定也肄勞也言周舊爲天下宗今乃衰滅亂無息定執政大夫離居異心無有念民勞者也○也夫音扶肄以制反徐又以自反下同其是之謂乎。傳言晉之衰〔疏〕詩曰至謂乎○正義曰詩小雅雨無正之篇也周家舊爲天下所宗今既衰滅矣其亂無所止定也執政大夫離散其居處人各異心無有知我民之勞苦者其是此事之謂乎言今晉衰微不能止亂晉之諸卿異心不憂民之勞苦如詩人之所云○二月。晉韓起聘于鄭。鄭伯享之。子產戒曰。苟有位於朝。無有不共恪。孔張後至。立於客間。孔張子孔之孫○恪苦各反執政禦之。執政掌位列者禦止也○禦魚呂反注及下同○適客後。又禦之。適縣間。縣樂肆○縣音玄注同〔疏〕注孔張至縣間○正義曰諸侯享賓之禮亡唯有公食大夫禮存耳其禮云大夫納賓賓入門左鄭玄云左西方賓位也又云及廟門公揖入賓入三揖至于階三讓公升二等賓升大夫立于東夾南面北上士立于門東北面西上鄭玄云自卿大夫至此不先即位從君而入者明助君饗食賓自無事也饗食事俱在廟鄭玄饗食並言則亭位亦當然也孔張後至蓋賓入廟門乃始來至當從大夫適東夾之南西面位也張乃立於客間賓入未升立于階西方又孔張入客行間也執政禦之適客後張乃移立于客之西也又禦之適縣間適鐘磬樂肆之間也大射禮者亦諸侯之禮也樂人宿縣于阼階東笙磬西面其南笙鐘其南鑮皆南陳階之西頌磬東面其南鐘其南鑮皆南陳張初立客間已在西方被禦適客後又益西也又被禦適縣間蓋又復益西入於頌磬鐘鑮之間也事畢。富子諫。富子鄭大夫諫子產也曰。夫大國之人。不可不慎也。幾爲之笑。而不陵我。言數見笑則心陵侮我○幾居豈反服音機近也數音朔侮亡甫反〔疏〕幾爲至陵我○正義曰幾度之爲笑而不於我加陵言數被笑必陵侮我也服虔云幾近也孔張失位近爲所笑近者未至之辭客已笑訖何言近也我皆有禮。夫猶鄙我。鄙賤也○夫音扶國而無禮。何以求榮。孔張失位。吾子之恥也。子產怒曰。發命之不衷。衷當也○衷丁仲反又音忠當丁浪反或如字出令之不信。刑之頗類。緣事類以成偏頗○頗普多反類如字一音力對反徐又力張反〔疏〕注緣事至偏頗○正義曰事有相類真僞難明緣此事類以致偏頗雖非故心亦爲罪也服虔讀類爲纇解云頗偏也類不平也

獄之放紛。放縱也紛亂也○紛音芳云反縱音子用反會朝之不敬。謂國無禮敬之心〔疏〕會朝之不敬○正義曰此孔張失位則是於朝不敬而子產不以爲恥者此謂出外會朝大國非謂在本國故注云謂無禮敬大國之心使命之不聽。下不從上命〔疏〕使命之不聽○正義曰謂若伯有使子晳如楚不肯行是也取陵於大國。罷民而無功。罪及而弗知。僑之恥也。孔張。君之昆孫子孔之後也。昆兄也子孔鄭襄公兄孔張之祖父○罷音皮執政之嗣也。子孔嘗執鄭國之政〔疏〕注子孔嘗執鄭國之政○正義曰襄十年盜殺鄭公子騑公子發公孫輒傳曰子孔當國至十九年鄭殺子孔爲嗣大夫。承命以使。周於諸侯。國人所尊。諸侯所知。立於朝而祀於家。卿得自立廟於家○使音所吏反下以使同〔疏〕注卿得自立廟於家○正義曰士以上皆得立廟則孔張雖是大夫亦得立廟而云卿得立廟者以子孔是鄭故以卿言之服虔云祀其所自出之君於家以爲大祖案禮記郊特牲曰諸侯不敢祖天子大夫不敢祖諸侯而公廟之設於私家非禮也安得祀所出之君爲大祖乎有祿於國。受祿邑有賦於軍。軍出卿賦百乘○乘繩證反喪祭有職。有所主受脤歸脤。受脤謂君祭以肉賜大夫歸脤謂大夫祭歸肉於公皆社之戎祭也○脤市軫反〔疏〕注受脤謂君至祭也○正義曰周禮掌蜃云祭祀共蜃器之蜃鄭玄云蜃大蛤飾祭器之屬也蜃之器以蜃飾因名焉鄭衆云蜃可以白器令色白是蜃爲器名祭肉盛之脤器以獻遺人因以名祭肉爲脤孔張是大夫也而云受脤歸脤故知受脤爲君祭以肉賜大夫歸脤謂大夫祭以肉歸於公也故周禮祭僕凡祭祀致福者展而受之是在下之祭有歸脤之義又傳有成子受脤于社前代諸儒皆以脤爲祭社之肉故云皆社之戎祭也劉炫故違傳證以破先儒以爲脤亦祭廟之肉以規杜氏文無所出其義非也然大夫不得私自出軍自祭私社而得歸脤於公者謂大夫奉君命以戎事攝祭於社故社祭也直言祭歸肉於公亦不謂家祭也其祭在廟。已有著位。在位數世。世守其業。而忘其所。僑焉得恥之。其祭在廟謂助君祭○數色主反焉於虔反下焉用同〔疏〕注其祭至君祭○正義曰謂鄭伯其祭在先君之廟孔張有助祭著位在廟中以有事爲業言其所掌有常也服虔以爲其祭在廟謂孔張先祖配廟食案周禮司勳云凡有功者銘書於王之大常祭於大烝司勳詔之則配廟食者皆是有功之臣子孔作亂而死公孫泄因妖鬼而立不得有配食在廟辟邪之人而皆及執政。是先王無刑罰也。言爲過謬者自應用刑罰○辟匹亦反邪似嗟反子寧以他規我。規正也宣子有環。其一在鄭商。玉環同工共朴自共爲雙○朴普角反〔疏〕注玉環至爲雙○正義曰下云韓子奉命以使而求玉焉知環是玉環也釋器云肉倍好謂之瑗肉好若一謂之環李巡云好孔也肉倍好邊肉大其孔小也好倍肉其孔大邊肉小也肉好若一其孔及邊肉大小適等曰環是環亦璧之類也言其一在鄭商則其一在韓子知其同工共朴相與爲雙故韓子欲得而雙之

宣子謁諸鄭伯。謁請也子產弗與。曰。非官府之守器也。寡君不知。子大叔、子羽謂子產曰。韓子亦無幾求。言所求少○守手又反幾居豈反晉國亦未可以貳。晉國韓子。不可偷也。偷薄也○偷他侯反若屬有讒人交鬭其間。鬼神而助之。以興其凶怒。悔之何及。吾子何愛於一環。其以取憎於大國也。盍求而與之。子產曰。吾非偷晉而有二心。將終事之。是以弗與。忠信故也。僑聞君子非無賄之難。立而無令名之患。僑聞爲國非不能事大字小之難。無禮以定其位之患。夫大國之人。令於小國。而皆獲其求。將何以給之。一共一否。爲罪滋大。滋益也○屬音燭盍戸臘反難乃旦反下同又如字共音恭下而共無藝同〔疏〕僑聞至之患○正義曰僑聞君子非無賄之難家貧無賄不爲難立於職位而無善名是爲身之大患言韓子當患無令名不宜患家無賄也僑聞爲國家者非不能事大字小之難事大國愛小國不爲難也無禮以定其位是國之大患言鄭當患位不定不宜患事晉之難也下句自大國之人至則失位矣此覆無禮定位也自若韓子至獨非罪乎此覆無令名也此辭一爲韓子一爲鄭國故再言僑聞服虔斷字小之難以下爲義解云字養也言事大國易養小國難然則鄭人豈憂養小國乎尚未能離經辨句復何須注述大典且字爲愛不爲養也大國之求。無禮以斥之。何饜之有。吾且爲鄙邑。則失位矣。不復成國○饜於鹽反復扶又反下不敢復并同〔疏〕注吾且至位矣○正義曰若晉之大夫求無不得則鄭國乃爲晉之邊鄙之邑不復成國謂失國君之位矣若韓子奉命以使。而求玉焉。貪淫甚矣。獨非罪乎。出一玉以起二罪。吾又失位。韓子成貪。將焉用之。且吾以玉賈罪。不亦銳乎。銳細小也○賈音古下無強賈同銳悅歲反〔疏〕出一玉以起二罪○正義曰一共一否爲鄭國之罪也貪淫爲韓子之罪也○注銳細小○正義曰銳是鋒芒不得爲折韓子買諸賈人。既成賈矣。商人曰。必告君大夫。韓子請諸子產曰。日起請夫環。執政弗義。弗敢復也。復重求也○成賈音嫁本或作價請夫音扶重直用

反今買諸商人。商人曰。必以聞。敢以爲請。子產對曰。昔我先君桓公。與商人皆出自周。鄭本在周畿內桓公東遷并與商人俱〔疏〕買諸至商人○正義曰賈人即商人也行曰商坐曰賈對文雖別散則不殊故商賈並言之○注鄭本至人俱○正義曰世本云鄭桓公封棫林即漢之京兆鄭縣是也本在周之西都畿內也鄭語稱史伯爲桓公謀使桓公寄帑與賄於虢鄶之國桓公從之其子武公遂滅虢鄶而國之當桓公東遷帑賄之時并與商人俱來也庸次比耦。庸用也用次更相從耦耕○比毗志反更音庚以艾殺此地。斬之蓬蒿藜藋。而共處之。世有盟誓。以相信也。曰。爾無我叛。我無強賈。無強市其物○艾魚廢反蓬蒲東反蒿呼高反藜力兮反藋徒弔反強其丈反下強奪同又其良反注放此毋或匄奪。爾有利市寶賄。我勿與知。恃此質誓。故能相保以至于今。今吾子以好來辱。而謂敝邑強奪商人。是教敝邑背盟誓也。毋乃不可乎。吾子得玉而失諸侯。必不爲也。若大國令而共無藝。藝法也○毋音無下同匄古害反又姑未反乞也賄呼罪反或作貨與音預好呼報反下及注並同背音佩〔疏〕毋或匄奪○正義曰六年傳稱楚公子棄疾之過鄭也不強匄則匄是乞也乞則可也唯不得強耳此言毋或匄奪亦不謂不得強匄乞奪取也乞之與乞一字也取則入聲與則去聲也此匄亦有取與此傳言匄謂取也詔書稱租調匄民謂與民○強奪商人○正義曰上云買諸賈人則是和買而子產謂之強奪者韓子以威偪之其買必賤故商人欲得告君大夫子產知其非和買故云然也鄭鄙邑也。亦弗爲也。不欲爲鄙邑之事僑若獻玉。不知所成。敢私布之。布陳也韓子辭玉。曰。起不敏。敢求玉以徼二罪。敢辭之。傳言子產知禮宜子能改過○徼古堯反〔疏〕徼二罪○正義曰謂晉失諸侯鄭爲邊邑○夏。四月。鄭六卿餞宣子於郊。餞送行飲酒○餞賤淺反字林子扇反〔疏〕注餞送行飲酒○正義曰詩云飲餞于禰毛傳云祖而舍軷飲酒於其側曰餞宣子曰。二三君子請皆賦。起亦以知鄭志。詩言志也子齹賦野有蔓草。子齹子皮之子嬰齊也野有蔓草詩鄭風取其邂逅相遇適我願兮○齹才何反字林才可反又士知反說文作齹云齒差跌也在河千多二反蔓音萬邂戶賣反逅戶豆反〔疏〕野有蔓草○正義曰野有蔓草思遇時也君之澤不下流民窮於兵革男女失時思不期而會焉其詩云野有蔓草零露漙兮有美一人清揚婉兮邂逅相遇適我願兮注云清揚眉目之間婉然美好邂逅不期而會適其時願宣子曰。孺子善哉。吾有望矣。君子相願己所望也○孺如住反

子產賦鄭之羔裘。言鄭別於唐羔裘也取其彼己之子舍命不渝邦之彥兮以美韓子○別彼列反己音記舍音赦又音捨渝羊朱反〔疏〕注言鄭至韓子○正義曰羔裘刺朝也言古之君子以風其朝焉釋訓云之子者是子也斥韓子也鄭玄云已語辭也舍猶處也渝變也處命不變謂守死善道見危授命之類也釋訓云美士爲彥言一邦之美士以美韓子也宣子曰。起不堪也。不堪國之司直子大叔賦褰裳。褰裳詩曰子惠思我褰裳涉溱子不我思豈無他人言宣子思己將有褰裳之志如不我思亦豈無他人○褰起虔反溱側巾反〔疏〕褰裳至他人○正義曰褰裳思見正也狂童恣行國人思大國之正己也其詩云子惠思我褰裳涉溱注云子者斥大國之正卿子若愛而思我我國有突篡國之事而可征而正之我則揭衣涉溱水往告難也又云子不思我豈無他人注云言他人者先鄉齊晉宋衛後之則楚宣子曰。起在此。敢勤子至於他人乎。言己今崇好在此不復令子適他人○復扶又反令力呈反下同子大叔拜。謝宣子之有鄭宣子曰。善哉。子之言是。是褰裳〔疏〕注是褰裳○正義曰是猶此也子之言此褰裳之詩也不有是告他人之事其能終相善乎不有是事。其能終乎。韓起不欲令鄭求他人子大叔拜以荅之所以晉鄭終善子游賦風雨。子游駟帶之子駟偃也風雨詩取其既見君子云胡不夷〔疏〕風雨○正義曰風雨思君子也亂世則思君子不改其度焉其詩云風雨淒淒雞鳴喈喈注云風且雨淒淒然雞猶守時而鳴喈喈然喻君子雖居亂世不變改其節度又云既見君子云胡不夷注云胡何也夷說也思而見之云何而心不說子旗賦有女同車。子旗公孫段之子豐施也有女同車取其洵美且都愛樂宣子之志○樂音洛又五孝反〔疏〕注洵美且都○正義曰詢信也都閑也言信美好且閑習於威儀是愛樂宣子之志子柳賦蘀兮。子柳印段之子印癸也蘀兮詩取其倡予和女言宣子倡已將和從之○蘀他洛反印一刃反倡昌亮反本或作唱同和戶臥反下注同女音汝〔疏〕蘀兮○正義曰蘀兮刺忽也君臣強不倡而和也其詩云蘀兮蘀兮風其吹女注云蘀槁也槁謂木葉也木葉槁待風乃落君有政教臣乃行之言此者刺今不然又云叔兮伯兮倡予和女注云叔伯言羣臣長幼也羣臣無其君而行自以強弱相服女倡矣我則將和之言此者刺其自專也宣子喜曰。鄭其庶乎。庶幾於興盛二三君子。以君命貺起。賦不出鄭志。六詩皆鄭風故曰不出鄭志○貺音況皆昵燕好也。昵親也賦不出其國以示親好○昵女乙反二三君子。數世之主也。可以無懼矣。宣子皆獻馬焉。而賦我將。我將詩頌取其日靖四方我其夙夜畏天之威言志在靖亂畏懼天威○數色主反〔疏〕我將○正義曰我將祀文王於明堂也云儀式刑文王之典日靖四方我其夙夜畏天之威于時保之注云早夜敬天於是得安文王之道子產拜。使五卿皆拜。曰。吾子靖亂。敢不拜德。宣子私覲於子產。以玉與馬。曰。子命起舍夫玉。是賜我玉而免吾死也。敢藉手以拜。以玉藉手拜謝子產○覲其靳反舍音捨夫音扶藉在夜反注同○公至自晉。晉人聽公得歸子服昭伯語季平子昭伯惠伯之子子服回也隨公從晉還○語魚據反曰。晉之公室。其將遂卑矣。君幼弱。六卿彊而奢傲。將因是以習。習實爲常。能無卑乎。平子曰。爾幼。惡識國。昭伯尚少平子不信其言○傲五報反惡烏路反少詩照反〔疏〕將因至卑乎○正義曰言將因是君幼弱以習奢傲之事既習奢傲實以爲常常行輕君之禮能無卑乎○秋。八月。晉昭公卒。爲下平子如晉葬起○九月。大雩。旱也。鄭大旱。使屠擊祝款。豎柎。有事於桑山。三子鄭大夫有事祭也○屠音徒柎音附又方于反斬其木。不雨。子產曰。有事於山。蓺山林也。蓺養護令繁殖○蓺音藝令力呈反而斬其木。其罪大矣。奪之官邑。○冬。十月。季平子如晉葬昭公。平子曰。子服回之言猶信。自往見之乃信回言子服氏有子哉。有賢子也

春秋左傳注疏卷四十七挍勘記　阮元撰盧宣旬摘錄

附釋音春秋左傳注疏卷第四十七　昭十四年盡十六年

經十四年

以襄十八年冬十月卒　監本入誤八

傳十四年

注以舍至罪己　宋本此節正義在注文禮脩已而不責人下

稱晉先且居宋公子成陳袁選鄭公子歸生伐秦　監本袁作

轅與文二年傳合宋本稱上有傳字是也

注二人南蒯家臣　宋本以下正義三節揔入齊侯使鮑文子致之注下

僞廢疾　宋本宋殘本淳熙本岳本廢作癈與石經合

遂劫南蒯曰　淳熙本劫改刼非

張強也　纂圖本閩本監本毛本強作彊

子韓皙曰　石經宋本岳本皙作晳與釋文合

言越職　淳熙本職誤反

司徒老祁慮癸來歸費　閩本監本祁作祁非也

歸魯　淳熙本歸作在非也

故經不書歸費　淳熙本歸誤以

注南蒯至非事實也　閩本注字空闕宋本無非事二字

是其未專屬齊也　閩本監本毛本其作費

夏楚子使然丹簡上國之兵於宗丘　宋本宋殘本岳本簡作簡與石經合石經宗誤宋

上國在國都之西　淳熙本國誤同纂圖本都誤郡

收聚不使流散　岳本聚作養非也

新羈旅也　宋本宋殘本岳本羈作羇不誤淳熙本作敍非也

夏楚子至物官　宋本以下正義七節揔入息民五年節下

老疾乏於藥膳　閩本監本毛本乏誤之

有水火災　宋本毛本火下有之字監本初刻亦脫後擠刊

故謂之上國　閩本監本故作皆非

老而無妻謂之矜　監本毛本矜作鰥

息民五年　閩本監本毛本此節正義在息民五年節之下宋本在注物事也正義之後

雖戰非王本心也　重脩監本心作尤非也

欲立著丘公之弟庚與　宋本宋殘本淳熙本纂圖本閩本監本足利本與作輿下及注同石經此處殘缺下文皆作輿北宋刻釋文同云本亦作輿此本作與乃釋文亦作之字案漢書古今人表正作輿是也

與養氏比　諸本作比此本誤北今改正

養氏子旗之黨　監本脫養氏子三字

公子鉏逆庚與於齊　石經初刻與誤餘後改正

注邢侯至楚人　毛本邢誤刑宋本以下正義七節揔入猶義也夫注下

巫人雍子　宋本作巫臣山井鼎亦云巫人當作巫臣

雍奔晉　正德本閩本雍誤襄宋本雍下有子字是也

蔽斷也　淳熙本斷作乱非

乃施邢侯　纂圖本毛本邢誤刑

以正言之　宋本宋殘本淳熙本岳本足利本以上有皆字是也

即下云數其賄也　閩本監本毛本云作文

曰義也夫　王引之云曰當爲由字之脫誤下文猶義也夫猶讀爲由字之假借也

其餘則以直傷義　宋殘本餘作除非也

經十五年

武執干鍼　宋本監本毛本作干此本誤于閩本同今改正監本鍼字模糊閩本誤鍼毛本誤鉞

鐘鼓管磬　監本鐘作鍾

釋例亦云　宋本亦作又是也

傳十五年

齊戒　足利本齊作齋

戒百官　宋本以下正義三節揔入二月癸酉注下

禘之日其有咎乎　宋殘本日誤月

相侵之名　宋本侵作祲非

費無極　史記楚世家極作忌索隱曰左傳作無極極忌聲相近伍子胥傳同

故處子於蔡子亦長矣而在下位辱必求之吾助子請　請求上位

又謂其上之人　蔡人在上位者曰王睢信吳故處諸蔡二三子莫之如也　淳熙本此處誤倒作故處子請求上位又謂其上之人蔡人在上位者曰王睢信吳故處諸於蔡子亦長矣而在下位辱必求之吾助子請蔡二三子莫之如也

在下位辱　宋本以下正義二節揔入吳在蔡節注下

周禮有喪人之官　閩本監本毛本官誤宮

故令主東夏　閩本監本令作今非也

有南陽　淳熙本南誤尚

襄生司功大伯　宋本功作次

伯生侯季子　閩本監本毛本侯作候

忘祖業　宋殘本忘誤亡

於是乎以喪賓宴　漢書五行志引宴作燕下宴樂同

彝器之來　石經宋本淳熙本岳本纂圖本毛本彝作彞是也宋殘本來誤求○案彝俗彞字今訂正

經十六年

春齊侯伐徐　監本齊作晉非也

傳十六年

猶以取鄭故也　宋本淳熙本岳本纂圖本閩本監本毛本鄭作鄭不誤宋殘本作剘亦非○今訂正

齊侯伐徐　閩本監本毛本此節正義在齊侯伐徐句下

下邳取慮縣東有蒲如陂　監本閩本蒲作滿非也諸本作蒲如釋文亦作如劉昭續漢書郡國志作蒲姑注引杜說同

爲小國害　纂圖本小誤人

無有念民勞者也　宋本宋殘本足利本無也字

孔張至縣間　宋本自此節以下正義至我將節止揔入敢不藉手以拜注下

面北上　宋本面上有西字

適鐘磬樂肆之閒也　閩本監本鐘作鍾下同

則心陵侮我　纂圖本閩本監本毛本心誤必

幾度之爲笑　宋本之爲作爲之是也

刑之頗類　顧炎武云類當作纇案正義引服虔讀爲纇解云纇偏也纇不平也是經假類爲纇也

謂國無禮敬之心　正義作謂無禮敬大國之心

注子孔嘗執鄭國之政　宋本嘗執鄭國作至字

立於朝而祀於家　諸本作立於此本誤立于今改正山井鼎云足利本後人記云朝異本作廟非也

注卿得自立廟於家　宋本自立廟作至字

安得祀所出之君爲大祖乎　宋本乎作也

注受脤謂君祭以肉賜大夫至祭也　宋本作受脤至祭也

而云受脤歸　宋本歸下有脤字是也

已有著位　諸本作巳宋本作已爲長

公孫泄因妖鬼而立　閩本監本毛本泄作洩

玉環也工共朴　宋本宋殘本淳熙本岳本纂圖本監本毛本也作同是也按朴當作樸俗作璞

肉倍好謂之瑗　宋本毛本謂之下有璧好倍肉謂之六字監本初刻亦脫後擠刊

好倍肉其孔大邊肉小也　監本下肉字誤内

尚未能離經辨句　閩本監本毛本辨作辯

吾有至位矣　毛本作有吾亦非宋本作吾且不誤

求無不得　宋本得作獲

正義曰銳是鋒芒 諸本作銳此本誤說今改正宋本正義曰下有說文云銳芒也鋒芒尖故爲細小言得利小也服虔云銳折也共廿四字今各本脫

謀使桓公寄帑與賄於虢鄶之國 毛本鄶作鄫非也同

乞之與乞一字也 毛本下乞字作匄甚誤

子齹 諸本作齹案說文齹字下云春秋傳曰鄭有子齹

零露漙兮 閩本監本毛本漙誤溥

後之荆楚 監本毛本之誤至

云胡不夷 岳本胡作乎非也

風且雨淒淒然 監本毛本淒作凄非也下同

雞猶守時而鳴 監本雞作鷄

取其洵美且都 宋本宋殘本淳熙本足利本洵作詢正義同

都閑也 毛本閑作閒字按當爲嫺

子柳賦蘀兮 淳熙本賦誤則

不倡而和也 閩本監本毛本倡作唱下倡予同

叔兮伯兮 毛本伯亦作叔非也

庶幾於興盛 足利本庶上有言鄭二字以意改也

早夜敬天 閩本監本毛本早作蚤

敢藉手以拜 石經宋本宋殘本淳熙本岳本纂圖本毛本敢下有不字是也監本初刻亦脫後擠刊

以玉藉手拜謝子產 宋本宋殘本淳熙本岳本纂圖本毛本玉下有馬字是也監本初刻亦脫後擠刊手字模糊淳熙本手誤作乎宋殘本藉誤籍岳本脫子產二字

晉人聽公得歸 岳本脫人字得字

六卿彊而奢傲 監本彊作疆非也

昭伯尚少 閩本監本毛本少作幼

竪柎 石經宋本宋殘本岳本竪作豎釋文亦作豎是也

埶山林也 宋本岳本埶作蓺釋文同石經初刻作藝後刊去云字

自往見之 宋本自作身

春秋左傳注疏卷四十七挍勘記

附釋音春秋左傳注疏卷第四十八 昭十七年盡十九年

杜氏注　孔穎達疏

經十有七年。春。小邾子來朝。○夏。六月。甲戌。朔。日有食之。○秋。郯子來朝。○八月。晉荀吳帥師滅陸渾之戎。○渾戶門反 ○冬。有星孛于大辰。大辰房心尾也妖變非常故書。○孛音佩一音勃〔疏〕注大辰至故書。○正義曰釋天云大辰房心尾也大火謂之大辰李巡云大辰蒼龍宿之體最爲明故曰房心尾也大火蒼龍宿心以候四時故曰辰孫炎曰龍星明者以爲時候故曰大辰大火也心在中最明故時候主焉公羊傳曰孛者何彗星也彗爲箒也言其狀似掃箒光芒孛孛然妖變之星非常所有故書之傳稱孛于大辰西經直書于大辰者雖在其星之西仍在大辰分度之內故直云于犬辰 ○楚人及吳戰于長岸。吳楚兩敗莫肯告負故但書戰而不書敗也長岸楚地。○岸五旦反〔疏〕注吳楚至楚地。○正義曰傳稱大敗吳師又云大敗楚師是兩皆大敗也縱使兩皆來告無肯自云負敗者故但書戰而不書敗也傳稱令尹陽匄則是楚之貴臣而云楚人者楚人恥其敗以賤者告也

傳十七年。春。小邾穆公來朝。公與之燕。季平子賦采叔。采叔詩小雅取其君子來朝何錫與之以穆公喻君子〔疏〕采叔。○正義曰采叔刺幽王慢諸侯也云采叔采叔筐之筥之君子來朝何錫予之雖無予之路車乘馬注云賜諸侯以車馬言雖無予之尚以爲薄 穆公賦菁菁者莪。菁菁者莪亦詩小雅取其既見君子樂且有儀以荅采叔 ○菁子丁反莪五河反樂音洛〔疏〕菁菁者莪。○正義曰菁菁者莪云既見君子樂且有儀既見君子者官爵之而得見也見則心既喜樂又以禮儀見接嘉其能荅賦言其賢故能久有國 昭子曰。不有以國。其能久乎。〔疏〕不有至久乎。○正義曰言不有學問之人以治其國能長久乎 ○夏。六月。甲戌。朔。日有食之。祝史請所用幣。禮正陽之月日食當用幣於社故請之〔疏〕注禮正至請之。○正義曰陰陽之氣運行於天一消一息周而復始十一月建子爲陽始五月建午爲陰始以易爻卦言之從建子之後每月一陽息一陰消至四月建巳六陰消盡六陽並盛是爲純乾之卦正陽之月也從建午之後陽月一陰息一陽消至十月建亥六陽消盡六陰並盛是爲純坤之卦正陰之月也此年六月日食是夏之四月正陽之月也禮正陽之月日食諸侯當用幣於社故魯之祝史依禮法請所用之幣 昭子曰。日有食之。天子不舉。不舉盛饌。○饌仕眷反 伐鼓於社。責羣陰 諸侯用幣於社。請上公 伐鼓於朝。退自責 禮也。平子禦之。禦禁也。○禦之魚呂反注同 曰。止也。唯正月朔。慝未作。日有食之。於是乎有伐鼓用幣。禮也。其餘則否。大史曰。在此月也。正月謂建巳正陽之月也於周爲六月於夏爲四月慝陰氣也四月純陽用事陰氣未動而侵陽災重故有伐鼓用幣之禮也平子以爲六月非正月故大史荅言在此月也。○正音政慝他得反夏戶雅反下文當夏注當夏竝同〔疏〕昭子至禮也。○正義曰昭子雖不言正月而云日食之禮明此月卽是正月也文十五年傳與此昭子之言正同是正法有此禮也殺牲盛饌日舉故天子不舉謂去盛饌也郊特牲云社所以神地之道也祭土而主陰氣也則社是羣陰所聚論語云鳴鼓而攻之伐鼓者是攻責之事故爲責羣陰亦以責上公也二十九年傳曰封爲上公祀爲貴神社稷五祀是尊是奉是社爲上公之神尊於諸侯故諸侯用幣於社請上公亦所以請羣陰請令勿侵陽也然伐鼓於社云責羣陰用幣於社云請上公社文是一二注不同者以天子之尊無所不責故云責羣陰也諸侯南面之君於諸侯之內唯請上公故云請上公也。○平子至則否。○正義曰平子聞有此禮而不知正月是周之六月故止其請幣仍說正禮慝惡也人情愛陽而惡陰故謂陰爲慝五月陰始生故四月陰未作也平子亦不識慝爲陰義故語雖得禮而心不肯從平子蓋以正月爲歲首之月故云其餘則否。○大史曰在此月也。○正義曰大史以平子不識正月故爲辨之所言慝未作所以行伐鼓用幣之禮正當在此月也因爲說日食之禮引夏書以證之 日過分而未至。過春分而未夏至 三辰有災。三辰日月星也日月相侵又犯是宿故三辰皆爲災。○宿音秀 於是乎百官降物。降物素服〔疏〕注降物素服。○正義曰降物謂減其物采也昏義曰日食則天子素服。○知百官降物亦素服也古之素服禮無明文蓋象朝服而用素爲之如今之單衣也近世儀注日食則擊鼓於大社天子單衣介幘辟正殿坐東西堂百官白服坐本司大常率官屬繞大廟過時乃罷 君不舉。辟移時。辟正寢過日食時 樂奏鼓。伐鼓〔疏〕樂奏鼓。○正義曰樂奏鼓與下瞽奏鼓一也樂謂作樂之人卽瞽矇也奏訓進也孔安國尚書傳云瞽樂官樂官進鼓則伐之故杜云伐鼓也其日食王或有至社親伐鼓之時故周禮大僕云凡軍旅田役贊王鼓救日月食亦如之鄭玄云王通鼓佐擊其餘面則日食王有親鼓之時也 祝用幣。用幣於社 史用辭。用辭以自責 故夏書曰。辰不集于房。逸書也集安也房舍也日月不安其舍則食 瞽奏鼓。瞽樂師。○瞽音古 嗇夫馳。庶人走。車馬曰馳步曰走爲救日食備也。○嗇音色〔疏〕故夏至人走。○正義曰此尚書胤征文也彼云乃季秋月朔辰弗集于房彼季秋日食亦以此禮救之傳言唯正月朔日食乃有伐鼓用幣餘月則否引夏書而與夏書違者蓋先代尚質凡有日食皆用鼓幣周禮極文周家禮法見事有差降唯正陽之月特用鼓幣餘月則否。○注逸書至則食。○正義曰杜以鳥止謂之集故訓集爲安也孔安國云房所舍之次集合也不合則日食可知與杜少異。○注車馬至備也。○正義曰杜以馳是馬疾行故云車馬曰馳步曰走孔安國云嗇夫主幣之官馳取幣禮天神嗇夫於周禮無文鄭注覲禮云嗇夫蓋司空之屬也則官屬司空庶人在官若胥徒之屬使之取幣而禮天神也衆人走共救日食之百役也嗇夫取幣未必馳車蓋驅走相對變其文耳言禮天神者謂天子禮傳無天子禮天神之事文不具 此月朔之謂也。

當夏四月。是謂孟夏。言此六月當夏家之四月平子弗從。昭子退曰。夫子將有異志。不君君矣。安君之災故曰有異志〔疏〕不君君矣○正義曰日食陰侵陽臣侵君之象救日食所以助君抑臣也平子不肯救日食乃是不君事其事也劉炫云乃是不復以君爲君矣○秋。郯子來朝。公與之宴。昭子問焉。曰。少皞氏鳥名官。何故也。少皞金天氏黃帝之子己姓之祖也問何故以鳥名官○少詩照反皞胡老反己音紀又音祀〔疏〕注少皞至名官○正義曰帝系云黃帝生玄囂也史記云黃帝正妃生二子其後皆有天下其一曰玄囂是爲青陽降居江水言江水謂不爲帝也此傳言其以鳥名官則是爲帝明矣故世本及春秋緯皆言青陽即是少皞黃帝之子代黃帝而有天下號曰金天氏少皞氏身號金天氏代號也晉語稱青陽與黃帝同德故爲姬姓黃帝之子十四人爲十二姓其十二有姬有己姓則己姓非青陽之後而世本己姓出自少皞非青陽也事遠書亡不可委悉耳郯子曰。吾祖也。我知之。昔者黃帝氏以雲紀。故爲雲師而雲名。黃帝軒轅氏姬姓之祖也黃帝受命有雲瑞故以雲紀事百官師長皆以雲爲名號縉雲氏蓋其一官也○長丁丈反縉音進〔疏〕注黃帝至官也○正義曰史記云黃帝者少典之子名曰軒轅爲天子代神農氏是爲黃帝晉語云黃帝以姬水成爲姬姓是姬姓之祖也以少皞之立有鳳鳥之瑞而以鳥紀事黃帝以雲紀事明其初受天命有雲瑞也鳥之爲瑞未能審也史記天官書曰若煙非煙若雲非雲郁郁紛紛蕭索輪囷是謂卿雲或作慶雲或作景雲孝經援神契曰德至山陵則景雲出服虔云黃帝受命得景雲之瑞故以雲紀事黃帝雲瑞或當是景雲也百官師長皆以雲爲名號即是以雲紀綱諸事也雲爲官名更無所出唯文十八年傳云縉雲氏有不才子疑是黃帝時官故云縉雲氏蓋其一官也炎帝氏以火紀。故爲火師而火名。炎帝神農氏姜姓之祖也亦有火瑞以火紀事名百官〔疏〕注炎帝至百官○正義曰帝系世本皆爲炎帝即神農氏炎帝身號神農代號也譙周考古史以爲炎帝與神農各爲一人非杜義晉語云炎帝以姜水成爲姜姓是爲姜姓之祖也火之爲瑞亦未審也共工氏以水紀。故爲水師而水名。共工以諸侯霸有九州者在神農前大皞後亦受水瑞以水名官○共音恭大音泰下大皞同〔疏〕注共工至名官○正義曰共工氏霸有九州祭法文也此傳從黃帝向上逆陳之知共工在神農前大皞後也水之爲瑞亦未審也大皞氏以龍紀。故爲龍師而龍名。大皞伏犧氏風姓之祖也有龍瑞故以龍命官〔疏〕注大皞至命官○正義曰月令孟春云其帝大皞易下繫云包犧氏之王天下也即大皞身號伏犧代號也僖二十一年傳云任宿須句風姓也實司大皞是風姓之祖也龍之爲瑞亦未審也此黃帝以上四代用雲火水龍紀事其官之名必用雲火水龍爲之但書典散亡更無文紀其名不可復知故杜不須委說唯有縉雲見傳疑是黃帝官耳服虔云黃帝以雲名官蓋春官爲青雲氏夏官爲縉雲氏秋官爲白雲氏冬官爲黑雲氏中官爲黃雲氏炎帝以火名官春官爲大火夏官爲鶉火秋官爲西火冬官爲北火中官爲中火共工以水名官春官爲東水夏官爲南水秋官爲西水冬官爲北水中官爲中水大皞以龍名官春官爲青龍氏夏官爲赤龍氏秋官爲白龍氏冬官爲黑龍氏中官爲黃龍氏此皆事無所見苟出胏腸少皞鳥紀不以五方名官焉知彼四代者皆以四時五方名官乎以縉爲赤色則云夏官爲縉雲焉知餘方不更爲之目而直指青黃爲名也以天文有大火鶉火即云春爲大火夏爲鶉火其餘何故直以西北名火也此皆虛而不經故不可采用我高祖少皞。摯之立也。鳳鳥適至。故紀於鳥。爲鳥師而鳥名。鳳鳥氏歷正也。鳳鳥知天時故以名歷正之官○摯音至〔疏〕注鳳鳥至之官○正義曰釋鳥云鶠鳳其雌皇則此鳥雄曰鳳雌曰皇說文云鳳神鳥也山海經云丹穴之山有鳥焉其狀如鶴五采而文名曰鳳皇見則天下大安寧運斗樞云天樞德見則鳳皇翔中候握河紀云堯即政七十年鳳皇止庭伯禹拜曰昔帝軒提象鳳巢阿閣白虎通云黃帝時鳳皇蔽日而至止於東園終身不去諸書皆言君有聖德鳳皇乃來是鳳皇知天時也歷正主治歷數正天時之官故名其官爲鳳鳥氏也當時名官直爲鳥名而已其所職掌與後代名官所司事同所言歷正以下及司徒司寇工農之屬皆以後代之官所掌之事託言之言爾時鳥名如今之此官也玄鳥氏司分者也。玄鳥燕也以春分來秋分去○燕於見反〔疏〕注玄鳥至分去○正義曰說文云燕玄鳥也釋鳥云燕燕鳦郭璞曰詩云燕燕于飛一名玄鳥齊人呼鳦詩云天命玄鳥月令云玄鳥至之日是一名玄鳥也或單呼爲燕或重名燕燕異方語也此鳥以春分來秋分去故以名官使之主二分伯趙氏司至者也。伯趙伯勞也以夏至鳴冬至止〔疏〕注伯趙至至止○正義曰釋鳥云鶪伯勞也樊光曰春秋云伯趙氏司至伯趙鶪也以夏至來冬至去郭璞曰似鶷鶡而大此鳥以夏至來冬至止去故以名官使之主二至也月令仲夏之月鶪始鳴蔡邕云鶪伯勞也一曰伯趙應二時而鳴陰候也詩云七月鳴鶪者鄭玄云幽地晚寒鳥物之候從其氣焉王肅云七當爲五古文五字似七故誤青鳥氏司啓者也。青鳥鶬鴳也以立春鳴立夏止○鶬音倉鴳亦作鷃於諫反〔疏〕注青鳥至夏止○正義曰青鳥鶬鴳爾雅無文先儒相說耳立春立夏謂之啓此鳥以立春鳴立夏止故以名官使之主立春立夏丹鳥氏司閉者也。丹鳥鷩雉也以立秋來立冬去入大水爲蜃上四鳥皆歷正之屬官○鷩必滅反蜃市軫反〔疏〕注丹鳥至屬官○正義曰釋鳥雉之類有鷩雉樊光曰丹雉也少皞氏以鳥名官丹鳥氏司閉以立秋來立冬去入水爲蜃周禮王享先公服鷩冕郭璞曰似山雞而小冠背毛黃腹下赤項綠色鮮明是解丹鳥爲鷩雉也立秋立冬謂之閉此鳥以秋來冬去故以名官使之主立秋立冬也分至啓閉立四官使主之鳳皇氏爲之長故云四鳥皆歷正之屬官也祝鳩氏司徒也。祝鳩鷦鳩也鷦鳩孝故爲司徒主教民○鷦音焦本又作焦本或作鷦子遙反又子堯反〔疏〕注祝鳩至教民○正義曰釋鳥云隹其鳺鴀舍人云隹一名夫不今楚鳩也樊光曰春秋云祝鳩氏司徒祝鳩即隹其夫不孝故爲司徒郭璞曰今鵓鳩也詩云翩翩者隹毛傳云鵻夫不也一宿之鳥鄭玄云一宿者一意於其所宿之木又云夫不鳥之慤謹者人皆愛之則此是謹慤孝順之鳥故名司徒之官教人使之孝也鴡鳩氏司馬也。鴡鳩王鴡也鷙而有別故爲司馬主法制○鴡本又作睢七徐反鷙音至本亦作摯下同別彼列反〔疏〕注鴡鳩至法制○正義曰釋鳥云鴡鳩王鴡李巡云王鴡一名鴡鳩郭璞云鵰類今江東呼之爲鶚好在江渚山邊食魚毛詩傳曰鳥摯而有別則鴡鳩是摯擊之鳥又能雄雌有別也司馬主兵又主法制擊伐又當法制分明故以此鳥名官使主司馬之職鳲鳩氏司空也。鳲鳩鵠鵴也鳲鳩平均故爲司空平水土○鵠本亦作秸簡八反又音吉鵴本亦作鞠居六反〔疏〕注鳲鳩至水土○正義曰釋鳥云鳲鳩鵠鵴樊光曰春秋云鳲鳩氏司空心平均故爲司空郭璞曰今之布穀也孫炎曰方言云鳲鳩自關而東謂之戴勝陸機毛詩義疏云今梁宋之間謂布穀爲鵠鵴則布穀是鳲鳩明矣而揚雄云鳲鳩是戴勝也今戴勝自生穴中不巢生雄言非也詩云鳲鳩在桑其子七兮毛傳云鳲鳩之養其子朝從上下莫從下上平均如一是鳲鳩平均故爲司空尚書舜典云伯禹作司空帝曰禹汝平水土惟時懋哉是司空主平水土也爽鳩氏司寇也。爽鳩鷹也鷙故爲司寇主盜賊○爽所丈反〔疏〕注爽鳩至盜賊○正義曰釋鳥云鷹鶆鳩樊光曰來鳩爽鳩也春秋曰爽鳩氏司寇鷹鷙故爲司寇郭璞曰鶆當爲爽字之誤耳左傳作爽鳩是也鷹是鷙擊之鳥司寇主擊盜賊故爲司寇鶻鳩氏司事也。鶻鳩鶻鵃也春來冬去故爲司事○鵃陟交反又陟留反又音彫〔疏〕注鶻鳩至司事○正義曰釋鳥云鶌鳩鶻鵃舍人曰鶌鳩一名鶻鵃今之班鳩也樊光曰春秋云鶻鳩氏司事春來冬去孫炎曰鶻鳩一名鳴鳩月令云鳴鳩拂其羽郭璞云今江東亦呼爲鶻鵃似山鵲而小短尾青黑色多聲即是此也舊說及廣雅皆云班鳩非也所論班鳩鳴鳩雖有異同其言春來冬去舊有此說國家營事繕治器物一年之間無時暫止故以此鳥名司事之官也司事謂營造之事於六官皆屬司空此司空司事各爲一官者古今代異猶如舜典司空與共工各爲一官也五鳩。鳩民者也。鳩聚也治民上聚故以鳩爲名〔疏〕注鳩聚至爲名○正義曰鳩聚釋詁文也治民尚其集聚惡其流散故以鳩爲官名欲其聚斂民也五雉爲五工正。五雉雉有五種西方曰鷷雉東方曰鶅雉南方曰翟雉北方曰鵗雉伊洛之南曰翬雉○種章勇反下同鷷音存又音遵本或作蹲鶅側其反翟音狄又音濁鵗本又作希如字一音丁里反翬許韋反〔疏〕注五雉至翬雉○正義曰釋鳥雉之屬十有四其說四方之雉西方曰鷷雉東方曰鶅南方曰翟北方曰鵗舍人曰釋四方之雉名也杜言四方之雉唯南方不同也釋鳥又云鷂山雉樊光曰其羽可持而舞詩云右手秉翟郭璞云長尾者爾雅之文翟與翬別而賈逵亦云南方曰翟雉則先儒相傳爲說杜從之也釋鳥又云伊洛而南素質五采皆備成章曰翬李巡曰素質五采備具文章鮮明曰翬孫炎曰翬雉白質五采爲文也傳言五雉必取五方伊洛土之中區明其取翬雉與四方之雉爲五工也賈逵云西方曰鷷雉攻木之工也東方曰鶅雉摶埴之工也南方曰翟雉攻金之工也北方曰鵗雉攻皮之工也伊洛而南曰翬雉設五色之工也樊光注爾雅四方之雉配工亦與賈同唯翬雉不配工耳案賈樊所言之工出於考工記耳而考工記更有刮摩之工凡有六工非唯五也且記是後世之書少皞時工未必如記所說又以工配雉無所馮據不可采用故杜不言利器用。正度量。夷民者也。夷平也○量音亮〔疏〕

利器至民者○正義曰雉聲近夷雉訓夷夷爲平故以雉名工正之官使其利便民之器用正丈尺之度斗斛之量所以平均下民也樊光服虔云雉者夷也夷平也使度量器用平也

九扈爲九農正。扈有九種也春扈鳻鶞夏扈竊玄秋扈竊藍冬扈竊黃棘扈竊丹行扈唶唶宵扈嘖嘖桑扈竊脂老扈鴳鴳以九扈爲九農之號各隨其宜以教民事○扈音戶鳻扶云反又如字鶞勑倫反唶側百反又子夜反又助額反嘖音責又音賾

【疏】注扈有至民事○正義曰釋鳥自春鳸鳻鶞至宵鳸嘖嘖凡七鳸其文相次與此注正同李巡摠釋之云諸鳸別春夏秋冬四時之名唶唶嘖嘖鳥聲貌也郭璞曰諸鳸皆因其毛色音聲以爲名竊藍青色釋鳥又云鳸鴳老鳸鴳桑鳸竊脂注爾雅者舍人李巡孫炎郭璞皆斷老上屬鳸下屬解云鴳一名鵙老鴳一名鳸鳸雀也唯樊光斷鴳鵙爲句以老下屬注云春秋云九扈爲九農正九扈者春扈夏扈秋扈冬扈棘扈行扈宵扈桑扈老扈是以老爲下屬唯鴳不重耳李巡云竊脂一名桑扈郭璞曰俗謂之青雀觜曲食肉好盜脂膏因名云鄭玄詩箋云竊脂肉食陸機毛詩義疏云竊脂青雀也好竊人脯肉及箭中膏故以名竊脂也諸儒說竊脂皆謂盜人脂膏也即如此言竊玄竊黃者豈復盜竊玄黃乎爾雅釋獸云虎竊毛謂之虦貓魋如小熊竊毛而黃竊毛皆謂淺毛竊即古之淺字但此鳥其色不純竊玄淺黑也竊藍淺青也竊黃淺黃也竊丹淺赤也四色皆具則竊脂爲淺白也其唶唶嘖嘖則聲音爲之名矣其春扈鳻鶞樊光云鳻鶞言分循也春扈分循五土之宜乃以人事名鳥其義未必然也爾雅老扈鴳字不重賈服皆云鴳鴳亦聲音爲名也賈逵云春扈分循相五土之宜趣民耕種者也夏扈竊玄趣民芸苗者也秋扈竊藍趣民收斂者也冬扈竊黃趣民蓋藏者也棘扈竊丹爲果驅鳥者也行扈唶唶晝爲民驅鳥者也宵扈嘖嘖夜爲民驅獸者也桑扈竊脂爲蠶驅雀者也老扈鴳鴳趣民收麥令不得晏起者也舍人樊光注爾雅其言亦與賈同其意皆謂以扈爲官還令依此諸扈而動作也然則趣民耕耘及收斂蓋藏其事可得召民使聚而摠號令之其爲果驅鳥爲蠶驅雀豈得多置官方使之就果樹入蠶室爲民驅之哉又晝驅鳥夜驅獸不可竟日通宵常在田野溥天之下何以可周且其言不經難可據信也杜云以九扈爲九農之號各隨其宜以教民事以舊說不可采用又不能知其職掌故未言之

扈民無淫者也。扈止也止民使不淫放

自顓頊以來。不能紀遠。乃紀於近。爲民師而命以民事。則不能故也。顓頊氏代少皞者德不能致遠瑞而以民事命官○顓音專頊許玉反

【疏】自顓至故也○正義曰傳言少皞摯之立也鳳鳥適至則鳳鳥以初立時至也因其初立而有此瑞鳥遂即以鳥紀事雲火水龍亦以初立而有此瑞用之以紀庶事自顓頊以來初立之時既無遠瑞不能紀於遠而乃紀於近天瑞遠民事近爲民之師長而命其官以民事則爲不能致遠瑞故

仲尼聞之。見於郯子而學之。於是仲尼年二十八

【疏】注年二十八○正義曰沈文何云襄三十一年注云仲尼年十歲計至此年二十七今云二十八誤

既而告人曰。吾聞之。天子失官。學在四夷。猶信。失官官不脩其職也傳言聖人無常師

【疏】失官學在四夷○正義曰王肅云郯中國也故吳伐郯季文子數曰中國不振旅蠻夷入伐吾亡無日矣孔子稱學在四夷疾時學廢也郯少皞之後以其後則遠以其國則小矣魯周公之後以其世則近以其國則大矣然其禮不如郯故孔子發此言也失官爲所居之官不脩其職也仲尼學樂於萇弘問官於郯子是聖人無常師

○晉侯使屠蒯如周。請有事於雒與三塗。屠蒯晉侯之膳宰也以忠諫見進雒雒水也三塗山名在陸渾南○蒯苦怪反雒音洛

萇弘謂劉子曰。客容猛。非祭也。其伐戎乎。陸渾氏甚睦於楚。必是故也。君其備之。乃警戎備。警戒以備戎也欲因晉以合勢○警音景

九月。丁卯。晉荀吳帥師涉自棘津。河岸名 使祭史先用牲于雒。陸渾人弗知。師從之。庚午。遂滅陸渾。數之以其貳於楚也。陸渾子奔楚。其衆奔甘鹿。甘鹿周地 周大獲。先警戒備故獲 宣子夢文公攜荀吳而授之陸渾。故使穆子帥師。獻俘于文宮。欲以應夢○俘芳夫反應應對之應

○冬。有星孛于大辰。西及漢。夏之八月辰星見在天漢西今孛星出辰西光芒東及天漢○夏戶雅反下文同見賢遍反

【疏】注夏之至天漢○正義曰星孛文在冬下經傳皆無其月但冬以十月爲初故以夏之八月解之也月令仲秋之月日在角昏牽牛中大辰是房心尾也其星處於東方之時在角星之北故以八月之昏時角星與日俱沒大辰見於西方也天漢在箕斗之間於是天漢西南東北邪列於天大辰之星見在天漢之西也今孛星又出於大辰之西而尾東指光芒歷辰星而東及天漢也

申須曰。彗所以除舊布新也。申須魯大夫○彗似銳反又音息遂反

【疏】彗所至新也○正義曰彗埽箒也其形似彗故名焉箒所以埽去塵彗星象之故所以除舊布新也言此星見必有除舊之事

天事恒象。天道恒以象類告示人 今除於火。火出必布焉。諸侯其有火災乎。今火向伏故知當須火出乃布散爲災○向許亮反又作嚮

梓愼曰。往年吾見之。是其徵也。徵始有形象而微也 火出而見。前年火出時○見賢遍反下及注並同 今茲火出而章。必火入而伏。隨火沒也

【疏】今茲至而伏○正義曰梓愼云往年吾見之是其徵也當時火出之時而彗星已見是隨火而行也今年火星之出而彗星章明是彗漸益長未即消滅必當火入之時與火俱伏也服虔注本火出而章必火火入而伏重火別句孫毓云賈氏舊文無重火字

其居火也久矣。歷二年 其與不然乎。言必然也○與如字又音預 火出於夏爲三月。謂昏見 於商爲四月。於周爲五月。夏數得天。得天正

【疏】注得天正○正義曰斗柄所指一歲十二月分爲四時夏以建寅爲正則斗柄東指爲春南指爲夏是爲得天四時之正也若殷周之正則不得正也

若火作。其四國當之。在宋衛陳鄭乎。宋。大辰之虛也。大辰大火宋分野○虛起居反下同分扶問反

【疏】宋大辰之虛○正義曰虛者舊居之處也陳爲大皞之虛鄭爲祝融之虛衛爲顓頊之虛皆先王先公舊居此地謂之虛可矣大辰星名非人居也而亦謂之虛者以天之十二次地之十二域大辰爲大火之次是宋之區域故謂宋爲大辰之虛猶謂晉地爲參虛

陳。大皞之虛也。大皞居陳木火所自出 鄭。祝融之虛也。祝融高辛氏之火正居鄭 皆火房也。房舍也 星孛天漢。漢。水祥也。天漢水也 衛。顓頊之虛也。故爲帝丘。衛今濮陽縣昔帝顓頊居之其城內有顓頊冢○濮音卜 其星爲大水。衛星營室營室水也 水火之牡也。牡雄也○牡茂后反

【疏】水火之牡○正義曰獸曰牝牡牡是雄也陰陽之書有五行嫁娶之法火畏水故以丁爲壬妃是水爲火之雄

其以丙子若壬午作乎。水火所以合也。丙午火壬子水水火合而相薄水少而火多故水不勝火○薄本又作摶音博

【疏】注丙午至勝火○正義曰丙是火日午是火位壬是水日子是水位故丙午爲火壬子爲水水火合而相薄則是夫妻合而相親親則將行其意或水從火或火從水但彗在大辰爲多及漢爲少水少而火多故水不勝火火行其意水必助之故此丙子壬午之日當有火災

若火入而伏。必以壬午。尚未知今孛星當復隨火星俱伏不故言若○復扶又反

【疏】若火至壬午○正義曰劉炫云丙子壬午雖俱是水火合日但二字之內先言彊若火入而伏則連秋至春歷大陰水用事雖同其欲水當先火故疑火入而伏則必以壬午也劉炫雖爲此釋杜既無注其壬午之事理則未詳

不過其見之月。火見周之五月

鄭禆竈言於子產曰。宋衛陳鄭將同日火。若我用瓘斝玉瓚。鄭必不火。瓘珪也斝玉爵也瓚勺也欲以禳火○禆婢支反瓘古亂反斝古雅反瓚才旦反勺上若反禳本亦作攘如羊反下同○

【疏】注瓘珪至禳火○正義曰瓘是玉名此傳所云皆是成就之器故知瓘是珪也斝是爵名玉字在斝瓚之間知斝亦以玉爲之故云斝玉爵也周禮典瑞云裸圭有瓚鄭司農云於圭頭爲器可以挹鬯裸祭謂之瓚國語謂之鬯瓚鄭玄云漢禮瓚槃大五升口徑八寸下有槃口徑一尺考工記玉人云裸圭尺有二寸有瓚以祀廟鄭玄云瓚如槃其柄用圭有流前注鄭玄詩箋云圭瓚之狀以圭爲柄黃金爲勺青金爲外朱中央是瓚爲勺共祭祀之器也禆竈欲用此三物以禳火

子產弗與。以爲天災流行非禳所息故也爲明年宋衛陳鄭災傳

○吳伐楚。陽匄爲令尹。卜戰不吉。陽匄穆王曾孫令尹子瑕○匄古害反

【疏】卜戰不吉○正義曰陽匄心不決死戰必殺將死是不吉也司馬子魚志在必死不以將死爲凶故卜之得吉敗吳之後吳人敗之終是不吉○注穆王曾孫○正義曰依世本穆王生王子揚揚生尹尹生令尹匄

司馬子魚曰。我得上流。何故

不吉。子魚公子魴也順江而下易用勝敵○魴音房易以豉反且楚故。司馬令龜，我請改卜。令曰：魴也以其屬死之，楚師繼之，尚大克之。吉。得吉兆戰于長岸。子魚先死，楚師繼之，大敗吳師，獲其乘舟餘皇。餘皇舟名○乘如字又繩證反下同使隨人與後至者守之，環而塹之，及泉，環周也○環如字又音患塹七豔反盈其隧炭，陳以待命。隧出入道○隧音遂下同炭吐旦反【疏】注隧出入道。○正義曰：守舟者雖環而塹之，塹猶不合，有出入之路，故滿路置火以防吳人也。吳公子光光諸樊子闔廬○闔戶臘反廬力居反請於其衆曰：喪先王之乘舟，豈唯光之罪，衆亦有焉。請藉取之以救死。藉衆之力以取舟○喪息浪反衆許之。使長鬣者三人，長鬣多髭鬚與吳人異形狀詐為楚人○鬣力輒反髭子斯反鬚音須潛伏於舟側，曰：我呼皇，則對。師夜從之。師吳師也○呼呼路反又如字下同三呼，皆迭對。迭更也○迭待結反又音弟更音庚楚人從而殺之。楚師亂，吳人大敗之，取餘皇以歸。傳言吳光有謀

經十有八年，春，王三月，曹伯須卒。未同盟而赴以名○夏，五月，壬午，宋、衛、陳、鄭災。來告故書天火曰災【疏】注來告至曰災。正義曰：傳稱皆來告火，知是來告故書也。春秋書他國之災皆是來告而書。公羊傳曰：宋衛陳鄭災，何以書？記異也。何異爾？異其同日而俱災，外異不書，此何以書？為天下記異也。穀梁亦云其志以同日也。杜因此傳有來告之文，故顯而異之。天火曰災，宣十六年傳例也。○六月，邾人入鄅。○鄅國今琅邪開陽縣○鄅音禹許慎郭璞皆音矩國名琅音郎本或作郎○秋，葬曹平公。○冬，許遷于白羽。自葉遷也畏鄭而樂遷故以自遷為文○葉始涉反【疏】注自葉至為文。○正義曰：成十五年許遷于葉，自是以後許常以葉為都。九年許遷于夷，是自葉遷于夷也。十三年傳曰：楚之滅蔡也，靈王遷許、胡、沈、道、房、申於荊焉。平王即位，既封陳、蔡，而皆復之，禮也。注云：荊，荊山也。滅蔡在十一年。許又從夷遷於荊山，平王復之，復其本國，許又歸於葉也。故知此年遷于白羽，是其自葉遷也。且傳云葉在楚方城外之蔽，明其欲遷之時許在葉也。案傳王子勝言於楚子，使之遷許，則是楚人遷許，非許自遷。楚雖發意遷許，亦畏鄭樂遷，故以自遷為文。若許不樂遷，楚強遷之，當云楚人遷許，如宋人遷宿、齊人遷陽之類，不得云許遷于白羽。以其自遷為文，知許人自樂遷也。

傳十八年，春，王二月，乙卯，周毛得殺毛伯過，毛伯過周大夫得過之族○過古禾反而代之。代居其位【疏】注代居其位。○正義曰：毛氏世有采地，為畿內之國。於時天子微弱，故自殺自代，不能禁之。萇弘曰：毛得必亡。是昆吾稔之日也，侈故之以。昆吾夏伯也稔熟也侈惡積熟以乙卯日與桀同誅○萇直良反稔而審反侈昌氏反又尸氏反夏戶雅反而毛得以濟侈於王都，不亡何待？為二十六年毛伯奔楚傳【疏】是昆至何待。○正義曰：是乙卯者，昆吾之君惡熟之日也。由其侈故以此日死也，而毛得以此日成其侈惡於王都，不亡何待？○注昆吾至同誅。○正義曰：鄭語云：黎為高辛氏火正，命之曰祝融。其後八姓，昆吾為夏伯。楚世家云：顓頊生稱，稱生卷章，卷章生黎，黎為高辛氏火正。共工氏作亂，帝使黎誅之而不盡，帝誅黎，使其弟吳回居火正，為祝融。回生陸終，終生子六人，坼剖而產焉。其長曰昆吾。虞翻曰：昆吾為己姓，封昆吾。世本云：昆吾者，衛是也。然則昆吾國名，言昆吾夏伯者，以表昆吾國君其上世嘗為夏伯，其惡熟誅者非此為伯之身，當是後世之孫。以詩云韋顧既伐，昆吾夏桀，共桀同文，又傳云乙卯亡，知以乙卯日與桀同時誅。○三月，曹平公卒。為下會葬見原伯起本○夏，五月，火始昏見。火心星○見賢遍反丙子，風。梓慎曰：是謂融風，火之始也。東北曰融風風木也木火母故曰火之始【疏】注東北至之始。○正義曰：東北曰融風，易緯作調風，俱是東北風，一風有二名。東北木之始，故融風為木也。木是火之母，火得風而盛，故融為火之始。七日其火作乎。從丙子至壬午七日壬午水火合之日故知當火作戊寅，風甚。壬午，大甚。【疏】戊寅至大甚。○正義曰：甚者，益盛之言也。丙子初風，連日不息，至戊寅而風益甚，至壬午而風又大甚。初言融風，是東北風也。蓋自丙子至壬午，風不迴而稍益盛。傳雖主言魯國之風，彼四國亦當然也。宋、衛、陳、鄭皆火。梓慎登大庭氏之庫以望之。大庭氏古國名在魯城內魯於其處作庫高顯故登以望氣參近占以審前年之言○大甚本或作火甚處昌慮反下祭處同故登以望氣本或作以望氛氣【疏】注大庭至之言。○正義曰：大庭氏，古天子之國名也。先儒舊說皆云炎帝號神農氏，一曰大庭氏。服虔云在黃帝前。鄭玄詩譜云大庭在軒轅之前，亦以大庭為炎帝也。對文則藏曰廄，藏車曰庫。曲禮云：在府言府，在庫言庫。鄭玄云：府謂寶藏貨賄之處，庫謂車馬兵甲之處。又大學云：未有府庫財非其財者。則庫亦藏財貨，非獨車馬甲兵也。古之大庭嘗都於魯，其處在魯城內，魯於其處作庫，而其地高顯，故梓慎登之以望氣。梓慎往年言其將火，今更望氣，參驗近占，以審己前年之言信也。梓慎所望，望天氣耳，非能望見火也。而何休難云：宋衛陳鄭去魯皆數千里，為登高以見其火，豈實事哉？劉炫云：案左傳不言望火，何以言見其火？玄鄭以為孔子登泰山見吳門之白馬，離婁覩千里之毫末，梓慎既非常人，何知不見數百里之煙火？孔子在陳知桓僖災者，豈復望見之乎？若見火知災，則人皆知之矣，何所貴乎梓慎，左氏傳而編記之哉？且四國去魯纔數百里，而何休云數千里，雖意欲其遠，亦虛妄之極。梓慎所望，自當有以知之，不知見何氣知其災也。服虔云：四國次有火氣也。梓慎不言夜望，安知望次？陳獨無次，何所望哉？今以為服解義或然也。曰：宋、衛、陳、鄭也。數日皆來告火。言經所以書○數所主反裨竈

曰：不用吾言，鄭又將火。前年裨竈欲用瓘斝禳火子產不聽今復請用之○禳如羊反復扶又反下同鄭人請用之，信竈言子產不可。子大叔曰：寶以保民也。若有火，國幾亡。可以救亡，子何愛焉？子產曰：天道遠，人道邇，非所及也，何以知之？竈焉知天道？是亦多言矣，豈不或信？多言者或時有中○幾音祈又音機下同竈焉於虔反中丁仲反遂不與，亦不復火。傳言天道難明雖裨竈猶不足以盡知之鄭之未災也，里析告子產曰：將有大祥，里析鄭大夫祥變異之氣○析星歷反大祥或作火祥非也【疏】將有大祥。○正義曰：祥者，善惡之徵。中庸云：國家將興，必有禎祥。祥則吉祥也。國家將亡，必有妖孽。孽則凶祥也。則祥是善事，而里析以民動國亡為大祥者，彼對文言耳。書序云：亳有祥桑穀共生于朝。五行傳云：時有青眚青祥、白眚白祥之類，皆以惡徵為祥。是祥有善有惡，故杜云祥變異之氣。民震動，國幾亡。吾身泯焉，弗良及也。言將先災死○泯面忍反先悉薦反【疏】弗良及也。○正義曰：良是語辭，史傳多云良所未悟、良有以也，是古今共有此語也。而服虔云弗良及者，不能及也，良，能也。能非良之訓，妄言耳。國遷其可乎？子產曰：雖可，吾不足以定遷矣。子產知災不可逃非遷所免故託以知不足○知音智及火，里析死矣，未葬，子產使輿三十人遷其柩。以其常與己言故○輿音餘柩其又反○火作，子產辭晉公子、公孫于東門。晉人新來未入故辭不使前也【疏】注晉人至前也。○正義曰：下云出新客，禁舊客勿出於宮，此辭於東門，明是晉人新來未入，故辭之不使前也。此新來蓋聘使也。晉人往因驪姬之難，詛無畜羣公子，故文襄之世公子皆出在他國，自成公更立公族，國內始有公子，故使之來聘也。自晉適鄭，當入西門，而辭之東門者，鄭城西臨洧水，其西無門，蓋從東門入，為便，故辭于東門。使司寇出新客，新來聘者禁舊客勿出於宮。為其知國情不欲令去○為于偽反令力呈反使子寬、子上巡羣屏攝，至于大宮。二子鄭大夫屏攝祭祀之位大宮鄭祖廟巡行宗廟不得使火及之○行下孟反下文行火下注履行同【疏】注二子至之位。○正義曰：子寬，游吉之子。世族譜：子寬與游速、渾罕為一人。駟帶字子上，六年死矣，此別有子上，非駟帶也。世族譜雜人內有子上，無子寬，明子寬與渾罕為一人也。楚語說事神之禮云：使名姓之後，能知犧牲之物、彝器之量、屏攝之位、壇場之所，而心率舊典者，為之宗。知屏攝是祭祀之位也。鄭衆云：攝，束茅以為屏蔽。其事或當然。使公孫登徙大龜。登開卜大夫使祝史徙主祏於周廟，告於先君。祏廟主石函周廟厲王廟也有火災故合羣主於祖廟易救護○祏音石函音咸易以豉反【疏】注祏廟至救護。

正義曰每廟木主皆以石函盛之當祭則出之事畢則納於函藏於廟之北壁之內所以辟火災也文二年傳云鄭祖厲王故知鄭之周廟是厲王廟也既有火災皆須防守故合羣主就於祖王廟易救護也衞次仲云右主八寸左主七寸廣厚三寸穿中央達四方也范甯云天子主長尺二寸諸侯主長一尺也白虎通云納之西壁 使府人庫人各儆其事。儆備火也○儆音景〔疏〕使府人庫人各儆其事○正義曰曲禮云在府言府在庫言庫皆是藏財賄之處故使其人各自儆守以防火也周官有大府內府外府天府玉府泉府而無掌庫之官蓋府庫通言庫亦謂之府也諸侯國異政殊故府庫並言也 商成公儆司宮。商成公鄭大夫司宮巷伯寺人之官 出舊宮人寘諸火所不及。舊宮人先公宮女○寘之豉反 司馬司寇列居火道。備非常也 行火所焮。焮炙也○焮許斳反 城下之人伍列登城。爲部伍登城備姦也〔疏〕行火至登城○正義曰此承司馬司寇之下亦是二官使之行火所炙欲令人救之也言城下之人爲部伍行列以登城亦是司馬司寇之人備姦寇也 明日使野司寇各保其徵。野司寇縣士也火之明日四方乃聞災故戒保所徵役之人〔疏〕注野司至之人○正義曰傳言野司寇則司寇之官在野周禮司寇屬官有縣士掌野知野司寇是縣士也鄭玄縣士注云地距王城二百里以外至三百里曰野三百里以外至四百里曰縣四百里以外至五百里曰都都縣野之地其邑非王子弟公卿大夫之采地則皆公邑也謂之縣縣士掌其獄焉言掌野者郊外曰野大揔言之也獄居近野之縣獄在二百里上縣之獄在三百里上都之縣獄在四百里上如鄭此言采邑之民有獄則采地之官長各自斷之若公邑之民有獄則縣士斷之縣士司寇屬官所掌在野故此傳謂之野司寇也縣士職曰各掌其縣之民數而聽其獄訟若邦有大役聚衆庶則各掌其縣之禁令則諸侯縣士亦當然也縣士分在四方不聞火火之明日四方乃聞有災故戒使各保其所應受徵役之人皆令具備以待上命慮有所須當徵之 郊人助祝史除於國北。爲祭處於國北者就大陰禳火〔疏〕郊人至國北○正義曰周禮鄉在郊內遂在郊外諸侯亦當然郊人當謂郊內鄉之人也祝史掌祭祀之官也使此鄉人助祝史除地在城之北作壇場爲祭處也就國北者南爲陽北爲陰就大陰禳火也 禳火于玄冥回祿。玄冥水神回祿火神○冥亡丁反〔疏〕注玄冥至火神○正義曰月令冬云其神玄冥知玄冥水神也周語云夏之亡也回祿信於聆隧先儒注左傳及國語者皆云回祿火神或當有所見也二十九年傳脩及熙爲玄冥則玄冥祭脩熙不知回祿祭何人楚之先吳回爲祝融或云回祿即吳回也祭水神欲令水抑火祭火神欲令火自止禳其餘災慮更火也 祈于四鄘。鄘城也城積土陰氣所聚故祈祭之以禳火之餘災○鄘音容 書焚室而寬其征。與之材。征賦稅也○稅始銳反 三日哭。國不市。示憂戚不會市 使行人告於諸侯。宋衞皆如是。陳不救火。許不弔災。君子是以知陳許之先亡也。不義所以亡〔疏〕陳許之先亡也○正義曰哀十七年楚滅陳也定六年鄭游速帥師滅許其後復立許悼公之孫成是爲元公其子結元年獲麟之歲也當戰國首爲楚所滅○

六月。鄅人藉稻。鄅妘姓國也其君自出藉稻蓋履行之○妘音云〔疏〕注鄅妘至行之○正義曰鄅爲妘姓世本文也周之六月夏之四月種稻之時其君自出觀行之藉猶藉蹈藉蹊履之義故爲履行之服虔云藉耕種於藉田也 邾人襲鄅。鄅人將閉門。邾人羊羅攝其首焉。斬得閉門者頭〔疏〕攝其首焉○正義曰攝訓爲持也斬得閉門者首而持其頭 遂入之。盡俘以歸。鄅子曰。余無歸矣。從帑於邾。邾莊公反鄅夫人。而舍其女。爲明年宋伐邾起○俘芳夫反帑音奴〔疏〕而舍其女○正義曰言止舍其女而留之

○秋。葬曹平公。往者見周原伯魯焉。原伯魯周大夫 與之語。不說學。歸以語閔子馬。閔子馬曰。周其亂乎。夫必多有是說。而後及其大人。國亂俗壞言者適多漸以及大人大人在位者○說學音悅以語魚據反 大人患失而惑。又曰。可以無學。無學不害。患有學而失道者以惑其意 不害而不學。則苟而可。以爲無害遂不學則皆懷苟且 於是乎下陵上替。能無亂乎。夫學。殖也。不學將落。原氏其亡乎。殖生長也言學之進德如農之殖苗日新日益○替他計反殖特力反長丁丈反〔疏〕周其至亡乎○正義曰周室其將亂乎夫其國內之人必多有是不說學問之說也國內多有此言而後流傳及其在位之大人大人謂公卿大夫也大人患其國內有多學而失其道者或於此言謂此言有道理也大人於是又爲言曰其實可以無學無學不爲害也以爲無害而遂不學則苟且而可也一國之人皆懷苟且不識上下之序不知尊卑之義於是在下者陵侮其上在上者替廢其位上下失分能無亂乎夫學如殖草木也令人日長日進猶草木之生枝葉也不學則才知日退將如草木之隊落枝葉也原氏其亡滅乎

○七月。鄭子產爲火故。大爲社。爲治也○爲火故于僞反下將爲蒐同 祓禳於四方。振除火災。禮也。振弃也○祓芳佛反徐音廢〔疏〕大爲至禮也○正義曰祭社有常而云大爲社者此非常祭之月而爲火特祭蓋君臣肅共禮物備具大於常祭故稱大也周禮女巫掌祓除釁浴祓禳皆除凶之祭徧於四方之神如尚書咸秩無文苟可祭者悉皆祭之所以振訊除去火災禮也嫌多祭非禮故禮之 乃簡兵大蒐。將爲蒐除。治兵於廟城內地迫故除廣之 子大叔之廟在道南。其寢在道北。其庭小。庭蒐場也○場直長反〔疏〕子大至道北○正義曰鄭簡公之卒將爲葬除亦欲毀游氏之廟則游吉宅近大路故數將徹毀也其廟當在宅內以其居處狹隘故廟在道南寢在道北也寢即游吉所居宅也 過期三日。處小不得一時畢○處昌慮反〔疏〕過期三日○正義曰此量其庭之大小而豫計之以庭小之故當過期三日欲除道使闊望及期得了亦不知本期當幾日也 使除徒陳於道南廟北。曰。子產過女而命速除。乃毀於而鄉。而女也毀女所鄉○女音汝注同鄉許亮反本又作向注同 子產朝。朝君 過而怒之。怒不毀 除者南毀。子產及衝。使從者止之。曰。毀於北方。言子產仁不忍毀人廟○衝昌容反從才用反

火之作也。子產授兵登陴。子大叔曰。晉無乃討乎。辭晉公子公孫而授兵似若叛晉○陴婢支反 子產曰。吾聞之。小國忘守則危。況有災乎。國之不可小。有備故也。既晉之邊吏讓鄭曰。鄭國有災。晉君大夫不敢寧居。卜筮走望。不愛牲玉。鄭之有災。寡君之憂也。今執事撊然授兵登陴。撊然勁忿貌○守手又反一音如字撊遐板反勁吉政反〔疏〕卜筮至牲玉○正義曰言爲鄭卜筮何故有災宜禱何神奔走而望祭之祭山川故爲望也莊二十五年傳云天災有幣無牲而云不愛牲玉者天之見異非求人飲食隨時告請則有幣無牲若祭求弭災者則當有牲雲漢之詩美宣王爲旱禱神云靡愛斯牲圭璧既卒亦是用牲玉也○注撊然勁忿貌○正義曰服虔云撊然猛貌也方言云撊猛也晉魏之間曰撊杜言勁忿貌亦是猛也但述晉人責鄭之意故以勁忿解之 將以誰罪。邊人恐懼。不敢不告。子產對曰。若吾子之言。敝邑之災。君之憂也。敝邑失政。天降之災。又懼讒慝之間謀之。以啓貪人。荐爲敝邑不利。荐重也○恐丘勇反慝他得反間間廁之間荐在遍反重直用反下文同〔疏〕將以誰罪○正義曰將以誰爲罪而欲授兵疑其畏晉襲之欲禦晉擊之 以重君之憂。幸而不亡。猶可說也。說解也 不幸而亡。君雖憂之。亦無及也。鄭有他竟。望走在晉。言鄭雖與他國爲竟每瞻望晉歸赴之○竟音境〔疏〕望走在晉○正義曰其所瞻望奔走而歸之者唯在晉耳 既事晉矣。其敢有二心。傳言子產有備〔疏〕注傳言子產有備○正義曰國有火災懼被人襲登陴遷守是有備也

○楚左尹王子勝言於楚子曰。許於鄭。仇敵也。而居楚地。以不禮於鄭。十三年平王復遷邑許自夷遷居葉 恃楚而不事鄭〔疏〕而居楚地○正義曰當時許都於葉稱土地名葉在楚界許本偪於鄭請遷近楚以葉與之故爲居楚地○十三至居葉○正義曰案十三年云楚師之滅蔡也靈王遷許胡沈道房申於荊則許從夷遷向荊也

平王復之當從荆却向夷自夷向葉注不言自荆還葉者蓋以許遷於夷見經故據以爲言其實自荆遷也晉鄭方睦。鄭若伐許。而晉助之。楚喪地矣。君盍遷許。許不專於楚。自以舊國不專心事楚○喪息浪反盡戶臘反〔疏〕注自以至事楚○正義曰劉炫云當時許之於楚更無異望非敢恃舊國不事楚當以畏鄭之故外設備禦不得專心事楚耳今杜必以爲舊國不專心事楚者以此傳許謂鄭人云余舊國許畏於鄭尚以舊國不肯事鄭明以舊國亦不專心事楚劉以爲畏鄭不專心事楚苟背傳文而規杜氏非也鄭方有令政。許曰。余舊國也。許先鄭封○先悉薦反鄭曰。余俘邑也。隱十一年鄭滅許而復存之故曰我俘邑○復扶又反葉在楚國。方城外之蔽也。爲方城外之蔽障○障章亮反土不可易。易輕也○易以豉反國不可小。謂鄭許不可俘。讎不可啓。君其圖之。楚子說。○說音悅冬。楚子使王子勝遷許於析。實白羽。於傳時白羽改爲析○析星歷反

經十有九年。春。宋公伐邾。爲鄅○爲于僞反○夏。五月。戊辰。許世子止弑其君買。加弑者責止不舍藥物○弑音試舍音捨〔疏〕注加弑至藥物○正義曰案傳許君飲止之藥而卒耳實非止弑也言書曰弑其君則仲尼新意書弑也實非弑而加弑者責止事父不舍其藥物言藥當信醫不須已自爲也釋例曰醫非三世不服其藥古之愼戒也人子之孝當盡心嘗禱而已藥物之齊非所習也許止身爲國嗣國非無醫而輕果進藥故罪同於弑雖原其本心而春秋不赦其罪蓋爲教之遠防也○己卯。地震。無傳○秋。齊高發帥師伐莒。○冬。葬許悼公。無傳

傳十九年。春。楚工尹赤遷陰于下陰。陰縣今屬南鄉郡令尹子瑕城郟。叔孫昭子曰。楚不在諸侯矣。其僅自完也。以持其世而已。遷陰城郟皆欲以自完守○郟古洽反僅音覲持如字本或作恃怙之恃非也○楚子之在蔡也。蓋爲大夫時往聘蔡〔疏〕注蓋爲至聘蔡○正義曰賈逵云楚子在蔡爲蔡公時也杜以楚子十一年爲蔡公十三年而即位若在蔡生子唯一二歲耳未堪立師傅也至今七年未得云建可室矣故疑爲大夫時聘蔡也郹陽封人之女奔之。生大子建。郹陽蔡邑○郹古闃反及即位。使伍奢爲之師。伍奢伍舉之子伍員之父○員音云費無極爲少師。無寵焉。欲譖諸王。曰。建可室矣。室妻也○少詩照反王爲之聘於秦。無極與逆。勸王取之。正月。楚夫人嬴氏至自秦。○王自取之故稱夫人至爲下拜夫人起○王爲于僞反注同與音預嬴音盈○鄅夫人。宋向戌之女也。故向寧請師。寧向戌子也請於宋公伐邾○向傷亮反戌音恤二月。宋公伐邾。圍蟲。三月。取之。蟲邾邑不書圍取不以告○蟲直中反〔疏〕注蟲邾至以告○正義曰隱四年莒人伐杞取牟婁僖二十三年齊侯伐宋圍緡伐國而圍邑取邑皆書於經知此不書圍取不以告也乃盡歸鄅俘。○夏。許悼公瘧。五月。戊辰。飲大子止之藥。卒。○止獨進藥不由醫○瘧魚略反病也〔疏〕注止獨至由醫○正義曰言飲大子止之藥專以止爲藥主是止獨進藥不由醫也大子奔晉。書曰。弑其君。君子曰。盡心力以事君。舍藥物可也。藥物有毒當由醫非凡人所知譏止不舍藥物所以加弑君之名○舍音捨下注舍子同〔疏〕君子至可也○正義曰此君子論止之罪也言爲人臣子盡心力以事君父如禮記文王世子之爲即自足矣如此則舍去藥物已不干知於禮可也此許世子不舍藥物致令君死是違人子之道故春秋書其弑君解經書弑君之意也○邾人。郳人。徐人會宋公。乙亥。同盟于蟲。終宋公伐邾事○郳五兮反楚子爲舟師以伐濮。濮南夷也○濮音卜〔疏〕楚子至伐濮○正義曰費無極因此生意令王收南方使大子居城父舉此爲發端費無極言於楚子曰。晉之伯也。邇於諸夏。而楚辟陋。故弗能與爭。若大城城父。而寘大子焉。城父今襄城城父縣○伯音霸又如字夏戶雅反辟四亦反父音甫寘之豉反以通北方。王收南方。是得天下也。王說。從之。故太子建居于城父。令尹子瑕聘于秦。拜夫人也。爲明年譖大子張本故以爲夫人遣謝秦○說音悅○秋。齊高發帥師伐莒。莒不事齊故莒子奔紀鄣。紀鄣莒邑也東海贛榆縣東北有紀城○鄣音章贛古弄反如淳音耿榆音俞使孫書伐之。孫書陳無宇之子子占也初。莒有婦人。莒子殺其夫。已爲嫠婦。寡婦爲嫠○嫠力之反本又作釐及老。託於紀鄣。紡焉以度而去之。因紡纑連所紡以度城而藏之以待外攻者欲報讎○紡芳往反度待洛反注同去起呂反裴松之注魏志云古人謂藏爲去案今關中猶有此音纑力吳反麻縷也〔疏〕及老至去之○正義曰紡謂紡麻作纑也此婦人以麻纑度城高下令長與城等而去藏之去即藏也字書去作弆羌莒反謂掌物也今關西仍呼爲弆東人輕言爲去音莒劉炫云紡謂紡麻作纑爲布作纑之法有小繩紀其升縷纑既爲布繩無所用婦人不肯棄之積而留之以此小繩度城而去之○注因紡至報讎正義曰連所紡者謂連所紡之纑以爲繩故下云投繩城外或解以連紀纑之繩然紀纑之繩其物細小而短何可以度城婦人意欲報讎故藏纑以爲繩故杜云連所紡所紡即纑也及師至。則投諸外。投繩城外隨之而出〔疏〕注投繩至而出○正義曰傳言投諸外者當是縶繩城上而投其所垂於外婦人則隨之而出劉炫云唯投繩城外婦人不出今知不然者婦人既託於紀鄣則是愛惜身命若投繩不去身則交死若唯縶繩城上則身不離城何得言獻諸子占明知將此婦人而獻之子占師則因繩在城而夜縋登焉劉以爲唯投城外而規杜氏非也或獻諸子占。子占使師夜縋而登。緣繩登城○縋直僞反登者六十人。縋絕。師鼓譟。城上之人亦譟。莒共公懼。啓西門而出。七月。丙子。齊師入紀。傳言怨不在大○譟素報反城上之人亦譟一本作上之人亦譟共音恭〔疏〕入紀○正義曰此紀即上紀鄣也釋例土地名於莒地有紀鄣紀二名東海贛榆縣東北有紀城○是歲也。鄭駟偃卒。子游娶於晉大夫。生絲。弱。子游駟偃也弱幼少○少詩照反其父兄立子瑕。子瑕子游叔父駟乞〔疏〕注子瑕子游叔父○正義曰案世本子游子瑕並公孫夏之子杜云叔父未詳子產憎其爲人也。且以爲不順。舍子立叔不順禮也弗許。亦弗止。許之爲違禮止之爲違衆故中立駟氏聳。聳懼也○聳息勇反〔疏〕注聳懼也○正義曰釋詁云竦懼也竦與聳音義同他日。絲以告其舅。冬。晉人使以幣如鄭。問駟乞之立故。駟氏懼。駟乞欲逃。子產弗遣。請龜以卜。亦弗予。大夫謀對。子產不待而對客曰。鄭國不天。不獲天福寡君之二三臣。札瘥夭昏。大死曰札小疫曰瘥短折曰夭未名曰昏○札側入反一音截字林作死壯列反云夭死也瘥才何反字林作瘥夭於表反昏如字疫音役〔疏〕注大死至曰昏○正義曰此皆賈逵言也周禮大司樂云大札令弛縣鄭玄云札疫癘也是札大疫死也爾雅云瘥病也以此說死事而與札相對故解爲小疫也成二年傳說鄭靈公早死云夭子蠻是夭爲少死也尚書六極一曰凶短折孔安國云短未六十折未三十是短折爲早死之名故爲夭也子生三月父名之未名之曰昏謂未三月而死也未名不得爲臣摠說諸死連言之耳今又喪我先大夫偃。其子幼弱。其一二父兄懼隊宗主。私族於謀。而立長親。於私族之謀宜立親之長者○喪息浪反隊直類反長丁丈反注同〔疏〕懼隊宗主○正義曰大夫繼世爲一宗之主恐隊失之也服虔云祏主藏於宗廟故曰宗主少牢饋食大夫禮也大夫無主何所隊乎寡君與其二三老曰。抑天實剝亂是。吾何知焉。言天自欲亂駟氏非國所知○剝邦角反〔疏〕二三老○正義曰二三老者鄭之卿大夫也服虔云二三老駟偃家臣上言私族於謀而立長親豈得家臣不知也諺曰。

無過亂門。民有亂兵。猶憚過之。而況敢知天之所亂。今大夫將問其故。抑寡君實不敢知。其誰實知之。平丘之會。在十三年。○諺音彥過古禾反下同一音古臥反憚待旦反君尋舊盟。曰無或失職。若寡君之二三臣。其卽世者。晉大夫而專制其位。是晉之縣鄙也。何國之爲。辭客幣而報其使。晉人舍之。遣人報晉使。○使所吏反注同○楚人城州來。沈尹戌曰。楚人必敗。十三年吳滅州來今就城而取之戌莊王曾孫葉公諸梁父也○戌音恤葉始涉反昔吳滅州來。在十三年子旗請伐之。王曰。吾未撫吾民。今亦如之。而城州來以挑吳。能無敗乎。侍者曰。王施舍不倦。息民五年。可謂撫之矣。戌曰。吾聞撫民者。節用於內。而樹德於外。民樂其性。而無寇讎。今宮室無量。民人日駭。勞罷死轉。轉遷徙也○旗音其挑徒了反樂音洛罷音皮本或作疲〔疏〕息民五年○正義曰平王以十三年五月始卽位其年兵亂未息今歲又役民城州來其間唯有五年則民樂其性○正義曰性生也兵革並起則民不樂生國家和平則樂生忘寢與食。非撫之也。傳言平王所以不能霸○鄭大水。龍鬭于時門之外洧淵。時門鄭城門也洧水出滎陽密縣東南至潁川長平入潁○洧于軌反國人請爲禜焉。子產弗許。曰。我鬭。龍不我覿也。覿見也○禜爲命反覿大歷反見賢遍反〔疏〕禜焉○正義曰禜祭名元年傳曰山川之神則水旱癘疫之不時於是乎禜之龍鬭。我獨何覿焉。禳之則彼其室也。淵龍之室吾無求於龍。龍亦無求於我。乃止也。傳言子產之知○知音智〔疏〕禳之至止也○正義曰言禳之則彼淵是其室也其室旣近禳之不難但吾無求於龍龍亦無求於我乃止也言其不復祭○令尹子瑕言蹶由於楚子蹶由吳王弟五年靈王執以歸○蹶九衛反曰。彼何罪。諺所謂室於怒。市於色者。楚之謂矣。言靈王怒吳子而執其弟猶人忿於室家而作色於市人〔疏〕室於怒市於色○正義曰室內於自家相瞋怒市於他人作色忿舍前之忿。可也。乃歸蹶由。言楚子能用善言○舍音捨又音赦

春秋左傳注疏卷四十八校勘記　阮元撰盧宣旬摘錄

附釋音春秋左傳注疏卷第四十八　昭十七年盡十九年

經十七年

故曰大辰大火也心在中最明　段玉裁據爾雅校本也心作心也

吳楚兩敗　此本楚字模糊據宋本宋殘本淳熙本岳本纂圖本補閩本作人非也

傳十七年

朵叔　宋本以下正義三節揔入昭子曰節注下

能長久乎　宋本能上重其國二字是也

禮正陽之月日食　纂圖本禮下衍也字

注禮正至請之　宋本以下正義十節揔入平子弗從節注下

請上公　宋本請誤謂淳熙本作責亦非

太史曰　石經宋本宋殘本岳本太作大是也○今訂正

人情愛陽而惡陰　諸本作情此本誤淸今改正

謂天子禮　宋本子下有之字是也

不君君矣　淳熙本作不君矣非也

注少皞至名官　宋本以下正義廿二節揔入既而告人曰節注下

以少皞之立　宋本皞下有氏字是也

大皞伏犧氏　宋本宋殘本犧作義案賈公彥周禮正義序引注亦作義

用雲火水龍紀事　監本毛本雲火誤倒

其狀而鶴　宋本作如鶴監本毛本作如雞非也○今從宋本

見則天下大安寧　監本見字模糊重脩監本作兒誤也

故名其官爲鳳鳥氏也　毛本氏誤是

此鳥以夏至來　宋本來下有鳴字是也

冬至止去　浦鏜云止疑衍字

青鳥鶬鴳也　釋文亦作鴳云本亦作鷃宋本宋殘本淳熙本纂圖本作鷃正義同

先儒相說耳　閩本監本毛本相作傳宋本作相傳說耳是也

祝鳩鷦鳩也　北宋刻釋文鷦作鵻本又作隹本或作鵻宋本宋殘本淳熙本作鵻說文鵻字注云祝鳩也从鳥隹聲按當作雛鵻乃桃蟲非作鳩也

佳其鳩鳲　閩本監本毛本佳誤佳宋本監本毛本鳲作鳲是也○今訂正

鶻夫不也　宋本亦作鵃監本毛本作鵻非

鳲鳩王鳲也　纂圖本閩本監本毛本王鳲作王鳩非也

鷙而有別　釋文鷙本亦作摯古字同

陸璣毛詩義疏云　錢大昕云璣當作機說見前○今訂正

而揚雄云　閩本監本揚作楊不誤段玉裁有辨詳尚書撰異○今訂正

鳲鳩是戴勝　宋本鳲作鳴下引孫炎曰同

鶻鳩鶻鵰　爾雅釋鳥疏引鵰作鵃岳本下有也字

鶻鳩一名鳴鳩　重脩監本鶻誤鶻

治民尚其集聚　監本毛本尚作上非也

南方曰翟　宋本翟作翯

宵扈嘖嘖　纂圖本毛本宵誤霄監本作宵

至宵扈嘖嘖　監本宵作宵毛本誤霄下同宋本扈作鳸上下文並同

猜白食肉　宋本白作曲是也○今從宋本

陸璣毛詩義疏云　監本毛本璣作機是也

爾雅釋獸云　宋本爾上有案字

棘扈竊　宋本監本毛本竊下有丹字是也

晝爲民驅鳥者也　宋本閩本監本毛本作晝山井鼎云晝作晝非也

不可竟日通宵　監本毛本可作免

乃警戎備　毛本警誤驚

獻俘于文宮　纂圖本監本毛本宮作公非也

注夏之至天漢　宋本以下正義九節揔入鄭必不火注下

邪列於天　監本毛本邪作斜

箒所以埽去塵　毛本埽作掃非

必火入而伏　正義曰服虔注本火出而章必火火入而伏重火別句孫毓云賈氏舊本無重火字臧琳云當從服氏本有重火字爲是梓慎以火彗之隱顯占諸侯之有災下云其居火也久矣其與不然乎言彗星隨火行已二年矣諸侯之有火災必然而無疑也若作必火入而伏爲火星入而彗伏則下文其與不然何所指乎賈景伯不重火字與漢志同

在宋衛陳鄭乎　淳熙本鄭誤定石經在字上旁增六物之占四字案惠棟云當是晁公武據蜀石經增入

御覽所引亦有此四字蜀時賈服左氏猶存此蓋據賈服本也按范成大石經始末記有此一條然則惠云據蜀石經者是也

木火所自出 淳熙本木誤禾閩本誤大

星孛天漢 石經宋本宋殘本淳熙本岳本纂圖本足利本天作及是也

尚未知今孛星當復隨火星俱伏不 淳熙本未誤禾監本孛誤字閩本不作下亦非

先言彊 監本彊誤疆宋本言下有者字

祼圭有瓚 監本毛本祼誤裸

卜戰不吉 宋本以下正義三節揔入楚人從節注下

且楚故司馬令龜 石經馬字以下一行計九字

魴也以其屬死之 諸本作魴鄭氏周禮大卜注引作餠周禮音義云餠左傳作魴

獲其乘舟餘皇 李善注文選江賦引傳文及注並作艅艎用俗字

長鬣多髭鬚 宋本宋殘本髭作頾鬚作須是也

我呼皇則對 諸本皇上有餘字此本誤脫

經十八年 宋本春秋正義卷三十石經春秋經傳集解昭五第廿四岳本昭下有公字並盡廿二年

春王三月 監本毛本三誤正

傳十八年

以其自還爲文 閩本監本毛本以其作其以非也自毛本誤目

注代居其位 宋本以下正義三節揔入注文毛伯奔楚傳之下

故自殺自代 毛本代誤伐

坼剖而產焉 閩本毛本坼作圻非也

爲下會葬見原伯起本 毛本下誤不

注東北至之始 宋本以下正義十四節揔入注文不義所以亡之下

故知當火作 毛本火誤大監本作人亦非

壬午大甚 閩本大甚作火甚從釋文或作之字非也陳樹華云漢書五行志引作大甚師古曰大甚者又更甚也

至戊寅而風益盛 宋本盛作甚是也

至壬午而風又大盛 宋本盛作甚

梓愼登大庭氏之庫以望之 纂圖本監本毛本庭作廷非宋殘本脫氏字

爲登高以見其火 閩本高字實缺

何知不見數百里之煙火 毛本煙作烟盧文弨挍本同

今復請用之 淳熙本請誤諝

祥者善惡之徵 重脩監本徵誤微

吾身泯焉 石經初刻亦作泯後改泯避諱也

弗良及者 宋本者作也是

以其常與已言故 宋本宋殘本岳本足利本常作嘗

是厲王廟也 監本毛本王下衍之字

既有火災 監本毛本脫火字

使府人庫人各儆其事 宋本作使府至其事

周官有十府 宋本監本毛本十作大是也

故府庫並言也 宋本無也字

行火所焮 石經焮字重刊

知野司寇 宋本脫知字

縣之獄 宋本之下有縣字與周禮注合

皆令具備 監本毛本具作俱非

回祿信於黔隧 盧文弨挍本云國語作於聆

注鄅妘至行之 宋本以下正義三節揔入注文爲明年宋伐鄅起下

鄅莊公反鄅夫人而舍其女 淳熙本夫誤走

閔子馬曰 諸本作馬今本後漢書袁紹傳注引作騫乃轉寫之誤

日新日益 纂圖本閩本監本毛本下日字誤月

大爲至禮也 宋本以下正義八節揔入既事晉矣注文之下

過期三日 石經此處缺監本毛本三作二非也毛本正義亦誤

乃毀於而鄉 石經宋本宋殘本小字宋本淳熙本纂圖本足利本鄉作向注同釋文云本亦作向案向俗字

鄉古向字

小國忘守則危 周禮宮正鄭衆注引作必危賈公彥曰彼爲則先鄭云必讀字不同也

今執事撊然授兵登陴 錢大昕云撊當爲僩字之譌說文僩武貌荀子榮辱篇陋者俄且僩楊倞注僩與憪同猛也方言晉魏之間謂猛爲僩今本方言亦從手旁

對曰若吾子之言敝邑之災 宋殘本曰若吾子之言敝七字空缺

荐爲敝邑不利 釋文亦作荐毛本作薦注同非也

十五年平王復遷邑 宋殘本宋本小字宋本淳熙本足利本五作三不誤諸本作十此本誤上今改正

而居楚地 宋本以下正義三節揔入許不可節注下

十五至居葉 毛本五至作五年非宋本作三至是也

案十三年云 監本三字模糊

楚之滅蔡也 此本楚下空缺閩本監本毛本作師亦衍文宋本無是也

鄭曰余俘邑也 淳熙本邑誤色

君其圖之 淳熙本君誤居

經十九年

冬楚子使王子勝遷許於析 諸本作析案水經注丹水篇引作於淅

傳十九年

以持其世而已 釋文亦作持云本或作恃怙之恃非也

蓋爲大夫時往聘蔡 此本初刻爲誤亦

注蓋爲至聘蔡 宋本此節正義在至自秦注下

唯一二歲耳 監本一字模糊毛本一誤十

郥陽封人之女奔之 石經宋本宋殘本岳本郥作郹與釋文合是也注同說文从邑昊聲○今訂正

注蟲郥至以告 宋本此節正義在乃盡歸郥俘之下

注止獨至由醫 宋本以下正義二節揔入注文所以加弒君之名句下

楚子至伐濮 宋本此節正義在故大子建居于城父句下

城父今襄城城父縣 宋本宋殘本淳熙本岳本纂圖本閩本監本毛本並作城父縣段玉裁挍本作父城縣云元和郡縣志引左傳大城父城使太子建居之是李吉甫所據左傳文作父城也惟左氏本作父城故漢地理志有潁川父城縣淺人但知有城父不知有父城則將史記漢書說文之父城字皆倒之是當正者也

故以爲夫人遣謝秦 宋本宋殘本淳熙本岳本足利本故作改者改子婦爲己夫人也

莒子奔紀障 石經宋本宋殘本淳熙本岳本障作鄣是也與石經合注同案說文鄣紀邑也○今改正

孫書陳無宇之子子占也 諸本作宇此本誤字今改正

巳爲嫠婦 石經宋本宋殘本小字宋本岳本巳作已不誤釋文嫠作釐云依字作嫠案李善注文選張景陽七命引作釐引注亦同

欲報讎 宋本宋殘本淳熙本岳本欲下有以字

及老王去之 宋本以下正義四節摠入注文傳言恐不在大之下

字書去作弃羌莒反 諸本作去此本誤云今改正羌莒反三字宋本作雙行閩本羌作羌繆監本作羌牆誤

東人輕言爲去音莒 宋本音莒二字作雙行

或解以連紀繼之繩 宋本以下有爲字

婦人既託於縋登 宋本縋登作紀鄣是也

劉以爲唯投城外 宋本城上有縋字是也

城上之人亦誤 釋文無城字云一本作城上之人亦誤與水經注淮水篇引傳文同

姓子瑕子游叔父 宋本以下正義五節摠入注文遣人報晉使之下

駟氏聳 諸本作聳說文𢘅字注引傳作𢘅張載注魏都賦引同段玉裁云作聳後人所易也

大死曰札 岳本大作天非也

懼隊宗主 石經作墜俗隊字

勞罷死轉 諸本作罷釋文云本或作疲

民有亂兵 宋本宋殘本淳熙本岳本纂圖本監本毛本亂兵作兵亂石經此處殘缺

息民五年 宋本以下正義二節摠入忘寢與食節注下

則民樂其性 毛本則作○性字下亦有○監本此句改刊作則亦非

國家和平則樂生 宋本則作乃

祭焉 宋本以下正義二節摠入乃止也句注下

諺所謂室於怒市於色者 石經初刻作怒於室而色於市者後改刊案戰國策云語云怒於室者色於市與石經初刻同杜注云猶人忿于室家而作色於市人按室於怒市於色乃左傳原文倒之者作注之體若國策之文則不必與左同

附釋音春秋左傳注疏卷第四十八止

春秋左傳注疏卷第四十八挍勘記

附釋音春秋左傳注疏卷第四十九 昭公二十年

杜氏注　孔穎達疏

經二十年。春。王正月。○夏。曹公孫會自鄸出奔宋。無傳。嘗有玉帛之使來告，故書。鄸，曹邑。○鄸，莫公反，一音亡增反，字林音夢，案夢字字林亡忠反。使，所吏反。[疏]注嘗有至曹邑○正義曰：宣十年傳例曰：凡諸侯之大夫違，告於諸侯曰：某氏之守臣某失守宗廟，敢告。所有玉帛之使者則告，不然則否。注云：玉帛之使謂聘。恩好不接，故不告。如杜之意，此爲奔者之身嘗有玉帛之使於彼國，已經相接則告，若奔者未嘗往聘，恩好不接，則不告。唯告奔者嘗聘之國，餘不告也。曹會嘗來聘魯，故云嘗有玉帛之使來告，故書也。此與二十二年宋華亥、向寧、華定自宋南里出奔楚，其文正同。彼華亥等入南里以叛，又從南里出奔，則此亦應然。賈逵云：前此以鄸叛也，叛使從鄸而出，叛不告，故不書。是言既以鄸叛，又從鄸而出也。南里繫宋，此鄸不繫曹者，鄸是大都，得以名通，南里是宋都之里，非別邑，故繫於宋。此鄸及定十一年蕭，皆是別邑，故不繫國也。曹是小國，其臣書名者少，此會書名，蓋備於禮，成爲卿也。釋例曰：小國之卿或命而禮儀不備，或未加命數，故不書之。邾畀我之等，其奔亡亦多，所書唯數人而已，知其合制者少也。杜言數人，謂此公孫會與邾快、邾畀我也。是杜意以會備禮成卿，故書名也。劉炫云：春秋未嘗書曹人來聘，非徒會不見經。炫謂玉帛之使，謂國家所有交好皆告之，非奔者之身嘗聘也。今賈又云所以華亥、向寧、射姑等不見有玉帛來聘者，以其時未爲卿也。○秋。盜殺衞侯之兄縶。齊豹作而不義，故書曰盜，所謂求名而不得。○縶，張立反。[疏]注齊豹至不得○正義曰：襄十年鄭尉止、司臣等殺子駟、子國，書曰盜殺鄭公子騑、公子發。尉止之徒皆士，書之爲盜。釋例曰：士殺大夫則書曰盜，則此書盜，貶之使同於士也。三十一年傳說春秋褒貶之義云：或求名而不得，或欲蓋而名章，懲不義也。齊豹爲衞司寇，守嗣大夫，作而不義，其書爲盜。又曰：春秋書齊豹曰盜，懲不義也。宣十七年傳例曰：凡稱弟皆母弟。公羊傳曰：母兄稱兄。此縶與衞侯同母，故稱兄。○冬。十月。宋華亥、向寧、華定出奔陳。與君爭而出，皆書名，惡之。○華，戶化反。爭，爭鬭之爭。惡，烏路反。○十有一月。辛卯。蔡侯盧卒。無傳。未同盟而赴以名。○盧，刀烏反，本又作盧，力於反。

傳二十年。春。王二月。己丑。日南至。是歲朔旦冬至之歲也。當言正月己丑朔日南至。時史失閏，閏更在二月後，故經因史而書正月，傳更具於二月記南至日，以正歷也。○[疏]注是歲至歷也○正義曰：歷法十九年爲一章，章首之歲必周之正月朔旦冬至。僖五年正月辛亥朔日南至，是章首之歲年也。計僖五年至往年，合一百三十三年，是爲七章，今年復爲章首，故云是歲朔旦冬至之歲也。朔日冬至，謂正月之朔，當言正月己丑朔日南至。今傳乃云二月己丑日南至，是錯名正月爲二月也。歷之正法，往年十二月後宜置閏月，即此年正月當是往年閏月，此年二月乃是正月，故朔日己丑日南至也。時史失閏，往年錯不置閏，閏更在二月之後。傳於入月之下乃云閏月戊辰殺宣姜，是閏在二月後也。不言在八月後而云在二月後者，以正月之前當置閏，二月之後即不可，故據二月言之。時史謂閏月爲正月，故經因史而書正月，從其誤而書之。傳以經之正月實非正月，更具於二月記南至之日，以正歷之失也。日南至者，謂冬至也。冬至者，周之正月之中氣。歷法閏月無中氣，中氣必在前月之內。時史誤以閏月爲正月，而置冬至於二月之朔，既不曉歷數，故閏月之與冬至悉皆錯也。杜下注云：時魯侯不行登臺之禮，使梓慎望氣。是杜意以爲時魯之君臣知此己丑是冬至之日，但不知其不合在二月耳。服虔云：梓慎知失閏二月冬至，故獨以二月望氣。則服意以爲當時魯人置冬至於正月之內，獨梓慎知二月己丑是眞冬至耳。其義或當然也。梓慎望氛。氛，氣氣也。時魯侯不行登臺之禮，使梓慎望氣。○氛，芳云反。曰。今茲宋有亂。國幾亡。三年而後弭。蔡有大喪。爲宋華向出奔、蔡侯卒傳。○幾，音祈，又音機。弭，彌爾反。叔孫昭子曰。然則戴桓也。戴族華氏，桓族向氏。汰侈無禮已甚。亂所在也。傳言妖由人興。○汰，音泰。費無極言於楚子曰。建與伍奢。將以方城之外叛。自以爲猶宋鄭也。齊晉又交輔之。將以害楚。其事集矣。王信之。問伍奢。伍奢對曰。君一過多矣。一過納建妻。何信於讒。王執伍奢。忿奢切言。使城父司馬奮揚殺大子。未至而使遣之。知大子寃，故遣令去。○奮，方問反。寃，於元反。令，力呈反。三月。大子建奔宋。王召奮揚。奮揚使城父人執己以至。[疏]城父人○正義曰：服虔云：城父人，城父大夫也。王曰。言出於余口。入於爾耳。誰告建也。對曰。臣告之。君王命臣曰。事建如事余。臣不佞。佞，才也。不能苟貳。奉初以還。奉初命以周旋。不忍後命。故遣之。既而悔之。亦無及已。王曰。而敢來。何也。對曰。使而失命。召而不來。是再奸也。奸，犯也。○使而，所吏反，又如字。奸，音干。逃無所入。王曰。歸。從政如他日。善其言，舍使還。○還，音環，下還豹同。無極曰。奢之子材。若在吳。必憂楚國。盍以免其父召之。彼仁必來。不然將爲患。王使召之。曰。來。吾免而父。棠君尚謂其弟員棠君，奢之長子尚也，爲棠邑大夫。員，尚弟子胥。○盍，戶臘反。棠君尚或作尹。員，音云。長，丁丈反。曰。爾適吳。我將歸死。吾知不逮。自以知不及員。○知，音智，注及下知也同，一音如字。逮，音代，一音大計反。我能死。爾能報。聞免父之命。不可以莫之

奔也。親戚爲戮。不可以莫之報也。奔死免父。孝也。度功而行。仁也。仁者貴成功。○度待洛反。擇任而往。知也。負任報讎。○任音壬。注同。知死不辟。勇也。尚爲勇。父不可棄。俱去爲弃父。名不可廢。俱死爲廢名。爾其勉之。相從爲愈。愈差也。○差初賣反。【疏】爾其至爲愈。○正義曰。勉謂努力。爾其勉之。今勉力報讎。比於相從俱死爲愈也。病差謂之愈。言其勝共死也。服虔云。相從愈於共死。則服意相從使負從其言也。語法兩人交互乃得稱相。獨使負從己語不得爲相從也。伍尚歸。奢聞員不來。曰。楚君大夫其旰食乎。將有吴憂。不得早食。○旰古旦反。楚人皆殺之。員如吴。言伐楚之利於州于。州于。吴子僚。○僚力彫反。公子光曰。是宗爲戮。而欲反其讎。不可從也。光。吴公子闔廬也。反。復也。員曰。彼將有他志。光欲弑僚。不利員用事。故破其議。而員亦知之。余姑爲之求士。而鄙以待之。計未得用。故進勇士以求入。光退居邊鄙。○姑爲于僞反。乃見鱄設諸焉。鱄諸。勇士。○見賢遍反。鱄音專。【疏】乃見鱄設諸焉。○正義曰。見謂爲之紹介。使之見光。下文齊豹見宗魯於公孟亦然。猶論語云門人見之也。而耕於鄙。爲二十七年吴弑僚傳。○弑申志反。○宋元公無信多私。而惡華向。華定。華亥。與向寧謀曰。亡愈於死。先諸。恐元公殺己。欲先作亂。○惡音惡路反。華亥僞有疾。以誘羣公子。公子問之。則執之。夏六月丙申。殺公子寅。公子御戎。公子朱。公子固。公孫援。公孫丁。拘向勝。向行於其廩。八子皆公黨。○御魚呂反。又如字。援于眷反。拘九于反。廩力甚反。公如華氏請焉。弗許。遂劫之。劫公。【疏】公如華氏請焉。○正義曰。公未知諸人已死。故猶往請之。癸卯。取大子欒與母弟辰。公子地。以爲質。欒。景公也。辰及地皆元公弟。○欒力官反。質音致。下同。辰及地皆元公弟。案公子辰是景公之母弟。地是辰兄。皆當爲元公之子。今注皆作元公弟。誤耳。【疏】注欒景至公弟。○正義曰。定十年經書宋公之弟辰。當景公之世。辰及弟不得爲元公弟也。世族譜辰地皆云元公子。此諸本皆云元公弟。當時轉寫誤耳。公亦取華亥之子無慼。向寧之子羅。華定之子啓。與華氏盟。以爲質。爲此冬華向出奔傳。○慼千歷反。衞公孟縶狎齊豹。公孟。靈公兄也。齊豹。齊惡之子。爲衞司寇。狎。輕也。○狎戶甲反。奪之司寇與鄄。鄄。豹邑。○鄄音絹。有役則

反之。無則取之。縶足不良。故有役則以官邑還豹使行。公孟惡北宮喜。褚師圃。欲去之。喜。貞子。○惡烏路反。褚中呂反。圃布五反。去起呂反。公子朝通于襄夫人宣姜。宣姜。靈公嫡母。○朝如字。嫡丁歷反。本又作適。懼而欲以作亂。故齊豹。北宮喜。褚師圃。公子朝作亂。初。齊豹見宗魯於公孟。薦達也。○見賢遍反。爲驂乘焉。爲公孟驂乘。○驂七南反。乘繩證反。注及下驂乘與乘一乘駟乘載公乘皆同。將作亂。而謂之曰。公孟之不善。子所知也。勿與乘。吾將殺之。對曰。吾由子事公孟。子假吾名焉。故不吾遠也。言子借我以善名。故公孟親近我。○與音預。又如字。遠于萬反。借子夜反。近附近之近。雖其不善。吾亦知之。抑以利故。不能去。是吾過也。今聞難而逃。是僭子也。使子言不信也。○難乃旦反。僭子念反。子行事乎。吾將死之。以周事子。周猶終竟也。【疏】注周猶終竟也。○正義曰。杜意終不泄子言。是終事子。卽謂殺公孟之言。而歸死於公孟。其可也。丙辰。衞侯在平壽。平壽。衞下邑。公孟有事於蓋獲之門外。有事。祭也。蓋獲。衞郭門。齊子氏帷於門外。而伏甲焉。齊豹之家。使祝鼃寘戈於車薪以當門。要其前也。○鼃烏媧反。寘之豉反。要一遙反。使一乘從公孟以出。亦如前車寘戈於薪。尋其後。○從如字。又才用反。使華齊御公孟。宗魯驂乘。及閎中。閎。曲門中。○華戶化反。下同。閎音宏。【疏】使華齊御公孟。○正義曰。諸本皆華上有使字。計華齊是公孟之臣。自爲公孟之御。非齊氏所當使。必不得有使字。學者以上文有使祝鼃。使一乘。下有使華寅乘貳車。使華寅執蓋。以此妄加使字。今定本有使。非也。齊氏用戈擊公孟。宗魯以背蔽之。斷肱。以中公孟之肩。皆殺之。公聞亂。乘驅自閱門入。慶比御公。公南楚驂乘。使華寅乘貳車。公副車。○斷丁管反。肱古弘反。中丁仲反。下中南楚同。乘驅如字。又繩證反。閱音悅。比如字。又毗志反。【疏】乘驅自閱門。○正義曰。乘驅者。乘車而疾驅也。閱門者。衞城門。蓋偏側之門。其路遠齊氏。及公宮。鴻駵魋駟乘于公。鴻駵魋復就公乘。一車四人。○駵音留。魋徒回反。復扶又反。公載寶以出。褚師子申遇公于馬路之衢。遂從。從公出。○衢其俱反。從才用反。注及下注同。過齊氏。使華寅肉袒。執蓋以當其闕。肉袒

示不敢與齊氏爭。執蓋蔽公。而去闕空也。以蓋當侍從空闕之處。○袒徒旱反。爭爭鬭之爭。處昌慮反。齊氏射公。中南楚之背。公遂出。寅閉郭門。不欲令追者出。○射食亦反。令力呈反。踰而從公。踰郭出。○從才用反。又如字。下從公同。公如死鳥。死鳥。衞地。析朱鉏宵從竇出。徒行從公。朱鉏。成子黑背孫。○析星歷反。鉏仕居反。竇音豆。齊侯使公孫青聘于衞。青。頃公之孫。○頃音傾。旣出。聞衞亂。使請所聘。公曰。猶在竟內。則衞君也。乃將事焉。將事。行聘事。○竟音境。遂從諸死鳥。請將事。辭曰。亡人不佞。失守社稷。越在草莽。吾子無所辱君命。賓曰。寡君命下臣於朝。曰。阿下執事。阿。比也。命己使比衞臣下。○莽莫蕩反。臣不敢貳。二違命也。主人曰。君若惠顧先君之好。昭臨敝邑。鎮撫其社稷。則有宗祧在。言受聘當在宗廟也。○好呼報反。祧他彫反。乃止。止不行聘事。衞侯固請見之。欲以青相見。不獲命。以其良馬見。以爲相見之禮。○馬見賢遍反。下注客禮見同。爲未致使故也。未致使。故不敢以客禮見。○爲于僞反。使所吏反。注同。【疏】注未致至禮見。○正義曰。客禮見者。若已致君命。則享有庭實。復有私覿。私面之禮。今爲未致使。故但以良馬見也。衞侯以爲乘馬。喜其敬已。故貴其物。○乘繩證反。又如字。賓將掫。掫。行夜。○掫側九反。又祖侯反。行下孟反。【疏】注掫行夜。○正義曰。下云終夕與於燎。故知掫是行夜也。說文云。掫。夜戒有所擊也。從手。取聲。主人辭曰。亡人之憂。不可以及吾子。草莽之中。不足以辱從者。敢辭。賓曰。寡君之下臣。君之牧圉也。若不獲扞外役。是不有寡君也。有。相親有。○從才用反。圉魚呂反。扞戶旦反。臣懼不免於戾。請以除死。親執鐸。終夕與於燎。設火燎以備守。○鐸待洛反。與音預。下不與聞謀與於請之賞同。燎九召反。又力弔反。一本作終夕與於燎。齊氏之宰渠子召北宮子。北宮。喜也。北宮氏之宰不與聞謀。殺渠子。遂伐齊氏。滅之。丁巳晦。公入。與北宮喜盟于彭水之上。喜本與齊氏同謀。故公先與喜盟。【疏】丁巳晦。○正義曰。丙辰。丁巳。乃是頻日。其事旣多。不應一二日之中并爲此事。今杜不云日誤者。以誤在可知。故杜不言。且宣二年壬申朝于武宮。注云。壬申。十月五日。旣有日而無月。冬又在壬申下。明傳文無較例。又注哀十二年傳云。此事經在十二月螽上。今倒在下。更具列其月。以爲別者。上

明本不以爲義例故不皆齊同如杜此言或傳因簡牘之辭不復具顯其日月劉炫以爲日誤而規杜氏非也秋，七月戊午朔，遂盟國人。八月辛亥，公子朝、褚師圃、子玉霄、子高魴出奔晉。皆齊氏黨閏月戊辰，殺宣姜。與公子朝通謀故衛侯賜北宮喜謚曰貞子。滅齊氏故〔疏〕貞子○正義曰謚法外內用情曰貞賜析朱鉏謚曰成子。霄從公故而以齊氏之墓予之。皆未死而賜謚及墓田傳終而言之衛侯告寧于齊，且言子石。子石公孫青言其有禮〔疏〕注子石公孫青○正義曰宋世本頃公生子夏勝勝生子石青是也齊侯將飲酒，徧賜大夫曰：二三子之教也。喜青敬衛侯○徧音遍苑何忌辭曰：與於青之賞，必及於其罰。何忌齊大夫言青若有罪亦當并受其罰○苑於元反在康誥曰：父子兄弟，罪不相及。康誥尚書〔疏〕在康至相及○正義曰此非康誥之全文引其意而言之其本文云子弗祗服厥父事大傷厥考心于父不能字厥子乃疾厥子于弟弗念天顯乃弗克恭厥兄兄亦不念鞠子哀大不友于弟惟弔茲不于我政人得罪孔安國云王此不孝不慈弗友不恭不於我執政之人得罪乎道教不至所致又曰文王作罰刑茲無赦言刑此不孝不慈之人無赦也刑不慈者不可刑其父又刑其子刑不孝者不可刑其子又刑其父是爲父子兄弟罪不相及況在羣臣，臣敢貪君賜以干先王？言受賜則犯康誥之義琴張聞宗魯死，琴張孔子弟子字子開名牢○牢力刀反〔疏〕注琴張至名牢○正義曰家語云孔子弟子琴張與宗魯友七十子篇云琴牢衛人字子開一字張則以字配姓爲琴張卽牢曰子云是也賈逵鄭衆皆以爲子張卽顓孫師服虔云案七十子傳云子張少孔子四十餘歲孔子是時四十一未有子張鄭賈之說不知所出將往弔之。仲尼曰：齊豹之盜，而孟縶之賊，女何弔焉？言齊豹所以爲盜孟縶所以見賊皆由宗魯○女音汝君子不食姦，如公孟不善而受其祿是食姦也不受亂，許豹行事是受亂也不爲利疚於回，疚病回邪也以利故不能去是病身於邪○爲于僞反疚居又反邪似嗟反下同不以回待人，知難不告是以邪待人○難乃旦反下同不蓋不義，以周事豹是蓋不義不犯非禮。以二心事縶是非禮○宋華、向之亂，公子城、平公子公孫忌、樂舍、舍樂喜孫司馬彊、向宜、向鄭、宜鄭皆向戌子楚建、楚平王之亡大子郳甲、小邾穆公子○郳五兮反出奔鄭。八子宋大夫皆公黨辟難出其徒與華氏戰于鬼閻，八子之徒衆也潁川長平縣西北有閻亭○閻似廉反又似冉反敗子城。子城適晉。子城爲華氏所敗別走至晉爲明年子城以晉師至起本〔疏〕子城適晉○正義曰上云八子奔鄭而此又云適晉者子城本意與七子同心奔鄭故上云奔鄭及其敗後遂率意適晉以請師

華亥與其妻必盥而食所質公子者而後食。公與夫人每日必適華氏，食公子而後歸。華亥患之，欲歸公子。向寧曰：唯不信，故質其子。若又歸之，死無日矣。公請於華費遂，將攻華氏。費遂大司馬華氏族○費古緩反而食音嗣下食公子同質音致下同費扶味反對曰：臣不敢愛死，無乃求去憂而滋長乎？恐殺大子憂益長○去起呂反長丁丈反注及下同臣是以懼，敢不聽命？公曰：子死亡有命，余不忍其詢。詢恥也○詢許候反本或作詬同〔疏〕子死至其詢○正義曰言我子死亡自有天命天命欲盡非人所免我不忍其恥欲喪子以伐之冬十月，公殺華、向之質而攻之。戊辰，華、向奔陳，華登奔吳。登費遂之子黨華向者向寧欲殺大子。華亥曰：干君而出，又殺其子，其誰納我？且歸之有庸。可以爲功善使少司寇牼以歸，以三公子歸公也牼華亥庶兄○少詩照反下注少師同牼苦耕反曰：子之齒長矣，不能事人，以三公子爲質，必免。質信也送公子歸可以自明不叛之信○質如字注同〔疏〕不能事人○正義曰言年齒既長不能他國事人爲臣公子既入，華牼將自門行。從公門去公遽見之，執其手曰：余知而無罪也，入，復而所。而女也所所居官○遽其據反女音汝○齊侯疥，遂痁。痁瘧疾○疥舊音戒梁元帝音該依字則當作痎說文云兩日一發之瘧也痎音皆後學之徒僉以疥字爲誤案傳例因事曰遂若痎已是瘧疾何爲復言遂痁乎痁失廉反〔疏〕齊侯疥遂痁○正義曰後魏之世嘗使李繪聘梁梁人袁狎與繪言及春秋說此事云疥當爲痎痎是小瘧痁是大瘧疥患積久以小致大非疥也狎之所言梁王之說也案說文疥搔也瘧熱寒休作痁有熱瘧痎二日一發瘧今人瘧有二日一發亦有頻日發者俗人仍呼二日一發久不差者爲痎瘧則梁王之言信而有徵也是齊侯之瘧初二日一發後遂頻日熱發故日疥遂痁以此久不差故諸侯之賓問疾者多在齊也若其不然疥搔小患與瘧不類何云疥遂痁乎徐仙民音作疥是先儒舊說皆爲疥遂痁初疥後瘧耳今定本亦作疥期而不瘳。諸侯之賓問疾者多在。多在齊○期音基瘳勅留反〔疏〕期而○正義曰期三百有六旬又六日法天數三百六十五度四分度之一帝言閏從全數故言三百六十又六日合三百六十五日又四分度之一分欠三分不成六日太月知還天朞十度小月不盡置閏梁丘據與

裔款二子齊嬖大夫○裔以制反嬖必計反言於公曰：吾事鬼神豐，於先君有加矣。今君疾病，爲諸侯憂，是祝史之罪也。諸侯不知，其謂我不敬。君盍誅於祝固、史嚚以辭賓。欲殺嚚固以辭謝來問疾之賓○盍戶臘反嚚魚巾反〔疏〕注欲殺嚚固○正義曰服虔云祝固齊大祝史嚚大史也謂祝史之固陋嚚闇不能盡禮薦美至於鬼神怒也其意以爲請誅祝史之嚚闇固陋者嚚固非人名也案莊三十二年神降於莘虢公使祝應宗區史嚚享焉彼是人名則此亦名也世族譜齊雜人內有祝固史嚚此云欲殺嚚固是杜必以爲人名也公說，告晏子。晏子曰：日宋之盟，日往日也宋盟在襄二十七年○說音悅屈建問范會之德於趙武。趙武曰：夫子之家事治，言於晉國，竭情無私，其祝史祭祀，陳信不愧，其家事無猜，其祝史不祈。家無猜疑之事故祝史無求於鬼神○屈居勿反治直吏反愧九位反本又作媿猜七才反〔疏〕晏子曰至不祈○正義曰彼傳趙武對曰夫子之家事治言於晉國無隱情其祝史陳信於鬼神無愧辭此晏子言之其辭微多於彼其意亦不異也建以語康王。楚王○語魚據反康王曰：神人無怨，宜夫子之光輔五君，以爲諸侯主也。五君文襄靈成景〔疏〕光輔五君○正義曰文公爲戎右襄靈爲大夫成公爲卿景公爲大傅公曰：據與款謂寡人能事鬼神，故欲誅于祝史，子稱是語，何故？對曰：若有德之君，外內不廢，無廢事上下無怨，動無違事，其祝史薦信，無愧心矣。君有功德祝史陳說之無所愧〔疏〕上下無怨○正義曰此猶如孝經上下無怨也言人臣及民上下無相怨耳服虔云上下謂人神無怨卽如服言下云上下怨疾復是人與神相怨疾也是以鬼神用饗，國受其福，祝史與焉。與受國福○與音預注同下祝史與焉亦同其所以蕃祉老壽者，爲信君使也。其言忠信於鬼神。其適遇淫君，外內頗邪，上下怨疾，動作辟違，從欲厭私，使私情厭足○蕃音煩祉音恥爲于僞反下爲暴君使同頗普何反邪似嗟反辟匹亦反從子用反下淫從同或音如字厭於豔反注同高臺深池，撞鐘舞女，斬刈民力，輸掠其聚，掠奪取也○撞直江反刈本又作艾魚廢反掠音亮聚才住反又如字〔疏〕輸掠其聚○正義曰輸墮也故爲墮毁奪其所聚之物以成其違，不恤後人，暴虐淫從，肆行非度，無所還

忌。還猶顧也【疏】肆行非度○正義曰肆縱恣也恣意行非法度之事也不思謗讟。不憚鬼神，神怒民痛，無悛於心。其祝史薦信，是言罪也。以實白神是爲言君之罪○讟徒木反悛七全反【疏】不思謗讟○正義曰俗本作畏定本作思其蓋失數美，是矯誣也。蓋掩也○數所主反矯居表反【疏】其蓋至誣也○正義曰掩蓋愆失妄數美善是矯詐誣罔也進退無辭，則虛以求媚。作虛辭以求媚於神○媚眉記反是以鬼神不饗其國以禍之，祝史與焉。所以夭昏孤疾者，爲暴君使也。其言僭嫚於鬼神。公曰：然則若之何？對曰：不可爲也。言非誅祝史所能治○僭子念反下僭令同嫚武諫反山林之木，衡鹿守之。澤之萑蒲，舟鮫守之。藪之薪蒸，虞候守之。海之鹽蜃，祈望守之。衡鹿舟鮫虞候祈望皆官名也言公專守山澤之利不與民共○萑音丸鮫音交藪素口反蒸之丞反麄曰薪細曰蒸蜃市軫反【疏】注衡鹿至民共○正義曰周禮司徒之屬有林衡之官掌巡林麓之禁鄭玄云衡平也平林麓之大小及所生者竹木生平地曰林山足曰麓此置衡鹿之官守山林之木是其宜也舟是行水之器鮫是大魚之名澤中有水有魚故以舟鮫爲官名也周禮山澤之官皆名爲虞每大澤大藪中士四人鄭玄云虞度也度知山之大小及所生者澤水所鍾也水希曰藪則藪是少水之澤立官使之候望故以虞候爲名也海是水之大神有時祈望祭之因以祈望爲主海之官也此皆齊自立名故與周禮不同山澤之利當與民共之言公立此官使之守掌專山澤之利不與民共故鬼神怒而加病也縣鄙之人，入從其政。偪介之關，暴征其私。介隔也迫近國都之關言邊鄙既入服政役又爲近關所征稅相暴奪其私物○其政如字一音征偪彼力反介音界近附近之近【疏】注介隔至私物○正義曰聘禮及竟謁關人鄭玄云古者竟上爲關又周禮司關注云關界上之門然則禮之正法國之竟界之上乃有關耳自竟至國更無關也齊於竟內更復置關不與常禮同以隔外內故注介爲隔也迫近國都爲關以隔邊鄙之人縣鄙之人人從國之政役近關又征稅奪其私物而使民困也承嗣大夫，強易其賄。承嗣大夫世位者○強其丈反賄呼罪反布常無藝。藝法制也言布政無法制【疏】布常無藝○正義曰布其尋常之政無準藝徵斂無度，宮室日更，淫樂不違。違去也內寵之妾，肆奪於市。肆放也外寵之臣，僭令於鄙。詐爲敎令於邊鄙私欲養求，不給則應。養長也所求不給則應之以罪○應應對之應注同長丁丈反【疏】私欲至則應○正義曰言此嬖寵之臣私有所欲長養其情求物共之民不共給則應之以罪民人苦病，夫婦皆詛。祝有益也，詛亦有損。聊攝以東，聊攝齊西界也平原聊城縣東北有攝城○詛莊慮反祝之又反下善祝同姑尤以西，姑尤齊東界也姑水尤水皆在城陽郡東南入海【疏】聊攝至以西○正義曰聊攝姑尤皆是邑也管仲夸楚言其竟界所至故遠舉河海也晏子言其人多故唯舉屬邑言之也其爲人也多矣。雖其善祝，豈能勝億兆人之詛。萬萬曰億萬億曰兆○億於力反君若欲誅於祝史，脩德而後可。公說，使有司寬政，毀關，去禁，薄斂，已責。除逋責○說音悅去起呂反下以去其否同斂力驗反責本又作債同逋布胡反○十二月，齊侯田于沛。言疾愈行獵沛澤名○沛音貝招虞人以弓，不進。虞人掌山澤之官公使執之。辭曰：昔我先君之田也，旃以招大夫，弓以招士，皮冠以招虞人。臣不見皮冠，故不敢進。乃舍之。仲尼曰：守道不如守官。君招當往道之常也非物不進官之制也○旃之然反【疏】旃以至虞人○正義曰周禮孤卿建旃大夫尊故麾旃以招之也逸詩翹翹車乘招我以弓古者聘士以弓故弓以招士也諸侯服皮冠以田虞人掌田獵故皮冠以招虞人也君子韙之。韙是也○韙于鬼反齊侯至自田，晏子侍于遄臺，子猶馳而造焉。子猶梁丘據○田本亦作佃音同遄市專反造七報反公曰：唯據與我和夫。晏子對曰：據亦同也，焉得爲和？公曰：和與同異乎？對曰：異。和如羹焉，水火醯醢鹽梅，以烹魚肉，燀之以薪。燀炊也○夫音扶焉於虔反羹音庚舊音衡醯呼兮反醢音海烹普庚反煮也燀章善反燃也炊昌垂反【疏】醯醢鹽梅○正義曰醯酢也醢肉醬也梅果實似杏而醋禮記內則炰豚之法云調之以醯醢尚書說命云若作和羹爾惟鹽梅是古人調鼎用梅醯也此說和羹而不言豉古人未有豉也禮記內則楚辭招魂備論飲食而言不及豉史游急就篇乃有蕪荑鹽豉蓋秦漢以來始爲之耳宰夫和之，齊之以味，濟其不及，以洩其過。齊益也洩減也○齊才細反又如字洩息列反【疏】齊之至其過○正義曰齊之者使酸鹹適中濟益其味不足者洩減其味大過者君子食之，以平其心。君臣亦然。亦如羹君所謂可，而有否焉，否不可也臣獻其否，以成其可。獻君之否以成君可君所謂否，而有可焉，臣獻其可，以去其否。是以政平而不干，民無爭心。故詩曰：亦有和羹，既戒既平。詩頌殷中宗言中宗能與賢者和齊可否其政如羹敬戒且平和羹備五味異於大羹○爭爭鬬之爭和齊並如字一讀上戶臥反下才細反鬷嘏無言，時靡有爭。鬷總也嘏大也言總大政能使上下皆如和羹○鬷子工反嘏古雅反總音揔【疏】詩曰至有爭○正義曰詩言殷王中宗非徒身自賢明亦有和羹之臣臣與其君可否相濟如宰夫之和齊羹也此臣既敬戒其事矣既志性和平矣中宗總齊大政自上及下無怨恨之言時民無有相爭鬬訟者也言其上下悉如和羹○注詩頌至大羹○正義曰詩商頌烈祖之篇祀中宗之詩也中宗殷王大戊湯之玄孫也有桑穀之異懼而脩德殷道復興故表顯之號爲中宗殷人祭其廟述其德而歌此詩也言亦有者臣能諫君君能改悔亦者兩相須之意也言中宗能與臣之賢者和齊可否其爲政教如宰夫和齊羹之味也敬戒且平言此賢臣之性行也樂記云大羹不和鄭玄云大羹肉湆不調以鹽菜桓二年傳云大羹不致注云大羹肉汁不致五味和羹備五味異於大羹也○注鬷總至和羹○正義曰鬷總嘏大詩毛傳文也言中宗爲天子總大政能使上下皆如和羹焉傳引此詩證民無爭心則以時靡有爭謂時無有爭也先王之濟五味，濟成也和五聲也，以平其心，成其政也。聲亦如味。一氣，須氣以動○一氣杜解以爲人氣也服云歌氣也【疏】一氣○正義曰服虔云歌氣也杜言須氣以動則一氣不主爲歌吹人以氣生動皆由氣彈絲擊石莫不用氣氣是作樂之主故先言之人作諸樂皆須氣以動則與服不異二體，舞者有文武【疏】二體○正義曰樂之動身體者唯有舞耳文舞執羽籥武舞執干戚舞者有文武之二體三類，風雅頌【疏】三類○正義曰樂以歌詩爲主詩有風雅頌其類各別知三類是風雅頌也一國之事諸侯之詩爲風天下之事天子之詩爲雅成功告神爲頌是三者類別各不同四物，雜用四方之物以成器【疏】四物○正義曰樂之所用八音之器金石絲竹匏土革木其物非一處能備故雜用四方之物以成器五聲，宮商角徵羽○五聲宮爲君商爲臣角爲民徵爲事羽爲物徵張里反【疏】五聲○正義曰漢書律厤志云五聲者宮商角徵羽也所以作樂者諧八音蕩滌人之邪志令其正性移風易俗也五聲和八音諧而樂成商之爲言章也物成熟可章度也角觸也物觸地而出戴芒角也宮中也居中央暢四方唱始生爲四聲綱也徵祉也物盛大而蘩祉也羽宇也物聚宇而覆之也夫聲者中於宮觸於角祉於徵章於商宇於羽故四聲爲宮紀也是五聲之名義也聲之清濁凡有五品自然之理也聖人配於五方官居其中商角徵羽分配四方四時之物春生夏長秋成冬聚取其事而爲之名也志又云五聲之本生黃鍾之律九寸爲宮或益或損以定商角徵羽九六相生陰陽之應也樂記云宮爲君商爲臣角爲民徵爲事羽爲物月令春其音角夏其音徵中央土其音宮秋其音商冬其音羽鄭玄云聲始於宮宮數八十一屬土以其最濁君之象也三分宮去一以生徵徵數五十四屬火以其微清事之象也三分徵益一以生商商數七十二屬金以其濁次宮臣之象也三分商去一以生羽羽數四十八屬水以爲最清物之象也三分羽益一以生角角數六十四屬木以其清濁中民之象也志言或損或益者下生三分損一上生三分益一九六相生者以九生六是三損一也以六生九是三益一也損益之數清濁之差無可以相準況以黃鍾九寸自乘爲九九八十一定之爲宮數因宮而損益以定商角徵羽之差言其相校如此數也唯相準況耳非言實有此數可

用之也六律。黃鍾大蔟姑洗蕤賓夷則無射也陽聲爲律陰聲爲呂此十二月氣○大音泰蔟七豆反蕤人誰反射音亦〔疏〕六律○正義曰周禮大師掌六律六呂以合陰陽之聲陽聲黃鍾大蔟姑洗蕤賓夷則無射陰聲大呂應鍾南呂林鍾小呂夾鍾月令以小呂爲仲呂律歷志云律有十二陽六爲律陰六爲呂黃帝之所作也黃帝使伶倫自大夏之西崑崙之陰取竹之竅厚均者斷兩節間而吹之以爲黃鍾之宮制十二筩以聽鳳皇之鳴其雄鳴爲六雌鳴亦六以比黃鍾之宮是爲律本黃鍾黃者中之色也鍾者種也天之中數五五爲聲聲上宮五聲莫大焉地之中數六六爲律律有形有色色上黃五色莫盛焉故陽氣施種於黃泉孳萌萬物爲六氣元也以黃色名元氣律者著宮聲也始於子在十一月大呂呂旅也言陰大旅助黃鍾宣氣而牙物也位於丑在十二月大蔟蔟奏也言陽氣大奏地而達物也位於寅在正月夾鍾言陰夾助大蔟宣四方之氣而出種物也位於卯在二月姑洗洗絜也言陽氣洗物辜絜之也注云辜必也位於辰在三月仲呂言微陰始起未成著於其中旅助姑洗宣氣齊物也位於巳在四月蕤賓蕤繼也賓道也言陽氣始道陰氣使繼養物也位於午在五月林鍾林君也言陰氣受任助蕤賓君主種物使長大茂盛也位於未在六月夷則則法也言陽氣正法度而使陰氣夷當傷之物也位於申在七月南呂南任也言陰氣旅助夷則任成萬物也位於酉在八月無射射厭也言陽氣究物而使陰氣畢剝落之終而復始無厭已也位於戌在九月應鍾言陰氣應無射該藏萬物而雜陽閡種也彼注云外閉曰閡位於亥在十月是解六律六呂之名義也如志之言初爲律者以竹爲之吹其聲也其後則用銅爲之以候氣後漢書章帝時零陵文學奚景於泠道舜祠下得白玉管是古人或以玉爲管也續漢書云候氣之法爲土室三重戶閉塗釁必周密布緹縵於室中以木爲案每律各一內庳外高從其方位加律其上以葭莩灰實其端案曆而候之其月氣至則灰飛而管通蓋音聲之道與天地之氣通故取律以候氣月令正月律中大蔟鄭玄云律者候氣之管以竹爲之中猶應也正月氣至則大蔟之律應應謂吹灰也是其舊說然也其律呂相生鄭注周禮大師職云黃鍾初九下生林鍾之初六林鍾又上生大蔟之九二大蔟又下生南呂之六二南呂又上生姑洗之九三姑洗又下生應鍾之六三應鍾又上生蕤賓之九四蕤賓又上生大呂之六四大呂又下生夷則之九五夷則又上生夾鍾之六五夾鍾又下生無射之上九無射又上生中呂之上六同位者象夫妻異位者象子母所謂律取妻而呂生子也子午以東爲上生子午以西爲下生五下六上乃一終矣鄭玄云同位象夫妻者黃鍾初九林鍾初六及大蔟九二南呂六二之類同在初二之位故象夫妻異位象子母者謂林鍾初六生大蔟九二初之與二其數不同故爲異位象子母律生於呂是爲同位故云律取妻呂生於律則爲異位故云呂生子言五下者謂夷則林鍾南呂無射應鍾皆是子午以東之管下而生之故云下生六上者謂大呂大蔟夾鍾姑洗仲呂蕤賓皆是子午以西之管上而生之故云上生黃鍾爲律之首不是餘管所生不入其數上生者三分益一下生者三分減一皆左旋隔八而相生七音。周武王伐紂自午及子凡七日王因此以數合之以聲昭之故以七同其數以律和其聲謂之七音○七音宮商角徵羽變宮變徵也〔疏〕七音○正義曰聲之清濁數不過五而得有七音者終五以外更變爲之也賈逵注周語云周有七音謂七律謂七器音也黃鍾爲宮太蔟爲商姑洗爲角林鍾爲徵南呂爲羽應鍾爲變宮蕤賓爲變徵是五聲以外更加變宮變徵爲七音也周語云景王將鑄無射問律於伶州鳩對曰律所以立均出度也古之神瞽考中聲而量之以制度律均鍾百官軌儀故先王貴之王曰七律者何對曰昔武王伐殷歲在鶉火月在天駟日在析木之津辰在斗柄星在天黿星與辰之位皆在北維我姬氏出自天黿則我皇妣大姜之姪逢公之所馮神也歲之所在則我周之分野也月之所在辰馬農祥我大祖后稷之所經緯也王欲合是五位三所而用之自鶉及駟七列也南北之揆七同也凡神人以數合之以聲昭之數合聲和然後可同也故以七同其數而以律和其聲於是乎有七律也是言周樂有七音之意也五位者歲月日辰星之位也三所者星與日辰之位是一所也歲之所在是二所也月之所在武王以殷之十二月二十八日戊午發師其年歲星在鶉火之次也其日月合宿於房五度房即天駟之星也日在箕七度箕於次分在析木之津也日月之會謂之辰斗柄斗前也戊午後三日得周二月辛酉朔日月合宿於箕十度在斗前一度是爲辰在斗柄也星在天黿者星於五星爲水星辰星是也天黿即玄枵次之別名也於是辰星在婺女之宿其分在天黿之宿次也鶉是張星也駟是房星也天宿以右旋爲次張翼軫角亢氐房凡七宿是自鶉火至駟爲七列宿有七也鶉火在午天黿在子斗柄所建月移一次是自午至子爲南北之揆七同也揆度也度量星之有七同也武王既見天時如此因此以數比合之其數有七也以聲昭明之聲亦宜有七也故以七同其數五聲之外加以變宮變徵也此二變者舊樂無之聲或不會而以律和其聲調和其聲使與五音諧會謂之七音由此也武王始加二變周樂有七音耳以前未有七杜言武王伐紂自午及子凡七日者尚書泰誓云戊午王次于河朔又牧誓云時甲子昧爽王朝至于商郊牧野乃誓又武成云戊午師逾孟津癸亥陳于商郊甲子受率其旅若林前徒倒戈攻于後以北血流漂杵一戎衣天下大定是自戊午至甲子七日也劉炫云杜既取國語之文以七同其數以律和其聲何爲又云自午及子凡七日乎是杜意以武王爲七日之故而作樂用七音也違國語之文是杜說謬今知不然者以尚書國語俱有七義事得兩通故杜兼而取之劉以爲杜背國語之文而規杜過非也八風。八方之風○八風易緯通卦驗云東北曰條風東方曰明庶風東南曰清明風南方曰景風西南曰涼風西風曰閶闔風西北曰不周風北方曰廣莫風條風又名融風景風一名凱風〔疏〕八風○正義曰易緯通卦驗云立春調風至春分明庶風至立夏清明風至夏至景風至立秋涼風至秋分閶闔風至立冬不周風至冬至廣莫風至調風一名融風十八年傳云是謂融風也此八方之風以八節而至但八方風氣寒暑不同樂能調陰陽和節氣隱五年傳曰舞所以節八音而行八風故樂以八風相成也八節之風亦與八卦八音相配賈逵云兌爲金爲閶闔風也乾爲石爲不周風也坎爲革爲廣莫風也艮爲匏爲融風也震爲竹爲明庶風也巽爲木爲清明風也離爲絲爲景風也坤爲土爲涼風也是先儒依易緯配八風也九歌。九功之德皆可歌也六府三事謂之九功○六府水火金木土穀三事正德利用厚生也〔疏〕九歌○正義曰九歌之事虞書大禹謨與文七年傳具有其文以相成也。言此九者合然後相成爲和樂清濁大小。短長疾徐。哀樂剛柔。遲速高下。出入周疏。以相濟也。周密也○哀樂音洛下及注皆同周疏傳本皆作流然此五句皆相對不應獨作周流古本有作疏者案注訓周爲密則與疏相對宜爲疏耳

〔疏〕清濁小大長短至出入周疏○正義曰周疏以上凡十事皆兩字相對其義相反乃言樂聲如此相反以成音曲猶羹之水火相反人之和而不同也杜訓周爲密則疏爲希亦相反也俗本疏作流易繫辭云周流六虛仲尼燕居云周流無不偏也涉彼文而誤耳杜既以周爲密則流當爲疏今定本作流非也君子聽之以平其心。心平德和。故詩曰。德音不瑕。詩幽風也義取心平則德音無瑕闕○幽彼貧反〔疏〕詩曰德音不瑕○正義曰詩幽風狼跋美周公攝政遠則四國流言近則成王不知周大夫美其不失其聖也云公孫碩膚德音不瑕鄭玄云不瑕言不可疵瑕也今據不然。君所謂可。據亦曰可。君所謂否。據亦曰否。若以水濟水。誰能食之。若琴瑟之專壹。誰能聽之。同之不可也如是。飲酒樂。公曰。古而無死。其樂若何。晏子對曰。古而無死。則古之樂也。君何得焉。昔爽鳩氏始居此地。爽鳩氏少皞氏之司寇也○專如字董遇本作搏音同季萴因之。季萴虞夏諸侯代爽鳩氏者○萴仕側反夏戶雅反〔疏〕注季萴至氏者正義曰此相傳說也以逢伯是殷之諸侯此在逢伯之前故以爲虞夏時也爽鳩在少皞之世至虞夏歷代多矣未必其間更無他姓據晏之言云代爽鳩氏有逢伯陵因之。逢伯陵殷諸侯姜姓蒲姑氏因之。蒲姑氏殷周之間代逢公者而後大公因之。古者無死。爽鳩氏之樂。非君所願也。齊侯甘於所樂志於不死晏子稱古以節其情願○大音泰爽鳩氏之樂一本作樂之〔疏〕古者至願也○正義曰自古者其無死爽鳩至今猶存則此齊地是爽鳩氏得而樂也君不得爲齊君不死之事此樂爽鳩氏之有非君所願樂也晏子以爽鳩氏爲始故言爽鳩之樂計爽鳩以前處齊地者猶應代有人矣○鄭子產有疾。謂子大叔曰。我死。子必爲政。唯有德者。能以寬服民。其次莫如猛。夫火烈。民望而畏之。故鮮死焉。水懦弱。民狎而翫之。狎輕也○鮮息淺反懦乃亂乃臥二反一音儒狎戶甲反翫五亂反則多死焉。故寬難。難以治○治直吏反疾數月而卒。大叔爲政。不忍猛而寬。鄭國多盜。取人於雈苻之澤。雈苻澤名於澤中劫人○數所主反雈音丸苻音蒲又如字大叔悔之。曰。吾早從夫子。不及此。與徒兵以攻雈苻之盜。盡殺之。盜少止。仲尼曰。善哉。政寬則民慢。慢則糾之以猛。糾猶攝也○盡殺之本或作盡之殺衍字糾居黝反〔疏〕盡殺之盜少止○正義曰既言盡殺之復云盜

少止者盡謂盡萑苻之內盜也少止謂鄭國餘處之盜由此少止 猛則民殘。殘則施之以寬。寬以濟猛。猛以濟寬。政是以和。詩曰。民亦勞止。汔可小康。惠此中國。以綏四方。施之以寬也。詩大雅汔其也康綏皆安也周厲王暴虐民勞於苛政故詩人刺之欲其施之以寬○汔許乙反苛音河 毋從詭隨。以謹無良。詭人隨人無正心不可從○毋本又作無從子又反注同詭九委反 謹勑慎也 式遏寇虐。慘不畏明。糾之以猛也。式用也遏止也慘曾也言爲寇虐曾不畏明法者亦當用猛政糾治之○遏於葛反慘七感反 柔遠能邇。以定我王。平之以和也。柔安也邇近也遠者懷附近者各以能進則王室定〔疏〕詩曰至和也○正義曰此詩大雅民勞之篇刺厲王之詩也其下十句詩之文也仲尼分爲三段每以一句釋之汔其也康綏皆安也止辭也於是厲王以苛政勞民故言當今之民亦大疲勞止其可以小息之中國京師也四方諸夏也施惠於此京師中國以綏彼諸夏之民此四句者欲其施之以寬也詭隨謂詭人爲善隨人小惡此雖惡之小者其事不可舍從也毋得從此詭隨之人以謹勑彼無善之人無善之惡大於詭隨詭隨不從則無善息止是謹勑之也寇虐之惡人又大於無善式用也遏止也慘曾也王當嚴爲刑威用止臣民之間有爲寇盜苛虐曾不畏明白之刑者此四句者欲其糾之以猛也柔安也邇近也能謂才能也王者當以寬政安慰遠人使之懷附則各以才能自進者是也近人也遠者懷而歸近者以能自進用此以定我爲王之功此二句者言平之以和也○注詩大雅云云○正義曰釋詁云汔幾也杜以幾其同聲故以汔爲其也康綏皆安及下注遏止皆釋詁文也式用慘曾釋言文也 又曰。不競不絿。不剛不柔。詩殷頌言湯政得中和競強也絿急也○絿音求 布政優優。百祿是遒。優優和也遒聚也○遒在由反又子由反 和之至也。及子產卒。仲尼聞之。出涕曰。古之遺愛也。子產見愛有古人之遺風〔疏〕又曰至至也○正義曰詩商頌長發之篇述成湯之德也湯之爲政不大強不太急不大剛不大柔布行政教優優然和緩百種福祿於是聚而歸之言其和之至也競強釋言文也絿急遒聚毛傳文也○及子至聞之○正義曰案上子大叔悔後已云仲尼曰善哉今方言及子產卒聞之者上所云先美子大叔之善法政用子產生時法也此出涕重美子產身之賢故傳云及子產卒欲顯仲尼美之意也

春秋左傳注疏卷四十九挍勘記　阮元撰盧宣旬摘錄

附釋音春秋左傳注疏卷第四十九　昭公二十年

經二十年

或欲蓋而名章　監本毛本章作彰

蔡侯盧卒　釋文亦作盧云本又作盧宋本宋殘本小字宋本淳熙本岳本足利本作盧與石經合

傳二十年

是歲至歷也　宋本此節正義在注文傳言妖由人興句下

時魯之君臣　宋本時上有當字是也

使梓慎望氛　宋本宋殘本小字宋本岳本氛作氣是也

伍奢　陳樹華云此伍字及下伍尚伍員字形微小疑初刻作五重磨刻伍案碑不似重刻五奢廣韻引作五奢呂覽孟冬紀伍員作五員是也

城父人　宋本以下正義三節總入而耕於鄙注下

善其言舍使還　閩本監本舍作令非也

棠君尚　釋文君或作尹惠棟云風俗通作堂案堂與棠古多通用如魯峻碑嚴訢碑皆以棠爲堂字案廣韻引風俗通堂楚邑大夫五尚爲之其後氏焉又於棠下引左傳大夫棠無咎是堂與棠之別也

州于吳子僚　釋文僚下有也字諸本脫

乃見鱄設諸焉　諸本作鱄陳樹華云史記索隱云左傳作鱄設諸是也公羊史記吳越春秋賈子作專諸索隱又云專或作剸漢書文選司馬相如子虛賦並作剸諸

門人見之也　浦鏜云門人當作從者

公如華氏請焉　宋本以下正義二節總入公亦取節注下

辰及地皆元公弟　釋文云案公子辰是景公之母弟地是元公辰兄皆當爲元公之子今注皆作元公弟誤耳案正義引世族譜云辰地皆云元公子此及諸本云元公弟當是轉寫誤耳

當景公之世　宋本當上有時字

當時轉寫誤耳　段玉裁挍作當是閩本監本毛本轉作傳非

公孟靈公兄也　足利本孟誤子

而謂之曰　石經之字以下計九字

注周猶終竟也　宋本以下正義十節總入不犯非禮節注下

使華齊御公孟　正義云諸本皆華上有使字計華齊是公孟之臣自爲公孟之御非齊氏所當使必不得有使字今定本有使非也

諸本皆華上有使子　宋本監本毛本子作字不誤

宗魯以背蔽之　諸本作背此本誤皆今改正

乘驅自閱門入　石經初刊閱誤闕後改正

鴻駵魋駟乘于公　石經宋本岳本駵作騮注同與釋文合段玉裁挍本云駟當作四

鴻駵復就公乘　宋本宋殘本淳熙本岳本足利本駵下有魋字是也

使華寅肉袒執蓋以當其闕　宋殘本淳熙本袒誤祖

析朱鉏宵從竇出　宋殘本宵作霄說詳下

朱鉏成子黑背孫　淳熙本子誤于

二違命也　宋本宋殘本淳熙本岳本纂圖本監本毛本二作貳不誤

昭臨敝邑　石經亦作昭宋本淳熙本岳本昭作照案毛誼父六經正誤云照作昭誤注疏及與國本皆作照

賓將掫　說文手部掫字注引同案周禮掌固杜子春注引作趣鑄師注引作趨周禮音義云趨左傳作掫段玉裁云古音同在尤侯類也惠棟云子春受學于劉歆歆傳左氏春秋以趣爲掫必有依據

下云終夕與於燎　閩本監本毛本云作文

草莽之中　毛本草作艸

終夕與於燎　釋文無於字云一本作終夕與於燎惠棟云古本無於字杜子春注周禮可據也按見夏官掌固

設火燎以備守　淳熙本火誤大

故公先與喜盟　淳熙本盟下衍也字

其事既多　監本毛本其誤共

今倒在下　宋本倒作例

霄從公故　宋本小字宋本淳熙本岳本纂圖本閩本監本毛本並作宵岳氏九經三傳沿革例云詳考傳文本末時齊豹殺衛侯之兄縶衛侯出如死鳥析朱鉏宵從竇出徒行從公公入而賜之謚注云宵從公故蓋以其宵自竇出徒行從公而賜謚宵夜也其字當作宵則注與傳上文合今諸本於注皆作霄誤也案岳氏知霄字之誤而未得誤之所由宋殘本宵從竇出作霄從竇出宋刻書籍多從唐碑如張猛龍碑宵作霄作霄蓋字形之譌俗宋殘本亦遂作霄後又因霄而譌爲霄也

皆未死而賜謚及墓田傳終而言之　宋本宋殘本足利本無未字而字不誤案困學紀聞云衛侯賜北宮喜謚曰貞子賜析朱鉏謚曰成子是人臣生而謚也王氏亦沿襲誤刻而有此論後人往往承之何焯所謂不全宋槧本即此殘本也段玉裁曰杜云終言之則其上文爲死而賜謚無可疑者或添未字則下不得云終言之矣

苑何忌辭曰　案廣韻二十阮苑字注云左傳齊大夫苑何忌賈氏羣經音辨云苑姓也於阮反春秋傳有苑何忌

不干我政人得罪　宋本監本毛本干作于是也

道教不至所致監本毛本道作導
臣敢貪君賜以干先王毛本干誤于
琴張聞宗魯死宋殘本聞作開非也
子開一字張浦鏜正誤字下有子字
孔子是時四十之正德本閩本亦誤之監本毛本改作知宋本作一按據公羊穀梁傳並云孔子生于襄公二十一年宋本是也
郳申石經宋本宋殘本淳熙本岳本足利本申作甲不誤釋文同
辟難出閩本監本出誤去
潁川長平縣纂圖本閩本監本毛本川作州非也
子城適晉宋本以下正義三節揔入公遽見之節注下
公與夫人纂圖本夫人誤大夫
余不忍其訽釋文云訽本或作詬同李善注文選報任少卿書引傳作詬顧炎武云石經誤訽案石經不誤說文作詬云詬謑詬恥也从言后聲或从句
黨殺向者宋本宋殘本淳熙本岳本纂圖本監本毛本殺作華不誤
齊侯疥遂痁顏氏家訓書證篇引作齊侯痎遂痁又云世閒傳本多以痎爲疥杜征南亦無解釋徐仙民音介俗儒就爲通云病疥令人惡寒變而成痁此臆說也正義引袁狎云疥當爲痎釋文云疥舊音戒梁元帝音該依字則當作痎說文云兩日一發之瘧也痎又音皆後學之徒僉以疥字爲誤案傳例因事曰遂若痎已是瘧疾何爲復言遂痁乎諸本及定本作疥是也說文引傳亦作疥段玉裁曰仙民之音孔沖遠之說是也凡改疥爲痎者皆所謂無事而自擾
齊侯疥遂痁之下宋本以下正義十五節揔入注文除逋責
瘧熱寒休作監本毛本休作并非
今定本亦作疥閩本今定二字實缺
大月郤還天葬十度閩本葬字實缺
謂祝史之固陋閩本史字實缺段玉裁云謂字上當有一日二字
公說告晏子足利本告下多於字
撞鐘舞女石經宋本宋殘本岳本鍾作鐘
不思謗讟諸本作思定本同正義云俗本作畏
澤之萑蒲舟鮫守之案陳樹華云風俗通義引作莞蒲莊述祖云鮫當作敂敂即篽字說文引澤之自篽自乃舟之誤或以自篽爲萑蒲之異文誤也

入從其政山井鼎云足利本入下補國字不足據
暴征其私足利本後人記云征異本作刑非也
平原聊城縣郡國志聊作蓼誤
旃以至虞人宋本以下正義十九節揔入而後大公因之節注下
故麾旃以招之也宋本麾作摩非若依說文則當作摩
以烹魚肉石經宋本烹作亨與釋文合石經亨字下四灬係補刊其跡顯然必王堯惠輩所爲也
史游急就篇宋本史誤半
齊益也宋本宋殘本淳熙本岳本足利本齊作濟不誤
是以政平而不干淳熙本干誤乎
言中宗能與賢者宋殘本言作君非也
敬戒且平宋本且作既按詩烈祖作既戒既平
則一氣不主爲歌吹監本毛本主作止非
則與服不異監本毛本不作少非也
蕩滌人之邪志令其正性浦鏜正誤云今漢書律麻志志作意令作全
唱姓生宋本監本毛本姓作始浦鏜云案漢志生上有施字
生黃鍾之律宋本鍾作鐘下同
黃鍾宋殘本淳熙本小字宋本岳本纂圖本閩本監本毛本鐘作鍾正義同
大蔟釋文亦作蔟是也宋本閩本監本作簇非
以聽鳳皇之鳴宋本閩本監本毛本皇作凰俗字
而牙物也監本毛本牙作芽案漢書律麻志作牙牙芽古今字
洗絜也閩本監本毛本絜改潔
零陵大學奚景宋本監本毛本大作文
內痺外高宋本監本毛本作內庳
子午以東爲上生諸本作午此本誤年今改正案周禮注以作巳
周有七音謂七律謂七器音也段玉裁校本無上謂字器音作音器
星與辰之位案國語周語星下有日字
辰馬農祥宋本監本毛本馬作爲非也
月之所在宋本在字下有是三所也劉歆三統之術筭此五位所在十六字

前徒倒戈諸本作戈此本誤戊今改正
九歌之事閩本監本毛本事作書非也
出入周疏以相濟也定本疏作流釋文云傳本皆作流正義所謂俗本是也陸氏又云古本有作疏者陳樹華云案注訓周爲密則與疏相對宜爲疏耳
清濁小大長短至出入周疏宋本作清濁至周疏
若琴瑟之專壹諸本作專釋文引董遇本作摶音同案盧文弨鍾山札記云史記秦始皇本紀摶心揖志索隱云摶古專字引傳如琴瑟之摶壹以證之正用董遇本也惠棟云史記樂書管子內業篇皆以摶爲專
少皞氏之司寇也淳熙本少作之非也
據晏之言云代爽鳩氏宋本晏下有子字氏下有耳字是也
古者無死石經宋本宋殘本淳熙本小字宋本岳本者作若是也宋本正義不誤
猶應大有人矣監本大作代是也毛本誤伐
取人於萑苻之澤石經初刻作萑蒲後改作雚苻惠棟云韓非子內儲說引此事作雚詩小弁曰萑葦淠淠韓詩外傳作雚古字通也顧炎武云石經苻誤符非也
於澤中劫人淳熙本纂圖本毛本劫改刼
盡殺之釋文無殺字云本或作盡殺之殺衍字案臧琳云正義曰既言盡殺之復云盜少止者盡謂盡萑苻之內盜也少止謂鄭國餘處之盜由此少止知孔本亦作盡之無殺字與陸本同既言盡殺之當作既言盡之標起止盡殺之盜少止當作盡之盜少止此二殺字皆後人所增
盡殺之盜少止注下宋本以下正義五節揔入和之至也節
盡謂盡萑苻之內盜也宋本作蓋謂是也
少止宋本少上有盜字
汔其也諸本作其正義亦是其字詩大雅民勞正義爾雅釋詁譏汔也疏引並作期
毋從詭隨釋文毋作無云本又作毋按今本詩作無
又大於無善毛本大作九非也
遠者懷而歸宋本懷下有德字
詩大雅云云宋本云云作至以寬
故以汔爲其也監本其作幾非也
競強也宋殘本強作彊
附釋音春秋左傳注疏卷第四十九止

附釋音春秋左傳注疏卷第五十　昭二十一年盡二十三年

杜氏注　孔穎達疏

經二十有一年，春，王三月，葬蔡平公。○夏，晉侯使士鞅來聘。晉頃公即位通嗣君。○頃音傾。○宋華亥、向寧、華定自陳入于宋南里以叛。自外至故曰入，披其邑故曰叛。南里，宋城內里名。○披，普彼反。〔疏〕注自外至里名。○正義曰：賈逵云書入，華貙兄弟作亂，召而逆之，是賈以此入從國逆之例也。釋例曰：春秋稱入，其例有二，施於師旅則曰弗地，在於復歸則曰國逆，國逆又以立爲例，逆而不立則非例所及。諸在外稱入，直自外入內，記事常辭，義無所取，而賈氏皆以爲例，如此甚多。是杜意以賈氏逆之爲非，故云自外至故曰入，以顯異之也。五年傳叔孫昭子數豎牛之罪云又披其邑，將以赦罪，彼注云披，析也。此分析君邑以自屬己，故曰叛也。傳稱華氏居盧門以南里叛，宋城舊墉及桑林之門守之，知此南里是宋城之內里名。○秋七月壬午朔，日有食之。○八月乙亥，叔輒卒。叔弓之子伯張。○冬，蔡侯朱出奔楚。朱爲大子則失位，遂微弱，爲國人所逐，故以自出爲文。○公如晉，至河乃復。晉人辭公，故還。

傳二十一年春，天王將鑄無射。周景王也。無射，鐘名，律中無射。○鑄，之樹反。射音亦，注同。中，丁仲反。〔疏〕注周景至無射。○正義曰：周語云：景王二十一年鑄大錢，二十三年將鑄無射。單穆公曰：不可。作重幣以絕民資，又鑄大鐘以鮮其繼，三年之中而有離民之器二焉，國其危哉。王不聽，問之伶州鳩，州鳩對，王又弗聽，卒鑄大鐘。二十四年鐘成，二十五年王崩。孔晁於二十四年注云：昭二十一年，如彼文則此年鑄鐘成之年，而傳云將鑄無射者，此爲州鳩之言張本，州鳩以未成之時爲此言，故此年發傳而言將也。州鳩此下之言與周語州鳩之言全不同者，彼是對王之問，此是自言其事，異時別言，故不同也。周語及此皆論鐘事，故云無射，鐘名，其聲於律應無射之管，故以律名名鐘。襄十九年季武子作林鐘，亦是鐘聲應林鐘之律也。此無射之鐘在王城鑄之，敬王居洛陽，蓋移就之也。秦滅周，其鐘徙於長安，歷漢、魏、晉常在長安。及劉裕滅姚泓，又移於江東，歷宋、齊、梁、陳，時鐘猶在。東魏使魏收聘梁，收作聘遊賦云：珍是淫器，無射高縣是也。及開皇九年平陳，又遷於西京，置大常寺，時人悉共見之。至十五年勑毀之。泠州鳩曰：王其以心疾死乎。伶，樂官。州鳩，其名也。○伶，力丁反，字或作泠，非也。夫樂，天子之職也。職所主也。夫音，樂之輿也。樂因音而行。而鐘，音之器也。音由器以發。天子省風以作樂，省風俗，作樂以移之。〔疏〕注省風至移之。○正義曰：漢書地理志云：凡民函五常之性，而有剛柔緩急音聲不同，繫水土之風氣，故謂之風；好惡取舍動靜無常，隨君上之情欲，故謂之俗。是解風俗之名。但風俗盛衰隨時隆替，國之將滅，風散俗煩，天子新受命者，省此風俗之敝，乃作樂以移之。孝經曰：移風易俗，莫善於樂。孔安國云：風，化也；俗，常也。移大平之化，易衰敝之常也。地理志以風爲本，俗爲末，言聖王在上，統理人倫，必移其本而易其末，此混同天下一之平中和，然後王教成，是說作樂移風之事也。器以鍾之，鍾，聚也。以器聚音。輿以行之。樂須音而行。〔疏〕器以至行之。○正義曰：爲上言鍾音之器也，故此云器以鍾之，言以鍾聚其音。又上言音樂之輿也，故此云輿以行之，承上語不倫者，亦猶易繫辭云天尊地卑，乾坤定矣，卑高以陳，貴賤位矣，隨文便而言耳。小者不窕，窕，細不滿。窕，他彫反。大者不槬，槬，橫大不入。○槬，戶化反。〔疏〕小者至不槬。○正義曰：言小不至窕，則窕是細之意也；大不至槬，則槬是大之義也。說文云：窕，深肆極也。由細故能極於深，是窕爲細不滿，謂不能充滿心也。槬聲近橫，故爲橫大，心所不容，故不入心也。下窕則不咸，咸如字，本或作感，戶暗反。則和於物，物和則嘉成。嘉樂成也。故和聲入於耳而藏於心，心億則樂。億，安也。○億，於力反。樂音洛。窕則不咸，不充滿入心。○咸如字，本或作感，戶暗反。槬則不容。心不堪容。心是以感，感實生疾。今鐘槬矣，王心弗堪，其能久乎。爲明年天王崩傳。

○三月，葬蔡平公。蔡大子朱失位，位在卑。不在適子位，以長幼齒。○適，丁歷反。長，丁丈反。〔疏〕注不在至幼齒。○正義曰：喪大記記國君初死之禮云：既正尸，子坐于東方，卿大夫父兄子姓立于東方，有司庶士哭于堂下北面。鄭玄云：正尸者，謂遷尸牖下南首也。子姓謂衆子孫也。姓之言生也。其男子立於主人後。彼言子坐東方，謂大子，即鄭所謂主人也。彼初死之時即別適庶，況其至葬，君道成矣，大子失其位，明其不在適子位也。位在卑，是以長幼爲齒，蓋處其庶兄之下。大夫送葬者歸，見昭子。昭子問蔡故，以告。昭子歎曰：蔡其亡乎。若不亡，是君也必不終。詩曰：不解于位，民之攸塈。詩大雅。塈，息也。○解，佳賣反。塈，許器反。今蔡侯始即位，而適卑，身將從之。爲蔡侯朱出奔傳。○夏，晉士鞅來聘，叔孫爲政。叔孫昭子以三命爲國政。季孫欲惡諸晉，憎叔孫在己上位，欲使得罪於晉。○惡，烏路反。使有司以齊鮑國歸費之禮爲士鞅。鮑國歸費在十四年，牢禮各如其命數，魯人失禮，故爲鮑國七牢。○費音祕。故爲，于爲反。〔疏〕注鮑國至七牢。○正義曰：十四年傳曰：司徒老祁、慮癸來歸費，齊侯使鮑文子致之，是鮑國歸費之事也。杜以周禮掌客云：上公饔餼九牢，侯伯七牢，子男五牢。以諸侯牢禮各以其命數，卿大夫來者亦當牢禮如其命數。計鮑國齊卿，不過三命，於法當三牢，而魯人失禮，爲鮑國七牢也。下云加四爲十一，知本七也。劉炫云：案聘禮使卿，主國待之饔餼五牢，則臣之牢禮不依命數，鮑國禮當五牢，加二牢耳。今知非者，杜以掌客諸侯牢禮各依命數，以卿大夫無文，故杜據諸侯言之，不謂卿大夫以下亦依命數。而劉以鄭注掌客爵卿五牢，爵大夫三牢，爵士大牢，而規杜，非也。士鞅怒。〔疏〕士鞅怒。○正義曰：七牢於禮厚矣，而鞅怒者，但陳設爲鞅，鞅必不怒，其時魯人報云鮑國之禮，鞅遂怒其輕己。曰：鮑國之位下，其國小，而使鞅從其牢禮，是卑敝邑也。將復諸寡君。魯人恐，加四牢焉，爲十一牢。言魯不能以禮事大國，且爲哀七年吳徵百牢起。○恐，丘勇反，下注同。○宋華費遂生華貙、華多僚、華登。貙爲少司馬，多僚爲御士，與貙相惡。公御士。○貙，勑俱反。少，詩照反。惡，烏路反。乃譖諸公曰：貙將納亡人。亡人，華亥等。亟言之。公曰：司馬以吾故，亡其良子。司馬謂費遂。良子謂華登。○亟，欺冀反。〔疏〕亟言之。○正義曰：服虔云：亟，疾也。疾言之，欲使信，則服虔讀爲亟也。或當爲亟，亟，數也，數言之。死亡有命，吾不可以再亡之。對曰：君若愛司馬，則如亡。言若愛大司馬，則當亡走失國。死如可逃，何遠之有。言亡可以逃死，勿慮其遠，以恐動公。公懼，使侍人召司馬之侍人宜僚，飲之酒，而使告司馬。告司馬使逐貙。○飲，於鴆反，下同。司馬歎曰：必多僚也。吾有讒子，而弗能殺，吾又不死，抑君有命，可若何。乃與公謀逐華貙，將使田孟諸而遣之。〔疏〕抑君有命可若何。○正義曰：抑，語助。若，如也。言吾有讒子，謂多僚也。雖知其讒，既不能殺多僚，華貙雖枉，爲君有逐貙之命，可如何，言無如之何，遂謀逐之。公飲之酒，厚酬之，酬，酒幣。賜及從者。司馬亦如之。亦如公賜。○從，才用反。張匄尤之，張匄，華貙臣。尤，怪賜之厚。○匄，古害反，本亦作丐。曰：必有故。使子皮承宜僚以劍而訊之。子皮，華貙。訊，問也。○訊音信。宜僚盡以告。告欲因田以遣之。張匄欲殺多僚。子皮曰：司馬老矣，登之謂甚。言登亡傷司馬心已甚。吾又重之，不如亡也。五月丙申，子皮將見司馬而行，則遇多僚御司馬而朝。張匄不勝其怒，遂與子皮、臼任、鄭翩殺多僚。任、翩亦貙家臣。○重，直用反。見，賢遍反。勝音升。任音壬。翩音篇。劫司馬以叛，而召亡人。壬寅，華、向入。樂大心、豐愆、華牼禦諸橫。梁國睢陽縣南有橫亭。○愆，起虔反，本或作衍。睢音雖。華氏居盧門，以南里叛。盧門，宋東城南門。六月庚午，宋城舊鄘及桑林之門而守之。舊鄘，故城。

也。桑林城門名。鄘音容。本或作墉。秋。七月。壬午。朔。日有食之。公問於梓慎曰。是何物也。禍福何為。物事也。對曰。二至二分。二至冬至夏至。二分春分秋分。日有食之。不為災。日月之行也。分同道也。至相過也。二分日夜等故言同道。二至長短極故相過。〖疏〗分同至過也。○正義曰。日月之行交則相食。自然之理。但日為君象。月為臣象。陰既侵陽。如臣掩君。聖人因之設教。制為輕重。以夏之四月純陽之月。時陽極盛。陰氣未作。正當陽盛之時。不宜為弱陰所侵。以為大忌。此月日食災最重也。餘非陽盛之月。為災稍輕。至於分至之月。日食即不為災。又解不為災之意。以二分晝夜等。似其同一道。二至長短極。並行則相過。以為理必相侵。故言不為災。劉炫云。此皆假其事以為等差。其實災之大小不如此也。且詩云。十月之交。朔月辛卯。日有食之。亦孔之醜。先儒以為周之十月。夏之八月。秋分之月也。而甚可醜惡。七年四月甲辰朔日食。春分之月也。而云魯衛惡之。衛大魯小。安在乎二分之食不為災。足明此是先賢寓言。非實事也。○注二分至相過。○正義曰。日之行天一日一周。月之行天二十九日有餘已得一周。日月異道。互相交錯。月之一周。必半在日道裏。從外而入內也。半在日道表。從內而出外也。或六入七出。或七入六出。凡十三出入而與日一會。麻家謂之交道。通而計之。一百七十三日有餘而有一交。交在望前。朔則日食。望則月食。交在望後。望則月食。後月朔則日食。此自然之常數也。交數滿則相過。非二至乃相過也。傳之所言。以二分日夜等者。春分之時。朔則日在婁。望則月在角。秋分之時。朔則日在角。望則月在婁。婁角是天之中道。日月俱從中道。故晝夜等。似有體敵之理。月可敵日。冬至之時。朔則日在斗。望則月在井。夏至之時。朔則日在井。望則月在斗。斗井南北。晝夜長短之極。似若月之極長可以掩日。然故云至相過。謂絕相縣殊也。此至唯冬至耳。言二至者。全句以成文。此皆假託以為言也。以日者天之大明。人君之象。不可虧損。故於正陽之月末法為重。於分至之月其害為輕。於餘月之食其災為水。假之以垂訓。非實事也。其他月則為災。陽不克也。故常為水。陰侵陽是陽不勝陰。〖疏〗其他至為水。○正義曰。其他月非分至之月則為災。日食是陰侵陽。是陽不勝也。故日食常為水災。莊二十五年六月日食。秋大水。此二十四年五月日食。梓慎曰將水。昭子曰旱也。其年八月大雩。旱也。則亦不是常為水也。又七年四月甲辰朔日食。春分之月。而云魯衛惡之。常水之言既無其驗。足知是賢聖假託日食以為戒耳。於是叔輒哭日食。意在於憂災。昭子曰。子叔將死。非所哭也。八月。叔輒卒。○冬。十月。華登以吳師救華氏。登前年奔吳。齊烏枝鳴戍宋。烏枝鳴。齊大夫。廚人濮曰。濮宋廚邑大夫。○廚直誅反。濮音卜。軍志有之。先人有奪人之心。後人有待其衰。盍及其勞且未定也伐諸。若入而固。則華氏衆矣。悔無及也。從之。丙寅。齊師。宋師敗吳師于鴻口。梁國睢陽縣東有鴻口亭。○先悉薦反。後戶豆反。盍戶臘反。獲其二帥公子苦雂、偃州員。二帥吳大夫。○帥色類反。注同。雂古含反。員音云。又音圓。華登帥其餘。餘吳師。以敗宋師。公欲出。出奔。廚人濮曰。吾小人。可藉死。○可借使死難。難乃旦反。而不能送亡君。請待之。請君待復戰決勝負。○而不能送亡君絕句。復扶又反。下文復卽之同。〖疏〗而不能送亡君。○正義曰。服虔以君上屬。孫毓以君下屬。杜注不明。亦似上屬。乃徇曰。揚徽者。公徒也。徽識也。○徇似俊反。徽許歸反。說文作徽識。本又作幟。申志反。又音昌志反。一音式。〖疏〗注徽識也。○正義曰。禮記大傳云。聖人南面而治天下。必改正朔。殊徽號。鄭玄云。徽號。旌旗之名也。周禮大司馬云。中夏教茇舍。辨號名之用。帥以門名。縣鄙各以其名。家以號名。鄉以州名。野以邑名。百官各象其事。以辨軍之夜事。鄭玄云。號名者。徽識所以相別也。鄉遂之屬謂之名。家之屬謂之號。百官之屬謂之事。在國以表朝位。在軍又象其制而為之。被之以備死事。帥謂軍將及師帥旅帥至五長也。以門名者。所被徽識如其在門所樹者。凡此言以也象也。皆謂其制同耳。縣鄙謂縣正鄙師至鄰長也。家謂食采地者之臣也。鄉以州名。亦謂州長至比長也。野謂公邑大夫。百官以其職從王者。此六者皆書其官與名氏焉。夜事。戒夜守之事也。草止者慎於夜。於是主別其部職。如鄭此言。則徽識制如旌旗。書其所任之官與姓名於上。被之於背。以備其死。知是誰之尸也。士喪禮云。為銘各以其物。亡則以緇長半幅。䞓末長終幅。廣二寸。書銘于末曰。某氏某之柩。今之銘旌旗幡也。此生之徽識如死之銘旌。其制之大小。蓋亦如銘旌也。書其官名。卽今之軍記。介其各自揚徽。欲知其助公多少。如漢書絳侯之令軍人云。為劉氏者左袒。衆從之。公自揚門見之。見國人皆揚徽。睢陽正東門名。揚門。下而巡之。曰。國亡君死。二三子之恥也。豈專孤之罪也。齊烏枝鳴曰。用少莫如齊致死。齊致死莫如去備。備長兵也。○去起呂反。彼多兵矣。請皆用劍。從之。華氏北。復即之。北敗走。廚人濮以裳裹首而荷以走。曰。得華登矣。遂敗華氏于新里。新里華氏所取邑。○裹音果。荷何可反。又音何。翟僂新居于新里。既戰。說甲于公而歸。居華氏地而助公戰。○僂音力主反。說他活反。下注同。華姓居于公里。亦如之。姓華氏族。故助華氏。亦如僂新說甲歸。傳言古之為軍不呰小忿。○姓他口反。下注同。呰本又作訾。才斯反。又音紫。十一月。癸未。公子城以晉師至。城以前年奔晉。今還救宋。曹翰胡。曹大夫。○翰音寒。又戶旦反。會晉荀吳、中行穆子。○行戶郎反。齊苑何忌、齊大夫。衛公子朝、前年出奔晉。今還衛。救宋。丙戌。與華氏戰于赭丘。赭丘宋地。○赭音者。丘又作亞。同。鄭翩願為鸛。其御願為鵝。鄭翩華氏黨。鸛鵝皆陳名。○鸛古喚反。鵝五多反。陳直覲反。子祿御公子城。莊堇為右。子祿向宜。○莊堇音謹。本或作莊堇父。干犨御呂封人華豹。張匄為右。呂封人華豹。華氏黨。○犨尺由反。〖疏〗呂封人華豹。○正義曰。呂邑。封人官名。豹即下文華豹是也。本或豹上有華。王肅董遇並云呂封人華豹。釋例謂一人再見名字不同。皆兩載之。宋雜人內有呂封人豹。華豹為一人。知此本無華也。今定本有華。相遇。城還。華豹曰。城也。城怒而反之。怒其呼己。反還戰。將注。則關矣。注傅矢。關引弓。○注之樹反。關烏環反。本又作彎。同。下同。傳音附。曰。平公之靈。尚輔相余。平公。公子城之父。○相息亮反。豹射出其間。出子城子祿之間。○射食亦反。又音食夜反。下及注皆同。將注。則又關矣。曰。不狎鄙。狎更也。○更音庚。〖疏〗不狎鄙。○正義曰。服虔云。狎更也。子城謂華豹曰。不更射為鄙。一曰城言我不狎習故鄙。然則豹已關矣。何慮不射公子城。何當獨之云不更射為鄙。城方與豹相射。此非謙讓之所。又何須自言不習為鄙。服之二說皆非。杜亦訓狎為更。言更遞也。城謂豹女頻射我。不使我得更遞。是為鄙也。豹服此言。故抽矢而止。此豹亦不違軍之戰禮也。抽矢。豹止不射。城射之。殪。豹死。○殪一計反。張匄抽殳而下。殳長丈二。在車邊。○殳音殊。長直亮反。又如字。射之。折股。扶伏而擊之。折軫。折城車軫。○折之設反。下及注同。扶伏並如字。上又音蒲。下又蒲北反。本或作匍匐。同。又射之。死。匄死。干犨請一矢。求死。城曰。余言汝於君。欲活之。○女音汝。對曰。不死伍乘。軍之大刑也。同乘共伍。當皆死。○乘繩證反。注及下同。干刑而從子。君焉用之。子速諸。乃射之。殪。犨又死。○焉於虔反。大敗華氏。圍諸南里。華亥搏膺而呼。見華貙曰。吾為欒氏矣。晉欒盈還入作亂而死。事在襄二十三年。○搏音博。呼好故反。貙曰。子無我迋。不幸而後亡。迋恐也。○迋求枉反。恐丘勇反。使華登如楚乞師。華貙以車十五乘。徒七十人犯師而出。犯公師出送華登。食於睢上。哭而送之。乃復入。入南里。○睢音雖。復扶又反。楚薳越帥師將逆華氏。大宰犯諫曰。諸侯唯宋事其君。今又爭國。釋君而臣是助。無乃不可乎。王曰。而告我也後。既許之矣。為明年華向出奔楚傳。○薳于委反。〖疏〗諸侯唯宋事其君。○正義曰。言諸侯之內唯宋之臣民善事其君。古以前未嘗有叛逆者也。俗本或無其字。若無其字則是唯

宋事楚檢於時宋國不屬楚也。王曰而告我也後。○正義曰謂大宰犯諫在華登出師之後○蔡侯朱出奔楚。費無極取貨於東國，東國隱大子之子平侯廬之弟朱叔父也而謂蔡人曰：朱不用命於楚，君王將立東國。若不先從王欲，楚必圍蔡。蔡人懼，出朱而立東國。朱愬于楚，楚子將討蔡。無極曰：平侯與楚有盟，故封。盟于鄧依陳蔡人以國。○愬音素其子有二心，故廢之。子謂朱也靈王殺隱大子，其子與君同惡，德君必甚。【疏】德君必甚。○正義曰荷恩謂之德言荷君恩必甚也又使立之，不亦可乎。且廢置在君，蔡無他矣。言權在楚則蔡無他心○公如晉，及河，鼓叛晉。叛晉屬鮮虞晉將伐鮮虞，故辭公。將有軍事無暇於待賓且懼泄軍謀。○泄息列反又以制反

經二十有二年春，齊侯伐莒。○宋華亥、向寧、華定自宋南里出奔楚。言自南里別從國去。○別彼列反○大蒐于昌間。無傳。○蒐所求反間如字○夏四月乙丑，天王崩。六月，叔鞅如京師，葬景王。叔鞅叔弓子三月而葬亂故速。○鞅於丈反王室亂。承叔鞅言而書之未知誰是故但曰亂【疏】注承叔至曰亂。○正義曰傳曰叔鞅至自京師言王室之亂是魯史承叔鞅之言而書之也閔馬父聞叔鞅之言乃遙度其事云子朝必不克是未知誰是誰非也故史但書曰亂不言某人某人爲亂魯史書事必待告乃書傳聞行言不書之此承叔鞅之言即書策者魯是周之宗國既聞王室之亂義當釋位救之魯聞周亂所憂在已承言即書見魯之憂王室也公羊傳曰何言乎王室亂言不及外也其意言兄弟爭位室內自亂其亂不及外國故指言王室也○劉子、單子以王猛居于皇。河南鞏縣西南有黃亭辟子朝難出居皇王猛書名未即位。○單音善鞏九勇反難乃旦反【疏】注辟子至即位。○正義曰傳曰鞏簡公敗績于京甘平公亦敗焉單子欲告急於晉以王如平時遂如圃車次于皇是辟子朝之難出居皇也王人以在皇告故書皇也景王既葬猛當成君仍書名者王室大亂未得以禮即位故也如莒展弒君而立未會諸侯元年書莒展輿出奔吳鄭忽嗣父而立鄭人賤之不以爲君桓十一年書鄭忽出奔衛然則未成君者法當書名此王猛雖未即位異於諸侯故稱王而以名繫之劉炫云以王當國亦如莒展以名繫國也○秋。劉子、單子以王猛入于王城。王城郟鄏今河南縣晉助猛故得還王都○郟古洽反鄏音辱○冬十月，王子猛卒。未即位故不言崩【疏】注未即至言崩。○正義曰未即位不成爲王故不言崩也書王子猛卒者未成爲君繫父言之故稱子猶魯之子般子野卒○

十有二月癸酉朔，日有食之。無傳。此月有庚戌又以長厤推校前後當爲癸卯朔書癸酉誤【疏】注此月云云。○正義曰案傳十二月庚戌晉籍談云云庚戌上去癸酉三十七日若此月癸酉朔其不得有庚戌也又傳十二月下有閏月晉箕遺云云又云辛丑伐京辛丑是王寅之前日也二十三年傳曰正月王寅朔二師圍郊則辛丑是閏月之晦日也又計明年正月之朔與今年十二月朔中有一閏相去當爲五十九日此年十二月當爲癸卯朔經書癸酉明是誤也故言長厤推校十一月小甲戌朔傳有乙酉十二日也又有己丑十六日也十二月大癸卯朔傳有庚戌八日也閏月小癸酉朔傳有閏月辛丑二十九日也明年正月王寅朔則上下符合矣

傳二十二年春王二月甲子，齊北郭啓帥師伐莒。啓齊大夫北郭佐之後莒子將戰，苑羊牧之諫牧之莒大夫。○苑於元反牧之州牧之牧曰：齊師賤，其求不多，不如下之。大國不可怒也。弗聽，敗齊師于壽餘。莒地。○帥所類反下之遐嫁反齊侯伐莒，怒敗莒子行成。司馬竈如莒涖盟，竈齊大夫莒子如齊涖盟，盟于稷門之外。稷門齊城門也莒於是乎大惡其君。爲明年莒子來奔傳。○惡烏路反○楚薳越使告于宋曰：寡君聞君有不令之臣爲君憂，無寧以爲宗羞，無寧寧也言華氏爲宋宗廟之羞恥寡君請受而戮之。對曰：孤不佞，不能媚於父兄，華向公族也故稱父兄以爲君憂，拜命之辱。抑君臣日戰，君曰余必臣是助，亦唯命。人有言曰：唯亂門之無過。君若惠保敝邑，無亢不衷，以獎亂人，孤之望也。唯君圖之。楚人患之。患宋以義距之。○過音古禾反亢苦浪反衷音忠【疏】無亢至亂人。○正義曰亢高也衷善也獎勸也無高貴不善之事以勸亂人爲惡也易曰亢龍有悔言其位高也諸侯之戍謀曰：若華氏知困而致死，楚恥無功而疾戰，非吾利也。不如出之，以爲楚功。其亦能無爲也已。言華氏不能復爲宋患○復扶又反下復欲同【疏】若華至也已。○正義曰若華氏知困而致死戰或敗諸侯之師也楚恥無功而疾戰戰勝則楚獨有功二者並非吾諸侯之利也聞楚師將至華氏即出亦是楚之功也不如出之以爲楚功其此華氏亦無所能爲也已言雖放令出亦不復能爲宋害言宋人慮更爲害決欲取殺之故諸侯之戍固請出之宋人乃從之救宋而除其害。又何求。乃固請出之。宋人從之。己巳，宋華亥、向寧、華定、華貙、華登、皇奄傷、省臧、士平出奔楚。華貙已下五子不書非卿。○省悉井反又所景反臧子郎反宋公使公孫忌爲大司馬，代華費遂邊卬爲大司徒，卬平公曾孫代華定。○卬五郎反樂祁爲司馬，祁子罕孫樂祁犂。○犂力私反又力兮反仲幾爲左師，幾仲左孫代向寧。○幾音基樂大心爲右師，代華亥樂輓爲大司寇，輓子罕孫。○輓音晚以靖國人。終梓慎之言三年而後弭。○弭彌氏反○王子朝、賓起有寵於景王。子朝景王之長庶子賓起子朝之傅。○朝如字凡人名字皆張遙反或云朝錯是王子朝之後又音潮案錯姓亦有兩音長丁丈反王與賓孟說之，欲立之。賓孟即起也王語賓孟欲立子朝爲大子。○說如字又音悅語魚據反【疏】王子至立之。○正義曰賈逵云賓孟子朝之傅也王愛子朝因愛其傅故朝起並有寵於景王也與賓孟並談說之欲立子朝爲大子周語云景王欲殺下門子乃云賓孟適郊見雄雞賈逵云下門子周大夫王猛之傅也景王欲立朝故先殺猛傅然則王與賓孟言說既欲立朝乃殺猛傅議久不決故賓孟假雄雞斷尾以勸之○注子朝至之傅。○正義曰二十六年傳子朝使告于諸侯云單劉贊私立少知朝年長於猛也賓孟欲立子朝明是子朝之傅劉獻公之庶子伯蚠事單穆公。獻公劉摯伯蚠劉狄穆公單旗。○蚠扶粉反一音扶云反摯音至下同惡賓孟之爲人也，願殺之。又惡王子朝之言，以爲亂，願去之。子朝有欲位之言故劉蚠惡之。○惡烏路反去起呂反有欲位之言一本位作立【疏】劉獻至去之。○正義曰伯蚠是果決有知謀者也願得殺賓孟云子朝所以彊單子之心故劉子亦與同志共立子猛也於賓孟云願殺之於子朝云願去之者朝是王之寵子王在不可專殺願逐去而已獻謚法知質有聖曰獻賓孟適郊，見雄雞自斷其尾。問之，侍者曰：自憚其犧也。畏其爲犧牲奉宗廟故自殘毀。○斷丁管反憚待旦反犧許宜反遽歸告王。且曰：雞其憚爲人用乎。人異於是。雞犧雖見寵飾然卒當見殺若人見寵飾則當貴盛故言異於雞。○遽其據反犧者實用人，人犧實難，己犧何害。言設使寵人如寵犧則不宜假人以招禍難使犧在己則無患害己喻子朝欲使王早寵異之。○難乃旦反【疏】賓孟至何害。○正義曰說文云犧宗廟之牲也曲禮云天子以犧牛鄭玄云犧純毛也周禮牧人掌牧六牲以共祭祀之牲牷鄭玄云六牲謂牛馬羊豕犬雞牷體完具也又曰祭祀共犧牲以授充人繫之鄭玄云犧牲毛羽完具也授充人者當殊養之然則祭祀之牲選其毛羽完具者養之以爲犧犧者寵養祭牲之名賓孟感雞以毛羽牷具恐其被養爲犧故自斷其尾殘毀其形賓孟怪而問之侍者曰自憚其犧言此雞難畏其被寵養也賓孟因此感悟疾歸以雞事告王且又言曰雞其憚爲人用乎人則異於是雞矣雞被寵飾終當見殺人被寵飾則當貴盛此其所以異

於雞也犧者寵牲之名因以犧喻寵子即名寵子爲犧言寵愛爲犧者依法用牲今寵愛爲犧者乃實用人言犧當用純德之人猶如祭犧當用純色之牲也他人之有純德寵之如犧後實招禍難矣己子之有純德寵之如犧有何害也但人有親疏若疏人被寵愛爲犧實爲禍難若己家親屬寵愛如犧有何患害他人謂子猛親屬謂子朝也犧者實用人上人是對牲爲稱普據凡人也人犧實難此下人據疏外之人人字雖同上下人意異○注雞犧雖見寵飾○正義曰犧者繫養之名耳言寵飾者當養之時必爲之服飾以異之如今之繫五采也史記稱楚王欲以莊周爲國相謂使者曰郊祭犧牛養之數歲衣以文繡牽入大廟是時欲爲孤豚豈可得乎是亦飾之事○注言設至異之○正義曰賓孟言人犧實難假疏人以爲說人爲疏姓之人寵養疏人擅權害主故言設使寵人如寵犧則不宜假人以招禍難假借他人以權或將反來害己子猛雖亦王子不得王寵與他人無異使犧在己家則無害已喻子朝子朝是己之子欲使王早寵異之如寵犧也

王弗應。十五年大子壽卒王立子猛後復欲立子朝而未定賓孟感雞盛稱子朝王心許之故不應○應應對之應注同【疏】注十五至不應○正義曰賈逵以爲大子壽卒景王不立適子○鄭衆以爲壽卒王命猛之後欲廢猛立朝耳服虔以賈爲然杜今從鄭說者二十六年傳閔子馬云子朝干景之命則景有命矣若不命猛更命誰乎若子朝子猛並未有命俱是庶子朝年又長於次當立自求爲嗣宜矣劉蚠何以惡其爲亂而欲去之若俱未被立王意不偏羣臣無黨王命爲嗣則莫敢不從何須將殺單劉以立朝也杜以此知大子壽卒王立子猛爲適其後復欲立子朝而王意未定賓孟感雞自毀因此盛稱子朝之美王心許賓孟故不應慮其泄言也

夏四月，王田北山，使公卿皆從，將殺單子、劉子。北山洛北芒也王知單劉不欲立子朝欲因田獵先殺之○從才用反芒音亡王有心疾。乙丑，崩于榮錡氏。四月十九日河南鞏縣西有榮錡澗○錡魚綺反澗古晏反【疏】注四月十九日○正義曰此於乙丑之下言四月十九日戊辰之下言二十二日顯言此二日者此年之傳其日最多經之與傳又時月多錯故此顯言二日欲令自此以下依次推之易驗耳戊辰，劉子摯卒。二十二日無子，單子立劉蚠。蚠事單子故五月庚辰，見王。見王猛○見賢遍反注同遂攻賓起，殺之。黨子朝故盟羣王子于單氏。王子猛次正故單劉立之懼諸王子或黨子朝故盟之【疏】注王子猛次正○正義曰猛朝俱是王子單劉必欲立猛明猛是次正當立故也公羊多有次正之語杜取爲說猛爲次正不知其本蓋是大子壽之母弟或是穆后姪娣之子或母貴也

○晉之取鼓也，在十五年既獻而反鼓子焉。獻於廟又叛於鮮虞。叛晉屬鮮虞六月，荀吳略東陽，略行也東陽晉之山東邑魏郡廣平以北○行下孟反使師僞糴者負甲以息於昔陽之門外，昔陽故肥子所都○糴音狄遂襲鼓，滅之，以鼓子鳶鞮歸，使涉佗守之。守鼓之地涉佗晉大夫○鳶悅全反鞮丁兮反佗徒多反守手又反又如字

○丁巳，葬景王。王子朝因舊官、百工之喪職秩者，與靈、景之族以作亂，百工百官也靈王景王之子孫○喪息浪反下注羣喪同帥郊、要、餞之甲，三邑周地○要一遙反餞賤淺反以逐劉子。逐伯蚠壬戌，劉子奔揚。揚邑單子逆悼王于莊宮以歸。悼王子猛也王子還夜取王以如莊宮。王子還子朝黨也不欲使單子得王猛故取之癸亥，單子出。失王故出奔王子還與召莊公謀，莊公召伯奐子朝黨也○召上照反奐音喚曰：「不殺單旗，不捷。旗單子也○旗音其捷才接反與之重盟，必來。背盟而克者多矣。」從之。從還謀也○背音佩下注同樊頃子曰：「非言也，必不克。」頃子樊齊單劉黨○頃音傾本或作須字【疏】注頃子至劉黨○正義曰此下二十三年單子劉子樊齊以王如劉故知是單劉黨也遂奉王以追單子。王子還奉王及領，大盟而復。領周地欲重盟令單子劉子復歸○令力呈反殺摯荒以說。委罪於荒○說如字又音悅劉子如劉。歸其采邑單子亡。乙丑，奔于平時。平時周地知王子還欲背盟故亡走○奔于平時一本作于平時音止又音市下同本或作平壽誤【疏】及領至平時○正義曰此上言子還夜取王以如莊宮遂與召莊謀殺單旗與之重盟必來來而殺之王子還遂奉王追單子及領遂與重盟而還殺摯荒者爲前取王如莊宮令單子失王而出奔更殺摯荒以解說此事單子覺還欲背及奔平時

羣王子追之，單子殺還、姑、發、弱、鬷、延、定、稠。八子靈景之族因戰而殺之○鬷子工反稠直由反【疏】注八子靈景之族○正義曰以上言王子還此八人還居其首還既稱王子明八子皆王子也故知靈景之族子朝奔京。其黨死故丙寅，伐之。單子伐京京人奔山。劉子入于王城。子朝奔京故得入辛未，鞏簡公敗績于京。乙亥，甘平公亦敗焉。甘鞏二公周卿士皆爲子朝所敗○鞏九勇反【疏】簡公平公○正義曰謚法一意不懈曰簡布綱持紀曰平○注皆爲子朝所敗○正義曰知爲子朝所敗者以傳云敗績于京故知是敬王黨爲子朝所敗也叔鞅至自京師，葬景王還言王室之亂也。經所以書閔馬父曰：「子朝必不克，其所與者，天所廢也。」閔馬父閔子馬魯大夫天所廢謂羣喪職秩者單子欲告急於晉。秋七月戊寅，以王如平時，遂如圃車，次于皇。出次以示急戊寅七月三日經書六月誤也○圃音補【疏】注戊寅至月誤○正義曰傳言七月戊寅杜以長厤推校之戊寅是七月二日明傳是也經書王猛居皇乃在六月下知經六月誤也

劉子如劉，單子使王子處守于王城，王子處子猛黨守王城距子朝盟百工于平宮。平宮平王廟辛卯，鄩肸伐皇，鄩肸子朝黨○鄩音尋肸許乙反大敗，獲鄩肸。壬辰，焚諸王城之市。焚鄩肸八月辛酉，司徒醜以王師敗績于前城，醜悼王司徒前城子朝所得邑百工叛。司徒醜敗故己巳，伐單氏之宮，敗焉。百工伐單氏爲單氏所敗【疏】注百工至所敗○正義曰知單氏所敗者以上云伐單氏下云反伐之是單氏反伐百工也若單氏被敗焉能反伐百工庚午，反伐之。單氏反伐百工辛未，伐東圉。百工所在洛陽東南有圉鄉○圉魚呂反冬十月丁巳，晉籍談、荀躒帥九州之戎九州戎陸渾戎十七年滅屬晉州鄉屬也五州爲鄉○躒力狄反及焦、瑕、溫、原之師，焦瑕溫原晉四邑以納王于王城。丁巳在十月經書秋誤【疏】注丁巳至秋誤○正義曰傳言冬十月丁巳杜以長厤推之丁巳是十月十四日經書此事在秋其下乃有冬知經誤庚申，單子、劉蚠以王師敗績于郊。爲子朝之黨所敗前城人敗陸渾于社。前城子朝衆社周地○社市者反本或作杜下皆同十一月乙酉，王子猛卒。乙酉在十一月經書十月誤雖未卽位周人諡曰悼王【疏】注乙酉至悼王○正義曰傳言十一月乙酉杜以長厤推校之乙酉是十一月十二日知經書十月誤也上云單子逆悼王于莊宮悼王卽猛也經書爲卒傳言其謚故解之雖未卽位周人謚曰悼王敬王猛之母弟敬王位定乃追謚之不成喪也。釋所以不稱王崩己丑，敬王卽位。敬王王子猛母弟王子匄○匄古害反【疏】注敬王至子匄○正義曰敬王名匄本紀文也本紀不言敬王是猛之母弟先儒相傳說耳謚法夙夜共事曰敬館于子旅氏。子旅周大夫○十二月庚戌，晉籍談、荀躒、賈辛、司馬督，司馬烏督音篤帥師軍于陰，籍談所軍于侯氏，荀躒所軍于谿泉，賈辛所軍鞏縣西南有明谿泉次于社。司馬督所次王師軍于氾、于解，次于任人。王師分在三邑洛陽西南有大解小解○氾音凡解音蟹任音任閏月，晉箕遺、樂徵、右行詭濟師，取前城，三子晉大夫濟師渡伊洛○行戶郎反詭九委反軍其東南。王師軍于京楚。辛丑，伐京，毀其西南。京楚子朝所在

經二十有三年春王正月，叔孫婼如晉。謝取邾師○婼勑略反○癸丑，叔鞅卒。無傳○晉人執我行人叔孫

婼。稱行人，譏晉執使人。○使，使吏反【疏】注稱行至使人○正義曰：傳說魯取邾師，則是魯有罪矣。而譏晉執者，凡諸侯有罪，盟主當以師討之，不宜執其使人，故譏之。○晉人圍郊。郊，周邑。圍，討子朝也。郊在叔鞅卒前，經書後，從赴。【疏】注討子至從赴○正義曰：往年傳閏月辛丑，晉師、王師伐京，毀其西南。注云：「京，子朝所在。」此年傳正月壬寅朔，二師圍郊。辛丑、壬寅頻日耳。蓋京城既毀，郊是子朝之邑，故二師圍之，故云討子朝也。郊不繫周者，大都以名通也。傳稱朔日圍郊，癸丑乃叔鞅卒。癸丑，正月十二日也。是圍郊在叔鞅卒前也。晉人來告圍郊，不以圍郊日告之，告在叔鞅卒後，故經書在後，是從赴也。圍郊在朔，或亦在叔孫婼如晉之前，但行無日，未必不以朔行，據鞅卒有日而言之。○夏六月，蔡侯東國卒于楚。無傳。未同盟而赴以名。○秋七月，莒子庚輿來奔。○戊辰，吳敗頓、胡、沈、蔡、陳、許之師于雞父。不書楚，楚不戰也。雞父，楚地。安豐縣南有雞備亭。○輿音餘。父音甫。【疏】吳敗至雞父○正義曰：此戰獲胡、沈之君，是胡、沈君自將也。頓序於上，頓亦君自將也。獲陳大夫，陳是大夫將，則蔡、許亦大夫將也。故云頓、胡、沈、蔡、陳、許君在臣上，各自以大小序耳。桓十三年經書齊師、宋師、衛師、燕師敗績。此不每國書師，而揔云師者，傳無其說。杜不爲注，是史略文，非義例也。賈逵云：「不國國書師，惡其同役而不同心。」案隱十年宋人、蔡人、衛人伐戴，鄭伯伐取之。傳曰：宋、衛既入鄭，而以伐戴召蔡人，蔡人怒，故不和而敗。亦是同役而不同心，彼既不變其文，此何當變文以見義乎？賈之妄也。○注不書楚楚不戰○正義曰：杜知楚不戰者，以傳云戰于雞父，吳子以罪人先犯胡、沈與陳，三國敗，舍胡、沈之囚，使奔許與蔡、頓，師譟而從之，三國奔。是戰於雞父之時，先犯胡、沈、陳，後破許、蔡、頓也。六國既陳戰敗而奔，下傳始云楚師大奔。是六國敗後，楚師怖懼，不得成陳，望風而奔，故傳云不言戰，楚未陳。杜云不書楚，楚不戰。劉炫用服虔義，云不書楚，諱敗。不告。然則必其楚人來告，容或諱敗；若吳人來告，豈代楚諱乎？劉逵背傳文而規杜，非也。胡子髡、沈子逞滅。國雖存，君死曰滅。○髡，苦門反。逞，勑景反。【疏】注國雖至曰滅○正義曰：公羊傳曰：「君死于位曰滅。」其意言本國雖存，其君見殺，與滅國相類，據君身言之，謂之滅。獲陳夏齧。大夫死生通曰獲。夏齧，徵舒玄孫。○夏，戶雅反。齧，五結反。【疏】注大夫至玄孫○正義曰：宣二年鄭人獲華元，生獲也；哀十一年獲齊國書，死獲也。故云大夫死生通曰獲。案世本：宣公生子夏，夏生御叔，叔生徵舒，舒生惠子晉，晉生御寇，寇生悼子齧。齧是徵舒曾孫，杜云玄孫，未詳。○天王居于狄泉。敬王辟子朝也。狄泉，今洛陽城內大倉西南池水也。時在城外。○大音泰。【疏】注敬王至城外○正義曰：此事傳無其文，不言無傳者，傳稱六月庚寅，單子、劉子、樊齊以王如劉，當從劉而居狄泉，不是全無其事，故不云無傳也。狄泉，今洛陽城內大倉西南池水是也。若在城內，宜云王居成周，知此時在城外也。今在城內者，土地名云：或曰定元年城成周，乃遷之入城內也。尹氏立王子朝。尹氏，周世卿也。書尹氏立子朝，明非周人所欲立。【疏】注尹氏至欲立○正義曰：宣王之世有尹吉甫，春秋以來，數有尹子見經，是其食采於尹，世爲周卿士也。以其世爲卿士，宗族彊盛，故能專意立朝。不言尹子而言尹氏者，見其氏族彊，故能立之也。敬王是單、劉所立，不書單子立者，敬王，猛之母弟，兄死次正當立，立之是當；朝不應立，立庶以亂國，書尹氏立朝，所以惡尹氏也。隱四年衛人立晉，善其得衆，書衛人，言舉國共立之。此書尹氏立朝，明非周人所欲立，獨尹氏立之耳。○八月乙未，地震。○冬，公如晉，至河，有疾，乃復。

傳二十三年春王正月壬寅朔，二師圍郊。二師，王師、晉師也。王師不書，不以告。癸卯，郊、鄩潰。河南鞏縣西南有地名鄩中。郊、鄩二邑，皆子朝所得。○鄩音尋。潰，戶內反。丁未，晉師在平陰，王師在澤邑。平陰，今河陰縣。王使告間。子朝敗故。○間音閑。庚戌，還。晉師還。○邾人城翼。翼，邾邑。還將自離姑。離姑，邾邑。從離姑則道徑魯之武城。○徑音經。【疏】注離姑至武城○正義曰：邾、魯接連，竟界相錯。邾人從翼邑還邾，先經魯之武城，然後始至離姑，而後至邾，故舉離姑爲道次。公孫鉏曰：「魯將御我。」鉏，邾大夫。○鉏，仕居反，下同。御，魚呂反。欲自武城還，循山而南。至武城而還，依山南行，不欲過武城。○過，古禾反，下遂過同。徐鉏、丘弱、茅地、三子，邾大夫。○茅，亡交反。曰：「道下，遇雨，將不出，是不歸也。」謂此山道下濕。遂自離姑。遂過武城。武城人塞其前，以兵塞其前道。【疏】武城人塞其前○正義曰：此所塞之處，必有隘道，當是已過武城之邑，未出武城之竟，故得塞其前。斷其後之木而弗殊。斷其後，而攻取之。邾師過之，乃推而蹷之。遂取邾師，獲鉏、弱、地。取邾師不書，非公命。○斷，丁管反。殊如字。說文云：死也。一曰斷也。蹷，其月反，又音厥，又居衛反。【疏】注取邾至公命○正義曰：傳言武城人，則是武城之大夫自專爲此謀也。既取邾師，邾始愬晉，晉人來討，乃令叔孫往謝。叔孫以年初即行，則魯取邾師，事在往年，因叔孫婼如晉追言之。邾人愬于晉，晉人來討。○愬，息路反。叔孫婼如晉，晉人執之。書曰：「晉人執我行人叔孫婼。」言使人也。嫌外內異，故重發傳。○使，所吏反。重，直用反，下重發同。晉人使與邾大夫坐。坐訟曲直。【疏】注坐訟曲直○正義曰：周禮小司寇云：「命夫命婦不躬坐獄訟。」凡爵獄者，皆令競者坐而受其辭，故使並坐訟曲直。叔孫曰：「列國之卿當小國之君，固周制也。在禮，卿得會伯、子、男，故曰當小國之君。【疏】注在禮至之君○正義曰：僖二十九年傳曰：「在禮，卿不會公、侯，會伯、子、男可也。」於禮得與相會，故當小國之君。邾又夷也。邾雜有東夷之風。寡君之命介子服回在。子服回，魯大夫，爲叔孫之介副。○介音界，注同。請使當之，不敢廢周制故也。」乃不果坐。韓宣子使邾人取其衆，將以叔孫與之。與邾，使執之。

叔孫聞之，去衆與兵而朝。示欲以身死。○去，起呂反。士彌牟謂韓宣子曰：彌牟，士景伯。○彌，亡支反。牟，亡侯反。「子弗良圖，而以叔孫與其讎，叔孫必死之。魯亡叔孫，必亡邾。邾君亡國，將焉歸？時邾君在晉，若亡國，無所歸，將益晉憂。○焉，於虔反，下同。子雖悔之，何及？所謂盟主，討違命也。若皆相執，焉用盟主？」聽邾衆取叔孫，是爲諸侯皆得輒相執。乃弗與，使各居一館。分別叔孫、子服回。○別，彼列反。【疏】注分別至服回○正義曰：賈逵云：「使邾、魯大夫各居一館。」鄭衆云：「使叔孫、子服回各居一館。邾、魯大夫本不同館，無爲復言使各居一館也。欲分別叔孫與子服回，不得相見，各聽其辭耳。」服虔並載兩說，仍云賈氏近之。案傳文各居一館之下，即云士伯聽其辭而愬諸宣子，乃皆執之，則皆執各居一館者也。若是邾、魯別館，豈執邾大夫乎？且下云館叔孫於箕，舍子服回於他邑，明此各居一館，是分別子服與叔孫，恐其相教示。士伯聽其辭，而愬諸宣子，乃皆執之。二子辭不屈，故士伯愬而執之。【疏】注二子至執之○正義曰：魯人實取邾師，二子辭不屈者，蓋以朝聘征伐過他國，必假道乃行。邾人不假魯道，是邾亦合責。不假道，小過也；取其師，大罪也。蹊田奪牛，爲報已甚，故士伯愬而執之。久囚其使，足以謝邾，故晉以明年釋之。士伯御叔孫，從者四人，過邾館以如吏。欲使邾人見叔孫之屈辱。○從，才用反，下同。【疏】士伯至如吏○正義曰：御謂進引也，引叔孫詣於獄也。叔孫從者唯有四人，先過於邾君之館，然後以之如吏，故杜云欲使邾人見叔孫之屈辱。先歸邾子。士伯曰：「以芻蕘之難，從者之病，將館子於都。」都，別都，謂箕也。○芻，初俱反。蕘，而昭反。叔孫旦而立期焉。立，待命也。從旦至旦爲期。○期，本又作朞，同，居其反。乃館諸箕。舍子服昭伯於他邑。別囚之。范獻子求貨於叔孫，使請冠焉。以求冠爲辭。取其冠法，而與之兩冠，曰：「盡矣。」既送作冠模法，又進二冠以與之，僞若不解其意。○模，莫胡反，字從木。解音蟹。爲叔孫故，申豐以貨如晉。欲行貨以免叔孫。○爲，于僞反。叔孫曰：「見我，吾告女所行貨。」見而不出。留申豐，不使得出，不欲以貨免。○女音汝。吏人之與叔孫居於箕者，請其吠狗，弗與。及將歸，殺而與之食之。示不愛。○吠，扶廢反。【疏】請其吠狗○正義曰：狗有吠守者，有主獵者。主獵者貴，吠守者賤。吏人請叔孫乞其吠守之狗。叔孫所館者，雖一日必葺其牆屋。葺，補治也。○葺，七入反。去之如始至。不以當去而有所毀壞。○壞音怪。○夏四月乙酉，單

子取訾。劉子取牆人、直人。三邑屬子朝者。訾在河南鞏縣西南。○訾子斯反六月。壬午。王子朝入于尹。自京入尹氏之邑。〔疏〕注自京至之邑。正義曰知自京入尹者以前年子朝在京王師雖毀其西南不言克京又今年二師圍郊不言子朝在郊故云自京入尹劉炫以爲前年王師已克子朝從京入郊郊潰不知子朝所在而規杜非也癸未。尹圉誘劉佗殺之。尹圉尹文公也劉佗劉蚠族敬王黨。○圉魚呂反佗徒河反丙戌。單子從阪道。劉子從尹道伐尹。單子先至而敗。劉子還。單子敗故。○阪音反又扶板反己丑。召伯奐、南宮極以成周人戍尹。二子周卿士子朝黨奐召莊公庚寅。單子、劉子、樊齊以王如劉。辟子朝出居劉子邑甲午。王子朝入于王城。次于左巷。近東城。○近附近之近秋。七月。戊申。鄩羅納諸莊宮。鄩羅周大夫鄩肸之子尹辛敗劉師于唐。尹辛尹氏族唐周地丙辰。又敗諸鄩。甲子。尹辛取西闈。西闈周地。○闈音韋一音暉丙寅。攻蒯。蒯潰。河南縣西南蒯鄉是也於是敬王居狄泉尹氏立子朝。○蒯苦怪反○莒子庚輿虐而好劍。苟鑄劍。必試諸人。國人患之。又將叛齊。烏存帥國人以逐之。烏存莒大夫。○好呼報反鑄之樹反庚輿將出。聞烏存執殳而立於道左。懼將止死。殳長而無刃。○殳音殊〔疏〕注殳長至無刃。○正義曰詩毛傳文也考工記云殳長尋有四尺八尺曰尋是其長丈二也又考工記戈戟皆有刃殳不言刃是無刃也苑羊牧之曰。君過之。牧之亦莒大夫烏存以力聞可矣。何必以弒君成名。遂來奔。齊人納郊公。郊公著丘公之子十四年奔齊。○著直除反又直慮反○吳人伐州來。楚薳越帥師。令尹以疾從戎故薳越攝其事及諸侯之師奔命救州來。吳人禦諸鍾離。子瑕卒。楚師熸。子瑕即令尹不起所疾也吳楚之間謂火滅爲熸軍之重主喪亡故其軍人無復氣勢。○熸子潛反字林子兼反復扶又反下王往復敗復增脩同吳公子光曰。諸侯從於楚者衆。而皆小國也。畏楚而不獲已。是以來。吾聞之曰。作事威克其愛。雖小必濟。克勝也軍事尚威〔疏〕注威克至必濟。○正義曰尚書胤征云威克厥愛允濟愛克厥威允罔功是古有此言胡、沈之君幼而狂。性無常。○狂求匡反陳大夫齧壯而頑。頓與許、蔡疾楚政。楚令尹死。其師熸。帥賤。多寵。政令不壹。帥賤薳越非正卿也軍多寵人政令不壹於越。○帥所類反注及下帥賤同七國同役而不同心。沈蔡陳許頓胡楚帥賤而不能整。無大威命。楚可敗也。若分師先以犯胡、沈與陳。必先奔。三國敗。諸侯之師乃搖心矣。諸侯乖亂。楚必大奔。請先者去備薄威。示之以不整以誘之。○去起呂反後者敦陳整旅。敦厚也。○陳直覲反下未陳并注同吳子從之。戊辰。晦。戰于雞父。七月二十九日違兵忌晦戰擊楚所不意〔疏〕注七月至不意。○正義曰成十六年傳郤至曰陳不違晦以犯天忌我必克之注云晦月終陰之盡故兵家以爲忌楚以兵之忌日不意吳來擊之必不設備吳人故違兵忌以晦出兵而戰擊楚所不意也僖二十二年泓之戰書己朔成十六年鄢陵之戰書甲午晦此書戊辰而不言晦者釋例曰經傳之見晦朔此時史隨其日而存之無義例也賈氏云泓之戰譏宋襄鄢陵之戰譏楚子故書晦雞父之戰夷之故不書晦左氏既無此說案雞父之戰經傳備詳其例非夷之實晦戰而經不書晦明經不以晦示褒貶吳子以罪人三千先犯胡、沈與陳。囚徒不習戰以示不整三國爭之。吳爲三軍以繫於後。中軍從王。從吳王光帥右。掩餘帥左。掩餘吳王壽夢子吳之罪人或奔或止。三國亂。吳師擊之。三國敗。獲胡、沈之君及陳大夫。舍胡、沈之囚。使奔許與蔡、頓。曰。吾君死矣。師譟而從之。三國奔。三國許蔡頓。○譟素報反楚師大奔。書曰。胡子髡、沈子逞滅。獲陳夏齧。君臣之辭也。國君社稷之主與宗廟共其存亡者故稱滅大夫輕故曰獲獲獲得也〔疏〕注國君社稷之主與宗廟共其存亡者至獲得也。○正義曰傳言舍胡沈之囚使曰吾君死矣是胡沈之君死稱滅也釋例曰國君者社稷之主百姓之望當與社稷宗廟共其存亡者也而見獲於敵國雖存若亡死之與生皆與滅同故曰胡子髡沈子逞滅諸以戰傷死雖敗績而不見擒故經皆不曰滅則杜意國君生見獲亦書爲滅也劉炫謂此胡沈之君戰死故言滅也春秋君戰生見獲者皆言以歸不書滅何得言雖存若亡皆爲滅公羊傳曰其言滅獲何別君臣也君死于位曰滅生釋曰獲大夫生死皆曰獲以爲君死曰滅生曰以歸韓戰敗晉侯從大夫例故書獲以規杜失今知非者莊十年齊師滅譚譚子奔莒定六年鄭游速滅許以許男斯歸是君存稱滅劉炫以爲生獲於敵但言以歸不得稱滅規杜非也但君存國滅則滅文在上滅譚滅許是也國存君死則滅文在下胡子沈子是也不言戰。楚未陳也。嫌與陳例相涉故重發之○八月。丁酉。南宮極震。經書乙未地動魯地也丁酉南宮極震周地亦震也爲屋所壓而死。○壓本又作厭同於甲反〔疏〕注經書至而死。○正義曰經書乙未地震謂魯國之地動也丁酉南宮極震則周地亦震周魯相去千里故震日不同以震而死明爲屋所壓萇弘謂劉文公曰。君其勉之。先君之力可濟也。文公劉蚠也先君謂蚠之父獻公也獻公亦欲立子猛未及而卒周之亡也。其三川震。謂幽王時也三川涇渭洛水也地動川岸崩〔疏〕注謂幽至岸崩。○正義曰周語云幽王二年西周三川皆震伯陽父曰周將亡矣陽伏而不能出陰迫而不能烝於是有地震今三川實震是陽失其所而鎮陰也陽失而在陰原必塞原塞國必亡夫水土演而民用也土無所演民乏財用不亡何待昔伊洛竭而夏亡河竭而商亡今周德若二代之季矣其川原又塞塞必竭夫國必依山川山崩川竭亡之徵也川竭山必崩若亡不過十年數之紀也夫天之所棄不過其紀是歲也三川竭岐山崩十一年幽王乃滅注國語者亦云三川涇渭洛也西周在雍州之域周禮職方氏正西曰雍州其川涇汭其浸渭洛鄭玄云浸可以爲灌溉者今西王之大臣亦震。天棄之矣。子朝在王城故謂西王東王必大克。敬王居狄泉在王城之東故曰東王○楚大子建之母在郹。郹郹陽也平王娶秦女廢太子建故母歸其家。○郹古闃反召吳人而啓之。冬。十月。甲申。吳大子諸樊入郹。諸樊吳王僚之大子。○吳大子諸樊案吳子遏號諸樊吳王僚是遏之弟子先儒又以爲遏弟何容僚子乃取遏號爲名恐傳寫誤耳未詳取楚夫人與其寶器以歸。楚司馬薳越追之。不及。將死。衆曰。請遂伐吳以徼之。徼要其勝負。○徼古堯反要一遙反〔疏〕注大子至追之。○正義曰土地名郹是蔡地蔡在楚之東北故建母在郹得召吳人也於時蔡常從楚且先夫人故薳越追之○注諸樊至大子○正義曰吳子諸樊吳王僚之伯父也僚子名諸樊乃與伯祖同名吳人雖是東夷理亦不應然也此久遠之書又字經篆隸或誤耳薳越曰。再敗君師。死且有罪。此年秋敗於雞父設往復敗爲再敗亡君夫人。不可以莫之死也。乃縊於薳澨。薳澨楚地。○縊一賜反澨市制反○公爲叔孫故如晉。及河。有疾而復。此年春晉爲邾人執叔孫故公如晉謝之。○爲于僞反注及下注鄰國爲之守相爲同○楚囊瓦爲令尹。囊瓦子囊之孫子常也代陽匄。○囊乃郎反城郢。楚用子囊遺言已築郢城矣今畏吳復增脩以自固。○郢以井反又餘政反〔疏〕注楚用至自固。○正義曰襄十四年子囊將死遺言謂子庚必城郢君子謂子囊忠將死不忘衞社稷可不謂忠乎彼子囊城郢君子謂之爲忠此囊瓦城郢沈尹戌謂之必亡事不同者國而無城不可以治楚自文王都郢城郭未固子囊心欲城之其事未暇將死而令城郢故可謂之爲忠今郢既固矣足以爲治而囊瓦畏吳使偪恐其寇入國都更復增脩其城以求自固不能遠撫邊竟唯欲近守城郭沈尹謂之必亡爲其事異故也沈尹戌曰。

子常必亡郢。苟不能衞城無益也。古者天子守在四夷。德及遠。○守手又反下文除守其交禮並同 天子卑守在諸侯。政卑損 諸侯守在四鄰。鄰國爲之守 諸侯卑守在四竟。恭自完。○竟音境下及注同 慎其四竟結其四援。結四鄰之國爲助。○援于眷反 民狎其野。狎安習也狎戶甲反 三務成功。春夏秋三時之務 民無內憂而又無外懼國焉用城今吳是懼。而城於郢守已小矣卑之不獲能無亡乎。不獲守四竟。焉於虔反 昔梁伯溝其公宮而民潰。在僖十八年 〔疏〕注在僖十八年。○正義曰事在十九年諸本皆然當是轉寫誤 民弃其上不亡何待。夫正其疆埸脩其土田險其走集。走集邊竟之壘辟。○疆居良反埸音亦壘力軌反辟音壁 親其民人明其伍候。使民有部伍相爲候望 〔疏〕明其伍候。○正義曰賈服王董皆作五候賈服云五候五方之候也敬授民時四方中央之候王云五候山候林候澤候川候平地候也董云五候候四方及國中之姦謀也杜作伍候故云使民有部伍相爲候望彼諸本蓋以上多云四故誤爲五也 信其鄰國慎其官守守其交禮。交接之禮 不僭不貪不懦不耆。懦弱也耆強也。○僭子念反懦乃亂反又乃臥反耆巨支反一音直支反 〔疏〕不僭至不耆。○正義曰不僭守信也不貪廉正也不懦不受辱也不彊不陵人也此皆論守竟之事不僭不貪不食不耆謂不往侵鄰國也不懦謂不使人侵己也 完其守備以待不虞又何畏矣。詩曰無念爾祖聿脩厥德。詩大雅無念念也聿述也義取念祖考則述治其德以顯之 〔疏〕詩曰至厥德。○正義曰詩大雅文王篇也無念念也聿述也言王者念女先祖之法則還當述治其先祖之德以顯之 無亦監乎若敖蚡冒至于武文。四君皆楚先君之賢者。○蚡扶粉反冒莫報反 〔疏〕注四君至賢者。○正義曰楚世家云周成王始封熊繹於楚以子男之田居丹陽歷十四君至於熊儀是爲若敖若敖生霄敖霄敖生蚡冒蚡冒卒弟熊達立是爲武王武王生文王始都郢杜文十六年云蚡冒楚武王父雖不從世家以蚡冒爲武王兄要沈尹以四君爲賢故特言之 土不過同。方百里爲一同言未滿一圻。○圻音祈 〔疏〕土不過同。○正義曰言田雖至九百里猶止名同故云不過同非謂百里以下也知者以楚是子爵土方二百里明非百里也 慎其四竟。猶不城郢。今土數圻。方千里爲圻數所主反 〔疏〕猶不城郢。○正義曰如楚世家云武王以上未都於郢據當時都郢故以郢言之謂不築其國都也 而郢是城不亦難乎。言守若是難以爲安也爲定四年吳入楚傳

春秋左傳注疏卷五十挍勘記　阮元撰盧宣旬摘錄

附釋音春秋左傳注疏卷第五十　昭二十一年盡二十三年

經二十一年

在於復歸　段玉裁校改作歸復

傳二十一年

無射鐘名　宋殘本淳熙本鐘作鍾

注周景至無射下　宋本以下正義四節揔入其能久乎注下

鑄大錢　監本毛本鑄上有將字與國語合

王不聽　監本毛本不作弗與國語合

如彼文　閩本監本文誤云

時鐘猶在　宋本時作其

無射高縣是也　此本高字實缺據宋本補閩本空闕監本毛本作在

時人悉共見之　此本共字實缺據宋本補閩本空闕監本毛本作得

洽州鳩曰　釋文云洽或作伶樂官也或作冷字非石經州字初刻誤洲後改正

而鐘音之器也　石經宋殘本鐘作鍾案鐘鼓之鐘石經左傳皆不作鍾此及下文今鍾槬矣獨異

風散俗煩　宋本散作敞

器以鐘之　石經宋本宋殘本纂圖本閩本監本毛本鐘作鍾是也

鐘聚也　此本正義亦作鍾宋本宋殘本纂圖本閩本監本毛本作鍾是也

承上語不倫者　宋本閩本監本毛本同山井鼎云倫作論恐非

大者不槬　諸本作槬漢書五行志引作槬下同案槬乃說文新附字五經文字作槬云見春秋傳

戶暗反　宋本此三字側注

窕則不咸　石經咸改作減釋文云本或作感案惠棟云唐石經初刻作咸後加三點按作咸是也

心是以感感實生疾　石經初刻感作憾後改作咸顧炎武云石經誤作咸指改刊而言也惠棟云一作咸一作減亦誤陳樹華云初刻憾後改感下心字年久磨減案改感之說非是如改感磨去小旁足矣今感字重刻皆未將碑文細校也漢書五行志引傳作感不誤

今鐘槬矣　石經淳熙本纂圖本閩本監本毛本鐘作鍾

王心弗堪　惠棟云漢書作戎孟康云古堪字尙書西伯戡黎說文引作戎郭璞爾雅注又作堪黎古字戎堪通

注不在至幼齒　宋本此節正義在注爲蔡侯朱出奔傳之下

鮑國至七牢　宋本以下正義二節揔入士鞅怒曰節注下

諸侯牢禮各依命數　重脩監本各誤名

亟言之　宋本以下正義二節揔入注文桑林城門名之下

言若愛大司馬　岳本言作君非也

華貙雖杜　宋本閩本監本毛本杜作杜

訊問也　淳熙本也誤城

言登亡　淳熙本言誤之

梁國睢陽縣南有橫亭　毛本睢作雎亦非釋文作睢音雖是也

分同至過也　宋本以下正義三節揔入昭子曰節下

朔月辛卯　監本毛本月誤日

未法爲重　監本毛本未法作其災宋本作示法

非所哭也　石經也字以下一行計九字

公子苦雒　石經宋本宋殘本岳本雒作雒與釋文合又按說文雒鳥也从隹今聲引春秋傳公子苦雒又考玉篇苦作若

而不能送亡君　宋本以下正義六節揔入注文爲明年華向出奔楚傳之下

乃徇曰　閩本監本徇作狥非

楊嶽者　石經宋本宋殘本淳熙本岳本纂圖本毛本楊作揚與釋文合

如其在門所樹者　監本其作共非

凡此言以也象也　閩本監本以誤似

今之銘旌旗幡也　宋本幡作旛與說文合

其制之大小　宋本其作某

公自楊門見之　石經宋本宋殘本淳熙本岳本足利本楊作揚是也注同

睢陽正東門名揚門　監本睢誤雎

不呰小忿　淳熙本纂圖本呰作呰釋文同云本又作呰

干犨御呂封人華豹張匄爲右　正義云本或豹上有華又云今定本有華臧琳云據正義知今本有華者從唐定本誤衍也傳文本云呂封人豹故杜云呂封人豹華氏黨明豹即華豹也今注作呂封人華豹華亦衍文王肅董遇並云呂封人華豹則王董本正文有華字可知

闕引弓　此下宋本有闕矣○正義曰闕鴟環本又作彎一十三字在呂封人華豹節下

扶伏而擊之諸本作扶伏釋文云本或作匍匐同
事在襄二十三年纂圖本二作三非也
俗本或無其字毛本字作事非也
德君必甚宋本此節正義在蔡無他矣注下
且懼泄軍謀宋本小字宋本宋殘本泄作洩

經二十二年

夏四月乙丑宋殘本缺三葉自四字起至子朝必不克必字止
亂故速宋本速下有也字
注承叔至曰亂宋本以下正義三節摠入王子猛卒注下
冬十月王子猛卒十有二月石經自王字至有字改刊故此二行皆祇九字
故不言崩足利本言作書
其不得有庚戌也宋本其下有月字

傳二十二年

敵齊大夫○北郭佐之後諸本無○纂圖本○作釋亦誤閩本遂以北郭佐之後五字改爲雙行小字尤非
以奬亂人石經此處缺岳本纂圖本閩本監本毛本奬作獎
患宋以義距之小字宋本無之字
無亢至亂人宋本脫人字以下正義二節摠入以靖國人注下
奬勸也閩本監本毛本奬作獎
其亦能無爲也已石經此處缺宋本淳熙本岳本纂圖本監本毛本能無作無能不誤
士平顧炎武云石經士誤氏案石經此處缺所據乃王堯惠刻
邊卬也顧炎武云石經卬誤作印案石經此處缺所據亦謬刻也
王子至立之宋本以下正義九節摠入盟羣王于單氏注下
與賓孟並談說之宋本以上有王字
景王欲殺下門子案國語周語欲作既
子朝有欲位之言釋文云一本位作立岳本作立陸粲附生云作立是也
所以彊單子之心閩本監本毛本彊作强
故劉子亦與同志齊召南云以文義推之劉子應作單子言單穆公與劉蚠同志也
掌牧六牲監本掌作當誤也
則無害宋本無下有患字是也
魏郡廣平以北淳熙本北誤此
揚邑宋本淳熙本岳本纂圖本監本毛本揚下有周字是也
悼王子猛也監本悼字誤倬
頃子至劉黨宋本以下正義十節摠入注文京楚子朝所在之下
殺摯荒以說石經荒字以下一行計九字
故亡走重脩監本走誤是
來而殺之閩本監本而作必非
謚法一意不懈曰簡閩本懈誤解宋本監本毛本作懈是也案逸周書謚法解一意作壹德
故知是敬王黨監本毛本敬作悼
子朝必不克不字以下宋殘本起
經書六月誤也宋本宋殘本淳熙本小字宋本足利本無也字
戊寅是七月二日明傳是也閩本亦誤二宋本監本毛本作三
前城入敗陸渾于社十一月乙酉諸本作社釋文云本或作杜下皆同石經入字以下一行計九字陸渾于社十五字改刊因初刊十下有有字後刊去也
前城子朝衆陳樹華云案城下當有人字
毀其西南石經南下有子朝奔郊四字非唐刻也案顧炎武九經誤字云四字監本脫當依石經惠棟云四字非初刻當是晁公武據蜀石經增入非杜本也案下傳云二師圍郊郊鄩潰杜氏云二邑皆子朝所得是杜本無奔郊之文善乎陳樹華之言曰四字書法與宣公卷相似疑朱梁時人所爲顧炎武說欠詳審惠棟指爲晁氏據蜀石經增入亦非子朝如果在郊則二師圍郊郊鄩潰子朝當奔別邑經傳何以無明文邪且廿三年王子朝入于尹杜氏云自京入尹氏之邑正義曰知自京入尹者以前年子朝在京王師雖毀其西南不言克京又今年二師圍郊不言子朝在郊故云自京入尹劉炫以爲前年王師已克京子朝從京入郊郊潰不知子朝所在而規杜非也由此推之子朝奔郊四字或因劉氏之言而妄增也

經二十三年

京楚子朝所在段玉裁云楚字衍文次年晉人圍郊正義引此注云京子朝所在無楚字宋本春秋正義卷第三十一石經春秋經傳集解昭六第廿五岳本襄字下增公字並盡二十六年
注稱行至使人宋本以下正義八節摠入冬公如晉至河有疾乃復句下
不宜執其使人宋本監本毛本宜作得正德本閩本此處實缺
計辛丑壬寅諸本作計此本誤討今改正
相十三年諸本作桓此本作相脩版仍作桓
買之妄○宋本○作也是也
立之是當宋本當作常

傳二十三年

注離姑至武城宋本以下正義九節摠入去之如姑至注下
先經魯之武城閩本監本毛本經作徑
謂此山道下濕纂圖本毛本濕作溼
斷其後監本斷誤攡
嫌外內異岳本外內誤倒
僖二十九年傳曰監本毛本二作公非
案傳文閩本監本文作云非
從旦至旦爲期葉抄釋文亦作從旦至旦爲朞按古者年之帀月之帀日之帀皆曰期而日之帀僅見此監本下旦字作莫毛本作莫字皆非也
別囚之閩本囚作因形相近而誤毛本作叔尤非
示不愛淳熙本示誤寸
葺補治也宋本淳熙本也作之
注自京至之邑宋本此節正義在丙寅節注下
王師已克宋本克下有京字是也
劉子從尹道伐尹石經劉字以下一行計九字
庚寅單子劉子樊齊以王如劉淳熙本樊誤焚
鄩肹之子宋本岳本肹作肸是也淳熙本誤將纂圖本監本毛本誤肹○今從宋本
晳子庚輿虐而好劒石經劒字以下一行計十一字
必試諸人石經試誤弑
殳長而無刃宋本淳熙本岳本纂圖本監本毛本長下有丈二二字是也
注殳長至無刃宋本此節正義在齊人納郊公注下

又考工記戈戟皆有刃 山井鼎云崇禎本闕皆有二字案毛本不闕考文所據者是脫字本也

牧之亦莒大夫 山井鼎云崇禎本缺亦莒二字案毛氏本不闕

威克至必濟 宋本以下正義三節揔入不言戰節注下

狂無常 宋本淳熙本小字宋本狂作性不誤

帥賤而不能整 淳熙本而誤丙

陳不違晦 毛本違作逢非也

此時史隨其日而存之 毛本隨作兵非也

注國君社稷之主與宗廟共其存亡者至獲得也 宋本作注國君至得也

楚未陳也 石經陳字改刊初刻似作陣

注經書至而死 宋本以下正義二節揔入東王必大克注下

地動川岸崩 纂圖本川下衍地字

今川實震 宋本今下有三字是也

土無所演 宋本同監本毛本作水土無演非

子朝在王城故謂西王 足利本城下有西字

楚大子建之母在郥 石經宋本岳本郥作郹是也注及下同與說文合

大子至追之 宋本以下正義二節揔入亡君夫人節注下

於時蔡常從楚 宋本時作是

僚子文名諸樊 閩本文作父亦非宋本監本毛本作又是也○今改作又

代陽匃 淳熙本匃誤句

注楚用至自固 宋本以下正義八節揔入不亦難乎句注下

將死不忘衞社稷 閩本監本毛本忘作亡

更復增脩其城 宋本增作以

沈尹謂之必亡 浦鏜正誤尹下有戌字

結四鄰之國爲助 宋本淳熙本岳本爲下有援字

當是轉寫誤 閩本監本毛本轉作傳非也

走集邊竟之壘辟 釋文亦作辟下有也字宋本岳本作壁

明其伍候 正義曰賈服王董皆作五候惠棟云周書程典云固其四援明其五候古伍字皆作五傳本文也杜氏依周書爲說故從人旁

賈服王董 閩本監本賈誤晉

此皆論守竟之事 毛本皆字實缺

不僭不貪不貪不耆 宋本監本毛本不貪二字不重是也

謂不往侵鄰國也 監本國字實缺

杜文十六年云 閩本監本毛本文誤又宋本文上有注字是也

謂不築其其國都也 宋本閩本監本毛本其字不重是也

附釋音春秋左傳注疏卷第五十

附釋音春秋左傳注疏卷第五十一 昭二十四年盡二十五年

杜氏注　孔穎達疏

經二十四年。春。王三月。丙戌。仲孫貜卒。無傳孟僖子也○貜俱縛反徐俱碧反○婼至自晉。喜得赦歸故書至○夏。五月。乙未。朔。日有食之。○秋。八月。大雩。○丁酉。杞伯郁釐卒。無傳未同盟而赴以名丁酉九月五日有日無月○郁於六反釐本又作釐力之反又音來〔疏〕注丁酉至無月○正義曰此年五月乙未朔一大一小七月當甲午朔九月癸巳朔五日得丁酉文在八月之下是有日而無月也○冬。吳滅巢。楚邑也書滅用大師〔疏〕注楚邑至大師○正義曰大都以名通故不繫楚也襄十三年傳例曰用大師焉曰滅○葬杞平公。無傳

傳二十四年。春。王正月。辛丑。召簡公。南宮嚚以甘桓公見王子朝。簡公召莊公之子召伯盈也嚚南宮極之子桓公甘平公之子○嚚魚巾反見賢遍反劉子謂萇弘曰。甘氏又往矣。對曰。何害。同德度義。度謀也言雖同心同德則能謀義子朝不能於我無害○度待洛反注同〔疏〕注度謀至無害○正義曰同德度義尚書泰誓文也劉炫云案孔安國云德鈞則秉義者彊萇弘此言取彼爲說必其與彼德同乃度義之勝負但使德勝不畏彼彊故卽引泰誓而勸其務德杜爲不見古文故致有此謬今知非者彼尚書之文論兩敵對戰揆度有義者彊此論甘氏又往既不能同德何能度義屬意有異與書義不同且引詩斷章其類多矣劉以爲杜違尚書之文而規其過非也大誓曰。紂有億兆夷人。亦有離德。言紂衆億兆兼有四夷不能同德終敗亡○紂直九反億於力反〔疏〕注四夷○正義曰孔安國云夷人謂平人杜爲夷狄之人者案四年傳曰商紂爲黎之蒐東夷叛之孔杜各自爲義其意俱通劉炫以杜爲過而規其短非也余有亂臣十人。同心同德。武王言我有治臣十人雖少同心也今大誓無此語○治直吏反此周所以興也。君其務德。無患無人。戊午。王子朝入于鄔。緱氏西南有鄔聚言子朝稍強○鄔烏戶反緱古侯反又苦侯反聚才住反○晉士彌牟逆叔孫于箕。將禮而歸之叔孫使梁其踁待于門內。踁叔孫家臣○踁戶定反曰。余左顧而欬。乃殺之。疑士伯來殺己故謀殺之○欬苦代反右顧而笑。乃止。叔孫見士伯。士伯曰。寡君以爲盟主之故。是以久子。久執子以謝邾不腆敝邑之禮。將致諸從者。使彌牟逆吾子。叔孫受禮而歸。二月。婼至

自晉。尊晉也。貶婼族所以尊晉婼行人故不言罪已○䏶他典反從才用反〔疏〕注貶婼至罪已○正義曰卿當備書名氏去氏則爲貶責貶婼之族害於得免所以尊晉而自屈也釋例曰意如至自晉傳言尊晉罪已婼至自晉傳復重發但言尊晉者意如以罪見執宜在罪已婼本使人不應見執故尊晉而已內大夫行還皆不書至異於公也今此二人執而見釋更以書至見義也杜言見義者見其喜得釋特告廟而書至也○三月庚戌。晉侯使士景伯涖問周故。涖臨也就問子朝敬王知誰曲直○涖音利〔疏〕晉侯至周故○正義曰晉助敬王久矣今使景伯如周問曲直者以子朝更彊久戰未決晉人恐敬王不成更審其事故疑而使察之也晉人於此乃辭王子朝不納其使則以前猶與往來其心兩望至此始絕耳士伯立于乾祭而問於介衆。乾祭王城北門介大也○乾音干祭側界反介音戒注同晉人乃辭王子朝。不納其使。衆言子朝曲故○使所吏反○夏五月乙未朔。日有食之。梓愼曰將水。陰勝陽故曰將水昭子曰旱也。日過分而陽猶不克。克必甚。能無旱乎。過春分陽氣盛時而不勝陰陽將猥出故爲旱○猥烏罪反陽不克莫將積聚也。陽氣莫然不動乃將積聚○陽不克莫絕句○六月壬申。王子朝之師攻瑕及杏皆潰。瑕杏敬王邑○瑕戶加反杏戶孟反潰戶內反鄭伯如晉。子大叔相見范獻子。獻子曰若王室何。對曰老夫其國家不能恤。敢及王室。抑人亦有言曰嫠不恤其緯。嫠寡婦也織者常苦緯少寡婦所宜憂○相息亮反嫠本又作釐力之反緯有貴反而憂宗周之隕。爲將及焉。恐禍及已○隕于敏反○今王室實蠢蠢焉。蠢蠢動擾貌○蠢昌允反擾而小反本又作動擾吾小國懼矣。然大國之憂也。吾儕何知焉。吾子其早圖之。詩曰缾之罄矣。惟罍之恥。詩小雅罍大器缾小器常稟於罍者而所受罄盡則罍爲無餘故恥之○儕仕皆反缾本又作瓶步丁反罍音雷〔疏〕注詩小至恥之○正義曰此詩小雅蓼莪刺幽王之詩也或曰缾是器罍大缾小實由罍所資缾是小器常稟受於罍今缾罄盡罍更無物以共缾推是罍之恥也缾喻周罍喻晉言周之微弱恒依恃於晉今王室亂矣晉無力以助之是晉之恥也詩注云缾小而盡罍大而盈刺王不使富分貧衆恤寡王室之不寧。晉之恥也。獻子懼。而與宣子圖之。宣子韓起乃徵會於諸侯。期以明年。爲明年會黃父傳○父音甫秋八月。大雩。旱也。終如叔孫之言○冬十月癸酉。王子朝用成周之寶

珪于河。禱河求福○珪于河本或作沈于河沈直蔭反又如字甲戌。津人得諸河上。珪自出水陰不佞以溫人南侵。不佞敬王大夫晉以溫兵助敬王南侵子朝拘得玉者。取其玉。將賣之。則爲石。王定而獻之。不佞獻玉○拘音俱王定而獻之本或作王定之與之東訾。喜得玉故與之邑鞏縣西南訾城是也○訾子斯反○楚子爲舟師以略吳疆。略行也行吳界將侵之○疆居良反行下孟反下同沈尹戌曰。此行也。楚必亡邑。不撫民而勞之。吳不動而速之。速召也吳踵楚。躡楚踵跡○踵章勇反躡女輒反而疆場無備。邑能無亡乎。越大夫胥犴勞王於豫章之汭。汭水曲○場音亦犴音岸勞力報反汭如銳反越公子倉歸王乘舟。歸遺也○歸如字又其媿反乘繩證反又如字遺唯季反倉及壽夢帥師從王。壽夢越大夫○夢莫公反王及圉陽而還。圉陽楚地○圉魚呂反〔疏〕王及圉陽而還○正義曰王歸行及圉陽君與壽夢而還歸於越也吳人踵楚。而邊人不備。遂滅巢及鍾離而還。鍾離不書告敗略沈尹戌曰。亡郢之始於此在矣。王壹動而亡二姓之帥。二姓之帥守巢鍾離大夫○帥所類反注同幾如是而不及郢。詩曰。誰生厲階。至今爲梗。詩大雅厲惡階道梗病也○幾居豈反又音幾梗更猛反〔疏〕注詩大雅○正義曰此詩大雅桑柔刺厲王之詩也其王之謂乎。爲定四年吳入郢傳

經二十有五年。春。叔孫婼如宋。○夏。叔詣會晉趙鞅。宋樂大心。衛北宮喜。鄭游吉。曹人。邾人。滕人。薛人。小邾人于黃父。詣五計反○有鸜鵒來巢。此鳥穴居不在魯界故曰來巢非常故書○鸜其俱反嵇康音權本又作鴝音劬公羊傳作鸛音權郭璞注山海經云鸜鵒鴝鵒也鵒音欲〔疏〕注此鳥至故書○正義曰此鳥穴居今驗鴝鵒然考工記云鸜鵒不踰濟禹貢導沇水東流爲濟入于河溢爲熒東出于陶丘北又東至于菏又東北會于汶又北東入于海濟經齊魯之界在魯汶水之南鸜鵒北方之鳥南不踰濟舊不在魯界今來魯而不穴又巢居故曰來巢傳曰書所無也是非常故書也公羊傳曰何以書記異也何異爾非中國之禽也宜穴又巢穀梁亦然案今大河以北皆有鸜鵒不得云非國之禽也宜穴又巢信然○秋七月。上辛。大雩。季辛。又雩。季辛下旬之辛也言又重上事○重直龍反又直用反○〔疏〕注季辛至上事○正義曰月有三辛上辛上旬之辛也季辛下旬之辛也長麻推校此年七月己丑朔上辛月三日上辛二十三日也不書其日之辰空言辛者本見旱甚欲知二雩相去遠近耳無取於辰故空書辛也季辛又雩不言大者言又見其重上事上辛是大雩明季辛亦大雩也春秋旱則脩雩雩而得雨則書雩喜雩有益雩而不得雨則書旱以明災成此書二雩者上辛雩而得雨雨少尋即爲旱故季辛又雩傳曰秋書再雩旱甚也是言前雩少得雨旱甚而復雩故賈云上辛不注是也公羊傳曰又雩者何又雩者非雩也聚衆以逐季氏也公以九月始孫豈七月已與季氏戰乎若使時實不旱亦不得託雩以聚衆矣○九月己亥。公孫于齊。次于陽州。諱奔故曰孫若自孫讓而去位者陽州齊魯竟上邑未敢直前故次于竟○孫音遜本亦作遜注及傳同竟音境下同○齊侯唁公于野井。濟南祝阿縣東有野井亭齊侯來唁公公不敢遠勞故逆之往至野井○唁音彥弔失國曰唁○冬十月戊辰。叔孫婼卒。公不與小斂而書日者公在外非無恩○與音預斂力驗反○十有一月己亥。宋公佐卒于曲棘。陳留外黃縣城中有曲棘里宋地未同盟而赴以名十有二月。齊侯取鄆。取鄆以居公也○鄆音運

傳二十五年。春。叔孫婼聘于宋。桐門右師見之。右師樂大心居桐門語卑宋大夫。而賤司城氏。司城樂氏之大宗也卑賤謂其才德薄○昭子告其人曰。右師其亡乎。君子貴其身。而後能及人。是以有禮。唯禮可以貴身貴身故尚禮○今夫子卑其大夫。而賤其宗。是賤其身也。賤人人亦賤己能有禮乎。無禮必亡。爲定十年樂大心出奔傳〔疏〕君子至必亡○正義曰揚子法言云何以動而見敬曰敬人何以動而見侮曰侮人然則貴人者人亦貴之卑人者人亦卑之此言凡人輕賤其身則不能以尊貴之道及於他人若君子能自貴其身者已先貴人欲其身之貴是以須有禮然後能以尊貴之道及於他人既以尊貴他人是以有禮○宋公享昭子。賦新宮。逸詩〔疏〕賦新宮○正義曰燕禮記云升歌鹿鳴下管新宮鄭玄云新宮小雅逸篇也其詩既逸知是小雅篇者管即笙也以燕禮及鄉飲酒升歌笙同用小雅知新宮必是小雅但其詩辭義皆亡無以知其意也昭子賦車轄。詩小雅周人思得賢女以配君子昭子將爲季孫迎宋公女故賦之○轄本又作舝胡瞎反將爲于僞反〔疏〕注詩小至賦之○正義曰周人思得賢女以配君子車舝詩序也杜以下云逆女故知將爲季孫迎宋公之女故賦之杜必知爲逆女而賦者以車舝之詩論逆女之事其詩云間關車之舝兮思孌季女逝兮言間關然設此車舝思憶孌然季女而往迎之又云辰彼碩女令德來教皆論逆女之事又昭子因聘逆女已共宋公平論故於享禮之時而賦車轄猶如季文子如宋致女還賦韓弈之詩與此正同又何不可而劉炫以爲昭子賦車轄不爲逆女又以新宮非昏姻之事而規杜過然新宮既亡焉知非是親好苟生異見於義非也○明日宴。飲酒樂。宋公使昭子右坐。

坐宋公右以相近言改禮坐。○樂音洛近附近之近禮坐如字又才臥反〔疏〕注坐宋至禮坐。○正義曰燕禮云司宮筵賓于戶西東上小臣設公席于阼階上西鄉是禮坐公西向賓南向也宋公使昭子右坐令在宋公之右蓋在宋公之北同西向以相近言其改禮坐也語相泣也。樂祁佐助宴禮。○退而告人曰。今茲君與叔孫其皆死乎。吾聞之哀樂而樂哀可樂而哀。○樂哀音洛注及下同。而樂哀。可哀而樂。皆喪心也。心之精爽。是謂魂魄。魂魄去之何以能久。為此冬叔孫宋公卒傳。○喪息浪反下同。○季公若之姊為小邾夫人。平子庶姑與公若同母故曰公若姊〔疏〕注平子至若姊。○正義曰公若卽平子之叔父也不言平子之姑而云公若之姊明公若是平子庶叔此姑與公若同母故曰公若姊也。○生宋元夫人。宋元夫人平子之外姊。生子。以妻季平子。昭子如宋聘。且逆之。平子人臣而因卿逆季氏強橫。○妻七計反。橫華孟反。公若從。從昭子。○從才用反又如字注同。謂曹氏勿與。魯將逐之。曹氏宋元夫人。曹氏告公。公告樂祁。樂祁曰。與之。如是魯君必出。政在季氏三世矣。文子武子平子〔疏〕注文子武子平子。○正義曰武子生悼子悼子生平子政在季氏唯云三世不數悼子者悼子未為卿而卒不執魯政故不數也十二年傳曰季悼子之卒也叔孫昭子以再命為卿卿必再命乃得經書名氏七年三月經書叔孫婼如齊涖盟其年十一月季孫宿卒是悼子先武子而卒平子以孫繼祖也魯君喪政四公矣。宣成襄昭。無民而能逞其志者。未之有也。國君是以鎮撫其民。詩曰。人之云亡。心之憂矣。詩大雅言無人則憂患至。○逞勑景反。魯君失民矣。焉得逞其志。靖以待命猶可。動必憂。為下公孫傳。○焉於虔反。夏。會于黃父。謀王室也。王室有子朝亂謀定之。○趙簡子令諸侯之大夫簡子趙鞅輸王粟。具戍人。曰。明年將納王。納王於王城。○子大叔見趙簡子。簡子問揖讓周旋之禮焉。對曰。是儀也。非禮也。〔疏〕簡子至非禮。○正義曰樂記云簠簋俎豆制度文章禮之器也升降上下周旋裼襲禮之文也又曰鋪筵席陳尊俎列籩豆以升降為禮者禮之末節也故有司掌之仲尼燕居云子張問禮子曰師爾以為必鋪几筵升降酌獻酬酢然後謂之禮乎言而履之禮也又五年傳云公如晉自郊勞至于贈賄禮無違者晉侯以為知禮女叔齊曰是儀也非禮也此問揖讓周旋之禮又云是儀也非禮也凡此諸文皆言禮與儀異禮之與儀非為大異但所從言之有不同耳禮是儀之心儀是禮之貌本其心謂之禮察其貌謂之儀行禮必為儀

為儀未是禮故云儀非禮也鄭玄禮序云禮者體也履也統之於心曰體踐而行之曰履此訓兩釋民有以也鄭謂體為禮履為儀是其所以禮儀別也簡子曰。敢問何謂禮。對曰。吉也聞諸先大夫子產曰。夫禮。天之經也。經者道之常。○地之義也。義者利之宜。○民之行也。行者人所履行之。○行下孟反注同。天地之經。而民實則之。則天之明。日月星辰天之明也。因地之性。高下剛柔地之性也。〔疏〕夫禮至之性。○正義曰自夫禮至因地之性言禮本法天地也自生其六氣至民失其性言天用氣味聲色以養人不得過其度也是故為禮以下言聖王制禮以奉天性不使過其度也經常也義宜也夫禮者天之常道地之宜利民之所行也天地之有常道人民實法則之法則天之明道因循地之恒性聖人所以制作此禮也此傳文於天言常則地亦常也於地言義則天亦義也覆言天地之經明天地皆有常也天有常明之義地有常利之義也覆云則天之明是天以明為常因地之性則地以性為義是天以光明為常義地以剛柔為常義義謂義理性謂本性言天地性義有常可以為法故民法之而為禮也。○注經者道之常義者利之宜。○正義曰覆而無外高而在上運行不息日月星辰溫涼寒暑皆是天之道也訓經為常故言道之常也載而無弃物無不殖山川原隰剛柔高下皆是地之利也訓義為宜故云利之宜也杜以今文孝經云用天之道分地之利故天以道言之地以利言之天無形言其有道之理地有質言其有利益也民之所行法象天地象天而為之者皆是天之常也象地而為之者皆是地之宜也故禮為天之經地之義也孝經以孝為天之經地之義者孝是禮之本禮為孝之末本末別名理實不異故取法天地其事同也。○注行者人所履。○正義曰民謂人也人稟天地之性而生動作皆象天地其踐履謂之為行但人有賢與不肖行有過與不及聖人制為中法名之曰禮故禮是民之行也行者人之所履也易及爾雅並訓履為禮是禮名由踐履而生也人之本性自然法象天地聖人還復法象天地而制禮教之是禮由天地而來故仲尼說孝子產論禮皆天地民三者並言之。○注日月星辰天之明也高下剛柔地之性也。○正義曰則天之明杜以為日月星辰者以下傳云為父子兄弟昏媾姻亞以象天明若衆星之共北辰故知天明日月星也杜知高下剛柔地之性者以下傳云為君臣上下以則地義則君高臣下臣柔君剛地義則地之性也傳文上下其理分明人法天地其事多種杜以天明地義舉要而言故不備顯刑罰威獄溫慈惠和劉炫責杜不具載其文而規其過非也此傳文天言則地言因者民見地有宜利因取而法效之因亦則之義也既言天之經不可復言地之經故變文稱義既言則天之明不可復言則地之性故變文言因因之與則互相通也正是變文使相辟耳。○生其六氣。謂陰陽風雨晦明。○用其五行。金木水火土。○氣為五味。酸鹹辛苦甘。○發為五色。青黃赤白黑發見也。○見賢遍反下解見同。○章為五聲。宮商角徵羽。○徵張里反淫則昏亂。民失其性。滋味聲色過則傷性〔疏〕生其至其性。○正義曰此言天用氣味聲色以養人不得過其度也因上則天之下更復本之於天傳稱天有六氣此言生其六氣謂天生之也用其五行謂天用之也上天用此五行以養人五行之氣入人之

口為五味發見於目為五色章徵於耳為五聲味以養口色以養目聲以養耳此三者雖復用以養人人用不得過度過度則為昏亂使人失其恒性故須為禮以節之。○注金木水火土。○正義曰洪範云五行一曰水二曰火三曰木四曰金五曰土孔安國云皆其生數是其以生數為次也大禹謨說六府云水火金木土穀五行之次與洪範異者以相剋為次也此注言金木水火土者隨便而言之不以義為次也五物世所行用故謂之五行五者各有材能傳又謂之五材此傳所說禮意在味色聲也但味色聲本於五行而來五行又是六氣所生故先言六氣五行然後至於味色聲也釋名五氣於其方各施行白虎通云言為天行氣故謂之五行。○注酸鹹辛苦甘。○正義曰洪範又演五行云水曰潤下火曰炎上木曰曲直金曰從革土爰稼穡潤下作鹹炎上作苦曲直作酸從革作辛稼穡作甘孔安國云鹹水鹵所生苦焦氣之味酸木實之性辛金之氣味甘味生於百穀是言五行之氣為五味水味鹹火味苦木味酸金味辛土味甘也五行本性自有此氣氣至於人乃為五味味之為異入口乃知言氣氣為五味謂氣入口與下章也發也者據人知為文味為性所有色是形之貌聲是質之響色可近視聲可遠聞自近以及遠故以口目耳所知味色聲為次也。○注青黃至見也。○正義曰五色五行之色也木色青火色赤土色黃金色白水色黑也木生柯葉則青金被磨礪則白土黃火赤水黑則本質自然也發見也謂見於人目有此五色。○注宮商角徵羽。○正義曰聲之清濁差為五等聖人因其有五分配五行其上未由五行而來也但既配五行卽以五者為五行之聲土為宮金為商木為角火為徵水為羽聲之清濁入耳乃知章徵於人為五聲也此言章為五聲元年傳云徵為五聲章徵不同者據聲之至人是為章徵據人之知聲則為徵驗是彼此之異言耳。○注滋味至傷性。○正義曰老子云五味令人口爽五色令人目盲五音令人耳聾言其過耽者之則有此病是其過則傷本性也。是故為禮以奉之。制禮以奉其性。為六畜。馬牛羊雞犬豕。○畜許又反又猪六反。五牲。麋鹿麕狼兔。○麋亡悲反麕九倫反本亦作麇。三犧。祭天地宗廟三者謂之犧。以奉五味。為九文。謂山龍華蟲藻火粉米黼黻也華若草華藻水草火畫火粉米若白米黼若斧黻若兩已相戾傳曰火龍黼黻昭其文也。○黼音甫黻音弗〔疏〕是故至五味。○正義曰口欲嘗味目欲視色耳欲聽聲人之自然之性也欲之不巳則失其性聖人慮其失性是故為禮以奉養其性使不失也牲犧祭祀所用非人所食而以牲犧奉五味者禮推人道以事神神之所享皆是人食尊鬼神而異其名耳故亦為奉五味。○注馬牛羊雞犬豕。○正義曰爾雅釋畜馬牛羊犬雞五者之名其豕在釋獸之篇畜養也家養謂之畜野生謂之獸豕有野豕故因記之於釋獸耳又釋畜之末別釋馬牛羊豕犬雞六者之名其下題曰六畜謂此是也周禮膳夫云膳用六牲是庖用六牲也庖人掌共六畜鄭玄云六牲馬牛羊豕犬雞六畜卽六牲也始養之曰畜將用之曰牲是畜牲一也。○注麋鹿麕狼兔。○正義曰十一年傳曰五牲不相為用注云五牲牛羊豕犬雞此異彼者以上文巳言六畜則五牲非六畜故別解之周禮庖人掌共六獸鄭衆云六獸麋鹿熊麕野豕兔鄭玄云獸人冬獻狼夏獻麋又內則無熊則六畜當有狼而熊不屬今杜解五牲之名用鄭玄六獸之說去野豕而以其餘當之也傳稱牛卜日曰牲鄭玄云將用之曰牲此五者實獸也據其將用祭祀故名之曰牲服虔云牲麕鹿熊狼野豕。○注祭天至之犧。○正義曰尚書泰誓武王數紂

之罪云乃夷居弗事上帝神祇遺厥先宗廟弗祀犧牲粢盛既于凶盜於神祇宗廟之下揔言犧牲杜雖不見古文其言闇與之會是祭天地宗廟之牲謂之犧也然則犧亦六畜而別言之者周禮牧人凡祭祀共其犧牲以授充人繫之鄭玄云犧牲毛羽完具也授充人者當殊養之然則六畜之內取其毛羽完具別養以共祭祀者乃名爲犧故與六畜異言之也服虔云三犧鴈鶩雉也○注謂山至文也○正義曰尚書益稷篇云帝曰予欲觀古人之象日月星辰山龍華蟲作會宗彝藻火粉米黼黻絺繡以五采彰施于五色作服汝明尚書之文如此其解者多有異說孔安國云日月星爲三辰華象草華蟲雉也畫三辰山龍華蟲於衣服旌旗會五采也以五采成此畫焉宗廟彝樽亦以山龍華蟲爲飾藻水草有文者火爲火字粉若粟冰米若聚米黼若斧形黻爲兩已相背葛之精者曰絺五色備曰繡如孔此言日也月也星辰也山也龍也華也蟲也七者畫於衣服旌旗山龍華蟲四者亦畫於宗廟彝器藻也火也粉也米也黼也黻也六者繡之於裳如此數之則十三章矣天之大數不過十二若爲十三無所法象或以爲孔并華蟲爲一其言華象草華蟲雉者言象草華之蟲故爲雉也若華別似草安知蟲爲雉乎未知孔意必然以否鄭玄讀會爲繢謂畫也絺爲繡謂刺也宗彝謂虎蜼也周禮宗廟彝器有虎彝蜼彝故以宗彝名虎蜼也周禮有袞冕鷩冕毳冕其袞鷩毳者各是其服章首所畫舉其首章以名服耳袞是袞龍也袞冕九章以龍爲首鷩是華蟲也鷩冕七章以華蟲爲首毳是虎蜼也毳冕五章以虎蜼爲首虎毛淺蜼毛深故以毳言之毳亂毛也如鄭此言則於尚書之文其章不次故於周禮之注具分辨之鄭於司服之注具引尚書之文乃云此古天子冕服十二章絺或作繡字之誤也王者相變至周而以日月星辰畫於旌旗所謂三辰旂旗昭其明也而冕服九章登龍於山登火於宗彝尊其神明也九章初一曰龍次二曰山次三曰華蟲次四曰火次五曰宗彝皆畫以爲繢次六曰藻次七曰粉米次八曰黼次九曰黻皆絺以爲繡則袞之衣五章裳四章凡九也鷩畫以雉謂華蟲也其衣三章裳四章凡七也毳畫虎蜼謂宗彝也其衣三章裳二章凡五也是鄭玄之說華蟲爲一粉米爲一也杜之此注亦以日月星辰畫於旌旗九文唯言衣服之文謂山也龍也華也蟲也藻也粉米也黼也黻也以此爲九杜言華若草華而不言蟲則華蟲各爲一也粉米若白米是粉米共爲一也詩云魚在在藻爲水草也孔安國云火爲火字考工記畫繢之事火以圜鄭衆云爲圜形似火鄭玄云形如半環然則杜言火畫火蓋同安國爲火字也粉米色白故粉米若白米也考工記曰白與黑謂之黼孔安國云黼若斧形謂刀白而身黑故若斧也黻爲兩已相戾今之刺黻猶然也引桓二年傳曰火龍黼黻昭其文也者以證此九文是山龍之屬也世本云胡曹作冕注云胡曹黃帝臣也繫辭云黃帝堯舜垂衣裳而天下治蓋取諸乾坤則冕服起於黃帝也加飾起自唐虞卽書云予欲觀古人之象云云是也所以衣服畫日月星等者象王者之德照臨天下如三光之耀也山體鎮重象王者之德鎮重安靜四方又能潤益含靈如山與雲致雨也龍者水物也象王者之德流通無壅如水利著生又龍舒卷變化無方象人君有無方之德也華蟲即鷩雉雉有文章表王者有文章之德也宗彝彝常也宗廟之常器有六彝今唯取虎蜼者虎取毛淺而有威蜼取毛深而有知以表王者有深淺之知威猛之德也藻者水草是鮮絜之物生於清水能隨短長象王者之德冰清玉絜隨機應物隨民設教不肅而成也火者火性炎上用表王者之德能使率土羣黎向歸上命也粉米者米能濟人之命表王者有濟養之德也黼白與黑形若斧斧能裁斷以象王者有裁斷之德也黻之言戾戾背也黑與青謂之黻作兩已字相背象王者能綏化兆民能使向已背惡以從善故爲黻也日之質赤月星之質白山作獐考工記云山以獐也龍爲騰躍之形似獼猴而大也章次如此者王者與天地合其德日月星天用昭明日最爲盛所以居先月星光劣其次之也上以象天下宜法地地之形勢莫大於山故次三光也龍爲水物水出於山故次之也華蟲象於禮樂文章以禮樂文章潤於萬物故以次龍也宗彝所以次華蟲者言王者既有禮樂須威知乃行無威則民不畏無知則敎不成故以次也藻所以次宗彝者王者威知之德隨世而應故以次也火者言王者有德必向歸仰之如火向上故次之也米所以次火者民既歸王王須濟活濟活之理得米爲生故次之也黼所以次米者言王者能濟活兆民宜裁斷合理如斧之斷決故以次之黻所以次黼者王既裁斷得所善惡各有分宜人皆背惡從善故以次之○**六采。**畫繢之事雜用天地四方之色青與白赤與黑玄與黃皆相次謂之六色○繢戶對反○〔疏〕注畫繢至六色○正義曰考工記云畫繢之事雜五色東方謂之青南方謂之赤西方謂之白北方謂之黑天謂之玄地謂之黃青與白相次赤與黑相次玄與黃相次鄭玄云此言畫繢六色所象及布采之第次此杜取彼記文省約而爲之辭也**五章。以奉五色。**青與赤謂之文赤與白謂之章白與黑謂之黼黑與青謂之黻五色備謂之繡集此五章以奉成五色之用〔疏〕注青與至之用○正義曰謂之繡以上皆考工記文也此刺繡之文以比方相次色亦采也六采謂繢畫五色謂刺繡故令色采之文異耳鄭注尚書性曰采施曰色味色聲三事色居其中故杜言集此五章以奉成五色之用明上下二文亦準此所陳以奉成五味五聲之用舉中以明上下也**爲九歌。八風。七音。六律。以奉五聲。**解見二十年**爲君臣上下。以則地義。**君臣有尊卑法地有高下**爲夫婦外內。以經二物。**夫治外婦治內各治其物〔疏〕爲君至二物正義曰此更覆上因地之義也爲父子以下至生殖長育覆上則天之明也地有高下聖人制禮爲君臣上下君在上臣在下以法則地之義也以地有剛柔爲夫婦外內夫治外婦治內以經紀二物也物事也治理外內之二事也上云天之經也地之義也又云則天之明因地之性再重言之皆先天後地但法地事少則天事多故上先言法天後言法地此先云爲君臣上下以則地義始云爲父子兄弟以象天明者以其則地事少故先言之象天事多欲下就以從四時類其震曜殺戮及生殖長育皆是象天之事欲使文相連接故後言之也下云以象天明則此當云以象地性而云以則地義者義之與性一也因其先言故遠覆上文地之義也**爲父子兄弟。姑姊甥舅。昏媾。姻亞。以象天明。**六親和睦以事嚴父若衆星之共辰極也妻父曰昏重昏曰媾壻父曰姻兩壻相謂曰亞○媾古豆反姻音因亞於嫁反本亦作婭同重直龍反○〔疏〕注六親至曰亞○正義曰老子云六親不和焉有孝慈六親謂父子兄弟夫婦也孝經曰孝莫大於嚴父論語云北辰居其所而衆星共之六親父爲尊嚴衆星北辰爲長六親和睦以事嚴父若衆星之共北極是其象天明也妻父爲昏壻父爲姻兩壻相謂曰亞皆釋親文也重昏曰媾爾雅無文相傳說耳釋親又曰男子先生爲兄後生爲弟男子謂女子先生爲姊後生爲妹父之姊妹爲姑母之

晜弟爲舅謂我舅者吾謂之甥此皆世俗常言杜不解者爲易知故也**爲政事。庸力。行務。以從四時。**在君爲政在臣爲事民功曰庸治功曰力行其德教務其時要禮之本也○治直吏反○〔疏〕注在君至本也○正義曰論語云冉子退朝子曰何晏對曰有政子曰其事也如有政雖不吾以吾其與聞之於時冉子仕於季氏稱季氏有政孔子謂之爲事是在君爲政在臣爲事也此對文別耳論語稱孝友是亦爲政明其政事通言也民功曰庸治功曰力周禮司勳文也鄭玄以爲庸謂法施於民若后稷力謂制法成治若咎繇司勳又云王功曰勳國功曰功事功曰勞戰功曰多鄭注云王功者若周公國功者若伊尹事功者若禹戰功者若韓信陳平行其德教務其時要使民春耕夏耘秋斂冬藏聖王之化先致力於民是爲禮之本也○**爲刑罰威獄。使民畏忌。以類其震曜殺戮。**雷震電曜天之威也聖人作刑戮以象類之○**爲溫慈惠和。以效天之生殖長育。民有好惡喜怒哀樂。生于六氣。**此六者皆稟陰陽風雨晦明之氣○效戶孝反長丁丈反好呼報反注及下於好皆同惡烏路反下注及下於惡皆同樂音洛下及注皆同○〔疏〕注此六至之氣○正義曰賈逵云好生於陽惡生於陰喜生於風怒生於雨哀生於晦樂生於明謂一氣生於一志謬矣杜以元年傳云天有六氣降生五味謂六氣共生五味非一氣生一味此民之六志亦六氣共生之非一氣生一志故云此六者皆稟陰陽風雨晦明之氣言共稟六氣而生也○**是故審則宜類。以制六志。**爲禮以制好惡喜怒哀樂六志使不過節〔疏〕是故至六志○正義曰民有六志其志無限是故人君爲政審法時之所宜事之所類以至民之六志使之不過節也下云審行信令謂人君行之知此審則宜類亦是人君則之審者言其謹慎之意也此六志禮記謂之六情在已爲情情動爲志情志一也所從言之異耳**哀有哭泣。樂有歌舞。喜有施舍。怒有戰鬭。喜生於好。怒生於惡。是故審行信令。禍福賞罰。以制死生。生。好物也。死。惡物也。好物。樂也。惡物。哀也。哀樂不失。乃能協于天地之性。是以長久。**協和也○**簡子曰。甚哉禮之大也。對曰。禮。上下之紀。天地之經緯也。**經緯錯居以相成者〔疏〕天地之經緯○正義曰言禮之於天地猶織之有經緯得經緯相錯乃成文如天地得禮始成就○**民之所以生也。是以先王尚之。故人之能自曲直以赴禮者。謂之成人。大不亦宜乎。**曲直以弼其性〔疏〕故人至宜乎○正義曰劉炫云禮有宜曲宜直不可信情而行故人之能自曲直以赴於禮者謂之爲成人不能赴禮則不成爲人謂之爲大不亦宜乎赴謂奔走言弼諧已性奔走以赴禮也恐劉義未當○注曲直以弼其性○正義曰性曲者以禮直之性直者以禮曲之故云曲直以弼其性也○**簡子曰。**

鞅也。請終身守此言也。鞅能守此言故終免於晉陽之難。○以赴禮者赴或作從難乃旦反宋樂大心曰。我不輸粟。我於周爲客。二王後爲賓客若之何使客。晉士伯曰。自踐土以來。踐土在僖二十八年宋何役之不會。而何盟之不同。曰同恤王室。子焉得辟之。子奉君命以會大事。而宋背盟。無乃不可乎。右師不敢對。受牒而退。右師樂大心。○焉於虔反背音佩下同【疏】受牒而退。○正義曰說文云簡牒也牒札也於時號令輸王粟具戍人宋之所出人粟之數書之於牒受牒而退言服從也士伯告簡子曰。宋右師必亡。奉君命以使。而欲背盟以干盟主。無不祥大焉。言不善無大此者爲定十年宋樂大心出奔傳。○使所吏反○有鸜鵒來巢。書所無也。師己曰。異哉。吾聞文武之世。童謠有之。師己魯大夫。○己音紀一音祀謠音遙曰。鸜之鵒之。公出辱之。言鸜鵒來則公出辱也。【疏】鸜之鵒之。○正義曰此鳥以兩字爲名但謠辭必韻故分言之鸜鵒之羽。公在外野。往饋之馬。饋遺也。○饋音求位反遺唯季反鸜鵒跦跦。公在乾侯。跦跦跳行貌。○跦張于反又張留反跳直彫反徵褰與襦。褰袴○褰起虔反字林已偃反又音愆襦本或作䙱而朱反袴苦故反說文作絝【疏】注褰袴。○正義曰內則云童子不衣襦袴是衣有袴也以可褰行故以褰爲袴鸜鵒之巢。遠哉遙遙。裯父喪勞。宋父以驕。裯父昭公死外故喪勞宋父定公代立故以驕。○裯直留反父音甫下同喪息浪反注同鸜鵒鸜鵒。往歌來哭。昭公生出歌死還哭童謠有是。今鸜鵒來巢。其將及乎。將及禍也。○秋。書再雩。旱甚也。【疏】秋書再雩旱甚。○正義曰既言旱甚而經不書旱者傳言旱甚解經一月再雩再雩雖由旱甚然而後雩得雨不至成災故不書旱。初。季公鳥娶妻於齊鮑文子。生甲。公鳥季公亥之兄平子庶叔父。○娶七住反公鳥死。季公亥與公思展與公鳥之臣申夜姑相其室。公亥即公若也展季氏族相治也。○夜本或作射音夜又音亦相息亮反注同及季姒與饔人檀通。季姒公鳥妻鮑文子女饔人食官。○姒音似檀直丹反人名也或市戰反而懼。乃使其妾抶己。以示秦遄之妻。秦遄魯大夫妻公鳥妹秦姬也。○抶勑乙反遄市專反曰。公若欲使余。余不可而抶余。又訴於公甫。公甫平子弟。○訴音素又作愬

曰。展與夜姑將要余。要劫我以非禮。○展與夜姑並如字公思展及申夜姑也與及也讀或作餘音吾非也要一遙反下同秦姬以告公之。公之亦平子弟公之與公甫告平子。平子拘展於卞。而執夜姑。將殺之。公若泣而哀之。曰。殺是。是殺余也。將爲之請。平子使豎勿內。日中不得請。有司逆命。執夜姑之有司欲迎受殺生之命。○爲于僞反公之使速殺之。故公若怨平子。季郈之雞鬭。季平子郈昭伯二家相近故雞鬭。○郈音后字林下遘反近附近之近又如字季氏介其雞。擣芥子播其羽也或曰以膠沙播之爲介雞。○介又作芥音界【疏】注擣芥至介雞。○正義曰杜此二解一讀介爲芥擣芥子爲末播其雞羽賈逵云擣芥子播其雞翼可以坌郈氏雞目是此說也鄭衆云介甲也爲雞著甲高誘注呂氏春秋云鎧著雞頭杜又云或曰不知誰說以膠沙播之亦不可解蓋以膠坌雞之足爪然後以沙糝之令其澀得傷彼雞也以郈氏爲金距言之則著甲是也郈氏爲之金距。平子怒。怒其不下己。○下遐嫁反益宮於郈氏。侵郈氏室以自益。且讓之。讓責也。故郈昭伯亦怨平子。臧昭伯之從弟會。昭伯臧爲子。○從才用反後從者皆同爲讒於臧氏。而逃於季氏。臧氏執旃。平子怒。拘臧氏老。將禘於襄公。萬者二人。其衆萬於季氏。禘祭也萬舞也於禮公當三十六人。○禘大計反。○【疏】將禘至季氏。○正義曰季氏私祭家廟與禘同日言將禘是豫部分也樂人少季氏先使自足故於公萬者唯有二人其衆萬於季氏輕公重己故大夫遂怨。○注禘祭至六人。○正義曰釋例曰三年喪畢致新死之主以進於廟於是乃大祭於大廟以審定昭穆謂之禘禘於大廟禮之常也各於其宮時之爲也雖非三年大祭而書禘用禘禮也釋天云禘大祭也執干戚而舞謂之萬舞也隱五年傳說舞佾之差云諸侯用六是於禮法當三十六人也此以正禮言耳亦不知當時魯君用六佾以否公羊傳曰昭公告子家駒曰季氏僭公室吾欲弒之何如子家駒曰諸侯僭天子大夫僭諸侯久矣公曰吾何僭矣哉子家駒曰設兩觀乘大路朱干玉戚以舞大夏八佾以舞大武此皆天子之禮也如彼傳文當時或僭八佾佾不必用六也。○臧孫曰。此之謂不能庸先君之廟。不能用禮也。○蓋襄公別立廟。○【疏】注蓋襄公別立廟。○正義曰杜以襄若以次遞毀則廟與先公同處禘於襄公亦應兼祭餘廟今特云禘於襄公似與先公異處故云蓋襄公別立廟。○大夫遂怨平子。公若獻弓於公爲。公爲昭公子務人。且與之出射於外。而謀去季氏。公爲告公果公賁。果賁皆公爲弟。○去起呂反賁音奔又扶云反又彼義反公果公賁使侍人僚柤告公。公寢。

將以戈擊之。乃走。公曰。執之。亦無命也。獨言執之無勑命。○侍人本亦作寺人柤側加反懼而不出。數月不見。公不怒。又使言。公執戈以懼之。乃走。又使言。公曰。非小人之所及也。謂僚柤爲小人。○數所主反下數世同見賢遍反公果自言。公以告臧孫。臧孫以難。言難逐。○難如字注同告郈孫。郈孫以可。勸。子家羈莊公之玄孫。○郈孫以可絕句勸勸公逐季氏也告子家懿伯。懿伯曰。讒人以君徼幸。事若不克。君受其名。受惡名。○徼古堯反不可爲也。【疏】讒人至爲也。○正義曰讒人謂公若郈孫之徒讒季氏者勸君使伐季氏以君徼天之幸幸而得勝則以爲己功不勝則推君爲惡不可從也舍民數世以求克事。不可必也。【疏】舍民至必也。○正義曰克勝也言君從上以來舍民已經數代今以求勝此事不可必也且政在焉。其難圖也。公退之。退使去。○舍音捨辭曰。臣與聞命矣。言若洩。臣不獲死。乃館於公。恐受洩命之罪故留公宮以自明。○與音預洩息列反又以制反注同洩漏泄也叔孫昭子如闞。闞魯邑。○闞口暫反公居於長府。長府官府名九月。戊戌。伐季氏。殺公之于門。遂入之。平子登臺而請曰。君不察臣之罪。使有司討臣以干戈。臣請待於沂上以察罪。魯城南自有沂水平子欲出城待罪也大沂水出蓋縣南至下邳入泗。○沂魚依反【疏】注魯城至入泗。○正義曰例土地名襄十八年沂水出東莞蓋縣艾山南經琅邪東海至下邳縣入泗此沂水出魯國魯縣西南入泗水是沂水有二也此注云魯城南自有沂水謂出魯縣者也又云大沂水出蓋縣南至下邳入泗謂襄十八年之沂水也以其有二故辯明之。○請囚于費。弗許。請以五乘亡。弗許。子家子曰。君其許之。政自之出久矣。隱民多取食焉。隱約窮困。○乘繩證反爲之徒者衆矣。日入慝作。弗可知也。慝姦惡也日冥姦人將起叛君助季氏不可知。○慝他得反冥亡定反衆怒不可蓄也。季氏衆。○蓄勑六反本亦作畜下並同○蓄而弗治。將薀。薀積也。○薀本亦作蘊紆粉反薀蓄。民將生心。生心。同求將合。與季氏同求叛君者君必悔之。弗聽。郈孫曰。必殺之。公使郈孫逆孟懿子。懿子仲孫何忌叔孫氏之司馬鬷戾言於其衆曰。若之何。莫對。

衆疑所助。○騣，子公反。戾，力計反。又曰：我家臣也，不敢知國。凡有季氏與無，於我孰利？皆曰：無季氏，是無叔孫氏也。騣戾曰：然則救諸。帥徒以往，陷西北隅以入。陷公圍也。○陷沒之。隅本或作堣，音同。公徒釋甲執冰而踞。言無戰心也。冰，櫝丸蓋。或云：櫝丸是箭筩，其蓋可以取飲。○踞音據。櫝音獨。丸，胡官反。筩音童，又音動，一音勇。【疏】公徒至而踞。○正義曰：二十七年傳說此事云：豈其伐人而說甲執冰以游。則此踞是游也。曲禮云：遊無倨。倨是慢也，謂傲慢而遊戲。○注言無至取飲。○正義曰：賈逵云：冰，櫝丸蓋也。則是相傳爲此言也。方言曰：弓藏謂之韇，或謂之櫝丸。如彼文，則櫝丸是盛弓者也。此或說櫝丸是箭筩，其蓋可以取飲。十三年傳云：司鐸射奉壺飲冰。謂執此也。詩云：抑釋掤忌，抑鬯弓忌。鬯藏弓，則冰藏矢也。毛傳云：掤所以覆矢。掤與冰字雖異，音義同，是一器也。○遂逐之。逐公徒。○孟氏使登西北隅，以望季氏。見叔孫氏之旌，以告。孟氏執郈昭伯，殺之于南門之西，遂伐公徒。子家子曰：諸臣僞劫君者，而負罪以出，君止。使若非君本意者，君自可止不出。○【疏】子家至君止。○正義曰：子家子以爲公本意自伐季氏，非是諸臣所劫，今子家意欲得令諸臣等僞作劫君以伐季氏者，令負罪而出，君自可止住。意如之事君也，不敢不改。意如，季平子名。公曰：余不忍也。與臧孫如墓謀。辭先君且謀所奔。○遂行。己亥，公孫于齊，次于陽州。齊侯將唁公于平陰，公先至于野井。齊侯曰：寡人之罪也。使有司待于平陰，爲近故也。齊侯自咎本不勑有司遠詣陽州，而欲近會于平陰，故令魯侯過共先至野井，遠見迎逆，自咎以謝公。○爲，于僞反。咎，其九反，下同。令，力呈反。書曰：公孫于齊，次于陽州，齊侯唁公于野井。禮也。將求於人，則先下之，禮之善物也。物，事也。謂先往至野井。○下，遐嫁反。齊侯曰：自莒疆以西，請致千社，二十五家爲社。千社，二萬五千家。欲以給公。○疆，居良反。【疏】注二十五家爲社。○正義曰：禮有里社，故特稱唯爲社，事單出里，以二十五家爲里，故知二十五家爲社也。以待君命。待君伐季氏之命。寡人將帥敝賦以從執事，唯命是聽。君之憂，寡人之憂也。公喜。子家子曰：天祿不再，天若胙君，不過周公，以魯足矣。失魯而以千社爲臣，誰與之立？爲齊臣。○胙，才路反。【疏】天祿至之立。○正義曰：天之福祿不可再，謂得齊千社復得魯國也。胙，報也。天若報君，終不得過於周公。周公止封魯，以魯封君足矣。若既得魯國，又得千社，則是過周公矣。周公理不可過。得齊千社，失魯國也。既失魯國而以千社爲臣於齊，誰復與之立也。言從君之人皆將棄君去矣。

且齊君無信，不如早之晉。弗從。臧昭伯率從者將盟，載書曰：戮力壹心，好惡同之，信罪之有無，信，明也。處者有罪，從者無罪。○戮音六，又力彫反。繾綣從公，無通外內。繾綣，不離散。○繾，音遣。綣，起阮反。以公命示子家子。子家子曰：如此，吾不可以盟。羈也不佞，不能與二三子同心，而以爲皆有罪。從者陷君，留者逐君，皆有罪也。或欲通外內，且欲去君。去君，僞負罪出奔。不必繾綣從公。二三子好亡而惡定，焉可同也？陷君於難，罪孰大焉？通外內而去君，君將速入，弗通何爲？而何守焉？乃不與盟。何必守公。○好，呼報反。惡，烏路反。焉，於虔反。難，乃旦反。不與音預。昭子自闞歸，見平子。平子稽顙曰：子若我何？昭子曰：人誰不死？子以逐君成名，子孫不忘，不亦傷乎？將若子何？平子曰：苟使意如得改事君，所謂生死而肉骨也。昭子從公于齊，與公言。子家子命適公館者執之。恐從者知叔孫謀。○稽音啓。顙，息黨反。公與昭子言於幄內，曰：將安衆而納公。昭子請歸安衆。○幄，於角反。公徒將殺昭子，【疏】公徒將殺昭子。○正義曰：昭子謀歸安衆而後納公，則獨公得入，從公伐季氏者不得入，故欲殺昭子也。伏諸道。伏兵。左師展告公。公使昭子自鑄歸。辟伏兵。○鑄，之樹反。平子有異志。不欲復納公。○復，扶又反。冬，十月，辛酉，昭子齊於其寢，使祝宗祈死。戊辰，卒。恥爲平子所欺，因祈而自殺。○齊，側皆反，本又作齋。左師展將以公乘馬而歸。公徒執之。展，魯大夫。欲與公俱輕歸。○乘如字。騎馬也。輕，遣政反。【疏】左師至而歸。○正義曰：古者服牛乘馬，馬以駕車，不單騎也。至六國之時，始有單騎，蘇秦所云車千乘、騎萬匹是也。曲禮云前有車騎者，禮記漢世書耳，經典無騎字也。炫謂此左師展將以公乘馬而歸，欲共公單騎而歸，此騎馬之漸也。○壬申，尹文公涉于鞏，焚東訾，弗克。文公，子朝黨。於鞏縣涉洛水也。東訾，敬王邑。○十一月，宋元公將爲公故如晉。請納公。○爲，音于僞反。

夢大子欒即位於廟，己與平公服而相之。平公，元公父。○相，息亮反。【疏】服而相之。○正義曰：言己與平公盛服飾而輔相之也。旦，召六卿。公曰：寡人不佞，不能事父兄，父兄謂華向。以爲二三子憂，寡人之罪也。若以羣子之靈，獲保首領以歿，唯是楄柎所以藉幹者，楄柎，棺中苓牀也。幹，骸骨也。○歿音沒。楄，蒲田反。柎，步口反，又音附。藉，在夜反。苓，力丁反。骸，戶皆反。【疏】注楄柎至骨也。○正義曰：說文云：楄，方木也。幹，脅也。木以藉脅，明是棺中苓牀也。宋元所言藉幹者，舉脅而言耳，非獨爲脅，故云幹骸骨也。請無及先君。欲自貶損。仲幾對曰：君若以社稷之故，私降昵宴，羣臣弗敢知。昵，近也。降昵宴，謂損親近聲樂飲食之事。○昵，女乙反。若夫宋國之法，死生之度，先君有命矣。羣臣以死守之，弗敢失隊。臣之失職，常刑不赦。臣不忍其死，君命祇辱。言君命必不行，祇適也。○隊，直類反。祇音支。宋公遂行。己亥，卒于曲棘。爲明年梁丘據語起本。○十二月，庚辰，齊侯圍鄆。欲取以居公。不書圍，鄆人自服，不成圍。【疏】注欲取至成圍。○正義曰：經書取鄆，而傳言圍鄆，故云鄆人自服，不成圍。以傳云書取言易也，故賈爲此解，杜從之也。劉炫以爲此時圍鄆而未得，明年方始取之，經即因圍書取，傳言實圍之日，非自服也，而規杜氏。今知非者，案二十六年公圍成，亦是圍而不得，而書圍。此若圍鄆不得，何以不書圍？案元年伐莒取鄆，書取不言伐；此圍鄆取鄆，亦書取不言圍，其義正同，何爲不可？劉何知此年圍鄆未服？鄆若未服，經何得書取？苟出胷臆而規杜氏，非也。○初，臧昭伯如晉，臧會竊其寶龜僂句，僂句，龜所出地名。○僂，力主反，又力具反。句，居具反。【疏】注僂句至地名。○正義曰：釋魚云：一曰神龜，二曰靈龜，三曰攝龜，四曰寶龜，五曰文龜，六曰筮龜，七曰山龜，八曰澤龜，九曰水龜，十曰火龜。則龜名无僂句，故云所出地之名。臧氏有蔡，又有此，蓋所寶非一。以卜爲信與僭，僭吉。僭，不信也。○僭，子念反，注同。臧氏老將如晉問，問昭伯起居。會請往。代家老行。昭伯問家故，盡對。故，事也。及內子與母弟叔孫，則不對。內子，昭伯妻。不對，若有他故。再三問，不對。歸，及郊，會逆，問，又如初。又不對。至，次於外而察之，皆無之。執而戮之，逸，奔郈。郈魴假使爲賈正焉。郈在東平無鹽縣東南。魴假，郈邑大夫。賈正，掌貨物，使有常價，若市吏。○魴音房。賈音嫁，注同。【疏】使爲賈正焉。○正義曰：賈正如周禮之賈師也。賈師二十四則一人，其職云各掌其次之貨賄之治，辨其物而均平之，禁貴賣者，使有恒賈。此

郈邑大夫使爲賈正使爲郈市之賈正也郈在後爲叔孫私邑此時尚爲公邑故使賈正遍計簿於季氏計於季氏。送計簿於季氏　○簿步戶反臧氏使五人以戈楯伏諸桐汝之閭。桐汝里名。○楯食準反又音允會出逐之反奔。執諸季氏中門之外。平子怒曰。何故以兵入吾門。拘臧氏老。季臧有惡。相怨惡及昭伯從公。平子立臧會。立以爲臧氏後會曰。僂句不余欺也。傳言卜筮之驗善惡由人○楚子使薳射城州屈。復茄人焉。還復茄人於州屈。○屈居勿反一音其勿反茄人音加城丘皇。遷訾人焉。移訾人於丘皇使熊相禖郭巢。季然郭卷。使二大夫爲巢卷築郭也卷城在南陽葉縣南。○相息亮反禖音梅卷音權或眷勉反爲于僞反子大叔聞之。曰。楚王將死矣。使民不安其土。民必憂。憂將及王。弗能久矣。爲明年楚子居卒傳

春秋左傳注疏卷五十一挍勘記　阮元撰盧宣旬摘錄

附釋音春秋左傳注疏卷第五十一　昭二十四年盡二十五年

經二十四年

經二十四年　石經宋本淳熙本四上有有字是也

杞伯郁釐卒　諸本作釐北宋刻釋文作斄云本又作釐

傳二十四年

注度謀至無害　宋本以下正義二節摠入此周所以與也節注下

大誓曰　石經初刻大誤泰後改正

余有亂臣十人　石經初刻十誤臣後改正與襄廿八年傳合妄人於亂字旁復加臣字諸本遂仍其誤說見前

晉侯至周故　宋本此節正義在注衆言予朝曲故之下

今王室實蠢蠢焉　惠棟云說文引作惷惷三體石經作𢦏尚書蠢字說文引作𢦏古蠢字皆作𢦏俗作蠢

缾之罄矣　諸本作缾釋文作瓶云本又作缾

注詩小至恥之　宋本此節正義在期以明年注下

刺幽王之詩也　監本毛本幽作厲非也

王子朝用成周之寶珪于河　石經王字以下一行計九字周之寶珪四字改刻釋文云本或作沈於河陳樹華云史記周本紀引傳云子朝用成周之寶珪沈於河漢書五行志引作王子鼂以成周之寶圭湛于河古文沈作湛然則石經所刊去者乃沈字也

晉以溫兵助敬王南侵子朝　岳本兵作人

王定而獻之　釋文云本或作王定之小字宋本淳熙本王作玉非也

不佞獻玉　宋本閩本監本毛本玉作王案六經正誤云注疏本作獻王臨川本作獻玉

吳踵楚　惠棟云依說文當作歱歱相迹也

王及圉陽而還　宋本以下正義二節摠入其王之謂乎注下

鍾離不書告敗略　淳熙本書誤重

爲定四年吳入郢傳　監本四年二字模糊入誤人毛本同

經二十五年

叔詣　明翻岳本詣誤諸

有鸜鵒來巢　釋文云鸜本又作鴝陳樹華云高誘注淮南子原道訓作鴝

鸜鵒不踰濟　此本不字下衍○今刪

非國之禽也　宋本監本毛本非下有中字是也

上辛二十三日也　監本毛本上作季宋本作下

非雩聚以逐季氏也　宋本雩下有也字聚下有衆字與公羊傳合

傳二十五年

唯禮可以貴身　淳熙本貴誤責

君子至必亡　宋本以下正義四節摠入皆喪心也節注下

還賦韓弈之詩　監本毛本弈作奕

非昏姻之事　監本昏作昬毛本作婚

今茲君與叔孫其皆死乎　閩本監本毛本今誤令

注平子至若姊　宋本以下正義二節摠入注文爲下公孫傳之下

簡子至非禮　宋本以下正義廿六節摠入請終身守此言也注下

行者人所履行　宋本淳熙本岳本足利本無行字是也

而民實則之　惠棟云案古文孝經實作是是即古寔字見尚書秦誓及詛楚文鄭氏詩箋云趙魏之東寔實同聲故此傳又作寔

言聖王制禮以奉天性　閩本監本毛本王作人非也

載而無弃　閩本監本弃作棄毛本作事非也

因地之利　閩本監本毛本因作分

其踐履謂之爲行　宋本其下有所字

爲父子兄弟昏媾姻亞　毛本昏作婚亞作婭閩本監本亦作婭按婭俗字說文無

以相刻爲次也　閩本監本毛本刻作尅

言氣氣爲五味　宋本氣字不重

謂氣入口　宋本入下有人字

其本末由五行而來也　宋本毛本末作不

入耳乃知章徹於人爲五聲也　閩本監本知作是

華若草華　閩本監本毛本下華字誤華

服虔云牲　宋本云下有五字是也

其言闇與之會　監本毛本會作合

絺爲繡謂刺也　宋本閩本監本毛本作繡段玉裁挍本作黹

絺或作繡字之誤也　毛本絺作絺段玉裁挍本作希繡作絺說詳尚書撰異

皆絺以爲繡　監本毛本絺作畫非也

粉米也　宋本粉上有火也二字是也

杜言華若草華　閩本下華字誤華毛本草作草亦非

爲水草也　宋本爲水上有是藻二字是也

形如半環　毛本半誤米

今之刺黻猶然也　監本毛本黻誤黼

王者與天地合其德　毛本天誤大

以比方相次　閩本監本毛本比作北

釋親又曰　閩本監本又作文非也

稱季氏有政　毛本季誤李

周禮司勳文也　毛本司誤以

謂法施於民　毛本法誤云

雷震電曜　後漢書馬融傳注引作靁霆震耀

聖人作形戮以象類之　宋本淳熙本戮作獄與漢書馬融傳注引同

故人之能自曲直以赴禮者　釋文云赴或作從石經赴字改刊似初刻作從也

受牒而退　宋本此節正義在無不祥大焉注下

吾聞文武之世　石經宋本岳本武作成謂文公成公也陳樹華云史記漢書論衡異虛篇李善幽通賦注引並作文成按劉氏史通亦作文成

鸜之鴿之　宋本以下正義二節在注將及禍也下

鸜鴿跦跦　李善注文選魏都賦引作株株云株音誅

徵褰與襦　淳熙本閩本襦誤襦釋文云本或作䙆惠棟云方言曰袴齊魯之間謂之䙆郭璞云傳云徵䙆與襦音騫說文作褰

褰袴　釋文袴下有也字說文作絝

遠哉遙遙　案漢書五行志作遠哉搖搖師古曰搖搖不安之貌臧琳曰遙爲俗字當從漢志作搖五經文字序云逍遙之類說文漏略者今得之於字林說文新附逍遙字臣鉉等案詩只用消搖此二字字林所加可證今詩黍離中心搖搖不作遙遙白駒作於焉逍遙非古也

禂父喪勞　石經宋本小字宋本岳本足利本作裯父與漢書五行志引傳合

宋父以驕　監本父誤公

不一至成災　宋本無一字是也

生甲　淳熙本岳本纂圖本毛本甲誤申顧炎武云石經申誤作甲非也

季氏介其雞　釋文云介又作芥初學記引傳同案正文祇作介故有訓爲甲鎧者有訓爲芥子者正文不得作芥也

擣芥至介雞　宋本以下正義十四節揔入公徒執之注下

萬者二人　惠棟云吳仁傑曰淮南書云禱於襄廟舞者二人案傳氏云四人爲列尚不成樂況二人乎人當作入傳文誤也沈彤亦云當作八字

亦無命也　石經無字起一行計九字

公使戈以懼之　石經宋本淳熙本岳本足利本使作執不誤○今依訂正

臧孫以難　石經難字起一行計九字字多殘缺

讒人以君徼幸　諸本作徼石經此處殘缺釋文作儌

讒人至爲也　宋本讒誤護

故留公宮以自明　淳熙本以誤必

長府官府名　宋本淳熙本小字宋本岳本足利本無長府二字

正義曰例　此脫釋字閩本監本同毛本遂刪例字宋本曰下有釋字是也

沂水出東莞蓋縣　閩本監本脫水字

南經琅邪東海　毛本邪作琊俗字

將薀　釋文亦作薀注同云本亦作蘊淳熙本小字宋本纂圖本同

陷西北隅以入　釋文云隅本或作堣音同山井鼎云足利本以作而非也

氷櫝丸葢　宋本淳熙本小字宋本櫝作犢宋本正義同詩鄭風正義及六經正誤所引亦並從牛下同又按方言作犢丸郭音牛犢

是箭箙　纂圖本是誤又

遊無倨　毛本遊作游案曲禮無作毋

君自可止○　宋本○作往是也閩本監本毛本脫往字○今訂正

謂先往至野井　淳熙本往誤注

故特牲　宋本故下有郊字是也

失魯國也　宋本失上有必字是也

戮力壹心　石經宋本淳熙本岳本戮作勠與釋文合

伏兵　閩本監本兵作道非也

左師至而歸　毛本師下增展將二字

宋元公將爲公故如晉　閩本監本宋下衍公字

服而相之　宋本以下正義二節揔入宋公遂行節注下

且召六卿也　石經宋本且作旦毛詛父六經正誤云旦作且誤

獲保首領以殁　石經宋本淳熙本小字宋本足利本作以沒是按依說文當作歾

私降昵宴　淳熙本降作除非也說文暱字下引傳作私降暱燕案昵暱之或體

弗敢失隊　石經隊作墜

君命祇辱　宋本岳本纂圖本毛本祇作祇注及釋文同石經作祗是也○今訂正

亦是圖而不得　監本圖字損糊重脩監本遂誤國

注僂句至地名　宋本以下正義二節揔入會曰僂句節注下

掌貨物使有常價　監本毛本常價作長賈賈是也長非也

賈師二十四則一人　宋本四作肆與周禮地官序官合

辨其物而均平之　宋本閩本監本辨作辯

故使賈正逼計簿於季氏　浦鏜正誤逼改送

以戈楯伏諸桐汝之閭　淳熙本伏誤枚

附釋音春秋左傳注疏卷第五十一　止

附釋音春秋左傳注疏卷第五十二　昭二十六年盡二十八年

杜氏注　孔穎達疏

經二十有六年。春。王正月。葬宋元公。三月而葬速○三月。公至自齊。居于鄆。疏公至自齊○正義曰往年公孫于齊齊侯唁公于野井公未必往至齊都而云至自齊者得與齊侯相見雖從齊竟而來亦是自齊也穀梁傳云公次于陽州其曰至自齊何也以齊侯之見公可以言至自齊是也公不得歸其國都而書至者賈云季氏示欲爲臣故以告廟○夏。公圍成。成孟氏邑不書齊師師賤衆少重在公○帥所類反○秋。公會齊侯、莒子、邾子、杞伯。盟于鄟陵。鄟陵地闕○鄟音專又市轉反一音徒丸反公至自會。居于鄆。無傳○九月。庚申。楚子居卒。未同盟而赴以名。○冬。十月。天王入于成周。傳言王入在子朝奔後經在前者子朝來告晚疏天王入于成周○正義曰二十三年七月天王居于狄泉自爾以來單子劉子以東西離不出王畿而居無定所此時始得入于成周遂以成周爲都來告故特書之案傳子朝奔楚及王人成周皆在十一月經書王入成周子朝奔楚皆在十月者從告也劉炫云杜以朝既奔楚王始得入入必在朝奔後經書王入在前傳有告于諸侯之語故以爲王告入在前朝告奔在後故先書王入炫謂子朝出亦王告下注與此自違尹氏、召伯、毛伯、以王子朝奔楚。召伯當言召氏經誤也尹召族奔非一人故言氏書奔在王入下者王入乃告諸侯疏注召伯至諸侯○正義曰傳言召伯盈逐王子朝朝召氏之族奔楚召伯逆王于尸與王入于成周則召氏族出奔召伯身不奔也知召伯當爲召氏經誤也宜十年崔氏出奔書崔氏者非其罪也此尹氏召氏立庶篡適並爲有罪而亦書氏者彼實崔杼身奔非是舉族盡出但於例諸侯之卿出奔者有罪則名無罪則不名崔杼不合書名因其來告以族遂書崔氏示杼無罪也此尹氏召氏舉族悉奔據實而書與彼有異故注云尹召族奔非一人故言氏所謂文同而意異也子朝奔王乃得入書奔在王入下者王入乃告諸侯也劉炫云杜上注云子朝來告晚何爲此注又云王入乃告諸侯以二注不同將爲杜失今知不然者杜意王入乃告謂王入之後子朝乃告杜以傳云癸酉王入于成周癸未王入于莊宮始云王子朝使告諸侯是王入之後子朝告諸侯也劉以爲王入乃告據王告諸侯而規杜失非也

傳二十六年。春。王正月。庚申。齊侯取鄆。前年已取鄆至是乃發傳疏注前年至鄆起○正義曰杜謂往年已取鄆者爲公處鄆起此又發傳言齊侯取鄆者爲下三月公處鄆以發端也服虔以爲往年齊侯取鄆實圍鄆耳經於圍書取傳實其事故於是言取劉炫以服言爲是往年十二月庚辰圍鄆令年正月庚申取之凡三十一日例書取言易此圍乃取言易者齊侯取以居公臣無拒君之義若魯自與之然故書取以見其易穀梁曰以其爲公取之故易言之是也○葬宋元公。如先君。禮也。善宋人違命以合禮○三月。公至自齊。處于鄆。言魯

地也。入魯竟故書至猶在外故書地○竟音境夏，齊侯將納公，命無受魯貨。申豐從女賈，豐賈二人皆季氏家臣○女音汝以幣錦二兩，二丈爲一端二端爲一兩所謂匹也二兩二匹縛一如瑱，瑱充耳縛卷也急卷使如充耳易懷藏○縛直轉反瑱它殿反易以豉反【疏】注瑱充耳○正義曰家語云水至清則無魚人至察則無徒故人君冕而前旒所以蔽明黈纊塞耳所以蔽聰又詩云玉之瑱也禮以一條五采橫冕上兩頭下垂繫黃綿綿下又縣玉爲瑱以塞耳適齊師。謂子猶之人高齮，齮子猶家臣子猶梁丘據○齮魚綺反能貨子猶，爲高氏後，粟五千庾。言若能爲我行貨於子猶當爲請使得爲高氏後又當致粟五千庾庾十六斗凡八千斛○庾羊主反能爲于僞反下爲下當爲下文爲魯君同【疏】五千庾○正義曰聘禮記云十六斗曰籔十籔曰秉鄭玄云秉十六斛今江淮之間量名有爲籔者今文籔爲逾杜據儀禮今文故以庾爲十六斗五千庾凡八千斛考工記陶人爲庾實二觳厚半寸脣寸其下文旊人云豆實三而成觳則觳受斗二升庾實二觳則受二斗四升也彼陶人所作庾自瓦器今之甕之類非量器也與此名同而實異高齮以錦示子猶，子猶欲之。齮曰：魯人買之，百兩一布。言魯人買此甚多布陳之以百兩爲數以道之不通，先入幣財。子猶受之，言於齊侯曰：羣臣不盡力于魯君者，非不能事君也。欲行其說故先示欲盡力納魯君○說如字又始銳反然據有異焉。異猶怪也宋元公爲魯君如晉，卒於曲棘；叔孫昭子求納其君，無疾而死。不知天之弃魯耶，抑魯君有罪於鬼神，故及此也？君若待于曲棘，使羣臣從魯君以卜焉。卜知可伐否【疏】君若待于曲棘○正義曰宋公佐卒于曲棘者杜云曲棘宋地陳留外黃縣城中有曲棘里今齊侯欲納魯君當是從齊向魯必不遠涉宋地子猶令齊君待于曲棘必使止於竟內土地名齊地無曲棘十年傳桓子召子山而反棘焉杜云齊國西安縣東有戟里亭此即彼棘也本無曲字涉上卒于曲棘誤加曲耳若可，師有濟也。君而繼之，茲無敵矣。若其無成，君無辱焉。齊侯從之，使公子鉏帥師從公。鉏齊大夫○鉏仕居反成大夫公孫朝謂平子曰：有都以衛國也，請我受師。許之。以成邑禦齊師○朝如字請納質。恐見疑○質音致弗許，曰：信女足矣。告於齊師曰：孟氏，魯之敝室也。敝壞也○女音汝用成已甚，弗能忍也，請息肩于齊。公孫朝詐齊師言欲降使來取成○降戶江反下同齊師圍成。成人伐齊師之飲馬于淄者，曰：將以厭衆。以厭衆心不欲使知已降也淄水出泰山梁父縣西北入汶○飲於鴆反淄側其反厭於冉反又於葉反汶音問魯成備而後告曰：不勝衆。告齊言衆不欲降已不能勝○勝音升注同又始證反師及齊師戰于炊鼻。季氏師距公非公命則不書炊鼻魯地○炊昌垂反齊子淵捷從洩聲子，聲子魯大夫○洩息列反射之中楯瓦。瓦楯脊○射食亦反下及注皆同中丁仲反下中手同楯常允反又音允脊子亦反繇朐汰輈，匕入者三寸。入楯瓦也朐車軛輈車轅繇過也汰矢激匕矢鏃也○繇音由朐其俱反本又作軥同汰他達反輈陟留反匕必履反軛於革反激古狄反鏃子木反或七木反【疏】射之至三寸○正義曰射之中楯瓦先言中之之處更說矢來之狀繇車輈矢激從車轅之上其矢之匕鏃入著楯者猶深三寸言其弓力多而矢入深也○注入楯至鏃也○正義曰此覆說中楯之事故知入者入楯瓦也說文云軥軛下曲者襄十四年傳稱兩軥而還此與彼同蓋朐軥字通用耳繇即由也訓爲從也從上而過故言繇過也宣四年傳云伯棼射王汰輈注云汰過也此云汰矢激謂矢激汰其上而過也傳言匕入則匕是入楯者也今人猶謂箭鏃薄而長闊者爲匕是匕爲矢鏃也聲子射其馬，斬鞅，殪。殪死也○鞅於丈反殪音於計反改駕，人以爲鬷戾也，而助之。人魯人也鬷戾叔孫氏司馬子車曰：齊人也。子車即淵捷將擊子車，子車射之，殪。其御曰：又之。又欲使射餘人子車曰：衆可懼也，而不可怒也。子囊帶從野洩，叱之。囊帶齊大夫野洩即聲子○叱昌實反洩曰：軍無私怒，報乃私也，將亢子。欲以公戰禦之不欲私報其叱○亢苦浪反下同又叱之。子囊復叱之○復扶又反下復欲同亦叱之。野洩亦叱也言齊無戰心但相叱冉豎射陳武子，中手。冉豎季氏臣失弓而罵。武子罵○罵馬嫁反以告平子，曰：有君子白皙，鬒鬚眉，甚口。平子曰：必子彊也，無乃亢諸？子彊武子字皙星歷反鬒之忍反黑也鬒本又作須脩于反【疏】鬒鬚眉甚口○正義曰說文云鬒稠髮也鬒鬚眉者言鬚眉皆稠多也甚口者謂大口也對曰：謂之君子，何敢亢之？僞言不敢違季氏林雍羞爲顏鳴右，下。皆魯人羞爲右故下車戰苑何忌取其耳。何忌齊大夫不欲殺雍但截其耳以辱之○苑於阮反顏鳴去之。其右見獲懼而去之苑子之御曰：視下顧。復欲使苑子擊其足苑子刜林雍，斷其足。鑋而乘於他車以歸。鑋一足行○刜芳弗反說文云擊也又父勿反又念勿反斷丁管反鑋遣政反又音磬又苦頂反字林丘貞反【疏】刜林雍○正義曰說文云刜擊也字從刀謂以擊也今江南猶謂刀擊爲刜○注鑋一足行○正義曰既斷其足而云鑋知鑋是一足行也說文云鑋金聲也蓋擊金爲聲亦名鑋顏鳴三入齊師，呼曰：林雍乘。言魯人皆致力於季氏不以私怨而相弃○呼火故反乘繩證反○四月，單子如晉告急。五月戊午，劉人敗王城之師于尸氏。劉人劉蚠之屬王城子朝之徒尸氏在鞏縣西南偃師城戊辰，王城人、劉人戰于施谷，劉師敗績。施谷周地○秋，盟于鄟陵，謀納公也。齊侯謀○七月己巳，劉子以王出。師敗懼而出【疏】劉子以王出○正義曰二十三年傳云六月庚寅單子劉子樊齊以王如劉蓋從劉而居狄泉自狄泉又居於劉今爲子朝所逐蓋自劉而出也服虔云出成周也案二十三年天王居于狄泉狄泉雖近成周成周不屬王也其傳云召伯奐南宮極以成周人戍尹二十四年傳云王子朝用成周之寶珪于河是周常屬子朝之驗也二十五年黃父之會趙簡子令諸侯之大夫云明年將納王納王者欲納之於成周耳若敬王先在成周無爲更須納之知此出者從劉出耳王既棄劉而去故王城人焚劉庚午，次于渠。渠周地王城人焚劉。燒劉子邑丙子，王宿于褚氏。洛陽縣南有褚氏亭○褚張呂反一音勑呂反丁丑，王次于萑谷。庚辰，王入于胥靡。辛巳，王次于滑。萑谷胥靡滑皆周地胥靡滑本鄭邑○萑音丸本又作萑古亂反【疏】注萑谷至鄭邑○正義曰王雖未有安居終亦不出畿內知此皆周地也襄十八年楚人伐鄭傳稱公子格率鋭師侵費滑胥靡是本爲鄭邑今爲周邑也晉知躒、趙鞅帥師納王，使汝寬守闕塞。女寬晉大夫闕塞洛陽西南伊闕口也守之備子朝○知音智躒音歷女音汝本亦作汝塞素代反○九月，楚平王卒。令尹子常欲立子西，子西平王之長庶○長丁丈反下文同曰：大子壬弱，其母非適也，壬昭王也○適丁歷反下文同王子建實聘之。子西長而好善。立長則順，建善則治。王順國治，可不務乎？子西怒曰：是亂國而惡君王也。言王子建聘之是章君王之惡○好呼報反治直吏反下同國有外援，不可瀆也，外援秦也瀆慢也○慢武諫反王有適嗣，不可亂也。敗親速讎，不立王秦將來討是速讎也亂嗣不祥，我受其名。受惡名賂吾以天下，吾滋不從也。滋益也○賂音路【疏】賂吾至從也○正義曰賂吾以天下使吾爲天子吾益不從也楚國何爲？必殺令尹。令尹懼，乃立昭王。○冬十月丙申，

王起師于滑。起發也。滑，于入反。辛丑，在郊。郊，子朝邑。遂次于尸。十一月辛酉，晉師克鞏。知躒、趙鞅之師。召伯盈逐王子朝，伯盈本黨子朝，晉師克鞏，知子朝不成，更逐之而逆敬王。王子朝及召氏之族、毛伯得、尹氏固、南宮嚚奉周之典籍以奔楚。尹、召二族皆奔，故稱氏。重見尹固名者，爲後還見殺。○重見，上直用反，下賢遍反。爲，于僞反，下且爲同。陰忌奔莒以叛。陰忌，子朝黨。莒，周邑。召伯逆王于尸，及劉子、單子盟。召伯新還，故盟。遂軍圉澤，次于隄上。圉澤、隄上，皆周地。○圉，魚呂反。隄，音低，或音啼。癸酉，王入于成周。成周，今洛陽。甲戌，盟于襄宮。襄王之廟。晉師成公般戍周而還。般，晉大夫。○般音班。十二月癸未，王入于莊宮。莊宮在王城。王子朝使告于諸侯曰：「昔成王克殷，成王靖四方，康王息民，並建母弟，以蕃屏周，亦曰吾無專享文武之功。不敢專，故建母弟。○蕃，方元反，亦作藩。〔疏〕「昔武王克殷」。○正義曰：諸家本皆然，服虔、王肅並注云：文王受命，武王伐紂，故云文武克殷。下句云吾無專享文武之功，則合文武是也。杜無注，諸本悉作武王克殷，疑誤也。今定本亦作武王克殷。且爲後人之迷敗傾覆而溺入于難，則振救之。至于夷王，王愆于厥身。夷王，厲王父也。愆，惡疾也。○覆，芳服反。溺，乃歷反。難，乃旦反。愆，起虔反。〔疏〕「夷王」。○正義曰：謚法，安民好靜曰夷。諸侯莫不並走其望，以祈王身。至于厲王，王心戾虐，萬民弗忍，居王于彘。不忍害王也。厲王之末，周人流王于彘。○彘，直例反。〔疏〕注「不忍」至「于彘」。○正義曰：周語云：厲王虐，國人謗王。召公告曰：民不堪命也。王怒，得衛巫，使監謗者，以告則殺之。國莫敢言，道路以目。三年，乃流王于彘。劉炫案周本紀，民相與叛，襲厲王，厲王出奔于彘。周語又曰：彘之亂，宣王在召公之宮，國人圍之。召公知之，乃以其子代宣王。言代王，則國人謂是宣王。國語雖不言殺，必殺之矣。國人相與襲王，王既奔，免，得王子而殺之，若得厲王，亦應不舍。而杜云不忍害王，未必然也。當謂不忍者不能忍王之虐也。今知不然者，下云居王于彘，是以理居處厲王于彘。又云諸侯釋位以間王政，是憂念王政，則不忍者是不忍害王也。若其必欲殺王，應云王奔于彘。劉以爲周語云周人欲殺王子，召公以子代之，則周人欲殺王子，何肯不忍害？不以爲不忍者不堪忍王惡。案周語但云求王子，不云求殺之，是益橫周語之文而規杜過，非也。諸侯釋位，以間王政。間，猶與也。去其位與治王之政事。○間，間厠之間，注同，一音如字。與音預，下同。〔疏〕注「間猶」至「政事」。○正義曰：周本紀云：彘之亂，宣王在召公之宮，國人圍之，召公以其子代大子，大子竟得脱。周、召二公二相行政，號曰共和。元年是其釋位與治王政之事也。宣王有志，而後效官。宣王，厲王子。彘之亂，宣王尚少，召公虎取而長之。效，授也。○效，戶教反。少，詩照反，下文同。長，丁丈反，下文同。〔疏〕注「宣王」至「授也」。○正義曰：周語云：召公以其子代宣王，長而立之。周本紀云：共和十四年，厲王死于彘，大子靖長于召公家，二相乃共立之爲王，是爲宣王。是召公長之也。共和之年，官之政事皆決於二相，宣王長而有志，堪爲人主，二相乃致其官政於王也。效者致與之義，故注云效授也。至于幽王，天不弔周，王昏不若，用愆厥位。幽王，宣王子。若，順也。愆，失也。攜王奸命，諸侯替之，而建王嗣，用遷郟鄏。攜王，幽王少子伯服也。王嗣，宜臼也。幽王后申姜生大子宜臼，王幸褒姒，生伯服，欲立之而殺大子。大子奔申，申伯與鄫及西戎伐周，戰于戲，幽王死。諸侯廢伯服而立宜臼，是爲平王，東遷郟鄏。○攜，戶圭反。奸音干，下同。替，他計反。郟，古洽反。鄏音辱。鄫，才陵反。戲，許宜反。〔疏〕注「攜王」至「郟鄏」。○正義曰：鄭語稱夏之衰也，褒人之神化爲二龍，以同於王庭，而言曰：余褒之二君也。夏后卜殺之與去之與止之，莫吉。卜請其漦而藏之，吉。乃布幣焉而策告之，龍亡而漦在，櫝而藏之。及殷周莫之發也。及厲王之末，發而觀之，漦流於庭，不可除也。王使婦人不幃而譟之，化爲玄黿，以入於王府。府之童妾未既齔而遭之，既笄而孕，當宣王而生，不夫而育，故懼而棄之。時有童謠曰：檿弧箕服，實亡周國。於是宣王聞之，乃有夫婦鬻是器者，王使執而戮之。夫婦方戮，逃於路，哀其夜號也，而取之以逸，逃於褒。褒人有獄，而以入於王，王遂置之，而嬖是女，使至於后，而生伯服。周語云：幽王伐有褒，褒人以褒姒女焉。褒姒有寵，生伯服，於是乎與虢石父比，逐大子宜臼而立伯服。大子出奔申，申人、鄫人召西戎以伐周，周於是亡。書傳多說其事，此其本也。詩序云：幽王取申女以爲后，後得褒姒而黜申后。周本紀云：幽王大子母，申侯女也，而爲后。王廢后，并去大子，用褒姒爲后，以其子伯服爲大子。申侯怒，乃與鄫、西戎共殺幽王于驪山之下，虜褒姒，盡取周賂而去。於是諸侯乃即申侯，共立故幽王大子宜臼，是爲平王，東遷徙於洛邑，辟戎寇也。魯語云：幽王滅于戲。戲，驪山之北水名也。皇甫謐云：今京兆新豐東二十里戲亭是也。劉炫云：如國語、史記之文，幽王止立伯服爲大子耳，既虜褒姒，必廢其子，未立爲王，而得呼爲攜王者，或幽王死後，褒姒之黨立之爲王也。汲冢書紀年云：平王奔西申，而立伯盤以爲大子，與幽王俱死于戲。先是，申侯、魯侯及許文公立平王於申，以本大子，故稱天王。幽王既死，而虢公翰又立王子余臣於攜，周二王並立。二十一年，攜王爲晉文公所殺。以本非適，故稱攜王。束晳云：案左傳攜王奸命，舊說攜王爲伯服，伯服古文作伯盤，非攜王。伯服立爲王積年，諸侯始廢之而立平王，其事或當然。則是兄弟之能用力於王室也。至于惠王，天不靖周，生頹禍心，施于叔帶。惠、襄辟難，越去王都。惠王，平王六世孫。頹，惠王庶叔也。莊十九年作亂，惠王適鄭。襄王，惠王子。叔帶，襄王弟。僖二十四年，叔帶作難，襄王處汜。○頹，徒回反。施，以豉反。難，乃旦反，注同。汜音凡。〔疏〕注「惠王平王六世孫」。○正義曰：世本云：平王生桓王林，林生莊王佗，佗生僖王胡齊，齊生惠王涼，是六代也。惠王生襄王鄭，鄭生頃王巨，巨生匡王班及定王瑜，瑜生簡王夷，夷生靈王泄心，泄心生景王貴，貴生悼王猛及敬王匄。則有晉、鄭，咸黜不端，黜，去也。晉文殺叔帶，鄭厲殺子頹，爲王室去不端直之人。○去，起呂反，下同。爲，于僞反。〔疏〕「咸黜不端」。○正義曰：諸本咸或作減。王肅云：咸，皆也。傅咸爲七經詩，其傳詩有此句，王義之寫亦作咸，杜本當然。以綏定王家，則是兄弟之能率先王之命也。在定王六年，秦人降妖，定王，襄王孫。定王六年，魯宣八年。○妖，本又作訞，於驕反。說文云：衣服謌謠草木之怪謂之妖。曰：『周其有頿王，亦克能脩其職，諸侯服享，二世共職。二世謂靈、景。○頿，子斯反。共音恭。王室其有間王位，諸侯不圖，而受其亂災。』間王位，謂子朝也。今子朝以爲王猛，受亂災，謂楚也。今子朝以爲晉。○間，間厠之間，注及下以間先王并注同。〔疏〕注「在定」至「亂災」。○正義曰：降者，自上而下之言。當時秦人有此訞語，若似自上而下，神馮之然，故云降妖也。然自受其亂災以上，皆是妖語。至于靈王以下，是子朝演說妖言，謂子猛當間王位耳。服享，言諸侯服從，獻國之所有。至于靈王，生而有頿。靈王，定王孫。王甚神聖，無惡於諸侯。靈王、景王，克終其世。景王，靈王子。今王室亂，單旗、劉狄剝亂天下，壹行不若，單旗，穆公也。劉狄，劉蚠也。壹，專也。○剝，邦角反。謂先王何常之有，言先王無常法。唯余心所命，其誰敢請之。帥羣不弔之人，弔，至也。○弔如字，舊丁歷反，至也，注同。以行亂于王室。侵欲無厭，規求無度，貫瀆鬼神，貫，習也。瀆，易也。○厭，本又作猒，於鹽反。貫，吉患反。易，以豉反。〔疏〕「規求無度」。○正義曰：俗本作規，服、王、孫皆注云：玩，貪也。元年傳曰：翫歲而愒日。杜云：翫、愒，皆貪也。則此言貪求無限度。本或作規，謬也。慢弃刑法，倍奸齊盟，傲很威儀，矯誣先王。先王謂景王。○傲，五報反。很，戶懇反。矯，居表反。〔疏〕「倍奸齊盟」。○正義曰：倍即背也。違背奸犯齊同之盟也。案於時諸侯不有同盟許立子朝，單、劉未嘗與朝結盟而復背之。言單、劉倍奸齊盟，誣之。○注「攝持」至「景王」。○正義曰：是譖言。執持之，使不傾危也。是贊，謂佐助之，使得存立也。故以攝爲持，贊爲佐也。杜以先王爲景王，則矯誣先王者，當謂矯景之命立猛耳。知先王非先世之王者，以言矯誣，是矯詐誣罔，據其人有語，矯誣之，猶今矯稱詔勑。若先世之王，去此久遠，不得有立猛之事，于朝何得稱矯誣之乎？又傳云于景之命，故杜以先王謂景王。劉炫以爲先世之王而規杜氏，非也。晉爲不道，是攝是贊，攝，持也。贊，佐也。思肆其罔極。肆，放也。茲不穀震盪播越，竄在荊蠻，茲，此也。此不穀，子朝自謂。○盪，本又作蕩，徒黨反。竄，七亂反，字林七外反。未有攸底。底，至也。攸，所也。○底音旨。若我一二兄弟甥舅，獎順天法，無助狡猾，以從先王之命，毋速天罰，赦圖不穀，赦其憂而

圖其難。○獎，將丈反。狡，古卯反。猾，又作滑，于八反。毋音無。難，乃旦反。【疏】毋速天罰。○正義曰：速，召也。子朝以單劉爲亂，從之必有天殃，故勸諸侯無召天罰。則所願也。敢盡布其腹心及先王之經，而諸侯實深圖之。昔先王之命曰：王后無適，則擇立長。年鈞以德，德鈞以卜。此所謂先王之經。○適，丁歷反。【疏】昔先王至以卜。○正義曰：先王，先世之王，不斥一人，蓋自古以來共如此也。襄三十一年傳曰：公薨，立胡女敬歸之子子野。卒，立敬歸之娣齊歸之子稠。穆叔曰：大子死，有母弟則立之，無則立長。年鈞擇賢，義鈞則卜，古之道也。非適嗣，何必娣之子？彼言大子死立母弟，則此言擇立長，謂無母弟者也。彼又云子野非適嗣，何必娣之子，然則適嗣立而死，當立娣之子也。姪與娣同，蓋王后夫人無姪娣之子，乃於諸妾之子擇立長耳。年鈞擇賢，與此年鈞以德，皆謂母之貴賤等者。公羊傳曰：立適以長不以賢，立子以貴不以長。明母貴則先立也。此子朝之母必賤於猛母，故專言立長之義，不言母之貴賤。何休難年鈞以德之言云：人君所賢，下必從之，焉能使王不立愛也？鄭玄荅云：周禮小司寇掌外朝之政，以致萬民而詢焉。其三曰詢立君。其位王南鄉，三公及州長百姓北面，羣臣西面，羣吏東面。小司寇以敘進而問焉。如此，則大衆之口非君所能掩，是王不得立愛之法也。王不立愛，公卿無私，古之制也。穆后及大子壽早夭卽世，在十五年。【疏】公卿至制也。○正義曰：三公六卿無得私附王之庶子而妄立之，其意言單劉有私情，違古制也。何休難云：大夫不世，功而并爲公卿，通繼嗣，左氏爲短。鄭玄云：公卿之世有大功德，先王命所不絶者，何難？既非鄭荅，亦謬。單劉贊私立少，以間先王。間錯先王之制。亦唯伯仲叔季圖之。伯仲叔季，摠謂諸侯。閔馬父聞子朝之辭，曰：文辭以行禮也。子朝干景之命，遠晉之大，以專其志，無禮甚矣，文辭何爲？傳終王室亂。○遠，于萬反。○齊有彗星。出齊之分野，不書，魯不見。○彗，似歲反，又息遂反。分，扶問反。【疏】注出齊至不見。○正義曰：傳言齊有此星，而齊侯使禳之，明出齊之分野，出於玄枵之次也。彗卽孛也。文十四年有星孛入于北斗，十七年有星孛于大辰，彼皆書，此不書者，時魯不見，或陰不見。齊侯使禳之。祭以禳除之。○禳，如羊反。晏子曰：無益也，祇取誣焉。誣，欺也。○祇音支。天道不諂，諂，疑也。○諂，本又作慆，他刀反。不貳其命，若之何禳之？且天之有彗也，以除穢也。君無穢德，又何禳焉？若德之穢，禳之何損？詩曰：惟此文王，小心翼翼，昭事上帝，聿懷多福。厥德不回，以受方國。詩大雅。翼翼，共也。聿，惟也。回，違也。言文王德不違天人，故四方之國歸往之。○聿，戶橘反。【疏】詩曰至方國。○正義曰：詩大雅大明之篇也。惟此文王，愼小其心，翼翼然共順也。又能明事上天，惟行上天之道，思使自得多福。其德不有回邪，以受四方之國，言四方皆歸之。君無違德，方國將至，何患於彗？詩曰：我無所監，夏后及商。用亂之故，民卒流亡。逸詩也。言追監夏商之亡，皆以亂故。若德回亂，民將流亡，祝史之爲，無能補也。○夏，戶雅反，注同。公說，乃止。齊侯與晏子坐于路寢。公歎曰：美哉室！其誰有此乎？景公自知德不能久有國，故歎也。○說音悅，下注喜說同。晏子曰：敢問何謂也？公曰：吾以爲在德。對曰：如君之言，其陳氏乎？陳氏雖無大德，而有施於民。豆區釜鍾之數，其取之公也薄，謂以公量收。○施，式豉反，下出者皆同。區，烏侯反。量音亮，下同。其施之民也厚。謂以私量貸。○施如字，又始豉反。公厚斂焉，陳氏厚施焉，民歸之矣。詩曰：雖無德與女，式歌且舞。詩小雅。義取雖無大德，要有喜說之心，欲歌舞之。式，用也。○斂，力驗反。女音汝。【疏】詩曰至且舞。○正義曰：詩小雅車舝刺幽王也。陳氏之施，民歌舞之矣。後世若少惰，陳氏而不亡，則國其國也已。公曰：善哉！是可若何？對曰：唯禮可以已之。在禮，家施不及國，民不遷，農不移，工賈不變，守常業。○惰，徒臥反，本亦作隋，同。工賈音古，本亦作商賈。【疏】家施不及國。○正義曰：大夫稱家，家之所施，不得施及國人。言國人是國君之所有，大夫不得妄施遺之，以樹己私惠。陳氏施及國人，是違禮也。士不濫，不失職。官不滔，滔，慢也。○滔，吐刀反。慢，武諫反，本又作漫，武半反。大夫不收公利。不作福。【疏】大夫不收公利。○正義曰：尚書洪範曰：惟辟作福，惟辟作威。臣無有作福作威。臣之有作福作威，其害于而家，凶于而國。是言作福作威，君之利也。大夫不得聚收公利，自作福也。陳氏作福以招國人之心，施民作福，是收公利也。公曰：善哉！我不能矣。吾今而後知禮之可以爲國也。對曰：禮之可以爲國也久矣，與天地竝。有天地則禮義興。【疏】禮之至地竝。○正義曰：天地人民莫知其始，但人稟陰陽之氣生於天地之間。天地既形，人民必育。易序卦曰：有天地然後有萬物，有萬物然後有男女，有男女然後有夫婦，有夫婦然後有父子，有父子然後有君臣，有君臣然後有上下，有上下然後禮義有所錯。是言有天地卽有人民，有人民卽有父子君臣。父子相愛，君臣相敬，敬愛爲禮之本，是與天地竝興。君令臣共，父慈子孝，兄愛弟敬，夫和妻柔，姑慈婦聽，禮也。君令而不違，臣共而不貳，父慈而教，子孝而箴，箴，諫也。○共音恭，下同。箴，之林反。兄愛而友，弟敬而順，夫和而義，妻柔而正，姑慈而從，從不自專。婦聽而婉，婉，順也。○婉，於阮反。禮之善物也。公曰：善哉！寡人今而後聞此禮之上也。對曰：先王所稟於天地，以爲其民也，是以先王上之。稟，受也。【疏】先王至上之。○正義曰：先古聖王所治理人民者，爲受陰陽之氣生於天地之中，以有上下之禮，乃可治其天下。又禮與天地同貴，是以先王上之。

經二十有七年春，公如齊。自鄆行。鄆音運。公至自齊，居于鄆。○夏四月，吳弒其君僚。僚亟戰民罷，又伐楚喪，故光乘間而動，稱國以弒，罪在僚。○弒，申志反，注同。僚，力彫反。亟，欺冀反。罷音皮。【疏】注僚亟至在僚。○正義曰：杜數僚之罪以示無道之驗。僚以十六年卽位，十七年與楚戰于長岸，二十三年伐州來，敗楚于雞父，其年又使大子諸樊入郹，二十四年滅巢及鍾離，此年又因楚喪而伐之，是其亟戰民罷，又伐楚喪，故光得乘間而動。稱國以弒，罪在僚也，言舉國皆欲弒之，非獨光之罪，故不書光弒。○楚殺其大夫郤宛。無極，楚之讒人，宛所明知而信近之，以取敗亡，故書名罪宛。○殺，始察反。郤，去逆反。宛，於阮反，又於元反。近，附近之近。【疏】無極至罪宛。○正義曰：文七年宋殺其大夫，傳曰：不稱名，非其罪也。死者無罪則不稱其名，是稱名者皆爲有罪矣。此郤宛書名，故杜跡其爲罪之狀，書名所以罪宛也。○秋，晉士鞅、宋樂祁犂、衞北宮喜、曹人、邾人、滕人會于扈。祁，力兮反，又力之反。扈音戶。○冬十月，曹伯午卒。無傳。未同盟而赴以名。○午音五。○邾快來奔。無傳。快，邾卿也，故書。○快，苦怪反。【疏】注快邾至故書。○正義曰：邾是小國，其臣見於經者甚少，唯此與襄二十三年邾畀我來奔，書者二人而已。釋例曰：魯之叔孫父兄再命而書於經，晉之司空亞旅一命而經不書，推此知諸侯大夫再命以上皆書於經，自一命以下大夫及士，經皆稱人，名氏不得見，此皆典策之正文也。小國之卿或命而禮儀不備，或未加命數，故不書之。邾畀我之等，其奔亡亦多，所書唯數人而已，知其合制者少。杜言數人，謂此快與畀我及曹公孫會也。是言快是邾之命卿，備於禮成爲卿，故書也。快不書氏，蓋未賜族，無可稱也。○公如齊。自鄆行。公至自齊，居于鄆。無傳。

傳二十七年春，公如齊。公至自齊，處于鄆，言在外也。在外邑，故書地。○吳子欲因楚喪而伐之，前年楚平王卒。使公子掩餘、公子燭庸帥師圍潛。二子皆王僚母弟。潛，楚邑，在廬江六縣西南。○掩，於檢反。【疏】注二子至母弟。○正義曰：賈逵云然，當是相傳說耳，未必有正文也。三十年傳

此二公子奔楚楚子大封而定其徙子西諫曰吳光新得國若好吾邊疆使柔服焉猶懼其至吾又疆其讎以重怒之無乃不可乎謂此二子爲光之讎或當是僚母弟也

使延州來季子聘于上國。季子本封延陵後復封州來故曰延州來○復扶又反〔疏〕聘于上國○正義曰服虔云上國中國也蓋以吳辟在東南地勢卑下中國在其上流故謂中國爲上國也下云遂聘于晉則知上國之言不包晉矣當揔謂宋衞陳鄭之徒爲上國耳亦不知其時聘幾國也經不書未必不至魯檀弓云延陵季子適齊於其反也其長子死葬於嬴博之間鄭玄云魯昭二十七年吳公子札聘於上國是也如鄭之言此時或聘齊也○注季子至州來○正義曰襄三十一年注云延州來季札邑此又分析之言本封延陵後復封州來故曰延州來成七年吳入州來注云楚邑淮南下蔡縣是也十三年吳滅州來二十三年傳云吳伐州來楚薳越救之則州來未爲吳有不可以封札也釋例土地名延州來闕則延陵州來竝闕不知其處杜意當謂吳地別有州來非楚邑也鄭玄云季子讓國居延陵因號焉襄二十九年公羊傳曰季子去之延陵終身不入吳國然則季子雖讓國猶尚仕爲吳卿非自寘於彼地吳世家云季札封于延陵故號曰延陵季子杜言封是也封謂賜之爲采邑耳

遂聘于晉以觀諸侯。觀彊弱

楚莠尹然、工尹麇帥師救潛。二尹楚官然麇其名○莠由九反麇九倫反〔疏〕注二尹楚官○正義曰楚官多以尹爲名知二尹是官名耳其莠王之義不可知也服虔云王尹主宮內之政莠不可解王未必然定本王作工

左司馬沈尹戌帥都君子與王馬之屬以濟師。都君子在都邑之士有復除者王馬之屬王之養馬官屬校人也濟益也○戌音恤復音福校胡孝反〔疏〕注都君至校人○正義曰都謂國都在都君子明是在都邑之士也都邑之士以君子爲號故知是有復除者謂優復其身除其繇役賈逵云然今之律令猶名放課役者爲復除是漢世以來有此言也此人或別有功勞或曲蒙恩澤平常免其繇役事急乃使之耳周禮校人掌養馬知王馬之屬是王之養馬之官屬也校人職云凡頒良馬而養乘之乘馬一師四圉三乘爲皁皁一趣馬三皁爲繫繫一馭夫六繫爲廏廏一僕夫六廏成校校有左右駑馬四良馬之數麗馬一圉八麗一師八師一趣馬八趣馬一馭夫諸侯六閑養馬之人多矣此唯養馬不給餘役今亦事急而徵使之

與吳師遇于窮。令尹子常以舟師及沙汭而還。沙水名○汭如銳反〔疏〕遇于窮○正義曰土地名窮闕也本或窮下有谷字者爲定七年傳敗尹氏于窮谷涉彼而誤耳

左尹郤宛、工尹壽帥師至于潛。吳師不能退。楚師彊故吳不得退去

吳公子光曰。此時也。弗可失也。欲因其師徒在外國不堪役以弒王○弒申志反下文同

告鱄設諸曰。上國有言曰。不索何獲。我王嗣也。吾欲求之。光吳王諸樊子也故曰我王嗣○鱄音專上國賈云上國與中國同服云上古國也索所白反〔疏〕上國有言○正義曰賈逵云上國中國也服虔云上國謂上古之國賢士所言也此猶如上文聘于上國則賈言是也○注光吳至王嗣○正義曰吳世家云吳王壽夢有子四人長曰諸樊次曰餘祭次曰餘昧次曰季札季札賢而壽夢欲立之季札讓不可乃立諸樊諸樊卒有命授弟餘祭欲傳以次必致國於札兄弟皆欲致國令以漸至焉餘祭卒弟餘昧立餘昧卒欲授季札札讓逃去於是吳人曰先王有命必致季子今逃位則餘昧後立今卒其子當代乃立餘昧之子僚爲王公子光者王諸樊之子也常以爲吾父兄弟四人當傳至季子季子不受光父先立若既不傳季子光當立遂殺王僚光代立爲王是史記以光爲諸樊之子僚爲夷昧之子也襄二十九年公羊傳曰謁也餘祭也夷昧也與季子同母者四季子弱而才兄弟皆愛之同欲立之以爲君弟兄迭爲君而致國乎季子故謁也死餘祭也立餘祭也死夷昧也立夷昧也死則國宜之季子者也季子使而亡焉僚者長庶也即之闔閭曰將從先君之命與則國宜之季子者也如不從先君之命與則我宜立者也僚惡得爲君乎於是使專諸刺僚世本云夷昧及僚夷昧生光服虔云夷昧生光而廢之僚者夷昧之庶兄夷昧卒僚代立故光曰我王嗣也是用公羊爲說也杜言光吳王諸樊子用史記爲說也班固云司馬遷采世本爲史記而今之世本與遷言不同世本多誤不足依馮故杜以史記爲正也光言王嗣者言已是世適之長孫也

事若克。季子雖至。不吾廢也。至謂聘還

鱄設諸曰。王可弒也。母老子弱。是無若我何。猶言我無若是何欲以老弱託光〔疏〕注猶言至託光○正義曰古人言有顚倒故杜以爲是無若我何猶言我無若是何恐已死之後不能存立欲以老弱託光也彭仲傳云當言是無我若何我母無我當如何我字當在若上

光曰。我爾身也。言我身猶爾身

夏四月。光伏甲於堀室而享王。掘地爲室○堀本又作窟同苦忽反掘其勿反又其月反

王使甲坐於道及其門。坐道邊至光門

門階戶席。皆王親也。夾之以鈹。羞者獻體改服於門外。羞進食也獻體解衣○夾古洽反又古協反下同鈹普皮反說文云劍也〔疏〕門階至親也正義曰言從門至階從階至戶從戶至席皆是王之親兵也○鈹○正義曰說文云鈹劍也則鈹是劍之別名

坐行而入。坐行膝行

執鈹者夾承之。承執羞者

及體以相授也。鈹及進羞者體以所食授王〔疏〕及體以相授○正義曰鈹之鋒刃及進羞者體也王之左右必更有人受羞以進王故言相授也雖則相授進羞者得至王所

光僞足疾。入于堀室。恐難作王黨殺己素辟之○難乃旦反

鱄設諸寘劍於魚中以進。全魚炙○寘之豉反炙章夜反〔疏〕注全魚炙○正義曰吳世家云鱄諸置匕首於炙魚之中以進食手匕首刺王僚匕首者劒首如匕匙手匕首謂執匕首也

抽劒刺王。鈹交於胷。交鱄諸胷○抽勑留反刺七亦反

遂弒王。闔廬以其子爲卿。闔廬光也以鱄諸子爲卿○闔戶臘反

季子至。曰。苟先君無廢祀。民人無廢主。社稷有奉。國家無傾。乃吾君也。吾誰敢怨。哀死事生。以待天命。非我生亂。立者從之。先人之道也。吳自諸樊以下兄弟相傳而不立適是亂由先人起也季子自知力不能討光故云爾○傳直專反適丁歷反

復命哭墓。復使命於僚墓○使所吏反

復位而待。復本位待光命

吳公子掩餘奔徐。公子燭庸奔鍾吾。鍾吾小國

楚師聞吳亂而還。言聞吳亂明郤宛不取賂而還

○郤宛直而和。國人說之。以直事君以和接類○說音悅

鄢將師爲右領。右領官名○鄢於晚反又烏戶反

與費無極比而惡之。惡郤宛○費扶味反比毗志反惡烏路反注同

令尹子常賄而信讒。無極譖郤宛焉。謂子常曰。子惡欲飲子酒。子惡郤宛○賄乎罪反譖側鴆反飲於鴆反

又謂子惡。令尹欲飲酒於子氏。子惡曰。我賤人也。不足以辱令尹。令尹將必來辱。爲惠已甚。吾無以酬之。若何。酬報獻

無極曰。令尹好甲兵。子出之。吾擇焉。擇取以進子常○好呼報反

取五甲五兵。曰。寘諸門。令尹至。必觀之。而從以酬之。曰無極辭〔疏〕取五甲五兵○正義曰周禮司右云凡國之勇力之士能用五兵者屬焉鄭引司馬法曰弓矢圍殳矛守戈戟助凡五兵長以衞短短以救長然則弓矢殳矛戈戟五者皆名爲兵此云五兵當是一種器耳不知取何兵也服虔云兵戟也

及饗日。帷諸門左。張帷陳甲兵其中

無極謂令尹曰。吾幾禍子。子惡將爲子不利。甲在門矣。子必無往。且此役也。此春救潛之役○幾音祈

吳可以得志。子惡取賂焉而還。又誤羣帥。使退其師。曰。乘亂不祥。吳乘我喪。我乘其亂。不亦可乎。令尹使視郤氏。則有甲焉。不往。召鄢將師而告之。告子惡門有甲兵將害己

將師退。遂令攻郤氏。且爇之。爇燒也○爇如悅反

子惡聞之。遂自殺也。國人弗爇。令曰。不爇郤氏。與之同罪。或取一編菅焉。或取一秉秆焉。編菅苫也秉把也秆稾也○編必然反又必于反菅古顏反秆古但反說文云禾莖也或古旦反苫式占反李巡云編菅茅以覆屋曰苫把必馬反稾古老反〔疏〕注編菅至稾也○正義曰釋草云白華野菅郭璞云菅茅屬釋器云白蓋謂之苫李巡曰編菅以覆屋曰苫郭璞曰白茅苫也是編菅爲苫也束把一詩毛傳文也說文云秆禾莖也是爲稾也或取一片苫或取一

抱棐言民不肯燒之國人投之。遂弗爇也。令尹炮之。燒燔郤宛。○炮步交反，又彭交反。燔音煩。【疏】國人至炮之。○正義曰：國人投之，謂投菅秆於地，故遂不燒也。令尹炮之一句，是鄢將師令衆之辭。服虔云：民不肯爇也。鄢將師稱令尹使女燔炮之。燔、炮、爇皆是燒也。盡滅郤氏之族黨。殺陽令終、與其弟完及佗。令終，陽匄子。○佗，走何反。匄，古害反。與晉陳、及其子弟。晉陳，楚大夫，皆郤氏之黨。晉陳之族。呼於國曰：鄢氏、費氏自以爲王，專禍楚國，弱寡王室，蒙王與令尹以自利也。蒙，欺也。○呼，火故反。令尹盡信之矣，國將如何？令尹病之。爲下殺無極張本。○秋，會于扈，令戍周，且謀納公也。宋、衛皆利納公，固請之。范獻子取貨於季孫，謂司城子梁與北宮貞子子梁，宋樂祁也。貞子，衛北宮喜。曰：季孫未知其罪，而君伐之，請囚、請亡，於是乎不獲。君又弗克，而自出也，夫豈無備而能出君乎？季氏之復，天救之也。復猶安也。休公徒之怒，休，息也。而啓叔孫氏之心。不然，豈其伐人而說甲執冰以游。叔孫氏懼禍之濫，而自同於季氏，天之道也。魯君守齊，三年而無成。季氏甚得其民，淮夷與之，淮夷，魯東夷。○說，他活反。【疏】懼禍至道也。○正義曰：言季氏無罪，而公濫討之，叔孫氏亦懼禍之濫及於己，而自同心於季氏，俱叛公，此乃天之常道也。有十年之備，有齊、楚之援，公雖在齊，言齊不致力。○有天之贊，有民之助，有堅守之心，有列國之權，而弗敢宣也，宣，用也。○守，手又反。事君如在國。書公行，告公至，是也。故鞅以爲難。二子皆圖國者也，而欲納魯君，鞅之願也。請從二子以圍魯。無成，死之。二子懼，皆辭。乃辭小國，而以難復。以難納白晉君。孟懿子、陽虎伐鄆。陽虎，季氏家臣。【疏】孟懿至伐鄆。○正義曰：伐鄆，欲奪公鄆，使公不得居也。不書者，伐公逆事，不可以告廟，國史無由得書。鄆人將戰。子家子曰：天命不慆久矣。慆，疑也。言弃君不疑。○慆，他刀反。使君亡者，必此衆也。言君據鄆衆以與魯戰，必敗亡。天既禍之，而自福也，

不亦難乎？猶有鬼神，此必敗也。【疏】猶有至敗也。○正義曰：言尚有鬼神以助君，此戰必當敗也，況無鬼神乎。嗚呼！爲無望也夫，其死於此乎！公使子家子如晉，公徒敗于且知。且知，近鄆地也。○夫音扶。且，子餘反。近，附近之近。○楚郤宛之難，國言未已，進胙者莫不謗令尹。進胙，國中祭祀也。謗，詛也。○難，乃旦反。年末同。胙，才故反。詛，側慮反。沈尹戌言於子常曰：夫左尹與中廄尹莫知其罪，而子殺之，以興謗讟，至于今不已。左尹，郤宛也。中廄尹，陽令終。○廄，九又反。讟音獨。戌也惑之。仁者殺人以掩謗，猶弗爲也。今吾子殺人以興謗，而弗圖，不亦異乎？夫無極，楚之讒人也，民莫不知。去朝吳，在十五年。○去，起呂反。朝如字，下朝夕同。出蔡侯朱，在二十一年。喪大子建，殺連尹奢，在二十年。○喪，息浪反。屏王之耳目，使不聰明。不然，平王之溫惠共儉，有過成、莊，無不及焉。所以不獲諸侯，邇無及也。邇，近也。○近，附近之近。今又殺三不辜，以興大謗，三不辜，郤氏、陳氏、晉陳氏。幾及子矣。子而不圖，將焉用之？夫鄢將師矯子之命，以滅三族，國之良也，而不愆位。在位無愆過。○幾音祈，又音機。焉，於虔反。矯，居表反。愆，起虔反。【疏】鄢將師矯子之命。○正義曰：令尹召鄢將師告之，以郤宛門有甲耳，不令攻郤宛也。鄢將師退而令衆使攻之，是矯令尹命也。吳新有君，光新立也。疆埸日駭。楚國若有大事，子其危哉！知者除讒以自安也，今子愛讒以自危也，甚矣其惑也！子常曰：是瓦之罪，敢不良圖。九月己未，子常殺費無極與鄢將師，盡滅其族，以說于國。謗言乃止。○冬，公如齊。齊侯請饗之。設饗禮。○疆，居良反。埸音亦。知音智。子家子曰：朝夕立於其朝，又何饗焉？其飲酒也。乃飲酒，使宰獻而請安。比公於大夫也。禮，君不敵臣，宴大夫使宰爲主，獻爵也。請安，齊侯請自安，不在坐也。○坐，才臥反。【疏】朝夕至飲酒。○正義曰：禮爲諸侯相爲賓主，國待之有享食燕三禮。享爲大。鄭玄云：享謂享大牢以飲賓，是爲禮之大者。子家以公雖居鄆，以齊爲主，此年已再如齊，數相見，不爲賓客，故言朝夕立於其朝，又何須設

饗禮焉。其飲酒也，勸其用宴禮而飲酒耳。○注比公至坐也。○正義曰：燕禮者，公燕大夫之禮也。公雖親在，而別有主人。鄭玄云：主人，宰夫也。宰夫，大宰之屬，掌賓客之獻飲食者也。君於其臣雖爲賓，不親獻，以其尊，莫敢伉禮也。今齊侯與公飲酒，而使宰獻，是比公於大夫也。獻爵者，禮有三酌：獻也，酬也，酢也。獻、酬是主人獻賓，唯酢是賓荅主人耳。禮君不敵臣，宴大夫使宰爲主，即燕禮是其事也。杜以宰獻而請安，謂齊侯請自安於別室，不在坐也。劉炫云：案燕禮，司正洗角觶，南面坐奠于中庭，升東楹之東，受命西階上，北面命卿大夫，君曰：以我安。卿大夫皆對曰：諾，敢不安。彼是請客使自安，當如彼使宰請魯侯自安耳。主人請安，謂主人使司正請安于賓。服虔亦然。杜今云齊侯請自安，非也。今知不然者，案鄉飲酒禮，賓主相敵，主人亦請安于賓。然則齊侯與公敵禮，安賓乃是常事，何須傳載其文以見卑公之義？明是齊侯請欲自安，不在其坐，明慢公之甚。劉不審思此理，用燕禮請安之義而規杜，非也。子仲之子曰重，爲齊侯夫人，曰：請使重見。子仲，魯公子慭也。十二年謀逐季氏，不能而奔齊。今行飲酒禮而欲使重見，從宴媟也。○重，直勇反，又直恭反。見，賢遍反，注同。慭，魚覲反。媟，息列反。子家子乃以君出。辟齊夫人。十二月，晉籍秦致諸侯之戍于周。魯人辭以難。經所以不書成周。籍秦，籍談子。

經二十有八年，春，王三月，葬曹悼公。無傳。六月而葬，緩。

○公如晉，次于乾侯。○乾侯在魏郡斥丘縣，晉竟內邑。斥音尺，一音昌夜反。竟音境。傳同。○夏四月丙戌，鄭伯寧卒。無傳。未同盟而赴以名。○六月，葬鄭定公。無傳。三月而葬，速。○秋七月癸巳，滕子寧卒。無傳。未同盟而赴以名。冬，葬滕悼公。無傳。

傳二十八年春，公如晉，將如乾侯。齊侯卑公，故適晉。子家子曰：有求於人，而即其安，人孰矜之？其造於竟。欲使次於竟以待命。○造，七報反。弗聽。使請逆於晉。晉人曰：天禍魯國，君淹恤在外，君亦不使一个辱在寡人。一个，單使。○个，古賀反。注同。單使，所吏反。而即安於甥舅，其亦使逆君。言自使齊逆君。使公復于竟，而後逆之。逆者，乾侯也。言公不能用子家，所以見辱。○著，中署反。一音直署反。晉祁勝與鄔臧通室。二子，祁盈家臣也。通室，易妻。○祁，巨支反。字林云：太原縣。上戶反。鄔，舊音烏戶反，又音偃。案地名在周者烏戶反，隱十一年王取鄔劉是也；在鄭者音偃，成十六年戰于鄢陵是也；在楚者於建反，又音偃，昭十三年王沿夏將入鄢是也；在晉者於庶反，字林乙祛反，郭璞三倉解詁音厥於庶反，闕騶音厭飫之飫，重言之。太原有鄔縣，唯周地者從烏，餘皆從焉。字林亦作鄔，音同。傳云分祁氏之田以爲七縣，司馬彌牟爲鄔大夫，即太原縣也。鄔臧宜以邑爲氏，於焉反，舊音誤。祁盈將執

之。盈，祁午之子。訪於司馬叔游。叔游，司馬叔侯之子。叔游曰：鄭書有之：『惡直醜正，實蕃有徒。』鄭書，古書名也。言害正直者實多徒衆。○惡，如字，又烏路反。蕃音煩。【疏】「惡直至有徒」○正義曰：以直爲惡，以正爲醜，惡直醜正，事正道如此人者，實蕃多有徒衆。言時世亂，善者少，從惡者多。無道立矣，子懼不免。言世亂，讒勝。詩曰：『民之多辟，無自立辟。』詩大雅。辟，邪也。辟，法也。○多辟，本又作僻，匹亦反。立辟，婢亦反。【疏】注「詩曰」至「立辟」○正義曰：詩大雅板之篇，刺厲王之詩。辟，邪也；辟，法也。言民之多有邪辟者，於此之時，無自謂所立者爲法。是言無道之世法不可爲。古辟、辟字同音，異耳。姑已若何。姑，且也。已，止也。盈曰：祁氏私有討，國何有焉。言討家臣，無與國事。○與音預。遂執之。祁勝賂荀躒，荀躒爲之言於晉侯，晉侯執祁盈。以其專戮。○爲，于僞反。祁盈之臣曰：鈞將皆死，鈞，同也。【疏】「鈞將皆死」○正義曰：鈞，同也。殺勝與臧，盈亦死；不殺，盈亦死。同將皆死，不如殺之，使盈聞而快意。慭使吾君聞勝與臧之死也以爲快。慭，魚覲反。慭，發語之音。乃殺之。夏，六月，晉殺祁盈及楊食我。楊食我，叔向子伯石也。楊，叔向邑。○食音嗣。向，許丈反。食我，祁盈之黨也，而助亂，故殺之。遂滅祁氏、羊舌氏。初，叔向欲娶於申公巫臣氏。夏姬女也。○娶，七主反。夏，戶雅反，注同。其母欲娶其黨。叔向曰：吾母多而庶鮮，吾懲舅氏矣。言父多妾媵而庶子鮮少，嫌母氏性不曠。○鮮，息淺反，注皆同。懲，直升反。媵，繩證反，又時證反。【疏】「吾母多」○正義曰：言父多妾媵而謂之母多者，意言庶弟少，據庶弟而發言，故謂父妾爲母耳。其母曰：子靈之妻殺三夫，子靈，巫臣。妻，夏姬也。三夫，陳御叔、楚襄老及巫臣也。時巫臣已死。【疏】「殺三夫」○正義曰：三夫皆自命盡而死，其不由夏姬，而云殺三夫者，婦之配夫，欲其偕老，其夫數死，是妻之薄相，故以爲夏姬之咎。一君、陳靈公。一子，夏徵舒。而亡一國、陳也。兩卿矣。孔寧、儀行父。【疏】「一君至兩卿」○正義曰：一君一子，蒙上殺文；兩卿亦蒙亡文也。以兩卿棄位出奔，身不死，故爲亡也。此事皆宣十年、十一年傳。可無懲乎？吾聞之：甚美必有甚惡。是鄭穆少妃姚子之子，子貉之妹也。子貉，鄭靈公夷。○少，詩照反。貉，亡白反。【疏】「甚美必有甚惡」○正義曰：物忌大盛，善不可常。暑往寒來，晝明夜暗，孰能爲此者？天地。天地尚不能常，況人乎？故甚美必有甚惡也。甚美謂夏姬之身，甚惡當在其後，言其種胤當惡，故禁其子取之。子貉早死無後，而天鍾美於是，是，夏姬也。鍾，聚也。子貉死在宣四年。【疏】「子貉至於是」○正義曰：此因鄭靈早夭，而夏姬美，推之爲此言耳，不是兄早死

而妹必美也。猶今俗語云云：衰家女未必慧慧。將必以是大有敗也。【疏】「將必至敗也」○正義曰：夏姬淫或喪國滅家，叔向之母猶謂未是大敗，故言將必以是大有敗也。十四年傳稱施邢侯者或是夏姬之男，此殺楊食我又是夏姬之外孫，其種類蓋盡矣。昔有仍氏生女黰黑，有仍，古諸侯也。美髮爲黰。○黰，之忍反。說文作㐱，又作鬒，云：稠髮也。【疏】「生女黰黑」○正義曰：黰即鬒也。詩云：「鬒髮如雲。」毛傳云：「鬒，黑髮也。如雲，言美長也。」說文云：「鬒，稠髮也。」然則鬒者，髮多長而黑美之貌也。此傳黰下有黑，則黰文不兼於黑，故賈、杜皆云美髮爲黰。而甚美光可以鑑，髮膚光色可以照人。○鑑，古暫反，鏡也。【疏】注「髮膚至照人」○正義曰：傳於黰黑甚美之下，乃云光可以鑑，知髮與肌膚二者光色皆可以照人。名曰玄妻。以髮黑故。樂正后夔取之，夔，舜典樂之君長。○夔，求龜反。取，如字，又七住反。【疏】注「夔舜至君長」○正義曰：尚書舜典云：帝曰：夔，命汝典樂，教胄子。是夔爲舜之典樂官也。正，長也。后，君也。故云典樂之君長。王朝公卿，故以后言之，猶謂爲后稷。生伯封，實有豕心，貪惏無饜，忿纇無期，謂之封豕。纇，戾也。封，大也。○長，丁丈反。惏，力耽反。方言云：楚人謂貪爲惏。饜，亦作厭，於鹽反。纇，又作類，立對反。服作類。【疏】「生伯至封豕」○正義曰：豕心，言其心似猪，貪而無恥也。方言云：晉魏河內之北謂惏爲殘，楚謂之貪，則惏亦貪也。賈逵云：惏者，食也。其人貪者財利飲食無饜足，忿怒狠戾無有期度，時人謂之大猪。○注「纇戾也封大也」○正義曰：以纇、忿共文，則纇亦似忿，故以爲戾，言狠戾也。定四年傳：封豕長蛇相對，知封爲大也。服虔云：忿怒其類，以饜其私，無期度也。有窮后羿滅之，夔是以不祀。羿篡夏后者。○羿音藝。篡，初患反。且三代之亡，共子之廢，皆是物也。夏以妹喜，殷以妲己，周以褒姒，三代所由亡也。共子，晉申生，以驪姬廢。○共音恭，本亦作恭。妹喜，本或作嬉，音同。國語云：桀伐有施，有施氏以妹喜女焉。韋昭注漢書云：嬉，姓也。妲，丁達反；己音紀。國語云：有蘇氏之女也。韋昭云：己，姓也。褒姒音似，龍漦所生，褒人所養者也。毛詩云：姒，姓也。鄭箋云：姒，字也。驪姬本又作麗，同力知反。獻公伐驪戎所得，而以爲夫人。穀梁傳云：滅虢所得。莊子云：艾封人之子。【疏】注「夏以至姬廢」○正義曰：晉語云：史蘇曰：昔夏桀伐有施，有施氏以妹嬉女焉，妹嬉有寵，於是與伊尹比而亡夏。殷辛伐有蘇，有蘇氏以妲己女焉，妲己有寵，於是與膠鬲比而亡殷。周幽王伐有褒，褒人以褒姒女焉，褒姒有寵，生伯服，於是與虢石甫比，逐大子宜臼而立伯服。大子奔申，申人、鄫人召西戎以伐周，周於是乎亡。是三代所由亡之事也。共子之事具見於傳。女何以爲哉？夫有尤物，足以移人。苟非德義，則必有禍。尤，異也。○女音汝。【疏】「苟非至有禍」○正義曰：苟，誠也。誠不以德義自持，則必有禍。叔向懼，不敢取。平公強使取之，生伯石。伯石始生，子容之母走謁諸姑，子容母，叔向嫂，伯華妻也。姑，叔向母。○敢取，七住反，又如字。強，其丈反。嫂，素早反。兄妻也，依字宜如此。曰：長叔姒生男。兄弟之妻相謂姒。○長，丁丈反。

【疏】注「兄弟至謂姒」○正義曰：相謂者，幼者謂長爲姒也。子容是伯華之子，其兄弟伯華最長，叔向次之，其餘諸弟皆小於叔向也。故謂叔向爲長叔，叔向之妻其年長於子容母，故稱長叔姒也。釋親云：女子同出，謂先生爲姒，後生爲娣。孫炎曰：同出，俱嫁事一夫也。公羊傳曰：娣者何？弟也。此其義也。是言共事一夫者，長爲姒，幼爲娣，自以身之長幼生娣姒之名，其娣姒之名不由夫之長幼也。釋親又云：長婦謂稚婦爲娣婦，娣婦謂長婦爲姒婦。自以身之長稚相謂也。喪服小功章云：娣姒婦報。傳曰：娣姒婦者，弟長也。傳言弟長者，雙訓娣姒，言娣是弟，姒是長也。鄭玄云：娣姒婦者，兄弟之妻相名也。長婦謂稚婦爲娣婦，娣婦謂長婦爲姒婦，亦取爾雅之文以解弟長之義，是以身之長幼明矣。姑視之。及堂，聞其聲而還，曰：是豺狼之聲也。狼子野心。非是，莫喪羊舌氏矣。遂弗視。○秋，晉韓宣子卒，魏獻子爲政。獻子，魏舒。○豺，本又作犲，同仕皆反。喪，息浪反。分祁氏之田以爲七縣，七縣：鄔、祁、平陵、梗陽、塗水、馬首、盂也。○梗，古杏反。盂音于，下文同。分羊舌氏之田以爲三縣。銅鞮、平陽、楊氏。○鞮，丁兮反。司馬彌牟爲鄔大夫，太原鄔縣。賈辛爲祁大夫，太原祁縣。司馬烏爲平陵大夫，魏戊爲梗陽大夫，戊，魏舒庶子。梗陽在太原晉陽縣南。○戊音茂，又如字。知徐吾爲塗水大夫，徐吾，知盈孫。塗水，太原榆次縣。○知音智。次，資利反。韓固爲馬首大夫，固，韓起孫。孟丙爲盂大夫，太原盂縣。樂霄爲銅鞮大夫，上黨銅鞮縣。○霄音消。趙朝爲平陽大夫，朝，趙勝曾孫。平陽，平陽縣。○朝，如字。僚安爲楊氏大夫。平陽楊氏縣。【疏】「分祁至大夫」○正義曰：此祁氏與羊舌氏之田，舊是私家采邑。二族既滅，其田歸公，分爲十縣，爲公邑，故選置大夫也。傳文先祁後羊舌，故依下文選置大夫之次，上七縣爲祁氏之田，下三縣爲羊舌氏之田。且五年傳謂伯石爲楊石，明楊氏是羊舌之田也。家語與史記皆謂羊舌赤爲銅鞮伯華，是銅鞮亦羊舌邑也。平陽之次在銅鞮、楊氏之間，知亦羊舌邑也。謂賈辛、司馬烏爲有力於王室，二十二年，辛、烏帥師納敬王。○僚，力彫反。【疏】注「二十至敬王」○正義曰：二十二年傳曰：晉籍談、荀躒、賈辛、司馬督帥師軍于陰，于侯氏，于谿泉，次于社。賈辛軍谿泉，司馬督次于社。督即烏也。此衆軍並爲伐子朝，欲納敬王。故舉之。謂知徐吾、趙朝、韓固、魏戊，餘子之不失職，能守業者也。卿之庶子爲餘子。○【疏】注「卿之至餘子」○正義曰：宣二年傳云：官卿之適以爲公族，又官其餘子亦爲餘子，其庶子爲公行。注云：餘子，適子之母弟也。庶子，妾子也。彼適庶分爲三等，故餘子與庶子異。此無所對，故摠謂庶子爲餘子也。此四人之內，當有妻生、妾生者也。知徐吾、韓固是卿之孫也，趙朝卿之曾孫也，而並稱餘子者，言其父祖是餘子，就餘子子孫之內選其賢者而用之。此四人不失常職，能守其父祖之業者也。其四人者，

皆受縣而後見於魏子。以賢舉也。四人司馬彌牟孟丙樂霄僚安也受縣而後見言采衆而舉不以私也○見賢遍反注及下見魏子並同魏子謂成鱄。鱄晉大夫○鱄音剸又市轉反又音附吾與戊也縣。人其以我爲黨乎。對曰。何也。戊之爲人也。遠不忘君。遠疏遠也近不偪同。不偪同位○偪彼力反居利思義。不苟得在約思純。無濫心有守心而無淫行。雖與之縣。不亦可乎。【疏】對曰至可乎○正義曰遠不忘君言職雖疏遠而心在公室常忠敬也近不偪同言親近有寵不偪迫同位常謙共也居利思義臨財不苟得思義可取乃取之也在約思純處貧匱而思純固無叨濫之心也有守善之心而無淫邪之行雖則親子而與之縣不亦可乎昔武王克商。光有天下。光大也○行下孟反其兄弟之國者十有五人。姬姓之國者四十人。皆舉親也。夫舉無他。唯善所在。親疏一也。【疏】昔武至一也○正義曰由武王克商得封建諸國歸功於武王耳此十五國或有在後封者非武王之時盡得封也尚書康誥之篇周公營洛之年始封康叔于衛洛誥之篇周公致政之年始封伯禽于魯明知武王之時兄弟未盡封也僖二十四年傳稱周公弔二叔之不咸故封建親戚以蕃屏周亦以周公爲制禮之主故歸功於周公耳非盡周公封也九年傳曰文武成康之封建母弟則康王之世尚有封國宣王方始封鄭非獨武王周公封諸國也僖二十四年傳數文之昭也有十六國此言十五人者人異故說異耳非武王封十五周公始加一也以魯衛驗之知周公所加非唯一耳詩曰。唯此文王。帝度其心。莫其德音。其德克明。克明克類。克長克君。王此大國。克順克比。比于文王。其德靡悔。既受帝祉。施于孫子。詩大雅美文王能王大國受天福施及子孫○唯此文王詩作唯此王季度待洛反下及注同莫亡白反又如字爾雅云貊莫安定也下及注同長丁丈反下及注同○王此于況反注能王同祉音恥施以豉反注同【疏】詩曰至孫子○正義曰詩大雅皇矣之篇美文王之德也唯此文王之身爲天帝所佑天帝開度其心令其有揆度之惠所度前事莫不皆得其中也又使之莫然安靜其德教之善音施之於人則皆應和之也又能有監昭在下之明又能有勤施無私之善又能敎誨不倦有爲人師長之德又能賞善刑惡有爲人君上之度既有人君之德故爲人君王此周之大邦也其施教令能使國人偏服而順之既爲國人順服又能擇人之善者比方其善乃從而用之以此文王之德比于上世有能經緯天地文德之王如堯舜之輩其此詩人稱比較于文王之九德其德皆是無爲人所悔吝者言文王之德堪比或以爲比于前世文德之王義亦通也以此之故既受天之祉福施及于後世之子孫得使長王天下也此章文次如此者德皆天之所授故先言帝度其心明以下皆蒙帝文也德由心起故先言心能度物也心既能度然後能施爲政教故次莫其德音言變政教清靜也爲君所以施政故先言政教清靜乃論身內之德故次能明也能善其明與善還是德音之事施之於人有照臨之明勤心之善耳心能施而無私乃可爲人君長故次克長克君長即師也學記曰能爲師然後能爲長能爲長然後能爲君故先長後君也既言堪爲人君即說爲君之事故言王此大邦也既爲大邦之君能使國人順服故次克順也民既順服又須擇善用之故次克比也比于文王其德無所可悔故言受天之福澤流後世以結之此傳言唯此文王毛詩作維此王季經涉亂離師有異讀後人因而兩存不敢追改今王肅注毛詩及韓詩亦作唯此文王鄭注毛詩作維此王季故解比于文王言王季之德可以比于文王也劉炫云此作唯此文王不可以文王之德還自比文王故知比于文王可以比于上代文德之王也心能制義曰度。帝度其心【疏】心能制義曰度○正義曰心能制斷時事使合於義是爲善揆度也言預度未來之事皆得中也德正應和曰莫。莫然清靜○應應對之應下如字又胡臥反【疏】德正應和曰莫○正義曰毛詩莫作貊樂記引此詩亦作莫釋詁云貊莫安定也郭璞云皆靜定毛傳云貊靜也其德既正爲政清靜故有所施爲民皆應和易繫辭曰君子居其室出其言善則千里之外應之即此義也莫是清靜之意故杜云莫然清靜照臨四方曰明。勤施無私曰類。施而無私物得其所無失類也○施式豉反注及下同【疏】注施而無私至類也○正義曰勤行施惠情無偏私物皆得所是無失類也鄭玄云類善也無失類者不失善之類也教誨不倦曰長。教誨長人之道賞慶刑威曰君。作威作福君之職也【疏】賞慶刑威曰君○正義曰人君執賞罰之柄以賞慶人以刑威物是爲君之道慈和偏服曰順。唯順故天下偏服○偏音遍注同【疏】慈和偏服曰順○正義曰人君執慈心以惠下用和善以接物則天下偏服而順從之故爲順也易繫辭云天之所助者順故杜云唯順故天下偏服擇善而從之曰比。比方善事使相從也經緯天地曰文。經緯相錯故織成文【疏】經緯天地曰文○正義曰易稱聖人先天而天弗違後天而奉天時言德能順天隨天所爲如經緯相錯織成文章故爲文也九德不愆。作事無悔。九德上九曰也皆無愆過則動無悔吝○吝力仞反故襲天祿。子孫賴之。襲受也主之舉也。近文德矣。所及其遠哉。舉魏戊等勤施無私也其四人者擇善而從故曰近文德所及遠也○近附近之近【疏】注近文德所及遠○正義曰成鱄引此詩者唯欲取克類克比二事同於文王故云近文德矣文王以有此德故得施于子孫魏子所近文德亦將所及遠也賈辛將適其縣。見於魏子。魏子曰。辛來。昔叔向適鄭。鬷蔑惡。惡貌醜○鬷音子工反欲觀叔向。從使之收器者。從隨也隨使人應斂俎豆者【疏】從使之收器者○正義曰下云叔向將飲酒將欲舉爵而飲此則飲猶未畢使者擬收器耳未即收也而往立於堂下。一言而善。叔向將飲酒。聞之曰。必鬷明也。素聞其賢故聞其言而知之【疏】一言而善○正義曰舊說云一言者謂設由上徹由下下。執其手以上。曰。昔賈大夫惡。賈國之大夫惡亦醜也○上時掌反下并注同娶妻而美。三年不言不笑。御以如皋。爲妻御之皋澤○娶七住反爲于僞反【疏】御以如皋○正義曰詩云鶴鳴于九皋是皋爲澤也如往也爲妻御車以往澤也射雉獲之。其妻始笑而言。賈大夫曰。才之不可以已。我不能射。女遂不言不笑夫。今子少不颺。顏貌不揚顯○射雉食亦反女音汝下同夫音扶颺音揚子若無言。吾幾失子矣。言不可以已也如是。遂如故知。今女有力於王室。吾是以舉女。因賈辛有功而後舉之言人不可無能○幾音祈【疏】遂如故知○正義曰遂如故舊相知行乎。敬之哉。毋墮乃力。墮損也○毋音無墮許規切仲尼聞魏子之舉也。以爲義。曰。近不失親。謂舉魏戊遠不失舉。以賢舉可謂義矣。又聞其命賈辛也。以爲忠。先賞王室之功故爲忠詩曰。永言配命。自求多福。忠也。詩大雅永長也言能長配天命致多福者唯忠【疏】詩曰至忠也○正義曰詩大雅文王之篇也言王者長自言我之所爲配上天之命而行之是自家衆多之福使歸已此詩之意言忠則然也言魏子能忠必有多福歸之魏子之舉也義。其命也忠。其長有後於晉國乎。冬。梗陽人有獄。魏戊不能斷。以獄上。上魏子○斷丁亂反其大宗賂以女樂。訟者之大宗魏子將受之。魏戊謂閻沒女寬曰。二人魏子之屬大夫○閻以占反主以不賄聞於諸侯。若受梗陽人賂。莫甚焉。吾子必諫。皆許諾。退朝待於庭。魏子朝君退而待於魏子之庭○聞如字又音問饋入召之。召二大夫食○饋求位反比置三歎。既食使坐。更命之令坐○比必利反令力呈反魏子曰。吾聞諸伯叔諺曰。唯食忘憂。吾子置食之間三歎。何也。同辭而對曰。或賜二小人酒。不夕食。或他人也言飢甚饋之始至。恐其不足。是以歎。中置自咎曰。豈將軍食之而有不足。是以再歎。魏子中軍帥故謂之將軍○咎其九反食之音嗣帥所類反本又作率同【疏】注魏子至將軍○正義曰晉使卿爲軍將謂之將中軍將上軍此以魏子

將中軍故呼爲將軍及六國以來遂以將軍爲官名蓋其元起於此及饋之畢。願以小人之腹。爲君子之心。屬厭而已。屬足也言小人之腹飽猶知厭足君子之心亦宜然○屬之玉反注同厭於豔反又於豔反注同獻子辭梗陽人。傳言魏氏所以興也

春秋左傳注疏卷五十二挍勘記　阮元撰盧宣旬摘錄

附釋音春秋左傳注疏卷第五十二 昭二十六年盡二十八年

經二十六年

亦是自齊也 宋本是下有至字是也

傳言王入在于朝奔後 宋本作傳云天王入淳熙本小字宋本作傳天王入

單子劉子來以東西 宋本監本來作桼

王入乃告諸侯 諸本作王此本誤三今改正

傳二十六年

爲公處鄆起 淳熙本閩本處作取按正義云爲下三月公處鄆以發端也則作處爲是也

縛一如瑱 石經宋本淳熙本岳本閩本監本縛作縳與釋文合

注瑱充耳 宋本以下正義八節揔入林雍乘注之下

緜下又縣玉爲瑱以塞耳 宋本縣作懸俗字

庚十六斗 淳熙本斗誤升

其下文瓬入云 宋本瓬作旊非也說文瓬从瓦方聲

羣臣不盡力于魯君者 石經于作於

欲行其說 諸本作其此本誤具今改正

宋元公爲魯君如晉 足利本公誤君

不知天之弃魯耶 石經宋本淳熙本小字宋本足利本耶作邪是也

君若待于曲棘 纂圖本毛本于改於

此即彼棘也 宋本此上有蓋字

成人伐齊師之飲馬于淄者 石經毛本于作於釋文同

齊子淵捷從洩聲子 釋文洩作泄是也

瓦楯脊 毛本脊作脊非釋文下有也字

野洩亦叱也 淳熙本纂圖本也作之

鬚鬢眉 釋文鬚作須云本又作鬚案作須正字也一變而爲鬒再變而爲鬚

必子彊也 石經彊作疆

鑿而乘於他車以歸 惠棟云說文鑿金聲也从金輕聲讀若春秋傳鑿而乘它車之鑿則傳本作鑿杌五謬倣杜訓爲一足行若從金輕聲與斷足無涉必傳寫之誤正義失考又按足部無鑿字蓋即踁字之異者

謂以擊也 宋本以下有刀字

尸在鞏縣西南偃師城 宋本淳熙本岳本纂圖本足利本尸下有氏字是也

劉子以王出 宋本以下正義二節揔入使女寬守闕塞注下

王子朝用成周之寶珪于河 諸本作珪此本誤桂今改正

工宿于褚氏 石經宋本岳本監本褚作褚釋文同

皆周地 宋本淳熙本地作邑是也

使汝寬守闕塞 釋文云女本亦作汝纂圖本閩本監本毛本亦作守闕石經宋本淳熙本岳本足利本作守闕是也陳樹華云水經注云昔大禹疏伊門以通水兩山相對望之若闕伊水歷其間北流故謂之伊闕矣春秋之闕塞也

壬昭王也 陳樹華云哀六年云楚子軫卒則昭王名軫疑壬非昭王或者即位後改名邪史記楚世家十二諸侯年表並作軫蓋傳寫異文伍子胥傳仍作軫

潰侵也 宋本淳熙本岳本纂圖本足利本侵作僈釋文作嫚

賂吾至從也 宋本此節正義在乃立昭王之下

晉師成公般戍周而還 石經宋本淳熙本岳本足利本師下有使字

莊宮在王城 毛本宮作公誤也

昔成王克殷 石經宋本淳熙本岳本纂圖本閩本監本毛本成作武定本亦作武

以蕃屏周 小字宋本蕃作藩釋文同云亦作蕃是也

昔武王克殷 宋本監本毛本作武此本誤成今改正宋本以下正義十五節揔入文辭何爲注下

是以理居處厲王于彘 監本理作禮非也

何肯不忍害 監本毛本下不字作王

與治王之政事 監本治字脫水旁

以同於王庭而言曰 韋注云褒人褒君共處曰同閩本監本毛本誤伺

周語云 案周當作晉

并去大子 此本大誤天據宋本毛本改閩本監本作太非此節上下大字監本皆誤作太

伯服古文作伯盤 段玉裁挍本盤作股按周禮司勳注引盤庚作般庚漢石經殘碑作股庚五經文字云石經變舟作月玉裁盤作股亦從舟之變體也

生頹禍心 石經宋本小字宋本作穨是也

惠襄辟難 釋文辟作避陳樹華云傳寫之譌

鄭生頃王巨 毛本頃作傾非也

咸黜不端 正義曰諸本咸或作減案惠棟云呂覽仲冬紀水泉減竭今月令作咸竭是咸爲古文減字

其傳詩有此句 毛本傳作傳誤也盧文弨挍本其下有左字

其誰敢請之 閩本亦誤請石經此處殘缺宋本淳熙本岳本纂圖本監本毛本作討是也

侵欲無厭 釋文厭作猒云本又作厭石經此處殘缺

規求無度 諸本作規石經此處缺段玉裁挍本作玩正義云本或作規謬也

貫瀆鬼神 諸本作貫說文引傳作摜

俗本作規 段玉裁挍本俗上有玩字是也

傲很威儀 纂圖本閩本監本毛本很作狠誤釋文作佷

先王謂景王 毛本先作宜非也

未有攸底 石經宋本淳熙本岳本底作厎是也注同○今並訂正

獎順天法 石經宋本淳熙本小字宋本獎作弉釋文同

無助狡猾 釋文作狡滑云本又作狡猾

年鈞以德德鈞以卜 後漢書盧植傳引傳鈞作均陳樹華云古字通也

亦唯伯仲叔季圖之 閩本毛本伯仲誤倒

子朝干景之命 毛本干誤于

注出齊至不見 宋本以下正義二節在公說乃止之下

明出齊之分野 監本明字模糊

祇取誣焉 石經祇作祇是也○今訂正

天道不謟 監本毛本謟作諂釋文云本又作慆陳樹華云論衡變虛篇引作不闇按依論衡則闇與謟媚字同韻或左傳古有作謟之本

惟此文王 宋本惟作唯今詩大明作維

翼翼然共順也 監本毛本順作慎按詩箋作翼翼恭慎貌

君無違德 案惠棟云論衡引作回德回邪也與上文不回下文回亂合

豆區釜鍾之數 岳本鍾作鐘

詩曰至且舞 宋本以下正義五節揔入是以先王上之注下

是與天地並興 盧文弨挍本是下有禮字

君令臣共 閩本監本共作恭非也石經共字重刊蓋初刻亦作恭也

父慈而教 毛本教誤敬

經二十七年

敗楚于雞父 宋本春秋正義卷三十二石經春秋經傳集解昭七第廿六岳本昭下有公字並盡三十二年諸本作父此本誤文今改正

又使大子諸樊入郥 毛本郥作鄖亦非宋本作郥是也

傳二十七年

注二子至母弟 宋本以下正義十六節揔入令尹病之注下

其長子死葬於嬴愽之間 宋本閩本監本毛本愽作博是也

此又分坼之 宋本正德本閩本坼作拆監本作折毛本作析

楚莠尹然工尹麇 釋文亦作工定本同纂圖本閩本監本毛本作王與正義本合孫志祖云下云刖有工尹壽此當作王尹

除其徭役 監本徭作傜下同是也

鬻馬四良馬之數 宋本監本毛本四作三不誤

與吳師遇于窮 纂圖本監本毛本于作於惠棟云水經注云水出安豐縣窮谷窮音戎唐石經窮下有谷字酈道元所引同正義以有谷字爲誤非也案石經谷字後人旁加

弗可失也 石經也字初刻誤巳後改正

不足依馮 閩本監本毛本馮作憑

彭仲傳云 宋本毛本傳作博是也

夏四月光伏甲於堀室而享王 釋文亦作堀云本又作窟陳樹華云史記夏四月下有丙子二字堀作窟下同初學記引亦作窟按作窟即釋文所謂又作之本也

入于堀室 顧炎武云石經堀誤作堀案石經不誤炎武非也

鈹交於胷 宋本淳熙本岳本胷作胸石經初刻作匈合於說文後改作胸俗字也此本作胷說文之或體也

無極譖郤宛焉 毛本極誤及

秆稾也 纂圖本稾作藁按稾正字也俗作稿作藁

白華野菅 宋本菅作管非下同

民弗肯爇也 宋本弗作不是也重脩監本爇誤埶

與其弟完及佗 石經佗字改刊

皆郤氏之黨 宋本淳熙本足利本無之字

懼禍至道也 宋本此節正義在注以難納白晉君之下

孟懿至伐鄅 宋本以下正義二節揔入注文且知近鄅地之下

嗚呼爲無望也夫 石經淳熙本嗚作烏是也古烏呼字不作嗚

平王之溫惠共儉 石經初刻共字作恭後改刊

郤氏陳氏晉陳氏 宋本淳熙本岳本纂圖本監本毛本陳氏作陽氏是也

鄢將師矯子之命 毛本命誤令宋本此節正義在謗言乃止之下

疆場日駭 諸本作疆此本誤彊今改正纂圖本監本毛本場誤埸

朝夕至飲酒 宋本以下正義二節揔入注辟齊夫人注下

有享食燕三禮 宋本燕作宴

享謂享大牢以飲賓 宋本無享謂二字非也大上享字作享與聘禮注合

掌賓客之獻飲食者也 諸本作客此本誤答今改正

彼是請客使自安 宋本閩本監本毛本客作賓是也

子仲魯公子慭也 宋本淳熙本岳本纂圖本毛本作憖釋文同此本及閩本誤慭今改正監本作愁尤非

經二十八年

經所以不書成周 宋本淳熙本岳本閩本成作戍是也纂圖本監本毛本誤戌

乾侯在魏郡斥邱縣 淳熙本魏作以非也

傳二十八年

逆者乾侯也 宋本淳熙本岳本纂圖本毛本者作著釋文同足利本逆作竟非也

晉祁勝與鄔臧通室 石經初刻作鄔改刻鄔字下司馬彌牟爲鄔大夫鄔字並同按依釋文則作鄔是改刻鄔非也

實蕃有徒 諸本作實詩周頌雝之篇正義引傳作寔

惡直至有徒 宋本以下正義十七節揔入姑視之節之下

民之多有邪辟者 宋本無者字

古辟辟字同音異耳 重脩監本異誤吳浦鏜云辟辟疑辟作辟辟字按孔本二字皆作辟故如此云猶前疏云乞與乞一字也

晉殺祁盈及楊食我 石經楊字木旁模糊毛詛父六經正誤云楊作楊誤非也此本及誤又依諸本改正

而天鍾美於是 毛本天作夭非也

子貉死在宣四年 淳熙本死誤飛

今俗語云云哀家女未必慧慧 宋監毛本云字不重次慧字下有家女未必哀五字是也

夏姬淫或 宋本或作惑

猶謂未是大敗 監本毛本是作得

昔有仍氏生女顆黑 漢書古今人表仍作扔師古曰扔音仍釋文云顆之忍反美髮也說文作㐱又作鬒云稠髮也

詩云鬒髮如絲 宋本監本毛本絲作雲是也

然則鬒者髮多長而黑美之貌也 毛本多誤當貌字監本作顏

以髮黑故 毛本髮黑二字誤倒

是夔爲舜之典樂官也 宋本樂下有之字

猶謂爲后稷 宋本謂下有稷字是也

忿怒其類 監本毛本類作纇是也

夏以妹喜 宋本淳熙本岳本纂圖本足利本妹作末是釋文云喜本或作嬉宋本正義同

以驪姬廢 釋文驪作孋云本或作麗穀梁亦作麗盧文弨云淮南說林訓王注楚詞思美人章皆作孋案驪與孋麗實一字耳

有蘇以妲己女焉 宋本蘇下有氏字與國語合

於是與膠華比而亡殷 宋本華作革監本毛本作鬲與國語合

平公強使取之 淳熙本強作彊非也

幼者謂長爲姒也 宋本長下有者字是也

知盈縣 宋本淳熙本岳本纂圖本足利本縣作孫是也

孟丙爲孟大夫 顧炎武云今本作孟丙者非漢書地理志云孟晉大夫孟丙邑以其爲孟大夫而謂之孟丙猶魏大夫之爲魏壽餘閻大夫之爲閻嘉邯鄲大夫之爲邯鄲午也

平陽平陽縣 閩本監本毛本下平字作巫非也

僚安爲楊氏大夫 纂圖本監本毛本楊作陳非也

分祁至氏大夫 宋本以下正義十八節揔入魏子之舉也義節下

謂伯石爲楊石 此本楊字模糊依監本毛本補正宋本作揚下同閩本誤作鴇

在銅鞮楊氏之閒 銅鞮閩本監本作銅鍉非是宋本楊作揚

韓固　毛本韓作魏非也
官卿之適以爲公族又官其餘子　宋本官並作宦是也
能守其祖父之業者也　閩本監本毛本脫者字
以魯衞驗之　毛本驗作言
詩曰唯此文王　釋文云詩作唯此王季陳樹華云傳文凡發語詞唯字俱從口其引詩書本句則從小前後一例此唯字應從小今詩作維
施于孫子　毛本于作於非也
爲天帝所佑　宋本佑作祐與詩皇矣正義同
令其有揆度之惠　監本毛本惠作慧按詩正義作惠
又能有監昭在下之明　宋本昭作照
勤心之善耳　宋本心作施是也
經涉亂懼　監本毛本懼作離按離正字懼俗字
注施而無私至類也　宋本監本毛本無無私二字
作威作福君之職也　詩大雅皇矣之篇正義引作作福作威君之道也
擇善而從之曰比　淳熙本比誤此注同
則飲猶未畢　監本毛本猶作酒非也
賈國之大夫惡亦醜也　纂圖本監本毛本亦作且非也
女遂不言不笑夫　石經初刻無夫字重刊補
今子少不颺　石經子字下旁加負字非也
言不可以已也如是　宋本淳熙本岳本足利本言下有之字與石經合
今女有力於王室　纂圖本監本毛本力作功非也
先賞王室之功故爲忠　毛本爲誤謂
其長有後於晉國乎　毛本於改于
而待於魏子之庭　毛本於改于
比置三歎　毛本置改至非也
魏子中軍帥　釋文亦作帥云本又作率同監本作將非是
注魏子至將軍　宋本此節正義在注文傳言魏氏所以興之下
傳言魏氏所以興也　宋本淳熙本足利本無也字

附釋音春秋左傳注疏卷第五十三　昭二十九年盡三十二年

杜氏注　孔穎達疏

經二十有九年。春。公至自乾侯。居于鄆。以乾侯至不得見晉侯故【疏】注以乾至晉侯故○正義曰二十五年公孫于齊齊侯唁公于野井二十六年經書公至自齊公雖不至齊都既入齊竟得與齊侯相見故書公至自齊往年公如晉次于乾侯雖入晉竟不得與晉侯相見故書至自乾侯以乾侯致告於廟者爲不得見晉侯故　齊侯使高張來唁公。唁公至晉不見受高張高偃子○唁音彥【疏】注唁公至晉不見受○正義曰詩毛傳曰弔失國曰唁二十五年公新失國齊侯唁公可矣於此復唁公者公以齊不憂已棄而適晉望得晉人矜之晉侯不肯見公齊侯心復恨公嫌公此舉故遣唁公所以嗤笑公也故云唁公至晉不見受又似更復失國故唁之　○公如晉。次于乾侯。復不見受往乾侯○復扶又反　○夏四月。庚子。叔詣卒。無傳　○秋。七月。○冬。十月。鄆潰。無傳民逃其上曰潰潰散叛公○潰戶對反【疏】注民逃至叛公○正義曰民逃其上曰潰文三年傳例也公自二十六年以來常居于鄆此時公既如晉必留人守鄆鄆人潰散而叛公使公不得更來當是季氏道之使然

傳二十九年。春。公至自乾侯。處于鄆。齊侯使高張來唁公。稱主君。比公於大夫【疏】注比公於大夫○正義曰傳稱范宣子撫荀偃云事吳敢不如事主醫和謂趙文子曰主是謂矣如此之類大夫稱主傳文多矣今高張以齊侯之命稱公爲主君以晉不受公故輕侮之比公於大夫也　子家子曰。齊卑君矣。君祇辱焉。言往事齊適取辱○祇音支　公如乾侯。爲齊所卑故復適晉冀見恤○復扶又反　○三月。己卯。京師殺召伯盈、尹氏固及原伯魯之子。皆子朝黨也稱伯魯子終不說學○召上照反說音悅　尹固之復也。二十八年尹固與子朝俱奔楚而道還【疏】注二十至道還○正義曰尹固復還之年傳雖不載以婦人尤之云其過三歲乎知以二十六年在道而還至此爲三歲也　有婦人遇之周郊。尤之曰。處則勸人爲禍。行則數日而反。是夫也。其過三歲乎。夏五月。庚寅。王子趙車入于鄻以叛。趙車子朝之餘也見王殺伯盈等故叛鄻周邑○數所主反鄻列勉反　○平陰不佞敗之。

子每歲賈馬。賈買也○賈古買反　具從者之衣屨而歸之于乾侯。公執歸馬者賣之。賣其馬　乃不歸馬。衞侯來獻其乘馬。曰啓服。啓服馬名○乘如字【疏】注啓服馬名○正義曰釋畜云馬前右足白啓郭璞曰左傳曰啓服詩云兩服上襄鄭玄云兩服中央夾轅者此馬毛色名啓公用以夾轅故以啓服爲名也　塹而死。隋塹死也○塹七豔反　公將爲之櫝。將爲作棺也○爲如字一音于僞反櫝徒木反爲作于僞反下同　子家子曰。從者病矣。請以食之。乃以幃裹之。禮曰敝幃不弃爲埋馬也○食音似裹古火反【疏】注禮曰至馬也○正義曰檀弓文也禮有埋馬之法子家子請以馬肉食從者以公將爲之櫝所以深抑之公感子家子之言方始依禮以帷裹之史記滑稽傳云楚莊王有所愛馬衣以文繡置之華屋之下席之以露牀啗之以棗脯馬病肥死欲以棺椁大夫禮葬之優孟者故楚之樂人也多辯常以談笑風諫於是入門大笑王驚而問其故優孟曰馬者王之所愛也以楚國之大何求不得而以大夫禮葬之薄請以人君禮葬之王曰何如對曰臣請以雕玉爲棺文梓爲椁發甲卒爲穿壙老弱負土廟食大牢奉以萬戶之邑諸侯聞之皆知大王賤人而貴馬也王曰寡人過一至於此爲之奈何優孟曰請大王以六畜葬之以壠竈爲椁銅歷爲棺齎以薑桂薦以木蘭祭以粳稻衣以火光葬之人腸於是王乃使以馬屬大官無令天下聞之彼亦此之類也　公賜公衍羔裘。使獻龍輔於齊侯。龍輔玉名【疏】注龍輔玉名○正義曰周禮使澤國用龍節皆金也以英蕩輔之杜子春云蕩謂以函器盛此節謂鑄金爲龍以玉爲函輔盛龍節謂之龍輔此獻函不獻節故直云獻龍輔玄鄭云盛龍節之玉函耳案說文云龍禱旱玉也爲龍文又玉人云上公用龍今輔與龍連文故云龍輔玉名蓋用此意　遂入羔裘。齊侯喜。與之陽穀。陽穀齊邑　公衍、公爲之生也。其母偕出。出之產舍【疏】注出之產舍○正義曰內則云妻將生子及月辰居側室夫使人日再問之作而自問之妻不敢見使姆衣服而對至于子生夫復使人日再問之夫齊則不入側室之門子生男子設弧於門左女子設帨於門右三日始負子男射女否然則產舍是側室也　公衍先生。公爲之母曰。相與偕出。請相與偕告。留公衍母使待已共白公　三日。公爲生。其母先以告。公爲爲兄。公私喜於陽穀。而思於魯。曰。務人爲此禍也。務人公爲也始與公若謀逐季氏　且後生而爲兄。其誣也久矣。乃黜之。而以公衍爲大子。

○秋。龍見于絳郊。絳晉國都○見賢遍反下見龍朝夕見皆同　魏獻子問於蔡墨。蔡墨晉太史　曰。吾聞之。蟲莫知於龍。以其不生得也。謂之知。信乎。對曰。人實不知。非龍實知。言龍無知乃人不知之耳○莫知音智下謂之知實知注無知同【疏】人實至實知○正義曰人以龍不生得而謂之爲知者此是人實不知非是龍實能知言龍可生得非是不生得也故說古有養龍之事以證龍可生得也以人不知有此事故今說之　古者畜龍。故國有豢龍氏。有御

龍氏。豢御養也○豢音患【疏】注豢御養也○正義曰服虔曰豢養也穀食曰豢御亦養也養馬曰圉禮養犬豕曰豢知其以穀養蓋龍亦食穀也御與圉同言養龍猶養馬故稱御 獻子曰。是二氏者。吾亦聞之。而知其故。是何謂也。對曰。昔有飂叔安。飂古國也叔安其君名○飂力謬反 有裔子。曰董父。裔遠也玄孫之後爲裔○裔以制反 實甚好龍。能求其耆欲以飲食之。龍多歸之。乃擾畜龍以服事帝舜。帝賜之姓曰董。擾順也○好呼報反耆時志反飲於鴆反下同食之音嗣下不能食飲食之食夏后同擾而小反【疏】乃擾畜龍○正義曰擾順也順龍之所欲而畜養之 氏曰豢龍。豢龍官名官有世功則以官名 封諸鬷川。鬷夷氏其後也。鬷水上夷皆董姓○鬷子工反【疏】注鬷水至董姓○正義曰鄭語云黎爲高辛氏火正命之曰祝融其後八姓董姓鬷夷豢龍則夏滅之矣是也 故帝舜氏世有畜龍。及有夏孔甲。擾于有帝。孔甲少康之後九世君也其德能順於天○夏戶雅反下皆同少詩照反下少皞同【疏】注孔甲至九世○正義曰帝王世紀云少康子帝杼杼子帝芬芬子帝芒芒子帝世世子帝不降不降弟帝扃扃子帝廑也至帝孔甲孔甲不降子 帝賜之乘龍。河漢各二。合爲四○乘繩證反河漢各二服云河漢各二乘【疏】注合爲四○正義曰服虔云四頭爲乘四乘十六頭也傳言賜之乘龍賜之一乘之龍也即云河漢各二是河漢共一乘也又云各有雌雄是河漢之二皆一雌一雄也故杜以爲合爲四 各有雌雄。孔甲不能食。而未獲豢龍氏。有陶唐氏既衰。其後有劉累。陶唐堯所治地○治直吏反 學擾龍于豢龍氏。以事孔甲。能飲食之。夏后嘉之。賜氏曰御龍。夏后孔甲 以更豕韋之後。更代也以劉累代彭姓之豕韋累尋遷魯縣豕韋復國至商而滅累之後世復承其國爲豕韋氏在襄二十四年○更音庚注同復扶又反【疏】注更代至四年○正義曰傳言以更豕韋之後則豕韋是舊國廢其君以劉累代之鄭語云祝融之後八姓大彭豕韋爲商伯矣又云彭姓彭祖豕韋則商滅之矣如彼文豕韋之國至商乃滅於夏王孔甲之時彭姓豕韋未全滅也下文云劉累懼而遷于魯縣明是累遷之後豕韋復國至商乃滅耳襄二十四年傳范宣子自言其祖在夏爲御龍氏在商爲豕韋氏則劉累子孫復封豕韋杜跡其事知累之後世更復其國爲豕韋氏也舊無此解杜自爲證故云在襄二十七年 龍一雌死。潛醢以食夏后。潛藏也藏以爲醢明龍不知○醢音海知音智 夏后饗之。既而使求之。求致龍也 懼而遷于魯縣。不能致龍故懼遷魯縣自貶退也魯縣今魯陽也○ 范氏其後也。晉范氏也 獻子曰。今何故無之。對曰。夫物。物

有其官。官脩其方。方法術 朝夕思之。一日失職。則死及之。失職有罪○朝如字下朝夕見同 失官不食。不食祿○ 官宿其業。宿猶安也 其物乃至。設水官脩則龍至 若泯弃之。物乃坻伏。泯滅也坻止也○泯彌忍反坻音旨又丁禮反 鬱湮不育。鬱滯也湮塞也育生也○湮音因【疏】夫物至不育○正義曰此論致龍之事物謂龍也夫物物各有其官當謂如龍之輩蓋言鳳皇麒麟白虎玄龜之屬每物各有其官主掌之也其人居此官者脩其爲官方術從朝至夕終日脩之若一日失其所掌之職不合其官方不理則有死罪及之居官者當死矣失其官方則不得食祿得死罪是不食祿也居官者安其爲官之業使職事脩理則其所掌之物乃自生至水官脩則龍至其餘亦當然也若滅棄所掌之事令職事不脩則其物止息而潛伏沈滯壅塞不復生育以此故不可生而得也○注宿猶安也○正義曰夜宿所以安身故云宿猶安也謂安心思其職業服虔云宿思也今日當預思明日之事如家人宿火矣玄卿以服義大迂曲也○注泯滅也坻止也○正義曰釋詁文也上言官宿其業其物乃至職業不脩則物不至物雖不至尚有物在若滅棄所掌職事不理則其物止而潛伏不復生育乃令無有此物非徒不至而已○注鬱滯也湮塞也○正義曰賈逵云然杜用之也鬱積是沈滯之義故爲滯也傳謂塞井爲堙井是堙爲塞也言此物沈滯壅塞不復生也 故有五行之官。是謂五官。實列受氏姓。封爲上公。爵上公【疏】實列受氏姓○正義曰列謂行列言五官皆然也人臣有大功者天子封爲國君又賜之以姓諸侯以國爲氏言其得封又得姓兼受之也 祀爲貴神。社稷五祀。是尊是奉。五官之君長能脩其業者死皆配食於五行之神爲王者所尊奉○長丁丈反下文同【疏】注五官至尊奉○正義曰五官之君長死則皆爲貴神王者社稷五祀則尊奉之如祭配食於五行之神即下重該脩熙犁是也王者祭木火土金水之神而以此人之神配之耳非專祭此人也分五行以配四時故五行之神句芒祝融之徒皆以時物之狀而爲之名此五者本於五行之神作名耳非與重該之徒爲名也晉語云虢公夢在廟有神人面白毛虎爪執鉞行西河公懼而走神曰無走帝命曰使晉襲于爾門公拜稽首覺召史嚚占之對曰如君之言則蓐收也天之刑神也如彼文虢公所夢之狀必非該之貌自是金神之形耳由此言之知句芒祝融玄冥后土之徒皆是木火水土之神名非所配人之神名也雖本非配人之名而配者與之同食亦得取彼神名以爲配者神名猶社本土神之名稷本穀神之名配者亦得稱社稷也此五行之官配食五行之神天子制禮使祀焉是爲王者所尊奉也 木正曰句芒。正官長也取木生句曲而有芒角也其祀重焉○句古侯反注及下皆同重直龍反下文同【疏】注正官至重焉○正義曰正訓爲長故爲官長木官之最長也其火金水土正亦然賈逵云摠言萬物句芒非專木生如句杜誤耳木正順春萬物始生句而有芒角杜獨言木者以木爲其主故經云木正且木比萬物芒角爲甚故舉木而言劉炫以杜不取賈義而獨舉於木而規杜非也 火正曰祝融。祝融明貌其祀犂焉○犂力兮反【疏】注祝融至犂焉○正義曰杜不解祝融則謂祝融二字共爲明貌也賈逵云夏陽氣明朗祝甚也融明也亦以夏氣爲之名耳鄭語云黎爲高辛氏火正以焞燿敦大光明四海故命之曰祝融如彼文又似由人生名者彼以其官掌夏德又稱之故以夏氣昭明命之耳 金正曰蓐收。秋物摧蓐而可收也其祀該焉○蓐音辱本又作辱摧徂回反 水正曰玄冥。水陰而幽冥其祀脩及熙焉○冥亡丁反 土正曰后土。土爲羣物主故稱后也其祀句龍焉在家則祀中霤在野則爲社○霤力救反【疏】注土爲至爲社○正義曰后者君也羣物皆土所載故土爲羣物之主以君言之故云后土也賈逵云句芒祀於戶祝融祀於竈蓐收祀於門玄冥祀於井后土祀於中霤今杜云在家則祀中霤是同賈說也家謂宮室之內對野爲文故稱家非卿大夫之家也言在野者對家爲文雖在庫門之內尚無宮室故稱野且卿大夫以下社在野田故周禮大司徒云辨其邦國都鄙之數制其畿疆而溝封之設其社稷之壝而樹之田主各以其野之所宜木遂以名其社鄭玄云社稷后土及田正之神田主田神后土田正之所依也詩人謂之田祖所宜木謂若松栢栗也是在野則祭爲社是也此野田之社民所祭即月令仲春之月擇元日命人社是也劉炫云天子以下俱荷地德皆當祭地但名位有高下祭之有等級天子祭地祭大地之神也諸侯不得祭地使之祭社也家又不得祭社使祭中霤也霤亦地神所祭小故變其名賈逵以勾芒祀於戶云云言雖天子之祭五神亦如此耳社以別祭五行神以五官配之非祀此五神於門戶井竈中霤也門戶井竈直祭門戶等神不祭句芒等也雖有祭后土者亦是土神故特辨之云在家則祀中霤在野則爲社社言彼與中霤亦是土神但祭有大小郊特牲云社所以神地之道也地載萬物取財於地教民美報焉家主中霤而國主社示本也是在家則祀中霤也大司徒以下同此禮也 龍。水物也。水官弃矣。故龍不生得。弃廢也【疏】龍水至生得○正義曰漢氏先儒說左氏者皆以爲五靈配五方龍屬木鳳屬火麟屬土白虎屬金神龜屬水其五行之次木生火火生土土生金金生水水生木王者脩其母則致其子水官脩則龍至木官脩則鳳至火官脩則麟至土官脩則白虎至金官脩則神龜至故爲其說云視明禮脩而麟至思睿信立而白虎擾言從文成而神龜在沼聽聰知正而名川出龍貌共體仁則鳳皇來儀皆脩其母而致其子也解此龍水物者言龍爲東方之獸是此方水官之物也水官廢矣故龍不生得言母不脩故子不至也杜氏既無其說未知與舊同否此下不注似與舊說異或當以爲龍是水內生長故爲水官之物水官廢矣故龍不生得言水官不脩故無水內之靈獸也若如此解則上云物有其官當謂五靈之物各各自有其官官能脩理各自致物龍是水內之物可令水官致龍其鳳皇麟虎之輩共在天地之間不是駿金食火木生土出未知何官致鳳何官致虎未測杜旨不可強言是用闕疑以俟來哲 不然。周易有之。言若不爾周易無緣有龍 在乾䷀乾下乾上乾○乾其連反本亦作乾 之姤䷫巽下乾上姤乾初九變○姤古豆反 曰潛龍勿用。乾初九爻辭○爻戶交反 其同人䷌離下乾上同人乾九二變 曰見龍在田。乾九二爻辭 其大有䷍乾下離上大有乾九五變 曰飛龍在天。乾九五爻辭 其夬䷪乾下兌上夬乾上九變○夬古快反兌徒外反 曰見龍

有悔。乾上九爻辭○亢苦浪反其坤䷁坤下坤上乾六爻皆變○坤本又作巛空門反曰見羣龍無首吉。乾用九爻辭坤之剝䷖坤下艮上剝坤上六變○剝邦角反艮古恨反曰龍戰于野。上爻辭〔疏〕在乾至于野○正義曰傳例上下雖不用並但指此卦某爻之義者即以某爻之變更別爲卦即云此卦之某卦則此乾之姤宣十二年師之臨是也劉炫云杜以之爲適炫謂易之爻變則成一卦遂以彼卦名爻乾之初九姤卦爻九二同人爻九五大有爻上九夬卦爻用九全變則成坤卦故謂用九爲坤蔡墨此意取易文耳非揲蓍求卦安有之適之義若以之爲之適則其非之適之意何以言其同人其大有此本當言初九九二但以爻變成卦即以彼卦名爻其意不取於之適所言其同人其大有猶引詩言其二章其三章先引初九故言乾卦之姤爻初九言乾以下不復須云乾故言其同人其大有就乾卦而其之其此同人爻其此大有爻以下文勢悉皆若是也○之姤○正義曰巽下乾上姤乾之初九爻變而成姤卦也其彖曰姤遇也柔遇剛也乾爲天爲剛巽爲風爲柔風行必有所遇猶女行而遇男故名此卦爲姤也○注乾初九爻辭○正義曰蔡墨此言取易有龍字而已無取於易之義理故杜注唯指其辭之所在不解其辭之意其說易者自具於此不復煩言也○同人○正義曰離下乾上同人乾之九二爻變而成同人之卦也其象曰天與火同人天體在上火性炎上同于天也猶君設教而臣民從之和同之義故名此卦爲同人也服虔云天在上火炎上同于天天不可同故曰同人○大有○正義曰乾下離上大有乾之九五爻變而成大有之卦也其彖曰大有柔得尊位大中而上下應之曰大有柔得尊位謂六五也五位尊而柔居之處尊以柔居中以大體無二陰以分其應上下應之無所不納大有之義故名此卦爲大有○夬○正義曰乾下兌上夬乾之上九爻變而成夬卦也其彖曰夬決也剛決柔也此卦五陽而決一陰乾爲天爲剛爲健兌爲澤爲柔爲說以剛正決柔邪故名此卦爲夬○注乾用九爻辭○正義曰乾之六爻皆陽坤之六爻皆陰以二卦其爻既純故別揔其用而爲之辭故乾有用九坤有用六餘卦其爻不純無揔用也六爻皆變乃得揔用乾之六爻皆變則成坤卦故謂用九之辭爲其坤也六爻既變而不用卦下之辭者周易用變卦下之辭非變又無龍文史墨指說於龍故以用爲語○坤之剝○正義曰坤下艮上剝坤之上六爻變而成剝卦也其彖曰剝剝也柔變剛也剝卦五陰而一陽陰漸長而滅陽猶邪長而剝損正道故名此卦爲剝也若不朝夕見。誰能物之。物謂上六卦所稱龍各不同也今說易者皆以龍喻陽氣如史墨之言則爲皆是真龍〔疏〕若不至物之○正義曰蔡墨言古者龍可生得人皆見之故周易之辭以龍爲喻若使龍不朝夕出見誰能知其動靜而得以物名之易言潛龍飛龍及龍戰之等明是見其飛潛見其戰鬭而得以物名之是知龍可生得古人見龍形也獻子曰。社稷五祀。誰氏之五官也。問五官之長皆是誰對曰。少暤氏有四叔。少暤金天氏○暤戶老反〔疏〕少暤氏有四叔○正義曰少暤氏有四叔四叔是少暤之子孫非一時也未知於少暤遠近也四叔出於少暤耳其使重爲句芒非少暤使之世族譜云少暤氏其官以鳥爲名然則此五官皆在高陽之世也楚語云少暤氏之衰也九黎亂德民神雜擾不可方物顓頊受之乃命木正重司天以屬神命火正黎司地

以屬民是則重黎居官在高陽之世也又鄭語云黎爲高辛氏火正命之曰祝融則黎爲祝融又在高辛氏之世案世本及楚世家云高陽生稱稱生卷章卷章生黎如彼文黎是顓頊之曾孫也楚語云少暤之衰顓頊受之即命重黎似是即位之初不應即得命曾孫爲火正也少暤世代不知長短顓頊初已命黎至高辛又加命不應一人之身緜歷兩代事既久遠書復散亡如此參差難可考校世家云共工作亂帝嚳使黎誅之而不盡帝誅黎而以其弟吳回爲黎復居火正爲祝融即如此言黎或是國名官號不是人之名字顓頊命黎高辛命黎未必共是一人傳言世不失職二者或是父子或是祖孫其事不可知也由此言之少暤四叔未必不有在高辛世者也此五祀者居官有功以功見祀不是一時之人脩熙相代爲水正即非一時也且傳言世不失職便是積世能官其功益大非是暫時有功遂得萬世承祀明是歷選上代取其中最有功者使之配食亦不知初以此人配食何代聖王爲之蓋在高辛唐虞之世耳曰重。曰該。曰脩。曰熙。實能金木及水。能治其官○重直龍反該古咳反使重爲句芒。木正該爲蓐收。金正脩及熙爲玄冥。二子相代爲水正世不失職。遂濟窮桑。此其三祀也。窮桑少暤之號也四子能治其官使不失職濟成少暤之功死皆爲民所祀窮桑地在魯北〔疏〕注窮桑至魯北○正義曰窮桑少暤之號帝王世紀亦然賈逵云處窮桑以登爲帝故天下號之曰窮桑帝賈以濟爲渡也言四叔子孫世不失職遂渡少暤之世杜以少暤之世以鳥名官不得有木正火正故以濟爲成四子能治其官使不失職濟成少暤之功言少暤有王功子孫能成之故死皆爲民所祀也少暤居窮桑定四年傳稱封伯禽於少暤之虛故云窮桑地在魯北土地名窮桑闕言在魯北相傳云耳顓頊氏有子曰犂。爲祝融。犂爲火正○顓音專頊許玉反共工氏有子曰句龍。爲后土。共工在大暤後神農前以水名官其子句龍能平水土故死而見祀○共音恭〔疏〕注共工至見祀○正義曰十七年傳郯子言前世名官從下而上先言炎帝以火名次言共工以水名次言大暤以龍名是共工在大暤後神農前以水名官者也祭法曰共工氏之霸九州也其子曰后土能平九州故祀以爲社能平九州是能平水土也言共工有子謂後世子耳亦不知句龍之爲后土在於何代少暤氏既以鳥名官此當在顓頊以來耳此其二祀也。后土爲社。方荅社稷故明言爲社〔疏〕注方荅至爲社○正義曰獻子問社稷五祀既荅五祀當更荅社稷但句龍既爲后土又以配社蔡墨既荅五祀方荅社稷故明言后土爲社也稷。田正也。掌播殖也〔疏〕稷田正也○正義曰月令云孟春行冬令則首種不入鄭玄云首種謂稷也周語云宣王不藉千畝虢文公諫曰民之大事在農是故稷爲大官然則百穀稷爲其長遂以稷名爲農官之長正長也稷是田官之長有烈山氏之子曰柱。爲稷。烈山氏神農世諸侯○烈如字禮記作厲山〔疏〕烈山至諸侯○正義曰魯語及祭法皆云烈山氏之有天下也其子能殖百穀故祀以爲稷言有天下則是天子矣杜注不得爲諸侯也賈逵鄭玄皆云烈山炎帝之號杜言神農世諸侯者案帝王世紀神農本起烈山然則初封烈山爲諸侯後爲天子猶帝堯初

爲唐侯然也若然烈山即神農而云神農世爲諸侯者案世紀神農爲君揔有八世至榆罔而滅亦稱神農氏是揔號神農也故烈山氏得於神農之世爲諸侯後爲神農也劉炫以爲烈山氏即神農非諸侯而規杜非也此及魯語皆云其子曰柱祭法云農者劉炫云蓋柱是名其官曰農猶呼周棄爲稷自夏以上祀之。祀柱○上時掌反周棄亦爲稷。棄周之始祖能播百穀湯既勝夏廢柱而以棄代之〔疏〕注棄周至代之○正義曰棄爲周之始祖能播殖百穀經傳備有其事以其後世有天下號國曰周故以周冠棄棄時未稱周也書序云湯既勝夏欲遷其社不可作夏社孔安國云湯承堯舜禪代之後順天應人逆取順守而有慙德故革命創制改正易服變置社稷而後世無及句龍者故不可而止是言成湯變置社稷之由也湯於帝世年代猶近功之多少傳習可知故得量其優劣改易祀典意欲遷社而無及句龍棄功乃過於柱廢柱以棄爲稷也其五祀之神重犂之輩若更有賢能亦應遷徙但其功莫之能先帝王不敢改易故得永流萬代常在祀典良由後世之臣弱後王之意謙故也自商以來祀之。傳言蔡墨之博物〇冬。晉趙鞅荀寅帥師城汝濱。趙鞅趙武孫也荀寅中行荀吳之子汝濱晉所取陸渾地○濱音賓行戶郎反遂賦晉國一鼓鐵。以鑄刑鼎。令晉國各出功力共鼓石爲鐵計令一鼓而足因軍役而爲之故言遂○鑄之樹反令力呈反〔疏〕注令晉至言遂○正義曰服虔云鼓量名也曲禮曰獻米者操量鼓取晉國一鼓鐵以鑄之但禮之將命置重而執輕鼓可操之以將命即豆區之類非大器也唯用一鼓則不足以成鼎家賦一鼓而鐵又大多且金鐵之物當稱之以權衡數之以鈞石寧用量米之器量之哉故杜以爲賦晉國者令民各出功力均賦取其功也冶石爲鐵用橐扇火動橐謂之鼓今時俗語猶然令衆人鼓石爲鐵計令一鼓使足故云賦晉國一鼓鐵也遂者因上生下之辭因城汝濱遂鑄刑鼎故言遂也著范宣子所爲刑書焉。仲尼曰。晉其亡乎。失其度矣。夫晉國將守唐叔之所受法度。以經緯其民。卿大夫以序守之。序位次也〔疏〕著范至刑書○正義曰范宣子制作刑書施於晉國自使朝廷承用未嘗宣示下民今荀寅謂此等宣子之書可以長爲國法故鑄鼎而銘之以示百姓猶如鄭鑄刑鼎仲尼譏之其意亦與叔向譏子產同民是以能尊其貴。貴是以能守其業。貴賤不愆。所謂度也。〔疏〕民是至度也○正義曰守其舊法民不豫知臨時制宜輕重難測民是以能尊其貴畏其威刑也官有正法民常畏威貴是以能守其業保祿位也貴者執其權柄賤者畏其威嚴貴賤尊卑不愆此乃所謂度也言所謂法度正如此是也文公是以作執秩之官。爲被廬之法。僖二十七年文公蒐被廬脩唐叔之法○被皮義反廬力居反蒐本又作搜所求反以爲盟主。今弃是度也。而爲刑鼎。民在鼎矣。何以尊貴。弃禮徵書故不尊貴貴何業之守。民不奉上則上失業貴賤無序。何以

爲國。【疏】今弃至爲國○正義曰今弃是貴賤常度而爲刑書之鼎民知罪之輕重在於鼎矣貴者斷獄不敢加增犯罪者取驗於書更復何以尊貴威權在鼎民不忌上貴復何業之守貴之所以爲貴只爲權勢在焉勢不足畏故業無可守貴無可守則賤不畏貴賤既無次序何以得成爲國且夫宣子之刑。夷之蒐也。晉國之亂制也。范宣子所用刑乃夷蒐之法也夷蒐在文六年一蒐而三易中軍帥賈季箕鄭之徒遂作亂故曰亂制○帥所類反【疏】注范宣至亂制○正義曰於時晉侯將以士縠梁益耳將中軍先克曰狐趙之勳不可廢也以狐射姑將中軍趙盾佐之陽處父改蒐于董更以趙盾將中軍狐射姑佐之是一蒐而三易中軍帥三易者士縠梁益耳將中軍是易代前人是一易也狐射姑將中軍是二易也又趙盾將中軍是三易也致使賈季箕鄭之徒怨恨而作亂其事文公傳具矣因此蒐而有此亂故曰晉國之亂制若之何以爲法。蔡史墨曰。范氏、中行氏其亡乎。蔡史墨即蔡墨中行寅爲下卿。而干上令。擅作刑器。以爲國法。是法姦也。又加范氏焉。易之亡也。范宣子刑書中既廢矣今復與之是成其咎○擅市戰反復扶又反咎其九反【疏】又加至亡也○正義曰宣子刑書久已廢矣今復變易與之以成其滅亡也劉炫云范氏取蒐之法以爲國制雖則爲非書已廢矣縱應有禍亡數已歇今荀寅更述其事又加增范氏之惡焉范氏已欲免禍今復改易之而使亡其及趙氏。趙孟與焉。然不得已。若德可以免。鑄刑鼎本非趙鞅意不得已而從之若能脩德可以免禍爲定十三年荀寅士吉射入朝歌以叛○與音預朝如字

經三十年。春。王正月。公在乾侯。釋不朝正于廟夏。六月。庚辰。晉侯去疾卒。未同盟而赴以名○去起呂反○秋。八月。葬晉頃公。三月而葬速○頃音傾【疏】頃公○正義曰謚法慈仁和民曰頃○冬。十有二月。吳滅徐。徐子章羽奔楚。徐子稱名以名告也

傳三十年。春。王正月。公在乾侯。不先書鄆與乾侯。非公。且徵過也。徵明也二十七年二十八年公在鄆二十九年公在乾侯而經不釋朝正之禮者所以非責公之妄且明過謬猶可掩故不顯書其所在使若在國然自是鄆人潰叛齊晉卑公子家忠謀終不能用內外弃之非復過誤所當掩塞故每歲書公所在○徵直升反或本作懲誤復扶又反【疏】春王至過也○正義曰經書公在乾侯者季氏以此告廟釋公不得朝正故國史書之于策也釋例曰昭公之孫每正月必書者以孫告廟也公二十五年始出居鄆及乾侯累歲居外而仲尼不書于經故傳曰不先書鄆與乾侯非公且徵過也既以非責公之妄且明過謬之可掩故不顯書其在外使若在國然也自三十年至於終沒則皆顯書其所在之地傳皆隨年而互言其事明罪之在公非復過謬也三代封建自上及下降殺以兩君不亢高臣不極卑彊弱相參衆力相須賢愚相廁故雖有昏亂之君亦有忠賢之輔我周東遷晉鄭是依無知之亂實獲小白驪姬之妖重耳以興天下雖瓦解而不土崩海內雖鼎沸而不盆溢天生季氏以二魯侯季氏未有篡奪之惡公雖失志亦無抽筋倒懸之急聽用隸豎僥倖之私既不能強又不能弱所以身死於外見貶於春秋也是言罪在公書公在之意也杜言見貶於春秋者公當在國治民每歲書公在外是其貶責公也劉炫云序云諸言不書皆仲尼新意然則前三年魯史皆書公在仲尼去之仲尼所以不於此先書公在鄆與乾侯者所以非公之妄伐季氏且明過謬猶可掩此年書者自是鄆人潰叛云云此年云非公且徵過三十一年云言不能外內三十二年云言不能外內又不能用其人每歲發傳言公之罪也○注徵明至所在○正義曰不先書鄆與乾侯一事之中有兩種之意一者非責公之妄一者明公過謬猶可掩也非責公之妄者以君舉必書公在乾侯與鄆臣子當委曲詳錄今輕畧不記似若不足可錄然所以非責公之妄也明公過謬猶可掩者被臣所逐出居於外若顯然書之則恥惡尢甚故隱而不書猶若在國欲明公過謬之失尚可容掩也此以徵爲明明公過可掩也襄二十八年傳云王人來告喪問崩日以甲寅告故書之以徵過亦爲明明告喪者之過也彼言徵審也審其事知無他故以明其過失也服虔云非公且徵過昭公無道久在外季氏非公不肯釋言公在某地春秋之義亦以不書微季氏之過此年書者公不得入晉外內有困辱季氏閔而釋之所謂事君如在國案明年傳云言不能外內又明年傳云言不能外內又不能用其人皆是傳說經意非責昭公不是季氏非公也即如服言往前季氏非公不肯釋公所在此年以後方始閔而釋之所謂事君如在國則往前未釋之時不如在國矣二十七年扈之會范獻子何以已言季氏事君如在國也季氏奪公鄆邑與公交戰行貨齊晉使不納公禱于煬宮求君不入及其死也猶欲絕其兆域加之惡謚閔公之事復安在乎

○夏。六月。晉頃公卒。秋。八月。葬。鄭游吉弔。且送葬。魏獻子使士景伯詰之曰。悼公之喪。子西弔。子蟜送葬。在襄十五年○詰起吉反蟜居表反今吾子無貳。何故。弔喪共使○使所吏反對曰。諸侯所以歸晉君。禮也。禮也者。小事大。大字小之謂。事大在共其時命。隨時共所求○共音恭注及下同字小在恤其所無。以敝邑居大國之間。共其職貢。與其備御不虞之患。豈忘共命。言不敢忘共命以所備御者多不及辦之○御魚呂反注同辦皮莧反先王之制。諸侯之喪。士弔。大夫送葬。唯嘉好聘享。三軍之事。於是乎使卿。晉之喪事。敝邑之間。先君有所助執紼矣。紼輓索也禮送葬必執紼○好呼報反間音閑下同紼音弗輓本又作挽音晚索悉各反【疏】注紼輓至執紼○正義曰紼禮或作綍禮記緇衣云王言如絲其出如綸王言如綸其出如綍是大繩也周禮天子葬用六綍喪大記君葬用四綍大夫葬用二綍紼爲葬之所用是輓索也案禮雜記諸侯執綍五百人大夫三百人鄭玄云天子蓋千人也天子諸侯之喪殯于西序而屬綍焉備火災而輓之也王制云喪三年不祭唯祭天地社稷爲越紼而行事謂喪在殯踰紼而行祭也周禮大司徒云大喪帥六鄉之衆庶屬其六引又遂人云大喪帥六遂之役屬六綍鄭玄云喪大記注云在棺曰綍行道曰引王壙將窆又曰綍是綍引一物從所在而異名耳禮送葬必執紼曲禮文也鄭玄云葬喪之大事紼引車索也鄭之先君親送晉侯葬者傳無其文游吉今言之蓋亦嘗有矣若其不閒。雖士大夫有所不獲數矣。不得如先王禮數大國之惠。亦慶其加。慶善也謂善其君自行而不討其乏。明底其情。底致也○底音旨取備而已。以爲禮也。靈王之喪。在襄二十九年【疏】慶其至而已○正義曰善其有加不討其乏明知鄭國致其情實取充備而已我先君簡公在楚。我先大夫印段實往。敝邑之少卿也。少年少也○印一刃反少詩照反注同【疏】我先君簡公在楚○正義曰由簡公在楚上卿守國故少卿行耳鄭玄以爲簡公若在君當自行其言非傳旨也王吏不討。恤所無也。今大夫曰。女盍從舊。盍何不也○女音汝盍胡臘反下同舊有豐有省。不知所從。從其豐。則寡君幼弱。是以不共。從其省。則吉在此矣。唯大夫圖之。晉人不能詰。傳言大叔之敏○省所景反下同○吳子使徐人執掩餘。使鍾吾人執燭庸。二十七年奔故二公子奔楚。楚子大封而定其徙。大封與土田定其所徙之居使監馬尹大心逆吳公子。使居養。二子奔楚楚使逆之於竟也養即所封之邑○監古銜反竟音境莠尹然、左司馬沈尹戌城之。城養○莠音誘取於城父與胡田以與之。胡田胡子之地將以害吳也。子西諫曰。吳光新得國。而親其民。視民如子。辛苦同之。將用之也。若好吳邊疆。使柔服焉。猶懼其至。柔服謂不與吳構怨○若好呼報反一本作吾好疆居良反吾又疆其讎。以重怒之。無乃不可乎。○讎謂二公子重直用反吳。周之胄裔也。而弃在海濱。不與姬通。今而始大。比于諸華。光又甚文。將自同於先王。先王謂大王王季亦自西戎始比諸華○胄直又反大王音泰不知天將以爲虐乎。使翦喪吳國。而封大異姓乎。其抑亦將卒以祚吳乎。其終不遠

矣。言其事行可知不久。喪息浪反祚字故反 我盡姑億吾鬼神。億安也。億於力反 而寧吾族姓以待其歸。善惡之歸 將焉用自播揚焉。播揚猶勞動也○焉於虔反播被我反又波賀反注同 王弗聽吳子怒。冬。十二月。吳子執鍾吾子。遂伐徐。防山以水之。防壅山水以灌徐○壅於勇反灌古亂反 己卯。滅徐。徐子章禹斷其髮。斷髮自刑示懼○斷丁管反注同 攜其夫人以逆吳子。吳子唁而送之。使其邇臣從之。遂奔楚。邇近也 楚沈尹戌帥師救徐。弗及。遂城夷。使徐子處之。夷城父也 吳子問於伍員曰。初而言伐楚。在二十年○員音云 余知其可也。而恐其使余往也。又惡人之有余之功也。今余將自有之矣。伐楚何如。對曰。楚執政衆而乖。莫適任患。若爲三師以肄焉。肄猶勞也○惡烏路反適丁歷反任音壬肄本又作肆以制反下同 一師至。彼必皆出。彼出則歸。彼歸則出。楚必道敝。罷敝於道○罷音皮下文同 亟肄以罷之。亟數也○亟欺冀反數所角反 多方以誤之。既罷而後以三軍繼之。必大克之。闔廬從之。楚於是乎始病。爲定四年吳入楚傳

經三十有一年。春。王正月。公在乾侯。○季孫意如會晉荀躒于適歷。適歷晉地○躒力狄反適丁歷反 夏四月。丁巳。薛伯穀卒。襄二十五年盟重丘○重直龍反 疏 注襄二至重丘○正義曰。傳言同盟故書此穀與魯必嘗同盟矣薛於重丘以前雖數與魯盟但薛入春秋以來卒葬不見經傳未知此穀以何年即位故舉去今近者言之 ○晉侯使荀躒唁公于乾侯。將使意如迎公故荀躒來唁 ○秋。葬薛獻公。無傳 ○冬。黑肱以濫來奔。黑肱邾大夫濫東海昌慮縣不書邾史闕文○濫力甘反或力蹔反慮音閭又如字 疏 注不書邾史闕文○正義曰公羊穀梁亦以濫爲邾邑而傳解其無邾之意言邾人以濫封此黑肱使爲別國故不繫於邾以非天子所封故無子男爵號其言不可通於左氏左氏無傳明是闕文二傳見其文闕而妄爲說耳 ○十有二月。辛亥。朔。日有食之。

傳三十一年。春。王正月。公在乾侯。言不能外內也。公內不容於臣子外不容於齊晉所以久在乾侯 ○晉侯將以師納公。范獻子曰。若召季孫而不來。則信不臣矣。然後伐之。若何。晉人召季孫。獻子使私焉。曰。子必來。我受其無咎。言我爲子受無咎之任○咎其九反下注放此爲于僞反 疏 我受其無咎○正義曰言我爲子受其重任其使子必無咎受其責故保任之 季孫意如會晉荀躒于適歷。荀躒曰。寡君使躒謂吾子何故出君。有君不事。周有常刑。子其圖之。季孫練冠麻衣跣行。示憂感○出如字又勑律反跣素典反 疏 季孫至跣行○正義曰練冠蓋如喪服斬衰既練之後布冠也麻衣當是布深衣也問喪云親始死徒跣跣行不屨以其不得事君示已憂戚之深也 伏而對曰。事君臣之所不得也。敢逃刑命。言願事君君不肯還不敢辟罪 君若以臣爲有罪。請囚于費。以待君之察也。亦唯君。若以先臣之故。不絕季氏。而賜之死。雖賜以死不絕其後○費音秘 疏 不絕至之死○正義曰此季孫探言罪已之意不絕季氏之祀或更立其子弟直賜其身死而已服虔云言賜不使死是爲以死賜之若賜死即是不殺下句何須更言弗殺弗亡 若弗殺弗亡。君之惠也。死且不朽。若得從君而歸。則固臣之願也。敢有異心。君皆謂魯侯也蓋季孫探言罪已輕重以荅荀躒○探他南反 夏四月。季孫從知伯如乾侯。知伯荀躒○知音智 子家子曰。君與之歸。一慙之不忍。而終身慙乎。公曰。諾。衆曰。在一言矣。君必逐之。言晉既憂君君一言使晉晉必逐之 荀躒以晉侯之命唁公。且曰。寡君使躒以君命討於意如。意如不敢逃死。君其入也。公曰。君惠顧先君之好。施及亡人。將使歸糞除宗祧以事君。則不能見夫人。已所能見夫人者。有如河。夫人謂季孫也言若見季孫已當受禍明如河以自誓○好呼報反施以豉反祧他彫反夫音扶下及注同 荀躒掩耳而走。怪公所言示不忍聽 曰。寡君其罪之恐。敢與知魯國之難。言恐獲不納君之罪今納而不入何敢復知耶○與音預難乃旦反復扶又反 臣請復於寡君。退而謂季孫。君怒未怠。子姑歸祭。歸攝君事 子家子曰。君以一乘入于魯師。季孫必與君歸。公欲從之。衆從者脅公。不得歸。傳言君弱不得復自在○乘繩證反衆從才用反 ○薛伯穀卒。同盟故書。謂書名也入春秋來薛始書名故發傳經在荀躒唁公上傳在下者欲魯事相次 ○秋。吳人侵楚。伐夷。侵潛六。皆楚邑 楚沈尹戌帥師救潛。吳師還。楚師遷潛於南岡而還。吳師圍弦。左司馬戌右司馬稽帥師救弦。及豫章。左司馬沈尹戌○稽音啓又古兮反 吳師還。始用子胥之謀也。謀在前年 ○冬。邾黑肱以濫來奔。賤而書名。重地故也。黑肱非命卿故曰賤 君子曰。名之不可不愼也如是。是黑肱也 夫有所有名。而不如其已。有所謂有地也言雖有名不如無名已止也 以地叛。雖賤必書地。以名其人。終爲不義。弗可滅已。是故君子動則思禮。行則思義。不爲利回。回正心也○不爲于僞反下不爲同 不爲義疚。疚病也見義則爲之○疚久又反 或求名而不得。或欲蓋而名章。懲不義也。齊豹爲衛司寇。守嗣大夫。守先人嗣言其尊○懲直升反下同 作而不義。其書爲盜。求名而不得也二十年豹殺衛侯兄欲求不畏彊禦之名 邾庶其。在襄二十一年 莒牟夷。在五年 邾黑肱。以土地出。求食而已。不求其名。賤而必書。春秋叛者多唯取三人來適魯者三人皆小國大夫故曰賤 此二物者。所以懲肆而去貪也。物事也肆放也齊豹書盜懲肆也三叛人名去貪也○去起呂反 若艱難其身。身爲艱難 以險危大人。大人在位者 而有名章徹。謂得勇名 攻難之士將奔走之。攻猶作也奔走猶赴趣也○難乃旦反 若竊邑叛君。以徼大利。而無名。謂不書其人名○徼古堯反 貪冒之民。將寘力焉。盡力爲之不顧於見書○冒亡北反又亡報反寘之豉反 是以春秋書齊豹曰盜。三叛人名。以懲不義。數惡無禮。其善志也。無禮惡逆皆數而不忘記事之善者也○數所主反注同 故曰。春秋之稱。微而顯。文微而義著○稱尺證反 婉而辨。辭婉而旨別○婉於阮反別彼列反 疏 婉而辨○正義曰此婉而辨則與微而顯其意一也故杜云辭婉而旨別辭婉則文微也旨別則義顯也上句微而顯者據文雖微隱而義理顯著下句

婉而辨者辭雖婉順相似而旨意有殊故重起其文也此與成十四年婉而成章其事異也彼謂諱君惡與此不同也上之人能使昭明。上之人謂在位者在位者能行其法非賤人所能善人勸焉淫人懼焉是以君子貴之。○十二月辛亥朔日有食之是夜也趙簡子夢童子臝而轉以歌。轉婉轉也○臝本又作羸力果反旦占諸史墨曰吾夢如是今而日食何也。簡子夢適與日食會謂咎在己故問之對曰六年及此月也吳其入郢乎終亦弗克。史墨知夢非日食之應故釋日食之咎而不釋其夢○郢以井反又羊政反應應對之應入郢必以庚辰。庚辰有變日在辰尾故曰以庚辰定四年十一月庚辰吳入郢〔疏〕注庚日至入郢○正義曰於天文房心尾爲大辰尾是辰後之星也日在辰尾自謂在辰星庚辰入郢乃謂日是辰日二辰不同而以日在辰尾配庚辰爲庚辰者二辰實雖不同而同同名曰辰以其名同故取以爲占此則史墨能知非是人情所測定四年十一月庚辰吳入郢是其言之驗也此十二月日食彼十一月入郢則是未復其月而云及此月者長厤定四年閏十月庚辰吳入郢是十一月二十九日杜云昭三十一年傳曰六年十二月庚辰吳入郢今十一月者并閏數也然則彼是新閏之後且十一月二十九日又其月垂盡故得爲及此月也日月在辰尾。辰尾龍尾也周十二月今之十月日月合朔於辰尾而食〔疏〕注辰尾至而食○正義曰東方七宿角亢氐房心尾箕共爲蒼龍之體南首北尾角即龍角尾即龍尾釋天云大辰房心尾也是房心與尾共爲大辰故言辰尾龍尾也周十二月今之十月月令孟冬之月日在尾是此時日月合朔於辰尾而日食也庚午之日日始有謫。火勝金故弗克。謫變氣也庚午十月十九日去辛亥朔四十一日雖食在辛亥更以始變爲占也午南方楚之位也午火庚金也日以庚午有變故災在楚楚之仇敵唯吳故知入郢必吳火勝金者金爲火妃食在辛亥亥水也水數六故六年也○謫直革反〔疏〕注謫變至年也○正義曰昏義云陽事不得適見於天日爲之食謫譴責也人有咎責氣見於天故謫爲變氣也長厤此年十月壬子朔故庚午是十月十九日也從庚午下去十二月辛亥朔爲四十一日雖食在辛亥之日而更以庚午爲占舍近而取遠自是史墨所見其意不可知也午爲南方之辰楚是南方之國故午爲楚之位也午是南方之辰火也庚是西方之日金也日以庚午有變午在南方必南方之國當其咎故災在楚楚之仇敵唯有吳耳故知入郢必是吳也其日庚午庚金午火五行相刻火勝金金以畏火之故金爲火妃夫妻相得而彊是楚彊之兆雖被吳入必不亡國故知吳入郢終亦弗克言其不能滅楚也食在辛亥之日亥在北方水位也北方水數六故曰六年吳入郢也

經三十有二年春王正月。公在乾侯。取闞。無傳公別居乾侯遣人誘闞而取之不用師徒○闞口暫反〔疏〕公別至師徒○正義曰公羊傳曰闞者何邾婁之邑也案傳定元年將葬昭公季孫使役如闞公氏將溝焉則闞是魯公葬地非是邾邑公羊不可遍於左氏也土地名東平須昌縣東南有闞城是也賈逵云昭公得闞季氏奪之不用師徒謂此取闞爲季氏取於公也案檢經傳公自出奔以來唯齊侯取鄆以居公耳未有公取闞之處安得取於公也且若是季氏奪公無由得告廟書經故杜以爲公取之也四年傳例曰凡克邑不用師徒曰取知公遣人誘而取之不用師徒也夏吳伐越。○秋七月。○冬仲孫何忌會晉韓不信、齊高張、宋仲幾、衛世叔申、鄭國參、曹人、莒人、薛人、杞人、小邾人城成周。世叔申世叔儀孫也國參子產之子不書盟時公在外未及告公公已薨○參七南反〔疏〕注世叔至已薨○正義曰傳稱晉魏舒合諸侯之大夫于狄泉尋盟令城成周則此時爲盟矣而不書盟者賈逵云魯有昭公難故會而不盟案傳文無魯人辭盟之事其城成周又魯人共城之矣何以言會而不盟也若以難辭當辭不會身既在會何故辭盟以昭公在外而欲背盟乎故杜以爲不書盟者時公在外未及告公而公已薨既不得告公故不書於經也案傳尋盟令城成周則盟在城前猶得書城而盟不書者晉合諸侯大夫本以城事召之孟懿子將從晉命即以告公雖會還乃書而已告公訖故得書之其尋盟之事晉不豫令諸侯大夫既集晉始發意尋盟之事未嘗告公故行還不得書也此云城成周者實未城也晉人始計功庸賦丈數以令諸侯耳明年傳稱正月庚寅裁三旬而畢是明年始城也此未城而已書城知本以城事召集因集而書城耳十有二月己未公薨于乾侯。十五日〔疏〕注十五日○正義曰傳言十一月令城成周雖無其日明年乃始城之當在月之將末杜顯言此十五日者言盟去公薨日近以明未及告意也

傳三十二年春王正月公在乾侯言不能外內。又不能用其人也。其人謂子家羈也言公不能○用其人故於今猶在乾侯夏吳伐越始用師於越也。自此之前雖彊事小爭未嘗用大兵○彊居良反爭爭鬪之爭史墨曰不及四十年越其有吳乎。存亡之數不過三紀歲星三周三十六歲故曰不及四十年哀二十二年越滅吳至此三十八歲越得歲而吳伐之必受其凶。此年歲在星紀星紀吳越之分也歲星所在其國有福吳先用兵故反受其殃○分扶問反殃於良反〔疏〕注此年至其殃○正義曰十一年傳稱萇弘對景王云歲在豕韋言十一年歲星在豕韋也又曰歲在大梁蔡復楚凶謂十三年歲星在大梁也距此十九年耳歲星歲行一次十二年而行天一周則二十五年復在大梁從彼而厤數之則此年始至析木之津而此年歲在星紀者歲行一次舉大數耳其實一歲之行有餘一次故劉歆三統之術以爲歲星一百四十四年行天一百四十五次計一千七百二十八年爲歲星歲數言數滿此年剩得行天一周三統之厤以庚戌爲上元從上元至襄二十八年積十四萬二千六百八十六歲置此歲數以歲星歲一千七百二十八除之得積終八十二去之餘九百九十以一百四十五乘歲餘得十四萬三千五百五十以一百四十四除之得九百九十六爲積次不盡一百二十六爲次餘從襄二十八年至昭十五年合有一十八年歲星一年行一次年有一餘以次加次得一千一十四以餘加餘得一百四十四餘數滿法又成一次以從積次得一千一十五也以十二去之餘次一百四十四周七个一百四十四年還得剩行天一周也餘七命起星紀筭外得鶉火是昭十五年歲星在鶉火也計十三年在大梁十五年當在鶉首而在鶉火者由其餘分數滿剩得一次猶如閏餘滿而成月也以十五年歲在鶉火歷而數之則二十七年復在鶉火故此年在星紀也於十二次分野星紀是吳越之分也歲星是天之貴神所在之次其國有福今越得歲星故吳伐之則凶也吳越同分而云越福吳凶者以吳先用兵故反受其殃賈逵云然杜從之也鄭玄云天文分野斗主吳牽牛主越此年歲星在牽牛故吳伐之凶案史傳所云吳越同分不言於次之內更復分星姜氏任氏共守玄枵復以何星主齊何星主薛也且據三統之術星紀之初斗十二度至於牽牛初度乃爲中耳十五年餘分始滿則此年之初歲星初入此次伐越在夏未得已至牽牛鄭之此說爲妄之甚也○秋八月王使富辛與石張如晉請城成周。子朝之亂其餘黨多在王城敬王畏之徙都成周成周狹小故請城之○狹音洽天子曰天降禍于周。俾我兄弟並有亂心以爲伯父憂。俾使也兄弟謂子朝也伯父謂晉侯○俾本又作卑同必爾反注同我一二親暱甥舅不皇啓處。於今十年。謂二十三年二師圍郊至于今○暱女乙反〔疏〕注謂二至于今○正義曰案二十七年十二月晉籍秦致諸侯之戍于周而此杜云二十八年者以十二月垂盡去在十二月至周則在二十八年故云五年也勤戍五年。謂二十八年晉籍秦致諸侯之戍至于今余一人無日忘之。念諸侯勞閔閔焉如農夫之望歲懼以待時。閔閔憂貌王憂亂常閔閔冀望安定如農夫之憂飢冀望來歲之將孰伯父若肆大惠復二文之業弛周室之憂。肆展放也二文謂文侯仇文公重耳弛猶解也○弛式氏反注同重直龍反徼文武之福以固盟主宣昭令名。則余一人有大願矣。昔成王合諸侯城成周以爲東都崇文德焉。作成周遷殷民以爲京師之東都所以崇文王之德○徼古堯反下同〔疏〕注作成至之德○正義曰杜知作成周爲崇文王之德者以上傳云徼文武之福即云成王合諸侯城成周以崇文德故以爲崇文王之德劉炫以爲崇文德之教而規杜非也今我欲徼福假靈于成王脩成周之城俾戍人無勤諸侯用寧。蝥賊遠屏晉之力也。蝥賊謂災害○蝥亡侯反〔疏〕注蝥賊謂災害○正義曰蝥賊食苗之蟲釋蟲云食根蝥食節賊故以蝥賊喻災害也其委諸伯父使伯父實重圖之。俾我一人無徵怨于百姓。徵召也○徵張升反而伯父有榮施先王庸之。庸功也先王之靈以爲大功○施式豉反

范獻子謂魏獻子曰。與其戍周。不如城之。天子實云。云欲罷戍而城雖有後事。晉勿與知可也。從王命以紓諸侯。晉國無憂。是之不務。而又焉從事。魏獻子曰。善。使伯音對。伯音韓不信○勿與音預紓音舒焉於虔反曰。天子有命。敢不奉承。以奔告於諸侯。遲速衰序。衰差也序次也○衰初危反注同於是焉在。在周所命冬十一月。晉魏舒、韓不信如京師。合諸侯之大夫于狄泉。尋盟。且令城成周。尋平丘盟魏子南面。居君位衛彪傒曰。魏子必有大咎。干位以令大事。非其任也。彪傒衛大夫○彪彼虯反傒音兮咎其九反詩曰。敬天之怒。不敢戲豫。敬天之渝。不敢馳驅。詩大雅戒王者言當敬畏天之譴怒不可遊戲逸豫馳驅自恣渝變也○渝羊朱反譴弃戰反〔疏〕注詩大至譴怒○正義曰此詩大雅板之篇刺厲王之詩也詩注以天謂厲王此據上天斷章取意況敢干位以作大事乎。己丑。士彌牟營成周。計丈數。計所當城之丈數也〔疏〕注計所至丈數○正義曰謂周迴遠近之丈數也知者下別云揣高卑度厚薄故也揣高卑。度高曰揣○揣丁累反又初委反度待洛反下文及注同度厚薄。仞溝洫。度深曰仞○仞本又作刃而慎反洫況域反物土方。議遠邇。物相也相取土之方面遠近之宜○相息亮反下同量事期。知事幾時畢○幾居豈反下皆同計徒庸。知用幾人功慮財用。知費幾財用○費芳貴反書餱糧。知用幾糧食○餱音侯本亦作糇糧音良以令役於諸侯。屬役賦丈。付所當城尺丈○屬之欲反〔疏〕屬役賦丈○正義曰屬役謂屬聚下役也賦丈謂課付尺丈上既號令丁役之事以告諸侯令諸國國各出若干之役築若干之丈故云屬役賦丈書以授帥也書以授帥。帥諸侯之大夫○帥所類反注同而效諸劉子。效致也○效戶孝反韓簡子臨之。以爲成命。臨履其事以命諸侯經所以不書魏舒〇十二月。公疾。徧賜大夫。從公者○徧音遍從才用反下同大夫不受。賜子家子雙琥。琥玉器○琥音虎〔疏〕注琥玉器○正義曰周禮大宗伯云以玉作六器以禮天地四方白琥禮西方鄭玄云虎猛象秋嚴禮經及記言琥多矣都不說其狀蓋刻玉爲虎形也一環。一璧。輕服。細好之服〔疏〕一環一璧○正義曰釋器云肉倍好謂之璧肉好若一謂之環李巡曰肉倍好璧邊肉大其孔小也肉好若一其孔及邊肉大小適等曰環也受之。大夫皆受其賜。己未。

公薨。子家子反賜於府人曰。吾不敢逆君命也。大夫皆反其賜。書曰。公薨于乾侯。言失其所也。不薨路寢爲失所趙簡子問於史墨曰。季氏出其君。而民服焉。諸侯與之。君死於外。而莫之或罪也。對曰。物生有兩。有三。有五。有陪貳。故天有三辰。謂有三○陪蒲回反地有五行。謂有五體有左右。謂有兩各有妃耦。謂陪貳○妃音配王有公。諸侯有卿。皆有貳也。天生季氏。以貳魯侯。爲日久矣。民之服焉。不亦宜乎。魯君世從其失。季氏世脩其勤。民忘君矣。雖死於外。其誰矜之。社稷無常奉。奉之無常人言雖德也○從才用反本亦作縱君臣無常位。自古以然。史墨跡古今以實言故詩曰。高岸爲谷。深谷爲陵。詩小雅言高下有變易〔疏〕故詩至爲陵○正義曰詩小雅十月之交大夫刺幽王也三后之姓。於今爲庶。王所知也。三后虞夏商〔疏〕注三后虞夏商○正義曰從周而上故數此三代三代子孫自有爲國君者言其賤者爲庶人也在易卦。雷乘乾曰大壯。䷡乾下震上大壯震在乾上故曰雷乘乾〔疏〕雷乘乾曰大壯○正義曰乾爲天爲剛震爲雷爲動天以剛而動動則爲雷壯之大者故曰大壯天之道也。乾爲天子震爲諸侯而在上君臣易位猶臣大強壯若天上有雷〔疏〕注乾爲至有雷○正義曰說卦乾爲天爲君之極尊者是天子也震爲長子其卦云震驚百里聲達百里之內而有震曜之威是諸侯而在天子之上象如君臣易位是天之道也昔成季友。桓之季也。文姜之愛子也。始震而卜。卜人謁之曰。生有嘉聞。嘉名聞於世○始震如字一音身聞音問〔疏〕始震而卜○正義曰震動也懷妊始動知有震娠而即卜也其名曰友。爲公室輔。及生。如卜人之言。有文在其手曰友。遂以名之。既而有大功於魯。立僖公○名之音武政反受費以爲上卿。至於文子武子。文子行父武子宿○費音秘世增其業。不費舊績。魯文公薨。而東門遂殺適立庶。魯君於是乎失國。失國權○適丁歷反政在季氏。於此君也四公矣。民不知君。何以得國。是以爲君。慎器與名。不可以假人。器車服名爵號〔疏〕是以至假人○正義曰器謂車服也名謂爵號也借人名器則君失位矣故不可以假人也言魯君失民是借季氏以權柄故令昭公至此出外因以戒人君使懲創也

春秋左傳注疏卷五十三挍勘記　阮元撰盧宣旬摘録

附釋音春秋左傳注疏卷第五十三　昭二十九年盡三十二年

經二十九年

以乾侯至　宋本岳本足利本至作致按正義云以乾侯致告於廟者作致是也

注以乾至晉侯至　宋本無晉字

潰散叛公　淳熙本潰作遺非也

當是季氏道之使然　毛本是誤時

傳二十九年

注比公於大夫　宋本此節正義在公如乾侯注之下

趙文子曰　毛本文誤武

齊甲君矣　毛本甲君誤倒

君祗辱焉　石經祗作祇是也

二十八年　宋本淳熙本岳本纂圖本足利本八作六是也

注二十至道還　宋本此節正義在注鄅周邑之下

以婦人尤之云　諸本作尤此本誤无今改正

平王每歲買馬　纂圖本亦誤作王石經宋本淳熙本岳本閩本監本毛本作于是也○今訂正

注啟服馬名　宋本以下正義二節揔入子家子曰節注下

中央夾來轅者　〔補〕宋本來字誤衍

隋塹死也　宋本隋作墮

乃以幃裹之　石經宋本岳本足利本幃作帷與釋文合注同

注禮曰敝至馬也　宋本無敝字

請以馬肉食從者　宋本重者字是也

多辨　宋本閩本監本毛本辨作辯

以壠籚爲椁　毛本壠作攏非也

注龍輔玉名　宋本以下正義二節揔入且從生而爲兄節之下

龍禱旱玉也　段玉裁挍本龍作瓏依說文改也

請相與借告 纂圖本毛本借作皆非也

務人公爲也 案王引之周秦名字解故云魯公孚務人字爲務亦爲也禮記檀弓作公叔禺人假借字段玉按曰說文云爲母猴也禺母猴屬故公爲字禺人左傳作務人者務古音茂禺古音偶音相似也

人實至實知 宋本自此節以下正義至注棄周至代之節止揔入注文傳言蔡墨之博物之下

而知其故 石經宋本淳熙本岳本纂圖本監本毛本而下有不字是也

叔安其君名 諸本作君此本誤若今改正

則以官名 宋本淳熙本岳本纂圖本監本毛本名作氏是也

芒子帝世世子帝不降 宋本世並作泄是也

故杜以爲合爲四 宋本無上爲字

陶唐堯所治地 纂圖本毛本地作也非也

以更豕韋之後 惠棟云史記夏本紀更作受周禮巾車云歲時受讀杜子春云受當爲更儀禮燕禮及大射儀注皆云古文更爲受是更與受古今字也

下文云 閩本監本毛本下文作又下非也

懼而遷于魯縣 岳本于作於

若泯弃之 石經泯作泜避所諱

物乃坻伏 纂圖本毛本伏誤服字按說文坻小渚也坻箸也箸直略切然則此傳當作坻伏石經宋本不誤

若滅弃所掌 宋本所掌作其官是也

職事不理 宋本職作百是也

乃令無有此物 此本無字實缺據宋本監本毛本補

非徒不至而已 此本非徒二字實缺閩本同據宋本監本毛本補

傳謂塞井爲堙井 傳謂爲堙井五字此本實缺閩本同據宋本監本毛本補

是堙爲塞也 此本堙爲二字實缺閩本塞字亦實缺據宋本監本毛本補

言此物沈滯壅塞 物沈滯壅四字此本實缺閩本同據宋本監本毛本補監本沈作沉非也

列謂行列 此本行列二字實缺閩本同據宋本監本毛本補

言五官皆然也 此本言字實缺閩本同據宋本監本毛本補

又賜之以姓 此本賜之以姓四字實缺閩本同據宋本監本毛本補

諸侯以國爲氏 此本諸侯二字實缺閩本同據宋本監本毛本補

王者社稷五祀 宋本王作主非也

行西河 宋本行下有在字監本毛本作立西阿陳樹華云當依外傳作立於西河

自是金神之形耳 毛本神作刑形作神並非

光明四海 浦鏜正誤明作照依國語改也

在野則爲社 淳熙本社誤一

各以其野之所宜木 此本宜木二字模糊依宋本監本毛本改正閩本宜誤草

命人社是也 監本毛本人作民

賈逵以句芒祀於戶云云 毛本戶作月非也考文祀作祭

言彼與中霤 監本與作爲非宋本彼下有社字是也

是此方水官之物也 宋本此作北

各各自有其官 閩本監本毛本各字不重

不可强言是用 宋本强作彊

乾下乾上乾 淳熙本脫末乾字

其坤 釋文坤作巛云本又作坤案說文無巛字即☷之變耳

上爻辭 宋本淳熙本岳本纂圖本監本毛本作坤上六爻辭是也

猶女行而遇男 宋本行而作而行

故別揔其用而爲之辭 毛本別作名非也

物謂上六卦所稱龍 上六卦三字此本實缺據宋本淳熙本岳本纂圖本補閩本誤作周易之三字監本毛本卦下有之字亦衍文

乃命木正重司天以屬神 監本毛本乃作則非也浦鏜云木國語作南

以水名官 宋本淳熙本岳本官下有者字

次言大皞以龍名 諸本作大此本誤人今改正

祭法曰 諸本作祭此本誤登今改正

宣王不藉千畝 閩本監本毛本藉誤籍

然則百穀 宋本毛本穀作官非也

烈山氏 釋文云禮記作厲山案禮記郊特牲正義引作列山氏國語補音云左傳作烈山是所據本各異也

其子能殖百穀 諸本作穀此本誤設今改正

賈逵 諸本作賈此本誤賣今改正

後爲神農也 案神農疑當作農神

故革命創制 宋本故作攻

重犂之輩 諸本作重此本誤不今改正

共鼓石爲鐵 淳熙本共誤其

注令晉至言遂 宋本以下正義六節揔入其及趙氏節注下

用橐扇火 宋本監本毛本橐作槖下句同按槖非也橐者吹火韋囊也或作橐古書祇用排步拜切

民不豫知 毛本豫作預案豫預古今字

其事文公傳具矣 宋本公下有之字

興之以成 重脩監本興誤其成誤戒

范氏取蒐之法 宋本取下有夷字是也

縱應有禍 毛本縱誤總

經三十年

徐子章羽奔楚 岳本羽作禹從傳文也

傳三十年

內外弃之 宋本淳熙本纂圖本足利本作外內案正義本亦作外內

且徵過也 毛本徵誤懲

以二魯侯 宋本監本毛本二作貳是也

亦無抽筋倒縣之急 宋本閩本監本毛本縣作懸是俗字

然所以非責公之妄也 宋本無然字

明公過可掩也 宋本過下有不字是也

則往前未釋之時 閩本監本毛本前誤年

晉頃公卒 淳熙本頃誤須

弔喪共使 宋本岳本足利本喪作葬是也

不及辨之 宋本淳熙本辨作辦

注紼輓至執紼 宋本以下正義三節揔入注文傳言大叔之敏下

帥六鄉之衆 閩本監本毛本鄉誤卿

禮送葬必執紼 毛本送誤遂宋本必下有而字按今曲禮上作助葬必執紼

明底其情 石經此處殘缺宋本淳熙本岳本底作厎是也注同

底致也 淳熙本也字下衍王禮數三字

胡田胡子之地宋本淳熙本岳本纂圖本監本毛本田下有故字
若好吳邊疆石經宋本岳本足利本吳作吾釋文作吾好云一本作若好吾
謂不與吳構怨宋本纂圖本閩本監本毛本構作搆
吾又疆其讎以重怒之石經宋本淳熙本岳本足利本疆作彊是也
不知天將以爲虐乎淳熙本乎作无非也
執鍾吳子(補)毛本吳作吾
徐子章禹斷其髮閩本禹作羽係改刊初刻亦必作禹也石經此處缺

經三十一年

薛伯入春秋以來閩本監本毛本作薛伯此本誤倒宋本無伯字薛上有但字
將使意如逆公宋本逆作迎
冬黑肱以濫來奔陳樹華云郡國志濫作藍按作藍非也而可爲釋文力甘反之一證

傳三十一年

我受其無咎宋本以下正義三節揔入予家予曰節注下
請囚于費毛本于改於
以待君之察也石經君字以下一行計九字
君一言使晉淳熙本一字空缺
何敢復知耶宋本足利本耶作邪是也
退而謂季孫君怒未怠石經此行計九字
不得復自在諸本作自在足利本後人記云異本作自存非也
賤而書名石經而字以下一行計十一字而字似增入
在襄二十二年宋本淳熙本岳本纂圖本足利本二年作一年是也
婉而辨宋本此節正義在善人勸焉節之下
趙簡子夢童子羸而轉以歌諸本作羸北宋刻釋文云本又作羸風俗通義引作裸鄭氏周禮占夢注引作倮按說文作羸从衣贏聲裸羸或从果
轉婉轉也岳本監本毛本婉作宛
庚辰有變宋本淳熙本岳本辰作日是也
注庚日至入郢閩本監本毛本日誤辰宋本以下正義三節揔入庚午節注下
而同而同名曰辰(補)案而同字誤重

角即龍角即龍尾宋本監本毛本即上有尾字是也
故言辰尾龍尾也宋本上尾字作星是也
故六年也宋本年字下有吳入郢三字與正義合
氣見於天宋本見作是非也
楚是南方之國宋本脫之字
五行相刻監本毛本刻作尅
是楚彊盛之兆諸本作兆此本誤非今改正

經三十二年

何故辭宋本辭下有盟字
故不書於經也毛本也誤之
賦丈數諸本作丈此本誤文今改正
裁三旬而畢宋本裁作栽字按定元年傳作城三旬而畢當依此作栽謂自庚寅栽麻三十日而畢工也

傳三十二年

故於今猶在乾侯纂圖本脫於字
雖疆事小爭閩本監本疆作彊非也
則二十五年復在大梁宋本二作三
而此年歲在星紀者監本毛本歲誤數
以十二去之餘次一百四十四周七个一百四十四
年還得剩行天一周也閩本監本毛本用作周李銳云此文舛譌不可曉以意求之當云以十二去之餘七每次有一百四十四分周七个一百四十四年還得剩行天七次也
而得越福吳凶者監本毛本得作云
此年歲星在牽牛閩本監本年作是
謂二十三年二師圍郊淳熙本師誤帥
注謂二至于今宋本以下正義六節揔入以爲成命句注下
如農夫之憂飢纂圖本毛本飢作饑
伯父若肆大惠石經肆字改刊初刻誤賜
弛周室之憂淳熙本弛作弛非也

文公重耳宋本淳熙本耳下有也字
蝥賊遠屛毛本賊誤賤
蝥賊謂灾害宋本岳本監本毛本謂作喻
衞彪傒曰淳熙本正德本閩本亦作傒注同石經岳本宋本纂圖本監本毛本作傒與釋文合按說文有傒無徯毛本衞誤魏
計所當城之丈數也宋本淳熙本足利本無也字
仞溝洫釋文云仞本又作刃而愼反按刃者古文假借字也
慮財用石經宋本淳熙本岳本財作材不誤注同
賦丈周禮大司馬職疏引作賦丈尺似以意增也
屬役謂屬聚下役也宋本下作丁是也
上既號令丁役之事閩本監本毛本丁誤下重脩監本令作合非也
注琥玉器下宋本以下正義八節揔入不可以假人句注下
有陪貳石經此處模糊宋本纂圖本毛本陪作倍非也
大夫刺幽王也閩本監本毛本幽作厲非也
三后之姓於今爲庶王所知也石經宋本淳熙本岳本纂圖本監本足利本王作主是也
震爲諸侯而在上宋本淳熙本岳本在下有乾字是也
猶臣大強壯淳熙本臣誤巨宋本強作彊
是諸侯而在天子之上宋本侯下有之象諸侯四字
懷妊始動宋本妊作姙非也
知有震娠而卜也宋本毛本卜作動非也
立僖公淳熙本僖作喜非也
不費舊職(補)案費當作廢
附釋音春秋左傳注疏卷第五十三止

附釋音春秋左傳注疏卷第五十四　定元年盡四年

杜氏注　孔穎達疏

定公○陸曰定公名宋襄公之子昭公之弟謚法安民大慮曰定【疏】正義曰魯世家定公名宋襄公之子昭公之弟史傳不言其母不知誰所生也以敬王十一年卽位謚法安民大慮曰定

經元年。春。王。公之始年而不書正月公卽位在六月故【疏】注公之至月故○正義曰凡新君初立必於歲首元日朝正於廟因卽改元正位百官以序國史因書於策云元年春王正月公卽位也其或國有事故不得行卽位之禮國史亦書元年春王正月見此月公應卽位而有故不得隱莊閔僖四公元年無事而空書春王正月其義也此年不書正月者公卽位在六月故也傳稱昭公喪及壞隤公子宋先入則正月之時定公猶從昭公之喪在於乾侯未入魯竟國內無君不是卽位之時故不須書正月也釋例曰癸亥公之喪至自乾侯戊辰公卽位喪在外踰年乃入故因五日改殯之節國史用元年卽位之禮因以元年爲此年也然則正月之時未有公矣公未卽位必不改元而於春夏卽稱元年者公未卽位未改元未改之日必乘前君之年於時春夏當名此年爲昭公三十三年及六月既改之後方以元年紀事及史官定策須有一統不可半年從前半年從後雖則年初亦統此歲故入年卽稱元年也漢魏以來雖於秋冬改元史於春夏卽以元年冠之是有因於古也

三月。晉人執宋仲幾于京師。晉執人于天子之側而不以歸京師故但書其執不書所歸○幾音機【疏】注晉執至所歸○正義曰晉執仲幾傳無日月據經所書是三月始執案傳則不然也傳稱辛巳合諸侯之大夫于狄泉長麻辛巳是正月七日也既會而魏舒始卒庚寅栽是正月十六日也宋仲幾不受功當於栽時不肯役耳士彌牟云晉之從政者新是士鞅已代魏舒矣乃執仲幾以歸三月歸諸京師必是既栽之後三月以前執以歸晉至三月乃歸於京師耳經書三月始執者晉人初執不告後知以歸不可至三月復歸於京師諱其以歸乃歸王故以三月初執告也縱晉執人諸侯不得相治事當使歸決於天子況在天子之側不以歸於京師晉人自知不可不以歸晉告魯故經但書其執不書所歸既不言歸王亦不言歸晉是不以所歸告也

○夏六月。癸亥。公之喪至自乾侯。告於廟故書至○戊辰。公卽位。定公不得以正月卽位失其時故詳而日之記事之宜無義例【疏】注定公至義例○正義曰公羊傳曰卽位不日此何以日錄乎內也穀梁以爲公喪在外踰年六月乃得卽位危故日之左氏無此義故杜顯而異之正月卽位正也定公不得以正月卽位爲失其時故詳而日之直記事之宜書日无義例

○秋七月。癸巳。葬我君昭公。公在外薨故八月乃葬

○九月。大雩。无傳過也○雩音于

○立煬宮。煬公伯禽子也其廟已毀季氏禱之而立其宮書以譏之○煬羊讓反禱丁老反【疏】注煬公至譏之○正義曰謚法好內怠政曰煬煬公伯禽子世本世家文諸侯之禮親廟有四計煬公玄孫既薨其廟卽已毀矣季氏禱于煬公以求昭公不入公死於外謂禱有益而更立其宮賽之於禮不合更立惡其改變國典故書以譏之公羊穀梁皆云立者不宜立立煬宮非禮也

冬。十月。隕霜殺菽。无傳周十月今八月隕霜殺菽非常之災○隕于敏反菽本又作叔音同【疏】注周十至之災○正義曰月令九月霜始降八月未應霜殺菽者大豆之苗又是耐霜之穀今以八月隕霜霜能殺菽是非常之災故書之僖三十三年隕霜不殺草此云殺菽彼言不殺草者穀梁傳曰未可以殺而殺舉重可殺而不殺舉輕其曰菽舉重也

傳元年。春。王正月。辛巳。晉魏舒合諸侯之大夫于狄泉。將以城成周。魏子涖政。涖臨也代天子大夫爲政○涖音利又音類衞彪傒衞大夫曰。將建天子。立天子之居而易位以令。非義也。大事奸義。必有大咎。晉不失諸侯。魏子其不免乎。是行也。魏獻子屬役於韓簡子及原壽過。簡子韓起孫不信也原壽過周大夫○奸音干咎其九反屬之欲反過古禾反【疏】易位以令○正義曰往年傳魏子南面衞彪傒云干位以令此云魏子涖政彪傒云易位以令交不同者郊特牲云君之南鄉荅陽之義也臣之北面荅君也然則禮國君乃南面往年魏子亦南面是于君之位故云干位此時諸國爲天子築城但當各致徒役而已宜使天子之臣自號令之而魏子涖政代天子大夫改易上下故爲易位所譏別故其文異

而田於大陸。焚焉。禹貢大陸在鉅鹿北嫌絕遠疑此田在汲郡吳澤荒蕪之地火田并見燒也爾雅廣平曰陸○蕪音無【疏】注禹貢至曰陸○正義曰禹貢云導河積石至于大伾北過降水至于大陸孔安國云大陸澤名釋地十藪云晉有大陸郭璞曰今鉅鹿北廣河澤孫炎曰廣河猶大陸以地名言之近爲是也計鉅鹿之城與周相去千有餘里魏子不應往彼田微故嫌絕遠疑此田當在汲郡吳澤吳澤在脩武縣北還卒於甯甯卽脩武城是也當是荒蕪之地故亦以大陸名焉引爾雅以證平地皆名陸也案爾雅高平曰陸杜言廣平者以吳澤之地地下寬平故以廣平言之非是不見爾雅劉君以爾雅高平曰陸而規杜氏非

還。卒於甯。甯今脩武縣近吳澤○近附近之近范獻子去其柏椁。以其未復命而田也。范獻子代魏子爲政去其柏椁示貶之○去起呂反注同椁音郭【疏】去其柏椁正義曰喪大記云君松椁大夫柏椁士雜木椁是卿葬於禮用柏椁也以其未復君命而爲田獵故獻子去其柏椁不使用也

孟懿子會城成周。不書公未卽位【疏】注不書公未卽位○正義曰懿子往年雖受號令知所得丈尺人功而已今復將徒役城之計當更書之於策以公未卽位無君可告故不書庚寅。栽。栽設板築○栽才代反又音再注同宋仲幾不受功。曰。滕、薛、郳。吾役也。欲使三國代宋受功役也○郳五兮反小邾國薛宰曰。宋爲無道。絕我小國於周。以我適楚。故我常從宋。晉文公爲踐土之盟。在僖二十八年曰。凡我同盟。各復舊職。若從踐土。若從宋。亦唯命。仲幾曰。踐土固然。固曰從舊薛舊爲宋役薛宰曰。薛之皇祖奚仲居薛。以爲夏車正。皇大也奚仲爲夏禹掌車服大夫○夏戶雅反注同奚仲遷于邳。邳下邳縣○邳皮悲反仲虺居薛。以爲湯左相。仲虺奚仲之後○虺許鬼反相息亮反若復舊職。將承王官。何故以役諸侯。承奉也仲幾曰。三代各異物。薛焉得有舊。言居周世不得以夏殷爲舊○焉於虔反爲宋役。亦其職也。士彌牟曰。晉之從政者新。言范獻子新爲政未習故事【疏】注言范至故事○正義曰魏舒以辛巳會諸國至庚寅相去唯十日耳魏舒始卒已得范鞅代者范鞅本是中軍之佐於次當代魏舒蓋晉人聞舒卒而馳使代之子姑受功。歸吾視諸故府。求故事仲幾曰。縱子忘之。山川鬼神其忘諸乎。山川鬼神盟所告士伯怒。謂韓簡子曰。薛徵於人。典籍故事人所知也宋徵於鬼。取證於鬼神宋罪大矣。且已無辭。而抑我以神。誣我也。啓寵納侮。其此之謂矣。開寵過分則納受侵侮○侮亡甫反分扶問反【疏】啓寵至謂矣○正義曰尚書說命傳說進戒於王云無啓寵納侮古有此言故云其此之謂矣開彼寵人過其本分其人不知止足乃至侵侮在上上據在上受之故云納侮必以仲幾爲戮。乃執仲幾以歸。三月。歸諸京師。知以歸不可故復歸之京師○復扶又反城三旬而畢。乃歸諸侯之戍。齊高張後。不從諸侯。後則不及諸侯之役晉女叔寬曰。周萇弘齊高張皆將不免。萇叔違天。叔寬女寬也○萇直良反高子違人。天既厭周德萇弘欲遷都以延其祚故曰違天諸侯相帥以崇天子而高子後期故曰違人○厭於豔反祚才故反天之所壞。不可支也。衆之所爲。不可奸也。爲哀三年周人殺萇弘六年高張來奔起

○夏。叔孫成子逆公之喪于乾侯。成子叔孫婼之子季孫曰。子家子亟言於我。未嘗不中吾志也。吾欲與之從政。子必止之。且聽命焉。衆士皆諮問子家子○亟起冀反中丁仲反【疏】季孫至命焉○正義曰言子家子數於公處致言於我云意如事君不敢不改又言君以一乘入於魯師季孫必與君歸季孫之意實然故云未嘗不中吾志吾欲與之從政欲用爲大夫也公喪歸則從者散故令止之且聽命者一聽子家之所爲子家欲將歸者卽與之歸子家子不見叔孫。易

幾而哭。幾哭會也。不欲見叔孫，故朝夕哭不同會。○朝，如字。叔孫請見子家子。子家子辭曰：羈未得見，而從君以出。出時成子未爲卿。○羈，居宜反。子家子名。見，賢遍反，下同。從，才用反，注義從同，又如字，下從君從公放此。君不命而薨，羈不敢見。言未受昭公之命。託辭以距叔孫。叔孫使告之曰：公衍、公爲實使羣臣不得事君。二子始謀逐季氏。【疏】注二子至季氏。○正義曰：謀逐季氏，公爲爲之，傳文不言公衍謀也。但以公衍見復爲大子，季氏欲俱廢之，故言此也。若公子宋主社稷，則羣臣之願也。宋，昭公弟定公。凡從君出而可以入者，將唯子是聽。子家氏未有後，季孫願與子從政，此皆季孫之願也。使不敢以告。不敢，叔孫成子名。對曰：若立君，則有卿士大夫與守龜在，羈弗敢知。若從君者，則貌而出者，入可也。貌出，謂以義從公，與季氏無實怨。○守，手又反。寇而出者，行可也。與季氏爲寇讎者，自可去。若羈也，則君知其出也，君，昭公。而未知其入也。羈將逃也。喪及壞隤，公子宋先入，從公者皆自壞隤反。出奔。○壞，徐音懷，又戶怪反。隤，徒回反。六月癸亥，公之喪至自乾侯。戊辰，公即位。諸侯薨，五日而殯，殯則嗣子即位。癸亥，昭公喪至，五日殯於宮，定公乃即位。【疏】諸侯至即位。○正義曰：王制云：天子七日而殯，諸侯五日而殯。自癸亥至戊辰五日，殯訖則嗣子即位，故定公以此日即位也。公羊、穀梁皆云正棺於兩楹之間，然後即位。案正棺兩楹之間，即禮所謂夷於堂者也。喪大記：君薨之禮云：既小斂，男女奉尸夷于堂。鄭玄云：諸侯之小斂於死者俱三日。此戊辰去癸亥五日，非正棺之日，不得爲正棺即位也。雜記云：諸侯行而死，歸至於廟門，遂入適所殯。鄭玄云：適所殯，謂兩楹之間。自外來者正棺於兩楹之間，而尸亦夷之於此，因殯焉。殯必於兩楹之間者，以其死不於室而自外來，留之於中，不忍遠也。鄭取二傳之說，言死從外來者殯在兩楹之間，若謂殯爲正棺，則與杜言合矣。季孫使役如闞，公氏將溝焉。闞，魯羣公墓所在也。季孫惡昭公，欲溝絕其兆域，不使與先君同。○闞，口暫反。惡，烏路反，又如字。【疏】闞公氏。○正義曰：闞是先公葬地，春秋言氏，猶如言家，故謂公之墓地爲公氏，言是公死之家宅也。玄卿以爲闞屬上句，公氏將溝焉，猶言將溝公氏焉，古人多倒語。公氏則昭公。榮駕鵞曰：生不能事，死又離之，以自旌也。駕鵞，魯大夫榮成伯也。旌，章也。○駕音加。鵞，五何反。旌音精。縱子忍之，後必或恥之。乃止。季孫問於榮駕鵞曰：吾欲爲君謚，使子孫知之。爲惡謚。【疏】注爲惡謚。○正義曰：知者，下云死又惡之，所以知也。對曰：生弗能事，死又惡之，以自信也。將焉用之？乃止。秋七月癸巳，葬昭公於墓道南。孔子之爲司寇也，溝而合諸墓。明臣无貶君之義。○惡之，如字，又烏路反。焉，於虔反。【疏】以自信也。正義曰：信，明也。以自明已之不臣也。○溝而合。○正義曰：孔子之爲司寇在定公十年以後，未知何年溝之。昭公出故，季平子禱于煬公。九月，立煬宮。平子逐君，懼而請禱於煬公。昭公死於外，自以爲獲福，故立其宮。【疏】禱於煬公。○正義曰：既毀其廟而得禱者，蓋就祧而禱之。○周鞏簡公棄其子弟而好用遠人。簡公，周卿士。遠人，異族也。爲明年鞏氏賊簡公張本。○鞏，九勇反。好，呼報反。【疏】簡公。○正義曰：謚法，平易不從曰簡。

經 二年，春，王正月。○夏，五月，壬辰，雉門及兩觀災。無傳。雉門，公宮之南門。兩觀，闕也。天火曰災。○觀，古亂反，注及下同。【疏】注雉門至曰災。○正義曰：明堂位云：庫門，天子皋門。雉門，天子應門。是魯之雉門，公宮南門之中門也。釋宮云：觀謂之闕。郭璞曰：宮門雙闕。周禮大宰：正月之吉，縣治象之法于象魏，使萬民觀治象。鄭衆云：象魏，闕也。劉熙釋名云：闕在門兩旁，中央闕然爲道也。然則其上縣法象，其狀魏魏然高大，謂之象魏。使人觀之，謂之觀也。是觀與象魏、闕，一物而三名也。觀與雉門俱災，則兩觀在雉門之兩旁矣。公羊傳曰：其言雉門及兩觀災何？兩觀微也。然則曷爲不言雉門災及兩觀？主災者兩觀也。主災者兩觀，則曷爲後言之？不以微及大也。穀梁亦云：災自兩觀始，先言雉門，尊尊也。公羊稱子家駒云：設兩觀，諸侯僭天子。其意以其者僭，故天災之。左氏無此義。案禮器云：天子諸侯臺門。此以高爲貴也。郊特牲云：臺門，大夫之僭禮也。雖言大夫異於諸侯，不言諸侯異於天子。兩觀爲僭，禮無其文。天之所災，不可意卜。言主災兩觀，以門尊先門，若災先從門起，又將何以爲異？上明無文，或是災起雉門而延及兩觀也。天火曰災，宣十六年傳例。○秋，楚人伐吳。囊瓦稱人，見誘以敗軍。○囊，乃郎反。○冬，十月，新作雉門及兩觀。無傳。

傳 二年，夏，四月，辛酉，鞏氏之羣子弟賊簡公。傳言棄親用疏，所以敗也。○桐叛楚。桐，小國，廬江舒縣西南有桐鄉。吳子使舒鳩氏誘楚人，舒鳩，楚屬國。曰：以師臨我，我教舒鳩誘楚，使以師臨吳。伐桐，爲我使之無忌。吳伐桐也，僞若畏楚師之臨已，而爲伐其叛國以取媚者也，欲使楚不忌吳，所謂多方以誤之。○爲我，于僞反，注及下同。【疏】桐叛至無忌。○正義曰：桐是小國，世屬於楚，桐今叛楚，楚有間隙，故吳子因是而謀之。舒鳩自是楚之屬國，居吳楚之閒，亦兩取其意，故意吳得使之也。吳子使舒鳩誘楚人，又教舒鳩爲辭曰：令楚以師臨我，吳自稱我，令楚臨吳也。我當僞若畏楚，爲楚伐桐，女舒鳩當爲我誘楚，我軍楚師。或曰：囊瓦本出師伐吳，見吳欲伐桐而不設備，遂被吳敗之。又擊楚巢邑，潛師圍而克之，獲其守邑大夫。爲我使之無忌，謂爲我之畏楚形狀，使楚人無復防忌於我也。若楚不忌吳，則師不設備，欲因其無備而掩襲取之耳。下云吳人見舟于豫章，僞欲伐桐也。吳軍楚師于豫章，掩其不備也。潛師于巢，吳人詐巢邑人云此師將伐桐也，其實本擬取巢，故下遂圍巢克之。言潛者，對豫章之師稱潛。○秋，楚囊瓦伐吳師于豫章。從舒鳩言。吳人見舟于豫章，僞將爲楚伐桐。○見，賢遍反。而潛師于巢。實欲以擊楚。冬十月，吳軍楚師于豫章，敗之。楚不忌故。遂圍巢，克之，獲楚公子繁。繁，守巢大夫。○邾莊公與夷射姑飲酒，私出。射姑，邾大夫。出辟酒。○射，音亦，一音夜。閽乞肉焉。奪之杖以敲之。奪閽杖，以敲閽頭也。爲明年邾子卒傳。○閽，音昏，守門人也。敲，苦孝反，又苦學反。說文作敲，云擊頭也。字林同，又一曰擊聲也，口交反，又口卓反。訓從敲，云橫擿也。又或作茅，或作剌，口交反。

經 三年，春，王正月，公如晉，至河，乃復。無傳。【疏】公如至乃復。○正義曰：三傳皆無其說，不知何故乃復。賈逵云：刺緩朝見，辭失所，不諱罪已。賈雖爲此解，於傳無文，不可從，故杜不言。劉炫謂公以六月即位，此年便即往朝，於事未爲緩也。晉人何以辭之？若以緩見遣，當退謝罪，何由此後更無謝處？空言罪已，經無孫謝自罪之狀，復安在乎？晉若以緩致辭，必當要有譴責，何由明年會次復得依常班序？乃復之意，不可縣知。○二月，辛卯，邾子穿卒。再同盟。○穿音川。【疏】注再同盟。○正義曰：穿以昭二年即位，十一年盟于祲祥，二十六年于鄟陵，皆魯邾俱在，是再同盟也。○夏，四月。○秋，葬邾莊公。六月乃葬，緩。○冬，仲孫何忌及邾子盟于拔。拔，地闕。○拔，皮八反。

傳 三年，春，二月，辛卯，邾子在門臺，臨廷。門上有臺。閽以缾水沃廷。邾子望見之，怒。閽曰：夷射姑旋焉。旋，小便。○廷，音庭，下並同。缾，步丁反，本又作瓶。命執之。見其不潔，執射姑。弗得。滋怒，自投于牀，廢于鑪炭，爛，遂卒。廢，墮也。○鑪，力吳反。炭，他旦反。隋，徒火反。先葬以車五乘，殉五人。欲藏中之絜，故先內車及殉，別爲便房，蓋其遺命。○先，悉薦反，又如字。乘，繩證反。殉，辭俊反。藏，才浪反。【疏】注欲藏至遺命。○正義曰：以人從葬謂之殉。邾子好絜，以人爲殉，欲備地下掃除，若令與柩同入，恐其汙履藏內，欲其藏中之絜，故先內車及殉，別爲便房處之。傳言此事，意在非責邾子者，是葬者自爲，則非莊公之罪，無爲輒說此事，故云蓋其遺命也。邾子隊鑪而卒，不應得有遺命，疑其是遺命者，禮，國君位而爲椑，初立即營死事，當是平素之時先有此命，葬者奉行之。莊公卞急而好潔，故及是。卞，躁疾也。○卞，皮彥反。好，呼報反，下文及注同。躁，早報反。秋，九月，鮮虞人敗晉師于平中。平中，晉地。獲晉觀虎，恃

其勇也。爲五年士鞅圍鮮虞張本○冬，盟于郯。郯即拔也○郯音談脩郯好也。公即位故脩好○蔡昭侯爲兩佩與兩裘，佩佩玉也以如楚。獻一佩一裘於昭王。昭王服之，以享蔡侯。蔡侯亦服其一。子常欲之，弗與，三年止之。唐成公如楚，有兩肅爽馬，子常欲之。成公唐惠侯之後。肅爽駿馬名。○肅如字又所六反爽音霜駿音俊〔疏〕注成公至馬名。○正義曰宣十二年傳有唐惠侯故云唐惠侯之後也釋畜於馬无肅爽之名爽或作霜賈逵云色如霜紈馬融說肅爽鴈也其羽如練高首而脩頸馬似之天下稀有故子常欲之杜以馬名臨時所作本意不可得知故直云駿馬名弗與，亦三年止之。唐人或相與謀，請代先從者，許之。飲先從者酒，醉之，竊馬而獻之子常。子常歸唐侯。自拘於司敗，竊馬者自拘。○從才用反下同飲於鴆反拘九于反〔疏〕請代至許之。○正義曰謂請楚楚許之也知非請唐侯者若唐侯許之自合養馬何須言飲先從者竊馬以獻乎曰：君以弄馬之故，隱君身，隱憂約也。○弄魯貢反棄國家。羣臣請相夫人以償馬，必如之。相助也夫人謂養馬者。○相息亮反夫音扶注同償市亮反唐侯曰：寡人之過也。二三子無辱。皆賞之。蔡人聞之，固請而獻佩于子常。子常朝，見蔡侯之徒，命有司曰：蔡君之久也，官不共也。言楚所以禮遣蔡侯之物不共備故。○共音恭注同明日禮不畢，將死。遣蔡侯之禮蔡侯歸及漢，執玉而沈，曰：余所有濟漢而南者，有若大川。自誓言若復渡漢當受禍明如大川。○沈音鴆復扶又反蔡侯如晉，以其子元與其大夫之子爲質焉，而請伐楚。爲明年會召陵張本○質音致

經四年，春，王二月，癸巳，陳侯吳卒。无傳未同盟而赴以名癸巳正月七日書二月從赴。〔疏〕注癸巳至從赴。○正義曰杜以長厤校之知癸巳是正月七日故云書二月從赴也知非日誤者以崩薨之事皆以赴爲文故平王崩赴以庚戌陳侯卒赴以甲戌己丑杜依大例而言故云從赴劉炫以爲諸侯五月而葬下云六月葬陳惠公則陳侯卒在二月以爲日誤而規杜氏今知非者但諸侯雖五月可葬春秋之時或緩或速无復常準此陳侯之葬事既无傳何知必五月而葬妄以杜爲失其義非也○三月，公會劉子、晉侯、宋公、蔡侯、衛侯、陳子、鄭伯、許男、曹伯、莒子、邾子、頓子、胡子、滕子、薛伯、杞伯、小邾子、齊國夏于召陵，侵楚。於召陵先行會禮入楚竟故書侵。○夏戶雅反召上照反竟音境〔疏〕注於召至書侵。○正義曰先言于召陵後言侵楚是於召陵先行會禮也土地名召陵楚地也諸侯既入楚境先行會禮後乃侵之故經書先會後侵也○夏，四月，庚辰，蔡公孫姓帥師滅沈，以沈子嘉歸，殺之。五月，公及諸侯盟于皋鼬。召陵會劉子諸侯揔言之也繁昌縣東南有城皋亭復稱公者會盟異處故。○公孫姓音生又作生鼬由又反復扶又反處昌慮反〔疏〕注召陵至處故。○正義曰書經之例諸侯先會而後盟皆前目而後凡此共盟者還是前會之諸侯前已歷序故於此揔言之也劉子雖是王朝之臣而亦有封爵故諸侯之文可以兼劉子也僖二十九年王子虎與諸侯盟于翟泉貶之稱人此劉子得與諸侯盟者楚僭號稱王不事天子諸侯會而侵楚將以尊崇王室傳言劉文公合諸侯是天子勑之使盟也下文書劉卷卒葬魯人弔會依同盟之禮知劉子亦與盟也復稱公者由其會盟異處故也劉炫規杜云會盟異處故復稱公案襄二十五年盟重丘亦是會盟異處何以不言公今刪定知非者但會盟異處理合稱公重丘不書公史官自畧耳以此規杜非也○杞伯成卒于會。无傳。○成音城〔疏〕注杞伯成卒于會。○正義曰成以昭二十五年即位二十六年盟于鄟陵三十二年于翟泉此年于皋鼬魯杞俱在計杜當云三同盟无注者漏脫耳諸侯薨于朝會加一等此既薨於會其禮亦當然○六月，葬陳惠公。无傳○許遷于容城。无傳○秋，七月，公至自會。无傳○劉卷卒。无傳即劉蚠也劉子奉命出盟召陵死則天王爲告同盟故不具爵。○卷音權一音眷免反蚠扶粉反爲于僞反下吳爲蔡同〔疏〕注即劉至具爵。○正義曰昭二十二年傳曰單子立劉蚠劉蚠即此是也世族譜伯蚠劉蚠劉文公劉狄劉卷劉子爲一人王朝公卿卒不赴魯魯不會葬文三年書王子虎卒傳曰來赴弔如同盟禮也彼爲同盟于翟泉故也此亦書卒明爲同盟故也畿內之國不得外交諸侯必非劉邑之臣來赴知是天子爲告也天子告臣略言名封而已不言劉子故書不具爵○葬杞悼公。无傳○楚人圍蔡。不服故也○晉士鞅、衛孔圉帥師伐鮮虞。无傳孔圉孔羈孫士鞅即范鞅。○圉魚呂反○葬劉文公。无傳○冬，十有一月，庚午，蔡侯以吳子及楚人戰于柏舉。楚師敗績。師能左右之曰以皆陳曰戰大崩曰敗績吳爲蔡討楚從蔡計謀故書蔡侯以吳子言能左右之也囊瓦稱人貪以致敗不能死難罪賤之柏舉楚地昭三十一年傳曰六年十二月庚辰吳其入郢今以十一月者并數閏。○陳直覲反難乃旦反數所主反〔疏〕注師能至數閏。○正義曰師能左右之曰以僖二十六年傳例也皆陳曰戰大崩曰敗績莊十一年傳例也吳大蔡小而蔡能以吳者吳子爲蔡討楚言蔡能左右之也釋例曰吳雖大國順蔡侯之請自將其眾唯蔡侯之命故亦言以吳子也囊瓦楚之上卿當稱名氏今稱人者貪以致敗又不能死難罪賤之也釋例曰楚之囊瓦貪賄以致討稱人以罪賤之也昭三十一年傳言六年十二月庚辰吳其入郢今以十一月與彼期有差殊者長厤推此年閏十月庚辰又是十一月二十九日其月垂盡并數閏得爲十二月也楚囊瓦出奔鄭。書名惡之。○惡烏路反〔疏〕注書名惡之。○正義曰文八年宋司城來奔十四年宋子哀來奔傳皆云貴之也不稱名爲貴之是稱名爲惡之庚辰，吳入郢。弗地曰入吳不稱子史畧文〔疏〕注弗地至畧文。○正義曰弗地曰入襄十三年傳例也上文戰稱吳子此言吳入楚不稱子猶成三年鄭伐許昭十二年晉伐鮮虞史畧文無義例公羊穀梁以爲吳於戰稱子爲其憂中國故進而稱爵及其入郢君舍于君室大夫舍于大夫室反爲夷狄之行故貶而稱吳左氏無此義故杜異而顯之

傳四年，春，三月，劉文公合諸侯于召陵，謀伐楚也。文公王官伯也晉人假王命以討楚之久留蔡侯故曰文公合諸侯。〔疏〕注文公至諸侯。○正義曰劉子是天子大臣故言王官伯也往年蔡侯如晉請晉耳不請天子今稱劉文公合諸侯知是晉人告王假王命以討楚王使劉子會之故言劉文公合諸侯以示稟於王命假王威也晉荀寅求貨於蔡侯，弗得。言於范獻子曰：國家方危，諸侯方貳，將以襲敵，不亦難乎。水潦方降，疾瘧方起，中山不服。中山鮮虞。○潦音老瘧魚畧反棄盟取怨，無損於楚。晉楚同盟伐之爲取怨而失中山，不如辭蔡侯。吾自方城以來，楚未可以得志。晉敗楚侵方城在襄十六年祗取勤焉。乃辭蔡侯。晉人假羽旄於鄭，鄭人與之。析羽爲旌王者遊車之所建鄭私有之因謂之羽旄借觀之。○祗音支旄音毛析星歷反下放此〔疏〕注析羽至觀之。○正義曰周禮司常掌九旗之名物全羽爲旞析羽爲旌道車載旞斿車載旌鄭玄云全羽析羽皆五采繫之於旞旌之上所謂注旄於干首也凡九旗之帛皆用絳道車象路也王以朝夕燕出入斿車木路也王以田以鄙是其析羽爲旌王者遊車之所建也釋天云注旄首曰旌李巡曰以旄牛尾著旌首者也孫炎曰析五采羽注旌上亦有旄縿據彼文言之則羽毛者有五色鳥羽又有旄牛尾也言全羽析羽者蓋有全取其翅或析取其翮故有全析二名也繫此鳥羽牛尾於干首猶自別有絳爲旐縿縣之於干今之旗猶然此傳直言羽耳注不引全羽而以析羽解之者以全羽尊於析羽鄭人所有未必尊貴故以析羽解之計羽旄所用其費无多晉人自應有之而襄十四年范宣子假羽毛於齊此又假羽旄於鄭者或當制作巧異故聞而借觀之明日或旆以會。或賤者也繼旐曰旆令賤人施其旆執以從會示卑鄭。○旆步貝反旐音兆令力呈反下欲令蔡同〔疏〕注或賤至卑鄭。○正義曰鄭玄注論語云或云言有人不顯其名而略稱爲或是或爲賤者也繼旐曰旆釋天文也郭璞曰帛續旐末爲燕尾者然則旐謂旐身旆謂旐尾晉令賤人建此羽旄施其旐旆於下執之以從其會本謂其美而就鄭借觀之既得其物令賤人服用之是示其卑侮鄭也鄭是列國

而晉卑侮之，諸侯於是知晉輕蔑，心皆怨恨，故晉於是乎失諸侯。傳言晉無禮，所以遂弱。將會。衛子行敬子言於靈公。子行敬子，衛大夫。曰：會同難，難得宜。嘖有煩言，莫之治也。嘖，至也。煩言，忿爭。嘖，仕責反，一音責。爭，爭鬭之爭。〔疏〕注嘖至至忿爭。正義曰：嘖，至，賈逵云然，是相傳訓也。易繫辭云：聖人有以見天下之賾，謂見其至深之處，賾亦深之義也。謂至於會時有煩亂忿爭之言，無才辨者則莫之能治也。其使祝佗從。祝佗，大祝子魚。佗，徒何反。從，才用反，下師從、旅從同。大音泰，下大祝、大卜、大史、大原同。公曰：善。乃使子魚。子魚辭曰：臣展四體以率舊職，猶懼不給，而煩刑書。若又共二，共二職。共音恭，注同。徼大罪也。且夫祝，社稷之常隸也。隸，賤臣也。徼，古堯反。夫音扶。社稷不動，祝不出竟，官之制也。社稷動，謂國遷。竟音境，下同。〔疏〕注社稷動謂國遷。正義曰：周禮大祝云：大師，宜于社，造于祖，設軍社。及軍歸，獻于社，則前祝。天子之祝如此，則諸侯之祝官亦然也。然則彼軍行雖有社无稷，今社稷俱動，故知謂國遷也。國遷唯在竟內得云祝不出竟者，詩稱公劉遷豳，大王來岐，及春秋杞都陳留而遷緣陵，及許遷于析之屬，並是離棄本國，遠適它土，故有出竟之事。劉以社稷動謂軍行而規杜，非也。君以軍行，祓社釁鼓，師出先事祓禱於社，謂之宜社。於是殺牲以血塗鼓鼙為釁鼓。祓音弗，徐音廢。釁，許靳反。鼙，步西反，本又作鞞。〔疏〕注師出至釁鼓。正義曰：釋天云：起大事，動大眾，必先有事乎社而後出，謂之宜。是軍師將出，必有祭社之事也。周禮女巫掌祓除釁浴，則祓亦祭名，故知祓社即宜社是也。說文云：釁，血祭也。是殺牲以血塗鼓鼙為釁鼓。此皆祝官掌之。祝奉以從。奉社主也。從，如字，又才用反。〔疏〕祝奉以從。正義曰：禮，軍行必以廟主、社主從軍而行。尚書甘誓云：用命賞于祖，弗用命戮于社。孔安國云：天子親征，必載遷廟之祖主及社主行，有功則賞祖主前，示不專也；不用命奔北者則戮之於社主前。社主陰，陰主殺。親祖嚴社之義也。是軍行必載社主行，故祝官奉主以從。於是乎出竟。若嘉好之事，謂朝會。好，呼報反。君行師從，二千五百人。卿行旅從，五百人。臣無事焉。公曰：行也。及皋鼬，將盟。〔疏〕若嘉至事焉。正義曰：此會因而侵楚，衛侯當以軍行而云臣無事者，晉本以會召諸侯，傳言將會，是赴會之時未知將侵伐也。但諸國既集，師眾自多，故因得行侵耳。將長蔡於衛。欲令蔡先衛歃。長，丁丈反。令，力呈反。先，悉薦反，下文先衛同。歃，所洽反，又所甲反。衛侯使祝佗私於萇弘曰：聞諸道路，不知信否。若聞蔡將先衛，信乎？萇弘曰：信。蔡叔，康叔之兄也。蔡叔，周公兄。康叔，周公弟。〔疏〕注蔡叔至公弟。正義曰：史記管蔡世家云：武王同母兄弟十人，母曰大姒，文王正妃也。其長子曰伯邑考，次曰武王發，次曰管叔

鮮，次曰周公旦，次曰蔡叔度，次曰曹叔振鐸，次曰郕叔武，次曰霍叔處，次曰康叔封，次曰聃季載。如彼文，則蔡叔，周公弟也。今以蔡叔為周公兄者，以僖二十四年傳富辰言文之昭十六國，蔡在魯上，明以長幼為次。賈逵等皆言蔡叔周公兄，故杜從之。馬遷之言多僻謬，故不用史記為說。先衛，不亦可乎？子魚曰：以先王觀之，則尚德也。昔武王克商，成王定之，選建明德，以藩屏周。故周公相王室以尹天下，尹，正也。蕃，方元反。相，息亮反。於周為睦。睦，親厚也。以盛德見親厚。分魯公以大路、大旂，魯公，伯禽也。此大路，金路，錫同姓諸侯車也。交龍為旂，周禮同姓以封。分，扶問反，下並同。路本亦作輅，音路，下皆同。旂，其依反。錫，星歷反。〔疏〕注魯公至以封。正義曰：周禮巾車云：金路建大旂以賓，同姓以封。鄭玄云：金路以金飾諸末。大旂，九旗之畫交龍者。以賓，以會賓客。同姓以封，謂王子母弟以功德出封若魯衛也。交龍為旂，司常文也。夏后氏之璜，璜，美玉名。夏，戶雅反，下皆同。璜音黃。〔疏〕注璜美玉名。正義曰：夏后氏所寶，歷代傳之，知美玉名也。哀十四年傳云：向魋出於衛地，公文氏攻之，求夏后氏之璜焉，則璜非一也。尚書旅獒及魯語皆云：古者分同姓以珍玉，展親，則先王不以玉賜向魋，向魋自規求得之也。鄭玄注周禮云：半璧曰璜。封父之繁弱，封父，古諸侯也。繁弱，大弓名。父音甫，下武父同。封父，國名。繁，扶元反。〔疏〕注封父至弓名。正義曰：鄭玄云：古者伐國，遷其重器，以與同姓。此繁弱，封父之國為之，不知何時滅其國而得之也。孔叢云：楚王張繁弱之弓，載忘歸之矢，以射蛟於雲夢。是繁弱為弓名也。殷民六族：條氏、徐氏、蕭氏、索氏、長勺氏、尾勺氏。使帥其宗氏，輯其分族，將其類醜，醜，眾也。索，素各反，下同。勺，市灼反，下同。輯音集，又七入反。以法則周公，用即命于周。即，就也。使六族就周受周公之法制。是使之職事于魯，共魯公之職事。共音恭，下文以共王職同。以昭周公之明德。昭，顯也。〔疏〕注使帥至明德。正義曰：使六族之長各自帥其當宗同氏，輯，合也，合其所分枝屬族屬也，將其族類人眾以法則周公，令其移家居魯，用就受周公之命，是以使之共職事于魯，以昭周公之明德也。下賜殷民七族亦是使之法則康叔，令共職事于衛也；賜唐叔及懷姓九宗亦然。分之土田陪敦，陪，增也。敦，厚也。陪，本亦作倍，同，步回反。〔疏〕陪敦。正義曰：陪是加增之義。敦，厚，釋詁文也。言既封為大國，地方五百里，又分以土田，更增彼寬厚，為七百里也。明堂位云：封周公于曲阜，地方七百里。鄭玄云：公之地方五百里，加魯以四等之附庸，方百里者二十四，并五五二十五，積四十九，開方之得七百里。鄭玄周禮大司徒注云：凡諸侯為牧正帥長及有德者，乃有附庸，公無附庸，侯附庸九同，伯附庸七同，子附庸五同，男附庸三同。進則取焉，退則歸焉。魯於周法不得有附庸，故言錫之也。地方七百里者，包附庸以大言之。附庸二十四，言德兼此四等矣。是增厚魯國之事也。祝、宗、卜、史，大祝、宗人、大卜、大史，凡四官。備物、典策，典策，春秋之制。策

本又作冊，亦作筴，或作篇，皆初革反。官司、彝器。官司，百官也。彝器，常用器。彝，羊之反。〔疏〕祝宗至彝器。正義曰：祝宗接神之官，大卜主卜，大史主書，與此四等官人，使之將歸於魯也。服虔云：備物，國之職物之備也。當謂國君威儀之物，若今繖扇之屬，備賜魯也。杜不解備物，則與典策為一也。備物典策，謂史官書策之典，若傳之所云發凡之類，賜之以法，使依法書時事也。官司彝器，謂百官常用之器，蓋罇罍俎豆之屬，具賜魯也。因商奄之民，商奄，國名也。與四國流言，或迸散在魯，皆令即屬魯，懷柔之。迸，彼諍反。令，力呈反。〔疏〕注商奄至柔之。正義曰：書傳云：武王殺紂，以繼公子祿父。及管蔡流言，奄君謂祿父曰：武王死，成王幼，周公疑，此百世之時，請舉事。然後祿父及三監叛。是奄與四國流言也。昭九年傳云：蒲姑、商奄，吾東土也。此復云因商奄之民，則商奄是東方之國，近魯之地也。昭元年傳云：周有徐奄。杜以彼奄與此商奄為一，故土地名奄、商奄二名共為一國。此注言商奄國名，以商奄二字為國名也。詩稱四國流言，毛傳以四國為管、蔡、商、奄，則商、奄各自為國。奄則此奄是也。商謂紂子祿父。下云管、蔡啓商，是名祿父為商也。然則毛言商奄為二，杜言商奄為一。杜言四國流言，亦謂管、蔡、祿父與商奄為四也。商奄即四國之一，言與者，據民與四國之君流言，故言與也。或者據奄君道三國為亂，故言與，摠稱四國，非為商奄外別有四國也。言封魯於少皞之墟，則商奄非魯地也。非魯地而言因其民，是誅商奄之日，民或迸散在魯，皆命使即屬於魯，令魯懷柔之。玄卿以為三監與商為四國，奄在外，故言與四國。命以伯禽，伯禽，周公世子。時周公唯遣伯禽之國，故皆以付伯禽。〔疏〕注伯禽至伯禽。正義曰：詩魯頌說封魯之事云：王曰叔父，建爾元子，俾侯于魯。是伯禽為周公世子也。魯世家云：周公相成王，使其子伯禽代就封於魯。文十三年公羊傳曰：周公何以稱太廟于魯？封魯公以為周公也。周公拜乎前，魯公拜乎後。曰：生以養周公，死以為周公主。然則周公之魯乎？曰：不之魯也。封魯公以為周公，則周公曷為不之魯？欲天下之一乎周也。其意言周公聖人，若使之魯，則恐天下迴心向之，故不使之魯也。以周公身不適魯，唯遣伯禽之國，故傳皆言分魯公，不言分周公也。傳言命以伯禽，於體例命以康誥、命以唐誥，則伯禽亦似策命篇名。今杜云唯遣伯禽之國，故皆以付伯禽，則伯禽非是誥誓篇名。若是誥誓，當云命以魯誥。既為國君，不得與君牙、伯冏同類也。劉炫云：伯禽猶下命以康誥，是伯禽為命書，似書序穆王命君牙為周大司徒，作君牙，即以君牙為篇，與此同也。而封於少皞之虛。少皞虛，曲阜也，在魯城內。少，詩照反，注及下同。皞，胡老反。虛，起居反，注下皆同。〔疏〕注少皞至城內。正義曰：此注少皞之虛即曲阜是也。曲阜在魯城內，則魯之所都正在少皞虛矣。昭二十九年注：窮桑，少皞之號，窮桑地在魯北。與此異者，賈逵云：少皞居窮桑，登為帝，蓋未為帝居魯北，既為帝乃居魯也。分康叔康叔，衛之祖。以大路、少帛、綪茷、旃旌、少帛，雜帛也。綪茷，大赤，取染草名也。通帛為旃，析羽為旌。綪，七見反。茷，步具反，又音吠。旃，章然反。〔疏〕注少帛至為旌。正義曰：周禮司常云：通帛為旜，雜帛為物。鄭玄云：通帛謂大赤，從周正色，無飾；雜帛者，以帛素飾其側，白，殷之正色。大赤是通帛，知少帛是雜帛也。釋草云：茹藘，茅蒐。郭璞曰：今之蒨也，可以染絳。則綪是染赤之草。茷即旆也。爾雅：繼旐曰旆。旆是旆身，旆是旆尾，猶用赤，則通身皆赤，知綪茷是大赤。大赤即今之紅旗，取染赤之草為名也。蓋王以通帛雜

帛並賜衞也然則大赤卽是旃也於綪茷之下更言旃者茷言旃尾旃言旃身圓其文故具言耳若其不然旌是干之所建旗皆有旌少帛旃旃之後何須更復言旌明是圓其文故重言之大呂。鐘名。〔疏〕正義曰周鑄無射魯鑄林鐘皆以律名名鐘知此大呂沽洗皆鐘名也其聲與此律相應故以律名焉殷民七族。陶氏。施氏。繁氏。錡氏。樊氏。饑氏。終葵氏。封畛土略。自武父以南。及圃田之北竟。畛塗所徑也略界也武父衞北界圃田鄭藪名。陶徒刀反繁步何反錡魚綺反畛之忍反一音眞圃布五反本亦作甫同塗音徒徑經藪素口反〔疏〕注畛塗至藪名。正義曰周禮遂人云夫間有遂廣深各二尺遂上有徑容車馬也十夫有溝廣深四尺溝上有畛容大車百夫有洫廣深八尺洫上有涂容乘車一軌千夫有澮廣二尋深二仞澮上有道容二軌萬夫有川川上有路容三軌畛是路故爲塗所徑也桓十二年公會鄭伯盟于武父杜云陳留濟陽縣東北有武父城彼是鄭地與此武父非一也土地名云傳曰封畛土略自武父以南則武父衞之北竟也非河南武父其地闕無處故直云衞北界也釋地十藪鄭有圃田郭璞曰今熒陽中牟縣西圃田澤是也衞之南竟至此澤畔取於有閻之土。以共王職。有閻衞所受朝宿邑蓋近京畿。近附近之近下近我同取於相土之東都。以會王之東蒐。爲湯沐邑王東巡守以助祭泰山。相息亮反蒐所求反守手又反〔疏〕取於至東蒐。正義曰土地名有閻之土與相土之東都其地皆闕無其處言共王職猶魯之許田蓋近京畿也會王東蒐則爲從王巡守助祭泰山爲湯沐之邑若鄭之祊田蓋近泰山也王巡守者諸侯爲王守土天子以時出巡行之今言蒐則王之巡守亦因田獵以教習兵士聃季授土。聃季周公弟司空。聃乃甘反〔疏〕注聃季至司空。正義曰富辰言文之昭聃季在魯下史記大姒十子聃季最少是周公弟也周禮司空主土司徒主民知聃季授土爲司空也下陶叔授民爲司徒也陶叔授民。陶叔司徒。命以康誥。而封於殷虛。康誥周書殷虛朝歌也皆啓以商政。疆以周索。皆魯衞也啓開也居殷故地因其風俗開用其政疆理土地以周法索法也。疆居良反注及下同〔疏〕注皆魯至法也。正義曰王制云凡居民材必因天地寒煖燥濕廣谷大川異制民生其間者異俗脩其教不易其俗齊其政不易其宜是言王者布政當順民俗而施之也此民習商之政爲日已久還因其風俗開道以舊政也衞居殷虛開以商政可矣魯亦開以商政者王者所法不過二代夏在衞西魯在衞東夏政非魯所及與衞大同以殷之餘民有六族將其醜類以卽事于魯故與衞皆啓以商政也疆理土地以周法則三代經界法皆有異其與未盡聞也索之爲法相傳訓耳考工記量器銘曰時文思索允臻其極鄭亦以索爲法分唐叔唐叔晉之祖以大路密須之鼓。密須國名闕鞏甲名。鞏九勇反沽洗。鐘名。沽音孤洗息典反懷姓九宗。職官五正。懷姓唐之餘民九宗一姓爲九族職官五正五官之長。長丁丈反下文乃長衞同〔疏〕注懷姓至之長。正義曰懷姓居在晉地而不言殷民知是唐之餘

民也言懷姓九宗則皆姓懷矣知一姓而有九族也職官五正杜云五官之長則謂五官之長子孫耳曲禮云天子之五官曰司徒司馬司空司士司寇鄭玄云此殷時制也然則殷時五官居在唐地世爲貴族以賜唐叔使主領之所以榮寵唐叔也殷之五官不必皆在唐地但有三官四官亦得總五言之劉炫云職官五正職主也正長也主官事者有五長分九宗爲五官使主之此九宗蓋宗有一人數少者當宗不足立官并之爲五使五官領此九宗或以爲於懷姓之內立五正使分主九宗未知誰是故備言之或以爲五官之長謂如昭二十九年蔡墨所云五行之官長也是天子之大臣非唐之遺民然姓而有五也并賜唐叔豈天子得以五行官長賜諸侯哉命以唐誥。而封於夏虛。唐誥命篇名也夏虛大夏今大原晉陽也啓以夏政。亦因夏風俗開用其政疆以戎索。大原近戎而寒不與中國同故自以戎法三者皆叔也而有令德。故昭之以分物。不然。文武成康之伯猶多。而不獲是分也。唯不尚年也。管蔡啓商。惎間王室。惎毒也周公攝政管叔蔡叔開道紂子祿父以毒亂王室。惎音忌間間廁之間道音導王於是乎殺管叔而蔡蔡叔。周公稱王命以討二叔蔡放也。蔡蔡叔上素達反注同下蔡叔如字以車七乘。徒七十人。與蔡叔車徒而放之。乘繩證反其子蔡仲。改行帥德。周公舉之以爲己卿士。爲周公臣。行下孟反見諸王。而命之以蔡。命爲蔡侯。見賢遍反其命書云。王曰。胡。無若爾考之違王命也。胡蔡仲名〔疏〕文武至尚年。正義曰文武成康皆以處長而立未得更有兄伯封爲諸侯而云伯猶多者以叔年稚於伯仲處叔而得分多明其長者無所得伯是兄弟之長故舉伯以爲言所云猶多者甚言之耳無所歷檢書傳文武成康未有兄爲諸侯者幼者分物多長者無所得此唯爲不尚年故也。管蔡至命也。正義曰書序云蔡叔既沒王命蔡仲踐諸侯位作蔡仲之命其經云惟周公位冢宰正百工羣叔流言乃致辟管叔于商囚蔡叔于郭鄰以車七乘降霍叔于庶人三年不齒蔡仲克庸祗德周公以爲卿士叔卒乃命諸王邦之蔡王若曰小子胡惟爾率德改行克愼厥猷肆予命爾侯于東土往卽乃封敬哉爾尚蓋前人之愆惟忠惟孝率乃祖文王之彝訓無若爾考之違王命傳之此言皆述書意而爲之辭唯增言徒七十人耳孔安國云郭鄰中國之外地名亦不知何方地名也。注惎毒也。正義曰惎毒間亂賈逵云然是相傳訓也道祿父作亂將以害周若毒螫然故云毒亂王室也。注周公至放也。正義曰蔡仲之命篇云周公乃致辟管叔于商囚蔡叔于郭鄰則是周公誅之矣而此言王者公稱王命以討之書序云成王既伐管叔蔡叔是稱王命文也說文云䊮散之也從米殺聲然則䊮字殺下米也䊮爲放散之義故訓爲放也隸書改作已失字體䊮字不復可識寫者全類蔡字至有爲一蔡字重點以讀之者今定本作蔡非也。注爲周公臣。正義曰孔安國云明王之法誅父用子言至公周公圻內諸侯二卿治事是爲周公圻內采邑之卿也若之何其使蔡先

衞也。武王之母弟八人。周公爲太宰。康叔爲司寇。聃季爲司空。五叔無官。豈尚年哉。五叔管叔鮮蔡叔度成叔武霍叔處毛叔聃也〔疏〕母弟八人。正義曰上言十人而此云八者伯邑考已死不數武王故八人。康叔爲司寇。正義曰尚書蘇公爲司寇此言康叔者爲蘇公出封爲國康叔替之。注五叔。正義曰史記云聃季載杜云毛叔聃又不數叔振鐸者杜以振鐸非周公同母故不數之或杜別有所見不以管蔡世家爲說曹。文之昭也。文王子與周公異母。昭上饒反說文作紹晉。武之穆也。武王子曹爲伯甸。非尚年也。以伯爵居甸服言小。甸徒練反〔疏〕曹文至尚年。正義曰於昭穆曹是晉之叔父也晉爲大國多受分物曹爲伯爵而在甸服非是尊尚年長也桓二年傳云晉甸侯也晉亦在甸唯侯伯之爵異耳言爲伯甸連言之耳於甸無升降也鄭玄云曹今濟陰定陶也去王城八百里東都之畿方六百里半之三百里侯服五百里定陶在畿外故爲在甸服言其小也今將尚之。是反先王也。晉文公爲踐土之盟。衞成公不在。夷叔。其母弟也。猶先蔡。踐土召陵二會經書蔡在衞上霸主以國大小之序也子魚所言盟歃之次其載書云。王若曰晉重。文公。重直龍反魯申。僖公衞武。叔武蔡甲午。莊侯鄭捷。文公。捷在接反齊潘。昭公。潘普安反宋王臣。成公。宋王臣如字本或作壬如林反莒期。茲丕公也齊序鄭下周之宗盟異姓爲後○丕普悲反藏在周府。可覆視也。吾子欲復文武之略。略道也。覆芳服反〔疏〕藏在周府。正義曰言周宗府藏之內有此載書在也本或爲盟府由僖五年傳藏於盟府涉彼而誤耳而不正其德。將如之何。萇弘說。告劉子。與范獻子謀之。乃長衞侯於盟。反自召陵。鄭子大叔未至而卒。晉趙簡子爲之臨。甚哀。曰黃父之會。在昭二十五年。說音悅爲于僞反下楚爲沈同臨力鴆反父音甫〔疏〕不正其德。正義曰正長也謂不長其有德者也。乃長衞侯。正義曰釋例曰周之宗盟異姓爲後故踐土之盟載書齊宋雖大降於鄭衞國周而言指謂王官之宰臨盟者也其餘雜宋盟未必皆然踐土召陵二會皆蔡在衞上時國次至盟乃正其高下者敬共明神本其始也是言會以國之大小爲次至盟乃先同姓盟之先同姓者唯謂王官之宰臨盟時耳踐土則王子虎盟諸侯于王庭此盟則劉子在焉故二者先同姓其餘雜盟亦以國之大小爲次故襄二十七年宋之盟晉楚爭先君其皆先同姓則楚不得競也以此知餘盟不然夫子語我九言曰。無始亂。無怙富。無恃寵。無違同。無敖禮。無驕能。以能驕人。語魚據反怙音戶敖五報反〔疏〕九言。正義曰古者一字與二字並爲一言易云伏羲作十言之教

日乾坤震巽坎離艮兌消息乾坤雖是一字亦一出口乃得言之故謂之一言今則一字爲一言三字以上爲一句無復怒。復重也。○復扶又反注同無謀非德。非所謀也無犯非義。傳言簡子能用善言所以遂興。○沈人不會于召陵。晉人使蔡伐之。夏。蔡滅沈。秋。楚爲沈故。圍蔡。伍員爲吳行人以謀楚。楚之殺郤宛也。在昭二十七年。○員音云伯氏之族出。郤宛黨伯州犂之孫嚭爲吳大宰以謀楚。楚自昭王卽位。無歲不有吳師。蔡侯因之。以其子乾與其大夫之子爲質於吳。冬。蔡侯吳子唐侯伐楚。唐侯不書兵屬於吳蔡。○犂力兮反嚭普鄙反乾其連反質音致舍舟于淮汭。吳乘舟從淮來過蔡而舍之。○舍音赦置也又音捨棄也注同汭人銳反自豫章與楚夾漢。豫章漢東江北地名。○夾古洽反〔疏〕注豫章至地名。○正義曰漢書地理志豫章郡名在江南此在江北者土地名云定二年楚人伐吳師于豫章吳八見舟于豫章而潛師于巢共軍楚師于豫章又伯舉之役吳人舍舟于淮汭而自豫章與楚師夾漢此皆在江北淮南蓋後徙在江南之豫章左司馬戌謂子常曰。子沿漢而與之上下。沿緣也。緣漢上下遮使勿渡。○沿悅全反上時掌反遮正奢反我悉方城外以毁其舟。以方城外人毁吳所舍舟還塞大隧直轅冥阨。三者漢東之隘道。○隧音遂冥亡于反本或作寘之豉反阨於懈反本或作隘音同子濟漢而伐之。我自後擊之。必大敗之。既謀而行。武城黑謂子常曰。黑楚武城大夫吳用木也。我用革也。用軍器不可久也。不如速戰。史皇謂子常。楚人惡子而好司馬。史皇楚大夫司馬沈尹戌。○惡烏路反好呼報反若司馬毁吳舟于淮。塞城口而入。城口三隘道之揔名是獨克吳也。子必速戰。不然不免。乃濟漢而陳。自小別至于大別。禹貢漢水至大別南入江然則此二別在江夏界。○陳直覲反下文及注同夏戶雅反〔疏〕注禹貢至夏界。○正義曰禹貢云嶓冢導漾東流爲漢又東爲滄浪之水過三澨至于大別南入于江孔安國云三澨水名入漢大別山名觸山迴南入江如彼文大別在江北小別當近之小別當在大別之東也何則子常從小別與吳戰退而至大別明其自東而嚮西也土地名小別大別皆闕不知所在或曰大別在安豐縣西南傳曰吳既與楚夾漢然後楚乃濟漢而陳自小別至于大別然則二別近漢之名無緣反在安豐也三戰。子常知不可。欲奔。知吳不可勝史皇曰。安求其

事。求知政事難而逃之。將何所入。子必死之。初罪必盡說。言致死以克吳可以免貪賄致寇之罪。○難乃旦反十一月。庚午。二師陳于柏舉。經所以書戰二師吳楚師闔廬之弟夫槩王。晨請於闔廬曰。楚瓦不仁。瓦子常名其臣莫有死志。先伐之。其卒必奔。而後大師繼之。必克。弗許。夫槩王曰。所謂臣義而行。不待命者。其此之謂也。今日我死。楚可入也。以其屬五千先擊子常之卒。子常之卒奔。楚師亂。吳師大敗之。子常奔鄭。史皇以其乘廣死。以戰死。○卒子忽反下同乘繩證反廣古曠反〔疏〕所謂至入也。○正義曰臣見義則行不待君命古有此言故云其此之謂也今日我致死而戰楚可入也吳從楚師。及淸發。淸發水名將擊之。夫槩王曰。困獸猶鬭。況人乎。若知不免而致死。必敗我。若使先濟者知免。後者慕之。蔑有鬭心矣。半濟而後可擊也。從之。又敗之。楚人爲食。吳人及之。奔食而從之。敗諸雍澨。五戰及郢。奔食食者走不陳故不在戰數。○澨市制反〔疏〕注奔食至戰數。○正義曰五戰謂濟漢而陳自小別至于大別三戰也柏舉也淸發也此已五矣若復數雍澨則爲六也傳例皆陳曰戰奔食而從之則食者走不暇爲陳故不數也己卯。楚子取其妹季芈畀我。以出涉雎。雎水出新城昌魏縣東南至枝江縣入江是楚王西走。○芈面爾反楚姓畀必利反世族譜季芈畀我皆平王女也服云畀我季芈之字雎音七餘反下同〔疏〕季芈畀我。○正義曰世族譜季芈與畀我二人皆平王女也服虔云季芈許嫁而字畀我季芈弟也禮婦人許嫁笄而稱字季芈稱字是許嫁也蓋遭亂夫死而改適鍾建耳。○注雎水至西走。○正義曰土地名雎水出新城昌魏縣南發河山東南經襄陽至南郡枝江縣入江此水在郢都之西楚王辟吳而西走鍼尹固與王同舟。王使執燧象以奔吳師。燒火燧繫象尾使赴吳師驚却之。○鍼林反遂音遂〔疏〕注燒火至却之。○正義曰賈逵云燧火燧也象象獸也以火繫其尾使奔吳師驚却其衆使王得脫杜用其說也禮有金燧木燧皆取火之物故以燧名火也說文云象長牙南越之大獸也南州異物志云象身倍數牛而目則如豕其鼻長七八尺其所食物皆鼻取之象性良爲人所養夷人服乘之史記大宛傳曰身毒國其民皆乘象以戰是象可調馴楚近南邊故有此象王將涉雎吳師來偪故使以火繫象尾令突吳師使驚却之言執燧象者既繫火於尾執而卒向吳師乃放之庚辰。吳入郢。以班處宮。以尊卑班次處楚王宮室

子山處令尹之宮。子山吳王子夫槩王欲攻之。懼而去之。夫槩王入之。入令尹宮也言吳無禮所以不能遂克左司馬戌及息而還。息汝南新息也聞楚敗故還敗吳師于雍澨。傷。司馬先敗吳師而身被創。○創初良反初。司馬臣闔廬。故恥爲禽焉。司馬嘗在吳爲闔廬臣是以今恥於見禽謂其臣曰。誰能免吾首。吳句卑曰。臣賤可乎。司馬曰。我實失子。可哉。失不知子賢句古侯反〔疏〕我實失子可哉。○正義曰言我比來失子不知子有賢行臨難能免吾首女今可守此言哉三戰皆傷。曰。吾不用也已。句卑布裳。剄而裹之。司馬已死剄取其首。○剄古頂反裹音果〔疏〕注司馬已死。○正義曰言布裳剄之是司馬傷而自殺故云已死藏其身。而以其首免。傳言司馬之忠壯〔疏〕注忠壯。○正義曰謀毁舟敗吳是忠也雖傷猶戰不止是壯也楚子涉雎濟江。入于雲中。入雲夢澤中所謂江南之夢。○夢如字又音蒙〔疏〕注入雲至之夢。○正義曰土地名云南郡枝江縣西有雲夢城江夏安陸縣東南亦有夢城或曰南郡華容縣東南有巴丘湖江南之夢也郢都在江北雎東王走西涉雎又南濟江乃入于雲中知此在江南昭三年王與鄭伯田於江南之夢謂此也言江南之夢則江北亦有夢矣司馬相如子虛賦云雲夢者方九百里則此澤跨江南北王寢。盜攻之。以戈擊王。王孫由于以背受之。中肩。王奔鄖。鍾建負季芈以從。鍾建楚大夫。○中丁仲反鄖音云從才用反下同一音如字由于徐蘇而從。以背受戈故當時悶絕鄖公辛之弟懷將弑王。曰。平王殺吾父。我殺其子。不亦可乎。辛蔓成然之子鬬辛也昭十四年楚平王殺成然。○殺如字又申志反下我殺同蔓音萬辛曰。君討臣。誰敢讎之。君命天也。若死天命。將誰讎。詩曰。柔亦不茹。剛亦不吐。不侮矜寡。不畏彊禦。唯仁者能之。詩大雅言仲山甫不辟彊陵弱。○茹音汝矜古頑反〔疏〕柔亦至彊禦。○正義曰詩大雅烝民美宣王之詩其章內言仲山甫不茹柔不吐剛也釋言云啜茹也舍人曰啜茹食也檀弓云啜菽飲水啜菽謂食菽藿也然則茹者噉食之名違彊陵弱。非勇也。乘人之約。非仁也。滅宗廢祀。非孝也。弑君罪應滅宗動無令名。非知也。必犯是。余將殺女。鬭辛與其弟巢。以王奔隨。吳人從之。謂隨人曰。周之子孫。在漢川者。楚實盡之。天誘其衷。致罰於

楚而君又竄之竄匿也○知音智女音汝竄七亂反匿女力反〔疏〕以王奔隨正義曰桓六年傳曰漢東之國隨爲大土地名隨義陽隨縣其國在楚之東也土地名鄖江夏雲杜縣則是楚之西南吳師猶尚在楚更東來奔隨國者蓋爲楚與隨有恩謂可保守故也　周室何罪君若顧報周室施及寡人以奬天衷奬成也○施以豉反君之惠也漢陽之田君實有之楚子在公宮之北隨公宮也吳人在其南子期似王子期昭王兄公子結也逃王而已爲王曰以我與之王必免隨人卜與之不吉乃辭吳曰以隨之辟小而密邇於楚楚實存之世有盟誓至于今未改若難而棄之何以事君執事之患不唯一人一人楚王○辟匹亦反難乃旦反若鳩楚竟敢不聽命吳人乃退鳩安集也○竟音境鑪金初官於子期氏實與隨人要言要言無以楚王與吳并欲脫子期○鑪本又作鑢金名音慮是也王使見王喜其意欲引見之以比王臣且欲使盟隨人○見賢遍反下注敢見見皆同辭曰不敢以約爲利此約謂要言也此一時之事非爲德舉故辭不敢見亦不肯爲盟主○約如字又於妙反王割子期之心以與隨人盟當心前割取血以盟示其至心初伍員與申包胥友包胥楚大夫○包必交反其亡也謂申包胥曰我必復楚國復報也申包胥曰勉之子能復之我必能興之及昭王在隨申包胥如秦乞師曰吳爲封豕長蛇以荐食上國荐數也言吳貪害如蛇豕○荐在薦反數所角反〔疏〕注荐數也○正義曰釋言云荐再也再亦數之義也虐始於楚寡君失守社稷越在草莽使下臣告急曰夷德無厭若鄰於君疆埸之患也吳有楚則與秦鄰○草莽舊作茅亡交反今本多作莽莫蕩反下同厭於鹽反疆居良反埸音亦逮吳之未定君其取分焉與吳共分其地○逮音代分扶問反若楚之遂亡君之土也若以君靈撫之世以事君撫存恤也秦伯使辭焉曰寡人聞命矣子姑就館將圖而告對曰寡君越在草莽未獲所伏伏猶處也下臣何敢卽安立依於庭牆而哭日夜不絶聲勺飲不入口七日秦哀公爲之賦無衣詩秦風取其王于興師脩我戈矛與子同仇與子偕作與子偕行○勺市灼反又音灼爲于僞反仇音求〔疏〕無衣○正義曰無衣刺用兵也秦人刺其君好攻戰亟用兵而不與民同欲焉其詩云豈曰無衣與子同袍王于興師脩我戈矛與子同仇鄭注云此責康公之言也君豈嘗曰女無衣我與女同袍乎言不與民同欲也下注云君不與我同欲而於王興師則云脩我戈矛與子同仇往伐之刺其好攻戰又云豈曰無衣與子同澤王于興師脩我矛戟與子偕作又云豈曰無衣與子同裳王于興師脩我甲兵與子偕行爲明年包胥以秦師至張本九頓首而坐無衣三章章三頓首秦師乃出

春秋左傳注疏卷五十四校勘記　阮元撰盧宣旬摘錄

附釋音春秋左傳注疏卷第五十四　定元年盡四年宋本春秋正義卷三十三石經春秋經傳集解定十第廿七淳熙本岳本定下有公字並盡七年

定公

經元年

其義也　宋本其上有是字是也

因以此年爲元年也　閩本監本毛本此字元字誤倒

雖則年初亦統此歲　案隱元年正義則作非

長麻辛巳　齊召南云辛上當有推字

事當使歸伏於天子　宋本毛本伏作泆不誤閩本監本作泱俗字

其廟卽已毀矣　監本毛本卽作既非

隕霜殺菽　釋文菽作叔云本或作菽石經初刻作叔廿頭後加說文作尗今字多作菽

傳元年

晉魏舒合諸侯之大夫于狄泉　諸本作狄陳樹華云漢書五行志作翟案水經注穀水篇引同㯐廿九年亦作翟翟狄二字古多通用

非義也大事奸義　陳樹華云漢書義並作誼

易位以令　宋本以下正義六節揔入天之所壞注下

若之南鄉　宋本監本毛本若作君是也○今依訂正

與周相去千有餘里　宋本監本毛本與作與是也

當是荒蕪之地　閩本監本毛本是作時

地下寬卒　宋本卒作平是也○今依訂正

欲使三國代宋受功役也　宋本淳熙本也下有郳小邾三字

以爲夏車正　石經正字改刊

山川鬼神　鄭氏注儀禮覲禮引作山川神祇

尙書說命傳說進戒於王云　宋本傳作傅不誤王作主非也

萇叔違天　毛本叔作宏與諸本不合

諸侯相帥以崇天子　宋本閩本監本毛本帥作率

衆士皆諸問子家子　宋本淳熙本岳本纂圖本閩本監本毛本士作事

季孫至命焉節注下　宋本以下正義七節揔入對曰生弗能事

凡從君出而可以入者　閩本監本毛本君作公非也

不敢叔孫成子名　纂圖本毛本成誤臣

諸侯至卽位　宋本諸上有注字

榮駕鵞曰　石經淳熙本岳本駕作駕與葉抄釋文合下同案說文無駕字錢大昕云依正文當用鴐假借同音則駕亦通也

知者下云死又惡之　閩本監本毛本云作文

溝而反　閩本監本毛本反作合宋本作溝而二字是也

則公死於外是也　宋本淳熙本岳本纂圖本監本毛本則作昭

平易不從曰簡　案逸周書謚法解從作訾

經二年

傳二年

桐叛至無忌　宋本此節正義在注文巢大夫之下

故意吳得使之也　宋本無意字是也

故不遂圍巢克之　宋本監本毛本不作下是也

奪之杖以敲之　葉抄釋文敲作毃又或作茅或作剌案說文殳部有毃云擊頭也

經三年

若以緩見退　閩本監本毛本退作譴是譴字之誤

當遣謝罪　閩本監本毛本遣作退

傳三年

冬仲孫何忌及邾子盟于拔　顧炎武云石經拔誤枝案石經此處殘缺炎武所據乃補刻本

自投于牀　淳熙本牀誤狀

欲藏中之絜　纂圖本之誤三

注欲藏至遺命　宋本此節正義在注卞躁疾也之下

禮國君位而爲邾　宋本監本毛本君下有即字邾作椑是也

莊公卞急而好潔　石經潔作絜是也

秋九月　毛本九誤七

注成公至馬名　宋本以下正義二節揔入蔡侯如晉節注下

肅爽鴈也　毛本鴈作雁

謂請楚楚許之也　宋本許上有人字

自誓言若復度漢　宋本岳本纂圖本監本毛本度作渡閩本初刻作度後加水旁

經四年

但諸侯雖五月可葬　宋本可作而是也

事既無傳　毛本既誤作今諸本作無此本作无今改正

今刪是知非者　宋本監本毛本是作定是也

從蔡計謀　纂圖本計誤討

吳其入郢　監本毛本脫其字正義同

貪珮馬以致討　宋本珮作佩是也

猶成三年　宋本閩本監本毛本三作二非也

故敗而稱吳　宋本閩本監本毛本敗作敗不誤

傳四年

注文公至諸侯　宋本自此節以下正義至不亟其德止揔入乃長衞侯於盟句下

晉荀寅求貨於蔡侯弗得言於范獻子曰　石經及諸本作於毛本作于非

祇取勤焉　石經此處殘缺當是祗字宋本以下作祇取亦非

晉人假羽旄於鄭　監本毛本晉上衍注字

掌九旗之名物　案周禮作物名

旃車載旌　閩本監本旃作游毛本作遊

旃車木路也　閩本監本毛本旃作遊非

聖人有以見天下之頤　宋本頤作賾是也

有頓亂忿爭之言　宋本頓作煩是也

其使祝佗從　諸本作佗詩下泉正義書舜典正義論語疏引傳並作鮀

則諸侯之祝官亦然也　閩本官作宮亦非浦鏜正誤作宜

先事祓禱於社　宋本淳熙本岳本纂圖本閩本監本毛本先下有有字

不用命奔此者　宋本監本毛本此作北

欲令蔡先衞歃　釋文歃下有也字

選建明德以藩屏周　石經宋本藩作蕃

分魯公以大路大旂　釋文路作輅云本亦作路案經傳多作路無作輅者輅俗路字

封父之繁弱　惠棟云鄭康成曰封父國名荀卿子曰繁弱鉅黍古之良弓也繁亦作蕃上林賦云彎蕃弱文穎曰蕃弱夏后氏良弓之名李善曰蕃與繁古字通

注封父至弓名　毛本弓作國非也

載忌歸之矢　宋本監本毛本忌作忘是也

殷氏六族　宋本岳本纂圖本閩本監本毛本氏作民是也石經民字缺末筆

下賜殷氏七族　宋本氏作民是也

分之土田陪敦　諸本作陪釋文作倍云本亦作陪陳樹華云說文培字注云培敦土田山川也从土咅聲則培乃陪本字作倍非也

地方五百里　宋本地作巳非

備物典策　石經策作筞釋文作筴云本又作冊亦作策或作篇說見序

若今繖扇之屬　宋本閩本監本毛本繖作繖是也

武王殺以　宋本監本以作紂

二名共爲一國　閩本二字空缺監本毛本作一非也

非爲商奄外別有四國也　浦鏜云爲當謂字誤

則恐天下迴心尙之　諸本尙作向不誤

命以康誥則伯禽亦似策命篇　宋本康作唐是也毛本似誤以

綪茷旃旌　鄭氏禮記雜記注引作蒨旆詩小雅白旆央央正義云茷與旆古今字也故左傳云蒨茷旃旌茷亦旆也石經綪字似改刻疑初刻作蒨字按說文云綪赤繒也是綪爲正字

則綪是染赤之草　毛本綪作蒨

鐘名　淳熙本纂圖本閩本監本毛本鐘作鍾閩監毛正義同

殷氏七族　石經宋本岳本監本毛本氏作民是也

洫上有塗　宋本塗作涂

與北武父非一也　宋本閩本監本毛本北作此是也

其地闕無處　宋本無下有其字是也

王東巡守　宋本守作狩

寒煖燥濕　毛本煖作暖濕作溼

開道以舊政也　閩本監本毛本道作導案道導古今字

沽洗　閩本沽改姑

命以康誥　宋本淳熙本岳本纂圖本毛本康作唐是也注同石經唐字改刻初刻亦誤康

亦因夏風俗　監本因字模糊重脩監本誤國

蔡放也　淳熙本也誤安段玉裁云傳文蔡蔡叔說者謂上蔡字即粲字也古音蔡同殺減殺字亦讀入聲

無若爾考之違王命也　淳熙本考誤芳

未聞更有兄伯　閩本監本毛本聞作得

惟周公位冢宰　宋本亦作惟閩本監本毛本作唯

蔡仲克庸祗德　宋本監本毛本祗作祇按作祗是也祇乃地祇字

毛叔聃也　陸粲附注云逸周書及史記皆云毛叔名鄭此作聃誤也且聃季是毛叔之弟何容乃取兄名爲封國之號斯必不然矣陶淵明集聖賢羣輔錄作毛叔圉

於佃無升降也　宋本閩本監本毛本佃作甸是也

晉趙簡子爲之臨　石經之字以下一行計十一字

○乃長衞侯　宋本以下正義二節揔入無犯非義注下

厈周而言　閩本監本厈作匡宋本作斥

兵屬於吳蔡　毛本蔡作楚非也

注豫章至地名　宋本以下正義十四節揔入秦師乃出注下

在江南此在江北者　閩本監本毛本作此在江南在江北大誤

又伯舉之役　宋本閩本監本毛本伯作柏案穆天子傳注古伯字多從木公羊經又作伯莒

子沿漢而與之上下　岳本沿作沿注同

遮使勿渡　宋本渡作度

毀吾所舍舟　宋本岳本纂圖本監本毛本吾作吳是也

還塞大隧直轅冥阨 釋文云冥阨本或作寘隘石經宋本作冥與釋文合惠棟云冥阨九塞之一在楚史記蘇秦傳云塞鄳阨徐廣曰鄳江夏鄳縣棟謂鄳阨即冥阨也墨子非攻篇曰吳闔閭次注林出於冥隘之徑鄳阨隘作戰于柏舉中楚國而朝當子常不從司馬之計濟漢轉戰至於柏舉其時吳已隘而西楚事不可爲矣

季芊稱字 宋本芊作芉

正義曰壬地名 閩本監本毛本壬作睢亦誤宋本作土是也

以火繫其巳 宋本監本毛本巳作尾是也

目鼻長七八尺 監本毛本目作其閩本初刻作目後改其是也

使焉却之 正德本閩本焉作馬監本毛本同馬上有驚字宋本作使驚却之是也

言執燧象者 監本毛本執上無言字

執而㚔向吳師乃放之 宋本㚔作牽是也

司馬先敗吳師而身被創 淳熙本先敗作嘗征非也

吾不用也巳 宋本淳熙本岳本監本毛本不下有可字是也石經此處殘缺

有巴邱胡 宋本監本毛本胡作湖是也

啜菽謂食藜藿也 宋本藜作豆是也

殺君罪應滅宗 淳熙本宗誤宇

郎江夏雲杜縣 閩本監本江誤注

以羿天夷 淳熙本羿作羿注同

鑪金初官於子期氏 石經宋本鑪作鑢是也與釋文合案漢書古今人表亦作鑢字宋本岳本足利本官作宦淳熙本作宦石經初刻同後改宦是也

初伍員與申包胥友 石經伍字人旁後加非也

言吳貪害如蛇豕 宋本蛇作虵

疆埸之患也 纂圖本閩本監本毛本埸作場非

與吳共分其地 宋本淳熙本岳本纂圖本監本毛本其作楚是也

附釋音春秋左傳注疏卷第五十四 止

春秋左傳注疏卷五十四挍勘記

附釋音春秋左傳注疏卷第五十五 定五年盡九年

杜氏注 孔穎達疏

經五年。春。王三月。辛亥。朔。日有食之。無傳 ○夏。歸粟于蔡。蔡爲楚所圍飢之故魯歸之粟 【疏】注蔡爲至之粟。○正義曰：公羊傳曰孰歸之諸侯歸之曷爲不言諸侯歸之離至不可得而序故言我也穀梁傳亦然賈逵取彼爲說云不書所會後也杜以傳文唯言周亟矜無資自解魯歸粟之意不言諸侯歸之諸侯或亦歸之要此經所書其意不及諸侯故顯而異之言魯歸之粟 ○於越入吳。於發聲也 【疏】注於發聲也。○正義曰：公羊傳云於越者何越者何於越者未能以其名通也越者能以其名通也其意言越與於越立文不同事有襃貶左氏無此義越是南夷夷言有此發聲史官或正其名或從其俗越與於越史異辭無義例 六月。丙申。季孫意如卒。○秋。七月。壬子。叔孫不敢卒。無傳 ○冬。晉士鞅帥師圍鮮虞。

傳五年。春。王人殺子朝于楚。因楚亂也終閔馬父之言 ○夏。歸粟於蔡。以周亟矜無資。亟急也○亟紀力反注同 越入吳。吳在楚也。○六月。季平子行東野。東野季氏邑○行下孟反下桓子行同 還未至。丙申。卒于房。陽虎將以璵璠斂。璵璠美玉君所佩○璵本又作與音餘璠音煩又方煩反斂力驗反 【疏】注璵璠至所佩。○正義曰：案說文云璵璠魯之寶玉璵璠是一玉名說文又云瑜美玉與璵璠異也昭公出奔之後平子攝行君事入宗廟佩此玉陽虎以平子嘗佩此玉故將以斂之仲梁懷不與明此玉是君所佩也君之所佩故爲美玉也玉藻云公侯佩山玄玉此當時所佩未必是山玄也玉藻又云古之君子必佩玉右徵角左宮羽鄭玄云徵角在右事也民也可以勞宮羽在左君也物也宜逸 仲梁懷弗與。懷亦季氏家臣 曰。改步改玉。昭公之出季孫行君事佩璵璠祭宗廟今定公立復臣位改君步則亦當去璵璠○去起呂反 【疏】注改步改玉。○正義曰：步謂行也玉藻云君與尸行接武大夫繼武士中武鄭玄云尊者尚徐接武蹈半迹繼武迹相及也中武迹間容迹是君臣步不同也玉藻又云公侯佩山玄玉大夫佩水蒼玉是君臣玉不同也昭公之出季氏行君事爲君行佩君玉及定公立季氏復臣位故步玉皆改矣 陽虎欲逐之。告公山不狃。不狃曰。彼爲君也。子何怨焉。不狃季氏臣費宰子洩也爲君不欲使僭○狃女九反爲于僞反注同洩息列反僭子念反 【疏】彼爲君。○正義曰：家臣謂季氏爲君故注云不欲使僭 既葬。桓子行東野。桓子意如子季孫斯 及費。子洩爲費宰。逆勞於郊。桓子敬之。勞仲梁懷。仲梁懷弗敬。懷時從桓子行輕慢子洩○勞方報反下同從才用反下從父昆弟皆從王並同 子洩怒。謂陽虎。子行之乎。行逐懷也爲下陽虎囚桓子起 ○申包胥以秦師至。秦子蒲、子虎帥車五百乘以救楚。五百乘三萬七千五百人○乘繩證反注同 子蒲曰。吾未知吳道。道猶法術 使楚人先與吳人戰。而自稷會之。大敗夫槩王于沂。稷沂皆楚地○沂魚依反 吳人獲薳射於柏舉。薳射楚大夫○射食亦反又食夜反 其子帥奔徒。奔徒楚散卒○卒子忽反 以從子西。敗吳師于軍祥。楚地 秋。七月。子期、子蒲滅唐。從吳伐楚故 九月。夫槩王歸。自立也。以與王戰而敗。自立爲吳王號夫槩 奔楚爲堂谿氏。傳終言之○谿苦兮反下同 吳師敗楚師于雍澨。秦師又敗吳師。吳師居麇。麇地名○麇九倫反下同 子期將焚之。子西曰。父兄親暴骨焉。不能收。又焚之。不可。前年楚人與吳戰多死麇中言不可并焚○暴步卜反 子期曰。國亡矣。死者若有知也。可以歆舊祀。言焚吳復楚則祭祀不廢○歆許金反 豈憚焚之。焚之而又戰。吳師敗。又戰于公壻之谿。楚地名 吳師大敗。吳子乃歸。囚闉輿罷。闉輿罷請先。遂逃歸。闉輿罷楚大夫請先至吳而逃歸言吳唯得楚一大夫復失之所以不克○闉音因輿音餘又作與羊汝反罷音皮復扶又反 葉公諸梁之弟后臧從其母於吳。不待而歸。諸梁司馬沈尹戌之子葉公子高也吳入楚獲后臧之母楚定臧棄母而歸○葉舒涉反從如字又才用反 葉公終不正視。不義之 ○乙亥。陽虎囚季桓子。及公父文伯。文伯季桓子從父昆弟也陽虎欲爲亂恐二子不從故囚之○公父音甫 而逐仲梁懷。冬。十月。丁亥。殺公何藐。藐季氏族○藐亡角反一音彌小反 己丑。盟桓子于稷門之內。魯南城門 庚寅。大詛。逐公父歜及秦遄。皆奔齊。歜文伯也秦遄平子姑壻也傳言季氏之亂○詛莊慮反歜昌欲反遄市專反 ○楚子入于郢。吳師已歸 初。鬭辛聞吳人之爭宮也。曰。吾聞之。不讓則不和。不和不可以遠征。吳爭於楚。必有亂。有亂則必歸。焉能定楚。王之奔隨也。將涉於成臼。

江夏竟陵縣有臼水出聊屈山西南入漢。焉於虔反臼其九反屈其勿反又君勿反藍尹亹涉其帑。亹楚大夫。○藍力甘反亹亡匪反帑音奴不與王舟。及寧。王欲殺之。寧安定也子西曰。子常唯思舊怨以敗。君何效焉。王曰。善。使復其所。吾以志前惡。惡過也王賞鬭辛、王孫由于、王孫圉、鍾建、鬭巢、申包胥、王孫賈、宋木、鬭懷。九子皆從王有大功者子西曰。請舍懷也。以初謀弑王也。○舍音捨又音赦弑申志反王曰。大德滅小怨。道也。終從其兄免王大難是大德。○難乃旦反申包胥曰。吾爲君也。非爲身也。君既定矣。又何求。且吾尤子旗。其又爲諸。子旗蔓成然也以有德於平王求欲無厭平王殺之在昭十四年○爲君于僞反下爲身同厭於鹽反遂逃賞。王將嫁季芈。季芈辭曰。所以爲女子。遠丈夫也。鍾建負我矣。以妻鍾建。以爲樂尹。司樂大夫。○遠于萬反妻七計反王之在隨也。子西爲王輿服以保路。國于脾洩。脾洩楚邑也失王恐國人潰散故僞爲王車服立國脾洩以保安道路人○脾婢支反洩息列反【疏】王之至脾洩○正義曰王之在隨也國內無王子西以民無所依恐其潰散故僞爲王之車服以安道路之人國于脾洩之地於時子西蓋假稱王矣聞王所在。而後從王。王使由于城麇。於麇築城復命。子西問高厚焉。弗知。子西曰。不能如辭。言自知不能當辭勿行【疏】問高厚焉弗知○正義曰子西問由于所築麇城高厚幾何由于不知董遇云問城高厚丈尺也本或有小大者涉下文而誤耳○不能如辭○正義曰敢爲不敢如爲不如古人之語然也僖二十二年傳云若愛重傷則如勿傷愛其二毛則如服焉經傳之文此類多矣城不知高厚。小大何知。對曰。固辭不能。子使余也。人各有能有不能。王遇盜於雲中。余受其戈。其所猶在。袒而視之背。曰。此余所能也。脾洩之事。余亦弗能也。傳言昭王所以復國有賢臣也○袒音但【疏】城不至何知○正義曰王肅斷小大何知爲句注云如是小大何所知也張奐古今人論云子西問城之高厚小大而弗知也子西怒曰不能則如辭能之而不知又何知乎張奐引傳爲文小大上屬杜雖無注蓋與張同晉士鞅圍鮮虞。報觀虎之役也。三年鮮虞獲晉觀虎

經六年。春。王正月。癸亥。鄭游速帥師滅許。以許男斯歸。游速大叔子○二月。公侵鄭。公至自侵鄭。無傳○夏。季孫斯、仲孫何忌如晉。○秋。晉人執宋行人樂祁犂。稱行人言非其罪○犂力兮反又力之反○冬。城中城。無傳公爲晉侵鄭故懼而城之○爲于僞反○季孫斯、仲孫忌帥師圍鄆。無傳何忌不言何闕文鄆貳於齊故圍之○鄆音運【疏】季孫至圍鄆○正義曰鄆是魯邑輒曰圍之必是鄆邑叛也三傳並無其事不知何爲而叛明年齊人歸鄆是叛屬齊也

傳六年。春。鄭滅許。因楚敗也。○二月。公侵鄭。取匡。爲晉討鄭之伐胥靡也。胥靡周地也周儋翩因鄭人以作亂鄭爲之伐胥靡故晉使魯討之匡鄭地取匡不書歸之晉○爲于僞反注同儋丁甘反翩音篇【疏】討鄭之伐胥靡○正義曰下注云鄭伐周六邑在魯伐鄭取匡前而此獨云胥靡者此時須顯侵鄭之意故言討鄭之伐胥靡畧言之也但鄭伐周事須從下文戌周發之故傳文乃逆指下事爲文也往不假道於衞。及還。陽虎使季孟自南門入。出自東門。陽虎將逐三桓欲使得罪於鄰國舍於豚澤。衞侯怒。使彌子瑕追之。彌子瑕衞嬖大夫○豚杜孫反嬖必計反公叔文子老矣。文子公叔發輦而如公。曰。尤人而效之。非禮也。昭公之難。君將以文之舒鼎。衞文公之鼎○難乃旦反成之昭兆。寶龜【疏】九人至非禮○正義曰入其國門非也追伐其師亦非也尤其罪而復效之爲非禮也下云效小人以棄之卽云天將多陽虎之罪則公叔文子知此出入衞門是陽虎之計非魯公使然九人謂九陽虎也○文之至昭兆○正義曰賈逵云舒鼎鼎名昭兆寶龜杜依用之蓋衞文公鑄此鼎也其名曰舒不知其故成之昭兆成公新得此龜蓋以灼之出兆兆文分明故名爲昭兆定之鞶鑑。鞶帶而以鏡爲飾也今西方羌胡猶然古之遺服○鞶又作盤步丹反又蒲官反鑑古暫反苟可以納之。擇用一焉。公子與二三臣之子。諸侯苟憂之。將以爲之質。爲質求納魯昭公○質音致注同此羣臣之所聞也。今將以小忿蒙舊德。蒙覆也無乃不可乎。大姒之子。大姒文王妃○大音泰姒音似唯周公康叔爲相睦也。而效小人以棄之。不亦誣乎。天將多陽虎之罪以斃之。君姑待之。若何。乃止。止不伐魯師○夏。季桓子如晉。獻鄭俘也。獻此春取匡之俘○俘芳夫反陽虎強使孟懿子往報夫人之幣。虎欲困辱三桓并求媚於晉故強使正卿報晉夫人之聘○強其丈反注同下皆放此【疏】陽虎至之幣○正義曰聘禮者諸侯使卿聘鄰國之禮也執圭以致君命執璧以致享幣其於夫人則聘用璋享用琮聘君與夫人一使兼致之夫人不別使也傳言報夫人之幣則晉之夫人嘗有聘魯者矣禮法夫人不別遣使則晉之夫人聘者亦爲晉君來聘魯也經無其事蓋遣大夫來聘名氏不合見經故畧之也不言報晉君雖言報夫人者桓子如晉獻鄭俘卽亦報聘晉也桓子報聘卽亦得報夫人也但陽虎欲困辱三桓又欲求媚於晉既使桓子報聘晉君又別遣正卿報晉夫人所以困辱三桓而重晉禮也晉人兼享之。賤魯故不復兩設禮明經所以不備書○復扶又反【疏】注賤魯至備書○正義曰若桓子特爲獻俘懿子專爲報聘則經當兩書如晉不合共文晉人亦當兩設享禮各待一客今乃桓子聘晉君懿子報夫人則似共爲一使若賓與介然故晉人兼享之賤魯故不復兩設禮傳言此者明經所以不備書也不備書謂不各自立文兩書如晉也若然文十八年公子遂叔孫得臣如齊亦是經不備書而怪此不備者彼傳言惠公立故且拜葬也則是魯並命二卿今行兩事雖各有所主而受命俱行故宜共文書之此則桓子獻俘并亦報聘一卿足以兼之懿子不須行矣陽虎強使之行乃是從後而去去時不同受命宜當別書如晉止爲晉人所賤故經不復備書正以傳言強使懿子報夫人之幣知桓子報晉君矣傳言兼享之知其不應兼矣以此明二人不同受命宜應別書畧而不備書耳孟孫立于房外。謂范獻子曰。陽虎若不能居魯。而息肩於晉。所不以爲中軍司馬者。有如先君。稱先君以徵其言若欲使晉必厚待之【疏】孟孫至先君○正義曰懿子之意不爲陽虎求官欲使晉人知陽虎專權爲國所患言若不得居魯而息肩於晉示已知陽虎必將作亂而出奔也中軍司馬晉國大夫之最貴者爲求此官似若使晉厚待之然令晉知其情耳諸言有如皆是誓辭稱先君以徵其言似若欲晉必從之獻子曰。寡君有官。將使其人。擇得其人鞅何知焉。獻子謂簡子曰。魯人患陽虎矣。孟孫知其釁。以爲必適晉。故強爲之請。以取入焉。欲令晉人聞虎當逃走故強設請託之辭因此言以入晉令晉素知之○釁許靳反爲之于僞反令力呈反【疏】注欲令至知之○正義曰本意不爲陽虎請官欲令晉人知陽虎終必逃走強設請託之辭因此言辭以取入晉之意欲令晉人素知陽虎之必逃○四月。己丑。吳大子終纍敗楚舟師。終纍闔廬子夫差兄舟師水戰○纍力追反又力軌反夫音扶差初佳反獲潘子臣、小惟子。二子楚舟師之帥○惟位悲反本又作帷亦如字帥所類反及大夫七人。楚國大惕。懼亡。子期又以陵師敗于繁揚。陵師陸軍○惕他歷反【疏】注陵師陸軍○正義曰上云舟師水戰此言陵師陸軍南人謂陸爲陵此時猶然釋地云高平曰陸大陸曰阜大阜曰陵是陵陸大小之異名耳令尹子西喜曰。乃今可爲矣。言知懼而後可治於是乎遷

郢於都。而改紀其政。以定楚國。傳言楚賴子西以安。○都音若。○周儋翩率王子朝之徒。因鄭人將以作亂于周。儋翩子朝餘黨。鄭於是乎伐馮、滑、胥靡、負黍、狐人、闕外。鄭伐周六邑在魯伐鄭取匡前於此見者爲戍周起也陽城縣西南有負黍亭。○見賢遍反下文見溷并注同。爲于僞反下同。六月。晉閻沒戍周。且城胥靡。爲下天王出居姑蕕起。○秋八月。宋樂祁言於景公曰。諸侯唯我事晉。今使不往。晉其憾矣。樂祁告其宰陳寅。以與公言告之。○使所吏反。憾戶暗反。陳寅曰。必使子往。他日。公謂樂祁曰。唯寡人說子之言。子必往。陳寅曰。子立後而行。吾室亦不亡。寅知晉多門往必有難故使樂祁立後而行。○說音悅。難乃旦反下文同。唯君亦以我爲知難而行也。見溷而行。溷樂祁子也見於君立以爲後。○溷侯温反又侯困反。趙簡子逆而飲之酒於緜上。獻楊楯六十於簡子。楊木名。○飲於鴆反。楯食允反又音允。陳寅曰。昔吾主范氏。今子主趙氏。又有納焉。以楊楯賈禍。弗可爲也已。知范氏必怨將得禍。○賈音古。然子死晉國。子孫必得志於宋。以共爲國死。○爲于僞反下同。范獻子言於晉侯曰。以君命越疆而使。未致使而私飲酒。不敬二君。不可不討也。乃執樂祁。獻子怒祁比趙氏。經所以稱行人。○疆居良反。使所吏反下同。比毗志反。○陽虎又盟公及三桓於周社。盟國人于亳社。詛于五父之衢。傳言三桓微陪臣專政。爲八年陽虎作亂起。○亳步各反。詛側慮反。父音甫。衢其俱反。○冬十二月。天王處于姑蕕。姑蕕周地。○蕕音由一音由舊反。辟儋翩之亂也。爲明年單劉逆王起。○單音善。

經七年。春。王正月。○夏。四月。○秋。齊侯、鄭伯、盟于鹹。衛地。○鹹音咸。○齊人執衛行人北宮結。以侵衛。稱行人非使人之罪。○使所吏反。齊侯、衛侯、盟于沙。結叛晉也。陽平元城縣東南有沙亭。○沙如字又星和反。○大雩。無傳。過也。○齊國夏帥師伐我西鄙。夏國佐孫。○九月。大雩。無傳。過也。【疏】注過也。○正義曰。案賈逵云。旱也。杜言過者。杜以春秋旱雩。傳皆發之言旱。以此傳無旱文。故謂之過。如賈之所言。前既有雩。復又有雩。旱可知。不須發傳。若然。昭二十五年上辛大雩。季辛又雩。一月兩雩。旱亦可知。何須發傳言旱甚也。劉以賈言規杜。非也。蓋時有小旱。故傳不言旱。未應合雩。故杜云過也。冬十月。

傳七年。春。二月。周儋翩入于儀栗以叛。儀栗周邑。○齊人歸鄆、陽關。陽虎居之以爲政。鄆陽關皆魯邑。中貳於齊。齊今歸之。不書。虎專之。○中丁仲反。○夏。四月。單武公、穆公子。劉桓公、文公子。敗尹氏于窮谷。尹氏復黨儋翩共爲亂也。○復扶又反。○秋。齊侯、鄭伯、盟于鹹。徵會于衛。徵召也。衛侯欲叛晉。屬齊鄭也。諸大夫不可。使北宮結如齊。而私於齊侯曰。執結以侵我。欲以齊師懼諸大夫。齊侯從之。乃盟于瑣。瑣卽沙也。爲明年涉佗捘衛侯手起。○瑣素果反。佗徒何反。捘子對反。齊國夏伐我。齊叛晉故。陽虎御季桓子。公斂處父御孟懿子。處父孟氏家臣。成宰公斂陽。○斂力檢反又音廉。處昌慮反。將宵軍齊師。齊師聞之。墮伏而待之。墮毀其軍以誘敵而設伏兵。○墮許規反。處父曰。虎不圖禍而必死。而女也。○女音汝下文同。【疏】處父至必死。○正義曰。齊人設伏待魯。若又其伏內。是爲禍也。虎不謀此禍。而欲夜掩齊師。女必死。處父欲自殺之。苦夷曰。虎陷二子於難。苦夷季氏家臣。二子季孟。○苦始占反。難乃旦反。不待有司。余必殺女。虎懼乃還。不敗。傳言陪臣強能自相制。季孟不敢有心。【疏】不待有司。○正義曰。言不待掌刑殺之有司。余必自殺女也。虎見二子以此言懼之。乃還不敗。○冬十一月。戊午。單子、劉子、逆王于慶氏。慶氏守姑蕕大夫。晉籍秦送王。己巳。王入于王城。己巳十二月五日。有日無月。【疏】注己巳至無月。○正義曰。此年經傳日少。上下無可考驗。杜自以長厤校之。己巳爲十二月五日。館于公族黨氏。黨氏周大夫。○黨音掌。而後朝于莊宮。莊王廟也。

經八年。春。王正月。公侵齊。報前年伐我西鄙。公至自侵齊。無傳。○二月。公侵齊。未得志故。三月。公至自侵齊。無傳。○曹伯露卒。無傳。四年盟皐鼬。○鼬由又反。【疏】注四年盟皐鼬。○正義曰。露以昭二十八年卽位。三十二年諸侯之大夫盟于狄泉。魯曹俱在。時以未告公而公薨。故不書於經。杜蓋以此故不數之。四年盟皐鼬。四年二月陳侯吳卒。其年盟于皐鼬。自爾以來唯有此盟耳。○夏。齊國夏帥師伐我西鄙。○公會晉師于瓦。瓦衛地。將來救魯。公逆會之。東郡燕縣東北有瓦亭。○國夏戶雅反。年末注同。瓦顏寡反。燕音煙。公至自瓦。無傳。○秋。七月。戊辰。陳侯柳卒。無傳。四年盟皐鼬。○柳力久反。本或作抑。○晉士鞅帥師侵鄭。遂侵衛。兩事故曰遂。○葬曹靖公。無傳。【疏】靖公。○正義曰。謚法共以解曰靖。○九月。葬陳懷公。無傳。三月而速葬。【疏】懷公。○正義曰。謚法慈仁短折曰懷。○季孫斯、仲孫何忌、帥師侵衛。○冬。衛侯、鄭伯、盟于曲濮。無傳。結叛晉。曲濮衛地。○濮音卜。○從祀先公。從順也。先公閔公僖公也。將正二公之位次。所順非一。親盡。故通言先公。【疏】注從順至先公。○正義曰。傳言順祀。是從爲順也。文二年大事于太廟。躋僖公。升僖於閔上。閔先爲君。退在僖下。是逆也。今升閔在僖上。依其先後。是順也。廟主失次。唯此二公。故知從祀先公。唯閔僖耳。躋僖公指僖言之。此不指言升閔者。彼所升者上升僖公之一神。不得不指言僖公也。今從祀之時。閔僖俱得正位。且以親盡。故通言先公。此言從祀。至於躋僖公不言逆祀者。此從祀因躋僖公之文。故得略言從祀。躋僖公文無所繫。不知逆祀何公。且見是親廟。不可言先公。故指僖言之。而言躋也。然則此以親盡。故通言先公。下桓宮僖宮災。彼亦親盡。言桓僖者。彼據災之所在。須指言其處。與此體例不同。○盜竊寶玉大弓。盜謂陽虎也。家臣賤。名氏不見。故曰盜。寶玉夏后氏之璜。大弓封父之繁弱。○見賢遍反。璜音黃。父音甫。【疏】注盜謂至繁弱。○正義曰。傳言陽虎取寶玉大弓以出。是盜謂陽虎也。公羊傳曰。盜者孰謂。謂陽虎也。陽虎者曷爲者也。季氏之宰也。季氏之宰則微者也。惡乎得國寶而竊之。陽虎專季氏。季氏專魯國。其說將殺季氏。亦與左傳大同。春秋之例。再命之卿始得名氏書經。陽虎季氏家臣。以賤名氏不見。故書曰盜。盜者賤人之稱也。此寶玉大弓。必是國之重寶。歷世掌之。故自劉歆以來說左氏者。皆以爲夏后氏之璜。封父之繁弱。成王所以分魯公也。公羊傳曰。寶者何。璋判白。弓繡質。龜青純。彼不知魯有先王分器。繆爲言耳。且所盜無龜。知其並是妄也。

傳八年。春。王正月。公侵齊。門于陽州。攻其門。士皆坐列。言無鬭志。曰。顏高之弓六鈞。顏高魯人。三十斤爲鈞。六鈞百八十斤。古稱重。故以爲異強。○鈞音均。稱尺證反。強其丈反。【疏】注顏高至異強。○正義曰。漢書律歷志云。量者龠合升斗斛也。本起黃鍾之龠。以子穀秬黍中者千有二百實其龠。合龠爲合。十合爲升。十升爲斗。十斗爲斛。而五量嘉矣。權者銖兩斤鈞石也。本起黃鍾之重。一龠容千二百黍。重十二銖。兩之爲兩。十六兩爲斤。三十斤爲鈞。四鈞爲石。而五權謹矣。由此而言。龠之所容重十二銖。合龠爲合。兩之爲兩。則合重一兩。升重十兩。斗重百兩。斛重千兩。計六鈞有一百八十斤。合爲二千八百八十兩。於量爲重兩斛八斗八升。計今人用弓。此亦未爲彊矣。而魯人傳而觀之。故杜以爲古稱重。故以爲異強。計古稱亦準黃鍾之重爲之。而得重於今者。權量之起。本自黃鍾。而世俗不同。每有改易。傳稱齊舊四量。陳氏皆加一焉。是其不必常依古也。近世以來。或輕或重。魏齊斗稱於古二而爲一。周隨斗稱於古三而爲一。則古時亦當然。杜言

古者謂此顏高之時爲古耳非言自古稱皆重也皆取而傳觀之。陽州人出。顏高奪人弱弓。籍丘子鉏擊之。與一人俱斃。子鉏齊人斃仆也○傳直專反鉏仕居反與一人俱斃婢世反顏高與一人俱爲子鉏所擊而仆仆音赴又蒲北反孫炎云前覆曰仆偃且射子鉏中頰殪。子鉏死○且如字射食亦反下同中丁仲反下同頰古協反殪於計反死也言顏高雖爲子鉏所擊偃仆且射子鉏中頰而死言其善射也一讀且音子餘反云偃且人姓名也檢世族譜無此人一讀者非也〔疏〕俱斃至頰殪○正義曰釋言云斃仆也孫炎曰前覆曰仆吳越春秋稱要離謂吳王夫差曰臣迎風則偃背風則仆然則仆是前覆偃是卻倒此顏高被擊而仆乃轉而仰且射子鉏猶死言其善射之功然也顏息射人中眉。顏息魯人退曰。我無勇。吾志其目也。以自矜師退。冉猛僞傷足而先。猛魯人欲先歸其兄會乃呼曰。猛也殿。會見師退而猛不在列乃大呼詐言猛在後爲殿傳言魯無軍政○呼火故反注同殿丁電反注同○二月。己丑。單子伐穀城。劉子伐儀栗。討儋翩之黨穀城在河南縣西○單音善儋丁甘反翩音篇辛卯。單子伐簡城。劉子伐盂。以定王室。傳終王室之亂○盂音于○趙鞅言於晉侯曰。諸侯唯宋事晉。好逆其使。猶懼不至。今又執之。是絕諸侯也。將歸樂祁。士鞅曰。三年止之。無故而歸之。宋必叛晉。執樂祁在六年○好呼報反使所吏反獻子私謂子梁。獻子范鞅子梁樂祁曰。寡君懼不得事宋君。是以止子。子姑使溷代子。溷樂祁子○溷侯温反又侯困反子梁以告陳寅。陳寅曰。宋將叛晉。是棄溷也。不如待之。留待勿以子自代樂祁歸。卒于大行。大行晉東南山○大音泰行戶郎反一音衡士鞅曰。宋必叛。不如止其尸。以求成焉。乃止諸州。州晉地爲明年宋公使樂大心如晉張本○公侵齊。攻廩丘之郛。郛郭也○廩力甚反郛芳夫反主人焚衝。衝戰車○衝昌容反說文作䡴云陷陣車也或濡馬褐以救之。馬褐馬衣○濡人于反褐戶葛反遂毀之。毀郛主人出。師奔。攻郛人少故遣後師走往助之〔疏〕主人出師奔○正義曰賈逵以爲主人出魯師奔走而卻退言魯無戰備也劉炫云杜亦不勝舊師今杜必異於賈以爲後師奔走往助之者若如賈言魯師奔走則是被敗而還下傳陽虎何得云猛在此必敗明其於時不敗故猛得逐廩丘之人是賈言非也陽虎僞不見冉猛者。曰。猛在此

必敗。陽州之役猛先歸之言若在此必復敗○復扶又反猛逐之。顧而無繼。僞顛。逐廩丘人虎曰。盡客氣也。言皆客氣非勇○客苦百反○苫越生子。將待事而名之。苫越苫夷○苫戎占反陽州之役獲焉。名之曰陽州。欲自比僑如○僑其驕反○夏。齊國夏。高張伐我西鄙。報上二侵晉士鞅、趙鞅、荀寅救我。救不書齊師已去未入竟○竟音境〔疏〕注救不至入竟○正義曰春秋諸侯相救皆書於經此救亦當書之不書者齊師聞晉來救已去魯地晉師未入魯竟不成爲救故不書也公會晉師于瓦是衛地公往衛地會晉師是其未入竟也公會晉師于瓦。范獻子執羔。趙簡子、中行文子皆執鴈。魯於是始尚羔。獻子士鞅也簡子趙鞅也中行文子荀寅也禮卿執羔大夫執鴈魯則同之今始知執羔之尊也卿不書禮不敵公史略之○行戶郎反〔疏〕注禮卿至略之○正義曰禮卿執羔大夫執鴈周禮大宗伯文也魯則同之蓋命卿與大夫俱執鴈今見士鞅執羔始知執羔之尊於是方始尚羔分卿執之記禮廢之久也傳言於是始尚羔必在前不執羔矣但往前所執難知先儒各以意說賈逵云周禮公之孤四命執皮帛卿三命執羔大夫再命執鴈魯廢其禮三命之卿皆執皮帛至是乃始復禮尚羔案周禮禮記皆言卿執羔大夫執鴈並以爵號不依命數賈何以謂命高下爲稱禮乎傳言始尚羔者當謂舊賤羔而今尊之耳若本僭孤禮皆執皮帛當云始復用羔不得云尚也若改僭從禮得名爲尚則初獻六羽何以不言始尚六佾也以尚言之足知魯卿舊執非皮帛矣鄭衆云天子之卿執羔大夫執鴈諸侯之卿當天子之大夫故傳曰唯卿爲大夫當執鴈而執羔僭天子之卿也魯人效之而始尚羔記禮所從壞案禮傳及記天子之臣與諸侯之臣所執無異文也周禮掌客凡諸侯之禮上公及侯伯之下皆云卿相見以羔是諸侯之卿執羔不執鴈又士相見者諸侯之臣相見之禮也經曰下大夫相見以鴈上大夫相見以羔是諸侯之卿必執羔矣安在於諸侯之卿當天子之大夫乎是則背明文而用脉腸也天子諸侯之臣所異者士相見之禮羔鴈皆云飾之以布而曲禮云飾羔鴈者以繢鄭玄云此爲諸侯之臣與天子之臣異也然則天子之臣衣之以布而又畫之諸侯之臣則用布不畫所異雖此而已其執不爲異也傳文之乖於禮者爵是卿也皆當執羔趙鞅荀寅不應執鴈此是當時之失失於偪下以晉卿失於偪下魯卿不應僭上益明賈言魯卿舊執皮帛非其義矣魯人於是始知執羔爲尊或亦效晉雖上卿一人獨執羔耳未必卽能如禮諸卿皆執羔也此經言公會晉師不言公會士鞅信二十九年傳日在禮卿不會公侯會伯子男可也故杜云卿不書禮不敵公史略之劉炫云案宣元年會晉師于棐林伐鄭杜云趙盾稱師取於師會故稱師何知此非亦以師會故稱師而云禮不敵公略稱師乎今知不然者以宣元年諸侯俱在又交連伐鄭故言師會此則公之獨會晉師又無征伐之事故以爲卿不書禮不敵公史略之劉以此與宣元年並取於師會以規杜氏非也○晉師將盟衛侯于鄟澤。自瓦還就衛地盟○鄟音專又市轉反本亦作鄟音同趙簡子曰。羣臣誰敢盟衛君者。前年衛叛

晉屬齊簡子意欲權辱之涉佗成何曰。我能盟之。二子晉大夫佗徒何反衛人請執牛耳。盟禮尊者涖牛耳主次盟者衛侯與晉大夫盟自以當涖牛耳故請〔疏〕注盟禮至故請○正義曰盟用牛耳卑者執之尊者涖之請執牛耳請使晉大夫執牛耳周禮戎右云盟則贊牛耳鄭玄云謂尸盟者割牛耳取血助爲之尸盟者執之襄二十七年傳曰諸侯盟小國固必有尸盟者是小國主備辦盟具宜執牛耳哀十七年傳曰公會齊侯盟于蒙孟武伯問於高柴曰諸侯盟誰執牛耳季羔曰鄫衍之役吳公子姑曹發陽之役衛石魋武伯曰然則彘也鄫衍之役吳爲盟主不知盟禮當令小國執牛耳而自使其臣執之濮陽宋魯衛三國衛爲小蒙則齊魯三國魯爲小皆是以小國執牛耳而尊者涖之以主次同盟者今衛侯與晉大夫盟自以當爲盟主宜涖牛耳故請晉大夫使執之成何曰。衛吾溫原也。焉得視諸侯。言衛小可比晉縣不得從諸侯禮○焉於虔反將歃。涉佗捘衛侯之手。及捥。捘擠也血至捥○歃所洽反捘子對反捥烏喚反擠多計反一音子禮反說文云排也〔疏〕注捘擠也○正義曰說文云推排也排擠也捘是推排之意故爲擠也昭十三年傳言擠于溝壑謂被推入坑也衛侯怒。王孫賈趨進賈衛大夫曰。盟以信禮也。信猶明也有如衛君。其敢不唯禮是事。而受此盟也。言晉無禮不欲受其盟衛侯欲叛晉。而患諸大夫。王孫賈使次于郊。大夫問故。問不入故公以晉詬語之。詬恥也○詬呼豆反語魚據反且曰。寡人辱社稷。其改卜嗣。寡人從焉。使改卜他公子以嗣先君我從大夫所立大夫曰。是衛之禍。豈君之過也。公曰。又有患焉。謂寡人必以而子。與大夫之子爲質。爲質於晉○質音致注及下同大夫曰。苟有益也。公子則往。羣臣之子敢不皆負羈絏以從。將行。王孫賈曰。苟衛國有難。工商未嘗不爲患。使皆行而後可。欲以激怒國人○絏息列反從才用反下說從弟下從者同難乃旦反激古狄反公以告大夫。乃皆將行之。行有日。有期日公朝國人。使賈問焉。曰。若衛叛晉。晉五伐我。病何如矣。皆曰。五伐我。猶可以能戰。賈曰。然則如叛之。病而後質焉。何遲之有。乃叛晉。晉人請改盟。弗許。○秋。晉士鞅會成桓公侵鄭。圍蟲牢。報伊闕也。桓公周卿士不書監帥不親侵也六年鄭伐周闕外晉爲周報之○監古銜反爲于僞反下同遂侵衛。討叛○九月。

師侵衞，晉故也。魯爲晉討衞。○季寤、季桓子之弟。○寤，五故反。公鉏極、公彌曾孫，桓子族子。公山不狃，費宰。○狃，女九反。皆不得志於季氏，叔孫輒無寵於叔孫氏，輒，叔孫氏之庶子。叔仲志不得志於魯。志，叔孫帶之孫。皆爲國人所薄。故五人因陽虎。陽虎欲去三桓，以季寤更季氏，代桓子。○去，起呂反。更，音庚，舊古孟反，下皆同。以叔孫輒更叔孫氏，代武叔。己更孟氏。陽虎自代懿子。冬，十月，順祀先公而祈焉。將作大事，欲以順祀取媚。辛卯，禘于僖公。辛卯，十月二日。不於太廟者，順祀之義當退僖公，懼於僖神，故於僖廟行順祀。○禘，大計反。【疏】禘于僖公。○正義曰：釋例曰：大祭于太廟以審定昭穆謂之禘。禘于太廟，禮之常也。各於其宮，時之爲也。雖非三年大祭，而書禘，用禘禮也。然則禘者審定昭穆之祭也。今爲順祀而禘于僖公，則是并取先公之主盡入僖廟而以昭穆祭之，是爲周禘禮也。計禘當于太廟，今就僖廟爲禘者，順祀之義，退僖升閔，懼於僖公之神，故於僖廟行禘禮，使先公之神徧知之。禮，祭尊可以及卑，後世之主宜上從太廟而食，今從上世之主下入僖廟，祀之當時所爲，非正禮也。昭二十五年禘于襄公，義亦然也。壬辰，將享季氏于蒲圃而殺之，戒都車。曰：癸巳至。都邑之兵車也。陽虎欲以壬辰夜殺季孫，明日癸巳以都車攻二家。○圃，布五反。成宰公斂處父告孟孫曰：季氏戒都車，何故？孟孫曰：吾弗聞。處父曰：然則亂也，必及於子。先備諸。與孟孫以壬辰爲期。處父期以兵救孟氏，壬辰先癸巳一日。○先，悉薦反。陽虎前驅。林楚御桓子，虞人以鈹、盾夾之，陽越殿。越，陽虎從弟。○鈹，普皮反。盾，食允反，又音允。夾，古洽反。殿，丁見反。將如蒲圃。桓子咋謂林楚曰：咋，暫也。○咋，仕詐反。而先皆季氏之良也，爾以是繼之。欲使林楚免己於難，以繼其先人之良。○難，乃旦反，下同。【疏】而先至繼之。○正義曰：而，女也。言女先祖以來皆爲季氏忠良之臣，女今不良，反以是殺我之事繼續之。對曰：臣聞命後。後，猶晚。陽虎爲政，魯國服焉，違之徵死，死無益於主。桓子曰：何後之有？而能以我適孟氏乎？對曰：不敢愛死，懼不免主。桓子曰：往也。言必往孟氏。孟氏選圉人之壯者三百人，以爲公期築室於門外。實欲以備難，不欲使人知，故僞築室於門外，因得聚衆。公期，孟氏支子。○圉，魚呂反。爲，于僞反。林楚怒焉，及衢而騁。騁，馳也。○騁，勑領反。陽越射之不中，築者闔門。季孫既得入，乃閉門。○射，食亦反，下同。中，丁仲反。闔，戶臘反。有自門間射陽越，殺之。陽虎劫公與武叔，武叔，叔孫不敢之子州仇也。○劫，居業反。仇，音求。以伐孟氏。公斂處父帥成人自上東門入，魯東城之北門。與陽氏戰于南門之内，弗勝。又戰于棘下，城内地名。陽氏敗。陽虎說甲如公宮，取寶玉、大弓以出，舍于五父之衢，寢而爲食。其徒曰：追其將至。虎曰：魯人聞余出，喜於徵死，何暇追余？徵，召也。陽虎召季氏於蒲圃，將殺之，今得脫，必喜，故言喜於召死。○說，本又作稅，同，他活反。得脫，徒活反，又他活反。【疏】注徵召至召死。○正義曰：徵，召也。釋言文。陽虎召季孫欲殺之，今既得脫，魯人歡喜季孫免於召死之事，何暇追我？劉炫云：陽虎召季孫欲殺之，則召季孫爲召死。季孫得脫，必大喜。魯人聞我出去，喜於召死。言人人皆喜於季孫。從者曰：嘻，速駕，公斂陽在。嘻，歎聲。○嘻，許其反。公斂陽請追之，孟孫弗許。畏陽虎。陽欲殺桓子。欲因亂討季氏，以強孟氏。孟孫懼而歸之。不敢殺。子言辨舍爵於季氏之廟而出。子言，季寤。辨猶周徧也。徧告廟飲酒，示無懼。○言辨，音遍，注徧同。舍，如字。陽虎入于讙、陽關以叛。叛不書，畧家臣。○讙，音歡。○鄭駟歂嗣子大叔爲政。歂，駟乞子子然也。爲明年殺鄧析張本。○歂，市專反。析，星歷反。

經九年，春，王正月。○夏，四月，戊申，鄭伯蠆卒。無傳。四年盟皐鼬。○蠆，勑邁反。【疏】注四年盟皐鼬。○正義曰：蠆以昭二十九年即位，三十二年大夫盟于狄泉，以未告公而公蠆故不數。○得寶玉、大弓。弓玉，國之分器。得之足以爲榮，失之足以爲辱，故重而書之。○分，扶問反。○六月，葬鄭獻公。無傳。三月而葬，速。【疏】獻公。○正義曰：謚法：博聞多能曰獻。○秋，齊侯、衞侯次于五氏。五氏，晉地。不書伐者，諱伐盟主，以次告。【疏】注五氏至次告。○正義曰：傳言齊侯伐晉夷儀，乃與衞侯次于五氏，次既告，則伐亦應告，故杜以爲諱伐盟主，直以次告。知非不告伐故不書者，若全不告，魯容可不以伐告，今以伐告魯，何意告次不告伐？明以衞新叛晉，又魯與晉親，故恥以伐告，唯告次耳。劉炫以爲不告伐故不書，而規杜氏，非也。○秦伯卒。無傳。不書名，未同盟。○冬，葬秦哀公。無傳。

傳九年，春，宋公使樂大心盟于晉，且逆樂祁之尸。辭，僞有疾，乃使向巢如晉盟，且逆子梁之尸。巢，向戌曾孫。○向，舒亮反。子明謂桐門右師出，子明，樂祁之子溷也。右師，樂大心，子明族父也。右師往到子明舍，子明逐使出門去。曰：吾猶衰絰，而子擊鍾，何也？忿其不逆父喪，因責其無同族之恩。○衰，七雷反。絰，田結反，下同。右師曰：喪不在此故也。既而告人曰：己衰絰而生子，余何故舍鍾？己，子明也。○舍，音捨。子明聞之，怒，言於公曰：右師將不利戴氏。樂氏，戴公族。不肯適晉，將作亂也。不然無疾。乃逐桐門右師。逐之，在明年。終叔孫昭子之言。○鄭駟歂殺鄧析，而用其竹刑。鄧析，鄭大夫。欲改鄭所鑄舊制，不受君命而私造刑法，書之於竹簡，故云竹刑。【疏】注鄧析至竹刑。○正義曰：昭六年子產鑄刑書於鼎，今鄧析別造竹刑，明是改鄭所鑄舊制。若用君命遣造，則是國家法制，鄧析不得獨專其名，知其不受君命而私造刑書，書之於竹，謂之竹刑。駟歂用其刑書，則其法可取，殺之不爲作此書也。下云棄其邪可也，則鄧析不當私作刑書而殺，蓋別有當死之罪，駟歂不矜免之耳。君子謂子然於是不忠。苟有可以加於國家者，棄其邪可也。加猶益也。棄，不責其邪惡也。○邪，似嗟反，注同。【疏】君子至可也。○正義曰：周禮小司寇以八辟麗邦法，附刑罰，三曰議賢之辟，四曰議能之辟。鄭玄云：賢謂有德行者，能謂有道藝者。春秋傳曰：夫謀而鮮過，惠訓不倦者，叔向有焉，社稷之固也，猶將十世宥之，以勸能者。今壹不免其身，以棄社稷，不亦惑乎？是賢能之人當明其罪狀，可赦則赦之。今鄧析制刑，有益於國，即是有能者，殺有能之人，是不忠之臣。君子謂子然於是爲不忠也。國之臣民誠有可以加益於國家者，取其善處，棄其邪惡，可也。雖知其邪，當棄而不責，所以勸勉人使學爲善能也。靜女之三章，取彤管焉。詩邶風也。言靜女三章之詩，雖說美女，義在彤管。彤管，赤管筆。女史記事規誨之所執。○彤，徒冬反。邶，音佩。說，音悅。【疏】詩邶至所執。○正義曰：邶風靜女之篇也。於時衞君無道，夫人無德，衞人欲得貞靜之女以配國君，易去無德之夫人也。詩有三章，其一章云：靜女其姝，俟我於城隅。其二章云：靜女其孌，貽我彤管。彤管者，筆也，必用赤者，示其以赤心正人也。古者后夫人必有女史執赤管之筆，記妃妾善惡之法，所以規誨人君也。靜女三章之詩，雖說美女之事，常耳，無可特善。彤管記事，乃是婦人之大法。本錄靜女詩者，止爲彤管之言可取，故全篇取之，不棄上下之二章也。其女史所書彤管之事，毛傳云：古者后夫人必有女史彤管之法，史不記過，其罪殺之。后妃羣妾以禮御於君所，女史書其日月，授之以環，以進退之。生子月辰，則以金環退之；當御者，以銀環進之，著於左手；既御，著於右手。事無大小，記以成法。竿旄何以告之，取其忠也。詩鄘風也。錄竿旄詩者，取其中心願告人以善道也。言此二詩皆以一善見采，而鄧析不以一善存身。○竿旄，音干，下音毛。鄘，音容。【疏】注詩鄘至存身。○正義曰：詩鄘風干旄之篇也。於是衞文公之臣子多好善，賢者樂告以善道也。其詩言大夫之好善者乘駟馬，建干旄，就賢者諮國事焉。云：孑孑干旄，在浚之郊，素絲紕之，良馬四之。彼姝者子，何以畀之？孑孑干旟，在浚之都，素絲組之，良馬五之。彼姝者子，何以予之？孑孑干旌，在浚之城，素絲祝之，良馬

六之其末句云彼姝者子何以告之姝順貌也賢者見其好善美其共順言已寡知復何以告之自恨無可告之明其無所吝惜本錄干旄之詩者取其中心願告人以善道彼二詩皆以一善見采而鄧析不以一善存身故君子引二詩以譏子然也故用其道不棄其人。詩云蔽芾甘棠。勿翦勿伐。召伯所茇。詩召南也召伯決訟於蔽芾小棠之下詩人思之不伐其樹茇草舍也○芾方味反召音邵注同茇畔末反【疏】詩云至所茇○正義曰詩召南甘棠之篇也蔽芾小貌甘棠杜也茇草舍也召伯之聽獄訟不重煩勞百姓止舍小棠之下而聽斷焉國人被其德說其化故愛其樹彼蔽芾然小者甘棠之樹也勿得翦削之勿得斫伐之此乃是召伯舍息之處思其人。猶愛其樹。況用其道而不恤其人乎。子然無以勸能矣。傳言子然嗣大叔爲政鄭所以衰弱○夏。陽虎歸寶玉大弓。無益近用而祇爲名故歸之○祇音支書曰得。器用也。凡獲器用曰得。器用者謂物之成器可爲人用者也得用焉曰獲。謂用器物以有獲若麟爲田獲俘爲戰獲○麟本又作驎呂辛反俘芳夫反【疏】凡獲至曰獲○正義曰器用者謂器物可爲人用凡獲此器物之用者謂之爲得也得用者謂將此器用以得於物焉謂之爲獲劉炫以爲得用焉曰獲謂得此可用爲器之物謂之爲獲若麟之皮角之屬以杜解爲非今知不然者案春秋書獲唯有四俘四俘不可以爲器物除四俘之外唯有獲麟麟爲靈獸帝王所重不可以鳳羽麟皮以飾器物劉以麟皮亦堪爲器而規杜氏非也六月。伐陽關。討陽虎也陽虎使焚萊門。陽關邑門○萊音來師驚。犯之而出。奔齊。請師以伐魯。曰三加必取之。三加兵於魯齊侯將許之。鮑文子諫曰。臣嘗爲隸於施氏矣。施氏魯大夫文子鮑國也成十七年齊人召而立之至今七十四歲於是文子蓋九十餘矣魯未可取也。上下猶和。衆庶猶睦。能事大國。大國晉也而無天菑。若之何取之。陽虎欲勤齊師也。齊師罷。大臣必多死亡。已於是乎奮其詐謀。夫陽虎有寵於季氏。而將殺季孫。以不利魯國。而求容焉。求自容○菑音災罷音皮親富不親仁。君焉用之。君富於季氏。而大於魯國。茲陽虎所欲傾覆也。魯免其疾。而君又收之。無乃害乎。齊侯執陽虎。將東之。陽虎願東。陽虎欲西奔晉知齊必反己故詐以東爲願○焉於虔反傾本又作頃音傾覆芳服反乃囚諸西鄙。盡借邑人之車。鍥其軸。麻約而歸之。鍥刻

也欲絕追者○鍥舌結反軸音逐載葱靈。寢於其中而逃。葱靈輜車名○葱初江反或音怱輜側其反說文云衣車也【疏】注葱靈輜車名○正義曰說文云輜軿衣車也前後有蔽賈逵云葱靈衣車也有葱有靈然則此車前後有蔽兩旁開葱可以觀望葱中豎木謂之靈今人猶名葱木爲靈子其內容人臥故得寢於其中而逃追而得之。囚於齊。又以葱靈逃奔晉。適趙氏。仲尼曰。趙氏其世有亂乎。受亂人故【疏】其世有亂乎○正義曰言其當世將有亂也○秋。齊侯伐晉夷儀。爲衞討也○爲于僞反下同【疏】注爲衞討也○正義曰往年衞侯叛晉必當事齊下文衞侯會之知是爲衞討也敝無存之父將室之。辭。以與其弟。曰。無存齊人也室之爲取婦此役也不死。反必娶於高國。高氏國氏齊貴族也無存欲必有功還取卿相之女○娶七住反相息亮反先登。求自門出。死於霤下。既入城夷儀人不服故闘死於門屋霤下也○霤力又反東郭書讓登。登城非人所樂故讓衆使後而已先登○樂如字又五孝反犂彌從之。曰。子讓而左。我讓而右。使登者絕而後下。恐書先下故又譎以讓之下入城也○犂力兮反譎古穴反【疏】使登者絕而後下○正義曰言使登城人絕皆上訖然後與書下遂自下亦讓書而先下書左。彌先下。書從彌言左行彌遂自先下亦讓也書與王猛息。戰訖共止息猛曰。我先登。書斂甲。曰。曩者之難。今又難焉。斂甲起欲擊猛○曩乃黨反衞難乃旦反猛笑曰。吾從子如驂之靳。靳車中馬也猛不敢與書爭言已從書如驂馬之隨靳也傳言齊師和所以能克○驂七南反騑馬也靳居覲反本或作如驂之有靳非也爭爭闘之爭又如字【疏】如驂之靳○正義曰詩云兩服齊首兩驂鴈行鄭云兩服中央夾轅者然則古人車駕四馬夾轅二馬謂之服兩首齊其外二馬謂之驂驂首差退說文云靳當膺也則靳是當胷之皮也驂馬之首當服馬之胷胷上有靳故云我之從子如驂馬當服馬之靳杜言靳車中馬也言靳是中馬之駕具故以靳表中馬詩云騏騮是中騧驪是驂是名服馬爲中馬也晉車千乘在中牟。救夷儀也今熒陽有中牟縣迴遠疑非也○乘繩證反【疏】注今熒至非也○正義曰此中牟在晉竟內也趙世家云獻侯即位治中牟漢書地理志云河南郡有中牟縣趙獻侯自耿徙此又云三家分晉河南之中牟魏分也杜言今熒陽有中牟縣謂此河南之中牟也晉世分河南爲熒陽郡中牟屬焉此地乃在河南計非晉竟所及故云迴遠疑非也又三家分晉中牟屬魏則非趙得都之趙獻侯治中牟亦非河南之中牟也此言晉車在中牟哀五年趙鞅伐衞圍中牟論語佛肸爲中牟宰與趙獻侯所都中牟或當是一必非河南中牟當於河北別有中牟但不復知其處耳有臣費者不知其姓或云姓傳作漢書音義云臣瓚案河南中牟春秋之時在鄭之疆內及三卿分晉則爲魏之邦土趙界自漳水以北不及此也春秋衞侯如晉過中牟案此之中牟非

衞適晉之次也汲郡古文曰齊師伐趙東鄙圍中牟此中牟不在趙之東也案中牟當在溫水之上瓚言河南中牟非此中牟誠如其語謂此中牟當在溫水之上不知其所案據也衞侯將如五氏。齊侯在五氏將往助之卜過之。龜焦。衞至五氏道過中牟畏晉故卜龜焦兆不成不可以行事也衞侯曰。可也。衞車當其半。寡人當其半。敵矣。衞侯怒晉甚不復顧卜欲以身當五百乘○復扶又反乃過中牟。中牟人欲伐之。衞褚師圃亡在中牟。曰。衞雖小。其君在焉。未可勝也。齊師克城而驕。其帥又賤。城謂夷儀也帥謂東郭書○褚中呂反帥所類反注同【疏】注城謂至郭書○正義曰杜見傳言帥賤則云是東郭書劉炫云案上伐夷儀乃齊侯親兵所陳東郭書之事非是將帥杜何知帥謂東郭書若東郭書爲帥則人無不識何故云皙幘而衣貍製齊侯使視之乃知夫子也且書若爲帥被晉之敗何故君以爲功而更受賞乎今知劉難非者以此云克城而驕其帥又賤文既相連止是一事克城謂克夷儀其帥則克城之帥上克城之事郭書先登故知郭書爲帥身先士卒也僖二十三年晉侯親自敗狄而郤缺將將成十六年楚子親戰鄢陵而子反爲主今齊侯雖伐夷儀郭書何妨別爲元帥戎事上下同服故逢丑父得與齊侯易位郭書雖爲元帥軍衆之內齊侯容或不辨齊侯賞其先登之功不責其後敗之罪故以爲帥謂東郭書劉據此諸事以爲更有別帥而規杜非也遇必敗之。不如從齊。乃伐齊師。敗之。獲齊車五百乘事見哀十五年○見賢遍反齊侯致禚媚杏於衞。三邑皆齊西界以荅謝衞意○禚諸若反媚武冀反杏戶猛反齊侯賞犂彌。犂彌辭。曰。有先登者。臣從之。皙幘而衣貍製。皙白也齒上下相值製裘也○皙星歷反幘音策又音責說文作齰音義同衣於既反貍力之反製音置【疏】注皙白至裘也○正義曰詩君子偕老之篇說夫人之美云揚且之皙皙是面白之名故爲白也說文云齰齒相值也言齒長而白上下之齒相當也說文云製裁也衣貍製謂著貍皮也裁皮著之明是裘矣故以製爲裘也月令孟冬天子始裘傳言秋齊侯伐夷儀周之秋末寒而衣裘者哀二十七年傳言陳成子衣製杖戈文在秋上製亦裘也然則在軍之服或臨時所須不可以寒暑常節約之公使視東郭書。曰。乃夫子也。吾貺子。貺賜也○貺音況公賞東郭書。辭曰。彼賓旅也。言彼與我若賓主相讓旅俱進退乃賞犂彌。齊師之在夷儀也。齊侯謂夷儀人曰。得敝無存者。以五家免。給其五家令常不共役事○令力呈反共音恭【疏】注給其至役事○正義曰一人得之則以五家給所得者令常不共國家役事服虔云是時齊克夷儀而有之既爲齊有故齊得優其傜役也然夷儀故邢都也邢滅入衞後乃屬晉自齊而伐夷儀其入晉竟深矣不必亦爲齊有當時暫得之耳乃得其尸。公三襚之。襚衣也比

殯三加襚深禮厚之○襚音遂比必利反【疏】注襚衣至厚之○正義曰送死之禮衣服曰襚故以襚爲衣也公三襚之則明三時與衣自死至殯有襲與小斂大斂比殯三加衣也無存舊是賤人蓋初以士服次大夫服次卿服也下與之犀軒犀軒是卿車明三襚終以卿服 與之犀軒與直蓋○犀軒卿車直蓋高蓋【疏】注犀軒至高蓋○正義曰說文云軒曲輈也謂軒車有蕃蔽也下云齊侯斂諸大夫之軒邴意茲乘軒意茲非卿也傳稱曹朝乘軒者三百人詩毛傳云大夫以上赤芾乘軒大夫以乘軒矣指言卿者言以貴者賞之也魚軒以魚皮爲飾犀軒當以犀皮爲飾也考工記車人爲蓋不言有曲此云直蓋或時有曲直故云直蓋高蓋亦謂車蓋也 而先歸之坐引者以師哭之○傳喪車以盡哀也君方爲位而哭故挽喪者不敢立○挽音晚 親推之三○齊侯自推喪車輪三轉○推如字又他回反

春秋左傳注疏卷五十五挍勘記　阮元撰盧宣旬摘録

附釋音春秋左傳注疏卷第五十五　定五年盡九年

【經五年】

飢之　閩本監本飢作饑

【傳五年】

夏歸粟于蔡以周亟矜無資　石經資字下後人旁增也字書武成正義引作歸粟於蔡以賙急矜無資也似一本有也字

卒于房　顧炎武云房疑即防字古𠂎字作自脫其下而爲防字漢仙人唐公防碑可證也漢書汝南郡吳房孟康日本房子國而史記項羽紀封揚武爲吳防侯字亦作防漢書武帝紀濟川王明廢遷防陵常山王教廢徙房陵一卷之中字體不同又防房二字相通之一證陳樹華云漢書溝洫志宣防塞兮萬福來後云自塞宣房後一篇之中防房互見又後漢書光武紀南擊新市真定元氏防子注云房子屬常山郡防與房古字通用文選月賦徘徊房露李善注防露蓋古曲也文賦曰寤防露與桑間據此則房之爲防審矣

注瑱璠至所佩　宋本以下正義三節揔入子行之乎注下

則亦當法與璠　宋本淳熙本岳本纂圖本閩本監本毛本璠法作去與作瑱是也

子行之乎　石經子字起一行計九字子行之三字改刊

爲下陽虎囚桓子起　淳熙本桓作相避所諱

吳人獲薳射於柏舉　監本柏作栢

自立爲吳王號夫槩　諸本作吳此本誤作異今改正按廣韻唐韻引作夫溉又未韻既字下姓也吳王夫既之後是本又作既也

多死麇中也　宋本淳熙本岳本纂圖本監本毛本中作巾是

四閭與罷　石經初刻作與後改輿釋文云本又作與

楚王之奔隨也　石經楚字旁增非唐刻也

江夏竟陵縣有臼水　宋本淳熙本纂圖本有上有西字

出聊屈山　淳熙本屈誤出

且吾尤子旗　淳熙本吾誤吳

王之至脾洩　宋本以下正義四節揔入余亦弗能也注下

國內無王　宋本王作主

子西問高厚焉　石經高厚下後人旁增大小二字陳樹華云據正義不當有是也

本或有小大者　閩本監本毛本作大小非也

袒而視之背　宋本岳本纂圖本監本毛本視作示石經此處缺案示古皆作視淳熙本袒誤祖

張免古今人論云　宋本監本毛本免作奐

能之而不知　宋本監本毛本能作娍閩本同

張奐引辭爲文　此本奐字模糊閩本空缺據宋本監本毛本補辭字宋監毛三本作傳

小大上屬　此本上字模糊閩本同據宋本監本毛本補

杜雖無注　此本杜字模糊閩本空缺據宋本監本毛本補

報觀虎之役也　石經宋本淳熙本足利本役作敗是也

【經六年】

何忌不言何闕文　山井鼎云闕文上異本有史字非也

【傳六年】

討鄭之伐胥靡　宋本以下正義三節揔入若何乃止注下

尤其罪而復效之　宋本閩本監本毛本罪作非是也

下云效小人以弃之　此本效字實缺據宋本閩本監本毛本補

門是陽虎之計　宋本門作明是也

蓋衞文公鑄此鼎也　宋本蓋作鑿非也

苟可以納之　宋本無以字非也

陽虎至之幣　宋本以下正義四節揔入請以取入焉注下

後晉人兼享之　宋本監本毛本後作故是也

旦拜葬也　宋本監本毛本旦作且是也

令行兩事　宋本令作今是也

上爲晉人所賤　宋本監本毛本上作止是也

獲潘子臣小惟子　北宋刻釋文惟作帷云本又作惟石經此處缺呂覽作小帷子與釋文合

子期又以陵師敗于繁揚　石經揚字殘缺宋本作楊亦非案襄四年傳作繁陽

注陵師陸軍　宋本此節正義在於是乎節注下

因鄭人將以作亂于周　岳本脫以字

儋翩子朝餘黨　宋本淳熙本岳本纂圖本閩本監本毛本翻作翩是也

爲戎周起也　宋本戎誤戍

寅知晉多門往必有難難【補】各本晉下有政字無下難字

經所以稱行人　淳熙本人誤行

【經七年】

陽平元城縣東南有少亭　宋本淳熙本岳本纂圖本監本毛本少作沙不誤宋本縣作在非也

夏國佐孫　淳熙本孫作縣非也

九月大雩　大雩二字此本實缺據石經宋本淳熙本岳本纂圖本閩本監本毛本補

無傳過也　此本無過二字實缺據宋本淳熙本岳本纂圖本閩本監本毛本補

注過也　宋本此節正義在經文冬十月之下

杜以春秋旱雩　此本秋誤欲雩字實缺閩本同據宋本監本毛本補改

傳皆發之言旱　此本傳皆發之四字實缺閩本同據宋本監本毛本補

前既有雩後又有雩　此本前既有雩後又六字實缺閩本同據宋本監本毛本補

上辛大雩季辛又雩　此本上辛大雩季辛又七字實缺據宋本閩本監本毛本補

劉以賈言規杜非也　此本劉以賈言規杜六字實缺閩本同監本空缺劉以二字毛本亦脫依宋本補正

蓋時有雩旱　宋本監本毛本雩作小是也

冬十月　纂圖本閩本監本毛本亦脫此三字據石經宋本淳熙本岳本補

【傳七年】

中二於齊也　宋本淳熙本岳本纂圖本監本毛本二作貳是

共爲亂也　淳熙本共誤其

處父至必死 宋本以下正義二節揔入不待有司節注下
苦夷 釋文夷作荑
注已至無月 宋本此節正義在而後朝于莊宮注下
此年經傳日少 此本日誤曰閩本同據宋本監本毛本改
經八年 宋本春秋正義卷三十四石經春秋經傳集解定下第廿八岳本定下有公字並盡十五年
陳侯柳卒 釋文云柳本或作抑
家臣賤名氏不見 淳熙本臣誤目
共以解曰靖 宋本監本毛本解下有信字浦鏜正誤作共已鮮言曰靖依今本逸周書謚法解改
璋制白 宋本監本毛本制作判與公羊傳文合
傳八年
古稱重故以爲異強 宋本強作彊
頡高至異強 宋本強作彊下同以下正義二節揔入注文傳言魯無軍政之下
一龠容千二百黍 此本一字空缺據宋本閩本監本毛本補
本起黃鐘之龠 閩本監本毛本鐘作鍾下同
斗重十兩 宋本監本毛本斗作升是也
而得重於令者 宋本閩本監本毛本令作今是也
周隨斗稱 閩本監本毛本隨作隋非
子姑使溷代子 顧炎武云石經代誤伐是也
主人出師奔 宋本此節正義在注欲自此僞如之下
楊州之役 宋本淳熙本岳本纂圖本閩本監本毛本楊作陽是也
注救不至入竟 宋本以下正義二節揔入注文史略之下
齊師聞晉來殺 宋本監本毛本殺作救是也
買何以討命高下妄稱禮乎 宋本監本毛本討作計
是則皆明文而用肺腸也 宋本毛本皆作背是也
晉師將盟衛侯于鄟澤 淳熙本鄟作剸與此宋刻釋文合
二子晉大夫 宋本大作人非也
王次盟者 宋本淳熙本岳本纂圖本監本毛本王作主是也正義同
故請 宋本淳熙本足利本請下有之字是也

注盟禮至故請 宋本無故字請下有之字以下正義二節揔入遂侵衛注下
郈行之役 宋本毛本行作術不誤
當今小國執牛耳 宋本監本毛本今作令是也
蒙則齊曾三國 宋本三作二不誤
官位牛耳 宋本閩本監本毛本官位作宜涖是也
涉佗捘衛侯之手及捥 石經初刻作腕後改捥諸本同惠棟云史記欒於期偏袒搤捥索隱曰捥古腕字史記多古文今人知者鮮矣說詳左傳補注
昭中三年 宋本閩本監本毛本中作十是也
王孫賈趨進 淳熙本趨作趍俗字
其改卜嗣 淳熙本改誤攺
必以而子與大夫之子爲質 淳熙本與上衍厚字
有期日 纂圖本期誤其
秋晉士鞅會成桓公侵鄭 淳熙本桓誤栢
監帥不親侵也 足利本帥作師
禘于僖公 宋本以下正義三節揔入注文叛不書略家臣之下
禮之當也 宋本監本毛本當作常是也
各於其宮 閩本監本毛本於作以非也
計禘傳當于大廟 宋本監本毛本傳作禮是也
放於僖廟行禘禮 宋本閩本監本毛本放作故不誤〇
桓子咋謂林楚 諸本作咋石經初刻作乍後加口旁案錢大昕云咋暫也孟子今人乍見孺子趙岐訓乍爲暫乍暫聲相近疑經注皆無口旁後人妄增梁履繩云咋字經典罕見左傳果有此字五經文字何以不收也
後猶晚 宋本淳熙本岳本足利本晚下有也字
魯東階之北門 補各本階作城
將殺之 宋本足利本將下有欲字是也
故言喜於召死 宋本於誤放
陽虎召孫欲殺之 監本毛本脫陽字孫上有季字宋本作陽虎召季孫欲殺之是也
經九年
弓玉國之分器 諸本作玉此本誤王今改正

傳九年
而子擊鍾何也 石經宋本岳本纂圖本毛本鍾作鐘下同葉抄釋文亦作鐘
故云竹刑 宋本淳熙本岳本云作言
注鄧析至竹刑 宋本以下正義五節揔入思其人節注下
令鄧析別造竹刑 宋本令作今是也
則鄧析不當私作刑書 補各本當作爲
若用君命遣造 宋本用作其非也
周禮大司寇 宋本大作小是也
四曰議能之法 宋本法作辟是也
夫謀而不過 宋本監本毛本不作鮮不誤
以賢能者 宋本賢作勸不誤
亦不惑子 宋本閩本監本毛本子作乎是也
當明其罪狀 宋本明作議是也
役有能之人 宋本監本毛本役作報是也
明之臣民 宋本監本毛本明作國是也
女史記事規誨之所執 此本女字模糊史誤反據宋本淳熙本岳本纂圖本閩本監本毛本補正
易非無德之夫人也 宋本監本毛本非作去
篇有三章 此本篇字實缺據宋本補閩本監本毛本作詩非也
靜女其孌 此本靜字實缺女誤詩孌誤變據宋本閩本監本毛本補正
進御之法 此本進御二字實缺據宋本補閩本監本毛本改作形管按作進御與毛傳合
事之常耳 此本事字實缺閩本同據宋本監本毛本補
本錄靜女詩者 此本女誤之詩字實缺據宋本補正閩本監本毛本詩作云
止爲形管之言可取 此本止字實缺據宋本補閩本監本毛本作特
其女史所書之事 此本其女二字實缺據宋本閩本監本毛本補
古者后夫人必有女史 此本史字實缺據宋本閩本監本毛本補
以禮御於君所 此本所字實缺據宋本閩本監本毛本補
女史書其日月 諸本作女此本誤其今改正

則以金環進之宋本閩本進作退是也

録竿於詩者宋本淳熙本岳本纂圖本監本毛本於作旄是也又按詩作干旄左傳作竿旄詩用正字左傳用假借字也

注詩鄘至存身諸本作存此本譌有今改正

詩鄘風干旄之篇也宋本閩本監本作干此本誤于今改正毛本作竿亦非

孑孑干旄宋本閩本監本毛本旄作旟是也

一明其無所吝惜宋本監本毛本一作之屬上讀

本録于旄之詩者閩本監本作干此本誤于今改正毛本作竿亦非宋本無之字

而祇爲名故歸之宋本纂圖本監本毛本祇作秖足利本作秖亦非淳熙本作祇與葉抄釋文合

書曰得器用也石經得字重段玉裁曰此得字不當重石經非也傳言以其爲器用故謂之得細玩下文則器用上不宜有得字

凡獲至曰獲宋本以下正義三節揔入注文受亂入故之下

載葱靈毛本葱作蔥注及下同惠棟云尚書大傳云未命爲士不得有飛軨鄭康成注云如今窻車也軨與靈古字通

今人猶名葱木爲靈子毛本葱誤二字按傳之葱字即說文之囪字在牆曰牖在屋曰囪或作窗此假葱爲之

其內容人師宋本監本毛本師作卧是也

又以葱靈逃奔晉石經宋本淳熙本岳本纂圖本監本毛本奔下有宋遂奔三字

仲尼曰毛本尼誤氏

注爲衞討也宋本以下正義九節揔入親推之三注下

如驂之靳釋文云本或作如驂之有靳非也詩小戎釋文說文繫傳引並作如驂之有靳

然則古人車馬四馬監本毛本上馬字作用淳熙本作駕是也

說文云靳當膺也段玉裁按本膺作胷

有臣費者宋本閩本監本毛本費作瓚是也

在鄭之彊內宋本閩本監本毛本彊作疆不誤

趙界自漳水以此宋本閩本監本毛本此作北是也

卜過之龜焦說文焦作𤒉按九經字樣收𤒉焦二字云上說文下省今傳作焦蓋省文也

畀晉故于宋本岳本纂圖本監本毛本于作卜是也淳熙本卜字模糊

哲幘而衣貍製閩本亦誤哲宋本監本毛本作晢是也諸本作製此本誤裂今改正

而郤鈌將將宋本閩本監本毛本上將字作爲

戎事上衣同服宋本衣作下是也

故逢五父得與齊侯易位宋本毛本五作丑是也

齊侯容或不辨此本齊字模糊依宋本閩本監本毛本補閩監本辨作辯

齊侯賞犂彌犂彌辭曰淳熙本脫下犂彌二字

哲幘哲宋本从白是也幘說文引作齰齒相值也按齰正字幘假借字

白也齒上下相值補各本齒上應有幘字

故齊得優其僞役也監本毛本僞作爲亦非宋本作傜案作傜是也

軒曲旃也宋本旃作輈是也

附釋音春秋左傳注疏卷第五十五

附釋音春秋左傳注疏卷第五十六 定公十年盡十五年

杜氏注　孔穎達疏

經十年。春。王三月。及齊平。平前八年再侵齊之怨○夏。公會齊侯于夾谷。平故。夾古洽反又古協反二傳作頰谷古木反公至自夾谷。無傳○晉趙鞅帥師圍衞。○齊人來歸鄆讙龜陰田。三邑皆汶陽田也泰山博縣北有龜山陰田在其北也會夾谷孔子相齊人服義而歸魯田。鄆音運讙火官反汶音問相息亮反【疏】注三邑至魯田。正義曰傳言孔丘使茲無還揖對齊要令反汶陽之田乃與之盟齊人爲是歸此三邑知三邑皆汶陽田也土地名汶水出泰山萊蕪縣西南經濟北至東平須昌縣入濟則汶水發源東北而西南流也水北曰陽此三邑皆在汶水北近齊齊因陽虎出奔取爲已有今服義而歸魯也僖元年公賜季友汶陽之田季氏世脩其德不應失其采邑則此汶陽之田當爲季氏采地今復有此三邑者汶水之北皆名汶陽其地多矣蓋季氏私邑之外別有此田也龜山名也山北曰陰田在龜山北其邑郎以龜陰爲名故云三邑○叔孫州仇仲孫何忌帥師圍郈。郈叔孫氏邑。郈音后字林下溝反○秋。叔孫州仇仲孫何忌帥師圍郈。○宋樂大心出奔曹。傳在前年春書名罪其稱疾不適晉○宋公子地出奔陳。貪弄馬以距君命書名罪之也。弄魯貢反○冬。齊侯衞侯鄭游速會于安甫。無傳安甫地闕○叔孫州仇如齊。○宋公之弟辰暨仲佗石彄出奔陳。暨與也宋公寵向魋不聽辰請辰忿而將大臣出奔虛請自忿稱弟示首惡也仲佗石彄皆爲國卿不能匡君靜難而爲辰所牽帥出奔稱名亦罪之也。暨其器反佗徒何反彄苦侯反魋大回反難乃旦反【疏】注暨與至之也。正義曰暨與也釋詁文凡大夫出奔書名皆是罪惡故杜迹其爲罪之狀解其書名之由佗既出奔辰爲之請請而不許是虛其請也公雖不許而已未嘗責其妄請不被迫逐自忿出奔是辰之罪也釋例曰宋辰率羣卿以背宗國披大邑以成叛逆故以首惡稱弟是言稱弟示首惡也杜知是首惡者以其特云宋公之弟辰暨仲佗石彄是辰率仲佗石彄故云首惡也若不爲首惡當如昭二十二年宋華亥向寧華定出奔楚不須暨字以關之

傳十年。春。及齊平。○夏。公會齊侯于祝其。實夾谷。夾谷郎祝其也孔丘相。相會儀也。○相息亮反注同犂彌言於齊侯曰。孔丘知禮而無勇。若使萊人以兵劫魯侯。必得志焉。萊人齊所滅萊夷也。○劫居業反【疏】注萊人至夷也。正義曰襄六年齊侯滅萊萊東萊黃縣是也地在東邊去京師大遠孔丘謂之裔夷之俘言是遠夷四俘知是滅萊所獲此人是其遺種也

齊不自使齊人而令萊人劫魯侯者若使齊人執兵則魯亦陳兵當之无由得劫公矣使此萊夷望魯人不覺出其不意得伺間執之齊侯從之。孔丘以公退。曰。士兵之。以兵擊萊人兩君合好。而裔夷之俘。以兵亂之。裔遠也。好呼報反下同裔以制反俘芳夫反非齊君所以命諸侯也。裔不謀夏。夷不亂華。俘不干盟。兵不偪好。於神為不祥。盟將告神犯之為不善。夏戶雅反偪彼力反【疏】裔不至亂華。正義曰夏也中國有禮儀之大故稱夏有服章之美謂之華華夏一也萊是東夷其地又遠裔不謀夏言諸夏近而萊地遠夷不亂華言萊是夷而魯是華二句其旨大同各令文相對耳於德為愆義。於人為失禮。君必不然。齊侯聞之。遽辟之。辟去萊兵也。愆去連反遽其據反辟婢亦反又音避注同去起呂反將盟。齊人加於載書曰。齊師出竟而不以甲車三百乘從我者。有如此盟。如此盟詛之禍。竟音境乘繩證反詛側據反孔丘使茲無還揖對。無還魯大夫。還音旋曰。而不反我汶陽之田。吾以共命者。亦如之。須齊歸汶陽田乃當共齊命於是孔子以公退賤者終其事要盟不絜故略不書。共音恭注同要一遙反【疏】注須齊至不書。正義曰齊魯既平當兩相從意齊人既令魯以三百乘從魯不可即拒故須齊歸汶陽之田乃當共齊三百乘之命則得汶陽之田足當三百乘也賈逵云不書盟諱以三百乘從齊師其意以宜七年盟于黑壤而不書經傳言晉侯之立也公不朝又不使大夫聘晉人止公于會公不與盟不書盟諱之也緣彼有諱謂此亦諱案此會孔丘相反汶陽之田以共齊命孔丘意也得其三邑而以三百乘從之為相當矣於魯不為負何以諱其盟即以三邑田少不足以當三百乘孔丘不應唯令反此而已今令反此共命必其足以相當何以諱其從齊也若三百乘從齊必是可諱孔丘為相義不能拒則孔丘為有罪矣何貴乎聖人也故杜以為於是孔子以公退賤者終其事要盟不絜故略不書釋例曰夾谷之會齊侯劫公孔丘以義吡之以兵威之將盟又使茲無還責侵田拒齊之享屈二彊國正典儀此聖人之大司也徒以二君雖會而兵刃相要二國微臣共終盟事故賤而不書非所諱也舊說同於黑壤之辱為負仲尼也齊侯將享公。孔丘謂梁丘據曰。齊魯之故。吾子何不聞焉。故舊典事既成矣。會事成而又享之。是勤執事也。且犧象不出門。嘉樂不野合。犧象酒器犧尊象尊也嘉樂鐘磬也。犧許宜反又息河反注同【疏】注犧象至磬也。正義曰周禮司尊彝云春祠夏禴祼用雞彝鳥彝其朝踐用兩獻尊其再獻用兩象尊鄭衆云獻讀為犧犧尊飾以翡翠象尊以象鳳皇阮諶三禮圖犧尊畫牛以飾象尊畫象以飾當尊腹上畫牛象之形王肅以為犧尊象尊為牛象之形背上負尊魏大和中青州掘得齊大夫子尾送女器為牛形而背上負尊古器或當然也周禮大司樂云雲門之舞冬日至於地上之圜丘奏之若樂六變則天神皆降可得而禮矣咸池之舞夏日至於澤中之方丘奏之若樂八變則地祇皆出可得而禮矣圜丘方丘皆是野澤二者並是大祭必當備設尊俎而云嘉樂不野合犧象不出門者彼是禮之大者自可依禮而行尊得出門樂得野合此言不出門不野合者謂享燕正禮當設於宮內不得違禮而行妄作於野耳非謂祭祀之大禮也諸侯相見之禮享在廟燕在寢不得行於野僖二十八年晉侯朝王于踐土王享醴命之宥襄十年宋公享晉侯于楚丘請以桑林十九年公享晉六卿于蒲圃二十七年鄭伯享趙孟于垂隴如此之類春秋多矣或特賞殊功或畏敬大國皆權時之事非正禮也此時齊魯敵國釋怨和平未有殊異之勸無假非常之事孔子知齊懷詐慮其掩襲託正禮以拒之故言不野合饗而既具。是棄禮也。若其不具。用秕稗也。秕穀不成者稗草之似穀者言享不具禮穢薄若秕稗。秕音鄙字林音比又必履反稗皮賣反用秕稗。君辱。棄禮名惡。子盍圖之。夫享所以昭德也。不昭不如其已也。乃不果享。孔子知齊侯懷詐故以禮距之。盍戶臘反下同齊人來歸鄆讙龜陰之田。陽虎九年以此奔齊經文倒者魯事【疏】注陽虎至魯事。正義曰八年陽虎入于讙陽關以叛九年伐陽關陽虎奔齊其時虎以讙鄆與龜陰亦從之皆為齊所取至今始歸之歸田之經在趙鞅圍衛之後與傳文倒者傳次魯事進此歸田於上令與盟事相接故也○晉趙鞅圍衛。報夷儀也。前年齊為衛伐晉夷儀故伐衛以為報。為衛于偽反初。衛侯伐邯鄲午於寒氏。邯鄲廣平縣也午晉邯鄲大夫寒氏即五氏也前年衛人助齊伐五氏。邯音寒鄲音丹城其西北而守之。宵熸。午衆宵散。城其西北而守之一本或作城其西北隅熸子潛反【疏】城其西北而守之。正義曰築城於其西北之地而守之也本或北下有隅昭二十五年傳陷西北隅以入又云登西北隅以望涉佗而誤耳今定本有隅誤及晉圍衛。午以徒七十人門於衛西門。殺人於門中。曰。請報寒氏之役。衛開門與午鬭涉佗曰。夫子則勇矣。然我往。必不敢啟門。亦以徒七十人旦門焉。步左右。皆至而立。如植。至其門下步行門左右然後立待如立木不動以示整。佗徒何反植市力反一音值【疏】以徒至如植。正義曰涉佗以徒七十人且往門焉涉佗先至步行門之左右然後其徒皆至而立如植木然日中不啟門。乃退。反役。晉人討衛之叛故。曰。由涉佗成何。捘衛侯手故於是執涉佗以求成於衛。衛人不許。晉人遂殺涉佗。成何奔燕。君子曰。此之謂棄禮。必不鈞。言必見殺不得與人等詩曰。人而無禮。胡不遄死。涉佗亦遄矣哉。詩鄘風遄速也○遄市專反○初。叔孫成子欲立武叔。公若藐固諫曰。不可。藐叔孫氏之族。藐音邈又亡小反。成子立之而卒。公南使賊射之。不能殺。公南叔孫家臣武叔之黨射食亦反下及注同公南為馬正。使公若為郈宰。武叔既定。使郈馬正侯犯、殺公若。不能。其圉人曰。武叔之圉人吾以劍過朝。公若必曰誰之劍也。吾稱子以告。必觀之。吾偽固而授之末。則可殺也。偽為固陋不知禮者以劍鋒末授之。鋒芳逢反【疏】注偽為至授之。正義曰少儀說以器物授人之禮云刀卻刃授穎削授拊凡有刺刃者以授人則辟刃鄭玄云穎鐶也拊謂把辟刃不以正鄉人也是禮授刀劍當以鋒刃自鄉而授其鐶今圉人偽為固陋不知禮者以劍鋒末授之欲因推而殺之使如之。公若曰。爾欲吳王我乎。見劍向已逆呵之鱄諸殺吳王亦用劍刺之。向許亮反亦作鱄呵呼多反刺七亦反【疏】使如之。正義曰言使為如此之計而欲殺之遂殺公若。侯犯以郈叛。犯以不能副武叔之命故叛叛而以圍告廟故書圍【疏】注犯以至書圍。正義曰昭十三年南蒯以費叛注云不書不告廟八年陽虎叛注云叛不書略家臣此侯犯以郈叛不書者亦為不告廟略家臣也不書叛而書圍興動大衆以圍告廟故書圍也然則九年伐陽關討陽虎亦應書而不書者蓋師少不告廟故不書武叔懿子圍郈。弗克。秋。二子及齊師復圍郈。弗克。叔孫謂郈工師駟赤工師掌工匠之官。復扶又反曰。郈非唯叔孫氏之憂。社稷之患也。將若之何。對曰。臣之業在揚水卒章之四言矣。揚水詩唐風卒章四言曰我聞有命。在揚水卒章本或作揚之水卒章【疏】注揚水至有命。正義曰唐詩揚之水刺晉昭公也昭公分國以封沃沃彊盛昭公微弱國人將叛而歸沃焉其三章云揚之水白石粼粼我聞有命不敢以告人注云聞曲沃有善政命不敢以告人鄭箋云不敢以告人而去者畏昭公謂已動民心叔孫稽首。謝其受已命駟赤謂侯犯曰。居齊魯之際而無事。必不可矣。无所服事子盍求事於齊以臨民。不然。將叛。侯犯從之。齊使至。駟赤與郈人為之宣言於郈中。詐為齊使言也。使所吏反注同為之于偽反下注為齊同曰。侯犯將以郈易于齊。齊人將遷郈民。謂易其民人衆兇懼。不欲遷。兇音凶一音凶勇反駟赤謂侯犯曰。衆言異矣。不與始同子不如

易於齊。與其死也。猶是郈也。而得紓焉。何必此。言以郈民易取齊人與郈无異。勝於守郈爲叛人所殺。紓音舒。齊人欲以此偪魯。必倍與子地。言非徒得民，又將得齊地。偪彼力反。倍步罪反。且盍多舍甲於子之門。以備不虞。侯犯曰。諾。乃多舍甲焉。侯犯請易於齊。齊有司觀郈。將至。駟赤使周走呼曰。齊師至矣。郈人大駭。介侯犯之門甲。以圍侯犯。駟赤將射之。僞爲侯犯射郈人。呼火故反。介音界。侯犯止之曰。謀免我。侯犯請行。許之。郈人許之。駟赤先如宿。宿東平無鹽縣故宿國。侯犯殿。每出一門。郈人閉之。閉其後門。殿丁見反。及郭門。止之曰。子以叔孫氏之甲出。有司若誅之。誅責也。羣臣懼死。駟赤曰。叔孫氏之甲有物。吾未敢以出。物識也。赤還救侯犯也。識申志反，又如字。犯謂駟赤曰。子止而與之數。數甲以相付。數色主反。注同。駟赤止而納魯人。侯犯奔齊。齊人乃致郈。致其名籍也。爲下武叔如齊傳。傳步古反。○宋公子地嬖蘧富獵。地宋景公弟辰之兄也。嬖必計反。蘧其居反。獵力輒反。十一分其室。而以其五與之。與富獵也。公子地有白馬四。公嬖向魋。魋欲之。向魋司馬桓魋也。公取而朱其尾鬣以與之。與魋也。鬣力輒反。爾雅舍人注云馬鬉也。鬉子工反。【疏】朱其尾鬣。正義曰：爾雅舍人注云鬣鬉也。地怒。使其徒扶魋而奪之。魋懼將走。公閉門而泣之。目盡腫。母弟辰曰。子分室以與獵也。而獨卑魋。亦有頗焉。子爲君禮。禮辟君也。扶勑乙反。腫章勇反。頗普多反。不過出竟。君必止子。公子地出奔陳。公弗止。辰爲之請。弗聽。辰曰。是我迋吾兄也。迋欺也。竟音境。辰爲于僞反，下猶爲同。迋求往反，又古況反。吾以國人出。君誰與處。冬。母弟辰暨仲佗、石彄出奔陳。佗仲幾子。彄褚師段子。皆宋卿。叔之所望，故言國人。褚張呂反。○武叔聘于齊。謝致郈也。經書辰奔在聘後者，從告。齊侯享之。曰。子叔孫。若使郈在君之他竟。寡人何知焉。屬與敝邑際。故敢助君憂之。以致郈德叔孫。屬音燭。對曰。非寡君之望也。所以事君。封疆社稷是以。以猶爲也。疆居良反。敢以家隸勤君之執事。夫不令之臣。天下之所惡也。君豈以爲寡君賜。言義在討惡，非所以賜寡君。惡烏路反。十一年傳注皆同。一音如字。

經十有一年。春。宋公之弟辰及仲佗、石彄、公子地自陳入于蕭以叛。蕭宋邑。稱弟，例在前年。【疏】注蕭宋邑。正義曰：莊十二年宋萬弑閔公。蕭叔大心者，宋蕭邑大夫也。平宋亂，立桓公。宋人嘉之，以蕭邑封叔爲附庸。宣十二年楚子滅之。復爲宋邑。故辰等今入之以叛也。○夏四月。○秋。宋樂大心自曹入于蕭。入蕭從叛人，叛可知，故不書叛。○冬。及鄭平。平六年侵鄭取匡之怨。叔還如鄭涖盟。還叔詣曾孫。○還音旋。還叔詣曾孫案世族譜叔還是叔弓曾孫此云叔詣誤也。【疏】注還叔詣曾孫。正義曰：世族譜云叔還叔弓曾孫。又世本云叔弓生定伯閱，閱生西巷敬叔，叔生成子還。還爲叔弓曾孫。杜云叔詣曾孫，轉寫誤耳。

傳十一年。春。宋公母弟辰暨仲佗、石彄、公子地入于蕭以叛。秋。樂大心從之。大爲宋患。寵向魋故也。惡宋公寵不義，以致國患。○冬。及鄭平。始叛晉也。魯自僖公以來世服於晉，至今而叛，故曰始。

經十有二年。春。薛伯定卒。無傳。四年盟皋鼬。【疏】注四年盟皋鼬。正義曰：定以昭三十二年即位，其年大夫盟于狄泉，以未告公而公薨，經無明文，故不數。○夏。葬薛襄公。無傳。○叔孫州仇帥師墮郈。墮毀也。患其險固，故毀壞其城。○墮許規反，注及下傳同。壞音怪，又戶怪反。【疏】注墮毀至其城。正義曰：昭十三年南蒯以費叛，連年伐而不克。十年侯犯以郈叛，一年再圍而不克。良由其城險固，家臣數以背叛。仲由爲季氏宰，進計季孫防其後患，令墮三都，以是故毀壞其城，慮其拒之，故帥師而往。公羊傳曰：孔子行乎季孫，三月不違，曰：家無藏甲，邑無百雉之城。於是帥師墮郈，帥師墮費。左氏不言孔子之計，當是仲由自立此謀，但傳稱費人襲魯，而仲尼在焉，是仲尼知其事，謂墮之爲是，故不禁也。釋例曰：三都彊盛，以奪三家之權，陪臣執政，下陵上替，故仲由墮之，而仲尼不禁，帥師登臺健不皆克，直隨事而書，以示三家之彊無義例也。○衛公孟彄帥師伐曹。彄孟縶子。○彄苦侯反。縶陟立反。【疏】彄孟縶子。正義曰：世族譜云孟縶無子，靈公以其子彄爲之後也。爲後則爲其子，故云孟縶子。此實公孫而不稱公孫者，縶字公孟，故即以公孟爲氏。劉炫謂公孟生得賜族，故彄即以族告。○季孫斯、仲孫何忌帥師墮費。費音祕。○秋。大雩。無傳。書過。○雩音于。○冬。十月。癸亥。公會齊侯盟于黃。無傳。結叛晉。○十有一月。丙寅。朔。日有食之。無傳。○公至自黃。無傳。○十有二月。公圍成。無傳。國內而書至者，成彊若列國，興動大衆，故出入皆告廟。【疏】注國內至告廟。正義曰：成魯邑。國內用兵，計不應書，而出入皆書者，爲興動大衆，皆告廟也。釋例曰：陪臣執命，大都耦國，仲由建墮三都之計，而成人不從，故公親圍之，雖不越竟，動衆興兵，大其事，故出入皆告於廟。

傳十二年。夏。衛公孟彄伐曹。克郊。郊曹邑。還。滑羅殿。羅衛大夫。○滑于八反。殿丁見反，下同。未出。不退於列。未出曹竟。羅不退在行列之後。○竟音境。行戶郎反。其御曰。殿而在列。其爲無勇乎。羅曰。與其素厲。寧爲無勇。素空也。厲猛也。言伐小國當如畏者，以誘致之。【疏】與其至無勇。正義曰：羅以曹國小弱，不敢來追衛師，而在後爲殿，是空設嚴猛，等與其空爲嚴猛，寧爲無勇，示弱誘之，使曹人不憚，以爲後圖。○仲由爲季氏宰。仲由子路。將墮三都。三都費郈成也。彊盛將爲國害，故仲由欲毀之。於是叔孫氏墮郈。季氏將墮費。公山不狃、叔孫輒帥費人以襲魯。不狃費宰也。輒不得志於叔孫氏。公與三子入于季氏之宮。登武子之臺。費人攻之。弗克。入及公側。至臺下。仲尼命申句須、樂頎下伐之。二子魯大夫。仲尼時爲司寇。○句音劬。頎音祈。【疏】注仲尼時爲司寇。正義曰：史記孔子世家云：定公以孔子爲中都宰，一年，四方皆則之。由中都宰爲司空，由司空爲大司寇。十年會于夾谷，時已爲司寇矣。十四年，孔子由大司寇攝行相事。是此時仲尼爲司寇。費人北。國人追之。敗諸姑蔑。二子奔齊。二子不狃、叔孫輒。遂墮費。將墮成。公斂處父謂孟孫。墮成。齊人必至于北門。成在魯北竟，故。且成。孟氏之保障也。無成。是無孟氏也。子僞不知。佯不知。○障之尚反，又音章。子僞不知，並如字。一本僞作佯，本亦作陽，音同。我將不墮。冬。十二月。公圍成。弗克。

經十有三年。春。齊侯、衛侯次于垂葭。二君將使師伐晉，次垂葭以爲之援。○葭音加。○夏。築蛇淵囿。無傳。書不時也。○囿音又。○大蒐于比蒲。無傳。夏蒐非時。蒐所求反。比音毗。○衛公孟彄帥師伐曹。無傳。○晉趙鞅入于晉陽以叛。書叛惡可知。○冬。晉荀寅、

士吉射入于朝歌以叛。吉射士鞅子。○射食亦反，又食夜反。朝如字。晉
趙鞅歸于晉。韓魏請而復之，故曰歸，言韓魏之強猶列國。〔疏〕注韓魏至列國。○正義曰：
成十八年傳例曰：凡去其國，諸侯納之曰歸。此傳稱韓魏以
趙氏爲請，故趙鞅得稱歸。韓魏非諸侯，亦從諸侯納之例者，
韓魏之彊猶列國也。釋例曰：韓魏有耦國之彊，陳蔡有復國
之端，故晉趙鞅、楚公子比皆稱歸，從諸侯納之例，言非晉楚
之所能制也。○薛弑其君比。無傳。稱君，君無道。
傳十三年春，齊侯、衞侯次于垂葭，實郹氏。垂葭
改名郹氏，高平鉅野縣西南有郹亭。○郹古闃反。〔疏〕注垂葭至郹亭。○正義曰：釋例曰：經書所改之名，則傳以
實明之，許遷于夷實城父，齊侯衞侯次于垂葭實郹氏之比
是也。則是先名郹氏，後名垂葭，而此云垂葭改名郹氏者，杜
意以爲垂葭是新改之名，本是郹氏也，故以結之，與釋例不
違。劉炫以杜注自違釋例，以爲地無新舊之異，止是一地二
名。若如劉言，案許遷于夷實城父，經書夷；齊侯衞侯次于垂
葭實郹氏，經書垂葭；許遷于析實白羽，以此準之，經應書析，
不應書白羽；公會齊侯于祝其實夾谷，經應書祝其，不應書
夾谷。杜以文同事異，故以新舊明之。劉不細尋經傳，以規杜
過，非也。使師伐晉。將濟河，諸大夫皆曰不可。邴
意茲曰可。意茲，齊大夫。○邴，彼命反，又音丙。銳師伐河內。今河內殷郡。
傳必數日而後及絳。傳，告晉。○傳，張戀反，又直專反，注同。數，所主反。絳不
三月不能出河，則我既濟水矣。乃伐河內。齊
侯皆斂諸大夫之軒，唯邴意茲乘軒。以其言當。○當，丁浪
反。齊侯欲與衞侯乘，共載。○乘，繩證反，下同。與之宴而駕
乘廣，載甲焉。使告曰：晉師至矣。齊侯曰：比君
之駕也，寡人請攝。以己車攝代衞車。○廣，古曠反。比，必利反。乃介而與
之乘，驅之。或告曰：無晉師。乃止。傳言齊侯輕，所以不能成功。○介音
界。輕，遣政反。〔疏〕齊侯至乃止。○正義曰：齊侯輕脫，欲得與衞侯同乘，先與之宴飲，而先駕乘廣於門外，豫於廣
車之上而載甲焉。飲未終，而使人告曰：晉師至矣。齊侯謂衞
侯曰：比及君之駕至以來，君既未有兵車，寡人請以己車攝
代衞車，與君同乘。齊侯乃著甲而與衞侯共乘，驅之而行。○
或告無晉師乃止。傳載此者，言齊侯之輕，所以不能成功。
晉趙鞅謂邯鄲午曰：歸我衞貢五百家，吾舍
諸晉陽。午許諾。十年，趙鞅圍衞，衞人懼，貢五百家，鞅置之邯鄲，今欲徙著晉陽。晉陽，趙鞅邑。○著丁
略反。歸告其父兄，父兄皆曰：不可。衞是以爲邯
鄲。言衞以五百家在邯鄲，常爲是故與邯鄲親。○爲，于僞反，注同，一音如字。而寘諸晉陽，
絕衞之道也。不如侵齊而謀之。侵齊，則齊當來報，欲因懼齊而徙，則

衞與邯鄲好不絕。○寘，之豉反。好，呼報反。乃如之，而歸之于晉陽。欲如是謀而後
歸衞貢。趙孟怒，召午，而囚諸晉陽。趙鞅不察其謀，謂午不用命，故囚之。
使其從者說劍而入，涉賓不可。涉賓，午家臣，不肯說劍入，欲謀叛。○
從，才用反。說，他活反，注同。乃使告邯鄲人曰：吾私有討於午
也，二三子唯所欲立。午，趙鞅同族，別封邯鄲，故使邯鄲人更立午宗親。〔疏〕
注午趙至宗親。○正義曰：世族譜：趙衰，趙夙之弟也。衰生
盾，盾生朔，朔生武，武生成，成生鞅，其家爲趙氏。夙孫穿，穿生
旃，旃生勝，勝生午，其家爲耿氏。計衰至鞅，夙至午，皆六代，今俗
所謂五從兄弟，是同族也。別封邯鄲，世不絕祀，故使邯鄲人
更立午之宗親。遂殺午。趙稷、涉賓以邯鄲叛。稷，趙午子。夏六
月，上軍司馬籍秦圍邯鄲。邯鄲午，荀寅之甥
也；荀寅，范吉射之姻也。壻父曰姻。荀寅子娶吉射女。〔疏〕注壻父至射女。
正義曰：釋親云：女子子之夫爲壻，壻
之父爲姻。知荀寅子娶吉射女也。而相與睦，故不
與圍邯鄲，將作亂。作亂，攻趙鞅。○與音預，又如字。董安于聞
之，安于，趙氏臣。〔疏〕董安于。○正義曰：史記云：安于性緩，常佩弦以自急者，卽此是也。告趙
孟曰：先備諸。趙孟曰：晉國有命，始禍者死。爲
後可也。安于曰：與其害於民，寧我獨死。懼見攻，必傷害
民。請以我說。趙孟不可。晉國若討，可殺我以自解說。秋七月，范
氏、中行氏伐趙氏之宮，趙鞅奔晉陽。晉人圍
之。范皐夷無寵於范吉射，而欲爲亂於范氏。皐夷，范氏側室
子。○行，戶郎反。梁嬰父嬖於知文子。文子，荀躒。○知音智。文
子欲以爲卿。韓簡子與中行文子相惡。簡子，韓起孫不
信也。中行文子，荀寅也。○惡，如字，又烏路反，下同。〔疏〕文子欲以爲卿。○正義曰：既欲以爲卿，則當去范、中行二
氏，乃始得立。言此者，明文子欲爲亂以去之。魏襄子亦與范昭子相惡。
襄子，魏舒孫曼多也。昭子，士吉射。○曼音萬。故五子謀，五子，范皐夷、梁嬰父、知文子、韓簡子、魏襄
子。將逐荀寅，而以梁嬰父代之；逐范吉射，而
以范皐夷代之。荀躒言於晉侯曰：君命大臣，
始禍者死，載書在河。爲盟書沈之河。○躒，力狄反。沈如字，又音鴆。今三
臣始禍，而獨逐鞅，刑已不鈞矣。請皆逐之。冬，
十一月，荀躒、韓不信、魏曼多奉公以伐范氏、

中行氏，弗克。二子將伐公，齊高彊曰：三折肱
知爲良醫。高彊，齊子尾之子，昭十年奔魯，遂適晉。○三，如字，又息暫反。折，之設反。肱，古弘反。唯
伐君爲不可，民弗與也。我以伐君在此矣。三
家未睦，三家，知、韓、魏。可盡克也。克之，君將誰與？若先
伐君，是使睦也。弗聽，遂伐公。國人助公，二子
敗，從而伐之。丁未，荀寅、士吉射奔朝歌。韓、魏
以趙氏爲請。經所以書趙鞅歸。十二月辛未，趙鞅入于
絳，盟于公宮。傳錄晉衰亂。○初，衞公叔文子朝而請
享靈公。欲令公臨其家。○令，力呈反。退見史鰌而告之。史鰌，史魚。○鰌
音秋。史鰌曰：子必禍矣。子富而君貪，其及子乎。
文子曰：然。吾不先告子，是吾罪也。君既許我
矣，其若之何？史鰌曰：無害。子臣，可以免。言能執臣禮。
富而能臣，必免於難，上下同之。言尊卑皆然。○難，乃旦反，下注同。
戍也驕，其亡乎。戍，文子之子。富而不驕者鮮，吾唯子
之見。驕而不亡者，未之有也。戍必與焉。與禍難。○鮮，息
淺反。與音預，注同。及文子卒，衞侯始惡於公叔戍，以其
富也。公叔戍又將去夫人之黨。靈公夫人南子黨宋朝之徒。○惡，烏
路反。去，起呂反。朝如字。〔疏〕注靈公至之徒。○正義曰：傳於明年始云衞侯爲夫人南子召宋朝，此年言夫人之
黨，杜已云宋朝之徒者，靈公之召宋朝，又在前矣。明年爲宋人歌而發端，非明年始召之。夫人愬之
曰：戍將爲亂。爲明年戍來奔傳。○愬音素。
經十有四年春，衞公叔戍來奔。衞趙陽出奔
宋。陽，趙黶孫。書名，惡親富不親仁。○黶，於減反。〔疏〕注陽趙黶孫。○正義曰：案世本：懿子兼生昭子舉，舉
生趙陽。兼卽黶也。○二月辛巳，楚公子結、陳公孫佗人
帥師滅頓，以頓子牂歸。○夏，衞北宮結來奔。
亦黨公叔戍，皆惡之。○佗，吐何反，又徒河反。牂，子歸反。惡，烏路反。○五月，於越敗吴于
檇李。於越，越國也。使罪人詐吴，亂陳，故從未陳之例書敗也。檇李，吴郡嘉興縣南醉李城。○檇音醉，依說文從
木。陳，直覲反，下同。〔疏〕注於越至書敗。○正義曰：於越卽越也，夷言發聲謂之於越，從彼俗而名之也。傳稱陳于
檇李，則是皆陳，而從未陳之例云敗吴者，越使罪人詐吴，亂
吴之陳，使不得用力，故從未陳之例書敗也。釋例云：長勺之

役雖俱陳而鼓音不齊。檇李之役，句踐患吳之整，以死士亂吳。雖皆已陳，猶以獨克爲文，舉其權詐也。○吳子光卒。未同盟而赴以名。○公會齊侯、衛侯于牽。魏郡黎陽縣東北有牽城。○黎，力兮反。○公至自會。無傳。○秋，齊侯、宋公會于洮。洮，曹地。○洮，吐刀反。○天王使石尚來歸脤。無傳。石尚，天子之士。石氏，尚名。脤，祭社之肉，盛以脤器，以賜同姓諸侯，親兄弟之國，與之共福。○脤，市軫反。盛，音成。【疏】注石尚至共福。○正義曰：杜以天子上士、中士俱稱名氏，石尚必是士矣。但不知爲是上士、爲是中士，故注直云士耳。必非下士，釋例曰：王之公卿皆書爵，大夫書字，元士、中士稱名，劉夏、石尚是也，下士稱人，公會王人于洮是也。杜知然者，周禮典命云：王之三公八命，其卿六命，大夫四命。大夫既四命，則士三命也。故鄭玄云：王之上士三命，中士再命，下士一命。曲禮云：列國之大夫入天子之國曰某士。得不以命數當天子之士，故稱士也。襄二十六年晉韓起聘于周，自稱曰晉士起，是諸侯之卿與天子之士命數同也。以諸侯之卿三命、再命皆書名氏，大夫一命則稱人，知天子上士、中士稱名氏，下士則稱人也。成十三年傳曰：國之大事在祀與戎，祀有執膰，戎有受脤。先儒及杜繇彼傳文，知是定例，故解此云祭社之肉，盛以脤器，以賜同姓諸侯。周禮大宗伯云：以脤膰之禮親兄弟之國。大行人云：歸脤以交諸侯之福。是以祭肉賜諸侯，與之共福也。○衛世子蒯聵出奔宋。○蒯，古怪反。聵，五怪反。○衛公孟彄出奔鄭。彄書名，與蒯聵黨，罪之。○宋公之弟辰自蕭來奔。無傳。稱宋公之弟，例在十年。○大蒐于比蒲。○比，音毗。○邾子來會公。無傳。會公于比蒲。來而不用朝禮，故曰會。【疏】注會公至曰會。○正義曰：莊二十三年公及齊侯遇于穀，蕭叔朝公，就遇處行朝禮，故曰朝。此就蒐處行會禮而不用朝禮，故曰會也。言不用朝禮，辨其與蕭叔文異。○城莒父及霄。無傳。公叛晉助范氏，故懼而城二邑也。此年無冬，史闕文。○父，音甫。【疏】注公叛至闕文。○正義曰：城邑之由，傳無其說，以傳稱公會齊侯、衛侯謀救范中行氏，知爲叛晉之故懼而城此二邑也。無冬，闕文，自是常事。特辯此者，說公羊者以此城在冬，故去冬字。何休云：是歲孔子由大司寇攝相事，齊人饋女樂，孔子去，言去冬者取之也。或說無冬者，坐受女樂，令聖人去。冬，陰臣之象，言去冬見無臣也。杜以此爲妄說，且明城實在秋，是非時而城，故特辯冬闕。

傳十四年春，衛侯逐公叔戌與其黨，故趙陽奔宋，戌來奔。終史魚之言。○梁嬰父惡董安于，謂知文子曰：不殺安于，使終爲政於趙氏，趙氏必得晉國。盍以其先發難也討於趙氏？文子使告於趙孟曰：范、中行氏雖信爲亂，安于則發之，是安于與謀亂也。晉國有命，始禍者死。二子既伏其罪矣，敢以告。告使討安于。○惡，烏路反。知文，音智。盍，戶臘反。難，乃旦反。與，音預。趙孟患之。安于曰：我死而晉國寧，趙氏定，將焉用生？人誰不死？吾死莫矣。乃縊而死。趙孟尸諸市，而告於知氏曰：主命戮罪人安于，既伏其罪矣，敢以告。知伯從趙孟盟。知伯，荀躒。○焉，於虔反。莫，音暮。縊，一四反。【疏】安于則至而死。○正義曰：安于請趙孟先備，趙孟不從其言，則安于其無罪矣。但安于之謀，國人聞之，梁嬰父懼其知謀，恐趙氏彊盛，假此事而罪之。趙鞅叛而得還，不敢違命，故安于自縊死耳。而後趙氏定，祀安于於廟。趙氏廟。【疏】祀安于於廟。○正義曰：禮，臣有大功，配食於廟。周禮司勳云：凡有功者，銘書於王之大常，祭於大烝，司勳詔之。尚書盤庚告其卿大夫云：茲予大享于先王，爾祖其從與享之。孔安國云：古者天子錄功臣配食於廟，大享烝嘗也。天子既有此禮，諸侯或亦有之。今趙氏祀安于於趙安氏之廟，其意亦如此也。○頓子牂欲事晉，背楚而絕陳好。二月，楚滅頓。傳言小不事大，所以亡。○背，音佩。好，呼報反。○夏，衛北宮結來奔，公叔戌之故也。○吳伐越。報五年越入吳。越子句踐禦之，陳于檇李。句踐，越王允常子。○句，古侯反。陳，直覲反。句踐患吳之整也，使死士再禽焉，不動。使敢死之士往，輒爲吳所禽，欲使吳師爲取之，而吳不動。使罪人三行，屬劍於頸，以劍注頸。○行，戶郎反，下同。屬，之欲反，下同，又之住反。而辭曰：二君有治，治軍旅。臣奸旗鼓，犯軍令。不敏於君之行前，不敢逃刑，敢歸死。遂自剄也。師屬之目，越子因而伐之，大敗之。靈姑浮以戈擊闔廬，姑浮，越大夫。○剄，古頂反，本又作刎。闔，戶臘反。闔廬傷將指，取其一屨。其足大指見斬，遂失屨，姑浮取之。○將，子匠反。屨，九具反。還，卒於陘，去檇李七里。釋經所以不書滅。○陘，音刑。夫差使人立於庭，夫差，闔廬嗣子。○夫，音扶。庭，本又作廷。苟出入，必謂己曰：夫差！而忘越王之殺而父乎？則對曰：唯，不敢忘！三年，乃報越。後三年，哀元年。○唯，惟癸反，舊以求反。○晉人圍朝歌，公會齊侯、衛侯于脾上梁之間，脾上梁間，即牽。○脾，婢支反。謀救范、中行氏。齊、魯叛晉，故助范、中行也。析成鮒、小王桃甲率狄師以襲晉，二子，晉大夫，范、中行氏之黨。○鮒，音附。桃，如字，本又作姚。戰于絳中，不克而還。士鮒奔周，小王桃甲入于朝歌。秋，齊侯、宋公會于洮，范氏故也。謀救范氏。衛侯爲夫人南子召宋朝。南子，宋女也。朝，宋公子，舊通于南子，在宋呼之。○爲，于僞反。會于洮，大子蒯聵獻盂于齊，過宋野。蒯聵，衛靈公大子。盂，邑名也。就會獻之，故自衛行而過宋野。○盂，音于。野人歌之曰：既定爾婁豬，盍歸吾艾豭？婁豬，求子豬，以喻南子。艾豭，喻宋朝。艾，老也。○婁，力侯反，字林作貗，力付反。豬，張魚反。盍，戶臘反。艾，五蓋反，老也，字林作豭，音艾，三毛聚居者。豭，音加，牡豕也。【疏】會于至艾豭。○正義曰：此會于洮，還是上文會于洮也。傳爲野人之歌張本，故追言衛爲夫人南子召宋朝。在遠年，非今始召。欲說過宋野，已隔此語，故又本之云齊、宋會于洮時，大子蒯聵獻盂于齊，過宋野而被譏也。服虔以會于洮上屬爲義，言衛侯爲夫人南子召宋朝，故與宋公會于洮。言爲召宋朝爲此會也。然則宋朝是宋之公子，衛侯欲召則召，何須與宋爲會，方始召之？直言會于洮，會上無國名，知與何國會，而言宋、衛乎？服不達此勢，愚之甚也。○注婁豬至老也。○正義曰：釋獸云：豕子豬。豝牡豝牝者謂之豝，則豭是豬之牡，故以喻宋朝也。以婁豬爲求子之豬，相傳爲說耳。曲禮：人年五十曰艾，是艾爲老也。大子羞之，謂戲陽速曰：從我而朝少君，速，大子家臣。○戲，許宜反。少，詩照反，本亦作小君。【疏】少君。○正義曰：少君猶小君也。君爲大君，夫人爲小君。少君見我，我顧，乃殺之。速曰：諾。乃朝夫人。夫人見大子，大子三顧，速不進。夫人見其色，啼而走，見大子色變，知其欲殺己。曰：蒯聵將殺余。公執其手以登臺。大子奔宋，盡逐其黨。故公孟彄出奔鄭，自鄭奔齊。大子告人曰：戲陽速禍余。戲陽速告人曰：大子則禍余。大子無道，使余殺其母。余不許，將戕於余；戕，殘殺也。○戕，在良反。若殺夫人，將以余說。余是故許而弗爲，以紓余死。諺曰：民保於信。吾以信義也。使義可信，不必信言。○紓，音舒。諺，音彥。○冬十二月，晉人敗范、中行氏之師於潞，獲籍秦、高彊。二子，黨范氏者。終景王言，籍父无後。○潞，音路。父，音甫。又敗鄭師及范氏之師于百泉。鄭助范氏，故并敗。

經十有五年春王正月，邾子來朝。○鼷鼠食郊牛，牛死，改卜牛。無傳。不言所食處，舉死重也。改卜，禮也。○鼷，音兮。處，昌慮反。【疏】鼷鼠食郊牛。○正義曰：爾雅云色黑而小，有毒。公羊以爲不言其所食，漫也，謂所食非一處。穀梁注意亦然，非杜意也。○二月辛丑，楚子滅胡，以胡子豹歸。○夏五月，

辛亥。郊。無傳書過。○壬申。公薨于高寢。高寢宮名不於路寢失其所。○鄭罕達帥師伐宋。○齊侯衛侯次于渠蒢。不果救故書次。○蒢直居反。○邾子來奔喪。無傳諸侯奔喪非禮。〔疏〕注諸侯奔喪非禮。○正義曰昭三十年傳曰諸侯之喪士弔大夫送葬。諸侯親自奔喪會葬皆非禮。公羊亦云奔喪非禮也。○秋。七月。壬申。姒氏卒。定公夫人。○八月。庚辰朔。日有食之。無傳。○九月。滕子來會葬。無傳諸侯會葬非禮也。○丁巳。葬我君定公。雨不克葬。戊午。日下昃。乃克葬。辛巳。葬定姒。辛巳十月三日有日無月。○昃音側。〔疏〕雨不克葬。○正義曰穀梁以爲葬不爲雨止禮也雨不克葬喪不以制也非左氏意。○辛巳葬定姒。○正義曰公羊傳云定姒何以書葬未踰年之君也有子則廟廟則書葬公羊此意以爲定姒是妾哀公之母以哀公爲君未踰年故書其卒葬耳左氏以定姒實是夫人但禮不備不成喪是哀母以否傳無明說。○注辛巳至無月。○正義曰此年八月庚辰朔二日則辛巳九月不得有辛巳也更盈一周則六十二日月有一大一小十月己卯朔三日得辛巳是有日無月也。○冬。城漆。邾庶其邑。○漆音七。〔疏〕注邾庶其邑。○正義曰襄二十一年邾庶其以漆閭丘來奔。莊二十八年傳曰凡邑有宗廟先君之主曰都無曰邑邑曰築都曰城此稱城漆漆本邾邑不得有先君宗廟而稱城者釋例曰若邑有先君宗廟則雖小曰都尊其所居而大之也然則都而無廟固宜稱城城漆是也而穎氏雅槃於先君之廟患漆本非魯邑因說曰漆有邾之舊廟是使魯人尊邾之廢廟與先君同非經傳意也是言漆是大都自應稱城言庶其邑者意在排舊說。

傳十五年。春。邾隱公來朝。邾子益。子貢觀焉。邾子執玉高。其容仰。公受玉卑。其容俯。玉朝者之贄。○贄音至。〔疏〕注玉朝者之贄。○正義曰曲禮云凡摯天子鬯天子尊無與敵者故執其鬯酒以對神諸侯珪是謂玉爲贄也周禮典瑞云公執桓圭侯執信圭伯執躬圭子執穀璧男執蒲璧以朝覲宗遇會同于王諸侯相見亦如之是朝必執玉也。子貢曰。以禮觀之。二君者。皆有死亡焉。夫禮。死生存亡之體也。將左右周旋。進退俯仰。於是乎取之。朝祀喪戎。於是乎觀之。今正月相朝。而皆不度。不合法度。心已亡矣。嘉事不體。何以能久。嘉事朝禮。高仰。驕也。卑俯。替也。驕近亂。替近疾。君爲主。其先亡乎。爲此年公薨哀七年以邾子益歸傳。○替他計反近附近之近下音同。○吳之入楚也。在四年。胡子盡俘楚邑之近胡者。俘取也。楚既定。胡子豹又不事楚。曰。存亡有命。事楚何爲。多取費焉。○二月。楚滅胡。傳言小不事大所以亡。○費芳味反。○夏。五月。壬申。公薨。仲尼曰。賜不幸言而中。是使賜多言者也。以微知著知之難者子貢言語之士今言而中仲尼懼其易言故抑之。○中丁仲反注同微知著知之難並如字又音智易以豉反。○鄭罕達敗宋師于老丘。罕達子齹之子老丘宋也宋公子地奔鄭鄭人爲之伐宋欲取地以處之事見哀十二年。○齹才何反爲于僞反見賢遍反。○齊侯衛侯次于蘧挐。謀救宋也。○蘧音渠挐女居反又女加反。○秋。七月。壬申。姒氏卒。不稱夫人。不赴且不祔也。赴同祔姑夫人之禮二者皆闕故不曰夫人。○祔音附。〔疏〕注赴同至夫人。○正義曰夫人初薨赴於同盟之國其辭當云夫人某氏薨是赴則成夫人也禮適妻祔於適祖姑妾祔於妾祖姑若得祔祖姑則亦成夫人矣此赴同祔姑皆是夫人之禮二者皆闕故不曰夫人薨二者課行一事則得稱夫人故以不赴兼又不祔解不稱夫人也。葬定公。雨不克襄事。禮也。襄成也雨而成事若汲汲於欲葬。○葬息羊反。葬定姒。不稱小君。不成喪也。公未葬而夫人薨煩於喪禮不赴不祔故不稱小君臣子怠慢也反哭於寢故書葬。〔疏〕公未至書葬。正義曰傳直言不成喪也不知闕少何事但小君者夫人之號不稱小君與不稱夫人其事同矣故知不成喪者即不赴不祔是也由不赴不祔夫人之喪禮不成故不稱小君也此定姒實是夫人臣子怠慢不成其禮故書卒不稱薨書葬而不稱小君所以罪臣子也哀十二年孟子卒傳曰不反哭故不言葬小君是由反哭於寢故書葬也。○冬。城漆。書不時告也。實以秋城冬乃告廟魯知其不時故緩告從而書之以示譏。〔疏〕冬城至告也。○正義曰書城漆者書其城不以時所書在冬依其文則得時矣故傳辨之云不時告也城實非時知其不可而以時告廟

春秋左傳注疏卷五十六校勘記　阮元撰盧宣旬摘録

附釋音春秋左傳注疏卷第五十六　定公十年盡十五年

經十年

以距君命　纂圖本距作拒閩本作踞

傳十年

虛請自忿　諸本作虛請此本誤盧諸今改正

注萊人至夷也　宋本以下正義五節揔入注文次魯事之下

使此萊夷　宋本監本毛本萊作夷是也

正義曰夏也　宋本監本毛本夏下有大字是也

風疆國　宋本疆作彊是也　○此聖人之大司也　補案大司當作大勇各本皆誤

吾子何不聞焉　纂圖本毛本吾作君非也

其再獻用兩象尊　此本兩誤内閩本同據宋本監本毛本改

王肅以爲犧尊象尊　諸本作肅此本誤肖今改正

冬日至　閩本監本日至誤倒　謂亨燕正禮　宋本閩本監本毛本亨作享

用秕稗也　諸本作秕釋文云字林音匕或作粃段玉裁曰當作秕即說文粊字惡米也今說文譌作粊

齊人來歸鄆讙龜陰之田　陳樹華云漢書五行志引來作徠地理志引讙作鄿案說文亦作鄿

經其倒者次魯事　宋本淳熙本岳本纂圖本毛本其作文是也

城其西北而守之　釋文云一本或作城其西北隅案正義云今定本有隅誤

城其西北而守之　宋本以下正義二節揔入詩日入而無禮節注下

昭二十五年傳　宋本傳下有云字

涉佗而誤耳　毛本涉佗作季氏亦非宋本作涉彼是也

涉佗曰　諸本作佗釋文此處作佗與前不合

注僞爲至授之　宋本以下正義四節揔入駟赤止節之下

討陽虎　宋本閩本監本毛本作陽虎此本二字誤倒今改正

在揚水卒章之四言矣　諸本作揚石經初刻作揚是也後改揚釋文云本或作揚之水卒章

唐詩揚之水　宋本監本毛本揚作楊　揚之水　宋本閩本監本毛本揚作楊

白石鄰鄰　監本毛本鄰並作粼宋本作鄰是也重脩監本白誤曰

駟赤謂侯犯曰　顧炎武云石經赤誤作亦案石經此處及下文皆作赤不誤炎武非也

侯犯將以郈易于齊　石經宋本于作於

犯謂駟赤曰　石經犯上有侯字

公子地有白馬四　諸本作四陳樹華云漢書五行志引作駟師古曰四馬曰駟淳熙本四誤回

朱其尾鬣　宋本此節正義在注文故言國人之下

目盡腫　淳熙本目誤月

公子地出奔陳　淳熙本地誤也

經十一年

稱地例在前年　宋本岳本足利本地作弟是也

轉寫誤耳　閩本監本毛本轉作傳

傳十一年

經十二年

冢無藏甲 按公羊傳無作不
但轉稱費人襲魯 宋本閩本監本毛本轉作傳是也
僅不皆克 監本毛本不作而字按作不是也謂郈費已克成不克故曰不皆克

傳十二年

羅不退在行列之後 淳熙本羅誤公
仲尼時爲司寇 宋本此節正義在冬十二月節下
子僞不知 諸本作僞釋文作爲云一本作僞陳樹華云成九年爲將殴立君者釋文曰本或作僞將也昭廿五年傳臧昭伯之從弟會爲讒於臧氏而逃於季氏史記作僞讒臧氏匿季氏是皆爲讀僞之証定八年以爲公期築室於門外杜注云不欲使人知故僞築室於門外陸氏雖音于僞反依注似應讀爲僞也此處傳文作爲故杜注云佯不知若本作僞則無煩再注矣案陳說是也
佯不知 釋文佯作陽知下有也字按佯陽古多通用
我將不墜 石經宋本淳熙本岳本閩本監本毛本墜作墮
公圍成弗克 監本克下衍注字

經十三年

夏築蛇淵囿 石經初刻蛇作虵後改正
秋晉趙鞅入于晉陽以叛 纂圖本閩本監本毛本脫秋字
稱君無道 宋本岳本重君字是也

傳十三年

實郥氏 石經宋本岳本足利本郥作郠與釋文合宋本注及正義並同是也
注垂葭至郥亭 宋本以下正義二節惣入注文傳言齊侯輕所以不能成功之下
今欲徙著晉陽 淳熙本岳本纂圖本監本毛本著作置
注午趙至宗親 宋本以下正義四節惣入十二月節注下
知文子 諸本作文此本誤丈今改正
今三臣始禍 諸本作今此本誤令今改正
齊高彊曰 正德本閩本監本彊作彄非注同
傳録晉襄亂 宋本淳熙本岳本纂圖本閩本監本毛本襄作哀是也
史鰌史角 足利本魚下有也字
戍也驕 岳本纂圖本監本毛本戍作戌誤下及注並同按凡人名多用戌亥字惟此所戍守字

注靈公至之徙 宋本此節正義在夫人愬之曰節注下

經十四年

亦黨公叔戍皆惡之 監本此節注文誤入二月辛巳節下脫之字
吳郡嘉興縣南醉李城 陳樹華云史記越世家正義引注南下多有字醉作檇
彼從俗而名之也 宋本彼從作從彼是也
檇李之役 此本役字實缺依宋本閩本監本毛本補
勾踐患吳之整 宋本勾踐作越人
猶以獨克爲文舉其權詐也 此本克爲文舉四字實缺正德本閩本亦磨滅據宋本補監本毛本誤作未陳例者獨字作從亦非
天王使石尚來歸脤 諸本作脤說文作祳鄭注周禮地官掌蜃引作蜃
石尚天子之士 諸本作士此本誤土今改正
盛以脤器 閩本監本脤作蜃段玉裁校本亦作蜃
祀有執燔 宋本閩本監本毛本燔作膰案傳作膰
盛以脤器 閩本監本脤作蜃是也
〇自蕭來奔 諸本無〇此本誤衍
此年無冬史闕文 宋本脫文字

傳十四年

而告於知氏曰 石經氏字下增范氏二字非唐刻也
安于則至而死 宋本以下正義二節惣入注文趙氏廟之下
故安于自縊死耳 閩本監本毛本脫耳字
凡有功名者 宋本無名字是也
今趙氏祀安于於趙安氏之廟 宋本閩本監本毛本無下安字是也
越子勾踐禦之 纂圖本閩本監本毛本勾作句釋文同下放此
二年乃報越 石經宋本淳熙本纂圖本閩本監本毛本二作三是也
脾上梁閒即牽 閩本監本毛本脫上字
謀救范中行氏 石經氏下有也字
舊通于南子 此本脫子字閩本同依宋本淳熙本岳本纂圖本毛本補監本于字模糊子字擠刊
艾豭喻宋朝 諸本作豭此本誤猪

會于至艾豬 宋本以下正義三節惣入諺曰節注之下
此會于佻 宋本閩本監本毛本佻作洮是也今改正
故追言衛 宋本衛下有侯字是也
非今始召 諸本作今此本誤令今改正
服虔以會于洮主屬爲義 宋本閩本監本毛本主作上是也
爲此令也 宋本監本毛本令作會不誤
逐子豬牝豝 閩本監本亦誤逐宋本毛本作豕是也
從我而朝少君 釋文云少君本亦作小君
戕殘殺也 岳本戕誤戕纂圖本殺作賊亦非

經十五年

爾雅云 補鏜正誤云雅下當脫注字是也
不於露寢失其所 宋本岳本足利本露作路是也
戊午日下昊 纂圖本監本毛本昊作昃閩本誤昃淳熙本誤昊
雨不克葬 宋本此節正義在乃克葬句下
〇辛巳葬定姒 宋本〇作疏字以下正義二節惣入辛巳葬定姒注下
以爲定姒是妾 毛本姒作妣非
而頼氏唯繫於先君之廟 宋本頼作頴是也

傳十五年

子貢觀焉 漢書五行志載古文左傳作子贛臧琳云案說文貝部貢獻功也从貝工聲贛賜也从貝竷省聲是貢贛不同依說文當爲贛贛即贛之譌體子貢名賜故字子贛作貢者字之省借耳
注玉朝者之贄 宋本此節正義在高仰驕也注下
夫禮死生存亡之體也 石經之字起一行計十一字
君爲王也 石經宋本淳熙本岳本纂圖本監本毛本王作主是也
齊侯衞侯次于蘧挐 石經于字改刻初刻作於
二者課行一事 按課猶試也閩本監本毛本作果非
辭不稱夫人也 宋本辭作解是也
雨不成事若汲汲於欲葬 宋本淳熙本岳本纂圖本不作而是也纂圖本若誤君

附釋音春秋左傳注疏卷第五十六

附釋音春秋左傳注疏卷第五十七 哀元年盡五年

杜氏注　孔穎達疏

哀公〇陸曰哀公名蔣定公之子蓋夫人定姒所生敬王二十八年即位諡法恭仁短折曰哀【疏】同上

經元年，春，王正月，公即位。無傳〇楚子、陳侯、隨侯、許男圍蔡。隨世服於楚不通中國吳之入楚昭王奔隨隨人免之卒復楚國楚人德之使列於諸侯故得見經定六年鄭滅許此復見者蓋楚封之〇見賢遍反下同此復扶又反【疏】注隨世至封之〇正義曰僖二十年楚人伐隨自爾以來隨不復見以隨世服於楚爲楚私屬不通於諸侯征伐盟會不齒於列故史不得書之猶如邾滕爲人私屬不序於宋盟也定四年保護昭王楚得復國楚人感其恩德使隨列於諸侯今楚帥諸侯圍蔡令隨在其班次以之告魯故得見經定六年鄭滅許以許男斯歸殺之此時許復見者以許屬楚故疑蓋楚封之當如蔡侯廬陳侯吳受封於楚也世族譜許男斯之後有元公成悼公孫則是楚封元公爲許男也〇鼷鼠食郊牛，改卜牛。〇夏四月辛巳，郊。無傳書過也不言所食非一處〇處昌慮反【疏】注書過至一處〇正義曰桓五年傳例云凡祀啓蟄而郊郊過則書今以四月始郊已入春分之氣故書過也宣三年郊牛之口傷成七年鼷鼠食郊牛角言其傷食之處此不言所食處者所食非一處也〇秋，齊侯、衛侯伐晉。〇冬，仲孫何忌帥師伐邾。無傳

傳元年，春，楚子圍蔡，報柏舉也。在定四年里而栽，栽設板築爲圍壘周匝去蔡城一里〇栽才代反又音再注同說文云築牆長板壘力軌反匝子合反【疏】注栽設至一里〇正義曰築牆立板謂之栽栽者豎木以約版也楚慮外人救蔡則於表裏受敵故築圍壘周匝去蔡城一里以圍之欲置兵其內以攻蔡使外人不得救之廣丈，高倍。壘厚一丈高二丈〇廣古曠反高倍並如字高又古報反注同厚戶豆反夫屯晝夜九日，夫猶兵也壘未成故令人在壘裏屯守蔡〇屯徒門反夫兵也屯守也令力呈反【疏】注夫猶至守蔡〇正義曰劉炫云杜言夫猶兵也以壘未成故令人在壘裏屯守蔡然則未築壘前兵豈遠城乎壘成之後兵復出壘乎以圍人夜守常事何言晝夜九日以後兵豈散乎炫以夫屯謂夫役屯聚晝夜不止九日而築壘成耳夫者別有城夫非戰士劉炫以爲丁夫築城晝夜九日杜必以夫爲兵屯守九日者以屯是戍守之名故詩序云屯戍於母家又案傳晉有軘車皆是兵之屯守經籍未有作役之人而爲屯守之號者故杜爲此解劉妄規其失非也如子西之素。子西本計爲壘當用九日而成蔡人男女以辨。辨別也男女各別係纍而出降〇辨扶免反又方免反別彼列反下同纍力維反降戶江反使疆于江汝之間而還。楚欲使蔡徙國在江水之北汝水之南求田以自安也蔡權聽命故楚師還〇疆居良反【疏】注楚欲至師還〇正義曰服虔云蔡使楚進疆於故江國與汝水之間其意言蔡割地以賂楚也杜不然者以昭七年傳申無宇云先君文王作僕區之法所以封汝哀十七年傳曰彭仲爽申俘也文王以爲令尹實縣申息朝陳蔡封畛於汝則楚於文王之時其竟已至汝水寧於此役蔡始令楚進疆于江汝之間也且汝水江國不可共文故杜以爲楚使蔡徙其國都於江北汝水之南自擇疆宇欲令遷都近楚爲楚屬國蔡人冀令楚去心雖不肯權宜許之楚還之後蔡更自議已與楚惡不如事吳故請遷于吳以吳爲援蔡於是乎請遷于吳。楚既還蔡人更叛楚就吳爲明年蔡遷州來傳〇吳王夫差敗越于夫椒，報檇李也。檇李在定十四年夫椒吳郡吳縣西南大湖中椒山〇夫音扶椒又作𣖾子消反檇音醉大音泰【疏】注夫椒至椒山〇正義曰杜於此注以椒爲山名土地名以夫椒爲地名以戰必在山旁以山表地耳遂入越。越子以甲楯五千保于會稽。上會稽山也在會稽山陰縣南〇楯食允反又音允會古外反稽古兮反上時掌反使大夫種因吳大宰嚭以行成。吳子將許之。伍員曰：不可。臣聞之，樹德莫如滋，去疾莫如盡。昔有過澆殺斟灌以伐斟鄩，澆寒浞子封於過者二斟夏同姓諸侯襄四年傳曰澆用師滅斟灌〇嚭普鄙反員音云去疾起呂反本又作去惡過古禾反國名注及下同澆五叫反一音五報反下同斟諸林反灌古亂反鄩音尋浞仕捉反夏戶雅反下注皆同【疏】注澆寒至斟灌〇正義曰襄四年傳稱夏之衰也有窮后羿因夏民以代夏政而用寒浞寒浞殺羿因其室而生澆處澆于過是言澆是寒浞之子封於過也二斟夏同姓諸侯夏本紀文也又襄四年傳云澆用師滅斟灌此言殺斟灌者王肅云滅殺也古者滅殺尊卑同名其意言殺其君而滅其國故二文各言其一也賈逵云夏后相依斟灌而國故曰殺夏后相也案下句別言滅夏后相王解是也滅夏后相。夏后相啓孫也後相失國依於二斟復爲澆所滅〇相息亮反注及下注同復扶又反【疏】注夏后至所滅〇正義曰夏本紀云禹生啓啓生大康大康崩弟仲康立仲康崩子相立是相爲仲康之子啓之孫也書序云大康失邦作五子之歌其經云大康尸位以逸豫乃畋于有洛之表十旬弗反有窮后羿因民弗忍距于河則大康之時羿已擅權盛能廢大康矣胤征云惟仲康肇位四海孔安國云羿廢大康而立其弟仲康爲天子仲康羿之所立也仲康崩子相立蓋亦羿立之矣傳言羿因夏民以代夏政蓋於相時羿始自立爲天子相於是失國依於二斟及澆滅斟灌相復爲澆所滅后緡方娠，逃出自竇，后緡相妻娠懷身也〇緡亡巾反娠音震又音身竇音豆歸于有仍，后緡有仍氏女生少康焉，爲仍牧正。牧官之長〇少詩照反長丁丈反惎澆能戒之。惎毒也戒備也〇惎音忌澆使椒求之。椒澆臣逃奔有虞，爲之庖正，以除其害。虞舜後諸侯也梁國有虞縣庖正掌膳羞之官賴此以得除己害〇庖步交反【疏】注虞舜至己害〇正義曰尚書堯典云有鰥在下曰虞舜又曰釐降二女于媯汭嬪于虞皇甫謐云嬪于虞因以虞爲氏虞今河東大陽縣西山上虞城是也然則舜有天下其代號虞因本河東大陽之虞及周之興封仲雍之後爲虞國即彼地是也但舜既禪禹禹封舜後爲諸侯雖取虞爲國名未必封於河東虞地而梁國有虞縣其地以虞爲名疑是夏時虞國杜以地名言有者皆是疑辭言有以示不審也庖正當周禮之庖人用之爲正當是食官之長故爲掌膳羞之官也賴此以得除己害得在浞之世不被殺也虞思於是妻之以二姚，虞思有虞君也虞思自以二女妻少康姚虞姓〇妻七計反姚羊昭反而邑諸綸。綸虞邑〇綸音倫有田一成，有衆一旅。方十里爲成五百人爲旅【疏】注方十至爲旅〇正義曰方十里爲成司馬法文也五百人爲旅夏官序文也田一成衆一旅言食此一成之地其內有爲兵者五百人周禮小司徒云乃井牧其田野鄭衆云井牧者春秋傳所謂井衍沃牧隰皋者也鄭玄云隰皋之地九夫爲牧二牧而當一井今造都鄙授民田有不易有一易有再易通率二而當一是之謂井牧昔夏少康在虞思有田一成有衆一旅一旅之衆而田一成則井牧之法先古然矣杜解隰皋與鄭異其授民田一二而當一理亦宜然計方十里爲方一里者百方一里有九夫之田則十里容九百夫也其一百夫授上地不易者其四百夫授一易二而當一則得爲五百夫矣能布其德，而兆其謀，兆始以收夏衆，撫其官職。襄四年傳曰靡自有鬲氏收二國之燼以滅浞而立少康〇鬲音革燼徐刃反又秦刃反【疏】注襄四至少康〇正義曰引此傳者言少康能布恩惠以收夏衆以德撫靡故得用靡遺民滅浞而立之使女艾諜澆，女艾少康臣諜候也〇女如字又音汝艾五蓋反諜音牒使季杼誘豷。豷澆弟也季杼少康子后杼也〇杼直呂反豷許器反遂滅過、戈，復禹之績。過澆國戈豷國〇過戈並古禾反之績一本作迹祀夏配天，不失舊物。物事也今吳不如過，而越大於少康，或將豐之，不亦難乎？言與越成是使越豐大必爲吳難〇難乃旦反句踐能親而務施，施不失人，所加惠賜皆得其人〇施始豉反下同親不棄勞。推親愛之誠則不遺小勞與我同壤，而世爲仇讎，於是乎克而弗取，將又存之，違天而長寇讎。猶言天與不取〇長丁丈反下同【疏】注猶言天與不取〇正義曰吳語云越滅吳吳王請行成越王曰昔天以越賜吳而吳不取是也後雖悔之，不可食已。食消也已止也【疏】注後雖至食已〇正義曰言悔恨之深結於心腹不可如食之消止姬之衰也，日可俟也。姬吳姓言可計日而待〇俟本又作竢音仕介在蠻夷，而長寇讎，以是求伯，必不行矣。弗聽。退而告人曰：越十年生聚，而十年教訓。生民聚財富而後教之〇介音界伯如字又音霸聚才喻反又如字【疏】注生民至教之〇正義曰服虔云越令少者無娶老婦老者無娶少婦女十七不嫁男二十不娶父母有罪也將生子以告與之醫饋之餼也死者釋其征必哭泣葬埋如其子也孺子遊者必餔歠之也非手所種夫人所織不用十年不收於國二十年之外，

吳其爲沼乎。謂吳宮室廢壞當爲汚池爲二十二年越入吳起本○沼之兆反汚音烏三月。越及吳平。吳入越。不書。吳不告慶。越不告敗也。嫌夷狄不與華同故復發傳○復扶又反○夏四月。齊侯、衛侯救邯鄲。圍五鹿。趙稷以邯鄲叛范中行氏之黨五鹿晉邑○邯音寒鄲音丹○吳之入楚也。在定四年使召陳懷公。懷公朝國人而問焉。曰。欲與楚者右。欲與吳者左。陳人從田。無田從黨。都邑之人無田者隨黨而立不知所與故直從所居田在西者居右田在東者居左逢滑當公而進。當公不左不右○滑于八反曰。臣聞國之興也以福。其亡也以禍。今吳未有福。楚未有禍。楚未可棄。吳未可從。而晉盟主也。若以晉辭吳。若何。公曰。國勝君亡。非禍而何。楚爲吳所勝對曰。國之有是多矣。何必不復。小國猶復。況大國乎。臣聞國之興也。視民如傷。是其福也。如傷恐驚動其亡也。以民爲土芥。是其禍也。芥草也○芥古邁反楚雖無德。亦不艾殺其民。吳日敝於兵。暴骨如莽。草之生於廣野莽莽然故曰草莽○艾魚廢反暴步卜反莽亡黨反而未見德焉。天其或者正訓楚也。使懼而改過禍之適吳。其何日之有。言今至陳侯從之。及夫差克越。乃修先君之怨。秋八月。吳侵陳。修舊怨也。傳言吳不修德而修怨所以亡○齊侯、衛侯會于乾侯。救范氏也。師及齊師、衛孔圉、鮮虞人伐晉。取棘蒲。魯師不書非公命也孔圉孔烝鉏曾孫鮮虞狄師賤故不書○圉魚呂反烝之承反鉏仕居反〔疏〕注魯師至不書○正義曰杜以經書齊衛伐晉傳言四國伐晉故唯解魯與鮮虞不書意也劉炫以齊衛會乾侯救范氏者師相會因而行伐二君親行告伐不告會也行伐之後魯與鮮虞會之齊衛更遣師與同伐也但齊將卑師衆故稱師衛將尊師少故云孔圉後伐國國並皆不書非獨魯與鮮虞不書也當謂魯師不書非公命餘者不書皆不告義出百塗並得通也今知劉非者杜以傳齊侯衛侯止云會乾侯不言伐晉即云師及齊師衛孔圉鮮虞人伐晉與經齊侯衛侯伐晉文相次當以爲一鮮虞狄師賤故略而不書猶鄭之戰唐侯從楚而不書平丘之會狄人從晉而不書之類是也劉以爲孔圉等更別伐晉魯師不書非公命餘者不告故不書而規杜過非也○吳師在陳。楚大夫皆懼。曰。闔廬惟能用其民。

以敗我於柏舉。今聞其嗣又甚焉。將若之何。子西曰。二三子恤不相睦。無患吳矣。昔闔廬食不二味。居不重席。室不崇壇。平地作室不起壇也○重直龍器不彤鏤。反壇徒丹反〔疏〕食不二味○正義曰謂與在下同其好惡不別二爲美味也彤丹也鏤刻也○彤徒冬反鏤魯豆反宮室不觀。觀臺榭○觀古亂反注同榭音謝舟車不飾。衣服財用。擇不取費。選取堅厚不尚細靡○費芳味反在國。天有菑癘。癘疾疫也○菑音災癘本或作天無菑癘非疫音役〔疏〕在國天有菑癘○正義曰在國與在軍相對天有菑癘與下句相連言有菑癘之時親自巡孤寡共其乏困也本或天作無誤耳親巡其孤寡。而共其乏困。在軍。熟食者分。而後敢食。必須軍士皆分熟食不敢先食分猶徧也○共音恭熟食者分如字一讀以分字連下句徧音遍〔疏〕注必須至徧也○正義曰孫武兵書云軍井未達將不言渴軍竈未炊將不言飢故闔閭在軍如良將之法必須軍士皆分熟食然後敢食王不先自食也服虔云以其半分軍士而後自食其餘若單醪注流也杜以分王半食不得徧及軍人且所嘗珍異乃得卒乘與焉王所自食不得分軍士也故顯而異之分猶徧也待徧熟食王乃自食也其所嘗者。卒乘與焉。所嘗甘珍非常食○卒子忽反乘繩證反與音預勤恤其民。而與之勞逸。是以民不罷勞。死不知曠。知身死不見曠棄○罷音皮吾先大夫子常易之。所以敗我也。易猶反也今聞夫差次有臺榭陂池焉。積土爲高曰臺有木曰榭過再宿曰次○陂彼宜反〔疏〕注積土至曰次○正義曰釋宮云闍謂之臺郭璞云積土四方也又云有木者謂之榭李巡云臺上有屋謂之榭又曰無室曰榭四方而高曰臺莊三年傳例曰凡師一宿爲舍再宿爲信過信爲次孔安國尚書傳云澤障曰陂停水曰池言夫差所停三日則役民爲此也宿有妃嬙嬪御焉。妃嬙貴者嬪御賤者皆內官○嬙本又作廧或作牆在羊反嬪毗人反〔疏〕注妃嬙至內官○正義曰曲禮云天子之妃曰后則妃上下通名也釋詁云妃合也對也妃媲也是匹對於夫嬪官之最貴者也嬙在妃下次於妃也周禮有九嬪女御以有四名分爲三等故言妃嬙貴者嬪御賤者皆婦官之名周禮無嬙蓋後世爲之名漢有掖庭王嬙是因於古也一日之行。所欲必成。玩好必從。珍異是聚。觀樂是務。視民如讎。而用之日新。夫先自敗也已。安能敗我。爲二十二年越滅吳起本○好呼報反夫先自敗也已夫音扶本或作夫差先自敗者非○冬十一月。晉趙鞅伐朝歌。討范中行氏

經二年。春。王二月。季孫斯、叔孫州仇、仲孫何忌帥師伐邾。取漷東田及沂西田。邾人以賂取之易也○漷火虢反又音郭沂魚依反易以豉反癸巳。叔孫州仇、仲孫何忌及邾子盟于句繹。句繹邾地取邑盟以要之○句古侯反繹音亦要以遙反〔疏〕注句繹至要之正義曰既取其田慮後悔競故共盟以要之伐則三卿盟唯二卿者服虔云季孫尊卿敬服先歸使二子與之盟穀梁傳曰三人伐而二人盟何也各盟其得也其意言季孫不得田故不與盟也案十四年小邾射以句繹來奔則句繹小邾地也注言邾地者以傳云伐邾邾人愛其土賂以漷沂之田而受盟被伐受盟則盟在邾地猶若成二年楚人伐我師于蜀公及楚公子嬰齊盟于蜀之類是也邾與小邾國竟相近句繹所屬亦無定準猶齊魯汶陽之田莒魯爭鄆之事一彼一此豈有常乎而劉炫以句繹爲小邾地而規杜非也○夏四月。丙子。衛侯元卒。定四年盟皐鼬〔疏〕注定四年盟皐鼬○正義曰元以昭八年即位三十二年大夫盟于狄泉以未告公而公薨故不數○滕子來朝。無傳○晉趙鞅帥師納衛世子蒯聵于戚。〔疏〕衛世子○正義曰世子者父在之名蒯聵父既死矣而稱世子者晉人納之以世子告言是正世子以示宜爲君也春秋以其本是世子未得衛國無可褒貶故因而書世子耳○秋八月。甲戌。晉趙鞅帥師及鄭罕達帥師。戰于鐵。鄭師敗績。皆陳曰戰大崩曰敗績鐵在戚城南○罕達子皮孫○鐵天結反陳直覲反○冬十月。葬衛靈公。無傳七月而葬緩○十有一月。蔡遷于州來。畏楚而請遷故以自遷爲文蔡殺其大夫公子駟。懷土而欺大國故罪而書名

傳二年。春。伐邾。將伐絞。絞邾邑○絞古卯反邾人愛其土。故賂以漷沂之田而受盟。○初。衛侯遊于郊。子南僕。子南靈公子郢也僕御也○郢以井反公曰。余無子。將立女。蒯聵奔無大子○女音汝不對。他日又謂之。對曰。郢不足以辱社稷。君其改圖。君夫人在堂。三揖在下。三揖卿大夫士○揖一入反〔疏〕注三揖卿大夫士○正義曰周禮司士云孤卿特揖大夫以其等旅揖士旁三揖鄭玄云特揖一一揖之旅衆也大夫爵同者衆揖之三揖者士有上中下鄭衆云卿大夫士皆君之所揖禮春秋傳所謂三揖在下服虔云三揖卿大夫士土揖庶姓時揖異姓天揖同姓君命祇辱。言立適當以禮與內外同之今君私命事必不從適爲辱○祇音支適丁歷反下適孫同夏。衛靈公卒。夫人曰。命公子郢爲大子。君命也。對曰。郢異於他子。言用意不同且君沒於吾手。若有之。郢必聞之。言當以臨沒爲正且亡人之子輒在。輒蒯聵之子出公也靈公適孫乃立輒。六月。

乙酉，晉趙鞅納衛大子于戚。宵迷，陽虎曰：「右河而南，必至焉。」是時河北流過元城界，戚在河外，晉軍已渡河，故欲出河右而南。〔疏〕注是時至而南。○正義曰：土地名云：河經河內之南界，東北經汲郡、頓丘、陽平、平原、樂陵之東南入海。是言晉時河所經也。春秋之時，河未必然，故云是時河北流過元城界，與晉時河道異也。土地名又云：戚，頓丘衛縣西戚城，在枯河東。是春秋時戚在河東也。從晉而言，河西爲內，東爲外，故云戚在河外也。是時晉軍已渡河矣，師人皆迷，不知戚處，陽虎憶其渡處在戚之北，河既北流，據水所向，則東爲右，故欲出河右而南行也。使大子絻，絻者始發喪之服。○絻音問，喪音桑。〔疏〕注絻者始發喪之服。○正義曰：士喪禮旣小斂，主人括髮袒，眾主人免于房。鄭玄云：括髮者，去笄纚而紒也。眾主人免者，齊衰將袒，以免代冠。冠，服之尤尊，不以袒也。又奔喪之禮，至於家，入門哭，盡哀，括髮袒。自齊衰以下入門哭，盡哀，免麻于序東。如彼禮文，則主人當括髮，齊衰以下乃免。此大子絻者，禮不至喪所不括髮，故以絻代之耳。靈公以四月卒，今以六月而大子絻，故云絻始發喪之服也。遠道不臨喪者，不得括髮，故始發喪服絻也。鄭玄注士喪禮云：免之制未聞，舊說以爲如冠狀，廣一寸。喪服小記曰：斬衰括髮以麻，免而以布。此用麻布爲之，狀如今之著幓頭矣，自項中而前，交於頦上，卻繞紒也。八人衰絰，僞自衛逆者。欲爲衛人逆故。衰絰，成服。○衰，七雷反。絰，田結反。告於門，哭而入，遂居之。

秋八月，齊人輸范氏粟，鄭子姚、子般送之。子姚，罕達。子般，駟弘。○般音班。士吉射逆之，趙鞅禦之，遇於戚。陽虎曰：「吾車少，以兵車之旆與罕、駟兵車先陳。旆，先驅車也。以先驅車益以兵車，以示眾。○陳，直覲反，下注同。罕、駟自後隨而從之，彼見吾貌，必有懼心。晉人先陳，鄭人隨之，不知其虛實，見車多必懼。於是乎會之，會，合戰。必大敗之。」從之。卜戰，龜焦。兆不成。樂丁曰：「詩曰：『爰始爰謀，爰契我龜。』樂丁，晉大夫。詩大雅。言先人事後卜筮。○契，苦計反，又苦結反。〔疏〕詩曰至我龜。○正義曰：詩大雅緜之篇，美太王遷岐之事。爰，於也。既見周原之地肥美可居，於是始集豳人從己者，於是與謀議人謀，既從，於是契灼我龜而卜之。言先人謀後卜筮也。謀協，以故兆詢可也。」詢，諮詢也。故兆，始納衛大子卜得吉兆。言今既謀同，可不須更卜。○謀協以故兆絕句。詢可也，思遵反。簡子誓曰：「范氏、中行氏反易天明，不事君也。〔疏〕反易天明，正義曰：天有尊卑，人有上下，下事上，臣事君，法則天之明道。臣不事君，是反易天之明道也。斬艾百姓，欲擅晉國而滅其君。寡君恃鄭而保焉。今鄭爲不道，棄君助臣，二三子順天明，從君命，經德義，除詬恥，在此行也。克敵者，上大夫受縣，下大夫受郡，周書作雒篇：千里百縣，縣有四郡。○艾，魚廢反。擅，市戰反。而滅其君，滅或作戕，音殘。詬，呼豆反，又音苟。雒音洛。千里百縣，縣方百里，縣有四郡，郡方五十里。〔疏〕經德義。○正義曰：此經德義與傳經國家、詩序經夫婦，皆意同也。經，謂經紀營理之。不除君惡，則德義廢矣，宜經紀德義，使不壞也。○克敵至受郡。○正義曰：上大夫、下大夫，謂於大夫之內分爲上下，其上大夫非卿也。此言先無田祿者，若能克敵，得此賞也。○注周書至四郡。○正義曰：周禮小司徒云：九夫爲井，四井爲邑，四邑爲丘，四丘爲甸，四甸爲縣，四縣爲都。鄭玄云：邑方二里，丘方四里，甸方八里，旁加一里，則方十里爲一成。縣方二十里，都方四十里，四都方八十里，旁加十里，乃得方百里，爲一同也。如彼文，則縣方二十里耳。周禮又無郡，不可用以解此，故引周書解之。或曰周書者，孔子所刪尚書之餘。今案其存者，其文非尚書之類，其作雒篇有此言，方千里者，爲方百里者百，千里百縣，則縣方百里。計方十里出車一乘，縣方百里，則出車百乘也。昭五年傳云「晉有四十縣，遺守四千乘」，是縣別有百乘，與作雒之言合也。上大夫受縣，縣則爲百乘之家，言得進爲卿也。縣有四郡，則郡方五十里，下大夫得此方五十里之采邑。士田十萬，十萬畝也。〔疏〕注十萬畝。○正義曰：王制云：方一里者爲田九百畝，方十里者爲方一里者百，爲田九萬畝，則士田十萬，爲方十里有餘。庶人工商遂，得遂進仕。人臣隸圉免。去廝役。○廝役，如字，字又作斯，音同。何休注公羊云：艾草爲防者曰廝，汲水漿者曰役。蘇林注漢書云：廝，取薪者。韋昭云：析薪曰廝。志父無罪，君實圖之。志父，趙簡子之一名也。言已事濟，君當圖其賞。○志父音甫。服云：趙鞅入晉陽以畔，後得歸，改名志父，春秋仍舊，猶書趙鞅。〔疏〕注志父至其賞。○正義曰：牧誓武王誓眾，尚自稱名，況以人臣誓眾，固當自稱名矣。知志父是簡子名也。簡子名鞅，又名志父者，服虔云：趙鞅入于晉陽以叛，諸侯之策書曰「晉趙鞅以叛」，既復，更名志父，或當然也。楚公子圍弒君取國，改名曰虔，經即書虔；公子棄疾弒君取國，改名曰居，經即書居。今趙鞅改名志父，經書猶云趙鞅者，彼楚子既爲國君，臣下以所改之名告於鄰國，故得書所改之名。趙鞅人臣，家國不爲之諱，仍以趙鞅名告，故書鞅也。鞅言君實圖之，言已事濟，君當謀其賞也。簡子言此君當謀其賞者，言君當賞其在下副上所誓之言，欲使在下信之，非欲自求賞也。若其有罪，絞縊以戮，絞，所以縊人物。○縊，一賜反。戮音六。桐棺三寸，不設屬辟，屬辟，棺之重數。王棺四重，君再重，大夫一重。○桐棺三寸，禮記云：夫子制於中都，四寸之棺，五寸之椁，以斯知不欲速朽也。鄭康成注云：此庶人之制也。案禮上大夫棺八寸，屬六寸；下大夫棺六寸，屬四寸；無三寸棺制也。棺用難朽之木，桐木易壞，不堪爲棺，故以爲罰。墨子尚儉，有桐棺三寸。不設屬，音燭，注同。次大棺也。辟，步歷反，注同。親身棺也。禮大夫無辟。重，直龍反，下同。王棺四重，禮記云：水兕革棺被之，其厚三寸，杝棺一，梓棺二。杝棺，辟也；梓棺二，屬與大棺也。彼水牛及兕之革爲一重，辟爲二重，屬爲三重，大棺爲四重。君再重，謂侯伯子男，侯伯已下無革棺，屬與辟爲一重，大棺爲再重。上公則唯無水革耳，兕革與辟爲一重，屬爲再重，大棺爲三重。大夫一重，大夫唯屬與大棺爲一重。今云不設辟者，時僭耳，非正禮也。〔疏〕注屬辟至一重。○正義曰：禮喪大記云：君大棺八寸，屬六寸，椑四寸；上大夫大棺八寸，屬六寸；下大夫大棺六寸，屬四寸。是屬辟爲棺之重數也。大記之文，從外向內，大棺之內有屬，屬之內有椑，椑親身之棺。鄭玄云：椑，堅著之意也。如記文，大夫無椑，今簡子自言有罪，始不設辟者，鄭玄云：趙簡子云不設屬椑，時僭也。爲時僭日久，自言無罪則僭設，有罪乃不設耳。記言士棺六寸，檀弓又云：夫子爲中都宰，制四寸之棺，五寸之椁。鄭玄云：爲民作制。民猶四寸，簡子言三寸者，亦以示其罰之重，令制度卑於民也。記有杝棺、梓棺，杝謂椵也，不以桐爲棺。簡子言桐棺者，鄭玄云：凡棺用能溼之物，梓椵能溼，故禮法尚之。桐易腐壞，亦以桐爲罰也。檀弓又云：天子之棺四重。鄭玄云：尚深邃也。諸公三重，諸侯再重，大夫一重，士不重。又云：水兕革棺被之，其厚三寸，杝棺一，梓棺二，四者皆周。鄭玄云：以水牛、兕牛之革以爲棺被，革各厚三寸，合六寸也，此爲一重。杝棺一，所謂椑棺也。梓棺二，所謂屬與大棺也。檀弓之文自內向外，水牛之革一也，兕牛之革二也，二者相襲，乃得爲重，故以此二者爲一重也。又有椑也，屬也，大棺也，此是天子四重，爲數五棺爲四重也。喪大記之文，君有大棺也，椑也，屬也，大夫有大棺也，屬也。鄭玄注檀弓天子之棺四重，以是差之，上公革棺不被三重也，諸侯無革棺再重也，大夫無椑一重也，士無屬不重也。是上公數四棺爲三重，諸侯數三棺爲再重，大夫數二棺爲一重，士以一棺爲一重也。杜之此注，惟無上公三重耳，其言重數與鄭同也。若然，禮器云：天子葬五重，諸侯葬三重，大夫葬再重，以多爲貴也。彼重亦當謂棺，而其數皆較一者，鄭玄云：天子葬五重者，謂杭木與茵也。葬者杭木在上，茵在下，然則茵以藉棺，杭爲負土，天子及諸侯大夫皆數彼以增棺數，故皆多較一也。杜言此棺之重數者，以明不設屬辟爲罰也。素車樸馬，以載柩。○樸，普卜反。柩，其又反。〔疏〕素車樸馬。○正義曰：素車無飾，謂不以翣柳飾車也。曲禮云：大夫去國，爲位而哭，乘髦馬。鄭玄云：髦馬，不鬄落也。則此樸馬亦謂不鬄落，用此以載柩也。雜記稱士喪有與天子同者三，其終夜燎及乘人專道而行。然則柩皆人挽，此用車馬載者，禮言乘人，設法許之耳。道遠者當用牛馬，且此言亦爲罰也。無入于兆，兆，葬域。〔疏〕無入于兆。○正義曰：周禮冢人云：凡死於兵者不入兆域。鄭玄云：戰敗無勇，投諸塋外以罰之。此言不入兆域，亦罰也。下卿之罰也。」爲眾設賞自設罰，所以能克敵。○爲，于僞反。

甲戌，將戰，郵無恤御簡子，衛大子爲右。郵無恤，王良也。○郵音尤。〔疏〕注郵無恤王良也。○正義曰：下云「子良授綏」，是也。服虔云：王良也。孟子說王良善御之事，古者車駕四馬，御之爲難，故爲六藝之一。王良之善御最有名，於書傳多稱之。楚辭云：當世豈無騏驥兮？誠無王良之善御；見執轡者非其人兮，故駶跳而遠去。登鐵上，鐵，丘名。望見鄭師眾，大子懼，自投于車下。子良授大子綏而乘之，曰：「婦人也。」言其怯。○怯，去業反。〔疏〕授大子綏。○正義曰：曲禮云：凡僕人之禮，必授人綏。論語稱孔子上車，必正立執綏，而升綏者，挽以上車之索，故授之使之升也。少儀云：僕者右帶劍，負良綏，申之面拖諸幦。鄭玄云：面，前也。幦，覆苓也。良綏，君綏也。負之，由左肩上入右腋下，申之於前，覆苓上也。簡子巡列，曰：「畢萬，匹夫也，七戰皆獲，有馬百乘，死於牖下。畢萬，晉獻公卿也，皆獲有功，死於牖下，言得壽終。○乘，繩證反。牖，羊九反。〔疏〕有馬至牖下。○正義曰：襄二十七年傳曰：唯卿備百邑。注云：一乘之邑也。坊記云：家

富不過百乘百乘卿之極制也檀弓云飯於牖下小斂於戶內大斂於阼殯於客位祖於庭葬於墓所以即遠也則禮之正法死於牖下羣子勉之。死不在寇。言有命繁羽御趙羅。宋勇爲右。三子晉大夫羅無勇。麇之。麇束縛也○麇上隕反注同吏詰之。御對曰。痁作而伏。痁瘧疾也○詰起吉反痁詩占反瘧魚略反衛大子禱曰。曾孫蒯聵敢昭告皇祖文王。周文王皇大也○禱丁老反一音丁報反〔疏〕衛大至襄公○正義曰禮於曾祖以上皆稱曾孫此雖並告三祖對文王康叔稱曾孫也晉語說此事於襄公之下又有昭考靈公國語與傳異者多矣此下云無作三祖羞是無昭考也烈祖康叔。烈顯也文祖襄公。繼業守文故曰文祖蒯聵襄公之孫鄭勝亂從。勝鄭聲公名釋君助臣爲從於亂晉午在難。午晉定公名○難乃旦反下注爲難同不能治亂。使鞅討之。鞅簡子名蒯聵不敢自佚。備持矛焉。戎右持矛○佚音逸矛亡侯反敢告無絕筋。無折骨。無面傷。以集大事。無作三祖羞。集成也○筋居銀反大命不敢請。佩玉不敢愛。不敢愛故以祈禱〔疏〕大命至敢愛○正義曰上言無絕筋無折骨謂軍之士衆無令損傷以成大事此云大命不敢請者謂己之身命不敢私請苟以求生佩玉不敢愛尚書金縢稱周公植璧秉珪以告大王王季文王是禱請用玉也在軍無珪璧故以佩玉鄭人擊簡子中肩。斃于車中。斃踣也○中丁仲反斃婢世反本亦作獘踣蒲北反獲其蠭旗。蠭旗旗名○蠭芳恭反大子救之以戈。鄭師北。獲溫大夫趙羅。羅無勇故鄭師雖北猶獲羅大子復伐之。鄭師大敗。獲齊粟千車。趙孟喜曰。可矣。趙孟簡子也喜大子前怯今更勇○復扶又反傅傁曰。雖克鄭。猶有知在。憂未艾也。傅傁簡子屬也言知氏將爲難後竟有晉陽之患○傁素口反又作叟有知音智艾魚廢反又五蓋反初。周人與范氏田。公孫尨稅焉。尨范氏臣爲范氏收周人所與田之稅○尨武江反稅始銳反爲于僞反下文爲其注同趙氏得而獻之。得尨以獻簡子吏請殺之。趙孟曰。爲其主也。何罪。止而與之田。還其所稅及鐵之戰。以徒五百人宵攻鄭師。取蠭旗於子姚之幕下。獻曰。請報主德。追鄭師。姚般。公孫林。殿而射。前列多死。晉前列○幕音莫姚般子姚子般殿丁電反射食亦反趙孟曰。國無小。言雖小國猶有善射者既戰。簡子曰。吾伏弢嘔血。弢弓衣嘔吐也○弢吐刀反嘔本又作嗢烏口反吐他路反鼓音不衰。今日我上也。我功爲上大子曰。吾救主於車。退敵於下。我右之上也。郵良曰。我兩靷將絕。吾能止之。止使不絕○靷以刃反我御之上也。駕而乘材。兩靷皆絕。材橫木明細小也傳言簡子不讓下自伐〔疏〕兩靷至皆絕○正義曰古之駕四馬者服馬夾轅其頸負軛兩驂在旁挽靷助之詩所謂陰靷鋈續是也說文云靷引軸也僖二十八年注云在胷曰靷然則此皮約馬胷而引車軸也兩靷將絕而能制馬言其御之和也駕而乘材材謂橫地細小之木也乘小木而靷絕示其將絕之驗也○吳洩庸如蔡納聘。而稍納師。師畢入。衆知之。元年蔡請遷于吳中悔故因聘襲之○洩息列反一音息引反未詳中丁仲反蔡侯告大夫殺公子駟以說。殺駟以說吳言不時遷駟之爲哭而遷墓。將遷與先君辭故哭冬。蔡遷于州來。

經三年。春。齊國夏。衛石曼姑。帥師圍戚。曼姑爲子圍父知其不義故推齊使爲兵首戚不稱衛非叛人○曼音萬爲子于僞反〔疏〕注曼姑至叛人○正義曰春秋行兵征伐自非霸王之命諸國共行皆以主兵爲首此圍戚實出衛意引齊使之助已計應曼姑爲首而序在齊下者曼姑爲子圍父知其不義推齊使爲兵首故先書齊也穀梁傳曰此衛事也其先國夏何也子圍父也是先儒及杜皆同穀梁之說也宋魚石去而復入據宋之彭城襄元年經書宋彭城傳曰非宋地追書也於是爲宋討魚石故稱宋且不登叛人也此蒯聵在戚齊衛圍之與圍宋彭城事類同矣彭城稱宋此不稱衛者蒯聵據戚與輒爭國非是叛人故不須繫之衛也公羊傳曰齊國夏曷爲與衛石曼姑帥師圍戚伯討也此其爲伯討奈何曼姑受命乎靈公而立輒以曼姑之義爲固可以距之也輒者曷爲者也蒯聵之子也然則曷爲不立蒯聵而立輒蒯聵爲無道靈公逐蒯聵而立輒然則輒之義可以立乎曰可其可奈何不以父命辭王父命以王父命辭父命是父之行乎子也不以家事辭王事以王事辭家事是上之行乎下也其意言靈公廢蒯聵不用使之得國輒不以國與蒯聵是靈公之命行於蒯聵也立爲君是王事也以國與父是私事也不以國與父是天子之命行於諸侯也如公羊之言則輒義可以距父圍戚不爲不義而杜言曼姑知其不義則不合公羊之意與公羊異者據左傳公子郢讓國不受然後立輒則距父之立也以周禮無適子則立適孫緣是以得立耳非有靈公之命使立之也爲輒之義自可讓國不受以已是適孫緣有可立之勢貪國以距父耳非有靈公之命天子之勅使之距蒯聵也論語說此事云冉有曰夫子爲衛君乎子貢曰諾吾將問之入曰伯夷叔齊何人也曰古之賢人也曰怨乎曰求仁而得仁又何怨乎出曰夫子不爲也孔子意不助輒明是輒爲不義故曼姑自知不義推齊爲主○夏。四月。甲午。地震。無傳○五月。辛卯。桓宮僖宮災。天火曰災○季孫斯。叔孫州仇。帥師城啓陽。無傳魯黨范氏故懼晉比年四城啓陽今琅邪開陽縣○宋樂髡帥師伐曹。無傳○髡苦孫反○秋。七月。丙子。季孫斯卒。○蔡人放其大夫公孫獵于吳。無傳公子駟之黨○冬。十月。癸卯。秦伯卒。無傳不書名未同盟○叔孫州仇。仲孫何忌。帥師圍邾。無傳

傳三年。春。齊衛圍戚。求援于中山。中山鮮虞○夏。五月。辛卯。司鐸火。司鐸宮名○鐸待洛反〔疏〕注司鐸宮名○正義曰僖二十年西宮災書之此不書者西宮公之西宮親近偪君忽被天火故重而書之此司鐸雖是公小宮在公宮之後非君來往之急又是人火所以輕而不書或可舉廟重以略之火踰公宮。桓僖災。桓公僖公廟救火〔疏〕桓僖災○正義曰傳言火而經書災者司鐸初被人火火越宮而至廟以火踰官故以災言之者皆曰顧府。言常人愛財南宮敬叔至。命周人出御書。俟於宮。敬叔孔子弟子南宮閱周人司周書典籍之官御書進於君者也使待命於宮○閱音悅曰。庀女而不在。死。庀具也○庀匹婢反女音汝子服景伯至。命宰人出禮書。景伯子服何也宰人冢宰之屬以待命。命不共。有常刑。待求之命○共音恭校人乘馬。巾車脂轄。校人掌馬巾車掌車乘馬使四匹相從爲駕之易○校戶教反注及下同乘繩證反注及下皆同轄戶瞎反本又作鎋同爲于僞反易以豉反百官官備。府庫慎守。官人肅給。國有火災恐有變難故慎爲備○難乃旦反濟濡帷幕。鬱攸從之。鬱攸火氣也濡物於水出用爲濟○濟子細反又子禮反注同帷位悲反幕音莫攸音由蒙葺公屋。以濡物冒覆公屋○葺七入反一音子入反自大廟始。外內以悛。悛次也先尊後卑以次救之○悛七全反助所不給。有不用命。則有常刑。無赦。公父文伯至。命校人駕乘車。乘車公車季桓子至。御公立于象魏之外。象魏門闕命救火者傷人則止。財可爲也。命藏象魏。周禮正月縣教令之法于象魏使萬民觀之故謂其書爲象魏○縣音玄〔疏〕注周禮至象魏○正義曰周禮大宰云正月之吉始和布治于邦國都鄙乃縣治象之法于象魏使萬民觀治象浹日而斂之鄭玄云正月周之正月吉謂朔日大宰以正月朔日布王治之事於天下至正歲又書而縣于象魏使萬民觀焉凡治有故言始和者若改造云爾鄭衆云從甲至甲謂之浹日凡十日其地官夏官秋官皆有此言地官云布教縣教象夏官云布政縣政象秋官云布刑縣刑象各所掌之事爲異其文悉同唯春官不縣者以禮法一頒百事皆足不可又縣故不縣之杜總彼意言縣教令之法彼所縣者皆是教令之事故也由其縣于象魏故謂其書爲象魏命藏其書也彼言朔日縣之十日即

斂之則救火之時其書久已藏矣而此立象魏之外方始命藏此書者象魏是縣書之處見其處而念及其書非始就縣處斂藏之曰。舊章不可亡也。富父槐至。曰。無備而官辦者。猶拾瀋也。槐富父終生之後瀋汁也言不備而責辦不可得○父音甫槐音懷官辦辦具之辦注並同拾音十瀋尺審反北土呼汁爲瀋於是乎去表之槀。表表火道風所向者去其槀積○去起呂反注同槀古老反注同向許亮反積子賜反道還公宮。開除道周匝公宮使火無相連○還本又作環戶關反又音患注同孔子在陳。聞火。曰。其桓僖乎。言桓僖親盡而廟不毀宜爲天所災〔疏〕注言桓至所災○正義曰禮諸侯親廟四焉高祖之父卽當毀其廟計桓之於哀八世祖也僖六世祖也親盡而廟不毀言其宜爲天所災也所以不毀者服虔云季氏出桓公又爲僖公所立故不毀其廟其意或然公羊傳曰此皆毀廟也其言災何復立也曷爲不言其復立春秋見者不復見也何以不言及敵也其意言哀公更立之不可通於左氏故以爲元不毀耳服虔又云俱在迭毀故不言及杜無說或當同時災無先後故不言及○劉氏。范氏。世爲婚姻。劉氏周卿士范氏晉大夫萇弘事劉文公。爲之屬大夫故周與范氏。趙鞅以爲討。責周與范氏六月。癸卯。周人殺萇弘。終違天之禍〔疏〕萇弘至萇弘○正義曰文公以定四年卒也爲之屬大夫謂當昭公之世也此時文公已卒萇弘知政以已先事劉子劉氏又與范氏親既握國權遂與范氏故周人殺之以說於晉○秋。季孫有疾。命正常曰。無死。正常桓子之寵臣欲付以後事故勑令勿從已死○令力呈反南孺子之子。男也。則以告而立之。南孺子季桓子之妻言若生男告公而立之○孺如住反女也。則肥也可。肥康子也季孫卒。康子卽位。既葬。康子在朝。在公朝也南氏生男。正常載以如朝。告曰。夫子有遺言。命其圉臣曰。南氏生男。則以告於君與大夫而立之。今生矣。男也。敢告。遂奔衛。康子請退。退辟位也公使共劉視之。共劉魯大夫○共音恭則或殺之矣。乃討之。討殺者召正常。正常不反。畏康子也傳備言季氏家事〔疏〕召正常正常不反○正義曰服虔云召而問兒死意然則兒於正常去後始死死非正常得知召之復何所問也當欲問不立康子之意故正常畏康子不反○冬。十月。晉趙鞅圍朝歌。師于其南。范中行所在荀寅伐其郛。伐其北郛圍○郛芳夫反使其徒自北門入。已犯師而出。荀寅使在外救已之徒擊趙氏圍之北門因外內攻得出〔疏〕荀寅至而出○正義曰荀寅從內伐其北郭之郛又使其救已之徒自外伐圍郛之北門而入因外內攻故得出也癸丑。奔邯鄲。十一月。趙鞅殺士皐夷。惡范氏也。惡范氏而殺其族言還怒○惡烏路反注同

經四年。春。王二月。庚戌。盜殺蔡侯申。賤者故稱盜不言弒其君賤盜也○盜殺申志反蔡侯申今本皆如此案宣十七年蔡侯申卒是文侯也今昭侯是其玄孫不容與高祖同名未詳何者誤也〔疏〕蔡侯申○正義曰宣十七年蔡侯申卒是文侯也蔡世家云文侯申生景侯固固生靈侯般般生隱大子今昭侯申是隱大子之子杜世族譜亦然計昭侯是文侯玄孫乃與高祖同名周人以諱事神二申必有誤者俱是經文未知孰誤○注賤者至盜也○正義曰公孫辰公孫姓公孫霍雖並是弒君之黨而非弒君之首首是公孫翩翩賤故稱盜不言弒其君者賤此盜也盜賤不得有其君故以盜爲文不得言弒其君蔡公孫辰出奔吳。弒君賊之黨故書名○葬秦惠公。無傳○宋人執小邾子。無傳邾子無道於其民故稱人以執○夏。蔡殺其大夫公孫姓、公孫霍。皆弒君黨○姓音生又作生或一音性○晉人執戎蠻子赤歸于楚。晉恥爲楚執諸侯故稱人以告若蠻子不道於其民也亦本屬楚故言歸○恥爲于僞反○城西郛。無傳魯西郭備晉也○六月。辛丑。亳社災。無傳天火也亳社殷社諸侯有之所以戒亡國○亳步各反〔疏〕注天火至亡國○正義曰傳例曰天火曰災知天火也殷有天下作都于亳故知亳社殷社也蓋武王伐紂以其社班賜諸侯使各立之所以戒亡國也其社有屋故火得焚之公羊傳曰蒲社者何亡國之社也社者封也其言災何亡國之社蓋揜之其上而柴其下穀梁傳曰亳社者亳之社也亳亡國也亡國之社以爲廟屏戒也其屋亡國之社不得達上也說者以爲立亳社於廟門之外以爲屏蔽使人君視之而致戒也左傳稱間于兩社事當爲然郊特牲亦云喪國之社屋之不受天陽故災其屋也○秋。八月。甲寅。滕子結卒。無傳同盟於皐鼬○冬。十有二月。葬蔡昭公。無傳亂故是以緩○葬滕頃公。無傳

傳四年。春。蔡昭侯將如吳。諸大夫恐其又遷也。承。承音懲蓋楚言○懲直升反〔疏〕注承音懲蓋楚言○正義曰懲創往年之遷恐其更復遷徙承懲音相近蓋是楚人之言聲轉而字異耳公孫翩逐而射之。入於家人而卒。翩蔡大夫○翩音篇射食亦反下同〔疏〕入於家人而卒○正義曰言將如吳已適吳矣翩在路逐而殺之遂入于凡人之家言此者說其非理之意以兩矢門之。衆莫敢進。翩以矢自守其門文之鍇後至。鍇蔡大夫○鍇音楷又音皆又客駭反曰。如牆而進。多而殺二人。併行如牆俱進○併步頂反鍇執弓而先。翩射之。中肘。鍇遂殺之。故逐公孫辰。而殺公孫姓、公孫盱。盱卽霍也○中丁仲反肘竹九反盱况于反○夏。楚人既克夷虎。夷虎蠻夷叛楚者乃謀北方。左司馬眅、申公壽餘、葉公諸梁致蔡於負函。三子楚大夫也此蔡之故地人民楚因以爲邑致之者會其衆也○眅普版反字林匹姦反葉始涉反函音咸致方城之外於繒關。負函繒關皆楚地○繒才陵反曰。吳將泝江入郢。逆流曰泝○泝音素郢以井反又以政反將奔命焉。爲一昔之期。襲梁及霍。僞辭當備吳夜結期明日便襲梁霍使不知之梁河南梁縣西南故城也梁南有霍陽山皆蠻子之邑也單浮餘圍蠻氏。蠻氏潰。浮餘楚大夫○單音善潰戶內反蠻子赤奔晉陰地。陰地河南山北自上雒以東至陸渾○渾戶門反司馬起豐析與狄戎。楚司馬眅也析縣屬南鄉郡析南有豐鄉皆楚邑發此二邑人及戎狄○析星歷反注同以臨上雒。左師軍于菟和。菟和山在上雒東也○菟音徒右師軍于倉野。蒼野在上雒縣使謂陰地之命大夫士蔑曰。命大夫別縣監尹○監古銜反〔疏〕注命大至監尹○正義曰陰地者河南山北東西橫長其間非一邑也若是典邑大夫則當以邑冠之乃言陰地之命大夫則是特命大夫使總監陰地故以爲別縣監尹也以其去國遙遠別爲置監楚官稱尹故以尹言之曰。晉楚有盟。好惡同之。若將不廢。寡君之願也。不然。將通於少習。以聽命。少習商縣武關也將大開武關道以伐晉○少詩照反又如字士蔑請諸趙孟。趙孟曰。晉國未寧。安能惡於楚。必速與之。未寧時有范中行之難○難乃旦反士蔑乃致九州之戎。九州戎在晉陰地陸渾者將裂田以與蠻子而城之。以詐蠻子且將爲之卜。卜城○爲于僞反下注同蠻子聽卜。遂執之。與其五大夫。以畀楚師于三戶。今丹水縣北三戶亭○畀必利反與也司馬致邑立宗焉。以誘其遺民。楚復詐爲蠻子作邑立其宗主○復扶又反而盡俘以歸。○秋。七月。齊陳乞、弦施、衛甯跪救范氏。陳乞僖子弦施弦多○跪其委反庚午。圍五鹿。五鹿晉邑九月。趙鞅圍邯鄲。冬。十一月。邯鄲降。荀寅奔鮮虞。趙稷奔臨。臨晉邑○降戶江反十二月。弦施逆之。遂墮臨。國夏伐晉。取邢、任、欒、鄗、逆時、陰人、盂、壺口。八邑晉地欒在趙國平棘縣西北鄗卽高邑縣也路縣東有壺口關○墮許規反邢音刑任音壬欒力官反鄗呼洛反郭璞王

蓍解詁音曜，字林火沃反，韋昭呼告反，闞駰云讀磽确同。時音止。盂音于。〔疏〕遂墮臨。○正義曰：稷初奔臨，欲據臨距國。今弦施逆稷，故納之他邑，以臨險固，故毀之。會鮮虞，納荀寅于柏人。晉邑也，今趙國柏人縣也。弦施與鮮虞會也。

經五年，春，城毗。無傳。○毗，頻夷反。○夏，齊侯伐宋。無傳。○晉趙鞅帥師伐衛。○秋，九月，癸酉，齊侯杵臼卒。再同盟也。○杵，昌呂反。臼，求又反。〔疏〕注再同盟。○正義曰：襄二十五年崔杼弒莊公而立杵臼。昭二十八年盟于鄟陵，定四年于皐鼬，是再同盟也。昭三十二年大夫盟于狄泉，未告公而公薨，故不數也。○冬，叔還如齊。○閏月，葬齊景公。無傳。

傳五年，春，晉圍柏人，荀寅、士吉射奔齊。初，范氏之臣王生惡張柳朔，言諸昭子，使爲柏人。爲柏人宰也。昭子，范吉射也。○惡，烏路反，下同。柳，良久反。昭子曰：「夫非而讎乎？」對曰：「私讎不及公，公家之事也。○夫音扶。好不廢過，惡不去善，義之經也。臣敢違之？」及范氏出，出柏人奔齊。○好，呼報反。去，起呂反。張柳朔謂其子：「爾從主，勉之！我將止死，王生授我矣。授我死節。吾不可以僭之。」遂死於柏人。爲吉射距晉戰死。○僭，子念反，後同。爲，于僞反。

夏，趙鞅伐衛，范氏之故也。衛助范氏故也。○齊燕姬生子，不成而死。燕姬，景公夫人。不成，未冠也。○燕，於賢反。冠，古喚反。諸子鬻姒之子荼嬖。諸子，庶公子也。鬻姒，景公妾。荼，安孺子。○鬻音育。姒音似。荼音舒，又音徒，又丈加反。嬖，必計反。諸大夫恐其爲大子也，言於公曰：「君之齒長矣，未有大子，若之何？」公曰：「二三子間於憂虞，則有疾疢，亦姑謀樂，何憂於無君？」景公意欲立荼而未發，故以此言塞大夫請。○長，丁丈反。間音閑，又音間廁之間，又如字。疢，勑覲反，本或作疹，乃結反。樂音洛。〔疏〕間於至無君。○正義曰：公謂羣臣云：若間暇於憂虞，謂國无憂虞事，得間暇，則恐有疾疢，不得飲樂。今既無憂虞，又無疾疢，亦且謀樂，何憂乎無君？公疾，使國惠子、高昭子立荼，惠子，國夏。昭子，高張。寘羣公子於萊。萊，齊東鄙邑。○寘，之豉反。羣或作諸。萊音來。秋，齊景公卒。冬，十月，公子嘉、公子駒、公子黔奔衛，公子鉏、公子陽生來奔。皆景公子在萊者。○黔，巨廉反，又音琴。鉏，仕居反。萊人歌之曰：「景公死乎不與埋，三軍之事乎不與謀。師乎師乎，何黨之乎？」師，衆也。黨，所也。之，往也。稱謚，蓋葬後而爲此歌。哀羣公子失所。○與音預，下同。埋，亡皆反。〔疏〕注師衆也黨所也之往也至公子失所。○正義曰：師衆、之往，釋詁文也。周禮五百家爲黨，黨言其共居一所，故以黨爲名，是黨爲所也。經書閏月葬齊景公，長麻閏十一月，禮葬乃有謚，此歌稱謚，明是葬後。傳言冬十月者，記公子出奔之月，其萊人之歌在公子出奔之後。杜以文承十月之下，故云蓋耳。公羊以爲喪以閏數，謂通數閏月。穀梁云不正其閏也，謂喪事不數。左氏無傳，未知所從。○鄭駟秦富而侈，嬖大夫也，而常陳卿之車服於其庭。鄭人惡而殺之。子思曰：子思，子產子國參也。詩曰：『不解于位，民之攸塈。』詩大雅。攸，所也。塈，息也。○侈，昌氏反，又尺氏反。惡，烏路反。解，佳賣反。塈，許器反。〔疏〕詩曰至攸塈。○正義曰：詩大雅嘉樂之篇也。言在上者不解惰于其位，民之所以得安息。駟秦奪位僭上，是惰于位也。不守其位而能久者鮮矣。商頌曰：『不僭不濫，不敢怠皇，命以多福。』僭，差也。濫，溢也。皇，暇也。言駟秦違詩商頌，故受禍。○鮮，息淺反。濫，力暫反。溢音逸。〔疏〕商頌至多福。○正義曰：商頌殷武之篇，歌成湯之德，不僭差，不濫溢，不敢怠息情而自暇，以此之故，上天命以多福也。詩於怠皇之下更云命于下國，封建厥福，傳言命以多福，不復具引詩文，取其意而言之也。杜云違詩商頌，上言詩，下言頌，以駟秦於此二詩皆違，故言違詩與商頌。

春秋左傳注疏卷五十七校勘記　阮元撰盧宣旬摘録

附釋音春秋左傳注疏卷第五十七　哀元年盡五年。宋本春秋正義卷第三十五。石經春秋經傳集解哀上第廿九。淳熙本岳本哀下有公字，並盡十三年。

哀公

同上　宋本作正義曰魯世家云哀公名蔣定公之子蓋是夫人定姒所生以敬王二十六年即位謚法共仁短折曰哀按此古本之最善處坊刻改爲同上以省字

經元年

隨人免之　閩本監本人作侯，非也。

不庰於宋盟也　諸本作宋，此本誤朱，今改正。

則是楚封近公爲許男也　宋本近作元，是也。

不言所食非一處　宋本淳熙本岳本足利本重所食二字，與正義合。

傳元年

報柏舉也　監本柏作栢。

栽設板築爲圍壘周匝　宋本纂圖本毛本足利本板作版。周匝，宋本岳本足利本作周币，與釋文合。

注栽設至一里　宋本以下正義三節揔入下注爲明年蔡遷州來傳之下。

屑言晝夜九日　宋本監本毛本屑作何，是也。

彭神爽　宋本監本毛本神作仲，是也。

吳王夫差敗越于夫椒　諸本作椒。釋文云又作湫。陳樹華云：案史記伍子胥傳、說苑並作夫湫，古字通。

注夫椒至椒山　宋本以下正義九節揔入三月節注下。

以椒必在山旁　宋本椒作戰，是也。

故曰殺夏后相也　宋本曰作因。

夏后相啓孫也　閩本監本毛本脫也字。

后緡方娠　詩生民正義引昭元年傳邑姜方震大叔，及此后緡方震，皆謂有身爲震。爾雅釋詁邢昺疏引同，是所據本不同也。

用之爲正當當是食官之長　宋本監本毛本用作謂。○補案：此本當字疑誤重。

而邑緒綸　閩本監本脫而字。

猶言天與不取　淳熙本言誤上。

結其心腹　宋本其作於，是也。

日可俟也　釋文俟作竢，云本又作俟。按竢正字也，俟假借字也。

言可計日而待　岳本日誤月。

與之蹙　宋本蹙作醫。

非年所種　宋本閩本監本毛本年作手，是也。

陳人從田無田從黨　陳樹華曰：禮記檀弓正義引傳陳人下多有田二字。案二字似以意增也。

不知所與　淳熙本與作爲，非也。

逢滑當公而進　釋文亦作逄滑，石經此處殘缺，閩本逄誤逢，足利本滑作猾。

暴骨如莽　足利本後人記云莽上有草字。案注云草之生於廣野莽莽然，故曰草莽，此必因注文而誤衍也。

食不二味　宋本以下正義五節揔入一日之行節注下。

器不彤鏤　陸粲附注後録云：彤當作彫，文相近而譌也。惠棟云：彤古彫字。

本或天作無誤耳　監本天作作天，是也。

親巡其孤寡而共其乏困 石經宋本淳熙本岳本足利本無上其字

孫武兵書云 毛本書作注

將不言飢 閩本監本飢作饑案饑謂穀不熟也與飢餓字有别

必須軍士皆分熟食 宋本熟作孰下同

若單醪注流也 閩本監本毛本單作簞

不足徧及軍人 閩本監本毛本足誤得

死知不曠 石經此處殘缺閩本監本知不字誤倒

過再至曰次 宋本淳熙本岳本纂圖本毛本至作宿不誤

滜彰曰陂 宋本監本毛本彰作鄣是也

宿有妃嬙嬪御焉 釋文云嬙本又作廧或作牆石經初刻作牆後改嬙案錢大昕云說文無嬙字嗌氏云云漢隸爿旁字或變从广廧與牆實一字也

爲二十年越滅吳起本 宋本淳熙本足利本脱本字

冬十一月 石經宋本淳熙本岳本足利本無一字

經二年

納衛世子蒯聵于戚 諸本作聵閩本毛本誤贖後同

傳二年

注三揖卿大夫士 宋本以下正義廿節摠入兩靷皆絶注下

土揖庶姓 監本閩本毛本土作士非也

與外內同之 纂圖本閩本監本毛本外內誤倒

胥迷 石經初刻作胥後改胥諸本同淳熙本迷誤述

又奔喪之祖 宋本祖作禮不誤

免麻于宇東 宋本監本毛本宇作序是也

狀如今之著幓頭矣 宋本幓作幧是也

肥美呼居 宋本監本毛本呼作可是也

反易天明 石經初刻易誤亦後改正

十里百縣 宋本淳熙本岳本纂圖本毛本十作千不誤

去厮役 釋文厮作斯云字又作厮也按說文無厮字作斯乃古本也

志父趙簡子之一名也 北宋刻本釋文亦作一監本毛本誤改閩本一字本刻

家國不爲之諱 宋本毛本作國家監本二字改刊非原刻也

不設屬辟 鄭注禮記喪大記賈公彥疏儀禮士喪禮引並作屬椑

記有杝棺梓棺杝謂椵也 閩本監本毛本杝作椸非也下同

謂杭木與茵也 監本杭作抗下同按說文抗字或从木作杭儀禮抗木亦作杭此作抗作杭皆可若今人杭州餘杭之字則字本作航而譌改耳

此用車馬載者 閩本監本此用誤倒

無入于兆 石經宋本于作於

當世豈無騏驥乎 宋本乎作兮是也

故駒跳而遠去 監本駒誤跔

登鐵上 案酈道元注水經河水篇李善注文選長笛賦引上作丘

施諸楷 宋本毛本施作杝是也

羅無勇麇之 段玉裁案廣韻十八吻麇邱粉切引左傳無勇麇之束縛也蓋傳本作麇字所謂本無其字依聲託事也麇則後人所製俗字十七準又有麇字邱引切則更俗矣

釋君助臣 此本助誤時閩本同據宋本淳熙本岳本纂圖本監本毛本改正

鞅簡子名 毛本簡子誤節公

無折骨無面傷 惠棟云鄭司農注周禮大祝云無破骨無面夷案外傳晉惠公韓之誓曰將止無面夷死此求勝之辭故云無面夷

大命至敢愛 宋本至下有不字

在軍無珪璧故以佩玉 諸本脱玉字據宋本補監本珪作圭

傳傻曰 諸本作傻石經此本殘缺釋文云又作叟

公孫尨稅焉 閩本監本尨作龍非也

爲范氏收周人所與田之稅 淳熙本收作取

我功爲上 宋本淳熙本岳本纂圖本足利本無我字

冬蔡遷于州來 毛本脱冬字監本空闕

經三年

故推齊使爲兵首 淳熙本使作師案正義本作使

自非霸王之命 閩本亦作王宋本監本毛本作主是也

子圍父也 宋本子下有不字與穀梁合

貪國以距父耳 重修監本貪誤食

今琅邪開陽縣 纂圖本毛本邪作琊案邪琊古今字

傳三年

注司鐸宮名 宋本以下正義四節摠入孔子在陳節注下

雖易公小宮 宋本監本毛本易作是是也

庀具也 諸本作庀具此本誤乇其今改正

宰人冢宰之屬 宋本冢作家

官人肅給 惠棟云石經似作宜人

猶拾瀋也 淳熙本拾誤洽

於是乎去表之藁 葉抄釋文亦作藁石經宋本岳本作稾从禾是也釋文云古老反

周匝公宮 宋本足利本匝作帀

社諸侯親廟四焉 宋本監本毛本社作禮是也

劉氏范氏世爲婚姻 淳熙本岳本婚作婚宋本作昏與石經合

至握國權 宋本至作既是也

欲付以從事 宋本岳本纂圖本監本毛本從作後是也

女也則肥也可 監本女改汝

當欲問不立康子之意 宋本立作位非也

荀寅至而出 宋本此節正義在癸丑奔節注下

又使其救已之徒 諸本作徒此本誤徙今改正

經四年

葬滕頃公 淳熙本滕誤蔡

傳四年

蔡昭侯將如吳 顧炎武云石經蔡誤作葬案石經此處缺所據乃補刊本

承音懲蓋楚言 岳本言下有也字惠棟云承讀爲懲經傳無文詩魯頌曰戎狄是膺荆舒是懲則莫我敢承毛傳曰承止也傳言承者謂諸大夫皆欲止之也

注承音懲蓋楚言 宋本以下正義二節摠入注文盱邱霍也之下

公孫盱 纂圖本閩本監本毛本盱作旴非也注同

爲一昔之期 監本昔誤備

右師軍於倉野　郡國志倉作蒼

蒼野在上雒縣　宋本淳熙本岳本纂圖本閩本監本毛本蒼作倉郡國志引注縣下南字

注命大至監尹　宋本至字作夫別縣三字此節正義在而盡俘以歸之下

少習商縣武關也　郡國志引注縣下有東字

與其五大夫　石經大字起以下兩行皆九字

弦施弦多　諸本作施此本誤施今改正

逆畤　案水經濡水注引作曲逆漢封陳平爲侯即是地也今諸本作逆畤

遂噎臨　宋本此節正義在注弦施與鮮虞會也之下

經五年　傳五年

使爲柏人　監本凡柏字皆作栢與石經不合下同

昭子范吉射也　岳本脫也字

爾從主　此本主誤王閩本同據石經宋本淳熙本岳本纂圖本監本毛本改正

諸大夫恐其爲大子也言於公曰君之齒長矣未有大子若之何　案惠棟云服虔曰爲子爲大子也荼少故恐立之言君長未有大子一旦不諱當若之何欲齊侯早立也案今本爲子作爲大子疑後人所增杜無注或杜所增也

閒於至無君　宋本以下正義二節總入何黨之乎注下

不得飲樂　浦鏜正誤飲作歡

景公死乎不與埋　淳熙本埋誤理

哀羣公子失所　閩本子字空闕

注師衆也黨所也之往也至公子失所　宋本作師衆至失所

發大夫也　閩本監本毛本脫也字

詩曰至攸墍　宋本以下正義二節總入不守其位節注下

民之攸墍　石經宋本淳熙本岳本墍作塈注同是也

附釋音春秋左傳注疏卷五十七　止

春秋左傳注疏卷五十七挍勘記

附釋音春秋左傳注疏卷第五十八　哀公六年盡十一年

杜氏注　孔穎達疏

經六年。春。城邾瑕。無傳。備晉也。任城亢父縣北有瑕婁城。○瑕音遐。任音壬。亢苦浪反，又音剛。父音甫。○晉趙鞅帥師伐鮮虞。○吳伐陳。○夏。齊國夏及高張來奔。二子阿君廢長立少，既受命又不能全，書名罪之也。○長丁丈反。少詩照反。○叔還會吳于柤。無傳。○柤莊加反。○秋。七月。庚寅。楚子軫卒。未同盟而赴以名。○軫之忍反，史記作珍字。○齊陽生入于齊。爲陳乞所逆故書入。〔疏〕注爲陳乞所逆故書入。○正義曰：成十八年傳例曰：凡去國，國逆而立之曰入。此爲陳乞私逆，既入而立之，故依例書入也。齊陳乞弑其君荼。弑荼者朱毛與陽生也，而書陳乞，所以明乞立陽生而荼見弑，則禍由乞始也。楚比劫立，陳乞流涕，子家憚老，皆疑於免罪，故春秋明而書之，以爲弑主。○弑荼音試，下皆同。〔疏〕注弑荼至弑主。○正義曰：實非陳乞弑荼，而書乞弑其君者，以荼死由乞，故書乞弑也。此與楚公子比、鄭公子歸生，俱非弑君之首，春秋顯而書之，以爲弑君之主，所以惡此三人。釋例曰：諸懷賊亂以爲心者，故不容於誅也。若鄭之歸生，齊之陳乞，楚公子比，雖本無其心，春秋之義，亦同大罪，是以君子慎所以立也。是說罪之之意。○冬。仲孫何忌帥師伐邾。無傳。○宋向巢帥師伐曹。無傳。

傳六年。春。晉伐鮮虞。治范氏之亂也。四年鮮虞納荀寅于柏人。○吳伐陳。復脩舊怨也。元年未得志故也。○復扶又反。楚子曰。吾先君與陳有盟。不可以不救。乃救陳。師于城父。陳盟在昭十三年。○父音甫。〔疏〕注陳盟在昭十三年。○正義曰：昭十三年無楚與陳盟之事。於時楚既滅蔡，使棄疾爲蔡公子于哲之入也，傳稱朝吳奉蔡公召二子而盟于鄧，依陳蔡人以國，是與陳人盟，更許復其國。其年平王卽位，更封陳，是與盟也。○齊陳乞僞事高國者。高張、國夏受命立荼，陳乞欲害之，故先僞事焉。每朝必驂乘焉。所從必言。諸大夫。言其罪過。○乘繩證反。曰。彼皆偃蹇。將棄子之命。偃蹇，驕敖。○偃約免反。蹇紀晚反。敖五報反。皆曰。高國得君。得君寵也。必偪我。盍去諸。固將謀子。子早圖之。圖之莫如盡滅之。需事之下也。需，疑也。○偪音逼。盍戶臘反。去起呂反，下同。需音須，一音懦，弱持疑也。〔疏〕需事之下也。○正義曰：需是懦弱之意，懦弱持疑，不能決斷，是爲事之下者，勸其決斷而盡殺之。及朝。則曰。彼虎狼也。見我在子之側。殺我無日矣。請就之位。欲與諸大夫謀高國，故求就之。又謂諸大夫曰。二子者禍矣。恃得君而欲謀二三子。曰。國之多難。貴寵之由。盡去之而後君定。既成謀矣。盍及其未作也。先諸。作而後悔。亦無及也。大夫從之。夏。六月。戊辰。陳乞鮑牧牧，鮑國孫。○難乃旦反。鮑牧，州牧之牧。及諸大夫以甲入于公宮。昭子聞之。與惠子乘如公。戰于莊。敗。高國敗也。莊，六軌之道。○乘繩證反。國人追之。國夏奔莒。遂及高張、晏圉、弦施來奔。晏圉，晏嬰之子。圉、施不書，非卿。○圉魚呂反。○秋。七月。楚子在城父。將救陳。卜戰不吉。卜退不吉。王曰。然則死也。再敗楚師。不如死。前已敗於柏舉，今若退還，亦是敗。〔疏〕注前已至是敗。○正義曰：劉炫言卜不吉謂戰當敗，再敗當謂今伐更敗也。杜言退還亦是敗，非也，以規杜氏。今知劉非者，杜言退還亦是敗者，以傳卜退不吉，是不得好退，是雖欲退還亦必敗也，故云退還亦是敗，但文不委悉。劉以爲退還謂是好退而還，以規杜，非也。棄盟逃讎。亦不如死。死一也。其死讎乎。命公子申爲王。不可。則命公子結。亦不可。則命公子啓。申，子西；結，子期；啓，子閭，皆昭王兄。五辭而後許。將戰。王有疾。庚寅。昭王攻大冥。卒于城父。大冥，陳地，吳師所在。○辭本又作辤，說文云：辭，不受也，受辛宜辭也，辤籀文冥亡丁反。子閭退曰。君王舍其子而讓羣臣。敢忘君乎。從君之命。順也。從命許立。○舍音捨。立君之子。亦順也。二順不可失也。與子西、子期謀。潛師閉塗。逆越女之子章立之。而後還。潛師，密發也。閉塗，不通外使也。越女，昭王妾。章，惠王。是歲也。有雲如衆赤鳥。夾日以飛。三日。楚子使問諸周大史。周大史曰。其當王身乎。日爲人君，妖氣守之，故以爲當王身。雲在楚上，唯楚見之，故禍不及他國。○夾古洽反。大音泰，下同。〔疏〕問諸周大史。○正義曰：服虔云：諸侯皆有大史，主周所賜典籍，故曰周大史。一曰是時往問周大史。杜以問周大史，於文自明，故不煩釋。若禜之。可移於令尹、司馬。禜，禳祭。○禜音詠。禳如羊反。王曰。除腹心之疾。而寘諸股肱。何益。不穀不有大過。天其夭諸。有罪受罰。又焉移之。遂弗禜。

初。昭王有疾。卜曰。河爲祟。王弗祭。大夫請祭諸郊。王曰。三代命祀。祭不越望。諸侯望祀竟內山川星辰。○寘之豉反夭於表反焉於虔反祟息遂反竟音境〔疏〕不穀至移之。○正義曰言己若無大罪天其夭之乎必是身有大罪天乃下罪有罪受罰又焉移之 江漢睢章。楚之望也。四水在楚界。○睢七餘反漳音章〔疏〕注四水在楚界。○正義曰土地名江經南郡江夏弋陽安豐漢經襄陽至夏江安陸縣入江睢經襄陽至南郡枝江縣入江漳經襄陽至南郡當陽入江是四水皆在楚界也 禍福之至。不是過也。不穀雖不德。河非所獲罪也。遂弗祭。孔子曰。楚昭王知大道矣。其不失國也宜哉。夏書曰。惟彼陶唐。帥彼天常。逸書言堯循天之常道。○楚昭王知大道矣本或作天道非夏戶雅反下注同此語在尚書五子之歌書無帥彼天常一句下亦微異 有此冀方。今失其行。亂其紀綱。乃滅而亡。滅亡謂夏桀也唐虞及夏同都冀州不易地而亡由於不知大道故。○行如字又下孟反尚書作厥道乃滅而亡尚書作乃厎滅亡〔疏〕夏書至而亡。○正義曰此夏書五子之歌第三章也彼云惟彼陶唐有此冀方今失厥道亂其紀綱乃厎滅亡此多帥彼天常一句又字小異者文經篆隸師讀不同故兩存之賈服孫杜皆不見古文以爲逸書解爲夏桀之時唯王肅云太康時也案王肅注尚書其言多是孔傳疑肅見古文匿之而不言也堯治平陽舜治蒲坂禹治安邑三都相去各二百餘里俱在冀州統天下四方故云有此冀方也 又曰。允出茲在茲。由己率常可矣。又逸書言信出己己則福亦在己。○八月。齊邴意茲來奔。高國黨 陳僖子使召公子陽生。召在七月今在八月下記事之次〔疏〕注召在至之次。○正義曰經書陽生入齊文在七月之下知其召在七月也今傳在八月下者欲令下接十月立之是記事之次也邴意茲來奔者自以高國之黨八月來奔耳僖子使召陽生自以七月之時別使人召之非遣意茲召也賈逵以傳文相連謂遣意茲召又怪其日月錯誤云其說未聞杜以此故爲注云高國黨以隔之 陽生駕而見南郭且于。且于齊公子鉏在魯南郭。○且子餘反 曰。嘗獻馬於季孫。不入於上乘。故又獻此。請與子乘之。畏在家人聞其言故欲二人共載以試馬爲辭。○上乘繩證反 出萊門而告之故。魯郭門也 闞止知之。先待諸外。闞止陽生家臣子我也待外欲俱去。○闞苦暫反 公子曰。事未可知。反與壬也處。壬陽生子簡公。○壬而林反 戒之。遂行。戒使無洩言。○洩息列反 逮夜至於齊。國人知之。故以昏至不欲令人知也國人知而不言陳氏得衆。○令力呈反下同 僖子使子士之母養之。隱於僖子家內子士母僖子妾 與饋者皆入。陳僖子又令陽生隨饋食之人入處公宮。○饋其位反 冬。十月。丁卯。立之。將盟。盟諸大夫 鮑子醉而往。其臣差車鮑點。點鮑牧臣也差車主車之官。○差所宜反點之廉反又如字 曰。此誰之命也。陳子曰。受命于鮑子。遂誣鮑子曰。子之命也。見其醉故誣之 鮑子曰。女忘君之爲孺子牛而折其齒乎。而背之也。孺子荼也景公嘗銜繩爲牛使荼牽之荼頓地故折其齒。○女音汝折之舌反又市列反注同背音佩後年皆同 悼公稽首。悼公陽生 曰。吾子奉義而行者也。若我可。不必亡一大夫。言己可爲君必不怨鮑子 若我不可。不必亡一公子。公子自謂也恐鮑子殺己故要之。○要一遙反 義則進。否則退。敢不唯子是從。廢興無以亂。則所願也。鮑子曰。誰非君之子。乃受盟。言陽生亦君之子固可立 使胡姬以安孺子如賴。胡姬景公妾也賴齊邑安孺子號也 去鬻姒。荼之母 殺王甲。拘江說。囚王豹于句竇之丘。三子景公嬖臣荼之黨也。○拘音俱說音悅句音鉤竇音豆 公使朱毛告於陳子。朱毛齊大夫 曰。微子則不及此。然君異於器。不可以二。器二不匱。君二多難。敢布諸大夫。僖子不對而泣。曰。君舉不信羣臣乎。舉皆也。○匱其位反難乃旦反 以齊國之困。困又有憂。內有飢荒之困又有兵革之憂 少君不可以訪。是以求長君。庶亦能容羣臣乎。不然。夫孺子何罪。毛復命。公悔之。悔失言。○少詩照反長丁丈反夫音扶孺或作穉同 毛曰。君大訪於陳子。而圖其小可也。大謂國政小謂殺荼 使毛遷孺子於駘。不至。殺諸野幕之下。葬諸殳冒淳。恐駘人不從故毛駐於野張帳而殺之駘齊邑殳冒淳地名實以冬殺經書秋者史書秋記始事遂連其死通以冬告魯。○駘他才反又徒來反幕音莫殳音殊冒亡報反淳音純駐中住反〔疏〕注實以至告魯。○正義曰傳言十月立陽生陽生既立之後方遣朱毛殺荼則荼死在冬經書爲秋殺者記陽生初事入齊之始遂連荼死二事通以冬始來告言陽生秋入荼以秋死故並書於秋也

經七年。春。宋皇瑗帥師侵鄭。○晉魏曼多帥師侵衛。○夏。公會吳于鄫。鄫今琅邪鄫縣。○瑗于眷反鄫本又作繒才陵反

○秋。公伐邾。八月。己酉。入邾。以邾子益來。他國言歸於魯言來內外之辭 ○宋人圍曹。○冬。鄭駟弘帥師救曹。

傳七年。春。宋師侵鄭。鄭叛晉故也。定八年鄭始叛晉 ○晉魏曼多帥師侵衛。衛不服也。五年晉伐衛至今未服 ○夏。公會吳于鄫。吳欲霸中國 吳來徵百牢。子服景伯對曰。先王未之有也。吳人曰。宋百牢我。是時吳過宋得百牢。○牢力刀反過古禾反 魯不可以後宋。且魯牢晉大夫過十。晉大夫范鞅也在昭二十一年。○後如字又戶豆反 吳王百牢。不亦可乎。景伯曰。晉范鞅貪而棄禮。以大國懼敝邑。故敝邑十一牢之。君若以禮命於諸侯。則有數矣。有常數〔疏〕吳王百牢。○正義曰王制云君十卿祿魯牢晉大夫過十故吳王自謂合得百牢。○注有常數。○正義曰周禮大行人云上公九牢侯伯七牢子男五牢是常數也 若亦棄禮。則有淫者矣。周之王也。制禮上物。不過十二。上物天子之牢。○上時掌反注同〔疏〕注上物天子之牢。○正義曰周禮掌客云王合諸侯而饗禮則具十有二牢鄭玄云饗諸侯而用王禮之數者以公侯伯子男盡在是兼饗之莫適用也以莫適用故用王禮是天子之禮十二牢也郊特牲云天子適諸侯諸侯膳用犢諸侯適天子天子賜之禮大牢貴誠之義也如彼記文諸侯共天子之膳唯一犢耳而得有十二牢者若是天子大禮必以十二爲數其餘共王之膳食自用犢爲食耳非謂獻大禮者唯一犢也 以爲天之大數也。天有十二次故制禮象之 今棄周禮。而曰必百牢。亦唯執事。吳人弗聽。景伯曰。吳將亡矣。棄天而背本。違周爲背本〔疏〕棄天而背本。○正義曰棄十二之數爲棄天違周禮是背本 不與。必棄疾於我。放棄凶疾來伐擊我 乃與之。大宰嚭召季康子。嚭吳大夫 康子使子貢辭。大宰嚭曰。國君道長。盍言君長大於道路。○長丁丈反注及下注同 而大夫不出門。此何禮也。對曰。豈以爲禮。畏大國也。畏大國不敢虛國盡行 大國不以禮命於諸侯。苟不以禮。豈可量也。寡君既共命焉。其老豈敢棄其國。大伯端委以治周禮。仲雍嗣之。斷髮文身。贏以爲飾。豈禮也哉。有由然也。大伯周大王之長子仲雍大伯弟也大伯仲雍讓其弟季歷俱適荊蠻遂有民衆大伯卒

無子仲雍嗣立不能行禮致化故效吳俗言其權時制宜以辟災害非以爲禮也端委禮衣也○效吳俗共音恭大伯音泰注同斷丁管反臝本又作倮力果反效戶孝反〔疏〕注大伯至衣也○正義曰吳世家云大伯及仲雍皆周大王之子而王季歷之兄也季歷賢而有聖子昌大王欲立季歷以及昌於是大伯仲雍二人乃奔荆蠻文身斷髮示不可用大伯之奔荆蠻自號句吳荆蠻義之從而歸之千餘家立爲吳大伯大伯卒無子弟仲雍立是說大伯仲雍適吳之由也魯人不堪吳責故舉吳之上祖以許之二人同時適吳而大伯端委仲雍斷髮者大伯初往未爲彼君故服其本服自治周禮及仲雍民歸稍多既爲彼君宜從彼俗曲禮云君子行禮不求變俗仲雍爲彼人主不能用周人之禮致中國之化故文身斷髮放效吳俗言其權時制宜以辟災害非以爲禮也漢書地理志云越人文身斷髮以辟蛟龍之害應劭曰常在水中故斷其髮文其身以象龍子故不見傷害杜言辟害此蛟龍之害大伯之時未有周禮言治周禮者謂治其本國岐周之禮非周公所制禮也贏以爲飾者贏其身體以文身爲飾也端委禮衣者王肅云委貌之冠玄端之衣也此傳言大伯端委仲雍斷髮史記云二人皆文身斷髮然則文身斷髮自辟害耳史記以爲示不可用二人亡去遠適荆蠻則周人不知其處何以須示不可用也皆馬遷謬耳反自鄶以吳爲無能爲也○棄禮知其不能霸也○季康子欲伐邾乃饗大夫以謀之子服景伯曰小所以事大信也大所以保小仁也背大國不信○大國吳也伐小國不仁民保於城城保於德失二德者危將焉保○二德信與仁也○焉於虔反孟孫曰二三子以爲何如○怪諸大夫不言故指問之惡賢而逆之○孟孫賢景伯欲使大夫不逆其言惡猶安也○惡音烏注同對曰禹合諸侯於塗山執玉帛者萬國○諸大夫對也諸侯執玉附庸執帛塗山在壽春東北〔疏〕注諸侯至執帛○正義曰周禮大宗伯云以玉作六瑞以等邦國公執桓圭侯執信圭伯執躬圭子執穀璧男執蒲璧是諸侯執玉也典命云諸侯之適子誓於天子以皮帛繼子男是世子執帛也知附庸執帛者以世子既繼男附庸君亦繼子男公之孤四命以皮帛視小國之君附庸無爵雖不得同於子男其位不卑於世子與公之孤也諸侯世子各稱朝附庸君亦稱朝是與世子相似故知執帛也且附庸是國此言執玉帛者萬國國而執帛唯附庸耳知附庸執帛也案尚書有三帛公之孤諸侯世子附庸君此唯言附庸者以傳云禹合諸侯又云執玉皆據君身言之故不數世子及孤也下云萬國故唯據附庸言之王制云不能五十里者不合於天子附於諸侯曰附庸鄭玄云不合謂不朝會也小城曰附庸附庸者以國事附於大國未能以其名通也如彼云附庸不得朝會而禹會萬國有附庸者附庸不得特達天子耳禹會諸侯諸國盡至附庸從其所附之國共見天子故有執帛者言萬國者舉盈數耳鄭玄注尚書以爲數正滿萬國案益稷州十有二師鄭以爲每一師領百國州十有二師則每州千二百國畿外八州揔九千六百國其餘四百國在畿內州得有千二百國者以唐虞土方萬里九州之內地方七千里七七四十九爲方千里者四十九其一爲畿內餘四十八八州分之州各有千里之方六以千里之方二爲方百里之國二百又以千里之方二爲七十里之國四百又以千里之方二爲五十里之國八百揔爲一千四百國去其方五十里之國二百是州別千二百國也鄭玄云畿內四百國者皆謂五十里國也杜云諸侯執玉附庸執帛是與鄭異也尚書傳云百里之方三爲國七有奇以百里之方二爲百里之國一又以百里之方一爲七十里之國二有奇知者但方百里者爲方十里者百若方七十里之國唯有七七四十九是爲七十里之國二仍有十里之方二在又以百里之方一爲五十里之國四是百里之方三爲國七有奇則千里之方三爲國七百有奇有百里之方二在今其存者無數十焉唯大不字小小不事大也○言諸侯相伐古來以然○數所主反知必危何故不言○知伐邾必危自當言今不言者不危故也大夫以荅孟孫所怪且阿附季孫魯德如邾而以衆加之可乎○孟孫忿荅大夫今魯德無以勝邾但欲恃衆可乎言不可〔疏〕注孟孫至不可○正義曰傳於異人之言更應加曰今無曰者作傳略之論語之文此類多矣雖魯上無曰要言與大夫對反不得爲大夫之辭故以爲孟孫忿荅大夫也服虔以上二句亦爲孟孫之言謂諸大夫誠知伐邾必危何故不早言也杜以上屬爲便唯以此句爲孟孫言耳不樂而出○季孟意異佞直不同故罷饗○樂音岳一音洛秋伐邾及范門○邾郭門也猶聞鍾聲○邾不禦寇○禦魚呂反大夫諫不聽茅成子請告於吳○成子邾大夫茅夷鴻不許曰魯擊柝聞於邾○言以近○柝音託以兩木相擊以行夜也字又作㯓同聞音問又如字〔疏〕魯擊柝聞於邾○正義曰易繫辭云重門擊柝以待暴客鄭玄云手持兩木以相敲是爲擊柝守備警戒也吳二千里不三月不至何及於我且國內豈不足○言足以距魯成子以茅叛○高平西南有茅鄉亭師遂入邾處其公宮衆師晝掠○虜掠取財物也○晝音中救反掠音亮邾衆保于繹○繹邾山也在鄒縣北○繹音亦鄒側留反師宵掠以邾子益來○益邾隱公也晝夜掠傳言康子無法獻于亳社○以其亡國與殷同囚諸負瑕負瑕故有繹○負瑕魯邑高平南平陽縣西北有瑕丘城前者魯得邾之繹民使在負瑕故使相就以辱之邾茅夷鴻以束帛乘韋自請救於吳○無君命故言自○乘繩證反下及注同曰魯弱晉而遠吳○馮恃其衆○馮依○馮皮冰反注同而背君之盟辟君之執事○辟陋○辟匹亦反注同以陵我小國○邾非敢自愛也懼君威之不立○君威之不立小國之憂也若夏盟於鄫衍○鄫衍即鄫也鄫盟不書吳行夷禮禮儀不典非所以結信義故不錄秋而背之成求而不違○言魯成其所求無違逆也四方諸侯其何以事君○且魯賦八百乘君之貳也○貳敵也魯以八百乘之賦貢於吳言其國大邾賦六百乘○君之私也○爲私屬以私奉貳唯君圖之○吳子從之○爲明年吳伐我傳○宋人圍曹鄭桓子思曰宋人有曹鄭之患也不可以不救○桓論冬鄭師救曹侵宋初曹人或夢衆君子立于社宮○社宮社也〔疏〕或夢衆君子○正義曰曹人夢見多人不識姓名故唯云衆君子也服虔云衆君子諸國君妾耳而謀亡曹○曹叔振鐸請待公孫彊許之○振鐸曹始祖○鐸待洛反注同彊其良反旦而求之曹無之○戒其子曰我死爾聞公孫彊爲政必去之○及曹伯陽即位好田弋曹鄙人公孫彊好弋獲白鴈獻之且言田弋之說○說之因訪政事大說之有寵使爲司城以聽政夢者之子乃行○彊言霸說於曹伯曹伯從之乃背晉而奸宋宋人伐之晉人不救築五邑於其郊曰黍丘揖丘大城鍾邘○爲明年入曹傳也梁國下邑縣西南有黍丘亭○好呼報反下同弋以職反繳射也之說如字說之音悅下大說同霸說如字一音始銳反奸音干揖音集一音於入反邘音于〔疏〕好田弋○正義曰周禮司弓矢云矰矢用諸弋射鄭玄云結繳於矢謂之矰矰高也可以弋飛鳥說文云繳生絲也謂用生絲爲繩繫矢以射鳥也

經八年春王正月宋公入曹以曹伯陽歸○曹入背晉而奸宋是以致討宋公既還而不忍褚師之詬怒而反兵一舉滅曹滅非本志故以入告○褚中呂反詬呼豆反〔疏〕注曹人至入告○正義曰傳例曰不有其地曰入案傳宋實滅曹而有之經書爲入故杜原其事而解之○吳伐我○夏齊人取讙及闡○不書伐兵未加而魯與之邑闡在東平剛縣北○讙音歡闡尺善反〔疏〕取讙及闡○正義曰公羊穀梁以爲賂齊謂前年魯伐邾取邾子益益是齊甥畏齊故賂之非左氏意也○歸邾子益于邾○秋七月○冬十有二月癸亥杞伯過卒○無傳未同盟而赴以名○過古禾反〔疏〕杞伯過卒○正義曰世族譜云僖公過悼公曾孫案悼公祖文公以昭六年卒父平公以昭二十四年卒悼公以定四年卒未應有曾孫可以授之國也杞世家僖公過是悼公之子疑譜誤○齊人歸讙及闡○不言來命歸之無官使也○使所吏反〔疏〕注不言至使也○正義曰定齊人來歸鄆讙龜陰田此不言來故解之

傳八年。春。宋公伐曹。將還。褚師子肥殿。子肥宋大夫。○殿丁練反下注同。曹人詬之。不行。詬詈辱也。不行殿兵止也。○詬本又作訽呼豆反詈力智反。師待之。公聞之。怒。命反之。遂滅曹。執曹伯及司城彊以歸。殺之。終曹人之夢。○吳爲邾故。將伐魯。問於叔孫輒。問可伐否。輒故魯人。○爲于僞反下注爲之同。〔疏〕問於叔孫輒。○正義曰定十二年叔孫輒與公山不狃帥費人以襲魯兵敗奔于齊後自齊奔吳吳子令問之。叔孫輒對曰。魯有名而無情。有大國名無情實。伐之必得志焉。退而告公山不狃。公山不狃曰。非禮也。君子違。不適讎國。違奔亡也。〔疏〕君子至讎國。○正義曰謂有故而去者也本國於己無大讎怨己無報怨之心則違而不適讎國武王數紂之罪以告衆云撫我則后虐我則讎若父本無罪而枉被誅殺如伍員之徒志在復讎適國亦可矣不得以此言格之也若父以罪而受誅者如鬭辛之徒本自不合怨君故辛亦不敢怨也。未臣而有伐之。奔命焉。死之可也。未臣未臣於所適之國若有伐本國者則可還奔命死其難。○難乃旦反。〔疏〕注未臣至其難。○正義曰既臣之後則身是新君之臣性命非復己有故不復得爲舊君死節也若未有臣服則舊君之恩未絕故可還奔舊君之命死其難也言奔命則有命乃奔之若命不及亦不當還。所託也則隱。曾所因託則爲之隱惡。○曾在增反。且夫人之行也。不以所惡廢鄉。不以私惡廢其鄉黨之好。○夫音符行下孟反又如字惡烏路反又如字注同好呼報反下文好焉同。今子以小惡而欲覆宗國。不亦難乎。輒魯公族故謂之宗國。○覆芳服反。若使子率。子必辭。王將使我。子張疾之。子張輒也。〔疏〕若使子率。○正義曰率謂在軍前引道率領先行非爲軍之將帥也故不狃云子辭王將使我以其知魯道者唯此二人故也。王問於子洩。子洩不狃。○洩息列反又作泄。對曰。魯雖無與立。緩時若無能自立。必有與斃。急則人人知懼皆將同死戰。○斃婢世反。諸侯將救之。未可以得志焉。晉與齊楚輔之。是四讎也。與魯而四。夫魯齊晉之脣。脣亡齒寒。君所知也。不救何爲。三月。吳伐我。子洩率。故道險。從武城。故由險道欲使魯成備。○子洩率絕句故道險絕句。初。武城人或有因於吳竟田焉。僑田吳界。○竟音境僑其驕反。拘鄫人之漚菅者。曰。何故使吾水滋。鄫人亦僑田吳滋濁也。○拘音俱下同漚烏豆反菅古顏反滋音玄本亦作茲子絲反字林云黑也。

及吳師至。拘者道之。以伐武城。克之。鄫人教吳必可克。○道音導。王犯嘗爲之宰。澹臺子羽之父好焉。國人懼。王犯吳大夫故嘗奔魯爲武城宰澹臺子羽武城人孔子弟子也其父與王犯相善國人懼其爲內應。○澹待甘反應應對之應。〔疏〕及吳至人懼。○正義曰杜意拘者道之以伐武城克之謂語吳人云若伐武城必可克之吳人王犯嘗爲武城之宰與澹臺子羽之父相善國人懼者謂武城邑懼子羽爲吳內應劉炫以爲實克武城今知非者以下傳始云王犯嘗爲之宰國人懼是未得武城故知此克之是鄫人教吳之語劉以爲伐武城克之者實克武城國人懼者懼其害魯若然吳師既來伐魯是顯然行兵不須云王犯與子羽之父相善魯已受害何須云國人始懼傳既云王犯嘗爲之宰文繼武城之下是爲武城之宰澹臺子羽又是武城之人皆據武城而言故知恐爲武城內應傳載漚菅事者說來伐武城之由劉妄生異見而規杜非也。懿子謂景伯。若之何。對曰。吳師來。斯與之戰。何患焉。且召之而至。又何求焉。言犯盟伐邾所以召吳。吳師克東陽而進。舍於五梧。明日。舍於蠶室。三邑魯地。公賓庚。公甲叔子與戰于夷。獲叔子與析朱鉏。公賓庚公甲叔子并析朱鉏爲三人皆同車傳互言之。○析星歷反注及下同。獻於王。王曰。此同車。必使能。國未可望也。同車能俱死是國能使人故不可望得。明日。舍于庚宗。遂次於泗上。微虎欲宵攻王舍。微虎魯大夫。○泗音四。私屬徒七百人。三踊於幕庭。於帳前設格令士試躍之。○屬音燭幕亡博反格更百反令力呈反躍羊灼反。卒三百人。有若與焉。卒終也終得三百人任行有若孔子弟子與在三百人中。○與音預注同任音壬。及稷門之內。三百人行至稷門。或謂季孫曰。不足以害吳。而多殺國士。不如已也。乃止之。吳子聞之。一夕三遷。畏微虎。○三息暫反。吳人行成。求與魯成。將盟。景伯曰。楚人圍宋。易子而食。析骸而爨。猶無城下之盟。在宣十五年。○骸戶皆反本又作骨爨七亂反。我未及虧。而有城下之盟。是棄國也。吳輕而遠。不能久。將歸矣。請少待之。弗從。景伯負載。造於萊門。以言不見從故負載書將欲出盟。○虧去危反輕遣政反載如字或音戴造七報反萊音來。〔疏〕注以言至出盟。○正義曰劉炫云載書盟主所制自當吳人爲之何由復出魯國又載書數簡之文耳何須負之且諸言載書未有單稱載者以爲負載器物欲往質於吳以規杜今知負載是負載書者以周禮司盟掌盟載之事故傳云士莊子爲載書此上有將盟之文下即云負載之事故知是載書也劉以負載謂背負器物然則景伯魯之大夫親自負物不近人情而規杜過非也。乃請釋子服何於吳。吳人許之。以王子姑曹當之。而後止。釋舍也魯人不以盟爲了欲因留景伯爲質於吳既得吳之許復求吳王之子以交質吳人不欲留王子故遂兩止。○質音致下同復扶又反。吳人盟而還。不書盟恥吳夷。○齊悼公之來也。在五年。季康子以其妹妻之。即位而逆之。季魴侯通焉。魴侯康子叔父。○妻七計反魴音房。女言其情。弗敢與也。齊侯怒。夏五月。齊鮑牧帥師伐我。取讙及闡。或譖胡姬於齊侯。曰。安孺子之黨也。胡姬景公妾。六月。齊侯殺胡姬。傳言齊侯無道所以不終。齊侯使如吳請師。將以伐我。乃歸邾子。請師也吳前爲邾討魯懼二國同心故歸邾子。○爲于僞反。邾子又無道。吳子使大宰子餘討之。子餘大宰嚭。○囚諸樓臺。栫之以棘。栫雍也。○栫本又作荐在薦反雍於勇反。使諸大夫奉大子革以爲政。革邾大子桓公也。爲十年邾子來奔傳。○秋。及齊平。九月。臧賓如如齊涖盟。賓如臧會子。齊閭丘明來涖盟。明閭丘嬰之子。盟不書諱略之。〔疏〕注明閭至略之。○正義曰魯以女見伐喪邑又屈服求盟是可恥之事二盟皆不書者諱其恥而略之。且逆季姬以歸。嬖。季姬魴侯所通者。鮑牧又謂羣公子曰。使女有馬千乘乎。有馬千乘使爲君也鮑牧本不欲立陽生故諷動羣公子。○女音汝乘繩證反注及下同諷方鳳反。公子愬之。公謂鮑子。或譖子。子姑居於潞以察之。潞齊邑。○愬音素潞音路。若有之。則分室以行。若無之。則反子之所。出門。使以三分之一行。半道。使以二乘。及潞。麇之以入。遂殺之。麇亦束縛。○麇丘隕反。冬。十二月。齊人歸讙及闡。季姬嬖故也。

經九年。春。王二月。葬杞僖公。無傳三月而葬速。○宋皇瑗帥師取鄭師于雍丘。書取覆而敗之雍丘縣屬陳留。○雍於勇反。〔疏〕注書取覆而敗之。○正義曰莊十一年傳例曰覆而敗之曰取某師釋例曰覆者謂威力兼備若羅網所掩覆一軍皆見禽制故以取爲文專制之辭也案傳鄭師圍宋雍丘宋皇瑗復於鄭師之外築壘使合表裏受敵無處可逃子姚救之

又大敗而宋師乃號令使有能者無死是其合軍盡禽敵人制其死命是於例正合書取也○夏。楚人伐陳。○秋。宋公伐鄭。○冬十月。

傳九年。春。齊侯使公孟綽辭師于吳。齊與魯平故辭吳師。○綽昌灼反本又作卓同 吳子曰。昔歲寡人聞命。今又革之。不知所從。將進受命於君。爲十年吳伐齊傳 ○鄭武子賸之嬖許瑕求邑。無以與之。賸罕達也瑕武子之屬○賸以證反 請外取。許之。瑕請取於他國 故圍宋雍丘。宋皇瑗圍鄭師。許瑕師 每日遷舍。作壘塹成輒徙舍合其圍○壘力軌反塹七豔反 壘合。鄭師哭。子姚救之。大敗。子姚武子賸也 二月甲戌。宋取鄭師于雍丘。使有能者無死。惜其能也 以郟張與鄭羅歸。鄭之有能者○郟古洽反又音甲 ○夏。楚人伐陳。陳即吳故也。○宋公伐鄭。報雍丘 〔疏〕宋公伐鄭○正義曰虛舉經文者爲下趙鞅救鄭起并以終上取鄭師之事也 ○秋。吳城邗溝。通江淮。於邗江築城穿溝東北通射陽湖西北至末口入淮通糧道也今廣陵韓江是○邗音寒射食亦反又音亦 ○晉趙鞅卜救鄭。遇水適火。水火之兆 〔疏〕遇水適火○正義曰服虔云兆南行適火卜法橫者爲土立者爲木邪向經者爲金背經者爲火因兆而細曲者爲水 占諸史趙、史墨、史龜。皆晉史 史龜曰。是謂沈陽。火陽得水故沈 可以興兵。兵陰類也故可以興兵 利以伐姜。不利子商。姜齊姓子商謂宋 伐齊則可。敵宋不吉。史墨曰。盈。水名也。子。水位也。趙鞅姓盈宋姓子水盈坎乃行子姓又得北方水位 〔疏〕注趙鞅至水位○正義曰秦本紀秦伯翳之後爲嬴姓也趙世家云趙氏之先與秦同祖其伯翳後世爲盈潛蜚廉有子二人一曰惡來其後爲秦一曰季勝其後爲趙今卜趙鞅伐宋故以嬴子二姓爲占也 名位敵。不可干也。二水俱盛故言不可干 炎帝爲火師。神農有火瑞以火名官 姜姓其後也。水勝火。伐姜則可。史趙曰。是謂如川之滿。不可游也。既盈而得水位故爲如川之滿不可馮游言其波流盛○游音由馮皮冰反 鄭方有罪。不可救也。鄭以嬖寵伐人故以爲有罪 救鄭則不吉。不知其他。救鄭則當伐宋故不吉也 陽虎以周易筮之。遇泰䷊乾下坤上泰之需䷄。乾下坎上需泰六五變○需音須 〔疏〕遇泰之需○正義曰乾下坤上泰乾爲天坤爲地地在上天在下象曰天地交泰泰者大也天地交合萬物大通故名此卦爲泰乾下坎上需彖曰需須也言雲在天上須散而爲雨故名此卦爲需 曰。宋方吉。不可與也。不可與戰泰六五曰帝乙歸妹以祉元吉帝乙紂父五爲天子故稱帝乙陰而得中有似王者嫁妹得如其願受福祿而大吉○祉音恥 〔疏〕注不可至大吉○正義曰泰六五曰帝乙歸妹以祉元吉易之文也既引其文又解其意帝乙紂父殷本紀文也易之爻位五爲天子故於六五之爻稱帝乙也其象曰以祉元吉中以行願六是陰爻也五是上體之中居天子之位陰而得中有似王者嫁妹得如其願受福祿而大吉王弼云婦人謂嫁曰歸泰者陰陽交通之時也女處尊位履中居順降身應二感以相與用中行願不失其禮帝乙歸妹誠合斯義履順居中行願以祉盡夫陰陽交配之宜故元吉也杜說與彼同案易稱高宗伐鬼方者實伐之帝乙歸妹者實嫁之其女有賢德名聞昭著故得載之易象但書典散亡不知嫁與何人爲誰之妻 微子啓。帝乙之元子也。宋、鄭。甥舅也。宋鄭爲昏姻甥舅之國宋爲微子之後今卜得帝乙卦故以爲宋吉 〔疏〕宋鄭甥舅○正義曰宋鄭異姓必嫁娶往來或可時實有親故爲甥舅言甥舅者言其昏姻勢敵敵則無以相傾宋有福鄭必衰言鄭不可助也 祉。祿也。若帝乙之元子歸妹而有吉祿。我安得吉焉。乃止。吉在彼則我伐之爲不吉 ○冬。吳子使來儆師伐齊。前年齊與吳謀伐魯齊既與魯成而止故吳恨之反與魯伐齊○儆音景

經十年。春。王二月。邾子益來奔。〔疏〕邾子益來奔○正義曰八年歸邾子益于邾傳云邾子又無道吳子使大宰子餘討之囚諸樓臺栫之以棘蓋將歸吳而因之今言來奔當是自吳逃而來適魯傳稱齊甥也遂奔齊經不復書其奔齊者凡諸來奔既至魯而更復奔他國者已去其位略賤之不復書齊慶封亦是也 ○公會吳伐齊。書會從不與謀○與音預 〔疏〕注書會至與謀○正義曰往年吳來儆師是與我謀也而從不與謀者謂彼此和同計謀然後共伐則是我爲伐主故言及某同行不與謀者謂彼心自定遣來名我則彼爲伐主我往會之故言會某伐某今吳伐齊之意已定儆師者來名魯耳於例止當言會故從不與謀之文 ○三月戊戌。齊侯陽生卒。以疾赴故不書弑○弑申志反 〔疏〕注以疾至書弑○正義曰傳稱齊人弑悼公赴于師則陽生被弑矣而經書卒是以疾死赴也襄七年鄭伯髡頑卒于鄵傳稱子駟使賊夜弑僖公而以瘧疾赴于諸侯知此亦以疾死赴故不書弑也八年臧賓如如齊涖盟齊閭丘明來涖盟是再同盟故赴以名杜不言略之 ○夏。宋人伐鄭。無傳 ○晉趙鞅帥師侵齊。○五月。公至自伐齊。無傳 ○葬齊悼公。無傳 ○衛公孟彄自齊歸于衛。無傳書歸齊納之○彄苦侯反 〔疏〕注書歸齊納之○正義曰定十四年衛公孟彄出奔鄭自鄭奔齊故今自齊歸衛也成十八年傳例曰凡去其國諸侯納之曰歸此書自齊歸知是齊納之 ○薛伯夷卒。無傳赴以名故書 〔疏〕注赴以名故書○正義曰定十三年薛弑其君比此夷當代爲君爾來未同盟而赴以名故書 ○秋。葬薛惠公。無傳 ○冬。楚公子結帥師伐陳。○吳救陳。季子不書陳人來告不以名 〔疏〕注季子至以名○正義曰傳稱延州來季子救陳是季札也札以襄二十九年來聘書名則此亦宜書名今不書者陳人來告不以名也

傳十年。春。邾隱公來奔。齊甥也。故遂奔齊。終子貢之言 公會吳子、邾子、郯子伐齊南鄙。師于鄎。鄎齊地邾郯不書兵并屬吳不列於諸侯○郯音談鄎音息并必政反 ○齊人弑悼公。赴于師。以說吳○弑申志反 吳子三日哭于軍門之外。徐承帥舟師。將自海入齊。齊人敗之。吳師乃還。承吳大夫 ○夏。趙鞅帥師伐齊。經書侵以侵告 大夫請卜之。趙孟曰。吾卜於此起兵。謂往歲卜伐宋不吉利以伐姜故今興兵 事不再令。再令瀆也 卜不襲吉。襲重也○重直龍反又直用反 行也。於是乎取犂及轅。犂一名隰濟南有隰陰縣祝阿縣西有轅城○犂力兮反又力之反轅音袁一音于眷反隰音習本或作隰音同 〔疏〕注犂一名隰○正義曰犂即犂丘也二十三年傳稱齊晉戰于犂丘知伯親禽顏庚庚即涿聚也二十七年陳成子召顏涿聚之子晉曰隰之役而父死焉是犂一名隰 毀高唐之郭。侵及賴而還。○秋。吳子使來復儆師。伐齊未得志故爲明年吳伐齊傳○復扶又反 ○冬。楚子期伐陳。陳即吳故 吳延州來季子救陳。謂子期曰。二君不務德。二君吳楚 而力爭諸侯。民何罪焉。我請退。以爲子名。務德而安民。乃還。季子吳王壽夢少子也壽夢以襄十二年卒至今七十七歲壽夢卒季子已能讓國年當十五六至今蓋九十餘○夢音蒙少詩照反 〔疏〕注季子至十餘○正義曰襄昭之傳稱延州來季子者皆是季札也此說務德安民是大賢之事亦當是札故計其年言雖老猶能將兵也孫毓以爲季子食邑於州來世稱延州來季子猶趙氏世稱知伯延州來季子或是札之子與孫也

經十有一年。春。齊國書帥師伐我。○夏。陳轅頗出奔鄭。書名貪也○頗破可反又普多反 ○五月。公會吳伐齊。○甲戌。齊國書帥師及吳戰于艾陵。齊師敗績。獲齊國書。公與伐而不與戰艾陵齊地○艾五蓋反與伐音預下同 ○秋七月。辛酉。滕子虞母卒。無傳赴以名故書之 〔疏〕注赴以名故書之○正義曰四年滕子

結卒虞母代結爲君爾來未同盟來赴故書也○冬十有一月葬滕隱公。無傳○衛世叔齊出奔宋。書名淫也

傳十一年春齊爲鄎故。鄎在前年。爲于僞反國書高無丕帥師伐我及清。清齊地濟北盧縣東有清亭。○丕普悲反季孫謂其宰冉求曰。冉求魯人孔子弟子齊師在清必魯故也。若之何。求曰。一子守二子從公禦諸竟。季孫曰。不能。自度力不能使二子禦諸竟○守手又反從才用反禦魚呂反亦作御竟音境度待洛反求曰。居封疆之間。封疆竟內近郊地。○疆居良反季孫告二子。二子叔孫孟孫也二子不可。求曰。若不可則君無出。一子帥師背城而戰。不屬者非魯人也。屬臣屬也言不戰爲不臣魯之羣室衆於齊之兵車。羣室都邑居家一室敵車優矣。子何患焉。二子之不欲戰也宜政在季氏。言二子恨季氏專政故不盡力○二子之不欲戰也宜絕句當子之身齊人伐魯而不能戰子之恥也。大不列於諸侯矣。季孫使從於朝。使冉求隨已之公朝俟於黨氏之溝。黨氏溝朝中地名。○黨音掌武叔呼而問戰焉。問冉求對曰。君子有遠慮。小人何知。懿子強問之。對曰。小人慮材而言。量力而共者也。言子所問非已材力所及故不能言。○強其丈反共音恭武叔曰。是謂我不成丈夫也。知冉求非已不欲戰故不對是不成丈夫也本或作大夫非退而蒐乘。蒐閱。○蒐所求反乘繩證反閱音悅孟孺子洩帥右師。孺子孟懿子之子武伯彘。○孺而住反彘直利反顏羽御。邴洩爲右。二子孟氏臣。○邴音丙又彼命反冉求帥左師。管周父御。樊遲爲右。樊遲魯人孔子弟子樊須。○父音甫季孫曰須也弱。有子曰就用命焉。雖年少能用命有子冉求也。○少詩照反季氏之甲七千。冉有以武城人三百爲已徒卒。步卒精兵。○卒子忽反注同老幼守宮。次于雩門之外。南城門也。○雩音于五日右師從之。五日乃從言不欲戰公叔務人務人公爲昭公子見保者而泣。保守城者曰事充繇役煩。○繇本或作傜同音遙政重。賦稅多上不能謀。士不能死。何

以治民。吾既言之矣。敢不勉乎。既言人不能死已不敢不死師及齊師戰于郊。齊師自稷曲。稷曲郊地名師不踰溝。樊遲曰。非不能也。不信子也。請三刻而踰之。與衆三刻約信如之。衆從之。如樊遲言乃踰溝師入齊軍。冉求之師右師奔。齊人從之。逐右師陳瓘陳莊涉泗。二陳齊大夫。○瓘古亂反泗音四孟之側後入以爲殿。之側孟氏族也字反。○殿丁練反抽矢策其馬曰。馬不進也。不欲伐善。○抽勑留反策初革反本或作筴林不狃之伍曰。走乎。不狃魯士五人爲伍敗而欲走不狃曰。誰不如。我不如誰而欲走。○誰不如如字一音而庶反注同曰。然則止乎。不狃曰。惡賢。言止戰惡足爲賢皆无戰志。○惡音烏注同徐步而死。徐行而死言魯非无壯士但季孫不能使師獲甲首八十。冉求所得齊人不能師。不能整其師宵諜曰。齊人遁。諜間也。○諜音牒遁徒困反間間廁之間冉有請從之三。季孫弗許。孟孺子語人曰。我不如顏羽而賢於邴洩。二子與孟孺子同車。○語魚據反子羽銳敏。子羽顏羽銳精也敏疾也言欲戰我不欲戰而能默。心雖不欲口不言奔。○默本亦作嘿亡北反洩曰。驅之。言驅馬欲奔公爲與其嬖僮汪錡乘。皆死皆殯。皆俱也。○嬖必計反僮本亦作童音同汪烏黃反錡魚綺反乘繩證反孔子曰。能執干戈以衛社稷。可無殤也。時人疑童子當殤。○殤音商八歲至十九歲爲殤【疏】注時人至當殤。○正義曰。喪服大功章云。子女子子之長殤中殤傳曰。何以大功。未成人也。年十九至十六爲長殤。十五至十二爲中殤。十一至八歲爲下殤。不滿八歲以下皆爲無服之殤。其於服也。長殤中殤降成人一等。下殤降二等。此注錡蓋長殤也。時人疑其當降服。又葬殤之禮亦異成人。檀弓云。周人以殷人之棺椁葬長殤。以夏后氏之堲周葬中殤下殤。以有虞氏之瓦棺葬無服之殤。是其異於成人也。冉有用矛於齊師。故能入其軍。孔子曰。義也。言能以義勇不書戰不皆陳也不書敗勝負不殊。○矛亡侯反陳直覲反○夏陳轅頗出奔鄭。初轅頗爲司徒。賦封田以嫁公女。封內之田悉賦稅之有餘。以爲已大器。長器鍾鼎之屬國人逐之。故出。道渴。其族轅咺進稻醴粱糗腶脯焉。糗乾飯也。○咺況阮反稻醴音禮以稻米爲醴酒粱糗起九反以粱米爲之一音昌紹反腶丁亂反字亦作鍛加薑桂曰腶脯也【疏】稻醴粱糗腶脯。○正義曰。周禮酒正辨五齊之

名。二曰醴齊。鄭玄云。醴猶體也。成而汁滓相將。如今之恬酒矣。則醴是濁酒也。月令作酒云。秫稻必齊。是以稻爲醴也。釋草云。虋赤苗。芑白苗。郭璞曰。今之赤粱粟白粱粟皆好穀也。內則鄭玄注云。腶脩捶脯施薑桂也。其給也。對曰。器成而具。具此醴糗曰。何不吾諫。對曰。懼先行。恐言不從先見逐○爲郊戰故。公會吳子伐齊。欲以報也。○爲于僞反五月克博。壬申至于嬴。博嬴齊邑也二縣皆屬泰山。○嬴音盈中軍從王。吳中軍胥門巢將上軍。王子姑曹將下軍。展如將右軍。三將吳大夫齊國書將中軍。高無丕將上軍。宗樓將下軍。陳僖子謂其弟書。爾死。我必得志。書子占也欲獲死事之功宗子陽與閭丘明相厲也。相勸厲致死子陽宗樓也桑掩胥御國子。國子國書公孫夏曰。二子必死。亦勸勉也。○夏戶雅反將戰。公孫夏命其徒歌虞殯。虞殯送葬歌曲示必死。○殯必刃反【疏】歌虞殯。○正義曰。賈逵云。虞殯遣殯歌詩。杜云送葬歌曲。並不解虞殯之名。禮啓殯而葬。葬即下棺。反日中而虞。蓋以啓殯將虞之歌謂之虞殯。歌者樂也。喪者哀也。送葬得有歌者。蓋挽引之人爲歌聲以助哀。今之挽歌是也。舊說挽歌漢初田横之臣爲之。據此挽歌之有久矣。晉初荀顗制禮。以吉凶不雜。送葬不宜有歌。去之。摯虞駮之云。詩云。君子作歌。惟以告哀。葬之有歌。不爲害也。復存之陳子行命其徒具含玉。子行陳逆也具含玉亦示必死。○行如字又戶郎反含戶暗反本又作唅公孫揮命其徒曰。人尋約。吳髮短。約繩也八尺爲尋吳髮短欲以繩貫其首。○揮許韋反東郭書曰。三戰必死。於此三矣。三戰夷儀五氏與今使問弦多以琴。弦多齊人也六年奔魯問遺也。○遺唯季反【疏】使問弦多以琴。○正義曰。禮以物遺人謂之問。二十六年衛出公使以弓問子贛。論語云。問人於他邦。皆是也曰。吾不復見子矣。言將死戰陳書曰。此行也。吾聞鼓而已。不聞金矣。鼓以進軍金以退軍不聞金言將死也傳言吳師彊齊人皆自知將敗。○將【疏】注鼓以至退軍。○正義曰。周禮大司馬教大閱之禮云。中軍以鼙令鼓。鼓人皆三鼓。車徒皆作。鼓行鳴鐲。車徒皆行。及表乃止。鳴鐃且卻。鄭注云。凡進軍退軍鼓鐸同。其所異者。應鐲而鳴鐃耳。如鄭此言。則進退皆有金鼓。而杜云鼓以進軍金以退軍者。周禮是教戰之法。其臨敵之時。欲戰則先擊鼓以動之。欲退則先擊金以靜之。故長勺之役。公將鼓之。是欲戰擊鼓也。此傳云吾聞鼓而已不聞金矣。是欲退擊金也。甲戌。戰于艾陵。展如敗高子。齊上軍敗國子敗胥門巢。吳上軍亦敗王卒助之。大敗齊師。獲國書公孫夏閭丘明陳書

東郭書革車八百乘甲首三千以獻于公以公兵從故以勞公○卒子忽反乘繩證反從才用反又如字勞力報反將戰吳子呼叔孫叔孫武叔州仇曰而事何也問何職對曰從司馬從吳司馬所命王賜之甲劍鈹曰奉爾君事敬無廢命叔孫未能對衛賜進賜子貢孔子弟子○鈹普悲反【疏】衛賜○正義曰子貢衛人故稱衛賜曰州仇奉甲從君而拜之拜受公使大史固歸國子之元歸於齊也元首也吳以獻魯寘之新篋褽之以玄纁褽薦也○寘之豉反篋苦協反褽音尉別本作褽以玄纁許云反本亦作勳加組帶焉寘書于其上曰天若不識不衷何以使下國言天識不善故殺國子○組音祖衷音忠○吳將伐齊越子率其衆以朝焉王及列士皆有饋賂吳人皆喜唯子胥懼曰是豢吳也夫豢養也若人養犧牲非愛之將殺之○饋其位反或作餽賂音路豢音患夫音扶諫曰越在我心腹之疾也壤地同而有欲於我欲得吳夫其柔服求濟其欲也不如早從事焉從事擊吳之得志於齊猶獲石田也無所用之石田不可耕越不為沼吳其泯矣使醫除疾而曰必遺類焉者未之有也盤庚之誥曰其有顛越不共則劓殄無遺育無俾易種于茲邑盤庚商書也顛越不共從橫不承命者也劓割也殄絕也育長也俾使也易種轉生種類○沼之兆反泯亡軫反盤步干反誥古報反共音恭注同劓魚器反殄大典反俾必耳反種章勇反注同從子容反長丁丈反【疏】注盤庚至種類○正義曰彼文云顛越不恭暫遇姦宄我乃劓殄滅之無遺育無俾易種于茲新邑此傳字少於彼引之略也孔安國云顛隕越隊也不恭不奉上命孔言隕隊謂受上命而隊失之杜言從橫不承命謂其人性自顛越從橫不肯承命意小異也刑名以截鼻為劓劓是割也殄絕育長俾使皆釋詁文也易謂轉易無使轉生種類不令更有惡子孫也今君易之將以求大不亦難乎弗聽使於齊屬其子於鮑氏為王孫氏私使人至齊屬其子改姓為王孫欲以辟吳禍○使所吏反屬音燭注及下同反役王聞之使賜之屬鏤以死艾陵役也屬鏤劍名○鏤力俱反又力侯反將死曰樹吾墓檟檟可材也吳其亡乎三年其始弱矣盈必毀天之道也越人朝之伐齊勝之盈之極也為十三年越伐吳起○檟古雅反木名【疏】將死○正義曰吳語云子胥將死曰而縣吾目於吳門以見越人之入吳國之亡也遂自殺王慍曰孤不使大夫得有見也乃使取申胥之尸盛之鴟夷而投之於江賈逵云鴟夷革囊也○秋季孫命脩守備曰小勝大禍也齊至無日矣善有備○守手又反○冬衛大叔疾出奔宋疾即齊也初疾娶于宋子朝子朝宋人仕衛為大夫○朝如字其娣嬖娣所娶女之娣子朝出出奔孔文子使疾出其妻而妻之疾使侍人誘其初妻之娣寘於犁犁衛邑○妻七計反犁力兮反而為之一宮如二妻文子怒欲攻之仲尼止之遂奪其妻或淫于外州外州人奪之軒以獻外州衛邑軒車也以獻於君恥是二者故出衛人立遺使室孔姞遺疾之弟孔姞孔文子之女疾之妻○姞其乙反又其吉反疾臣向魋為宋向魋臣○魋徒回反納美珠焉與之城鉏城鉏宋邑宋公求珠魋不與由是得罪及桓氏出出在十四年城鉏人攻大叔疾衛莊公復之聽使還使處巢死焉殯於鄖葬於少禘終言疾之失所也巢鄖少禘皆衛地○鄖音云少詩照反禘大計反初晉悼公子憖亡在衛使其女僕而田僕御田獵○憖魚覲反一作整征領反大叔懿子止而飲之酒懿子大叔儀之孫○飲於鴆反遂聘之生悼子悼子大叔疾○聘匹政反悼子即位故夏戊為大夫夏戊悼子之甥○夏戶雅反下同戊音茂悼子亡衛人翦夏戊翦削其爵邑孔文子之將攻大叔也訪於仲尼仲尼曰胡簋之事則嘗學之矣胡簋禮器名夏曰胡周曰簋○簋音軌【疏】注胡簋至曰簋○正義曰胡簋行禮所用之器故以胡簋言禮事論語衛靈公問曰俎豆之事意亦同也明堂位說四代之器云有虞氏之兩敦夏后氏之四璉殷之六瑚周之八簋如記文則夏器名璉殷器名瑚而包咸鄭玄等注論語賈服等注此傳皆云夏曰胡杜亦同之或別有所據或相從而誤甲兵之事未之聞也退命駕而行曰鳥則擇木木豈能擇鳥以鳥自喻【疏】甲兵至聞也○正義曰對靈公軍旅之事未之學也其意亦與此同軍旅甲兵亦治國之具也此以文子非禮欲國內用兵靈公空問軍陳故並不荅非輕甲兵也文子遽止之曰圉豈敢度其私訪衛國之難也圉文子名度謀也○遽其據反度待洛反注及下同難乃旦反將止仲尼止魯人以幣召之乃歸於是自衛反魯樂正雅頌各得其所【疏】魯人至乃歸○正義曰孔子世家云季康子使公華公賓公林以幣迎孔子孔子歸是也○季孫欲以田賦丘賦之法因其田財通出馬一疋牛三頭今欲別其田及家財各為一賦故言田賦○別如字一音彼列反【疏】注丘賦至田賦○正義曰司馬法方里為井四井為邑四邑為丘丘出馬一匹牛三頭四丘為甸甸乃有馬四匹牛十二頭是為革車一乘今用田賦必改其舊但不知若為用之賈逵以為欲令一井之間出一丘之稅井別出馬一匹牛三頭若其如此則一丘之內有一十六井其出馬牛乃多於常一十六倍且直云用田賦何知使井為丘也杜以如此則賦稅大多非民所能給故改之舊制丘賦之法田之所收及家內資財井共一馬三牛今欲別其田及家資各為一賦計一丘民之家資令出一馬三牛又計田之所收更出一馬三牛是為所出倍於常也舊田與家資官賦今欲別賦其田故言欲以田賦也使冉有訪諸仲尼仲尼曰丘不識也三發三發問卒曰子為國老待子而行若之何子之不言也卒終也仲尼不對不公荅而私於冉有曰君子之行也行政事度於禮施取其厚事舉其中斂從其薄如是則以丘亦足矣丘十六井出戎馬一匹牛三頭是賦之常法○施戶豉反斂力豔反若不度於禮而貪冒無厭則雖以田賦將又不足且子季孫若欲行而法則周公之典在若欲苟而行又何訪焉弗聽為明年用田賦傳○冒亡北反一音莫報反厭於鹽反

春秋左傳注疏卷五十八校勘記　阮元撰盧宣旬摘錄

附釋音春秋左傳注疏卷第五十八　哀公六年盡十一年

經六年

任城亢元父縣北有邾婁城　郡國志引注邾作瑕是也

叔還會吳于柤　石經此處殘缺吳字以下一行計十一字

楚子軫卒　釋文云軫史記作珍

注為陳乞所逆故書入　宋本作注為陳至書入

所以明乞立陽生而荼見弒　諸本作荼此本誤茶正義同今改正

楚比劫立　淳熙本比誤此

傳六年

故不容於誅也　監本毛本作固非也

師于城父 閩本監本于誤于

陳盟在昭十一年 宋本淳熙本岳本纂圖本閩本監本毛本一作三是也今正

需事之下也 宋本此節正義在國人追之節注下

晏圉嬰之子 宋本淳熙本岳本足利本晏圉作圉晏是也

前巳敗於柏舉 纂圖本監本毛本舉誤人

注前巳至是敗 宋本以下正義五節揔入又曰節注下

江漢雎漳 北宋刻釋文亦作雎石經誤睢家語水經注並引作沮李善注文選登樓賦云雎與沮同

正義曰土地名 宋本土作此

楚昭王知大道矣 諸本作大道釋文云本或作天道非

以爲逸書 宋本以上有故字是也

注召在至之穴 宋本以下正義二節揔入葬諸殳昌淳注之下

謂遣意來召 宋本意下有茲字

甞獻馬於季孫 纂圖本閩本監本毛本於作于非

戒使無曳言 宋本淳熙本岳本纂圖本閩本監本毛本曳作洩釋文同按當作泄

差車王車之官 宋本淳熙本岳本纂圖本監本毛本王作主不誤今依改

使胡姬以安孺子如賴 史記齊世家田完世家十二諸侯年表漢書古今人表並作晏孺子陳樹華云安與晏古字通也

內有飢荒之困 毛本飢作饑

經七年

夏公會吳于鄫 釋文鄫作繒云一本作鄫陳樹華云穀梁史記吳世家魯世家孔子世家並作繒是所據本有異也

鄫今琅邪鄫縣 纂圖本閩本監本毛本邪作琊

內外之辭 岳本纂圖本監本毛本內外作外內

傳七年

君若以禮命於諸侯 石經禮字改刻初刻誤體

吳王百牢 宋本以下正義五節揔入注文弃禮知其不能霸也之下

莫適用也 宋本毛本適作敵字按此適音的主也作敵者誤

棄天而背本 石經棄字起一行計十一字

放棄凶疾 宋本放作其非也

蓋言君長大於道路 宋本淳熙本足利本無蓋字

嬴以爲飾 釋文云嬴本又作倮與王符潛夫論引合按當作嬴爲正

謂治其本國歧周之禮 宋本閩本監本歧作岐是也今依改

注諸侯至執帛 宋本以下正義三節揔入注文爲明年吳伐我傳之下

以玉作六瑞 宋本監本毛本六作五誤也

去其方五十里之國二百 宋本百下有里字

以百里之方一 宋本一作二是也今改

又以百里之方一爲七十里之國二 浦鏜正誤二下依王制正義補又以百里之方一爲五十里之國四十四字

猶聞鍾聲 石經宋本岳本纂圖本閩本監本毛本鍾作鐘

魯擊柝聞於邾 釋文云柝字又作欜同案說文作欜

手持兩木以相敵 案周禮正義引鄭注敵作敲是也今依改

平陽縣西北有瑕邱城 監本城誤縣

或夢衆君子 宋本以下正義二節揔入注文有黍邱亭之下

衆君子諸國君妾耳 閩本妾字模糊宋本監本作妄是也

經八年

宋公既還 纂圖本閩本監本毛本公作人非也

夏齊人取讙及闡 諸本作讙漢書地理志引作鄿說文亦作鄿

闡在東平剛縣北 宋本淳熙本岳本足利本剛作剛是也閩本空缺纂圖本監本毛本誤劉案顧景范方輿紀要云應劭曰剛城故闡邑也戰國時爲齊之剛邑秦昭王卅六年取齊剛壽即此漢置剛縣屬泰山郡後漢屬齊北國晉曰剛平水經注云又西南過剛縣北是也後說剛爲堽今有堽城壩此本作剛亦形相近而誤陳樹華云東平當作茌平不知茌平別是一縣非郡名也晉志東平郡有剛平

未同盟而赴以名 宋本未誤來

無官使也 宋本淳熙本岳本纂圖本足利本官作旨葉抄釋文同文十五年正義引作指使

正義曰定十年 十年二字此本脫閩本同據宋本毛本補監本初刻亦脫後擠刊

傳八年

曹人詬之 釋文云詬本又作訽案說文作詬从言后聲訽下云詬或从句

執曹伯石 經伯下有陽字與李善注運命論同

問可伐否 宋本淳熙本岳本足利本否作不是也案古書之不後人多改爲否

問於叔孫輒 宋本以下正義六節揔入吳人盟而還注下

兵敗奔齊於後自齊奔吳 此本實缺齊於二字據宋本補閩本監本毛本二字誤倒於作于

君子至讎國 宋本至字作違不適

如闞辛之徒 宋本閩本監本毛本闞作闞重脩監本作國非也

告有伐本國者 宋本岳本纂圖本閩本監本毛本告作若是也今依改

與晉而四也 宋本淳熙本岳本纂圖本監本毛本晉作魯是

拘鄫人之漚菅者 惠棟云鄭康成注考工記引作漚菅釋文云漚烏豆反與漚同

何故使吾水滋 說文引作水茲葉抄釋文同云本亦作滋字按依說文則滋乃水名左傳字不从水

謂武城邑懼子羽爲吳內應 宋本邑下有人字

令知非者 宋本閩本監本毛本令作今是也今依改

獲叔子與析朱鉏 釋文亦作鉏纂圖本閩本監本毛本誤組

故不可望得 足利本記云得下異本有魯國二字非也

三百人行至稷門一 監本毛本一作內盧文弨按本云疑作下亦非案一字乃衍宋本淳熙本纂圖本足利本並無一字

萇微虎 淳熙本岳本足利本虎下有也字

羿從景伯負載造於萊門 惠棟曰鄭詩箋云載猶戴也謂負戴器物劉光伯說是也

魯人不以盟爲了 毛本了作子非也

桴之以棘 釋文桴作荐注同云本又作榯惠棟云說文云以柴木壅也从木存聲本又作洊釋文作荐音在薦反

桴雍也 釋文亦作雍岳本監本毛本擁非也

賓如臧會子。 淳熙本○作也亦衍文宋本岳本纂圖本閩本監本毛本作臧會子無○是也

注明闞至略之 宋本此節正義揔入冬十二月節之下

經九年

麇之以入 諸本作麇此本作麋今改正

傳九年

齊與魯平 重脩監本平誤乎
宋公伐鄭 宋本以下正義六節揔入乃止句注下
西北至宋口入淮 宋本宋作末是也案毛詛父六經正誤云西北至末口末作宋誤然則毛氏所見南宋監本已不作末口矣
今廣陵韓江是 監本毛本韓作邗
炎帝爲火師 淳熙本炎上衍故字
立爲天子 宋本淳熙本立作五案正義亦作五山井鼎云足利本云立字異本作五所謂異本多不可信此云作五不誤
今卜得帝乙卦 宋本乙下有之字
言其昏姻勢敵 閩本監本毛本昏作婚
反與魯謀伐齊 此本無謀字閩本同據諸本補閩本毛本與作爲非也

經十年

邾子益來奔 宋本以下正義二節揔入注又書會從不與謀之下
邾子又無道 宋本又作人非也
注書會至與謀 宋本至作從不二字
來末同盟而赴以名 閩本監本毛本來作夷

傳十年

故令與兵 宋本淳熙本岳本足利本令作令
再令瀆也 淳熙本瀆誤賣
注犂一名隰 宋本此節正義在毀高唐之郭節之下
犂即犂邱也 宋本犂邱作黎邱下同
知伯親禽顏庚 宋本毛本同與廿三年傳合閩本監本禽作擒
二十七年 宋本年下有傳字
世稱知伯 宋本世字上有世稱趙孟知氏六字

經十一年

滕子虞母卒 淳熙本岳本閩本母作毋案六經正誤云作毋誤與國本作毋

傳十一年

齊北盧縣 宋本淳熙本岳本足利本齊作濟是也
竟内近郊之地 纂圖本閩本監本毛本脱之字
一室敵車 此本一字空闕據石經宋本淳熙本岳本纂圖本閩本監本毛本補
二子之不欲戰也宜 石經宜字下後人旁增哉字非也
言子所問 纂圖本子上衍君字
有子曰就用命焉 劉原父春秋權衡云案有子當作子有有者冉求字也仲尼門人字多云子某者不得云有子也
公叔務人 正德本閩本監本叔誤孫毛本作務亦非
錡請也 宋本淳熙本岳本纂圖本監本毛本請作猜是也
公爲與其嬖僮汪錡乘 釋文僮作童云本亦作僮案說文童云重當爲童春秋傳曰童汪踦子字作僮禮記作與鄰重汪踦鄭注
可無殤也 石經殤字改刊初刻誤傷
注時人至當殤 宋本至作疑童子三字此節正義在冉有用矛節注下
以夏后氏之堲周葬中殤 毛本堲誤壂
封内之田悉賦稅之 纂圖本監本毛本悉誤悉
長器鍾鼎之屬 宋本岳本長作大鍾作鐘淳熙本足利本亦作大是也今依改
稻醴粱糗腵脯 宋本此節正義在日何不吾諫節注下
月令命作酒云 浦鏜正誤云作酒二字疑大酋之誤
白粱粟 宋本白作好非也
展如將右軍 纂圖本監本毛本展誤辰
桑掩胥御國子 石經掩字起一行計九字
歌虞殯 宋本以下正義六節揔入齊王無日矣注下
葬即下棺 監本毛本即作則非也
擊虞駿之云 宋本監本毛本擊作摯駿作駁是也
陳子行命其徒具含玉 釋文云含本又作哈初學記引同
吳其泯矣 石經宋本泯作泯避所諱
暫遇姦宄 重脩監本宄誤寃
屬其子改姓爲王孫欲以辟吳禍 岳本以字在其字上
而縣吾目於吳門 宋本閩本監本毛本自作目不誤案國語吳語吳作東
盛之鴟夷 監本毛本之作以與今國語同
注胡簋至曰簋 宋本以下正義三節揔入魯人以幣召之注下
以治國之具也 宋本以作亦是也今改正
季康子使公華公賓公林 宋本亦作華是也閩本監本毛本誤葉
注邱賦至田賦 宋本此節正義在若不度於禮節注下
但不知若爲用之 監本毛本爲作何
井共一馬三牛 宋本井作井
舊田與家貲官賦 宋本監本毛本官作司是也今改正
使冉有訪諸仲尼 岳本諸作於
度於禮 石經度字起一行計九字
施取於厚 石經宋本淳熙本岳本纂圖本監本毛本於作其是也
邱十六井 淳熙本六誤大
附釋音春秋左傳注疏卷第五十八止

附釋音春秋左傳注疏卷第五十九哀十二年盡十五年

杜氏注　孔穎達疏

經十有二年。春。用田賦。直書之者以示改法重賦〔疏〕注直書至重賦正義曰用田賦者用田之所收以爲賦令之出牛馬也依賃直書之以示改常法重賦斂成元年作丘甲甲是造作之物故言作馬牛賦稅以充之非造作之物且譏其賦不譏其作故書用言舊不用而今用之○夏五月甲辰。孟子卒。魯人諱娶同姓謂之孟子春秋不改所以順時○娶本或作取七喻反又如字〔疏〕注魯人至順時○正義曰論語云君取於吳爲同姓謂之吳孟子是魯人常言稱孟子也坊記云魯春秋去夫人之姓曰吳其死曰孟子卒是舊史書爲孟子卒及仲尼修春秋以魯人已知其非諱而不稱姬氏諱國惡禮也因而不改所以順時世也魯春秋去夫人之姓曰吳春秋無此文坊記云然者禮夫人初至必書於策若娶齊女則云夫人姜氏至自齊此孟子初至之時亦當書曰夫人姬氏至自吳同姓不得稱姬舊史所書蓋直云夫人至自吳是去夫人之姓直書曰吳而已仲尼修春秋以犯禮明著全去其文故今經無其事○公會吳于橐皋。橐皋在淮南逡遒縣東南○橐章夜反一音託逡音峻又七倫反遒音囚又音遒○秋。公會衛侯宋皇瑗于鄖。鄖發陽也廣陵海陵縣東南有發繇亭○繇音遙〔疏〕注鄖發陽也○正義曰十七年傳云孟武伯問於高柴曰諸侯盟誰執牛耳季羔曰發陽之役衛石魋指此會也○知鄖即發陽一地二名也○宋向巢帥師伐鄭。○冬十有二月。螽。周十二月今十月是歲置閏而失不置雖書十二月實今之九月司厤誤一月九月之初尚溫故得有螽○螽音終

傳十二年。春。王正月。用田賦。終前年事○夏五月。昭夫人孟子卒。昭公娶于吳。故不書姓。諱娶同姓故謂之孟子若宋女〔疏〕注諱娶至宋女○正義曰諱娶同姓不得謂之吳女宋是子姓長女字孟故惠公元妃謂之孟子今亦稱孟子者全改其本若言此夫人是宋國之長女也釋例曰經書孟子卒傳言昭公娶于吳故不書姓此爲昭公加諱不復繫吳改其姓號傳因而弗革也論語謂之吳孟子蓋時人常言非經傳正文也而賈氏以爲言孟子若言吳之長女也稱吳長女既不異於同姓且娶同姓長之與少未聞其異無所爲別也死不赴。故不稱夫人。不稱夫人故不言薨不反哭。故不言葬小君。反哭者夫人禮也以同姓故不成其夫人喪〔疏〕注反哭至人喪○正義曰禮既葬日中自墓反虞於正寢所謂反哭於寢反哭者是夫人之正禮也季氏以同姓之故不成其夫人之喪不爲反哭故不書葬所以懲臣子之過也釋例曰若昭之孟子者以同姓爲闕生革其姓過而知悔也然吳之大伯下及魯昭於親遠矣所諱在於名義而已居夫人之位籍小君之尊已三世矣季氏當國而不爲之服至令仲尼釋已之經國朝不成其喪以世適夫人不書於策此季氏之咎也杜言不書於策謂不以夫人之禮書於經也孔子與弔。適季氏。季氏不絻。放絰而拜。孔子始老故與弔也絻喪冠也孔子以小君禮往弔季孫不服喪故去絰從主節制○與弔音預注同絻音問絰大結反去起呂反〔疏〕注孔子至節制○正義曰杜以孔子與弔明其已去臣位若在臣位則服小君之喪不得云與弔而已故云孔子始老始老謂致事也是劉炫云按十六年仲尼卒哀公誄之子貢譏云生不能用則是哀公不用仲尼爲臣也又世家及諸書無云仲尼仕於哀公杜焉得云孔子始老乎今知不然者以上十一年傳稱仲尼在衛魯人以幣召之是召之而來當以任用故冉有云子爲國老待子而行後乃致事故孟子之喪而來與弔若哀公至不能用何須以幣召之但哀公不用其言故云生不能用於傳文上下理甚符同劉以爲不仕哀朝以規杜過非也喪服齊衰三月章曰爲舊君君之毋妻傳曰爲舊君者孰謂也仕焉而已者也何以服齊衰三月言與民同也君之毋妻則小君也鄭玄云仕焉而已者謂老若有廢疾而致仕者也爲小君服者恩深於民也是其服與民同不服臣爲小君之服故與常弔也禮齊衰之喪始死而絻以至於成服絻以代吉冠故以絻爲喪冠也孔子以季孫當服臣爲小君之禮故以小君禮往弔季氏傳言適季氏謂適季氏哭位故杜言往弔謂就其哭位也季孫既不服喪孔子不得服弔服故去絰從主節制也大夫之弔服弁絰鄭玄云弁絰者如爵弁而素加環絰大如緦之絰纏而不糾也曲禮云凡非弔喪非見國君無不荅拜者鄭玄云喪賓不荅拜不自賓客也禮弔無拜法而此言孔子放絰而拜者記言喪賓不荅拜謂喪主既拜賓賓不荅拜耳其初見主人或弔者先拜據此傳文必有拜法記無其事記不具耳○公會吳于橐皋。吳子使大宰嚭請尋盟。尋鄫盟公不欲。使子貢對曰。盟所以周信也。周固故心以制之。制其義玉帛以奉之。奉贄○贄音至言以結之。結其信明神以要之。要以禍福○要一遙反注同寡君以爲苟有盟焉。弗可改也已。若猶可改。日盟何益。今吾子曰必尋盟。若可尋也。亦可寒也。尋重也寒歇也○重直龍反歇許謁反〔疏〕注尋重也寒歇也○正義曰少牢有司徹云乃尋尸俎鄭玄云尋溫也引此若可尋也亦可寒也則諸言尋盟者皆以前盟已寒更溫之使熱溫舊即是重義故以尋爲重傳意言若可重溫使熱亦可歇之使寒故言寒歇不訓寒爲歇也乃不尋盟。○吳徵會于衛。初。衛人殺吳行人且姚而懼。謀於行人子羽。子羽衛大夫○且子餘反子羽曰。吳方無道。無乃辱吾君。不如止也。子木曰。吳方無道。子木衛大夫國無道必棄疾於人。吳雖無道。猶足以患衛。爲衛患也往也。長木之斃。無不摽也。摽擊○斃婢世反摽敷蕭反又普交反國狗之瘈。無不噬也。瘈狂也噬齧也○瘈吉世反噬市制反齧五結反本或作嚙〔疏〕長木至噬也○正義曰長木喻吳國大也狗瘈喻吳失道也國狗猶家狗言家畜狂狗必齧人也而況大國乎。秋。衛侯會吳于鄖。公及衛侯宋皇瑗盟。盟不書畏吳竊盟〔疏〕注盟不至竊盟○正義曰畏吳竊盟恐吳知之故不敢書於策也成二年公及楚人秦人云云盟於蜀傳曰卿不書匱盟也於是乎畏晉而竊與楚盟故曰匱盟彼以畏晉竊盟故諸侯之卿皆貶而稱人此亦畏吳竊盟宜應貶此三國經沒而不書者彼以晉是盟主諸侯不應背晉故貶諸侯之卿以成晉爲霸主此吳夷禮自處不合主諸侯之盟故與吳盟者悉皆不書是不與吳爲盟主也既不與吳則三國私盟於義可許不合貶責但魯自不書仲尼亦從而不書之耳釋例曰諸侯畏晉而竊與楚盟而貶其卿所以成晉爲盟主也吳之彊大始於會鄫終於黃池凡三會三伐三盟唯書會伐而不書盟者以盟主自居而行其夷禮禮儀不典則盟神不獨非所以結信義昭明德故不錄其盟不與其成爲盟主也既不與吳之爲盟主則宋魯衛三國私盟可許故無貶文是其說也杜言三會三伐三盟者七年會于鄫十二年會于橐皋十三年會于黃池是三會也八年吳伐我十年公會吳伐齊十一年齊國書及吳戰于艾陵是三伐也七年傳云夏盟于鄫衍八年傳云吳人盟而還十三年傳云秋七月辛丑盟吳晉爭先是三盟也而卒辭吳盟。吳人藩衛侯之舍。藩籬○藩方元反注及下同籬力知反子服景伯謂子貢曰。夫諸侯之會。事既畢矣。侯伯致禮。地主歸餼。侯伯致禮以禮賓也地主所會主人也餼生物○餼許氣反〔疏〕注侯伯至生物○正義曰侯伯諸侯之長謂盟主也侯伯爲主則諸侯之從已者皆爲賓致禮謂有以禮禮之或設飲食與之宴也地主所會之地主人也當歸生物於賓禮牲生曰餼服虔云致賓禮於地主傳言吳不行禮於衛衛非地主以相辭也。各以禮相辭讓今吳不行禮於衛。而藩其君舍以難之。難困也○難乃旦反子盍見大宰。乃請束錦以行。以賂吳○盍音戶獵反語及衛故。若本不爲衛請者○爲于僞反大宰嚭曰。寡君願事衛君。衛君之來也緩。寡君懼。故將止之。止執子貢曰。衛君之來。必謀於其衆。其衆或欲或否。是以緩來。其欲來者。子之黨也。其不欲來者。子之讎也。若執衛君。是墮黨而崇讎也。墮毀也○墮許規反注及下皆同夫墮子者得其志矣。且合諸侯而執衛君。誰敢不懼。墮黨崇讎。而懼諸侯。或者難以霸乎。大宰嚭說。乃舍衛侯。衛侯歸。效夷言。子之尚幼。子之公孫彌牟○說音悅下同舍音捨釋也又音赦效戶教反曰。君必不免。其死於夷乎。執焉而又說其言。從之固

矣。出公輒後卒死於越。○冬，十二月，螽。季孫問諸仲尼。仲尼曰：「丘聞之，火伏而後蟄者畢。火心星也。火伏在今十月。○蟄，直力反。今火猶西流，司厤過也。」猶西流，言未盡沒。知是九月厤官失一閏，釋例論之備。【疏】注猶西至之備。○正義曰：月令季夏之月昏火星中。詩云「七月流火」，毛傳云：「流，下也。」謂昏而見於西南漸下流也。周禮司爟云：「季秋內火。」是九月之昏火始入，十月之昏則伏矣。猶西流者，言其未盡沒，是夏九月也。經書十二月，則是夏十月，厤官失一閏，故以九月爲十月。釋例長厤言：諸儒皆以爲時實周之九月，而書十二月，謂之再失閏。若如其言，乃成三失，非但再也。今以長厤推春秋，此十二月乃夏之九月，實周之十一月也。此年當有閏而今不置閏，此爲失一閏月耳。十二月不應螽，故季孫怪之。仲尼以斗建在戌，火星尚未盡沒，據今猶見，故言猶西流，明夏之九月尚可有螽也。季孫雖聞仲尼此言，猶不卽改，明年十二月復螽，於是始悟，十四年春乃置閏，欲以補正時厤也。傳於十五年書閏月，蓋置閏正之，欲明十四年之閏於法當在十二年也。○宋、鄭之間有隙地焉，隙地，閒田。○隙，去逆反。間，音閒，又一本作間地，一音如字。曰彌作、頃丘、玉暢、嵒、戈、錫。凡六邑。○彌，亡支反，又亡爾反。頃，苦頴反，又音傾。暢，勑亮反，一本作王暢。嵒，五咸反。戈，古禾反。錫，音羊，一音星歷反。子產與宋人爲成，曰：「勿有是。」俱棄之。及宋平、元之族自蕭奔鄭，在定十五年。鄭人爲之城嵒、戈、錫。城以處平元之族。○爲之，于僞反。九月，宋向巢伐鄭，取錫，殺元公之孫，遂圍嵒。十二月，鄭罕達救嵒。丙申，圍宋師。此事經在十二月螽上，今倒在下，更具列其月以爲別者，上明本不以爲義例，故不皆齊同。○倒，丁老反。別，如字，又彼列反。【疏】注此事至齊同。○正義曰：杜以此與經別，故言上明不以爲義例，故使文不齊同。劉炫以爲傳說當時事耳，更倒本隙地之事，載其日月，使與明年相接。今知不然者，案宣二年壬申朝于武宮，是十月五日，下乃云冬趙盾爲旄車之族，彼注云壬申是十月五日也。既有日而無月，冬又在壬申下，明傳文無較例。彼既無倒本其事與後年相接，足知此亦不爲倒本其事，使九月在十二月之下，明傳因簡牘舊文，或日月前後，不以爲例。若以倒敘其事爲後年張本，案傳之上下，凡倒敘事爲後年張本者，唯道事之所由，不具載其日月。劉以此而規杜，過非也。

經十有三年，春，鄭罕達帥師取宋師于嵒。書取，覆而敗之。○夏，許男成卒。無傳。○成，音城，本或作戊。○公會晉侯及吳子于黃池。陳留封丘縣南有黃亭，近濟水。夫差欲霸中國，尊天子，自去其僭號而稱子以告令諸侯，故史承而書之。○近，附近之近。去，起呂反。僭，子念反。【疏】注夫差至書之。○正義曰：七年會吳于鄫，十二年會吳于橐皐，皆不稱子，此稱吳子，故解之。夫差欲霸中國，尊天子而自號爲王，則諸侯不服，故去僭號，自稱吳子以告令諸侯，故諸侯之策承而書曰吳子。吳語說此事云：晉侯命董褐告吳王曰：「今君奄王東海，以淫名聞于天下，君有短垣而自踰之，況蠻荆則何有於周室？夫命圭有命，固曰吳伯，不曰吳王。諸侯是以敢辭。夫諸侯無二君，而周無二王，君若無卑天子，而曰吳公，孤敢不順從君命。」吳王許諾。是其去僭號也。於此會去王號耳，其於吳國猶稱王不改也。○楚公子申帥師伐陳。無傳。○於越入吳。○秋，公至自會。無傳。○晉魏曼多帥師侵衛。無傳。○葬許元公。無傳。○九月，螽。無傳。○冬，十有一月，有星孛于東方。無傳。平旦衆星皆沒而孛乃見，故不言所在之次。○孛，步內反。見，賢遍反。【疏】注平旦至之次。○正義曰：公羊傳曰：「孛者何？彗星也。其言于東方何？見于旦也。」杜用彼說，衆星皆沒，故不言所在之次。○盜殺陳夏區夫。無傳。稱盜，非大夫。○夏，戶雅反。區，烏侯反。○十有二月，螽。無傳。前年季孫雖聞仲尼之言，而不正厤失閏，至此年故復十二月螽，實十一月。○復，扶又反。

傳十三年，春，宋向魋救其師。救前年圍嵒師。鄭子賸使徇曰：「得桓魋者有賞。」魋也逃歸，遂取宋師于嵒，獲成讙、郜延。二子，宋大夫。○徇，似俊反。讙，火官反。郜，古報反，又古毒反。以六邑爲虛。空虛之，名不有。○爲虛，並如字，或音墟，非。○夏，公會單平公、晉定公、吳夫差于黃池。平公，周卿士也。不書，尊之，不與會。○單，音善。不與，音預。○六月，丙子，越子伐吳，爲二隧。隧，道也。○隧，音遂，注同。疇無餘、謳陽自南方，二子，越大夫。○謳，烏侯反。先及郊。吳大子友、王子地、王孫彌庸、壽於姚自泓上觀之。觀越師。泓，水名。○泓，烏宏反。彌庸見姑蔑之旗，姑蔑，越地，今東陽大末縣。○蔑，亡結反。旗，音其。大，音泰，孟康云：大音闥。曰：「吾父之旗也。彌庸父爲越所獲，故姑蔑人得其旌旗。不可以見讎而弗殺也。」大子曰：「戰而不克，將亡國。請待之。」彌庸不可，屬徒五千，屬，會也。○屬，音燭，注同。王子地助之。乙酉，戰，彌庸獲疇無餘，地獲謳陽。越子至，王子地守。丙戌，復戰，大敗吳師，獲大子友、王孫彌庸、壽於姚。地守，故不獲。○守，手又反，下注同。復，扶又反。丁亥，入吳。吳人告敗于王，王惡其聞也，惡諸侯聞之。○惡，烏路反，注同。自剄七人於幕下。以絕口。○剄，古頂反。○秋，七月，辛丑，盟，吳、晉爭先。爭歃血先後。○歃，所洽反，又所甲反。吳人曰：「於周室，我爲長。」吳爲大伯後，故爲長。○長，丁丈反，注並同。大，音泰。晉人曰：「於姬姓，我爲伯。」爲侯伯。趙鞅呼司馬寅曰：寅，晉大夫。「日旰矣，旰，晩也。○旰，古旦反。大事未成，二臣之罪也。大事，盟也。二臣，鞅與寅。建鼓整列，二臣死之，長幼必可知也。」【疏】趙鞅至知也。○正義曰：如此傳文，則趙鞅先欲與吳戰也。吳語云：吳晉爭長未成，邊遽仍至，以越亂告。吳王懼，乃合大夫而謀曰：「無會而歸，與會而先晉，孰利？」王孫雄先對曰：「二者莫利，必會而先之。」乃爲吳王設計，布陳，雞鳴乃定，去晉軍一里，昧明，王乃秉枹鳴鼓，三軍皆譁，聲動天地，於是晉軍大駭，乃令董褐請事。賈逵等皆云董褐，司馬寅也。如彼文，則吳請先戰。國語各記其國之事，言有彼此，故其文不同。○注二臣鞅與寅。○正義曰：杜以鞅呼寅與語，明其同憂國事，故以二臣爲鞅與寅也。劉炫以爲吳晉二臣。今知不然者，以趙鞅呼司馬寅，自相與語，云建鼓整列，二臣死之，皆是鞅寅自謂，故知二臣鞅與寅也。鞅既不共吳臣對論曲直，何得以二臣爲吳晉之臣？劉以爲吳晉之臣而規杜氏，非也。○建鼓。○正義曰：建，立也。立鼓擊之，與戰也。大射禮云：「建鼓在阼階西。」鄭玄云：「建，猶樹也。以木貫而載之，樹之跗也。」彼謂立之於地，所謂殷人楹鼓，與此別也。對曰：「請姑視之。」反，曰：「肉食者無墨。墨，氣色下。今吳王有墨，國勝乎？國爲敵所勝。大子死乎？且夷德輕，不忍久，請少待之。」少待，無與爭。○輕，遣政反。【疏】反曰至死乎。○正義曰：吳語說此事云：董褐既致命，乃告趙鞅曰：「臣觀吳王之色，類有大憂，小則嬖妾、適子死，不然則國有難，大則越入吳。將毒，不可與戰，主其許之。」說與此傳小異。乃先晉人。盟不書，諸侯恥之，故不錄。【疏】乃先晉人。○正義曰：吳語說此事云：吳公先歃，晉侯亞之。與此異者，經書公會晉侯及吳子，傳稱公會單平公、晉定公、吳夫差，吳皆在下，晉實先矣。經據魯史策書，傳采魯之簡牘，魯之所書，必是依實。國語之書，當國所記，或可曲筆直已，辭有抑揚，故與左傳異者多矣。鄭玄云：「不可以國語亂周公所定法。」傅玄云：「國語非丘明所作。」凡有共說一事而二文不同，必國語虛而左傳實，其言相反，不可強合也。吳人將以公見晉侯，子服景伯對使者曰：「王合諸侯，則伯帥侯牧以見於王；伯，王官伯。侯牧，方伯。○見晉，如字，又賢遍反。使，所吏反。以見，賢遍反。伯合諸侯，則侯帥子男以見於伯。伯，諸侯長。【疏】王合至於伯。○正義曰：曲禮云：「五官之長曰伯，是職方也。九州之長入天子之國曰牧，於外曰侯。」職方者，二伯各主一方；州長者，州牧各主一州，周禮所謂「八命作牧，九命作伯」是也。王合諸侯，則伯帥侯牧，當如康王之誥「太保帥西方諸侯，畢公帥東方諸侯」以見於王也。計當盡帥諸侯，獨言帥侯牧者，舉尊而言，其實盡帥之也。伯合諸侯，則侯帥子男，侯謂牧也，牧帥諸國之君見於伯也。亦當盡帥在會諸侯，獨云子男，舉小爲言，其實亦見在會者盡帥以見伯也。自王以下，朝聘玉帛不同，故敝邑之職貢於吳，有豐於晉，無不及焉，以爲伯也。今諸侯會，而君將以寡君見晉君，則晉成

爲伯矣。敝邑將改職貢。魯賦於吳八百乘。若爲子男。則將半邾以屬於吳。半邾三百乘。豐芳中反乘繩證反下及注同而如邾以事晉。如邾六百乘【疏】故敝至伯也。正義曰言共職貢於吳有豐於晉無有不及晉時以吳爲伯故也。魯賦至事晉。正義曰七年傳茅夷鴻請救於吳云魯賦八百乘君之貳也邾賦六百乘君之私也今魯賦八百乘以貢於吳以吳爲伯故也今帥魯以見於晉則吳爲州牧魯爲子男晉成伯矣邾是子爵以六百乘貢吳邾以吳爲伯故也魯既以晉爲伯吳爲牧牧卑於伯則將半邾三百乘以屬於吳而如邾六百乘以事於晉也且執事以伯召諸侯。而以侯終之。何利之有焉。吳人乃止。既而悔之。謂景伯欺之將囚景伯。景伯曰。何也立後於魯矣。何景伯名將以二乘與六人從。遲速唯命。遂囚以還。及戶牖。戶牖陳留外黃縣西北東昏城是。從才用反牖音酉謂太宰曰。魯將以十月上辛有事於上帝先王。季辛而畢。何世有職焉。有職於祭事【疏】魯將至而畢。正義曰七月辛丑盟囚景伯以還今景伯稱十月當謂周之十月非祭上帝先公之時且祭禮終朝而畢無上辛盡於季辛之事景伯以吳信鬼皆虛言以恐吳耳自襄以來。未之改也。魯襄公若不會。祝宗將曰。吳實然。言魯祝宗將告神云景伯不會坐爲吳所囚吳人信鬼故以是恐之。坐才臥反恐丘勇反且謂魯不共。而執其賤者七人。何損焉。大宰嚭言於王曰。無損於魯。而祇爲名。適爲惡名。共音恭祇音支不如歸之。乃歸景伯。吳申叔儀乞糧於公孫有山氏。申叔儀吳大夫公孫有山魯大夫舊相識曰。佩玉繠兮。余無所繫之。繠然服飾備也已獨無以繫佩言吳王不恤下。繠而捶反又而水反旨酒一盛兮。余與褐之父睨之。一盛一器也睨視也褐寒賤之人言但得視不得飲。盛音成又市政反注同褐戶葛反父如字又音甫睨五計反【疏】注一盛至得飲。正義曰酒盛於器故謂一器爲一盛說文云睨邪視也詩云無衣無褐何以卒歲鄭玄云褐毛布也人之貴者無衣賤者無褐是褐者寒賤人之衣服也言我與彼褐之父但得共邪視之不得飲之告己之乏飲也對曰。粱則無矣。麤則有之。若登首山以呼曰。庚癸乎。則諾。軍中不得出糧故爲私隱庚西方主穀癸北方主水傳言吳子不與士共飢渴所以亡。麤本又作麁七奴反呼火故反【疏】對曰至則諾。正義曰食以稻粱爲貴故以粱表精若求粱米之飯則無矣麤者則有之若我登首山以叫呼庚癸乎女則諾軍中不得出糧與人故作隱語爲私期也庚在西方穀以秋熟故以庚主穀癸在北方居水之位故以癸主水言欲致餅并致飲也土地名首山闕不知其處當在吳所營軍之旁

王欲伐宋。殺其丈夫而囚其婦人。以宋不會黃池故言吳子悖惑。殺其丈夫直兩反又作大夫誤悖補內反大宰嚭曰。可勝也。而弗能居也。乃歸。冬。吳及越平。終伍員之言【疏】吳及越平。正義曰言吳不能報越求與之平終伍員所謂三年始弱也

經十有四年。春。西狩獲麟。麟者仁獸聖王之嘉瑞也時無明王出而遇獲仲尼傷周道之不興感嘉瑞之無應故因魯春秋而脩中興之教絕筆於獲麟之一句所感而作固所以爲終也冬獵曰狩蓋虞人脩常職故不書狩者大野在魯西故言西狩得用曰獲。虞人狩手又反麟呂辛反又力珍反瑞獸也解見詩音瑞常恚反應應對之應中丁仲反【疏】注麟者至曰獲。正義曰公羊傳曰麟者仁獸也何休云一角而戴肉設武備而不爲害所以爲仁也鄭玄詩箋云麟角之末有肉示有武而不用釋獸云麐麕身牛尾一角李巡曰麟瑞應獸名孫炎曰靈獸也京房易傳曰麟麕身牛尾狼額馬蹄有五采腹下黃高丈二廣雅云麒麟狼頭肉角含仁懷義音中鍾呂行步中規折旋中矩遊必擇土翔必有處不履生蟲不折生草不羣不旅不入陷穽不入羅網文章斌斌說文云麒仁獸從鹿其聲麟大牝鹿也從鹿粦聲公羊傳曰麟有王者則至無王者則不至孝經援神契云德至鳥獸則麒麟臻是言麟爲聖王之嘉瑞也此時無明王麟出無所應也出而遇獲失其所以歸也夫以靈瑞之物輒軻若是聖人見此能無感乎所以感者以聖人之生非其時道無所施言無所用與麟相類故爲感也仲尼見此獲麟於是傷周道之不興感嘉瑞之無應故因魯春秋文加褒貶而脩中興之教若能用此道則周室中興故謂春秋爲中興之教也春秋編年之書不待年終而絕筆於獲麟之一句者本以所感而作故所以用此爲終也釋天云冬獵爲狩周之春夏之冬故稱狩也桓四年公狩于郎莊四年公及齊人狩于禚禚郎二者公親行皆書公狩此狩不書公卿者蓋是虞人賤官自修常職公卿不行故不書狩者名氏此狩常事本不合書書之爲獲麟故也傳稱狩于大野大野之澤在魯國之西故言西狩得用曰獲定九年傳例也杜以獲麟之義唯此而已先儒穿鑿妄生異端公羊傳曰有以告者曰有麕而角者孔子曰孰爲來哉孰爲來哉反袂拭面涕沾袍曰吾道窮矣說公羊者云麟是漢將受命之瑞周亡天下之異夫子知其將有六國爭彊秦項交戰然後劉氏乃立夫子深閔民之離害故爲之隕泣麟者太平之符聖人之類又云麟得而死此亦天告夫子將沒之徵也案此時去漢二百七十有餘年矣漢氏起於匹夫先無王迹前期三百許歲天已豫見徵兆其爲靈命何大遠乎言既不經事無所據苟佞時世妄爲虛誕故杜氏序云至於反袂拭面稱吾道窮亦無取焉蓋賤其虛誣鄙其妖妄故無所取之也說左氏者云麟生於火而遊於土中央軒轅大角之獸孔子作春秋春秋者禮也脩火德以致其子故麟來而爲孔子瑞也奉德侯陳欽說麟西方毛蟲金精也孔子作春秋有立言西方兌爲口故麟來許慎稱劉向尹更始等皆以爲吉凶不並瑞災不兼今麟爲周異不得復爲漢瑞知麟應孔子而至鄭玄以爲脩母致子不如立言之說密也賈逵服虔潁容等皆以爲孔子自衛反魯考正禮樂脩春秋約以周禮三年文成致麟麟感而至取龍爲水物故以爲脩母致子之應若然龍爲水物以其育於水耳麟生於火豈其產於火乎孔子之作春秋門徒盡知之矣丘明親承聖旨目見獲麟丘明何以不言弟子何以不說子思孟軻去聖尤近荀卿著書尊崇孔德麟若應孔子而來著書無容不述何乃經傳羣籍了爾不言以其既妖且妄故杜悉無所取○小邾射以句繹來奔。射小邾大夫句繹地名春秋止於獲麟故射不在三叛人之數自此以下至十六年皆魯史記之文弟子欲存孔子卒故并錄以續孔子所脩之經。射音亦句古侯反繹音亦【疏】注射小至之經。正義曰此文與邾庶其黑肱莒牟夷文同知射是小邾大夫以句繹之地來奔魯也其事既同其罪亦等傳稱庶其等爲三叛人不通數此爲四叛人者以春秋之經止於獲麟獲麟以上褒貶是仲尼之意此雖文與彼同而事非孔意故不數也若然魯史書此舊與彼同則竊地顯名史先然矣而昭三十一年傳盛論書三叛人名懲不義也其善志也杜言書曰故書皆是仲尼新意案此類彼則彼是舊文言新意者仲尼所脩有因有革因者雖是仲尼因舊舊合仲尼之心因而不改即是新意所以彼傳歸功脩者謂之善志爲傳所以脩之既定乃成爲善也故釋例終篇杜自問而釋之云丘明之爲傳所以釋仲尼春秋仲尼春秋皆因舊史策書義之所在則時加增損或仍舊史之無或改舊史之有雖因舊文固是仲尼之書也丘明所發固是仲尼之意也是其說也公羊穀梁之經皆至獲麟而盡左氏之經更有此下事者自此以下至十六年皆是魯史記事之正文也仲尼所脩脩此記也此上仲尼脩記此下是其本文弟子欲存孔子卒故因經之末并錄魯之舊史以續孔子所脩之經記仲尼卒之月日示後人使知之耳賈逵亦云此下弟子所記但不言是魯之舊史耳○夏四月。齊陳恆執其君。寘于舒州。寘之豉反【疏】陳恆執其君。正義曰成十七年晉欒書執晉厲公亦先執後弒與此事同彼不書者或此告彼不告且此非孔子所脩不可以爲例也○庚戌。叔還卒。無傳○五月庚申朔。日有食之。無傳○陳宗豎出奔楚。無傳。豎上主反○宋向魋入于曹以叛。曹宋邑向舒丈反魋徒回反○莒子狂卒。無傳。狂其廷反○六月。宋向魋自曹出奔衛。○宋向巢來奔。○齊人弒其君壬于舒州。【疏】齊人弒其君壬。正義曰宣四年傳例曰凡弒君稱君君無道也稱臣臣之罪也發凡言例是周公舊典此魯史不書陳恆之名蓋依凡例以齊君無道故。○秋。晉趙鞅帥師伐衛。無傳。鞅於丈反。○八月辛丑。仲孫何忌卒。○冬。陳宗豎自楚復入于陳。陳人殺之。無傳。復扶又反。○陳轅買出奔楚。無傳○有星孛。無傳不言所在史失之。孛步內反○饑。無傳

傳十四年。春。西狩於大野。叔孫氏之車子鉏商獲麟。大野在高平鉅野縣東北大澤是也車子微者鉏商名。鉏仕居反【疏】注大野至商名。正義曰巨訓大也由其旁有大澤故縣以鉅野爲名其澤在曲阜之西故稱西狩不書地者得常不書也賈逵云周在西明

夫子道繫周服虔云言西者有意於西明夫子有立言立之位在西方故著於西也按此澤實在魯西舊史因書西耳仲尼不改舊史何以得示己意若其本實東狩仲尼不得輒改爲西以己意之所示妄改魯之狩處雖則下愚知其不可豈有斯人而爲斯事以此立說何妄之甚杜以車子連文爲將車之子故爲微者鉏商是其名也家語說此事云叔孫氏之車士曰子鉏商王肅云車士將車者也子姓鉏商名今傳無士字服虔云車車士微者也子姓鉏商名以子爲姓與社異。以爲不祥。以賜虞人。時所未嘗見故怪之。虞人掌山澤之官。〔疏〕以爲至虞人。正義曰家語云子鉏商采薪於大野獲麟焉折其前左足載而歸叔孫以爲不祥棄之於郭外使人告於孔子孔子曰麟也然後取之王肅云傳曰狩此曰采薪時實狩獵鉏商非狩者采薪而獲麟也傳曰以賜虞人此云棄之於郭外棄之於郭外所以賜虞人也然肅意欲成彼家語與經傳同故強爲之辭翼合其說要其文正乖不可合也今傳言狩而獲麟非采薪者也鉏商不是狩者麟非狩之所獲何以書狩予以賜虞人虞人當受之矣棄郭外非賜人之辭何不得棄之以爲賜人也公羊傳曰西狩獲麟何以書記異也何異爾非中國之獸也然則孰狩之薪采者也薪采者則微者也曷爲以狩言之大之也曷爲大之爲獲麟大之也則公羊之意當時實無狩者爲大麟而稱狩也家語雖出孔家乃是後世所錄取公羊之說飾之以成文耳不可與左氏合也。仲尼觀之。曰。麟也。然後取之。言魯史所以得書獲麟。〔疏〕注言魯至獲麟。正義曰若舉國不識則無由得書傳說仲尼觀之言魯史所以得書獲麟由仲尼辨之故也服虔云仲尼名之曰麟明麟爲仲尼至也然則麟非常見魯人所疑仲尼聖者所言必信故魯從而取之此則愚民之信聖也服虔以仲尼名之即云爲仲尼至然則防風之骨肅愼之矢季氏之墳羊楚王之萍實皆問仲尼而後知豈爲仲尼至也。○小邾射以句繹來奔。曰。使季路要我。吾無盟矣。子路信誠故欲得與相要誓而不須盟。孔子弟子既續書魯策以繫於經上明亦隨而傳之終於哀公以卒前事其異事則皆略而不傳故此經無傳者多。○要於妙反又一遙反注同。使子路。子路辭。季康子使冉有謂之曰。千乘之國。不信其盟。而信子之言。子何辱焉。對曰。魯有事于小邾。不敢問故。死其城下可也。彼不臣而濟其言。是義之也。由弗能。濟成也。○乘繩證反年而同。〔疏〕使子至弗能。正義曰季孫之意以小邾射不信千乘之國而信子路之言是其重子路適於一國子路當以爲榮不宜恥與言約子路之意魯伐小邾非已能禁將令已言不信不可與射約也又射是竊地叛臣臣之罪惡者也而子路與之相要便是以射爲義恥與不義交好故辭而不能也。○齊簡公之在魯也。闞止有寵焉。簡公悼公陽生子壬也闞止子我也事在六年。○闞苦暫反。及即位。使爲政。陳成子憚之。驟顧諸朝。成子陳常心不安故數顧之。○憚大旦反驟仕救反數所角反。諸御鞅言於公。鞅齊大夫。曰。陳

闞不可並也。君其擇焉。擇用一人。弗聽。子我夕。夕視事。陳逆殺人。逢之。陳逆子行陳氏宗也子我逢之。遂執以入。執逆至朝。陳氏方睦。欲謀齊國故宗族和。使疾。而遺之潘沐。備酒肉焉。使詐病因內潘沐并得內酒肉潘米汁可以沐頭。○遺唯季反潘芳袁反注皆同沐音木汁之十反。饗守囚者。醉而殺之。而逃。子我盟諸陳於陳宗。失陳逆懼其反爲患故盟之。〔疏〕盟諸陳於陳宗。正義曰陳宗陳氏宗主謂陳成子也盡集陳氏宗族就成子家盟也。初。陳豹欲爲子我臣。豹亦陳氏族。使公孫言已。言已介達之。○介音界媒介也亦因也。已有喪而止。既而言之。既終喪也。曰。有陳豹者。長而上僂。肩背僂。○長如字又丁丈反僂力主反。望視。目望陽。事君子必得志。得君子意。欲爲子臣。吾憚其爲人也。恐多詐。故緩以告。子我曰。何害。是其在我也。使爲臣。他日。與之言政。說。遂有寵。謂之曰。我盡逐陳氏。而立女。若何。對曰。我遠於陳氏矣。言已疏遠。○說音悅女音汝遠如字又于萬反。且其違者。不過數人。違不從也。○數所主反。何盡逐焉。遂告陳氏。子行曰。彼得君。弗先。必禍子。子行舍於公宮。子行逃而隱於陳氏今又隱於公宮。夏。五月。壬申。成子兄弟四乘如公。成子之兄弟昭子莊簡子齒宣子夷穆子安廩丘子意茲芒子盈惠子得凡八人二人共一乘。○廩力甚反芒音亡。〔疏〕注成子至一乘。正義曰案世本僖子生昭子莊簡子齒宣子其夷穆子安廩丘子鑿茲芒子盈惠子得。子我在幄。幄帳也聽政之處。○幄於角反處昌慮反。出逆之。遂入閉門。成子入反閉門不納子我。侍人禦之。子我侍人。○禦本亦作御魚呂反。子行殺侍人。素在內故得殺人。公與婦人飲酒于檀臺。成子遷諸寢。從公使居正寢。○檀大丹反。公執戈。將擊之。疑其欲作亂。大史子餘曰。非不利也。將除害也。言將爲公除害。○大音泰將爲于僞反下文逆爲余請下注爲公同。成子出舍于庫。以公怒故。聞公猶怒。將出。曰。何所無君。子行抽劍曰。需事之賊也。言需疑則害事。○需音須。誰非陳宗。言陳氏宗族衆多。〔疏〕誰非陳宗。正義曰子行稱國內之人誰非陳宗言陳氏宗族衆多力足成事何爲畏子我欲出奔。所不殺子者。有如陳宗。言子若欲出我必殺子明如陳

宗。〔疏〕所不至陳宗。正義曰子行慮其必出故以殺子懼之陳宗謂陳之先人此稱有如陳宗由定六年孟懿子謂范獻子曰所不以陽虎爲中軍司馬者有如先君彼注云稱先君以徵其言此亦然也服虔云陳宗先祖鬼神也。乃止。子我歸。屬徒攻闈與大門。闈宮中小門大門公門也。○屬之欲反闈音韋。〔疏〕注闈宮至門也。正義曰釋宮云宮中之門謂之闈孫炎曰宮中相通小門也成子在公宮內知大門公門也討闈在宮內必是得入大門乃得至闈今言攻闈與大門皆不勝者公宮非止一門蓋從別門而入兵得至闈故與大門並攻也。皆不勝。乃出。陳氏追之。失道於弇中。適豐丘。弇中狹路豐丘陳氏邑。○弇於檢反又音淹狹音洽。豐丘人執之以告。殺諸郭關。齊關名。成子將殺大陸子方。子方子我臣。陳逆請而免之。以公命取車於道。子方取道中行人車。及耏。衆知而東之。知其矯命奪車逐使東。○耏音而矯本又作橋居表反。出雍門。齊城門也。○雍於用反。陳豹與之車。弗受。曰。逆爲余請。豹與余車。余有私焉。事子我而有私於其讎。何以見魯衞之士。傳言陳氏務施。○施式豉反。東郭賈奔衞。賈即子方。庚辰。陳恆執公于舒州。公曰。吾早從鞅之言。不及此。悔不誅陳氏。○宋桓魋之寵害於公。侍寵驕盈。公使夫人驟請享焉。而將討之。夫人景公母也數請享飲欲因請討之。○數所角反。未及。魋先謀公。請以鞌易薄。鞌向魋邑薄公邑欲因易邑爲公享宴而作亂。○鞌音安。公曰。不可。薄宗邑也。宗廟所在。乃益鞌七邑。而請享公焉。僞喜於受賜。以日中爲期。家備盡往。甲兵之備。公知之。告皇野曰。余長魋也。少長育之。皇野司馬子仲。○長丁丈反注同少詩照反。今將禍余。請即救。司馬子仲曰。有臣不順。神之所惡也。而況人乎。敢不承命。不得左師不可。左師向魋兄向巢也。○惡烏路反。請以君命召之。左師每食擊鍾。聞鍾聲。公曰。夫子將食。既食。又奏。奏樂。公曰。可矣。以乘車往。曰。迹人來告。主迹禽獸者。○迹子亦反。〔疏〕注主迹禽獸者。正義曰周禮夏官迹人掌邦田之政凡田獵者受令焉鄭玄云迹之言跡知禽獸之處也。曰。逢澤有介麇焉。地理志言逢澤在熒陽開封縣東北遠疑非介大也。○介音界麇九倫反獐也本又作麋亡悲反。〔疏〕注地理至大也。正義曰漢書地理志云

開封縣逢澤在東北或曰宋之逢澤也臣瓚案汲郡古文梁惠王廢逢忌之藪以賜民今浚儀縣有逢忌陂是也土地名宋都睢陽計去開封四百餘里非輕行可到故杜以遠疑非也蓋於宋都之旁別有近地名逢澤也介大也釋詁文案方言畜無耦曰介杜云大者逢澤大處不應唯有一麇若迹人止告一麇不應公與左師俱獵故以介爲大劉炫以爲一麇而規杜氏非也公曰。雖魋未來。得左師。吾與之田。若何。皇野稱公命君憚告子。難以遊戲煩大臣。○難乃旦反下文及注同野曰。嘗私焉。嘗試也君欲速。故以乘車逆子。與之乘。至。公告之故。拜不能起。司馬曰。君與之言。使公與要誓公曰。所難子者。上有天。下有先君。言雖誅魋要不負言使禍難及子對曰。魋之不共。宋之禍也。敢不唯命是聽。司馬請瑞焉。瑞符節以發兵【疏】注瑞符節以發兵。○正義曰周禮典瑞云牙璋以起軍旅以治兵守鄭衆云牙璋瑑以爲牙牙齒兵象故以牙璋發兵若今時以銅虎符發兵也彼用牙璋天子之法諸侯於其封內亦自以瑞發兵其物無文以言之以命其徒攻桓氏。桓氏向魋其父兄故臣曰不可。司馬故臣與桓魋無怨者其新臣曰。從吾君之命。遂攻之。子頎騁而告桓司馬。子頎桓魋弟桓司馬即魋也。○頎音祈騁勑領反司馬欲入。入攻君子車止之。車亦魋弟曰。不能事君。而又伐國。民不與也。祇取死焉。向魋遂入于曹以叛。哀八年宋滅曹以爲邑。○祇音支六月。使左師巢伐之。欲質大夫以入焉。巢不能克魋恐公怒欲得國內大夫爲質還入國。○質音致注及下同不能。亦入于曹取質。不能得大夫故入曹劫曹人子弟而質之欲以自固魋曰。不可。既不能事君。又得罪于民。將若之何。乃舍之。舍曹子弟。○舍音赦又音捨注同民遂叛之。向魋奔衞。向巢來奔。宋公使止之。曰。寡人與子有言矣。不可以絶向氏之祀。辭曰。臣之罪大。盡滅桓氏可也。若以先臣之故。而使有後。君之惠也。若臣則不可以入矣。司馬牛致其邑與珪焉。而適齊。牛桓魋弟也珪守邑符信向魋出於衞地。公文氏攻之。公文氏衞大夫求夏后氏之璜焉。與之他玉而奔齊。陳成子使爲次卿。司馬牛又致其邑焉

而適吳。示不與魋同。○夏戶雅反璜音黃吳人惡之而反。趙簡子召之。陳成子亦召之。卒於魯郭門之外。阬氏葬諸丘輿。阬氏魯人也泰山南城縣西北有輿城録其卒葬所在愍賢者失所。○惡烏路反阬苦庚反或音岡輿音余○甲午。齊陳恒弒其君壬于舒州。壬簡公也孔丘三日齊。而請伐齊。三。公曰。魯爲齊弱久矣。子之伐之。將若之何。對曰。陳恒弒其君。民之不與者半。以魯之衆。加齊之半。可克也。公曰。子告季孫。孔子辭。辭不告。○三日齊側皆反本又作齋伐齊三如字又息皆反退而告人曰。吾以從大夫之後也。故不敢不言。嘗爲大夫而去故言後【疏】孔丘至告人。○正義曰論語録此事與此小異彼云沐浴而朝此云齊而請彼云公曰告夫三子此云公曰子告季孫禮齊必沐浴三子季孫爲長各記其一故不同耳彼於退而告人之下又云之三子告此無文者傳是史官所録記其與君言耳退後別告三子唯弟子知之史官不見其告故傳無文也○初。孟孺子洩將圉馬於成。洩孟懿子之子孟武伯也圉畜養也成孟氏邑。○洩息列反圉魚呂反成宰公孫宿不受。曰。孟孫爲成之病。不圉馬焉。病謂民貧困。○爲于僞反孺子怒。襲成。從者不得入。乃反。成有司使。孺子鞭之。恨恚故鞭成有司之使人。○從者才用反使所吏反注同恚一瑞反秋八月辛丑。孟懿子卒。成人奔喪。弗内。袒免哭于衞。聽共弗許。請聽命共使。○内如字又音納袒音但免音問衞其俱反共音恭注同懼不歸。不敢歸成爲明年成叛傳

經十有五年。春。王正月。成叛。○夏五月。齊高無丕出奔北燕。無傳。○丕普悲反○鄭伯伐宋。無傳○秋八月。大雩。無傳。○雩音于○晉趙鞅帥師伐衞。○冬。晉侯伐鄭。無傳○及齊平。魯與齊平○衞公孟彄出奔齊。無傳。○彄苦侯反

傳十五年。春。成叛于齊。武伯伐成。不克。遂城輸。以偪成○夏。楚子西子期伐吳。及桐汭。宣城廣德縣西南有桐水出白石山西北入丹陽湖。○汭如銳反陳侯使公孫貞子弔焉。弔爲楚所伐及良而卒。良吳地將以尸入。聘禮若賓死未將命則既斂于棺造於朝介將命。○斂力驗反下同造七報反下文同介音界下文注皆倣此【疏】注聘禮至將命。○正義曰聘禮文也服虔云在牀曰尸在棺曰柩禮稱既斂於棺傳言將以尸入者記言對文耳散則可以通隱元年傳曰贈死不及尸注云尸未葬之通稱也案聘禮賓入竟而死遂也主人爲之具而殯介攝其命君弔介爲主人主人歸禮幣必以用介受賓禮無辭也不饗食此謂入竟未至國都賓死其禮如此聘禮又云若賓死未將命則既斂于棺造於朝介將命鄭注云未將命謂俟間之後也此謂賓已至朝主人將欲行禮賓請間之後賓死以柩造朝以尸將事今公孫貞子卒於竟內依禮唯可以尸而入殯於賓館不合以柩造朝以尸將事今上介芋尹云以尸將事者以吳人不納故芋尹引禮深以辭之杜以傳有以尸將事故引聘禮斂于棺造于朝介將命以釋之其實貞子當殯於館不得以尸將事也吳子使大宰嚭勞。且辭曰。以水潦之不時。無乃廩然隕大夫之尸。廩然傾動貌。○勞力報反潦音老廩力甚反隕于敏反下同以重寡君之憂。寡君敢辭。上介芋尹蓋對蓋陳大夫貞子上介。○重直用反下注同寡君敢辭上介絶句芋音于付反曰。寡君聞楚爲不道。荐伐吳國。荐重也。○荐在徧反滅厥民人。寡君使蓋備使。弔君之下吏。備猶副也。○備使所吏反蓋芋尹蓋辭同無祿。使人逢天之慼。大命隕隊。絶世于良。絶世猶言棄世廢日共積。廢行道之日以共具殯斂所積聚之用。○共音恭注同積子賜反又如字注同殯必刃反聚才喻反又如字一日遷次。一日便遷次不敢留君命今君命逆使人曰。無以尸造于門。是我寡君之命委于草莽也。且臣聞之。曰事死如事生。禮也。於是乎有朝聘而終。以尸將事之禮。朝聘道死以尸行事。○莽亡黨反【疏】於是至之禮。○正義曰上注所引者是聘賓終以尸將事之禮聘禮又云聘遭喪入竟則遂也不郊勞不筵几主人畢歸禮賓唯饔餼之受是聘而遭喪之禮也其朝禮雖亡賓終及主遭喪必亦有禮文六年季文子聘於晉求遭喪之禮是也又有朝聘而遭喪之禮。遭所聘之喪若不以尸將命。是遭喪而還也。無乃不可乎。以禮防民。猶或踰之。今大夫曰。死而棄之。是棄禮也。其何以爲諸侯主。謂主盟也先民有言曰。無穢虐士。虐士死者備使奉尸將命。苟我寡君之命。達于君所。雖隕于深淵。則天命也。非君與涉人之過也。吳人内之。傳言芋尹蓋知禮。○内如字又音納○秋。齊陳瓘如楚。瓘陳恒之兄子玉也。○瓘古喚反過

衞仲由見之。仲由，子路。過，古禾反。曰：天或者以陳氏爲斧斤，既斲喪公室，而他人有之，不可知也。其使終饗之，亦不可知也。饗，受也。○斲，陟角反。喪，息浪反，下并注皆同。若善魯以待時，不亦可乎？何必惡焉？仲由事孔子，故爲魯言。子玉曰：然，吾受命矣。子使告我弟。子僞反，下爲衞、爲請並同。弟，成子也。○冬，及齊平。子服景伯如齊，子贛爲介。見公孫成，公孫成，成宰公孫宿也。曰：人皆臣人，而有背人之心。言子叛魯。況齊人雖爲子役，其有不貳乎？齊人亦將叛子。○背音佩。【疏】曰人至貳乎。○正義曰：人謂凡人。皆臣人，謂皆臣事於人，當一心事上。今公孫成而有背人之心，謂背魯適齊。況他國齊人雖爲子役，豈有不學子而爲叛貳乎？言必效子而爲叛貳。故杜云言子叛魯，齊人亦將叛子也。子，周公之孫也，多饗大利，猶思不義，利不可得，而喪宗國，將焉用之？喪宗國，謂以邑入齊，使魯有危亡之禍。○焉，於虔反。成曰：善哉，吾不早聞命。傳言仲尼之徒皆忠於魯國。陳成子館客，使景伯子贛就館。曰：寡君使恒告曰：寡君願事君如事衞君。言衞與齊同好，而魯未肯。○好，呼報反。景伯揖子贛而進之，對曰：寡君之願也。昔晉人伐衞，在定八年。齊爲衞故，伐晉冠氏，喪車五百，在定九年。冠氏，陽平館陶縣。○冠，如字，又古喚反。因與衞地，自濟以西，禚、媚、杏以南，書社五百。二十五家爲一社，籍書而致之。○濟，子禮反。禚，諸若反。吳人加敝邑以亂，在八年。齊因其病，取讙與闡，亦在八年。寡君是以寒心。若得視衞君之事君也，則固所願也。成子病之，乃歸成。病其言也。公孫宿以其兵甲入于嬴。嬴，齊邑。○嬴音盈。衞孔圉取大子蒯聵之姊，生悝。孔圉，孔文子也。蒯聵姊，孔伯姬也。○圉，魚呂反。蒯，苦怪反。聵，魚怪反。悝，苦回反。孔氏之豎渾良夫長而美，孔文子卒，通於內。通伯姬。○渾，戶門反。長，丁丈反，又如字。大子在戚，孔姬使之焉。使良夫詣大子所。○使之，所吏反，又如字。大子與之言曰：苟使我入獲國，服冕乘軒，三死無與。冕，大夫服。軒，大夫車。三死，死罪三。○無與音預。與之盟，爲請於伯姬。

良夫爲大子請。閏月，良夫與大子入，舍於孔氏之外圃。圃，布五反，下及注同。昏，二人蒙衣而乘，二人，大子與良夫。蒙衣，爲婦人服也。○乘，繩證反。寺人羅御，如孔氏。孔氏之老欒寧問之，稱姻妾以告。自稱昏姻家妾。○欒，力丸反。姻音因。遂入，適伯姬氏。既食，孔伯姬杖戈而先，大子與五人介，輿豭從之。介，被甲。輿豭，豚，欲以盟。○杖，直亮反，又音丈。豭音加。被，皮寄反。【疏】輿豭。○正義曰：豭是豕之牡者。傳稱諸侯盟，誰執牛耳，則盟當用牛。此用豕者，鄭玄云人君用牛，伯姬迫孔悝以豭，下人君耳。然則蒯聵自謀取國，寧復降下人君？於時迫促，難得牲耳。牲不備牛，如孟任割臂以盟莊公，楚昭王割子期之心以盟隨人，此及明年大子疾輿豭，爲盟皆臨時偪切，難以禮論也。迫孔悝於廁，強盟之，孔氏專政，故劫孔悝，欲令逐輒。○孔悝本又作叔悝。廁，初吏反。強，其丈反。劫，居業反。令，力呈反。遂劫以登臺。欒寧將飲酒，炙未熟，聞亂，使告季子。季子，子路也。爲孔氏邑宰。○炙，章夜反，下同。【疏】注季子至邑宰。○正義曰：論語稱子路爲季路，則字季，故呼爲季子也。使告季子，則季子在外。下云食焉不辟其難，是食孔氏之祿，故知爲孔氏邑宰。召獲駕乘車，召獲，衞大夫。乘車，言不欲戰。○召，上照反，注同。行爵食炙，奉衞侯輒來奔。季子將入，遇子羔將出，子羔，衞大夫高柴，孔子弟子，將出奔。【疏】召獲至食炙。○正義曰：上明爲傳雖詳於當時，而此太煩碎，計欒寧飲酒無可記錄，又此句顛倒，辭義不允，若倒此一句，則上下各自相連，當是後來誤耳。曰：門已閉矣。季子曰：吾姑至焉。且欲至門。子羔曰：弗及，不踐其難。言政不及己，可不須踐其難。○難，乃旦反，注及下皆同。季子曰：食焉，不辟其難。謂食孔氏祿。【疏】子羔至其難。○正義曰：子羔謂季子將欲救君，故言政不及己，不當踐其難。季子欲救孔悝，故言食其祿焉，不辟其難。子羔遂出，子路入，及門，公孫敢門焉，守門。曰：無入爲也。言輒已出，無爲復入。○復，扶又反。季子曰：是公孫，求利焉而逃其難。由不然，利其祿，必救其患。有死者出，乃入。因門開而入。○使，所吏反。曰：大子焉用孔悝？雖殺之，必或繼之。言已必繼孔悝爲難，攻大子。○焉，於虔反。且曰：大子無勇，若燔臺半，必舍孔叔。大子聞之，懼，下石乞、盂黶敵子路，二子，蒯聵黨。敵，當也。○燔音煩。舍音捨，又如字。盂音于。黶，於滅反。以戈擊之，斷纓。子路曰：君子死，冠不免。不使冠在地。○斷，丁管反。結纓而死。孔子聞

衞亂，曰：柴也其來，由也死矣。孔悝立莊公。莊公，蒯聵也。莊公害故政，欲盡去之。故政，輒之臣。○去，起呂反。先謂司徒瞞成曰：寡人離病於外久矣，子請亦嘗之。歸告褚師比，欲與之伐公，不果。比，褚師聲子。爲明年瞞成、褚師比奔起。○瞞，莫干反。褚，申呂反。

春秋左傳注疏卷五十九校勘記　阮元撰盧宣旬摘錄

附釋音春秋左傳注疏卷第五十九　哀十二年盡十五年。宋本春秋左傳正義卷第三十六

【經十二年】

槖皋在淮南逡遒縣東南　郡國志逡作浚

廣陵海陵縣東南有發繇亭　宋本、岳本、足利本亭作口，淳熙本亭字改刊，初刻似亦作口也

是歲置閏　宋本、淳熙本、岳本、纂圖本、閩本、監本、毛本歲下有應字，是也

司麻誤一月　宋本一作十，非也

【傳十二年】

注諱娶至宋女　宋本以下正義三節揔入孔子與弔節注下

宋是子姓長女字孟　重脩監本字孟誤音盡

籍小君之尊　浦鏜正誤籍作藉

故與弔也　纂圖本、監本、毛本與作爲，非也

季孫不服喪　纂圖本、閩本、監本、毛本孫誤氏

又世家又諸書　監本、毛本下又字作及，宋本同，是也。宋本諸作語，非

君之母妻則不名也　宋本不名作小君，與儀禮喪服傳合

謂老苦有癈疾而致仕者也　宋本苦作若。案癈疾之癈當作廢

孔子不得服弔服　宋本上服字誤成

大夫之弔服弁絰　諸本作弁，此本誤卑，今改正

纏而不糾也　宋本糾作以，非

或弔者先拜　此本或字模糊，依宋本改。閩本、監本、毛本誤成

若可尋也　諸本作尋，儀禮有司徹篇鄭注引作㝷，俗字

注尋重也寒歇也　宋本以下正義四節摠入從之固矣注下

子羽衛大夫　岳本夫下有也字

則三國私盟　考文三作二誤

而藩其君舍以難之　諸本作藩此本誤藩今改正

子盍見大宰　石經宰下有嚭字

十月之昏則伏矣　此本矣字模糊據宋本改閩本監本毛本作火誤也

則是夏九月　宋本九作十是也

言諸儒皆以爲時　此本時字模糊據宋本補閩本監本毛本作冬

隙地間田　宋本岳本間作閒釋文云閒田一本作閒地

錫　石經宋本岳本纂圖本閩本監本毛本錫作鍚是也下同監本鄭取鍚誤鄭取錫

十二月鄭罕達救嵒丙申圍宋師　石經二字以下十字皆改刻因初刻脫月字也

更具列其月以爲別者　淳熙本具作其非也

明傳文無較例　重脩監本較誤較

經十三年

七年會吳于鄫　重脩監本鄫誤鄭

見于旦也　宋本同與公羊傳合閩本監本毛本于作平

傳十三年

空虛之名不有　岳本足利本名字作各按各是也各不有者宋鄭皆不有之如子産所約也

越子伐吳爲二隧　顧炎武云隧即古隊字按傳文隊多訓爲道隊乃古之墜字絕不相涉今俗語謂衆若干爲一隊則非古人語言

不可以見讎而弗殺也　石經弗字改刻初刻誤不

自到七人於幕下　淳熙本幕誤募

吳爲大伯後　淳熙本爲誤後

趙鞅至知也　宋本以下正義十二節摠入注文終伍員之言之下

乃令董褐請事　宋本閩本監本毛本作董此本誤董下同今改正

則晉成爲伯矣　石經矣字以下至卷末皆殘缺

七年傳　宋本傳作使

有事於上帝先王　正義曰周之十月非祭上帝先公之時則先王似當作先公惜石經殘缺無以正之

言吳士不恤下　毛本士作主亦誤宋本淳熙本岳本足利本士作王是也

軍中不得出粮與人　閩本監本毛本粮作糧案糧粮古今字

穀以秋孰　閩本監本毛本孰作熟

言欲致餅并致飲也　宋本餅作飯案盧文弨挍云餅乃飯之訛見桓二年釋文餅飯皆同

飯

吳所營軍之房　宋本房作旁是也監本毛本誤方

經十四年

石經春秋經傳集解哀下第卅岳本哀下有公字並盡廿七年

音中鐘呂　閩本監本毛本鐘作鍾

案此時去漢二百七十有餘年矣　監本毛本二作三非也續漢志云獲麟至漢二百七十五歲李銳云下三百許歲亦二百之誤

頴容等　宋本監本毛本頴作穎非

子爾不言　宋本監本毛本子作了是也今依改

齊陳恒執其君寘于舒州　惠棟云史記齊世家云田常執簡公于徐州司馬貞曰徐字从人說文作郐竝音舒戰國策齊一篇曰楚成王戰勝于徐州高誘曰徐州或作舒州是時徐屬齊案徐舒古字通

陳宗豎出奔楚　諸本作豎此本誤登今改正

莒子狂卒　石經宋本淳熙本岳本狂作狅與葉抄釋文合案錢大昕云考古字書無狂字

傳十四年

注大野至商名　宋本以下正義三節摠入仲尼觀之曰節注下

鉅訓大也　閩本監本毛本作鉅此本誤臣今改正宋本作巨案作巨者是

棄郭外　宋本郭上有之字

取公羊之說飾之　宋本飾作節是也

季氏之墳羊　監本毛本墳作羵

盟諸陳於陳宗　宋本以下正義五節摠入注文悔不誅陳氏之下

使爲臣他日　石經臣他二字改刊因初刻誤倒也

廩邱子意茲　宋本岳本纂圖本閩本監本毛本廩作廪

芒子盈　宋本岳本纂圖本毛本作芒子盈山井鼎云或作子芒盈非

素在內　淳熙本在誤任

子我歸屬徒攻闈與大門　石經歸下有帥字衍文也屬之欲反屬則不必更言帥矣

子方取道中行人車　監本毛本人誤入

知其矯命　釋文矯作撟云本又作矯詳釋文挍勘記

左師每食擊鐘聞鐘聲　石經宋本岳本纂圖本毛本鐘作鍾

注主迹禽獸者　宋本以下正義三節摠入吳人惡之節注下

逢澤有介麇焉　釋文亦作麇云本又作麇石經宋本淳熙本作麋案王應麟困學紀聞邛十四年正義引並作麋逢作逢非

言逢澤在熒陽　纂圖本監本毛本熒誤作滎齊召南云熒陽二字似衍文案漢志本文開封逢池在東北或曰宋之逢澤也漢時開封屬河南郡晉始屬熒陽郡似不得以晉時郡名混入漢志也

開封縣逢澤在東北　案漢晉地理志澤作池

梁惠王廢逢忌之藪　案漢志廢作發

今浚儀縣有逢忌陂是也　案漢志逢忌陂作逢陂忌澤

牙璋琢以爲牙　宋本琢作瑑是也

臣之罪大　淳熙本臣誤氏

司馬牛致其邑與珪焉　此本與珪二字實缺據石經及諸刻本補

公文氏攻之　此本文氏二字實缺依石經及諸刻本補

錄其卒葬所在　此本錄字實缺據諸本補

袒免哭于衛　淳熙本袒誤祖

經十五年

齊高無丕出奔北燕　監本丕誤平下同

傳十五年

遂城輸　此本城字實缺據石經及諸刻本補

宣城廣德縣　諸本作廣此本實缺今補正

聘禮至將命　宋本以下正義二節摠入注文傳言芋尹蓋知禮之下

聘禮文也　此本文字實闕閩本同據宋本監本毛本補

深以折之　此本折字實缺據宋本補閩本監本毛本作辯

荐伐吳國　毛本荐作薦非注同

大命隕隊　石經纂圖本閩本監本毛本隊作墜俗字

絕世猶言棄世　纂圖本閩本監本毛本下世字誤也

以其具殯斂所積聚之用　淳熙本殯誤隕

事死如事生禮也　宋本岳本無下事字石經初刻有後刊去

朝聘道死以尸行事　岳本道上有而字死下有則字纂圖本閩本監本毛本死作使非也

又云聘遭喪入竟則遂也　監本毛本遭作禮非也

無穢虐士　淳熙本虐作虛大謬

而有背人之心　石經而下旁有子字非唐刻也本或作人背臣人子有背人之心

曰人主貳乎　宋本至下有不字此節正義在公孫宿以其節注下

令公孫成而有背人之心　宋本閩本監本毛本令作今

是也

自稱昏姻家妾　纂圖本閩本監本毛本昏作婚

與猳　宋本以下正義四節揔入先謂司徒節注下

課得牲耳　監本毛本課作難

若倒此一句　宋本一作二

予羔至辟其難　宋本無辟字

曰無入爲也　淳熙本也誤出

是公孫也　宋本淳熙本岳本纂圖本毛本孫下有也字石經此行雖殘缺然自無入爲也也字起至求利焉利字止計十字亦必有也字也

莊公蒯聵也　諸本作瞶此本誤瞶今改正

附釋音春秋左傳注疏卷第五十九止

春秋左傳注疏卷五十九挍勘記

附釋音春秋左傳注疏卷第六十　哀十六年一盡二十七年

杜氏注　孔穎達疏

經十有六年。春。王正月。己卯。衛世子蒯聵自戚入于衛。衛侯輒來奔。書此春皆從告 ○二月。衛子還成出奔宋。郈購成還音旋。○夏四月。己丑。孔丘卒。仲尼既告老去位猶書卒者魯之君臣宗其聖德殊而異之魯襄二十二年生至今七十三也四月十八日乙丑無己丑己丑五月十二日日月必有誤。孔子卒孔子作春秋終於獲麟之一句公羊穀梁經是也弟子欲記聖師之卒故採魯史記以續夫子之經而終於此丘明因隨而作傳終於哀公從此已下無復經矣魯襄二十二年生至今七十三也本或作魯襄二十三年生至今七十二則與史記孔子世家異此本非也 〔疏〕注仲尼至有誤。正義曰魯臣見爲卿乃書其卒致事而卒猶尚不書仲尼書卒者魯之君臣宗其聖德殊而異之故特命史官使書其卒耳孔子世家云魯襄公二十二年而孔子生孔子年七十三以魯哀公十六年四月己丑卒杜自以長厤校之四月十八日有乙丑無己丑己丑乃是五月十二日也日月必有誤者劉炫云春秋之例卿乃書卒縱令仲尼不告老例不合書而杜云告老去位猶書卒非也今知不然者案周禮典命云公侯伯之卿三命大夫再命仲尼爲魯大夫夾谷之會攝相事十一年傳云子爲國老是大夫尊者則二命以上準例合書故杜爲此注或可杜爲抑揚之辭以爲仲尼縱未去位例不合書告老去位猶書卒者欲明魯之君臣宗其聖德之甚劉不尋杜旨以爲例不合書而規杜過非也

傳十六年。春。瞞成、褚師比出奔宋。欲伐莊公不果而奔 衛侯使鄢武子告于周。武子衛大夫肸也。鄢於虔反肸許乙反。曰蒯聵得罪于君父君母。逋竄于晉。晉以王室之故。不棄兄弟。寘諸河上。河上戚也。○逋布吳反竄七亂反寘之豉反 天誘其衷。獲嗣守封焉。使下臣肸敢告執事。王使單平公對曰。肸以嘉命來告余一人。往謂叔父。余嘉乃成世。復爾祿次。敬之哉。纘父之世還居君之祿次。○衷音忠單音善余嘉乃成世絕句 方天之休。言天方授爾以休。○休許虯反注及下同美也 弗敬弗休。悔其可追。傳終蒯聵之事 ○夏四月。己丑。孔丘卒。公誄之曰。旻天不弔。不憖遺一老。俾屏余一人以在位。仁覆閔下故稱旻天弔至也憖且也俾使也屏蔽也。○誄力軌反說文云謚也旻亡巾反弔如字又音的憖魚覲反俾必爾反屏必領反 煢煢余在疚。嗚呼哀哉。尼父無自律。疚病也律法也言喪尼父無以自爲法。○煢求營反疚久又反父音甫喪息浪反

〔疏〕公誄至自律。正義曰周禮大祝掌作六辭以通上下親疏遠近六曰誄鄭衆曰誄謂積累生時德行以賜之命主爲其辭卽引此傳是爲賜命之辭也鄭玄禮記注云誄累也累列生時行迹讀之以作謚此傳唯說誄辭不言作謚傳記羣書皆不載孔子之謚蓋唯累其美行示己傷悼之情而賜之命耳不爲之謚故書傳無稱焉至漢王莽輔政尊尚儒術封孔子後爲褒成侯追謚孔子爲褒成宣尼君明是舊無謚也鄭玄禮注云尼父因且字以爲之謚謂謚孔子爲尼父鄭玄錯讀左傳云以字爲謚遂復妄爲此解

子贛曰。君其不沒於魯乎。夫子之言曰。禮失則昏。名失則愆。失志爲昏。失所爲愆。生不能用。死而誄之。非禮也。稱一人。非名也。天子稱一人非諸侯之名。○愆起虔反 君兩失之。○六月。衛侯飲孔悝酒於平陽。平陽東郡燕縣東北有平陽亭。○飲於鴆反 重酬之。大夫皆有納焉。納財賄也 醉而送之。夜半而遣之。夜遣者憖貧孔悝不欲令人見。○令力呈反 載伯姬於平陽而行。載其母俱去 及西門。平陽門 使貳車反祏於西圃。使副車還取廟主西圃孔氏廟所在祏藏主石函。○祏音石圃布五反函音咸 〔疏〕注使副至石函。正義曰少牢饋食大夫之祭禮其祭無主鄭玄祭法注云惟天子諸侯有主禘祫大夫不禘祫無主耳今孔悝得有主者當特僭爲之非禮也鄭玄駁異義云大夫無主孔悝之反祏所出公之主耳案孔氏姞姓春秋時國唯南燕爲姞姓耳孔氏仕於衛朝已歷多世不知本出何國安得有所出公之主也知是僭爲之耳

子伯季子。初爲孔氏臣。新登于公。升爲大夫 請追之。遇載祏者。殺而乘其車。子伯殺載祏者 許公爲反祏。孔悝怪載祏者久不來使公爲反逆之。○許公爲如字人姓名反本亦作返音同 遇之曰。與不仁人爭明。無不勝。不仁人謂子伯季子也。明無不勝言必勝。○爭爭鬭之爭 必使先射。射三發。皆遠許爲。許爲射之殪。傳言子伯不仁所以死也。○射食亦反下同發如字一音廢遠於萬反殪於計反 或以其車從。從公爲。○從才用反又如字注同 得祏於櫜中。孔悝出奔宋。○櫜音託 楚大子建之遇讒也。自城父奔宋。在昭十九年。○城父音甫 又辟華氏之亂於鄭。在昭二十年。○華戶化反 鄭人甚善之。又適晉。與晉人謀襲鄭。乃求復焉。鄭人復之如初。晉人使諜於子木。請行而期焉。請行襲鄭之期子木卽建也。○諜徒協反 子木暴虐於其私邑。邑人訴之。鄭人省之。得晉諜焉。遂殺子木。其子

曰。勝在吳。子西欲召之。葉公曰。吾聞勝也詐而亂。無乃害乎。葉公子高沈諸梁也。○葉始涉反 子西曰。吾聞勝也信而勇。不爲不利。舍諸邊竟。使衛藩焉。使爲藩屏之衛。○竟音境下同藩方元反注同 葉公曰。周仁之謂信。周親也 率義之謂勇。率行也 吾聞勝也好復言。言之所許必欲復行之不顧道理。○好呼報反 而求死士。殆有私乎。私謀 復言。非信也。期死。非勇也。期必也 子必悔之。弗從。召之。使處吳竟。爲白公。白楚邑也汝陰褒信縣西南有白亭 請伐鄭。子西曰。楚未節也。言楚國新復政令猶未得節制 不然。吾不忘也。他日又請。許之。未起師。晉人伐鄭。楚救之。與之盟。勝怒曰。鄭人在此。讎不遠矣。比子西於鄭人 勝自厲劍。子期之子平見之。曰。王孫何自厲也。曰。勝以直聞。不告女。庸爲直乎。將以殺爾父。平以告子西。子西曰。勝如卵。余翼而長之。以鳥爲喻。○女音汝卵來管反長丁丈反 楚國第。我死。令尹司馬。非勝而誰。用士之次第。○第大細反 勝聞之。曰。令尹之狂也。得死。乃非我。言我必殺之若得自死我乃不復成人。○復扶又反 子西不悛。悛七全反 勝謂石乞曰。石乞勝之徒。 王與二卿士。二卿士子西子期 皆五百人當之。則可矣。乞曰。不可得也。五百人不可得 曰。市南有熊宜僚者。若得之。可以當五百人矣。乃從白公而見之。與之言。說。告之故。辭。告欲作亂宜僚辭距之。○熊音雄宜僚者本或作熊相宜僚相息亮反說音悅 承之以劍。不動。承劍指其喉。○喉音侯 勝曰。不爲利諂。不爲威惕。不洩人言以求媚者。去之。不爲于僞反下同諂勑檢反惕他歷反洩息列反又以制反 〔疏〕勝曰至去之。正義曰白公告之知必許其爵位而宜僚辭是不爲利而諂也承之以劍欲刺殺之而宜僚不動是不爲威而懼也如此之人必不是漏泄人言以求媚者也言其必不泄己謀故舍而去之 吳人伐慎。白公敗之。汝陰慎縣也。 請以戰備獻。與吳戰之所得鎧杖兵器皆備而獻之欲因以爲亂。○鎧苦代反杖直亮反 〔疏〕與吳至爲亂。正義曰服虔云欲陳士卒甲兵如與吳戰時所入獻捷杜以陳列甲兵士卒以入王宮人情所不許豈當時肯聽之故以爲戰時所得鎧杖兵器皆備具獻之所得既多欲因獻用之以作亂 許之。遂作亂。

秋七月。殺子西子期于朝。而劫惠王。子西以袂掩面而死。慙於葉公。○劫居業反袂彌世反 子期曰。昔者吾以力事君。不可以弗終。抉豫章以殺人而後死。以效其多力。豫章大木。○抉烏穴反 石乞曰。焚庫弒王。不然不濟。白公曰。不可。弒王不祥。焚庫無聚。將何以守矣。乞曰。有楚國而治其民。以敬事神。可以得祥。且有聚矣。何患。弗從。葉公在蔡。蔡遷州來楚并其地。○聚才住反下同 方城之外皆曰。可以入矣。子高曰。吾聞之。以險徼幸者。其求無饜。偏重必離。險猶惡也所求無饜則不安譬如物偏重則離敗欲須其斃而討之。○徼古堯反饜於豔反 聞其殺齊管脩也而後入。管脩楚賢大夫故齊管仲之後聞其殺賢知其可討 白公欲以子閭爲王。子閭平王子啓五辭王者 子閭不可。遂劫以兵。子閭曰。王孫若安靖楚國。匡正王室。而後庇焉。啓之願也。敢不聽從。若將專利以傾王室。不顧楚國。有死不能。不能從。○庇必利反又音祕 遂殺之。而以王如高府。高府楚別府 石乞尹門。爲門尹 圉公陽穴宮。負王以如昭夫人之宮。公陽楚大夫昭夫人王母越女。○圉魚呂反 葉公亦至。及北門。或遇之。曰。君胡不冑。國人望君。如望慈父母焉。盜賊之矢若傷君。是絕民望也。若之何不冑。乃冑而進。又遇一人。曰。君胡冑。國人望君。如望歲焉。歲年穀也。冑直又反 日日以幾。冀君來。○幾音冀本或作冀 若見君面。是得艾也。艾安也。○艾魚廢反一音五蓋反 民知不死。其亦夫有奮心。猶將旌君以徇於國。旌表也。○夫方于反或音扶奮方問反旌音精徇似俊反 而又掩面以絕民望。不亦甚乎。乃免冑而進。言葉公得民心 遇箴尹固。帥其屬將與白公。欲與白公并。○箴之林反 子高曰。微二子者。楚不國矣。二子子西子期也柏舉之敗二子功多 棄德從賊。其可保乎。乃從葉公。使與國人以攻白公。白公奔山而縊。其徒微之。微匿也。○使與國人與羊汝反一本作使興國人如字興謂興廢也縊一賜反微如字匿也爾雅云匿微也匿女力反 〔疏〕注微匿也。正義曰釋詁云匿微也舍人曰匿藏之微也郭璞曰微謂逃藏也左傳曰其徵之是也 生拘石乞而問白公之死焉。對曰。余知其死所。而長者使余勿言。長者謂白公也。○拘音俱長丁丈反注同 曰。不言將烹。乞曰。此事克則爲卿。不克則烹。固其所也。何害。乃烹石乞。王孫燕奔頯黃氏。燕勝弟頯黃吳地。○烹普庚反燕烏賢反又烏練反頯求龜反舊求悲反 諸梁兼二事。二事令尹司馬 國寧。寧安也 乃使寧爲令尹。子西之子子國也 使寬爲司馬。子期之子 而老於葉。傳終言之。○葉如涉反 ○衛侯占夢嬖人。以能占夢見愛。○嬖必計反 求酒於大叔僖子。僖子大叔遺。○大叔音泰 不得。與卜人比而告公曰。君有大臣在西南隅。弗去。懼害。託占卜夢而言。○比毗志反去起呂反 乃逐大叔遺。遺奔晉。○衛侯謂渾良夫曰。吾繼先君而不得其器。若之何。國之寶器輒皆將去 良夫代執火者而言。密將謀屏左右 曰。疾與亡君皆君之子也。召之而擇材焉。可也。召輒 若不材。器可得也。輒若不材可廢其身因得其器 豎告大子。大子疾 大子使五人輿豭從己。劫公而強盟之。盟求必立己。○豭音加強其丈反 且請殺良夫。公曰。其盟免三死。盟在十五年 曰。請三之後。有罪殺之。公曰。諾哉。

傳十七年。春。衛侯爲虎幄於藉圃。於藉田之圃新造幄幕皆以虎獸爲飾。○幄於角反幕武博反 成。求令名者。而與之始食焉。大子請使良夫。以良夫應爲令名。○成絕句求令名者絕句應應對之應 良夫乘衷甸兩牡。衷甸一轅卿車。○乘衷甸時證反說文作佃云中也春秋乘中佃一轅車也牡茂后反 〔疏〕注中甸一轅卿車。正義曰甸即乘也四丘爲甸出車一乘故以甸爲名是古者乘甸同也衛侯本許良夫服冕乘軒則衛侯既入良夫爲大夫矣傳特言乘衷甸兩牡則良夫不合乘之故知爲卿車也兵車一轅而二馬夾之其外更有二驂是爲四馬今止乘兩牡而謂之衷乘者衷中也蓋以四馬爲上乘兩馬爲中乘大事駕四小事駕二爲等差故也知大事駕四者異義古毛詩說天子之大夫皆駕四故詩云四牡騑騑周道倭遲是也如今乘輿有大駕中駕小駕爲行之等差

也。其諸侯大夫士唯駕二，無四。二十七年陳成子以乘車兩馬賜顏涿聚之子，士喪禮云賵以兩馬，是唯得駕兩，無上乘也。下文大子數之三罪，衷甸不在其數，而傳言之者，積其奢僭多也。紫衣狐裘。紫衣，君服。〔疏〕注紫衣君服。○正義曰：賈逵云然，杜從之。紫衣爲君服，禮無明文，要此云紫衣，言良夫不合服之。玉藻云玄冠紫緌自魯桓公始也。鄭玄云：蓋僭宋王者之後服也。管子稱齊桓好服紫衣，齊人尚之，五素而易一紫。孔子云惡紫之奪朱，蓋當時人主好服紫衣，君既服紫，則臣不得僭。今傳言紫衣爲良夫之罪，明紫是君服，良夫僭之，故言紫衣君服也。大夫狐裘，非僭，言之者爲袒裘張本。至袒裘不釋劒而食。食而熱，故偏袒，亦不敬。○袒音但。〔疏〕注食而至不敬。○正義曰：禮裘上有衣謂之裼。玉藻云君衣狐白裘錦衣以裼之，如此之類，皆是裘上之裼衣也。裼衣之上乃有朝祭正服，裘上有兩衣也。如此兩衣，襲則二衣皆重之，裼則袒正服露裼衣。玉藻云裘之裼也見美也，君在則裼盡飾也，服之襲也充美也，然則在君之所，於法唯有露裼衣耳，無露裘之時。今良夫爲食熱之故，偏袒其裘，則并裘亦袒，是不敬也。劒是害物之器，不得近至尊，故近君則解劒。良夫與君食而不釋劒，亦不敬也。大子使牽以退，數之以三罪而殺之。三罪，紫衣、袒裘、帶劒。〔疏〕三罪至帶劒。○正義曰：三者皆偪僭於君，故以此爲三罪。衷甸僭卿耳，比此爲輕，知衷甸非也。○三月，越子伐吳。吳子禦之笠澤，夾水而陳。越子爲左右句卒。句卒，鉤伍相著，別爲左右屯。○禦魚呂反，下同。笠音立。夾居恰反。陳直覲反。句古侯反，注同。卒子忽反，注及下注同。著直略反。使夜或左或右，鼓譟而進。吳師分以御之。越子以三軍潛涉，當吳中軍而鼓之，吳師大亂，遂敗之。左右句卒爲聲勢以分吳軍，而三軍精卒并力擊其中軍，故得勝也。○譟素報反。并如字，又必政反。○晉趙鞅使告于衛曰：君之在晉也，志父爲主。請君若大子來，以免志父。不然，寡君其曰志父之爲也。恐晉君爲志父教使不來。衛侯辭以難。大子又使椓之。椓訴父欲速得其處。○難乃旦反。椓中角反。處昌慮反。夏六月，趙鞅圍衛。齊國觀、陳瓘救衛。國觀，國書之子。○觀工喚反，下陳瓘音同。得晉人之致師者。子玉使服而見之。釋囚服，服其本服。曰：國子實執齊柄，而命瓘曰無辟晉師，豈敢廢命。欲必敵晉。○柄彼命反。子又何辱。言不須來致師，自將往戰。簡子曰：我卜伐衛，未卜與齊戰。乃還。畏子玉。○楚白公之亂，陳人恃其聚而侵楚。聚，積聚也。○聚才住反，注及下注邑聚同。積子賜反。楚既寧，將取陳麥。楚子問帥於大師子穀

與葉公諸梁。子穀曰：右領差車與左史老，皆相令尹、司馬以伐陳，其可使也。言此二人皆嘗輔相子西、子期伐陳，今復可使。○帥所類反。相息亮反，注及下而相國并注同。復扶又反。子高曰：率賤民慢，右領、左史皆楚賤官。○率所類反，本作帥師，下同。懼不用命焉。子穀曰：觀丁父，鄀俘也，武王以爲軍率，楚武王。○鄀音若。俘芳夫反。是以克州、蓼，服隨、唐，大啓羣蠻。彭仲爽，申俘也，文王以爲令尹，實縣申、息。楚文王滅申息以爲縣。○蓼本又作鄝，音了。朝陳、蔡，封畛於汝。開封畛北至汝水。○畛之忍反，一音真。唯其任也，何賤之有。子高曰：天命不謟。謟，疑也。○謟本又作滔，佗刀反。令尹有憾於陳，十五年子西伐吳，陳使貞子弔吳，以此爲恨。○憾本又作感，戶暗反。天若亡之，其必令尹之子是與，君盍舍焉。舍右領與左史。○盍戶臘反。舍音捨，又音赦，注同。臣懼右領與左史有二俘之賤而無其令德也。王卜之，武城尹吉。武城尹，子西子公孫朝。○朝如字。使帥師取陳麥。陳人御之，敗，遂圍陳。秋七月己卯，楚公孫朝帥師滅陳。終鄭裨竈言五及鶉火，陳卒亡。○鶉音純。王與葉公枚卜子良以爲令尹。枚卜，不斥言所卜以令龜。子良，惠王弟。○枚亡杯反。沈尹朱曰：吉，過於其志。志望也。葉公曰：王子而相國，過將何爲。過相將爲王也。他日改卜子國而使爲令尹。子國，寧也。○衛侯夢于北宮，見人登昆吾之觀，衛有觀在古昆吾氏之虛，今濮陽城中。○觀工喚反，注同。虛去魚反，下文同。濮音卜。被髮北面而譟曰：登此昆吾之虛，緜緜生之瓜。緜緜，瓜初生也。良夫善已有以小成大之功，若瓜之初生，謂使衛侯得國。○被皮義反。瓜古華反。〔疏〕衛侯至而譟。○正義曰：北宮，衛侯之別宮。於是衛侯在南宮，夢身在北宮，見人登昆吾之觀，被髮北面而譟。北宮在昆吾觀北，故此人北面向君而叫譟也。余爲渾良夫，叫天無辜。本盟當免三死，而并數一時之事爲三罪殺之，故自謂無辜。○并必政反。數所主反。公親筮之，胥彌赦占之，赦，衛筮史。曰：不害。與之邑，寘之而逃奔宋。言衛侯無道，卜人不敢以實對，懼難而逃也。○難乃旦反，下文而難作同。衛侯貞卜，正卜夢之吉凶。其繇曰：如魚竀尾，竀，赤色。魚勞則尾赤。○繇直又反。竀勑呈反。衡流而方

羊裔焉。橫流方羊，不能自安，裔，水邊。言衛侯將若此魚。○衡華盲反，又如字。方蒲郎反，注同。裔以制反。大國滅之，將亡。闔門塞竇，乃自後踰。此皆繇辭。○闔戶臘反。竇音豆。〔疏〕其繇至後踰。○正義曰：杜以魚勞則尾赤，方羊不能自安，裔焉謂魚至水邊，以喻衛侯將如此，是賈逵之說，杜用之也。鄭衆以爲魚勞則尾赤，方羊遊戲，喻衛侯淫縱。杜不然者，以此魚喻衛侯，詩云魴魚赬尾，王室如燬，魚勞則尾赤，以勞苦之魚比喻衛侯，則方羊爲勞苦之狀，若其方羊是縱恣之狀，何得比勞苦之魚也。劉炫以爲卜繇之辭，文句相韻，以裔焉二字宜向下讀之。知不然者，詩之爲體，文皆韻句，其語助之辭，皆在韻句之下，即齊詩云俟我於著乎而，充耳以素乎而，其王詩云君子陽陽，左執簧，其樂只且之類是也。此之方羊與下句將亡自相爲韻，裔焉二字爲助句之辭。且繇辭之例，未必皆韻，此云闔門塞竇，乃自後踰，不與將亡爲韻，又一薰一蕕，十年尚猶有臭，不與壞公之揄爲韻，是或韻或不韻，理無定準。劉以爲裔焉大國，謂土地遠焉之大國，近不辭矣，又以方羊爲縱恣之狀而規杜，過非也。冬十月，晉復伐衛，入其郛。將入城，春伐未得志故。○復扶又反。簡子曰：止。叔向有言曰：怙亂滅國者無後。不欲乘人之衰。○向許丈反。怙音戶。衛人出莊公而與晉平，晉立襄公之孫般師而還。十一月，衛侯自鄄入，般師出。般音班，下同。鄄音絹。初，公登城以望，見戎州。戎州，戎邑。問之，以告。公曰：我姬姓也，何戎之有焉。言姬姓國何故有戎邑。翦之。翦削壞其邑聚。公使匠久。久不休息。公欲逐石圃，石圃，衛卿石惡從子。○從才用反。未及而難作。辛巳，石圃因匠氏攻公，公闔門而請，弗許。踰于北方而隊，折股。戎州人攻之，大子疾、公子青踰從公，青，疾弟。戎州人殺之。終如卜言，乃自後踰。○隊直類反。折之設反。股音古。公入于戎州己氏。己氏，戎人姓。○己音紀，又音杞。初，公自城上見己氏之妻髮美，使髡之，以爲呂姜髢。呂姜，莊公夫人。髢，髲也。○髡苦存反。髢大計反，又庭計反。髲皮義反。既入焉，而示之璧，曰：活我，吾與女璧。己氏曰：殺女，璧其焉往。遂殺之而取其璧。衛人復公孫般師而立之。十二月，齊人伐衛。衛人請平，立公子起，起，靈公子。○女音汝，下同。其焉於虔反。執般師以歸，舍諸潞。潞，齊邑。○潞音路。○公會齊侯盟于蒙，齊侯，簡公弟平公敖也。蒙在東莞蒙陰縣西，故蒙陰城也。○平公敖如字，一本作驁，五報反，又五刀反。莞音官。孟武伯

相。齊侯稽首。公拜。齊人怒。武伯曰：非天子，寡君無所稽首。武伯問於高柴曰：諸侯盟，誰執牛耳。執牛耳，尸盟者。○相，息亮反。季羔曰：鄫衍之役，吴公子姑曹。季羔，高柴也。鄫衍在七年。○衍，以善反。發陽之役，衛石魋。發陽，鄖也。○在十二年。石魋，石曼姑之子。○魋，徒回反。鄖音云。曼音萬。武伯曰：然則彘也。彘，武伯名也。鄫衍則大國執，發陽則小國執，據時執者無常，故武伯自以為可執。○彘，直例反。〔疏〕注「彘武」至「可執」。○正義曰：依禮小國執牛耳。武伯得季羔之言，以鄫衍則大國執，發陽則小國執。小國執之，既合古典，武伯自以魯是小國，故云然則彘也。杜以傳有小國大國之執，故云據時執者無常。劉炫以為小國恒執牛耳，何得云執者無常？若如劉意，季羔直舉發陽，何須云鄫衍之役吴公子姑曹？橫規杜過，非也。○宋皇瑗之子麇，瑗，宋右師。○瑗，于眷反。麇，九師反。有友曰田丙，而奪其兄劉般邑以與之。劉般慍而行，告桓司馬之臣子儀克。克在下邑，不與魋亂，故在。○劉，任咸反。慍，紆問反，怒也。不與音預。子儀克適宋，告夫人曰：麇將納桓氏。公問諸子仲。子仲，皇野。初，子仲將以杞姒之子非我為子。為適子。杞姒，子仲妻。○姒音似。適，丁歷反。麇曰：必立伯也。伯非，我兄。是良材。子仲怒，弗從。故對曰：右師則老矣，不識麇也。言右師老，不能為亂，麇則不可知。公執之。執麇。皇瑗奔晉，召之。召令還。○令，力呈反。

傳十八年春，宋殺皇瑗。公聞其情，復皇氏之族，使皇緩為右師。言宋景公無常也。緩，瑗從子。○緩，戶管反。從，才用反。〔疏〕注「言宋」至「從子」。○正義曰：世族譜：瑗，皇父充石八世孫；緩，充石十世孫，則為從孫，非從子，二者必有一誤。○巴人伐楚，圍鄾。鄾，楚邑。○鄾音憂。初，右司馬子國之卜也，觀瞻曰：如志。子國未為令尹時，卜為右司馬，得吉兆，如其志。觀瞻，楚開卜大夫觀從之後。故命之。命以為右司馬。及巴師至，將卜帥。王曰：寧如志，何卜焉。寧，子國也。○帥，所類反。使帥師而行，請承。承，佐。王曰：寢尹、工尹，勤先君者也。柏舉之役，寢尹吴由于以背受戈，工尹固執燧象奔吴師，皆為先君勤勞。○燧音遂。為，于偽反。三月，楚公孫寧、吴由于、薳固敗巴師于鄾，故封子國於析。○薳，于委反。析，星歷反。君子曰：惠王知志。知用其意。夏書曰：官占唯能蔽志，昆命于元龜。逸書也。官占，卜筮之官。蔽，斷也。昆，後也。言當先斷意，後用龜也。○蔽，必世反，斷也，注同。尚書能作克，克亦能也。昆命于元龜，本依尚書。○斷，丁亂反，下同。〔疏〕「夏書」至「元龜」。○正義曰：夏書大禹謨之篇也。唯彼能作先耳。唯先蔽志，昆命于元龜。孔安國云：帝王立卜占之官，故曰官占。蔽，斷。昆，後也。官占之法，先斷人志，後命於元龜，言志定然後卜也。杜雖不見古文，其解亦與孔合。周禮謂斷獄為蔽獄，是蔽為斷也。昆，後也，釋言文。其是之謂乎。志曰：聖人不煩卜筮。惠王其有焉。不疑，故不卜也。○夏，衛石圃逐其君起，起奔齊。齊所立故。衛侯輒自齊復歸，逐石圃，而復石魋與大叔遺。皆蒯聵所逐。

傳十九年春，越人侵楚，以誤吴也。誤吴，使不為備。○夏，楚公子慶、公孫寬追越師，至冥，不及，乃還。冥，越地。○冥，亡丁反。○秋，楚沈諸梁伐東夷。報越。三夷男女及楚師盟于敖。從越之夷三種。敖，東夷地。○敖，五刀反。種，章勇反。○冬，叔青如京師，敬王崩故也。言敬王能終其世，終萇弘言東王必大克。叔青，叔還子。○敬王崩故也。案傳敬王崩在此年，世本亦爾。世族譜云敬王四十二年崩，敬王子元王十年春秋之傳終矣。據此則敬王崩當在哀公十七年。史記周本紀及十二諸侯年表敬王四十二年崩，子元王仁立，則敬王是魯哀十八年崩也。六國年表起自元王，乃本紀皆云元王八年崩，子定王介立，定王元年是魯哀公之二十七年，與杜預世族譜為異。又世本云魯哀公二十年是定王介崩，子元王赤立，則定王之崩年是魯哀二十七年也。衆說不同，未詳其正也。〔疏〕注「言敬」至「大克」。○正義曰：自十六年以來，經文已終，傳無所解，當時之事亦不書。記所記者，為終竟前事。叔青如周，計不應錄，為終萇弘之言，故錄之耳。萇弘言在昭二十三年。此叔青如京師，自為一敬王崩，未知敬王何年崩也。史記十二諸侯年表敬王四十一年孔子卒，四十三年敬王崩，則敬王崩在他年也。周本紀云敬王崩，子元王立，八年崩，子定王立。六國年表定王元年，左傳盡此，則傳以定王元年終矣。杜世族譜云敬王三十九年，魯哀公十四年，獲麟之歲也。四十二年而敬王崩，敬王子元王十年春秋之傳終矣。與史記不同者，但史記世代年月事多舛錯，故班固以文多牴牾，謂此類也。案世本敬王崩，貞王介立；貞王崩，元王赤立。宋忠注引太史公書云元王仁生貞王介，與世本不相應，不知誰是，則宋忠不能定也。又帝王世紀敬王三十九年春秋經終，四十四年敬王崩，子貞定王立；貞定王崩，子元王立。是世本與史記參差不同，良以書籍久遠，事多紕繆，故杜違史記，亦何怪焉？劉炫以杜與史記不同而規其過，未知劉意能定與否。

傳二十年春，齊人來徵會。夏，會于廩丘，為鄭故，謀伐晉。十五年，晉伐鄭。○廩，力甚反。為，于偽反，下為降同。鄭人辭諸侯。秋，師還。終叔向言晉公室卑。○吴公子慶忌驟諫吴子曰：不改必亡。弗聽。吴子弗聽。出居于艾。艾，吴邑。豫章有艾縣。○艾，五蓋反。遂適楚。聞越將伐吴，冬，請歸平越，遂歸。欲除不忠者以說于越。吴人殺之。言其不量力。○說如字，又音悅。○十一月，越圍吴。趙孟降於喪食。趙孟，襄子無恤，時有父簡子之喪。楚隆曰：三年之喪，親暱之極也，主又降之，無乃有故乎。楚隆，襄子家臣。○暱，女乙反。趙孟曰：黃池之役，先主黃池在十三年。先主，簡子。與吴王有質，質，盟信也。○質如字。曰：好惡同之。今越圍吴，嗣子不廢舊業而敵之，嗣子，襄子自謂。欲敵越救吴。非晉之所能及也，吾是以為降。楚隆曰：若使吴王知之，若何。趙孟曰：可乎。隆曰：請嘗之。嘗，試也。乃往，先造于越軍，曰：吴犯間上國多矣，聞君親討焉，諸夏之人莫不欣喜，唯恐君志之不從，請入視之。許之。告于吴王曰：寡君之老無恤使陪臣隆敢展謝其不共。展，陳也。○造，之到反。間，間廁之間。夏，戶雅反。共音恭。黃池之役，君之先臣志父得承齊盟，曰：好惡同之。今君在難，無恤不敢憚勞。非晉國之所能及也，使陪臣敢展布之。王拜稽首曰：寡人不佞，不能事越，以為大夫憂，拜命之辱。與之一簞珠，簞，小笥。○難，乃旦反。簞音丹。笥，終嗣反。〔疏〕注「簞小笥」。○正義曰：鄭玄曲禮注云：簞笥，盛飯食者，圓曰簞，方曰笥。宣二年趙盾見餓人，為之簞食，注云：簞，笥也。不言小，此言小笥者，以盛珠之器，不宜與盛飯器同，故云小耳。使問趙孟，問遺也。○遺，唯季反。曰：句踐將生憂寡人，寡人死之不得矣。王曰：溺人必笑，吾將有問也。以自喻所問不急，猶溺人不知所為而反笑。○句，古侯反。溺，乃歷反。史黯何以得為君子。晉史黯云：不及四十年，吴當亡。吴王感問此也。○黯，於減反。對曰：黯也進不見惡，時行則行。退無謗言。時止則止。○謗，博浪反。〔疏〕「對曰」至「謗言」。○正義曰：為時所用，進在朝廷，言行無愆，不見怨惡，言人無惡之者；時所不用，退歸私室，則無誹謗之言，故得君子之名也。杜解進退之由，由時可行則行，故有進；時可止則止，故有退。時易艮彖曰：艮，止也。時止則止，時行則行，動靜不失其時，其道光明。言史黯行如此也。王曰：宜哉。

傳二十一年夏五月，越人始來。越既勝吴，欲霸中國，始遣使適魯。

使所吏反○秋八月，公及齊侯、邾子盟于顧。齊人責稽首。責十七年齊侯爲公稽首不見荅齊地○爲于僞反年末及注同因歌之曰：魯人之皐。數年不覺，使我高蹈。皐緩也高蹈猶遠行也言魯人皐緩數年不知荅齊稽首故使我高蹈來爲此會○皐古刀反數所主反注同覺音角又古孝反蹈徒報反〔疏〕注皐緩至此會○正義曰士喪禮始死復魂之辭云皐某復鄭玄云皐長聲也皐者緩聲而長引之是皐爲緩也高蹈高舉足而蹈地故言猶遠行也此盟于顧顧是齊地行不出竟而言遠者止爲魯不稽首而爲此會雖近猶恨故以遠言之耳唯其儒書，以爲二國憂。二國齊邾也言魯據用禮不肯荅稽首令齊邾遠至○令力呈反是行也，公先至于陽穀。先期至也○先悉薦反齊閭丘息曰：君辱舉玉趾，以在寡君之軍。息閭丘明之後羣臣將傳遽以告寡君，比其復也，君無乃勤？爲僕人之未次，次舍也○傳中戀反遽其據反比必利反請除館於舟道。舟道齊地辭曰：敢勤僕人？不敢勤齊僕爲魯除館

傳二十二年夏四月，邾隱公自齊奔越，曰：吳爲無道，執父立子。越人歸之，大子革奔越。邾隱公八年爲吳所囚十年奔齊〔疏〕太子革奔越○正義曰革爲邾君十餘年矣仍稱爲太子者承其父歸之下故繫父言之○冬十一月丁卯，越滅吳，請使吳王居甬東。甬東越地會稽句章縣東海中洲也○甬音勇會古外反稽古兮反句九具反如淳音拘韋昭亦音恂洲音州水中可居曰洲辭曰：孤老矣，焉能事君？乃縊。越人以歸。以其尸歸終史墨子胥之言也○焉於虔反縊一賜反〔疏〕越滅至以歸○正義曰吳語說此事云越師入吳國圍王宮吳王懼使人行成越王曰昔天以越賜吳而吳不受今天以吳賜越孤敢不聽天之命而聽君之命乎乃不許成因使告吳王曰以民生之不長王其無死寡人其達王於甬句東夫婦三百唯王所安以役王年夫差辭曰孤之身實失宗廟社稷凡吳土地人民越既有之孤何以視於天下夫差將死使人告於子胥曰使死者無知則已矣若有知也吾其何面目以見員也遂自殺

傳二十三年春，宋景曹卒。景曹宋元公夫人小邾女季桓子外祖母〔疏〕注景曹至祖母○正義曰宋景曹者宋景公之母姓曹氏也昭二十五年傳云季公若之姊爲小邾夫人生宋元夫人生子以妻季平子此曹是平子之妻母故爲桓子外祖母也今康子是桓子之子父之外祖母卒故使冉有弔且送葬婦人多以姓繫夫此以景公見在遣弔景公故繫其子小邾曹姓故稱景曹季康子使冉有弔，且送葬，曰：敝邑有社稷之事，使肥與有職競焉。肥康子名競遽也○與音預是以不得助執紼，使求從輿人。求冉有名輿衆也○紼音弗輿音餘曰：以肥之得備彌甥也，彌遠也康子父之舅氏故稱彌甥〔疏〕注彌遠至彌甥○正義曰彌者增益之義故爲遠也釋親云母之昆弟爲舅謂我舅者吾謂之甥季桓子爲景公之甥景公爲康子父之舅氏也桓子於景公爲親甥故康子致辭於景公自以爲彌遠之甥有不腆先人之產馬，使求薦諸夫人之宰。薦進也○薦進典反其可以稱旌繁乎。稱舉也繁馬飾繁纓也終樂祁之言政在季氏○繁步干反注同

○夏六月，晉荀瑤伐齊。荀瑤荀躒之孫知伯襄子○知音智高無丕帥師御之。知伯視齊師，馬駭，遂驅之，曰：齊人知余旗，其謂余畏而反也。及壘而還。將戰，長武子請卜。武子晉大夫○御魚呂反壘力軌反知伯曰：君告於天子，而卜之以守龜於宗祧，吉矣，吾又何卜焉？且齊人取我英丘，君命瑤，非敢耀武也，治英丘也。治齊取英丘○守手又反祧他彫反以辭伐罪足矣，何必卜？壬辰，戰于犁丘。犁丘隰也○隰音習本亦作濕齊師敗績。知伯親禽顏庚。顏庚齊大夫顏涿聚○涿丁角反○秋八月，叔青如越，始使越也。越諸鞅來聘，報叔青也。始使所吏反

傳二十四年夏四月，晉侯將伐齊，使來乞師，曰：昔臧文仲以楚師伐齊，取穀，在僖二十六年宣叔以晉師伐齊，取汶陽。在成二年○汶音問寡君欲徼福於周公，願乞靈於臧氏。以臧氏世勝齊故欲乞其威靈○徼古堯反臧石帥師會之，取廩丘。石臧賓如之子軍吏令繕，將進。晉軍吏也繕治戰備○繕市戰反萊章曰：君卑政暴，萊章齊大夫○萊音來往歲克敵，禽顏庚也今又勝都，取廩丘天奉多矣，又焉能進？是躗言也。躗過也○奉扶用反焉於虔反躗戶快反謂過謬之言服云僞不信言也字林作躗云夢言意不慧也音于例反〔疏〕注躗過也○正義曰服虔云躗僞不信也注云躗過謬言也俱是不實之義各自以意訓耳役將班矣。晉師乃還。餼臧石牛，生曰餼○餼許器反大史謝之，晉大史○大音泰注同曰：以寡君之在行，在軍行閒牢禮不度，不如禮度敢展謝之。終臧氏有後於魯

○邾子又無道，越人執之以歸，終子贛之言而立公子何。何亦無道。何大子革弟○公子荊之母嬖，荊哀公庶子○嬖必計反將以爲夫人，使宗人釁夏獻其禮。宗人禮官也○釁許靳反夏戶雅反對曰：無之。公怒曰：女爲宗司，立夫人，國之大禮也，何故無之？對曰：周公及武公娶於薛，武公敖也○女音汝娶七住反下同孝惠娶於商，孝公稱惠公弗皇商宋也○孝惠娶於商定公名宋是哀公之父故釁夏爲諱而稱商也○稱尺證反又如字自桓以下娶於齊，桓公始娶文姜此禮也則有。若以妾爲夫人，則固無其禮也。公卒立之，而以荊爲大子，國人始惡之。惡公○惡烏路反注同○閏月，公如越，得大子適郢，適郢越王大子得相親說也○郢以井反適郢越王句踐大子名說音悅將妻公，而多與之地。公孫有山使告于季孫。季孫懼，使因大宰嚭而納賂焉，乃止。嚭故吳臣也季孫恐公因越討己故懼○妻七計反嚭普美反賂音路

傳二十五年夏五月庚辰，衛侯出奔宋。衛侯輒也〔疏〕衛侯出奔宋○正義曰服虔云此下但有適城鉏以鉤越無奔宋之事其說未聞今杜云城鉏近宋邑蓋衛侯出近宋境似欲奔宋衛人以奔宋告也衛侯爲靈臺于藉圃，與諸大夫飲酒焉。褚師聲子韤而登席。古者見君解韤○圃布五反褚張呂反韤亡伐反足衣也見賢徧反公怒。辭曰：臣有疾，異於人。足有創疾○創初羊反若見之，君將㱿之，㱿嘔吐也○㱿許角反又許各反嘔於口反吐他故反是以不敢。不敢解韤公愈怒。大夫辭之，不可。共辭謝公公不可解褚師出。公戟其手，抵徒手屈肘如戟形○抵音紙肘女九反曰：必斷而足。聞之，褚師與司寇亥乘，曰：今日幸而後亡。恐死以得亡爲幸○斷丁管反乘時證反公之入也，奪南氏邑，南氏子南之子公孫彌牟而奪司寇亥政。公使侍人納公文懿子之車于池。懿子公文要公有忿使人投其車于池水中○要一遙反初，衛人翦夏丁氏，在十一年○夏戶雅反以其帑賜彭封彌子。彭封彌子彌子瑕○帑音奴彌子飲公酒，納夏戊之女，嬖，以爲夫人。其弟期，大叔疾之

從孫甥也。期夏戊之子姊妹之孫爲從孫甥與孫同列○飲於鴆反大音泰從如字又才用反注同【疏】注期夏至同列○正義曰期是夏戊之子戊是大叔疾之甥期爲大叔疾姊妹之孫也姊妹之子爲甥姊妹之孫與己之孫尊卑同列男子謂兄弟之孫爲從孫故謂姊妹之孫爲從孫甥少畜於公。以爲司徒。夫人寵衰。期得罪。公使三匠久。公使優狡盟拳彌。優狡俳優也拳彌衛大夫使俳優盟之欲恥辱也○少詩照反優音憂狡古卯反拳音權俳皮皆反而甚近信之。故褚師比、輒登席者○近附近之近下注皆同公孫彌牟、喪邑者○喪息浪反公文要、失車者司寇亥、奪政者司徒期因三匠與拳彌以作亂。皆執利兵。無者執斤。斤工匠所執使拳彌入于公宮。信近之故得入而自大子疾之宮。譟以攻公。鄄子士請禦之。鄄子士衛大夫○譟素報反鄄音絹禦魚呂反後倣此彌援其手曰。子則勇矣。將若君何。言不可救○援音袁不見先君乎。君何所不逞欲。先君蒯聵也亂不速奔故爲戎州所殺欲令早去○令力呈反且君嘗在外矣。豈必不反。當今不可。衆怒難犯。休而易間也。乃出。將適蒲。蒲近晉邑○易以豉反間間廁之間下注內間爲君間皆同彌曰。晉無信。不可。將適鄄。鄄齊晉界上邑彌詐不知謀故公信之彌曰。齊晉爭我。不可。將適泠。泠近魯邑○泠力丁反彌曰。魯不足與。請適城鉏。城鉏近宋邑○鉏仕居反以鉤越。有君。宋南近越轉相鉤牽○鉤古侯反本或作拘同注同乃適城鉏。彌曰。衛盜不可知也。請速。自我始。乃載寶以歸。欺衛君言君以寶自隨將致衛盜請速行已爲先發而因載寶歸衛也公爲支離之卒。支離陳名○卒又忽反陳直覲反因祝史揮以侵衛。揮衛祝史○揮音暉衛人病之。懿子知之。知揮爲內間見子之。子之公孫彌牟文子也請逐揮。文子曰。無罪。懿子曰。彼好專利而妄。妄不法○好呼報反夫見君之入也。將先道焉。若見君有入勢必道助之○道音導注下同若逐之。必出於南門。而適君所。雖知其爲君間不審察私共評之○評音平又音病夫越新得諸侯。將必請師焉。揮在朝。使吏遣諸其室。難面逐之先逐其家○難乃旦反揮出。信弗內。再宿爲信○內如字又音納五日。乃館諸外里。外里公所在遂有寵。使如越請師。請師伐衛求入○六月。公至自越。前年行今還季康子、孟武伯逆於五梧。五梧魯南鄙也○梧音吾郭重僕。爲公僕○重直龍反又直用反見二子曰。惡言多矣。君請盡之。二子不臣之言甚多欲使公盡極以觀之公宴於五梧。武伯爲祝。祝上壽酒○祝之六反又之又反注同上時掌反壽音授又音受惡郭重曰。何肥也。訾毀其貌○惡烏路反訾音紫季孫曰。請飲彘也。飲罰也○飲於鴆反注同以魯國之密邇仇讎。臣是以不獲從君。克免於大行。又謂重也肥。言重隨君遠行劬勞不宜稱肥○從才用反又如字劬其俱反公曰。是食言多矣。能無肥乎。以激三桓之數食言○激古歷反數所角反飲酒不樂。公與大夫始有惡。爲二十七年公孫邾起○樂音洛孫音遜本又作遜

傳二十六年。夏五月。叔孫舒帥師會越皋如、后庸、宋樂茷納衞侯。舒武叔之子文子也皋如后庸越大夫樂茷宋司城子納衞侯輒也○茷扶廢反文子欲納之。懿子曰。君愎而虐。少待之。必毒於民。愎很也○愎皮逼反很胡懇反乃睦於子矣。民睦師侵外州。大獲。越納輒之師出禦之。大敗。衞師敗掘褚師定子之墓。焚之于平莊之上。定子褚師比之父也平莊陵名也○掘求勿反又其月反本或作搰胡忽反文子使王孫齊私於皋如。齊衞大夫王孫賈之子昭子也曰。子將大滅衞乎。抑納君而已乎。皋如曰。寡君之命無他。納衞君而已。文子致衆而問焉。曰。君以蠻夷伐國。國幾亡矣。請納之。衆曰。勿納。曰。彌牟亡而有益。請自北門出。欲以觀衆心○幾音饑又音機衆曰。勿出。重賂越人。申開守陴而納公。申重也開重門而嚴設守備欲以恐公使不敢入○陴婢支反重直龍反下同守手又反恐丘勇反公不敢入。師還。立悼公。悼公蒯聵庶弟公子黚也○黚低廉反【疏】注悼公至黚也○正義曰衞世家謂輒爲出公季父黚殺出公子而自立是爲悼公南氏相之。以城鉏與越人。公曰。期則爲此。司徒期也○相息亮反【疏】以城至爲此○正義曰衞侯先居城鉏以兵侵衞衞人申開守陴衞侯不敢入退還城鉏衞人得以城鉏與越者衞人賂遺於越雖公所在亦以與之令苟有怨於夫人者報之。夫人期姊也怨期而不得加戮故勑宮女令苦困期姊○令力呈反注同司徒期聘於越。爲悼公聘○爲于僞反公攻而奪之幣。期告王。越王也王命取之。期以衆取之。公怒。殺期之甥之爲大子者。怨期而及其姊爲夫人者遂復及夫人之子○復扶又反遂卒于越。終言之也終效夷言死于夷○宋景公無子。取公孫周之子得、與啓。畜諸公宮。周元公孫子高也得昭公也啓得弟畜養也【疏】注周元至養也○正義曰宋世家云景公卒公子得殺大子而自立是爲昭公昭公者元公之曾孫也昭公父公孫糾糾父公子褍秦褍秦卽元公小子也景公殺昭公父糾故昭公怨殺大子而自立其說殺昭公得立之所由與此不合亦以得爲昭公也未有立焉。於是皇緩爲右師。皇非我爲大司馬。皇懷爲司徒。皇懷非我從昆弟○從才用反靈不緩爲左師。不緩子靈圍龜之後樂茷爲司城。茷樂溷之子○溷戶門反又戶困反樂朱鉏爲大司寇。朱鉏樂輓之子○鉏仕居反輓音晚六卿三族降聽政。三族皇靈樂也降和同也因大尹以達。大尹近官有寵者六卿因之以自通達於君大尹常不告。而以其欲稱君命以令。不告君也國人惡之。司城欲去大尹。左師曰。縱之。使盈其罪。盈滿也○惡烏路反下注惡其同去起呂反重而無基。能無敝乎。言勢重而無德以爲基必敗也冬十月。公游于空澤。空澤宋邑辛巳。卒于連中。連中館名○連如字又音輦大尹興空澤之士千甲。甲士千人○興如字興廢也或作輿字非奉公自空桐入。如沃宮。奉公尸也梁國虞縣東南有地名空桐沃宮宋都內宮名○沃烏毒反使召六子曰。聞下有師。君請六子畫。畫計策○畫音獲六子至。以甲劫之曰。君有疾病。請二三子盟。乃盟于少寢之庭。曰無爲公室不利。大尹立啓。奉喪殯于大宮。三日而後國人知之。司城茷使宣言于國曰。大尹惑蠱其君而專其利。令君無疾而死。死又匿之。是無他矣。大尹之罪也。言大尹所弒○劫居業反少詩照反下注同大宮音泰蠱音古匿女力反弒音申志反得夢啓北首而寢於盧門之外。盧門宋東門北首死象盧門外失國也○首手又反注同

【疏】注北首死象。○正義曰禮運云死者北首生者南鄉故以北首爲死象。已爲烏而集於其上。咮加於南門。尾加於桐門。曰余夢美。必立。桐門北門。○咮張又反鳥口。大尹謀曰我不在盟。少寢庭但以君命盟六卿大尹不盟。無乃逐我復盟之乎。使祝爲載書。六子在唐盂。地名。○復扶又反盂音于。將盟之。祝襄以載書告皇非我。襄祝名。皇非我因子潞、子潞樂茷。○潞音路。門尹得、樂得。左師謀曰。民與我。逐之乎。皆歸授甲。使徇于國曰。大尹惑蠱其君。以陵虐公室。與我者救君者也。衆曰。與之。大尹徇曰。戴氏、皇氏將不利公室。戴氏即樂氏。○徇似俊反。與我者無憂不富。衆曰。無別。惡其號令與君無別。○別彼列反注同。戴氏皇氏欲伐公。公謂啟。樂得曰。不可。彼以陵公有罪。我伐公。則甚焉。使國人施于大尹。施罪於大尹。大尹奉啟以奔楚。乃立得。司城爲上卿。盟曰。三族共政。無相害也。○衞出公自城鉏。使以弓問子贛。且曰。吾其入乎。子贛稽首受弓。對曰。臣不識也。私於使者曰。昔成公孫於陳。僖二十八年衞成公奔楚遂適陳。○使者所吏反孫音遜本亦作遜下注除孫字皆同。甯武子、孫莊子爲宛濮之盟而君入。在僖二十八年。○甯乃定反宛於阮反濮音卜。獻公孫於衞齊。在襄十四年。子鮮、子展爲夷儀之盟而君入。在襄二十六年。今君再在孫矣。謂十五年孫魯今又孫宋。內不聞獻之親。外不聞成之卿。則賜不識所由入也。詩曰。無競惟人。四方其順之。詩周頌言無競強惟得人也。【疏】詩曰至順之。○正義曰詩周頌烈文之篇也。競彊也。無彊乎唯得賢人也。若得賢人四方諸國皆順從之矣。若得其人。四方以爲主。爲主四方。而國於何有。

傳二十七年春。越子使后庸來聘。且言邾田。封于駘上。欲使魯還邾田封竟至駘上。○駘他來反又音臺竟音境。二月。盟于平陽。西平陽。【疏】注西平陽。○正義曰宣八年城平陽此云西平陽土地名云宣八年平陽東平陽也。泰山有平陽縣此年平陽西平陽也。高平南有平陽縣。三子皆從。季康子叔孫文子孟武伯皆從后庸盟。○從如字注同從才用反非也。康子病之。恥從蠻夷盟。言及子贛。曰。若在此。吾不及此夫。不及與越盟。○夫音扶。武伯曰。然。何不召。曰。固將召之。文子曰。他日請念。言季孫不能用子贛臨難而思之。○難乃旦反。○夏四月己亥。季康子卒。公弔焉。降禮。禮不備也言公之多妄。○妄亡亮反本又作忘下文放此。○晉荀瑤帥師伐鄭。次于桐丘。鄭駟弘請救于齊。弘駟歂子。○歂市專反。齊師將興。陳成子屬孤子三日朝。屬會死事者之子使朝三日以禮之。○屬音燭注同。設乘車兩馬。繫五邑焉。乘車兩馬大夫服又加之五邑。○乘繩證反注文下皆同。召顏涿聚之子晉。曰。隰之役而父死焉。隰役在二十三年。○涿中角反隰音習。以國之多難。未女恤也。今君命女以是邑也。服車而朝。毋廢前勞。乃救鄭。及留舒。違穀七里。穀人不知。言其整也。留舒齊地。違去也。○難乃旦反女音汝下同毋音無。及濮。雨不涉。濮水自陳留酸棗縣傍河東北經濟陰至高平入濟。○傍蒲浪反濟子禮反下同。子思曰。大國在敝邑之宇下。是以告急。今師不行。恐無及也。子思國參。○參七南反。成子衣製杖戈。製雨衣也。○衣於既反製音制杖直亮反又音丈。立於阪上。馬不出者。助之鞭之。知伯聞之。乃還。畏其得衆心。○阪音反一音扶版反。曰。我卜伐鄭。不卜敵齊。使謂成子曰。大夫陳子。陳之自出。陳之不祀。鄭之罪也。十七年楚滅陳非鄭之罪蓋知伯誣陳子故陳子怒謂其多陵人。故寡君使瑤察陳衷焉。衷善也。○衷音中。謂大夫其恤陳乎。若利本之顛。瑤何有焉。言陳滅於己無傷。成子怒曰。多陵人者皆不在。知伯其能久乎。中行文子告成子。文子荀寅此時奔在齊。○行戶郎反。曰。有自晉師告寅者。將爲輕車千乘。以厭齊師之門。則可盡也。成子曰。寡君命恒曰。無及寡。無畏衆。雖過千乘。敢辟之乎。將以子之命告寡君。成子疑其有爲晉之心也。○輕遣政反厭於甲反又音於輒反有爲于僞反下爲鄭同。【疏】無及寡。○正義曰無陵侮寡少而橫及之也。文子曰。吾乃今知所以亡。自恨己無知。君子之謀也。始衷終皆舉之。而後入焉。謀一事則當慮此三變然後入而行之所謂君子三思。○三思息暫反又如字。【疏】君子至入焉。○正義曰君子之爲謀也思其始思其中思其終三者盡無猜嫌皆可舉而行之然後設言以入前人焉。今我三不知而入之。不亦難乎。悔其言不可復。公患三桓之侈也。欲以諸侯去之。欲求諸侯師以逐三桓。○侈昌氏反又呂氏反去起呂反下而去同。三桓亦患公之妄也。故君臣多閒。閒隙也。公游于陵阪。遇孟武伯於孟氏之衢。曰。請有問於子。余及死乎。問可得壽死否。對曰。臣無由知之。三問。卒辭不對。公欲以越伐魯。而去三桓。秋八月甲戌。公如公孫有陘氏。有陘氏即有山氏。因孫於邾。乃遂如越。國人施公孫有山氏。以公從其家出故也。終子贛之言君不沒於魯。○因孫音遜。○悼之四年。晉荀瑤帥師圍鄭。悼公哀公之子寧也。哀公出孫魯人立悼公。【疏】注悼公至悼公。○正義曰魯世家云哀公奔越國人迎哀公復歸卒於有山氏子寧立是爲悼公。傳稱國人施罪於有山氏不得復歸而卒於其家也馬遷妄耳。未至。鄭駟弘曰。知伯愎而好勝。早下之。則可行也。行去也。○好呼報反早一本作蚤下戶嫁反。乃先保南里以待之。保守也南里在城外。知伯入南里。門于桔柣之門。鄭人俘酅魁壘。鄭大夫。○桔戶結反柣大結反俘芳夫反酅戶圭反魁苦回反壘力軌反。賂之以知政。欲使爲鄭卿。○爲于僞反。閉其口而死。將門。將攻鄭門。知伯謂趙孟。入之。對曰。主在此。主謂知伯也言主在此何不自入。知伯曰。惡而無勇。何以爲子。惡貌醜也。簡子廢適而立襄子故知伯言其醜且無勇何以立爲子。○惡如字適丁歷反。【疏】注簡子至爲子。○正義曰趙世家云簡子召諸子相之。子卿曰無爲將軍者。簡子曰此其母賤翟婢也奚道貴哉。子卿曰天之所授雖賤必貴。自是之後簡子盡召諸子與語毋恤最賢乃廢太子伯魯而以毋恤爲太子。對曰。以能忍恥。庶無害趙宗乎。知伯不悛。趙襄子由是惎知伯。惎毒也。○惎其冀反其安反。遂喪之。知伯貪而愎。故韓魏反而喪之。史記晉懿公之四年魯悼公之十四年知伯帥韓魏圍趙襄子於晉陽韓魏反與趙氏謀殺知伯於晉陽之下在春秋後二十

七年○喪息浪反〔疏〕注史記至七年○正義曰晉世家云定公三十三年孔子卒三十七年定公卒則晉定公以魯哀公二十年卒也又云定公卒子出公鑿立十七年出公奔齊則出公之奔在魯悼公之十年也又云出公既奔知伯立昭公曾孫驕爲晉君是爲哀公哀公之四年趙襄子韓康子魏桓子共殺知伯是殺知伯當魯悼公之十四年也又六國年表亦云晉哀公四年魯悼公十四年韓魏趙敗知伯於晉陽戰國策說此事云知伯帥韓康子魏桓子攻趙襄子於晉陽引汾水以灌之城不沒者三版知伯行水魏桓子御車韓康子爲右知伯曰吾今乃知水可以亡人之國汾水可以灌安邑絳水可以灌平陽安邑魏也平陽韓也魏桓子肘韓康子韓康子躡魏桓子之足其夜趙襄子使張孟談私於韓魏韓魏反與趙合遂殺知伯於晉陽之下而三分其地事在春秋獲麟之後二十七年

春秋左傳注疏卷六十挍勘記　阮元撰盧宣旬摘錄

附釋音春秋左傳注疏卷第六十　哀十六年盡二十七年

經十六年

魯襄二十二年生至今七十三也　釋文云本或作魯襄二十三年生至今七十二則與史記孔子世家異此本非也

或可杜爲抑揚之辭　監本毛本可作曰

傳十六年

晉以王室之故　石經晉字後人旁增

言天方受爾以休　淳熙本足利本受作授

煢煢余在疚　鄭司農注周禮大祝引作嬛嬛予在疚說文引作嬛嬛在疚葢古字通也

嗚呼　諸本作嗚足利本作烏石經此處缺前後皆作烏是也

公誄至自律　宋本此節正義在君兩失之句下

尼父因且字以爲之謚　監本毛本且誤目段玉裁曰且字見儀禮注禮記注公羊傳注古謂伯仲之下一字曰且字如言仲山甫則山甫是且字合仲而爲字葢且字冠而有之伯仲五十乃稱也各注疏內且誤爲其或爲目此檀弓疏今本皆誤

君兩失之　冊府元龜七百九十六引此篇稱余一人非名也君兩失之亡國之風較多五字又引服虔注天子自謂一人非諸侯所當名也然則其所據乃服本也

使副車還取廟主　宋本使誤貳

注使副至石函　閩本監本毛本副下有車還二字此節正義宋本在孔悝出奔宋句下

許公爲反祏　諸本作反釋文作返云本亦作反字按說文返字下出彶篆云春秋傳返从彳今左傳不見有彶字葢班固所謂多古字古言許愼所謂用古文者盡爲轉寫改易矣

得祏於櫜中　纂圖本閩本監本毛本櫜誤橐

與晉人謀襲鄭　案石經此處殘缺顧炎武云晉誤作爲所據非唐刻也

言楚國新復政令　監本毛本新誤雖

市南有熊宜僚者　石經熊字下後人旁增相字釋文云本或作熊相宜僚案後漢書崔駰傳孔融傳注引傳並有相字因宣十二年傳楚有熊相宜僚爲蕭人所囚當涉彼文而誤衍漢書古今人表無相字

救劒指其喉　宋本監本毛本救作捄按亦非宋本岳本纂圖本足利本作救是也

勝曰至去之　宋本以下正義三節揔入注文傳終言之之下

抉豫章以殺人而後死　淳熙本人誤之

殺王不祥　石經宋本淳熙本岳本殺作弒

盜賊之矢若傷君　纂圖本矢誤夫

日日以幾　纂圖本下日字作月案毛誼父六經正誤云日日作日月誤釋文幾本或作冀

而又掩面以絕民望　毛本又作父非也

言葉公得民心　毛本公誤先

不言將烹　宋本烹作亨石經初刊同後人妄增四點非是下同

乞曰此事　岳本事下有也字與石經合錢大昕云諸本多無也字蜀大字本興國本建大字本有今從之

王孫燕奔頯黃氏　淳熙本纂圖本閩本監本毛本頯作額亦非石經宋本岳本作頯不誤注同

諸梁兼二事　石經宋本淳熙本岳本纂圖本足利本諸梁上有沈字是也

傳十七年

衞侯爲虎幄於藉圃　石經藉字改刊初刻誤籍

良夫乘衷甸兩牡　釋文云說文甸作佃云春秋乘中佃一轅車也玉篇引傳與說文合

注衷甸一轅卿車　宋本以下正義四節揔入太子使牽以退注下

服之襲也充美也　毛本襲誤裼

三罪至帶劒　宋本至字作紫衣袒裘四字

吳師分以御之　岳本足利本御作禦與上文合一處兩見不應有異釋文上文禦字作御云下同是也

恐晉君爲志父教使不一　宋本纂圖本亦誤爲淳熙本作請亦非岳本足利本作謂是也宋本淳熙岳纂圖足利五本一字作來不誤

椓許父欲速得其處　宋本淳熙本岳本許作訴是也足利本作詐

國子實執齊柄　陳樹華云史記蔡澤傳索隱引柄作秉又引服虔云秉權柄也是服本作秉

皆楚賤官　宋本楚作是也

是以克州蔞　諸本作蔞石經此處殘缺釋文云本又作鄝

天命不謟　釋文亦作謟云本又作滔案石經此處缺張衡西京賦云天命不滔李善注云滔與謟音義同岳本作謟誤注同

令尹有憾於陳　石經憾字左半殘缺釋文云本又作感是也

言過於其志　石經宋本淳熙本岳本足利本言作吉是也

在古昆吾氏之虛　此本古字模糊依宋本淳熙本岳本纂圖本足利本補閩本監本毛本誤於

良夫善已　宋本岳本足利本善作言

有以小成大之功　纂圖本閩本監本毛本小誤卜淳熙本大作太亦非

若瓜之初生　此本瓜字模糊據諸本改宋本足利本無初字

衞侯至而譟　宋本以下正義二節揔入注文此皆鄙辭之下

而并數一時之事　宋本數誤救

懼難而逃也　宋本足利本無也字

如魚竀尾衡流而方羊裔焉大國滅之將亡　錢大昕云杜氏以裔焉連上爲句劉炫謂當以方羊爲句其說當矣而孔氏曲護杜義辨之甚力然毛詩正義亦出孔氏之手而汝墳正義引傳如魚頳尾橫流而彷徉正與劉氏合

竀赤色　宋本岳本足利本色作也

以裔焉二字宜向下讀之　宋本裔作裔下同

上繇辭之例　宋本上作且不誤

不與攘公之揄爲韻　閩本監本揄作揄非也

衞人出莊公而與晉平晉立襄公之孫　石經平晉二字改刻初刻晉誤人

般師而還　石經此處殘缺陳樹華云史記衞世家作班師注引傳文同

削壞其邑聚　岳本削作翦案陳樹華云十一年傳衞人翦夏戊注翦削其爵邑此注句法正相似

公闔門而請　纂圖本閩本監本毛本亦作闔石經此處殘缺宋本淳熙本岳本作閉

平公敖也　釋文敖作敬云一本作驚案史記作驚司馬貞曰世本及譙周皆作敬宋本淳熙本足利本同

宋皇瑗之子麇　閩本毛本子誤于釋文同

而奪其兄酁般邑以與之　宋本閩本監本毛本酁作劖此本下酁字誤作劖字按說文曰酁宋也从邑毚聲

不與魋亂　宋本淳熙本魋下有之字

皐緩奔晉召之　石經宋本淳熙本岳本纂圖本緩作援是也

傳十八年

知用其意　足利本意作兵

夏書至元龜　宋本此節正義在注文不疑故不卜也之下

唯彼能作先耳唯先蔽志　段玉裁校本先皆作克

傳十九年

爲終萇宏之言　諸本作萇此本誤長今改正下同

未知敬王有年崩也　宋本監本毛本有作何是也

故班固以文多牴牾　宋本牴牾作抵梧字按當作抵牾梧从午亦或假梧字爲之

春秋元終　宋本元作經是也

子貞定王立　宋本貞作眞下同

未知劉意能定以否　監本毛本以作與

傳二十年

講歸平越　石經宋本淳熙本岳本纂圖本監本毛本講作請是也

親暱之極也　石經宋本淳熙本岳本纂圖本暱作暱是也釋文同

先主與吳王有質　閩本監本毛本先主誤先王

黃池春十二年　宋本淳熙本岳本纂圖本足利本春作在不誤十二年淳熙本岳本作十三年是也

先王簡子　宋本淳熙本岳本纂圖本王作主

欲敵越救吳　此本敵越救三字空闕據宋本淳熙本岳本纂圖本足利本補閩本監本毛本越作魯非也

請嘗之乃往先造于越軍　石經初刻脫于字之乃往先造五字重刻因增于字也

唯恐君之志不從　石經宋本淳熙本岳本足利本之志作志之不誤

使倍臣隆　石經此處殘缺宋本淳熙本岳本倍作陪是也

注簞小笥　宋本以下正義二節揔入王曰宜哉之下無注字

傳二十一年

不見苔齊地　補案齊上當有願字

注皐緩至此會　宋本此節正義在辭曰敢勤僕人注下

言曾據用禮　宋本淳熙本岳本足利本用作周是也

傳二十二年

爲吳所囚　淳熙本囚作因非也

故繫故言之　宋本下故字作攵是也

終史墨子胥之言也　淳熙本史誤夫無也字宋本足利本亦無也字

以役王年　宋本閩本監本毛本役作没不誤

傳二十三年

注景曹至祖母　宋本以下正義二節揔入注文改在季氏之下

季公若之姊　監本毛本姊誤姉

有不腆先人之産馬　顧炎武云石經馬誤焉案石經此處缺炎武所據非唐刻也

君命瑤　石經瑤字下旁增瑤字非唐刻也

非敢耀武也　石經宋本岳本足利本耀作燿

犂邱隰也　閩本隰作濕釋文同音習云本又作隰陳樹華云後漢書左原傳注引杜注犂作黎

傳二十四年

軍吏令繕　石經繕下旁有甲字

禽顔庚　閩本監本毛本庚下衍也字

又焉能進　石經能字改刻初刻似誤可

是躗言也　陳樹華云說文引春秋傳曰噧言疑即此躗言案錢大昕云杜云躗過也釋文云躗戶快反與噧音河介切相近古文从口从言之字多相通說文兼收噧講二字噧訓高氣多言講訓譀譀又訓誇誇譀義較過尤長然則噧言即躗言亦可作講言也

注躗過也　宋本此節正義在敢展謝之注下

役將班矣　惠棟云郭璞曰班一作般

在車行　宋本淳熙本岳本纂圖本毛本足利本車作軍閩本監本亦誤車行下衍間字纂圖本毛本同

此禮也則有　石經有字下後人旁增之字

而以荆爲大子　足利本無而字

傳二十五年

衞侯出奔宋　宋本以下正義二節揔入注文請師伐衞求入之下

此下但有適城鉏以鈎越　宋本毛本鈎作鉤是也

盇衞侯出近宋境　宋本境作竟是正字

衞侯爲靈臺于藉圃　石經藉字頭改刊初刻誤从竹

君將殼之　石經本殼作殼釋文作嗀案說文嗀字注云歐皃从口殼聲春秋傳曰君將嗀之六經正誤云嗀作殼誤

不敢解韤　此本韤字實缺據宋本淳熙本岳本纂圖本足利本補閩本監本毛本亦脫

抵從手屈肘如戟形　釋文亦作抵是也說詳釋文挍勘記宋本淳熙本纂圖本閩本監本毛本足利本誤抵纂圖閩監毛本從作徙不誤

懿子公文要　淳熙本懿誤談

初衞人翦夏丁氏　毛本翦作剪俗翦字

戊是大叔妾之甥　宋本監本毛本妾作疾是也

少畜於公　石經畜於公三字改刊因初刻公下衍宮字也

欲恥辱也　此本恥字實缺閩本同據宋本淳熙本岳本纂圖本監本毛本補正

轍登席者　宋本岳本轍作轍是也

已爲先發而同載寶歸衞也　宋本足利本同作因是也

雖知其爲君閒　此本雖作評知字實缺閩本監本毛本作評品誤據宋本淳熙本岳本纂圖本足利本改正

私共評之　此本共字實缺評誤知閩本監本毛本作故知亦非據宋本淳熙本岳本纂圖本足利本改正

將必請師焉　諸本作師此本實缺今補正

公宴於五梧　石經梧字改刊

飲罰也　宋本淳熙本岳本足利本也作之

傳二十六年

后庸　石經宋本后作舌廿七年越子使舌庸來聘舌字同段玉裁云當依國語作舌

宋司城子納　宋本淳熙本岳本纂圖本足利本納作瀞是也

愎狠也　宋本淳熙本岳本狠作很與釋文合

民睦　二字在傳文師侵外州之上此本實缺據宋本淳熙本岳本纂圖本補閩本監本毛本誤作衞字又誤爲傳正文

掘褚師定子之墓　釋文云掘本或作搰案玉篇搰字注引作掘褚師定子之墓焚之云本亦作掘師字此本實缺據諸本補石經褚字起一行計十一字

定于褚師比之父也此本師字實缺比誤此父誤又據諸本補改岳本褚作楚非也

文子使之而問焉石經宋本淳熙本岳本纂圖本毛本使之作致衆是也

欲以觀衆心觀衆二字此本實缺閩本同據宋本淳熙本岳本纂圖本監本毛本補

公子黚也宋本黚誤期

悼公至黚也宋本以下正義二節揔入遂卒于越注下

季父黚殺出公子而自立此本季字實缺閩本同據宋本監本毛本補閩本于字亦缺

以城至爲此宋本至爲此三字作鈕與越人

雖公所在此本雖字實缺閩本同監本毛本空缺據宋本補

注周元至養也宋本以下正義二節揔入無相害也句下

糾父公子禂秦禂秦即元公小子也禂秦禂三字此本實缺閩本同據宋本監本毛本補宋本禂作端非也

六卿三族降聽政石經初刻降下有以字後改刊

三族皇靈樂也此本也字實缺據宋本淳熙本岳本纂圖本足利本補閩本監本誤者

言勢重而無德以爲基此本勢字實缺據宋本淳熙本岳本纂圖本閩本監本毛本足利本補德毛本誤得

必叛也監本毛本叛作倣宋本淳熙本岳本足利本作敗是也

大尹或蠱其君而專其利監本毛本專作惠非也

令君無疾而死宋本淳熙本岳本纂圖本足利本令作今與石經合

是無他矣纂圖本矣誤也

盧門外失國也宋本淳熙本岳本纂圖本足利本盧作在是也

已爲烏而集於其上此處石經殘缺宋本淳熙本岳本足利本烏作鳥

無乃逐我諸本作逐此本誤遂今改正

司城爲上卿諸本作司此本誤可今改正

昔成公孫於陳石經此孫字及下孫於齊再在孫皆重加辶旁此後人據釋文亦作之字妄改也

盟在僖二十八年此本盟字實缺據宋本淳熙本岳本纂圖本足利本補閩本監本毛本盟在誤在魯

獻公孫於衛齊宋本岳本足利本無衛字與石經合

在僖二十六年宋本淳熙本足利本僖作襄是也

今君再在孫矣諸本有君字此本實缺今據補

外不聞成之鄉石經初刻成誤城後磨去土旁

無競惟人諸本作人此本誤民今改正

四方其順之閩本監本毛本順誤訓顧炎武云石經訓誤作順非也錢大昕云左傳古本作順

詩曰至順之宋本此節正義在而國於何有之下毛本順作訓

詩周頌烈文之篇也此本也字實闕據宋本補閩本監本毛本誤作戒

競彊也此本競字實闕彊誤言據宋本補改閩本監本作筋言也毛本作飾言也並非

四方以爲主石經初刻以誤之後改正此本主誤王注同

爲主主四方此本上主字空闕據宋本淳熙本岳本纂圖本足利本補閩本監本毛本皆脫下主字

傳二十七年

后庸石經宋本后作舌是也

注西平陽宋本此節正義在夏四月注下

此云盟于平陽此云二字此本實闕據宋本補閩本毛本云作年

宣八年平陽東平陽也此本東平陽也四字實缺據宋本補閩本監本毛本誤作彼注云今

泰山有平陽縣此本泰字空缺據宋本閩本監本毛本補

此年平陽西平陽也此本西平二字空缺據宋本閩本監本毛本補

叔孫文子諸本作文此本空缺今補正

皆從后庸盟諸本作后庸此本空缺今補正據石經經傳后當作舌

思子贛此三字宋本淳熙本岳本纂圖本皆在言及子贛句下係注文此本空缺閩本監本毛本遂脫

言季孫不能用子贛此本季孫不三字實缺能用誤作武伯據宋本淳熙本岳本纂圖本閩本監本毛本補正

臨難而思之諸本作思此本誤逃今改正

又加之五邑此本又加誤作文如五邑二字空缺據宋本淳熙本岳本足利本補監本毛本之下衍以字閩本初刻亦無後揷刊

而父死焉諸本作死此本空缺今補正

今君命女以是邑也宋本作今此本空缺今補正

乃救鄭諸本作救此本空缺今補正

濮水自陳留酸棗縣諸本作水此本誤卜今改正岳本自作在

傍河諸本作傍此本空缺今補正

至高平入濟此本入濟二字空缺閩本同據宋本淳熙本岳本纂圖本監本毛本補

蓋知伯誣陳子諸本作誣此本誤註今改正

多陵人者皆不在石經在下後人妄增矣字

以厭齊師之門諸本作厭石經初刻同後加土字於厭下作壓非是

敢辟之乎石經初刻辟作避後刊去辶

無及寡宋本以下正義二節揔入不亦難乎注下

欲求諸侯師以逐三桓諸本作逐此本誤遂閩本同今改正

遇孟武伯於孟氏之衢此本衢字實缺據諸本補氏誤作武依宋本淳熙本岳本纂圖本足利本改正

問可得壽死否岳本纂圖本足利本問下有已字得下有以字宋本亦有以字已作所宋本否作不淳熙本岳本亦作不

公欲以越伐魯諸本作越石經此處殘缺此本誤趙今改正

而去三桓淳熙本桓作相避所諱

有陘氏即有山氏此注文七字在公如公孫有陘氏之下此本實缺依宋本淳熙本岳本纂圖本監本毛本補閩本初刻亦空缺後揷刻陘作陘郎作郎非也

因孫於邾宋本淳熙本岳本於作于與石經合諸本作孫石經初刻同後加辶非也

悼公哀公之子寧也哀公出孫魯人立悼公此注文十七字在晉荀瑤帥師圍鄭下此本實缺依宋本淳熙本岳本纂圖本監本毛本補閩本脫寧也二字魯人立悼公作魯人立之

注悼公至悼公此本下悼公二字空缺依宋本監本毛本補閩本作立之宋本以下正義三節揔入遂喪之節注下

正義曰魯世家云此本世誤出家云二字實缺閩本同依宋本監本毛本補正

哀公奔越此本越誤趙閩本同依宋本監本毛本改正

卒於有山氏此本卒誤立於有山氏四字實缺宋本同依宋本監本毛本補

子寧立此本寧字實缺閩本同依宋本監本毛本補

傳稱國人施罪於有山氏此本施字山氏字實缺閩本同依宋本監本毛本補

不得復歸此本歸誤謂閩本同依宋本監本毛本補

馬遷妄耳 此本妄字實缺閩本同依宋本監本毛本補監毛耳作爾非

行去也 此本也誤聲依宋本淳熙本岳本纂圖本改正閩本監本毛本亦誤作聲行字上妄加。遂與音義誤合爲一條

鄭魁壘晉士 此本魁字誤作正文鄭字脫閩本監本魁作注字亦非依宋本淳熙本岳本纂圖本毛本改正

欲使反爲鄭 此本欲使反三字實缺爲鄭二字作魁壘今據宋本淳熙本岳本纂圖本監本毛本補正閩本作致賂魁壘

將攻鄭門 宋本淳熙本岳本纂圖本足利本無將字

對曰主在此 諸本作主此本誤王今改正注同

簡子奔敵子而立襄子 宋本淳熙本岳本足利本奔敵作廢嫡而上有伯魯二字纂圖本亦作廢嫡

何以立爲子 宋本淳熙本岳本纂圖本足利本作何故立以爲子

趙世家云孤布子卿見簡子 此本世家云孤布五字實缺卿誤作欲據宋本監本毛本補正

簡子徧召諸子相之 此本徧字實缺相作伯閩本同據宋本監本毛本補正

無爲將軍者 此本無誤師者字實缺閩本同據宋本監本毛本補正

簡子召子毋恤毋恤至 此本簡子召子四字及下毋字實缺閩本同據宋本監本毛本補正

子卿起曰此眞將軍矣 此本子卿起曰此眞將軍八字實缺閩本同據宋本監本補正毛本矣作突非也

此其母賤翟婢也奚道貴哉子卿曰天之所授雖賤必貴自是之後簡子盡召諸子與語 此本自召字以上實缺閩本同據宋本監本毛本補正

召諸子與語毋恤最賢乃廢大子伯魯而以毋恤爲大子 此本自語字以下實缺閩本同據宋本監本毛本補

史記晉懿公之四年 此本注文自晉字以下閩本全缺

與趙氏謀殺知伯於晉陽之下 此本自謀字以下實缺據宋本岳本纂圖本監本毛本補淳熙本下字亦缺

注史記至七年 此本七年二字實缺閩本同據宋本監本毛本補

定公三十三年 此本定公二字實缺閩本同據宋本閩本毛本補

三十七年定公卒則晉定公以魯哀公二十年卒也又云 此本自卒字以下實缺閩本同據宋本監本毛本補

子出公鑿立十七年出公奔齊則出公之奔在魯悼公之十年也 此本自鑿字以下實缺閩本同據宋本監本毛本補

又云出公既奔知伯立昭公曾孫驕爲晉君是爲哀公 此本自出公出字起至是爲爲字止實缺閩本同據宋本監本毛本補

哀公之四年趙襄子韓康子魏桓子共殺知伯 此本自趙字起至殺字止實缺閩本同據宋本監本毛本補監毛桓子作桓公非也

是殺知伯當魯悼公之十四年也又六國年表亦云晉哀公四年 此本殺知伯三字悼字也又六國年表亦云晉哀十字實缺據宋本監本毛本補閩本當上衍用字

魯悼公十四年韓魏趙敗知伯於晉陽戰國策說此事云 此本悼字及自韓至事十五字實缺閩本同云誤去據宋本監本毛本補正

知伯帥韓康子魏桓子攻趙襄子於晉陽引汾水以灌之城不沒者三版知伯行水魏桓子御車韓康子爲右知伯曰 此本自知伯帥字康子字之城之字不沒不字知伯曰字外皆實缺閩本同據宋本監本毛本補

吾今乃知水可以亡人之國汾水可以灌安邑絳水可以灌平陽安邑魏也平陽韓也魏桓子肘韓康子韓康子蹋魏桓子之足其夜趙襄子使張孟談私於韓魏韓魏反與趙合遂殺知伯於晉陽之下而三分其地事在春秋獲麟之後二十七年 此本自亡人亡字以下實缺閩本同知水水字誤作之據宋本監本毛本補正考文韓康子蹋無韓字是也

後序 宋本正義淳熙經注本明萬歷監本注疏並載此序十行本閩本失刊毛本仍之

大康元年三月吳寇始平余自江陵還襄陽解甲休兵乃申杼 段玉裁挍本作抒是也 舊意脩成春秋釋例及經傳集解始訖會汲郡汲縣有發其界內舊冢者大得古書皆簡編科斗文字發冢者不以爲意往往散亂科斗書久廢推尋不能盡通始者藏在秘 監本誤祕 府余晚得見之所記大凡七十五卷多雜碎怪 淳熙本作恠俗怪字 妄不可訓知周易及紀年最爲分了周易上下篇與今正同別有陰陽說而無彖象文言繫辭疑于時仲尼造之於魯尚未播之於遠國也其紀年篇起自夏殷周皆三代王事無諸國別也唯特記晉國起自殤叔次文侯昭侯以至曲沃莊伯莊伯之十一年十一月魯隱公之元年正月也皆用夏正建寅之月爲歲首編年相次晉國滅獨記魏事下至魏哀王之二十 石經二十作廿下同 年蓋魏國之史記也推挍 淳熙本監本挍作校 哀王二十年大 監本誤太 歲在壬戌 淳熙本作戍非 是周赧 石經赧字右半重刊 王之十六年秦昭王之八年韓襄王之十三年趙武靈王之二十七年楚懷王之三十 石經三十作卅下同 年燕昭王之十三年齊湣 釋文作湣石經作涽 王之二十五年也上去孔丘卒百八十一歲下去今大康三年五百八十一歲哀王於史記襄王之子惠王之孫也惠王三十六年卒而襄王立立十六年卒而哀王立古書紀年篇惠王三十六年改元從一年始至十六年而稱惠成王卒即惠王也疑史記誤分惠成之世以爲後王年也哀王二十 石經二十作廿似改刊 三年乃卒故特不稱謚 石經淳熙本監本作諡是 也 謂之今王其著書文意大似春秋經推此足見古者國史策 石經作筞 書之常也文 淳熙本文誤丈 稱魯隱公及邾莊公盟于姑蔑即春秋所書邾儀父未王命故不書爵曰儀父貴之也又稱晉獻公會虞師伐虢滅下陽即春秋所書虞師晉師滅下陽先書虞賄故也又稱周襄王會諸侯于河陽即春秋所書天王狩 釋文作守云本亦作狩 于河陽以臣召君不可以訓也諸若此輩甚多略舉數條以明國史皆承告據實而

書時事仲尼脩春秋以義而制異文也又稱衞懿公及赤翟戰于洞澤疑洞當爲泂即左傳所謂熒澤也齊國佐來獻玉磬紀公之甗即左傳所謂賓媚人也諸所記多與左傳符同異於公羊穀梁知此二書近世穿鑿非春秋本意審矣雖不皆與史記尚書同然參而求之可以端正學者又別有一卷純集疏左氏傳卜筮事上下次第及其文淳熙本文誤丈義皆與左傳同名曰師春師春似是抄集者人名也紀年又稱殷仲壬即位居亳其卿士伊尹仲壬崩伊尹放大甲于桐乃自立也伊尹即位於石經淳熙本作放是也大甲七石經淳熙本同宋本作十年大甲潛出自桐殺伊尹乃立其子伊陟伊奮命復其父之田宅而中分之左氏傳伊尹放大甲而相之卒無怨色然則大甲雖見放還殺伊尹而猶以其子爲相也此爲大與尚書敘說大甲事乖異不知老叟之伏生或致昏釋文作昏忘將此古石經將此古三字重刻初刻似脫一字書亦當時雜記未足以取審也爲其粗有益於左氏故略記之附集解之末焉正義曰王隱晉書武帝紀大監本作康元年諸軍伐吳三月至江陵縣而孫皓面縛詣王濬降杜預先爲荊州刺史鎭襄陽督諸軍伐吳將兵向江陵因東下伐吳吳平又自江陵還襄陽束晳監本作傳云大康元年汲郡民盜發魏安釐王塚[illegible]塚得竹書漆字科斗之文科[illegible]文者周時古文也其字頭麤尾細似科斗之蟲故俗名之焉大凡七十五卷晉書有其目錄其六十八卷皆有名題其七卷折簡碎雜不可名題有周易上下經二卷紀年十二卷瑣語十一卷周王遊行五卷說周穆王遊行天下之事今謂之穆天子傳此四部差爲整頓汲郡初得此書表藏祕府詔荀勖和嶠以隸字寫之勖等於時即已不能盡識其書今復闕落又轉寫益誤穆天子傳世閒偏多史記魏世家云哀王二十三年卒子昭王立十九年卒子安釐王立哀王是安釐王之祖故安釐王之塚藏哀王時之書哀王二十一年是赧王之十七年幷下秦韓趙楚燕齊之年皆史記六國年表文也竹書說伊尹傳[illegible]之事與書序大乖杜不見古文唯以書序考工[illegible]本疑伏生昏忘虛傳此事又疑竹簡雜記未足取審今據古文尚書說伊尹之事與左傳[illegible]符同明是竹書不可盡信杜以紀年紀事大似春秋經知古之史官記事如此爲其有益於左氏令人知左氏不妄故略記之以附集解之末[illegible]

經傳正義都計壹伯肆萬壹阡伍伯叁拾字

經傳叁拾陸萬字

正義陸拾捌萬壹阡伍伯叁拾字

承奉郎守光祿寺丞臣趙安仁書

以上五行明監本分作四行

勘官承奉郎守國子禮記博士賜緋魚袋臣李　覺

勘官承奉郎守國子春秋博士賜緋魚袋臣袁　逢

都勘官朝請大夫守國子司業柱國賜紫金魚袋臣孔　維

詳勘官登仕郎守高郵軍高郵縣令臣劉　若訥

詳勘官登仕郎守將作監丞臣潘　憲

詳勘官朝請大夫太子右贊善大夫臣陳　雅

詳勘官朝奉郎守大理正臣王　炳

登仕郎守大理評事臣王　煥再校

文林郎守大理寺丞臣邵　世隆再校

中散大夫守國子祭酒兼尚書工部侍郎柱國會稽縣開國男食邑三百戶賜紫金魚袋臣孔　維都校

淳化元年庚寅十月　日

推忠佐理功臣金紫光祿大夫行尚書戶部侍郎參知政事上柱國大原郡開國侯食邑二千二百戶食實封二百戶臣　沔　等進

推忠佐理功臣金紫光祿大夫行尚書戶部侍郎參知政事上柱國隴西郡開國侯食邑一千二百戶食實封三百戶臣辛　仲甫

起復推忠協謀佐理功臣光祿大夫中書侍郎兼戶部尚書同中書門下平章事兼修國史上柱國東平郡開國公食邑三千三百戶食實封六百戶臣呂　蒙正

自李覺以下至呂蒙正名銜計一十三人乃淳化單疏本舊式慶元庚申吳興沈中賓彙刻經傳正義時附刊於後者也玉海云端拱元年三月司業孔維等奉勑校勘孔穎達五經正義一百八十卷詔國子監鏤版行之易則維等四人校勘李說等六人詳勘又再校十月版成以獻書亦如之二年十月以獻春秋則維等二人校王炳等三人詳校邵世隆再校淳化元年十月版成時則李覺等五人再校畢道昇等五人詳勘孔維等五人校勘淳化三年四月以獻禮記則胡迪等五人校勘紀自成等七人再校李至等

詳定淳化五年五月以獻校王炳孔維邵世隆等銜與玉海合卷末載沈中賓自跋云左氏傳杜氏集解孔氏義疏發揮聖經功亦不細萃爲一書則得失盛衰之跡與夫諸儒之說是非異同昭然具見又云諸經正義既刻於倉臺而此書復刊於郡治合五爲六炳乎相煇是經傳集解義疏萃見一書始於中賓他經如易書周禮則三山黃唐合經注疏三者刻於紹興以前毛詩禮記刻於紹興辛亥間前此所行名經正義惟有單疏元和惠棟校禮記七十卷本而以爲北宋刻者未核其實黃唐云春秋一書顧力未暇然則王中賓才補其未備跋云合五爲六似即指黃唐所刻而言後之附釋音本兼義本皆權輿於此又云閩給事中汪公之爲帥也嘗取國子監春秋經傳集解正義以閩蜀諸本俾其屬及里居之彥相與校讎毋敢不恪又自取而觀之小有訛謬無不訂正所謂閩蜀諸本蓋即岳氏九經三傳沿革例中所據蜀大字舊本蜀學重刻大字本建大字本俗謂無此九經者是也惜汪未詳其名其於此書可謂勤摯中賓分閩浙左適繼其後以承其至刊刻之使宋代善本流傳至今其功亦大矣

欽定四庫全書總目春秋公羊傳注疏二十八卷

漢公羊壽傳何休解詁唐徐彥疏案漢書藝文志公羊傳十一卷班固自注曰公羊子齊人案漢藝文志不題顏師古名者皆固之自注顏師古注曰名高案此據春秋說題詞之文見徐彥疏所引徐彥疏引戴宏序曰子夏傳與公羊高高傳與其子平平傳與其子地地傳與其子敢敢傳與其子壽至漢景帝時壽乃與齊人胡毋子都著於竹帛何休之注亦同休說見隱公二年紀子伯莒子盟於密條下今觀傳中有子沈子曰子司馬子曰子女子曰子北宮子曰又有高子曰魯子曰蓋皆傳授之經師不盡出於公羊子定公元年傳正棺於兩楹之閒二句穀梁傳引之直稱沈子不稱公羊是併其不著姓氏者亦不盡出公羊子且併有子公羊子曰尤不出於高之明證知傳確爲壽撰而胡毋子都助成之舊本首署高名蓋未審也又羅壁識遺稱公羊穀梁自高赤作傳外更不見有此姓萬見春謂皆姜字切韻腳疑爲姜姓假託案鄒爲邾婁披爲勃鞮木爲彌牟殖爲舌職記載音譌經典原有是事至弟子記其先師子孫述其祖父必不至竟迷本字別用合聲璧之所言殊爲好異至程端學春秋本義竟指高爲漢初人則講學家臆斷之詞更不足與辨矣三傳與經文漢志皆各爲卷帙以左傳附經始於杜預公羊傳附經則不知始自何人觀何休解詁但釋傳而不釋經與杜異例知漢末猶自別行今所傳蔡邕石經殘字公羊傳亦無經文足以互證今本以傳附經或徐彥作疏之時所合併歟彥疏文獻通考作三十卷今本乃止二十八卷或彥本以經文併爲二卷別冠於前後人又散入傳中故少此二卷亦未可知也彥疏唐志不載崇文總目始著錄稱不著撰人名氏或云徐彥董逌廣川藏書志亦稱世傳徐彥不知時代意其在貞元長慶之後考疏中邲之戰一條猶及見孫炎爾雅注完本知在宋以前又葬桓王一條全襲用楊士勛穀梁傳疏知在貞觀以後中多自設問荅文繁語複與邱光庭兼明書相近亦唐末之文體董逌所云不爲無理故今從逌之說定爲唐人焉

監本附音春秋公羊注疏序

漢司空掾任城樊何休序。陸氏音義曰掾弋絹反〔疏〕漢司空掾解云漢者巴漢之間地名也於秦二世元年諸侯叛秦沛人共立劉季以為沛公二年八月沛公入秦秦相趙高殺二世立二世兄子子嬰冬十月為漢元年子嬰降。年春正月項羽尊楚懷王以為義帝其年二月項羽自立為西楚霸王分天下為十八國更立沛公為漢王王巴漢之間四十一縣都於南鄭至漢王五年冬十二月乃破項羽軍斬之六年正月乃稱皇帝遂取漢為天下號若夏殷周既克天下乃取本受命之地為天下號云司空者漢三公官名也掾者即其下屬官也若今之三府掾是也。任城樊何休序。解云任城者郡名樊者縣名姓何名休字邵公其本傳云休為人質朴訥口而雅有心思精研六經世儒無及者大傳陳蕃辟之與參政事蕃敗休坐廢錮乃作春秋公羊解詁覃思不闚門十有七年是也序者舒也敘也舒展已意以次敘經傳之義述已作注之意故謂之序也

昔者孔子有云〔疏〕昔者孔子有云。解云昔者古也前也故孝經云昔者明王鄭注云昔古也檀弓上篇云予疇昔夜夢注云昔猶前也然則若對後言之即言前若對今言之即言古何氏言前古孔子有云云言也

吾志在春秋行在孝經〔疏〕吾志在至孝經。解云案孝經鉤命決云孔子在庶德無所施功無所就志在春秋行在孝經是也所以春秋言志在孝經言行在春秋者賞善罰惡之書見善能賞見惡能罰乃是王侯之事非孔子所能行故但言志在而已孝經者尊祖愛親勸子事父勸臣事君理關貴賤臣子所宜行故曰行在孝經也

此二學者聖人之極致〔疏〕此二至極致。解云二學者春秋孝經也極者盡也致之言至也言聖人作此二經之時盡已至誠而作之故曰聖人之極致也。

治世之要務也。治直吏反〔疏〕治世至務也。解云凡諸經藝等皆治世所須但此經或是懲惡勸善或是尊祖愛親有國家者最所急行故云治世之要務也言治世之精要急務矣祭統云凡治人之道莫急於禮禮者謂三王以來也若大道之時禮於忠信為薄正以孔子脩春秋祖述堯舜故言此考諸舊本皆作也字又且於理亦宜然若作世字者俗誤已行

傳春秋者非一〔疏〕傳春秋者非一。解云孔子至聖却觀無窮知秦無道將必燔書故春秋之說口授子夏度秦至漢乃著竹帛故說題辭云傳我書者公羊高也戴宏序云子夏傳與公羊高高傳與其子平平傳與其子地地傳與其子敢敢傳與其子壽至漢景帝時壽乃其弟子齊人胡毋子都著於竹帛與董仲舒皆見於圖讖是也故大史公云董仲舒廣川人也以治春秋孝景時為傳士下帷講誦弟子傳以久次相受業或莫見其面董生相膠西王疾免歸家以脩學著書為事終不治產業是也又六藝論云治公羊者胡毋生董仲舒董仲舒弟子嬴公嬴公弟子眭孟眭孟弟子莊彭祖及顏安樂安樂弟子陰豐劉向王彥故曰傳春秋者非一舊云傳春秋者非一者謂本出孔子而傳五家故曰非一

本據亂而作〔疏〕本據亂而作。解云孔子本獲麟之後得端門之命乃作春秋公取十二則天之數是以不得取周公成王之史而取隱公以下故曰據亂而作謂據亂世之史而為春秋也

其中多非常異義可怪之論。論盧困反下持論同〔疏〕其中至之論。解云由亂世之史故有非常異義可怪之事也非常異義者即莊四年齊襄復九世之讎而滅紀僖元年實與齊桓專封是也此即是非常之異義言異於文武時何者若其常義則諸侯不得擅滅諸侯不得專封故曰非常異義也其可怪之論者即昭三十一年邾婁叔術妻嫂而春秋善之是也

說者疑惑〔疏〕說者疑惑。解云此說者謂胡毋子都董仲舒之後莊彭祖顏安樂之徒見經傳與奪異於常理故致疑惑

至有倍經任意反傳違戾者〔疏〕至有至戾者。解云此倍讀如反背之背非倍半之倍也言由疑惑之故雖解經之理而反背於經即成二年逢丑父代齊侯當左以免其主春秋不非而說者非之是背經也任意者春秋有三世異辭之言顏安樂以為從襄二十一年之後孔子生訖即為所見之世是任意任意者凡言見者目覩其事心識其理乃可為見故演孔圖云文宣成襄所聞之世也而顏氏分張一公而使兩屬是其任意也反傳違戾者宣十七年六月癸卯日有食之案隱三年傳云某月某日朔日有食之者食正朔也其或日或不日者或失之前或失之後失之前者朔在前也謂二日乃食失正朔於前是以但書其日而已失之後者朔在後也謂晦日食失正朔於後是以又不書日但書其月而已即莊十八年三月日有食之是也以此言之則日食之道不過晦朔與二日即宣十七年言日不言朔者是二日明矣而顏氏以為十四日日食是反傳違戾也

其勢雖問不得不廣〔疏〕其勢至不廣。解云言說者疑惑義雖不是但其形勢已然故曰其勢雖復致問不得不廣引外文望成其說故曰不得不廣也一說謂顏莊之徒以說義疑惑未能定其是非致使倍經任意反傳違戾是以何氏觀其形

勢故曰其勢維適畏人問難故曰維問遂恐已說窮短不得不廣引外文望成已說故曰不得不廣也維誤爲雖耳是以講誦師言至於百萬猶有不解〔疏〕是以至不解○解云此師謂胡董之

前公羊氏之屬也言由莊顏之徒解義不是致地問難遂爾謬說至於百萬言其言雖多猶有合解而不解者故曰猶有不解矣時加釀嘲辭○釀嘲陟交反〔疏〕時加釀嘲辭○解云顏安樂等解此公羊苟取頑曹之語不顧理之是非

若世人云雨雪其雱臣助君虐之類是也援引他經失其句讀〔疏〕援引至句讀○解云三傳之理不同多矣羣經之義隨經自合而顏氏之徒既解公羊乃取他經爲義猶賊黨入門主人錯亂故曰失其句讀以無

爲有〔疏〕以無爲有○解云公羊經傳本無以周王爲天囚之義而公羊說及莊顏之徒以周王爲天囚故曰以無爲有也甚可閔笑者〔疏〕甚可閔笑者○解云欲存公羊者閔其愚闇欲毀公羊者笑其謬通也不

可勝記也〔疏〕不可勝記也○解云言其可閔可笑處多不可勝負不可具記也是以治古學貴文章者謂之俗儒〔疏〕是以至俗儒○解云左氏先著竹帛故漢時謂之古學公

羊漢世乃興故謂之今學是以許慎作五經異義云古者春秋左氏說今者春秋公羊說是也治古學者即鄭衆賈逵之徒貴文章矣謂之俗儒者即繁露云能通一經曰儒生博覽羣書號曰洪儒則言乖典籍辭理失所名之爲俗教授於世謂之儒鄭賈之徒謂公羊

雖可教授於世而辭理失所矣至使賈逵緣隙奮筆以爲公羊可奪左氏可興〔疏〕至使至可興○解云賈逵者即漢章帝時衞士令也言緣隙奮筆者莊顏之徒說義不足故使賈逵

得緣其隙漏奮筆而奪之遂作長義四十一條云公羊理短左氏理長意望奪去公羊而興左氏矣鄭衆亦作長義十九條十七事專論公羊之短左氏之長在賈逵之前何氏所以不言之者正以鄭衆雖扶左氏而毀公羊但不與讖合帝王不信毀公羊處少興左氏

不強故不言之豈如賈逵作長義四十二條奏御于帝帝用嘉之乃知古之爲真也賜布及衣將欲存立但未及而崩耳然則賈逵幾廢公羊故特言之恨先師觀聽不決多隨二創〔疏〕恨先至二創○解云此先

師戴宏等也凡論義之法先觀前人之理聽其辭之曲直然以義正決之今戴宏作解疑論而難左氏不得左氏之理不能以正義決之故云觀聽不決多隨二創者上文云至有背經任意反傳違戾者與公羊爲一創又云援引他經失其句讀者又與公羊爲一創今

戴宏作解疑論多隨此二事故曰多隨二創也而舊云公羊先師說公羊義不著反與公羊爲一創賈逵緣隙奮筆奪之與公羊爲二創非也此世之餘事〔疏〕此世之餘事○解云何氏言先師解義雖曰不是但有已在公羊必存故曰此世之

餘事餘末也言戴氏專愚公羊未申此正是世之末事猶天下閑事也舊云何氏云前世之師說此公羊不得聖人之本旨而猶在世之末說故曰世之餘事也斯豈非守文持論敗績失據之過哉

〔疏〕斯豈至過哉○解云守文者守公羊之文持論者執持公羊之文以論左氏即戴宏解疑論之流矣敗績者爭義似戰陳故以敗績言之失據者凡戰陳之法必須據其險勢以自固若失所據即不免敗績若似公羊先師欲持公羊以論左氏不閑公羊左氏

之義反爲所窮已業破散是失所依據故以喻焉余竊悲之久矣〔疏〕余竊悲之久矣○解云何邵公精學十五年專以公羊爲已業見公羊先師失據敗績爲他左氏先師所窮但在室悲之而已故謂之竊悲非一朝一夕故謂

之久後拜爲議郎一舉而起陵羣儒之上已業得申乃得公然歎息往者略依胡毋生條例○毋音無多得其正〔疏〕往者至其正○解云胡毋生本雖以公羊經傳傳授董氏猶自別作條例故何氏取之以

通公羊也雖取以通傳意猶謙未敢言已盡得胡毋之言故言略依而已何氏本者作墨守以距敵長義以強義爲廢疾以難穀梁造膏肓以短左氏蓋在注傳之前猶鄭君先作六藝論訖然後注書故云往者也何氏謙不言盡得其正故言多爾故遂隱

括使就繩墨焉○隱括古奪反結也〔疏〕故遂至墨焉○解云隱謂隱審括謂檢括繩墨猶規矩也何氏言已隱審檢括公羊使就規矩也然則何氏最存公羊也而讖記不見者書不盡言故也而舊云善射者隱括令審射必能中何氏

自言已隱括公羊能中其義也凡木受繩墨其直必矣何氏自言規矩公羊令歸正路矣

監本附音春秋公羊注疏序終

春秋公羊傳注疏校勘記序

阮元撰盧宣旬敬錄

漢武帝好公羊治其學者胡毋子都董膠西爲最著膠西下帷講誦著書十餘萬言皆明經術之意至於今傳焉子都爲景帝時博士後年老歸教於齊齊之言春秋者莫不宗事之公羊之著竹帛自子都始戴宏序併子夏傳與公羊高高傳其子平平傳其子地地傳其子敢敢傳其子壽壽與弟子胡毋子都著於竹帛是也何休爲膠西四傳弟子本子都條例以作注著公羊墨守公羊文謚例公羊傳條例尤邃於陰陽五行之學間以緯讖釋傳疏不詳其所據漢志有公羊外傳五十篇徵引或出此也公羊傳文初不與經相連綴漢志各自爲卷孔穎達詩正義云漢世爲傳訓者皆與經別行故蔡邕石經公羊殘碑無經解詁亦但釋傳也分經附傳大氐漢後人爲之而唐開成始取而刻石徐彥疏唐志不載崇文揔目始著錄亦無撰人名氏宋董逌云世傳徐彥所作其時代里居不可得而詳矣光祿寺卿王鳴盛云即北史之徐遵明不爲無見也葢其文章似六朝人不似唐人所爲者郡齋讀書志書錄解題竝作三十卷世所傳本乃止二十八卷其寥差之由亦無可考也元舊有校本今更以何煌所校蜀大字本宋鄂州官本及唐石經本宋元以來各注疏本屬武進監生臧庸臚其同異之字元爲訂其是非成公羊注疏校勘記十一卷釋文校勘記一卷後之爲是學者俾得有所考焉阮元記

引據各本目錄

單經本

唐石經春秋公羊十二卷　原刻如此後改爲十一卷閔公第四下添注云附莊公卷故僖公第五改卷四文公第六改卷五宣公第七改卷六成公第八改卷七襄公第九改卷八昭公第十改卷九定公第十一改卷十哀公第十二改卷十一

經注本

經典釋文公羊音義一卷

注疏本

惠棟校本春秋公羊傳注疏二十八卷　何煌字仲友云康熙丁酉假同門李廣文秉成所買宋槧官本手挍再令張翼庭倪穎仲各挍一過惠棟云有曹通政寅所藏宋本公羊合何氏所挍宋槧官本蜀大字本及元版注疏并參以石經用朱墨別異癸酉冬月識按惠云朱墨別異者今不能詳大約鄂州官書經注本最爲精美

監本附音春秋公羊注疏二十八卷　款式同周禮注疏補刊修版至明正德止首載景德二年中書門下牒一首葢此牒出北宋經注本也閩本注疏亦首載此牒

閩本春秋公羊傳注疏二十八卷

監本春秋公羊傳注疏二十八卷

毛本春秋公羊傳注疏二十八卷

浦鏜春秋公羊傳注疏正誤四卷

春秋公羊傳注疏序挍勘記

中書門下牒此本及閩本監本卷首皆載此牒文係景德二年也毛本始刪去此牒文下兩勑字中書字俱跳行頂格閩監本改牒文皆低一格牒字跳行亦低一格兩勑字始頂格

監本附音春秋公羊注疏序何煌按宋監本公羊下有傳字是也此脫閩監毛本改此爲春秋公羊傳注疏七字閩本於此行下署漢何休學口口口口疏另行署明御史李元陽提學僉事江以達按刊監本改署皇明朝列大夫國子監祭酒曾朝節等奉勑重按刊毛本但存漢何休學四字其實亦不當有也

漢司空掾任城樊何休序唐石經同釋文祇作春秋公羊序五字何按本閩本監本毛本此題及下序并傳皆低一格惟春秋經文始頂格通書並然蓋後人以意爲之非也此本從唐石經題序經傳皆頂格掾字從手釋文唐石經何按本並同閩監毛本改從本旁非疏中同

巴漢之間地名也補刊本地字誤作也原刻及閩本監本毛本不誤此類皆不具著有當著者始出之

二年八月諸本同誤也二當作三

子嬰降○年春正月補毛本○作其

六年正月乃稱皇帝漢書高皇紀五年十二月斬羽二月即皇帝位此六年正月當本作其年二月淺人未考秦以十月爲歲首故蒙上五年十二月之文改此爲六年正月也據上文云冬十月爲漢元年其年春正月項羽尊楚懷王以爲義帝知疏文於此亦本作其年

名休字邵公閩監毛本同補刊本邵作邵○按此字當作卲从卩高也表德之字無取於地名

述已作注之意閩本同監毛本注作註非下並同

予嚋昔夜夢補刊本予誤子閩監毛本承之

案孝經鉤命決云閩監毛本决改決是也

所以春秋言志在孝經言行在下當脫者字

治世之要務也唐石經諸本同疏云考諸舊本皆作也若作世字俗誤已行按也作世則屬下讀曰世傳春秋者非一俗本是

凡諸經藝閩本同監本毛本藝改義非

謂三王以來也何按本同閩監毛本脫也

正以孔子脩春秋毛本脩改修下並同

俗誤已行何按本同此本行字模糊閩監毛本遂脫

口授子夏　閩本同監本夏誤頁

治公羊者胡毋生　閩本同監毛本毋誤母

安樂弟子陰豐劉向王彥　漢書儒林傳云安樂授淮陽泠豐次君淄川任公公爲少府豐淄川太守六藝論之陰豐疑卽漢書泠豐之誤六藝論言劉向王彥漢書但言任公蓋鄭君所聞不必與班氏合也

得瑞門之命　閩監毛本作端是也此誤

億口言實與齊桓專封是也　補億下空闕一字

郑婁叔術妻嫂　閩監毛本嫂作嫂嫂者南朝俗字

非倍半之倍也　舊鈔本同閩監毛本半改畔非

其勢雖問不得不廣　唐石經諸本同疏云一說其勢維適畏人問難故曰維問維誤爲雖耳按維當作惟言其形勢惟問難者多是以不得不廣爲之說也故下云是以講誦師言至於百萬云云

致地問難　鈔本同誤也閩監毛本地作他爲是

時加釀嘲辭　諸本同唐石經缺按釋文作讓嘲讓相責讓也嘲嘲笑也言時加誚讓嘲笑之辭作釀誤當據正

甚可閔笑者　唐石經同閩監毛本笑改笑非

笑其謬通也　何按本同蓋誤閩監毛本作謬妄

貴文章矣謂之俗儒者　浦鏜云矣爲者之誤

至使賈逵緣隙奮筆　唐石經閩本隙作隙

作長義四十二條　閩本同監毛本二誤一○案春秋序正義云賈逵上春秋大義四十以抵公羊後漢書本傳則云出左氏傳大義長者摘三十餘事以上玉海引疏亦作四十一條是宋世本作一不作二也○補此本此疏上文遂作長義四十一條是作一不作二

將欲存立　閩監毛本欲作欲此當是慾之訛

專愚公羊朩申　補毛本愚作慮

何氏本者作壘守以距敵　浦鏜云者疑著之誤當在敵字下龔麗正云何氏不闇者長義此言距敵長義言與賈逵長義相距敵也按如龔說則當讀著作壘守以距敵長義爲句下以强義三字似衍

爲癡疾以難穀梁　閩監毛本癡誤廢

監本附音春秋公羊注疏序終　閩本作春秋公羊經傳解詁序終監毛本無此

春秋公羊注疏序挍勘記終

監本附音春秋公羊注疏隱公卷第一 起元年盡元年

春秋公羊經傳解詁隱公第一 ○陸曰解詁佳買反下音古訓也○

〔疏〕春秋至第一○解云案舊題云春秋隱公經傳解詁第一公羊何氏則云春秋者一部之揔名隱公者魯侯之諡號經傳者雜縟之稱解詁者何所自目第一者無先之辭公羊者傳之別名何氏者邵公之姓也今定本則升公羊字在經傳上退隱公字在解詁之下未知自誰始也又云何休學今案博物志曰何休注公羊云何休學有不解者或荅曰休謙辭受學於師乃宜此義不出於己此言為允是其義也○問曰左氏以為魯哀十一年夫子自衞反魯十二年告老遂作春秋至十四年經成不審公羊之義孔子早晚作春秋乎○荅曰公羊以為哀公十四年獲麟之後得端門之命乃作春秋至九月而止筆春秋說具有其文○問曰若公羊之義以獲麟之後乃作春秋何故大史公遺李陵之禍幽于縲紲乃喟然而嘆曰是余罪也夫昔西伯拘羑里演易孔子厄陳蔡作春秋屈原放逐著離騷左丘明失明厥有國語孫子臏脚而論兵法此人皆意有所鬱結不得通其道也故自黃帝始作其文也案家語孔子厄於陳蔡之時當哀公六年何言十四年乃作乎○荅曰孔子厄陳蔡之時始有作春秋之意未正作其正作脩在獲麟之後也故家語云晉文之有霸心起于曹衛越王句踐之有霸心起于會稽夫陳蔡之間丘之幸也庸知非激憤厲志始於是乎者是其有意矣○問曰若左氏以為夫子魯哀公十一年自衛反魯至十二年告老見周禮盡在魯曾史法最備故依魯史記脩之以為春秋公羊之意据何文作春秋乎○荅曰案閔因敘云昔孔子受端門之命制春秋之義使子夏等十四人求周史記得百二十國寶書九月經立感精符考異郵說題辭具有其文以此言之夫子脩春秋祖述堯舜下包文武又為大漢用之訓世不應專据魯史堪為王者之法也故言据百二十國寶書也周史而言寶書者寶者保也以其可世世傳保以為戒故云寶書也○問曰若然公羊之義据百二十國寶書以作春秋今經止有五十餘國通戎夷宿潞之屬僅有六十何言百二十國乎○荅曰其初求也實得百二十國史但有極美可以訓世有極惡可以戒俗者取之若不可為法者皆棄而不錄是故止得六十國也○問曰若言据百二十國寶書以為春秋何故春秋說云据周史立新經乎○荅曰閔因敘云使子夏等十四人求周史記得百二十國寶書以此言之周為天子雖諸侯史記亦得名為周史矣○問曰六藝論云六藝者圖所生也然則春秋者即是六藝也而言依百二十國史以為春秋何○荅曰元本河出圖洛出書者正欲垂範於世也王者遂依圖書以行其事史官錄其行事以為春秋夫子就史所錄刋而脩之云出圖書豈相妨奪也○問曰案三統歷云春為陽中萬物以生秋為陰中萬物以成故名春秋賈服依此以解春秋之義不審何氏何名春秋乎○荅曰公羊何氏與賈服不異亦以為欲使人君動作不失中也而春秋說云始於春終於秋故曰春秋者道春為生物之始而秋為成物之終故云始於春終於秋故曰春秋也舊云春秋說云云哀十四年春西狩獲麟作春秋九月書成以其書春作秋成故云秋也者非也何者案莊七年經云星霣如雨傳云不脩春秋曰雨星不及地尺而復君子脩之曰星霣如雨何氏云不脩春秋謂史記也古者謂史記為春秋以此言之則孔子未脩之時已名春秋何言孔子脩之春作秋成乃名春秋乎○問曰春秋据史書而為之史有左右据何史乎○荅曰六藝論云春秋者國史所記人君動作之事左史所記為春秋右史

所記為尚書是以玉藻云動則左史書之言則右史書之鄭注云其書春秋尚書其存者記文先言左史鄭注先言春秋明以左史為春秋矣云云之說左氏首已成解不能○重載夫子所以作春秋者解疑論云聖人不空生受命而制作所以生斯民覺後生也西狩獲麟知天命去周赤帝方起麟為周亡之異漢興之瑞故孔子曰我欲託諸空言不如載諸行事又聞端門之命有制作之狀乃遣子夏等求周史記得百二十國寶書脩為春秋故孟子云世衰道微邪說暴行有作臣弒其君者有之子弒其父者有之孔子懼作春秋故史記云春秋之中弒君三十六亡國五十二諸侯奔走不得保其社稷者不可勝數故有國者不可以不知春秋為人臣者不可以不知春秋為人君父而不通於春秋之義者必蒙首惡之名為人臣子而不通於春秋之義者必陷篡弒之誅以此言之則孔子見時衰政失恐文武道絕又見麟獲劉氏方興故順天命以制春秋以授之必知孔子制春秋以授漢者案春秋說云伏羲作八卦丘合而演其文瀆而出其神作春秋以改亂制又云丘攬史記援引古圖推集天變為漢帝制法陳敘圖錄又云丘水精治法為赤制功又云黑龍生為赤必告云象使知命又云經十有四年春西狩獲麟赤受命倉失權周滅火起薪采得麟以此數文言之春秋為漢制明矣○問案莊七年星霣如雨傳云不脩春秋曰雨星不及地尺而復君子脩之曰星霣如雨又昭十二年齊高偃帥師納北燕伯于陽傳云伯于陽者何公子陽生也子曰我乃知之矣在側者曰子苟知之何以不革曰如爾所不知何春秋之信史也其序則齊桓晉文其會則主會者為之其詞則丘有罪焉爾何故孔子脩春秋有改之者何可改而不改者何○荅曰其不改者勿欲令人妄億措其改者所以為後法故或改或不改示此二義○問曰公羊以魯隱公為受命王黜周為二王後案長義云名不正則言不順言不順則事不成今隱公人臣而虛稱以王周天子見在上而黜公侯是非正名而言順也如此何以笑子路率爾何以為忠信何以為事上何以誨人何以為法何以全身如此若為通乎○荅曰孝經說云孔子曰春秋屬商孝經屬參然則其微似之語獨傳子夏子夏傳與公羊氏五世乃至漢胡毋生董仲舒推演其文然後世人乃聞此言矣孔子卒後三百歲何不全身之有又春秋藉位於魯以託王義隱公之爵不進稱王周王之號不退為公何以為不正名何以為不順言乎又奉天命而制作何不謙讓之有○問曰春秋說云孔子欲作春秋卜得陽豫之卦宋氏云夏殷之卦名也孔子何故不用周易占之乎○荅曰蓋孔子見西狩獲麟知周將亡又見天命有改制作之意故用夏殷之易矣或言卜則是龜之辭也不從宋氏之說若然應言陽豫之兆何言卦乎蓋龜蓍通名故言卜矣○問曰何氏注春秋始乎隱公則天之數不審孔子何以正于獲麟止筆乎○荅曰案哀十四年傳云春秋何以始乎隱祖云据得麟乃作祖之所逮聞也注云託記高祖以來事可及問聞知者僖曰祖但記先人所聞辭制作之害所見異辭所聞異辭所傳聞異辭何以終乎哀十四年彼注云据哀公未終也曰備矣彼注云人道浹王道備必止於麟者欲見撥亂功成於麟猶堯舜之隆鳳皇來儀故麟於周為異春秋記以為瑞明大平以瑞應為効也絕筆於春不書下三時者起木絕火王制作道備當授漢也是也○問曰既言始於隱公則天之數復言三世故發隱公何○荅曰若論象天數則取十二錄情制服宜為三世故禮為父三年為祖期為高祖曾祖齊衰三月据哀錄隱兼及昭定已與父時事為所見之世文宜成襄王父時事謂之所聞之世也隱桓莊閔僖曾祖高祖時事謂之所傳聞之世也制治亂之法書大夫之卒文有詳略故日

月備于隱如是有罪之見錄不日卒于得臣明有過以見罪益師不日著恩遠之辭○問曰鄭氏云九者陽數之極九九八十一是人命終矣故孝經援神契云春秋三世以九九八十一為限然則隱元年盡僖十八年為一世自僖十九年盡襄十二年又為一世自襄十三年盡哀十四年又為一世所以不悉八十一年者見人命參差不可一齊之義又顏安樂以襄二十一年孔子生後即為所見之世顏鄭之說實亦有途而何氏見何文句要以昭定哀為所見之世宜文成襄為所聞之世隱桓莊閔僖為所傳聞之世乎○荅曰顏氏以為襄公二十三年邾婁鼻我來奔傳云邾婁無大夫此何以書以近書也又昭公二十七年邾婁快來奔傳云邾婁無大夫此何以書以近書也二文不異同宜一世若分兩屬理似不便又孔子在襄二十一年生從生以後理不得謂之所聞也顏氏之意盡於此矣何氏所以不從之者以為凡言見者目覩其事心識其理乃可以為見孔子始生未能識別寧得謂之所見乎故春秋說云文宜成襄所聞之世不分疏二十一年已後明為一世矣邾婁快邾婁鼻我雖同有以近書之傳一自是治近升平書一自是治近大平書雖不相干涉而沒指此文乎鄭氏雖依孝經說文取襄十二年之後為所見之世爾時孔子未生焉得謂之所見乎故不從之○問曰孝經說文實有九九八十一為限之言公羊信緯可得不從乎○荅曰援神契者自是孝經緯橫說義之言更作一理非是正解春秋之物故何氏自依春秋說為正解明矣○問曰左氏出自丘明便題云左氏公羊穀梁出自卜商何故不題曰卜氏傳乎○荅曰左氏傳者丘明親自執筆為之以說經意其後學者題曰左氏矣且公羊者子夏口授公羊高高五世相授至漢景帝時公羊壽共弟子胡毋生乃著竹帛胡毋生題親師故曰公羊不說卜氏矣穀梁者亦是著竹帛者題其親師故曰穀梁也○問曰春秋說云春秋設三科九旨其義如何○荅曰何氏之意以為三科九旨正是一物若揔言之謂之三科科者段也若析而言之謂之九旨旨者意也言三个科段之內有此九種之意故何氏作文謚例云三科九旨者新周故宋以春秋當新王此一科三旨也文云所見異辭所聞異辭所傳聞異辭二科六旨也又內其國而外諸夏內諸夏而外夷狄是三科九旨也○問曰案宋氏之注春秋說三科者一曰張三世二曰存三統三曰異外內是三科也九旨者一曰時二曰月三曰日四曰王五曰天王六曰天子七曰譏八曰貶九曰絕時與日月詳略之旨也王與天王天子是錄遠近親疎之旨也譏與貶絕則輕重之旨也如是三科九旨聊不相干何故然乎○荅曰春秋之內具斯二種理故宋氏又有此說賢者擇之○問曰文謚例云此春秋五始三科九旨七等六輔二類之義以矯枉撥亂為受命品道之端正德之紀也然則三科九旨之義已蒙前說未審五始六輔二類七等之義如何○荅曰案文謚例下文云五始者元年春王正月公即位是也七等者州國氏人名字子是也六輔者公輔天子卿輔公大夫輔卿士輔大夫京師輔君諸夏輔京師是也二類者人事與災異是也○問曰春秋說云春秋書有七缺七缺之義如何荅曰七缺者惠公妃匹不正隱桓之禍生是為夫之道缺也文姜淫而害夫為婦之道缺也大夫無罪而致戮為君之道缺也臣而害上為臣之道缺也僖五年晉侯殺其世子申生襄二十六年宋公殺其世子痤殘虐枉殺其子是為父之道缺也文元年楚世子商臣弒其君髡襄三十年蔡世子般弒其君固是為子之道缺也桓八年正月已卯烝桓十四年八月乙亥嘗僖三十一年夏四月四卜郊不從乃免牲猶三望郊祀不脩周公之禮缺是為七缺也矣

何休學○學者言爲此經之學即注述之意

元年。春。王正月。○正月音征又音政後放此

〔疏〕元年春王正月○解云若左氏之義不問天子諸侯皆得稱元年若公羊之義唯天子乃得稱元年諸侯不得稱元年此魯隱公諸侯也而得稱元年者春秋託王於魯以隱公爲受命之王故得稱元年矣

元年者何。○諸據疑問所不知故曰者何

〔疏〕元年者何○解云凡諸侯不得稱元年今隱公府猶自稱侯而反稱元年故執不知問○注諸據至者何○解云謂諸據有疑理而問所不知者曰者何即僖五年秋鄭伯逃歸不盟之下傳云不盟者何注云據上言諸侯鄭伯在其中弟子疑故執不知問成十五年仲嬰齊卒之下傳云仲嬰齊者何注云疑仲遂後故問之是也若據彼難此即或言曷爲或言何以或單言何即下傳云曷爲先言王而後言正月注云據下秋七月天王先言月而後言王公何以不言即位注云據文公言即位也何成乎公之意注云據剌欲救紀而後不能是也而舊解云案春秋上下但言曷爲與何皆有所據故何氏云諸據疑者皆無所據故云問所不知故曰者何也者非

君之始年也。○以常録即位知君之始年君魯侯隱公也年者十二月之摠號春秋書十二月稱年是也變一爲元元者氣也無形以起有形以分造起天地天地之始也故上無所繫而使春繫之也不言公言君之始年者王者諸侯皆稱君所以通其義於王者惟王者然後改元立號春秋託新王受命於魯故因以録即位明王者當繼天奉元養成萬物

〔疏〕注以常至始年○解云正以桓文宣成襄昭及哀皆云元年春王正月公即位故曰以常録即位知君之始年○注君魯侯隱公也○解云案春秋說云周五等爵法五精公之言公公正無私侯之言候候逆順兼伺候王命矣伯之言白明白于德子者孳恩宜德男者任功立業皆上奉王者之政教禮法統理一國脩身絜行矣今此侯爲魯之正爵公者臣子之私稱故言君魯侯隱公也○問曰五等之爵既如前釋何名附庸乎○答曰春秋說下文云庸者通也官小德微附於大國以名通若畢星之有附耳然故謂之附庸矣○注變一爲元○解云以下有二年三年知上宜云一年而不言一年變言元年故決之○注元者至始也○解云春秋說云元者端也氣泉注云元爲氣之始如水之有泉泉流之原無形以起有形以分窺之不見聽之不聞宋氏云無形以起在天成象有形以分在地成形也然則有形與無形皆生乎元氣而來故言造起天地天地之始也○注故上至繫之○解云春秋說云王不上奉天文以立號則道術無原故先陳春後言王天不深正其元則不能成其化故先起元然後陳春矣是以推元在春上春在王上矣○注不言至王者○解云凡天子諸侯同得稱君但天子不得稱公故喪服云君鄭云天子諸侯及卿大夫有地者皆曰君是也今據魯而言不言公之始年而言君之始年者見諸侯不得稱元會假魯爲王乃得稱元故傳言君之始年微欲通魯于王故也

春者何。○獨在王上故執不知問

〔疏〕注獨在至知問○解云春夏秋冬皆是四時之名而夏秋冬三時常不得配王言之雖有春字常在王上故怪而問之

歲之始也。○以上繫元年在王正月之上知歲之始也春者天地開辟之端養生之首法象所出四時本名也昏斗指東方曰春指南方曰夏指西方曰秋指北方曰冬歲者摠號其成功之稱尚書以閏月定四時成歲是也○辟婢亦反本亦作闢稱尺證反下之稱同

〔疏〕歲之始也○問曰元年春王正月公即位實是春秋之五始而傳直於元年春之下發言始而王正月下不言始者何○答曰元是天地之始春是四時之始而王正月公即位者人事之始欲見尊重天道略於人事故也○注春者至之端○解云易說云孔子曰易始於大極大極分而爲二故生天地天地有春夏秋冬之節故生四時也言天地開辟分爲四時春先爲端始也○注養生之首○解云乾鑿度云震生萬物於東方東方夫萬物始生於震震東方之卦也陽氣施生愛利之道故東方爲仁矣故言養生之首言是養生萬物之初首○注法象所出○解云周禮大宰云正月之吉始和布政于邦國都鄙縣治象之法于象魏挾日而斂之是象魏之法于時出之故曰法象所出矣○注四時本名也○解云凡四時先春次夏次秋次冬百代所不變故言春者四時本名矣○注昏斗至冬也○解云皆春秋說文也○注歲者至之稱○解云四時皆於萬物有功歲者是兼摠其成功之稱也若以當代相對言之即唐虞曰載夏曰歲殷曰祀周曰年若散文言之不問何代皆得謂之歲矣等取一名而必取歲者蓋以夏數爲得天正故也亦有一本云歲者摠號成功之稱也○注尚書至是也○解云此堯典文彼鄭注云以閏月推四時使啓閉分至不失其常著之用成歲歷將以授民時且記時事是也

王者孰謂。○孰誰也欲言時王則無事欲言先王又無謚故問誰謂

〔疏〕注欲言至無事○解云時王即當時平王也若是當時平王應如下文秋七月天王使宰咺來歸惠公仲子之賵是其事也○今無此事以直言王故疑非謂當時之王矣○注欲言王無謚○解云正以死謚周道故也

謂文王也。○以上繫王於春知謂文王也文王周始受命之王天之所命故上繫天端方陳受命制正月故假以爲王法不言謚者法其生不法其死與後王共之人道之始也

〔疏〕注以上至王也○解云春者端始文王者周之始受命制法之王理宜相繫故見其繫春知是文王非周之餘王也○問曰春秋之道今有三王之法所以通天三統是以春秋說云王者孰謂謂文王也疑三代謂疑文王而傳專云文王不取三代何○答曰大勢春秋之道實兼三王是以元命包上文摠而疑之而此傳專云謂文王者以見孔子作新王之法當周之世理應權假文王之法故偏道之矣故彼宋氏注云雖大略據三代其要主於文王者是也○注文王至之王○解云即我應瑞云季秋之月甲子赤雀銜丹書入豐止于昌戶昌再拜稽首受之又禮說云文王得白馬朱鬣大貝玄龜是也○注天之至天端○解云天端即春也故春秋說云以元之深正天之端以天之端正王者之政是也○注方陳至王法○解云孔子方陳新王受命制正月之事故假取文王剏始受命制正朔者將來以爲法其實爲漢矣○注不言至共之○解云死謚周道文王死來已久而不言謚者正言法其生時政教正朔故曰法其生不法其死也言與後王共之者不言謚可以通之於後王後王謂漢帝也○注人道之始也○解云何氏以見上文亦始尊重天道皆傳自有始文故不須注云天道之始今此實天下之始但略於人事無始文故須注云人道之始也

曷爲先言王而後言正月。○據下秋七月天王先言月而後言王

王正月也。○以上繫於王知王者受命布政施教所制月也王者受命必徙居處改正朔易服色殊徽號變犧牲異器械明受之於天不受之於人夏以斗建寅之月爲正平旦爲朔法物見色尚黑殷以斗建丑之月爲正雞鳴爲朔法物牙色尚白周以斗建子之月爲正夜半爲朔法物萌色尚赤○嶽許葦反械戶戒反夏以戶雅反後放此以意求之見賢遍反下並見同

〔疏〕注王者至於人○解云王者受命必徙居處者則堯居平陽舜居蒲坂文王受命作邑於豐之屬是也其改正朔易服色殊徽號異器械者禮記大傳文鄭注云服色車馬也徽號旌旗之名也器械禮樂之器及兵甲也然則改正朔者即正朔三而改下注云是也易服色者即明堂位云鸞車有虞氏之路也鉤車夏后氏之路也大路殷路也乘路周路也其夏后氏駱馬黑鬣殷人白馬黑首周人黃馬蕃鬣之屬是也其殊徽號者即明堂位云有虞氏之旂夏后氏之綏殷之大白周之大赤之屬是也其變犧牲者即明堂位云夏后氏牲尚黑殷白牡周騂剛之屬是也其異器械者器即明堂位云泰有虞氏之尊也山罍夏后氏之尊也著殷尊也犧象周尊也注云泰用瓦著著地無足夏后氏之鼓足彼注云足謂四足也殷楹鼓彼注云楹謂之柱貫中上出也周縣鼓注云縣縣之簨虡也其械者即兵甲也何氏莊三十二年注云有攻守之器曰械是而言異者即釋器云弓有緣者謂之弓無緣者謂之弭蓋以爲異代相變故云異也所以止變此等者其親親尊尊之屬不可改即大傳云其不可得變革者則有矣親親也尊尊也長長也男女有別此其不可得與民變革者也是也○注夏以至尚赤○解云凡草物皆十一月動萌而赤十二月萌牙始白十三月萌牙始出而首黑故各法之故書傳略說云周以至動殷以萌夏以牙注云謂三王之正也至動冬日至物始動也物有三變故正色有三有三生三死故土有三王王特一生死是故周人以日至爲正殷人以日至三十日爲正夏以日至六十日爲正是故三統三王若循連環周則又始窮則反本是也○問曰若如此說則三王所尚各自依其時物之色何故禮說云昔尚色天命以赤尚赤以白尚白以黑尚黑朱氏云赤者命以赤鳥故周尚赤湯以白狼故尚白禹以玄珪故尚黑也以此言之三代所尚者自是依天命之色何言法時物之牙色乎○答曰凡正朔之法不得相因滿三反本禮則然矣但見其受命將王者應以十一月爲正則命之以赤瑞應以十二月爲正則命以白瑞應以十三月爲正即命之以黑瑞是以禮說有此言豈道不復法其牙色乎

何言乎王正月。○據定公有王無正月

〔疏〕注據定至正月○解云定公元年春王三月晉人執宋仲幾于京師是有王無正月凡十二公即位皆在正月是以不問有事無事皆書王正月所以重人君即位之年矣若非即位之年正月無事之時或有二月王或有三月王矣但定公即位在六月正月復無事故書三月王也其正月時不得書王矣

大一統也。○統者始也摠繫之辭夫王者始受命改制布政施教於天下自公侯至於庶人自山川至於草木昆蟲莫不一一繫於正月故云政教之始

〔疏〕大一統也○解云所以書正月者王者受命制正月以統天下令萬物無不一一皆奉之以爲始故言大一統也○注摠繫之辭○解云凡前代既終後王更起立其正朔之初布象魏於天下自公侯至於庶人自山川至於草木昆蟲莫不奉之而得其所故日摠繫之辭○注至故云政教之始○解云亦以傳不言始故足之

公何以不言即位。○據文公言即位也即位者一國之始政莫大於正始故春秋以元之氣正天之端以天之端正王之政以王之政正諸侯之即位以諸侯之即位正竟內之治諸侯不上奉王之政則不得即位故先言正月而後言即位政不由王出則不得爲政故先言王而後言正月王者不承天以制號令則無法故先言春而後言王天不深正其元則不能成其化故先言元而後言春五者同日並見相須成體乃天人之大本萬物之所繫不可不察也○治直吏反夫音扶

〔疏〕注據文公言即位也○解云文元年春王正月公即位是

也○問曰桓公元年春亦書即位傳所以不從始而遂據文公何○荅曰正以文公正即位之始故也桓公篡而即位非其正故雖即位在文公前猶不據之○注即位者一國之始解云亦以傳無始文故言此也○注政莫大於正始○解云爲下作文勢也言凡欲正物之法莫大於正其始時是以春秋作五始令之相正也○注乃天至不察也○解云元年春者天之本王正月公即位者人之本故曰天人之太本也言萬物之所繫者春秋以之爲始令萬物繫之故不可不察其義

成公意也。以不有正月而去即位知其成公意○而去起呂反下去同

【疏】注以不至公意○解云下十一年傳云隱何以無正月隱將讓乎桓故不有其正月也然則正月者是公縣象魏出教令之月今公既有讓意故從二年已後終隱之篇常去正月以見之故曰不有正月也然則今此注云不有正月者謂從二年恒去正月也今元年去即位故知成公意矣今元年言正月者公時實行即位之禮故見之然則公意讓而行即位者厭民臣之心故也舊云以有正月而去即位云無不字言凡書正月爲公即位出也以元年有正月即公實行即位禮而孔子去即位知其成公讓意者非

何成乎公之意。據剌欲救紀而後不能○剌欲七賜反後皆同更不音

【疏】注據剌至不能○解云莊三年冬公次于郎傳曰其言次于郎何剌欲救紀而後不能也然則欲救紀是善事公不能救紀是不終善事而春秋書次于郎以剌之今隱公有讓心實是善事但終讓不成爲他所殺亦是善心不遂而春秋善之故以爲難也

公將平國而反之桓。平治也時廢桓立隱不平故曰平反還之

曷爲反之桓。據已立也

桓幼而貴。隱長而卑。長者已冠也禮年二十見正而冠士冠禮曰嫡子冠於阼以著代也醮於客位加有成也三加彌尊諭其志也冠而字之敬其名也公侯之有冠禮夏之末造也天子之元子猶士也天下無生而貴者○隱長丁丈反注及下皆同已冠工亂反下同適子丁歷反下同醮子笑反

【疏】注禮年至而冠○解云君以襄九年左傳言魯襄公年十二而冠也依入代記即少昊亦十二而冠則知天子諸侯幼即位者皆十二而冠矣是以異義古尚書說云武王崩時成王年十三後一年管蔡作亂周公東辟之王與大夫盡弁以開金縢之書時成王年十四言弁明知已冠矣是其證也但隱公冠當惠公之世從士禮故二十成人乃冠是以何氏即引士冠禮以解之所以必二十冠者異義今禮戴說云男子陽也成於陰故二十而冠是矣而言見正者欲道庶子不冠於阼階故也○注士冠至成也○解云鄭彼注云每加於阼則醮之於客位所以尊敬之成其爲人也是彼注云此士冠禮及記冠義郊特牲亦有此文鄭注冠義云阼謂主人之北也適子冠於阼若不醴則醮用酒於客位敬而成之也戶西爲客位庶子冠於房戶外又因醮焉不代父也鄭注昏義云酌而無酬酢曰醮醮之禮如冠醮與○注三加至志也○解云此士冠記文三加者先加緇布冠次加皮弁次加爵弁也彼記云始冠緇布之冠也大古冠布齊則緇之鄭注云大古唐虞以上重古始冠冠其齊冠也諭其志者彼鄭注云彌猶益也冠服後加益尊諭其志者欲其德之進也是矣注郊特牲云冠益尊則志益大也○注冠而字之敬其名也○解云亦彼記之文鄭注云名者質所受於父母冠成人益文故敬之是也○注公侯至造也○解云此亦士冠禮記文彼鄭注云造作也自夏初以上諸侯雖父死子繼年未滿五十者亦服士服行士禮五十乃命也至其衰末上下相亂篡弒所由生故作公侯冠禮則正君臣也引之者見當時公侯有冠之言○注天子至貴者解云此亦記文鄭注郊特牲云儲君副主猶云士也明人有賢行著德乃得貴也引之者見隱公冠時年已二十宜從士禮明矣

其爲尊卑也微。母俱媵也○媵以證反又繩證反

國人莫知。國人謂國中凡人莫知者言惠公不早分別也男子年六十閉房無世子則命貴公子將薨亦如之

【疏】注國人至別也○解云古者一娶九女一嫡二媵分爲左右尊卑權寵灼然則朝廷之上理應悉知今此傳云國人不知明是國內凡人也雖然事大非小君早分別亦應知悉故注言惠公不早分別是其義也○注男子至如之○解云男子六十陽道閉藏若仍無世子其正夫人必無有生世子之理故命貴公子以爲世子也若未滿六十則無立庶子爲世子之法何者立而復黜是乃亂道故也然則言閉房者行房之事閉也知男子六十陽道閉藏者家語云男女不六十者不間居不禁閉房明矣言將薨亦如之者謂未滿六十者將薨之時亦命貴公子矣

隱長又賢。此以上皆道立隱所緣○以上時掌反他皆放此

諸大夫扳隱而立之。扳引也諸大夫立隱不起者在春秋前明王者受命不追治前事孔子曰不教而殺謂之虐不戒視成謂之暴○扳普顏反又必顏反引也舊數間反

【疏】注諸大至秋前○解云公子翬弒隱立桓公仲遂弒赤亦立宣公皆貶去公子以起見之今此諸大夫廢桓立隱亦是不正何故不作文貶之以見罪正以在春秋前欲明王者受命不追治前事故也○注不戒至之暴○解云此堯曰文何氏以不先告戒比視之而責其成功爲暴矣

隱於是焉而辭立。辭讓也言隱欲讓

則未知桓之將必得立也。是時公子非一

【疏】注是時公子非一○解云隱公疑桓不知得立以否故知公子非一

且如桓立。且如假設之辭

則恐諸大夫之不能相幼君也。隱見諸大夫背正而立已不正恐其不能相之○相息亮反背正步內反下同

故凡隱之立。爲桓立也。凡者凡上所慮二事皆不可故於是已立欲須桓長大而歸之故曰爲桓立明其本無受國之心故不書即位所以起其讓也○爲于僞反注同

【疏】注凡者至二事○解云已若辭立則未知桓之將得立以否是其一慮也假令使桓得立又恐諸大夫不能相幼君是其二慮也

隱長又賢。何以不宜立。據賢繆公與大夫獲且長以得立○繆音穆獲且俱縛反下子餘反

【疏】注據賢至大夫○解云文十二年經書秦伯使遂來聘傳云秦無大夫此何以書賢繆公也何賢乎繆公以爲能變也注云感而自變悔遂霸西戎故因其能聘中國善而與之使有大夫也今此亦善隱能讓何故不與使得立乎故難之○注獲且長以得立○解云文十四年晉人納捷菑于邾婁傳曰貴則皆貴矣雖然獲且也長彼以獲且長故傳與邾婁人立之今此隱亦長何故不宜立乎故難之然則傳言長據獲且傳言賢據繆公而何氏先解繆公者以其事在前故

立適以長。不以賢。立子以貴。不以長。適謂適夫人之子尊無與敵故以齒子謂左右媵及姪娣之子位有貴賤又防其同時而生故以貴也禮嫡夫人無子立右媵右媵無子立左媵左媵無子立嫡姪娣嫡姪娣無子立右媵姪娣右媵姪娣無子立左媵姪娣質家親親先立娣文家尊尊先立姪嫡子有孫而死質家親親先立弟文家尊尊先立孫其雙生也質家據見立先生文家據本意立後生皆所以防愛爭○姪娣夫結反下大計反爭爭鬭之爭下同

桓何以貴。據俱公子也

母貴也。據桓母右媵

母貴則子何以貴。據俱言公子

子以母貴。以母秩次立也

母以子貴。禮妾子立則母得爲夫人夫人成風是也

【疏】注夫人成風○解云即文四年冬十有一月壬寅夫人風氏薨五年三月辛亥葬我小君成風是也

○三月。公及邾婁儀父盟于眛。

及者何。與也。若曰公與邾婁盟也○邾音朱婁力俱反邾人語聲後曰婁故曰邾婁禮記同左氏穀梁無婁字儀父音甫本亦作甫人名字放此眛亡結反穀梁同左氏作蔑

會及暨皆與也。都解經上會及暨也○暨其器反下皆同

曷爲或言會。或言及。或言暨。會。猶最也。最聚也直自若平時聚會無他深淺意也最之爲言聚若今聚民爲投最○曷爲如字或丁僞反後皆同此

【疏】及者何○解云欲言汲汲公仍在喪欲言非汲汲及是欲文故執不知問云曷爲或言會者即下六年公會齊侯盟于艾之徒是也云或言暨者昭七年春暨齊平定十年宋公之弟辰暨仲佗石彊出奔陳是也

及。猶汲汲也。暨。猶暨暨也。及。我欲之。暨。不得已也。我者謂魯也內魯故言我舉及暨者明當隨意善惡而原之欲之者善重惡深不得已者善輕惡淺所以原心定罪

【疏】注我者謂魯也○解云此通內外皆然但傳據內言之故言我謂魯也○注欲之至惡深○解云善重者即此文公及邾婁儀父盟于眛是也以其汲汲於善事故曰善重也惡深者即哀十三年公會晉侯及吳子于黃池是也以其汲汲于惡事故曰惡深也○注不得至惡淺○解云善輕則暨齊平是也惡淺者宋公之弟辰暨仲佗石彊是也

儀父者何。邾婁之君也。以言公及不諱知爲君也

【疏】儀父者何○解云欲言其君經不書爵欲言其臣而不沒公故執不知問○注以言公及不至君也○解云凡春秋上下公與外大夫盟皆諱不言公故莊二十二年秋七月丙申及齊高傒盟于防傳云公則曷爲不言公諱與大夫盟也之屬也今此不沒公故知是君矣其莊九年公及齊大夫盟于暨之屬不沒公者皆傳注分明不煩逆說

何以名。據齊侯以祿父爲名

【疏】注據齊至爲名○解云即桓十四年冬齊侯祿父卒是言齊侯以祿父爲名故疑邾婁君亦以儀父爲名是以難也

字也。以當褒知爲字

【疏】注以當褒知爲字○解云春秋以隱新受命而王儀父慕之故知當褒是以春秋說云褒儀父善趣聖者是也

曷爲稱字。據諸侯當稱爵

【疏】注據諸侯當稱爵○解云六年夏公會齊侯盟于艾之屬是也

褒之也。以宿與微者盟書卒知與公盟當褒之有土嘉之曰褒無土建國曰封稱字所以爲褒之者儀父本在春秋前失爵在名例爾○褒之保刀反

【疏】注以宿至書卒○解云所傳聞之世微國之卒本不合書而此年九月及宋人盟于宿宿爲地主與在可知以其與內微者盟故至八年得變例書卒見恩矣云有土嘉之曰褒者謂加爵與字即儀父滕侯之屬是也云無土建國曰封者即封邢衛之屬是也

曷爲褒之。據功不見○不見賢偏反下皆同

爲其與公盟也。爲其

始與公盟盟者殺生歃血詛命相誓以盟約束也傳不足言託始者儀父比宿滕薛最在前嫌獨爲儀父發始下三國意不見故顧之○爲其于僞反注爲其獨爲皆同歃所洽反又音所甲反詛莊慮反約束並如字一音上於妙反下音戍〔疏〕注傳不至顧之○解云此傳應言爲其始與公盟今不具其文句言始者若言始與公盟即恐下二國不是始是以顧之不得具其文

與公盟者衆矣。曷爲獨襃乎此。据戎齊侯莒人皆與公盟傳不足託始故復据衆也○復扶又反下復爲同〔疏〕注据戎至公盟○解云二年秋八月公及戎盟于唐六年夏公會齊侯盟于艾八年秋公及莒人盟于包來是也○注傳不足至衆也○解云傳若鄉者足其文句云道爲其始與公盟之時義勢即盡矣道理不得復言與公盟者衆矣曷爲獨襃乎此但上傳既無始與之文而得襃賞猶自可怪故更據衆難之云託始者言隱公實非受命之王但欲託之以爲始也

因其可襃而襃之。春秋王魯記隱公以爲始受命王因儀父先與隱公盟可假以見襃賞之法故云爾○王魯于況反下而王同一音如字後王魯皆放此

此其爲可襃奈何。漸進也。漸者物事之端先見之辭去惡就善曰進譬若隱公受命而王諸侯有倡始先歸之者當進而封之以率其後不言先者亦爲所襃者法明當積漸深知聖德灼然之後乃往不可造次陷於不義○倡尺亮反造七報反〔疏〕注漸者至之辭○解云言物事之端者猶言物事之首也言先見之辭者如見其二子焉之端見也若公子陽生闓然之類也云去惡就善曰進者言能去惡就善即是行之進也○注不可至不義○解云桓十五年夏邾婁人牟人葛人來朝朝桓惡人而貶稱人夷狄之也者是其造次陷於不義矣

眛者何。地期也。會盟戰皆錄地其所期處重期也凡書盟者惡之也爲其約誓大甚朋黨深背之生患禍重胥命於蒲善近正是也君大夫盟例日惡不信也此月者隱推讓以立邾婁慕義而來相親信故爲小信辭也大信者時柯之盟是也會稱公者臣子心所欲尊號其君父公者五等之爵最尊王者探臣子心欲尊其君父使得稱公故春秋以臣子書葬者皆稱公于者於也凡以事定地者加于例以地定事者不加于例○處昌慮反惡之鳥路反下惡不惡其皆同大甚音泰或勑賀反近正附近之近柯音歌〔疏〕眛者何○解云春秋之始弟子未解地期之義故執不知問○注凡書盟者惡之○解云此言與公盟而得襃何言惡者直善其慕新王之義而得襃豈善其盟乎○注胥命至是也○解云即桓三年夏齊侯衛侯胥命于蒲傳云胥命者何相命也何言乎相命近正也此其爲近正奈何古者不盟結言而退是也○注君大至信也○解云言內君與大夫共他外盟之時其書日皆是惡其不信也即下二年秋八月庚辰公及戎盟于唐文八年冬十月壬午公子遂會晉趙盾盟于衡雍之屬是也○注故爲小信辭也○解云邾婁儀父歸于新王而見襃賞不爲大信者以下七年秋公伐邾婁是其背信也功不足錄但假託以爲善故爲小信辭也○注大信至是也○解云即莊十三年冬公會齊侯盟于柯傳曰桓公之信著乎天下自柯之盟始焉是也○注故春至稱公○解云謂以其臣子之辭書其葬者悉皆稱公即桓十年夏五月葬曹桓公僖四年秋葬許繆公之屬是也若然桓十七年秋八月癸巳葬蔡桓侯不稱公者彼注云稱侯者亦奪臣子辭也有實弟而不能任用反疾害之而立篡舞國幾并於蠻荆故賢季抑桓稱侯所以起其事是也○注凡以至于例○解云謂先約其事乃期于其處作盟會者加于即僖二十八年夏五月盟于踐土之屬是也○注以地至于例○解云言先在其地乃定盟會之事者不加于即莊十九年公子結媵陳人之婦于鄄遂及齊侯宋公盟襄三年夏六月公會單子晉侯以下同盟于雞澤陳侯使袁僑如會叔孫豹及諸侯之大夫及陳袁僑盟之屬是也

〇夏五月。鄭伯克段于鄢。克之者何。加之者問訓詁并問施于之爲○段徒亂反鄢音偃〔疏〕克之者何○解云欲言其殺而經書克欲言非殺克者大惡之文故執不知問○注加之至之爲○解云訓詁者即不言殺而言克是也所以不直言克者何而并言之者非直問其變殺爲克并欲問其施于鄢之所爲矣而不荅于鄢之意者欲下乃解爲當國故此處未勞解之弟子以其不荅于鄢之意是以下文復云其地何以難之

殺之也。殺之則曷爲謂之克。大鄭伯之惡也。以弗克納大郤缺之善知加克大鄭伯之惡也○郤缺去逆反下起悦同〔疏〕注以弗至之善○解云文十四年秋晉人納接菑于邾婁弗克納傳云其言弗克納何大其弗克納也是也

曷爲大鄭伯之惡。据晉侯殺其世子申生不加克以大之〔疏〕注据晉至大之○解云在僖五年春

母欲立之。已殺之。如勿與而已矣。如即不如齊人語也加克者有嫌也段無弟文稱君甚之不明又段當國嫌鄭伯殺之無惡故變殺言克明鄭伯爲人君當如傳辭不當自已行誅殺使執政大夫當誅之克者詰爲殺亦爲能惡其能忍戾母而親殺之禮公族有罪有司讞于公公曰宥之及三宥不對走出公又使人赦之以不及反命公素服不舉而爲之變如其倫之喪無服親哭之○戾力計反讞魚列反宥之音又赦也〔疏〕注明鄭至誅之○解云鄭伯爲人君之法當如傳辭不與其國而已不宜忍戾其母而親殺之其誅之者自是執政大夫之事○注禮公至哭之○解云皆出文王世子也其文云公族有罪獄成有司讞于公其死罪則曰某之罪在大辟其刑罪則曰某之罪在小辟彼注云讞之言白也公曰宥之有司又曰在辟公又曰宥之有司又曰在辟及三宥不對走出致刑于甸人注云對荅也先者君每言宥則荅之以將更宥之至于三罪定不復荅走往刑之爲君之恩無已公又使人追之曰雖然必赦之有司對曰無及也注云罪既正不可宥乃欲赦之重刑殺其類也反命于公注云自已刑殺公素服不舉爲之變如其倫之喪無服注云素服於凶事爲吉於吉事爲凶非喪服也君雖不服臣卿大夫死則皮弁錫衰以居往弔當事則弁絰於士蓋疑衰同姓則緦衰以弔之今無服者不往弔也倫謂親疏之比也素服亦皮弁矣親哭之注云不往弔爲位哭之而已君於臣使有司哭之是也

段者何。鄭伯之弟也。殺母弟故直稱君〔疏〕段者何○解云欲言世子母弟無世子母弟之文欲言大夫復目鄭伯以殺故執不知問

何以不稱弟。据天王殺其弟年夫稱弟〔疏〕注据天至稱弟○解云在襄三十年夏

當國也。欲當國爲之君故如其意使如國君氏上鄭所以見段之逆

其地何。据齊人殺無知不地〔疏〕注据齊至不地○解云即莊九年春齊人殺無知是也

當國也。齊人殺無知。何以不地。据俱欲當國也

在內也。在內。雖當國。不地也。其不當國而見殺者當以殺大夫書無取於地也其當國者殺於國內禍已絕故亦不地

不當國。雖在外。亦不地也。明當國者在外乃地爾爲其將交連鄰國復爲內難故錄其地明當急誅之不當國雖在外禍輕故不地也月者責臣子不以時討與殺州吁同例不從討賊辭者主惡以失親親故書之○難乃且反下此難同吁況于反〔疏〕注明當至地爾○解云下四年九月衛人殺州吁于濮及此皆是也○注不當至地也○解云昭四年秋七月楚子云云伐吳執齊慶封殺之昭八年夏楚人執陳行人于徵師殺之是也○注月者至同例○解云下四年九月衛人殺州吁之下注云討賊例時此月者久之也○注不從至之○解云若作討賊辭當稱人以討如齊人殺無知然今不如此者經本主爲惡鄭伯失親親而書故日鄭伯而不稱人也

〇秋。七月。天王使宰咺來歸惠公仲子之賵。宰者何。官也。以周公加宰知爲官也○咺況阮反一音況元反賵芳仲反〔疏〕宰者何○解云以其言宰與周公同疑宰爲官以其言名又與宰周公異復疑非官故執不知問○注以周至官也○解云僖九年夏公會宰周公已下于葵丘是也

咺者何。名也。別何之者以有宰周公本嫌宰爲官〔疏〕咺者何○解云繫宰是官言名又卑所以故執不知問○注別何至之者○解云不言宰咺者何而別何之者正以周公加宰爲周公身上官故別何之令相遠若然上注云以周公加宰知爲官而此注又云本嫌宰爲官者言宰周公亦嫌宰爲咺之身上官也不謂二注異宰即非咺之身上官而繫宰言之者次士以官錄言其是宰下之士故也○

曷爲以官氏。据石尚〔疏〕注据石尚○解云定十四年秋天王使石尚來歸脤石尚亦是士而不以官氏故以爲難也

宰士也。天子上士以名氏通中士以官錄下士畧稱人〔疏〕注天子至稱人○解云上士以名氏通者即石尚是也中士以官錄者言以所繫之官錄之即此是也下士畧稱人者即僖八年春公會王人以下盟于洮是也

惠公者何。隱之考也。生稱父死稱考入廟稱禰○禰乃禮反〔疏〕惠公者何○解云春秋從隱至哀魯無惠公歸賵言來故執不知問○注生稱父○解云即下曲禮云生曰父是也廣雅云父者矩也於子言能與子作規矩故謂之父曲禮曰死曰考是也周書諡法大慮行節曰考也言有大慮行節之度量堪成義亦以下之法禮云考成也言其德之成也解云即襄十二年左傳曰同族於禰廟是也舊說云禰字示傍爾言雖可人廟是神示猶自最近于已故曰禰

仲子者何。桓之母也。以無諡也仲字子姓婦人以姓配字不忘本也因示不適同姓○生稱母死稱妣○妣必履反〔疏〕仲子者何○解云正以上不見仲子卒文而得歸賵故執不知問○注以無諡也○解云凡春秋之義妾子爲君者其母得稱諡即文公九年冬秦人來歸僖公成風之襚是也今桓未爲君故其母不得稱諡也是以見其不稱諡即知桓之母也○注仲字至同姓○解云字者本國所加故稱字見其不忘本國也所以稱姓者示不適同姓矣○注生稱至稱妣○解云即下曲禮云生曰父曰母死曰考曰妣是也○問曰考與妣是死稱父與母是生稱惠公仲子之卒俱在春秋前何故此傳惠公言隱之考畢死名仲子言桓之母畢生名乎○荅曰仲子已葬訖之後

實合舉死稱但禮家本意母死曰妣者比於父之義也故鄭彼云妣之言媲媲于考也但仲子是妾桓未爲君其母不得爲夫人卑不得比于父故還以母言之

何以不稱夫人。此難生時之稱也據秦人來歸僖公成風之襚成風稱諡今仲子無諡知生時不稱夫人【疏】注此難至稱也○解云文九年冬秦人來歸僖公成風之襚舉風之諡案經成風生時傳稱夫人何者禮妾賤不得有諡故也今仲子不舉諡不與成風同明生時不得稱夫人可知故傳家遙難之

桓未君也。賵者何。喪事有賵。賵者蓋以馬。以乘馬束帛。此道周制也以馬者謂士不備四也禮既夕曰公賵玄纁束帛兩馬是也乘馬者謂大夫以上備四也禮大夫以上至天子皆乘四馬所以通四方也天子馬曰龍高七尺以上諸侯曰馬高六尺以上卿大夫士曰駒高五尺以上束帛謂玄三纁二玄三法天纁二法地因取足以共事○乘馬繩證反注乘馬同纁許云反共音恭【疏】賵者何○解云初入春秋弟子未曉賵義故執不知問○注此道周制也○解云知者正以上云以馬與士既夕禮同下言乘馬與士異明知周之禮大夫以上皆有四馬矣○注以馬至四也○解云以下言乘馬明上文直言以馬者士禮兩馬可知故即引禮爲證矣○注禮大夫至方也○解云案異義古毛詩說云天子至大夫同駕四皆有四方之事士駕二也詩云四騵彭彭武王所乘龍旂承祀六轡耳耳魯僖所乘四牡騑騑周道倭遲大夫所乘書傳云士乘飾車兩馬庶人單馬木車是也○問曰若然異義公羊說引易經云時乘六龍以馭天下也知天子駕六與此異何○荅曰彼謹案亦從公羊說即引王度記云天子駕六龍諸侯與卿駕四大夫駕三以合之鄭駁云易經時乘六龍者謂陰陽六爻上下耳豈故爲禮制王度記云今天子駕六者自是漢法與古異大夫駕三者於經無以言之者是也然則彼公羊說者自是章句家意不與何氏合何氏此處不依漢禮者蓋時有損益也○注天子至以上○解云月令天子駕倉龍是其高七尺者漢制也其六尺五尺亦然○注諸侯曰至以上○解云魯頌曰魯侯戾止其馬蹻蹻是也○注卿大夫至以上○解云詩云皎皎白駒食我場苗是也○注束帛至纁二○解云雜記上云魯人之贈三玄二纁是也○注玄三至共事○解云天數不但三地數不但二而取三二者因取足以共事故也

車馬曰賵。貨財曰賻。衣被曰襚。此者春秋制也賵猶覆也賻猶助也皆助生送死之禮襚猶遺也遺是助死之禮知生者賵賻知死者贈襚○賻音附襚音遂遺唯季反【疏】注此者春秋制也○解云上陳周制訖○下乃言賵賻襚此三者是春秋之內事故云此者春秋制也○注知生至贈襚○問曰案既夕禮云知死者贈知生者賻也鄭注云各主於所知以此言之賻專施于生者何○荅曰賻專施于生襚專施于死賵實生死兩施故何氏注知生知死皆言賵矣而既夕禮專言知生者對贈言之故也○問曰何知賵生死兩施乎○荅曰案既夕禮云兄弟賵奠可也注云兄弟有服親者可且賵且奠許其厚也賵奠於死生兩施又云所知則賵而不奠鄭注云所知通問相知也降於兄弟奠施於死者爲多故不奠以此言之明賵與奠皆生死兩施也言奠於死者爲多故知賵生死等矣

桓未君。則諸侯曷爲來賵之。據非禮【疏】注據非禮○解云桓公未爲君則其母猶妾故諸侯賵之爲非禮

隱爲桓立。故以桓母之喪告于諸侯。經言王者賵赴告王者可知故傳但言諸侯○隱爲于僞反下注爲并年末注同告古毒反一音古報反【疏】注故傳但言諸侯○解云諸侯之賵及事則在春秋之前故不書矣然則諸侯有相賵之道隱以桓母成爲夫人告天子諸侯天子猶來何況諸侯乎故傳舉以言焉

然則何言爾。成公意也。尊貴桓母以赴告天子諸侯彰桓當立得事之宜故善而書仲子所以起其意成其賢

其言來何。據歸含且賵不言來○含本又作唅戶暗反下同【疏】注據歸至言來○解云文五年春王使榮叔歸含且賵是

不及事也。比於去來爲不及事時以葬事畢無所復施故云爾去來所以爲及事者若已在於內者【疏】注比於至云爾○解云公羊之例若其奔喪會葬不問來之早晚及事不及事皆言來矣故文元年春天王使叔服來會葬夏四月葬我君僖公者是其及事言來也文五年三月葬我小君成風下乃言王使召伯來會葬注云去天者不及事是不及事亦言來矣故元年傳云其言來會葬何會葬禮也注云但解會葬言來明矣云言來者常文不爲早晚施也夏邾婁子來奔喪傳云其言來奔喪何奔喪非禮也但解奔喪者明奔喪者來常文不爲早晚施也言來不問早晚皆言來乃言來歸賵及葬事曰則言來是以惠公仲子之葬及事時以賵及葬事畢無所復施故云爾去來所以爲及事者已在於內者是也若含不及事亦須言來也故文四年冬十有一月壬寅夫人風氏薨五年春王使榮叔歸含且賵彼注云不從含晚言來者本不當含也故以此言之明諸侯含晚須言來矣何者諸侯鄰國禮容有含故也若其襚也文九年秦人來歸僖公成風之襚亦是不及事也何氏所以不注者以其可知省文故也所以如此作例者以言序志必有所費容其事故稽留不必苛責其及時也其含襚之等皆是死者所須若其來晚則無及於事故須作文見其早晚矣

其言惠公仲子何。據歸含且賵不言主名

兼之。兼之。非禮也。禮不賵妾既善而賵之當各使一使所以異尊卑也言之者起兩賵也○使一使所吏反【疏】注言之至賵也○解云以此言之則文九年秦人來歸僖公成風之襚言之者亦起兩襚矣

何以不言及仲子。據及者別公夫人尊卑文也仲子即卑稱也○別彼列反

仲子。微也。比夫人微故不得並及公也【疏】注據及至文也○解云即僖十一年夏公及夫人姜氏會齊侯于陽穀是也○注比於至公也○解云正以春秋之義王者尊而不能上會諸侯不比於王者輕會葬皆同例言天王者時稱王使者王尊而上自繫於天也春秋不正者因以廣是非稱王使者純臣諸侯之意也據土與諸侯分職以南面而治有不純臣之義故異姓謂之伯舅同姓謂之伯父叔父有相通之道故與諸侯共有之但無當相通所傳聞之世外小惡不書春秋王魯以魯爲天下化首明親來被王化漸漬禮義者在可備責之域故從內小惡舉也主書者從不及事也○借子念反治直吏反下皆同下文所傳聞之世注同被皮寄反【疏】注此月者爲內恩錄之○注及文五年春王正月王使榮叔歸含且賵皆是內恩錄之也○注諸侯至者輕○解云即文九年冬秦人來歸僖公成風之襚是也○注至春王使會葬皆同例○解云若王使人來則書月以爲比王使人來爲輕故不月以爲比王者爲輕故文五年春三月王使召伯來會葬文元年二月天王使叔服來會葬皆是也其諸侯使人來會葬不月者春秋之內偶爾無之其襄三十一年冬十月滕子來會葬定十五年九月滕子來會葬皆書月者彼是諸侯身來會葬非使人仍自非妨也以此義勢言之則鄉解王與諸侯者皆是使人非身自來也而舊云襄三十一年月者爲下癸酉葬襄公出之會葬亦不蒙上月者非也○注定十五年九月者爲下葬定公出之○解云若正之當直言王今不正稱今亦言天王者所以廣是非○解云注稱使者王者不敵臣○解云春秋之義天子見其尊卑也故王使不稱天者不敵也今天子與諸侯亦有不純臣之義故言使以言天者夫由尊卑不敵故王者至尊天子與諸侯南面而治有不純臣之義故尊之敬之使歸賵故曰尊諸侯之意也○注有不純至之義○解云喪服斬衰章云臣爲君諸侯爲天子既不言臣爲天子臣者異其臣者異諸侯是純臣不至爲君而居殯言注故諸侯爲天子○明其與天子下曲禮及覲禮記文○注言歸者至○之辭也○解云春秋大例先是物而言歸物乃言歸即讒及諸屬之辭是也○注今此賵至此之車馬先非魯物而言歸者與魯有之辭注所傳聞之世外小惡不書今此傳云春秋之義所傳聞之世未合書見而書之者由接內也故是外之小惡當所傳聞之世未合書見而書之者由接內故也

○九月。及宋人盟于宿。孰及之。內之微者也。內者謂魯也微者謂士也不名者略微也大者正小者治近者說遠者來是以春秋上刺王公下譏卿大夫而逮士庶人宋稱人者亦微者也魯不稱人者自內之辭也宿微也不國名者主名也宋微者主與微者盟例時不能專正故責略之此月者隱公賢君宜有恩禮於大國微者可采取故錄也○近者說音悅遠者所使辱也○宿音夙【疏】注微者謂士也○解云正以莊二十二年秋七月丙申及齊高傒盟于防傳云齊高傒者何貴大夫也曷爲就吾微者而盟公也公則曷爲不言公諱與大夫盟也言大夫盟者若其不諱也○注宋稱至恩禮○解云正以宋雖無大夫當有大計君臣代宜微之辭也故而省文○注宿至所錄也○解云微者盟例時○注而不逮士庶人○解云即文八年冬宋人殺其大夫司馬宋司城來奔○注言司馬者○解云其文省故也○注不名者略微也○解云何氏云宋之三世內娶大國無大夫名氏者是也○注大者正小者治近者說遠者來○解云此春秋之義若其名見理則主人先辱故一見也○解云若其微者不信與不信則大信時小信月不信日若但作信文以略之

○冬。十有二月。祭伯來。祭伯者何。天子之大夫也。以無所繫言來也○祭側界反【疏】注以無所繫言來也○解云欲言王臣不言王使欲言諸侯之臣不言其君復不言朝欲言來聘之外諸侯之屬是也若直言來者是天子之屬今此書月者義如注釋也○言冬十有二月者彼以見下文賵之即傳十九年冬會陳人蔡人楚人鄭人盟于齊是也

何以不稱使。據凡伯稱使【疏】注據凡伯稱使○解云即下七年冬天王使凡伯來聘是也○注以不言使○解云即下三年秋武氏子來求賻文九年春毛伯來求金是無使文而有事也上文秋七月天王使宰咺來歸惠公仲子之賵是有使有事也今此無使復無事故知服之徒皆是奔也

奔也。奔者走也以奔者不言奔亦有所繫如文十四年冬宋子哀來奔襄二十八年冬齊慶封來奔之屬是也今無所繫故知宜是天子之大夫也

不言奔。據齊慶封【疏】注據齊至言奔○解云在襄二十八年冬

王者無外。言奔。則有外之辭也。奔則曷爲不言奔。王者以天下爲家無絕去奔明王者以天下爲家無絕去奔明與外大夫來奔同文故

義主書者以罪舉內外皆書者重乖離之禍也當春秋時廢選舉之務置不肖於位輙退絕之以生過失至於君臣忿爭出奔國家之所以昏亂社稷之所以危亡故皆錄之錄所奔者爲受義者明當受賢者不當受惡人也祭者采邑也伯者字也天子上大夫字尊尊之義也月者爲下卒也當案下例當蒙上月日不也奔例時一月二事月當在上十言有二者起下復有二非十中之二○選息變反肖音笑采七代反

〔疏〕注故去至絕義○問曰若王者以天下爲家無絕義故不言奔何故襄三十年夏王子瑕奔晉昭二十六年冬尹氏召伯毛伯以王子朝奔楚成十二年春周公出奔晉皆言奔乎○荅曰春秋進退無義若來奔魯者見王者以天下爲家無絕義故不言奔矣若奔別國即見春秋黜周與外諸侯同例故言奔矣既以魯爲王而不專黜周者若專黜周則非遜順之義故也○注主書者以罪舉○解云一則罪祭伯之去主一則罪魯受叛人故曰以罪舉○注內外皆書者重乖離之禍也○解云內書者閔二年秋公子慶父出奔莒是也又在外奔書者昭二十年冬十月宋華亥向甯華定出奔陳之屬是也○注當春至於位○解云王制云凡官民材必先論之論辨然後使之任事然後爵之位定然後祿之爵人於朝與士共之是擇人之法也當春秋之時不問賢與不肖悉皆世位故言此○注輙退至過失○解云君若退絕其臣不聽世祿以生過失矣○注至於至出奔○解云由不肖者在位故有忿爭出奔之事矣○注伯者字也○解云知伯非爵者正見桓八年經云冬祭公來遂逆王后于紀公是其爵明伯是其字矣○注當案至不也○解云一月有數事重者皆蒙月也若上事輕下事重輕者不蒙月重者自蒙月若上事重下事輕則亦重者蒙月輕者不蒙月故言當案下例當蒙上月矣日不者謂一日有數事即不得上下相蒙故桓十二年冬十一月丙戌公會鄭伯盟于武父丙戌衛侯晉卒彼下注云不蒙上日者春秋獨晉書立記卒耳當蒙上日與不嫌異於篡例故復出日明同是也○注奔例時○問曰襄二十年夏五月王子瑕奔晉昭二十六年冬十月尹氏召伯毛伯以王子朝奔楚悉書月何言例時乎○荅曰案襄公十年五月甲午宋災伯姬卒天王殺其弟年夫王子瑕奔晉昭二十六年冬十月天王入于成周尹氏召伯毛伯以王子朝奔楚以此言之則似月爲上事其二處出奔仍不蒙月是以襄三十年五月甲午之下注云外災例時此日者爲伯姬卒日昭二十六年冬十月之下注云月者爲天下喜錄王者反正位是其月爲上事之明文不妨出奔仍自時也故此乃注云月者爲下卒奔例時也舊云春秋王魯是以王臣來奔魯者悉與外諸侯之臣來奔同書時故與襄二十八年冬齊慶封來奔同書時矣若王臣奔佗國者悉皆書月見別于諸侯之臣矣是以王子瑕毛召之徒悉皆書月○問曰若然成十二年春周公出奔晉亦是出奔何故不月○荅曰王臣之例實不言出亦不書時但周公自其私出奔故自從小國例言出書時矣凡諸侯出奔大國例月小國時

○**公子益師卒。何以不日。**據臧孫辰書日○不日人實反此傳皆以日月爲例後放此

〔疏〕注據臧孫辰書日○解云即文十年春王三月辛卯臧孫辰卒者也○問曰下五年冬十二月辛巳公子彄卒亦書日所以不據之而遠據文十年之篇何○荅曰下五年何氏云日者隱公賢君宜有恩禮於大夫益師始見法無駭有罪俠又未命也故獨得於此日以義言之正由同在所傳聞之世非常書日之限故不據之所聞之世大夫日卒者非一正據辰者以其是所聞之始故也

遠也。孔子所不見

所見異辭。所聞異辭。所傳聞異辭。所見者謂昭定哀己與父時事也所聞者謂文宣成襄王父時事也所傳聞者謂隱桓莊閔僖高祖曾祖時事也異辭者見恩有厚薄義有深淺時恩衰義缺將將以理人倫序人類因制治亂之法故於所見之世恩己與父之臣尤深大夫卒有罪無罪皆日錄之丙申季孫隱如卒是也於所聞之世王父之臣恩少殺大夫卒無罪者日錄有罪者不日略之叔孫得臣卒是也於所傳聞之世高祖曾祖之臣恩淺大夫卒有罪無罪皆不日略之也公子益師無駭卒是也於所傳聞之世見治起於衰亂之中用心尚麄觕故內其國而外諸夏先詳內而後治外錄大略小內小惡書外小惡不書大國有大夫小國略稱人內離會書外離會不書是也於所聞之世見治升平內諸夏而外夷狄書外離會小國有大夫宣十一年秋晉侯會狄于攢函襄二十三年邾婁鄟我來奔是也至所見之世著治大平夷狄進至於爵天下遠近小大若一用心尤深而詳故崇仁義譏二名晉魏曼多仲孫何忌是也所以三世者禮爲父母三年爲祖父母期爲曾祖父母齊衰三月立愛自親始故春秋據哀錄隱上治祖禰所以二百四十二年者取法十二公天數備足著治法式又因周道始壞絕於惠隱之際主所以卒大夫者明君當隱痛之也君敬臣則臣自重君愛臣則臣自盡公子者氏也益師者名也諸侯之子稱公子公子之子稱公孫○見恩賢遍反下見治皆同殺所介反麄觕才古反又七奴反說文大也諸夏戶雅反凡諸夏皆放此攢函才官反下音咸大平音泰期音基齊衰音咨本亦作齋下七雷反盡津忍反

〔疏〕注所見至事也○解云孔子親仕之定哀故以定哀爲己時定哀既當於己明知昭公爲父時事知昭定哀爲所見文宣成襄爲所聞隱桓莊閔僖爲所傳聞者春秋緯文也○注時恩衰義缺○解云當時子弑父父殺子爲恩衰也臣弑君君殺臣爲義缺故喪服四制云爲父斬衰三年以恩制爲君斬衰三年以義制是也○注將以至之法○解云孔子見時如此遂制春秋理人倫者斷理君臣之倫次令得所也序人類者類謂父子序父子之恩使之厚也因以制治亂之軌式矣○注故於至卒是也○解云隱如逐君而書日即定五年丙申季孫隱如卒是也若非罪書日即昭二十五年冬十月戊辰仲孫舍卒二十九年四月庚子叔倪卒是也而此注不言之者從省文也○注於所至日錄○解云無罪書日者即襄五年冬十有二月辛未季孫行父卒襄十九年八月丙辰仲孫蔑卒是無罪而書日者錄之故也若然文十四年九月甲申公孫敖卒于齊敖實有罪而書日者彼注云己絕卒之者爲後齊脅魯歸其喪有恥故爲內諱使若尚爲大夫是也○注有罪至是也○解云宣五年九月叔孫得臣卒何氏云不日者知公子遂欲弑君爲人臣知賊而不言明當誅是有罪而不日者略之故也○注於所見至卒是也○解云公子益師無罪而不日即此是也無駭有罪而不日即下八年冬十有二月無駭卒是也若然莊三十二年秋七月癸巳公子牙卒僖十六年三月壬申公子季友卒秋七月甲子公孫慈卒並是所傳聞之世而得書日牙卒之下何氏云莊不卒大夫而卒牙者本以當國將弑君書日者錄季子之過惡也其季友之下何氏云日者僖公賢君宜有恩禮於大夫故皆日也其公孫慈之下何氏云一年喪骨肉三人故日痛之是也○注錄大略小○解云謂錄大國卒葬小國卒葬不錄是也○注內離至是也○解云內離會者即下二年春公會戎于潛桓元年春公會鄭伯于垂是也外離會不書者桓五年齊侯鄭伯如紀傳云外相如不書此何以書離不言會也何氏云時紀不與會故略言如也○注於所至升平○解云升進也稍稍上進而至於大平矣○注宜十至攢函○解云即此一經而當是二義也○注襄二至是也○解云若然莊二十四年冬曹羈出奔陳莊二十七年冬莒慶來逆叔姬皆非所聞之世而小國得有大夫書名者曹羈之下傳云曹無大夫此何以書賢也莒慶之下傳云莒無大夫此何以書譏爾大夫越境逆女非禮也然則一譏一賢故變例書之爾○注至所至大平○解云當爾之時實非大平但春秋之義若治之大平於昭定哀也猶如文宣成襄之世實非升平但春秋之義而見治之升平然○注夷狄至於爵○解云即哀四年夏晉人執戎曼子赤歸于楚十三年夏公會齊侯及吳子于黃池是也○注晉魏萬多仲孫何忌是也○解云哀十三年晉魏多帥師侵衛傳云此晉魏曼多也曷爲謂之晉魏多譏二名二名非禮也定二年仲孫忌圍運傳云此仲孫何忌也曷爲謂之仲孫忌譏二名二名非禮也何氏云春秋定哀之間文致大平欲見王者治定無所復爲譏唯有名故譏之此春秋之制也○注所以至三年○解云母雖不斬衰哀痛與斬同故連言之○注爲曾至三月○解云不言高祖父母者文不備○注立愛自親始○解云即祭義云子曰立愛自親始教人睦也立敬自長始教人順也鄭注云親長父兄也睦厚也是○注故春至祖禰○解云即大傳云上治祖禰尊尊也下治子孫親親也旁治昆弟合族以食序之昭穆別之以仁義人道竭矣鄭注云治猶正也竭盡也○注取法至法式○解云考諸舊本皆作式字言取十二公者法象天數欲著治民之法式也若作戒字言著治亂之法著治國之戒矣○注諸侯至公孫○解云出喪服傳也

公羊注疏卷一挍勘記　阮元撰盧宣旬摘錄

監本附音春秋公羊注疏隱公卷第一　閩監毛本刪監本附音四字正增漢何休學四字與後複非也

春秋公羊經傳解詁隱公第一　釋文唐石經同閩監毛本改此題低一格非解云舊題春秋隱公經傳解詁第一公羊何氏今定本升公羊字在經傳上退隱公字在解詁之下又云何休學藏琳經義雜記曰詩正義云鄭注三禮周易中侯尚書皆大名在下孔安國馬季長盧植王肅之徒其所注者莫不盡然則公羊傳亦本隱公小題在上公羊大題在下定本誤改故唐人多從之藏禮堂曰何氏題何休學非也杜預解左傳止題杜氏趙岐孟子章句但題趙氏鄭注孝經但題鄭氏古人遜讓不欲自表其名但著氏族俾可識別耳按唐石經桓公第二何休學原刻作何氏後唐改作何休據䟽引博物志則晉時本已稱何休學矣閩監毛本何休學三字在此題下此本移於䟽後非也元板同

春秋者一部之揔名隱公者魯侯之謚號　閩監本揔作總毛本揔改總諡改謚非

或荅曰　閩本同監毛本荅改答非下並同

乃喟然而嘆曰　閩監本同毛本嘆作歎

以其書作秋成、　何校宋監本作以書春作秋成此脫春字閩監毛本書作春○按當作以其書春作秋成

春秋尚書其存者何按本同閩監毛本其誤具盧文弨曰宋本禮記注作其與此合毛本亦訛具
不能○重載何按本作不能重載無○是也閩監毛本不能復重載非
上攬史記閩監毛本攬作覽非也○按說文攬撮持也
黑龍生爲赤必告云象使知命監毛本云作示
春秋之信忠也閩監毛本作信史○按昭十二年傳作信史
何不謙讓之有閩本同誤也監毛本不作以
託記高祖以來毛本記作寄誤
鳳皇來儀閩本同監毛本皇作凰俗字
上明親自執筆爲之毛本自作事
言三个科段之内何按本同閩監本个改箇
文元年此本元作示訛今訂正補刻本及閩監毛本作二年誤
已卯蒸閩監毛本蒸作烝

元年

元年者何宋余仁仲本同閩本監本毛本上增傳字非通書並同
注諸据至者何閩本同監毛本注改註非下並同○按何煌全書內用据代據漢人之假借也
十二月之揔號余本同閩監本揔作捴毛本改總非下並同
脩身絜行矣閩監本同毛本作修身潔行非○按古書潔多作絜
天地開辟之端宋本閩本同監毛本辟改闢非按疏中仍作開辟釋文辟本亦作闢
揔號其成功之稱宋本閩本同監毛本功誤名
注昏斗至冬也按今本注中無也字冬上當有曰字
是以春秋說云此下文當有脫誤下疑三代謂疑文王同○按當云疑三代不專謂文王則可讀
故偏道之矣閩監毛本偏作徧此誤
以元之深浦鏜云深當作氣
十二月萌牙始白閩監本同毛本牙改芽非注作牙○按牙者古書叚借字
命以赤烏案烏字是也閩監毛本誤作鳥
則命以白瑞按命下當脫之

天王者始受命改制監毛本同誤也宋鄂州官本元本閩本天作夫成十五年疏定元年疏引此注同當據以訂正
後主更起盧文弨曰主疑當作王
即位者盧文弨曰春秋左氏正義引此注作公即位者多公字
天不深正其元鄂本元本閩本天作夫誤也監毛本夫作天是也釋文作夫不音扶○按此陸德明一時誤會未審其文理也
嫡子冠於阼鄂本同閩監毛本嫡作適下同按釋文亦作適子
男子年六十閉房鄂本男子上有禮字此脫
不戒視成謂之暴毛本暴作㬥疏同
公及邾婁儀父盟于眛唐石經監毛本同閩本眛作昧釋文邾婁邾人語聲後曰婁故曰邾婁禮記同左氏穀梁無婁字儀父本亦作甫于眛穀梁同左氏作蔑石經考文提要云宋景德本宋鄂州官書本皆作眛○按說文眛从目末聲與从眛未聲之字別眛與蔑古音同
會猶最也唐石經最作㝡
公會齊侯盟于艾之徒是也閩本同監毛本徒作役
何以名鄂本以下同唐石經作何以不名按此設爲問荅之辭此問何以名故下荅之曰非名也字也若作何以不名則與下爲稱字意複此下字也一句爲贅矣注云據齊侯以祿父爲名故疑儀父亦名則何注本無不字唐石經當衍
傳不足言託始者按言字當誤衍下注云傳不足託始可證
下三國意不見毛本下作于
即恐下二國不是始浦鏜云三誤二○按惠棟校本不誤
記隱公以爲始受命王閩監毛本同誤也鄂本記作託當據正
凡以事定地者加于例以地定事者不加于例按解云謂先約其事乃期于某處作盟會者加于先在其地乃定盟會之事者不加于此注亦當作加于不加于二例當爲衍文
解云謂先約其事乃期于某處作盟會者加于先在其地乃定盟會之事者不加于案此本及閩本二于字下無例字監本毛本有例字非古也
段無弟又閩監毛本誤也鄂本又作文當據正
以將更宥之浦鏜云寬誤宥按文王世子注作寬

欲當國爲之君毛本欲作弟○按下注云俱欲當國四年疏文十四年疏引此注亦作欲當國然則作欲是也
所以見段之逆鄂本以下同四年疏引作所以見段之凶逆
宰即非呾之身上官浦鏜云即當既字誤
禮既夕曰公賵元纁束帛浦鏜云按經無帛字
時乘六龍以馭天下也浦鏜云馭經作御下衍字
此者春秋制也盧文弨曰荀子大略篇注引作此皆春秋之制也按疏本作此者
知死者贈襚諸本同誤也穀梁疏引此作知死者賵襚當據以訂正疏云何氏注知生知死皆言賵矣可證
知生者賻今儀禮同據此疏下文似禮經本作知生者賵未詳
告于諸侯唐石經亦作于
据歸含且賵不言來釋文作歸唅云本又作含下同○按唅非也依說文應作唅
主書者從不及事也宋監本同閩監毛本脫從字
若外諸侯之臣來奔閩本同監毛本若作也按也若當並有
當案下例閩監毛本同鄂本當作堂誤○按二年注作常案下例當蒙上月解云祭伯來之下已有此注然則此亦應作常
起下復有二閩監毛本同誤也鄂本下作十當據正
若專黜周則非遜順之義故也毛本若誤欲
論辨然後使之閩監毛本辨改辯
義有深淺鄂本作淺深當乙正諸本皆誤倒
不日畧之旁鄂本畧作略是也段玉裁曰古人多作略田在旁
用心尚麤觕釋文作麤觕閩監毛本同段玉裁曰觕說文無此字蓋觕字轉寫之譌本義角長皃叚借爲粗糙字
邾婁劓我來奔是也鄂本劓作鄓後仍作鼻此從刀訛閩監毛本作鼻○按鼻是也劓鄓皆非襄二十三年可證
晉魏曼多仲孫何忌是也鄂本曼作萬此本疏中標注亦作萬○按作曼是也萬者聲之誤
著治法式解云舊本皆作式一作戒

父殺子爲恩衰也 閩監毛本無也此衍否則爲義鈌下亦當有也

於所見至卒是也 何按本見作傳是也

錄季子之過惡也 閩監毛本過作遏與襄三十二年注合此本過字係改刻

注宣十至攢函 閩本同監毛本十改七

此何以書譏爾 何按本譏下有何譏二字與莊廿七年傳合

晉人執戎曼子赤歸于楚 閩本同監毛本曼作蠻○按哀四年疏云左氏作戎蠻子可證徐氏所據公羊經作曼不作蠻

唯有名故譏之 浦鏜云名上脫二按浦云是也定六年注有二字

序之昭穆 大傳云序以昭穆

出喪服傳也 閩監毛本出誤世

監本春秋公羊注疏隱公卷第一 下卷末準此

公羊注疏卷一挍勘記終

監本春秋公羊注疏隱公卷第二 起二年盡四年

何休學

二年。春。公會戎于潛。凡書會者惡其虛內務恃外好也古者諸侯非朝時不得踰竟所傳聞之世外離會不書書內離會者春秋王魯明當先自詳正躬自厚而薄責於人故畧外也王者不治夷狄錄戎者來者勿拒去者勿追。東方曰夷南方曰蠻西方曰戎北方曰狄朝聘會盟例皆時。惡烏路反好呼報反非朝直遙反凡此字不音者皆同踰竟音境今本多即作境字更不音所傳直專反年末柏傳同〔疏〕注凡書會者至外好也。解云以其非自求多福之義故也。注古者諸侯至踰竟。解云案曲禮下云諸侯相見於隙地曰會故定十四年注云古者諸侯將朝天子必先會閒隙之地以此言之則會合於禮言會爲惡之非朝時不得踰竟者正以春秋之會非爲天子而作之故得然解。注古者不治至勿追。解云言當是所傳聞之世王者草創夷狄有罪不暇治之即先書晉滅下陽末書楚滅穀鄧是也而此經錄戎者來者勿拒故也。注東方曰夷至曰狄。解云下曲禮及王制皆有此文。注朝聘至皆時。解云朝書時者即文十五年夏曹伯來朝昭十七年春小邾子來朝之類是也其聘書時者即文四年秋衛侯使甯俞來聘文六年夏季孫行父如陳之屬是也其會書時者即莊十三年春齊侯宋人以下會于北杏十四年冬單伯會齊侯宋公以下于鄄之屬是也盟書時者即莊十三年冬公會齊侯盟于柯之屬是也其有書日月者皆別著義即不信者日小信者月之屬是也

○夏。五月。莒人入向。入者何。得而不居也。入者以兵入也已得其國而不居故云爾凡書兵者正不得也外內深淺皆舉之者因重兵害眾兵動則怨結禍更相報償伏尸流血無已時諸侯擅興兵不爲大惡者保伍連帥本有用兵征伐之道魯入杞不諱是也入例時傷害多則月。莒音舉向舒亮反國名更音庚償時亮反擅市戰反〔疏〕入者何。解云侵伐戰圍入皆是用兵之文而不言帥師故執不知問。注凡書兵至得也。解云言春秋之內凡書兵事者皆欲言正之道其理不合然。○注諸侯至是也。解云保伍連帥者即禮記王制云五國爲屬屬有長二屬爲連連有帥是也言本有用兵征伐之道者謂禮五國爲屬屬有長二屬爲連連有帥三連爲卒卒有正七卒爲州州有伯若州內有無道者則長帥正伯當征之若其不征則與同惡故曰有征伐之道知非大惡者正以春秋之義內大惡皆諱不書而魯入杞者即僖二十七年秋公子遂帥師入杞者是也若然禮法諸侯賜弓矢然後專征伐而保伍連帥得有征伐之道謂隨州伯故也。○注入例至則月。解云入例時者即成七年秋吳入州來定五年夏於越入吳之屬是也傷害多則月者此文及僖三十三年春王二月秦人入滑是也若然僖二十七年秋八月乙巳公子遂帥師入杞而書日者彼注云日者杞屬脩禮朝魯雖無禮君子躬自厚而薄責於人不當乃入之故錄責之者是其不引者以此求之

○無駭帥師入極。無駭者何。展無駭也。何以不氏。据公子遂帥師入杞氏公子也。駭戶楷反〔疏〕無駭者何。解云欲言其君經不書爵欲言大夫又復無氏故執不知問。注据公子遂帥師至子也。解云在僖二十七年秋。貶。貶猶損也。貶彼檢反損也。曷爲貶。据公子遂俱用兵入杞不貶也。疾始滅也。以下終其身不氏知貶疾始滅非但起入爲滅〔疏〕注据公子遂俱用至貶也。解云欲決隱八年庚寅我入邴非用兵故也。注以下終至爲滅。解云即下八年無駭卒傳曰何以不氏疾始滅也故終其身不氏然則若直欲起此入爲滅止應此經貶之而已不應終身貶之故知并欲起其疾始滅也。始滅昉於此乎。昉適也齊人語。[illegible]〔疏〕注昉適也齊人語。解云胡毋生齊人故知之。若鄭譜云然則詩之道放於此乎之類。[illegible]解云哀十四年傳云君子曷爲爲春秋撥亂世反諸正莫近諸春秋是也既言作春秋治亂世明知往前相滅非一矣而此經爲始疾滅是以據而難之。前此矣。[illegible]前此則曷爲始乎此。[illegible]託始焉爾。[illegible]曷爲託始焉爾。[illegible]春秋之始也。[illegible]此滅也。其言入何。內大惡諱也。[illegible]

○秋。八月。庚辰。公及戎盟于唐。[illegible]戎能自復者非也。

○九月。紀履緰來逆女。紀履緰者何。紀大夫也。以逆女不稱使知爲大夫[illegible]何以不稱使。据宋公使公孫壽來納幣稱使。婚禮不稱主人。爲養廉遠恥也[illegible]然則曷稱。稱諸

父兄師友。宋公使公孫壽來納幣。則其稱主人何。辭窮也。辭窮者何。無母也。禮有母母當命諸父兄師友稱諸父兄師友以行宋公無母莫使命之辭窮故自命之自命之則不得不稱使〔疏〕辭窮者何。解云弟子未解辭窮之義故執不知問。注禮有母至師友。解云即昏禮記云言子無父母命之是也。注稱諸父至以行。解云謂使者稱之。而文不言使者以其非君故也。注宋公至稱使。解云即昏禮記云親皆沒已躬命之是也。然則紀有母乎。曰有。以不稱使知有母有則何以不稱母。據非主人何不稱母通使文。母不通也。禮婦人無外事但得命諸父兄師友稱諸父兄師友以行耳母命不得達故不得稱母通使文所以遠別也。別彼列反外逆女不書。此何以書。據伯姬歸于宋不書逆人〔疏〕注據伯至逆人。解云在成九年春。譏。譏猶譴也。譴遣戰反何譏爾。譏始不親迎也。禮所以必親迎者所以示男先女也。於廟者告本也。夏后氏逆於庭殷人逆於堂周人逆於戶。親迎魚敬反注及下同先悉薦反〔疏〕注禮所至先女也。解云出昏義文。注於廟者至於戶。解云即書傳云夏后氏逆於廟庭殷人逆於堂周人逆於戶者是也。始不親迎昉於此乎。前此矣。以惠公妃匹不正不嫌無前也。妃音配又芳非反〔疏〕注以惠至前也。解云不以正妃匹者是不重昏姻之禮故知往前宜有不親迎之事矣前此則曷爲始乎此。託始焉爾。焉爾猶於是也曷爲託始焉爾。據納幣不託始春秋之始也。春秋正夫婦之始也夫婦正則父子親父子親則君臣和君臣和則天下治故夫婦者人道之始王教之端內逆女常書外逆女但疾始不常書者明當先自正躬自厚而薄責於人故略外也。治直吏反〔疏〕注夫婦正至之端。解云昏義鄭注云言子受氣性純則孝孝則忠是也。注內逆女常書者即桓三年公子翬宣元年公子遂成十四年叔孫僑如之屬是也女曷爲或稱女。或稱婦。或稱夫人。女在其國稱女。未離父母之辭紀履緰來逆女是也。未離力智反下同在塗稱婦。在塗見夫服從之辭公子結媵陳人之婦是也〔疏〕女曷爲或稱女者即此經是也或稱婦者即莊十九年陳人之婦是也。注在塗見至之辭。解云案僖二十五年宣元年傳皆云其稱婦者何有姑之辭也者兼二義故也。何者在塗稱婦者服從夫辭其至國猶稱婦者對姑生稱也入國稱夫人。入國則尊尊有臣子之辭夫人姜氏入是也紀無大夫書紀履緰者重婚禮也月者不親迎例月重錄之親迎例時〔疏〕注入國至入是也。解云在莊二十四年秋是也。注月者至例時。解云不親迎例月者即此文及桓三年秋七月公子翬宣元年正月公子遂之屬是也其親迎時者即莊二十四年夏公如齊逆女莊二十七年冬莒慶來逆叔姬之屬是也有不如此者別見義即文四年夏逆婦姜成十四年秋叔孫僑如之屬是也當文自有解不能逆說也。○冬。十月。伯姬歸于紀。伯姬者何。內女也。以無所繫也不稱公子者婦人外成不得獨繫父母〔疏〕伯姬者何。解云欲言內女於紀言歸欲言外女文無所繫故執不知問。注不稱公至父母。解云正以莊元年傳云羣公子之舍則已卑矣明有得稱公子之道故注者決之。其言歸何。據去父母國也婦人謂嫁曰歸。婦人生以父母爲家嫁以夫爲家故謂嫁曰歸明有二歸之道書者父母恩錄之也禮男之將取三日不舉樂思嗣親也女之將嫁三夜不息燭思相離也內女歸例月恩錄之。取七住反。〔疏〕注婦人生至爲家。解云謂始生時。注明有二歸之道也。解云即此伯姬歸于紀宣十六年秋郯伯姬來歸之屬是也。注禮男之至女將嫁。解云皆出禮記曾子問。注內女歸至錄之。解云即此文冬十月隱七年三月叔姬歸于紀成九年二月伯姬歸于宋之屬是也○紀子伯、莒子盟于密。紀子伯者何。無聞焉爾。言無聞者春秋有改周受命之制孔子畏時遠害又知秦將燔詩書其說口授相傳至漢公羊氏及弟子胡毋生等乃始記於竹帛故有所失也。紀子伯左氏作子帛。遠于萬反燔扶元反毋音無〔疏〕紀子伯者何。解云欲言紀君經不稱侯欲言大夫復敘人君之上故執不知問○十有二月。乙卯。夫人子氏薨。夫人子氏者何。隱公之母也。以不書葬〔疏〕夫人子氏者何。解云欲言魯之夫人終無葬處弟子未識故執不知問。注以不書葬。解云今隱公欲表已讓故宜屈卑其母不成夫人之禮是以見其不書葬知其是隱公母也何以不書葬。據姒氏書葬。姒音似。〔疏〕注據姒氏書葬。解云即定十五年九月辛巳葬定姒是也。欲定姒之子哀公者未踰年之君也其母亦得書葬今隱公雖欲讓桓不作成君應比未踰年之君今其母不書葬故據而難之成公意也。何成乎公之意。據已去即位。去起呂反子將不終爲君。故母亦不終爲夫人也。時隱公卑屈其母不以夫人禮葬之以妾禮葬之以卑下桓母無終爲君之心得事之宜故善而不書葬所以起其意而成其賢子者姓也夫人以姓配號義與仲子同書薨者爲隱公恩錄痛之也日者恩錄之公夫人皆同例也。下遐嫁反〔疏〕注子者至子同。解云上文仲子之下而注云仲字子姓婦人以姓配字不忘本國示不適同姓今此稱姓者亦是示不適同姓之義故云義與仲子同其不稱字之義乃自異故注云以姓配號號即夫人是也○鄭人伐衛。書者與入向同侵伐圍入例皆時。〔疏〕注書者與入向同。解云即上注云凡書兵者正不得也外內深淺皆舉之者因重兵害衆是也。注侵伐圍入例皆書時。解云其侵伐書時者即僖二十八年春晉侯侵曹晉侯伐衛之屬是也入例時者已說於上而注言此者正以文承日月之下故須解之三年。春。王二月。二月三月皆有王者二月殷之正月也三月夏之正月也王者存二王之後使統其正朔服其服色行其禮樂所以尊先聖通三統師法之義恭讓之禮於是可得而觀之。〔疏〕注二月至王者。解云二月有王即此是三月有王者即定元年王三月之屬是也。注使統其正朔。解云統者始也謂各使以其當代之正朔爲始也。注所以尊至觀之。解云春秋黜杞而言通三統者黜杞爲魯也通三王之正者爲師法之義已

巳。日有食之。何以書。諸言何以書者問主書。〔疏〕注諸言至主書。解云至此乃解之者正以有所據下言何以書者還言據彼難此之例故不得然解也即上二年傳云外逆女不書此何以書是也今此直言何以書上無所據則是問主書故如此解。記異也。異者非常可怪先事而至者是後衛州吁弒其君完諸侯初僭魯隱係獲公子翬進諂謀。殺其申志反下殺其君同翬許韋反諂勑檢反〔疏〕注是後衛至完。解云在四年春。注諸侯初僭。解云下五年秋初獻六羽傳云何以書譏何譏爾譏始僭諸公也始僭諸公昉於此乎前此矣前此則曷爲始乎此僭諸公猶可言也僭天子不可言也是也。注魯隱係獲者。解云即下六年春鄭人來輸平傳云狐壤之戰隱公獲焉是也。注公子至諂謀。解云下四年秋翬帥師及宋公以下伐鄭傳云公子翬諂乎隱公謂隱公曰百姓安子諸侯說子盍終爲君矣是也此等諸事皆是陰陽之象故取之日食。則曷爲或日。或不日。或言朔。或不言朔。曰。某月某日朔。日有食之者。食正朔也。桓三年秋七月壬辰朔日有食之是也此象君行外彊內虛是故日月之行無遲疾食不失正朔也〔疏〕日食則曷爲或日或不日者。解云即此是也或不日者莊十八年三月日有食之是也或言朔者桓三年秋七月壬辰朔日有食之是也。注此象君至朔也。解云外彊者謂外有威嚴其民臣望而畏之內虛者虛心以受物正得爲君之道故食不失正朔也祭義云虛中以治之鄭注云虛中言不兼念餘事是也其或日。或不日。或失之前。或失之後。失之前者。朔在前也。謂二日食己巳日有食之是也此象君行暴急外見畏故日行疾月行遲過朔乃食失正朔於前也失之後者。朔在後也。謂晦日食莊公十八年三月日有食之是也此象君行懦弱見陵故日行遲月行疾未至朔而食失正朔於後也不言月食者其形不可得而觀也故疑言日有食之孔子曰多聞闕疑慎言其餘則寡尤不傳天下異者從王錄內可知也。懦乃亂反又乃卧反。〔疏〕注不傳至可知也。解云正以僖十四年沙鹿崩成五年梁山崩傳皆云何以書記異也外異不書此何以書爲天下記異也今無此傳故須解之也彼不從王內錄者以其皆在晉竟內故也○三月。庚戌。天王崩。平王也何以不書葬。據書葬桓王〔疏〕注平王也。解云知者以本紀當之故也。注據書葬桓王。解云即莊三年五月葬桓王是也。天子記崩不記葬。必其時也。至尊無所屈也諸侯記卒記葬。有天子存。存在不得必其時也。設有王后崩當越紼而奔喪不得必其時故恩錄之。紼音弗〔疏〕注設有至奔喪。解云何氏以意言之不言天子崩者欲輕以明重故也曷爲或言崩。或言薨。天子曰崩。大毀壞之辭。諸侯曰薨。小毀壞之辭大夫曰卒。卒猶終也士曰不祿。不錄無錄也皆所以別尊卑也葬不別者從恩殺略也書崩者爲天下恩痛王者也記諸侯卒葬者王者亦當加之以恩禮故爲恩錄。以別彼列反下同恩殺所界反爲天子僞反下故爲主爲傳所

爲同○夏，四月，辛卯，尹氏卒。尹氏者何？天子之大夫也。以尹氏立王子朝也。尹氏，左氏作君氏。朝如字。〔疏〕尹氏者何。○解云：欲言諸侯，不言國爵；欲言外臣而書其卒；欲言內臣，內無尹氏，故執不知問。○注以尹氏立王子朝也者。○解云：在昭二十三年。其稱尹氏何？據宰渠氏官，劉卷卒名。卷音權。〔疏〕注據宰渠氏官者。○解云：即桓四年夏天王使宰渠伯糾來聘是。注劉卷卒名者。○解云：在定四年秋。貶。曷爲貶？據俱卒也。〔疏〕注據俱卒也。○解云：據劉卷言之。譏世卿。世卿者，父死子繼也。貶去名者，氏者起其世也，若曰世世尹氏也。○去，起呂反。世卿非禮也。禮，公卿大夫士皆選賢而用之。卿大夫任重職大，不當世，爲其秉政久，恩德廣大，小人居之，必奪君之威權。故尹氏世，立王子朝；齊崔氏世，弒其君光。君子疾其末則正其本，見譏於卒者，亦不可造次無故驅逐，必因其過卒絕之。明君案見勞授賞，則衆譽不能進無功；案見惡行誅，則衆讒不能退無罪。○見譏，賢偏反，下同。造，七報反。〔疏〕世卿非禮也。○解云：詩序云古之仕者世祿也，於賢者言之也。○注齊崔至君光。○解云：崔氏世者，即宣十年齊崔氏出奔衛，傳云崔氏者何？齊大夫也。其稱崔氏何？貶。曷爲貶？譏世卿，世卿非禮也者是也。言弒其君光者，在襄二十五年夏。○注君子疾其末。○解云：即襄二十五年與昭二十三年是也。○注則正其本者。○解云：即此及宣十年是也。○注見譏至絕之。○解云：必因過卒絕之者，過即崔氏出奔衛，尹氏立王子朝是也；卒即此文是也。若然，尹氏立王子朝，還言尹氏，而崔杼弒其君光不復言崔氏者，正以大夫弒君例稱其名故也。○注明君至無功。○解云：衆譽者，若共工、鯀等迭相爲譽之類是也。○注案見惡至無罪。○解云：謂君有明德，案見惡行誅，則刑不濫也。故雖衆讒，亦不能退黜無罪之善人也。舊云言不能退無罪者，謂不能退使無罪，非也。外大夫不卒，此何以卒？據原仲不卒。〔疏〕注據原仲不卒。○解云：即莊二十七年秋公子友如陳葬原仲，而經不書原仲之卒是也。天王崩，諸侯之主也。時天王崩，魯隱往奔喪，尹氏主儐贊諸侯，與隱交接而卒，恩隆於王者，則加禮錄之，故爲隱恩錄痛之。日者，恩錄之，明當有恩禮。〔疏〕注時天至恩禮。○解云：魯隱奔喪而不書者，蓋以得其常故也。若遣大夫往，則書之，即文九年二月叔孫得臣如京師，辛丑，葬襄王是也。彼傳云：王者不書葬，此何以書？不及時書，過時書，我有往者則書。彼注云：謂使大夫往也。惡文公不自往，故書葬，以起大夫之會是也。○注恩隆至錄之。○解云：言隱公恩隆於王者，則加禮錄其儐贊之人也。○秋，武氏子來求賻。武氏子者何？天子之大夫也。其稱武氏子何？據宰渠氏官，仍叔不稱氏，尹氏不稱子。〔疏〕武氏子者何。○解云：欲言王臣，不言王使；欲言諸侯之臣，文無繫國，故執不知問。○注據宰渠氏官者。○解云：即桓四年夏天王使宰渠伯糾來聘是也。○注仍叔不稱氏。○解云：即桓五年夏天王使仍叔之子來聘是也。譏。何譏爾？父卒，子未命也。時雖世大夫，緣孝子之心，不忍便當父位，故順古先試一年，乃命於宗廟。武氏子父新死，未命而便爲大夫，薄父子之恩，故稱氏言子見未命以譏之。〔疏〕注時雖世大夫。○解云：知者，正見尹氏之屬故也。○注緣孝至宗廟。○解云：知如此者，正以此經譏父卒子未命而便爲大夫故也。何以不稱使？據南季稱使。〔疏〕注據南季稱使。○解云：即下九年春天王使南季來聘是也。當喪，未君也。當喪，謂天子也。未君者，未三年也。未可居君位稱使也，故絕正其義，與毛伯同。〔疏〕注未君至伯同。○解云：即文九年春毛伯來求金，傳云：何以不稱使？當喪未君也。踰年矣，何以謂之未君？以天子三年然後稱王，緣民臣之心不可一日無君，故踰年即位；緣孝子之心，即三年不忍當是，故三年乃稱王命使大夫矣。武氏子來求賻，何以書？不但言何以書者，嫌以主覆問上所以說二事，不問求賻。○覆，芳服反。〔疏〕注不但至求賻。○解云：上二事者，即父卒子未命、當喪未君是也。嫌言父卒子未命何以書，當喪未君何以書，故須連言之。注主爲求賻書也者，嫌爲上二事書故也。譏。何譏爾？喪事無求，求賻，非禮也。主爲求賻書也。禮本爲有財者制，有則送之，無則致哀而已，不當求，求則皇皇無孝子之心。〔疏〕注求則皇至子之心。○解云：言制禮本意所以喪事無求者，恐傷孝子之心故也。何者？正以孝子本意無心求矣。蓋通于下。云爾者，嫌天子財多不當求，下財少可求，故明皆不當求之。〔疏〕蓋通于下。○解云：蓋詁爲皆，若似蓋云歸哉之類，或者不受於師，故疑之。○八月，庚辰，宋公和卒。不言薨者，春秋王魯，死當有王文，聖人之爲文辭孫順，不可言崩，故貶外言卒，所以褒內也。宋稱公者，殷後也。王者封二王後，地方百里，爵稱公，客待之而不臣也。詩云：有客宿宿，有客信信，是也。○孫音遜。〔疏〕注故貶至內也。○解云：魯得尊名，不與外諸侯同文，即是尊魯爲王之義。○冬，十有二月，齊侯、鄭伯盟于石門。○癸未，葬宋繆公。葬者曷爲或日或不日？不及時而日，渴葬也。不及時，不及五月也。禮，天子七月而葬，同軌畢至；諸侯五月而葬，同盟至；大夫三月而葬，同位至；士踰月，外姻至。孔子曰：葬於北方北首，三代之達禮也，之幽之故也。渴，喻急也。乙未，葬齊孝公是也。○宋繆公，音穆，左氏作穆。凡此後倣此。首，手又反。〔疏〕注禮天子至姻至。○解云：皆隱元年左傳文。○注孔子至故也。○解云：檀弓下篇文，云孔子曰之下無禮字。○注渴喻至是也。○解云：即僖二十七年六月庚寅，齊侯昭卒，八月乙未，葬齊孝公是也。而言渴葬者，謂更無他事，但孜孜於葬，故不待五月矣。不及時而不日，慢葬也。慢葬不能以禮葬也。八月葬蔡宣公是也。〔疏〕注慢薄至葬也。○解云：即下八年夏六月己亥，蔡侯考父卒。○注八月至是也。○解云：言但自慢薄，不依禮，故不待五月也。過時而日，隱之也。隱，痛也，痛賢君不得以時葬。丁亥，葬齊桓公是也。〔疏〕注隱痛至是也。○解云：即僖十七年冬十二月乙亥，齊侯小白卒，十八年秋八月丁亥，葬齊桓公是也。過時而不日，謂之不能葬也。解緩不能以時葬。夏四月，葬衛桓公是也。○解，古邂反，又古賣反。〔疏〕注解緩至是也。○解云：即下四年二月戊申，衛州吁弒其君完，至五年夏四月，葬衛桓公是也。當時而不日，正也。六月葬陳惠公是也。○當時，丁浪反，又如字，下同。〔疏〕注六月至是也。○解云：即定四年二月癸巳，陳侯吳卒，六月葬陳惠公是也。當時而日，危不得葬也。此當時，何危爾？宣公謂繆公曰：以吾愛與夷，則不若愛女。以爲社稷宗廟主，則與夷不若女，盍終爲君矣。與夷者，宣公之子；繆公者，宣公之弟。○與夷如字，又音餘。凡人名字及地名之類，皆放首音，借假字則時復重出。愛女音汝，下及注同。盍終，戶臘反，四年傳同。〔疏〕當時至葬也。○解云：即此年八月宋公和卒，十二月癸未，葬宋繆公是也。而注不言之者，以下有問，不注可知也。○注以吾至愛女。○解云：若，如也。言吾愛於與夷，則不止如女而已，言其甚也。云以爲社稷宗廟主，則與夷不若女者，言不如女道其不賢。云盍終爲君矣者，何不遂爲君，不聽其反讓。宣公死，繆公立。繆公逐其二子莊公馮與左師勃。左師，官；勃，名也。○馮，皮冰反。曰：爾爲吾子，生毋相見，死毋相哭。所以遠絕之。○生毋，音無，下同。與夷復曰：復，報。先君之所爲不與臣國，而納國乎君者，以君可以爲社稷宗廟主也。今君逐君之二子，而將致國乎與夷，此非先君之意也。且使子而可逐，則先君其逐臣矣。繆公曰：先君之不爾逐可知矣。爾，女也。可知者，欲使我反國。○吾立乎此，攝也。暫攝行君事，不得傳與子也，謙辭。○傳與，直專反，下音與。終致國乎與夷。莊公馮弒與夷。馮與督共弒殤公，在桓二年。危之於此者，死乃反國，非至賢之君不能不爭也。○馮殺音試，注同。爭，爭鬭之爭。〔疏〕注馮與至二年。○解云：即桓二年春王正月戊申，宋督弒其君與夷及其大夫孔父是也。○注死乃至爭也。○解云：至賢之君，謂受國者。正以與夷不賢，故終見篡矣。故君子大居正。明修法守正，最計之要者。〔疏〕故君子大居正。○解云：言由是之故，君子之人大其適子居正，不勞違禮而讓庶也。宋之禍，宣公爲之也。言死而讓，開爭原也。繆公亦死而讓，得爲功者，反正也。外小惡不書，錄渴隱者，明諸侯卒，王者當加恩意，憂勞其國，所以哀死閔患也。〔疏〕注言死而至原也。○解云：言後人見其死乃讓，已疑非誠心至意，是以還讓其子，終致後禍，故曰開爭原也。○注繆公至反正也。○解云：其繆公之功，即桓二年馮弒君是也。○注所以哀死閔患也。○解云：哀死者，即慢之屬是也；閔患者，隱之是也。

四年，春，王二月，莒人伐杞，取牟婁。牟婁者何？杞之邑也。以上有伐杞。○牟，武侯反。〔疏〕牟婁者何。○解云：外相取邑，例所不書，疑非凡取，故執不知問。外取邑不書，此何以書？據楚子伐宋，取彭城不書。〔疏〕注據楚至不書。○解云：即襄元年傳曰魚石走之楚，楚爲之伐宋，取彭城以封魚石者是也。疾始取邑也。

外小惡不書以外見疾始著取邑以自廣大比於貪利差爲重故先治之也内取邑常書外但疾始不常書者義與上逆女同不傳託始者前此有滅不嫌無取邑當託始明故省文也取邑例時。見疾賢偏反年末見衆同差初賣反〔疏〕注内取邑常書者。解云即下十年取郜防昭三十二年取闞之屬是也。注義與上逆女同。解云即上注云内逆女常書外逆女但疾始不常書明當先自正躬自厚而薄責於人故略外是也。注傳不託始者。解云何故不發傳云取邑昉於此乎前此則曷爲始乎此託始焉爾曷爲託始焉爾春秋之始也凡不託始之義有四一則見其經而不託始即上二年彼注云据戰伐不言託始之類是也二則其大惡不可託始即五年初獻六羽之下傳云始僭諸公昉於此乎前此矣前此則曷爲始乎此僭諸公猶可言僭天子不可言彼注云傳云爾者解不託始也三則省文不假託始即此是也四則無可託始即桓七年焚咸丘之下注云傳不託始者前此未有無所託也是也。注取邑例時。解云即下六年冬宋人取長葛之屬是然則取牟婁雖在月下不蒙上月也。〇戊申。衛州吁弑其君完。曷爲以國氏。据齊公子商人弑其君舍氏公子。弑其申志反弑字從式殺字從殳不同也君父言弑積漸之名也臣子云殺卑賤之意也字多亂故時復音之可知則不重出也完音丸〔疏〕注据齊至公子。解云在文十四年秋也商人所以得稱公子者正以商人次正當立其罪差輕故也。當國也。與段同義日者從外赴辭以賊聞例〔疏〕注與段同義者。解云即上元年注云欲當國爲君故如其意使如國君氏上鄭所以見段之凶逆是也。注日者至聞例。解云公羊之例合書則書不待赴告而言從外赴辭者謂其君被弑此君之臣即以其日赴於天子諸侯望天子諸侯早來救已是以春秋悉皆書日故云日者從外赴辭也言以賊聞例者言以賊弑君聞於天子諸侯例日如此故下八年傳云卒何以日而葬不日卒赴何氏云赴天子也緣天子閔傷欲其知之義亦通乎此〇夏。公及宋公遇于清。遇者何。不期也。一君出。一君要之也。古者有遇禮爲朝天子君朝罷朝卒相遇于塗近者爲主遠者爲賓稱先君以相接所以崇禮讓絕慢易也當春秋時出入無度禍亂姦宄多在不虞無故卒然相要小人將以生心故重而書之所以防禍原也言及者起公要之明非常遇也地者重録之遇例時。要之一遥反注同易以政反〔疏〕遇者何。解云欲言冬見其文曰夏欲言會聚又不言會故執不知問。注言及者至遇也。解云正以及者汲汲之文故也其常遇者即朝天子罷朝之時相遇于塗是也。注遇例時者。解云即隱八年春宋公衛侯遇于垂莊三十年冬公及齊侯遇于魯濟及此之屬皆是而僖十四年夏六月季姬及鄫子遇于防書月者彼注云甚惡内是也〇宋公、陳侯、蔡人、衛人伐鄭。〇秋。翬帥師會宋公、陳侯、蔡人、衛人伐鄭。翬者何。公子翬也。以入桓稱公子〔疏〕翬者何。解云無公子故執不知問。注以入桓稱公子。解云即桓三年秋公子翬如齊逆女是也何以不稱公子。貶。曷爲貶。据叔老會鄭伯伐許不貶〔疏〕注据叔至不貶。解云在襄十六年夏。與弑公也。弑者殺也臣弑君之辭以終隱之篇貶知與弑公也。與弑音預下及注同。〔疏〕注以終隱至弑公。解云即此及十年夏翬帥師會齊人鄭人伐宋傳云此公子翬也何以不稱公子貶曷爲貶隱之罪人也故終隱之篇貶也是也其與弑公奈何。公子翬諂乎隱公。諂猶佞也謂隱公曰。百姓安子。諸侯說子。盍終爲君矣。隱曰。吾否。否不也。說音悅吾使脩塗裘。吾將老焉。塗裘者邑名也將老焉者將辟桓居之以自終也故南面之君勢不可復爲臣故云爾不以成公意者隱本爲桓守國國邑皆桓之有不當取以自爲也。將辟音避今本多即作避字後不更音復扶又反本爲于僞反下自爲傳吾爲皆同。〔疏〕注不以成至爲也。解云上元年傳云公何以不言即位成公意也此傳何以不言營塗裘何以不書成公意也言隱非正君直爲他守國而已邑非已有不當擅取之取之非是以不得作成公意解也公子翬恐若其言聞乎桓。於是謂桓曰。吾爲子口隱矣。口猶口語相發動也〔疏〕注口猶至動也。解云語讀如子語魯大師之語。隱曰。吾不反也。桓曰。然則奈何。曰。請作難。難兵難也。難乃旦反注同弑隱公。謚者傳家所加〔疏〕注謚者至所加。解云死謚周道也今始請弑已言隱公者公羊子從後加之所以至此乃注者嫌是傳語故明之於鍾巫之祭焉。弑隱公也。鍾者地名也巫者事鬼神禱解以治病請福者也男曰覡女曰巫傳道此者以起淫祀之無福。禱丁老反或丁報反下古賣反又古買反覡戶狄反〔疏〕注男曰覡女曰巫者。解云楚語文也。注傳道至無福。解云直言弑隱公義勢已盡而必言於鍾巫之祭焉者以起淫祀之無福故也〇九月。衛人殺州吁于濮。其稱人何。据晉殺大夫里克俱弑君賊不稱人。濮音卜一音剝〔疏〕注据晉殺大夫里克。解云在僖十五年夏討賊之辭也。討者除也明國中人人得討之所以廣忠孝之路書者善之也討賊例時此月者久之也〔疏〕注討賊例至久之也。解云討賊例時者莊九年春齊人殺無知是也桓六年秋八月蔡人殺陳佗亦書月者與此同也〇冬。十有二月。衛人立晉。晉者何。公子晉也。以下有衛侯晉卒又言〔疏〕晉者何。解云欲言次正而文言立欲言非正而舉衆立之故執不知問。注以下至言立。解云以有衛侯晉卒則知此文衛人立晉者是先君之子今始立爲之君矣又言立者篡文知非正大子故知公子矣其衛晉侯卒在桓十二年冬立者何。立者不宜立也。諸侯立不言立此獨言立明不宜立之辭〔疏〕立者何。解云諸侯之立例所不書今特言立故執不知問其稱人何。据尹氏立王子朝也〔疏〕注据尹至朝也。解云在昭二十三年秋衆立之之辭也。晉得衆國中人人欲立之然則孰立之。石碏立之。石碏立之。則其稱人何。据尹氏立王子朝不稱人。碏七略反一音十洛反衆之所欲立也。衆雖欲立之。其立之非也。凡立君爲衆衆皆欲立之嫌得立無惡故使稱人見衆言立也明下無廢上之義聽衆立之篡也不剌闕子失位者時未當喪典主得權重也月者大國篡例月小國時立納入皆爲篡卒日葬月達於春秋爲大國例主書從受位也。篡初患反。〔疏〕注不剌至權重也。解云剌桓公嗣子失位者即不書晉之立矣故襄十四年衛侯衎出奔齊襄二十六年傳云曷爲不言剌之立不言剌立者以惡衛侯也彼注云欲起衛侯失衆出奔故不書剌立剌立無惡則衛侯明矣今書晉立則不剌闕子可知。注月者至國時。解云大國篡例月者即此文冬十二月衛人立晉莊六年夏六月衛侯朔入于衛哀六年秋七月齊陽生入于齊之屬是也而莊九年夏齊小白入于齊不月者彼注云不月者脅惡于魯也其小國時者即僖二十五年秋楚人圍陳納頓子于頓昭元年秋莒去疾自齊入于莒之屬是也。注立納入皆爲篡。解云立爲篡者此文衛人立晉昭二十三年尹氏立王子朝之屬是也其納爲篡者納頓子于頓及文十四年晉人納捷菑之屬是也其入爲篡者小白陽生之屬是也。注卒日至大國例。解云隱八年夏六月己亥蔡侯考父卒秋八月葬宣公之屬是也。注主書從受位也。解云謂主惡晉之從立矣

公羊注疏卷二挍勘記　阮元撰盧宣旬摘録

監本春秋公羊注疏隱公卷第二

二年

注古者諸侯至踰境　何挍本境作竟此加土旁非

必先會閑隙之地　閩監本同毛本閑改閒。按閒正字也古書多用閑

注古者不治至勿追　注作王者按解云王者草剃夷狄有罪不暇治之不作古

小邾子來朝之類是也　浦鏜云邾下公羊經有婁字是也

則怨結禍　宋本閩監本同鄂本禍上有構此脫

始滅昉於此乎　唐石經諸本同隸釋載漢熹平石經公羊殘碑昉作放又鄭氏詩譜序考工記注皆言放於此乎本公羊傳文是蔡鄭所據本皆作放當以放爲正昉俗字下同。按古多作放後人作倣作仿作昉皆俗字也公羊傳寫作昉俗字耳惠棟乃疑嚴氏春秋作放顏氏春秋作昉何用顏其說誤也

注言疾滅至省文也　按疾下脫始否則滅字當衍

日不　鄂本同閩監毛本不誤下疏中標起訖亦誤作日下

故後不相犯日者　浦鏜故疑役字誤

紀履緰來逆女　唐石經諸本同釋文履緰音須左氏作裂繻惠棟云緰讀爲投說文緰貲布也古緰與繻同音

以逆女不稱使　解云或者使爲爵字誤也

言子無父宗浦鏜云宗誤言按浦說是也儀禮士昏禮作

明當先自正諸本同浦鏜云成十四年疏引此注作先自詳正與上公會戎于潛注同當據以補正。按四年疏內引此亦無詳字

昏義鄭注云此本云字剜擠

羣公子之舍則已卑矣今傳已作以

婦人謂嫁曰歸毛本謂誤爲按毛詩傳本作婦人謂嫁歸無曰字陸德明本有曰字謂依公羊傳文唐石經公羊婦人以下損缺以每行十字計之不當有曰字若有曰字則此行十一字矣考何注云故謂嫁曰歸曰字恐因注衍也。按陸德明時已有有曰之本矣後人或依無曰者或依有曰者故不同耳

時隱公卑屈其母鄂本作屈卑

國示不適同姓浦鏜云因誤國。按與元年注合

侵伐圍入例皆書時何校本無書字是也

三年

爲師法之義毛本義誤意

衞州吁弑其君完釋文作殺其云申志反下殺其君同此本完字剜擠

謂二日食經義雜記曰五行志隱公三年二月己巳日有食之公羊傳曰食二日此西漢儒說公羊之言傳無此文何注謂二日食是也

此象君行儒弱諸本儒作懦按儒當偄之訛此偄弱正字也說文人部曰偄弱也可證釋文懦弱乃亂反又乃臥反據音知本從耎今亦訛從需

不言月食者鄂本食下有之是也之字謂日也無之字則疑說春秋不記月食矣

故疑言日有食之鄂本日作曰。按作曰是也不敢正言月食日故疑言之日有食之者而已

從王錄內可知也鄂本作內錄按疏亦云彼不從王內錄者當據以乙正

不錄無錄也諸本錄皆作祿是也唐石經士曰不祿鈌

尹氏卒釋文尹氏左氏作君氏

注以尹氏立王子朝也者閩監毛本删者下䟽注據宰渠氏官者注劉卷卒名者同

氏者起其世也宋本閩監毛本同誤也鄂本者作言當據正

必因其遇卒絶之鄂本元本同監毛本遇作過閩本過字咼旁剜改蓋本作遇字。按依䟽則作過是也

明君案見勞授賞惠棟云荀子多用案字

故書葬以起大夫之會是也浦鏜云會之字誤倒是也

秋武氏子來求賻唐石經原刻脫子後刮磨改補故此行十一字

嫌以主覆問上所以說二事浦鏜云定二年䟽引此注無二以字哀三年䟽引此注無上以字按二以皆衍文當據定二年䟽刪正

注求則皇至子之心閩監毛本此上有注主爲求賻書也。解云嫌爲上二事書故也。十七字二圈按義已具上䟽於此不當複出蓋後人竄補

下財少可求按可求上當脫不字

解云蓋詁爲皆若似蓋云歸哉之類盧文弨曰若下疑脫襄五年傳云蓋舅出也九字彼䟽亦引此文段玉裁曰蓋詁爲皆句絕若似蓋云歸哉之類者小雅蓋云歸哉鄭箋云蓋猶皆也此以雙聲爲訓詁也上下皆不當求故曰皆襄五年襄公與鄫世子巫皆是一舅姊妹之子故亦曰皆而同用蓋字盧文弨云此有脫非也

言卒所以褒內也鄂本褒作襃

葬宋繆公釋文宋繆公左氏作穆後放此

渴葬也廣韻十四泰引公羊傳不及時而葬曰愒愒急也苦蓋切

孔子曰葬于北方北首䟽本孔子曰之下無禮字然則注文本有禮字也

慢葬不能以禮葬也鄂本閩監毛本皆作慢薄䟽標起訖同按解云言但自慢薄不依禮恐因此䟽語誤爲薄。按以薄釋慢猶以急釋渴

以君可以爲社稷宗廟主也唐石經鄂本宋本閩本同監毛本主誤王

莊公馮弑與夷諸本同唐石經鈌釋文作馮殺音試今本亦改作弑

不能不爭也鄂本爭作事誤

四年

不傳託始者此本䟽中標注作傳不託始者此誤倒當據以訂正閩監毛本䟽中亦倒作不傳。按依䟽云何故不發傳然則不傳者言不發傳也謂此應有託始之傳而竟不發此傳也十行本傳不非也

前此則曷爲始於此浦鏜云五年傳於作乎

衞州吁弑其君完唐石經諸本同釋文本作殺其音申志反今本亦改作弑。按傳文或言殺君經文無不言弑其君者段玉裁曰殺者書其事也弑者正其罪也

若朝罷朝卒相遇于塗解云卽朝天子罷朝之時相遇于塗按于當作於卒當作猝惠棟云朝罷朝詳見周禮注䟽七年注云古者諸侯朝罷朝聘

臣弑君之辭浦鏜云殺誤弑

隱曰吾否唐石經鄂本同閩監毛本改隱公曰否非

吾使脩塗裘唐石經諸本同毛本脩改修非

口猶口語相發動也。按下口字卽說文訃字之省說文訃扣也如求婦先訃叕之

注男曰覡女曰巫者閩監毛本删者

石碏立之唐石經諸本同隸釋載漢石經公羊殘碑碏作踖惠棟九經古義云說文無碏字當從漢石經作踖

聽衆立之篡也諸本同鄂本作聽衆立之爲立篡也當據以補正。按下文云立立納入皆爲篡解云立篡此衞人立晉是

葬宣公之屬是也浦鏜云葬下脫蔡字

監本附音春秋公羊注疏隱公卷第三 起五年盡十一年

何休學

五年。春。公觀魚于棠。何以書。譏。何譏爾。遠也。公曷爲遠而觀魚。據浚洙也。觀魚左氏作矢魚浚思俊反洙常朱反[疏]注據浚洙也。○解云莊九年冬浚洙傳曰洙者何水也浚之者何深之也曷爲深之畏齊也注云洙在魯北齊所由來然則近國北自有洙水何故遠至棠地而觀魚乎故難之登來之也。登讀言得來得來之者齊人語也齊人名求得爲得來作登來者其言大而急由口授也○登來依注登音得[疏]注得來至語也○解云齊人名求得爲得來而云此者謂齊人急語之時得聲如登矣○注由口授也○解云謂高語之時猶言得來之至著竹帛時乃作登字故言由口授矣百金之魚。公張之。解言登來之意也百金猶百萬也古者以金重一斤若今萬錢矣張謂張罔罟障谷之屬也○罟音古鄣之尚反又音章[疏]注解言至意也○解云正以價直百金故言得來之○注障谷之屬也○解云僖三年傳云桓公曰無障谷云是也○解戶買反或佳買反登來之者何。弟子未解其言大小緩急故復問之○復扶又反不得復同美大之之辭也。其言大而急者美大多得利之辭也實譏張魚而言觀譏遠者恥公去南面之位下與百姓爭利匹夫無異故諱使若以遠觀爲譏也諸諱主書者從實也觀例時從行賤略之[疏]注觀例時○解云莊二十三年夏公如齊觀社及此是也彼此非禮故言從行賤略之棠者何。濟上之邑也。濟者四瀆之別名江河淮濟爲四瀆○濟上子禮反注同濟水之上[疏]棠者何○解云正以棠非水名而於之觀魚故執不知問○注江河至四瀆○解云即釋水云江河淮濟爲四瀆四瀆者發源注海者也○夏。四月。葬衛桓公。[疏]夏四至桓公○解云即上三年傳云過時而不日謂之不能葬也何氏云解緩不能以時葬夏四月葬衛桓公是也然則桓公見弒在去年之春過期乃葬故以解緩言之○秋。衛師入盛。曷爲或言率師。或不言率師。將尊師衆。稱某率師。將尊者謂大夫也師衆者滿二千五百人以上也二千五百人稱師無駭率師入極是也禮天子六師方伯二師諸侯一師○入盛音成左氏作郕[疏]注將尊至夫也○解云公羊之例大夫見名氏故云此○注二千至稱師○解云大司馬序官文○注無駭至是也○解云在上二年夏○注天子至六師○解云天子六師者即周王于邁六師及之是也方伯者九州牧也即王制云千里之外設方伯是也二師者即昭五年春王正月舍中軍舍中軍者何復古也是矣然則魯之初封地方七百里至於僖公復伯禽之宇更爲州牧而以二軍爲復古是爲方伯二師方伯之屬而以二師爲正則知凡平諸侯一師明矣然則論語云子將尊師少。稱將。日三軍可奪帥之屬其指王官之伯乎師少者不滿二千五百人也衛孫良夫伐廧咎如是也○咎音羔[疏]注衛孫至是也○解云成三年晉郤克衛孫良夫伐廧咎如是也不言郤克者科舉以言之將卑師衆。稱師。將卑者謂士也衛師入盛是也將卑師少。稱人。鄭人伐衛是也[疏]注鄭人伐衛是也○解云在上二年冬也君將不言率師。書其重者也。分別之者責元師因錄功惡有小大救徐從王伐鄭是也○分別彼列反元率所類反本又作帥[疏]注分別至小大○解云責元帥者凡書兵者是正不得故責之也因錄功惡有小大者即將尊師衆而有功小將卑師少而有功大將卑師少而無功爲惡小將尊師衆而無功爲惡大是也○注救徐至是也○解云僖十五年春公孫敖率師及諸侯之大夫救徐桓五年秋蔡人衛人陳人從王伐鄭是也公孫敖救徐者將尊師衆無功是其惡大也蔡人等從王伐鄭稱人而行義是其功大也○九月。考仲子之宮。考宮者何。考猶入室也。始祭仲子也。考成也成仲子之宮廟而祭之所以居其鬼神猶生人入宮室必有飲食之事不就惠公廟者妾母卑故雖爲夫人猶特廟而祭之禮妾廟子死則廢矣不言立者得變禮也加之者宮廟尊卑共名非配號稱之辭故加之以絕也[疏]注考宮者何○解云上無立文而經言考春秋之內更無考禮故執不知問○注猶生至之事○解云即下雜記云路寢成則考之而不釁鄭注云言路寢者生人所居不釁者不神之也考之者設盛食以落之檀弓曰晉獻文子成室諸大夫發焉張老曰美哉輪焉美哉奐焉歌於斯哭於斯聚國族於斯文子曰武也得歌於斯哭於斯聚國族於斯是全要領以從先大夫於九原北面再拜稽首者是也○注禮至廢矣○解云即喪服小記云慈母與妾母不世祭鄭注云以其非正即引穀梁傳云於子祭于孫止是也○注不言至禮也○解云欲決成六年立武宮定元年立煬宮皆言立者以其非禮故也○注加之至絕也○解云言宮廟尊卑共名者尊亦言宮故武煬是君仲子是妾是尊卑共名號稱者即仲子是也武煬是君配宮言之正是其宜仲子是妾不宜與宮廟連文故加之以絕之矣桓未君。則曷爲祭仲子。據無子不廟也[疏]注據無子不廟也○解云即上解於孫止是也其子死訖猶尚不祭其子未君之時不祭明矣故難之然則妾母之貴正由其子爲君即元年傳云母以子貴是也若子未爲君之時義與未踰年之君相似莊三十二年傳云未踰年之君也有子則廟無子不廟義亦通於此隱爲桓立。故爲桓祭其母也。然則何言爾。成公意也。尊桓之母爲立廟所以彰桓當立得事之宜故善而書之所以起其意成其賢也○隱爲于僞反初獻六羽。初者何。始也。六羽者何。舞也。持羽而舞[疏]初者何○解云獻羽是常而反言初故執不知問○六羽者何○解云諸侯仍用四此反言六羽故執不知問初獻六羽。何以書。譏。何譏爾。譏始僭諸公也。僭齊也下傚上之辭[疏]初獻至以書○解云不但言何以書嫌覆問上文始與舞故復舉句而問之不注之者與三年求賻同故省文六羽之爲僭奈何。天子八佾。佾者列也八人爲列八八六十四人法八風○佾音逸列也諸公六。六人爲列六六三十六人法六律諸侯四。四人爲列四四十六人法四時諸公者何。諸侯者何。天子三公稱公。王者之後稱公。其餘大國稱侯。大國謂百里也[疏]諸公者何○解云正以諸公有二等故執不知問○諸侯者何○解云漫言諸侯明是五等揔名文次公下復疑偏指七命故執不知問所以不待答訖而連句問之者正以上文并解諸公六諸侯四故也○注大國謂百里也○解云公侯方百里王制文也侯與公等者據有功者言之矣小國稱伯子男者正以上已有侯故不復言之其實凡平之侯正與伯同小國稱伯子男。小國謂伯七十里子男五十里[疏]注小國至五十里○解云王制文彼注云此地殷所因夏爵三等之制也春秋變周之文從殷之質合伯子男以爲一則殷爵三等者公侯伯也異畿內謂之子周武王初定天下更立五等之爵增以子男而猶因殷之地以九州之界尚狹也周公攝政致大平斥大九州之界制禮成武王之意公地方五百里侯四百里伯三百里子二百里男一百里諸侯亦以功黜陟之其不合者皆益之地爲百里焉是以周世有爵尊而國小爵卑而國大者唯天子畿內不增天子三公者何。天子之相也。相助也○之相息亮反注及下同[疏]天子三公者何○解云正以春秋上下無三公之文故執不知問天子之相。則何以三。據經但有祭公周公[疏]注據經至周公○解云即桓八年祭公來云云僖九年公會宰周公是也經但有二公而傳言三公故難之自陝而東者。周公主之。自陝而西者。召公主之。一相處乎內。陝者蓋今弘農陝縣是也禮司馬主兵司徒主教司空主土春秋撥亂世以絀陟爲本故舉絀陟以所主者言之○陝失冉反何云弘農陝縣也一云當作郟古洽反王城郟鄏召公上照反又作邵音同絀勑律反[疏]注司馬至言之○解云上傳云諸公者何天子之相則何以三云不道二王之後者何二王之後何以二也者正以天子三公主絀陟故偏取言之是以注者解其意始僭諸公。昉於此乎。前此矣。前此。則曷爲始乎此。僭諸公猶可言也。僭天子。不可言也。傳云爾者解不託始也前僭八佾於惠公廟大惡不可言也還從僭六羽議本所當託者非但六也故不得復傳上也加初者以爲常也獻者下奉上之辭不言六佾者言佾則干舞在其中明婦人無武事獨奏文樂羽者鴻羽也所以象文德之風化疾也夫樂本起於和順和順積於中然後榮華發於外是故八音者德之華也歌者德之言也舞者德之容也故聽其音可以知其德察其詩可以達其意論其數可以正其容薦之宗廟足以享鬼神用之朝廷足以序羣臣立之學宮足以協萬民凡人之從上教也皆始於音音正則行正故聞宮聲則使人溫雅而廣大聞商聲則使人方正而好義聞角聲則使人惻隱而好仁聞徵聲則使人整齊而好禮聞羽聲則使人樂養而好施所以感蕩血脉通流精神存寧正性故樂從中出禮從外作也禮樂接於身望其容而民不敢慢觀其色而民不敢爭故禮樂者君子之深教也不可須臾離也君子須臾離禮則暴慢襲之須臾離樂則姦邪入之是以古者天子諸侯雅樂鍾磬未曾離於庭卿大夫御琴瑟未曾離於前所以養仁義而除淫辟也魯詩傳曰天子食日舉樂諸侯不釋縣大夫士日琴瑟王者治定制禮功成作樂未制作之時取先王之禮樂宜於今者用之堯曰大章舜曰簫韶夏曰大夏殷曰大護周曰大武各

取其時民所樂者名之堯時民樂其道章明也舜時民樂其脩紹堯道也夏時民樂大其三聖相承也殷時民樂其護已也周時民樂其伐紂也蓋異號而同意異歌而同歸失禮鬼神例日此不日者嫌獨考宮以非禮書故從末言初可知○夫樂音扶發句之端放此朝廷徒侯反好義呼報反下同徵張里反施式豉反爭爭鬭之爭離也力智反下同邪似嗟反未曾在能反下同注辟匹亦反縣音玄治定直吏反部常昭反夏曰戶雅反下同護戶故反紂直久反〔疏〕注傳云至始也○解云其託始者即上二年傳云無駭者何展無駭也何以不氏貶曷爲貶疾始滅也始滅昉於此乎前此矣前此貶曷爲始乎此託始焉爾曷爲託始焉爾春秋之始也今傳亦宜云前此則曷爲始乎此託始焉爾曷爲託始焉爾春秋之始也而云僭諸公猶可言僭天子不可言解不得託始意也○注前僭至公廟○解云謂自此以前不必要指春秋前也而言惠公廟者欲道於周公廟時不爲僭故也○注本所至傳上也○解云由非六之故是以不得復祭傳云上古已有六矣○注羽者至化疾○解云知鴻羽者時王之禮且以舉則沖天所以象文德之風化疾故也詩云右手秉翟者其兼用之乎注夫樂本起於和順積於中然後榮華發於外者樂記文也○注故聞至性故○解云温雅而廣大者土之性也方正而好義者金之性也惻隱而好仁者木之性也整齊而好禮者火之性也樂養而好施者水之性也○注樂從至作也○解云樂記文樂由中出和在心是也禮自外作敬在貌是也此注皆出樂記○注取先王至用之○解云謂同其文質是也王者治定制禮功成作樂功成治定同時爾功主於王業治主於教民故明堂位曰周公治天下六年朝諸侯於明堂制禮作樂○注失禮至可知○解云失禮鬼神例日者成六年二月辛巳立武宮之屬是也言考宮與獻羽實同日若置日於考宮上則嫌獻羽不嘗之獨自考宮以非禮而已故從下事言初初是非禮辭則獻羽非禮亦可知然考宮得變禮而不置於獻羽上者嫌別曰故也知初是非禮者正以初稅畝同文矣○邾婁人、鄭人伐宋。邾婁小國序上者主會也〔疏〕注邾婁至會也○解云伐宋而言主會者謂相共伐宋時邾爲首故也○螟。何以書。記災也。灾者有害於人物隨事而至者先是隱公張百金之魚設苛令急治以禁民之所致○螟亡丁反蟲食苗心苛音何〔疏〕注灾者有害於人物隨事而至者○解云欲對異爲先事而至故也○注先是至所致○解云苛令急法者即三年春王二月己巳日有食之注云此象君行暴急外見畏是也○冬。十有二月。辛巳。公子彄卒。日者隱公賢君宜有恩禮於大夫益師始見法無駭有罪據俠又未命也故獨得於此日○彄苦侯反見賢徧反〔疏〕注日者至大夫○解云正以所聞之世例不合日故也○注益師始見法○解云元年十二月公子益師卒是所傳聞之世初始欲見三世之法故不書日也○注無駭有罪○解云即八年冬十有二月無駭卒傳云何以不氏疾始滅也故終身不氏是也○注俠又未命也○解云即九年三月俠卒傳云俠者何吾大夫之未命者是也○宋人伐鄭。圍長葛。邑不言圍。此其言圍何。據伐於餘丘不言圍〔疏〕注據伐至言圍○解云即莊二年夏公子慶父帥師伐於餘丘是也彊也。至邑雖圍當言伐惡其彊而無義也必欲爲得邑故如其意言圍也所以不知鄭彊者公以楚師伐宋圍緡不言彊也○彊渠羌反下同惡烏路反

六年。春。鄭人來輸平。輸平者何。輸平。猶墮成也。何言乎墮成。據輩會諸侯伐鄭後未道平也何道墮成○輸式朱反墮也左氏作渝平墮許規反〔疏〕輸平者何○解云正以言異於常例故執不知問注據輩至墮成○解云上四年秋輩帥師會宋公陳侯蔡人衛人伐鄭是也敗其成也。輩伐鄭後已相與平但外平不書故云爾〔疏〕注輩伐至云爾○解云魯與鄭平而言外平者謂伐鄭之後時公子輩在外與鄭平不得公命是以不書故曰外平不書耳曰。吾成敗矣。吾魯也〔疏〕曰吾成敗矣○解云稱魯人之辭故加曰吾與鄭人。末有成也。末無也此傳發者解鄭稱人爲共國辭〔疏〕注此傳至國辭○解云傳發此吾與鄭人末有成一段事者非直解鄭擅獲諸侯爲有罪而魯侯不能死難亦當絕故令鄭稱人言輸平則魯侯亦合稱人矣一箇人字兩國共有故云稱人爲共國辭吾與鄭人。則曷爲末有成。據無戰伐之文狐壤之戰。隱公獲焉。時與鄭人戰於狐壤爲鄭所獲○壤如丈反然則何以不言戰。戰者內敗文也據鞌戰君獲言師敗績〔疏〕注戰者內敗文也○解云即桓十年齊侯衛侯鄭伯來戰于郎傳云何以不言師敗績內不言戰言戰乃敗矣彼注云春秋託王於魯戰者敵文也王者兵不與諸侯敵戰乃其已貶之文故不復言師敗績是也○注據鞌至敗績○解云成二年季孫行父以下帥師會晉郤克云云及齊侯戰于鞌齊師敗績秋七月齊侯使國佐如師云云傳云君不行使乎大夫此其行使乎大夫何佚獲也注云佚獲者已獲而逃亡也然則彼獲言敗績則知此時魯侯被獲亦宜言戰故難之諱獲也。君獲不言師敗績故以輸平諱也與鞌戰辟內敗文是戰例時偏戰日詐戰月不日者鄭詐之不月者正月也見隱終無奉正月之意不地者深諱也使若實輸平故不地也稱人共國辭者嫌來輸平獨惡鄭擅獲諸侯魯不能死難皆當絕之○難乃旦反〔疏〕注君獲至諱也○解云君獲不言師敗績即僖十五年晉侯及秦伯戰于韓獲晉侯傳云此偏戰也何以不言師敗績注云舉君獲爲重也是也然則此由魯公見獲是以不得言戰故以輸平諱之○注與鞌至敗文○解云成二年傳云君不行使乎大夫此其行使乎大夫何佚獲也注云當絕賤使與大夫敵體以起之君獲不言師敗績等起不去師敗績者辟內敗文也然則鞌戰之時實齊侯被獲宜去敗績直言戰而已但時內大夫在焉辟內敗文故不得言戰矣今此輸平之經自由魯公見獲是以不得言戰故云與鞌戰辟內敗文異○注戰例時偏戰日○解云即桓十二年丁未戰于宋傳云此偏戰也何以不言師敗績云云是也○注詐戰月○解云即莊十年春王正月公敗齊師于長勺之屬是也○注不地者深諱也○解云若地宜言輸平于狐壤似若戰于之類○夏。五月。辛酉。公會齊侯盟于艾。秋。七月。此無事。何以書。春秋雖無事。首時過則書。首始也時四時也過歷也春以正月爲始夏以四月爲始秋以七月爲始冬以十月爲始歷一時無事則書其始月也○艾五蓋反〔疏〕夏五月至則書○解云下無相犯之處而書日者以下八年三月庚寅我入邴傳云其言我何言我者非獨我也齊亦欲之然則雖不復侵伐亦有爭邑之隙故書

日也首時過。則何以書。據無事也春秋編年。四時具。然後爲年。明王者當奉順四時之正也尚書曰欽若昊天歷象日月星辰敬授民時是也有事不月者人道正則天道定矣○編必連反字林聲類皆布千反一音甫連反昊戶老反○冬。宋人取長葛。外取邑不書。此何以書。久也。古者師出不踰時今宋更年取邑久暴師苦衆居外故書以疾之不繫鄭舉伐者明因上伐圍取也○更音庚暴步卜反〔疏〕外取至以書○解云據與四年牟婁同

七年。春。王三月。叔姬歸于紀。叔姬者伯姬之媵也至是乃歸者待年父母國也婦人八歲備數十五從嫡二十承事君子媵賤書者後爲嫡終有賢行紀侯爲齊所滅紀季以酅入于齊叔姬歸之能處隱約全竟婦道故重錄之○從適丁歷反本亦作嫡下同賢行下孟反下同酅戶圭反〔疏〕注叔姬至國也○解云知如此注下見上二年冬伯姬歸于紀自爾以來不見紀伯姬卒之文今叔姬又歸之明知是其媵矣○注婦人至君子○解云書傳文○注媵賤至賢行○解云春秋之內例不書媵以其賤故今此書者以其後爲嫡終有賢行也知後爲嫡者正以莊二十九年冬十二月紀叔姬卒三十年八月癸亥葬紀叔姬皆書爲嫡明矣而成九年伯姬歸于宋書二國媵者彼傳云錄伯姬是也○注紀侯爲齊所滅○解云即莊四年夏紀侯大去其國是也○注紀季至于齊○解云在莊三年○注叔姬至錄之○解云莊十二年春王三月紀叔姬歸于酅傳云其言歸于酅何隱之也何隱爾其國亡矣徒歸于叔爾也是也滕侯卒。何以不名。據蔡侯考父卒名〔疏〕注據蔡至卒名○解云在下八年夏微國也。小國故略不名微國。則其稱侯何。據大國稱侯小國稱伯子男〔疏〕注據大至子男○解云上五年傳文案彼大國非直侯而注特言大國稱侯者案彼傳之成文故也不嫌也。滕侯卒不名下常稱子不嫌稱侯爲大國〔疏〕注下常稱子○解云桓二年滕子來朝因茲已下常稱子矣春秋貴賤不嫌同號。貴賤不嫌者通同號稱也若齊亦稱侯滕亦稱侯微者亦稱人貶亦稱人皆有起文貴賤不嫌同號是也○號稱尺證反〔疏〕注齊亦稱侯○解云不云晉者晉爵未大故○注微者亦稱人○解云隱元年九月及宋人盟于宿之屬是也○注皆有起文○解云滕侯卒不名下恆稱子起其微也齊侯恆在宋公之上起其大也宋人盟于宿不書日亦起微也鄭人來輸平稱人者共國辭起其貶之故日皆有起文也○注貴賤至是也○解云不論貴賤不嫌者通其同號稱由是之故春秋同其號也美惡不嫌同辭。若繼體君亦稱即位繼弒君亦稱即位皆有起文美惡不嫌同辭是也滕微國所傳聞之世未可卒所以稱侯而卒者春秋王魯託隱公以爲始受命王滕子先朝隱公春秋褒之以禮嗣子得以其禮祭故稱侯見其義○惡烏路反又如字注同傳直專反見賢徧反〔疏〕注若繼至即位○解云文成之屬是也○注繼弒即位○解云桓宣是也○注皆有起文○解云前君之薨書地者起其後即位者是繼體之君也若前君薨不地者起其後即位者非是繼體之君也○注美惡至是也○解云謂美惡不嫌者遍其同辭由是之故春秋同其辭矣○注滕子

至其義○解云在十一年即此君之子也滕子薛侯俱朝隱公滕弗褒其父而薛否者薛侯父卒在春秋之前故無褒之文

○夏。城中丘。中丘者何。內之邑也。城中丘。何以書。上問中丘者何指問邑也故因言何以書嫌但問書中丘故復言城中丘何以書也○復扶又反〔疏〕中丘者何○解云楚丘同皆直云城文無別故執不知問 以重書也。以功重故書也當稍稍補完之至令大崩弛壞敗然後發衆城之猥苦百姓空虛國家故言城明其功重與始作城無異城邑例時○令力呈反弛尸爾反又尸氏反〔疏〕注城邑例時○解云即下九年夏城郎襄十三年冬城防之屬是也

○齊侯使其弟年來聘。其稱弟何。据諸侯之子稱公子 母弟稱弟。母兄稱兄。母弟同母弟母兄同母兄不言同母言母弟者若謂不如爲如矣齊人語也公別同母者春秋變周之文從殷之質質家親親明當親厚異於羣公子也聘者問也來聘書者皆喜內見聘事也古者諸侯朝罷朝聘爲慕賢考禮一法度尊天子不言聘公者禮聘受之於大廟孝子謙不敢以已當之歸美於先君且重賓也○別彼列反大廟音泰下同〔疏〕母兄稱兄○解云昭二十年秋盜殺衛侯之兄輒是也

○秋。公伐邾婁。○冬。天王使凡伯來聘。書者喜之也古者諸侯有較德殊風異行天子聘問之當北面稱臣受之於大廟所以尊王命歸美於先君不敢以已當之 戎伐凡伯于楚丘以歸。凡伯者何。上言聘此言伐嫌其異故執不知問〔疏〕注上言聘此言伐○解云謂聘伐辭異嫌其非一人也 天子之大夫也。此聘也。其言伐之何。据出聘與郊柳異不得言伐也問伐加之者辟問輕重兩舉之〔疏〕注据出至伐也○解云昭二十三年晉人圍郊傳云郊者何天子之邑也曷爲不繫于周不與伐天子也宣元年晉趙穿帥師侵柳傳云柳者何天子之邑也曷爲不繫乎周不與伐天子也然則郊柳皆是天子之邑猶可言其侵圍今此聘大夫不應得言伐故難之先言郊者文便言之故不次也○注問伐至舉之○解云桓十二年及鄭師伐宋丁未戰于宋傳云戰不言伐此其言伐何彼問輕重兩舉不言之故此言之者辟問輕重兩舉之 執之也。執之則其言伐之何。据執季孫隱如不言伐〔疏〕注据執至言伐○解云昭十三年平丘之會晉人執季孫隱如以歸是也 大之也。尊大王命責當死位故使與國同 曷爲大之。据王子突繫諸人〔疏〕注据王至諸人○解云莊六年春王三月王人子突救衛傳云王人者何微者也子突者何貴也貴則其稱人何繫諸人也是也等是王臣一伸一屈故難之 不與夷狄之執中國也。因地不接京師故以中國正之中國者禮義之國也執者治文也君子不使無禮義制治有禮義故絕不言執正之言伐也執天子大夫而中國正之者執中國尚不可況執天子之大夫乎所以降夷狄尊天子爲順辭 其地何。据執季孫隱如不地 大之也。順上伐文使若楚丘爲國者猶慶父伐於餘丘也不地以衛者天子大夫銜王命至尊顧在所諸侯有出入所在赴其難當與國君等也錄以歸者惡凡伯不死位以辱王命也○難乃旦反惡烏路反〔疏〕注順上至

命也○解云莊二年夏公子慶父帥師伐於餘丘傳云於餘丘者何邾婁之邑也曷爲不繫乎邾婁國之也者是

八年。春。宋公、衛侯遇于垂。宋公序上者時衛侯要宋公使不虞者爲主明當戒愼之無王者遇在其間置上則嫌爲事出置下則嫌無天法可以制月文不可施也○要一遙反爲事于僞反下欲爲魯爲小國爲桓并年未注皆同〔疏〕注宋公至其間○解云何氏以爲會盟則以大小爲序遇則以不虞爲先故如此解是以莊三十二年經云夏宋公齊侯遇于梁丘齊在宋下是其一隅耳○注置上至事出○解云若言八年春王宋公衛侯遇于垂即嫌桓王亦與之遇故言則嫌爲事出事謂遇事也或者嫌爲遇事之故出此王故云則嫌爲遇事出也○注置下至施也解云天法即春是也

○三月。鄭伯使宛來歸邴。宛者何。鄭之微者也。邴者何。鄭湯沐之邑也。天子有事于泰山。諸侯皆從泰山之下。諸侯皆有湯沐之邑焉。有事者巡守祭天告至之禮也當沐浴絜齊以致其敬故謂之湯沐邑也所以尊待諸侯而共其費也禮四井爲邑邑方二里東方二州四百二十國凡爲邑廣四十里袤四十二里取足舍止共槀穀而已歸邴書者甚惡鄭伯無尊事天子之心專以湯沐邑歸魯背叛當誅也錄使者重尊湯沐邑也王者所以必巡守者天下雖平自不親見猶恐遠方獨有不得其所故三年一使三公絀陟五年親自巡守巡猶循也守猶守也循行守視之辭亦不可國至人見爲煩擾故至四嶽足以知四方之政而已尚書曰歲二月東巡守至于岱宗柴望秩于山川遂覲東后協時月正日同律度量衡脩五禮五玉三帛二生一死贄如五器卒乃復五月南巡守至于南嶽如岱禮八月西巡狩至于西嶽如初十有一月朔巡守至于北嶽如西禮還至嵩如初禮歸格于禰祖用特是也○宛於阮反人名也一音烏卯反又鳥勉反邴彼命反又音丙鄭邑左氏作祊從才朋反巡守手又反本又作狩下除猶守守視以外同絜齊側皆反本多即作齋字後放此更不音而共音恭下同費芳味反廣古擴反袤音茂槀古老反甚惡烏路反下同背步內反使所吏反行下孟反量音亮贄音至嵩鳳忠反格本又作假同古百反禰乃禮反本又作蓺○〔疏〕宛者何○解云欲言大夫經不言氏欲言微者書名見經故執不知問○邴者何解云欲言魯物先無取文欲言鄭邑於魯言歸故執不知問○注歸邴至誅也○解云正以將所傳聞之世外小惡不書故也○注錄使至其所○解云正決哀八年齊人歸讙及闡之屬不錄使故也○注故三至絀陟○解云書傳文○注五年至而已○解云堯典文○注尚書至是也○解云惟是一字注者言之以上皆堯典文也鄭注歲二月者正歲建卯之月也巡守者行視所守也岱宗者東嶽名也柴者考績燎也望秩于山川者遍以尊卑祭之五嶽視三公四瀆視諸侯其餘小者或視卿大夫或視伯子男矣秩次也東后東方之諸侯也協正四時之月數及日名備有失誤者度丈尺量斗斛衡斤兩五禮公侯伯子男朝聘之禮矣五玉瑞節執之曰瑞陳列日玉也三帛所以薦玉也受瑞玉者以帛薦之帛必三者高陽之後用赤縉高辛氏之後用黑縉其餘諸侯皆用白縉周禮改之爲纁也二生一死贄用羔鴈生也卿大夫所執雉死士所執也如者以物相授與之言授贄之器有五卿大夫上士中士下士也器各異飾飾未聞所用也周禮改之飾羔鴈飾雉執之而已皆去器卒已也復歸也巡守禮畢乃反歸

矣每歸用特牛告于文祖矣五月不言於者以其文相近八月十一月言初者文相遠故也

庚寅。我入邴。其言入何。据上書歸取邑已明無事復書入也○復扶又反下故復同 難也。入者非已至之文難辭也此魯受邴與鄭同罪當誅故書入欲爲魯見重難辭○難也乃旦反一音如字注及下同見重賢徧反下同○〔疏〕注入者至之文○解云直就而入之非是將歸之辭也 其日何。据取邑不日○〔疏〕注据取邑不日○解云即隱四年春王二月莒人伐杞取牟婁之屬也○ 難也。以歸後乃日也言時重難不可即入至此日乃入○ 其言我何。据吳伐我以日伐故言我〔疏〕注据吳至言我解云在哀八年春 言我者。非獨我也。自入邑不得言我有他人在其中乃得言我故能起其非獨我 齊亦欲之。時齊與鄭魯比聘會者亦欲得之故以非獨我起齊惡齊惡起則魯蒙欲邑見於惡愈矣〔疏〕注時齊至得之○解云即上三年冬齊侯鄭伯盟于石門六年夏公會齊侯盟于艾七年夏齊侯使其弟年來聘九年冬公會齊侯于防十年春王二月公會齊侯鄭伯于中丘之屬是也

○夏。六月。己亥。蔡侯考父卒。○辛亥。宿男卒。宿本小國不當卒所以卒而日之者春秋王魯以隱公爲始受命王宿男先與隱公交接故卒褒之也不名不書葬者與微者盟功薄當褒之爲小國故從小國例〔疏〕注宿男至交接○解云即上隱公元年秋九月及宋人盟于宿是也○注爲小至國例○解云即上七年春滕侯卒不書其葬傳云何以不名微國也者是

○秋。七月。庚午。宋公、齊侯、衛侯盟于瓦屋。○八月。葬蔡宣公。卒何以名而葬不名。卒從正。卒當赴告天子君前臣名故從君臣之正義言也○ 而葬從主人。至葬者有常月可知不赴告天子故自從蔡臣子辭稱公 卒何以日而葬不日。卒赴。赴天子也緣天子閔傷欲其知之又臣子疾痛不能不具以告 而葬不告。不告天子也發傳於葬者從正也〔疏〕注發傳至正也○解云言從正者謂卒日葬不日者是卒葬之正法三年經云癸未葬宋繆公而書日即失其正也其衛桓公葬不發傳者桓公者初則見弒于州吁終有簡慢之失侵小國之略故發傳於此○

○九月。辛卯。公及莒人盟于包來。公曷爲與微者盟。据與齊高傒盟諱之○包來左氏作浮來傒音兮〔疏〕注据與至諱之○解云莊二十二年秋及齊高傒盟于防傳云齊高傒者何貴大夫也曷爲就吾微者而盟公也公則曷爲不言公諱與大夫盟也是也 稱人則從。不疑也。從者隨從也實莒子也言莒子則嫌公行微不肖諸侯不肯隨從公盟而公反隨從之故使稱人則隨從公不疑矣隱爲桓立狐壤之戰不能死難又受湯沐邑卒無廉恥令翬有緣諂爲桓所疑故著其不肖僅能使微者隨從之耳○蓋痛錄隱所以失之又見僅受邑皆諱不明因與上相起也○行戶孟反難乃旦反令力呈反僅其靳反〔疏〕注言莒至桓立○解云行微者其行卑微不肖者鄭注昏禮記云不肖者不似是也○注狐壤至廉恥○解云在上六年春○注令翬至失之○解云皆以其行微不肖卒無廉恥故也○注又見至起

也○解云見獲諱不明者即言輸平是也受邑諱不明者即庚寅我入邴是也何者書日入者見其重難言我者見其非獨我故也言因與上相起者此經著其不肖起其事實甚惡矣○螟。先是有狐壤之戰中丘之役又受邴田煩擾之應○應對之應〔疏〕注有狐壤之戰○解云在六年注中丘之役○解云在上七年○冬。十有二月。無駭卒。此展無駭也。何以不氏。莊公子彄卒氏公子疾始滅也。故終其身不氏。嫌上貶主起入爲滅不爲疾始故復爲疾始滅終身貶之兄見上貶爲疾始滅〔疏〕此展無駭也○解云正以上二年師展無駭故此弟子因難之○注據公子彄卒解云在五年

九年。春。天王使南季來聘。○三月。癸酉。大雨震電。何以書。記異也。何異爾。不時也。震雷電者陽氣也有聲名曰雷無聲名曰電周之三月夏之正月雨當水雪雜下雷當聞於地中其雉雊電未可見而大雨震電此陽氣大失其節猶隱公久居位不反於桓失其宜也日者一日之中也凡災異一日者日歷日者月歷月者時歷時者加自文爲異發於九年者陽數可以極而不還國於桓之所致○震電徒練反雉古豆反見賢徧反〔疏〕注雷當至中也○解云月令二月雷乃發聲故知正月之時聞於地中矣其雉雊鷄乳雉起季冬之月此時猶然故得言此也亦有一本云雷當聞於雉雊誤也○注凡災至所致○解云一日者日即此文是歷日者月即桓八年冬十月雨雪之屬是也歷月者時即桓元年秋大水之屬是也歷時者加自文爲異者即文二年自十有二月不雨至于秋七月之屬是也○庚辰。大雨雪。何以書。記異也。何異爾。俶甚也。俶始怒也始怒甚猶大甚也蓋師說以爲平地七尺雪者盛陰之氣也八日之間先示隱公以不宜久居位而繼以盛陰之氣大怒此桓將怒而弒隱公之象○雨于付反俶甚尺叔反始也大甚音泰○俠卒。俠者何。吾大夫之未命者也。以無氏而卒之也未命所以卒之者賞疑從重無氏者少略也○俠卒音協穀梁云所俠少詩照反〔疏〕俠者何○解云欲言大夫經不書氏欲言微者而記其卒故執不知問○注以無至略也○解云無氏降於大夫書卒隆於微者故知其未命耳○夏。城郎。○秋。七月。○冬。公會齊侯于邴。○于邴左氏作防

十年。春。王二月。公會齊侯鄭伯于中上。月者隱前爲鄭所獲今始與相見故危錄內明君子當犯而不校也〔疏〕注犯而不校○解云謂校接之交不謂爲報也○夏。翬帥師會齊人鄭人伐宋。此公子翬也。何以不稱公子。據楚公子嬰齊貶後復稱公子○復扶又反又音服〔疏〕此公子翬○解云正以上四年師解云言公子翬故此弟子因以難之○注據楚至公子○解云成二年公及楚人已下盟于蜀彼傳云此楚公子嬰齊也其稱人何得壹貶焉爾至成六年書楚公子嬰齊帥師伐鄭是也貶。曷爲貶。隱之罪人也。故終隱之篇貶也。嫌上一貶可移於他事者故終隱之篇貶之明爲隱貶所以起隱之罪人也○明爲于僞反下先爲同〔疏〕注嫌上至人也○解云上一貶謂四年時也○六月。壬戌。公敗宋師于菅。○公敗必邁反凡臨佗日敗皆同此音菅古顏反○辛未。取郜。○郜古報反○辛巳。取防。取邑不日。此何以日。據取闞不日也○闞苦暫反○〔疏〕注據取闞不日也○解云即昭三十二年春王正月取闞是也一月而再取也。欲起一月而再取故日○何言乎一月而再取。據取鄟東田及沂西田亦一月再取兩邑不日○鄟火號反又音郭沂魚依反〔疏〕注據取至不日○解云哀二年春王二月季孫斯叔孫州仇仲孫何忌帥師伐邾婁取漷東田及沂西田是也甚之也。甚魯因戰見移生事利心數動○數所角反內大惡諱。此其言甚之何。春秋錄內而略外。於外大惡書。小惡不書。於內大惡諱。小惡書。明取邑爲小惡一月再取小惡中甚者耳故書也於內大惡諱於外大惡書者明王者起當先自正內無大惡然後乃可治諸夏大惡因見臣子之義當先爲君父諱大惡也內小惡書外小惡不書者內有小惡適可治諸夏大惡未可治諸夏小惡明當先自正然後正人小惡不諱者罪薄恥輕敗宋師日者見結日偏戰也不言戰者託王於魯故不以敵辭言之所以彊王義也○見賢徧反下同○秋。宋人衛人入鄭。○宋人蔡人衛人伐載。鄭伯伐取之。其言伐取之何。據國言滅邑言取又徐人取舒不言伐〔疏〕注據國言滅○解云僖五年滅弦之屬是也○注又徐至言伐○解云在僖三年夏易也。其易奈何。因其力也。因誰之力。因宋人蔡人衛人之力也。載屬爲上三國所伐鄭伯無仁心因其困而滅之易若取邑故言取欲起其易因上伐力故同其文言伐就上載言取之也不月者移惡上三國○易以豉反下及注同屬音燭適也○〔疏〕注不月至三國○解云正以滅國例月故也○冬。十月。壬午。齊人鄭人入盛。日者盛魯同姓於隱篇再見人者明當憂錄之○入盛左氏作郕後皆放此〔疏〕注日者至錄之○解云正以入例時傷害多則月今此云日故解也云再見入者謂五年秋衛師入盛及此爲再入者也

十有一年。春。滕侯薛侯來朝。其言朝何。據內言如〔疏〕注據內言如○解云即成十三年春公如京師之屬是也諸侯來曰朝。大夫來曰聘。傳言來者解內外也春秋王魯王者無朝諸侯之義故內適外言如外適內言朝聘所以別外尊內也不言朝公者禮朝受之於大廟與聘同義○別彼列反〔疏〕注傳言來者解內外也春秋至外也○解云謂內鄉外不言來外鄉內乃言來今言諸侯來曰朝大夫來曰聘者據外鄉內言之故云解內外也○注與聘同義○解云即上七年夏齊侯使其弟年來聘注云不言聘公者禮聘受之於大廟孝子謙不敢以已當之歸美於先君是也其兼言之何。據鄧穀來朝不兼言朝〔疏〕注據鄧至言朝○解云桓七年夏穀伯綏來朝鄧侯吾離來朝是也微國也。略小國也稱侯者春秋託隱公以爲始受命王滕薛先朝隱公故褒之已於儀父見法復出滕薛者儀父盟功淺滕薛朝功大宿與微者盟功尤小起行之當各有差也滕序上者春秋變周之文從殷之質質家親親先封同姓○見法賢徧反年末注同復出扶又反下文不復注故復同○夏。五月。公會鄭伯于祁黎。○祁黎祁音巨之反又上之反黎音力兮反又力私反左氏作時來○秋。七月。壬午。公及齊侯鄭伯入許。日者危錄隱公也爲弟守國不尚推讓數行不義皇天降災諂臣進謀終不覺悟又復構怨入許危亡之釁外內並生故危錄之○爲弟于僞反年末注同數所角反釁許靳反〔疏〕注日者至降災○解云上二年夏五月莒人入向彼注云入例時傷害多則月此書日故決之○注諂臣進謀○解云上四年傳云百姓安子諸侯說子是也○冬。十有一月。壬辰。公薨。何以不書葬。據莊公書葬〔疏〕注據莊公書葬解云即閔元年夏六月辛酉葬我君莊公是也隱之也。何隱爾。弒也。爲桓公所弒○弒申志反注及下並同弒則何以不書葬。據桓公書葬〔疏〕注據桓公書葬○解云桓十八年冬十二月己丑葬我君桓公是也桓亦被弒而書葬故難之春秋君弒賊不討。不書葬。以爲無臣子也。道春秋通例與文武異〔疏〕注道春秋至武異○解云言文武之時周之盛德既無諸侯相犯寧有臣子弒君父者是以古典無責臣子討賊之義春秋撥亂而作時則有之因設其法故言與文武異子沈子曰。君弒。臣不討賊。非臣也。不復讎。非子也。葬。生者之事也。春秋君弒賊不討。不書葬。以爲不繫乎臣子也。子沈子後師明說此意者明臣子不討賊當絕君喪無所繫也沈子稱子冠氏上者著其爲師也不但言子曰者辟孔子也其不冠子者他師也○冠氏古亂反下同〔疏〕注沈子至師也○解云知子沈子爲已師者正以下文宣五年傳云子公羊子同故也○注不但至他師也○解云即昭十一年傳云子曰我乃知之矣之屬是也公薨何以不地。據莊公薨于路寢不忍言也。不忍言其僵尸之處○僵居良反處昌慮反〔疏〕注不忍至之處○解云不終天年者非人所欲故謂被殺之處爲僵尸之處讀如齊人強之強非強弱之強隱何以無正月。據六年輸平不易隱將讓乎桓。故不有其正月也。嫌上諸成公意適可見始讓不能見終故復爲終篇去正月明隱終無有國之心但桓疑而弒之公薨主書者爲臣子恩痛之他國自從王者恩例錄也○去起呂反〔疏〕注嫌上至錄也○解云即元年傳曰公何以不言即位成公意歸賵之下傳云然則何言爾成公意二年子氏薨之下傳云何以不書葬成公意五年考仲子之宮下傳云然則何言爾

成公意非止一處故言諸也以

公羊注疏卷三校勘記　阮元撰盧宣旬摘錄

監本附音春秋公羊注疏隱公卷第三　閩監毛本無監本附音四字下並準此

五年

春公觀魚于棠　釋文觀魚左氏作矢魚

登來之也　禮記大學一人貪戾注云戾之言利也春秋傳曰登戾之按古來讀若釐故以戾音相近

登讀言得來　按此當作登讀言得猶云登讀爲得也來當誤衍

張謂張罔罟障谷之屬也　閩監毛本同鄂本罔作網釋文障作鄣

棠者何濟上之邑也　隸釋載石經公羊殘碑此下直接下傳曷爲或言率師或不言率師無夏四月葬衛桓公秋衛師入盛十二字蓋古者經傳異本後儒有兩讀始合并之漢石經公羊有傳無經此漢以前舊式可考者

秋衛師入盛　唐石經諸本同釋文入盛左氏作郕

衛孫良夫伐廧咎如是也　鄂本以下同按成三年經作將咎如左氏作廧此誤

晉郤克衛孫良夫伐廧咎如是也　此本廧字剜改蓋本作將

分別之者責元帥　宋本同閩監毛本帥作率按釋文作元率云本又作帥此本率誤師今訂正

始祭仲子也　唐石經諸本同隸釋載漢石經無也字

注考宮者何　閩監本同毛本脫注何按本作傳是也

美哉倫焉美哉煥焉　閩監毛本倫作輪煥作奐禮記同

自陝而東者　唐石經諸本同毛本陝作陜與說文篆體合釋文陝失冉反一云當作郟古洽反王城郟鄏按此非何義

召公主之　唐石經諸本同釋文作邵公云又作召○按作邵乃俗字也

昉於此乎　唐石經諸本同隸釋載漢石經昉作放

傳云爾者解不託始也　宋本監本毛本同鄂本云作言此本閩本託誤訖今訂正

還從僭六羽議　閩監毛本同誤也鄂本議作讓當據正浦鏜云儀禮經傳通解引作讓

通流精神　鄂本作流通

鍾磬未曾離於庭　毛本鍾改鐘監本誤錘

殷曰大護　宋本閩監本同釋文亦作大護毛本作濩非也

舜時民樂其脩紀堯道也　閩監毛本同誤也鄂本紀作紹當據正浦鏜云儀禮經傳通解作紹○按以紹作部以同音爲訓詁也

周時民樂其伐討也　閩監毛本作伐紂

前此貶曷爲始乎此　浦鏜云則誤貶是也

今傳亦宜云前此則曷爲始乎此託始焉　閩監毛本焉下有爾字

而云僭諸公　閩本同監毛本改傳云非

是以不得復祭傳云　按祭當發之訛

其兼用之乎　浦鏜云下脫○

注故聞至性故　何校本作故聞至正性無故字是也

敬在貌是也　監本敬誤教

邾婁人鄭人伐宋　唐石經諸本同惠棟云邾婁人二傳作邾人

設苛令急治　疏及閩監毛本皆作急法此誤

据俠又未命也　鄂本無据疏中標注同此衍當刪正浦鏜云元年益師卒疏引此注亦無据字

六年

春鄭人來輸平　唐石經諸本同釋文輸平左氏作渝平

晉與鄭人末有成也　宋本閩本監本毛本同隸釋載漢石經無也字唐石經未作末誤何訓爲無則當作未此本下句亦譌作末有成

爲共國辭　段玉裁云疏云一箇人字兩國共有當是國共非共國也下注稱人共國辭者同誤

君不行使乎大夫此其行使乎大夫何　盧文弨曰唐石經及各本皆無上行字嚴杰曰下節疏及閔一年疏引皆有上行字

與寗戰辟內敗文是　閩監毛本同誤也鄂本是作異疏中引注同當據正

戰例時偏戰日　此本補刊偏誤徧今據宋本閩監毛本訂正

擅獲諸侯　閩監毛本同誤也鄂本上有明鄭二字當補正

等起不去師敗績者　毛本去誤云○按作去與成二字注合

夏五至則書　此本與唐石經同不分經傳故此節疏在此無事何以書節注下閩監毛本強分經傳後此疏於公會齊侯盟于艾下改夏五月至則書爲至于艾

四時具然後爲年　隸釋載漢石經後爲年下直接傳文外取邑不書此何以書久也下闕

敬授民時是也　浦鏜云尚書民作人按作人者係唐人避諱所改經傳子史皆引作民

七年

解云知如此注　閩監毛本注誤正

徒歸于鄶爾也是也　閩監毛本鄶作叔與十二年合

恒稱子起其微也　閩監本同毛本恒誤桓下齊侯恒在宋公之上同

共國辭　當作國共辭說見前

嗣子得以其禮祭　宋本閩監毛本同鄂本禮作祿

上問中上者何　諸本同定二年疏引此注問作言當據正下文云因言可證若作問則與指問邑也問字複矣

故因言何以書　定二年疏引此注故作欲當據正

至令大崩弛壞敗　諸本同鄂本弛作弛按釋文亦作崩弛○按弛俗

母兄稱兄　隸釋載漢石經母兄稱兄下接下傳凡伯者何之几字

公別同母者　閩監毛本同誤也宋本公作分釋文出分別二字當據以訂正

孝禮一法度　閩監毛本同誤也鄂本宋本孝作考當據正

古者諸侯有較德　惠棟云較讀爲覺詩曰有覺德行

尊大王命　宋本同閩監毛本大誤天

八年

無主者遇在其間　監毛本同誤也宋本閩本主作王當據正按解云若言八年春王宋公衛侯遇于垂即嫌桓王亦與之遇可證本作王也

鄭伯使宛來歸邴　唐石經諸本同釋文歸邴左氏作祊

當沐浴絜齊以致其敬　鄂本同閩監毛本絜改潔非釋文出絜齊二字

廣四十里袤四十二里　葉鈔釋文作廣卌袤卌○按漢石經論語有卌字說文無之惟林部森下云卌數之積也

歸格于禰祖　釋文格本又作假同禰本又作藝段玉裁云按作藝乃淺人用古文尚書改之也何所據者今文尚書其說六宗用今說可證也

解云惟是一字　○按一字當作也謂注中是也二字乃何休語自歲二月至用特則尚書語矣

以上皆堯典文也　閩監本同毛本改舜典孫志祖云枚賾尚書舜典在堯典內此引鄭氏注自不當據枚賾本作舜典也孔氏詩禮正義皆如此毛本誤改

五月不言於者　浦鏜云初誤於

以日伐故言我　閩監毛本同誤也鄂本日作兵當據正

而葬不告　隸釋載漢石經此下即接公曷爲與微者

侵小國之略　浦鏜云略疑作咎

公及莒人盟于包來　釋文包來左氏作浮來九經古義云古浮包字通漢書楚元王傳浮丘伯鹽鐵論作包丘按包聲浮聲古音同第三部

公曷爲與微者盟　唐石經諸本同漢石經微作微此隸之變體

莊公子彄卒　閩監毛本同誤也鄂本宋本莊作据疏中標注亦作据公子彄卒當據正

正以上二年師展無駭　浦鏜云年下脫師閩本師下剜擠云字監毛本排入

九年

雨當水雪雜下　宋本同閩監毛本水作冰經義雜記曰冰雪雜下漢志云水雪雜雨雨下也冰字訛鄭康成注禮記李巡郭璞注爾雅俱言水雪雜下矣

雷當聞於地中其雉雊　按解云一本云雷當聞於雉雊誤也武億云夏小正雉震呴傳正月必雷雷不必聞唯雉爲必聞之何以謂之雷則雉震呴相識以雷注文蓋本此疏既牽引非倫又云一本云雷當聞於雉呴誤皆謬言也

陽數可以極而不還國於桓之所致　按可字疑衍以已通補刊還作遷誤也今據閩監毛本訂正

假始怒也始怒甚猶大甚也　按此當作假始也始甚猶大甚也二怒字皆衍文釋文假甚尺叔反始也不云始怒也可證下文盛陰之氣大怒桓將怒而弒隱之象此因始甚之文申說之辭淺人蓋據此加怒字於上矣。按前說不然始甚則不得云猶大甚

平地七尺雪者　浦鏜云一誤七從六經正誤校

十年

明君子當犯而不校也　毛本校作技非疏何讀校爲交接之交言前爲鄭所獲於此不當交會也

謂校接之交不謂爲報也　按當作謂交接之交不爲報也

此公子翬也　隸釋載漢石經此上有十年二字蓋雖不載經猶紀某公年數以相識別考其殘碑可想見其全經體式也

甚魯因戰見移生事　閩監毛本同誤也鄂本移作利當據正

宋人蔡人衛人伐載　諸本同唐石經載字缺釋文無音按漢書五行志載作戴注引此經同師古曰戴國今外黃縣東南戴城是也讀者多誤爲載故隋室置戴州焉顏氏此條較之義疏釋文爲勝。按段玉裁云說文𢦔字注云𢦔故國在陳留則𢦔爲本字載爲假借字亦或作戴

十有一年

解內外也春秋至外也　閩監毛本作至內也按下五字衍何按本無

微國也　隸釋載漢石經殘碑國也下按何以不書葬

又復構怨入許　鄂本閩本同監毛本構作搆非

弒也弒則何以不書葬　唐石經諸本同漢石經弒皆作試釋文作殺也云申志反注及下並同九經古義云白虎通引春秋讖曰弒者試也欲言臣子殺其君父不敢卒候間司事可稍稍試之

不復讎　唐石經鄂本皆作子不復讎此脫子字毛本讎作讐非下並同。按左傳莊十二年正義困學紀聞七並有子字孫志祖說

以爲不繫乎臣子也　唐石經諸本同漢石經無以爲二字按無以爲二字詞意益堅決几云以爲者皆隱曲申明之意

子沈子後師　宋本閩監毛本同誤也蜀大字本作已師解云知子沈子爲已師者亦作已字當據正

据六年輸平不易　閩監毛本同誤也宋本鄂本作不月當據正

非止一處故言諸也以　何按本亦作一處此本一字損鈌閩監毛本改作此非也下句當作故以言諸也閩監毛本刪以字。按當作故以諸言也

監本附音春秋公羊注疏隱公卷第三終　蜀大字本春秋公羊傳第一鄂本同閩監毛本無之唐石經作春秋公羊卷第一卷首及餘卷準此

監本附音春秋公羊注疏桓公卷第四　起元年盡六年

何休學

元年。春。王正月。公即位。繼弒君。不言即位。此其言即位何。据莊公不言即位。繼弒申志反注皆同二年放此〔疏〕繼弒君不言即位。解云莊元年傳云繼弒君子不言即位而此不言子者欲見桓無臣子之道不念其君父故也寧知不由桓非隱子故不言子者正見僖元年傳云公何以不言即位繼弒君子不言即位此非子其稱子何臣子一例也正以僖是閔兄而言子故知桓公若有臣人之道言子矣。注据莊至即位。解云即莊元年經云元年春王正月不言公即位是也如其意也。弒君欲即位故如其意以著其惡直而不顯諱而不盈桓本貴當立所以爲篡者隱權立桓北面君事隱也即者就也先謁宗廟明繼祖也還之朝正君臣之位也事畢而反凶服焉。〔疏〕注直而至不盈。解云繼弒君者無即位之文今此書其即位直是桓弒但不顯道其弒故曰直而不顯也言諱而不盈者桓之弒隱是爲內諱而書其即位以見其弒不盈爲其諱文故曰諱而不盈也。注先謁至服焉。解云皆時王之禮也○三月。公會鄭伯于垂。桓公會皆月者危之也桓弒賢君篡慈兄專易朝宿之邑無王而行無仁義之心與人交接則有危也故爲臣子憂之不致之者爲下去王適足以起無王未足以見無王罪之深淺故復奪臣子辭成誅文也。爲下于僞反下爲告同去起呂反見賢遍反故復扶又反下同〔疏〕注桓公至危之也。解云即此文及下二年三月公會齊侯已下于稷三年春正月公會齊侯于嬴六年夏四月公會紀侯于成之屬是也而十年秋公會衛侯于桃丘弗遇不書月者彼是公欲要衛侯衛侯不肯見公以非禮動見拒有恥是以不復見其危矣。注不致至文也。解云即下二年注云凡致者臣子喜其君父脫危而至今不致之若其受誅殺故曰奪臣子辭成誅文也。○鄭伯以璧假許田。其言以璧假之何。據實假不當持璧也易之也。易之。則其言假之何。爲恭也。爲恭孫之辭復若暫假借之辭。孫音遜曷爲爲恭。據取邑不爲恭敬辭〔疏〕注據取至敬辭。解云即哀八年齊人取讙及僤之屬是有天子存。則諸侯不得專地也。許田者何。地皆不得專而此獨爲恭辭疑非凡邑故更問之魯朝宿之邑也。諸侯時朝乎天子。天子之郊。諸侯皆有朝宿之邑焉。時朝者順四時而朝也緣臣子之心莫不欲朝朝莫夕王者與諸侯別治勢不得自專朝故即位比年使大夫小聘三年使上卿大聘四年又使大夫小聘五年一朝王者亦貴得天下之歡心以事其先王因助祭以述其職故分四方諸侯爲五部部有四輩輩主一時孝經曰四海之內各以其職來助祭尚書曰羣后四朝敷奏以言明試以功車服以庸是也宿者先誡之辭古者天子邦畿千里遠郊五百里諸侯至遠郊不敢便入必先告至由如他國至竟而假塗也皆所以防未然謹事上之敬也王者以諸侯遠來朝亦加殷勤之禮以接之爲告至之須當有所住止故賜邑於遠郊

其實天子地諸侯不得專也桓公無尊事天子之心專以朝宿之邑與鄭背叛當誅故深諱使若暫假借之者不舉假爲重復舉上會者方諱言許田不舉魯無以起從魯假之也○朝朝上如字下直遥反莫音暮治直吏反背音佩凡背叛之類皆放此○〔疏〕注故即位至小聘○解云此孝經說文聘義亦云天子制諸侯比年小聘三年大聘相厲以禮也是與此合○注五年一朝○解云虞傳文○注尚書曰至庸是也○解云此逸書也言羣后四朝者謂諸侯順四時而朝也敷奏以言者謂諸侯來朝之時徧奏以言語也言明試以功者國功曰功謂明試以國事之功也言車服以庸者民功曰庸若欲賜車服之時以其治民之功高下矣○注宿者先誡之辭○解云宿可以轉訓爲肅也是以祭統云先期旬有一日宫宰宿夫人夫人亦散齊七日致齊三日鄭注云宫宰守宫官也宿讀爲肅肅猶戒也戒輕肅重是也

此魯朝宿之邑也。則曷爲謂之許田。諱取周田也。諱取周田。則曷爲謂之許田。繫之許也。曷爲繫之許。近許也。此邑也。其稱田何。田多邑少稱田。邑多田少稱邑。

分別之者古有分土無分民明當察民多少課功德○近附近之近別彼列反〔疏〕諱取周田也○解云謂魯人諱取周田而事用之近許也又云魯頌云居常與許復周公之宇以此言之似魯國界內舊自有許何言近許而繫之許也彼注云常許魯南鄙西鄙此在王圻之內則非此許也○田多至稱邑○解云田多邑少稱田者謂邑內家數少如此之時則稱田即此是也言邑多田少稱邑者謂邑內家數多而邑外之田頃畝少如此之時則稱邑即哀八年齊人取讙及闡是也○注分別至功德○解云知古有分土無分民者正以詩云誓將去汝適彼樂土論語云四方之民襁負其子而至矣皆是樂就有德之義故也

○夏。四月。丁未。公及鄭伯盟于越。

○越本亦作粵音同〔疏〕夏四月至于越○解云所以日者正以十年冬齊侯衛侯鄭伯來戰于郎相負故也

○秋。大水。何以書。記災也。

災傷二穀以上書災也經曰秋大水無麥苗傳曰待無麥然後書無苗是也先是桓篡隱百姓痛傷悲哀之心既蓄積而復專易朝宿之邑陰逆而與怨氣并之所致○以上時掌反凡言以上皆放此蓄勑六反〔疏〕注災傷至之邑○解云自經曰以下皆是莊七年傳文也彼傳云曷爲先言無麥而後言無苗一災不書待無麥然後書無苗彼注明君子云云至麥苗獨書者民食最重是也以此言之則知此經災傷二穀以上故不書穀名直言大水而已而莊二十八年經云冬築微大無麥禾不兼言大水者傳云冬既見無麥禾矣曷爲先言築微而後言無麥禾諱以凶年造邑也彼注云諱使若造邑而後無麥禾者惡愈也此蓋秋大水所傷就築微下俱舉水則嫌冬水者是也○注陰逆至所致○解云陰逆者專易朝宿之邑是怨氣者百姓痛傷悲哀之心是也

○冬。十月。

二年。春。王正月。戊申。宋督弒其君與夷。及其大夫孔父。

賢者不名故孔父稱字督未命之大夫故國氏之○〔疏〕及其大夫孔父○解云此經之下亦有注云賢者不名故孔父稱字督未命之大夫故國氏之者但考諸舊本悉無此注且與注違則知有者衍文也○

及者何。

以公夫人言及仲子微不得及君上下大夫言及知君尊亦不得及臣故問之〔疏〕注以公夫人言及○解云即僖十一年夏公及夫人姜氏會齊侯于陽穀是也○注仲子至及君○解云隱元年秋天王使宰咺來歸惠公仲子之賵傳云何以不言及仲子仲子微也彼注云比夫人微故不得並及公是也○注上下至問之○解云哀六年夏齊國夏及高張來奔是國夏上大夫高張下大夫

累也。

累累從君而死齊人語也

弒君多矣。舍此無累者乎。曰有。仇牧、荀息皆累也。舍仇牧、荀息無累者乎。曰有。

叔仲惠伯是也○舍此音捨下同〔疏〕仇牧至曰有○解云仇牧之事在莊十二年秋荀息之事在僖十年春○注叔仲惠伯是也○解云應在文十八年但成十五年傳乃言之

有則此何以書。賢也。何賢乎孔父。

据叔仲惠伯不賢○〔疏〕注据叔至不賢○解云成十五年傳云叔仲惠伯傅子赤者也文公死子幼公子遂謂叔仲惠伯曰君幼如之何願與子慮之叔仲惠伯曰吾子相之老夫抱之何君之有公子遂知其不可與謀退而殺叔仲惠伯弒子赤而立宣公彼注云殺叔仲惠伯不書者舉弒君爲重叔仲惠伯事與荀息相類不得爲累者有異也叔仲惠伯直先是殺爾不知荀息死之以此言之則叔仲惠伯不可與謀而見殺非衛君而死春秋不賢之是以不書故此注云叔仲惠伯不賢也○

孔父可謂義形於色矣。

○以稱字見先君死見先賢遍反下形見目見斥見見恩並同下悉薦反〔疏〕孔父至色矣○解云孔父事君之正義形見於顏色矣○

其義形於色奈何。督將弒殤公。孔父生而存。則殤公不可得而弒也。故於是先攻孔父之家。

大夫稱家父者字也禮臣死君字之以君得字之知先攻孔父之家○殤式羊反○〔疏〕注大夫稱家○解云即定十二年孔子行乎季孫三月不違曰家不藏甲邑無百雉之城是也○注父者字也○解云穀梁傳文○注禮臣至家○解云臣死君不名之稱謚若字也者出玉藻文

殤公知孔父死。已必死。趨而救之。皆死焉。

趨走也傳道此者明殤公知孔父賢而不能用故致此禍設使殤公不知孔父賢焉知孔父死已必死設使魯莊公不知季子賢焉知以病召之皆患安存之時則輕廢之急然後思之故常用不免○死焉於虔反注同○〔疏〕注設使至思之○解云莊公三十二年傳云莊公病將死以病召季子季子至授之以國政曰寡人即不起此病吾將焉致乎魯國云云是也○注故常用不免○解云謂宋殤公不免死魯莊公不免亂○

孔父正色而立於朝。則人莫敢過而致難於其君者。孔父可謂義形於色矣。

內有其義而外形見於顏色孔子曰君子正其衣冠尊其瞻視儼然人望而畏之是也重道義形於色者君子樂道人之善言及者使上及其君若附大國以名通明當封爲附庸不絕其祀所以重社稷之臣也督不氏者起馮當國不舉馮弒爲重者繆公廢子而反國得正故爲之諱也不得爲讓者死乃反之非所以全其讓意也○難乃旦反嚴魚檢反本又作儼重直用反故爲于僞反傳爲隱諱下注不爲諱爲後同〔疏〕注督不至諱也○解云春秋之內當國不氏者無知州吁之屬是也今宋督實戴公之孫而不言公孫者正欲起其取國與馮故也○注不得至意也○解云昭二十年傳云何賢乎公子喜時讓國也昭三十一年傳云何賢乎叔術讓國也繆公之傳不言讓國者死乃反之非所以全其讓意也

○滕子來朝。○三月。公會齊侯、陳侯、鄭伯于稷。以成宋亂。內大惡諱。此其目言之何。

目見也斥見其惡言成宋亂

遠也。所見異辭。所聞異辭。所傳聞異辭。

所以復發傳者益師以臣見恩此以君見恩嫌義異也所見之世臣子恩其君父尤厚故多微辭是也所聞之世恩王父少殺故立煬宮不日武宮日是也所傳聞之世恩高祖曾祖又少殺故子赤卒不日子般卒日是也○傳聞直專反注傳聞及下注傳之皆同以復扶又反下反復同少殺所介反下同煬餘亮反舊始彰反般音班〔疏〕注所以復發傳者○解云隱元年公子益師卒之下已有傳故言復矣○注益師至尤厚○解云彼以臣之故欲見臣恩之薄厚故曰以臣見恩也此以君之故欲見君恩之厚薄故曰以君見恩也○注故多微辭○解云定元年傳云定哀多微辭彼注云定公有王無正月不務公室喪失國寶哀公有黃池之會獲麟故言多是其定公有王無正月者爲微辭者即定公元年傳云定何以無正月正月者正即位也定無正月者即位後也彼注云雖書即位于六月實當如莊公有正月今無正月者昭公出奔國當絕定不得繼體奉正故諱爲微辭使若即位在正月後故不書正月是也其不務公室者即定二年冬十月新作雉門及兩觀其言新作之何脩大也脩舊不書此何以書譏何譏爾不務乎公室也彼注云務勉也不務公室亦可施於久不脩亦可施於不務如公室之禮微辭也者是也其喪國寶得爲微辭者定公八年盜竊寶玉大弓傳云寶者何璋判白彼注云不言璋言玉者起圭璧琮璜璋五王盡亡之也傳獨言璋者所以郊事天九重書大弓者使若都以國寶書微辭也謂之寶者世世保用之辭是也其黃池之會得爲微辭者哀十三年公會晉侯及吳子于黃池傳云其言及吳子何會兩伯之辭也不與夷狄之主中國則曷爲以會兩伯之辭言之重吳也曷爲重吳吳在是則天下諸侯莫敢不至也彼注云不書諸侯者爲微辭使若天下盡會之而魯侯蒙俗會之者惡愈是也其獲麟得爲微辭者哀十四年春西狩獲麟不言爲廣之將與不言爲周之將亡故得爲微辭也○注所聞至武宮日是也○解云立煬宮不日者即定元年九月立煬宮是也立武宮日者成十六年二月辛巳立武宮是也公羊之義失禮鬼神例日故言此○注所傳至卒日○解云子赤卒不日者文十八年冬十月子卒傳云何以不日隱之也何隱爾弒也弒則何以不日不忍言也注云所聞世臣子恩王父深厚故不忍言其日與子般異是也其子般卒日者莊三十二年冬十月乙未子般卒彼注云日者爲臣子恩錄之也殺不去日見隱者降子赤也者是

隱亦遠矣。曷爲爲隱諱。

据觀魚諱

隱賢而桓賤也。

宋公馮與督共弒君而立諸侯會於稷欲共誅之受賂使還令宋亂遂成桓公本亦弒隱而立君子疾同類相養小人同惡相長故賤不爲諱也古者諸侯五國爲屬屬有長二屬爲連連有帥三連爲卒卒有正七卒爲州州有伯也州中有爲無道者則長帥卒正伯當征之不征則與同惡當春秋時天下散亂保伍壞敗雖不誅不

爲成亂今責其成亂者疾其受賂也加以者辟直成亂也○令力呈反相長丁丈反下同帥所類反下同爲辛子忽反下皆同〔疏〕注据觀魚諱○解云隱五年春公觀魚于棠彼注云實譏張魚而言觀譏遠者恥公去南面之位下與百姓爭利匹夫無異故諱使若以遠觀爲譏者是也○注古者諸侯至有伯也○解云以王制及春秋說文○注加以至亂也○解云下十四年傳云以者何行其意也彼注云以已從人曰行言因國行宋意也今此言以成宋亂者若言公爲三國所以遂行其意而成宋亂非公本意故云加以者辟直成亂也○夏。四月。取郜大鼎于宋。此取之宋。其謂之郜鼎何。据莒人伐杞取牟婁後莒牟夷以牟婁來奔不繫杞也〔疏〕注据莒至杞也○解云隱四年莒人伐杞取牟婁昭五年莒牟夷以牟婁來奔是也器從名。從本主名名之地從主人。從後所屬主人器何以從名。地何以從主人。据錯〔疏〕注据錯○解云二理相違故謂之錯器之與人。非有即爾。即就也若曰取彼器與此人異國物凡人取異國物非就有取之者皆持以歸爲有爲後不可分明故正其本名〔疏〕非有即爾○解云謂非有就而有之爾宋始以不義取之。故謂之郜鼎。宋始以不義取之不應得故王之謂之郜鼎如以義應得當言取宋大鼎郜本所以有大鼎者周家以世孝天瑞之鼎以助享祭諸侯有世孝者天子亦作鼎以賜之禮祭天子九鼎諸侯七卿大夫五元士三也〔疏〕宋始至取之○解云謂滅郜取之也○注如以義應得者解云謂若天賜之也○注周家至享祭者解云謂殷衰之時鼎沒于泗水及武王克殷之後鼎乃出見故漢書云鼎於周出是也○注禮祭至三也○解云春秋說文而膳夫云王日一舉鼎十有二物何氏不取也而士冠禮士喪禮皆一鼎者士冠士喪略於正祭故也至乎地之與人。則不然。凡取地皆就有之與器異也俄而可以爲其有矣。俄者謂須臾之間制得之頃也諸侯土地各有封疆里數今日取之然後王者起興滅國繼絕世反取邑不嫌不明故卒可使以爲其有不復追錄繫本主○疆居良反然則爲取可以爲其有乎。爲取恣意辭也弟子未解故云爾○解音蟹曰否。何者。何者將設事類之辭若楚王之妻媦。無時焉可也。媦妹也引此爲喻者明其終不可名有也經不正者從可知省文也○媦音胃妹也〔疏〕若楚王可也○解云媦音于貴反以妹爲妻終無可時也似若器從今主之名地取便爲已有亦無可時故言此也本更散亡難可推據未知此君名號云何○注明其至有也○解云若作名字言器不可從今主之名地不可作後主之有也考諸古本名作多字雖恣意取之亦不得多有也若如此解以覆上爲取之義矣○注經不至文也○解云地不得爲今主之有而經不繫本國以正之者從可知省文戊申。納于大廟。何以書。譏。何譏爾。遂亂受賂。納于大廟。非禮也。納者入辭也周公稱太廟所以必有廟者緣生時有宮室也孝子三年喪畢思念其親故爲之立宗廟以鬼享之廟之爲言貌也思想儀貌而事之故曰齊之日思其居處思其笑語思其志意思其所樂思其所嗜祭之日入室

僾然必有見乎其位周旋出入肅然必有聞乎其容聲出戶而聽愾然必有聞乎其歎息之聲孝子之至也質家右宗廟上親親文家右社稷尚尊尊○大廟音泰下及注同嗜市志反僾音愛又烏政反愾苦愛反〔疏〕注納者入辭也○解云即莊九年傳云納者何入辭也是也○注故爲至享之○解云孝經文○注故曰至所嗜○解云皆祭義文也彼注云所嗜素所欲飲食是也○注祭之至之聲○解云亦祭義文彼注云周還出戶謂薦設時也無尸者闔戶若食間則有出戶而聽之是也○注質家至尊尊○解云春秋說文祭義篇末云建國之神位右社稷而左宗廟所謂一隅也○秋。七月。紀侯來朝。稱侯者天子將娶於紀與之奉宗廟傳之無窮重莫大焉故封之百里月者明當尊而不臣所以廣孝敬蓋以爲天子得娶庶人女以其得專封也〔疏〕注稱侯至百里解云知天子將娶於紀者正以下八年冬遂逆王后于紀九年春紀季姜歸于京師之文也知其元非大國者正以隱二年紀子伯莒子盟于密伯子並稱之故知此侯非本爵也知非暫得褒賞而已而知封之百里者正以自今以後恒稱侯故也即下六年夏公會紀侯于成十三年春公會紀侯鄭伯之屬是也○注月者至孝敬○解云凡朝例時以其尊而不臣故書月令與朝異○注蓋以至封也○解云此欲道諸侯不得專封是以不取于大夫以下即文四年夏逆婦姜于齊略之也彼注云賤非所以奉宗廟故略之是也○蔡侯鄭伯會于鄧。離不言會。此其言會何。据齊侯鄭伯如紀二國會曰離二人議各是其所是非其所非所道不同不能決事定是非立善惡不足采取故謂之離會〔疏〕注据齊至離會○解云五年齊侯鄭伯如紀當時紀不與會是以齊侯鄭伯爲離會也但離不言會故變言如矣蓋鄧與會爾。時因鄧都得與鄧會自三國以上言會者重其少從多也能決事定是非立善惡尚書曰三人議則從二人之言蓋取諸此○與會音預〔疏〕注尚書至之言解云洪範文○九月。入杞。○公及戎盟于唐。不日者戎怨隱不反國善桓能自復翕然相親信○冬。公至自唐。致者君子疾賢者失其所不肖者反以相親榮故與隱相違也明前隱與戎盟雖不信猶可安也今桓與戎盟雖信猶可危也所以深抑小人也凡致者臣子喜其君父脫危而至〔疏〕注故與隱相違也○解云即隱二年秋八月公及戎盟于唐不書致故也○注明前至安也○解云隱公之盟書日故言不信也不書致故言猶可安○注今桓至而至○解云不日故爲信書致故言危也三年。春。正月。公會齊侯于嬴。無王者以見桓公無王而行也二年有王者見始也十年有王者數之終也十八年有王者桓公之終也明終始有王桓公無之爾不就元年見始者未無王也二月非周之正月所以復去之者明春秋之道亦通於三王非主假周以爲漢制而已○嬴音盈以見賢偏反下并年末以見同復扶又反下同去起呂反〔疏〕注二年至始也○解云即二年春王正月戊申宋督弒其君與夷是也○注十年至終也○解云即十年春王正月庚申曹伯終生卒是○注十八年至終也○解云即十八年春王正月公會齊侯于濼是也○注不就至始者○解云元年春王正月初即位之時自知已篡弒懼見討未敢無王是以春秋於正月之際不得見始須臾之後還復爲惡擅易天子之田傲然無憚故至二年正月言王以見始○注二月無王○解云即七年二月

己亥焚咸丘十有三年春二月公會紀侯鄭伯云十五年春二月天王使家父來求車之屬是也○夏。齊侯衛侯胥命于蒲。胥命者何。相命也。胥相也時盟不歃血但以命相誓○歃本又作歃所洽反又所甲反〔疏〕胥命者何○解云春秋上下更無胥命之文故執不知問○注時盟至相誓○解云亦相誓勑但不歃血而已故謂之盟也何言乎相命。据盟亦相命不道也近正也。以不言盟也○近正附近之近下及注同〔疏〕近正也○解云古者不盟而言近正雖不歃血○雖誓勑不若古者結言而退故言近正而已此其爲近正奈何。古者不盟。結言而退。善其近正似於古而不相背故書以撥亂也○背音佩○六月。公會紀侯于盛。盛音成○秋。七月。壬辰。朔。日有食之。既。既者何。盡也。光明滅盡也是後楚滅鄧穀上僭稱王故尤甚也楚滅鄧穀不書者後治夷狄〔疏〕既者何○解云與例不同故執不知問○注是後楚滅鄧穀○解云即下七年夏穀伯綏來朝鄧侯吾離來朝傳云皆何以名失地之君也是也○注上僭稱王○解云春秋說云桓三年秋七月壬辰朔日有食之既其後楚僭號稱王滅穀鄧政教陵遲是也○公子翬如齊逆女。○九月。齊侯送姜氏于讙。何以書。譏。何譏爾。諸侯越竟送女。非禮也。以言姜氏也禮送女父母不下堂姑姊妹不出門○讙呼官反〔疏〕注以言姜氏也○解云讙若齊地宜言齊侯送孟姜于讙今言姜氏故知越竟也○注禮送至出門○解云時王之禮此入國矣。何以不稱夫人。据讙魯地自我言齊。恕己以及人也父母之於子。雖爲鄰國夫人。猶曰吾姜氏。所以崇父子之親從父母辭不言孟姜言姜氏者從魯辭起魯地〔疏〕猶曰吾姜氏○解云若有言孟姜者孟爲伯字也○注從父至魯地○解云孟姜者即詩云彼美孟姜正謂此也孟字亦有作季字者誤也○公會齊侯于讙。夫人姜氏至自齊。翬何以不致。据遂以夫人婦姜至自齊致〔疏〕注据遂至齊致○解云在宣元年得見乎公矣。本所以致夫人者公不親迎有危也翬當并致者翬親迎重在翬也上會讙時夫人以得見公得禮失禮在公不復在翬故不復致不就讙上致者婦人危重故据都城乃致也月者爲夫人至例危重之○親迎魚敬反下同爲夫于僞反下同〔疏〕注不就至乃致○解云若就讙致即鄉者至讙之時書之宜在公會齊侯于讙上○注月者至重之○解云即宣元年三月遂以夫人婦姜至自齊成十四年九月僑如以夫人婦姜氏至自齊是也○冬。齊侯使其弟年來聘。○有年。有年何以書。以喜書也。方分別問大有年故不但言何以書○別彼列反大有年何以書。亦以喜書也。此其曰有年何。僅有年也。僅猶劣也謂五穀多少皆有不能大成熟○僅其靳反劣也〔疏〕注謂五至成熟

解云舊本如是其穀下云皆有不能大成熟多少二字或衍文也若必存字解之多謂麥禾少謂豆之屬是事皆有但不能大熟也**彼其曰大有年何。**問宣十六年也**大豐年也。**謂五穀皆大熟成**僅有年。亦足以當喜乎。恃有年也。**恃賴也若桓公之行諸侯所當誅百姓所當叛而又元年大水二年耗減民人將去國喪無日賴得五穀皆有使百姓安土樂業故喜而書之所以見不肖之君爲國无危又明爲國家者不可不有年○行下孟反耗減呼報反下佳斬反喪息浪反

四年。春。正月。公狩于郎。狩者何。田狩也。田者蒐狩之揔名也古者肉食衣皮服捕禽者故謂之田取獸于田故曰狩易曰結繩罔以田魚○狩手又反冬獵也〔疏〕狩者何○解云正以春而言狩故執不知問○注田者蒐狩之揔名也○解云即尚書云文王不敢盤于遊田○注古者肉食衣皮服捕禽獸故謂之田取獸于田故曰狩易曰結繩罔以田魚○解云此古者謂三皇之時也故禮運追三皇時云昔者先王未有火化食草木之實鳥獸之肉飲其血茹其毛未有麻絲衣其羽皮後聖有作然後脩火之利治其麻絲以爲布帛以養生送死以事鬼神又下繫辭云黃帝堯舜垂衣裳而天下治彼注云始去羽毛故鄭注易說云古者田漁而食之因衣其皮先知蔽前後知蔽後後王易之以布帛而猶存其蔽前者重古道不忘本以此言之則黃帝以後始有火化而去毛羽則此古者三皇時可知**春曰苗。**苗毛也明當見物取未懷任者〔疏〕春曰苗○解云周禮春田謂之蒐何氏所不取**秋曰蒐。**蒐簡擇也簡擇幼稚取其大者○曰廋本又作摉亦作蒐所求反簡擇也**冬曰狩。**狩猶獸也冬時禽獸長大遭獸可取不以夏田者春秋制也以爲飛鳥未去於巢走獸未離於穴恐傷害於幼稚故於苑囿中取之○長丁丈反年未同離力智反囿音又〔疏〕注不以至制也○解云正以周禮四時皆田故也**常事不書。此何以書。譏。何譏爾。遠也。**以其地遠禮諸侯田狩不過郊〔疏〕注以其至遠也○解云十年冬齊侯衛侯鄭伯來戰于郎傳云郎者何吾近邑莊三十一年春築臺于郎傳云何以書譏何譏爾臨民之漱浣也以此言之則郎爲近邑言遠也者益以郎邑在郊內其屬地在郊外若據邑言之則爲近若據地言之則爲遠也故哀十一年左氏郊之戰檀弓謂之戰于郎也者是郎邑在郊內之證也則此言狩于郎者據郊外屬地言之故言遠是以此注云以其地遠禮諸侯田狩不過郊下五年大雩之下注云去國遠狩是也而舊云以其云大野遠故言遠者非**諸侯曷爲必田狩。**據有圍也〔疏〕注據有圍也○解云即成十八年築鹿囿之屬是也**一曰乾豆。**一者第一之殺也自左膘射之達於右髃心中死疾鮮絜故乾而豆之中薦於宗廟豆祭器名狀如鐙天子二十有六諸公十有六諸侯十有二卿上大夫八下大夫六士二○左膘眦小反又扶了反上倉云小腹兩邊肉下說文云脊後辟前肉射之食亦反下同右髃本又作腢魚俱反又五苟反說文云肩前也字林云肩前兩乳骨也五户反中心丁仲反下同鐙都鄧反又音登〔疏〕注自左至如鐙○解云時王之禮古制無文○注天子至士二○解云自下大夫六以上禮器文也其士三者何氏左之案聘禮致饔餼于上大夫堂上八豆設于房西則知此者堂上豆數也公食大夫禮曰宰夫自東房薦豆六設于醬東則食下大夫之禮而豆六則知食卿上大夫亦八明矣周禮公之豆四十侯伯之豆三十有二子男之豆二十有四者蓋普言之**二曰賓客。**二者第二之殺也自左膘射之達於右脾達心死難故以爲賓客○遠于萬反〔疏〕二曰賓客○解云言以爲賓俎實爲猶作也**三曰充君之庖。**充備也庖廚也三者第三之殺也自左膘射之達于右髃中腸胃污泡死遲故以充君之庖廚已有三牲必田狩者孝子之意以爲已之所養不如天地自然之牲逸豫肥美禽獸多則傷五穀因習兵事又不空設故因以捕禽獸所以共承宗廟示不忘武備又因以爲田除害狩例時此月者譏不時也周之正月夏之十一月陽氣始施鳥獸懷任草木萌牙非所以養微○庖步苞反左脾方爾反又步啓反股外也本又作膘右髃羊紹反字林子小反一本作肶音賢泡普交反又百交反捕音步本又作搏音博又音付共音恭爲田于僞反下音同〔疏〕注狩例時○解云即莊四年冬公及齊人狩于郜僖二十八年冬天王狩于河陽是也○注此月者至養微○解云在哀十四年孔子欲夏之孟冬以爲田狩之月

夏。天王使宰渠伯糾來聘。宰渠伯糾者何。天子之大夫也。其稱宰渠伯糾何。据劉卷卒氏采不名且字○糾居黝反氏采七代反後放此〔疏〕宰渠伯糾者何○解云欲言微者而經稱伯欲言尊卿連名言之故執不知問○注据劉至且字○解云在定四年也劉是其采卷是名也**下大夫也。**天子下大夫繫官氏名且字繫官者卑不得專官事也稱伯者上敬老也上敬老則民益孝上尊齒則民益弟是以王者以父事三老兄事五更食之於辟雍天子親袒而割牲執醬而饋執爵而酳冕而揔干率民之至也先王之所以治天下者有五貴有德爲其近於道也貴貴爲其近於君也貴老爲其近於父也敬長爲其近於兄也慈幼爲其近於子也弟也禮君於臣而不名者有五諸父兄不名經曰王札子是也詩曰王謂叔父是也上大夫不名祭伯是也盛德之士不名叔肸是也老臣不名宰渠伯糾是也下去二時者桓公無王而行天子不能誅反下聘之故爲貶見其罪明不宜○弟大計反更音庚食音嗣辟必亦反袒音但饋其媿反酳以刃反又士刃反其近附近之近下同札側八反肸許乙反去起呂反見賢遍反〔疏〕注天子至益弟○解云言繫官以爲氏渠是名糾是且字也○注是以至之至也○解云祭義云食三老五更於大學天子親袒而割牲執醬而饋執爵而酳冕而揔干所以教諸侯之弟也鄭注云割牲制俎實也冕而揔干親在舞位以樂侑食也教諸侯之弟次事親是也樂記亦有此文○注先王至弟也○解云皆祭義文也○注禮君至是也○解云皆何氏之意故皆取經以當之○注諸父至是也○解云宣十五年王札子殺召伯毛伯傳云王札子者何長庶之號也注云天子之庶兄札者冠且字也禮天子庶兄冠而不名所以尊之是也○注上大夫至是也○解云隱元年祭伯來傳云祭伯者何天子之大夫也是也○注盛德至是也○解云宣十七年公弟叔肸卒彼注云稱字者賢之宣公篡立叔肸不仕其朝不食其祿終身於貧賤故孔子曰篤信好學守死善道危邦不入亂邦不居天下有道則見無道則隱此之謂也是○注老臣至不宜○解云渠是其名而言不名者謂計其官爵之時實合氏官名而且字但以其年老故兼稱伯示有不名之義也故知之矣

五年。春。正月。甲戌。己丑。陳侯鮑卒。曷爲以二日卒之。怴也。怴者狂也齊人語○怴呼述反狂也齊人語**甲戌之日亡。己丑之日死而得。君子疑焉。故以二日卒之也。**君子謂孔子也以二日卒之者闕疑〔疏〕注君子至闕疑○解云正以哀十四年傳云君子曷爲爲春秋故也**○夏。齊侯鄭伯如紀。外相如不書。此何以書。**据蔡侯東國卒于楚不言如也〔疏〕注据蔡至如也○解云在昭二十三年夏也案襄二十六年許男甯卒于楚在蔡侯之前而不據之者科取一以當之不以後見義或者正以蔡是大國齊之類故取之**離不言會。**〔疏〕時紀不與會故略言如也春秋始錄內小惡書內離會略外小惡不書外離會至所聞之世著治升平內諸夏而詳錄之乃書外離會嫌外離會常書故變文見意以別嫌明疑○與音預治直吏反見賢遍反下文注並同別彼列反〔疏〕○注書內離會者○解云即隱二年公會戎于潛是也○注不書外離會者○解云即此文變會言如是也○注乃書外離會○解云即宣十一年晉侯會狄于攢函是也○注嫌外至明疑○解云若不載此事以略言如則嫌所傳聞之世合書外離會但遇無之而已故曰嫌外離會常書也故書而世變其文見所傳聞之世不書外離會之意故曰變文見意也所以別其嫌而明其疑故曰以別嫌明疑也**○天王使仍叔之子來聘。仍叔之子者何。天子之大夫也。其稱仍叔之子何。**据宰渠氏官武氏子不稱字又不加之尹氏不稱子〔疏〕仍叔之子者何○解云欲言大夫而文言之子欲言未仕而天王使之故執不知問○注据宰渠氏官○解云即上四年夏天王使宰渠伯糾來聘是也○注武氏至不加之○解云即隱三年秋武氏子來求賻是也○注尹氏不稱子○解云即隱三年夏四月辛卯尹氏卒是也**譏。何譏爾。譏父老子代從政也。**禮七十縣車致仕不言氏者起父在也加之者起子辟一人○縣音玄〔疏〕注禮七十縣輿致仕○解云案春秋說文謂之縣輿者淮南子曰日至於悲谷是謂晡時至於淵隅是謂高春至於連石是謂下春至於悲泉爰止其女爰息其馬是謂縣輿舊說云日在縣輿一日之暮人年七十亦一世之暮而致其政事於君故曰縣輿致仕也亦有作車字者○注不言至在也○解云言仍氏子則與武氏子文同嫌亦無父故曰起父在○注加之至一人○解云若言仍叔子則與僖三十三年百里子與蹇叔子之類是一人故曰加之者起子辟一人**○葬陳桓公。**不月者責臣子也知君父有疾當營衛不謹而失之也傳曰葬生者之事〔疏〕注不月至之也○解云正以卒日葬月乃是大國之例今書時故决之○注傳曰至之事○解云隱十一年傳文**○城祝丘。○秋。蔡人衛人陳人從王伐鄭。其言從王伐鄭何。**据河陽舉王狩別出朝文不連王○王師不道所加○從王如字又才用反下及注同〔疏〕注據河至連王○解云僖二十八年冬公會晉侯以下于溫天王狩于河陽壬申公朝于王所彼舉王狩此不舉之彼別出公朝之文其文不連上王今言從王伐鄭經連王言之故難之○或者上會于溫諸侯之文連王言之○注王師不道所加○解云成元年秋王師敗績于貿戎注不道伐某今言伐鄭故難之**從王**

正也。美其得正義也故以從王征伐録之蓋起時天子微弱諸侯背叛莫肯從王者征伐以善三國之君獨能尊天子死節稱人者刺王者也天下之君海内之主當秉綱撮要而親自用兵故見其微弱僅能從微者不能從諸侯猶莒稱人則從不疑也不使王者首兵者本不爲王舉也知實諸侯者以美得正○撮七活反不爲于僞反下所爲與爲六年同〈疏〉注猶莒至疑也○解云即隱八年公及莒人盟于包來傳曰公曷爲與微者盟稱人則從不疑也注云從者隨從也實莒子也言莒子則嫌公行微不肖諸侯不肯隨從公盟而公反隨從之故稱人則隨從公不疑矣是也○注不使至得正○解云若使王者首兵宜言王以蔡人衞人陳人伐鄭似若僖二十六年公以楚師伐齊取穀然○大雩。大雩者何。旱祭也。雩旱請雨祭名不解大者祭言大雩大旱可知也君親之南郊以六事謝過自責曰政不一與民失職與宮室榮與婦謁盛與苞苴行與讒夫倡與使童男女各八人舞而呼雩故謂之雩不地者常地也○一與音餘下同苴子餘反〈疏〉注君親至責曰○解云皆韓詩傳文○注政不一與○解云謂政不專一出自權臣之門○注民失職與○解云謂廢其農業○注宮室榮與○解云謂若丹楹刻桷之屬○注婦謁盛與○解云謂阿請亂國○注苞苴行與○解云謂受人之饋政以賄成○注讒夫倡與○解云謂若魯任鄭瞻○注使童至之雩○解云論語云冠者五六人童子六七人與此異者彼言暮春者春服既成明魯人正雩故其數少復不言男女今此書見于經非正雩也凡脩雩者皆爲旱甚而作之故其數多又兼男女矣是以司巫職曰若國大旱則率巫而舞雩是也○春秋說云冠者七八人童子八九人者蓋是天子雩也○注不地者常地也○解云謂在魯城南沂水上然則何以不言旱。據日食鼓用牲于社〈疏〉注據日至于社○解云莊二十五年經彼舉日食乃言鼓用牲于社此不言旱直言大雩故據難之言雩。則旱見。言旱。則雩不見。從可知故省文也日食獨不省文者與大水同禮若但言鼓用牲則不知其所爲必見雩者善其能戒懼天災應變求雨憂民之急也○應應對之應下同〈疏〉注與大至急也○解云諸言日食與大水皆鼓○用牲也即莊二十五年秋大水鼓用牲于社是也何以書。記災也。旱者政教不施之應先是桓公無王行比爲天子所聘得志益驕去國遠狩大城祝丘故致此旱〈疏〉注比爲天子所聘○解云即注四年夏天王使宰渠伯糾來聘是也○注去國遠狩○解云即四年春公狩于郎是也○注大城祝丘○解云在今年夏正以大崩壞敗然後發衆城之故曰大城○螽。何以書。記災也。螽者煩擾之所生與上旱同說○螽音終本亦作蟊說文蟊或蚤字○冬。州公如曹。外相如不書。此何以書。過我也。爲六年化我張本也傳不言化我者張本非再化也稱公者申其尊起其慢責無禮○過古禾反又古臥反〈疏〉注稱公至無禮○解云天子三公稱公王者之後稱公州國非此二者必非是公但今過魯自尊若公故如其意書之曰公以起其無禮也但諸文不知本爵是何諸家之意左氏已具也六年。春。正月。寔來。寔來者何。猶曰是人來也。猶曰是人來不録何等人之辭○寔市力反〈疏〉寔來者何○解云不書其人而經言寔來故執不知問孰

謂。謂州公也。以上如曹書曷爲謂之寔來。慢之也。曷爲慢之。據葵丘之盟日化我也。行過無禮謂之化齊人語也諸侯相過至竟必假塗入都必朝所以崇禮讓絕慢易戒不虞也今州公過魯都不朝魯是慢之爲惡故書寔來見其義也月者危録之無禮之人不可備責之○易以豉反見其賢徧反下見無正同〈疏〉注據葵至盟日○解云僖九年九月戊辰諸侯盟於葵丘傳云桓之盟不日此何以日危之也何危爾桓公震而矜之叛者九國震之者何猶曰振振然注云亢陽之貌矜之者何猶曰莫若我也注云色自美大之貌然則桓公振矜慢人而書日危之本魯慢州公非敬逆之道是以據而難之○注行過至義也○解云今州公過魯而慢之傳言化我故知化我是行過無禮之言是以哀六年傳云陳乞曰常之母有魚菽之祭願諸大夫之化我也諸大夫皆曰諾於是皆之陳乞之家亦是行過無禮之事○注月者至責之○解云凡朝例時此不朝故書月以見危不書日以見其危者無禮之人不可備責故也○夏。四月。公會紀侯于成。○秋。八月。壬午。大閱。大閱者何。簡車徒也。大簡閱兵車使可任用而習之○閱音悅任音壬〈疏〉大閱者何○解云欲言習兵而不言狩欲言他事而經書大閱故執不知問何以書。蓋以罕書也。罕希也孔子曰以不教民戰是謂棄之故比年簡徒謂之蒐三年簡車謂之大閱五年大簡車徒謂之大蒐存不忘亡安不忘危不地者常地也蒐例時此日者桓既無文德又忽忘武備故尤危録〈疏〉何以至書也○解云大閱之禮三年一爲桓公忽忘武備過於三年是以書之○注孔子至弃之○解云何氏之意與鄭別○注故比至之蒐○解云即昭八年秋蒐于紅之屬是也○注三年至大閱○解云此文是也○注五年至大蒐○解云即定十四年大蒐于比蒲之屬是也知其年數者漢禮猶然○注不地者常地也○解云蓋在郊内而賈注經云簡車馬于廟也者何氏不取也○注蒐例時者昭八年秋蒐于紅定十四年夏大蒐于比蒲之屬是也○注此日至危録○解云例合書時而乃書日故以爲尤危録也蔡人殺陳佗。陳佗者何。陳君也。以躍卒不書葬也○佗大阿反〈疏〉陳佗者何○解云欲言陳君經不書爵欲言大夫又不言氏故執不知問○注以躍至葬也○解云十二年八月壬辰陳侯躍卒注云不書葬者佗子也佗不稱侯者嫌貶在名例不當絕故復云躍葬也是以昭十一年楚師滅蔡執世子有以歸用之傳云此未踰年之君也其稱世子何不君靈公不成其子也不君靈公則曷爲不成其子誅君之子不立以此言之正由陳佗不君而見絕故去其子葬是以故不以躍不書葬知佗是陳君若其不然不知陳侯躍何以不書葬矣陳君。則曷爲謂之陳佗。據殺蔡侯般不言蔡般○侯般音班〈疏〉注據殺至蔡般○解云昭十一年楚子虔誘蔡侯般殺之於申是也絕也。絕者國當絕曷爲絕之。據戕鄫子不絕○戕在良反鄫才陵反〈疏〉注據戕至不絕○解云宣十八年邾婁人戕鄫子稱子而不名是也賤也。其賤奈何。外淫也。惡乎淫。惡乎猶於何也○惡音烏烏乎猶於何也注同淫于蔡。蔡人殺之。蔡稱人者與使得討之故從討賊辭也賤而去其爵者起其見

畢賤猶律文立子姦母見乃得殺之也不月不書葬者從賤文○去起呂反〈疏〉注猶律至之也解云猶言對子姦母也○注不日至賤文○解云陳佗是君而見弒例合書日即隱四年戊申衛州吁弒其君完之屬是也君被外國殺者不責臣子不討賊例合書葬即桓十八年葬我君桓公是也今不書日不書葬者從賤文故也○九月。丁卯。子同生。子同生者孰謂。謂莊公也。以夫人言同非吾子○嚴公音莊本亦作莊案後漢諱莊改爲嚴〈疏〉子同生者孰謂○解云春秋之内魯侯多矣皆不書生今特書故問爲誰○注以夫至吾子即莊元年傳云夫人譖公于齊侯公曰同非吾子齊侯之子也者是也正以道公疑非己子則是其長子同既繫體是常故知莊公也何言乎子同生。據君存稱世子子般不言生〈疏〉注據君至言生○解云莊三十二年冬十月乙未子般卒傳云子卒云子卒此其稱子般卒何君存稱世子君薨稱子某既葬稱子踰年稱公是也喜有正也。喜國有正嗣未有言喜有正者。此其言喜有正何。久無正也。子公羊子曰。其諸以病桓與。其諸辭也本所以書莊公生者感隱桓之禍生於無正故喜有正而不以世子正稱書者明欲以正見無正疾惡桓公日者喜録之禮生與來日死與往日各取其所見日也禮世子生三日卜士負之寢門外以桑弧蓬矢射天地四方明當有天地四方之事三月君名之大夫負朝于廟以名徧告之○桓與音餘稱尺證反惡烏路反射食亦反徧音遍〈疏〉注而不至桓公○解云若以正稱書宜言世子同生也同實世子而不以正稱書之是其以正見無正之義桓由不正而篡弒故曰疾惡桓公也○注日者至日也○解云與由數也由生數來日故書丁卯而録之凡人謂方至爲來已過爲往故云生與來日死與往日也鄭注曲禮上篇云生數來日謂成服杖以死明日數也死數往日謂殯斂以死日數也者與何氏異○注禮世至告之○解云皆出内則文也○冬。紀侯來朝。朝聘例時

公羊注疏卷四校勘記　阮元撰盧宣旬摘録

監本附音春秋公羊注疏桓公卷第四

春秋公羊經傳解詁桓公第二　釋文但題桓公第二四字

元年

繼弒君不言卽位此此其言卽位何　補案此字誤重

繼弒君子不言卽位　何校本無繼字與莊元年傳合

不致之者　昭廿六年疏引此無之字非成十年疏引此有之

爲下去王　宋本閩本同毛本去王誤于上監本王誤上去字不誤昭廿六年疏引此正作爲下去王

由如他國至竟而假塗也　宋本同閩監毛本塗作途

爲告至之須　閩監毛本同誤也宋本須作頃當據正按二年注云俄者謂須臾之間創得之頃也頃字

正此意

此逸書也段玉裁云按逸書二字當作堯典文三字

近許也又云浦鏜云當作○近許也○解云

此蓋秋大水所傷今注無大字

二年

賢者不名故孔父稱字督未命之大夫故國氏之疏本無此注與何義不合當是別家注竄入者解云考諸舊本悉無此注且與注違則知有者衍文也按與注違者注云督不氏者起馮當國此云未命之大夫故國氏之是與注違也

直先是殺爾浦鏜云見誤是按浦說是也成十五年注作見

其義形於色奈何唐石經諸本皆作奈非鄂本作柰三年同

督將弒殤公唐石經督作督五經文字云說文從目隸省从日

故於是先攻孔父之家唐石經於字磨改重刻

注禮臣至家按當作至之家

言及者使上及其君何煌云言及者以下九十九字當在經下僖十年疏可據宋鄂本亦誤浦鏜云言及者三十三字當在經下從僖十年疏按此注舊本皆在傳末何氏終言之也此類注中甚多不得以僖十年疏引在經下便輒為移置○按何注本有傳無經何注傳而不注經故知何煌浦鏜皆誤會也

所見異辭所聞異辭所傳聞異辭唐石經原刻無第三所字後磨改補入隸釋載石經殘碑曰桓公二年顏氏有所見異辭所聞異以下缺然則熹平立石者為嚴氏春秋於此無所見異辭三句何氏所注者為顏氏春秋於此有之漢石經於碑末列其同異按無此三句則遠也隱亦遠矣文相承有則與哀十四年傳複出矣

欲見君恩之厚薄閩監毛本皆作薄厚此誤倒

其喪國寶得為微辭者浦鏜云喪下脫失

成十六年二月浦鏜云十衍文是也

隱賢而桓賤也唐石經鄂本宋本閩本同監毛本賤改賊石經考文提要云宋景德本鄂件官書本明閩齊伋本皆作桓賤○按漢書五行志曰痛隱而賤桓且注云賤不為諱則作賤可知

故王之謂之郜鼎閩監毛本王作主皆誤也鄂本作正當據改

制得之頃也閩監毛本同宋本制作創

明其終不可名有也解云考諸古本名作多字○按作名是終不可名有猶云終不可為有此專以地言不如疏所說

難可推據閩本同監毛本作指據非

周旋出入鄂本以下同按禮記作出戶

慨然必有聞乎其嘆息之聲毛本嘆改歎非○按依說文則嘆歎有別

上親親出浦鏜云尚誤上按否則下尚尊尊當作上庶不岐

建國之神位浦鏜云下文家二字當衍按浦說是也

紀侯來朝孫志祖云左傳紀作杞下文九月入杞左氏以為來朝不敬而討之則非紀矣

据齊侯鄭伯如紀宋本同閩監毛本如誤于

解云五年齊侯何校本年下有夏字與五年經合

三年

卽七年二月己亥浦鏜云年下脫春

胥命者何相命也爾雅釋詁郭注引作胥盟者何相盟也○按盟乃命字之誤

亦相誓勑閩監本同毛本亦改口勑改敕下同

公會紀侯于盛唐石經諸本同惠棟云二傳盛作郕

秋七月壬辰朔唐石經諸本同毛本辰誤申

滅鄧穀何校本作滅穀鄧

姑姊妹不出門閩監毛本姊作姉○按當作姊唐碑宋刻皆作姊

不言孟姜解云孟字有作季字者誤

謂五穀多少皆有解云舊本如是多少二字或衍文○按解非也此不衍漢人語言如是

謂五穀皆大熟成宋本作熟成按熟當作孰三禮注成熟字皆作孰加四點者俗作毛本大成熟

二年耗減釋文作秏減此作耗俗字

四年

蒐狩之揔名也鄂本宋本閩監本同毛本揔改總

結繩罔以田魚鄂本宋本同閩監毛本罔作網按此本疏中亦作罔

古者肉食衣皮毛本肉食倒

古者田漁而食之毛本漁作魚

明當見物閩監毛本同此淺人所改鄂本見作毛當據正毛猶現也詩左右毛之玉篇見部引作現

秋曰蒐唐石經諸本同釋文作曰廋本又作搜亦作蒐

簡擇幼稚宋本同閩監毛本稺改穉下同

走獸未離於宂鄂本同閩監毛本宂作穴是也

吾近邑何校本邑下有也字

莊三十一年春閩本同監毛本三誤二

以其云大野遠按疑當作以其去野太遠

達於右䠋閩監毛本作右髃按釋文作右髃云本又作腢○按依說文當作髃古書有作腢者从身作䠋誤

中心死疾鮮肩鄂本作鮮絜閩監毛本絜作潔非按肩猶絜也故不絜謂之不肩

下大夫六士二鄂本二作三穀梁疏引亦作三此誤疏標起訖同監毛本士誤十

其士三者何氏差之閩本同監毛本三誤二之誤也此本差誤左據閩監毛本訂正

設於房西浦鏜云戶誤房

二曰賓客唐石經鄂本宋本監毛同閩毛本賓改賔

自左膘射之釋文作左脾云方爾反又步啟反股外也本又作膘按左右脾皆髀股之髀非脾肺之脾

達於右脾毛本於誤于○按何注脾字二見皆當依說文作髀

達於右䯚宋本閩本同監毛本䯚誤髃釋文右䯚羊紹反字林子小反一本作肐音賢按五經文字卷下䯚羊紹反見春秋傳又作䯚見詩見春秋傳者卽指公羊此注也見詩者指毛氏車攻傳也今詩傳作䯚此注作䯚皆䯚字形近之訛作䯚從肖故音羊紹反毛氏音義云字書無䯚字一本作䯚與張參所據春秋傳正合然則毛詩傳公羊注皆當定作䯚字矣廣韻三十小云䯚堅骨○按䯚䯚䯚字皆不見於說文而集韻䯚䯚二同以紹切則丁度等所據作䯚矣集韻無䯚字五經文字注中䯚乃䯚之誤詩音義䯚字亦䯚之誤

中腸膶污泡死遲閩本同監毛本遲改遅按胃字下從肉此更加肉旁作膶俗字

故因以捕禽獸釋文捕本又作搏音博按當作搏禽獸

草木萌牙鄂本宋本閩監本同毛本牙作芽

卷是名也段玉裁云定四年疏卷是字此作卷是名誤也

繫官氏名且字段玉裁云且字者謂經之糾也經稱且字又稱伯者以見其為老臣也且字見儀禮注禮記注又見公羊宣十五年注定四年注疏家多不解其義如言仲山甫則山甫為且字合仲乃為字周制如此故公羊糾卷不連伯仲皆且字也此雖言伯糾而注云且字則專釋糾也下方釋伯耳

執醬而餽閩毛本同監本而誤治宋本餽作饋按釋文作而饋

王謂叔父是也宋本閩本同監毛本謂改曰非按禮記明堂位注亦作王謂叔父當據韓詩

叔肸是也釋文作叔肸閩監毛本作肸非○按依說文此字正作肸从十从肸

糾是且字也　閩監毛本同此本字誤守今訂正

教諸侯之弟以事親是也　閩本同監毛本是誤起

五年

怴也　唐石經諸本同釋文作怴呼述反按怴當作怴字之誤也廣雅釋詁二怴怒也又釋訓怴怴亂也曹憲音呼述今亦誤作怴禮記禮運故鳥不獝注云獝狘飛走之貌也釋文狘況越反狘狘義同皆戉聲玉篇心部怴許律切怒也廣韻六術怴狂也皆從戉不誤

据宰渠氏官武氏子不稱字　宋本同毛本据改據閩本字字空缺監毛本作官非也此謂仍叔是字武氏子不稱字

禮七十縣車致仕　疏本作縣輿解云亦有作車字者按釋文作縣車

至於淵隅　盧文弨曰今淮南作淵虞非初學記藝文類聚引淮南皆作經於泉隅與此合泉唐人避諱所改也

是謂縣輿　盧文弨曰淮南作縣車初學記藝文類聚引同

宮室榮與　宋本閩本同監毛本榮改崇非疏同宋王應麟詩考韓詩引此作榮

則雩巫以舞雩是也　浦鏜云經雩以作帥而

卽莊二十五年秋大水　監本水誤冰

解云卽注四年夏　毛本同閩監本注作莊浦鏜云皆上字之誤按浦說是也

螽　唐石經諸本同釋文螽本亦作𧒂說文𧒂或螽字

六年

傳言化我　閩本同監毛本言改云

是謂棄之　宋本棄作弃此本疏中引注同

有以歸用之　閩本同監毛本歸誤卽

淫于蔡　唐石經蜀大字本同鄂本閩監毛本于作乎誤

不月不書葬者　閩監毛本同誤也鄂本月作日當據正

謂莊公也　唐石經諸本同釋文作嚴公云音莊本亦作莊案後漢諱莊故爲嚴五行志莊公多作嚴公

注以夫至吾子　浦鏜云下當脫○及解云

同既繫體是常　浦鏜云疑當作繼體是長

而以不正稱書之　閩監毛本作而不以正是也

解云與由數也　浦鏜云猶誤由按猶由通

監本附音春秋公羊注疏桓公卷第五 起七年盡十八年

何休學

七年。春。二月。己亥。焚咸丘。焚之者何。樵之也。樵薪也以樵燒之故因謂之樵之樵之齊人語○樵似遙反薪也〔疏〕焚之者何○解云咸丘是邑而反焚之故執不知問 樵之者何。以火攻也。何言乎以火攻。据戰伐不道所用兵○攻音貢又如字下同〔疏〕樵之者何○解云雖言焚言樵仍非攻邑之義故執不知問 疾始以火攻也。征伐之道不過用兵服則可以退不服則可以進火之盛炎水之盛衝雖欲服罪不可復禁故疾其暴而不仁也傳不託始者前此未有無所託也○復扶又反 咸丘者何。邾婁之邑也。曷爲不繫乎邾婁。据郱鄑郚繫紀○郱步丁反鄑子斯反一音晉郚音吾〔疏〕咸丘者何○解云欲言是國經典未有欲言非國文無所繫故執不知問○注据郱鄑郚繫紀○解云莊元年冬齊師遷紀郱鄑郚是 國之也。欲使如國故無所繫加之者辟寔國也 曷爲國之。据郱鄑郚不國 君存焉爾。所以起邾婁君在咸丘邑明臣子當赴其難與在國等也日者重錄以火攻也○難乃旦反〔疏〕注日者至攻也○解云正以侵伐例時卽隱七年秋公伐邾婁之屬是也故決之 ○夏。穀伯綏來朝。鄧侯吾離來朝。皆何以名。据滕薛不名也〔疏〕注据滕薛不名也○解云卽隱十一年春滕侯薛侯來朝是也 失地之君也。其稱侯朝何。据以賤也〔疏〕失地之君也○解云卽曲禮下云諸侯失地名是 貴者無後。待之以初也。穀鄧本與魯同貴爲諸侯今失爵亡土來朝託寄也義不可卑故明當待之如初所謂故舊不遺則民不偷無後者施於所奔國也獨妻得配夫託衣食於公家子孫當受田而耕故云爾下去二時者桓公以火攻人君故貶明大惡不月者失地君朝惡人輕也名者見不世也○不偷他侯反本又作婾去起呂反見賢徧反〔疏〕注無後至大惡○解云知如此者正以郊特牲云諸侯不臣寓公故古者寓公不繼世彼注云寓寄也寄公之子非賢者世不足尊也是其義又云繼世以立諸侯象賢也注云賢者子孫恒能法其先父德行○注不月至輕也○解云朝例時春秋常典卽文十五年夏曹伯來朝是也而此責其月者以文十二年春王正月盛伯來奔傳云盛伯者何失地之君彼書月見其奔重宜厚遇之此不月者朝惡人輕故也僖二十年夏郜子來朝傳公非惡人而不月者正以朝輕于奔故也然則此注因桓惡人故言此若其不然正宜直云失地之君來朝輕矣○注名者見不世也○解云郜子盛伯皆不名者兄弟故也

八年。春。正月。己卯。烝。烝者何。冬祭也。春曰祠。薦尚韭卵祠猶食也猶繼嗣也春物始生孝子思親繼嗣而食之故曰祠因以別死生○烝之承反冬祭也祠嗣絲反卵力管反猶食音飼下同別彼列反 夏曰礿。薦尚麥苗麥始熟可礿故曰礿○礿音羊若反本又作禴同〔疏〕烝者何○解云欲言宗廟之祭而文無所繫欲言祭天天無烝名故執不知問○注薦尚韭卵又注薦尚麥至曰礿○解云王制云春薦韭夏薦麥秋薦黍冬薦稻韭以卵麥以魚黍以豚稻以鴈 秋曰嘗。薦尚黍肫嘗者先辭也秋穀成者非一黍先熟可得薦故曰嘗 冬曰烝。薦尚稻鴈烝眾也氣盛貌冬萬物畢成所薦眾多芬芳備具故曰烝無牲而祭謂之薦天子四祭四薦諸侯三祭三薦大夫士再祭再薦祭於室求之於幽祭於堂求之於明祭於祊求之於遠皆孝子博求之意也大夫求諸明士求諸幽尊卑之差也殷人先求諸明周人先求諸幽質文之義也禮天子諸侯卿大夫牛羊豕凡三牲曰大牢天子元士諸侯之卿大夫羊豕凡二牲曰少牢諸侯之士特豕天子之牲角握諸侯角尺卿大夫索牛○祊必庚反少詩照反索所百反〔疏〕注無牲至之薦○解云謂無牛羊豕之牲也而中霤禮云祭五祀于廟用牲有尸皆薦于奧何以薦用牲也彼謂正祭之時先薦于奧仍自無牲其正祭五祀乃用牲有尸耳○注天子至差也○解云皆時王之禮中霤禮亦然○注殷人至義也○解云卽郊特牲云殷人先求諸陽周人先求諸陰是也○注禮天至大牢○解云皆時王之禮也○注天子至索牛○解云皆指祭宗廟之牲也仍不妨王制云祭天地之牛角繭栗賓客之牛角尺之文也 常事不書。此何以書。譏。何譏爾。譏亟也。亟數也屬十二月已烝今復烝也不異烝祭名而言烝者取冬祭所薦眾多可以包四時之物○亟去冀反數也注及下同數所角反屬十音燭下同今復扶又反下同〔疏〕注屬十至烝也解云烝者冬祭之名明去年十二月已有烝但得常不書今正月復作烝故言亟○注不異至○解云烝者冬時祭名前已作訖今宜易名而猶言烝故說之也 亟則黷。黷則不敬。黷渫黷也○黷徒木反渫息列反 君子之祭也。敬而不黷。君子生則敬養死則敬享故將祭宮室既脩牆屋既繕百物既備序其禮樂具其百官散齊七日致齊三日夫婦齊戒沐浴盛服君牽牲夫人奠酒君親獻尸夫人薦豆卿大夫相君命婦相夫人洞洞乎屬屬乎如弗勝如將失之濟濟乎致其敬也愉愉乎盡其忠也勿勿乎其欲饗之也文王之祭事死如事生孝子之至也○養餘亮反散素旦反下側皆反相君息亮反下同洞洞大董反勝音升濟濟子禮反又似兮反愉愉羊朱反勿勿如字〔疏〕注君子至○敬享○解云祭義文也彼鄭注云享猶祭也○注故將祭至百官○解云皆出祭義何氏差約言之也○注散齊七日○解云卽祭統云故散齊七日以定之注云定者定其志意也○定其志意者謂齊之日不御不樂不弔是也○注致齊三日○解云卽祭統云致齊三日以齊之是致齊者卽鄭氏云致之言至致謂深審也之屬是也○注夫婦至奠酒○解云宋今祭義酒作盎字鄭注云奠盎設盎齊之奠蓋所見異或何休以義引之不取正文○注君親至如事生○解云皆出祭義唯孝子之至一句注者之言也注禮本下爲士制者卽士喪禮士虞士相見之屬是也言此者欲道庶人無禮篇故傳家偏舉言之卽曲禮上篇禮不下庶人鄭注云爲其遽於事且不能備物義亦通於此 疏則怠。怠則忘。怠解○疏音疏下注同解古賣反 士不及茲四者。則冬不裘。夏不葛。禮本下爲士制茲此也四者四時祭也疏數之節靡所折中是故君子合諸天道感四時物而思親也祭必於夏之孟月者取其見新物之月也裘葛者禦寒暑之美服士有

公事不得及此四時祭者則不敢美其衣服蓋思念親之至也故孔子曰吾不與祭如不祭○折中之設反下丁仲反御與魚呂反又如字不與音預○天王使家父來聘。家采地父字也天子中大夫氏采故稱字不稱伯仲也〔疏〕注天子至仲也○解云上大夫稱伯仲者即祭伯南季之屬是也次大夫不稱伯仲者即此是也下大夫稱官氏名且字者即宰渠伯糾是也○夏。五月。丁丑。烝。何以書。譏亟也。與上祠同爲亟也〔疏〕注與上至亟也○解云周之三月乃是夏之孟月自有春祠之禮今周之五月乃夏之三月也猶與上祠同在一時而復爲烝故曰與上祠同爲亟也○秋。伐邾婁。○冬。十月。雨雪。何以書。記異也。何異爾。不時也。周之十月夏之八月未當雨雪此陰氣大盛兵象也是後有郎師龍門之戰沠血九深○雨雪于付反沠古流字〔疏〕注是後至九深○解云郎師即下十年齊侯衛侯鄭伯來戰于郎是也其龍門之戰者即下十三年公會紀侯鄭伯已巳及齊侯宋公衛侯燕人戰云云是也春秋說云龍門之戰民死傷者滿溝故此注云沠血九深也○祭公來。遂逆王后于紀。祭公者何。天子之三公也。天子置三公九卿二十七大夫八十一元士凡百二十官下應十二子祭者采也天子三公氏采稱爵○祭公側介反后祭仲祭叔放此應應對之應〔疏〕祭公者何○解云欲言諸侯而逆王后欲言大夫而經文言公故執不知問○注天子至采也○解云春秋說云立三台以爲三公北斗九星爲九卿二十七大夫內宿部衛之列八十一紀以爲元士凡百二十官焉下應十二子宋氏云十二次上爲星下爲山川也此言天子立百二十官者非直上紀星數亦下應十二辰故曰下應十二子也○注三公氏采稱爵解云即祭公周公是也上大夫即例稱伯仲字即祭伯南季紫叔之屬是也次大夫例稱二十字即家父之屬是也下大夫繫官氏名且字即宰渠伯糾是也上士名氏通石尚是也次士以官錄即宰咺是也下士略稱人公會王人于洮是也劉子單子之屬不稱字而稱子者謂諸侯入爲天子大夫故設文非王臣之常稱若然祭公周公官爵適等而僖九年夏公會宰周公特加宰者彼傳云宰周公者何天子之爲政者也注云宰猶治也三公之職號尊名以加宰知其職大尊重當與天子參聽萬機而下爲諸侯所會惡不勝任故加宰仍非常稱也何以不稱使。據宰周公稱使〔疏〕注據宰周公稱使者○解云即僖三十年天王使宰周公來聘是也而稱宰者義與九年同婚禮不稱主人。時王者有母也遂者何。生事也。生猶造也專事之辭大夫無遂事。此其言遂何。據待君命然后卒大夫也〔疏〕注據待至夫也○解云成十七年十一月壬申公孫嬰齊卒于貍軫傳云非此月日也曷爲以此月日卒之待君命然後卒大夫曷爲待君命然後卒大夫前此者嬰齊走之晉公會晉侯將執公嬰齊爲公請公許之反爲大夫歸至於貍軫而卒無君命不敢卒大夫公至日吾固許之反爲大夫然後卒之者是也成使乎我也。以上來無事知遂成使于我○成使所吏反注及下成使同其成使乎我奈何。使我爲媒可。則因用是往逆矣。婚禮成於五先納采問名納吉納徵請期然後親迎時王者遣祭公來使魯爲媒可則因用魯往迎之不復成禮疾王者不重妃匹逆天下之母若逆婢妾將謂海內何哉故譏之不言如紀者辟有外文○媒亡盃反請期音情又七井反迎魚敬反妃匹音配絕句〔疏〕注不言至外文○解云外相如者例所不錄言如紀即外相如故曰辟有外文也女在其國稱女。此其稱王后何。王者無外。其辭成矣。〔疏〕女在其國稱女者○解云即隱二年紀履綸來逆女上三年公子翬如齊逆女之屬是也

九年。春。紀季姜歸于京師。其辭成矣。則其稱紀季姜何。自我言。紀父母之於子。雖爲天王后。猶曰吾季姜。明子尊不加於父母京師者何。天子之居也。以季姜言歸〔疏〕京師者何○解云欲言天子之居而文不言王欲言凡國而爲王后所歸故執不知問京者何。大也。師者何。衆也。天子之居。必以衆大之辭言之。地方千里周城千雉宮室官府制度廣大四方各以其職來貢莫不備具所以必自有地者治自近始故據土與諸侯分職而聽其政焉即春秋所謂內治其國也書季姜歸者明魯爲媒當有送迎之禮○治自直吏反〔疏〕京者至言之○解云京師之名理須訓解故分而問之○注地方千里○解云即詩云邦圻千里是也○注周城千雉○解云在定十二年○注即春至之禮○解云春秋據魯爲王故內魯若周公制禮內京師然也○夏。四月。○秋。七月。○冬。曹伯使其世子射姑來朝。諸侯來曰朝。此世子也。其言朝何。據臣子一例當言聘○射音亦〔疏〕諸侯來曰朝○解云隱十一年師解云爾故此弟子執而難之○注據臣至言聘○解云僖元年傳文春秋有譏父老。子代從政者。則未知其在齊與曹與。在齊者世子光也時曹伯年老有疾使世子行聘禮恐卑故使自代朝雖非禮有尊厚魯之心傳見下卒葬詳錄故序經意依違之也小國無大夫所以書者重惡世子之不孝甚○齊與音餘絕句下同惡或烏路反〔疏〕注在齊至光也○解云即襄九年冬公會晉侯已下齊世子光滕子薛伯小邾婁子伐鄭十一年公會晉侯已下齊世子光莒子邾婁子云云伐鄭是也○注時曹至之心○解云正以十年春卒今又世子代其朝故知其疾也○注傳見至詳錄○解云即十年王正月庚申曹伯終生卒夏五月葬曹桓公是也○注故序至孝甚○解云世子代朝明亦合譏世子序諸侯之上明亦合譏而傳云未知在齊曹者正以其卒葬詳錄故依違之不信言耳

十年。春。王正月。庚申。曹伯終生卒。○夏。五月。葬曹桓公。小國始卒當卒月葬時而卒日葬月者曹伯年老使世子來朝春秋敬老重恩故爲魯恩錄之尤深〔疏〕注小國至尤深○解云所傳聞之世未錄小國卒葬所聞之世乃始書之其書之也卒月葬時文九年秋八月曹伯襄卒冬葬曹共公者是也今卒日葬月者正以敬老重恩故也云云之說當文皆自有解○秋。公會衛侯于桃丘。弗遇。會者何。期辭也。其言弗遇何。公不見要也。時實桓公欲要見衛侯衛侯不肯見公以非禮動見拒有恥故諱使若會而不相遇言弗遇者起公要之也弗者不之深也起公見拒深傳言公不要見者順經諱文○見要一遙反注同〔疏〕會者何○解云經既書會作聚集之名尋言弗遇是未見之稱故執不知問○冬。十有二月。丙午。齊侯、衛侯、鄭伯來戰于郎。郎者何。吾近邑也。以言來也〔疏〕郎者何○解云欲言是邑戰於其內欲言非邑經有城郎之文故執不知問○注以言來也○解云凡言來者鄉內之辭今經言來故知近邑也而僖四年楚屈完來盟于師是時在召陵而言來者據師遣楚故得言來吾近邑。則其言來戰于郎何。據齊師宋師次于郎不言來公敗宋師不言戰龍門之戰不舉地也〔疏〕注據齊師至不言來○解云在莊十年○注公敗至不言戰○解云隱十年公敗宋師于菅莊十年公敗宋師于乘丘莊十一年公敗宋師于鄑凡有三經宜隱十年以當之○注龍門至地也○解云即下十三年春公會紀侯鄭伯已巳及齊侯宋公衛侯燕人戰云云依春秋說云是龍門之戰而不言戰于龍門是也近也。惡乎近。近乎圍也。地而言來者明近都城幾與圍無異不解戰者從下說可知○惡音烏明近附近之近幾音祈〔疏〕近也至圍也○解云近讀如附近之近圍讀如圍言兵圍都城相似故言近乎圍也考諸古本圍皆作國字而舊解以國爲圍此偏戰也。何以不言師敗績。據十三年師敗績偏一面也結日定地各居一面鳴鼓而戰不相詐〔疏〕注據十至相詐○解云即龍門之戰齊師宋師衛師燕師敗績是也內不言戰。言戰。乃敗矣。春秋託王於魯戰者敵文也王者兵不與諸侯敵戰乃其已敗之文故不復言師敗績魯不復出主名者兵近都城明舉國無大小當戮力拒之○不復扶又反下同戮音六又力彫反字亦作勠

十有一年。春。正月。齊人、衛人、鄭人盟于惡曹。月者桓公行惡諸侯所當誅屬上三國來戰于郎今復使微者盟故爲魯懼危錄之○行下孟反屬音燭今復扶又反下故復同爲于偽反〔疏〕注月者至錄之○解云正以微者盟例合時今而書月故須解之○夏。五月。癸未。鄭伯寤生卒。○寤吾故反○秋。七月。葬鄭莊公。莊公殺段所以書葬者段當國本當從討賊辭不得與殺大夫同例〔疏〕注莊公至同例解云春秋之例君殺無罪大夫皆去其葬即成十年晉侯獳卒注云不書葬者殺大夫趙同等是今段有罪故莊公書葬也然則此言不得與殺大夫同例者謂不得與殺無罪大夫同例耳九月。宋人執鄭祭仲。祭仲者何。鄭相也。不言大夫者欲見持國重○相息亮反見賢徧反下同〔疏〕祭仲者何解云欲言無罪聽魯立篡欲言有罪褒而稱字故執不知問何以不名。賢也。何賢

乎祭仲。据身執君出不能防難。○防難乃旦反下同以爲知權也。權者稱也，所以別輕重。喻祭仲知國重君輕，君子以存國除逐君之罪，雖不能防其難，罪不足而功有餘，故得爲賢也。不引虞量者，取其不實以無私。○稱尺證反。別彼列反其爲知權奈何。古者鄭國處于留。先鄭伯有善于鄶公者。通乎夫人。以取其國而遷鄭焉。遷鄭都于鄶也。○鄶古外反而野留。野鄙也。傳本上事者，解宋所以得執祭仲，因以爲戒莊公死已葬。祭仲將往省于留。塗出于宋。宋人執之。宋人宋莊公也謂之曰。爲我出忽而立突。突宋外甥。○爲于偽反，下注爲突、非能爲突、爲賂、爲突歸、爲承同祭仲不從其言。則君必死。國必亡。祭仲死而忽旋爲突所驅逐而出奔。經不書忽奔，見微弱甚。是時宋強而鄭弱，祭仲探宋莊公本弒君而立，非能爲突，將以爲賂動，守死不聽，令自入，見國無拒難者，必乘便將滅鄭，故深慮其大者也。○令自力呈反，下同。便婢面反【疏】注祭仲死至者也○解云：下十五年秋九月鄭伯突入于櫟，傳云：櫟者何？鄭之邑。曷爲不言入于鄭？未言爾。曷爲末言爾？祭仲亡矣。然則曷爲不言忽之出奔？言忽爲君之微也。祭仲存則存矣，祭仲亡則亡矣者是。注祭仲探宋莊公本弒君而立者，在桓二年從其言。則君可以生易死。國可以存易亡。少遼緩之。宋當從突求賂，鄭守正不與，則突外乖於宋，內不行於臣下，遼假緩之【疏】君可以生易死○解云謂易去死也。○國可以存易亡○解云易去亡也則突可故出。而忽可故反。是不可得則病。使突有賢才，是計不可得行，則己病逐君之罪【疏】則突可故出○解云突可以此之故出之也。○而忽可故反○解云言忽可以此之故而反之也。○是不可得則病○解云言己終能出突而反忽，則爲權之成；若不能如是，乃爲其病矣然後有鄭國。己雖病逐君之罪，討出突然後能保有鄭國，稱愈於國之亡【疏】然後有鄭國○解云言突有賢才，已計不行，雖然，仍須勉力討之，令忽有國，雖費功力，猶愈於國之亡也古人之有權者。祭仲之權是也。古人謂伊尹也。湯孫大甲驕蹇亂德，諸侯有叛志，伊尹放之桐宮，令自思過，三年而復成湯之道。前雖有逐君之負，后有安天下之功，猶祭仲逐君存鄭之權是也。○大音泰【疏】注古人至之道○解云出書序長義云：若令臣子得行，則閉君臣之道，啓篡弒之路。解云：權之設，所以扶危濟溺，舍死亡無所設也。若使君父臨溺河井，寧不執其髮乎？是其義也權者何。權者反於經。然後有善者也。權之所設。舍死亡無所設。設施也。舍置也如置死亡之事不得施【疏】權者何○解云欲言正，逐君立庶；欲言不正，今又言權，故執不知問行權有道。自貶損以行權。身蒙逐君之惡以存鄭是也不害人以行權。己納突不害忽是也殺人以自生。亡人以自存。君子

不爲也。祭仲死則忽死，忽死則鄭亡，生者乃所以生忽存鄭，非苟殺忽以自生、亡鄭以自存。反覆道此者，皆所以解上死亡不施於己。宋不稱公者，者鄭之篡，首惡當誅，非伯執也。祭仲不稱行人者，時不衒君命出使，但往省留耳。執例時，此月者，爲突歸鄭奪正，鄭伯出奔。○覆芳服反。使所吏反【疏】注皆所至於己○解云言上辟死辟亡皆爲忽故也。○注宋不至執也○解云決成十五年晉侯執曹伯歸于京師稱爵也。即僖四年傳云稱侯而執者，伯討也；稱人而執者，非伯討是也。○注祭仲至留耳○解云決定六年秋晉人執宋行人樂祁犂之屬稱行人也。○注執例時者○解云即祁犂書秋是也。而僖十九年六月己酉邾婁人執鄫子用之，而書日者，彼注云：日者，魯不能防正其女以至於此，明當痛其女禍而自責之。然則凡執例時，而在日月下者，皆當文有解○突歸于鄭。突何以名。據忽復歸于鄭，俱祭仲所納，繫國稱世子，不但名也【疏】注據忽至名也○解云即十五年鄭世子忽復歸于鄭是挈乎祭仲也。挈猶提挈也。突當國，本當言鄭突，欲明祭仲從宋人命，提挈而納之，故上繫於祭仲，不繫國者，使與外納同也。時祭仲勢可殺突以除忽害而立之者，忽內未能懷保其民，外未能結款諸侯，如殺之，則宋軍強，乘其弱，滅鄭不可救，故少遼緩之。○挈苦結反。提挈也【疏】注欲明至同也○解云言與外納同者，即繫于祭仲，言于鄭是也。言似僖二十五年楚人圍陳納頓子于頓、文十四年晉人納接菑于邾婁之屬是也其言歸何。據小白言入【疏】注據小白入○解云即莊九年齊小白入于齊是也順祭仲也。順其計策，與使行權，故使無惡【疏】注順其至無惡○解云下十五年傳例云：歸者，出入無惡，故言此○鄭忽出奔衛。忽何以名。據宋子既葬稱子【疏】注據宋至稱子○解云僖九年三月宋公禦說卒，夏，公會宰周公、齊侯、宋子已下盟于葵丘是也。若然，案彼經文宋公禦說三月卒，夏則公會宋子于葵丘，計應未葬，故注云宋未葬，不稱子某者，出會諸侯，非居尸柩前，故不名也。此云宋子既葬稱子者，謂以其非居尸柩之前，故時已葬之稱而單言子。況此鄭忽之父久已葬訖，而反名，故難之春秋伯子男一也。辭無所貶。春秋改周之文，從殷之質，合伯子男爲一，一辭無所貶，皆從子，夷狄進爵稱子是也。忽稱子則與諸侯改伯從子辭同，於成君無所貶損，故名也。名者，緣君薨有降，既葬名義也。此非罪貶也，君子不奪人之親，故使不離子行也。王者起所以必改質文者，爲承衰亂救人之失也。天道本下，親親而質省；地道敬上，尊尊而文煩。故王者始起，先本天道以治天下，質而親親；及其衰敝，其失也親親而不尊；故后王起，法地道以治天下，文而尊尊；及其衰敝，其失也尊尊而不親，故復反之於質也。質家爵三等者，法天之有三光也；文家爵五等者，法地之有五行也。合三從子者，制由中也。○省所景反【疏】注夷狄至名也○解云襄二十九年吳子使札來聘，哀十三年公會晉侯及吳子于黃池之屬是也。○注名者至義也○解云言君薨稱子某，既葬稱子者，正以既葬稍殺，故不得名也。然則初薨所以名者，降於既葬也。今鄭忽書名者，緣君薨而名之義也。○注天道本下親親而質省者，已下至反之於質，皆出於樂說文。○注質家爵三等法天之有三光也，已下皆春秋說文也○柔會宋公、陳侯、蔡叔、盟于折。柔者何。吾大夫之未命者也。以俠卒也，輒發傳者，

無氏嫌貶也。所以不卒柔者，深薄桓公不與有恩禮於大夫也。盟不日者，未命大夫盟會用兵，上不及大夫，下重於士，罰疑從輕，故責之略。○蔡侯稱叔者，不能防正其姑姊使淫於陳佗，故貶在字例。○折之設反，又時設反。一本作析，思歷反【疏】柔者何○解云欲言大夫，經不言氏；欲言微者，而書其名，故執不知問。○注以俠卒也○解云隱九年春俠卒，傳云：俠者何？吾大夫之未命者也。彼注云：以無氏而卒之也。然則此亦無氏而書，見故知未命之大夫也。○注輒發至貶也○解云凡內大夫不書氏有二義：若未命大夫亦無氏，而此與俠是也；貶者亦無氏，即無駭與翬之屬是也。故此注云無氏嫌貶也。○注所以至夫也○解云欲道俠之卒當隱公之世，故得書之。○注盟不至之略○解云春秋之例，不信者日，下十二年及鄭師伐宋，丁未，戰于宋，是其違信矣。不日者，正以未命大夫，故責之略也。○注蔡稱至字例○解云正以隱八年蔡侯考父卒，故有其姑姊妹淫於陳侯佗之事在上六年○公會宋公于夫童。○夫童音扶，下音鍾，又如字。左氏作夫鍾○冬。十有二月。公會宋公于闞。○闞口暫反

十有二年。春。正月。○夏。六月。壬寅。公會紀侯、莒子、盟于毆蛇。○毆蛇上于反，又音曲侯反。蛇音移，又音池。左氏作曲池○秋。七月。丁亥。公會宋公、燕人、盟于穀丘。○燕音胭○八月。壬辰。陳侯躍卒。不書葬者，佗子也。佗不稱侯者，嫌貶在名例，不當絕，故復去躍葬也。○躍弋若反。佗大何反。故復扶又反，下同。去起呂反○公會宋公于郯。○郯音談。二傳作虛○冬。十有一月。公會宋公于龜。○丙戌。公會鄭伯盟于武父。父音甫○丙戌。衛侯晉卒。不蒙上日者，春秋獨晉書立記卒耳，當蒙上日與不嫌異於篡例，故復出日，明同【疏】注不蒙至明同○解云春秋之例，篡不明者，至卒時合去日以略之，即僖二十四年冬晉侯夷吾卒、襄十八年冬十月曹伯負芻卒于師之屬是也。若其篡明，有立入之文者，不嫌非篡，故不勞去日，即僖十七年冬十二月乙亥齊侯小白卒、莊二十一年夏五月辛酉鄭伯突卒之屬是也。今此衛侯晉，亦隱四年有立文，不嫌非篡，當日，若不重言丙戌，則嫌不蒙上日，以其篡故略之，是以重言丙戌以明嫌也。而言獨晉書立者，鄭突、齊小白皆上有入文，不言立，故言獨○十有二月。及鄭師伐宋。丁未。戰于宋。戰不言伐。此其言伐何。辟嫌也。惡乎嫌。嫌與鄭人戰也。時宋主名不出，不言伐，則嫌內微者與鄭人戰于宋地，故舉伐以明之。宋不出主名者，兵攻都城，與郎同義。○惡乎音烏。十三年傳同【疏】注宋不至同義○解云上十年來戰于郎，注云：魯不復出主名者，兵近都城，明舉國無大小，當勠力拒之是也此偏戰也。何以不言師敗績。內不言戰。言戰乃敗矣。【疏】此偏至敗矣○解云上十年郎戰之下已有此傳，今復發之者，上經來戰于魯，此則往戰于宋，嫌其異，故明之

十有三年。春。二月。公會紀侯、鄭伯。己巳。及齊侯、宋公、衛侯、燕人戰。齊師、宋師、衛師、燕師敗績。曷爲後日。據峯之戰先書日。○峯音安。〔疏〕注據峯至書日。○解云成二年六月癸酉云云及齊侯戰于峯是也。恃外也。其恃外柰何。得紀侯、鄭伯。然後能爲日也。得紀侯鄭伯之助，然後乃能結戰日以勝。君子不掩人之功，不蔽人之善，故後日以明之。○勝，詩證反。蔽，必婢反。內不言戰。此其言戰何。據公敗宋師于菅。○菅，古顏反。〔疏〕注據公至于菅。○解云在隱十年。從外也。從外諸侯相與戰例。曷爲從外。據戰于宋，不從外言敗績也。〔疏〕注據戰至敗績。○解云即上十二年，于時有鄭人，不書敗績之文矣。恃外故從外也。明當歸功於紀鄭，故從紀鄭言戰。何以不地。據在下句。〔疏〕注據在下句。○解云即下云郎亦近矣，郎何以地。近也。惡乎近。近乎圍。郎亦近矣。郎何以地。郎猶可以地也。郎雖近，猶尚可言其處。今親戰龍門，兵攻城池，尤危，故恥之。績，功也。非義不戰，故以功言之。不言功者，取其積聚，師衆有尊卑上下次第行伍，必出萬死而不奔。此故以自敗爲文，明當坐也。燕戰稱人，敗績稱師者，重敗也。戰少而敗多，言及者，明見我者爲主，故得汲汲欲勝之文。○處，昌慮反。行，戸郎反。〔疏〕郎猶可以地也。○解云即上十年齊侯、衛侯、鄭伯來戰于郎是也。○注郎雖至其處。○解云謂郎雖在郊內，仍非攻城，猶可以擧其地。○注今親至恥之。○解云春秋說云龍門之戰，民死傷者滿溝也者，主說此經，故知之。○注績功至不戰。○解云凡書兵者，正得奉王命伐無禮，乃有戰事，故言非義不戰。○注必出萬死。○解云若武王萬民致死而定天下之類。○注燕戰至敗也。○解云蓋師不盡戰，故言戰少；敗時悉走，故言敗多。而莊二十八年齊人伐衛，衛人及齊人戰，衛人敗績，傳即据此經云敗者稱師，衛何以不稱師，未得乎師也。彼注云未得成列爲師也。詐戰不言戰，言戰者，衛未有罪，方欲使衛主，齊見直文也者是。○二月。葬衛宣公。背殯用兵，而月不危之者，衛弱於齊宋，不從亦有危，故量力不責也。○背殯音佩，后背殯皆放此。〔疏〕注背殯至責也。○解云隱三年傳云當時而不日，正也；當時而日，危不得葬也。然則衛宣公去年十一月卒，至今年三月，正當五月之際，而又背殯用兵，宜書日以見危，而不日者，正以量力不責故也。○夏。大水。爲龍門之戰死傷者衆，民悲哀之所致。○爲，于僞反。○秋。七月。○冬。十月。

十有四年。春。正月。公會鄭伯于曹。○無冰。何以書。記異也。周之正月，夏之十一月，法當堅冰。無冰者，溫也。此夫人淫泆，陰而陽行之所致。○泆音逸。行，下孟反。○夏。五。鄭伯使其弟語來盟。夏五者何。無聞焉爾。來盟者，聘而盟也。不言聘者，舉重也。內不出主名者，主國也。莅盟可知。莅盟、來盟例皆時。時者，從內爲王義，明王者當以至信先天下。○莅盟音利，又音類，下同。〔疏〕夏五者何。○解云正以文異常例，故孰不知問。○注莅盟至天下。○解云其莅盟書時者，僖三年冬公子友如齊莅盟，定十一年冬叔還如鄭莅盟之屬是也。其來盟書時者，宣七年春衛侯使孫良夫來盟之屬是也。而文十五年春三月宋司馬華孫來盟書月，彼注云月者，文公微弱，大夫秉政，宋亦蔽于三世之黨，二亂結盟，故不與信辭是也。然則來盟之例不言月，而此言夏五，師所不說，何氏以五字或衍文，故如此解。○秋。八月。壬申。御廩災。御廩者何。粢盛委之所藏也。黍稷曰粢，在器曰盛。委，積也。御者，謂御用于宗廟。廩者，釋治穀名。禮，天子親耕東田千畝，諸侯百畝，后夫人親西郊采桑，以共粢盛祭服，躬行孝道，以先天下。○廩，力甚反。粢盛音咨，下音成。委，于鬼反，注同。積，子賜反。共音恭。〔疏〕御廩者何。○解云欲言宮室，而文言御廩；欲言倉庫，今被災之，於義不强，故執不知問。○注廩者釋治穀名。○解云謂廩之言藻之義故也。○注禮天至天下。○解云皆出祭義之文。御廩災何以書者，嫌不覆問上粢盛委之所藏，故不但言何以書。御廩災何以書。記災也。火自出燒之曰災。先是龍門之戰，死傷者衆，桓無惻痛於民之心，不重宗廟之尊，逆天危先祖，鬼神不饗，故天應以災御廩。○應，應對之應。〔疏〕注火自至曰災。○解云公羊之例，內悉言災，而復言火自出燒之者，入春秋始有此災，欲通人火不書之義也。○乙亥。嘗。常事不書。此何以書。譏。何譏爾。譏嘗也。譏新有御廩災而嘗之。曰。猶嘗乎。難曰：四時之祭不可廢，則無猶嘗乎。○難，乃旦反。御廩災。不如勿嘗而已矣。祭當廢一時，自責以奉天災也。知不以不時者，書本不當嘗也。〔疏〕注知不至嘗也。○解云周之八月，非夏之孟秋，而反爲嘗，故以不時言之。○冬。十有二月。丁巳。齊侯祿父卒。○宋人以齊人、衛人、蔡人、陳人伐鄭。以者何。行其意也。以己從人曰行。言四國行宋意也。宋前納突求賂，突背恩伐宋，故宋結四國伐之。四國本不起兵，當分別之，故加以也。宋恃四國乃伐鄭，四國當與宋同罪，非爲四國見輕重。○背音佩。別，彼列反。見，賢偏反。〔疏〕以者何。○解云正以宋非強國，而以齊衛，故執不知問。○注宋前納突求賂。○解云上十一年宋人執鄭祭仲，突歸于鄭是。○注宋背恩伐宋者。○解云上十二年及鄭師伐宋，丁未戰于宋是也。

十有五年。春。二月。天王使家父來求車。何以書。譏。何譏爾。王者無求。求車。非禮也。王者千里，畿內租稅足以共費，四方各以其職來貢，足以尊榮，當以至廉無爲率先天下，不當求，求則諸侯貪，大夫鄙，士庶盜竊。求例時，此月者，桓行惡，不能誅，反從求之，故獨月。○共費，音恭，下芳味反。行，下孟反，下行惡同。〔疏〕何以書至禮也。○解云隱三年武氏子來求賻之下，傳云何以書，譏。何譏爾，喪事無求，求賻非禮也。然則彼已有傳，而重發之者，正以彼云喪事無求，恐此吉時得求，故明之。○○注諸侯至盜竊。○解云相對爲優劣之稱也。○注求例時。○解云隱三年秋武氏子求賻，文九年春毛伯來求金之屬是也。○三月。乙未。天王崩。桓王也。○夏。四月。己巳。葬齊僖公。當時而日者，背殯伐鄭，危之。〔疏〕注當時至危之。○解云去年十二月齊侯卒，至今年四月，是爲當時。隱三年傳云當時而不日，正也；當時而日，危不得葬。今此書日，故曰危也。其背殯伐鄭者，即去年冬十二月宋人以齊人已下伐鄭是。○五月。鄭伯突出奔蔡。突何以名。據衛侯出奔楚不名，不連爵問之者，并問上已名，今復名，故使文相顧。○復，扶又反，下注故復及傳文復入，并注下不復皆同。〔疏〕注據衛至不名。○解云在僖二十八年夏。○注不連至并問。○解云正以下十六年傳云衛侯朔何以名，哀八年傳云曹伯陽何以名，故決之。○注上已至相顧。○解云欲言十一年已書名，故言復也。奪正也。明祭仲得出之，故復於此名。若其奪正，不以失衆錄也。月者，大國奔例月，重乖離之禍；小國例時也。〔疏〕注若其至錄也。○解云決襄十四年夏四月己未衛侯衎出奔齊之屬，書其名者，爲失衆錄之故也。○注月者至之禍。○解云下十六年十一月衛侯朔出奔齊，及此書五月之屬皆是。○注小國至時也。○解云昭三年冬北燕伯款出奔齊之屬是也。○鄭世子忽復歸于鄭。其稱世子何。據上出奔不稱世子。〔疏〕注據上至世子。○解云上十一年鄭忽出奔衛是也。復正也。欲言鄭忽，則嫌其出奔還入，與當國同文，反更成上鄭忽爲當國，故使稱世子，明復正，以效祭仲之權，亦所以解上非當國也。〔疏〕注欲言至復正。○解云莊九年夏齊小白入于齊，傳云曷爲以國氏？當國也者是也。○注以效祭仲之權。○解云即上十一年傳云而忽可故反是也。曷爲或言歸。或言復歸。復歸者。出惡。歸無惡。復入者。出無惡。入有惡。入者出入惡。歸者出入無惡。皆於還入乃別之者，入國犯命禍重也。忽未成君，出奔不應絕。出惡者，不如死之榮也。入無惡者，出不應絕，則還入不應盜國。○別，彼列反。〔疏〕曷爲或言歸。○解云僖三十年衛侯鄭歸于衛之屬是。○或言復歸。○解云此經是也。○復入者至有惡。○解云襄二十三年晉欒盈復入于晉之屬是也。○入者出入惡。○解云下文許叔入于許，鄭伯突入于櫟之屬是也。○許叔入于許。稱叔者，春秋前失爵在字例也。入者，出入惡，明當誅也。不書出時者，略小國。〔疏〕注稱叔至字例。○解云正以莊十六年同盟于幽，經書許男故也。○注不書至小國。○解云正以上文忽與突出入並書故。○公會齊侯于鄗。○鄗，戸老反，又火各反。左傳作艾，穀梁作蒿。○邾婁人、牟人、葛人來朝。皆何以稱人。據言朝也。〔疏〕注據言朝也。○解云正以隱十一年傳云諸侯來曰朝。夷狄之也。桓公行惡，而三人俱朝事之，三人爲衆，衆足責，故夷狄之。○秋。九月。鄭伯突入于櫟。櫟者何。鄭之邑。曷爲不言入于鄭。據齊陽生立陳乞家，言入于齊。○櫟，力狄反，一音匹沃反。〔疏〕櫟者何。○解云欲言國都，不言鄭；欲言入于鄭，復言櫟邑，故執不知問。○注據齊至于齊。○解云在哀六年，彼傳云景公死而舍立，陳乞迎陽生于諸其家，諸大夫不得已，皆逡巡北面再拜稽首而君之爾。然則陽生實入于陳乞家，而言入于齊；今突入于櫟，而不言于鄭，故

難之末言爾。末者淺也解不言入國意曷爲末言爾。據俱篡也祭仲亡矣。亡死亡也祭仲亡則鄭國易得故明入邑則忽危矣不須乃入國也所以效君必死國必亡矣○易以豉反然則曷爲不言忽之出奔。據上言出奔也言忽爲君之微也。祭仲存則存矣。祭仲亡則亡矣。言忽微弱甚於鴆毛僅若匹夫之出耳故不復錄皆所以終祭仲之言解不虛設危險之嫌〔疏〕注皆所至之言解云上云祭仲亡則亡矣者所以效十一年君必死國必亡之文今此傳云言忽爲君之微也已下者可以終十一年國可以存易亡之文故言皆所以終祭仲之言也十一年雖不出祭仲之口但傳家爲祭仲而爲此辭故得云祭仲之言也○注解不至之嫌○解云權者危險之事祭仲比來欲爲君存國非徒然也但國內凡人嫌其虛設故作經傳以解之故曰解不虛設危險之嫌〇冬，十有一月，公會齊侯、宋公、衛侯、陳侯，于侈。伐鄭。月者善諸侯征突善錄義兵也不舉伐爲重者用兵重於會嫌月爲桓伐有危舉不爲義兵錄故復錄會○侈昌氏反二傳作袲爲桓于僞反下同〔疏〕注月者至錄會○解云正以隱七年秋公伐邾婁之屬則言征伐例時而此書月故決之

十有六年，春，正月，公會宋公、蔡侯、衛侯，于曹。〇夏，四月，公會宋公、衛侯、陳侯、蔡侯，伐鄭。〇秋，七月，公至自伐鄭。致者善桓公能疾惡同類比與諸侯行義兵伐鄭致例時此月者善其比與善行義故以致復加月也○復扶又反〔疏〕注致者至伐鄭○解云桓是篡賊動作有危今能疾篡脫危而至故致之○注致例時○解云即上二年冬公至自唐之屬是〇冬，城向。向式亮反〇十有一月，衛侯朔出奔齊。衛侯朔何以名。據衛侯出奔楚不名〔疏〕衛侯朔何以名○解云嫌問出奔之屬何以名故復連句問之○注據衛至不名○解云在僖二十八年絕。曷爲絕之。據俱奔也得罪于天子也。其得罪于天子奈何。見使守衛朔。朔十二月朔政事也月所以朝廟告朔是也而不能使衛小衆。時天子使發小衆不能使行越在岱陰齊。越猶走也岱宗泰山也山北曰陰先言岱陰後言齊者明名山大澤不以封諸侯以爲天地自然之利非人力所能加故當與百姓共之傳著朔在岱陰者明天子當及是時未能交連五國之兵早誅之〔疏〕注明天子至誅之○解云其五國者莊五年冬公會齊人宋人陳人蔡人伐衛是屬負茲舍。不即罪爾。屬託也天子有疾稱不豫諸侯稱負茲大夫稱犬馬士稱負薪舍止也託疾止不就罪○屬負茲音燭注同屬託也諸侯有疾稱負茲言朔託有疾〔疏〕注天子至負薪者○解云皆漢禮之名豫大詁爲樂諸侯言負茲者謂負事繁多故致疾大夫言犬馬者代人勞苦行役遠方故致疾士稱負薪者祿薄不足代耕故致疾

十有七年，春，正月，丙辰，公會齊侯、紀侯盟于黃。〇二月，丙午，公及邾婁儀父盟于趡。本失爵在名例中朝桓公稱人今此不名者蓋以爲儀父最先與隱公盟明元功之臣有誅而無絕○趡翠癸反〔疏〕注本失至在名例○解云正以隱元年得褒乃書字故也○注中朝至名者○解云即上十五年邾婁人牟人葛人來朝是○注蓋以至之臣○解云隱元年公及邾婁儀父盟于眛是也○注有誅而無絕○解云有誅者十五年稱人是責之無絕者今還其字無絕其功故也〇五月，丙午，及齊師戰于奚。夏者陽也月者陰也去夏者明夫人不繫於公也此戰蓋由桓公曰同非吾子云爾○去起呂反下同〔疏〕注此戰至云爾○解云莊元年傳云公曰同非吾子是然則夫人姜氏三年至魯六年九月莊公乃生桓公何云同非吾子蓋夫人譖之也或云蓋在齊之日已共私通魯侯知之悼根之言耳〇六月，丁丑，蔡侯封人卒。〇秋，八月，蔡季自陳歸于蔡。稱字者蔡侯封人無子季次當立封人欲立獻舞而疾害季季辟之陳封人死歸反奔喪思慕三年卒無怨心故賢而字之出奔不書者方以起季奔喪歸故使若非出奔歸不稱弟者見季不受父兄之尊起宜爲天子大夫天子大夫不得與諸侯親通故魯季子紀季皆去其氏唯卒以恩錄親季友、叔肸卒是也〔疏〕注魯季至其氏○解云即閔元年季子來歸莊三年紀季以酅入于齊是也○唯卒至是也○解云即僖十六年公子季友卒宣十七年公弟叔肸卒是也〇癸巳，葬蔡桓侯。稱侯者亦奪臣子辭也有賢弟而不能任用反疾害之而立獻舞國幾并於蠻荊故賢季抑桓稱侯所以起其事○幾音祁并必政反又如字〔疏〕注稱侯至其事○解云正以諸侯之葬皆稱公故決之〇及宋人、衛人伐邾婁。〇冬，十月，朔，日有食之。是後夫人譖公爲齊侯所誘殺去日者著桓行惡故深爲內懼其將見殺無日○行下孟反爲于僞反〔疏〕注去日至無日○解云若以隱三年傳言之即某月某日朔日有食之者食正朔若言某月某日日有食之者謂二日食也若言某月日有食之者謂食在晦也今此言朔而不書日故此解之

十有八年，春，王正月，公會齊侯于濼。濼郎沃反又音洛說文云匹沃反公夫人姜氏遂如齊。公何以不言及夫人。據公及夫人會齊侯于陽穀〔疏〕注據公至陽穀○解云在僖十一年○夫人外也。若言夫人已爲公所絕外也〔疏〕注若言至外也○解云欲言不假言及是外之意夫人外者何。內辭也。內爲公諱辭○爲于僞反其實夫人外公也。時夫人淫於齊侯而譖公故云爾言遂者起夫人本與公出會齊侯于濼故得并言遂如齊不書夫人會書夫人遂者明遂在夫人齊侯誘公使遂如齊以夫人譖公故○譖公側鴆反下同〇夏，四月，丙子，公薨于齊。不書齊誘殺公者深諱恥也地者在外爲大國所殺於國此危國重故不暇隱也〔疏〕注不書至恥也解云如此注者正決昭十一年楚子虔誘蔡侯般殺之于申之文也○注地者至隱也○解云魯侯被殺例不舉地故隱公閔公直言薨而已今此言齊故如此解丁酉，公之喪至自齊。凡公薨外致日者危痛之外多窮厄伏喪內多乘便而起不可不戒慎加之者喪者死之通辭也本以別生死不以明貴賤非配公之稱故加之以絕○便婢面反別彼列反稱尺證反〔疏〕注凡公至痛之○即此及定元年夏六月癸亥公之喪至自乾侯之屬是也〇秋，七月。〇冬，十有二月，已丑，葬我君桓公。賊未討，何以書葬。據隱公也讎在外也。讎在外，則何以書葬。據俱讎也君子辭也。時齊強魯弱不可立得報故君子量力且假使書葬於可復讎而不復乃責之諱與齊狩是也桓者謚禮生有爵死有謚所以勸善懲惡也禮諸侯薨天子謚之卿大夫受謚於君唯天子稱天以誄之蓋以爲祖祭乃謚丁酉公之喪至自齊丁巳葬我君定公兩不克葬戊午日下昃乃克葬是也以公配謚者終有臣子之辭上葬日者起生者之事也且明王者當遣使者與諸侯共會之加我君者錄內也猶君薨地也○懲直升反使所吏反〔疏〕注諱與齊狩是也○解云莊四年冬公及齊人狩于郜○公曷爲與微者狩齊侯也齊侯則其稱人何諱與讎狩是也○注禮諸至誄之解云即曾子問曰賤不誄貴幼不誄長禮也○鄭注云誄累也累列生時行迹讀之以作謚謚當由尊者成又云唯天子稱天以誄之注云以其無尊焉又云諸侯相誄非禮也是也○蓋以至是也○解云所以知祖祭乃謚者正以公之喪至自齊未有謚丁巳葬我君定公欲葬遇雨不得葬經書定公故知宜是作祖祭之時爲之也禮記檀弓下篇云公叔文子卒其子戌請謚於君云日月有時葬矣請所以易其名者義亦通於此○注上葬至地也○解云考諸古本皆無上字衍文隱三年傳過時而日隱之注云隱痛賢君不得以時葬丁亥葬齊桓公是也然則此君四月薨至于今十二月亦是過時而日者亦是痛其賢君不得以時葬非其辭貞故日起生者之事言其非爲臣子矣或者上葬爲此上文之葬若昭三年葬滕成公之下注云月者褒公上葬諸侯莫肯加禮獨滕子來會葬故恩錄之之類也

公羊注疏卷五挍勘記　　阮元撰盧宣旬摘錄

公羊注疏桓公卷第五

七年

辟寔國也　閩監毛本同誤也鄂本寔作實當據正

則民不偷　釋文作不愉云本又作偷按當依陸本作愉今本從人旁非周禮大司徒以俗教安則民不愉今本亦改偷○按愉偷古今字說文無偷鄭箋詩有之

八年

薦尚麥苗麥始熟可礿　閩監毛本苗作魚無下麥字按苗字誤當定從魚宋本亦有下麥字穀梁疏引同與儀禮經傳通解合今本無者誤脫也段玉裁云此礿當作汋以汋釋礿同音詁訓法也汋亦作瀹

鷰尚稻鴈　鄂本宋本閩監本同毛本鴈改雁非全書仿此

天子之牲角搔　監毛本同誤也鄂本及儀禮經傳通解作角握穀梁疏引同當據正閩本搔字剜改蓋本作握後反據誤本改

注不異至　閩監毛本下有之物二字

牆屋既繕　今祭義繕作設

勿勿乎其欲饗之也　依祭義當作其欲其饗之也

注禮本下爲士制者　按者當作○下脫解云二字自此以下皆屬下節士不及茲四者疏

怠解　鄂本作怠懈釋文作怠解

禦寒暑之美服　鄂本同閩監毛本禦作御按釋文作御

立三台以爲三公　浦鏜云立當法字誤

内宿部衛之列　浦鏜云内上疑脫爲

上大夫卽例稱五十字　閩監毛本五十改伯仲非

次大夫例稱二十字　閩監毛本改不稱伯仲字誤甚

職號尊名　何校本此下有也字

當與天子參聽萬機　浦鏜云唐諱幾爲機非也尚書本作萬幾周禮疏亦作萬機

惡不勝任　何校本任上有其字

曷爲待君命然後卒大夫　此本複衍此十字閩監毛本刪正是也

九年

則未知其在齊與曹與　唐石經鄂本宋本元本閩本同監毛本曹與上衍在字

卽襄九年冬公會晉侯已下齊世子光滕子薛伯小邾婁子伐鄭　浦鏜云經齊世子光在小邾婁子下十一年伐鄭同此誤倒

十年

傳言公不要見者　閩監毛本作見要按上云時桓公欲要見諸侯與此合傳則云公不見要也

宜隱十年以當之　閩監毛本宜誤言

言兵圍都城相似　閩監毛本似改近非注云幾與圍無異相似猶無異也

十有一年

卽成十年晉侯獳卒　閩監毛本獳作孺是也毛本年字實缺

鄭相也　鄂本以下同唐石經作鄭之相也嚴杰云周禮大司徒正義引亦無之字

鄭國處于留先鄭伯有善于鄶公者　唐石經宋本閩本同監毛本鄶誤鄶按釋文鄶古外反于並當作於下同

而野留　何注野鄙也按周禮大司徒職注引春秋傳曰遷鄭焉而鄙留野作鄙與注合遷鄭焉上無而字與何本異

爲我出忽而立突　毛本突誤㚟注同

稱愈於國之亡　閩監毛本同誤也鄂本稱作猶疏亦云猶愈於國之亡也當據正

后有安天下之功　閩監毛本同鄂本后作後當據正

脅鄭之篡　鄂本作立篡此誤

晉侯執曹伯歸于京師　毛本于改於非

邾婁人執鄫子用之　毛本同閩監本鄫誤鄶

常言鄭突　諸本同誤也鄂本常作當宜據正

外未能結欵諸侯　鄂本欵作助

盟于蔡丘是也　毛本于改於非○按此經無盟字

非居尸柩前　浦鏜云注作非尸柩之前　故時已葬之稱　浦鏜云作誤時

則與諸侯改伯從子辭同　諸本同誤也鄂本諸侯作春秋當據正

爲承衰亂　毛本承誤乘

故后王起　鄂本后作後此非

蔡侯稱叔者　鄂本無侯此衍疏標起訖亦作蔡稱

而此與俠是也　浦鏜云而疑則字誤

公會宋公于夫童　釋文夫童下音鍾左氏作夫鍾

十有二年

公會宋公于龜　毛本龜改龜非

解云上十年來戰于郎　毛本解誤經

十有三年

其恃外奈何　閩監毛本柰作奈非

必出萬死而不奔此　諸本同誤也鄂本此作北當據正

明見我者爲主　鄂本同宋本閩監毛本我作伐誤按者字當衍蓋我誤爲伐始衍者字矣

十有四年

無冰　鄂本冰誤水

從内爲王義　鄂本元本閩本同監毛本王誤主下云明王者當以至信先天下可證此本作王

東田千畝　閩監本畝作畆毛本改畝非下同

謂廩之言藻之義故也　藻疑澡

皆出祭義之文　孫志祖云禮記祭義無此文祭統云天子親耕於南郊王后蠶於北郊與此異白虎通耕桑篇云耕於東郊何東方少陽農事始起桑於西郊何西方少陰女功所成與此親耕東田親西郊采桑之語合疑出古逸禮也

御廩災何以書者　按此釋下傳當另節屬下

乙亥甞　唐石經宋本閩本同監毛本甞改嘗下同

正以宋非强國　毛本强誤其

十有五年

故復於此名　鄂本宋本閩監本同毛本名誤明

小國例時也　鄂本無也此衍疏標起訖同

公會齊侯于鄗　釋文鄗左氏作艾穀梁作蒿○按艾蒿同物也蒿鄗同音也

祭仲存則存矣　鄂本以下同唐石經無矣非十一年疏引此亦有矣字

故曰解不虛設危險之嫌　閩本同監毛本不誤云

公會齊侯宋公衛侯陳侯于侈伐鄭　唐石經諸本同釋文侈二傳作袲按二傳無齊侯侈袲皆多聲故文異○按說文衣部引春秋傳公會齊侯于袲說文所謂春秋傳皆左傳也而有齊侯字袲亦與今體不同

十有六年

善其比與善行義　毛本義字空缺

行役遠方　毛本行字空缺

十有七年

及齊師戰于奚　唐石經諸本同惠棟云左氏亦作奚穀梁作郎

起宜爲天子大夫天子大夫　鄂本無下天子大夫四字非也

十有八年

公夫人姜氏遂如齊　鄂本公下有與字是也左穀皆有與

於國此危　閩監毛本同誤也鄂本此作尤當訂正

本以別生死　宋本同蓋誤倒鄂本閩監毛本皆作死生是也

讎在外也　鄂本宋本閩本同監毛本讎改讐

戊午日下昃　宋本同閩監毛本昃作仄　上葬日者　解云考諸古本皆無上字衍文

公叔文子卒　閩本同監毛本叔誤孫　非其辭貞　閩本同監毛本貞作真

監本附音春秋公羊注疏莊公卷六 起元年盡七年

何休學

元年。春。王正月。公何以不言即位。春秋君弒▲子不言即位。君弒則子何以不言即位。據繼君不絕也○君弒申志反下皆同【疏】公何以不言即位○解云隱元年傳云公何以不言即位注云據文公言即位然則彼已注解是以此處不復注之○春秋至即位○解云而言春秋者欲道孔子意春秋之內皆爾非止此處故舉其大號言之是以僖元年傳云公何以不言即位繼弒君子不言即位此非子也其稱子何臣子一例也然則宜公之傳不言子直以其無臣子之道不念其君父亦不由宜公非子赤之子故不言子隱之也。孰隱。隱子也。隱痛是子之禍不忍言即位【疏】孰隱至子也○解云莊公既踰年即位之後合稱成君而言子者凡諸侯於其封內三▲年稱子故也若表臣子之心不可曠年無君乃稱公耳○三月。夫人孫于齊。孫者何。孫猶孫也。孫猶遁也○孫音遜下及注皆同孫猶遁也遁徒困反【疏】孫者何○解云欲言初出實先在齊欲言非初出而與公孫文同故執不知問○孫猶孫也○解云凡言孫者孫遁自去之辭今此言孫與尚書序云將孫於位讓於虞舜義同故言孫猶孫也猶彼文也而注云孫猶遁也者欲解彼此之孫皆爲孫遁自去之義故曰遁也內諱奔。謂之孫。言于齊者盈諱文【疏】內諱奔謂之孫○解云據百二十國寶書以爲春秋非獨魯也而言內者託王於魯故言內猶言其國外諸夏之義也然則內魯爲王王者無出奔之義故謂之孫矣而僖二十四年冬天王出居于鄭言出者彼傳云王者無外此其言出何不能於母也注云不能事母罪莫大於不孝故絕之言出也者是○注言于至諱文○解云凡言于某者從此往彼之辭今此夫人實非始往而言于齊與昭二十五年公孫于齊文同者盈滿其諱文若今始然故云言于齊者盈諱文耳夫人固在齊矣。其言孫于齊何。據公夫人遂如齊未有來文【疏】注據公至來文○解云公夫人遂如齊在桓十八年言未有來文者欲決文九年春夫人姜氏如齊夫人姜氏至自齊之文耳若然案下二年注云不致者本無出道有出道乃致奔喪致是也若然則何氏指文九年夫人姜氏如齊亦無出道而責未有來文者夫人如齊之時得公之命非無出道故如此解念母也。固在齊而書孫者所以起念母也正月以存君。念母以首事。禮練祭取法存君夫人當首祭事時莊公練祭念母而迎之當書迎反書孫者明不宜也【疏】注禮練至宜也○解云存君者即襄二十九年注云正月歲終而復始臣子喜其君父與歲終而復始執贄存之然則今此練祭者亦是臣子閔其君父往年此日沒今年復此日存而禮祭之取法存君矣言夫人當首祭事者謂夫人當爲首而營其祭事也言時莊公練祭者謂桓公去年四月薨今年三月方爲練祭而欲迎母非謂此時已爲練矣夫人何以不稱姜氏。據夫人姜氏孫于邾婁【疏】注據夫至邾婁者解云閔二年經文貶。曷爲貶。據俱以孫爲文與弒公也。其與弒公奈何。夫人譖公於齊侯。如其事曰訴加誣曰譖○與殺音預下同譖側鴆反加誣曰譖公曰。同非吾子。齊侯之子也。以淫於齊侯所生【疏】公曰至子也○解云夫人加誣此言非謂桓公實有此言何者正以夫人之至在桓三年秋子同之生乃在六年九月故也齊侯怒。與之飲酒。欲醉而殺之禮飲酒不過三爵【疏】注禮飲不過三爵○解云玉藻云君子之飲酒也受一爵而色灑如也注云灑如肅敬貌也二爵而言言斯注云言言和敬貌禮已三爵而油油注云油油悅敬貌以退注云禮飲酒過三爵則敬殺可以去矣也者是也於其出焉。使公子彭生送之。於其乘焉。於其將上車時○將上時掌反下同搚▲幹而殺之。搚折聲也扶▲上車以手搚折其幹○搚幹路合反本又作拹亦作拉皆同折聲也幹音古旦反脅也【疏】於其至送之○解云與下句絕讀○於其乘焉搚幹而殺之○解云二句連讀之○注扶上至幹解云折音如字念母者。所善也。則曷爲於其念母焉貶。據貶必於其重【疏】念母者所善也○解云謂念母者宜春秋之所善也○注據貶必於其重○解云即僖元年傳云夫人何以不稱姜氏貶曷爲貶與弒公也然則曷爲不於弒焉貶必於其重者莫重乎其以喪至也注云刑人于市與衆棄之故必於其臣子集迎之時貶之所以明誅得其罪是也不與念母也。念母則忘父背本之道也故絕文姜不爲不孝距蒯聵不爲不順脅靈社不爲不敬蓋重本尊統使尊行於卑上行於下貶者見王法所當誅至此乃貶者并不與念母也又欲以孫爲內見義明但當推逐去之亦不可加誅誅不加上之義非實孫月者起練祭左右○背音佩蒯聵苦怪反下五怪反見王賢偏反下同爲內于僞反下爲卑爲嘗同去起呂反【疏】注故絕至不順○解云謂貶氏是也距蒯聵不爲不順者哀三年傳云曼姑受命乎靈公而立輒以曼姑之義爲固可以距之也注云曼姑無惡文者起曼姑得拒之曼姑臣也距之者上爲靈公命下爲輒故者是也○注脅靈至不敬○解云即莊二十五年傳云日食則曷爲鼓用牲于社求乎陰之道也注云求責求也以朱絲營社或曰脅之注云脅之與責求同義社者土地之主也月者土地之精也上繫于天而犯日故鳴鼓而攻之脅其本也朱絲營之助陽抑陰也是脅靈社不爲不敬之道也○注蓋重至當誅○解云此蓋詁爲皆也謂脅社以重陽距父以尊祖皆是尊行於卑上行於下之義○注至此至之義○解云注言此者欲道桓十八年公始如齊之時不貶意也言又欲以孫爲內見義者正言道魯臣子不合誅夫人之意○注非實至左右○解云閔二年九月夫人姜氏孫于邾婁彼注云凡公夫人奔例日此月者有罪然則此書月者正是其例而言月者起練祭左右者謂此夫人非孫今乃書孫書三月起其練祭在左右故也若直言春無以起其練祭矣○夏。單伯逆王姬。單伯者何。吾大夫之命乎天子者也。以稱字也禮諸侯三年一貢士於天子天子命與諸侯輔助爲政所以通賢共治示不獨專重民之至大國擧三人次國擧二人小國擧一人○單伯音善後放此逆王姬左氏作送王姬治直吏反【疏】單伯者何○解云若言內臣而逆王女若言王臣文無王使故執不知問○注以稱字也解云諸侯之大夫例合稱名若貢于天子理宜尊異是以見其稱字知其貢于天子○注諸至一人○解云皆書傳文射義云古者天子之制諸侯歲獻貢士于天子天子試之於射宮鄭注云歲獻獻國事之書及計借物也三歲而貢士舊說云大國三人次國二人小國一人者是與此同何以不稱使。據公子遂如京師言如者內稱使之文【疏】注據公子遂如京師言如者內稱使之文○解云公子遂如京師者僖三十年經文也言如者內稱使之文者欲道傳云何以不稱使者問經不道單伯如京師之意天子召而使之也。逆之者何。使我主之也。逆者魯自往之文方使魯爲父母主嫁之故與魯使自逆之不言于京師者使魯主之故使若自魯女無使受之【疏】逆之者何○解云天子之臣其數非一而魯大夫使逆其女故執不知問曷爲使我主之。據諸侯非之▲天子嫁女乎諸侯。必使諸侯同姓者主之。諸侯與天子同姓者諸侯嫁女于大夫。必使大夫同姓者主之。大夫與諸侯同姓者不自爲主者尊卑不敵其行婚姻之禮則傷君臣之義行君臣之禮則廢婚姻之好故必使同姓有血脈之屬宜爲父道與所適敵體者主之禮尊者嫁女于卑者必持風旨爲卑者不敢先求亦不可斥與之者申陽倡陰和之道天子嫁女於諸侯備姪娣如諸侯之禮義不可以天子之尊絕人繼嗣之路○好呼報反風如字又方鳳反倡昌亮反和戶臥反惡烏路反齊衰音咨下七雷反【疏】注其行婚姻之禮○解云謂敵偶行事○注行君臣之禮○解云謂君坐于上而臣立子下○注必使至主之○解云謂於女有血脈之親屬○注禮尊至之道○解云風猶放也言使卑者待已放其命云道有女可嫁然後卑者乃敢求婚也云亦不可斥與之者亦不可斥言嫁於某國所以然者正以申陽倡陰和之道故也○注天子至之禮○解云知者見十九年傳諸侯娶一國則二國往媵之以姪娣從若其禮異當有別文○注義不至之路○解云注知如此者正見十九年傳下文云諸侯壹聘九女諸侯不再娶然則既不得再娶適夫人沒無姪娣即是絕嗣之義故云此○注禮齊至婚姻○解云義取穀梁之文仇讎之人非所以接婚姻衰麻非所以接弁冕之言也所以然者正由吉凶不相求矣今莊公主婚于齊相犯二事是以春秋主書惡天子耳○秋。築王姬之▲館于外。何以書。譏。何譏爾。築之禮也。于外。非禮也。以言外知有築內之道也于外非禮也禮同姓本有主嫁女之道必闕地于夫人之下羣公子之上也時魯以將嫁女于讎國故築于外【疏】注以言至道也○解云正以經言于外以爲非禮則知于內是禮明矣○注必闕至上也○解云取下傳文爲義于外。何以非禮。據非內也築于外。非禮也。于遠辟也爲嘗衛不固不以將嫁于讎國除譏者魯本自得以讎爲解無爲受命而外之故曰非禮○解古賣反其築之何以禮。據禮當豫設主王姬者必爲之改築。主王姬者。則曷爲必爲之改築。據諸侯宮非一○必爲于僞反下必爲爲襄公并注同【疏】注據諸至非一○解云即下云路寢小寢

之屬是也於路寢則不可者謂外內無別於路寢則不可。小寢則嫌。皆所以遠別也○別彼列反【疏】小寢則嫌○解云嫌褻瀆注築例時者即此年秋築王姬之館二十八年冬築微三十一年春築臺于郎秋築臺于秦之屬是也羣公子之舍。謂女公子也則以卑矣。以為大卑○大音泰一音他賀反其道必為之改築者也。以上傳言爾知當築夫人之下羣公子之上築例時○冬。十月。乙亥。陳侯林卒。○王使榮叔來錫桓公命。錫者何。賜也。上與下之辭○錫星歷反【疏】錫者何○解云正以變賜言錫與禮九賜之文異故執不知問命者何。加我服也。增加其衣服令有異於諸侯禮有九錫一曰車馬二曰衣服三曰樂則四曰朱戶五曰納陛六曰虎賁七曰弓矢八曰鈇鉞九曰秬鬯皆所以勸善扶不能言命不言服者重命不重其財物禮百里不過九命七十里不過七命五十里不過五命○令力呈反賁音奔鈇音甫又方于反下音越秬音巨黑黍也鬯勅亮反香酒【疏】命者何○解云正以生時有功而受褒賜今死乃賜命故執不知問○注禮有至不能○解云此禮緯含文嘉文也彼注云諸侯有德當益其地不過百里後有功加以九賜進退有節行步有度賜以車馬以代其步其言成文章行成法則賜以衣服以表其德其長於教誨內懷至仁賜以樂則以化其民其居處脩理房內不泄賜以朱戶以明其別其動作有禮賜以納陛以安其體其勇猛勁疾執義堅強賜以虎賁以備非常其內懷至仁執義不傾賜以弓矢使得專征其亢陽威武志在宿衞賜以斧鉞使得專殺其孝慈父母賜以秬鬯使之祭祀皆如有德則陰陽和風雨時四方所瞻臣子所望則有秬鬯之草景星之應是也○注禮百里至五命○解云案周禮典命曰上公九命侯伯七命子男五命者是也其言桓公何。据錫文公命不言謚【疏】注据錫至言謚○解云即文元年夏四月天王使毛伯來錫公命不言謚是也追命也。舉謚明知追命死者禮生有善行死當加善謚不當復加錫不言天王者桓行實惡而乃追錫之尤悖天道故云爾○善行下孟反下同復扶又反悖補內反【疏】注不言至云爾○解云如此注者欲決文元年稱天王也○王姬歸于齊。何以書。我主之也。魯主女為父母道故恩錄而書之內女歸例月外女不月者聖人探人情以制恩實不如魯女【疏】注內女至之也○解云即隱三年冬十月伯姬歸于紀隱七年春王三月叔姬歸于紀成九年二月伯姬歸于宋之屬是也然則此事亦在月下而言不月者何氏以意斟酌故如此解而莊十一年冬王姬歸于齊而不書月者彼則魯不主婚自著天子有恩于王姬故也○齊師遷紀郱鄑郚。遷之者何。取之也。以稱師知取之○郱步丁反鄑子斯反又音晉郚音吾【疏】遷之者何○解云欲言實遷不言處所欲言取之而經書遷故執不知問取之則曷為不言取之也。据莒人伐杞取牟婁【疏】注據莒至牟婁○解云即隱四年經文為襄公諱也。襄公將復讎於紀故先孤弱取其邑本不為利舉故為諱不舉伐順諱文也外取邑不書。此何以書。大之也。何大爾。

自是始滅也。將大滅紀從此始故重而書之二年。春。王二月。葬陳莊公。○夏。公子慶父帥師伐餘丘。於餘丘者何。邾婁之邑也。曷為不繫乎邾婁。國之也。曷為國之。君存焉爾。慶父幼少將兵不識者從不言弟意亦起之○少詩照反【疏】於餘丘者何○解云欲言是國天下未聞欲言是邑而不繫國故執不知問○曷為至焉爾○解云桓七年傳云咸丘者何邾婁之邑也曷為不繫乎邾婁國之也曷為國之君存焉爾然則彼已有傳而復發之者正以邑不繫國凡有二種故須解之即昭三十二年取闞傳云闞者何邾婁之邑也曷為不繫乎邾婁諱亟也注云與受濫為亟是○注慶父至起之○解云正以桓六年九月丁卯子同生則莊公年十五矣慶父之年宜十二三故云幼少將兵矣所以不書月以譏之者正以不言弟意亦起之何者文元年注云不稱王子者時天子諸侯不務求賢而尊貴親親故尤其在位子弟刺其早任以權也魯得言公子者方錄異辭故獨不言弟也諸侯得言子弟者一國失賢輕然則魯不言在位之弟者刺其專貴親親而早任以權今慶父實是公之母弟若於凡平諸侯之國則合言弟但是魯公之弟故于例不得言之既不言弟刺其專貴親親早任以權則於幼少將兵之義亦自見矣故云從不言弟意亦起之也杜氏云慶父者莊公異母兄何氏知其幼者正見稱仲非兄明矣○秋。七月。齊王姬卒。外夫人不卒。此何以卒。錄焉爾。曷為錄焉爾。据王后崩猶不錄我主之也。魯主女為父母道故卒錄之明當有恩禮內女卒例日外女卒不日者實不加魯女也【疏】注內女至女也○解云即僖十六年四月丙申鄫季姬卒成八年冬十月癸卯杞叔姬卒襄三十年夏五月甲午宋災伯姬卒之屬是也而莊四年三月紀伯姬卒莊二十九年十二月紀叔姬卒之屬皆不日莊四年下文注云卒不日葬日者魯本宜葬之故移恩錄文於葬是也○冬。十有二月。夫人姜氏會齊侯于郜。書者婦人無外事外則近淫不致者本無出道有出道乃致奔喪致是也○郜古報反二傳作禚四年亦爾近附近之近亦如字【疏】注不致至是也○解云即文九年春夫人姜氏如齊三月夫人姜氏至自齊注云奔父母之喪也不言奔喪者尊內也出獨致者得禮故與臣子辭是也○乙酉。宋公馮卒。三年。春。王正月。溺會齊師伐衞。溺者何。吾大夫之未命者也。所伐大夫不卒者莊公薄於臣子之恩故不卒大夫與桓同義月者衞朔背叛出奔天子新立衞公子留齊魯無憚天子之心而伐之故明惡重於伐故月也○溺乃歷反【疏】溺者何○解云欲言內臣經不書氏欲言外臣復不繫國故執不知問○吾大至者也○解云隱九年傳云俠者何吾大夫之未命者也桓十一年柔會宋公以下于折傳曰柔者何吾大夫之未命者注云輒發傳者無氏嫌貶也然則今復發傳者嫌會讎人而致貶故也○注所伐至大夫○解云稱名為將大夫不書卒者正以莊公薄於臣子之恩故也知未命大夫

得書卒者正見隱九年經書俠卒也彼注云未命所以卒之者賞宜從重無氏者少略也者即其義○注與桓同義○解云桓十一年柔會宋公已下于折傳曰柔者何吾大夫之未命者也彼注云所以不卒柔者深薄桓公不與有恩於大夫也今溺亦然故言與桓同義○注月者至出奔○解云正以侵伐例時即上二年夏公子慶父伐於餘丘之屬是也今此月者背叛出奔罪重故也其背叛出奔之事者即桓十六年衞侯朔出奔齊是也○注天子新立衞公子留○解云世未及史記亟有其事○夏。四月。葬宋莊公。莊公馮篡不見書葬者篡以計除非以起他事不見也○不見賢徧反下皆同【疏】注莊公馮篡不見書葬者篡以計除非以起至見也○解云春秋之例篡不明者皆貶去其葬以見篡即僖二十四年晉侯夷吾卒注云篡故不書葬明當絕也又宣九年秋晉侯黑臀卒注篡彼注云不書葬者篡也之屬是也其篡[illegible]葬以見篡即隱四年衞人立晉桓十[illegible]年春葬衞宣公又莊九年齊小白入[illegible]侯小白卒十八年秋葬齊桓公又哀[illegible]至哀十年春齊侯陽生卒夏葬齊悼[illegible]人之文不嫌非篡故書其葬今宋公[illegible]其葬者正以其父繆公有讓國之善[illegible]罪故云篡弒計除也襄十四年夏衞[illegible]年春甯喜弒其君剽衞侯衎復歸于[illegible]剽之立不言剽之立者以惡衞侯也[illegible]故不書剽立剽立無惡則衞侯惡明[illegible]成公黑臀彼注云不書者以惡夷獋[illegible]皆不惡者以惡衎與夷獋矣是為以[illegible]之立不書惡之者自以計除之不見[illegible]見也既以計除則過然無罪故得書[illegible]不明而傳公三十三年得書葬晉文[illegible]○五月。葬桓王。此未有言崩者。何以書葬。蓋改葬也。改更也改葬服輕不當月月者時無非常之變榮奢改葬爾故惡錄之書者諸侯當有恩禮【疏】此未有言崩者○解云桓十五年經書三月乙未天王崩何言未有言崩者正以此年事不相接故也○蓋改葬也○解云案宣三年郊牛之口傷改卜牛經即書其改卜此若改葬經宜書改而不書改者蓋以天王之崩去此七年卜前可知何勞書改于其改卜牛須書改者若直言卜牛是前牛口傷之牛故須言改以明之傳必知改葬者即春秋說云恒星不見周人榮奢改葬桓王冢死尸復擾終不覺之文也○注改葬至錄之○解云言改葬服輕者即喪服云改葬緦是也言不當月月者欲決昭二十二年六月叔鞅如京師葬景王之文也言時無非常之變者即決[illegible]失戶柩之時改葬也言榮奢改葬者即春秋說云恒星不見夜明周人榮奢改葬桓王冢死尸復擾終不覺之文是也然宋春秋論改葬在恒星不見之後即宜在七年之末而在三年者宋氏云由三年改葬故七年恒星不見夜明者正由今日榮奢改葬故也云故惡錄之者謂由此之故惡而深錄之也○注書者至恩禮○解云文九年傳云王者不書葬此何以書不及時書過時書注云重錄失時我有往者則書注云謂使大夫往也惡文公不自往故書葬以起大夫會之然則此改葬桓王非彼之類而得書者欲見諸侯當有恩禮故也○秋。紀季以酅入于齊。紀季者何。紀侯之弟也。何以不名。賢也。何

賢乎紀季。據叛也。鄦戶圭反。疏紀季者何。○解云欲言其君經不書爵欲言大夫又不言氏故執不知問。服罪也。其服罪奈何。魯子曰。請後五廟以存姑姊妹。紀與齊爲讎不直齊大紀小季知必亡故以鄦首服先祖有罪於齊請爲五廟後以鄦共祭祀存姑姊妹稱字賢之者以存先祖之功則除出奔之罪明其知權言入者難辭賢季有難去兄入齊之心故見之。○男謂女先生爲姊後生爲妹父之姊妹爲姑。共音恭。難辭乃旦反下皆同。疏魯子曰至姊妹。解云傳所以記魯子者欲言孔氏之門徒受春秋非唯子夏故有他師矣其隱十一年傳記子沈子者欲明子夏所傳非獨公羊氏矣故輒記其人以廣義也季爲附庸而得有五廟者舊說云比諸侯之禮故也直言以存姑姊妹不言兄弟子姪者謙不敢言之欲言兄弟子姪亦隨國亡但外出之女有所歸趣而已○注故以至於齊○解云凡言首者先服之辭紀國未滅今以往服故謂之首服也先祖有罪於齊者即四年傳云哀公亨乎周紀侯譖之是也○注言入至見之○解云正以襄二十六年二月衞孫林父入于戚定十三年晉荀寅士吉射入于朝歌之屬皆是不獲已故以爲難辭也○注男謂至爲姑○解云皆釋親文。○冬。公次于郎。次者兵舍止之名。疏注次者至之名。解云正以僖元年齊師宋師曹師次于聶北救邢之文故也。其言次于郎何。國內兵而當書公斂處父帥師而至雖有事而猶不書是也。疏注國內至是也。○解云公斂處父帥師而至者定八年傳文案昭十三年春叔弓帥師圍費定十二年冬公圍成之屬是也。刺欲救紀而後不能也。惡公既救人辟難道還故書其止次以起之諸侯本有相救之道所以抑強消亂也。次例時。○惡烏路反。疏注諸侯至亂也。○解云言此者欲道春秋善齊襄復讎不書其滅而刺魯侯不救紀者以諸侯本有相救之道所以抑強消亂是以刺不相救也而善齊襄復讎者所以申仁孝之恩各自爲義豈相妨奪乎○注次例時○解云即此及三十年夏師次于成之屬是也而八年春王正月師次于郎云云書月者自爲下文甲午祠兵出之次仍不蒙月也十年夏六月齊師宋師次于郎公敗宋師于乘丘書月者自爲下文敗宋師出之次仍不蒙月也

四年。春。王二月。夫人姜氏饗齊侯于祝丘。書者與會郜同義。牛酒曰犒。加飯羹曰饗。月者再出重也。三出不月者省文從可知例。○犒苦報反。勞也。疏注書者至同義。○解云即二年冬十有二月夫人姜氏會齊侯于郜彼注云書者婦人無外事外事則近淫今此亦然故云同義○注牛酒至曰饗○解云時王之禮也○注月者至知例○解云案上二年經云冬十有二月夫人姜氏會齊侯于郜一出亦書月而言再出重者正以下文三出四出皆無月故也而上二年月者自爲下經乙酉宋公馮卒其會仍自不蒙月矣言三出不月者即下五年夏夫人姜氏如齊師是也。○三月。紀伯姬卒。禮天子諸侯絕期大夫絕緦天子唯女之適二王後者諸侯唯女之爲諸侯夫人者恩得申故卒之。○期音基。緦音絲。疏注禮天至絕期。○解云正見不杖期章無天子諸侯服故也。○注大夫絕緦。○解云正見緦麻章無大夫服故也。○夏。齊侯、陳侯、鄭伯遇于垂。○紀侯大去其國。大去者何。滅也。孰滅之。齊滅之。曷爲不言齊滅之。爲襄公諱也。春秋爲賢者諱。何賢乎襄公。據楚莊王亦賢滅蕭不爲諱。○爲襄于僞反下爲賢注爲諱及下注爲諱爲襄同。疏大去者何。○解云欲言其奔而經言大去欲言其滅又無滅文故執不知問。○爲襄公至者諱。○解云言所以爲襄公諱者正由春秋爲賢者諱故也。○注據楚莊王亦賢滅蕭不爲諱者即宣十二年冬十有二月戊寅楚子滅蕭彼注云日者屬上有王言今反滅人故深責之是也若然莊十年齊師滅譚莊十三年齊人滅遂之屬不爲賢者諱滅而不據之者滅遂之下注云不諱者桓公行霸不任文德而尚武力又功未足以除惡然則桓公是時賢德未著不爲諱適是其宜寧得據之乎楚莊是時已有王言賢德已著宜爲之諱而書其滅故據之也。復讎也。何讎爾。遠祖也。哀公亨乎周。亨煮而殺之。○亨普庚反注同。煮殺也。疏注公亨乎周。○解云鄭氏云懿始受譖而亨齊哀公是也周語亦有其事。紀侯譖之。以襄公之爲於此焉者。事祖禰之心盡矣。盡者何。襄公將復讎乎紀。卜之曰。師喪分焉。龜曰卜蓍曰筮分半也師喪亡其半。○禰乃禮反。師喪息浪反注同。蓍音尸。筮市制反。疏盡者何。○解云以襄公淫泆行同鳥獸而言事祖禰之心盡故執不知問。○卜之至分焉。解云卜之者謂襄公之辭。○注龜曰卜蓍曰筮。○解云曲禮文。寡人死之。不爲不吉也。襄公答卜者之辭。遠祖者。幾世乎。九世矣。九世猶可以復讎乎。雖百世可也。百世大言之爾猶詩云嵩高維嶽峻極于天君子萬年。○幾居豈反。嵩高息忠反本亦作崧。疏寡人死之不爲不吉也。○解云皆齊侯之語故注云荅卜者之辭所以謂死爲吉事者以復讎以死敗爲榮故也。○注百世至萬年。○解云蓋以百十者數之終施之於彼則無罪施之於已則無義故謂之大言耳。家亦可乎。家謂大夫家。曰。不可。國何以可。據家不可。國君一體也。先君之恥。猶今君之恥也。今君之恥。猶先君之恥也。先君謂哀公今君謂襄公言其恥同也。國君何以爲一體。據非一世。國君以國爲體。諸侯世。故國君爲一體也。雖百世號猶稱齊侯。今紀無罪。今紀侯也。此非怒與。怒遷怒齊人語也此非怒其先祖遷之子孫與。○怒與音餘。曰。非也。古者有明天子。則紀侯必誅。必無紀者。紀侯之不誅。至今有紀者。猶無明天子也。古者諸侯必有會聚之事。相朝聘之道。號辭必稱先君以相接。然則齊紀無說焉。不可以並立乎天下。無說無說懌也。○無說音悅注同。懌音亦。疏古者至天子也。○解云從康王已下歷宣王之世而言無明天子者蓋以宣王之德駁而不純故也。○號辭至相接。○解云正以號辭必稱先君之故是以齊紀不得並立于天下古若有明天子則須去其不直是以上文云古者有明天子則紀侯必誅也。故將去紀侯者。不得不去紀也。有明天子。則襄公得爲若行乎。若如也。猶曰得爲如此行乎。○將去起呂反下及注同。若行下孟反注同。疏故將至紀也。○解云若不去紀則有紀侯故也。○襄公至行乎。○解云行讀如有子行之之行。曰。不得也。不得。則襄公曷爲爲之。上無天子。下無方伯。有而無益於治曰無猶易曰闃其無人。○治直吏反。闃苦鵙反。疏注猶易至無人。○解云豐卦上六爻辭也。緣恩疾者可也。疾痛也賢襄公爲諱者以復讎之義除滅人之惡言大去者爲襄公明義但當遷徙去之不當取有有明亂義也不爲文實者方諱不得貶。疏緣恩疾者可也。○解云時無明王賢伯以誅無道緣其有恩痛於先祖者可以許其復讎矣故曰緣恩疾者可也。○注賢襄至之惡。○解云擅滅同姓合書而絕之今不書者以復讎除罪故也。○注不當至義也。解云謂但當推逐而已不當取而有之明其亂正義矣然則襄公亂義而不惡者正以復讎除之。○注不爲至得貶。○解云凡爲文實者皆初以常事爲罪而貶之然後計功除過是以僖元年經云齊師宋師曹師次于聶北救邢傳云曷爲先言次後言救君也君則其稱師何不與諸侯專封也曷爲不與實與而文不與文曷爲不與諸侯之義不得專封也諸侯之義不得專封則其曰實與之何上無天子下無方伯天下諸侯有相滅亡者力能救之則救之可也者是文實之義耳今此若作文實經宜言齊師滅紀或言齊人滅紀傳曰孰滅之襄公滅之曷爲不言襄公滅之不與諸侯擅滅曷爲不與實與而文不與文曷爲不與諸侯之義不得擅滅諸侯之義不得擅滅則其曰實與之何上無天子下無方伯緣恩疾者可若其如此即經不免貶惡襄公若貶惡襄公則不名爲之諱是以不得作文實之義矣而後桓公得作文實者桓公非滅人其罪惡輕也。○六月。乙丑。齊侯葬紀伯姬。外夫人不書葬。此何以書。據鄫季姬也。疏注據鄫季姬也。○解云即僖公十六年鄫季姬卒卒無葬文是。隱之也。何隱爾。其國亡矣。徒葬於齊爾。徒者無臣子辭也國滅無臣子徒爲齊侯所殺故痛而書之明魯宜當閔傷臨之卒不日葬日者魯本宜葬之故移恩錄文於葬。疏注徒者至臨之。○解云正以徒詁爲空。○注卒不至於葬。○解云卒不日者即上經書三月紀伯姬卒是也春秋之義內女卒例日而紀伯姬卒不日故如此解其隱三年傳云不及時而日者渴葬也不及時而不日慢葬也者自施於諸侯非夫人之例故此文雖不及五月不得以渴隱解之。此復讎也。曷爲葬之。據恩怨不兩行。滅其可滅。葬其可葬。此其爲可葬奈何。復讎者。非將殺之。逐之也。以爲雖遇紀侯之殯。亦將葬之也。以爲者設事辭而言之。以大斂而徙棺曰殯夏

后氏殯於阼階之上若存殷人殯於兩楹之間賓主夾之周人殯於西階之上賓之也稱齊侯者善葬伯姬得其宜也。斂力驗反夾古洽反〔疏〕注夏后至賓之也。解云檀弓上篇文。○秋七月。○冬。公及齊人狩于郜。公曷為與微者狩。据與高傒盟諱此競逐恥同〔疏〕注据與高傒盟諱。解云即莊二十二年秋及齊高傒盟于防。傳云公則曷為不言公諱與大夫盟也是也。○注此競逐恥同。解云謂與微者競逐禽獸與大夫盟不異矣。齊侯也。以不沒公知為齊侯也〔疏〕注以不至侯也。解云正以大夫盟即沒公此不沒公者齊侯故也。齊侯則其稱人何。諱與讎狩也。禮父母之讎不同戴天兄弟之讎不同國九族之讎不同鄉黨朋友之讎不同市朝稱人者使若微者不沒公言齊人者公可以見齊微者至於魯人皆當復讎義不可以見齊侯也。○以見賢偏反下同〔疏〕注禮父至市朝。解云皆出曲禮上篇與檀弓上篇何氏差約而為此言也。檀弓云從父昆弟之讎故此何氏以九族言之曲禮云交遊之讎故此以朋友言之定四年傳云朋友相衛古之道也義亦通於此鄭氏云交遊或為朋友是也。前此者有事矣。溺會齊師伐衛是也〔疏〕注溺會至是也。解云在上三年春。後此者有事矣。師及齊師圍盛是也〔疏〕注師及至是也。解云在莊八年夏。則曷為獨於此焉譏。於讎者將壹譏而已。故擇其重者而譏焉。莫重乎其與讎狩也。狩者上所以共承宗廟下所以教習兵行義。○共音恭　於讎者則曷為將壹譏而已。讎者無時焉可與通。通則為大譏。不可勝譏。故將壹譏而已。其餘從同同。其餘輕者從義與重者同不復譏都與無讎同文論之所以省文達其異義矣凡二同故言同同。○勝音升復扶又反〔疏〕注其餘至者同。解云謂皆是與讎交接矣。○注不復至論之。解云謂更無貶文矣。○注所以至義矣。解云一則省文二則達其異義矣其異義者圍盛不稱公者諱其滅同姓溺會齊師伐衛不稱氏者見未命大夫故也若不省文無以見此義故曰所以省文達其異義矣。○注凡二同故言同同。解云輕者不譏見與重者同一也都與無讎同文論之一同也故曰凡二同矣考諸古本傳及此注同字之下皆無重語有者衍文且理亦宜然

五年。春。王正月。○夏。夫人姜氏如齊師。○秋。倪黎來來朝。倪者何。小邾婁也。小邾婁國。○倪五兮反二傳皆作郳黎來力兮反小邾婁力居反二傳亦無婁字〔疏〕郳者何。解云欲言是國而言名欲言非國經言來朝故執不知問。小邾婁則曷為謂之倪。未能以其名通也。郳者小邾婁之都邑時未能為附庸不足以小邾婁名通故略謂之倪　黎來者何。名也。其名何。据僖七年稱子〔疏〕注据七年稱子。解云即僖七年夏小邾婁子來朝是也。微國也。此最微得見者其後附從齊桓為僖七年張本文。○見賢偏反為僖于偽反下文注同〔疏〕注此最至本文。解云時未能為附庸故謂之最微矣言為僖七年張本文者即彼注云至是所以稱爵者時附從霸者朝天子旁朝罷行進齊桓公白天子進之固因其得禮著其能以爵通是也。○冬。公會齊人、宋人、陳人、蔡人伐衛。此伐衛何。納朔也。曷為不言納衛侯朔。据納頓子于頓言納下朔入公入致伐齊人來歸衛寶知為納朔伐之〔疏〕注据納頓子于頓言納。解云即僖二十五年秋楚人圍陳納頓子于頓是也。○注下朔入公入致伐。解云即下六年衛侯朔入于衛公至自伐衛是也然則衛侯朔入于衛之下即言公至自伐衛亦一隅也。○注齊人來歸衛寶。解云即下六年冬齊人來歸衛寶是也。辟王也。辟王者兵也王人子突是也使若伐而去不留納朔者所以正其義因為內諱

六年。春。王三月。王人子突救衛。王人者何。微者也。子突者何。別何之者稱人序上又僖八年王人不稱字嫌二人〔疏〕王人者何。解云欲言微者書其美字欲言其貴連人言之故執不知問。子突者何。解云稱字尊卑未分故執不知問。○注別何至二人。解云所以不言王人子突者何而別何之者正以人序在子突之上又僖八年公會王人于洮單稱王人不稱字問者之意嫌此王人與子突別人故別何之然則言嫌二人者猶言疑二人矣。貴也。貴子之稱。○稱尺證反　貴則其稱人何。据王子瑕不稱人本當言王子突示諸侯親親以責之也〔疏〕注据王子瑕不稱人。解云即襄三十年夏王子瑕奔晉是也。○注本當至之也。解云言王子則是王之親親所以責諸侯違王命之深　繫諸人也。曷為繫諸人。据不以微及大〔疏〕注据不以微及大。解云即定二年傳云然則曷為不言雉門災及兩觀主災者兩觀也主災者兩觀則曷為後言之不以微及大也是也然則彼不以微及大而此以子突繫諸人故難之。王人耳。刺王者朔在岱陰齊時一使可致一夫可誅而緩令交連五國之兵伐天子所立還以自納王遣貴子突卒不能救遂為天下笑故為王者諱使若遣微者弱愈因為內殺惡救例時此月者嫌實微者故加錄之以起實貴子突。○使所吏反令力陳反為王于偽反下因為不為危錄皆同〔疏〕王人耳。解云欲道子突但是微者矣。○注刺王至可誅。解云即桓十六年冬衛侯朔出奔齊傳曰衛侯朔何以名絕曷為絕之得罪于天子也其得罪于天子奈何見使守衛朔而不能使衛小眾越在岱陰齊屬負茲舍不即罪爾者是其朔在岱陰齊時之事也言當爾之時微弱至甚一使可攝取一夫可就誅故曰一使可致一夫可誅耳。○注而緩至自納。解云即上五年冬公會齊人宋人陳人蔡人伐衛者是其交通五國之兵矣言伐天子所立者在上三年耳彼注云天子新立衛公子留是也。○注王遣至能救。解云王遣貴子突者此文是也卒不能救者下文朔入衛是也。○注因為內殺惡。解云謂犯微人之命惡淺犯貴者之命惡深故也。○注救例時。解云即僖六年秋諸侯遂救許僖十八年夏師救齊之屬是　○夏。六月。衛侯朔入于衛。衛侯朔何以名。据衛侯入于陳儀不名〔疏〕注据衛至不名。解云在襄二十五年秋。絕。曷為絕之。据俱入也　犯命也。犯天子命尤重　其言入何。据頓子不復書入。○不復扶又反下皆同〔疏〕注据頓至書入。解云即僖二十五年秋楚人圍陳納頓子于頓是而言不復書入者謂彼經直連圍陳而言納不復別書入也今此衛朔之事去年已書伐衛訖今復別言入故如此注。篡辭也。上辟王不得言納故復從篡辭書入也不直言篡者事各有本也殺而立者不以當國之辭言之非殺而立者以當國之辭言之國人立之曰立他國立之曰納從外曰入諸侯有屬託力加自文也不書公子留出奔者天子本當絕衛不當復立公子留因為天子諱微弱。○殺而申志反下皆同屬音燭〔疏〕注上辟至言納。解云即上五年傳云此伐衛納朔也曷為不言納衛侯朔辟王也者是。○注故從至入也。解云正以公羊之例立納入皆為篡辭故也。○注不直至本也。解云欲道春秋上下所以不直言衛晉篡齊小白篡衛世子篡而書其立入納者事各有本故也。○注殺而至言之。解云即文十四年秋齊公子商人弒其君舍不去公子是也所以然者正以其弒君取國不嫌非篡故也。○注非殺至言之。解云衛晉言立蒯聵言納小白言入是也所以然者以其非殺而立恐不成篡故也。○注國人立之曰立。解云隱四年衛人立晉是也。○注他國立之曰納。解云即哀二年夏晉趙鞅納衛世子蒯聵于戚是也。○注從外曰入。解云即莊九年夏齊小白入于齊是也。○注諸侯至文也。解云即昭元年秋莒去疾自齊入于莒昭十三年夏楚公子比自晉歸于楚之屬是也。○注因為至微弱。解云公子留本天子所立故也其立公子留之事說在上三年也。○秋。公至自伐衛。曷為或言致會。或言致伐。得意致會。所伐國服兵解國安故不復錄兵所從來獨重其本會之時〔疏〕曷為至致會。解云即襄十一年秋公至自會是也。○注所伐至之時。解云即襄十一年秋公會晉侯宋公衛侯曹伯齊世子光以下伐鄭會于蕭魚公至自會是也。不得意致伐。所伐國不服兵將復用國家有危故重錄所從來此謂公與二國以上也公與一國及獨出用兵得意不致不得意致伐公與二國以上出會盟得意致會不得意不致公與一國出會盟得意致地不得意不致皆例時〔疏〕注所伐至從來。解云即襄十一年夏公會晉侯宋公衛侯曹伯齊世子光已下伐鄭秋七月己未同盟于京城北公至自伐鄭是也又僖四年春公會齊侯宋公以下侵蔡蔡潰遂伐楚次于陘秋八月公至自伐楚傳云楚已服矣何以致伐楚叛盟之屬是也若然成十六年秋公會尹子晉侯齊國佐邾婁人伐鄭冬十二月公至自會又成十七年夏公會尹子單子晉侯齊侯宋公衛侯曹伯邾婁人伐鄭六月乙酉同盟于柯陵秋公至自會又成十七年冬公會單子晉侯宋公衛侯曹伯齊人邾婁人伐鄭十一月公至自伐鄭以此言之則十六年秋伐鄭十七年夏伐鄭皆是鄭人不服而致會者正以十六年時鄭人始叛晉師諸侯伐而討之當是時寔服明年乃叛是以致會也其十七年夏公會單子已下伐鄭者正以比年用兵不能服故以得意為文其十七年冬公會單子已下伐鄭以伐致者至於三伐事寔當見故言公至自伐鄭矣若然桓十六年夏四月公會宋公衛侯陳侯蔡侯伐鄭秋七月公至自伐鄭從此之後鄭不背叛何故不致而致伐者桓元年三月公會鄭伯于垂彼注云不致之者桓弒賢君篡慈兄與人交接則有危

故奪臣子辭成誅文然則桓是惡人本不合致而桓十六年注云致者善桓公能疾惡同類比與諸侯行義兵伐鄭也者是其得致之由而致伐者諸侯本意正欲助忽以誅突突終得國忽死不還以其不得伐力故致伐○注公與至致伐○解云其獨出用兵得意不致者即隱七年秋公伐邾婁僖三十三年夏公伐邾婁哀七年秋公伐邾婁之屬皆不致是也其與一國用兵不得意致伐者即僖二十六年冬公以楚師伐齊取穀公至自伐齊傳云此已取穀矣何以致伐未得乎取穀也曰患之起必自此始也是也其公獨出用兵不得意致伐者即下二十六年春公伐戎夏公至自伐戎是也其公與一國用兵得意不致春秋之內偶爾無之春秋既無而知然者正以用兵得意兵不復用何勞致伐乎不致會者離不成會故也其不得意所以致伐者兵將復用重錄兵所從來故也○注公與二國至不致○解云其二國以上出會盟得意致會者即哀十三年夏公會晉侯及吳子于黃池秋公至自會是也其不得意不致者即宣七年冬公會晉侯宋公衛侯鄭伯曹伯于黒壤之屬是也其得意致會者以其成會也其不得意不致者無功可言故也○注公與一國至不致○解云其得意致地者即桓二年秋公及戎盟于唐冬公至自唐之屬是也其不得意不致地者即隱二年秋八月庚辰公及戎盟于唐之屬是也其得意所以致地者離不成會故也其不得意所以不致者無功可致矣○注皆例時○解云諸鄉來諸例皆書時即桓二年冬公至自唐僖二十六年冬公至自伐齊哀十三年秋公至自會之屬是也其僖四年八月公至自伐楚彼注云月者凡公出滿二時月危公之久然則彼以公正月出會齊侯伐楚至八月乃反故云滿二時矣成六年春王正月公至自會何氏云月者前魯大夫獲齊侯今親相見故危之是也而襄十一年公至自伐鄭公至自會不滿二時而皆在日月下何氏不注蓋以爲不蒙月故也成十六年公至自會亦不滿二時而在日月下是不蒙月明矣成十七年十一月公至自伐鄭彼注云月者方正下壬申故月之然則公至亦不蒙月矣

衞侯朔入于衞。何以致伐。▲據得意不敢勝天子也。與上辟王同義久不月者不與伐天子也故不爲危錄之〔疏〕注與上辟王同義○解云上五年五國伐衞之時寔納衞侯朔所以不言納衞侯朔者辟王者兵使若伐而去不留納朔者所以正其義因爲內諱也今此寔得意所以不致會而致伐者▲不敢勝天子使若更以他事伐衞不爲納朔然所以正其義因爲內諱故曰同義○注不月至錄之○解云僖四年八月公至自伐楚彼注云月者凡公出滿二時月危公之久然則今此兵歷四時而不月者不與伐天子故不爲危錄故也○螟。先是伐衞納朔兵歷四時及反民煩擾之所生○螟亡丁反〔疏〕注兵歷四時○解云謂從五年冬訖于此年之秋故也○冬。齊人來歸衞寶。▲此衞寶也。則齊人曷爲來歸之。衞人歸之也。以稱人共國辭○衞寶左氏經作衞俘〔疏〕注以稱人共國辭○解云注言此者欲決三十一年齊侯來獻戎捷不言人也言以稱人共國辭者謂稱齊人可以兼得兩國人之辭也衞人歸之。則其稱齊人何。讓乎我也。其讓乎我奈何。齊侯曰。此非寡人之力。魯侯之力也。時朔得國後遣人賂齊齊侯推功歸魯使衞人持寶來雖本非義賂齊當以讓除惡故善起其事主書者極惡魯犯命復貪利也不爲大惡者納朔本不以賂行事畢而見謝爾寶者玉物之凡名○惡烏路反〔疏〕注故善起其事○解云言春秋善齊侯之讓是以不言衞人而稱齊人所以起其讓事矣○注不爲至謝爾○解云所傳聞之世內大惡諱之今此書見故知不爲大惡矣○注寶者▲至凡名○解云猶言玉物之揔名耳定八年傳云寶者何璋判白弓繡質龜青純是也

七年。春。夫人姜氏會齊侯于防。○夏。四月。辛卯。夜。▲恒星不見。夜中星霣如雨。恒星者何。列星也。恒常也常以時列見○辛卯夜一本無夜字穀梁作昔不見賢徧反注及傳皆同〔疏〕恒者何○解云欲道星稱宿無恒星欲言非星而連星言之故執不知問○恒常也至列見○解云恒者常也天之常宿故經謂之恒星矣言以時列見于天故傳謂之列星矣列星不見。▲何以知夜之中。星反也。反者星復其位〔疏〕列星至之中○解云謂無所准度故也○注反者星復其位○解云謂星反附在半夜之後則知鄉者不見之時是夜中矣如雨者何。如雨者。非雨也。非雨。則曷爲謂之如雨。不脩春秋曰。雨星不及地尺而復。不脩春秋謂史記也古者謂史記爲春秋○雨星于付反一音如字下注雨星同〔疏〕如雨者何○解云欲言是雨不應言如其實非雨而文言雨故執不知問○注不脩春秋○解云據此傳及注言則孔子未脩之時已謂之春秋矣而舊解云孔子脩之春作秋成謂之春秋者失之遠矣云云之說在首卷君子脩之曰。▲星霣如雨。明其狀似雨爾不當言雨星不言尺者霣則爲異不以尺寸錄之何以書。記異也。列星者天之常宿分守度諸侯之象周之四月夏之二月昏參伐狼注之宿當見參伐主斬艾立義狼注主持衡平也皆滅者法度廢▲絕威信陵遲之象時天子微弱不能誅衞侯朔是後遂失其▲正諸侯背叛王室日卑星霣未墜而夜中星反者房心見其虛危斗房心天子明堂布政之宮也虛危齊分其後齊桓行霸陽穀之會有王事○常宿音秀下同參伐所林反下同狼注張又反與味同朱鳥口星也一音之住反艾魚廢反墜直類反分扶問反〔疏〕注分守至之象○解云言分者謂十二之分野矣言守度者守三十度爲一次矣言諸侯之象者謂星度有多少若諸侯之國有大小耳○注昏參至當見○解云正以參伐狼注爲西南之維候故也○注參伐至立義○解云以其在西方金主斷割之義故也○注狼注至平也○解云正以其在南方南方主禮故也○注而夜至危斗○解云火見於周爲五月者謂昏時今在周之四月是以半夜之後乃房星見其虛危斗者謂在夜半時明矣○注房心至宮也○解云即上▲備云房爲天子明堂文耀鉤云房心爲中央火▲星天王位若相對言之則房爲明堂心爲天王矣既有天王復有明堂布政之象也○注其後至王事○解云齊桓行霸者虛危斗也有王事者房心見也○秋。大水。○無麥苗。無苗。則曷爲先言無麥。而後言無苗。苗者禾也生曰苗秀曰禾據是時苗微麥彊俱遇水災苗當先亡一災不書。待

無麥。然後書無苗。明君子
皆以傷
麥苗獨書者民食最重螽音終〔疏〕一災不書
經也○注
傷五穀者皆人行致之故也○注
傷二穀書於經者即桓元年秋大
注云災傷二穀以上書災也其旱
十一年夏大旱是也其螟螽書者
以書記災也文八年經書螽之類
解云災傷麥苗常書即此及莊二
是也麥禾比於餘穀最重故言民食最重矣何以書。
夫人數出淫泆民怨之所生○數所角反泆音逸〔疏〕注
年
人伐衞六年秋公至自伐衞是也
云即五年夏夫人姜氏如齊師七
防冬夫人姜氏會齊侯于穀之屬故言數出耳○冬。夫人姜氏會齊侯于
穀。

公羊注疏卷六挍勘記　　　阮元撰盧宣旬摘錄

公羊注疏卷六

春秋公羊經傳解詁莊公第三　釋文但題莊公第三四字餘卷準此

元年

春秋君弒子不言即位　唐石經諸本同釋文作君殺云申志反下皆同

解云而言春秋者　而字疑衍

三年稱子故也　閩本同監毛本三誤二

不能於母也　案僖二十四年傳於作乎

案下二年注云　毛本注誤傳

注据夫至邾婁者　閩監毛本者作○注字閩本同監毛本脫

夫人譖公於齊侯　唐石經諸本同毛本於作于

言言和敬兒　何校本此下有斯猶耳也四字與玉藻注合

可以去矣也者是也　按上也當衍

擠幹而殺之　唐石經諸本同釋文作拹幹云本又作擠亦作拉皆同按詩南山正義引作拉幹而殺之玉篇引作拉公幹而殺之皆作拉字○段玉裁云依說文當作拹許云搚也从手劦聲作擠者或體也作拉者假借字也

擠折聲也　詩正義引何休云幹脇拉折聲今本脫幹脇二字

扶上車　宋本扶作挾誤

距蒯聵不爲不順　宋本閩本同監毛本聵誤從目

又欲以孫爲内見義定四年疏引此下有言孫者三字
据諸侯非之閩監毛本同誤也鄂本宋本之作一當據正
天子嫁女乎諸侯諸本同唐石經鈌下諸侯嫁女于大夫唐石經亦作于
有血脉之屬宋本脉作脈
禮尊者嫁女于卑者必持風旨宋本閩監毛本同誤也鄂本持作待當據正于當作於
主書者惡天子也鄂本宋本同監毛本上有我字當衍元本上空一字此本上有一○今刪正閩本我字重刻蓋原本亦空缺一字也○按有我字是也我主書謂以我主之書法書之也我主見上文
据非内也鄂本宋本也作女當據正
注築例時者以下云云卜何煌云此當在注末築例時之下
與禮九賜之文異閩監本同毛本賜改錫曲禮上注引含文嘉作賜
其亢陽威武禮記曲禮正義作抗揚
皆如有德何校本如作加
亢悖天道宋本悖誤存
注内女至之也閩監本同毛本之也改魯女按疏本如二年秋七月注葢作實不如魯女也之也爲女也之誤

二年

据莒人伐杞毛本杞誤郝
夏公子慶父帥師伐餘丘唐石經及諸本伐下有於字此本誤脫
夫人姜氏會齊侯于郜釋文郜二傳作禚四年亦爾

三年

吾大夫之未命者按此下當有也字
書三月巳未浦鏜云乙誤巳按浦云是也作乙字與十五年經合
春秋說嚴杰云按穀梁疏此乃感精符文也故知解中凡言春秋說皆春秋緯書作解者用漢人之法不出書名耳
魯子曰請後五廟以存姑姊妹唐石經宋本閩本同監毛本姊作姊注同惠棟云董子以魯子曰爲紀侯謂其弟之語又云以酅入於齊者實紀侯爲之而春秋詭其辭以予紀季按春秋繁露玉杯篇謂其弟曰請以立五廟使我先君歲時有所依歸

國内兵而當書鄂本而作不當據正此誤

四年

加飯羹曰饗鄂本飯作飰非
周語亦有其事按嚴杰云周語當作齊世家
嵩高維嶽釋文作崧高云本亦作嵩按維當作惟
遷之于子孫與按于當作於
猶無明天子也唐石經諸本同惠棟云猶由同
無說懌也宋本同閩監毛本改悅懌按釋文亦作說懌○按段玉裁云依說文注當作說釋說悅懌懌皆古今字
不當取而有鄂本宋本而作有疑誤按解云不當取而有之明其亂正義矣
徒爲齊侯所殺閩監毛本同誤也鄂本殺作弒當據正
不得以渴隱解之浦鏜云渴誤隱
師及齊師圍盛是也浦鏜云成誤盛非按八年傳云成者何盛也注據此
其餘從同同唐石經諸本同注凡二同故言同同解云考諸古本傳及此注同字之下皆無重語有者衍文按疏中標注亦作凡二同故言同同衍一同字

六年

春王三月孫志祖云左氏作正月穀梁作二月
使若遣微者弱愈鄂本宋本同閩監毛本弱改爲弃按弱愈猶少也
据頓子不復書入監本入字空缺
公至自會是也閩監毛本脫也字
公會晉侯宋公衛侯曹伯齊世子光毛本誤齊伯曹世子光
又成十七年冬公會單子晉侯浦鏜云尹誤單按浦誤
桓弑賢君閩監毛本弑誤殺
公伐邾婁之屬毛本伐誤以
何以致伐唐石經諸本同毛本伐誤會
因爲内諱故曰同義毛本因誤内
冬齊人來歸衛寶○唐石經諸本同釋文衛寶左氏經作衛俘按缶聲孚聲古音同第三部
故善起其事主書者鄂本主誤王

璋判白弓繡質閩監毛本判誤叛繡誤肅

七年

夏四月辛卯夜唐石經諸本同釋文辛卯夜一本無夜字穀梁作昔○按段玉裁云古多假昔爲夕左傳爲一昔之期列子昔昔夢爲君皆是也
何以知夜之中星反也諸本同唐石經鄂本何上有則字當據補
君子脩之曰星霣如雨毛本星霣誤倒
威信陵遲之象鄂本宋本閩監本同毛本信誤儀
是後遂失其正閩監毛本同誤也鄂本宋本正作政當據以訂正
解云即上備云按上備爲星備之誤星備亦見周禮大宗伯疏
房心爲中央火星盧文弨曰火乃大之誤○按開元占經六十云心爲明堂中大星各本火乃大之誤
生曰苗左傳此經正義禾初生曰苗此添字使人易了注本無闕字也
文八年經書螽之類是也浦鏜云經螽作蝝按浦說是也

監本春秋公羊注疏莊公卷第七 起八年盡十七年

何休學

八年。春。王正月。師次于郎。以俟陳人蔡人。次不言俟。此其言俟何。據次于陘俟屈完不書俟。○屈居勿反【疏】注據次至書俟○解云即僖四年經云遂伐楚次于陘傳云其言次于陘何有俟也孰俟俟屈完也是也然則彼但錄其次而不書俟與此異故據之託不得已也。師出本爲下滅盛與陳蔡屬與魯伐衛同心人國遠故因假以諱滅同姓託待二國爲留辭主所以辟下言及也加以者辟實俟陳蔡稱人者略以外國辭稱人微之○本爲于僞反傳及注爲久皆同屬與音燭【疏】注陳蔡至伐衛○解云即其經云公會齊人宋人陳人蔡人伐衛是也○注同心人國遠○解云欲對齊宋雖亦同心而近魯是以不得託待齊宋○注所以辟下言及也○解云即經下云夏師及齊師圍成是也凡言及者汲汲之辭若此時已出師其間更無所待即下文言及乃至汲汲汲汲之甚者便是魯人欲得滅同姓孜孜之深是以託待陳蔡以辟之○注加以者辟實俟○解云若其實俟宜但云師次于郎俟陳人蔡人而已何須言以乎今言以俟陳人蔡人明更有由以乃始俟之故言加以者辟實俟也甲午。祠兵。祠兵者何。出曰祠兵。禮兵不徒使故將出兵必祠於近郊陳兵習戰殺牲饗士卒○祠兵音辭祭也左氏作治兵下文注同率子忽反【疏】祠兵者何○解云凡出師之禮皆有祠兵之事而此特書故執不知問○出曰祠兵○解云何氏之意以爲祠兵有二義也一則祠其兵器二則殺牲享士卒故曰祠兵矣○注禮兵至近郊○解云時王之禮也入曰振旅。五百人曰旅【疏】注五百人曰旅○解云大司馬敘官文其禮一也。皆習戰也。言與祠兵禮如一將出不嫌不習故以祠兵言之將入嫌於廢之故以振訊士衆言之互相見也祠兵壯者在前難在前振旅壯者在後復長幼且衛後也○訊音信又音峻本亦作迅相見賢遍反下同難乃旦反長丁丈反何言乎祠兵。據不書【疏】注據不書○解云今此書之而言據不書者正謂他處皆不書即例不書矣而此書之者是以致難爲久也。爲久稽留之辭【疏】注爲久稽留之辭○解云爲猶作言作久稽留之辭矣曷爲爲久。據取長葛久之【疏】注據取長葛久之○解云隱五年冬宋人伐鄭圍長葛六年冬宋人取長葛傳云外取邑不書此何以書久也是然則彼所以書者譏其久今以祠兵者爲久稽留之辭似於義反故難之吾將以甲午之日。然後祠兵於是。諱爲久留辭使若無欲滅同姓之意因見出竟明盛非內邑也【疏】注因見至邑也○解云出曰祠兵即爾雅出曰治兵之文也今書祠兵即是出竟之義則知下言圍成者非內邑明矣○夏。師及齊師圍成。成降于齊師。成者何。盛也。以上有祠兵下有盛伯來奔○成如字二傳作郕降于戶江反傳及下注皆同【疏】成者何○解云成爲內邑孟氏所有而與齊圍之故執不知問○注以上至來奔○解云文十二年春王正月盛伯來奔傳云盛伯者何失地之君也何以不名兄弟辭也是也盛則曷爲謂之成。諱滅同姓也。因魯有成邑同聲相似故云爾【疏】注因魯至云爾○解云定十二年十有二月公圍成者是魯有成邑之文曷爲不言降吾師。據戰於宋不言歸鄭【疏】注據戰至歸鄭○解云桓十二年十有二月及鄭師伐宋丁未戰于宋是也彼則不言宋歸于鄭此言成降于齊師故難之其歸字有作敗字者誤也辟之也。辟滅同姓言圍者使若魯圍之而去成自從後降於齊師也降者自伏之文所以辟歸於齊言及者起魯實欲滅之不月者順諱文不書盛伯出奔深諱之【疏】注言及者至滅之○解云以及者汲汲之文故也○注不月者順諱文○解云凡滅例月即莊十年冬十月齊師滅譚莊十三年夏六月齊人滅遂之屬是也今此亦滅而不書月者順諱文使若不滅矣○注不書至諱之○解云如此注者正欲決莊十年冬十月齊師滅譚譚子奔莒之屬書其出奔也今成被滅至文十二年春乃書盛伯來奔於所傳聞世不言所奔者深諱故也○秋。師還。還者何。善辭也。此滅同姓。何善爾。病之也。慰勞其罷病○慰勞力報反下同其罷音皮下同【疏】還者何○解云欲言其惡還是善辭欲言其善實滅同姓故執不知問曰。師病矣。曷爲病之。據師出皆罷病曷爲獨勞此病也非師之罪也。明君之使重在君因解非師自汲汲【疏】注明君至在君○解云所以慰勞師之罷病者明君之滅同姓非師之罪其重在于君也○注因解非師自汲汲○解云正以及者汲汲之辭故也○冬。十有一月。癸未。齊無知弒其君諸兒。諸兒襄公也無知公子夷仲年之子襄公從弟○兒如字一音五今反從才用反

九年。春。齊人殺無知。○公及齊大夫盟于暨。公曷爲與大夫盟。據與高傒盟諱不言公○暨其器反左氏作蔇【疏】注據與至言公○解云莊二十二年秋七月丙申及齊高傒盟于防傳云齊高傒者何貴大夫也曷爲就吾微者而盟公也公則曷爲不言公諱與大夫盟也者是齊無君也。然則何以不名。據高傒名爲其諱與大夫盟也。使若衆然。鄰國之臣猶吾臣也君之於臣當告從命而行而反歃血約誓故諱使若悉得齊諸大夫約束之者愈也不月者是時齊以無知之難小白奔莒子糾奔魯齊迎子糾欲立之魯不與而與之盟齊爲是更迎小白然後乃伐齊欲納子糾不能納故深諱使若信者也不致者魯地也子糾出奔不書者本未命爲嗣賤故不錄之○爲其于僞反注爲是及下注寔爲魯爲同歃所洽反又所甲反難乃旦反【疏】注不月至信者也○解云公羊之例大信時小信月不信日經今不月使若信者謂若大信也不謂月非信辭也○注不致者魯地也○解云正決桓二年秋公及戎盟于唐冬公至自唐之文也若然定十二年十有二月公至自圍成然則成是內邑而書致者彼注云成仲孫氏邑圍成月又致者天子不親征下士諸侯不親征叛邑公親圍成不能服不能以一國爲家甚危若從他國來故危錄之是也○注子糾至錄之解云如此注者正決桓十一年鄭忽出奔衛書之故也子糾出奔魯宜言來奔而言出奔者據齊言之亦無傷矣○夏。公伐齊。納糾。納者何。入辭也。其言伐之何。據晉人納捷菑于邾婁不言伐納糾左氏經亦作納子糾【疏】夏公伐齊納糾○解云無子字者與左氏經異○納者何○解云欲言得國下有齊人取殺之文欲言不得國納者入辭故執不知問○其言伐之何○解云案隱七年冬戎伐凡伯于楚丘以歸傳云此聘也其言伐之何彼注云加之者辟問輕重兩舉之然則此傳非問輕重兩舉而亦言之下十年傳云觕者曰侵精者曰伐戰不言伐圍不言戰入不言圍滅不言入書其重者也然則侵伐戰圍入滅數者相對是其輕重之名今以納問伐直據納接菑不言伐而已實非輕重兩舉故得言之矣○注據晉至言伐○解云即文十四年經云晉人納接菑于邾婁是也伐而言納者。猶不能納也。伐者非入國辭故云爾【疏】注伐者至云爾○解云下十年傳云觕者曰侵精者曰伐然則伐者雖重於侵仍非入國之義是以此經兼舉其伐見不能納矣糾者何。公子糾也。何以不稱公子。據下言子糾知非當國本當去國見挈言公子糾○去國起呂反下故去同【疏】糾者何○解云欲言已臣納於他國欲言齊臣文不繼齊故執不知問○注據下至子糾解云下經云九月齊人取子糾殺之傳云其稱子糾何貴也其貴奈何宜爲君者也彼注云故以君薨稱子其言之者其宜爲君則下經言子見其貴則知此經單言糾者非當國之辭既不作當國之辭故今宜但去國言公子糾見挈於魯侯而已是以問其名不稱公子君前臣名也。春秋別嫌明疑嫌當爲齊君在魯君前不爲臣禮公子無去國道臣異國義故去公子見臣於魯也納不致者伐得意不得意可知猶遇弗遇例也不月者非納篡辭○別彼列反見賢遍反【疏】注禮公至國義○解云然則禮有三諫不從待放去者其異姓之臣乎公子者同姓之臣本無去國之義矣○注納不至可知○解云上六年注云與一國獨出用兵得意不致不得意致伐今此納糾而不公入亦是不得意而不言公至自伐齊者謂此經既言公伐齊納糾言伐者不得意明矣何勞致伐見不得意乎故云納不致者言伐得意不得意可知矣○注猶遇弗遇例也○解云上六年注云公與一國出會盟得意致地不得意不致然則春秋之內亦有遇禮所以不致地以見得意者正以經書有遇弗遇之文則知書遇得意明矣何勞致地以見之乎知隱四年夏公及宋公遇于清言遇得意可知桓十年秋公會衛侯于桃丘不遇不得意明矣故云猶遇弗遇例也○注不月至篡辭○解云隱四年冬十有二月衛人立晉注云月者大國篡例月小國時立納入皆爲篡然則莊六年夏六月衛侯朔入于衛哀六年秋七月齊陽生入于齊之屬皆是也今此亦書入納而不月者子糾次正宜立非篡故也非篡而言納者納者入辭子糾不得國魯公之由是以書伐納見其伐而不能納以刺魯侯矣齊小白入于齊。曷爲以國氏。據宋公子地自陳入于蕭氏公子也【疏】注據宋至子也○解云即定十一年春宋公之弟辰及仲佗石彄公子地自陳入于蕭以叛是也當國也。當國故先氏國也不月者移惡于魯也【疏】注不月至魯也○解云正以大國篡例月故言此矣而言移惡于魯者正以小白成篡實由魯人不早送子糾故也其言入何。篡辭也。○秋。七月。丁酉。葬齊

襄公。○八月，庚申，及齊師戰于乾時。我師敗績。内不言敗，此其言敗何。據郎之戰〔疏〕其言入何○解云據桓十七年秋八月蔡季自陳歸于蔡不言入今言入故難之不注言者文不悉也○秋七月至襄公○解云隱三年傳曰過時而日隱之也彼注云隱痛也痛賢君不得以時葬則襄公去年十一月見殺至今年秋七月整九月也而書日葬之明是痛賢君不得以時葬故也而注不言之者從可知省文也其襄公之賢見於上四年○注據郎之戰○解云桓十年冬十有二月丙午齊侯衛侯鄭伯來戰于郎傳云此偏戰也何以不言師敗績内不言戰言戰乃敗矣然則彼文師有成解故此弟于而難之據伐敗也。自誇大其伐而取敗○自誇苦瓜反本又作夸下同曷爲伐敗。據内不言敗績曷爲自誇大其伐而取敗復讎也。復讎以死敗爲榮故錄之高齊襄賢仇牧是也〔疏〕注高齊襄○解云即上四年夏紀侯大去其國傳云曷爲不言齊滅之爲襄公諱也春秋爲賢者諱何賢乎襄公復讎也襄公將復讎乎紀卜之曰師喪分焉寡人死之不爲不吉也者是高齊侯復讎以死敗爲榮之事矣注賢仇牧是也者即下十二年秋宋萬弑其君接及其大夫仇牧傳云何以書賢也何賢乎仇牧仇牧可謂不畏强禦矣其不畏强禦奈何云萬怒搏閔公絶其脰仇牧聞君弑趨而至遇之于門手劒而叱之萬臂撥仇牧碎其首齒著乎門闔仇牧可謂不畏强禦矣是賢仇牧復讎以死敗爲榮之義此復讎乎大國。曷爲使微者。據納子糾公猶自行即大夫當有名氏〔疏〕注即大夫當有名氏○解云公羊之義以大夫得見名氏謂士爲微故言此公也。如上據知爲公公則曷爲不言公。不與公復讎也。曷爲不與公復讎。據諱與讎狩〔疏〕注據諱與讎狩○解云即上四年冬公及齊人狩于郜傳云公曷爲與微者狩齊侯也齊侯則其稱人何諱與讎狩也然則公與讎狩則以爲不書而諱之今乃復讎于齊宜以爲善而反不與故難之復讎者在下也。時實爲不能納子糾伐齊諸大夫以爲不如以復讎伐之於是以復讎伐之非誠心至意故不與也書敗者起託義戰不致者有敗文得意不得意可知例〔疏〕注書敗者起託義○解云春秋之例内不言戰言戰乃敗今乃經上文云戰于乾時即内敗明矣而又言我師敗績者起託以敗爲榮故也○注戰不至知例○解云六年不得意致伐之下注云公與一國及獨出用兵得意不致不得意致伐今此亦不得意合致伐而不致伐者既有我師敗績之文不得意明矣故言可知例○九月。齊人取子糾殺之。其取之何。據楚人殺陳夏徵舒不言取執齊慶封殺之言執也○夏戶雅反〔疏〕注據楚至言取○解云宣十一年冬十月楚人殺陳夏徵舒是也○注執齊至執也○解云即昭四年秋七月楚子蔡侯陳侯以下伐吳執齊慶封殺之是也内辭也。脅我使我殺之也。以下浚洙知其脅也以稱人共國辭知使魯殺之時小白得國與鮑叔牙圖國政故鮑叔薦管仲召忽曰使彼國得賢己國之患也乃脅魯使殺子糾求管仲召忽魯惶恐殺子糾歸管仲召忽死之故深諱使若齊自取殺之○邵忽本又作召上照反恐上勇反〔疏〕注以稱至殺之○解云謂不言齊鮑叔取子糾殺之而言

齊人則知一人之號二國共有一人之號既二國共有則知齊魯皆有殺子糾之惡明矣是以注者約之○注時小白至取殺之○解云皆世家及齊語之事其稱子糾何。據不立也〔疏〕注據不立也○解云正以下三十二年冬十月乙未子般卒傳云君存稱世子君薨稱子某然則子糾者嗣君之稱今竟不立得言子糾故難之貴也。其貴奈何。宜爲君者也。故以君薨稱子某言之者著其宜爲君明魯爲齊殺之皆當坐弑君因解上納言糾皆不爲篡所以理嫌疑也月者從未踰年君例主書者從齊取也○當坐才臥反後當坐之類皆放此〔疏〕注故以君至言之○解云取三十二年傳文注明魯至弑君○解云魯所以當坐弑君即穀梁傳云十室之邑可以逃難百室之邑可以隱死以千乘之魯而不能存子糾以公病矣是○注因解至嫌疑○解云此經若不言子糾上納言糾有當國之嫌後人疑其篡矣今作嗣君之稱則知上經單言糾作君前臣名之故也故言所以理嫌疑也○注月者從未踰年君例○解云隱公四年春王二月戊申衛州吁弑其君完注云日者從外赴辭以賊聞例然則弑成君者例皆書日即宣二年秋九月乙丑晉趙盾弑其君夷獋宣四年夏六月乙酉鄭公子歸生弑其君夷之屬是也今此子糾見弑而書月故知從未踰年君例若然僖九年冬晉里克弑其君之子奚齊傳云其言弑其君之子奚齊何弑未踰年君之號也所以不月者彼注云弑未踰年君例當月不月者不正遇禍終始惡明故略之是也若然僖十年春正月晉里克弑其君卓子及其大夫荀息其踰年而不日者彼注云不日者不正遇禍終始惡明故略之是也鄉來所述皆是外諸侯之例若其内例則異於此是以莊三十二年冬十月乙未子般卒文十八年十月子卒皆是未踰年之君而日或月者彼自作三世之義云云之說已寫于上○注主書者從齊取也○解云言主書此事者正欲從而罪齊但因見魯之惡耳○冬，浚洙。浚洙者何。水也。以言浚也○浚思俊反深也洙音珠水名〔疏〕浚洙者何○解云欲言城邑而無營築之文欲言小水更無比例故執不知問○注以言浚也○解云正以與尚書浚畎澮之文同故知水名浚之者何。深之也。曷爲深之。據本非人功所爲〔疏〕浚之者何○解云正以洙是舊水今始言浚故執不知問○注據本非人功所爲○解云正言畎澮之屬是人功爲之故也畏齊也。洙在魯北齊所由來曷爲畏齊也。據伐敗也〔疏〕注據伐敗也○解云即上傳云内不言敗此其言敗何伐敗也注云自誇大其伐而取敗是也辭殺子糾也。時魯新見脅畏齊浚之微弱恥甚故諱使若辭不肯殺子糾也齊自取殺之畏齊怒爲備亦所以起上脅也〔疏〕注亦所以起上脅也○解云言今此畏齊者由前被脅而殺子糾因茲失操遂深洙水矣十年，春，王正月，公敗齊師于長勺。○勺時灼反○二月，公侵宋。曷爲或言侵，或言伐。觕者曰侵，觕麤也將兵至竟以過侵責之服則引兵而去用意尚麤○觕者七奴反又才古反〔疏〕曷爲或言侵或言伐○解云即此文公侵宋及上九年夏公伐齊納糾之屬是○注以過侵責之○解云以其犯過而侵責之精者曰伐。精猶密也侵責之不服推兵入竟伐擊之益深用意稍精密〔疏〕注侵責至益深○解云推猶舉也言淺侵不服

則更舉兵深入其竟而伐擊之益深於前戰不言伐。舉戰爲重黎戰是也合兵血刃曰戰圍不言戰。舉圍爲重楚子圍鄭是也以兵守城曰圍入不言圍。舉入爲重晉侯入曹執曹伯是也得而不居曰入滅不言入。舉滅爲重齊滅萊是也取其國曰滅書其重者也。明當以重者罪之猶律一人有數罪以重者論之月者屬北敗彊齊之兵南侵彊宋南北有難復連禍於大國故危之○數所主反屬音燭〔疏〕注月者至危之○解云正以侵伐例時即上九年夏公伐齊之屬是也今書月故如此解是以穀梁傳曰侵例時此其月何也乃深其怨於齊又退侵宋以衆其敵惡之故謹而月之是也○三月，宋人遷宿。遷之者何。不通也。以其不道所遷之地〔疏〕遷之者何○解云欲言其遷不言遷于某欲言不遷經書遷宿故執不知問○注以其不道所遷之地○解云正以不言遷于某知非實遷矣以地還之也。還繞也解上不通也不通反爲之遷者宋本欲遷宿君取其國不知宿之不肯邪宋逆詐邪先繞取其地使不得通四方宿窮從宋求遷故得言遷〔疏〕注宋逆詐邪○解云謂宋人逆慮其不服○頊詐而還之○宿窮從宋求遷○解云謂宿君服去矣子沈子曰。不通者。蓋因而臣之也。以宋稱人也宿不得通四方宿君遷宋因臣有之不復以兵攻取故從國辭稱人也月者遷取王封當與滅人同罪書者宋當坐滅人宿不能死社稷當絶也主書者從宋也○不復扶又反〔疏〕注故從國辭稱人也○解云端拱取宿不煩兵武人人皆欲故以國辭稱人矣○注月者至絶也○解云春秋之例大國之遷例月即僖三十一年十有二月衛遷于帝丘小國時者即昭九年春許遷于夷之屬是也今此宿是小國宋人遷之而反書月故云月者遷取王封當與滅人同罪是也若然即下冬十月齊師滅譚十三年夏六月齊人滅遂之屬是也若然案僖元年夏六月邢遷于陳儀此邢是小國而書月者彼注云遷例大國月重勞也小國時此月者霸者所助城故與大國同罪是也○注主書者從宋也○解云言主書此事者正欲從而罪宋遷取王封但因見宿君不死社稷之惡耳○夏，六月，齊師、宋師次于郎。公敗宋師于乘丘。其言次于郎何。據齊國書伐我不言次敗不言乘丘○乘繩證反〔疏〕注據齊至言次○解云即哀十一年春齊國書帥師伐我是也○注敗言乘丘○解云正以敗言乘丘反在郎於義乖故難之伐也。時伐魯故書次郎魯地伐則其言次何。據齊國書伐我不言次齊與伐而不與戰。故言伐也。此道本所以當言伐意也齊與伐而不與戰伐兵得成敗當言伐也○齊與音預下及注同〔疏〕齊與伐至言伐也○解云若齊本與宋共伐而但不與戰故有書其伐耳我能敗之。故言次也。此解本所以不言伐言次意也二國幾止次未成於伐魯即能敗宋師齊師罷去故不言伐言次也明國君當彊折衝當遠魯微弱深見犯至於近邑賴能速勝之故云爾所以彊内且明臣子當將順其美匡救其惡○折之設反下昌容反〔疏〕注折衝當遠○解云謂折服衝禦之心當遠也○注至於近邑○解云即桓十年傳云郎者何吾近邑是也○注且明至其惡孝經及襄十四年左氏傳文也言爲

臣子之法宜行君父之義順君父之美即此上注云賴能速勝之是也若見君父之惡當正而救之即上注云魯微弱深見犯至於近邑是也○秋。九月。荆敗蔡師于莘。以蔡侯獻舞歸。荆者何。州名也。州謂九州冀兗青徐揚荆豫梁雍○莘所巾反雍於用反〔疏〕荆者何○解云欲言是國由來未有欲言非國而敗蔡師故執不知問○注州謂至梁雍○解云案禹貢冀州既載鄭注云載之言事事謂作徒設也兩河間曰冀州不書其界者時帝都之使若廣大然濟河惟兗州鄭注云兗州之界在此兩河間海岱惟青州鄭注云今青州界自海至岱東岳曰岱山海岱及淮惟徐州鄭注云徐州界又南至淮水淮海惟揚州鄭注云楊州界自淮而南至海以東也荆及衡陽惟荆州鄭注云荆州界自荆山南至衡山之南荆河惟豫州鄭注云豫州界自荆山而北至河華陽黒水惟梁州鄭注云梁州界自華山之南至于黒水也黒水西河惟雍州鄭注云雍州界至黒水而東至西河也然則何氏此注九州之名及次第皆依禹貢之州界不敢依職方與爾雅何者正以禹貢為正典故也案爾雅釋地云兩河間曰冀州李巡云兩河間其氣性相近故曰冀州冀近也河南曰豫州孫氏郭氏皆云自東河至西河之南曰豫州李巡曰河南其氣著密厥性安舒故曰豫豫舒也河西曰雝州李氏云其氣蔽壅受性急凶故曰雝雝壅塞也漢南曰荆州其氣慘剛稟性強梁故曰荆荆強也江南曰楊州李氏云江南其氣慘勁厥性輕楊故曰楊州也孫氏郭氏曰自江至南海也濟河間曰兗州李氏云濟河間其氣專質厥性信謹故曰兗州兗信也燕曰幽州李氏云燕其意氣惡厥性傈疾故曰幽幽惡也孫氏郭氏曰自易水至北狄也齊曰營州李氏曰齊其氣清舒受性平均故曰營營平也今為青州孫氏郭氏曰自岱東至海濟東曰徐州李氏曰濟東至海其氣寛舒稟性安徐徐舒也孫氏郭氏曰濟東至海也然則爾雅九州有幽營無梁青蓋是殷制故與禹貢不同案今禹貢則有梁青無幽營蓋是夏之法矣其舜改九州而置十二者則幽并及營是案周禮職方氏云東南曰楊州正南曰荆州河南曰豫州正東曰青州河東曰兗州正西曰雍州東北曰幽州河内曰冀州正北曰并州然則周禮有青幽并也若對爾雅則長青并無徐營若對禹貢則長幽并無徐梁矣但職方周法何氏不取故此注不依之耳州不若國。國不若氏。氏不若人。人不若名。名不若字。皆取精詳錄也〔疏〕州不若國○解云言荆不如言楚○國不若氏○解云言楚不如言路氏甲氏○氏不若人○解云言路氏不如言楚人○人不若名○解云言楚人不如言介葛盧○名不若字○解云言介葛盧不如言邾婁儀父之○注皆取精詳錄也○解云正以貴重為詳錄輕賤為略之也字不若子。爵最尊春秋假行事以見王法聖人為文辭孫順善善惡惡不可正言其罪因周本有奪爵稱國氏人名字之科故加州文備七等以進退之若自記事者書人姓名主人習其讀而問其傳則未知己之有罪焉爾猶此類也○見賢偏反孫音遜惡惡並如字一讀上烏路反傳有專反〔疏〕字不若子○解云言邾婁儀父不如言楚子吳子○注春秋至王法○解云即孔子曰我欲託諸空言不如載諸行事是也○注善善至其罪○解云若其善善可正言其美但以惡惡不可正言其罪若正言其罪則非孫順之義故此何氏偏以其罪言之若其備文宜云不可正言其善惡矣○注因周至之科○解云即隱元年注邾婁儀父云稱字所以得為褒者春秋前失爵在名例之屬是也○注故加州至姓名○解云所以必備七等之法者正以北斗七星主賞罰示法春秋者賞罰之書故則之故說題辭曰北斗七星有政春秋亦以七等宜化運斗樞曰春秋設七等之文以貶絶錄行應斗屈伸是也○注主人至焉爾○解云定元年傳文彼注云此假設而言之主人謂定哀也習其經而讀之問其傳解詁則未知已之有罪於是是也

蔡侯獻舞何以名。據獲晉侯不名〔疏〕注據獲晉侯不名○解云僖十五年晉侯及秦伯戰于韓獲晉侯是也絶。曷為絶之。據晉侯不名絶〔疏〕絶○解云禮諸侯不生名則書名者絶之不以為諸侯也獲也。獲得也戰而為敵所得獻舞不言獲故名以起之曷為不言其獲。據晉侯言獲也不與夷狄之獲中國也。與凡伯同義夷狄謂楚不言楚言荆者楚彊而近中國卒暴責之則恐為害深故進之以漸從此七等之極治也○近附近之近卒七忽反〔疏〕不與至中國也○解云秦亦夷狄而得獲晉侯者非真故也是以爵得稱伯居晉土耳○注與凡伯同義○解云即隱七年注云中國者禮義之國也執者治文也君子不使無禮義制治有禮義故絶不言執正之言伐也所以降夷狄尊天子為順辭然則此亦獲者治文君子不使無禮義制治有禮義故絶不言獲正之所以降夷狄尊中國為順辭矣故云與凡伯同義然則彼巳有傳此復發之者彼是天子大夫此則諸侯嫌其異故同之○注夷狄至極始也○解云注言此者欲道楚屬荆州吳屬楊州所以抑楚言荆不抑吳言楊者正以楚近中國恐為中國之害故欲進之以漸先從卑稱進之若先得貴名而後退之則恐害於諸夏故也運斗樞曰抑楚言荆不使夷狄主中國者義亦通於此戴氏云荆楚一物義能相發異楊異訓故不得州名也者與何氏異穀梁傳曰荆者楚也何為謂之荆狄之也何為狄之聖人立必後至天子弱必先叛故曰荆狄之也與此異不得合也○冬。十月。齊師滅譚。譚子奔莒。何以不言出。據衛侯出奔也○譚徒南反〔疏〕注據衛侯出奔也解云即僖二十八年衛侯出奔楚襄十四年衛侯衎出奔齊之屬是也注者欲據二人故不道所奔國也國已滅矣。無所出也。別於有國出奔者孔子曰君子於其言無所苟而已矣月者惡不死位也○別彼列反惡烏路反

十有一年。春。王正月。○夏。五月。戊寅。公敗宋師于鄑。○鄑子斯反○秋。宋大水。何以書。記災也。外災不書。此何以書。據漷移不書○漷火號反又音郭〔疏〕注據漷移不書○解云即襄十九年取邾婁田自漷水傳云其言自漷水何以漷為竟也何言乎以漷為竟漷移也注云魯本與邾婁以漷為竟漷移入邾婁界魯隨而有之者是也及我也。時魯亦有水災書魯則宋災不見兩舉則煩文不省故詭例書外以見内也先是二國比興兵相敗百姓同怨而俱災故明天人相與報應之際甚可畏之○不見賢偏反下同省所景反應應對之應〔疏〕注時魯至見内也○解云案襄九年春宋火傳云外災不書此何以書為王者之後記災與此異者正以此年大水者流通之道可以及兩國故得書外以明内矣彼是火災無及内之理而得書見明為王者之後記災故也若然襄十九年傳云漷移也亦是水災何不書邾婁大水以見及内者彼直移入邾婁竟内故魯隨而使之實不及魯寧得類此○注先是二國比興兵相敗○解云即上所云公敗宋師于鄑十年夏公敗宋師于乘丘之屬是也○冬。王姬歸于齊。何以書。過我也。時王者嫁女於齊塗過魯明當有送迎之禮在塗不稱婦者王者無外故從在國辭○過古禾反〔疏〕注在塗不稱至在國辭○解云正以隱二年傳云女在其國稱女在塗稱婦入國稱夫人今此在塗而不稱婦故如此注也云王者無外者桓八年傳云女在其國稱女此其稱王后何王者無外其辭成矣是也

十有二年。春。王三月。紀叔姬歸于酅。其言歸于酅何。據國滅來歸不書酅非紀國而言歸〔疏〕注據國至不書○解云即上四年紀侯大去其國不書叔姬來歸是也叔姬歸所以不書者江熙云叔姬來歸此不寧且是非大歸是也然則紀國之滅在莊四年至此歸乃歸酅者江熙云叔姬守節積有年矣雖有酅入于齊不敢懷二然襄公淫狠未可闇信桓公既立德行方宣於天下是以叔姬歸于酅魯喜其女得申其志也○注酅非紀國而言歸○解云謂非國都今又屬齊如此注者意決隱七年叔姬歸于紀之經矣隱之也。何隱爾。其國亡矣。徒歸于叔爾也。叔者紀季也婦人謂夫之弟為叔來歸不書書歸酅者痛其國滅無所歸也酅不繫齊者時齊聽後五廟故國之起有五廟存也月者恩錄之〔疏〕注婦人至為叔○解云爾雅文即曲禮上篇云嫂叔不通問是也○注酅不至廟存也○解云如此注者正欲決昭二十一年宋華亥等自陳入于宋南里以畔之文矣○注月者恩錄之○解云即上元年注云内女歸例月外女不月者聖人探人情以制恩實不如魯女然則内女之歸皆書月者悉為恩錄故也是以此注云月者恩錄之○夏。四月。○秋。八月。甲午。宋萬弒其君接。及其大夫仇牧。及者何。累也。弒君多矣。舍此無累者乎。孔父、荀息皆累也。舍孔父荀息。無累者乎。曰有。復反覆發傳者樂道人之善也孔子曰益者三樂損者三樂樂節禮樂樂道人之善樂多賢友益矣樂驕樂樂佚遊樂宴樂損矣○接左氏作捷仇牧音求下音木舍音捨下舍孔父同復扶又反年未同覆芳服反驕樂音洛下宴樂同〔疏〕宋萬弒其君接○解云正本皆作接字故賈氏云公羊穀梁曰接是也○及者何○解云尊卑灼然而言及以殊之故執不知問○孔父荀息皆累也○解云孔父之累在桓二年荀息之累在僖十年○曰有○解云欲指文公十八年叔仲惠伯被殺之事○注復反至之善也○解云謂桓二年已有此傳矣○注孔子曰至損矣○解云樂皆是發心之樂唯有禮下一樂是禮樂之樂耳言樂節禮樂者言樂得禮樂之節言樂道人之善者謂口道之道言樂佚遊者樂欲遊從言樂宴樂者樂欲安樂而好内矣有則此何以書。賢也。何賢乎仇牧。據與孔父同也〔疏〕注據與孔父同○解云案桓二年傳云何賢乎孔父彼注云據叔仲惠伯不賢今此傳云何賢乎仇牧者亦與孔父同據故言據與孔父同仇牧

可謂不畏彊禦矣。以下録萬出奔月也禦禁也言力彊不可禁也○禦魚呂反〔疏〕注以下至月也○解云即下文冬十月宋萬出奔陳注云月者使與大國君奔同例明彊禦也是其不畏彊禦奈何。萬嘗與莊公戰。莊公即魯莊公戰者乘丘時〔疏〕注戰者乘丘時○解云即上十年公敗宋師于乘丘是也獲乎莊公。莊公歸。散舍諸宮中。散放也舍止也獲不書者士也〔疏〕注獲不書者士也○解云公羊之例大夫見經故也數月。然後歸之。歸反爲大夫於宋。與閔公博。傳本道此者極其禍生於博戲相慢易也○數所主反公博如字戲名也字書作簿易以豉反〔疏〕歸反至於宋○解云歸而反國乃爲大夫於宋矣婦人皆在側。萬曰。甚矣。魯侯之淑。淑善魯侯之美也。美好天下諸侯宜爲君者。唯魯侯爾。萬見婦人皆在側故許閔公以此言言閔公不如魯侯美好○許九列反九謁反一音九刈反又一本作揭其例去列二反閔公矜此婦人。色自美大於此婦人妒其言。顧曰。此虜也。顧謂側婦人曰此萬也虜執虜也○妒丁故反爾虜焉故。爾女也謂萬也更向萬曰女嘗執虜於魯侯故稱譽爾○爾女音汝下同稱譽音餘又音預魯侯之美惡乎至。惡乎至猶何所至○惡音烏注同萬怒。搏閔公。絕其脰。脰頸也齊人語○搏音博脰音豆脛也仇牧聞君弒。趨而至。遇之于門。手劍而叱之。手劍持拔劍叱罵之○叱昌實反萬臂摋仇牧。碎其首。側手曰摋首頭○萬臂必賜反本又作辟婢亦反摋素葛反又素結反側手繫也齒著乎門闔。闔扇○著直略反門闔戶臘反門扇也仇牧可謂不畏彊禦矣。猶乳犬攫虎伏雞搏貍精誠之至也爭搏弒君而以當國言之者重録彊禦之賊禍不可測明當防其重者急誅之○乳如住反攫俱縛反又九碧反一本作搏又音付伏扶又反貍力之反〔疏〕注猶乳至之至也○解云言仇牧知力不敵而有討心亦有精誠之至也似若産乳之犬不憚猛虎伏雞愛子投命敵貍之類故比之○注爭搏弒至急誅之○解云當國者即言宋萬是也故隱四年衛州吁弒其君完者傳云曷爲以國氏當國也者是也○冬。十月。宋萬出奔陳。萬弒君所以復見者重録彊禦之賊明當急誅之也月者使與大國君奔同例明彊禦也○見賢徧反〔疏〕注萬弒君至誅之也○解云欲道春秋上下皆是弒君之賊皆不重見即宋督鄭歸生齊崔杼之屬是也而宋萬趙盾之屬復見者當文皆有注更不勞重說○注月者至禦也○解云春秋之例云大國君奔皆悉書月即桓十六年十有一月衛侯朔出奔齊之屬是也今此大夫而書月者明彊禦之甚故也若然昭二十年冬十月宋華亥向甯華定出奔陳亦是大夫而書月彼注云月者危三大夫同時出奔將爲國家患明當防之是也而范氏此處注云宋久不討賊致令得奔故謹而月之也者與何氏別

十有三年。春。齊侯、宋人、陳人、蔡人、邾婁人會于北杏。齊桓行霸約束諸侯尊天子故爲此會也桓公時未爲諸侯所信鄉故使微者會也桓公不辭微者欲以早下諸侯遂成霸功也○鄉許亮反下遐嫁反〔疏〕注桓公時至會也○解云言未爲諸侯所信任而歸鄉之是以諸侯皆使微者會即宋人陳人之屬是也○夏。六月。齊人滅遂。不會北杏故也不諱者桓公行霸不任文德而尚武力又功未足以除惡〔疏〕注不諱者至武力○解云春秋爲賢者諱而不諱者正以不任文德而尚武力故也其武力者即此滅遂是也繁露云論功則桓兄文弟論德則文兄桓弟是也而論語云齊桓公九合諸侯不以兵車之力謂自此以後○注又功未足以除惡○解云春秋褒貶皆以功過相除計桓公之功雖有足北杏之會前有篡逆滅譚之非論其功不足而惡有餘故不爲諱也而言未者欲道其九合之後功足以除惡也○秋。七月。○冬。公會齊侯盟于柯。何以不日。據唐之盟日○柯音歌〔疏〕注據唐之盟日○解云即隱二年秋八月庚辰公及戎盟于唐是也易也。易猶佼易也相親信無後患之辭○易以豉反注及下同佼古卯反其易奈何。桓之盟不日。其會不致。信之也。其不日何以始乎此。莊公將會乎桓。曹子進曰。君之意何如。進前也曹子見莊將會有慙色故問之〔疏〕桓之至信之也○解云謂桓公諸會皆如是也以不日爲信者公羊之例不信者日故也以不致爲信者凡致者臣子喜其君父脫危而至其會無危故以不致爲信也○注曹子至慙色○解云注者之意也莊公曰。寡人之生。則不若死矣。自傷與齊爲讎不能復也伐齊納糾不能納反復爲齊所脅而殺之○能復扶又反下同〔疏〕注自傷至復也○解云去桓十八年公薨于齊莊九年及齊師戰于乾時我師敗績是也○注伐齊納糾不能納○解云即上九年夏公伐齊納糾傳曰伐而言納者猶不能納也是也○注反復至殺之○解云即上九年齊人取子糾殺之是也曹子曰。然則君請當其君。臣請當其臣。當猶敵也將劫之辭莊公曰。諾。於是會乎桓。莊公升壇。土基三尺土階三等曰壇會必有壇者爲升降揖讓稱先君以相接所以長其敬○壇大丹反以長丁丈反〔疏〕注土基至曰壇○解云時王之禮也必爲三等者正以公爲上等侯爲次等伯子男爲下等故也○注稱先君以相接○解云即四年傳云古者諸侯必有會聚之事相朝聘之道號辭必稱先君以相接是也曹子手劍而從之。從隨也隨莊公上壇造桓公前而脅之曹子本謀當其臣更當其君者見莊有不能之色○上時掌反造桓七報反下同〔疏〕注曹子至見莊有不能之色○解云亦注者之意也管子進曰。君何求乎。管子管仲也君謂莊公也桓公卒愕不能應故管子進爲此言○卒七忽反愕五各反應應對之應爲此言于僞反下爲殺同〔疏〕注桓公至此言○解云正以劫桓公而管子對故也曹子曰。莊公亦造次不知所言故任曹子〔疏〕注莊公至曹子○解云正以問莊公而曹子對故言此成壞壓竟。齊數侵魯取邑以喻侵深也○壓於甲反又於輒反數所角反〔疏〕城壞壓竟○解云謂齊比來攻魯城令至壞敗抑壓魯竟以爲已物也君不圖與。君謂齊桓公圖計也猶曰君不當計侵魯太甚○與音餘管子曰。然則君將何求。所侵邑非一欲求何者〔疏〕管子曰至何求○解云意欲少還而已曹子曰。願請汶陽之田。欲復魯竟〔疏〕曹子曰至之田○解云舉其大畔言之欲盡取之故注云欲復魯竟矣管子顧曰。君許諾。諸侯死國不死邑故可許諾〔疏〕注諸侯至許諾○解云即曲禮下篇云國君去其國止之曰若之何去社稷矣是無去國之文不言若之何去田邑故知不死邑也桓公曰。諾。曹子請盟。桓公下與之盟。下壇與曹子定約盟誓莊公也必下壇者爲殺牲不潔又盟本非禮故不于壇上也〔疏〕注下壇至莊公也○解云猶言定約束其盟誓莊公也○注必下至不潔○解云不字亦作清字者○注又盟本非禮○解云即桓三年傳云古者不盟結言而退是也巳盟。曹子摽劍而去之。摽辟也時曹子端劍守桓公巳盟乃摽劍置地與桓公相去離故云爾○摽普交反辟也辟劍置地劉兆云辟捐也婢亦反下同去離力智反〔疏〕注時曹子端至故云爾○解云端猶始也言曹子從始持劍而守桓公矣及其盟訖乃摽劍而置于地乃與桓公相去離者釋傳云而去之之文要盟可犯。臣約其君曰要彊見要脅而盟爾故云可犯○要一遙反而桓公不欺。曹子可讎。以臣劫君罪可讎而桓公不怨。桓公之信著乎天下。自柯之盟始焉。諸侯猶是翕然信鄉服從再會于鄄同盟于幽遂成霸功故云爾劫桓公取汶陽田不書者諱行詐劫人也〔疏〕注再會于鄄○解云即下十四年冬及十五年春比會于鄄是也○注同盟于幽○解云即下十六年冬同盟于幽是也○注劫桓至劫人也○解云正以成二年書取汶陽之田故也

十有四年。春。齊人、陳人、曹人伐宋。○夏。單伯會伐宋。其言會伐宋何。據伐國不殊會曹伯襄言會諸侯〔疏〕注據伐國不殊○解云與上諸侯俱是伐宋事不殊異何勞別生會文乎故難之○注曹伯至諸侯○解云即僖二十八年冬曹伯襄復歸于曹遂會諸侯圍許是也後會也。本期而後故但舉會書者刺其不信因以分別功惡有深淺也從義兵而後者惡淺○功薄從不義兵而後者惡深○別彼列反〔疏〕注本期至舉會○解云若其不後宜言單伯會齊人陳人曹人伐宋如下文單伯會齊侯宋公衛侯鄭伯于鄄之文○注從義兵至功薄○解云即此是○注從不義至惡淺○解云無經可據但言理當然也○秋。七月。荆入蔡。○冬。單伯會齊侯、宋公、衛侯、鄭伯于鄄。鄄本亦作甄規因反

十有五年。春。齊侯、宋公、陳侯、衛侯、鄭伯會于鄄。○夏。夫人姜氏如齊。○秋。宋人、齊人、邾婁

人伐兒。兒音郳〔疏〕夫人姜氏如齊○解云復與桓通也○秋宋人至伐兒○解云范氏云宋主兵故序齊上也班序上下以國大小爲先征伐則以主兵爲先春秋之常也○鄭人侵宋。○冬。十月。

十有六年。春。王正月。○夏。宋人、齊人、衛人伐鄭。○秋。荆伐鄭。○冬。十有二月。公會齊侯、宋公、陳侯、衛侯、鄭伯、許男、曹伯、滑伯、滕子同盟于幽。同盟者何。同欲也。同心欲盟也同心爲善善必成同心爲惡惡必成故重而言同心也○滑于八反〔疏〕同盟者何○解云欲言同善不見褒賞之文欲言同惡復無刺譏之處故執不知問

○邾婁子克卒。小國未嘗卒而卒者爲慕霸者有尊天子之心行進也不日始與霸者未如瑣瑣卒在二十八年○爲慕于僞反如瑣息果反〔疏〕注小國至進也○解云正以所傳聞之世未錄小國卒葬故也○注不日者至二十八年○解云即二十八年經云夏四月丁未邾婁子瑣卒注云日者附從霸者朝天子行進是也然則此亦行進而不日者但始與霸者有尊天子之心未朝天子故也其始與霸者之事即上十三年春齊侯宋人陳人邾婁人會于北杏是也

十有七年。春。齊人執鄭瞻。鄭瞻者何。鄭之微者也。以無氏也〔疏〕鄭瞻者何○解云欲言尊卿名氏不具欲言微者書名見經故執不知問 此鄭之微者。何言乎齊人執之。据獲宋萬不書者不坐獲微者今書齊稱人坐執文○鄭瞻二傳作詹〔疏〕注据獲至執文○解云上十二年傳云萬嘗與莊公戰獲乎莊公注云獲不書者士也然則以獲微者不罪坐故不書今書齊稱人作坐執之文故難之 書甚佞也。爲甚佞故書惡之所以輕坐執人也然不得爲伯討者事未得行罪未成也孔子曰放鄭聲遠佞人罪未成者伯當遠之而已○爲其于僞反惡之烏路反下惡之皆同遠佞于萬反下同〔疏〕注不得爲至未成也○解云僖四年傳云執者曷爲或稱侯或稱人稱侯而執者伯討也稱人而執者非伯討也今稱人而執故云不得爲伯討矣○注孔子曰至佞人○解云論語文案樂記魏文侯問子夏曰敢問溺音何從出也子夏對曰鄭音好濫淫志宋音燕女溺志衛音趨數煩志齊音敖辟喬志此四者皆淫於色而害於德是以祭祀弗用也然則四國皆有淫聲蓋逐甚者言之故許氏云鄭詩二十一篇說婦人者十九此之謂也或何氏云鄭聲淫與服君同皆謂鄭重其手而音淫過非鄭國之鄭也

○夏。齊人瀸于遂。瀸者何。瀸積也。衆殺戍者也。瀸者死文瀸之爲死積死非一之辭故曰瀸積衆多也以兵守之曰戍齊人滅遂遂民不安欲去齊強戍之遂人共以藥投其所飲食水中多殺之古者有分土無分民齊戍之非也遂不當坐也故使齊爲自積死文也稱人者衆辭也不書戍將帥者封內之兵故不書○瀸子廉反二傳作殲積本又作漬強其丈反將帥于匠反下所類反〔疏〕瀸者何○解云正以異於常例故執不知問○注瀸者至衆多也○解云即曲禮下篇云羽鳥曰降四足曰漬鄭注云異於人也降落也漬謂相瀸汙而死是也○注齊人滅遂○解云在上十三年○古者有分土無分民○解云說在桓元年注文也

○秋。鄭瞻自齊逃來。何以書。書甚佞也。曰。佞人來矣。佞人來矣。重言來者道經主書者若傳云爾蓋痛魯知而受之信其計策以取齊淫女丹楹刻桷卒爲後敗也加逃者抑之也所以抑之者上執稱人嫌惡未明繫鄭者明行當本於鄉里也子貢問曰鄉人皆好之何如子曰未可鄉人皆惡之何如子曰未可不若鄉人之善者善之鄉人之惡者惡之○重直用反明行下孟反〔疏〕注重言至云爾○解云經所以主書此事者正惡佞人之來恐其作禍矣○注蓋痛魯知而受之○解云春秋痛傷魯人知其佞人惡而受之○注信其計至淫女○解云即下二十四年夏公如齊逆女秋夫人姜氏入是也知取齊淫女是鄭瞻之計者春秋說文云○注丹楹刻桷○即下二十三年秋丹桓宮楹二十四年春刻桓宮桷是也○注卒爲後敗也解云即注二叔殺二嗣子是也○注加逃者抑之也○解云謂逃是碎事不應見經而見逃于經者抑之故也或者子哀慶封之屬皆言奔今此加逃故決之○注上執至未明○解云謂稱人爲坐執文非伯討之義故也○注子貢至惡之○解云一鄉之人皆好此人此人何如子曰未可即以爲善何者此人或者行與衆同或朋黨矣子貢又曰若一鄉之人皆惡此人此人何如子曰未可即以爲惡也何者此人或者行與衆異或孤特矣不若鄉人之善行者善之惡行者惡之與善人同復與惡人異道理勝於前故知是實善云云之說備于鄭注

冬。多麋。何以書。記異也。麋之爲言猶迷也象魯爲鄭瞻所迷惑也言多者以多爲異也○麋亡悲反〔疏〕注象魯至惑也○解云感精符文注言多至異也○解云魯舊有麋但今乃多耳

公羊注疏卷七挍勘記

阮元撰盧宣旬摘錄

公羊注疏莊公卷第七

八年

師出本爲下滅盛興　鄂本以下同毛本興誤與

同心人國遠　鄂本同宋本閩監毛本人作又疏中諸本同

略以外國辭稱人微之　鄂本人作知此誤當讀知微之三字爲句

是以託待陳蔡以辟之　閩監毛本辟誤辭

甲午祠兵　唐石經諸本同經義雜記曰禮記曲禮注引春秋傳甲午治兵正義引異義公羊說以爲甲午祠兵左氏說甲午治兵鄭駁之云公羊字誤也以治爲祠因爲作說案周禮左傳穀梁爾雅皆爲治兵知公羊是聲近之誤故詩箋周禮注用公羊徑改作治詩正義所言是也

出曰祠兵入曰振旅　唐石經諸本同詩采芑箋云春秋傳曰出曰祠兵入曰振旅其禮一也正義曰公羊爲祠兵此言出曰治兵者諸文皆作治兵明彼爲誤故徑改其文而引之

成者何盛也　九經古義云成與盛通釋名成盛也僖廿四年左氏傳管蔡郕霍文之昭也郕後爲魯邑說文云郕魯孟氏邑是郕與成同

据戰于宋不言歸鄭　解云歸字有作敗字者誤也

九年

公及齊大夫盟于暨　唐石經諸本同釋文暨左氏作塈毛本公誤冬

夏公伐齊納糾　釋文納糾左氏經亦作納子糾解云無子字者與左氏經異按疏本所據左氏作納子糾釋文本所據左氏作納糾亦作納子糾

据宋公子地　鄂本以下同何煌云地當作池

其言入何○解云此本此二節疏在何注据郎之戰下閩監毛本移此節於傳文其言入何節下移秋七月至襄公節於經文秋七月丁酉葬齊襄公下

自誇大其伐而取敗　釋文自誇本又作夸下同按夸大字作夸從言者詞之誇誕也見爾雅挍勘記郭景純注釋詁云陵犯夸奢

趍而至遇之於門　閩監毛本趍作趨監本遇誤樂

萬臂摋仇牧　毛本摋誤殺

時實爲不能納子糾伐齊　鄂本宋本閩本同監毛本爲不能誤倒作不能爲

其取之何　唐石經作其言取之何諸本誤脫言字

以公病矣是　浦鏜云以下脫爲按浦說是也有爲字與穀梁傳合

辭役子糾也　閩監毛本同誤也唐石經鄂本宋本役作殺當據正

十年

觕者曰侵精者曰伐　唐石經諸本同周禮大司馬職賊賢害民則伐之注引春秋傳曰粗者曰侵精者曰伐按何注觕麤也周禮音義云粗音麤本亦作麤何訓觕爲麤而鄭引傳即作麤猶何訓野爲鄙而鄭引傳即作鄙留也

舉戰爲重黎戰是也　毛本爲誤謂鄂本黎誤犂

以其不道所遷之地　鄂本宋本同閩監毛本道誤通疏同蓋因與傳文不通相涉也

注敗不言乘丘　閩監毛本脫注此本脫不今互訂

正以敗言乘丘反次在郎　按反疑及之誤

於義似乖　毛本似誤遂

敗當言伐也　閩監毛本同誤也鄂本宋本敗作故當訂正

故有書其伐耳　有當但之誤

二國纔止次　宋本纔作讒鄂本止作上皆誤

巢兖青徐　閩監毛本巢改冀非疏同

事謂作徙設也　浦鏜云設當役字誤是也

在此兩河閒○按史記夏本紀集解引作在此兩水之閒謂在沛水河水之閒

至黑水而東至西河也　按上至字當作自詩韓奕正義引作自

其氣性相近　毛本氣性倒

江南曰楊州　閩監毛本楊作揚下並同

燕其意氣惡　爾雅釋地疏惡作要此誤

幽惡也　何按本惡皆作要○按惡字是也爾雅疏所據非善本

則幽并及益是　按益當作營

絕　唐石經諸本同僖卅六年疏引此作絕之以意添之字也

解云秦亦夷狄　毛本秦亦誤春秋

十有二年

然襄公猘狠　閩監毛本猘作猘

自陳入于宋南里以畔之文矣　閩監毛本畔作叛

宋萬弒其君接　唐石經諸本同解云正本皆作接字釋文接左氏作捷○按妾聲捷聲古音同第八部

舍孔父荀息無累者乎　鄂本無者唐石經有者此行十一字

公羊穀梁曰接○按今穀梁自唐石經以下本皆作捷與賈氏所據不同

歸反爲大夫於宋　唐石經諸本同惠棟云漢書注反作又

爾虜焉故魯侯之美惡乎至萬怒　唐石經諸本同九經古義云春秋繁露曰此虜也爾虜焉知魯侯之美惡乎致萬怒搏閔公絕脰韓詩外傳云閔公矜此婦人妬其言顧曰爾虜焉知魯侯之美惡乎何本知作故以爾虜焉故句魯侯之美惡乎至句意反迂曲

脰頸也　蜀大字本及漢制考同宋本閩監毛本頸誤脛按釋文脰音豆頸也

手劍持拔劍　閩監毛本同鄂本宋本拔作拔

萬臂摋仇牧　唐石經臂作辟釋文臂必賜反本又作辟婢亦反按此當作辟音婢亦反是辟非臂摋非搬也

齒著乎門闔　唐石經闔字磨改重刻按爾雅釋宮郭注引公羊傳曰齒著于門闔今本于作乎非

猶孔犬玃虎　鄂本同閩監毛本玃作攫是也釋文攫一本作搏

爭搏弒君　監毛本同誤也鄂本閩本搏作博當據正宋本作傳

投命敵狸之類　閩本同監毛本狸改貍○按依說文當作狸

十有三年

易猶佼易也　惠棟云安知非刺客睥人而簡易若是義與此同易之易簡鄭氏亦訓爲佼易按周易音義大壯喪羊于易鄭音亦謂佼易也繫辭易知以豉反鄭荀董並音亦詩天作岐有夷之行傳夷易也箋云以岐邦之君有佼易之道正義曰言乾以佼易故爲知坤以簡故爲能易詩義並與此同

將劫之辭　鄂本劫作却誤

城壞壓竟　唐石經諸本同鄂本竟作境按釋文亦作壓境是俗竟字

爲殺牲不絜　宋本絜作絜閩監毛本作潔解云不字亦有作清字者

臣約其君曰要　閩監毛本同誤也鄂本宋本其作東當據正

十有四年

注据伐國不殊　按下脫會

十有六年

公會齊侯宋公陳侯衛侯鄭伯許男曹伯滑伯滕子同盟于幽　諸本同唐石經損缺以字數計之有公會二字惠棟云左氏穀梁無公字故穀梁傳云不言公按公會二字當衍文左氏穀梁無公字猶賸會字据十九年何注云先是鄄幽之會公比不至公子結出竟遭齊宋欲深謀伐魯故專矯君命而與之盟然則幽之盟非特魯君不至即士大夫亦未有來會者僖十五年齊侯宋公陳侯衛侯鄭伯會于鄄不日公會齊侯及會齊侯云云也春秋繁露滅國下篇云幽之會莊公不往

故重而言同心也　惠棟云心字衍

始與霸者未如瑣　閩監本同鄂本宋本瑣作璅釋文作瑣毛本改從之○按瑣正璅俗

注不日者至二十八年　閩監毛本者作始今注無者字

十有七年

事未得行　毛本未誤不

伯當遠之而已　閩監毛本同誤也鄂本宋本伯作但當據正

說婦人者十九　孫志祖云此許叔重五經異義語禮樂記正義云鄭詩說婦人者唯九經異義云十九誤也

皆謂鄭重其手而音淫過　惠棟云鄭重猶頻煩也左氏傳煩手淫聲是也

瀸者何瀸積也　諸本同釋文積本又作漬唐石經此字缺毛本依釋文改漬非

即下二十三年秋丹桓宮楹　閩本同監毛本三誤二宮誤公下同

監本春秋公羊注疏莊公卷第八　起十八年盡二十七年

何休學

十有八年。春。王三月。日有食之。是後戎犯中國。魯蔽鄭瞻。夫人如莒。淫泆不制所致。〔疏〕注是後戎犯中國○解云即下文夏公追戎于濟西是也○注魯蔽鄭瞻○解云下文秋有蜮是○注夫人至所致○解云即下十九年秋夫人姜氏如莒之屬是也是陰勝陽之象是以日爲之食

○夏。公追戎于濟西。以兵逐之曰追○濟子禮反此未有言伐者。其言追何。据公追齊師至巂舉齊侵也〔疏〕注据公至侵也○解云即僖二十六年齊人侵我西鄙公追齊師至巂弗及是也大其爲中國追也。以其不限所至知爲中國追也○爲中于偽反注及下皆同〔疏〕注以其至追也○解云公追齊師至巂限其所至乃是自爲己追故知如此此未有伐中國者。則其言爲中國追何。大其未至而豫禦之也。其言于濟西何。据公追齊師至巂弗及不言于也大之也。大公除害恩及濟西也言大者當有功賞也追例時〔疏〕注言大者至賞也○解云公追齊師至巂弗及不言于今言于者謂公有大功於王法當賞矣○注追例時○解云即此文是而僖二十六年公追齊師雖在正月己未下不蒙日月○秋。有蜮。何以書。記異也。蜮之猶言惑也其毒害傷人形體不可見象魯爲鄭瞻所惑其毒害傷人將以大亂而不能見也言有者以有爲異也○蜮音或短狐也或謂之射工音食〔疏〕注蜮之猶言惑也○解云即五行志云蜮猶惑也者是○注其毒害傷人○解云即五行志云能射人其者至死是也○注形體不可見○解云即草木志云在水中射人影即死是也○注言有者以有爲異也○解云謂魯先無蜮今乃有之案昭二十五年經書有鸜鵒來巢今此不書來者亂氣所生不從外來故也○冬。十月。

十有九年。春。王正月。○夏。四月。○秋。公子結媵陳人之婦于鄄。遂及齊侯宋公盟。媵者何。諸侯娶一國。則二國往媵之。以姪娣從。言往媵之者禮君不求媵二國自往媵夫人所以一夫人之尊○媵陳以證反又繩證反娣從才用反下注同〔疏〕媵者何○解云媵是常事例不見經今而書之故執不知問姪者何。兄之子也。娣者何。弟也。諸侯壹聘九女。諸侯不再娶。必以姪娣從之者欲使一人有子二人喜也所以防嫉妒令重繼嗣也因以備尊尊親親也九者極陽數也不再娶者所以節人情開媵路○嫉音疾又音自〔疏〕姪者何○解云昭穆異等而與嫡俱行故執不知問○娣者何○解云與姪同倫而在姪下故執不知問○諸侯至再娶○解云傳言此者解所以有媵之意言諸侯娶女非一者正由不得再娶故也○注必以至人喜也○解云即穀梁傳云一人有子三人緩帶范氏云欲共享其祿是也○注所以防嫉妒○解云謂三人不相疾也○注令重繼嗣也

解云謂三人不相疾共保其子○注因以備至親也○解云謂備姪所以尊尊備娣所以親親其上尊下親皆指嫡也○注九者極陽數也○解云謂對一三五七以爲極矣也○注開媵路○解云謂亦有爲嫡之望也

媵不書。此何以書。據伯姬歸于紀不書媵也。【疏】注據姬歸于紀者解云在隱二年冬爲其有遂事書。爲下有遂事善也故書所以不當書以起將有所詳錄猶伯姬書媵也不媵則當取得書者張本文言公子結如陳遂及齊侯宋公盟于鄄○爲其于僞反注及下注同【疏】注爲下有遂事善也○解云即遂及齊侯宋公盟是也○注故書所至不當書○解云謂書媵是也○注以起將有所詳錄○解云正欲見盟事之善合詳而錄之○注猶伯姬書媵也○解云即成八年衛人來媵傳曰媵不書此何以書錄伯姬也九年晉人來媵傳曰媵不書此何以書錄伯姬也十年齊人來媵傳云媵不書此何以書錄伯姬也三國來媵非禮也曷爲皆以錄伯姬之辭言之婦人以衆多爲侈也者是也○注言公至盟于鄄○解云是其得書之文也

大夫無遂事。此其言遂何。聘禮。大夫受命不受辭。以外事不素制不豫設故云爾出竟有可以安社稷利國家者則專之可也。先是鄄幽之會公此不至公子結出竟遭齊宋欲深謀伐魯故專矯君命而與之盟除國家之難全百姓之命故善而詳錄之先書地後書盟者明出竟乃得專之也盟不地者方使上爲出竟地即更出地嫌上地自爲媵出地也陳稱人者爲內書故略以外國辭言之此陳侯夫人言婦者在塗也加之者禮未成也冬齊人宋人陳人伐我西鄙而盟不日者起國家後背結之約非結不信也○矯居表反難乃旦反背音佩【疏】注先是至不至○解云即上十五年春齊侯宋公陳侯衛侯鄭伯會于鄄十六年冬會齊侯宋公以下同盟于幽是也正以彼二經皆不言公會故知魯侯不至矣○注欲深謀伐魯○解云正以善而詳錄之故知欲伐矣○注先書地○解云謂書鄄是也○注明出竟乃得專之也○解云正以鄄爲衛地故也○注此陳至在塗也○解云即隱二年傳云在塗稱婦是○注加之者禮未成也○解云正以此婦未成爲夫人故加之絕之若其已配禮宜言媵陳夫人不假言之以絕也○注冬齊至西鄙○解云即下經也○注而盟不日至不信也○解云以公羊之例盟不信者不書日故如此解

○夫人姜氏如莒。

○冬。齊人宋人陳人伐我西鄙。鄙者邊垂之辭榮見遠也

二十年。春。王二月。夫人姜氏如莒。月者再出也不從四年巳月者異國【疏】注月者再出也○解云欲對上十九年秋夫人姜氏如莒之文也○注不從至異國○解云即上四年經云春王二月夫人姜氏饗齊侯于祝丘彼注云月者再出重也三出不月者省文從可知例然則此經不從四年之例而復出月者正爲齊莒異國不得相因故也

○夏。齊大災。大災者何。大瘠也。瘠病也齊人語也以加大知非火災也○大瘠在亦反病也本或作瘠才細反一本作漬才賜反鄭注曲禮引此同【疏】大災者何○解云欲言大疾疫而經書災故執不知問○注以加大知非火災也○解云正以襄三十年宋災昭九年陳火之屬皆不言大故也○案襄九年傳云大者曰災小者曰火注云大者謂正寢社稷宗廟朝廷也下此則小矣然彼是兩火自對故以災火別之此則非火故更言大耳

大瘠者何。痢也。痢者民疾疫也○痢力二反疾疫也疫音役何以書。記災也。外災不書。此何以書。及我也。與宋大水同義痢者邪亂之氣所生是時魯任鄭瞻夫人如莒淫泆齊侯亦淫諸姑姊妹不嫁者七人○邪似嗟反【疏】注與宋大水同義○解云即上十一年宋大水傳云何以書記災也外災不書此何以書及我也注云時魯亦有水災書魯則宋災不見兩舉則頻文不省故詭例書外以見內也是也○注齊侯至七人○解云晏子春秋文案彼齊景公問於晏子曰吾先君桓公淫女公子不嫁者九人而得爲賢君何又此解言七人者彼此其有誤矣然則襄公霸諸侯唯淫妹而已齊人猶作南山崔崔以刺之桓公小白相淫九人而齊人不刺之者蓋以功多足以除惡故也或者偶爾不作或采之不得寧可問乎

○秋。七月。○冬。齊人伐戎。

二十有一年。春。王正月。○夏。五月。辛酉。鄭伯突卒。○鄭伯突徒沒反厲公也

○秋。七月。戊戌。夫人姜氏薨。

○冬。十有二月。葬鄭厲公。春秋篡明者書葬【疏】注春秋至書葬○解云言春秋者欲見通例如此矣篡明者謂有立入之文即隱四年冬衛人立晉桓十三年春葬衛宣公上九年夏齊小白入于齊僖十八年秋葬齊桓公之屬是也今此鄭突入于鄭桓十五年秋亦有入櫟之文即是篡明書其葬耳若篡不明者則去其葬以見其篡不合爲諸侯是以僖十年里克弒卓子之時惠公無入文至僖二十四年晉侯夷吾卒下不書葬晉惠公矣若有立入之文者不嫌非篡何勞去葬以見篡若然案文公重耳亦無篡文而僖三十年經書葬晉文公者正以文公功蓋天下春秋爲賢者諱故書其葬若其不篡然也若然齊侯小白是賢者而書其入又錄其葬見其篡明不爲之諱者僖十年傳云桓公之享國也長美見乎天下故不爲之諱本惡也文公之享國也短美未見乎天下故爲之諱本惡也是也

二十有二年。春。王正月。肆大省。肆者何。跌也。跌過度○肆音四本或作佚大省所景反除自省皆同二傳作眚跌大結反過度也【疏】肆大省○解云肆讀如字放肆也省讀如減省之省也○肆者何大省者何○解云皆以異於常例故執不知問大省者何。災省也。謂子卯日也夏以卯日亡殷以子日亡先王常以此日省吉事不忍舉又大自省敕得無獨有此行乎常若聞災自省故曰災省也○行下孟反【疏】注先王至忍舉○解云此先王謂夏殷之後成禮者以是夏殷亡日故省吉事而已不忍舉而行之○注又大至此行乎○解云又若似見不賢而內自省之義矣○注常若至災省也者釋傳云災省之文也言聞有災輒自省察若爲行而致之乎肆大省。何以書。譏。何譏爾。譏始忌省也。時魯有夫人喪忌省日不哭省日本以忌吉事不以忌凶事故禮哭不辟子卯日所以專孝子之思也不與念母而譏忌省者本不事母則已不當忌省猶爲商人責不討賊○思息嗣反爲于僞反【疏】肆大省何以書○解云不但言何以書者恐人以爲但問大省云大自省敕何以書故復舉句而問之○注故禮至卯日○解云案士喪禮既殯之後云朝夕哭不辟子卯是也引之者證不以忌凶事也○注不與至忌省○解云不與念母者即上元年三月夫人孫于齊傳曰夫人固在齊矣其言孫于齊何念母也念母者所善也則曷爲於其念母焉貶不與念母也彼注云念母則忘父背本之道也是也○注猶爲至討賊○解云文十四年九月齊公子商人弒其君舍然則商人者是篡弒之賊也齊之臣子理宜討之而反臣事失其所也及文十八年夏齊人弒其君商人而不書其葬者以責臣子不討賊也似文姜罪實宜絕之公既不絕宜盡子道而反忌省故得責之

○癸丑。葬我小君文姜。文姜者何。莊公之母也。輒發傳者起仇母錄子恩凡母在子年無適庶皆繫子也不在子年適母繫夫庶母繫子言小君者比於君爲小俱臣子辭也文者謚也夫人以姓配謚欲使終不忘本也○無適丁歷反下同【疏】葬我小君文姜○解云穀梁傳曰小君非君其曰君何也以其爲公配可以言小君也者是○文姜者何○解云欲言莊母謚異其父欲言非母備禮葬之故執不知問○注輒發至于恩○解云隱元年傳云仲子者何桓之母也今假令不發亦是桓之夫人莊公之母可知而云文姜者何莊公之母故言輒矣今此經云葬我小君文姜傳云文姜者何莊公之母也者正欲錄子之恩故備禮而葬之○注凡母至繫子也解云即此傳云文姜者何莊公之母是適母繫子也宣八年傳云頃熊者何宣公之母也襄四年傳云定弋者何襄公之母也皆是庶母繫子也而僖二年傳云哀姜者何莊公之夫人也在子年而繫夫者蓋以僖公非所生爲其非子故也○注不在至繫夫○解云即僖二年哀姜是也○注庶母繫子也○解云即文五年傳云成風者何僖公之母也是也定十五年秋姒氏卒傳曰姒氏者何哀公之母也者亦是庶母不在子年而繫于子然則鄉來所言傳皆葬上乃言某公之母而姒氏特于卒上發傳者正以姒氏之葬直云葬定姒不得稱小君是以傳家亦於葬略之矣定姒所以葬不得稱小君公羊之義母以子貴哀公爾時未得爲君是以定姒未得全同夫人矣○注欲使終不忘本也○解云本即姓是也

○陳人殺其公子禦寇。書者殺君之子重也【疏】注書者殺君之子重也○解云正以不言大夫而得書殺則知由其是君之子故也

○夏。五月。以五月首時者譏莊公取仇國女不可以事先祖奉四時祭祀猶五月不宜以首時

○秋。七月。丙申。及齊高傒盟于防。防魯地○傒音兮

○齊高傒者何。貴大夫也。曷爲就吾微者而盟。據暨與公盟也【疏】齊高傒者何○解云欲言其貴魯侯恥之欲言微者名氏見經故執不知問○注據暨與公盟也○解云即上九年春公及齊大夫盟于暨是也公也。以其日微者不得日大夫盟當出名氏【疏】注以其日至得日○解云即隱元年九月及宋人盟于宿傳曰孰及之內之微者也彼注云宋稱人者亦微者也微者盟例時不能專正故責略之此月者隱公賢君雖使微者有可采取故錄也是其微者不得日矣其微者盟例時者即僖十九年冬會陳人蔡人楚人鄭人盟于齊之屬是也○注夫人至名氏○解云即成元年臧孫許及晉侯盟于赤棘之屬是也公則曷爲不言公。諱與大夫盟也。

○冬。公如齊納幣。納幣即納徵納徵禮曰主人受幣士受儷皮是也禮言納

徵春秋言納幣者春秋質也凡婚禮皆用鴈取其知時候唯納徵用玄纁束帛儷皮玄纁取其順天地也儷皮者鹿皮所以重古也○纁許云反儷力計反本又作麗〔疏〕注納徵至天地也○解云即隱元年注云束帛謂玄三纁二玄三法天纁二法地是也何者玄纁者是天地之色故也○注儷皮者鹿皮所以重古也○解云正以古者食肉衣皮服捕禽獸故也儷者兩也兩皮者二儷之數納幣不書。此何以書。據桓三年公子翬如齊逆女不書納幣譏。何譏爾。親納幣。非禮也。時莊公實以淫泆大惡不可言故因其有事於納幣以無廉恥爲譏不譏喪娶者舉淫爲重也凡公之齊所以起淫者皆以危致也〔疏〕注凡公至致也○解云即下二十三年春公至自齊夏公如齊觀社公至自齊二十四年夏公如齊逆女秋公至自齊之屬是也凡書至者臣子喜其君父脫危而至故也

二十有三年。春。公至自齊。桓之盟不日。其會不致。信之也。據柯之盟不日柯之會不致〔疏〕注據柯至不致○解云即上十三年冬公會齊侯于柯不書日不致是也此之桓國何以致。危之也。何危爾。公一陳佗也。公如齊淫與陳佗相似如一也○佗大何反〔疏〕注公如至如一也○解云即桓六年蔡人殺陳佗傳云陳佗者何陳君也陳君則曷爲謂之陳佗絕也曷爲絕之賤也其賤奈何外淫也惡乎淫淫于蔡蔡人殺之是也○祭叔來聘。不稱使者公一陳佗故絕使若我無君以起其當絕因不與天子下聘小人○祭側界反〔疏〕注不稱使至小人○解云如此注者正欲決隱七年天王使凡伯來聘九年天王使南季來聘等是王使而皆稱使今此獨不稱使故決之何氏知不稱使是我無君之文者正見閔二年高子來盟傳云何以不言使我無君是也若然案桓四年夏天王使宰渠伯糾來聘桓五年夏天王使仍叔之子來聘桓八年春天王使家父來聘然則桓公篡逆經猶稱使而不絕之莊公時淫絕之者桓四年伯糾之下何氏云下去二時者桓公無王而行天子不能誅反下聘之故爲貶見其罪明不宜也然則桓公惡甚故去二時以明不宜莊公罪輕故不言使以見絕因不與天子下聘小人而已春秋見義非唯一種未可然怪也○夏。公如齊觀社。何以書。譏。何譏爾。諸侯越竟觀社。非禮也。觀社者觀祭社諱淫言觀社者與親納幣同義社者土地之主祭者報德也生萬物居人民德至厚功至大故感春秋而祭之天子用三牲諸侯用羊豕〔疏〕注諱淫至同義○解云謂實以淫泆大惡不可言因其有事于觀社故以觀社譏耳○注天子至羊豕者○解云時王之禮公至自齊。○荊人來聘。荊何以稱人。據上稱州〔疏〕注據上稱州○解云即上十六年秋荊伐鄭之屬是也始能聘也。春秋王魯因其始來聘明夷狄能慕王化脩聘禮受正朔者當進之故使稱人也稱人當繫國而繫荊者許夷狄者不一而足〔疏〕注稱人至而足○解云正以十年傳云州不若國知進稱人宜繫國矣文九年楚子使椒來聘傳云椒者何楚大夫也楚無大夫此何以書始有大夫也始有大夫則何以不氏許夷狄者不一而足也又襄二十九年傳云札者

何吳季子之名春秋賢者不名此何以名許夷狄者不壹而足也是以此注引之耳○公及齊侯遇于穀。○蕭叔朝公。其言朝公何。據公在內不言朝公在外言會〔疏〕注據公至朝公○解云即隱十一年春滕侯薛侯來朝之屬是也○注在外言會○解云定十四年邾婁子來會公及公會其侯之屬皆是也公在外也。時公受朝於外故言朝公惡公不受於廟○惡公烏路反下同〔疏〕注時公至於廟○解云隱七年注云不言聘公者禮聘受之於大廟孝子謙不敢以已當之歸美於先君且重賓也隱十一年注云不言朝公者禮朝受之於大廟與聘同義今此言公故如此解○秋。丹桓宮楹。何以書。譏。何譏爾。丹桓宮楹。非禮也。楹柱也丹之者爲將娶齊女欲以誇大示之傳言丹桓宮者欲道天子諸侯各有制也禮天子斵而礱之加密石焉諸侯斵而礱之不加密石大夫斵之士首本失禮宗廟例時○宮楹音盈杜也下傳及注同爲將于僞反斵丁角反下同礱力工反〔疏〕注禮天子至首本○解云皆外傳晉語張老謂趙文子椽之制穀梁傳曰天子之桷斵之礱之加密石焉諸侯之桷斵之礱之大夫斵之士斵本今此何氏於丹楹之下揔言之矣斵本者正謂全以樹本而行斤斵之○注失禮宗廟例時○解云正謂此文是也下經二十四年三月刻桓宮桷而書月者以其功重故也此謂失禮脩營之例也若其祭祀失禮者則書日是以隱五年初獻六羽之下何氏云失禮鬼神例日是也若始造宗廟而失禮者亦書日即成六年春王二月辛巳立武宮是也而定元年九月立煬宮亦爲非禮而不書月日者所見之世其恩尤厚故不爲書日使若得禮然○冬。十有一月。曹伯射姑卒。曹達春秋常卒月葬時也始卒日葬月嫌與大國同後卒而不日入所聞出可日不復日○射姑音亦復扶又反〔疏〕注曹達至時也○解云即文九年秋八月曹伯襄卒冬葬曹共公昭十八年春王三月曹伯須卒秋葬曹平公之屬是也其共有卒葬在日月下者不蒙日月矣其文各自有解○注始卒日葬月○解云即桓十年春王正月庚申曹伯終生卒夏五月葬曹桓公是也所以然者敬老重恩故也○注後卒而不日○解云正以對桓十年曹伯終生卒以爲後矣○注入所聞世可日不復日○解云即文九年秋八月曹伯襄卒是案曹爲小國入所聞之世正合卒月而言可日者正以傳聞之世已得錄之故所聞世可以書日但以嫌同大國故不日矣○十有二月。甲寅。公會齊侯盟于扈。桓之盟不日。此何以日。危之也。何危爾。我貳也。莊公有淫泆汙貳之行○扈音戶有汙汙辱之汙一音烏臥反後放此行下孟反〔疏〕注汙貳之行○解云謂莊公之行既不清潔又不專一故謂之汙矣魯子曰。我貳者。非彼然。我然也。嫌上說以齊惡我貳相疑而盟故日也解言非齊惡我也我行汙貳動作有危故日之也

二十有四年。春。王三月。刻桓宮桷。何以書。譏。何譏爾。刻桓宮桷。非禮也。與丹楹同義月者功重於丹楹○桷音角榱也〔疏〕注與丹楹同義○解云即上注云丹之者爲將娶齊女欲以誇大示之是也○注月者功重於丹楹○解云正以失禮宗廟例時故如此注○葬曹莊公。○夏。公如齊逆女。何以書。親迎禮也。諱淫故使若以得禮書也禮諸侯既娶三月然後夫人見宗廟見宗廟然後成婦禮○迎魚命反見宗賢偏反下傳文見也見用幣及注同〔疏〕葬曹莊公○解云雖在月下不蒙上月也○何以書親迎禮也○解云魯侯如齊本實淫通非爲親迎而往但春秋之意以其大惡不可言之要以言其逆女使若得禮善而書日矣是以注云諱淫故使若以得禮書也○注禮諸侯至婦禮○解云注言此者欲道莊公夫人未至于國而行婦事既非正禮明矣○秋。公至自齊。八月。丁丑。夫人姜氏入。其言入何。據夫人姜氏言至不言入〔疏〕注據夫人至言入○解云即桓三年九月夫人姜氏至自齊是難也。其言日何。據夫人姜氏至不日○難也乃旦反下及注同難也。其難奈何。夫人不僂。不可使入。與公有所約。然後入。僂疾也齊人語約約遠媵妾也夫人稽留不肯疾順公不可使即入公至後與公約定八月丁丑乃入故爲難辭也夫人要公不爲大惡者妻事夫有四義雞鳴縰笄而朝君臣之禮也三年惻隱父子之恩也圖安危可否兄弟之義也樞機之內寢席之上朋友之道不可純以君臣之義責之○不僂力主反疾也注同遠于萬反要一遙反縰所買反又所綺反側隱初力反〔疏〕注夫人要公至責之○解云正以所傳聞之世內之大惡皆諱不書今而書之故知然也戊寅。大夫宗婦覿。用幣。宗婦者何。大夫之妻也。覿者何。見也。用者何。用者不宜用也。不宜用幣爲贄也○覿大歷反見也贄音至〔疏〕宗婦者何○解云欲言大夫之妻文不言及欲言非妻相與俱見故執不知問○覿者何○解云欲言是禮男女無別欲言非禮而在用上故執不知問○用者何○解云初至之覿禮則有之而經書用乃是不宜之稱故執不知問見用幣。非禮也。以文在覿下不使齎見知非禮也〔疏〕見用幣非禮也○解云言其見夫人之法卿大夫宜用羔鴈宗婦宜用棗栗腶脩而皆用幣是爲非禮也○注以至非禮也○解云若其是禮宜言大夫宗婦用幣覿也然則曷用。棗栗云乎。腶脩云乎。腶脩者脯也禮婦人見舅姑以棗栗爲贄見女姑以腶脩爲贄見夫人至尊兼而用之云乎辭也棗栗取其早自謹敬腶脩取其斷斷自脩正執此者若其辭云爾所以敘情配志也凡贄天子用鬯諸侯用玉卿用羔大夫用鴈士用雉雉取其耿介鴈取其在人上有先後行列羔取其執之不鳴殺之不號乳必跪而受之類死義知禮者也玉取其至清而不自蔽其惡潔白而不受汙內堅剛而外溫潤有似乎備德之君子鬯取其芬芳在上與達於天而醇粹無擇有似乎聖人故視其所執而知其所任矣日者禮夫人至大夫皆郊迎明日大夫宗婦皆見故著其明日也大夫妻言宗婦者大夫爲宗子者也族所以有宗者爲調族理親疏令昭穆親疏各得其序也故始統世世繼重者爲大宗旁統者爲小宗小宗無子則絕大宗無子則不絕重本也天子諸侯世以三牲養禮有代宗之義大夫不世不得專宗著言宗婦者重教化自本始也○斷脩丁亂反注同本又作腶音同鍛脯加薑桂曰脩耿介古幸反下音界行

戶郎反號戶刀反跪其委反醇音純粹雖遂反爲調于僞反下仕爲同令力呈反昭穆上遙反凡昭穆之側皆同疏注腶脩者脯也○解云正以穀梁傳云束脩之肉不行竟內以肉言之故知脩爲脯矣又下曲禮婦人之贄脯脩棗栗謂之脯脩其義益顯○注禮婦人至志也○解云時王之禮且以其文先言棗栗故也○注凡贄至用雉○解云皆下曲禮文彼言諸侯用圭此言王者蓋所見異也○注大夫不世不得專宗○解云欲道大夫之妻所以謂之婦人之義○注重教化自本始也○解云正以宗子者宗族之本故也

○大水。夫人不制遂淫二叔陰氣盛故明年復水也○復扶又反疏注夫人至二叔○解云即下二十七年傳云公子慶父公子牙通乎夫人以脅公是也○注明年復水也○解云即二十五年秋大水云云是也

○冬。戎侵曹。曹羈出奔陳。

曹羈者何。曹大夫也。○以小國知無氏爲大夫○曹羈居宜反下同疏曹羈者何○解云欲言曹君經不稱伯欲言大夫單名無氏故執不知問○注以小至大夫○解云即襄二十三年邾婁鼻我來奔昭二十七年邾婁快來奔之屬是也若其大國大夫不書名氏者或有未命或有罪見貶矣

曹無大夫。此何以書。據羈無氏疏注據羈無氏○解云曹無大夫之文也言問者見羈無氏知曹無大夫既無大夫何以特書曹羈故難之

賢也。何賢乎曹羈。據國見侵出奔以辟難

戎將侵曹。曹羈諫曰。戎衆以無義。戎師多又常以無義爲事

君請勿自敵也。禮兵敵則戰不敵則守君師少不如守且使臣下往○則守手又反又如字下同

曹伯曰。不可。臣下不可獨往

三諫不從。遂去之。故君子以爲得君臣之義也。孔子曰所謂大臣者以道事君不可則止此之謂也諫必三者取月生三日而成魄臣道就也不從得去者仕爲行道道不行義不可以素餐所以申賢者之志孤惡君也諫有五一曰諷諫孔子曰家不藏甲邑無百雉之城季氏自墮之是也二曰順諫曹羈是也三曰直諫子家駒是也四曰爭諫子反請歸是也五曰贛諫百里子蹇叔子是也○魄普白反餐七千反諷方鳳反墮許規反爭爭鬭之爭贛諫陟降反又呼弄反又丑用反疏三諫不從至義也○解云然則下二十七年傳云君子辟內難而不辟外難者謂三諫不從之屬是也而曲禮下篇云三諫不聽則逃之蓋士不待放故言逃之○注諫必三者至君也○解云即此及鄉飲酒義云讓之三也象月之三日而成魄是也○注諫有五至墮之是也○解云即定十二年傳云孔子行乎季孫三月不違曰家不藏甲邑無百雉之城於是帥師墮費是也○注二曰順諫○解云即此文是也○注三曰至駒是也○解云昭二十五年傳云昭公將弒季氏告子家駒曰季氏爲無道僭於公室久矣吾欲弒之何如子家駒曰諸侯僭於天子大夫僭於諸侯久矣昭公曰吾何僭矣哉子家駒曰設兩觀乘大路朱干玉戚以舞大夏八佾以舞大武皆天子之禮也是也○注四曰至歸是也○解云即宣十五年傳云外平不書此何以書大其平乎己也何大其平乎己莊王圍宋軍有七日之糧爾盡此不勝將去而歸爾於是使司馬子反乘堙而闚宋城宋華元亦乘堙而出見之司馬子反曰子之國何如華元曰憊矣曰何如曰易子而食之析骸而炊之司馬子反曰嘻甚矣憊雖然吾聞之也圍者拑馬而秣之使肥者應客是何子之情也華元曰吾聞之君子見人之厄則矜之小人見人之厄則幸之吾見子之君子也是以告情於子也司馬子反曰諾勉之矣吾軍亦有七日之糧爾盡此不勝將去而歸爾揖而去之反于莊王莊王曰何如司馬子反曰憊矣曰何如曰易子而食之析骸而炊之莊王曰嘻甚矣憊雖然吾今取此然後而歸爾司馬子反曰不可臣已告之矣軍有七日之糧爾莊王怒曰吾使之往視之子曷爲告之司馬子反曰以區區之宋猶有不欺人之臣可以楚而無乎是以告之也莊王曰諾舍而止雖然吾猶取此然後歸爾司馬子反曰然則君請處于此臣請歸爾莊王曰子去我而歸吾孰與處于此吾亦從子而歸爾引師而去之故君子大其平乎己也者是也○注五曰至子是也○解云僖三十三年傳云秦伯將襲鄭百里子與蹇叔子諫曰千里而襲人未有不亡者也秦伯怒曰若爾之年者宰上之木拱矣爾曷知師出百里子與蹇叔子送其子而戒之曰爾即死必於殽之嶔巖是文王之所辟風雨者吾將尸爾焉子揖師而行百里子與蹇叔子從其子而哭之秦伯怒曰爾曷爲哭吾師對曰臣非敢哭君師哭臣之子也者是也

○赤歸于曹郭公。赤者何。曹無赤者。蓋郭公也。以郭公在赤下○赤歸于曹郭公此連爲句郭音號亦如字連讀郭公爲一句疏赤者何○解云欲言曹伯經不書爵欲言微者復有郭公之號故執不知問○曹無至公也○解云謂此郭公實非曹人故也言蓋郭公者蓋郭之公矣

郭公者何。失地之君也。失地者出奔也名言歸倒郭公置赤下者欲起曹伯爲戎所殺故使若曹伯死謚之爲郭公而赤歎者自歸曹也不言赤奔者從微者例不得錄出奔疏郭公者何○解云欲言郭君經無其事欲言曹伯而文言郭公故執不知問○注不言至出奔○解云謂不言郭公赤奔曹者假作微人之文即從微者例寧得錄其奔正得言道赤歸于曹

二十有五年。春。陳侯使女叔來聘。稱字者敬老也禮七十雖庶人主孝而禮之孝經曰昔者明王之以孝治天下也不敢遺小國之臣是也○女音汝疏注稱字至敬老也○解云正以稱字異於諸侯大夫之例故知其老也○注孝經至是也○解云注言此者欲道春秋假魯以爲明王謂女叔爲小國之臣矣

○夏。五月。癸丑。衛侯朔卒。春秋篡明者當書葬朔不書葬嫌與篡同例身絕國不絕故去葬明犯天子命重不得書葬與盜國同○故去起呂反年末同疏注春秋至國同○解云篡明者謂經有立入之文也不嫌非篡則書其葬隱四年冬衛人立晉桓十三年春葬衛宣公莊九年夏齊小白入于齊僖十八年秋葬齊桓公之屬是也若篡不明者則去其葬以見其篡不合爲諸侯即晉惠公之屬是也今此衛朔於上六年經云夏六月衛侯朔入于衛既有入文即是篡明當合書葬而不書葬者若其書葬則嫌與篡明者同例但身合絕而已其國不合絕故亦去其葬明其犯天子之命罪重不得書葬與盜國同盜國即篡是也朔犯天子命在上六年○

六月。辛未。朔。日有食之。鼓用牲于社。日食則曷爲鼓用牲于社。據日食在天疏注據日食在天○解云謂日食在天上何由于地而鼓用牲乎求乎陰之道也。求責求也以朱絲營社。或曰脅之。或曰爲闇。恐人犯之。故營之。或曰者或人辭其義各異也或曰脅之與責求同義社者土地之主也月者土地之精也上繫于天而犯日故鳴鼓而攻之脅其本也朱絲營之助陽抑陰也或曰爲闇者社者土地之主尊也爲日光盡天闇冥恐人犯歷之故營之然此說非也記或傳者示不欲絕異說爾先言鼓後言用牲者明先以尊命責之後以臣子禮接之所以爲順也不言鼓于社用牲者與禘于大廟用致夫人同嫌起用牲爲非禮書者善內感懼天災應變得禮也是後夫人遂不制通於二叔殺二嗣子也○營社一傾反又如字本亦作縈同爲闇于僞反注爲闇爲日光同大廟音泰應變應對之應疏注或曰至說非也○解云知其非者正以日食者陰氣侵陽社官五土之神理宜抑之而反營衛失抑陰之義故也○注不言至非禮○解云公羊之義救日食而有牲者以臣子之道接之故也與左氏天災有幣無牲異矣僖八年秋七月禘于大廟用致夫人彼注云以致文在廟下不使入廟知非禮也然則此經若鼓用牲之文在于社之下不使在社上則用牲爲非禮若然上二十四年傳云用者不宜用也而此注復以用牲爲得禮者公羊之義以用爲時事不必者不宜也○注書者至嗣子也○解云謂經書日食善內之得禮矣夫人遂不制以下是其日食之義言通於二叔者下二十七年傳云公子慶父公子牙通乎夫人以脅公是也言殺二嗣子者子般閔公是也

○伯姬歸于杞。○秋。大水。鼓用牲于社于門。其言于社于門何。據一鼓用牲耳于社禮也。于門非禮也。于門非禮故畧不復舉鼓用牲不舉非禮爲重者如去于社嫌于門禮也大水與日食同禮者水亦土地所爲雲實出于地而施于上乃雨歸功于天猶臣歸美于君○復扶又反疏注大水至于君○解云同禮謂同鼓用牲矣

○冬。公子友如陳。如陳者聘也內朝聘言如者尊內也書者錄內所交接也朝京師大國善有加錄文如楚有危文聘無月者此於朝輕也疏注朝京至錄文○解云凡朝聘例時加錄謂書月是也即成十三年三月公如京師彼注云月者善公尊天子者是其朝京師有加錄之文矣襄二十一年春王正月公如晉彼注云月者溴梁之盟後中國方乖離善公獨能與大國者是朝大國有加錄之文矣○注如楚有危文○解云即襄二十八年冬十有一月公如楚彼注云如楚皆月者危公朝夷狄也是也○注聘無月至輕也○解云即春秋上下內聘京師及大國悉書時是也而襄三十年春王正月楚子使薳頗來聘書月者彼注云月者公數如晉希見荅今見聘故喜錄之是也然則此云聘無月者據內言之矣

二十有六年。春。公伐戎。○夏。公至自伐戎。○曹殺其大夫。何以不名。據莒小於曹殺公子意恢名疏春公伐戎夏公至自伐戎○解云即上六年注云公獨出用兵不得意致伐者即此是也○注據莒至恢名○解云知莒小於曹者正以春秋上下曹伯恆敘於莒上故也其莒殺公子意恢名者即昭十四年冬莒殺其公子意恢是也衆也。曷爲衆殺之。據殺三郤名疏注據殺三郤名○解云即成十七年晉殺其大夫郤錡郤州郤至是也言晉殺三郤亦是衆殺之而皆書名此曷爲衆殺而復不稱其名乎不死于曹君者也。

曹諸大夫與君皆敵戎戰曹伯爲戎所殺諸大夫不伏節死義獨退求生後嗣子立而誅之春秋以爲得其罪故衆略之不名凡書君殺大夫大夫有非以專殺書他皆以罪舉〔疏〕注凡書至罪舉○解云春秋之義諸侯之君不得專殺大夫君殺有罪大夫春秋書之者責君專殺矣其他無罪君枉殺之而書之者欲以罪君之故而舉之其罪君者即去其君之葬是也君死乎位曰滅。曷爲不言其滅。據胡子髡滅○髡苦門反〔疏〕注據胡子髡滅○解云即昭二十三年云胡子髡沈子楹滅云云是也此注不言沈子楹者省文故也爲曹羈諱也。此蓋戰也。何以不言戰。如上語知爲戰○爲曹于僞反下同〔疏〕注如上語知爲戰○解云即上謂不死于曹君是也爲曹羈諱也。諱者上出奔嫌辟難欲起其賢又所諫者戰也故爲去戰滅之文所以致其意也曹無大夫書殺大夫者起當誅也○避難乃旦反爲去于僞反下起呂反〔疏〕注故爲至意也○解云謂曹羈之意唯恐其滅欲其不戰是故諱其戰滅之文所以使若諫得其君然也○注曹無大夫○解云上二十四年傳文○注起當誅也○解云言大夫之義理合死於君今不死君當合誅討是以經書殺其大夫欲起其合誅矣○秋。公會宋人、齊人伐徐。○冬。十有二月。癸亥。朔。日有食之。異與上日食略同○〔疏〕注異與上日食略同○解云上二十五年日食之下注云是後夫人遂不制通于二叔殺二嗣子也今此日食之異亦爲此事故云異與上日食之說相似是以不復指解之

二十有七年。春。公會杞伯姬于洮。書者惡公教內女以非禮也洮內也凡公出在外致在內不致其與婦人會不別得意雖在外猶不致伯姬不卒者蓋不與卒于無服女會來例皆時○洮他刀反惡烏路反下惡莊同別彼列反〔疏〕注凡公出在外致○解云即哀十三年夏公會晉侯及吳子于黃池秋公至自會是其公與二國以上得意致會也桓二年秋公及戎盟于唐冬公至自唐是其公與一國出會盟得意致地也其不得意皆不致矣○注在內不致○解云即隱五年公觀魚于棠不書公至自棠之屬是也○注其與至不致○解云春秋上下無公會婦人乎外之經而注言雖在外猶有不致者但偶爾無之○注伯姬至無服○解云凡諸侯之女嫁於諸侯者爲之期若嫁於大夫者則不服矣其有服者春秋皆書其卒以録恩即紀伯姬宋伯姬之屬是若無服者則略之今此伯姬春秋不記其卒者蓋以其嫁於大夫故云不與卒于無服矣○注女會來例皆時○解云即此經書春公會杞伯姬于洮下文云冬杞伯姬來之屬是也○夏。六月。公會齊侯、宋公、陳侯、鄭伯，同盟于幽。○秋。公子友如陳。葬原仲。原仲者何。陳大夫也。大夫不書葬。此何以書。據益師等皆不書葬稱字者葬從主人也〔疏〕原仲者何○解云欲言陳君其稱異常欲言大夫不合録葬故執不知問○注據益至書葬○解云即隱元年冬十二月公子益師卒之屬皆無葬文是也○注稱字至人也○解云若五等諸侯之卒例書本爵及其葬時悉皆稱公亦是葬從主人之稱故取尊名矣通乎季子之私行也。不以公事行曰私行不言葬原仲于陳若告糴者告糴上有無麥禾知以國事起此上下無起文而不言如陳嫌不辟國事實私行也不嫌使乎大夫者有國文也○告糴音狄下同使所吏反〔疏〕注私行至告糴○解云即下二十八年經云冬築微大無麥禾臧孫辰告糴于齊傳云何以不稱使以爲臧孫辰之私行是也○注不嫌至國文也○解云成二年傳云君不使乎大夫此其行使乎大夫何者是其文也又閔二年傳云高子者何齊大夫也何以不稱使我無君也者亦是也今此葬原仲不嫌使乎大夫者正以上有如陳之文故也無國事言如陳者文九年注云大夫繫國是也何通乎季子之私行。據大夫私行不書辟內難也。欲起其辟內難○內難乃旦反注及與下同君子辟內難。而不辟外難。禮記曰門內之治恩揜義門外之治義揜恩○之治直吏反下之治同〔疏〕注禮記曰至揜恩○解云喪服四制文也案彼文事作治字下揜字作斷字蓋以所見異內難者何。公子慶父、公子牙、公子友，皆莊公之母弟也。公子慶父、公子牙，通乎夫人。通者淫通〔疏〕內難者何○解云正以弒君之事乃在莊二十二年冬今已辟之故執不如問以脅公。語在三十二年〔疏〕注語在三十二年○解云即公日牙謂我日魯一生一及君已知之矣慶父也存是也季子起而治之。則不得與于國政。坐而視之。則親親。親至親也○與音預因不忍見也。因緣已心不忍見親親之亂故於是復請至于陳。而葬原仲也。書者惡莊公不能任用使辟難而出〔疏〕故於是復請至於陳○解云案上二十五年冬公子友如陳今又請往故言復也○冬。杞伯姬來。其言來何。據有來歸〔疏〕冬杞伯姬來○解云即上二十五年夏伯姬歸于杞者是也非謂此年春公會杞伯姬于洮者杞伯姬自是大夫之妻然則此伯姬是其女洮之伯姬是其姊妹故今得並稱伯矣○注據有來歸○解云即宣十六年秋郯伯姬來歸是也直來曰來。直來無事而來也諸侯夫人尊重既嫁非有大故不得反唯自大夫妻雖無事歲一歸宗〔疏〕注諸侯至得反○解云即此文直來日來是也其大故者奔喪之謂文九年夫人姜氏如齊彼注云奔父母之喪也是也○注唯自大夫至一歸宗○解云自從也言從大夫妻以下即詩云歸寧父母是也案詩是后妃之事而云大夫妻者何氏不信毛敘故也大歸曰來歸。大歸者廢棄來歸也婦人有七棄五不娶三不去嘗更三年喪不去不忘恩也賤取貴不去不背德也有所受無所歸不去不窮窮也喪婦長女不娶無教戒也世有惡疾不娶棄於天也世有刑人不娶棄於人也亂家女不娶類不正也逆家女不娶廢人倫也無子棄絕世也淫泆棄亂類也不事舅姑棄悖德也口舌棄離親也盜竊棄反義也嫉妒棄亂家也惡疾棄不可奉宗廟也○更音庚背音佩喪息浪反長女丁丈反悖補內反〔疏〕注不背德也○解云言已賤時彼已事已是其恩德也若貴而棄之即是背德而不報非禮也○注逆家至人倫也○解云謂仍見其家不行正直而行頑嚚廢其尊卑之倫次故不可娶○莒慶來逆叔姬。莒慶者何。莒大夫也。莒無大夫。此何以書。譏。何譏爾。大夫越竟逆女。非禮也。禮大夫任重爲越竟逆女於政事有所損曠故竟內乃得親迎所以屆私赴公也言叔姬者婦人以字通言叔姬賤略與歸同文重乖離也〔疏〕莒慶者何○解云欲言莒君經不稱子欲言大夫莒無大夫故執不知問○大夫至非禮也○解云大夫所以不得越竟逆女者正以大夫任重於政事有所損曠故也若士則得越竟娶妻正以其任輕故也是以士昏禮云若異邦則贈丈夫送者以束錦是也○注言叔至乖離也○解云若不與歸同文宜言莒慶來逆女叔姬歸于莒矣然則言叔姬者是其歸文也又云重乖離者謂書其逆女與歸文同也何者嫁于大夫賤不合錄而書其逆叔姬者重其乖離矣○杞伯來朝。杞夏后不稱公者春秋黜杞新周而故宋以春秋當新王黜而不稱侯者方以子貶起伯爲黜說在僖二十三年○夏戶雅反〔疏〕注杞夏后不稱公○解云隱三年傳云王者之後稱公今而稱伯故怪之○注黜而至三年○解云僖二十三年十有一月杞子卒注云始見稱伯卒獨稱子者微弱爲徐莒所脅不能死位春秋伯子男一也辭無所貶貶稱子者春秋黜杞不明故以其一等貶之明本非伯乃公也又因以見聖人子孫有誅無絕故貶不失爵是也言以子貶者方以僖二十三年貶之稱子令與伯共爲一等故於此處不得稱侯耳○公會齊侯于城濮。濮音卜

公羊注疏卷八校勘記

阮元撰盧宣旬摘録

公羊注疏莊公卷八

十有八年

日有食之　經義雜記曰五行志嚴公十八年三月日有食之公羊傳曰日晦今公羊無傳何注無食晦之文蓋董仲舒等所見公羊有之或漢初公羊家說也劉歆說左氏亦以爲食晦

據公追齊師至鄺　閩監毛本同鄂本鄺作巂下同此本疏中凡鄺字皆作巂當據正

象魯爲鄭瞻所惑　鄂本瞻誤贍

十有九年

故書所以不當書　按以字衍當刪正

此其言遂何　唐石經此其損缺或言石經無其今以字數核之當本有

公比不至　鄂本宋本同十行本比誤此今訂正閩監毛本改皆非○按比猶頻也

榮見遂也　諸本同句當有誤

二十年

大災者何大瘠也　唐石經諸本同釋文大瘠在亦反本或作瘠才細反一本作漬才賜反鄭注曲禮引此同經義雜記曰禮記曲禮下四足死曰漬注漬謂相瀸汙而死也春秋傳曰大災者何大漬也呂氏春秋貴公篇仲父

之疾病矣瀆甚髙誘注瀆亦病也公羊傳曰大災者大瀆也然則鄭高所據公羊皆作大瀆按此當是嚴顏之異

痾者民疾疫也 惠棟云痾即瘝字古厲列通

二十有一年 唐石經作廿有一年下二十準此鄂本作二年誤字也

見其篡明不爲之諱者 毛本見誤兒

二十有二年

肆大省 唐石經諸本同釋文肆本或作佚省二傳作眚

又大自省勑 宋本同閩監毛本勑作敕疏同

所以專孝子之思也 閩監毛本同鄂本宋本思作恩

證不以凶事也 閩監本同毛本證誤正

起仇母録子恩 鄂本仇作讎下同

以其爲君配 何校本君作公與穀梁傳合

譏莊公取仇國女 鄂本取仇作娶讎穀梁疏引同

大夫盟當出名氏 閩監毛本同修改本出作書葢非

納幣即納徵納徵禮曰 鄂本納徵不重此衍毛本禮誤者

二十有三年

春公至自齊 毛本自誤日

莊公時淫絶之者 按時葢特之誤

注天子至羊豕者 閩監毛本者改○

許夷狄者不一而足 六經正誤云一當作壹按此本疏引襄廿九年傳作不壹而足閩監毛本亦改爲一

傳言丹桓宮者 毛本宮誤公疏中刻桓宮楹同

莊公有淫泆汚貳之行 諸本同鄂本汚作汙按淫泆二字當衍釋文出有汙二字疏標注汚貳之行四字解云莊公之行既不淸絜又不專壹故謂之汚貳矣是本無淫泆可知

故謂之汚矣 按汚下當脫貳字

嫌上誂以齊惡我貳 鄂本誂作託此誤

二十有四年

既非正禮明矣 浦鏜云既疑即字誤

僂疾也 段玉裁云僂即婁婁即今屢字訓數亦訓疾

鷄鳴縰笄而朝 鄂本宋本閩監本同毛本鷄改雞縰笄誤縱笄

腶脩云乎 唐石經諸本釋文作斷脩云丁亂反注同本又作腶音同此本腶誤瑕今訂正

取其斷斷自脩正 鄂本正誤止

士用雉 此本雉誤雞今據諸本訂正

令昭穆親疏各得其序也 鄂本無疏此涉上理親疏誤衍

何以特書曹羈 閩監本同毛本特改獨非

戎師多 毛本戎誤我

君請勿自敵也 諸本同唐石經缺九經古義云春秋繁露曰曹羈曰戎衆以無義君無自適君不聽適讀爲敵禮記雜記注云適讀爲匹敵之敵荀子云天子四海之內無客禮告無適也注云適讀爲敵史記范雎傳攻適伐國田單傳適人開戶李斯傳羣臣百官皆畔不適徐廣皆音征敵

朱干玉戚以舞大武八佾以舞大夏 按武夏字互誤

相馬而秣之 按相爲拑之誤

正得言道赤歸于曹 閩監毛本正作止

二十有五年

主孝而禮之 閩監毛本同誤也鄂本宋本孝作字當據正

以朱絲營社 禜釋文營社本亦作禜同按續漢禮儀志注引作禜

明先以尊命責之 續漢志注引作尊者命此脫者

善公尊天子者者 閩監毛本者字不叠此誤衍

二十有六年

公伐戎 諸本同吕氏祖謙集解云公羊無春字按唐石經公伐戎之上損缺然以每行十字計之無春字盧文弨曰疏標經文云春公伐戎是疏本有春自石經始脫耳○按左傳經有公字

大夫有非 鄂本非作罪此誤

二十有七年

春秋皆書其卒 閩監本同毛本春秋誤諸侯

通乎季子之私行也 鄂本以下同唐石經無乎字

門內之治恩揜義門外之治義揜恩 解云喪服四制文彼文事作治下揜字作斷經義雜記曰釋文之治直吏反下之治同誤同禮記但不爲斷字作音知下句亦作揜若疏本則二治皆爲事古治事聲相近何據禮記不與鄭本同

賤取貴不去 按取當作娶上下皆作娶

於政事有所損曠故竟內乃得親迎 宋本同監毛本損誤指迎誤逆閩本損字亦誤迎字不誤疏中損皆誤指

則贈丈夫送者以束錦是也 毛本錦誤帛

杞夏后 鄂本后作後此誤疏同

方以子貶起伯爲黜 鄂本起作杞此誤

有誅無絶 毛本絶誤貶

何休學

二十有八年。春。王三月。甲寅。齊人伐衛。衛人及齊人戰。衛人敗績。伐不日。此何以日。據鄭人伐衛不日〔疏〕注據鄭人伐衛不日○解云在隱二年冬按彼文雖在十二月乙卯夫人子氏薨之下不蒙其日月故得據之至之日也。用兵之道當先至竟侵責之不服乃伐之今日至便以今日伐之故日以起其暴也戰不言伐。此其言伐何。至之日也。至日便伐明暴故舉伐〔疏〕戰不至伐何○解云正以上十年傳云戰不言伐云云書其重者故此弟子據而難之春秋伐者爲客。伐人者爲客讀伐長言之齊人語也○伐者爲客何云讀伐長言之伐人者也〔疏〕春秋伐者爲客○解云謂伐人者必理直而兵強故引聲唱伐長言之喻其無長矣伐者爲主。見伐者爲主讀伐短言之齊人語也○伐者爲主何云讀伐短之見伐者也〔疏〕伐者爲主○解云謂被伐主必理曲而寡援恐得罪於鄰國故促聲短言之喻其恐懼也公羊子齊人因其俗可以見長短故言此故使衛主之也。戰序上言及者爲主曷爲使衛主之。據宋襄公伐齊宋主齊〔疏〕注據宋至主齊○解云即僖十八年春王正月宋公會曹伯衛人邾婁人伐齊夏五月戊寅宋師及齊師戰于甗齊師敗績傳云戰不言伐此其言伐何宋公與伐而不與戰故言伐春秋伐者爲客伐者爲主曷爲不使齊主之與襄公之征齊也曷爲與襄公之征齊桓公死豎刁易牙爭權不葬爲是故伐之也是也衛未有罪爾。蓋爲幽之會服父喪未終而不至故○蓋爲于僞反〔疏〕注蓋爲至至故○解云上二十七年夏公會齊侯宋公陳侯鄭伯同盟于幽是也按上二十五年夏五月癸丑衛侯朔卒至二十七年六月幽之會時始二十六月未盡今傳復以爲無罪故知正爲父喪未終是以不至則幽之會不至之衛侯惠公朔之子蓋懿公也敗者稱師。衛何以不稱師。據桓十三年已巳燕人戰敗績稱師也〔疏〕注據桓至稱師也○解云即彼經云十三年春二月公會紀侯鄭伯已巳及齊侯宋公衛侯燕人戰齊師宋師衛師燕師敗績是未得乎師也。未得成列爲師也詐戰不言戰言戰者衛未有罪方欲使衛主齊見直文也不地者因都主國也○見直賢徧反〔疏〕注詐戰不言戰○解云通例如此夏。四月。丁未。邾婁子瑣卒。日者附從霸者朝天子行進○瑣素果反〔疏〕注日者至行進○解云欲決上十六年冬十二月邾婁子克卒不書日故也正以行進而書日故知附從霸者朝天子賢於會霸者於北杏而已但外相如例所不書故無其文何氏以理知之故如此解○秋。荊伐鄭。公會齊人宋人邾婁人救鄭。書者善中國能相救○冬。築微。○築微左氏作麋大無麥禾。冬。既見無麥禾矣。曷爲先言築微。而後言無麥禾。諱以凶年造邑也。諱使若造邑而後無麥禾者惡愈也此蓋秋水所傷就築微下俱舉水則嫌冬水推秋無麥禾使若冬水所傷者但言無麥禾則嫌秋自不成不能起秋水因疾莊公行類同故加大明有秋水也此夫人淫泆之所致〔疏〕注此蓋至秋水○解云既言無麥是建未之前事故知秋水所傷也若其經云冬築微大水無麥禾即大水在冬下嫌是冬水矣則嫌推尋此秋無麥禾之事若使冬水傷殺之者矣若不言大而但言無麥禾則嫌此秋但地氣不養而麥禾不成不能起見此秋實有水矣因欲疾莊公之行不制夫人令其陰盛類同於水故加大以見之○臧孫辰告糴于齊。告糴者何。請糴也。買穀日糴〔疏〕告糴者何○解云欲言買穀不見將物之文欲言非買穀而經書糴者故執不知問何以不稱使。據上大無麥禾知以國事行當言如也〔疏〕注當言如也○解云正以如者內稱使文故也以爲臧孫辰之私行也。曷爲以臧孫辰之私行。據國事也君子之爲國也。必有三年之委。一年不熟。告糴。譏也。古者三年耕必餘一年之備九年耕必有三年之積雖遇凶災民不饑乏莊公享國二十八年而無一年之畜危亡切近故諱使若國家不匱大夫自私行糴也○委於鬼反諸直魚反畜勑六反匱其位反〔疏〕注危亡切近故諱○解云謂危亡之事切於國家理應不遠矣

二十有九年。春。新延廄。新延廄者何。脩舊也。舊故也繕故曰新有所增益曰作始造曰築○廄九又反〔疏〕新延廄者何○解云欲言新造不見作名欲言修舊修舊不書故執不知問○注繕故曰新○解云即此是也○注有所增益曰作○解云即僖二十年新作南門是也○注始造曰築○解云即上築微傳云凶年不造邑也之屬是也脩舊不書。此何以書。據新宮災後修不書〔疏〕注據新至不書○解云即成三年二月甲子新宮災三日哭於此以後不見修作之文是也譏。何譏爾。凶年不脩。不諱者繕故功費差輕於造邑延廄馬廄也○費芳味反差初賣反〔疏〕注不諱至造邑○解云上二十八年築微之事實在大無麥禾後而在前言之者諱以凶年造邑故也然則去年無麥禾今茲凶歲而修廄不諱者正以功費輕也○夏。鄭人侵許。○秋。有蜚。何以書。記異也。蜚者臭惡之蟲象夫人有臭惡之行言有者南越盛暑所生非中國之所有○蜚扶味反臭蟲也行下孟反○冬。十有二月。紀叔姬卒。國滅卒者從夫人行待之以初也〔疏〕注國滅至以初也○解云桓七年夏穀伯綏來朝鄧侯吾離來朝傳云皆何以名失地之君也其稱侯朝何貴者無後待之以初也然則今此叔姬其國已滅而書卒正以本貴爲夫人今雖國滅猶以夫人之禮待之而書其卒故云待之以初也案隱七年則此叔姬乃是伯姬之媵而言從夫人行者正以十二年春叔姬歸于鄭傳云其言歸于鄭何隱之也何隱爾其國亡矣徒歸于叔爾也然則初去之時雖爲媵妾至莊四年三月伯姬卒之後紀國未滅之前紀侯立之爲夫人其言夏紀侯大去其國叔姬乃歸于魯至十二年春歸于鄭之時爲夫人故曰從夫人行也○城諸及防。諸君邑防臣邑言及別君臣之義君臣之義正則天下定矣○別彼列反〔疏〕注諸君至臣邑○解云知如此者正以昭五年夏莒牟夷以牟婁及防茲來奔傳云其言及防茲來奔傳云其言及防茲來奔何不以私邑累公邑也彼注云公邑君邑也私邑臣邑也累次也義不可使臣邑與君邑相次序故言及以絕之然則都邑言及別公私故知此言城諸及防者是君臣邑故也○注言及至定矣○解云所以君臣之義正則天下定可以爲王者之法矣

三十年。春。王正月。○夏。師次于成。○秋。七月。齊人降鄣。鄣者何。紀之遺邑也。降之者何。取之也。取之則曷爲不言取之。爲桓公諱也。時霸功足以除惡故爲諱言降者能以德見歸自來服者可也○降鄣戶江反下注同鄣音章爲桓于僞反注同〔疏〕鄣者何○解云欲言是國春秋未有欲言非國復無所繫故執不知問○降之者何○解云欲言自服文道齊人欲言兵加而文又言降故執不知問外取邑不書。此何以書。盡也。襄公服紀以過而復盡取其邑惡其不仁之甚也月者重於取邑○復扶又反惡其烏路反下同〔疏〕注月者重於取邑○解云以取邑例時即隱六年冬宋人取長葛之屬是○八月。癸亥。葬紀叔姬。外夫人不書葬。此何以書。隱之也。何隱爾。其國亡矣。徒葬乎叔爾。○九月。庚午朔。日有食之。鼓用牲于社。是後魯比弒二君狄滅邢衛○比毗志反〔疏〕徒葬乎叔爾解云謂不得與夫合葬故言徒徒者空也案上四年齊侯葬紀伯姬傳云外夫人不書葬此何以書隱之也何隱爾徒葬于齊爾而此重發之者正以彼則于齊此則于叔故重言之○注是後魯比弒二君○解云謂下二十二年子般卒閔二年公薨是也○注狄滅邢衛○解云謂僖元年次聶北救邢僖二年春王正月城楚丘之屬是也○冬。公及齊侯遇于魯濟。○濟子禮反○齊人伐山戎。此齊侯也。其稱人何。據下言齊侯來獻戎捷〔疏〕注據下至戎捷○解云即下三十一年夏六月齊侯來獻戎捷是也貶。曷爲貶。據齊侯伐北戎不貶〔疏〕注據齊至不貶○解云即僖十年夏齊侯許男伐北戎是也若然而此注不道許男者正以其解齊人伐山戎之故省文子司馬子曰。蓋以操之爲已蹙矣。操迫也已甚也蹙痛也迫殺之甚痛○以操七刀反迫也注同蹙子六反此蓋戰也。何以不言戰。據得捷也春秋敵者言戰。桓公之與戎狄驅之爾。時桓公力但可驅逐之而已戎亦天地之所生而乃迫殺之甚痛故去戰貶見其事惡不仁也山戎者戎中之別名行進故錄之○去起呂反見賢徧反〔疏〕春秋敵者言戰○解云謂軍人衆寡相敵者不謂將之尊卑等是以僖二十八年晉侯已下及楚人戰于城濮宣十二年晉荀林父帥師及

楚子戰于郔之屬雖君與大夫亦言戰矣○注故去至不仁也○解云謂貶去其戰以見力不得等惡齊侯之不仁也○注行進故錄之○解云謂言山詳錄之耳

三十有一年。春。築臺于郎。何以書。譏。何譏爾。臨民之所漱浣也。無垢加功曰漱去垢曰浣齊人語也譏者爲瀆下也禮天子外屏諸侯內屏大夫帷士簾所以防泄慢之漸也禮天子有靈臺以候天地諸侯有時臺以候四時登高遠望人情所樂動而無益於民者雖樂不爲也四方而高曰臺○漱素口反浣戶管反垢古口反去起呂反爲瀆于僞反下爲威同

【疏】臨民之所漱浣也○解云謂郎臺即泉臺故知如此是以文十六年傳云泉臺者何郎臺也郎臺則曷爲謂之泉臺未成爲郎臺既成爲泉臺彼注云既成更以所置名之者即其近泉之證也○注無垢加功曰漱○解云謂但用手矣既無垢而加功者蓋亦少有但無多垢故謂之無非全無也又取其斗漱耳若以里語曰斗漱也注去垢曰浣者蓋用足物是以舊說云用足曰浣是也故內則云冠帶垢和灰請漱衣裳垢和灰請澣鄭注云手曰漱足曰澣和漬也是也○注禮天至士簾○解云禮說文也○注天子至四時○解云皆是禮說文也文王受命之後乃築靈臺亦是天子曰靈臺之義正以候天地故以靈言之諸侯候四時故謂之時臺○注四方而高曰臺○解云爾雅釋宮文

○夏。四月。薛伯卒。卒者薛與滕俱朝隱公桓弒隱而立滕朝桓公薛獨不朝知去就也○弒申志反

【疏】卒者至去就也○解云所傳聞之世小國卒例不合書而今書之故解之耳言薛與滕俱朝隱公者即隱十一年滕侯薛侯來朝是也言滕朝桓公者即桓二年滕子來朝是也言知去就者謂知去惡就善矣

○築臺于薛。何以書。譏。何譏爾。遠也。禮諸侯之觀不過郊○觀工喚反

【疏】注禮諸至過郊○解云正以郎爲近邑而在郊內鄉者上傳不譏其遠今此云薛傳云遠也故知禮法不得過郊矣

○六月。齊侯來獻戎捷。戰所獲物曰捷齊大國也。曷爲親來獻戎捷。據齊未嘗朝魯威我也。以威恐怖魯也如上難知爲威魯書之○恐怖上勇反下普故反其威我奈何。旗獲而過我也。旗軍幟名各有色與金鼓俱舉使士卒望而爲陳者旗獲建旗縣所獲得以過魯也不書威魯者恥不能爲齊所忌難見輕侮也言獻捷繫戎者春秋王魯因見王義古者方伯征伐不道諸侯交格而戰者誅絕其國獻捷於王者楚獻捷時此月者刺齊桓憍慢恃盈非所以就霸功也○幟音志又申志反又尺志反本又作織同難乃旦反因見賢徧反

【疏】注旗軍至有色○解云即禮大帛以即戎之屬是也○注與金鼓俱舉○解云謂以金鐸和鼓金鐸通鼓之時而建之○注旗獲至過魯也○解云凡言過者謂道所經過之稱今齊侯伐山戎而得過魯則此山戎不在齊北可知蓋戎之別種居于諸夏之山故謂之山戎耳○注言獻捷繫戎至不道○解云正決僖二十一年冬楚人使宜申來獻捷無所繫矣○注諸侯交至於王者○解云格猶距也謂與交戰而距王今人謂不順之處爲格化之類○注楚獻至此月○解云即僖二十一年冬楚人使宜申來獻捷是也而云持盈者謂自持盈滿之道而侮諸侯失謙虛之義故月之

○秋。築臺于秦。何以書。譏。何譏爾。臨國也。言國者社稷宗廟朝廷皆爲國明皆不當臨也臨社稷宗廟則不敬臨朝廷則泄慢也

○冬。不雨。何以書。記異也。京房易傳曰旱異者旱久而不害物也斯祿去公室福由下作故陽雖不施而陰道獨行以成萬物也先是比築三臺慶牙專政之應○施申或反

【疏】注先是比築三臺○解云即上文于郎于薛于秦之屬是也○注慶牙專政○解云即上二十七年傳云公子慶父公子牙公子友皆莊公之母弟也公子慶父公子牙通乎夫人以脅公季子起而治之則不得與于國政坐而視之則親親因不忍見也故於是復請至于陳而葬原仲也下三十二年傳云季子至而授之以國政然則上既言二子脅公季友不得爲政下文始言授季子國政即於是時慶牙爲政明矣○

三十有二年。春。城小穀。○夏。宋公齊侯遇于梁丘。○秋。七月。癸巳。公子牙卒。何以不稱弟。據公弟叔肹卒○肹許乙反

【疏】城小穀○解云二傳作小字與左氏異○夏宋公至梁丘○解云隱八年注云宋公序上者時衛侯要宋公使不虞者爲主明當戒愼之然則今宋公序上亦爲齊侯所要故也○注據公弟叔肹卒○解云即宣十七年冬十有一月壬午公弟叔肹是也

殺也。殺則曷爲不言刺。據公子買有罪殺之言刺不言卒

【疏】注據公至言卒○解云即僖二十八年公子買戍衛不卒戍刺之傳云不卒戍者何不卒戍者內亂也不可使往也不可使往則其言戍衛何遂公意也是也

爲季子諱殺也。曷爲爲季子諱殺。據叔孫得臣卒不日者惡不發揚公子遂弒也○爲季于僞反下爲季而爲注故爲同

【疏】注據叔至遂弒也○解云即宣五年九月叔孫得臣卒注云不日者知公子遂欲弒君爲人臣知賊而不言明當誅是也然則季子若其發揚牙之罪惡誅之正是臣人之道今而諱殺故難之云

季子之遏惡也。遏止○遏於葛反止也不以爲國獄。不就致獄其刑故言卒緣季子之心而爲之諱。季子過在親親疑於非正故爲之諱所以別嫌明疑○別彼列反

【疏】注季子至明疑○解云季子仁者不忍用刑其兄是失事君之道然則季子之過在於親其親故曰過在親親春秋以掩過牙之惡與周公行誅于兄異是以疑其非正禮耳故爲之諱刺文所以別嫌者謂諱刺別於親親失臣道之嫌明疑者明於掩惡非正禮之疑耳

季子之遏惡奈何。莊公病。將死。以病召季子。召之於陳

【疏】注召之於陳○解云正以上二十七年傳云因不忍見也故於是復請至于陳而葬原仲也之文故也

季子至而授之以國政。至不書者內大夫出與歸不兩書

【疏】注至不至兩書○解云謂通例如此宣八年夏公子遂如齊至黃乃復書其乃復者彼傳云何言乎有疾乃復譏何譏爾大夫以君命出聞喪徐行而不反彼注云喪尚不當反況於疾乎是也宣十八年秋公孫歸父如晉冬歸父還自晉至檉遂奔齊書其還者彼傳云還者何善辭也何善爾歸父使於晉還自晉至檉聞君薨家遣墠帷反命乎介自是走之齊彼注云主書者善其不以家見遂怨懟成踊哭君終臣子之道起時莫能然也言至檉者善其得禮于檉是也昭十四年春隱如至自晉又昭二十四年春叔孫舍至自晉皆書至者正由被執而得歸是以重而書至猶非正歸當書之例也閔二年秋季子來歸書者初出亦不書不得難此也

曰。寡人即不起此病。吾將焉致乎魯國。致與也○焉於虔反季子曰。般也存。君何憂焉。公曰。庸得若是乎。庸猶傭傭無節目之辭○般音班牙謂我曰。魯一生一及。君已知之矣。父死子繼曰生兄死弟繼曰及言隱公生桓公及今君生慶父亦當及是魯國之常也慶父也存。時莊公以爲牙欲立慶父

【疏】慶父也存者○解云莊公辭

季子曰。夫何敢。是將爲亂乎。夫何敢。再言夫何敢者反覆思惟且欲以安病人也孔子曰君子有九思視思明聽思聰色思溫貌思恭言思忠事思敬疑思問忿思難見得思義○夫何音扶下及注同覆芳服反思難乃旦反

【疏】注再言至病人也○解云謂反覆思惟躑躅之間故再告此言夫何敢使病者意安耳○注孔子曰至思義○解云引之者欲言季子反覆思惟合於君子之道言見得思義者得謂利祿也

俄而牙弒械成。是時牙實欲自弒君兵械已成但事未行爾有攻守之器曰械○俄五多反牙殺申志反注及下親弒同械戶戒反季子和藥而飲之。藥者酖毒也傳曰酖之是也時季子亦有械故能飲之傳不道者從可知○飲於鴆反注同酖毒本亦作鴆直蔭反下文同

【疏】注藥者至是也○解云即下云然則曷爲不直誅而酖之云云者是

曰。公子從吾言而飲此。則必可以無爲天下戮笑。必有後乎魯國。時世大夫誅不宜揚子當繼體如故

【疏】則必可以無爲天下戮笑○解云言不爲天下所共戮不爲天下所共笑矣○注時世大夫○解云欲道古禮大夫不世矣

不從吾言。而不飲此。則必爲天下戮笑。必無後乎魯國。於是從其言而飲之。飲之無傫氏。至乎王堤而死。公子牙今將爾。今將欲殺無傫○無本又作巫傫音力委反又力追反堤丁兮反

【疏】飲之無傫氏○解云或是大夫家或是地名言飲酖毒之藥于無傫氏矣舊云飲之無傫氏者言飲此毒不畏其子孫謂當立其氏族也者非也○王乎王堤而死○解云王堤蓋地名

辭曷爲與親弒者同。辭傳序經辭親躬親也

【疏】注辭傳序經辭○解云知如此者正以經書公子牙卒無誅殺之文傳云曷爲不言刺之云是將爲亂乎故知此辭與親弒者同但是傳序經辭非爲經也

君親無將。將而誅焉。親謂父母○無將如字閔公本將不誅將而皆同或子匠反非也然則善之與。曰。然。殺世子母弟直稱君者。甚之也。季子殺母兄。何善爾。誅不得辟兄。君臣之義也。以臣事君之義也唯人君然後得申親親之恩○與音餘

【疏】殺世子母弟至之也○解云即

僖五年春晉侯殺其世子申生襄二十六年秋宋公殺其世子痤之屬者是殺世子直稱君之經也隱元年夏五月鄭伯克段于鄢襄三十年夏天王殺其弟年夫之屬者是殺母弟直稱君之經也○注唯人至之惡○解云欲道殺世子母弟所以直稱君甚之之義言得申親親之恩而不申之故甚其惡耳

然則曷為不直誅而酖之。行誅乎兄。隱而逃之。使託若以疾死。然。親親之道也。明當以親親原而與之於治亂當賞疑從重於平世當罰疑從輕莊不卒大夫而卒牙者本以書國將弒君書日者錄季子遏惡也行誅親親雖酖之猶有恩也【疏】隱而逃之○解云言隱匿辟殺是以不直誅而酖之矣○注明當至與之○解云明春秋之道當親其親而原季子之心而與之故善之耳○注於治至從輕○解云注言此者欲道春秋者撥亂之書是以原其親親而賞季氏即賞疑從重也當所傳聞之世天下未平是以升平疑獄不得不誅故云於平世乃可罰疑從輕矣○注莊不至弒君○解云上三年春王正月溺會齊師伐衛傳云溺者何吾大夫之未命者也彼注云所伐大夫不卒者莊公薄於臣子之恩故不卒大夫與桓同義是也今牙書卒者本以當國將弒君故也○注書日至遏惡也○解云正以春秋之義於所傳聞之世大夫之卒不問有罪無罪皆不書日以略之義因示其恩淺即隱元年冬十二月公子益師卒隱八年冬十有二月無駭卒之屬是也今而書日故解之言錄季子遏惡也皆正以為季子遏其惡之故是以詳錄之耳

○八月。癸亥。公薨于路寢。路寢者何。正寢也。公之正居也天子諸侯皆有三寢一曰高寢二曰路寢三曰小寢父居高寢子居路寢孫從王父母妻從夫寢夫人居小寢在寢地加錄內也夫人不地者外夫人不卒內書薨已錄之矣故出乃地【疏】路寢者何○解云欲言正寢公存之時經文無路寢之名欲言非正寢而公薨於內故執不知問○注天子諸侯至人居小寢○解云皆時王之禮矣若春秋定十五年夏五月壬申公薨於高寢僖三十三年冬十二月乙巳公薨于小寢之屬是也然則諸侯有三寢而薨其內者是正矣而文十八年二月丁丑公薨于臺下襄三十一年夏六月辛巳公薨于楚宮之屬皆為失處而無譏文者蓋以不在三寢非禮自見故也而云父居高寢者蓋以寢中最尊若父子並薨之時父殯于高寢矣其嗣君亦薨乃居於路寢若其孫又薨則從王父母小寢所以不再言母者妻從夫寢故也其夫人若存定居于寢內之三宮矣若非有並喪則從寢之中科薨其一而謂路寢為公之正居者以其始正之常處也○注在寢地加錄內也○解云正決外諸侯之卒不地故也○注故出乃地○解云即僖元年秋七月戊辰夫人姜氏薨于夷是也

○冬。十月。乙未。子般卒。子卒云子卒。此其稱子般卒何。據子赤不言子赤卒【疏】據子赤不言子赤卒○解云文十八年冬十月子卒傳云子卒者孰謂謂子赤也是也

君存稱世子。明當世父位為君【疏】君存稱世子○解云內外同矣而桓六年九月丁卯子同生不言世子者彼注云而不以世子正稱書者明欲以正見無正疾惡桓公是也

君薨稱子某。緣民臣之心不可一日無君故稱子某明繼父也名者尸柩尚存猶以君前臣名也【疏】注緣民臣至名也○解云子者嗣君之稱是以稱子某明其嗣父也既不可無君令之繼父而書名者正以尸柩尚存猶君前臣名故也其緣民臣之心不可一日無君者文九年傳文

既葬稱子。不名者無所屈也緣終始之義一年不二君故稱子也【疏】注不名至子也○解云正以先君既葬更無所屈所以不稱爵而言子者一年不二君矣其緣終始之義一年不二君者文九年傳文

踰年稱公。不可曠年無君【疏】注不可曠年無君○解云文九年傳文

子般卒。何以不書葬。據定姒俱稱卒書葬【疏】注據定至書葬○解云即定十五年秋七月壬申姒氏卒九月辛巳葬定姒然則定姒稱卒而書葬今子般稱卒不書葬故難之

未踰年之君也。有子則廟。則立廟也廟則書葬。錄子恩也無子不廟。不廟則不書葬。未踰年之君禮臣下無服故無子不廟不廟則不書葬示一年不二君也稱卒不地者降成君也日者為臣子恩錄之也殺不去日見隱者降子赤也○去起呂反見賢徧反【疏】注未踰至二君也○解云案喪服不杖期章之內有為君之長子臣下猶服之況為嗣君而言無服者正以為長子之時其臣下從君而服之若其為嗣君則無從服之義是以知其無服矣不但如此作君長子之時其臣皆吉故得為之服期若作未踰年之君臣下皆為前君服斬寧得更為之服乎若還服期即是廢重服輕若為斬衰三年即違一年不二君之義故也○注稱卒不至之也○解云案隱公閔公皆是成君而亦不地故隱十一年傳云公薨何以不地不忍言也故彼注云不忍言其僵尸之處今子般亦殺死正合不書地而言降成君者欲道好死者亦不書地所以降成君故也其好死者即襄三十一年秋九月癸巳子野卒是也○注殺不至子赤也○解云即文十八年冬十月子卒傳云子卒者孰謂子赤也何以不日隱之也何隱爾弒也弒則何以不日不忍言也彼注云所聞世臣子恩痛王父深厚故不忍言其日與子般異是也然則子般猶是所傳聞之世恩降于子赤是以忍言日也○

公子慶父如齊。如齊者奔也是時季子新酖牙慶父雖歸獄鄧扈樂猶不自信於季子故出也不言奔者起季子不探其情不暴其罪○樂音洛暴步卜反【疏】注慶父至扈樂○解云其歸獄鄧扈樂之事在閔元年傳也

○狄伐邢。

閔公　起元年盡二年

元年。春。王正月。公何以不言即位。繼弒君不言即位。復發傳者嫌繼未踰年君義異故也明當隱之如一○弒申志反【疏】注復發至如一○解云則莊元年傳云公何以不言即位春秋君弒子不言即位君弒則子何以不言即位隱之也孰隱隱子也然則莊元年已有此傳今復發之者正嫌此繼未踰年之君異于成君故也其異一成一未而不異之者明臣子隱痛之當如一矣若然案莊公繼弒弒是齊侯今閔公繼弒弒是慶父何氏寧知不嫌此異而知為所繼之君成與不成者正以解即位之義欲道后君痛其見弒不忍即其位處明據恩之深淺無弒者內外之義故也

孰繼。據子般弒不見○見賢徧反繼子般也。孰弒子般。慶父也。殺公子牙。今將爾。季子不免。慶父弒君。何以不誅。將而不免遏惡也。既而不可及。因獄有所歸。不探其情而誅焉。親親之道也。論季子當從議親之辟猶律親親得相首匿當與叔孫得臣有差○探他南反辟婢亦反匿女亦反【疏】注論季子至首匿○解云謂季子緣縱慶父之事當從周禮小司徒議親之法非其罪也○注當與至有差○解云即宣五年叔孫得臣卒注云不日者知公子遂欲弒君為人臣知賊而不言明當誅則得臣與遂不宜相隱是以罪之今慶父季友親則親矣得相首匿是以舍之故言當與叔孫得臣有差矣

惡乎歸獄。歸獄僕人鄧扈樂。曷為歸獄僕人鄧扈樂。據師還也○惡音烏扈樂音洛或如字【疏】注據師還也○解云即莊八年秋師還傳云還者何善辭也此滅同姓何善爾非師之罪也注云明君之使重在君然則莊八年尊者使師滅同姓而歸善於師今則尊者使樂殺子般而反歸惡於樂故難之

莊公存之時。樂曾淫于宮中。子般執而鞭之。莊公死。慶父謂樂曰。般之辱爾。國人莫不知。盍弒之矣。使弒子般。然後誅鄧扈樂而歸獄焉。殺鄧扈樂不書者微也○曾才能反盍戶臘反【疏】樂曾淫于宮中○解云即左氏傳云雩講於梁氏女公子觀之圉人犖自牆外與之戲也者得與此合

○季子至而不變也。至者聞君弒從家至朝季子知樂勢不能獨弒而不變正其真僞

○齊人救邢。

○夏。六月。辛酉。葬我君莊公。

○秋。八月。公及齊侯盟于洛姑。時慶父內則素得權重外則出奔彊齊恐為國家禍亂故季子如齊聞之奉公託齊桓為此盟 [illegible]

季子來歸。其稱季子何。[illegible]○解云即莊二十七年公子友如陳葬原仲是也

賢也。[illegible]

魯而立君者由此洛姑之託故令季子與高子同稱子起見其事矣

其言來歸何。據召歸不書隱如言至（疏）注據召歸不書○解云即莊二十七年公子友如陳葬原仲莊三十二年傳云莊公召季子季子至而授之以國政彼注云至不書者内大夫出與歸不兩書是也○注隱如言至○解云即昭十四年隱如至自晉是也

喜之也。季子來歸則國安故喜之而變至加錄云爾蓋與賢相起言歸者主為喜出言來者起從齊自外來盟不日公不致者桓之盟不日其會不致信之也○主為于僞反下文注皆同（疏）注蓋與賢相起○解云謂稱字所以賢之亦見其喜矣變至言歸所以喜之亦起其賢故云與賢相起耳○注桓之盟不日至之也○解云莊十三年傳文

○冬。齊仲孫來。齊仲孫者何。公子慶父也。公子慶父則曷為謂之齊仲孫。繫之齊也。曷為繫之齊。據欒盈出奔楚還不繫楚（疏）齊仲孫者何○解云欲道齊人經不言使欲言已臣而繫于齊故執不知問○注據欒盈至不繫楚○解云即襄二十一年秋晉欒盈出奔楚至襄二十三年夏欒盈復入于晉入于曲沃是也

外之也。曷為外之。據俱出奔莒也

春秋為尊者諱。為閔公諱受賊人也

為親者諱。為季子親親而受之故諱也（疏）注為季子至諱也○解云謂季子是閔公之親親而反受其賊故為諱耳

為賢者諱。以季子有遏牙不殺慶父之賢故為諱之

子女子曰。以春秋為春秋。以史記氏族為春秋言古謂史記為春秋（疏）注以史記氏族為春秋○解云謂以史記人之氏族而為春秋○注言古至春秋○解云夫子脩史記為春秋今言以春秋為春秋則史記舊有春秋之名是言古者謂史記為春秋矣

齊無仲孫。其諸吾仲孫與。齊有高國崔魯有仲孫氏亦足以知魯仲孫言仲孫者以后所氏起其事明主書者賊不宜來因以起上如齊實殺君出奔○子女子音汝（疏）注齊有高國崔○解云即國夏高固高張崔杼之屬是矣○注魯有仲孫氏○解云即仲孫蔑仲孫貜之屬是也○注主書至出奔○解云正以經書其來見不宜來則知上如齊者是其犯罪而去矣莊三十二年冬公子慶父如齊者即上如齊之經矣

二年。春。王正月。齊人遷陽。不為桓公諱者功未足以覆比滅人之惡也（疏）春王正月齊人遷陽○解云莊十年三月宋人遷宿彼注云月者遷取王封當與滅人同罪然則春秋之例大國之遷例月小國書時即僖三十一年十有二月衛遷于帝丘昭九年春許遷于夷之屬是也而今陽為小國齊人遷之亦是遷取王封當與滅人同罪故云月矣云云之說在莊十年○注不為至惡也○解云莊十年冬十月齊師滅譚莊十三年夏六月齊人滅遂今遷取王封因而臣之雖當時未滅終不得在故云比滅人之惡矣如此注者正決僖十七年夏滅項傳云孰滅之齊滅之曷為不言齊滅之為桓公諱也春秋為賢者諱桓公嘗有繼絕存亡之功故君子為之諱然則彼經不言齊而此言齊人故決之

夏。五月。乙酉。吉禘于莊公。其言吉何。據禘于大廟不言吉○吉禘大計反大廟音泰下同（疏）注據禘至言吉○解云即僖八年七月禘于大廟用致夫人是也

言吉者。未可以吉也。都未可以吉祭經舉重不書禘于大廟嫌獨莊公不當禘于大廟可禘者故加吉明大廟皆不當（疏）注都未可以吉祭○解云在三年之內莊公及始祖之廟皆未可以吉祭故言都爾○注經舉重不書解云春秋之義常事不書有善惡者乃始錄而美刺之今既已舉重特書于莊公不書于大廟則嫌莊公一廟獨不當禘大廟便可禘矣然莊公卑于始祖而言舉重者言三年之內作吉祭之時莊公最不宜吉故言舉重不謂莊公尊于始祖也

曷為未可以吉。據三年也（疏）注據三年也○解云莊三十二年八月公薨至今年五月已入三年之竟故言據三年也

未三年也。禮禘祫從先君數朝聘從今君數三年喪畢遭禘則禘遭祫則祫○數所主反下同祫音洽（疏）未三年也○解云謂未滿二十五月也○注禮禘祫從先君數○解云謂為禘祫之祭合從先君死時日月而數之若滿三年已后遭禘則禘遭祫即祫耳○注朝聘從今君數○解云謂從今君即位以后數其年歲制為朝聘之數

三年矣。曷為謂之未三年。三年之喪。實以二十五月。時莊公薨至是適二十二月所以必二十五月者取期再期恩倍漸三年也孔子曰子生三年然後免于父母之懷夫三年之喪天下之通喪禮士虞記曰期而小祥曰薦此常事又期而大祥日薦此常事中月而禫是月也吉祭尤未配是月者二十七月也傳言二十五月者在二十五月外可不譏○取期音基下同禫大感反（疏）注所以至三年也○解云二十五月是再期矣故曰取期再期矣父母之喪倍於期者之恩正當其禮數故曰其恩倍矣言漸三年也者謂二十五月漸得三年之竟故云漸三年也譬如得漸二君之遺教○注禮士至常事○解云彼注云小祥祭名祥吉也古文期皆作基常者期而祭禮古文常為祥○注又期至祥事○解云亦彼文注中月而禫是月也吉祭尤未配者亦彼文彼注云中尤間也禫祭名也與大祥間一月自喪至此凡二十七月禫之為言澹澹然平安意也是月是禫月當四時之祭月則祭尤未以其妃配其氏哀未忘也

其言于莊公何。據禘于大廟不言周公祫僖公不言僖宮（疏）注據禘至周公○解云即僖八年秋七月禘于大廟用致夫人是也○注祫僖至僖宮○解云祫僖公不言僖宮定八年從祀先公傳云從祀者何順祀也文公逆祀去者三人定公順祀叛者五人彼注云諫不以禮而去曰叛云不書禘者后祫亦順非獨禘也不言僖公者閔公亦得其順是其祫僖公不言僖公者即文二年八月丁卯大事于大廟躋僖公傳云大事者何大祫也者是也

未可以稱宮廟也。時閔公以莊公在三年之中未可入大廟禘之于新宮故不稱宮廟明皆非也

曷為未可以稱宮廟。據言禘也（疏）注據言禘也○解云正以禘是吉祭之稱既得言禘何故不得稱宮廟故難之

在三年之中矣。當思慕悲哀未可以鬼神事之（疏）注未可以鬼神事之○解云正言以宮廟者鬼神居之之稱故也

吉禘于莊公。何以書。譏。何譏爾。譏始不三年也。與託始同義（疏）注與託始同義○解云案隱二年九月紀履綸來逆女不書此何以書譏何譏爾譏始不親迎也始不親迎昉於此乎前此矣前此則曷為始乎此託始焉爾曷為託始焉爾春秋之始也然則此亦宜云始不三年昉於此乎前此矣前此則曷為始乎此託始焉爾曷為託始焉爾春秋之始也故云與託始同義矣而傳不言託始者省文從可知也

○秋。八月。辛丑。公薨。公薨何以不地。隱之也。何隱爾。弒也。孰弒之。慶父也。殺公子牙。今將爾。季子不免。慶父弒二君。何以不誅。將而不免遏惡也。既而不可及。緩追逸賊。親親之道也。與不探其情同義不書葬者賊未討○弒音試下及注同（疏）公薨何以不地○解云隱十一年傳云公薨何以不地注云據莊公薨于路寢然則此傳云公薨何以不地者亦據莊公但從彼注省文故也○注與不至同義○解云即上元年傳云孰弒子般慶父也殺公子牙今將爾季子不免慶父弒君何以不誅將而不免遏惡也既而不可及因獄有所歸不探其情而誅焉親親之道也○注不書葬賊未討○解云即隱十一年冬十有一月壬辰公薨傳云何以不書葬隱之也何隱爾弒也弒則何以不書葬春秋君弒賊不討不書葬以為无臣子也是也而言未者欲道於后討得之即僖元年傳於是抗輈經而死者是也

九月。夫人姜氏孫于邾婁。為淫二叔殺二嗣子出奔不如文姜于出奔貶之者為内臣子明其義不得以子絕母凡公夫人奔例日此月者有罪（疏）注不如文姜至絕母○解云莊元年三月夫人孫于齊傳云夫人何以不稱姜氏貶曷為貶與弒公也是於出時貶之文也為内臣子明其義不得以子絕母者正謂此處見其義而已不謂此夫人卒竟不絕也故僖元年夫人氏之喪傳云夫人何以不稱姜氏貶曷為貶與弒公也然則曷為不於弒焉貶貶必以其重者莫重乎以其喪至也者是其亦取之矣○注凡公至有罪○解云正以昭二十五年九月已亥公孫于齊而書日則知夫人之孫亦宜然而此及文姜之孫皆書月案此二人皆有罪故如此注之耳

公子慶父出奔莒。慶父弒二君不當復見所以復見者起季子緩追逸賊也不日者内大夫奔例無罪者日有罪者月外大夫奔例皆時○當復扶又反下同見賢偏反下文後見同（疏）注慶父至逸賊也○解云知弒父之人不合復見者正見宣六年春晉趙盾衛孫免侵陳傳云趙盾弒君此其復見何復注云據宋督鄭歸生齊崔杼弒其君後不復見傳又曰親弒君者趙穿也彼注云復見趙盾者欲起親弒者趙穿非盾是○注不日者至皆時○解云襄二十三年冬十月乙亥臧孫紇出奔邾婁是無罪書日也其有罪書月者即昭十二年冬十月公子憖出奔齊之屬及此文皆是而文八年公孫敖如京師不至復丙戌奔莒案傳云不可使往也則是有罪而書丙戌者彼注云日者嫌敖罪明則起君弱故諱使若無罪者是也其外大夫奔例皆時者不問有罪與無罪即襄二十七年夏衛侯之弟鱄出奔晉二十八年夏衛石惡出奔晉冬齊慶封來奔之屬是也○

冬。齊高子來盟。高子者何。齊大夫也。以有高傒也（疏）高子者何○解云欲言齊侯而經稱子欲言大夫名不書見經故執不知問○注以有高傒也○解云即莊二十二年秋七月丙申及齊高傒盟于防是也

何以不稱使。據鄭伯使其弟語來盟（疏）注據鄭至來盟○解云在桓十四年夏

我無君也。時閔公弒僖公未立故正其義明君臣無相適之道也春

秋譏於別尊卑理嫌疑故絕去使文以起事張例則所謂（疏）君不使乎大夫也○別彼列反故絕去起呂反下欲去同注所謂君不使乎大夫也○解云成二年齊侯使國佐如師之下傳云君不行使乎大夫此其行使乎大夫何佚獲是也

然則何以不名。據國佐盟名（疏）注據國佐盟名○解云即成二年及國佐盟于袁婁者是也

喜之也。何喜爾。正我也。其正我奈何。莊公死，子般弒。閔公弒。比三君死，曠年無君。與曠年無君（疏）注與曠年無君無異○解云正以莊公死時子般即位子般弒後閔公即位閔公弒後僖公即位君常不絕而傳言曠年無君者正以三年之內三君比死與曠年無君無異非實無君也設以齊取魯，曾不與師徒，以言而已矣。設將勢然桓公使高子將南陽之甲。南陽齊下邑甲革皆鎧胄也○革更百反鎧苦愛反胄直又反立僖公而城魯。或曰：自鹿門至于爭門者是也。或曰：自爭門至于吏門者是也。魯人至今以爲美談。曰猶望高子也。久闊思相見者引此爲喻美談至今不絕也立僖公城魯不書者諱微弱喜而加高子者美大齊桓繼絕于魯故尊其使起其功明得子續父之道○鹿門魯南城東門也○其使所吏反（疏）注明得至之道○解云凡人子之道宜繼祖禰之功不絕之今桓公繼于魯正得續父功德之義故尊其使而稱子耳言明其得人子續其人父功德之道也○十有二月，狄入衛。○鄭棄其師。鄭棄其師者何。連國者并問稱國（疏）鄭棄其師者何○解云正以言異常例故執不知問惡其將也。以言棄師○惡其烏路反下及注同將也子匠反下同鄭伯惡高克，使之將，逐而不納，棄師之道也。鄭伯素惡高克欲去之無由使將師救衛隨後逐之因將師而去其本雖逐高克實棄師之道故不書逐高克舉棄師爲重猶趙盾加殺也不解國者重衆從國體錄可知繫閔公篇于莊公下者子未三年無改於父之道傳曰則曷爲於其封內三年稱子錄孝子之心則三年不忍當也○盾徒本反（疏）注猶趙盾加弒○解云謂實逐克但舉棄師爲重實趙穿弒君但舉加弒爲重相似趙盾加弒在宣二年○注子未三年○解云謂莊三十二年八月薨至閔二年八月薨時始二十五月故曰未三年也○注傳曰至忍當也○解云文九年傳文也

公羊注疏卷九校勘記　　阮元撰盧宣旬摘錄

公羊注疏莊公卷九 末附閔公

二十有八年

見伐者爲主 鄂本主誤也

短之見伐者也 補毛本作短言之與疏合

豎刀易牙爭權不葬 閩監毛本刀改刁非

公會齊人宋人邾婁人救鄭 唐石經諸本同按左氏穀梁無邾婁人

曷爲先言築微而後言無麥禾 唐石經鄂本宋本閩本同監毛本後言作後書誤○按桓二年正義引此傳正作言

推秋無麥禾 監毛本推誤淮

即大水在冬下 閩本水空缺

則嫌推尋此秋無麥禾之事 毛本之誤一

民不饑之 鄂本饑作飢

二十有九年

春新延廄 釋文唐石經廄作廐

新作南門是也 閩本同監毛本作誤造

注造曰築 補毛本造上有始字與注合

臭惡之蟲也 毛本蟲作虫非

注諸君至臣邑 閩監毛本改諸君邑防臣邑

注言及至定矣 閩監毛本及下衍別君臣三字

三十年

謂僖元年次聶北救邢 閩監毛本脫次字

冬公及齊侯遇于魯濟 毛本脫濟字

蓋以操之爲已蹙矣 唐石經諸本同武億云操古本作躁詩江漢正義引此躁迫也按蹙當本作戚何訓爲痛也是傷戚之意考工記不微至無以爲戚速也注引春秋傳曰蓋以操之爲已戚矣可證鄭本作戚○按說文有戚無蹙

三十有一年

臨民之所漱浣也 唐石經鄂本閩本漱作潄此誤釋文及注疏同

刺齊桓憍慢持盈 宋本同閩監毛本誤驕慢恃盈按解云持盈者謂自持盈滿之道閩監毛本疏亦誤恃矣此本修改者憍亦作驕

三十有二年

春城小穀 解云二傳作小字與左氏異按今左氏亦作小字據疏蓋二傳作城小穀左氏作城穀也

据公弟叔肸卒 閩監毛本肸作肹非釋文作肹

殺則曷爲不言刺 鄂本下有之此脫唐石經之字剜㓕以字數計之本有下疏引傳云曷爲不言刺之

不就致獄其刑 鄂本作獄致此誤倒

魯一生一及 唐石經諸本同盧文弨曰史記魯世家作一繼一及裴解引何休云父死子繼兄死弟及疑此傳本作一世一及○按生謂己所生子也及謂兄弟相踵者也傳文不誤

慶父也存者 閩監毛本者作○

故再告此言 閩監毛本告作言

得謂利祿也 補刊本祿誤錄毛本誤樂

俄而牙弒械成 唐石經諸本同釋文弒作殺云申志反注文下親弒同按今本注作弒君下作親弒皆後人所改陸本則皆作殺也

則必可以無爲天下戮笑 唐石經鄂本同閩監毛本笑改笑疏及下同

宋公殺其世子痤之屬者是 閩監毛本痤誤座

在寢地 鄂本下有者此脫

令之繼父 閩監毛本令誤今

示一年不二君也 毛本示誤是

子卒者孰謂 按下脫一謂字

其歸獄鄧扈樂之事 閩本同監毛本脫之字

春秋公羊經傳解詁閔公第四 唐石經下有附莊公卷四小字今據以分卷此本閔公二大字下有起元年盡二年六小字閩監毛本脫

元年

春秋君子不言即位 按君下脫弒字

其異一成一末 按異當作義

孰弒子般 唐石經此弒字磨改當是本作殺按此作殺非也

樂會淫于宮中 唐石經亦作于按當作於疏中毛本改於

盍弒之矣 釋文作盍殺唐石經此弒字磨改亦本作殺按此作殺是也

季子至而不變也 唐石經諸本及諸校本同惠士奇說易由辯之不早辯釋文載荀爽古文辯作變便案變即辯也猶言不採其情古變辯通

所以不書公至自洛者 補毛本洛下有姑字

設以齊取魯 傳下有會字

而繼于齊 盧文弨曰繼即繫後漢書多如此

二年

据俱出奔遠也 鄂本遠作還諸本皆誤當訂正

据禘于大廟不言吉　鄂本宋本閩本同監毛本大改太非疏及下同釋文大音泰

若滿三年巳后遭禘則禘　閩監毛本則作即與下句同按后當作後

又期而大祥曰薦此常事　鄂本同宋本閩監毛本常作祥按疏標起訖云注又期至祥事與今儀禮同此作常蓋涉上文而誤

議如得漸二君之遺教　按議當作義

古文期皆作基　閩監毛本基改朞非也

解云亦彼文注　何按本無注字是也

亦彼文彼注云　何按本亦上有解云二字是也

禫之爲言　士虞禮記注無爲字

不言僖宮　段玉裁按本宮乃公誤○按疏引定八年注作僖公彼疏云不言從祀禧公

后祫亦順　何按本后作後與定八年注合

紀履緰來逆女不書　何按本女下有外逆女三字是也與隱二年傳合

何隱爾弒也　唐石經諸本同釋文弒作殺云音試下及注同

貶必以其重者　何按本以作於與僖元年傳合

莫重乎以其喪至也　傳以其作其以此處誤倒

傳云趙盾弒君　閩監毛本弒誤殺

欲起親弒者　閩本同監毛本起誤見

衛侯之弟鱄出奔晉　此本鱄誤縛今據閩本訂正監毛本誤鱄

衛石惡出奔晉　閩本同監毛本脫出字

君不行使乎大夫　今本傳脫行疏引皆有

自鹿門至于爭門者是也　唐石經諸本同說文淨魯北城門池也从水爭聲士耕切又才性切許據公羊當作淨門以水名其門也何注本省作爭自鹿門至于爭門者自南門至于北門也

久闊思相見者引此爲喻　毛本闊作濶鄂本喻作諭

明得子繼父之道　閩監毛本此下有鹿門魯南城東門也八字係釋文竄入鄂本無之此本雖有此八字而加○以別之則不以爲注也

繫閔公篇于莊公下者子未三年無改於父之道　按于當作於漢書藝文志公羊穀梁二家經及傳各十一卷者繫閔公篇於莊公下故也宋王儉七志梁阮孝緒七錄皆云何注十一卷皆以閔附莊也唐石經於閔公傳末題春秋公羊卷第三於僖公第五之下附注卷四蓋據晉宋古本皆十一卷

監本附音春秋公羊注疏僖公卷第十　起元年盡七年

何休學

元年。春。王正月。公何以不言即位。據文公言即位。繼弒君。子不言即位。此非子也。其稱子何。僖公者閔公庶兄據閔公繼子般傳不言子○弒申志反臣子一例也。僖公繼成君閔公繼未踰年君禮諸侯臣諸父兄弟以臣之繼君猶子之繼父也其服皆斬衰故傳稱臣子一例○衰七雷反○齊師、宋師、曹師次于聶北。救邢。救邢。救不言次。此其言次何。據夏師救齊不言次○聶女涉反〔疏〕注據夏至言次○解云即下十八年夏師救齊是也不及事也。不及事者何。邢已亡矣。刺其救急舒緩使至於亡故錄之止次以起之〔疏〕不及事者何○解云正以次者閒暇之名而言不及事似於義違故執不知問孰亡之。蓋狄滅之。以上有狄伐邢〔疏〕注以上有狄伐邢者解云即莊三十二年冬狄伐邢者是曷爲不言狄滅之。據狄滅溫言滅〔疏〕注據狄滅溫言滅者解云即下十年春狄滅溫溫子奔衛者是爲桓公諱也。曷爲爲桓公諱。據徐人取舒晉滅夏陽楚滅黃皆不諱○爲桓于僞反下爲桓曷爲并下注爲諱爲桓爲內爲僖皆同夏戶雅反〔疏〕注據徐人取舒解云即下三年夏徐人取舒者是也○注晉滅夏陽○解云即下二年虞師晉師滅夏陽是也○注楚滅黃○解云即下十二年夏楚人滅黃是也然即彼三事皆不爲桓公諱者取舒之下何氏云不爲桓諱者刺其不救也是也今此實救故爲之諱耳上無天子。下無方伯。天下諸侯有相滅亡者。桓公不能救。則桓公恥之。故以爲諱所以醇其能以治世自任而厚責之〔疏〕上無至方伯○解云上無天子下無方伯莊四年何氏云有而無益於治曰無猶易曰闃其無人者是也○注以治出自任者猶言以天子治世爲已任矣○曷爲先言次。而後言救。據叔孫豹先言救○〔疏〕注據叔至言救○解云即襄二十三年秋齊侯伐衛遂伐晉八月叔孫豹帥師救晉次于雍渝是也君也。叔孫豹臣也當先通君命故先言救今此先言次知實諸侯○君則其稱師何。不與諸侯專封也。故没君文但舉師而已○曷爲不與。據狄滅之爲桓公諱實與。不書所封歸是也○〔疏〕注不書至是也○解云昭十三年秋蔡侯廬歸于蔡陳侯吳歸于陳傳云此皆滅國也其言歸何不與諸侯專封也彼注云故使若有國自歸者也名者專受其封當誅然則彼經書所封歸是不與楚專封則知此經不書所封歸者與齊桓專封明矣若書所封歸宜言邢侯歸于邢矣而文不與。文曷爲不與。據實與也〔疏〕而文不與○解云連上句讀之諸侯之義。不得專封也。此道大平制○大音泰○〔疏〕注此道大平制○解云正以春秋作義實與齊桓專封而言諸侯之義不得專封故知是大平制也諸侯之義不得專封。則其曰實與之何。上無天子。下無方伯。天下諸侯有相滅亡者。力能救之。則救之可也。主書者起文從實也〔疏〕注主書至實也○解云謂雖文不與其義實與故言起文從實也○○夏。六月。邢遷于陳儀。遷者何。其意也。其意自欲遷時邢創畏狄兵更欲依險阻○陳儀左氏作夷儀〔疏〕遷者何○解云欲言自遷實齊遷之欲言齊遷而作自遷之文故執不知問○遷之者何。非其意也。謂宋人遷宿也書者譏之也王者封諸侯必居土中所以教化者平貢賦者均在德不在險其後爲衛所滅是也遷例大國月重頻勞也小國時此小國月者霸者所助城故與大國同〔疏〕注謂宋人遷宿也○解云即莊十年三月宋人遷宿是也案彼傳云遷之者何不通也以地遷之也今又發之者正以此有自遷之文故取此對之也○注王者至土中○解云謂各處其土中不謂據天下○注其後至是也○解云即二十五年春王正月丙午衛侯燬滅邢是也○注遷例大國月○解云即下三十一年十有二月衛遷于帝丘之屬是也○注小國時○解云即昭九年春許遷于夷之屬是也○齊師、宋師、曹師城邢。此一事也。曷爲復言齊師、宋師、曹師。據首戴前目而後凡○復扶又反下同〔疏〕注據首至後凡○解云即下五年夏公及齊侯宋公陳侯衛侯鄭伯許男曹伯會王世子于首戴秋八月諸侯盟于首戴是也不復言師。則無以知其爲一事也。言諸師則嫌與首戴同嫌實師言諸侯則嫌與緣陵同嫌歸聞其遷更與諸侯來城之未必反故入也故順上文則知桓公宿留城之爲一事也○〔疏〕注言諸師至實師○解云首戴之會歷序齊師宋公之屬下文摠道諸侯更是實諸侯今此亦上歷序齊師之屬若下文直摠言諸師則與首戴同嫌是實師非必齊侯宋公等是以得序之以順上文也○注言諸侯至入也○解云即下十三年公會齊侯宋公陳侯衛侯鄭伯許男曹伯于鹹十四年春諸侯城緣陵是時會諸侯各自還國至十四年春更來城之故此復注云言諸侯則嫌與緣陵同嫌歸聞其遷更與諸侯來城之未必反故入也○注故順至事也○解云宿音須就反留音盧胥反案十四年穀梁傳曰其曰諸侯散辭也范氏云直曰諸侯無大小之序是各自欲城無摠一之者非伯者所制故曰散辭又曰聚而曰散何也范氏云據言諸侯城則是聚傳又云諸侯城有散辭也桓德衰矣范氏云言諸侯城則非伯者之爲可知也齊桓德衰所以散也何休曰案先是盟亦言諸侯非散也又穀梁美九年諸侯盟于葵丘即散何以美之於義穀梁爲短然則何氏彼處廢穀梁不聽爲散辭而此所引似作散辭者何氏之意直以言諸侯者見桓德衰待諸侯然後能城之故嫌穀梁以爲散辭耳今此注正道緣陵之諸侯十三年鹹之會各自歸國十四年復來城之仍自不道十四年諸侯爲散辭矣○秋。七月。戊辰。夫人姜氏薨于夷。齊人以歸。夷者何。齊地也。齊地。則其言齊人以歸何。據從國中歸不當書邾婁人執鄫子不書以歸是也○鄫似陵

及〔疏〕夷者何○解云夫人之薨例不言地今言于夷故執不知問○注邾婁至是也○解云即下十九年夏六月宋人曹人邾婁人盟于曹南鄫子會盟于邾婁己酉邾婁人執鄫子用之是夫人薨于夷。則齊人以歸。夫人所以薨于夷者齊人以歸至夷夫人薨于夷則齊人曷爲以歸。據上說夫人薨于夷者齊人以歸至夷也齊人曷爲故以歸至于夷桓公召而縊殺之。先言薨後言以歸而不言喪者起桓公召夫人于邾婁歸殺之于夷因爲內諱恥使若夫人自薨于夷然後齊人以歸者也主書者從內不絕錄因見桓公行霸王誅不阿親親疾夫人淫泆二叔殺二嗣子而殺之○縊一賜反一本作搤於革反見賢偏反泆音逸〔疏〕注主書至殺之○解云即閔二年九月夫人姜氏孫于邾婁注云不如文姜于出奔貶之者爲內臣子明其義不得以子絕母者是○楚人伐鄭。楚稱人者爲僖公諱與夷狄交婚故進使若中國又明嫁聚當慕賢者○〔疏〕注楚稱人者○解云欲對莊二十八年秋荊伐鄭之經也○注爲僖至交婚○解云即下八年秋七月禘于大廟用致夫人傳云夫人何以不稱姜氏貶曷爲貶譏以妾爲妻也其言以妾爲妻柰何蓋脅于齊媵女之先至者也彼注云僖公本聘楚女爲嫡齊女爲媵齊先致其女脅僖公使用爲嫡故從父母辭言致不書夫人及楚女至者起齊先致其女然後脅魯使立也楚女未至而豫廢故皆不得以夫人至書也者是其與夷狄交婚之事○注故進使若中國○解云正以稱人爲楚進稱故也○八月。公會齊侯、宋公、鄭伯、曹伯、邾婁人于朾。月者危公會霸者而與邾婁有辨也不從有夫人喪出會惡之者不如危重也○朾勑貞反又他丁反左氏作檉惡之烏路反下同〔疏〕八月至于朾○解云朾字左氏作檉亦有作朾字○注月者至辨也○解云正以月非大信辭故也知與邾婁有辨者即下文公敗邾婁師于纓是也既出尊者之側而有私爭故危之○九月。公敗邾婁師于纓。有夫人喪不惡親用兵者時怨邾婁人以夫人與齊人於喪事無薄故也○于纓左氏作偃〔疏〕九月公敗至于纓○解云左氏作偃字○注有夫至故也○解云正以僖三十三年晉人及姜戎敗秦于殽下傳云襄公親至則其稱人何貶曷爲貶君在乎殯而用師危不得葬也然則彼背殯用兵敗而危之今此經云九月公敗邾婁師于纓與莊十年春王正月公敗齊師于長勺夏六月公敗宋師于乘上之屬無異者時於喪事無薄故也然則公敗邾婁者爲哀姜復讎也若然案莊九年及齊師戰于乾時亦是爲桓公復讎于齊經不言公此言公者彼傳云此復讎于大國曷爲使微者公也公則曷爲不言公不與公復讎也曷爲不與公復讎復讎者在下也注云時實爲不能納子糾伐齊諸大夫以爲不如以復讎伐之於是以復讎伐之非誠心至意故不與也然則此言公者本出公意故也冬。十月。壬午。公子友帥師。敗莒師于犂。獲莒挐。莒挐者何。莒大夫也。莒無大夫。此何以書。大季子之獲也。何大乎季子之獲。據獲人當坐○于犂力知反又力兮反左氏作酈莒挐女居反一音女加反一本作茹音同〔疏〕莒挐者何○解云欲言莒君經不稱子欲言大夫莒無大夫故執不知問

季子治內難以正。謂拒慶父○內難乃旦反下同禦外難以正。其禦外難以正柰何。公子慶父弒閔公。走而之莒。莒人逐之。將由乎齊。齊人不納。卻反舍于汶水之上。使公子奚斯入請。季子曰。公子不可以入。入則殺矣。義不可見賊而不殺〔疏〕將由乎齊○解云欲從齊而自安矣○舍于汶水之上○解云舊本皆作洛誤也何者今齊魯之間有汶無洛也○奚斯不忍反命于慶父。自南涘。涘水涯涘音俟○北面而哭。時慶父自汶水之北慶父聞之曰。嘻。嘻發痛語首之聲○嘻許其反〔疏〕注嘻發至之聲○解云謂發心自痛傷而以嘻爲語之首也此奚斯之聲也。諸已。諸已皆自畢語〔疏〕注諸已皆自畢語○解云猶似今人云休一生罷去已自畢竟之辭故云自畢語矣畢作畢字誤耳曰。吾不得入矣。於是抗輈經而死。輈小車轅冀州以北名之云爾○輈音竹由反車轅也○〔疏〕於是至而死○解云鄭氏云慶父輈死者正取此文莒人聞之曰。吾已得子之賊矣。以求賂乎魯。魯時雖緩追猶外購求之○購古豆反魯人不與。爲是興師而伐魯。故與季子獲之季子待之以偏戰。傳云爾者善季子忿不加暴得君子之道〔疏〕注傳云至之道○解云此待之以偏戰者即經書敗文是也敗者內戰文耳莒人可忿而能結日偏戰偏戰是其不加暴之義故得君子之道○十有二月。丁巳。夫人氏之喪至自齊。夫人何以不稱姜氏。據薨于夷稱姜氏經有氏不但問不稱姜并言氏者嫌據夫人婦姜欲使去氏○去起呂反〔疏〕注經有至去氏○解云夫人婦姜之文即宣元年三月遂以夫人婦姜至自齊是也貶。曷爲貶。據薨于夷不貶與弒公也。與慶父共弒閔公○與殺音預又如字下申志反〔疏〕注與慶至閔公○解云不言子般者據成君言之省文○然則曷爲不於弒焉貶。據酖牙於卒時貶〔疏〕注據酖至時貶○解云即莊三十二年公子牙卒傳云何以不稱弟殺也是傳言殺者言由其見殺貶之矣貶必於重者。莫重乎其以喪至也。刑人于市與衆棄之故必於臣子集迎之時貶之所以明誅得其罪因正王法所加臣子不得以夫人禮治其喪也貶置氏者殺子差輕於殺夫別逆順也致者從書薨以常文錄之言自齊者順上以歸文○差初賣反又初佳反別彼列反○〔疏〕注刑人至棄之○解云禮記文○注所以至喪也○解云季子之遏慶父齊桓之討哀姜二義相違而皆善之者誅不辟親王者之道親親相隱古今通式然則齊桓之討哀姜得伯者之義季子之縱慶父因獄有所歸遂申親親之恩義各有途不可爲難矣○注貶置氏者○解云謂貶而留置其氏矣○殺子至順也○解云言殺子差輕於殺夫者欲道莊元年夫人孫于齊姜氏

並去者正猶殺夫罪重故也言別逆順者言殺夫之逆甚於殺子二事相對而言之不謂哀姜殺子得爲順是以晉侯宋公殺世子皆直稱君而甚之○注致者至錄之○解云謂不書殺而書薨作常文是以於歸亦作常文錄之若公之喪至自齊至自乾侯之屬○注言自至歸文○解云其實從夷來而言至自齊正以上文云薨於夷齊人以歸故言至自齊順之二年。春。王正月。城楚丘。孰城。據內城不月故問之〔疏〕注據內至問之○解云內城不月者即隱七年夏城中丘襄十九年冬城西郛之屬是也其內城有在日月下者皆不蒙日月城衛也。曷爲不言城衛。據無遷文以言城故當言城衛〔疏〕注據無至城衛○解云舊本曷爲之下有不言二字今無者脫也言以前之經未有遷衛于楚丘之文今此城之固當言城衛不應言城楚丘故難之固字亦有作故字者言由是之故當言城衛滅也。孰滅之。蓋狄滅之。以上有狄入衛〔疏〕滅也○解云言正由是時衛國已滅故不得言衛矣○注以上有狄入衛○解云即閔二年冬狄入衛是也曷爲不言狄滅之。爲桓公諱也。曷爲爲桓公諱。上無天子。下無方伯。天下諸侯有相滅亡者。桓公不能救。則桓公恥之也。然則孰城之。據不出主名見桓公德優不待之又不獨書齊實諸侯也○爲桓于僞反下爲桓曷爲注深爲同見桓賢偏反下傳荀息見并注同桓公城之。曷爲不言桓公城之。不與諸侯專封也。曷爲不與。實與而文不與。文曷爲不與。諸侯之義。不得專封。諸侯之義不得專封。則其曰實與之何。上無天子。下無方伯。天下諸侯有相滅亡者。力能救之。則救之可也。復發傳者君子樂道人之善也不繫衛者明去衛而國楚丘起其遷也不書遷與救次者深爲桓公諱使若始時尚倉卒有所救其後晏然無干戈之患所以重其任而厚責之主書者起文從實也○復扶又反卒寸忽反〔疏〕注不繫至遷也○解云欲決襄十年冬戍鄭虎牢繫鄭矣○注不書至責之○解云正決元年經次于聶北救邢邢遷于陳儀之文○注主書至實也○解云謂經文雖不與當從其實理而與之○夏。五月。辛巳。葬我小君哀姜。哀姜者何。莊公之夫人也。誅當絕不當以夫人禮書葬書葬者正齊桓討賊辟責內讎齊〔疏〕哀姜者何○解云欲言其妾經書小君欲言適妻與夫別謚故執不知問○注誅當至讎齊○解云即元年夫人氏之喪不言姜者是其誅文也上既誅之即當絕不以夫人之禮書葬而書葬者欲正齊桓討得其賊故也而言辟責內讎齊者公羊之例君弒賊不討不書其君葬責臣子不討賊令君喪無所繫矣今若不書葬即似責魯臣子不討齊桓故言正齊桓討賊辟責內讎齊耳○虞師晉師滅夏陽。虞。微國也。曷爲序乎大國之上。據稱師有如文

知不主會○夏陽左氏作下陽〔疏〕注據稱至主會○解云即隱五年秋邾婁人鄭人伐宋注云邾婁小國序上者正出主會也然則邾婁小國稱人無加文而得序于鄭上者正出主會故也今虞爲小國而得稱師是有加文則知序于晉上者不爲主會既不爲主會而在大國之上故難之知稱師爲加文者正以小國例不得稱師其稱師者乃是大國將卑師衆之稱故也○使虞首惡也。曷爲使虞首惡。據楚人巴人滅庸不使巴首惡〔疏〕注據楚人至首惡○解云即文十六年秋楚人秦人巴人滅庸是案彼經有秦人而不言之者直取巴爲小國不序在上之意故省文○虞受賂。假滅國者道。以取亡焉。其受賂奈何。獻公朝諸大夫而問焉。曰。寡人夜者寢而不寐。其意也何。諸大夫有進對者曰。寢不安與。其諸侍御有不在側者與。獻公不應。荀息進曰。虞郭見與。猶曰虞郭豈見於君之心乎荀息素知獻公欲伐此二國故云爾○安與音餘下者與見與同應應對之應郭音虢又如字注及下同○〔疏〕寢不至者與○解云言直置寢自不安與爲侍御之人有不在側者與其諸蓋爲辭矣故桓六年傳云公羊子曰其諸以病桓與彼注云其諸辭也則知論語云其諸異乎人之求之與者其諸亦爲辭矣。獻公揖而進之。以手通指曰揖〔疏〕注以手通指曰揖○解云蓋謂揖而招之言用拱揖并招引近已若文七年傳云眣晉大夫使與公盟彼注云以目通指曰眣眣大結反又丑乙反。遂與之入而謀曰。吾欲攻郭。則虞救之。攻虞。則郭救之。如之何。願與子慮之。荀息對曰。君若用臣之謀。則今日取郭。而明日取虞爾。君何憂焉。獻公曰。然則奈何。荀息曰。請以屈產之乘。屈產出名馬之地乘備駟也○屈貝物反之乘繩證反注及下同〔疏〕注屈產至駟也○解云謂屈產爲地名不似服氏謂產爲產生也○與垂棘之白璧。垂棘出美玉之地玉以尚白爲美○棘一本作𣗥音同往必可得也。則寶出之內藏。藏之外府。如虞可得猶外府藏也○內藏才浪反注同○〔疏〕注如虞至藏也○解云本藏下有之字馬出之內廄。繫之外廄爾。君何喪焉。獻公曰。諾。雖然。宮之奇存焉。如之何。荀息曰。宮之奇。知則知矣。君欲言其知實知也○廄九又反喪息浪反知則音智下及注同○雖然。虞公貪而好寶。見寶必不從其言。請終以往。於是終以往。虞公見寶許諾。宮之奇果諫。記曰。脣亡則齒寒。記史記也○好呼報反〔疏〕虞公貪而好寶○解云謂立性貪賄於寶

甚也○請終以往○解云請君終竟齎寶馬以往不欲令其難之○虞郭之相救。非相爲賜。賜猶惠也則晉今日取郭。而明日虞從而亡爾。君請勿許也。虞公不從其言。終假之道以取郭。明郭非虞不滅虞當坐滅人○〔疏〕注明郭至滅人○解云欲道序虞于晉上令其首惡之義也○還四年。反取虞。還復往故言反〔疏〕還四年反取虞○解云言晉人滅郭還歸其四年反往滅虞矣虞公抱寶牽馬而至。荀息見曰。臣之謀何如。獻公曰。子之謀則已行矣。寶則吾寶也。雖然。吾馬之齒亦已長矣。蓋戲之也。以馬齒長戲之喻荀息之年老傳極道此者以終荀息宮之奇言且以爲戒又惡獻公不仁以滅人爲戲謔也晉至此乃見者著晉楚俱大國後治同姓也以滅人見義者比楚先治大惡親疏之別○牽馬本又作掔音同已長丁丈反注同惡烏路反謔許略反別彼列反○〔疏〕注以馬至謔也○解云言雖有謀年老必昏耄不任使故言蓋戲之○注晉至姓也○解云即莊十年秋九月荊敗蔡師于莘以蔡侯獻舞歸是先書楚小惡而治之也以前不見晉之小惡者後治同姓故也○注以滅至之別○解云以前楚滅穀鄧不書之而先書此晉滅夏陽者先治同姓之大惡欲見骨肉之親大則誅小則隱故言親疏之別耳夏陽者何。郭之邑也。曷爲不繫于郭。國之也。曷爲國之。君存焉爾。〔疏〕夏陽者○解云欲言是國天下未有欲言是邑而不繫國故執不知問○秋。九月。齊侯、宋公、江人、黃人盟于貫澤。江人黃人者何。遠國之辭也。桓公德盛不嫌使微者知以遠國辭稱人○貫澤古亂反二傳無澤字〔疏〕江人黃人者何○解云欲言是君經不稱子欲言微者得敵齊侯故執不知問遠國至矣。則中國曷爲獨言齊宋至爾。大國言齊宋。遠國言江黃。則以其餘爲莫敢不至也。晉大于宋不序晉而序宋者時實晉楚之君不至君子成人之美故褒盛以爲偏至之辭所以獎夫霸功而勉盛德也江黃附從霸者當進不進者方爲偏至之辭○偏至音遍下同〔疏〕注江黃至進者○解云惟其不稱爵矣○注方爲偏至之辭○解云言方爲偏至之辭故直以遠國辭稱人若進而稱爵無以見偏至之義○冬。十月。不雨。何以書。記異也。說與前同〔疏〕注說與前同○解云即莊三十一年冬不雨傳云何以書記異也彼注云京房易傳曰旱異者旱久而不害物也斯祿去公室福由下作故陽雖不施而陰道獨行以成萬物也先是比築三臺慶牙專政之應今此亦是僖公喜於得立委任陪臣不恤政事故有此罰耳故言說與前同○楚人侵鄭。三年。春。王正月。不雨。○夏。四月。不雨。何以書。

記異也。太平一月不雨即書春秋亂世一月不雨未害物未足爲異當滿一時乃書一月書者時僖公得立欣喜不恤庶衆比致三年即能退辟正殿飭過求已循省百官放佞臣郭都等理冤獄四百餘人精誠感天不雩而得澍雨故一月即書善其應變改旱不從上發傳者著人事之備積於是○太平音泰飭音勑下同冤於元反澍之樹反其應應對之應後災祥之應皆放此〔疏〕注太平至即書○解云正以太平之時陰陽和調若一月不雨足以爲異故知然也○注當滿至即書○解云即莊三十一年冬不雨傳云何以書記異是也○注此致三年○解云即上二年冬十月不雨三年春王正月不雨夏四月不雨是也○注即能至澍雨○解云皆感精符文○注故一月即書○解云即去年十月不雨今年正月不雨夏四月不雨是也○注不從上發傳○解云即上二年十月不雨之下已發云何以書記異也今不從其例而又發之者欲著人事之備積于是故也○徐人取舒。其言取之何。據國言滅〔疏〕注據國言滅○解云即莊十年齊師滅譚十三年齊人滅遂之屬是也易也。易者猶無守禦之備不爲桓諱者刺其不救也○易以豉反注同爲下僞反〔疏〕注不爲至救也○解云換上元年二年狄滅邢衛皆爲桓公諱下書其滅也○六月。雨。其言六月雨何。據上得雨不書〔疏〕注據上得雨不書○解云即十二年十一月十二月三年二月三月五月之屬皆不書不雨是其得雨故也上雨而不甚也。所以詳錄賢君精誠之應也僖公飭過求已六月澍雨宣公復古行中其年穀大豐明天人相與報應之際不可不察其意〔疏〕注宣公至大豐○解云謂宣十五年初稅畝其冬蝝生宣公受過變寤明年復古行中十六年冬大有年是也○注明天至其意○解云謂人行德天報之福人行惡天報之禍兩令相及故言之際矣此大會也○秋。齊侯、宋公、江人、黃人、會于陽穀。此大會也。曷爲末言爾。末者淺耳但言會不言盟據貫澤言盟〔疏〕曷爲末言爾○解云上二年齊侯宋公江人黃人盟于貫澤傳云大國言齊宋遠國言江黃則以其餘爲莫敢不至也此經亦書齊侯宋公江人黃人故弟子言此大會也以難之○注據貫澤言盟者○解云謂貫澤亦大會言盟故據之桓公曰。無障谷。無障斷川谷專水利也水注川曰溪注溪曰谷○障之亮反一音章注同斷丁管反溪口兮反〔疏〕注水注至曰谷○解云釋水文李巡云水出于山入於川爲谿水相屬曰谷是無貯粟。有無當相通○貯中呂反無易樹子。樹立本正辭無易本正當立之子無以妾爲妻。此四者皆時人所患時桓公功德隆盛諸侯咸曰無言不從曷爲用盟哉故告誓而已○○冬。公子友如齊莅盟。莅盟者何。往盟乎彼也。猶曰往盟於齊莅臨也時國齊都盟主國主名不出者春秋王魯故言莅以見王義使若王者遣使臨諸侯盟飭以法度○莅音利又音類注同以見賢遍反下同遣使所吏反〔疏〕莅盟者何○解云欲言誓盟例不言莅欲言非盟而書盟見經故執不知問其言來盟者何。來盟于我也。此亦因魯都以見王義使若來之京師盟白事于王不加莅者來就魯魯已尊矣〔疏〕來盟者何○解云即文十五年春宋司馬華孫來盟宣七

年春衛侯使孫良夫來盟之屬是也但此經既有莅盟之文故引來盟以對之○注不加至尊矣○解云正以上經言莅者見尊魯爲王之義今此來盟者已是就魯之文足見尊魯矣何勞言莅以見之乎若其加莅宜直云莅孫良夫盟也○

○楚人伐鄭。

四年，春，王正月，公會齊侯、宋公、陳侯、衛侯、鄭伯、許男、曹伯侵蔡。蔡潰。潰者何。下叛上也。國曰潰，邑曰叛。不與諸侯潰之爲文重出蔡者侵爲加蔡舉潰爲惡蔡錄義各異也月者善義兵也潰例月叛例時○蔡潰戶內反下及注同重直用反惡蔡烏路反下惡其專并六年注同〔疏〕潰者何○解云侵者淺辭潰者深辭二者並書故執不知問○國曰潰○解云即此及文三年春正月沈潰之屬是也○邑曰叛○解云即襄二十六年衛孫林父入于戚以叛定十三年秋晉趙鞅入于晉陽以叛冬晉荀寅等入于朝歌以叛之屬是也○注月者善義兵○解云正以侵伐例時故也○注潰例月○解云即此經書正月文三年沈潰書正月是也成九年經云庚申莒潰彼注云日者錄責中國無信同盟不能相救至爲夷狄所潰是也○注叛例時○解云即晉趙鞅書秋荀寅書冬之屬是也

遂伐楚，次于陘。其言次于陘何。据召陵侵楚不言次來盟不言陘○陘音刑召陵上照反下文同〔疏〕注据召至言次○解云即定四年三月公會劉子晉侯已下于召陵侵楚是也○注來盟不言陘○解云即下文夏楚屈完來盟于召陵是也有侯也。孰侯。侯屈完也。時楚強大卒暴征之則多傷士衆桓公先犯其與國臨蔡蔡潰兵精威行乃推以伐楚楚懼然後使屈完來受盟脩臣子之職不頓兵血刃以文德優柔服之故詳錄其止次待之善其重愛民命坐事有漸故斂則有功○屈居勿反卒寸忽反〔疏〕注善其至有功○解云言上事有漸者即先犯于蔡乃遂伐楚是也言斂則有功者斂審也言舉事斂審則有成功矣

○夏，許男新臣卒。不言卒於師者桓公師無危不月者爲下盟去月方見大信○爲于僞反下爲桓公同去起呂反見賢徧反〔疏〕注不言至無危○解云央成十三年曹伯廬卒于師之屬皆以其有危故言于師矣○注不月至大信○解云正以莊二十三年冬十有一月曹伯射姑卒然則許與曹等而不月者若會盟之例大信者時若不去月恐其盟不爲大信故也

○楚屈完來盟于師，盟于召陵。屈完者何。楚大夫也。何以不稱使。据陳侯使袁僑如會○僑其驕反一本作驕音同〔疏〕屈完者何○解云欲言楚子經不書爵欲言大夫文不言使故執不知問○注据陳至如會○解云即襄三年六月公會單子晉侯已下同盟于雞澤陳侯使袁僑如會是也尊屈完也。曷爲尊屈完。据陳侯使袁僑如會不尊之以當桓公也。增倍使若得其君以醇霸德成王事也〔疏〕注增倍至其君○解云倍讀如陪益之陪矣○注以醇至事也○解云即下傳云桓公救中國而攘夷狄卒怗荆以此爲王者之事也其言盟于師，盟于召陵何。据戊寅叔孫豹及諸侯之大夫及陳袁僑盟不舉會與地〔疏〕注据戊寅至與地○解云在襄三年夏也彼經不言陳袁僑來盟于會盟于雞澤與此異故難之師在召陵也。時喜得屈完來服於陘即退次召陵與之盟故言盟于師盟于召陵師在召陵，則曷爲再言盟。据齊侯使國佐如師已及國佐盟于袁婁俱從地不再言盟〔疏〕注据齊至言盟○解云在成二年秋言俱從地者謂國佐從晉于袁婁也喜服楚也。孔子曰書之重辭之復嗚呼不可不察其中必有美者焉○重直用反又直容反之復扶又反年末乃復同又音福〔疏〕注孔子曰至美者焉○解云春秋說文何言乎喜服楚。据服蔡無喜文〔疏〕注据服蔡無喜文○解云即上侵蔡蔡潰是也楚有王者則後服，桓公行霸至是乃服楚無王者則先叛。桓公不脩其師先叛盟是也〔疏〕注桓公至是也○解云即下經云八月公至自伐楚傳云楚已服矣何以致伐楚叛盟也彼注云爲桓公不脩其師而執濤塗故也者是夷狄也，而亟病中國。數侵滅中國○亟去冀反數音朔〔疏〕注數侵滅中國○解云即莊二十八年秋荆伐鄭者是其數侵中國之文其數滅中國者即滅鄧穀之屬是也而經不書者後治夷狄故也南夷與北狄交。南夷謂楚滅鄧穀伐蔡鄭北夷謂狄滅邢衛至于溫交亂中國〔疏〕注南夷至蔡鄭○解云楚滅鄧穀不書而此言者正以上桓七年夏穀伯綏來朝鄧侯吾離來朝傳云皆何以名失地之君也故知之伐蔡鄭者謂蔡鄭服從楚即上經齊侯侵蔡蔡潰遂伐楚者是蔡爲楚之屬矣其鄭爲楚屬者蓋見莊十五年鄭人侵宋十六年夏宋人齊人衛人伐鄭之文也何者莊十五年時正是桓公爲霸宋人爲齊屬而鄭侵之豈不從楚故也莊十六年齊人助宋伐之豈不怒乎其從楚而侵宋也蓋于時鄭人又服于齊是以十六年秋荆伐鄭故此作注云蔡鄭矣○注北夷至中國○解云狄滅邢衛在閔元年二年狄滅溫在僖十年溫言至于者以其在後故言至于僖十年文滅溫也或者溫是圻內之國去京師近故言至于矣中國不絕若綫。綫縫帛縷以喻微也○綫思賤反桓公救中國，而攘夷狄，攘却也北伐山戎是也○攘如羊反却也卒怗荆。怗服也荆楚也○怗他協反一本作貼服也劉兆同廣雅云靜也玉篇又丁篋反一本作拈或音章貶反以此爲王者之事也。言桓公先治其國以及諸夏治諸夏以及夷狄如王者爲之故云爾其言來何。据陳袁僑如會不言來與桓爲主也。以從內文知與桓公爲天下霸主前此者有事矣。謂城邢衛是也〔疏〕注謂城邢衛是也○解云即上九年夏六月齊師宋師曹師城邢二年春王正月城楚丘孰城城衛也是也後此者有事矣。謂城緣陵是也〔疏〕注謂城緣陵是也○解云即下十四年春諸侯城緣陵是也則曷爲獨於此焉與桓公爲主。序績也。序次也績功也累次桓公之功德莫大於服楚明德及強夷最爲盛○齊人執陳袁濤塗。濤塗之罪何。辟軍之道也。其辟軍之道奈何。濤塗謂桓公曰：

君既服南夷矣，何不還師濱海而東，服東夷且歸。濱涯也順海涯而東也東夷吳也從召陵東歸不經陳而趨近海道多廣澤水草軍所便也○濤徒刀反辟匹亦反又音避下同濱音賓涯五佳反近附近之近便婢面反〔疏〕注而趨近海道○解云趨猶鄉也謂鄉近海之道也桓公曰：諾。於是還師濱海而東，大陷于沛澤之中。草棘曰沛漸洳曰澤○沛澤音貝又普貝反草棘曰沛漸洳曰澤漸子廉反洳人庶反〔疏〕注草棘至曰澤者○解云爾雅無文也顧而執濤塗。時濤塗與桓公俱行執者曷爲或稱侯，或稱人。稱侯而執者，伯討也。言有罪方伯所宜討〔疏〕執者曷爲或稱侯○解云即下二十八年晉侯執曹伯畀宋人成十五年晉侯執曹伯歸之于京師之屬是也稱人而執者，非伯討也。此執有罪，何以不得爲伯討。古者周公東征則西國怨，西征則東國怨。此道黜陟之時也詩云周公東征四國是皇〔疏〕注此道至時也○解云正以諸與不見周公西討之文故也桓公假塗于陳而伐楚，則陳人不欲其反由己者。師不正故也。故令濤塗有此言○令力呈反不脩其師而執濤塗，古人之討則不然也。以已所招而反執人古人所不爲也凡書執者惡其專執〔疏〕注凡書至專執○解云言雖有罪方伯所宜討要須白天子乃可執之

○秋，及江人、黃人伐陳。○八月，公至自伐楚。楚已服矣，何以致伐楚。叛盟也。爲桓公不脩其師而執濤塗故也月者凡公出滿三時月危公之久〔疏〕秋及至伐陳○解云內之微者矣○楚已至致伐○解云莊六年傳云得意致會不得意致伐今此楚已服而致伐故難之○注凡公至之久○解云即此僖公春去秋乃還而云八月公至自伐楚又襄二十八年冬公如楚二十九年夏五月公至自楚之屬皆是危而久之久字亦有作之字者案莊五年冬公會齊人已下伐衛至六年秋公至自伐衛兵歷四時而不月者彼注云久不月者不與伐天子也故不爲危錄之者是○葬許繆公。得卒葬於所傳聞世者許大小次曹故卒少在曹後○傳丈專反〔疏〕注得卒至曹後○解云所傳聞之世微國卒葬例不錄之今許得書葬故須注也何者正以曹許雖非大國亦非微國故得錄見也知許大小次曹後者案僖五年夏公及齊侯宋公陳侯衛侯鄭伯許男曹伯會王世子于首戴許在曹上者正是會盟之序皆是主會次之非孔子之意本必得其正故何氏不以爲妨矣若然案昭十二年傳云春秋之信史也其序則齊桓晉文彼注云唯齊桓晉文會能以德優劣國大小相次序傳文云其會則主會者爲之也彼注云非齊桓晉文則如主會者爲之雖優劣大小相越不改更信史也又云其詞則丘有罪焉爾彼注云丘孔子名其貶絕譏刺之辭有所失者是丘之罪然則首戴之會正是齊桓爲伯之時而云許在曹上皆是主會者次之未必得其正者案下五年之會注云世子所以會者時桓

公德衰諸侯背叛故上假王世子示以公義然則桓公德衰故曹在許下仍自不妨小于曹則知昭十二年傳云其序則齊桓晉文者据其盛時大判言耳。〇冬，十有二月，公孫慈帥師會齊人、宋人、衛人、鄭人、許人、曹人侵陳。月者刺桓公不脩其師因見患誰不內自責乃復加人以罪〇慈左氏作茲誰九況反〔疏〕注月者至以罪〇解云正以侵伐例時今此書月故須注解也言因見患誰者言因是不脩其師之故而爲陳之所苦患遂爲所誰矣

五年，春，晉侯殺其世子申生。曷爲直稱晉侯以殺？据鄭殺其大夫申侯稱國也續問以殺者問殺所稱例爾非謂晉侯不當稱國爵也〔疏〕注据鄭至例爾〇解云即下七年夏鄭殺其大夫申侯是也〇注非謂至爵也〇解云若直問曷爲直稱晉侯即嫌時不合稱晉侯傳須云以殺明其但怪何故稱晉侯以殺耳殺世子母弟直稱君者，甚之也。甚之者甚惡殺親親也春秋公子貫於先君唯世子與母弟以今君錄親親也今舍國體直稱君知以親親責之〇舍音捨〔疏〕注今舍國體〇解云謂不直言晉殺申生也〇杞伯姬來朝其子。其言來朝其子何？据微者不當書朝連來者內辭也與其子來者問爲直來乎爲下朝出〇爲下于僞反〔疏〕注据微至書朝〇解云即隱十一年傳云諸侯來曰朝大夫來曰聘是也〇注連來至朝出〇解云直來者即莊二十七年冬紀伯姬來傳云其言來何直來曰來注云直來無事而來是也今此傳又何故不云其言朝其子何而連來問之者欲問伯姬來者爲是無事而來爲是有事言來者爲是朝其子而出之〇內辭也。與其子俱來朝也。因其與子俱來禮外孫初冠有朝外祖之道故使若來朝其子以殺直來之恥所以辟教戒之不明也微無君命言朝者服非實〇冠古亂反〔疏〕注禮外至之道〇解云正以士冠禮冠訖見于母見于兄弟入見于姑姊乃易服服玄冠玄端爵韠奠摯見于君遂以摯見于鄉大夫鄉先生鄭氏云易服不朝服者非朝事也摯雉也鄉先生鄉中老人爲卿大夫致仕者然先生猶尚見之況其外祖乎故言外孫初冠有朝外祖之道〇注微無至非實〇解云正見桓九年曹伯使其世子射姑來朝彼言使來朝則有君命今既是微人復不言使而經書來朝明其非實也〇夏，公孫慈如牟。〇牟莫侯反〇公及齊侯、宋公、陳侯、衛侯、鄭伯、許男、曹伯會王世子于首戴。曷爲殊會王世子？据宰周公不殊別也〇首戴左氏作首止別彼列反〔疏〕注据宰至別也〇解云即僖九年公會宰周公齊侯宋子已下于葵丘是也世子貴也。世子，猶世世子也。解貴意也言當世父位儲君副主不可以諸侯會之爲文故殊之使若諸侯爲世子所會也自王者言之以屈遠世子在三公下禮喪服斬衰曰公上大夫之衆臣是也自諸侯言之世子尊於三公此禮之威儀各有所施言及者因其文可得見汲汲也世子所以會者時桓公德衰諸侯背叛故上假王世子示以公義〔疏〕注使若諸至會也〇解云使若世子爲會主致諸侯於此而會之故言使若諸侯爲世子所會也〇注自王至是也〇解云何氏引喪服者欲言三公臣有爲之斬衰世子則無是卑於三公之義〇注自諸至所施〇解云即殊與不殊是也何者世子於諸侯有君臣之義故也〇注言及至會者〇解云及汲汲之文故隱元年傳云及猶汲汲也及我欲之然則此言及者因會王世子之經得見魯侯汲汲于齊桓矣〇注時桓至公義〇解云即上四年傳文桓公不脩其師楚叛盟下文鄭伯逃歸不盟九年葵丘之盟書日以見危之屬皆是也〇秋，八月，諸侯盟于首戴。諸侯何以不序？据上會序一事而再見者，前目而後凡也。省文從可知一間無事不省諸侯會盟一事不舉盟者時世子不與盟〇見賢遍反省文所景反下同與音預〔疏〕注間無至諸侯〇解云昭十三年秋公會劉子晉侯已下于平丘八月甲戌同盟于平丘然則彼經以其間無事不重言諸侯今重言諸侯盟于首戴故解之〇注會盟至與盟〇解云文十四年公會宋公陳侯衛侯已下同盟于新城然則彼是會盟一事舉盟以爲重不言會于某今此會盟並舉故須解之也言時世子不與盟者若不言諸侯則恐世子亦與之盟故須言諸侯盟于首戴則世子不與可知〇鄭伯逃歸不盟。其言逃歸不盟者何？据上言諸侯鄭伯在其中弟子疑故執不知問〔疏〕注据上至其中〇解云亦有無据字者非正本不可使盟也。時鄭伯內欲與楚外依古不盟爲解安居會上不肯從桓公盟故後言不盟〇解古賣反〔疏〕注時鄭伯至不盟〇解云知古不盟者正見桓三年夏齊侯衛侯胥命于蒲傳云胥命者何相命也何言乎相命近正也此其爲近正奈何古者不盟結言而退是也不可使盟，則其言逃歸何？据後言不盟居會上辭魯子曰：蓋不以寡犯衆也。諸侯以義相約而鄭伯懷二心依古不肯盟故言逃歸所以抑一人之惡申衆人之善故云爾〇楚人滅弦，弦子奔黃。〇九月，戊申，朔，日有食之。此象齊桓德衰是後楚遂背叛狄伐晉滅溫晉里克比弒其二君〇比弒申志反〔疏〕注楚遂背叛〇解云即下六年秋楚人圍許之屬是也〇注狄伐晉滅溫〇解云即下八年夏狄伐晉十年春狄滅溫之屬是也〇注晉里克比弒其二君〇解云即下九年晉里克弒其君之子奚齊十年春晉里克弒其君卓子是也〇冬，晉人執虞公。虞已滅矣，其言執之何？据滅言以歸上傳云四年反取虞知去滅變以歸言執〇去起呂反下同〔疏〕注据滅言以歸〇解云即定六年鄭游遬帥師滅許以許男斯歸之屬是也〇上傳至取虞〇解云在上二年〇注知去至言執〇解云注言此者欲解傳家得知虞已滅矣之義耳不與滅也。曷爲不與滅？滅者，亡國之善辭也。言滅者王者起當存之故爲善辭滅者，上下之同力者也。言滅者臣子與君戮力一心共死之辭也不但去滅復去以歸言執者明虞公滅人以自亡當絕不得責不死位也晉稱人者本滅而執之不以王法執治之故從執無罪辭也虞稱公者奪正爵起從滅也不從滅例月者略之〇戮音六又作勠力彫反

六年，春，王正月。〇夏，公會齊侯、宋公、陳侯、衛侯、曹伯伐鄭，圍新城。邑不言圍，此其言圍何？彊也。惡桓公行霸彊而無義也鄭背叛本由桓公過陳不以道理當先脩文德以來之而便伐之彊非所以附疏〇彊也其良反〇秋，楚人圍許，諸侯遂救許。〇冬，公至自伐鄭。事遷於救許以伐鄭致者舉不得意〔疏〕注事遷至得意〇解云莊六年傳云得意致會不得意致伐今此以伐致故云舉不得意然伐鄭救許皆不得意故以伐致或者但伐鄭不得意兵將復用於鄭故舉其不得意者言之即下七年春齊人伐鄭是也

七年，春，齊人伐鄭。〇夏，小邾婁子來朝。至是所以進稱爵者時附從霸者朝天子旁朝罷行進齊桓公白天子進之固因其得禮著其能以爵通〔疏〕注至是至稱爵者〇解云如此注者欲決莊五年秋郳黎來來朝之文〇注時附至爵通〇解云正以得進而稱爵故如此解小邾婁卜朝天子不書者例所不錄也今朝魯而謂之旁朝者正以諸侯之法五年一朝天子但是常事故不書之欲對朝王爲正朝故謂之旁朝案隱十一年滕侯薛侯來朝皆以其來朝新王故進稱侯今此知不由朝新王而得進者正以僖公非受命之王故也〇鄭殺其大夫申侯。其稱國以殺何？据晉侯殺其世子申生稱侯〔疏〕注据晉至稱侯〇解云在上五年春稱國以殺者，君殺大夫之辭也。諸侯國體以大夫爲股肱士民爲肌膚故以國體錄〇秋，七月，公會齊侯、宋公、陳世子款、鄭世子華，盟于寗母。〇曹伯般卒。〇款苦管反母音無或音某〇公子友如齊。〇冬，葬曹昭公。

公羊注疏卷十挍勘記　阮元撰盧宣旬摘錄

公羊注疏僖公卷十　唐石經僖公第五卷四

元年

齊師宋師曹師次于聶北救邢救邢　唐石經鄂本救邢字不疊此本誤衍閩監毛本同

然卽彼三事　何校本卽作則

次于雍榆是也　浦鏜云榆左傳字此當作渝〇按浦云是也襄廿三年釋文亦云渝左傳作榆

故入也　閩監毛本同誤也鄂本元年入作人此本疏中同當據正〇按故人者仍是齊宋曹也反故人言仍

是救邢之三國

便是實諸侯　閩監毛本便誤更

是以得序之　浦鏜云得當復字誤

未必反故人也閩監毛本人作入誤

解云宿音須就反留音盧胄反此本十字係旁注盧文弨曰史記武帝紀宿留悔上索隱音秀溜漢書郊祀志同又五行志其宿留告曉人備具深切亦有讀本字者

王誅不阿親親鄂本同閩監毛本王誤正

公會齊侯宋公鄭伯曹伯邾婁人于朾釋文朾左氏作檉解云朾字左氏作檉亦有作朾字

下傳云襄公親至浦鏜云之誤至按浦說是

此復讎于大國傳于作乎

謂拒慶父元本閩監本同鄂本拒作距毛本誤据

舍于汶水之上唐石經諸本同解云舊本皆作洛者誤也今齊魯之間有汶無洛

時慶父自汶水之北鄂本自作在此誤

諾已皆自畢語解云畢作畢誤

輿州以此名之云爾閩監毛本同誤也蜀大字本此作北當據正漢制考同

然則曷爲不於弒焉貶毛本於誤與

貶必於重者閩監毛本同唐石經鄂本於下有其字此脫按閔二年疏引此傳云貶必於其重者亦有其字

正猶殺夫罪重故也浦鏜云猶疑由字誤

是以於歸亦作常文錄之若公之喪至自齊毛本於改于若誤諱

下薨於夷於字同

二年

孰城十四年傳曰孰城之疏引此傳亦有之字唐石經以下本皆脫

曷爲不言城衛解云舊本曷爲之下有不言二字今無者脫也按唐石經曷爲下原刻作城後磨改爲不則本作曷爲城衛不言二字係磨改補入故此行及次行皆十一字其蹟可覆也疏本亦無不言二字十四年傳云曷爲城杞亦無不言

故當言城衛疏本故作固解云固難之固亦有作故字者諸本作故難之固誤也按何氏當本用固字七年注云固因其得禮着其能以覇通此注今本作故非

令君喪無所繫矣監毛本令誤今閩本今字剜改當本作令

假滅國者道以取亡焉唐石經焉字磨改

寢而不寐唐石經諸本寢作寑下同○按不當从穴

其諸異乎人之求之歟者閩監毛本歟作與

眣晉大夫○按眣當作眣从矢下同

荀息請曰以屈產之乘唐石經諸本作荀息曰請以屈產之乘

與垂棘之白璧唐石經璧作辟

猶外府藏也解云本藏下有之字

馬出之內廄繫之外廄爾唐石經廄作廏外字磨改

謂立性貪賄於寶甚也閩監本同毛本賄誤賂

齊侯宋公江人黃人盟于貫澤唐石經同釋文貫澤二傳無澤字按九年傳貫澤之會解云卽上二年秋九月齊侯宋公江人黃人盟于貫是也而此言于貫澤者蓋地有二名然則公羊僖二年經本作盟于貫九年傳云貫澤陸氏猶未深考○按此九年疏奪澤字耳前說非也

晉大于宋不序晉而序宋者孫志祖云穀梁疏引二晉字下皆有楚字乃與下文合各本脫也

所以獎夫霸功鄂本夫作大此誤按穀梁疏亘作大

三年

卽十二年十一月十二月浦鏜云上二年上字誤作十

故言之際矣此大會也末四字當在下節疏曷爲未言爾之上割裂疏文誤屬此

水出于山入於川爲谿閩監本同按于當作於毛本於改于誤甚

猶曰往盟於齊毛本於改于

時國齊都盟閩監毛本同誤也鄂本國作因當據正

但此經旣有莅盟之文閩監毛本旣誤卽

四年

卒怗荆閩監毛本怗誤帖

時喜得屈完來服於陘毛本於改于此本翻刻陘誤陛

辭之復鄂本復作複釋文作復

何言乎喜服楚唐石經何言乎喜四字磨改多增一字

至是乃服楚鄂本乃服楚三字誤作傳文閩監毛本楚字猶誤作傳文屬下惟此本與唐石經合

南夷與北狄交閩監毛本同誤也唐石經鄂本作北夷當據正注同此本疏標起訖云注北夷至中國閩監毛本亦改作北狄矣

皆何以名閩本同監毛本名誤明

卒怗荆唐石經鄂本同閩監毛本怗誤帖釋文怗他協反本作貼服也劉兆同一本作拈或音章貶反石經考文提要云唐元度九經字樣宋景德本鄂汴官書本皆作怗

卽上九年夏六月浦鏜云元誤九按浦說是

序績也唐石經諸本同何注序次也績功也按鹽鐵論執務篇引傳曰子積也下云故土積而成山阜水積而成江海行積而成君子與何本異蓋是嚴顏之別

君旣服南夷矣唐石經鄂本宋本閩監本同毛本旣誤能

桓公假途于陳而伐楚唐石經鄂本宋本閩本同監毛本塗改途

凡公出滿三時閩監毛本同誤也鄂本三作二當據正

月危公之久解云危而久之久字亦有作之字者按久作之則不通

其序則齊桓晉文閩監毛本序改事○按作事則與昭十二年傳不合

其詞則丘有罪焉閩監本同毛本詞改辭非

五年

紀伯姬來傳云浦鏜云杞誤紀按浦說是也

言朝者服非實鄂本服作明此誤疏亦云經書來朝明其非實

鄉中老人爲鄉大夫致仕者閩本同監毛本鄉誤鄕

公上大夫之衆臣是也鄂本上作士此誤

据上言諸侯解云亦有無据字者非正本

戮力一心鄂本戮作勠此本文十三年疏所引同釋文戮又作勠

七年

夏小邾婁子來朝毛本邾誤邦

旁朝罷行進鄂本罷作能○按旁應讀去聲於朝天子罷而朝魯所謂朝罷朝也作能者應誤

盟于甯毋閩本毋作母釋文甯毋音無或作音某葉鈔本及唐石經作甯母

監本春秋公羊注疏僖公卷第十一 起八年盡二十一年

何休學

八年。春。王正月。公會王人、齊侯、宋公、衞侯、許男、曹伯、陳世子款、鄭世子華。盟于洮。王人者何。微者也。曷爲序乎諸侯之上。先王命也。銜王命會諸侯諸侯當北面受之故尊序於上時桓公德衰甯毋之盟常會者不至而陳鄭又遣世子故上假王人之重以自助○洮他刀反〔疏〕注甯毋至不至○解云在上七年傳也其常會者不至正以衞侯許男已下不至也○注而陳至世子○解云即世子款世子華之屬是也鄭伯乞盟。乞盟者何。處其所而請與也。以不序也〔疏〕乞盟者何○解云正以盟是常事自應得與今而言乞故執不知問其處其所而請與奈何。蓋酌之也。酌挹也時鄭伯欲與楚不肯自來盟處其國遣使挹取其血而請與之約束無汲汲慕中國之心故抑之使若叩頭乞盟者也不錄使者方抑鄭伯使若自來也不盟不爲大惡者古者不盟也○遣使所吏反下錄使同〔疏〕注不盟不爲大惡○解云知非大惡者正以鄭伯不貶不絕故也若其是大惡宜如陳佗之貶爵而書名也知古者不盟者桓三年傳云古者不盟結言而退是也○夏。狄伐晉。○秋。七月。禘于太廟。用致夫人。用者何。用者不宜用也。致者何。致者不宜致也。禘用致夫人。非禮也。以致文在廟下不使入廟知非禮也禮夫人始見廟當特祭而因禘諸公廟見欲以省煩勞不謹敬故譏之不日者下用失禮明○大音泰始見賢遍反下同省所景反〔疏〕用者何○解云欲言失禮而經不明欲言得禮而文言用故執不知問○致者何○解云見夫見廟禮當特祭禘而言致故執不知問○注禮夫至特祭○解云正以三月見廟見廟期限明其不得因事爲之故知然也○注不日至禮明○解云正以隱五年考仲子之宮下注云失禮鬼神例日然則此亦失禮而不書日故知用在廟下失禮已明不勞舉日也○夫人何以不稱姜氏。貶。曷爲貶。據夫人姜氏入不貶〔疏〕注據夫至不貶○解云即莊二十四年八月丁丑夫人姜氏入是也譏以妾爲妻也。以逆不書入廟當稱婦姜而稱夫人者夫人當坐篡嫡也妾之事嫡猶臣之事君同○篡嫡初患反下音的下同〔疏〕以逆至不書○解云欲道傳家知以妾爲妻者正以初逆不書與桓莊之屬夫人文異故也○入廟當至嫡也○解云言入廟當稱婦者正以婦者服也對舅姑服從之辭也今而稱夫人作不服之稱明其有篡嫡之心欲得爲夫人是以稱之曰夫人見其當有篡嫡之罪矣猶如桓宣篡弒得即位是以春秋亦如其意書其即位明其本意耳○注妾之事嫡猶臣之事君同○解云注言此者欲道妾之篡嫡欲得爲夫人而春秋書之曰夫人猶如臣子篡君欲得即位而春秋亦書其即位之義矣其言以妾爲妻奈何。蓋脅于齊媵女之先至者也。以不致楚女及夫人至皆不書也僖公本聘楚女爲嫡齊女爲媵齊先致其女脅僖公使用爲嫡故從父母辭言致不書夫人及楚女至者起齊先致其女然後脅魯立也楚女未至而豫廢故皆不得以夫人至書也〔疏〕注僖公至爲媵○解云春秋說文○注故從至言致○解云即成九年夏季孫行父如宋致女是也○注起齊至書也○解云皆欲道若齊女未至而已脅魯之時可以書其至今先致其女乃後脅魯爲夫人其初至之時乃爲媵妾是以不得書其至矣○冬。十有二月。丁未。天王崩。惠王也

九年。春。王三月。丁丑。宋公禦說卒。何以不書葬。爲襄公諱也。襄公背殯出會宰周公有不子之惡後有征齊憂中國尊周室之心功足以除惡故諱不書葬使若非背殯也○說音悅爲襄于僞反下注爲天爲桓皆同〔疏〕何以不書葬解云正以隱十一年公薨之下傳云何以不書葬彼注云據莊公書葬然則彼已有解故不重釋○注襄公至周公○解云在下經文○注後有至殯也○解云即下十八年傳云曷爲不使齊主之與襄公之征齊也桓公死豎刀易牙爭權不葬爲是故伐之也是爲齊之文也夏。公會宰周公、齊侯、宋子、衞侯、鄭伯、許男、曹伯、于葵丘。宰周公者何。天子之爲政者也。宰猶治也三公之職號尊名也以加宰知其職大尊重當與天子參聽萬機而下爲諸侯所會惡不勝其任也宋未葬不稱子某者出會諸侯非尸柩之前故不名○惡不烏路反勝音升〔疏〕宰周公者何○解云欲言三公而文加宰欲言卿士經書周公故執不知問○注宰猶治也○解云正以宰者和治之名得爲治事之義○注而下至其任也○解云如此注者欲決上五年首戴之會序諸侯乃言會王世子若以世子爲會主致諸侯于此會而會之然也今此宰周公文與彼異故知下爲諸侯所會○注宋未葬至不名○解云莊三十二年傳云君存稱世子君薨稱子某既葬稱子踰年稱公然則宋未葬宜稱子某而單稱子者非尸柩之前子無父前子名君前臣名之義知宋未葬者正以宋公之卒在上三月下有七月之文當此之時未滿五月是以知其未葬若然案桓公十一年鄭忽出奔傳云忽何以名注云據宋子既葬稱子者正以其非居尸柩前故作既葬之稱非謂葬訖其說在彼○秋。七月。乙酉。伯姬卒。此未適人。何以卒。據杞叔姬不卒〔疏〕此未適人何以卒○解云正以文無所繫知其未適人○注據杞叔姬不卒解云宜作伯姬字即莊二十七年春公會杞伯姬于洮注云伯姬不卒者蓋不與卒于無服此未適人何以卒乎故難之也案春秋之內唯有杞叔姬來歸成八年冬杞叔姬卒更無叔姬不卒之事故如此解許嫁矣。婦人許嫁。字而笄之。字者尊而不泄所以遠別也笄者簪也所以繫持髮象男子飾也服此者明繫屬於人所以養貞一也婚禮曰女子許嫁笄而醴之稱字○笄古兮反泄息列反別彼列反簪莊林反〔疏〕注字者至遠別也○解云正以字尊於名故言尊而不泄所以遠別者正以內之公子爲大夫者卒皆稱名而內女許嫁卒而稱字者所以遠別之故也○注婚禮曰至稱字○解云士婚禮記文彼注云許嫁已受納徵禮也笄女之禮猶冠男也使主婦女賓執其禮是也死則以成人之喪治之。不以殤禮降也許嫁卒者當爲諸侯夫人有即貴之漸猶俠卒也日者恩尤重於未命大夫故從諸侯夫人例○俠音協〔疏〕注許嫁卒至夫人○解云則知許嫁於大夫者不卒之何者爲大夫妻者賤雖至其家卒猶不書況其許嫁乎○注猶俠卒也○解云在隱九年春三月俠卒彼傳云俠者何吾大夫之未命者也彼注云未命所以卒之者賞疑從重然則未命大夫所以卒之以其將爲大夫有即貴之漸賞疑從重故錄之今此許嫁之女亦有將爲諸侯夫人之漸故得書之○注日者至夫人例○解云以俠卒不日故言日者恩尤重於未命大夫故從諸侯夫人之卒例皆書日成八年冬十月癸卯杞叔姬卒之屬是也故言從諸侯夫人例○九月。戊辰。諸侯盟于葵丘。桓之盟不日。此何以日。危之也。何危爾。貫澤之會。桓公有憂中國之心。不召而至者。江人黄人也。葵丘之會。桓公震而矜之。叛者九國。下伐厲善義兵是也會不書者叛也叛不書者爲天子親遣三公會之而見叛故上爲天子下爲桓公諱也會盟一事不舉重者時宰周公不與盟○不預音豫〔疏〕貫澤之會○解云即上二年秋九月齊侯宋公江人黄人盟于貫是也而此言于貫澤者蓋池有二名然則案彼經盟此言會者舉其初會而言也彼直書盟者舉重故也○注下伐厲至是也○解云即下十五年秋七月齊師曹師伐厲注云月者善録義兵厲葵丘之會叛天子之命也者是也○注會不至叛也○解云言厲等九國亦在于會而葵丘之會不書之者以其叛天子之命故不録之但書曹伯以上于會○注會盟至不與盟○解云正以文十四年公會宋公已下同盟于新城然則彼是會盟一事舉盟以爲重不言會于某今此會盟並舉故須兩解之言解周公是時實不與盟若言公會宰周公齊侯已下盟于葵丘則是文害其義不舉盟直書上會會輕於盟失舉重之例矣以此之故必須兩舉書云諸侯盟于葵丘則知周公不與盟矣震之者何。猶曰振振然。亢陽之貌〔疏〕震之者何解云欲言是善而盟書日欲言其惡賢伯所爲故執不知問○矜之者何。猶曰莫若我也。色自美大之貌〔疏〕矜之者何○解云既名賢伯美見天下而取夸矜異于本行故執不知問○注色自美大之貌○解云謂其顏色自有美大之勢○甲戌。晉侯詭諸卒。不書葬者殺世子也○詭九委反〔疏〕注不書葬者殺世子也○解云在上五年春凡君殺無罪大夫例去其葬以絕之○冬。晉里克弒其君之子奚齊。此未踰年之君。其言弒其君之子奚齊何。據弒其君舍不連先君連名者上不書葬子某弒君名未明也○殺其音試下及注放此〔疏〕注據弒至先君○解云即文十四年齊公子商人弒其君舍是也○注連名至未明也○解云言名未明者弟子本意正欲問弒其君之子而連奚齊何之者恐人不知奚齊之名爲是先君未葬稱子某似若子般子野之屬是也爲是被弒之故稱名似若諸兒卓子之屬是也是以將名違弒問之欲使後人知其稱名之義殺。未踰年君之號也。欲言弒其子奚齊嫌無君文與殺大夫同欲言

弑其君又嫌與弑成君同故引先君冠子之上則弑未踰年君之號定而坐之輕重見矣加之者起先君之子不解名者解言殺從弑名可知也弑未踰年君例當月不月者注不正遇禍終始惡明故略之○冠古亂反見賢徧反〔疏〕則弑至見矣○解云言罪差於成君與殺大夫異矣○注加之至之子○解云若不加之嫌是君子爲一人故○注不解名至知也○解云正以傳云弑未踰年君之號止荅上云其言弑其君之子何之文故云不解名矣既解言弑則書奚齊之名由弑之故明矣是以不復荅之○注弑未踰年至略之○解云正以隱四年春戊申衛州吁弑其君完注云日者從外赴辭以賊聞例然則弑成君者例書日即莊八年冬十一月癸未齊無知弑其君諸兒之屬是弑成君者例皆書日知弑未踰年君當月明矣今此不月故須解之

十年。春。王正月。公如齊。書如者錄内所與外交接也故如京師善則月榮之如齊晉善則月安之如楚則月危之明當尊賢慕大無友不如已月者僖公本齊所立桓公德衰見叛獨能念恩朝事之故善錄之〔疏〕注故如京至榮之○解云即成十三年春三月公如京師彼注云月者善公尊天子是○注如齊至安之○解云即襄二十一年春王正月公如晉彼注云月者溴梁之盟後中國方乖離善公獨能與大國是也○注如楚則月危之○解云即襄二十八年十一月公如楚彼注云如楚皆月者危公朝夷狄也必如此注者正以朝聘例時而書月故須解矣○注明當尊賢慕大○解云正覆如齊晉則月安之○注無友不如已○解云覆如楚則月危之

○狄滅溫。○溫子奔衛。○晉里克弑其君卓子。及其大夫荀息。及者何。累也。弑君多矣。舍此無累者乎。曰有。孔父仇牧皆累也。舍孔父仇牧無累者乎。曰有。有則此何以書。賢也。何賢乎荀息。据與孔父同○君卓子勑角反又丁角反左氏經無子字舍音捨下同〔疏〕及者何○解云君之與臣尊卑異等今而言及故執不知問○累也○解云桓二年注云累累從君而死齊人語也則彼已有解故此處不復注之○曰有○解云桓二年注云叔仲惠伯是也○何賢乎注据與孔父同○解云桓二年傳云何賢乎孔父注云据叔仲惠伯不賢然則此言据與孔父同者謂與孔父同据叔仲惠伯矣荀息可謂不食其言矣。不食言者不如食受之而消亡之以奚齊卓子皆立〔疏〕注以奚至皆立○解云欲指不食其言之事狀矣○其不食其言奈何。奚齊卓子者。驪姬之子也。荀息傅焉。禮諸侯之子八歲受之少傅教之以小學業小道焉履小節焉十五受大傅教之以大學業大道焉履大節焉○驪力知反少詩照反大傅音泰〔疏〕注禮諸侯至節焉○解云皆藝文志文也注云小道小節正謂始甲典兒師受業大道大節謂博習盡誠也驪姬者。國色也。其顏色一國之選○選息戀反獻公愛之甚。欲立其子。於是殺世子申生。申生者。里克傅之。獻公病將死。謂荀息曰。士何如則可謂之信矣。獻公自知廢正當有後患欲託二子於荀息故動之云爾荀息對曰。使死者反生。生者不愧乎其言。則可謂信矣。荀息察言觀色知獻公欲爲奚齊卓子來動已故荅之云爾○欲爲于僞反下文爲文公不爲故爲皆同獻公死。奚齊立。里克謂荀息曰。君殺正而立不正。廢長而立幼。長謂重耳○長丁丈反注同○如之何。願與子慮之。荀息曰。君嘗訊臣矣。上問下曰訊言臣者明君臣相與言不可負○訊音信上問下曰訊臣對曰。使死者反生。生者不愧乎其言。則可謂信矣。里克知其不可與謀。退。弑奚齊。荀息立卓子。里克弑卓子。荀息死之。荀息可謂不食其言矣。起時莫不背死鄉生去敗與成荀息一受君命終身死之故言及與孔父同義不日者不正遇禍終始惡明故略之○背音佩鄉許亮反〔疏〕注故言至同義○解云桓二年宋督弑其君與夷及其大夫孔父彼注云言及者使上及其君若附大國以名通明當封爲附庸不絶其祀所以重社稷之臣也今荀息一受君命終身死之故言及亦使上及其君若附大國以名通明當封爲附庸不絶其祀所以重社稷之臣故云與孔父同義○注不日者至故略之○解云正以成君見弑者例書日今此不日故解之○

○夏。齊侯許男伐北戎。○晉殺其大夫里克。里克弑二君。則曷爲不以討賊之辭言之。据衛人殺州吁〔疏〕注据衛人殺州吁○解云即隱四年九月衛人殺州吁于濮是也惠公之大夫也。惠公篡立已定晉國君臣合爲一體無所復責故曰此乃惠公之大夫安得以討賊之辭言之○所復扶又反下同然則孰立惠公。欲難殺之意○難乃旦反里克也。里克弑奚齊卓子。逆惠公而入。里克立惠公。則惠公曷爲殺之。惠公曰。爾既殺夫二孺子矣。孺子小子也奚齊卓子時皆幼小○夫音扶孺如住反○又將圖寡人。如我有不可將復圖我如二孺子○爲爾君者。不亦病乎。於是殺之。然則曷爲不言惠公之入。据齊小白入于齊晉之不言出入者。踊爲文公諱也。踊豫也齊人語若關西言渾矣獻公殺申生文公與惠公恐見及出奔不子當絶還入爲篡文公功足以并掩前人之惡故惠公入懷公出文公入渾皆不書悉爲文公諱故也爲文公諱者欲明文公之功大也語在下懷公者惠公子也惠公卒懷公立而秦納文公故出奔惠公文公出奔不書者非命嗣也○踊音勇豫也言渾戶見反又戶本反下同〔疏〕注文公與惠公至嗣也○解云正以同姓之臣尚無去義況於兄子乎且惠公文公庶子假令不去亦不殺之故知去父宜當絶矣齊小白入于齊。則曷爲不爲桓公諱。桓公之享國也長。享食美見乎天下。故不爲之諱本惡也。文公之享國也短。美未見乎天下。故爲之諱本惡也。桓公功大善惡相除足封有餘較然爲天下所知文公功少嫌未足除身篡而有封功故爲之諱并不言惠公懷公出入者明非徒足以除身篡而已有足封之明較也美不如桓公之功大○美見賢徧反下同較然音角下同○秋。七月。○冬。大雨雹。何以書。記異也。夫人專愛之所生也○雨于付反雹步角反〔疏〕冬大雨雹○解云左氏作雪○注夫人專愛之所生也○解云蔽障楚女而專取君愛故生此雹災

十有一年。春。晉殺其大夫丕鄭父。丕普悲反〔疏〕丕鄭父○解云左氏經無父字○夏。公及夫人姜氏會齊侯于陽穀。○秋。八月。大雩。公與夫人出會不恤民之應○冬。楚人伐黃。

十有二年。春。王三月。庚午。日有食之。是後楚滅黃狄侵衛○夏。楚人滅黃。〔疏〕注是後楚滅黃○解云在今年夏注狄侵衛○解云在十三年春○秋。七月。○冬。十有二月。丁丑。陳侯處臼卒。處白左氏作杵臼〔疏〕夏楚人滅黃○解云莊十年冬十月齊師滅譚十三年夏六月齊人滅遂然則滅例月而此不月者所傳聞之世始錄夷狄滅小國也

十有三年。春。狄侵衛。○夏。四月。葬陳宣公。○公會齊侯、宋公、陳侯、衛侯、鄭伯、許男、曹伯于鹹。桓公自貫澤陽穀之會後所以不復舉小國者從一法之後小國言從令行大國唯曹許以上乃會○鹹音咸不復扶又反下同○秋。九月。大雩。由陽穀之會不恤民復會于鹹城緣陵煩擾之應〔疏〕注由陽至之應○解云謂上十一年夏公及夫人姜氏會齊侯于陽穀是○冬。公子友如齊。

十有四年。春。諸侯城緣陵。孰城之。諸侯不序故問誰城〔疏〕注諸侯至誰城○解云案上二年春王正月城楚丘傳云孰城之彼注云据内城不月故問之然彼經書月故得此解此經不月傳云孰城之漫道諸侯無所指据緣陵之號由來未有故怪而問之○城杞也。曷爲城杞。滅也。孰滅之。蓋徐莒脅之。以下皆狄徐也言脅者杞王者之後尤微是見恐曷而亡○恐丘勇反曷火葛反〔疏〕注以下至曷而亡○解云即下十五年冬楚人敗徐于婁林注云謂之徐者爲滅杞不知尊先聖法度惡重故狄之也文七年冬徐伐莒彼注云謂之徐者前共滅王者後不知尊先聖法度今自先犯文對事連可以起同惡莒在下不得狄故復狄徐也一罪再狄者明爲莒狄之爾是也曷爲不

言徐莒脅之。爲桓公諱也。曷爲爲桓公諱。上無天子。下無方伯。天下諸侯有相滅亡者。桓公不能救。則桓公恥之也。然則孰城之。桓公城之。曷爲不言桓公城之。不與諸侯專封也。曷爲不與。實與而文不與。文曷爲不與。諸侯之義。不得專封也。諸侯之義不得專封。則其曰實與之何。上無天子。下無方伯。天下諸侯有相滅亡者。力能救之。則救之可也。輒發傳者與城衛同義言諸侯若時桓公德衰待諸侯然後乃能存之外城不月者文言諸侯非內城明矣○爲桓于僞反下爲桓爲天下并注臣爲同〔疏〕注外城至明矣○解云正以隱七年夏城中丘襄十九年冬城西郛城武城之屬是內城不月外城月者即上元年夏六月城邢二年春王正月城楚丘之屬是也今外不月正以文言諸侯非內城可知故省文而昭三十二年冬城成周不月蓋以城天子與內同

○夏。六月。季姬及鄫子遇于防。使鄫子來朝。鄫子曷爲使乎季姬來朝。據使者臣爲君銜命文也內辭也。非使來朝。使來請已也。使來請娶已以爲夫人下書歸是也禮男不親求女不親許魯不防正其女乃使要遮鄫子淫泆使來請已與禽獸無異故卑鄫子使乎季姬以絕賤之也月者甚惡內也○要一遥反遮諸奢反泆音逸惡烏路反〔疏〕注下書歸是也○解云即下十五年季姬歸于鄫是也○注禮男不親求○解云即昏禮不稱主人之屬是也○女不親許○解云即致女之禮是也○注以絕賤之也○解云謂絕而賤之不以爲諸侯也○注月者甚惡也○解云正以遇例時即隱四年夏公及宋公遇于淸八年春宋公衛侯遇于垂莊三十年冬公及齊侯遇于魯濟之屬是也今此月者甚惡內也范氏云魯女無故遠會諸侯遂得淫通此亦事之不然左傳曰鄫季姬來寧公怒之以鄫子不朝遇于防而使來朝此近合人情何氏以爲鄫魯相近信使泆通男女之情風流應合末世無禮容或有之若姜氏如莒之流寧可然問也

○秋。八月。辛卯。沙鹿崩。沙鹿者何。河上之邑也。此邑也。其言崩何。據梁山言崩〔疏〕沙鹿者何○解云欲言是邑邑無崩道欲言其山文無山稱故執不知問○注據梁山言崩○解云即成五年夏梁山崩是也襲邑也。襲者嘿陷入于地中言崩者以在河上也河崩有高下如山有地矣故得言崩也〔疏〕注襲者至地中○解云謂嘿然而陷矣沙鹿崩。何以書。記異也。外異不書。此何以書。據長狄之齊晉不書〔疏〕注據長至不書○解云即文十一年傳云狄者何長狄也兄弟三人一者之齊一者之魯一者之晉其之齊者王子成父殺之其之魯者叔孫得臣殺之則未知其之晉者也何以書記異也然則長狄之齊晉皆不書之是外異不書也爲天下記異也。土地者民之主霸者之象也河者陰之精爲下所襲者此象天下異齊桓將卒霸道毀夷狄動宋襄承其業爲楚所敗之應而不繫國者起天下異〔疏〕注宋襄至天下異○解云即下二十二年冬十一月己巳朔宋公及楚人戰于泓宋師敗績是也

○狄侵鄭。○冬。蔡侯肸卒。不書葬者潰當絕也不月者賤其背中國而附父讎故略之甚也肸立不書者父獻舞見獲留卒於楚肸以次立非篡也○肸許乙反注同背音佩〔疏〕注不月至篡也○解云正以大國之卒例合書日即隱八年夏六月己亥蔡侯考父卒之屬是也今此反不月者故言略之甚也其父者即蔡侯獻舞莊十年爲楚所獲而卒於楚故謂楚爲父讎上四年齊侯已下侵蔡蔡潰遂伐楚是其背中國附父讎之事

十有五年。春。王正月。公如齊。月者善公既能念恩尊事齊桓又合古五年一朝之義故錄之〔疏〕注月者至齊桓○解云即上十年春王正月公如齊彼注云月者僖公本齊所立桓公德衰見叛獨能念恩朝事之故善錄之故也○注又合至錄之○解云何氏以爲古者天子五年一巡守諸侯亦五年一朝天子分天子諸侯爲五部部朝一年五年而偏其小國事大國亦然故以十年朝齊今又注朝是爲合古桓元年傳云諸侯時朝乎天子天子之郊諸侯皆有朝宿之邑焉注云緣臣子之心莫不欲朝朝莫夕王者與諸侯別治勢不得自專朝故即位比年使大夫小聘三年使上卿大聘四年又使大夫小聘五年一朝王者亦貴得天下之歡心以事其先王因助祭以述其職故分四方諸侯爲五部部有四輩輩主一時孝經曰四海之內各以其職來助祭尚書云羣后四朝敷奏以言明試以功車服以庸是也

○楚人伐徐。○三月。公會齊侯、宋公、陳侯、衛侯、鄭伯、許男、曹伯、盟于牡丘。遂次于匡。○公孫敖率師及諸侯之大夫救徐。言次者刺諸侯緩於人恩既約救徐而生事止次不自往遣大夫往卒不能解也大夫不序旨起會上大夫君已目故臣凡也內獨出名氏者臣不得因君殊尊省文別尊卑也○別彼列反〔疏〕注臣不至省文○解云正以上言公會齊侯以下是殊尊魯之文今若不舉內大夫名氏即因君卿者殊尊之經而省文

○夏。五月。日有食之。是後秦獲晉侯齊桓公卒楚執宋公霸道衰中國微弱之應

○秋。七月。齊師曹師伐厲。月者善錄義兵厲葵丘之會叛天子之命也曹稱師者桓公霸道衰曹獨能從之征伐不義故褒之所以勸勉不能扶助霸功激揚解惰也○厲如字舊音賴激古歷反解古賣反惰徒卧反〔疏〕注月者善錄義兵○解云正以侵伐例時故也其例時者即上十一年冬楚人伐黃之屬是也

○八月。螽。公久出煩擾之所生○螽之戎反

○九月。公至自會。桓公之會不致。此何以致。據柯之會不致久也。久暴師衆過三時○暴步卜反

○季姬歸于鄫。○己卯。晦。震夷伯之廟。晦者何。冥也。書日而冥○冥亡丁反又亡定反注同〔疏〕晦者何○解云欲言月晦例所不書欲言晝冥亦非常錄故執不知問震之者何。雷電擊夷伯之廟者也。夷伯者。曷爲者也。季氏之孚也。孚信也季氏所信任臣〔疏〕震之者何○解云欲言天震交不言天欲言地震又無地稱故執不知問加之者以震有二種故也且避問輕重兩舉云云之說在隱九年季氏之孚。則微者。其稱夷伯何。大之也。曷爲大之。據陽虎稱盜〔疏〕注據陽虎稱盜○解云即是八年盜竊寶玉大弓是也天戒之。故大之也。明此非但爲微者異乃公家之至戒故尊大之使稱字過于大夫以起之所以畏天命孔子曰君子有三畏畏天命畏大人畏聖人之言何以書。記異也。此象桓公德衰彊楚以邪勝正僖公蔽於季氏季氏蔽於陪臣陪臣見信得權僭立大夫廟天意若曰蔽公室者是人也當去之○去起呂反

○冬。宋人伐曹。○楚人敗徐于婁林。謂之徐者爲滅杞不知尊先聖法度惡重故狄之也不月者略兩夷狄也○爲于僞反〔疏〕注不月至狄也○解云正以敗例書月即莊十年春王正月公敗齊師于長勺秋九月荆敗蔡師于莘是也以其非兩夷狄故書月

○十有一月。壬戌。晉侯及秦伯戰于韓。獲晉侯。此偏戰也。何以不言師敗績。據泓之戰言宋師敗績○泓烏宏反君獲。不言師敗績也。舉君獲爲重也釋不書者以獲君爲惡書者以惡見獲與獲人君者皆當絕也主書者從獲人例○惡烏路反〔疏〕注釋不書至人例○解云正決二十一年釋宋公之經矣然莊十年荆敗蔡師于莘以蔡侯獻舞歸傳云曷爲不言其獲不與夷狄之獲中國也然則秦楚同類得獲晉侯者正以爵稱伯非眞夷狄故與楚異

十有六年。春。王正月。戊申。朔。霣石于宋五。是月。六鷁退飛。過宋都。曷爲先言霣而後言石。據星霣後言霣○十六年本或從此下別爲卷案七志七錄何注此十一卷公羊以閔附莊故也後人以僖卷大輒分之爾霣于敏反是月如字或一音徒兮反六鷁五歷反水鳥〔疏〕注據星霣後言霣○解云即莊七年夜中星霣如雨是也霣石記聞。聞其磌然。視之則石。察之則五。是月者何。僅逮是月也。是月邊也魯人語也在正月之幾盡故曰劣及是月也磌然之人反又大年反聲響也一音芳君反本或作硏八耕反僅其靳反劣也逮音代又大計反及也幾音祈〔疏〕是月者何○解云正以言異常例故執不知問○注是月至語也○解云案上十年傳云踊爲文公諱何氏云踊豫也齊人語若關西言渾矣是以春秋之內於此乎悉解爲齊人語而此一文獨爲魯人語者以是經文孔子作之孔子魯人故知魯人語彼皆是諸傳文乃胡毋生公羊氏皆爲齊人故解爲齊人語注在正月之幾盡者謂晦日乃在正月之欲盡矣何以不日。據五石言日○〔疏〕注據五石言日○解云等是災異何故五石書言戊申朔而六鷁不書日予故難之晦日也。凡災異晦日不日日食是也日食當於晦朔不日晦可知也六鷁無常故言是

月以起晦也。〔疏〕注凡災至不日○解云即莊十八年三月日有食之之屬是也，今此亦晦，故不書日○注日食至起晦也○解云案隱三年王二月己巳日有食之傳云日食則曷爲或日或不日或言朔或不言朔曰某月某日朔日有食之者食正朔也注云桓三年秋七月壬辰朔日有食之是也傳又云其或日或不日或失之前或失之後失之前者朔在前也注云謂二日食己巳日有食之是也傳又云失之後者朔在後也注又云謂晦日食莊十八年三月日有食之是也然則日食亦有二日食此注何言日食常於晦朔乎二日食者雖非正朔若欲比晦言之亦得謂之朔矣言若正朔食朔日並言若二日食則言日則知日朔並不言是晦日明矣故云不日晦可知也晦則何以不言晦。据上言朔春秋不書晦也。事當日者日平居無他卓佹無所求取言晦朔也趡盟奚戰是也○佹九委反趡翠軌反〔疏〕注平居無他卓佹○解云謂無他卓異佹戾平常之事也○注無所至戰是也○解云即桓十七年二月丙午及邾婁儀父盟于趡春秋說以爲二月晦矣五月丙午及齊侯戰于奚春秋說以爲五月之朔也然則此傳云春秋不書晦謂平常之事下文朔有事則書晦雖有事不書者謂卓佹之事合書晦朔矣朔有事則書。重始故書以錄事若泓之戰及此皆是也〔疏〕注若泓至是也○解云即下二十二年冬十有一月己巳朔宋公及楚人戰于泓及此經皆書朔是其卓佹之事書朔也晦雖有事不書。重始而終自正故不復書以錄事○不復扶又反下同曷爲先言六而後言鷁。据貫石後言五六鷁退飛，記見也。視之則六，察之則鷁，徐而察之則退飛。鷁小而飛高故視之如此事勢然也宋都者宋國所治也人所聚曰都言過宋都者時獨過宋都退飛○所治直吏反五石六鷁何以書。記異也。外異不書，此何以書。爲王者之後記異也。王者之後有亡徵非親王安存之象故重錄爲戒記災異也石者陰德之專者也鷁者鳥中之耿介者皆有似宋襄公之行襄欲行霸事不納公子目夷之謀事事耿介自用卒以五年見執六年終敗如五石六鷁之數天之與人昭昭著明甚可畏也於晦朔者示其立功善甫始而敗將不克終故詳錄天意也○爲王于僞反注同耿介音戒之行下孟反○〔疏〕注卒以五年見執○解云即下二十一年執宋公以伐宋是計有六年而言五年者據實日月言之以合五石之數故也又六年終敗者即下二十二年戰于泓宋師敗績是也計有七年而言六年者如上說○注天之與人至異也者解云春秋說文也○三月，壬申，公子季友卒。其稱季友何。据挐戰名不稱季來歸不稱友〔疏〕注据挐至稱季○解云即上元年冬十月壬午公子友帥師敗莒師于挐是也○注來歸不稱友解云閔二年季子來歸是也賢也。閔公不書葬故復於卒賢之明季子當蒙討慶父之功過牙存國終當錄也不稱子者上歸本當稱字起事言子○〔疏〕注閔公至錄也○解云正以君弒賊不討惡臣子不討賊君喪無所繫往前閔公不書葬恐季子有甚惡故書字不見其賢○注不稱子至言子○解云即閔元年歸之下注云不稱季友者明齊繼魯本感落姑之託故令與高子俱稱子起其事是也○夏，四月，丙申，鄫季姬卒。○秋，七月，甲子，公孫慈卒。日者僖公賢君宜有恩禮於大夫故皆日也一年喪骨肉三人故曰痛之〔疏〕注日者至皆日也○解云以所傳聞之世大夫之卒不問有罪以否例不日隱元年十二月公子益師卒是也今此季友公孫慈之卒皆書日者正以賢君宜有恩禮於大夫故也然則言皆者皆季友與公孫慈也其鄫季姬之卒例自合日即上九年秋七月乙酉伯姬卒之屬是也○注一年至痛之○解云言由其是賢君故宜痛骨肉之卒若直見是賢君宜有禮于大夫但當見季一人書日故知宜痛其頻死故也○冬，十有二月，公會齊侯、宋公、陳侯、衞侯、鄭伯、許男、邢侯、曹伯于淮。月者危桓公德衰任竪刁易牙墮功滅項自此始也○墮許規反〔疏〕注月者至此始也○解云正以盟會之例大信書時今而書月故如此解知任竪刁易牙者下十八年傳文言墮功滅項者謂墮毀霸功而滅項項即下十七年夏滅項是也

十有七年，春，齊人、徐人伐英氏。稱氏者春秋前黜稱氏也伐國而舍氏言之者非主名故伐之得從國舉〔疏〕注伐國至主名○解云若其主名即爵等是也○夏，滅項。孰滅之。齊滅之。以言滅知非內也以不諱知齊滅○項戶講反國名〔疏〕注以言滅知非內也○解云案經直言滅不藏主名何知非內滅之正以春秋之例內大惡諱今言滅知非內矣○以不諱知齊滅○解云春秋之例爲賢者諱故上十二年楚人滅黃不爲諱今諱不言齊人故知齊滅之曷爲不言齊滅之。据齊師滅譚〔疏〕注据齊師滅譚○解云在莊十年冬也爲桓公諱也。春秋爲賢者諱。此滅人之國，何賢爾。君子之惡惡也疾始，絕其始則不得終其惡○爲桓于僞反下及注同惡惡並如字一讀上烏路反善善也樂終。樂賢者終其行○行下孟反桓公嘗有繼絕，立僖公也〔疏〕注立僖公也○解云即元年是也存亡之功。存邢衞杞〔疏〕注存邢衞杞○解云存邢上元年城邢是也存衞上二年城楚丘是也存杞上十四年城緣陵是也故君子爲之諱也。言嘗者時桓公德衰功廢而滅人嫌當坐故上述所嘗盛美而爲之諱所以尊其德彰其功傳不言服楚獨舉繼絕存亡者明繼絕存亡足以除殺子糾滅譚遂項覆終身之惡服楚功在覆蓋惡之表所以封桓公名當如其事也不月者桓公不坐滅略小國〔疏〕注傳不言服楚至亡者○解云其服楚在上四年傳云曷爲再言盟喜服楚也是也○注明繼至身之惡○解云殺子糾者即莊九年九月取子糾殺之是也滅譚即莊十年冬十月齊師滅譚是也其滅遂者即莊十三年夏六月齊人滅遂是也○以繼絕除殺子糾以存三亡國除其三滅故云覆終身之惡○注服楚至事也○解云即莊九年齊小白入于齊是其篡文也而言之表者取以葢藏之○注不月至小國○解云言滅國例書月者惡其暴而罪之今桓公功足除其滅是以不月故云不坐滅也而滅譚滅遂皆月者是時未足以覆之也略小國者欲道既諱不言齊知是誰滅而不書月又以略小國故也○秋，夫人姜氏會齊于卞。○卞皮彥反○九月，公至自會。○十有二月，乙亥，齊侯小白卒。

十有八年，春，王正月，宋公會曹伯、衞人、邾婁人伐齊。月者與襄公之征齊善錄義兵〔疏〕注月者至征齊○解云正以侵伐例時故也戰不言伐者莊十年師解故難之○夏，師救齊。○五月，戊寅，宋師及齊師戰于甗，齊師敗績。戰不言伐，此其言伐何。宋公與伐而不與戰，故言伐。春秋伐者爲客，伐者爲主。曷爲不使齊主之。据甲寅衞人及齊人戰○甗魚輦反又音言與伐音預下不與同○〔疏〕宋公至故言伐○解云謂宋公但與伐而不與戰故不得舉重是以兩舉之○注据甲至人戰○解云即莊二十八年春王三月甲寅齊人伐衞衞人及齊人戰衞人敗績傳云春秋伐者爲客伐者爲主故使衞主之也彼注云戰序上言及者爲主是也與襄公之征齊也。曷爲與襄公之征齊。据齊桓公霸者猶不與征衞〔疏〕與襄公之征齊也○解云謂使征而正之征是上討下之辭○注据齊至征衞○解云即莊二十八年春衞人及齊人戰是也桓公死，豎刁、易牙爭權不葬，爲是故伐之也。不爲文實者保伍連率本有用兵征伐不義之道○刁音彫爲是于僞反注同〔疏〕注不爲文至之道○解云其爲文實者即上元年春齊師宋師曹師次于聶北救邢傳云曷爲先言次而後言救君也君則其稱師何不與諸侯專封也曷爲不與實與而文不與文曷爲不與諸侯之義不得專封也諸侯之義不得專封則其曰實與之何上無天子下無方伯天下諸侯有相滅亡者力能救之則救之可也其二年城楚丘之下亦復發文實之傳矣今此經何以不言宋師伐齊傳云此公也其稱師何不與諸侯專征曷爲不與實與而文不與文曷爲不與諸侯之義不得專征諸侯之義不得專征則其曰實與之何上無天子下無方伯天下諸侯有不道者力能征之則征之可也正以諸侯本無專封之道是以元年二年之經皆爲文實以保伍連率本有用兵征不義之道是以不貶宋公稱師矣○狄救齊。○秋，八月，丁亥，葬齊桓公。○冬，邢人、狄人伐衞。狄稱人者善能救齊雖拒義兵猶有憂中國之心故進之不於救時進之者辟襄公不使義兵壅塞〔疏〕注狄稱人至兵壅塞○解云案穀梁傳狄救齊傳云善救齊也又云邢人狄人伐衞傳云其稱人何也善累而後進之伐衞所以救齊也何氏廢之曰即伐衞救齊當兩舉如伐楚救江矣又傳以爲江遠楚近故伐楚救江今狄亦近衞而遠齊其事一也於義穀梁爲短以此言之則何氏之意適自伐衞不爲救齊之故而此注又以狄稱人者善能救齊者謂以其上能救齊是以於此進之不謂此時伐衞爲救齊也所以不於救時進者不使義兵壅塞也

十有九年，春，王三月，宋人執滕子嬰齊。名者著葵丘之

會叛天子命者也不得爲伯討者不以其罪執之所以著有罪者爲襄公殺恥也襄公有善志欲承齊桓之業執一惡人不能得其過故爲見其罪所以助賢者養善意也月執者錄責之○爲襄于僞反下爲起爲襄公深爲若不爲月皆同見賢徧反〔疏〕注名者至命者○解云即上九年夏公會宰周公齊侯宋子衛侯鄭伯許男曹伯于葵丘九月戊辰諸侯盟于葵丘傳云桓公震而矜之叛者九國是也○注不得爲伯討○解云上四年傳云稱侯而執者伯討也稱人而執者非伯討也今此不稱侯故解之○注月者錄責之解云正以執例書時即上四年夏齊人執陳袁濤塗五年冬晉人執虞公之類是也今此書月者錄責之也○夏六月。宋人、曹人、邾婁人盟于曹南。因本會于曹南盟故以地實邾婁說在下〔疏〕注因本至在下解云言此盟之前相與于曹南矣其實此盟在邾婁故言實邾婁矣鄫子會于邾婁。其言會盟何。據言諸侯會盟不錄及曹伯襄言會諸侯〔疏〕注據外至會諸侯○解云舊本皆無及字言外諸侯會盟不錄者正以竟春秋上下無外諸侯會盟之文若存及宜下句讀之後會也。說與會伐宋同義君不會大夫刺後會者起實君也地以邾婁者起爲邾婁事也不言君者爲襄公諱也魯本許嫁季姬於邾婁季姬淫泆使鄫子請已而許之二國交忿襄公爲此盟欲和解之既在會間反爲邾婁所欺執用鄫子恥辱加於宋無異故設襄公使若微者也不於上地以邾婁者深爲襄公諱使若不爲邾婁事盟而鄫子自就邾婁爲所執者也上盟不日者深順諱文從微者例使若下執不以上盟爲辨也會盟不日者言會盟不信已明無取於日自其正文也〔疏〕注說與會伐宋同義○解云即莊十四年春齊人陳人曹人伐宋夏單伯會伐宋傳云其言會伐宋何後會也彼注云本期而後故但舉會書者刺其不信○注君不會大夫○解云案莊九年春公及齊大夫盟于暨傳云公曷爲與大夫盟齊無君也然則何以不名爲其諱與大夫盟也使若衆然又莊二十二年秋及齊高傒盟于防傳云曷爲不言公諱與大夫盟也皆是君不會大夫之辭○注起實君也○解云言起上宋人曹人之屬實是宋公曹伯耳○注地以邾婁○解云正以二十八年夏公會晉侯以下盟于踐土陳侯如會傳云其言如會何後會也然則彼言陳侯如會此亦宜言鄫子如會而言于邾婁起爲邾婁事也○注不言君者○解云上曹南之盟不言宋公等是也○注季姬淫泆至微者也○解云即上十四年夏六月季姬及鄫子遇于防使鄫子來朝傳云鄫子曷爲使乎季姬來朝內辭也非使外朝使來請已也○注不於上至執者也○解云上經云盟于曹南者實是盟于邾婁故以此解之所以不於上經地以邾婁者深爲襄公諱使若不爲邾婁事盟而鄫子自就邾婁所見執者也○注上盟不至日者○解云春秋上下微者之盟例皆書時而下文冬會陳人蔡人楚人鄭人盟于齊之屬是今此乃以不日爲微者例者正以宋襄賢君雖使微者有可采取故宜書月隱元年注云微者盟例時不能專正故責略之此月者隱公賢君雖使微者有可采取故錄也是也○注會盟至正文也○解云正以春秋之例不信者日故也言自其正文也者謂既言會盟即是不信之正文不勞書日以見乙酉。邾婁人執鄫子用之。惡乎用之。用之社也。其用之社奈何。蓋叩其鼻以血社也。惡無道也不言社者本無用人之道言用之已重矣故絕

其所用處也日者魯不能防正其女以至於此明當痛其女禍而自責之○惡乎音烏惡無烏路反用處昌慮反〔疏〕注日者魯至自責之○解云正以凡執例時即上四年夏齊人執陳袁濤塗之屬是也今日故解之○秋。宋人圍曹。○衛人伐邢。○冬。公會陳人、蔡人、楚人、鄭人盟于齊。因宋征齊有隙爲此盟也是後楚遂得中國霍之會執宋公○〔疏〕注因宋征至執宋公○解云謂上十八年襄公征齊齊與宋有間隙齊遂搆會諸侯之人而爲此盟以謀宋矣霍之會執宋公即下二十一年秋宋公楚子陳侯蔡侯鄭伯許男曹伯會于霍執宋公以伐宋是也○梁亡。此未有伐者。其言梁亡何。據蔡潰以自潰爲文舉侵也〔疏〕注據蔡至侵也○解云即上四年春公會齊侯云云侵蔡蔡潰是也自亡也。其自亡奈何。魚爛而亡也。梁君隆刑峻法一家犯罪四家坐之一國之中無不被刑者百姓一旦相率俱去狀若魚爛魚爛從內發故云爾者其自亡者明百姓得去之君當絕者〔疏〕魚爛而亡也○注梁君至絕者○史記春秋說有此文也

二十年。春。新作南門。何以書。譏。何譏爾。門有古常也。惡奢泰不奉古制常法○惡烏路反〔疏〕注惡奢至常法○解云言其直是奢泰不依古法非僭天子也隱五年傳云始僭諸公昉於此乎前此矣前此則曷爲始於此僭諸公猶可言也僭天子不可言也定二年雉門及兩觀災之下何氏云立雉門兩觀不書者僭天子不可言雖在春秋中猶不書然則此新作南門書之知不僭天子也○夏。郜子來朝。郜子者何。未有存文嫌不名故執不知問○郜古報反姬姓之國下同〔疏〕注未有存至知問○解云桓二年夏四月取郜大鼎于宋隱二年傳云始滅昉於此乎前此矣何氏云前此者在春秋前謂宋滅郜是也然則宋人滅郜在春秋之前是以桓二年取郜大鼎于宋自爾以來不見存在之文若然則失地之君例合書名而來朝不名故執不知問失地之君也。何以不名。據鄧穀名〔疏〕注據鄧穀名○解云即桓七年夏穀伯綏來朝鄧侯吾離來朝傳云皆何以名失地之君是也兄弟辭也。郜魯之同姓故不忍言其絕賤明當尊遇之異於鄧穀也書者喜內見歸〔疏〕注不忍至絕賤○解云即不書其名是也何者若非兄弟宜書其名絕而賤之○注明當至見歸○解云正以穀鄧書名而此不名也○五月。乙巳。西宮災。西宮者何。小寢也。小寢則曷爲謂之西宮。有西宮則有東宮矣。魯子曰。以有西宮。亦知諸侯之有三宮也。西宮者小寢內室楚女所居也禮諸侯娶三國女以楚女居西宮知二國女於小寢內各有一宮也故云爾禮夫人居中宮少在前右媵居西宮左媵居東宮少在後○〔疏〕西宮者何○解云欲言是廟不書其謚欲言居寢而書宮舉災故執不知問○注西宮者至云爾○解云案襄九年春宋火傳云曷云或言災或言火大者曰災小者曰火何氏云大者謂正寢社稷宗廟朝廷也此西宮者小寢內室楚女所居也何故不言火而書災彼傳又云內何以不言火內不言火者甚之也彼注云春秋以內爲天下法動作當先自克責故小有火如大有災是以雖小言災耳○禮夫人居中宮○解云王者之制也西宮災。何以書。記異也。是時僖公爲齊所脅以齊媵爲嫡楚女廢在西宮而不見恤悲愁怨曠之所生也言西宮不繫小寢者小寢夫人所統妾之所繫也天意若曰楚女本當爲夫人不當繫於齊女故經亦云爾○爲適丁歷反又作嫡○鄭人入滑。○秋。齊人、狄人盟于邢。狄稱人者能常與中國也○冬。楚人伐隨。叛楚故也

二十有一年。春。狄侵衛。貶狄者爲犯中國諱○爲于僞反下不爲襄下文爲執皆同○宋人、齊人、楚人盟于鹿上。○夏。大旱。何以書。記災也。新作南門之所生○秋。宋公、楚子、陳侯、蔡侯、鄭伯、許男、曹伯會于霍。執宋公以伐宋。孰執之。楚子執之。以下獻捷貶○霍左氏作盂〔疏〕會于霍○解云左氏作盂穀梁作雩盂誤或所見異○注以下獻捷貶○解云即下文冬楚人使宜申來獻捷傳云此楚子也其稱人何貶曷爲貶爲執宋公貶是也曷爲不言楚子執之。據溴梁盟下執莒子邾婁子復出晉人也○溴古閴反〔疏〕注據溴梁盟○解云即襄十六年春公會晉侯宋公以下于溴梁晉人執莒子邾婁子以歸是也不與夷狄之執中國也。不與執爲重復與伐者劫質諸侯求其國事當起也不爲襄公諱者守信見執無恥說在下也〔疏〕注劫質諸侯○解云言劫諸侯以爲質而求其國事當起也是以執伐兩舉見其外貪利也下云楚人謂宋人曰子不與我國吾將殺子君矣是也○冬。公伐邾婁。○楚人使宜申來獻捷。此楚子也。其稱人何。據稱使知楚子貶。曷爲貶。據齊侯獻戎捷不貶爲執宋公貶。曷爲爲執宋公貶。據上已沒不與執中國宋公與楚子期以乘車之會。盂鹿上之盟〔疏〕注盂鹿上之盟○解云即上文春宋人齊人楚人盟于鹿上是也言鹿上盟爲此約公子目夷諫曰。楚。夷國也。彊而無義。請君以兵車之會往。宋公曰。不可。吾與之約以乘車之會。自我爲之。自我墮之。曰不可。終以乘車之會往。楚人果伏兵車。執宋公以伐宋。詐諼劫質諸侯求其國當絕故貶○墮許規反諼音許援反詐也又音援宋公謂公子目夷曰。子歸守國矣。國子之國也。吾不從子之言。以至乎此。公子目夷復曰。君雖不言國。國固臣之國也。所以堅宋公意絕彊楚之望〔疏〕君雖不言國○解云即言君假令不道是臣之國今國當是爲臣之國矣所以堅宋公意欲使宋公乃心

在楚不慫求還○注絶彊楚之望○解云欲絶楚人使知宋難取不復望之於是歸設守械而守國。楚人謂宋人曰。子不與我國。吾將殺子君矣。宋人應之曰。吾賴社稷之神靈。吾國已有君矣。楚人知雖殺宋公。猶不得宋國。於是釋宋公。宋公釋乎執。走之衞。襄公本謂公子目夷曰國子之國也宋公愧前語故慙不忍反走之衞不書者執解而往非出奔也○守手又反又如字應應對之應〔疏〕注走之衞至奔也○解云正決襄十四年夏衞侯衎出奔齊也公子目夷復曰。國爲君守之。君曷爲不入。然後逆襄公歸。凡出奔歸書執獲歸不書者出奔已失國故錄還應盜國與執獲者異臣下尚隨君事之未失國不應盜國無爲錄也○國爲于僞反下爲襄爲公子注爲沒故爲皆同〔疏〕注凡出奔至爲錄也○解云正以桓十五年夏鄭伯突云云彼傳云曷爲或言歸或言復歸復歸者出惡歸無惡復入者出無惡入有惡入者出入惡歸者出入無惡不應盜國盜國即入與復入是也春秋皆錄其歸以別之其執獲而歸不書者本未失國無義可著何錄之有案下二十八年三月丙午晉侯入曹執曹伯畀宋人冬曹伯襄復歸于曹晉人執衞侯歸之于京師三十年衞侯鄭歸于衞哀七年秋公伐邾八月己酉入邾以邾婁子益來八年夏歸邾婁子益于邾婁然則三者皆執獲而歸所以書之者曹伯之下注云執歸不書書者名惡當見其曹伯名者刺天子歸有罪也衞侯歸下注爲殺叔武惡天子歸有罪也執歸不書主書者名惡當見也邾婁子益之下注云善魯能悔過歸之惡乎捷。捷乎宋。○以上言伐宋惡音烏曷爲不言捷乎宋。据戎捷也爲襄公諱也。襄公本會楚欲行霸憂中國也不用目夷之言而見詐執伐宋幾亡其國故諱爲沒國文所以申善志不月月者因起其事○幾音祁〔疏〕注不月者因起其事○解云正以獻戎捷書六月也起事者正以春秋之義滅國例月莊十年冬十月齊師滅譚十三年夏六月齊人滅遂之類是也今此宋公幾亡國是以爲諱之去其月以起其賢曷爲不言其圍者案舊本傳注三者皆作圍字唯有守下知上一國字以其有皆作圍字者誤守國即上傳設守械而守是也此圍辭也。曷爲不言其圍。据上言守國知圍也爲公子目夷諱也。目夷遭難設權救君有解圍有國免王之功故爲諱圍起其事所以彰目夷之賢也歸捷書者刺魯受惡人物也○遭難乃旦反〔疏〕注設權至人物也○解云救君者即上傳宋公釋乎執走之衞是也解圍者楚人釋宋公去而不復圍也○十有二月。癸丑。公會諸侯盟于薄。言諸侯者起霍之會諸侯也不序者起公從旁以議釋宋公會盟一事也言會者因以殊諸侯也〔疏〕注起霍之會諸侯也○解云即上文秋宋公楚子陳侯蔡侯鄭伯許男曹伯會于霍執宋公以伐宋是上文序之下文捴之故得起其上會諸侯也不序者若其序之云公會某侯某侯即無以見公從旁別來今諸侯不序并作一文別言公會則知魯公從旁而來是以不序諸侯以起其義○注會盟一事至侯也○解云上言會于霍下言盟於薄明其但是一出之行而更言公會諸侯者因以殊諸侯矣○釋宋公。執未有言釋之者。此其言釋之何。据執滕子不言釋〔疏〕釋宋公○解云不言楚子釋宋公者何氏廢疾公羊以爲公會諸侯釋之故不復出楚耳○注据執至言釋○解云即上十九年春王二月宋人執滕子嬰齊是也公與爲爾也。公與爲爾奈何。公與議爾也。善僖公能與楚議釋賢者之厄不言公釋之者諸侯亦有力也〔疏〕公與議爾○解云言魯公與爲釋宋公之事也

公羊注疏卷十一校勘記

阮元撰盧宣旬摘錄

公羊注疏僖公卷十一

八年

公會王人齊侯宋公衞侯許男曹伯陳世子款鄭世子華盟于洮　唐石經諸本同按左氏穀梁無鄭世子華故下鄭伯乞盟此蓋因注言甯母之盟陳鄭遣世子而誤衍

解云見夫見廟禮　浦鏜云見夫當夫人之誤

而春秋亦書其即位之義矣　此本其字剜擠閩監毛本遂排入當衍

然後脅魯立也　元年疏引作脅魯使立也此脫使字

九年

使若非背殯也　監本也作者

据杞叔姬不卒　解云宜作伯姬字即莊二十七年春公會杞伯姬于洮

笄而醴之　鄂本宋本閩監本同毛本醴誤禮

解云即下十五年　毛本即誤此

言解周公是時實不與盟　按解當作宰

謂其顏色自有美大之勢　何校本作有自此誤倒

甲戌　左氏穀梁戌作子

殺未踰年君之號也　閩監毛本同唐石經鄂本宋本殺作弒按釋文則此經弒多作殺或讀爲弒以意求之唐石經以下本皆作弒此作殺爲岐出然殺可讀弒弒不可讀殺也

欲言弒其子奚齊　段玉裁云弒當作殺

而坐之輕重見矣　鄂本宋本閩監毛本同或改坐爲罪非

從弒名可知也　此本知誤加今據諸本訂正

十年

正謂始甲典覓師受業　○閩監本同毛本甲作申覓改覔按說文作𧢍俗作覓又俗作覔

故荅之云爾　鄂本宋本同閩監毛本荅作答非

冬大雨雹　解云左氏作雪

十有一年

春晉殺其大夫丕鄭父　唐石經諸本同解云左氏經無父字按今左氏有父

十有二年

陳侯處臼卒　唐石經諸本同釋文處臼左氏作杵臼

十有四年

是見恐曷而亡　釋文曷火葛反九經古義云恐曷即漢書王子侯表曰葛魁侯戚坐縛家吏恐猲受賕棄市平城侯禮坐恐猲取雞免承鄉侯德天坐恐猲國人受財臧五百以上免籍陽侯顯坐恐猲國民取財物免師古曰猲者謂以威力脅人也音呼葛反

公怒之　浦鏜云怒下脫止按左傳有止字

河崩有高下　閩監毛本同誤也鄂本宋本崩作岸當據正

冬蔡侯肹卒　釋文唐石經肹作肸閩監毛本作肸非注同

十有五年

故善錄之故也　浦鏜云下故當作是按浦說是也

盟于牡丘　監毛本丘誤兵

公孫敖率師　唐石經鄂本宋本同閩監毛本作帥師○按此依左穀作帥改也公羊多作率

激揚解隋也　宋本閩本同監毛本解作懈非按釋文作解隋也

久也　余本脫一頁此久也之也字起至曷爲先言六而後言鷁後字止

書日而冥　鄂本書作晝諸本皆誤書字

季氏之孚則微者　唐石經諸本同鄂本孚誤季

十有六年

是月　唐石經諸本同釋文是月如字或一音徒兮反盧文弨曰是月有作提月者故一音徒兮反初學記晦日條引此作提月又鶡冠子王鈇篇家里用提陸佃注云提零日也引公羊爲證○按是月與月令是月似異而實同改作提者俗人所爲也

六鷁退飛過宋都　諸本同唐石經六鷁字缺釋文作六鶂五歷反經義雜記曰說文鶂鳥也从鳥兒聲

春秋傳曰六鶂退飛不收从益字左氏正義曰鷁字或作鶂釋文六鷁本或作鶂公穀釋文皆云六鶂五歷反可證三傳本皆作鶂與說文同今公羊注疏皆作鷁穀梁注疏皆作鶂惟經文六鶂退飛此一字从益蓋因唐時左傳已有作鷁者故後人據以易二傳也穀梁疏引賈逵云鶂水鳥陽中之陰象君臣之訟鬩也以鬩解鶂取同聲爲詁可證左傳字本从兒

而六鷁不書日乎　閩監毛本鷁作鶂非

六鷁無常　鄂本宋本同閩監毛本鷁作鶂爲錯見字今本公羊經注及疏皆作鷁也

聞其磌然　唐石經諸本同釋文磌然之人反又大年反本或作砰八耕反經義雜記曰穀梁疏云說文玉篇字林等無磌字學士多讀爲砰公羊古本並爲磌張揖讀爲磌是石聲之類今玉篇有磌字云首嚮也蓋孫强等增加廣雅四釋詁砰普耕反聲也而無磌字楊云張揖讀爲磌是古本廣雅有磌矣五經文字磌之人反又大年反聲嚮也見春秋傳

平居無他卓佹　釋文卓佹九委反惠棟云卓佹亦見漢書蓋當時語

及齊侯戰于奚　浦鏜云師作侯按桓十七年經作師

非親王安存之象　閩監毛本同誤也鄂本親作新當據正

不納公子目夷之謀　毛本目誤自

閔二年季子來歸是也　浦鏜云元誤二是也

君喪無所繫往　閩監毛本往作住爲句

即閔元年歸之下　浦鏜云下脫來是也

本感落姑之託　盧文弨曰當依公羊本字作洛姑

公孫茲卒　唐石經諸本作公孫慈此本疏中慈皆作玆

不問有罪以否　何校本同閩監毛本以作與

任豎刀易牙　閩監毛本刀改刁非此本豎誤豎今訂正疏同

十有七年

伐國而含氏言之者　宋本同閩監毛本含作舍

名當如其事也　閩監毛本同鄂本名作各是也

欲道既諱不言齊　浦鏜云疑脫不字

十有二月乙亥　唐石經十上有冬字諸本誤脫

十有八年

職不言伐者莊十年師解故難之　何校本云此十三字當在下疏宋公至故言伐之前

春秋伐者爲客伐者爲主　唐石經原刻作春秋伐者爲客而不伐者爲主後磨改同今本

豎刀易牙　釋文唐石經作豎刁閩監毛本同

實以保伍連率　監本伍誤五

何氏廢之曰　閩監毛本廢誤發○按之字乃疾字之誤

十有九年

宋人曹人邾婁人盟于曹南　唐石經諸本同左氏穀梁作宋公

鄫子會于邾婁　唐石經宋本會下有盟字此脫毛本子誤人

及曹伯襄言會諸侯　解云舊本皆無及字

既在會間　鄂本會誤人

言會盟不信已明　毛本明誤盟

而鄫子自就邾婁　齊召南云下疑脫一爲字

注上盟不至日者　閩監毛本作上盟不至者例是也

而下文冬會陳人蔡人楚人鄭人盟于齊之屬是　浦鏜云而當即字誤

即是不信之正文　閩監毛本即誤既

蓋叩其鼻以血社也　唐石經諸本同周禮肆師注引春秋傳十九年夏邾人執鄫子用之傳曰用之者何蓋叩其鼻以衈社也惠士奇云山海經東山經祠毛用一犬祈聃注云聃音餌以血塗祭爲聃也公羊傳蓋叩其鼻以聃社今本公羊作血誤穀梁作衈社與鄭注合

齊人執陳袁濤塗之屬是也　毛字濤字實缺

者其自亡者　鄂本宋本作著其自亡者此本誤

二十年

不奉古制常法　鄂本常誤當

始僭諸公　毛本公作侯與隱五年傳不合

前此則曷爲始於此　案隱五年傳於作乎

取郜大鼎于宋　閩監毛本于作於非

動作當先自克責　閩本同監毛本克責誤內始則與襄九年注不合

西宮災何以書記異也　唐石經鄂本作記災也諸本作異誤

以齊媵爲嫡　宋本同鄂本閩監毛本嫡作適釋文適又作嫡

二十一年

秋宋公楚子陳侯蔡侯鄭伯許男曹伯會于霍　唐石經諸本同解云左氏作盂穀梁作雩蓋誤或所見異

以下獻捷貶　按此下毛本有霍左氏作盂五字乃釋文而誤入注中者

詐諼劫質諸侯　釋文作誰諼云誰本亦作詐

吾不從子之言以至乎此　唐石經鄂本同閩監毛本乎此誤倒

君雖不言國國固臣之國也　唐石經原刻言下不叠國字後磨改同今本此行及前一行皆本九字此行後磨改故亦十字讀君雖不言句國固臣之國也句

注絕强楚之望　閩監毛本强作彊與注合

衛侯歸下注　按下當脫云字

曷爲不言其圍者　此下疏文當屬下節者字今本多改作○此其改之未盡者

据上言守國　解云國字有作圍字者誤

即上十九年春王二月　浦鏜云三誤二按浦說是也

監本春秋公羊注疏僖公卷第十二 起二十二年盡三十三年

何休學

二十有二年。春。公伐邾婁。取須朐。○朐其俱反左氏作句○夏。宋公、衛侯、許男、滕子伐鄭。○秋。八月。丁未。及邾婁人戰于升陘。陘音刑○冬。十有一月。己巳。朔。宋公及楚人戰于泓。宋師敗績。偏戰者日爾。此其言朔何。据奚之戰不言朔〔疏〕注据奚之戰不言朔。○解云即桓十七年五月丙午及齊師戰于奚春秋說以爲五月朔日也春秋辭繁而不殺者。正也。繁多也殺省也正得正道尤美○不殺所戒反注同省所景反何正爾。宋公與楚人期戰于泓之陽。泓水名水北曰陽楚人濟泓而來。濟渡有司復曰。請迨其未畢濟而擊之。迨及宋公曰。不可。吾聞之也。君子不厄人。吾雖喪國之餘。我雖前幾爲楚所喪所以得其餘民以爲國喻褊弱○喪國息浪反注同幾音祁寡人不忍行也。既濟。未畢陳。有司復曰。請迨其未畢陳而擊之。宋公曰。不可。吾聞之也。君子不鼓不成列。軍法以鼓戰以金止不鼓不戰不成列未成陳也君子不戰未成陳之師○畢陳直覲反下及注同已陳。然後襄公鼓之。宋師大敗。故君子大其不鼓不成列。臨大事而不忘大禮。有君而無臣。言朔亦所以起有君而無臣惜其有王德而無王佐也若襄公所行帝王之兵也有帝王之君宜有帝王之臣有帝王之臣宜有帝王之民未能醇粹而守其禮所以敗也○有王德于況反又如字下王佐同醇粹音純下雖遂反以爲雖文王之戰。亦不過此也。有似文王伐崇陸戰當舉地舉水者大其不以水尼人也

二十有三年。春。齊侯伐宋。圍緡。邑不言圍。此其言圍何。疾重故也。疾痛也重故喻若重故創矣襄公欲行霸守正履信屬爲楚所敗諸夏之君宜雜然助之反因其困而伐之痛與重故創無異故言圍以惡其不仁也○緡亡巾反重故直用反又直龍反注同故創初良反下同屬音燭雜七合反父如字惡烏路反○夏。五月。庚寅。宋公慈父卒。何以不書葬。盈乎諱也。盈滿也相接足之辭也襄公本以背殯不書其父葬至襄公身書葬則嫌霸業不成所覆者薄故復使身不書葬明當以前諱除背殯以後諱加微封內娶不去日略之者功覆之也○慈父左氏作兹父復扶又反去起呂反〔疏〕注襄公至背殯。○解云即九年春王三月丁丑宋公禦說卒傳云何以不書葬爲襄公諱也彼注云襄公背殯出會宰周公有不子之惡後有征齊憂中國尊周室之心功足以除惡故諱不書葬是也○注以後諱加微封○解云謂以至功薄微故加而爲之諱而封之其封字亦有下句讀之非也○注內娶至覆之也○解云即下二十五年夏宋殺其大夫傳云何以不名宋三世無大夫三世內娶也彼注云三世謂慈父王臣處臼也內娶而責其去日者正以文七年夏四月宋公王臣卒注云不日者內娶略文十六年冬十一月宋人弒其君處臼彼注云不日者內娶略賤之然則三世內娶二人皆略此獨書日者明是覆之○秋。楚人伐陳。○冬。十有一月。杞子卒。卒者桓公存王者後功尤美故爲表異卒錄之始見稱伯卒獨稱子者微弱爲徐莒所脅不能死位春秋伯子男一也辭無所貶貶稱子者春秋黜杞不明故以其一等貶之明本非伯乃公也又因以見聖人子孫有誅無絶故貶不失爵也不名不日不書葬者從小國例也○始見賢偏反〔疏〕注桓公存至錄之。○解云正所以傳聞之世小國之卒未合書見故解之○注始見稱伯○解云即莊二十七年冬杞伯來朝是也○注爲徐莒所脅○解云即十四年傳云曷爲城杞滅也孰滅之蓋徐莒脅之是也○注貶稱至不明○解云正以春秋之前周王舊有黜陟之法隱元年儀父稱字上十七年春英氏稱氏之類今杞公之爵雖爲伯仍恐春秋之前周王黜之非爲新周故曰不明○注故以其一等貶之○解云謂伯之與子春秋合以爲一而已杞君從伯至子乃是同事之內故云一等○注明本非伯乃公也○解云正以一等貶之明是王者之後本非伯爾莊二十七年杞伯來朝之時所以不稱侯正欲此處以一等貶之故彼不稱侯也聖人子孫有誅無絶者若其有過但當誅責不合絶去其爵是以雖微弱見貶仍但從伯至子不失其爵矣○注不名不日至例也○解云謂所傳聞之世尤小國如此若其曹許之屬仍自書名書葬即上四年許男新臣卒秋葬許繆公彼注云得卒葬於所傳聞世者許大小次曹故卒少在曹後也

二十有四年。春。王正月。○夏。狄伐鄭。○秋。七月。○冬。天王出居于鄭。王者無外。此其言出何。据王子瑕奔晉不言出〔疏〕王者無外。○解云桓八年傳云女在其國稱女此其稱王后何王者無外其辭成矣是也○注据王至言出者○解云即襄三十年王子瑕奔晉是也不能乎母也。不能事母罪莫大於不孝故絶之言出也下無廢上之義得絶之者明母得廢之臣下得從母命〔疏〕注明母至母命。○解云正以襄王之母於今仍在亦非繼母與左氏異也鄭氏發墨守云聖人制法必因其事非虛之孟子曰夫人自侮而後人侮之家必自毀而後人毀之國必自伐而後人伐之今襄王實不能孝道稱惠后之心令其寵專於子失教而亂作出居于鄭自絶于周故孔子因其自絶而書之公羊以母得廢之則左氏已死矣是也襄王正是惠后所生非繼母又云失教而亂作自絶於周從左氏鄭氏雜用三家不苟從一魯子曰。是王也。不能乎母者。其諸此之謂與。猶曰是王也無絶義不能事母而見絶外者其諸謂此灼然異居不復供養者與主書者錄王者所居也○與音餘復扶又反供養九用反下餘亮反〔疏〕注灼然異至居也。○解云公羊以爲此天王出居于鄭不事其母而自出居于鄭春秋惡其所爲是以書出以絶之實非出奔故云灼然異居不復供養者與晉侯夷吾卒。篡故不書葬明當絶也不日月者失衆身死子見篡逐故略之猶薛伯定也〔疏〕注篡故不書明當絶也。○解云正以惠公無立入之文於例去葬以絶之○注不日月至略之○解云六國之卒例書日月上十七年冬十有二月乙亥齊侯小白卒之類是也○注猶薛伯定也○解云即定十二年春薛伯定卒彼注云不日月者子無道當廢之而以爲後未至三年失衆見弑危社稷宗廟禍端在定故略之然則惠公之子亦是不肖而以爲後未期之間文公奪之是以不書日月

二十有五年。春。王正月。丙午。衛侯燬滅邢。衛侯燬何以名。据楚子滅蕭不名○燬況委反絶。曷爲絶之。据俱滅人滅同姓也。絶先祖之體九重故名甚之也日者爲魯憂內錄之○爲魯于僞反下同〔疏〕滅同姓也。○解云曲禮下篇云滅同姓名是也以此言之則知公羊何氏以爲齊人滅萊楚滅隗晉滅下陽之屬皆非同姓是以不名耳○注日者至錄之○解云凡滅例月即莊十年冬十月齊師滅譚之屬是而此書日也○夏。四月。癸酉。衛侯燬卒。○宋蕩伯姬來逆婦。宋蕩伯姬者何。蕩氏之母也。蕩氏宋世大夫〔疏〕宋蕩伯姬者何。○解云欲言婦人而來逆婦欲言大夫而言伯姬故執不知問○注蕩氏宋世大夫○解云正以稱蕩氏若崔氏尹氏之屬文同也其言來逆婦何。据莒慶言逆叔姬連來者嫌內女爲殺直來也〔疏〕注連來者。○解云弟子本意據莒慶逆叔姬難此逆婦之文宜云其言逆婦何而連來言之者正以伯姬是內女嫌經言來逆婦爲殺直來之恥非實逆婦是以連來問之似若上五年杞伯姬來朝其子傳云其言來朝其子何彼注云連來者問爲直來乎爲下朝出之類其直來者即莊二十七年冬杞伯姬來傳云其言來何直來曰來彼注云直來無事而來也是也兄弟辭也。其稱婦何。有姑之辭也。宋魯之間名結婚姻爲兄弟稱婦者見姑之辭以逆實文知不殺直來也主書者無出道也○見賢偏反〔疏〕其稱婦何。○解云隱二年傳云在塗稱婦今此非在塗而稱婦故難之不注者從省文可知也○注宋魯至兄弟○解云蓋時猶然公羊子齊人而取宋魯間語者正以蕩伯姬來逆婦宋魯之事故取解之亦何傷○注主書者無出道也○解云言伯姬無逆婦之道是以書而譏之○宋殺其大夫。何以不名。据宋殺其大夫山名宋三世無大夫。三世內娶也。三世謂慈父王臣處臼也內娶大夫女也言無大夫者禮不臣妻之父母國內皆臣無娶道故絶去大夫名正其義也外小惡正之者宋以內娶故公族以弱妃黨益彊威權下流政分三門卒生篡弑以親出奔疾其末故正其本○去起呂反〔疏〕注三世至臼也。○解云即上二十三年夏宋公慈父卒文七年夏宋公王臣卒文十六年冬宋人弒其君處臼是也○注外小惡正之者所傳聞之世外小惡不書故也○注威權下流○解云謂

君之威權下流于臣而臣下用之也○秋。楚人圍陳。納頓子于頓。何以不言遂。據楚子鄭人侵陳遂侵宋兩之也。微者不別遂但別兩耳別兩耳別之者惡國家不重民命一出兵為兩事也納頓子書者前出奔當絕還入為盜國當誅書楚納之與之同罪也主書者從楚納之頓子出奔不書者小國也不見挈者故君不可見挈於臣○惡烏路反【疏】注頓子至例也○解云正以春秋之例小國出入不兩書桓十五年夏許叔入于許注云不書出時者小國是例也○注不見挈者○解云故君不可見挈於臣者案桓十一年九月宋人執鄭祭仲突歸于鄭傳云突何以名挈乎祭仲也注云挈猶提挈也突當國本當言鄭突欲明祭仲從宋人命提挈而納之故上繫於祭仲不繫國者使與外納同也案莊九年夏公伐齊納糾傳曰何以不稱公子彼注云據下言子糾知非當國本當去國見挈言公子糾此若作挈文宜言楚人納某甲于頓去其國爵以見挈于楚矣故君不可以見挈於臣○葬衛文公。不月者滅同姓故奪臣子恩也【疏】注不月者至恩也○解云卒日葬月大國之常案桓十二年冬十一月丙戌衛侯晉卒十三年三月葬衛宣公之類是也○冬。十有二月。癸亥。公會衛子、莒慶，盟于洮。莒無大夫書莒慶者尊敬壻之義也洮內地公與未踰年君大夫盟不別得意雖在外猶不致也○別彼列反【疏】注書莒至之義也○解云即莊二十七年冬莒慶來逆叔姬傳云大夫越竟逆女非禮也○注公與未至致也○解云案莊六年注云公與二國以上出會盟得意致會不得意不致謂與諸侯會時然也今此衛子莒慶皆是卑者得意不得意亦可知故言不別得意耳今洮是內地位不合致假令在外亦不致之何者正以其與卑者會盟得意不假別之如定十二年冬公至自圍成以成是孟氏之邑而書致彼注云天子不親征下土諸侯不親征叛邑公親圍成不能服不能以一國為家甚危若從他國來故危錄之是也

二十有六年。春。王正月。己未。公會莒子、衛甯遬，盟于向。○遬音速向舒亮反○齊人侵我西鄙。公追齊師至嶲。弗及。其言至嶲弗及何。據公追戎于濟西不言所至又不言弗及○嶲戶圭反又似兗反侈也。侈猶大也大公能卻強齊之兵弗者不之深者也言齊人畏公士卒精猛引師而去之深遠不可得及故曰侈不直言大之者自為追唯臣子得褒之耳不得與追戎同也言師者侈大公所追也國內兵不書而舉地者善公齊師去則止不遠勞百姓過復取勝得用兵之節故錄詳之○侈昌爾反又昌者反大也卒子忽反自為于偽反下深為同【疏】注不直言至錄詳之○解云案莊十八年公追戎于濟西傳云此未有言伐者其言追何大其為中國追也此未有伐中國者則其言為中國追何大其未至而豫禦之也其言于濟西何大之也彼注云大公除害恩及濟西也言大者當有公賞也然則彼為諸侯追於王法當有功賞故得云大此則自為已追但臣子得褒之故傳不言大以見義云言師者侈大公所追也者正以上言齊人侵我西鄙下言公追齊師與上文異故也○夏。齊人伐我北鄙。○衛人伐齊。○公子遂如楚乞師。乞師者何。卑辭也。曷為以外內同若辭。據春秋尊魯【疏】乞者至若辭○解云案成十六年夏晉侯使欒黶來乞師十七年秋晉侯使荀罃來乞師外亦言乞師也重師也。外內皆同卑其辭者深為與人者重之曷為重師。據泓之戰不重師【疏】注據泓之戰不重師○解云上二十二年十有一月己巳朔宋公及楚人戰于泓宋師敗績傳云宋公與楚人期戰于泓之陽楚人濟泓而來有司復曰請迨其未畢濟而擊之宋公曰不可吾聞之也君子不厄人吾雖喪國之餘寡人不忍行也既濟未畢陳有司復曰請迨其未畢陳而擊之宋公曰不可吾聞之也君子不鼓不成列已陳然後襄公鼓之宋師大敗故君子大其不鼓不成列臨大事而不忘大禮有君而無臣以為雖文王之戰亦不過此也然則宋公守古敗師而春秋善之也是其不重之文師出不正反。戰不正勝也。不正者不正自謂出當復反戰當必勝兵凶器戰危事不得已而用之爾乃以假人故重而不服別外內也稱師者正所乞名也乞師例時○當復扶又反下同別彼列反下同【疏】注戰必當勝○解云以義言之此句亦宜云戰不正勝者不正自謂戰當必勝但何氏省文不復備言○注乞師例時○解云正以據文承夏下文成十三年春晉侯使郤錡來乞師之屬皆書時故也○秋。楚人滅隗。以隗子歸。不月者略夷狄滅微國也不言獲者舉滅為重書以歸者惡不死位不名者所傳聞世見治始起責小國略但絕不誅之○隗五罪反二傳作夔惡不烏路反下同傳直專反見治賢遍反下直吏反【疏】注不月者略夷狄○解云正以莊十年冬十月齊師滅譚十三年夏六月齊人滅遂之類皆書月故也○注不名者至不誅之○解云案上二十三年杞子卒之下注云又因以見聖人子孫有誅無絕故貶不失爵也以此言之似誅輕絕重此注云但絕不誅自相違者凡誅有二種一是誅責之誅若齒路馬有誅於予與何誅之類一是誅絕之誅似武王誅紂誅君之子不立之類然則上言有誅無絕聖人子孫但當誅責而已不合絕去此言但絕不誅者謂所傳聞之世責小國略今此不書其名但欲絕去一身不聽為君不合誅滅其國哀七年八月己酉入邾婁以邾婁子益來傳云邾婁子益何以名絕之又莊十年以蔡侯獻舞歸傳曰蔡侯獻舞何以名絕之以此二文言絕之則似書名為絕之此注云不名者但絕而不誅又以不名為絕者益以絕亦有二種一是絕去其身一是絕滅其國蔡侯獻舞大國之君不能死難為楚所獲春秋之義不與夷狄得志于諸夏是以不得書獲故名蔡侯起其當合絕滅矣邾婁正當所見之世為魯所獲春秋之義內獲人皆諱不書故名邾婁子以起不死難當絕滅矣今此隗子既是微國復當傳聞之世若其書名恐如二君亦合絕滅故不名見責之略也但合一身絕去而已○冬。楚人伐宋。圍緡。邑不言圍。此其言圍何。刺道用師也。時以師與魯未至又道用之於是惡其視百姓之命若草木不仁之甚也稱人者楚未有大夫未聞稱師楚自道用之故從楚文【疏】邑不至用師也○解云案隱五年宋人伐鄭圍長葛之下傳云邑不言圍此其言圍何彼注云據伐於餘丘不言圍然則彼已有注故此不復解耳○注稱人至從楚文○解云以文九年冬楚子使椒來聘彼傳云椒者何楚大夫也楚無大夫此何以書始有大夫也始有大夫則何以不氏許夷狄者不一而足也然則文九年始有大夫則知今時未有然上四年夏楚屈完來盟于師下二十八年夏楚殺其大夫得臣在椒來聘之前而有大夫者屈完之下傳云屈完者何楚大夫也何以不稱使尊屈完也曷為尊屈完以當桓公也注云增倍使若得其君以醇霸德成王事也然則欲尊屈完使當桓公以醇霸德非常事子玉之下注云楚無大夫言其大夫者欲起上楚人本當言子玉得臣所以詳錄霸事○注楚自道至楚文○解云欲道下文公以楚師得稱楚師而此不得者以楚自道用之故從楚文也○公以楚師伐齊。取穀。言以者行公意別魯兵也稱師者順上文【疏】注言以者行公意○解云桓十四年冬宋人以齊人衛人蔡人陳人伐鄭傳云以者何行其意也彼注云以已從人曰行言四國行宋意也公至自伐齊。此已取穀矣。何以致伐。據伐邾婁取叢不致未得乎取穀也。未可謂得意於取穀曷為未得乎取穀。據俱取邑曰。患之起。必自此始也。魯內虛而外乞師以犯強齊會齊侯昭卒晉文行霸幸而得免孔子曰人之生也直罔之生也幸而免故雖得意猶致伐也【疏】注魯內虛而外乞師○解云言內虛者謂自無師○注會齊侯昭卒○解云即下二十七年齊侯昭卒是也○注晉文行霸○解云即二十八年侵曹伐衛敗楚師于城濮盟于踐土是也○注故雖至伐也○解云莊六年注云公與一國及獨出用兵得意不致不得意致伐然則此文公以楚師伐齊取穀是得意宜合不致今致伐作不得意之文以解之

二十七年。春。杞子來朝。貶稱子者起其無禮不備故魯入之【疏】注貶稱子至入之○解云杞本公爵但春秋欲新周故宋而黜之稱伯即莊二十七年冬杞伯來朝是也至二十三年經書杞子卒者但以微弱為徐莒所脅不能死位故以其一等貶之見聖人子孫有誅無絕而已至於此經復稱子者起其無禮故左氏皆有魯入之文也○夏。六月。庚寅。齊侯昭卒。○秋。八月。乙未。葬齊孝公。○乙巳。公子遂帥師入杞。日者杞屬脩禮朝魯雖無禮君子躬自厚而薄責於人不當乃入之故錄責之○屬音燭○冬。楚人、陳侯、蔡侯、鄭伯、許男，圍宋。此楚子也。其稱人何。據序諸侯之上貶。曷為貶。據圍鄭不貶為執宋公貶。故終僖之篇貶也。古者諸侯有難王者若方伯和平之後相犯復故罪楚前執宋公僖公與共議釋之今復圍犯宋故貶因以見義終僖之篇貶者言君子和平人當終身保也○為于偽反難乃旦反今復扶又反見賢遍反【疏】注楚前執宋公○解云即二十一年秋執宋公以伐宋十二月公會諸侯盟于薄釋宋公傳云執未有言釋之者此其釋之何公與議爾也彼注云善僖公能與楚議釋賢者之厄○十有二月。甲戌。公會諸侯，盟于宋。地以宋者起公解宋圍為此盟也宋得與盟則宋解可知也而公釋之見矣○與音預

二十有八年。春。晉侯侵曹。晉侯伐衛。曷為再言晉侯。據楚人圍陳納頓子于頓亦兩事不再出楚人【疏】注據楚至出楚人○解云在上二十五年

秋也非兩之也。然則何以不言遂。據侵蔡遂伐楚言遂〔疏〕非兩之也○解云上二十五年頓子之下傳云何以不言遂兩之也注云微者不別遂但別兩稱耳別之者惡國家不重民命一出兵爲兩事也以此言之初發國即有兩伐之意○注據侵蔡伐楚言遂○解云即上四年春王正月公會齊侯以下侵蔡蔡潰遂伐楚是也未侵曹也。未侵曹。則其言侵曹何。致其意也。其意侵曹。則曷爲伐衛。晉侯將侵曹。假塗于衛。衛曰。不可得。則固將伐之也。曹有罪晉文行霸征之衛壅遏不得使義兵以時追故著言侵曹以致其意所以通賢者之心不使壅塞也宋襄公伐齊月此不月者晉文公功信未著且當脩文德未當深求於諸侯故不美也○衛壅於勇反下同又作壅同遏於葛反〔疏〕衛曰不至伐之也○解云言衛不可得塗則固將先伐之其意猶自欲得侵曹矣○注曹有至征之○解云言征之者謂伐而正之上討下之辭如上十八年傳云與襄公之征齊也○公子買戍衛。不卒戍。刺之。不卒戍者何。不卒戍者。內辭也。不可使往也。即注當言戍衛不卒〔疏〕不卒戍者何○解云欲言實戍乃有不卒戍之文欲言不戍而經書戍衛故執不知問不可使往。則其言戍衛何。據言戍衛行文遂公意也。使臣子不可使恥深故諱使若往不卒竟事者明臣不得壅塞君命刺之者何。殺之也。殺之。則曷爲謂之刺之。內諱殺大夫。謂之刺之也。有罪無罪皆不得專殺故諱殺言刺之不言刺公子買但言不卒戍刺之者起爲上事刺之也內殺大夫例有罪不日無罪日外殺大夫皆時○起爲于僞反下爲下卒爲晉深爲不爲同〔疏〕刺之者何○解云欲言不殺文言刺之欲言實殺文不言殺故執不知問○注有罪至刺之也○解云孟子言大夫者天子命之輔助其政諸侯不得專殺大夫也然則孟子之文論有罪故此何氏云有罪無罪皆不得專殺也○注內殺大至無罪日○解云其有罪不日即此文是而不月者與上同月故也無罪日者成十六年冬十二月乙酉刺公子偃是也○注外殺大夫皆時○解云即上七年夏鄭殺其大夫申侯下三十年秋衛殺其大夫元咺之類是也○楚人救衛。○三月。丙午。晉侯入曹。執曹伯畀宋人。畀者何。與也。其言畀宋人何。據下執衛侯言歸之于京師○畀必二反與也下同〔疏〕畀者何○解云欲言是與文不言歸欲言非與畀者與義故執不知問○注據下至京師○解云即下經云冬晉人執衛侯歸之于京師是也然則彼言歸于京師此言以畀宋人故難之與使聽之也。與使聽其獄也時天王居于鄭晉文欲討楚師以宋王者之後法度所存故因假使治之宋稱人者明聽訟必師斷與其師衆共之○斷丁亂反下當斷同曹伯之罪何。甚惡也。其甚惡奈何。不可以一罪言也。曹伯數侵伐諸侯以自廣大傳曰晉侯執曹伯

班其所取侵地于諸侯是也齊桓既沒諸侯背叛無道者非一晉與曹同姓恩惠當先施刑罰當後加起而征之嫌其失義故著其甚惡者可知也以兵得不言獲者晉文伯討不坐獲者故亦不責曹不死義兵日者喜義兵得時入○數所角反下數道同〔疏〕注傳曰晉侯至是也○解云即下三十一年春取濟西田之下傳云惡乎取之取之曹也此未有伐曹者則其言取之曹何晉侯執曹伯班其所取侵地于諸侯是也○注恩惠當先施○解云即堯典云九族既睦平章百姓是也○注刑罰當後加○解云即小司寇議親議賢之辟是也○注故著其甚惡○解云即執而言畀宋人使治其罪是也○注晉文伯討○解云即稱侯以執是也○注不坐獲者○解云謂諸侯言獲者皆是惡其擅獲是以上十五年獲晉侯之下傳云君獲不言師敗績也注云舉君獲爲重也釋不書者以獲君爲惡書者以惡見獲與獲人君者皆當絕也主書者從獲人例是其坐獲之文今晉侯伯討故不坐獲○夏。四月。己巳。晉侯、齊師、宋師、秦師、及楚人戰于城濮。楚師敗績。此大戰也。曷爲使微者。據秦稱師錄功知大戰必不使微者楚雖無大夫齊桓行朝書屈完也○濮音卜〔疏〕注據秦稱師○解云案文十二年秋秦伯使遂來聘傳云秦無大夫此何以書賢繆公也然則至文十二年秦始有大夫則知此時未合稱師今乃稱師錄功故知大戰既是大戰則明知必不應使微者云楚雖無大夫者文九年冬楚子使椒來聘傳云楚無大夫此何以書始有大夫也以此言之則知此時未有大夫故曰楚雖無大夫矣云齊桓行霸書屈完也者即上四年夏楚屈完來盟于師傳云屈完者何楚大夫也何以不稱使尊屈完也曷爲尊屈完以當桓公也注云增倍使若得其君以醇霸德成王事是也子玉得臣也。以上敗績下殺得臣〔疏〕子玉得臣也○解云傳及注意似子玉爲得臣之氏子玉得臣。則其稱人何。據屈完當桓公稱名氏貶。曷爲貶。據邲之戰林父不貶○邲皮必反大夫不敵君也。臣無敵君戰之義故絕正也秦稱師者助霸者征伐克勝有功故褒進之齊桓先朝天子晉文先討夷狄者晉文之時楚與爭彊所遭遇異〔疏〕注齊桓先朝天子○解云正以莊十三年冬柯之盟桓公之信著于天下豈不朝天子而得然乎但以外朝不書是以無經可指耳但何氏以理知之故言先朝天子言先者欲道至僖四年乃始服楚之意云所遭遇異者謂齊桓初霸之時楚未強大雖侵諸夏未能爲伯者之害是以桓公養成其晦至僖四年乃往討而服之至晉文之時楚人孔熾圍宋救衛與之爭盛是以未暇朝王先討子玉矣時事不同故云所遭遇異矣○楚殺其大夫得臣。楚無大夫其言大夫者欲起上楚人本當言子玉得臣所以詳錄霸事不氏者子玉得臣楚之驕蹇臣數道其君侵中國故貶明當與君俱昭也○道音導○衛侯出奔楚。晉文逐之不書逐之者以王事逐之擇立其次無絕衛之心惡不如出奔重〔疏〕注釋立至奔重○解云立叔武是也叔武衛侯之弟故曰其次耳惡不如出奔重者言文公逐人之惡少於衛侯出奔之罪○五月。癸丑。公會晉侯、齊侯、宋公、蔡侯、鄭伯、衛子、莒子、盟于踐土。陳侯如會。其言如會

何。據曹伯襄言會諸侯〔疏〕注據曹伯襄○解云即下文曹伯襄復歸于曹遂會諸侯圍許是也後會也。說與會伐宋同刺諸侯不慕霸者反歧意于楚失信後會不致者安信與晉文也盟日者譎也衛稱子者起叔武本無即位之意陳歧意于楚在二十七年○譎古穴反〔疏〕注盟日者譎也○解云正以春秋之例不信者日今而書日故解之而言譎者正以孔子謂之譎而不正故取其文○注衛稱子至之意○解云衛侯爲王伯所逐而立叔武叔武即是成君何不稱侯而作未踰年之君號欲起其本無即位之心故也無即位之心者即下云文公逐衛侯而立叔武叔武辭立而他人立則恐衛侯之不得反也故於是已立然後爲踐土之會治反衛侯是也○公朝于王所。曷爲不言公如京師。據三月公如京師天子在是也。天子在是。則曷爲不言天子在是。據狩于河陽不與致天子也。時晉文公年老恐霸功不成故上白天子曰諸侯不可卒致願王居踐土下謂諸侯曰天子在是不可不朝迫使正君臣明王法雖非正起時可與故書朝因正其義不書諸侯朝者外小惡不書獨錄內也不書如不言天王者從外正君臣所以見文公之功○卒七忽反下倉卒同見賢徧反下不見當見見其同〔疏〕注時晉至錄內也○解云皆春秋說文及史記文檀弓下篇云晉獻公之喪秦穆公使人弔公子重耳且曰喪亦不可久也時亦不可失也孺子其圖之鄭玄注云孺稚也孺子猶稚子也則於僖九年獻公卒時仍謂之稚子今得稱云年老者正以禮記非正典何氏不醇取之云明王法雖非正起時可與者言明王之法雖以爲非正欲見當時事勢不得不然是故遂書其朝云公朝于王所言因正其義者欲道臣無召君之義故不言王之所在云不書至不書者正以諸侯朝王不在京師亦是其惡但非大惡當所傳聞之世見在不錄之限是以特書公朝故隱元年公子益師卒之下何氏云於所傳聞世見治起於衰亂之中用心尚粗觕故內其國而外諸夏先詳內而後治外內小惡書外小惡不書是也○注不書如不言至之功○解云春秋之例內朝言如外來言朝今此魯侯不言如反言朝故云從外正君臣所以見文公之功也不言天王所以得正君臣見文公之功者以隱元年秋七月天王使宰咺來歸惠公仲子之賵下何氏云天王者時吳楚上僭稱王王者不能正而上自繫于天也春秋不正者因以廣是非然則稱王爲正稱於天則非禮今此經書不言天王者亦是正君臣以見文公之功也○六月。衛侯鄭自楚復歸于衛。言復歸者天子有命歸之名者刺天子歸有罪也言自楚者爲天子諱也天子所以陵遲者爲善不賞爲惡不誅衛侯出奔當絕叔武讓國不當復廢而反衛侯令殺叔武故使若從楚歸者復歸例皆時此月者爲下卒出也○殺當復扶又反令力呈反下令自同〔疏〕注言復歸至歸之○解云春秋文是以傳云然後爲踐土之會治反衛侯是何氏云叔武訟治於晉文公令白王者反衛侯使還國也天子有命歸而言復歸者正以衛侯出惡歸無惡故也何者正以衛侯初出之時晉文以王事逐之是其出惡及其歸國得天子之命是其歸無惡矣桓十五年傳曰復歸者出惡歸無惡是也○注名者至罪也○解云諸侯不生名若其生名皆欲絕之不以爲諸侯是以莊十年蔡侯獻舞之下傳云蔡侯獻舞何以名絕也今此衛侯王事不供而爲伯者所逐故當合絕但天子歸之失誅臣之義是以書名刺天子也○注自楚

者爲天子之諱也解云正以自者有力之文故言自楚得爲天子諱者若似自得楚力而歸然云復歸至出也者案桓十七年秋蔡季自陳歸于蔡下三十年秋衞侯鄭歸于衞之屬是歸書時也其復歸書時者即下冬衞元咺自晉復歸于衞之類是例合時而此月故知爲他事出也○衞元咺出奔晉。○咺況元反○陳侯欵卒。不書葬者爲晉文諱行霸不務教人以孝陳有大喪而姜會其孤故深爲恥之宋襄亦背殯獨不爲齊桓諱者時宋襄自會之卒不日者賤其歧意于楚〔疏〕注卒不日者○解云以大國之卒例書日已說于上○秋，杞伯姬來。○公子遂如齊。○冬，公會晉侯、齊侯、宋公、蔡侯、鄭伯、陳子、莒子、邾婁子、秦人于温。○天王狩于河陽。狩不書，此何以書？據常事也不與再致天子也。一失禮尚愈再失禮重故深正其義使若天子自狩非致也魯子曰：温近而踐土遠也。此魯子一說也温近狩地故可言狩踐土遠狩地故不言狩也公以再朝而日言之上說是〔疏〕温近而踐土遠也○解云近讀如附近之近遠爲遠外之遠○注公以至上說是○解云正以上朝不日而下朝始日危録内再失禮則知此書狩者不與再致天子也故言上說是○壬申，公朝于王所。其日何？據上朝不日録乎内也。危録内再失禮將爲有義者所惡不月而日者自是諸侯不繫天子若自不繫於月○惡烏路反下惡衞同○晉人執衞侯歸之于京師。歸之于京師者何？歸于者，罪已定矣；歸于者，罪未定也。罪未定則何以得爲伯討？此難成十五年晉侯執曹伯歸于京師○難乃且反下方難同〔疏〕歸之于者何○解云欲言伯執晉不稱侯欲言非伯而云歸之于京師似得伯執之義故執不知問歸之于者，執之于天子之側者也，罪定不定已可知矣。歸之者次絶之辭執于天子之側已白天子罪定不定自在天子故言已可知歸于者，非執之于天子之側者也，罪定不定未可知也。未得白天子分別之者但欲明諸侯尊貴不得自相治當斷之于天子爾大惡雖未可知執有罪當爲伯討矣無罪而執人當貶稱人○別彼列反衞侯之罪何？殺叔武也。何以不書？據殺大夫書爲叔武諱也。春秋爲賢者諱。何賢乎叔武？據失兄意○爲叔于僞反下爲賢爲叔武及注而爲深爲皆同讓國也。其讓國奈何？文公逐衞侯而立叔武，叔武辭立而他人立，則恐衞侯之不得反也，故於是已立，故上稱子然後爲踐土之會，治反衞侯。叔武訟治於晉文公令白王者反衞侯使還國也叔武讓國見殺而爲叔武諱殺者明叔武治反衞侯欲兄饗國故爲去殺已之罪所以起其功而重衞侯之無道○爲去起呂反衞侯得反，曰：叔武篡我。元咺爭之曰：叔武無罪。終殺叔武，元咺走而出。此晉侯也，其稱人何？此以伯討而何貶者言歸之于伯討明知坐他事故更問之○篡初患反〔疏〕注此以伯討而何貶者○解云上四年齊人執陳袁濤塗之下傳云此執有罪何以不得爲伯討然則此傳宜云此執有罪何以不稱侯而云此晉侯也其稱人何問其貶者正以言歸之于者罪定已可知即是伯討明矣知稱人更有所爲故問其稱人之義貶。曷爲貶？據他罪不見衞之禍，文公爲之也。文公爲之奈何？文公逐衞侯而立叔武，使人兄弟相疑。春秋許人臣者必使臣許人子者必使子文公惡衞侯大深愛叔武大甚故使兄弟相疑○大深音泰下同放乎殺母弟者，文公爲之也。文公本逐之非故致此禍也逐之文不見故貶主書者以起文公逐之○放乎甫往反〔疏〕注文公本逐之非○解云上注文公以王事逐之而言非者雖王事不供罪不至逐而文公逐之疾惡大甚故以爲非也案論語云人而不仁疾之已甚亂也○注以起文公逐之○解云其主書者即文公執衞侯之事是也今執衞侯貶文公稱人見其失所是故貶以起文公逐之○衞元咺自晉復歸于衞。自者何？有力焉者也。有力焉者有力于晉也言恃晉有屬已力以歸方難下意故於是發問○屬音燭〔疏〕自者何○解云文公賢伯而有力於惡人似非其義故執不知問此執其君，其言自何？上元咺出奔晉而文公執衞侯知以元咺訴執之怪訴其君而助之爲叔武爭也。解文公助之意以元咺爲叔武爭訴以爲忠於己而助之雖然臣無訴君之義復於衞非也悖君臣之義故著言自明不當有力於惡人也言復歸者深爲霸者恥之使若無罪○爭爭鬭之爭下注同悖必內反○諸侯遂圍許。○曹伯襄復歸于曹。○遂會諸侯圍許。曹伯言復歸者天子歸之也名者與衞侯鄭同義執歸不書書者名惡當見本無事不當言遂又不更舉曹伯者見其能悔過即時從霸者征伐也霸兵不月者剌文公不偃武脩文以附疏國卒欲服許卒不能降威信自是衰故不成其善○降戶江反〔疏〕曹伯襄復歸于曹○解云天子歸之以得天子之命其罪可以除故言復歸作入無惡之文矣上衞侯之下注云言復者天子有命歸之不言衞侯而此處著言曹伯者正以文承元咺復歸之下辨嫌也○注執歸至言遂○解云正以上二十一年宋公被執而歸經不書之故知執歸不書今書者其名之惡當須見之○注又不更舉曹伯者○解云謂何以不言曹伯遂會諸侯圍許正以言遂又不更舉曹伯皆是風疾之義故可以見悔過即時從霸者征伐也○注欲服許至其善○解云正以上文温之會許男不至是不慕霸者而從至于楚故因而服之云卒不能降者正以二十九年春經書公至自圍許作不得意之文莊六年秋公至自伐衞之下傳云得意致會不得意致伐今此不致會知卒不能降也

二十有九年，春，介葛盧來。介葛盧者何？夷狄之君也。何以不言朝？據諸侯來曰朝○介葛音介國名〔疏〕介葛盧者何○解云欲言諸侯文不言朝欲言大夫文不書聘故執不知問不能乎朝也。不能升降揖讓也介者國也葛盧者名也進稱名者能慕中國朝賢君明當扶勉以禮義〔疏〕注進稱名者○解云正以下三十年秋介人侵蕭不名故知此稱名是其進○公至自圍許。○夏，六月，公會王人、晉人、宋人、齊人、陳人、蔡人、秦人盟于狄泉。文公圍許不能服自知威信不行故復上假王人以會諸侯年老志衰不能自致故諸侯亦使微者會之月者惡霸功之廢於是○故復扶又反年未同惡烏路反〔疏〕注月者至廢於是○解云正以月非大信之辭也○秋，大雨雹。夫人專愛之所生○雨于付反雹步角反○冬，介葛盧來。前公圍許不在故更來朝不稱字者一年再朝不中禮故不復進也○中丁仲反

三十年，春，王正月。○夏，狄侵齊。○秋，衞殺其大夫元咺及公子瑕。衞侯未至，其稱國以殺何？據歸在下道殺也。時已得天子命還國於道路遇而殺之坐之與至國同故但稱國不復別也言及公子瑕者下大夫別尊卑○復扶又反別彼列反其大夫。其言歸何？據未至而有專殺之惡與入惡同○衞侯鄭歸于衞。此殺〔疏〕其言歸何○解云正以歸者是出入無惡也○注與入惡同○解云正以復入者出無惡入有惡今此衞侯未至而殺故宜與入惡同不合言歸故難之歸惡乎元咺也。衞侯歸殺無惡則元咺之惡明矣曷爲歸惡乎元咺？據師還〔疏〕注據師還○解云即莊八年秋師還傳云還者何善辭也此滅同姓何善爾非師之罪也彼注云明君之使重在君然則彼魯公遣師滅同姓歸善于師而歸惡于公此衞侯即歸惡于元咺與彼義違元咺之事君也，君出則己入，晉人執衞侯歸之于京師元咺自晉復歸于衞恃晉力以歸是也〔疏〕注恃晉至是也○解云即彼傳云自者何有力焉者也注云有力焉者有力于晉也言恃晉有屬已力以歸是君入則己出。衞侯鄭自楚復歸于衞元咺出奔晉是也以爲不臣也。故不從犯伯執爲天子所還言復歸從出入無惡言歸以見元咺有出入罪衞侯得殺之所以專臣事君之義名者爲殺叔武之惡天子有罪也執歸不書主書者名惡當見○以見賢偏反下同爲于僞反惡夫烏路反○晉人、秦人圍鄭。○介人侵蕭。稱人者侵中國故退之〔疏〕注稱人者至退之○解云正以上二十九年來朝稱名今不名故知此稱人者退之也○冬，天王使宰周公來聘。與葵丘會同義〔疏〕注與葵丘會同義○解云葵丘之會在上九年公會宰周公以下于葵丘彼注云宰猶治也三公之職號尊名也以加宰知其職大尊重當與天子參聽萬機而下爲諸侯所會惡

不勝任也此率周公亦職大尊重當與天子參聽萬機而下聘諸侯惡不勝任故云與葵丘同義

遂如京師。遂如晉。大夫無遂事。此其言遂何。○公子公不得爲政爾。不從公政令也時見使如京師而橫生事矯君命聘晉故疾其驕蹇自專當絕之不舉重者遂當有本○撟君居表反本又作矯【疏】大夫無遂事○解云正以臣無自專之道也

三十有一年。春。取濟西田。惡乎取之。以不月與取運異知非內叛邑○惡音烏【疏】注以不月至叛邑○解云昭元年三月取運傳云運者何內之邑也其言取之何不聽也注云不聽者叛也不言叛者爲內諱故書取以起之月者爲內喜得之故書月也此不書月與彼異知非內之邑是以傳云惡乎取之猶言何處取之

取之曹也。曷爲不言取之曹。據取叢言邾婁田也諱取同姓之田也。同姓相貪利惡差重恥差深○惡差初賣反下同此未有伐曹者。則其言取之曹何。據伐同姓不諱即有兵當舉伐曹下日若甲戌取須朐【疏】注即有兵至須朐○解云即文七年春公伐邾婁三月甲戌取須朐傳云取邑不日此何以日內辭也使若他人然注云使若公春伐邾婁而去他人自以甲戌日取之

晉侯執曹伯。班其所取侵地于諸侯也。班者布偏還之辭布偏音遍下文同

晉侯執曹伯。班其所取侵地于諸侯。則何諱乎取同姓之田。據晉還之得爲伯【疏】注據晉還之得爲伯○解云即上二十八年三月丙午晉侯入曹執曹伯畀宋人是也何者稱侯以執伯討之文然此傳云晉侯執曹伯班其所取侵地于諸侯正指上二十八年執曹伯以畀宋人之文言晉還之者謂執曹伯而還諸侯之田矣

久也。魯本爲霸者所還當時不取久後有悔更緣前語取之不應以得故當坐取邑

○公子遂如晉。○夏。四月。四卜郊不從。乃免牲。猶三望。曷爲或言三卜。或言四卜。三卜禮也。四卜非禮也。三卜何以禮。四卜何以非禮。據俱卜也【疏】曷爲或言三卜○解云即襄七年夏四月三卜郊不從乃免牲是也○三卜禮也○解云案曲禮上篇云卜筮不過三是其舊典之遺存鄭玄云求吉不過三魯四卜郊春秋譏之是也三卜禮謂是魯禮若天子之郊則不卜以其常事但以魯郊非常是以卜之吉則爲之凶則已之

求吉之道三。三卜吉凶必有相奇者可以決疑故求吉必三卜○奇居丑反【疏】求吉之道三○解云周禮大卜掌三王之龜易義亦通于此然三卜是禮理應不書襄七年三卜郊何以書正以魯人之郊博卜三正襄七年乃在周之四月以其不時是以書也

禘嘗不卜。郊何以卜。禘比祫爲大嘗比四時祭爲大故据之【疏】禘嘗不卜○解云即僖八年秋七月禘于太廟桓十四年八月乙亥嘗之類皆不見卜筮之文故言此○禘比祫爲大○解云禘之與祫雖皆大祭但禘及功臣於祫則否故以禘爲大是以文二年大事於大廟之下傳云五年而再殷祭彼注云謂三年祫五年禘禘所以異於祫者功臣皆祭也祫猶合也禘猶諦也審諦無所遺失盤庚曰茲予大享于先王爾祖其從與享之義亦通于此也○注嘗比四時祭爲大○解云以此傳配禘禘既大於祫則知嘗大于四時且嘗是秋成萬物薦馨故以爲盛也

卜郊。非禮也。禮天子不卜郊【疏】注禮天至卜郊○解云欲道天子之郊以其常事故不須卜魯郊非禮是以卜之異於禘嘗耳

卜郊何以非禮。據上言三卜禮【疏】卜郊何以非禮○解云弟子之意以爲上言三卜是禮何言卜郊非禮乎荅者以爲由魯郊非正故須卜何妨天子之郊不卜乎

魯郊。非禮也。以魯郊非禮故卜爾昔武王既沒成王幼少周公居攝行天子事制禮作樂致太平有王功周公薨成王以王禮葬之命魯使郊以彰周公之德非正故卜三卜吉則用之不吉則免牲謂之郊者天人相與交接之意也不言郊天者謙不敢斥尊○少詩照反太平音泰王功于況反【疏】注謂之郊至意也○解云何氏以爲郊特牲云於郊故謂之郊禮記非正典故不從之○注不言郊天者至尊者○解云欲道禘于大廟于莊公武宮之屬皆斥尊言之若然乙亥嘗己郊烝之屬文不斥言者以是時祭于大廟小於禘故也

魯郊何以非禮。據成公乃不郊惡之惡之烏路反下皆同○天子祭天。郊者所以祭天也天子所祭莫重於郊郊於南郊者就陽位也槀席玄酒器用陶匏大珪不瑑大羹不和爲天至尊物不可悉備故推質以事之○槀古老反匏白交反瑑大轉反和戶臥反爲天于僞反下則爲本爲主爲皆同【疏】注居南郊至以事之○解云皆出禮記郊特牲彼文云郊之祭也大報天而主日也兆於南郊就陽位也又云莞簟之安而蒲越槀鞂之尚酒醴之美玄酒明水之尚器用陶匏以象天地之性也大圭不瑑美其質也大羹不和貴其質也鄭氏云明水司烜以陰鑑所取於月之水也蒲越槀鞂藉神席也而彼文又云祭天掃地而祭焉於其質而已矣而云槀鞂神席者正謂對不爲壇故言掃地不全無席

諸侯祭土。土謂社也諸侯所祭莫重於社卿大夫祭五祀士祭其先祖【疏】諸侯祭土○解云欲道魯郊爲非禮之意也

天子有方望之事。方望謂郊時所望祭四方羣神日月星辰風伯雨師五嶽四瀆及餘山川凡三十六所【疏】注方望至三十六所○解云舊說云四方羣臣是爲四也通日與月爲六星是五星爲十一也辰是十二辰爲二十三風伯雨師爲二十五五嶽爲三十四瀆爲三十四餘小山川爲二是爲三十六所

無所不通。盡八極之內天之所覆地之所載無所不至故得郊也

諸侯山川有不在其封內者。則不祭也。故魯郊非禮也【疏】注故魯至禮也○解云正以其所主狹是以不得祭天地也

曷爲或言免牲。或言免牛。免牲禮也。魯卜郊不吉免之禮卜郊不吉則爲牲作玄衣纁裳使有司玄端放之於南郊明本爲天不敢留天牲【疏】或言免牛○解云即成七年王正月鼷鼠食郊牛角改卜牛鼷鼠又食其角乃免牛是也

免牛。非禮也。免牛何以非禮。傷者曰牛。養牲不謹敬有災傷天不饗用不得復爲天牲故以本牛名之非禮者非大牲不當復見免但當內自省責而已○復爲扶又反下同見免賢徧反下以見同

三望者何。望祭也。然則曷祭。祭泰山河海。曷爲祭泰山河海。據郊者主爲祭天○大山音泰本亦作泰下同【疏】三望者何○解云欲言祭名文在免牲之下欲言非祭因郊天爲之故執不知問

山川有能潤于百里者。天子秩而祭之。此皆助天宣氣布功故祭天及之秩者隨其大小尊卑高下所宜禮祭天牲角繭栗社稷宗廟角握六宗五嶽四瀆角尺其餘山川視卿大夫天燎地瘞日月星辰布山縣水沈風磔雨升燎者取俎上七體與其珪寶在辨中置於柴上燒之○繭古典反燎力召反瘞於例反縣音玄磔陟百反【疏】注禮祭天至大夫○解云皆王制與禮說文耳其餘山川視卿大夫者小山川之屬但牽牛而已○注天燎至雨升○解云爾雅祭天曰燔柴者蓋以燎柴而燔之故謂祭爲燔柴○云地瘞者即爾雅云祭地曰瘞埋李巡曰祭地以玉埋地中瘞亦埋也云日月星辰布者即爾雅云祭星曰布孫氏云既祭布散於地位似星辰布列郭氏曰布散祭於地然則爾雅雖不言日月日月之義宜附於星故何氏連日月言之云山縣者爾雅云祭山曰庪縣郭氏云或庪或縣置之於山李氏曰祭山以黃玉及璧以庪庪置几上遙遙而眡之若縣故曰庪縣孫氏曰庪縣埋於山足曰庪埋於山上曰縣或是也云水沈者即爾雅祭川曰浮沈孫氏曰祭於水中或浮或沈故曰浮沈是也言風磔者即爾雅云祭風曰磔孫氏云既祭披磔其牲以風散之李氏曰祭風以牲頭蹄及皮破之以祭故曰磔郭氏曰今俗當大道中磔狗云以止風此其象云雨升者無文何氏更有所見蓋患其雨多祭使上升故曰雨升明上水沈是也○注燎者取至燒之○解云上天燎之文其七體者即少牢之肩臂臑肫胳正脊脡脊橫脊短脅長脅代脅之屬也

觸石而出。膚寸而合。側手爲膚案指爲寸言其觸石理而出無有膚寸而不合○膚方于反側手爲膚按指爲寸不崇朝而偏雨乎天下者。唯泰山爾。崇重也不重朝言一朝也○崇朝如字注同雨于付反又如字崇重直龍反下同河海潤于千里。亦能通氣致雨潤澤及于千里韓詩傳曰湯時大旱使人禱于山川是也郊望非一獨祭三者魯郊非禮故獨祭其大者

猶者何。通可以已也。已止何以書。譏不郊而望祭也。譏尊者不食而卑者獨食書者惡失禮也魯至是郊者僖公賢君欲尊明其先祖之功德不就廢之譏者春秋不見事不書皆從事舉可知也不告言不從者明已意汲汲欲郊而上不從爾所以見事鬼神當加精誠○秋。七月。○冬。杞伯姬來求婦。其言來求婦何。兄弟辭也。其稱婦何。有姑之辭也。書者無出道也○狄圍衛。○十有二月。衛遷于帝丘。月者惡大國遷至小國城郭堅固人衆彊遷徙畏人故惡之也

三十有二年。春。王正月。○夏。四月。己丑。鄭伯接卒。不書葬者殺大夫申侯也君殺大夫皆就葬別有罪無罪唯內無貶公之道不可去葬故從殺時別之○接二傳作捷別有彼列反下同去起呂反【疏】注君殺至無罪○解云正謂大夫有罪則書其君葬若其大夫無罪

則去其君葬以見惡○注唯內至別之○解云正其別之者即有罪不日上二十八年春公子買戍衛不卒戍刺之是也若其無罪則書日即成十六年十有二月乙酉刺公子偃是也○衛人侵狄○秋衛人及狄盟不地者起因上侵就狄盟也復出衛人者嫌與內微者同也言及者時出不得狄君也稱人而言及則知狄盟者卑○復扶又反○冬十有二月己卯晉侯重耳卒○重直龍反

三十有三年春王二月秦人入滑○齊侯使國歸父來聘○夏四月辛巳晉人及姜戎敗秦于殽其謂之秦何據敗者稱師未得師稱人○殽本又作肴戶交反或戶高反〔疏〕注據敗至稱人○解云即莊二十八年春王三月甲寅齊人伐衛衛人及齊人戰衛人敗績傳云敗者稱師衛何以不稱師何氏云據桓十三年己巳燕人戰敗績稱師傳云未得乎師也何氏云未得成列爲師也然則燕人敗績稱師衛人未得師稱人今此稱國故難之夷狄之也曷爲夷狄之據俱見敗秦伯將襲鄭輕行疾至不戒以入曰襲○輕遣政反百里子與蹇叔子諫曰千里而襲人未有不亡者也行疾不假塗變必生道遠多險阻遭變必亡○蹇居輦反秦伯怒曰若爾之年者宰上之木拱矣○宰冢也拱可以手對抱○拱九勇反以手對抱〔疏〕注宰冢也○解云正以穀梁傳云子之冢木已拱矣范氏云拱合抱未知同異如何也爾曷知師出百里子與蹇叔子送其子而戒之曰爾即死必於殽之嶔巖是文王之所辟風雨者也其處險阻隘勢一人可要百故文王過之驅馳常若辟風雨襲鄭所當由也○嶔苦銜反鄭深生褚詮之音上林賦並同徐音欽韋昭漢書音義去聸反又本或作嵌同岩五銜反韋音巖處昌慮反隘於賣反要一遥反傳要之同吾將尸爾焉在牀曰尸在棺曰柩子揖師而行揖其父於師中介胄不拜爲其拜如蹲○胄直又反爲于僞反蹲音存〔疏〕注介胄不拜○解云出曲禮上篇彼文蹲作蔆字少儀亦云介者不拜鄭注云軍中之拜肅拜是也百里子與蹇叔子從其子而哭之秦伯怒曰爾曷爲哭吾師對曰臣非敢哭君師哭臣之子也言恐臣先死子不見臣故先哭之弦高者鄭商也鄭商賈人○賈音古遇之殽矯以鄭伯之命而犒師焉詐稱曰矯犒勞也見其軍行非常不似君子恐見虜掠故生意矯君命勞之○矯以居表反犒苦報反勞力報反下同掠音亮或曰往矣或曰反矣軍中語也時以爲鄭實使弦高犒之或以爲鄭伯已知將見襲必設備不如還或曰續出當遂往之然而晉人與姜戎要之殽而擊之匹馬隻輪無反者然然上議猶豫留往之頃也匹馬一馬也隻踦也皆喻盡○隻輪如字一本又作易輪董仲舒云車皆不還故不得易輪轍隻踦居宜反一本作易踦其言及姜戎何據秦人白狄不言及吳子主會也〔疏〕注及吳子主會○解云即黃池傳云吳何以稱子吳主會吳主會則曷爲先言晉侯不與夷狄之主中國也姜戎微也故絕言及稱人亦微者也何言乎姜戎之微據邢人狄人伐衛不言及先軫也先軫晉大夫也言姜戎微則知稱人者尊或曰襄公親之以既貶又危文公葬〔疏〕注以既至公葬○解云即下經云癸巳葬晉文公是也何者隱三年傳云當時而不日正也當時而日危不得葬也今此文公去年十二月薨至今年四月正宜合葬而書其日故云危文公葬襄公親之則其稱人何據桓十三年衛侯背殯用兵不稱人〔疏〕注據桓十三年至稱人○解云即桓十三年二月公會紀侯鄭伯己巳及齊侯宋公衛侯燕人戰云云是也知彼衛侯背殯用兵者即以桓十二年十一月丙戌衛侯晉卒至十三年三月葬衛宣公然則背三月乃葬先君二月而已出戰故知背殯明矣貶曷爲貶據俱背殯用兵君在乎殯而用師危不得葬也與衛迫齊宋異故惡不子也○惡烏路反下同〔疏〕注與衛至宋異○解云即彼注云背殯用兵而月不危之者衛弱於齊宋不從亦有危故量力不責是也詐戰不日此何以日據不言敗績外詐戰文也詐卒也齊人語也○卒七忽反盡也惡者不仁○癸巳葬晉文公○狄侵齊○公伐邾婁取叢取邑不致者得意可知例○取叢才工反二傳作取訾樓〔疏〕取叢○解云有作鄒字者○注取邑至知例○解云公與二國以上用兵之時得意致會不得意致伐若與一國及獨出用兵之時得意不致不得意致伐今此取邑例皆不致不別得意者既言取邑得意明矣何勞別之○秋公子遂率師伐邾婁○晉人敗狄于箕不月者略微者與夷狄也〔疏〕注不月至狄也○解云以隱六年注云戰例時偏戰日詐戰月今比不月故解之○冬十月公如齊月者善公念齊恩及子孫〔疏〕注月者至子孫○解云正以朝聘例時故如此解而言念齊恩及子孫者正以十年春公如齊之下注云月者僖公本齊所立桓公德衰見叛獨能念恩朝事之故善録云十五年公如齊之下注云月者善公既能念恩尊事齊桓又合古五年一朝之義故録之今桓公既卒能復朝齊書月故以念恩及子孫解之○十有二月公至自齊○乙巳公薨于小寢○霣霜不殺草李梅實何以書記異也何異爾不時也周之十二月夏之十月也易中孚記曰陰假陽威之應也早霣霜而不殺萬物至當霣霜之時根生之物復榮不死斯陽假與陰威陰威列索故陽自霣霜而反不能殺也此祿去公室政在公子遂之應也○復扶又反索息各反〔疏〕注陰威列索○解云正謂陰威列見而散萬物矣○晉人陳人鄭人伐許

公羊注疏卷十二挍勘記　阮元撰盧宣旬摘録

公羊注疏僖公卷十二

二十有二年

取須朐　唐石經諸本同釋文須朐左氏作句

二十有三年

以後諱加微封　解云封字亦有下句讀之非也

正所以傳聞之世　浦鏜云以所字誤倒

二十有四年

鄭氏發墨守云　閩本同監毛本氏誤云

夫人自侮而後人侮之　補毛本作夫人必自侮不誤

今其寵專於子　浦鏜云今疑令字誤

不復供養養者與　補養字誤重

二十有五年

即莊二十年冬　浦鏜云十下脫七字按浦說是也

疾其末　鄂本末誤宋

遂但別兩耳　鄂本同閩監毛本兩下衍稱字此本下複衍別兩耳三字皆當删正

不書出時者小國是例也　浦鏜云者下脫略字按浦說是也

位不合致　按位當作但

天子不親征下土　閩本同監本土誤上毛本誤士

二十有六年

故錄詳之　鄂本作詳錄此誤倒

當有公賞也　浦鏜云功誤公是也

乞師者何卑辭也　閩監毛本同誤也唐石經鄂本無師字此誤衍按疏標起訖云乞者至若辭亦無師字

曷爲重師　宋本脫半頁自重字起曰患之起必自字止

注戰必當勝　閩監本同誤也毛本必當作當必宜據正

邾婁子益何以名絕之　哀七年傳絕字下有曷爲絕三字下蔡侯獻舞何以名絕字下

亦宜依莊十年傳補曷爲絶三字

以此二文言絶之　毛本二誤上

内獲人皆諱不書　毛本獲誤楚

未聞稱師　閩監毛本誤也鄂本聞作得當據正

注稱人至從楚文　從楚文三字當作得稱師三字

言其大夫者　浦鏜云其言字誤倒

故從楚文也　毛本楚誤此

作不得意之文以解之　浦鏜云以當故字誤

二十七年　唐石經作廿有七年鄂本二十下有有字此脫

晉文行霸征之　鄂本文下有公字此脫

衛壅遏不得使義兵以時進　釋文壅又作壅同此本進誤追今據諸本訂正

未能爲伯者之害　閩監毛本伯作霸

明當與君俱昭也　鄂本昭作治無也此誤衍

刺諸侯不慕霸者反歧意于楚　鄂本同宋本諸作陳此誤閩監毛本歧作岐下並同

陳歧意于楚　鄂本同監毛本于作於閩本誤如

云不書至不書者　當作云不書諸侯朝者

何氏云天王者　浦鏜云天上脫言是也

爲天子諱也　宋本子下衍之字疏同

注自楚者爲天子之諱也　閩監本同毛本作言自楚者爲天子諱也

陳侯欵卒　唐石經諸本欵作款是也

則何以得爲伯討　唐石經原刻作執後磨改作討按下云歸于者非執之于天子之側者也則此當從原刻作執

此難成十五年　鄂本成下有公字

歸之者次絶之辭執于天子之側　鄂本次作決此誤毛本側誤例

故於是已立　唐石經原刻作爲是後磨改作於

曹伯言復歸者　浦鏜云自此下二十九字當在上文曹伯襄復歸于曹之下按廿一年疏引此曰曹伯之下注云則此注本在上經下也

書者名惡當見　鄂本見誤是

言復者天子有命歸之　浦鏜云復下脫歸字是也

二十有九年

盟于狄泉　唐石經諸本同左氏作翟泉

三十年

君出則已入　唐石經諸本同隷釋載公羊殘碑後云三十年言君出則已入然則熹平石經不與何本同故舉其異者言之

爲殺叔武之惡天子歸有罪也　閩監毛本同鄂本無之字此衍按廿一年疏引此注亦無之字

當與天子參聽萬機　閩監毛本機改幾下同

故疾其驕蹇自專當絶之也　宋本同閩監毛本之在專下誤

三十有一年

當舉伐曹下日　宋本閩監毛本同鄂本下誤不

布徧還之辭　鄂本徧字空缺按釋文作布徧經注本盡作布還此合併爲一

何者稱侯以執　盧文弨曰何疑向

不應以得　鄂本以作復此誤宣元年疏引此注此本閩本皆作復

於南郊者　鄂本於作居此本疏標起訖同當據正

稾席元酒　何校本稾作槀从禾是也

大珪不琢　鄂本同閩監毛本琢作瑑非疏同釋文亦作瑑

故推質以事之　鄂本同閩監毛本推誤惟

舊說云四方羣臣　閩本同監本剜改臣作神是也毛本從之

五岳爲三十　閩監毛本岳作嶽

養牲不謹敬有災傷　鄂本宋本閩本同監本剜改有作致毛本從之

非大牲不當復見免　鄂本同閩監毛本大作天是也上文兩言天牲

祭泰山河海　唐石經鄂本同閩監毛本泰作大下同按釋文作大山云本亦作泰今本當據此改

既祭布散於地位　浦鏜云位衍按爾雅音義無位

注燎者取玉燎之　按注當作燒之

上天燎之文　浦鏜云疑衍盧文弨曰疑作上稱天之文

肩臂臑肫胳　何校本肫作膞與少牢饋食禮合

長脅　何校本長脅作正脅與少牢禮合

而上不從爾　鄂本上作卜此誤

三十有三年

晉人及姜戎敗秦于殽　唐石經諸本同釋文殽本又作肴惠棟云二傳皆作敗秦師

必於殽之嶔巖　唐石經諸本同釋文嶔本或作廞同盧文弨曰說文作欽崟高誘注淮南地形訓作欽吟○按說文有岑崟無欽崟義與傳亦不同

介冑不拜爲其拜如蹲　解云出曲禮上篇彼文蹲作蓌經義雜記曰今禮記作介者不拜爲其拜而蓌拜釋文蓌拜盧本作蹲與何邵公合蓌乃俗字介者作介冑蓋何氏以義言之而如古通此當從公羊注而讀爲如

恐見虜掠　鄂本掠作略按釋文作虜掠

或曰緒出當遂往之　鄂本同蓋誤閩監本作既出毛本誤既自此本緒字剜改當本作既也

匹馬隻輪無反者　唐石經諸本同釋文隻輪一本又作易輪董仲舒云車皆不還故不得易輪轍經義雜記曰河注匹馬一隻也隻踦也穀梁傳作匹馬倚輪無反者范解倚輪一隻之輪漢書五行志載劉向說謂晉敗秦師匹馬觭輪無反者服虔曰觭音奇偶之奇師古曰觭隻也凡作觭作踦作倚皆奇字之通借疑公羊傳本作匹馬踦輪與穀梁及漢志同何注作踦隻也與范解及顔注同今本及釋文皆誤倒若傳本作隻文義已明反訓爲踦義轉晦矣

猶豫留往之頃也　閩監毛本同誤也鄂本往作住當據正

隻踦也　釋文隻踦也一本作易踦○按據此則知傳一本作易輪與董仲舒合而何釋爲踦

據秦人白狄不言及吳子主會也　閩監毛本同鄂本疊吳子二字盧文弨曰秦人白狄伐晉在成九年及吳子在哀十三年舊本吳子重但脫一及字按疏中標注云及吳子主會也如今本依疏疊及字義可通矣○按此注當據秦人白狄不言及句絶下云及吳子吳子主會也謂如哀十三年言及吳子者因吳子主會今姜戎非主會者何以言及

卽曷爲先言晉侯　浦鏜云則誤卽

惡者不仁　鄂本者作晉此誤

取叢　唐石經諸本同釋文作取菆云才工反二傳作取訾樓解云叢有作鄒字者

故善録云　浦鏜云之誤云

監本春秋公羊注疏文公卷第十三 起元年盡九年

何休學

元年。春。王正月。公即位。〇二月。癸亥。朔。日有食之。是後楚世子商臣弒其君楚滅江六狄比侵中國〔疏〕注是後至其君。〇解云即下經云冬十月丁未楚世子商臣弒其君髡是也。〇注楚滅江六。〇解云即下四年秋楚人滅六是也。〇注狄比侵中國。〇解云即下四年夏狄侵齊七年夏狄侵我西鄙之屬是也。〇天王使叔服來會葬。其言來會葬何。据奔喪以非禮書歸含且賵不言來。〇歸含本又作唅戶暗反五年經同賵芳鳳反〔疏〕注据奔喪以非禮書。〇解云即定十五年夏五月壬申公薨于高寢下云邾婁子來奔喪傳云其言來奔喪非禮也是。〇注歸含至言來。〇解云下五年春王正月王使榮叔歸含且賵是也。會葬禮也。但解會葬者明言來者常文不爲早晚施也常事書者文公不肖諸侯莫肯會之故書天子之厚以起諸侯之薄蓋以長補短也叔服者王子虎也服者字也叔者長幼稱也不繫王者不以親疏錄也不稱王子者時天子諸侯不務求賢而專貴親親故尤其在位子弟刺其早任以權也魯得言公子者方錄異辭故獨不言弟也諸侯得言子弟者一國失賢輕〇不爲于僞反下不爲同長幼丁丈反稱也尺證反〔疏〕注但解至施也〇解云在隱元年也〇注常事書者〇解云僖公之卒在去年十二月至今年四月葬之是爲五月而葬叔服來會附在葬前適得其所故謂之常事常事不書今書之故須注解〇注文公至會之〇解云正以下七年秋八月公會諸侯晉大夫盟于扈傳云諸侯何以不序大夫何以不名公失序也公失序奈何諸侯不可使與公盟眣晉大夫使與公盟也注云文公爲諸侯所薄賤不見序故深諱爲不可知之辭是其不肖諸侯莫肯會之義也〇注故書至之薄〇解云言天子恩厚於文公而經書其會葬起諸侯之薄無恩於文公故經不書矣而襄三十一年冬十月滕子來會葬亦是常事而書之者亦起當時更無人會故彼注云此書者與叔服同義是也〇注蓋以長補短也〇解云謂書天子得禮欲以補諸侯之短令其非禮見矣其非禮者不相會葬是也〇注叔服至稱也〇解云知叔服爲王子虎者正以下三年夏五月王子虎卒傳云王子虎者何天子之大夫也外大夫不卒此何以卒新使乎我也注云王子虎即叔服也新爲王者使來會葬在葬後三年中卒君子恩隆於親親則加報之故卒明當有恩禮也是也〇注不繫至錄也〇解云若不繫宜云王使王服子來會葬似若宣十五年王札子矣今不如此者春秋主見天子之厚使來會葬而已何須錄其使人之親疏乎是以不言王服子矣宣十五年王札子殺召伯毛伯傳云王札子者何長庶之號注云子者王子也天子不言子弟故變文上札繫先主以明之是其類也〇注不稱至權也〇解云言尤其在位子弟則知聘使與會盟之時不得稱子弟者其卒與奔猶得稱之何者卒與出奔不復在位何須刺其早任以權乎即下三年夏五月王子虎卒襄三十年夏王子瑕奔晉之屬是也〇注魯得至弟也〇解云魯君在位公子得言之者即桓五年公子翬如齊逆女莊二年公子慶父伐於餘丘之屬是也言方錄異辭者謂上異於天子下異於諸侯見其爲新王之義故曰方錄異辭矣故獨不言弟也者謂九其在位之弟者其卒與出奔不妨有之故即宣十七年冬公弟叔肸卒之屬是也〇注諸侯至賢輕〇解云諸侯在位公子得見經者即宣二年春及鄭公子歸生戰于大棘之屬是也其諸侯在位之弟得見經者即隱七年夏齊侯使其弟年來聘桓十四年夏鄭伯使其弟語來盟之屬是也一國失賢輕者雖是不務求賢而專貴親親要其一國失賢其罪輕故也〇夏。四月。丁巳。葬我君僖公。〇天王使毛伯來錫公命。錫者何。賜也。命者何。加我服也。復發傳者嫌禮與桓公同死生異也主書者惡天子也古者三載考績三考黜陟幽明文公新即位功未足施而錫之非禮也〇錫恩歷反復扶又反惡烏路反〔疏〕錫者何〇解云明始即位未有功美天子加錫異於常典故執不知問〇注復發至禮也〇解云莊元年王使榮叔來錫桓公命傳云錫者何賜也注云上與下之辭傳又云命者何加我服也注云增加其衣服令有異於諸侯然則若不重發即嫌悉與桓公同故復言之明有異矣彼是賵死之衣此是朝祭之服故言死生異也云云之說在莊元年〇晉侯伐衛。〇叔孫得臣如京師。書者與莊二十五年同知不爲喪聘書者聘爲貢職天子當得異方之物以事宗廟又欲以知君父無恙不以喪廢故不譏也如他國就不三年一譏而已〇恙餘亮反〔疏〕注書者至譏也〇解云即莊二十五年冬公子友如陳彼注云如陳者聘也內朝聘言如者尊內也書者錄內所交接也今此亦然故曰同也〇注如他至而已〇解云如他國所以合譏者正以聘是吉禮又非君父之國於喪宜廢故也言就不三年一譏而已者即下二年冬公子遂如齊納幣傳云納幣不書此何以書譏何譏爾譏喪娶也娶在三年之外則何譏乎喪娶三年之內不圖婚是也言就其重者一譏而已其餘不譏從可知〇衛人伐晉。〇秋。公孫敖會晉侯于戚。戚寂反〇冬。十月。丁未。楚世子商臣弒其君髡。楚無大夫言世子者甚惡世子弒父之禍也不言其父言其君者君之於世子有父之親有君之尊言世子者所以明有父之親言君者所以明有君之尊又責臣子當討賊也日者夷狄子弒父忍言其日〇髡苦門反左氏作頵〔疏〕注楚無至賊也〇解云下九年冬楚子使椒來聘傳云椒者何楚大夫也楚無大夫此何以書始有大夫也始有大夫則何以不氏許夷狄者不一而足也然則至下九年楚始有大夫則知此處未有大夫矣既無大夫其世子亦未當見故解之〇注日者至其日〇解云如此注者正決襄三十年夏四月蔡世子般弒其君固何氏云不日者深爲中國隱痛有子弒父之禍故不忍言其日是也〇公孫敖如齊。書者譏喪娶吉凶不相干

二年。春。王二月。甲子。晉侯及秦師戰于彭衙。秦師敗績。稱秦師者悉其衆惡其將前以不用賢者之言匹馬隻輪無反者今復重師敗績師敵君不正者賤之不嫌得敵君〇衙音牙本或作牙惡烏路反將子匠反復扶又反下不復皆同重直用反〔疏〕注稱秦至其將〇解云正以秦于是時未有大夫則不合稱師今而稱師故解之〇注前以至敗績〇解云在僖三十三年矣〇注師敵至敵君〇解云僖二十八年夏晉侯以下及楚人戰于城濮傳云此大戰也曷爲使微者子玉得臣也子玉得臣則其稱人何故大夫不敵君也然則彼是大夫嫌其與君敵故正之稱人此師者乃是秦之衆人是以不勞正之耳〇丁丑。作僖公主。作僖公主者何。爲僖公作主也。爲僖公廟作主也主狀正方穿中央達四方天子長尺二寸諸侯長一尺〇爲僖公廟于僞反下益爲以爲下欲爲同〔疏〕作僖公主者何〇解云欲言是禮書而譏之欲言非禮禮有作主之事故執不知問〇爲僖公作主也〇解云爲于僞反〇注主狀至一尺〇解云皆孝經說文也卿大夫以下正禮無主故不言之云云之說備在左氏主者。曷用。虞主用桑。禮平明而葬日中而反虞以陽求陰謂之虞者親喪以下壙皇皇無所親求而虞事之虞猶安神也用桑者取其名與其麤觕所以副孝子之心禮虞祭天子九諸侯七卿大夫五士三其奠處猶吉祭〇壙苦晃反又音曠麤才古反又七奴反〔疏〕注禮平至反虞〇解云出檀弓與士虞記也言以陽求陰者謂以日中求神是也而鄭注士虞記云朝葬而日中虞君子舉事必用辰正也者兩相須也彼鄭氏又云再虞三虞皆質明則日中而反虞者指葬日言之〇注禮虞至吉祭〇解云自諸侯七以下雜記文其天子九虞者何氏差之耳異義左氏說亦有成文云云之說具左氏傳疏練主用栗。謂期年練祭也埋虞主於兩階之間易用栗也夏后氏以松殷人以柏周人以栗松猶容也想見其容貌而事之主人正之意也柏猶迫也親而不遠主地正之意也栗猶戰栗謹敬貌主天正之意也禮士虞記曰桑主不文吉主皆刻而諡之蓋爲禘祫時別昭穆也虞主三代同者用意尚麤觕未暇別也〇期年音基三年同人正音征下同別彼列反下同〔疏〕注謂期至栗也〇解云出禮記文〇注夏后至以栗〇解云出論語也而鄭氏注云謂社主正以古文論語哀公問社於宰我故也今文論語無社字是以何氏以爲廟主耳用栗者。藏主也。藏于廟室中當所奉事也質家藏于堂作僖公主。何以書。据作餘公主不書譏。何譏爾。不時也。其不時奈何。欲久喪而後不能也。禮作練主當以十三月文公亂聖人制欲服喪三十六月十九月作練主又不能卒竟故以二十五月也日者重失禮鬼神〔疏〕注禮作至三月〇解云即禮記云十三月而練是也〇注日者至鬼神解云即隱五年注云失禮鬼神例日是也〇二月。乙巳。及晉處父盟。此晉陽處父也。何以不氏。据晉陽處父伐楚救江〇〔疏〕注据晉至救江〇解云即下三年冬晉陽處父帥師伐楚救江是也諱與大夫盟也。諱去氏者使若得其君如經言邾婁儀父矣不地者起公就於晉也日者起公盟也俱沒公齊高傒不使若君處父使若君者親就其國恥不得其君故使若得其君也如晉不書不致者深諱之〇去起呂反〔疏〕注諱去至晉也〇解云儀父之事在隱元年凡五等諸侯失爵在名字之例者但直書其名字不言其氏即倪黎來蔡叔邾婁儀父之類是也今此處父無氏故云使若得其君矣〇注日者起公盟也〇解云正以微者盟例不日故也〇注俱沒至君也〇解云高傒之事在莊二十二年彼經云秋七月丙申及齊高傒盟于防是也〇注如晉至諱之〇解云正決下三年冬公如晉十有二月己巳公及晉侯盟四年春公至自晉之文也〇夏。六月。公孫敖

會宋公、陳侯、鄭伯、晉士穀、盟于垂斂。盟不日者欲共盟誅商臣雖不能誅猶爲疾惡故也褒與信辭也不如平丘兩舉會盟詳錄之者時至即盟會禮不成○穀戶木反垂斂左氏作垂隴〔疏〕盟于垂斂者左氏作垂隴○注雖不能誅○解云正以共討惡逆乃是義之高者若能誅之理應書見似若昭四年經書執齊慶封殺之然今無其經故知不能誅也○注不如平丘○解云即昭十三年公會劉子晉侯以下于平丘八月甲戌同盟於平丘是也○自十有二月不雨。至于秋七月。何以書。記異也。以不言旱大旱以災書。此亦旱也。曷爲以異書。大旱之日短而云災。云言也言有災〔疏〕大旱以災書○解云即僖二十一年經書夏大旱傳云何以書記災也是也故以災書。此不雨之日長而無災。故以異書也。此禄去公室政在公子遂之所致也不就莊三十一年發傳者此最甚事著〔疏〕注不就至事著○解云莊三十一年冬不雨傳云何以書記災也此然則彼一時不雨是以不得發傳云不雨之日長此則歷四時故言最甚事著也○八月。丁卯。大事于大廟。躋僖公。大事者何。大祫也。以言大與有事異又從僖八年禘數之知爲大祫○大廟音太下太祖皆同躋僖子兮反升也本又作隮同祫音洽大祭禘數大帝反下所主反〔疏〕大事者何○解云欲言大祭無禘祫之文欲言時祭而經書大故執不知問○注以言至事異○解云宣八年夏六月辛巳有事于太廟彼是時祭不言大則知此言大者是大祭明矣○注又從僖至大祫○解云春秋說文云三年一祫五年一禘爾雅云禘大祭也孫氏云禘五年大祭也然則三年一祫五年一禘禮如然也案僖八年秋七月禘於太廟從此以後三年一祫數則十一年祫十四年祫十七年祫二十年祫二十三年祫二十六年祫二十九年祫三十二年祫文二年祫也若作五年一禘數則從僖公八年禘十三年禘十八年禘二十三年禘二十八年禘三十三年禘文五年禘則文二年非禘年正當合祫故知此年大事爲祫矣是以注云又從僖八年禘數之知爲大祫也若然從僖八年禘數之則十一年祫十三年禘隨次而下至僖二十三年并爲禘祫何得下傳云五年而再殷祭者蓋爲其初時三年作祫五年作禘大判言之得言五年而再殷祭其間三五參差隨次而下何妨或有同年時乎知非祫與禘相因而數爲三年五年者若從僖八年禘十一年祫十六年禘十九年祫數之至僖三十二年禘文公二年祫亦相當但於五年而再殷祭之言不合故不得然大祫者何。合祭也。其合祭奈何。毁廟之主。陳于大祖。毁廟謂親過高祖毁其廟藏其主于大祖廟中禮取其廟室笮以爲死者炊沐大祖周公之廟陳者就陳列大祖前大祖東鄉昭南鄉穆北鄉其餘孫從王父父曰昭子曰穆昭取其鄉明穆取其北面尚敬○笮側白反炊沐昌垂反下音木東鄉許亮反下同〔疏〕大祫者何○解云正以祫小于禘而文加大故執不知問○注禮取至炊沐○解云出禮記文未毁廟之主。皆升。合食于大祖。自外來曰升五年而再殷祭。殷盛也謂三年祫五年禘禘所

以異於祫者功臣皆祭也祫猶合也禘猶諦也審諦無所遺失禮天子特禘特祫諸侯禘則不礿祫則不嘗大夫有賜於君然後祫其高祖○諦音帝礿羊略反〔疏〕注禘所以至皆祭也○解云出禮記與春秋說文○注禮天至特祫○解云禮記及春秋說文即不主禘祫是也○注諸侯至不嘗○解云即禮記王制所云夏禘則不礿秋祫則不嘗是也○注大夫至高祖○解云正以於禮不得故也躋者何。升也。何言乎升僖公。據禘于大廟不道所升〔疏〕躋者何○解云先君昭穆自有常次今而言躋故執不知問○注據禘至所升○解云即僖八年秋七月禘于大廟用致夫人是也譏。何譏爾。逆祀也。其逆祀奈何。先禰而後祖也。升謂西上禮昭穆指父子近取法春秋惠公與莊公當同南面西上隱桓與閔僖亦當同北面西上繼閔者在下文公緣僖公於閔公爲庶兄置僖公於閔公上失先後之義故譏之傳曰後祖者僖公以臣繼閔公猶子繼父故閔公於文公亦猶祖也自先君言之隱桓及閔僖各當爲兄弟顧有貴賤耳自繼代言之有父子君臣之道此恩義逆順各有所施也不言吉祫者就不三年不復譏略爲下張本○禰乃禮反〔疏〕注不言至張本○解云閔二年夏五月乙酉吉禘于莊公傳云其言吉何言吉者未可以吉也曷爲未可以吉未三年也然則吉禘于莊公在三年之內今此大事亦在三年之內是不須更言吉祫以譏之但略言大事于太廟爲下躋僖公張本而已○冬。晉人、宋人、陳人、鄭人伐秦。○公子遂如齊納幣。納幣不書。此何以書。譏。何譏爾。譏喪娶也。娶在三年之外。則何譏乎喪娶。據逆在四年○喪取七住反本亦作娶同〔疏〕納幣不書○解云正以桓三年秋公子翬如齊逆女不書納幣故難之三年之內不圖婚。僖公以十二月薨至此未滿二十五月又禮先納采問名納吉乃納幣此四者皆在三年之內故云爾吉禘于莊公。譏。然則曷爲不於祭焉譏。據吉禘于莊公譏始不三年大事圖婚俱不三年大事猶從吉禘不復譏三年之恩疾矣。疾痛非虛加之也。非虛加責之以人心爲皆有之。以人心爲皆有疾痛不忍娶以人心爲皆有之。則曷爲獨於娶焉譏。據孝子疾痛吉事皆不當爲非獨娶也娶者。大吉也。合二姓之好傳之於無窮故爲大吉○好呼報反傳直專反非常吉也。與大事異其爲吉者。主於已。主於已身不如祭祀尚有念先人之心以爲有人心焉者。則宜於此焉變矣。變者變慟哭泣也有人心念親者聞有欲爲已圖婚則當變慟哭泣矣況乃至于納幣成婚哉○慟杜貢反三年。春。王正月。叔孫得臣會晉人、宋人、陳人、衛人、鄭人伐沈。沈潰。○伐沈音審國名潰戶內反○夏。五月。王

子虎卒。王子虎者何。天子之大夫也。外大夫不卒。此何以卒。據原仲也〔疏〕王子虎者何○解云欲言大夫例不書卒欲言諸侯而經書王子故執不知問○注據原仲也○解云即莊二十七年秋公子友如陳葬原仲是也新使乎我也。王子虎即叔服也新爲王者使來會葬在葬後三年中卒君子恩隆於親親則加報之故卒明當有恩禮也○尹氏卒日此不日者在期外也名者卒從正○新使所吏反〔疏〕注尹氏至外也○解云三年夏四月辛卯尹氏卒下傳云外大夫不卒此何以卒天王崩諸侯之主也何氏云時天王崩魯隱往奔喪尹氏主儐贊諸侯與隱交接而卒恩隆於王者則加禮錄之故爲隱恩痛之日者恩錄之明當有恩禮然則彼天王崩尹氏四月卒仍在期內共恩近故書日此則已經三年其恩殺故不日是以注云在期外○注名者卒從正○解云隱八年夏六月己亥蔡侯考父卒八月葬蔡宣公傳云卒從正何氏云卒當赴告天子君前臣名故從君臣之正義言也傳云而葬從主人何氏云至葬者有常月可知不赴告天子故自從蔡臣子辭稱公然則此亦從君臣之正義言之故云名者卒從正也○秦人伐晉。○秋。楚人圍江。○雨螽于宋。雨螽者何。死而墜也。以先言雨也墜隋地也不言如雨言雨螽者本飛從地上而下至地似雨尤醇○言雨于付反下及注同一音如字螽音終而隊直類反注同隋大果反上時掌反醇音純〔疏〕雨螽者何○解云欲言是雨而特施于螽欲言非雨而文言雨故執不知問○注以先言雨也○解云正以先言雨而後言雨螽則知死而墜者也○注不言至尤醇○解云欲道莊七年星賁如雨者本從天來又不及地如雨不醇故云如雨此則初從地上而還至地故不言如言其真似雨也何以書。記異也。外異不書。此何以書。爲王者之後記異也。螽猶衆也衆死而墜者羣臣將爭彊相殘賊之象是後大臣比爭鬪相殺司城驚逃子哀奔亡國家廓然無人朝廷久空盎由三世內娶貴近妃族禍自上下故異之云爾○爲王于僞反近附近之近〔疏〕注是後至相殺○解云即七年夏宋人殺其大夫八年冬宋人殺其大夫是也○注司城驚逃○解云即八年冬宋司城來奔是也○注子哀亡○解云十四年秋宋子哀來奔是也○注盎由三世內娶○解云僖二十五年及十七年傳皆云宋三世無大夫三世內娶也之屬是也○冬。公如晉。十有二月。己巳。公及晉侯盟。○晉陽處父帥師伐楚救江。此伐楚也。其言救江何。據兩之當先言救也非兩之當重出處父也生事當言遂○三者皆違例知後言救江起伐楚意故問之○重直用反〔疏〕注據兩至救也○解云即僖二十五年秋楚人圍陳納頓子于頓傳云何以不言遂兩之也是也○解云知先言救者正以江近楚遠故也○注非兩至父也○解云即僖二十八年春晉侯侵曹晉侯伐衛傳云曷爲再言晉侯非兩之也是也○注生事當言遂○解云即宣元年秋楚子鄭人侵陳遂侵宋是也爲諼也。諼詐○諼許元反其爲諼奈何。伐楚爲救江也。救人之道當指其所之實欲救江而反伐楚以爲其勢必當引圍江

兵當還自救也故云爾孔子曰自古皆有死民無信不立

四年。春。公至自晉。○夏。逆婦姜于齊。其謂之逆婦姜于齊何。據不書逆者主名不言如齊不稱女〔疏〕夏逆婦姜于齊○解云隱二年注云不親迎例月重錄之今此書時者蓋以娶于大夫賤不可以奉宗廟故略之。○注據不至稱女○解云決宣元年公子遂如齊逆女之經也。略之也。稱婦姜至文也逆與至共文故爲略〔疏〕注稱婦至爲略○解云欲道遂以夫人婦姜至自齊之經還至始言婦姜今此始逆已言婦姜故云逆與至共文耳。高子曰。娶乎大夫者。略之也。賤非所以奉宗廟故略之不書逆者主名卑不爲錄使也不言如齊者大夫無國也不稱女者方以婦姜見與至共文重至也不稱夫人爲致文者賤不可奉宗廟也不言氏者本當稱女女者父母辭君子不奪人之親故使從父母辭不言氏○爲于僞反使所吏反見與賢偏反〔疏〕注不言至言氏○解云莊二十七年秋公子友如陳葬原仲案彼亦是大夫無國而得言如陳者何氏云不言如陳嫌不辟國事實私行也是也。○狄侵齊。○秋。楚人滅江。○晉侯伐秦。○衛侯使甯俞來聘。○甯俞乃定反下音餘〔疏〕衛侯使甯俞來聘○解云正本作速字故賈氏云公羊曰甯速是也。○冬。十有一月。壬寅。夫人風氏薨。

五年。春。王正月。王使榮叔歸含且賵。含者何。口實也。孝子所以實親口也緣生以事死不忍虛其口天子以珠諸侯以玉大夫以碧士以貝春秋之制也文家加飯以稻米○飯扶晩反〔疏〕含者何○解云欲言實口上下無例欲言佗物而經書含故執不問○注天子至其者○解云皆春秋說文故云春秋之制也○注文家加飯以稻米○解云即禮記檀弓下篇云飯用米貝弗忍虛也。其言歸含且賵何。據宰咺歸兩賵不言且也連賵何之者嫌據賵言歸○咺況晩反〔疏〕注據宰至且也○解云即隱元年秋七月天王使宰咺來歸惠公仲子之賵是也○注連賵至言歸○解云若傳直言其言且何即嫌責此賵事亦當言歸故連言賵以辯嫌。兼之。兼之非禮也。且兼辭以言且知幾兼之也含言歸者時主持含來也去天者含者臣子職以至尊行至卑事失尊之義也不從含晩言來者本不當含也主書者從含也○去起呂反下同〔疏〕注含者臣子職○解云正以大宰掌之故也○注不從至含也○解云正以含者殯前之禮遲始行之故知晩然則宜言來以見晩而不言來者正以本不當含故得責其晩乎○注主書至含也○解云言春秋主書此事者正欲譏其含而并言且賵者因譏之。○三月。辛亥。葬我小君成風。成風者何。僖公之母也。風氏也任宿顓臾之姓○任音壬顓音專臾音榆〔疏〕成風者何○解云欲言其妾經書小君欲言夫人不同夫譏故執不知問○注風氏至之姓○解云風氏謂此成風即上文風氏薨者矣知任宿等之姓者左傳文○王使召伯來會葬。去天者不及事刺比失喪禮也○夏。公孫敖如晉。○秦人入鄀。○鄀音弱。○秋。楚人滅六。○冬。十月。甲申。許男業卒。〔疏〕秋楚人滅六○解云不月者略夷狄滅小國也說在僖二十六年○許男業卒○解云正本作辛字

六年。春。葬許僖公。○夏。季孫行父如陳。○秋。季孫行父如晉。○八月。乙亥。晉侯讙卒。○讙好官反。○冬。十月。公子遂如晉。○葬晉襄公。書遂者刺公生時數如晉葬不自行非禮也禮諸侯薨使大夫吊自會葬○數所角反〔疏〕注書遂至會葬○解云晉侯生時公數如晉者即上二年三月乙巳及晉處父盟彼下注云如晉不書不致者深諱之三年冬公如晉之屬是也言葬不自行非禮云云者異義公羊說云襄三十年叔弓如宋葬宋共姬譏公不自行也者與此注合。○晉殺其大夫陽處父。○晉狐射姑出奔狄。晉殺其大夫陽處父則狐射姑曷爲出奔。據蔡殺其大夫公子燮蔡公子履出奔楚此非同姓恐見及○射姑音亦又音夜穀梁作夜〔疏〕注據蔡至見及○解云事在襄三十年秋彼則履是燮之同姓言恐禍及已而出奔此非同姓而亦奔故難之。射姑殺也。○以非恐見及知其殺射姑殺則其稱國以殺何。君漏言也。自上言泄下曰漏○君漏力豆反泄也言泄息列反又以制反其漏言奈何。君將使射姑將。謂作中軍大夫○將子匠反下同陽處父諫曰。射姑民衆不說。不可使將。於是廢將。陽處父出。射姑入。君謂射姑曰。陽處父言曰。射姑民衆不說。不可使將。射姑怒。出刺陽處父於朝而走。明君漏言殺之當坐殺也易曰君不密則失臣臣不密則失身幾事不密則害成○不說音悅下同刺七亦反又一音七賜反〔疏〕注明君至坐殺也○解云襄公當坐則例去其葬而上文經書冬十月公子遂如晉葬襄公者蓋謂葬訖乃相殺不得追去葬是以穀梁傳曰襄公死處父主竟上之事夜姑使人殺之是也然則此傳雖連言之仍不妨殺之在葬後是以經書葬在殺前矣○注易曰至害成○解云上繫辭文也鄭氏云幾微也密靜也言不慎於微而以動作則禍變必成○閏月不告月。猶朝于廟。不告月者何。不告朔也。禮諸侯受十二月朔政於天子藏于大祖廟每月朔朝廟使大夫南面奉天子命君北面而受之比時使有司先告朔謹之至也受於廟者孝子歸美先君不敢自專也言朝者緣生以事死親在朝朝莫夕已死不敢瀆鬼神故事必于朔者感月始生而朝○大祖音泰比必利反朝朝上如字下直遙反瀆息列反〔疏〕不告月者何○解云欲言朔日文不言朔欲言非朔刺其不告故執不知問○注禮諸侯至受之○解云出玉藻但謂禮法然非謂禮有成文○注比時至告朔○解云比時者言比至月初之時也○注親在朝朝莫夕○解云據禮有朝玄端夕深衣之文故也而文王世子云文王之爲世子朝於王季日三者蓋謂越禮之高矣。曷爲不告朔。據具月也。天無是月也。閏月矣。何以謂之天無是月。非常月也。所在無常故無政也。猶者何。通可以已也。朝者因視朔政爾無政而朝故加猶不言朔者閏月無告朔禮也不言公者內事可知〔疏〕猶者何○解云欲言非禮則有之欲言是禮而經書猶故執不知問○注不言至可知○解云欲道下十六年夏五月公四不視朔言公矣故解之

七年。春。公伐邾婁。○三月。甲戌。取須朐。取邑不日。此何以日。據取叢也○朐其俱反〔疏〕注據取叢也○解云考諸舊本叢皆作闞字是以昭三十二年春王正月取闞傳云闞者何邾婁之邑也若作叢字即僖三十三年夏四月辛巳晉人及姜戎敗秦于殽癸巳葬晉文公狄侵齊公伐邾婁取叢文承日月之下而將取邑不日據之非其義也且案彼叢字多作鄒字耳。內辭也。使若他人然。使若公春伐邾婁而去他人自以甲戌日取之內再取邑然後甚而日也今此一取而日故使若他人然所以深諱者扈之盟不見序并爲取邑故○并爲于僞反年末注同〔疏〕注內再至日也○解云即隱十年夏六月辛未取郜辛巳取防傳云取邑不日此何以日一月而再取也何言乎一月而再取甚之也是也若然哀二年春王二月季孫斯叔孫州仇仲孫何忌帥師伐邾婁取漷東田及沂西田亦是再取邑而不日者隱公之時新王始起當先自正而比取人邑小惡甚者書日以甚之至定哀之時文致太平內之小惡亦諱而不書是以不書其日矣所以不全諱之者如彼注云今此至人然○解云舊本故下有知字○注扈之至邑故○解云扈之盟在下文秋八月○遂城郚。主書者甚其生事因極師衆○郚音吾○夏。四月。宋公王臣卒。不書葬者坐殺大夫也不日者內娶略〔疏〕注不書至夫也○解云正以僖二十四年宋公王臣即位至二十五年夏宋殺其大夫而不書葬明其坐此故也○注不日至娶略○解云正決僖九年春王三月丁丑宋公禦說卒書丁丑故也○宋人殺其大夫。何以不名。據宋殺其大夫山名〔疏〕注據宋至山名○解云即成十五年秋宋殺其大夫山是也。宋三世無大夫。三世內娶也。故使無大夫〔疏〕宋三至娶也○解云僖二十五年傳云宋三世無大夫三世內娶也注云三世謂慈父王臣處臼也內娶大夫女也言無大夫者禮不臣妻之父母國內皆臣無娶道故絕去其大夫名正其義也是也然則彼已有傳今復發之者恐大夫不書名更有佗義故明之其有佗義者即莊二十六年夏曹殺其大夫傳云何以不名衆殺之之類是耳○戊子。晉人及秦人戰于令狐。○令力丁反晉先眛以師奔秦。此偏戰也。何以不言師敗績。據秦師敗績○眛音蔑左氏作蔑〔疏〕晉先眛○解云左氏穀梁作先蔑○注據秦師敗績○解云即上二年春王二月甲子晉侯及秦師戰于彭衙秦師敗績是也敵也。俱無勝負

此晉先眜也。其稱人何。据奔無出文知先眜也貶。曷爲貶。据新築之戰衛孫良夫敗績不貶〔疏〕注据新築至不貶○解云即成二年夏衛孫良夫帥師及齊師敗于新築衛師敗績是也外也。其外奈何。以師外也。懷持二心有功欲還無功便持師出奔故於戰貶之起其以師外也本所以懷持二心者其咎亦由晉侯要以無功當誅也不起者敵而外事可知也○咎其九反〔疏〕注不起至知也○解云言所以不申作文起見晉侯要無功當誅之義者以其可知故也何以不言出。据楚囊瓦俱戰而奔言出〔疏〕注据楚至言出○解云即定四年冬蔡侯以吳子及楚人戰于伯莒楚師敗績楚囊瓦出奔鄭也以此言之則令狐非晉地伯莒爲楚地亦明矣遂在外也。起其生事成於竟外從竟外去狄侵我西鄙。○秋。八月。公會諸侯、晉大夫。盟于扈。諸侯何以不序。大夫何以不名。序次也据新城盟諸侯序趙盾名〔疏〕注据新城至盾名○解云即下十四年夏六月公會宋公陳侯以下晉趙盾癸酉同盟于新城是公失序也。公失序奈何。諸侯不可使與公盟。眣晉大夫使與公盟也。以目通指曰眣文公內則欲久喪而後不能喪娶逆祀外則貪利取邑爲諸侯所薄賤不見序故深諱爲不可知之辭不日者順諱爲善文也○眣音舜本又作眣尹乙反又大結反以目通指曰眣本又作瞚音同字書云眣瞚也以恐反〔疏〕注以目通指曰眣○解云言其用目之而并指向魯若今時瞬眼矣○注文公至不能○解云即上二年二月丁丑作僖公主傳云何以書譏何譏爾不時也其不時奈何欲久喪而後不能是也○注喪娶逆祀○解云其喪娶即二年冬公子遂如齊納幣傳云何以書譏喪娶是也其逆祀即二年秋大事于大廟躋僖公傳云何譏爾逆祀也者是也而先引喪娶者正以納幣之前仍有數禮不妨在大事之前故見之○注外則貪利取邑○解云即上春公伐邾婁取須朐是也○注不日至善文○解云正以日爲不信辭故也○冬。徐伐莒。謂之徐者前共滅王者後不知尊先聖法度今自先犯文對事連可以起同惡莒在下不得狄故復狄徐也一罪再狄者明爲莒狄之爾徐先狄在僖十五年○復扶又反〔疏〕注謂之至同惡○解云即僖十四年春諸侯城緣陵傳曰孰城之城杞也曷爲城杞滅也孰滅之蓋徐莒脅之是也言不知尊先聖法度者謂杞有禹法度也○注莒在至徐也○解云謂莒時被伐例不得出主名是以無由狄之○注徐先至五年○解云即僖十五年冬楚人敗徐于婁林彼注云謂之徐者爲滅杞不知尊先聖法度惡重故狄之也是也○公孫敖如莒莅盟。

八年。春。王正月。○夏。四月。○秋。八月。戊申。天王崩。○冬。十月。壬午。公子遂會晉趙盾。盟于衡雍。雍於用反○乙酉。公子遂會伊雒戎。盟于暴。四日不能再出不卒名者非一事再見也○雒音洛暴步報反本又作曝一音甫沃反見賢遍反〔疏〕注四日至見也○解云欲道宣元年公子遂如齊三月遂以夫人婦姜至自齊傳云遂何以不稱公子一事而再見者卒名也注云卒竟也竟但舉名者省文耳言彼是一事再見故得省文與此異也○公孫敖如京師。不至復。丙戌。奔莒。不至復者何。不至復者。內辭也。不可使往也。安居不肯行故諱使若已行但不至還爾即已行當道所至乃言復如至黃矣〔疏〕不至復者何○解云欲言不到經有如文欲言實到復有不至之稱故執不知問○注即已至黃矣○解云即宣八年夏六月公子遂如齊至黃乃復是也不可使往。則其言如京師何。遂公意也。正其義不使君命壅塞○壅於勇反何以不言出。据慶父言出奔〔疏〕注据慶至出奔○解云即上閔二年九月公子慶父出奔莒是也遂在外也。諱使若從外來不敢復還者也日者嫌敖罪明則起君弱故諱使若無罪○復扶又反〔疏〕注日者至無罪○解云閔二年九月公子慶父出奔莒彼注云不日者內大夫奔例無罪者日有罪者月是也故此作注云日者使若無罪矣內大夫奔例日者襄二十三年冬十月乙亥臧孫紇出奔邾婁之屬是也○螽。先是公如晉公子遂公孫敖比出不可使勢奪於大夫煩擾之應○螽音終〔疏〕注先是至之應○解云公子遂不可使者即僖三十年冬公子遂如京師遂如晉傳云大夫無遂事此其言遂何公不得爲政爾注云不從公政令也時見使如京師而橫生事矯君命聘晉故疾其驕蹇自專當絕之者是○宋人殺其大夫司馬。○宋司城來奔。司馬者何。司城者何。皆官舉也。皆以官名舉言之天子有大司徒大司馬大司空皆三公官名也諸侯有司徒司馬司空皆卿官也宋變司空爲司城者辟先君武公名也〔疏〕司馬者何○解云欲言大夫例不官舉欲言非大夫而經有大夫之文故執不知問○司城者何○解云欲言大夫例不官舉欲言非大夫司城者宋大夫之號故執不知問○注宋變至武公名也○解云桓六年左氏傳文○曷爲皆官舉。据宋殺其大夫山不官舉〔疏〕注据宋殺至官舉○解云即在成十五年秋○宋三世無大夫。三世內娶也。宋以內娶故威勢下流三世妃黨爭權相殺司城驚逃子哀奔之主或不知所任朝廷久空故但舉官起其事也大夫相殺例皆時〔疏〕注子哀奔亡○解云即下十四年宋子哀來奔是也○注大夫相殺例皆時○解云正以此經及下九年晉人殺其大夫先都晉人殺其大夫士縠之屬皆不別書日月故也知彼此是大夫相殺之經者正以下十六年傳云大夫相殺稱人矣

九年。春。毛伯來求金。毛伯者何。天子之大夫也。何以不稱使。据南季稱使〔疏〕毛伯者何○解云欲言諸侯經不書朝欲言大夫又不言使故執不知問○注据南季稱使○解云即隱九年春天王使南季來聘是也當喪未君也。時王新有三年喪〔疏〕注時王新有三年喪○解云即去年八月天王崩是也踰年矣。何以謂之未君。据崩在八年踰年當即位即位矣。而未稱王也。未稱王。何以知其即位。以諸侯之踰年即位。亦知天子之踰年即位也。俱繼體其禮不得異以天子三年然後稱王。亦知諸侯於其封內三年稱子也。各信恩於其下○信音申踰年稱公矣。則曷爲於其封內三年稱子。緣民臣之心。不可一日無君。緣終始之義。一年不二君。故君薨稱子某既葬稱子明繼體以繫民臣之心〔疏〕踰年稱公○解云莊二十年師解云爾故據難之不可曠年無君。故踰年稱公緣孝子之心。則三年不忍當也。孝子三年志在思慕不忍當父位故雖即位猶於其封內三年稱子子張曰書云高宗諒闇三年不言何謂也孔子曰何必高宗古之人皆然君薨百官總已以聽冢宰三年○諒音亮又音良闇如字又音陰毛伯來求金。何以書。譏。何譏爾。王者無求。求金非禮也。然則是王者與。据未稱王○與音餘曰。非也。非王者。則曷爲謂之王者。王者無求。曰。是子也。雖名爲三年稱子者其實非唯繼父之位繼文王之體。守文王之法度。文王之法無求而求。故譏之也。引文王者文王始受命制法度○夫人姜氏如齊。奔父母之喪也不言奔喪者尊內猶不言朝聘也故以致起得禮也書者大夫家危重言如齊者大夫繫國〔疏〕注奔父母之喪也○解云知者正以諸侯夫人尊重既在夫家終身不反唯三年之喪乃可越竟而奔之今此夫人如齊直書不諱故知其奔父母之喪也○注故以致起得禮也○解云正以春秋之例夫人違禮而出會者皆不致之唯此一文而書至故莊元年注云有出道乃致奔喪致是也○注書者至危重○解云欲道夫人如齊奔父母之喪禮既許之則是常事而書之者但此夫人所適乃是大夫之家早于夫人有不制之義而危重之是以書也○注言如齊至繫國○解云案上四年逆婦姜之下注云不言如齊者大夫無國也與此違者正以四年經云夏逆婦姜于齊逆至共文又不書如齊見其娶于大夫矣故不言如齊正由大夫無國故也今此夫人仍彼婦姜一也經書如齊明知正由大夫繫國故也何者今既尊內不言奔喪若去如齊即文不可施是以將大夫繫國書如齊矣○二月。叔孫得臣如京師。○辛丑。葬襄王。王者不書葬。此何以書。不及時書。過時書。重錄失時〔疏〕王者不至以書○解云正以隱三年天王崩之下師作解云天子記崩不記葬必其時也故此弟子據而難之○不及時書過時書○解云其不及時書者即宣二年十月天王崩三年正月葬匡王昭二十二年夏四月乙丑天王崩六月叔鞅如京師葬景王之屬是也以其不及七月故書之也其過時書者上下無文唯桓十五年三月乙未天王崩莊三年夏五月葬桓王蓋以當之○注重錄失時○解云以天下共葬一人而不如禮故

重錄之，剌其失時矣。我有往者則書。謂使大夫往也。惡文公不自往，故書葬以起大夫會之。日者，僖公成風之喪，襄王比加禮，故恩錄之，所以甚責內。○惡，烏路反。〔疏〕注日者至責內○解云：如此注者，正以昭二十二年六月叔鞅如京師葬景王之屬不日故也。言襄王比加禮者，即元年叔服來會葬、五年榮叔歸含且賵、召伯來會葬之屬是也。○晉人殺其大夫先都。○三月。夫人姜氏至自齊。出獨致者，得禮，故與臣子辭。月者，婦人危重，從始至例。〔疏〕注出獨至子辭○解云：書致者，臣子喜其脫危而致，故曰與臣子辭耳。○注月者至始至例○解云：獨行無制，恐有非禮之惡，故曰危重也。言從始至例者，即宣元年三月遂以夫人婦姜至自齊、成十四年九月僑如以夫人婦姜氏至自齊之屬是也。○晉人殺其大夫士穀及箕鄭父。○楚人伐鄭。○公子遂會晉人、宋人、衛人、許人救鄭。○夏，狄侵齊。○秋，八月，曹伯襄卒。○九月，癸酉，地震。

地震者何。動地也。動者，震之。故傳先言動者，喻若物之動地以曉人也。〔疏〕地震者何○解云：大陰沈重，本無動性，而書震，故執不知問。何以書。記異也。天動地靜者，常也。地動者，象陰爲陽行。是時魯文公制於公子遂，齊晉失道，四方叛德，星孛之萌自此而作，故下與北斗之變所感同也。不傳天下異者，從王內錄可知。○行，下孟反。孛，音佩。〔疏〕注孛星至同也○解云：即十四年秋七月有星孛入于北斗是也。言與北斗之變所感同者，即十四年注云齊晉並爭，吳楚更謀，競行天子之事，齊宋莒魯弒其君而立之應是也。○注不傳至可知○解云：僖十四年秋八月辛卯沙鹿崩，傳云何以書？記異也。外異不書，此何以書？爲天下記異也。今此地震爲內錄之，內爲新王天下明矣，故言不傳天下異者，從王內錄可知。○冬，楚子使椒來聘。椒者何。楚大夫也。楚無大夫，此何以書。始有大夫也。入文公所聞世，見升平法，內諸夏以外夷狄也。屈完、子玉、得臣者，以起霸事，此其正也。聘而與大夫者，本大國。○椒，子遥反，一本作菽，子小反。見，賢徧反。〔疏〕椒者何○解云：欲言大夫，不言其氏；欲言微者，書名見經，故執不知問。○注入文至升平○解云：知文公爲所聞之世者，春秋說云文宣成襄所聞之世是也。言見治升平者，升，進也，欲見其治稍稍上進而至于平也。○注內諸夏外夷狄○解云：即成十五年冬叔孫僑如會晉士燮以下會吳于鍾離，傳云曷爲殊會吳？外吳也。曷爲外也？春秋內其國而外諸夏，內諸夏而外夷狄是也。○注屈完至霸事○解云：僖四年夏楚屈完來盟于師，盟于召陵，傳曰屈完者何？楚大夫也。何以不稱使？尊屈完也。曷爲尊屈完？以當桓公也。何氏云增倍使若得其君，以醇霸德，成王事也是也。其子玉得臣者，即僖二十八年夏楚殺其大夫得臣，何氏云楚無大夫，其言大夫者，欲起上楚人本當言子玉得臣，所以詳錄霸事是也。然則彼二人皆是傳聞之世，未合著之而書之者，欲起齊桓晉文霸事故也。○注此其正至大國○解云：等是夷狄，而舒越之屬皆無大夫，而楚得有大夫者，正以本是大國，故大所聞之世於是見法矣。始有大夫，則何以不氏。據屈完氏。許夷狄者，不一而足也。許，與也。足其氏，則當純以中國禮責之。嫌夷狄質薄，不可卒備，故且以漸。○卒，七忽反。○秦人來歸僖公成風之襚。其言僖公成風何。兼之。兼之非禮也。禮主于敬，當各使一使，所以別尊卑。○襚，音遂，贈喪之衣服。一使，所吏反。別，彼列反，下同。〔疏〕其言僖成風之襚何○解云：欲言非禮，禮有襚文；欲言是禮，而二人并致，故執不知問。曷爲不言及成風。據及者，別公夫人尊卑文也。連成風者，但問尊卑體當絕，非欲上成風使及僖公。○上，時掌反，又如字。〔疏〕注据及至卑文也○解云：即僖十一年夏公及夫人姜氏會齊侯于陽穀是也。成風尊也。不可使卑及尊也。母尊，序在下者，明婦人有三從之義，少繫父，既嫁繫夫，夫死繫子。○少，詩召反。葬曹共公。○共，音恭。

公羊注疏卷十三挍勘記　阮元撰盧宣旬摘錄

公羊注疏文公卷十三　唐石經文公第六卷五

元年

二月癸亥朔日有食之　唐石經諸本同左氏穀梁無朔字

狄比侵中國　宋本同閩監毛本比誤北疏同

卽下四年秋　浦鏜云下脫楚人滅江五年秋七字

新爲王者使來會葬　閩監毛本新誤親

君子恩降於親親　浦鏜云隆誤降按浦說是也

明當有恩禮也是也　閩本同監毛本脫上也

卽桓五年公子翬如齊逆女也　浦鏜云三誤五按浦說是

楚世子商臣弒其君髡　葉鈔釋文唐石經髡作髠字從兀此從几非釋文髠左氏作頵

則知此處未有大夫矣　閩本同監毛本矣改也

蔡世子般弒其君固　閩監本般作般毛本誤股

二年

親喪以下壙皇皇無所親　穀梁疏引作親喪已入壙皇皇無所見此作親誤

虞猶安神也用桑者　穀梁疏引作虞猶安也無神字此衍用桑者下有桑猶喪也四字○按用桑者上穀梁有虞主二字

朝葬而日中虞　注作日中而虞

埋虞主於兩階之間　此本毛本埋誤理閩監本不誤

正以古文論語哀公問社於宰我故也　浦鏜云社下脫主非古論語作問社魯論語作問主

藏于廟室中當所當奉事也　閩監本同毛本上當作堂宜據正儀禮經傳通解上當作常鄂本下當作常皆誤○按當作藏於廟中堂所常奉事也質家藏於室盖各本有誤俟再攷

質家藏于堂　閩監毛本同誤也鄂本于作於儀禮經傳通解堂作室宜據以訂正文家尊尊故藏於堂質家親親故藏於室

盟于垂歛　鄂本監本同唐石經閩毛本歛作斂釋文垂斂左氏作垂隴

正以共討惡逆　閩監毛本共誤其

傳云何以書記災也　浦鏜云異誤災○按僖二十一年傳正作災

故不得然　浦鏜云儀禮經傳通解續下有解字此誤

卽不主禘祫是也　盧文弨曰疑不王不禘之誤

不復譏　鄂本復作獨

三年

故爲隱恩痛之　浦鏜云恩下脫錄○按何校本有與隱三年注合

死而墜也　諸本同釋文墜作隊唐石經墜字後加土

衆死而墜者　何煌云穀梁疏引無衆字按無者非也

羣臣將爭彊　何煌云羣上穀梁疏有衆宋二字按此乃疏家以意改也

朝廷久空　鄂本空作虛此誤

盖由三世內娶　鄂本由改猶

及十七年傳　浦鏜云下誤十是也

晉陽處父帥師伐楚　監本師誤帥

正以以江近楚遠故也　閩監毛本下以作其

四年

衞侯使甯俞來聘　唐石經諸本同解云正本作速字故賈氏云公羊曰甯速經義雜記曰賈氏所據公羊作甯速卽徐所謂正本是也後人依左穀改之釋文甯俞音餘已同今本矣

五年

天子以珠　鄂本珠作球誤

大夫以碧　檀弓下正義作璧

注天子至貝者　閩監毛本作天子至以貝是也

知幾兼之也　鄂本幾作機此誤

許男業卒　唐石經諸本同解云正本業作辛字

謹之至也　鄂本謹作愼此當是避宋諱所改猶許愼作許謹也

据具月也　鄂本具作俱

何以謂之天無是月非常月也　唐石經鄂本皆疊是月二字此脫

七年

据取叢也　解云考諸舊本叢皆作鬭若作叢非其義且彼叢字多作鄹按此當從舊本作鬭

故使若他人然　解云舊本故下有知字

取漷東田及沂西田　閩本同監毛本沂誤泝

更有佗義故明之　毛本明誤用

晉先眛以師奔秦　唐石經鄂本閩本同監毛本眛誤昧下同段玉裁云从末是也解云左氏穀梁作先蔑

狄侵我西鄙　毛本狄誤秋

眣晉大夫使與公盟也　諸本同唐石經眣字缺段玉裁云成二年作郤克眣魯衛之使字從目從矢釋文眣音舜本又作眣丑乙反本又作眣音同今釋文眣亦誤眣眣誤眣

其逆禮卽二年秋　浦鏜云祀誤禮是也

八年

諱使若從外來　閩監毛本同誤也鄂本來作奔當據正

子哀奔亡　此本亡誤之今訂正鄂本哀奔二字及下起其二字皆空缺

晉人殺其大夫士穀之屬　閩監毛本穀作縠是也

九年

莊二十年師解云爾　按當作莊三十二年傳云爾

高宗涼闇三年　鄂本涼作諒釋文作涼音亮

故莊二年注云　閩監毛本二誤元

注孛星至同也　閩監毛本作星孛是也

冬楚子使椒來聘　唐石經諸本同釋文椒一本作萩○按秋聲叔聲古音同第三部

見升平法　諸本同解云言見治升平者升進也見下當有治字釋文出見升二字則陸本與此同

不一而足也　浦鏜云壹誤一按唐石經諸本皆作一

則當純以中國禮貴之　鄂本貴作責此誤

其旨僖成風之襚何　閩監毛本僖下有公字此脫何按本無之襚

監本春秋公羊注疏文公卷第十四　起十年盡十八年

何休學

十年。春。王三月。辛卯。臧孫辰卒。○夏。秦伐晉。謂之秦者起令狐之戰敵均不敗晉先眛以師奔秦可以足矣而猶不知止故夷狄之○楚殺其大夫宜申。○自正月不雨至于秋七月。公子遂之所招○及蘇子盟于女栗。○女音汝本亦作汝○冬。狄侵宋。○楚子蔡侯次于屈貉。魯恐故書刺微弱也○屈貉居勿反又音厥下麥又戶各反二傳作厥貉

十有一年。春。楚子伐圈。○圈求阮反一音卷說文作圈字林臼萬反二傳作麇○夏。叔彭生會晉郤缺于承匡。○秋。曹伯來朝。○公子遂如宋。○狄侵齊。○冬。十月。甲午。叔孫得臣敗狄于鹹。狄者何。以日嫌夷狄不能偏戰故問也○鹹音咸〔疏〕注以日至問也○解云正以春秋之例偏戰日詐戰月夷狄不能偏戰今而書日故執不知問長狄也。蓋長百尺〔疏〕注蓋長百尺○解云何氏蓋取關中記云秦始皇二十六年有長人十二見於臨洮身長百尺皆夷狄服天誡若曰勿大爲夷狄行將滅其國始皇不知反喜是時初併六國以爲瑞乃收天下兵器鑄作銅人十二象之是也其文穀梁左氏與此長短不同者不可強合兄弟三人。言相類如兄弟〔疏〕注言相類如兄弟○解云正以別之三國不相援助是以知其非親兄弟一者之齊。一者之魯。一者之晉。不書者外異也〔疏〕注不書者外異也○解云案上文狄侵齊而云不書者蓋以爲侵齊之狄非此等也其之齊者。王子成父殺之。其之魯者。叔孫得臣殺之。經言敗殺不明故復云爾○復扶又反則未知其之晉者也。其言敗何。据敗者內戰文非殺一人也〔疏〕注敗者至人也○解云以春秋之義內魯爲王王於諸侯無敵之義但當戰戰則是內敗之文言敗某師則是內戰之文今敵其一人而言敗狄于鹹作內戰之經故難之大之也。長狄之三國皆欲爲君長大非一人所能討與師動衆然後殺之如大戰故就其事言敗〔疏〕注長狄至爲君○解云正以各之一國故也何者雖非兄弟若不爲君羣行亦得即長人十二見於臨洮是也其日何。据日而言敗與公子友敗莒師于犂同非殺一人文○犂力知反又力兮反〔疏〕注据日至人文○解云即僖元年冬十月壬午公子友帥師敗莒師于犂獲莒挐傳云莒人聞之曰吾已得子之賊矣以求賂乎魯魯人不與爲是興師而伐魯季子待之以偏戰是也大之也。如結日大戰其地何。大之也。如大戰故地何以書。記異也。魯成就周道之封齊晉霸尊周室之後長狄之操無羽翮之助別之三國皆欲爲君比象周室衰禮義廢大人無輔佐有夷狄行事以三成不可苟指一故自宜成以往弒君二十八亡國四十○行下孟反〔疏〕注魯成就周道之封○解云正以周公相成王而致太平意封于魯故云爾○注齊晉至之後○解云正以晉文齊桓皆率諸侯尊事天子此是齊晉之君子孫故云爾○注長狄至之助解云謂執持此意也○注事以三成○解云即長狄之三國共成其異是也言不可苟指一者明知其異亦不苟指一事而已○注故自宜成至四十○解云案今春秋之經自宜成以下訖于哀十四年止有弒君二十亡國二十四則知此注誤也宜云弒君二十八是衍字亡國二十四也作四十者錯也其殺君二十即宣二年趙盾弒其君夷獋四年歸生弒其君夷十年夏徵舒弒其君平國襄二十五年崔杼弒其君光吳子謁伐楚門于巢卒爲巢人所弒二十六年衛甯喜弒其君剽二十九年闇弒吳子餘祭三十年蔡世子般弒其君固三十一年莒人弒其君密州昭八年陳招殺偃師十一年楚子虔誘蔡侯般殺之十三年公子比殺其君虔棄疾殺比十九年許世子止弒其君買二十三年吳殺胡子髡沈子楹二十七年吳弒其君僚定四年蔡殺沈子嘉十三年薛弒其君比哀六年齊陳乞弒其君舍之屬是也其滅國二十四者宣八年楚滅舒蓼十二年楚滅蕭十五年晉滅潞氏十六年滅甲氏及留吁成十七年楚滅舒庸襄六年莒人滅鄫齊滅萊十年遂滅偪陽十三年取詩二十五年楚滅舒鳩昭四年遂滅厲八年楚滅陳十一年楚滅蔡十七年晉滅賁渾戎二十三年胡子髡沈子楹滅二十四年吳滅巢三十年吳滅徐定四年蔡滅沈六年鄭滅許十四年楚滅頓十五年楚滅胡哀八年宋滅曹之屬是其二十四也然則三國變異起自今年而注者所以不言自今以後而言自宣成以往者蓋以文公之年已過半以後既不得其初故遺去其實楚人滅庸宋弒處臼莒弒庶其之屬皆由此禍耳或者弒君二十八亡國四十者春秋說文其間亦有經不書者故不同耳

十有二年。春。王正月。盛伯來奔。盛伯者何。失地之君也。何以不名。兄弟辭也。與郜子同義月者前爲魯所滅今來見歸尤當加意厚遇之〔疏〕盛伯者何○解云欲言諸侯不見存文欲言大夫而經書伯故執不知問○何以不名○解云桓七年夏穀伯綏鄧侯吾離來朝之下傳云皆何以名失地之君也是以此處見道失地之君即貴云何以不名然則何氏此處不言据穀鄧名者正以僖公二十年郜子來朝之下已注訖故也○注與郜子同義○解云即僖二十年郜子來朝傳云郜子者何失地之君也何以不名兄弟辭也何氏云郜魯之同姓故不忍言其絕賤明當尊遇之異於穀鄧也書者喜內見歸是也然則言同義者謂尊遇兄弟異於他姓是以不忍言其名不謂朝奔之文相似○注月者至遇之解云正以穀鄧郜子之屬皆書時此特書月故須解也言前爲魯所滅者即莊八年夏師及齊師圍成成降于齊師傳云成者何盛也盛則曷爲謂之成諱滅同姓也是也○杞伯來朝。○二月。庚子。子叔姬卒。卒者許嫁〔疏〕注卒者許嫁○解云舊本皆無此注且理亦不須疑衍字此未適人。何以卒。許嫁矣。婦人許嫁。字而笄之。死則以成人之喪治之。其稱子何。据伯姬卒亦許嫁不稱子〔疏〕此未至以卒○解云正以叔姬無所繫故知未適人也○注据伯至稱子解云即僖九年秋七月乙酉伯姬卒是也貴

也。其貴奈何。母弟也。不稱母妹而繫先君言子者遠別也禮男子不絕婦人之手婦人不絕男子之手〔疏〕注禮男至之手○解云既夕禮及喪大記皆有此文○夏，楚人圍巢。○秋，滕子來朝。○秦伯使遂來聘。遂者何。秦大夫也。秦無大夫，此何以書。賢繆公也。何賢乎繆公。據聘不足與大夫荆人來聘是也○使遂二傳作術繆音木〔疏〕秦伯使遂來聘○解云左氏穀梁皆作術字經亦有作術字者疑遂字誤○遂者何○解云欲言微者書名見經欲言大夫不錄其氏故執不知問○注荆人來聘是也○解云莊二十三年夏荆人來聘傳云荆何以稱人始能聘也是也以爲能變也。其爲能變奈何。惟諓諓善竫言。諓諓淺薄之貌竫猶撰也○諓諓徐在淺反又子淺反又音牋尚書截截淺薄貌也賈逵注外傳云巧言也善竫在井反撰也本或作諞皮勉反又必淺反本作譔七全反又仕勉反〔疏〕惟諓諓善竫言○解云謂其念有淺薄之善而撰其言也俾君子易怠。俾使也易怠猶輕惰也○俾必爾反注同使也易以豉反注同惰大臥反〔疏〕俾君子易怠○解云能撰善言故謂之君子使此君子易爲輕惰何者自恃其善而欲慢人以自尊矣而況乎我多有之。惟一介斷斷焉無他技。一介猶一槩斷斷猶專一也他技奇巧異端也孔子曰攻乎異端斯害也已○一介古拜反一介猶一槩也尚書音古貨反斷斷丁亂反專一也注同技其綺反槩古愛反奇其宜反本又作琦同〔疏〕而況至有之○解云我謂秦伯也言況於秦伯之懷其善言無算故自多有之○惟一至他技○解云秦伯之善雖曰無算若思念之皆是一槩專一之事更無奇巧異端之術言其醇粹其善無擇矣○注斷斷至異端○解云即鄭注大學云斷斷誠一之貌也他技異端之技也是與此合其心休休。休休美大貌○休休許虯反美大貌能有容。能含容賢者逆耳之言是難也。是難行也秦繆公自傷前不能用百里子蹇叔子之言感而自變悔遂霸西戎故因其能聘中國善而與之使有大夫子貢曰君子之過也如日月之食焉過也人皆見之更也人皆仰之此之謂也〔疏〕注秦繆至言之○解云事在僖三十三年○冬，十有二月戊午，晉人、秦人戰于河曲。此偏戰也，何以不言師敗績。敵也。曷爲以水地。以水地者謂以水曲折起地遠近所在也据戰于泓不言曲○折之設反〔疏〕此偏戰○解云以其書日故知之○注据戰于泓不言曲○解云即僖二十二年冬宋公及楚人戰于泓宋師敗績是也河曲疏矣，河千里而一曲也。河曲流以据地明故可以曲地因以起二國之君數興兵相伐戰無已時故不言及不別曲直而地以河曲明兩曲也○數所角反不別彼列反下同季孫行父帥師城諸及運。帥師者刺魯微弱臣下不可使邑久不脩不敢徒行興師屬衆然後敢城之言及者別君邑臣邑也○運二傳作鄆後皆爾〔疏〕注書帥至城之○解云如此注者正見隱七年夏城中丘之屬皆不言帥師故也言

臣下不可使者即上八年公孫敖如京師不至復丙戌奔莒傳云不至復者何不至復也內辭也不可使往也之屬是也○注云及至邑也○解云正見昭五年莒牟夷以牟婁及防茲來奔彼傳云其言及防茲來奔何不以私邑累公邑也何氏云公邑君邑也私邑臣邑也累次也義不可使臣邑與公邑相次序故言及以絕之是也十有三年，春，王正月。○夏，五月壬午，陳侯朔卒。不書葬者盈爲晉文諱也晉文雖霸會人孤以尊天子自補有餘故復盈爲諱○盈爲于僞反下文盈爲周公皆同復扶又反〔疏〕注不書至盈爲諱○解云盈者相接足之辭晉文於僖二十八年之時此朔之父陳侯款夏六月卒至冬末未葬而晉文會諸侯於溫經有陳子是强會人孤令失子行亦是文公恥之是以春秋遂卒竟不書款葬深爲文公諱也今若款之子陳侯朔書葬則文公之惡還見是以此處須去朔葬使若陳國之君例不書葬然故言盈爲晉文諱故僖二十八年夏陳侯款卒之下注云不書葬者爲晉文諱行霸不務教人以孝陳有大喪而彊會其孤故深爲恥之是也○邾婁子蘧篨卒。○蘧篨其居反下直居反○自正月不雨，至秋七月。公子遂所致○世室屋壞。世室者何。魯公之廟也。魯公周公子伯禽○世室二傳作太室〔疏〕世室者何○解云欲言君寢於例不書欲言宗廟未有世室之名故執不知問周公稱太廟，魯公稱世室，羣公稱宮。少差異其下者所以上尊周公○大廟音泰下同〔疏〕周公稱大廟○解云即僖八年禘于大廟文二年大事于大廟是也○魯公稱世室○解云即此經是也○羣公稱宮○解云即武宮煬宮之屬是也○注少差至周公○解云正以廟者尊卑達名鬼神所居之稱今此稱異其名知上尊周公故也此魯公之廟也，曷爲謂之世室。世室猶世室也，世世不毀也。魯公始封之君故不毀也〔疏〕世室猶世室也○解云言謂之世室者猶世世室也周公何以稱大廟于魯。據魯公始封也封魯公以爲周公也。爲周公故語在下周公拜乎前，魯公拜乎後。始受封時拜于文王廟也尚書曰用命賞于祖是也父子俱拜者明以周公之功封魯公也〔疏〕注尚書至於祖○解云甘誓文也曰：生以養周公，生以魯國供養周公○以養餘亮反注皆同供養九用反下同死以爲周公主。如周公死當以魯公爲祭祀主加日者成王始受其茅土之辭禮記明堂位曰封周公於曲阜地方七百里革車千乘蓋以爲有王功故半天子也○死以爲如字注死以爲周公主同乘繩證反王于況反〔疏〕注加日至之辭○解云即周書作洛篇曰封人社壝諸侯受命于周乃建大社于國中其壝東青土南赤土西白土北驪土中央釁以黃土將建諸侯鑿取其一面之土包以黃土苴以白茅以爲社之封孔氏云王者封五色土爲社建諸侯則各割其方土與之使立社燾以黃土苴以白茅茅取其絜黃取其王者覆四方者是其茅土之文耳○注蓋以至子也○解云正以天子千里方百里者百周公七百里方百里者四十九大判言之故得言半天子矣然則周公

之魯乎。曰：不之魯也。封魯公以爲周公主。然則周公曷爲不之魯。據爲周公者謂生以養周公死以爲周公主周公不之魯則不得供養爲主欲天下之一乎周也。周公聖人德至重功至大東征則西國怨西征則東國怨嫌之魯恐天下迴心趣鄉之故封伯禽命使遂供養死則奔喪爲主所以一天下之心于周室○鄉許亮反〔疏〕注東征至東國怨○解云僖四年傳文魯祭周公，何以爲牲。據廟異也周公用白牲，白牲殷牲也周公死有王禮謙不敢與文武同也不以夏黑牡者謙改周之文當以夏辟嫌也〔疏〕注不以至嫌也○解云知黑牡爲夏牲者出明堂位文正朔三而改改天正十一月者當以十三月爲正故言當以夏矣魯公用騂犅，騂犅赤脊周牲也魯公以諸侯不嫌故從周制以脊爲差○騂息營反犅音剛詩作剛騂犅赤脊也〔疏〕注騂犅至牲也○解云正以山脊曰岡故知騂犅爲赤脊矣羣公不毛。不毛不純色所以降于尊祖〔疏〕注不毛至尊祖○解云正以牲用純色祭祀之禮而言不毛故以降于尊祖解之魯祭周公，何以爲盛。據牲異也○盛成政反又音成粢盛也在器曰盛周公盛，盛者新穀魯公燾，燾者冒也故上一新也○燾徒報反一本作濤音同冒亡報反〔疏〕注燾者至新也○解云正以燾訓爲覆故也若似周書燾以黃土之類也然則言周公盛者謂新穀滿其器言魯公燾者謂下故上新栽可半平羣公廩。廩者連新於陳上財令半相連爾此謂方祫祭之時序昭穆之差○廩力甚反財令力呈反下同〔疏〕羣公廩○解云廩謂全是故穀但在上少有新穀財得相連而已故謂之廩廩者希少之名是以鄭注云廩讀如羣公廩之廩者是也○注謂方至之差○解云正以若其時祭粢食精鑿羣公之饌一何至此故知正是祫祭之時序昭穆之差所以降于尊祖故也世室屋壞何以書。譏。何譏爾。久不脩也。簡忽久不以時脩治至令壞敗故譏之言屋者重宗廟詳錄之以不務公室不月者知久不脩當蒙上月〔疏〕注以不務至上月○解云當蒙上月者謂蒙上秋七月也不務公室月者即定二年冬十月新作雉門及兩觀傳云其言新作之何脩大也脩舊不書此何以書譏何譏不務乎公室何氏云務勉也不務公室亦可施於久不脩可施于不務如公室之禮微辭也月者久也當即脩之如諸侯禮是也然則彼久不脩是以書月此亦久不脩故知當蒙上月爾○冬，公如晉。○衛侯會公于沓。○沓徒合反○狄侵衛。○十有二月己丑，公及晉侯盟。○還自晉。○鄭伯會公于斐。還者何。善辭也。何善爾。往黨，衛侯會公于沓，至得與晉侯盟；反黨，鄭伯會公于斐，故善之也。黨所也所猶時齊人語也文公前扈之盟不見序後能救鄭之難不逆王者之求上得尊尊之義下得解患之恩一出三爲諸侯所榮故加錄於其還時皆深善之○斐本又作棐芳尾反難乃旦反〔疏〕還者何○解云正以

不言至而言還，異於常例，故執不知問。○注文公至見序○解云：即上七年秋公會諸侯晉大夫盟于扈，傳云「諸侯何以不序？大夫何以不名？公失序也」是也。○注後能至之難○解云：即上九年春楚人伐鄭，公子遂會晉人、宋人、衛人、許人救鄭是也。○注不逆王者之求○解云：即上九年春毛伯來求金，經無不與之文是也。○注上得至之義○解云：即不逆王者之求是也。○注下得至之恩○解云：即公子遂救鄭是也。

十有四年，春，王正月，公至自晉。月者，爲臣子喜録上事。○爲臣，于僞反，下爲後當爲同。〔疏〕注月者至上事○解云：出上文也。○邾婁人伐我南鄙。○叔彭生帥師伐邾婁。○夏，五月，乙亥，齊侯潘卒。不書葬者，潘立儲嗣不明，乍欲立舍，乍欲立商人，至使臨葬更相篡弑，故絶其身，明當更立其先君之次。○潘，普干反。更相，音庚，下吳楚更同。篡弑，申志反，下同。〔疏〕注至使至篡弑○解云：即下九月齊公子商人弑其君舍，是其臨葬相篡弑之文。○六月，公會宋公、陳侯、衛侯、鄭伯、許男、曹伯、晉趙盾。癸酉，同盟于新城。盟下日者，刺諸侯微弱，信在趙盾。○盾，徒本反。〔疏〕注盟下至趙盾○解云：言信任在於趙盾，若如盟日定否趙盾制之然，是以下日以近之。○秋，七月，有星孛入于北斗。孛者何？彗星也。狀如篲。○孛，步內反，徐扶憒反。〔疏〕孛者何○解云：欲言是星，星名未有；欲言非星，録爲星稱，故執不知問。其言入于北斗何？據大辰不言入，又不言孛名。〔疏〕注據大至言入○解云：即昭十七年冬有星孛于大辰是也。○注又不言孛名○解云：謂昭十七年直言于大辰，不言所孛之星名，今此言有星孛入于北斗，故難之。何者？大辰非星名故也。是以昭十七年傳云「其言于大辰何」，彼注云「據北斗言入于大辰，非常名」是也。北斗有中也。中者，魁中。何以書？記異也。孛者，邪亂之氣；篲者，埽故置新之象也。北斗，天之樞機，玉衡七政所出。是時桓文迹息，王者不能統政，自是之後，齊晉並爭，吳楚更謀，競行天子之事，齊宋莒魯弑其君而立之應。○爭，爭鬭之爭。〔疏〕注北斗至所出○解云：即堯典云「在璿璣玉衡，以齊七政」，七政謂日月五星也。○注齊宋至之應○解云：即下文九月齊公子商人弑其君舍，十八年夏五月齊人弑其君商人，是齊弑君事也；十六年冬宋人弑其君處臼，是宋弑其君事也；十八年冬莒弑其君庶其，是莒弑其君事；十八年冬十月子卒，傳云「子卒者孰謂？謂子赤也。何以不日？隱之也。何隱爾？弑也。弑則何以不日？不忍言也」者，是魯弑其君事也。○公至自會。○晉人納接菑于邾婁，弗克納。納者何？入辭也。其言弗克納何？據言于邾婁，與納頓子于頓同，俱大國得立辭。○捷菑，在妾反，又如字，下側其反。二傳作捷菑。〔疏〕納者何○解云：欲言得國，下有不克之文；欲言不得國，納者入辭，故執不知問。○注據言至立辭○解云：即僖二十五年秋楚人圍陳，納頓子于頓是也。此上言于邾婁，是其得國；下云弗克納，自相違，故難之。大其弗克納也。克，勝也。鄭伯以勝爲惡，此弗勝，故爲大。〔疏〕注鄭伯以勝爲惡○解云：即隱元年夏五月鄭伯克段于鄢，傳云「克之者何？殺之也。殺之則曷爲謂之克？大鄭伯之惡也。曷爲大鄭伯之惡？母欲立之，已殺之，如勿與而已矣」，注云「克者，詁爲殺，亦爲能，惡其能忍戾母而親殺之」是也。何大乎其弗克納？據伐齊納子糾，恥不能納。〔疏〕注據伐至能納○解云：即莊九年夏公伐齊納糾，傳云「納者何？入辭也。其言伐之何？伐而言納者，猶不能納也」是也。晉郤缺帥師，革車八百乘，以納接菑于邾婁，力沛若有餘。沛，有餘貌。○乘，繩證反。沛若，普貝反，有餘貌。而納之。邾婁人言曰：接菑，晉出也；貜且，齊出也。出，外孫也。○貜且，俱縛反，下子餘反。子以其指，指，手指。〔疏〕子以其指注指手指○解云：子謂郤缺，言子以手指指麾于邾婁，令使納接菑也。則接菑也四，貜且也六。言俱不得天之正性。〔疏〕注言俱至正性○解云：地四生金于西方，地六成水于北方，皆非天數也。言此者，喻皆庶子矣，貴則皆貴矣。子以大國壓之，壓，服也。服邾婁使從命。○壓，於甲反，又於輒反。服也。則未知齊晉孰有之也。設齊復興兵來納貜且，亦欲服邾婁使從命，未知齊晉誰能使外孫有邾婁者。○齊復，扶又反，下同。貴則皆貴矣。時邾婁再娶，二子母尊同體敵。〔疏〕注時邾至體敵○解云：蓋皆是右媵之子，或是左媵之子，言非姪娣所生也。舊云子以其指者，言凡立子之法，以其手指相似，則接菑猶人之四指，貜且猶人之六指，皆異於人，故曰俱不得天之正性也。雖然者，雖皆不得正性，但四不如六，故長者宜立矣。雖然，貜且也長。既兩不得正性，又皆貴，唯當以年長故立之。○長，丁丈反，注同。郤缺曰：非吾力不能納也，義實不爾克也。如邾婁人言，義不可奪也，故云爾。引師而去之。故君子大其弗克納也。大其不以巳非奪人之是。此晉郤缺也，其稱人何？貶。曷爲貶？據趙鞅納蒯聵不貶。〔疏〕注據趙至不貶○解云：即哀二年夏晉趙鞅帥師納衛世子蒯聵于戚是也。不與大夫專廢置君也。曷爲不與？據大其弗克納。實與，而文不與。弗克納是。文曷爲不與？大夫之義，不得專廢置君也。不復發上無天子、下無方伯傳者，諸侯本有錫命征伐憂天下之道，故明有亂義，大夫不得專也。接菑不繫邾婁者，見挈于郤缺也。不氏者，本當言邾婁接菑，見當國也。○見挈，賢偏反，下音苦結反。〔疏〕注不復至之道○解云：欲道僖元年救邢、城楚丘之經，悉是實與而文不與，文與此同，其傳皆云「上無天子，下無方伯，天下諸侯有相滅亡者，力能救之，則救之可也」，今此不復言之，故云爾。言諸侯本有錫命征伐憂天下之道故者，正謂保任連帥本有共相存恤之義，是以上無天子、下無方伯之時，容有存恤之道，是故異於大夫耳。○注明有至專也○解云：言大夫若有專廢置君者，即是亂義，故曰明有至亂義。大夫不得專也，正由大夫不得專廢置故也。○注接菑至缺也○解云：據僖二十五年納頓子繫頓也。○注不氏者○解云：據宣十一年納公孫甯、儀行父于陳，皆言氏也。○注本當至當國也○解云：即隱元年傳云「段者何？鄭伯之弟也。何以不稱弟？當國也」，注云「欲當國爲之君，故如其意，使如國君，氏上鄭」，所以見段之逆是也。○九月，甲申，公孫敖卒于齊。已絶，卒之者，爲後齊脅魯歸其喪有恥，故爲內諱，使若尚爲大夫。〔疏〕注已絶至大夫○解云：言已絶者，即上八年公孫敖奔莒是也。春秋之例，大夫出奔之後，即絶於大夫之位，不復書其卒，即公子慶父、臧孫紇之屬是，是以於此怪其書卒矣。言爲後齊脅魯歸其喪有恥者，即下十五年夏齊人歸公孫敖之喪，傳云「何以不言來？內辭也，脅我而歸之」是也。○齊公子商人弑其君舍。此未踰年之君也，其言弑其君舍何？據弑其君之子奚齊也。連名何之者，弑成君、未成君俱名，問例所從也。〔疏〕注據弑至齊也○解云：即僖九年冬晉里克弑其君之子奚齊，傳云「弑未踰年君之號」是也。已立之，已殺之，商人本正當立，恐舍緣潘意爲害，故先立而弑之。〔疏〕注商人本正當立○解云：正以弑舍不書日，見不正遇禍，則知商人本正明矣。成死者，而賤生者也。惡商人懷詐無道，故成舍之君號，以賤商人之所爲。不解名者，言成君可知，從成君不日者，與卓子同。○惡，烏路反。卓，勑角反。〔疏〕注從成君至子同○解云：即僖十年春晉里克弑其君卓子，彼下注云「不日者，不正遇禍，終始惡明，故略之」是也。○宋子哀來奔。宋子哀者何？無聞焉爾。○冬，單伯如齊。齊人執單伯。齊人執子叔姬。執者曷爲或稱行人，或不稱行人？此問諸侯相執大夫所稱例。〔疏〕宋子哀者何○解云：欲言宋君，經書子哀；欲言大夫，文不言氏，故執不知問。○無聞焉爾○解云：即隱二年注云「言無聞者，春秋有改周受命之制，孔子畏時遠害，又知秦將燔詩書，其說口授相傳，至漢公羊氏及弟子胡毋生等，乃始記於竹帛，故有所失也」是也。稱行人而執者，以其事執也。以其所銜奉國事執之，晉人執我行人叔孫舍是也。〔疏〕注晉人至是也○解云：即昭二十三年晉人執我行人叔孫舍是。不稱行人而執者，以己執也。已者，已大夫自以大夫之罪執之，分別之者，罪惡各當歸其本。○別，彼列反。單伯之罪何？道淫也。惡乎淫？淫乎子叔姬。時子叔姬嫁，當爲齊夫人，使單伯送之。○惡，音烏。然則曷爲不言齊人執單伯及子叔姬？據夫人婦姜繫公子遂。〔疏〕注據夫至子遂○解云：即宣元年三月遂以夫人婦姜至自齊是也。內辭也，使若異罪然。深諱，使若各自以他事見執者。不書叔姬歸于齊者，深諱以起道淫。書單伯如齊者，起送叔姬也。齊稱人者，順諱文，使若非伯討。〔疏〕注不書至姬也○解云：言此者，欲決隱二年冬十月伯姬歸于紀之屬書歸也。言深諱者，正以子叔姬有罪故也。言以起道淫者，謂深諱不言其歸，即是以起道淫之義。何者？若更爲小事而見執，何須諱其歸于齊？今不言歸于齊，而與單伯俱見執，明其在道與單伯淫于歸事不醒醒矣。或曰不書歸

于齊者深諱其起道淫故也何者若言叔姬歸于齊齊人執單伯齊人執子叔姬即有道淫之理也○注齊稱人至伯討解云即僖四年夏齊人執袁濤塗之下傳云稱侯而執者伯討也稱人而執者非伯討也是也

十有五年。春。季孫行父如晉。○三月。宋司馬華孫來盟。月者文公微弱大夫秉政宋亦薇於三世之黨三亂結盟故不與信辭不稱使者宋無大夫官舉者見宋亂也錄華孫者明惡二國非以月惡華孫也○華孫戶化反見賢偏反惡二烏路反下皆同〔疏〕注月者至秉政○解云即公子遂是也○注宋亦至之黨○解云即上九年傳云曷爲皆官舉宋三世無大夫三世內娶也是也言爲三世內娶之故三世妃黨皆强而爲君之所薇故云薇于三世之黨矣○注故不與信辭○解云正以春秋之例凡莅盟來盟例皆書時所以然者欲見王者當以至信先于天下故也是以桓十四年夏鄭伯使其弟語來盟注云時者從內爲王義明王者當以至信先天下是也今而書月故言不與信辭耳○○不稱使至大夫○解云正決鄭伯使其弟語來盟之文也○○注官舉至孫也○解云大夫之義例不官舉而此言司馬者正以見宋之亂是以詳錄華孫明其書月不與信辭者不由華孫之故也○夏。曹伯來朝。○齊人歸公孫敖之喪。何以不言來。據齊人來歸子叔姬〔疏〕注據齊至叔姬解云在此年十二月內辭也。脅我而歸之。筍將而來也。筍者竹篋一名編輿齊魯以此名之曰筍將送也爲叔姬淫惡魯頗故取其尸置編輿中傳送而來脅魯令受之故諱不言來起其來有恥不可言來也不月者不以恩錄與子叔姬異○筍將音峻竹篋也將送也竹篋婢緜反一音步賢反服虔音編韋昭音如蹟反編必緜反一音篇郭璞音步典反與音餘爲叔于僞反下父爲子爲若篇實爲同傳直專反令受力呈反下同〔疏〕注故取其尸解云謂取其死尸矣○注不月至姬異解云正以下十有二月齊人來歸子叔姬書月故也○六月。辛丑朔。日有食之。鼓用牲于社。是後楚人滅庸宋人弒其君處臼齊人弒其君商人宣公弒于赤莒弒其君庶其〔疏〕注是後楚人滅庸○解云即下十六年秋楚人秦人巴人滅庸是也○注宋人弒處臼○解云在十六年冬○注齊人弒商人○解云在十八年夏五月○注宣公弒子赤○解云即十八年冬子卒傳云子卒者孰謂謂子赤也何以不日隱之也何隱爾弒也者是也○莒弒其君庶其解云在十八年冬○單伯至自齊。大夫不致此致者喜患禍解也不省去氏者淫當絕使若他單伯至也○解戶買反省所景反〔疏〕注大夫不至禍解也○○解云正以內大夫出聘例不書至故也○注不省至伯至也解云正以昭十四年春隱如至自晉彼是被執而歸省去其氏今單伯存氏故解之○晉郤缺帥師伐蔡。戊申。入蔡。入不言伐。此其言伐何。至之日也。其日何。據甲寅齊人伐衛日伐也〔疏〕入不言伐○解云莊十年師解云爾故此弟子據而難之○注據甲至伐也○解云即莊二十八年春王三月甲寅齊人伐衛衛人及齊人戰衛人敗績是也至之日也。嫌至日伐不至日入故日入也主書與甲寅同義〔疏〕注主書至同義○解云即彼云伐不

日此何以日至之日也何氏云用兵之道當先至竟侵責之不服乃伐之今日至便以今日伐之故日以起其暴也是也然則令此郤缺亦今日至便以今日伐之故書以日起其暴也○秋。齊人侵我西鄙。○季孫行父如晉。○冬。十有一月。諸侯盟于扈。不序不日者順上諱文使若扈之盟都不可得而知〔疏〕注不序至而知○解云上七年秋八月公會諸侯晉大夫盟于扈傳云諸侯何以不序大夫何以不名公失序也公失序奈何諸侯不可使與公盟云云何氏云文公內則欲久喪而後不能喪娶逆祀外則貪利取邑爲諸侯所薄賤不見序故深諱爲不可知之辭不日者順諱爲善文也然則此不序者爲不可知之辭不日者順諱爲善文也何者盟不日善文故也○十有二月。齊人來歸子叔姬。其言來何。據齊人歸公孫敖之喪不言來閔之也。閔傷其棄絕來歸此有罪。何閔爾。父母之於子。雖有罪。猶若其不欲服罪然。孔子曰父爲子隱子爲父隱直在其中矣所以崇父子之親也言齊人不以棄歸爲文者令與敖同文相發明叔姬于文公爲姊妹言父母者時文公母在明孝子當申母恩也月者閔錄之從無罪例〔疏〕注所以至親也○解云即言來以閔之是也○注言齊人至母者○解云若以棄歸爲文即言子叔姬來歸不言齊人即宣十六年郯伯姬來歸之文是今言齊人來歸故謂之同文也言相發明者言敖爲齊所惡而來歸之今此亦爲齊人所歸之故曰相發明耳○注時文至恩也○解云正以下十六年秋八月辛未夫人姜氏薨十七年夏葬我小君聖姜傳云聖姜者何文公之母也是○注月者閔至例○解云正以棄歸之例有罪者時無罪者月故也其有罪者時即宣十六年秋郯伯姬來歸是也其無罪者月成五年春王正月杞叔姬來歸之屬是也○齊侯侵我西鄙。遂伐曹。入其郛。郛者何。恢郭也。恢大也郭城外大郭○郛芳夫反郭也恢廓苦回反大也〔疏〕郛者何○解云欲言城郭經無城郭之文欲言非城郭上文言入故執不知問入郛書乎。曰。不書。圍不言入入郛是也〔疏〕入郛至不書○解云案諸舊本此傳之下悉皆無注有注云圍不言入入郛是也者衍字耳入郛不書。此何以書。動我也。諱使若爲同姓見入郛故動懼我也動我者何。內辭也。其實我動焉爾。齊侵會魯實爲子叔姬故動懼失操云爾鄉者不去幾亦入我郛故舉入郛以起魯恥且明兵之所鄉苟得其罪則莫敢不懼○鄉許亮反下同幾音祈十有六年。春。季孫行父會齊侯于陽穀。齊侯弗及盟。其言弗及盟何。據序上會也連盟何者嫌據盟〔疏〕注據序至據盟解云據序上會何得弗及盟乎是以問之云嫌據盟者嫌直據盟問之不見與盟也。與齊期盟爲叔姬故中見簡賤不見與盟侮辱有恥故諱使若行父會而去齊侯不及得與盟故言齊侯弗及亦所以起齊侯不肯○爲于僞反〔疏〕注使若至與盟○解云使若行父會齊侯于陽穀訖即棄之而去齊侯不及盟○注亦所以起

齊侯不肯○解云若直言不及盟文體已具足見不得盟矣而更言齊侯不及者欲道是時不肯盟者是齊侯也若直言季孫行父會齊侯于陽穀不及盟不妨行父不及無以見齊侯不肯矣○夏。五月。公四不視朔。視朔說在六年不舉不朝廟者禮月終于廟先受朔政乃朝明王教尊也朝廟禮也故以不視朔爲重常以朔者始重也〔疏〕注視朔說在六年○解云即上六年注云禮諸侯受十二月朔政於天子藏于大祖廟每月朔朝廟使大夫南面奉天子命君北面而受之是也○注不舉至爲重○解云正以視朔之時必有朝廟之禮故上六年經云閏月不告月猶朝于廟是也今此經直言四不視朔不道不朝廟故解之○注常以至始也○解云言十二月之政令所以不在年初一受之而已必以月朔日受之者重月之始故也公曷爲四不視朔。據無事也公有疾也。以不諱舉公如有疾乃復舉公是也○乃復扶又反下同〔疏〕注公有至是也○解云即昭二十三年冬公如晉至河公有疾乃復是也何言乎公有疾不視朔。據有疾無惡也〔疏〕注據有疾無惡也○解云即昭二十三年傳云何言乎公有疾乃復殺恥也者是自是公無疾不視朔也。有疾無惡不當書又不言有疾者欲起公自是無疾不視朔也〔疏〕注公自至朔也○解云即鄭氏云魯自文公四不視朔視朔之禮已後遂廢者正取此書也然則曷爲不言公無疾不視朔。有疾。猶可言也。無疾。不可言也。言無疾大惡不可言也是後公不復視朔政事委任公子遂○六月。戊辰。公子遂及齊侯盟于犀上。○犀上彦西左氏作郪上穀梁作師上〔疏〕盟于犀上○解云正本作犀上故賈氏公羊曰犀上穀梁曰師上是也今左氏經作郪字○秋。八月。辛未。夫人姜氏薨。○毀泉臺。泉臺者何。郎臺也。莊公所築臺于郎以郎譏臨民之漱浣○漱素侯反浣戶管反〔疏〕泉臺者何解云泉臺之名自前未有今而言毀故執不知問○注莊公至漱浣○解云即莊二十一年春築臺于郎傳云何以書譏何譏爾臨民之所漱浣也是也然則何以知泉臺爲郎臺正以彼傳云譏臨民之所漱浣書與此泉臺之義合故也郎臺則曷爲謂之泉臺。未成爲郎臺。未成時但以地名之既成爲泉臺。既成更以所置名之毀泉臺何以書。譏。何譏爾。築之譏。毀之譏。先祖爲之。已毀之。不如勿居而已矣。但當勿居令自毀壞不當故毀暴揚先祖之惡也築毀同譏同知例皆時○令力呈反暴步卜反〔疏〕注築毀至皆時○解云言築毀譏同者即上傳云築之譏毀之譏是也言知例皆時者正以此經文承月下恐蒙月故如此解賤者窮諸人首言士先自稱人今弒君亦稱人故曰窮諸人矣云賤者窮諸盜者言士之賤名不過于盜故也○楚人。秦人。巴人滅庸。○巴布加反○冬。十有一月。宋人弒其君處臼。弒君者曷爲或稱名氏。

或不稱名氏。大夫弒君稱名氏。賤者窮諸人。賤者謂士也士正自當稱人○處臼二傳作杵臼大夫相殺稱人。賤者窮諸盜。降大夫使稱人降士使稱盜者所以別死刑有輕重也無尊上非聖人不孝者斬首梟之無營上犯軍法者斬要殺人者刎脰故重者錄輕者略也不日者內娶略賤之○別彼列反梟古堯反要一遥反刎亡紛反頭如字本又作脰音豆〔疏〕注故重至略也○解云謂大夫弒君罪重故稱名氏責之深若大夫相殺罪輕於犯君故降稱盜者義之輕然也○注不日至賤之者既說于上

十有七年。春。晉人、衞人、陳人、鄭人伐宋。○夏。四月。癸亥。葬我小君聖姜。聖姜者何。文公之母也。○聖姜二傳作聲姜〔疏〕聖姜者何○解云欲言夫人謚異其夫號欲言爲妾而卒葬並不見故執不知問○齊侯伐我西鄙。○六月。癸未。公及齊侯盟于穀。○諸侯會于扈。○秋。公至自穀。○公子遂如齊。

十有八年。春。王二月。丁丑。公薨于臺下。○秦伯罃卒。秦穆公也至此卒者因其賢○伯罃乙耕反何云穆公也左氏穆公子康公〔疏〕注秦穆至其賢○解云正以秦是戎狄春秋外之往前以來未錄其卒今乃始書故以賢解之而左氏爲康公者與此別穀梁無解○夏。五月。戊戌。齊人弒其君商人。商人弒君賊復見者與大夫異齊人已君事之殺之且當坐弒君○復見扶又反下同下賢偏反〔疏〕注商人至弒君○解云春秋之義諸是弒君之賊皆不復見所以賤之是以宣六年書晉趙盾衞孫免侵陳傳云趙盾弒君此其復見何注云據宋督鄭歸生齊崔杼弒其君後不復見傳又云親弒君者趙穿也注云復見趙盾者欲起親弒者趙穿非盾是也今此商人於上十四年弒其君舍而復見者正以其爲君故也與大夫異者齊人以君事之殺之宜當坐弒君然則商人弒其君舍而存之欲責臣子不討賊故也是以莊二十二年注云不與念母而譏忌省者本不事母則已不當忌省猶爲商人責不討賊義亦通於此○六月。癸酉。葬我君文公。○秋。公子遂、叔孫得臣如齊。不舉重者譏魯猥使二大夫出虛國家廢政事重錄內也〔疏〕注不舉至內也○解云書事舉重春秋之常今而悉舉故解之穀梁傳云使舉上客而不稱介不正其同倫而相爲介故列而數之也者亦是直舉重之義也而言重錄內者正以外大夫未有並見者於內唯有此經及定六年夏季孫斯仲孫何忌如晉之文故知正是重錄內也○冬。十月。子卒。子卒者孰謂。謂子赤也。何以不日。據子般卒日隱之也。何隱爾。弒也。弒則何以不日。據子般卒日○弒也音試下及注同〔疏〕注據子般卒日○解云即莊三十二年冬十月乙未子般卒是也不忍言也。所聞世臣子恩痛王父深厚故不忍言其日與子般異〔疏〕注故不忍至般異○解云正以子般爲所傳聞之世故也是以莊三十二年子般卒之下何氏云殺不去日見隱者降子赤也是故去也○夫人姜氏歸于齊。歸者大歸也夫死子殺賊人立無所歸留故去也有去道書者重絕不復反〔疏〕注歸者大歸也○解云凡言大歸一出不反之辭若紀侯大去其國之類故言歸者大歸也○注有去至不復○解云正以常事不書故也○季孫行父如齊。○莒弒其君庶其。稱國以弒何。據莒人弒其君密州〔疏〕注據莒至密州○解云即襄三十一年十有二月莒人弒其君密州是也稱國以弒者。衆弒君之辭。一人弒君國中人人盡喜故舉國以明失衆當坐絕也例皆時者略之也〔疏〕注例皆至之也○解云謂是失衆而稱國以弒者皆書時以略之即定十三年冬薛弒其君比之屬是也若然昭二十七年夏四月吳弒其君僚亦是稱國而書月者彼非失衆但以見弒之義故不書時賤之是以何氏云不書闔閭弒其君者爲季子諱明季子不忍父子兄弟自相弒讓國闔閭欲其享之故爲沒其罪也月者非失衆見弒故不略之者是也

公羊注疏卷十四校勘記　阮元撰盧宣旬摘錄

公羊注疏文公卷十四

十年

楚子蔡侯次于屈貉　釋文屈貉二傳作厥貉

十有一年

天誡若曰　毛本天誤大

與公子友敗莒師于犂同　鄂本無于犂非也按釋文出于犂二字

以求賂于魯　案僖元年傳于作乎

大人無輔佐　鄂本宋本閩監本同毛本改輔助非也

弒君二十八亡國四十　解云宜云弒君二十也八是衍字亡國二十四也作四十者錯也

其殺君二十　閩監毛本殺作弒

陳招殺偃師　閩監本同毛本殺改弒非也

十三年取詩　閩本同監毛本詩作郝非

十有二年

尤當加意厚遇之　鄂本同閩監毛本尤誤猶

卒者許嫁　解云舊本皆無此注

婦人不絕男子之手　毛本子誤人

秦伯使遂來聘　釋文唐石經作使遂解云左氏穀梁皆作術字經亦有作術字者疑遂字誤○按疏非也古書遂術音同

惟諓諓善竫言　諸本同唐石經缺釋文諓尚書作截諓或作諞本作誤九經古義云說文引書曰戔戔巧言李尋傳云昔秦穆說諓諓之言任佗佗之勇王逸楚辭章句引書云諓諓靖言靖與竫同

俾君子易怠　諸本同唐石經缺九經古義云尚書怠作辭籀文辭從台史記三王世家齊王策云俾君子怠與公羊傳合

而況乎我多有之　唐石經況字缺九經古義云尚書況作皇依字當作兄兄滋也無逸云無皇曰又云則皇自敬德漢石經無佚皆作兄詩倉兄填兮箋作況

惟一介斷斷焉　唐石經諸本同釋文一介古拜反尚書音古賀反惠棟云古無个字作一介爲是九經古義云焉與夷同見周禮行夫注夷聲近猗故尚書作猗

其善言無筭　閩監毛本筭改算下同

能有容　唐石經諸本同九經古義云尚書曰如有容古如字作而而讀爲能能讀曰如詩民勞柔遠能邇箋云能猶伽也伽當作如此述秦誓之辭而字多異然與尚書無大抵牾蓋古今文之殊爾

河曲疏矣河千里而一曲也　唐石經諸本同爾雅釋水百里一小曲千里一曲一直注引公羊傳曰河曲流河千里一曲一直也疏云此注以疏爲流引加一直字誤也按郭氏所據公羊不與何本同何本作疏不作流也○按此是流字鄂本唐石經等作疏乃譌字耳邢昺所據已譌

河曲流以據地　閩監毛本同鄂本流作疏

書帥師者　鄂本同此本疏標起訖亦作書帥至城之此本及閩本書誤帥今訂正監毛本改言帥師者非

不至復也　浦鏜云者誤也是也

十有三年

會人孤以尊天子　鄂本會字上有彊字此脫按傳廿八年注云陳有大喪而彊會其孤

令失子行　監本失誤夫

至秋七月　唐石經鄂本皆作至于秋此脫

世室屋壞　唐石經諸本同釋文世室二傳作大室九經古義云公羊皆以世爲大如衛大叔儀爲世叔齊未樂大心爲樂世心推而廣之如鄭大夫子大叔論語作世叔天子之子稱大子春秋傳云會世子于首止諸侯之子稱世子而晉有大子申生鄭有大子華春秋經齊世子光左傳云大子光是古世與大通按世與大聲相近故文異

少差異其下者　余本脫一頁自此少字起至後注後能救鄭之難不字止

所以上尊周公　鄂本同閩監毛本上作尚

魯拜乎後 唐石經鄂本作魯公拜乎後此脱禮記明堂位正義引有
成王始受其茅土之辭 浦鏜云受當授字誤
包以黃土 盧文弨曰周書包作苞按苞苴字當從艸
周公用白牲 閩監毛本同誤也唐石經鄂本作白牡當據正此本注中亦作牡不誤
謙改周之文 鄂本謙作嫌此誤
所以降于尊祖 盧文弨曰于當作乎按此本疏中作降乎尊祖
羣公廩 唐石經諸本同詩采薇正義引鄭易注作羣公溓溓廩聲相近此疏引鄭注云廩讀如羣公廩之廩當是後人改竄
是以鄭注云 按云上當有周易二字
不月者知久不脩 鄂本同閩監毛本不誤書
何譏不務乎公室 何校本譏下有爾字公室下有也字
故知當蒙上月爾 閩監本同毛本爾改耳
所猶時齊人語也 鄂本宋本閩監本同毛本時誤是
十有四年
王都不能統政 閩監毛本同此本王作正皆誤鄂本作王者當據正
是莒弒其君 閩監毛本下有也
晉人納接菑于邾婁 唐石經諸本同釋文接菑二傳作捷菑經義雜記曰莊十二年宋萬弒其君接今左氏穀梁作捷賈景伯所見公羊穀梁皆作接僖三十二年鄭伯接卒左氏穀梁作鄭伯捷接捷二字古多互用
注指手指 何校本此四字在解云子謂郤缺之下
言俱不得天之正性 毛本俱誤据
俱不得天之正性也雖然者雖皆不得正性 閩監毛本移雖然者以下分配下節又刪雖然者三字增雖然至長○解云六字一○大失疏文舊式矣
義實不爾克也 唐石經鄂本閩監本同毛本爾克誤倒
終始惡明 閩本同監毛本明誤名
宋子哀者何 此下二節疏此本在何注此問諸侯相執下閩監毛本移於宋子哀來奔傳下
罪惡各當歸其本 浦鏜云當各字誤倒
淫乎子叔姬 唐石經諸本同毛本乎誤于
十有五年

三亂結盟 閩監毛本同誤也鄂本三作二當據正此本三字剜改當本作二
卽上九年傳云 浦鏜云八誤九是也
魯我而歸之 唐石經鄂本閩本同監毛本我誤物
齊魯以此名之曰筍 閩監毛本同誤也鄂本蜀大字本此作北漢制考同當據正九經大義云史記張陳列傳上使泄公持節問貫高箯輿前服虔曰箯音編編竹木如今峻可以糞除也韋昭音如類反云如今輿牀人輿以行案服氏云如今峻峻卽筍也同物同音釋文筍音峻
隱如至自晉 閩本同監毛本隱作意非
故曰入也 鄂本同蓋誤閩監毛本作日
令與敖同文相發明 鄂本宋本閩本同監毛本令作今
剡伯姬來歸是也 閩監毛本剡作郯不誤
圍不言入入邾是也 解云舊本此下無注有注云圍不言入入邾是也者衍字耳
十有六年
于廟先受朝政 鄂本朝作朔此誤
朝廟礼也 鄂本礼作私此誤因形相近也閩監毛本改作禮
故以不視朔爲重 鄂本作故不以非是
嘗以朔者始重也 諸本同誤倒鄂本作重始當據正此本疏標起訖云注當以至始也則本作重始
以不諱舉公如有疾 鄂本如作知此誤
正取此書也 浦鏜云文誤書從儀禮經傳通解校
盟于犀丘 唐石經諸本同解云正本作菑丘故賈氏云公羊曰菑丘穀梁曰師丘今左氏經作鄑字經義雜記曰釋文作犀丘穀梁音義亦云公羊作犀丘則唐以來本不作菑字矣公羊疏唐以前人爲之所據皆晉宋古書故猶見正本與賈景伯合也
卽莊二十一年春 浦鏜云三誤二是也
故如此解賤者窮諸人首 浦鏜云首爲者之誤閩監毛本移賤者以下四十二字作賤者窮諸之注在降大夫使稱人之上鄂本注無之元年疏與此同不誤
殺人者刎脰 鄂本同閩監毛本脰改頭按釋文作頭云如字本又作脰音豆
義之輕然也 浦鏜云輕下脫重
十有七年

而卒葬並不見 閩監毛本作書見是也
公子遂如齊 唐石經鄂本上有冬字此脫
十有八年
秦伯罃卒 注秦穆公也釋文左氏穆公子康公解云左氏爲康公與此別穀梁無辭惠棟云以康公爲穆公直以意說
齊人已君事之殺之且當坐弒君 閩監毛本同鄂本且作宜當據正疏已作以且亦作宜古已以通
是以莊三十三年 閩監本同誤也當從毛本作三十二
注有去至不復 閩監毛本作有去至復反按注當有反字
解云卽襄三十三年 浦鏜云一年誤三年浦說是也
十有二月 何校本二作一是也
春秋公羊卷第五 唐石經原刻第六後改第五

何休學

元年。春。王正月。公即位。繼弒君不言即位。此其言即位何。其意也。桓公篡成君，宣公篡未踰年君，嫌其義異，故復發傳。疏注桓公至發傳。○解云：即桓元年傳云繼弒君不言即位，此言即位何。注云：據莊公不言即位。彼傳云：如其意也。注云：弒君欲即位，故如其意也。注云：弒君欲即位，故如其意以著其惡是也。若然，案禮，未踰年之君，臣下為之無服，臣為君斬衰三年，誠實自異，何言嫌其義異者？正以側隱者相似故也。是以閔元年何氏云「復發傳者，嫌繼未踰年君義異故也」，明當一隱之如是也。公子遂如齊逆女。譏喪娶。復書不親迎者，嫌觸諱不成其文也。有母言如者，緣內諱無貶公文。疏注譏喪至其文。○解云：何氏以為人君喪娶者，宜有貶刺之女，若其吉逆，使卿者宜書譏之，見不親迎而已，即叔孫僑如之徒是也。今公子遂為君喪娶，宜去公子以見譏，而存公子，復作不親迎之經書之者，正以公子遂本是弒君之賊，若去公子，即嫌為觸以弒君大惡之故諱去公子，即似隱四年、十年公子翬之類，是以不得成其貶文。若然，文公二年公子遂如齊納幣，亦譏喪娶之經，而不去公子者，彼是喪未畢納幣，為失禮猶淺，此乃初喪逆女，固當合貶，即下八年而注云「元年逆女，嫌為喪娶貶」也者，義亦通於此云云之說，八年注備。○注有母至公文。○解云：下八年夏六月戊子，夫人熊氏薨；冬十月己丑，葬我小君頃熊。頃熊者何？宣公之母也。是其今日有母。母不命使者，婦人之命不通四方，何得言如，作內使之文者，正以緣內無貶公之文故也。何者？若其去如，則嫌宣公喪娶為絕賤，不成為諸侯然也。正緣此事不得去如也。若然，莊二十八年臧孫辰告糴于齊，不言如，所以不嫌莊公不能貯蓄，絕而賤之者，彼告糴之事，可以通臧孫之私行，此大夫不外娶，無通私行之義，故如是。○三月。遂以夫人婦姜至自齊。遂何以不稱公子。一事而再見者，卒名也。卒，竟也。竟俱舉名者，省文。夫人何以不稱姜氏。據僑如以夫人婦姜氏至自齊也。經有姜，不但問不稱氏者，嫌據夫人氏，欲使去姜。疏注據僑至齊也。○解云：在成十四年九月。○注嫌據至去姜。○解云：即僖元年夫人氏之喪至自齊是也。貶。曷為貶。據俱至也。譏喪娶也。喪娶者公也，則曷為貶夫人。據師還也。疏注據師還也。○解云：即莊八年秋，師還，傳曰「還者何？善辭也。此滅同姓，何善爾？病之也。曷為病之？非師之罪也」。彼公自滅同姓，非師之罪，是以歸惡于公，書還以善師。此公自喪娶，非夫人之罪，而貶夫人，與彼義違，故據而難之。內無貶于公之道也。明下無貶上之義。內無貶于公之道，則曷為貶夫人。據俱有諱義。疏注據俱有諱義。○解云：春秋之道，多為內諱，何故此經不為夫人諱而貶之乎？夫人與公一體也。貶辱與公共之，夫人貶則公惡明矣。去氏比於去姜差輕，可言，故不諱貶夫人。○差，初買反。疏夫人與公一體。○解云：初則判合，終成一體，是以寡妻之號稱未亡人，言其事體先亡，遺餘半在爾，故傳以一體言之。○恥辱至明矣。○解云：正以夫人與公共謚，知榮辱同矣。○注去氏至夫人。○解云：去姜即僖元年夫人氏之喪至自齊是也。然此不諱者，以其輕，而僖元年去姜者則重矣，而亦不諱者，何氏云「因正王法所加，臣子不得以夫人禮治其喪也」是也。其稱婦何。據桓公夫人至不稱婦。疏注據桓至稱婦。○解云：即桓三年九月夫人姜氏至自齊是也。有姑之辭也。有姑當以婦禮至，無姑當以夫人禮至，故分別言之。言以者，見行遂意也。見繼重在遂，因遠別也。月者，公不親迎，危錄之例也。疏有姑之辭也。○解云：隱二年傳云在塗稱婦，與此違者，兼二義也。言在塗見夫而服從夫，故謂之婦，至國對姑而服從姑，是以亦謂之婦矣。○注有姑至禮至。○解云：當以婦禮至而稱夫人者，臣下錄之故也。○注言以至別也。○解云：桓十四年傳云「以者何？行其意也」，何氏云「以已從人曰行」，然則此經云遂以夫人者，欲見夫人是時進止由遂，故言見繫重在遂。若不言以，直云遂夫人，則嫌恠夫人男女無別，故云因遠別也。○注月者至例也。○解云：即桓三年九月夫人姜氏至自齊之屬是也。言公不親迎，故書月，危錄之例也。○夏。季孫行父如齊。○晉放其大夫胥甲父于衛。放之者何。猶曰無去是云爾。是是衛。疏放之者何。○解云：大夫去國，於例言出奔，此經言放，故執不知問。然則何言爾。近正也。此其為近正奈何。古者大夫已去。三年待放。古者刑不上大夫，蓋以為摘巢毀卵則鳳凰不翔，刳胎焚夭則麒麟不至，刑之則恐誤刑賢者，死者不可復生，刑者不可復屬，故有罪放之而已，所以尊賢者之類也。三年者，古者疑獄三年而後斷。易曰：繫用徽纆，寘於叢棘，三歲不得，凶。是也。自嫌有罪當誅，故三年不敢去。○摘，吐狄反。刳，口孤反。屬音蜀。叢棘，才工反。疏近正也。○解云：用古放臣而言近正者，以古者放臣任其所去，今此晉又處之於衛，故言近耳。○古者刑不上大夫。○解云：曲禮上篇文。鄭注云：不與賢者犯法，其犯法則在八議輕重，不在刑書是也。○注蓋以為至不至。○解云：皆家語文，是時孔子之晉，聞趙簡子殺舜華之屬，故為此言而遂還耳。○注易曰至是也。○解云：此坎卦上六爻辭也。鄭氏云：繫，拘也。爻辰在巳，巳為蛇，蛇之蟠屈似徽纆也。三五互體艮，艮又與震同體，艮為門闕，於木為多節，震之所為有叢拘之類，門闕之內有叢木多節之木，是天子外朝左右九棘之象也。外朝者，所以詢事之處也。左嘉石，平罷民焉；右肺石，達窮民焉。罷民，邪惡之民也。上六乘陽，有邪惡之罪，故縛約徽纆，置于叢棘，而後公卿以下議之，其害人者置之圜土而施職事焉，以明刑恥之，能復者上罪三年而赦，中罪二年而赦，下罪一年而赦，不得者不自思以得正道，終不自改而出圜土者殺，故凶是也。○注自嫌至不敢去。○解云：莊二十四年曹羈之下傳云「三諫不從，遂去之，故君子以為得君臣之義也」，何氏云「孔子曰：所謂大臣者，以道事君，不可則止。此之謂也。諫必三者，取月生三日成魄，臣道就也」。以此言之，則知待放之臣三年乃去者，亦取月生三日成魄，臣道就之義故也。君放之。非也。日無去是非也。大夫待放。正也。聽君不去衛正也。疏君放之非也，大夫待放正也。○解云：此二句皆是今事，非古法。古者臣有大喪，則君三年不呼其門。重奪孝子之恩也。禮，父母之喪三年不從政，齊衰大功之喪三月不從政。故孔子曰：夏后氏三年之喪既殯而致事，殷人既葬而致事，周人卒哭而致事。君子不奪人之親，亦不可奪親也。疏注禮父至從政。○解云：禮記王制文也。此政請稅矣。○注故孔子至致事。○解云：曾子問文。鄭注云：致事者，還其職位於君是也。○注君子不奪人之親。○解云：亦曾子問文。彼云君子不奪人之親，亦不可奪親也，此之謂乎。鄭云：二者恕也，孝也。已練可以弁冕。此說詩哀正失，非謂禮當然。弁，禮所謂皮弁。武冠；爵弁，文冠。夏曰收，殷曰冔，周曰弁，加旒曰冕。所以入宗廟。○冔，況甫反。疏注夏曰至曰冕。○解云：即郊特牲云周弁、殷冔、夏收是也。○注加旒曰冕。○解云：鄭氏以為弁冕之形制一耳，但加旒為異矣。○注主所以入宗廟。○解云：以其文冠故也。服金革之事。金革，謂以兵事使之。君使之。非也。非古道也。臣行之。禮也。臣順君命，亦禮也。此與君放之非，臣待君放正同，故引同類相發明。閔子要絰而服事。閔子騫以孝聞。疏注閔子騫以孝聞。○解云：論語文也。禮已練，男子除乎首，婦人除乎帶。要，一遙反。○解云：間傳文。孔子蓋善之也者，蓋猶是也。言善之其三事者，初則要絰而服事，次則既而致事，是也。既而曰。若此乎古之道不即人心。退而致仕。退，退身也。致仕，還祿位於君。古者不敢斥君，即近也。孔子蓋善之也。善其服事外得事君之義，致仕內不失親親之恩。古者又孫順不訕其君也。不言君子者，時賢者多以為非，唯孔子以為是。○孫音遜。○公會齊侯于平州。○公子遂如齊。○六月。齊人取濟西田。外取邑不書。此何以書。據曹取之不書。○濟，子禮反。疏注據曹取之不書。○解云：三十一年取濟西田，傳云「惡乎取之？取之曹也。曷為不言取之曹？諱取同姓之田也」。伐曹者，則其言取之曹何？晉侯執曹伯，班其所取侵地于諸侯也。何氏云：曹伯之田久也。然則濟西之田，本魯之物，不應復取，緣前語故，稱取之不書，以賂遺齊，故稱人而取之。○遺，唯季反。所以賂齊也。疏注魯本為霸者所還，當坐取邑。其國辭。○解云：謂一人之齊，人失所取賞。人共有何者。魯人篡弒，以賂齊人，皆合稱人，故也。曷為賂齊。據上無所謝。疏注據上無所謝。○解云：正決哀七年秋，公伐邾婁，八月己酉入邾婁；八年夏，齊人取讙及闡，傳云「外取邑不書，此何以書？所以賂齊也。曷為賂齊？為以邾婁子益來也」。然則此不書，此無所謝，曷為以地賂齊乎？故難之。為戰伐之文，應無所謝，曷為以地賂齊乎？故難之。為弒子赤之賂也。子赤，齊外孫，宣公篡弒之，恐為齊所誅，為是賂之，故諱，使若齊自取，恐篡取邑，未之齊，坐取邑者，由律行言許受賂也。月者，惡內甚于邾婁子益。公四年經書娶于齊而生也。○注子赤至生也。○解云：文十年齊人歸我濟西田，傳云齊已取之矣，其言我何？言我者，未絕于我也。曷為未絕于我？齊已言取之矣，其實未之齊也。何氏云：齊已語許取之，其人民貢賦尚屬於魯，實未歸於齊。

不言來者明不從齊來不當坐取邑是以知其未之齊矣○注月者至子益○解云哀八年夏齊人取讙及僤傳云外取邑不書此何以書所以賂齊也曷為賂齊為以邾婁子益來也彼注云邾婁齊與國畏為齊所怒而賂之恥甚故諱使若齊自取然則彼為侵奪小國而賂齊此為篡適而賂齊罪重於彼是以書月以諱其惡故云月者惡內甚於邾婁子益矣

○秋。邾婁子來朝。○楚子、鄭人侵陳。遂侵宋。微者不得言遂遂者楚子之遂也不從鄭人去遂者兵尊者兼將○將子匠反【疏】注微者至之遂也○解云正以遂者專事之文也是以僖二十五年注云微者不別遂但別兩耳是也其若大例不合遂若其竟外有利國家之事亦權許之即莊十九年秋公子結媵陳人之婦于鄄遂及齊侯宋公盟下傳云大夫無遂事此其言遂何聘禮大夫受命不受辭出竟有可以安社稷利國家者則專之可也是

○晉趙盾帥師救陳。宋公、陳侯、衛侯、曹伯會晉師于斐林。伐鄭。此晉趙盾之師也。據上趙盾救陳微者不能會諸侯○斐芳尾反【疏】注微者至諸侯○解云謂若是微者即不能為會主以致諸侯于斐林而會之

曷為不言趙盾之師。據公子遂會晉趙盾于衡雍伊雒戎盟再出名氏【疏】注據公子至名氏○解云即文八年冬十月壬午公子遂會晉趙盾盟于衡雍乙酉公子遂會伊雒之戎盟于暴是

君不會大夫之辭也。時諸侯為趙盾所會不與畢致尊故正之去大夫名氏使若更有師也殊會地之者起諸侯為盾所會【疏】注殊會至所會○解云言殊會者正謂先序諸侯訖乃言會晉師是也所以不言宋公陳侯衛侯曹伯帥師伐鄭而先言會晉師于斐林乃言伐鄭者若以趙盾之師先在是致諸侯來會之然也故曰起諸侯為盾所會耳

○冬。晉趙穿帥師侵柳。柳者何。天子之邑也。天子之閒田也有大夫守之晉與大夫忿爭侵之○閒音閑【疏】柳者何○解云欲言是國又復未聞欲言是邑文無所繫故執不知問

曷為不繫乎周。據王師敗績于貿戎繫王○貿音茂【疏】注據王至繫王○解云即莊元年秋王師敗績于貿戎是

不與伐天子也。絕正其義使若兩國自相伐【疏】注絕正其義○解云謂絕柳不使繫之於王所以正君臣之義也

○晉人、宋人伐鄭。

二年。春。王二月。壬子。宋華元帥師及鄭公子歸生帥師。戰于大棘。宋師敗績。獲宋華元。復出宋者非獨惡華元明恥辱及宋國○華戶化反【疏】宋華至華元○解云宋鄭皆言帥師者其將皆尊其師皆眾故也

○秦師伐晉。秦稱師者閔其眾惡其將本秦之忿起殽之戰今襄公繆公已死可以止矣而復伐晉惡其構怨結禍無已【疏】注秦稱至其將○解云正以文十二年秦伯使遂來聘始有大夫宜見將之名氏若其貶之宜稱人稱國而言師者正以閔其眾惡其將故也○注本秦至之戰○解云在僖三十三年夏○注今襄至已死○解云即文六年晉侯驩卒文十八年秦伯罃卒是也

○夏。晉人、宋人、衛人、陳人、侵鄭。○秋。九月。乙丑。晉趙盾弒其君夷獆。○夷獆戶刀反又古刀反二傳作夷皋○冬。十月。乙亥。天王崩。匡王【疏】注匡王○解云即三年春葬匡王是也

三年。春。王正月。郊牛之口傷。改卜牛。牛死。乃不郊。猶三望。其言之何。據食角不言之【疏】注據食角不言之○解云即成七年春王正月鼷鼠食郊牛角改卜牛鼷鼠又食其角乃免牛是也

緩也。辭間容之故為緩不若食角急也別天牲主以角書者譏宣公養牲不謹敬不絜清而災重事至尊故詳錄其簡甚【疏】注不若食角急也解云言食角之時正以有不順之處為天所災不敬簡慢故不言之耳○注別天牲主以角○解云即王制云祭天地之牛角繭栗宗廟之牛角握賓客之牛角尺是○注重事至簡甚○解云正謂言之是也何者之為緩辭故以簡慢之甚言矣言簡者欲取五行傳云簡宗廟之言耳

曷為不復卜。據定十五年牛死改卜牛【疏】注據定至卜牛○解云據彼經云十五年春王正月鼷鼠食郊牛牛死改卜牛是也

養牲養二卜。二卜語在下

帝牲不吉。帝皇天大帝在北辰之中主總領天地五帝羣神也不吉者有災【疏】注帝皇至有災○解云在北辰之中者言其北辰之處紫微宮內也云總領天地五帝羣神也者總領天地之內五帝羣臣也其五方之帝東方青帝靈威仰之屬是其五帝之名春秋緯文燿鉤具有其文

則扳稷牲而卜之。先卜帝牲養之有災更引稷牲卜之以為天牲養之凡當二卜爾復不吉不復郊○扳普顏反又甫姦反【疏】注更引至天牲○解云即定十五年牛死改卜牛者正謂此

帝牲在于滌三月。滌宮名養帝牲三牢之處也謂之滌者取其蕩滌絜清三牢者各主一月取三月一時足以充其天牲○于滌大歷反養牲宮名【疏】注養帝至之處○解云其三牢之文出春秋說文

於稷者。唯具是視。視其身體具無災害而已不特養于滌宮所以降稷尊帝

郊則曷為必祭稷。據郊者主為祭天

王者必以其祖配。祖謂后稷周之始祖姜嫄履大人迹所生配配食也【疏】注姜嫄至所生解云即詩云履帝武敏歆文周本紀云有邰氏女曰姜嫄為帝嚳元妃出野見巨人迹心忻然說欲踐之踐之身動如孕者居期而生子以為不祥棄之隘巷或棄山林寒冰之上云云姜嫄以為神遂收養長之初欲棄之因名曰棄是也

王者則曷為必以其祖配。據方父事天【疏】注據方父事天○解云言既以為天父特祭何嫌而要須以祖配祭之乎故難之

自內出者。無匹不行。匹合也無所與會合則不行

自外至者。無主不止。必得主人乃止者天道闇昧故推人道以接之不以文王配者重本尊始之義也故孝經曰郊祀后稷以配天宗祀文王於明堂以配上帝上帝五帝在太微之中迭生子孫更王天下書改卜者善其應變得禮也○迭大結反更王音庚下于況反【疏】注必得至接之○解云正謂天之精神靈不明察矣○注上帝至禮也○解云此五帝者即靈威仰之屬言在太微宮內迭王天下則感精符云蒼帝之始二十八世滅蒼者翼也彼注云堯翼之星精在南方其色赤滅翼者斗注云舜斗之星精在中央其色黃滅斗者參注云禹參之星精在西方其色白滅參者虛注云湯虛之星精在北方其色黑滅虛者房注云文王房星之精在東方其色青五星之謀是其義

○葬匡王。○楚子伐賁渾戎。○賁渾舊音六或音奔下戶門反二傳作陸渾【疏】葬匡王○解云天子記崩不記葬今而書者正以去年十月天王崩至今年春未滿七月即文九年傳曰王者不書葬此何以書不及時書過時書我有往者書然則此未滿七月所謂不及時書也

○夏。楚人侵鄭。○秋。赤狄侵齊。○宋師圍曹。○冬。十月。丙戌。鄭伯蘭卒。○葬鄭繆公。葬不月者子未三年而弒故畧之也○繆音穆【疏】注葬不月至之也○解云即下四年夏六月乙酉鄭公子歸生弒其君夷是也然則春秋之內卒日葬月大國之常今而不月故為此解似若定公十三年春薛伯定卒何氏云不日月者子無道當廢之而以為後考未至三年失眾見弒危社稷宗廟禍端在定故畧之類也考諸舊本皆無注然則有者衍字耳而不月者與卒同月故也即隱三年傳云不及時而不日慢葬何氏云慢薄不能以禮葬是也然則薛伯定之子是失眾見弒者即定十三年薛弒其君比稱國以弒是也今此繆公之子為公子歸生之之非失眾之文是以經書冬十月丙戌鄭伯蘭卒而不畧之以此言之有注者非也

四年。春。王正月。公及齊侯平莒及郯。莒人不肯。公伐莒取向。此平莒也。其言不肯何。據取汶陽田不言棘不肯【疏】注據取汶至不肯○解云即成二年秋取汶陽田至三年秋叔孫僑如率師圍棘傳云棘者何汶陽之不服邑也其言圍之何不聽也何不聽也何氏云不聽者叛也不言叛者為內諱故書圍以起之是也

辭取向也。為公取向作辭也恥行義為利故諱使若莒不肯起其平也聽公平伐取其邑以弱之者愈也莒言及者明非莒不肯起其平也書齊侯者公不能獨平也月者惡錄之○為于偽反【疏】注莒言及至其平也○解云正以及是汲汲之意亦見直之義故如此解○注月者惡錄之○解云正以定十一年冬及鄭平知平例不月今而書月故以為惡錄之若然定十年春王三月及齊平而書月何氏云月者頰谷之會齊侯欲執定公故不易是也又昭七年春王正月暨齊平而書月何氏云月者刺內暨暨也時魯方結婚于吳外慕強楚故不汲汲于齊是也

○秦伯稻卒。○夏。六月。乙酉。鄭公子歸生弒其君夷。○赤狄侵齊。○秋。公如齊。○公至自齊。○冬。楚子伐鄭。

五年。春。公如齊。○夏。公至自齊。○秋。九月。齊高固來逆子叔姬。○叔孫得臣卒。不日者知公子遂欲弒君為人臣知賊而不言明當誅【疏】秋九月至叔姬○解云隱二年注云親逆例時知此月為下卒出高固不當月

也。○注不日至當誅。○解云正以所聞之世大夫之卒無罪者日有罪者月今此不日故解之但推尋上下更不見得臣有罪之文惟有文十八年秋公子遂叔孫得臣如齊冬十月公子遂弒子赤是以何氏消量作如此解○冬。

齊高固及子叔姬來。何言乎高固之來。據當舉叔姬爲重。大夫私事不當書。○爲重直用反下同（疏）注據當至爲重。○解云正以春秋尊內故也。○注大夫至當書。○解云正以內之大夫直錄其如不書其大夫私事故也今書高固是以難之 言叔姬之來。而不言高固之來。則不可。禮大夫妻歲一歸宗叔姬屬嫁而與高固來如但言叔姬來而不言高固來則魯負教戒重不可言故書高固明失教戒重在固言及者猶公及夫人（疏）注故書至在固。○解云婦人之道既嫁從夫故也。○注言及至夫人。○解云即傳十一年夏公及夫人姜氏會齊侯于陽穀是也然則公羊之義以爲夫妻言及者遠別之稱刺其無別是以下注云言其雙行匹至似於鳥獸是也故桓十八年春公夫人姜氏遂如齊傳云公何以不及夫人注云據公及夫人會齊侯于陽穀夫人外也注云若言夫人已爲公所絕外也傳云夫人外者何內辭也注云內爲公諱辭其實夫人外公也注云時夫人淫於齊侯而譖公故云爾然則桓公十八年而不言及者若言夫人爲公所絕外是以不得言及以遠之 子公羊子曰。其諸爲其雙▲雙▲而俱至者與。言其雙行匹至似於鳥獸（疏）注言其至鳥獸。○解云言其無別如雄狐綏綏故曰雙▲行游匹而來鶉鵲不異故言匹至似於鳥獸矣而舊說云雙▲雙之鳥一身二首尾有雌雄隨便而偶常不離散故以喻焉非何氏意也○楚人伐鄭。

六年。春。晉趙盾、衛孫免侵陳。趙盾弒君。此其復見何。據宋督鄭歸生齊崔杼弒其君後不復見。○見何賢偏反（疏）注據宋督至不復見。○解云其宋督之事即桓二年春王正月戊申宋督弒其君與夷及其大夫孔父者是也歸生之事即上四年夏六月乙酉鄭公子歸生弒其君夷是也崔杼之事即襄二十五年夏五月齊崔杼弒其君光是也然則春秋之內書名弒君後不復見者唯此三人耳餘見者皆著義焉即桓二年公子翬如齊逆女宣元年公子遂如齊逆女之屬欲見罪在桓宣故翬遂得見閔二年公子慶父出奔莒書者彼注云慶父弒二君不當復見所以復見者起季子緩追逸賊是也隱四年衛人殺州吁于濮彼注云書者善之也然則善其臣子討得其賊是以書見則知莊九年齊人殺無知書之者亦是討得其賊善而書之莊十二年宋萬出奔陳得書之者彼注云萬弒君所以復見者重錄彊禦之賊明當急誅之也是也僖十年夏晉殺其大夫里克得書之者亦翬遂之類也故彼傳云里克弒二君則曷爲不以討賊之辭言之惠公之大夫也何氏云惠公篡立已定晉國君臣合爲一體無所復責故曰此乃惠公之大夫安得以討賊之辭言之然則欲歸惡於惠公尚不作討賊之辭何得怪其見于經矣襄二十七年衛殺其大夫甯喜得書之亦翬遂之類也是見其與獻公同謀而弒剽是以二十六年弒剽之下何氏云甯喜爲衛侯衎弒剽不舉衎弒剽者議成於喜是也其二十六年晉人執甯喜之下傳云不以其罪執之也何氏云明不得以爲功當坐執人亦是其得書之義文十八年齊人弒其君商人昭十一年楚子虔誘蔡侯般殺之于申皆書者商人之下何氏云商人弒君賊復見者與大夫異齊人已君事之殺之宜當坐弒君是也昭十三年楚公子棄疾弒公子比得書者亦是加弒故也如趙盾之類矣 親弒君者趙穿也。復見趙盾者欲起親弒者趙穿非盾 親弒君者趙穿。則曷爲加之趙盾。不討賊也。何以謂之不討賊。據皆去葬不加弒（疏）注據皆去葬不加弒。○解云春秋之義君弒賊不討則不書葬所以責臣子不討賊若其加弒者雖不討賊亦書其葬以其不親弒不責臣子之討賊是以昭十九年夏許世子止弒其君買冬葬許悼公傳云賊未討何以書葬不成于弒也曷爲不成于弒止進藥而藥殺也止進藥而藥殺則曷爲加弒焉爾譏子道之不盡也是以君子加弒焉爾葬許悼公是君子之赦止也赦止者免止之罪辭也是也然則此趙盾之弒君與他親弒者同文皆去其葬則趙盾不加弒趙盾既不加弒即其身是賊何得謂之不討賊乎故難之 晉史書賊曰。晉趙盾弒其君夷獋。趙盾曰。天乎。無辜。辜罪也呼天告冤。（疏）注呼天告冤。○解云冤謂冤枉之冤也 吾不弒君。誰謂吾弒君者乎。史曰。爾爲仁爲義人。弒爾君而復國不討賊。此非弒君如▲何。復反也趙盾不能復應者明義之所責不可辭 趙盾之復國奈何。靈公爲無道。使諸大夫皆內朝。禮公族朝於內朝親親也雖有富▲貴者以齒明父子也外朝以官體異▲姓也宗廟之中以爵爲位崇德也宗人授事以官尊賢也升▲餕受爵以上嗣尊祖之道也喪紀以服之精粗▲爲序不奪人之親也○餕音俊（疏）注禮公族至之親也○解云此皆文王世子文彼注云內朝路寢廷也云雖有貴者以齒明父子也彼注云謂以宗族事會也云外朝以官體異姓也者彼注云外朝路寢門之外廷體猶連結也云宗廟之中以爵爲位崇德也者鄭氏云崇高也以爵貴賤異位云宗人授事以官尊賢也者鄭氏云宗人掌禮及宗廟也以官官各有所掌也若司徒奉牛司馬奉羊司空奉豕云升餕受爵以上嗣尊祖之道也者彼文云其登餕獻▲爵則以上嗣尊祖之道也注云上嗣祖之正統▲爵謂上嗣舉奠也今此何氏以登爲升復無獻字蓋所見異也云喪紀以服之精粗爲序不奪人之親也者彼文作輕重字此作精粗▲者亦所見異也其上▲文云其公大事則以其喪服之精粗爲序注云大事謂死喪也其爲君雖皆斬衰序之必以本親也是也 然後處乎臺上。引▲彈而彈之。己▲趨而辟丸。己諸大夫也○己音紀 是樂而已▲矣。以是爲笑樂○是樂音洛 趙盾已朝而出。與諸大夫立於朝。有人荷畚。荷負也畚草器若今市所量穀者是也齊人謂之鍾○有人何本又作荷胡可反又音何畚音本（疏）注齊人謂之鍾○解云即昭三年左傳云齊舊四量豆區釜鍾是也 自閨而出者。宮中之門謂之闈其小者謂之閨從內朝出立于外朝見出閨者知外朝在閨外內朝在閨內可知（疏）注宮中至之閨○解云釋宮文孫氏曰閨者宮中相通小門也其小者謂之閨小閨謂之閤李氏曰皆門戶大小之異是也

趙盾曰。彼何也。夫畚曷爲出乎閨。彼何者始怪何等物之辭孰視知其爲畚乃言夫畚者賤器何故乃出尊者之閨乎 呼之不至。怪而呼欲問之 曰。子大夫也。欲視之。則就而視之。顧君▲責已以視人欲以見就爲解也○古者士大夫通曰子○解佳賣反又如字 趙盾就而視之。則赫然死人也。赫然已支解之貌 趙盾曰。是何也。曰。膳宰也。主宰割殺膳者若今大官宰人 熊蹯不熟。蹯掌 公怒。以斗摮而殺之。摮猶擊也摮謂旁擊頭項○摮五羔反又苦交反猶擊也摮口弔反擊也 支解將使我棄之。趙盾曰。嘻。趨而入。靈公望見趙盾。愬而再拜。愬者驚貌禮臣拜然後君荅拜靈公先拜者畚出盾入知其欲諫欲以敬拒之使不復言也禮天子爲三公下階卿前席大夫興席士式几○愬所革反又訴路反（疏）注禮天至式几○解云春秋說文亦時王禮也 趙盾逡巡北面再拜稽首。頭至地曰稽首頭至手曰拜手（疏）注頭至地至拜手○解云出大祝文 趨而出。本欲諫君以拜謝知已意冀▲當覺悟故出 靈公心怍焉。怍慙貌慙盾知已過○怍在洛反 欲殺之。於是使勇士某者往殺之。某者本有姓字記傳者失之 勇士入其大門。則無人門▲焉者。入其閨。則無人閨▲焉者。焉者於也是無人於閨門守視者也 上其堂。則無人焉。但言焉絕語辭堂不設守▲視人故不言堂焉者 俯而闚其戶。俯挽頭戶室戶 方食魚飧。勇士曰。嘻。子誠仁人也。吾入子之大門。則無人焉。入子之閨。則無人焉。上子之堂。則無人焉。是子之易也。易猶省也飧音孫 子爲晉國重卿。而食魚飧。是子之儉也。君將使我殺子。吾不忍殺子也。雖然。吾亦不可復見吾君矣。負君命也 遂刎頸而死。勇士自斷頭也傳極道此者明約儉之衛▲也甚於重門擊柝孔子曰禮與其奢也寧儉此▲而謂也○頸居郢反斷音短重直容反柝他洛反（疏）注傳極至謂也○解云易下繫辭云重門擊柝以待暴客是也 靈公聞之怒。滋欲殺之甚。滋猶益也 衆莫可使往者。於是伏甲于宮中。召趙盾而食之。趙盾之車右祁彌明者。國之力士也。禮大夫驂乘有車右有御者○而食音嗣下同祁工支反 仡▲然從▲乎趙盾而入。仡然壯勇貌仡魚乙反 放乎堂下而立。嫌靈公復欲殺盾故入以爲意禮器記曰天子堂高九尺諸侯七尺大夫五尺

士三尺趙盾已食。靈公謂盾曰。吾聞子之劍。蓋利劍也。子以示我。吾將觀焉。授君劍當拔而進其首靈公因欲以推殺之趙盾起將進劍。祁彌明自下呼之曰。盾食飽則出。何故拔劍於君所。趙盾知之。由人曰知之自已知曰覺焉〔疏〕注由人至覺焉。○解云由人曰知之此文是也自已知曰覺者即昭三十一年傳云夏父曰以來人未足而盱有餘叔術覺焉曰嘻此誠爾國也夫起而致國于夏父是也躇階而走。躇猶超遽不暇以次。○躇丑畧反與踱同一本作足音同劇不其據反本亦作遽靈公有周狗。周狗可以比周之狗所指如意。○比毗志反謂之獒。犬四尺曰獒。○獒五刀反〔疏〕注犬四尺曰獒。○解云釋畜文呼獒而屬之。獒亦躇階而從之。祁彌明逆而踆之。以足逆蹋曰踆。○踆音存以足逆蹋之蹋徒臘反〔疏〕呼獒而屬之。○解云謂呼而指屬之今呼犬謂之屬義出於此絕其頷。頷口。○頷戶感反趙盾顧曰。君之獒。不若臣之獒也。然而宮中甲鼓而起。甲即上所道伏甲約勒聞鼓聲當起殺盾有起于甲中者。抱趙盾而乘之。欲趨疾走趙盾顧曰。吾何以得此于子。猶曰吾何以得此救急之恩於子邪非所以意悟曰。子某時所食活我于暴桑下者也。某時者記傳失之暴桑蒲蘇桑傳道此者明人當素積恩德趙盾曰。子名爲誰。欲後報之曰。吾君孰爲介。介甲也猶曰我晉君誰爲與此甲兵豈不爲盾乎子之乘矣。何問吾名。之乘即上車也猶曰子以上車矣何不疾去而反徐問吾名乎欲令蚤免去不望報矣○蚤音早趙盾驅而出。衆無留之者。明盾賢人不忍殺也且靈公無道民衆不悅以致見殺趙穿緣民衆不說。起弒靈公。然後迎趙盾而入。與之立于朝。復大夫位也即所謂復國不討賊明史得用責之傳極道此上事者明君雖不君臣不可以不臣。○說音悅而立成公黑臀。不書者明以惡夷獋猶不書剽立。○臀徒門反剽匹妙反〔疏〕注不書至剽立。○解云襄公二十六年二月辛卯衛甯喜弒其君剽甲午衛侯衎復歸于衛然則曷爲不言剽之立不言剽之立者以惡衛侯矣注云欲起衛侯失衆出奔故不書剽立剽立無惡則衛侯惡明矣然則此處不書黑臀之立以惡夷獋明矣故如此解○夏四月。○秋八月。螽。先是宣公伐莒取向公比如齊所致〔疏〕注先是至取向。○解云在上四年春也。○注公比如齊。○解云即四年秋公如齊五年春公如齊是也○冬十月。

七年。春。衛侯使孫良夫來盟。○夏。公會齊侯伐萊。○秋。公至自伐萊。○大旱。爲伐萊踰時也。○爲于僞反〔疏〕春衛侯至來盟。○解云不書日月者桓十四年夏鄭伯使其弟語來盟之下何氏云時者從內爲王義明王者當以至信先天下然則成三年冬十有一月晉侯使荀庚來聘衛侯使孫良夫來聘丙午及荀庚盟丁未及孫良夫盟亦是來聘而書日月彼下注云書者惡之詩曰君子屢盟亂是用長二國既脩禮相聘不能親信反復相疑故舉聘以非之是其惡故不舉重而書日月之義也是當文皆有注解○冬。公會晉侯、宋公、衛侯、鄭伯、曹伯于黑壤。

八年。春。公至自會。○夏六月。公子遂如齊。至黃乃復。其言至黃乃復何。據公孫敖不言至復又不言乃〔疏〕注據公至言乃。○解云即文八年冬公孫敖如京師不至復丙戌奔莒是也有疾也。乃難辭也上言乃復下有疾卒知以疾爲難○難辭乃旦反何言乎有疾乃復。據公如晉以有疾乃復殺恥以爲有疾無惡〔疏〕注據公如至無惡。○解云即昭二十三年冬公如晉至河公有疾乃復傳云何言乎公有疾乃復殺恥也注云因有疾以殺畏晉之恥是也譏。何譏爾。大夫以君命出。聞喪徐行而不反。聞喪者聞父母之喪徐行者不忍疾行又爲君當使人追代之以喪喻疾者喪尚不當反況於疾乎順經文而重責之言乃不言有疾者有疾猶不得反也敖不言乃者明無所難爲重敖當誅遂當絕〔疏〕注順經文至難爲重。○解云正以傳不言大夫以君命出遇疾而還非禮而言聞喪徐行而不反者是其順經文而重責之故也。○注敖當誅遂絕。○解云以敖違命罪大故當誅誅者罪累家也遂前雖弒君而宣公不以爲罪直以當時行事而責之責其奉命不終而以疾辭故當絕其身而已○辛巳。有事于太廟。○仲遂卒于垂。仲遂者何。據不稱公子故問之公子遂也。自是後無遂卒知公子遂何以不稱公子。據公子季友卒雖加字猶稱公子也〔疏〕注據公至子也。○解云即僖十六年三月壬申公子季友卒是也言雖加字者欲道仲遂亦加字而不稱公子矣貶。曷爲貶。據叔孫得臣卒不貶〔疏〕注據叔至不貶。○解云即宣五年秋九月叔孫得臣卒是也何氏云不日者知公子遂欲弒君爲人臣知賊而不言明當誅然則得臣與遂同罪而或貶或否故難之爲弒子赤貶。然則曷爲不於其弒焉貶。據翬終隱之篇貶欲使於文十八年子赤卒年中貶〔疏〕注據翬至中貶。○解云即隱四年秋翬帥師會宋公以下伐鄭傳云翬何以不稱公子貶曷爲貶與弒公也十年夏翬帥師會齊人鄭人伐宋傳云此公子翬也何以不稱公子貶曷爲貶隱之罪人也故終隱之篇貶也是也於文則無罪。於子則無年。此解十八年秋如齊不貶意也十八年編於文公貶之則嫌有罪於文公無罪於子赤也卒乃貶者元年逆女嫌爲喪娶貶也公會平州下如齊也嫌公遂如齊嫌坐乃復貶也貶加字者起嬰齊所氏明爲歸父後大宗不得絕也地者絕外卒明當有卒外禮也日者不去樂也書有事者爲不去樂張本。○編必連反〔疏〕注元年逆至貶也。○解云即上元年公子遂如齊逆女彼注云嫌觸諱不成其文也是也。○注云會至公遂。○解云即元年經云夏公會齊侯于平州公子遂如齊是也若不言公子直言遂如齊文承公會於平州之下嫌謂公遂如齊非公子遂是以不得去公子矣。○注如齊嫌坐乃復貶也。○解云公子翬助桓篡弒人篇即不貶見其無罪於桓公今此公子遂助宣篡弒而於宣貶者正以於子赤則無年遂之罪重不得令免會須貶之諸見之處悉皆有嫌不得作文是以正於卒時貶見其事。○注貶加字至絕也。○解云成十五年三月乙巳仲嬰齊卒傳云仲嬰齊者何公孫嬰齊也公孫嬰齊則曷爲謂之仲嬰齊爲兄後也爲兄後則曷爲謂之仲嬰齊爲人後者爲之子也注云更爲公孫之子故不得復氏公孫傳文云爲人後者爲其子則其稱仲何孫以王父字爲氏也然則嬰齊孰後後歸父也歸父使于晉而未反何以後之注云據已絕也傳云叔仲惠伯傅子赤者也文公死子幼公子遂謂叔仲惠伯曰君幼如之何願與子慮之叔仲惠伯曰吾子相之老夫抱之何幼君之有公子遂知其不可與謀退而殺叔仲惠伯弒子赤而立宣公宣公死成公幼臧宣叔者相也君死不哭聚諸大夫而問焉曰昔者叔仲惠伯之事孰爲之諸大夫皆雜曰仲氏也其然乎於是遣歸父之家注云時見君幼欲以雜示諸大夫然後哭君歸父使乎晉還自晉至檉聞君薨家遣墠帷哭君成踊反命于介自是走之齊魯人徐傷歸父之無後也注云徐者皆共之辭也關東語傷其先人爲惡身見逐絕不忿懟也於是使嬰齊後之也注云弟無後兄之義爲亂昭穆之序失父子之親故不言仲孫明不與子爲父爲父孫是也然遂既被貶而加字者欲起成十五年仲嬰齊以仲爲氏故也嬰齊者仲遂之子宜稱公孫而氏仲者明爲其兄公孫歸父之後不得氏公孫故氏仲矣所以弟爲兄後者正以大宗不得絕故也。○注地者至禮也。○解云欲道公子季友之文皆不地此言於垂者正以卒於外故也所以卒於外則地之者明其當有卒於外之禮故也。○注日者不去樂也。○解云正以春秋之例失禮鬼神例日故也。○注書有至張本。○解云正以時祭之禮禘夏作之即是得時不書之例而書之者爲下不去樂張本故也而言有事者祔不合書是以但言有事爲下張本而已似若文二年注云不言吉祫者就不三年不復譏畧爲下張本而已之類○壬午。猶繹。萬入去籥。繹者何。祭之明日也。禮繹繼昨日事但不灌地降神爾天子諸侯曰繹大夫曰賓尸士曰宴尸去事之殺也必繹者尸屬昨日配先祖食不忍輒忘故因以復祭禮則無有誤敬慎之至殷曰肜周曰繹繹者据今日道昨日不敢斥尊言之文意也肜者肜肜不絕据昨日道今日斥尊言之贊意也祭必有尸者節神也禮天子以卿爲尸諸侯以大夫爲尸卿大夫以下以孫爲尸夏立尸殷坐尸周旅酬六尸。○屬音燭肜羊弓反〔疏〕繹者何。○解云欲言是祭去祔大近欲言非祭繹者祭名故孰不知問。○注禮繹至神爾。○解云正以釋天云繹又祭也孫氏云祭之明日尋繹復祭故旨繼昨日事正以昨日祭已灌地降神是以今日繹主爲尸作何以胥灌乎故云但不灌地降神爾。○注天子諸侯至宴尸。○解云春秋說文也稱得言名繹在正祭之後故曰去事之殺也。○注則無有誤。○解云畏敬先君之尸而爲之說祭則無有過誤也。○注殷曰肜周曰繹。○解云釋天文案郭氏爾雅其下文仍有夏曰復胙之文而何氏不言之者正以諸家爾雅悉無此言故不引之復胙郭氏云未見義所出也。○注繹者至意也。○解云祭尊于繹欲道今日所尋繹乃是昨

日之正祭故云据今日道昨日不敢斥尊乃是尊正之義故
曰文意也○注肜者至神也○解云正由昨日正祭是以今
日作又祭相因而不絕肜肜然故曰据昨日道今日乃是迫
近而不尊故曰質意也○注禮天子至孫爲尸○解云何氏
差約古禮也天子不使公諸侯不使卿皆爲其疑也卿大夫
已下以孫爲尸以其昭穆同也○注夏立尸至六尸○解云即
禮器云周坐尸注云言此亦周所因於殷也夏立尸而卒祭
注云夏禮尸有事乃坐殷坐尸注云無事猶坐周旅酬六尸
注云使之相酌也后稷之尸發爵不受旅曾子曰周
禮其猶醵與注云斂錢飲酒爲醵旅酬相酌似之也萬者
何。干舞也。干謂楯也能爲人扞難而不使害人故聖王貴之以爲武樂萬者其篇名武王以萬人服
天下民樂之故名之云爾○楯食允反扞戶旦反【疏】萬者何○解云欲言其樂文無樂名欲言非樂祭祀用之
故執不知問○注武王至云爾○解云春秋說文昔武王一會入伯諸侯人數豈止萬而已蓋以萬是揔名故据以言耳
籥者何。籥舞也。籥所吹以節舞也吹籥而舞文樂之長【疏】籥者何○解云欲言非樂
籥是樂名欲言是樂臨祭見去故執不知問○注吹籥而舞文樂之長○解云正以萬是武樂入而用之而籥特備矣
其言萬入去籥何。据入者不言萬去樂不言名【疏】注去樂不言名○解云即
昭十五年二月癸酉有事于武宮籥入叔弓卒去樂卒事是也去其有聲者。不欲令人聞之也
廢其無聲者。廢置也置者不去也齊人語存其心焉爾。存其
心焉爾者何。知其不可而爲之也。明其心猶存於樂知其不
可故去其有聲者而爲之【疏】存其心焉爾者何○解云欲道存心于樂而有去籥之文欲道存心于股肱而繹萬
不廢故執不知問猶者何。通可以已也。禮大夫死爲廢一時之祭有事于廟而聞
之者去樂卒事而聞之者廢繹日者起明日也言入者据未
奏去籥時書凡祭自三年喪已下各以日月廢時祭唯郊社
越紼而行事可【疏】猶者何○解云欲言是禮書而譏之欲言非禮乃當正祭之明日故執不知問○禮大夫至之
祭○解云正以正祭爲吉事故也○注有事至去樂○解云
即昭十五年二月癸酉有事于武宮籥入叔弓卒去樂卒事
傳云其言去樂卒事何禮也君有事于廟聞大夫之喪去樂
注云思痛不忍舉○注卒事至日也○解云即檀弓下篇云
仲遂卒于垂壬午猶繹萬入去籥仲尼曰非禮也卿卒不繹
是也○注言入至時書○解云欲道所以不言萬作而言萬
入之意也○注凡祭至事可○解云即王制曰喪三年不祭
唯祭天地社稷爲越紼而行事鄭注云不敢以卑廢尊越猶
躐也紼輴車索是也○戊子。夫人熊氏薨。○晉師白狄伐
秦。○楚人滅舒蓼。○秋。七月。甲子。日有食之。
既。是後楚莊王圍宋析骸易子伐鄭勝晉鄭伯肉袒晉大敗於邲中國精奪屈服强楚之應【疏】注是後至
易子○解云圍宋者即下十四年秋九月楚子圍宋是也言
析骸易子者即十五年傳云易子而食之析骸而炊之是也
○注伐鄭勝晉○解云即下九年冬楚子伐鄭晉郤缺帥師
救鄭十年夏晉人宋人衛人曹人伐鄭冬楚子伐鄭十一年
夏楚子陳侯鄭伯盟于辰陵注云不日月者莊王行霸約諸
侯明王法討徵舒善其憂中國故爲信辭然則比年之間晉

楚爭共伐鄭鄭伯終服于楚盟于辰陵楚勝于晉居然明矣
故云伐鄭勝晉也○鄭伯肉袒○解云即下十二年春楚子
圍鄭鄭伯肉袒左執茅旌右執鸞刀以逆莊王是也○注晉
大敗于邲○解云即下十二年夏晉荀林父帥師及楚子戰
于邲晉師敗績○注中國精奪○解云正以日者
大陽之精諸夏之象今而被食故曰中國精奪○冬。十
月。己丑。葬我小君頃熊。雨不克葬。庚寅。日中
而克葬。頃熊者何。宣公之母也。熊氏楚女宣公即僖公妾子○頃音
傾【疏】頃熊者何○解云欲言是妾卒葬備書欲言夫人與君別謚故執不知問而者何。難
也。乃者何。謂問定公日下昃乃克葬【疏】而者何○解云魯公夫人薨葬多矣此獨言故執不
知問○注謂問定公日下昃乃克葬○解云即是十五年九月
丁巳葬我君定公雨不克葬戊午日下昃乃克葬是也然則
言乃之經不于此事而於此問之者正以葬時遇雨廢葬而乃異文是以連而問之難也。禮卜葬從遠日不克
葬見難者臣子重難不得以正日葬其君【疏】禮卜葬從遠日○解云即曲禮上篇云喪事先遠日鄭注云喪事葬
與練祥也左氏傳云禮卜葬先遠日辟不懷也舊典之遺存也曷爲或言而或言乃。
乃難乎而也。言乃者內而深言而者外而淺下昃日昳久故言乃孔子曰其爲之也難言之得無
訒乎皆所以起孝子之情也雨不克葬者爲之不得行葬禮孔
子曰生事之以禮死葬之以禮祭之以禮故不得行禮則不
葬也魯錄雨不克葬者恩錄內尤深也別朝莫者明見日乃葬也○訒音刃莫音暮【疏】注孔子至訒乎○解云論
語文引之者證難言之事必須訒而言之似若臣子不得正
日雖言重難亦須訒而葬之○注所以起孝子之情也○解
云謂春秋言而言乃者所以起見孝子之情重難有淺深故
也○注魯錄至深也○解云欲道外諸侯葬多矣而無不克
之文者以其恩淺也○注別朝至葬也
解云謂日中與昃然則朝莫猶早晚也○城平陽。○楚
師伐陳。
九年。春。王正月。公如齊。月者善宣公事齊合古禮卒使齊歸濟西田不就十年月
者五年再朝近得正孔子曰知和而和不以禮節之亦不可行也明雖事人皆當合禮【疏】注月者至西田○解
云即下十年春齊人歸我濟西田是也○注不就至合禮○
解云何氏之意以爲春秋之道祖述堯舜天子五年一巡狩
諸侯亦五年一朝天子是以桓元年注故即位比年使大夫
小聘三年使上卿大聘四年又使大夫小聘五年一朝是也
然則諸侯自相朝雖文不著若欲以朝亦不過是也宣公五
年春公如齊今九年春又如齊乃五年之內不得正盡五年
故曰近得正言近者不正是之辭也雖不正是近合於禮是
以春秋此年書月以見善宣公至十年公復如齊是爲大數
唯近取齊西田之文亦不得見善故言不就十年月者五年再朝近得正○公至自齊。○夏。
仲孫蔑如京師。○齊侯伐萊。○秋。取根牟。根
牟者何。邾婁之邑也。曷爲不繫乎邾婁。諱
亟也。亟疾也屬有小君之喪邾婁子來加禮未期而取其邑故諱不繫邾婁也上有小君喪而下諱取之則邾

婁加禮明矣未期年從加禮數者猶王子虎從會葬數○亟去冀反未期音基【疏】根牟者何○解云欲言是國經
典未有欲言非國文無所繫故執不知問○注屬有小君之
喪○解云即上八年夏夫人熊氏薨是也○注邾婁子來加
禮○解云謂上八年冬十月葬頃熊之時邾婁子使人來加
禮但例不書之故不見也○注未期至婁也○解云去年十
月來加禮今年七月而取邑故言未期也加禮者或是賵襚
之屬皆是葬前之事而要繫會葬言之言未期者欲取諱亟
之義强故也必知過期之後不復諱之者正以定十五年夏
五月定公薨邾婁子來奔喪至於哀元年冬仲孫何忌帥師
伐邾婁注云邾婁子新來奔喪伐之不諱者期外恩殺惡輕
明當與根牟有差是也○注未期年至葬數○解云此文欲取
未期之義而從加禮數之若取薨之時則過於期矣若似僖
三十三年冬十二月公薨于小寢文元年天王使叔服來會
葬夏四月葬我君僖公文三年夏五月王子虎卒傳云王子
虎者何天子之大夫也外大夫不卒此何以卒新使乎我也
注云王子虎即叔服也新爲王者使來會葬在葬後三年中
卒君子恩隆於親親則加報之故卒明當有恩禮也然則王
子虎之卒在文三年夏若數來會葬之時則在三
年之內若數公卒時四年矣與此相似故猶之○八月。
滕子卒。○九月。晉侯、宋公、衛侯、鄭伯、曹伯、會
于扈。○晉荀林父帥師伐陳。○辛酉。晉侯黑
臀卒于扈。扈者何。晉之邑也。諸侯卒其封
內不地。此何以地。据陳侯鮑卒不地【疏】扈者何○解云若言晉地不應書之
欲道外地文無所繫故執不知問○注据陳侯鮑卒不地○
解云桓五年春正月甲戌己丑陳侯鮑卒傳云曷爲以二日
卒之怴也甲戌之日亡己丑之日死而得君子疑焉故以二日卒之也是其卒於封內不書地故難之卒于
會。故地也。起時衰多窮厄伐喪而卒於諸侯會上故地危之未出其地。故
不言會也。左右皆臣民雖卒於會上危愈於竟外故不復著言會也出外死有輕重死於師尤甚於
會次之如人國次之於封內最輕不書葬者故篡也【疏】注出外死至最輕○解云時衰多窮厄伐喪師者用兵之
處而君死焉故言于師著其危甚即襄十八年曹伯負芻卒
于師是也是以僖四年夏許男新臣卒何氏云不言卒於師
者桓公師無危是其義也云於會次之者與人交接之處或
相劫詐未可知若柯之盟曹子劫桓公之類是也而君卒焉
故言次之即定四年夏杞伯成卒于會是也云於人國次之
者正以時多背死向生而君卒於竟外似有掩襲之理但於
主國有賓客之道是故又以爲次矣即襄二十六年秋許男
甯卒于楚之屬是也云於封內最輕者正以左右皆民臣危
少於竟外是以不言也云於會但有外國之人亦有危理故書
其地即此文書晉侯黑臀卒於扈是也若不聚會直卒於封
內者仍自不地即陳侯鮑卒是也若然昭十三年夏四月楚
公子比自晉歸于楚弒其君虔于乾谿不與人會而書地者
彼注云封內地者起禍所由因以爲戒是也而云起禍所由
者案彼傳云靈王爲無道作乾谿之臺三年不成楚公子棄
疾脅比而立之然後令于乾谿之役日此已立矣後歸者不
得復其田里衆罷而去之靈王經而死是其致禍之由○注
不書至篡也○解云春秋之義篡明者書葬即小白之屬是
也篡不明者即不書其葬以見篡即此黑臀之屬是也云云

已詭于上〇冬，十月，癸酉，衞侯鄭卒。不書葬者殺公子瑕也〔疏〕注不書葬至瑕也〇解云即僖三十年秋衞殺其大夫元咺及公子瑕也不言殺元咺元咺有罪云云已詭于上〇宋人圍滕。〇楚子伐鄭。〇晉郤缺帥師救鄭。〇陳殺其大夫泄治。

公羊注疏卷十五挍勘記　阮元撰盧宣旬摘錄

公羊注疏宣公卷十五　唐石經宣公第七卷六

元年

注云弒君欲即位故如其意也　浦鏜云十二字衍是也

公子遂齊納弊　閩監毛本遂下有如字弊作幣下同

即下八年而注云　浦鏜云而衍字

如滅同姓　浦鏜云此誤如是也

比於去姜差輕　閩監毛本同鄂本下疊輕字

言其事體先亡　浦鏜云事疑牛字誤

見繼重在遂　閩監毛本同按繼當讀爲繫解云故言見繫重在遂

則鳳凰不翔　鄂本凰作皇此加几者俗字

繫用黴墨　鄂本閩本同監毛本墨改纆疏並同

已爲虵虵之蟠屈以黴墨也　閩本同監毛本虵作蛇墨改纆浦鏜云似誤以從玉海挍

艮爻與震同　浦鏜云又誤爻從李氏集解挍

置于叢棘　閩監本同毛本于改於

聽君不去衞正也　閩監毛本同按衞蓋是字誤或當作爲

周人卒哭而致事　今本曾子問無此文此與岳珂九經三傳沿革例引興國本合段玉裁說

此說時衰正失　鄂本正作政此誤

般曰哮　鄂本閩監本同毛本哮作咢疏同按釋文作咢

主所以入宗廟　鄂本主誤王

非古道也　監本道誤首

臣順爲命亦禮也　鄂本爲作君此誤

不應復將　閩本亦作復監毛本改以非將字監毛本作得此誤閩本作往非〇按僖三十一年注作不應復得

齊人取讙及禪　此僤字之誤閩本作僤是也此本下亦作僤監毛本改闡非下同

由律行言許受賂也　浦鏜云由猶通十年疏引受賂作受財

楚子鄭人侵陳　唐石經諸本同鄂本作楚人

但別兩耳是也　浦鏜云兩下脫稱是也

冬晉趙穿帥師侵柳　唐石經諸本同左氏穀梁作侵崇

三年

十五年春王正月　閩監本同毛本王誤上此本誤正今訂正

二卜語在下　此本監本下誤卜今訂正

揔領天地之內五帝羣臣也　閩監毛本臣作神是也

正謂天之精神靈不明察矣　毛本正誤王按不字疑衍

五星之謀是其義　閩監毛本同按謀當精字之誤

楚子伐賁渾戎　釋文賁渾舊音六戎音奔二傳作陸渾〇案毛本此句別分一節以葬匡王疏係葬匡王下

葬不月者子未三年而弒故略之也　鄂本無也此衍解云考諸舊本皆無注然則有者衍字耳

其言圍之何不聽也　浦鏜云下衍何不聽也四字是也

故諱使若莒不肯起其平也聽公平　鄂本無起其平也四字諸本皆涉下誤衍當刪正讀故諱使若莒不肯聽公平爲一句

月者頻谷之會　閩本同監毛本頻誤夾

五年

公何以不及夫人　浦鏜云不下脫言字是也

傳云夫人外者何　按傳云二字當衍何按本無

其諸爲其雙雙而俱至者與　唐石經鄂本閩本同監毛本雙作雙俗字也注及疏同

六年

殺之宜當坐弒君是也　閩本同監毛本誤作殺君

据皆去葬不加弒　鄂本葬下有日字此脫〇按依疏日字不當有

此非弒君如何　唐石經鄂本同閩監毛本改而何按如當讀而

雖有富貴者以齒　鄂本無富字此衍〇按禮記文王世子無富字

升餕受爵以上嗣　閩監毛本同鄂本餕誤鋑此本誤酸今訂正〇按文王世子升作登

喪紀以服之精粗爲序　鄂本粗作麤按疏中引注作觕

其登餕獻爵　惠按本爵上增受字下爵謂上嗣舉奠之上亦增受字

此作精粗者　按粗亦當作觕

其上文云　閩本同監毛本文誤又按上當作下

已趣而辟丸是樂而已矣　唐石經閩本同皆上作已下作巳監毛本皆作已誤釋文已趣音紀何注云已已諸大夫也

始怪何等物之辭　鄂本同閩監毛本怪作恠俗字

顧君責已以視人欲以見就爲解也　毛本君誤尹按見就或云當作就見非也

奠當覺悟　閩監毛本奠作冀鄂本悟作寤按下注云非所以意悟用悟字成七年注云重錄魯不覺寤用寤字蓋覺寤字當作寤猶人寐而覺寤也

則無人門焉者　唐石經諸本同段玉裁云此當作焉門者下當作焉闖者故注云焉者於也是無人於門闖守視者也今本誤倒

故不言堂焉者　鄂本無焉段玉裁云當作焉堂者

俯挽頭　閩監毛本同誤也鄂本挽作俛當據正

明約儉之衞也　鄂本無也字此誤衍

此而謂也　閩監毛本同誤也鄂本而作之當據正

仡然從乎趙盾而入　唐石經諸本同經義雜記曰何注仡然壯勇貌案說文仡勇壯也从人气聲周書曰仡仡勇夫此何義也鄉飲酒禮賓西階上疑立注疑讀爲疑然從於趙盾之疑疑正立自定之貌則鄭所據公羊仡然作疑然乃立定之貌不取勇壯義按乎作於亦異

躇階而走　唐石經諸本同釋文躇與踱同一本作辵音同經義雜記曰說文辵乍行乍止也从彳从止讀若春秋公羊傳曰辵階而走釋文謂一本作辵與說文正合則古本公羊作辵階矣公食大夫禮賓栗階升注不拾級連步趨主國君之命不拾級而下曰辵公羊義當如禮經注較之說文作行乍止之訓更密也

靈公有周狗　唐石經諸本同何注云可以比周之狗按爾雅釋畜狗四尺爲獒郭注公羊傳曰靈公有害狗謂之獒也又宋本張華博物志云晉靈公有害狗害與周形相近故文異害狗謂能害人之狗

絕其頷　段玉裁云玉篇引作絕其領

欲趍疾走　鄂本同閩監毛本趍作趨

所食活我于暴桑下者也　唐石經閩監本同毛本暴改暴非

猶曰子以上車矣　鄂本以作已

不望報矣　鄂本矣作也

衛侯衎復歸于衛　浦鏜云下脫傳云是也

在上四年春也　毛本春誤冬

七年

春衛侯至來盟　此本此節疏在大旱下閩監毛本移於經文七年春衛侯使孫良夫來盟之下

以有疾乃復弒恥　閩監毛本弒作殺此誤蓋凡殺字皆改為弒遂誤改此爾

猶稱公子也　鄂本無也字

八年

春公至自會　毛本會誤齊

公會平州下如齊也嫌公遂如齊嫌坐乃復貶也　閩監毛本同誤也鄂本如齊下無也字公遂下有八年二字當據以訂正言於元年公會平州下如齊貶不稱公子則嫌公如齊矣於八年如齊至黃乃復貶不稱公子則嫌因坐乃復貶之矣

地者絕外卒　鄂本作地者卒外此本絕衍字外卒誤倒按解云此言於垂者正以卒於外故也是疏本亦作卒外不言絕

注如齊嫌坐乃復貶也○按如齊之上當有八年二字

傳文云為人後者為其子　浦鏜云文當又字誤是也

明不與子為父為父孫是也　浦鏜云複衍為父二字按何校本無此二字是也

禮繹繼昨日事　毛本繼誤祭

不欲令人聞之也　鄂本無也字此誤衍

有事于廟而聞之者去樂卒事而聞之者廢繹　鄂本疊卒事二字此因重文誤脫當據補按疏引昭十五年經去樂卒事以證上卒事又標注卒事至日也以釋下注則疏本亦疊卒事二字

各以日月廢時祭唯郊社越紼而行事可　毛本祭字空缺鄂本可作也按疏標起訖作凡祭至事可

紼輴車索是也　浦鏜云輴誤輴是也

謂問定公日下昃乃克葬　鄂本無謂字此誤衍監毛本昃改昃非下同閩本與此同疏中亦然

卽是十五年　十五年上當有定字

不干此事　閩本同監本干誤于毛本因改於

別朝莫者明見日乃葬也　釋文莫音暮鄂本莫作暮毛本作葬非下並同監本日誤目

似若臣子不得正日　毛本日誤者

九年

唯近取濟西田之文　浦鏜云唯疑雖

雖卒於會上　鄂本閩監本同毛本雖誤所於作于

如人國次之　鄂本元本同誤也閩監毛本如作於當據正

不書葬者故篡也　閩監毛本同鄂本無故字

篡比而立之　閩監毛本比誤此下同

陳殺其大夫泄冶　宋本閩監毛本同唐石經避諱作洩

監本春秋公羊注疏宣公卷第十六　起十年盡十八年

何休學

十年。春。公如齊。公至自齊。齊人歸我濟西田。齊已取之矣。其言我何。據歸讙及闡齊已取不言我○僤本又作闡昌善反〔疏〕注據歸至言我○解云哀公八年夏齊人取讙及僤冬齊人歸讙及僤是也○言我者。未絕於我也。曷為未絕于我。據有俄道〔疏〕注據有俄道○解云即桓二年傳云至乎地之與之則不然俄而可以為其有矣彼注云俄者謂須臾之間制得之頃也言俄頃之間則有絕于本主之道兩來十年何言未絕于我乎故難之齊已言取之矣。齊已言語許取之○其實未之齊也。其人民貢賦尚屬於魯實未歸於齊不言來者明不從齊來不當坐取邑凡歸邑物例皆時○〔疏〕注不言來至取邑○解云案元年注云亦因惡齊取篡者賂當坐取邑者正以篡逆之賊天下共惡齊乃許取其賂而與之同似若漢律行言許受財之類故云當坐取邑耳今言不當坐取邑者正以兩來十年仍不入已見宜有禮還復歸之功過相除可以滅其初惡是以春秋恕之不復書來以除其過故曰不當坐取邑耳○注凡歸邑物例皆時○解云其歸邑時者即定十年夏齊人來歸運讙龜陰田及此經書春之屬皆是也其歸物時者即莊六年冬齊人來歸衛寶注云寶者玉物凡名是也以此言之則知哀八年齊人歸讙及僤在日月之下不蒙日月亦可知也○夏。四月。丙辰。日有食之。與甲子既同事重故累食〔疏〕注與甲子既同○解云即上八年秋七月甲子日有食之既彼注云是後楚莊王圍宋析骸易子伐鄭勝晉鄭伯肉袒晉師大敗于邲中國精奪屈服強楚之應今此與彼同占故曰與甲子既同也○己巳。齊侯元卒。○齊崔氏出奔衛。崔氏者何。齊大夫也。其稱崔氏何。據齊高無咎出奔名連崔氏者與尹氏俱稱氏嫌為采邑〔疏〕崔氏者何○解云欲言大夫而直言崔氏欲言微者而得書于經故執不知問○注據齊至奔名○解云即成十七年秋齊高無咎出奔莒是也○注連崔氏者○解云與尹氏俱稱氏嫌為采邑者即隱三年夏四月辛卯尹氏卒是也○貶。曷為貶。據外大夫奔不貶○〔疏〕注據外大夫奔不貶○解云即上引高無咎出奔莒之屬是也譏世卿。世卿非禮也。復見譏者嫌尹氏王者大夫職重不當世諸侯大夫任輕可出也因齊大國禍著故就可以為法戒明王者尊莫大於周室彊莫大於齊國世卿猶能危之〔疏〕注復見至世也○解云即隱三年尹氏卒單稱氏已是譏之今復單言崔氏故言復也○注因齊大國至危之○解云欲道等是諸侯科取即得所以不於僖二十八年衛元咺出奔晉之經見之者以齊大國有弒君之禍著明于出奔故也○公如齊。不言奔喪者尊內也猶不言朝聘○〔疏〕注不言至內也○解云正以上文四月己巳齊侯元卒則知此經公如齊者奔喪而往而言尊內也者欲道定十五年夏公薨于高寢邾婁子來奔喪彼則書之今此否者尊內故也○五月。公至自齊。

○癸巳。陳夏徵舒弑其君平國。○六月。宋師伐滕。○公孫歸父如齊。葬齊惠公。○晉人、宋人、衛人、曹人伐鄭。○秋。天王使王季子來聘。王季子者何。天子之大夫也。其稱王季子何。据叔服不繫王不稱子，王札子不稱季。〔疏〕五月公至自齊。○解云：致例時，而書五月者，爲下癸巳出之。○王季子者何。○解云：欲言諸侯而王使來聘，欲言大夫而經書子，故執不知問。○注据叔至稱子。○解云：即文元年天王使叔服來會葬是也。○注王札子不稱季。○解云：即下十五年夏六月，王札子殺召伯、毛伯是也。貴也。其貴奈何。母弟也。子者王子也。天子不言子弟，故變文上季繫先王以明之，著其骨肉貴體親也。〔疏〕注子者王子至明之。○解云：言天子不言子弟者，即文元年注云：叔服者，王子虎也。不繫王者，不以親疏錄也。不稱王子者，時天子諸侯不務求賢而專貴親親，故尤其在位子弟，刺其早任以權也是也。既言尤其在位子弟，是以不得稱之。王子瑕奔晉，天王殺其弟年夫，難之云云已說在文元年。○注著其至親也。○解云：以其禀氣于先王，故言骨肉貴；以其今王母弟，故曰體親也。○公孫歸父帥師伐邾婁，取蘱。○蘱音類，又力對、欺類二反。○大水。先是城平陽，取根牟及蘱，役重民怨之所生。〔疏〕注先是城平陽。○解云：在上八年冬。○注取根牟。○解云：在上九年秋。○季孫行父如齊。○冬。公孫歸父如齊。○齊侯使國佐來聘。○饑。何以書。以重書也。民食不足，百姓不可復興，危亡將至，故重而書之。明當自省減，開倉庫贍振之。哀公問於有若曰：年饑用不足，如之何？有若對曰：盍徹乎？曰：二，吾猶不足，如之何其徹也？對曰：百姓足，君孰與不足？百姓不足，君孰與足？○贍，當豔反。○楚子伐鄭。

十有一年。春。王正月。○夏。楚子、陳侯、鄭伯盟于辰陵。不日月者，莊王行霸，約諸侯，明王法，討徵舒，善其憂中國，故爲信辭。○公孫歸父會齊人伐莒。○秋。晉侯會狄于欑函。離不言會，言會者，見所聞世治近升平，內諸夏而詳錄之，殊夷狄也。下發傳於吳者，方具說其義，故從外內悉舉者明言之。〔疏〕注發傳於吳至明言之。○解云：即成十五年冬十一月，叔孫僑如會晉士燮、齊高無咎、宋華元、衛孫林父、鄭公子鰌、邾婁人會吳于鍾離。傳云：曷爲殊會吳？外吳也。曷爲外也？春秋內其國而外諸夏，內諸夏而外夷狄。王者欲一乎天下，曷爲以外內之辭言之？言自近者始也。注云：明當先正京師，乃正諸夏；諸夏正，乃正夷狄，以漸治之是也。○冬。十月。楚人殺陳夏徵舒。此楚子也。其稱人何。据下入陳稱子。〔疏〕注据下入陳稱子。○解云：即下丁亥楚子入陳是也。貶。曷爲貶。据徵舒有罪。不與外討也。辟天子，故貶見之，即所謂貶絕然後罪惡見。〔疏〕注即所謂至惡見。○解云：即昭元年傳云：春秋不待貶絕而罪惡見者，不貶絕以見罪惡也是也。不與外討者。因其討乎外而不與也。雖內討亦不與也。雖自討其臣下，亦不得與也。〔疏〕雖內討亦不與也。○解云：案檀弓云：臣弑君，凡在官者殺無赦。是以隱四年九月衛人殺州吁于濮，傳曰：其稱人何？討賊之辭也。注云：討者，除也，明國中人人得討之，所以廣忠孝之路。以此言之，則弑君之賊，國內人人皆得殺之，而言雖內討亦不與者，正以與莊王非國內，是以不與其外討。又言雖內討亦不與者，正以莊王身爲君而見在，寧得更有弑君之賊而討之乎？明知莊王內討者，更以他罪耳。諸侯不得專殺大夫，是以不與。曷爲不與。實與。据善爲齊誅之。〔疏〕注据善爲齊誅之。○解云：即昭四年秋七月，楚子以下伐吳，執齊慶封殺之。傳云：此伐吳也，其言執齊慶封何？爲齊誅也。其爲齊誅奈何？慶封走之吳，吳封之於防。何氏云：月者，善義兵是也。○實與。不言執，與討賊同文。〔疏〕注不言執至同文。○解云：正以昭八年夏楚人執陳行人于徵師殺之，言執，非討賊之文。隱四年衛人殺州吁，莊九年齊人殺無知，皆不言執，以見此不言執，乃與討賊同文，故知實與矣。○而文不與。文曷爲不與。諸侯之義。不得專討也。諸侯之義不得專討。則其曰實與之何。上無天子。下無方伯。天下諸侯有爲無道者。臣弑君。子弑父。力能討之。則討之可也。與齊桓專封同義。不書兵者，時不伐。〔疏〕注與齊桓專封同義。○解云：即僖元年齊師救邢之下傳云：曷爲先言次，後言救？君也。君則其稱師何？不與諸侯專封也。曷爲不與？實與而文不與。文曷爲不與？諸侯之義不得專封也。諸侯之義不得專封，則其曰實與之何？上無天子，下無方伯，天下諸侯有相滅亡者，力能救之，則救之可也。注云：主書者，起文從實也。今此亦然，故曰齊桓專封同義耳。○注不書兵者時不伐。○解云：欲決昭四年秋楚子以下伐吳，執齊慶封殺之，彼實有兵，故言伐；今此不書兵者，時實不伐，非是省文之義耳。○丁亥。楚子入陳。日者，惡莊王討賊之後，欲利其國，復出楚子者，爲下納善，不當貶，不可因上貶文。〔疏〕注日者至利其國。○解云：正以春秋之義，入例書時，傷害多則書月，今此書日，以詳其惡，故如此解。○注復出楚至貶文。○解云：春秋之義，以納爲篡辭，而言爲下納善者，正以上有起文，故與凡納異。何者？上有討賊之文，而即言納二子于陳，故知其善，所謂美惡不嫌同辭矣。○納公孫甯、儀行父于陳。此皆大夫也。其言納何。据納者謂已絕也，今甯、儀行父上未有出奔絕文，故見大夫反言納也。○甯乃定反，音寧。〔疏〕注据納至言納也。○解云：定十四年秋，衛世子蒯聵出奔宋，至哀二年夏，晉趙鞅納衛世子蒯聵于戚，是其上有出奔絕文，而下言納矣。而僖二十五年秋，楚人圍陳，納頓子于頓，上文不言頓子出奔者，正以頓是微國，出入不兩書，故彼注云：頓子出奔不書，小國例也。云故見大夫者，言此二子上無絕文，故見任爲大夫，而反言納于陳。納公黨與也。徵舒弑君，甯、儀行父如楚訴徵舒，徵舒之黨從後絕其位，楚爲討徵舒而納之，本以助公見絕，故言納公黨與。不書徵舒絕之者，以弑君爲重。主書者，美楚能變悔改過，以遂前功，卒不取其國而存陳。不繫國者，因上入陳可知。〔疏〕注不書至主書者。○解云：若書徵舒絕之，宜云陳公孫甯等出奔楚。傳云：此訴于楚矣，曷爲謂之出奔？徵舒絕其位，是以謂之奔也。○注美楚至改過。○解云：謂之入陳是也。○注以遂前功。○解云：討徵舒是也。○注不繫國至可知。○解云：欲決哀二年納衛世子云云繫衛是也。

十有二年。春。葬陳靈公。討此賊者。非臣子也。何以書葬。据惠公殺里克，不書卓子葬。〔疏〕注据惠至子葬。○解云：僖十年春，里克殺其君卓。夏，晉惠公殺里克是也。君子辭也。楚已討之矣。臣子雖欲討之。而無所討也。無所復討也。不從殺泄冶不書葬者，泄冶有罪，故從討賊書葬，則君子辭與泄冶罪兩見矣。不月者，獨甯、儀行父有訴楚功，已言納，故從餘臣子恩薄略之。〔疏〕君子至討也。○注無所復討也。○解云：然則卓子之賊亦是惠公已討之，其臣子雖欲討之，亦無所討，而不作君子辭者，正以惠公之殺里克不作討賊之意，是以春秋不書卓子葬，以責其臣子也。今此楚莊本有討賊之意，而殺徵舒一賊，不可再討，故不責之。○注不從至有罪。○解云：案何氏作膏肓，以爲泄冶無罪，而此注云有罪者，其何氏兩解乎？正以春秋之義，殺無罪大夫者，例去其葬以見之，今乃經書靈公之葬，則知泄冶有罪明矣。而膏肓以爲無罪者，欲以諫君之人罪之無文，而左氏罪之，故言無罪矣。而此何氏以爲有罪者，其更有他罪乎？○注從討至兩見矣。○解云：賊不討不書葬者，欲責臣子不討賊。今而書葬，則知賊已討矣，君子恕之，不復責臣子矣。又且君殺無罪大夫，則不書其葬。今靈公殺泄冶而得書葬，則知泄冶有罪明矣，故云兩見矣。○注不月者至略之。○解云：正以卒日葬月，大國之常，今書春，故須辨之。○楚子圍鄭。○夏。六月。乙卯。晉荀林父帥師及楚子戰于邲。晉師敗績。大夫不敵君。此其稱名氏以敵楚子何。据城濮之戰，子玉得臣貶也。〔疏〕注据城濮至貶也。○解云：即僖二十八年夏，晉侯以下，楚人戰于城濮，楚師敗績。傳云：此大戰也，曷爲使微者？子玉得臣也。子玉得臣則其稱人何？貶。曷爲貶？大夫不敵君也。不與晉而與楚子爲禮也。不與晉而反與楚子爲君臣之禮，以惡晉。〔疏〕不與晉至禮也。○解云：但作一句連讀之。注云不與晉而反與楚子爲君臣之禮，亦爲一句連讀之。○注以惡晉。○解云：內諸夏以外夷狄，春秋之常，今叙晉于楚子之上，正是其例，而知其惡晉者，但楚莊德進行修，同於諸夏，討陳之賊，不利其土，入鄭皇門而不取其地，既卓然有君子之信，寧得殊之？既不合殊，即是晉侯之匹，林父人臣，何得序於其上？既序人君之上，無臣子之禮明矣。臣而不臣，故知惡晉也。曷爲不與晉而與楚子爲禮也。据城濮之戰，既得臣者不與楚爲禮。莊王伐鄭。勝乎皇門。勝，戰勝。皇門，鄭郭門。放乎路衢。路衢，郭內衢道。四達謂之衢。〔疏〕注道四達謂之衢。○解云：釋宮文。鄭伯肉袒。左執茅旌。茅旌，祀宗廟所用迎道神，指護祭者。斷曰藉，不斷曰旌。用茅者，取其心理順一，自本而暢乎末，所以通精誠，副至意。○斷音短。藉在夜反。〔疏〕注茅旌至至意。

解云茅旌祀宗廟所用云者皆時王之禮正以公羊子是景帝時人是以何氏取當時之事以解其語云用茅者取其心理順一者言茅心文理皆順無逆矣云自本而暢乎末者言其文理從本而申暢于末無絶以絶之 右執鸞刀。鸞刀宗廟割切之刀環有和鋒有鸞執宗廟器者示以宗廟不血食自歸首〔疏〕注鸞刀宗至有鸞。解云亦時王之制祭義亦云祭之日君牽牲卿大夫序從彼注云序以次第從也既入廟門麗于碑卿大夫袒而毛牛尚耳鸞刀以封取膟膋鄭注云麗猶繫也毛牛尚耳以耳毛為上也膟膋血與腸間脂也又祭統云鸞刀羞嚌是鸞刀為宗廟割切之刀矣。注執宗廟至自歸首。解云言示以宗廟者言示楚以宗廟血食之器也言已宗廟將墮滅斟酌在楚耳故言自歸首矣。以逆莊王。曰。寡人無良邊垂之臣。諸侯自稱曰寡人天子自稱曰朕良善也無善喻有過言已有過於楚邊垂之臣謙不敢斥莊王。〔疏〕注諸侯自稱曰寡人。解云曲禮文。注天子自稱曰朕。解云時王之禮也若古禮自稱為予一人矣。以干天禍。干犯也謙不敢斥莊王歸之於天。是以使君王沛焉。沛焉者恕有餘之貌猶傳曰力沛若有餘。沛普蓋反〔疏〕注猶傳至有餘。解云文十四年傳文。辱到敝邑。遠自勞辱到於鄭也諸侯自稱國曰敝邑君如矜此喪人。自謂已喪亡。錫之不毛之地。墝埆不生五穀曰不毛謙不敢求肥饒。墝埆上苦交反下音礐。〔疏〕注墝埆至肥饒。解云墝埆者墝鹵之稱若俗言墝埆矣使帥一二耋老而綏焉。六十稱耋七十稱老綏安也謙不敢多索丁夫願得主帥十二老夫以自安。多索所白反舊本作策音索。〔疏〕注六十至稱老。解云七十稱老曲禮文也案今曲禮云七十曰耋與此異也蓋何氏所見與鄭注者不同或者此耋字誤耳。請唯君王之命。莊王曰。君之不令臣交易為言。是亦莊王謙不斥鄭伯之辭令善也交易猶往來也言君之不善臣數往來為惡言。屢往力住反又作數音朔。是以使寡人得見君之玉面而微至乎此。微喻小也積小語言以致於此〔疏〕是以使至玉面。解云若祭統云故國君取夫人之辭曰請君之玉女與寡人共有敝邑事宗廟社稷鄭注云言玉女者美言之也君子於玉比德焉然則此言玉面者亦美言之也。莊王親自手旌。自以手持旌也縿廣充幅長尋曰旐繼旐如燕尾曰旆加文章曰旗錯革鳥曰旟注旄首曰旌〔疏〕注縿廣充至曰旌。解云此注皆爾雅釋天文其間少有不同者蓋所見異或何氏潤色之案今爾雅釋天縿作縿字孫氏云縿黑繒也郭氏云帛全幅長八尺又云繼旐曰旆孫氏云帛續旐末亦長尋詩云帛旆英英是也郭氏曰帛續旐末為燕尾者故此何氏云繼旐如燕尾曰旆也又云有鈴曰旂李氏云有鈴以鈴著旐端孫氏曰鈴在旂上旂者畫龍郭氏曰縣鈴於竿頭畫交龍於旂是以此注云加文章曰旗也又云錯革鳥曰旟李氏云以革為之置於旐端孫氏曰錯置也革急也言畫急疾之鳥于旐周官所謂鳥隼為旟者矣又云注旄首曰旌李氏云以旄牛尾旌首者郭氏云載旄於竿頭如今之幢亦有旒是也。左右撝軍。退舍七里。將軍子重諫曰。南郢之與

鄭。相去數千里。南郢楚都不能二千里言數千里者欲深感莊王使納其言。數所主反諸大夫死者數人。廝役扈養死者數百人。艾草為防者曰廝汲水漿者曰役養馬者曰扈炊烹者曰養。扈養餘亮反艾魚廢反。〔疏〕注艾草至曰養。解云蓋于時猶然是以何氏知之今君勝鄭而不有。無乃失民臣之力乎。無乃猶得無。〔疏〕注無乃猶得無。解云言得無失民臣之力乎言其失民臣之力矣莊王曰。古者杅不穿。皮不蠹。則不出於四方。杅飲水器穿敗也皮裘也蠹壞也言杅穿皮蠹乃出四方古者出四方朝聘征伐皆當多少圖有所喪費然後乃行爾喻已出征伐士卒死傷固其宜也不當以是故滅有鄭恥不能早服也。杅不音于費芳味反。〔疏〕注杅飲水器。解云其音于若今馬盂矣舊說云杅是衧字若今食俗矣案今音作于則舊說非。是以君子篤於禮而薄於利。篤厚也不惜杅皮之費而貴朝聘征伐者厚於禮義薄於財利要其人而不要其土。本所以伐鄭者欲要其人服罪過耳不要取其土地猶古朝聘欲厚禮義不顧杅皮告從。從服不赦。不詳。善用心曰詳吾以不詳道民。災及吾身。何日之有。何日之有猶無有日既則晉師之救鄭者至。荀林父也曰。請戰。荀林父請戰。莊王許諾。將軍子重諫曰。晉大國也。國大眾彊王師淹病矣。淹久也諸大夫廝役死者是。君請勿許也。莊王曰。弱者吾威之。彊者吾辟之。是以使寡人無以立乎天下。以是故必使寡人無以立功名于天下。令之還師。而逆晉寇。言還者時莊王勝鄭去矣會晉師至復還戰也言寇者傳序經音謂晉如寇虜莊王鼓之。晉師大敗。晉眾之走者。舟中之指可掬矣。時晉乘舟度邲水戰兵敗反走欲急去先入舟者斬後板舟者指指隨舟中身隨邲水中而死可掬者言其多也以兩手曰掬禮天子造舟諸侯維舟卿大夫方舟士特舟。可掬九六反注同扳普顏反又必顏反造七報反。〔疏〕注禮天子造舟至士特舟。解云釋水文也造孫氏云比舟為梁郭氏云比船為橋舊說云以舟為橋詣其上而行過故曰造舟也言以舟為梁故謂之造造成也諸侯維舟孫氏云維連四船音義曰維持使不動搖也者是也大夫方舟者李氏云併兩船曰方舟也士特舟者郭注云單船李氏云一舟曰特舟是也案爾雅下文云庶人乘泭李氏曰併木以渡別尊卑是也此注引之不盡者蓋何氏所見者無此文矣案今孫郭所注者亦有其文莊王曰。嘻。吾兩君不相好。敵大夫戰言兩君者林父本以君命來。百姓何罪。令之還師。而佚晉寇。佚猶過使得過渡邲水去也晉見莊王行義於陳功立威行嫉妬欲敗之救鄭雖解猶擊之不止為其欲壞楚善行以求二人故奪不使與楚成禮而序林父於上罪起其事言及

者大臣及君不嫌晉直明晉汲汲欲敗楚爾陸戰當舉地而舉水者大莊王閔隋水而佚晉寇。而佚音逸注同壞音怪〔疏〕注晉見莊至立威行。解云即上十一年討夏徵舒是其行義也討陳既得鄭人遂服是其功立威行也。注救鄭至之不止。解云上文令之還師之下注云言還者時莊王勝鄭去矣會晉師至復還戰也以此言之晉師未至之時楚師已解去也非謂晉人擊之令解也言猶擊之不止者謂欲一逐而擊之非謂已擊也。○秋。七月。○冬。十有二月。戊寅。楚子滅蕭。日者屬上有王言今反滅人故深責之。〔疏〕注日者至深責之。解云春秋之義滅例書月即莊十年冬十月齊師滅譚之屬是今乃書日故解之也言屬上有王言謂適上文云莊王曰嘻吾兩君不相好百姓何罪令之還師而佚晉寇者王霸之言也王者之道宜存人矜患今反滅人為過深矣是故書日變於常例故曰深責之耳宋師伐陳者案諸家經皆有此文唯賈氏注者闕此一經疑脫耳○晉人、宋人、衛人、曹人同盟于清丘。○宋師伐陳。○衛人救陳。

十有三年。春。齊師伐衛。○夏。楚子伐宋。○秋。螽。先是新饑而使歸父會齊人伐莒賦斂不足國家遂虛下求不已之應。螽音終〔疏〕注先是新饑。解云即十年冬書饑是也。注而使至伐莒者。解云即上十二年公孫歸父會齊人伐莒是也。冬。晉殺其大夫先縠。

十有四年。春。衛殺其大夫孔達。○夏。五月。壬申。曹伯壽卒。日者公子喜時父也緣臣子尊榮莫不欲與君父共之故加錄之所以養孝子之志許人子者必使父也〔疏〕注日者公子至使父也。解云正以曹為小國卒月葬時即昭十八年三月曹伯須卒秋葬曹平公之屬是今而書日故以加錄解之也公子喜時在成十三年曹伯廬卒處也其傳云云之說在昭二十年曹公孫會自鄭出奔宋之下云所以養孝子之志者正以喜時之讓而春秋尊榮其父故曰養孝子之志也云許人子者必使人父也者謂喜時為子必使其人父亦尊榮是以加錄之似若襄二十九年傳云以季子為臣則宜有君者也之類也○晉侯伐鄭。○秋。九月。楚子圍宋。月者惡久圍宋使易子而食之。惡烏路反。〔疏〕注月者至而食之。解云正以凡圍例時即上十二年春楚子圍鄭之屬是今而書月故解之言使易子而食之者下十五年傳文○葬曹文公。○冬。公孫歸父會齊侯于穀。

十有五年。春。公孫歸父會楚子于宋。宋見圍不得與會地以宋者善內為救宋行雖不能解猶為見人之厄則矜之故養遂其善意不嫌與實解宋同文者平事見刺皆可知。與音預〔疏〕注宋見至皆可知。解云春秋盟會之義以國都為地名者皆是主人與之可知即隱元年九月及宋人盟于宿注云宿不出主名者主國主名與可知故省文明宿當自首其榮辱也今宋見圍不得與會而地以宋者正欲善

內爲救宋行養遂其善意故地于宋耳不嫌與實解宋同文者平事見刺皆可知者魯春會楚子于宋至夏宋楚始平忖度其事則知魯人不能平得之宋圍自解也且下傳云此皆大夫也其稱人何貶曷爲貶平者在下也注云言在下者譏二子在君側不先以便宜反報歸美于君而生事專平故貶稱人然則二子專平口云易子析骸明其急矣遂不告君是以見刺被貶稱人以此言之宋圍不解亦可知矣故言平事見刺皆可知舊云見刺者謂魯人見刺也者疑之。〇夏。

五月。宋人及楚人平。外平不書。此何以書。據上楚鄭平不書。〔疏〕注據上至不書。〇解云適上十二年春楚子圍鄭之時傳云莊王親自手旌左右撝軍退舍七里是其平也但經不書之故難之。大其平乎已也。已二大夫。何大乎其平乎已。據大夫無遂事。〔疏〕注據大夫無遂事。〇解云即莊十九年傳云大夫無遂事此其言遂何聘禮大夫受命不受辭是也。莊王圍宋軍有七日之糧爾。盡此不勝。將去而歸爾。於是使司馬子反乘堙而闚宋城。宋華元亦乘堙而出見之。堙距堙上城具。〔疏〕軍有七日之糧至歸爾。〇解云考諸舊本或云軍有七日之糧爾七日盡此不勝將去而歸爾即云更留七日之糧有糧而不得勝將去宋而歸爾今定本無下七日二字。司馬子反曰。子之國何如。華元曰。憊矣。曰何如。問憊意也。憊皮誡反。曰。易子而食之。析骸而炊之。析破骸人骨也。司馬子反曰。嘻。甚矣憊。雖然。雖如所言。吾聞之也。圍者。古有見圍者。柑馬而秣之。秣者以粟置馬口中柑者以木銜其口不欲令食粟示有畜積。〇柑其廉反以木銜馬口。使肥者應客。示飽足也。是何子之情也。猶曰何大露情。〔疏〕是何子之情也。〇解云言是何者猶言是何大然也子之情者言子之露情也是以何氏云猶曰何大露情。華元曰。吾聞之。君子見人之厄則矜之。矜閔。小人見人之厄則幸之。幸僥幸。吾見子之君子也。是以告情于子也。司馬子反曰。諾。諾者受語辭。勉之矣。勉猶努力使努力堅守之。吾軍亦有七日之糧爾。盡此不勝。將去而歸爾。揖而去之。反于莊王。反報於莊王。莊王曰。何如。司馬子反曰。憊矣。曰。何如。曰。易子而食之。析骸而炊之。莊王曰。嘻。甚矣憊。雖然。雖已憊。吾今取此。然後而歸爾。意未足也。司馬子反曰。不可。臣已告之矣。軍有七日之糧爾。莊王怒曰。吾使子往視之。子曷爲告之。司馬子反曰。以區區之宋。區區小皃。猶有不欺人之臣。可以楚而無乎。是以告之也。莊王曰。諾。先以諾受絶子反語。舍而止。受命築舍而止示無去計。雖然。雖宋已知我糧短。吾猶取此然後歸爾。欲徼糧待勝也。司馬子反曰。然則君請處于此。臣請歸爾。莊王曰。子去我而歸。吾孰與處于此。吾亦從子而歸爾。引師而去之。故君子大其平乎已也。大其有仁恩。此皆大夫也。其稱人何。貶。曷爲貶。據大其平。平者在下也。言在下者譏二子在君側不先以便宜反報歸美于君而生事專平故貶稱人等不物經貶不言遂者在君側無遂道也以主坐在君側遂爲罪也知經不以文實貶也凡爲文實貶者皆以取專事爲罪月者專平不易。〔疏〕注等不勿貶至道也。〇解云案莊十九年秋公子結媵陳人之婦于鄄遂及齊侯宋公盟之下傳云大夫無遂事此其言遂何聘禮大夫受命不受辭出竟乃得專之以此言之則知大夫在君側無遂道也是以此注言等欲見大夫專平爲罪不勿貶但當言遂亦足以見其專平矣所以不言遂者正以在君側無遂道故也若當言楚圍宋宋華元楚子反遂平于宋矣。〇注以主至爲罪。〇解云凡言遂者專事之辭也爲文實貶者皆以時無王霸諸侯專事雖違古典于時爲宜是以春秋文雖貶惡其實與之即僖元年齊師云云救邢貶齊侯稱師刺其專事不言狄人滅邢而爲之諱見其實與是也今此以主坐爲在君側專事爲罪更無起文則知經稱人者實爲專貶之稱人非是實與而文不與矣所以反覆解之者正以凡爲文實貶者皆以取專事爲罪故也。〇注月者專平不易。〇解云正以定十二年冬及鄭平不書月者易故也昭七年春王正月暨齊平注云月者刺內暨暨也定十年王三月及齊平注云月者頰谷之會齊侯欲執定公故不易之類皆如此。〇六月。癸卯。晉師滅赤狄潞氏。以潞子嬰兒歸。潞何以稱子。據具滅稱氏。潞子之爲善也。躬足以亡爾。躬身。雖然。君子不可不記也。離于夷狄。疾夷狄之俗而去離之故稱子。而未能合于中國。未能與中國合同禮義相親比也故猶繫赤狄。晉師伐之。中國不救。狄人不有。是以亡也。以去俗歸義亡故君子閔傷進之日者痛錄之名者示所聞世始錄小國也錄以歸者因可責而責之責而加進之者明不當絶當復其氏。〔疏〕注以去至其氏。〇解云言以去俗歸義亡者謂去離夷狄之俗而欲歸中國之義卒無救助者是以亡也正以文在蠻夷氏之下故取以說之云日者痛錄之者正以凡滅例月今此書日故以爲哀痛而詳錄之耳云名者示所聞世始錄小國也者正以僖二十六年秋楚人滅隗以隗子歸彼注云不名者所傳聞世見治始起責小國略然則此書名者示所聞世始錄小國也云錄以歸者因可責而責之者謂因其行進在可責之限故書以歸責其不死位是以僖二十六年以隗子歸之下何氏云書以歸者惡不死位是也云明不當絶當復其氏者言其行既進明不當絶滅其國還當復其潞氏以爲國矣。〇秦人伐晉。〇王札子殺召伯毛伯。王札子者何。長庶之號也。天子之庶兄札者冠且字也禮天子庶兄冠而不名所以尊之子者王子也天子不言子弟故變文王札繫先王以明之不稱伯仲者辟同母兄弟起其爲庶兄也主書者惡天子不以禮尊之而任以權至令殺尊卿二人不言其大夫者摯也惡二大夫居尊卿之位爲下所提摯而殺之大夫相殺不稱人者正之諸侯大夫顧弒君重故降稱人王者至尊不得顧。〔疏〕王札子者何。〇解云欲言王子以札間之言其非而經有王子之文故執不以知問。〇注天子至得顧。〇解云言禮天子庶兄冠而不名所以尊之者時王之制與春秋同也言既加冠之後天子不復名之所以尊之也云子者王子也天子不言子弟故變文上札繫先王以明之者言子者王子也者王以子在札下故須解之言天子不言子弟者謂不言在位子弟也即文元年注云不稱王子者時天子諸侯不務求賢而尊貴親親尤其在位子弟刺其早任以權也是也至於出奔被殺仍自言子弟即王子瑕奔晉天王殺其弟年夫之屬是言故變文者謂變文不言王子也言上札繫先王以明之者謂以札於子上以札近先王明其今王之庶兄矣云不稱伯仲者辟同母兄弟起爲庶兄也者若其與君同母者即稱伯仲字即上十年秋天王使王季子來聘彼傳云其稱王季子何貴也其貴奈何母弟也是也今稱王札子故言辟同母兄弟起其爲庶兄也云云主書者天子不以禮尊之而任以權至令殺尊卿二人者正以經不稱爵知非公故云不以禮尊之矣正以堪殺二卿故知任以權也云不言其大夫者摯也者由其爲下所提摯而殺之失大夫位故不云大夫也云居尊卿之位者正以稱其五十字知是尊卿耳云大夫相殺不稱人者正之者以文十六年宋人弒其君處白之下傳云大夫弒君稱名氏賤者窮諸人注云賤者謂士也士正自當稱人大夫相殺稱人賤者窮諸盜注云降大夫使稱人降士使稱盜者所以別死刑有輕重也然則大夫相殺例合稱人今此不稱人者正之使稱王札子故也所以正之者如下云諸侯大夫顧弒君重故降稱人者即大夫弒君稱名氏大夫相殺稱人是也云王者至尊不得顧者言至尊之人無有弒相殺不可顧是以大夫相殺不假降之稱人矣。〇秋。螽。從十三年之後上求未已而又歸父比年再出會內計稅畝百姓動擾之應。〔疏〕注從十三年至之應。〇解云即上十三年秋螽注云先是新饑而使歸父之齊人伐莒賦斂不足國家遂虛下求不已之應是以此注足之云爾云而又歸父比年再出會者即上十四年冬公孫歸父會齊侯于穀十五年春公孫歸父會楚子于宋是也。〇仲孫蔑會齊高固于牟婁。〇初稅畝。初者何。始也。稅畝者何。履畝而稅也。時宣公無恩信於民民不肯盡力於公田故履踐案行擇其善畝穀最好者稅取之。〔疏〕初者何。〇解云賦稅之式國之常經今而言初故執不知問。〇稅畝者何。〇解云什一而行明王舊典今而變文謂之稅畝故執不知問。初稅畝。何以書。譏。何譏爾。譏始履畝而稅也。何譏乎始履畝而稅。據用田賦不言初亦不言

稅〔疏〕注据用田至稅畝○解云即哀十二年春用田賦是也然則用田賦亦是改古易常而不言初又不言稅畝今此特言初稅畝以譏之故難之也古者什一而藉。什一以借民力以什與民自取其一為公田○古者曷為什一而藉。据數非一什一者，天下之中正也。多乎什一，大桀小桀。奢泰多取於民比於桀也〔疏〕多乎什一大桀小桀○解云夏桀無道重賦於人今過什一與之相似若十取四五則為桀之大貪若取二三則為桀之小貪故曰多乎什一大桀小桀所以不言紂者畧舉以為說耳舊說云不言紂者近事不嫌不知○寡乎什一，大貉小貉。蠻貉無社稷宗廟百官制度之費稅薄○大貊亡百反費芳味反○〔疏〕寡乎至小貉○注蠻貉至稅薄○解云若十四五乃取其一則為大貉行若十二十三乃取一則為小貉行故曰寡乎什一則大貉小貉也然則多於什一則有為桀之譏寡於什一則有蠻貉之恥是以什一而稅三王所不易故傳比于中正之言什一者，天下之中正也。什一行而頌聲作矣。頌聲者大平歌頌之聲帝王之高致也春秋經傳數萬指意無窮狀相須而舉相待而成至此獨言頌聲作者民以食為本也夫飢寒並至雖堯舜躬化不能使野無寇盜貧富兼并雖皋陶制法不能使彊不陵弱是故聖人制井田之法而口分之一夫一婦受田百畝以養父母妻子五口為一家公田十畝即所謂十一而稅也廬舍二畝半凡為田一頃十二畝半八家而九頃共為一井故曰井田廬舍在內貴人也公田次之重公也私田在外賤私也井田之義一曰無泄地氣二曰無費一家三曰同風俗四曰合巧拙五曰通財貨因井田以為市故俗語曰市井種穀不得種一穀以備災害田中不得有樹以妨五穀還廬舍種桑荻雜菜畜五母雞兩母豕瓜果種疆畔女上蠶織老者得衣帛焉得食肉焉死者得葬焉多於五口名曰餘夫餘夫以率受田二十五畝十井共出兵車一乘司空謹別田之高下善惡分為三品上田一歲一墾中田二歲一墾下田三歲一墾肥饒不得獨樂墝埆不得獨苦故三年一換土易居財均力平兵車素定是謂均民力彊國家在田曰廬在邑曰里一里八十戶八家共一巷中里為校室選其耆老有高德者名曰父老其有辯護伉健者為里正皆受倍田得乘馬父老比三老孝弟官屬里正比庶人在官吏民春夏出田秋冬入保城郭田作之時春父老及里正旦開門坐塾上晏出後時者不得出莫不持樵者不得入五穀畢入民皆居宅里正趨緝績男女同巷相從夜績至於夜中故女功一月得四十五日作從十月盡正月止男女有所怨恨相從而歌飢者歌其食勞者歌其事男年六十女年五十無子者官衣食之使之民間求詩鄉移於邑邑移於國國以聞於天子故王者不出牖戶盡知天下所苦不下堂而知四方十月事訖父老教於校室八歲者學小學十五者學大學其有秀者移於鄉學鄉學之秀者移於庠庠之秀者移於國學學於小學諸侯歲貢小學之秀者於天子學於大學其有秀者命曰造士行同而能偶別之以射然後爵之士以才能進取君以考功授官三年耕餘一年之畜九年耕餘三年之積三十年耕有十年之儲雖遇唐堯之水殷湯之旱民無近憂四海之內莫不樂其業故曰頌聲作矣○數所主反以食音嗣伉苦浪反一音苦杏反塾音淑莫音暮○〔疏〕什一行而頌聲作矣○解云頌者大平之歌案文宣之時乃升平之世也而言頌聲作者因事而言之故也何者案文宣之時

乃升平之世言但能均其眾寡等其功力平正而行必時和而年豐什一而稅之則四海不失業歌頌功德而歸鄉之故曰頌聲作矣不謂宣公之時實致頌聲○注帝王之高致也○解云謂帝王之行清高乃致頌聲故曰高致也○注春秋經傳至作矣○解云言春秋經與傳數萬之字論其科指意義實無窮然其上下經例相須而舉其上下意義相待而成以此言之則非一言可盡至此獨言頌聲作者正以此處論稅畝之事若稅畝得所以致太平故云民以食為本也云夫飢寒並至雖堯舜躬化不能使野無寇盜云云者是謂假設之辭耳云是故聖人制井田之法而口分之一夫一婦受田百畝云云以下皆是時王之制云井田之義一曰無泄地氣者謂其冬前相助犂云二曰無費一家者謂其田器相通云三曰同風俗者謂其同耕而相習云四曰合巧拙者謂共治耒耜云五曰通財貨者謂井地相交遂生恩義貨財有無可以相通云因井田以為市故俗語曰市井者古者邑居秋冬之時入保城郭春夏之時出居田野既作田野遂相交易井田之處而為此市故謂之市井云里正旦開門坐塾上者即鄭注學記曰古者仕焉而已者歸教於閭里朝夕坐於門門側之堂謂之塾是也○冬，蝝生。未有言蝝生者，此其言蝝生何？蝝即螽也始生曰蝝大曰螽○蝝與專反蝝生不書，此何以書？幸之也。幸，僥幸○〔疏〕蝝生不書○解云謂例不書之幸之者何？聞災當懼反喜非其類故執不知問猶曰受之云爾。受之云爾者何？上變古易常。上謂宣公變易公田古常舊制而稅畝○〔疏〕受之云爾者何○解云災是害之物宜避之今而云受之於義似乖故執不知問應是而有天災。應是變古易常而有天災蝝民用飢其諸則宜於此焉變矣。言宣公於此天災饑後能受過變寤明年復古行中冬大有年其功美過於無災故君子深為喜而僥倖之變蝝言蝝以不為災書起其事○饑。十有六年，春，王正月，晉人滅赤狄甲氏及留吁。言及者留吁行微不進○夏，成周宣謝災。成周者何？東周也。後周分為二天下所名為東周名為成周者本成王所定名天下初號之云爾○宣謝災左氏作宣謝火〔疏〕成周者何○解云欲言天子正居經無京師之文○欲言是邑而錄其災故執不知問○注後周至之云爾○解云何氏之意以成周為天子正居但至昭二十二年夏景王崩敬王即位王子猛與之爭立入于王城自號西周故天下之人因號成周為東周矣是以昭二十二年秋劉子單子以王猛入于王城傳云王城者何西周也注云時居王城邑自號西周王二十六年冬十月天王入于成周傳云成周者何東周也注云是時王猛自號為西周天下因謂成周為東周也云名為成周者即鄭注書序云居攝七年天下太平而此邑成乃名曰成周也者是其名作成周之義矣宣謝者何？宣宮之謝也。宣宮周宣王之廟也至此不毀者有中興之功室有東西廂曰廟無東西廂有室曰寢無室曰謝○〔疏〕宣謝者何○解云宣王親盡不宜有廟今災其榭故執不知問○注室有東西至曰謝○解云皆釋宮文李氏曰室有東西廂曰廟謂宗廟殿有東西小堂也孫氏云夾室前堂無東西廂有室曰寢者

郭注云但有大室云無室曰榭者但有大殿無室內名曰榭郭注云榭即今堂堭是也何言乎成周宣謝災？据天子之居稱京師宋災不別所燒〔疏〕注据天子至所燒○解云即桓九年紀季姜歸于京師傳云京師者何天子之居也京者何大也師者何眾也天子之居必以眾大之辭言之是也云宋災不別所燒者即襄三十年夏五月宋災是也特据宋災者以其王者之後與周相類也樂器藏焉爾。宣王中興所作樂器〔疏〕注宣王至樂器○解云蓋夷厲之時樂器有壞故宣王作之不謂更造別樂何者正以考諸古典不見宣王別有樂名故也成周宣謝災，何以書？記災也。外災不書，此何以書？新周也。新周故分別有災不與宋同也孔子以春秋當新王上黜杞下新周而故宋因天災中興之樂器示周不復興故繫宣謝於成周使若國文黜而新之從為王者後記災也〔疏〕注使若至記災也○解云使周成為國與宋齊之屬相似云從為王者之後記災也者即襄九年宋火之下傳云外災不書此何以書為王者之後記災也是也○秋，郯伯姬來歸。嫁不書者為媵也來歸書者後為嫡也死不卒者已棄有更適人之道或時為大夫妻故不得待以初也棄歸例有罪時無罪月○〔疏〕注嫁不至罪月○解云正于春秋上下魯女嫁為諸侯夫人者無不書之即叔姬歸于紀伯姬歸于宋之屬是也今此不書故知為媵若然案隱七年叔姬歸于紀注云叔姬者伯姬之媵也媵賤書者後為嫡然則彼後為嫡初去則書此亦後得為嫡而初嫁不書者蓋以不賢故也是以彼注云媵賤書者後為嫡終有賢行紀侯為齊所滅紀季以鄰入于齊叔姬歸之能處隱約全竟婦道故重錄之是也然則彼以終有賢行故初去得書此則初去不書明其無賢也正以其嫡不書則知伯姬非姪娣也左媵右媵皆尊于嫡姪娣故後得為嫡耳云來歸書者後為嫡也者正以紀叔姬後為嫡卒葬皆書即莊二十九年紀叔姬卒三十年葬紀叔姬是也今此被出亦待書見故知後得為嫡矣云死不卒者已棄云云案莊二十九年紀叔姬卒注云國滅卒者從夫人行待之以初也然則彼叔姬者莊十二年歸于鄰時從夫人行故雖國滅猶得待之以初今此伯姬或時為大夫妻故不得作夫人待之是以不復書其卒矣云云之說在莊二十九年云棄歸例云云有罪時者此文書秋是也無罪月者即成五年春王正月杞叔姬來歸之屬是也○冬，大有年。十有七年，春，王正月庚子，許男錫我卒。錫思歷反○丁未，蔡侯申卒。○夏，葬許昭公。○葬蔡文公。不月者齊桓晉文沒後先背中國與楚故畧之與楚在文十年〔疏〕注不月至文十年○解云正以卒日葬月大國之常例今此蔡侯不月故解之云與楚在文十年者即文十年冬楚子蔡侯次于屈貉者是也○六月，癸卯，日有食之。是後邾婁人戕鄫子四國大夫敗齊師于鞌齊侯逸獲君道微臣道強之所致○鞌音安〔疏〕注是後至之所致○解云即十八年秋邾婁人戕鄫子于鄫傳云殘賊而殺之也是也云四國大夫敗齊師于鞌者即成二年夏六月季孫行父云云會晉郤克衛孫良夫曹公子手及齊侯戰于鞌齊師敗績是也言齊侯佚獲者即成二年秋七月齊侯使國佐如師傳云君不使乎大夫此其行使乎大夫何佚獲也注云佚獲者己

獲而逃亡也當絕賤使與大夫敵體以起之是也○己未。公會晉侯、衞侯、曹伯、邾婁子同盟于斷道。斷音短又大短反○秋。公至自會。○冬。十有一月壬午。公弟叔肹卒。稱字者賢之宣公篡立叔肹不仕其朝不食其祿終身於貧賤故孔子曰篤信好學守死善道危邦不入亂邦不居天下有道則見無道則隱此之謂也禮盛德之士不名天子上大夫不名春秋公子不爲大夫者不卒卒而字者起其宜爲天子上大夫也孔子曰興滅國繼絕世舉逸民天下之民歸心焉

十有八年。春。晉侯、衞世子臧伐齊。○公伐杞。○夏。四月。○秋。七月。邾婁人戕鄫子于鄫。戕鄫子于鄫者何。殘賊而殺之也。支解節斷之故變殺言戕戕則殘賊惡無道也言于鄫者刺鄫無守備小國本不卒故亦不日○斷音短〔疏〕戕鄫子于鄫者何○解云欲言殘賊於鄫國都欲言非殘賊者殘文故執不知問○注小國本至不日○解云正以滅戕例月即莊十年冬十月齊師滅譚之屬是若有所責者則書日即上十二年十二月戊寅楚子滅蕭注云日者屬上有王言今反滅人故深責之是也然則邾婁無道殘賊人君于其國都與滅相似亦宜書日以責其暴而不日者正以鄫爲微國本不合卒是以略之不書其日也而僖十九年夏六月己酉邾婁人執鄫子用之亦是無道與此相似而書日者彼注云日者魯不能防正其女以至於此明當痛其女禍而自責之是也○甲戌。楚子旅卒。何以不書葬。據日而名〔疏〕注據日而名○解云書日書名全一是諸夏大國之例是以弟子因遂責其不與大國例同書葬是也○吳楚之君不書葬。辟其號也。旅即莊王也葬從臣子辭當稱王故絕其葬明當誅之至此卒者因其有賢行○行下孟反○〔疏〕注至此至賢行○解云正以已前未有書楚子卒處故也若文十八年春秦伯罃卒彼注云秦穆公也至此卒者因其賢○公孫歸父如晉。○冬。十月。壬戌。公薨于路寢。○歸父還自晉。至檉。遂奔齊。還者何。善辭也。何善爾。歸父使於晉。上如晉是〔疏〕還者何○解云以大夫使反例不書至今乃書還違於常例故執不知問還自晉。至檉。聞君薨家遣。家爲魯所逐遣以先人弒君故也○〔疏〕注家爲至弒君故也○解云即成十五年春仲嬰齊卒之下傳言公子遂殺叔仲惠伯弒子赤而立宣公宣公死成公幼臧宣叔者相也君死不哭聚諸大夫而問焉曰昔者叔仲惠伯之事孰爲之諸大夫皆雜言曰仲氏也其然乎於是遣歸父之家然後哭君歸父使乎晉還自晉至檉聞君薨家遣墠帷哭君成踊反命于介自是走之齊是也○墠帷。埽地曰墠今齊俗名之云爾將祖踊故設帷重形○墠帷音善掃地張帷哭君成踊。踊辟踊也禮必踊者如嬰兒之慕母矣成踊成三日五哭踊之禮臣爲君本服斬衰故成踊比二日朝莫哭踊三日朝哭踊莫不復哭踊去事之殺也○殺所戒反○〔疏〕注成三日至之禮者解云出禮記奔喪也反命乎介。因介反命禮卿出聘以大夫爲上介以士爲衆介○〔疏〕注禮卿至衆介○解云出聘禮○自是走之齊。主書者善其不以家見逐怨懟成踊哭君終臣子之道起時莫能然也言至檉者善其得禮於檉言遂者因介反命是也不待報罪也遂弒君本當絕小善錄者本宣公同篡之人又不當逐不日者伯討可逐故從有罪例也○懟直類反〔疏〕注不日至例也○解云凡內大夫出奔例無罪者日即襄二十三年冬十月乙亥臧孫紇出奔邾婁昭十二年冬十月公子憖出奔齊之屬是也今此歸父亦無罪出奔不日者正以仲遂弒君其家合沒但與宣公同謀魯人不合逐之若作伯討之時歸父可逐故從有罪之例矣

公羊注疏卷十六挍勘記　阮元撰盧宣旬摘錄

公羊注疏宣公卷十六

十年

齊人歸我濟西田　閩監毛本同唐石經磨改西下增之字鄂本亦有

据歸讙及闡　閩監毛本闡作僤釋文作及僤云本又作闡

未絕於我也　閩監毛本同唐石經鄂本於作于

曷爲未絕于我　唐石經鄂本閩監本同毛本于改於疏同

据有俄道　閩監毛本同鄂本俄作我是也當據正

至乎地之與之　浦鏜云與人人誤之是也與桓六年傳合

日有食之既　閩監毛本既誤卽

取蘱　唐石經諸本同惠棟云蘱二傳作繹

開倉廩賵振乏　鄂本乏作之此誤

十有一年

會吳于鍾離　監本鍾作鐘

吳封於防　毛本於改于何按本作吳封之于防與昭四年傳合

臣弒君子弒父　唐石經諸本同昭十一年疏引作臣弒君子殺父蓋弒字本皆作殺後改弒君而仍殺父耳

故曰齊桓專封同義耳　浦鏜云曰下脫與是也

言此二子上無絕文　毛本上誤二

十有二年

不從殺泄冶　鄂本泄作洩下並同

晉侯以下　浦鏜云下脫及

不利其土　毛本土誤上

使帥一二耋老而綏焉　唐石經耋作耊

案今曲禮云七十曰耋　閩監毛本同經義雜記曰當作今曲禮六十曰耆徐據今禮記曰耆不作耋故下云或者此耋字誤也

數往來爲惡言　宋本同閩監毛本數作屢釋文作屢往又作數

緇廣充幅長尋曰旐　解云今爾雅釋天緇作縿字按此則何注本作縿廣充幅當訂正

加文章曰旗　按旗當作旂疏同疏引爾雅及孫炎注皆作旂

注旄首曰旌　宋本閩本同監毛本注作註非疏同

詩云帛旆英英是也　浦鏜云白誤帛非也孫氏所據毛詩作帛旆引以證帛續旐末今本詩作白訛浦鏜又云央央誤英英亦非也詩出其東門正義引六月亦作英英

繼旐如燕尾曰旂也　按旂當依注作旆

言畫急疾之鳥于旐周官所謂鳥準爲旟者矣　浦鏜云繆誤旐隼誤準

廝役扈養　唐石經閩本同監毛本廝改厮非注同

養馬者曰扈　惠棟云閔元年僕人鄧扈樂卽圉人樂圉人卽養馬者

炊亨者曰養　閩本同監毛本亨作烹俗字

恥不能早服也　毛本能誤得

古者杅不穿　唐石經諸本同釋文杅音于解云其音于若今馬盂矣舊說云杅是衦字若今食俗矣○按說文有盂飯器也杅槾也所以涂也然則古經皆假杅爲盂

是以君子篤於禮而薄于利　唐石經鄂本同閩監毛本于作於是也

欲要其人服罪過耳　閩監毛本同是也鄂本耳作爾

度郱水戰　鄂本度作渡按下注云使得過渡郱水去也作渡字此誤

比舩爲橋　閩監毛本舩作船下同

以求二人　鄂本作上人此誤

言及者大臣及君　鄂本大作以此誤大字剜改當本作以

令之還師而佚晉冠者　閩監本同毛本令誤舍

宜存人矝患　閩監毛本矝改矜非古矝憐字皆從令詳見爾雅挍勘記

宋師伐陳　唐石經諸本同解云宋師伐鄭者按諸家經皆有此文唯賈氏注者闕此一經疑脫耳盧文弨曰賈氏所闕當并衛人救陳亦闕否則救陳之文何所承乎

十有四年

許人子者必使父也 元本同閩監毛本父上有人字按疏中引注亦作必使人父也此脫

十有五年

謂魯人見刺也者疑之 浦鏜云之疑非字誤

軍有七日之糧爾盡此不勝 唐石經諸本同解云舊本或云軍有七日之糧爾七日盡此不勝將去而歸爾今定本無下七日二字按定本是也

於是使司馬子反乘堙而闚宋城 唐石經鄂本閩監本同毛本闚改窺非

土城具 閩監本同誤也鄂本土作上當據正

柑馬而秣之 唐石經秣從末○按柑當作拑

子曷爲告之 毛本子誤則

受命築舍而止 鄂本受作更此誤

此皆大夫也 唐石經鄂本閩監本同毛本皆誤其

等不勿貶 疏標起訖亦作等不勿貶言與不勿貶相等謂貶也此本勿作物誤今訂正

若當言楚圍宋 浦鏜云若下當脫言遂二字

正以定十二年冬 何校本二作一是也

而未能合于中國 唐石經鄂本閩監本同毛本于改於

故變文上札 閩監毛本同此本上作王誤解云謂以札於子上以札近先王

九其在位子弟 浦鏜云上脫故字是也

今稱二十字 補閩監毛本二十改王札

正以稱其五十字 閩監毛本五十改伯仲非

內計稅畝 閩監毛本同鄂本計作議

卽上十三年秋螽 按螽當依經作蝝

仲孫蔑會齊高固于牟婁 唐石經諸本同左氏穀梁無婁字

初稅畝 唐石經畝作畞閩監本作畝毛本作畒非下並同

則爲桀之小貪 毛本爲桀誤倒

夫飢寒並至 鄂本閩本同監毛本飢改饑下及疏同

卽所謂十一而稅也 閩監毛本作什一

還廬舍種桑荻 ○按食貨志無荻字此荻當作萩萩者楸之假借字楸者梓也

女上蠶織 閩監毛本同浦鏜云工誤上○按上同尚

故三年一換主易居 閩監毛本同誤也鄂本主作土當據正

中里爲校室 毛本校改挍案毛本作挍避所諱全書皆然

辯護伉健者 ○按辯當作辨辨卽今人所用之辦字辨護謂能幹辦護衛也

父老此三老孝弟官屬 鄂本此作比當據正

里正比庶人在官吏 鄂本官下有之字儀禮經傳通解同

其有秀者命曰進士 鄂本進作造儀禮經傳通解同當據正

其功美過於無災 鄂本其作有

故君子深爲喜而僥倖之也 按上云幸僥倖此幸加人旁非

十有六年

夏成周宣謝災 鄂本閩本同監毛本謝作榭下及注疏並同唐石經缺釋文宣謝災左氏作宣榭惠棟云襄九年疏引作謝古無榭字或止作射周邾敦銘曰王格于宣射是也三傳皆作謝俗從木又災左傳作火

卽襄三十年 毛本三誤王

樂器藏焉爾 漢書五行志曰榭者所以藏樂器唐石經諸本作藏俗字

新周也 唐石經諸本同惠棟云當作親周古親新通新讀爲親按春秋繁露三代改制質文篇云紬夏親周故宋史記孔子世家云春秋據魯親周故殷皆作親字何注云孔子以春秋當新王上黜杞下新周而故宋是何注本作新周也當亦爲嚴顏之異○按董子史記親周皆新周之誤錢大昕言之當矣惠棟未憭此

云從爲王者之後記災也者 閩監毛本無之字按注中亦無乃衍文

今此被出亦待書見 浦鏜云待疑特字誤

十有七年

殘賊而弑之也是也 浦鏜云殺誤弑按何校本正作殺

十有八年

諸大夫皆雜言曰 閩監毛本作雜然與傳同

掃地曰墠 釋文注作埽地此從手旁非

反命乎介 唐石經諸本同成十五年傳作反命于介

不待報罪也 鄂本罪作非

遂殺君本當絕 鄂本遂作逐誤

又不當逐 鄂本同閩監毛本又誤父

監本附音春秋公羊注疏成公卷十七 起元年盡十年

何休學

元年。春。王正月。公卽位。○二月。辛酉。葬我君宣公。○無冰。周二月夏十二月尚書曰舒恆燠若易京房傳曰當寒而溫例賞也是時成公幼少季孫行父專權而委任之所致。○舒恆如字緩也尚書作豫奧本又作燠於六反煖也少詩召反〔疏〕注尚書至燠若。○解云洪範文舒遲也恆常也若順也言人君舉事太舒則有常燠之咎氣來順之是也。○注易京至賞也。○解云凡爲賞罰宜出君門而臣下行之故曰倒賞也是以洪範云唯辟作福唯辟作威唯辟玉食鄭氏云此凡君抑臣之言也作福專慶賞作威專刑罰玉食備珍美又云臣之有作福作威玉食其害于而家凶于而國鄭氏云害于汝家福去室凶于汝國亂下民是也然則是時成公幼少季孫專政是以無冰矣桓十四年無冰之下何氏云此夫人淫泆陰而陽行之所致襄二十八年無冰之下何氏云豹揭爲政之所致皆與此注合。○三月。作丘甲。何以書。譏。何譏爾。譏始丘使也。四井爲邑四邑爲丘甲鎧也譏始使丘民作鎧也古者有四民一曰德能居位曰士二曰辟土殖穀曰農三曰巧心勞手以成器物曰工四曰通財鬻貨曰商四民不相兼然後財用足月者重錄之。○鎧苦代反辟婢亦反鬻羊六反〔疏〕譏始丘使也。○解云不辨能否以丘責甲故謂譏之矣。○注四井至爲丘。○解云司馬法文周禮經亦然。○注古者至錄之。○解云四民之言出齊語也德能居位曰士者卽彼云處士就閒宴是也辟土殖穀曰農者卽彼云處農就田野是也巧心勞手以成器物曰工者卽彼云處工就官府是也通財鬻貨曰商者卽彼云處商就市井是也云月者重錄之者欲道宣十五年秋初稅畝哀十二年春用田賦皆書時今書月故如此解○夏。臧孫許及晉侯盟于赤棘。時者謀結鞌之戰不相負也後爲晉所執不日者執在三年外尋舊盟後非此盟所能保〔疏〕注時者至負也。○解云正以春秋之義大信者書時故也鞌之戰在下二年。○注後爲至能保。○解云春秋之義不信者日故如此注也言後爲晉所執者卽下十六年九月晉人執季孫行父舍之於招是也言執在三年外尋舊盟後者卽下三年冬十有一月晉侯使荀庚來聘丙午及荀庚盟傳云此聘也其言盟何聘而言盟者尋舊盟也是秋。王師敗績于貿戎。孰敗之。蓋晉敗之。以晉比侵柳園郊知王師討晉而敗之。○貿戎音茂一音茅左氏作茅戎〔疏〕注以晉至茅戎。○解云宣元年冬晉趙穿帥師侵柳傳云柳者何天子之邑也曷爲不繫乎周不與伐天子也者是晉侵柳之事昭二十三年春晉人圍郊傳云郊者何天子之邑也曷爲不繫于周不與伐天子也者是晉人圍郊之事然則園郊之事超在此經之後得如此明義者正以往前晉人侵柳已犯天子至於在後圍郊復犯天子二經之間天子敗績據上下更無餘國犯王之處故知正是天子討晉而爲所敗故如此解或曰。貿戎敗之。以地貿戎故〔疏〕注以地貿戎故。○解云蓋晉侯不臣知王討之逆往敗之亦何傷然則曷爲不言晉敗之。據侵柳園郊言晉王者無敵。莫敢

當也。正其義使若王自敗于貿戎莫敢當敵敗之也不日月者深正之使若不戰〔疏〕王者至當也解云春秋之義託魯爲王而使舊王無敵者見任爲王寧可會奪正可時時內魯見義而已○注不日至不戰○解云正以春秋之例偏戰者日詐戰者月故如此解○冬，十月。

二年，春，齊侯伐我北鄙。○夏，四月，丙戌，衛孫良夫帥師及齊師戰于新築，衛師敗績。築音竹○

六月，癸酉，季孫行父、臧孫許、叔孫僑如、公孫嬰齊帥師會晉郤克、衛孫良夫、曹公子手及齊侯戰于鞌，齊師敗績。曹無大夫，公子手何以書？据羈無氏。公子手一本作午，左氏作首。鞌音安。〔疏〕注据羈無氏○解云即莊二十四年冬曹羈出奔陳傳曰曹羈者何曹大夫也注云以小國知無氏爲大夫然則曹爲小國例無大夫假有須見者仍名氏不具以此言之則是不合有大夫之限故傳云曹無大夫公子手何以書憂內也。春秋託王于魯因假以見王法明諸侯有能從王者征伐不義克勝有功當褒之故與大夫大夫敵君不貶者隨從王者大夫得敵諸侯也不從內言敵之者君子不掩人之功故從外言戰也魯舉四大夫不舉重者惡內多虛國家悉出用兵重錄內也○以見賢偏反年末注同惡烏路反〔疏〕注大夫至侯也○解云欲決僖二十八年夏晉侯以下及楚人戰于城濮楚師敗績即傳云此大戰也曷爲使微者子玉得臣也子玉得臣則其稱人何貶曷爲貶大夫不敵君也注云臣無敵君戰之義故絕正也然則彼是大夫敵君故貶之此不貶者隨從王者大夫有得敵諸侯之義故也以此言之即知宜十二年晉荀林父序于楚子之上爲惡者時無王者大夫故也○注不從至戰也○解云桓十年冬齊侯衛侯鄭伯來戰于郎傳云此偏戰也何以不言師敗績內不言戰言戰乃敗矣注云春秋託王於魯戰者敵文也王者兵不與諸侯敵戰乃其已敗之文故不復言師敗績矣然則此戰之內有魯大夫若從魯爲文宜直云季孫行父以下敗齊師于鞌而已但以君子不掩人功故從外爲文言戰于鞌齊師敗績耳何氏必如此解者正以桓十三年春二月公會紀侯鄭伯己巳及齊侯宋公衛侯燕人戰齊師宋師衛師燕師敗績傳云內不言戰此其言戰何從外也曷爲從外恃外故從外也何氏云明當歸功乎紀鄭言戰然則此亦歸功于晉衛不掩其功故從外言戰也

○秋，七月，齊侯使國佐如師。己酉，及國佐盟于袁婁。君不使乎大夫，此其行使乎大夫何？据高子來盟魯無君不稱使不從王者大夫稱使者實晉郤克爲主經先晉傳舉郤克是也○不使所吏反下及注使乎大夫同〔疏〕注据高至稱使○解云即閔二年齊高子來盟傳云何以不稱使我無君也何氏云時閔公弒僖公未立故正其義明君臣無相適之道也春秋謹於別尊卑理嫌疑故絕去使文以起事張例則所謂君不行使乎大夫也者是○注不從至是也○解云經先晉謂未戰之時經已言及晉侯盟于赤棘是也云傳舉郤克是也者即下傳云師還齊侯晉郤克投戟逡巡再拜稽首馬前之屬是也或者言先晉正謂會晉郤克是也何者序四大夫乃言會晉郤克則似郤克先在是而四大夫往會之是爲先晉之文猶如宣元年宋公陳侯以下會晉師于斐林伐鄭然佚獲也。佚獲者已獲而逃亡也當絕賤使與大夫敵體以起之君獲不言師敗績等起不去師敗績者辟內敗文○佚獲音逸下同一本作失去起呂反〔疏〕注君獲至敗文解云言君獲不言師敗績者即僖十五年冬晉侯及秦伯戰于韓獲晉侯傳云此偏戰也何以不言師敗績君獲不言師敗績也注云舉君獲爲重也是也然則君若被獲則不言師敗績今此經等欲起見齊侯被獲何不去師敗績以見之而書使乎大夫以起之者正欲辟內敗之文故也何者春秋王魯內不言戰言戰乃敗若直言季孫行父以下及齊侯戰于鞌不言齊師敗績則是內敗之文

其佚獲奈何？師還齊侯，還繞○還音環注同晉郤克投戟，逡巡再拜稽首馬前。逢丑父者，頃公之車右也，人君驂乘有車右有御者○逡七巡反頃音傾乘繩證反〔疏〕晉郤至馬前○解云禮介者不拜而郤克再拜者蓋齊師已敗行賓命之禮投戟之後得再拜矣若當戰之時將軍有不可犯之色寧有拜乎故表記曰君子衰経則有哀色端冕則有敬色甲冑則有不可辱之色鄭注云言色稱其服也是面目與頃公相似，衣服與頃公相似。禮皮弁以征故言衣服相似頃公有負晉魯之心故特異丑父備急欲以自代〔疏〕注禮皮弁以征○解云時王之禮即昭二十五年注云皮弁以征不義是也韓詩傳亦有此文○注頃公至之心○解云即下傳云前此者晉郤克與臧孫許同時而聘于齊則客或跛或眇於是使跛者迓跛者眇者迓眇者是也代頃公當左。升車象陽陽道尚左故人君居左臣居右○尚時亮反使頃公取飲，頃公操飲而至，不知頃公將欲堅敵意邪勢未得去邪○公操七刀反持也曰：革取清者。革更也軍中人多水泉濁欲使遠取清者因亡去○頃公用是佚而不反。不書獲者內大惡諱〔疏〕注不書至惡諱解云獲人君故爲大惡是以諱而不書也若獲大夫則當書之是以莊十二年傳云万嘗與莊公戰獲乎莊公數月然後歸之何氏云獲不書者士也然則万若大夫書之明矣逢丑父曰：吾賴社稷之神靈，吾君已免矣。郤克曰：欺三軍者，其法奈何？顧問執法者曰：法斮。斮斬○斮在畧反又仕畧反斬也〔疏〕曰法斮○解云釋器云魚曰斮之樊光云斮研也又說文云斮斬也故此何氏亦云斮斬也於是斮逢丑父。丑父死君不賢之者經有使乎大夫於王法頃公當絕如賢丑父是賞人之臣絕其君也若以丑父故不絕頃公是開諸侯戰不能死難也如以衰世無絕頃公者自齊所當善爾非王法所當貴○難乃旦反〔疏〕注若以至難也○解云言若以丑父故不絕頃公似若襄二十九年吳子使札來聘傳曰吳無君無大夫此何以有君有大夫賢季子也何賢乎季子讓國也賢季子則賢君許使臣有大夫故宜有君矣今若以丑父賢以爲齊國宜有君而不絕頃公即開諸侯不死社稷○注如以至得貴○解云丑父權以免齊侯是以齊人得善之但春秋爲王法是以不得貴耳而公羊說解疑論皆譏丑父者非何氏意不足爲妨

己酉，及齊國佐盟于袁婁。曷爲不盟于師而盟于袁婁？据國佐如師前此者，晉郤克與臧孫許同時而聘于齊。不書恥之〔疏〕注不書恥之謂魯使尊卿聘齊爲所侮戲假藉大國而雪其恥是以不書如齊恥之矣其郤克不書者自從外相如之例○注臧孫許眇也者正以當聘之時無有內魯之義晉爲大國郤克宜先而魯宜後傳先言或跛故知眇者是臧孫許矣或曰一本云臧孫許跛舊解傳言客或跛或眇据魯序上者非也案此一句注宜在不書恥之下今定本無疑脫誤也蕭同姪子者，齊君之母也。蕭同國名姪子者蕭同君姪娣之子嫁於齊生頃公○姪大結反又文乙反踊于棓而窺客，踊上也凡無高下有絕加躡板曰棓齊人語○踊音勇上也棓普口反又步侯反高下有絕加躡板曰棓而闚去規反本又作窺上時掌反躡女輙反〔疏〕注凡無至曰棓○解云無高下猶言莫問高下但當有縣絕而加躡板者皆曰棓矣則客或跛或眇。於是使跛者迓跛者，使眇者迓眇者。迓迎卿主迎者也聘禮賓至大夫率至于館卿致館宰夫朝服致飧臉厥明至于館○跛布可反眇亡小反迓本又作訝五嫁反迎也飧音孫臉而審反〔疏〕注聘禮至于館解云皆聘禮文二大夫出，相與踦閭而語。閭當道門閉一扇開一扇一人在外一人在內曰踦閭將別根爲齊所侮戲謀伐之而不欲使人聽之○踦閭居倚反踦足也又音於綺反初義反何云閉一扇開一扇一人在外一人在內曰踦閭移日然後相去。齊人皆曰：患之起，必自此始。知必爲國家憂明芻蕘之言不可廢且起頃公不覺寤○芻初俱反蕘如遥反二大夫歸，相與率師爲鞌之戰，齊師大敗。齊侯使國佐如師。怪師勝猶不解往問之郤克曰：與我紀侯之甗，齊襄公滅紀所得甗邑其土肥饒欲得之或說甗玉甑○甗音言又魚輦反又音彦邑也〔疏〕注齊襄公至甗邑○解云襄公滅紀者即莊四年夏紀侯大去其國是也正以繫紀侯言之故知紀邑而或說云甗玉甑者蓋以左傳云賂以紀甗玉磬又別言與地明甗是器名非地故以玉甑解之反魯衛之侵地，使耕者東畝。使耕者東西如晉地〔疏〕注使耕至晉地○解云蓋晉地谷川宜東畝者多故言此是以下傳云使耕東畝是則土齊也何氏云則晉悉以齊爲土地是不可行者是其晉東畝之義也舊云如者往也使齊東西其畝往來於晉地易非公羊意也且以蕭同姪子爲質，見侮戲本由蕭同姪子○爲質音致下注及下同則吾舍子矣。國佐曰：與我紀侯之甗，請諾。反魯衛之侵地，請諾。使耕者東畝，是則土齊也。則晉悉以齊爲土地是不可行〔疏〕是則土齊○解云亦有一本云是則土齊曰不可也者○蕭同姪子者，齊君之母也。齊君之母，猶晉君之

母也。不可。言至尊不可爲質 請戰。如欲使耕者東西畝質齊君之母當請戰 壹戰不勝。請再。再戰不勝。請三。言齊雖敗尚可三戰 三戰不勝。則齊國盡子之有也。何必以蕭同姪子爲質。揖而去之。郤克眣魯衛之使。使以其辭而爲之請。郤克恥傷其威故使魯衛大夫以國佐辭爲國佐請〇眣音舜又王乙反又達結反之使所吏反爲之于僞反注皆同 然後許之。逮于袁婁而與之盟。逮及也追及國佐于袁婁也傳極道此者本禍所由生因録國佐受命不受辭義可拒則拒可許則許一言使四國大夫汲追與之盟 疏 注因録國至與之盟〇解云其受命不受辭者即莊十九年傳云聘禮大夫受命不受辭是也 〇八月。壬午。宋公鮑卒。鮑白卯反 〇庚寅。衛侯遬卒。遬音速 〇取汶陽田。汶陽田者何。鞌之賂也。以國佐言反魯衛之侵地請諾本所侵地非一摠繫汶陽者省文也不言取之齊者恥內乘勝脅齊求賂得邑故諱使若非齊邑〇汶音問 疏 汶陽田者何〇解云欲言是國曾來未有欲言非國乃與取邾婁田同文故執不知問〇注本所侵地至省文也〇解云知侵非一者正以下三年秋叔孫僑如率師圍棘傳云棘者何汶陽之不服邑也以此言之則知汶陽大畔之名明矣〇注不言至非齊邑〇解云決襄十九年春取邾婁田自漷水繫邾婁言之故也 〇冬。楚師鄭師侵衛。〇十有一月。公會楚公子嬰齊于蜀。〇丙申。公及楚人、秦人、宋人、陳人、衛人、鄭人、齊人、曹人、邾婁人、薛人、鄫人盟于蜀。此楚公子嬰齊也。其稱人何。據會而盟一處知一人也〇處昌慮反 疏 鄭人齊人至盟于蜀〇解云亦有一本無齊人者脫也 得一貶焉爾。得一貶者獨此一事得具見其惡故貶之爾不然則具當沒公也如齊高傒矣不沒公者明不主爲公故也上會不序諸侯大夫者嬰齊專政驕蹇臣也數道其君率諸侯侵中國故獨先舉於上乃貶之明本在嬰齊當先誅其本及其末〇數道所角反下音導 疏 得一貶焉爾者解云正以於此處得一貶焉爾〇注不然則至高傒矣〇解云即莊二十二年秋及齊高傒盟于防傳云則曷爲不言公諱與大夫盟也〇注不沒公至公故也〇解云言高傒本意敵公故以聯之今嬰齊者止自元性驕蹇不主爲公是以春秋不沒公以見之矣〇注數道至侵中國〇解云即宣十四年秋楚子圍宋十五年夏宋人及楚人平上文冬楚師鄭師侵衛之屬是也以其非一故謂之數也

三年。春。王正月。公會晉侯、宋公、衛侯、曹伯、伐鄭。〇辛亥。葬衛繆公。繆音穆 〇二月。公至自伐鄭。〇甲子。新宮災。三日哭。新宮者何。宣公之宮也。以無新宮知宣公之宮廟 疏 二月公至自伐鄭〇解云莊公六年傳云得意致會不得意致伐何氏云此謂公與二國以上也然則此言公至自伐鄭者不得意故也莊六年注云皆例時今此書二月者爲下甲子出也〇新宮者何〇解云欲言宮廟未有新公之名欲言非廟言宮舉災故執不知問〇注以無新宮知宣公之宮廟者正以春秋上下無新公宮則知此言新宮者正是其父宣公之宮以其至近被災故謂之新宮災 宣宮則曷爲謂之新宮。不忍言也。親之精神所依而災孝子隱痛不忍正言也謂之新宮者因新入宮易其西北角示昭穆相繼代有所改更也 疏 注謂之新宮至有所改更也者〇解云即穀梁傳云壞廟之道易檐可也者是易其西北角之檐也乎故爾雅釋宮云西北隅謂之屋漏是也孫氏曰當室之日光所漏入也不與何氏別 其言三日哭何。據桓僖宮災不言三日哭 疏 注據桓至日哭者即下哀三年夏辛卯桓宮僖宮災是也 廟災三日哭禮也。善得禮痛傷鬼神無所依歸故君臣素縞哭之〇縞古老反 疏 注善得禮至縞哭之〇解云即檀弓下曰有焚其先人之室則三日哭鄭氏云謂人燒其宗廟哭者哀精神之有虧傷故此注云善得禮痛傷鬼神無所依歸是也云故君臣素縞哭之者謂著素衣縞冠哭之 新宮災。何以書。記災也。此象宣公篡立當誅絶不宜列昭穆成公幼少臣威大重結怨彊齊將不得久承宗廟之應〇幼少詩召反下同大重音泰一音他賀反 疏 注此象至昭穆〇解云案桓公亦篡立不災其宮者蓋以桓母言媵次第宜立隱公攝位久不還天示其變隱猶不覺是以隱九年三月癸酉大雨震電何氏云周之三月夏之正月雨當水雪雜下雷當聞於地中電未可見而大雨震電此陽氣大失其節猶隱公久居位不反於桓失其宜也然則桓正宜立隱是左媵之子據位失宜而桓弑之雖曰篡君其罪差輕是以不災其廟豈若宣公以庶篡適其子失政將不得久承宗廟之應故災其宮矣而哀三年五月辛卯桓宮僖宮災者彼是已毀後復立之是不宜立故天災之不謂怒其篡隱也 〇乙亥。葬宋文公。〇夏。公如晉。〇鄭公子去疾率師伐許。去起呂反 〇公至自晉。〇秋。叔孫僑如率師圍棘。棘者何。汶陽之不服邑也。棘民初未服於魯〇 疏 棘者何〇解云欲言內邑不應圍之欲言外邑不繫於國故執不知問〇注棘民初未服於魯〇解云言初未服者欲言終服於魯矣知終服者正以汶陽田者大畔之名棘者乃民箕其小邑上二年經取汶陽田以知盡得之但有不服之意故魯圍之若然公羊之義以圍者爲不克之文若其得之而言圍者正謂當時未克何妨終得之乎 其言圍之何。據國內兵不舉 疏 注據國內兵不舉者〇解云即定八年傳云公斂處父帥師而至經不書之是也 不聽也。不聽者叛也不言叛者爲內諱故書圍以起之不先以文德來之而便以兵圍之當與圍外邑同罪故言圍也得曰取不得曰圍〇爲于僞反 疏 注當與圍外邑至圍也者欲道國內之兵本自不書而此書者惡其失所令與圍外邑同矣〇注得曰取不得曰圍〇解云取者是得文故言得曰取也即上文取汶陽田及哀九年春宋皇瑗帥師取鄭師于雍丘之屬是也故傳云其言取之何易也其易奈何詐之也何氏云詐謂陷阱奇伏之類也

其不得曰圍者即定四年楚人圍蔡之屬是也正以圍而去者非克之故也 〇大雩。成公幼少大臣秉政變亂政教先是作丘甲爲鞌之戰伐鄭圍棘不恤民之所生 疏 注先是作丘甲者〇解云在上元年云爲鞌之戰者在上二年云伐鄭者在上正月也云圍棘者在上文秋也 〇晉郤克、衛孫良夫、伐將咎如。〇將咎如咎音古刀反左氏作廧咎如 疏 伐將咎如者左氏將作廧字 冬。十有一月。晉侯使荀庚來聘。〇衛侯使孫良夫來聘。〇丙午。及荀庚盟。〇丁未。及孫良夫盟。此聘也。其言盟何。據不舉重嫌生事故此以輕問重也 疏 注據不舉至重也〇解云春秋之義舉重畧輕即莊十年傳戰不言伐圍不言戰入不言圍滅不言入書其重者也是也今聘盟兩受命書故云不舉重矣云嫌生事者嫌是荀庚初受君命但聘而已至及於魯生事而盟故曰嫌生事矣云故此以輕問重也者聘輕而盟重即此傳云此聘也其言盟何是也 聘而言盟者。尋舊盟也。尋猶尋繹也以不舉重連聘而言之知尋繹舊故約誓也書者惡之詩曰君子屢盟亂是用長二國既脩禮相聘不能相親信反復相疑故舉聘以非之〇繹音亦惡之烏路反下同屢力住反用長丁丈反復扶又反 疏 注不舉至約誓解云若其特結約誓當但舉重即文十五年三月宋司馬華孫來盟宣七年春衛侯使孫良夫來盟之屬皆因聘而爲之不言聘而言盟故知特結盟此則言聘又言盟故知非特結盟而尋繹舊事盟矣故傳云聘而言盟者尋舊盟也 〇鄭伐許。謂之鄭者惡鄭襄公與楚同心數侵伐諸夏自此之後中國盟會無已兵革數起夷狄比周爲黨故夷狄之〇數侵所角反下同此毗志反

四年。春。宋公使華元來聘。〇三月。壬申。鄭伯堅卒。〇伯堅苦刃反本或作臤 疏 鄭伯堅卒者〇解云左氏作堅字穀梁作賢字今定本亦作堅字 〇杞伯來朝。〇夏。四月。甲寅。臧孫許卒。〇公如晉。〇葬鄭襄公。〇秋。公至自晉。〇冬。城運。鄭伯伐許。未踰年君稱伯者時樂成君位親自伐許故如其意以著其惡 疏 注未踰年至其意以著其惡〇解云正以莊三十二年傳云君存稱世子君薨稱子某既葬稱子踰年稱公即僖二十五年夏衛侯燬卒秋葬衛文公冬衛子莒慶盟于洮是也今此鄭伯未踰年而已稱伯故如此注矣

五年。春。王正月。杞叔姬來歸。始歸不書與鄭伯姬同 疏 注始歸不書與鄭伯姬同〇解云即宣十六年秋郯伯姬來歸何氏云嫁不書者爲媵也來歸書者後爲嫡也棄歸例有罪時無罪月是也然則今書月者無罪之文矣 〇仲孫蔑如宋。〇夏。叔孫僑如會晉荀秀于穀。荀秀左氏作荀首 〇梁山崩。梁山者何。河上之山也。梁山崩。何以書。記異也。何異

爾。大也。何大爾。梁山崩。壅河三日不沂。故不日以起之不書壅河者舉崩大爲重○壅於勇反沂音流〔疏〕梁山者何○解云欲言晉山文不繫晉欲言魯物見在晉竟故執不知問○注故不日以起之○解云謂起其三日不沂也則但一日不可不書日矣若無所起例當書日即僖十四年秋八月辛卯沙鹿崩是也外異不書。此何以書。爲天下記異也。山者陽精德澤所由生君之象河者四瀆所以通道中國與正道同記山崩壅河者此象諸侯失勢王道絕大夫擅恣爲海內害自是之後六十年之中弑君十四亡國三十二故溴梁之盟偏刺天下之大夫〔疏〕外異不書者正以文十一年長狄之齊晉不書故也○注河者至道同○解云釋水云江河淮濟爲四瀆四瀆者發源注海者也○注記山至河者○解云壅河不書而言記壅河者正以不書日以起壅河三日不沂之義故亦謂之記壅河矣○注自是之後至亡國三十二春秋說文若對經數之從今以後訖於六十年則不及於此數何者自今以後盡昭十六年弑君止有十亡國止有九即襄二十五年齊崔杼弑其君光吳子門于巢爲巢人所弑二十六年衛甯喜弑其君剽二十九年閽弑吳子餘祭三十年蔡世子般弑其君固三十一年莒人弑其君密州昭公八年陳招殺偃師十一年楚子殺蔡侯般十三年楚公子比弑其君虔楚公子棄疾弑公子比是六十年弑君但十矣其亡國止有九者成十七年楚滅舒庸襄六年莒人滅鄫齊侯滅萊十年遂滅偪陽十三年取詩二十五年楚滅舒鳩昭四年遂滅瑕八年楚滅陳十三年滅蔡是九也然則春秋書遂其可書者矣說文舉者悉言之是以多少異爾或者此注誤也○注故溴梁至之大夫○解云襄十六年春公會晉侯宋公以下于溴梁戊寅大夫盟傳云諸侯皆在是其言大夫盟何信在大夫也何言乎信在大夫偏刺天下之大夫也曷爲偏刺天下之大夫君若贅旒然何氏云旒旂旒贅繫屬之辭以旒喩者爲下所執持東西是矣○秋。大水。先是既有丘甲鞌棘之役又重以城鄆民怨之所生○重直用反〔疏〕注先是既至之所生○解云作丘甲在元年三月鞌之師在二年夏叔孫僑如圍棘在三年秋城運在四年冬○冬。十有一月。已酉。天王崩。定王○十有二月。已丑。公會晉侯、齊侯、宋公、衞侯、鄭伯、曹伯、邾婁子、杞伯、同盟于蟲牢。約備彊楚○蟲牢直弓反下力刀反六年。春。王正月。公至自會。月者前魯大夫獲齊侯今親相見故危之〔疏〕注月者前至故危之○解云諸致例時即桓二年冬公至自唐僖二十六年冬公至自伐齊哀十三年秋公至自會之屬是也今此書月故解之也言前魯大夫獲齊侯者即上二年鞌戰時也言今親相見者即上五年冬公會晉侯齊侯以下于蟲牢是也○二月。辛巳。立武宮。武宮者何。武公之宮也。在春秋前〔疏〕武宮者何○解云春秋之內未有武公之文而立武宮故執不知問立者何。立者不宜立也。立武宮非禮也。禮天子諸侯立五廟受命始封之君立一廟至於子孫過高祖不得復立廟周家祖有功尊有德立后稷文武廟至於子孫自高祖已下而七廟天子卿大夫

三廟元士二廟諸侯之卿大夫比元士二廟諸侯之士一廟○立武宮者蓋時衰多廢人事而好求福於鬼神故重而書之臧孫許伐齊有功故立武宮○復扶又反好呼報反〔疏〕立者何○解云置廟是常而乃書立故執不知問○立者不宜立也○解云亦有直云不宜立無在上立者二字也○注天子諸侯立五廟至元士二廟○解云皆出祭法也其文云天下有王分地建國注云建國封諸侯也置都立邑注云置都立邑爲卿大夫采地及賜士有功者之地設廟祧壇墠而祭之注云廟之言貌也宗廟者先祖之尊貌也祧之言超也超上去意也封土曰壇除地曰墠書曰三壇同墠乃爲親踈多少之數是故王立七廟一壇一墠曰考廟曰王考廟曰皇考廟曰顯考廟曰祖考廟皆月祭之注云王皇皆君也顯明也祖始也名先人以君明始者所以尊本之意也有二祧享嘗乃止云享嘗謂四時之祭諸侯立五廟一壇一墠曰考廟曰王考廟曰皇考廟皆月祭之顯考廟祖考廟享嘗乃止大夫立三廟二壇曰考廟曰王考廟曰皇考廟享嘗乃止顯考祖考無廟有禱焉爲壇祭之適士二廟一壇曰考廟曰王考廟享嘗乃止顯考無廟有禱焉爲壇祭之注云適士上士也此適士云顯考無廟非也當爲皇考字之誤官師一廟曰考廟王考無廟而祭之庶士庶人無廟注云官師中士下士庶士府史之屬然則此注云禮天子諸侯立五廟者据正禮通諸上代而言之祭法云王立七廟者据周言之耳祭法云大夫立三廟適士二廟者皆据天子大夫士也云諸侯之卿大夫比元士○解云更無正文何氏以意當之○注諸侯之士一廟禮說文云而鄭注王制云士一廟者謂諸侯之中士名曰官師者上士廟也與何氏異○注立武至書之○解云案明堂位云武公之廟武世室然則謂之世室者世世不毀而此傳也及注譏其立者明堂位之作在此文之後記人見武公之廟已立欲成魯之善故言此非實然故彼下即云魯之君臣未嘗相弑也鄭注春秋時魯國君弑而云君臣未嘗相弑亦近誣矣○注臧孫許伐齊有功解云正以伐齊之由本起臧孫故也○取鄟。鄟者何。邾婁之邑也。曷爲不繫于邾婁。諱亟也。諱魯背信亟也屬相與爲蟲牢之盟旋取其邑故使若非蟲牢人矣○鄟市轉反又音專亟去異反注同背音佩屬音燭〔疏〕鄟者何○解云欲言是國曾來未有欲言是邑文無所繫故執不知問○注屬相至其邑○解云即上五年冬公會晉侯齊侯以下同盟于蟲牢是也○注故使若非蟲牢人矣○解云謂所取之邑非同盟之物然也○衞孫良夫率師侵宋。○夏。六月。邾婁子來朝。○公孫嬰齊如晉。○壬申。鄭伯費卒。不書葬者爲中國諱蟲牢之盟約備彊楚楚伐鄭喪不能救晉又侵之故去葬使若非伐喪○費音祕爲于僞反去起呂反〔疏〕注楚伐鄭喪不能救晉又侵之者○解云即下文秋楚公子嬰齊帥師伐鄭冬晉欒書帥師侵鄭是也○秋。仲孫蔑、叔孫僑如率師侵宋。○楚公子嬰齊率師伐鄭。○冬。季孫行父如晉。○晉欒書率師侵鄭。七年。春。王正月。鼷鼠食郊牛角。改卜牛。鼷鼠又食其角。乃免牛。鼷鼠者鼠中之微者角生上指逆之象易京房傳曰祭天不愼鼷鼠

食郊牛角書又食者重錄魯不覺寤重有災也不重言牛獨重言鼠者言角牛可知食牛者未必故鼠故重言鼠○鼷音兮重有直用反下同〔疏〕注角生上指逆之象○解云言角在牲體之上指于天亦是上逆之象○注書又食者至有災也○解云重讀如煩重之重也異義公羊說云鼷鼠初食牛角咎在有司又有咎在人君取已有災而不云改更者義過于此若然改卜牛之徒皆言改而莊三年夏五月葬桓王傳云此未有言崩者何以書葬蓋改葬經何故不言改者蓋改卜牛之徒皆有所由故得言改其葬桓王者上未有經是以無由言之○吳伐郯。吳國見者罕與中國交王者升平乃見故因始見以漸進○郯音談見賢遍反下同〔疏〕注吳國見者至以漸進○解云正以莊十年秋荊敗蔡師于莘傳云荊者何州名也州不若國國不若氏云云何氏不言楚言荊者楚強而近中國卒暴責之則恐爲害深故進之以漸從此七等之極始也然則吳楚相敵亦宜言揚當以揚州言之而經言吳者正以罕與中國交至今升平之世乃始見經故因其始見于升平故經直以漸進之○夏。五月。曹伯來朝。○不郊猶三望。○秋。楚公子嬰齊率師伐鄭。○公會晉侯、齊侯、宋公、衞侯、曹伯、莒子、邾婁子、杞伯救鄭。八月。戊辰。同盟于馬陵。公至自會。○吳入州來。○冬。大雩。先是公會諸侯救鄭承前不恤民之所致〔疏〕注承前不恤民之所致○解云即上三年大雩之下注云成公幼少六臣秉政先是作丘甲爲鞌之戰伐鄭圍棘不恤民之所生是也○衞孫林父出奔晉。八年。春。晉侯使韓穿來言汶陽之田。歸之于齊。來言者何。內辭也。脅我使我歸之也。以此經加之知見使即聞晉語自歸之但當言歸〔疏〕來言者何○解云語言見經於例未有今而書之故執不知問○注以此經加之至當言歸○解云其自歸言歸者哀八年夏歸邾婁子益于邾婁注云善魯能悔過歸之然則若自歸當言歸汶陽之田于齊今乃如此作文而又言之則知被晉使之非其本情曷爲使我歸之。據本魯邑〔疏〕注據本魯邑解云正以莊十三年曹子劫齊侯反其所取侵地之時管子曰然則君何求曹子曰願請汶陽之田又上二年傳曰反魯衞之侵地之下其經云取汶陽田以此言之汶陽之田本是魯物明矣鞌之戰。齊師大敗。齊侯歸。弔死視疾。七年不飲酒。不食肉。晉侯聞之曰。嘻。奈何使人之君。七年不飲酒。不食肉。請皆反其所取侵地。晉侯聞齊侯悔過自責高其義畏其德使諸侯還魯之所喪邑魯見使卑有恥故諱不言使者因爾爲其義諸侯不得相奪土地晉適可來議語之魯宜聞義自歸之爾不得使也主書者善晉之義齊○嘻許其反喪息浪反語魚據反○晉欒書帥師侵蔡。○公孫嬰齊如莒。○宋公使華元

來聘。○夏。宋公使公孫壽來納幣。納幣不書。此何以書。據紀履緰來逆女不書納幣。○緰音須。疏注據紀履至納幣。解云隱二年九月紀履緰來逆女是也。録伯姬也。伯姬守節逮火而死賢故詳録其禮所以殊於衆女。疏注伯姬守節逮火死。○解云即襄三十年夏五月甲午宋災伯姬卒秋七月叔弓如宋葬共姬傳云外夫人不書葬此何以書隱之也何隱爾宋災伯姬卒焉其稱謚何賢也何賢爾宋災伯姬存焉有司復曰火至矣請出伯姬曰不可吾聞之也婦人夜出不見傅母不下堂傅至矣母未至也逮乎火而死是也○晉殺其大夫趙同、趙括。○括古活反。○秋七月。天子使召伯來錫公命。其稱天子何。據天王使毛伯來錫文公命不稱天子。疏注據天王使至稱天子。○解云即文元年夏四月天王使毛伯來錫公命是也。元年。春。王正月。正也。正者文不變也。疏元年春王正月也。○解云據始言之其實二年三年以下之經皆如是。其餘皆通矣。其餘謂不繫于元年者或言王或言天王或言天子皆相通矣以見刺譏是非也王者號也德合元者稱皇孔子曰皇象元逍遥術無文字德明謚德合天者稱帝河洛受瑞可放仁義合者稱王符瑞應天下歸往天子者爵稱也聖人受命皆天所生故謂之天子此錫命稱天子者爲王者長愛幼少之義欲進勉幼君當勞來與賢師良傅如父教子不當賜也月者例也爲魯喜録之。○見賢偏反應應對之應爵稱尺證反爲王于僞反下爲魯爲下同少詩召反勞來力報反下力代反疏注其餘謂不繫于年。○解云何氏亦順傳文是以獨言元年矣。○注或言王。○解云即莊元年冬王使榮叔來錫桓公命文公五年春王使榮叔歸含且賵三月王使召伯來會葬之屬是也。○注或言天王。○解云隱元年秋七月天王使宰咺來歸惠公仲子之賵之屬是也。○注或言天子。○解云此文是也。莊元年榮叔之下何氏云不言天王者桓行實惡而乃追錫之尢悖天道故云爾文五年榮叔之下注云去天者含者臣子職以至尊行至卑事失尊之義也召伯之下何氏云去天者不及事刺比失喪禮也隱元年宰咺之下何氏云言天王者時吳楚上僭稱王王者不能正而上繫于天也春秋不正者因以廣是非然則王是舊名天王者春秋時稱耳但春秋見當時之王皆繫于天是以逐本不追正見其是非何者若單稱王者是其舊號若繫于天者明非古禮矣作春秋既不追正遂以天王作其常稱是以春秋之內不言天者皆悉解之見其失所此注云皆相通矣以見刺譏是非也言皆相通矣者此三者皆是上之通稱但以天王者得當時之言王與天子者皆有所刺故曰以見刺譏是非也。○注王者號也。○解云言正是當時天子之號也。○注德合元者稱皇。○解云謂元氣是揔三氣之名是故其德與之相合者謂之皇皇者美大之名。○注孔子曰皇象至明謚解云皆春秋說文宋氏云言皇之德象合元矣逍遥猶勤勤行其德術未有文字之教其德盛明者爲其謚矣。○注德合天者至可放。○解云天者二儀分散以後之稱故其德與之相合者謂之帝帝者諦也言審諦如天矣當爾之時河出圖洛出書可以受而行之則施于天下故曰河洛受瑞可放耳。○注仁義合者稱王至歸往。○解云二儀既分人乃生焉人之行也正直爲本行合於仁義者謂之王行合人道者符瑞應之而爲天下所歸往耳是以王字通於三才得爲歸往之

義。○注天子者爵稱也。○解云案辨名記云天子無爵而言天子爲爵稱者言爵者醮也所以醮盡其材天子有聖德居無極之尊位謂之爵稱亦何傷而云天子無爵者謂無如諸侯以下九命之爵豈謂無尊美之爵乎禮記郊特牲云古者生無爵死無謚天子有謚有爵明矣。○注此錫命稱天子至不當賜也。○解云如此注者決文元年天王使毛伯來錫公命言天王矣彼注云主書者惡天子也古者三載考績三考黜陟幽明文公新即位功未足施而錫之非也然則文公初受命而未有功而王錫之故見非也但文公年長故稱天王今成公幼少當須如父教子未當錫也是以爲之張義而言天子矣。○注月者例也。○解云正以此經書月故知例月然外來朝聘皆例書時天王錫命而書月魯人喜得王命而詳録之故也然則莊元年錫桓公命文元年錫文公命雖承上日不蒙上日亦可知矣○冬。十月。癸卯。杞叔姬卒。棄而日卒者爲下脅杞歸其喪張本文使若尚爲杞夫人。疏注棄而日卒至杞夫人。○解云外夫人之卒經例書日即襄三十年夏五月甲午宋災伯姬卒何氏云外災例時此日者爲伯姬卒日是也今此已棄而書日故解之其棄者即上五年春王正月杞叔姬來歸是也。○注爲下脅杞歸其喪。○解云即下九年春杞伯來逆叔姬之喪以歸傳曰脅而歸之是也○晉侯使士燮來聘。○叔孫僑如會晉士燮、齊人、邾婁人伐郯。○衛人來媵。媵不書。此何以書。據逆女不書媵也言來媵者禮君不求媵諸侯自媵夫人。○來媵以證反又繩證反疏注據逆女不書媵也。○解云蓋通內外言之何者隱二年紀履緰來逆女桓三年公子翬如齊逆女之屬皆不書媵故也云媵例時者即下九年夏晉人來媵莊十九年秋公子結媵陳人之婦于鄄之屬是也然則此經文承日月之下不蒙日月明矣録伯姬也。伯姬以賢聞諸侯諸侯爭欲媵之故善而詳録之媵例時

九年。春。王正月。杞伯來逆叔姬之喪以歸。杞伯曷爲來逆叔姬之喪以歸。據已棄也。內辭也。脅而歸之也。言以歸者與忿怒執人同辭而不得專其本意知其爲脅也已棄而脅歸其喪悖義恥深惡重故使若杞伯自來逆之。○悖布內反疏注言以歸至爲脅。○解云言忿怒執人同辭者即襄十六年春晉人執莒子邾婁子以歸昭十三年秋晉人執季孫隱如以歸之屬是也。○注而不得專其本意。○解云正以以者行其意之辭故也是以桓十四年冬宋人以齊人衛人蔡人陳人伐鄭傳云以者何行其意也何氏云以已從人曰行言四國行宋意今叔姬之喪言以歸不得專其本意明知杞伯有忿怒是以知其被脅耳言知其爲脅者爲讀如子爲衛君乎之爲也○公會晉侯、齊侯、宋公、衛侯、鄭伯、曹伯、莒子、杞伯、同盟于蒲。不日者已得鄭盟當以備楚而不以罪執之旋使離叛楚緣隙潰莒不能救禍由中國無信故諱爲信辭使若莒潰非盟失信所以甚中國因與下潰日相起。疏注不日者已至信辭。○解云正以春秋之義不信者日故以不日爲信辭矣言已得鄭盟者有鄭伯也當以備楚者正以楚人數爲諸夏之患故也。○注而不以罪執之。○解云即下文秋晉人執鄭伯是也正以僖四年傳曰稱侯而執者伯討也稱人而執者非伯討也今經稱人

故曰不以罪執矣。○注旋使離叛者。○解云即其下文云晉欒書帥師伐鄭是也。○注楚緣隙潰莒。○解云即下文冬楚公子嬰齊帥師伐莒庚申莒潰是也言楚人緣其有不和之隙來伐莒而潰之故曰緣隙潰莒矣知不能救者正見以下遂無救文故也。○注所以甚中國。○解云謂其作信辭也所以甚惡中國之無信矣。○注因與下潰日相起者。○解云其言因非正爲之辭矣言此盟不日非直甚中國之無信亦因欲起其下潰書日者乃是中國無信同盟不相救至爲夷狄所潰矣言相者兩事相共之辭則下潰書日亦起此盟之不信矣公至自會。○二月。伯姬歸于宋。○夏。季孫行父如宋致女。未有言致女者。此其言致女何。録伯姬也。古者婦人三月而後廟見稱婦擇日而祭於禰成婦之義也父母使大夫操禮而致之必三月者取一時足以別貞信貞信著然後成婦禮書者與上納幣同義所以彰其絜且爲父母安榮之言女者謙不敢自成禮婦人未廟見而死歸葬於女氏之黨。○見賢偏反下同操七刀反別彼列反且爲于僞反疏未有言致女者。○解云春秋無此經也。○注古者婦人至成婦之義也。○解云此皆曾子問文也其文云孔子曰取婦之家三日不舉樂思嗣親也三月而廟見稱來婦也擇日而祭於禰成婦之義也鄭注云謂舅姑沒者也必祭成婦義者婦有共養之禮猶舅姑存時盥饋特豚於室是也。○注書者與上納幣同義。○解云即上八年夏宋公使公孫壽來納幣傳云納幣不書此何以書録伯姬也注云伯姬守節逮火而死賢故詳録其禮所以殊於衆女是也今此書其致女者義亦然故云書者與上納幣同義。○注所以彰其絜至敢自成。○解云重得父母之命乃行婦道故曰所以彰其絜禮不動光照九族父母得安故曰爲父母安榮之。○注禮婦人未廟見而死歸葬於女氏之黨。○解云曾子問文也其文云曾子問曰女未廟見而死則如之何孔子曰不遷於廟不祔於皇姑壻不杖不菲不次歸葬于女氏之黨示未成婦也鄭氏云遷朝廟也壻雖不備喪禮猶爲之服齊衰是也○晉人來媵。媵不書。此何以書。録伯姬也。義與上同復發傳者樂道人之善。○復扶又反疏注義與上同也。○解云謂亦與上致女皆同書納幣矣○秋。七月。丙子。齊侯無野卒。○晉人執鄭伯。○晉欒書帥師伐鄭。○冬。十有一月。葬齊頃公。○楚公子嬰齊帥師伐莒。庚申。莒潰。日者録責中國無信同盟不能相救至爲夷狄所潰。○潰戶內反疏注日者録責至狄所潰。○解云正以凡潰例月即僖四年春王正月蔡潰文三年春王正月沈潰之屬是也今而書日故如此解○楚人入運。○秦人白狄伐晉。○鄭人圍許。○城中城。

十年。春。衛侯之弟黑背。率師侵鄭。○夏。四月。五卜郊。不從。乃不郊。其言乃不郊何。據上不郊不言乃僖公不從言免牲也疏注據上不郊不言乃。○解云即上七年夏不郊猶三望是也。○注僖公不從言免牲。○解

云僖三十一年夏四卜郊不從乃免牲猶三望是也不免牲。故言乃不郊也。不免牲當坐盜天牲失事天之道故諱使若重難不得郊○難乃旦反【疏】注使若重難不得郊○解云宣八年傳云而者何難也乃者何難也曷爲或言而或言乃難乎而也何氏云言乃者內而深言而者外而淺下昃日昳久故言乃然則乃者難之深今經云乃不郊故云使若重難不得郊也重難之義皆出於乃字○五月。公會晉侯、齊侯、宋公、衛侯、曹伯伐鄭。不致者成公數卜郊不從怨懟故不免牲不但不免牲而已故奪臣子辭以起之○數所角反懟直類反【疏】注不致者至牲而已○解云莊六年傳云得意致會不得意致伐注云此謂公與二國以上也然則此經公會晉侯宋公以下伐鄭亦是二國以上若得意宜致會不得意宜致伐今全不致故如此解也言成公數卜郊不從者即此上文五卜郊不從是也五卜郊卜之多者故言數云不但不免牲而已者謂成公意卒竟而不復郊知如此者正以不免牲上文已有說今此仍不致故知更有罪也○注故奪臣子辭以起之○解云謂不致也奪其臣子之辭以起見其罪矣所以不致得謂之奪臣子辭者桓二年注云凡致者臣子喜其君父脫危而至今不書至以若不得脫危然故曰奪臣子辭也桓元年注云不致之者至而凡奪臣子辭成誅文也者義亦通于此○齊人來媵。媵不書。此何以書。錄伯姬也。三國來媵。非禮也。曷爲皆以錄伯姬之辭言之。婦人以衆多爲侈也。侈大也朝廷侈於妒上婦人侈於妒下伯姬以至賢爲三國所爭媵故侈大其能容之唯天子娶十二女○侈昌氏反大也妒丁故反取十七住反本或作娶【疏】注朝廷侈於妒上○解云言妒其有賢才而居於已上位者是朝廷侈之妒也○注婦人侈於妒下○解云言不能容衆妾而妒惡之者是婦人妒也○故侈大其能容之解云考諸舊本大上無侈字○注唯天子娶十二女○解云保乾圖文孔子爲後王非古禮也○丙午。晉侯獳卒。不書葬者殺大夫趙同等○獳乃侯反【疏】注不書葬至同等○解云春秋之義君殺無罪大夫例不書其葬見其合絕之是以僖九年晉侯詭諸卒何氏云不書葬者殺世子也其殺趙同等即上八年晉殺其大夫趙同趙括是也○秋。七月。○公如晉。如晉者冬也去冬者惡成公前既怨懟不免牲今復如晉過郊乃反遂怨懟無事天之意當絕之○去起呂反惡烏路反復扶又反【疏】注過郊乃反至天之意○解云謂明年三月公至自晉是過郊乃反是其無事天之意○注當絕之者解云當合絕之不可爲魯侯矣

公羊注疏卷十七挍勘記　阮元撰盧宣旬摘錄

公羊注疏成公卷十七　唐石經成公第八卷七

周二月夏十二月　此本原刻周二之二缺上畫翻刻本遂改爲周正月夏十一月閩監毛本承其誤

舒恒燠若　閩監毛本同釋文舒恒尙書作豫奧若本又作燠經義雜記曰尙書厥民隩五帝本紀作其民燠蓋古文尙書厥民奧今文尙書厥民燠釋文引馬云煖也是馬從今文讀按何氏今文之學也引尙書作恒奧若是今文燠亦作奧。按段玉裁云僞孔本作豫鄭王本作舒羣經音辨引作舒常奧若云何休讀今本作燠按音辨恒作常避宋諱也

當寒而温例賞也　諸本同按例當作倒字之誤也此本疏云凡爲賞罰宜出君門而臣下行之故曰倒賞也可證閩監毛本亦誤作例賞矣襄廿八年疏引作倒置置字誤倒字不誤

故曰例賞也　按例者倒之誤

通財貨曰商　閩監毛本作通財粥貨曰商釋文粥貨羊六反此脫

二年

師師會晉郤克衛孫良夫曹公子手　唐石經諸本同釋文手一本作午左氏作首經義雜記曰春秋正義云沈氏引穀梁傳曹公子首傴今本作曹公子手儀大射儀相者皆左何瑟後首注古文後首爲後手則手爲假借字首爲正字一作午者手字形近之誤

不從內言敗之者　此本敗誤敵今訂正

楚師敗績郎傳云　浦鏜云郎當衍字是也

郎知宜十二年　閩監本同毛本郎改則

持外故從外也　按持爲特之誤

君不使乎大夫　唐石經諸本同按君不下似脫行字當補正解云春秋謹於別尊卑理嫌疑故絕去使文以起事張例則所謂君不行使乎大夫也者是則疏本有行字又應六年疏兩引皆作君不行使乎大夫閩元年疏引同

佚獲也　唐石經諸本同釋文佚音逸下同一本作失九經古義云古佚字皆作失佚又與逸同尙書無逸漢石經作佚春秋經曰肆大眚穀梁曰肆失也失猶佚也佚與逸同謂逸四。按漢石經無逸之逸作勑

晉郤克投戟　唐石經鄂本戟作戟

逢丑父者　唐石經諸本同鄂本逢作逄誤。按逢姓之逢从夆不从夅諸家說多誤

故特異丑父備急　閩監本同蓋誤宋本毛本異作選當據正

不知頃公將欲堅敵意邪　閩監毛本同鄂本將欲作欲將

樊光云斮斫也　毛本斫誤砍

非王法所當貴　閩監毛本同誤也當作非王法所得貴按疏標起訖云注如以至得貴解云但春秋爲王法是以不得貴耳則疏本作得字今毛本疏標起訖亦改作當貴矣

賢季子則賢君許使臣有大夫故宜有君矣　何按本作賢季子則吳何以有君有大夫以季子爲臣則宜有君者也共廿三字與襄廿九年傳合當據正

丑父權以免齊侯　監本父誤公

同時而聘于齊　毛本于誤與

不書恥之　據疏此下有臧孫許眇也五字一句今各本脫去則疏文無所系

按此一句註宜在不書恥之下今定本無疑脫誤也　此二十字當是按書者札記語非作疏者本文也作疏時注固不脫且疏內少言定本者定本乃唐初顏師古所爲則知公羊疏出唐以前人矣

踊于棓而窺客　鄂本及漢制考作踊于棓而窺客注同棓字從手非閩監毛本窺作闚唐石經缺釋文作闚云本又作窺

踊上也　鄂本上作止非也

於是使跛者迓跛者　唐石經諸本同釋文迓本又作訝周禮秋官掌訝注鄭司農云訝讀爲跛者訝跛者之訝釋日此公羊傳文時晉使郤克聘齊郤克跛齊使跛者往御御亦訝也按鄭司農所據公羊傳作跛者訝跛者賈公彥所據公羊傳作跛者御跛者皆與今本異訝正字御假借字迓俗字

卿主迎者也　鄂本無也字

大夫率至于館　盧文弨曰至當作迓按儀禮率作帥

宰夫朝服致飧腍厥明至于館　閩監毛本同誤也鄂本至作訝當據正盧文弨曰儀禮腍作飪音義同

賂以紀甗玉磬　左傳磬作磬

是則土齊也　唐石經諸本同解云一本云是則土齊曰不可也者

郤克眣魯衛之使　唐石經同葉鈔釋文亦作眣音舜閩監毛本誤作眹

汲追與之盟　鄂本疊汲字此脫

公及楚人秦人宋人陳人衛人鄭人齊人　唐石經諸本同解云一本無齊人者誤也

得一貶焉爾　唐石經一作壹蓋因何注作一貶轉改也

三年

以無新宮知宣公之宮廟。　按當作以無新公乃合魯桓公廟謂之桓宮僖公廟謂之僖宮煬公廟謂之煬宮魯無新公故疑之而問也

未有新公之名　閩本同監毛本作新宮誤。按謂魯君無謚新公者也

以無新宮　何校本宮作公是也

隱公攝位久不還　閩監本同毛本位誤政

夏之正月　毛本正誤五

桓宮僖宮災者　毛本宮誤公

四年

鄭伯堅卒　唐石經諸本同釋文作伯臤云本或作堅解云左氏作堅字穀梁作賢字今定本亦作堅字按云定本亦作堅與左氏同然則疏本作臤與釋文同也九經古義云臤與賢本一字說文臤古文以爲賢字漢潘乾校官碑云

親敃寶智國三老袁良碑云優敃之寵堅又與賢通東觀漢紀云陰城公主名賢得續漢書天文志作堅得疑古賢字堅字皆省作敃公羊從古文作敃穀梁以爲賢左氏以爲堅師讀各異故也

鄭伯堅卒者 閩監毛本刪者字按段按本堅作敃

冬城運 唐石經諸本同五年秋大水注作城鄆

五年

河上之山也 唐石經鄂本閩本同監毛本河作江誤也

壅河三日不沵 唐石經諸本同釋文壅河於勇反沵音流按釋文當本作雍今從土當後人所加

與正道同 閩監毛本同鄂本正作王

故溴梁之盟 監毛本同誤也鄂本閩本溴作湨釋文湨古闃反當據正疏同

昭四年遂滅瑕 浦鏜云厲誤瑕按浦說是也

十三年滅蔡 浦鏜云一誤三按是也

六年

未有武公之文 毛本公誤宮

立者不宜立也 唐石經諸本同解云亦有直云不宜立無在上立者二字也

有二祧享嘗乃止 浦鏜云下脫注是也有字上何校本有遠廟爲祧四字與祭法合

而此傳也及注譏其立者 浦鏜云也衍字是也

春秋時魯國君弑 浦鏜云三誤國浦說是也作三字與彼注合彼正義詳之

秋仲孫蔑叔孫僑如率師侵宋 唐石經鄂本閩監本同毛本脫率師二字

晉欒書率師侵鄭 唐石經諸本同按左氏穀梁皆作救鄭上書楚公子嬰齊率師伐鄭故晉欒書率師救之也侵字誤嚴杰曰上文鄭伯費卒注云楚伐鄭喪不能救晉又侵之然則公羊作侵鄭與左穀異也

七年

重錄魯不覺寤 解云重讀如煩重之重也

食牛者未必故鼠 左傳正義引注食上有後字

又有咎在人君取已有災而不云改更者 浦鏜云又有當又食之誤按云疑衍

故因始見以漸進 鄂本閩監本同毛本因誤言

何氏不言楚言荆者 浦鏜云何氏下脫云

六臣秉政 浦鏜云大誤六

八年

今而書之 閩監本同毛本今誤經

願請汶陽之田 毛本請誤取

元年春王正月也 也上當有正字

其實二年三年以下之經皆如是 毛本三年誤三月

何氏云不言天王者 閩監毛本氏下衍注

而上繫於天也 浦鏜云上下脫自字浦說是也隱元年注有自字毛本於改于

功未足施而錫之非也 浦鏜云非下脫禮字按文元年注有禮字

棄而日卒者 閩監毛本同鄂本棄作弃

晉侯使士燮來聘 唐石經鄂本閩本同監毛本燮作爕非下同

紀履緰來逆女 閩監毛本紀誤杞

九年

知其爲脅也 解云爲讀如子爲衞君乎之爲

注義與上同也 閩監毛本刪也字毛本義誤議此本上同誤倒今訂正

十年

下昊日昳久 閩本同監毛本昊誤吳昳誤眣

公會晉侯齊侯宋公衞侯曹伯伐鄭 諸本同唐石經缺解云此經公會晉侯宋公以下伐鄭與今本異

故如此解也 閩本同監毛本如誤以

以若不得脫危然 浦鏜云似誤以浦說是也與桓二年注合

至而凡奪臣子辭 浦鏜云故復誤而凡是也

故脩大其能容之 解云考諸舊本大上無脩字按上云脩大也故此云大其能容之舊本是今衍

唯天子娶十二女 鄂本同閩監毛本娶作取按釋文作取云七住反本或作娶疏本標注作娶

孔子爲後王 浦鏜云下當脫立制二字是也

沒世子也是也 浦鏜云殺誤沒是也

當絕之 疏及諸本同鄂本絕作詔

冬十月 此本鄂本閩監毛本皆脫唯唐石經有之嚴杰曰左穀皆有此三字與公羊經異錢大昕云何注云去冬者惡成公然則石經有此三字非何意也故知唐石經未必是歷來版本未必非也

監本附音春秋公羊注疏成公卷十八 起十一年盡十八年

何休學

十有一年。春。王三月。公至自晉。○晉侯使郤州來聘。己丑。及郤州盟。○郤州本亦作犫尺由反【疏】晉侯至州盟○解云上三年冬晉侯使荀庚來聘丙午及荀庚盟傳云此聘也其言盟何聘而言盟者尋舊盟也注云以不舉重連聘而言之知尋繹舊故約誓也書者惡之二國既脩禮相聘不能相親信反復相疑故舉聘以非之今此亦然而無傳注者從彼可知故省文案桓十四年夏鄭伯使其弟語來盟注云時者從內爲王義明王者當以至信先天下是以春秋之例莅盟來盟悉書時即僖三年冬公子友如齊莅盟之屬是也今此經及上三年荀庚盟之屬皆書日者蓋以既脩禮相聘不能相親信反。相疑是故不與信辭耳○夏。季孫行父如晉。○秋。叔孫僑如如齊。○冬。十月。

十有二年。春。周公出奔晉。周公者何。天子之三公也。王者無外。此其言出何。自其私土而出也。私土者謂其國也此起諸侯入爲天子三公也周公驕蹇不事天子出居私土不聽京師之政天子召之而出走明當并絕其國故以出國錄也不月者小國也【疏】周公者何○解云既是周臣自周無出而經書出故執不知問○注私土不聽至小國○解云春秋之例大國君奔例皆書月即桓十六年十有一月衞侯朔出奔齊之屬是也小國例時者即昭三年冬北燕伯款出奔齊及此經書春皆是也又王制云天子三公之田視公侯既視公侯何言小國者據其私土之言也周公本是小國諸侯而入爲天子三公於王畿之內雖有采地但從私土而去故從小國例○夏。公會晉侯衞侯于沙澤。○沙澤素禾反又如字二傳作瑣澤定七年同○秋。晉人敗狄于交剛。○冬。十月。

十有三年。春。晉侯使郤錡來乞師。○郤錡魚綺反○三月。公如京師。月者善公尊天子【疏】注月者善公尊天子者○解云正以朝聘時故也○夏。五月。公自京師。遂會晉侯齊侯宋公衞侯鄭伯曹伯邾婁人滕人伐秦。其言自京師何。據僖公二十八年諸侯遂圍許不言自王所【疏】五月至自京師○解云公下自上有至字者衍文○注據僖公至自王所○解云僖二十八年冬公會晉侯以下于溫天王狩于河陽壬申公朝于王所諸侯遂圍許是也然則彼亦朝天子而往圍許言自王所與此異故難之公鑿行也。以起公鑿行也鑿猶更造之意○鑿在洛反造意也公鑿行奈何。不敢過天子也。時本欲直伐秦塗過京師不敢過天子而不朝復生事脩朝禮而後行故起時善而褎成其意使若故朝然後生事也間無事復出公者善公

鑿行○復出扶又反〔疏〕注生事脩朝禮而行者○解云生事之上亦有復字者衍文○注間無復出至鑿行○解云昭十三年秋公會劉子晉侯以下于平丘八月甲戌同盟于平丘注云不言劉子及諸侯者間無異事可知矣然則彼以間無事不勞重舉劉子及諸侯此亦間無事但言夏五月遂會晉侯以下伐秦足矣而重舉公者善公鑿行故也定四年召陵之會再言公者彼注自具

○曹伯廬卒于師。○廬力吳反本亦作盧

○秋。七月。公至自伐秦。月者危公幼而遠用兵〔疏〕注月者危公幼而遠用兵者○解云正以凡致例時故如此解

○冬。葬曹宣公。

十有四年。春。王正月。莒子朱卒。莒大于邾婁至此乃卒者庶其見殺不得卒至此始卒又不得日〔疏〕注莒大于至不得卒○解云正以莊十六年冬十有二月邾婁子克卒二十八年夏四月丁未邾婁子瑣卒春秋之序莒常在上而至此乃卒者正由文十八年莒弒其君庶其是以不得書其卒矣○注至此始卒又不得日○解云邾婁子瑣之卒所以書日者非直行進其邾婁子克往前已卒是以春秋得詳錄之今此始卒故不得書日曹書日者何氏云老使世子來朝春秋敬老重恩故爲魯恩錄之尤深是也然則此注何以不言故不得日而言又者欲道曹伯終生雖亦始卒但於魯有恩是以書日今此莒子非直始卒又無善行是以不日

○夏。衛孫林父自晉歸于衛。○秋。叔孫僑如如齊逆女。凡娶早晚皆不譏者從紀履綸一譏而已○凡取本又作娶〔疏〕注秋叔孫僑如如齊逆女○解云隱二年注云不親迎例月重錄之今此不月者蓋以成公即位十有四年始娶元妃非重繼嗣之義故畧之○注凡娶早至譏而已○解云隱二年九月紀履綸來逆女傳云外逆女不書此何以書譏何譏爾譏始不親迎也始不親迎昉於此乎前此矣前此則曷爲始乎此託始焉爾曷爲託始焉爾春秋之始也然則宣公元年春公子遂如齊逆女喪服未除是其大早也成公十四年秋始使僑如如齊逆女非重繼嗣之義是其大晚也故言凡娶早晚矣但畧舉一二人則桓公三年娶于齊文公四年娶于齊合在其間也然則諸侯之法合親迎而魯侯悉使大夫所以不復發傳云何以書譏何譏爾譏不親迎者正欲從隱二年紀履綸之一譏而已是以不復發傳以解之舊解云隱二年履綸之下注云內逆女常書外逆女但疾始不常書者明當先自詳正躬自厚而薄責於人故畧外也然則外之娶妻莫問早晚其不親迎者皆不復書而譏之者悉從履綸之經一譏而已所以此處注之者正以內逆女常書之末是以於此處決之更有或解不足迹也

○鄭公子喜率師伐許。○九月。僑如以夫人婦姜氏至自齊。○冬。十月。庚寅。衞侯臧卒。○秦伯卒。

十有五年。春。王二月。葬衞定公。○三月。乙巳。仲嬰齊卒。仲嬰齊者何。疑仲遂後故問之〔疏〕注疑仲至故問之解云何氏欲解弟子問所不知之意何者欲言仲遂之子宜稱公孫今經稱仲故執不知問

公孫嬰齊也。未見於經爲公孫嬰齊今爲大夫死見於經爲仲嬰齊○未見賢徧反下同年末及注皆同〔疏〕注未見於經至仲嬰齊○解云未見於經者謂未作大夫不得見于經當爾之時猶爲公子之子故爲公孫嬰齊矣今爲大夫而死得見于經更爲公子之孫孫以王父字爲氏故爲仲嬰齊矣其更爲公子之孫之事其說在下

公孫嬰齊。則曷爲謂之仲嬰齊。爲兄後也。爲兄後。則曷爲謂之仲嬰齊。據本公孫〔疏〕注據本公孫○解云言其本公孫昭穆須正雖代兄爲大夫寧得更爲公孫之子乎故難之

爲人後者。爲之子也。更爲公孫之子故不得復氏公孫○復氏扶又反年內同

爲人後者。爲其子。則其稱仲何。據氏非一

孫以王父字爲氏也。謂諸侯子也顧與滅繼絕故紀族明所出

然則嬰齊孰後。後歸父也。歸父使于晉而未反。宣公十八年自晉至檉奔齊訖今未還○使于所吏反及下使乎同

何以後之。據已絕也

叔仲惠伯。傅子赤者也。叔仲者叔彭生氏也文家字積於叔叔仲有長幼故連氏之經云仲者明春秋質家當積於仲惠謚也○長丁丈反〔疏〕注叔仲者叔彭生氏也解云即文十一年叔彭生之氏族也○注文家字積於叔至謚也○解云知如此者正以大姒之子皆稱叔唯有聃季而已是也文家字積於叔之義也注言此者欲道彭生之經所以不連仲之意也云叔仲有長幼故連氏之者注言此者欲道彭生之傳所以連叔仲之意也何者彭生之祖生於叔氏其父武仲又長幼當仲是以彭生遠而言之雖非正禮要是當時之事是以傳家述其私稱連言仲矣○注經云仲至積於仲○解云注言此者欲道嬰齊此經何故不連其父歸父之字而單言仲者欲明春秋當質正得積於仲是以不得更以佗字連之

文公死。子幼。子赤幼也

公子遂謂叔仲惠伯曰。君幼。如之何。願與子慮之。叔仲惠伯曰。吾子相之。老夫抱之。禮大夫七十而致事若不得謝則必賜之几杖行役以婦人從適四方乘安車自稱曰老夫○相之貞亮反下同〔疏〕注禮大夫至稱曰老夫○解云皆上曲禮文鄭氏云致其所掌之事於君而告老謝猶聽也君必有命勞苦辭謝之其有德尚壯則不聽耳几杖婦人安車所以養其身體也安車坐乘若今小車也老夫老人稱也亦明君貪賢春秋傳曰老夫耄矣是也

何幼君之有。公子遂知其不可與謀。退而殺叔仲惠伯。弒子赤而立宣公。殺叔仲惠伯不書者舉弒君爲重叔仲惠伯事與荀息相類不得爲累者有異也叔仲惠伯直先見殺爾不如荀息死之○殺子音弒〔疏〕注叔仲惠伯至息死之解云僖十年春晉里克弒其君卓子及其大夫荀息傳云及者何累也弒君多矣舍此無累者乎曰有孔父仇牧皆累也舍孔父仇牧無累者乎曰有有則此何以書賢也何賢乎荀息傅焉驪姬者國色也獻公愛之甚欲立其子於是殺世子申生申生者里克傅之獻公病將死謂荀息曰士何如則可謂之信矣荀息對曰使死者反生生者不愧乎其言則可謂信矣獻公死奚齊立里克謂荀息曰君殺正而立不正廢長而立幼如之何願與子慮之荀息曰君嘗訊臣矣臣對曰使死者反生生者不愧乎其言則可謂信矣里克知其不可與謀退弒奚齊荀息立卓子里克弒卓子荀息死之若然桓二年宋督弒其君與夷及其大夫孔父案彼傳文則孔父亦先見殺與此正同而得爲累者正以孔父生存殤公不可得而弒故於是先攻孔父之家殤公知孔父死已必死趨而救之皆死焉孔父正色而立于朝則人莫敢過而致難於其君者孔父可謂義形于色矣然孔父雖先見殺而事君之正義形于顏色豈如惠伯但爲傅子赤而客之公子遂但欲弒子赤而殺之不畏惠伯備若寧得類於孔父乎若然內之弒例皆諱不書假令成累安可作文而注言此者雖不言弒宜言冬十月子赤及叔彭生卒案今文公十八年經直言冬十月子卒故言不得爲累矣

宣公死。成公幼。臧宣公者相也。臧孫許宣謚

君死不哭。聚諸大夫而問焉。曰。昔者叔仲惠伯之事。孰爲之。諸大夫皆雜然曰。仲氏也。其然乎。於是遣歸父之家。時見君幼欲以防示諸大夫○雜七合反又如字〔疏〕注時見君至諸大夫○解云於時見君幼少恐有禍變欲以有防衛之義示其諸大夫

然後哭君。歸父使乎晉。還自晉。至檉。聞君薨家遣。墠帷。哭君成踊。反命于介。自是走之齊。魯人徐傷歸父之無後也。徐者皆共之辭也關東語傷其先人爲惡身見逐絕不忿懟也

於是使嬰齊後之也。弟無後兄之義爲亂昭穆之序失父子之親故不言仲孫明不與子爲父孫〔疏〕注弟無後兄至爲父孫○解云案異義公羊說云質家立世子弟文家立世子子而春秋從質故得立其弟以此言之嬰齊爲兄後正合諸春秋之義何得謂之亂昭穆之序者正以質家立世子弟者謂立之爲君而已豈謂作世子之子乎今嬰齊後之者若爲歸父之子然故爲亂昭穆之序言失父子之親者若後歸父即不爲仲遂之子故云失父子之親矣

○癸丑。公會晉侯、衞侯、鄭伯、曹伯、宋世子成、齊國佐、邾婁人、同盟于戚。○世子成音恤本或作成

晉侯執曹伯歸之于京師。爲篡喜時○爲于僞反〔疏〕注爲篡喜時者即昭二十年傳云何賢乎公子喜時讓國也其讓國奈何曹伯廬卒于師注云在成十三年傳又云公子喜時見公子負芻之當主也逡巡而退是也

公至自會。○夏。六月。宋公固卒。不日者多取三國媵非禮故畧之〔疏〕注不日者多至畧之○解云即上九年伯姬歸于宋之時衛人來媵晉人齊人來媵傳云三國來媵非禮也是宋得用天子禮而非之者其婚娶當從諸侯故也雖於伯姬爲榮而宋公有失故死畧之

○楚子伐鄭。○秋。八月。庚辰。葬宋共公。○共音恭

○宋華元出奔晉。○宋華元自晉歸于宋。不省文復出宋華元者宋公卒子幼華元以憂國爲

大夫山所謂出奔晉晉人理其罪宋人反華元誅山故繁文大之也言歸者明出入無惡〔疏〕注不省文至文大之言○解云襄三十年秋鄭良霄出奔許自許入于鄭彼則省文不言鄭良霄自許入于鄭今則不省文故決之必知不省文是大之者正以孔子曰書之重辭之復嗚呼其中必有美者焉不可不察故知也言華元以憂國爲大夫山所譖出奔晉者皆春秋說文也○注言歸者明出入無惡○解云即上桓十五年傳例云復歸者出惡歸無惡復入者出無惡入有惡入者出入惡歸者出入無惡是也

○宋殺其大夫山。不氏者見殺在華元歸後嫌直自見殺者故疑之明以譖華元故〔疏〕注不氏者至華元故○解云襄二十三年夏陳殺其大夫慶虎及慶寅陳侯之弟光自楚歸于陳注云前爲二慶所譖出奔楚楚人治其罪陳人誅二慶反光故言歸宋大夫山譖華元貶此不貶者殺二慶而光歸譖光可知然則今此華元歸後山見殺故須貶山以見其義矣山者魚石之親若其不貶宜言魚山也○

宋魚石出奔楚。與山有親恐見及也後得言復入者出無惡知非君漏言魚石不殺山〔疏〕注與山有親恐見及也○解云知如此者襄二十年秋蔡殺其大夫公子燮蔡公子履出奔楚同稱公子親眷明矣今此未殺其大夫山宋魚石出奔楚文與彼同故知山之親也但山以譖華元而見貶是以不得言魚矣○注後得言復至不殺山○解云復入者即下十八年夏宋魚石復入于彭城是也言復入者出無惡者桓十五年傳文案文六年冬晉殺其大夫陽處父晉狐射姑出奔狄傳云晉殺其大夫陽處父則狐射姑曷爲出奔射姑殺也射姑殺則其稱國以殺何君漏言也彼注云自上言泄下曰漏其漏言奈何君將使射姑將陽處父諫曰狐射姑民衆不說不可使將於是廢將陽處父出射姑入君謂射姑曰陽處父言曰射姑民衆不說不可使將射姑怒出刺陽處父於朝而走注云明君漏言殺之當坐殺也以此言之若由君漏言魚石殺山而走出是出有惡不復言復入今魚石之奔下言復入知非君漏言魚石不殺山也○

冬、十有一月。叔孫僑如會晉士燮、齊高無咎、宋華元、衛孫林父、鄭公子鰌、邾婁人會吳于鍾離。曷爲殊會吳。據楚不殊○燮息協反咎其九反鰌音秋〔疏〕注據楚不殊解云即僖二十一年秋宋公楚子陳侯蔡侯鄭伯許男曹伯會于霍是也外吳也。曷爲外也。據襄五年不外之〔疏〕注據襄五年不外之○解云其經云秋公會晉侯宋公以下齊世子光吳人鄫人于戚是也

春秋。內其國而外諸夏。內諸夏而外夷狄。內其國者假魯以爲京師也諸夏外土諸侯也謂之夏者大揔下土言之辭也不殊楚者楚始見所傳聞世尚外諸夏未得殊也至於所聞世可得殊又卓然有君子之行吳似夷狄差醇而適見於可殊之時故獨殊吳○傳直專反行下孟反差醇初賣反下音純〔疏〕春秋內其國而外諸夏解云即經云叔孫僑如會晉士燮齊高無咎以下是也云內諸夏而外夷狄者即經序諸大夫詵乃言會吳于鍾離是也○注不殊楚者楚始至得殊也○解云即僖二十一年秋宋公楚子陳侯蔡侯鄭伯許男曹伯會于霍之屬是也○注至於至之行○解云即宣十一年夏楚子陳侯鄭伯盟于辰陵者是不殊楚之經也言卓然有君子之行者即彼注云不日月者莊王行霸約諸侯明王法討徵舒善其憂中國故爲信辭也然則討徵舒明王法勝鄭而不取令之還師佚晉寇之屬皆是卓然有君子之行矣

王者欲一乎天下。曷爲以外內之辭言之。據大一統〔疏〕注據大一統解云即元年傳云何言乎王正月大一統也注云統者始也揔繫之辭夫王者始受命改制布政施教於天下自公侯至於庶人自山川至於草木昆蟲莫不一繫於正月故云政教之始然則王者施政欲其遠近偏及海內如此而殊外內故難之言自近者始也。明當先正京師乃正諸夏諸夏正乃正夷狄以漸治之葉公問政於孔子孔子曰近者說遠者來季康子問政於孔子孔子曰政者正也子帥以正孰敢不正是也月者危錄之諸侯既委任大夫復命交接夷狄○葉公舒涉反下文同說音悅〔疏〕注子帥以正孰敢不正是也○解云師長也言子爲諸侯之長而爲正誰敢不爲正乎亦是先正於近乃始及遠之義故引之

○許遷于葉。

十有六年。春。王正月。雨木冰。雨木冰者何。雨而木冰也。何以書。記異也。木者少陽幼君大臣之象冰者凝陰兵之類也冰脅木者君臣將執於兵之徵也〔疏〕雨木冰者何○解云雨與木冰理不相類如此作經故執不知問○注木者至之象○解云木始於東方故曰少陽此君故有幼君之義震爲六子之宗乃是乾之長子故爲大臣之象也○

夏。四月。辛未。滕子卒。滕始卒於宣公日於成公不名邾婁始卒於文公日於襄公名俱葬於昭公是以知滕小〔疏〕注滕始至滕小○解云滕始卒於宣公即宣九年秋八月滕子卒是也其日于成公者即此注云辛未滕子卒是也二者皆不及名故日不名其邾婁始卒于文公者即文十三年夏五月邾婁子蘧蒢卒是也其日于襄公者即襄十七年春王二月庚午邾婁子瞷卒是也蘧蒢與瞷故日名也云俱葬于昭公者即昭元年六月丁未邾婁子華卒秋葬邾婁悼公昭三年春王正月丁未滕子泉卒五月葬滕成公是也然則春秋於所聞之世始錄微國之卒書日書名明其大小滕子卒葬皆在邾婁之後邾婁之君名於所聞之世于滕則未是以知其小于邾婁也何氏所以不于會序此之而據其卒葬者會是主會大之未得其義其大小仍自難明故如此解若然案莊十六年十二月邾婁子克卒二十八年夏四月丁未邾婁子瑣卒然則邾婁始卒書日書名並在莊公之世而邾婁卒于文公日于襄公名者彼是傳聞之世小國之卒例不合書而莊公之時邾婁之君得書卒者何氏於克卒之下注云小國未嘗卒而卒者爲慕霸者有尊天子之心行進也瑣卒之下注云日者附從霸者朝天子行進以此言之直是行而得書卒書日非其常例故不取之

○鄭公子喜帥師侵宋。○六月。丙寅。朔。日有食之。是後楚滅舒庸晉厲公見餓殺尤重故十七年復食○復扶又反〔疏〕注是後楚滅舒庸者解云在下十七年冬十二月○注晉厲公見餓殺○解云即下十八年春王正月庚申晉弑其君州蒲是也春秋說以爲厲公猥殺四大夫臣下人人恐見及正月幽之二月而死故此注云見餓殺也○注故十七年復食○解云即十七年十有二月丁巳朔日有食之是也

○晉侯使欒黶來乞師。欒力官反黶於斬反○

甲午。晦。晦者何。冥也。何以書。記異也。此王公失道臣代其治故陰代陽○冥亡定反又亡丁反治直吏反〔疏〕晦者何○解云欲言月晦例所不書欲言且冥文不言書故執不知問

○晉侯及楚子、鄭伯戰于鄢陵。楚子、鄭師敗績。敗者稱師。楚何以不稱師。據宋公戰于泓敗績稱師○鄢於晚反又於建反泓烏宏反〔疏〕注據宋公戰至稱師○解云即僖二十二年冬十有一月己巳朔宋公及楚人戰于泓宋師敗績是也王痍也。王痍者何。傷乎矢也。時爲飛矢所中○痍音夷傷也所中丁仲反〔疏〕王痍者何○解云王有三軍之衛而身見傷似非其類故執不知問然則何以不言師敗績。據王痍末言爾。末無也無所取於言師敗績也凡舉師敗績爲重衆今親傷人君當舉傷君爲重以言戰又言敗績知非詐當蒙上日也○爲于僞反下爲代公同〔疏〕注以言戰至上日也○解云正以春秋之義偏戰者日詐者月今此鄢陵之經言戰言敗績知非詐故當蒙上日甲午矣

○楚殺其大夫公子側。○秋。公會晉侯、齊侯、衛侯、宋華元、邾婁人于沙隨。不見公。公至自會。不見公者何。公不見見也。不見見者恚乞師不得欲執之○恚一睡反〔疏〕不見公者何○解云公會晉侯是與會之文言不見公疑其非類故執不知問○注不見見者恚乞師不得欲執之即下傳云其代公執奈何前此者晉人來乞師而不與公會晉侯將執公是也

公不見見。大夫執。何以致會。據不得意厄之會公失序不致〔疏〕注據不得意者解云正以莊六年傳云得意致會不得意致伐何氏云此謂公與二國以上也公與二國以上出會盟得意致會不得意不致今會不得意而致會故據而難之○注厄之會公失序不致○解云即文七年秋公會諸侯晉大夫盟于扈傳云諸侯何以不序大夫何以不名公失序也公失序奈何諸侯不可使與公盟眣晉大夫與公盟也是也然則彼是公不得意不書致今此亦不得意而反致故難之不恥也。曷爲不恥。據厄之會公失序恥公幼也。因公幼殺恥爲諱辭不書行父執者公不見見已重矣〔疏〕注因公幼殺恥爲諱辭○解云實不見今而致會詐若得意然故言爲諱辭耳○注不書行父執者○解云是時累代公執而下經但書其一故此注不書行父執者公不見見已重矣

○公會尹子、晉侯、齊國佐、邾婁人伐鄭。○曹伯歸自京師。執而歸者名。曹伯何以不名。而不言復歸于曹何。據曹伯襄復歸于曹〔疏〕注據曹伯襄復歸于曹○解云在僖二十八年冬易也。易故未言之不復舉國名○易以豉反注及下同復扶又反下而復同其易奈何。公子喜時在內也。公子喜時在內。則何以易。據本篡喜時也○喜時左傳作欣時公子喜時者仁人也。內平其國而待之。和平其臣民令尊心于負芻○令力呈反外治

諸京師而免之。訟治于京師解免使來歸其言自京師何。據僖二十八年晉人執衛侯歸之于京師後歸于衛俱天子所歸不言自京師不連歸問者嫌自京師天子有力文言甚易欲并問力文與上說喜時錯疏注據僖二十八年至言自京師○解云即僖二十八年冬晉人執衛侯歸之于京師三十年秋衛侯鄭歸于衛是也○注不連歸問至喜時錯○解云問者之意欲道僖三十年衛侯鄭歸于衛亦是天子所歸不言自京師今曹伯亦爲天子所歸獨言自京師文相違背故問之若連歸問云其言歸自京師何即嫌歸自京師者乃是天子有力之文似若僖二十八年冬衛元咺自晉復歸于衛傳云自者何有力焉者也然上說言其所以易正猶公子喜時之力若此處并問天子有力之文即與上說喜時之力自相違言甚易也。舍是無難矣。言歸自京師者與內據臣子致公同文欲言甚易也舍此所從還無危難矣主所以見曹伯歸本據喜時平國反之書非錄京師有力也執歸書者賢喜時爲兄所篡終無怨心而復深推精誠憂免其難非至仁莫能行之故書起其功也○舍是音捨注同下傳舍臣放此難乃旦反注同疏注言歸自京師者至致公同文○解云與上十三年公至自京師相似○注執歸書者至起其功也○解云正以僖十九年宋人執滕子嬰齊二十一年執宋公之屬皆不書其歸也若然僖二十八年春晉侯執曹伯以畀宋人冬晉人執衛侯歸之于京師曹伯襄復歸于曹三十年秋衛侯鄭復歸于衛皆是被執而書之者曹伯之下注云執歸不書書者名惡當見衛侯之下注云執歸不書主書者名惡當見是也前此者晉人來乞師而不與者即上十六年夏六月晉侯使欒黶來乞師晉侯及楚子鄭伯戰于鄢陵楚子鄭師敗績於戰之經不見魯師則知不與矣○九月。晉人執季孫行父。舍之于招丘。執未可言舍之者。此其言舍之何。仁之也。曰在招丘悕矣。悕悲也仁之者若曰在招丘可悲矣閔錄之辭○招丘章遙反又上饒反二傳作苕丘悕音希悲也執未有言仁之者。此其言人之何。代公執也。其代公執奈何。前此者。晉人來乞師而不與。不書者不與無惡疏注不書者不與無惡○解云若其書之宜言晉侯使欒黶來乞師公不許之今無此經故言不與不書也言不與無惡者僖二十六年公子遂如楚乞師之下傳云乞者何卑辭也曷爲以外內同若辭重師也曷爲重師師出不正反戰不正勝也何氏云兵凶器戰危事不得已而用之爾乃以假人故重而不暇別外內也者是其不與無惡之義公會晉侯。會沙隨也將執公。季孫行父曰。此臣之罪也。於是執季孫行父。成公將會厲公。謂上伐鄭言謚者別嬰齊所請也明言公會晉侯者嬰齊所請事也故下與嬰齊傳合同○別彼列反疏於是執季孫行父○解云此以上道今年秋會于沙隨之時事○注謂上伐鄭至傳合同解云下十七年公孫嬰齊卒于貍軫之下傳云前此者嬰齊走之晉公會晉侯將執公嬰齊爲公請公許之反爲大夫歸至于貍軫而卒然則上言公會晉侯將執公者乃是上經沙隨之事故下與嬰齊傳文合言成公將會晉厲公言謚者欲

別於嬰齊所請之事明其是上伐鄭時也案此傳沙隨之事時行父亦請而特言嬰齊所請事者欲言行父再請而嬰齊三請俱在沙隨故也會不當期。將執公。季孫行父曰。臣有罪。執其君。子有罪。執其父。此聽失之大者也。今此臣之罪也。舍臣之身而執臣之君。吾恐聽失之爲宗廟羞也。於是執季孫行父。善其過則稱已美則稱君累代公執在危殆之地故地言舍而月之者痛傷忠臣不得其所爲代公執不稱行人者在君側非出使○出使所吏反疏此聽失之大者也○解云言聽獄者失之大者矣○注故地言舍至得其所○解云言故地言舍而月之者即經書九月晉人執季孫行父舍之于招丘是也言月則爲傷痛之文者正以凡執例時故也即僖四年夏齊人執陳袁濤塗五年冬晉人執虞公之屬是也○注爲代公至非出使○解云正以文十四年冬齊人執單伯之下傳云執者曷爲或稱行人或不稱行人注云此問諸侯相執大夫所稱例傳云稱行人而執者以其事執也注云以其銜命奉國事執之晉人執我行人叔孫舍是也傳又云不稱行人而執者以已執也注云已者已大夫自以大夫之罪執之分別之者罪惡當各歸其本以此言之則知自爲已執者乃不稱行人今此行父爲代公執而亦不稱行人者正以其在君側非出使故也○冬。十月。乙亥。叔孫僑如出奔齊。○十有二月。乙丑。季孫行父及晉郤州盟于扈。行父執釋不致者舉公至爲重疏注行父執釋不致者舉公至爲重○解云正以昭十三年秋晉人執季孫隱如以歸十四年春隱如至自晉二十三年春晉人執我行人叔孫舍二十四年春叔孫舍至自晉皆書其至今此不書至故言舉公至爲重○○公至自會。○乙酉。刺公子偃。疏乙酉刺公子偃○解云即僖二十八年注云內殺大夫例有罪不日無罪日者正謂此文是也考諸舊本此經之下悉皆無注若有注者衍字耳十有七年。春。衛北宮結率師侵鄭。○夏。公會尹子、單子、晉侯、齊侯、宋公、衛侯、曹伯、邾婁人伐鄭。○六月。乙酉。同盟于柯陵。柯古河反○秋。公至自會。○齊高無咎出奔莒。○九月。辛丑。用郊。用者何。用者不宜用也。九月。非所用郊也。周之九月夏之七月天氣上升地氣下降又非郊時故加用之疏用者何○解云正以上下之郊例不言用此獨違例故執不知問然則郊曷用。郊用正月上辛。魯郊博卜春三月言正月者因見百王正所當用也三王之郊一用夏正言正月者春秋之制也正月者歲首上辛尤始新皆取其首先之意日者明用辛例不郊則不日○因見賢徧反下同疏注魯郊博至所當用○解云僖三十一年傳云魯郊非禮也彼注云以魯郊非禮故卜爾昔武王既沒成王幼少周公居攝行天子事制禮作樂致太平有王功周公薨成王以王禮葬之命魯使郊以

彰周公之德非正故卜三卜吉則用之不吉則免牲者是其魯郊博卜春三月之義也而此傳止言正月者因見其自今后百代之王正所當用之月也○注三王之郊至制也○解云三王之郊一用夏正者易說文也既用夏正而此傳特言用正月上辛者但春秋之制也春秋因魯以制法○解云即以今郊皆用周之正月故也○注不郊則不日○解云即僖三十一年夏四月四卜郊不從乃免牲猶三望成七年春王正月鼷鼠食郊牛角改卜牛夏五月不郊猶三望之屬是不郊不日之文也或曰用然後郊。[illegible]九月用辛丑郊○晉侯使荀罃來乞師。罃乙耕反○冬。公會單子、晉侯、宋公、衛侯、曹伯、齊人、邾婁人伐鄭。十有一月。公至自伐鄭。月者方正下壬申故月之疏注月者方至月之○解云正以凡致例時故此解之言壬申爲十月之日是以不得不言十一月以來之○壬申。公孫嬰齊卒于貍軫。非此月日也。曷爲以此月日卒之。據下丁巳朔知壬申在十月○貍力之反軫之忍反左氏作脤穀梁作蜃疏卒于貍軫者○解云正本作貍辰字○注據下丁巳至十月○解云即下十有二月丁巳朔日有食之是也逆而推之則丁亥爲十一月朔日又逆而推之即丁卯爲十月十一日矣即從丁卯數之戊辰己巳庚午辛未壬申壬申乃爲十月十六日故云據下丁巳朔知壬申在十月矣待君命。然後卒大夫。曷爲待君命。然後卒大夫。據昭公出奔卒叔孫舍疏注據昭公至孫舍○解云即昭二十五年九月己亥公孫于齊冬十月戊辰叔孫舍卒三十二年冬十二月公薨于乾侯是也此者。嬰齊走之晉。不書者以爲公請除出奔之罪也○爲于僞反下文爲公同疏注不書者至之罪也○解云其請公者謂上沙隨時也公會晉侯。將執公。嬰齊爲公請。公許之反爲大夫。歸至于貍軫而卒。十月壬申日貍軫魯地無君命。不敢卒大夫。國人未被君命不敢使從大夫禮

公至。十一月至是也〔疏〕注十一月至是也○解云十有一月公至自伐鄭是也若以上傳言之則嬰齊之請魯侯許之皆是沙隨時也若在沙隨會時即在伐鄭之上何故待公伐鄭之還乃始卒之正以成公許之實在沙隨但嬰齊未還公又伐鄭伐鄭未歸嬰齊已卒國人不聞公命未敢卒之亦何傷曰。吾固許之反爲大夫。許反爲大夫即受命矣然後卒之。善其不敢自專故引其死日下就公至月卒之起其事所以激當世之驕臣○激古狄反○十有二月。丁巳。朔。日有食之。○邾婁子貜且卒。○貜且俱縛反下子餘反○晉殺其大夫郤錡、郤州、郤至。○楚人滅舒庸。舒庸東夷道吳圍巢〔疏〕注舒庸東夷道吳圍巢○解云出左氏考諸舊本亦有無此注者

十有八年。春。王正月。晉殺其大夫胥童。○庚申。晉弒其君州蒲。日者二月庚申日上繫於正月者起正月見幽二月庚申日死也厲公猥殺四大夫臣下人人恐見及以致此禍故日起其事深爲有國者戒也〔疏〕注日者至申日○解云正以文十八年冬莒弒其君庶其傳云稱國以弒者衆弒君之辭注云一人弒君國中人人盡喜故舉國以明失衆當坐絕也例皆時者畧之也然則稱國以弒者例書時而此書日故解之而昭二十七年夏四月吳弒其君僚何氏云月者非失衆見弒故不畧是也云云之說在彼知庚申二月日者亦以上十二月丁巳朔言之也去年十二月丁巳朔則知今年二月丙辰朔也何者以長歷推之今年正月小故也二月丙辰朔數之丁巳戊午己未庚申則庚申爲二月五日矣正月之中寧得有之乎故知庚申二月日也○注上繫于正月至日死也○解云春秋說云厲公猥殺四大夫臣下人人恐見及正月幽之二月而死是也○注厲公猥殺四大夫者○解云即去年殺三郤是歲殺胥童是也○齊殺其大夫國佐。○公如晉。○夏。楚子鄭伯伐宋。○宋魚石復入于彭城。不書叛者楚爲魚石伐取彭城以封之本受于楚非得于宋故舉伐於上起其意也楚以封魚石復本繫于宋言復入者不與楚專封故從犯君錄之主書者其專封○復人扶又反注同爲于僞反下爲失同〔疏〕注不書叛者至其意也○解云如此注者欲決昭二十一年宋華亥向甯華定自陳入于宋南里以畔之文故也○注楚以至君錄之○解云桓十五年傳云復入者出無惡入有惡故言從犯君錄之何者魚石出時直爲與山有親更無實罪故曰出無惡也今犯君而入故爲入惡從犯君錄之○注主書者至專封○解云言楚子伐宋下即言魚石復人于彭城是起其專封之義必起其專封者正欲責之故也○公至自晉。○晉侯使士匄來聘。○匄古害反○秋。杞伯來朝。○八月。邾婁子來朝。○築鹿囿。何以書。譏。何譏爾。有囿矣。又爲也。刺奢泰妨民天子囿方百里公侯十里伯七里子男五里皆取一也○鹿囿音又〔疏〕注天子囿至取一也○解云孟子文司馬法亦云也○己丑。公薨于路寢。○冬。楚人鄭人侵宋。○晉侯使士彭來乞師。○士彭二傳作士魴襄十二年同○十有二月。仲孫蔑會晉侯、宋公、衛侯、邾婁子、齊崔杼。同盟于虛朾。不日者時欲行義爲宋誅魚石故善而爲信辭或衰盟畧○杼直呂反虛朾起魚反下勅丁反○丁未。葬我君成公。

公羊注疏卷十八挍勘記　阮元撰盧宣旬摘錄

公羊注疏成公卷十八

十有一年

晉侯使郤州來聘　唐石經諸本同釋文郤州本亦作犨九經古義云世本郤豹生義義生步揚生州州卽犨也與公羊合左傳魏武子犨世本亦作州司馬貞云州犨聲相近字異耳

不能相親信反相疑　閩監毛本同本或反下有復字

十有二年

何言小國者據其私土之言也　浦鏜云疑當疊小國二字

十有三年

公自京師　解云公下自上有至字者衍文

言自王所與此異　閩監毛本同按言上當脫不字

復生事脩朝禮而後行　疏中標注作生事脩朝禮而行解云生事之上有復字者衍文

注生事脩朝禮而行者　閩監毛本作生事修朝禮而後行○

注間無復出至鑿行　閩監毛本作注間無事復至鑿行此脫事字

十有四年

凡娶早晚皆不譏者　鄂本同此本疏標起訖亦作娶閩監毛本改取非釋文作冣云本又作娶閩監毛本蓋據此

鄭公子喜率師伐許　唐石經鄂本閩監本同毛本率改帥

十有五年

然則嬰齊孰後後歸父也　唐石經鄂本監毛本同此本閩本脫一後字今補正

唯有耼季而已　閩本同監毛本耼作聃

是以不得更以佗字連之　閩監本同毛本字誤事

何賢乎荀息傳云　浦鏜云傳云二字衍何煌云何賢乎荀息下當有奚齊卓子者驪姬之子也荀息傳焉十五字傳云二字誤

臧宣公者相也　閩監毛本同誤也鄂本作臧宣叔宣十八年疏引此傳同當據正唐石經缺

諸大夫皆雜然曰　唐石經諸本同宣十八年疏引作雜言曰

仲氏也　鄂本氏誤如

豈謂作世子之子乎　閩本同監毛本謂誤得

公會晉侯衛侯鄭伯曹伯宋世子成　鄂本元本同唐石經閩監毛本成作戍釋文世子戍音恤本或作成

晉侯執曹伯歸之于京師　唐石經諸本同僖廿八年注作歸于京師無之字傳文方辨別歸之于歸于二者之不同然則石經此處有之字其誤甚矣左氏穀梁亦無之

注爲篡喜時者　閩監毛本刪者下有解云

宋華元出奔晉　唐石經諸本同鄂本奔作犇下同

注不省文王文大之言　閩監毛本言作也此言字蓋誤衍注中當本無也字

射姑殺也射姑殺則其稱國以殺何　閩監毛本同此本射姑殺則四字剜擠

狐射姑民衆不說　按今傳無狐字

注據楚不殊　閩監毛本下有解云此脫

外土諸侯也　此本閩監本土誤士鄂本毛本不誤今訂正

大揔下上言之辭也　閩監毛本同誤也鄂本上作土當據正

解云卽元年傳云　按元上脫隱字

一繫於正月　何按本作一一繫於正月

欲其遠近徧及海內如此　閩監毛本作如一此誤

十有六年

卽此注云辛未滕子卒是也　浦鏜云經誤注

書遂蒢與瞷　閩監毛本蒢作篨

直是行而得書卒書曰　浦鏜云行下當脫進字

晉厲公見餓殺尤重　閩監毛本尤誤猶鄂本餓作弒誤尤字與此本同

注是後楚滅書庸者　閩監毛本者改○

文不言書　浦鏜云當作又不言晝

易故末言之　鄂本同閩監毛本末誤未

訟治于京師　閩監毛本同鄂本訟作說誤

正猶公子喜時之力　浦鏜云猶當由字誤

晉侯執曹伯以界介宋人　浦鏜云以介二字衍

前此者晉人來乞師而不與者　閩監毛本作前此者至不與○解云移此疏於執未有言仁之者節注下此本在執歸書者至起其功也節疏下

此其言舍之何仁之也　唐石經諸本同浦鏜云禮記表記注引此仁之也作人也疏云欲人愛此行人

此其言人之何　唐石經諸本作仁之何此與表記注合○按此誤字而有合於古者也公羊本三云人之後來皆改作仁之則此作人之爲誤字矣

故重而不暇別外內也者　閩本同監毛本暇誤假

成公將會厲公　唐石經作晉厲公此脫晉字

謂上伐鄭　鄂本下有也字

齊人執陳袁濤塗　閩本同監毛本袁誤轅

以其銜命奉國事執之　浦鏜云所銜誤銜命

乙酉刺公子偃　解云考諸舊本此經下無注若有注者衍字耳

十有七年

魯郊博卜春三月　鄂本閩監本同此本疏標起訖亦作博毛本誤作傳疏同按博卜者廣博卜三月也浦按本作轉卜非

上辛尤始新　閩監毛本同鄂本作猶是也

先有事存后稷神名也　浦鏜云名衍字從續通解按

必先有事於蜚林　釋文蜚林芳尾反又音配惠棟云古配字讀爲妃故配林一作蜚林音相近

必先有事於泮宮　釋文泮本又作郊按禮記禮器注云泮宮字或爲郊宮

公孫嬰齊卒于貍軫　釋文軫之忍反左氏作脤穀梁作蜃解云正本作貍辰字

舒庸東夷道吳圍巢　解云考諸舊本亦有無此注者

十有八年

楚爲魚石伐　鄂本下有宋字此脫

主書者其專封　鄂本者下有起此脫解云起其專封之義

天子圓方百里　鄂本百作伯

晉侯使士彭來乞師　釋文士彭二傳作士魴襄十二年同

監本春秋公羊注疏襄公卷第十九　起元年盡十一年

何休學

元年。春。王正月。公即位。○仲孫蔑會晉欒黶、宋華元、衞甯殖、曹人、莒人、邾婁人、滕人、薛人、圍宋彭城。宋華元曷爲與諸侯圍宋彭城。據晉趙鞅以地正國加叛文今此無加叛文故問之○殖市力反〔疏〕注據晉至問之○解云即定十三年秋晉趙鞅入于晉陽以叛冬晉荀寅及士吉射入于朝歌以叛晉趙鞅歸于晉傳云此叛也其言歸何注云據叛與出入惡同以地正國也又注云軍以井田立數故言以地傳又云其以地正國奈何晉趙鞅取晉陽之甲以逐荀寅與士吉射荀寅與士吉射者曷爲者也君側之惡人也此逐君側之惡人曷爲以叛言之無君命也注云無君命者操兵鄉國故初謂之叛后知其意欲逐君側之惡人故錄其釋兵書歸救之君子誅意不誅事今華元與諸侯操兵鄉國而不加叛文故難之云宋華元曷爲與諸侯圍宋彭城而不加叛文與趙鞅異乎然則趙鞅以采地之兵逐君側之惡人以正其國其意實善而春秋必加叛文者正以人臣之義本無自專之道若其許之恐惡逆之臣外託興義之兵內有覬覦之意是以雖爲善不得與之爲宋誅也。故華元無惡文○爲宋于僞反下爲宋楚爲并注同〔疏〕注故華元無惡文○解云雖云操兵鄉國但稟宋公之命與諸侯之師逐去叛人以衛社稷春秋善之故無惡文也其爲宋誅奈何。魚石走之楚。楚爲之伐宋。取彭城以封魚石。魚石之罪奈何。以入是爲罪也。說在成十八年書者善諸侯爲宋誅雖不能誅猶有屈彊臣之助〔疏〕注魚石之楚○解云即成十五年宋魚石出奔楚是也○楚爲至魚石○解云即成十八年夏楚子鄭伯伐宋宋魚石復入于彭城是也○以入是爲罪也○解云言魚石於成十五年初出之時直是與山有親恐見及是以辟而去非其大罪也至成十八年外託鄭楚之兵以伐取君邑遂居彭城與君相拒失人臣之義非順行之道故曰以入是爲罪也○注說在成十八年○解云即謂成十八年經具論楚子鄭伯伐宋宋魚石復入于彭城之事言上樂楚鄭伐宋下即言魚石復入復入者出無惡之文明其出奔楚時非其罪也但倚託楚鄭伐取彭城爲大惡故此傳云以入是爲罪矣非謂成十八年更有解注○注書者至之助○解云傳云爲宋誅而知不能誅者正以助其君討叛臣義之高者若能誅之理應在見似若昭四年經書執慶封殺之今但言圍而無殺文故知不能誅雖不能誅猶有屈魚石之功是以春秋書之善其爲宋誅矣楚已取之矣。曷爲繫之宋。據莒人伐杞取牟婁後莒牟夷以牟婁來奔不繫杞〔疏〕注據至繫杞○解云莒人伐杞取牟婁在隱四年春其后來奔者即昭五年夏莒牟夷以牟婁及防茲來奔是也不與諸侯專封也。故奪繫于宋使若宋邑者楚救不書者從封內兵也〔疏〕注故奪至邑者○解云案僖二年春王正月城楚丘傳云不與諸侯專封也然則不與諸侯專封取事一也所以或繫於宋或不繫於衛者彼以衛國已滅故無所繫不言桓公城之者不與諸侯專封故也今此魚石受楚之封入邑而叛是以奪而繫國以示不成然則不與之言雖同其不與之理實異是以齊侯封衛春秋實與楚封魚石繫宋以抑之云云之說在僖二年○注楚救至兵也○解云經傳無文而知楚救者正以楚人去年封之故也楚人是時并兵于魚石魚石之叛抑而不成今華元討之即是宋國封內之兵也封內之兵例所不錄是以楚救魚石不得書之知封內之兵例所不錄者正以定公八年傳云公斂處父帥師而至經不書之是也若然哀三年衛石曼姑帥師圍戚亦是封內之兵而得書者彼以國夏爲伯討是以得書故彼傳云齊國夏曷爲與石曼姑帥師圍戚伯討也然則春秋不與蒯聵之直故令國夏得討之國夏得討之則非封內之兵也今此魚石不成叛是以與彼異也○夏。晉韓屈帥師伐鄭。○仲孫蔑會齊崔杼、曹人、邾婁人、杞人、次于合。刺欲救宋而後不能也知不救鄭者時鄭背中國不能救不得刺○于合二傳作鄫背音佩〔疏〕注夏晉韓屈○解云左傳穀梁屈作厥字也○次于合者左氏合作鄫字也○注刺至得刺○解云知如此者正以莊三年冬公次于郎傳云其言次于郎何刺欲救紀而後不能也今此下文即有楚人侵宋言次于合魯人在其間故知與彼宜同例亦是初欲救宋而後不能是以春秋書其止次譏之○秋。楚公子壬夫帥師侵宋。○九月。辛酉。天王崩。○邾婁子來朝。○冬。衞侯使公孫剽來聘。○剽匹妙反○晉侯使荀罃來聘。〔疏〕九月辛酉至來聘○解云諸侯爲天子身服斬衰三年是以曾子問云諸侯相見揖讓而入門不得終禮廢者幾孔子曰六請問之曰天子崩大廟火日食后夫人之喪雨霑服失容則廢然則天王九月崩而四國得行朝聘禮者杜氏云辛酉九月十五冬者十月初也天王崩赴未至皆未聞喪故各得行朝聘之禮是也若然則四國行朝聘之時王之赴告未至於魯經書天王崩得在朝聘之上者公羊之義據百二十國寶書案而爲經雖四國未知何妨先書乎

二年。春。王正月。葬簡王。〔疏〕二年至簡王○解云隱三年傳云天子記崩不記葬必其時也而此書者即文公九年傳云不及時書過時書我有往者則書彼注云謂使大夫往也惡文公不自往故書葬以起大夫會之然則簡王去年九月崩至今年正月但始五月矣所謂不及時是以書之○鄭師伐宋。○夏。五月。庚寅。夫人姜氏薨。○六月。庚辰。鄭伯睔卒。不書葬者諱伐喪○睔古困反〔疏〕注不書至伐喪○解云春秋之內諸侯之卒不書其葬非止一義而已或諱背殯用兵或譏其篡立或刺不討賊枉殺大夫案鄭伯襄公之子繼體爲君復非篡立從成十五年即位以來未有罪惡之事明其不書葬者不爲上事明也而下又云冬仲孫蔑會晉荀罃以下云云于戚遂城虎牢傳云虎牢者何鄭之邑也其言城之何取之也取之則曷爲不言取之爲中國諱也曷爲爲中國諱諱伐喪也然則既不爲上事下即有諱伐喪之文則知不書葬者正爲諸侯諱其伐喪故也○晉師、宋師、衞甯殖侵鄭。○秋。七月。仲孫蔑會晉荀罃、宋

華元、衛孫林父、曹人、邾婁人于戚。○己丑，葬我小君齊姜。齊姜者何？齊姜與繆姜，則未知其爲宣夫人與，成夫人與。齊姜者宣公夫人，九年繆姜者成公夫人也。傳家依違者，襄公服繆姜喪未踰年，親自伐鄭，有惡，故傳從內義不正言也。○繆音穆。人與音餘。【疏】○齊姜者何。○解云：欲言成母諡，不言宣；欲言成妻，與成諡別，故執不知問。○注齊姜至正言也。○解云：左氏以齊姜成公夫人，繆姜宣公夫人，而何氏不然者，正以齊姜先薨，多是姑，繆姜後卒，理宜爲婦，實無文，竝以順言之也。且九年襄公伐鄭，不書其至，若非親母，不應貶之至此矣。言襄公服繆姜喪未踰年親自伐鄭者，即襄九年五月辛酉，夫人姜氏薨，秋八月癸未，葬我小君繆姜，冬，公會晉侯以下伐鄭是也。然則襄公母死未期，已爲兵首，無恩之甚，是故爲諱。若爲祖差輕，可言，是以彼注云不致者，惡公服繆姜喪未踰年，親自伐鄭，故奪臣子辭是也。舊云傳言惡襄公喪服用師，故以祖爲親母所以甚責內，是以何氏順傳文也者，非也。公羊之義，口授相傳，五世以後，方著竹帛，是以傳家數云無聞焉爾，以此言之，容或未察，止作公羊氏實不分明，何以不得而要知傳序經意依違之者，正以文與桓公九年曹世子射姑同故也。案桓公九年冬，曹伯使其世子射姑來朝，傳云諸侯來曰朝，此世子也，其言朝何？春秋有譏父老子代從政者，則未知其在齊與，在曹與。注云在齊者，世子光也。時曹伯年老有疾，使世子行聘禮，恐卑，故使自代朝，雖非禮，有尊厚魯之心，傳見下卒葬詳錄，故敘經意依違之也。然則彼刺曹世子，而傳序經意不正言之，今此文正與彼同，故卻亦依違言之。○叔孫豹如宋。○冬，仲孫蔑會晉荀罃、齊崔杼、宋華元、衛孫林父、曹人、邾婁人、滕人、薛人、小邾婁人于戚，遂城虎牢。虎牢者何？鄭之邑也。以下戍繫鄭。【疏】虎牢者何。○解云：欲言鄭邑，今不繫鄭；欲言他邑，有城虎牢之文，故執不知問。○注以下戍繫鄭者。○解云：即下十年冬，戍鄭虎牢是。其言城之何？據外城邑不書。【疏】注據外至不書。○解云：正以春秋上下無外城邑之經故也。而何氏兼邑言之者，正以外城國都亦有書者，是以不得直言據外城國都。其書之者，即城邢、城楚丘、緣陵、城成周之屬是也。其外城國都雖非常例，要自數數有經，是以何氏據邑言之。取之也。取之則曷爲不言取之？據取牟婁。【疏】注取牟婁。○解云：即隱四年二月，莒人伐杞，取牟婁是也。爲中國諱也。曷爲爲中國諱？據莒伐杞取牟婁不爲中國諱。○爲中，于僞反，下及注并下文鄭爲皆同。諱伐喪也。曷爲不繫乎鄭？爲中國諱也。大夫無遂事，此其言遂何？歸惡乎大夫也。使若大夫自生事取之者，即實遂但當言取之。○楚殺其大夫公子申。【疏】注諱伐喪也。○解云：考諸古本，皆無此注，且與下傳文煩重，若有注者，是衍字也。○曷爲爲中國諱。○解云：正據莒人取牟婁不爲中國諱矣，而何氏不注之者，以上文已據取牟婁，是以不能重出。曷爲不繫乎鄭者，正據下十年冬戍之時繫鄭也。爲中國諱也者，若繫于鄭，還有伐喪之義，故云中國諱也。○注即實至取之。○解云：若實大夫自生事，即非諸侯使之取，是以不勞爲諸侯諱，依實書之，亦無傷，故言即實遂但當言取之。

三年，春，楚公子嬰齊帥師伐吳。○公如晉。○夏，四月，壬戌，公及晉侯盟于長樗。樗，勑居反。公至自晉。盟地者，不于都也。以晉致者，上盟不于都，嫌如晉不得入，故以晉致起之。不別盟得意者，成公比失意，如晉公獨得容盟得意，亦可知。○別，彼列反。【疏】注盟地至可知。○解云：文三年冬，公如晉，十有二月己巳，公及晉侯盟，彼不舉地者，以其在國都故也。今此舉長樗，故言于都矣。云以晉至起之者，昭二十八年春，王三月，公如晉，次于乾侯，二十九年春，公至自乾侯，居于運，何氏云不致以晉者，不見容于晉，未至晉，然此經上言盟于長樗，今若又言至自長樗，即嫌似次于乾侯，然亦不得入晉都，故以晉致起其文也。云不別至可知者，公與二國以上出會盟，得意致會，不得意不致；公與一國出會盟，得意致地，不得意不致。然則此襄公得意與晉侯盟，宜直致地，不致地者，以其可知也。言成公比失意於晉者，即成公十六年秋，公會晉侯以下于沙隨，不見公，傳云前此者，晉人來乞師而不與，公會晉侯，將執公，季孫行父曰：此臣之罪也。於是執季孫行父。經又云公會尹子、晉侯以下伐鄭，傳云成公將會厲公，會不當期，將執公，季孫行父曰：臣有罪，執其君；子有罪，執其父；此聽失之大者也。今此臣之罪也，舍臣之身而執臣之君，吾恐聽失之爲宗廟羞也。於是執季孫行父是也。○六月，公會單子、晉侯、宋公、衛侯、鄭伯、莒子、邾婁子、齊世子光。己未，同盟于雞澤。盟下日者，信在世子光也。【疏】注盟下至光也。○解云：言信在於世子光者，若如盟日定否，世子光制之然，是以下日以近之，由如文十四年注云盟下日者，刺諸侯微弱，信在趙盾之類。何氏何以數言信在，正以下十六年傳云諸侯皆在是，其言大夫盟何？信在大夫也。舊解云齊光亢諸侯之禮，晉侯貴致大國衆人畏之，故卻日以待之，非也。陳侯使袁僑如會。其言如會何？據曹伯襄言會諸侯，鄫子言會盟。○僑，其驕反。【疏】注據曹伯襄言會諸侯者，即僖二十八年冬，曹伯襄復歸于曹，遂會諸侯圍許是也。云鄫子言會盟者，即僖十九年鄫子會盟于邾婁是也。後會也。不直言會盟者，時諸侯不親與袁僑盟，又下方殊及之。【疏】注不直至及之。○解云：若其諸侯親與之盟，宜云公會單子、晉侯以下盟于雞澤，陳侯使袁僑來會盟，正由諸侯不新與之盟，故止得言如會矣。云又下方殊及之者，即下云及諸侯之大夫及陳袁僑盟是也。言下方殊文道及陳袁僑盟，是以此處未勞道會盟。戊寅，叔孫豹及諸侯之大夫及陳袁僑盟。曷爲殊及陳袁僑？據俱諸侯之大夫也，言之大夫者，辟諸侯與大夫皆盟。爲其與袁僑盟也。陳，鄭楚之與國，陳侯有慕中國之心，有疾，使大夫會諸侯，欲附，疏不復備責，遂與之盟，共結和親，故殊之，起主爲與袁僑盟也。復出陳者，喜得陳國也。不重出地，有諸侯在，臣繫君，故因上地。○爲其，于僞反，注同。不復，扶又反，下同。重，直用反。【疏】注陳鄭至國也。○解云：即宣十一年夏，楚子、陳侯、鄭伯盟于辰陵是也。知有慕中國之心者，正謂使大夫如會是也。且僖八年鄭伯乞盟之下，注云：時鄭伯欲與楚，不肯自來盟，處其國，遣使挹取其血，而請與之約束，無汲汲慕中國之心，故抑之，使若叩頭乞盟者也。不錄使者，方抑鄭伯，使若自來也。然則鄭伯無慕中國之心，抑言乞盟，又不錄其使，則今不言乞盟，又錄其使，則有慕中國之心明矣。又知有疾者，非直以其不自來，又見下四年三月陳侯午卒矣。云復出陳者喜得陳國也者，欲決成二年及國佐盟于袁婁之經，彼不重言齊，今重言陳者，喜得陳國故也。孔子曰：書之重，辭之復，嗚呼不可不察，其中必有美者焉，是以僖四年傳云：曷爲再言盟？喜服楚也。故此注云復出陳者，喜得陳也。春秋意必如此者，正以楚人強盛，諸夏微弱，陳侯背楚，故喜得之，所以奪夷狄之勢，益諸夏之榮也。○注不重出地。○解云：正決襄二十七年夏，叔孫豹會晉趙武、楚屈建以下于宋，秋七月辛巳，豹及諸侯之大夫盟于宋，彼所以再出地者，正以上無君故也。今諸侯在，臣繫於君，故因上地矣。下十六年春，公會晉侯以下于溴梁，戊寅，大夫盟之下，不重出地者，亦以爲諸侯在，臣繫于君，得因上地，故彼注云不重出地者，與三年雞澤大夫盟同義是也。○秋，公至自會。○冬，晉荀罃帥師伐許。

四年，春，王三月，己酉，陳侯午卒。○夏，叔孫豹如晉。○秋，七月，戊子，夫人弋氏薨。○弋氏，以職反。莒女也。左氏作姒氏。【疏】四年至夫人弋氏薨。○解云：左氏經作姒氏，字聲勢與此同。○定弋者何。○解云：欲言君母諡，不言成；欲言是妾，卒葬並見，故執不知問。○葬陳成公。○八月，辛亥，葬我小君定弋。定弋者何？襄公之母也。定弋，莒女也。襄公者，成公之妾子。○定弋，左氏作定姒。【疏】注定弋至妾子。○解云：正以鄫世子巫者，莒之外孫，下五年傳意以爲與襄公爲舅出，故知弋氏爲莒女也。○冬，公如晉。○陳人圍頓。

五年，春，公至自晉。○夏，鄭伯使公子發來聘。○叔孫豹、鄫世子巫如晉。外相如不書，此何以書？據晉郤克與臧孫許同時而聘于齊，不書。○巫，亡扶反。【疏】注據晉至不書。○解云：成二年傳云云者是也。然則臧孫許不書者，自是恥之故也，而郤克聘齊不書之者，是外相如例不書故也，是以據之。若然，桓五年夏，齊侯、鄭伯如紀，傳云外相如不書，此何以書？何氏云據蔡侯東國卒于楚不言如也。何氏彼據蔡侯，此據郤克者，欲遂其相類故也。何者？彼齊侯、鄭伯是君，且事不于魯，故據蔡侯卒于楚不言如矣。此鄫世子巫事非親，且叔孫豹率之，故據晉大夫與臧孫許俱行者，所引譬連類，得其象也。且其齊鄭如紀、州公如曹皆得書者，彼文悉有成解。爲叔孫豹率而與之俱也。以不殊鄫世子俱言如也。○爲，于僞反。【疏】注以不至如也。○解云：正以不言及鄫世子，與叔孫共作一文，故知叔孫率之矣。叔孫豹則曷爲率而與之俱？據非內大夫。蓋舅出也。巫者，鄫前夫人，襄公母姊妹之子也，俱莒外孫，故曰舅出。【疏】蓋舅出也者。○解云：謂巫是襄公舅氏之所出，姊妹之子謂之出也。言蓋者，公羊子不受于師，故疑若下傳蓋

欲立其出也之類或言此蓋宜訓爲皆若隱三年傳云蓋通于下似蓋云歸哉之類言襄公與巫皆是一舅姊妹之子也

莒將滅之。故相與往殆乎晉也。殆疑疑讞于晉齊人語○疑讞魚竭反莒將滅之。則曷爲相與往殆乎晉。據當以兵救之取後乎莒也。其取後乎莒柰何。莒女有爲鄫夫人者。蓋欲立其出也。時莒女嫁爲鄫後夫人夫人無男有女還嫁之于莒有外孫鄫子愛後夫人而無子欲立其外孫主者善之得爲善者雖揚父之惡救國之滅者可也○仲孫蔑、衛孫林父會吳于善稻。不殊衛者晉侯欲會吳于戚使魯衛先通好見使畀故不殊蓋起所恥○善稻左氏作善道好呼報反【疏】注書者善之○解云六年秋莒人滅鄫然則不能救滅而得善之者雖不能救有言之功故也○秋。大雩。先是襄公數用兵圍彭城城虎牢三年再會四年如晉踰年乃反○又賦斂重恩澤不施所致○數所角反斂力驗反【疏】注先是至所致○解云圍彭城在元年春即經云仲孫蔑會晉欒黶以下圍彭城是也其城虎牢者在上二年冬遂城虎牢是也云三年再會者蓋爲三年六月公會單子晉侯以下同盟于雞澤下云戊寅叔孫豹及諸侯之大夫及陳袁僑盟是也雖是一出行頻有二事停車費重而致旱緣是之故得作然解云四年如晉踰年乃反者即上四年冬公如晉五年春公至自晉是也其元年夏仲孫蔑會齊崔杼以下次于合二年秋叔孫豹如宋冬仲孫蔑會晉荀罃以下于戚於此諸事豈不爲費而注不言之者正以元年舉圍彭城二年舉城虎牢三年舉再會四年舉如晉年舉一事猶而言之見其致旱之由而已其餘不足舉者文略不悉耳其三年再會並舉之者以其皆會事可以一言而盡故也○楚殺其大夫公子壬夫。○公會晉侯、宋公、陳侯、衛侯、鄭伯、曹伯、莒子、邾婁子、滕子、薛伯、齊世子光、吳人、鄫人于戚。吳何以稱人。據上善稻之會不稱人【疏】楚殺其大夫公子壬夫○解云春秋之內君殺大夫皆至葬時別有罪無罪今吳楚之君例不書葬不作他文以別之者蓋以略夷狄故之也吳鄫人云則不辭。○孔子曰言不順則事不成方以吳抑鄫國列在稱人上不以順辭故進吳稱人所以抑鄫者經書莒人滅鄫文與巫訴巫當存惡鄫文不見見惡必以吳者夷狄尚知父死子繼故以甚鄫也等不使鄫稱國者鄫不如夷狄故不得與夷狄同文○惡鄫烏路反不見賢徧反【疏】注所以抑至不見○解云經書言莒人滅鄫者在下六年秋其經稱人似貶黜之云文與巫訴者即上文世子巫如晉是也許之訴即合存之義然則上下二經皆非鄫咎故曰惡鄫文不見也公至自會。○冬。戍陳。孰戍之。諸侯戍之。曷爲不言諸侯戍之。據下救陳言諸侯【疏】注據下救陳言諸侯○解云謂歷敘諸侯即下文云公會晉侯以下救陳是也離至不可得而序。離至離別前後至也陳坐欲與中國被強楚之害中國宜雜然同心救之乃解怠前後至故不序以刺中國之無信○雜然七合反又如字十年注同解古賣反【疏】注陳坐至無信○解云其與中國者謂欲得與中國即上三年陳侯使袁僑如會是也其被強楚之害者正見諸侯戍之故也故言我也。言我者以魯至時書與魯微者同文微者同文者使若城楚上辟魯獨戍之戍例時【疏】注與魯微者同文○解云以不載名氏及直言其事者若莊公二十八年冬築微之文故云與魯微者同文者使若城楚上辟魯獨戍之者城楚上在僖二年彼時亦直言城楚上作魯之文魯之微者焉能獨城乎明其更有餘國是以書非內城今此戍陳之經亦作魯微者之文魯之微者戍乎明其更有餘國矣故曰使若城楚上辟魯獨戍例時者正以此文直書冬十年冬戍鄭虎牢故知例

○楚公子貞帥師伐陳。○公會晉侯、宋公、衛侯、鄭伯、曹伯、莒子、邾婁子、滕子、薛伯、齊世子光、救陳。十有二月。公至自救陳。○辛未。季孫行父卒。【疏】十有二月公至自救陳○賈氏云月爲下卒起其義也

六年。春。王三月。壬午。杞伯姑容卒。始卒更名日書葬新黜未忍便略也【疏】注始卒至略也○解云案僖二十三年冬十一月杞子卒而於此言始者彼注云卒存王者後功尤美故爲表異卒錄之然則傳聞之世卒始未合書見非其常例矣至所聞之世始合書卒是言始矣文十三年夏五月邾婁子蘧篨卒宣九年秋于卒其名日與葬皆未書今此蓋錄故解之也言新黜便略也者即莊二十七年冬杞伯朝注云杞夏後不春秋黜杞新周而故宋以春秋當新王者以其稟氣先肩嗣雖其微弱未忍便略之○夏。宋華弱來奔。○秋。葬杞桓公。○滕子來朝。○莒人滅鄫。莒稱人者莒公子鄫外孫稱人者從莒無大夫也言滅者以異姓爲後莒人當坐滅也不月者取後于莒非兵滅【疏】注莒稱人者從莒無大夫○解云即莊二十七年傳莒無大夫此何以書是也○注不月者○解云兵滅者例書月即莊十年冬十月齊師滅譚十三年齊人滅遂之屬是也今此非兵滅故書時矣以此言僖二年晉滅下陽僖十年狄滅溫之屬皆蒙上月矣年夏滅項彼注云不月者桓公不坐滅略小國以僖二十六年秋楚人滅夔何氏云不月者略夷狄滅微國也以此知僖十二年夏楚人滅黃文五年秋楚人滅六之屬之故也其衛侯燬滅邢楚子滅蕭蔡歸生滅沈之屬百釋不勞備說注據譚子言奔者即莊十年齊師滅譚譚子奔莒是也○冬。叔孫豹如邾婁。○季孫宿如晉。○十有二月。齊侯滅萊。曷爲不言萊君出奔。據譚子言奔曷爲于僞反○國滅君死之。正也。明國當存不書殺萊君者舉滅國爲重○重直用反【疏】注不書至爲重○解云欲決定四年四月庚辰蔡公孫歸生帥師滅沈以沈子嘉歸殺之文也彼注云滅舉滅爲重書以歸殺之者責不死位也是也

七年。春。郯子來朝。郯音談○夏。四月。三卜郊不從。乃免牲。○小邾婁子來朝。○城費。音祕○秋。季孫宿如衛。○八月。蝝。先是郯小邾婁來朝有賓主之賦加以城費季孫宿如衛煩擾之應○蝝音終一音鍾○冬。十月。衛侯使孫林父來聘。壬戌。及孫林父盟。○楚公子貞帥師圍陳。○十有二月。公會晉侯、宋公、陳侯、衛侯、曹伯、莒子、邾婁子于鄬。鄬于委反字林凡吹反鄭伯髡原如會。未見諸侯。丙戌。卒于操。操者何。鄭之邑也。諸侯卒其封內不地。此何以地。據陳侯鮑卒不地○髡原苦門反左氏作髡頑操七報反一音七南反【疏】鄭伯髡原如會○解云正本作原字左氏作鄭伯髡頑如會者非正本也○注據陳侯鮑卒不地○解云即桓五年正月甲戌己丑陳侯鮑卒傳曰曷爲以二日卒之怴也甲戌之日亡己丑之日死而得君子疑焉故以二日卒之是封內卒不地者故隱之也。何隱爾。弒也。孰弒之。其大夫弒之。曷爲不言其大夫弒之。據鄭公子歸生弒其君夷書○弒也音試下及注皆同【疏】注據鄭至夷書○解云在宣四年夏六月書者謂書大夫名氏矣爲中國諱也。曷爲爲中國諱。據歸生弒君不爲中國諱○爲中于僞反下及注同鄭伯將會諸侯于鄬。其大夫諫曰。中國不足歸也。則不若與楚。鄭伯曰。不可。其大夫曰。以中國爲義。則伐我喪。據城虎牢事【疏】注據城虎牢者○解云上二年經云遂城虎牢傳云虎牢者何鄭之邑也其言城之何取之也取之則曷爲不言取之爲中國諱也曷爲爲中國諱以中國爲彊。則不若楚。言楚能救【疏】注言楚能救○解云深諱中國無義故於是弒之。○解云即上文云楚公子貞帥師圍陳終無救文是也○禍音鄭伯髡原何以名。據陳侯如會不名【疏】注據陳侯如會不名○解云即僖二十八年五月公會晉侯以下于踐土陳侯如會是也傷而反。未至乎舍而卒也。舍昨所舍止處也以操定邑知傷而反也如會名之明如未至舍時爲大夫所傷以傷君論之辜者辜內當以弒君論之辜外當以傷君論之○見賢偏反【疏】注以操定邑知傷而反也者未見諸侯至鄭邑操本去鄭獨遠是以知其見傷而還注辟若其迴還至舍便絕未見之義不應得言未見故知此解君注親無將○解云莊三十二年傳云君親無將而必誅故此注引之其弒君論之者其身梟首其家執之其

傷君論之，其身斬首而已，罪不累家。漢律有其事，然則知古者保辜者，亦依漢律，律文多依古事，故知然也。未見諸侯。其言如會何。致其意也。鄭伯欲與中國，意未達而見弒，故養逐而致之，所以達賢者之心。【疏】未見諸侯其言會何○解云：上陳侯如會、袁僑如會之輩，皆是至會。今鄭伯既言未見諸侯而言如會，故據未見而難之。陳侯逃歸。起鄭伯欲與中國，卒逢其禍，諸侯莫有恩痛自疾之心，於是懼然後逃歸。故書以剌中國之無義，加逃者，抑陳侯也。孔子曰：夷狄之有君，不如諸夏之亡。不當背也。○背音佩。八年。春。王正月。公如晉。月者，起鄭之會，鄭伯以弒，陳侯逃歸，公獨脩禮於大國，得自安之道，故善錄之。○以殺音試。○夏。葬鄭僖公。賊未討。何以書葬。為中國諱也。探順事上，使若無賊然。不月者，本實當去葬責臣子，故不足也。○為中于偽反。去起呂反。【疏】賊未討何以書葬○解云：正以隱十一年傳云春秋君弒賊不討不書葬，以為無臣子也，是以弟子据而難之。○注不月者○解云：本實當去葬責臣子，故不足也者，正以卒日葬月，達於春秋大國之例，今鄭為大國不月，故如此解。○鄭人侵蔡。獲蔡公子燮。此侵也。其言獲何。據宋師敗績獲宋華元，戰乃言獲也。○燮素協反。【疏】獲蔡公子燮者，穀梁作公子濕。○注據宋至獲也○解曰：即宣二年春宋華元帥師及鄭公子歸生帥師戰于大棘，宋師敗績，獲宋華元是也。公羊之義，以為獲者曰侵，故如此解。侵而言獲者。適得之也。時適遇值其不備，獲得之易，不言其取之者，封內兵不書，嫌如子糾取一人，故言獲，起有兵也。又將兵禦難不明，候伺雖不戰鬬，當坐獲。○易以豉反，難乃旦反，伺音司，又息嗣反。【疏】注易不言取之者○解云：春秋之義，取為易辭，故隱十年鄭伯伐取之，傳云其言伐取之何？易也者是。春秋之義，封內之兵例不書之，故定八年傳云公斂處父帥師而至，經不書之是也。莊九年齊人取子糾殺之者，是取一人之文。凡言獲者，用兵之文，即獲宋華元、獲陳夏齧之輩是也。然則此傳言適得之，即是易之甚者，所以不言取之者，其人是時將兵拒鄭，但未至鬬戰，封內之兵例所不書，既不得書有蔡師，若言鄭人侵蔡取公子燮，則嫌如莊九年齊人取子糾殺之然，但取一人而已，故言獲，起其文。是時亦將兵來，云又將兵禦難不明，伺候雖不戰鬬，當坐獲者，以謂蔡公子燮當以被獲為坐罪，何者？以其於守禦之道不足故也。○季孫宿會晉侯、鄭伯、齊人、宋人、衛人、邾婁人于邢丘。○邢音刑。○公至自晉。○莒人伐我東鄙。○秋。九月。大雩。由城費，公比出會如晉，莒人伐我，動擾不恤民之應。【疏】注由城至之應○解云：城費在七年夏也。公比出會者，即五年冬公會晉侯以下救陳，七年十二月公會晉侯以下于鄬是也。如晉者，即今年正月公如晉是也。莒人伐我者，即今年夏莒人伐我東鄙是也。或者公比出會者，即七年公會晉侯以下于鄬，今年季孫宿會晉侯以下于邢丘是也。然則季孫宿會而言公比出會者，略舉以言之，是以不復別也。○冬。楚公子貞帥師伐鄭。○晉侯使士匄來聘。

九年。春。宋火。曷為或言災。或言火。大者曰災。小者曰火。大者謂正寢社稷宗廟朝廷也，下此則小矣。災者離本辭，故可以見火。○宋火，二傳作宋災。離，力智反。見，賢徧反。【疏】言火者○解云：左傳穀梁作宋災，曷為或言災者，莊二十年夏齊大災，襄三十年宋災之類是。○大者曰災小者曰火○解云：五行書云害物為災，不害物為異者，謂雪霜水旱螟螽之屬，非謂火害與否，與此非妨矣。○注災者至見火○解云：本實是火而謂之災，離其本體，故曰離本辭。災者害物之名，故可以見其大於火也。然則何氏以為春秋之義不記人火，火者皆是天害也。但害於大物則言災，害於小物則言火，且不如左氏人火曰火，故如此注。所以然者，正以春秋之義重於天道，略於人事，人火之難何足記也。然則內何以不言火。據西宮災不言火。【疏】注據西至言火○解云：即僖二十年夏五月乙巳西宮災，傳云西宮者何？小寢也。彼注云西宮者，小寢內室，楚女所居也，以其非正寢社稷宗廟朝廷，故謂之小。若然，桓十四年秋八月壬申御廩災，亦應是小，所以不據之者，以其御用於宗廟之物，於小義不強，豈似西宮為小寢內室乎。內不言火者。甚之也。春秋以內為天下法，動作當先自克責，故小有火如大有災。災也。外災不書。此何以書。為王者之後記災也。是時周樂已毀，先聖法度浸疏遠不用之應。○為王于偽反。浸，子鴆反。【疏】外災不書○解云：莊十二年秋宋大水之下，傳云外災不書，此何以書？注云據鄭移不書是也。○為王者之後記災也○解云：春秋之義，詳內而略外，是以外災例不錄，而書者皆有傳釋，不勞備載也。○注是時至之應○解云：宣十六年夏成周宣謝火，傳云成周者何？東周也。宣謝者何？宣宮之謝也。彼注云宣宮，周宣王之廟。傳云何言乎成周宣謝災？樂器藏焉爾。注云宣王中興所作樂器，天災中興之樂器，示周不復興是也。然則宣公十六年時周樂已毀，而宋是王者之後，先聖法度所存，今復災之，是法度浸疏遠不用之應也。夏。季孫宿如晉。○五月。辛酉。夫人姜氏薨。○秋。八月。癸未。葬我小君繆姜。○冬。公會晉侯、宋公、衛侯、曹伯、莒子、邾婁子、滕子、薛伯、杞伯、小邾婁子、齊世子光伐鄭。十有二月。己亥。同盟于戲。事連上伐不致者，惡公服繆姜喪未踰年而親伐鄭，故奪臣子辭。○戲，許宜反。惡，烏路反。【疏】注事連至子辭○解云：莊六年傳得意致會，不得致伐者，謂公與二國以上會伐，並有之時。若公與二國以上出會盟，得意致會，不得意不致也。然則今此若直同盟于戲而已，容或不致。今事連上伐，若其得意宜致會，若其不得意宜致伐，無不致之理，而今不致者，惡其母服未期，親自用兵，不子之甚，故不書致。言奪臣子辭者，正以凡書致者，皆是臣子喜其君父脫危而至，今不書致，似若不脫然，故曰奪臣子辭。楚子伐鄭。

十年。春。公會晉侯、宋公、衛侯、曹伯、莒子、邾婁子、滕子、薛伯、杞伯、小邾婁子、齊世子光、會吳于柤。○柤，莊如反。○夏。五月。甲午。遂滅偪陽。○偪音福，又彼力反。【疏】遂滅偪陽○解云：左氏經作偪字，音夫目反，一音逼近之逼，而南州人云道仍有偪陽之類，如逼近之逼矣。公至自會。滅日者，甚惡諸侯不崇禮義以相安，反遂為不仁，開道彊夷滅中國，中國之禍連蔓日及，故疾錄之。滅比于取邑，例不當書晉書致者，深諱，若公與上會，不與下滅。○惡，烏路反。道音導。蔓音萬。公與音預，下同。【疏】注滅日至下滅○解云：凡滅例月，即莊十年冬十月齊師滅譚，十三年夏六月齊人滅遂之屬是。今乃書日，故如此解也。言反遂為不仁者，則此經遂滅偪陽是也。云開道強夷者，昭八年夏楚人執陳行人于徵師殺之，冬十月壬午楚師滅陳，執公子招放之于越，殺陳孔瑗。十一年冬四月丁巳，楚子虔誘蔡侯般殺之于申，楚公子棄疾帥師圍蔡，冬十有一月丁酉，楚師滅蔡，執蔡世子有以歸用之。三十年冬十有二月吳滅徐，徐子章禹奔楚。定十四年楚公子結帥師滅頓，以頓子牄歸。十五年春楚子滅胡，以胡子豹歸之屬皆是。強夷迭害諸夏，故言連蔓日及，是以變例書日，疾而錄之。云滅比云云者，春秋之義，主書致者，正欲別其得意以不。故莊六年傳曰得意致會，不得意致伐是也。若取邑例不書致，所以然者，取得他邑，得意明矣，何勞書致以見之乎？是以僖三十三年夏公伐邾婁取叢，何氏云取邑不致者，得意可知例是也。然則滅得他國，義如取邑，故曰滅比取邑，亦不當致。而致之者，深為內諱，使若公不與滅事故也。○楚公子貞、鄭公孫輒、帥師伐宋。○晉師伐秦。○秋。莒人伐我東鄙。○公會晉侯、宋公、衛侯、曹伯、莒子、邾婁子、齊世子光、滕子、薛伯、杞伯、小邾婁子、伐鄭。○冬。盜殺鄭公子斐、公子發、公孫輒。不言其大夫者，降從盜，故與盜同文。○斐，芳尾反，左氏作騑。【疏】冬盜殺云云○解云：凡春秋之事，君殺大夫稱國，即僖七年鄭殺其大夫申侯之屬是也。大夫相殺稱人，即文九年晉人殺其大夫先都之屬是也。今此士殺其大夫，故言盜矣。是以文十六年傳云大夫弒君稱名氏，賤者窮諸人。注云賤者謂士也，士正自當稱人。大夫相殺稱人，賤者窮諸盜。注云降大夫使稱人，降士使稱盜者，所以別死刑有輕重也者，是其士殺大夫稱盜之義也。○注不言其至同文○解云：士正自當稱人，宜言鄭人殺其大夫某甲，今不言其大夫者，正以士既降從盜，故與盜同文也。其盜殺者，即哀四年春盜弒蔡侯申，傳云弒君賤者窮諸人，此其稱盜以弒何？賤乎賤者也。賤乎賤者孰謂？謂罪人也。彼注云罪人者，未加刑也。蔡侯近罪人，卒逢其禍，故以為人君深戒，不言其君者，方當刑放之，與刑人義同。然則盜殺蔡侯申，不言其君，今此士殺大夫，降之言盜，亦不言其大夫，與實盜同，故云降從盜，故與盜同文也。而哀四年注云當刑放之與刑人義同者，襄二十九年夏五月閽弒吳子餘祭，傳云閽者何？門人也。注云以刑人為閽，非其人，故變盜言閽。君子不近刑人，近刑人則輕死之道也。注云不言其君者，公家不畜，士庶不友，放之遠地，欲去聽所之，故不繫國。不繫國，故不言其君。然則刑人所止，不常厥居，若故出奔，任其所願，由此之故，不合繫國。既不繫國，則君臣義盡，是以春秋去君父以見之。其殺蔡侯者，由未加刑，而亦不言其君者，方當刑放，故與刑人同義也。○戌鄭虎牢。孰戌

之。諸侯戍之，曷爲不言諸侯戍之？離至不可得而序，故言我也。刺諸侯既取虎牢以爲蕃蔽，不能雜然同心安附之。○爲蕃，方元反。疏戍鄭虎牢云云。○解云：五年「戍陳」之下已有傳而復發者，蓋嫌國邑不同故也。注「既取虎牢」者，即二年「冬，遂城虎牢」，傳云「虎牢者何？鄭之邑也。其言城之何？取之也。取之則曷爲不言取之？爲中國諱也。曷爲爲中國諱？諱伐喪也」是也。諸侯已取之矣，曷爲繫之鄭？據莒牟夷以牟婁來奔，本杞之邑，不繫于杞。疏注據莒至于杞。○解云：即昭五年「莒牟夷以牟婁及防兹來奔」是也。云本杞之邑者，即隱四年二月「莒人伐杞取牟婁」是也。諸侯莫之主有，故反繫之鄭。諸侯本無利虎牢之心，欲共以距楚爾。無主有之者，故不當坐取邑，故反繫之鄭，見其意也。所以見之者，上諱伐喪不言取，今刺成之舒緩，嫌於義反，故正之云爾。○諸侯莫之主有，絕句。見其，賢徧反，下同。疏注所以見之者。○解云：上諱伐喪不言取者，即二年冬「遂城虎牢」，傳云云是也。不言取，諱之，似不合取，既不合取，成之舒緩，即不合刺，而今刺之，義似違，是以春秋繫之於鄭，見無主有，明欲拒楚，實無貪利，即諸侯取之不合罪坐也，故云不當坐取邑耳。○楚公子貞帥師救鄭。○公至自伐鄭。

十有一年，春，王正月，作三軍。三軍者何？三卿也。爲軍置三卿官也。卿大夫爵號大同小異，方據上卿，道中下，故揔言三卿。○爲軍，于僞反，年末同。疏作三軍。○解云：公羊以爲王官之伯宜半天子，乃有三軍；魯爲州牧，但合二軍，司徒、司空將之而已。今更益司馬之軍，添滿三軍，是以春秋書而譏之，故曰作三軍。是以隱五年注「禮：天子六師，方伯二師，諸侯一師」，是其一隅也。何氏之意，以軍與師得爲通稱，而臨時名耳，是以或言軍，或言師，不必萬二千五百人爲軍也。○三軍者何也。○解云：欲言先有，不應言作；欲言先無，軍是常役，故執不知問。○注爲軍至官也。○解云：魯人前此止置司徒、司空以爲將，下各有小卿二人輔助其政，其司馬事省，蓋揔監而已，故但有一小卿輔之。今更置中軍，司馬將之，亦置二小卿輔助其政，故曰爲軍置三卿官也。然則問者云「三軍者何」，師荅之云「三卿也」者，謂言作三軍者，正是致司馬之職，三卿之官爲軍將也。○注卿大至小異。○解云：卿大夫者，皆是爵號，但大同小異而已。若揔而言之，皆曰卿大夫；若別而異之，乃貴者曰卿，賤者曰大夫耳。如此注者，欲道一卿二大夫所以揔名三卿之意也。○注方據至三卿。○解云：言卿與大夫析而言之，其實有異，而皆謂之卿者，方據上卿言其中下者，遂得卿稱，故得通言三卿也。其二小卿謂之中下者，蓋二者相對有尊卑，若似大司馬敎官云「大司馬卿一人，小司馬中大夫，軍司馬下大夫」，然作三軍，何以書？欲問作多書乎？作少書乎？故復全舉句以問之。○復，扶又反。疏注欲問至問之。○解云：欲道所以不直言何以書而舉作三軍者，弟子之意欲問春秋之義，書其作三軍者，爲是嫌其作軍大多而書乎？爲是嫌其大少而書乎？故復全舉經文一句軍之頭數問之。若直言何以書，但問主書，無以見其數，故言此也。譏。何譏爾？古者上卿、下卿、上士、下士。說古制司馬官數。古者諸侯有司徒、司空上卿各一，下卿各二；司馬事省，上下卿各一，上士相上卿，下士相下卿，足以爲治。襄公委任強臣，國家內亂，兵革四起，軍職不共，不推其原，乃益司馬，作中卿官，踰王制，故譏之。言軍者，本以軍數置之。月者，重錄之。○省，所景反。相上，息亮反，下同。治，直吏反。共，音恭。疏注說古制。○解云：言古者司馬一官，以正卿一人，下卿一人，上士一人，下士一人而已，無以兩者，以其言者不作軍將故也。○注古者至爲治。○解云：何氏之意，知古者但有司徒、司空典事者，正以詩云「乃召司徒，乃召司空」，不以司馬，故知司馬事省，揔監而已。然則司徒卿一人，其大夫二人；司空卿一人，其大夫二人；司馬卿一人，其大夫一人，所謂諸侯之制三卿五大夫矣。云「襄公委任強臣」者，謂三家季孫宿之徒是也。云「國家內亂」者，謂舉事不由君命，即下十二年「遂入運」之屬是也。云「乃益司馬，作中卿官，踰王制，故譏之」者，言乃益司馬，謂添益其職內也。作中卿官者，謂於司馬內更作一卿官，尊于小卿，故曰作中卿官也。言踰王制者，謂過于先王舊制。云「言軍者，本以軍數置之」，求其實置中卿而言作三軍者，言本所以置此中卿官者，正欲令助司馬爲軍將，將三軍，故曰本以軍數置之。云「月者，重錄之」者，此事無例，不可相決，但言重失禮，故詳言之。○夏，四月，四卜郊，不從，乃不郊。成公下文不致，此致者，襄公但不免牲爾，不怨懟，無所起。○懟，直類反。疏注成公至所起。○解云：成十年「夏四月，五卜郊不從，乃不郊」，傳云「其言乃不郊何？不免牲，故言乃不郊也」。下云「五月，公會晉侯以下伐鄭」，注云「不致者，成公數卜郊不從，怨懟，故不免牲」，不但不免牲而已，故奪臣子辭以起之者，是其成公下文不致之文也。今何氏難明前義，故令上下相曉也。○鄭公孫舍之帥師侵宋。○公會晉侯、宋公、衛侯、曹伯、齊世子光、莒子、邾婁子、滕子、薛伯、杞伯、小邾婁子伐鄭。○秋，七月，己未，同盟于京城北。京城北，左氏作亳城北。疏同盟于京城北。○解云：穀梁與此同，左氏經作亳城北，服氏之經亦作京城北，乃與此傳同之也。公至自伐鄭。○楚子、鄭伯伐宋。○公會晉侯、宋公、衛侯、曹伯、齊世子光、莒子、邾婁子、滕子、薛伯、杞伯、小邾婁子伐鄭，會于蕭魚。此伐鄭也，其言會于蕭魚何？據伐鄭常難，今有詳錄之文。○難，乃旦反。疏注據伐至之文。○解云：謂以上伐鄭多以伐致，作不得意之文，故曰常難。言今有詳錄之文者，謂錄其會蕭魚，并下文「公至自會」之屬是也。與前經異，故難之。蓋鄭與會爾。中國以鄭故，三年之中五起兵，至是乃服，其後無干戈之患二十餘年，故喜而詳錄其會，起得鄭爲重。○與，音預。疏注中國至爲重。○解云：即上文九年冬，公會晉侯以下伐鄭，同盟于戲，一也；十年秋，公會晉侯以下伐鄭，二也；冬，戍鄭虎牢，三也；今年公會晉侯以下伐鄭，同盟于京城北，四也；通此則五矣，故曰三年之中五起兵耳。云「至是乃服」者，非直鄭人與會，下文公以會致，亦是其服文矣。云「其後無干戈之患二十餘年」者，謂鄭之遂服，不復伐之，不謂不伐餘國。即下十四年夏，叔孫豹會晉荀偃以下伐秦；十八年，公會晉侯以下同圍齊之屬是。言二十餘年，謂不滿得三十年。至昭公之時，屬楚滅陳、蔡，蠻夷內侵，乃是諸夏之患，故言此。公至自會。○楚人執鄭行人良霄。○霄，音消。○冬，秦人伐晉。爲楚救鄭。疏注爲楚救鄭。○解云：爲楚救鄭之義，出左氏傳矣。

公羊注疏卷十九挍勘記　阮元撰盧宣旬摘録

公羊注疏襄公卷十九　唐石經襄公第九卷入

元年

后知其意欲逐君側之惡人　閩監毛本同。按后當作後。

猶有屈彊臣之助　閩監毛本同，誤也。鄂本助作功，解亦云「雖不能誅，猶有屈彊臣之功」，當據以訂正。

書者至之助　鄂本助作功。

后莒牟夷以牟婁來奔　閩監毛本同。鄂本后作後，當據正。下注同。疏中亦誤作后。

齊國夏曷爲與石曼姑帥師圍戚　浦鏜云「石上脫衞」。○按浦說與哀三年傳合。

夏晉韓屈帥師伐鄭　唐石經、諸本同。解云：左傳、穀梁屈作厥。

次于合　釋文「于合」，二傳作「鄫」。解云「左傳合作鄫」字。

秋楚公子壬夫帥師侵宋　唐石經「公子壬夫」四字磨改。

揖讓而入門　今禮記無「而」字。

二年

鄭伯睔卒　唐石經、諸本同。釋文「伯睔，古困反」。九經古義云：古今人表「鄭成公綸」，師古曰「綸，音工頑反」；又「泠淪氏」，服虔曰「淪，音鯀」。鯀與昆同音，故綸、淪字皆讀爲鯀。

爲中國諱也　疏中標注有「諱伐喪也」四字，解云：考諸古本皆無此注，且與下傳文煩重，若有注者，是衍字。按今本無此注，是也。

據莒伐杞取牟婁不爲中國諱　諸本同。按此注當衍。釋文本有此，疏本無之，是也。釋文音傳「爲中」云「于僞反，下及注并下文『鄭爲』皆同」，此陸本有注之證。解云「正據莒人取牟婁不爲中國諱矣，而何氏不注之者，以上文已據取牟婁，是以不能重出」，此疏本無注之證。淺人襲疏語爲之，而未覺其與上複也。

諱伐喪也　鄂本諱上有注字。

三年

公至自晉　鄂本與上長標合爲一節。

成公比失意如晉　鄂本如作于，此誤。疏云「言成公比失意於晉者」，于作於，爲是，當據正。

由如文十四年注云 浦鏜云由當作猶按由與猶通

注据曹伯襄言會諸侯者 閩監毛本無者字有解云

起主爲與袁僑盟也 鄂本無與字

今重言陳者 毛本陳誤成

四年

夫人弋氏薨 唐石經諸本同解云左氏經作姒氏字聲勢與此同

五年

据晉郤克與莊孫許 閩監毛本同誤也鄂本莊作臧當據正疏中作臧孫許不誤

蓋舅出也者 閩監毛本刪者字是也

凝讞于晉 閩監毛本凝作疑此誤按釋文疑魚竭反如作凝不得音魚竭反矣此本載音義亦誤凝

主者善之 監毛本同閩本作書者善之鄂本作主書者善之閩監毛本互脫一字

恩澤不施所致 鄂本施下有之此脫

圍彭城在元年春 閩本同監毛本春誤是

圍彭城是也 閩本同監毛本是誤春

蓋爲三年六月 浦鏜云爲當謂字誤

蓋以略夷狄故之也 閩監毛本脫之按故之當作之故

邾婁子 唐石經諸本同左氏穀梁作邾子

文與巫訴 鄂本同閩監毛本文誤又疏同

冬戍陳 唐石經閩本同監毛本戍誤戊下同

公會晉侯宋公衞侯鄭伯曹伯莒子邾婁子滕子薛伯 唐石經諸本同左氏無莒子邾婁子滕子薛伯穀梁與此同無婁字

六年

始卒更名日書葬者 鄂本更作便

楚人滅夔 浦鏜云公羊經作隗公穀作夔

不勞備說注据譚子言奔者 閩監毛本分注据譚子以下疏文於齊侯滅萊傳注下

滅舉滅爲重 閩監毛本作舉國滅爲重脫國字

七年

鄭伯髡原如會 唐石經作髡原釋文髡原左氏作髡頑疏本作髡頑解云正本作頑字一本作原非也按疏文所據之本較之釋文多得其正

鄭伯髡頑如會者 閩監毛本刪者

曷爲二日卒之 按桓五年傳二上有以字

鄭伯曰不可 唐石經諸本同昭十二年疏引作鄭伯不可無曰字

則伐我喪 按昭十二年疏引作則伐誤

注据城虎牢者 閩監毛本者作事是也案事下當有者字

取之曷爲不取之 傳作則曷爲不言取之○補案此本此疏譯伐之下喪也之上空二格當是此句有脫

禍由中國無義 鄂本同閩監毛本禍作旤釋文亦作旤音禍

以操定邑 鄂本定作鄭此誤

其傷君論之 下當脫者字

故養逐而致之 監毛本同誤也鄂本閩本逐作遂當據正

未見諸侯其言會何 毛本作其言如會何與傳合

八年

探順事上 鄂本作上事

春秋弒君賊不討 閩監毛本作君弒今傳同

獲蔡公子燮 唐石經鄂本閩本同監毛本燮作爕非疏云穀梁作公子濕毛本改作溼

嫌如子糺取一人 鄂本同閩監毛本糺作糾

不明何候 閩監毛本作候何注及釋文同

九年

故可以見火 諸本同浦鏜云大誤火按解云災者害物之名故可以見其大於火也浦按是

先聖法度 鄂本先誤失

成周宣謝火 浦鏜云災誤火○按宣十六年經作災

十年

遂滅偪陽 唐石經諸本同釋文偪音福又彼力反解云左氏經作偪字音夫目反一音逼近之逼左氏音義偪陽徐甫目反又彼力反本或作逼按左氏經當本作福陽穀梁作傅陽九經古義云古今人表作福陽漢書地理志及續漢志皆作傅陽

不當書晉 鄂本晉作致此誤

深諱若公與上會 鄂本諱下有使字此脫○按正義本有使字

五年陳戍之下 浦鏜云戍陳誤倒○按浦說是也又按戍字从人戈戍字从戊一版本多亂前後皆當以此正之

十有一年

三軍者何也 閩監毛本無也字

若似大司馬敘官云 何校本同閩監毛本似改是○按隱三年疏亦云若似盡云歸哉言若似者重累言之

襄公委任强臣 閩監毛本同鄂本强作彊按公羊注彊弱字皆作彊今本彊强錯出

軍職不共 鄂本共作恭釋文不共音恭

同盟于京城北 唐石經諸本同解云穀梁與此同左氏經作亳城北服氏之經亦作京城北九經古義云京城地在滎陽隱元年傳謂之京城大叔是也亳城無考當從公穀爲正

監本春秋公羊注疏襄公卷第二十　起十二年盡二十四年

何休學

十有二年。春。王三月。莒人伐我東鄙。圍台。邑不言圍。此其言圍何。伐而言圍者。取邑之辭也。伐而不言圍者。非取邑之辭也。外取邑有嘉惡當書不直言取邑者深恥中國之無信也前九年伐得鄭同盟于戲楚伐鄭不救卒爲鄭所背中國以弱蠻荆以強兵革亟作蕭魚之會服鄭最難不務長和親復相貪犯故諱而言圍以起之月者加責之○台他來反又音臺背音佩亟去冀反難乃旦反長丁丈反〔疏〕邑不言圍○解云隱五年冬宋人伐鄭圍長葛傳云邑不言圍注云據伐於餘丘不言圍也今此不注者從彼可知矣○注外取至責之○解云凡外取魯邑有所嘉有所惡皆當書見昭二十五年冬齊侯取運傳云外取邑不書此何以書爲公之也彼注云爲公取運以居公善其憂內故書者是其有嘉而書也宣元年六月齊人取濟西田傳云外取邑不書此何以書所以賂齊也曷爲賂齊爲弒子赤之賂也注云子赤齊外孫宣公篡弒之恐爲齊所誅爲是賂之故諱使若齊自取之者月者惡內甚於邾婁子益者是其有惡書也故言外取邑有嘉惡當書也然則外取魯邑有所嘉有所惡當書耳今亦有所惡所以不直言取邑而言圍者深恥中國之無信故也云前九年伐得鄭知九年伐得鄭者以上言公會晉侯以下即言同盟于戲是其伐得之也言楚伐鄭不救者即下文楚子伐鄭經無救鄭之文是也言卒爲鄭所背者即十年夏楚公子貞鄭公孫輒帥師伐宋是其背諸夏之文云兵革亟作者即前年注云三年之中五起兵是也云蕭魚之會服鄭最難者正以三年之中五起兵然後得之直會于蕭魚蕭魚鄭人與會而已經無同盟之文故知服鄭最難矣云故諱而言圍以起之者不直言取而諱之言圍作無所嘉惡之文者欲以起禍深不可言故也知此莒人伐我東鄙圍台之經爲文者正以此傳作常文釋之云伐而言圍者取邑之辭也伐而不言圍者非取邑之辭也下十五年夏齊侯伐我北鄙圍成十七年秋齊侯伐我北鄙圍洮齊高厚帥師伐我北鄙圍防之屬皆從此文而不釋故知常文明矣若此是義之經至齊高厚之下傳當解之云月者加責之者欲道下十七年秋齊侯伐我北鄙圍洮及高厚圍防之屬皆不書月故知此特月加而責之故也而十五年圍成之下注云俱犯蕭魚此不月十二年月者疾始可知者正以去此勢近故令從此義十七年者差遠故不復解之

○季孫宿帥師救台。遂入運。入運者討叛也封內兵書者爲遂舉討叛惡遂者得而不取與不討同故言入起其事○〔疏〕注入運討叛也○解云昭元年三月取運運者何內之邑也其言取之何不聽也何氏云不聽者叛也不言叛者爲內諱故書取以起之然則運者是內邑而季孫入之故知討叛也○注封內兵書者爲遂舉○解云春秋之義封內之兵例所不書即定八年傳云公斂處父帥師而至經不書之是也今書救台與入運者爲惡季孫之遂是以舉之○注討叛至其事○解云春秋之義大夫出竟有可以安社稷利國家者專之可也然則討叛之事可以容其事之而惡其遂者正以得而不取與不討莫異知得而不取者正以經書入故也是以隱二年夏莒人入向之下傳云入者何得而不居也案下注云季孫宿遂取鄆以自益其邑然則此言得而不取者謂雖得運不取以入國家非謂全不取也言故書入起其事者以起其不取運以入國家之事也

大夫無遂事。此其言遂何。公不得爲政爾。時公微弱政教不行故季孫宿遂取鄆而自益其邑〔疏〕大夫無遂事云云○解云莊公十九年公子結之下已發此傳今此復言之者嫌討叛不惡遂故明之○注季孫宿至其邑○解云遂者專事之辭言季孫自專取鄆故言遂取鄆也知以自益其邑者正以討叛邑而不入國家故知以自益其邑也

夏。晉侯使士彭來聘。○秋。九月。吳子乘卒。至此卒者與中國會同本在楚後賢季子因始卒其父是後亦欲見其迭爲君卒皆不日吳遠於楚○迭大結反○〔疏〕夏晉侯使士彭來聘○解云考諸正本皆作士魴字若作士彭者誤矣○注至此至其父○解云案宣十八年秋楚子旅卒而吳至是乃書卒者正以其與中國會同本在楚後是以春秋略之不書卒但因季子之賢乃始卒其父矣僖十九年冬會陳人蔡人楚人鄭人盟于齊二十一年春宋人齊人楚人盟于鹿上秋宋公楚子陳侯以下會于霍成十五年冬叔孫僑如會晉士燮以下會吳于鍾離然則於傳聞之世楚人數與中國會同至所聞之世吳人乃會故云與中國會同本在楚後也知賢季子乃始卒其父者正以吳子乘不慕諸夏會大晚理宜略之今得書卒間其有因是以二十九年夏吳子使札來聘之下傳云吳無君無大夫此何以有君有大夫賢季子也何賢乎季子讓國也賢季子則吳何以有君有大夫以季子爲臣則國宜有君者也札者何吳季子之名也春秋賢者不名此何以名許夷狄者不壹而足也季子者所賢也曷爲不足乎季子許人臣者必使臣許人子者必使子也彼注云緣臣子尊榮莫不欲與君父共之故不足乎季子所以隆父子之親也以此言之則知由賢季子卒其父也○注是後至爲君○解云今書其父卒亦欲見其四子迭爲君之義故也襄二十九年傳云其讓國奈何謁也餘祭也夷昧也與季子同母者四季子弱而才兄弟皆愛之同欲立之以爲君謁曰今若是迮而與季子國季子猶不受也請無與子而與弟弟兄迭爲君而致國乎季子皆曰諾故諸爲君者皆輕死爲勇飲食必祝是其迭爲君之事○注卒皆不日吳遠於楚○解云言皆不日者即此文書九月下二十五年冬十二月吳子謁伐楚門于巢卒昭十五年春王正月吳子夷昧卒之屬故云卒皆不日也言吳遠於楚者正以宣十八年秋七月甲戌楚子旅卒下十三年秋九月庚辰楚子審卒之屬皆書日故決之也凡爲人宜道接而生恩楚邇於諸夏數會同親而邇近之故書其日吳側海隅而與諸夏罕接故皆不日以見其遠也

○冬。楚公子貞帥師侵宋。

○公如晉。

十有三年。春。公至自晉。○夏。取詩。詩者何。邾婁之邑也。曷爲不繫乎邾婁。諱亟也。諱背蕭魚之會亟○取詩二傳作邿亟去冀反注同背音佩〔疏〕夏取詩者○解云正本皆作邿字有作詩字者誤○詩者何○解云欲言其國曾來未有欲言其邑又不繫國故執不知問○注諱背至會亟○解云正以上十一年蕭魚之會邾婁在其間故如此解○秋。九月。庚辰。楚子審卒。○冬。城防。

十有四年。春。王正月。季孫宿、叔老會晉士匄、齊人、宋人、衞人、鄭公孫蠆、曹人、莒人、邾婁人、滕人、薛人、杞人、小邾婁人會吳于向。月者危刺諸侯委任大夫交會彊夷臣日以強三年之後君若贅旒然○蠆勑邁反二傳作蠆向舒亮反綴流知鋭反又作丁梲反一本作贅旒〔疏〕注三年之後君若贅旒然者即下十六年春三月公會晉侯以下于溴梁戊寅大夫盟傳云諸侯皆在是其言大夫盟何信在大夫也何言乎信在大夫徧刺天下之大夫也曷爲徧刺天下之大夫君若贅旒然彼注云旒旒贅繫屬之辭以旒旒喻者爲下所執持東西者也

○二月。乙未。朔。日有食之。是後衞侯爲彊臣所逐出奔溴梁之盟信在大夫〔疏〕注是後衞至大夫○解云彊臣謂孫甯矣云溴梁之盟信在大夫者在下十六年春鄉已引之訖

○夏。四月。叔孫豹會晉荀偃、齊人、宋人、衞北宮結、鄭公孫蠆、曹人、莒人、邾婁人、滕人、薛人、杞人、小邾婁人伐秦。○己未。衞侯衎出奔齊。日者爲孫氏甯氏所逐後甯氏復納之者同當相起故獨日也不書孫甯逐君者舉君絶爲重見逐說在二十七年○復扶又反〔疏〕叔孫豹會晉荀者○解云舊本作荀偃若作荀罃者誤○注日者至日也○解云凡諸侯出奔之例大國月重乖離之小國書時即桓十五年五月鄭伯突出奔蔡昭三年冬北燕伯欵出奔齊之屬是也今此書日故須解之爲孫氏甯氏所逐者下二十七年傳云衞甯殖與孫林父逐衞侯而立公孫剽是也知後甯氏復納者亦彼傳文甯殖已死其子甯喜納之也云出納之者同當相起故獨日也者欲見其出納之者同故出入皆書見其一家之事其入書日之經即下二十六年二月甲午衞侯衎復歸于衞是也云舉君絶爲重者謂書衎之名見其當絶不合爲諸侯云見逐說在二十七年者謂下二十七年夏衞侯之弟鱄出奔晉之下傳具道見逐之由也

○莒人侵我東鄙。○秋。楚公子貞帥師伐吳。○冬。季孫宿會晉士匄、宋華閱、衞孫林父、鄭公孫蠆、莒人、邾婁人于戚。閱音悅

十有五年。春。宋公使向戌來聘。戌音恤○二月。己亥。及向戌盟于劉。○劉夏逆王后于齊。劉夏者何。天子之大夫也。劉者何。邑也。其稱劉何。據宰渠伯糾繫官○劉夏戶雅反〔疏〕劉夏者何○解云欲言王臣文不言爵欲言諸侯臣而逆王后故執不知問○劉者何○解云欲言官名經典未有欲言非官與宰咺文相值故執不知問○注據宰渠伯糾繫官者即桓四年夏天王使宰渠伯糾來聘是也○以邑氏也。諸侯入爲天子大夫不得氏國稱本爵故以所受采邑氏稱子所謂采者不得有其土地人民采取其租稅爾禮記王制曰天子三公之田視公侯卿視伯大夫視子男元士視附庸稱

子者參見義顧爲天子大夫亦可以見諸侯不生名亦可以見爵亦可以見大夫稱傳曰天子大夫是也不稱劉子而名者禮逆王后當使三公故貶去大夫明非禮也○采邑七代反下謂采同租稅子奴反下舒銳反見義賢偏反下同大夫稱尺證反去起呂反〔疏〕注諸侯至稱子○解云知劉夏是諸侯入爲天子大夫者正以卒葬並書即定四秋七月劉卷卒葬劉文公是也若直爲大夫者假令書卒不錄其葬即文三年夏五月王子虎卒經無葬文是也言不得氏國稱本爵者謂不得氏本國不得稱本爵也其本國本爵今史文無記不可以指知也言故以所受采此氏稱子者即劉子尹子單子之屬是也言其常文然不謂內經得稱子矣○注禮記至附庸○解云公羊之義天子圻內不封諸侯故如此解即引王制以證之與左氏穀梁之義異若然寀王制下文云天子之縣內方百里之國九七十里之國三十有一五十之國六十有三凡九十三國名山大澤不以朌其餘以錄士以爲間田鄭氏云大國九者三公之田三爲有致仕者副之爲六也其餘三待封王之子弟次國二十一者卿之田六亦爲有致仕者副之爲十二又三爲三孤之田其餘六亦待封王之子弟小國六十三大夫之田二十七亦爲有致仕者副之爲五十四其餘九亦以待封王之子弟三孤之田不副者以其無職佐公論道耳雖其致仕猶可即而謀焉以此言之天子圻內九十三國言天子圻內不封諸侯者謂采地以爲國此圻外諸侯田自采取其稅租而巳不得取即有其人民身没之後子孫不世不得以諸侯難之○注稱子至是也○解云參讀爲二三之三也言凡諸侯入爲天子大夫所以稱子者三種見義何者正欲顧其爲天子大夫其稱子所以得三見義者一則可以見諸侯不生名故曰子一則可以見其本爵何者是折外諸侯容其稱爵雖不得正稱其本爵亦得稱子以見之一則可以見大夫稱故曰參見義也言傳曰天子大夫是也者即上傳云劉夏者何天子之大夫也是也○注不稱至非禮也○解云桓八年冬十月祭公來遂逆王后于紀傳云祭公者何天子之三公也何氏云婚禮成於伍先納采問名納吉納徵請期然後親迎時王者遣祭公來使魯爲媒可則因用魯往迎之不復成禮疾王者不重妃匹逆天下之母若逆婢妾將謂海內何哉故譏之其注并引親迎言之則知何氏以爲天子親迎是以異義公羊說云天子至庶人皆親迎所以重婚禮也者是何此注云禮逆王后當使三公者蓋謂有故之時或者何氏此注云禮逆王后當使三公即知何氏之意以爲不親迎與桓入年注云婚禮成於五云云然後親迎者欲道士婚禮親迎之前仍有此五禮于時王者不行不謂解天子親迎也又言疾王者不重妃匹云云者正謂疾時王不行五禮不謂責親迎而異義公羊說云天子親迎者彼是章句家說非何氏之意也云故貶去大夫明非禮也者謂子是大夫之稱今貶而去之故曰貶去大夫也去其大夫正稱非禮明矣故云貶去大夫明非禮也

外逆女不書。此何以書。過我也。明魯當共送逆之禮○過古禾反共音恭

○夏。齊侯伐我北鄙。圍成。俱犯蕭魚此不月十二年月者疾始可知〔疏〕注俱犯至可知○解云即十二年三月莒人伐我東鄙圍台傳云邑不言圍此其言圍何伐而言圍者取邑之辭也彼注云不直言取邑者深恥中國之無信也前九年伐得鄭同盟于戲楚伐鄭不救卒爲鄭所背中國以弱蠻荊以強兵革亟作蕭魚之會服鄭最難不務長和親復相貪犯故諱而言圍以起之月者加責之然則今齊侯伐我北鄙圍成者亦是取邑之辭但深恥諸夏之無信故言圍以起之然則齊侯不務長和親復相貪犯背蕭魚約而特不月者疾始可知也

公救成。至遇。其言至遇何。據季孫宿救台不言所至〔疏〕注據季至所至○解云即上十二年春季孫宿師師救台遂入運是也○

不敢進也。兵不敵不敢進也不言止次如公次于郎以刺之者量力不責重民也故與至搆同文封內兵書者爲不進張本○搆戶圭反又因究反爲于僞反〔疏〕注不言至民也云云○解云莊三年公次于郎傳云其言次于郎何刺欲救紀而後不能也彼注云惡公既救人辟難道還故書其止次以起之是也正以此量力不責之則知莊公三年者力能救之而不敢救故刺之云故與至嶲同文者僖二十六年春公追齊師至嶲弗及是也然則彼言至嶲此言至遇故言與至嶲同文彼下注云國內兵不書而舉地者善公齊師去則止不遠勞百姓過復取勝得用兵之節故詳錄之即襄公知力不能敵不忍戰殺其民至遇則止亦得用兵之宜故與之同文○注封內云云○解云定入年傳云公斂處父帥師而至經不書之則知封內之兵例不書也今此公救成亦是封內之兵書之者正爲至遇張本也至遇者是不進之文故言此也

○季孫宿、叔孫豹帥師城成郛。郛芳夫反

○秋。八月。丁巳。日有食之。是後溴梁之盟信在大夫齊蔡莒吳衛之禍徧滿天下〔疏〕注是後至大夫○解云在下十六年春○注齊蔡至天下○解云下二十五年夏五月乙亥齊崔杼弒其君光冬十二月吳子謁伐楚門于巢卒二十六年春二月辛卯衛甯喜弒其君剽二十九年夏五月閽弒吳子餘祭三十年夏四月蔡世子般弒其君固三十一年冬十有一月莒人弒其君密州事不次者意及則言不必見義也

○邾婁人伐我南鄙。○冬。十有一月。癸亥。晉侯周卒。○周一本作雕

十有六年。春。王正月。葬晉悼公。○三月。公會晉侯、宋公、衛侯、鄭伯、曹伯、莒子、邾婁子、薛伯、杞伯、小邾婁子，于溴梁。○溴本又作臭古闃反

戊寅。大夫盟。諸侯皆在是。其言大夫盟何。據葵丘之盟諸侯皆在有大夫不言大夫盟〔疏〕公會晉侯以下于溴梁者○解云爾雅釋地云梁莫大于溴梁孫氏曰梁水橋也音義云溴水出河內軹縣東南至溫入河是也○注據葵丘之盟者○解云在僖九年其經云夏公會宰周公齊侯宋子以下于葵丘九月戊辰諸侯盟于葵丘案彼經傳云不見有大夫之文唯有僖十五年三月公會齊侯宋公以下盟于牡丘遂次于匡公孫敖率師及諸侯之大夫救徐然則牡丘之盟即有大夫可知此注云葵丘之盟者誤也宜爲牡丘字矣信在大夫也者言其信任在于大夫

信在大夫也。故書大夫盟不言諸侯之大夫者起信在大夫〔疏〕注不言諸侯之大夫者起信在大夫○解云欲決上三年雞澤之會經云及諸侯之大夫也

何言乎信在大夫。據上三年戊寅不起〔疏〕注據上至不起○解云即上三年雞澤之會經云戊寅叔孫豹及諸侯之大夫及陳袁僑盟連言諸侯是其不起之文而言上戊寅不起者欲道今此戊寅起之二經皆言戊寅故得相對爲上下也

偏刺天下之大夫也。曷爲偏刺天下之大夫。據戊寅不刺之○偏刺者音遍下及下同〔疏〕注據戊寅不刺之○解云不復言上戊寅者上已言之從可知省文

君若贅旒然。旒旒旒贅繫屬之辭若今俗名就壻爲贅壻矣以旒旒騎者爲下所執持東西旒者其數名禮記玉藻曰天子旒十有二旒諸侯九卿大夫七士五不言諸侯之大夫者明所刺者非但會士大夫并偏刺天下之大夫不殊內大夫者欲一其文見惡同也至此所以偏刺之者蕭魚之會服鄭最難諸侯勞倦莫背復出而大夫常行三委干臣而君遂失權大夫故得信在故孔子曰唯器與名不可以假人不重出地者與三年雞澤大夫盟同義○贅章銳反本又作綴丁衛反又丁劣反繫屬也旒音留本又作流旌旗之旒屬音燭見惡賢偏反難乃旦反復扶又反重直用反〔疏〕注若今俗名就壻爲贅壻矣○解云亦是妻所持挈故名之云爾○注禮記玉藻○解云案今禮記玉藻即無此文唯禮說稽命徵及含文嘉皆云天子旗九刃十二旒曳地諸侯七刃九旒齊軫卿大夫五刃七旒齊較士三刃五旒齊首而言玉藻誤也云不言至大夫者注已云不言諸侯之大夫者起信在大夫今又言此者謂不言諸侯之大夫有兩種之義非但起信在大夫明偏刺天下之大夫也云不殊內大夫者欲一其文見惡同也者欲道上三年雞澤之會殊叔孫豹不一其文者非唯彼大夫之過豹惡亦可見故也云諸侯勞倦莫肯復出而大夫常行三委于臣而君遂失實權大夫故得信在者謂上十一年蕭魚之會以來十四年春季孫宿叔老會晉士句以下于向夏叔孫豹會晉荀偃以下伐秦冬季孫宿會晉士句以下于咸之屬是諸侯不出大夫常行也云故孔子曰雖器與名不可以假人者家語文成二年左傳亦有此言云不重出地者與三年雞澤大夫盟同義者即上注云不重出地者諸侯在臣繫君故因上地是也

晉人執莒子、邾婁子，以歸。錄以歸者甚惡晉有罪無罪皆當歸京師不得自治之○惡烏路反〔疏〕注錄以至治之○解云稱人以執非伯討已是晉之惡也復言以歸不決於天子又是其惡故其錄以歸者甚惡晉矣

○齊侯伐我北鄙。○夏。公至自會。○五月。甲子。地震。是時溴梁之盟政在臣下其後叛臣二弒君五楚滅舒鳩齊侯襲莒乘離出奔兵事最甚〔疏〕注其後叛臣二者○解云即下二十三年夏晉欒盈復入于晉入于曲沃二十六年春衛孫林父入于戚以叛是也云弒君五者即下二十五年夏齊崔杼弒其君光二十六年春衛甯喜弒其君剽二十九年夏閽弒吳子餘祭三十年夏蔡世子般弒其君固三十一年冬莒人弒其君密州之屬是也云楚滅舒鳩者即下二十五年秋楚屈建帥師滅舒鳩是也云齊侯襲莒者在下二十三年冬云乘離出奔者即下十七年宋華臣出奔陳二十年蔡公子履陳侯之弟光出奔楚之屬也叔老會鄭伯晉荀偃者正本作荀偃若有作荀罃者誤矣

○叔老會鄭伯、晉荀偃、衛甯殖、宋人伐許。○秋。齊侯伐我北鄙。圍成。○大雩。先是伐許齊侯圍成動民之應○冬。叔孫豹如晉。

十有七年。春。王二月。庚午。邾婁子瞷卒。○瞷音閑或下

訐反左氏作牼。○宋人伐陳。○夏。衛石買帥師伐曹。○秋。齊侯伐我北鄙。圍洮。○洮他刀反左氏作桃。○齊高厚帥師伐我北鄙。圍防。○九月。大雩。此年仍見圍不服恤民之應。○宋華臣出奔陳。○冬。邾婁人伐我南鄙。

十有八年。春。白狄來。白狄者何。夷狄之君也。何以不言朝。不能朝也。○言朝直遥反下同。〔疏〕白狄者何。○解云欲言其君經不書朝欲言其臣不見名氏故執不知問。○夏。晉人執衛行人石買。○秋。齊師伐我北鄙。○冬。十月。公會晉侯、宋公、衛侯、鄭伯、曹伯、莒子、邾婁子、滕子、薛伯、杞伯、小邾婁子。同圍齊。曹伯負芻卒于師。○楚公子午帥師伐鄭。

十有九年。春。王正月。諸侯盟于祝阿。下有執不日者善同伐齊故褒與信辭。○祝阿二傳作祝柯。〔疏〕下有至信辭。○解云公羊之義不信者日今上文同盟下即執邾婁子是爲不信而不日者褒與信辭故也。晉人執邾婁子。公至自伐齊。此同圍齊也。何以致伐。據諸侯圍許致圍。〔疏〕注據諸侯圍許致圍者。○解云即僖二十八年冬諸侯遂圍許二十九年公至自圍許是也。未圍齊也。故致伐起未圍。未圍齊。則其言圍齊何。抑齊也。曷爲抑齊。據侵蔡伐楚猶不抑。〔疏〕注據侵至不抑。○解云即僖四年春王正月公會齊侯以下侵蔡蔡潰遂伐楚是也言猶不抑者正以楚爲彊夷數害諸侯論深淺甚於齊矣猶不抑之故以爲難也。爲其亟伐也。或曰。爲其驕蹇。使其世子處乎諸侯之上也。以下葬略或說是也亟伐者并數爾加圍者明當從滅死二等奪其爵土。○爲其于偽反下同亟去冀反注同驕蹇紀橋反本又作橋下紀輦反并數必正反下所主反下數年同。〔疏〕或曰爲其至上也。○解云即上十一年夏公會晉侯以下伐鄭之時齊世子光在於莒子之上之屬是也。○注以下至是也。○解云下葬略者即下文冬葬齊靈公注云不月者抑其父也嫌子可得無過故奪臣子恩明光代父從政處諸侯之上不孝也者是正以葬是生者之事故略其父葬得惡其子則知或說近其義也云亟伐者并數爾者即上圍成圍洮圍防之屬故言并數爾必如此解者正以宣九年秋取根牟傳云根牟者何邾婁之邑也曷爲不繫乎邾婁諱亟也注云亟疾也屬有小君之喪邾婁子來加禮未期而取其邑故諱不繫邾婁也然則彼言亟者謂上有小君薨邾婁來加禮於魯未期而伐取邑背信大疾故云亟今此直是頻擊伐魯故云亟故須解云亟伐者并數爾以別彼文。○注加圍者至爵土。○解云據未圍而言圍故請之加也莊十年傳云觕者曰侵精者曰伐戰不言伐圍不言戰入不言圍滅不言入書其重者然則用兵之道滅爲最甚入次之圍次之今加言圍輕於滅入二等明不合死但合黜爵滅土耳。取邾婁田自漷水。其言自漷水何。據齊人取濟西田不言自濟水。○漷火虢反徐音郭取濟子禮反下同。〔疏〕注據齊人至濟水。○解云即宣元年夏六月齊人取濟西田是也。以漷爲竟也。何言乎以漷爲竟。據取邑未嘗道竟界。漷移也。魯本與邾婁以漷爲竟漷移入邾婁界魯隨而有之諸侯土地本有度數不得隨水隨水有之當坐取邑故云爾。〔疏〕漷移也。○解云漷移而經不書者外異故也然則傳每言外異不書者亦據此文也。○季孫宿如晉。○葬曹成公。○夏。衛孫林父帥師伐齊。○秋。七月。辛卯。齊侯瑗卒。○瑗于眷反一音環二傳作環。〔疏〕齊侯瑗卒者。○解云左氏穀梁作環字也。○晉士匄帥師侵齊。至穀。聞齊侯卒。乃還。還者何。善辭也。何善爾。大其不伐喪也。此受命乎君而伐齊。則何大乎其不伐喪。據公子買戍衛不卒戍言戍衛遂公意。〔疏〕還者何。○解云欲言其善而廢君命欲言其惡還是善辭故執不知問。○注據公至公意。○解云即僖二十八年春公子買戍衛不卒戍刺之傳云不卒戍者何不卒戍者內辭也不可使往也不可使往則其言戍衛何遂公意也彼注云使臣子不可使恥深故諱使若往不卒竟事者明臣不得壅塞君命是也然則公子買不可使往而經書戍衛以遂公意以明臣子不得壅塞君命今此士匄不行君命而經大之故以爲難也。大夫以君命出。進退在大夫也。禮兵不從中御外臨事制宜當敵爲師唯義所在士匄聞齊侯卒引師而去恩動孝子之心服諸侯之君是後兵寢數年故起時善之言乃者士匄有難重廢君命之心故見之言至穀者未侵齊也言聞者在竟外舉侵者張本。○難乃旦反及見賢遍反。○〔疏〕注禮兵至張本。○解云司馬法云閫外之事將軍裁之故云禮用兵之道不得國中制御于外也凡爲將軍之法必須臨事制宜謂事進退也當其敵之強弱而爲師以樂之唯不爲非義而已故言唯義所在而老子云將軍有廟勝之策者謂未行之時先謀於廟授之斧鉞令有勝功也旣授之斧鉞之後明即自專之義裁其可否故是其宜也云恩動孝子之心義服諸侯之君者哀痛其喪是其恩故曰恩動孝子之心依禮而行是其義故曰義服諸侯之君也云是後兵寢數年者謂自此以後兵事寢伐數年不起至二十三年秋齊侯伐衛遂伐晉二十四年冬楚子蔡侯陳侯許男伐鄭者始有兵起也案明年仲孫遬帥師伐邾婁亦是兵而言數年者正以魯與邾婁竟界相近數相冒犯非齊晉之事故得然解也云故起時善之者正以士匄此事實依古禮但時莫能然特以爲善故云起時善之云言乃者士匄有難重廢君命之心故見之者正以宣八年傳云乃者何難也今又言乃故以重難解之而言重者正以乃難於而故彼注云言乃者內而深言而者外而淺故此云重難也云言至穀者未侵齊也者上十五年夏公救成至遇傳云其言至遇何不敢進也然則彼言至者不進之文今至穀即聞其喪明其未行侵故云言至穀者未侵齊也云言聞者在竟外者正以古禮庶人爲君齊衰三月若其入竟即舉而知之何道聞乎故如此解也云舉侵者張本者若如上說本未入齊但在竟外聞喪而言侵者爲下張本耳。○八月。丙辰。仲孫蔑卒。○齊殺其大夫高厚。○鄭殺其大夫公子喜。○喜二傳作嘉。〔疏〕鄭殺至子喜。○解云左氏穀梁作公子嘉也。○冬。葬齊靈公。不月者抑其父嫌子可得無過故奪臣子恩明光代父從政處諸侯之上不孝也。○〔疏〕注不月至不孝也。○解云正以卒日葬月終于春秋爲大國之例今葬不書月故須解之言抑其父者即上十九年傳云未圍齊則言其圍齊何抑齊也曷爲抑齊爲其亟伐也或曰爲其驕蹇使其世子處乎諸侯之上也是也言嫌子可得無過者正以明王之制父子兄弟罪不相兼故也故奪臣子恩者正以葬是生者之事故略其父葬不書其月可以奪臣子恩也言明光代父從政處諸侯之上不孝也者正以孝子之道見父母不義之事不合從父之命處其人君之上焉得爲孝乎故去其父葬月以見之。○城西郛。言西郛者據都城錄道東西。○叔孫豹會晉士匄于柯。○柯古河反。○城武城。

二十年。春。王正月。辛亥。仲孫遬會莒人盟于向。○遬音速。○夏。六月。庚申。公會晉侯、齊侯、宋公、衛侯、鄭伯、曹伯、莒子、邾婁子、滕子、薛伯、杞伯、小邾婁子。盟于澶淵。○澶市然反。○秋。公至自會。○仲孫遬帥師伐邾婁。○蔡殺其大夫公子燮。○蔡公子履出奔楚。○陳侯之弟光出奔楚。爲二慶所譖還在二十三年。○弟光左氏傳作弟黃。〔疏〕注爲二慶至三年。○解云即下二十三年經云陳殺其大夫慶虎及慶寅陳侯之弟光自楚歸于陳注云前爲二慶所譖出奔楚楚人治其罪陳人誅二慶反光故言歸宋大夫山譖華元貶之而今此不貶者殺二慶而光歸諸光可知者即其義也。○叔老如齊。○冬。十月。丙辰。朔。日有食之。自溴梁之盟臣恣日甚故比年日食。〔疏〕注自溴至日食。○解云自上十六年溴梁之盟信在大夫以來臣之恣日甚矣言比年日食即下二十一年秋九月庚戌朔日有食之冬十月庚辰朔日有食之二十三年春王二月癸酉日有食之是也。○季孫宿如宋。

二十有一年。春。王正月。公如晉。月者溴梁之盟後中國方乖離善公獨能與大國。〔疏〕注月者至大國。○解云正以朝聘例時故如此解。○邾婁庶其以漆閭丘來奔。邾婁庶其者何。邾婁大夫也。邾婁無大夫。此何以書。據快無氏。○漆音七閭力於反快苦夬反。〔疏〕邾婁庶其者何。○解云欲言其君經不書爵欲言其大夫邾婁無大夫故執不知問。○注據快無氏。○解云即昭二十七年冬邾婁快來奔是其無氏即不合書見之義問者見快不書氏知邾婁無大夫旣無大夫何以特書庶其乎故難之然案下二十

三年夏邾婁鼻我來奔何故不據鼻我而要以據快者正以鼻我以二字爲稱嫌鼻我爲字若其據之於義不明故如此也注重地也。惡受叛臣邑故重而書之不言叛者舉地言奔則魯坐受與庶其叛兩明故省文也。惡烏路反○夏。公至自晉。○秋。晉欒盈出奔楚。○九月。庚戌。朔。日有食之。○冬。十月。庚辰。朔。日有食之。○曹伯來朝。○公會晉侯、齊侯、宋公、衞侯、鄭伯、曹伯、莒子、邾婁子、于商任。○任音壬○十有一月。庚子。孔子生。時歲在己卯。○庚子孔子生傳文上有十月庚辰此亦十月也一本作十一月庚子又本無此句〔疏〕十有一月庚子孔子生。○解云左氏經無此言則公羊師從後記之。○注時歲在己卯者。○解云何氏自有長歷不得以左氏難之

二十有二年。春。王正月。公至自會。月者危公前疆隨漷有邾婁地又受其叛臣邑而今與魯不於上會月者與日食同月不得復見。○與音預見賢偏反〔疏〕注月者危公者。○解云正以凡致例時故如此解云前疆隨漷有邾婁地者即上十九年春取邾婁田自漷水是也云又受其叛臣邑者即上二十一年春邾婁庶其以漆閭丘來奔是也云不於上會云云者言所以不於上商任會時書月以見危者正以與上冬十月庚辰朔日有食之同在十月不得見此義是以於此危○夏。四月。○秋。七月。辛酉。叔老卒。○冬。公會晉侯、齊侯、宋公、衞侯、鄭伯、曹伯、莒子、邾婁子、滕子、薛伯、杞伯、小邾婁子、于沙隨。公至自會。○楚殺其大夫公子追舒。

二十有三年。春。王二月。癸酉。朔。日有食之。○三月。己巳。杞伯匄卒。○匄古害反○夏。邾婁鼻我來奔。邾婁鼻我者何。邾婁大夫也。邾婁無大夫。此何以書。以近書也。以奔無他義知以治近升平書也所傳聞世見治始起外諸夏錄大略小大國有大夫小國略稱人所聞之世內諸夏治小如大廩廩近升平故小國有大夫治之漸也見於邾婁者自近始也獨舉一國者時亂實未有大夫治亂不失其實故取足張法而已。鼻我二傳作畀我以治直吏反下見治治之漸同近升平附近之近下近升同傳直專反見治賢偏反下同〔疏〕邾婁鼻我者何。○解云已解於上。○以近書也者。○解云以其治近於升平故復書之。○注以奔至而已。○解云莊二十四年冬曹羈出奔之下傳云曹無大夫此何以書賢也何賢乎曹羈曹羈三諫不從遂去之故君子以爲得君臣之義也然則曹羈得諫義是以書之上二十一年邾庶其之奔傳云邾婁無大夫此何以書重地也昭五年夏莒牟夷以牟婁及防茲來奔傳云此何以書重地也然則庶其牟夷皆以重地故書悉非常例今此鼻我無三諫之善無盜上之惡直奔而已更無它義而得書見知以治近升平之故也云見於邾婁者自近始也者正以地接于魯故先治之也云治亂不失其實故取足張法而已者言孔子作春秋欲以撥亂世多舉小國恐有大夫則恐文害其理故曰治亂不失其實也今鼻我更無他義而得書見明其張三世之法故曰取足張法而已○葬杞孝公。○陳殺其大夫慶虎及慶寅。○陳侯之弟光自楚歸于陳。前爲二慶所譖出奔楚楚人治其罪陳人誅二慶反光故言歸宋大夫山譖華元貶此不貶者殺二慶而光歸譖光可知。○譖側鴆反〔疏〕注前爲至言歸。○解云在上二十年秋云故言歸者正以歸者出入無惡之文故也云宋大夫山譖華元貶者即成十五年秋宋華元出奔晉宋華元自晉歸于宋宋殺其大夫山何氏云不氏者見殺在華元歸後嫌直自見殺者故貶之明以譖華元故今此殺二慶之後光乃歸歸者出入無惡之文則知譖光明矣○晉欒盈復入于晉。入于曲沃。曲沃者何。晉之邑也。其言入于晉入于曲沃何。據當舉重。○復入扶又反注同〔疏〕曲沃者何。○解云欲言晉邑理當舉重欲言非晉邑繫晉言之故執不知問欒盈將入晉。晉人不納。由乎曲沃而入也。欒盈本欲入晉篡大夫位晉人不納更入於曲沃得其士衆以入晉國曲沃大夫當坐故復言入篡大夫位例時〔疏〕注欒盈本至例時。○解云復入者出無惡之文故知其入欲有所篡也不直言入又無叛文故知不篡君位也其惡之文不繫於篡君故知止欲篡大夫也云曲沃大夫當坐故復言入也正以入者出入惡之文而人于曲沃故知從晉鄉曲沃之時有罪明矣曲沃大夫受納有罪之人故云當坐春秋欲見此義故不舉重復書入于曲沃矣云篡大夫位例時者正以經書夏故知例時昭二十一年夏宋華亥向甯華定自陳入于宋南里以畔定十一年秋宋樂世心自曹入于蕭之屬皆是也○秋。齊侯伐衞。遂伐晉。八月。叔孫豹帥師救晉。次于雍渝。曷爲先言救而後言次。據次于聶北救邢。○渝羊朱反左氏作揄聶女輒反〔疏〕注據次至救邢。○解云即僖元年春齊師宋師曹師次于聶北救邢是也先通君命也。惡其不遂君命而專止次故先通君命言救。○惡烏路反○己卯。仲孫遬卒。○冬。十月。乙亥。臧孫紇出奔邾婁。○紇恨發反○晉人殺欒盈。曷爲不言殺其大夫。據篡得大夫之位〔疏〕注據篡至之位。○解云正以夏已入晉冬乃殺之傳又云曷爲不言殺其大夫故知篡得大夫之位矣非其大夫也。明非君所置不得爲大夫無大夫文而殺之稱人者從討賊辭大其除亂也〔疏〕注明非至亂也。○解云公羊之例大夫自相殺稱人即文九年晉人殺其大夫先都之屬是今無大夫之文稱人者欲從衞人殺州吁齊人殺無知之屬是討賊之辭故也實非篡而作討賊之辭者大其除亂也○齊侯襲莒。

二十有四年。春。叔孫豹如晉。○仲孫羯帥師侵齊。○仲孫偈本又作褐亦作羯同居竭反○夏。楚子伐吳。○秋。七月。甲子。朔。日有食之。既。是後楚滅舒鳩齊崔杼衞甯喜弒其君〔疏〕注是後至其君。○解云二十五年秋楚屈建帥師滅舒鳩二十五年夏齊崔杼弒其君光二十六年春衞甯喜弒其君剽是也○齊崔杼帥師伐莒。○大水。前此叔孫豹救晉仲孫羯侵齊此與師衆民怨之所生也八月。癸巳。朔。日有食之。與甲子同〔疏〕○注與甲子同。○解云在上七月也○公會晉侯、宋公、衞侯、鄭伯、曹伯、莒子、邾婁子、滕子、薛伯、杞伯、小邾婁子、于陳儀。○陳儀二傳作夷儀二十五年同○冬。楚子、蔡侯、陳侯、許男伐鄭。○公至自會。○陳鍼宜咎出奔楚。○咸本又作鍼其廉反咎其九反○叔孫豹如京師。○大饑。有死傷曰大饑無死傷曰饑〔疏〕子陳儀左氏與穀梁作夷儀。○注有死傷曰大饑。○解云正以諸經直言饑此加大故也

公羊注疏卷二十挍勘記　　阮元撰盧宣旬摘錄

公羊注疏襄公卷二十

十有二年

春王三月　唐石經鄂本閩本同監毛本三誤正

欒荆以强　閩監毛本同鄂本强作彊

此何以書爲公之也　補毛本作爲公取之也此本誤脫取字

知此莒人伐我東鄙圍台之經爲文者　浦鏜云爲下當脫常字

昭元年三月取運　浦鏜云下當脫傳云

而自益其邑　鄂本而作以按正義正作以

夏晉侯使士彭來聘　唐石經諸本同解云考諸正本皆作士魴字若作士彭者誤矣按疏中標經士彭當本作士魴

因始卒其父　疏中因作乃

問其有因　疑當作其間有因

十有三年

夏取詩　唐石經諸本同釋文詩二傳作邿解云正本皆作邿字有作詩字者誤齊召南云公羊經傳作詩漢地理志東平國亢父詩亭故詩國亦是同公羊非誤也○按說文邿附庸國在東平亢父邿亭

十有四年

三年之後君若贅旒然 釋文作綴流云一本作贅旒○按穀梁疏引此亦作贅浦鏜云二誤三從穀梁疏校

注三年之後君若贅旒然者 閩監毛本者作○下有解云二字

叔孫豹會晉荀偃 諸本同唐石經鈌解云舊本作荀偃若作荀罃者誤

叔孫豹會晉荀者 閩監毛本者作偃按偃者當並有

已未衛侯衎出奔齊 左穀無衎字

後甯氏復納之者同 鄂本復納之下有出納之三字此脫按疏中引注亦有當據以補入

大國月重乖離之 ○補毛本月上有書字之下有禍字此誤脫

十有五年

天子之大夫也 孫志祖云穀梁疏云公羊以劉夏為天子下大夫據此則大夫之上疑脫下字

稱子者參見義 解云參讀為二三之三

卽定四秋七月 補四下誤脫年字

五十之國六十有三 浦鏜云五十下脫里○按浦說是也

其餘以錄士 浦鏜云祿誤錄

明魯當共送迎之禮 鄂本迎作逆

故與至巂同文 鄂本同閩監毛本巂改嶲按釋文作至巂此本載音義同此疏及僖廿六年經傳釋文皆作至巂

十有六年

于湨梁 唐石經閩本同監毛本湨誤溴釋文作臭梁云本又作湨

据葵丘之盟 解云此注云葵丘者誤也宜為牡丘字矣

公會晉侯以下于湨梁者 閩監毛本刪者下注据葵丘之盟者同

若今俗名就壻為贅壻矣 鄂本名誤民

三委于臣而君遂失權 浦鏜云正誤三從六經正誤按按此本疏引注云而君遂失實權閩監毛本疏無實字

大夫故得信在 鄂本在作狂此誤

叔老會鄭伯晉荀偃者 此本上接陳侯之弟光出奔楚之屬也下鄂閩監毛本移此於宋人伐許下又刪者字增解云二字

叔老會鄭伯晉荀偃 唐石經諸本同疏云正本作荀偃若有作荀罃者誤

十有七年

春王二月 唐石經原刻三磨改二按左氏穀梁皆二月

邾婁子瞯卒 釋文唐石經瞯作瞷左氏作邾子牼卒力經古義云考工梓人云數目顧脰注云故書顧或作牼鄭司農云牼讀為鬝頭無髮之鬝是牼有瞯音故或作瞯

十有九年

正以楚為彊夷 閩監本同毛本彊改强非

邾婁來加禮於魯 按婁下脫子字

恩動孝子之心服諸侯之君 閩監本同鄂本毛本心下有義字按解云哀痛其喪是其恩故心恩動孝子之心依禮而行是其義故曰義服諸侯之君也是疏本有義字當據補

公救成至遇 閩本同監毛本成誤陳

罪不相兼故也 閩本同監毛本兼誤及

二十年

陳侯之弟光出奔楚 唐石經諸本同釋文弟光左氏作弟黃九經古義云白虎通云璜之為言光也風俗通云黃光也

癸酉日有食之是也 浦鏜云癸酉下脫朔字

二十有一年

惡受叛臣邑 鄂本受下有人字

十有一月庚子孔子生 唐石經諸本同釋文作庚子孔子生云傳文上有十月庚辰此亦十月也一本作十一月庚子又本無此句按穀梁傳作庚子孔子生與陸氏本合疏本作十有一月庚子與唐石經同○按作十月者是也考杜氏長厤十有一月庚辰小十一月已酉大十一月無庚子庚子乃十月二十一日也齊召南說

時歲在已卯 疏及鄂本閩本同監毛本作乙卯非錢大昕云於三統術是年歲在乙巳乙卯當為乙巳之訛疏作已卯亦非

二十有二年

前彊隨鄰有邾婁地 鄂本同閩監毛本彊作疆疏同

而今與魯不於上會月者 鄂本魯作會此誤毛本於誤與鄂本閩監本及疏皆不誤

冬公會晉侯齊侯宋公衞侯鄭伯曹伯莒子邾婁子滕子 唐石經諸本同三傳邾婁子作邾子左氏無滕子

二十有三年

自近始也 諸本同昭廿七年疏引作以近治也始為治之訛當據正按解云正以地接于魯故先治之也是疏本作治

以近書也○ 鄂本○作者

宋大夫山諸華元貶 二十年疏引此下有之字

故復言入也 浦鏜云者誤也

故知從晉鄉曲沃之時 閩監毛本鄉誤卿

定十一年秋宋樂世心 閩監毛本世改大非經作世字

次于雍渝 唐石經諸本同釋文雍渝左氏作楡

晉人殺其大夫先都之屬 毛本先誤光

二十有四年

仲孫羯帥師侵齊 唐石經諸本同釋文作仲孫偈云本又作偈亦作羯同

此與師衆民怨之所生也 元本同監毛本此作北皆誤鄂本閩本作比又鄂本無也當據以訂正

于陳儀 釋文陳儀二傳作夷儀二十五年同閩監毛本皆誤以此釋文為注鄂本無之此本加圈以別之是也

公羊注疏卷二十挍勘記終

監本春秋公羊注疏襄公卷二十一 起二十五年盡三十一年

何休學解

二十有五年。春。齊崔杼帥師伐我北鄙。○夏。五月。乙亥。齊崔杼弒其君光。○公會晉侯、宋公、衛侯、鄭伯、曹伯、莒子、邾婁子、滕子、薛伯、杞伯、小邾婁子于陳儀。○六月。壬子。鄭公孫舍之帥師入陳。日者陳鄭俱楚之與國今鄭背楚入陳明中國當憂助鄭以離楚弱陳故爲中國憂錄之○背音佩爲于僞反〔疏〕注日者至錄之○解云正以公羊之義入例書時傷害多者乃始書月即成七年秋吳入州來隱二年夏五月莒人入向之屬是今此書日故爲憂錄之故也言陳鄭楚之與國者正以宣十一年夏楚子陳侯鄭伯盟于辰陵之文也○秋。八月。己巳。諸侯同盟于重丘。會盟再出不舉重者起諸侯欲誅崔杼故詳錄之○重直龍反〔疏〕注會盟至錄之○解云正以文十四年夏公會宋公以下同盟于新城舉盟以爲重不言會于某今會盟並舉故須解之僖九年公會宰周公以下于葵丘之下注云會盟一事不舉重者時宰周公不與盟也昭十三年平丘之下注云不舉重者起諸侯欲討棄疾故詳錄之與此同公至自會。○衛侯入于陳儀。陳儀者何。衛之邑也。曷爲不言入于衛。據與鄭突入櫟同○櫟力狄反〔疏〕陳儀者何解云欲言是國衛侯入于欲言其邑不繫于衛故執不知問○注據與至櫟同○解云桓十五年秋九月鄭伯突入于櫟櫟者何鄭之邑曷爲不言入于鄭注云據齊陽生立陳乞家言入于齊今此亦據哀六年齊陽生之事與之同故云據與鄭突入櫟同矣哀六年傳云景公死而舍立陳乞使人迎陽生于諸其家諸大夫不得已皆逡巡北面再拜稽首而君之爾然則陽生實入陳乞家而言入于齊今衛侯入于陳儀不言入于衛是以據而難之然則陽生入于陳乞之家在國都之內故言入于齊陳儀非國都故不得言入于衛諼君以弒也。以先言入后言弒也時衛侯爲剽所篡逐不能以義自復詐願居是邑爲剽臣然后候間伺便使甯喜弒之君子耻其所爲故就爲臣以諼君惡之未得國言入者起詐篡從此始○諼況元反以弒音試注同后年放此伺便音司下婢面反惡烏路反〔疏〕注以先至弒也○解云謂今言入二十六年弒剽是也云時衛侯爲剽所篡逐者初見篡逐在十四年今仍未復故言時也云然后候間伺便使甯喜弒之者在下二十六年春云故就爲臣以諼君惡之者謂就其君之文以惡之云未得國言入者云云欲言小白陽生之屬得國乃言入○楚屈建帥師滅舒鳩。○屈居勿反○冬。鄭公孫蠆帥師伐陳。〔疏〕公孫蠆云云亦有本作公孫萬字者○十有二月。吳子謁伐楚。門于巢卒。門于巢卒者何。入門乎巢而卒也。入門乎巢而卒者何。入巢之門而卒也。以先言門后言于巢吳子欲伐楚過巢不假塗卒暴入巢門門者以爲欲犯巢而射殺之君子不怨所不知故與巢得殺之使若吳爲自死文所以彊守禦也書伐者明持兵入門乃得殺之○謁左氏作過卒暴七忽反射食亦反〔疏〕吳子過者亦有一本作謁字者○門于巢卒者何○解云欲言好者舉門于巢卒欲言其殺卒非殺之稱故執不知問○入門乎巢而卒者何○解云雖加入者仍未分明故更以不知問之○注先言門后言于巢者○解云正以先入其門巢人乃殺故言門于巢卒傳云入巢之門而卒也者解入于巢而卒吳子謁何以名。據諸侯伐人不名傷而反。未至乎舍而卒也。以名卒間無事知以傷辜死還就張本文伐名知傷而反卒繫巢知未還至舍巢不坐殺復見辜者辜內當以弒君論之辜外當以傷君論之○復扶又反〔疏〕吳子謁至卒也○解云上七年傳云鄭伯髡原何以名傷而反未至乎舍而卒也已是辜傳也今復發之者正以彼是臣傷其君今此異國因其異故復發之○復注以至本文○解云正以伐楚而書名門于巢而言卒其間更無事知以傷之故傷辜而死是以還就于伐而書其名爲卒張本文云伐名知傷而反卒繫巢知未還至舍者正以名者卒爵之稱今于伐已名知其見傷而反也其卒之時仍繫巢言之故知於被傷還未至于舍止之處而卒也云巢不坐殺復見辜者上注云與巢得殺是巢不坐殺也言復見辜者對上七年言之故言復也云辜內當云云者上注云與巢得殺之今見辜者正以過國假塗賓客之謙謹重門設守主人之恒備今吳人無禮凌暴巢國若不與殺開衰世諸侯得使縱橫巢無禦備而殺人之君若今舍之又脫漏其罪是以何氏進退月之若以殺論巢君合絕若以傷論既黜而已云云之說在上七年

二十有六年。春。王二月。辛卯。衛甯喜弒其君剽。甯喜爲衛侯衎弒剽不舉衎弒剽者譏成于喜○剽匹妙反喜爲于僞反下文爲惡曷爲同〔疏〕注甯喜至剽者解云下二十七年傳文云不舉衎弒剽者譏成于喜者言喜若爲衎弒剽春秋舉重宜書衎弒今書喜者正由譏成于喜故也是以下二十七年傳曰甯殖死喜立爲大夫使人謂獻公黜公者非甯氏也孫氏爲之吾欲納公何如是諼詐予成喜之文也○衛孫林父入于戚以叛。衎盜國林父未君事衎言叛者林父本逐衎衎人故叛衎得誅之猶定公得誅季氏故正之云爾〔疏〕注林父至言叛者○解云正以凡言叛者臣盜土之辭故如此解云林父本逐衎者在十四年也○注猶定公至云爾○解云昔林父逐衎衎得誅之季氏不逐定公而定公得誅季氏者正以昭公是父父子一體榮辱同之季氏逐昭公故與定公得誅之也知如此者正以定公元年霣霜殺菽何氏云周十月夏八月微霜用事未可殺菽者少類爲稼強季氏象也是時定公喜於得位而不念父黜逐之耻反爲淫祀立煬宮故天示以當早誅季氏是也○甲午。衛侯衎復歸于衛。此諼君以弒也。其言復歸何。據齊陽生至陳乞家時書入于齊不書復歸復歸者入無惡文〔疏〕注據齊至歸者○解云即哀六年秋齊陽生入于齊傳云景公死而舍立陳乞使人迎陽生于諸其家諸大夫不得已皆再拜稽首而君之爾是也云復歸者入無惡文者即桓十五年傳云復歸者出惡歸無惡是也惡剽也。主惡剽衛侯入無惡則剽惡明矣○惡剽烏路反注及下惡剽以惡并上注故惡反惡惡輕以惡皆同曷爲惡剽。據齊陽生不書歸惡舍剽之立。於是未有說也。凡篡立皆緣親也剽以公孫立於是位尤非其故衛人未有說喜由此得成譏禍故惡以爲戒也重不書反惡此者因重不得書故得惡輕亦欲以見重○有說音悅注同以見賢偏反下出見同〔疏〕注篡親親也者○解云正以有繼及之道故也○云剽以公孫於是位尤非其次故衛人未有說者○解云若以昭穆言遠於公子故曰尤非其次也昭穆既遠復無賢德是以衛未有說之也然則曷爲不言剽之立。據衛人立晉〔疏〕注據衛人立晉者在隱四年不言剽之立者。以惡衛侯也。欲起衛侯失衆出奔故不書剽立剽立無惡則衛侯惡明矣日者起甯氏復納之故出入同文也甯喜弒君而衛侯歸則甯氏納之明矣以歸奔俱日知出納之者同衛侯歸而孫氏叛孫氏本與甯氏逐之亦可知也名者起盜國盜國明則復歸爲惡剽出見矣○復納扶又反〔疏〕注日者至納○解云正以春之例歸與復歸例皆時即僖二十八年夏六月衛侯鄭自復歸于衛何氏云復歸例皆時此月者爲下卒出也是也此書日故須解之○云故出入同文也者○解云即十四夏四月已未衛侯衎出奔齊今此復日故曰同文也○云國明至見矣者○解云正以復歸者出有惡入無惡故得惡剽之文何者衎既盜國寧得無惡而入言復歸知更有見○夏。晉侯使荀吳來聘。○公會晉人、鄭良霄、宋人、曹人于澶淵。○秋。宋公殺其世子痤。痤有罪故平公書葬○痤在禾反〔疏〕注痤有罪至書葬○解云春秋之君殺無罪大夫及枉殺世子者皆書葬以明其合絕是以申生無罪不書獻公之葬至昭十年經云叔弓如宋葬宋平公者正以痤有罪故也若隱元鄭伯克段于鄢以其有罪故去弟痤今若有罪仍言世子正以段有當國之罪重故如其意貶去其弟使如國君氏鄭所以見段之惡逆矣今痤之罪微不足去世子但是合罪之科故得存其葬矣○晉人執衛甯喜。此執有罪。何以不得爲伯討。據甯喜弒君稱人而執非討〔疏〕注稱人而執非伯討者○解云僖四年傳文也不以其罪執之也。不明得以爲功當坐執人○八月。壬午。許男甯卒于楚。○甯乃定反冬。楚子、蔡侯、陳侯伐鄭。○葬許靈公。

二十有七年。春。齊侯使慶封來聘。○夏。叔孫豹會晉趙武、楚屈建、蔡公孫歸生、衛石惡、陳孔瑗、鄭良霄、許人、曹人于宋。○孔瑗二傳作孔奐○衛殺其大夫甯喜。衛侯之弟鱄出奔晉。衛殺其大夫甯喜。則衛侯之弟鱄曷爲出奔晉。據與射姑同○鱄市

轉反又音專一音直轉反射音亦又音夜〔疏〕注據與射姑同。解云即文六年晉殺其大夫陽處父狐射姑出奔狄傳云晉殺其大夫陽處父則狐射姑曷爲出奔彼注云據蔡殺其大夫公子燮蔡公子履出奔楚此非同姓恐見及然則今此亦據公子履出奔之事與射姑同故言據與射姑同矣其公子履之事在上二十年秋執鈇鑕者若似司弓矢云甲革椹鑕之類爲殺甯喜出奔也。曷爲爲殺甯喜出奔。據非同姓。爲殺于僞反下爲殺爲我爲衞注深爲皆同衞甯殖與孫林父逐衞侯而立公孫剽。甯殖病將死。謂喜曰。黜公者非吾意也。孫氏爲之。黜猶出逐。黜公勑律反下文注同我即死。女能固納公乎。固猶必也喜者殖子殖本與孫氏共立剽而孫氏獨得其權故有此言。女音汝喜曰。諾。甯殖死。喜立爲大夫。使人謂獻公曰。黜公者非甯氏也。孫氏爲之。吾欲納公。何如。獻公曰。子苟納我。吾請與子盟。盟者欲堅固喜意喜曰。無所用盟。時喜見獻公多詐欲使公子鱄保之故辭不肯盟曰臣納君義也無用爲盟矣請使公子鱄約之。喜素信鱄以爲鱄能保獻公獻公謂公子鱄曰。甯氏將納我。吾欲與之盟。其言曰。無所用盟。請使公子鱄約之。子固爲我與之約矣。公子鱄辭曰。夫負羈縶。縶馬絆也。羈縶本又作羈下陟立反馬絆也絆音半執鈇鑕。從君東西南北。則是臣僕庶孽之事也。僕從者庶孽衆賤子猶樹之有孽生。鈇音甫又方于反鑕之實反從君才用反又如字注同孽魚列反又五割反注及下同若夫約言爲信。則非臣僕庶孽之所敢與也。鱄見獻公多詐不敢保。與音預獻公怒曰。黜我者非甯氏與孫氏。凡在爾。欲以此語迫從令必約之。令力呈反公子鱄不得已而與之約。已約。歸至。殺甯喜。獻公歸至國背約殺甯喜。背音佩下同公子鱄挈其妻子而去之。慙恚不能保獻公。挈苦結反恚一睡反將濟于河。攜其妻子而與之盟。攜猶提也風波之害已意不得展故將濟豫與之盟曰。苟有履衞地食衞粟者。昧雉彼視。昧割也時割雉以爲盟猶曰視彼割雉負此盟則如彼矣傳極道此者見獻公無信刺縛兒爲彊臣所逐既不能救又移心事剽背爲姦約獻公雖復因喜得反誅之小負未爲大惡而深以自絕所謂守小信而忘大義拘小介而失大忠不爲君漏言者即漏言當坐殺大夫不得以正葬正葬明喜有罪。昧舊音刎亡粉反一音末又音蔑割

也見獻賢偏反下見此同復扶又反介音界〔疏〕注誅之至大忠。解云獻公之入甯喜之由皆賢弟之約殺所恃之人應爲大惡而言小負者正以甯氏殺逐兩君累世同惡雖納舊君未足掩其前罪今獻公違約殺之故謂之小負何氏必知小負者正以下二十九年秋葬衞獻公若殺無罪大夫例不書葬而獻公書葬甯喜有罪明矣喜既有罪則殺之者罪輕其罪既輕謂之小負不亦宜乎。注不爲至有罪。解云君漏言者即文六年傳云射殺則其稱國以殺何君漏言也是也然則君漏言者即坐殺大夫故當去其葬而文六年晉襄公由漏言以殺處父而經書公子遂如晉葬襄公者正以彼經殺在葬後是以不得去其君葬矣○秋七月。辛巳。豹及諸侯之大夫盟于宋。曷爲再言豹。據盟于首戴不再出公〔疏〕注據盟至出公。解云即僖五年夏公及齊侯宋公以下會王世子于首戴秋八月諸侯盟于首戴是也殆諸侯也。殆危也危諸侯故再出豹懼錄之曷爲殆諸侯。據首戴不殆爲衞石惡在是也。曰惡人之徒在是矣。衞侯衎不信而使惡臣石惡來故深爲諸侯危懼其將負約爲禍原先見此者衎負鱄殺喜得書葬嫌於義絕可欲起其小負會盟再出不舉重者方再出豹也石惡惡者是也下出奔是也〔疏〕注會盟至豹也。解云正以文十四年夏公會宋公以下同盟于新城舉盟以爲重不言會于某今此會盟並舉故須解之○冬。十有二月。乙亥。朔。日有食之。是后闇殺吳子餘祭蔡世子般弒其君莒人弒其君之應。闇殺音昏下音弒二十九年同祭側界反〔疏〕注是后至之應。解云即下二十九年夏五月闇弒吳子餘祭三十年夏四月蔡世子般弒其君固三十一年冬十月莒人弒其君密州是也

二十有八年。春。無冰。豹羯爲政之所致〔疏〕注豹羯至所致。解云成元年無冰之下注云尚書曰舒恆燠若易京房傳曰當寒而溫倒置也是時成公幼少季孫行父專權而委任之所致即其義也而偏指豹羯者正以數年以來專見豹羯之事不見季孫見經明是時豹羯用事故也即上二十三年叔孫豹帥師救晉次于雍渝二十四年叔孫豹如晉仲孫羯帥師侵齊二十七年夏叔孫豹會晉趙武以下于宋案下文秋仲孫羯如晉二十九年夏仲孫羯會晉荀盈以下城杞之屬是也○夏。衞石惡出奔晉。○邾婁子來朝。○秋。八月。大雩。公方久如楚先是豫賦于民之所致〔疏〕注公方久如楚。解云即下十一月公如楚是也二十九年夏五月公至自楚是也仲孫羯如晉。○冬。齊慶封來奔。○十有一月。公如楚。如楚皆月者危公朝夷狄也〔疏〕注如晉皆月者。解云即此及昭七年三月公如楚皆月之屬是也○十有二月。甲寅。天王崩。○乙未。楚子昭卒。乙未與甲寅相去四十二日蓋閏月也葬以閏數卒不書閏者正取朞月明朞三年之喪始死得以閏數非死月不得數閏。閏數所主反下同朞居其反又作朞〔疏〕注葬以閏至數閏。解云哀五年閏月葬齊景公傳云閏不書何以書注云據楚子昭卒不書閏傳云喪以閏數也注云謂喪服大功以下諸喪當以閏月爲數傳又云喪曷爲以閏數注云據卒不書閏傳云喪數略也注云略猶殺也以月數恩殺故并閏數然則大功以下以月爲數故得數之故此注云葬以閏數云卒不書閏者正取朞月者以其取朞月故不得書閏矣何者以閏非正月故也以此言之明朞三年之喪始死在閏月得數之何者正以閏月者前月之餘故得繼前月言之若閏不在始死之月則不得數之何者朞三年皆以年計若通閏數之則不滿朞三年故也

二十有九年。春。王正月。公在楚。何言乎公在楚。據成十一年正月公在晉不書〔疏〕注據成至不書。解云即成十年秋七月公如晉十一年春王三月公至自晉則知正月之時公在晉明矣正月以存君也。正月歲終而復始臣子喜其君父與歲終而復始執贄存之故言在在晉不書在楚書者惡襄公久在夷狄爲臣子危錄之。而復扶又反下皆同惡襄烏路反下惡以同爲臣于僞反下故爲爲季子傳凡爲同〔疏〕注臣子至言在。解云公在國時恒以歲首存之今君在楚不得行此事故書其所在云在晉不書云云者即成十一年是也若然案昭三十一年三十二年皆云春王正月公在乾侯何言在晉不書者昭三十年注云闕公運潰無尺土之居遠在乾侯故以存君書明臣子當憂納之然則闕公失國遠在晉地是以書之仍非常例也○夏。五月。公至自楚。○庚午。衞侯衎卒。○闇弒吳子餘祭。闇者何。門人也。守門人號〔疏〕闇者何。解云欲言其臣闇非臣稱欲言非臣而得弒吳子故執不知問刑人也。以刑爲闇古者肉刑墨劓擯宮與大辟而五孔子曰三皇設言民不違五帝畫象世順機三王肉刑揆漸加應世黠巧姦僞多。劓魚器反臏毗忍反辟婢亦反畫象音獲應世應對之應黠閑八反〔疏〕注以刑至而五。解云何氏所以必言古者肉刑者正以漢文帝感女子之訴怨倉公之罪除肉刑之制故指肉刑爲古者矣知五刑爲此等者正以元命包云墨劓辟之屬各千臏辟之屬五百宮辟之屬三百大辟之屬二百列爲五刑罪次三千是也案周禮司刑職云墨罪五百劓罪五百刖罪五百宮罪五百大辟五百凡二千五百與此違者鄭駁異義云皐陶改臏爲剕呂刑有剕周改剕爲刖然則司刑職周刑也孔子爲春秋採摘古制是以元命包之文與司刑名異條目不同云孔子曰三皇設言民不違五帝畫象世順機三王肉刑揆漸加應世黠巧姦僞多者孝經說文言三皇之時天下醇粹其若設言民無違者是以不勞制刑故曰三皇設言民無違也其五帝之時黎庶已薄故設象刑以示其恥當世之人順而從之疾之而機矣故曰五帝畫象世順機也畫猶設也其象刑者即唐傳云唐虞之象刑上刑赭衣不純注云純緣也時人尚德義犯刑者但易之衣服自爲大恥中刑雜屨屨屨也下刑墨幪幪巾也使不得冠飾周禮罷民亦然上刑易三中刑易二下刑易一輕重之差以居州里而民恥之是也三王之時劣薄已甚故作肉刑以威恐之言三王必爲重刑者正揆度其世以漸欲加而重之故曰揆漸加也當時之人應其時世而爲黠巧作姦僞者彌多于本用此之故須爲重刑也云云之說備在孝經䟽刑人則曷爲謂之闇。據非刑人名刑人非其人也。以刑人爲闇非其人故變盜言闇〔疏〕注以刑至言闇。解云曲禮上篇云刑人不在君側鄭注云爲怨恨爲害祭統云古者不使刑人守門然

則刑人不合爲閽故曰以刑人爲閽非其人也刑人弒君正合書盜故哀四年盜弒蔡侯申之下傳云弒君賤者窮諸人此其稱盜以弒何賤乎賤者也賤者孰謂謂罪人也是其刑人弒君正合稱盜之文是以此注云故變盜言閽

君子不近刑人。近刑人則輕死之道也。刑人不自賴而用作閽由之出入卒爲所殺故以爲戒不言其君者公家不畜士庶不友放之遠地欲去聽所之故不繫國不繫國故不言其君○不近附近之近下同【疏】注刑人至其君○解云猶言不自重似若世人名輕賤之物云非可賴也又云公家不畜士庶不友放之遠地欲去聽所之者出禮記王制文注故不至其君者言故不繫國者謂不言吳閽也既不繫國則絕君臣之義故不言弒其君矣

○仲孫羯會晉荀盈、齊高止、宋華定、衛世叔齊、鄭公孫段、曹人、莒人、邾婁人、滕人、薛人、小邾婁人城杞。書者杞時微善能成王者後【疏】衛世叔齊○解云左氏經作大叔儀

○晉侯使士鞅來聘。鞅於丈反

○杞子來盟。貶稱子者微弱不能自城危社稷宗廟當坐善諸侯城之復貶者諸侯自閔而城之非杞能以善道致諸侯【疏】注貶稱至當坐○解云杞是王者之後實爲公但春秋之義假魯爲王新周故宋黜杞爲伯是以莊二十七年冬杞伯來朝注云杞夏後不稱公者春秋黜杞新周而故宋以春秋當新王然則杞之常爵正合稱伯而稱子者微弱不能自城危社稷宗廟當坐故也云云之說在僖二十三年

○吳子使札來聘。吳無君無大夫，此何以有君有大夫？據向之會稱國○札側八反【疏】注據向之會稱國○解云即上十四年季孫宿叔老會晉士匄以下會吳于向是也

賢季子也。何賢乎季子？據聘不足賢而使賢有君有大夫判人來聘是也【疏】注判人來聘是也釋曰即莊二十三年夏判人來聘是也然則彼亦來聘而但稱人則知來聘之功不足褒美今得加文故怪之

讓國也。其讓國奈何？謁也，餘祭也，夷昧也，與季子同母者四。與并也并季子四人 季子弱而才，兄弟皆愛之，同欲立之以爲君。謁曰：「今若是迮而與季子國，迮起也倉卒意○迮子各反起也卒七忽反 季子猶不受也。請無與子而與弟，弟兄迭爲君，迭猶更也○迭大結反更也更也音庚 而致國乎季子。」皆曰：「諾。」故諸爲君者皆輕死爲勇，飲食必祝，祝因祭祝也論語曰雖疏食菜羹瓜祭是也○祝之又反又之六反注同疏食音嗣【疏】故諸至爲勇○解云言其或輕其死或爲勇事即餘祭不遠刑人謂爲巢門所殺是也○注論語至是也○釋曰論語鄉黨文言雖疏食菜羹及瓜質薄之物亦必祭其所先君子有事不忘本也引之者證飲食有祭之義吳子因此祭而得自祝也 曰：「天苟有吳國，猶曰天誠欲有吳國當與賢弟【疏】注猶曰至賢弟○釋曰言天誠有吳而不滅之我當將國以與賢弟也 尚速有悔於予身。」尚猶努力速疾也悔咎予我也欲急致國于季子意【疏】尚速至予身○解云案成十七年左氏傳云晉士燮祈死下何氏作膏肓難之曰休以爲人生有三命有壽命以保度有隨命以督行有遭命以摘暴未聞死可祈也昔周公之隆天不出妖地不出孽陰陽和調災害不生武王有疾周公植璧秉珪願以身代武王疾愈周公不夭由此言之死不可請偶自天祿欲盡矣非果死今左氏以爲果死因著其事以爲信然於義左氏爲短然則今此謁等亦自祈死而得難左氏者公羊此事直見謁等愛其友弟致國無由精誠之至而願早卒遂忘死不可祈之義矣猶如周公代死子路請禱之類豈言謁等祈得死乎而謁及餘祭之死或入巢之門或閽人所殺抑亦事非天眚也豈如左氏以果死爲信然故得難之然則季子仁者知兄如此何不早去而令三君遇咎自悔者蓋謁等但爲密謀季子不知是以未去耳

故謁也死，餘祭也立。故迮爲君【疏】故謁也死○解云在上二十五年餘祭也立在上二十六年餘祭也死在今年夏夷昧也立在明年夷昧也死在昭十五年春季子使而反至而君之爾者在昭十五年凡爲季子之故也者三君皆然故言凡者非一之辭 餘祭也死，夷昧也立。夷昧也死，則國宜之季子者也。季子使而亡焉。僚者長庶也，即之。緣兄弟相繼而即位所以不書僚篡者緣季子之心惡以己之是揚兄之非故爲之諱所以起至而君之○季子使所吏反下同僚者力雕反長丁丈反下注同 季子使而反，至而君之爾。不爲讓國者僚已得國無讓也 闔廬曰：「先君之所以不與子國而與弟者，凡爲季子故也。將從先君之命與，則國宜之季子者也。如不從先君之命與，則我宜立者也。僚惡得爲君乎？」於是使專諸刺僚，闔廬謁之長子光專諸膳宰僚耆炙魚因進魚而刺之○闔戶臘反廬力居反命與音餘下命與同僚焉於虔反本又作惡音烏刺僚七賜反又七亦反注同者市志反【疏】注闔廬至子光○解云正以上云則我宜立故也云專諸膳宰僚耆炙魚因進魚而刺之者吳語文自闔廬以下至去之延陵皆在昭二十七年 而致國乎季子。季子不受曰：「爾弒吾君，吾受爾國，是吾與爾爲篡也。爾殺吾兄，吾又殺爾，是父子兄弟相殺，終身無已也。」兄弟相殺者謂闔廬爲季子殺僚○爾殺吾君申志反注殺僚同篡初患反 去之延陵，延陵吳下邑禮公子無去國之義故不越竟 終身不入吳國。不入吳朝既不忍討闔廬義不可留事【疏】注不入吳朝○解云正以延陵者竟內之邑而言不入吳國故以朝廷解之 故君子以其不受爲義，以其不殺爲仁。故大其能去以其不以貧賤苟止故推二事與之【疏】注故大其能去○解云言由其能去之故君子與之 賢季子，則吳何以有君有大夫？據其本不賢其君 以季子爲臣，則宜有君者也。方以季子賢許使有臣有大夫故宜有君 札者何？吳季子之名也。春秋賢者不名，此何以名？許夷狄者，不壹而足也。故降字而名【疏】札者何○解云欲言其名違賢者例欲言其字仍不足其氏故執不知問○許夷狄者不壹而足也者○解云壹而足者即莊二十五年春陳侯使女叔來聘是也 季子者所賢也，曷爲不足乎季子？許人臣者必使臣，許人子者必使子也。緣臣子尊榮莫不欲與君父共之字季子則遠其君夷狄常剛離君父辭故不足以隆父子之親厚君臣之義季子讓在殺僚後豫於此賢之者移諱于闔廬不可以見讓故復因聘起其事○遠于萬反見賢偏反【疏】注季子至見讓○解云殺僚在昭二十七年夏言移諱于闔廬者移却季子讓國之文諱去闔廬之殺是以不得見其讓矣故彼注云不書闔廬弒其君者爲季子諱明季子不忍父子兄弟自相殺讓國闔廬欲其高之故爲沒其罪也是也

○秋，九月，葬衛獻公。

○齊高止出奔北燕。燕音烟

○冬，仲孫羯如晉。

三十年，春，王正月，楚子使薳頗來聘。月者公數如晉希見荅今見聘故喜錄之○薳于委反頗音皮又音彼一音普何反一本作跛者音同二傳作薳罷數所角反【疏】注月者至錄之○解云文當言如晉是若有作如楚字者誤也言數如晉者即上三年春公如晉四年冬公如晉八年春公如晉十二年冬公如晉二十一年春公如晉之屬是也在位之間五朝于晉故言數也言希見荅者上十二年夏晉侯使士彭來聘二十九年夏晉侯使士鞅來聘是也魯侯五朝而晉人再荅故謂之希二十八年公如楚楚亦一報故喜錄之也案上元年晉侯使荀罃來聘而解之言希者以其公如晉之前非荅公之事故也

○夏，四月，蔡世子般弒其君固。不日者深爲中國隱痛有子弒父之禍故不忍言其日○般音班深爲于僞反下爲伯不爲爲中國同【疏】注不日至其日○解云欲道文元年冬十月丁未楚世子商臣弒其君髡以其是夷狄忍言其日也

○五月，甲午，宋災，伯姬卒。伯姬守禮含悲極思之所生外災例時此日者爲伯姬卒日○思息吏反【疏】外災至卒日○解云外災例時即莊十一年秋宋大水莊二十年夏齊大災上九年春宋火之屬是也而昭九年夏四月陳火書月者正以楚人強暴行詐枉滅君子閔之故特月矣故彼注云月者閔之是也而昭十八年夏五月壬午宋衛陳鄭災而盡日者正以四國同日而俱災四國者天下象若曰無天下云爾故日之然則此不合日而日自爲伯姬卒日若然即魯女之卒例合書日而莊四年三月紀伯姬卒不日者彼夏六月乙丑齊侯葬紀伯姬何氏云卒不日葬日者魯本宜葬之故移恩錄文於葬是也以此言之則知莊二十九年冬十有二月紀叔姬卒三十年八月癸亥葬紀叔姬亦是魯本宜葬之故移恩錄文於葬也

○天王殺

其弟年夫。王者得專殺書者惡失親親也未三年不去王者方惡不思慕而殺弟不與子行也不從直稱君者舉重也莒殺意恢以失子行錄設但殺弟不能書是也不爲諱者年夫有罪。年夫音佞又如字二傳作佞夫惡失烏路反下皆同去起呂反子行下孟反下子行其行同〔疏〕注王者至親也。解云諸侯之義不得專殺大夫若大夫有罪而殺之者皆惡于專殺是以書見今此天王也自得專殺若殺大夫宜不書之書者以其未王而殺母弟失親親故惡而書也。未三至子行。解云文九年毛伯來求金之下傳云何以不稱使當喪未君也踰年矣何以謂之未君即位矣而未稱王也未稱王何以知其即位以諸侯之踰年即位亦知天子之踰年即位也注云俱繼體其禮不得異以天子三年然後稱王亦知諸侯於其封內三年稱子也然則靈王之崩在二十八年十有二月則於此時未三年也未合稱王而稱王者責其在父服之內方當思慕而已而殺其母弟非人子之義是以直稱天王不與其子行也而昭二十二年夏四月景王崩至二十三年秋七月天王居于狄泉亦未三年而稱天王者彼傳云此未三年其稱天王何著有天子也何氏云時庶孽並篡天王失位徙居微弱甚故急著正其號明天下當救其難而事之是也。注不從至有罪。解云僖五年春晉侯殺其世子申生傳云曷爲直稱晉侯以殺殺世子母弟直稱君者甚之也注云甚之者甚惡殺親親也春秋公子貫於先君唯世子與母弟以今君錄親親也今舍國體直稱君知以親親責之然則殺世子母弟者皆直稱君甚之今經云天王殺其弟年夫者寧知不是直稱爵之例而知天王者乃是不與子行者正以其在父服之內而不思思慕反殺先君之子以此爲重故知義然云莒殺意恢以失子行錄者即昭十四年冬莒殺其公子意恢注云莒無大夫書殺公子者未踰年而殺其君之子不孝尤甚故重而錄之稱氏者明君之子是也云設但殺弟不能書是也者正以莒殺意恢以其在喪內故書而責之則知天王殺弟若不在喪不書矣若諸侯之義不得專殺大夫而言莒殺意恢在喪內乃書者正以意恢直莒子之弟不爲大夫故也今此王者自得專殺若不在喪內何勞書乎故云設但殺弟不能書是也云不爲諱者年夫有罪者春秋之義雖言黜周而王魯乃實天子服內殺弟是甚惡何故不爲尊者諱因年夫有罪則王者之惡稍輕是以春秋不復諱矣。〇王子瑕奔晉。稱王子者惡天子重失親親。重直用反又直勇反〔疏〕注稱王至親親。解云正以文元年天王使叔服來會葬注云叔服王子虎也不繫王者不以親疏錄也今此王子瑕言王子者正惡天王重失親親故也〇秋。七月。叔弓如宋。葬宋共姬。外夫人不書葬。此何以書。隱之也。何隱爾。宋災。伯姬卒焉。說在下也。○共音恭其稱謚何。據葬紀伯姬不言謚〔疏〕注據葬至言謚。解云即莊四年齊侯葬紀伯姬是也然則宋伯姬得稱謚者以其賢故也即紀伯姬不言謚者不賢明矣若然案隱七年春王三月叔姬歸于紀何氏云叔姬者伯姬之媵也媵賤書者後爲嫡終有賢行紀侯爲齊所滅能處隱約全竟婦道故重錄之然則紀叔姬亦有賢行而莊三十年葬紀叔姬之經不云謚者蓋以劣於宋伯姬故不得與之同文何者能處隱約全竟婦道豈同守節盡誠逮火而死乎賢也。何賢爾。宋災。伯姬存焉。有司復曰。火至矣。請出。伯姬

曰。不可。吾聞之也。婦人夜出。謂有事宗廟不見傅母不下堂。禮后夫人必有傅母所以輔正其行衛其身也選老大夫爲傅選老大夫妻爲母。傅母如字又武候反本又作姆同〔疏〕注選老至爲母。解云春秋說文作時王之禮逮乎火而死者爲火所逮殘而死也傅至矣。母未至也。逮乎火而死。故賢而錄其說〇鄭良霄出奔許。自許入于鄭。鄭人殺良霄。〇冬。十月。葬蔡景公。賊未討。何以書葬。君子辭也。君子爲中國諱使若加弒月者弒父比髡原恥尤重故足諱辭。加弒音試下同〔疏〕注君子至加弒。解云凡君弒者雖賊未討亦書其君葬故昭十九年夏五月戊辰許世子止弒其君買冬葬許悼公傳云賊未討何以書葬不成于弒也○注月者至諱辭。解云即上七年冬十二月鄭伯髡原如會未見諸侯丙戌卒于操傳云諸侯卒其封內不地此何以地隱之也何隱爾弒也孰弒之其大夫弒之曷爲不言其大夫弒之爲中國諱也八年夏葬鄭僖公傳云賊未討何以書葬爲中國諱也何氏云操順上事使若無賊然不月者本實當去葬責臣子故不足也然則案彼髡原爲大夫所弒雖爲中國諱而書其葬猶責不足其文今此蔡侯爲子所弒比於髡原爲恥尤重是以足其諱辭備書時月也〇晉人、齊人、宋人、衞人、鄭人、曹人、莒人、邾婁人、滕人、薛人、杞人、小邾婁人、會于澶淵。宋災故。宋災故者何。諸侯會于澶淵。凡爲宋災故也。會未有言其所爲者。此言所爲何。錄伯姬也。重錄伯姬之賢爲諸侯所閔憂。凡爲于僞反下及注所爲同〔疏〕宋災故者何。解云上下諸會不錄所爲唯此特書故執不知問諸侯相聚。聚斂也相聚斂財物而更宋之所喪。更復也如今俗名解浣衣復之爲更衣。○更宋音庚又古孟反復也償也所喪息浪反下注同浣戶管反曰。死者不可復生。爾財復矣。復者如故時諸侯共償其所喪。○復生扶又反償常亮反此大事也。曷爲使微者。據詳錄所爲故卿也。卿則其稱人何。貶。曷爲貶。據善事也卿不得憂諸侯也。時雖各諸侯使之思實從卿發故貶起其事明大夫之義得憂內不得憂外所以抑臣道也宋憂內并貶者非救危亡禁作福也〔疏〕注時雖至其事。解云以此言之若恩從君發而使大夫行之雖其非正罪不至貶也。○注明大至臣道。○解云在禮家施不及國而言得憂內者正謂救危亡之時助君憂內不謂自專行之以此言之若助君憂內以救危之時雖恩發大夫不合議。注宋憂至福也。○解云言宋雖遭災未至於滅而思發於大夫外求鄰國近乎作福是以楚之洪範云惟辟作福惟辟作威今乃大夫行之故云禁作福也三十有一年。春。王正月。〇夏。六月。辛巳。公薨

于楚宮。公朝楚好其宮歸而作之故名之云爾作不書者見者不復見。好其呼報反見者賢徧反下同〔疏〕注公朝至云爾。解云正以上言公如楚公至自楚下言公薨于楚宮故云朝楚好其宮歸而作之故名楚宮。○注作不至復見。解云哀公三年夏五月辛卯桓宮僖宮災傳云此皆毀廟也其言災何復立也曷爲不言其復立春秋見者不得見也何氏云謂內所改作也哀自立之善惡獨在哀故得省文然則言見者不復見謂春秋之義諸是內所改作者但隨其重處一過見之而已其餘輕處不復見之所以然者正以哀自作之還於哀上災之善惡獨在於哀故得省文矣今此作楚宮亦是襄自作之還復襄自薨之善惡獨在於襄故得省文故引彼傳云見者不復見也以此言之則知成六年立武宮昭十五年有事于武宮亦是內所改作而重見者正以成公立之至昭乃有事立之祭之者異故不得省文〇秋。九月。癸巳。子野卒。〇己亥。仲孫羯卒。〇冬。十月。滕子來會葬。此書者與叔服同義〔疏〕注此書至同義。解云文九年春天王使叔服來會葬傳云其言來會葬何會葬禮也何氏云常事書者文公不肯諸侯莫肯會之故書天子之厚以起諸侯之薄然則今此會葬亦是常禮而書之者亦是襄公不肯諸侯莫肯會之故書滕子之厚以起諸侯之薄故云與叔服同義矣〇癸酉。葬我君襄公。〇十有一月。莒人弒其君密州。莒子納去疾及展立莒子廢之展因國人攻莒子殺之去疾奔齊稱人以弒者莒無大夫密州爲君惡民所賤故稱國以弒之

公羊注疏卷二十一挍勘記　阮元撰盧宣旬摘錄

公羊注疏襄公卷二十一

二十有五年

鄭伯突入于櫟　浦鏜云下當脫傳云

諼君以弒也　諸本同唐石經缺釋文作以殺云音試注同後年放此

以先言入后言弒也　鄂本后作後下及疏並同

冬鄭公孫囆帥師伐陳　諸本同唐石經本作公孫蠆口旁後加疏云公孫囆云云亦有一本作公孫萬字者何煌云萬當蠆字誤按閩監毛本皆脫此疏

吳子謁伐楚　唐石經諸本同釋文云謁左氏作遏按疏本作遏云亦有一本作謁字者作遏則與左氏合而陸氏乃區別之義疏所據之本往往勝於釋文公羊疏非唐人所爲也

吳子遏者亦有一本作謁字者　何校本同閩監毛本遏謁字互倒據釋文唐石經所改也

傷而反未至乎舍而卒也　唐石經鄂本閩監本同毛本反未誤倒

還就張本文伐名　惠棟云伐名二字屬上句蓋名于伐而不名于卒故謂知以傷卒死爲伐名張

本疏云伐名知傷而反卒誤讀

二十有六年

是諼詐于成喜之文也　浦鏜云成于字誤倒

正以有繼及之道故也○　鄂本○作者下故衞人未有說者同

二十有七年

我卽死　唐石經諸本同鄂本卽作則

子苟納我　唐石經作子苟欲納我諸本脫欲字石經考文提要云宋景德本鄂泮宮書本春秋集傳釋義皆作子苟欲納我

非甯氏與孫氏　唐石經原刻下有也字後磨改重刻刪去故次行九字

攜其妻子　鄂本閩監本同唐石經攜作擕毛本作絜注同係臆改

是后閽殺吳子餘祭　鄂本后作後

蔡世子般弒其君莒人弒其君之應　諸本同按釋文閽殺下音弒此二弒字亦當作殺音弒因上有釋文故作殺此無釋文故改弒也

二十有八年

當寒而温倒置也　倒置當作倒賞按成元年注作倒賞

次于雍渝　閩監毛本同翻刻者渝作榆非左氏經作榆

公方久如楚　鄂本久作欲此誤

閏不書何以書　浦鏜云何上脫此字是也

二十有九年

三王肉刑揆漸加　鄂本漸作斬誤解云揆度其世以漸欲加而重之故曰揆漸加

感女子之訴　毛本訴誤訢

疾之而機矣　諸本同盧文弨曰疑當作疾如機矣卽所謂其機如此也

幪巾也使不得冠飾　閩監本同毛本巾誤申飾誤作

近刑人則輕死之道也　唐石經原刻無則字後磨改增之故此行十一字

注故不至其君者　浦鏜云七字當衍文按此標何注起訖特閩監毛本注字失加黑匡者下無解云二字耳不當衍也

衞世叔齊　唐石經諸本同解云左氏經作大叔儀

釋曰卽莊二十三年夏　閩監本同毛本釋曰改解云按周禮儀禮疏及穀梁疏皆稱釋曰公羊疏稱解云或後人所改此其改之未盡者

雖疏食菜羹瓜祭是也　按古論語作瓜祭魯論語作必祭何氏今文之學當引作必祭○按何於尚書多用伏生之學於論語不可必其用魯也

地不出蘖　閩監毛本蘖作孽

周公不天　閩監本同毛本天誤大

在上二十五年餘祭也立　此本自故謂也死解云起至凡者非一之辭止通爲一節閩監毛本分爲四段散置傳文每節下割裂破碎不成文理矣

凡爲季子之故也者云　閩監毛本作凡爲季子故也○解云

僚已得國無讓也　鄂本無讓也作無所讓此誤

僚惡得爲君乎　唐石經鄂本同閩監毛本惡改焉按釋文作僚焉云於虔反本又作惡音烏蓋據此所改

注閽盧至子光者○解云　閩監毛本改作注閽盧謂之長子光者

吳語文　毛本文下衍○

爾弒吾君　唐石經鄂本同閩監毛本弒改殺按釋文作爾殺吾君云申志反注殺僚同蓋據此所改注中則諸本皆作殺僚

義不可留事　鄂本無可此衍

則宜有君者也　浦鏜云十二年疏引作則國宜有君者也唐石經缺以上下字數計之當無國字

故不足以隆父子之親厚君臣之義　何校本十二年疏引作故不足乎季子所以隆父子之親也與今本異

欲其高之　浦鏜云享誤高浦說是也

三十年

公數如晉　解云文當言如晉是若有作如楚字者誤也

卽上三年春公如晉　閩監毛本春誤冬

二十八年公○如楚　閩監毛本刪○非

未三年不去王者　鄂本閩本同監毛本去誤王

未三至子行　閩監毛本三下衍年毛本未上有注字

其稱謚何　唐石經諸本同毛本謚改諡非注及疏并前後同

故賢而錄其說　鄂本說作謚此誤

晉人齊人宋人衞人鄭人曹人莒人邾婁人　唐石經諸本同鄂本脫莒人二字

爲諸侯所閔憂　閩監毛本同鄂本閔作同此誤

時雖各諸侯使之恩　鄂本各作名此誤

外求鄰國　閩監本同毛本求誤來

三十有一年

春秋見者不得見也　浦鏜云復誤得按浦說是也

還於哀上災之　浦鏜云世誤上

解云文九年春　浦鏜云元誤九○按浦說是也

莒人弒其君密州　唐石經鄂本閩本同監毛本密作宻非注同

監本春秋公羊注疏昭公卷二十二 起元年盡十二年

何休學

元年。春。王正月。公即位。○叔孫豹會晉趙武、楚公子圍、齊國酌、宋向戌、衛石惡、陳公子招、蔡公孫歸生、鄭軒虎、許人、曹人于漷。戌惡皆與君同名不正之者正之當貶之嫌觸大惡方譏二名爲諱義當正亦可知。○國酌二傳作國弱招上遙反軒虎軒依字許言反舊音罕二傳作罕虎漷音郭又音號左氏作虢穀梁作郭[疏]齊國酌。解云亦有作國弱者。○注戌惡至大惡。○解云下七年秋衛侯惡卒十年冬宋公戌卒知向戌齊惡皆與君同名也然則君臣者父子之倫寧有同名之理今二子皆與君同名乃是不可之甚而春秋不正之者若正之當去其氏或貶稱人若其去氏嫌如宋督宋山齊無知之屬若其稱人嫌如襄三十年澶淵之大夫有作福之大惡由茲進退不得正之然則君臣同名不軌之甚得不爲大惡者正以名者父之所置已父未必爲今君之臣已或先世子而生君子既孤禮有不更名之義是以春秋謂之小惡曲禮下篇云不敢與世子同名鄭注云其先之生則亦不改義亦通於此以此言之則知無駭入極之屬自是大惡故去其氏俠卒翬溺會齊師之屬未命大夫正合無氏須辟嫌故。○注方譏至可知。○解云定六年冬季孫斯仲孫忌帥師圍運傳云此仲孫何忌也曷爲謂之仲孫忌譏二名二名非禮也何氏云爲其難諱也一字爲名令難言而易諱所以長臣子之敬不逼下也春秋定哀之間文致大平故見王者治定無所復爲譏唯有二名故譏之此春秋之制也然則所見之世文致大平二名者小過猶尚譏之況不辟君乃小惡之大者乎當須正之亦可知矣揔三世言之昭爲大平之首所以不譏二名而定哀之間乃譏之者蓋欲析而言之未當孔子之身故也云云之說在定六年

此陳侯之弟招也。何以不稱弟。據八年稱弟[疏]注據八年稱弟。○解云即八年經云春陳侯之弟招殺陳世子偃師是貶。曷爲貶。據八年殺偃師猶不貶爲殺世子偃師貶。曰。陳侯之弟招殺陳世子偃師。大夫相殺稱人。此其稱名氏以殺何。難八年事。○爲殺于僞反下注爲內爲仕皆同難八乃且反一年注同[疏]曰陳至偃師。○解云先舉八年經文然後難之。○大夫相殺稱人。○解云文十六年宋人弒其君處臼之下師解故此弟子取而難之言將自是弒君也。明其欲弒君故令與弒君而立者同文孔瑗弒君本謀在招。○令力呈反[疏]言將至君也。○解云世子者君之副貳今而殺之明其從是以後有弒君之心故稱其名氏不作兩下相殺辭矣。○注明其至同文。○解云兩下相殺例自稱人今欲明自是弒君故與文十四年齊公子商人弒其君舍又同矣若然大夫相殺稱人而宣十五年王札子殺召伯毛伯亦是大夫相殺而不稱人殺者彼注云大夫相殺不稱人者正之諸侯大夫顧弒君重故降稱人王者至尊不得顧是也。○注孔瑗至在招。○解云案昭八年春陳侯之弟招殺陳世子偃師夏四月辛丑陳侯溺卒竟無孔瑗弒君之文而知孔瑗弒君者正以八年下文冬十月壬午楚師滅陳執陳公子招放之于越殺陳孔瑗葬陳哀公當爾之時楚人託討于陳招殺世子但適放之而已孔瑗見殺明其弒君故也是以九年陳火之下傳云滅人之國執人之罪人殺人之賊葬人之君以此言之知孔瑗爲弒君賊矣而經不書孔瑗弒君者本爲招弒當舉招爲重也但始有討不成爲弒陳侯溺卒者但自卒耳何氏之意見招作弒君之文故知本謀在招也本謀在招則招當爲首而楚人所以不殺招但放之者蓋楚失其意或陳招歸罪於孔瑗是以但罪於孔瑗而招但罪其殺世子之愆遂免弒君之咎春秋體其事故於殺世子經書其名氏矣

今將爾。詞曷爲與親弒者同。君親無將。將而必誅焉。然則曷爲不於其弒焉貶。據未弒也[疏]今將至者同。○解云言招但與孔瑗爲謀首而將欲弒陳侯爾而經曷爲書招名氏乃與親弒者同文乎。○注據未弒也。○解云據今仍未弒而已貶去其弟曷爲不於八年殺世子時貶之乎以親者弒。然後其罪惡甚。春秋不待貶絕而罪惡見者。不貶絕以見罪惡也。招殺偃師是也。○見者賢偏反下同[疏]以親至惡也。○解云傳言此者欲道八年之時罪惡大甚不假貶絕也云春秋不待貶絕而罪惡見者云云者解之而言春秋者欲道上下通例如此不爲此文貶絕然後罪惡見者。貶絕以見罪惡也。招稱公子及楚人討夏徵舒貶皆是也[疏]注招稱公子。○解云此文是也。○注及楚至徵舒。○解云即宣十一年冬十月楚人殺陳夏徵舒傳云此楚子也其稱人何貶曷爲貶不與外討是也今招之罪已重矣。曷爲復貶乎此。據棄疾不豫貶。○復扶又反[疏]今招至乎此。○解云此今謂八年之時言八年殺世子之時將有弒君之意即是其罪已重矣何不逐其重處而貶之曷爲又復豫貶於此。○注據棄疾不豫貶。○解云下十一年夏楚公子弃疾帥師圍蔡至十三年夏楚公子弃疾弒公子比與招殺偃師無異弃疾於圍蔡之時不豫貶此則貶之故以爲難也著招之有罪也。何著乎招之有罪。據弃疾不著言楚之託乎討招以滅陳也。起楚託討招以滅陳意也所以起之者八年先言滅後言執託討招不明故豫貶於此明楚先以正罪討招乃滅陳也[疏]注所以至陳也。解云八年經云冬十月壬午楚師滅陳執陳公子招放之于越殺陳孔瑗葬陳哀公是其先言滅後言執之事也言託討招不明者正以若其託討宜先執後滅今乃先言滅後言執是託討不明楚先以正罪討招乃滅陳也而八年經先書滅者彼注云託義不先書者本懷滅心然則楚人本懷滅人之心故先書滅而宣十一年冬十月楚人殺陳夏徵舒丁亥楚子入陳先書討賊乃言入陳者莊王討賊之後始有利陳國之意故後書入也

○三月。取運。運者何。內之邑也。其言取之何。據自魯之有不聽也。不聽者叛也不言叛者爲內諱故書取以起之不先以文德來之而便以兵取之當與外取邑同罪故書取月者爲內喜得之[疏]運者何。○解云欲言內邑而經書取欲言外邑文無所繫故執不知問。○注月者爲內喜得之。○解云正以僖三十一年春取濟西田不書月故知此月者以其是內之叛邑喜封得之故也是以彼注云以不月者與取運異知非內叛邑故言取是也秦無大夫者正以文十二年秋秦伯使遂來聘傳云秦無大夫此何以書賢繆公也何賢乎繆公以爲能變然則秦處西戎罕接諸夏賢于繆公始有大夫自爾以來常多格化春秋漏之無大夫名氏今得書見是以據而問之

○夏。秦伯之弟鍼出奔晉。秦無大夫。此何以書。仕諸晉也。爲仕之於晉書。○鍼其廉反曷爲仕諸晉。據國地足以祿之有千乘之國。十井爲一乘公侯封方百里凡千乘伯四百九十乘子男二百五十乘時秦侵伐自廣大故曰千乘。○千乘繩證反注同[疏]注公侯至千乘。○解云王制文連言侯者據有功者言之云伯四百九十乘者正以王制云伯七十里故也云時秦侵伐自廣大故曰千乘者正以此伯故也而不能容其母弟。故君子謂之出奔也。弟賢當任用之不肖當安處之乃仕之他國與逐之無異故云爾

○六月。丁巳。邾婁子華卒。○晉荀吳帥師敗狄于大原。此大鹵也。曷爲謂之大原。據讀言大原也。○大原音泰下同鹵力古反[疏]晉荀至大原。○解云案左氏作大鹵字穀梁與此同。○此大鹵至大原。○解云案古史文及夷狄之人皆謂之大鹵而今經與師讀皆謂之大原故難之。○注據讀言大原也。○解云時公羊子亦讀言大原也地物從中國。以中國形名言之所以曉中國教殊俗也[疏]地物從中國。○解云言所以今經與師讀皆言大原者正以地與諸物之名皆須從諸夏名之故也。○注以中至言之。○解云謂諸夏之稱皆從地之形勢爲名此地形勢高大而廣平故謂之大原云所以曉中國教殊俗也者本史及夷狄皆謂之大鹵而今經與師讀必謂之大原者正以曉中國之人教有殊俗之義故也邑人名從主人。邑人名自夷狄所名也不若他物有形名可得正故從夷狄辭言之[疏]邑人各從主人。○解云此主人謂夷狄也言大原人道云之時從夷狄皆謂之大鹵故注云邑人名自夷狄所名也。○注不至言之。○解云諸夏地物有形名言之夷狄之俗不如諸夏之地物有形勢之名也可得正者猶言可能正是故本史及邑人止從夷狄辭言之謂之大鹵也原者何。上平曰原。下平曰隰。分別之者地勢各有所生原宜粟隰宜麥當教民所宜因以制貢賦。○隰音習別彼列反[疏]原者何。○解云春秋之文既同明是廣大之義原鹵名異未有分別之言故以不知問之。○上平曰原。○解云釋地云廣平曰原李氏云廣平謂土地寬博而平正者名原然則此言上平者蓋欲對隰言之故謂之上平其實與爾雅廣平不異。○下平曰隰。○解云釋地云下濕曰隰李氏云下濕謂土地窊下但當名爲隰然則此言下平者正欲對上平言之仍與濕不異

○秋。莒去疾自齊入于莒。○莒展出奔吳。主書去疾者重篡也莒無大夫書展者起與去疾爭篡當國出奔言自齊者當坐有力也皆不氏者當國也不從莒無大夫去氏者莒殺意恢稱公子篡重不嫌本不當氏。○去疾起呂及[疏]注莒無至當氏。○解云在莊二十七年傳文云當國出奔者正以襄三十一年冬莒人弒其君密州

今年去疾之入入者出入惡之文而文不氏故知出時爲當國也既是當國正合書入而言自齊者剌齊有力矣其出奔不書者春秋之義微者出入不兩書故也云皆不氏者當國也者正以隱元年鄭伯克段于鄢之下傳云何以不稱弟當國也則此等下言公子者是當國之文注不從云云者下十四年冬莒殺莒公子意恢何氏云莒無大夫書殺公子者子未踰年而殺其君之子不孝大甚故重錄之稱氏者明君之子也然則莒爲小國大夫名氏例不錄見假有錄者名氏不具即莒慶之屬無氏是也今此去疾之徒寧知不爾彊云當國故不當氏者正以莒殺意恢重而錄氏今此并篡其事非輕固宜重而錄之但欲當國爲君故如其意使惡逆見也然則意恢事重故稱公子今亦篡重明其未踐之時亦合稱氏故云篡重不嫌本不當氏也。○叔弓帥師疆運田。疆運田者何。與莒爲竟也。疆竟也與莒是正竟界若言城中丘○疆運居良反下同【疏】疆運田者何○解云欲言正界而經書帥師欲言侵伐而道疆運故執不知問○與莒爲竟也○解云若言與莒人造作竟界○注若言城中丘○解云隱十年夏城中丘傳云何以書以重書也何氏云以功重故書當稍稍補完之至令大崩弛壞敗然後發衆城之猥若百姓空虛國家故言城明其功重與始作無異則彼若稍稍補完則輕而不書至於功重故書而剌之今此魯若往前之時少侵即正則輕而不書至於大損而興師發衆乃能正之明其功重與始取無異故若城中丘與莒爲竟則曷爲帥師而往。據非侵伐畏莒也。畏莒有賊臣亂子而與師與之正竟剌魯微弱失操煩擾百姓【疏】注畏莒至百姓○解云襄三十一年莒人弑其君密州是爲賊臣而二子爭篡是爲亂子魯人見其賊亂恐其轉侵是以興兵與之正竟賊亂之人自救無暇焉能轉侵乎故云微弱失操煩擾百姓也○葬邾婁悼公。○冬。十有一月。己酉。楚子卷卒。○卷音權左氏作麇【疏】楚子卷卒○解云左氏作麇字二小傳本亦有作麇字者○楚公子比出奔晉。辟內難也【疏】注辟內難也○解云正以更無他事於君麇之際而出奔故知止應辟內難故也

二年。春。晉侯使韓起來聘。○夏。叔弓如晉。○秋。鄭殺其大夫公孫黑。○冬。公如晉。至河乃復。其言至河乃復何。據公如晉次于乾侯而還言至自乾侯不言至乾侯乃復【疏】注據公至乃復○解云即下二十八年春公如晉次于乾侯二十九年春公至自乾侯是也不敢進也。乃難辭也時聞晉欲執之不敢往君子榮見與恥見距故諱使若至河河水有難而反○乃難如且反下有難同【疏】注乃難辭也○解云宣八年傳文云故諱使若至河河水有難而反者若如川之滿不可游也然○季孫宿如晉。

三年。春。王正月。丁未。滕子泉卒。【疏】滕子泉卒○解云左氏穀梁作原字○夏。叔弓如滕。○五月。葬滕成公。月者襄公上葬諸侯莫肯加禮獨滕子來會葬故思錄之明公當自行不當遣大夫失禮尤重以責內【疏】注月者至錄之○解

云卒月葬時者小國之常典下六年夏葬杞文公之屬是也今而書月故以爲思錄之言襄公上葬者謂上文葬襄公時也言諸侯莫肯加禮獨滕子來會葬者即襄三十一年夏公薨于楚宮冬十月滕子來會葬癸酉葬我君襄公是也○注明公至責內○解云公羊之義鄰國諸侯及鄰國夫人喪皆公自會葬故異義公羊說云襄公三十年叔弓如宋葬恭姬譏公不自行是也然則凡平諸侯之葬公猶自行況其加禮於已者乎故言失禮尤重以責內也○秋。小邾婁子來朝。○八月。大雩。先是公季孫宿比如晉○冬。大雨雹。爲季氏○雨于付反雹步角反○爲于僞反○北燕伯款出奔齊。名者所見世著治大平責小國詳錄出奔當誅○治直吏反大音泰【疏】注名者至當誅○解云春秋之義有三世異辭入所見之世小國出奔而書其名故知義然也即莊十年譚子奔莒僖五年弦子奔黃十年溫子奔衞成十二年周公出奔晉之屬皆不名至于此文北燕伯款下三十年冬徐子章禹出奔楚之屬皆書其名是也言出奔當誅者謂大平之世民皆有禮況於諸侯不死社稷而棄國出奔當合誅滅矣

四年。春。王正月。大雨雪。爲季氏○大雨雪于付反左氏作大雨雹爲季于僞反下文及注爲齊誅並同【疏】大雨雹○解云案正本皆作雹字左氏經亦作雹字故賈氏云穀梁作大雨雪今此若有作雪字者誤也○夏。楚子、蔡侯、陳侯、鄭伯、許男、徐子、滕子、頓子、胡子、沈子、小邾婁子、宋世子佐、淮夷會于申。不殊淮夷者楚子主會行義故君子不殊其類所以順楚而病中國【疏】注不殊至中國○解云內諸夏外夷狄者春秋之常典而不殊淮夷者正以此會楚子爲主會行義其行義者即下文爲齊誅是也故君子不殊其類者君子謂孔子孔子作春秋不殊楚之類孔子之意所以然者正欲順楚之事而病諸夏之衰微何者言楚夷狄尚能行義以相榮顯況於諸夏反不能然故得病之若然春秋之式傳聞之世內其國外諸夏所聞之世內諸夏外夷狄所見之世治致大平錄夷狄則不殊淮夷固其宜也何則此注云由楚子主會行義君子不殊其類者正以等是大年亦有麤細昭當其父非已時事定哀之世乃醇粹也是以定六年仲孫忌之下何氏云春秋定哀之間文致大平故見王者治定無所復爲譏唯有二名故譏之是也然則淮夷始見安行無禮是以此經更無進稱未當定哀之間仍合外限但由楚子主會故得不殊是以何氏更爲立義矣楚人執徐子。○秋。七月。楚子、蔡侯、陳侯、許男、頓子、胡子、沈子、淮夷、伐吳。執齊慶封。殺之。此伐吳也。其言執齊慶封何。爲齊誅也。故繫之齊其爲齊誅奈何。慶封走之吳。以襄公二十八年奔魯自是走之吳不書者以絕于齊在魯不復爲大夫賤故不復錄之○不復扶又反下同【疏】○注以襄公至奔魯○解云即彼云冬齊慶封來奔是也○注不書至錄之○解云案如此經上言伐吳則犯吳之文已著何得注云使防繫吳嫌犯吳也正以慶封往前已封于防爲小國矣但諸侯之義不得專封是以春秋奪言伐

吳矣實言之非伐吳矣今日此經若言入防則更成上伐吳之文實伐吳則爲犯吳若直言入防執齊慶封殺之則恐防是齊邑是以進退不得作文也。吳封之於防。不書入防者使防繫吳嫌犯吳也去吳嫌齊邑也○去起呂反然則曷爲不言伐防。據防已爲國不與諸侯專封也。故奪言伐吳慶封之罪何。脅齊君而亂齊國也。道爲齊誅意也稱侯而執者伯討也月者善義兵【疏】注稱侯至討也○解云僖四年傳文上下更無稱爵以執大夫之事唯此一經可以當之故何氏言焉若然案如此經不重出楚上以爲伯討之義僖二十一年秋宋公楚子陳侯以下會于霍執宋公以伐宋傳云曷爲不言楚子執之不與夷狄之執中國者正以此經楚子爲會主而序于上下言執慶封殺之可以因上文不勞重出也既得因上文即是稱爵以執之故知爲伯討案霍之經宋公序上乃次楚子下言執宋公明知不得因上文矣既不因上文而不更出楚子不與夷狄之執諸夏故也云月者善義兵也者正以侵伐例時故也遂滅厲。莊王滅蕭日此不日者靈王非賢責之略○滅厲如字又音賴左氏作賴【疏】遂滅厲○解云有作賴字者○注莊王至之略○解云宣十二年冬十有二月戊寅楚子滅蕭彼注云日者屬上有王言今反滅人故深責之是也然則以靈王非賢故責之略還依常例書月若似莊十年冬十月齊師滅譚之屬是○九月。取鄫。其言取之何。據國言滅【疏】注據國言滅○解云即滅譚滅遂之屬是也滅之也。滅之則其言取之何。內大惡諱也。因鄫上有滅文故使若取內邑【疏】內大惡諱也○解云隱二年無駭入極之下傳云此滅也其言入何內大惡諱也今又重發之者正以入取之文不同故也○注因鄫至內邑○解云直言取鄫言上有滅文者即襄六年秋莒人滅鄫是也內取邑直言取者上元年三月取運之屬是也言上有滅鄫之文鄫不復爲國因此之故遂直言取若以內自取邑然則襄六年之時鄫已見滅今而言取者彼直取後乎莒非兵滅是以魯人今得取之以此言之則無駭入極不言取者正以極上無滅文故也○冬。十有二月。乙卯。叔孫豹卒。

五年。春。王正月。舍中軍。舍中軍者何。復古也。善復古也○舍中音捨下及注同【疏】舍中軍○解云襄十一年時於司馬之下爲之置中卿之官令助司馬爲軍將添前司徒司空之屬爲三軍踰王制故於彼經云作三軍以譏之今還依古禮舍司馬不復令作將軍故曰舍中軍○舍中軍者何○解云欲言非禮實如王制欲言是禮不應復書之故執不知問○復古也○解云正以魯爲州故正舍二軍今舍僭從禮故曰復古是以隱五年注云方伯二師是也○注善復古也○解云言舍僭從禮正是常事而書之者正以當時皆僭獨自能抑從禮善其復古是以書之故云善復古也然則曷爲不言三卿。據上言作三軍等問不言軍云卿者上師解言三卿因以爲難○爲難乃旦反下同【疏】注據上言作三軍○解云弟子之意見上文襄十一年時云道作三軍今日舍之應言舍三軍而言舍中軍與上文異故難之○注等問至爲難○解云襄十一年傳云三軍者何三卿也然則今於此問何故不云曷爲不言舍三軍而言卿者正以上文襄十

一年時師解以爲三軍者何三卿也是以弟子因而難之云曷爲不言舍三卿五亦有中。三亦有中。此乃解上作三軍時意作時益中軍不可言中軍者五亦有中三亦有中不知何中也今此据上作三軍不言中。則益三之中舍三之中皆可知也弟子本据上言作三難下中不言三也如師解言本益中故下言舍中爲其將復据不中難上不言中故解上以解下如此則下不言三亦可知也不言卿者欲同上下文以相起傳不足以解之者以上解下文當同亦可知月者善錄之○爲于僞反復扶又反〔疏〕五亦至有中○解云襄十一年時益司馬之職更令將軍正是作中而不言作中軍者正以五亦有中三亦有中若言作中軍嫌是五之中故變言作三軍若欲實而言之正是作中軍故至舍時云道中軍矣○注此乃至三也○解云上謂襄十一年時也云作時益中軍者謂於司馬之下置中卿令助司馬將軍滌前二軍爲三軍故曰作時益中軍也云今此据上作三軍不言中云三者今此公羊子据上作三軍時不言中之意故言五亦有中三亦有中也如此則上益三之中下舍三之中皆可知矣何者上言作三軍下言舍中軍則非五之中亦明矣云弟子本据上言作三難下中不言三也者即此傳云然則曷爲不言舍三卿是也○注如師至可知也○解云如詁爲若若公羊荅之云本益三之中故言舍中即恐弟子難之云今舍時言中軍作時曷爲不言作中軍若其如此即是守文不察疑惑門人非師訓之道故公羊子解上以解下何者解上作時實是中軍但有嫌疑不得言中遂變言三軍即是解此下文舍中軍不得言三之意故云解上以解下如此言之即下文不言三軍昭然可解故云亦可知云不言卿者欲同上下文以相起者正實而言之正是舍去司馬之職中卿之官何以不言舍中卿而言舍中軍者正以襄十一年時云作三軍故欲同其文相起爲一物○注傳不至錄之○解云傳若足解之宜云前此作三軍之時不言中者五亦有中三亦有中此舍三軍不言三者正以前三非正稱故舍時不得言三今此傳文少故言傳不足解之也欲以上解下者以作時文在上故傳特解之上文既解詁下文不言三之意當同上義亦可知云月者善錄之者謂善其復古而詳錄之也。○楚殺其大夫屈申。○公如晉。○夏，莒牟夷以牟婁及防茲來奔。莒牟夷者何。莒大夫也。莒無大夫，此何以書。重地也。其言及防茲來奔何。據漆閭丘不言及高張言及〔疏〕莒牟夷者何○解云欲言莒君經不言子欲言大夫莒無大夫故執不知問○注据漆至言及○解云言漆閭丘不言及者即襄二十一年春邾婁庶其以漆閭丘來奔是也高張言及者即哀六年夏齊國夏及高張來奔是也正以地邑無及文上下大夫乃言及與此防茲之義違故難之何者人之尊卑自有差等故可以言及地邑無尊卑之義恐其不得言及也不以私邑累公邑也。公邑君邑也私邑臣邑也累次也義不可使臣邑與君邑相次序故言及以絕之○秋，七月。公至自晉。○戊辰，叔弓帥師敗莒師于濆泉。濆泉者何。直泉也。直泉者何。涌泉也。蓋戰而涌爲異也不傳異者外異不書此象公在晉臣下專受莒叛臣地以興兵戰鬬百姓悲怨歎息氣逆之所致故因以著戰處

欲明天之與人相報應之義○濆泉扶粉反濆泉踊泉也左氏作蚡泉穀梁作賁泉處昌慮反應應對之應〔疏〕干濆泉○解云左氏作蚡字穀梁作濆泉字○濆泉者何○解云欲言地名以泉名之欲言是水職於其處故執不知問○直泉也○解云謂此泉直上而出○直泉者何○解云欲言涌地不應言直欲言土地仍謂之泉故執不知問○注蓋戰至而涌爲異也○解云似穀洛鬬之事也○注不傳至戰鬬○解云春秋之義外異不書即襄十九年不書漷移之屬是今此濆泉爲異故不錄經既不錄傳無由發之經若書之傳宜云何以書爲天下記異似若僖十四年沙鹿崩之傳矣云此象公在晉云云者公在晉者即上春公如晉是也臣下專受莒叛臣地者即經書夏莒牟夷以下云云來奔在秋七月公至自晉之上是也以興兵戰鬬者即此戰敗于濆泉是正以敗者內戰之文故也○注百姓至所致○解云上注云外異今此云魯人悲怨致之者正以濆泉在莒魯界上二國結怨方戰於此應而爲異何以不然○注故因至之義○解云疏具傳三年○秦伯卒。何以不名。據諸侯名秦者夷也。匿嫡之名也。嫡子生不以名令于四竟擇勇猛者而立之○嫡丁歷反注及下同〔疏〕注嫡子至立之○解云即內則云夫告宰名宰辯告諸男名書曰某年某月某日某生而藏之宰告閭史書爲二其一藏諸閭府其一獻諸州史州史獻諸州伯州伯命藏諸州府是其以名令於四竟之義也其擇勇猛者而立之者正以夷狄之人不尚文德故也其名何。據秦伯嬰稻名〔疏〕注據秦伯嬰稻名○解云文十八年春秦伯罃卒宣四年春秦伯稻卒是也然則文十八年經作罃字今此嬰字者誤也寧知非彼誤者正以文十八年秦伯罃卒之下賈氏云穀梁傳云秦伯偃不適公羊曰嬰知公羊與左氏同皆作罃字矣注獨嬰稻以嫡得立之者嬰字亦誤宜爲罃字矣嫡得之也。獨嬰稻以嫡得立之○冬，楚子、蔡侯、陳侯、許男、頓子、沈子、徐人、越人伐吳。吳未服慶封之罪故也越稱人者俱助義兵意進于淮夷故加人以進之義兵不月者進越爲義兵明故省文〔疏〕注越稱至省文○解云即上四年秋七月楚子蔡侯陳侯許男頓子胡子沈子淮夷伐吳彼注云月者善義兵然則上文淮夷雖不助義兵其意不進故不稱淮人今稱人故以進解之云義兵不月者進越爲義兵明故省文者正以侵伐例時義兵則詳錄故上四年秋七月楚子以下伐吳注云月者善錄義兵是也今此亦爲義兵而不書月故如此解

六年。春，王正月，杞伯益姑卒。不日者行微弱故略之上城杞已貶復卒略之者入所見世責小國詳始錄內行也諸侯內行小失不可勝書故於終略責之見其義○復扶又反內行下孟反下同勝音升見其賢遍反〔疏〕注不日至略之○解云正以襄二十三年春三月己巳杞伯句卒彼已書日今而書月故解之○注上城至其義○解云上城已貶者謂襄二十九年夏仲孫羯會晉荀盈齊高止宋華定以下城杞杞子來盟注云貶稱子者微弱不能自城危社稷宗廟當坐是也律云一人有數罪則以重者坐之然則亦不再加而卒復略之者正以此是入所見之世責小國詳始錄其內行故也諸侯內行小失寧可備盡但當卒時略之而已言不可勝書者言小行非一不可勝具書猶如序云不可勝記之類也何氏必此解者正以往前經傳不見杞伯之惡而經略之知內行有失也○葬秦景公。○夏，季孫宿如晉。○葬杞文公。○宋華合比出奔衛。比如字又毗志反○秋，九月，大雩。先是季孫宿如晉是後叔弓與公比如楚有豫賦之煩也○賦斂力驗反或無此字〔疏〕注先是至之煩也○解云文當如是言先是季孫宿如晉即上文夏季孫宿如晉是也言是後叔弓與公比如楚者即下文冬叔弓如楚七年三月公如楚故謂之比也二年事皆在後故云有豫賦之煩也亦有一本云叔弓如齊者誤○楚薳頗帥師伐吳。〔疏〕楚薳頗○解云左氏穀梁作遠罷字○冬，叔弓如楚。○齊侯伐北燕。

七年。春，王正月，暨齊平。書者善錄內也不出主名者君相與平國中皆安故以舉國體言之月者刺內暨暨也時魯方結婚于吳外慕強楚故不汲汲于齊○暨其器反〔疏〕注書者善錄內也○解云正以平爲善事今而書之故云善錄內也○注月者至暨也○解云正以定十一年冬及鄭平則知例書時也今此書月故如此解也隱元年傳云及猶汲汲也暨猶暨暨也及我欲之暨不得已然則暨暨是不獲已然後爲之平是善事而不汲汲故書月以刺之故云月者刺內暨暨矣○注時魯至于齊○解云下十年冬注云去冬者蓋昭公娶吳孟子之年故貶之然則十年不書冬者是其方結婚于吳之事其外慕強楚者即上文叔弓如楚下文公如楚之屬是也正以文不言及故云不汲汲于齊矣注是後楚滅陳云云者即八年冬十月壬午楚師滅陳是也及下十一年十有一月丁酉楚師滅蔡是也云楚弑其君于乾谿者即下十三年夏四月楚公子比自晉歸于楚弑其君于乾谿是也○三月，公如楚。○叔孫舍如齊莅盟。叔孫舍二傳作婼○夏，四月，甲辰，朔，日有食之。是後楚滅陳蔡弑君虔于乾谿○秋，八月，戊辰，衞侯惡卒。○九月，公至自楚。○冬，十有一月，癸未，季孫宿卒。○十有二月，癸亥，葬衞襄公。當時而日者世子輒有惡疾不早廢之臨死乃命臣下廢之自下廢上鮮不爲亂故危錄之○當丁浪反又如字鮮息淺反〔疏〕注當時至錄之○解云隱三年傳云當時而日危不得葬也今此衞侯八月卒至此正五月而經書癸亥故言危錄之言世子輒有惡疾者即下三十年秋盜殺衞侯之兄輒傳云母兄稱兄兄何以不立有惡疾也是矣知其不早廢臨死乃命臣下廢之者正以危錄其葬故也其若不然更無危事不知衞使葬何以書日乎言危錄之者以其有危故錄其日也

八年。春，陳侯之弟招殺陳世子偃師。說在元年變其言陳者起招致楚滅陳自此始故重舉國○故重直用反年末同〔疏〕注說在元年○解云即元年傳云大夫相殺稱人此其稱名氏以殺何言將自是弑君也今將爾詞曷爲與親弑者同君親無將將而必誅之屬是也○注變其至舉國解云春秋之義大夫相殺稱人言其即莊二十二年春陳人殺其公子禦寇下陳人殺其大夫公子過文九年晉人殺其

大夫先都之屬今變兩下之例言殺陳世子者起招致楚滅陳自此始是以重舉陳矣○夏四月。辛丑。陳侯溺卒。○溺乃狄反○叔弓如晉。○楚人執陳行人于徵師殺之。○陳公子留出奔鄭。○秋。蒐于紅。蒐者何。簡車徒也。徒衆。○廋所留反本亦作蒐〔疏〕蒐者何○解云正以常事不書今此見經故執不知問何以書。蓋以罕書也。說在桓六年〔疏〕注說在桓六年。○解云桓六年秋八月壬午大閱傳云大閱者何簡車徒也何以書蓋以罕書也注云罕希也孔子曰以不教民戰是謂棄之故比年簡徒謂之蒐三年簡車謂之大閱五年大簡車徒謂之大蒐存不忘亡安不忘危不地者常地也蒐例時此日者桓既無文德又忽忘武備故尤危錄然則爲蒐之法比年作之今此不然故云以罕書○陳人殺其大夫公子過。過音戈○大雩。先是公如楚半年乃歸費多賦重所致。費芳味反〔疏〕注先是至乃歸。○解云即去年三月公如楚九月公至自楚是也○冬。十月。壬午。楚師滅陳。執陳公子招。放之于越。殺陳孔瑗。〔疏〕殺陳孔瑗。○解云左傳穀梁作奐○葬陳哀公。日者疾詐諼滅人也不舉滅爲重復書三事言執者疾諼託義故列見之託義不先書者本懷滅心重舉陳者上已言滅不復重舉無以明。○諼況元反復書扶又反下同見賢徧反〔疏〕注日者至人也。○解云春秋之義滅例書月即莊十年冬十月齊師滅譚十三年夏六月齊人滅遂之屬是也上四年秋七月楚子滅厲之下注云莊王滅蕭日此不日者靈王非賢責之略是以還依常例書月矣今而日者疾詐諼滅人故也。○注不舉至見之。○解云春秋之義舉滅爲重是以襄六年齊侯滅萊之下何氏云不書殺萊君者舉國滅爲重是也今不舉滅爲重故須辨之言復書三事言執者謂復書三事又言執者以疾其詐諼託義故須列而見之三事放招殺瑗葬哀公是。○注託義至滅心。○解云宣十一年冬十月楚人殺陳夏徵舒丁亥楚子入陳然則彼乃楚子行義先書其殺今此楚子亦是託義討賊書在滅後者見本懷滅心故也。○注重舉至以明。○解云成二年秋七月齊侯使國佐如師己酉及國佐盟于袁婁不重舉齊此重舉陳者上已言楚師滅陳若不復舉陳無以明其是陳人矣

九年。春。叔弓會楚子于陳。陳已滅復見者從地名錄猶宋郜以邑錄不舉小地者顧後當存。○復見扶又反下同下賢徧反〔疏〕注陳已至當存。○解云郜者是文王之子春秋前宋人滅之至隱十年夏六月壬戌公敗宋師于菅辛未取郜辛巳取防是也云不舉小地顧後當存者言陳是摠號當是會時未必在其國都所以不舉小地而舉陳者正以楚人暴滅春秋欲閔陳而存之故還舉其大號而言也其存陳者即下經夏四月陳火是也○許遷于夷。○夏。四月。陳火。陳已滅矣。其言陳火何。據災異爲有國者戒○陳火左氏作災〔疏〕陳火。○解云左氏作災字穀梁與此同。○陳已至火何。○解云所以不言外災不書此何以書之義者正以解言存陳故書其火則外災得書之義亦見矣

存陳也。陳已滅復火者死灰復燃之象也此天意欲存之故從有國記災〔疏〕注陳已至記災解云即考異郵不陳火之類未嘗誅絕天曉其君死灰更燃之意是也曰存陳悕矣。書火存陳者若曰陳爲天所存悲之。○悕音希悲也〔疏〕曰存陳悕矣。○解云悕謂悲也公羊子曰陳爲天所存者天悲痛之故也曷爲存陳。據災非一天意曷爲悲陳而存之〔疏〕注據災至存之。○解云弟子之意以爲春秋之內書灾者非止一處而已矣意曷爲正於此災之上悲陳而存之乎滅人之國。執人之罪人。罪人招也殺人之賊。孔瑗弒君賊也葬人之君。若是則陳存悕矣。楚爲無道託討賊行義陳臣子辟門虛心待之而滅其國若是則天存之者悲之也不書孔瑗弒君者本爲招弒當舉招爲重方不與楚討賊故沒招正賊文以將與上貶起之月者閔之。○辟婢亦反開也本爲于僞反〔疏〕注不書至閔之。○解云案如上文則孔瑗與招本謀弒君而責之是弒文者正以君親無將將而必誅故言當舉招爲重言故沒招正賊文者謂不於討處貶招見其有弒君之罪矣言以將與上貶起之者上貶謂元年稱公子傳云此陳侯之弟招何以不稱弟貶是也云月者閔之者正以外災例時即襄元年春宋火之屬是今而書月故言閔之○秋。仲孫貜如齊。○貜具縛反又居碧反○冬。築郎囿。○囿音又

十年。春。王正月。○夏。晉欒施來奔。晉欒施左氏作齊欒施○秋。七月。季孫隱如、叔弓、仲孫貜帥師伐莒。○隱如左氏作意如○戊子。晉侯彪卒。○彪彼虬反○九月。叔孫舍如晉。○葬晉平公。○十有二月。甲子。宋公戌卒。去冬者蓋昭公取吳孟子之年故貶之。○宋戌讀左傳者音戍何云向戌與君同名則宜音恤去起呂反〔疏〕注去冬至貶之。○解云正以禮記論語皆有昭公取于吳謂之吳孟子之文但不指其取之年歲今無冬者無佗罪可指是以何氏以意當之以無正文故言蓋也取吳孟子所以不書者諱取同姓故也賈服以爲刺不登臺視氣范氏以爲不書冬所未詳

十有一年。春。王正月。叔弓如宋。○葬宋平公。○夏。四月。丁巳。楚子虔誘蔡侯般殺之于申。楚子虔何以名。據誘戎曼子不名。○戎曼音蠻〔疏〕注據誘至不名。○解云即昭十六年春楚子誘戎曼子殺之是也絕。曷爲絕之。據俱誘之爲其誘封也。不使自知而死故加誘。○爲于僞反〔疏〕注使不至加誘。○解云即左氏傳云醉而殺之是也此討賊也。蔡侯般弒父而立〔疏〕注蔡侯至而立。○解云即襄三十年夏四月蔡世子般弒其君固是也雖誘之。則曷爲絕之。據與莊王外討晉文諱尊。○諱古宄反〔疏〕注據與至諱尊。○解云莊王外討者即宣十一年冬十月楚人殺陳夏徵舒傳云此楚子也其稱人何貶曷爲貶不與外討也曷爲不與實與而文不與文曷爲不與諸侯之義不得專討也諸侯之義不得專討則其曰實與之何上無天子下無方伯天下諸侯有爲無道者臣弒君子弒父力能討之則討之可也者是其實與莊王外討之文也云晉文諱尊者即僖二十八年五月癸丑公會晉侯以下盟于踐土公朝于王所傳云曷爲不言公如京師天子在是也曷爲不言天子在是不與致天子也注云時晉文公年老恐霸功不成故上白天子曰諸侯不可卒致願王居踐土下謂諸侯曰天子在是不可不朝迫使正君臣明王法雖非正起時可與故書朝因正其義所以見文公之功是也懷惡而討不義君子不子也。內懷利國之心而外託討賊故不與其討賊而責其誘詐也地者起以好會誘之。○好呼報反〔疏〕注地者至誘之。○解云正以昭十六年楚子誘戎曼子殺之不書地今言于申故解之○楚公子棄疾帥師圍蔡。○五月。甲申。夫人歸氏薨。○大蒐于比蒲。大蒐者何。簡車徒也。何以書。蓋以罕書也。說在桓六年。○比音毗〔疏〕大蒐者何。○解云欲言常事而經加大欲言非常事蒐是常獵之名故執不知問。○注說在桓六年。○解云即桓六年秋八月壬午大閱傳云大閱者何簡車徒何以書蓋以罕書也注云罕希也孔子曰以不教民戰是謂棄之故比年簡徒謂之蒐三年簡車謂之大閱五年大簡車徒謂之大蒐存不忘亡安不忘危然則大蒐之法五年一爲今此不然故曰以罕書也上八年蒐于紅之下何氏云說在桓六年今復指之者正以蒐與大蒐希數大異禮亦不同是以不得相因各指其所在○仲孫貜會邾婁子、盟于侵羊。不日者蓋諱與盟使若議結善事。○侵羊二傳作祲祥〔疏〕盟于侵羊。○解云穀梁傳作祲祥字服氏注引者直作詳字侵字皆是所見異也。○注不日至善事。○解云上文五月夫人歸氏薨君居喪而與人盟至十三年秋平丘之會邾婁子與晉爲議不容公盟而執季孫理宜書日見其不信而不書日者正以身居大喪而不以爲憂是內惡可諱之限故爲信辭使若此盟方欲議論結其善事然齊國酌者賈氏作酌字與此同服氏及穀梁皆作齊國弱字也○秋。季孫隱如會晉韓起、齊國酌、宋華亥、衛北宮佗、鄭軒虎、曹人、杞人、于屈銀。○佗大河反屈銀並如字二傳作厥慭〔疏〕于屈銀。○解云左氏穀梁作厥慭字九月。己亥。葬我小君齊歸。齊歸者何。昭公之母也。歸氏胡女襄公嫡夫人○嫡丁歷反〔疏〕齊歸者何。○解云欲言夫人初至不錄欲言其妾薨葬具書故執不知問。○注歸氏至夫人。○解云皆史記文而初至不書者蓋爲世子時娶之然則沙隨之會襄公始生而成公之世已娶夫人者案公羊上下竟無幼少之文則何氏不信左氏故也○冬。十有一月。丁酉。楚師滅蔡。執蔡世子有以歸。用之。此未踰年之君也。其稱世子何。據陳子也〔疏〕注據陳子也。○解云即僖二十八年冬公

會晉侯齊侯宋公蔡侯鄭伯陳子以下于溫是也。不君靈公。不成其子也。靈公即般也。不君不與靈公坐弑父誅不得為君也。不成其子不成有得稱子繼父也。上不與楚誘討，嫌有不當絕，故正之云耳。【疏】不君至子也。○解云：靈公弑父而立，弑父之人，人倫所不容，今而見誅，正是其宜，是以春秋不與靈公為君也，故曰不君靈公也。莊三十二年傳云君存稱世子，君薨稱子某，既葬稱子，踰年稱公。然則稱子者，嗣君之稱。春秋之義，既不與靈公得為成君，故亦不成其子有得為嗣君以繼其父，故曰不成其子也。云靈公坐弑父誅者，即襄三十年夏四月蔡世子般弑其君固，上四月楚子虔誘蔡侯般殺之于申是也。云上不與楚誘討者，即上傳云曷為絕之？為其誘討也。此討賊也，雖誘之，則曷為絕之？懷惡而討不義，故君子不與是也。不君靈公。則曷為不成其子。據惡惡止其身。誅君之子不立。雖不與楚誘討其惡，坐弑父誅，當以誅君論之，故云爾。言執者，時楚託義滅之。【疏】注當以至云爾。○解云：若不君靈公而以誅君論之，何故上四年申之會及伐吳之時、楚子誘殺之時，皆稱其爵者？凡貶刺之例，正可於一事之上見其惡而已，寧可文文皆貶？若莊四年冬公及齊人狩于郜，傳云前此者有事矣，後此者有事矣，則曷為獨於此焉譏？擇其重者而譏焉，莫重乎其與讎狩也，其餘從同同是也。○注言執至滅之。○解云：春秋之義，舉滅國以為重，其餘輕者皆從略，是以襄六年注云不書殺萊君者，舉滅國為重是也。今并書其執者，正以楚人託義滅之，故見其義也。似若上八年注云不舉滅為重，復書三事言執者，疾詐託義，故列見之是也。楚既託義執用蔡之世子以滅其國，當先書其餘，似若宣十一年冬十月楚人殺陳夏徵舒，丁亥楚子入陳。然今乃先書滅蔡者，起其本懷滅心故也。是以八年注云託義不先書者，本懷滅心故是也。非怒也。無繼也。父誅子當絕。【疏】非怒也無繼也。○解云：莊四年傳云今紀無罪，此非怒與？何氏云怒遷怒，齊人語。此非怒其先祖遷之于子孫與？然則齊人謂遷怒為怒也。言今不成有為子者，非由惡其父遷怒其子孫，但由靈公大逆理無繼嗣矣，是以注父誅子當絕也。其非字有作悲字者，誤也。惡乎用之。用之防也。其用之防奈何。蓋以築防也。持其足，以頭築防，惡不以道。孔子曰：人而不仁，疾之已甚，亂也。日者，疾讒滅人。○惡乎，音烏。惡不，烏路反。【疏】注日者疾讒滅人。○解云：正以凡滅例月，即莊十年冬十月齊師滅譚，上四年秋七月遂滅厲之屬是也。今而書日者，疾詐讒故也。

十有二年。春。齊高偃帥師納北燕伯于陽。伯于陽者何。即納上伯款，非犯父命，不當言于陽，又微國出入不兩書，伯不當再出，故斷三字問之。○斷，丁管反。又，丁亂反。【疏】注即納至問之。○解云：納上伯款者，即上三年冬北燕伯款出奔齊是也。其犯父命而見納言于邑者，即哀二年夏晉趙鞅帥師納衛世子蒯聵于戚，傳云戚者何？衛之邑也。曷為不言入于衛？父有子，子不得有父也。注云明其父得有子而廢之，子不得有父之所有，故奪其國文，正其義也者是也。然則今此納北燕伯于陽，若是納上伯款，即非犯父之命者，正以出奔稱伯，不似蒯聵稱世子故也。是以何氏於款之上連伯言之，見非犯父之命。云又微國出入不兩書者，僖二十五年秋楚人圍陳，納頓子于頓，何以不言遂？兩之也。注云頓子出奔不書者，小國例也是也。

公子陽生也。子曰。我乃知之矣。子謂孔子。乃是歲也，時孔子年二十三，具知其事，後作春秋，案史記知公誤為伯，子誤為于，陽在，生刊滅闕。○刊，苦干反。在側者曰。子苟知之。何以不革。曰。如爾所不知何。如猶奈也。猶曰：奈女所不知何，寧可強更之乎？此夫子欲為後人法，不欲令人妄億錯。子絕四：毋意、毋必、毋固、毋我。○女音汝。強，其丈反。令，力呈反，下令楚同。億，於力反。錯，七故反，或七各反，字或作措。【疏】注如猶至億措。○解云：孔子云當是歲時，我已年立，具見其事，奈汝在側之徒不見之何，故曰奈汝所不知何也。孔子雖知伯于陽者是公子陽生，但在側之徒皆不委曲，若改之，謂已苟出心肺，故曰寧可彊更之乎。莊七年星隕如雨之下傳云：不修春秋曰雨星不及地尺而復，君子修之曰星賈如雨。何氏云：明其狀似雨耳，不當言雨星；不言尺者，賈則為異，不以尺寸錄之。然孔子修春秋大有改之處，而特此文不改之者，欲示後人重其舊事，似劉公即君與為不上禮之類也，故曰夫子欲為後人法，不欲人妄億措也。億措者，億謂有所億度，措者置也，置意於言也，不欲令人妄億度，不欲令人妄置意於言矣。若擬度而中之者無傷，即柴也其來乎，由也其死矣之類是也。若億措而妄者，正得學者不思之義也，則學而不思則罔之類是也。云子絕四者，備於鄭注。引之者，欲道無事億措乃孔子所絕，是以脩春秋而有其義矣。春秋之信史也。其序。則齊桓晉文。唯齊桓晉文會能以德優劣國大小相次序。【疏】注唯齊至次序。○解云：謂其盛時事也。及其衰末，亦不醇粹，是以僖十三年鹹之會，許男序于曹伯之上，而何氏於僖四年許男新臣卒葬許穆公之下注云得卒葬於所傳聞世者，許大小次曹，故卒少在曹後者，是鹹之會當桓末年，許在曹上，非其次序之事也。其會。則主會者為之也。非齊桓晉文，則如主會者為之，雖優劣大小相越，不改更信史也。其詞。則丘有罪焉耳。丘，孔子名。其貶絕譏刺之辭有所失者，是丘之罪。聖人德盛尚謙，故自名爾。主書者，惡納篡也。不書所篡出奔者，微國雖未踰年君猶不錄。不足陽下言于北燕者，史文也。北燕本在上，從史文也。○惡納，烏路反。【疏】注其貶至之罪。○解云：即春秋說云孔子作春秋，一萬八千字，九月而書成，以授游夏之徒，游夏之徒不能改一字是也。云主書者惡納篡也者，正以春秋之義，立納入皆為篡辭，且上有伯款出奔齊之文，知今納宜是篡人也。○注不書至不錄。○解云：正以上三年之末伯款出奔，適歷十許年，計應有君矣，陽生篡之，宜書其出，今不書者，微國之君被篡而出走者，皆略而不書之。假令非被篡，但是微國未踰年之君卒，猶不書，況乎被篡出奔，寧不略之乎？何氏所以必將未踰年君約之者，正以所見之世，微國成君之出例皆錄之故也，即伯款之徒是也。○注不足至史文也。○解云：若足其文，宜云齊高偃帥師納北燕公子陽生于北燕，今陽生之下不言北燕者，正以史之本文陽生之上有北燕之字，因而從之，不及改順文。楚殺其大夫成然者，左氏作成熊，穀梁作成虔字。○三月。壬申。鄭伯嘉卒。○夏。宋公使華定來聘。○公如晉。至河乃復。○五月。葬鄭簡公。楚殺其大夫成然。○成然，左氏作成熊。○秋。七月。○冬。十月。公子整出奔齊。整，之領反，或作憖，魚覲反。○楚子伐徐。○晉伐鮮虞。謂之晉者，中國以無義故為夷狄所強，令楚行詐滅陳蔡，諸夏懼然去而與晉會于屈銀，不因以大綏諸侯，先之以博愛，而先伐同姓，從親親起，欲以立威行霸，故狄之。【疏】注謂之至狄之。○解云：諸夏之稱連國稱爵，今單言晉，作夷狄之號，故須解之。言中國無義故為夷狄所彊者，即襄七年鄭伯髡原之下傳云曷為不言其大夫弒之？為中國諱也。曷為為中國諱？鄭伯將會諸侯于鄬，其大夫諫曰：中國不足歸也，則不若與楚。鄭伯不可。其大夫曰：以中國為義，則伐我喪；以中國為彊，則不若楚。於是弒之。何氏云禍由中國無義，故深諱，使若自卒之屬，是中國無義之文也。言遂為夷狄所彊也者，即四年夏楚子以下會于申，執齊慶封殺之之屬是也。云令楚行詐滅陳蔡者，即昭八年滅陳，十一年滅蔡是也。云令楚行詐者，即託義討招瑗、託義討蔡般是也。言諸夏懼然去而與晉會于屈銀者，即上十一年秋季孫隱如會晉韓起以下于屈銀是也。言先伐同姓者，正以鮮虞姬姓故也。

公羊注疏卷二十二校勘記　阮元撰盧宣旬摘錄

公羊注疏昭公卷二十二　唐石經昭公第十卷九

元年

齊國酌　唐石經諸本同。釋文國酌，二傳作國弱。按疏云齊國酌亦有作國弱者，是公羊本與二傳同。

石惡　齊召南云二傳作齊惡是也，石惡已於襄廿八年出奔晉矣。○案釋文不云二傳作齊惡，是公羊古本與二傳同。孫志祖說

鄭軒虎　唐石經諸本同。釋文軒虎，舊音罕，二傳作罕虎。○按罕軒皆干聲

于漷　唐石經諸本同。釋文亦作郭，云左氏作虢，穀梁作郭。惠棟云郭虢字古通，虞虢作虞郭

故見王者治定　浦鏜云欲誤故，四年會于申疏同

無所復為譏　定六年注譏作議，昭四年疏引同

然則所見之世文致大平　閩監毛本改太平，下同

先舉八年經文　閩本同，監毛本先誤元

齊公子商人弑其君舍又同矣　浦鏜云文誤又

但始有討　疑當作招但有討。何校本討作計，是也

而經曷為書招名氏　閩監毛本氏誤字

據棄疾不豫貶　鄂本棄作弃，此本下及疏皆作弃

三月取運　唐石經諸本同，或作二月，誤

以不月者與取運異　浦鏜云者衍，按浦說是也

秦無大夫者至而問之　補毛本此段疏文八十六字在下節注下，是也，此本誤

正以此伯故也 閩監毛本同一本作正以稱伯故也當互脫一字

晉荀吳帥師敗狄于大原 唐石經諸本同解云左氏作大鹵字穀梁與此同

下濕曰隰 閩本同監毛本濕改溼下同

但當名為隰 浦鏜云常沮洳三字誤但當○按此非誤也所傳不同耳

莒殺莒公子意恢 浦鏜云其公子誤莒公子浦說是也

子未踰年 浦鏜云子衍字浦說是也

彊云當國 浦鏜云彊當而字誤

解云隱十年夏 浦鏜云七誤十浦說是也

楚子卷卒 唐石經諸本同釋文子卷左氏作麇解云左氏作麇字二傳本亦有作麇字者按卷麇一聲之轉故文異

二小傳本 浦鏜云小字衍

三年

滕子泉卒 諸本同唐石經初刻作原後磨改為泉解云左氏穀梁作原字

葬襄公上 穀梁疏引作葬襄公不誤

皆公自會葬 閩監毛本自誤至

叔弓如宋葬恭姬 閩監毛本恭作共

議公不自行是也 閩監本同毛本議改譏

四年

大雨雪 唐石經諸本同釋文大雨雪左氏作大雨雹解云正本皆作雹字左氏經亦作雹故賈氏云穀梁作大雨雪今此若有作雪字者誤也經義雜記曰范注穀梁云雪或為雹則穀梁亦有作雹者或據左氏公羊言之若今公羊作雪釋文同則誤也

今此若有作雪字者 閩監毛本脫者字

楚子主會行義 監本子誤于

故見王者治定○按定六年注故作欲此誤

楚人執徐子 唐石經鄂本同閩監毛本誤楚子

注不書至錄之 此本在注以襄公至奔魯節疏下閩監毛本改作注不書至邑也移於不書入防者節注下

月者善義兵 五年疏引作月者善錄義兵此脫錄字

遂滅厲 唐石經諸本同釋文滅厲左氏作賴疏云遂滅厲有作賴字者

五年

故正舍二軍 浦鏜云合誤舍

何故不云曷為不言舍三軍而言卿者 浦鏜云軍卿字疑互誤非也注言此傳何不云三軍而云三卿也

今此据上作三軍不言中 疏中引注不言中下有云三二字此脫

傳不足以解之者以上解下 諸本同誤也按解云今此傳文少故言傳不足解之也欲以上解下者云云則此注足下衍以字者下脫欲字當據以刪補

注据漆至言及 閩監本同毛本至誤閭

穀梁作濆泉字 貫誤濆

不以名令于四竟 鄂本同閩監毛本不以誤倒

据秦伯嬰稻名 解云文十八年經作罃字今此嬰字誤

今此嬰字者誤也 按今此下當脫作字

寧知非彼誤者 閩監毛本寧誤能

獨嬰稻以嫡得立之 解云嬰字亦誤宜為罃

其意不進 閩監本同毛本意誤義

六年

杞伯句卒 浦鏜云匃誤句○按浦說是也

解云上城巳貶者 何按本城下有杞字

寧可備盡 浦鏜云盡當書之誤

是後叔弓與公比如楚 解云一本云叔弓如齊者誤

卽上文夏季孫宿如晉是也 閩本同監毛本夏誤下

七年

故云不汲汲于齊矣注是後楚滅陳云云者 閩監毛本改作注是後楚滅陳蔡○解云移此以下於日有食之注下

是後楚滅陳 鄂本同疏及閩監毛本下有蔡字此脫

八年

卽下三十年秋 浦鏜云二誤三○按浦說是也

殺陳孔瑗 解云左傳穀梁作奐

九年

陳火 解云左氏作災字穀梁與此同

其言陳火何 諸本同唐石經作其言火何無陳字

此大意欲存之 鄂本大作天此誤

卽襄元年春 浦鏜云九誤元浦說是也

十年

夏晉欒施來奔 唐石經諸本同釋文晉欒施左氏作齊欒施孫志祖云此非晉之欒氏公羊經文誤當同左氏作齊

宋公戌卒 唐石經諸本同釋文宋戌讀左傳者音成何云向戌與君同名則宜音恤

今無冬者 閩監毛本者作更則屬下

十有一年

絶曷為絶之 唐石經諸本同十三年疏引作絶也曷為絶之此脫也字

楚公子棄疾 唐石經棄作弃

安不忘危 閩本同監毛本忘誤亡

希數大異 閩本同監毛本大誤實

盟于侵羊 唐石經諸本同釋文侵羊二傳作祲祥疏本作盟于浸羊解云穀梁傳作侵祥字服氏注引者直作詳無侵字皆是所見異也九經古義云古祥字作詳易履視履考祥釋文云本又作詳書君奭其終出于不祥蔡邕石經云其道出于不詳呂刑告爾祥刑後漢劉愷傳引作詳刑周禮注亦云度作詳刑以詰四方今公羊作侵羊者春秋繁露云羊之為言猶祥爾雅祥善也鄭注車人云羊善也

盟于浸羊 閩監毛本浸作侵

直作詳字侵字 閩監毛本作無侵字此誤

結其善事然齊國酌者 閩監毛本移齊國酌者二十四字於秋季孫隱如節經下

齊國酌 唐石經諸本同解云賈氏作酌字與此同服氏及穀梁皆作齊國弱字

于屈銀 唐石經諸本同釋文屈銀二傳作厥慭九經古義云說文慭从心猌聲猌讀若銀公羊厥字多作屈

非怒也 唐石經諸本同解云非字有作悲字者誤

十有二年 毛本年誤月

明其父得有子而廢之 按哀二年注無其字此衍

納頓子于頓 浦鏜云下當脫傳云是也

不欲令人妄億錯 蜀大字本閩監毛本同鄂本億作意釋文妄億於力反錯也字或作措按論語音義毋意或於力反則本作億與此注合陸氏以爲非誤也此本錯字剜改故小而偏當本作措疏標起訖作億措可證閩監毛本疏亦改作億錯矣

星隕如雨之下 閩監毛本同此本隕字剜改何按本作霣是也

及其衰未 毛本同誤也閩監本作衰末何按本同

許男辛臣卒 閩監毛本辛作新

則如主會者爲之 鄂本同閩監毛本如作知誤

史文也北燕本在上 閩本同鄂本無也字此衍監毛本北誤比

不及改順文楚殺其大夫成然者 閩監毛本刪楚殺其大夫者六字移成然左氏十三字於楚殺其大夫成然經下割裂之甚

楚殺其大夫成然 唐石經諸本同疏云左氏作成熊穀梁作成虔字按穀梁作成虎此作虔誤

故爲夷狄所彊 諸本同誤也疏中兩引皆作夷狄所彊當據正

今楚行詐滅陳蔡 閩監毛本同誤也鄂本今作令此本疏中兩引亦作令當據以訂正

卽伐我喪 襄七年疏卽作則是也

云令楚行詐滅陳蔡者 閩監毛本令誤今下同

卽託義討招瑗託義討蔡般是也 閩監毛本託皆改托閩本般作股監本誤殷

公羊注疏卷二十二挍勘記終

監本春秋公羊注疏昭公卷二十三 起十三年盡二十三年

何休學

十有三年。春。叔弓帥師圍費。○費音祕。○夏。四月。楚公子比自晉歸于楚。弒其君虔于乾谿。此弒其君。其言歸何。據齊陽生入惡不言歸。○谿苦兮反。【疏】此弒至歸何。○解云正以歸者出入無惡之文今君弒而言歸故難之○注據齊至言歸○解云即哀六年秋七月齊陽生入于齊是也其陽生入惡者先詐致諸大夫立於陳乞之家自是往弒舍是也 歸無惡於弒立也。歸無惡於弒立者何。靈王爲無道。作乾谿之臺。三年不成。楚公子棄疾脅比而立之。然後令于乾谿之役曰。比已立矣。後歸者不得復其田里。衆罷而去之。靈王經而死。時棄疾詐告比得晉力可以歸至而脅立之比之義宜效死不立而立君因自經故加弒也言歸者謂其本無弒君而立之意加弒責之爾不日者惡靈王無道封內地者起禍所由因以爲戒○罷音皮惡靈烏路反【疏】歸無至立也○解云弒謂虔也言所以書其歸者正於弒虔之時比無惡○歸無至者何○解云正據經書弒其君虔曷爲言無惡故問之○靈王經而死○解云經者謂懸縊而死也若申生雉經及論語云豈若匹夫匹婦之爲諒也自經於溝瀆者是也故何氏云君因自經○注時棄至爲戒○解云正以經書自晉故得爲有力之義故如此解○云比之義宜效死不立者下傳文云言歸者明其本無弒君而立之意加弒責之爾者桓十五年傳曰歸者出入無惡故云本無弒君而立之意言加弒責之者謂責其不效死而立矣云不日者惡靈王無道者正以宣二年秋七月乙丑晉趙盾弒其君夷獆四年夏六月乙酉鄭公子歸生弒其君夷則春秋之義不問加弒與否例皆書日今而不日故解之云封內地者起禍所由因爲戒者正以下二十五年宋公佐卒於曲棘傳云曲棘者何宋之邑諸侯卒其封內不地此何以地憂內也注云時宋公聞昭公見逐欲憂納之至曲棘而卒故恩錄之然則諸侯卒其封內例不地今此靈王見弒乾谿之由是以書地以起之故曰起禍所由因以爲戒也 楚公子棄疾弒公子比。比已立矣。其稱公子何。據齊公子商人弒其君舍【疏】注據齊至君舍○解云在文十四年九月彼傳云此未踰年之君也其言弒其君舍何已立之已殺之成死者而賤生者也注云惡商人懷詐無道故成舍之君號以賤商人之所爲然則彼未踰年君而見弒稱成君今比亦爲未踰年君見弒稱公子故據而難之所以不據僖九年晉里克弒其君之子奚齊者正以取成君之號以難公子義強于君之子之文故也 其意不當也。據上傳知其脅【疏】注據上至其脅○解云即上傳云楚公子弃疾脅比而立之是也 其意不當。則曷爲加弒焉爾。據王子朝不貶○朝如字【疏】注據王子朝不貶○解云即二十三年秋尹氏立王子朝注云貶言尹氏者著世卿之權尹氏貶子朝不貶者年未滿十歲未知欲富貴不當坐明罪在尹氏然則子朝之意與此相似子朝不貶而比加弒故難之 比之義宜乎效死不立。大夫相殺稱人。此其稱名氏以弒何。據經言弒公子比也【疏】比之至不立○解云即守死善道若王子閭之類也○大夫至稱人○解云即文十六年冬宋人弒其君處臼之下傳云大夫弒君稱名氏賤者窮諸人注云賤者謂士也士正自當稱人大夫相殺稱人賤者窮諸盜注云降大夫使稱人降士使稱盜者所以別死刑有輕重也然則文十六年師有成解故此弟子取而難之○注據經至比也○解云經言弒公子比即是兩下相殺之文而稱弃疾名氏是以據而難之 言將自是爲君也。故使與弒君而立者同文也不言其者比實已立嫌觸實公子弃疾則楚子居也【疏】言將至君也○解云謂弃疾從是殺比之後遂代比爲君矣○注故使至文也○解云同文也即文十四年秋九月齊公子商人弒其君舍是也○注不言至公子○解云莊二十二年春陳人殺其公子禦寇注云書者殺君之子重也下十四年冬莒殺其公子意恢然則彼二公子見殺言其今公子比實已立訖若言殺其公子比則嫌觸彼二公子文故曰嫌觸實公子云弃疾即楚子居也者即下二十六年秋楚子居卒是也 ○秋。公會劉子、晉侯、齊侯、宋公、衞侯、鄭伯、曹伯、莒子、邾婁子、滕子、薛伯、杞伯、小邾婁子于平丘。八月。甲戌。同盟于平丘。不舉重者起諸侯欲討弃疾故詳錄之不言劉子及諸侯者間無異事可知矣【疏】注不舉至錄之○解云文十四年六月公會宋公以下同盟于新城然則彼亦是二事舉盟爲重不言會于某今會盟並舉故須解之故云諸侯欲討弃疾以上有弃疾弒君之事下傳有諸侯遂亂之言故知於間詳錄此會欲討之矣○注不言至知矣○解云春秋之義會盟咸有而間隔事者則重言諸侯即定公四年三月公會劉子晉侯以下于召陵侵楚夏四月蔡公孫歸姓帥師滅沈以沈子嘉歸殺之五月公及諸侯盟于浩油然則彼由間有隔事劉子不與盟是以重出諸侯今則間無隔事劉子復與盟是以不勞重出劉子及諸侯見其可知矣 公不與盟。○與音預注二不肯與及下文不與焉注公不與不宜與皆同【疏】公不與盟者何○解云正以盟會詳錄即爲善事而公不與盟於義似違故執不知問 晉人執季孫隱如以歸。公至自會。公不與盟者何。公不見與盟也。時晉主會疑公如楚不肯與公盟故諱使若公自不肯與盟【疏】注時晉至與盟○解云須言時晉主會者正以此會劉子在其間故須辨之知非劉子主會者正以當時天子微弱故也知疑公如楚不肯與公盟者正以上七年三月公如楚九月公至自楚之文十一年公如晉至河乃復是其見疑不得入晉故也 公不見與盟。大夫執。何以致會。據得意乃致會【疏】注據得意乃致會○解云即莊六年注云公與二國以上出會盟得意致會不得意不致今此平丘之經亦是公與二國以上出會盟之事故言據得意乃致會也若欲伯事言之即哀十三年夏公會晉侯及吳子于黃池公至自會是也 不恥也。曷爲不恥。據危

之會公失序恥之。〔疏〕注據扈之會至恥之。○解云即文七年秋八月公會諸侯晉大夫盟于扈傳云諸侯何以不序大夫何以不名公失序也公失序奈何諸侯不可使與公盟昳晉大夫使與公盟也何氏云爲諸侯所薄賤不見序故深諱爲不可知之辭是也

諸侯遂亂。反陳蔡。君子恥不與焉。時諸侯將征棄疾棄疾乃封陳蔡之君使說諸侯諸侯從陳蔡之君言還反不復討楚楚亂遂成故云爾公不與盟不書成楚亂者時不受盟也諸侯實不與公盟而言公不與盟者遂亂雖見與公猶不宜與也故因爲公張義。○復扶又反爲公于僞反〔疏〕注棄疾至之君。○解云即下文是也。○注公不至賂也。○解云春秋之義諱內惡故隱五年春公觀魚于棠傳云何以書譏何譏爾遠也何氏云實譏張魚而言觀譏遠者恥公去南面之位下與百姓爭利匹夫無異故諱使若以遠觀爲譏也然則公若與盟即成楚亂便是內惡例諱不書今公不與盟不書楚亂者正以時不受賂是以不得書其成亂矣桓二年春公會齊侯陳侯鄭伯于稷以成宋亂夏四月取郜大鼎于宋戊申納于太廟傳云何以書譏何譏爾遂亂受賂納于大廟非禮也然則彼以受賂之故書其成宋亂今不受賂是不以書成楚亂決之春秋之義爲內諱大惡而桓公受賂而成宋亂不爲之諱者彼注云宋公馮與督共弒君而立諸侯會于稷欲共誅之受賂便還令宋亂遂成桓公本亦弒隱而立君子疾同類相養小人同惡相長故賤不爲諱也者是也。○注諸侯至張義。○解云上注云故諱使若公自不肯與之盟今又言此者正以諸侯遂亂是以魯侯不肯與之盟然則上下二注彌縫爲義非別解云因爲公張義者謂書公不與盟者非直爲國諱因見諸侯遂亂大惡公亦不宜與故言因爲公張義也

○蔡侯廬歸于蔡。○陳侯吳歸于陳。此皆滅國也。其言歸何。據歸者有國辭。○廬力吳反〔疏〕注據歸者有國辭。○解云即僖三十年秋衛滅鄭歸于衛之屬是也不與諸侯專封也。故使若有國自歸者也名者專受其封當誅書者因以起楚封之所以能起之者上有存陳文陳見滅無君所責又蔡本以篡見殺但不成其子不絕其國即諸侯存之當有文實也〔疏〕不與至封也。○解云宜言不與楚專封而云不與諸侯專封者宣十一年傳云此楚子也其稱人何諸侯之義不得專討也是楚得言諸侯之義矣而舊云楚子初無封陳蔡之意但畏諸侯之誅遂許封陳蔡之子孫陳蔡爲之請于諸侯諸侯止不伐楚楚乃封陳蔡然則陳蔡得封本由諸侯故傳言諸侯以明之也無疑焉。○注名者至當誅。○解云諸侯之式不合生名今陳蔡之君既已稱爵而書名者正以諸侯之封宜受于天子而受國于楚故名之見當誅討不合爲諸侯矣。○注書者至實也。○解云言主書此事者非直惡陳蔡之君不受天子之命亦固以起楚封之所以能起楚之封者正以上九年夏四月陳火傳云陳已滅矣其言陳火何存陳也注云陳已滅復火者死灰復燃之象也此天意欲存之故從有國記災故曰上有存陳文也言陳見滅無君無所責者正以陳國已滅無君可責而火之者天意作死灰復燃之象見陳國合存之意言蔡本以篡見殺者即襄三十年夏四月蔡世子般弒其君固至上十一年夏四月丁巳楚子虔誘蔡侯般殺之于申是也言但不成其子者即上十一年冬十有一月楚師滅蔡執蔡世子有以歸用之傳云未踰年之君其稱世子何不君靈公不成其子是也子者嗣君之稱謂不成其子有得稱嗣君以繼其父矣言不絕其國者正以書滅是也何者僖五年晉人執虞公之下傳云虞已滅矣其言執之何不與滅也曷爲不與滅滅者亡國之善辭注云言王者起當存之故爲善辭也傳云滅者上下同力者也注云言滅者臣子與君戮力一心其死之辭是也然則何氏言此者欲道陳蔡皆舊有國二君之子復先之在楚人封之而遂反國故得言歸非謂上會諸侯墠地封之若楚人會諸侯墠地封之當如救邢城楚丘之屬傳亦有文實之文若作文實之文宜云城陳蔡傳云孰城之諸侯城之曷爲不言諸侯城之不與諸侯專封曷爲不與實與而文不與文曷爲不與諸侯之義不得專封諸侯之義不得專封則其曰實與之者上無天子下無方伯天下諸侯有相滅亡者力能存之則存之可也

○冬。十月。葬蔡靈公。書葬者經不與楚討嫌本可責復讎故書葬明當從誅君論之不得責臣子〔疏〕注書葬至臣子。○解云隱十一年傳云然則何以不書葬春秋君弒賊不討不書葬以爲無臣子也然則靈公上十一年爲楚誘殺未見復讎之文而書其葬者正以上十一年經不與楚討若不書其葬即嫌可以責蔡臣子無復讎之義是以書葬靈公本者弒父而立當從誅君論之不得責臣子復讎於楚矣言經不與楚討者即上十一年傳云楚子虔何以不名絕也曷爲絕之爲其誘討也此討賊雖誘之曷爲絕之懷惡而討不義君子不與是也

○公如晉。至河乃復。○吳滅州來。不日者略兩夷〔疏〕注不日者略兩夷。○解云上四年秋七月遂滅厲注云莊王滅蕭日此不日者靈王非賢責之略然則吳子夷昧兄弟立謀讓位季子即爲賢者而反滅人宜亦書日以責之而不日者正以兩夷相滅故略之考諸舊本日亦有作月字者若作月字當云春秋上下滅例書月即莊十年冬十月齊師滅譚十三年夏六月齊人滅遂之屬是今此不月略兩夷故也是以下三十年十二月吳滅徐之下而注云至此乃月者所見世始錄夷狄滅小國也不從上州來巢見義者因有奔文可責是也以此言之則知此文無月明矣文承十月之下而言無月者謂不在十月內也然則爲日字者誤云云之說在三十年

十有四年。春。隱如至自晉。○三月。曹伯滕卒。○夏。四月。○秋。葬曹武公。○八月。莒子去疾卒。入昭公卒不日不書葬者本篡故因不序。○去起呂反〔疏〕注入昭至不序。○解云春秋之義所傳聞之世略於小國不書其卒至所聞之世乃始書之即文十三年邾婁子蘧篨卒之徒是也至所見之世文致大平書小國而錄之卒月葬時即下二十八年秋七月癸巳滕子寧卒冬葬滕悼公之屬是也今此莒君入昭公所見之世宜令卒日葬時而卒不日復不書其葬者正由其本是篡人故因略之不序其卒日亦不序其葬矣其本篡若即上元年秋莒去疾自齊入于莒是也然則春秋之義篡明者例書其葬即衛晉鄭突齊小白陽生之徒是今此去疾於上元年秋亦有自齊入于莒之文即是篡明例合書葬但以本篡故固不序然則入昭公所見之世小國之卒例合書日而上三月曹伯滕卒亦不日者莊二十三年冬十一月曹伯射姑卒之下何氏云曹伯達於春秋當卒月葬時也如卒日葬月嫌與大國同故復卒不日人所聞世可日不復日然則曹伯終生於桓十年時以春秋敬老重恩之故而得卒日葬月以爲大平是以入所見之世雖例可日亦不復日是故上文上曹伯不書日矣

○冬。莒殺其公子意恢。莒無大夫書殺公子者未踰年而殺其君之子不孝尤甚故重而錄之稱氏者明君之子。○恢苦回反〔疏〕注莒無大夫。○解云莊二十七年傳文。○注稱氏至之子。○解云小國大夫假令得見皆不書氏即莒慶之徒是也今兼書公子者欲明其是君之子故也若言莒殺意恢無以明嗣子不孝

十有五年。春。王正月。吳子夷昧卒。○夷昧音末本亦作末。

○二月。癸酉。有事于武宮。籥入。叔弓卒。去樂卒事。其言去樂卒事何。據入者言萬去籥言名不言卒事。○籥羊略反去樂起呂反注去籥及下文去樂同〔疏〕注據入至卒事。○解云即宣八年夏六月辛巳有事于大廟仲遂卒于垂壬午猶繹萬入去籥是也然則彼乃入者言萬此則入者言籥彼則去籥言名此則漫言去樂而已彼又不言卒事與此異是故弟子據而難之禮也。以加錄卒事即非禮但當言去樂而已若去籥矣摠言樂者明悉去也君有事于廟。聞大夫之喪。去樂。恩痛不忍舉卒事。畢其祭事

大夫聞君之喪。攝主而往。主謂已主祭者臣聞君之喪義不可以不即行故使兄弟若宗人攝行主事而往不廢祭者古禮也古有分土無分民大夫不世已父未必爲今君臣也孝經曰資於事父以事君而敬同〔疏〕注主謂至臣也。○解云謂已於廟內主其事者矣云古有分土無分民知如此者正以詩云誓將去汝適彼樂土論語云四方之民襁負其子而至矣之言故也云大夫不世者謂凡平大夫也不得以有功德大夫難之。○注孝經至敬同。○解云何氏之意以資爲取言取事父之道以事君所以得然者而敬同故也以此言之則何氏解孝經與鄭稱同與康成異矣云云之說在孝經疏

大夫聞大夫之喪。尸事畢而往。賓尸事畢而往也日者爲卒日。○爲于僞反〔疏〕注賓尸至往也。○解云正以禮大夫祭謂之賓尸故也云日者爲卒日者正以春秋之義失禮鬼神例日今非失禮知日爲卒

○夏。蔡昭吳奔鄭。不言出者始封名言歸嫌與天子歸有罪同故奪其有國之辭明專封。○昭吳左氏作朝吳〔疏〕夏蔡昭吳奔鄭。○解云左氏穀梁皆言朝吳出奔鄭今此作昭吳字又不言出者所見之文異案左氏穀梁皆以朝吳爲蔡大夫則知此昭吳亦爲蔡大夫矣而舊解以昭吳爲蔡侯盧之字者似非何氏之意。○注不言至專封。○解云今此吳出奔鄭不言出者正以其君始封之時名書歸即上十三年蔡侯盧歸于蔡是也云嫌與天子歸有罪同者謂書名言歸者乃與天子歸有罪之文近相似故以爲嫌何者僖公二十八年夏六月衛侯鄭自楚復歸于衛注云言復歸者刺天子歸有罪矣冬曹伯襄復歸于曹而注云曹伯言復歸者天子歸之名者與衛侯鄭同義然則天子歸有罪者書名言歸向上蔡侯盧歸于蔡亦有罪歸故言嫌與天子之歸有罪非謂確然相似言故奪其有國之辭者正以君子之歸有所嫌故奪其昭吳有國之辭不言其出矣云明專封者欲明其蔡侯爲楚所專封矣吳既受諸侯之專封不合有國故不言大夫之出奪其國文以見之

○六月。丁巳。朔。日有食之。并十七年食蓋與孛于大辰同占〔疏〕注并十至同占。○解云謂此文日有食之并十七年夏六月甲戌朔日有食之皆與十七年有星孛

於大辰同占也其占者則孛大辰之下注云是後周分爲二天下兩主宋南里以亡是也。秋。晉荀吳帥師伐鮮虞。○冬。公如晉。

十有六年。春。齊侯伐徐。○楚子誘戎曼子殺之。楚子何以不名。據誘蔡侯名。○戎曼音蠻又音萬二傳作戎蠻哀四年同〔疏〕注據誘蔡侯名。○解云即上十一年夏楚子虔誘蔡侯般殺之于申是也。夷狄相誘。君子不疾也。曷爲不疾。據俱誘也。若不疾。乃疾之也。以爲固當常然者乃所以爲惡也顧以無知薄責之戎曼稱子者入昭公見王道太平百蠻貢職夷狄皆進至其爵不日者本不卒不地者略也。○見賢徧反〔疏〕注戎曼至其爵。○解云上四年申之會伐吳再見淮夷五年冬越人伐吳一見越人所見之世而不進之者君子因事見義故也何者淮夷與越蓋遣大夫會此是君可進而進之且昭公之時文致大平實不治定但可張法而已寧可文皆進乎。○注不日者本不卒。○解云上十一年夏四月丁巳楚子虔誘蔡侯般殺之于申書其丁巳今亦誘殺而不日者正以戎曼乃是夷狄之內最爲微國雖於大平之世亦不合卒是故春秋因畧之不書其日矣云不地者略也者正以蔡侯誘殺經書于申今此不地故言略也○夏。公至自晉。○秋。八月。己亥。晉侯夷卒。○九月。大雩。先是公數如晉。○數如音朔○季孫隱如如晉。○冬。十月。葬晉昭公。○

十有七年。春。小邾婁子來朝。○夏。六月。甲戌。朔。日有食之。○秋。郯子來朝。○八月。晉荀吳帥師滅賁渾戎。○賁渾音六下戶門反冬。有星孛于大辰。孛者何。彗星也。三孛皆發問者或言入或言于或言方嫌爲孛異猶問錄之。○星孛音佩彗息遂反又囚歲反〔疏〕孛者何。○解云欲言星名星未有孛欲言非星錄爲星稱故執不知問。○注三孛至錄之。○解云三孛皆發問者即文十四年秋七月有星孛入于北斗傳云孛者何彗星也其言入于北斗何北斗有中也何以書記異也哀十三年冬十有一月有星孛于東方傳云孛者何彗星也其言于東方何見于旦也何以書記異也幷此三處皆言孛者何故言三孛皆發問也所以三處皆問之者正以文十四年經言入于北斗此經言于大辰哀十三年經言于東方三文甚異即嫌爲孛之不同是以處處猶發問而詳錄之故云或言入或言于或言方嫌爲孛異猶問錄之其言于大辰何。據北斗言入于大辰非常名〔疏〕注據北斗言入于○解云正以此經不言入宜言于此據入而難之云大辰非常名者正以東方七宿皆謂之辰故曰大辰非七宿之常名而經舉之因以爲難也在大辰也。大辰者何。大火也。大火謂心〔疏〕大辰者何。解云正以大辰之名非一而已不知何者故執不知問。○注大火謂心解云左氏傳心爲大火是也而釋天云柳鶉火者正以柳在南方亦可爲出火之候故也不謂心星非大火然則爾雅不言心爲大火者文不備也大火爲大辰。伐爲大辰。伐謂參伐也大火與伐天所以示民時早晚天下所取正故謂之大辰辰時也。○參所林反〔疏〕大火爲大辰。○解云即釋天云大火謂之大辰李氏云大火蒼龍宿之心以候四時故曰大辰孫氏郭氏云大火心也在中最明故時候主焉是也。○注伐謂參伐也。○解云正以伐在參傍與參連體而六星故言伐謂參伐伐與參爲一候故也北辰亦爲大辰。北辰北極天之中也常居其所迷惑不知東西者須視北辰以別心伐所在故加亦者兩相須之意。○別彼列反〔疏〕注北辰北極。○解云即釋天云北極謂之北辰李氏云北極天心居北方正四時謂之北辰孫氏郭氏曰北極天之中以正四時謂之北辰是也云天中也者以天面言之故也然則謂之極者取於居中之義矣而春秋說云北者高也極者藏也言大一之星高居深藏故名北極也者與先儒說違其何氏兩解乎云常居其所者謂常居紫微宮所矣何以書。記異也。心者天子明堂布政之宮亦爲孛彗者邪亂之氣掃故置新之象是後周分爲二天下兩主宋南里以亡。○邪似嗟反〔疏〕注心者至之宮。○解云春秋說文星經亦云亦爲孛者亦如北斗爲彗所孛矣。○注是後至以亡。○解云言周分爲二天下兩主者謂敬王在成周王猛居王城故下二十二年秋劉子單子以王猛入于王城傳云王城者何西周也何氏云時居王城邑自號西周王經又言冬十月王子猛卒二十二年秋尹氏立王子朝然則王猛卒後子朝復篡恒與敬王處據相拒故云周分爲二天下兩主也是以運斗樞云星孛賊起守大辰於五堂亂兵填門三王爭周以分是也然則彼有三王爭者通前後言之今此云周分爲二天下兩主者正以子猛子朝之簒是一也言宋南里以亡者即下二十一年夏宋華亥向寧華定自陳入于宋南里以畔是也○楚人及吳戰于長岸。詐戰不言戰。此其言戰何。據於越敗吳于醉李。○檇李音醉本或作醉敵也。俱無勝負不可言敗故言戰也不月者略兩夷〔疏〕詐戰至戰何。○解云經文言戰而傳以詐戰問之者正以夷狄質薄不能結日偏戰今此兩夷而言戰故以詐戰難之。○注據於至醉李。○解云在定十四年夏也彼此皆是兩夷無言戰之經是以據而難之。○注不月者略兩夷。○解云正以春秋之例偏戰者日詐戰者月今此詐戰而不月故言略兩夷

十有八年。春。王三月。曹伯須卒。○夏。五月。壬午。宋衞陳鄭災。何以書。記異也。何異爾。異其同日而俱災也。外異不書。此何以書。爲天下記異也。詩云其儀不忒正是四國四國天下象也是後王室亂諸侯莫肯救故天應以同日俱災若曰無救下云爾。○爲于僞反忒官得反應應對之應〔疏〕記異也。○解云經言災者以其焚宗廟朝廷故也傳云異者正以四國同日而俱災。○注四國天下象也。○解云正以四國得爲四方之國故得謂之天下象。○注是後王室亂諸侯莫肯救。○解云即下二十二年夏六月王室亂傳云何言乎王室亂注云據天子之居稱京師言不及外也注云宮謂之室刺周室之微弱邪庶並篡無一諸侯之助匹夫之救如一家之亂也故變京師言王室不爲天子諱者方責天下不救之者是王室亂諸侯莫肯救之事也○六月。邾婁人入鄅。○鄅音禹又音矩○秋。葬曹平公。○冬。許遷于白羽。

十有九年。春。宋公伐邾婁。○夏。五月。戊辰。許世子止弒其君買。蔡世子般弒父不忍日此日者加弒爾非實弒也〔疏〕注蔡世至弒也。○解云即襄三十年夏四月蔡世子般弒其君固何氏云不日者深爲中國隱痛有子弒父之禍故不忍言其日是也然則許亦中國而言日者正以加弒非實弒故也知加弒者下傳備文若夷狄弒父則忍言其日者即文元年冬十月丁未楚世子商臣弒其君髡彼注云日者夷狄子弒父忍言其日是也○己卯。地震。季氏稍盛宋南里以叛王室大亂諸侯莫肯救晉人圍郊吳勝雞父尹氏立王子朝之應〔疏〕注季氏至之應。○解云謂稍稍盛也往前時猶羯爲政自上十一年夏公如晉至河乃復十三年平丘之會公不與盟以來季孫隱如數見經二十五年遂出昭公矣云宋南里以叛者在二十一年夏云晉人圍郊者在下二十三年傳云郊者何天子之邑也曷爲不繫于周不與伐天子也是也云吳勝雞父者即下二十三年秋七月戊寅吳敗頓胡沈蔡陳許之師于雞父是也云尹氏立王子朝者即下二十三年秋尹氏立王子朝是也賊未討何以書葬者正以隱十一年傳云春秋君弒賊不討不書葬以爲無臣子也然則師有解爾故此弟子據而難之○秋。齊高發帥師伐莒。○冬。葬許悼公。賊未討。何以書葬。不成于弒也。曷爲不成于弒。據將而誅之。○于殺音試下于殺加殺皆同止進藥而藥殺也。時悼公病止進藥悼公飲藥而死止進藥而藥殺。則曷爲加弒焉爾。據意善也譏子道之不盡也。其譏子道之不盡奈何。曰。樂正子春之視疾也。樂正子春曾子弟子以孝名聞〔疏〕注樂正至名聞。○解云祭義云樂正子春下堂而傷其足數月不出猶有憂色門弟子云子春曰吾聞諸曾子曾子聞諸夫子曰天之所生地之所養無人爲大父母全而生之子全而歸之可謂孝矣云云今予忘孝之道予是以有憂色云云是也復加一飯。則脫然愈。復損一飯。則脫然愈。復加一衣。則脫然愈。復損一衣。則脫然愈。脫然疾除貌也言消息得其節。○復加扶又反下同一飯扶晚反下同〔疏〕復加至然愈。○解云言子春視疾之時消息得其節觀其顏色力少如可時更加一飯以與之其病者脫然加愈若觀其顏色力少如弱時則復損一飯以與之則其病者脫然加愈又觀其顏色力似寒時則復加一衣以與之則病者脫然又加愈又觀其顏色力似如煖則復損一衣以與之則病者脫然而愈止進藥而藥殺。是以君子加弒焉爾。失其消息多少之宜曰。許世子止弒其君買。是君子之聽止也。聽治止罪葬許悼公。是君子之赦止也。原止進藥本欲愈父之病無害父之意故赦之赦止者。免止之罪辭

也。明止但得免罪不得繼父后許男斯代立無惡文是也〔疏〕注明止至是也○解云正以此傳但有赦止之文而無善止之處故知但得免罪而已無嗣父之義矣云許男斯代立無惡文是也者正以自此以后不見許男卒葬之文唯有定六年春王正月癸亥鄭游遬帥師滅許以許男斯歸是也言無惡文者正以不見立入之文故也若止宜立而斯篡之春秋之義應作篡文以惡斯矣似若隱四年衞桓見弒嗣子宜立而宜篡之經書立晉以爲惡晉之文也

二十年。春。王正月。○夏。曹公孫會自鄭出奔宋。

奔未有言自者。此其言自何。據始出奔未有言此者與宋華亥入宋南里復出奔異○鄭音蒙又亡忠反又亡貢反一音亡增反者此舊於此下有此者非復扶又反〔疏〕注據始至言此○解云謂始發國出未有言自者故云爾云與宋華亥入宋南里復出奔異者即下文冬十月宋華亥向甯華定出奔陳二十一年夏宋華亥向甯華定自陳入于宋南里以叛二十二年春宋華亥向甯華定自宋南里出奔楚是也而言異者正以華亥之徒奔而入叛邑之處乃始出奔故得言自今會始出故云異矣畔也。時會盜鄭以奔宋畔則曷爲不言其畔。言叛者當言以畔如邾婁庶期〔疏〕注言叛至庶期○解云若其作叛文當言公孫會以鄭出奔宋如似襄二十一年邾婁庶其以漆閭丘來奔之類也爲公子喜時之後諱也。春秋爲賢者諱。諱使若從鄭出奔者故與自南里同文○爲公子于僞反下爲賢爲會爲之諱同何賢乎公子喜時。據喜時不書〔疏〕注據喜時不書○解云正以曹羈叔肸春秋賢之者皆書見經即莊二十四年冬曹羈出奔陳宣十七年冬公弟叔肸卒之文是也今此喜時既不書見非所賢矣則何賢乎喜時故難之讓國也。其讓國奈何。曹伯廬卒于師。在成十三年則未知公子喜時從與。喜時曹伯廬弟○從與才用反下音餘下從與同〔疏〕注喜時曹伯廬弟○解云而賈服以爲廬之庶子者蓋所見本異也公子負芻從與。負芻喜時庶兄或爲主于國。或爲主于師。古者諸侯師出世子率與守國次宜爲君者持棺絮從所以備不虞或時疾病相代行本史文不具故傳疑之○絮從女居反說文云絮絪也一曰敝絮也〔疏〕注古者至不虞○解云春秋說文言率與守國者與衆也謂率衆以守國也左氏春秋傳云大子之法君行則守是也其次宜爲君者謂若大子母弟也○言持棺絮從者棺者櫬也即禮云以櫬從之文是也絮謂新綿即禮記云屬纊以俟絕氣之文是也云或時疾病相代行者正以曹伯無子喜時其母弟也當守國公子負芻者庶見也禮當從君但或時負芻疾而喜時代之行今傳不言者正以史文不具故也公子喜時見公子負芻之當主也逡巡而退。賢公子喜時。則曷爲爲會諱。君子之善善也長。惡惡也短。惡惡止其身。不遷怒也○逡七旬反惡惡並如字一讀上烏路反下同〔疏〕公子至其身○解云當依正禮喜時守國則負芻當主者在疆之處當主而來若其疾病求代行則負芻當主也者在國而當主矣善善及子孫。賢者子孫。故君子爲之諱也。君子不使行善者有後患故以喜時之讓除會之叛不通鄭爲國如通濫者喜時本正當立有明王興當還國明叔術功惡相除裁足通濫爾○濫力甘反又力暫反〔疏〕注不通至濫爾○解云昭三十一年冬黑弓以濫來奔傳云文何以無邾婁注云據讀言邾婁通濫也注云通濫爲國故使無所繫曷爲通濫賢者子孫宜有地也賢者孰謂謂叔術也何賢乎叔術讓國也云云然則今若通鄭爲國宜云夏公孫會以鄭出奔宋傳云文何以無曹通鄭也曷爲通鄭賢者子孫宜有地也賢者孰謂謂喜時也何賢乎喜時讓國也云云今不如此者正以喜時本正當立若有明王興興滅國繼絕世之時當令還其國則不宜通鄭邑以爲小國而已以此言之明叔術以讓國之功除其妻嫂殺顏之惡裁足通濫邑以爲小國而已不足以得邾婁也○秋。盜殺衞侯之兄輒。母兄稱兄。兄何以不立。據立嫡以長○輒左氏作縶嫡丁歷反長丁丈反〔疏〕注據立嫡以長○解云即隱元年傳曰隱長又賢何以不宜立立嫡以長不以賢立子以貴不以長之文是也有疾也。何疾爾。惡疾也。惡疾謂瘖聾盲癘禿跛傴不逮人倫之屬也書者惡衞侯兄有疾不憐傷厚遇營衞不固至令見殺失親親也公子不言之兄弟言之者敵體辭嫌於尊卑不明故加之以絕之所以正名也○瘖於今反聾路工反癘力世反又力夫反禿吐木反跛布可反傴於矩反惡烏路反令力呈反〔疏〕注失親親也○解云失親親之道也○冬。十月。宋華亥向甯華定出奔陳。月者危三大夫同時出奔將爲國家患明當防之○向甯二傳作向寧〔疏〕注月者至防之○解云春秋之義大夫出奔例皆書時即成七年冬衞孫林父出奔晉襄二十八年夏衞石惡出奔晉冬齊慶封來奔之屬是也今此書月故須解之言將爲國家患者即下文入于宋南里以畔是也若言三大夫同時出奔然後乃月案莊十二年冬十月宋萬出奔陳一大夫也亦書月者使與大國君出奔同明彊禦之甚是也○十有一月。辛卯。蔡侯廬卒。

二十有一年。春。王三月。葬蔡平公。○夏。晉侯使士鞅來聘。○宋華亥向甯華定自陳入于宋南里以畔。宋南里者何。若曰因諸者然。因諸者齊故刑人之地公羊子齊人故以齊喻也宋樂世心自曹入于蕭不言宋南里者略叛臣從刑人于國家尤危故重舉國○重直用反〔疏〕入于至以畔○解云左氏穀梁皆作南里字而賈氏云穀梁曰南鄙蓋所見異也○宋南里者何○解云欲言其邑而繫宋言之與蕭例異欲言非邑入之而叛與蕭相似故執不知問○注因諸至之地○解云舊說云即博物志云周曰囹圄齊曰因諸是也○注宋樂至言宋○解云即定十一年秋宋樂世心自曹入于蕭注云不言叛者從叛臣叛可知者是也何氏特引此事者正以自外而入與此相似而不繫宋故須解之○秋。七月。壬午。朔。日有食之。是後周有篡禍〔疏〕注是後周有篡禍○解云在明年○八月。乙亥。叔痤卒。○叔痤在禾反左氏作叔輒〔疏〕叔痤卒○解云左氏穀梁作叔輒○冬。蔡侯朱出奔楚。出奔者爲東國所篡也大國奔例月此時者意背中國而與楚故略之○惡烏路反下音佩〔疏〕冬蔡侯朱○解云左氏與此同穀梁作蔡侯東○注出奔至篡也○解云知此者正以二十三年夏六月蔡侯東國卒于楚故也篡不書者東國之下自有注說○注大國至略之○解云大國奔例月者即桓十六年十一月衞侯朔出奔齊之徒是也言惡背中國而與楚者即奔楚是也○公如晉。至河乃復。

二十有二年。春。齊侯伐莒。○宋華亥向甯華定自宋南里出奔楚。前出奔已絕賤復錄者以故大夫專勢入南里犯君而出當誅也言自者別從國去○復扶又反別從彼列反下同〔疏〕注前出至國去○解云在上二十年冬也春秋之例大夫奔之後其位已絕即襄二十八年冬齊慶封來奔其後因魯奔吳經不書之是也今此書者正以專勢入南里犯君而出起其當誅故也云言自者別從國去者謂言自宋南里者欲別於宋萬出奔陳之文從國都而去者故也○大蒐于昌姦。○大瘦所求反本亦作蒐昌姦二傳作昌間○夏。四月。乙丑。天王崩。○六月。叔鞅如京師。○葬景王。○王室亂。謂王猛之事〔疏〕注謂王至之事○解云即下文秋劉子單子以王猛入于王城是也不言子朝者子朝于時篡事未成故也何言乎王室亂。據天子之居稱京師天王入于成周天王出居于鄭不言亂〔疏〕注據天至京師○解云桓九年紀季姜歸于京師傳云京師者何天子之居也京者何大也師者何衆也天子之居必以衆大之辭言之是也云天王入于成周者即下二十六年冬十月天王入于成周是也以上二事以解傳文何言乎王室之意云天王出居于鄭不言亂者即僖二十四年冬天王出居于鄭是也言不及外也。宮謂之室剌周室之微邪庶並篡無一諸侯之助匹夫之救如一家之亂也故變京師言王室不言成周言王室者正王以責諸侯也傳不事事悉解者言不及外外當責之故正王可知也不爲天子諱者方責天下不救之○邪庶似嗟反〔疏〕注宮謂之室○解云爾雅文云邪庶並篡者正以子猛子朝皆非正適故謂之邪庶也共篡敬王故謂之並篡時子朝篡事未成而言並篡者欲見尹氏之徒已有立之意也云無一諸侯之助匹夫之救者正以變京師言王室故知如此云不言成周言王室者正王以責諸侯也者公羊之義以成周是正居既不言京師亂何故不言成周亂而言王室亂者又欲正其王號以責諸侯不救之謂敬王爲王矣其若不然景王之崩至今期年其嗣子在喪得云王室乎云傳不事事悉解者傳若事事悉解宜云不言京師言王室者剌周家之微也如一家之亂而已責諸侯不救急著天王之號今不爾者正以言不及外之文足兼此等之意是故不復費辭爾云言不及外即是外邊諸侯之當責之可知由是之故須著言王責諸侯之不救也故曰皆可知云注不爲天子諱者方責天下不救之者閔二年傳云曷爲外之春秋爲尊者諱然則春秋之義爲尊者諱今天子微弱不能討亂失國之刑而不爲諱者方責天下不救之是以不得不見者

矣劉子單子以王猛居于皇。其稱王猛何。據未踰年已葬當稱子〔疏〕注據未至稱子○解云正以莊三十二年傳云既葬稱子踰年稱公故也言已葬者即上文葬景王是也當國也。時欲當王者位故稱王猛見當國也錄二居者事所見也不舉猛爲重者時猛尚幼以二子爲計勢故加以以者行二子意辭也二子不舉重者尊同權等○見當賢備反下同〔疏〕注時欲至國也○解云正以言王領國受師似當國之人鄭段之徒矣云錄居者事所見也者正以當國之人未成爲王理宜略之而錄其居者春秋刺其簒逆若不書云王猛居于皇則其當國之事無由見故曰錄居者事所見也云不舉猛爲重者春秋之徒悉皆舉重是以下二十三年秋天王居于狄泉之經不言其大夫以之今不舉重故如此解也云以者行二子意辭也者正以桓十四年宋人以齊人衛人蔡人陳人伐鄭以者何行其意也何氏云以已從人曰行言四國行宋意是也○秋。劉子單子以王猛入于王城。王城者何。西周也。時居王城邑自號西周主〔疏〕王城者何○解云欲言正居文無成周之稱欲言非正居王猛入之故執不知問其言入何。據非成周〔疏〕注據非成周○解云正以公羊之義以成周爲正居故言此矣是以二十六年冬十月天王入于成周是也篡辭也。時雖不入成周已得京師地半稱王置官自號西周故從篡辭言入起其事也不言西周者正之無二京師也不月者本無此國無可與別輕重也〔疏〕注故從篡辭言入○解云正以春秋之義立納入皆爲篡辭故此謂入爲篡辭矣○注不月至重也○解云春秋之義大國之篡例合書月即隱四年冬十二月衛人立晉之徒是何者以其禍大故也小國例時以其禍小矣即昭元年秋莒去疾自齊入于莒之文是今此入王城之邑而篡天子計其禍咎實如大國之例而不月者正以本無可與別輕重之義是以時之也冬。十月。王子猛卒。此未踰年之君也。其稱王子猛卒何。據子卒不言名外未踰年君不當卒〔疏〕注據子卒不言名○解云即文十八年冬十月子卒是也云外未踰年君不當卒者正以春秋上下無其事故也而僖九年冬晉里克弑其君之子奚齊書者彼乃見殺非此之類也而言外者正以內之子般子野之徒皆書之故也不與當也。不與當者。不與當父死子繼。兄死弟及之辭也。春秋篡成者皆與使當君之父死子繼兄死弟及者篡所緣得位成爲君辭也猛未悉得京師未得成王又外未踰年君三者皆不當卒卒又名者非與使當成爲君也嫌上入無成周文非篡辭故從得位卒明其爲篡也月者方以得位明事故從外未踰年君例〔疏〕注春秋至辭也○解云即公及齊侯盟于柯齊侯小白卒之徒是也○注猛未至當卒○解云猛未悉得京師即從篡不成已是不當卒也假令得作外踰年君不問自不得書其卒況未成外踰年君實不得書其卒言二者不當卒矣○注又至篡○解云既不合卒今書其名非欲成其爲君但嫌上經入于王城之時無成周之文恐其非篡辭故從其得位而書其卒正欲明爲篡故也○注月者至君例○解云篡既不成理宜略之而書其月者春秋方書其卒若得位然以明其篡事故曰方以得位明事也言故從外未踰年君例者即僖九年冬晉里克弑其君之子奚齊何氏云弑未踰年君例當月不月者不正遇禍終始惡明故畧之今此書月從未踰年君例矣十有二月。癸酉。朔。日有食之。是後晉人圍郊犯天子邑

公羊注疏卷二十三校勘記　阮元撰盧宣旬摘錄

公羊注疏昭公卷二十三

十有三年

得晉力可以歸　此本晉誤有可誤司今據諸本訂正

謂其本無弑君而立之意　諸本同誤也鄂本謂作明疏引注同當據正

加弑責之爾　此本疏中引注作加殺閩監毛本亦改作弑

今比亦爲未踰年君　閩監毛本比誤此

所以不据僖九年晉里克弑其君之子奚齊者　閩監毛本弑作殺非

即上傳云楚公子弃疾　閩監毛本弃作棄下同

弃疾則楚子居也　鄂本同閩監毛本則作即疏同

公不與盟者何　此本此節疏在公不與盟之下閩監毛本移於公不與盟者何之下

不肯與公盟　鄂本肯作肎下同

据扈之會至恥之　閩監毛本刪之會二字

君子不恥不與焉　唐石經諸本同此本脫上不字今補正

時不受賂也　諸本同疏引桓二年傳受賂以證之此本作受盟盟字剜改今訂正

故言因爲公張義也　閩本同監毛本爲公誤倒

故使若有國自歸者口　閩監毛本口作也此本實缺蓋衍

因以起楚封之　此本疏引國作固

無君所責　鄂本同疏及閩監毛本作無君無所責

即諸侯存陳　閩監毛本作諸侯存之此作陳誤按解云非謂上會諸侯墠地封之若是上會諸侯墠地封之當如救邢城楚丘之屬傳亦有文實之文然則存之當作封之矣

然則何以不書葬　浦鏜云弑誤然○按作殺與十一年傳合

靈公本者弑父而立　閩監毛本刪者字按者字當在靈公下

楚子虔何以不名　浦鏜云不衍字

絕也曷爲絕之　十一年傳無也字

不日者略兩夷　解云考諸舊本日亦有作月字者春秋上下滅例書月然則爲日字者誤按三十年冬十有二月吳滅徐疏引此注云不月者略兩夷此處疏本仍作日

靈王非賢責之略　此本閩本責誤表今訂正監毛本責改君之略誤倒

因有奔文可責是也　按三十年注作因有出奔可責無文字

十有四年

但以本篡故固不序　閩監毛本固作因

當卒月葬時也如卒日葬月嫌與大國同故復卒不日　閩本同監毛本與誤於按此常誤當始誤如後誤復

十有五年

是故上文上曹伯　浦鏜云當作卒曹伯

畢其祭事　閩監毛本其作竟

誓將去汝　浦鏜云逝誤誓

與鄭稱同　閩監毛本同浦鏜云鄭稱當孔傳之誤梁玉繩云鄭偁爲魏侍中有荅魏武帝金幣之問見續後漢書輿服志注又魏志延康元年注引魏略言偁篤學大儒爲武德侯傅敘傳敘即魏明帝也丁杰云孝經鄭注據此處疏文非康成亦非小同當是鄭偁孫志祖云徐彥疏云與鄭偁同與康成異則偁與康成爲二家明矣

夏蔡昭吳奔鄭　唐石經諸本同解云左氏穀梁皆言朝吳出奔鄭

始封名言歸　疏作書歸

而舊解以昭吳爲蔡侯盧之字者　閩監毛本盧改廬非

非謂礭然相似　何校本同閩監毛本礭作確

十有六年

見王道大平　閩監毛本大作太非疏同

十有七年

晉荀吳帥師滅賁渾戎　唐石經諸本同穀梁賁作陸左氏作陸渾之戎

北者高也極者藏也　按高藏字疑互誤

自号西周王　閩監毛本号作號

二十二年秋　浦鏜云三年誤二年

恒與敬王處据相拒　按處据疑居處之誤或當爲處據

十有八年
爲天下記異也　唐石經諸本同鄂本異作災誤
十有九年
晉人圍郊　此本圍誤國疏同今據諸本訂正
自上十二年夏　此本二字缺上畫閩本缺下畫監毛本遂誤作一今訂正
逐出昭公矣　按逐當作遂
秋七月戊寅　浦鏜云戊辰之誤按浦說是也
尹氏立王子朝是也賊未討何以書葬者　閩監毛本下增○解云移賊未討以下於傳下
無人爲大　閩監毛本無改唯非
二十年
据始出奔未有言此者　鄂本同閩監毛本此作自按此本疏標起訖云注据始至言此者閩監毛本亦改此爲自
當言以畔如邾婁庶期　閩監毛本期改其非鄂本及此本疏標起訖皆作庶期又鄂本以畔作以鄭此誤
何賢乎公子喜時　毛本子誤羊
喜時曹伯廬弟　解云賈服以爲廬之庶子者蓋所見本異
負芻喜時庶兄　鄂本作從兄
世子卒與守國　閩監毛本與作輿此誤解云春秋說文言卒輿守國輿衆也
持棺絮從　釋文絮從女居反說文云絮緼也段玉裁云釋文當作絮
絮謂新綿　閩監毛本綿作緜
公子至其身　閩監毛本其身改當主
二十有一年
春王三月　唐石經鄂本同閩監毛本誤二月
自陳入于宋南里以畔　唐石經諸本同解云左氏穀梁皆作南里而賈氏云穀梁曰南鄙蓋所見異

公羊注疏卷二十三挍勘記終

監本春秋公羊注疏昭公卷二十四　起二十三年盡三十二年

何休學

二十三年。春王正月。叔孫舍如晉。○癸丑。叔鞅卒。○晉人執我行人叔孫舍。○晉人圍郊。郊者何。天子之邑也。天子間田有大夫主之○間音閑〔疏〕叔孫舍者○解云左氏穀梁作婼字○郊者何○解云欲言外邑文無所繫欲言邑而不言伐我故執不知問也曷爲不繫于周。不與伐天子也。與侵柳同義〔疏〕注與侵柳同義○解云即宣元年冬晉趙穿帥師侵柳傳曰柳者何天子之邑也注云天子間田也有大夫守之晉與大夫忿爭侵之也曷爲不繫乎周注云据王師敗績于貿戎繫王不與伐天子也注云絕正其義使若兩國自相伐今此圍郊亦然故曰與侵柳同義然則彼已有傳今復發之者正以侵圍異文故也且若不發傳無以知其伐天子○夏六月。蔡侯東國卒于楚。不日者惡背中國而與楚故略之月者比肸附父仇責之淺也不書葬者篡也篡不書者以惡朱在三年之內不共悲哀舉錯無度失衆見篡○惡背烏路反下同背音佩共音恭錯七故反〔疏〕注不日至略之○解云正以大國之卒例皆書日今此不日故解之言背中國而與楚者即此文卒於楚是也○注月者至淺也○解云僖十四年冬蔡侯肸卒注云不月者賤其背中國而附父仇故略之甚也然則彼過深故不月此則過淺但不日而已云之說備於僖十四年云不書葬者以春秋之例篡不明者例不書葬今此東國篡不明不書其葬以明篡矣○注篡不至見篡○解云二十一年冬蔡侯朱出奔楚何氏云奔者爲東國所篡然則東國既篡於朱而無立入之文者正欲惡朱故也何者東國篡朱而無文貶則知春秋之義惡朱明矣言在三年之內者即二十年冬蔡侯廬卒至二十一年冬朱即出奔故曰三年之內也所見之世始錄諸侯內行小失不可勝書是以春秋但略而見譏而已故何氏云不共悲哀舉錯無度而已矣凡是爲人所篡皆失衆之所由故何氏云失衆見篡也○秋七月。莒子庚輿來奔。○戊辰。吳敗頓、胡、沈、蔡、陳、許之師于雞父。胡子髡、沈子楹滅。獲陳夏齧。此偏戰也。曷爲以詐戰之辭言之。据甲戌齊國書及吳戰于艾陵俱與夷狄言戰今此從詐戰辭言敗○雞父音甫髡苦門反楹音盈左氏作逞穀梁作盈夏戶雅反齧五結反艾五蓋反〔疏〕此偏戰也○解云正以春秋之例偏戰者日詐戰者月今此書日故言偏戰○注据甲戌至言敗○解云即哀十一年夏五月公會吳伐齊甲戌齊國書帥師及吳戰于艾陵齊師敗績獲齊國書是也不與夷狄之主中國也。序上言戰別客主人直不直也今吳序上而言戰則主中國辭也○別彼列反下及傳同〔疏〕注序上言戰○解云以莊二十八年齊伐衞衞人及齊人戰衞人敗績傳云春秋伐者爲客注云伐人者爲客伐者爲主注云見伐者爲主故使衞主之也彼注云戰序上言及者爲主曷爲使衞主之衞未有罪矣注云蓋爲幽之會服父喪未終而不至故又僖十八年春宋公以下伐齊夏宋師及齊師戰于甗齊師敗績傳云春秋伐者爲客伐者爲主曷爲不使齊主之與襄公之征齊也曷爲與襄公之征齊桓公死豎刀易牙爭權不葬爲是伐之也以此言之若主人直則主序上若客直則客序上故云序上言戰別客主人直不直今吳人序其上而言戰則是吳人爲主中國之辭故不得言戰直言敗而已故云不與夷狄之主中國然則曷爲不使中國主之。据齊國書主吳中國亦新夷狄也。中國所以異乎夷狄者以其能尊尊也王室亂莫肯救君臣上下壞敗亦新有夷狄之行故不使主之不稱國出師者賤略之言之師者辟許獨稱師上五國稱國之嫌○之行下孟反下同〔疏〕注君臣上下壞敗者○解云不救天子有無君臣上下之道故云君臣上下壞敗○注不稱國國出師者賤略之者○解云決桓十三年春齊師宋師衞師燕師敗績之文○注言之師者○解云若不言之直言吳敗頓胡沈蔡陳許師于雞父則嫌師文獨使許稱自陳以上單稱國是故言之以散之矣其言滅獲何。据蔡公孫歸生滅沈以沈子嘉歸殺之國言滅君言殺又獲晉侯言獲此陳夏齧亦言獲君大夫無別〔疏〕注据蔡至言殺○解云即定十四年夏四月庚辰蔡公孫歸生帥師滅沈以沈子嘉歸殺之彼國言滅君言殺今此君言滅是以据而難之云又獲晉侯言獲者即僖十五年冬十一月壬戌晉侯及秦伯戰于韓獲晉侯是也然則國言滅君言殺以解傳其言滅何之文又獲晉侯言獲以解傳其言獲何之文別君臣也。君死于位曰滅。生得曰獲。大夫生死皆曰獲。大夫不世故不別死位○〔疏〕君死于位曰滅者○解云即此胡子髡沈子楹滅是也生得曰獲者即獲晉侯是也大夫生死皆曰獲者大夫死曰獲者即此獲陳夏齧及哀十一年獲齊國書之徒是也其大夫生得曰獲者宣二年獲宋華元是也○注大夫不世故不別死位○解云正謂諸侯世故別其死社稷與不若其死社稷者而經書滅不能者貶之言獲也大夫不世是以不勞別之故不問生死皆謂之獲也不與夷狄之主中國。則其言獲陳夏齧何。据判敗蔡師于莘以蔡侯獻舞歸不言獲○莘所巾反〔疏〕注据判至言獲○解云在莊十年秋九月彼傳云曷爲不言其獲不與夷狄之獲中國也吳少進也。能結日偏戰行少進故從中國辭治之髡楹下云滅者死戰當加禮使若自卒相順也經先舉敗文嫌敗走及殺也故以自滅爲文明本死位乃敗之爾名者從赴辭也〔疏〕注髡楹至順也○解云獲晉侯戕鄫子之徒皆獲戕之文在上今髡楹之滅文在下者以其死戰當合加禮故退滅文於下使若公子友卒之類不爲一人所殺然故曰使若自卒一則不言戰不與夷狄之主中國一則其言滅不與夷狄之殺諸夏二理合符故言相順也○注名者從赴辭也○解云公羊之義合書則書不待赴告而言從赴辭者正以髡楹既死故胡沈之臣赴告鄰國云道寡君某甲爲吳所滅諸侯之史悉書其名孔子案諸國之文而爲春秋由是之故錄其名矣故曰名者從赴辭隱公八年夏六月己亥蔡侯考父卒秋八月葬蔡宣公傳云卒何以名而葬不名卒從正注云卒當赴告天子君前臣名故從君臣之正義言也而葬從主人彼注云至葬者有常月可知不赴告天子故從蔡臣子辭稱公也以此言之則此注云名者從赴辭者謂其赴告天子之辭是以稱人矣○天

王居于狄泉。此未三年。其稱天王何。據毛伯來求金不稱天王〔疏〕注據毛至天王○解云即文九年毛伯來求金是也彼云何以不稱使當喪未君也踰年矣何以謂之未君即位矣而未稱王也未稱王何以知其即位以諸侯之踰年即位亦知天子之踰年即位也注云俱繼體其禮不得異以天子三年然後稱王亦知諸侯於封內三年稱子也然則天子之法三年然後方始稱王故此傳云此未三年其稱王何据毛伯不稱天王以難之 著有天子也。時庶孽並篡天王失位徙居微弱甚故急著正其號明天下當救其難而事之○孽魚列反難乃旦反 尹氏立王子朝。貶言尹氏者著世卿之權尹氏貶王子朝不貶者年未滿十歲未知欲富貴不當坐明罪在尹氏○子朝如字〔疏〕注貶言尹氏者○解云即隱三年夏尹氏卒之下傳云尹氏者何天子之大夫也其稱尹氏何貶曷爲貶譏世卿是也云年未滿十歲者何氏更有所見或者正以衞人立晉莒展去疾之徒悉去公子見其當國今此王子朝經無貶文乃與楚公子比之經相似案上十三年公子比之下傳云比已立矣其稱公子何其意不當也以此言之明其幼少也年既幼少未貪富貴故以未盈十歲言以下三十六年出奔之時年已稍長而不去王子者順上文也 ○八月。乙未。地震。是時猛朝更起與王爭入遂至數年晉陵周竟吳敗六國季氏逐昭公吳光弒僚滅徐故日至數三食地爲再動○更音庚數所主反爲于僞反〔疏〕是時至數年○解云猛今雖卒但篡來世近而子朝復逆故曰猛朝更起上王猛入于王城今言天王居于狄泉尹氏立王子朝二十六年天王入于成周王子朝奔楚故云與王爭入也首尾五載故曰遂至數年云晉陵周竟者即上圍郊是也云吳敗六國者上文云吳敗頓胡沈蔡陳許之師云云是也云季氏逐昭公者即下二十五年九月癸亥公孫于齊是也○注吳光殺僚滅徐者即下二十七年夏四月吳弒其君僚滅徐者即下三十年冬十二月吳滅徐徐子章禹奔楚是也云故日至三食地爲再動者上二十一年秋七月壬午朔日有食之二十三年十有二月癸酉朔日有食之二十四年夏五月乙未朔日有食之故云日至三食也上十九年夏五月己卯地震今年又震故曰地爲再動 ○冬。公如晉。至河。公有疾。乃復。何言乎公有疾乃復。據上比乃復不言公不言有疾〔疏〕注據上至有疾　解云上十三年冬公如晉至河乃復又二十一年冬公如晉至河乃復皆言公如而云不言公者正謂至河之下不言公矣 殺恥也。因有疾以殺畏晉之恥舉公者重疾也子之所慎齋戰疾

二十有四年。春。王二月。丙戌。仲孫貜卒。○叔孫舍至自晉。○夏。五月。乙未。朔。日有食之。是後季氏逐昭公吳滅巢弒其君僚又滅徐 ○秋。八月。大雩。先是公如晉仲孫貜卒民被其役時年叔倪出會故秋七月復大雩○被皮寄反 ○丁酉。杞伯鬱釐卒。○鬱釐音來又力之反二傳作郁釐 ○冬。吳滅巢。○葬杞平公。〔疏〕叔孫舍至自晉○解云上十四年春隱如至自晉以其被執而還故省去其氏今此叔孫舍不去氏者蓋以無罪故也是以文十四年傳云稱行人而執者以其事執也注云以其所銜奉國事執之晉人執我行人叔孫舍是也不稱行人而執者以已執也注云已者已大夫自以大夫之罪執之分別之者罪惡當各歸其本以此言之則知隱如有罪故去其氏叔孫無罪故無貶文若然文十五年夏單伯至自齊案彼單伯亦以其有罪執而存其氏者恥之故也是以彼注云不省去氏者淫當絕使若他單伯至是也注是後季氏逐昭公者在下二十五年九月云吳滅巢者在今年冬云弒其君僚者在二十七年云又滅徐者在三十年冬先言季氏逐昭公者正欲決吳事故也杞伯鬱釐卒者左氏穀梁作郁釐字今正本亦有郁字者

二十有五年。春。叔孫舍如宋。○夏。叔倪會晉趙鞅、宋樂世心、衞北宮喜、鄭游吉、曹人、邾婁人、滕人、薛人、小邾婁人于黄父。○倪音詣又五兮反左氏作詣樂世心世如字又以制反左氏作大心父音甫 ○有鸜鵒來巢。何以書。記異也。何異爾。非中國之禽也。宜穴又巢也。非中國之禽而來居此國國將危亡之象鸜鵒猶權欲宜穴又巢此權臣欲國自下居上之徵也其後卒爲季氏所逐○鸜音權左氏作鸜音劬鵒音欲〔疏〕夏叔倪者穀梁與此同左氏經賈注者作叔詣字○有鸜鵒來巢者○解云案運斗樞云有鸜鵒來巢于榆此經不言于榆者欲道來巢即爲異不假指其處所若莊七年傳云不修春秋曰雨星不及地尺而復君子修之曰星霣如雨何氏云明其狀似雨爾不當言雨星不言尺者霣則爲異不可以尺寸録之非中國之禽也者謂是夷狄之鳥以異義公羊說云鸜鵒夷狄之鳥不當來入中國鄭君駁之曰春秋之鳥不言來者多爲夷狄來也若鸜鵒乃飛從夷狄而來則昭將去遠域之外以此言之則知非中國之禽者謂是夷狄之鳥而冬官云鸜鵒不踰濟鄭氏云無妨於中國有之者何氏所不取也舊解以爲中國國中者非得注之意穀梁與此同 ○秋。七月。上辛。大雩。季辛。又雩。又雩者何。又雩者。非雩也。聚衆以逐季氏也。一月不當再舉雩言又雩者起非雩也昭公依托上雩生事聚衆欲以逐季氏不書逐季氏者諱不能逐反起下孫及爲所敗故因雩起其事也但舉日不舉辰者辰不同不可相爲上下又日爲君辰爲臣去臣則逐季氏意明矣上不當日言上辛者爲下辛張本不言下辛言季辛者起季氏不執下而逐君○下孫音遜下文同去起呂反爲下于僞反下而爲同〔疏〕又雩者何○解云諸夏雩祭文悉不言又異于常例故執不知問○注一月至事也○解云僖三年注云大平一月不雨即書春秋亂世一月不雨未害物未足爲異當滿一時乃書然則春秋之義一時能害方始書雩豈有再舉其雩乎故曰一月不當再舉雩矣既無再舉雩之例而言又雩者可以起其非實雩故云言又雩者起非雩也○注但舉至上下○解云正以去年夏五月乙未朔日有食之則此月上辛爲辛丑下辛爲辛酉所以直言辛不兼言丑酉者若言辛丑辛酉即是參差不同不可相爲上下故也○注又日至明矣○解云十日爲陽爲幹故爲君之義十二辰爲陰爲枝故爲臣之象故云日爲君辰爲臣○注上不至張本○解云春秋之雩其例書時即桓五年秋大雩之文是故云上不當日也若然亦不合月而云七月者欲見上辛下辛皆七月之日故○注不言至逐君○解云凡言上者對下之稱既言上辛而不言下辛者欲起季氏不執臣下之卑而逐君矣

○九月。己亥。公孫于齊。次于楊州。地者臣子痛君失位詳録所舍止○楊州左氏作陽州○所〔疏〕注地者至舍止○解云地者即經書次于楊州是也春秋之義悉皆舉重不舉公孫爲重而復書次于楊州者臣子哀痛公之失位是以詳録公之所舍止之處矣 ○齊侯唁公于野井。唁公者何。昭公將弒季氏。傳言弒者從昭公之辭○唁音彥將殺音試下及注同〔疏〕唁公者何○解云失國見唁在可諱之限今而書見故執不知問○注傳言至之辭○解云君討臣下正應言殺今傳云弒故須解之而言從昭公之辭者即下文云吾欲弒之如何是也季氏爲無道者謂無臣之道 告子家駒曰。季氏爲無道。僭於公室久矣。諸侯稱公室 吾欲弒之。何如。昭公素畏季氏意者以爲如人君故言弒〔疏〕注昭公至言弒○解云隱四年傳云與弒公何氏云弒者殺君之辭然則臣下犯於君父皆謂之弒今昭公欲討臣下而言弒違於常義故須解之 子家駒曰。諸侯僭於天子。大夫僭於諸侯久矣。昭公曰。吾何僭矣哉。失禮成俗不自知也〔疏〕注失禮成至知也○解云正以魯人始僭在春秋前至昭已久故不自知 子家駒曰。設兩觀。禮天子諸侯臺門天子外闕兩觀諸侯內闕一觀○觀工亂反注同〔疏〕注禮天子至一觀○解云在禮器文云天子外闕兩觀諸侯內闕一觀者禮說文也 乘大路。禮天子大路諸侯路車大夫大車士飾車〔疏〕注禮天至飾車○解云顧命之文也云諸侯路車詩云路車乘馬是也云大夫大車者即詩云大車檻檻是也云士飾車者即書傳云乘飾車兩馬庶人單馬木車是也 朱干。干楯也以朱飾楯楯食允反又音尹 玉戚。戚斧也以玉飾斧○玉戚于戚反以玉飾斧○ 以舞大夏。大夏夏樂也周所以舞夏樂者王者始起未制作之時取先王之樂與己同者假以風化天下天下大同乃自作樂取夏樂者與周俱文也王者舞六樂于宗廟之中舞先王之樂明有法也舞己之樂明有則也舞四夷之樂大德廣及之也東夷之樂曰株離南夷之樂曰任西夷之樂曰禁北夷之樂曰昧○大夏戶雅反注同株離音誅禁音金又居鴆反〔疏〕注東夷之樂至曰昧○解云以下皆樂說文彼注云陽氣始起於懷任之物各離其株也南者任也盛夏之時物皆懷任矣草木畢成禁如收斂盛陽消盡蔽其光景昧然是也 八佾以舞大武。此皆天子之禮也。且夫牛馬維婁。繫馬曰維繫牛曰婁○佾音逸且夫音扶下有夫并注同婁力主反〔疏〕此皆天子之禮也○解云以周公之功得用四代之樂而以大夏之徒謂之爲僭者刺其羣公之廟若祭周公則備○牛馬維婁者○解云皆謂繫之於廐不得放逸于郊也○注繫馬曰維者即詩云皎皎白駒縶之維之是云繫牛曰婁者正以上言牛馬下言維婁維既屬馬婁屬於牛亦可知矣而文不次者意到則言矣舊說云婁者侶也謂聚之於廐 委己者也。委食己者○委己于僞反注同己音紀委食音飼下同 而柔焉。柔順〔疏〕委己者也而柔焉○解云言牛馬之數猶順於己之人而

季氏作賞有年歲矣民從之固是其宜矣季氏得民衆久矣。季氏專賞罰得民衆之心久矣民順從之猶牛馬之於委食已者君無多辱焉。恐民必不從君命固爲季氏用反逐君故云爾子家駒上說正法下引時事以諫者欲使昭公先自正乃正季氏〔疏〕注子家駒上說正法者○解云即謂上文朱干玉戚之屬是也云下引時事者謂牛馬維婁是也昭公不從其言。終弒而敗焉。果反爲季氏所逐〔疏〕終弒之者○解云謂陳兵欲往攻殺之也走之齊。齊侯唁公于野井。弔亡國曰唁弔死國曰弔喪主曰傷弔所執紼曰絻○紼音弗絻音問〔疏〕注弔亡國曰唁者○解云此文是也注弔喪至曰絻○解云皆當時之制也○曰奈何君去魯國之社稷。昭公曰。喪人自謂亡人○喪息浪反亡也不佞。不善失守魯國之社稷。執事以羞。謙自比齊下執事言以羞及君〔疏〕執事以羞○解云言已之尊卑比齊之執事也而舉措不善失守社稷由是之故以羞及君再拜顙。顙者猶今叩頭矣謝見唁也○再拜顙息黨反見而稽顙也慶子家駒慶賀曰。慶子免君於大難矣。子家駒曰。臣不佞。陷君於大難。君不忍加之以鈇鑕。賜之以死。鈇鑕要斬之罪即所錫之以死○大難乃旦反下同鈇音甫又方于反鑕之實反要一遙反再拜顙。謝爲齊侯所慶高子執簞食。簞葦器也圓曰簞方曰笥食即下所致糗也○簞音丹葦器食音嗣注葦于鬼反笥思嗣反糗丘九反又昌紹反〔疏〕注簞葦器也至方曰笥○解云釋器無文蓋以時事言之云食即下所致糗也者即下文云敢致糗於從者是也與四脡脯。屈曰胊申曰脡○脡他頂反又大頂反胊其俱反〔疏〕注屈曰胊申曰脡者○解云正以脡是伸舒之名則知胊是屈疊之稱矣鄭注曲禮上篇云屈中曰胊義通於此國子執壺漿。壺禮器腹方口圓曰壺反之曰方壺有爵飾〔疏〕注壺禮器○解云即燕禮云司宮尊于東楹之西兩方壺左玄酒南上是也云腹方至爵飾者釋器無文蓋用舊說或以時事知之言有爵飾者謂刻畫盞爵之形飾其壺體曰。吾寡君聞君在外。餕饔未就。餕熟食饔熟肉未就未成也○解所以致糗意○餕音俊〔疏〕注餕熟食饔熟肉○解云聘禮曰宰夫朝服設飧飪一牢在西鼎九是飧爲熟食也又云致饔餼五牢飪一牢云云上文對諫下文有飪一牢之言故知熟肉明矣敢致糗于從者。糗糒也謙不敢斥魯侯故言從者○于從才用反注及下皆同糒音備〔疏〕注糗糒也○解云言糗糒若今之糒米也○糗妹紹反又羌九反糒平祕反昭公曰。君不忘吾先君。延及喪人。錫之以大禮。再拜稽首。以衽受。衽衣下裳當前者乏器謙不敢求索○衽而甚反又而鴆反掩裳際也索所白反〔疏〕錫之以大禮上文糗是也○注衽衣至乏之器○解云所以衽受之者而以行客之人於器物乏故也高子曰。有夫不祥。猶曰人皆有夫不善君無所辱大禮。禮臣受君錫荅拜謂之拜命謂之辱高子見昭公拜辱大早故曰君無所辱大禮○大早音泰下大學同昭公蓋祭而不嘗。食必祭者謙不敢便嘗示有所先不嘗者待禮讓也〔疏〕注食必至讓也○解云凡禮食必先須祭者正欲作謙其未祭之時不敢便即嘗之欲示有所先今昭公祭訖猶不嘗者正欲待禮讓故也景公曰。寡人有不腆先君之服。未之敢服。腆厚也服謂齊侯所著衣服也言未敢服者見魯侯乃敢服之謙辭也禮天子朝皮弁夕玄端朝服以聽朝玄端以燕皮弁以征不義取禽獸行射諸侯朝服夕深衣玄端以燕裨冕以朝天子以祭其祖禰卿大夫冕服而助君祭朝服祭其祖禰士爵弁韎衣裳以助公祭玄端以祭其祖禰○腆他典反厚也著丁略反裨婢支反黻音弗〔疏〕注禮天子朝○解云皆出禮記漢禮亦然有不腆先君之器。器謂上所執簞壺〔疏〕注器謂上所執簞壺者上文高子執簞食國子執壺漿是也然則上言饔飧未熟今則更以簞壺盛饔飧是未之敢用。敢以請。請行禮昭公曰。喪人不佞。失守魯國之社稷。執事以羞。敢辱大禮。敢辭。不敢當大禮故敢辭〔疏〕敢辱至敢辭○解云亦上有不字者若有不字則辭下讀是以注者以不敢言之景公曰。寡人有不腆先君之服。未之敢服。有不腆先君之器。未之敢用。敢固以請。昭公曰。以吾宗廟之在魯也。以我守宗廟在魯時有先君之服。未之能以服。有先君之器。未之能以出。敢固辭。已有時未能以事人今已無有義不可以受人之禮〔疏〕未之能以服者解云謂未能服之以事人矣下文未之能以出亦然○注今已無有者謂已身之已或解已爲已然之已也景公曰。寡人有不腆先君之服。未之敢服。有不腆先君之器。未之敢用。請以饗乎從者。欲令受之故益謙言從者○令力呈反昭公曰。喪人其何稱。行禮賓主當各有所稱時齊侯以諸侯遇禮接昭公昭公自謙失國不敢以故稱自稱故執謙問之○故稱尺證反景公曰。孰君而無稱。猶曰誰爲君者而言無所稱乎昭公非君乎昭公於是噭然而哭。噭然哭聲貌感景公言而自傷○噭古弔反一音古狄反諸大夫皆哭。魯諸大夫從昭公者既哭以人爲菑。菑周埒垣也所以分別內外衞威儀今大學辟雍作側字○菑側其反又側吏反埒力悅反下音表別彼列反辟音壁〔疏〕注菑周埒垣也者○解云猶言周匝爲埒牆云今大學辟雍作側字者謂何氏所注者是菑字今漢時大學辟雍所讀者作側字云既哭以人爲側以辟爲席。辟車覆笭○辟示歷反車覆笭也一音呼闐反覆笭力丁反〔疏〕注辟車覆笭○解云笭即式也但車式以笭爲之有豎者有橫者故考工記注云軾式之植者橫者也禮君羔辟虎植大夫士鹿辟豹植者是也以鞌爲几。以遇禮相見。以諸侯出相遇之禮相見○鞌音安孔子曰。其禮與。其辭足觀矣。言昭公素能若此禍不至是主書者喜爲大國所唁地者痛録公明臣子當憂納公也〔疏〕注地者痛録至公也○解云書其唁公于野井者正欲痛公而詳録之下二十九年春齊侯使高張來唁公不復書其地正以公居于運與在國同故與此異下三十年晉侯使荀櫟唁公于乾侯地者與此同○冬。十月。戊辰。叔孫舍卒。○十有一月。己亥。宋公佐卒于曲棘。曲棘者何。宋之邑也。諸侯卒其封內不地。此何以地。憂內也。時宋公聞昭公見逐欲憂納之至曲棘而卒故恩録之〔疏〕曲棘者何○解云欲言宋邑例所不書欲言他邑文無所繫故執不知問○諸侯卒其封內不地此何以地者正以桓五年陳侯鮑卒不地是以弟子據而難之但宣公九年晉侯黑臀卒于扈之下已有成注故於此省文○十有二月。齊侯取運。外取邑不書。此何以書。爲公取之也。爲公取運以居公善其憂內故書不舉伐者以言語從季氏取之月者善録齊侯○爲公于僞反注同〔疏〕外取邑不至以書○解云正據襄元年傳云魚石走之楚楚爲之伐宋取彭城以封魚石而經不書楚取彭城是也但隱四年春莒人伐杞取牟婁之下有注故此省文○注不舉伐者○解云正以隱四年春莒人伐杞取牟婁舉伐言取故決之云月者善録齊侯者正以哀八年夏齊人取讙及僤外取邑而書時今此書月正以善憂內詳録齊侯矣

二十有六年。春。王正月。葬宋元公。○三月。公至自齊。居于運。月者閔公失國居運致者明臣子當憂納公不當使居運後不復月者始録可知○不復扶又反下同〔疏〕三月公至于運○解云案上公遜于齊次于楊州齊侯唁公于野井似不入齊國都而得言至自齊者穀梁傳云公次于楊州其日至自齊何也注云據公但至楊州未至齊以齊侯之見公可以言至自齊也注云齊侯唁公于野井以親見齊侯爲重故可言至自齊居于鄆者公在外也注云若但言公至自齊而不言居于鄆則嫌公得歸國欲明公實在外故言居于鄆○注月者閔至居運者正以凡致例時故也○注致者至可知○解云桓元年三月公會鄭伯于垂之下注云不致者爲下去王適足起無王未足以見無王罪深淺故復奪臣子辭成誅文也然則昭公失所爲臣所逐而致之者正以罪輕於桓公明其臣子當憂納公故也云後不復月者始録可知即此秋公至自會二十七年冬公至自齊居于鄆之屬是也○夏。公圍成。書者惡公失國幸而得運不脩文德以來之復援其民圍成不從叛書者本與國俱叛故不得復以叛爲重不從定公又以不親圍下邑爲譏者昭無臣子又即如定公當致也○惡烏路反〔疏〕注不從至爲重○解云成三年秋叔孫僑如率師圍棘棘者何汶陽之不服邑也其言圍之何不聽也注云不聽者叛也不言叛者爲內諱故書圍以起之然則今此注云成是圍叛之文而知爲惡公書之者正以本與國俱叛理宜不復以叛爲重故也○注不從至臣子○解云定十二年十有二月公圍成注云天子不親征下

士諸侯不親征叛邑不能圍成不能服不能以一國爲家甚危若從他國來故危錄之是也然則此經不書月亦與彼異而注不決之者省文從可知○秋。公會齊侯、莒子、邾婁子、杞伯、盟于剸陵。不月者時諸侯相與約欲納公故內喜爲大信辭○剸音專本亦作專〔疏〕注不月至信辭○解云春秋之義大信者時小信者月不信者日剸陵之會無相犯復無大信止合書月而書時者正以約欲納公故爲大信辭矣公至自會。居于運。致會者責臣子明公已納得意于諸侯不憂助納之而使居于運〔疏〕注致會者至于運○解云莊六年注云公與二國以上出會盟得意致會不得意不致即哀十三年夏公會晉侯及吳子於黃池秋公至自會宣七年冬公會晉侯以下于黑壤之屬是也然則公與二國以上出會盟得意致會明公已得意於諸侯○九月。庚申。楚子居卒。○冬。十月。

天王入于成周。成周者何。東周也。是時王猛自號爲西周天下因謂成周爲東周〔疏〕成周者何○解云欲言正居經無京師之稱欲言非正居天王入之故執不知問○注是時王至西周○解云謂是上二十二年時故彼經稱秋劉單子以王猛入於王城傳云王城者何西周也注云時居城邑自號西周王是也其言入何。據入者篡辭〔疏〕注據入者篡辭○解云即莊六年衛侯朔入于衛之下傳文所云其言入何篡辭也是也不嫌也。上言天王者有天子已明不嫌爲篡主言入者起其難也不言京師者起正居在成周實外之月者爲天下喜錄王者反正位○爲天于僞反〔疏〕注上言至難也○解云謂此經上有天王之文下雖言入非篡可知上二十三年秋天王居于狄泉傳云此未三年其稱天王何著有天子然則此注云著有天子已明者取上傳之文云主言入者起其難也者正以隱八年春入邴之下傳其言入何難也莊二十四年秋夫人姜氏入之下傳云其言入何難也然則入者重難之辭故云主言入者起其難也○注不言至外之○解云桓九年春紀季姜歸于京師之下傳云京師者何天子之居也則天子之居乃京師是也今言天王入于成周不言入京師者正欲起其正居在成周故也所以能起之者既爲天王所入正居明矣言實外之者正以天子之重海內瞻望宜親九族以自衛守而辟庶孽蒙塵于外經歷數年方歸舊守是以不言京師欲以外之然則不言京師兼二義矣初起成周爲王居終實外天子故云不言京師起正居在成周實外之也注云月者爲天下喜錄王者反正位者正以此上二十二年秋劉子單子以王猛入于成周不書月今此月者爲天下喜錄王者反正位故也尹氏、召伯、毛伯以王子朝奔楚。立王子朝獨舉尹氏出奔并舉召伯毛伯者明本在尹氏當先誅渠帥後治其黨猶楚嬰齊○渠率所類反或作帥〔疏〕尹氏召伯至奔楚者○解云穀梁與此同左氏召伯作召氏○注云立王子朝獨舉尹氏者○解云即上二十三年秋尹氏立王子朝是也云當先誅渠帥後治其黨者漢之賊首皆謂之渠帥故何氏云焉云猶楚嬰齊者成二年冬十有一月公會楚公子嬰齊于蜀丙申公及楚人以下盟于蜀彼注云上會不序諸侯大夫者嬰齊楚專政驕蹇臣也數道其君率諸侯侵中國故獨先舉于上乃貶之明本在嬰齊當先誅其本乃及其末是也

二十有七年。春。公如齊。公至自齊。居于運。○夏。四月。吳弑其君僚。不書闔廬弑其君者爲季子諱明季子不忍父子兄弟自相殺讓國闔廬欲其享之故爲没其罪也不舉專諸弑者起闔廬當國賤者不得貶無所明文方見爲季子諱本不出賊以明闔廬罪雖可貶猶不舉月者非失衆見弑故不略之○爲季于僞反下同見賢偏反〔疏〕注不書闔廬弑其君者○解云襄二十九年吳子使札來聘下傳云闔廬曰先君之所以不與子國而與弟者凡爲季子故也將從先君之命與則國宜之季子者也如不從先君之命與則我宜立者也僚烏得爲君乎於是使專諸刺僚者闔廬弑僚之文也今不書闔廬弑爲季子諱不討賊故也云明季子不忍父兄自相殺者即彼傳云而致國乎季子季子不受曰爾弑吾君吾受爾國是吾與爾爲篡也爾殺吾兄吾又殺爾是父子兄弟相殺終身無已也去之延陵終身不入吳國者是其文也云不舉專諸弑者桓二年春王正月戊申宋督弑其君與夷之下何氏注云督不氏者起馮當國然則彼經貶去督之氏者起其弑君取國與馮所以不舉專諸弑僚見取國與闔廬者正以其賤不得貶之假令書見正得稱人文無所明故也注月者明失衆見弑故不略之者文十八年冬莒弑其君庶其傳云稱國以弑何稱國以弑者衆弑君之辭何氏云一人弑君國中人人盡喜故舉國以明失衆當坐絕也例皆時者略之也然則稱國以弑者例皆不月以略之今此月者直是本不出賊以除闔廬罪是以稱國非失衆見弑之例故不略之○楚殺其大夫郤宛。○郤宛去逆反下紆宛反○秋。晉士鞅、宋樂祁犂、衛北宮喜、曹人、邾婁人、滕人、會于扈。○犂力兮反又力私反冬。十月。曹伯午卒。○邾婁快來奔。邾婁快者何。邾婁之大夫也。邾婁無大夫。此何以書。以近書也。說與鼻我同義○邾婁快本又作噲苦夬反〔疏〕注說與鼻我同義○解云即襄二十三年夏邾婁鼻我來奔傳云邾婁鼻我者何邾婁大夫也邾婁無大夫此何以書以近書也何氏云以奔無他義知以治近升平書也所傳聞世見治始起外諸夏錄大略小大國有大夫小國略稱人所聞之世內諸夏治小如大廩廩近升平故小國有大夫治之漸也見於邾婁者以近始也獨舉一國時亂實未有大夫治亂不失其實故取足張法而已然則邾婁快亦以奔無它義知以治近太平書也見於邾婁者以其近魯故也太平世獨舉一國者時亂實未有大夫治亂不失其實但取足張法而已故云說與鼻我同義也云云之說在襄二十三年○公如齊。公至自齊。居于運。

二十有八年。春。王三月。葬曹悼公。月者爲下出也○爲于僞反〔疏〕注月者爲下出也○解云正以上十八年三月曹伯須卒秋葬曹平公二十七年冬十月曹伯午卒然則曹於所見之世正自卒月葬時故知此月宜爲其下事出矣○公如晉。次于乾侯。乾侯晉地名月者閔公內爲強臣所逐外如晉不見荅次于乾侯不諱者憂危不暇殺恥後不月者錄始可知〔疏〕注後不月至可知○解云即下二十九年春公如晉次于乾侯是也○夏。四月。丙戌。鄭伯甯卒。○甯乃定反下同左氏并下滕子名並作寧○六月。葬鄭定公。○秋。七月。癸巳。滕子甯卒。○冬。葬滕悼公。

二十有九年。春。公至自乾侯。居于運。不致以晉者不見容于晉未至晉○齊侯使高張來唁公。言來者居運從國內辭書者如晉不見荅喜見唁也不月者例時也〔疏〕注言來至內辭者○解云正以下三十一年晉侯使荀櫟唁公于乾侯不言來故也云不月者例時也者正以經不月故知例然則知下文荀櫟唁公之從雖在日月之下不蒙日月可知○公如晉。次于乾侯。○夏。四月。庚子。叔倪卒。○秋。七月。○冬。十月。運潰。邑不言潰。此其言潰何。據國曰潰邑曰叛〔疏〕注據國曰潰邑曰叛○解云即僖四年蔡潰文三年沈潰者是國曰潰之文襄二十六年春衛孫林父入于戚以叛定十三年春宋公之弟辰及仲佗石彄公子池自陳入于蕭以叛是邑曰叛之文郛之也。郛郭〔疏〕注郛郭者郭之猶云國之但古今異語也曷爲郛之。據成三年棘叛不言潰也〔疏〕注據成至潰也○解云即彼經云叔孫僑如帥師圍棘棘者何汶陽之不服邑也其言圍之何不聽也彼注云不聽者叛也是也君存焉爾。昭公居之故從國言潰明罪在公也不言國之言郛之者公失國也不諱者責臣子當憂而納之殺恥不如救危也孔子曰不患寡而患不均不患貧而患不安其本乃由于圍成失大得小而不能節用○〔疏〕注不言國之言郛之者○解云正以桓七年春焚咸丘之下傳云咸丘者何邾婁之邑也曷爲不繫乎邾婁國之也莊二年夏公子慶父帥師伐於餘丘之下傳云於餘丘者何邾婁之邑也曷爲不繫乎邾婁國之也然則彼二文皆言國之今言郛之者正以昭公居國裁得國外土地而已其國內宗廟非公之有故傳言郛之不言國之耳云孔子曰不患寡而患不均不患貧而患不安者論語文言爲國家者不患土地人民之寡少而患政令之不均平不患國無儲積而患君臣上下之不能相安而引之者欲道昭公政令失所是以出奔今居小地而復圍成擾亂其民令之不安由茲潰散無寸土可居久不得國而卒於外者身自取之者也云其本乃由云圍成者圍成即二十六年夏公圍成是也失魯之大而得運邑故曰失大得小不能自節約而用之乃復擾亂其民圍成也

三十年。春。王正月。公在乾侯。月者閔公運潰無尺土之居遠在乾侯故以存君書明臣子當憂納之〔疏〕注故以存君書者○解云即襄二十九年春王正月公在楚何言乎公在楚正月以存君也彼注云正月歲終而復始臣子喜其君父與歲終而復始執贄存之故言在今昭公運潰無尺寸之土可居遠在他邦故以存君書之故云公在乾侯○夏。六月。庚辰。晉侯去疾卒。○去起呂反○秋。八月。葬晉頃公。○頃音傾○冬。十有二月。吳滅徐。徐子章禹奔楚。至此乃月者所見世始錄夷狄滅小國也不從上州來巢見義者固有出奔可責○見賢偏反〔疏〕注至此至國也○解云正以僖二十六年秋楚人滅隗以隗子

歸何氏云不月者略夷狄滅微國而書月者所見之世故也。○注不從至可責。○解云：吳滅州來在上十三年冬，吳滅巢在上二十四年冬，然則州來與巢皆當所見世而不書月以見之，至此乃月者，正以既滅其國，復奔其君，因責章禹不能死位，是以於二國皆不書月也。於上經既不書月，明其還同所聞之例，故何氏於州來之下注云不月者略兩夷是也。

三十有一年，春，王正月，公在乾侯。○季孫隱如會晉荀櫟于適歷。時晉侯使荀櫟責季氏不納昭公，爲此會也。季氏負摧謝過，欲納昭公。昭公創惡季氏，不敢入。公出奔在外，無君命，所以書會，以殊外言來者，從王魯錄，諱亟取邑，卒大夫者，盈孫文。○荀櫟本又作躒，又作濼，示滴反。也，適丁歷反，一音狄。負篚章蘗反，本又作摧。惡，烏路反。亟，去冀反。孫音遜。【疏】注季氏負篚至不敢入者。○解云：春秋說文，彼注云：負摧者，聽刑之禮也。昭公創惡季氏不敢入者，左傳亦有其文也。○注公出至王魯錄。○解云：春秋之義，待君命然後卒大夫，明其非君命者不錄之也。今昭公不在，所以書季孫隱如會晉荀櫟于適歷，又書黑弓以濫來奔之文，又以殊外者，從王魯錄文，故得然，不爲爾時有君命也。云諱亟取邑者，即下三十二年取闞，傳云：闞者何？邾婁之邑。曷爲不繫乎邾婁？諱亟也。注云：與取濫爲亟是也。云卒大夫者盈孫文者，即上二十五年公遜于齊後，叔孫舍卒，二十九年叔倪卒之徒是也。然則春秋之義，爲君父諱惡，春秋之義，待君命然後卒大夫，然今君不在國而書大夫之卒，故須解之。然則取闞不繫邾婁，乃書大夫之卒者，正欲盈足諱奔言遜之義，故云盈孫文。○夏，

四月丁巳，薛伯穀卒。始卒便名日書葬者，薛比滕最小，迫後定、寅皆當略。【疏】注始卒便名日書葬者。○解云：春秋之義，小國始卒名日及葬未能悉具，會二見之後方始能備，即宣九年秋八月滕子卒，成十六年夏四月辛未滕子卒，昭三年春王正月丁未滕子泉卒，五月葬滕成公之徒是也。言薛比滕最小者，正以滕子卒於宣公之篇，薛今始卒，故云比於滕爲小國也。而今始卒日即得名葬具書，正由於後定、寅皆當見略，迫此之故，是以二注備書矣。其定見略者，即定十二年春薛伯定卒，彼注云：不日月者，子無道，當廢之而以爲後，未至三年，失衆見弑，危社稷宗廟，禍端在定，故略之是也。其寅見略者，即哀十年夏薛伯寅卒，彼注云：卒葬略者，與杞伯益姑同是也。昭六年春王正月杞伯益姑卒，彼注云：不日者，行微弱，故略之。入所見世，責小國詳，始錄內行也。諸侯內行小失不可勝書，故於略責之見其義是也。○晉侯使荀櫟唁公于乾侯。○秋，葬薛獻公。○冬，黑弓以濫來奔。文何以無邾婁？据讀言邾婁。○黑弓，二傳作黑肱。濫，力甘反，又力暫反。【疏】冬黑弓者，謂當時公羊子口讀邾婁黑弓矣。通濫也。通濫爲國，故使無所繫。曷爲通濫？據庶其不通也。【疏】注據庶其不通也者。○解云：即襄二十一年春，邾婁庶其以漆閭丘來奔是也。賢者子孫宜有地也。賢者孰謂？謂叔術也。叔術者，邾婁顏公之弟也，或曰輩公子。【疏】注叔術者邾婁至弟也。○解云：謂母弟也。或曰輩公子，謂庶弟也。何賢乎叔術？据叔術不書。讓國

也。其讓國奈何？當邾婁顏之時，顏公時也。邾婁女有爲魯夫人者，則未知其爲武公與？懿公與？孝公幼，不知孝公者邾婁外孫邪？將妾子邪？○武公與音餘，下及注皆同。顏淫九公子于宮中，所與淫公子凡九人。【疏】注所與至九人。○解云：謂顏公一人不應並淫九人，故以所言之。因以納賊，則未知其爲魯公子與？邾婁公子與？臧氏之母，養公者也。君幼則宜有養者。大夫之妾、士之妻。禮也。則未知臧氏之母者，曷爲者也？養公者必以其子入養。不離人母子，因以娛公也。【疏】○則未知其爲魯公子與者。○解云：爲內通于魯公子也。邾婁之公子與者，不知爲是邾婁公子者與？古者諸侯一娶九女，二國媵之，而邾婁一國以并有九女於魯宮內者，蓋所取於邾婁相通爲九人，不必盡是一人妻矣。大夫之妾、士之妻。○注禮也。○解云：大夫之妾、士之妻，禮記內則文，故注云禮也。○則未知臧氏之母者曷爲者也。○解云：案內則，大夫之妾、士之妻並陳之，謂士妻不吉，乃取大夫之妾，亦得事不具矣。何者？乳食一男，何假二人乎？則未知臧氏之母爲是大夫之妾，爲是士之妻，故曰曷爲者。臧氏之母聞有賊，以其子易公，抱公以逃。以身死公則可，以其子易公非事夫之義，然而於王法當賞，以活公爲重也。賊至，湊公寢而弑之。弑臧氏子也。不知欲弑孝公者，納邾婁將利其國也。○湊，七豆反。臣有鮑廣父與梁買子者，聞有賊，趨而至。臧氏之母曰：「公不死也，在是。吾以吾子易公矣。」於是負孝公之周，訴天子。天子爲之誅顏而立叔術，反孝公于魯。顏夫人者，嫗盈女也，國色也。其言曰：「有能爲我殺殺顏者，吾爲其妻。」殺顏者，鮑廣父、梁買子也。婦人以貞一爲行，云爾非德也。○愬，音素，本亦作訴。爲之，于僞反，下爲我、爲之則爲並同。嫗，紆其反，一音紆羽反。爲行，下孟反，下殺顏者之行亦同。【疏】嫗盈女也者。○解云：謂此老嫗是盈姓之女。○國色也者。○解云：謂顏色一國之選。叔術爲之殺殺顏者，而以爲妻。利其色也。有子焉，謂之盱。夏父者，其所爲有於顏者也。爲顏公夫人時所爲顏公生也。○盱，許于反，又許孤反，本或作盱，一音夸。夏父，戶雅反。盱及夏父，邾顏公之二子。【疏】謂之盱夏父者至有於顏者也。○解云：謂爲顏公妻時所以有之者。盱幼而皆愛之。叔術、嫗盈女皆愛盱。食必坐二子於其側而食之，有珍怪之食，珍怪猶奇異也。○而食，音嗣。盱必先取足焉。夏父曰：「以來。

猶曰以彼物來置我前。人未足。人，夏父自謂也。而盱有餘。言盱所得常多。叔術覺焉。覺，悟也。知小爭食，長必爭國。易曰：君子見幾而作。知幾其神乎。幾者，動之微，吉之先見。○長，丁丈反。先見，賢遍反，下欲見、見王者同。【疏】注易曰至先見。○解云：皆出下繫辭。彼文云：知幾其神乎。君子上交不諂，下交不瀆，其知幾乎。幾者，動之微，吉之先見者也。君子見幾而作，不俟終日是也。曰：「嘻！此誠爾國也夫。」起而致國于夏父。夏父受而中分之。叔術曰：「不可。」三分之。叔術曰：「不可。」四分之。叔術曰：「不可。」五分之，然後受之。五分受其一。○曰嘻，許其反。也夫，音扶。【疏】注五分受其一。○解云：服虔成長義云：邾婁本附庸，三十里耳，而言五分之爲六里國也者，彼乃左氏之偏辭，未足以奪公羊。以爲邾婁本大國，但春秋之前在名例，隱元年何氏有成解之。公扈子者，邾婁之父兄也，當夫子作春秋時，於邾婁君爲父兄之行。公扈者，氏也。○之行，戶郎反。習乎邾婁之故。故，事也。道，所以言也。【疏】注道所至言也。○解云：謂道下傳所言矣。其言曰：「惡有言人之國賢若此者乎？」惡有，猶何有、寧有此之類也。言賢者寧有反妻嫂殺殺顏者之行乎？○惡有，音烏，注同。誅顏之時，天子死，叔術起而致國于夏父。言叔術本欲讓，迫有誅顏天子在，爾故。天子死則讓，無妻嫂或兒爭食之事。當此之時，邾婁人常被兵于周，曰：「何故死吾天子。」猶曰何故死畜吾天子，違生時命而立夏父乎。此天子死則讓之效也。夫子本所以知上傳賢者惡少功大也，猶律一人有數罪，以重者論之。春秋滅不言入是也。案叔術妻嫂雖有過惡，當絕身，無死刑，當以殺殺顏者爲重。宋繆公以反國與夷，除馮弑君之罪，乃反國不如生讓之大也。馮殺與夷亦不輕于殺殺顏者，比其罪不足而功有餘，故得爲賢。傳復記公扈子言者，欲明夫子本以上傳通之，故公扈子有是言。○數，所主反。復，扶又反。【疏】注夫子本所以至惡少功大也者。○解云：上傳謂五分之然後受之以上矣。○云春秋滅不言入是也者，即莊十年傳云：戰不言伐，圍不言戰，入不言圍，滅不言入，書其重者也是。云當絕身無死刑，但當絕其身，以爲不脩，不合殺之，故曰無死刑。然則外亂鳥獸行則滅之者，謂姑姊妹之徒。今一則非父子聚麀，二則嫂非姑姊妹故也。○注當以殺至爲重。○解云：謂犯王命殺魯賢臣，故以爲重也。○注宋繆公以反國與至馮弑君之罪。○解云：宋繆公反國之事在隱三年，彼傳文具矣。其除馮弑君之罪者，即桓二年宋督弑其君與夷，下注云：督不氏者，起馮當國。與馮弑爲重者，繆公廢子而反國，得正，故爲之諱是也。注云：不死乃反國，不如生讓之大也者，言繆公死乃反之，非其全讓之意，不如叔術生讓，其功大矣。注云：馮殺與夷亦不輕於殺殺顏者，謂馮爲弑君，叔術爲犯王命，皆是惡逆，其罪勢等矣。云比其罪不足而功有餘，故得爲賢者，上解云其罪勢等矣，而言罪不足者，謂犯王命殺魯大夫，豈如宋馮弑君乎，故以爲罪少于馮矣。其罪既少，其功有餘，故得賢之。通濫，則文何以無邾婁？据國未有繫于人。【疏】注据國至于人。○解云：言若通

濫是國宜應特達何故文上無邾婁而已其口仍繫邾婁言之乎故注云据國未有口繫于人天下未有濫也。欲見天下實未有濫國春秋新通之爾故口繫于邾婁天下未有濫。則其言以濫來奔何。据上說天下實未有濫者言春秋新通之也春秋所通之君文成矣不言濫黑弓來奔而反與大夫竊邑來奔同文【疏】注而反與大夫竊邑來奔同文者。○解云即襄二十一年春邾婁庶其以漆閭丘來奔之徒是叔術者賢大夫也。絕之則為叔術。不欲絕。不絕則世大夫也。此解不言濫黑弓意叔術者賢大夫也如不口繫邾婁文言濫黑弓來奔則為叔術賢心不欲自絕于國又觸天下實有濫無以起新通之文不可設也如口不絕邾婁文言濫黑弓來奔則嫌氏邑起本邾婁世大夫春秋口繫通之文亦不可施【疏】注起本邾婁至可施。○解云若口云邾婁文言濫黑弓來奔即嫌大夫氏邑欲起黑弓本是邾婁世大夫口繫于邾婁欲通之為世大夫故也大夫之義不得世。故於是推而通之也。推猶因也因就大夫竊邑奔文通之則大夫不世叔術賢心不欲自絕兩明矣主書者在春秋前見王者起當追有功顯有德與滅國繼絕世【疏】注主書者至繼絕世。○解云隱元年注云諸大夫立隱不起者在春秋前明王者受命不追治前事今此追之者春秋之義勸其後功是以上二十年傳曰君子之善善也長惡惡也短惡惡止其身善善及子孫賢者子孫故君子為之諱是也○十有二月。辛亥。朔。日有食之。是後昭公死外晉大夫專執楚犯中國圍蔡也【疏】注是後昭公死外者。○解云即下三十二年冬公薨于乾侯是云晉大夫專執者即定元年三月晉人執宋仲幾于京師傳云其稱人何貶曷為貶不與大夫專執也是云楚犯中國圍蔡也者即定四年秋楚人圍蔡是也直言圍蔡足矣何須言楚犯中國欲言日食為夷狄強諸夏微之象故也

三十有二年。春。王正月。公在乾侯。○取闞。闞者何。邾婁之邑也。曷為不繫乎邾婁。諱亟也。與取濫為亟○闞口暫反亟去冀反注同【疏】闞者何。○解云欲言是國諸典未聞欲言是邑文無所繫故執不知問○注與取濫為亟。○解云取亦作受字者二年之間比取兩邑故以為亟而諱之矣○夏。吳伐越。○秋。七月。○冬。仲孫何忌會晉韓不信、齊高張、宋仲幾、衛世叔申、鄭國參、曹人、莒人、邾婁人、薛人、杞人、小邾婁人城成周。書者起時善其脩廢職有尊尊之意也孔子曰謹權量審法度脩廢官四方之政行焉言成周者起正居實外之○量音亮【疏】注書者至意也。○解云隱七年夏城中丘傳云何以書以重書也注云以功重故書也當稍稍補完之至令大崩弛壞敗然後發衆城之猥苦百姓虛空國家故言城明其功重與始作城無異然則天子之城不時脩理至令大壞方始城之而書者正欲起其當時之善故也何者當是之時天子陵遲諸侯僭縱忽能脩其廢職有尊尊之心是以書見故曰起時善云孔子曰謹權量至行焉者論語文彼注云言成周者欲起正居實外之正以不言京師而言成周者欲起正居在成周故也言實外之者正以王微弱不能守成周不是小事猥苦天下是以不言京師實外天子云云之說在上二十六年○十有二月。己未。公薨于乾侯。

公羊注疏卷二十四校勘記　阮元撰盧宣旬摘録

公羊注疏昭公卷二十四

二十三年　閩監毛本同唐石經作卄有三年此脱有字

叔孫舍如晉　唐石經諸本同解云左氏穀梁作婼字

叔孫舍者　閩監毛本删者字

比胕附父仇　閩監毛本同鄂本仇作讎

何氏云奔者　浦鏜云奔上脱出字是也

沈子楹　唐石經諸本同釋文亦作楹云左氏作逞穀梁作盈　按此本疏中下文作沈子盈則疏本與穀梁同故於此下無文

衛未有罪矣　浦鏜云爾誤矣

春秋伐者為客　毛本伐下衍人字

豎刀易牙爭權　監本同閩本毛本刀改刁

卽定十四年夏四月　浦鏜云十衍字是也

蔡公孫歸生　按經作歸姓此順注文引作生

卽此胡子髡沈子盈滅是也　閩監毛本盈作楹

嫌敗走及殺也　鄂本也作之此誤

皆獲殺之文在今上　補毛本作上今此誤倒

是以稱人矣　盧文弨曰人為名之誤

癸亥公孫于齊是也　浦鏜云已誤癸按浦說是也

注吳光殺僚滅徐者卽下二十七年　閩監本同毛本者下增○解云

二十三年十有二月癸酉朔　閩監毛本酉誤亥浦鏜云二年誤三年按浦說是也

齋戰疾　鄂本閩監毛本齋作齊

二十有四年

叔孫舍至自晉　二傳無叔孫字

時年叔倪出會　鄂本作明年諸本皆誤作時

杞伯鬱釐卒　唐石經諸本同釋文作鬱釐云本亦作釐疏云左氏穀梁作郁釐字今正本亦有郁字者按亦有下當脫作字

葬杞平公　此本叔孫舍至自晉三節疏皆在此經下閩監毛本分配各經之下

二十有五年

夏叔倪　釋文唐石經諸本同疏云穀梁與此同左氏經賈注者作叔詣字

有鸜鵒來巢　唐石經諸本同釋文鸜音權左氏作鸛音劬按周禮考工記鸛鵒不踰濟釋文本作鸜鵒此疏亦引冬官鸛鵒不踰濟

不可以尺寸録之　浦鏜云可衍字

昭公依托上雩　鄂本托作託

去臣則逐季氏意明矣　閩監毛本同誤也鄂本臣作辰當據正釋文亦作去辰

而言又雩者可以起其非實雩　閩監毛本可作何毛本言又誤倒

次于楊州　葉鈔釋文鄂本閩本同唐石經監毛本作揚州疏同按左氏作陽州

昭公將弒季氏　唐石經諸本同釋文作將殺云音試下及注同○按依疏則傳文本作弒也漢石經公羊弒皆作試猶今人語云姑且試之故其語可通乎上下也

吾欲弒之如何是也　閩監毛本如何作何如

子家駒曰諸侯僭於天子大夫僭於諸侯　唐石經諸本同考工記畫繢之事其象方天時變注引子家駒曰天子僭天今何本無此句周禮大宰疏引作諸侯僭天子大夫僭諸侯此二於字當為衍文考工記注無於字可證

注失禮成至知也　閩監毛本無成字

禮天子諸侯臺門　周禮太宰疏引何氏云天子兩觀諸侯臺門與今本異

注禮天至一觀　當作注禮天子諸侯臺門故解云在禮器文今本標起訖是後人所改

明有則也　閩監毛本同誤也鄂本則作制當據正制謂己所制也法則卽法復上

東夷之樂曰株離　釋文及諸本皆作株離蜀大字本作邾誤

云繫牛曰婁者　何校本同閩監毛本云作也此本云字亦剜改作也今訂正

委已者也　唐石經同釋文委己音紀閩監毛本己誤已

猶順於已之人　浦鏜云於下當脫食字

固是其宜矣　浦鏜云也誤矣從經傳通解校

固為季氏用　監毛本同閩本固作因皆誤鄂本作而為季氏用與儀禮通解續正合當據以訂正

終弒而敗焉　唐石經作終弒之而敗焉諸本脫之字按疏中標經云終弒之者有之與石經合

弔死國曰弔　諸本同段玉裁云此國字衍

謙自比齊下執事　釋文作嗛自云音謙本亦作謙

慶子免君於大難矣　唐石經原刻無也字後磨改增刻諸本誤承之

卹所錫之以死　蜀大字本閩監毛本同鄂本錫作賜按傳言賜不當殊文鄂本是也

申曰脡　鄂本同此本疏中亦作申閩監毛本改伸疏同

國子執壺漿　唐石經鄂本閩本同監毛本壺改壷非

餕熟食　鄂本熟作孰下同加四點者俗字

致饔餼五牢　浦鏜云經致作歸是也

若今之糒米也○　諸本同按此○當刪下載糒字音切亦義疏之言非釋文也浦鏜云已見釋文當衍者非此與釋文不同

而以行客之入　而疑衍浦鏜云而以疑蓋以之誤

謂之拜命謂之辱　閩監毛本同鄂本作謂之拜命之辱此下謂字衍當據以刪正

注食必至讓也　閩監毛本必下有祭

今則更以簞壺盛饔飧是　浦鏜云是疑也字誤

敢辱大禮敢辭　唐石經諸本同解云亦上有不字者若有不字則辭下讀按當作敢上亦一本有不字者是

今已無有　解云謂已身之已或解爲已然之已按音紀是

昭公自謙失國　鄂本謙作嗛此誤

昭公於是噭然而哭　唐石經諸本同按說文噭高聲也一曰大呼也从㗊丩聲春秋公羊傳曰魯昭公叫然而哭噭與叫聲相近許以叫爲高聲大呼較之何注云噭然哭聲貌義益切也

既哭以人爲菑　唐石經諸本同何注云菑今大學辟雍作側字按此即東漢熹平立石大學之公羊傳也

以鞌爲几　唐石經鄂本同釋文亦作以鞌閩監毛本鞌改鞍非

其禮與其辭足觀矣　唐石經與字起磨改重刻此六字故此行十一字

下三十年　浦鏜云十下脫一按浦說是也

二十有六年

次于楊州　閩本同監毛本楊改揚下同何校本並作陽與穀梁合

注月者閔至居運者　閩監本同毛本下增○解云何校本無○解云

無王罪深淺　何校本罪下有之字

昭無臣子又卽如定公當致也　蜀大字本閩監毛本同鄂本又作入則上屬言昭無臣子納公也

棘者何　浦鏜云上當脫傳云二字○按廿九年疏引亦無傳云非脫也

天子不親征下士　閩監毛本同、何校本士作土何校本作土與定十二年注合

不能圍成不能服　定十二年注作公親圍成此誤

盟于剸陵　鄂本閩監毛本同唐石經蜀大字本剸作鄟釋文鄟陵音專本亦作專

上言天王者有天子已明　鄂本者作著此誤

起正居在成周　蜀大字本閩監毛本同誤也鄂本正作王當據正此本疏云起成周爲王居閩監毛本亦誤爲正居

尹氏召伯毛伯　唐石經諸本同解云穀梁與此同左氏召伯作召氏

當先誅渠帥　鄂本同閩監毛本帥作率按釋文作渠率云或作帥

注云立王子朝獨舉尹氏者　閩監本同毛本刪云字

二十有七年

文方見爲季子諱本　閩監毛本同誤也鄂本文作又當據正○按依疏當作文屬上讀

不出賊以明闔廬罪　閩監毛本同誤也鄂本明作除當據正解云今此月者直是本不出賊以除闔廬罪可證本是除字

於是使專諸刺僚者闔廬弒僚之文也　閩監毛本者改著何煌云者疑作是

注月者明失衆見弒　浦鏜云非誤明

以近治也　何校本作自近始也與襄廿三年注合

獨舉一國　何校本國下有者字是也

二十有八年

止自卒月葬時　閩監毛本止誤正

鄭伯甯卒　諸本同唐石經缺釋文伯甯乃定反下同左氏并下滕子名並作寧

二十有九年

定十三年春宋公之弟辰及仲佗石彄公子池　浦鏜云一誤三

棘者何　浦鏜云上當脫傳曰二字按此類皆疏文原本如是非脫誤也

裁得國外土地而已　閩監本同毛本土誤上

三十年

固有出奔可責　宋本閩監本同毛本固作因誤

三十有一年

季氏負捶謝過　閩監毛本捶作棰疏同釋文作負箠云本又作捶此本疏標起訖亦作負箠

以殊外言來者　鄂本以作而

公遜于齊　何校本遜作孫

是以二注備書矣　閩本二字缺上畫監毛本誤作一

秋葬薛獻公　唐石經宋本同閩監毛本薛誤晉

冬黑弓以濫來奔　唐石經諸本同釋文黑弓二傳作黑肱

顏淫九公子于宮中　唐石經顏下有公字後磨改刪去故此行九字

於是負孝公之周訴天子　唐石經訴作訢閩監毛本改愬按釋文作周愬云本亦作訴蓋據此所改

云爾非德也　閩監毛本同鄂本無德此誤衍蜀大字本脫也字

爲顏公夫人時所爲顏公生也　按下爲顏公三字誤衍複上當刪正

知小爭食　鄂本同閩監毛本小作少

幾者動之微吉事之先見　鄂本同此本翻刻者吉誤爲者閩監毛本承之

曰嘻此誠爾國也　唐石經原刻無此後磨改增之故此行十一字

誅顏之時天子死　唐石經諸本同惠棟云謂誅顏天子死也作一句讀按時字疑衍

無妻嫂惑見爭食之事　閩監毛本同誤也鄂本惑作感當據正

夫子本所以知上傳　鄂本知作如此誤監本夫誤天

然則外內亂　閩監毛本作內外

春秋所通之君　鄂本所作新此誤上云春秋新通之可證

又觸天下實有濫　鄂本宋本閩監本同毛本實誤寶

晉人執宋仲機于京師　閩監毛本機改幾是也

三十有二年

與取濫爲亟　解云取亦有作受字者按莊二年疏引作受今作與取濫誤

有尊尊之意也　蜀大字本閩監本同鄂本無也字毛本誤尊卑疏不誤

言成周者起正居　疏中引注作欲起正居此脫欲字

彼注云言成周者　按彼字當衍何校本無彼字

正以王微弱　閩監毛本王誤上

公羊注疏卷二十四校勘記終

監本春秋公羊注疏定公卷二十五

釋文何以定公爲昭公子與左氏異　○起元年盡五年

何休學

元年。春。王。定何以無正月。據莊公雖不書即位猶書正月（疏）注据莊至正月。○解云即莊元年經云元年春王正月三月夫人孫于齊是也。案莊公之經上有正月下有三月今定公亦下有三月而上無正月故据之若然案隱公之經亦云元年春王正月下云三月公及邾婁儀父盟于眛亦是上有正月下有三月而不据之者正以隱公所承不薨于外且欲讓桓位非已有與定公不類寧得据之其閔僖之屬雖承弑君之後其所承者皆在位見弑元年之下復無三月之文與定不同故不据之然則桓公戕于齊昭公卒于外亦是不類而得据之者正以昭公失道爲臣所逐終死于外與桓同故據之耳

正月者。正即位也。本有有正月者正諸侯之即位（疏）注本有至即位。○解云案隱元年傳云何言乎王正月大一統也何氏云統者始也摠繫之辭夫王者始受命改制布政施教於天下自公侯至於庶人自山川至於草木昆蟲莫不一一繫於正月故云政教之始以此言之似書正月者爲大一統也而言本有正月者正諸侯即位者兼二義故也何氏云自公侯以下皆繫正月即是正月者正諸侯即位之義

定無正月者。即位後也。雖書即位於六月實當如莊公有正月今無正月者昭公出奔國當絕定公不得繼體奉正故諱爲微辭使若即位在正月後故不書正月（疏）定無正月者即位後也。○解云謂定公行即位之禮在正月之後也。○注雖書至正月。○解云依經及傳正以定公即位在正月之後故無正月何氏更言昭公出奔國當絕定公不得繼體奉正者正以書正月大一統也明不但一即位而已且諸侯之法禮當死位而昭公不君棄位出奔終卒於外爲辱實甚論其罪惡君臣共有故知魯國之當絕矣是以何氏消量作如此注故諱爲微辭者謂經與傳直作無即位故無正月之義其定公當絕之文沒而不見故謂微辭爾

即位何以後。據正月正即位昭公在外。昭公喪在外得入不得入。未可知也。曷爲未可知。據已稱元年（疏）得入不得入未可知也者。○解云謂昭公之喪在外得入不得入未可知不謂据定公之身也其實定公先在于內是以上文已稱元年矣但以君喪未入未得正行即位禮是以即位在正月之後而左氏以爲喪及壞隤公子宋乃先入者何氏所不取之。○注据已稱元年。○解云謂已稱元年春似行即位之禮訖何言昭公之喪得入不得入未可知也而即位後乎

在季氏也。今季氏迎昭公喪而事之定公得即位不迎而事之則不得即位（疏）在季氏也。○解云定公是時雖以先君之喪未入未行即位之禮其實爲君之道已成是以上文得稱元年春矣但猶微弱不敢逆其父喪故云在季氏也

定哀多微辭。微辭即下傳所言者是也定公有王無正月不務公室喪失國寶哀公有黃池之會獲麟故摠言多（疏）定哀多微辭。○解云定哀二君微辭有五故謂之多不謂餘處更有所對若然昭與定哀同是太平之世所以特言定哀者昭公之篇無微辭之事寧可還言之乎。○注微辭至是也。○解云謂主人習其讀而問其傳則未知已之有罪焉爾也。○注定公至正月。○解云得爲微辭者實爲昭公出奔國當絕定公不得繼體奉正故無正月如似即位在正月之後是以無正月然故得謂之微辭。○注不務公室。○解云下二年夏五月壬辰雉門及兩觀災冬十月新作雉門及兩觀傳云其言新作之何脩大也注云天災之當減損如諸侯制而復脩大僭天子之禮故言新作以見脩大也脩舊不書此何以書譏何譏爾不務乎公室也注云務猶勉也不務公室亦可施於久不脩亦可施于不務如公室之禮微辭也然則書其新作雉門及兩觀者主譏其僭天子之禮可施於久不脩治而錄之傳云不務公室亦得助成微辭之義也。○喪失國寶。○解云下八年冬盜竊寶玉大弓傳云寶者何璋判白注云不言璋言玉者起珪璧琮璜五玉盡亡之傳特言璋者所以郊事天尤重也書大弓者使若都以國寶書微辭也謂之寶者世世寶用之辭也然則特書大弓者欲通謂之寶寶即大弓是可以世世傳保而珠玉之故謂之寶玉也。○注哀公至言多。○解云黃池之會者即哀十三年夏公會晉侯及吳子于黃池傳云吳何以稱子吳主會也吳主會則曷爲先言晉侯不與夷狄之主中國也其言及吳子何會兩伯之辭也不與夷狄之主中國則曷爲以會兩伯之辭言之重吳也曷爲重吳吳在是則天下諸侯莫敢不至也彼注云以晉大國尚猶汲汲於吳則知諸侯莫敢不至也不書諸侯者爲微辭使若天下盡會之而魯侯蒙俗會之者惡愈是也其獲麟者即哀十四年春西狩獲麟是也實爲聖漢將興之瑞周家當滅之象今經直言獲麟不論此事若以麟來爲王更欲中興之兆得謂之微辭矣

主人習其讀而問其傳。讀謂經傳謂訓詁主人謂定公言主人者能爲主人皆當爲微辭非獨定公

則未知已之有罪焉爾。此假設而言之主人謂定哀也設使定哀習其經而讀之問其傳解詁則不知已之有罪於是此孔子畏時君上以諱尊隆恩下以辟害容身愼之至也（疏）主人至焉爾。○解云主人習其讀謂習其經而讀之也云而問其傳者謂問其夫子口授之傳解詁之義矣云則未知已之有罪焉爾者焉爾猶於是讀其微辭意指難明雖問解詁亦未知已之有罪乎春秋假令讀定元年經而問其傳之解詁云定何以無正月正月者正即位也定無正月者即位後也則無以知其國當絕定公不得繼體奉正之義假令讀定公二年經云新作雉門及兩觀而問其傳之解詁云脩舊不書此何以書譏何譏爾不務乎公室也正以久不脩理不以公室爲急以書譏之以知其僭天子也是也。○注此假設而言至於是。○解云當爾之時未有春秋故知主人習其經而讀之者假設而言之也既未有春秋而彊言主人故云此假設而言之云主人謂定哀者正以上言定哀多微辭下文即言主人習其讀故知此主人者宜指定哀言之也。○注此孔子至之至也。○解云此時君者還指定哀也孔子作春秋當哀公之世定沒未幾臣子猶存故亦畏之爲之諱惡恩隆於定哀故曰上以諱尊隆恩也若不迴避其害則身無所容故曰下以辟害容身也尊君卑已故生上下之文耳其傳未行口授弟子而作微辭以辟其害亦是謹愼之甚故此曰愼之至也

○三月。晉人執宋仲幾于京師。仲幾之罪何。據言于京師成伯討辭知有罪○幾本或作機（疏）仲幾之罪何。○解云上言晉人似非伯討言于京師是伯討之文與奪未明故難之

不蓑城也。若今以草衣城是也禮諸侯爲天子治城各有分丈尺宋仲幾不治所主○不蓑素戈反一或作蓑一或音初危反衣于既反爲天子僞反下善爲同（疏）不蓑城也。○解云謂不以蓑苫城也公羊之義以爲昭三十二年城成周者既是城訖故於此處責其不蓑而已不似左氏方始欲城耳。○注蓑若今以草衣城是也衣讀如衣輕裘之衣。○注禮諸至主者。○解云正以宋人不治所主者晉人執而歸之于京師得爲伯討之文故知禮有分丈尺之法不謂更存禮文

其言于京師何。據城言成周執不地（疏）注據城言成周。○解云即昭三十二年冬仲孫何忌會晉韓不信以下城成周是也。○注執不地。○解云謂春秋上下大夫見執例不舉地即下六年秋晉人執宋行人樂祈黎七年秋齊人執衛行人北宮結之屬是也若然成十六年九月晉人執季孫行父舍之于招丘彼傳自有解執未有言舍之者此其言舍之何仁之也曰在招丘悕矣注云悕悲也仁之者若曰在招丘可悲矣閔錄之辭執未有言仁之者此其言仁之何代公執也是也何

伯討也。大夫不得專執執無稱名氏見伯討例故地以京師明以天子事執之得伯討之義○見賢遍反（疏）注大夫至之義。○解云下傳云大夫之義不得專執也故云大夫不得專執若諸侯執人即僖四年傳云稱侯而執者伯討也稱人而執者非伯討也若其大夫不得專執故其執人之時無稱名氏見伯討例雖無其例其執之有理寧得不作其文是故地以京師明以天子事執之見其得伯討之義也

伯討則其稱人何。據城稱名氏諸侯伯執不稱人也復發此難者弟子未解嫌大夫稱人相執與諸侯同例○復發扶又反下皆同難乃旦反解音蟹（疏）注據城稱名氏云云。○解云即昭三十二年冬仲孫何忌會晉韓不信以下城成周是也。○注諸侯伯執不稱人也。○解云即僖四年傳云稱侯而執者伯討也稱人而執者非伯討也是也若欲指經言之即成十五年春晉侯執曹伯歸之于京師是也

貶。以非伯討故稱人爾

曷爲貶。據晉侯伯執稱人以他罪舉（疏）注據晉至罪舉。○解云即僖二十八年晉人執衛侯歸之于京師傳云歸之于者罪已定矣此晉侯也其稱人何貶曷爲貶衛之禍文公爲之也文公爲之奈何文公逐衛侯而立叔武使兄弟相疑放乎殺母弟者文公爲之也然則彼乃晉文之衛侯實得伯討之義而稱人者正由文公惡衛侯太深殺叔武太甚故致此禍是以貶之稱人故曰以他罪舉也今此晉人執仲幾亦得爲伯討之義而貶稱人故欲問其稱人之狀矣

不與大夫專執也。曷爲不與。據伯討實與。言于京師是也而文不與。文不與者貶稱人是也

文曷爲不與。大夫之義不得專執也。大夫不得專相執辟諸侯也不言歸者諸侯當決於天子犯之惡甚故錄所歸大夫當決王獄爾犯之罪從外小惡不復別也無例不在常書又月者善爲天子執之○別彼列反（疏）文曷爲不與。○解云據實與但何氏省文不復言大夫之義不得專執則其曰實與之何上無天子下無方伯天下大夫有爲無道者力能執之則執之可也異僖元年二年救邢城楚丘之傳者正以諸侯相執伯者之常事大夫相執例之所略詳尊畧卑之義也。○注不言至別也。○解云正以僖二十八年冬晉人執衛侯歸之于京師成十五年春晉侯執曹伯歸之于京師襄十六年春晉人執莒子邾婁子以歸者是諸侯相執錄其所歸之文所以然者正以諸侯尊貴當決於天子若其犯之其惡深大故須錄其歸之所在即執衛侯曹伯歸于京師是其得正執莒子邾婁子以歸其國者失所明矣彼注云錄

以歸者甚惡晉也有罪無罪皆當歸京師不得自治之是也若然案襄十九年春晉人執邾婁子亦是諸侯相執而不錄其所歸者正以會上執之即會上釋之實無所歸寧得錄之也若執大夫當央於主獄之人耳若其犯之但爲小惡故從外小惡例不復分別之也若然所見之世錄外小惡而言從外小惡不復別之者正謂時時錄之以見太平之世諸夏小惡在治之限文不盡錄故得然解○注無例至執之○解云欲道春秋上下更無大夫相執之義即是無其比例不在常書之限今而書之又書其月詳錄之與諸侯相執同例者善爲天子執故也知諸侯相執例書月者正以襄十六年三月晉人執莒子邾婁子十九年三月晉人執邾婁子之屬皆書月故也舊云此事所以無歸于以歸之例正由大夫相執不在當書故也既不在當書而書月以執之者善爲天子執之故也○夏。六月。癸亥。公之喪至自乾侯。至自乾侯者非公事齊不專中去之晉竟不見容死于乾侯○戊辰。公即位。癸亥。公之喪至自乾侯。則曷爲以戊辰之日。然後即位。據癸亥得入已可知正棺於兩楹之間。然後即位。正棺者象既小斂夷於堂昭公死於外不得以君臣禮治其喪故示盡始死之禮禮始死于北牖下浴於中霤飯含於牖下小斂於戶內夷於兩楹之間大斂於阼階殯於西階之上祖于庭葬于墓奪孝子之恩動以遠也禮天子五日小斂七日大斂諸侯三日小斂五日大斂卿大夫二日小斂三日大斂夷而經殯而成服故戊辰然後即位凡喪三日授子杖五日授大夫杖七日授士杖童子婦人不杖不能病故也○小斂力驗反下皆同北墉音容本又作牖霤力又反飯扶晚反含戶暗反阼才故反〔疏〕注正棺至故也○解云喪大記云小斂主人即位于戶內主婦東面乃斂卒斂主人馮之踊主婦亦如之徹帷男女奉尸夷于堂降拜拜鄭注夷之言尸也主人主婦以下從而奉之孝敬之心降拜拜賓也是也云故示盡始死之禮者示字亦有作不字者誤也云禮始死于北牖下者即喪大記疾病寢東首於北牖下是也云浴於中霤云云者即坊記云子云賓禮每進以讓喪禮每加以遠浴於中霤飯於牖下小斂於戶內大斂於阼殯於客位祖於庭葬於墓所以示遠也是也而言夷于兩楹之間者即此傳云正棺于兩楹之間是也云奪孝子之思動以遠也者何氏以意言之也言此者欲陳始死禮云天子五日云云者何氏差約古禮而言之欲道始死之禮五日大斂而殯殯訖成服今欲示盡始死之禮故云公之喪癸亥日至于丁卯殯而成服戊辰之日乃即位矣云凡喪三日云云者即喪服四制云杖者何也爵也三日授子杖五日授大夫杖七日授士杖或曰擔主或曰輔病婦人童子不杖不能病也是也鄭注喪大記云三日者死之後三日也爲君杖不同日人君禮大可以見親疎也引之者欲道喪人五日嗣子大夫授杖已訖可以即位正其臣矣子沈子曰。定君乎國。定昭公之喪禮於國然後即位。即位不日。此何以日。據即位皆不日錄乎內也。內事詳錄善得五日變禮或說危不得以踰年正月即位故日主書者重五始也〔疏〕注詳錄至始也○解云書日所以得變禮者癸亥之日公喪乃至戊辰之日然後君即位象五日殯訖即位之禮故錄日以明之言其變而合禮矣○秋。七月。癸巳。葬我君昭公。○九月。

大雩。定公得立九喜而不恤民之應○立煬宮。煬宮者何。據十二公無煬公○煬餘亮反〔疏〕煬宮者何○解云正以春秋之內更無煬公之稱而立其宮故執不知問煬公之宮也。春秋前煬公也立者何。立者不宜立也。立煬宮。非禮也。不日嫌得禮故復問立也不日者所見之世諱深使若比武宮惡愈故不日〔疏〕立者何○解云欲言是禮不應言立欲言非禮復不書日故執不知問○立者何至立也○解云隱四年冬衛人立晉之下傳云立者何立者不宜立也成六年春二月辛巳立武宮之下傳云立者何立者不宜立也然則春秋之內三發此文者公子晉之下發之是春秋之首成六年立武宮之下發之嫌立宮與諸侯異例此復發之者正以立武宮書日此不書日故同之昭二十二年秋尹氏立王子朝不復發之者從立晉之傳可知○不日至立也○解云春秋之例失禮於宗廟例書日故此不日嫌得禮也注言此者正以成六年已有此傳今復發之故解云耳○不日至不日○解云例既書日而不日者正以當所見之世故也若然案莊二十三年秋丹桓宮楹何氏云失禮宗廟例時與向說違者蓋失禮於鬼神例日故隱五年初獻六羽之下何氏云失禮鬼神例日是也若失禮偕僭於宗廟則例書時即莊二十三年秋丹桓宮楹何氏云失禮僭宗廟例時是也莊二十四年春王三月刻桓宮桷書月者何氏云月者功重於丹楹是也若其失禮始造宗廟者例書日即成六年春王二月辛巳立武宮是也所以然者刻桷功重於丹楹猶變例以書月況於始造宗廟爲費實深寧不日乎例既宜日而不日者正以當所見之世爲內諱深使若惡愈於武宮故也○冬。十月。霣霜殺菽。何以書。記異也。菽大豆時猶殺菽不殺他物故爲異○霣于敏反〔疏〕注時殺至爲異○解云知獨殺菽不殺他物者正以此經特舉殺菽傳云記異故也若更殺他物則經直云霣霜不舉穀名傳云記災也即桓元年秋大水傳云何以書記災也彼注云災傷二穀以上是也此則但傷一穀既不成災故謂之異此災菽也。曷爲以異書。據無麥苗以災書〔疏〕注據無至災書○解云即莊七年秋大水無麥苗傳云何以書記災也是也然則大水殺麥苗傳云記災今此霣霜殺菽傳云記異故據而難之若然向解若更殺他物則經直言霣霜不舉穀名何故莊七年經云秋大水無麥苗者彼傳云何災不書待無麥然後書無苗彼注云明君子不以一過責人水旱螟蟲皆以傷二穀乃書而不書穀名至麥苗獨書者民食最重是也然則一災不書今此書者示以早當誅季氏故不得不錄也異大乎災也。異者所以爲人戒也重異不重災君子所以貴教化而賤刑罰也周十月夏八月微霜用事未可殺菽菽者少類爲稼強季氏象也是時定公喜於得位而不念父黜逐之恥反爲淫祀立煬宮故天示以當早誅季氏〔疏〕異大乎災也○解云雖曰但傷一物若以害物言之災而必書者正以異重于災故也何者隱三年而作注云異者非常而可怪先事而至者隱五年作注云災者有害於人物隨事而至者然則正由先事而至可以爲戒若其變改竟不害人物若似君父教戒臣子之義故但謂之異而貴之矣災者隨事而至害於人物雖言變改亦無所及若似刑罰一施不可追更之義故謂之災而不重之故注云重異不重災君子所以貴教化而賤刑罰也然則直是美大此異故言異大於災不論害物與否五行傳云害物爲災不害物爲異亦通於此矣○注菽者至象也○解云菽季不同而得爲其象者正以菽爲第三之稱故爲少類季氏於叔孟爲弟亦是少之義故得爲其象菽雖第三爲稼最強季氏雖幼彊於叔孟故曰菽者少類爲稼強季氏之象也○注是時至煬宮○解云何氏以爲定公者昭公之子與賈復異既爲昭公之子而喜於得位者正以父見放逐薨於乾侯讎人秉政有年歲矣爲道亦何可知忽然而立寧不喜乎是以忘其耻辱欲求福於淫祀天怪其所爲故示之戒也舊云定公爲昭公弟立非其次是以喜之而謂昭公爲父者臣子一例故也云故天示以早當誅季氏也者天戒若曰等欲勞心作淫祀之時不如作意早誅季氏所以然者雖作淫祀終竟無福早誅季氏可以復讎去患故也

二年。春。王正月。○夏。五月。壬辰。雉門及兩觀災。其言雉門及兩觀災何。據桓宮僖宮災不言及不但問及者方於下及聞其文問之故先俱張本於上○兩觀工喚反下及注皆同〔疏〕注據桓至言及○解云即哀三年夏五月辛卯桓宮僖宮災是也兩觀微也。雉門兩觀皆天子之制門爲其主觀爲其飾故微也〔疏〕注雉門至微也○解云知如此者正以昭二十五年傳云子家駒曰諸侯僭天子久矣設兩觀云云者此皆天子之禮然則兩觀既爲天子之禮天惡其僭故災之則知雉門與之同災者亦僭明矣故云雉門及兩觀皆天子之訓也若然昭二十五年子家駒不言雉門爲僭者正以天子諸侯皆有雉門但形制殊耳若然雉門爲僭於辭爲負矣寧知非是主災兩觀因及雉門而已故子家駒不數雉門爲僭而何氏必言雉門亦如天子之制者正以下文新作雉門及兩觀之下傳云不務公室既言不務如公室之禮則知天子明矣然則曷爲不言雉門災及兩觀。據下新作雉門及兩觀先言作者主災者兩觀也。時災從兩觀起時災者兩觀。則曷爲後言之。據欲使言兩觀災及雉門若言宋督弒其君與夷及其大夫孔父不以微及大也。何以書。不復言雉門及兩觀災何以書者上已問雉門及兩觀災故但言何以書○不復扶又反下同〔疏〕注不復至以書○解云隱三年秋武氏子來求賻傳云武氏子來求賻何以書注云不但言何以書者嫌主覆問上所說二事不問求賻又七年夏城中丘傳云中丘者何內之邑也城中丘何以書注云上言中丘者何指問邑也欲因言何以書嫌但問書中丘欲復言城中丘何以書僖二十年傳云西宮災何以書然則彼三傳文皆舉句而問之今此不嫌不以微及大何以書而不舉句而問之者正以上傳已云其言雉門及兩觀災何不能復重言之故省文也記災也。此本子家駒諫昭公所當先去以自正者昭公不從其言卒爲季氏所逐定公繼其後宜去其所以失之者故災亦云爾立雉門兩觀不書者僭天子不可言雖在春秋中猶不書○先去起呂反下同〔疏〕注此本至云爾○解云在昭二十五年○注立雉至不書○解云知如此者正以隱五年秋初獻六羽傳云何以書譏何譏爾譏始僭諸公也始僭諸公昉於此乎前此矣前此則曷爲始乎此僭諸公猶可言也僭天子不可言也是也若然須更僭夫還僭天子而得書之者但作微辭以譏之仍自不正言○秋。楚人伐吳。○冬。十月。新作雉門及兩觀。其言

新作之何。據俱一門兩觀如故常。〔疏〕注據俱至如常。○解云：正以所作與舊俱一門兩觀，以故常無異，何言新作之乎？脩大也。天災之當減損，如諸侯制，而復脩大，僭天子之禮，故言新作以見脩大也。○見，賢遍反。〔疏〕注故言至大也。○解云：莊二十九年注云：繕故曰新，有所增益曰作。然則此言新者，見其料理舊牆；言作者，見其增益新木，皆是還大於諸侯之義，故言新作以見脩大矣。脩舊不書，此何以書？據西宮災復脩不書。〔疏〕注據西至不書。○解云：在僖二十年。譏。何譏爾？不務乎公室也。務，勉也。不務公室，亦可施于久不脩，亦可施于不務如公室之禮，微辭也。月者，久也。當即脩之如諸侯禮。〔疏〕注不務至侯禮。○解云：即文十三年傳世室屋壞，何以書？譏。何譏爾？久不脩也。何氏云：簡忽，久不以時脩治，至令壞敗，故譏之。然則此文不務公室者，亦可以見魯人簡忽，五月有災，十月乃作之義，故云亦可施於久不脩也。云月者久也者，正以莊二十九年春新延廄、僖二十年春新作南門皆書時，此特月者，譏其久不脩故也。舊云：如天子之門大，不可即成，故月以久之。

三年。春。王正月。公如晉。至河乃復。月者，內有彊臣之讎，外不見荅於晉，故危之。〔疏〕注月者至危之。○解云：正以凡朝例時，假有小事亦不書月，是以昭二年冬，公如晉，至河乃復，傳云：其言至河乃復何？不敢進也。注云：乃，難辭也。時聞晉欲執之，不敢往，君子榮見與，恥見距，故諱使若至河，河水有難而反。然則彼是小故，不足以月。今乃內有彊臣之讎，外不見荅於晉，故書月以危之，似若襄二十八年十一月公如楚，何氏云：如楚書月者，危公朝夷狄之類也。而僖十年注云：故如京師善則月榮之，如齊晉善則月安之者，善惡不嫌，假令同辭，亦何傷也。〇三月。辛卯。邾婁子穿卒。〇夏。四月。〇秋。葬邾婁莊公。〇冬。仲孫何忌及邾婁子盟于枝。後相犯，時者，諱公使大夫盟，又未踰年君，薄父子之恩，故為易辭，使若義結善事。○枝，二傳作拔。易，以豉反。〔疏〕三月辛卯云云。公羊、穀梁皆作三月，左氏作二月，未知孰正。○注後相至善事。○解云：其後相犯者，即哀元年冬，仲孫何忌帥師伐邾婁之屬是也。云故為易辭者，即莊十三年冬，公會齊侯盟于柯，傳云：何以不日？易也。何氏云：易猶佼易也，相親信無後患之辭是也。

四年。春。王二月。癸巳。陳侯吳卒。〇三月。公會劉子、晉侯、宋公、蔡侯、衛侯、陳子、鄭伯、許男、曹伯、莒子、邾婁子、頓子、胡子、滕子、薛伯、杞伯、小邾婁子、齊國夏于召陵，侵楚。月而不舉重者，楚以一裘之故拘蔡昭公數年，然後歸之，諸侯雜然侵之，會同最盛，故善錄其行義兵也。拘不書者，惡蔡侯吝一裘而見拘執，故匹夫之執歸不書者，從執例。○夏，戶雅反。召，上照反。數年，所主反。雜，七合反，又如字。惡蔡，烏路反。年未同。吝一裘，力刃反。〔疏〕陳子。○解云：上文二月陳侯吳卒，下之六月葬陳惠公，然則其父未葬，宜稱子某，而言陳子。僖九年宋子之下注云：宋未葬不稱子某者，出會諸侯，非尸柩之前，故不名。然則今此陳子亦然，但從宋子省文，不復注之。○注月而至兵也。○解云：春秋之義，侵伐例時，即上二年秋楚人伐吳之屬是也。善其義兵則書月，即僖十八年春王正月宋公、曹伯以下伐齊，注云：月者，與襄公之征齊，善錄義兵是也。若其舉重，宜云公會劉子、晉侯以下侵楚，不言于召陵也，似若成十六年秋公會單子、尹子、晉侯、齊國佐、邾婁子伐鄭之屬。今而書月，復不舉重者，善錄其行義兵故也。若然，案僖四年春王正月，公會齊侯以下侵蔡，何氏云：月者，善義兵也。然則彼亦是義兵而舉重者，正以彼下經云楚屈完來盟于師，盟于召陵，傳云：其言盟于師、盟于召陵何？師在召陵也。師在召陵，則曷為再言盟？喜服楚也。彼注云：孔子曰：書之重，辭之復，嗚呼，不可不察，其中必有美者焉。然則正以下有喜服楚之文，為義兵可知，是以不勞具錄也。桓公十五年冬十有一月，公會齊侯、宋公以下于侈伐鄭，彼注云：月者，善諸侯征突，善錄義兵也。不舉伐為重者，用兵重於會，嫌月為桓伐有危，舉不為義兵錄，故復錄會。注云之屬，當文皆有成解，不勞逆說也。言楚以一裘之故拘蔡昭公數年，然後歸之者，即下傳云：蔡昭公朝乎楚，有美裘焉，囊瓦求之，昭公不與，為是拘昭公於南郢，數年然後歸之是也。○注拘不至夫之。○解云：僖二十一年霍之會執宋公以伐宋之屬，皆書其執，今此不書，故決之。所以不直言賤之而已，而言匹夫之者，以楚人執良霄之屬，大夫猶書，今反不書，賤於大夫，故言匹夫之。○注執歸至執例。○解云：即僖二十一年注云：凡出奔歸書，執獲歸不書者，出奔已失國，故錄還應盜國，與執獲者異，臣下向隨君事之，未失國，不應盜國，無為錄也。是其被執而歸不書之義。今此蔡侯之執，經雖不書，其實見執，故得從其例矣。云云之說，備于僖二十一年。〇夏。四月。庚辰。蔡公孫歸姓帥師滅沈，以沈子嘉歸，殺之。為不會召陵故也。不舉滅為重，書以歸殺之者，責不死位也。日者，定哀滅例日，定公承黜君之後，有彊臣之讎，故有滅則危懼之，為定公戒也。○公孫歸姓，二傳無歸字。姓，音生，又音性。為不，于僞反。下為季、為下、為治、為蔡同。〔疏〕注為不至故也。○解云：正以召陵之會，蔡為謀首，召陵之經不見沈子，而今滅之，故知義然也。○注不舉至位也。○解云：正以襄六年十有二月齊侯滅萊，傳云：曷為不言萊君出奔？國滅君死之，正也。彼注云：明國不存，不書殺萊君者，舉滅國為重。然則萊君死位，故得舉重。今沈子不死位，故不得舉滅為重，而書以歸殺之也。○定哀至戒也。○解云：定哀之時，文致太平，若有相滅，為罪已重，故皆書日以詳其惡，即此經及下六年春王正月癸亥鄭游速帥師滅許以許男斯歸之屬是也。既言定哀滅例日，乃是滅為例矣，而又言定公承黜君之後，有強臣之讎，故有滅則危懼之為定公戒者，欲道哀公之篇若有相滅，例合日，欲見他義者容不書之，即哀公八年春王正月宋公入曹以曹伯陽歸，實是滅曹，但魯人諱同姓之滅而不書之，是以亦不書日是也。然則案哀公之篇更無書滅之經，而知日者，正以文承定公之下，定公猶日，則哀公明矣。定公承黜君之後，偏有危懼，是以[illegible]不救同[illegible]〇五月。公及諸侯盟于浩油。再言公者，昭公數如晉不見荅，卒為季氏所逐，定公初即位，得與諸侯盟，故喜錄之。後楚復圍蔡，不救不日者，善諸侯能為然，俱有疾楚之心，會同最盛，故褒與信辭。○浩，古老反，又古老反。下[illegible]主反。楚復，扶又反。[illegible]〔疏〕注再言至錄之。○解云：正以僖五年夏公及齊侯以下會王世子于首戴，秋八月諸侯盟于首戴，九年夏公會宰周公以下于葵丘，九月戊辰諸侯盟于葵丘之屬，皆不再言公，今此再言公，故於此解之。言昭公數如晉不見荅者，即昭十二年夏公如晉，至河乃復；十三年冬，公如晉，至河乃復；十五年冬，公如晉；十六年夏，公至自晉；二十一年冬，公如晉，至河乃復；二十三年，公如晉，至河，公有疾乃復之屬是，數如晉之文也。竟不見晉人來聘之經，故云不見荅也。卒為季氏所逐者，即二十五年九月己亥公孫于齊是也。寧知再言公為喜錄之者，正以文承詳錄義兵之下，而再言公，故知其喜，似若僖四年夏楚屈完來盟于師，盟于召陵，傳云：曷為再言盟？喜服楚也之類，注云：孔子曰：書之重，辭之復，嗚呼，不可不察，其中必有美者焉，義亦通於此。杞伯戊卒于會。不日，與盟同日。○戊，音茂，又音恤。二傳作戌。〔疏〕注不日與盟同日。○解云：考諸古本，日亦有作月者。若作日字，宜云所見之世，小國之卒，例合書日，即上言三月辛卯邾婁子穿卒之屬是也。今不日者，正以與盟同日，文不可施故也。何者？若言五月甲子，公及諸侯盟于浩油，杞伯戊卒于會，則嫌上會非信辭；若言五月，公及諸侯盟于浩油，杞伯戊卒于會，則嫌與盟別日，是以進退不得日也。若作月字，宜云所見之世則例書日，若有內行失，亦但月之，即昭六年春王正月杞伯益姑卒，何氏云：不日者，行微弱，故畧之。入所見之世，責小國詳，始錄內行也。諸侯內行小失不可勝書，故於終畧責之，見其義是也。然則今杞伯亦有內小失，宜合書月，而不書月，正以與盟同月故也。〇六月。葬陳惠公。〇許遷于容城。〇秋。七月。公至自會。月者，為下劉卷卒月者，重錄恩。○卷，音權。〔疏〕注月者至卷卒。○解云：正以春秋之義，致公例時，則桓二年冬公至自唐之屬是也。若其有危，乃合書月，即下八年三月公至自侵齊之屬是也。今此上會有義兵之錄，上盟有信辭之美，又再言公為喜文，則知公於時無危明矣。既無危事而有七月，故知其月為下事爾。若然，案桓公十六年秋七月公至自伐鄭，何氏云：致者，善桓公能疾惡同類，比與諸侯行義伐鄭致時，此月者，善其比與善行義，故以致加月也。似月為善者，正以桓是纂賊，動作有危，而能疾纂脫危而至，故致之。何氏彼注必言此纂者，欲對桓元年垂之會注云：不致之者，為下去王，適足以起無王，未足以見無王罪之深淺，故復奪臣子辭，成誅文也。以此言之，則桓十六年注云以致復加月也，是危文，但善其與義，故能脫危而至與此，仍不妨矣。○注月者至恩。○解云：大夫之卒，宜又降于微國之君，但合書時而已，而書月者，正以新奉王命，主會于召陵，於魯有恩，故重而錄之，故云月者重錄恩也。〇劉卷卒。劉卷者何？天子之大夫也。外大夫不卒，此何以卒？我主之也。劉卷即上會劉子。我主之者，因上王魯文王之張義也。卒者，明主會者當有恩禮也。言劉卷者，主起以大夫卒之，屈於天子也。不日者，此尹氏以天子喪為主重也，此卷主會輕，故不日。〔疏〕劉卷者何。○解云：欲言諸侯，未有劉國；欲言大夫，大夫不卒，故執不知問。○注劉卷至義也。○解云：正以召陵之經劉子為首，今而書卒，故知一人也。若不然，大夫之卒例不書，劉卷何事獨得錄見也？今而錄見，明有恩於魯，傳曰我主之，亦其一隅矣。劉子者，天子之大夫，奉天子之命致諸侯於召陵之經，序之于上，此言主之主會者明矣。此傳宜云外大夫不卒，此何以卒？主我也，而云我主之者，正以春秋王魯，因魯之文，故言我主之，不言主我。

也言張義者欲張魯君爲王之義○注卒者至禮也○解云若主會有恩禮者即違例書卒案僖九年公會宰周公成十六年十七年之時數有公會單子尹子之文而皆不卒言卒等有恩當論遠近蓋在主會之年卒者恩而錄之若期外者當從恩殺略之是以尹子單子之徒不見卒文若奔喪主我使來會葬之屬其恩差重三年之外方始略之即隱三年夏四月辛卯尹氏卒傳云外大夫不卒此何以卒天王之崩爲諸侯之主也彼注云時天王崩魯隱往奔喪尹氏主儐贊諸侯與隱交接而卒恩隆於王者則加禮錄之明當有恩禮又文三年夏五月王子虎卒傳云外大夫不卒此何以卒新使乎我也彼注云王子虎即叔服也新爲王者使來會葬在葬後三年中卒君子恩隆於親親則加報之故卒明當有恩禮也是○注言劉至天子○解云襄十五年劉夏之下傳云劉夏者何天子之大夫也劉者何邑也其稱劉何以邑氏也彼注云諸侯入爲天子大夫不得氏國稱本爵故以所受采邑氏稱子不稱劉子而名者禮逆王后當使三公故貶去大夫明非禮也然則今此劉卷乃是圻外諸侯入爲天子大夫所以不言劉子卷卒從諸侯之例而言劉卷其但字者正欲起大夫卒之屆於天子故也○注不日至不日○解云文三年王子虎之下何氏云尹氏卒日此不日者在期外也然則尹氏之主諸侯由其在期內故日之今此劉卷之主諸侯亦在期內而不日者正以尹氏之主諸侯乃是天王崩儐贊隱公其恩重矣劉卷之主諸侯乃在召陵之會故不書日見其輕矣知云不日者比尹氏以天子喪爲主重也言劉卷卒所以不書日者若比尹氏之時尹氏以天子喪爲主重故書日劉卷但爲會主其恩輕故不日矣○葬杞悼公。○楚人圍蔡。囊瓦稱人者楚爲無道拘蔡昭公數年而復怒蔡歸有言伐之故貶明罪重於圍〔疏〕注囊瓦至於圍○解云正以下傳云爲是興師使囊瓦將而伐蔡故知此文楚人者是囊瓦矣言拘蔡昭公數年而復怒蔡歸有言伐之者皆下傳文云故貶明罪重於圍者謂由是之故貶之稱人明其罪重異於凡圍矣其凡常之圍罪不至貶即哀九年楚子以下圍蔡之屬是也○晉士鞅、衛孔圄、帥師伐鮮虞。○圄魚呂反左氏作圉虞本或作吳音虞○葬劉文公。外大夫不書葬。此何以書。錄我主也。其實以主我恩錄之故云爾舉采者禮諸侯入爲天子大夫更受采地於京師天子使大夫爲治其國有功而卒者當益封其子時劉卷以功益封故不以故國而以采地書葬起其事因恩以廣義也稱公者明本諸侯也○舉采七代反下采地同〔疏〕注舉采至侯也○解云知劉卷本是諸侯者正以其葬稱公故也知天子使大夫爲治其國者正以此人身在王朝明其本國須有治之者云有功而卒者當益封其子者正以父子並得之故謂之益云不以故國者經使無文不知其故國是何云因恩以廣義也者謂因有主會之恩遂舉采稱公以廣見其本是諸侯之義也云稱公者明本諸侯也者正以天子大夫本無稱公之義今言葬劉文公乃與葬晉文公之屬相似故也○冬。十有一月。庚午。蔡侯以吳子及楚人戰于伯莒。楚師敗績。吳何以稱子。据滅徐稱國○伯莒左氏作柏舉〔疏〕注据滅徐稱國○解云即昭三十年冬十二月吳滅徐徐子章禹奔楚是也夷狄也而憂中國。言子起憂中國言以明爲蔡故也與桓十四年同○

〔疏〕注言以至年同○解云桓十四年冬宋人以齊人以下伐鄭傳云以者何行其意也彼注云以已從人曰行言四國行宋意也是也其憂中國奈何。伍子胥父誅乎楚。挾弓而去楚。挾弓者懷格意也禮天子雕弓諸侯彤弓大夫嬰弓士盧弓○挾弓音協又子協反雕下遼反彤大冬反嬰弓於耕反見司馬法盧力吳反〔疏〕注挾弓至意也○解云格猶拒也言所以挾弓者謂若君使人追之時已即懷拒之意故曰挾弓者懷格意也若似今人謂不順之處爲格化之類也或云格來也言所以挾弓者懷欲到來復讎之意○注禮天子至盧弓○解云古禮無文也以干闔廬。不待禮見曰干欲因闔盧以復讎○禮見賢遍反下不見同闔廬曰。士之甚。言其以賢士之甚○勇之甚。將爲之興師而復讎于楚。伍子胥復曰。諸侯不爲匹夫興師。必須因事者其義可得因公託私而以匹夫興師討諸侯則不免於亂○將爲于僞反下不爲也不爲匹爲是注爲子胥同○且臣聞之。事君猶事父也。虧君之義。復父之讎。臣不爲也。於是止。蔡昭公朝乎楚。有美裘焉。囊瓦求之。昭公不與。爲是拘昭公於南郢。數年然後歸之。於其歸焉。用事乎河。時北如晉請伐楚因祭河○囊乃郎反郢以其反又以政反○〔疏〕爲是拘昭公於南郢○解云蓋以楚於諸夏差而近南故謂之南郢若宣十二年傳云南郢之與鄭相去數千里何氏云南郢楚都之類是也○注時北至祭河○解云正以河非楚蔡之間也曰。天下諸侯苟有能伐楚者。寡人請爲之前列。楚人聞之怒。見侵後聞蔡有此言而怒〔疏〕注見侵至而怒○解云正以上文楚人圍蔡在侵楚之後故也而伐蔡者即下楚人圍蔡是也圍而言伐者舉揔名故也爲是興師使囊瓦將而伐蔡。蔡請救于吳。伍子胥復曰。蔡非有罪也。楚人爲無道。君如有憂中國之心。則若時可矣。猶曰若是時可與師矣激發初欲與師意○將子匠反激古狄反○於是興師而救蔡。不書與子胥俱者舉君爲重子胥不見於經得爲善者以吳義文得成之也雖不舉子胥爲非懷惡而討不義君子不得不與也○〔疏〕而救蔡○解云不書救蔡者止以蔡爲兵故首也○注子胥至成之也○解云案此傳文有善子胥之意子胥不得見於經而得爲善之者正以吳得進而稱子是其義文以是之故得成子胥之善故曰以吳義文得成之也○注雖不至與也○解云吳子若直救蔡討楚而敗之也是其憂中國尊事周室之義但親用子胥之謀兼有爲復讎之意是以傳家取而說之遂舉子胥之辭以見之雖舉子胥之辭但非懷惡而討不義是以君子與之昭十一年楚子誘蔡侯之下傳云懷惡而討不義君子不予也故注者取而況之○曰。事君猶事父也。此其爲可以復讎奈何。曰。父不受誅。不受誅罪不當誅也子復讎可也。孝經曰資於事父以事君而敬同本取事父之敬以事君而父以無罪爲君所殺諸侯之君與王者異於義得去君臣已絕故可也孝經云資於事父以事母莊公不得報讎文姜者母所生雖輕於父重於君也易曰天地之大德曰生故得絕不得殺○〔疏〕注本取事父以事君○解云何氏之意以資爲取與鄭異鄭注云資者人之行也注四制云資猶操也然則言人之行者謂人操行也云云之說具於孝經疏○注莊公至君也○解云即莊元年注云言遜者明但當推逐去之亦不可誅○不加上之義是也○注易曰至曰生○解云下繫辭文也○父受誅。子復讎。推刃之道也。子復四非當復討其子一往一來曰推刃○當丁浪反○復讎不除害。取讎身而已不得兼讎子復將恐害已而殺之時子胥因吳之衆墮平王之墓燒其宗廟而已昭王雖可得殺不除云○墮許規反去起呂反〔疏〕注時子胥至而已○解云春秋說文也彼文又云鞭平王之尸血流至踝此注不言之者省文也案昭二十六年秋九月楚子居卒至今十餘年矣而言血流至踝者非常之事寧可常理言之或者蓋以子胥有至孝之精誠感天使血流所以快孝子之心也朋友相衞。同門曰朋同志曰友相衞不使爲讎所勝時子胥因仕於吳爲大夫君臣言朋友者闔盧本以朋友之道爲子胥復讎孔子曰益者三友損者三友友直友諒友多聞益矣友便辟友善柔友便佞損矣○辟婢亦反辯佞如字本亦作便佞〔疏〕注同門至損矣○解云出蒼頡篇漢主謂司馬遷云李陵非汝同門之朋同志之友予義亦通於此而書傳散宜生等受學於大公大公除師學之禮酌酒切肺約爲朋友然則大公爲師而言朋者蓋大公知其非常人遂除師學之禮以友朋之道待之也既除師學之禮連朋言之亦何傷云君臣言朋友者云即詩云朋友攸攝攝以威儀注云朋友謂羣臣與成王同志好者義亦通於此云孔子曰益者三友云云論語文引之者道闔盧子胥相與益友蓋以闔廬爲諒何者謂一許爲之興師終不變悔是也蓋以子胥爲直與多聞何者不敢虧君之義復父之讎是其直也子胥賢者博古今之事是其多聞矣使佞謂巧爲譬喻善柔謂口柔面柔體之屬辯使辯爲媚矣案今世間有一論語音便辟爲便僻者非鄭氏之意通人所不取矣○而不相迿。迿出表辭猶先也不當先相擊刺所以伸孝子之恩○迿音峻又音巡又玄徧反先也刺七亦反○〔疏〕注迿出至先也○解云依大司馬田獵習戰之時云爲表百步則一爲三表又五十步爲一表然則表者謂其戰時旅進旅退之限約迿者謂不顧步伍勉力先往之意故曰出表辭若然所以伐吳之經不使子胥爲兵首者蓋以吳王討楚兵爲蔡故且舉君爲重是以不得見也古之道也。○楚囊瓦出奔鄭。○庚辰。吳入楚。吳何以不稱子。据狄人盟于邢有進行稱人○行下孟反〔疏〕楚囊瓦出奔鄭○解云左氏以爲戰不勝而去上經稱人者敗范氏云知見伐由已故懼而出奔蓋何氏與之同而戰時稱人者行不進矣○注据狄至稱人○解云即僖二十年秋齊人狄人盟于邢何氏云狄稱人者能常與中國也是也○反夷狄也。其反夷狄奈何。君舍于君室。大夫舍于大夫室。蓋妻楚王之母也。

舍其室因其婦人爲妻日者惡其無義○【疏】注日者惡其無義也者正以春秋之義入例書時傷害多則月即定五年夏於越入吳僖三十三年春王正月秦人入滑之屬是今而書日故須解之

五年。春。王正月。辛亥。朔。日有食之。是後臣忞日甚魯失國寶宋大夫叛【疏】注是後至夫叛○解云蓋謂下八年秋晉趙鞅帥師侵鄭遂侵衛之文是也云魯失國寶即下八年冬盜竊寶玉大弓傳云季氏之宰則微者也惡乎得國寶而竊之是也云宋五大夫叛即下十一年春宋公之弟辰及仲佗石彄公子池自陳入于蕭以叛秋宋樂世心自曹入于蕭何氏云不言叛者從叛臣叛可知是也

○夏。歸粟于蔡。孰歸之。諸侯歸之。曷爲不言諸侯歸之。據齊人來歸衛寶○【疏】注據齊至衛寶○解云在莊六年 離至不可得而序。故言我也。時爲蔡新被強楚之兵故歸之粟與戍陳同義○爲于僞反○【疏】注時爲至之粟○解云即老子云大兵之後必有凶年彼注云言妨其耕稼是也○注與戍陳義○解云即襄五年冬戍陳傳云孰戍之諸侯戍之曷爲不言諸侯戍之離至不可得而序彼注云離至別前後至也陳坐欲與中國被強楚之害中國宜雜然同心救之乃解怠前後至不序以刺中國之無信故言我也注云言我者以魯至時書與魯微者同文微者同文者使若城楚丘辟魯獨戍之今歸粟于蔡之義亦然故云與戍陳同義矣然則彼已有傳而復發之者正以歸戍之文異故同之

○於越入吳。於越者何。越者何。不言或者嫌兩國○【疏】於越者何○解云正以越爲國名經典通稱忽加於字故執不知問○越者何○解云問昭三十二年夏吳伐越之屬矣正以此文加於字是以單言越者翻然可怪故執不知問○不言至兩國○解云隱元年傳云曷爲或言會或言及之屬皆言或今此何故不云曷爲或言於越或言越者弟子之意本疑於越與越爲兩國是以分別而問之舊云正以僖四年傳云執者曷爲或稱侯或稱人稱侯而執者伯討也稱人而執者非伯討也然則彼言或者乃是兩事之辭今此若云曷爲或言越或言於越則嫌爲兩國是以別之○ 於越者。未能以其名通也。越者。能以其名通也。越人自名於越君子名之曰越治國有狀能與中國通者以中國之辭言之曰越治國無狀不能與中國通者以其俗辭言之因其俗可以見善惡故云爾赤狄以赤進者狄於北方揔名赤者其別與越異也吳新憂中國士卒罷敝而入之疾罪重故謂之於越○見賢偏反卒子忽反罷弊音皮弊亦作敝音同【疏】注治國有狀云云治國無狀云云○解云此狀謂模狀也模狀猶規矩若有規矩是得先生之術故謂之進若無規矩是失治國之法當獲咎禍故謂之退是以此注云治國有狀云云治國無狀云云凶儀云無狀招禍義亦通於此亦有一本狀皆作禮字但非古本是以不能得從之也注赤狄至異也○解云正以宣十一年秋晉侯會狄于攢函之文直單言狄不言赤矣宣十五年夏晉師滅赤狄潞氏傳云潞子之爲善也離于夷狄是其加赤爲進之事也但狄者北方之揔名乃是鄙賤之號赤者是其別稱故得加之爲進矣今越者乃是其國名若似齊晉魯衛之屬諸夏之人有禮儀者其國名之上不見加於處雖有越爲此文尋檢其事此時入吳實合罪貶故注之○注疾罪至於越○解云夷狄之稱止有七等之名州不若國最其賤者今乃加於見其入吳之疾故以罪重言之

○六月。丙申。季孫隱如卒。仲遂以貶起弑是不貶著其逐君者舉君出爲重故從季辛起之猶衛孫甯○弑音試○【疏】注仲遂至孫甯○解云宣八年仲遂卒于垂傳云仲遂者何公子遂也何以不稱公子貶曷爲貶爲弑子赤貶是其以貶起弑也案公子翬仲遂之類而不据之者以其無卒文故也今此欲道隱如之卒經無貶文故据卒時有貶文者言之也欲舉君出爲重者即昭二十五年九月己亥公孫于齊是也言舉其君出爲重即隱如之罪已重是以於卒不復貶也言故從季辛起之者即昭二十五年秋七月上辛大雩季辛又雩者彼注云不言下辛言季辛者起季氏不執下而逐君是也言季辛已起其逐君之義是以於卒不勞更貶也言猶衛孫甯者即襄十四年夏四月己未衛侯衎出奔齊注云不書孫甯逐君者舉君絕爲重是也

○秋。七月。壬子。叔孫不敢卒。○冬。晉士鞅帥師圍鮮虞。

公羊注疏卷二十五挍勘記　阮元撰盧宣旬摘錄

公羊注疏定公卷二十五　唐石經定公第十一卷十

元年

卽莊元年經云　閩監毛本莊下有公字○按公字衍文

公及邾婁儀父盟于蔑　閩監毛本蔑改眛按作蔑者左傳字

故據之耳　閩監本同毛本據作据

本有有正月者　監毛本同閩本不疊有字按下有字衍文

而左氏以爲喪及壞隤　閩監本同毛本隤誤隤

起琔辟琮璜五玉盡亡之　浦鏜云璜下脫璋○按有璋字則與八年注合

世世寶用之辭也　何校本寶作保是也

是可以世世傳保而珠玉之　八年疏作金玉此誤

故此曰愼之至也　盧文弨曰此日倒此蓋遂承上此孔子之此

晉人執宋仲幾于京師　唐石經諸本同釋文仲幾本或作機按昭三十一年疏作仲機左氏穀梁及漢書五行志皆作幾

不蓑城也　閩監毛本同唐石經蓑作衰釋文作不衰云或作蓑困學紀聞云按左氏傳遲速衰序於是焉在又云宋仲幾不受功蓑字當從漢志作衰與左氏合經義雜記曰五行志不衰城師古曰衰城謂以差次受功賦也衰音初爲反一曰衰讀曰蓑蓑城謂以草覆城也蓑音先和反按釋文及漢志知公羊本作不衰城說文衰艸雨衣从衣象形何注用說文本義作蓑俗字也衰城義當從師古說

若今以草衣城是也　解云衣讀如衣輕裘之衣

不似左氏方始欲城耳　閩監本同毛本似誤以

非伯討例雖無其例　閩監毛本非作見此誤

冬晉人執衛侯歸之于京師　毛本之誤至晉上冬字脫依全書例則晉字上當補冬字此本不誤

故曰以佗罪舉也　毛本佗改他

十九年三月　浦鏜云正誤三○按浦說是也

禮始死于北牖下　宋本同閩監毛本牖作墉疏同按釋文作北墉云音容本又作牖鄭注禮記北牖下云或爲北墉蓋何注本作北墉卽鄭所云或本是也今公羊注作北牖則後人從禮記改轉毛本于改於非

飯含於牖下　宋本閩監本同毛本牖誤牗

寢東首於北牖下是也　閩監本同毛本於改于下浴於飯於斂於殯於祖於葬於並同

此不書日故同之　按同爲問之誤

昭二十二年秋　浦鏜云三年誤二年

冬十月　監本冬字空缺

時猶殺菽　閩監毛本同誤也鄂本猶作獨解云知獨殺菽不殺他物者當據以訂正

彼傳云何災不書　浦鏜云一誤何

而不書穀名　莊七年注而作然

隱三年而作注云　同浦鏜云而作當傳何誤下作注之作

非常而可怪　浦鏜云而衍按浦說是也

與賈復異　按復當服之誤

二年

方於下及聞其文問之　鄂本閩作間此誤

諸侯僭天子久矣　昭廿五年傳僭下衍於字當從此所引

則知天子明矣　按知當如字誤

時災者兩觀　唐石經作主災者兩觀諸本皆誤作時孫志祖云左傳疏引作主

嫌主覆問上所說二事　何校本主上有以字與隱三年注合

中丘者何　毛本中丘誤倒

欲復言城中丘何以書　浦鏜云故誤欲○按何校本故書下有也字是也

注据俱至如常　閩監本同毛本改故常

解云正以所作　毛本所誤新

脩大也　唐石經諸本同毛本脩改修

亦可施於久不脩　蜀大字本閩監毛本同鄂本于作於下同按作於是

三年　監本年誤月

三月辛卯　唐石經原刻三月磨改作二月解云公羊穀梁皆作三月左氏作二月未知孰正按此則當從唐石經原刻

盟于枝　唐石經諸本同釋文于枝二傳作拔按枝當爲拔字之誤也如公孫拔之誤爲公孫枝

四年

似若成十六年秋公會單子尹子　浦鏜云十六年伐鄭無單子十七年有之此二字當衍○按浦說是也

蔡公孫歸姓　唐石經諸本同釋文公孫歸姓二傳無歸字姓音生按昭廿三年注作歸生疏引此經同

明國不存　閩本剜改不作當監毛本承之○按作當與襄六年注合

而沈子不死位　閩監毛本而作今

鄭游速帥師滅許　經速作遬此本速字剜改蓋本作遬

公及諸侯盟于浩油　唐石經諸本同釋文浩油二傳作皐鼬九經古義云鹽鐵論作誥鼬爾雅釋訓皐皐瑣瑣樊光本作浩浩

寧知再言公爲喜録之者　浦鏜云寧疑衍字或何字誤非也寧知猶安知也

杞伯戊卒于會　唐石經諸本同釋文伯戊音茂又音恤二傳作成

邾婁子穿卒之屬是也　何校本屬作文

則例書日　何校本則作雖

比與諸侯行義伐鄭　按桓十六年注伐字上有兵字

但善其比與義　閩監毛本與作行

因上王魯文王之　閩本作故主之是也此作王之誤監毛本故亦作文上屬與疏合主之作王之同誤

故知一人也　閩監毛本也誤其

今而録見　何校本録作書

言卒等有恩　閩監毛本卒作雖非

天王之崩爲諸侯之主也　浦鏜云上之衍傳無爲○按何校本無之爲二字與傳合

明當有恩禮也　閩本也改又監毛本承之

卽哀九年楚子以下　浦鏜云元誤九○按何校本正作元

晉士鞅衛孔圄帥師伐鮮虞　諸本同釋文孔圄左氏作圉鮮虞本或作吳音虞唐石經作孔圄虞字缺

經使無文　浦鏜云史誤使殿按本作傳是也

戰于伯莒　唐石經諸本同釋文伯莒左氏作柏舉

以者可行其意也　浦鏜云何誤可

爲格化之類也　閩監本同毛本爲誤謂○按何校本作爲

則不免爲亂　鄂本爲作於

用事乎河　毛本事誤是

爲是拘昭公于南郢　何校本于作於是也

君子不得不與也　鄂本與下有之

止以蔡爲兵故首也　浦鏜云故首疑誤倒何校本云止疑正

亦不可誅　浦鏜云可下脫加按浦說是也

子復囚非當復討　鄂本囚作讎當據正毛本討誤封

時子胥因吳之衆　蜀大字本閩監毛本同鄂本無之此衍

不除云　閩本云缺上畫監毛本改作去

友便佞　諸本同釋文作辯佞云如字本又作便佞按疏本亦作辯佞云辯爲媚矣今本作便佞蓋據何晏論語集解所改

酌酒切肺　書傳肺作脯

攝以威儀注云　按注當作箋

蓋以闔廬爲諒　何校本諒作亮

謂口柔面柔體之屬　毛本體下有柔此及閩監本皆脫

吳入楚　唐石經諸本同左氏楚作郢

曰者惡其無義　鄂本無作不此誤

春王正月　浦鏜云二誤正按浦說是也

五年

宋大夫叛　疏中引作宋五大夫叛何校本同此脫五字當據補

注與戍陳義　按義上脫同

不序　何校本不上有故字

於越者何越者何　唐石經原刻脫越者何三字後磨改補刻故三行每行十一字

治國無狀　解云亦有一本狀皆作禮字但非古本是以不能得從之

監本春秋公羊注疏定公卷第二十六　起六年盡十五年

何休學

六年。春。王正月。癸亥。鄭游遬帥師滅許。以許男斯歸。○二月。公侵鄭。公至自侵鄭。月者內有彊臣之讎不能討而外結怨故危之○夏。季孫斯、仲孫何忌如晉。○秋。晉人執宋行人樂祁犂。○冬。城中城。○季孫斯、仲孫忌帥師圍運。此仲孫何忌也。曷爲謂之仲孫忌。譏二名。二名非禮也。爲其難諱也一字爲名令難言而易諱所以長臣子之敬不逼下也春秋定哀之間文致太平欲見王者治定無所復爲譏唯有二名故譏之此春秋之制也○爲其于僞反令力呈反易以豉反長丁丈反大音泰見賢徧反治直吏反復扶又反○〔疏〕冬季孫斯仲孫忌○解云古本無何字有者誤也穀梁及賈經皆無何字又哀十三年經云晉魏多帥師侵衛傳云此晉魏曼多也曷爲謂之晉魏多譏二名二名非禮也以此言之則此經無可明矣而賈氏云公羊曰仲孫何忌者蓋誤○此仲孫至之仲孫忌○解云正決上文夏仲孫何忌如晉之文也○注一字至逼下○解云難言者謂言難著既不言君父之名即是臣子之敬故曰長臣子之敬也動不違禮不爲下之易故曰不逼下也云春秋定哀之間文致太平者實不爲太平但作太平文而已故曰文致太平也案春秋說昭公亦爲所見之世而此注偏指定哀爲太平者正以昭公之時未譏二名故也云唯有二名故譏之者文王之臣散宜生孔子門人宓不齊之屬皆親事聖人而以二字爲名者謂依古禮若似堯名放勛舜名重華禹名文命宜王之輿名子爲宮皇之屬是也但孔子作春秋欲改古禮爲後王之法是以譏其二名故注即言此春秋之制也然則傳云二名非禮者謂非新王禮不謂非古禮也○

七年。春。王正月。○夏。四月。○秋。齊侯、鄭伯盟于鹹。○鹹音咸○齊人執衛行人北宮結以侵衛。○齊侯、衛侯盟于沙澤。○大雩。先是公侵鄭城中城季孫斯仲孫忌如晉圍運費重不恤民之應○費芳味反下同○〔疏〕注先是公侵鄭○解云即上六年二月公侵鄭是也云城中城者即上六年冬城中城是也云季孫斯仲孫忌如晉者在上六年夏而於城中城之下言之者蓋遂重者先言之故也云圍運者即上六年冬季孫斯仲孫何忌圍運是○齊國夏帥師伐我西鄙。○九月。大雩。承前費重不恤民又重之以齊師伐我我自救之役○重之直用反○冬。十月。

八年。春。王正月。公侵齊。公至自侵齊。○二月。公侵齊。三月。公至自侵齊。出入月者內有彊臣之讎外犯彊齊再出尤危

於侵鄭故知入亦當蒙上月○〔疏〕春王正月公侵齊○解云侵伐例時而此月者正以內有強臣之讎而外犯彊齊故危之○公至自侵齊○解云以例言之不蒙上月矣○注出入至上月○解云正以春秋之例有雖在月下而不蒙月者故賈氏云還至不月爲曹伯卒月是也故何氏分疏之云此定公侵齊所以出入月者正以內有強臣之讎不能討而外犯強齊頓煩再出尤危於六年侵鄭之時故知其入亦當蒙月也上六年二月公侵鄭彼注云月者內有強臣之讎不能討而外結怨故危之也下經始云公至自侵鄭則知何氏以爲至不蒙月故此決云再出尤危於侵鄭則知入亦當蒙月也

○曹伯露卒。○夏，齊國夏帥師伐我西鄙。○公會晉師于瓦。公至自瓦。此晉趙鞅之師也但言晉師者君不會大夫之辭也公會大夫不別得意雖得意不致此致者諱公爲大夫所會故使若得意者○別彼列反〔疏〕注此晉至之辭○解云正以下經云晉趙鞅帥師侵衛故知此言公會晉師是趙鞅之師矣宣元年秋趙盾帥師救陳宋公以下會晉師于棐林伐鄭傳云此晉趙盾之師曷爲不言趙盾之師君不會大夫之辭也今此文勢與彼正同故此何氏取彼傳文以解之○注公會至不致○解云莊六年作注云公與二國以上出會盟得意致會不得意不致公與一國出會盟得意致地不得意不致然則公與諸侯尊同體敵莫肯相下故須別之見其得意與否若與大夫盟會之時尊卑異等得意可知何勞別之乎故僖二十五年冬公會衛子莒慶盟于洮何氏云洮內地公與未踰年君大夫盟不別得意雖在外猶不致也是云此致者諱公爲大夫所會故使若得意者正以公與一國出會盟得意致地不得意不致今此書致故云使若得意者

○秋七月戊辰，陳侯柳卒。○晉趙鞅帥師侵鄭，遂侵衛。○葬曹靖公。曹婧才井反本亦作靖○九月，葬陳懷公。○季孫斯、仲孫何忌帥師侵衛。○冬，衛侯、鄭伯盟于曲濮。濮音卜○從祀先公。從祀者何？順祀也。復文公之逆祀〔疏〕從祀者何○解云欲言其祭經無宮廟之文欲言非祭謂之從祀故執不知問文公逆祀，去者三人。諫不從而去之〔疏〕文公逆祀去者三人○解云謂文二年八月丁卯大事于大廟躋僖公傳云躋者何升也何言乎升僖公譏何譏爾逆祀也其逆祀奈何先禰而後祖也是也定公順祀，叛者五人。諫不以禮而去曰叛去與叛皆不書者微也不書禘者後祫亦順非獨禘也言祀者無已長久之辭不言僖公者閔公亦得其順○〔疏〕注諫不至曰叛○解云謂諫君全不以禮不從之而去者謂之叛也○注不書至禘也○解云何氏之意以爲三年一祫五年一禘謂諸侯始封之年禘祫並作之但夏禘則不礿秋祫則不嘗而已一祫一禘隨矣而下其間三五參差亦有禘祫同年時矣若其有喪正可於喪廢其祫禘之年仍自乘上而數之即僖八年禘于大廟之時禘祫同年矣至文三年大事於大廟之下傳云大事者何大祫也何氏云從僖八年禘數之知爲大祫是從僖八年禘祫同年數之即文二年爲祫年數文五年爲禘祫同年又隨矣而數之至今定八年亦禘祫同年矣凡爲祭之法先重而後輕禘大於祫固當先之則知此言

從祀先公者是禘明矣故云不書禘者後祫亦順非獨禘也若然既言是禘理宜在夏而在冬下者當之矣○注言祀至之辭○解云桓八年傳云春曰祠何氏云祠猶食也猶繼嗣也春物始生孝子思親繼嗣而食之故曰祠因以別死生然則此經何以不言從祭先公或言大事于先公而言祀者見其相嗣不已長久常然故云言祀者無已長久之辭○注不言至其順○解云閔二年夏五月乙酉吉禘于莊公僖八年秋七月禘于大廟文二年八月丁卯大事于大廟之文皆道其人今此經文所以不言從祀僖公而言先公者正以閔公亦得其順是以不得特指之○盜竊寶玉大弓。○盜者孰謂？微而竊大可怪故問之○〔疏〕注微而至問之○解云哀四年傳云弒君賤者窮諸人此其稱盜以弒何賤乎賤者也然則盜是微賤之稱寶玉大弓國之重寶故云微而竊大也謂陽虎也。陽虎者曷爲者也？季氏之宰也。季氏之陪臣爲政者〔疏〕注季氏至政者○解云季氏之宰於國爲陪臣而爲政于魯故曰爲政也季氏之宰，則微者也。惡乎得國寶而竊之？陽虎專季氏，季氏專魯國。陽虎拘季孫，季氏逐昭公之後取其寶玉藏於其家陽虎拘季孫奪其寶玉季孫取玉不書者舉逐君爲重○惡乎音烏〔疏〕注季氏逐昭公者○解云在昭二十五年秋○孟氏與叔孫氏迭而食之。睋而鍥其板，以爪刻其饋數板○迭大結反注同食之音嗣下注迭食同睋而五多反下同鍥本又作鐭七廉反又且審反以爪刻饋數板也本或作鍥誤〔疏〕注以爪刻至板○解云謂以指爪刻其饋器之上數藏衣物之板謂蓋板也○曰：「某月某日，將殺我于蒲圃，力能救我則於是。」於是時○圃本又作甫同布古反又音布至乎日若時而出。臨南者，陽虎之出也，御之。爲季孫御〔疏〕至乎日若時○解云謂至于某日如約之時也以此言之則知上文云某月某日宜亦言其時但傳家省去之至此乃言若時以刻日也○臨南至之出○解云姊妹之子謂之出蓋是虎之外生也或云從其家出而仕于公亦不妨下季氏云世世有子是矣○於其乘焉者謂於其上車之時矣於其乘焉。季孫謂臨南曰：「以季氏之世世有子，言我季氏累世有女以爲臣○其乘繩證反下皆同女音汝○子可以不免我死乎？」以義責之臨南曰：「有力不足，臣何敢不勉？」陽越者，陽虎之從弟也，爲右。爲季孫車右實衛之○從弟才用反下同〔疏〕注實衛之○解云謂守衛季孫不令走諸陽之從者車數十乘，至于孟衢。孟氏衢四達可以橫去○數所主反〔疏〕注衛四至橫去○解云即釋宮四達謂之衢李巡云四達各有所至曰衢孫氏曰交通四出是也○臨南投策而墜之。策馬捶也見二家迭食之欲將季孫由孟氏免之恐陽越不聽故詐投策欲使下車○而墜直類反捶章蘂反陽越下取策。臨南駷馬，捶馬

銜走○駷本又作撒字書無此字相承用之素動反而由乎孟氏。陽虎從而射之，矢著于莊門。莊門孟氏所入門名言幾中季孫賴門閉故著門○射食亦反著直略反注同莊本或作嚴亦音莊幾音祈中丁仲反○然而甲起於琴如。甲公斂處父所帥也琴如地名二家知出期故於是時起兵〔疏〕注甲公至地名○解云即下傳云既駕公斂處父帥而至是也○注二家至起兵○解云即上傳云力能救我則於是是也弒不成，却反舍于郊。皆說然息。說解舍然猶如○弒不音試下同郤反去略反本又作却說然本又作稅始銳反又他會反注同說解舍也然猶如也○〔疏〕弒不成○解云正以季孫於陽虎爲君故謂之弒也却反舍于郊者謂上文陽虎從而射之既逐之鄉孟氏今而還去舍於郊故曰却反舍于郊不謂元從郊來○或曰：「弒千乘之主，時季氏邑至於千乘而不克，舍此可乎？」嫌其近而無所依○陽虎曰：「夫孺子得國而已，得免專國家而已○如丈夫何？」如猶奈也丈夫大人稱也○稱尺證反睋而曰：「彼哉！彼哉！」望見公斂處父師而曰彼哉彼哉再言之者切遽意○遽其慮反趣駕。使疾駕○趣七欲反一音七住反○既駕，公斂處父帥師而至，公斂處父孟氏叔孫氏將兵之將○〔疏〕注公斂至之將○解云左氏以爲孟氏家臣○懂然後得免，自是走之晉。寶者何？璋判白，判半也半圭曰璋白藏天子青藏諸侯魯得郊天故錫以白不言璋言玉者起珪璧琮璜璋五玉盡亡之也傳獨言璋者所以郊事天尤重詩云奉璋峨峨髦士攸宜是也禮珪以朝璧以聘琮以發兵璜以發衆璋以徵召○懂其靳反璋音章琮在宗反璜音黃峨峨五多反本又作蛾髦音毛〔疏〕寶者何○解云欲言貴物微者竊之欲言賤物又在弓玉之上故執不知問○注半圭曰璋○解云釋器無文云白藏天子青藏諸侯春秋說文云不言璋言玉者起珪璧琮璜璋五玉盡亡之也者正以玉爲摠名故也○注詩云至徵召○解云言文王祭皇天上帝時在助祭者奉此半珪之璋其儀容峨峨盛莊矣盡是俊士之所宜利何氏與鄭同云禮珪以朝璧以聘琮以發兵璜以發衆璋以徵召者時王之禮也弓繡質，質拊也言大者力千斤○拊芳甫反又方于反〔疏〕注言大者力千斤○解云千斤之文何氏有所見家語云三十斤爲鈞謂之石然則千斤之弓其力八石三斗有餘故左傳云可以威不軌戒不虞也龜青純。純緣也謂緣甲頿也千歲之龜青髯明于吉凶易曰定天下之吉凶成天下之亹亹者莫善乎蓍龜經不言龜者以先知從寶省文謂之寶者世世寶用之辭此皆魯始封之錫不言取而言竊者正名也定公從季孫假馬孔子曰君之於臣有取無假而君臣之義立主書者定公失政權移陪臣拘其尊卿喪其五玉無以合信天子交質諸侯當絕之不書拘季孫者舉五玉爲重書大弓者使若都以國寶書微辭也○青純之閏反注同○純緣悅絹反下同頿而占反亹亡匪反蓍音尸喪息浪反〔疏〕注千歲之龜青頿○解云以時事知之也○注易曰至蓍龜也○解云此皆上繫辭文也今易本善作大字爲異彼注云凡天下之善惡及沒沒之衆事皆成定之言其廣大無不包也○注

二三四〇

經不言龜至微辭也○解云弓繡質龜青純然則此等皆喪之而經言大弓特不言龜者正以禮器郊特牲陳幣之時云龜為前列先知也以其先知故得從寶省文然則龜非殊玉而得從寶省文者以其能定吉凶可以世世保而用之故注云謂之寶者世世保用之辭云此皆魯始封之錫者左傳定四年具有其文也云不言取而言竊者正名也者正所以不言盜取而言竊者盜是卑賤之稱是以不得言取也竊者是其正名是以即引家語以證之定公從季孫假馬孔子曰君之於臣有取無假而君臣之義立者家語文云無以合信天乎交質諸侯當絕之者即上注云珪以朝璧以聘今珪璧盡七故言此也云書大弓者使若都以國寶書微辭也者言大弓與龜皆可保用所以龜得從寶省文而特書大弓不省文使若都以國寶書作微辭之義何者經言盜竊寶玉大弓若似所謂寶玉者即大弓是言可世世傳保而金玉之然故得為微辭也

九年。春。王正月。○夏。四月。戊申。鄭伯蠆卒。蠆○勑邁反左氏作蠆○得寶玉大弓。何以書。國寶也。喪之書。得之書。微辭也使若都以重國寶故書不以罪定公者其寶失之當坐得之當除以竊寶不月知得倒不蒙上○喪息浪反上〔疏〕注微辭至故書○解云寶玉大弓者乃是周公初封之時受賜于周之物而必藏之魯者欲使世世子孫無忘於周而定公失之季氏奪之皆當合絕而上文直言盜竊寶玉大弓此文直云得寶玉大弓傳云何以書國寶也得之書喪之書不見貶之者正言作微辭使若都以重國寶之故而書之文更無刺譏之義也然則此言微辭者仍與上文共為一事以上元年定哀多微辭之下何氏首數喪失國寶而已○注不已至當除○解云上文之下有注云無以合信天子交質諸侯當絕今此寧知不復闕絕之者正以得之當除故也杜氏云弓玉魯之分器得之足以為榮失之足以為辱故重而書之義亦通於此云以竊寶不月云云者即上八年經云冬衞侯鄭伯盟於曲濮從祀先公盜竊寶玉大弓是也則知今雖文承四月之下不蒙上月明矣○六月。葬鄭獻公。○

秋。齊侯、衞侯次于五氏。欲伐魯也善魯能却難早故書次而去○卻難起略反下乃旦反卻亦作却〔疏〕注欲伐至而去○解云知欲伐魯者正以直書其次上下更無起文乃與莊十年夏六月齊師宋師次于郎公敗宋師于乘丘之文同故知正欲伐魯也故彼傳云其言次于郎何伐也我能敗之故言次也是也彼注云此解本所以不言伐言次意也二國纔止次未成於伐魯即能敗宋師齊師罷而去故不言伐言次也明國君當強折衝當遠魯微弱深見犯至於近邑賴能速勝之故云爾所以強內者是其書次云欲伐魯善其却難早之文其餘見言次不欲伐魯者皆自有起文即次聶北救邢伐楚次于陘之屬是也○秦伯卒。○冬。葬秦哀公。

十年。春。王三月。及齊平。月者頻谷之會齊侯欲執定公故不易○不易以豉反下同〔疏〕注月者至不易○解云下十一年冬及鄭平叔還如鄭莅盟則知平例書時而有月者皆見義矣而言不易者即莊十三年冬公會齊侯盟于柯傳云何以不日易也何氏云易猶佼易也相親信無後患之辭然則此書月者頻谷之會齊侯欲執定公故不易宣十五年夏五月宋人及楚人平之下何氏云月者專平不易昭七年春王正月暨齊平何氏云月者刺內暨暨也者皆與鄉解合○夏。公會齊侯于頰谷。公至自頰谷。上平為頰谷之會不易故月致地者頰谷之會齊侯作侏儒之樂欲以執定公孔子曰匹夫而熒惑於諸侯者誅於是誅侏儒首足異處齊侯大懼曲節從教得意故致也○頰谷古協反左氏作夾谷熒或音螢一音于瓊反處昌慮反〔疏〕注上平至致地○解云莊六年何注云公與一國出會盟得意致地不得意不致即桓二年秋公及戎盟于唐冬公至自唐隱二年秋八月庚辰公及戎盟于唐之屬是也今此上平為頰谷之會不易故月即此平不得意也而致地者正以初雖見脅終竟得意故也云頰谷之會至曲節從教家語及晏子春秋文也○晉趙鞅帥師圍衞。○齊人來歸運、讙、龜陰田。齊人曷為來歸運讙龜陰田。據齊嘗取魯邑〔疏〕注據齊至魯邑解云即宣元年六月齊人取濟西田哀八年夏齊人取讙及僤之文是也孔子行乎季孫。三月不違。孔子仕魯政事行乎季孫三月之中不見違過是違之也不言政行乎定公者政在季氏之家〔疏〕孔子至不違○解云孔子家語亦有此言若以家語言之孔子今年從邑宰為司空既為大夫故有行於季孫之義齊人為是來歸之。齊侯自頰谷會歸謂晏子曰寡人或過於魯侯如之何晏子曰君子謝過以質小人謝過以文齊嘗侵魯四邑請皆還之歸濟西田不言來此其言來者已絕魯不應復得故從外來常文與齊人來歸衞寶同夫子雖欲不受定公貪而受之此違之驗○為于偽反復得扶又反年未及十一年同〔疏〕注齊侯自頰谷至還之○解云皆晏子春秋及家語孔子世家之文其四邑者蓋運也讙也龜也陰也邑而言田者桓元年傳云田多邑少稱田然則此等皆是土地頃畝多邑內人民小故稱田龜亦是邑非山名貫服異若欲同於貫服則云上二邑邑內人民多故舉邑名龜陰言田者龜是山名直得田而不得邑而言侵魯四邑請皆歸之者謂雖有此請齊君不全許是以但得三邑而已蓋非何氏之意○注歸濟至寶同○解云宣十年齊人歸我濟西田者是其不言來之文也言已絕魯不應復得者即彼傳云齊已取之矣其言我何未絕于我也曷為未絕於我齊已言取之矣注云齊已言語許取之其實未之齊也注云其人民貢賦尚屬於魯實未歸於齊不言來者明不從齊來不當取邑然則彼以未絕於魯猶合得之明其不從齊來齊人不當坐取邑故不言來此言來者入齊已久絕于魯不應復得之故言來從外來常文也言魯不應復得者止以不能保守先君世邑而失之故也言與齊人來歸衞寶同者即莊六年冬齊人來歸衞寶是也○注夫子至之驗解云知夫子雖欲不受者正以四邑屬齊年歲淹久已絕于魯魯不應得頰谷之會討殺侏儒威劫齊侯方始歸之雖曰獲田君子不貴故知孔子之意不欲受也若然莊十三年曹子手劍而劫桓公是以齊人歸我汶陽之田何氏云劫桓公取汶陽田不書者諱行詐劫人也然則此亦威劫齊侯而得田邑與彼不異而書不諱者正以曹子本意行劫以求汶陽之田君子恥其所為故不書也今在頰谷之會孔子相儀止欲兩君揖讓行盟會之禮阻齊為不道熒惑魯侯而欲執之孔子誅之首足異處齊侯內懼歸其四邑以謝焉於其本情實非刦詐書而不諱不亦宜乎言此違之驗者欲對上傳云孔子行乎季孫三月不違文也○叔孫州仇、仲孫何忌帥師圍郈。○郈音后○秋。叔孫州仇、仲孫何忌帥師圍費。○宋樂世心出奔曹。○宋公子池出奔陳。○池左氏作地〔疏〕帥師圍費者○解云左氏穀梁此費字皆為郈但公羊正本作費字與二家異賈氏不云公羊曰費者蓋文不備或所見異也宋樂世心者世字亦作泄字者故賈氏言焉左氏穀梁作大字會于牽者左氏穀梁作安甫賈氏不云公羊曰牽者亦是文不備穀梁經甫亦有作浦字者○冬。齊侯、衞侯、鄭游遬會于牽。○于牽左氏作安甫○叔孫州仇如齊。○齊公之弟辰暨宋仲佗、石彄出奔陳。復出宋者惡仲佗悉欲帥國人去故舉國言之公子池樂世心石彄從之皆是也辰言暨者明仲佗強與俱出也三大夫出不月者舉國危亦見矣○暨其器反佗大多反彄古侯反惡烏路反強其丈反見賢偏反〔疏〕注復出宋至出也○解云如此注者正決昭二十年冬十月宋華亥向甯華定出奔陳不重言宋向甯也云公子池樂世心石彄從之皆是也者下十一年經文也云辰言暨者明仲佗強與俱出也者正以隱元年傳云暨猶暨暨也及我欲之暨不得已也然則弟辰是時事不獲已而從去故曰明仲佗強與俱出也知非辰強之者正以莊三十二年公子牙昭元年招之屬以其有罪皆去弟以貶之今不去弟故知仲佗強之矣○注三大至見矣解云春秋之例外大夫出奔悉書時即襄三十一年秋晉欒盈出奔楚二十八年冬齊慶封來奔之屬是也其衆出奔者於國尤危故書月即昭二十年冬十月宋華亥向甯華定出奔陳何氏云月者危三大夫同時出奔將為國家患明當防之是也然則彼以三大夫同出奔是以書月以見危此亦三大夫同出不月者正以舉國見其欲舉國人去其危亦見矣是以不勞書月以見危也

十有一年。春。宋公之弟辰及仲佗、石彄、公子池、自陳入于蕭。以叛。不復言宋仲佗者本舉國已明矣辰言及者後汲汲當坐重○復扶又反〔疏〕注本舉至坐重○解云謂奔時舉言宋仲佗是其欲率國人去已明矣是以此經不復言宋也云辰言及者後汲汲當坐重者正以隱元年傳云及猶汲汲也及我欲之故知辰言及者是其汲汲也而言後汲汲者欲言初出之時事不獲已未汲汲也言當重者惡其母弟之親而汲汲於叛故當合坐重於疏者○夏。四月。○秋。宋樂世心自曹入于蕭。不言叛者從叛臣叛可知〔疏〕注不言至可知○解云決上經自陳入于蕭以叛文也○冬。及鄭平。○叔還如鄭莅盟。

十有二年。春。薛伯定卒。不日月者子無道當廢之而以為後未至三年失衆見弒危社稷宗廟禍端在定故略之○殺音弒〔疏〕注不日至略之○解云今責日月者正以所見之世小國之卒例書日月即昭三十一年夏四月丁巳薛伯穀卒之屬是也今不具日月故解之言子未三年失衆見弒者即下十三年冬薛弒其君比是也春秋之例稱國以弒者失衆見弒之辭故文十八年冬莒弒其君庶其傳云稱國以弒者衆弒

君之辭何氏云一人弑君國中人人盡喜故舉國以明失衆當坐絕也例皆時者略之也故此作注云未至三年失衆見弑也云禍端在定定字亦有作在是字者今解從定也○夏，葬薛襄公。○叔孫州仇帥師墮郈。○墮許規反下同○衛公孟彄帥師伐曹。○季孫斯、仲孫何忌帥師墮費。曷為帥師墮郈？帥師墮費？據城費【疏】注據城費○解云即襄七年城費是也然則彼時城費今乃墮之似於義反故以為難孔子行乎季孫，三月不違。曰：家不藏甲，邑無百雉之城。於是帥師墮郈，帥師墮費。郈叔孫氏所食邑費季氏所食邑二大夫宰吏數叛患之以問孔子孔子曰陪臣執國命采長數叛者坐邑有城池之固家有甲兵之藏故也季氏說其言而墮之故君子時然後言人不厭其言書者善定公任大聖復古制弱臣勢也不書去甲者舉墮城為重○吏數所角反采長七代反下丁丈反說音悅厭於豔反去起呂反【疏】孔子行至三月不違○解云案上十年齊人來歸邑之下傳云孔子行乎季孫三月不違以此言之三月之外違之明矣故上有注云定公貪而受之此違之驗然則三月之後必似違之今此傳文復言之者蓋不違有二何者案如家語定十年之時孔子從邑宰為司空十一年又從司空為司寇然則為司空之時能別五土之宜咸得其所為季孫所重是以三月不違也齊人懼來歸四邑矣及作司寇之時攝行相事設法而用之國無姦民在朝七日誅亂政大夫少正卯戮于兩觀之下尸諸朝三日政化大行季孫重之復不違三月是以此傳文言其事矣○家不至之城○解云同之左氏則邑無百雉之城者亦据侯伯大都已言之若與之異則魯凡邑皆然也○注二大夫宰吏數叛患之者○解云即上十年夏叔孫州仇仲孫何忌帥師圍郈秋叔孫州仇仲孫何忌帥師圍費之屬是也郈費二邑相因言之故謂之數耳○注以問至墮之○解云春秋說及史記皆有此言云故君子時然後言人不厭其言者論語文也云不書去甲者舉墮城為重者正以傳云家不藏甲邑無百雉之城明其並從二事而特舉墮城不書去家之甲者舉重故也必知去甲亦合書者正以成元年三月作丘甲書之於經明知去甲亦合書矣雉者何？五板而堵，八尺曰板堵凡四十尺○堵丁古反【疏】雉者何○解云正以傳言邑無百雉之城經典亦有其事須知雉之度數故執不知問○注八尺曰版堵者解云韓詩外傳文五堵而雉，二百尺百雉而城。二萬尺凡周十一里三十三步二尺公侯之制也禮天子千雉蓋受百雉之城十伯七十雉子男五十雉天子周城諸侯軒城軒城者缺南面以受過也【疏】注二萬至制也○解云公侯方百雉春秋說文也古者六尺為步三百步為里計一里有千八百尺十里即有萬八千尺更以一里三十三步二尺為二千尺通前為二萬尺也故云二萬尺凡周十一里三十二步二尺也云禮天子千雉者春秋說文云蓋受百雉之城十者謂公侯於天子十取一之義似若孟子與司馬法云天子圍方百里公侯十里是十取一之文也云伯七十雉子男五十雉者春秋說文○注天子至過也○解云天子周城諸侯軒城者春秋說文云缺其南面以受過也者正以諸侯軒縣闕南方則雉軒城亦宜然案舊古城無如此者蓋但孔子設法如是後代之人不能盡用故也或者但不設射垣以備守故曰缺其南面以受過不妨仍有城○秋，大雩。不能事事信用孔子聖澤廢【疏】注不能至澤廢○解云並謂三月之後違之○冬，十月，癸亥，公會晉侯盟于黃。十有一月，丙寅，朔，日有食之。是後薛弑其君比晉荀寅士吉射入于朝歌以叛○射食亦反又食夜反朝歌如字【疏】注是後至以叛○解云在十三年冬云晉荀寅士吉射入于朝歌以叛者亦在十三年冬案晉荀寅士吉射叛在弑比之前而後言之者正以弑君之變重故先取以應之○公至自黃。○十有二月，公圍成。公至自圍成。成仲孫氏邑圍成月又致者天子不親征下土諸侯不親征叛邑公親圍成不能服不能以一國為家甚危若從他國來故危錄之【疏】注圍城至錄之○解云春秋義圍例書時即宣十二年春楚子圍鄭之文是今此書月故解之莊二十七年注云凡公出在外致在內不致今此在內而致故須解之云天子不親征下土者即公羊說云一國叛王自征之若四國皆叛安得四王而征也者是其義也若然桓五年秋蔡人衛人陳人從王伐鄭傳云其言從王伐鄭何從王正也征注云美其得正義也故以從王征伐錄之然則天子不親征下土而美之者直是美諸侯之得正猶自不言相王伐鄭之善故彼注又云蓋起時天子微弱諸侯背叛不肯從王者征伐以善三國之君獨能尊天子死節稱人者刺王者也天下之君海內之主當秉綱撮要而親自用兵故見其微弱僅能從徵者不能從諸侯猶莒稱人則從不疑也是書序曰啓與有扈戰于甘之野作甘誓其經曰大戰于甘乃召六卿者何氏以為啓非至德之主是以親征有扈非春秋所美豈害其義也云諸侯不親征叛邑者正以諸侯於天子亦宜以國為家猶如天子之有天下也而不能全服親自征之故為非禮而為春秋所刺也

十有三年，春，齊侯、衛侯次于垂瑕。○垂瑕如字又音加二傳作垂葭○夏，築蛇淵囿。○大蒐于比蒲。○大廋所求反本又作蒐比音毗【疏】夏築淵囿○解云成十八年秋築鹿囿傳云何以書譏何譏爾有囿矣又為也彼注云刺奢泰妨民也然則彼有成說故此處不復解之○大蒐于比蒲○解云桓六年注云五年大簡車徒謂之大蒐是也所以書者即昭八年秋蒐于紅之下傳云蒐者何簡車徒也何以書蓋以罕書也但彼已解訖故此處不復論之○衛公孟彄帥師伐曹。○秋，晉趙鞅入于晉陽以叛。○冬，晉荀寅及士吉射入于朝歌以叛。○晉趙鞅歸于晉。此叛也，其言歸何？據叛與出入惡同【疏】注据叛至惡同○解云桓十五年傳例云復歸者出惡歸無惡復入者出無惡入有惡入者出入惡歸者出入無惡然則書叛者出入惡同不宜書歸作出入無惡之文故難之以地正國也。軍以井田立數故言以地【疏】注軍以至以地○解云假令天子六軍方伯二軍之屬皆以井田多少計出其數故曰軍以井田立數也今趙鞅以此井田之兵逐君側之惡入故云以地正國也其以地正國奈何？晉趙鞅取晉陽之甲，以逐荀寅與士吉射。荀寅與士吉射者曷為者也？君側之惡人也。此逐君側之惡人，曷為以叛言之？無君命也。無君命者操兵鄉國故初謂之叛後知其意欲逐君側之惡人故錄其釋兵書歸赦之君子誅意不誅事○晉陽之甲者趙簡子之邑以邑中甲逐之○操七曹反鄉許亮反【疏】注君子至誅事○解云君子之人探端知緒但誅其意若輕而難原不誅其事若重而可恕以趙鞅意實非逆但以持兵鄉國為罪是以春秋書歸以舍之故曰誅意不誅事也○薛弑其君比。

十有四年，春，衛公叔戍來奔。○晉趙陽出奔宋。○晉趙陽左氏作衛趙陽【疏】晉趙陽出奔宋○解云穀梁與此同左氏作衛趙陽字也○二月，辛巳，楚公子結、陳公子佗人帥師滅頓，以頓子牄歸。不別以歸何國者明楚陳以滅人為重頓子以不死位為重○公子佗人大河反二傳作公孫佗人牄七良反二傳作牂別彼列反【疏】以頓子牄歸○解云左氏穀梁皆作頓子牂字賈氏不注文不備○注不別至之重○解云正以上四年滅沈以沈子嘉歸六年以許男斯歸之屬其上文皆直一國大夫而已是以其經宜言以歸不假分別今此經上載二國其下直言以歸而已似非詳備之義是以解之云明楚陳以滅人為重者正以二國之卿擅相滅獲其過已深假言歸楚不足輕陳之罪假言歸陳不足減楚之惡故曰明楚陳以滅人為重云頓子以不死位為重者諸侯之禮當合死位頓子不死其過已深何假書言歸于某乎故云頓子以不死位為重也○夏，衛北宮結來奔。○五月，於越敗吳于醉李。月者為下卒出○醉李本又作雋音同為于偽反【疏】注月者為下卒出○解云隱六年有注云戰例時偏戰日詐戰月不日者鄭詐之然則諸侯之例詐戰者月今此兩夷相敗文宜略於諸夏而經書月故知為下卒出矣○吳子光卒。○公會齊侯、衛侯于堅。○堅如字本又作擘音牽左氏作牽○公至自會。○秋，齊侯、宋公會于洮。○洮他刀反○天王使石尚來歸脤。石尚者何？天子之士也。天子上士以名氏通○脤市軫反【疏】石尚者何○解云欲言大夫單名無字欲言微者名氏俱見故執不知問○注天子至氏通○解云傳直云天子之士而知上士者何氏以為春秋之例天子上士以名氏通中士以官錄下士略稱人今此經書其名氏故知之何氏意必知然者正以傳云石尚者何天子之士也隱元年傳云宰者何官也咺者何名也曷為以官氏宰士也僖八年傳云王人者何微者也曷為序乎諸侯之上先王命也然則此三處之傳言之則知單名繼官不以名氏通單稱王人云者不以名見故隱元年注云天子之上士以名氏通中士以官錄下士略稱人是也脤者何？俎實也。實俎肉也【疏】脤者何○解云欲言天子賜之祭肉不見魯侯助祭之文欲言脤非祭肉不應遠來歸之故執不知問○俎實也者○解謂以肉填實於俎上故注云實俎肉也德言實俎之肉也○云

腥曰脤。熟曰燔。禮諸侯朝天子助祭於宗廟然後受俎實時魯不助祭而歸之故書以譏之○燔本亦作膰又作繙音煩〔疏〕注禮諸侯至譏之○解云正以魯無朝聘天子之處而書歸脤以譏之則知助祭於宗廟者有受俎實之禮矣論語云祭於公不宿肉者義亦通於此宗伯以脤膰之禮親兄弟之國似不通於異姓者何氏所不取

○衞世子蒯聵出奔宋。主書者子雖見逐無去父之義○蒯聵苦怪反下五怪反〔疏〕注主書至之義○解云父子天倫無相去之義子若大爲惡逆人倫之所不容乃可贏之深宮闍人固守若小小無道當安處之隨宜罪譴令其克改寧有逐之佗國爲宗廟羞且子之事父雖其見逐止可起敬起孝號泣而諫之諫若不入悅則復諫自不避殺如舜與宜咎之徒寧有去父之義乎今大子以小小無道衛侯惡而逐之父無殺巳之意大子懟而去之論其二三上下俱失衛侯逐子非爲父之道大子去父失爲子之義今主書此經者一則譏衛侯之無恩一則甚大子之不孝故曰子雖見逐無去父之義若其父大爲無道如獻公幽王之類若不迴避必當殺己如此之時寧得陷父於惡是以申生不去失至孝之名宜咎奔申無刺譏之典但衛侯爾時無殺子之意是以蒯聵出奔書氏譏之耳

○衛公孟彄出奔鄭。○宋公之弟辰自蕭來奔。○大蒐于比蒲。譏亟也○亟去冀反〔疏〕宋公至來奔解云上十年出奔陳十一年春自陳入于蕭以叛至此乃自蕭來奔矣○注譏亟也○解云大蒐之禮五年一爲若數于此則書而譏亟也若緩於此則書而譏罕上十三年夏已大蒐于比蒲今始一年復行此禮故曰譏亟也

○邾婁子來會公。書者非邾婁子會人於都也如入人都當脩朝禮古者諸侯將朝天子必先會間隙之地考德行一刑法講禮義正文章習事天子之儀尊京師重法度恐過誤言公者不受于廟○間隙音閒下去逆反〔疏〕注書者至于廟○解云曲禮下篇云諸侯相見於隙地曰會今會人于都故書而非之云如入人都當脩朝禮者即桓六年注云諸侯相過至竟必假塗入都必朝所以崇禮讓絕慢易戒不虞也是其義也云古者諸侯將朝天子必先會于間隙之地者出曲禮也云考德行一刑法者謂考校其德行齊一其刑法也云講禮義者謂習其禮儀也云言公者不受于廟者隱七年夏齊侯使其弟年來聘之下注云不言聘公者禮聘受之於廟孝子謙不敢以已當之歸美於先君且重賓也隱十一年春滕侯薛侯來朝之下注云不言朝公者禮朝受之於太廟與聘同義莊二十三年夏公及齊侯遇於穀蕭叔朝公傳云其言朝公何公在外也彼注云時公受朝於外故言朝公惡公不受於廟然則受朝之禮禮當在廟孝子歸美于先君不敢以已當之若不於廟則言公即蕭叔朝公是也今此會禮不在廟魯侯受之於外故言來會公矣言公者不受于朝也

○城莒父及霄。去冬者是歲蓋孔子由大司寇攝相事政化大行粥羔豚者不飾男女異路道無拾遺齊懼北面事魯饋女樂以間之定公聽季桓子受之三日不朝當坐淫故貶之歸女樂不書者本以淫受之故深諱其本文三日不朝孔子行魯人皆知孔子所以去附嫌近害雖可書猶不書或說無冬者坐受女樂令聖人去冬陰臣之象也○父音甫去起呂反相息亮反粥羔羊六反間間厠之間近附近之近〔疏〕注去冬至不書○解云隱六年傳云春秋編年四時具然後爲年今此無冬四時不具故須解之云是歲蓋孔子由大司寇攝相事者即家語始誅編云孔子爲魯大司寇攝行相事有喜色是也魯之司寇云大者蓋以無司寇之卿是以大夫亦名大也魯有司空卿孔子爲司空不言大者是其一隅也若以家語言之即定九年始爲邑宰十年爲司空十一年爲大司寇從大司寇攝行相事之時年月不明故此注云蓋也云政化大行粥羔豚者不飾男女異路道無拾遺者皆是家語相魯篇文也言不飾者舊說云魯前之時粥羔豚者皆以彩物飾之自孔子爲相此事乃正故曰粥羔豚者不飾也云齊懼北面事魯饋女樂以間之定公聽季桓子受之三日不朝者出孔子世家案彼云定公十四年孔子年五十六由大司寇行攝相事云云齊人聞而懼曰孔子爲政必霸霸則吾地近焉我之爲先并矣盍致地焉犂鉏曰請先嘗沮之沮之而不可則致地庸遲乎於是選齊國中女子好者八十人皆衣文衣而舞康樂文馬三十駟遺魯君陳女樂馬於魯城南高門外季桓子微服往觀再三將受乃語魯侯爲周道游往觀終日怠於政事子路曰夫子可以行矣孔子曰魯今且郊如致膰乎大夫則吾猶可以止桓子卒受齊女樂三日不聽政郊又不致膰俎於大夫孔子遂行宿乎屯而師已送曰夫子則非罪孔子曰吾歌可夫歌曰彼婦人之口可以出走云云是也云當坐淫故貶之者推尋古禮無女樂之文魯人受之故當坐淫泆之惡既有淫泆之惡去冬以見之其晉悼公受女樂二八而爲霸者左氏之事何氏所不取不得難此矣云魯人皆知孔子所以去者謂皆知魯公受女樂有淫泆之惡所以孔子去之云附嫌近害雖可書猶不書者正以其獲麟之後得端門之命而制春秋乃自因之即云已之本出由饋女樂之故魯國之人悉知所由若其書之即是附於嫌疑近於禍患是以雖非國家之諱依例可書于經孔子亦不書之故曰附嫌近害雖可書猶不書○注或說至象也○解云孔子自書春秋而貶去冬失謙遜之心違辟害之義蓋不脩春秋已無無冬字孔子因之遂存不改以爲王者之法宜用聖臣故曰如有用我者朞月則可三年乃有成是也又春秋之說口授相傳達於漢時乃著竹帛去一冬字何傷之有

十有五年。春。王正月。邾婁子來朝。○鼷鼠食郊牛。牛死。改卜牛。曷爲不言其所食。據食角○鼷音兮〔疏〕注據食角○解云即成七年春王正月鼷鼠食郊牛角改卜牛鼷鼠又食其角乃免牛是也

漫也。漫者偏食其身災不敬也不舉牛死爲重復舉食者內災甚矣錄內不言火是也○漫亡半反猶偏也偏音遍復扶又反下同〔疏〕注災不敬至是也○解云言所以災其郊牛者正以魯人不敬故也云不舉牛死爲重云云者春秋之義悉皆舉重食死並書故解之食在死前而言復者正以食輕於死故對重以爲復矣云內錄不言火是也者即襄九年春宋火傳云大者曰災小者曰火然則內可以不言火內不言火者甚之也何氏云春秋以內爲天下法動作當先自克責故小有火如大有災也

○二月。辛丑。楚子滅胡。以胡子豹歸。○夏。五月。辛亥。郊。曷爲以夏五月郊。據魯郊正當卜春三正也又養牲不過三月〔疏〕二月辛至豹歸○解云傳二十六年秋楚人滅隗何氏云不月者略夷狄滅微國也昭三十年冬十二月吳滅徐何氏云至此乃月者所見世始錄夷狄滅小國也然則此亦所見世夷狄滅小國而書日者上四年夏四月庚辰蔡公孫歸生滅沈之下注云日者定哀滅例日定公承黜君之後有滅強臣之讎故有滅則危懼之爲定公戒是也○注據魯至正也○解云即成十七年傳云然則郊曷用郊用正月上辛何氏云魯郊傳卜春三月言正月者因見百王正所當用也僖三十一年注云武王既沒成王幼小周公居攝行天子事制禮作樂致太平有王功周公薨成王以王禮葬之命魯使郊以彰周公之德非正故上三卜吉則用之不吉則免牲者是其魯郊傳卜春三正之之義也何氏必知然者正以哀元年穀梁傳云郊自正月至于三月郊之時夏四月郊不時五月郊不時之文也○注養牲不過三月○解云宣二年傳云帝牲在于滌三月彼注云滌宮名養帝牲三牢之處也謂之滌者取其蕩滌潔清三牢者各主一月取三月一時足以充其天牲是也

三卜之運也。運轉也已卜春三正不吉復轉卜夏三月周五月得二吉故五月郊也易曰再三瀆瀆則不告不得其事雖吉猶不當爲也不舉卜者從何知〔疏〕注復轉卜夏三月○解云猶言轉卜夏之正也○注得二至可知○解云必知得吉者正以經有郊文故也若其不吉宜言乃免牲或言乃免牛乃不郊矣知其二吉者正以僖三十一年傳云三卜禮也三卜何以禮求吉之道三彼注云三卜吉凶必有相奇者可以决疑故求吉必三卜也是其得二吉乃可爲事之義今此五月而郊故知得二吉也云易曰再三瀆瀆則不告者蒙卦彖辭云蒙亨匪我求童蒙童蒙求我初筮告再三瀆瀆則不告利貞鄭氏云蒙者蒙蒙物初生形是其未開著之名也人幼稚曰童亨者陽也互體震而得中嘉會禮通陽自動其中德於地道之上萬物應之而萌牙生教授之師取象焉脩道藝於其室而童蒙者求爲之弟子非已乎求之也弟子初問則告之以事義不思其三隅相況以反解而筮者此勤師而功寡學者之災也瀆筮則不復告欲令思而得之亦所以利義而幹事是也引之者欲道魯人瀆卜故五月非郊之月而得吉非是龜靈厭之不復告其所圖之吉凶故也然則卦象之義乃是弟子請問師之事義故言筮以況之今此乃卜也而引者龜筮道同亦何傷乎云不得其事者謂不得其事之宜即五月郊天是也云雖吉猶不當爲也者謂吉凶會以事之善惡爲本郊非其月雖吉亦不得爲何者正以靈龜厭之不復告其吉凶故也云不舉卜者從可知者正以僖三十一年夏四月四卜郊不從云云舉卜今此直言五月辛亥郊不舉卜者正以言郊則知卜吉明矣故曰從可知

○壬申。公薨于高寢。○鄭軒達帥師伐宋。○軒達左氏作罕達〔疏〕壬申至高寢○解云說在莊三十二年

○齊侯、衛侯次于蘧篨。○蘧篨其居反下直居反〔疏〕齊侯至蘧篨○解云左氏作蘧挐字賈氏無說文不備也上九年齊侯衛侯次于五氏注云欲伐魯也善魯能却難早故書次而去然則今此亦然故省文不注而賈氏云欲救宋善恤鄰也者蓋與何氏異或者九年之次以其無起文故解爲欲伐魯今此上有軒達伐宋之文下即云齊侯衛侯次于蘧篨此則知欲救宋明矣不注之者從可知省文

○邾婁子來奔喪。其言來奔喪何。據會葬以禮書歸含且賵不言來○含戶暗反賵芳鳳反〔疏〕注據會葬以禮書解云即文元年天王使叔服來會葬傳云其言來會葬何會葬禮也云歸含且賵不言來者即文五年王正月王使榮叔歸含且賵是也○

奔喪。非禮也。但解奔喪者明言來者常文不爲早晚施也禮天子崩諸侯奔喪會葬諸侯薨有服者奔喪無服者會葬邾婁與魯無服故以非禮書禮有不弔者三兵死壓死溺死○爲于僞反厭死於甲反〔疏〕

注但解奔至晛施也○解云在隱元年○注禮天子至溺死解云正以諸侯體敵而有會葬之禮則天子之尊兩有可知禮記文王世子曰喪紀以服之輕重爲序不奪人親也故知有服無服有差降明矣既有差降奔喪近於會葬故知但以奔與不奔爲異也云禮有不弔者三兵死壓死溺死者春秋說文案邾婁子來奔喪魯人無此三事而引之者以明不弔之類非謂禮實同也○秋，七月，壬申，姒氏卒。姒氏者何？哀公之母也。姒氏杞女哀公者即鄭公之妾子〔疏〕姒氏卒○解云穀梁作弋氏字○姒氏者何○解云欲言夫人經不書甍欲言其妾謚同於夫故執不知問○注姒氏杞女者○解云正以杞女爲姒姓故知之

何以不稱夫人？據母以子貴〔疏〕注據母以子貴○解云隱元年傳文彼注云禮妾子立則母得爲夫人夫人成風是也哀未君也。未踰年不稱公○八月，庚辰，朔，日有食之。是後衞蒯聵犯父命盜殺蔡侯申齊陳乞弒其君舍〔疏〕注是後至君舍○解云即哀二年夏晉趙鞅帥師納衞世子蒯聵于戚是也云盜殺蔡侯申者在哀四年春云齊陳乞弒其君舍者在哀六年秋○九月，滕子來會葬。○丁巳，葬我君定公。

雨，不克葬。戊午，日下昃，乃克葬。昃日西也易曰日中則昃是也下昃蓋晡時○昃音側晡布吳反〔疏〕注易曰日中則昃○解云豐卦彖辭也彼云日中則昃月盈則食云云鄭注云言皆有休已無常盛是也○辛巳，葬定姒。定姒何以書葬？據不稱小君子般不書葬〔疏〕注據不稱小君○解云正以夫人書葬我小君此不言小君故難之○注子般不書葬○解云子般不書葬之事在莊三十二年子般未踰年是以不書葬今定姒之子亦未踰年與子般義同故乃据而難之然則子般終不成君故略之定姒之子終爲君有即尊之漸母以子貴故書其葬但以今未踰年故其母不稱小君未踰年之君有子則廟廟則書葬者但當連作一勢讀之乃可解未踰年之君也。哀未踰年也母以子貴故以子正之有子則廟，廟則書葬。如未踰年君之禮稱謚者方當踰年稱夫人會子問曰並有喪則如之何何先何後孔子曰葬先輕而後重其奠也其虞也先重而後輕禮也〔疏〕注如未至夫人○解云未踰年之君禮則無謚今此定姒如未踰年君之禮而稱謚者正以方當踰年稱夫人故也○注曾子至禮也○解云案禮曾子問曰並有喪如之何何先何後注云並謂父母若親同者同月死孔子曰葬先輕而後重其奠也先重而後輕云云其虞也先重而後輕禮也今此何氏揔而引之是以直云其奠也其虞也而已引之者欲道定公五月甍定姒七月卒非其並有喪禮是以先葬定公後葬定姒若其同月當定姒先葬矣○冬，城漆。漆音七

公羊注疏卷二十六挍勘記　阮元撰盧宣旬摘録

公羊注疏定公卷二十六

六年

秋晉人執宋行人樂祁犂　唐石經同閩監毛本祁作祈

季孫斯仲孫忌帥師圍運　唐石經諸本同解云古本無何字有者誤也穀梁及賈經皆無何字而賈氏云公羊曰仲孫何忌者蓋誤按上文夏季孫斯仲孫何忌如晉有何字

則此經無可明矣　浦鏜云何誤可○按浦說非是

名子爲宮皇之屬是也　閩監本同毛本皇改湼

七年

齊侯衞侯盟于沙澤　唐石經諸本同左氏穀梁無澤字

蓋遂重者先言之故也　浦鏜云遂當逐字誤

仲孫何忌圍運是　浦鏜云經文無何字惟六年夏如晉經有何字亦衍文按浦說是也

又重之以齊師伐我我自救之役　蜀大字本閩監毛本同鄂本無下我字

八年

再出尤危於侵鄭　閩監毛本同蜀大字本脫再鄂本尤誤大

莊六年作注云　按作爲傳之誤

今此書　何按本下有致字

趙鞅　按左氏傳經作士鞅

葬曹靖公　唐石經諸本同釋文作曹竫云才井反本亦作靖按段挍本作竫

至文三年　浦鏜云二誤三按浦說是也

晛而鍰其板　唐石經諸本同石經原刻作俄後改晛下同釋文作晛又云鍰本又作鑯七廉反又且審反本或作鍛誤按桓二年傳俄而可以爲其有矣莊三十二年傳俄而牙弒械成字皆作俄何注桓二年云俄者謂須臾之問創得之頃也此從目非

將殺我于蒲圃　唐石經諸本同釋文蒲圃本又作甫葉鈔本作滿圃

至乎日若時　疏及諸本同唐石經乎磨改日誤曰

於其乘焉者謂於其上車之時矣　補案此疏當在下節注下此誤

可以橫去　蜀大字本以下同鄂本橫作撗

臨南投策而墜之　諸本同釋文作而隊唐石經缺

臨南駷馬　唐石經諸本同釋文駷本又作揀字書無此字相承用之

捶馬銜走　鄂本捶作搖銜作衘○按依說文當作箠假借作捶譌作搖

弒不成却反舍于郊皆說然息　唐石經諸本同釋文弒作殺云音試下同卻本又作却說然本又作稅

牛圭曰璋　鄂本閩本同監毛本圭作珪下珪辟字皆從玉

奉璋峨峨　鄂本閩監毛本同此本翻刻者峨字誤從虫旁釋文峨峨本又作娥按廣雅釋訓娥娥容也與何氏引詩正合毛詩作峩假借字也

質拊也　閩監毛本同釋文質柎此從手旁訛

謂之石　段挍本謂字上有百二十斤四字下文三斗有餘四字乃衍文

謂緑甲頫也　釋文作甲頫毛本頫誤頗

莫善乎蓍龜　解云今易善作大爲異惠棟云古易皆作莫善乎蓍龜王弼本善作大後人皆仍其誤按今文易作莫善古文易作莫大鄭注本及王弼本皆費氏古文也故作大鄭注云言其廣大無不包也可證是大字

世世寶用之辭　疏引作世世保用之辭此以保訓寶也今本仍作寶非定元年疏引同○按何挍本正作保

喪其五玉　鄂本同閩監毛本作寶玉非此本訛作玉玉今訂正

而君臣之義立者家語文　按今家語無君臣之義立

九年

鄭伯蠆卒　唐石經鄂本閩監本同毛本脫伯字釋文伯蠆左氏作蠆

知得例不嘗上　鄂本下有月字諸本皆脫疏云不嘗上月

得之書喪之書　今傳喪之書在上

十年

於是誅侏儒首足異處　鄂本疊侏儒二字

得意故致也　鄂本也作地此誤

寡人或過於魯侯　閩監毛本同誤也鄂本或作獲當據正○按穀梁注引作獲

不當取邑　浦鏜云當下脫坐字○按宣十年注有坐字浦說是也

止欲兩君揖讓　此本翻刻者及閩監毛本止皆作正按作正是也

實非叔詐　閩監毛本同此本詐誤非今訂正

帥師圍費　唐石經諸本同解云左氏穀梁費爲郈公羊正本作費字

宋樂世心出奔曹　唐石經諸本同解云世字亦作泄字故賈氏言焉左氏穀梁作大字

宋公子池出奔陳　唐石經諸本同鄂本奔作犇釋文公子池左氏作地按閩監毛本誤以池左氏作地五字釋文爲注此本鄂本皆無之

解云左氏　毛本氏作傳

世字亦作泄字 按亦下當脫有字

會于鄾者至作浦字者 補此疏文三十五字當在下節注下

十有一年

會于鄾 唐石經諸本同疏云左氏穀梁作安甫穀梁經甫亦有作浦字者按毛本浦誤蒲

言當重者 浦鏜云當下脫坐

叔還如鄭蒞盟 閩監毛本同唐石經蜀大字本蒞作莅鄂本作涖一從艸一從水此合并爲蒞非

十有二年

子無道當廢之 鄂本下有師

禍端在定 解云在定亦有作在是者今解從定按薛弑其君比卽在定十三年則此作定非也定當從是

亦据侯伯大都已言之 浦鏜云已當邑字誤

五板而堵 按毛詩小雅鄭箋引而作爲下而雉同

八尺曰版堵者 浦鏜云堵衍字按傳注版作板當從此

韓詩外傳文 按此當作內傳

五堵而雉 唐石經諸本同按詩鴻鴈正義引王愆期注公羊云諸儒皆以爲雉長三丈堵長一丈疑五誤當爲三

百雉而城 唐石經諸本同鄂本城誤成注軒城同

三十二步二尺也 浦鏜云三步誤二步

公會晉侯盟于黃 唐石經諸本同按左氏穀梁皆作齊侯此作晉誤也宋張洽云黃齊地公羊作晉侯誤

天子不親征下土 閩監毛本同蜀大字本土作士此本疏中引注亦作土

故危錄之 蜀大字本閩監毛本同鄂本下有矣

不肯從王者征伐 浦鏜云彼注作莫肯是也

十有三年

書歸赦之 哀三年疏引作書歸而赦之

是以春秋書歸以舍之 浦鏜云赦誤舍

十有四年

晉趙陽出奔宋 唐石經鄂本閩監本同毛本陽誤鞅疏同解云穀梁與此同左氏作衛趙陽

三月辛巳 閩監毛本同誤也唐石經原刻作三月後磨去上一畫按左氏穀梁皆作二月此作三誤

陳公子佗人 唐石經佗字人旁磨改釋文公子佗人二傳作公孫佗人

以頓子牄歸 唐石經閩監毛本同鄂本牄誤槍蜀大字本誤牄釋文子牄二傳作牂

論語云祭于公 毛本於改于

若數于此 閩本同監毛本此誤比下緩於此閩監毛本皆誤此

諸侯相見於隙地曰會 今禮記隙作郤

至竟必假途 何校本途作塗

粥羔肫者不飾 此本及閩監本疏中引注肫作豚毛本始改爲肫非按史記家語皆作羔豚

故深諱其本文三日不朝 閩監毛本同誤也鄂本蜀大字本文作又屬下讀當據正

卽家語始誅編云 按編當篇之誤

孔子爲魯大司寇 浦鏜云家語無大字○按孫志祖云史記孔子世家亦有大字疑今本家語脫耳相魯篇亦云由司空爲大司寇

此事乃正 浦鏜云正當止字誤

陳女樂馬於魯城南高門外 何校本馬上有文字是也

郊又不致膰胆於大夫 浦鏜云俎誤胆

已無無冬字 浦鏜云衍一無字

十有五年

漫也 鄂本閩監毛本同唐石經元本漫作曼按釋文作漫也

云內錄不言火是也者 浦鏜云錄內字誤倒

然則內可以不言火 閩本同誤也當從監毛本可作何

動作當先自克責 何校本同閩監毛本作誤則

二月辛至豹歸 自此節至養牲不過三月節此本合爲一節

蒙卦彖辭云 按彖當作象

萬物應之而萌牙生 閩監毛本牙改芽○按牙芽古今字

次于蘧篨 唐石經閩本同監毛本蘧誤蘧疏同解云左氏作蘧挐字賈氏無說盧文弨曰左氏經作渠蒢傳作蘧挐

卽文五年王正月 浦鏜云王上脫春

姒氏卒 唐石經諸本同解云穀梁作弋氏字

卽鄭公之妾子 諸本同誤也鄂本作定公當據正

日下昃 宋本閩本同監毛本昃改昃非注及疏同按釋文唐石經作昃

監本附音春秋公羊注疏哀公卷二十七 起元年盡十年

何休學

元年。春。王正月。公卽位。○楚子、陳侯、隨侯、許男、圍蔡。隨微國稱侯者本爵俱侯土地見侵削故微爾許男者戌也前許男斯見滅以歸今戌復見者自復斯不死位自復無惡文者滅以歸可知○復見扶又反下賢編反【疏】注隨微國至自復○解云正以入春秋以來不稱爵大夫名氏不得見經故知其微隱五年傳云大國稱侯小國稱伯子男此微國而稱侯故須解之也言本爵俱侯者謂其初封之時與齊晉之屬俱稱侯故曰本爵俱侯也今爲小國者但以土地見侵削故也知非得褒乃得稱侯如滕侯薛侯之類而云本爵爲侯者正以滕薛入桓篇之後或稱滕子或稱薛伯故云知隱篇稱侯者由朝新王得褒明矣今此隨侯一無善行可褒二無稱伯子之處故知本爵爲侯也云許男者戌也正以下十三年夏許男戌卒故知之云前許男斯見滅者卽定六年春王正月癸亥鄭游速帥師滅許以許男斯歸是也昭十三年秋蔡侯廬歸于蔡陳侯吳歸于陳爲楚所歸皆書之戌歸不書故知自復也○注斯不至可知○解云諸侯之禮固當死位斯不死位其國合絕今而自復不爲惡文以見之者正以定六年之時書滅以歸其惡已著是以此處不勞見之○鼷鼠食郊牛。災不敬故改卜牛。○夏。四月。辛巳。郊。○秋。齊侯、衛侯伐晉。○冬。仲孫何忌帥師伐邾婁。邾婁子新來奔喪伐之不諱者期外恩殺惡輕明當與根牟有差○殺所戒反【疏】注邾婁至有差○解云邾婁子來奔喪在十五年夏也既來奔喪於魯有恩而魯伐之爲惡明矣內之有惡而不諱者既在期外恩殺惡輕故也奔喪於去年之夏伐在今年冬故曰期外矣宣九年秋取根牟傳曰曷爲不繫乎邾婁諱亟也注云亟疾也屬有小君之喪邾婁子來加禮未期而取其邑故諱不繫邾婁也然則彼以加禮未期其恩猶重伐之取邑其惡深矣是以諱之今乃期外恩殺惡輕由是不諱故曰當與根牟有差

二年。春。王二月。季孫斯、叔孫州仇、仲孫何忌、帥師伐邾婁。取漷東田。及沂西田。漷沂皆水名邾婁子來奔喪取其地不諱者義與上同○漷火號反徐音郭沂魚依反【疏】取漷東田及沂西田○解云公羊之義言田者田多邑少故也而穀梁傳云取漷東田漷東未盡也及沂西田沂西未盡也范氏云以其言東西則知其未盡也與此別左氏以漷東沂西爲邑名癸巳。叔孫州仇、仲孫何忌及邾婁子、盟于句繹。所以再出大夫名氏者季孫斯不與盟○句繹古侯反下音亦與音預【疏】注所以至與盟○解云正以宣元年公子遂如齊逆女三月遂以夫人婦姜至自齊傳云遂何以不稱公子一事而再見者卒名何氏云卒竟但舉名省文然則今此伐邾婁及邾婁子盟于句繹之經亦是一事而再舉大夫名氏者正由季孫斯不與盟故也若此注內直云所以再出大夫名者無氏字卽決昭十三年秋公會劉子晉侯以下于平丘八月甲戌同盟于平丘據彼注云不言劉子及諸侯者間無異事可知矣今此二經亦間無異事而再出大夫之名故解之也此注氏

字或有或無故如此解季孫斯所以不與盟者服氏云季孫斯尊卿與仲孫氏伐敵服而使二子盟也者即其義矣而穀梁傳云三人伐而二人盟何各盟所得季孫斯不得田故不盟與何氏不合

○夏。四月，丙子，衛侯元卒。○滕子來朝。○晉趙鞅帥師，納衛世子蒯聵于戚。戚者何？衛之邑也。曷爲不言入于衛？據弗克納未入國文言納于邾婁納者入辭故傳言曷爲不言入于衛【疏】戚者何○解云欲言其國經典未有欲言其邑文無所繫故執不知問○注據弗至于衛○解云公羊之意以爲戚與帝丘道塗非遠但大同小異而已今言于戚者實是入衛都是以傳云曷爲不言入于衛矣言據弗克納未入國文言納于邾婁納者入辭者即文十四年秋晉人納接菑于邾婁弗克納當爾之時接菑實不入國故曰不克納未入國之辭故曰未入國文言納于邾婁與納頓子於頓文同是其已入國之辭故曰納于邾婁納者入辭也今此上言納衛世子蒯聵下無不克之文則是入國之辭矣而言于戚不言入于衛是以據而難之故注者疊之曰故傳言曷爲不言入于衛

父有子，子不得有父也。明父得有子而廢之子不得有父之所有故奪其國文正其義也不貶則聵者下曼姑圍戚無惡文嫌曼姑可爲輒誅其父故明不得也不去國見挈者不言入于衛不可醇無國文輒出奔不書者不責拒父也主書者與頓子同○爲于僞反去起呂反見挈賢偏反下去結反【疏】注不貶至子同解云正以犯父之命理宜貶之不謂更有經文可決也然則文十四年郤缺納不正貶之稱人今趙鞅亦是納不當得位之人而不貶者正以納父罪不至敗也彼傳云此晉郤缺也其稱人何貶曷爲貶不與大夫專廢置君也是其譏之義矣云故明不得也者正云蒯聵無惡文則知曼姑不得誅之明矣云不去國見挈者云云正以文十四年晉人納接菑注云接菑不繫邾婁者見挈于郤缺也今此不見挈者不可醇無國文故也云輒出奔不書云云知輒出奔者正以蒯聵之入故也諸侯之禮禮當死位若其出奔者皆書而責之今不書者正欲不責輒之拒父故也云主書者與頓子同者即僖二十五年秋楚人圍陳納頓子于頓彼注云納頓子書者前出奔當絕還入爲盜國當誅書楚納之與之同罪也主書者從楚納之然則定十四年夏蒯聵出奔宋之時子無去父之義已當合絕今還入爲盜國復當合誅晉納之與同罪主書者從晉納故曰與頓子同義然則蒯聵犯父之命其惡明矣但晉爲霸主法度所在而納逆命之子奪已立之侯故云主書者從晉納矣

○秋。八月，甲戌，晉趙鞅帥師及鄭軒達帥師戰于栗，鄭師敗績。○栗一本作秩二傳作鐵【疏】及鄭軒達戰于鐵者解云諸家之經軒達之下皆有帥師唯服引經者無與諸家異於鐵者三家同有作栗字者誤也今定本作栗字

○冬，十月。葬衛靈公。○十有一月，蔡遷于州來。畏楚也州來吳所滅【疏】注畏楚也○解云正以上文爲楚所圍今遷而近吳故知然也云州來吳所滅者即昭十三年冬吳滅州來是也

蔡殺其大夫公子駟。稱國以殺者君殺大夫之辭稱公子者惡失親也○惡烏路反【疏】注稱國以殺者稱云君殺大夫之辭者僖七年傳文彼注云諸侯國爲體以大夫爲股肱士民爲肌膚故以國體錄是也

三年。春，齊國夏、衛石曼姑帥師圍戚。齊國夏曷爲與衛石曼姑帥師圍戚？據晉趙鞅以地正國加叛文今此無加文故問【疏】齊國至圍戚○解云公羊之義輒已出奔曼姑稟誰之命而得圍戚者下傳云曼姑受命于先君而立輒蒯聵奪輒是以春秋與得圍之矣○注據晉至問之○解云定十三年秋晉趙鞅入于晉陽以叛冬晉趙鞅歸于晉傳云此叛也其言歸何以地正國也其以地正國奈何晉趙鞅取晉陽之甲以逐荀寅與士吉射荀寅與士吉射者曷爲者也君側之惡人也此逐君側之惡人曷爲以叛言之無君命也彼注云無君命者操兵鄉國故初謂之叛後知其意欲逐君側之惡人故錄其釋兵書歸而赦之是也然則趙鞅操兵鄉國加叛文曼姑亦操兵鄉國而使國夏首兵不加叛文是以弟子據而問之云齊國夏曷爲與曼姑首兵而圍戚乎

伯討也。方伯所當討故使國夏首兵此其爲伯討奈何？曼姑受命乎靈公而立輒。靈公者蒯聵之父以曼姑之義，爲固可以距之也。曼姑無惡文者起曼姑得拒之曼姑臣也拒之者上爲靈公命下爲輒故義不可以子誅父故但得拒之而已傳所以曼姑解伯討者推曼姑得拒之則國夏得討之明矣不言圍衛者順上文辟圍輒○上爲于僞反下爲輒爲衛不爲同【疏】注曼姑臣也○解云注言臣也者欲道曼姑者乃是靈公之臣也受命于靈公當立輒寧得違之乎故得拒蒯聵矣似若僖十年傳云君嘗訊臣矣臣對曰使死者反生生者不愧乎其言則可謂信矣彼注云上問下曰訊言臣者明君臣相與言不可負是○注不言至圍輒○解云蒯聵去年入衛今而圍者止應圍衛而言圍戚者順上經文且輒上出奔不見于經若言圍衛則恐去年蒯聵入于戚今年圍衛者是圍輒矣故言圍戚以辟之靈公逐蒯聵在定十四年立輒蓋在上二年將薨之時也

輒者曷爲者也？蒯聵之子也。然則曷爲不立蒯聵而立輒？據春秋有父死子繼蒯聵爲無道，行不中善道○中丁仲反靈公逐蒯聵而立輒。然則輒之義可以立乎？輒之義不可以拒父故但問可立與不曰：可。其可奈何？不以父命辭王父命，不以蒯聵命辭靈公命以王父命辭父命，辭猶不從是父之行乎子也。是靈公命行乎蒯聵重本尊統之義【疏】注是靈至之義○解云即莊元年注云念母則忘父背本之道也故絕文姜不爲不孝拒蒯聵不爲不順脅靈社不爲不敬蓋重本尊統使尊行於卑上行於下是也

不以家事辭王事，以父見廢故辭讓不立是家私事以王事辭家事，聽靈公命立者是王事公法也是上之行乎下也。是王法行於諸侯雖得正非義之高者也故冉有曰夫子爲衛君乎子貢曰諾吾將問之入曰伯夷叔齊何人也曰古之賢人也曰怨乎曰求仁而得仁又何怨出曰夫子不爲也主書者善伯討【疏】注是王法行於諸侯雖得正非義之高者也○解云正以上傳云不以父命辭王父命以王父命辭父命是父之命行乎子也彼注云是靈公命行乎蒯聵重本尊統之義也傳又云不以家事辭王事以王事辭家事是上之行乎下也故知宜是王法行於諸侯矣唯受靈公之命而拒蒯聵而引王法行于諸侯者正以靈公於蒯聵若似天子於諸侯故取以況之○注故冉有曰至伯討○解云此論語文也冉有所以疑之者正以輒之立也雖得公義失於父子之恩矣云入曰伯夷叔齊何人也者正以輒之拒父非義之高不敢正言故問古賢以測之云子曰古之賢人也者言古之賢士且有仁行若作仁字如此解之若作人字不勞解也云曰怨乎者謂諫而不用死于首陽然則怨周王乎云求仁而得仁又何怨者言其兄弟相讓而來正以求爲仁道卒得成讓仁道遂成不欲汲汲乎求仁有何孜孜而怨周王乎云出曰夫子不爲也者正以伯夷叔齊兄弟讓國夫子以爲賢而知輒與蒯聵父子爭國者夫子不助明矣云主書者善伯討者一則見輒之得正二則見曼姑可拒但主書善其伯討故曰主書者善伯討

○夏。四月，甲午，地震。此象季氏專政蒯聵犯父命是後蔡大夫專相放盜殺蔡侯申辟伯晉而京師楚黃池之會吳大爲主【疏】注是後至相放○解云即下文蔡人放其大夫公孫獵于吳是也○注盜殺蔡侯申者○解云在四年云辟伯晉而京師楚者即下四年夏晉人執戎曼子赤歸于楚傳云辟伯晉而京師楚也是也云黃池之會吳大爲主者即下十三年夏公會晉侯及吳子于黃池傳云吳何以稱子吳主會也吳在是則天下諸侯莫敢不至也是也

○五月。辛卯，桓宮、僖宮災。此皆毀廟也。其言災何？據禮親過高祖則毀其廟【疏】注據禮至其廟○解云出禮記祭法文復立也。曷爲不言其復立？據立武宮言立○復扶又反下及注同【疏】注據立武宮者○解云在成六年二月所以不據定元年立煬宮者蓋從姑據之或科取一文亦何傷

春秋見者不復見也。謂內所改作也哀自立之善惡獨在哀故得省文○見者賢徧反下同【疏】注謂內至省文○解云春秋遂義諸是內所改作者但遂其重處一過見之而已故餘輕處不復見之所以然者正以哀自立之還於哀世災之善惡獨在于哀故得省文矣似若襄三十一年公薨于楚宮不言作楚宮者正以襄自作之還復襄自薨之善惡獨在于襄故得省文之類云云之說在襄三十一年

何以不言及？據雉門及兩觀○觀工喚反【疏】注據雉門及兩觀○解云即定二年五月壬辰雉門及兩觀災是也敵也。親過高祖親疏適等何以書？上已問此皆毀廟其言災何故不復連桓宮僖宮【疏】何以書○注上已至僖宮○解云正以隱三年秋武氏子來求賻傳云其稱武氏子何父卒子未命也何以不稱使當喪未君也武氏子來求賻何以書據彼注云不但言何以書者嫌主覆問上所以說二事不問求賻然則今此上文亦有二事之嫌主春秋見者不復見也何以不言及敵也何以書而不復爲嫌者正以上傳已云此皆毀廟也其言災何復立也分疏已訖是以不復言桓宮僖宮何以書矣

記災也。災不宜立【疏】注災不宜立○解云謂其宮不宜立若曰以其不宜立故災之然

○季孫斯、叔孫州仇帥師城開陽。○開陽左氏作啟陽開者爲漢景帝諱也○宋樂髡帥師伐曹。○髡苦昆反

○秋。七月，丙子，季孫斯卒。○蔡人放其大夫公

孫獵于吳。稱人者惡大夫驕蹇作威相放當誅故貶○惡烏路反〔疏〕注稱人至故貶○解云知是大夫者正以春秋之例君殺大夫稱國即僖七年鄭殺其大夫申侯之屬是大夫自相殺稱人即文九年晉人殺其大夫先都之屬是則知稱國以放者君自放之即宣元年晉放其大夫胥甲父于衛是也則稱人以放乃是大夫自相放即此文是矣而言作威者即洪範云唯辟作威是也今此大夫作威故貶之言當誅者謂於王法當誅也言故貶之者正以大夫之貴平常之時合搢名氏故稱人爲貶之

○冬。十月。癸卯。秦伯卒。哀公著治大平之終小國卒葬極於哀公者皆卒日葬月○治直吏反大音泰〔疏〕注哀公至葬月○解云即此癸卯秦伯卒明年二月葬秦惠公是也案昭元年夏秦伯之弟鍼出奔晉傳曰秦無大夫此何以書仕諸晉也曷爲仕諸晉有千乘之國而不能容其母弟故君子謂之出奔也何氏云時秦侵伐自廣大故曰千乘然則秦伯是西方之伯國至千乘此注謂之小國者正以辟陋在夷罕與諸夏交接至於春秋大夫名氏不見於經是以比之小國其實非小者也舊說云地之張翕彼此異時變闘之數不可同日而語昭元年之時自以千乘爲大國至此還小亦何傷也而有疑焉

○叔孫州仇、仲孫何忌帥師圍邾婁。

四年。春。王三月。庚戌。盜殺蔡侯申。弒君賤者窮諸人。此其稱盜以弒何。据宋人弒其君處臼稱人○盜殺音弒下同○〔疏〕弒君至弒何○解云文十六年冬宋人弒其君處臼之下傳云大夫弒君稱名氏賤者窮諸人然則師彼解爾故此弟子据而難之

賤乎賤者也。賤於稱人者〔疏〕賤乎賤者也○解云彼注云賤者謂士也士正自當稱人然則今此非士故言賤乎賤者也

賤乎賤者孰謂。据無主名 謂罪人也。罪人者未加刑也蔡侯近罪人卒逢其禍故以爲人君深戒不言其君者方當刑放之與刑人義同○近附近之近〔疏〕注罪人至刑也○解云若其刑訖當有刑稱即襄二十九年夏閽弒吳子餘祭是也今此言盜又謂之罪人故知未加刑也云蔡侯近罪人卒逢其禍故以爲人君深戒者卒詁爲終也○注不言至義同○解云即襄二十九年閽弒其君下注云不言其君者公家不畜士庶不友放之遠地欲去聽所之故不繫國故不言其君也然則此處之盜仍未加刑而亦不言其君者正以方當刑放之故與刑人義同也

○蔡公孫辰出奔吳。○葬秦惠公。○宋人執小邾婁子。○夏。蔡殺其大夫公孫歸姓、公孫霍。○晉人執戎曼子赤歸于楚。赤者何。欲以爲戎曼子名則晉人執曹伯言畀宋人不言名歸欲言微者則不當書故以不知問也○曼音蠻畀必利反下同○〔疏〕晉人至子赤○解云左氏作戎蠻子也○注則晉至名歸○解云即僖二十八年三月丙午晉侯入曹執曹伯畀宋人彼則曹伯不言名畀宋人不言歸與此異故執不知問○注欲言至當書○解云欲言赤是楚之微者自歸于楚非戎子之名則微者之例不當書見故以不知問之

戎曼子之名也。其言歸于楚何。据執曹伯畀宋人不言歸于宋 子北宮子曰。辟伯晉而京師楚也。此解名此言歸意也前此楚比滅頓胡諸侯由是畏其威從而圍蔡蔡遷于州來遂張中國京師自置晉人執戎曼子不歸天子而歸于楚而不名而言歸于楚則與伯執歸京師同文故辟其文而名之使若晉非伯執而赤微者自歸于楚言歸于楚者起伯晉京師楚主書者惡晉背叛當誅之〔疏〕辟伯至楚也○解云成十五年春晉侯執曹伯歸于京師是伯執人歸于京師之文今戎曼子不言名直言晉侯執戎曼子歸于楚即是伯者執人歸京師無異故名戎子以辟戎言赤歸于楚者似楚之微者自歸不于戎子然故曰辟伯晉而京師楚也○注此解至誅之○解云言赤歸于楚之意也云前此楚比滅頓胡者即定公四年春楚公子結帥師滅頓以頓子牄歸十五年春楚子滅胡以胡子豹歸是也云從而圍蔡者即上元年春楚子陳侯隨侯許男圍蔡是云蔡遷于州來者在三年冬云遂張中國者猶言自盛大于中國也云京師自置者謂作天子自處置也云晉人執戎曼子不歸天子而歸于楚者謂晉人畏其彊禦之勢若京師矣云而不名而言歸于楚則與伯執歸京師同文者若言執戎曼子歸于楚則與成十五年晉侯執曹伯歸于京師同文云故辟其文而名之者爲辟伯執歸京師之文故名戎曼子也云使若晉非伯執者僖四年傳云稱侯而執者伯討也稱人而執者非伯討也今此經云晉人執戎曼子故云使若晉非伯執也云而赤微者自歸于楚者若似楚之微者名赤自歸于楚然猶莊二十四年冬赤歸于曹之類云言歸于楚者起伯晉京師楚者正以僖二十八年晉侯執曹伯以畀宋人然則諸侯自相執不言歸今言歸者欲起晉人以楚爲京師故也云主書者惡晉背叛當誅之者言主書此事者正欲惡晉以楚爲京師背叛天子當命誅絕也若然楚人是時京師自置寧知不惡之者正以宣十八年秋七月甲戌楚子旅卒傳云何以不書葬吳楚之君不書葬辟其號也然則吳楚僭號非一朝一夕已不書葬一譏而已自餘京師自置之事理應不譏故以此

○城西郛。○郛芳夫反

○六月。辛丑。蒲社災。蒲社者何。据鼓用牲于社不言蒲○蒲社左氏作亳社〔疏〕蒲社者何○解云正以社爲積土非火燒之物而反書災故執不知問

亡國之社也。蒲社者先世之亡國在魯竟〔疏〕注蒲社至魯竟○解云公羊解以爲蒲社者古國之名天子滅之以封伯禽取其社以戒諸侯使事上今災之者若曰王教絕云爾左氏穀梁以爲亳社者殷社也武王滅殷遂取其社賜諸侯以爲有國之戒然則傳說不同不可爲難案今穀梁經傳皆作亳宅范氏云殷都于亳武王克紂而班列其社于諸侯以爲亡國之戒而賈氏云公羊曰薄社也者蓋所見異

社者封也。封土爲社 其言災何。据封土非火所能燒 亡國之社蓋揜之。揜其上而柴其下。故火得燒之揜柴之者絕不得使通天地四方以爲有國者戒○揜意冉反〔疏〕亡國至其下○解云公羊子不受于師故言蓋也○注揜柴至四方○解云即郊特牲云天子之大社必受霜露風雨以達天地之氣也是故喪國之社屋之不受天陽也薄社北牖使陰明也是也然禮記作薄社何氏所見與鄭氏異云以爲有國者戒者言若不事上當如此

蒲社災何以書。記災也。戒社者先王所以威示教戒諸侯使事上也災者象諸侯背天子是後宋事彊吳齊晉前驅滕薛俠轂魯衛驂乘故天去戒社若曰王教滅絕云爾○背音佩俠轂古洽反下古木反十三年同乘繩證反十三年同去起呂反〔疏〕蒲社災何以書○解云不直言何以書者嫌覆問柴其下何以書故復舉句而問之○注是後至驂乘○解云春秋說文謂下十三年黃池之會時也

○秋。八月。甲寅。滕子結卒。○冬。十有二月。葬蔡昭公。賊已討故書葬也不書討賊者明諸侯得專討士以下也〔疏〕注賊已討故書葬也○解云此蔡昭公即上盜殺蔡侯申者是隱十一年傳云弒則何以不書葬春秋君弒賊不討不書葬以爲無臣子也然則今此蔡侯亦弒而書其葬故知賊已討也○注不書至以下也○解云孟子曰諸侯不得專殺大夫是以春秋之內殺大夫不問有罪無罪皆書而譏之若殺微者例所不錄今蔡侯之賊乃微者嗣子殺之故不書見故云明諸侯得專討士以下也考諸正本何氏之注盡於此若更有注者衍字矣

○葬滕頃公。○頃音傾

五年。春。城比。○比本又作芘亦作庇同音毗左氏作毗 ○夏。齊侯伐宋。○晉趙鞅帥師伐衞。○秋。九月。癸酉。齊侯處臼卒。○冬。叔還如齊。○閏月。葬齊景公。閏不書。此何以書。据楚子昭卒不書閏〔疏〕注据楚至書閏○解云即襄二十八年冬十二月甲寅天王崩乙未楚子昭卒是也彼注云乙未與甲寅相去四十二日蓋閏月也然則相去四十二日明其不得同在十二月故以閏月言之

喪以閏數也。謂喪服大功以下諸喪當以閏月爲數○閏數所主反下及外月數閏數同〔疏〕喪以閏數也○解云此喪謂喪服也諸爲之服大功以下喪服者皆以閏數之此數讀如加我數年之數非頭數之數也○注謂喪服至爲數○解云此數乃爲頭數之數謂九月五月三月之喪既是數月之物故得數閏以充之是以葬亦書閏矣何者葬亦數月之物故也

喪曷爲以閏數。据卒不書閏〔疏〕喪曷爲以閏數○解云此喪亦喪服大功以下者

喪數略也。略猶殺也以月數恩殺故并閏數〔疏〕注略猶至閏數○解云此數亦如加我以數年之數也言大功以下之喪所以得數閏月者正以恩殺故也鄭志趙商問曰經曰閏月不告朔猶朝于廟穀梁傳云閏月附月之餘日喪事不數又哀五年閏月葬齊景公公羊傳云閏月不書此何以書喪以閏數喪數略也此二傳義反於禮斷之何就答曰居喪之禮以月數者數閏以年數者雖有閏無與于數也然則鄭氏之意以爲彼云喪事不數者謂期與三年也此云喪以閏數者謂大功以下也若穀梁之意以爲大功以下及葬皆不數閏云云之說在襄二十八年

六年。春。城邾婁葭。城者取之也不言取者魯數圍取邾婁邑邾婁未曾加非於魯而侮奪之不知足有夷狄之行故諱之明惡甚○邾婁葭音加又音遐左氏作邾瑕數所角反曾才能反行下孟反〔疏〕注城者至惡甚○解云正以襄二年遂城虎牢傳云虎牢者何鄭之邑也其言城之何取之也今言城邾婁葭文與彼同故知取之云不言取之者魯數圍取邾婁邑者即上三年冬叔孫州仇仲孫何忌帥師圍邾婁又上二年春伐邾婁取漷東田及沂西田之屬是也先言圍者便文故也云有夷狄行者正以貪而無親故也

○晉趙鞅帥

師伐鮮虞。○吳伐陳。○夏。齊國夏及高張來奔。○叔還會吳于柤。○柤莊加反 ○秋。七月。庚寅。楚子軫卒。○齊陽生入于齊。○齊陳乞弒其君舍。弒而立者。不以當國之辭言之。此其以當國之辭言之何。据齊公子商人弒其君舍而立氏公子○君舍二傳作荼音舒〔疏〕注据齊至公子。○解云即文十四年冬齊公子商人弒其君舍是也 為諼也。此其為諼奈何。問其義。○諼況元反 景公謂陳乞曰。吾欲立舍。何如。陳乞曰。所樂乎為君者。欲立之則立之。不欲立則不立。貴自專也〔疏〕所樂至不立。○解云言人之所以愛樂乎其為君者貴慕其自專故也然則此公乃有為而言非王道也 君如欲立之。則臣請立之。陳乞欲拒言不可恐景公殺陽生 陽生謂陳乞曰。吾聞子蓋將不欲立我也。陳乞曰。夫千乘之主。將廢正而立不正。必殺正者。晉世子申生是也。○乘繩證反〔疏〕注晉世子申生是也。○解云即僖五年春晉侯殺其世子申生是也 吾不立子者。所以生子者也。走矣。教陽生走 與之玉節而走之。節信也析玉與陽生留其半為後當迎之合以為信防稱矯也奔不書者未命為嗣○析思歷反為後于偽反下乞為同矯居兆反〔疏〕注節信至為嗣○解云言與之為斷玉之信而令之走也云奔不書者未命為嗣者案定十四年秋衛世子蒯聵出奔宋書見於經故知陽生出奔不書者未命為嗣故也然則公子陽生但是母貴宜立實非世子而上傳云廢正而立不正必殺正者雖非夫人所生但秩次宜立謂之廢正亦何傷而舊云陽生實是正世子但未命為嗣故出入不兩書若命為嗣即是大國之君出入合兩書也者非 景公死而舍立。陳乞使人迎陽生于諸其家。于諸寘也齊人語也 除景公之喪。期而小祥服期者除○期而音基下同〔疏〕注期而至者除○解云期而小祥者士虞記文言服期者除者謂從服之徒矣若其正服臣為君斬衰三年寧得期而除乎案景公之卒在去年九月至今七月其實未期而言服期者除者蓋陽生之入實亦九月但事不宜月故直時是以傳云除景公之喪也若然案隱四年冬十二月衛人立晉彼注云月者大國篡例月小國而立納入皆為篡然則大國之篡例合書月齊為大國而言事不宜月者正以陽生之篡陳乞為之故陽生之入欲移惡於陳乞故也似若莊九年夏齊小白入于齊何氏云不月者移惡于魯也之類也然則大國之篡所以月者以其禍大故也既移惡于陳乞是以不月正得逃事之宜矣 諸大夫皆在朝。陳乞曰。常之母。常陳乞子重難言其妻故云爾○難乃旦反〔疏〕注常至云爾○解云正以妻者己之私故難言之似若今人謂妻為兒母之類是也 有魚菽之祭。齊俗婦人首祭事言魚豆者示薄陋無所有〔疏〕注齊俗至祭事○解云主婦設祭禮則有之何言齊俗者正以主婦設祭之時助設而已其實男子為首即君牽牲夫人奠酒君親獻夫人薦豆之類是也若其齊俗則令使婦人為首故此傳云常之母有魚菽之祭即其文是矣○注言魚至所有○解云定元年冬十月實霜殺菽彼注云菽大豆然則彼已訓解故此何氏直以豆言之若依正禮水陸僉陳而止言魚與豆者示薄陋無所有故也 願諸大夫之化我也。言欲以薄陋餘福共宴飲〔疏〕願諸至我也○解云桓六年傳云曷為謂之實來慢之也曷為慢之化我也彼注云行過無禮謂之化齊人語也諸侯相過至竟必假塗入都必朝所以崇禮讓絕慢易今州公過魯都而不朝魯是慢之為惡故書實來見其義也然則彼以州公過魯而無禮故傳謂之化我也今此陳乞亦以魚菽之薄物枉屈諸大夫之貴重亦是無禮相過之義故謂之化我也 諸大夫皆曰。諾。於是皆之陳乞之家坐。陳乞曰。吾有所為甲。甲鎧○鎧苦代反〔疏〕吾有所為甲○解云猶言我有所作得若干甲也 請以示焉。諸大夫皆曰。諾。於是使力士舉巨囊而至于中霤。巨囊大囊中央曰中霤○囊乃郎反又音託霤力又反〔疏〕注中央曰中霤○解云案月令中央土云其祀中霤鄭注云中霤猶中室也古者複穴是以名室為霤云庾蔚云複地上累土穴則穿地也複穴皆開其上取明故雨霤之是以因名中室為中霤也故此傳云中霤注云中央謂室之中央也 諸大夫見之。皆色然而駭。色然驚駭貌○色然如字本又作垝居委反驚駭貌又或作危 開之。則闖然。闖出頭貌○闖丑鴆反又丑甚反一音丑今反見貌字林云馬出門貌丑衽反 公子陽生也。陳乞曰。此君也已。諸大夫不得已。皆逡巡北面。再拜稽首而君之爾。時舍未能得眾而陽生今正當立諸大夫又見力士知陳乞有備故不得已遂君之○逡七旬反 自是往弒舍。陽生先詐致諸大夫立於陳乞家然後往弒舍故先書當國起其事也乞為陽生弒舍不舉陽生弒者讓成于乞也不日者與卓子同〔疏〕注故先書當國起其事也者謂書陽生入齊乃在弒舍之前所以起其先入後弒也云乞為陽生弒舍不舉陽生弒者讓成于乞也者正以舉重略輕春秋之常事今而不書者讓成于乞故也○注不日至子同○解云僖十年春王正月晉里克弒其君卓子何氏云不日者不正遇禍終始惡明故略之然則今此陳乞弒舍所以不日者亦是不正遇禍終始惡明故略之故曰與卓子同若然鄉解云陽生之入實在九月但事不宜月故不書月然則陳乞之事宜云不月而云不日者正以卓子之弒實書月若言不月則與卓子同文不可設故云不日也案陳乞弒舍實不書日謂之不日亦何傷然則陳乞弒舍之事與里克弒卓子相類而不月者正以文承陽生入于齊之下陽生之事既不宜月是以陳乞之事不得月也若然案僖九年冬晉里克弒其君之子奚齊注不月者不正遇禍終始惡明故略之然則此亦不月何氏不云不月者與奚齊同義者正以奚齊未踰年之君與舍不類寧得同之乎 ○冬。仲孫何忌帥師伐邾婁。○宋向巢帥師伐曹。

七年。春。宋皇瑗帥師侵鄭。○瑗于眷反 ○晉魏曼多帥師侵衛。○夏。公會吳于鄫。○鄫似陵反 ○秋。公伐邾婁。八月。己酉。入邾婁。以邾婁子益來。入不言伐。此其言伐何。据當舉入為重〔疏〕入不至伐何○解云莊十年傳例曰觕者曰侵精者曰伐戰不言伐圍不言戰入不言圍滅不言入書其重者也然則傳例云戰不言伐入不言圍此云入不言伐者正以此經舉伐言入亦違舉重之例是以据經以釋之傳例云者序用兵之次第輕重備言不足怪也 內辭也。若使他人然。諱獲諸侯故不舉重而兩書使若魯公伐而去他人入之以來者辟順他人來文〔疏〕注諱獲至來文○解云若其不諱宜舉重云公入邾婁今不舉重而伐入兩書故知諱獲諸侯也云使若魯公伐而去佗人入之以來者以來是詣魯之常文故何氏言來者常文不為早晚施是也今始若不諱宜云以邾婁子益至自某而經言來故如此解云辟順佗人來文者以上諱獲諸侯故不舉重使若魯人伐而去佗人自入之今交言來作外來詣魯之常文故曰辟順佗人來文也 邾婁子益何以名。据以隗子歸不名○隗五罪反〔疏〕注据以至不名○解云即僖二十六年秋楚人滅隗以隗子歸是也 絕。曷為絕之。据俱以歸 獲也。曷為不言其獲。据獲晉侯言獲〔疏〕注据獲晉侯言獲○解云即僖十五年冬晉侯及秦伯戰于韓獲晉侯是也 內大惡諱也。故名以起之也日者惡魯侮奪邾婁無已復入獲之入不致者得意可知例○惡烏路反復扶又反〔疏〕注故名以起之○解云擅獲諸侯乃為大惡是以諱之不言其獲既不言獲故云言其名以起其見獲也所以能起之者諸侯之禮當死位今不能死位而生見獲書其名起其絕也案隱二年無駭入極之下傳云此滅也其言入何內大惡諱也昭四年取鄫之下傳云滅之則其言取之何內大惡諱也今此又言內大惡諱也重發傳者正以往前二處入取文異今此上經雖亦言入但書名之由事須備釋是以又言○注日者至獲之○解云隱二年注云入例時傷害多則月此書日故須解之言惡魯侮奪邾婁無已即上六年城蔑之下注云魯數圍取邾婁邑邾婁未曾加非於魯而侮奪之不知足今復入其國獲其君故書日以惡內也○注入不至知例○解云莊六年注公與一國及獨出用兵得意不致不得意致伐即僖六年公至自伐鄭二十九年公至自圍許之屬是至於入佗國例不書致者正以既能入國得意可知似若僖三十三年公伐邾婁取叢之下注云取邑不致者得意可知例 ○宋人圍曹。○冬。鄭駟弘帥師救曹。

八年。春。王正月。宋公入曹。以曹伯陽歸。曹伯陽何以名。据以隗子歸不名〔疏〕注据以至不名○解云即僖二十六年秋楚人滅隗以隗子歸是也 絕。曷為絕之。据俱以歸 滅也。曷為不言其滅。据滅

悅也諱同姓之滅也。故名以起之。【疏】注故名以起之。解云諱不得書其滅故書其名所以起其滅矣所以能起之者正以失地之君例合書名即桓七年穀伯綏鄧吾離之下傳云皆何以名失地之君是今曹伯陽亦書其名故可起其滅何諱乎同姓之滅。據衛侯燬滅邢不諱。燬況委反【疏】注據衛至不諱。解云即僖二十五年春王正月丙午衛侯燬滅邢是也力能救之而不救也。以屬上力能獲邾婁而不救曹故責之不日者深諱之定哀滅例日此不日者諱使若不滅故不日【疏】注不日至故不日。解云既書入以諱同姓見滅而又不日故曰深諱也。云定哀滅例日此不日者諱使若不滅故不日云云之說在定四年○吳伐我。不言鄙者起圍魯也不言圍者諱使若伐而去【疏】注不言至魯也。解云正以莊十九年冬齊人宋人陳人伐我西鄙注云鄙者邊垂之辭榮見遠也然則鄙者邊垂之名今不言鄙直言伐我故得起其圍魯矣。注不言至而去。解云國君當彊折衝當遠魯微弱深見犯至于圍國故諱之但言伐者差輕也○夏。齊人取讙及僤。外取邑不書。此何以書。所以賂齊也。曷爲賂齊。據上無戰伐之文。僤昌善反一音昌然反字林作闡左氏作闡【疏】取讙及僤。解云左氏穀梁作讙闡字。外取至以書。解云宣元年六月齊人取濟西田之下傳云外取邑不書此何以書注云據曹取之不書然則此傳云外取邑不書此何以書者亦據曹取濟西田不書但從彼省文是以不復注解。注據上至之文。解云謂此上經無魯與齊戰伐之文計無所謝無事而賂故難之爲以邾婁子益來也。邾婁齊與國畏爲齊所怒而賂之恥甚故諱使若齊自取。爲以于僞反【疏】爲以至來也。解云正爲七年以邾婁子益來是以賂齊二邑也。注邾婁齊與國。解云正以魯獲邾婁之君而賂二邑若非齊之與國理不應賂云云之說備于宣元年疏○歸邾婁子益于邾婁。獲歸不書此書者善魯能悔過歸之嫌解邾婁子益無罪書故復名之。復扶又反【疏】注獲歸至歸之。解云正以僖十五年秦獲晉侯後歸之不書故曰獲歸不書今此書者善魯能悔過歸之故錄見之。注嫌解至名之。解云桓十五年傳例云歸者出入無惡今此言歸是以嫌其無罪也經既書歸作無罪之文則嫌魯人解釋邾婁子其罪合除是以書見故復名之見其不善所以書益之名得見魯之有罪者正以上七年以益來之時傳云內大惡諱注云故名以起之然則初書名起見魯罪則今知復名者其不善明矣○秋。七月。○冬。十有二月。癸亥。杞伯過卒。○過禾反。○齊人歸讙及僤。書者善魯能悔過歸邾婁子益所喪之邑不求自得故不言來使若不從齊來與歸我濟西田同文。喪息浪反【疏】注書者至同文。解云言所喪之邑不求自得者正以言歸也何者歸者自與之故也若求乃得之者當言取即僖三十一年春取濟西田成二年秋取汶陽之田之屬是也故不言來使若不從齊來者謂若此邑元不入齊但以此來欲叛于魯齊人取而歸之然言與歸我濟西田邑同文者即宣十年春齊人歸我濟西田傳云齊已取之矣其言我何言我者未絕于我也曷爲未絕于我齊已言取之矣其實未之齊也注云不言來者明不從齊來不當坐取邑是也然則彼以未之齊故不言來今此使若不從齊來是以謂之同文矣然則彼言我者以其未絕于我此不言我者正以讙僤實絕于我故也濟西田未絕齊人不當坐取邑讙僤實絕齊人當坐取邑明矣然則我與不即是不同而言同文者正謂皆不言來以爲同文何妨言我與不仍爲異乎

九年。春。王二月。葬杞僖公。○宋皇瑗帥師取鄭師于雍丘。其言取之何。據詐戰言敗也。○雍於用反【疏】注據詐戰言敗也。解云即莊十年秋荊敗蔡師于莘昭二十三年秋吳敗頓胡沈蔡陳許之師于雞父傳云此偏戰也曷爲以詐戰之辭言之不與夷狄之主中國也是也易也。其易奈何。詐之也。詐謂陷阱奇伏之類兵者爲征不義不爲苟勝而已十三年詐反不月知此不蒙上月疾略之爾。易也以豉反下同阱才性反爲征子僞反【疏】注詐謂至之類。解云何氏蓋取禮記中庸云人皆曰予知驅而納諸罟擭陷阱之中而莫之知辟也又言奇伏者奇兵伏兵之謂也。注兵者至之爾。解云下十三年春鄭軒達帥師取宋師于嵒傳云其言取之何易也其易奈何詐反也注云前宋行詐取鄭師今鄭復行詐取之苟相報償不以君子正道故傳言詐反猶報也然則兵之設也爲欲征不義豈欲苟勝而爲詐故知春秋疾而略之皆不書月矣何者春秋之義偏戰者日詐戰者月所以然者正疾其行詐略之故也今此二經乃設陷阱奇伏又爲詐之甚者是以春秋復深略之○夏。楚人伐陳。○秋。宋公伐鄭。○冬。十月。

十年。春。王二月。邾婁子益來奔。月者魯前獲而歸之今來奔明當尤加禮厚遇之【疏】注月者至遇之。解云正以上六年夏齊國夏高張來奔襄二十八年冬齊慶封來奔之屬則知來奔魯者例合書時今此書月故如此解文十二年春正月成伯來奔注云月者前爲魯所滅今來見歸尤當加意厚遇之也者義亦通於此以此言之則知昭二十三年秋七月莒子庚輿來奔月者爲下戊辰吳敗頓胡沈蔡陳許之師書莒子之奔雖在月下不蒙月何氏所以不注之者正以隱元年冬十二月祭伯來奔之下注云月者爲下卒也出奔例時也然則上已有注故至庚輿之下省文從可知○公會吳伐齊。○三月。戊戌。齊侯陽生卒。○夏。宋人伐鄭。○晉趙鞅帥師侵齊。○五月。公至自伐齊。○葬齊悼公。○衛公孟彄自齊歸于衛。○薛伯寅卒。卒葬略者與杞伯益姑同○伯寅二傳作伯夷同音以尼反【疏】注卒葬至姑同。解云正以所見之世詳錄小國卒日葬月是其常文即上四年秋八月甲寅滕子結卒冬十二月葬滕頃公是也今乃卒月葬時故解矣言與杞伯益姑同者即昭六年春王正月杞伯益姑卒注云不日者行微弱故略之上城杞已貶復卒略之者入所見世責小國詳始錄內行也諸侯內行小失不可勝書故於終略責之見其義然則今比略之者亦爲內行小失故曰與杞伯益姑同○秋。葬薛惠公。○冬。楚公子結帥師伐陳。吳救陳。救中國不進者陳吳與國救陳欲以備中國故不進【疏】注救中至不進。解云正以僖十八年夏狄救齊冬邢人狄人伐衛注云狄稱人者善能救齊雖拒義兵猶有憂中國之心故進之不於救時進之者辟襄公不使義兵壅塞也定四年冬蔡侯以吳子及楚人戰于柏舉傳云吳何以稱子夷狄也而憂中國注云言子起憂中國然則夷狄之人能憂中國也皆進之今此稱國不進者正以救陳欲以備中國故不進也知陳是吳之與國者正以吳人救之故也必知欲以備中國者非直見其不進亦以陳於諸夏之時乃是吳之屬故也

公羊注疏卷二十七挍勘記　阮元撰盧宣旬摘錄

公羊注疏哀公卷二十七　唐石經哀公第十二卷十一

元年

滅以歸可知　閩監毛本同鄂本上有從字此脫

鄭游速帥師滅許　閩本同監毛本速作遬浦鏜云下脫以許二字

伐之不諱者　蜀大字本閩監毛本同鄂本者誤也

二年

所以再出大夫名氏者　解云此注氏字或有或無

季孫斯所以不與盟者　此本季孫下空缺一十二字方按斯所以云云文無脫漏

各盟所得　浦鏜云穀梁所作其又此句下當脫范氏云二字

然則定十四年夏　浦鏜云秋誤夏○按浦說是也

晉趙鞅帥師及鄭軒達帥師戰于栗　唐石經諸本同釋文亦作栗云一本作秩二傳作鐵疏本作及鄭軒達戰于鐵解云諸家之經軒達下有帥師唯服引經者無於鐵者三家同有作栗字者誤也今定本作栗字按鄭軒達下不言帥師者蒙上晉趙鞅帥師也今三家下有帥師當衍疏本與服氏無之是也疏又謂三家同作戰于鐵定本作栗者誤而釋文同定本作栗區別之云二傳作鐵案陸德明所據之本不及疏本也

及鄭軒達戰于鐵者　閩監毛本鐵作栗妄改

稱云君殺大夫之辭者　閩監毛本香改○按稱云是解云之誤當在者下

三年

曼姑受命于先君而立輒　浦鏜云于先君傳作乎靈公按浦說是也

起曼姑得拒之　按拒當同傳作距下同

聽靈公命立者是王事　此本者誤是今據鄂本訂正閩監毛本因誤作是遂刪去此字

是王法行於諸侯　蜀大字本閩監毛本同鄂本於作乎何校本疏中同

曰古之賢人也　解云言古之賢士且有仁行若作仁字如此解之若作人字不勞解也

曰怨乎求仁而得仁 鄂本元本閩本同監毛本怨乎下增曰字非何煌云案文勢不當有曰字論語有者衍文

是父之命行乎子也 傳無命字

子曰古之賢人也者 段按本人作仁是也

蓋從始据之 閩本同監毛本据作據

解云春秋逸義 浦鏜云之誤逸

但遂其重處一過見之而已故餘輕處不復見之 浦鏜云遂誤其餘誤故餘

帥師城開陽 唐石經諸本同釋文開陽左氏作啓陽開者爲漢景帝諱也

卽僖十年鄭殺其大夫申侯之屬是 浦鏜云七誤十按浦說是也

明年二月葬秦惠公是也 閩本同按二當作三監毛本誤五

四年

盜殺蔡侯申 閩監毛本同唐石經殺作弑

故不繫國 浦鏜云下脫不繫國三字按浦說是否則與襄廿九年注不合

則晉人執曹伯言畀宋人 鄂本閩監本同毛本言誤以

卽僖二十八年二月丙午 浦鏜云三誤二按浦說是也

此解名此言歸意也 閩監毛本同誤也鄂本作名而言歸當據正

以頓子牄歸 閩監毛本牄作牂

云蔡遷于州來者在三年冬 浦鏜云二誤三按浦說是也

蒲社災 唐石經諸本同釋文蒲社左氏作亳社解云公羊以爲蒲社者古國之名今穀梁經傳皆作亳字而賈氏云公羊曰薄社也者蓋所見異經義雜記曰禮記郊特牲薄社北牖注薄社殷之社殷始都薄釋文薄本又作亳書序將遷其君於蒲姑釋文蒲如字徐又扶各反馬本作薄史記周本紀作遷其君薄姑是薄蒲亳三字古通

按今穀梁經傳皆作亳宅 何按本宅作社是也

公羊曰薄社也者 何按本薄作浦

社者封也 唐石經封字磨改

明諸侯得專討士以下也 解云考諸正本何注盡於此者有注者衍字矣

五年

春城比 唐石經諸本同釋文城比本又作芘亦作庇左氏作毗

喪以閏數也 釋文數所主反下及注月數閏數同解云此數讀如加我數年之數非頭數之數

當以閏月爲數 解云此數乃爲頭數之數

以月數恩殺故并閏數 解云此數亦如加我以數年之數

此數亦如加我以數年之數也 按以字衍文

六年

春城邾婁葭 唐石經閩監毛本同鄂本葭作瑕非

齊陳乞弑其君舍 唐石經諸本同釋文君舍二傳作荼音舒九經古義云史記律書舍者日月所舍舍者舒氣也是舍有舒義故有舒音

卽文十四年冬 浦鏜云秋誤冬按浦說是也

然則此公乃有爲而言非王道也 閩本同監毛本王作正按公盖乞之誤〇按齊召南云公字衍文是也

大國篡例月小國而 浦鏜云時誤而按浦說是也

常陳乞子 監本子誤千〇按常作恒避漢諱也

冬十月霄霜殺菽 閩監毛本霄作隕

於是使力士舉巨囊 唐石經諸本同釋文囊乃郎反又音託按史記齊大公世家囊作橐故音託

庚蔚云 浦鏜云庾誤庚按浦說是也

皆色然而駭 唐石經諸本同釋文色然如字本又作垝又或作危按一切經音義引作歡然此作色蓋誤

開之則闖然 唐石經諸本同釋文闖然見貌字林云馬出門見按說文覘暫見也从見炎聲春秋公羊傳日覘然公子陽生

而陽生今正當立 鄂本閩本同監毛本今作本

七年

解云莊十年傳例 浦鏜云例下有云字是也

今始若不諱 閩監本同毛本始作使

今文言來 何按本文作又

絶曷爲絶之 唐石經諸本同按僖廿六年疏引此曷上有之字此脫

八年

鄧吾離之下傳云曹何以名 浦鏜云皆誤曹字鄂下脫侯按浦說是也

夏齊人取讙及僤 唐石經諸本同釋文云僤字林作嘽左氏作闡解云左氏穀梁作讙闡字

歸邾婁子益于邾婁 唐石經鄂本閩本同監毛本于作子

正以言歸也何者 此本也字剜擠監本何誤向

然言與歸我濟西田邑同文者之 閩本脫邑字監毛本亦

九年

今此二經 何按本此作比

十年

春正月成伯來奔 浦鏜云春下脫王盛誤成按浦說是也

祭伯來奔之下也 浦鏜云奔衍按因傳有奔字而誤增入

葬滕昭公是也 浦鏜云昭當爲頃按浦說是也

然則今比略之者 閩監毛本比作此

戰于柏舉 浦鏜云舉經作莒

監本春秋公羊注疏哀公卷二十八 起十一年盡十四年

何休學

十有一年。春。齊國書帥師伐我。○夏。陳袁頗出奔鄭。頗破多反○五月。公會吳伐齊。甲戌。齊國書帥師及吳戰于艾陵。艾五蓋反齊師敗績。獲齊國書。戰不言伐舉伐者魯與伐而不與戰不從內與使吳為主者吳主會故不與夷狄主中國也言獲者能結日偏戰少進也○與伐音預下不與伐同【疏】獲齊國書○解云宣二年春獲宋華元之下○何氏云復出宋者非獨惡華元明恥辱及宋國然則今此復出齊者亦然但省文從可知故不注○注及戰不至與戰○解云戰不言伐者莊十年傳文而此舉伐者當爾之時魯但與其伐而不與其戰故得兩舉之矣○注不從至國也○解云成二年六月癸酉季孫行父云云會晉郤克云云及齊侯戰于鞌齊師敗績注云大夫敵君不貶者隨從王者大夫得敵諸侯也然則郤克之徒得敵齊侯者正以魯人與在隨從王者大夫是以得序于上而主齊侯今亦云魯公與伐而不使吳為主序齊之下者正以吳是時為主會若其與之而序于齊上即是夷狄之主中國是以退之矣若然案宣十二年晉荀林父帥師及楚子戰于邲林父序于楚子之上亦應是不與夷狄之主中國而注云不與晉而反與楚子為君臣之禮以惡晉者正以楚莊王稱子據彼君文成矣有王伯之事雖以臣及君不嫌晉直今吳稱國君文不成而序國書之下寧得類乎○注言獲至進也○解云莊十年秋荊敗蔡師于莘以蔡侯獻舞歸傳云曷為不言其獲不與夷狄之獲中國也又昭二十三年秋吳敗頓胡沈蔡陳許之師于雞父獲陳夏齧傳云不與夷狄之主中國則其言獲陳夏齧何吳少進也注云能結日偏戰行少進故從中國辭治之今經亦然故以言此

○秋。七月。辛酉。滕子虞母卒。○冬。十有一月。葬滕隱公。○衞世叔齊出奔宋。

十有二年。春。用田賦。何以書。據當賦稅為何書○為何于偽反下為同宗同譏。何譏爾。譏始用田賦也。田謂一井之田賦者斂取其財物也言用田賦者若今漢家斂民錢以田為率矣不言井者城郭里巷亦有井嫌悉賦之禮稅民公田不過什一軍賦十井不過一乘哀公外慕彊吳空盡國儲故復用田賦過什一○為率音律又音類乘繩證反復扶又反【疏】注田謂一井之田○解云知如此者正以家語政論篇云季康子欲以一井田出賦法焉又魯語下篇云孔子謂冉求曰田一井出稷禾秉芻缶米不是過也案彼二文皆論此經用田賦之事而言一井故知然也○注不言至賦之○解云凡言田者指墾土之處言井者但是方里之名若言用井賦則嫌城郭里巷之內但有一井之處悉皆賦之故云不言井者城郭里巷亦有井嫌悉賦之○注禮稅至什一○解云即宣十五年傳云什一者天下之中正也什一行而頌聲作矣是也云軍賦十井不過一乘者何氏以為公侯方百里案諸典籍每有千乘之義若不十井為一乘則不合鄭氏云公侯方百里井十則賦出革車一乘者義亦通于此云哀公外慕彊吳者即上十年春公會吳伐齊十一年夏公會吳伐齊此年夏公會吳于槖皋之屬是也云故復用田賦過什一者對常賦以為復矣

○夏。五月。甲辰。孟子卒。孟子者何。據魯大夫無孟子【疏】孟子者何○解云欲言魯女不言孟姬欲言夫人經不書葬故執不知問昭公之夫人也。其稱孟子何。據不稱夫人某氏【疏】注據不至某氏○解云即隱二年冬十有二月乙卯夫人子氏薨之屬是也諱娶同姓。蓋吳女也。禮不娶同姓買妾不知其姓則卜之為同宗共祖亂人倫與禽獸無別昭公既娶之諱而謂之吳孟子春秋不繫吳者禮婦人繫姓不繫國雖不諱猶不繫國也不稱夫人不言薨不書葬者深諱之【疏】蓋吳女也○解云公羊子不受于師故疑之○注禮不至無別○解云上曲禮云取妻不取同姓故買妾不知其姓則卜之鄭氏注云為其近禽獸也妾賤或時非媵取之於賤者世無本繫者是也云為同宗共祖亂人倫與禽獸無別者欲取曲禮上云夫唯禽獸無禮故父子聚麀是故聖人作為禮以教人使人以有禮知自別於禽獸之交乎○注昭公至孟子○解云昭十年注云去冬者蓋昭公娶吳孟子之年故貶之然則此言昭公既娶者謂從昭十年以來也而諱之吳孟子者即論語云君娶于吳為同姓謂之吳孟子坊記云魯春秋猶去夫人之姓曰吳其死曰孟子卒是也○注春秋至國也○解云言婦人繫姓不繫國者即隱元年仲子下注云仲字子姓婦人以姓配字不忘本也因示不適同姓也二年夫人子氏之下注云子者姓也夫人以姓配號義與仲子同是言昭公之時諱之不謂之吳姬謂之吳孟子而春秋直謂之孟子不繫吳者正以婦人不繫國故也言雖不諱猶不繫國者正以齊姜穆姜之屬亦不繫國言之故也○注不稱至諱之○解云若夫人又若言薨言夫人姬氏薨若葬當言葬我小君昭姬皆為大惡大惡不可言故曰深諱之也而云孟子卒者若言宋之長女為魯侯之妾而卒之猶如定十五年秋姒氏卒之類

○公會吳于槖皋。○槖章夜反一音託○秋。公會衞侯、宋皇瑗、于運。○運左氏作鄖○宋向巢帥師伐鄭。○冬。十有二月。螽。何以書。記異也。何異爾。不時也。螽者與陰殺俱藏周十二月夏之十月不當見故為異比年再螽者天不能殺地不能理自是之后天下大亂莫能相禁宋國以亡齊并於陳氏晉分為六卿○螽音終本亦作螽注同見賢偏反【疏】注比年再螽○解云即下十三年冬十二月螽是也○注宋國至六卿○解云皆在春秋后考諸舊本宋是宗字然則宗國猶大國言天不能殺地不能理天下大亂莫能相禁是其紀綱之國滅亡之象是故齊并于陳氏晉分為六卿若作宋字何氏更有所見春秋說云陳氏篡齊三年于人合葬故螽蟲冬踊者是其螽為齊亡之一隅也案左氏及史記皆云晉亡分為魏趙韓今云晉分為六卿者蓋其初時晉君失政六卿用事不妨其下滅時但三家分之矣

十有三年。春。鄭軒達帥師取宋師于嵒。其言取之何。易也。其易奈何。詐反也。前宋行詐取鄭師今鄭復行詐取之苟相報償不以君子正道故傳言詐反反猶報也○嵒五咸反一音魚及反易以豉反下同鄭復扶又反秋以下注同償時亮反【疏】其言取之何○解云上九年注云據詐戰言敗也故此省文不復言之也○注前宋至鄭師○解云即上九年春宋皇瑗帥師取鄭師于雍丘傳云其言取之何易也其易奈何詐之也是也

○夏。許男戌卒。比陳蔡不當復卒故卒葬略○男戌本亦作成【疏】注比陳至葬略○解云昭八年冬楚師滅陳○十一年楚師滅蔡至十三年秋蔡侯廬歸于蔡陳侯吳歸于陳二十年冬十有一月辛卯蔡侯廬卒二十一年春王三月葬蔡平公定四年春王二月癸巳陳侯吳卒夏六月葬陳惠公定六年鄭游速滅許以許男斯歸今年夏許男戌卒秋葬許元公然則陳蔡之滅非吳廬之罪及其存時乃為大國所復但以不受封於天子故書君以見之仍以前君死位非其自復其國合存故許錄其卒葬也而許男斯者為鄭所滅不能死位許國合絕不足存之而戌自復罪惡深矣若比之陳蔡不當合錄而錄之者正欲見其前君不死位后君自復之惡深是以書其卒葬而去其日月以見矣故曰此陳蔡不當復卒故卒葬略之也

○公會晉侯及吳子于黃池。吳何以稱子。據救陳稱國【疏】注據救陳稱國○解云十年冬吳救陳是也吳主會也。以言及也時吳彊而無道敗齊臨菑乘勝大會中國齊晉前驅魯衞驂乘滕薛俠轂而趨以諸夏之眾冠帶之國反背天子而事夷狄恥甚不可忍言故深為諱辭使若吳大以禮義會天下諸侯以尊事天子故進稱子○背音佩【疏】注以言至而趨○解云以經言及吳即知吳主會何者正及者汲汲之辭即僖五年夏公及齊侯宋公以下會王世子于首戴注云言及者因其文可得見汲汲也然則彼云及齊侯齊侯主會則知此言及吳子吳子主會明矣故云以言及也云時吳強而無道敗齊臨菑乘勝大會中國者即上十一年五月公會吳伐齊甲戌齊國書帥師及吳戰于艾陵齊師敗績者是敗齊師于臨菑之事正以吳為夷狄數伐中國而敗之故謂之無道菑字然有作晉字若作晉字以黃池為近晉晉人畏而會之故曰臨晉云齊晉前驅魯衞驂乘滕薛俠轂而趨者春秋說文也以下傳及注云則天下盡會而春秋說特舉此六國時為之役故偏舉之或言不盡意故也○注以諸至稱子○解云諸夏眾強不復如禮反棄君父而事夷狄恥辱之甚不忍言故深為諱進吳稱子矣而言冠帶之國者正以夷狄之人不知冠帶故也是以穀梁傳云吳王夫差曰好冠來孔子曰大矣哉夫差未能言冠而欲冠也范氏云不知冠有等差唯欲好冠是也

吳主會。則曷為先言晉侯。據申之會楚子主會序上【疏】注據申至序上○解云即昭四年夏楚子蔡侯以下會于申是不與夷狄之主中國也。明其實自以夷狄之彊會諸侯爾不行禮義故序晉於上其言及吳子何。據鍾離之會殊會吳不言及僖五年公及齊侯齊侯主會益明矣【疏】注據鍾至言及○解云即成十五年冬叔孫僑如會晉士燮齊高無咎以下會吳于鍾離是也○注僖五至明矣○解云即僖五年公及齊侯宋公以下會王世子于首戴然則案如彼經書公及齊侯齊侯主會此云及吳則是吳子主會益明矣何言不與夷狄之主中國乎是以據而難之會兩伯之辭也。晉序上者主會文也吳言及者亦人往為主之文也方不與夷狄主中國而又事實當見不可醇奪故張兩伯辭先晉言及吳子使若晉主會為伯吳亦主會為伯半抑半起以奪見其事也語在下○當見賢偏反年內皆同【疏】注吳言至文也○解

云凡言及者汲汲之辭今言及吳子則似吳子先在是天下之人慕而往事之然故曰人往爲主之文○注先抑至在下○解云序晉于上是其抑之言及吳子起其爲伯也故曰先抑先起矣序晉于上是其尊言及吳子亦見其爲伯之事故曰尊見其事不與夷狄之主中國。則曷爲以會兩伯之辭言之。据伯主人【疏】注据伯主人○解云謂爲伯者主領會上之人矣重吳也。其實重在吳故言及舉晉者諱而不盈【疏】注其實至不盈○解云謂其實處權重在于吳故言及吳子作汲汲之文矣經言公會晉侯是其諱爲吳所主也晉侯之下即言及吳子是其不盈滿其諱文也何者晉是大國而汲汲乎吳還是吳爲會主之義也僖二十三年夏宋公慈父卒傳云何以不書葬盈乎諱也注云盈滿也相接足之辭也然則此言諱而不盈者意欲取彼傳文矣曷爲重吳。据常殊吳【疏】注据常殊吳○解云即成十五年冬叔孫僑如會晉士燮以下會吳于鍾離襄十年春公會晉侯以下會吳于柤之屬是也吳在是。則天下諸侯莫敢不至也。以晉大國尚猶汲汲於吳則知諸侯莫敢不至也書諸侯者爲微辭使若天下盡會之而魯侯蒙俗會之者惡愈○齊桓兼舉遠明近此但舉大者非尊天子故不得褒也主書者惡諸侯君事夷狄○惡諸烏路反【疏】注不書至惡愈○解云若欲實而言之天下諸侯寧可悉至但欲見其重在吳偏至之辭而已其歷言某侯某侯則實不至者不可空言是以舉其最大之國作天下盡會之義矣○注齊桓至褒也○解云僖二年秋九月齊侯宋公江人黃人會于貫傳云江人黃人者何遠國之辭也遠國至矣則中國曷爲獨齊宋至爾大國言齊宋小國言江黃則以其餘爲莫敢不至也然則齊桓之時非獨舉大以明小亦兼舉遠以明近今此但舉晉者非尊天子不得褒爲遠夷皆至之辭則傳云天下諸侯莫敢不至者据九州之內言之亦得謂之天下矣○注主書至夷狄○解云春秋見義非唯一種一則見吳之強暴一則見晉之衰微但主書之情本惡諸侯君事夷狄餘者兼見之矣○楚公子申帥師伐陳。○於越入吳。○秋。公至自會。有恥致者順諱文也【疏】注有恥至文也○解云莊六年注云公與二國以上出會盟得意致會不得意不致然則今此冠帶之國斂手從夷乃是可恥之次而致之者正欲順其諱文使若吳尊事天子以會諸侯諸侯得意以會致之然故曰順諱文也○晉魏多帥師侵衛。此晉魏曼多也。曷爲謂之晉魏多。据上七年言曼多魏多左氏作魏曼多○【疏】注据上至曼多○解云即上七年春魏曼多帥師侵衛是也譏二名。二名非禮也。復就晉見者明先自正而后正人正人當先正大以帥小【疏】注復就至帥小○解云定六年冬仲孫忌帥師圍運傳云此仲孫何忌也曷爲謂之仲孫忌譏二名二名非禮也注云爲其難諱也一字爲名令難言而易諱所以長臣子之敬不逼下也春秋定哀之間文致大平欲見王者治定無所復爲譏唯有二名故譏之然則彼已於魯見訖今復就晉見之者明先自正而后正人也等是正人而於晉者見當先正大國以帥于小國故也○葬許元公。○九月。螽。先是用田賦又有會吳之費○之費芳味反下同【疏】注先是用田賦解云在十二年春○

○冬。十有一月。有星孛于東方。孛者何。彗星也。其言于東方何。据北斗言星名○孛音佩彗星四歲反又息遂反【疏】孛者何○解云欲言是星星名未有欲言非星錄爲星稱故執不知問○注据北至星名○解云即文十四年秋七月有星孛入于北斗是也然則彼入于北斗言其所孛之星名今言于東方故難之見于旦也。旦者日方出時宿不復見故言東方知爲旦【疏】見于旦也○解云于字亦有作乎字者誤也○注旦者至爲旦○解云旦者日方出地未相去離之辭故曰旦者日方出當爾之時宿皆不見故曰時宿不復見也星孛仍見餘宿已沒是以不復指其孛之星漫道其方而已故言東方知爲旦也何以書。記異也。周十一月夏九月日在房心房心天子明堂布政之庭於此旦見與日爭明者諸侯代主治典法滅絕之象是後周室遂微諸侯相兼爲秦所滅燔書道絕○治直吏反燔扶元反【疏】注周十一月夏九月日在房心○解云堪輿云九月日體在大火故曰日在房心也云房心天子明堂布政之庭出堪輿星經亦云也○注是后至道絕○解云春秋說云趣作法孔聖沒周姬亡彗東出秦正起胡破術書記散亂孔子不絕也既言周姬亡彗東出故知由此孛星周室遂微也言秦正起亦由此孛星秦本紀云始皇名正以二十六年滅周而并天下故云諸侯相乘爲秦所滅也始皇胡亥並悉焚書聖人之道于斯絕矣故曰燔書道絕○盜殺陳夏彄夫。○陳夏戶雅反一本作廉彄夫苦侯反又古侯反一本作嫗音同二傳作夏區夫○十有二月。螽。○黃池之會費重煩之所致十有四年。春。西狩獲麟。何以書。記異也。何異爾。非中國之獸也。然則孰狩之。稱西言狩尊卑未分据無主名○狩手又反麟力人反【疏】何以書記異也○解云麟者仁獸大平之嘉瑞而言記異者當爾之時周室大衰爲天下所厭漢高方起堯祚將興者謂之瑞亡者謂之異然則何氏云吉凶不並瑞災不兼之有乎義亦通於此○非中國之獸也○解云謂有聖帝明王然后乃來則知不應華夏無然則以其非中國之常物故曰非中國之獸不謂中國不合有若似昭二十五年有鸛鵒來巢之下傳云何以書記異也何異爾非中國之禽也之類是也若然皆非中國之物鸛鵒言有來而麟不言有來者正以麟是善物春秋慕之欲其常於中國非今始有非今始來之義是以穀梁傳云其不言來不外麟于中國也其不言有不使麟不恒於中國也○注稱西至未分○解云西者四時之叔是爲卑稱狩者天子諸侯之事乃是尊名故曰稱西言狩尊卑未分也必知狩是天子諸侯之事者正以僖二十八年天王狩于河陽桓四年春公狩于郎之屬故也薪采者也。西者据狩言方地類賤人象也金主芟艾而正以春盡木火當燃之際舉此爲文知庶人采樵薪者○薪音新芟所衛反艾魚廢反樵在焦反【疏】薪采者也○解云薪采猶言采薪也言是庶人采薪者矣○注西者至方地○解云謂据其處道其方地曰西狩也○注類賤人象也○解云正以西方爲兌少女之位女子之卑草木衰落亦非可貴之義故曰類賤人象也○注金主至薪者○解云經言西者賤人象金主芟艾持斧之義而文正以春盡是火當絕木之時今乃舉此爲文即知庶人持斧破木燃火之意故曰知庶人采樵薪者以爲若

漢高祖起于布衣之內持三尺之劍而以火應之君臨四海從東鄉西以應周家木德之象也薪采者。則微者也。曷爲以狩言之。据天子諸侯乃言狩天王狩于河陽公狩于郎是也河陽冬言狩獲麟春言狩者蓋據魯變周之春以爲冬去周之正而行夏之時○去起呂反行夏戶雅反下于夏同【疏】注天王狩于河陽○解云在僖二十八年冬公狩于郎者在桓四年春○注河陽至之時○解云若使周之正月乃夏之仲冬得冬獵田狩之時即大司馬職云仲冬教大閱遂以狩田是也但孔子作春秋欲改周公之舊禮正朔三而反當欲行夏之時取夏之孟冬以爲狩時夏之仲冬不是田狩之月是以桓四年春正月公狩于郎何氏云狩例時此月者譏不時周之正月夏十一月也陽氣始施鳥獸懷任草木萌牙非所以養微者也然則河陽言狩者周之季冬當夏之十月故得言狩矣案僖二十八年冬天王狩于河陽之時乃冬言狩今獲麟之經春言狩者蓋據魯爲王而改正朔方欲改周之春以爲冬去其周之正月而行夏之時由此之故春而言狩矣大之也。使若天子諸侯曷爲大之。据略微【疏】注据略微○解云隱元年九月及宋人盟于宿傳云孰及之內之微者也注云內者謂魯也微者謂士也不名者略微也是然則春秋之道略於微者今而大之故以爲難矣爲獲麟大之也。曷爲爲獲麟大之。据鸛鵒俱非中國之禽無加文○爲獲于僞反下爲獲孰爲注爲誰知爲皆同鸛音權鵒音欲【疏】注据鸛至加文○解云即昭二十五年夏有鸛鵒來巢是也麟者。仁獸也。狀如麕一角而戴肉設武備而不爲害所以爲仁也詩云麟之角振振公族是也○振之人反【疏】麟者仁獸也○解云五行傳云東方謂之仁又云視明禮脩而麟至言人君但當其視能明其禮又脩而麟至也是以春秋說云麟生於火游於中土軒轅大角之獸然則麟爲土畜而言仁獸者正以設武備而不害物所以爲仁而異義公羊說云麟者木精一角赤目爲火候下注亦云麟者木精者正以設武備而不害物有仁之物屬東方者日爲火候火乃木之子謂之木精亦何傷又鶡冠子云麟者北方玄枵之獸陰之精者正以五行相配言之水爲土妃水土構精而生麟得土氣者性似父得水氣者性似母蓋以麟得水氣故云玄枵之獸陰之精也○注狀如至是也○解云釋獸云麐麕身牛尾一角郭氏曰角頭有肉故此云狀如麕一角也廣雅云麟狼額肉角故此注云而戴肉云設武備而不爲害所以爲仁也者欲道中央之畜而傳得謂之仁獸之義云詩云麟之角振振公族是也者在麟趾之篇也引之者欲道麟角末有肉示有武而不用故得謂之仁當時公族皆振振然而信厚亦爲仁之義故得并引之有王者則至。上有聖帝明王天下大平然后乃至尚書曰簫韶九成鳳皇來儀擊石拊石百獸率舞援神契曰德至鳥獸則鳳皇翔麒麟臻○大平音泰下大平皆同拊芳甫反援音袁麒音其【疏】注上有至乃至○解云若今未大平而麟至者非直爲聖漢將興之瑞亦爲孔子制作之象故先至故孝經說云丘以匹夫徒步以制正法是其賤者獲麟兼爲庶人作法之義也○注尚書至率舞○解云咎繇謨之文也彼鄭注云簫韶舜所制樂宋均注樂說云簫之言肅舜時民樂其肅敬而紹堯道故謂之簫韶或云簫韶舜樂名舜樂者其秉簫乎鄭氏又云樂備作謂之成簫韶作九備而鳳皇乃來儀止巢乘匹擊石拊石百獸率舞者石磬也百獸服不氏所養者謂音聲之道與政通焉引之者欲道上有聖帝明王

天下大平瑞物乃來之義。注援神至麟臻。解云釋獸云驨如馬一角不角者騏舍人云驨如馬而有一角不有角者名騏然則麒麟非直雄雌之異其體亦別**無王者則不至。**辟害遠也當春秋時天下散亂不當至而至故為異【疏】注辟害遠也。解云謂無道之世刳胎殺夭是以瑞物亦不來游也即家語云孔子曰刳胎殺夭則麒麟不至擿巢毀卵則鳳皇不翔是也故云辟害遠也**有以告者曰。有麏而角者。孔子曰。孰為來哉。孰為來哉。**見時無聖帝明王怪為誰來。有麏本又作麇亦作麐皆九倫反麐也【疏】有以至角者。解云即孔叢云叔孫氏之車子曰鉏商樵于野而獲麟焉眾莫之識以為不祥棄之五父之衢冉有告孔子曰有麏肉角豈天下之妖乎夫子曰今何在吾將觀焉遂往謂其御高柴曰若求之言其必麟乎到視之曰今宗周將滅無主孰為來哉茲日麟出而死吾道窮矣乃作歌曰唐虞之世麟鳳游今非其時來何由麟兮麟兮我心憂是也然則此告者其冉求也若以孔叢合之此傳則鄉云薪采者還是鉏商也而春秋不言之者略微故也不言為漢獲之者微辭也故春秋說云不言姓名為虛主宋氏云劉帝未至故云虛主若書姓名時王惡之是其義也。注見時至誰來。解云下注云夫子素案圖錄知庶姓劉季當代周見采薪獲麟知為其出然則夫子素知此事而云孰為來哉以怪之者蓋畏時遠害假為微辭非其本心注解其語故見時無聖帝明王怪為誰來矣或者素案圖錄知劉季當代周但初見之時未知薪采獲麟為之出仍自未明故作此言也乃后詳審方知為薪采者所獲於是煥然而窮是以泣之亦何傷乎**反袂拭面。涕沾袍。**袍衣前襟也夫子素案圖錄知庶姓劉季當代周見薪采者獲麟知為其出何者麟者木精薪采者庶人燃火之意此赤帝將代周居其位故麟為薪采者所執西狩獲之者從東方王於西也東卯西金象也言獲者兵戈文也言漢姓卯金刀以兵得天下不地者天下異也又先是螽蟲冬踊彗金精埽且置新之象夫子知其將有六國爭彊從橫相滅之敗秦項驅除積骨流血之虞然后劉氏乃帝深閔民之離害甚久故豫泣也。袂彌世反衣袖也涕他禮反袍步刀反又步報反衣前襟也襟音金王於于況反下火王而王之王同從橫子容反驅除並如字又上上具反下直據反【疏】反袂拭目。解云目亦有作面字者云涕沾袍者袍亦有作衿字者以衣前襟言之袍似得之。注夫子至代周。解云蓋見中候云卯金刀帝出復堯之常是其案圖錄從亭長之任而為天子故謂之庶姓矣。注何者至之意。解云春秋說云麟生於火游於中土軒轅大角之獸然則麟為土畜而言木精者正以公羊說云麟者木精一角赤目為火候既為火候是木之子謂之木精亦何傷舊云木生火火生土麟為土畜亦受氣于祖性合人仁故為木精也庶人采薪本供庖爨意欲燃之故曰采薪庶人燃火之意也木雖生火火復燒木即漢以火德承周之后而能滅之故曰此赤帝將代周居其位也云故麟為薪采者所執其若不然麟為異物體形不小薪采隻夫寧能輕獲之乎。注西狩至天下。解云言西狩獲之者即是從東方而王於西方之象卯在東方金在西方故曰東卯西金象也言獲者兵戈之文是其有刀之義也故曰言姓卯金刀以兵得天下言劉季起於豐沛之間提三尺之劍而入秦宮是其卯金刀從東王於西以兵得天下之事也。注不地至異也。解云所以不言西狩于某獲麟者正以譏見于魯乃為周王將亡之異是以不舉小地之名亦得為王魯之義故曰

不地者天下異也云又先是螽蟲冬踊者即上十二年冬十有二月螽十三年冬十有二月螽是也云彗金精埽且置新之象者即上十三年冬十有二月有星孛于東方傳云孛者何彗星也者是孛從西方鄉東故曰金精彗者埽除之象鄉晨而見故曰埽且也然則螽蟲冬踊者乃是天不能殺地不能理故為六國爭強天下大亂之象也金精埽且乃是秦項驅除劉氏乃帝之義故何氏云焉。注夫子至之敗。解云六國者即燕齊楚韓魏趙也當爾之時齊据東蕃燕楚強于南北韓魏趙居於晉洛之間各自保險迭相征伐故曰六國爭強也戰國策云秦橫有周故謂之橫燕楚南北而遠故謂之從蘇秦在東而相六國謂之合從張儀在西而相秦以戎謂之連橫故彼下文從成則楚王橫成則秦帝蘇公居趙秦兵不敢東伐張儀在秦楚兵絕于西是也蘇公既死張儀以橫滅從是從橫相滅之敗也。秦項驅除。解云始皇据秦藉滅周之資而殄六國項羽因胡亥之虐而籠括天下皆非受命之帝但為劉氏驅其狐貍除其狄狼而已故曰秦項驅除。注積骨至泣也。解云虐亦有作害者爾時天下土崩英雄鵲起秦項之君視人如芥殺函之處積骨成山平原之地血流如海故曰積骨流血之虐也自此以后高祖乃興故曰然后劉氏乃帝**顏淵死。子曰。噫。**噫咄嗟貌。噫於其反咄丁忽反【疏】注噫咄嗟貌。解云咄嗟猶歎息即里語曰咄嗟之間也弟子傳云顏淵少孔子三十歲三十二而卒以此言之則顏淵之生昭十九年矣及其卒時當哀三年而至此乃言之者傳家追言之亦何傷**天喪予。**予我。喪息浪反予羊汝反我也【疏】天喪予。解云聖人之道當須輔佐而成是以家語及殷傳云自予得回也門人加親也今而遭命故曰天喪予而論語云非助我者謂非師徒弟子共相發起之義蓋欲顯聰敏非是不助也**子路死。子曰。噫。天祝予。**祝斷也天生顏淵子路為夫子輔佐皆死者天將亡夫子之證。斷丁管反【疏】子路死至祝予。解云若依左氏則獲麟之后當哀十五年衛大子蒯聵入國之時子路乃死衛人醢之孔子聞之為之覆醢今已言死者公羊子於后言之未足為妨也自予得由也惡言不至於耳是其為輔佐之義也注祝斷也者言天祝惡已之道德亦是斷絕之義也。注天生至之證。解云若欲以理言之則四科十人游夏之徒皆為夫子之輔佐故孝經說云春秋屬商孝經屬參是也今特言二人者以其先卒故也良輔之內二人先死亦非祐助之義故曰將亡夫子之證**西狩獲麟。孔子曰。吾道窮矣。**加姓者重終也麟者大平之符聖人之類時得麟而死此亦天告夫子將沒之徵故云爾【疏】西狩至窮矣。解云麟之來也應於三義一為周亡之徵即上傳云何以書記異也是也二為漢興之瑞即上傳云孰為來哉孰為來哉雖在指斥意在於漢也三則見孔子將沒之徵故此孔子曰吾道窮矣是也。注加姓至云爾。解云正以上文再發子曰皆不加姓故也云麟者大平之符聖人之類者以皆有聖帝明王然後乃見故謂之類也注又云時得麟而死者即孔叢子云麟出而死吾道窮矣是也**春秋何以始乎隱。**据得麟乃作【疏】注据得麟乃作。解云止以演孔圖云獲麟而作春秋九月書成是也而撰命篇云孔子年七十歲知圖書作春秋者何氏以為年七十歲者大判言之不妨頗時七十二矣猶如卜世三十卜年七百之類也**祖之所逮聞也。**託記高祖以來事可及問聞知者猶曰我但記先人所聞辟制作之害【疏】祖之所逮聞也。

○解云何氏以為公取十二則天之數故隱元年益師卒之下注云所以二百四十二年者取法十二公天數備足是也今此傳云祖之所逮聞者謂兼有天數之義亦託問聞而知亦取制服三等之義故隱元年注云所以三世者禮為父母斬衰三年為祖父母期為曾祖高祖父母齊衰三月是也。注託記至之害。解云假託云道我記高祖以來事者謂因已問父得聞昭定哀之事因父問祖得聞文宣成襄之事因祖問高祖得聞隱桓莊閔僖之事故曰託記高祖以來事可及問聞知者以此言之則無制作之義故曰我但記先人所聞辟制作之害也**所見異辭。所聞異辭。所傳聞異辭。**所以復發傳者益師以臣見恩此以君見恩嫌義異於所見之世臣子恩其君父尤厚故多微辭也所聞之世恩王父少殺故立煬宮不日武宮日是也所傳聞之世恩高祖曾祖又少殺故子赤卒不日子般卒日是也。傳直專反注傳聞同復扶又反臣見賢徧反下欲見同少殺所戒反下同般音班【疏】注所以復發至義異。解云隱元年冬十有二月公子益師卒傳云何以不日遠也所見異辭所聞異辭所傳聞異辭然則彼已有傳今復發之者正以益師之卒所以不日者以其恩遠孔子所不見欲道當時之君無恩于其臣是以大夫之卒不問有罪與不例皆不日以見之是以須發二魁與辭之言今此西狩獲麟當所見之世已與其時之事欲道當時之臣有恩于其君故為微辭不忍正言其惡是以復須發傳道其三代異辭之意然則言益師以臣見恩者言益師之經以臣之故見君恩之薄厚也云此以君見恩者今此獲麟之經以君之故見臣恩之厚薄其義實異故重發案桓二年成宋亂之下傳云內大惡諱此其自言之何遠也所見異辭所聞異辭所傳聞異辭何氏云所以復發傳者益師以臣見恩此以君見恩嫌義異也然則桓公之時已發見君恩之傳今復發之者正以桓公之時欲見其臣無恩於其君是以不為之諱大惡今時有恩于其君為之諱而作微辭也彼注云嫌義異也此復注云義異是其一隅何氏不決之者從可知省文也云故多微辭也者即定元年傳云定哀多微辭注云定公有王無正月不務公室喪失國寶哀公有黃池之會獲麟故揔言多是也云故立煬宮不日者即定元年秋九月立煬宮是也云武宮日者即成六年二月辛巳立武宮是也正以公羊之義失禮鬼神例日故如此解之也云子赤卒不日者即文十八年冬十月子赤卒是也云子般卒日是也者即莊二十二年冬十月乙未子般卒是也文十八年子卒之下傳云子卒者孰謂謂子赤也何以不日隱之也何隱爾弒也弒則何以不日不忍言也注云所聞世臣子恩痛王父深厚故不忍言其日與子般異是也**何以終乎哀十四年。**据哀公未終也【疏】注据哀公未終也。解云正以未見公薨之文故也。且以左氏言之即哀二十七年公遜於越而因卒則知今未終**曰。備矣。**人道浹王道備必止於麟者欲見撥亂功成於麟猶堯舜之隆鳳皇來儀故麟於周為異春秋記以為瑞明大平以瑞應為效也絕筆於春不書下三時者起木絕火王制作道備當授漢也又春者歲之始能常法其始則無不終竟。道浹子協反一本作帀撥卜末反理也應應對之應【疏】注人道至效也。解云浹亦有作帀字者正以三代異辭因父以親祖以親曾祖以曾祖親高祖骨肉相親極于此故云人之道浹也云王道備者正以撥亂于隱公功成于獲麟懷懷治之至于大平故曰王道備也云必正至於麟者正以獲麟之后得端門之命乃作春秋但孔子欲道從隱撥亂功成于麟是以終于獲麟以示義似若堯舜之隆制禮

作樂之后簫韶九成鳳皇乃來止巢而乘匹之類也云故麟于周爲異者即上傳云何以書記異也何異爾非中國之獸也是也云春秋記以爲瑞者記亦有作託者今解彼記也云明大平以瑞應爲効也者言若不致瑞即大平無驗故春秋記麟爲大平之効也○注絶筆至漢也○解云四時具然后爲年此乃春秋之常今不書下三時者欲起木應之君將亡欲别起爲王是以此處不得記之且獲麟既記制作之道已備當欲以之授于漢帝使爲治國之法是以不得録于三時矣○注又春至終竟○解云所以然者始正則僖十六年傳云朔有事則書晦有事不書也者義亦通此

君子曷爲爲春秋。据以定作五經〔疏〕君子曷爲爲春秋○解云君子謂孔子曷爲今日始爲春秋乎嫌其大晚於諸典之后○注据以定作五經○解云何氏以爲孔子領緑五經皆在獲麟之前故故言此何氏知然者正以論語云孔子曰吾自衛反魯然后樂正雅頌各得其所案孔子自衛反魯在哀十一年冬則知料理舊經不待天命者皆在獲麟之前明矣而論語直言樂正雅頌文不備矣言料理五經在獲麟之前何故作春秋獨在獲麟之后乎故据五經以難之

撥亂世。撥猶治也反諸正。莫近諸春秋。得麟之后天下血書魯端門曰趍作法孔聖沒周姬亡彗東出秦政起胡破術書記散孔不絶子夏明日往視之血書飛爲赤烏化爲白書署曰演孔圖中有作圖制法之狀孔子仰推天命俯察時變却觀未來豫解無窮知漢當繼大亂之后故作撥亂之法以授之○近附近之近又如字濵以善反〔疏〕撥亂至春秋○解云孔子未得天命之時未有制作之意故但領緑舊經以濟當時而已既獲麟之后見端門之書知天命已制作以俟后王于是選理典籍欲爲撥亂之道以爲春秋者賞善罰惡之書若欲治世反歸于正道莫近于春秋之義是以得天命之后乃作春秋矣即上云治世之要務義亦通於此○注得麟至之狀○解云演孔圖文也疾作王者之法孔氏聖人將欲沒矣周王姬氏將亡是以十三年冬彗星出于東方矣秦始皇名正方欲起爲天子其子胡亥破先王之術當爾之時書契紀綱盡皆散亂唯有孔氏春秋口相傳者獨存而不絶孔子聞之使子夏往視其血書其血乃飛爲赤烏其書乃化爲白書署之曰此是演孔圖中義理乃有制作之象制法之形狀矣案秦本紀云秦皇爲無道周人以舊典非之乃用李斯之謀欲以愚黔首於是燔詩書云然則始皇燔詩書而言胡破術者謂始皇燔之不盡胡亥亦燔之科擧之亦何傷云孔子仰推天命者謂仰推尋天命即端門之命是也云俯察時變者即螽蟲冬踊彗星埽且之象是也欲尊天命故以俯仰之言云却觀未來豫解無窮知漢當繼大亂之后故作撥亂之法以授之者謂知其承大亂之后天下未醇故作治亂之法以授之矣若欲託之春秋即所傳聞之世是也故桓三年夏齊侯衛侯胥命于蒲傳云胥命者何相命也何言乎相命近正也此其爲近正奈何古者不盟結言而退彼注云善其近正似於古而不相背故書以撥亂也是也

則未知其爲是與。其諸君子樂道堯舜之道與。作傳者謙不敢斥夫子所爲作意也堯舜當古歷象日月星辰百獸率舞鳳皇來儀春秋亦以王次春上法天文四時具然后爲年以敬授民時崇德致麟乃得稱大平道同者相稱德合者相友故曰樂道堯舜之道○其爲于僞反注所爲同是與音餘下及注同〔疏〕則未至是與○解云爲音于僞反○公羊子謙不敢斥言孔子作春秋故依違云則未知其爲此春秋可以撥亂世而作之與○其諸至道與○解云其諸辭也即桓六年子公羊子曰其諸以病桓與注云其諸辭也是也君子謂孔子不知爲是孔子愛樂堯舜之道是以述而道之與○注堯舜至之道○解云言堯舜當古歷象日月星辰者堯典文也云百獸率舞者舜典咎繇謨皆有其文也云鳳皇來儀者咎繇謨文也云春秋亦以王次春上法天文四時具然后爲年以敬授人時者欲似堯舜當古麻象日月星辰以敬授人時也云崇德致麟乃得稱大平者欲似堯舜百獸率舞鳳皇來儀是也云道同者相稱者謂孔子之道同于堯舜故作春秋以稱述堯舜是也云德合者相友者同志之名言孔子之德合於堯舜是以愛而慕之乃作春秋與其志相似也

末不亦樂乎。堯舜之知君子也。末不亦樂后有聖漢受命而王德如堯舜之知孔子爲制作〔疏〕末不至子也○解云孔子之道既與堯舜雅合故得與堯舜相對爲首末然則指孔子言不亦也堯舜之時預知有己而制道術預知有己而爲君子而慕之已亦預制春秋授劉帝是孔子亦愛慕堯舜之知君子而効之

制春秋之義。以俟後聖。待聖漢之王以爲法〔疏〕制春至后聖○解云制作春秋之義謂制春秋之中賞善罰惡之義也

以君子之爲。亦有樂乎此也。樂其貫於百王而不滅名與日月並行而不息〔疏〕以君至此也○解云君子謂孔子所以作春秋者亦樂此春秋之道可以永法故也○注樂至不息○解云春秋者賞善罰惡之書有國家者最所急務是以貫通于百王而不滅絶矣故孔子爲后王作之云名與日月並行而不息者謂名之曰春秋其合于天地之利生成萬物之義凡爲君者不得不爾故曰名與日月並行而不息也

公羊注疏卷二十八校勘記　阮元撰盧宣旬摘録

公羊注疏哀公卷二十八

十有一年

令亦云魯公與伐　閩監毛本令誤合按令當今字之誤此本今字不誤

十有二年

城郭里若亦有井　閩監毛本同誤也鄂本若作井當據正

出稷禾秉芻缶米　浦鏜云缶誤正

正以齊義穆姜之屬　閩本缺義字按齊義蓋文姜之誤

秋公會衛侯宋皇瑗于運　諸本同唐石經缺

冬十有二月螽　唐石經諸本同釋文螽本亦作蟓注同按注此年再螽疏作比年再螽

天不能殺地不能理　惠棟云二語見荀子理當作埋

宋國以亡　解云考諸舊本宋是宗字宗國猶大國按當作宗國字宗國謂魯也

十有三年

夏許男戌卒　閩監毛本同鄂本戌作戍唐石經缺釋文作成云本亦作戊

鄭游速滅許　閩監本同毛本速作遬

敗齊臨菑　解云菑字有作晉字黃池近晉晉人畏而會之故曰臨晉

正及者汲汲之辭　浦鏜云正下脫以

解云凡言及者　閩監本同毛本凡誤故何校本亦作凡

不與夷狄之主中國　唐石經閩監本同毛本主中誤倒

而魯侯蒙俗會之者惡愈　桓二年疏引此下有也字此脫

會于貫　按經文作會于貫澤此及僖九年盟葵邱疏皆無澤字

小國言江黃　按當作遠國

見于旦也　諸本同唐石經于字磨改當本作平解云于字有作平字者誤

諸侯伐主治　閩監毛本同誤也鄂本作諸侯代王治余本伐亦作代當據正

盜殺陳夏彄夫　唐石經諸本同釋文陳夏一本作廉彄夫一本作嘔音同二傳作夏區夫

十有四年

何以書記異也　唐石經諸本同隸釋載漢石經公羊殘碑何以書上有十有四年字據此及隱公傳知經傳別行傳首皆載某公年數後人以經合傳始删傳中紀年矣

何異爾非中國之獸也　唐石經諸本同春秋左氏傳序正義引孔舒元公羊傳本作今麟非常之獸其爲非常之獸柰何與注本迥異

堯祚將　浦鏜云下當脫復字孫志祖云以禮運正義按之浦說是也

然則何氏云吉凶不並　按氏云二字衍

正以僖二十八年　浦鏜云下脫春○按春乃冬字之誤

知庶人采樵薪者　鄂本元本同閩監毛本采作採下及疏同

蓋据魯變周之春　蜀大字本閩監毛本同鄂本据作據

草木萌牙　毛本牙改芽

非所以養微者是也　何校本無者字

在麟趾之篇也　閩監毛本同浦鏜云之趾字誤倒非

而紀堯道　段玉裁云紀爲紹之誤

舜樂者其秉簫乎　段玉裁云者上當脫舞字

無王者則不至　唐石經諸本同杜氏春秋左傳序云春秋之作左傳及穀梁無明文正義曰今驗何注公羊亦無作春秋事案孔舒元公羊傳本云有王者則至無王者則不至然則孰爲而至爲孔子之作春秋是有成文也今

何注本此下無此二句

有麕而角者唐石經同閩本麕字剜改囷作君監毛本承之非也釋文作麏云本又作麇亦作麕按隸釋載漢石經作麏卽麕之隸變爾雅釋獸麏麕身牛尾郭注引公羊傳曰有麕而角是古本作麕也石經考文提要云宋景德本鄂泮官書本皆作麕

反袂拭面涕沾袍唐石經諸本同疏本作反袂拭目涕沾袍云目亦有作面字者袍亦有作衿字者按釋文作沾袍步刀反經義雜記曰說文袍襺也袷交衽也是當作涕沾袷衿襟皆俗字作袍非也論衡指瑞云反袂拭面泣涕沾襟春秋正義云下沾衿之泣離騷霑余襟之浪浪皆可證又杜氏春秋序亦作反袂拭面疏本作拭目非

夫子素案圖錄知庶聖劉季當代周鄂本蜀大字本同毛本案改按閩本剜改聖作姓監毛本因之惠棟云當作庶聖參同契曰夫子庶聖雄

又先是蝝蟲冬踊疏中蝝作螽

積骨流血之虞鄂本虞作虐不誤解云虐亦有作害者

乃爲周王將亡之異閩本同監毛本王改室

十三年冬十有二月螽是也浦鏜云一月誤二月按浦說是也

云彗金星埽旦置新之象者按注作金精何按本不誤

金精掃旦何按本掃作埽

卽燕齊楚韓魏趙也閩監毛本作趙魏下同

張儀在西而相秦以戎閩監本同誤也當從毛本戎作成

除其犲狠而已閩監毛本犲作豺

顏淵死子曰噫唐石經作孔子曰按下西狩獲麟孔子曰注云加姓者重終也然則於此不當有孔字矣

天將亡夫子之証閩本剜改証作證監毛本承之疏同

西狩獲麟唐石經諸本同經義雜記曰論衡指瑞云春秋曰西狩獲死騶今三傳本無死字而公羊云顏淵死子曰吾子曰噫天喪予子路死子曰噫天祝予西狩獲麟孔子曰此道窮矣注云時得麟而死此亦天告夫子將殁之徵則此傳本作西狩獲死麟與上顏淵死子路死一例吾道窮矣與上天喪予天祝予一例騶俗麟字

止以演孔圖云閩監毛本止作正

祖之所逮聞也唐石經諸本同隸釋載漢石經逮作遝九經古義云說文遝迨也玉篇迨遝行相近又目部眔目相及方言云迨遝及也東齊曰迨關之東西曰遝或曰及

是以須發二魁與辭之言補毛本作三代異辭此本二魁與三字恐誤

子赤卒是也浦鏜云赤衍

鳳凰來儀鄂本凰作皇何按本疏同

春秋記以爲瑞解云記亦有作託者

明大平以瑞應爲效也鄂本效作効按疏中引注同

故云人之道浹也浦鏜云之衍

云必止至於麟者浦鏜云至衍

今解彼記也浦鏜云從誤彼

莫近諸春秋浦鏜云詩序及爾雅序疏引何注有莫近猶莫過之也七字今疑脫

秦政起解云秦始王名正

血書飛爲赤鳥蜀大字本閩監毛本同誤也鄂本鳥作烏當據正疏同

秦始皇名正按秦始皇不名政梁玉繩史記志疑曾辨之

其血乃飛爲赤鳥何按本鳥作烏是也

鳳凰來儀何按本凰作皇疏同

子公羊子曰其諸以病桓與閩監毛本上子誤夏與誤下

欲似堯舜當古厤象日月星辰閩監毛本似誤以

欽定四庫全書總目春秋穀梁傳注疏二十卷

晉范甯集解唐楊士勛疏其傳則士勛疏稱穀梁子名俶字元始一名赤受經於子夏爲經作傳則當爲穀梁子所自作徐彦公羊傳疏又稱公羊高五世相授至胡毋生乃著竹帛題其親師故曰公羊傳穀梁亦是著竹帛者題其親師故曰穀梁傳則當爲傳其學者所作案公羊傳定公卽位一條引子沈子曰何休解詁以爲後師（案此注在隱公十一年所引子沈子條下）此傳定公卽位一條亦稱沈子曰公羊穀梁既同師子夏不應及見後師又初獻六羽一條稱穀梁子曰傳既穀梁自作不應自引己說且此條又引尸子曰尸佼爲商鞅之師鞅既誅佼逃於蜀其人亦在穀梁後不應預爲引據疑徐彦之言爲得其實但誰著於竹帛則不可考耳漢書藝文志載公羊穀梁二家經十一卷傳亦各十一卷則經傳初亦別編范甯集解乃併經注之疑卽甯之所合定公元年春王三月一條發傳於春王二字之下以三月別屬下文頗疑其割裂然考劉向說苑稱文王似元年武王似春王周公似正月向受穀梁春秋知穀梁經文以春王二字別爲一節故向有此讀至公觀魚于棠一條葬桓王一條杞伯來逆叔姬之喪以歸一條曹伯廬卒于師一條天王殺其弟佞夫一條皆冠以傳曰字惟桓王一條與左傳合餘皆不知所引何傳疑甯以傳附經之時每條皆冠以傳曰字如鄭元王弼之易有彖曰象曰之例後傳寫者刪之此五條其削除未盡者也甯注本十二卷以兼載門生故吏子弟之說各列其名故曰集解晉書本傳稱甯此書爲世所重既而徐邈復爲之注世亦稱之今考書中乃多引邈注未詳其故又自序有商略名例之句疏稱甯別有略例百餘條此本不載然注中時有傳例曰字或士勛割裂其文散入注疏中歟士勛始末不可考孔穎達左傳正義序稱與故四門博士楊士勛參定則亦貞觀中人其書不及穎達書之賅洽然諸儒言左傳者多言公穀者少既乏憑藉之資又左傳成於衆手此書出於此人復鮮佐助之力詳略殊觀固其宜也其疏長狄眉見於軾一條連綴於身橫九畝句下與注相離蓋邢昺刊正之時又多失其原第亦不盡士勛之舊矣

監本附音春秋穀梁傳注疏序

國子四門助教楊士勛撰　國子博士兼太子中允贈齊州刺史吳縣開國男陸德明釋文

春秋穀梁傳序【疏】釋曰此題諸本文多不同晉宋古文多云春秋穀梁傳序俗本亦有直云穀梁傳序者然春秋是此書之大名傳之解經隨事則釋亦既經傳共文題名不可單舉又此序末云名曰春秋穀梁傳集解故今依上題焉此序大畧凡有三段第一段自周道衰陵盡莫善於春秋釋仲尼修春秋所由及始隱終麟之意夫聖哲在上動必合宜而直臣良史克施有政故能使善人勸焉淫人懼焉泊乎周德既衰彝倫失序居上者無所懲艾處下者信意愛憎致令九有之存唯祭與號八表之俗或狄或戎故仲尼就大師而正雅頌因魯史而修春秋其始隱終麟范自具焉第二自春秋之傳有三盡君子之於春秋沒身而已釋三傳所起及是非得失仲尼卒而微言絕秦正起而書記亡其春秋之書異端競起遂有鄒氏夾氏左氏公羊穀梁五家之傳鄒氏夾氏口說無文師既不傳道亦尋廢左氏者左丘明與聖同恥恐諸弟子各安其意為經作傳故曰左氏傳其傳之者有張蒼賈誼張禹翟方進賈逵服虔之徒漢武帝置五經博士左氏不得立於學官至平帝時王莽輔政方始得立公羊子名高齊人受經於子夏故孝經說云春秋屬商是也為經作傳故曰公羊傳其傳之者有胡毋子都董仲舒嚴彭祖之類其道盛於漢武帝穀梁子名淑字元始魯人一名赤受經于子夏為經作傳故曰穀梁傳孫卿傳魯人申公申公傳博士江翁其後魯人榮廣大善穀梁又傳蔡千秋漢宣帝好穀梁擢千秋為郎由是穀梁之傳大行於世然則三家之傳是非無取自漢以來廢興由於好惡而已故鄭玄六藝論云左氏善於禮公羊善於讖穀梁善於經是先儒同遵之義也言左氏善於禮者謂朝聘會盟祭祀田獵之屬不違周典是也公羊善於讖者謂黜周王魯及龍門之戰等是也穀梁善於經者謂大夫曰卒諱莫如深之類是也其三傳是非序文自具第三自升平之末盡穀梁傳集解釋已注述之意并序集解之人案晉書范甯字武子順陽縣人為豫章太守父名汪長子名泰字伯倫中子名雍字仲倫小子名凱字季倫其從弟則注云邵曰是也言先君則父注是也以傳穀梁者雖多妄引三傳辭理典據不足可觀故與門徒商畧名例傳示同異也所云名例者即范氏所據别為畧例一百餘條是也其春秋及經傳之名在後别釋謂之序者序述經傳之旨并明已注作之意也

昔周道衰陵乾綱絕紐。乾其連反天也紐女久反禮壞樂崩彝倫攸斁。彝倫以之反彝常倫理也攸斁丁故反字書作殬敗也弒逆篡盜者國有。弒申志反又作殺音同篡初患反爾雅云取也淫縱破義者比肩。淫縱子用反【疏】昔周至比肩。釋曰仲尼之脩春秋因衰亂而作故序先述周道衰也云昔者范氏晉世之人仰追周代故曰昔云周道衰陵者揔述幽厲以來也指衰極言之則平桓之世也知者幽厲雖則失道名器未失詩猶入雅平王東遷之後下同於國風政教所被纔及郊畿仲尼修春秋以平王為始知衰極是平桓也衰陵謂衰弱陵遲云乾綱者乾為陽喻天子坤為陰喻諸侯天子揔統萬物若綱之紀衆紐故曰乾綱云絕紐者紐是連繫之辭故昭十三年左傳云再拜皆厭紐玉藻云紐約用組諸侯背叛四海分崩若紐之絕故曰絕紐云禮壞樂崩者通言之耳知非樂是陽故以崩言之禮是陰故以壞言之者正以詩序云微子至於戴公其間禮樂廢壞明知通矣云彝倫攸斁者尚書洪範文也禮以安上治民樂以移風易俗禮樂崩壞故常道所以敗也弒謂臣弒君逆謂子弒父篡謂以庶奪正盜即哀四年傳云春秋有三盜是也

是以妖災因釁而作。釁許靳反民俗染化而遷陰陽為之愆度。為之于偽反下同七耀為之盈縮。縮所六反川岳為之崩竭鬼神為之疵厲。疵才斯反厲音例又作癘【疏】是以至疵厲。釋曰宣十五年左傳云天反時為災地反物為妖人反德為亂亂則妖災生是妖災因釁而起也云陰陽愆度者謂冬溫夏寒失其節度云七耀盈縮者謂日月薄食若晦食則是月行疾食朔與二日是月行遲又五行傳云晦而月見西方謂之朓朔而月見東方謂之側匿朓則侯王其恭側匿則侯王其肅是由君行使之然也五星亦有遲疾故襄二十八年左傳云歲在星紀而淫於玄枵是也謂之七曜者日月五星皆照天下故謂之七曜五星者即東方歲星南方熒惑西方太白北方辰星中央鎮星是也云川岳崩竭者謂周語云幽王之時二川震伯陽父曰昔伊洛竭而夏亡河竭而商亡岳是山之類即梁山沙鹿崩是也云鬼神疵厲者舊解以為鬼神即宗廟是也疵厲謂災變也言人棄常制致宗廟之災即桓宮新宮災是也今以為鬼神為之疵厲即國語云杜伯射宣王於鎬左傳云伯有之鬼為厲是也

故父子之恩缺則小弁之刺作。缺丘悅反弁步寒反刺七賜反此所引皆詩篇名谷風在邶風餘皆小雅君臣之禮廢則桑扈之諷興。扈音戶諷方鳳反又作風夫婦之道絕則谷風之篇奏骨肉之親離則角弓之怨彰君子之路塞則白駒之詩賦。【疏】故父至詩賦。釋曰今范引此者即周道之衰微廢此五事為此仲尼作春秋也故孔叢云孔子讀詩至小雅廢卷而歎感詩脩春秋是也云小弁之刺作者小弁詩小雅周幽王廢太子宜臼故大子之傳作詩以刺之云桑扈之諷興者桑扈亦詩小雅刺幽王君臣上下動無禮文焉故作是詩以諷之云谷風之篇奏者谷風衛人刺其君無德故令國內之人得其新婚者並棄其舊室風俗衰壞故作是詩以刺之言奏者謂奏進此詩與上文作興不異但遞作之體欲辟文耳云角弓之怨彰者角弓詩小雅以幽王不親九族故作詩以刺之言族人怨之彰顯故云角弓之怨彰云白駒之詩賦者白駒詩小雅宣王之末不能任賢致使賢人乘白駒而去也此引詩之次先云小弁後言白駒者以父子是人倫之端首六親之莫大故先言之其次則有君臣若君臣禮廢則上下無序故次桑扈夫婦者生民之本室家之原欲見從近及遠故夫婦先九族是以谷風在角弓之上白駒是賢人棄君又非親戚故最後言之或當隨便而言更無次第之例知者白駒是宣王之詩而言在幽王之詩下是無先後之次也

天垂象見吉凶。見賢徧反聖作訓紀成敗欲人君戒慎厥行。行下孟反

反增脩德政〔疏〕天垂至德政。釋曰易稱在天成象在地成形成象則日月之曜成形則山川之形見吉凶者即上七曜爲之盈縮川岳爲之崩竭是也獨言天象者舊解云尊作法之本明聖人與天地合其德與日月齊其明以爲川嶽崩竭亦是天使爲之故摠言垂象以包之云聖作訓紀成敗者謂若春秋書日食星隕山崩地震記災録異善惡褒貶等皆所以示禍福成敗之原存亡得失之本欲使人君戒慎其所行改脩德政以消災咎也盖誨爾諄諄聽我藐藐。藐亡角反履霜堅冰所由者漸〔疏〕盖誨至者漸。釋曰言此者明聖人雖作法患上不能用也言我教誨汝王諄諄然何故聽我言藐藐然而不入此詩大雅抑篇刺厲王之詩也云履霜堅冰者易坤卦初六爻辭象曰履霜堅冰陰始凝也馴至其道至堅冰也引之者取積漸之義也四夷交侵華戎同貫幽王以暴虐見禍平王以微弱東遷征伐不由天子之命號令出自權臣之門故兩觀表而臣禮亡。觀古亂反朱干設而君權喪。喪息浪反下道喪同下陵上替僭逼理極。替他計反僭子念反天下蕩蕩王道盡矣〔疏〕四夷至盡矣。釋曰云四夷者東夷西戎南蠻北狄之摠號也云交侵者謂交相侵伐也云華戎同貫者謂諸夏與夷狄無異也舊解四夷交侵華戎同貫指謂當春秋之時今以爲文勢在幽主之上則當亦兼據幽厲以來故節詩刺幽王云斬伐四國又曰國既卒斬及宣王幽王並爲夷狄所敗則此段序意論衰之積漸不直據春秋之時明矣云幽王見禍平王東遷者周本紀幽王既得褒姒廢申后而黜太子宜臼申侯與鄫人及犬戎殺幽王於驪山之下盡取周賂而還乃與諸侯就申立太子宜臼是爲平王東遷洛邑是也云兩觀已下者昭三十五年公羊傳云子家駒謂昭公曰諸侯之僭天子大夫之僭諸侯久矣公曰吾何僭哉子家駒曰設兩觀乘大路朱干玉戚以舞大夏八佾以舞大武然則諸侯不立兩觀周衰諸侯僭而置之是臣無有事君之禮也天子之舞始設朱干諸侯今亦用之是君之權喪失也云僭逼理極者謂僭上逼下之理至極也據君失權言之是逼下以臣陵君是僭上或以爲直據臣言之理亦通也云王道盡矣者言法度廢壞盡也孔子覩滄海之橫流迺喟然而歎曰。喟起愧反又苦怪反文王既沒文不在茲乎言文王之道喪興之者在已於是就大師而正雅頌。大師音泰因魯史而脩春秋列黍離於國風齊王德於邦君所以明其不能復雅。復扶又反政化不足以被羣后也。被皮義反〔疏〕孔子至后也。釋曰舊解引楊雄劇秦篇曰當秦之世海水羣飛海水喻萬民羣飛言散亂又引孟子云當堯之世洪水橫流言不復故道喻百姓散亂似水之橫流今以爲滄海是水之大者滄海橫流喻害萬物之大猶言在上殘虐之深也云就大師而正雅頌者大師樂官也詩者樂章也以大師掌詩樂故仲尼自衛反魯就而正之直言雅頌者舉雅頌則風詩理在可知又雅頌之功大故仲尼先用意焉知非爲師摯理之故仲尼不正者師摯直閑關雎之音而已詩之顛倒仍是仲尼改正故此序云仲尼列黍離於國風杜預注左氏云後仲尼刪定故不同是也然則作詩之體風雅先定黍離若是風體大師不得列之於雅頌之中若是雅頌之體仲尼亦不得退之於風詩之中而云列黍離於國風者詩人詠歌實先有風雅之體黍離既是國風誠不可列之於雅頌但天子不風諸侯不雅仲尼刊正還同國風亦是仲尼列之於時則接乎隱公故因茲以託始該二儀之化育贊人道之幽變舉得失以彰黜陟明成敗以著勸誡拯頹綱以繼三五。拯拯救之拯頹徒回反鼓芳風以扇遊塵〔疏〕於時至遊塵。釋曰平王四十九年隱公之元年故曰接乎隱公亦與惠公相接不託始於惠公者以平王之初仍賴晉鄭至於末年陵替尤甚惠公非是微弱之初故不託始於惠公隱公與平王相接故因茲以託始也該者備也二儀謂天地言仲尼脩春秋濟羣物同於天地之化育云舉得失以彰黜陟者謂若儀父能結信於魯書字以明其陟杞雖二王之後而後代微弱書子以明其黜云明成敗以著勸誡者成敗黜陟事亦相類謂若葵丘書日以表齊桓之功戎伐凡伯言戎以明衛侯之惡又定哀之時爲無賢伯不屈夷狄不申中國皆是書其成敗以著勸善懲惡云拯頹綱以繼三五者於時王侯失位上下無序綱紀頹壞故曰頹綱今仲尼脩春秋祖述堯舜憲章文武拯者救溺之名言欲拯此頹綱以繼三王五帝先言三王者欲見三王可以繼五帝從小至大之意或亦隨便而言云鼓芳風以扇遊塵者舊解以正樂爲芳風淫樂爲遊塵樂可以降天神出地祇故云芳風淫樂鬼神不享君子不聽故曰遊塵或以爲善之顯著者爲芳風惡之煩碎者爲遊塵理亦足通耳但舊解云范氏別錄如此故兩存之一字之褒寵踰華衮之贈。衮古本反衮冕上公之服片言之貶辱過市朝之撻。貶彼檢反市朝直遥反撻吐達反德之所助雖賤必申義之所抑雖貴必屈故附勢匿非者無所逃其罪。匿女力反潛德獨運者無所隱其名信不易之宏軌百王之通典也〔疏〕一字至典也。釋曰言仲尼之脩春秋文致褒貶若蒙仲尼一字之褒得名傳竹帛則寵踰華衮之贈若定十四年石尚欲著名於春秋是也若被片言之貶則辱過市朝之撻若宣八年仲遂爲弑君不稱公子是也言華衮則上比王公稱市朝則下方士庶衮則王公之服而有文華或以對市朝言之華衮當爲二非也云德之所助雖賤必申者謂若吳是東夷可謂賤矣而襄二十九年因季札之賢而進稱爵是其申也云義之所抑雖貴必屈者謂若秦術是卿可謂貴矣而文十二年以其敵晉而略稱名是其屈也云故附勢匿非者無所逃其罪者舊解若公子翬假桓公之勢匿情於隱可謂非人臣也故隱四年十年皆貶之是不得逃其罪也云潛德獨運者無所隱其

名者謂若公弟叔肸不食逆主之禄潜德畢身不求寵榮之名獨遇其道宜十七年著名春秋是無所隱其名也或以為匿非謂隱匿其非便於舊解先王之道既弘麟感而來應。麟本又作驎呂辛反瑞獸也應應對之應因事備而終篇故絶筆於斯年成天下之事業定天下之邪正。邪似嗟反莫善於春秋（疏）先王至春秋。釋曰先王謂文武言仲尼脩春秋貴仁重德崇道抑邪弘大先王之道麟感化而至杜預解左氏以為獲麟而作春秋今范氏以作春秋然後麟至者以麟是神靈之物非聖不臻故論語云鳳鳥不至河不出圖吾已矣夫禮器云升中於天而鳳皇降龜龍假公羊傳曰麟有王者則至援神契曰德至鳥獸則麒麟臻是非有明王則五靈不至也當孔子之世周室陵遲天下喪亂豈有神靈之物無故而自來明為仲尼脩春秋麟應而至也然則仲尼並脩六藝何故不致諸瑞者先儒鄭衆賈逵之徒以為仲尼脩春秋約之以周禮脩母致子故獨得麟也或可仲尼脩六藝不可五靈俱來偶然麟應餘不至也因事備者謂從隱至哀文武之道協嘉瑞來臻是事備也終篇者謂絶筆於獲麟也春秋之傳有三而為經之旨一臧否不同。臧子郎反否音鄙又方九反臧否猶善惡也褒貶殊致（疏）春秋至殊致。釋曰聖人作法本無二意故傳雖有三而經旨一也云臧否不同褒貶殊致者臧謂事有所善否謂理有所惡以臧否既異故褒貶亦殊謂若隱元年左氏貴儀父結盟公羊善其趣聖信元年公羊善齊桓存邪故稱師穀梁以為不足乎揚故貶之隱二年夫人子氏薨左氏以為桓母公羊以為隱母穀梁以為隱妻是三傳異也蓋九流分而微言隱異端作而大義乖（疏）蓋九至義乖。釋曰漢書藝文志云孔子既沒諸弟子各編成一家之言凡為九一曰儒家流凡五十二家八百三十六篇入揚雄一家三十八篇蓋出於司徒之官助人君順陰陽明教化游心於六藝之中留意於仁義之際祖述堯舜憲章文武宗師仲尼以重其言於道最為高也二曰道家流凡三十七家九百九十三篇其本蓋出於史官歷記成敗存亡禍福古今之道然後知秉要執本清虛以自守卑弱以自持此人君南面之術也合於堯之克讓易之謙謙一謙而四益此其所長也三曰陰陽家流凡三十一家三百六十九篇蓋出於羲和之官敬順昊天歷象日月星辰敬授民時此其所長也及拘者為之則牽於禁忌泥於小數舍人事而任鬼神也四曰法家流凡十家二百一十七篇蓋出於理官信賞必罰以輔禮制易曰先王以明罰飭法此其所長也及刻者為之則無教化去仁愛專任刑法也五曰名家流凡七家三十六篇蓋出於禮官古者名位不同禮亦異數孔子曰必也正名乎名不正則言不順言不順則事不成此其所長也六曰墨家流凡六家八十六篇蓋出於清廟之官茅屋采椽是以貴儉養三老五更是以兼愛選士大夫射是以上賢宗祀嚴父是以右鬼順四時而行是以非命以孝視天下是以上同及蔽者為之見儉之利因以非禮推兼愛之意而不知別親疏七曰縱横家流凡十二家百七篇蓋出於行人之官孔子曰誦詩三百使於四方不能專對雖多亦奚以為又曰使乎使乎言其當權事制宜受命不受辭此其所長也及邪人為之則尚詐諼而棄其信八曰雜家流凡二十家四百三篇蓋出於議官兼儒墨合名法知國體之有此見王治之無不貫此其所長也九曰農家流凡九家百一十四篇蓋出於農稷之官播百穀勸農桑以足衣食故八政一曰食二曰貨孔子所重民食此其所長也及鄙者為之以為無所事聖王欲使君臣並耕悖上下之序也此九家之術皆起於王道既微諸侯力政各引一端崇其所善以此馳說取合於諸侯云微言隱者仲尼沒而微言絶故云隱也云異端起而大義乖者謂同說儒家三傳各異俱述經旨而理味有殊也微言絶大義乖亦藝文志文李奇云隱微不顯之言也左氏以鬻拳兵諫為愛君。鬻音育拳音權文公納幣為用禮穀梁以衛輒拒父為尊祖不納子糾為內惡。糾居黝反公羊以祭仲廢君為行權。祭側界反妾母稱夫人為合正以兵諫為愛君是人主可得而脅也以納幣為用禮是居喪可得而婚也以拒父為尊祖是為子可得而叛也以不納子糾為內惡是仇讎可得而容也以廢君為行權是神器可得而闚也。闚本又作窺去規反以妾母為夫人是嫡庶可得而齊也。嫡丁歷反本又作適亦同若此之類傷教害義不可強通者也。強其丈反（疏）左氏至者也。釋曰鬻拳兵諫在莊十九年文公納幣在文二年衛輒拒父在哀二年不納子糾在莊九年祭仲廢君在桓十一年妾母稱夫人在隱二年凡傳以通經為主經以必當為理。當丁浪反下同夫至當無二而三傳殊說庸得不棄其所滯擇善而從乎既不俱當則固容俱失若至言幽絶擇善靡從庸得不並舍以求宗據理以通經乎。舍音捨雖我之所是理未全當安可以得當之難而自絶於希通哉。難乃旦反（疏）凡傳至通哉。釋曰三傳殊異皆以通經為主當者謂中於道也言聖人之經以必中為理其理既中計無差二而三傳殊說故范氏言不得不擇善而從之云三傳殊說者若隱二年子氏之說僖八年用致夫人之談是也擇善而從之季姬之遇鄫子注云左氏近合人情是也並舍以求宗據理以通經乎者謂若子糾衛輒范氏注別起異端季子潛刃注云傳或失之天子六師方伯一軍示以凝滯南季之聘傳言非正范所不取是也。而漢興以來瓌望碩儒瓌古回反各信所習是非紛錯。錯七洛反準裁靡定。裁在代反又音才下同故有

父子異同之論石渠分爭之說。父子異同謂劉向好穀梁劉歆善左氏之論力困反石渠其居反閣名漢宣帝時使諸儒講論同異於石渠閣也分爭爭鬬之爭廢興由於好惡。好呼報反惡烏路反盛衰繼之辯訥。字書云訥或作吶乃骨反字詁云訥遲於言也包咸論語注云遲鈍也斯蓋非通方之至理誠君子之所歎息也【疏】而漢至息也。釋曰舊解云壞望者據容貌言之碩儒者大德之稱或當壞望猶美望也云各信所習是非紛錯者若賈誼劉歆之類服虔鄭衆之徒皆說左氏之美不論二傳之得也云父子異同之論者若劉向注意穀梁子歆專精左氏是其異也賈景伯父子及陳元父子皆習左氏不學二傳是其同也或解異同揔據劉向父子言之理亦通云石渠者漢之學名論事校文多在其內故張平子云天祿石渠校文之處分爭者若劉歆欲專立左氏而移書太常諸儒不從反為排擯陳元上疏論二傳之短亦被詆詘是也云廢興由於好惡者若景帝好公羊胡毋之學與仲舒之義立宣帝善穀梁而千秋之道起劉向之意存也云盛衰繼之辯訥者若武帝時公羊師董仲舒有才辯穀梁師江翁性訥公羊於是大興穀梁遂爾寢廢其後魯人榮廣善穀梁與公羊師眭孟辯論大義眭孟數至窮屈穀梁於是又興公羊還復寢息道有升降在乎其人不復論其得失故云可歎息也左氏豔而富其失也巫。豔移驗反巫音無穀梁清而婉其失也短。婉於阮反公羊辯而裁其失也俗若能富而不巫清而不短裁而不俗則深於其道者也故君子之於春秋沒身而已矣【疏】左氏至已矣。釋曰左丘明身為國史躬覽載籍屬辭比事有可依據楊子以為品藻范氏以為富豔豔者文辭可美之稱也云其失也巫者謂多敘鬼神之事預言禍福之期申生之託狐突荀偃死不受含伯有之厲彭生之妖是也云清而婉者辭清義通若論隱公之小惠虞公之中知是也云其失也短者謂元年大義而無傳益師不日之惡畧而不言是也云辯而裁者辯謂說事分明裁謂善能裁斷若斷元年五始益師三辭美惡不嫌同辭貴賤不嫌同號是也舊解以為裁謂才辯恐非也云其失也俗者若單伯之淫叔姬鄫子之請魯女論叔術之妻嫂是非說季子之兄弟飲食是也云沒身而已矣者三傳雖說春秋各有長短明非積年所能精究故要以沒身為限也升平之末歲次大梁先君北蕃迴軫。蕃方元反又作藩頓駕于吳乃帥門生故吏我兄弟子姪。姪徒節反字林文一反杜預注左氏傳云兄子曰姪研講六籍次及三傳左氏則有服杜之注公羊則有何嚴之訓釋穀梁傳者雖近十家。近附近之近皆膚淺末學不經師匠辭理典據既無可觀又引左氏公羊以解此傳文義違反斯害也已【疏】升平至也已。釋曰此范氏言已注述之意也升平者晉之年號歲謂大歲也大梁是十二次名也先君謂甯之父注也門生同門後生故吏謂昔日君臣江徐之屬是也兄弟子姪即邵凱雍泰之等是也六籍者謂易詩書禮樂與春秋也服杜者即服虔杜預也何嚴者即何休嚴彭祖也近十家者魏晉已來注穀梁者有尹更始唐固麋信孔衍江熙程闡徐仙民徐乾劉瑤胡訥之等故曰近十家也范不云注二傳得失直言注穀梁膚淺末學者舊解以為服杜何嚴皆深於義理不可復加故不論之以注穀梁者皆不經師匠故偏論之或當方便注穀梁故言其短也於是乃商略名例敷陳疑滯博示諸儒同異之說昊天不弔大山其頹。昊天胡老反詩云欲報之德昊天亡極本又作旻亡巾反匍匐墓次死亡無日。匍音蒲又音扶匐蒲北反又音服日月逾邁。逾音榆跂及視息。跂丘弭反又丘豉反乃與二三學士及諸子弟各記所識并言其意業未及終嚴霜夏墜。墜直類反從弟彫落。從才用反二子泯沒。泯忘忍反又作泜天實喪予。喪息浪反何痛如之今撰諸子之言各記其姓名名曰春秋穀梁傳集解【疏】於是至集解。釋曰商畧名例者即范氏別為畧例百餘條是也言昊天者以父卒故以殺方言之昊天不弔哀十六年左氏文也云大山其頹者禮記檀弓文也集解者撰集諸子之言以為解故曰集解杜預云集解者謂集解經傳與此異也

監本附音春秋穀梁傳注疏序終

春秋穀梁傳注疏挍勘記序

阮元撰盧宣旬敬錄

六藝論云穀梁善于經豈以其親炙於子夏所傳爲得其實與公羊同師子夏而鄭氏起癈疾則以穀梁爲近孔子公羊爲六國時人又云傳有先後然則穀梁實先於公羊矣今觀其書非出一人之手如隱五年桓六年竝引尸子說者謂即尸佼佼爲秦相商鞅客鞅被刑後遂亡逃入蜀而預爲徵引必無是事或傳中所言者非尸佼也自漢宣帝善穀梁於是千秋之學起劉向之義存若更始唐固麋信孔衍徐乾皆治其學而范甯以未有善釋遂沈思積年著爲集解晉書范傳云徐邈復爲之注世亦傳之似徐在范後而書中乃引邈注一十有七可知邈成書於前范甯得以捃拾也讀釋文所列經解傳述人亦可得其後先矣漢志經傳各自爲帙今所傳本未審合併於何時也集解則經傳竝釋豈即范氏之所合與范注援漢魏晉各家之說甚詳唐楊士勛疏分肌擘理爲穀梁學者未有能過之者也但晉豕魯魚紛綸錯出學者患焉康熙間長洲何煌者焯之弟其所據宋槧經注殘本宋單疏殘本竝希世之珍雖殘編斷簡亦足寶貴元曾挍錄今更屬元和生員李銳合唐石經元版注疏本及閩本監本毛本以挍宋十行本之譌元復定其是非成穀梁注疏挍勘記十二卷釋文挍勘記一卷阮元記

引據各本目錄

單經本

唐石經 凡十二卷顧炎武金石文字記曰襄昭定哀四公卷朱梁補刻錢大昕金石文跋尾曰襄公篇朱梁重刻成公篇重刻者居其半僖公篇亦似後來重刻却不避城字炎武謂昭定哀三卷亦朱梁補刻則考之未審矣

經注本

宋槧殘本 余仁仲萬卷堂藏本兼載釋文宣公以前鈌自宣公以後分卷與石經合今據何煌挍本

單疏本

鈔宋殘本 章丘李中麓藏文公以前鈌自文公以後分卷亦與石經合亦據何煌挍本

注疏本

元本 亦據何煌挍本

十行本 凡二十卷閩監毛三本同又何煌所記諸舊本尚有南監本一種今案南監本即十行本故不別出

閩本
監本
毛本

春秋穀梁傳注疏序校勘記

阮元撰盧宣旬摘錄

監本附音春秋穀梁傳註疏序 閩監毛本無監本附音序五字案何煌校本跋云此卷先命奴子羅中郎用南監本逐字比校訖今驗此標題及下銜名二行何校與十行本合何所稱南監本當即此十行本也

國子四門助教楊士勛撰　國子博士兼太子中允贈齊州刺史吳縣開國男陸德明釋文 此銜名二行閩監毛本作晉范甯集解唐楊士勛疏

春秋穀梁傳序 閩監毛本上空二字石經此六字入分書稍大上不空字十行本與石經合釋文無傳字

亦既經傳其文 閩監毛本同何校本其作共是也案凡何所校不能別爲何本者則但稱何校本以後並同

唯祭與號 閩監本同毛本號誤號

穀梁子名淑字元始 宋王應麟云穀梁子或以爲名赤或以爲名俶顏師古又以爲名喜。按作俶是也齊召南云爾雅俶訓始故字元始

故曰穀梁傳孫卿 閩監本同毛本疊傳字

父名注 閩本同監毛本注改注下父注同。按晉書本傳作注

昔周道衰陵 自此以下十行本行頂格與石經合閩監毛本並上空一字

弑逆篡盜者國有 石經閩監毛本同釋文出弑逆申志反又作殺音同又昭公十三年弑其下云凡弑字從式殺字從殳君父曰弑取積漸之名自外則皆曰殺此可以意求也傳本多作殺字故時復音之後放此案古籑弑字即用殺字同音而讀異耳

七耀爲之盈縮 石經同閩監毛本耀作曜釋文七燿本又作曜

朓則侯王其恭 閩監毛本同何校本恭作荼。按荼是也古多假荼爲舒

二川震 閩監本同毛本二改三是

善惡褒貶等皆所以示禍福成敗之原 十行本善惡二字擠皆下空一格閩監毛本排勻不空

愚上不能用也 閩監毛本上作者是也

申侯與鄫人及犬戎　閩監本同毛本侯誤后

迺喟然而歎曰　唐石經歎字改刊

麟感而來應　宋建安本同石經閩監毛本感下有化字釋文麟本又作驎

餘不至也　閩本同監毛本至作來

凡五十二家　何校本二作三是也閩監毛本作凡二十五家尤誤

人揚雄一家三十八篇　十行本此九字墨圍○按此九字乃漢書注

游心於六藝之中　按今本漢書藝文志作游文

其本蓋出於史官　閩監毛本同何校本云其本二字與漢志合

選士大夫射　漢志無夫字

諸侯力政　閩監毛本力作失非也史漢皆云諸侯力政

不可強通者也　閩監毛本同石經萬歷本可下有得字

庸得不棄其所滯　閩監毛本同石經棄作弃案此避世字故也

謂甯之父注也　閩本同監毛本注改注是也

孔演　隋經籍志唐藝文志演作衍

劉瑤　隋唐志並作劉兆

言旻天者　閩監毛本旻作昊下旻天不弔同

春秋穀梁傳注疏序校勘記終

監本附音春秋穀梁注疏隱公卷第一 起元年盡三年

范甯集解　楊士勛疏

春秋穀梁傳隱公第一

【疏】春秋至第一。○釋曰：春秋者，此書之大名，傳之解經，隨條即釋，故冠大名於上也。名曰春秋者，以史官編年記事，年有四時之序，春先於夏，秋先於冬，故舉春秋二字以包之。賈逵云取法陰陽之中，知不然者，以孝經云春秋祭祀以時思之，豈是取法陰陽之中？故知非也。玉藻云：動則左史書之，言則右史書之。左史所書，春秋是也；右史所書，尚書是也。則春秋立名必是仲尼以往，三代以來，不審誰立之耳。仲尼所脩謂之經，經者常也，聖人大典，可常遵用，故謂之經。穀梁所脩謂之傳，不敢與聖人同稱，直取傳示於人而已，故謂之傳。魯世家隱公名息姑，惠公之子，周公八世孫，以平王四十九年即位。隱者，諡也。周書諡法曰：隱拂不成曰隱。魯雖侯爵，據臣子言之，故謂之公。說文第訓次，謂次第之中當其一，故謂之第一。

元年，春，王正月。隱公之始年，周王之正月也。杜預曰：凡人君即位，欲其體元以居正，故不言一年一月也。○正音征，又如字，後皆放此。【疏】注隱公至月也。○釋曰：何休注公羊取春秋緯黃帝受圖立五始，以爲元者氣之始，春者四時之始，王者受命之始，正月者政教之始，公即位者一國之始，五者同日並見，相須而成。又云惟王者然後改元立號，春秋託新王受命於魯，故因以錄即位。公羊又引王者孰謂？謂文王也。故范云隱公之始年，周王之正月以異之。不然，公者不嫌非隱，何煩此注？明知爲排公羊說也。所書之公即魯隱，所用之歷即周正，安在黜周王魯也？又所改正朔雖是文王，頒於諸侯，非復文王之歷，用今王之歷，言文王之正，非也。又何休言諸侯不得改元，則元者王之元年，非公之元年。公之即位，不在王之元年，安得同日並見，共成一體也？言既不經，故范所不信。元年實是一年，正月實爲一月，而別爲立名，故范引杜預之言以解之。元者氣之本，善之長，人君當執大本，長庶物，欲其與元同體，故年稱元也。正者直方之間語，直其行，方其義，人君當秉直心，仗大義，欲其常居正道，故月稱正也。以其君之始年，歲之始月，故特立此名以示義，其餘皆即從其數，不復改也。雖無事，必舉正月，謹始也。謹君即位之始。【疏】雖無至始也。○釋曰：此言無事，直據正月無即位之事，非是通一時無事也。云謹始也者，謹人君即位之始。公何以不言即位？據文公言即位。【疏】注據文公言即位。○釋曰：不據桓公者，文公繼正即位，正也；桓繼故即位，非正，故不據之。成公志也。成隱讓桓之志。焉成之？言君之不取爲公也。言隱意不取爲魯君也。公，君也。上言君，下言公，互辭。○焉，於虔反。君之不取爲公，何也？將以讓桓也。讓桓正乎？曰：不正。隱長桓幼。○長，丁丈反，又作丈，音同。【疏】注隱長桓幼。○釋曰：傳云讓桓不正，注何以知隱長桓幼，不是隱嫡桓庶者？若隱嫡桓庶，先君焉得欲立之？隱焉得探先君邪心而讓之？傳言天倫，則貴賤相似可知。又云受之天子，隱非嫡明矣。春秋成人之美，不成人之惡。隱不正而成之，何也？將以惡桓也。不明讓者之善，則取者之惡不顯。○之惡，烏各反，下注之惡同。惡桓，烏路反，下其惡桓同。【疏】春秋至桓也。○釋曰：此云春秋成人之美，下云春秋貴義而不貴惠。顯言春秋者，讓者人之善事，而傳稱小道危疑之理，恐人不信，故廣稱春秋之理以明之。下既以隱爲善，又惡其不正，亦恐人不信，故言春秋貴義而不貴惠也。○注不明至不顯。○釋曰：謂不言公之即位，是明讓者之善，讓者之善既明，則取者之惡自然顯也。其惡桓，何也？隱將讓而桓弒之，則桓惡矣。桓弒而隱讓，則隱善矣。善則其不正焉，何也？據善無不正。○弒，申志反，又作殺，如字，後皆同。春秋貴義而不貴惠。惠謂私惠。信道而不信邪。信，申字，古今所共用。○信音申。邪，似嗟反，下及注皆同。孝子揚父之美，不揚父之惡。先君之欲與桓，非正也，邪也。雖然，既勝其邪心以與隱矣。終歸之於隱，是以正道制邪心。已探先君之邪志，而遂以與桓，則是成父之惡也。兄弟，天倫也。兄先弟後，天之倫次。○探，吐南反。爲子受之父，爲諸侯受之君。隱爲世子，親受命於惠公，爲魯君，已受之於天王矣。已廢天倫，而忘君父，以行小惠，曰小道也。弟先於兄，是廢天倫；私以國讓，是忘君父。【疏】小道也。○釋曰：伯夷、叔齊及大伯等讓國，史傳所善，今隱讓國而云小道者，伯夷爲世子，其父尚存，兄弟交讓而歸周；父沒之後，國人立其中子，可謂求仁而得仁，故以爲善。今隱公上奉天王之命，下承其父之託，百姓已歸，四鄰所與，苟探先君之邪心，而陷父於不義，開篡弒之原，啓賊臣之路，卒使公子翬乘釁而動，自害其身，故謂之小道。至於大伯，則越禮之高，以興周室，不可以常人難之。若隱者，可謂輕千乘之國，蹈道則未也。未履居正之道。○乘，繩證反，公侯之國賦千乘。蹈道，上徒報反，履行之名也，下如字。

○三月，公及邾儀父盟于眛。邾，附庸之國。眛，魯地。○邾音誅，國名。儀父，凡人名字皆音甫，後放此，更不重音。眛音蔑，地名，左氏作蔑，注下皆同。及者何？內爲志焉爾。內謂魯也。儀，字也。父，猶傅也，男子之美稱也。傅，師傅。附庸之君未王命，例稱名，善其結信於魯，故以字配之。○美稱，尺證反。其不言邾子，何也？據莊十六年邾子卒稱邾子。邾之上古微，未爵命於周也。邾自此以上是附庸國。○上，時掌反。不日，其盟渝也。日者所以謹信，盟變，故不日。七年公伐邾是也。○不日，人實反。不日謂不書日也。穀梁皆以日月爲例，他皆放此。○渝，羊朱反，變也。【疏】及者至渝也。○釋曰：此云及，傳云內爲志焉爾；二年公會戎于潛，傳云會者外爲主焉，則下六年公會齊侯盟于艾，亦是外爲主；公及戎盟于唐，亦是內爲志。外內之意別，故傳辨彼我之情也。案齊侯祿父，則以父爲名，此父爲傅者，以春秋之例，諸侯卒例名，經云齊侯祿父卒，無取字義，故知父是名也。今儀父既有所善，故知父是男子之美稱也。經善其結信，貴而字之，傳又云不日，其盟渝也，經傳相違者，以附庸之君能結信於魯，故以美稱稱之；但結盟之後，信義不固，魯更伐邾，故去日以惡之，所謂善惡兩舉，春秋之義也。知非例不日者，案二年秋八月庚辰，公及戎盟于唐；六年夏五月辛酉，公會齊侯盟于艾，彼皆書日，故知非例不日。今此不日，故知爲渝盟略之也。左氏惟大夫卒及日食以日月爲例，自餘皆否。此傳凡是書經皆有日月之例者，以日月相承，其事可悉，史官記事，必當具文，豈有大聖脩撰而或詳或略？故知無日者，仲尼略之，見褒貶耳。○注附庸至配之。○釋曰：案莊五年秋，郳犂來來朝，稱名，故知此善其結信於魯，故以字配之也。不善彼朝而善此盟者，朝事大國，附庸常禮；齊盟結信，所以安社稷，故貴之也。眛，地名也。

○夏，五月，鄭伯克段于鄢。段有徒衆，攻之爲害必深，故謹而月之。鄢，鄭地。○鄢音偃，地名。【疏】注段有至鄭地。○釋曰：案下四年九月，衛人殺祝吁，傳曰：其月，謹之也。范云：討賊例時也。衛人不能即討祝吁，致令出入自恣，故謹其時月所在，以著臣子之緩慢也。此云爲害必深，故謹而月之。彼祝吁以二月弒君，衛人以九月始討，傳云其月謹之也，明知謹臣子之緩慢。此無歷時之事，傳云段之有徒衆也，故知爲害必深，故謹而月爾。莊九年齊人殺無知不書月者，無知雖復歷年，時月尚淺，又無重害，故直書時也。宣十一年楚人殺陳夏徵舒書月者，爲陳不能討而外藉楚力，故禍害深也。克者何？能也。何能也？能殺也。何以不言殺？見段之有徒衆也。言鄭伯能殺，則邦人不能殺矣。知段衆力彊盛，雖國君能殺之。○見，賢徧反。【疏】注言鄭至殺之。○釋曰：國君之討，必藉衆力，若使鄭伯獨行，理不能殺，而云唯國君能殺之者，段藉母弟之權，乘先君之寵，得衆人之情，遂行弒君之計，百姓畏憚，莫不斂手，而鄭伯既爲人君，有威怒之重，自爲戎首，設賞罰之柄，故軍師用命，戰士爭先。注論克段之本，故云唯國君乃能殺之也。段，鄭伯弟也。何以知其爲弟也？殺世子、母弟目君，以其目君，知其爲弟也。母弟，同母弟也。目君，謂稱鄭伯。【疏】段鄭至弟也。○釋曰：殺世子、母弟皆目君，傳何以知非世子者？左氏、公羊亦以段爲鄭伯之弟，故此傳亦同之。舊解以爲世子申生，傳曰：目晉侯，斥殺，惡晉侯也。宋公殺世子，傳無明解，同例可知。故范云痤之罪不了明矣。然則書殺世子，例目君稱世子，其罪誅者即不書。今段目君而不云世子，是弟可知，理亦通耳。不及取二傳爲證，後進易曉。宣十七年公弟叔肸卒，傳曰：賢之也。彼爲賢稱弟，則不賢去弟乃是其常，而下傳云弗謂弟，貶之也者，天王殺其弟佞夫，彼佞夫無罪而稱弟，今段不稱公子，又不稱弟，故云貶之。又且相殺之例與尋常異，故知去弟者貶之也。段，弟也，而弗謂弟；公子也，而弗謂公子，貶之也。段失子弟之道矣，賤段而甚鄭伯也。賤段，謂不稱公子、公弟；甚鄭伯，謂目君也。何甚乎鄭伯？甚鄭伯之處心積慮，成於殺也。雍曰：段恃寵驕恣，彊足當國，鄭伯不能防閑以禮，教訓以道，縱成其罪，終致大辟，處心積思，志欲殺弟。○大辟，婢亦反。思，息吏反。于鄢，遠也。猶曰取之其母之懷

中而殺之云爾。甚之也。段奔走乃至於鄢去已遠矣鄭伯猶追殺之何以異於探其母懷中赤子而殺之乎君殺大夫例不地甚鄭伯之殺弟故謹其地【疏】注段奔至其地○釋曰僖十年晉殺其大夫里克昭十四年莒殺其公子意恢例不地故知此書地是謹之也又昭十一年楚子虔誘蔡侯般殺之于申傳曰稱地謹之也明此稱地亦是謹耳然則爲鄭伯者宜奈何。緩追逸賊。親親之道也。君親無將將而必誅焉此蓋臣子之道所犯在已故可以申兄弟之恩【疏】注君親至之恩○釋曰莊三十二年公羊傳文

○秋。七月。天王使宰咺來歸惠公仲子之賵。宰官咺名仲字子宋姓也婦人以姓配字明不忘本示不適同姓也妾子爲君賵當稱謚成風是也仲子乃孝公時卒故不稱謚賵例時書月以謹其晚○宰咺況阮反注同仲子惠公之母也與左氏傳同賵芳鳳反及下同【疏】七月至之賵○釋曰公羊傳云仲子者何桓之母也何以不言及仲子仲子微也左氏亦以仲子爲桓之母今穀梁以爲孝公之妾惠公之母者以文九年秦人來歸僖公成風之襚彼若兼歸二襚則先書成風既經不先書成風明母以子氏直歸成風襚服而已成風既是僖公之母此文正與彼同故知仲子是惠公之母也鄭釋廢疾亦云若仲子是桓之母桓未爲君則是惠公之妾天王何以賵之則惠公之母亦爲仲子也鄭云亦爲仲子者以左氏公羊皆言仲子桓公母故也然則魯女得並稱伯姬叔姬宋女何爲不得並稱仲子也又仲子不稱夫人者文九年秦人來歸僖公成風之襚傳稱秦人弗夫人也即外之弗夫人而見正焉則此不稱夫人理亦當然也文五年春王正月王使榮叔歸含且賵傳曰其不言來不周事之用也仲子乃孝公時卒而云來者秦人能遠慕中華君子之怨而不責其晚故言來又書時今平王能崇禮諸侯因惠公之喪而來歸賵故亦怨而不責言來也秦近西戎能慕中國故時而不月京師路近故謹而月之范以不責秦而不書月故知書月者是譏之文文五年傳云不周事之用也而經書月則周事之用含書時故注云賵例時書月以謹其晚也母以子氏。妾不得體君故以子爲氏平王新有幽王之亂遷于成周欲崇禮諸侯仲子早卒無由追賵故因惠公之喪而來賵之仲子者何。惠公之母。孝公之妾也。禮。賵人之母則可。賵人之妾則不可。君子以其可辭受之。其志。不及事也。常事不書賵者。何也。乘馬曰賵。衣衾曰襚。貝玉曰含。錢財曰賻。四馬曰乘含口實○乘繩證反襚音遂含戶暗反又作唅賻音附【疏】賵者至曰賻○釋曰士喪禮賵用兩馬此用乘馬者禮大夫以上皆乘四馬故賵用乘馬數雖同其馬大小則異故何休云天子馬曰龍高七尺以上諸侯曰馬高六尺以上卿大夫士曰駒高五尺以上是也士喪禮賵并有玄三纁束公羊傳亦云賵者以馬以乘馬束帛謂玄三纁二玄三法天纁二法地是也謂之賵者何休云賵猶覆也當覆被亡者之身休又云賻猶助也皆助生送死之禮襚猶遺也遺是助死之禮知生者賵賻知死者贈襚耳或當襚者衣服之名故送死之衣亦名襚也衣多少之數喪大記小斂之衣皆十九稱大斂之衣君百稱大夫五十稱士

三十稱天子蓋百三十稱斂衣稱數不同則所歸襚服亦當有異但所歸者未必具其稱先儒無說不敢斷其多少也含者實口之名周禮玉府大喪共含玉則天子用玉禮雜記論諸侯弔含之事云將命者執璧委於殯東是諸侯用璧士喪禮含用米貝是士用米貝莊子云徐徐別其頰無傷口中珠或大夫用珠也其多少之數士喪禮用貝三則天子以下同用三明矣何者實口當無多少之異故也舊說云大夫當五諸侯當七天子當九非也檀弓含用米貝以喪大記約之則天子米當用黍諸侯用粱大夫士用稷也案雜記之文諸侯含必當用璧文五年注云諸侯含用玉又此傳直云貝玉曰含者璧亦是玉之別故同禮子男執璧亦同謂之玉故傳舉貝玉摠之也或以爲禮緯天子用珠諸侯用玉大夫用璧士用貝又此傳貝玉曰含故范氏不取禮記之文而云諸侯含用玉也若從前解禮緯之文特爲先代法則於理通耳

○九月。及宋人盟于宿。及者何。內卑者也。宋人。外卑者也。卑者之盟不日。卑者謂非卿大夫也凡非卿大夫盟信之與不例不日【疏】及者至不日○釋曰盟會言及別內外尊卑言及上下序此言及者是魯之微人傳云卑者之盟不日則公卿之盟書日可知故文二年三月乙巳及晉處父盟莊二十二年秋七月丙申及齊高傒盟彼雖不言公以公實在故亦書日又二年秋八月庚辰公及戎盟于唐襄三年六月公會云云己未同盟於雞澤是稱公而書日襄二十七年秋七月辛巳豹及諸侯之大夫盟於宋是卿盟亦日此不書日是卑者例不書日八年傳云外盟不日詳內而略外也其間有內之公卿不日外盟亦日皆當條別有義耳定十一年注云平不日亦有惡矣則平亦有日月之例也宿。邑名也。

○冬。十有二月。祭伯來。來者。來朝也。其弗謂朝。何也。寰內諸侯。非有天子之命。不得出會諸侯。不正其外交。故弗與朝也。天子畿內大夫有采地謂之寰內諸侯○祭側界反朝直遙反寰音縣古縣字一音環又音患寰內圻內也畿本或作圻音祈聘弓鍭矢。不出竟場。束脩之肉。不行竟中。有至尊者。不貳之也。聘遺所以結二國之好將彼我之意臣當稟命於君無私朝聘之道○鍭音候又音侯竟音境本或作境場音亦遺唯季反好呼報反稟彼錦反【疏】來者至之也○釋曰天子畿內大夫奉王命當言聘此不奉王命據之君言之故傳云不與朝也寰內者王都在中諸侯四面遶之故曰寰內也祭伯者范雖不注傳云諸侯則伯爲爵也聘弓鍭矢者稟信云聘問也古者以弓矢相聘問故左傳云楚子問郤至以弓爾雅釋器云金鏃翦羽謂之鍭郭璞云今之錍箭是也束脩之肉者脩脯也謂束脯之肉也臣無竟外之交故弓矢不出竟場在禮家施不及國故束脩之肉不行竟中謂之竟場者是彊界之名至此易主故謂之彊場不貳之者言臣當一一稟君命無自專之道也范注莒慶之下引禮束脩之問不出竟董仲舒曰大夫無束脩之饋言雖有異其意皆同也

○公子益師卒。大夫日卒。正也。君之卿佐是謂股肱股肱或虧何痛如之故錄其卒日以紀恩不日卒。惡也。罪故略之【疏】大夫至惡也○釋曰五年冬十有二月辛巳公子彄卒僖十六年三月壬申公子季友卒皆書日今不書日故云惡之益師之惡經傳無文蓋春秋之前有其事也襄信云益師不能防微杜漸使桓弑隱若益師能以正道輔隱則君無推國之意桓無篡弑之情所言亦無案據也何休云公羊以爲日與不日爲遠近異辭若穀梁云益師惡而不日則公子牙及季孫意如何以書日乎鄭君釋之曰公子牙莊公弟不書弟則惡明也故不假去日季孫意如則定公所不惡故亦書日是鄭意亦以爲惡故不日也

二年。春。公會戎于潛。凡年首月承於時時承於年文體相接春秋因書王以配之所以見王者上奉時承天而下統正萬國之義然則春秋記事有例時者若事在時例則時而不月月繼事末則月而不書王書王必皆上承春而下屬於月文表年始事莫之先所以致恭而不贖者他皆放此唯桓有月無王以見不奉王法爾南蠻北狄東夷西戎皆底羌之別種潛魯地會例時○見王賢偏反下同屬章玉反贖徒木反放甫往反後此例不音底丁兮反本又作氐種章勇反【疏】注凡年至例時○釋曰春秋二百四十二年無王一百有八桓無王者以見不奉王法餘公無王者爲無正月不得言以凡書首時者六十有二若以正月首時者亦得書王何者以時雖無事年時月皆借故亦書王則莊十有一年春王正月十有九年春王正月下無事而書王是也若月承於時時承於年年下有事書王配之者則莊三年春王正月溺會齊師伐衛八年春王正月師次于郎是也雖非正月但月承於時時承於年又事繫月下即亦稱王則三年王二月乙巳日有食之莊六年春王二月王人子突救衛是也注又云春秋記事有例時者謂若朝會侵伐之類知者十一年春滕侯薛侯來朝傳曰諸侯來朝時正也莊十年二月公侵宋傳曰侵時此其月惡之故謹而月之二十三年春公至自齊傳曰往時正也故此年春公會戎于潛五年春公觀魚于棠皆不書月是也其有書月之類皆有故始書耳注又云月繼事末則月而不書王者謂年首已有事下雖有月亦不得書王若八年春宋公衛侯遇于垂下文三月鄭伯使宛來歸祊是也致恭而不贖者謂恭敬於王不敢贖慢者也會例時者四年夏公及宋公遇于清九年冬公會齊侯于防是也若然十年春王二月公會齊侯鄭伯于中丘十一年夏五月公會鄭伯于時來而書月者范云夫言雷雨之異而不知戒懼反更數會故危之是有故始書月明無故例時也會者。外爲主焉爾。知者慮。察安審危○知音智義者行。臨者能斷○斷丁亂反仁者守。衆之所歸守必堅固○守如字有此三者。然後可以出會。會戎危公也。無此三者不可以會而況會戎乎【疏】注無此至戎乎○釋曰傳云知者慮謂卿爲司徒主教民察民之安危也義者行謂卿爲司馬司馬主斷制也仁者守謂卿爲司空司空主守也人君之行二卿從一卿守然後可會中國之君相無三臣之策而出會齊侯身死於外故重起例時其不可是以此注云無此三臣不可以會而況會戎乎兼爲桓公生此意也此既危公而不月者徐邈云會戎雖危有三臣之助不至于難故不月也理或然焉

○夏。五月。莒人入向。入例時惡甚則日次惡則月他皆放此○莒音舉向舒亮反惡烏各反並同【疏】注入例至放此○釋曰入例時者以侵伐既時則入亦時也故五年秋衛師入郕十年秋宋人衛人入鄭皆不月是也惡甚則日者八年庚寅我入祊傳曰日入惡入者也十年冬十月壬午齊人鄭人入郕傳曰日入惡入者也經書日傳特發

云惡入也則書日是大惡之例書日既爲大惡則書月者亦惡書時有小惡知書時亦惡者傳云入者內弗受也則稱入者亦是惡也內不受此已發例下入極復言之者向者佗入我極者我入佗恐內外不同故兩發以同之或以爲書時者無惡但事自惡耳入者。內弗受也。入無小大苟不以罪則義皆不可受向。我邑也。自魯而言故曰我也〇無侅帥師入極。二千五百人爲師○侅音該又戶楷反左氏作駭入者。內弗受也。極。國也。諱滅同姓故變滅言入傳例曰滅國有三術中國日卑國月夷狄時極蓋卑國也內謂所入之國非獨魯也【疏】注滅國有三術至非獨魯也○釋曰宣十五年襄六年傳文也苟焉以入人爲志者。人亦入之矣。不稱氏者。滅同姓貶也。【疏】滅同姓貶也○釋曰左氏無駭八年乃賜族則爲無族可稱此傳云不稱氏者滅同姓貶也則以無侅舊有氏公羊無駭者何展無駭也何以不氏貶曷爲貶疾始滅也然則此傳貶意雖與公羊異或當先號展氏也〇秋。八月。庚辰。公及戎盟于唐。傳例曰及者內爲志焉爾唐魯地〇九月。紀履緰來逆女。不親逆則例月重錄之親迎則例時○履緰音須左氏作裂繻下注同【疏】注不親至例時○釋曰莊二十四年夏公如齊逆女書時此則書月故云不親逆例月親逆例時也逆女。親者也。親者謂自逆之也使大夫。非正也。以國氏者。爲其來交接於我。故君子進之也。傳例曰當國以國氏卑者以國氏進大夫以國氏國氏雖同而義各有當公子公孫篡君代位故去其氏族國氏以表其無禮齊無知之徒是也若庶姓微臣雖爲大夫不得爵命無代位之嫌既不書其氏族當知某國之臣故國氏以別之宋萬之倫是也履緰以名繫國著其奉國重命來爲君逆得接公行禮故以國氏重之成九年宋不書逆女以其逆者微今書履緰亦足知其非卑者公羊傳曰春秋貴賤不嫌同號美惡不嫌同辭左氏舍族之例或厭以尊君或貶以著罪此傳隱公去即位以讓莊公去即位以表繼弒文同而義異者甚衆故不可以一方求之○爲其于僞反注來爲同有當丁浪反故去起呂反下同以別彼列反美惡烏路反又如字舍族音捨或厭於葉反【疏】注傳例至求之○釋曰齊無知衛祝吁弒君取國以國氏齊公子商人楚公子比亦弒君取國不以國氏者商人不欲以嫌代嫌楚公子比不是弒君之主故皆稱公子不以國氏也此云履緰知非卑者傳云逆之道微指言不親逆略之不稱使非謂履緰卑也注廣引公羊左氏者以證國氏不同之意并明褒貶殊致也貴賤不嫌同號美惡不嫌同辭隱七年公羊傳文也滕是小國爵稱侯齊是大國亦止稱侯是貴賤不嫌同號文公繼嗣君而稱即位桓公繼弒君亦言即位是美惡不嫌同辭或厭以尊君成十四年僑如以夫人婦姜氏至自齊宣元年遂以夫人婦姜至自齊是也或貶以著罪若四年翬帥師會宋公云云伐鄭襄二十七年豹及諸侯之大夫盟于宋是也不可以一方求之者言國氏雖同本意各異故不可以一方求之是以廣引文同義異以爲證也〇冬。十月。伯姬歸于紀。伯姬魯女禮。婦人謂嫁曰歸。反曰來歸。嫁而曰歸明外屬也反曰來歸明從外至反謂爲夫家所遣【疏】禮婦至來歸○釋曰婦人謂嫁曰歸此伯姬歸于紀是也反曰來歸宣十六年郯伯姬來歸是也從人者也。婦人在家。制於父。既嫁。制於夫。夫死。從長子。婦人不專行。必有從也。伯姬歸于紀。此其如專行之辭。何也。曰。非專行也。吾伯姬歸于紀。故志之也。其不言使。何也。怪不言使履緰來逆女○長丁丈反【疏】專行之辭○釋曰糜信云不稱使者似若專行也謂決魯夫人王并稱逆者此直云伯姬歸故問之下云吾伯姬歸故志之也明佗逆者不足錄故與內夫人王異也逆之道微。無足道焉爾。言君不親迎而大夫來逆故曰微也既失其大不復稍明其細故不言使履緰也○迎魚敬反復扶又反【疏】逆之道微○釋曰成八年宋公使公孫壽來納幣注云婚禮不稱主人宋公無主婚者自命之故稱使此紀侯有母母使履緰文不稱使正是常事而云逆之道微故去使者納幣禮合使卿宋公身自命之故云使逆女非親不得故云逆之道微而去使文也以逆女與納幣異故彼此不同耳〇紀子伯。莒子盟于密。密莒地○子伯如字長也左氏作子帛或曰。紀子伯。莒子。而與之盟。紀子以莒子爲伯而與之盟伯長也或曰。年同爵同。故紀子以伯先也。年爵雖同紀子自以爲伯而先【疏】或曰至先也○釋曰上文伯莒子者謂紀子推先莒子爲伯而與之盟下文以伯先者謂紀子自以爲伯而居先再言或曰者失其真故也〇十有二月。乙卯。夫人子氏薨。夫人薨例日夫人曰薨從夫稱○稱尺證反【疏】夫人子氏薨○釋曰左氏以子氏爲桓公之母公羊以爲隱公之母穀梁知是隱公之妻者以隱推讓據其爲君而亦稱公故其妻亦稱夫人也夫既不葬故其妻亦不葬以經文上下符合故爲隱妻而左氏以桓未爲君其母稱夫人是亂嫡庶也公羊以爲隱母則隱見爲君何以不書葬若以讓不書葬何爲書夫人子氏薨故穀梁子以爲隱妻也夫人薨。不地。夫人無出竟之事薨有常處○處昌慮反夫人者。隱之妻也。卒而不書葬。夫人之義。從君者也。隱弒賊未討故不書葬〇鄭人伐衛。傳例曰斬樹木壞宮室曰伐伐例時○壞音怪又戶怪反【疏】傳例至例時○釋曰傳例曰者五年傳文也伐既例時此伐衛文承月下者日月自爲魯夫人薨故上注云夫人薨例日是也

三年。春。王二月。己巳。日有食之。杜預曰日行遲一歲一周天月行疾一月一周天一歲凡十二交會然日月動物雖行度有大量不能不小有盈縮故有雖交會而不食者或有頻交而食者唯正陽之月君子忌之故有伐鼓用幣之事京房易傳曰日者陽之精人君之象驕溢專明爲陰所侵則有日有食之災不救必有篡臣之萌其救也君懷謙虛下賢受諫任德日食之災爲消也○日有食之本亦作蝕音同後皆倣此量音亮下遐嫁反爲消于僞反【疏】二月至食之○釋曰此經不書朔傳云食晦日也則此食必當晦日但不知是何月晦也徐邈云己巳爲二月晦則三月不得有庚戌也明宣十年四月丙辰十七年六月癸卯皆是前月之晦也則此己巳正月晦冠以二月者蓋交會之正必主於朔今雖未朔而食著之此月所以正其本亦猶成十七年十月壬申而繫之十一月也取前月之日而冠以後月故不得稱晦以其不得稱晦知非二月晦也未審范意如何穀梁之例書日食凡有四種之別故此二月己巳日有食之傳云言日不言朔食晦日也桓十七年冬十月朔日有食之傳云言朔不言日食既朔也彼是二日食也又莊十八年三月日有食之傳云不言日不言朔夜食也又桓三年七月壬辰朔日有食之既傳云言日言朔食正朔也是有四種之別公羊以爲此二月己巳不言朔者是二日食也左氏以爲不言朔者史失之並非穀梁意耳○注杜預至消也○釋曰依歷家之說日一日一夜行天一度月一日一夜行天十三度十九分度之七天有三百六十五度四分度之一故日行一歲一周天計月逐及日之時不嘗周天但舉其大率耳日月相及而爲交會謂之一月計一年之中有十二交會則應每月常食而有不食之時故解之但日月動物其行也或盈或縮故雖交會而有不食之時或亦有頻交而食也雖交會而不食者謂春秋二百四十二年唯三十七日食是也頻交而食者則襄二十一年九月十月食二十四年七月八月食是也京房漢人字君明頓丘人也本姓李推律自定爲京氏爲易作傳故曰京房易傳也言日不言朔。食晦日也。其日有食之何也。吐者外壤。食者內壤。凡所吐出者其壤在外其所吞咽者壤入於內○壤而丈反吞勑恩反又音天咽於見反闕然不見其壤。有食之者也。今日闕損而不知壤之所在此必有物食之○見如字又賢偏反有。內辭也。或外辭也。邵曰食者內壤故曰內辭吐者外壤故曰外辭傳無外辭之文者蓋時無外壤也而曰或外辭者因事以明義例爾猶傳云二穀不升謂之饉四穀不升謂之康亦無其事○饉渠吝反有食之者。內於日也。內於日以壤不見於外○見賢偏反又如字其不言食之者何也。知其不可知。知也。不可知知也上知如字下知音智【疏】其日至知也○釋曰傳問經意其稱日有食之何也傳又申說之吐者外壤謂凡所吐出其壤在外也食者內壤謂凡吞食者壤入於內也闕然不見其壤有食之者也者謂日既闕損不知壤之所在必有物食之有內辭也或外辭也者謂日食有兩種之辭據書內壤故言有內辭不書外壤故曰或外辭也有食之者內於日也者謂日食既有二辭今直云有食之者爲日之所壤在於內也其不言食之者何也者謂經不書月食日也知其不可知知也者謂聖人慎疑作不知之辭者知也壤字爲穀梁音者皆爲傷徐邈亦作傷糜信云齊魯之間謂鑿地出土鼠作穴出土皆曰壤或當字從壤蓋如糜信之言也○注三穀至其事○釋曰襄二十四年傳文也彼云一穀不升謂之嗛二穀不升謂之饑三穀不升謂之饉四穀不升謂之康五穀不升謂之大侵〇三月。庚戌。天王崩。平王也高曰崩。梁山崩厚曰崩。沙鹿崩尊曰崩。天子之崩。以尊也。其崩之何也。以其在民上。故崩之。其不名。何也。大上。故不名也。

夫名者所以相別爾居人之大在民之上故無所名。大並如字夫音符發句之端皆同別彼列反○夏。四月辛卯。尹氏卒。文三年王子虎卒不日此日者錄其恩深也。尹如字周大夫也左氏作君氏〔疏〕注文三至深也。釋曰范云恩深者王子虎即叔服也會葬在文元年三年王子虎始卒其恩已殺故直錄其卒而不書其日尹氏三月詔魯人弔四月卒故痛而日之是恩深於叔服也尹氏者。何也。天子之大夫也。外大夫不卒。此何以卒之也。於天子之崩爲魯主。故隱而卒之。隱猶痛也周禮大行人職曰若有大喪則詔相諸侯之禮然則尹氏時在職而詔魯人之弔者不書官名疑其譏世卿。相息亮反〔疏〕注隱猶至世卿。釋曰詔魯人之弔者叔孫得臣如京師經書名氏今不見其名蓋譏者也疑其譏世卿者穀梁無傳唯據公羊故云疑也○秋。武氏子來求賻。天王使不正者月今無君不稱使故亦略而書時〔疏〕注天王至書時。釋曰桓十五年二月天王使家父來求車是不正也文九年春毛伯來求金與此武氏子並不月者皆爲無君不稱使略而稱時也正而時者則凡伯南季是也祭伯來私出竟故書月以表不正祭叔來聘亦不請於王不正可知故不復月等不請王命祭伯寰內諸侯故不言朝祭叔大夫故不言使而言聘也武氏子者。何也。天子之大夫也。天子之大夫。其稱武氏子。何也。未畢喪。孤未爵。平王之喪在殯未爵使之。非正也。其不言使。何也。據桓十五年天王使家父來求車稱使無君也。桓王在喪未即位故曰無君歸死者曰賵。歸生者曰賻。曰歸之者。正也。求之者。非正也。喪事無求而有賵賻周雖不求。魯不可以不歸。魯雖不歸。周不可以求之。求之爲言。得不得。未可知之辭也。交譏之。〔疏〕未可至譏之。釋曰王者有求得在不疑而云未可知者以王者求之非道容有辭說故云未可知也交譏之者交猶俱也指事而書則周魯之非俱見也○八月。庚辰。宋公和卒。天子曰崩諸侯曰薨大夫曰卒周之制也春秋所稱曲存魯史之義內稱公而書薨所以自尊其君則不得不略外諸侯書卒以自異也至於既葬雖邾許子男之君皆稱謚而言公各順臣子之辭兩通其義鄭君曰禮雜記上曰君薨赴於他國之君曰寡君不祿敢告於執事曲禮下曰壽考曰卒短折曰不祿君薨赴而云不祿者臣子之於君父雖有壽考猶若短折痛傷之至也若赴稱卒是以壽終無哀惜之心非臣子之辭鄰國來赴書以卒者無老無幼皆以成人之稱亦所以相尊敬。謚市至反後皆同短于緩反折時設反下同有壽市又反又如字〔疏〕注天子至尊敬。釋曰曲禮與公羊傳文也何休稱死而異名者別尊卑也葬不別者從恩殺略也諸侯日卒。正也。正謂承嫡〔疏〕諸侯日卒正也。釋曰據正始故發傳也。注正謂承嫡。釋曰傳十七年冬十有二月乙亥齊侯小白卒彼非正而書日者以莊九年齊小白入于齊國氏及入則不正之事已見故於卒不復見之而依常書日耳注外盟不日者八年傳文也○冬。十有二月。齊侯、鄭伯盟于石門。傳例曰外盟不日石門齊地○癸未。葬宋繆公。日葬。故也。危不得葬也。天子七月而葬諸侯五月而葬大夫三月而葬傳例曰諸侯時葬正也月葬故也日葬者憂危最甚不得備禮葬也他皆放此徐邈曰文元年傳曰葬曰會言有天子諸侯之使共赴會葬事故凡書葬皆據我而言葬彼所以不稱宋葬繆公而言葬宋繆公者弔會之事賵襚之命此常事無所書故但記卒記葬錄魯恩義之所及則哀其喪而恤其終亦可知矣若存歿隔絕情禮不交則卒葬無文或有書卒不書葬蓋外雖赴卒而內不會葬無其事則闕其文史策之常也穀梁傳稱變之不葬有三弒君不葬國滅不葬失德不葬言夫子脩春秋所改舊史以示義者也弒君之賊天下所當同誅而諸侯不能治臣子不能討雖葬事是供義何足算亡國之君喪事不成則不應書葬失德之主無以守位故沒葬文傳於宋襄公著失民之咎宋共公發非葬之問言伯姬賢而不荅共公不能弘家人之禮然則爲君者外之不足以全國內之不足以正家皆所謂失德而終禮宜貶者也于時諸國多失道不可悉去其葬故於二君示義而大體明矣。繆音穆本亦作穆之使所吏反下同策本又作筴初革反算素緩反數也宋共公音恭本又作恭去起呂反〔疏〕注天子至明矣。釋曰天子七月而葬云云隱元年左傳文諸侯時葬正也襄七年傳文月葬故也隱五年傳文日者憂危最甚此傳云日葬故也危不得葬也是也變之不葬有三云云昭十三年傳文弒君不葬者若十一年公薨不書葬是也國滅不葬者若紀侯大去其國雖賢終不書葬是也其陳哀蔡靈書葬者閔二國不與楚滅之也失德不葬者僖二十三年宋公茲父卒成十五年宋公固卒是也外之不足以全國者謂宋襄也內之不足以正家者謂宋共也

穀梁注疏卷一挍勘記　阮元撰盧宣旬摘錄

監本附音春秋穀梁注疏隱公卷第一　閩監毛本無監本附音四字後卷並同

范甯集解　楊士勛疏　閩監毛三本范上有晉字楊上有唐字後卷並同

春秋穀梁傳隱公第一　石經釋文同案石經釋文並以每公爲一卷石經每卷首題春秋穀梁傳某公第幾八分書大字釋文此卷與石經同餘卷止稱某公第幾注疏本餘卷止存某公二字又此題目十行本頂格與石經合閩監毛本上空一字疏又低一字

元年　自此已下十行本行行頂格每一年提行另起與石經合又每經之上十行本皆作○界之閩監毛本以經文提行頂格次行以後並上空一字

隱公之始年　十行本注文雙行夾寫閩監毛本改爲單行上加註字

正者直方之間語　閩本同監毛本者誤月

雖無事必舉正月　閩監毛本上加傳字十行本無案石經經傳不別十行本正與之合加傳字非

外爲主焉　案二年傳文焉下有爾字

貝玉曰含　閩監毛本同疏同儀禮經傳通解引亦作貝石經同補字貝作珠非釋文含又作唅。按依說文當作琀

知死者賵襚耳　按公羊傳注賵誤賻疏云賵賓生死兩施是也

并有元纁束　補案束下當有帛字

故同禮　同乃周字之誤

豹及諸侯之大夫盟於宋　閩監本同毛本於作于

據之君言之　閩監毛本上之字作無

故傳云不與朝也　按傳不作弗

金鏃翦羽謂之鍭　閩監毛本鏃誤鏃

罪故略之　閩本同監毛本罪作惡

二年

南蠻北狄　此本狄誤秋閩監毛本不誤今據訂正

則三年王二月乙巳　閩監本同毛本王上增春字浦鏜云巳誤乙按浦說是也

春公至自齊　案春字乃承上文經而誤衍也否則夏字之譌

天言雷雨之異　閩監毛本言作告是也

相無三臣之策　閩監毛本相作桓

時其不可　閩監毛本時作明是也

三年

二穀不升謂之饉　閩監毛本二作三疏引亦作三。按作三與襄二十四年傳文合

徐邈亦作傷　段玉裁云傷當作埸下曰壞從壞並當作埸場俗作塲

天王使不正者月　閩監毛本者作稱

弒君不葬　閩監毛本同釋文出殺君是陸所據本與此不同

監本附音春秋穀梁注疏隱公卷第二 起四年盡十一年

范甯集解　楊士勛疏

四年。春。王二月。莒人伐杞。取牟婁。傳例曰取易辭也伐國不言圍邑言圍邑皆有所見伐國及取邑例時此月者蓋爲下戊申衛君完卒日起也凡例宜時而書月者皆緣下事當日故也日必繼於月故不得不書月事實在先故不得後錄也他皆放此。杞音起牟亡侯反易以豉反見賢徧反蓋爲于僞反【疏】注傳例至放此。釋曰取易辭也十年傳文伐國不言圍邑五年傳文伐國及取邑例時者案六年冬宋人取長葛僖二十六年冬公以楚師伐齊取穀宣九年秋取根牟皆不月是例時也其取須句以其再取故日取鄟皆內之邑爲害重大故月取部取防惡乘人之敗故日明常例則時

傳曰。言伐言取。所惡也。稱傳曰者穀梁子不親受于師而聞之於傳者既伐其國又取其土明伐不以罪而貪其利兩書取伐以彰其惡。所惡烏路反又如字於傳直專反諸侯相伐取地於是始。故謹而志之也。春秋之始【疏】諸侯至志之也。釋曰外取邑不志今志之者爲入春秋以來最是取地之始故志之也○戊申。衛祝吁弒其君完。弒君日與不日從其君正與不正之例也祝吁衛公子。祝吁香于反左氏公羊及詩作州吁完音丸大夫弒其君。以國氏者。嫌也。弒而代之也。凡非正嫡則謂之嫌○夏。公及宋公遇于清。遇例時清衛地【疏】注遇例時。釋曰八年春宋公衛侯遇于垂與此皆不月知例時也及者。內爲志焉爾。元年與宋人盟于宿故今復尋之。復音扶又反【疏】及者至焉爾。釋曰重發傳者嫌盟遇禮異故重發以同之。遇者。志相得也。八年傳曰不期而會遇今曰內爲志非不期也然則遇有二義【疏】注遇有二義。釋曰即八年與此雖同志相得而期不期異故云有二義傳祝吁之挈者徐邈以挈爲舉即是提挈之稱范云不書氏族提挈其名而道之則挈爲單挈不具足之辭。○宋公、陳侯、蔡人、衛人伐鄭。○秋。翬帥師會宋公陳侯蔡人衛人伐鄭。翬者何也。公子翬也。其不稱公子何也。據莊三年公子慶父帥師伐於餘丘稱公子。翬音暉下同貶之也。杜預曰外大夫貶皆稱人內大夫貶皆去族稱名記事之體他國可言某人而已之卿佐不得言魯人。去起呂反何爲貶之也。與于弒公。故貶也。與音預○九月。衛人殺祝吁于濮。濮陳地水名。濮音卜稱人以殺。殺有罪也。有弒君之罪者則舉國之人皆欲殺之祝吁之挈。失嫌也。不書氏族提挈其名而道之衆所同疾威力不足以自固失當國之嫌。挈本又作絜苦結反注同其月。謹之也。討賊例時也衛人不能即討祝吁致令出入自恣故謹其時月所在以著臣子之緩慢也。令力呈反下同【疏】注討賊至慢也。釋曰莊九年春齊人殺無知直時不月又此傳云其月謹之知其例合書時但祝吁以二月弒君衛人九月始討議其緩慢故謹而月之于濮者。譏失賊也。譏其不即討乃令至濮

○冬。十有二月。衛人立晉。立納入皆篡也大國篡例月小國時【疏】注立納至國時。釋曰案莊九年齊小白入于齊傳曰以惡曰入文十四年晉人納捷菑傳曰不正也此云立者不宜立者也是三者皆爲篡也大國篡例月者即此冬十有二月衛人立晉是也小國時者昭元年秋莒去疾自齊入于莒是也齊小白入于齊是大國而不月者與公伐齊同時既例不月故小白亦不月王子猛不月者王猛雖則非正事異諸侯故不書月也衛人者。衆辭也。立者。不宜立者也。嗣子有常位故不言立晉之名惡也。惡謂不正。惡也烏各反其稱人以立之何也。得衆也。得衆則是賢也。賢則其曰不宜立何也。春秋之義。諸侯與正而不與賢也。雍曰正謂嫡長也夫多賢不可以多君無賢不可以無君立君非以尚賢所以明有統也建儲非以私親所以定名分名分定則賢無亂長之階而自賢之禍塞矣君無嬖幸之由而私愛之道滅矣。嫡丁歷反長丁丈反下同儲直魚反分扶問反嬖必計反【疏】春秋之義。釋曰言春秋者得衆而言立恐理不相合故廣稱春秋以包之

五年。春。公觀魚于棠。傳例曰公往時正也正謂無危事棠魯地。觀魚如字左氏作矢魚【疏】注傳例至魯地。釋曰莊二十三年傳文也正謂無危事此公雖以非禮觀魚不至於危故亦時而不月傳曰。常事曰視。視朔之類是非常曰觀。觀魚之類是禮。尊不親小事。卑不尸大功。尸主魚。卑者之事也。周禮䱷人中士下士。䱷音魚公觀之。非正也。○夏。四月。葬衛桓公。月葬。故也。有祝吁之難故十五月乃葬。難乃旦反【疏】月葬故也。釋曰重發傳者前起日例今起月例故重發之○秋。衛師入郕。入者。內弗受也。郕國也。將卑師衆曰師。書其重者也將卑謂非卿。郕音成將子匠反注同○九月。考仲子之宮。失禮宗廟功重者月功輕者時莊二十三年秋丹桓宮楹是也【疏】傳入者至受也。釋曰重發傳者前起者邑今是國故重發之。九月至之宮。釋曰考者謂立其廟祭之成爲夫人也此所以書之者仲子孝公之妾惠公之母惠公雖爲君其母唯當惠公之世得祭至隱不合祭之故書以見譏也不言立者不宜立爲庶母築宮得禮之變但不合於隱之世祭之故止譏其考不譏立也公羊左氏妾子爲君其母得同夫人之禮今穀梁知不然者喪服記云公子爲其母練冠麻麻衣縓緣既葬除之傳曰何以不在五服之中也君之所不服子亦不敢服也鄭玄云子君之庶子是貴賤之序嫡庶全別安得庶子爲君即同嫡夫人乎故穀梁子以爲於子祭於孫止考者何也。考者成之也。成之爲夫人也。立其廟世祭之成夫人之禮禮。庶子爲君。爲其母築宮。使公子主其祭也。公當奉宗廟故不得自主也公子者長子之弟及妾之子。爲于僞反長丁丈反於子祭。於孫止。貴賤之序仲子者。惠公之母。隱孫而脩之。非隱也。非責也三年父喪畢不於三年考者又有天王崩至此服竟乃脩之初獻六羽。羽翟羽舞者所執獻者下奉上之辭作之於廟故言獻【疏】初獻六羽。釋曰凡言初者有二種之意若尸子所言者則是復正之初也若初稅畝是譏事之初范知羽是翟羽者以衛詩簡兮云左手執籥右手秉翟故知羽即翟也范又云作之於廟故言獻齊侯來獻戎捷非於廟亦言獻者此是獻薦宗廟之事故范據廟言之其實外來者尊魯並稱獻也若然齊人來歸衛寶不言獻者彼實非齊獻諱其逆天子之命假齊爲辭故與常文異也或以爲戎捷齊侯尊魯故特言獻衛寶以平等相遺故言歸理亦通也初。始也。遂以爲常穀梁子曰。舞夏。天子八佾。諸公六佾。諸侯四佾。言穀梁子者非受於師自其意也夏大也大謂大雉大雉翟雉佾之言列八人爲列又有八列八八六十四人也並執翟雉之羽而舞也天子用八象八風諸公用六降殺以兩也不言六佾者言佾則干在其中明婦人無武事獨奏文樂。舞夏戶雅反注及下同佾音逸列也殺色界反【疏】注獨奏文樂。釋曰禮有文舞有武舞文舞者羽籥是也武舞者干戚是也凡舞所以象人之德故襄二十九年左傳稱吳季札觀樂見舞韶箾者曰德至矣哉大矣如天之無不幬也如地之無不載也雖甚盛德其蔑以加於此矣是其證也今仲子特爲築宮而祭之婦人既無武事不應得用干戚故云獨奏文樂何休徐邈之等並同范說則是相傳爲然初獻六羽。始僭樂矣。下犯上謂之僭。僭子念反尸子曰。舞夏自天子至諸侯皆用八佾。初獻六羽。始厲樂矣。言時諸侯僭侈皆用八佾魯於是能自減厲而始用六穀梁子言其始借尸子言其始降。侈昌是反又尸是反○邾人、鄭人伐宋。邾主兵故序鄭上○螟。蟲災也。甚則月。不甚則時。甚則即盡不及歷月禮月令曰仲春行夏令則蟲螟爲害。螟亡丁反○冬。十有二月。辛巳。公子彄卒。杜預曰大夫書卒不書葬葬者自其臣子事非公家所及。彄苦侯反隱不爵命大夫。其曰公子彄。何也。據八年無侅卒不稱公子先君之大夫也。隱不成爲君故不爵命大夫公子不爲大夫則不言公子也【疏】先君至夫也。釋曰公子益師亦是先君之大夫而獨言公子彄者益師有罪而不日故傳略之彄無罪而文詳故因見爵命之例其實益師亦先君之大夫也○宋人伐鄭。圍長葛。長葛鄭邑圍例時【疏】注圍例時。釋曰僖二十三年春齊侯伐宋圍閔宜十二年春楚子圍鄭是也但此爲久圍故謹而月之耳或解上文日月者爲公子彄卒此雖例時不可去上文日月其實日月不爲圍長葛也伐國不言圍邑。據莊二年公子慶父帥師伐於餘丘不言圍也伐國不言圍邑書其重也此其言圍。何也。久之也。宋以此冬

圍之至六年冬乃取之古者師出不踰時重民之命愛民之財乃縣師經年僅而後克無仁隱之心而有貪利之行故圍伐兼舉以明之○暴步卜反本或作曝暴露也僅渠吝反行下孟反【疏】伐國至之也○釋曰伐國不言圍邑者舉重也其言圍者各有所爲此則五年圍六年乃取爲久之故書圍也僖六年齊侯以下伐鄭圍新城傳云著鄭伯之罪也二十三年春齊侯伐宋圍閔傳曰不正其以惡報惡也是書圍者各有所爲襄十二年莒人伐我東鄙圍部書圍者爲季孫宿救部張本也襄十六年齊侯伐我北鄙圍成十七年齊侯伐我北鄙圍桃齊高厚帥師伐我北鄙圍防並書圍者爲十八年諸侯同圍之起也伐不踰時。戰不逐奔。誅不填服。來服者不復墳厭之○填音田復扶又反下同厭於甲反苞人民。毆牛馬。曰侵。斬樹木。壞宮室。曰伐。制其人民毆其牛馬賊去之後則可還反樹木斬不復生宮室壞不自成故其爲害重也○毆王于反注同壞音怪一戸怪反六年同【疏】苞人至曰伐○釋曰案左傳有鍾鼓曰伐無曰侵公羊傳觕者曰侵精者曰伐又何休廢疾云廄焚孔子曰傷人乎不問馬今穀梁以苞人民爲輕斬樹木壞宮室爲重是理道之不通也所以穀梁不從二傳者鄭玄云苞人民毆牛馬兵去則可以歸還其爲壞宮室斬樹木則樹木斷不復生宮室壞不自成爲毒害更重也是鄭意亦以斬樹木壞宮室爲重是亦一家之義故與二傳不同

六年。春。鄭人來輸平。杜預曰和而不盟曰平○輸平夫朱反墮也左氏作渝平輸者。墮也。平之爲言。以道成也。來輸平者。不果成也。春秋前魯與鄭平四年翬與宋伐鄭故來絕魯壞前平也○墮許規反壞毀之也○夏。五月。辛酉。公會齊侯盟于艾。艾魯地隱行皆不致者明其當讓也○艾五蓋反【疏】注艾魯至讓也○釋曰知非情者以隱讓國賢君不應終始俱情明爲讓不致也○秋。七月。無事書首月不遺時也他皆放此【疏】注無事至放此○釋曰九年傳云無事焉何以書不遺時也然則春秋四時具始得成年若闕一時不書首月則是遺時也○冬。宋人取長葛。前年冬圍至今乃得之上有伐鄭圍長葛言長葛則鄭邑可知故不繫之鄭外取邑不志。此其志何也。久之也。

七年。春。王三月。叔姬歸于紀。叔姬伯姬之娣至此歸者待年於父母之國六年乃歸媵之爲言送也從也不與嫡俱行非禮也親逆例時不親逆例月許慎曰姪娣年十五以上能共事君可以往二十而御易曰歸妹愆期遲歸有時詩云韓侯取妻諸娣從之祁祁如雲娣必少於嫡知未二十而往也○娣徒細反女弟曰娣媵以證反又繩證反從才用反下同一音如字上時掌反共音恭本亦作供愆起虔反取七喻反一少詩照反下文及注同【疏】注叔姬至往也○釋曰六年乃歸者伯姬二年嫁于紀叔姬往此年始去故云六年乃歸也所引易二文歸妹九四爻辭也王弼云夫以不正無應而適人也必須彼道窮盡無所與交然後乃可以往故愆期遲歸以待時也其卦三兌下震上所引詩者大雅韓奕之篇引此二文者言夫人有姪娣必當少於嫡知未二十而往也一解引易者證待年于父母國與嫡俱行也其不言逆。何也。據莊二十九年莒慶來逆叔姬言逆逆之道微。無足道焉爾。逆者非卿○滕侯卒。滕侯無名。自無名非貶之○滕徒登反【疏】滕侯無名○釋曰左氏以滕侯無名爲未同盟故薨不得以名赴公羊傳云滕侯何以不名微國也微國則其稱侯何春秋貴賤不嫌同號美惡不嫌同辭今穀梁以爲用狄道也故無名者若左氏以爲未同盟故不名何爲春秋之內亦有不盟而書名者若公羊以爲微國不名則邾子克許男新臣何以名故穀梁子以爲用狄道也本來無名字少曰世子。長曰君。狄道也。其不正者名也。戎狄之道年少之時稱曰世子長立之號曰君其非正長嫡然後有名爾責滕侯用狄道也○長丁丈反注同嫡本又作適丁歷反○夏。城中丘。城例時中丘魯地城爲保民爲之也。建國立城邑有定所高下大小存乎王制刺公不脩勤德政更造城以安民○爲于僞反下爲其同刺七賜反【疏】注建國至安民○釋曰禮記王制無此文言存乎王制者謂王者之法制也高下者考工記云王宮門阿之制五雉宮隅之制七雉城隅之制九雉門阿之制以爲都城之制宮隅之制以爲諸侯之城制是也大小者即左傳云大都不過參國之一中五之一小九之一是也此城中丘與九年夏城郎例時者功役之事揔指天象故也民衆城小。則益城。益城無極。凡城之志。皆譏也。夫保民以德不以城也如民衆而城小輒益城是無限極也此發凡例施之於城內邑○齊侯使其弟年來聘。聘例時凡聘皆使卿執玉帛以相存問【疏】注聘例至存問○釋曰此齊侯使弟年下冬天王使凡伯皆不書月故例時也禮小聘曰問使大夫大聘使卿此既名見於經明是卿也案禮聘則執玉以致命執帛以致享故云執玉帛以相存問諸侯之尊。弟兄不得以屬通。禮非始封之君則臣諸父昆弟四敵之稱人臣不可以敵君故不得以屬通所以遠別貴賤尊君卑臣之義○稱尺證反別彼列反下同其弟云者。以其來接於我。舉其貴者也。弟是臣之親貴者殊別於凡庶【疏】舉其貴者也○釋曰叔肸稱弟傳云賢也此年稱弟傳云舉其貴者則稱弟有二義也○秋。公伐邾。○冬。天王使凡伯來聘。凡氏伯字上大夫也戎伐凡伯于楚丘以歸。凡伯者何也。天子之大夫也。國而曰伐。此一人而曰伐。何也。大天子之命也。伐一人而同一國尊天子之命戎者衛也。戎衛者。爲其伐天子之使。貶而戎之也。楚丘。衛之邑也。以歸。猶愈乎執也。夫天子之使過諸侯諸侯當候在疆場膳宰致餼司里授館猶懼不敬今乃執天子之使無禮莫大焉昭十二年晉伐鮮虞傳曰晉狄之也今不曰衛伐凡伯乃變衛爲戎者伐中國之罪輕故稱國以狄晉執天子之使罪重故變衛以戎之以一人當一國諱執言以歸皆尊尊之正義春秋之微旨○之使所吏反注同愈羊主反過古臥反上古禾反疆本又作壃亦作強音姜場音亦餼許氣反牲腥曰餼伐鮮音仙【疏】戎者衛也○釋曰糜信云不言夷狄獨言戎者因衛有戎邑故也范意或然○注云天子至不敬○釋曰國語云定王使單襄公聘于宋遂假道于陳以聘于楚陳人侯不在疆膳宰不致餼司里不授館單子歸以告王曰陳侯不有大咎國必亡王曰何故對曰云云是棄先王之法制也周之秩官有之敵國賓至司里授館甸人積薪膳宰致飧廩人獻餼賓入如歸今臣承王命以過陳司事莫至是蔑先王之官也是文出於彼

八年。春。宋公、衛侯遇于垂。垂衛地不期而會曰遇。遇者志相得也。○三月。鄭伯使宛來歸邴。凡有所歸例時邴鄭邑○宛於阮反邴彼病反一音丙左氏作祊【疏】注凡有所歸例時○釋曰宣十年春齊人歸我濟西田定十年夏齊人來歸鄆讙龜陰之田並不書月故知例時也此月者爲下入邴月也一解以擅易天子之田故謹而月之也名宛。所以貶鄭伯。惡與地也。去其族惡擅易天子邑○惡烏路反注及下同去起吕反擅市戰反○庚寅。我入邴。徐邈曰入承鄭歸邴下嫌內外文不別故著我以明之○別彼列反入者。內弗受也。日入。惡入者也。邴者。鄭伯所受命於天子。而祭泰山之邑也。王室微弱無復方岳之會諸侯驕慢亦廢朝覲之事故鄭以湯沐之邑易魯朝宿之田也諸侯有大功盛德於王室者京師有朝宿之邑泰山有沐浴之邑所以供祭祀也魯周公之後鄭宣王母弟若此有賜邑其餘則否許慎曰若今諸侯京師之地皆有朝宿之邑周有千八國諸侯盡京師之地不足以容不合事理○復扶又反廢朝直遙反下同覲巨靳反諸侯春見天子曰朝秋見曰覲令力呈反【疏】入者內弗受也○釋曰重發傳者嫌易田與兵入異故重發以明之○注周有至事理○釋曰孝經說文○夏。六月。己亥。蔡侯考父卒。諸侯日卒。正也。【疏】日卒正也○釋曰重發之者宋公起例之始蔡侯嫌爵異故重發以明之舉此二者足以包宿男故宿男不復發傳也○辛亥。宿男卒。宿。微國也。未能同盟。故男卒也。【疏】未能同盟○釋曰杜預以元年盟於宿宿亦與盟則以宿爲宿男之國此傳云未能同盟則以彼宿爲地名與杜異也○秋。七月。庚午。宋公、齊侯、衛侯盟于瓦屋。宋序齊上王爵也瓦屋周地外盟不日。此其日。何也。據僖十九年夏六月宋公曹人邾人盟於曹南不日【疏】注據僖至不日○釋曰不據石門而引曹南者以曹南三國與此相合故引之也諸侯之參盟於是始。故謹而日之也。世道交喪盟詛滋彰非可以經世軌訓故存日以記惡蓋春秋之始也○參七南反喪息浪反詛莊慮反下文同誥誓不及五帝。五帝謂黃帝顓頊帝嚳帝堯帝舜也誥誓尚書六誓七誥是其遺文五帝之世道化淳備不須誥誓而信自著○誥古報反誓市制反五帝孔安國云少昊顓頊高

辛唐虞鄭玄有黃帝無少昊餘同范依鄭顓項上音專下音許玉反帝嚳若篤反高辛名【疏】注五帝至自著○釋曰五帝雖有軍旅會同不須誥誓而信自著也六誓者即尚書甘誓湯誓牧誓泰誓費誓秦誓也七誥者即湯誥大誥康誥酒誥召誥洛誥康王之誥是也盟詛不及三王。三王謂夏殷周也夏后有鈞臺之享商湯有景亳之命周武有盟津之會衆所歸信不盟詛也○夏戶雅反鈞音均亳步各反盟津音孟本亦作孟【疏】注三王至詛也○釋曰經史通以王爲夏殷周也盟津之會昭四年左傳文三王衆所歸信故不設盟詛也尚書舜命禹征有苗而戒於衆則亦誓之類周禮秋官司盟官掌盟載之約則是盟事而云誥誓不及五帝盟詛不及三王者舜是五帝之末命禹徂征是禹之事故云不及五帝周公制盟載之法者謂方岳及有疑會同始爲之耳不如春秋之世屢盟故云不及三王也交質子不及二伯。二伯謂齊桓晉文齊桓有召陵之師晉文有踐土之盟諸侯率服不質任也○交質音置注同二伯如字又音霸召上照反【疏】注二伯至任也○釋曰經典言五伯者皆謂夏伯昆吾商伯大彭豕韋周伯齊桓晉文今此傳以周末言之故知謂齊桓晉文也其召陵之師踐土之盟亦昭四年左傳文也○八月。葬蔡宣公。月葬。故也。○九月。辛卯。公及莒人盟于包來。包來宋邑○包音苞一音浮左氏作浮來可言公及人。不可言公及大夫。稱人衆辭可言公及人若舉國之人皆盟也不可言公及大夫如以大夫敵公故也○螟。○螟亡丁反○冬。十有二月。無侅卒。無侅之名。未有聞焉。未聞者不知爲是隱之不爵大夫爲是有罪貶去氏族穀梁子不受之於師故曰未有聞焉○去起呂反或曰。隱不爵大夫也。若侅卒是○若侅音協九年經同或說曰。故貶之也。若無侅帥師入極是【疏】或曰至貶之也○釋曰若是不爵命大夫二年傳不得云貶彼入極爲貶去氏則此亦爲貶去氏就二說之中後或曰是也公子益師卒傳曰不日惡也則此不日亦惡可知矣九年。春。天王使南季來聘。南。氏姓也。季。字也。南季天子之上大夫氏以爲姓也所以別姓者經有王季子來聘祭伯來王祭皆非姓也嫌與同故別之也季云字者明命爲大夫不以名通也○別彼列反祭側界反下同凡國邑名及人名氏皆於始音後不復出若假借之字時復重音此後放此聘。問也。聘諸侯。非正也。周禮天子時聘以結諸侯之好殷覜以除邦國之慝間問以諭諸侯之志歸脤以交諸侯之福賀慶以贊諸侯之喜致禬以補諸侯之災許慎曰禮臣病君親問之天子有下聘之義傳曰聘諸侯非正甯所未詳○好呼報反覜他弔反慝他得反惡也間問間厠之間脤市軫反祭肉也禬戶外反或古外反【疏】注周禮至未詳○釋曰范所引者周禮大行人文也鄭玄云時聘者亦無常期天子有事諸侯使大夫來聘親以禮見之禮而遣之所以結其恩好也殷覜謂一服朝之歲也慝惡也一服朝之歲五服諸侯皆使卿以聘禮來覜天子天子以禮見之命以禮政禁之事所以除其惡行間問者間歲一問諸侯而有省之屬諭諸侯之志者諭

言語諭書名其類也歸脤以交諸侯之福者交或往或來者也賀慶以贊諸侯之喜者贊助也致禬凶禮之弔禮禬禮也補諸侯之災者若春秋澶淵之會謀歸宋財然時聘殷覜二者是諸侯臣使於王也其間問歸脤賀慶致禬四者王使臣使於諸侯也范此注引周禮者證有下聘之義也而傳云非正也故云甯所未詳然則荅鄭玄之駁則云叔服重天子之禮者以此傳既非故別爲之說○三月。癸酉。大雨震電。震。雷也。電。霆也。○電徒練反霆徒丁反又徒頂反【疏】震雷也電霆也○釋曰說文云震霹靂也陰擊陽爲電電者即雷之光與此傳異者易說卦震爲雷故何休亦以震爲雷霆者霹靂之別名有霆必有電故傳云電霆也或當電霆爲一也○庚辰。大雨雪。志疏數也。八日之間。再有大變。陰陽錯行。故謹而日之也。劉向云雷未可以出電未可以見雷電既以出見則雪不當復降皆失節也雷電陽也雨雪陰也雷出非其時者是陽不能閉陰陰氣縱逸而將爲害也○雨于付反數色角反向舒亮反見賢徧反復扶又反【疏】志疏數也○釋曰謂災有遠近遠者爲疏近者爲數也○注劉向至害也○釋曰何休云夏之正月未可大雨震電此陽氣大失其節猶隱公久居其位不反於桓失其宜也異發於九年者陽數可以極而不還國於桓之所致大雨雪者盛陰之氣大怒此桓將怒而弒隱公之象劉向之言與何休意不甚異但取變異之象少差耳雨月。志正也。雨得其時則月【疏】注雨得其時則月○釋曰雨得其時則月者若僖三年夏六月雨是也○俠卒。俠者所俠也。俠名也所其氏【疏】俠者所俠也○釋曰徐邈引尹更始云所者俠之氏今范亦云所其氏則所者是俠之氏族但未備爵命故略名耳麋信以爲所非氏所謂斥也弗大夫者。隱不爵大夫也。俠不命爲大夫故不氏隱之不爵大夫何也。曰。不成爲君也。明將立桓○夏。城郎。郎魯邑○秋。七月。無事焉。何以書。不遺時也。四時不具不成年也○冬。公會齊侯于防。防魯地也會者。外爲主焉爾。【疏】會者至焉爾○釋曰重發傳者嫌華戎異故也十年。春。王二月。公會齊侯、鄭伯于中丘。隱行自此皆月者天告雷雨之異以見篡弒之禍而不知戒懼反更數會故危之○見賢徧反數色角反○夏。翬帥師會齊人、鄭人伐宋。翬隱之罪人也故終隱之世貶之○六月。壬戌。公敗宋師于菅。敗例日與不日皆與戰同菅宋地○公敗必邁反又皮邁反後亦同于菅古顏反【疏】注敗例至宋地○釋曰莊十年傳例曰不日疑戰也者言不克日而戰以詐相襲則不疑當書日故桓十年冬十有二月丙午齊侯衛侯鄭伯來戰于郎范云結日列陳則日是也今注云與戰同則此敗宋師是克日而戰也內不言戰。舉其大者也。戰然後敗故敗大於戰辛未。取郜。○郜古報反字林工竺反辛巳。取防。取邑不日。此其日。何也。

據僖三十三年伐邾取▲訾婁不日○訾子斯反不正其乘敗人而深爲利。▲取二邑。故謹而日之也。禮不重傷戰不逐北公敗宋師于菅復取其二邑貪利不仁故謹其日○重直用反逐北如字又音佩本又作逐奔復扶又反【疏】注禮不至逐奔○釋曰不重傷僖二十二年左傳文也不逐奔上五年傳文○秋。宋人、衛人入鄭。○宋人、蔡人、衛人伐▲載。鄭伯伐取之。凡書取國皆滅也變滅言取明其易○載如字本或作戴易以豉反下文同不正其因人之力而易取之。故主其事也。三國伐載自足以制之鄭伯不能矜人之危而反與共伐故獨書鄭伯伐取之以首其惡其實四國共取之○惡烏各反○冬。十月。壬午。齊人、鄭人入郕。入者。內弗受也。日入。惡入者也。郕。國也。○惡烏路反十有一年。春。滕侯、薛侯來朝。天子無事。諸侯相朝。正也。事謂巡守崩葬兵革之事○薛息列反守音狩本亦作狩【疏】十有一年釋曰言有者十是盈數更以奇從盈故言有欲見一者非十中之物也○注事謂王之事○釋曰書云肆覲東后是天子巡守當方諸侯有事許慎鄭玄皆以爲天子喪葬諸侯親奔故范亦以爲天子崩葬爲諸侯之事也桓五年諸侯從王伐鄭是天子舉兵革諸侯亦有事也言無此等事諸侯得相朝若有即不得也考禮脩德。所以尊天子也。諸侯來朝。時正也。朝宜以時故書時則正也【疏】考禮脩德釋曰諸侯相朝所以正班爵奉王命故云考禮脩德也犆言。同時也。犆言謂別言也若穀伯綏來朝鄧侯吾離來朝同時來不俱至○犆音特獨也本或作特累數。皆至也。累數總言之也若滕侯薛侯來朝同時俱至○數所主反○夏。五月。公會鄭伯于時來。時來鄭地○秋。七月。壬午。公及齊侯、鄭伯入許。○冬。十有一月。壬辰。公薨。公薨不地。故也。不地不書路寢之比○比必利反隱之。不忍地也。隱猶痛也其不言葬。何也。君弒賊不討。不書葬。以罪下也。責臣子也隱十年無正。隱不自正也。無正謂不書正月元年有正。所以正隱也。明隱宜立

穀梁注疏卷二校勘記

阮元撰盧宣旬摘錄

四年 隱公

衛祝吁弒其君完　閩監毛本同釋文弒其音試釋舊作殺注下同君完本又作皃音丸案皃即八分書完字筆迹小異耳非容皃字又音丸也

故貶也　閩監毛本同石經作故貶之也

祝吁之挈 閩監毛本同釋文挈本又作絜注同案通志堂本釋文絜誤挈此仍宋本

不書氏族提挈其名而道之也衆所同疾威力不足以自固失當國之嫌 此注文也閩監毛本凡注皆改單行上加注字此獨雙行無注字蓋改十行本之舊而未盡者

五年

疏傳入者至受也○釋曰重發傳者前起者邑今是國故重發之 十行本無此一段疏閩本如此監本上傳作注毛本無上傳字至作內弗二字○補案此段疏文十行本初刻無後補板剜擠在下考仲子之宮疏上

練冠麻麻衣 補案麻誤重

則干在其中 閩監毛本干作羽○補此干字作羽則上不言六佾者佾字亦當作羽

爲十八年諸侯同圍之起也 閩監毛本起作地是也

兵去則可以歸還其爲 閩監毛本同何挍本下有害輕二字是也

七年

大天子之使 閩監毛本大作夫是也

八年

三月鄭伯使宛來歸邴 左氏作歸祊惠棟云古方丙同字

惡入者也 石經同二年疏引同閩監毛本脫入字

若今諸侯 閩監毛本同釋文出若令力呈反案令是

九年

而有省之屬 按周禮大行人注而有作謂存

十年

以詐相襲 閩監本同毛本詐誤戰

取二邑 閩監毛本同石經多一取字改刻作又取故此行十一字

戰不逐北 閩監毛本同釋文逐北本又作逐奔按注疏本作逐奔

伐戴 閩監毛本同釋文云本或作載按載爲䵧之假借字戴爲或作之字說詳左傳釋文挍勘記

穀梁注疏卷二挍勘記終

監本附音春秋穀梁注疏卷第三 起元年盡七年

范甯集解　楊士勛疏

桓公 〔疏〕魯世家桓公名允惠公之子隱公之弟以桓王九年即位世本作軌謚法辟土服遠曰桓

元年。春。王。桓無王。其曰王。何也。謹始也。諸侯無專立之道必受國於王若桓初立便以見治故詳其即位之始以明王者之義 〔疏〕桓無王始也○釋曰徐邈云桓公篡立不顧王命王不能討故無王又且桓公終始十八年唯元年二年十年十八年有王自外皆無王故傳據以發問而曰桓無王又范氏例云春秋上下無王者凡一百有八桓無王者見不奉王法餘公無王者爲不書正月不得書王桓初即位若已見治故書王以示義二年書王痛與夷之卒正宋督之弒宜加誅也十年有王正曹伯之卒使世子來朝王法所宜治也十八年有王取終始治桓也是解元年有王爲謹始也餘年無王爲不奉王法也若然桓爲弒君而立故十四年没其王文宣公亦篡位而立不去王者桓弒賢兄讓國之主害成立之君宣篡未踰年之子又無爲臣之義以輕重既異故去王亦殊也杜預注左氏桓十四年無王者失不班歷也何休注公羊意與穀梁同唯解有王者別云二年有王者見始也十年有王數之終也十八年有王桓之終也明終始有王桓公無之耳 其曰無王。何也。桓弟弒兄。臣弒君。天子不能定諸侯。不能救百姓。不能去以爲無王之道。遂可以至焉爾。元年有王。所以治桓也。正月。公即位。杜預曰嗣子位定於初喪而改元必須踰年者繼父之業成父之志不忍有變於中年也諸侯每首歲必有禮於廟諸遭喪繼位者因此而改元即位百官以序故國史亦書即位之事於策○去上聲 〔疏〕注杜預至於策○釋曰尚書顧命云乙丑成王崩伻爰齊侯呂伋以二干戈虎賁百人逆子釗于南門之外延入翼室恤宅宗孔安國云明室路寢外之使居憂爲天下宗主天子初崩嗣子定位則諸侯亦當然也其改元必須踰年者孝子之情不忍有變於中年也然嗣子不忍變於中年故嗣年即位桓公既無惻痛之情朝死夕忘亦於踰年即位者聖人立法即位必待踰年桓雖不仁未可獨當年即位即位既是踰年故史官從其實而書之 繼故不言即位。正也。故謂弒也 繼故不言即位之爲正。何也。曰。先君不以其道終。則子弟不忍即位也。哀痛之至故不忍行即位之禮 繼故而言即位。則是與聞乎弒也。繼故而言即位。是爲與聞乎弒。何也。曰。先君不以其道終。已正即位之道而即位。是無恩於先君也。推其無恩則知與弒也此明統例耳與弒尚然況親弒者○與聞音豫下文及注與弒皆同 〔疏〕注推其至弒者○釋曰桓是親弒之主而傳論與弒之事故知傳意本明統例爾故云與弒尚然況親弒者 ○三月。公會鄭伯于垂。垂衛地也傳例曰往月危往也桓大惡之人故會皆月以危之 〔疏〕注垂衛至危之○釋曰傳例者定八年傳文也此三月公會鄭伯于垂二年三月公會齊侯陳侯鄭伯于稷是會皆月以危之 會者。外爲主焉爾。鄭伯所以欲爲此會者爲易田故○爲易于僞反 〔疏〕會者至焉爾○釋曰重發傳者嫌易田與直會異故也 ○鄭伯以璧假許田。假不言以。言以。非假也。實假則不應言以璧 非假而曰假。諱易地也。禮。天子在上。諸侯不得以地相與也。諸侯受地於天子不得自專 無田則無許可知矣。不言許。不與許也。但言以璧假許而不繼田則許屬鄭也今言許田明以許之田與鄭不與許邑也諸侯有功則賜田以祿之若可以借人此蓋不欲以實言○借子夜反 許田者。魯朝宿之邑也。邴者。鄭伯之所受命而祭泰山之邑也。用見魯之不朝於周。而鄭之不祭泰山也。朝天子所宿之邑謂之朝宿泰山非鄭竟內從天王巡守受命而祭也擅相換易則知朝祭並廢○魯朝直遙反下皆同邴彼病反又音內見賢徧反竟音境從在用反守音狩擅市戰反換一本亦作逭胡喚反 〔疏〕許田至山也○釋曰經文無邴而傳言之者經諱易天子之地故以璧假爲文若以地易地不得云假故經無邴文傳本魯鄭易田之由五得不言邴也先儒解左氏者皆以爲鄭受天子祊田爲湯沐之邑後世因立桓公武公之廟故謂之泰山之祀案此傳及注意則以爲祭泰山之邑謂從王巡狩受命而祭泰山也羊以爲田多邑少稱田邑多田少稱邑左氏無傳或當史異辭穀梁以爲言田者則不德其邑是三傳之說各異也 ○夏。四月。丁未。公及鄭伯盟于越。越衛地也 及者。內爲志焉爾。越。盟地之名也。○秋。大水。禮月令曰季秋行夏令則其國大水大水例時 〔疏〕注大水例時○釋曰莊七年與此皆云秋大水不書月是例時也 高下有水災曰大水。○冬。十月。無事焉。何以書。不遺時也。春秋編年。四時具而後爲年。編錄○編必連反字林聲類韻集皆布千反史記音義甫連反

二年。春。王正月。戊申。宋督弒其君與夷。宋督宋之卑者卑者以國氏○督丁毒反與如字又音餘 〔疏〕注宋督至國氏○釋曰知是卑者祝吁弒其君取國傳以失如言之履緰來逆傳稱進之也此督與宋萬既不取國又無可進明卑者可知也 桓無王。其曰王。何也。正與夷之卒也。諸侯之卒天子所隱痛姦逆之人王法所宜誅故書王以正之 及其大夫孔父。孔父先死。其曰及。何也。書尊及卑。春秋之義也。邵曰會盟言及別內外也尊卑言及上下序也○別彼列反 〔疏〕

注郜曰至序也。釋曰及有二義故范引郜云會盟言及別內外也尊卑言及上下序也別內外者謂魯與他人會盟皆先魯以及他若隱元年公及邾儀父盟于眛及宋人盟于宿是也上下序者此孔父荀息仇牧皆先言君後言臣是也

孔父之先死何也督欲弒君而恐不立。於是乎先殺孔父。孔父閑也。閑謂扞禦。殺並如字扞下旦反何以知其先殺孔父也。曰子既死父不忍稱其名。臣既死君不忍稱其名。以是知君之累之也。累謂從也【疏】知君之累之也。釋曰糜信云累者從也謂孔父先死殤公從後被弒范注雖不明理亦當然也孔氏父字謚也。孔父有死難之勳故其君以字爲謚。難乃旦反【疏】孔氏父字謚也。釋曰孔父新死未葬而得有謚者舊解謂三月既葬之後嗣君謚之但赴者以正月者亂故書弒在前使者以葬後始來故得稱謚或當孔父以字爲謚得據後言之故云字謚也。注孔父至爲謚。釋曰謚者大夫之常事而云死難之勳者字者褒德非可虛加若使孔父無死難之勳唯有凡平之謚或焉得以字爲之文傳特言字謚也明知有義故注者原之

或曰其不稱名蓋爲祖諱也。孔子故宋也。孔子舊是宋人孔父之玄孫。爲于僞反【疏】注孔子至玄孫。釋曰案世本孔父嘉生木金父木金父生祁父其子奔魯爲防叔生伯夏伯夏生叔梁紇叔梁紇生仲尼是孔父嘉爲孔子六世祖范云玄孫者以玄者親之極至來孫昆孫之等亦得通稱之亦如左傳蒯聵禱文王稱曾孫之類是也

○滕子來朝。隱十一年稱侯今稱子蓋時王所黜【疏】注隱十至所黜。釋曰周公之制爵有五等所以擬其黜陟今傳無貶爵之文明降爵非春秋之義又且此時周德雖衰尚爲天下宗主滕今降爵明是時王所黜也

○三月。公會齊侯、陳侯、鄭伯、于稷以成宋亂。稷宋地也以者。內爲志焉爾。公爲志乎成是亂也。欲會者外也欲受賂者公也【疏】以者至焉爾。釋曰十四年傳云以者不以者也僖二十一年傳云以重辭也此傳云以者內爲志焉爾則以有三種之義范於僖二十一年注云以有二義矣者以內爲志焉與不以者正是一事耳以成宋亂者公也非諸侯故也是以云內爲志焉爾其實以者仍是不以之例故注彼爲二事焉。注欲會至公也。釋曰以經言會故知欲會者外也以者內爲志故知欲受賂者公也

此成矣。取不成事之辭而加之焉。於內之惡。而君子無遺焉爾。取不成事之辭謂以成宋亂也桓弒逆之人故極言其惡無所遺漏也江熙曰春秋親尊皆諱蓋患惡之不可掩豈當取不成事之辭以加君父之惡乎案宣四年公及齊侯平莒及郯傳曰平者成也然則成亦平也公與齊陳鄭欲平宋亂而取其賂鼎不能平亂故書成宋亂取郜大鼎納于大廟微旨見矣尋理推經傳似失之徐邈曰宋雖已亂治之則治治亂成不繫此一會若諸侯討之則有撥亂之功不討則受成亂之責辭豈虛加也哉春秋雖受親尊者諱然亦不没其實故納鼎于廟躋僖逆祀及王室之亂昭公之孫皆指事而書哀七年傳所謂有一國之道者有天下之道者也君失社稷猶書而不隱況今四國羣會非一人之過以義致譏輕於自巳兆亂以此方彼無所多怪。鄭音談大廟音泰下文及注同見賢偏反躋子兮反【疏】注取不至多怪。釋曰江熙云微旨見矣者傳意成宋辭者謂成就宋亂江熙以爲加君父之惡大初故以成爲平直書取郜大鼎納於大廟足以示譏是微旨見矣言此傳成亂之辭爲微旨徐邈引傳所謂有一國之道云云者言諸侯專一國猶似天子專天下其有失社稷猶得書之故此亦得云成宋辭也

○夏四月。取郜大鼎于宋。戊申。納于太廟。傳例曰納者內不爲也日之明惡甚也太廟周公廟。郜古報反【疏】注傳例至公廟。釋曰宣十一年傳文也然此傳亦有弗受之文而引傳例者凡傳言內弗受者指說諸侯相入之例今此言不受者謂周公也恐其不合故引例以明之

桓內弒其君。外成人之亂。受賂而退。以事其祖。非禮也。其道以周公爲弗受也。郜鼎者。郜之所爲也。曰宋。取之宋也。此鼎本郜國所作宋後得之以是爲討之鼎也。討宋亂而更受其賂鼎。爲討之鼎如字麋氏云討或作糾孔子曰。名從主人。物從中國。故曰郜大鼎也。主人謂作鼎之主人也故繫之郜物從中國謂是大鼎【疏】名從至大鼎也。釋曰名從主人者謂本是郜作繫之於郜物從中國者謂鼎在宋從宋號也言物從中國者廣例耳通夷狄亦然其意謂鼎名從作者之主人不問華戎皆得繫之若左傳稱甲父之鼎是也物從中國者謂中國號之大鼎縱夷狄亦從中國之號不得改之若傳稱吳謂義稻爲伊緩夷狄謂大原爲大鹵以地形物類須從中國之號故不得謂之伊緩大鹵也何休云周家以世孝天瑞之鼎諸侯有世孝者天子亦作鼎以賜之禮祭天子九鼎諸侯七卿大夫五元士三也故郜國有之

○秋七月。紀侯來朝。隱二年稱子今稱侯蓋時王所進。紀侯左氏作杞侯朝時。此其月何也。據隱十一年春滕侯薛侯來朝稱時桓內弒其君。外成人之亂。於是爲齊侯、陳侯、鄭伯討。數日以賂。桓既罪深責大乃復爲三國討數至日以責宋賂。爲齊于僞反下同數色主反注同復扶又反已即是事而朝之。惡之。故謹而月之也。已紀也桓與諸侯校數功勞以取宋賂不知非之爲非貪愚之甚紀不擇其不肖而就朝之。惡烏路反【疏】謹而月之也。釋曰桓雖不君臣不得不臣所以極言君父之惡以示來世者桓既罪深責大若爲隱諱便是長無道之君使縱以爲暴故春秋極其辭以勸善懲惡也。注已紀也。釋曰桓十三年注云紀當爲巳與此異者觀經而說故兩注不同

○蔡侯、鄭伯會于鄧。鄧某地。某地不知其國故云某後放此

○九月。入杞。我入之也。不稱主名內之卑者【疏】我入之也。釋曰何嫌非我而發傳者以隱八年云我入邴此直云入杞恐非我故發之

○公及戎盟于唐。○冬。公至自唐。告廟曰至傳例曰致君者殆其往而喜其反此致君之意義也離不言會故以地致【疏】注告廟至地致。釋曰傳例者襄二十九年傳文也離不言會者即左傳所云特相會往來稱地亦此類也桓無會。而其致何也。遠之也。桓會甚衆而曰無會善無致會也弒逆之罪非可以致宗廟而今致者危其遠會戎狄喜其得反【疏】注桓會甚衆。釋曰謂元年會于垂二年會于稷是也

三年。春。正月。公會齊侯于嬴。嬴齊地。嬴音盈○夏。齊侯、衛侯胥命于蒲。蒲衛地胥之爲言猶相也。相命而信諭。謹言而退。以是爲近古也。申約言以相達不歃血而誓盟古謂五帝時。近附近之近約如字又於妙反歃本又作插所洽反【疏】注古謂五帝時。釋曰知古非三王者以傳云誥誓不及五帝盟詛不及三王今謹言而退非誥誓之辭相命而信諭無盟詛之事二國能行三王五帝之法而傳云近古明知謂五帝也是必一人先。其以相言之何也。不以齊侯命衛侯也。江熙曰夫相與親比非一人之德是以同聲相應同氣相求齊衛胥盟雖有先倡倡和理均若以齊命衛則功歸于齊以衛命齊則齊僅隨從言其相命則泯然無際矣。比毗志反應應對之應僅巨斬反泯亡忍反【疏】注同聲至相求。釋曰易文言文也今二國相命則大者宜倡小者宜和大則齊也小則衛也故傳云不以齊侯命衛侯也明齊大也但倡和理均故直以相命言之倡則同聲相應和則同氣相求聲氣相通而相命之情見矣

○六月。公會杞侯于郕。郕魯地。郕音成○秋。七月。壬辰。朔。日有食之。既。言日言朔。食正朔也。朔日食也既者。盡也。有繼之辭也。盡而復生謂之既。復音扶又反【疏】既者盡也。釋曰其日食或盡或不盡者歷家之說以爲交正在朔則日食既前後望月不食交正在望則月食既前後朔日不食

○公子翬如齊逆女。翬稱公子者桓不以爲罪人也逆女。親者也。使大夫。非正也。九月。齊侯送姜氏于讙。已去齊國故不言女未至于魯故不稱夫人讙魯地月者重録之。于讙音歡【疏】使大夫非正也。釋曰重發傳者履綸外之始翬是內之初故重發以明外內不異也禮送女。父不下堂。母不出祭門。諸母兄弟不出闕門。祭門廟門也闕兩觀也在祭門之外。觀古亂反父戒之曰。謹慎從爾舅之言。母戒之曰。謹慎從爾姑之言。諸母般申之曰。謹慎從爾父母之言。般囊也所以盛朝夕所須以備舅姑之用。般步干反一本作鞶音同盛音成【疏】注般囊至之用。釋曰士婚禮云父送女命之曰戒之敬之夙夜無違命母施衿結帨曰勉之敬之夙夜無違宮事庶母及門內施般申之以父母之命曰敬恭聽宗爾父母之言夙夜無愆示諸衿般鄭玄云般囊也男子般革婦人

般絲所以盛帨巾之屬爲謹敬也後戒辭與此不同此注又與鄭異者彼是士禮此即是諸侯之禮故異辭也般盛帨巾亦得備舅姑之用則范鄭二注不有違也或以爲傳并釋禮意故與本文不同也引此戒辭及上父母不出祭門諸母兄弟不出闕門者並證送女踰竟非禮之事也凡親迎之禮必在廟也故云不出祭門言不出闕門者則已出廟門之外矣送女踰竟非禮也。○踰竟音境公會齊侯于讙。無譏乎。齊侯送女踰竟遠至于讙嫌會非禮之人當有譏曰爲禮也。齊侯來也。公之逆而會之可也。爲親逆之禮夫人姜氏至自齊。其不言翬之以來何也。據宣元年遂以夫人婦姜至自齊公親受之于齊侯也。重在公子貢曰冕而親迎。不已重乎。冕祭服。○迎魚敬反一本作逆孔子曰合二姓之好。以繼萬世之後。何謂已重乎。○好呼報反〔疏〕子貢至重乎。○釋曰引之者以齊侯送女公親受之於禮爲可故發冕而親迎之問○冬。齊侯使其弟年來聘。○有年。有年例時〔疏〕注有年例時。○釋曰凡書有年者冬下穀畢入計用豐足然後書之不可繫以日月故例時也宣十六年冬大有年亦時是其證也

四年。春。正月。公狩于郎。春而言狩蓋用冬狩之禮蒐狩例時而此月者重公失禮也莊四年冬公及齊人狩于郜傳曰齊人者齊侯也其曰人何也卑公之敵所以卑公也然則言齊人者所以人公則譏已明矣狩得其時故不月〔疏〕注春而至不月。○釋曰周禮有四時之田春蒐夏苗秋獮冬狩皆用夏之四仲之月然周正月則是夏之十一月故左氏以此狩爲得時今范云春而言狩蓋用冬狩之禮以爲失時者蓋周公未制禮之時權用此法故得時節不同其名亦異仲尼脩春秋改周之文從殷之質因以爲春秋制也故何休注公羊亦云夏時不田春秋制也范以春狩爲失時又云蒐狩例時者昭八年秋蒐于紅又莊四年冬狩得其時雖譏公而不月是例時也左傳周禮爾雅並云春曰蒐夏曰苗秋曰獮冬曰狩公羊之文則春曰苗秋曰蒐冬曰狩此傳之文則春曰田夏曰苗秋曰蒐冬曰狩所以文不同者左氏之文是周公制禮之名二傳之文或春秋取異代之法或當天子諸侯別法經典散亡無以取正也四時之田。皆爲宗廟之事也。春曰田。取獸於田○爲于僞反夏曰苗。因爲苗除害故曰苗秋曰蒐。蒐擇之舍小取大○蒐所由反麋氏本又作搜音同舍音捨冬曰狩。狩圍狩也冬物畢成獲則取之無所擇〔疏〕注冬物至所擇。○釋曰四時田獵若用時王之正則周之冬是夏之秋而云畢成者冬是一田摠名周之十二月夏之十月萬物已收故得以畢成言之四時之田用三焉。唯其所先得。一爲乾豆。上殺中心死速乾之以爲豆實可以祭祀○中丁仲反下同〔疏〕注上殺至祭祀。○釋曰何休云自左膘射之達于右腢中心死疾故乾而豆之以薦宗廟豆祭器名狀如鐙天子二十有六諸公十有六諸侯十有二卿上大夫八下大夫六士三也大夫以上禮器之文士三者相傳爲說二爲賓客。次殺射髀骼死差遲○射食亦反髀步啓反又必邇反骼若嫁反差初賣反〔疏〕注次殺至遲。○釋曰何休云自左膘射之達於右髀遠心死難故爲次殺毛傳云次殺者射右耳本次之今注云射髀骼則與彼異也髀骼者案儀禮髀骨膝以上者是也三爲充君之庖。下殺中腸汙泡死最遲先宗廟次賓客後庖廚尊神敬客之義○庖步交反汙汙穢之泡普交反又百交反〔疏〕注下殺至之義。○釋曰何休云自左膘射之達於右髃毛傳云左髀達於右髃爲下殺此云中腸同彼二說並無妨也○夏。天王使宰渠伯糾來聘。宰官也渠氏也天子下大夫老故稱字下無秋冬二時所未詳〔疏〕注宰官至未詳。○釋曰公羊傳曰伯糾者何下大夫也何休云稱伯者上敬老也今范亦同之矣何休之意又以爲伯仲叔季之字配采地及氏者皆爲上大夫則祭伯南季之類是也兼名及字配官氏者則爲下大夫即此宰渠伯糾叔服之類是也范雖直以叔服爲字觀上下之注義亦似然故此注云伯糾下大夫文元年注毛伯天子上大夫也隱九年注南季天子上大夫是其說耳何休又云桓無王而行天子不能誅反下聘之故去二時以見貶范以五年亦使臣聘何以四時皆具七年不遣臣聘何因亦無二時故直云甯所未詳也

五年。春。正月。甲戌。己丑。陳侯鮑卒。鮑卒何爲以二日卒之。春秋之義。信以傳信。疑以傳疑。明實錄也。○傳直專反陳侯以甲戌之日出。己丑之日得。不知死之日。故舉二日以包也。國君獨出必辟病潛行○必辟音避本又作避〔疏〕甲戌至鮑卒。○釋曰公羊以爲鮑之狂故甲戌日亡己丑日死孔子疑之故以二日卒之此傳之意言陳侯辟病以甲戌日出己丑之日得之不知死之日故舉二日以包之左傳以爲再赴故兩日並書是三傳異說○信以至包也○釋曰既云信以傳信疑以傳疑則是告以虛事而注云實錄者告以實則以一日卒之告以虛則二日卒之二者皆是據告而即是實錄之事○夏。齊侯鄭伯如紀。外相如不書過我則書例時○過古禾反下文及注同〔疏〕注外相至例時。○釋曰過我者約州公之傳得知也然紀國在齊之東鄭在魯之西北鄭欲如紀則直過齊何以二君並得過魯者蓋齊侯出竟西行而逢鄭伯遂與至紀途過於魯故得記之知例時者此與州公皆不書月故知之○天王使任叔之子來聘。任叔天子之大夫○任音壬左氏作仍叔任叔之子者。錄父以使子也。故微其君臣而著其父子。不正父在子代仕之辭也。錄父使子謂不氏名其人稱父言子也君闇劣於上臣苟進於下蓋參譏之〔疏〕注參譏之釋曰君闇劣於上臣苟進於下止是二譏而言參者舊解傳言微其君臣而著其父子是刺其父之不肖而令苟進更又刺其君臣故曰參譏之或以爲參者交互之義不讀爲三理亦得通城祝丘者左氏之例凡城邑則有時與不時之例此傳則不然但書之者即是譏責故注云譏公不脩德政恃城以安民○葬陳桓公。○城祝丘。譏公不脩德政恃城以安民○秋。蔡人、衛人、陳人、從王伐鄭。王親自伐鄭○從才用反又如字下同〔疏〕注王親自伐鄭。○釋曰以舉從者之辭嫌非自伐故云親自伐鄭舉從者之辭也。使若王命諸侯伐鄭書從王命者三國也〔疏〕舉從者之辭也○釋曰麋信曰舉從者之辭謂解經稱人也徐邈云舉從者之辭謂王不能以威致三國三國自以義從耳范以二者不通故爲別解言舉從者之辭謂若王不親伐直舉三國從王命之辭也故下句云其舉從者之辭何也爲天王諱伐鄭也是也其舉從者之辭何也。爲天王諱伐鄭也。諱自伐鄭○爲于僞反鄭。同姓之國也。在乎冀州。於是不服。爲天子病矣。鄭姬姓之國冀州則近京師親近猶不能服則疏遠者可知○冀州案鄭本京北鄭縣是雍州之域後徙河南新鄭爲豫州之境冀在兩河之間非鄭都也冀州言去京師近也麋氏云韓侯滅鄭韓都冀州故以日鄭近附近之近〔疏〕在乎冀州。○釋曰徐邈云新鄭屬冀州案爾雅兩河間曰冀州新鄭在河南不得屬冀州是徐之妄也麋信云鄭在冀州者韓哀侯滅鄭遂都之韓故晉也傳以當時言之遂云冀州然則王伐鄭之時本未有韓國何得將後代之事以爲周世之名若以韓侯從冀州都鄭則冀州大伯從雍州適吳豈得謂吳爲雍州也是麋信之謬矣蓋冀州者天下之中州自唐虞及夏殷皆都焉則冀州是天子之常居以鄭近王畿故舉冀州以爲說故鄭衍著書云九州之內名曰赤縣赤縣之畿從冀州而起故後王雖不都冀州亦得以冀州言之○大雩。雩者旱祭請雨之名傳例曰雩得雨曰雩不得雨曰旱月雩正也時雩不正也禮月令曰仲冬行夏令則其國乃旱○雩音于祭名〔疏〕注雩者至六事謝○釋曰何休云祭言大雩大旱可知也君親之南郊以六事謝過自責曰政不一與民失職與宮室榮與婦謁盛與苞苴行與讒夫倡與使童男女各八人舞而呼雩故謂之雩賈逵云言大雩者别於山川之雩左氏說不爲旱者亦稱大雩則雩稱大者或如賈言也名之爲雩者鄭玄云雩之言吁也吁嗟以求雨服虔杜預以爲雩之言遠也遠爲百穀祈膏雨也未知二說誰當范言天爲大旱以六事謝過或如何說舞而呼雩雩理恐不然云傳例曰者僖十一年傳文也云月雩正也時雩不正也定元年傳文此雩不月者何休云譏公驕溢也案穀梁傳意月雩則正時雩則非正不論驕溢之事則何休之言不可通於此也○螽。蚣蝑之屬禮月令曰仲冬行春令則螽蝗爲敗○螽音終蚣相容反蝑音壻蝗華盍反螽。蟲災也。甚則月。不甚則時。〔疏〕甚則月○釋曰重發傳者經書時雩非正故不月螽災與之同不月嫌其甚而不月故發以明之○冬。州公如曹。外相如不書。此其書何也。過我也。過我六年寔來是也將有其未故先錄其本〔疏〕注過我至其本。○釋曰齊侯鄭伯如紀無寔來亦言過我者不必悉有下事此因有下事故以相發明其齊侯鄭伯直途過於魯不入國都故不言寔來也

六年。春。正月。寔來。來朝例時月者謹其無禮。○寔常式反朝直遙反下七年同〔疏〕注來朝至無禮。○釋曰二年紀侯來朝傳曰朝時此其月何也惡之故謹而月之也彼書月是惡則此月亦惡也今州公

不以禮朝又至魯不反是無禮之事故云謹其無禮也寔來者。是來也。何謂是來。謂州公也。其謂之是來何也。以其畫我。故簡言之也。諸侯不以過相朝也。畫是相過去朝遠○畫音獲注同以過古禾反注同○夏。四月。公會紀侯于郕。○紀侯左氏作杞侯○秋。八月。壬午。大閱。蒐閱例時。○閱音悅（疏）注蒐閱例時。○釋曰傳云謹而日之知不以月爲正而云例時者以四年公狩于郎書月以刺不正故知蒐閱例時也大閱者何。閱兵車也。閱爲簡練脩教明諭國道也。脩先王之教以明達於民治國之道平而脩戎事。非正也。邵曰禮因四時田獵以習用戎事存不忘亡安不忘危之道平謂不因田獵無事而脩之其日以爲崇武故謹而日之。蓋以觀婦人也。○觀古亂反視也○蔡人殺陳佗。陳佗者陳君也。其曰陳佗何也。匹夫行。故匹夫稱之也。其匹夫行奈何。陳侯憙獵。淫獵于蔡。與蔡人爭禽。蔡人不知其是陳君也而殺之。淫獵謂自放恣遺失徒衆。○陳佗徒河反行下孟反憙虛記反何以知其是陳君也。兩下相殺不道。兩大夫相殺不書春秋其不地於蔡也。（疏）其不地於蔡也。○釋曰宣十八年邾人戕繒子于繒書地今不地故决之云其不地於蔡也言在蔡故不地耳○九月。丁卯。子同生。子同桓公嫡子莊公○嫡丁歷反或作適疑故志之。莊公母文姜淫于齊襄疑非公之子（疏）疑故志之。○釋曰文姜以桓三年入至今四年矣未有適齊之云而云疑者蓋文姜未嫁之時已與襄公通後桓公殆爲妻淫見殺則其間雖則適魯襄公仍向往來故疑之也子同生公羊以爲久無嫡子喜國有正故書之左傳以爲備用大子之禮故書此傳云疑故志之是三傳異也時曰同乎人也。時人僉曰齊侯之子同於他人○僉七廉反○冬。紀侯來朝。

七年。春。二月。己亥。焚咸丘。日之謹其惡○惡烏各反（疏）注日之謹其惡○釋曰侵伐圍例時故知書日謹其惡也其不言邾咸丘何也。據襄元年圍宋彭城言宋疾其以火攻也。不繫於國者欲使焚邑之罪與焚國同○夏。穀伯綏來朝。○鄧侯吾離來朝。其名何也。據隱十一年滕薛來朝不名失國也。禮諸侯不生名失地則名（疏）注禮諸至則名。○釋曰曲禮云諸侯不生名失地名滅同姓名是也失國則其以朝言之何也。據文十二年郕伯來奔不名（疏）注據文至不名。○釋曰哀十年邾子益來奔昭二十三年莒子庚輿來奔彼來奔書名彰其失地則與此穀鄧書名同而范不據之文十二年郕伯來奔無名而反據之者以邾莒二國更無所見無所見故依常書名言奔表其失地其郕伯與穀鄧別有所見與常例違故據之以相决何則郕伯不言名而云來奔穀鄧書名而稱朝二者相反故特據之郕伯與魯同姓故不名以表其親言奔以明失國穀鄧與魯有好故言名以彰失國稱朝以見和親但人春秋以來雖無同好之事蓋春秋前有之嘗以諸侯與之接矣。雖失國。弗損吾異日也。待之以初也下無秋冬二時當所未詳

穀梁傳注疏卷三校勘記　阮元撰盧宣旬摘錄

桓公　閩監毛本上空一字十行本不空後每公並同

元年

故嗣年即位　閩監毛本嗣改踰是也

五得不言邴也　閩監毛本五改不是也

羊以爲田多邑少稱田　羊上脫公字閩監毛本不脫

則不德其邑也　閩監本同毛本德字空浦鏜云得之誤是

二年

宋督　閩監毛本同釋文督本又作晳石經作晳

傳以失如言之　閩監毛本如改嫌是也

臣既死君不忍稱其名　石經宋本閩本同監毛本脫此九字

孔氏父字謚也　段玉裁云氏字衍孔父者字謚也字謚者以字爲謚也左傳曰諸侯之制以字爲謚亦見儀禮鄭注

但赴者以正月者亂　齊召南云月者當作月告

春秋親尊皆謂　閩監毛本謂作諱是也

春秋雖受親尊者諱　閩監毛本受改爲

傳意成宋辭者　閩監毛本辭改亂下成宋辭也同是也

江熙以爲加君父之惡大初　閩監毛本初作切是也

納于太廟　閩監毛本同石經太作大據上條則釋文亦作大

納者內不爲也　閩監毛本爲作受是

於是爲齊侯陳侯鄭伯討數日以賂　閩監毛本同石經討作計

鄧某地　閩監毛本同釋文出厶地云本又作某。按困學學紀聞云某或作厶出穀梁注鄧厶地

三年

冬下穀畢入　閩監毛本下作五是也

四年

達于右腢。按依說文當作髃說詳公羊注疏挍勘記

案儀禮髀骨膝以上者是也　閩監毛本膝改膝是也

五年

城祝邱者　補案此段疏文當在下經城祝邱注下誤在此城祝至安民是下城祝邱疏錯簡理亦得通下當據毛本訂正

宮室榮與　閩監毛本榮作崇。案荀子大略篇王應麟詩考並作榮

經書時雩非正　閩本同監毛本雩作雨

六年

後桓公殆爲妻淫見殺　閩本同監毛本殆作始何校本作終

監本附音春秋穀梁注疏桓公卷四 起八年盡十八年

范甯集解　楊士勛疏

八年。春。正月。己卯。烝。春祭曰祠薦尚韭卵夏祭曰禴薦尚麥魚秋祭曰嘗薦尚黍肫冬祭曰烝薦尚稻鴈無牲而祭曰薦薦而加牲曰祭禮各異也失禮祭祀例日得禮者時定八年冬從祀先公是也僖八年秋七月禘于大廟用致夫人耳禘無違禮○烝之承反日禴餘若反又作礿黍肫本又作豚徒門反大廟音泰下同〔疏〕注春祭至違禮○釋曰所言四時祭名者周禮大宗伯及爾雅並有其事薦尚韭卵之等禮記王制之文何休云祠猶食也猶繼嗣也春物始生孝子思親繼嗣而食之也礿者麥始熟可礿也嘗者黍先熟可得薦故曰嘗烝衆也所薦衆多芬芳備具故曰烝郭璞等注爾雅與何解四時祭名少異但范之所引者並與何氏同故從何說又云天子四祭四薦諸侯三祭三薦大夫士再祭再薦天子諸侯卿大夫牲用太牢天子元士諸侯卿大夫少牢諸侯之士特豕天子之牲角握諸侯角尺卿大夫索牛此記下異聞耳未知范意與之同否定八年冬衞侯鄭伯盟于曲濮下即云從祀先公是時而不月也得禮例時引定八年爲證失禮例日不引其文者凡烝合在夏之十月故何休云祭必於夏之孟月者取其見新物之月也今正月烝爲違月不隔年故夏之春與日之志不時也下文夏五月丁丑烝傳曰志不敬也故二傳書日以見非禮此文即是非禮例失禮之證故不復更引他文其二年丁卯大事于太廟亦是失禮書日也正月烝傳云不時五月烝傳云不敬也者一失禮尚可故以不時言之再失禮重故以不敬釋之又注云禘○無違禮案明堂位季夏六月以禘禮祀周公於大廟僖公七月而禘則是不時而云無違者周之七月夏之五月若值月前節則以是四月相校不多比之隔年再烝失禮尚可故曰無違也文二年八月則是夏之六月而祫嘗者亦是失禮故書日表逆祀及失時也宜八年六月有事于大廟是得時而書日者譏宣公卿死不廢繹也

烝。冬事也。春興之。志不時也。○天王使家父來聘。家父天子大夫家氏父字〔疏〕注家父至父字○釋曰何休云中大夫故不稱伯仲范意或然○夏。五月。丁丑。烝。烝。冬事也。春夏興之。黷祀也。志不敬也。○黷徒本反○秋。伐邾。○冬。十月。雨雪。禮月令曰孟冬行秋令則霜雪不時○雨于付反○祭公來。遂逆王后于紀。祭公寰內諸侯爲天子三公者親逆例時不親逆例月故春秋左氏說曰王者至尊無敵無親逆之禮祭公逆王后未致京師而稱后知天子不行而禮成也鄭君釋之曰大姒之家在郃之陽在渭之涘文王親迎于渭即天子親迎之明文矣天子雖尊其于后猶夫婦夫婦判合禮同一體所謂無敵豈施此哉禮記哀公問曰冕而親迎不已重乎孔子愀然作色而對曰合二姓之好以繼先聖之後以爲天地宗廟社稷之主君何謂已重焉此言親迎繼先聖之後爲天地宗廟社稷之主非天子則誰乎○祭公側界反寰音縣又音環親迎魚敬反注皆同大姒音似大姒文王妃也郃音洽本又作洽涘音仕愀在九反又親小反之好呼報反〔疏〕注祭公至誰乎○釋曰此注之意言左氏天子不合親迎故引鄭君之釋以明天子合親迎也然文王之逆大姒時爲世子耳得證天子之禮者文王之爲世子而聖賢相配宜爲後王之法故有造舟爲梁又入大雅明天子之法又且魯不祭地而云天地之主是王者親迎之明文也案士昏禮士衣爵弁是助祭之服也則大夫以上及五等諸侯冕而親迎亦當用助祭之服也

其不言使焉何也。據四年天王使宰渠伯糾聘〔疏〕注據四至稱使○釋曰此年天王使家父來聘五年天王使任叔之子來聘范不據之而遠據四年宰渠伯糾者彼宰是官此公亦是官故也或亦隨便而言無例矣不正其以宗廟之大事即謀於我。故弗與使也。時天子命祭公就魯共卜擇紀女可中后者便逆之不復反命○復扶又反遂。繼事之辭也。其曰遂逆王后。故略之也。以其遂逆無禮故不書逆女而曰王后略謂不以禮稱之〔疏〕遂繼事之辭也○釋曰依范氏略例凡有十九遂事傳亦有釋之者亦有不釋者此是例之首又天子大夫嫌與諸侯臣異故發繼事之辭莊十九年公子結言遂傳云以輕事遂乎國重辟要盟也理在可知故省文也僖二十八年諸侯遂圍許會溫已訖中間有事必恐不相繼故發傳以明之曹伯襄遂會諸侯圍許恐彼釋而遂與常例異故重發之僖四年遂伐楚恐華成異故重發以同之宣元年楚子鄭人侵陳遂侵宋嫌尊卑異故亦發之宣十八年歸父遂奔齊嫌出奔不得同於繼事故發之襄十二年季孫宿遂入鄆嫌不受命與常例不同故發之自餘不發者並可知故也或曰天子無外。王命之則成矣。四海之濱莫非王臣王命紀女爲后則已成王后不如諸侯入國乃稱夫人或說是

九年。春。紀季姜歸于京師。季姜桓王后書字者申父母之尊姜紀姓爲之中者歸之也。中謂關與婚事○之中丁仲反又如字注同與音豫〔疏〕爲之至之也○釋曰劉夏逆王后經不言歸則是魯不關與婚事而范氏略例云逆王后有二者以書逆王后皆由過魯若魯主婚而過我則言歸若不主婚而過我則直言逆雖詳略有異俱是過魯故范以二例揔之○夏。四月。○秋。七月。○冬。曹伯使其世子射姑來朝。朝不言使。言使非正也。使世子伉諸侯之禮而來朝。曹伯失正矣。諸侯相見曰朝。以待人父之道待人之子。以內爲失正矣。內失正。曹伯失正。世子可以已矣。則是故命也。父有爭子則身不陷於不義射姑廢曹伯之命○可○射音亦麋氏本即作亦朝直遙反伉苦浪反本又作亢爭諫爭之爭〔疏〕言使非正也○釋曰季姬使鄫子來朝復云非正者嫌婦人所使與父命子異故兩見之使世子朝言非正者禮諸侯世子誓於天子攝其君則下其君一等未誓則以皮帛繼子男此謂會同急遽王命者也今曹伯或有疾朝魯未是急事而使世子攝位來朝故云非正也公羊以爲世子不合朝惟左氏以爲得行朝禮尸子曰。夫已多乎道。邵曰已止也止曹伯使朝之命則曹伯不陷非禮之愆世子無苟從之咎魯無失正之譏三者正則合道多矣○愆去虔反

十年。春。王正月。庚申。曹伯終生卒。桓無王。其曰王。何也。正終生之卒也。徐乾曰與夷見弒恐正卒不明故復明之○復扶富反〔疏〕注徐乾至明之○釋曰案范荅薄氏之駮云曹伯亢諸侯之禮使世子行朝故於卒示譏則傳云正者謂正治其罪則與徐解不同而引其說者以徐乾之說得通一家故引之范意仍與徐異或以范意權荅薄氏故云譏曹伯若正說仍與徐同○夏。五月。葬曹桓公。○秋。公會衞侯于桃丘。弗遇。桃丘衞地桓弒逆之人出則有危故會皆月之衞侯不來無危故時弗遇者。志不相得也。弗。內辭也。倡會者衞魯至桃丘而衞不來故書弗遇以殺恥〔疏〕弗遇至辭也○釋曰遇者志相得之名故此弗遇志不相得也弗內辭也者其實魯公弗被遇託言衞侯不遇故云弗內辭也○注倡會至殺恥○釋曰以經書會故知倡會者衞託言衞侯不遇則若衞侯不蒙魯公之接故云殺恥也○冬。十有二月。丙午。齊侯。衞侯。鄭伯來戰于郎。結日列陳則日傳例曰不日疑戰也○陳直覲反來戰者。前定之戰也。先已結期戰○先悉薦反內不言戰。言戰則敗也。兩敵故言戰春秋不以外敵內書戰則敗不言其人。以吾敗也。不言及者。爲內諱也。爲于偽反〔疏〕來戰至諱也○釋曰內不言戰又發傳者公敗宋師起例之始此戰沒公故重發例以明之也不言其人者謂不稱公也不言及者謂不云及齊侯衞侯鄭伯也傳與十七年傳文同但觀經立說故二處有異耳

十有一年。春。正月。齊人。衞人。鄭人盟于惡曹。惡曹地闕○夏。五月。癸未。鄭伯寤生卒。寤吾故反○秋。七月。葬鄭莊公。莊公殺段失德不葬而書葬者段不弟於王法當討故不以殺親親貶之○弟下並音悌又如字〔疏〕注不以至貶之○釋曰此據晉侯殺世子申生不言葬而發○九月。宋人執鄭祭仲。祭氏仲名執大夫有罪者例時無罪者月此月者爲下盟○祭側界反〔疏〕注祭氏至下盟○釋曰知仲名者以仲立惡黜正無善可褒故知仲名也云有罪者例時者莊十七年春齊人執鄭詹經不書月傳曰以人執與之辭也是執有罪書時之文也言無罪者月者成十六年九月晉人執季孫行父舍之於苕丘彼雖爲危書月亦是無罪之例也今祭仲有罪而經書月故注解之書月者爲下盟耳案襄二十七年秋七月辛巳豹及諸侯之大夫盟於宋書日下云柔會宋公陳侯蔡叔盟于折不日者柔是大夫之未命者也不得同正大夫及下賓於士故雖得書名仍從卑者之盟不日之例也宋人者。宋公也。其曰人。何也。貶之也。○惡其執人權臣廢嫡立庶○惡烏路反嫡丁歷反○突歸于鄭。突鄭厲公昭公之弟莊公之子曰突。賤之也。曰歸。易辭也。傳例曰歸爲善自某歸次之此傳曰歸易辭也然則歸有二義不皆善矣突篡兄之位制命權臣則歸無善○易以豉反下文及注同篡初患反〔疏〕

注傳例至無善。○釋曰成十六年曹伯歸自京師傳云歸爲善注云謂直言歸而不言其國即曹伯歸自京師不言于曹是自來歸次之注云若蔡季自陳歸于蔡衛侯鄭自楚復歸于衛是據彼傳文則歸爲善今傳曰歸易辭故解之言歸有二意善者謂之歸易者亦謂之歸也是稱歸有二突惡而稱歸是惡辭非善也祭仲易其事。權在祭仲也。死君難。臣道也。今立惡而黜正。惡祭仲也。易辭言廢立在已。○難乃旦反惡祭烏路反○鄭忽出奔衛。忽鄭昭公鄭忽者。世子忽也。其名。失國也。其名謂去世子而但稱忽。○去起呂反〔疏〕注其名至稱忽。○釋曰鄭忽先君已葬而怪不稱世子者穀梁之意先君雖葬而嗣子未踰年亦宜稱子即僖二十五年秋葬衛文公冬十有二月癸亥公會衛子莒慶盟于洮是也雖則踰年先君未葬亦不得成君故下十二年丙戌衛侯晉卒十三年衛惠公稱侯而注云衛宣未葬而嗣子稱侯以出其失禮明矣是也計鄭忽父雖葬訖仍未踰年於例宜合稱子但范以忽十五年歸國稱世子復歸故於此決其去世子而但稱忽也稱謂與常例違者此年書名表其失國十五年稱世子明其反正故與常例不同○柔會宋公、陳侯、蔡叔盟于折。蔡叔蔡大夫名未命故不氏折某地。○折之設反又時設反柔者何。吾大夫之未命者也。〔疏〕柔者至者也。○釋曰重發傳者隱不成爲君不爵大夫故俠卒不氏今桓成爲君而有不命大夫嫌有罪則故明之○公會宋公于夫鍾。夫鍾郕地。○夫音扶麋氏本鍾作童音鍾○冬十有二月。公會宋公于闞。闞魯地。○闞口暫反

十有二年。春。正月。○夏。六月。壬寅。公會紀侯、莒子、盟于曲池。曲池魯地○秋。七月。丁亥。公會宋公、燕人、盟于穀丘。穀丘宋地。燕音煙國名。○八月。壬辰。陳侯躍卒。陳厲公也。○躍餘若反○公會宋公于虛。虛宋地。○虛如字又去魚反○冬。十有一月。公會宋公于龜。龜宋地○丙戌。公會鄭伯盟于武父。武父鄭地。○父音甫○丙戌。衛侯晉卒。再稱日。決日義也。明二事皆當日也晉不正非日卒者也不正前見矣隱四年衛人立晉是也與齊小白義同。○見賢徧反〔疏〕再稱至義也。○釋曰決日者謂二事決宜書日故經兩舉日文也月則不然縱有兩事合月但舉一月以包之其有蒙日明者則亦不兩舉故范荅薄氏云蠡且之卒異於日食之下可知日是也。注明二至義同。○釋曰納入立皆篡四年書衛人立晉是不正前已見故今書日莊九年書齊小白入於齊是其惡已見故僖十七年小白卒書日與此同也○十有二月。及鄭師伐宋。丁未。戰于宋。非與所與伐戰也。非責不言與鄭戰。恥不和也。於伐與戰。敗也。內諱敗。舉其可道者也。

於伐宋而與鄭戰內敗也戰輕於敗戰可道而敗不可道〔疏〕非與至者也。○釋曰麋信云此傳解經書下日之意也非責魯言責魯又與其所與伐者戰也謂還與鄭戰然則責其還與鄭戰于理是也言解經下日之意則非也何者十三年公會紀侯鄭伯己巳云云戰彼亦下日豈又是責魯乎麋信之說非也蓋責與人同伐反與之交戰是危之道故經舉戰伐以責之既責魯不顯言與鄭戰者諱不和也

十有三年。春。二月。公會紀侯、鄭伯。己巳。及齊侯、宋公、衛侯、燕人戰。齊師、宋師、衛師、燕師敗績。徐邈曰僖九年傳曰禮柩在堂上孤無外事今衛宣未葬而嗣子稱侯以出其失禮明矣宋陳稱子而衛稱侯隨其所以自稱者而書之得失自見矣。○柩其救反見賢徧反〔疏〕注徐邈至見矣。○釋曰宋稱子在僖九年陳稱子在二十八年得見者彼二君稱子是其得今衛惠稱侯是其失也僖三十三年晉人及姜戎敗秦師于殽傳云晉人者晉子也不正其釋殯故貶之此衛侯亦釋殯所以不貶者晉爲大國不勞自戰無故釋殯自戰故貶稱人今衛侯初立須求好諸侯今從齊宋之命未是大過故議而不貶議者據經稱侯即是足見其惡其言及者。由內及之也。其曰戰者。由外言之也。內不言戰言戰則敗今魯與紀鄭同討以有紀鄭故可得言戰〔疏〕其言至之也。○釋曰言由內及之也者以文承紀鄭之下恐非獨內及故特言之又且下云其曰戰者由外言之也是戰從外稱及是內辭欲分別二事故內外兩舉傳其不地於紀也者春秋考異郵云時戰在魯之龍門故何休難云在紀無爲不地鄭玄云紀當爲已在龍門城下故不地何休注公羊亦云戰魯龍門兵攻城池恥之故不地是皆以紀爲已非紀國也戰稱人。敗稱師。重衆也。其不地。於紀也。春秋戰無不地即於紀戰無爲不地也鄭君曰紀當爲已謂在魯也字之誤耳得在龍門城下之戰迫近故不地○三月。葬衛宣公。○夏。大水。○秋。七月。○冬。十月。

十有四年。春。正月。公會鄭伯于曹。○無冰。皆君不明去就政治紀緩之所置五行傳曰視之不明是謂不哲厥咎舒厥罰常燠。○哲陟列反一本作哲之列反燠於六反煖也下文同〔疏〕無冰。○釋曰舊解傳云無冰時煖也謂無冰書時燠煖也時字上讀爲句因即解成元年正月公即位二月葬宣公三月作丘甲無冰在其中不是爲無冰書月可知也此正月公會鄭伯於曹下云無冰則正月者直爲公會鄭伯不爲無冰何者無冰一時之事固當不得以月書也徐邈亦然今以爲成元年傳云加之寒之辭也則無冰亦當蒙月也傳云無冰時燠也者謂所以無冰者正由時燠也於字下讀理亦足通。○注皆君不明去就政治紀緩之所置五行至罰常燠。○釋曰徐邈云無冰者常陽之異此夫人淫泆陰爲陽行之所致也何休注公羊亦然今范云皆君不明去就政治舒緩之所致則非獨爲夫人也蓋爲桓公閹於去就不達是非外不能結好鄰國內不能防制夫人又成亂助篡貪賂廢祀以火攻人反與伐戰此等皆是不能去就政教舒緩故又引洪範五行傳曰視之不明是謂不哲言人君愚闇察視不明是謂不昭哲也其咎過在於舒緩其天降謂罰常在時燠也無冰。時燠也。○夏。五。夏五本或有月者非鄭伯使其弟禦來盟。諸侯之尊。弟兄不得以屬通。其弟云者。以其來我。舉其貴者也。來盟。前定也。不日。前定之盟不日。言信在前非結於今。○禦魚呂反本亦作御左氏作語〔疏〕諸侯至不日。○釋曰重發不以屬通例者前弟年來聘今禦來盟嫌不同故重發之此云前定之盟不日則成十一年己丑及郤犨盟是後定可知也孔子曰。聽遠音者。聞其疾而不聞其舒。疾謂激揚之聲舒謂徐緩望遠者。察其貌而不察其形。貌姿體形容色立乎定、哀。以指隱、桓。隱、桓之日遠矣。夏五。傳疑也。孔子在於定哀之世而錄隱桓之事故承闕文之疑不書月明皆實錄。○傳直專反〔疏〕注明皆實錄。○釋曰言孔子承闕文之疑不止夏五一事故云皆也○秋。八月。壬申。御廩災。御廩藏公所親耕以奉粢盛之倉也內災例日。○廩力甚反〔疏〕注御廩至例日。○釋曰御廩者藏公所親耕之物御用於宗廟故謂之御廩祭義云古者天子爲藉千畝冕而朱紘躬秉耒諸侯爲藉百畝冕而青紘躬秉耒以事天地山川社稷先古是公所親耕也內災例日者成三年甲子新宮災此云壬申御廩災是例日也乙亥。嘗。御廩之災不志。以其微〔疏〕注以其微。○釋曰舊解云災是大事嘗亦不小而云微者謂之八月夏之六月其六月之末容得立秋之節祭未足可書比之災則爲微當合舉重而今並書之者是未易災之餘可志而已見其不敬故兼志之如此解則傳云御廩之災不志者謂不當兼志之也今以爲微者直謂御廩災也故徐邈云不足志是也徐又云而嘗可也言可以嘗可上屬與范注違不得取之此其志何也。以爲唯未易災之餘而嘗可也。志不敬也。鄭嗣曰唯以未易災之餘而嘗然後可志也用火焚之餘以祭宗廟非人子所以盡其心力不敬之大也。○盡注忍反天子親耕。以共粢盛。天子親耕其禮三推黍稷曰粢在器曰盛。○共音恭一本作供粢音咨推昌誰反一音他回反〔疏〕注天子至曰盛。釋曰月令天子於孟春之月乃擇元辰天子親載耒耜措之參保介之御間帥三公九卿諸侯大夫躬耕帝藉天子三推公五推卿諸侯九推是其文也王后親蠶。以共祭服。王后親蠶齊戒躬桑夫人三繅遂班三宮朱綠玄黃以爲黼黻文章服既成君服以祀之。○齊側皆反本亦作齋繅先刀反黼音甫亦作黼黻音弗俗作紱〔疏〕注王后至祀之。○釋曰王后親蠶齊戒躬桑月令文夫人三繅遂班三宮云云祭義文故彼云古者天子諸侯必有公桑蠶室近川而爲之築宮仞有三尺棘牆而外閉之及大昕之朝君皮弁素積卜三宮之夫人世婦之吉者使入蠶于蠶室奉種浴于川桑于公桑風戾以食之鄭玄云大昕季春朔日之朝也諸侯夫人三宮半王后也又云及良日夫人繅三盆手遂布于三宮夫人世婦之吉者使繅遂朱綠之玄黃之以爲黼黻文章服既成君服以祀先王先公敬

之至也鄭玄云三盆手者三淹也凡繅每淹大揔而手振之以出緒也是也國非無良農工女也。以爲人之所盡事其祖禰。不若以己所自親者也。凱曰夫治人之道莫急於禮禮有五經莫重於祭祭者非物自外至者也由中出者身致其誠信然後可以交於神明祭之道也。禰乃禮反〔疏〕注禮有至道也。釋曰祭統文鄭玄云五經者吉凶賓軍嘉也莫重於祭謂以吉禮爲首也大宗伯職曰以吉禮事邦國之鬼神祇何用見其未易災之餘而嘗也。曰甸粟而內之三宮。三宮米。而藏之御廩。甸甸師掌田之官也三宮三夫人也宗廟之禮君親割夫人親舂。舂傷容反〔疏〕注甸甸至親舂。釋曰傳言甸粟知是掌田之官也禮王后六宮諸侯夫人三宮也故知三宮是三夫人宮也禮宗廟之禮君親割夫人親舂者文十三年傳文兼甸之事焉者納粟者甸師而夫人親舂是兼之也夫嘗必有兼甸之事焉。夫人親舂是兼甸之事。兼甸如字一本作甸十日爲甸注亦然壬申。御廩災。乙亥。嘗。以爲未易災之餘而嘗也。鄭嗣曰壬申乙亥相去四日言用日至少而功多明未足及易而嘗○冬。十有二月。丁巳。齊侯祿父卒。○宋人以齊人、蔡人、衛人、陳人、伐鄭。以者。不以者也。民者。君之本也。使人以其死。非正也。不以者謂本非所得制今得以之也制四國使衆專用其師輕民命也。刺七賜反

十有五年。春。二月。天王使家父來求車。古者諸侯時獻于天子。以其國之所有。故有辭讓。而無徵求。求車。非禮也。求金甚矣。文九年毛伯來求金〔疏〕求車至甚矣。釋曰求賻求金並發傳者以所求不同故各發之不云求賻甚而云求金甚者喪事有賻但求之非禮金非喪所供故以爲甚傳反正也者釋其稱世子也○三月。乙未。天王崩。桓王○夏。四月。己巳。葬齊僖公。○五月。鄭伯突出奔蔡。譏奪正也。禮諸侯不生名今名突以譏之○鄭世子忽復歸于鄭。反正也。○許叔入于許。傳例曰大夫出奔反以好曰歸以惡曰入〔疏〕注傳例至曰入。釋曰莊九年傳文許叔。許之貴者也。莫宜乎許叔。其曰入何也。其歸之道。非所以歸也。泰曰許國之貴莫過許叔叔之宜立又無與二而進無王命退非父授故不書日歸同之惡入○公會齊侯于蒿。蒿左氏作艾公羊作鄗○邾人、牟人、葛人、來朝。何休曰桓公行惡而三人俱朝事之三人爲衆衆足責故夷狄之。行下孟反又如字○秋。九月。鄭伯突入于櫟。櫟鄭邑也突不正書入明不當受。櫟力狄反〔疏〕注櫟鄭至當受。釋曰案齊小白入于齊傳曰以惡曰入衛侯朔入衛傳曰入者內弗受也蓋舊爲國君而入者則是內不受若衛侯朔入于衛鄭伯突入于櫟是也公子不正取國者則是以惡故曰入若許叔入于許齊小白入于齊是也觀范之注其事必然但舊無此解不敢輒定或當以惡入者即內不當受傳文互舉之其實不異理亦通耳○冬。十有一月。公會宋公、衛侯、陳侯、于袲伐鄭。袲宋地。袲昌氏反地而後伐。疑辭也。非其疑也。鄭突欲篡國伐而正之義也不應疑故責之

十有六年。春。正月。公會宋公、蔡侯、衛侯、于曹。○夏。四月。公會宋公、衛侯、陳侯、蔡侯、伐鄭。蔡常在衛上今序陳下蓋後至〔疏〕注蔡常至後至。釋曰桓五年蔡人衛人陳人從王伐鄭此春公會宋公蔡侯衛侯于曹是蔡常在衛上今在下故知後至○秋。七月。公至自伐鄭。桓無會而其致何也。危之也。桓公再助篡伐正危殆之甚喜得全歸故致之〔疏〕注桓公至致之。釋曰公與諸侯此年爲突伐鄭前年雖爲忽討突疑而不心亦是其助故云再助也范荅薄氏駮云明桓伐突非本故言再助是也范必知前年爲忽伐鄭而此年爲突伐鄭者以前年責其疑若是伐嫡而疑則不足可責明是爲忽討突也此年傳云桓無會其致何也危之也若是助嫡則不須云危故知是助突討忽也○冬。城向。向舒尚反○十有一月。衛侯朔出奔齊。朔惠公名朔之名。惡也。天子召而不往也。〔疏〕朔之至往也。釋曰不云失地而言惡者以朔不奉王命重於失地故直云惡也

十有七年。春。正月。丙辰。公會齊侯、紀侯、盟于黃。黃齊地○二月。丙午。公及邾儀父盟于趡。趡魯地。趡翠軌反○夏。五月。丙午。及齊師戰于郎。內諱敗。舉其可道者也。敗恥大戰恥小。戰于郎左氏作干奚不言其人。以吾敗也。言人則微者敗於微者其恥又甚故言師不言及之者。爲內諱也。及當有人公親帥之恥有不可言。爲于僞反〔疏〕注公親帥之。釋曰知非卿帥而言公者春秋之義雖爲親諱不爲卿諱又傳云爲內諱則是公可知○六月。丁丑。蔡侯封人卒。○秋。八月。蔡季自陳歸于蔡。蔡季。蔡之貴者也。自陳。陳有奉焉爾。陳以力助○癸巳。葬蔡桓侯。徐邈曰者臣子事故書葬皆以公配謚此稱侯蓋蔡臣子失禮故即其所稱以示過〔疏〕葬蔡桓侯。釋曰休云蔡季賢而桓不能用故抑之杜預云疑謬誤范以爲臣子失禮稱侯既就其所稱以示過三傳無文各以意說○及宋人、衛人伐邾。○冬。十月。朔。日有食之。言朔不言日。食既朔也。既盡也盡朔一日至明日乃食是月二日食也〔疏〕注既盡至食也。釋曰知二日者以傳云食既朔也言食盡朔是二日明矣

十有八年。春。王正月。公會齊侯于濼。此年書王以王法終治桓之事。濼力沃反又音洛舊音匹沃反公與夫人姜氏遂如齊。公本與夫人俱行至濼公與齊侯行會禮故先書會濼既會而相隨至齊故曰遂遂繼事之辭他皆放此濼之會。不言及夫人何也。據夫人實在當言公及夫人姜氏會齊侯于濼〔疏〕注據夫人至于濼。釋曰決僖公十一年公及夫人姜氏會齊侯于陽穀是也公羊以爲此不言及夫人外公也左氏無正文或公男女無別故不言及並與穀梁異以夫人之伉。弗稱數也。濼之會夫人驕伉不可言及故舍而弗數今書遂如齊欲錄其致變之由故以不書實驕伉而不制故不言及。伉本又作亢苦浪反色祖反舍音捨○夏。四月。丙子。公薨于齊。夫人與齊謀殺之不書諱也魯公薨正與不正皆日所以別內外也。別內外彼列反其地。於外也。薨稱公。舉上也。公五等之上〔疏〕其地至上也。釋曰據隱閔不地之也其外諸侯之卒皆不言公舉五等之上也丁酉。公之喪至自齊。○秋。七月。○冬。十有二月。己丑。葬我君桓公。葬我君。接上下也。言我君舉國上下之辭〔疏〕葬我至下也。釋曰公者臣子之稱也我君者接及舉國上下之辭君弒。賊不討。不書葬。此其言葬。何也。據隱公不書葬不責踰國而討于是也。禮君父之讎不與共戴天而曰不責踰國而討于是者時齊強大非己所討君子即而恕之以申臣子之恩〔疏〕不責至是也。釋曰不責其譏其狩于郜者齊魯大小不敵恕而免之公雖不能報理當絕交而與之同狩故譏之也桓公葬而後舉謚。以成德也。於卒事乎加之矣。謚者行之迹所以表德人之終卒事畢於葬故於葬定稱號也昔武王崩周公制謚法大行受大名小行受小名所以勸善而懲惡禮天子崩稱天命以謚薨天子謚之卿大夫卒受謚於其君。行下孟反下同稱尺證反〔疏〕注謚者至其[illegible]曰以左傳無[illegible]父請謚於隱公是大夫謚諸侯賜之諸侯既上有王[illegible]天子賜之禮記云天子稱天以誄之又公羊說天子[illegible]郊在天子上者唯天耳故知稱天命以謚知者慮。義者行。仁者守。有此三者備。然後可以會矣。桓無此三者而出會大國所以見殺。知音智守如字又音狩〔疏〕知者至會矣。釋曰復發傳者隱公表會戎之危此明桓公見殺之事故重發之也

穀梁注疏卷四挍勘記　阮元撰盧宣旬摘錄

八年桓公

礿者麥始熟可礿也 段玉裁云下礿字當作汋說詳公羊校勘記

禘○無違禮 閩監毛本作言禘無違禮是也

在郜之陽 閩監毛本同釋文出在郚本又作洽案郚即郜誤

夫婦叛合 閩監毛本叛作配○按今儀禮作胖合古本只作半合或作判合

恐華成異 閩監本同毛本成改戎是

九年

則是故命也 閩監毛本同石經故作放段玉裁云太平御覽百四十七卷引同

十年

締日列陳則曰 閩監本同毛本列誤例釋文出列陳

十有一年

舍之於茗丘 於當作于

盟於宋 於當作于

宋人者宋公也 案閩監毛本此文之上例加傳字今無傳字蓋閩本未加監毛本即仍閩本之舊也

自來歸次之 案成公十六年傳來作某

而怪不稱世子者 怪當作經閩監毛本不誤

葬徵文公 徵當作衛閩監毛本不誤

十有二年

虛宋地 閩本同監毛本脫此注

言責魯又與其所與伐者戰也 閩監毛本同何校本又作反

十有四年

政治紀緩之所匱 閩監毛本紀作紓匱作致是也疏引同

舊解傳云 閩監毛本云作文

其天降謂罰 閩監毛本同浦鏜云謂當譴誤是也

鄭伯使其弟禦來盟 閩監毛本同石經禦來盟三字漫漶

疾謂溉揚之聲 閩監毛本溉作激是也

師三公九卿諸侯大夫 閩監毛本師作帥是也

夫人三綀 閩監毛本綀作繅疏同釋文出三繅綀乃誤字

必有兼甸之事焉 閩監毛本同石經甸作甸釋文出兼甸云一本作甸注亦然

十有五年

傳反正也者釋其稱世子也 閩監毛本同浦鏜云當在下鄭世子忽復歸于鄭傳下

則是以惡故日入 閩監毛本同何校本故作入

十有七年

公及邾儀父盟于趡 石經同閩監毛本脫公字

恥大不可言 閩監毛本大作有

十有八年

以王法終治桓之事 嚴杰云元本左傳桓三年正義引治字上有始字是也

公與夫人姜氏遂如齊 閩監毛本同石經無與字

監本春秋穀梁注疏莊公卷第五 起元年盡十八年

范甯集解　楊士勛疏

莊公〔疏〕魯世家莊公名同桓公之子以莊王四年即位謚法勝敵克壯曰莊

元年。春。王正月。繼弒君不言即位，正也。〔疏〕繼弒至正也○釋曰桓繼弒即位非正故此言正以明之傳始人之也既以人道錄之又不言氏姓貶之者公以練祭感母不與故以人道錄之但以妻殺夫罪同至逆不可不貶故又以人道絕之所以進退見法也計桓公以十八年四月薨至此年三月未是練時而云練祭感母不與者至四月則當練今方至練故感之而思母故何休云月者起練祭左右是其意亦以四月為練也繼弒君不言即位之為正。何也。據君不絕曰。先君不以其道終，則子不忍即位也。○三月。夫人孫于齊。桓公夫人文姜也哀姜有殺子之罪輕故僖元年曰夫人氏之喪至自齊去姜以貶之文姜有殺夫之罪重故去姜氏以貶之此輕重之差○孫音遜本亦作遜去起呂反下去姜同孫之為言猶孫也。孫遁而去○遁徒困反諱奔也。接練時，錄母之變，始人之也。夫人初與桓俱如齊今又書者於練時感夫人不與祭故始以人道錄之○與祭音豫不言氏姓，貶之也。人之於天也，以道受命；於人也，以言受命。臣子則受君父之命婦受夫之命〔疏〕傳人之至受命釋曰天之道臣事君子事父妻事夫也夫者妻之天故曰人之於天也以道受命謂事夫之道也臣子之法當受君父教令故曰於人也以言受命不若於道者天絕之也謂文姜殺夫是不順於道故天當絕之不若於言者人絕之也謂臣子不順君父之命則君父當絕之臣子大受命謂君父既絕天人臣子受君父之命故不得不貶也其注云臣子則受君父之命者解經中以言受命也云婦受夫之命者解以道受命也恐此說非也但舊為此解不得不述或當人之於天也以道受命謂順天道以事夫也於人也以言受命謂臣受君命也不順於道者天絕之天道妻當事夫今夫人反弒公是不順天也故天絕之不順於言者人絕之謂婦當受夫之命夫人不受夫命是不順人也故人絕之臣子大受命者臣謂羣下子謂莊公上受命於天下受命於君是大受命也以其受君天之命故臣子得貶退夫人也不若於道者，天絕之也；不若於言者，人絕之也。若順臣子大受命。言義得貶夫人○夏，單伯逆王姬。單姓也伯字○單音善單姓伯字左氏以為王卿士逆王姬左氏作送王姬單伯者何？吾大夫之命乎天子者也。命大夫，故不名也。諸侯歲貢士于天子天子親命之使還其國為大夫者不名天子就其國命之者以名氏通也〔疏〕注諸侯至通也○釋曰知諸侯貢士于天子者傳稱國高在又何休云大國舉三人次國舉二人小國舉一人是有貢士之法今單伯天子命大夫故不名知書名者就國命之其

不言如何也據僖二十九年公子遂如京師言如其義不可受於京師也其義不可受於京師何也曰躬君弑於齊使之主婚姻與齊爲禮其義固不可受也禮尊卑不敵天子嫁女于諸侯必使同姓諸侯主之魯桓親見殺于齊若天子命使爲主則非禮大矣春秋爲尊者諱故不可受之于京師○弑又作殺爲尊于僞反下爲之築同疏注禮尊至京師○釋曰天子嫁女于諸侯必使同姓諸侯主婚之意者天子與諸侯尊卑不敵若行君臣之禮則廢婚姻之好若行婚姻之好則廢君臣之禮故使諸侯主之○秋築王姬之館于外築禮也于外非禮也外城外也疏于外非禮也○釋曰左氏以爲築于外禮也此云非禮者以主王姬者必自公門出今築之于外則是營衛不固是輕王女故云非禮謂非正禮耳於變禮則通也築之爲禮何也主王姬者必自公門出公門朝之外門主王姬者當設几筵于宗廟以俟迎者故在公門之內築王姬之館○朝之直遙反下於朝同迎魚敬反下同於廟則已尊於寢則已卑爲之築節矣築之外變之正也築之外變之爲正何也仇讎之人非所以接婚姻也衰麻非所以接弁冕也親迎服祭服者重婚姻也公時有桓之喪○衰七回反弁皮彥反疏親迎至之喪○釋曰禮稱冕而親迎是服祭服也弁冕者適言之周禮弁師掌王之五冕故傳亦通言之其不言齊侯之來逆何也不使齊侯得與吾爲禮也疏不使至禮也○釋曰二十四年夏公如齊逆女傳云親迎恒事也不志此其志何也不正其親迎於齊也然則不言齊侯之來逆乃是常事不錄而云不使齊侯得與吾爲禮也者春秋之例得常不書莊公親逆是禮而書故知非其逆於齊也今王姬嫁於齊而使魯爲主齊侯如魯親逆當合書經但齊是魯讎不使齊侯得與吾爲禮故不書之耳舊解齊侯親逆不至京師文王親逆不至于渭則天子諸侯親迎皆不至婦家矣今恐不然何者此時王姬魯主婚故不至京師詩稱親迎于渭者爲造舟爲梁張本焉知文王不至大姒之家畧舉所疑遺諸來哲○冬十月乙亥陳侯林卒諸侯日卒正也疏日卒正也○釋曰重發之者此共錫命相連恐日月之爲錫命而錄故傳明之○王使榮叔來錫桓公命榮氏叔字天子之上大夫也禮有九錫一曰輿馬二曰衣服三曰樂則四曰朱戶五曰納陛六曰虎賁七曰弓矢八曰鈇鉞九曰秬鬯皆所以褒德賞功也德有厚薄功有輕重故命有多少何休曰桓弑逆之人王法所宜誅絕而反錫命悖亂天道故不言天王也文五年王使榮叔歸含且賵則曰含者臣子之職也以至尊行卑事故不言天王也三月王使毛伯來會葬又曰刺比失禮故亦不言天王也甯案僖二十四年天王出居于鄭不可最大矣禮天子既有賵含之制傳但識二事共一使耳言且所以示譏一事無再貶之道也以天王之尊會人妾祖母之葬誠失禮矣兼若使任叔之子來聘使家父來求車之不可乎此三者皆言天王明非義之所存舊史有詳畧夫子因而弗革故知曲說雖巧致遠則滯矣○錫星歷反賁音奔鈇方胡反鉞音越秬音巨黑黍鬯勑亮反香酒也悖補對反含胡暗反賵芳鳳反刺七賜反一使所吏反任音王滯乃計反一本作泥疏注禮有至多少○釋曰九錫者出禮緯文也此九錫與周禮九命異何休注公羊既引九錫之文即云百里不過九命七十里不過七命五十里不過五命其意以九錫即是九命也今知何說非者案大宗伯以九儀之命正邦國之位一命受職再命受服三命受位四命受器五命受則六命賜官七命賜國八命作牧九命作伯其言與九錫不同明知異也今范引九錫之下直云皆所以褒德賞功也德有厚薄功有輕重故命有多少則亦以九錫異也但此九錫亦是賜命之類故引之或以范亦與何同恐非也白虎通云能安民者賜車馬能富民者賜衣服能和民者賜樂則民衆多者賜朱戶能進善者賜納陛能退惡者賜虎賁能誅有罪者賜鈇鉞能征不顯者賜弓矢孝道備者賜秬鬯亦是有功特賜不關九命之事也舊說解九錫之名一曰輿馬大輅戎輅各一玄馬二也二曰衣服謂玄衮也三曰樂則謂軒縣之樂也四曰朱戶謂所居之室朱其戶也五曰納陛謂從中階而升也六曰虎賁謂三百人也七曰弓矢彤旅之弓矢也八曰鈇鉞謂大柯斧賜之專殺也九曰秬鬯謂賜秬鬯之酒盛以圭瓚之中以祭祀也禮有受命無來錫命錫命非正也賞人於朝與士共之當召而錫也周禮大宗伯職曰王命諸侯則儐之是來受命○朝直遙反儐必刃反生服之死行之禮也生不服死追錫之不正甚矣疏不正甚矣○釋曰文公踰年而賜成公八年乃賜桓公死後追賜三者異時嫌不得相蒙故並皆發傳此追命失禮最大故以甚言之○王姬歸于齊爲之中者歸之也疏爲之中者歸之也○釋曰十一年王姬歸于齊傳曰過我也此云爲之中者歸之之發傳不同者此王姬由魯而嫁故曰爲之中者彼王姬非魯主婚故直云過我也○齊師遷紀郱鄑郚紀國也郱鄑郚國也此國以三言爲名○郱步丁反鄑子移反郚音吾或曰遷紀于郱鄑郚十年宋人遷宿傳曰遷亡辭也其不地宿不復見矣齊師遷紀四年復書紀侯大去其國者紀侯賢不與齊師之亡紀故變文以見義郱鄑郚之君無紀侯之賢故不復見從常例也若齊師遷紀于郱鄑郚當言于以明之又不應復書地當如宋人遷宿齊人遷陽或曰之說甯所未詳○復扶又反見賢徧反疏注不應復書地○釋曰此范難或曰之說言宿陽既亡不地則此亦不應復書地何書於郱鄑郚乎

二年春王二月葬陳莊公○夏公子慶父帥師伐於餘丘慶父名字仲父國而曰伐於餘丘邾之邑也其曰伐何也公子貴矣師重矣而敵人之邑公子病矣病公子所以譏乎公也其一曰君在而重之也邾君在此邑故不繼于邾使若國疏注邾君至若國○釋曰觀傳上文其曰伐何也公子貴矣云云所以譏乎公也則是解其稱伐之意而范注解一曰之義則似解不繼于邾者一曰君在而重之也亦是解其稱伐之意言邑而稱伐者爲君在重之使若國然故邑亦稱伐是上下不相違也○秋七月齊王姬卒爲之主者卒之也主其嫁則有兄弟之恩死則服之服之故書卒禮記曰齊告王姬之喪魯莊公爲之大功○爲之大功于僞反疏秋七月云云○釋曰何休云內女卒日此不日者恩賓輕於內女案成八年冬十月癸卯杞叔姬卒書日此不書日是輕於內女也○冬十有二月夫人姜氏會齊侯于禚禚齊地○禚章畧反婦人既嫁不踰竟踰竟非正也婦人不言會言會非正也饗甚矣饗在四年○踰竟音境後踰竟例皆同○乙酉宋公馮卒馮皮冰反疏乙酉宋公馮卒○釋曰案世本馮是宋莊公穆公之長子宋督既弑與夷則馮是當正故亦書日卒也

三年春王正月溺會齊侯伐衛徐邈曰傳例曰往月危往也齊受天子罪人爲之興師而魯與同其理危也○溺乃狄反疏注傳例至往也○釋曰定八年傳文會例時齊魯黨大是罪人故書月以見危也溺者何也公子溺也其不稱公子何也據二年公子慶父帥師伐於餘丘稱公子惡其會仇讎而伐同姓故貶而名之也○惡烏路反○夏四月葬宋莊公月葬故也○五月葬桓王傳曰改葬也若實改葬當言改以明之郊牛之口傷改卜牛是也○傳當以七年乃葬故謂之改葬疏傳曰改葬也○釋曰傳云改葬而范違之者以經不言改故知非改葬也傳言改者以見喪踰七年已行吉禮今始反服喪服故謂之改葬又感精符云恒星不見夜中星隕如雨而王不擢使榮叔改葬桓王冢奢麗大甚如讖之言則改葬桓王在恒星不見之後故范謂此時非改葬也改葬之禮緦舉下緬也緦者五服最下言舉下緬上從緦皆反其故服因葬桓王記改葬之禮不謂改葬桓王當服緦也猶晦震夷伯之廟因明天子諸侯之制不謂夷伯非魯之大夫也甯之先君與蔡司徒論之詳矣江熙曰葬稱公舉五等之上改葬禮緦舉五服之下以喪緬遠也天子諸侯易服而葬以爲交於神明者不可以純凶況其緬者乎是故改葬之禮其服唯輕言緬釋所以緦也○緦息詞反緬亡善反遠也疏注緦者至緦也○釋曰五服者案喪服有斬衰齊衰大功小功緦麻是也改葬之禮各從本服但緦麻者是五服之下故傳云改葬之禮緦者舉下以緬上也不謂改葬桓王之時唯服緦耳蔡司徒者謂蔡謨也江熙以爲改葬之禮其服唯輕故云天子諸侯易服而葬以證唯緦耳知天子諸侯易服而葬者以弓云弁絰葛而葬與神交之道也鄭云云接神之道不可以純凶天子諸侯變服而葬冠素弁以葛爲環絰既虞卒哭乃服受服也變服者謂未葬以前服麻葬則易之以葛也或曰郤尸以求諸侯停尸七年以求諸侯會葬非人情也○郤尸去畧反又去逆反杖酒

云尸未葬之遍稱天子志崩不志葬。必其時也。何必焉。舉天下而葬一人。其義不疑也。志葬。故也。危不得葬也。曰。近不失崩。不志崩。失天下也。京師去魯不遠，赴告之命可不踰旬而至，史不志崩，則亂可知。【疏】注京師至可知。釋曰：王城去魯纔餘千里，赴喪者旬日而至，史不記崩，亂可知也。獨陰不生。獨陽不生。獨天不生。三合然後生。徐邈曰：古人稱萬物負陰而抱陽，沖氣以為和，然則傳所謂天，蓋名其沖和之功，而神理所由也。會二氣之和，極發揮之美者，不可以柔剛滯其用，不得以陰陽分其名，故歸於冥極而謂之天。凡生類稟靈知於天，資形於二氣，故又曰獨天不生，必三合而形神生理具矣。○揮，許歸反。冥，亡丁反。稟，使錦反。知，音智。故曰。母之子也可。天之子也可。尊者取尊稱焉。卑者取卑稱焉。王者尊，故稱天子；衆人卑，故稱母子。母之子也可，絶句，下倣此。尊稱，尺證反，下卑稱同。【疏】傳獨陰不生至稱焉。○釋曰：凡物之生，皆資二氣之和，稟上天之靈，知不可以柔剛滯其用，不得以陰陽分其名，故云三合然後生也。雖資三合，然終推功冥極，故云天之子也。託之人事，故又曰父之子、母之子也。天則感生者衆，言天足以兼父，不得云父子而曰天子。衆人或知母而不知父，故云母子，亦不云父子也。衆人亦稟天氣而生，不云天子者，天子取尊稱，故稱天子；衆人取卑稱，故稱母子也。傳因論天子崩葬，故明其別稱也。然則陰能成物，陽能生物，天能養物，而總云生者，凡萬物初生，必須三氣合、四時和，然後得生，不是獨陽能生也。但既生之後，始分繫三氣耳。注云不可以剛柔滯其用，不得以陰陽分其名者，易繫辭云一陰一陽謂之道，王弼云：一陰一陽者，或謂之陰，或謂之陽，不可定名也。夫為陰則不能為陽，為陽則不能為柔，唯不陰不陽，然後為陰陽之宗；不柔不剛，然後為剛柔之主。故無方無體，非陰非陽，始得謂之道，始得謂之神是也。柔剛者，即陰陽之別名也。故繫辭又云動靜有常，剛柔斷矣。注云：陽動陰靜，剛柔之斷也。是剛則陽，柔則陰也。其曰王者。民之所歸往也。○秋。紀季以酅入于齊。季，紀侯弟。○以酅，下圭反。酅。紀之邑也。入于齊者。以酅事齊也。入者。内弗受也。雍曰：紀國微弱，齊將吞并，紀季深覩存亡之機，大懼社稷之傾，故超然遐舉，以酅事齊，庶胤嗣不泯，宗廟永存。春秋賢之，故褒之以字。齊受人之邑而滅人之國，故於義不可受也。○并，必性反。泯，彌忍反。【疏】入者內弗受也。○釋曰：重發之者，此齊不可受，嫌違例，故重發之。○冬。公次于郎。次。止也。有畏也。畏齊。欲救紀而不能也。

四年。春。王二月。夫人姜氏饗齊侯于祝丘。饗，食也。兩君相見之禮。凡會書月者，時事有危，雖於公發例，亦無所不關。祝丘，魯地。○饗，本又作享，香丈反。著，張畧反，又張慮反。【疏】饗食至魯地。○釋曰：饗，食也者，亨大牢以飲賓，故云兩君相見之禮。夫人與齊侯非禮饗食，故云著時事有危。此與二年禚之會書月以著危，而五年夏夫人姜氏如齊師不書月者，何休云：再出書月重之，三出不月者，省文，從可知也。事或然矣。饗甚矣。以非禮尤甚，故謹而月之。饗齊侯。所以病齊侯也。○三月。紀伯姬卒。隱二年履緰所逆者。內女卒例日，伯姬失國，畧之，故月也。○緰，音須。【疏】注隱二至月也。○釋曰：僖九年秋七月乙酉，伯姬卒，是例日也。此不日，明為失國略之也。外夫人不卒。此其言卒。何也。吾女也。適諸侯則尊同。以吾為之變。卒之也。禮，諸侯絶傍朞，姑姊妹女子子嫁於國君者，尊與己同，則為之服大功九月，變不服之例。然則適大夫者不書卒。○為，于僞反。朞，居其反。【疏】注禮諸至書卒。○釋曰：莒慶、高固並逆叔姬，經無卒文，是適大夫不書卒也。○夏。齊侯、陳侯、鄭伯遇于垂。傳例曰：不期而會曰遇。遇者，志相得也。○紀侯大去其國。大去者。不遺一人之辭也。言民之從者四年而後畢也。紀侯賢而齊侯滅之。不言滅。而曰大去其國者。不使小人加乎君子。不日滅而曰大去其國，蓋抑無道之強，以優有道之弱，若進止在己，非齊所得滅也。何休曰：春秋楚世子商臣弒其君，其後滅江、六，不言大去，又大去者，於齊滅之不明，但知不使小人加乎君子，而不言滅，縱失襄公之惡，反為大去也。鄭君釋之曰：商臣弒其父，大惡也，不得但為小人。江、六之君，又無紀侯得民之賢，不得變滅言大去也。元年冬，齊師遷紀，三年紀季以酅入于齊，今紀侯大去其國，是足起齊滅之矣。即以變滅言大去為縱失襄公之惡，是乃經也，非傳也。且春秋因事見義，舍此以滅人為罪者自多矣。○縱，子用反。見，賢徧反。舍，音捨。【疏】注舍此至多矣。○釋曰：此是鄭難何休云縱失襄公之惡也。言春秋有因事見義者，不得不舍此以滅人為罪也。若僖五年晉人執虞公、十九年梁亡之類是也。○六月乙丑。齊侯葬紀伯姬。外夫人不書葬。此其書葬何也。吾女也。失國。故隱而葬之。隱，痛也。不日卒而日葬，閔紀之亡也。【疏】注曰葬至亡也。○釋曰：知非為危者，紀國已滅，而齊葬之，非復紀之臣子能葬，故知閔之，非為危也。又三十年八月癸亥，葬紀叔姬，傳曰：日葬，閔紀之亡也。知此亦是閔之也。不於卒閔之者，葬者送終大事故也。○秋七月。○冬。公及齊人狩于郜。郜，齊地。○狩，音獸。郜，古報反，左氏作禚。齊人者。齊侯也。其曰人何也。卑公之敵。所以卑公也。內無貶公之道。何為卑公也。不復讎而怨不釋。刺釋怨也。怨，紆元反，又紆願反，後同。刺，七賜反。

五年。春。王正月。○夏。夫人姜氏如齊師。師而曰如。衆也。言師衆大如國，故可以言如，若言如齊侯則不可。【疏】傳師而曰如衆也。○釋曰：解經二年夫人姜氏會齊侯于禚，四年夫人姜氏饗齊侯于祝丘，不言如，此言如齊師者，言齊師衆大如國，故可言如。若指齊侯，則於文不可言如齊侯也。婦人既嫁不踰竟。踰竟非禮也。【疏】傳不踰竟。○釋曰：復發傳者，嫌師與國異也。○秋。郳黎來來朝。黎來，名也。○郳，五兮反，國名。黎，郎兮反。黎來，郳君名。朝，直遥反。郳。國也。黎來。微國之君。未爵命者也。○冬。公會齊人、宋人、陳人、蔡人伐衛。納惠公朔。是齊侯、宋公也。其曰人何也。人諸侯所以人公也。其人公何也。逆天王之命也。王不欲立朔也。【疏】傳是齊侯宋公。○釋曰：四國皆從貶，而獨言齊、宋者，齊為兵主，宋是大國，則陳、蔡亦從也。

六年。春。王三月。王人子突救衛。徐邈曰：諸侯不奉王命，朔遂得篡，王威屈辱，有危，故月也。救衛於義善，故重子突功不立，故著其危。【疏】注有危故月。○釋曰：日月之例，見危者雖於內，今施之於外者，范荅薄氏云：王者安危，天下所繫，故亦與內同也。王人。卑者也。稱名。貴之也。何休以為稱子則非名也。鄭君釋之曰：王人賤者，錄則名可，今以其銜命救衛，故貴之。貴之則子突為字可知明矣。此名當為字誤爾。徐乾曰：王人者，卑者之稱也，當直稱王人而已。今以其能奉天子之命，救衛而拒諸侯，故加名以貴之。僖八年公會王人、齊侯，是卑者之常稱。○卑者之稱，尺證反，下常稱同。【疏】注鄭君至稱也。○釋曰：鄭荅何休云傳文稱名貴之者，名當為字，則鄭玄以子突非名。徐乾云故加名以貴之，則子突非字。二者不同者，鄭意若以子突為名，則書名者乃士之常稱，傳何以云貴之？故知子突是字。徐乾意稱人則王之卑者，不合書名，僖八年公會王人于洮是也。今稱名即是貴之，故二說不同。或以為突是名，子是貴，理亦通，但注意似不然。善救衛也。【疏】傳善救衛也。○釋曰：討王者有伐無救，而云善者，朔叛逆王命，天子廢之，立其嗣子，而遣師往救，有存諸侯之功，故曰善，不可以大平之法格之。救者善。則伐者不正矣。○夏。六月。衛侯朔入于衛。其不言伐衛納朔。何也。據九年伐齊納糾言納。不逆天王之命也。不與諸侯得納王之所絶。入者。內弗受也。何用弗受也。為以王命絶之也。朔之名。惡也。朔入逆。則出順矣。朔出入名。以王命絶之也。【疏】傳朔入逆云云。○釋曰：朔出奔之時，傳曰朔之名惡也，此云順者，謂比之入國為順，彼辟天子之召，仍是惡也，故稱名耳。一解此當文自相比，朔入為逆，則出當為順矣。○秋。公至自伐衛。惡事不致。此其致何也。據襄九年時有穆姜之喪，會諸侯伐鄭不致。不致則無用見公之惡。事之成也。見，賢徧反。○螟。螟，亡丁反。○冬。齊人來歸衛寶。以齊首之。分惡於

齊也使之如下齊而來我然惡戰則殺矣若衞自歸寶於齊過齊然後與我齊首其事則我與王人戰罪差減○分惡烏各反下同殺色界反舊色例反過古禾反差初賣反

七年春夫人姜氏會齊侯于防防魯地婦人不會會非正也○夏四月辛卯昔恒星不見恒星者經星也經常也謂常列宿○昔如字或作㫺同不見賢徧反下不音者同列宿夙又反下皆同【疏】注謂常列宿○釋曰周之四月夏之二月常列宿者謂南方七宿也日入至於星出謂之昔不見者可以見也夜中星隕如雨如而也星既隕而復雨○隕云敏反復扶又反其隕也如雨是夜中與星既隕而雨必晦瞑安知夜中乎○與音餘瞑亡定反【疏】傳其隕云云○釋曰其隕如雨是夜中與謂星隕而天必晦瞑何知是夜中乎春秋之意著以傳著疑以傳疑皆以實錄故知夜中春秋著以傳著疑以傳疑明實錄也傳直專反中之幾也而曰夜中著焉爾幾微也星既隕而雨中微難知而曰夜中自以實著爾非億度而知○度徒各反【疏】中之幾也至著焉爾○釋曰謂雨晦瞑幾微也中微難知而曰夜中者是事之著見焉爾非億度而知也何用見其中也【疏】何用見其中也○釋曰謂經以何事知其夜中者以失星變之始而錄其已隕之時揆度漏刻正當夜中矣失變而錄其時則夜中矣失星變之始而錄其已隕之時檢錄漏刻以知夜中其不曰恒星之隕何也【疏】其不至何也○釋曰解經上文云恒星不見下文其不曰恒星之隕者又自解之我知恒星之不見而不知其隕者是何星故不得言之也又解不言雨星而言隕星意言我見從上而隕又下接於地則可以雨說之也今唯見其下不見其上故曰隕星又總說隕之與雨二者之別著於上見於上謂之雨著其直見於下不見於上謂之隕豈雨說哉言不見在上故不可以雨說之徐邈云著於上謂雲著上我知恒星之不見而不知其隕也我見其隕而接於地者則是雨說也言我見從上來接於下然後可言雨星今唯見在下故曰隕星○我見見音如字注同雨于付反注同著於上見於下謂之雨著於下不見於上謂之隕豈雨說哉解經不得言雨星而言隕星也鄭君曰衆星列宿諸侯之象不見者是諸侯棄天子禮義法度也劉向曰隕者象諸侯隕墜失其所也又中夜而隕者象不終其性命中道而落○見于下如字或賢徧反不見賢徧反隊直類反○秋大水高下有水災曰大水【疏】傳高下云云○釋曰復發傳者嫌大水無麥苗異於常故重發之○無麥苗麥苗同時也麥與黍稷之苗同時死○冬夫人姜氏會齊侯于穀穀齊地婦人不會會非正也【疏】傳會非正也○釋曰再發傳者防是魯地穀是齊邑故重發之

八年春王正月師次于郎以俟陳人蔡人時陳蔡欲伐魯故出師以待之次止也俟待也甲午治兵出曰治兵習戰也入曰振旅習戰也振整也旅衆也【疏】傳習戰也○釋曰此治兵振旅皆云習戰者周禮仲秋教治兵仲春教振旅出入幼賤雖殊同是教戰之法故此傳二者皆以習戰言之公羊以治兵爲祠兵亦云其禮一也周禮仲秋教治兵此非秋亦云治兵者周禮四時講武故各立別名此據出師之事故雖春亦得以治兵爲名治兵而陳蔡不至矣兵事以嚴終以嚴整終事故敵人不至故曰善陳者不戰此之謂也善爲國者不師導之以德齊之以禮江熙曰鄰國望我歡若親戚何師之爲○陳直覲反下文皆同道徒報反下同善師者不陳師衆素嚴不須耀軍列陳江熙曰上兵伐謀何乃至陳善陳者不戰軍陳嚴整敵望而畏之莫敢戰善戰者不死投兵勝地故無死者江熙曰辟實攻虛則不死善死者不亡民盡其命無奔背散亡者也江熙曰見危授命義存君親雖沒猶存○盡津忍反背音佩【疏】傳善爲至不亡○釋曰善爲國者不師謂有明王時導之以德齊之以禮不起軍師而四海賓服則黃帝堯舜時是也善師者不陳若齊桓公伐楚不設行陳而服罪也善陳者不戰即此魯能嚴整終事而陳蔡不至也善戰者不死若文王伐崇因壘而崇自服也善死者不亡若柏舉之戰吳雖入楚父老致死還復楚國也此引文爲證頗允傳文一准此解則與注少僻但舊有此說故今亦存之其注虛觀文則曉故不復煩釋○夏師及齊師圍郕郕降于齊師其曰降于齊師何不使齊師加威於郕也郕同姓之國而與齊伐之是用師之過也故使若齊無武功而郕自降○降戶江反皆同○秋師還還者事未畢也遯也郕已降而以未畢爲文者蓋辟滅同姓之國示不卒其事○還音旋遯徒困反○冬十有一月癸未齊無知弒其君諸兒大夫弒其君以國氏者嫌也弒而代之也○兒如字音五兮反

九年春齊人殺無知無知之挈失嫌也【疏】傳無知之挈失嫌也○釋曰重發之者月與不月地與不地之異故重發之稱人以殺大夫殺有罪也○挈苦結反○公及齊大夫盟于暨暨魯地○暨其器反左氏作蔇公不及大夫春秋之義內大夫可以會諸侯公不可以盟外大夫所以明尊卑定內外也今齊國無君要當有任其盟者故不得不以權通大夫不名無君也禮君前臣名齊無君故大夫不名盟納子糾也不日其盟渝也盟變立小白○渝羊朱反當齊無君制在公矣當可納而不納故惡內也○惡烏路反下及注惡內皆同○夏公伐齊納糾不言子糾而直云糾者盟繫在於魯故挈之也春秋於內公子爲大夫者乃記其奔子糾不爲大夫故不書其奔鄭忽既受命嗣位是以書其出然則重非嫡嗣宮非大夫皆事例所畧故許叔蔡季小白重耳通亦不書出○糾居黝反左氏作子糾嫡丁歷反重直龍反【疏】注不言至書出○釋曰下文取子糾殺之稱子此直云糾故解其意欲明繫在魯故挈之又解子糾不書出奔之意言內公子爲大夫者乃記其奔若閔二年公子慶父出奔莒是也子糾不書出是不爲大夫也當可納而不納齊變而後伐故乾時之戰不諱敗惡內也何休曰三年溺會齊師伐衞故貶而名之四年公及齊人狩于郜故卑之曰人今親納讎子反惡其晚恩義相違莫此之甚鄭君釋之曰於讎不復則怨不釋而魯釋怨屬讎會仇讎一貶其臣一卑其君亦足以責魯臣子其餘則同不復譏也至於伐齊納糾譏當可納而不納爾此自正義不相反也甯謂讎者無時而可與通縱納之遲晚又不能全保讎子何足以惡內乎然則乾時之戰不諱敗齊人取子糾殺之皆不迂其文正書其事內之大惡不待貶絕居然顯矣二十四年公如齊親迎亦其類也惡內之言傳或失之○敗惡烏路反注同復扶又反迂音于一音紆又於武反迎魚敬反【疏】注內之至亦其類也○釋曰范既不從傳文以爲公大惡又莊公親逆未是大罪而云亦其類者以公忘父之仇而援舉兵動衆既不能強爲齊所敗是大惡也魯與齊爲讎而公娶其女雖得親迎之常甚失結婚之義故云亦其類也○齊小白入于齊大夫出奔反以好曰歸成十四年衞孫林父自晉歸于衞是也以惡曰入齊公孫無知弒襄公公子糾公子小白不能存出亡子糾奔魯小白奔莒齊人殺無知而迎公子糾於魯公子小白不讓公子糾先入又殺之于魯故曰齊小白入于齊惡之也○惡烏路反○秋七月丁酉葬齊襄公諸公子爭立國亂故危之○八月庚申及齊師戰于乾時我師敗績不言及者主名內之卑者乾時齊地【疏】注內之卑者○釋曰桓十七年及齊師戰于郎注云公親帥之諱故不言公此亦云及知非公者彼傳云不言敗爲內諱也以其諱故知公也今經書敗傳又不釋之故知是內之卑者○九月齊人取子糾殺之言子糾者明其貴宜爲君【疏】注明其貴○釋曰公羊云其稱子糾何貴也其貴奈何宜爲君也是其貴故以子某稱之如子般子野之類也外不言取【疏】外不言取○釋曰取是內取故外不得言取今云取者惡內也一解外不言取者謂楚人殺徵舒慶封並不言取此雖是何休之義亦得通一家故并錄之言取病內也取易辭

也。猶曰取其子糾而殺之云爾。猶言自齊之子糾今取而殺之言魯不能救護也。易以豉反十室之邑。可以逃難。百室之邑。可以隱死。以千乘之魯。而不能存子糾。以公爲病矣。○難乃旦反下注同。乘繩證反○冬。浚洙。浚洙者。深洙也。著力不足也。畏齊難。○浚音峻深也洙音殊杜預云水名

十年。春。王正月。公敗齊師于長勺。長勺魯地。勺時酌反不日。疑戰也。疑戰者言不剋日而戰以詐相襲疑戰而曰敗。勝內也。勝內謂勝在內○二月。公侵宋。〔疏〕二月公侵宋。釋曰舊說以爲公與宿盟宋方病宿故公侵之若此則是公之無惡傳何惡公也公與宿盟經無其事爲宿侵宋傳無其文是舊說妄也隱元年盟於宿范以爲地是公不與宿盟也但不知何爲侵耳侵時。此其月。何也。乃深其怨於齊。又退侵宋以衆其敵。惡之。故謹而月之。○惡烏路反○三月。宋人遷宿。遷亡辭也。爲人所遷則無復國家故曰亡辭閔二年齊人遷陽亦是也。○復扶富反下文及注同〔疏〕傳遷亡辭也。○釋曰春秋言遷有二種之例一表亡辭者此文是也二見存亡國者邢遷于夷儀是也不於元年遷紀發傳者彼以紀侯賢經變文以示義非正故不發之遷陽不發從此省文也遷文三起例者此是亡辭之始邢是復國之初許獨自不月故三發之也范略例云凡遷有十亡遷有三者齊人遷陽宋人遷宿齊師遷紀是也好遷有七者邢遷夷儀衛遷帝丘蔡遷州來許遷于葉許遷于夷許遷白羽許遷容城是也餘遷皆月許四遷不月者以其小略之如邑也遷紀不月者文承月下蒙之可知也其不地。宿不復見也。國亡不復見經不言滅者言滅則弒其君滅其宗廟社稷就而有之不遷其民。○見賢遍反遷者。猶未失其國家以往者也。謂自遷者僖元年邢遷于夷儀成十五年許遷于葉之類是也彼二傳曰遷者猶得其國家以往者也此傳云遷者猶未失其國家以往互文也。○葉舒涉反○夏。六月。齊師、宋師次于郎。次。止也。畏我也。○公敗宋師于乘丘。乘丘魯地。○乘繩證反不日。疑戰也。疑戰而曰敗。勝內也。○秋。九月。荆敗蔡師于莘。莘蔡地。莘所巾反以蔡侯獻武歸。荆者。楚也。何爲謂之荆。狄之也。何爲狄之。聖人立。必後至。天子弱。必先叛。故曰荆。狄之也。蔡侯何以名也。據僖十五年秦獲晉侯不名○獻武本亦依左氏作舞絕之也。何爲絕之。獲也。中國不言敗。據宣十二年晉荀林父帥師及楚子戰于邲晉師敗績不言敗晉師○邲皮必反又扶必反一音弼敗績如字此其言敗。何也。中國不言敗。蔡侯其見獲乎。其言敗。何也。釋蔡侯之獲也。以歸。猶愈乎執也。爲中國諱見執故言以歸。○爲于僞反○冬。十月。齊師滅譚。譚子奔莒。桓十一年鄭忽出奔衛傳曰其名失國也十六年衛侯朔出奔齊傳曰朔之名惡也然則出奔書名有二義譚子國滅不名蓋無罪也凡書奔者責不死社稷不言出者國滅無所出也他皆放此〔疏〕注有二義。○釋曰禮言失地名故鄭忽失國而名也傳曰朔之名惡也是衛侯爲惡而名故云有二義滅國無文故注又云譚子無名蓋無罪也雖無罪不名以其不能死社稷書奔是譏也

十有一年。春。王正月。○夏。五月。戊寅。公敗宋師于鄑。鄑魯地。○敗必邁反下及注同。鄑子移反內事不言戰。舉其大者。其日。成敗之也。結日列陳不以詐相襲得敗師之道故曰成也。○列陳直覲反宋萬之獲也。〔疏〕傳宋萬之獲也。○釋曰傳言獲宋萬而經不書者此時尚卑故不書反國爲卿始弒君是故書之雖書以新升爲卿宋賜族故經不言氏傳以爲宋之卑者是也○秋。宋大水。外災不書。此何以書。王者之後也。高下有水災。曰大水。〔疏〕傳高下云云。○釋曰重發傳者嫌外災與內異也○冬。王姬歸于齊。其志。過我也。○過古禾反

十有二年。春。王三月。紀叔姬歸于酅。酅紀邑也紀季所用入于齊者紀國既滅故歸酅國而曰歸。此邑也。其曰歸。何也。吾女也。失國喜得其所。故言歸焉爾。江熙曰四年齊滅紀不言滅而言大去者義有所見爾則國滅也叔姬來歸不書非歸寧且非大歸也叔姬守節積有年矣紀季雖以酅入于齊不敢懷貳然襄公豺狼未可闇信桓公既立德行方宣於天下是以叔姬歸于酅魯喜其女得申其志。○見賢遍反豺仕皆反行下孟反○夏。四月。○秋。八月。甲午。宋萬弒其君捷。捷宋閔公宋萬。宋之卑者也。〔疏〕傳宋之卑者。○釋曰傳言宋之卑者解不稱氏之意與宋督同別於無知祝吁也卑者以國氏。及其大夫仇牧。以尊及卑也。仇牧。閑也。仇牧扞衛其君故見殺也桓二年傳曰臣既死君不忍稱其名今仇牧書名則知宋君先弒。○仇牧音目扞戶旦反〔疏〕傳仇牧閑也。○釋曰復發傳者孔父先君死發傳以明閑此則後君死故又發傳荀息雖同復死之例但仇牧是卑者所殺荀息爲尊卿殺之故又發傳也○冬。十月。宋萬出奔陳。宋久不討賊致令得奔故謹而月之。○令力呈反〔疏〕注宋久至月之。○釋曰無知八年冬弒君九年春始被殺而經不書月此宋萬八月弒君十月出奔而云久不討賊故謹而月之者以祝吁書月傳云謹之則此書月亦是謹之可知也然則無知既經三月齊人殺得之故直書時此宋人不能即討令得奔故謹而月之

十有三年。春。齊人、宋人、陳人、蔡人、邾人會于北杏。北杏齊地〔疏〕會于北杏。○釋曰鄭釋廢疾數九會則以柯之明年爲始范今數衣裳則通言北杏之會三說不同者鄭以孔子云九合諸侯北杏之會經無諸侯之文故不數之范以傳文直云衣裳之會不論諸侯多少北杏傳云齊侯宋公也故弃以北杏數之范亦以傳云衣裳之會十有一兵車之會四故與鄭不同是齊侯宋公也。其曰人。何也。始疑之。何疑焉。桓非受命之伯也。將以事授之者也。言諸侯將權時推齊侯使行伯事曰。可矣乎。未乎。邵曰疑齊桓雖非受命之伯侯推之便可以爲伯乎未也舉人衆之辭也。稱人言非王命衆授之以事〔疏〕舉人衆之辭也。○釋曰經不書某侯某侯云某人某人者是衆授之辭也經以衆授爲文明非王命是未得王命未可以爲伯覆上未乎之意也○夏。六月。齊人滅遂。遂國也。其不日。微國也。○秋。七月。○冬。公會齊侯盟于柯。柯齊地。柯古河反曹劌之盟也。信齊侯也。曹劌之盟經傳無文蓋有信者也公羊傳曰要盟可犯而桓公不欺曹子可讎而桓公不怨桓公之信著於天下自柯之盟始。○劌居衛反要盟於遥反〔疏〕注曹劌云云。○釋曰傳云曹劌之盟也而注云經傳無文者謂曹劌與齊侯盟爲信之事穀梁經傳不說也注又云蓋有信者也故卽引公羊桓公爲信之事以結之一解云經傳無文者不如公羊具說劌盟之狀也與前解少異耳大旨亦同要盟可犯而桓公不欺曹子手劒劫齊侯共盟使歸汶陽之田而齊侯終亦還之是也曹子可讎而桓公不怨謂以臣劫君是可讎也桓公終不罪曹子是不怨也桓盟雖內與。不日。信也。公盟例日外諸侯盟例不日桓大信遠著故雖公與盟猶不日。○與音預注同

十有四年。春。齊人、陳人、曹人伐宋。〔疏〕傳齊人至伐宋。○釋曰蓋同左氏背北杏會故也○夏。單伯會伐宋。會事之成也。伐事已成單伯乃至。○單音善〔疏〕傳會事之成也。○釋曰此解經言會伐宋之意以諸侯伐事已成而單伯始至故云會伐宋○秋。七月。荆入蔡。荆者。楚也。其曰荆。何也。州舉之也。〔疏〕傳州舉之也。○釋曰糜信云楚子貪淫爲息嬀滅蔡故州舉之是取左傳之說非也十年傳云聖人立必後至天子弱必先叛故曰荆狄之也則此亦與彼同耳州不如國。言荆不如言楚國不如名。言楚不如言介葛盧。○介音界名不如字。言介葛盧不如言邾儀父○冬。單伯會齊侯、宋公、衛侯、鄭伯于鄄。鄄衛地。○鄄音絹復同會也。諸侯欲推桓以爲伯故復同會于此以謀之。○復扶又反

十有五年。春。齊侯、宋公、陳侯、衞侯、鄭伯會于鄄。復同會也。為欲推桓為伯故復會於此○復扶又反為欲于偽反【疏】傳復同會也○釋曰重發傳者諸侯至此方信齊桓故更發之也○夏。夫人姜氏如齊。婦人既嫁不踰竟。踰竟非禮也。【疏】傳踰竟非禮也○釋曰重發之者此非淫恐異故發傳同之○秋。宋人、齊人、邾人伐郳。宋主兵故序齊上也班序上下以國大小為次夷狄在下征伐則以主兵為先春秋之常也他皆放此○鄭人侵宋。○冬。十月。

十有六年。春。王正月。○夏。宋人、齊人、衞人伐鄭。○秋。荆伐鄭。○冬。十有二月。會齊侯、宋公、陳侯、衞侯、鄭伯、許男、曹伯、滑伯、滕子同盟于幽。幽宋地○滑于八反同者。有同也。同尊周也。【疏】傳同者至周也○釋曰公羊傳云同盟者同欲也左傳云同盟于幽鄭成也此云同盟者同尊周也見三傳意各異也所謂同尊周也者諸侯推桓為伯使翼戴天子即是尊周之事不言公。外內寮一疑之也。十三年春會于北杏諸侯俱疑齊桓非受命之伯欲共以事推之可乎今于此年諸侯同共推桓而魯與齊讎外內同一疑公可事齊不會不書公以著疑焉同官為寮謂諸侯也至二十七年同盟于幽遂伯齊侯○寮一力彫反【疏】傳不言至之也○釋曰舊解謂會于北杏不言諸侯是外疑也今此會不言公是內疑之也自此以後外內不復疑之故曰一疑也直據傳文事欲似然推尋范注必不得爾何者注云外內同一疑公可事齊不會不書公以著疑焉何指北杏與此為一疑也故今更別說言此會公實與之而經不言公者外內寮一疑之寮謂諸侯也言外內諸侯同一疑公不知可事齊乎不可事齊乎故去公以著疑也云外內者諸侯之國或遠或近故以外內總之也若然十三年公會齊侯盟于柯所以云公者彼柯盟曹劌要齊歸魯汶陽之田非事齊之事縱與之盟不足為恥也此幽盟欲推齊為伯與共尊事之魯既與齊為讎又內外一疑故經不言公以示意也○邾子克卒。其曰子。進之也。附齊而尊周室王命進其爵

十有七年。春。齊人執鄭詹。人者。衆辭也。以人執。與之辭也。與令得執○詹者廉反令力呈反鄭詹。鄭之卑者。【疏】傳齊人至卑者○釋曰稱人者衆所欲之辭故云與之謂與齊得執也知鄭詹是鄭之卑者大夫卑者以國氏今經直云鄭詹故知卑者也然則卑者可知而重發傳者嫌有罪去氏也知非有罪去氏者外大夫身有罪例不去氏即祭仲之類是也宛所以去氏者為貶鄭伯也卑者不志。此其志。何也。以其逃來志之也。逃來則何志焉。將有其末。不得不錄其本也。末謂逃來鄭詹。鄭之佞人也。○佞乃定反○夏。齊人殲于遂。殲者。盡也。然則何為不言遂人盡齊人也。無遂之辭也。無遂則何為言遂。其猶存遂也。以其能殺齊戍故若遂之存○殲子廉反盡也遂人盡齊人絕句存遂奈何。曰。齊人滅遂。使人戍之。遂之因氏飲戍者酒而殺之。齊人殲焉。此謂狎敵也。狎猶輕也○飲於鴆反狎戶甲反○秋。鄭詹自齊逃來。逃義曰逃。齊稱人以執是執有罪也執得其罪故曰義也今而逃之是逃義也○冬。多麋。京房易傳曰廢正作淫為火不明則國多麋○麋亡悲反【疏】注京房云云○釋曰火不明者謂五行與五事五常相配則視與禮同配南方言火不明猶言視與禮不明也

十有八年。春。王三月。日有食之。不言日。不言朔。夜食也。何以知其夜食也。曰。王者朝日。王制曰天子玄冕而朝日於東門之外故日始出而有虧傷之處是以知其夜食也何休曰春秋不言月食日者以其無形故闕疑其夜食何緣書乎鄭君釋之曰一日一夜合為一日今朔日日始出其食有虧傷之處未復故知此自以夜食夜食則亦屬前月之晦故穀梁子不以為疑○朝直遙反處昌慮反【疏】注王制至夜食○釋曰此是禮記玉藻文而云王制者言王者之法制非謂王制之篇也此魯事而亂言天子朝日者言王者朝日所以顯諸侯朝朔也天子朝日於東門之外服玄冕其諸侯則玉藻云皮弁以聽朔於大廟與天子禮異其禮雖異皆早早行事而昨夜有虧傷之處尚有故知夜食也徐邈云夜食則星無光張靖策廢疾云立八尺之木不見其影並與范意異也故雖為天子。必有尊也。貴為諸侯。必有長也。故天子朝日。諸侯朝朔。○長丁丈反○夏。公追戎于濟西。其不言戎之伐我。何也。以公之追之。不使戎邇於我也。邇猶近也不使戎得逼近於我故君入竟望風退走○濟子禮反濟水名邇如字邇近也一本作介音界亦近也竟音境于濟西者。大之也。何大焉。為公之追之也。言戎遠來至濟西必大有徒衆以公自追之知其審然○為于偽反○秋。有蜮。蜮短狐也蓋含沙射人京房易傳曰忠臣進善君不識厥咎國生蜮○蜮本亦作蟚音或短狐本草謂之射工射人食亦反下文同【疏】傳秋有蜮○釋曰洪範五行傳云蜮如鼈三足生於南越南越婦人多淫故其地多蜮也陸機毛詩義疏云蜮短狐一名射影在江淮水中人在岸上影見水中投人影則殺之故曰射影或謂含沙射人入人皮肌其瘡如疥范引京房易傳則與五行傳說異又云蓋含沙射人則與陸機說或同也一有一亡曰有。蜮射人者也。○亡音無又如字【疏】傳一有一亡曰有○釋曰舊解一有南越所生是也一亡魯國無是也今以為一有一亡曰有者謂或有有時或有無時言不常也故書曰有若螟螽之類是常有之物不言有也上十七年云多麋者魯之常獸是歲偏多故書多也螟螽不言多者螟螽是微細之物不可以數言之故不言多也又每年常有不得言有也所以異於蜚蜮與麋也○冬。十月。

穀梁傳注疏卷五挍勘記　阮元撰盧宣旬摘錄

莊公

元年

傳始人之也　閩監毛本以此下疏文移屬下注以人道録之下傳譌作注○案此傳在下疏當下屬此本誤也

則子不忍即位也　閩本同監毛本下衍註字

夫人孫于齊　石經閩監毛本同釋文孫本亦作遜○案段玉裁云古經典無遜字亦作遜者非是

傳人之至受命　此疏閩監毛本在注義得貶夫人下傳作註誤

據僖二十九年　閩本同監本二字模糊毛本二作三案當作三十

六命賜官　閩監毛本賜作受○按周禮作賜

能征不顯者賜弓矢　閩監毛本同何校本顯作順○按今白虎通作義

舊說解九錫之名　閩監本同毛本名作命

此王姬由魯而嫁也　閩監本同毛本由作繇案毛避所諱

二年

為之主者卒之也　石經同閩監毛本脫主字

三年

溺會齊侯伐衛　閩監毛本同石經侯作師按隱二年疏引正作師

齊魯黨大是罪人　閩監毛本是作惡何校本大是作天是云是疑子

郊牛之口傷　閩監毛本同何校本依通典上增猶字

謂蔡謀也　閩監毛本同何校本謀改謨○按蔡謨字道明謚文穆晉書有傳

鄭云云　閩監毛本上云作元

傳獨陰不生至稱焉　閩本同監毛本脫傳字

不是獨陽能生也　閩監毛本能作得

柔剛者　閩監毛本作剛柔者

四年

亯大牢以飲賓　閩監毛本同何校本亯作亨

六年
春王三月 石經同隱二年疏引亦作三月閩監毛本誤二月
王者安危天下所繫故亦與內同也 閩監毛本安危天下作天下安危無也字
七年
辛卯昔恆星不見 閩監毛本此下衍夜中星隕如雨六字釋文昔本或作昔○按古多假昔爲夕段玉裁說見公羊挍勘記
著於上見於上 閩監毛本次上字作下
著其直見於下 閩監毛本無其直見三字
則是雨說也 閩監毛本同釋文出是雨云于付反注同則亦與今本同石經雨作兩
豈雨說哉 閩監毛本同石經雨作兩
又中夜而隕者 閩監毛本中夜作夜中
十有二年
宋萬弒其君捷 按公羊傳捷作接古音妾聲捷聲同部徐彥疏引長義云穀梁亦作接
荀息雖同復死之例 閩監毛本同何校本復作後是也
十有三年
三說不同者 閩監毛本同何校本三作二是也
侯推之 閩監毛本上有諸字
而齊侯終亦還之 閩監毛本無終字
十有四年
冬單伯會齊侯宋公衛侯鄭伯于鄄 石經同閩監毛本脫宋公衛侯四字
諸侯欲推桓以爲伯 閩監毛本脫桓字
十有六年
同盟者加同欲也 按公羊傳加作何
使翼戴天子 閩監毛本戴作戴是
十有八年
其食虧傷之處 閩監毛本食下衍有字
而昨夜有虧傷之處尚有 閩本同監毛本下有字作存
故君入竟 閩本同監毛本君作若
璿機 閩監本同是也毛本機作璣誤

監本春秋穀梁注疏莊公卷第六 二十九年至三十二年盡閔二年

范甯集解　楊士勛疏

十有九年。○傳本或分此以下爲莊公與閔公同卷 春，王正月。○夏，四月。○秋，公子結媵陳人之婦于鄄，遂及齊侯、宋公盟。媵，淺事也。不志，此其志何也？辟要盟也。魯實使公子結要二國之盟，欲自託於大國，未審得盟與不，故以媵婦爲名，得盟則盟，不則止，此行有辭也。○媵，以證反，又繩證反。爾雅云：送也。要，於遥反，注同。[疏]傳「辟要盟也」。○釋曰：文十六年季孫行父會齊侯于陽穀，齊侯弗及盟。此若齊宋不許，亦當云弗及盟，而云辟要盟也者，彼以行父失辭，又無媵事，故云弗及盟；此有媵事，若齊宋不許，則直書媵事而已，故云辟要盟也。何以見其辟要盟也？媵，禮之輕者也。盟，國之重也。以輕事遂乎國重，無說。以輕遂重，無他異說，故知辟要盟耳。○見，賢徧反。其曰陳人之婦，略之也。但爲遂事假錄媵事耳，故略言陳人之婦，不處其主名。○爲，于僞反。[疏]注「但爲」至「主名」。○釋曰：假錄媵事者，媵是小事，不合書經，今既書之，故云假，非謂無媵事也。不處其主名者，謂不言陳侯夫人而云陳人之婦，是不處其主名也。其不日，數渝，惡之也。○數音朔。惡，烏路反。[疏]傳「數渝惡之也」。○釋曰：數，疾也。謂秋共盟，冬而見伐，變盟之疾，故不書日以惡之也。或以爲數渝爲今冬伐我西鄙，明年齊又伐我，故云數，理亦通也。○夫人姜氏如莒。婦人既嫁不踰竟，踰竟非正也。[疏]傳「不踰竟」。○釋曰：重發傳者，嫌此適異國恐別，故發傳以同之。○冬，齊人、宋人、陳人伐我西鄙。其曰鄙，遠之也。其遠之何也？不以難邇我國也。○難，乃旦反。邇，如字，本文作介，音界。

二十年春，王二月，夫人姜氏如莒。夫人比年如莒，過而不改，無禮尤甚，故謹而月之。○莒音舉。婦人既嫁不踰竟，踰竟非正也。○竟音境。[疏]傳「不踰竟」。○釋曰：重發傳者，此再如莒，失禮之甚，故詳之。○夏，齊大災。其志，以甚也。外災不志，甚謂災及人也。外災例時。[疏]傳「其志以甚也」。○釋曰：范例云災有十二，內則書日，外則書時；國曰災，邑曰火；內則書日，新宮、御廩之類是也。其外則時者，則宋大水、齊大災之等是也。昭十八年不書時，以四國同日故也。其外災志者皆發傳，故十一年宋大水傳曰「王者之後也」，襄九年宋災，嫌人與水異，傳曰「故宋也」，宣十六年成周宣榭災，傳曰「以樂器所藏目之也」，此書齊大災傳曰「其志以甚也」，昭十八年宋衛陳鄭災傳曰「其志以同日也」，其九年陳火傳曰「閔陳而存之也」是也。○秋，七月。○冬，齊人伐我。

二十有一年春，王正月。○夏，五月，辛酉，鄭伯突卒。○秋，七月，戊戌，夫人姜氏薨。婦人弗目也。鄭嗣曰：弗目，謂不目言其地也。婦人無外事，居有常所，故薨不書地。僖元年傳曰「夫人薨不地」，此言弗目，蓋互辭爾。定九年得寶玉大弓，傳曰「弗目，羞也」，蓋此類也。江熙曰：文姜有弒公之逆，而弗目其罪。○弗目，謂不題目文姜薨所也。一曰弗目其罪。[疏]傳「婦人弗目也」。○釋曰：隱二年夫人子氏薨，著不地之例，此復發傳者，嫌有罪去地，故發之也。不曰夫人而言婦人者，以文姜失夫人之道，故經書薨，傳以婦人言之。或是經無變文，蓋傳通言之，無異意也。○注「弗目其罪」。○釋曰：江熙云不目其罪者，謂稱夫人薨與常例不異是也。○冬，十有二月，葬鄭厲公。

二十有二年春，王正月，肆大眚。肆，失也。眚，災也。易稱赦過宥罪，書稱眚災肆赦，經稱肆大眚，皆放赦罪人，蕩滌衆故，有時而用之，非經國之常制。○肆音四。眚，所景反。宥音又。滌音狄。[疏]注「易稱」云云。○釋曰：肆，失也。眚，災也。言肆大眚者，謂放失大罪惡。災猶罪惡也。言放失大罪惡，明小惡亦赦之也。易稱赦過宥罪者，解卦象曰：雷雨作解，君子以赦過宥罪。解卦坎下震上，震爲雷，坎爲雨，雷動雨下而萬物解散，故君子以此卦象而放赦罪人。書稱眚災肆赦，舜典文。孔安國云：眚，過；災，害；肆，緩也。過而有害，當緩赦之。此傳云肆，失也，則亦緩之類。以經稱肆大眚，故以眚爲災也。尚書眚災連文，故孔氏以眚爲過，其大意亦不異也。○注「蕩滌衆故」。○釋曰：傳「爲嫌天子之葬也」者，二事相須。注以肆大眚不可特爲夫人，故云蕩滌衆故；傳意原魯所以肆大眚者，爲嫌天子之葬也，故注與傳兩言之。災紀也，失故也。災謂罪惡，紀治理也。有罪當治理之，今失之者，以文姜之故。爲嫌天子之葬也。文姜罪應誅絕，誅絕之罪不葬，若不赦除衆惡而書葬者，嫌天子許之，明須赦而後得葬。○爲，于僞反。○癸丑，葬我小君文姜。小君非君也。不治其民。其曰君何也？以其爲公配，可以言小君也。○陳人殺其公子禦寇。禦寇，宣公之子。○禦，魚呂反，又作御。言公子而不言大夫，公子未命爲大夫也。其曰公子何也？公子之重視大夫。視此 命以執公子。大夫既命，得執公子之禮。一本「大夫命以視公子」。○夏，五月。以五月首時，甯所未詳。[疏]傳「夏五月」。○釋曰：何休云譏莊公娶讎女，不可以事先祖，猶五月不宜以首時。杜預云莊公獨稱夏五月者，疑謬誤也。范以二者皆無憑，故云甯所未詳也。○秋，七月，丙申，及齊高傒盟于防。不言公，高傒伉也。書日則公盟也。高傒驕伉，與公敵體，恥之，故不書公。○傒音奚。伉，苦浪反。[疏]注「書日」至「書公」。○釋曰：微者盟例不日，及宋人盟于宿是也。此既書日，明公在可知，知非微者。若微則與高傒敵，何以直言及？故知非卿也。公及莒人盟于包來言公者，彼稱人是舉國之辭，故可以言公。此若云公及高傒，則高傒得敵公，故不言公也。公會楚公子嬰齊不沒公者，彼以前驕伉，後服罪，故不去公以見

別意也。○冬。公如齊納幣。納幣。大夫之事也。禮有納采。采擇女之德性也其禮用鴈爲贄者取順陰陽往來○贄音至有問名。問女名而卜之知吉凶也其禮如納采有納徵。徵成也納幣以成婚【疏】傳有納徵○釋曰此傳釋諸侯不云納幣而云納徵者以士婚禮有納徵之文欲明用幣雖異而禮同也有告期。告迎期○迎魚敬反四者備。【疏】傳四者備○釋曰士婚禮下達之後有納采問名納吉納徵請期親迎六禮此傳不云納吉者直舉四者足以譏公故畧納吉不言之或以爲諸侯與士禮異者非也而後娶。禮也。公之親納幣。非禮也。【疏】傳納幣非禮也○釋曰納幣非禮是譏喪娶而注云傳無譏文者傳上云公之親納幣非禮不云喪娶之事故云無譏文也然宣元年貶夫人去氏此則全無譏者彼以夫人不能以禮自固故與有貶仍未是貶公之事故彼注云不譏喪娶者不待貶絕而罪惡自見是也故譏之。公母喪未再朞而圖婚傳無譏文但譏親納幣者喪婚不待貶絕而罪惡見○見賢徧反二十有三年。春。公至自齊。【疏】傳公至自齊○釋曰二十七年傳云桓會不致此與下文觀社皆書公至自齊者公羊傳云桓會不致此何以致危之也徐邈亦云不以禮行故致以見危范此雖無注下云公怠棄國政比行犯禮憂危甚矣則亦以二者爲憂危致之也若然定八年傳稱致月危致也下傳云致月有懼焉爾此若致以見危所以不月者以二者皆非禮而行不假書月危懼可知傳以危而不月嫌與例乖故發傳詳之或以爲二者皆非禮之行與好會異故致之非是見危理亦通也○祭叔來聘。祭叔天子寰內諸侯叔名○祭側界反寰音縣又音環【疏】傳祭叔來聘○釋曰范云祭叔天子寰內諸侯叔名則范意將此祭叔與隱元年祭伯同是畿內諸侯而此云來聘彼傳責其不稱朝者祭伯者祭國伯爵也寰內諸侯時不爲王之卿大夫欲外交鄰好而來通魯以其無王命故不得言聘不仕王朝故得責其不稱朝也今祭叔見是天子大夫而恣意任情欲外接諸侯雖請王命非王本心故不稱使見其擅命言聘表其請王猶左氏公子翬強請故得書經而去其族也案隱元年注云祭伯畿內大夫有采地者既有采地則似祭伯亦仕王朝者以祭伯本爲入仕王朝故畿內授地今雖不仕亦得以大夫言之或以爲祭叔亦無王命以是天子大夫假王命而來魯受其聘故得書聘以本非王命故不稱使也祭伯雖是天子卿大夫欲同諸侯之例而來朝魯以不奉王命故不得稱聘寰內諸侯不合外交故亦不得云朝是亦得通一家也徐邈云祭叔爲祭公使則徐意以祭叔爲祭之大夫也范以叔爲名似同徐說但舊解不然故今亦同之其不言使。何也。天子之內臣也。不正其外交。故不與使也。何休曰南季宰渠伯糾家父宰周公來聘皆稱使獨于此奪之何也鄭君釋之曰諸稱使者是奉王命其人無自來之意今祭叔不一心於王而欲外交不得王命來故去使以見之○去起呂反見賢徧反○夏。公如齊觀社。常事曰視。視朔是也非常曰觀。【疏】傳非常曰觀○釋曰復發傳者嫌觀魚觀社異故發之也春秋之例常事不書視朔既書而范云常事謂視朔者視朔之禮實是常

事但公廢之即爲非常故書之觀。無事之辭也。言無朝會之事○朝直遙反下同以是爲尸女也。尸主也主爲女往爾以觀社爲辭○主爲于僞反無事不出竟。公至自齊。公如。陳公行例往時。正也。正謂無危懼也皆放此致月。故也。如往月。致月。有懼焉爾。○荆人來聘。善累而後進之。其曰人。何也。舉道不待再。明聘問之禮朝宗之道非夷狄之所能故一舉而進之【疏】傳善累云云○釋曰不言楚人而云荆人者傳稱州不若國楚既新進若稱國繫人嫌其大褒故直舉州稱人言聘以進之○公及齊侯遇于穀。及者。內爲志焉爾。【疏】傳內爲志焉爾○釋曰重發傳者公爲淫如齊嫌異於常故重發之遇者。志相得也。○蕭叔朝公。【疏】傳蕭叔朝公○釋曰書名者附庸常例儀父稱字傳言貴之此傳直云微國不言貴之則叔名也重發傳者嫌名字異故也微國之君。未爵命者。其不言來。於外也。言於穀朝公也朝於廟。正也。於外。非正也。○秋。丹桓宮楹。楹柱禮。天子諸侯黝堊。黝堊黑色○黝於糾反又於柳反注同堊烏路反又烏各反范云黝堊黑色案黝黑也堊白土【疏】注黝堊黑色○釋曰徐邈云黝黑柱也堊白壁也謂白壁而黑柱今范同以黝堊爲黑色者以此傳爲丹楹而發何得有壁事而在其間故同爲黑色也大夫倉。士黈。黈黃色○黈他苟反黃色也麋氏云張斗反丹楹。非禮也。○冬。十有一月。曹伯射姑卒。○射音亦本或作亦○十有二月。甲寅。公會齊侯盟于扈。桓盟不日此盟日者前公如齊觀社傳曰觀無事之辭以是爲尸女也公怠棄國政此行犯禮憂危甚矣霸主降心親與之盟實有弘濟之功而魯得免於罪臣子所慶莫重於此時事所重文亦宜詳故特謹日以著之○扈音戶【疏】注桓盟至著之○釋曰公羊傳云桓盟不日此何以日危之也今范知喜得霸主與盟故詳而日之者傳雖有桓盟不日信之文亦有不日數渝惡之事又葵丘以極美齊桓而書日故知此間書日喜霸者與盟也此時齊桓威德既盛與公結盟實有弘濟之功何得爲有危事故范以臣子所慶文亦宜詳也二十有四年。春。王三月。刻桓宮桷。禮。天子之桷。斲之礱之。加密石焉。以細石磨之○刻音克桷音角椽也方曰桷圓曰椽斲丁角反削也礱之力公反磨之諸侯之桷。斲之礱之。大夫斲之。士斲本。刻桷。非正也。夫人。所以崇宗廟也。取非禮與非正。而加之於宗廟。以飾夫人。非正也。非禮謂娶讎女非正謂刻桷丹楹也本非宗廟之宜故曰加言將親迎欲爲夫人飾又非正也○迎魚敬反下

皆同【疏】注又非正也○釋曰娶讎女刻桷兩事俱非故曰又也或以爲又者并謂崇飾夫人理亦通也所以不直言非禮云又非正者見莊有二種之惡故非禮非正兩舉之也刻桓宮桷。丹桓宮楹。斥言桓宮以惡莊也。不言新宮而謂之桓宮以桓見殺於齊而飾其宗廟以榮讎國之女惡莊不子○惡烏路反下同【疏】注不言新宮○釋曰新宮桓公之宮以是禰宮不忍斥之故謂之新宮今惡莊公不子故斥言桓宮以見非正也○葬曹莊公。○夏。公如齊逆女。親迎。恒事也。不志。【疏】傳親迎至不志○釋曰文四年傳云其不言公何也非成禮於齊也似不成禮於齊即合志而此云常事不志者彼亦是非禮而書就書之中更自別見言逆婦既書於經所以不云公者爲成禮於齊故變文與莊公異也此其志。何也。不正其親迎於齊也。○秋。公至自齊。迎者。行見諸。舍見諸。諸之也言瞻望夫人乘車○乘繩證反先至。非正也。○八月。丁丑。夫人姜氏入。哀姜入者。內弗受也。【疏】傳入者內弗受也釋曰重發傳者嫌夫人與他例異故也日入。惡入者也。何用不受也。以宗廟弗受也。其以宗廟弗受。何也。娶仇人子弟。以薦舍於前。其義不可受也。薦進舍置○惡入烏路反一音如字戊寅。大夫宗婦覿。用幣。宗婦同宗大夫之婦○覿用徒歷反見也【疏】傳覿用幣釋曰舊解不言見而言覿覿者私事大夫公然行之故言覿以明其私也見者正也故會于沙隨云不見公傳曰可以見公而不見譏在諸侯也是覿與見別也今以爲不然者三傳之文並不云覿見事別何得言私爲覿正爲見乎恐別有案據遂存之以示疑耳覿。見也。禮。大夫不見夫人。【疏】傳大夫不見夫人○釋曰既云不見夫人又說男子之贄者更釋用幣非禮之意也言男子之贄羔鴈之等婦人之贄棗栗之類欲見俱不得用幣不言及不正其行婦道。故列數之也。男子之贄。羔鴈雉腒。贄所以至者也上大夫用羔取其從羣帥而不黨也下大夫用鴈取其知時飛翔有行列也士冬用雉夏用腒取其耿介交有時別有倫也腒腊也雉必用死雉其不可生服也夏用腒備腐臭也○數色主反腒其居反腊也乾雉也士夏執之備腐臭也說文云北方謂鳥腊曰腒傳曰堯腊舜腒始別彼列反爲其于僞反腐符甫反婦人之贄。棗栗腶脩。棗取其早自矜莊栗取其敬栗腶脩取斷斷自脩整○腶丁亂反脯也腶而加薑桂曰脩脩飾本或作勑同恥力反一本作飾申職反或作整音征領反用幣。非禮也。用者。不宜用者也。大夫。國體也。國體謂爲君股肱○股音古肱古弘反而行婦道。惡之。故謹而日之也。○惡烏路反○大水。○冬。戎侵曹。曹羈出奔陳。【疏】

傳曹羈出奔陳。○釋曰公羊以爲曹羈是曹大夫三諫不從而去之也杜預注左傳以爲羈是曹之世子此處雖無傳案下二十六年傳意則與公羊同也。

赤歸于曹郭公。〔疏〕傳赤歸于曹郭公○釋曰薄氏駮云赤若是諸侯不能治國舍而歸曹應謂之奔何以詭例言歸乎徐乾又云不言郭公疑是魯之微者若是微者則例所不書何得以微者爲譬二事俱滯而范從之者凡諸侯出奔其國者或爲人所滅或受制強臣迫逐苟免然後書出今郭公在國不被迫逐往曹事等如歸故以易辭言之不得云出奔也凡內大夫未得命者例但書名若使赤直名而無所繫別文同俠等故又云郭公也徐乾之說理通故范引而從之

赤蓋郭公也。何爲名也。禮。諸侯無外歸之義。外歸。非正也。徐乾曰郭公郭國之君也名赤蓋不能治其國舍而歸于曹君爲社稷之主承宗廟之重不能安之而外歸他國故但書名以罪而懲之不直言赤復云郭公者恐不知赤者是誰將若魯之微者故也以郭公著上者則是諸侯失國之例是無以見微之義○羈居宜反郭公左氏如字公羊音號舍音捨懲直升反復扶又反著張慮反又張畧反見賢偏反○

二十有五年。春。陳侯使女叔來聘。○女氏叔字○女音汝其不名。何也。據成三年晉侯使荀庚來聘稱名○天子之命大夫也。〔疏〕傳天子之命大夫也○釋曰言命大夫即是單伯之等故知叔是字祭仲傳無文釋故知仲是名也○夏。五月。癸丑。衞侯朔卒。惠公也犯逆失德故不書葬○六月。辛未朔。日有食之。言日言朔。食正朔也。鼓用牲于社。鼓。禮也。用牲。非禮也。天子救日。置五麾。陳五兵五鼓。麾旌幡也五兵矛戟鉞楯弓矢○麾毀爲反幡芳元反矛亡侯反鉞音越楯時準反又音允○諸侯置三麾。陳三鼓三兵。大夫擊門。士擊柝。言充其陽也。凡有聲皆陽事以壓陰氣柝兩木相擊充實也○柝吐洛反壓於甲反又於涉反○〔疏〕傳鼓用至陽也○釋曰案范三十年注云救日用牲既失之矣非正陽之月而又伐鼓亦非禮今伐鼓於建巳之月故曰禮也用牲非常故云非禮也五麾者麋信云各以方色之旌置之五處也五兵者徐邈云矛在東戟在南鉞在西楯在北弓矢在中央麋信與范數五兵與之同是相傳說也五鼓者麋信徐邈竝云東方靑鼓南方赤鼓西方白鼓北方黑鼓中央黃鼓案五兵兵有五種未審五鼓是一鼓有五色爲當五種之鼓也何者周禮有六鼓雷鼓靈鼓路鼓鼖鼓鼛鼓晉鼓之等若以爲五種之鼓則不知六鼓之內竟去何鼓若以爲一種之鼓則不知六鼓之內竟取何鼓又周禮云雷鼓鼓神祀則似救日之鼓用雷鼓但此用之於社周禮又云靈鼓鼓社稷祭則又似救日食之鼓但用靈鼓進退有疑不敢是正故直述之而已檢麋徐兩家之說則以五鼓者非六鼓之類別用方色鼓而已諸侯三者則云降殺以兩去黑黃二色是非六鼓之類也下云大夫擊門士擊柝則此陳五鼓亦擊之也但擊之時陳列於社之埜域因五兵五麾是陳故亦以陳言之非謂直陳而不擊也

○伯姬歸于杞。其不言逆。何也。逆之道微。〔疏〕傳逆之道微○釋曰重發傳者紀伯姬釋不稱使之微此解不言逆之微故別發傳無足道焉爾。○秋。大水。鼓用牲于社于門。門國門也高下有水災。曰大水。既戒鼓而駭衆。用牲可以已矣。救日以鼓兵。救水以鼓衆。〔疏〕傳高下云云○釋曰重發之者此有用牲之失嫌異常水故更發之既戒鼓駭衆者謂既警戒擊鼓而駭動衆人則用牲可以已矣知不合用牲者用者不宜用故知不合也又云救日以鼓兵者謂伐鼓以責陰陳兵示禦侮救水以鼓衆者謂擊鼓聚衆也皆所以發陽也○冬。公子友如陳。

二十有六年。春。公伐戎。○夏。公至自伐戎。○曹殺其大夫。言大夫而不稱名姓。無命大夫也。無命大夫而曰大夫。賢也。爲曹羈崇也。徐邈曰干時微國衰陵不能及禮其大夫降班失位下同於士故畧稱人而傳謂之無命大夫也莒慶莒挐邾庶其邾快皆特以事書非實能貴故略名而已楚雖判蠻漸自通于諸夏故莊二十三年書荊人來聘文九年又襃而書名國轉彊大書之益詳然當僖公文公之世楚猶未能自同于列國故得臣及椒並畧名唯屈完來會諸侯以殊禮成之楚莊王之興爲江漢盟主與諸夏之君權行抗禮其勢彊于當年而事交於內外故春秋書之遂從中國之例夫政俗隆替存乎其人三后之姓日失其序而諸國乘間與之代興因詳畧之文則可以見時事之實矣秦爵伯也上據西周班列中夏故得稱師有大夫其大夫當名氏而文十二年秦術略名蓋于時晉主魯盟而秦方敵晉則魯之于秦情好跡矣禮以飾情情跡則禮略春秋所以略文乎又吳札不書氏以成尊于上也宋之盟叔孫豹不書氏以著其能恭此皆因事而爲義○爲曹于僞反挐女居反又女加反快苦夬反諸夏戸雅反下同屈君勿反情好呼報反〔疏〕傳爲曹羈崇也○釋曰薄氏駮曰曹羈出奔經無歸處曹自殺大夫何以知是羈也又云術之名爲晉貶秦然楚亦敵晉何以不略而貶之文此注雖多未足通崇之義徒引證據何益於此哉范荅之曰羈曹之賢大夫也曹伯不用其言乃使出奔他國終於受戮故君子懸之書殺其大夫即是崇賢抑不肯之義也案大夫出奔或書出不書入秦后子是也或書入不書出蔡季是也史有闕漏○非是一般何得以無歸之文則怪其非羈也秦以交跡之故而略其臣楚與諸夏會同所以不畧也是范氏論崇曹羈之事也曹羈三諫不從者是公羊之說也○注徐邈至爲義○釋曰莒慶莒挐邾庶其邾快皆特以事書者謂莒慶來逆女莒挐爲魯所獲邾庶其邾快來奔於魯故書以著罪是皆以事書之非能貴也秦稱師者僖二十八年城濮之戰是也亦既稱師明當有大夫而秦術無氏故知春秋所畧也又云吳札不書氏以成尊於上者襄二十九年傳文謂進吳稱子許夷狄者不壹而足不可復進其臣不書季札之氏所以成尊於上也叔孫豹不書氏以著其恭者襄二十七年傳文彼傳以溴梁之會諸侯在而不曰諸侯大夫大夫不臣也意趙武恥之豹云者恭也是其恭故不書氏以見意也○秋。公會宋人、齊人伐徐。○冬。十有二月。癸亥。朔。日有食之。

二十有七年。春。公會杞伯姬于洮。伯姬莊公女洮魯地○洮他刀反本或作桃○夏。六月。公會齊侯、宋公、陳侯、鄭伯、同盟于幽。同者。有同也。同尊周也。〔疏〕傳同者云云○釋曰同尊周也復發傳者前同盟于幽諸侯尚有疑者今外內同心推桓爲伯得專征伐之任成九合之功故傳詳其事也○於是而後授之諸侯也。其授之諸侯何也。齊侯得衆也。桓會不致。安之也。桓盟不日。信之也。信其信。仁其仁。〔疏〕傳信其信仁其仁○釋曰謂諸侯信齊桓之信仁齊桓之仁下文未嘗有歃血之盟是其信也未嘗有大戰是其仁也衣裳之會十有一者謂從北杏至葵丘也論語稱九合諸侯者貫與陽穀二會管仲不欲故去之自外唯九合也兵車之會四者洮鹹牡丘淮也不數侵蔡伐楚者以二者征伐非會故也鄭玄釋廢疾云自柯之明年葵丘以前去貫與陽穀固已九合矣則鄭意不數北杏自外與范注同也不數北杏所以得九合諸侯者先師所說不同或云去貫與陽穀與猶數也言數陽穀故得爲九也或云葵丘會盟異時故分爲二或取公子結與齊桓宋公盟爲九故先師劉炫難之云貫與陽穀並非管仲之功何得去貫而數陽穀也若以葵丘之盟盟會異時而數爲二則首戴之會亦可爲二也離會不數鄄盟去公子結則唯有齊宋二國之會安得數之二三之說並無憑據故劉氏數洮會爲九以數洮會爲九兵車之會又少其一故劉以傳誤解之當云兵車之會三案洮會下亦無云兵車之會則傳文不應兩處皆誤是亦可疑也○衣裳之會十有一。未嘗有歃血之盟也。信厚也。十三年會北杏十四年會鄄十五年又會鄄十六年會幽二十七年又會幽僖元年會檉二年會貫三年會陽穀五年會首戴七年會寗母九年會葵丘○歃所洽反于朾他貞反又勑丁反本亦作檉寗如字又音甯母音無又茂后反○兵車之會四。未嘗有大戰也。愛民也。僖八年會洮十三年會鹹十五年會牡丘十六年會淮於末年乃言之不道侵蔡伐楚者方書其盛不道兵車也此則以兵車會而不用征伐○鹹音咸牡茂后反○秋。公子友如陳。葬原仲。原仲陳大夫原氏仲字○言葬不言卒。不葬者也。外大夫例不書卒○〔疏〕注外大夫云云○釋曰葬亦不書止云例不書卒者以內大夫書卒尚不書葬況外大夫卒亦不書明不合書葬故云外大夫例不書卒欲見必不得書葬之意也不葬而曰葬。諱出奔也。言季友辟內難而出以葬原仲爲辭○難乃旦反○〔疏〕傳諱出奔也○釋曰范知辟內難而出者公羊傳以夫人哀姜淫於二叔此上傳亦云子般卒而公子慶父出奔則慶父之釁季子素知季子出則殊其文入則貴之稱季子明其無罪故知辟難也○冬。杞伯姬來。歸寧○莒慶來逆叔姬。慶名也莒大夫也叔姬莊公女禮檀弓記曰陳莊子死赴於魯魯人欲勿哭繆公召縣子而問焉縣子曰

古之大夫束脩之問不出竟，雖欲哭之，安得而哭之？今之大夫交政於中國，雖欲勿哭，安得而勿哭？則大夫越竟逆女非禮也。董仲舒曰：大夫無束脩之餽，無諸侯之交，越竟逆女，紀罪之。○繆音穆。縣音玄。竟音境。焉，於虔反。餽，巨愧反。越竟，本或作疆，居良反。諸侯之嫁子於大夫，主大夫以與之。君不敵臣。來者，接內也。不正其接內，故不與夫婦之稱也。接內謂與君為禮也。夫婦之稱，當言逆女。○稱，尺證反。○杞伯來朝。杞稱伯，蓋時王所絀。○朝，直遥反。絀，本又作黜，勑律反。○公會齊侯于城濮。城濮，衛地。○濮音卜。

二十有八年，春，王三月，甲寅，齊人伐衛。衛人及齊人戰，衛人敗績。於伐與戰，安戰也？問在何處戰。○處，昌慮反。【疏】傳於伐云云。○釋曰：於伐與戰安戰也，謂於伐衛之時，兩國相與交戰，問在何處戰也。戰衛謂在衛國之都也。知國都者，若在他所，則應云地，今不書地，故知衛都耳。猶桓十三年戰于龍門，為近不地相似也。○戰衛，戰則是師也。其曰人，何也？微之也。何為微之也？今授之諸侯，而後有侵伐之事，故微之也。其人衛何也？以其人齊，不可不人衛也。齊桓始受方伯之任，未能信著鄰國，致有侵伐之事，貶師稱人以微之也。人不可以敵于師，師不可以與人戰，故亦以衛師為人。衛非有罪。○衛小齊大，其以衛及之，何也？以其微之，可以言及也。其稱人以敗，何也？【疏】傳其稱人以敗何也。○釋曰：據桓十二年戰稱人，敗稱師，故發違例之問也。不以師敗於人也。人輕而師重。○夏，四月，丁未，邾子瑣卒。○瑣，素禾反。○秋，荊伐鄭。荊者，楚也。其曰荊，州舉之也。【疏】荊州舉之也。○釋曰：前書荊人來聘，聘是善事，故進之。今伐中國，不足可褒，故州舉之也。○公會齊人、宋人救鄭。善救鄭也。○冬，築微。微，魯邑。○微，左氏作麋。山林藪澤之利，所以與民共也。虞之，非正也。虞，典禽獸之官。言規固而築之，又置官司以守之，是不與民共何利也。築不志，凡志皆譏也。築例時。○藪，素后反。○【疏】傳虞之非正也。○釋曰：成十八年築鹿囿，此築邑，並云虞之非正也者，彼直築囿以虞之，此築邑置官司以虞之，囿邑既殊，俱是虞之非正，故再起傳例。○注虞典至例時。○釋曰：周禮澤虞掌田獵之事。左傳皮冠以招虞人，是虞人典禽獸之官也。知築不志，凡志皆譏也者，三十一年築臺于秦，傳曰：君子危之，故謹而志之也。知志則譏也。此年與三十一年春築臺于郎，秋築臺于秦，皆不書月，是例時。○大無麥禾。大者，有顧之辭也。【疏】傳大者有顧之辭也。○釋曰：經言大無麥禾者，謂一災不書，待冬無禾，然後并錄無麥，故經稱大，而傳云有顧之辭也。顧猶待也。徐邈云：至冬無禾，於是顧錄無麥。其意亦謂待無禾，然後顧錄無麥，故云大是也。莊七年秋大水無麥苗，此經不言大水者，彼傳云麥苗同時也，是麥與黍稷之苗同時為水而死，故繫大水言之。此至冬始書大無麥禾，則禾之死未必由大水，故不繫之。徐邈云：不言水旱者，麥禾自死，不由水旱是也。或以為言無禾則大水可知，故省文。若然，七年何以不省文而言大水？不言饑者，舊解以為下傳云不書，如為內諱，則此不言饑是諱也。或當雖無麥禾，不得臧孫之告糴，不至饑也。○於無禾及無麥也。一災不書，於冬無禾而後顧錄無麥，故言大，明不收甚。○臧孫辰告糴于齊。臧孫辰，魯大夫臧文仲。○糴音狄。○國無三年之畜，曰國非其國也。一年不升，告糴諸侯。告，請也。糴，糴也。不正，故舉臧孫辰以為私行也。為內諱，故不稱使，使若私行。○畜，勑六反，下同。為內，于偽反，下文為內同。國無九年之畜曰不足，無六年之畜曰急，無三年之畜曰國非其國也。諸侯無粟，諸侯相歸粟，正也。臧孫辰告糴于齊，告然後與之，言內之無外交也。古者稅什一。宣十五年注詳矣。○稅，始銳反。什一，十而稅一。【疏】注宣十五年注詳矣。○釋曰：彼傳云古者什一。注云：一夫一婦佃田百畝，又受田十畝以為公田。公田在內，私田在外，此一夫一婦為耕一百一十畝也。八家共一井之田，餘二十畝者，以為廬舍是也。○豐年補敗。敗謂凶年。不外求而上下皆足也。【疏】傳上下皆足也。○釋曰：上謂君也，下謂民也。○雖累凶年，民弗病也。一年不艾而百姓饑。【疏】傳一年不艾。○釋曰：糜信云：艾，穫也。君子非之。不言如，為內諱也。○艾，牛蓋反。

二十九年，春，新延廄。【疏】傳新延廄。○釋曰：不言作者，僖二十年新作南門，傳曰：作，為也，有加其度也。彼謂加其度更增大之，故云作。此直改新，故不言作。○延廄者，法廄也。周禮天子十二閑，馬六種。邦國六閑，馬四種。每廄一閑。言法廄者，六閑之舊制也。○廄，九又反。六種，之勇反，下皆同。【疏】注周禮至舊制也。○釋曰：自每廄一閑以上，周禮校人有其事。馬六種者，彼校人云辨六馬之屬，種馬一物，戎馬一物，齊馬一物，道馬一物，田馬一物，駑馬一物是也。鄭云：玉路駕種馬，戎路駕戎馬，金路駕齊馬，象路駕道馬，田路駕田馬，駑馬給官中之役。是天子六種之馬分為左右廄，故十二閑也。彼又云：邦國六閑，馬四種。家四閑，馬二種。鄭玄云：諸侯齊馬、道馬、田馬各一閑，駑馬則分為三。大夫則田馬一閑，駑馬分為三。是天子十二閑，馬六種，邦國六閑，馬四種也。其言新，有故也。言改故而新之。有故，則何為書也？古之君人者，必時視民之所勤。民勤於力，則功築罕。罕，希。○罕，呼旦反。民勤於財，則貢賦少。民勤於食，則百事廢矣。凶荒殺禮。殺，所界反。○冬，築微。春，新延廄，以其用民力為已悉矣。悉，盡。○夏，鄭人侵許。○秋，有蜚。穀梁說曰：蜚者，南方臭惡之氣所生也，象君臣淫泆有臭惡之行。○蜚，扶味反。行，下孟反。一有一亡曰有。○亡，如字，又音無。○冬，十有二月，紀叔姬卒。紀國雖滅，叔姬執節守義，故繫之紀，賢而錄之。【疏】注賢而錄之。○釋曰：內女嫁於大夫則不書卒，為媵亦如之。今既書卒，故知賢也。○城諸及防。諸、防皆魯邑。○可城也。【疏】傳可城也。○釋曰：左氏之例，城有時與不時。隱七年傳云：凡城之志皆譏也。此云可城也者，傳以得土功之節者則譏之淺，失土功之時者責之深，故傳云可城也，不謂此城無譏也。○以大及小也。傳例曰：凡城之志皆譏。今云可者，謂冬可用城，不妨農役耳，不謂作城無譏。

三十年，春，王正月。○夏，師次于成。次，止也。有畏也。欲救鄣而不能也。不言公，恥不能救鄣也。畏齊。○鄣音章。○秋，七月，齊人降鄣。降猶下也。鄣，紀之遺邑也。○降，戶江反。下，遐嫁反。○八月，癸亥，葬紀叔姬。不日卒而日葬，閔紀之亡也。○九月，庚午，朔，日有食之。鼓用牲于社。救日用牲，既失之矣，非正陽之月而又伐鼓，亦非禮。○冬，公及齊侯遇于魯濟。濟，水名。○濟，子禮反。及者，內為志焉爾。遇者，志相得也。【疏】傳及者至得也。○釋曰：重發傳者，齊為伯者，嫌與諸侯異也。○齊人伐山戎。齊人者，齊侯也。其曰人，何也？愛齊侯乎山戎也。不以齊侯敵山戎，故稱人。○其愛之何也？桓內無因國，外無從諸侯，而越千里之險，北伐山戎，危之也。內無因緣山戎左右之國為內間者，外無諸侯者，不煩役襲國。○從，才用反。內間，間廁之間。○則非之乎？善之也。遠伐山戎雖危，勤王職貢則善。何善乎爾？燕，周之分子也。燕，周大保召康公之後，成王所封。分子，謂周之別子孫也。○燕音烟，注及後同。分，扶問反，又如字，本或作介，音界。大音泰。召，上照反。【疏】注燕周至孫也。○釋曰：燕是召康公之後，成王所封者，世家文也。分者，別也。燕與周同姓，故知別子孫也。貢職不至，山戎為之伐矣。言由山戎為害，伐擊燕，使之隔絕於周室。○為之，如字。

三十有一年，春，築臺于郎。○夏，四月，薛伯卒。○築臺于薛。薛，魯地。○六月，齊侯來獻戎捷。獻下

奉上之辭也春秋尊魯故曰獻○捷在接反戎菽也捷獲也○齊侯來獻捷者，内齊侯也。不言使，内與同，不言使也。泰曰齊桓内救中國外攘夷狄親倚之情不以齊爲異國故不稱使若同一國也○攘如羊反倚於綺反下文及注同○獻戎捷，軍得曰捷。戎菽也。菽豆【疏】傳齊侯至菽也○釋曰徐邈云齊還經魯界故使人獻捷不入國都而言來獻敬重霸主親而内之也麋信亦云言内齊侯者解經稱來之意也范雖不注理亦合當然矣僖二十一年楚人使宜申來獻捷彼亦稱來者宜申止來鄉魯接公行禮故得稱來與齊侯異也又云不言使内與同者謂内齊侯與同一國故不稱使也戎菽也者舊解謂順經意而惜齊侯故傳依違其文釋之爲菽其實宋是中國故捷不繫國戎是夷狄故繫之戎也案管子云出戎菽及冬蔥布之天下則以戎爲豆也故徐邈云今之胡豆也舊解以爲依違其文恐失傳旨僖二十一年傳云其不曰宋捷何也不與楚捷于宋也范云據莊三十一年齊侯來獻戎捷據彼傳及注意則似不以戎爲豆今疑不敢正故兩載之此一書月彼不書月者徐邈云霸服遠之功重故詳而月之也一解齊侯此時克山戎得胡豆來故傳云戎菽謂克戎之菽齊侯此時并得戎菽於文亦僻也○秋，築臺于秦。秦魯地不正罷民三時，虞山林藪澤之利。且財盡則怨，力盡則懟。懟恚恨也○罷音皮下同懟直類反怨也君子危之，故謹而志之也。或曰，倚諸桓也。桓外無諸侯之變，内無國事，越千里之險，北伐山戎，爲燕辟地。辟開○爲于僞反辟婢亦反○魯外無諸侯之變，内無國事，一年罷民三時，虞山林藪澤之利，惡内也。議公依倚齊桓而與桓行異○惡烏路反行下孟反○冬，不雨。【疏】傳冬不雨○釋曰徐邈云僖十一年傳曰雩不得雨曰旱然則此云不雨者或當不雩也范意亦未必然或當不言旱不爲災也○

三十有二年，春，城小穀。小穀魯邑○夏，宋公、齊侯遇于梁丘。遇者，志相得也。【疏】傳遇者志相得也○釋曰重立傳者外與伯者遇嫌異故發之梁丘在曹、邾之間，去齊八百里，非不能從諸侯而往也。辭所遇，遇所不遇，大齊桓也。辭所遇謂八百里間諸侯必有願從者而不之遇所不遇謂遠遇宋公也○能從才用反或如字注同○秋，七月，癸巳，公子牙卒。牙慶父同母弟何休曰傳例大夫不日卒惡也牙與慶父共淫哀姜謀殺子般而日卒何也鄭君釋之曰牙莊公母弟不言弟其惡已見不待去日矣甯案傳例諸侯之尊弟兄不得以屬通蓋以禮諸侯絶朞而臣諸父昆弟稱昆弟則是申其私親也宣十七年公弟叔肸卒傳曰其曰公弟叔肸賢之也然則不稱弟自其常例耳鄭君之說其所未詳○見賢徧反去起呂反朞言期肸許乙反○【疏】注甯所未詳○釋曰范既引鄭君之說又云未詳者范以僖十六年傳稱公弟叔仲賢也大夫不言公子公孫疏之也若牙實有罪則應去公子以見疏今書公子故云未詳也或申鄭君義云牙不去公子爲親者諱然則鄭意若以爲諱何得云其惡已見是鄭權荅何休之難不顧上下之理故范云未詳也公子季友卒不稱弟者季子雖賢兄已卒故也○八月，癸亥，公薨于路寢。公薨皆書其所謹凶變○路寢，正寢也。寢疾居正寢，正也。男子不絶于婦人之手，以齊終也。齊絜○齊側皆反本亦作齋○【疏】傳以齊終也○釋曰齊者齋絜之名故記稱齋之爲言齊也是齊齋意同故范訓爲絜或古者齊齋同字此傳齊即讀爲齋理亦通也○冬，十月，乙未，子般卒。在喪故稱子般其名也莊公大子不書弒諱也○般音班大音泰○【疏】傳子般卒○釋曰公羊傳云其稱子般何也君存稱世子君薨稱子某既葬稱子踰年稱公范意亦與之同但踰年稱公范意亦與之同但踰年雖在國稱公若未葬亦不得稱侯以接鄰國故桓十三年注云衛宣未葬而嗣子稱侯以出其失禮明矣是其事也子般不書葬者未踰年之君例不書葬故子野不書葬也○子卒日，正也。襄三十一年秋九月癸巳子野卒是也○不日，故也。文十八年冬十月子赤卒是也有所見則日。閔公不書即位是見繼弒者也故慶父弒子般子般可以日卒不待不日而顯○見則賢徧反○公子慶父如齊。【疏】傳公子慶父如齊○釋曰牙與慶父同謀殺般所以牙被殺慶父得出奔者左氏公羊皆以爲牙欲廢般立慶父故季子鴆殺之穀梁不見季子歸魯之文亦無鴆牙之事則叔牙被殺以不不可知也此奔也，其曰如，何也？據閔二年慶父奔莒不言如○諱莫如深，深則隱。【疏】傳諱莫如深○釋諱莫如深謂爲國隱諱莫如事之最深深謂君弒賊奔隱痛之至也故子般日卒慶父如齊深者則隱深謂君弒賊奔之深重以其深重則爲之隱諱若經書子般日卒慶父如齊是也苟有所見莫如深者謂經意誠有所見莫如事之深者不書閔公即位是事之深也有所見謂子般之弒慶父之奔也苟有所見，莫如深也。閔公不書即位見子般之弒慶父出奔○狄伐邢。

閔公【疏】魯世家閔公名開莊公之子惠王十六年即位諡法在國逢難曰閔世本作啓方辟漢景帝諱故爲開也

元年，春，王正月。繼弒君不言即位，正也。【疏】傳繼弒至正也○釋曰復發傳者以非父非君嫌異故發之僖公又發之者兄之後弟義異故重發之文公繼正之始故發傳以明之成公不發傳者嘗之可知故不發也襄昭發傳者昭公即位承子野之卒嫌其非正故發傳以明之昭繼子野傳言繼正嫌襄公與之異故亦發傳父子同有繼正之文所以相發明也或以襄非嫡夫人之子嫌非正故發傳案襄四年夫人姒氏薨彼注云成公夫人襄公母也明非爲母賤而發傳也○親之非父也，兄也尊之非君也，未踰年也繼之如君父也者，受國焉爾。

○齊人救邢。善救邢也。善齊桓得伯之道○夏，六月，辛酉，葬我君莊公。莊公葬而後舉諡，諡所以成德也。【疏】傳諡所以成德○釋曰復發傳者桓公被殺莊公好終僖公葬緩嫌異禮故各發傳以明之○於卒事乎加之矣。○秋，八月，公及齊侯盟于洛姑。洛姑齊地○洛姑一本作路姑盟納季子也。季子來歸。【疏】傳季子來歸○釋曰傳云貴之也者不稱公子者公子是凡常之揔號季子忠賢爲國人所思故稱子所以表其賢也○其曰季子，貴之也。大夫稱名氏今曰子是貴之也子男子之美稱○美稱尺證反其曰來歸，喜之也。大夫出使歸不書執然後致不言歸國内之人不日來今言來者明本欲遂去同他國之人也言歸者明實魯人也喜之者季子賢大夫以亂故出奔國人思之懼其遂去不反今得其還故皆喜曰季子來歸○使所吏反【疏】注大夫至來歸○釋曰此云大夫出使歸不書而宣十八年歸父還自晉書者彼傳云還者事未畢也是還與歸意異也執然後致不言歸者意如與婼是也國内之人不言來下文齊仲孫言來者以其外之曰齊故得言來也○冬，齊仲孫來。其曰齊仲孫，外之也。魯絶之故繫之于齊○齊仲孫慶父也左氏以爲齊大夫其不目而曰仲孫，疏之也。不目謂不言公子慶父○其言齊，以累桓也。繫仲孫於齊言相容赦有罪○累劣僞反【疏】傳其言齊以累桓也○釋曰傳解經言齊仲孫有二種意故上文以外慶父釋之此又以累桓言之慶父魯人而繫之於齊是外之也齊桓容赦有罪故繫慶父於齊是惡之也

二年，春，王正月，齊人遷陽。○夏，五月，乙酉，吉禘于莊公。三年喪畢致新死者之主於廟廟之遠主當遷入大祖之廟因是大祭以審昭穆謂之禘莊公喪制未闋時別立廟廟成而吉祭又不於大廟故詳書以示譏○禘徒帝反大祖音泰下大廟同昭上饒反闋苦穴反【疏】注三年至示譏○釋曰言禘於莊公即是莊公立宮而不稱宮者莊公廟雖立訖而公服未除至此始二十二月未滿三年故不得稱宮也此喪服未終舉吉以非之文十二年亦喪服未終而大事于大廟不言吉者其譏已明故不復云吉言大事者秋祫而物成其祀大故傳云大是事也著祫嘗是也凡祭祀之禮書者皆譏故范略例云祭祀例有九皆書月以示譏九者謂桓有二烝一嘗三也閔吉禘四也僖禘大廟五也文著祫嘗六也宣公有事七也昭公禘武宮八也定公從祀九也知禘是三年喪畢之祭者此莊公薨來二十二月仍書吉以譏之明三年喪畢方得爲也知必於大廟者明堂位曰季夏六月以禘禮祀周公於大廟是也其禘祀之月王肅杜預之徒皆以二十五月除喪即得行禘祭鄭玄則以二十八月始服吉嘗即祫於大廟明年春禘於羣廟今范云三年喪畢禘於大廟必不得與鄭明年春始禘於羣廟同其除喪之月或與鄭合故何休注公羊亦以除喪在二十七月之後也方者未至之辭此實二十二月而云方者莊公以三十二年八月薨至此年五月始滿二十一月未盡其月爲禘祭故言方或可譏其大速以甚言之故云方也○吉

禘者。不吉者也。喪事未畢而舉吉祭。故非之也。莊公薨至此方二十二月喪未畢○秋。八月。辛丑。公薨。不地。故也。其不書葬。不以討母葬子也。凡君弑賊討則書葬哀姜實被討而不書葬者不以討母葬子○九月。夫人姜氏孫于邾。哀姜與弑閔公故出奔○孫音遜本或作遜與音豫孫之爲言猶孫也。〔疏〕傳孫之爲言猶孫○釋曰重發傳者文姜殺夫哀姜殺子嫌異故重發之諱奔也。○公子慶父出奔莒。其曰出。絶之也。慶父不復見矣。慶父弑子般閔公不書弑諱之○復扶又反見賢徧反○〔疏〕傳其曰至見矣○釋曰宣十八年歸父奔齊范注云竟外故不言出是竟內言出理之常也而云絶之也者慶父前奔不言出書曰如齊爲之隱諱是不絶其位之辭今不諱言奔明是絶其位也又云慶父不復見者明弑二君罪重不宜復見故特顯之矣○冬。齊高子來盟。其曰來。喜之也。其曰高子。貴之也。盟立僖公也。不言使。何也。據桓十四年鄭伯使其弟禦來盟言使○禦魚呂反下同不以齊侯使高子也。齊侯不討慶父使魯重罹其禍今若高子自來非齊侯所得使也猶屈完不稱使也江熙曰魯頻弑君僖公非正也桓公遣高傒立僖公以存魯魯人德之不名其使以貴之貴其使則其主重矣○重直用反屈君勿反傒音奚其使所吏反下同○〔疏〕傳其曰至子也○釋曰來者自外之常稱而云喜之者時魯二君見弑諸侯無一助之者而高子盟以存之比之餘使情實過倍故傳序經之情明與凡常之來有異也云不以齊侯使高子也者二說不同者前說以齊侯不討慶父使魯重遭其禍不以齊侯使高子故作自來之文所以歸美於高子若楚人使屈完如師能量敵強弱遂與齊盟故不言使所以歸功於屈完也江熙之意以君臣一體好惡同之使貴則主尊故去使文以表高子之貴高子既貴則桓公之重益彰故不從前說也十有二月。狄入衛。僖公二年城楚丘以封衛則衛爲狄所滅明矣不言滅而言入者春秋爲賢者諱齊桓公不能攘夷狄救中國故爲之諱○爲賢于僞反下同攘如羊反○鄭棄其師。惡其長也。兼不反其衆。則是棄其師也。長謂高克也高克好利不顧其君文公惡而遠之不能使高克將兵禦狄于竟陳其師旅翺翔河上久而不召衆將離散高克進之不以禮文公退之不以道危國亡師之本○惡其烏路反注同長丁丈反兼戸謙反又如字好呼報反遠于萬反將子匠反竟音境翺五羔反〔疏〕傳惡其至師也○釋曰解經稱棄師之意爲惡高克不顧其君又責鄭人不反其衆故經書鄭棄其師也

穀梁注疏卷六校勘記　　阮元撰盧宣旬摘錄

十有九年　莊公

其遠之何也不以難邇我國也　石經同閩監毛本脫之字

二十有一年

○弗目謂不題目文姜薨所也一曰弗目其罪也　此釋文閩監毛本誤入注文

二十有二年

肆失也　惠棟九經古義云失係古佚字佚與逸同謂逸囚也

二十有三年

比行犯禮　閩本同是也監毛本比作此

此行犯禮　閩監毛本同何校本此作比

霸王降心　閩監毛本同何校本霸作伯疏同

二十有四年

故謹而日之也　石經閩本同監毛本日誤月

徐乾曰　閩毛本同監本乾誤訖

不直言赤　段玉裁云不字疑衍

是無以見微之義　段玉裁云微當作懲

二十有五年

言日言朔食正朔也鼓用牲于社　閩監毛本作鼓用牲于社言日言朔食正朔也非

二十有七年

僖元年會檉　閩監毛本同釋文出于朾云本亦作檉案今本無于字當是所據本有不同

二十有八年

兩國相與交戰　閩本同監毛本作國都相與交戰是也

是不與民共何利也　閩本同監毛本何作同是

二十有九年　十行閩監毛本並脫有字石經有有字

未必田大水　田當作由閩監本田大作由夫毛本作繇夫並非

鶖馬給官中之役　嚴杰云依周禮注官當作宮

三十年

周之分子也　閩監毛本同釋文分本或作介注同○案姚鼐云其文葢本爲周之別子古別字作兆故傳本或作分或作介皆以古字形近而誤范甯時傳本未誤故注云謂周別子孫也唐以後其文舛失故疏解失之

三十有二年

其所未詳　閩監毛本其作某是也詳改許非

但踰年稱公范意上與之同　毛本無此十一字此本誤衍

閔公元年

二年

此莊公薨來二十二月　閩監毛本來作未是

監本春秋穀梁注疏僖公卷第七 起元年盡五年

僖公。名申，惠王十八年即位。【疏】魯世家：僖公名申，莊公之子，閔公庶兄，以惠王十八年即位。謚法：小心畏忌曰僖。

范甯集解　楊士勛疏

元年，春，王正月。繼弑君不言即位，正也。弑音試，後皆同。○齊師、宋師、曹師次于聶北，救邢。聶北，邢地。○聶，女輒反。救不言次，據莊六年王人子突救衛不言次。【疏】傳救不言次○釋曰王人子突救衛。上有伐文，今無見伐文，而云救邢者，莊三十二年狄伐邢，國遂滅而齊救之，錄其本意，故經言救，傳以次非救急之事，故云非救也。知邢國滅者，公羊傳云：「不及事者何？邢已亡矣。孰亡之？蓋狄滅之。」又經書城邢，是國滅也。滅而不書者，公羊傳云：「曷爲不言狄滅之？爲桓公諱也。」是爲齊桓諱，故不言狄滅邢也。然則滅衛諱而書入，邢全不書之者，二事不可全掩，故諱而書一也。邢不書入，故有救次之文；衛亡書入，故復其救次耳。言次，非救也。次，止也。救，赴急之意，今方停止，故知非救也。非救而曰救，何也？遂齊侯之意也。錄其本意。是齊侯與？怪其稱師。○與音餘。齊侯也。何用見其是齊侯也？據經書齊師。○見，賢遍反，下復見及注同。曹無師。曹師者，曹伯也。小國君將稱君，卿將稱人，不得稱師，言師則是曹伯也。曹君不可在師下，故知是齊侯。○君將，子匠反，下同。【疏】注小國至稱師。○釋曰：桓十三年傳云：「戰稱人，敗稱師，重衆也。」是師者重辭。周禮：小國一軍，軍將雖命卿，小國之卿唯比大國之大夫，名氏不見，例當稱人，故不得言師也，是知言師者即國君也。然師是重辭，所以楚人滅蔡亦得稱師、齊侯不足乎揚亦稱師者，凡師者大國則得稱之，不論貶有輕重。春秋美惡不嫌同文，貶雖文同，輕重則自別。其不言曹伯，何也？以其不言齊侯，不可言曹伯也。其不言齊侯，何也？以其不足乎揚，不言齊侯也。救不及事，不足稱揚。○以其不足乎揚，絕句。稱揚也。○夏，六月，邢遷于夷儀。辟狄難。夷儀，邢地。○難，乃旦反。【疏】注夷儀邢地。○釋曰：以邢遷之故，知邢地。遷者，猶得其國家以往者也。其地，邢復見也。非若宋人遷宿滅不復見。○復，扶又反，下注並同。○齊師、宋師、曹師城邢。是向之師也。是向聶北之師，當言遂，今復列二國者，美齊桓存亡國。○是鄉，許亮反，本又作向，注同。使之如改事然，美齊侯之功也。【疏】傳向之師也。○釋曰：前言師者貶齊侯也，若向之師便是彰桓之罪，而云美其功者，春秋文同義異者，上下甚衆，故齊侯前稱師以見貶，書次以彰情，今之城邢，國滅而復存，齊桓過而能改，君子善之，故重列二國，所以美其功也。使之如改事然。○釋云：謂經不言遂，重列三國之師，若似更別來城，不因前事，故云改事然。

○秋，七月，戊辰，夫人姜氏薨于夷。哀姜。夫人薨不地，地，故也。齊人以歸，不言以喪歸，非以喪歸也。加喪焉，諱以夫人歸也。泰曰：齊人實以夫人歸，殺之于夷，諱，故使若自行至夷遇疾而薨，然後齊人以喪歸也。歸在薨前而今在下，是加喪之文也。經不言以喪歸者，以本非以喪歸也。傳例曰：以者，不以者也。微旨見矣。○見，賢遍反。其以歸，薨之也。以歸然後殺之。【疏】不言至之也。○釋曰：不言以喪歸，謂承夫人薨于夷下，不云齊人以喪歸也。非以喪歸，謂元本實不以喪歸，故不得言之也。加喪焉者，謂齊人以夫人歸，然後殺之，今經書薨文在上，是加喪之文也。謂諱齊人以我夫人殺之，故加喪文於上，似若夫人行至夷遇疾而死，然後齊人以其喪歸也。其以歸薨之者，謂其實以歸之然後始薨之，實殺傳言薨之者，傳以經文諱殺，故順經爲文。○注傳例至見矣。○釋曰：桓十四年傳文，彼注云：不以者，謂本非所得制，今得以之也。范引之者，證齊人不合以夫人，見此微旨。○楚人伐鄭。【疏】楚人伐鄭。○釋曰：不以州言之者，以楚雖荊蠻，漸自通於諸夏，國轉彊大，與中國抗衡，故不復州舉之。或以爲言楚所以駮鄭，然則從此以後盡稱楚，豈皆是駮鄭乎？其說非也。何休云：稱楚人者，爲僖公諱與夷狄交婚，故進之，使若中國也。穀梁無交婚之事，其言不可通于此也。杜預云：荊始改號曰楚。案莊十四年傳云：荊者，何州舉之也。州不如國。注云：言荊不如言楚，則亦與杜預異也。○八月，公會齊侯、宋公、鄭伯、曹伯、邾人于檉。檉，宋地。○檉，勑貞反，一本作朾，音同。○九月，公敗邾師于偃。偃，邾地。○敗，必邁反，下皆同。偃，于免反，一本作堰，同。【疏】九月至于偃。○釋曰：公所以敗邾師者，此傳無說，何休云：公怨邾以夫人與齊，故敗之。未知范意然不。不日，疑戰也。疑戰而曰敗，勝內也。○冬，十月，壬午，公子友帥師敗莒師于麗，獲莒挐。麗，魯地。傳例曰：獲者，不與之辭。○麗，力他反。挐，女居反，又女加反。莒無大夫，其曰莒挐，何也？以吾獲之，目之也。據非大夫不書。內不言獲，獲者不與之辭，主善以內，故不言獲。此其言獲，何也？據文十一年叔孫得臣敗狄于鹹，不言獲長狄。【疏】注據文至長狄。○釋曰：此傳云惡公子之紿，彼傳諱重傷，故不言獲。獲者不與之辭，內不言獲，乃是常例，至於長狄則異於餘獲，宜書之以表功，而經文略之，由重傷故也。此注據之以爲證者，取不書獲之成文，不言義旨全合也。惡公子之紿。紿，欺紿也。○惡，烏路反。紿，徒乃反。紿者奈何？公子友謂莒挐曰：吾二人不相說，士卒何罪？屏左右而相搏。公子友處下，左右曰：孟勞。孟勞者，魯之寶刀也。公子友以殺之。然則何以惡乎紿也？據得勝地。○說音悅。卒，子忽反。搏音博，手搏也。勞如字，孟勞，寶刀名。曰：棄師之道也。江熙

曰：經書敗莒師，而傳云二人相搏，則師不戰，何以得敗？理自不通也。夫王赫斯怒，貴在爰整，子所慎三戰居其一，季友令德之人，豈當舍三軍之整，佻身獨鬭，潛刃相害，以決勝負者哉？雖千載之事難明，然風味之所期，古猶今也。此又事之不然，傳或失之。○赫，呼白反。舍音捨。佻，他堯反，又徒堯反。【疏】注江熙至失之。○釋曰：老子云：以政治國，以奇用兵。季子知莒挐之可擒，棄文王之整旅，佻身獨鬭，潛刃相爭，据禮雖乖，於權未爽。縱使理違，猶須申傳，況傳文不知，江生何以爲非乎？又且季子無輕鬬之事，經不應書獲，傳不須云棄師之道。既經傳文符，而江熙妄難，范引其說，意亦同之，乃是范失，非傳失之。又經書獲，所以惡季子之紿，今江熙云季子令德也，則是非獨不信傳，亦是不信經。○十有二月，丁巳，夫人氏之喪至自齊。其不言姜，以其殺二子，貶之也。二子，子般、閔公。或曰：爲齊桓諱殺同姓也。○爲，于僞反。【疏】爲齊至姓也。○釋曰：討夫人於齊桓，非是姑姊，即是妹姪，而直云同姓者，以夫人失母之道，殺子外奔，齊桓討之，信得其罪，既疏而遠之，託言同姓。

二年，春，王正月，城楚丘。楚丘者何？衛邑也。國而曰城，此邑也。其曰城，何也？據元年齊師、宋師、曹師城邢，邢國也。封衛也。閔二年狄入衛，遂滅。則其不言城衛，何也？衛未遷也。其不言衛之遷焉，何也？據元年邢遷于夷儀，言遷也。不與齊侯專封也。其言城之者，專辭也。故非天子不得專封諸侯，諸侯不得專封諸侯。雖通其仁，以義而不與也。存衛是桓之仁，故通令城楚丘。義不可以專封，故不言遷衛。○令，力呈反。故曰：仁不勝道。仁謂存亡國，道謂上下之禮。【疏】楚丘至勝道。○釋曰：楚丘何嫌非衛而傳言者，以無遷衛之文，故發之也。傳知是衛者，以詩云「作于楚宮」，故知之也。此云不言遷，不與齊侯專封，而元年城邢美齊侯之功者，彼邢遷之後始城，則城者脩舊之辭，非始立之稱，故可以美於齊桓。今衛國已滅，始城楚丘，而國未遷，經先言城，後言遷，則是齊桓城而遷之，故不與專封也。然城鄭虎牢是邑，知楚丘非邑者，詩稱楚宮，明知非邑也。○夏，五月，辛巳，葬我小君哀姜。○虞師、晉師滅夏陽。非國而曰滅，重夏陽也。虞無師，其曰師，何也？以其先晉，不可以不言師也。人不得居師上，貴賤之序。○夏陽，戶雅反。左氏作下陽。先，蘇薦反，下文及注同。【疏】傳非國而曰滅。○釋曰：此云非國而曰滅，重夏陽也。昭十三年吳滅州來，亦言滅者，虞之滅由於夏陽之亡，州來楚之大都，而吳滅之，令楚國稍弱，入郢之兆由滅州來所致，故並書滅。○傳虞無師。○釋曰：小國無師，傳三發之者，並是小國不合言師，燕爲敗而重衆，故得言師；曹言師者，明其是君也；虞言師者，表其先晉也。以其言師不同，各舉備文耳。其先晉，何也？據小不先大。爲主乎

滅夏陽也。夏陽者，虞、虢之塞邑也。其地險要，故二國以爲塞邑。○塞，蘇代反，注同。滅夏陽而虞、虢舉矣。虞之爲主乎滅夏陽，何也？晉獻公欲伐虢，荀息曰：「君何不以屈產之乘、垂棘之璧而借道乎虞也？」荀息，晉大夫。屈邑產駿馬，垂棘出良璧。○屈，其勿反，又君勿反，地名也。乘，繩證反。駿音俊。借，子夜反，及下「不借」「而借」皆同。【疏】傳「虞虢舉矣」。○釋曰：徐邈云：「舉猶拔也。」言晉滅夏陽，則虞、虢自此而拔也。公曰：「此晉國之寶也。如受吾幣而不借吾道，則如之何？」荀息曰：「此小國之所以事大國也。此謂璧馬之屬。【疏】傳「晉國之寶」。○釋曰：玉有美惡，出處不同。周有藍田，楚有和氏，宋有結緑，晉有垂棘，各是國之貴物，故云國之寶也。彼不借吾道，必不敢受吾幣。如受吾幣而借吾道，則是我取之中府而藏之外府，取之中廄而置之外廄也。」公曰：「宮之奇存焉，必不使受之也。」宮之奇，虞之賢大夫。○廄音救。奇，其宜反。荀息曰：「宮之奇之爲人也，達心而懦，懦，弱。○懦，乃亂反，又乃臥反。又少長於君。達心則其言略，明達之人言則舉綱領要，不言提其耳則愚者不悟。○少，詩召反，下同。長，丁丈反。提，徒兮反，本作題，音同。懦則不能彊諫，少長於君則君輕之。且夫玩好在耳目之前，而患在一國之後，此中知以上乃能慮之。臣料虞君中知以下也。」公遂借道而伐虢。宮之奇諫曰：「晉國之使者，其辭卑而幣重，必不便於虞。」虞公弗聽，遂受其幣而借之道。宮之奇諫曰：「語曰：『脣亡則齒寒。』其斯之謂與！」語，諺言也。○彊，其良反，又其丈反。好，呼報反。知音智，下同。上，時掌反。料，力弔反。使，所吏反。便，婢面反。與音餘。諺音彥。【疏】傳「中知以下」。○釋曰：論語云「中人以上可以語上」，今虞君中知以下，則近愚，故不能遠慮也。挈其妻子以奔曹。獻公亡虢，五年而後舉虞。荀息牽馬操璧而前曰：「璧則猶是也，而馬齒加長矣。」猶是，言如故。○挈，去結反。操，七刀反。加長，丁丈反。【疏】五年而後舉虞。○釋曰：謂僖五年也。○秋，九月，齊侯、宋公、江人、黄人盟于貫。貫，宋地。○貫，古亂反。貫之盟，不期而至者，江人、黄人也。江人、黄人者，遠國之辭也。中國稱齊、宋，遠國稱江、黄，以爲諸侯皆來至也。【疏】傳「以爲諸侯皆來至也」。○釋曰：公羊傳曰：「江人、黄人者何？遠國之辭也。遠國至矣，則中國曷爲獨言齊、宋至爾？大國言齊、宋，遠國言江、黄，則其餘爲莫敢不至也。」何休云：「晉、楚大於宋，不序晉、楚而言序宋者，時實晉、楚之君不至，但君子成人之美，故褒益以爲偏至之辭，所以奬大霸功而勉盛德也。」事或然矣。魯雖復非大，春秋以魯爲主，魯若與會，必書公，但魯亦不至，故不書之。或以爲魯公亦在，舉大以包之，故不得以魯爲主耳。○冬，十月，不雨。不雨者，勤雨也。言不雨是欲得雨之心勤也，明君之恤民。○勤如字，麋氏音覲，後年同。○楚人侵鄭。

三年，春，王正月，不雨。○夏，四月，不雨。一時不雨則書首月，不言旱，不爲災。一時言不雨者，閔雨也。經一時輒言不雨，憂民之至。閔，憂也。【疏】「一時」至「雨也」。○釋曰：此傳云一時言不雨者，據文二年自十二月不雨至于秋七月，彼傳云「歷時而言不雨，文不憂雨也」。此僖公憂雨，故時時別書之。閔雨者，有志乎民者也。○徐人取舒。○六月，雨。雨云者，喜雨也。喜雨者，有志乎民者也。【疏】傳「雨云」至「民者也」。○釋曰：春秋上下時雨不書，非常乃録。今輒書六月雨者，欲明僖公待雨則心喜故也。心喜是於民情深，故特録之。○秋，齊侯、宋公、江人、黄人會于陽穀。陽穀，齊地。陽穀之會，桓公委端搢笏而朝諸侯。委，委貌之冠也。端，玄端之服。搢，插也。笏，所以記事者也。所謂衣裳之會。○搢音進，又音箭。笏音忽。朝，直遥反。插，楚洽反。諸侯皆諭乎桓公之志。【疏】「諭乎桓公之志」。○釋曰：桓會多矣，獨此言委端搢笏，皆其諸侯皆曉諭桓公之志者，以此會最大，又以四教令於諸侯，不須盟誓，故傳詳其事也。其四教者，公羊傳云「無鄣谷，無貯粟，無易樹子，無以妾爲妻」是也。云委端搢笏者，謂會時服此服以朝諸侯也。謂委端者，郊特牲云：「委貌，周道也。章甫，殷道也。毋追，夏后氏之道也。」又論語云：「羔裘玄冠不以弔。」鄭玄云：「玄冠，委貌，諸侯視朝之服。」是委者，委貌之冠也。論語又云：「端章甫，願爲小相焉。」鄭云：「端，玄端也，衣玄端，冠章甫，諸侯日視朝之服。」又士冠禮云：「主人玄冠朝服。」在朝君臣同服，是玄端諸侯視朝之服。王肅云：「端委者，玄端之衣，委貌之冠。」故范亦同之。謂之玄端者，其色玄而制正幅無殺，故謂之玄端。桓公會諸侯，因使諸侯朝己，故服朝服也。笏者，玉藻云：「天子以球玉，諸侯以象，大夫以魚須文竹，士竹本象可也。」其長短，則天子三尺，諸侯以下二尺有六寸也。○注「所謂衣裳之會」。○釋曰：傳稱衣裳之會十有一，今此注特言所謂衣裳之會者，以傳有其文，故注因顯之，不謂直此會是衣裳也。○冬，公子季友如齊蒞盟。傳例曰：蒞，位也。内之前定之盟謂之蒞，外之前定之盟謂之來。○蒞音利，又音類。【疏】注「傳例」至「之來」。○釋曰：昭七年傳文。蒞者，位也。盟誓之言素定，今但往其位而盟也。其不日，前定也。不言及者，以國與之也。不言其人，亦以國與之也。【疏】傳「不言」至「之也」。○釋曰：舊解此傳是外内之通例，不據此一文而已。不言及者，以國與之也，謂若外國之來盟及魯人往盟，經直舉外來爲文，不言及者，欲見以國與之也，故舉國爲主，即宣七年衛侯使孫良夫來盟，此公子季友如齊蒞盟是也。不言其人，亦以國與之也者，謂不言來盟之類，經雖言及而不書魯之主名者，亦是舉國與之，即成三年丙午及荀庚盟是也。不言外及者，經無故也。麋信、徐邈並據當文解之，理亦通也。但據成三年傳注，則不得以當文解之，故今從舊說耳。○楚人伐鄭。

四年，春，王正月，公會齊侯、宋公、陳侯、衛侯、鄭伯、許男、曹伯侵蔡。蔡潰。傳例曰：侵時，而此月，蓋爲潰。○潰，戶内反。蓋爲，于僞反，下「爲潰」同。【疏】注「傳例」至「爲潰」。○釋曰：侵無月例，時。今桓公知所侵而經書月，故知爲潰也。文三年沈潰書月，是其例也。莒潰書日者，惡大夫之叛，故謹而日之。潰之爲言上下不相得也。君臣不和而自潰散。侵，淺事也。侵蔡而蔡潰，以桓公爲知所侵也。責得其罪，故裁侵而潰。不土其地，不分其民，明正也。遂伐楚，次于陘。楚彊，齊欲綏之以德，故不速進而次于陘。陘，楚地。○陘音刑。【疏】傳「侵淺」至「正也」。○釋曰：侵者拘人民而謂之淺者，對伐爲淺也。又傳云「不分其民」，是拘之而不取，亦是淺之義。此傳本意言桓公不深暴於蔡，纔侵之而即潰，故因發淺例。左氏無鍾鼓曰侵，此傳稱拘人民，或當掩其不備，亦未聲鍾鼓也。論語稱「齊桓公正而不譎」，指謂伐楚，此侵蔡亦言正者，伐楚是責正事大，故馬、鄭指之。其實侵蔡不土其地，不分其民，亦是正事，故傳言正也。遂，繼事也。次，止也。【疏】傳「次止也」。○釋曰：次有二種，有所畏之次，即齊師、宋師次于郎，傳曰「畏我」是也；有非所畏之次，即此次于陘，傳曰「次，止也」是。○夏，許男新臣卒。十四年冬，蔡侯肸卒，傳曰：「諸侯時卒，惡之也。」宣九年辛酉，晉侯黑臀卒于扈，傳曰：「其地，于外也。其日，未踰竟也。」然則新臣卒于楚，故不日耳，非惡也。○惡，烏路反，下同。臀，徒門反。【疏】注「十四年」至「惡也」。○釋曰：宋公和卒，傳曰：「諸侯日卒，正也。」則日卒由正，不由善惡。蔡侯肸卒，傳曰「時卒，惡也」，則似不日卒由善惡，不由正者。凡諸侯雖則正卒，有惡者亦不得書日，成十五年夏六月宋公固卒，僖二十四年冬晉侯夷吾卒，十四年冬蔡侯肸卒是也。身既是庶，雖則無惡，亦不得書日，故傳云「日卒，正也」，明不日是不正。昭十四年八月莒子去疾卒，定十四年夏五月吳子光卒，襄十八年冬十月曹伯負芻卒是也。日卒有二義，故傳兩明之。是諸侯正而無惡，縱在外在内，並書日；不正無惡，則書月；但有大惡，不問正與不正，皆時也。宋共公卒書月者，彼爲葬日，表其違例，故不得書時也。雖例言之，則此許男新臣亦是不正也，故范直以非惡解之，不云正與不正。又昭二十三年夏六月蔡侯東國卒于楚，范云「不日，在外也」，則此新臣亦不正，故不書日。襄二十六年八月壬午許男甯卒于楚，彼亦在外而書日，則甯是正可知也。然則庶子踰竟未踰竟並皆不日，嫡子在外在内並皆書日，則新臣由不正而不書日。注云卒于楚故不日者，以新臣非直不正，又兼在外，傳例云「其日，未踰竟」，故順傳

文書之其實由正與不正不論在外在內也其襄公二十六年傳注云在外已顯者彼甯實是正經言于楚則在外之文已顯必不須去日故亦順傳文言之必知由正與不由在外在內者宣九年范注云諸侯正卒則日不正則不日而云未踰竟者恐後人謂操扈是國故發傳日未踰竟是也知新臣無罪者以薨于朝會乃有王事之功明無罪或以爲許男新臣亦正也但爲卒於楚故不日許男甯卒于楚書日者以新臣卒無于楚之文故去日以見在外而卒也許男甯經有在外之文故書日以明其正晉侯黑臀卒于扈是正未踰竟故亦書日與許男異故范以爲其日未踰竟者表其非國不釋日與不日范氏之注上下多違縱使兩解仍有僻謬故並存之以遺來哲

諸侯死於國。不地。死於外。地。死於師。何爲不地。據宣九年晉侯黑臀卒于扈地〔疏〕注據宣至扈地○釋曰不據曹伯負芻卒于師者師與地異上云伐楚次于陘則許男卒于陘可知卒當有地而不地故注以地決之曹伯圍齊未退即在師而卒故云卒于師是師與地異故不據曹伯也

內桓師也。齊桓威德洽著諸侯安之雖卒於外與其在國同

○楚屈完來盟于師。盟于召陵。屈完來如陘師盟齊桓以其服義爲退一舍次于召陵而與之盟召陵楚地○召上照反〔疏〕注退一舍○釋曰知一舍者古者師行每舍三十里上云屈完來盟于師下即云盟于召陵知非大遠故云一舍宜十五年左傳華元謂子反曰去我三十里唯命是聽亦其證也

楚無大夫。無命卿也〔疏〕楚無大夫○釋曰無大夫凡有三等之例曹無大夫者本非微國後削小耳莒則是東夷本微國也楚則蠻夷大國僭號稱王其卿不命於天子故不同中國之例也

其曰屈完。何也。以其來會桓。成之爲大夫也。尊齊桓不欲令與卑者盟○令力呈反下同

其不言使。權在屈完也。邵曰齊桓威陵江漢楚人大懼未能量敵遣屈完如師完權事之宜以義卻齊遂得與盟以安竟內功皆在完故不言使○與音預又如字

則是正乎。曰非正也。臣無自專之道

以其來會諸侯。重之也。重其宗中國歸有道〔疏〕以其至重之也○釋曰以其來會重之也謂完既不正經無貶文者重其會中國徐邈云經不言使屈完者重其會諸侯也不言使前已解訖徐說非也

來者何。內桓師也。來者內辭也內桓師故言來〔疏〕來者至師也○釋曰來者何也謂據陳袁僑如會不言來也曰桓師也謂來者鄉內之辭今內齊桓爲天下霸主故亦言來也

于師。前定也。于召陵。得志乎桓公也。得志者。不得志也。屈完來盟桓公退于召陵是屈完得其本志屈完得志則桓公不得志

以桓公得志爲僅矣。桓爲霸主以會諸侯楚子不來屈完受盟令問諸江辭又不順僅乃得志言楚之難服○爲僅其靳反

屈完曰。大國之以兵向楚何也。桓公曰。昭王南征不反。菁茅之貢不至。故周室不祭。菁茅香草所以縮酒楚之職貢○菁子丁反下亡交反菁茅香草也尚書傳云菁以爲菹茅以縮酒縮所六反〔疏〕注菁茅香草○釋曰尚書禹貢云苞匭菁茅孔安國云菁以爲菹茅以縮酒今范云菁茅香草則以爲一物與孔異也

屈完曰。菁茅之貢不至則諾。昭王南征不反。我將問諸江。問江邊之民有見之者不此不服罪之言故退于召陵而與之盟屈完所以得志桓公之不得志爾〔疏〕注問江邊之民○釋曰呂氏春秋云周昭王親征荊蠻反涉漢梁敗隕于漢中辛餘靡振王北濟高誘注引左傳云昭王不復君其問諸木濱則昭王沒於漢不得振王北濟也故舊說皆云漢濱之人以膠膠舡船壞昭王溺焉則昭王沒漢此云問諸江邊者江漢水之相近者楚人不服罪不指王之死處而云問諸江也

○齊人執陳袁濤塗。袁濤塗陳大夫○濤徒刀反

齊人者。齊侯也。其人之何也。於是哆然外齊侯也。不正其踰國而執也。江熙曰踰國謂踰陳而執陳大夫主人之不敬客由客之不先敬主人哆然衆有不服之心故春秋因而譏之所謂以萬物爲心也莊十七年齊人執鄭詹傳與其執者詹奔在齊因執之○哆昌者反又昌氏反詹之廉反〔疏〕齊人至執也○釋曰公羊左氏皆以爲濤塗誤軍道故齊侯執之此傳與注竟無誤軍道之言則以濤塗不敬齊命故執之也於是哆然外齊侯者謂齊不以禮於陳陳人有不服之意哆然疏外齊侯哆然寬大之意也○不正其踰國而執也○釋曰謂陳之不敬由齊之無禮不能自責反踰國而執其臣故不正其踰國而執也貶齊稱人不正猶言不與也正則人與之不正則人不與故謂不與爲不正也然齊人執鄭詹亦稱人以執傳言與之此稱人以執即云貶者詹鄭之佞人往至齊國稱人以執則是衆人欲執之今濤塗不在齊國又無實罪齊侯執之而云齊人故知是貶也桓十一年宋公執人權臣令廢嫡立庶亦貶云宋人是其類也○注以萬物爲心也○釋曰莊子文

○秋。及江人黃人伐陳。不言其人及之者何。內師也。〔疏〕不言至師也○釋曰何嫌非內而發傳者以文承齊人執濤塗之下即云及江人黃人伐陳恐非魯及故云內師也

○八月。公至自伐楚。有二事偶。則以後事致。後事小。則以先事致。其以伐楚致。大伐楚也。鄭君曰會爲大事伐爲小事今齊桓伐楚而後盟于召陵公當致會而致伐者楚彊莫能伐者故以伐楚爲大事〔疏〕注鄭君至大事○釋曰知會大伐小者伐雖國之大事會盟有昇壇揖讓之儀示威講禮之制奉之以牲王要之以神明是其大事故定四年公會諸侯侵楚五月盟于皋鼬下云公至自會是亦以會爲大事也今以楚彊莫能伐之者故特以伐爲大事也

○葬許穆公。○冬。十有二月。公孫茲帥師。會齊人、宋人、衛人、鄭人、許人、曹人、侵陳。莊十年春正月公侵宋傳曰侵時此其月何也惡之故謹而月之然則凡侵而月者皆惡之○惡烏路反下同〔疏〕注凡侵至惡之○釋曰此侵陳爲惡者陳之不敬由齊之不敬陳也齊桓宜自責反執其臣前事既非今又致討故書月以見惡也

五年。春。晉侯殺其世子申生。目晉侯斥殺。惡晉侯也。斥指斥〔疏〕目晉至侯也○釋曰傳言此者於鄭段雖有目君之例未辨目君之由故於此明之宋公殺其世子痤雖不發傳從此可知其殺公子不目君者皆罪賤之也

○杞伯姬來朝其子。婦人既嫁不踰竟。踰竟非正也。諸侯相見曰朝。伯姬爲志乎朝其子也。伯姬爲志乎朝其子。則是杞伯失夫之道矣。凱曰不能刑于寡妻○朝直遙反下皆同爲志于僞反下同

諸侯相見曰朝。以待人父之道。待人之子。非正也。故曰。杞伯姬來朝其子。參譏也。參譏謂伯姬杞伯魯侯也桓九年曹伯使其世子射姑來朝譏世子此不譏者明子隨母行年尚幼弱未可責以人子之道伯姬以莊二十五年夏嫁至今十三年則子幼可知○參七南反又音三〔疏〕傳參譏也○釋曰並譏之者伯姬託事而行近於淫泆失爲婦之道杞伯不能防其閨門令妻至魯失爲夫之宜魯侯待人之子行待父之禮失爲主之度故三事同譏之也

○夏。公孫茲如牟。○公及齊侯、宋公、陳侯、衛侯、鄭伯、許男、曹伯。會王世子于首戴。惠王之世子名鄭後立爲襄王首戴衛地○首戴左氏作首止〔疏〕公及至首戴○釋曰案史記年表此時齊侯桓公也宋公桓公也陳侯宣公也衛侯文公也鄭伯文公也許男僖公也曹伯昭公也其王世子者即惠王之世子名鄭後立爲襄王是也

及以會尊之也。言及諸侯然後會王世子不敢令世子與諸侯齊列○令力呈反

何尊焉。王世子云者。唯王之貳也。云可以重之存焉。尊之也。何重焉。天子世子世天下也。〔疏〕天子至下也○釋曰士冠禮云天子之元子猶士也天下無生而貴者也此云世天下也者彼見無生而貴者又明有父在之故今傳以其特世父位故云世天下也

○秋。八月。諸侯盟于首戴。言諸侯者前目而後凡他皆放此○

無中事而復舉諸侯。何也。尊王世子而不敢與盟也。尊則其不敢與盟。何也。盟者。不相信也。故謹信也。不敢以所不信而加之尊者。桓。諸侯也。不能朝天子。是不臣也。王世子。子也。塊然受諸侯之尊己。而立乎其位。是不子也。桓不臣。王世子不子。則其所善焉何也。是則變之正也。雖非禮之正而合當時之宜○復扶又反下同塊苦對反又苦怪反〔疏〕無中至侯何也○釋曰無中事者謂中間無他事也據平丘之會無中事

不重舉諸侯此則重舉諸侯故決之。○瑰然。○釋曰瑰然者徐邈云瑰然安然也。○則其所善焉何也。○釋曰謂經不譏桓而尊王世子是也。天子微。諸侯不享覲。桓控大國。扶小國。統諸侯不能以朝天子。亦不敢致天王。尊王世子于首戴。乃所以尊天王之命也。世子含王命會齊桓。亦所以尊天王之命也。世子受之可乎。是亦變之正也。天子微。諸侯不享覲。世子受諸侯之尊已。而天王尊矣。世子受之可也。鄭伯逃歸不盟。以其法諸侯。故逃之也。尊已背衆故書逃傳例曰逃義曰逃。○控大苦貢反背衆音佩〔疏〕世子受之可乎○釋曰謂問世子受諸侯之尊已可乎以不也下又云世子受之可也謂得受之也○注逃義曰逃○釋曰莊十七年傳文弦國也何嫌非國傳特言弦國也發之者將明微國不書曰故辨之也。○楚人滅弦。弦子奔黃。弦。國也。其不日。微國也。○九月。戊申。朔。日有食之。○冬。晉人執虞公。虞公貪璧馬之寶棄兄弟之親拒絕忠諫之口不圖社稷之危故晉命行于虞使下執上虞同于晉是以謂之晉人執虞公江熙曰春秋有州公郭公虞公凡三公非爵也傳以爲下執之辭嘗試因此論之五等諸侯民皆稱曰公存有王爵之限沒則申其臣民之稱州公舍其國故先書州公郭公盜而歸曹故先名而後稱郭公夏陽亡則虞爲滅國故宜稱虞公三人殊而一致三公舛而同歸生死齊稱蓋春秋所賤○之稱尺證反下齊稱同舍音捨舛昌兖反〔疏〕注江熙至所賤○釋曰存有王爵之限者謂五等諸侯生存皆從本爵稱之也沒則申其臣民之稱者謂五等臣子尊其君父舉諡稱公也州公舍其國故先書州公者謂州公郭公書經不同立文之意以州公好舍其國而寔來故先書州公若郭公則盜而歸曹故後言郭公也夏陽亡則虞爲滅國者謂晉滅夏陽則虞號舉矣故虞爲滅國而亦稱公也三人殊而一致者謂立文雖殊其理是一也三公舛而同歸者謂立國雖舛同歸一稱也生死齊稱正謂生死同號之曰公與凡諸侯異也案桓五年州公如曹六年寔來本無舍國之事莊二十四年郭公歸曹不見有盜歸之文今江爲此說而范不難者以州公舍國左氏有文郭公棄位適曹即是盜之狀以無正文故引而不難也三公舛而同歸或有作舛者舛謂差舛理亦通但定本作殊者多執不言所於地。緼於晉也。時虞已包裹屬於晉故雖在虞執而不書其處。○緼紆粉反包音苞裹音果處昌呂反〔疏〕執不至晉也○釋曰舊解云執人例不書地此云不地緼於晉也者凡執人不地者亦以地理可明故也若晉會諸侯於溴梁執莒子邾子楚合諸侯於申執徐子皆因會而執之則在會可知故不假言地至如滅人之國執人之君則亦是就國可知也經若書晉滅虞則是言其地今不書滅虞即不舉滅國之地不謂執人當地也所以不言滅虞者晉命先行於虞虞已屬晉故不得言之也或以爲執不言所於地謂不書執虞公于虞也緼于晉也謂虞已苞裹屬晉故不得言也理亦通耳也。其曰公。何也。據十九年宋人執滕子嬰齊不言公猶曰其下執之之辭也。臣民執其君故稱公其猶下執之之辭。何也。晉命行乎虞民矣。虞服于晉故從晉命而執其君虞虢之相救。非相爲賜也。今日亡虢。而明日亡虞矣。言明日喻其速○爲于僞反又如字

穀梁注疏卷七挍勘記　　阮元撰盧宣旬摘錄

僖公

元年

攄經書齊師　閩本同監毛本師誤侯

今復列二國者　閩監毛本二作三是也下重列二國同

夫人薨不地地故也齊人以歸　石經同閩監毛本作齊人以歸夫人薨不地地故也誤倒

況傳文不知　閩監毛本同何校本知作失是

二年　閩本同監毛本二誤三

傳三發之者　閩監本同毛本三作二

晉楚大於宋不序晉楚而言序宋者　按今本公羊注脫二楚字無言字

三年

文不憂雨也　閩監本同毛本文作反與文二年傳不合

待雨則心喜　閩監毛本待作得是

故特錄之　閩監本同毛本闕之字

四年

傳侵淺至正也　此一段疏閩監毛本移在傳明正也下

則此新臣亦不正　按不正當作在外

諸侯死於國不地　閩監毛本於作于

曰桓師也　段玉裁校本日作內

由客之不先敬主人　閩監毛本不先作先不

五年

云可以重之存焉　閩毛本同監本存誤右

天子世子　閩監毛本同石經世作廿避所諱

而尊王世子是也　閩本同監毛本尊作譲

世子受之可乎下　此疏閩監毛本移在傳世子受之可也下

謂問世子受諸侯之尊已　閩毛本謂作請監本同惟已字作以

注逃義曰逃○釋曰莊十七年傳文　此疏閩監毛本移在注逃義曰逃下脫注字

弦國也何嫌非國傳特言弦國也發之者將明微國不書曰故辨之也　此疏此本誤與前疏連閩監毛本移在傳微國也下於何嫌上增○及釋曰二字

監本春秋穀梁注疏僖公卷第八 起六年盡十八年

范甯集解　楊士勛疏

六年，春，王正月。○夏，公會齊侯、宋公、陳侯、衛侯、曹伯伐鄭，圍新城。伐國不言圍邑，此其言圍，何也？揔元年楚人伐鄭不言圍。病鄭也。著鄭伯之罪也。泰曰：諸伐國而言圍邑，傳皆以爲伐者之罪，而以此著鄭伯之罪者，齊桓行霸，尊崇王室，絞合諸侯，興毅世子盟之美者莫盛於此，而鄭伯辟義逃歸，違叛霸者，是以諸侯伐而圍之，罪著于上，討顯于下。圍伐之文雖同，而善惡之義有殊，亦猶柽盟不日以明信，而葵丘之盟日之以爲美。○著，張慮反。辟，音避。〔疏〕注泰曰至爲美。○釋曰：盟罪著於上而討顯于下者，謂前五年書鄭伯會而逃歸，是罪著於上也；今伐鄭又言圍新城，是討顯於下也。圍伐之文雖同而善惡之義有殊，謂隱五年宋人伐鄭圍長葛，此言齊侯伐鄭圍新城，是圍伐之文同也。彼傳云「伐國不言圍邑，此其言圍何也？久之也」，此傳曰「伐國不言圍邑，此其言圍何也？著鄭伯之罪也」，故知彼言圍以惡宋，此言圍以善齊，是善惡之義有殊也。知善齊者，傳言著鄭伯之罪，故知圍者之善也。○秋，楚人圍許，諸侯遂救許。伐鄭之諸侯。善救許也。〔疏〕善救許也。○釋曰：何嫌非善而傳言之者？以許是近楚小國，叛而即齊，嫌救之非善，故發之。○冬，公至自伐鄭。其不以救許致，何也？大伐鄭也。〔疏〕大伐鄭也。○釋曰：大之者，鄭叛中國，外心事楚，成蠻夷之強，益華夏之弱，齊桓爲伯，討得其罪，鄭人服從，遂使世子聽命，是其大也。

七年，春，齊人伐鄭。○夏，小邾子來朝。○朝，直遙反。鄭殺其大夫申侯。稱國以殺大夫，殺無罪也。〔疏〕稱國至罪也。○釋曰：莊九年齊人殺無知，傳曰「稱人以殺，有罪也」，此云「稱國以殺大夫，殺無罪也」，是稱人、稱國例異也。但傳不說殺之狀，無由知其事焉。准例言之，則是罪鄭伯也。案傳例，失德不葬，文公不書葬，則亦失德也。枉殺卿佐，是失德之儔，未知鄭伯更有失德，爲當直由殺申侯，不可知也。○秋，七月，公會齊侯、宋公、陳世子款、鄭世子華，盟于寧母。寧母，某地。○寧母，上音如字，又音甯，下音無，又茂后反，左氏作甯。衣裳之會也。〔疏〕衣裳之會也。○釋曰：衣裳之會十有一，或釋或不釋；兵車之會四，傳皆發之者，衣裳之會多，省文以相包；兵車之會少，故備舉以見義。此是衣裳，後歲兵車，二文相近，故傳因而別之也。○曹伯班卒。○班，必顏反。○公子友如齊。○冬，葬曹昭公。

八年，春，王正月，公會王人、齊侯、宋公、衛侯、許男、曹伯、陳世子款，盟于洮。洮，曹地。王人之先諸侯，何也？貴王命也。朝服雖敝，必加於上；弁冕雖舊，必加於首；周室雖衰，必先諸侯。兵車之會也。鄭伯乞盟，以向之逃歸乞之也。向謂五年逃首戴之盟，齊桓爲兵車之會于此，乃震服懼不得盟，故乞得與之。不錄使者，使若鄭伯自來，所以抑一人之惡，申衆人之善。○之先，悉薦反，下同。朝服，直遙反。弁，皮彥反。以向，香亮反，本又作鄉，注同。得與，音豫。使者，所吏反。〔疏〕朝服雖敝至必加於首。○釋曰：朝服者，天子則皮弁，諸侯則玄冠，衣則皮弁白布，玄冠緇衣素裳也。弁冕者，謂白鹿皮爲弁；冕，謂以木爲幹，衣之以布，上玄下纁，垂旒者也。乞者，重辭也。人道貴讓，故以乞爲重。〔疏〕乞者重辭也。○釋曰：文與乞師同，故爲重辭也。重是盟也。悔前逃歸，故以重言。乞者，處其所而請與也。言乞知不自來。〔疏〕注言乞知不自來。○釋曰：經言晉侯使郤錡來乞師，是亦不自來也。若然，何以不錄使者？所以抑鄭伯，申諸侯也。蓋汋之也。汋血而與之。○汋，由若反，又音酌。○夏，狄伐晉。○秋，七月，禘于大廟。禘，三年大祭之名。大廟，周公廟。禮記明堂位曰：季夏六月，以禘禮祀周公于大廟。雜記下曰：孟獻子曰：七月日至，可以有事于祖，七月而禘，獻子爲之。案宣九年仲孫蔑如京師，於是獻子始見經，襄十九年卒，然則失禮非獻子所始明矣。雜記之云，甯所未詳。○大廟，音泰。見，賢徧反，下文而見同。〔疏〕注失禮至明矣。○釋曰：范言此者，以禮記稱七月而禘，獻子爲之。此時未有獻子，亦七月而禘，故知失禮非獻子爲始也。用致夫人。劉向曰：夫人，成風也。致之于大廟，立之以爲夫人。○夫人成風也，左氏以爲哀姜。〔疏〕用致夫人。○釋曰：左氏以夫人爲哀姜，因禘祭而致之於廟；公羊以爲僖公本取楚女爲嫡，取齊女爲媵，齊女先至，遂脅公使立之爲夫人，故因禘祭而見於廟。此傳及注意則以夫人爲成風，致之者，謂致之於大廟立之以爲夫人。與二傳違者，若左氏以夫人爲哀姜，元年爲齊所殺，何爲今日乃致之？若公羊以爲齊之媵女，則僖公是作頌賢君，豈爲齊所脅，豈得以媵妾爲夫人乎？明知二傳非也。今傳云「一則以宗廟臨之而後貶焉，一則以外之弗夫人而見正焉」，檢經傳之文符同，故知是成風也。用者，不宜用者也。致者，不宜致者也。言夫人必以其氏姓，言夫人而不以氏姓，非夫人也。立妾之辭也，非正也。夫人者，正嫡之稱，謂非崇妾之嘉號。以妾體君，則上下無別，雖尊其母，是卑其父，故曰非正也。禮有君之母非夫人者，又庶子爲後爲其母緦，是妾不爲夫人嫡明矣。○適，丁歷反，本亦作嫡。稱，尺證反。別，彼列反。爲其，于僞反。緦，音思。〔疏〕注夫人至明矣。○釋曰：仲子者，惠公之母，隱五年考仲子之宮，而經傳譏之是也。有君之母非夫人者，又庶子爲後爲其母緦者，喪服文也。夫人之我，可以不夫人之乎？夫人卒葬之，我可以不卒葬之乎？鄭嗣曰：君以爲夫人，君以夫人之禮卒葬之，主書者不得不以爲夫人也。成風以文四年薨，五年葬，傳終說其事。一則以宗廟臨之而後貶焉，臣無貶君之義，故于大廟去夫人氏姓，以明君之非正。○去，起呂反。一則以外之弗夫人而見正焉。秦人來歸僖公成風之襚，不言夫人。○襚，音遂。○冬，十有二月，丁未，天王崩。惠王也。

九年，春，王三月，丁丑，宋公禦說卒。○禦，魚呂反，本亦作御。說，音悅。○夏，公會宰周公、齊侯、宋子、衛侯、鄭伯、許男、曹伯于葵丘。宰，官；周，采地。天子三公不字。宋子，襄公。葵丘，地名。○采，音菜。天子之宰，通于四海。宰，天官冢宰，兼爲三公者。三公論道之官，無事於會盟。冢宰掌建邦之六典，以佐王治邦國，故曰通于四海。〔疏〕注宰天至四海。○釋曰：傳言通於四海者，解其與盟會之事也。若直爲三公論道之官，則無事於會盟，以兼爲冢宰，通於四海，爲諸侯所尊，故得出會也。一解通於四海者，解其稱官之意，與注乖，非也。論道之官者，尚書周官云「論道經邦，燮理陰陽」是也。掌建邦之六典者，大宰職云「一曰治典，二曰教典，三曰禮典，四曰政典，五曰刑典，六曰事典」是也。左氏以宰周公爲宰孔，此傳蓋亦然也。宋其稱子，何也？未葬之辭也。禮，柩在堂上，孤無外事。今背殯而出會，以宋子爲無哀矣。橫木如椁塗之曰殯。周人殯于兩楹之間，周人殯于西階之上。宋，殷後也。○柩，其救反。禮記云：在牀曰尸，在棺曰柩。背，音佩。藏，木才官反，本又作攢，同。〔疏〕宋其至哀矣。○釋曰：稱宋子，正也，而云無哀者，宋子非主伯所召，而自會諸侯稱子，嫌稱子合正無譏，故傳責其背殯也。晉襄背殯，貶之稱人，此經不貶者，宋襄雖背殯出會，而于道不虧，於理雖合小譏，而文不可貶，責其晉襄上無王命所召，又非國事急亟，而自爲戎首，與敵交戰，非直於理合責，於文亦當貶也。其稱子稱侯之例，具於桓十三年疏。○注橫木至後也。○釋曰：禮記檀弓云「天子之殯也，菆塗龍輴以椁」，鄭玄云「菆木周龍輴如椁而塗之也，天子殯以輴車，畫轅爲龍也」。彼說天子之禮，故云龍輴，則諸侯亦設輴而不畫龍，其用木橫之亦如椁，故范云橫木如椁也。檀弓又云「夏后氏殯於東階之上，殷人殯於兩楹之間，周人殯於西階之上」，是注所據之文也。云宋殷後者，欲見宋之殯亦從兩楹之間。○秋，七月，乙酉，伯姬卒。內女也。未適人不卒，此何以卒也？許嫁，笄而字之，死則以成人之喪治之。女子許嫁，不爲殤，死則以成人之喪治之，謂許嫁於諸侯，尊同則服大功九月。吉笄以象爲之，刻鏤其首以爲飾，成人著之。○笄，古兮反。殤，式羊反。著，丁略反。〔疏〕內女也。○釋曰：明內女有書卒之義，故發首云內女也。若其不然，不嫌非內女也。范氏別例云：內女卒葬例有六，葬有三，卒亦有三。卒者，此文一也；僖十六年鄫季姬二也；成八年杞叔姬三也。葬者，莊四年葬紀伯姬，三十年葬紀叔姬，襄三十年宋葬共姬是也。文十二年子叔姬不數之者，與此伯姬同，是未適人，故揔爲一也。○注女子至著之。○釋曰：喪服大功章云「女子子之長殤」，傳曰：「何以大功未成人也？年十九至十六爲長殤，十五至十二爲中殤，十一至八歲爲下殤，七歲以下爲無服之殤。」於其服也，長殤、中殤降成人一等，下殤降成人二等。又喪服傳曰：大

功之殤中從上小功之殤中從下長殤中殤摠言之者據大功以上也其葬殤之禮亦與成人有異故檀弓云周人以殷人之棺椁葬長殤以夏后氏之堲周葬中殤下殤以有虞氏之瓦棺葬無服之殤是也女子許嫁而笄猶男子之冠也故以成人之喪治之禮諸侯絶朞故許嫁於諸侯則服之若嫁與大夫則不服也禮姊妹與已之女同服齊衰若出嫁則爲之降至大功九月禮意爲降者取愛我而厚之夫爲之朞故我爲之降計此伯姬未至夫家案曾子問云娶女有吉日而女死壻齊衰而弔既葬除之然則其夫不爲之盡禮則皆不得爲之降當亦服齊衰朞也而范注云服大功者摠據出嫁者言之故云大功非謂此亦大功也或當女子在室公不爲之服則卒之亦不書今書之者以其許嫁故也夫雖不終服公亦從出嫁之例降至大功也吉笄以象爲之者詩云象服是宜毛傳云尊者所以爲飾故知用象也鄭解象服與此異耳喪服女子許嫁服斬衰用箭笄齊衰則用榛笄喪既無飾故知吉笄有飾也鏤刻其首者相傳爲然也

○九月。戊辰。諸侯盟于葵丘。桓盟不日。此何以日。美之也。爲見天子之禁。故備之也。何休以爲即日爲美其不日皆爲惡也桓公之盟不日皆爲惡邪莊十三年柯之盟不日爲信至此日以爲美義相反也鄭君釋之曰柯之盟不日因始信之自其後盟以不日爲平文從陽穀已來至此葵丘之盟皆令諸侯以天子之禁桓德極而將衰故備日以美之自此不復盟矣○爲見于僞反下賢遍反復扶又反〔疏〕注自此不復盟矣○釋曰十五年盟于牡丘而云不復盟矣者以衣裳之會不復盟彼是兵車故也葵丘之會。陳牲而不殺。所謂無歃血之盟鄭君曰盟牲諸侯用牛大夫用豭○歃本又作喢所洽反又所甲反豭音加〔疏〕陳牲而不殺○釋曰陳牲不殺則不得謂之盟若不殺牲又不得云讀書加於牲上而傳云不殺者桓公信義之極是於此矣雖盟而不歃血謂之不殺不殺者謂不如凡常之殺而不用直讀書而加于牲上而已○注所謂至用豭○釋曰莊二十七年傳云衣裳之會十有一未嘗有歃血之盟也信厚也則衣裳之會皆不歃而此會獨言之者以此會桓德極盛故詳其事實餘盟亦不歃血耳八年洮會云汋血與鄭伯者彼兵車之會故也徐邈云陳牲者不殺埋之陳示諸侯而已加于牲上者亦謂活牲非死牲理亦通也此葵丘會爲桓德盛故書日以美之又毋雍泉以下是四教之事而論語一匡天下鄭不據之而指陽穀者鄭據公羊之文故指陽穀其實此會亦有四教故上注云從陽穀已來至此葵丘之盟皆令諸侯以天子之禁是也注又引鄭君曰盟牲諸侯用牛大夫用豭者左傳云諸侯盟誰執牛耳又曰鄭伯使卒出豭是其證也讀書加于牲上。壹明天子之禁。壹猶專也曰。毋雍泉。專水利以障谷○雍於勇反塞也障音章又之亮反毋訖糴。訖止也謂貯粟○糴音狄貯張呂反○毋易樹子。樹子嫡子○嫡丁歷反毋以妾爲妻。毋使婦人與國事。女正位於內○與音豫○甲子。晉侯詭諸卒。獻公也枉殺世子申生失德不葬○詭諸九委反左氏作佹諸枉紆往反〔疏〕注失德不葬○釋曰宋桓亦不葬至此言失德者今獻公枉殺申生即是失德之例宋桓無罪之狀故范不得言之也公羊以爲桓公下書葬者爲宋襄公背殯出會不書葬若非背殯然也穀梁既譏

宋子即不是爲諱蓋魯不會故也○冬。晉里克殺其君之子奚齊。其君之子云者。國人不子也。國人不子。何也。不正其殺世子申生而立之也。諸侯在喪稱子言國人不君之故繫于其君〔疏〕冬晉至奚齊○釋曰范云弑君日與不日從其君正與不正今奚齊書時者爲未成君且又不正故也○國人不子○釋曰舊解諸侯在喪稱子今國人不以爲君故不直謂之子而繫之於君也徐邈云不子者謂不子愛之也非范意蓋不子者謂不以爲君則是不子也

十年。春。王正月。公如齊。〔疏〕正月公如齊○釋曰何休云書月者善公朝事齊故月之朝既以時爲正書月何以爲善蓋爲下滅溫書月也○狄滅溫。溫子奔衛。○晉里克弑其君卓。及其大夫荀息。以尊及卑也。荀息閑也。○卓勑角反○夏。齊侯、許男伐北戎。○晉殺其大夫里克。稱國以殺。罪累上也。里克弑二君與一大夫。二君奚齊卓子一大夫荀息其以累上之辭言之何也。據有罪其殺之不以其罪也。其殺之不以其罪奈何。里克所爲殺者。爲重耳也。殺奚齊卓子者欲以重耳爲君重耳夷吾兄文公○所爲于僞反下文皆同重直龍反殺奚齊申志反又如字夷吾曰。是又將殺我乎。故殺之。不以其罪也。其爲重耳弑奈何。晉獻公伐虢。得麗姬。獻公私之。有二子。長曰奚齊。稚曰卓子。麗姬欲爲亂。亂謂殺申生而立其子○麗姬力池反伐虢所得左氏伐麗戎所得長丁丈反稚直吏反故謂君曰。吾夜者夢夫人趨而來曰。吾苦畏。夫人申生母○苦如字又枯路反下同胡不使大夫將衞士而衞冢乎。公曰。孰可使。曰臣莫尊於世子。則世子可。故君謂世子曰。麗姬夢夫人趨而來曰。吾苦畏。女其將衞士而往衞冢乎。世子曰。敬諾。築宮。宮成。麗姬又曰。吾夜者夢夫人趨而來曰。吾苦飢。世子之宮已成。則何爲不使祠也。故獻公謂世子曰。其祠。世子祠。已祠。致福於君。君田而不在。麗姬以酖爲酒。藥脯以毒。獻公田來。麗姬曰。世子已祠。故致福於君。君將食。麗姬跪曰。食自外來者。不可不試也。覆酒於地而地賁。賁沸起也○女音汝下皆同祠自縣反酖直蔭反鴆鳥毛畫酒跪求委反覆芳服反賁扶粉反注同以脯與犬。犬死。麗姬下堂而啼。呼曰。天乎天乎。國。子之國也。子何遲於爲君。君喟然歎曰。吾與女未有過切。吾與女未有過差切急○呼火故反喟去愧反又去怪反差初賣反又如字〔疏〕未有過切○釋曰公信麗姬謂大子實將殺己故喟然歎曰吾與汝爲父子以來未嘗有過差切急是何與我之深也雖不對大子發歎而爲此言也是何與我之深也。使人謂世子曰。爾其圖之。世子之傅里克謂世子曰。入自明。入自明。則可以生。不入自明。則不可以生。世子曰。吾君已老矣。已昏矣。吾若此而入自明。則麗姬必死。麗姬死。則吾君不安。所以使吾君不安者。吾不若自死。吾寧自殺以安吾君。以重耳爲寄矣。慮麗姬又譖重耳故以託里克使保全之死。○刎亡粉反脰音豆頸也故里克所爲弑者。爲重耳也。夷吾曰。是又將殺我也。○秋。七月。○冬。大雨雪。○雨于付反

十有一年。春。晉殺其大夫丕鄭父。○丕普悲反稱國以殺。罪累上也。〔疏〕罪累上也○釋曰重發傳者此里克同黨恐異故發之○夏。公及夫人姜氏會齊侯于陽穀。○秋。八月。大雩。雩月正也。雩得雨曰雩。不得雨曰旱。禮龍見而雩常祀不書書者皆以旱也故得雨則書雩以月爲正也不得雨則書旱明旱災成何休曰公羊書雩者善人君應變求索不雩則言旱旱而不害物言不雨也就如穀梁設本不雩何以明之如以不雨明之設旱而不害物何以別乎鄭君釋之曰雩者夏祈穀實之禮也旱亦用焉得雨書雩明雩有益不得雨書旱明旱災成後得雨無及也國雖有不憂民事者何乃廢禮本不雩禱哉顧不能旱而不害物固以久不雨別之文二年十三年自十有二月自正月不雨至于秋七月是也穀梁傳曰歷時而言不雨文不閔雨也以文不憂雨故不如僖時書不雨文所以不閔雨者素無志於民性退弱而不明又見時久不雨而無災彼列○雩音于龍見賢遍反下同應變應對之應索所白反下同禱丁老反又丁報反〔疏〕雩月正也○釋曰穀梁之例若常祀之雩則皆不書書者並是爲旱也若得雨

則書雩不得雨則書旱就書之中若八月九月雩則書月以見正何者八月九月其時窮人力盡故也定元年九月大雩傳曰雩月雩之正也此秋八月雩傳曰雩月正也是雨者雩者書月以見正昭二十五年七月大雩亦書月者以一月再雩故月也餘月雩者則書時以見非正則成七年冬大雩傳曰雩不月而時非之也冬無爲雩也又定元年傳曰秋大雩非正也冬大雩非正也是餘月雩皆書時以見非正其旱則例皆時何者旱必歲窮非一月之事故也則僖二十一年夏大旱傳曰旱時正也宣七年秋大旱亦蒙例可知也舊解八月雩雖不得雨亦不云旱也若九月雩而不得雨則書旱傳言得雨曰雩指爲八月也不得雨曰旱指爲九月也觀經傳上下全無此意其說非也又僖二十一年夏大旱范引傳例曰得雨曰雩不得雨曰旱豈是九月雩不得雨何爲亦書旱也○注設本至災耳○釋曰何休難此傳云雩而得雨曰雩故言設使元本不雩則何以明之也此傳又云不得雨曰旱故又難云就如穀梁書旱則以不雨明之設使或旱而不害物則何以別之乎 ○冬。楚人伐黃。

十有二年。春。王正月。庚午。日有食之。○夏。楚人滅黃。貫之盟。管仲曰。江黃遠齊而近楚。楚爲利之國也。若伐而不能救。則無以宗諸侯矣。宗諸侯謂諸侯宗之。○貫古亂反。遠于萬反。近附近之近。爲于僞反 桓公不聽。遂與之盟。管仲死。楚伐江滅黃。桓公不能救。故君子閔之也。閔其貪慕伯者以致滅【疏】貫之至閔之也○釋曰案史記管仲之卒在桓公四十一年計桓公四十一年當魯僖十五年而此云管仲死者蓋不取之史記之說云閔之也者閔其背楚致禍歸齊無福之意是不解經也 ○秋。七月。○冬。十有二月。丁丑。陳侯杵臼卒。○杵昌呂反

十有三年。春。狄侵衛。○夏。四月。葬陳宣公。○公會齊侯、宋公、陳侯、衛侯、鄭伯、許男、曹伯于鹹。鹹衛地。○鹹音咸 兵車之會也。【疏】兵車之會也○釋曰何休於此有廢疾范不具載鄭釋者以數九會異於鄭故也 ○秋。九月。大雩。○冬。公子友如齊。

十有四年。春。諸侯城緣陵。緣陵杞邑【疏】注緣陵杞邑釋曰謂之城者封杞也不發非國之問者從楚丘之例也不言城杞及遷亦從彼例也公羊以爲杞國爲徐莒脅滅故諸侯爲之城左氏以爲淮夷病杞故齊桓爲之城二傳說城之所由雖殊皆是爲杞也故范注亦云緣陵杞邑 其曰諸侯。散辭也。直曰諸侯無小大之序是各自欲城無揔一之者非伯者所制故曰散辭 聚而曰散。何也。據言諸侯城則是聚 諸侯城。有散辭也。桓德衰矣。言諸侯城則非伯者之爲可知也齊桓德衰所以散也何休曰案先是盟亦言諸侯非散也又穀梁美九年諸侯盟于葵丘即散何以美之邪鄭君釋之曰九年公會宰周公齊侯宋子衛侯鄭伯許男曹伯于葵丘九月戊辰盟于葵丘時諸侯初在會未有歸者故可以不序今此十三年夏公會齊侯宋公陳侯衛侯鄭伯許男曹伯于鹹而冬公子友如齊此聘也書聘則會固前已歸矣今云諸侯城緣陵而不序其人明其散桓德衰矣葵丘之事安得以難此○難乃旦反 ○夏。六月。季姬及繒子遇于防。使繒子來朝。遇例時此非所宜遇故謹而月之○繒在陵反朝直遙反下文及注同 遇者。同謀也。魯女無故遠會諸侯遂得淫通此亦事之不然左傳曰繒季姬來寧公怒之以繒子不朝遇于防而使來朝此近合人情○近如字又附近之近【疏】遇者同謀也○釋曰傳例曰遇者志相得也今云同謀者以淫通與盟會異故發傳又云言使非正者婦人使夫異於君使世子故重發非正之例也 來朝者。來請己也。使來朝請己爲妻 朝不言使。言使非正也。以病繒子也。○秋。八月。辛卯。沙鹿崩。沙鹿晉山【疏】沙鹿崩○釋曰公羊以沙鹿爲河上之邑崩者陷入地中杜預注左氏以爲山名此傳以鹿爲山足是三傳說異也 林屬於山爲鹿。鹿山足○屬之玉反 沙。山名也。無崩道而崩。故志之也。其日。重其變也。劉向曰鹿在山下平地臣象陰位也崩者散落背叛不事上之象○背音佩【疏】其日重其變也○釋曰決梁山崩不日此梁山崩亦壅河不書壅河者舉山崩爲重故也 ○狄侵鄭。○冬。蔡侯肸卒。○肸許乞反 諸侯時卒。惡之也。○惡烏路反【疏】時卒惡之也○釋曰麋信云蔡侯肸父哀侯爲楚所執肸不附中國而常事父讎故惡之而不書日也案蔡侯自僖以來未與中國爲會則麋信之言是也不書葬者或是失德或是魯不會也

十有五年。春。王正月。公如齊。○楚人伐徐。○三月。公會齊侯、宋公、陳侯、衛侯、鄭伯、許男、曹伯，盟于牡丘。牡丘地名 兵車之會也。遂次于匡。救徐也時楚人伐徐匡衛地 遂。繼事也。次。止也。有畏也。畏楚【疏】次止也有畏也○釋曰復發傳者前次于陘欲綏楚以德今而畏楚故別發之 ○公孫敖帥師及諸侯之大夫救徐。諸侯既盟次匡皆遣大夫將兵救徐故不復具列諸國○復扶又反 善救徐也。【疏】善救徐也○釋曰徐叛楚即齊旋爲楚所敗嫌救非善故發明之 ○夏。五月。日有食之。夜食【疏】注夜食○釋曰莊公十八年傳云不言日不言朔夜食也是以知之 ○秋。七月。齊師、曹師伐厲。徐邈曰案齊桓末年用師及會皆危之而月也于時霸業已衰勤王之誠替于內震矜之容見於外禍釁既兆動接危理故月衆國之君雖有失道未足爲一世興衰齊桓威攝后政行天下其得失皆治亂所繫故春秋重而詳之錄所善而著所危云爾○見賢徧反釁許靳反衰本作喪息浪反治直吏反【疏】注徐邈至云爾○釋曰何休以爲葵丘之會桓公震而矜之叛者九國此厲亦是叛者故伐之左氏以爲厲是楚屬國故伐厲以救徐今范載徐言云震矜之容見於外則與何休同也錄所善九年盟于葵丘著日以極美是也著所危者此年書月以見衰是著所危 ○八月。螽。螽音終 螽。蟲災也。甚則月。不甚則時。○九月。公至自會。莊二十七年傳曰相會不致安之也而此致者齊桓德衰故危而致之【疏】甚則月○釋曰重發傳者嫌僖公憂民之重災不至於甚故明之也 ○季姬歸于繒。○己卯。晦。震夷伯之廟。夷謚伯字 晦。冥也。震。雷也。夷伯。魯大夫也。因此以見天子至于士皆有廟。明夷伯之廟過制故因此以言禮○冥亡定反見賢徧反【疏】晦冥至有廟○釋曰公羊以爲晦者爲晝日而晦冥震者雷也謂有雷擊夷伯之廟此傳亦云晦冥也震雷也則不得從左氏爲月晦與公羊同矣公羊又以爲夷伯者季氏之信臣故震其廟以戒之今此傳歷言天子以下廟數以爲過制故震之與公羊異左氏以爲夷伯有隱慝故天命霹靂之亦與穀梁不同也 天子七廟。祭法曰王立七廟曰考廟王考廟皇考廟顯考廟祖考廟有二祧遠廟爲祧○祧它堯反 諸侯五。曰考廟王考廟皇考廟顯考廟祖考廟 大夫三。曰考廟王考廟皇考廟 士二。曰考廟王考廟 故德厚者流光。德薄者流卑。雍曰德厚者位尊道隆者爵重故天子遂及七世士祭祖而已 是以貴始。德之本也。始封必爲祖。若契爲殷祖稷爲周祖○契息列反【疏】天子至爲祖○釋曰鄭據禮記說云夏五廟則殷六廟周七廟故王制云天子七廟三昭三穆與大祖之廟而七鄭注云此周制七者大祖廟及文武二祧與親廟四大祖謂后稷也殷則六廟契及湯與二昭二穆也夏則五廟無大祖禹與二昭二穆而已是其說也王制又云諸侯五廟二昭二穆與大祖而五鄭云大祖始封之君王者之後則不爲始封之君廟也又云大夫三廟一昭一穆與大祖之廟而三鄭云大祖別子始爵封者雖非別子始爵者亦然又云士一廟庶人祭于寢鄭云謂諸侯中士下士名曰官師者上士則二廟寢適寢也是禮與傳文合也唯祭法云大夫三廟曰考廟曰王考廟曰皇考廟與王制一昭一穆與大祖其意少異者鄭荅趙商祭法大夫三廟是周之制而王制大夫三廟言與大祖而三或當夏殷法不合於周禮也是解二者不同之意祭法又云適士二廟官師一廟而王制云士一廟者亦謂是中士下士者也若是上士亦當二廟故鄭注王制云士一廟者諸侯之中士下士名曰官師者也上士則二廟是也中士下士所以名爲官師者師長也言爲一官之長也祭法又云庶人無廟故王制亦云庶人祭寢是無廟也庶士者謂府史之屬也庶人者謂平民也以其賤故無廟也○德厚至流卑○釋曰光猶遠也卑猶近也天子德厚故遠及七廟士之德薄故近及二廟因其貴賤有倫故制爲等級也○是以至本也○釋曰始謂受封之君所以貴之者由是德之本也言有大德故受高位高位由之而來故始封之君必爲祖矣祖謂廟不毀也 ○冬。宋人

伐曹。○楚人敗徐于婁林。婁林，徐地。○敗必邁反，下相敗同。夷狄相敗，志也。【疏】夷狄相敗志也。○釋曰：夷狄相敗，書文不具，今起禍亂之原，謹兵車之始，故傳言此以明之。○十有一月，壬戌，晉侯及秦伯戰于韓，韓，晉地。獲晉侯。獲者不與之辭，諸侯非可相獲。【疏】注獲者不與之辭。○釋曰：傳有明例，注言之者，嫌晉侯失衆與秦得獲，故注顯之，欲明亦不與秦獲也。范別例云：凡書獲有七，謂莒挐一也，晉侯二也，華元三也，蔡公于濕四也，陳夏齧五也，齊國書六也，麟七也。於晉侯著失民之咎，於蔡公子濕彰公子之病，華元表得衆之辭，莒挐顯公子之給，自餘雖不發，從省文可知也。韓之戰，晉侯失民矣。以其民未敗而君獲也。

十有六年，春，王正月，戊申，朔，隕石于宋五。劉向曰：石陰類也，五陽數也，象陰而陽行，將致隊落。○隕云敏反，行下孟反，下陰行同，隊直類反。【疏】注劉向至隊落。○釋曰：何休云：石者，陰德之專者也；鷁者，鳥中之耿介者，皆有似宋襄公之行。宋襄欲行霸事，不納公子目夷之謀，事事耿介自用，卒以五年見執，六年終敗，如五石六鷁之數。天之與人昭昭著明，甚可畏也。賈逵云：石，山岳之物，齊大岳之胤，而五石隕宋，象齊桓卒而五公子作亂，宋將得諸侯而治五公子之亂。鷁退不成之象，後六年霸業退也。鷁，水鳥，陽中之陰，象君臣之訟鬩也。許慎異義載穀梁説云：隕石於宋五，象宋公德劣國小，陰類也，而欲行霸道，是陰而欲陽行也，其隕，將拘執之象也，是宋公欲以諸侯行天子道也。六鷁退者，鄭玄云：六鷁俱飛，得諸侯之象也；其退，示其德行不進，以致敗也。得諸侯是陽行也，被執敗是陰行也，是二説與劉向合耳。其何休、賈逵之言，並是公羊、左氏舊説，非穀梁意也。先隕而後石，何也？據莊七年星隕如雨，先言星，後言隕。隕而後石也。既隕，後乃知是石。于宋，四竟之內曰宋。後數，散辭也。耳治也。隕石記聞也，聞其磌然，視之則石，察之則五。○竟音境，治直吏反，下目治同，磌之人反，又大年反，聲響也。【疏】于宋至治也。○釋曰：散辭也者，對下聚辭也。爲言此石散在宋四竟之內，故後言其數，以散辭言之。鷁則聚在宋都之上，故先言其數，以聚辭言之。又云耳治也者，謂隕石先以耳聞，故言先言隕。鷁退先以目見，故先言數。是各以聞見先後爲次。○注聞其磌然。○釋曰：范取公羊爲説。彼傳云：隕石記聞，聞其磌然，視之則石，察之則五是也。磌字，説文、玉篇、字林等無其字，學士多讀爲砰，據公羊古本並爲磌字，張揖讀爲磌，是石聲之類，不知出何書也。○是月，六鷁退飛過宋都。是月，隕石之月。劉向曰：鷁，陽也；六，陰數也。象陽而陰行，必衰退。○鷁五歷反。是月也，決不日而月也。欲著石日鷁月，故言是月。若不言是月，則嫌與戊申同。【疏】決不日而月也。○釋曰：傳言此者，解經書是月之意。言鷁退不日而月，故云是月，明與石隕異日也。若然，案桓十二年丙戌，公會鄭伯，盟于武父。丙戌，衛侯晉卒。若下事得蒙上日，何爲彼經重舉丙戌者？彼公盟必須書日，衛侯不正，前見亦當書日，經以衛侯不正而恐不得蒙上日，故書二日以明之。此石隕鷁退是記異之事，恐蒙上日，故言是月以別之。知下事得蒙上日者，獲且之卒得連日食之下，叔弓之卒得與祭同日，是經舉一日得包兩日之驗也。六鷁退飛過宋都。先數，聚辭也。目治也。六鷁退飛，記見也。視之則六，察之則鷁，徐而察之則退飛。子曰：石，無知之物；鷁，微有知之物。石無知，故日之。石無知而隕，必天使之然，故詳而日之。鷁微有知之物，故月之。鷁或時自欲退飛耳，是以略而月之。君子之於物，無所苟而已。石鷁且猶盡其辭，而況於人乎？故五石六鷁之辭不設，則王道不亢矣。不遺微細，故王道可舉。○亢苦浪反。民所聚曰都。○三月，壬申，公子季友卒。大夫日卒，正也。季友，桓公之子。【疏】大夫日卒正也。○釋曰：傳發之者，益師明其有罪，此則顯其得正，故爾明之也。稱公弟叔仲，賢也。大夫不言公子、公孫，疏之也。【疏】稱公弟叔仲賢也。○釋曰：傳國季友之賢，發起其例也。叔肸賢而稱弟，季友不稱弟稱字，賢可知也。以兄先死，故不得稱弟耳。不言公子、公孫疏之者，謂仲遂、嬰齊之等是也。又公孫茲發日卒之傳者，以其名而不字，又非罪非賢，故重發之。仲遂非賢而稱字者，彼既不言公子以疏之，唯宜公嘉之而稱字，無嫌是賢故也。○夏四月，丙申，繒季姬卒。○秋，七月，甲子，公孫茲卒。大夫日卒，正也。○冬，十有二月，公會齊侯、宋公、陳侯、衛侯、鄭伯、許男、邢侯、曹伯于淮。兵車之會也。○淮音懷。

十有七年，春，齊人、徐人伐英氏。英於京反。○夏，滅項。孰滅之？桓公也。何以不言桓公也？據莊十年齊師滅譚稱齊師。○項戶講反，國名也。者滅之，左氏以爲魯滅。爲賢者諱也。項，國也。不可滅而滅之乎？桓公知項之可滅也。知政昏亂易可滅。○爲于僞反，下爲之諱同。而不知已之不可以滅也。霸者存恤鄰國，抑彊輔弱，義不可滅人之國。既滅人之國矣，何賢乎？君子惡惡疾其始，絶其始則得不終於惡。邵曰：謂疾其初爲惡之事，不終身疾之。○惡惡並如字，又烏路反。善善樂其終。樂賢者終其行也。邵曰：謂始有善事，則終身善之。○行下孟反。【疏】君子至其終。○釋曰：言此者，解爲齊桓諱滅項之意。惡惡疾其始，謂君子憎惡惡人，則疾其初始。何者？欲使惡人不得終於惡，故就其初始即貶之也。善善樂其終，謂君子善其善人，樂使終其行也。以樂終其行，故雖有惡，亦爲諱之，或齊雖滅項，亦不言齊滅也。邵解二事，並與范異。君子惡惡疾其始者，君子憎惡人有惡事，唯疾其初始爲惡，不終身疾也。言有惡則疾之，無惡則止也。善善樂其終者，君子嘉善人，則欲終身善之，見人一度有善，則終身不忘，故爲齊桓諱滅項也。桓公嘗有存亡繼絶之功，故君子爲之諱也。邵曰：存亡謂存邢衛，繼絶謂立僖公，所以終其善。○秋，夫人姜氏會齊侯于卞。卞，魯地。○卞皮彥反。○九月，公至自會。桓會不致，而今致會，桓公德衰，威信不著，陳列兵車，又以滅項，往會既非踰年，乃反，故往還皆月以危之。○冬，十有二月，乙亥，齊侯小白卒。此不正，其日之，何也？據二十四年晉侯夷吾卒不書日。其不正前見矣。其不正之前見，何也？以不正入虛國，故稱嫌焉爾。莊九年齊小白入于齊，貶不稱公子。虛國，謂齊無君。傳例曰：以國氏者，嫌也。○見賢遍反，下同。

十有八年，春，王正月，宋公、曹伯、衛人、邾人伐齊。非伐喪也。伐喪無道，故諱而月之。【疏】注故諱而月之。○釋曰：侵伐書月，唯施於內，今亦施之於外者，齊桓以安危所繫，故書月以表之。宋襄欲繼齊桓之業，故亦謹而月之。○夏，師救齊。魯師。善救齊也。○五月，戊寅，宋師及齊師戰于甗。甗，齊地。○甗魚輦反，又音言。齊師敗績。戰不言伐，客不言及，言及，惡宋也。何休曰：戰言及者，所以別客主直不直也。故文十二年晉人、秦人戰于河曲，兩不直，故不云及。今宋言及，明直在宋，非所以惡宋也。即言及爲惡，是河曲之戰爲兩善乎？又穀梁以河曲不言及，略之也，則自相反矣。鄭君釋之曰：及者，別異客主耳，不施於直與不直也。直不直自在事而已。義兵則客直，宣十二年夏，晉荀林父帥師及楚子戰於邲，晉師敗績是也。兵不義則主人直，莊二十八年春，衛人及齊人戰，衛人敗績是也。今齊桓卒未葬，宋襄欲與霸事，而伐喪於禮尤反，故反其文，以宋及齊，即實以宋及齊，明直在宋，邲之戰直在楚，不以楚及晉何邪？秦晉戰於河曲，不言及，疾其亟戰，爭舉兵，故略其先後。○惡烏路反，下同。別彼列反，下同。邲蒲必反，一音弼。亟欺異反。【疏】戰不至宋也。○釋曰：春秋之例，戰伐不並舉，此上有伐文，今又言戰，是違常例也。又伐人者爲客，受伐者爲主，此言及齊師，是亦違常例也，故傳釋之，以爲惡宋也。○注何休至先後。○釋曰：何休廢疾云：此言及爲惡宋，則文十二年河曲之戰不言及，爲兩善也。故知言及者，分別客主直與不直也。鄭玄釋之曰：言及者，別異客主耳，不施直與不直也。故引宣十二年夏、莊二十八年春以明之。宣十二年邲之戰，楚直晉曲，經云荀林父及楚子；莊二十八年衛直齊曲，而云衛人及齊，明直者在事而已，不由稱及也。穀梁邲戰竟不論楚直晉曲，鄭云直在楚者，公羊意以爲邲戰是楚直，故據之難何休。○狄救齊。善救齊也。【疏】善救齊也。○釋曰：楚與上文魯師救齊並爲善者，此善狄能憂中國，上文與魯，昔與齊仇讎，恐救之非善，故並發善救之例也。○秋，八月，丁亥，葬齊桓公。豎刁、易牙爭權，五公子爭立，故危之。○刁音雕。○冬，邢人、狄

人、伐衛。狄其稱人。何也。善累而後進之。累積伐衛。所以救齊也。何休曰即伐衛救齊當兩舉如伐楚救江矣又傳以爲江遠楚近故伐楚救江今狄亦近衛而遠齊其事一也義異何也鄭君釋之曰文三年冬晉陽處父帥師伐楚救江兩舉之者以晉未有救江文故明言之今此春宋公曹伯衛人邾人伐齊夏狄救齊冬邢人狄人伐衛爲其救齊可知故省文耳事同義又何異○近衛如字又附近之近遠齊如字又于遠反爲其于僞反省所景反功近而德遠矣。伐衛功近耳夷狄而憂中國其德遠也

穀梁注疏卷八挍勘記　阮元撰盧宣旬摘錄

七年 僖公

省文以相包 閩監毛本同何校本包作苞

八年

是妾不爲夫□明矣 此本夫字下空缺閩監毛本作體

九年

是注所據之文也 閩本同監毛本作是據所注之文也誤

是於此矣 閩本同監毛本是作見是也

專水利以障谷 閩監毛本同釋文出以鄣

而繫之於君也 閩本同監毛本於作于

十年

狄滅温 石經閩監本同毛本狄誤秋

吾若此而入自明 石經閩本同監毛本脫吾字明下衍明字

十有一年

善人君應變求索 閩監毛本同釋文出索也今本無也字蓋所據本不同

固以久不雨別之 閩本同監毛本固作故是

十有二年

春王正月 閩監毛本同石經正作三

則成七年冬大雩 閩本同監毛本則誤爾

十有四年

決梁山崩不日也 閩本同監毛本決誤浹

十有五年

勤王之誠替于內 閩本同監毛本內誤初

大祖別子始爵封者 案鄭氏注原文無封字

十有六年

六鷁退飛過宋都 閩監毛本同石經鷁作鶂下五石六鷁同釋文出六鶂案十行本鷁字係剜補乃淺人妄改而仍有改之未盡者○案說文作鶂無鷁字

十有七年

桓公常有存亾繼絕之功 閩監毛本同石經無公字

十有八年

故不云及 閩監毛本同案釋文出故去起呂反在以別下于邺上今驗以別之下于邺之上無故去之文當是陸所據本此故不云及四字作故去反三字

監本春秋穀梁注疏僖公卷第九 起十九年盡三十三年

范甯集解　楊士勛疏

十有九年。春。王三月。宋人執滕子嬰齊。疏滕子嬰齊。○釋曰傳法並不解稱名之意蓋罪賤之也 ○夏。六月。宋公、曹人、邾人、盟于曹南。曹南曹之南鄙 繒子會盟于邾。己酉。邾人執繒子用之。微國之君。因己以求與之盟。與廁豫也。○與音豫注及下文同 疏會盟于邾。○釋曰言會盟于邾者繒人是微國欲因邾以求盟故云會盟也 己迎而執之。惡之。故謹而日之也。用之者。叩其鼻以衈社也。衈者釁也取鼻血以釁祭社器。○惡烏路反下惡其長同叩音口衈音二 疏故謹至社也。○釋曰此與昭公十一年冬十有一月丁酉楚師滅蔡執蔡世子友以歸用之皆惡其用人故不據國之大小同書日以見惡也叩其鼻者論語云以杖叩其脛則叩謂擊也 ○秋。宋人圍曹。○衛人伐邢。○冬。會陳人、蔡人、楚人、鄭人盟于齊。會無主名內卑者也四國稱人外卑者也杜預曰地於齊齊亦與盟 ○梁亡。自亡也。湎於酒。淫於色。心昏。耳目塞。上無正長之治。大臣背叛。民爲寇盜。梁亡。自亡也。如加力役焉。湎不足道也。如使伐之而滅亡則湎淫不足記也使其自亡然後其惡明。○湎面善反長丁丈反下及注同背音佩 疏梁亡。○釋曰左氏以爲秦滅梁惡其自取滅亡之故不以秦滅爲文公羊以爲魚爛而亡謂梁君隆刑峻法百姓逃叛而事等魚爛從中而去也此傳亦云大臣背叛民爲寇盜則同公羊梁國亦自亡也又如加力役焉湎不足道也則梁之土地必爲人所取蓋同左氏秦得之但據自滅爲文少異耳 梁亡。鄭棄其師。我無加損焉。正名而已矣。梁亡。出惡正也。正謂政教 疏正名而已矣。○釋曰仲尼脩春秋亦有改舊義以見褒貶者亦有因史成文以示善惡者其變之也不葬有三爲齊桓諱滅項之類是改舊也其梁以自滅爲文鄭棄其師之徒是因史之文也故傳云我無加損焉正名而已矣 鄭棄其師。惡其長也。長謂高克

二十年。春。新作南門。作。爲也。有加其度也。更加使大 言新。有故也。非作也。責其改舊制 南門者。法門也。法門謂天子諸侯皆南面而治法令之所出入故謂之法門 ○夏。郜子來朝。○郜古報反 ○五月。己巳。西宮災。謂之新宮。則近爲禰宮。

言閔公非僖公之父故不言新宮也○近附近之近禰乃禮反父廟也以謚言之。則如疏之然。故不言閔宮而云西宮以是爲閔宮也。〔疏〕以是爲閔宮也。○釋曰傳知之者以若是禰宮當言新宮若是疏祖之宮又須言謚此在親疏之間故知是閔宮也○鄭人入滑。○秋。齊人、狄人盟于邢。邢爲主焉爾。邢小。其爲主何也。其爲主乎救齊。十八年邢人狄人伐衛以救齊是也〔疏〕邢爲至救齊。○釋曰盟會地于國都者國主雖與盟會未知即能爲主桓十四年公會鄭伯于曹曹不爲主是也而傳云邢爲主焉爾又辨其大小者傳以十八年邢人狄人伐衛以救齊今又盟于邢故知爲主也又云邢小者以邢雖是小國爲主能救齊故歸功于邢不謂盟國都者例能爲主耳○冬。楚人伐隨。隨國也。〔疏〕隨國也。○釋曰案世本隨是國名經又言伐知非邑也

二十有一年。春。狄侵衛。○宋人、齊人、楚人盟于鹿上。宋爲盟主故序齊上鹿上宋地○夏。大旱。傳例曰得雨曰雩不得雨曰旱旱時正也。〔疏〕旱時正也。○釋曰旱必歷時非一月之事故書時爲正也○秋。宋公、楚子、陳侯、蔡侯、鄭伯、許男、曹伯會于雩。雩宋地雩或爲宇執宋公以伐宋。以重辭也。傳例曰以者不以者也此傳及定七年齊人執衛行人北宮結以侵衛傳皆曰以重辭也然則以有二義矣國之所重故曰重辭〔疏〕以重辭也○釋曰桓十四年宋人以齊人蔡人云云伐鄭傳曰以者不以者也今傳云以重辭也何知非是一事而重不可以范注云以有二義者范以執宋公及執衛結皆是國之所重而傳云以重辭也其徵人從伐者即云以者不以者也明二者意異故云以有二義○冬。公伐邾。○楚人使宜申來獻捷。楚稱人者爲執宋公貶。○捷在接反爲于僞反〔疏〕注楚稱至公貶。○釋曰知爲執宋公貶者以稱使知是楚子使之國君而稱人明爲執宋公貶也捷。軍得也。其不曰宋捷。何也。捷莊三十一年齊侯來獻戎捷〔疏〕注據至戎捷。○釋曰役傳云戎菽也則與此宋捷絕不相當而范引之者彼雖以戎爲菽終是伐得之故范引爲證也不與楚捷於宋也。不以夷狄捷中國○十有二月。癸丑。公會諸侯盟于薄。會雩之諸侯會者。外爲主焉爾。釋宋公。外釋不志。此其志何也。以公之與之盟目之也。不言楚。不與楚專釋也。何休曰春秋以執之爲罪不以釋之爲罪責楚子專釋非其理也公羊以爲公會諸侯釋之故釋不復出楚耳鄭君釋之曰不與楚專釋者非以責之也傳云外釋不志此其志何也以公之與之盟目之也言公與諸侯盟而釋宋公公有功焉與公羊義無違錯。○復扶又反〔疏〕會者外爲主焉爾。○釋曰重發之者以釋者是公嫌會非是外爲主故發例以明之

二十二年。春。公伐邾。取須句。○句其俱反○夏。宋公、衛侯、許男、滕子伐鄭。○秋。八月。丁未。及邾人戰于升陘。升陘魯地內諱敗。舉其可道者也。不言其人。以吾敗也。不言及之者。爲內諱也。○爲于僞反〔疏〕不言至諱也。○釋曰不言其人以吾敗也謂不言邾之主名也不言及者爲內諱也謂不言魯之主名也與桓十七年解異者觀經爲說不可執文也○冬。十有一月。己巳。朔。宋公及楚人戰于泓。○泓烏宏反宋師敗績。日事遇朔曰朔。春秋三十有四戰。未有以尊敗乎卑。以師敗乎人者也。以尊敗乎卑。以師敗乎人。則驕其敵。襄公以師敗乎人。而不驕其敵。何也。責之也。泓之戰。以爲復雩之恥也。前年宋公爲楚所執雩之恥。宋襄公有以自取之。伐齊之喪。執滕子。圍曹。爲雩之會。不顧其力之不足。而致楚成王。成王怒而執之。故曰禮人而不荅。則反其敬。愛人而不親。則反其仁。治人而不治。則反其知。過而不改。又之。又復。○知音智又如字復扶又反是謂之過。襄公之謂也。古者被甲嬰冑。非以興國也。則以征無道也。豈曰以報其恥哉。宋公與楚人戰于泓水之上。司馬子反曰。楚衆我少。鼓險而擊之。勝無幸焉。若要而擊之必可破非僥倖也。○被皮既反冑而救反司馬子反左傳作子魚要於遥反僥古堯反倖音幸〔疏〕司馬子反。○釋曰麋信云子反當爲子魚未審范意然不。○勝無幸。○釋曰以小敵大恐其不若克之不名徼幸也襄公曰。君子不推人危。不攻人厄。須其出。須其出險。○推如字又它回反既出。旌亂於上。陳亂於下。子反曰。楚衆我少。擊之。勝無幸焉。襄公曰。不鼓不成列。列陳。○陳直覲反須其成列而後擊之。則衆敗而身傷焉。七月而死。何休曰即宋公身傷當言公不當言師成十六年楚子敗績是也又成十六年傳曰不言師君重于師也即成十六年是二十二年虛言也即二十二年是十六年非也鄭君釋之曰傳說楚子敗績曰四體偏斷此則目也此言君之目與手足有破斷若乃爲敗矣今宋襄公身傷耳當持鼓軍事無所害而師猶敗故不言宋公敗績也傳所以言敗衆敗身傷焉者疾其信而不道以取大辱〔疏〕七月而死。○釋曰此云七月而死則是身傷不云宋公敗績者鄭玄云非四體偏斷又非傷目故依常例稱師也倍則攻。敵則戰。少則守。人之所以爲人者。言也。人而不能言。何以爲人。言之所以爲言者。信也。言而不信。何以爲言。信之所以爲信者。道也。信而不道。何以爲道。道之貴者時。其行勢也。凱曰道有時事有勢何貴於道貴合於時何貴於時貴順於勢宋公守匹夫之狷介徒蒙恥於夷狄焉識大通之方至道之術哉○攻如字又音貢守如字又手又反狷音絹介音界焉於虔反〔疏〕焉識至術哉○釋曰老子至道之人猶曰以政治國以奇用兵今宋襄國弱於楚而行敵戰之禮故傳譏其師敗身傷注謂之不識至道之術也

二十有三年。春。齊侯伐宋。圍閔。伐國不言圍邑。此其言圍。何也。不正其以惡報惡也。前十八年宋伐齊之喪是惡也今齊乘勝而報是以惡報惡也○閔左氏作緡二十五年楚圍亦同○夏。五月。庚寅。宋公茲父卒。桓公之子襄公茲父之不葬。何也。失民也。其失民何也。以其不教民戰。則是棄其師也。爲人君而棄其師。其民孰以爲君哉。何休曰所謂教民戰者習之也春秋貴偏戰而惡詐戰宋襄公所以敗于泓者守禮偏戰也非不教其民也孔子曰君子去仁惡乎成名造次必於是顛沛必於是未有守正以敗而惡之也公羊以爲不書葬爲襄公諱背殯出會所以美其有承齊桓尊周室之美志鄭君釋之曰教民習戰而不用是亦不教也詐戰謂不期也既期矣當觀敵爲策倍則攻敵則戰少則守今宋襄公于泓之戰違之又不用其臣之謀而敗故徒善不用賢良不足以興霸主之功徒言不知權譎之謀不足以交鄰國會遠彊故易譏鼎折足詩刺不用良此說善也○而惡烏路反下而惡同惡乎音烏造七報反沛音貝爲襄于僞反背音佩譎音決折之設反刺七賜反〔疏〕何休至善也○釋曰何休曰春秋貴偏戰者謂各守一偏而戰也鄭玄云易譏鼎折足詩刺不用良者鼎折足是鼎卦九四爻辭彼云鼎折足覆公餗其形渥凶王弼云處上體之下而又應初既承且施非已所堪若鼎足小細而任重故折足也鼎足既折則覆餗矣餗謂鼎之實實覆則沾渥其形以喻不勝其任身被戮辱故凶也此襄公是其事也故曰鼎折足也初已出否至四所盛則已絜矣故曰覆公餗也渥沾濡之貌也既覆公餗體爲渥沾智小謀大不堪其任受其至辱災及其身故曰其形渥凶也鼎卦巽下離上馬融云餗謂糜也詩刺不用良者謂鄭忽不能與賢人圖事以至死亡故詩作狡童揚之水二篇刺之故詩序云云狡童刺忽也不能與賢人圖事權臣擅命也揚之水閔無臣也君子閔忽之無忠臣良士終以死亡而作是詩也○秋。楚人伐陳。○冬。十有一月。杞子卒。莊二十七年稱伯今稱子蓋爲時王所黜

二十有四年春王正月○夏狄伐鄭○秋七月○冬天王出居于鄭襄王也天子以天下爲家故所在稱居天子無出出失天下也王者無外言出則有外之辭江熙曰天子必巡守然後行故河陽之守全天王之行也平王東遷其詩不能復雅而列爲國風襄王奔鄭不得全天王之行則與諸侯不異故書出也夫子祖述堯舜憲章文武斯文是作不以道假人傳言失天下闕然如有未備○巡守手又反下同之行如字或下孟反下同復雅扶又反【疏】注夫子至未備○釋曰舊解江熙此言明夫子之脩春秋雖憲章前代亦不可全與前代齊縣故云夫子祖述堯舜憲章文武言堯舜有巡守之禮文武有省方之制故仲尼因襄王之守全天子之行是亦祖述憲章也斯文是作不以道假人者謂若全天子之行憲章前代是不以道假借人也但襄王與諸侯不異不可復全天子之行故書出以表之也明夫子雖欲尊王者同之先代以周德闕然未備不可同之故遂以此道借人也或以爲夫子所以書王出者祖述堯舜憲章文武斯文是作不以道借人王德既闕不可復全其行故書出以表其失天下也居者居其所也雖失天下莫敢有也邵曰雖實出奔而王者無外王之所居則成王畿鄭不敢有之以爲國○晉侯夷吾卒傳曰諸侯時卒惡之出不葬篡文公而立失德○惡烏路反篡初患反

二十五年春王正月丙午衛侯燬滅邢燬之名何也據宣十二年楚子滅蕭不名○燬況委反不正其伐本而滅同姓也絕先祖支體尤重故名以甚之【疏】不正至姓也○釋曰衛與邢同姬姓今衛滅邢則是絕先祖支體故謂之伐本也○夏四月癸酉衛侯燬卒○宋蕩伯姬來逆婦伯姬魯女爲宋大夫蕩氏妻也自爲其子來逆婦○自爲○爲人下爲且同婦人既嫁不踰竟宋蕩伯姬來逆婦非正也其曰婦何也緣姑言之之辭也【疏】不踰竟○釋曰復發傳者嫌爲求婦爲禮故發之○宋殺其大夫其不稱名姓以其在祖之位尊之也何休曰曹殺其大夫亦不稱名姓豈可復以爲祖乎鄭君釋之曰宋之大夫盡名姓禮公族有罪刑于甸師氏不與國人慮兄弟也所以尊異之孔子之祖孔父累於宋殤公而死今骨肉在其位而見殺故尊之隱而不忍稱名氏若罪以大者名之而已使若異姓然此乃祖之疏也曹殺其大夫自以無大夫不稱名氏耳春秋辭同事異者甚多隱去即位以見讓莊去即位爲繼弑是復可以比例非之乎○復以扶又反下是復同甸徒徧反累方爲反去起呂反下同以見賢徧反爲繼于僞反又如字【疏】注祖之疏○釋曰異姓稱名疏而詳已同姓不名親而略之若名氏具備而見其疏則見異姓同非尊祖之事故曰疏之也古本或作禮之疏者言同姓與異姓不別則於禮法爲疏也理亦通耳以本不定故兩解之○秋楚人圍陳納頓子于頓

納者內弗受也圍一事也納一事也而遂言之怪其異事而辭相連有似遂事之辭蓋納頓子者陳也圍陳使納頓子【疏】蓋納頓子者陳也○釋曰案廢疾云休以爲即陳納之當舉陳何以不言陳鄭君釋之曰納頓子固宜爲楚也穀梁子見經云楚人圍陳納頓子于頓有似晉陽處父伐楚救江之文故云蓋陳也是鄭意亦同范說圍陳使納頓子也○葬衛文公○冬十有二月癸亥公會衛子莒慶盟于洮衛稱子在喪洮魯地莒無大夫其曰莒慶何也以公之會目之也小國無大夫以公與會故進之時有衛子則無敵公之嫌○與會如字一音預

二十有六年春王正月己未公會莒子衛甯速盟于向向莒地○向舒亮反公不會大夫其曰甯速何也以其隨莒子可以言會也○齊人侵我西鄙公追齊師至嶲弗及人微者也侵淺事也公之追之非正也至嶲急辭也以急辭言之明不至嶲○嶲音攜又似兖反【疏】人微至辭也○釋曰文承追齊師之下卽云至嶲是急辭也據文與公追戎于濟西異也案莊十八年公追戎于濟西傳稱不使戎邇於我也今舉齊侵是以難近國而亦云大之也者彼以戎有徒衆故大公所追此以公之不及故亦言大之也然彼不言戎之伐我此云齊人侵我者彼是戎狄不使之近我似若望風退走然此齊是中國侵又淺事故舉之以見公追非正也弗及者弗與也弗與戰也可以及而不敢及也畏齊師其侵也曰人其追也曰師以公之弗及大之也大之謂變人言師弗及內辭也弗及者若曰我自不及耳非齊不可及○夏齊人伐我北鄙○衛人伐齊○公子遂如楚乞師乞重辭也雍曰人道施而不有讓而不取故以乞爲重○施舒豉反【疏】乞重辭也○釋曰此是乞師之始故發傳以明之何重焉重人之死也非所乞也師出不必反戰不必勝故重之也○秋楚人滅夔以夔子歸夔國也不日微國也以歸猶愈乎執也【疏】夔國至執也釋曰滅國有三術中國日卑國月夷狄時此是夷狄之微國故從時例而傳言微國也以明之也案戎伐凡伯以歸不言執者尊天子之使不與夷狄之執今夷狄自相執經言以歸傳云猶愈乎執也者彼尊凡伯使一人當一國故變執言以歸諸侯相執以歸者例不得言執故傳云以歸猶愈乎執也明經止得言以歸○冬楚人伐宋圍閔伐國不言圍邑此其言圍何也以吾用其師目其事也非道用師也楚人出師爲魯伐齊而中道以伐宋故伐圍兼書所以責楚○爲于僞反中如字又丁仲反【疏】目其至師也○釋曰傳解經并言圍伐之意也言楚人爲我伐齊而中道更伐宋故兼圍伐目其事所以責楚中道用師非訓爲責也公以楚師伐齊取穀以者不以者也民者君之本也使民以其死非其正也雍曰兵不祥之器不得已而用之安有驅民於死地以共假借之役乎○共音恭本又作供假借音嫁又古雅反下子夜反又子亦反【疏】以者不以者也○釋曰重發傳者彼據外此據內故重詳之公至自伐齊惡事不致此其致之何也危之也以蠻夷之師伐鄰近大國招禍深怨危亡之道【疏】惡事至危之也○釋曰莊六年秋公至自伐衛傳曰惡事不致此其致何也不致則無用見公惡事之成也與此文不同者互文以起義其實不異彼明惡事之成此亦明之此云危之也則彼亦危之可知也

二十有七年春杞子來朝朝直遙反○夏六月庚寅齊侯昭卒○昭或作照非○秋八月乙未葬齊孝公○乙巳公子遂帥師入杞○冬楚人陳侯蔡侯鄭伯許男圍宋楚人者楚子也其曰人何也人楚子所以人諸侯也其人諸侯何也不正其信夷狄而伐中國也何休曰哀元年楚子陳侯隨侯許男圍蔡不稱人明不以此故也鄭君釋之曰時晉文爲賢伯故譏諸侯不從而信夷狄也哀元年時無賢伯又何據而當貶之邪甯謂定哀之世楚彊盛故諸侯不得不從耳江熙曰夫屈信理封言信必有屈也宋楚戰于泓宋以信義而敗未有闕也楚復圍之我三人行必有我師諸侯不能以義相帥反信楚之曲屈宋之直是義所不取信曲屈直猶不可況乃華夷乎楚以亡義見貶則諸侯之不從不待貶而見也然則四國信楚而屈宋春秋屈其信而信其屈貶楚子于兵首則彼祿祿者以類見矣故曰人楚子所以人諸侯○信音申【疏】注甯謂至諸侯○釋曰鄭云無賢伯范言楚盛者二者相接也爲當時無賢伯楚又彊盛故諸侯不得不從也案泓之戰穀梁意譏宋公江熙云宋以信義而敗未有闕者據宋不能量敵彊弱致師敗身傷故譏之其於信義實未有所闕而楚復圍之故貶楚子也公羊以爲稱公者爲執宋公貶故終僖之篇貶之杜預解云楚以微者告並與穀梁異也○十有二月甲戌公會諸侯盟于宋地以宋者則宋得與盟宋圍解可知○與音豫【疏】注地以至可知○釋曰左氏之意公會諸侯盟于宋宋不與盟何休與范皆云地以鯀宋則宋得與盟二傳以無晉救宋之文故與左氏異也

二十有八年春晉侯侵曹晉侯伐衛再稱晉侯忌也鄭嗣曰曹衛並有宿怨于晉君子不念舊惡故再稱晉侯以刺之○刺七賜反下文及注同○

公子買戍衛。不卒戍。刺之。刺殺也內諱殺大夫故謂之刺蓋取周禮三刺之法先名後刺。殺有罪也。公子啟曰。不卒戍者。可以卒也。可以卒而不卒。譏在公子也。刺之可也。公子啟魯大夫〔疏〕公子啟曰。釋曰舊解云子啟即公子偃啟書日者啟無罪今買書時者是買有罪也今觀上下文勢理恐不然何者此傳上云先名後刺下文云不卒戍者可卒也本非釋時日之意何為公子啟一句獨論日月之事若以穀梁專釋經不論人語之事何為襄二十三年傳云蘧伯玉曰不以道事其君者其出乎豈得謂蘧伯玉曰又不是人言也故知舊解非耳○楚人救衛。三月丙午。晉侯入曹。執曹伯畀宋人。入者內弗受也。日入。惡入者也。以晉侯而斥執曹伯。惡晉侯也。惡其忌怨深。畀必利反與也下及注同惡烏路反下文及注同〔疏〕入者內弗受也。釋曰前已有傳重發之者以晉文初霸嫌得入中國故發傳以明之。畀與也。其曰人何也。不以晉侯畀宋公也。畀上與下之辭故不以侯畀公哀四年夏晉人執戎蠻子赤歸于楚使楚子治其罪今執曹伯不言歸于宋而言與宋人者是使宋公拘執之○夏四月己巳。晉侯、齊師、宋師、秦師及楚人戰于城濮。楚師敗績。○楚殺其大夫得臣。○衛侯出奔楚。○五月癸丑。公會晉侯、齊侯、宋公、蔡侯、鄭伯、衛子、莒子、盟于踐土。衛稱子者時衛侯出奔國更立君非王命所加未成君故曰子踐土鄭地諱會天王也。實會天王而文不言天王若諸侯自共盟然是諱之也所謂譎而不正○陳侯如會。如會。外乎會也。於會受命也。外乎會不及序也受命于會故書如會○公朝于王所。朝不言所。言所者。非其所也。非京師朝〔疏〕朝不言所。釋曰公如京師亦不言朝直決不言所者如即是內朝之常文故直解不言所而已如既是常文此言朝者以其非京師故以違例言之○六月。衛侯鄭自楚復歸于衛。自楚。楚有奉焉爾。復者。復中國也。中國猶國中也〔疏〕楚有奉焉爾。釋曰發傳者自楚嫌與中國異也歸者。歸其所也。鄭之名。失國也。〔疏〕鄭之名失國也。釋曰重起失國之例者以鄭非大罪故出奔不名惡其藉楚之力故入名以表失國嫌出入異故傳發之。○衛元咺出奔晉。○陳侯款卒。○秋。杞伯姬來。莊公女來歸寧○公子遂如齊。聘也○冬。公會晉侯、宋公、蔡侯、鄭伯、陳子、莒子、

邾子、秦人于溫。陳稱子諱會天王也復致天子。復扶又反。○天王守于河陽。河陽晉地。守音狩下同全天王之行也。時實晉文公召王以臣召君不可以訓因天子有巡守之禮故以自行為文。行如字或下孟反為若將守而遇諸侯之朝也。為天王諱也。水北為陽。山南為陽。溫河陽也。日之所昭曰陽。為天王于偽反壬申。公朝於王所。朝於廟禮也。於外非禮也。諸侯朝王王必於宗廟受之者蓋欲尊祖禰共其榮獨公朝與諸侯盡朝也。其日以其再致天子。故謹而日之。主善以內。目惡以外。主善以內謂公朝于王所目惡以外言再致天子。朝與音餘言曰公朝。逆辭也。而尊天子。鄭嗣曰若公朝于廟則當言公如京師而今言公朝是逆常之辭雖逆常而曰公朝王所是尊天子〔疏〕而尊天子。釋曰公若朝於廟當云如也今逆常故言朝也朝雖逆常之辭言公朝於王所仍是崇王室之事故云而尊天子會于溫。言小諸侯。溫。河北地。以河陽言之。大天子也。溫河陽同耳小諸侯故以一邑言之尊天子故以廣大言之。日繫於月。月繫於時。壬申。公朝于王所。其不月。失其所繫也。以為晉文公之行事為已傎矣。以臣召君傎倒上下日不繫于月猶諸侯不宗于天子。傎都田反倒丁老反○晉人執衛侯。歸之于京師。此入而執。其不言入。何也。不外王命於衛也。入者自外來伯者以王命討衛衛王之士故曰不外王命歸之于京師。緩辭也。斷在京師也。辭間容之故言緩。斷丁亂反〔疏〕緩辭也。釋曰據成十五年晉侯執曹伯歸于京師不言之○衛元咺自晉復歸于衛。自晉。晉有奉焉爾。復者。復中國也。歸者。歸其所也。〔疏〕晉有奉焉爾。釋曰又發傳者嫌霸者與凡諸侯異○諸侯遂圍許。會溫諸侯許比再會不至故共圍之遂。繼事也。繼事會于溫而圍許○曹伯襄復歸于曹。三月為晉侯所執今方歸復者。復中國也。天子免之。因與之會。其曰復。通王命也。免之于宋身未反國因會于許即從反國之辭通王命遂會諸侯圍許。遂。繼事也。二十有九年。春。介葛盧來。介。國也。葛盧。微國之君。未爵者也。其曰來。卑也。介音界國名〔疏〕其曰來卑也。

釋曰據莊五年郳犁來來朝亦未得爵命而稱朝此謂卑賤之故有言來矣襄十八年白狄來注云不言朝者不能行朝禮是也○公至自圍許。○夏六月。公會王人、晉人、宋人、齊人、陳人、蔡人、秦人盟于翟泉。翟泉某地〔疏〕公會至翟泉。釋曰左氏以為王人者王子虎為下盟列國晉人云云者狐偃等為上敵公侯皆貶之稱人何休注公羊云晉文德衰故微者往會今穀梁既無傳注或如何說王人以下皆是微也○秋。大雨雹。雹者陰脅陽臣侵君之象陽氣之在水雨則溫熱陰氣薄而脅之不相入轉而成雹。雨于付反雹蒲學反○冬。介葛盧來。三十年。春。王正月。○夏。狄侵齊。○秋。衛殺其大夫元咺。稱國以殺。罪累上也。以是為訟君也。元咺訟君之罪于伯者君忌之使人殺之而後入案宣九年陳殺其大夫泄冶傳曰稱國以殺其大夫殺無罪也此傳曰稱國以殺罪累上也凡稱國以殺大夫或殺無罪或罪累上參五不同略當近半然則稱國以殺有二義泄冶忠賢而君殺之是君無道也衛侯雖有不德臣無訟君之道元咺之罪亦已重矣然君子之于射失諸正鵠反求諸身衛侯不思致訟之愆躬自厚之義過而不改而又怨忌上下皆失故曰罪累上。累劣偽反泄息列反冶音也近半附近之近正音征鵠古毒反愆起虔反〔疏〕以是為訟君也。釋曰元咺訟君則是臣之罪復言累上者以上下俱失嫌衛殺無罪故加累上之文也衛侯得書復歸者復歸非全善之辭衛侯既委罪元咺故得復歸之稱。注有二義。釋曰言有二義者謂傳言殺無罪也即是罪全在君傳云罪累上也即上下俱失故云有二義衛侯在外。其以累上之辭言之何也。待其殺而後入也。及公子瑕。公子瑕累也。以尊及卑也。○衛侯鄭歸于衛。徐邈曰凡出奔歸月執歸不月者齊則國更立主若故君還入必有戰爭禍害所以謹其文執者罪名未定其國猶追奉之歸無犯害故例不月。戰爭爭鬬之爭○晉人秦人圍鄭。○介人侵蕭。○冬。天王使宰周公來聘。天子之宰。通於四海。〔疏〕天子至四海。釋曰復發傳者葵丘會也此則聘也嫌異故重發之○公子遂如京師。遂如晉。以尊遂乎卑。此言不敢叛京師也。何休曰大夫無遂事案宣十二年季孫宿救台遂入鄆惡季孫不受命而入也如公子遂受命如晉不當言遂鄭君釋之曰遂周受命如京師如晉不專受命如周經近上言天王使宰周公來聘故公子遂報焉因聘于晉尊周不敢使並命使若公子遂自往然即云公子遂如京師如晉是同周于諸侯叛而不尊天子也公羊傳有美惡不嫌同辭何獨不廣之於此乎甯謂經同而傳異者甚以此吾徒所以不及古人也。台土來反又音臺鄆音運惡季孫烏路反美惡烏路反又如字〔疏〕遂乎卑。釋曰傳言此者遂是繼事之辭以辭有善

惡故傳分明別之也

三十有一年。春。取濟西田。曹田○公子遂如晉。○夏。四月。四卜郊。謂之郊者天人相與交接之意也不言郊天者不敢斥尊也昔武王既崩成王幼少周公居攝行天子事制禮作樂終致太平周公薨成王以王禮葬之。命魯使郊以彰周公之德。祭蒼帝靈威仰昊天上帝魯不祭。○少詩照反。大音泰。〔疏〕注謂之至不祭。○釋曰范雖言天人相與交接故謂之郊字既從郊或當亦在南郊就陽位而祭也昔武王既崩云云尚書有其事制禮作樂云云者禮記文祭蒼帝靈威仰昊天上帝魯不祭者是鄭玄之說鄭以春秋說元命包云紫微爲大帝大微爲天庭五帝合明又文耀鉤云蒼帝春受制其名靈威仰赤帝夏受制其名赤熛怒黃帝受制王四季其名含樞紐白帝秋受制其名白招拒黑帝冬受制其名汁光紀是紫微官者五方帝故鄭以周與魯夏正郊天者祭青帝靈威仰之帝冬至祭天於圓丘者祭天皇大帝魯不得祭之故范亦同之耳然三王之郊一用夏正魯不然者以天子得冬至祭天皇大帝故郊所感之帝皆以夏正爲之魯不得冬至祭天故傳卜三正從周正月至於三月皆是郊之時也月各一卜故云三卜禮也四月非時故云四卜非禮也左氏以爲禮不卜常祀郊既魯之常祀故一卜亦爲非禮公羊以爲天子不卜郊魯郊非常禮故卜之求吉之道不過三故三卜禮也四卜非禮也是三傳各異其用牲也何休以爲郊天牛角繭栗三望之牛角尺其文出於稽命徵其祀也郊祭則焚燎山則升水則沉猶三望公羊以爲三望泰山河海賈逵杜預之徒注左氏者皆以爲分野星國中山川今范同鄭玄之說取禹貢之文以爲淮海岱也不從。乃免牲。猶三望。鄭君曰望者祭山川之名也謂海也岱也淮也非其疆界則不祭禹貢曰海岱及淮惟徐州徐魯地夏。四月。不時也。郊春事也四卜。非禮也。郊春事四卜則入夏免牲者。爲之緇衣熏裳。有司玄端奉送。至于南郊。免牛亦然。玄端黑衣接神之道玄熏者天地之色也南郊天位歸之于陽也全曰牲傷曰牛牛有變而不郊故卜免牛。○熏許云反〔疏〕注全曰至免牛。○釋曰哀元年傳文也乃者。亡乎人之辭也。亡乎人若曰無賢人也凱曰其猶易稱闃其戶闃其無人詩云巷無居人譏僖公不共致天變。○闃苦鵙反共音恭本亦作恭猶者。可以已之辭也。望郊之細也不郊無望可也已止也○秋。七月。○冬。杞伯姬來求婦。婦人既嫁不踰竟。杞伯姬來求婦。非正也。〔疏〕求婦非正也。○釋曰重發傳者嫌國君之妻異故明之○狄圍衛。○十有二月。衛遷於帝丘。帝丘衛地

三十有二年。春。王正月。○夏。四月。己丑。鄭伯捷卒。捷在接反○衛人侵狄。○秋。衛人及狄盟。○冬。十有二月。己卯。晉侯重耳卒。晉自莊公已前不書于春秋又不言文公之入及鄭忽之殺何乎徐邈通之曰案詩序及紀年史記晉昭公之後大亂五世又鄭忽之後有子亹子儀且事出記傳而經所無殊多誠當有不告故不書者諸侯有朝聘之禮赴告之命所以敦其交好通其憂虞若鄰國相望而情志否隔存亡禍福不以相關則它國之史無由得書故告命之事絕則記注之文闕此蓋內外相與之常也魯政雖陵遲而典刑猶存史策所錄不失常法其交獻之實足徵故孔子因而脩之事仍本史而辭有損益所以成詳略之例起褒貶之意若夫可以寄微旨而通王道者存乎精義窮理不在記事少多此蓋脩春秋之本旨師資辯說日用之常義故穀梁子可不復發文而體例自舉矣。○重直龍反亹亡匪反朝聘直遙反好呼報反否備矣反注張佳反不復扶又反〔疏〕注師資辯說。○釋曰師者教人以不及故謂師爲師資也日用者易繫辭文也

三十有三年。春。王二月。秦人入滑。滑。國也。○齊侯使國歸父來聘。○夏。四月。辛巳。晉人及姜戎敗秦師于殽。不言戰而言敗。何也。狄秦也。其狄之何也。秦越千里之險入虛國。滑無備故言虛國○殽戶交反進不能守。退敗其師徒。亂人子女之教。無男女之別。秦之爲狄。自殽之戰始也。明秦本非夷狄○別彼列反〔疏〕進不至始也。○釋曰舊解進不能守謂入滑而去退敗其師謂敗於殽也亂人子女謂入滑之時縱暴亂也本或別進字者秦伯將襲鄭。百里子與蹇叔子諫曰。千里而襲人。未有不亡者也。秦伯曰。子之冢木已拱矣。何知。子之輩皆已老死矣拱合抱也言其老無知○百里子如字或作伯誒也蹇紀輦反拱九勇反合手曰拱師行。百里子與蹇叔子送其子而戒之曰。女死必於殽之巖唫之下。其處險隘一人可以要百人○女音汝下及注同唫本作崟音吟一音欽處昌慮反隘於懈反要百於遙反下文要而擊之同我將尸女於是。尸女者收女尸師行。百里子與蹇叔子隨其子而哭之。秦伯怒曰。何爲哭吾師也。二子曰。非敢哭師也。哭吾子也。我老矣。彼不死。則我死矣。畏秦伯怒故云彼我要有死者晉人與姜戎要而擊之殽。匹馬倚輪無反者。倚輪一隻之輪○倚居宜反或於綺反晉人者。晉子也。其曰人何也。微之也。何爲微之。不正其釋殯而主乎戰也。○癸巳。葬晉文公。日葬。危不得葬也。○狄侵齊。○公伐邾。取訾樓。○訾子斯反○秋。公子遂帥師伐邾。○晉人敗狄于箕。箕晉地○冬。十月。公如齊。十有二月。公至自齊。○乙巳。公薨于小寢。小寢內寢小寢。非正也。非路寢〔疏〕小寢非正也。○釋曰傳發此例者以隱公不地桓公非正今僖公雖卒而沒於婦人之手故發傳以惡之也○隕霜不殺草。京房易傳曰君假與臣權隕霜不殺草○隕云敏反未可殺而殺。舉重也。可殺而不殺。舉輕也。重謂菽也輕謂草也輕者不死則重者不死可知○李梅實。京房易傳曰從叛者茲謂不明厥妖木冬實實之爲言猶實也。實子○晉人、陳人、鄭人伐許。

穀梁注疏卷九挍勘記　　阮元撰盧宣旬摘錄

二十年　僖公

故不言閔宮而云西宮　閩監本同毛本上宮誤公

二十有一年

役傳云戎菽也　閩監毛本役作彼是也

二十有二年　此本閩監毛本脫有字石經作廿有二年

春秋三十有四戰　閩監毛本同石經三十作卅刓滅○按段玉裁云說文十部曰廿二十并也古文省卅三十并也古文省按廿讀如入卅讀如颯秦刻石文多如是并爲一字則不得讀爲兩字

旌亂於上　石經閩本同監毛本脫亂字

二十有三年

桓公之子襄公　閩本同監毛本脫此注

茲父之不葬　閩本同監毛本脫茲父之三字案閩監毛本前條桓公上例有注字此茲父上例有傳字計共脫十一字

二十有五年　此本閩監毛本脫有字石經作廿有五年

爲宋大夫蕩氏妻也　閩毛本同監本妻誤妻不成字

以其在祖之位　漢書梅福傳引無之字

是復可以比例非之乎　閩本同監毛本比誤此

二十有六年

秋楚人滅夔　石經閩本同監毛本人誤子

其實不異　閩本同監本異誤與毛本誤與

二十有七年

諸侯不能以義相帥案上文云必有我師師是師之誤字

二十有八年

晉侯齊師宋師秦師及楚人戰于城濮閩監毛本同石經齊師作齊侯

衛王之士閩本同監毛本士作土當不誤

二十有九年

故有言來矣閩監毛本同何校本有作直當不誤

白秋來秋當作狄閩監毛本不誤

三十有一年

其名含樞紉閩監毛本同何校本紉作紐是也

其名汁光紀閩監毛本同何校本汁作叶是也

故博卜三正閩本同案博當轉之憒字監毛本作傳亦非

三十有二年

則記注之文閩本同監毛本注作註釋文出記注○案古人用記註字多從言與傳注字作注不同說詳左傳挍勘記

穀梁注疏卷九挍勘記終

監本春秋穀梁注疏文公卷第十　起元年盡八年

范甯集解　楊士勛疏

文公。○襄王二十六年即位名興〔疏〕魯世家文公名興僖公之子以襄王二十六年即位謚法慈惠愛民曰文

元年。春。王正月。公即位。繼正即位。正也。繼正謂繼正卒也隱去即位以見讓桓書即位示安忍莊閔僖不言即位皆繼弒○去起呂反見賢徧反弒申志反○二月。癸亥。日有食之。○天王使叔服來會葬。諸侯喪天子使大夫會葬禮也傳例曰天子大夫稱字蓋未受采邑故不稱氏字者貴稱故可獨達也○貴稱尺證反〔疏〕諸侯至達也○釋曰范云傳例者非正例推以知之定十四年傳日天子之大夫不名隱七年凡伯來聘傳曰凡伯者何也天子之大夫也又九年南季來聘傳曰南氏姓也季字也是天子之大夫稱字據傳文可知故亦得云傳例也葬曰會。言會明非一人之辭其志重天子之禮也。〔疏〕重天子之禮也釋曰五年毛伯來會葬會葬之禮於鄙上此叔服來會葬云其志重天子之禮也者舊解以爲叔服在葬前至先鄉魯國然後赴葬所毛伯以喪服發後始來先之竟上然始至魯國故傳釋有異辭也或當此釋書之所由故云重天子之禮也彼解會葬之處故云於鄙上二者互言之未必由先後至理亦通也○夏。四月。丁巳。葬我君僖公。薨稱公。舉上也。葬我君。接上下也。僖公葬而後舉謚。謚所以成德也。於卒事乎加之矣。〔疏〕薨稱至加之矣○釋曰重發傳者桓不以禮終僖則好卒二者既異故傳詳之○天王使毛伯來錫公命。○毛采邑伯字也天子上大夫也錫星歷反采地音菜地本又作邑禮。有受命。無來錫。命錫。命非正也。〔疏〕禮有至正也○釋曰重發傳者桓則薨後見錫此則即位見錫嫌其得正故傳發之○晉侯伐衛。○叔孫得臣如京師。○衛人伐晉。○秋。公孫敖會晉侯于戚。禮卿不得會公侯春秋尊魯內卿大夫可以會外諸侯戚衛地○戚倉寂反〔疏〕注內卿至衛地○釋曰內卿大夫可以會外諸侯者下二年傳文不於此發例者伯者至尊大夫不可以會但春秋內魯故無譏文以失禮深傳不可云得會至於三年垂斂之會則是凡常諸侯禮雖不達人情通許故發內大夫可以會外諸侯之例○冬。十月。丁未。楚世子商臣弒其君髡。鄭嗣曰商臣繆王也髡文王之子成王也不言其父而言其君者君之於世子有父之親有君之尊言世子所以明其親也言其君所以明其尊也商臣於尊親盡矣○弒申志反傳同髡苦門反日髡之卒。所以謹商臣之弒也。夷狄不言正不正。徐乾曰中國君卒正者例日篡立不正者不日夷狄君卒皆略而不日所以殊夷夏也今書日謹識商臣之大逆爾不以明髡正與不正○篡初患反夏戶雅反識如字又申志反〔疏〕夷狄至不正○釋曰傳言此者以夷狄之弒有日與不日嫌同中國故分明別之○公孫敖如齊。

二年。春。王二月。甲子。晉侯及秦師戰于彭衙。彭衙秦地○衙音牙秦師敗績。○丁丑。作僖公主。作。爲也。爲僖公主也。爲僖公廟作主也主蓋神之所馮依其狀正方穿中央達四方天子長尺二寸諸侯長一尺○爲僖公廟于僞反馮皮冰反長直亮反又如字下同立主。喪主於虞。葬日中反而祭謂之日虞其主用桑吉主於練。期而小祥其主用栗作僖公主。譏其後也。僖公薨至此已十五月作主壞廟。有時日於練焉。壞廟。壞廟之道。易檐可也。改塗可也。禮親過高祖則毀其廟以次而遷將納新神故示有所加○壞音怪下同檐以占反〔疏〕作爲至可也○釋曰僖二十年新作南門傳曰作爲也有加其度也彼傳意言作所以爲譏此作亦譏可知故下傳云作僖公主譏其後也案莊公之喪已二十二月仍譏其爲吉禘今方練而作主猶是凶服而曰吉主者三年之喪至二十五月猶未合全吉故公子遂有納幣之譏莊公喪制未二十五月而禘祭故譏其爲吉此言吉比之虞主故爲吉也此雖爲練作之主終入廟以辨昭穆故傳以吉言之然作主在十三月壞廟在三年喪終而連言之者此主終入廟即易檐以事相繼故連言之非謂作主壞廟同時也或以爲練而作主之時則易檐改塗故此傳云於練壞廟於傳文雖順舊說不然故不從之直記異聞耳糜信引衛次仲云宗廟主皆用栗右主八寸左主七寸廣厚三寸若祭訖則內於西壁埳中去地一尺六寸右主謂父也左主謂母也何休徐邈並與范注同云天子尺二寸諸侯一尺狀正方穿中央達四方是與衛氏異也其藏之亦云藏之西壁則納之西壁中或如衛說去地高下也以明之何休又云謂之虞主者親喪以入壙皇皇無所見求而虞事之虞猶安也虞主用桑者取其名與其粗觕所以副孝子之心練主用栗者謂既埋虞主於兩階之間易用栗木爲主取其戰栗又引士虞記曰桑主不文吉主皆刻而謚之蓋爲禘時別昭穆也徐邈注穀梁與之同范亦當不異也○三月。乙巳。及晉處父盟。晉大夫陽處父〔疏〕注晉大夫陽處父○釋曰經不言陽注知之者以下有晉殺其大夫陽處父故也不言公。處父伉也。爲公諱也。諱公與大夫盟去處父氏公親如晉使若與其君盟如經言邾儀父矣不如者公在晉也莊二十二年秋七月丙申及齊高傒盟于防不去高傒氏者公不親如齊不與其君盟於恥差降○伉苦浪反爲公于僞反去處父起呂反下同傒音兮差初賣反又初佳反何以知其與公盟。以其日也。何以不言公之如晉。所恥也。出不書。反不致也。〔疏〕何以至不致也○釋曰傳決不言公者據隱公八年九月辛卯公及莒人

盟于包來言公也彼傳云可言公及人不可言公及大夫故此沒公彼存公也莊二十二年及齊高傒盟于防傳曰不言公高傒伉也彼已有傳此又重發者高傒存氏今處父去族嫌異故重發之傳不於高傒發日以明公存者二者理同此又須辨公不言之如晉意也故就此一發之後注云書日則公盟也是亦意同之事也傳又云出不書反不致也者以致者必有出出者不必致今出既不書故反亦不致也○夏六月。公孫敖會宋公、陳侯、鄭伯、晉士縠、盟于垂斂。垂斂鄭地○縠戶木反本又作穀九年同斂如字左氏作垂隴內大夫可以會外諸侯。○自十有二月不雨。至于秋七月。建午之月猶未爲災歷時而言不雨文不憂雨也。僖公憂民歷一時輒書不雨今文公歷四時乃一書是不勤雨也〔疏〕歷時至雨也○釋曰傳發之者以僖公憂民之情急故備書之今文公繼父之業無志於民故略書之以二者既異故傳分而別之莊三十一年冬不雨不發傳者以一時不雨輕故也下十年十三年意亦與此同故省文不發之不憂雨者。無志乎民也。無恤民志○八月。丁卯。大事于大廟。躋僖公。大事祫也時三年之喪未終而吉祭於大廟則其譏自明○大廟音泰注及傳大祖同躋子兮反升也祫戶夾反下及注皆同〔疏〕注大事至自明○釋曰舊解范云其譏自明者謂吉禘於莊公書吉此大事于大廟不書吉者以同未滿三年前已書吉則此亦同譏故云其譏自明此解取杜預之意也然杜云其譏已明故得以吉禘並之范云其譏自明焉知遠比吉禘蓋范意以喪制未終不待譏責其惡足顯故云自明也禘祫之禮俱在廟序昭穆所以爲制異者公羊傳稱五年再殷祭何休云謂三年祫五年禘禘所以異於祫者禘則功臣皆祭也祫則合食於大祖而已是何休意祫則三年禘則五年也范於閔二年注同杜預以禘爲三年之祭必不得與何休同也公羊云五年再殷祭禘既三年蓋祫則五年也若然祫在五年而云三年之喪未禘者據時三年未終而爲祫祭故以三年言之不謂祫祭亦在三年也或以爲禘祫同三年但禘在夏祫在秋直時異耳於范注不妨但與公羊五年再殷祭違也何休又云天子特禘特祫諸侯禘則不礿祫則不嘗大夫有賜於君然後祫其高祖然諸侯禘則不礿或如何說云大夫有祫恐其不然公羊亦以此大事于大廟爲祫祭杜解左氏以大事爲禘與穀梁異大事者何。大是事也。著祫嘗。祫合也嘗秋祭祫祭者。毀廟之主陳于大祖。未毀廟之主皆升。合祭于大祖。祫祭者皆合祭諸廟已毀未毀者之主於大祖廟中以昭繆爲次序父爲昭子爲穆昭南鄉穆北鄉孫從王父坐也祭畢則復還其廟○昭繆音韶穆下及傳同鄉音向下同躋。升也。先親而後祖也。逆祀也。舊說僖公閔公庶兄故文公升僖公之主於閔公之上耳僖公雖長已爲臣矣閔公雖小已爲君矣臣不可以先君猶子不可以先父故以昭穆父祖爲喻甯曰即之於傳則無以知其然若引左氏以釋此傳則義雖有似而於文不辨高宗殷之賢主猶祭豐于禰以致雉雊之變然後率脩常禮文公傎倒祖考固不足多怪矣親謂僖祖謂莊○長丁丈反先悉薦反下同禰乃禮反雊古豆

反雉鳴也傎倒丁田反下丁老反逆祀。則是無昭穆也。無昭穆。則是無祖也。無祖。則無天也。故曰文無天。無天者。是無天而行也。祖人之始也人之所仰天也君子不以親親害尊尊。此春秋之義也。尊卑有序不可亂也〔疏〕大事至義也○釋曰大是事也者祫是祭之大者故云大是事也著祫嘗者謂以大事言之著明是祫嘗之祭也嘗連言者祫必在秋故連嘗言之然周之八月夏之六月而云著祫嘗者蓋月却節前已得立秋之節故也先親而後祖親謂僖公祖謂閔公也僖繼閔而立猶子之繼父故傳以昭穆祖父爲喻此於傳文不失而范氏謂莊公爲祖其理非也何者若范云文公傎倒祖考則是僖在於莊上謂之夷狄猶自不然況乎有道之邦豈其若是明范說非也則無天也謂天道先尊而後親今亂其上下不仰法天也此春秋之義也者以嫌疑之間須取聖證故也○冬。晉人、宋人、陳人、鄭人伐秦。○公子遂如齊納幣。喪制未畢而納幣書非禮三年。春。王正月。叔孫得臣會晉人、宋人、陳人、衛人、鄭人、伐沈。沈潰。沈國也潰之爲言上下不相得○沈音審潰戶內反○夏。五月。王子虎卒。叔服也。此不卒者也。外大夫不書卒何以卒之。以其來會葬。我卒之也。會葬在元年〔疏〕何以卒之釋曰重發之者尹氏則以爲魯主此爲會葬事異故重發之或曰。以其嘗執重以守也。僖二十四年天王出居于鄭叔服執重任以守國○守手又反○秦人伐晉。○秋。楚人圍江。○雨螽于宋。外災不志。此何以志也。曰。災甚也。其甚奈何。茅茨盡矣。茅茨猶盡則嘉穀可知茨蒺藜○雨于付反下同下音終茨在思反茅草也〔疏〕外災不志○釋曰外災不志重發之者志災或爲王者之後或爲甚而錄之故不得一例危之○注茨蒺藜○釋曰徐邈云禾稼既盡又食屋之茅茨今范云茨蒺藜則與徐異也公羊與考異郵皆云螽死而墜於地故何休云螽猶衆也死而墜者象宋羣臣相殘害也云云上下異之云爾今穀梁直云茅茨盡矣著於上見於下謂之雨與讖違是爲短鄭玄云穀梁意亦以宋德薄後將有禍故螽飛在上墜地而死言茅茨盡者著甚之驗於讖何錯之有乎是鄭意以雨螽於宋亦爲將禍之應也著於上。見於下。謂之雨。○見賢徧反○冬。公如晉。○十有二月。己巳。公及晉侯盟。○晉陽處父帥師伐楚救江。此伐楚。其言救江。何也。江遠楚近。伐楚所以救江也。時楚人圍江晉師伐楚楚國有難則江圍自解○難乃旦反解音蟹又古買反四年。春。公至自晉。○夏。逆婦姜于齊。其曰婦

姜。爲其禮成乎齊也。婦禮成于齊故在齊便稱婦○爲于僞反其逆者誰也。親逆而稱婦。或者公與。何其速婦之也。鄭嗣曰皆問者之辭問者以使大夫逆例稱女而今稱婦爲是公親逆與怪稱婦速故反覆推之○公與音餘注同反覆芳服反曰。公也。其不言公。何也。據莊二十四年公如齊逆女言公非成禮於齊也。非責曰婦。有姑之辭也。其不言氏。何也。貶之也。何爲貶之也。夫人與有貶也。邵曰夫人能以禮自防則夫婦之禮不成於齊故譏公而夫人與焉○與音豫注同貶彼檢反〔疏〕其曰婦至貶也○釋曰宣元年已有傳今故深發之者彼書夫人此直云婦姜嫌文異也故彼此明之以彼稱夫人又書至此不然者公羊傳曰其謂之逆婦姜于齊何娶於大夫者略之也徐邈亦以爲不書至不稱夫人下娶賤略之若以諸侯下娶大夫便爲略賤則大夫亦不得上娶諸侯且天子得下婚諸侯何爲諸侯不得下娶大夫是公羊之言不可以解此也蓋不稱夫人不言至者以其婦禮成於齊故異於餘稱傳云夫人與有貶也者解不稱氏之意非釋不稱夫人也○狄侵齊。○秋。楚人滅江。○晉侯伐秦。○衛侯使甯俞來聘。○俞羊朱反○冬。十有一月。壬寅。夫人風氏薨。僖公母風姓五年。春。王正月。王使榮叔歸含且賵。含口實也禮記曰飯用米貝弗忍虛也諸侯含用玉榮叔天子之上大夫也榮采地叔字○含戶暗反釋曾作唅賵芳鳳反飯扶晚反〔疏〕注含口至叔字○釋曰飯用米貝不忍虛也禮記檀弓文諸侯含用玉禮緯文也含一事也。賵一事也。兼歸之。非正也。禮含賵襚各異人○襚音遂〔疏〕注禮含至異人釋曰知各異人者雜記稱諸侯之喪有賵者有含者有襚者又此傳云兼歸之非正也明天子於諸侯含襚常各異使也其曰且。志兼也。其不言來。不周事之用也。何休曰四年夫人風氏薨九年秦人來歸僖公成風之襚最晚矣何以言來鄭君釋之曰秦自敗于殽之後與晉爲仇兵無休時乃加免繆公之喪而來君子原情不責晚用或作辭○殽戶交反賵以早。乘馬曰賵乘馬所以助葬成風未葬故書早○乘繩證反下同而含已晚。已殯故言晚國有遠近皆令及事理不通也禮雜記曰含者執璧將命曰寡君使某含相者入告出曰孤某須矣含者入升堂致命子拜稽顙含者坐委於殯東南有葦席既葬蒲席降出反位明君之於臣有含賵之義所以助喪盡恩舍不必用示有其禮○令力呈反相息亮反稽顙音啓下息黨反葦于鬼反〔疏〕注已殯至其禮○釋曰舊解以爲傳與雜記違者傳言含賵上闕天子之於諸侯及夫人耳雜記所云唯論諸侯自相於不是天子施於諸侯之事故彼既殯猶致含此則責其晚也何者諸侯及夫人於天子生有朝覲之好有疾則當告於天子天子遣使問之有喪則致含無則止矣故未殯以來足以及事今天子歸賵大早歸含大晚故識之其諸侯相於有疾未必相告比殯以來道遠者容其不至故示其禮而已不責其晚也以事既有殊識亦有異今恐不

然何者范云國有遠近皆令及事理不通也則是傳之不通故引記文爲證何得云天子與諸侯禮異是曾説亥耳又云明君之於臣云云者證君之於臣有賵含之義不必皆用也案鄭釋廢疾云天子於二王後之喪含爲先襚次之賵次之餘諸侯含之賵之小君亦如之於諸侯之臣襚之賵之其諸侯相於如天子於二王之後於卿大夫如天子於諸侯於士如天子於諸侯之臣京師去魯千里王室無事三月乃含故不言來以譏之是鄭意亦以譏王含晚也范前注引鄭釋似將傳爲是後注取彼記文則以傳非者范以何休取秦人來歸僖公成風之襚爲難非類故上注取鄭釋以排之下注既以傳爲非故引雜記之文爲證二注並不取鄭君非王含晚之説益明范云傳爲非也

○三月，辛亥。葬我小君成風。王使毛伯來會葬。會葬之禮於鄙上。從竟至墓主爲送葬來○竟音境爲于僞反 疏 毛伯來會葬。○釋曰左氏公羊及徐邈本並云召伯此本作毛伯疑誤也 ○夏，公孫敖如晉。○秦人入鄀。鄀音若 ○秋，楚人滅六。○冬，十月，甲申，許男業卒。

六年，春，葬許僖公。○夏，季孫行父如陳。行父季友孫 疏 注行父季友孫。○釋曰世本季友生仲無佚佚生行父是也 ○秋，季孫行父如晉。○八月，乙亥，晉侯驩卒。○驩好官反 ○冬，十月，公子遂如晉。○葬晉襄公。○晉殺其大夫陽處父。稱國以殺，罪累上也。襄公已葬，其以累上之辭言之，何也？君漏言也。上泄則下闇，下闇則上聾，且闇且聾，無以相通。臣闇不言君無所聞上下否塞○累劣僞反下同或如字泄息列反又以制反聾魯公反 疏 傳襄公已葬。○釋曰徐邈解襄公已葬謂春秋之例君殺無罪之大夫則是失德不合書葬今襄公書葬則是無罪而以累上之辭言之者以襄公漏泄陽處父之言故也舊解亦云襄公罪輕故不追去葬文今以爲傳云襄公已葬者謂卒哭曰久葬在前殺在後是罪累不合及君故起累上之問非是釋合書葬以否

射姑殺者也。殺處父○左氏作射姑 射姑之殺奈何？曰：晉將與狄戰，使狐夜姑爲將軍，趙盾佐之。陽處父曰：不可。古者君之使臣也，使仁者佐賢者，不使賢者佐仁者。今趙盾賢，夜姑仁，其不可乎？邵曰賢者多才也職主于攻伐仁者有惻隱之恩不如多才者有權略○盾徒本反攻如字又音貢惻初力反 襄公曰：諾。謂夜姑曰：吾始使盾佐女，今女佐盾矣。稱處父語以語之故傳曰漏言也○女音汝語魚慮反 夜姑曰：敬諾。襄公死，處父主竟上事。待諸侯會葬在鄙上○竟音境

射姑使人殺之。君漏言也。親殺者夜姑而歸罪於君明由君言而殺之罪在君也故稱君以殺 疏 注親殺至以殺。○釋曰兩下相殺不志乎春秋今雖是射姑之殺罪君漏言故稱國以殺 故士造辟而言，詭辭而出。辟君也詭辭而出不以實告人○造七報反辟必亦反君也注同詭九委反 曰：用我則可，不用我則無亂其德。此士對君言之辭 ○晉狐夜姑出奔狄。○閏月不告月，猶朝于廟。禮天子以十二月朔政班告于諸侯諸侯受於禰廟孝子尊事先君不敢自專也言朝者緣生以事死親存朝朝莫夕不敢泄鬼神故事畢咸月如而朝之○猶朝直遥反注及下同朝朝上如字下直遥反莫音暮泄息列反 疏 注禮天子至朝之。○釋曰周禮太史班告朔于邦國鄭玄云天子班朔於諸侯諸侯藏之祖廟至朔日朝於廟告而受行之論語云子貢欲去告朔之餼羊是告朔用特羊言廟鄭云祖廟禰廟者以無正文各以意説或祖或禰通言之耳何休亦云藏於祖廟使大夫南面奉天子命君北面而受之是亦受政之事也凡告朔之禮因聽視此月之政故謂之視朔謂之聽朔也其朝廟之禮孝子緣生以事死因告朔在廟故感月始而亦享祭宗廟故亦謂之朝享其歲首謂之朝正也據玉藻及祭法之文則天子聽朔於明堂朝享自祖考以下五廟諸侯則聽朔於大廟朝享自皇考以下三廟也公羊傳稱閏月爲不告朔天無是月也閏月矣何以謂之天無是月非常月也此傳云閏月者附月之餘日也天子不以告朔而喪事不數公羊穀梁皆以爲閏月不合告朔左氏傳云不告閏朔棄時政也何以爲民主則閏月當告朔與二傳異也案哀五年閏月葬齊景公公羊傳意以爲并閏此傳云喪事不數也者閏月不告朔二傳雖同其於喪事數與不數其意又異也范氏別例云書不告朔有三皆所以示譏耳則此文一也公四不視朔二也襄二十九年公在楚三也公既在楚則是不告朔故亦以爲一注又云不敢泄鬼神解生則朝朝莫夕死則每月始朝之意也

不告月者，何也？不告朔也。不告朔則何爲不言朔也？閏月者，附月之餘日也，積分而成於月者也。一歲三百六十日餘六日又有小月六積五歲得六十日而再閏積衆月之餘分以成此月 疏 注一歲至此月。○釋曰古今爲麻者皆云周天有三百六十五度四分度之一日之行天一日一夜行一度故謂一度爲一日一歲十二月唯有三百六十日是餘五日四分日之一也又月一大一小則一年之間又有六日并言之則一歲有十二日故積五歲得六十日此皆大率而言其實一年不得有十二日范不如麻法細計之故云五歲得六十日也 天子不以告朔，而喪事不數也。閏是叢殘之數非月之正故吉凶大事皆不用也不數所右也○叢徂洪反 猶之爲言可以已也。郊然後三望告朔然後朝廟俱言猶義相類也既廢其大而行其細故譏之 疏 猶之至已也。○釋曰重發傳者前爲三望發此是朝廟嫌異故重明之范例猶有五等發傳者三僖三十一年猶三望獨發傳者據始也宜三年不發傳者從例也成七年亦不發傳者亦爲從例可知也此年發傳者朝與三望異也宜八年發傳者嫌仲遂有罪得不廢禮又繹祭與朝廟禮異故也

七年，春，公伐邾。三月，甲戌，取須句。取邑不日。此其日，何也？據僖二十六年公伐齊取穀不日○句其俱反 不正其再取，故謹而日之也。僖二十二年公已伐邾取須句過而不改於此爲甚故錄日以志之 疏 不正至日之也。○釋曰哀元年冬仲孫何忌帥師伐邾二年王二月季孫斯云云帥師伐邾取漷東田及沂西田彼比年伐邾而取兩邑經不書日今傳之與文父子異人特言謹而日之者以文公是不肖之君繼主適祀取邑致討不得序列於諸侯譏其過而不改故錄日以見惡僖雖伐邾纔始一度又是作須賢君故與文異也 遂城郚。遂，繼事也。因伐邾之師○郚音吾 ○夏，四月，宋公壬臣卒。○壬臣或作王臣 ○宋人殺其大夫。稱人以殺，誅有罪也。疏 宋人殺其大夫。○釋曰公羊以爲三世內娶使若無大夫故不書名左氏以爲無罪故不書名今此傳直云稱人以殺誅有罪也則謂此被殺者爲有罪故稱人以殺仍未解不稱名所由案僖二十五年宋殺其大夫傳曰其不稱名姓以其在祖之位尊之也此傳云誅有罪也又經稱宋人則與彼異蓋成公王臣新卒昭公杵臼未即位國內無君故不稱名氏從未命大夫例故八年鄭釋廢疾亦以此爲無君若然兩下相殺春秋不書又不得言其此書殺大夫而云無君者以受命於嗣天子是以言其孤未畢喪故無名氏八年書司馬官也者彼雖實有君而不重爪牙無君人之度故經書司馬傳以無君釋之鄭立云亦爲上下俱失罪臣以權寵逼君故稱人以殺君以非理殺臣故著言司馬不稱名者以其世在祖之位尊亦與僖二十五年宋殺其大夫同是其說也 ○戊子，晉人及秦人戰于令狐。令狐秦地○令力丁反 晉先蔑奔秦。不言出，在外也。輟戰而奔秦，以是爲逃軍也。輟止也爲將而獨奔故曰逃軍○輟丁劣反將子匠反 ○狄侵我西鄙。○秋，八月，公會諸侯、晉大夫，盟于扈。扈鄭地○扈音戶 其曰諸侯，略之也。晉侯新立公始往會晉侯不盟大夫受盟既以喪娶又取二邑爲諸侯所賤不得序于會諱使若扈之盟都不可知故略之○喪取七住反本亦作娶 疏 注諱使至略之。○釋曰舊說使若扈之盟都不可知者謂後十五年亦不序諸侯擇解下文故云都也今以爲范解諸侯不序之意魯諱其不與故總言諸侯似若扈之盟諸侯都不可知非是擇解下文始稱都也 ○冬，徐伐莒。○公孫敖如莒涖盟。涖，位也。其曰位，何也？前定也。其不日，前定之盟不日也。疏 涖位也。○釋曰重發傳者以徐伐莒而往涖盟嫌非兩國交盟之例故明之

八年，春，王正月。○夏，四月。○秋，八月，戊申，天王崩。襄王 ○冬，十月，壬午，公子遂會晉趙盾，盟

于衡雍。衡雍鄭地。雍於用反。【疏】公子遂○釋曰再稱公子者若下文直言遂恐爲繼事之辭兩名不辨故重言公子以詳之○乙酉。公子遂會雒戎、盟于暴。鄭地○雒戎音洛本或作伊雒之戎誤○公孫敖如京師。弔周喪不至而復。丙戌。奔莒。不言所至。未如也。若其已行當如公子遂至黃乃復今不言所至而直言復知其實未如也未如則未復也。未如而曰如。不廢君命也。雍曰受命而出義無私留書如京師以顯命行于下不書所至以表不去之罪未復而曰復。不專君命也。復者事畢之辭未如故知其未復加畢事之文者言君命無輒專之道其如非如也。其復非復也。唯奔莒之爲信。故謹而日之也。【疏】謹而日之也○釋曰襄二十三年冬十月乙亥臧孫紇出奔邾傳曰其日正臧孫紇之出也范云正其有罪彼云正其有罪則此亦正其有罪兩處發傳者此其如非如其復非復臧孫則實奔嫌其意異故舉二者以包其餘成十六年冬十月乙亥叔孫僑如出奔齊亦同此例故不復發之若然僑如亦是有罪書日亦以包之於彼注引徐邈云禮大夫云君埽其宗廟不絶其祀身雖出奔而君遇之不失正故一詳而日之明有恩義也與此異者書日之義有二種之意也一爲正罪一爲兼君恩知者以閔二年公子慶父出奔莒文承九月之下而不書日傳稱慶父不復見矣明罪重合誅故去日以見恩絶則書日者有恩可知以此推之歸父公子憖不書日之從例可知也然歸父有罪非成公遂之考歸父殺嫡立庶宜世不長魯人逐之實得其罪但惡成公逐父之使耳不言歸父無罪也○螽。○宋人殺其大夫司馬。司馬。官也。其以官稱。無君之辭也。何休曰近上七年宋公王臣卒宋人殺其大夫不言官今此在三年中言官義相違鄭君釋之曰七年殺其大夫此實無君也今殺其司馬無人君之德耳司馬司城君之爪牙守國之臣乃殺其司馬奔其司城無道之甚故稱官以見輕慢也傳例稱人以殺殺有罪也此上下俱失之○見賢徧反○宋司城來奔。司城。官也。其以官稱。無君之辭也。來奔者不言出。舉其接我也。【疏】來奔至接我也○釋曰重發傳者嫌奔殺異也來奔不言出發傳於此者以是來奔之始故發之予哀不發者從此例可知

穀梁傳注疏卷十校勘記　阮元撰盧宣旬摘錄

文公　單疏本每卷標題春秋穀梁疏某公卷第幾自此以下分卷亦以每公爲一卷與石經合此文公爲第六卷

元年

先卿會國　閩監毛本卿作即

可以會外諸侯戚衞地　閩監毛本脫戚衞地三字

注內卿至衞地　閩本同單疏本至衞地作云云監毛本衞地作諸侯非也

至於三年　閩監毛本同何校本三作二是也

垂斂之曾　會誤曾閩監毛本不誤

楚世子商臣弒其君髡　石經閩監毛本商作商下及注同

二年

以事相繼　閩監毛本同何校本以作其

左主八寸　閩監毛本同何校本八作七○按儀禮經傳通解亦作七

則內於西壁掐中　閩監毛本掐作陷何校本作埳

親喪已入壙　閩監毛本同何校本據元文入改下

桑猶喪也　按今本公羊注脫此四字

與其觕觕　閩監毛本同何校本上觕作麤是也按說文無觕字麤觕字轉寫之譌段玉裁說詳公羊校勘記

蓋爲禘時別昭穆也　閩監毛本同何校本依元文禘下增祫字

使若與甚君盟　閩監毛本甚作其是也

故就此一發之後注云　閩監毛本同何校本一作亦後作彼是也

公孫敖會宋公陳侯鄭伯晉士縠盟于垂斂　閩監毛本同石經縠作穀釋文出士縠云本又作穀九年同

可以會外諸侯　閩監毛本同石經無外字

而云三年之喪未締者　閩監毛本締作禘何校本作終案終是

以昭繆爲次序　閩監本同毛本繆誤穆釋文出昭繆音韶穆下及傳同案通志堂釋文亦誤作昭穆此據宋本陸以穆作繆音則本文作繆可知

三年

則是僖在於莊上　閩監毛本同何校本僖下有公字

故不得一例危之　閩監毛本危作施

亦以宋德薄　閩監毛本同單疏本德薄乙轉

四年

問者以使大夫逆例稱女　閩本同監毛本者誤日

故反覆推之　閩監本同毛本故誤而

今故深發之者　閩監毛本故深作復特何校本無此二字

以彼稱夫人　閩監毛本同何校本以作然

娶於大夫者　閩監毛本同何校本於作乎與公羊傳合

五年

又此傳云兼歸之非正也明天子於諸侯含禭常各異使也　閩監毛本同單疏本無又此至含禭一十八字何校本常作當

而含已晚　閩監毛本同石經已作以○按儀禮經傳通解引作以

唯論諸侯自相於　宋本閩本同監毛本於誤施下兩其諸侯相於同

何得云天子與諸侯禮異　閩監毛本同何校本無云字

證君之於臣　閩監毛本同何校本於作與

益明范云傳爲非也　閩監毛本同何校本云作以

六年

射姑殺者也　石經閩監毛本射作夜釋文出夜姑云左氏作射姑此十行本亦作夜淺人據左氏妄改剜補之迹顯然下射姑之殺射姑使人並當作夜

處父主竟上事　閩監毛本同石經上下有之字

用特羊言廟　閩監毛本同何校本言作告

閏月矣何以謂之天无是月非常月也　閩監毛本无作無何校本矣作也非上叠是月二字與公羊合

故云五歲得六十日也　閩本同監毛本脫也字

閏是叢殘之數　閩監本同毛本叢作藂釋文出藂

七年

宋公王臣卒　閩監毛本同石經王作王

疏宋人殺其大夫　毛本同閩監本疏誤註

案僖二十五年　閩監毛本同何校本僖下有公字

而不重爪牙　監毛本同閩本何校本爪作爪

八年

鄭地　閩監本同毛本上有暴字

不至而復　閩監毛本同石經無而字

禮大夫云　閩監毛本同何校本云作去與成十六年注合

監本春秋穀梁注疏文公卷第十一　起九年盡十八年

范甯集解　楊士勛疏

九年，春，毛伯來求金。求車猶可，求金甚矣。凱曰：求俱不可，在喪尤甚。不稱使者，天子當喪未君也。【疏】注「在喪尤甚」。○釋曰：求賻亦在喪，不言尤甚者，在喪有賻，無金，故求賻比求金為輕；求車不在喪，又可於求賻，故傳云「求車猶可」。凱云在喪求金尤甚。○夫人姜氏如齊。歸寧。○二月，叔孫得臣如京師。京，大也。師，眾也。言周必以眾與大言之也。【疏】京大至言之也。○釋曰：不發於桓九年者，內之如京師始於此，故發之。季姜非魯女，故彼處不發。雖略不發，傳亦同此可知也。○辛丑，葬襄王。天子志崩不志葬，舉天下而葬一人，其道不疑也。志葬，危不得葬也。不得備禮葬。【疏】天子至葬也。○釋曰：重發傳者，桓王七年始葬，襄王則七月而葬，緣異，故重發之也。日之甚矣，其不葬之辭也。王室微弱，諸侯無復往會葬。○復，扶又反。【疏】王室至會葬。○釋曰：魯不會葬，則無由得書，而云王室微弱，諸侯無復往會葬者，天子志崩不志葬，而又書日，是不葬之辭，故知諸侯無復往會者也。其實魯卿往會始書，若不會則不當書也。故春秋之世有十二王，志崩者有九，書葬者唯五耳，良由王室不赴，諸侯不會故也。志崩有九者，平王、桓王、惠王、襄王、匡王、定王、簡王、靈王、景王是也。書葬有五者，桓王、襄王、匡王、簡王、景王是也。其莊王、僖王、頃王三者不志崩，為不赴故也。然則天子不合書葬，魯史書之者，欲見周室之衰，不得備禮而葬，因遣使往會則錄之，若不遣使則葬不明，故不錄也。傳稱不志葬者，據治平之日正法言之也。○晉人殺其大夫先都。○三月，夫人姜氏至自齊。卑以尊致。病文公也。夫人行例不致，乃以君禮致，刺公寵之過。○刺，七賜反。【疏】注夫人至之過。○釋曰：范氏例云夫人行有十二例時，此致而書月者，蓋以非禮而致，故書月以刺之。餘不書月者，當條皆有義耳。夫人行十二者，文姜七如齊，再如莒，是九也；夫人姜氏會齊侯于陽穀，十也；夫人姜氏會齊侯于卞，十一也；并數此夫人姜氏，是十二也。徐邈云：卑以尊致，有文公娶齊大夫女為妻，故初逆姜氏不稱夫人，今致以夫人禮，與逆自違，故疾公也。范云夫人行例不致，乃以君禮致，刺公寵之過，則與徐異也。○晉人殺其大夫士穀及箕鄭父。稱人以殺，誅有罪也。鄭父，累也。○箕，居其反。○楚人伐鄭。○公子遂會晉人、宋人、衛人、許人救鄭。○夏，狄侵齊。○秋，八月，曹伯襄卒。○九月，癸酉，地震。震，動也。地不震者也，震故謹而日之也。穀梁說曰：大臣盛，將動有所變。【疏】癸酉地震。○釋曰：范例云地震五例日，故此亦日也。何休、徐邈並云由公子遂陰為陽行專政之所致，今范引穀梁說曰「大臣盛，將動有所變」，則與二說同，理亦無妨。○冬。楚子使萩來聘。楚無大夫，無命卿。○萩，子逡反，又子小反，或作萩，左氏作椒。其曰萩，何也？以其來我，褒之也。【疏】楚無至之也。○釋曰：既褒之而書名，所以不稱氏者，公羊傳云許夷狄者不一而足，理或然也。○秦人來歸僖公成風之襚。秦人弗夫人也，言秦人弗以成風為夫人，故不言夫人。即外之弗夫人而見正焉。見不以妾為妻之正。○見，賢遍反。○葬曹共公。○共，音恭。

十年，春，王三月，辛卯，臧孫辰卒。○夏，秦伐晉。○楚殺其大夫宜申。僖四年傳曰楚無大夫，而今云殺其大夫者，楚本祝融之後，季連之冑也，而國近南蠻，遂漸其俗，故棄而夷之。今知內附中國，亦轉強大，故進之。○冑，直又反。國近，附近之近。【疏】楚本至進之。○釋曰：國語與楚世家文也。○自正月不雨，至于秋七月。歷時而言不雨，文不閔雨也。不閔雨者，無志乎民也。○及蘇子盟于女栗。女栗，某地。蘇子，周卿士。○女，音汝。○冬，狄侵宋。○楚子、蔡侯次于厥貉。厥貉，某地也。○貉，亡白反。

十有一年，春，楚子伐麇。○麇，九倫反。○夏，叔彭生會晉郤缺于承匡。承匡，宋地。○缺，苦悅反。○秋，曹伯來朝。○朝，直遙反。○公子遂如宋。○狄侵齊。○冬，十月，甲午，叔孫得臣敗狄于鹹。不言帥師而言敗，何也？據僖元年公子友帥師敗莒師于麗，獲莒挐，稱帥師。○敗，必邁反。鹹，音咸。麗，力知反。挐，女居反。直敗一人之辭也。一人而曰敗，何也？以眾焉言之也。言其力足以敵眾。【疏】直敗至言之也。○釋曰：公子友與莒挐戰，唯二人相敵，亦是直敗一人，彼言帥師，此不言者，季子與莒挐並將軍眾而行之，雖決勝負以其，俱有徒眾，故經書帥師；今叔孫與魯之眾止敵一人，故但言敗，不言帥師也。傳曰長狄也。弟兄三人，佚宕中國。佚猶更也。○佚宕，大結反。更也，害本又作宕。更，音庚。瓦石不能害。肌膚堅強，瓦石打擲不能虧損。○強，其丈反。擲，直隻反。叔孫得臣最善射者也，射其目，身橫九畝。廣一步，長百步為一畝，九畝五丈四尺。○射其，食亦反，下注同。廣，古曠反。長，直亮反。【疏】注五丈四尺。○釋曰：春秋考異郵云：兄弟三人，各長百尺，別之國，欲為君。何休云：長百尺。范云五丈四尺者，讖緯之書不可悉信，以此傳云身橫九畝，故知是五丈四尺也。杜預注左氏云三丈，唯約國語仲尼稱僬僥長三尺，大者不過數之十，非經正文，故范所不信。注高三尺三寸，知者，考工記云兵車之廣六尺有六寸，又以其廣之半為之軾崇，是軾高從上而下去車版三尺三寸，橫施一木，名之曰軾也。斷其首而載之，眉見於軾。兵車之軾高三尺二寸。○斷，丁管反。見，賢遍反。軾，音式。然則何為不言獲也？據莒挐言獲。曰：古者不重創，不禽二毛，故不言獲，為內諱也。不重創，恤病也；不禽二毛，敬老也。仁者造次必於是，顛沛必於是，故為內諱也。既射其目，又斷其首，為重創；鬢髮白，為二毛。○重，直用反，注同。創，初羊反。為內，于偽反。造，七報反。沛，音貝。【疏】曰古至諱也。○釋曰：自不應書，經何諱之有？穀梁以不重創為諱，其理非也。今知不然者，以長狄兄弟害為深，得臣能立功於一時，而標名於萬代，其不諱，何以不書？且晉獲潞子，尚書於經，魯獲長狄，錄詳內略外之義，豈其然哉？知內諱之言為得其實也。其之齊者，王子成父殺之，則未知其之晉者也。【疏】其之至者也。○釋曰：公羊傳云：兄弟三人，一者之齊，一者之魯，一者之晉。何休云：三國各欲為君，象周衰禮義廢。魯，成就周道之國；齊、晉，霸者之後。此三國為後，欲見中國皆為夷狄之行。范雖不從何說，理亦無妨。○未知其之晉者也。○釋曰：之魯者叔孫得臣殺之，之齊者王子成父殺之，謂其之晉者，史傳不記，未知殺者姓名是誰也。

十有二年，春，王正月，郕伯來奔。○郕，音成。○杞伯來朝。僖二十七年稱子，今稱伯，蓋時王所進。○朝，直遙反。○二月，庚子，子叔姬卒。其曰子叔姬，貴也，公之母姊妹也。同母姊妹。【疏】公之母姊妹也。○釋曰：傳稱其曰子叔姬，貴之也，公之母姊妹也，則以稱子以明貴，是以錄其卒，未必由公之母姊妹。上下意乖者，上傳云公之母姊妹，解其稱子所由，明貴則書卒，賤乃不錄也；下傳云許嫁以卒之也，欲見其雖貴，非許嫁不書。上下二傳足成，非乖也。徐邈云：上傳云子叔姬者，杞夫人見出，故不言杞；下傳云許嫁者，言是別女，非杞叔姬也。理亦足通，未知范意然否。其一傳曰：許嫁以卒之也。男子二十而冠，冠而列丈夫，三十而娶。女子十五而許嫁，二十而嫁。禮二十而夫之列謂久無儲貳，故天子諸侯十五而冠，十五而娶。婦之道王教之本，不可以童子之道治之，禮十次成人，欲人君之早有繼體，故因以為節。書稱冠著在金縢，周禮媒氏曰：令男三十而娶，女二云女子十五而笄，說曰：許嫁也。是故男自二十自十五以及二十，皆得以嫁娶，先是則速，後是娶或以賢淑，或以方類，豈但年數而已。若必差婦是廢賢淑方類，苟比年數而已，禮何為然哉？二十而嫁，說嫁娶之限，蓋不得復過此爾。故冠書稱日嫁，周禮云女子年二十未有嫁者，仲春禁奔者不待禮聘，因媒請嫁而已矣。甯謂禮為長殤年十九至十六，如此男不必三十而娶，女嫁明矣。此又士大夫之禮。○冠，江奐反。娶，七住反。笄，古今反。先，是蘇偏反。後，是戶豆反。比，毗至反。

扶又反縲古頑反禮爲于僞反長丁丈反【疏】注禮二至之禮○釋曰先儒多以周禮媒氏三十之男二十之女限以年數故范引譙周以爲證下取禮文以爲早嫁之驗或以賢淑者若文王之娶大姒是也或以方類者左傳稱鄭世子忽云齊大非吾偶是也此又士大夫之禮著喪服所言多陳士大夫之禮猶不待二十明諸侯以上早娶禮在不疑也案尚書金縢無成王十五而冠故鄭注云天子諸侯十二而冠成王此年十五於禮已冠而彼爵弁者承天變故降服也今譙周云成王十五而冠著在金縢者先儒鄭玄之徒約大戴禮以爲文王崩之明年成王始生文王年十五生武王文王九十七而終則終時武王年八十三矣崩之明年武王年八十四也武王九十三而終則武王崩時成王年十歲可知耳周公攝政必在除喪之後是周公初攝政之時成王年十二金縢稱始欲攝政即羣叔流言周公居東二年罪人斯得乘前之年是成王十四年秋始感大風之變王與大夫盡弁以啓金縢之書是啓金縢時成王年十五又書傳云四年建侯衛則周公復居攝四年作康誥也又書傳云天子年十八稱孟侯作康誥之時成王稱孟侯則成王年十八矣周公居攝四年成王十八年自然啓金縢迎周公之時成王十五故譙周亦以啓金縢時爲成王年十五尚書特云王與大夫盡弁明則始冠之年故云十五而冠謂在金縢也鄭云天子諸侯十二而冠者約左傳魯襄公之年耳更無正文可據故范亦不從

○夏，楚人圍巢。○秋，滕子來朝。○秦伯使術來聘。術秦大夫○術音述○冬，十有二月，戊午，晉人、秦人戰于河曲。河曲晉地不言及秦晉之戰已亟，故略之也。亟數也夫戰必有曲直以一人主之二國戰鬬數曲直不可得詳故略之不言晉人及秦人戰○亟去冀反數也注同【疏】不言至略之也○釋曰七年戰于令狐十年秦伐晉此年又戰河曲是數也

季孫行父帥師城諸及鄆。稱帥師，言有難也。○難乃旦反【疏】言有難也○釋曰凡城之志皆譏今傳云有難則似無譏者傳本有難不是解譏與不譏直釋其帥師之意耳得此城得時又畏莒爭鄆書雖是譏情義通許故傳以有難釋之不言譏之意也

十有三年，春，王正月。○夏，五月，壬午，陳侯朔卒。【疏】陳侯朔卒○釋曰世本是陳共公也○邾子蘧篨卒。○蘧其居反篨直居反【疏】邾子蘧篨卒○釋曰左傳是文公也○自正月不雨，至于秋七月。○大室屋壞。屋者主於覆蓋明廟不都壞○大音泰傳皆同大室屋壞者，有壞道也，譏不脩也。大室猶世室也。世世有是室故言世室【疏】言有壞道也○釋曰高者有崩道下者有壞道既言有壞道而書之者譏不脩也言魯若繕脩之豈有敗壞之理故書以譏不敬也成五年梁山崩傳云高者有崩道山有崩道又不可繕脩之物而亦書之者刺人君無德而致天災令山崩河壅怪異之大故亦書之然山高稱崩屋下言壞而序稱禮壞樂崩釋云通言之者以禮樂無高下之殊故知通言之周公曰大廟。爾雅曰室有東西廂曰廟伯禽曰大室。

羣公曰宮。爾雅曰宮謂之室室謂之宮然則其實一也蓋尊伯禽而異其名【疏】注爾雅至其名○釋曰此下注所引並爾雅釋宮之言有東西廂者謂有夾室也傳知周公曰大廟伯禽曰大室羣公曰宮者禮記明堂位云季夏六月以禘禮祀周公于大廟哀三年桓宮僖宮災是周公稱大廟羣公稱宮此經別言大室明是伯禽廟公羊傳爲世室言世世不毁世與大意亦同耳禮，宗廟之事，君親割。割牲【疏】君親割○釋曰徐邈云禮記曰君執鸞刀而刲牲是也然彼據初殺牲之時非是割牲之事徐言非也夫人親舂。舂粢盛敬之至也。爲社稷之主，而先君之廟壞，極稱之，志不敬也。極稱言屋壞不復依違其文○復扶又反○冬，公如晉。○衛侯會公于沓。沓地也○沓徒荅反○狄侵衛。○十有二月，己丑，公及晉侯盟。還自晉。還者，事未畢也。自晉，事畢也。【疏】還者至畢也○釋曰知自晉是事畢者以其與致文同故知是事畢傳知還是事未畢者以未至國都而鄭伯會公于棐故知是未畢春秋上下書還者有四莊八年秋師還傳曰遯也今自晉爲事未畢而言嫌不得如彼例故復發傳宜十八年歸父還自晉嫌君臣異故復發事未畢之文襄十九年晉士匄帥師侵齊聞齊侯卒乃還嫌外內異故亦復發傳云事未畢也還例有四范別例云三者蓋直據內爲三不數外臣故也○鄭伯會公于棐。棐鄭地○棐芳匪反

十有四年，春，王正月，公至自晉。○邾人伐我南鄙。○叔彭生帥師伐邾。○夏，五月，乙亥，齊侯潘卒。○潘浦干反【疏】齊侯潘卒○釋曰世家及世本是齊昭公也○六月，公會宋公、陳侯、衛侯、鄭伯、許伯、曹伯、晉趙盾。癸酉，同盟于新城。新城宋地同者，有同也，同外楚也。【疏】同外楚也○釋曰春秋書同盟非一傳或有釋亦有不釋就不釋之內辭又不同所以然者莊公之世二幽之盟于時楚國未强齊桓初霸直取同尊周室而已故傳云同尊周也及邵陵首止之徒楚不敢與争褒大齊桓故不復言同當文公時楚人强盛而中國畏之命同盟詳心外楚不復直能尊周室而已故傳釋之云同外楚也斷道書同傳云外楚也則清丘亦是外楚故傳省文也舉斷道以包上下則蟲牢馬陵蒲之與戚柯陵虛朾之類亦是省文可知同盟雞澤復發傳者楚人轉盛中國外之彌甚故更發之則戲盟及京城重丘之等亦其義也平丘又重發外楚之文者平丘以下中國微弱外楚之事盡於平丘從此以後不復能外故發傳以終之也○秋，七月，有星孛入于北斗。孛之爲言猶茀也。其曰入北斗，斗有環域也。據孛于大辰及東方皆不言入此言入者明斗有規郭入其魁中也劉向曰北斗貴星人君之象也茀星亂臣之類言邪亂之臣將篡弑其君○孛步內反茀李軌扶憒反徐邈扶勿反一音步勿反又音弗邪似嗟反弑音試

○公至自會。○晉人納捷菑于邾，弗克納。是郤克也。其曰人，何也？微之也。何爲微之也？長轂五百乘，緜地千里。長轂兵車四馬曰乘一乘甲士三人步卒七十二人五百乘合三萬七千五百人緜猶彌漫○捷菑在接反下側其反轂古木反乘繩證反卒子忽反【疏】微之也○釋曰不言貶之者以非專惡之稱故傳言微之而已過宋、鄭、滕、薛，夐入千乘之國，欲變人之主。夐猶遠也變人之主謂時邾已立貜且邾小國而言千乘者大郤克之事○夐況盛反至城下，然後知，何知之晚也？征不廟筭正其得失勞師遠涉乃至城下郤以義拒然後方悟貶之曰人不亦宜乎○悟五故反弗克納，未伐而曰弗克，何也？弗克其義也。非力不足義不可勝捷菑，晉出也。貜且，齊出也。姊妹之子曰出貜且，正也。捷菑，不正也。正適○適丁歷反○九月，甲申，公孫敖卒于齊。奔大夫不言卒，而言卒，何也？據閔二年公子慶父出奔莒後不言卒爲受其喪，不可不卒也。其地，於外也。成十七年公孫嬰齊卒于貍蜃傳曰其地未踰竟宣八年仲遂卒于垂垂齊地然則地或踰竟或未踰竟凡大夫卒在常所則不地地者皆非其常所隨其所在而書其地耳不孫於踰竟與不踰竟○爲于僞反貍力之反蜃市軫反竟音境並同【疏】其地於外也○釋曰此與公孫嬰齊卒于貍蜃傳皆釋之宣八年仲遂卒于垂而傳不釋者此公孫敖卒于齊之國內故傳釋之曰其地於外也明在他國而卒公孫嬰齊卒在魯竟內故傳釋之曰其地未踰竟明非他國也二者既已發傳垂是齊地非是他國都又非魯竟內在兩端之間故不復釋之○齊公子商人弑其君舍。舍未踰年，其曰君，何也？成舍之爲君，所以重商人之弑也。舍不成君則殺者非弑也○殺其音試本又作弑商人其不以國氏，何也？據隱四年衛州吁弑其君完不言公子不以嫌代嫌也。春秋以正治不正不以亂平亂舍不宜立有不正之嫌商人專權有當國之嫌故不書國氏明不以嫌相代【疏】不以嫌代嫌也○釋曰左氏以舍是昭公之子夫人叔姬所生而范云舍不宜立有不正之嫌以傳云不以嫌代嫌明知舍不正又舍卒不日亦是非正之驗舍之不日，何也？未成爲君也。【疏】舍之至君也○釋曰傳例凡弑君書日以明正不纂於成君若舍是庶成君亦不合書日而云未成君者春秋不正見者雖庶亦得書日即齊侯小白鄭伯突是也今商人爲不欲以嫌代嫌故不去公子則舍不正之嫌前已著見不正已見例當書日爲未成君故不日耳○宋子哀來奔。其曰子哀，失之也。言失其氏族不知何人【疏】失之也○釋曰經言宋子哀傳云失之也者舊解失之者謂其未達稱子之意案范

注云言失其不知何人則不得云失其稱子之意蓋失之者謂雖知子哀是宋之大夫但不知是何族姓也○冬。單伯如齊。○單伯魯大夫○單音善齊人執單伯。私罪也。單伯淫于齊。齊人執之。齊人執子叔姬。叔姬同罪也。【疏】叔姬同罪也。○釋曰叔姬既與單伯同罪而經文異執者單伯是天子命大夫魯人遣送叔姬未至而與之淫王則闇於取人之術魯則失於遣使之宜故經不書叔姬歸于齊再舉齊執之文者使若異罪然所以為諱也明年書單伯至自齊亦是諱之之事耳公羊亦以為不言齊人執單伯及子叔姬者內辭也使若異罪然左氏則云單伯天子大夫為魯請叔姬非穀梁意也

十有五年。春。季孫行父如晉。○三月。宋司馬華孫來盟。泰曰擅權專國不君其君緣其不臣因日無君上司馬司城皆不名而此獨名者以華孫奉使出盟為好於我故書官以見專錄名以存善○華戶化反使所吏反好呼報反以見賢徧反【疏】泰曰至存善○釋曰外大夫來盟書名則是常事而云錄名以存善者華孫擅權專國理合變文今得錄名即是同於常使失常為惡則得常是善猶左氏稱公子鞏如齊逆女脩先君之好故曰公子亦其類也華孫奉使不稱使者以其專故經書官以表之傳云無君之辭也既無君無臣故不得使也司馬。官也。其以官稱。無君之辭也。來盟者何。前定也。不言及者。以國與之也。○稱尺證反年未注同【疏】前定也。○釋曰重發傳者不稱使嫌異常故也鼓用牲于社莊二十五年傳稱鼓禮也鼓既是禮所以書之者鼓當於朝今用之於社鼓雖得禮用之失處故書也若然後亦鼓之於社而云禮者彼對用牲為非禮故云鼓禮也其實用鼓亦非其處若得其處經不當書耳○夏。曹伯來朝。○朝直遥反○齊人歸公孫敖之喪。○六月。辛丑。朔。日有食之。鼓用牲于社。○單伯至自齊。大夫執則致。致則名。此其不名何也。據昭十四年意如至自晉稱名天子之命大夫也。○晉郤缺帥師伐蔡。戊申。入蔡。【疏】晉郤至入蔡。○釋曰伐入兩舉者伐而不即入故兩舉之也莊二十八年伐戰兩舉者初伐其竟內戰在國都故亦兩舉之也○秋。齊人侵我西鄙。其曰鄙。遠之也。其遠之何也。不以難介我國也。○介猶近也難乃旦反介音界注同【疏】其曰鄙遠之也。○釋曰重發傳者以莊十九年三國伐我今齊人獨來嫌異故重明之○季孫行父如晉。○冬。十有一月。諸侯盟于扈。諸侯皆會而公獨不與故恥而略之【疏】注諸侯至略之。○釋曰舊解公獨不與者謂七年扈之盟公不得與故略言諸侯此與十七年公雖與會諱前不與故亦略之其意公獨不與謂七年時也今以為公獨不與正謂此年公在不解與故言公會諸侯今此會盟公全不往故直言諸侯盟于扈而已皆所以為諱也○十有二月。齊人來歸子叔姬。其曰子叔姬。貴之也。其言來歸何也。父母之於子。雖有罪。猶欲其免也。凱曰書來歸是見出之辭有罪之人猶與貴稱書之曰子者蓋父母之恩欲免罪也【疏】其曰至免也○釋曰來歸者是彰罪之稱而云父母之於子欲其免也者稱子是尊貴之辭雖云來歸以貴辭言之非是有罪之稱故云欲其免也○齊侯侵我西鄙。遂伐曹。入其郛。郛郭○郛芳俘反【疏】入其郛。○釋曰公羊傳云郛者何郭也此不發傳者春秋唯有此事而已非例所及故略之也

十有六年。春。季孫行父會齊侯于陽穀。齊侯弗及盟。弗及者。內辭也。行父失命矣。齊得內辭也。○行父出會失辭義無可納故齊侯以正道拒而弗受不盟由齊故得內辭【疏】注行父至內辭。○釋曰以行父失辭之故為齊侯所非外得其所拒內失其志春秋惡行父之失命故得內辭也○夏。五月。公四不視朔。天子告朔于諸侯。諸侯受乎禰廟。禮也。每月天子以朔政班于諸侯諸侯受而納之禰告廟以羊今公自二月不視朔至于五月是後視朔之禮遂廢故子貢欲去其羊○去起呂反【疏】注每月至其羊。○釋曰三朝記云周衰天子不班朔于天下此云班朔者彼據周未全不能班之此時尚或班或不班故下傳云以公為厭政以甚矣范云天子班朔而公不視是也知是二月不視朔至五月者以經書五月公四不視朔若從五月以後數之則公或視或不視何得預言四不視朔知從二月至五月為四也又云是後視朔之禮遂廢而經直云公四不視朔者左氏以為此獨書公四不視朔者以表公實有疾非詐齊也公羊為此此公有疾猶可言無疾則不可言穀梁文雖不明蓋從此一譏之惡足見其餘不復譏也公四不視朔。公不臣也。以公為厭政以甚矣。天子班朔而公不視是不臣○厭於豔反○六月。戊辰。公子遂及齊侯盟于師丘。○師丘齊地○師丘左氏作郪丘公羊作犀丘復行父之盟也。春齊侯不與行父盟故復使遂脩之○復行扶又反又音服注復使及下注而復皆同○秋。八月。辛未。夫人姜氏薨。僖公夫人○毀泉臺。喪不貳事。貳事。緩喪也。喪事主哀而復毀泉臺是以喪為緩以文為多失道矣。緩作主躋僖公四不視朔毀泉臺之類【疏】以文至道矣。○釋曰春秋為尊親者諱而舉其多失道者仲尼之脩春秋所以示法有罪皆諱何以見其褒貶故桓公殺逆之主罪無遺漏亦其比也至於書經文不委曲則亦是諱何者文實逆祀而云躋僖文從後多不視朔直言四不視朔而已文稱毀泉臺則似嫌其奢泰是亦臣子為尊親諱之義也然取二邑大室屋壞不與扈盟亦是失道注不言之者云云之類足以包之也公羊以為泉臺者是莊公所築郎臺也左氏與此傳並不顯言或如公羊之說也自古為之。今毀之。不如勿處而已矣。若以夫人居之而薨者但當莫處○楚人、秦人、巴人滅庸。○冬。十有一月。宋人弒其君杵臼。泰曰傳稱人者衆辭衆之所同則君過可知又曰稱國以弒其君君惡甚矣然則舉國重於書人也○杵昌呂反臼其九反【疏】注泰曰至人也。○釋曰稱人衆辭莊十七年傳文稱國以弒其君君惡甚矣成十八年傳文

十有七年。春。晉人、衛人、陳人、鄭人伐宋。衛序陳上蓋主會者降之○夏。四月。癸亥。葬我小君聲姜。○齊侯伐我西鄙。○六月。癸未。公及齊侯盟于穀。○諸侯會于扈。言諸侯者義與上十五年同○范云言諸侯者義與上十五年同亦諸侯皆會公獨不與恥而略之【疏】注言諸至年同。○釋曰彼為公不會略言諸侯則此亦然也○秋。公至自穀。○冬。公子遂如齊。

十有八年。春。王二月。丁丑。公薨于臺下。臺下。非正也。【疏】臺下非正也。○釋曰非正與僖同重發之者僖是小寢此則臺下嫌異故發之○秦伯罃卒。○罃乙耕反○夏。五月。戊戌。齊人弒其君商人。○六月。癸酉。葬我君文公。○秋。公子遂、叔孫得臣如齊。使舉上客。而不稱介。不正其同倫而相介。故列而數之也。上客耳主也禮大夫為卿介遂與得臣俱為卿是以同倫為副使故兩言之明無差降○使舉所吏反注同介音界下同副使也數所主反【疏】注禮大夫為卿介○釋曰聘禮卿出以大夫為上介士為末介是也○冬。十月。子卒。子赤也諸侯在喪既葬之稱【疏】注子赤至之稱。○釋曰公羊傳稱君薨稱子某既葬稱子踰年稱君今子赤文公既葬而云子卒是既葬之稱也子卒不日。故也。故殺也不稱殺諱也○夫人姜氏歸于齊。惡宣公也。姜氏子赤之母其子被殺故大歸也宣公亦文公之子其母敬嬴惡不奉姜氏○惡烏路反注同嬴音盈依左傳應作頃熊【疏】注惡宣公也。○釋曰注并言敬嬴者意欲明宣公是敬嬴所生是非惡敬嬴也舊解宣公不使其母奉養姜氏故言之禮亦通也有不待貶絕而罪惡見者。泰曰直書姜氏之歸則宣公罪惡不貶而自見有待貶絕而惡從之者。齊小白以國氏之類是也姪娣者。不孤子之意也。言其一人有子則共一人有子。三人緩帶。共望養○姪大結反娣音弟共養並如字○一讀上九用反下餘亮反其祿【疏】姪娣至緩帶。○釋曰上文直云姪娣者所以分別尊卑明夫人須媵妾之意下文揔言緩帶者欲見有子

則喜樂之情均，貴賤之意等。今宣公爲人君，不尊養姜氏，非緩帶之謂也。緩帶者，優游之稱也。一日就賢也。若並有子，則就其賢，謂年同也。宣公不奉哀姜，非此之謂，故惡之。【疏】注若並至惡之。釋曰：宣以庶子篡立，非關就賢。范云宣不能奉養哀姜，則是非賢之事，故云非此之謂也。○季孫行父如齊。○莒弒其君庶其。傳例曰稱國以弒其君，君惡甚矣。【疏】注傳例至甚矣。○釋曰：注引傳例者，嫌小國無大夫，例不稱臣名，明弒逆事重，不從凡常大夫之例也。舊解稱國者，謂惡於國人，并虐及卿大夫；稱人者，謂失心於民庶也。此乃涉於賈逵之說，據十六年范注則似不然。

穀梁注疏卷十一校勘記　阮元撰盧宣旬摘錄

九年 文公

內之如京師 閩監毛本如誤於

故知諸侯無復往會者也 閩監毛本同何校本者作葬是也

卑以尊致有 閩監毛本同何校本有作者

不稱夫人 閩毛本同監本不誤雁

冬楚子使萩來聘 石經閩監本同毛本空缺冬字釋文萩或作菽

十年

及蘇子盟于女栗 閩監毛本同石經栗作粟釋文出女粟○按當作栗

十有一年

佚宕中國 閩監毛本同石經宕作害釋文出佚害云害本又作宕

何休云長百尺 閩監毛本同何校本云上有亦字

高三尺二寸 閩本同監毛本二作三案三是

何休云三國 閩監毛本同何校本三上有之字案有者是

魯成就周道之國 按公羊注國作封

齊晉霸者之後 按公羊注者字作尊周室三字

十有二年

是以錄其卒 閩監毛本同何校本以作其

著喪服所言 閩監毛本同何校本著作謂

謂在金縢也 閩監毛本同何校本謂作著

故略之也 石經監本同閩毛本略作畧○案古略畧字皆田在左

得此城得時 閩監毛本同何校本上得作但

十有三年

而封牲是也 閩監毛本封誤刲

十有四年

世家及世本是齊昭公也 閩監毛本同何校本上有齊侯潘有二五字

公會宋公陳侯衛侯鄭伯許伯曹伯晉趙盾 閩監毛本同石經許伯作許男

及邵陵首止之徒 閩監毛本徒作後是也

命同盟詳心外楚 閩本同監毛本命作今是也

則戲盟及京城重丘之等 閩監毛本京誤亳

緜猶彌○漫 案○當在漫下所以別音義此誤倒閩監毛本不誤今依訂正

以非尊惡之稱 閩監毛本同何校本稱作也

宣十年 閩監毛本同何校本十作八案注是八字

據隱四年衛州吁弒其君完 閩監毛本同何校本州作祝是也釋文出殺其云本又作弒

十有五年

案范注云言失其 閩監毛本同單疏本無注字何校本下有氏族二字

其以官稱 石經同閩監毛本其以誤以其

嫌異常故也鼓用牲于社莊二十五年 閩本同監毛本鼓用以下在經鼓用牲于社下莊上增○

十有六年

公羊爲此公有疾猶可言 閩本同監毛本爲作謂

十有八年

耳主也 閩本同監毛本耳作聘

下文揔言緩帶者 閩監本同毛本言誤至

監本春秋穀梁注疏宣公卷第十二 起元年。終十八年。

范甯集解　楊士勛疏

宣公【疏】魯世家宣公名倭，文公之子，子赤庶兄，以周匡王五年即位。謚法：善問周達曰宣。

元年。春。王正月。公即位。繼故而言即位，與聞乎故也。與聞音預。下注亦同。【疏】繼故至故也。○釋曰：重發傳者，桓公篡成君，宣公篡未踰年君，嫌異，故發之。○公子遂如齊逆女。不譏喪娶者，不待貶絕而罪惡自見。桓三年傳曰：逆女，親者也；使大夫，非正也。○自見，賢遍反。【疏】注桓三至正也。○釋曰：引彼傳例者，嫌譏喪娶不責親迎，故引傳例以明之。三月。遂以夫人婦姜至自齊。其不言氏，喪未畢，故略之也。夫人不能以禮自固，故與有貶。【疏】注夫人至有貶。○釋曰：婦禮遲速由於夫家，陽倡陰和，同是其理，而責夫人者，一禮不備，貞女不行，夫人姜氏若其不行，公得無喪娶之譏，夫人無苟從之咎，故責之。其曰婦，緣姑言之之辭也。遂之挈，由上致之也。上謂宣公。挈，苦結反。【疏】其曰至辭也。○釋曰：傳重言此者，嫌喪娶辭略，并明不與陳人之婦同也。○遂之至之也。○釋曰：挈者，謂夫氏族而直書名。徐邈以挈爲舉，非也。左氏以爲遂不稱公子者，尊夫人也。公羊以爲遂不言公子者，一事而再見，從省文。此傳云由上致之，是與二傳異也。此注云上謂宣公，昭公二十四年婼至自晉注云上謂宗廟也者，釋有二家：其一云禮夫人三月始見宗廟，遂與僑如之致由君而已，故知上爲宣公；成公也婼被執而反，理當告廟，故知上謂宗廟也。又一釋二者互文也，以相通見。廟之時，君稱臣之名以告宗廟，則二者皆當書名，故此云宣公，彼云宗廟，亦是昭公告之可知；此宣公亦是告宗廟明矣。婼與意如俱爲被執而致，傳釋有異辭者，意如訴公於晉，婼則無罪，故傳不同也。此已發傳，僑如又發之者，此喪娶，彼非喪娶，嫌異，故重明之。○夏。季孫行父如齊。○晉放其大夫胥甲父于衛。放猶屏也。屏除。稱國以放，放無罪也。○公會齊侯于平州。平州，齊地。離會，故不致。【疏】稱國至罪也。○釋曰：范別例云放大夫凡有三：晉放胥甲父，一；昭八年楚放公子招，二；哀三年蔡人放公孫獵，三也。此云稱國以放，放無罪也，則稱蔡人者，是放有罪也。若然，招殺世子偃師，則招亦有罪，不稱楚人者，以上有楚師滅陳之文，故不復出楚人，又招有罪自明，故不待更稱楚人也。○注離會故不致。不引傳例者，此宜自應例，惡無所嫌疑故也。傳內不至齊也。昭二十五年齊侯取鄆，傳曰：取，易辭也。哀八年齊人取讙及闡，傳曰：惡內也。所以三發傳不同者，內不言取，今言取，是違例之問，宜在於始。魯人不得已而賂之，取雖是易，而我難之，故直云授之。昭公失國之君，忠臣壽公得邑，故以易辭言之。哀公犯齊陵邾而反喪邑，易辭之也。傳以明惡內之理未顯，故傳特言惡內，其實皆是易辭也。○公子遂如齊。○六月。齊人取濟西田。內不言取，言取，授之也，以是爲賂齊

也。公宣弒入賂齊以自輔恥賂之故書齊取〇秋，邾子來朝。〇楚子、鄭人侵陳，遂侵宋。遂，繼事也。〇晉趙盾帥師救陳。善救陳也。盾徒本反。疏善救陳也。〇釋曰：何嫌非善而言善者？陳近楚屬晉，嫌救之非善，故傳釋之。又救之者爲善，所以駮鄭之過也。〇宋公、陳侯、衛侯、曹伯會晉師于棐林，伐鄭。棐林，鄭地。棐，芳尾反，又音匪。列數諸侯而會晉趙盾，大趙盾之事也。大其衛中國攘夷狄。數，所主反。攘，而羊反。其曰師，何也？據言會晉師，不言會趙盾。以其大之也。以諸侯大趙盾之事，故言師。師者，衆大之辭。疏以其大之也。〇釋曰：襄二年晉師、宋師、衛甯殖侵鄭，注云「不書晉宋之將，以慢其伐人之喪」，彼稱師言晉宋，此稱師云大之者，稱師之義不在一方，言師雖同，善惡有別，所謂春秋不嫌同文，此之謂也。齊救邢惡不及事，楚子滅蔡滅非其罪，晉宋伐喪失爾畜之義，故皆貶之稱師；今趙盾伐鄭以救陳宋，故經列數諸侯而殊大之，明稱師者以著善也。于棐林，地而後伐鄭，疑辭也。此其地何？則著其美也。泰曰：夫救災恤患，其道宜速，而方云會于棐林，然後伐鄭，狀似伐鄭有疑，須會乃定。曰：非也。欲美趙盾之功，故詳録其會地。疏于棐林至美也。〇釋曰：桓十五年公會諸侯于袲伐鄭，傳曰「地而後伐，疑辭也」，此傳既曰疑辭也，又云則著其美也者，此文雖與袲同，其理則異。何者？以其列數諸侯而會趙盾，則詳其會地亦善可知也。〇冬，晉趙穿帥師侵崇。穿，音川。〇晉人、宋人伐鄭。伐鄭，所以救宋也。時楚鄭侵宋。疏所以救宋也。〇釋曰：伐鄭所以救宋，經不言救宋者，以上有楚子、鄭人侵陳遂侵宋之文，今云晉人、宋人伐鄭，明救宋可知，故不言之也。知非救陳者，以救陳之文已見，故楚伐宋，宋得出而自救者，伐宋者不攻都城，故得出師助晉也。

二年，春，王二月，壬子，宋華元帥師及鄭公子歸生帥師戰于大棘。宋師敗績，獲宋華元。大棘，宋地。華，戶化反。獲者，不與之辭也。華元得衆甚賢，故不與鄭獲之。疏注華元至獲之。〇釋曰：華元得衆，故不與鄭獲之。然則晉侯失民，亦言獲者，晉侯雖失衆，諸侯無相獲之道，故亦不與秦獲也。徐邈云：獲者，不與之辭。與者當稱得也，故定九年「得寶玉大弓」是也。然則弓玉與人不類，徐言非也。何休云：華元繫宋者，明恥辱及國。案齊國書、陳夏齧皆繫國，則是史之常辭，非有異文也。言盡其衆，以救其將也。先言敗績而後言獲，知華元得衆心，軍敗而後見獲。晉與秦戰于韓，未言敗績而君已獲，知晉侯不得衆心明矣。盡，子忍反。以三軍敵華元，華元雖獲，不病矣。何休曰：書獲皆生獲也，如欲不病華元，當有變文。鄭君釋之曰：將帥見獲，師敗可知，不當復書師敗績，此兩書之者，明宋師懼華元見獲，皆竭力以救之，無奈不勝敵耳。華元有賢行得衆如是，雖師敗身獲，適明其美，不傷賢行。今爾書敗獲，非變文如何？〇秦師伐晉。〇夏，晉人、宋人、衛人、陳人侵鄭。〇秋，九月，乙丑，晉趙盾弒其君夷皋。穿弒也。穿，趙盾從父昆弟。盾不弒，而曰盾弒，何也？以罪盾也。其以罪盾何也？曰：靈公朝諸大夫而暴彈之，暴，殘暴。朝，直遥反。彈，徒丹反，又徒旦反。觀其辟丸也。趙盾入諫，不聽，出亡，至於郊。禮，三諫不聽則去，待放於竟三年，君賜之環則還，賜之玦則往。必三年者，古疑獄三年而後斷。易曰：「繫用徽纆，示于叢棘，三歲不得，凶。」是也。自嫌有皋當誅，故三年不敢去。辟，音避。竟，音境。玦，古穴反，杜元凱云：如環而不連。斷，丁亂反。徽，許歸反。纆，亡北反。徽纆皆繩也，三股曰徽，兩股曰纆。疏注禮三至敢去。〇釋曰：三諫不聽則去，待放於竟三年，公羊傳文。君賜之環則還，賜之玦則往，荀卿書有其事。易曰「繫用徽纆，示于叢棘，三歲不得，凶」者，易坎卦上六爻辭，但易本繫作係。陸德明云：寘，置也。王弼云：險陗之極，不可升也。法峻整難可犯也，宜其囚執寘于思過之地。三歲，險道之夷也。險終乃反，故三歲不得自修，三歲乃可以求復，故曰三歲不得凶也。馬融云：徽纆，索也。陸得明云：三糾繩曰徽，二糾繩曰纆。劉表云：三股爲徽，兩股爲纆。趙穿弒公而後反趙盾。招使還。史狐書賊曰：趙盾弒公。史，國史，掌書記事。狐，其名。盾曰：天乎天乎！予無罪。告天言己無弒君之罪。孰爲盾而忍弒其君者乎？迴己易他，誰作盾而當忍弒君者乎。孰爲盾絶句。孰，誰也。史狐曰：子爲正卿，入諫不聽，出亡不遠，君弒，反不討賊，則志同，志同，穿也。志同則書重，非子而誰？盾是正卿，又賢，故言重。故書之曰晉趙盾弒其君夷皋者，過在下也。鄭嗣曰：成十八年晉弒其君州蒲，傳曰：稱國以弒其君，君惡甚矣。然則稱臣以弒，罪在臣下也。趙盾弒其君，不言罪而曰過者，言非盾親弒，有不討賊之過。惡甚，如字，又烏路反。曰：於盾也見忠臣之至，於許世子止見孝子之至。邵曰：盾以亡不出竟，反不討賊，受弒君之罪，忠不至故也。止以病不知嘗藥，受弒父之罪，孝不至故也。見忠，賢偏反，或如字，下同。疏曰於至之至。〇釋曰：趙盾與許止加弒是同，而許君書葬，晉靈公不書葬者，許止失嘗藥之罪輕，故書葬以赦止；趙盾不討賊之罪重，故不書晉侯葬，明盾罪不可原也。春秋必加弒於此二人者，所以見忠孝之至故也。忠孝不至則加惡名，欲使忠臣覩之不敢惜力，孝子見之所以盡心，是將來之遠防也。〇冬，十月，乙亥，天王崩。匡王也。

三年，春，王正月，郊牛之口傷。之口，緩辭也，傷自牛作也。牛自傷口，非備災之道不至也，故以緩辭言之。疏緩辭也。〇釋曰：此之爲緩辭，則成七年不言之爲急辭也。書解范氏別例云：凡三十五，范既摠爲例，則言之者並是緩辭也。傳於執衛侯云「言之，緩辭也」，則云其餘不發亦緩可知耳。公喪在外逆之，緩也。衛侯之弟鱄、秦伯之弟鍼等稱之者，取其緩之得逃。吳敗六國亡之者，取其六國同役而不急於軍事也。殺奚齊稱之者，緩於成君也。考仲子宮言之者，隱孫而脩之，緩也。日食言之者，不知之緩也。則自餘並緩耳。理雖迂延，舊說既然，不可致詰，故今亦從之。改卜牛，牛死，乃不郊。事之變也。牛無故自傷其口，易牛改卜，復死，乃廢郊禮，此事之變異。復，扶又反。疏改卜至變也。〇釋曰：公羊傳稱「改卜者帝牲不吉，則引稷牲而卜之。其帝牲在於滌宮三月，於稷者唯具視其身體無災而已，不特養於滌宮」，又云「郊必以其祖配者，自內出者無匹不行，自外至者無主不止」。今改卜者取於稷牛，則未審傳意如何，以后稷配郊，必與公羊異也。不言免牛而云不郊者，牛死不行免牛之禮，故直言不郊也。乃者，亡乎人之辭也。譏宣公不恭，致天變。疏乃者至辭也。〇釋曰：重發傳者，嫌牛死與卜郊不從異也。猶三望。〇葬匡王。〇楚子伐陸渾戎。〇渾，戶門反，又戶困反。〇夏，楚人侵鄭。〇秋，赤狄侵齊。〇宋師圍曹。〇冬，十月，丙戌，鄭伯蘭卒。〇葬鄭穆公。

四年，春，王正月，公及齊侯平莒及郯。莒人不肯。及者，內爲志焉爾。平者，成也。不肯者，可以肯也。凱曰：君子不念舊惡，況爲大國所和乎。〇郯，音談，國名也。疏平者成也。〇釋曰：舊解以莒不肯平，公伐莒取向，莒人彌復怨郯，郯之與莒方爲怨惡，乃是成就亂事，故訓之爲成，注無此意，恐非也。公伐莒，取向。向，莒邑。向，書亮反。伐猶可，取向甚矣。以義兵討不平，未若不用兵以義使平者也，故曰猶可也。疏注以義至可也。〇釋曰：傳稱伐猶可，是非正與辭。注云義兵者，據其討不直，故云義兵也。義兵之道不足，故傳云猶可也。莒人辭不受治也。乘義取邑，所以不服。伐莒，義兵也。討不釋怨。取向，非也。乘義而爲利也。〇爲，如字，又于僞反。〇秦伯稻卒。疏秦伯稻卒。〇釋曰：世本秦共公也。〇夏，六月，乙酉，鄭公子歸生弒其君夷。〇赤狄侵齊。〇秋，公如齊。公至自齊。〇冬，楚子伐鄭。

五年，春，公如齊。〇夏，公至自齊。〇秋，九月，齊高固來逆子叔姬。諸侯之嫁子於大夫，主大夫以與之。婚禮，主人設几筵于廟以待迎者。諸侯大夫尊卑不敵，故使大夫爲之主。〇迎，魚敬反。來者，接內也。不正其接內，故不與夫婦之稱也。來者，謂高固。高固，齊之大夫，而今與君接婚姻之禮，故不言逆女。〇稱，尺證反。疏諸侯至稱也。〇釋曰：莒慶已發傳，今重發之者，莒慶小國之大夫，高固齊之尊卿，而取公之同母姊妹，嫌待之禮殊，故發傳明其不異也。徐邈云：傳言吾

子是宣公女也理亦通爾○叔孫得臣卒。○冬。齊高固及子叔姬來。及者。及吾子叔姬也。爲使來者。不使得歸之意也。高固受使來聘而與婦俱歸故書及以明非禮莊二十七年冬杞伯姬來傳二十八年秋杞伯姬來皆不言所及是使得歸之意○受使所更反〔疏〕叔孫得臣卒○釋曰隱元年傳曰大夫不日卒惡也今叔孫得臣不日卒亦惡可知矣何休云知公子遂弒君而匿情不言未審范意亦然以否○及者至姬也○釋曰經既言高固及子叔姬足自明矣傳何須更言及吾子叔姬也者傳方欲解及爲非禮故上張其文也○注故書至非禮○釋曰桓十八年濼之會去及爲非禮此書及爲非禮者公與夫人之行須言及以別尊卑故云及夫人姜氏會齊侯於陽穀言及濼之會以夫人之伉不言及故知云及爲非禮今叔姬歸寧當以獨來爲文高固奉命宜云來聘經摠之言來故故書及爲非禮。楚人伐鄭。

六年春。晉趙盾、衛孫免侵陳。此帥師也。其不言帥師何也。據元年趙盾帥師救陳言帥師也不正其敗前事。故不與帥師也。元年救而今更侵之〔疏〕不正至師也○釋曰傳例將卑師衆曰師將尊師少直言將成三年晉郤克衛孫良夫伐廧咎如彼非是敗前事亦不言帥師此云不正其敗前事故不與帥師者凡常書經自依將之尊卑師之多少之例趙盾元年稱帥師救陳今直書名而已明是惡敗前事故不與帥師也郤克良夫前無帥師之文故知從將尊師少例耳○夏四月。○秋八月。螽。音終○冬。十月。

七年春。衛侯使孫良夫來盟。來盟。前定也。不言及者。以國與之。不言其人。亦以國與之。不日。前定之盟不日。○夏。公會齊侯伐萊。萊音來國名〔疏〕來盟至不日○釋曰此重發傳者宋華孫不稱使此則稱使嫌異故重發之言不日者據成三年及荀庚盟有日故發問也○秋。公至自伐萊。○大旱。○冬。公會晉侯、宋公、衛侯、鄭伯、曹伯于黑壤。黑壤某地○壤人丈反

八年春。公至自會。○夏六月。公子遂如齊。至黃乃復。蓋有疾而還黃齊地〔疏〕蓋有疾而還○釋曰以下有卒故知有疾也乃者。亡乎人之辭也。鄭嗣曰大夫受命而出雖死以尸將事今遂以疾而還失禮違命故曰亡乎人言魯使不得其人也〔疏〕亡乎人之辭也○釋曰重發傳者此乃復是事畢之文其實未畢嫌與他例異故重明之此云乃者亡乎人之辭也定十五年傳以爲急辭也者乃有二義故也此魯使不得其人言乃以責之公孫敖亦是失命不言乃者此以疾而反有可責之理故言乃復以譏之敖棄命奔莒元來未去不足可責非乃文所盡故不言乃也復者。事畢也。不專公命也。遂以疾反而加事畢之文者是不使遂專命遠○辛巳。有事于大廟。○大音泰下注同仲遂卒于垂。祭于大廟之日而知仲遂卒垂齊地〔疏〕注祭于至遂卒○釋曰注言此者解經仲遂之卒繫祭廟之意也仲遂有罪而亦書日者宣公與遂同罪猶定公不惡意如而書日也或當辛巳自爲祭廟不爲仲遂也案公子翬當桓世無罪則不去公子仲遂非宣惡人而去公子者翬非桓罪人故生存不去公子之號仲遂於宣雖則無罪死者人之終若不去公子嫌其全無罪狀故去之若然何以不去日者既替其尊號則罪已明故不假去日也傳稱公弟叔仲賢也遂非賢而稱仲者杜預云時君所加何休云稱仲者起嬰齊所氏范雖不注理未必然蓋以遂見疏而去公子經不可單稱遂卒遂於後以仲爲氏故稱仲遂卒也然仲遂以罪見疏即見罪惡之臣而譏宣公不廢繹者宣公與遂同心繹祭之時則內舞去籥而爲之故所以譏也爲若反命而後卒也。先書復後言卒使若遂已反命于君而後卒于垂此公子也。其曰仲何也。疏之也。僖十六年傳曰大夫不言公子公孫疏之也何爲疏之也。是不卒者也。遂與宣公共弒子赤不疏。則無用見其不卒也。若書公子則與正卒者同故去公子以見之○見其賢遍反注同故去起呂反下文及注同則其卒之何也。○據公子翬不書卒○翬許韋反以譏乎宣也。其譏乎宣何也。聞大夫之喪。則去樂卒事。去籥萬卒祭事言今不然○壬午。猶繹。猶者。可以已之辭也。繹者。祭之旦日之享賓也。萬入去籥。萬舞名籥管也○繹音亦爾雅云又祭也享許丈反籥餘若反管也〔疏〕猶者至賓也○釋曰旦日猶明日也何休云繹者繼昨日事但不灌地降神耳天子諸侯曰繹大夫曰賓尸士曰宴尸則天子以卿爲之諸侯以大夫爲之卿大夫以孫爲之夏立尸殷坐尸周旅酬六尸唯士宴尸與先儒少異則范意或與何同也案少牢饋食之禮卿大夫當日賓尸天子諸侯明日賓尸者天子諸侯禮大故異日爲之卿大夫以下禮小故當日即行其三代之名者案爾雅云夏曰復胙殷曰肜周曰繹是也謂之繹者繹陳昨日之禮也謂之肜者肜是不絶之意也謂之復胙者復前日之禮也何休又云禮大夫死爲廢一時之祭有事於廟而聞之者去樂卒事至卒事而聞之者廢繹今魯不以爲譏范意當亦然也以其爲之變。譏之也。內舞去籥惡其聲聞此爲卿變於常禮是知其不可而爲之○爲之于僞反注爲卿變同惡其烏路反○戊子。夫人熊氏薨。宣公妾母○左氏作嬴氏○晉師、白狄伐秦。○楚人滅舒鄝。○舒鄝音了本又作蓼國名也○秋七月。甲子。日有食之。既。○冬十月。己丑。葬我小君頃熊。文夫人姜氏大歸于齊故宣公立己妾母爲夫人君以夫人禮卒葬之故主書者不得不以爲夫人義與成風同○頃熊音頃左氏作敬嬴〔疏〕注文夫至風同○釋曰哀姜有罪故僖成其母爲夫人今姜氏子殺故身出本自無罪則頃熊成喪不是同例而云與成風同者禮妾子爲君其母不得稱夫人以二者俱非正禮故云同耳非謂意盡同也穀梁以成風再貶故曰妾子雖爲君其母不得稱夫人則襄公以其母定姒爲夫人亦非正明也然成風再貶自外不譏者從一譏故也案文十八年注云宣母敬嬴此云頃熊者一人有兩號故也雨不克葬。葬既有日。不爲雨止。禮也。雨不克葬。喪不以制也。徐邈曰案經文是己丑之日葬喪既出而遇雨若未及己丑而卻期無爲逆書此日葬喪禮事有進無退又士喪禮有潦車載蓑笠則人君之張設固兼備矣禮先遷柩於廟其明昧爽而引既及葬日之晨則祖行遣奠之禮設矣故雖雨猶終事不敢停柩久次○不爲于僞反潦音老蓑素禾反笠音立張如字又陟亮反柩其又反尸在棺曰柩昧音妹引以刃反又如字遣奠弃戰反又〔疏〕葬既至制也○釋曰舊解案禮庶人懸封葬不爲雨止明天子諸侯不觸雨而行可知也傳言不爲雨止者謂不得止葬事而更卜遠日喪不以制也者謂不得陷雨而制喪事豈有諸侯執紼者五百人安待觸雨而行哉是徐邈之說理之不通今案傳文云雨不克葬喪不以制也是葬爲雨止事不以禮制也上文云葬既有日不爲雨止禮也明爲雨止則非禮可知安得云傳意葬爲雨止乎又且范引徐邈之注不言其非則是從徐說矣何爲遠范義而違之哉○注徐邈至久次○釋曰未及己丑而卻期者謂雨之與葬皆是己丑之日也若未及己丑之而遇雨其葬期有卻者何爲逆書己丑日葬也士喪禮有潦車載蓑笠者毛詩傳云蓑所以備雨笠所以禦暑是也庚寅。日中而克葬。而。緩辭也。足乎日之辭也。〔疏〕而緩辭也○釋曰言緩辭也者此日中克葬足乎日故云緩也定十五年日下昃乃克葬故云乃急辭也是二文相對爲緩急故公羊傳云曷爲或言而或言乃乃難乎而也是二文相對也○城平陽。○楚師伐陳。

九年春。王正月。公如齊。有母之喪而行朝會非禮○朝直遥反〔疏〕注有母至非禮○釋曰非禮經無異文者傳例云如往月危往也此朝書月即是非禮之異文也○公至自齊。○夏。仲孫蔑如京師。○齊侯伐萊。○秋。取根牟。〔疏〕秋取根牟○釋曰公羊傳曰根牟者何邾婁之邑也曷爲不繫乎邾婁諱亟也謂母喪未期而取邑故諱不繫邾婁也若言諱不繫邾婁若母之喪緣非邾邑豈容無諱或當如左傳以根牟爲國名也○八月。滕子卒。○九月。晉侯、宋公、衛侯、鄭伯、曹伯會于扈。○晉荀林父帥師伐陳。○辛酉。晉侯黑臀卒于扈。其地。於外也。其日。未踰竟也。外謂國都之外諸侯卒於路寢則不地傳例曰諸侯正卒則日不正則不日舊說踰竟亦不日然則諸侯不正而與未踰竟無以別之案襄七年鄭伯卒于操此年晉侯卒于扈文正與襄二十六年許男卒於楚同恐後人謂操扈是國故於疑似之際每爲發傳曰未踰竟也○臀徒門反竟音境以別彼列反操七報反〔疏〕注外謂至竟也○釋曰諸侯之國皆以侵伐會盟見經操扈經既無文而疑是國者周有千八百諸侯今盟會侵伐見春秋者不過數十而已操扈傳若不發焉知非國也曲

蘇不釋者雙名也去國遠矣故不假釋邾鄶郜以三言爲名故傳釋之爲國也晉侯黑臀不書葬者解以爲篡立故也今案黑臀既書日卒未必篡立蓋魯不會故不書也〇冬。十月。癸酉。衛侯鄭卒。宋人圍滕。〇楚子伐鄭。〇晉郤缺帥師救鄭。郤去逆反缺傾雪反〇陳殺其大夫泄冶。〇泄息列反冶音也稱國以殺其大夫。殺無罪也。泄冶之無罪如何。陳靈公通于夏徵舒之家。公孫寧、儀行父亦通其家。二人陳大夫〇夏戶雅反或衣其衣。或衷其襦。衷者襦在衷也〇衣其衣上於既反下如字襦而朱反在衷本又作裏音里以相戲於朝。〇朝直遥反泄冶聞之。入諫曰。使國人聞之則猶可。使仁人聞之則不可。君愧於泄冶。不能用其言而殺之。

十年。春。公如齊。公至自齊。齊人歸我濟西田。公娶齊。齊由以爲兄弟反之。齊由以婚族故還魯田爾雅釋親曰婦之黨爲婚兄弟〇娶十住反不言來。公如齊受之也。〇夏。四月。丙辰。日有食之。〇己巳。齊侯元卒。傳例曰言日不言朔食晦日則此丙辰晦之日也己巳在晦日之下五月之上推尋義例當是閏月矣文六年傳曰閏月者附月之餘日言閏承前月而受其餘日故書閏月之日繫前月之下蓋史策常法文有定例閏有常體無嫌不明故不復每月發傳哀五年公羊傳曰閏月不書此何以書推此言之則春秋固有在閏月而不冠以閏者矣至於閏不告月猶朝于廟閏月葬齊景公不正其閏無以言其事故書見變禮〇不復扶又反下注復同不冠工亂反猶朝直遥反見賢偏反 疏 不言至受之〇釋曰受決定十年齊人來歸鄆讙龜陰之田言來也〇注閏有常體釋曰閏月所在無常而言有常體者閏是附月之餘文承前月是無體之常不謂所在有常〇齊崔氏出奔衛。氏者。舉族而出之之辭也。何休曰氏者譏世卿也即稱氏爲舉族而出尹氏卒寧可復以爲舉族死乎鄭君釋之曰云舉族死是何妖問甚乎舉族而出之之辭者固譏世卿也崔杼以世卿專權齊人惡其族今出奔既不欲其身反又不欲國立其宗後故孔子順而書之曰崔氏出奔衛若其舉族盡去之爾〇崔杼直呂反惡其烏路反〇公如齊。五月。公至自齊。〇癸巳。陳夏徵舒弒其君平國。〇六月。宋師伐滕。月者蓋爲下齊惠公葬速起〇爲于僞反 疏 注月者至速起釋曰知非爲宋師伐滕歸父如齊宋師伐滕外事也歸父之聘輕也諸侯時葬正也月葬故也今上有齊逐崔氏之文又非五月而葬明書月者爲葬惠公也〇公孫歸父如齊。葬齊惠公。〇晉人、宋人、衛人、曹人伐鄭。〇秋。天王使王季子來聘。其曰王季。王子也。其曰子。尊之也。子者人之貴稱〇稱尺證反 疏 其曰至尊之也〇釋曰傳知稱子是尊之也者此言王季子即是大子之母弟子者人之貴稱故稱子爲尊之也叔服以庶子爲大夫故直稱字而不繫王也卒稱王子虎者卒當稱名故繫王言之聘問也。〇公孫歸父帥師伐邾。取繹。繹音亦〇大水。〇季孫行父如齊。〇冬。公孫歸父如齊。〇齊侯使國佐來聘。〇饑。〇饑本或作飢居疑反〇楚子伐鄭。

十有一年。春。王正月。〇夏。楚子、陳侯、鄭伯盟于夷陵。夷陵齊地〇左氏作辰陵〇公孫歸父會齊人伐莒。〇秋。晉侯會狄于欑函。欑函狄地〇函音咸不言及。外狄。所以異之於諸夏〇夏戶雅反 疏 不言及外狄也〇釋曰哀十三年公會晉侯及吳子于黃池注云及者書尊及卑也是言及所以外吳何得此傳云不言及外狄者黃池之會欲同吳子於諸侯故直云及吳子不云會吳此不言及是外狄故云會狄不云及狄是不言及爲外狄也若不外當云晉侯及狄會于欑函然隱三年齊侯鄭伯盟于石門不言及同吳於諸夏而云及吳子者不可全同中國故言及以別尊卑也〇冬。十月。楚人殺陳夏徵舒。變楚子言人者弒君之賊人人所得殺也其月謹之 疏 變楚至謹之〇釋曰經直言楚人知是楚子者下云楚子入陳明知此爲討賊故變楚子言人也其月謹之者不能自討藉楚之力禍害必深故書月爲謹之此入而殺也。其不言入。何也。據入國乃得殺外徵舒於陳也。其外徵舒於陳。何也。據徵舒陳大夫不應外明楚之討有罪也。雍曰經若書楚子入陳殺夏徵舒者則入者內不受是無以表徵舒之悖逆楚子之得正〇悖補對反丁亥。楚子入陳。入者。內弗受也。日入。惡入者也。何用弗受也。不使夷狄爲中國也。楚子入陳納淫亂之人執國威柄制其君臣顚倒上下錯亂邪正是以夷狄爲中國〇惡烏路反顚丁田反本又作顛邪似嗟反 疏 日入惡入者也〇釋曰上文美楚子入今又惡之者前爲討徵舒討得其罪故變文以美之今爲納二子失其所故日入以惡之納公孫寧、儀行父于陳。納者。內弗受也。輔人之不能民而討猶可。雍曰輔相鄰國有不能治民者而討其罪人則可而曰猶可者明鄰國之君無輔相之道〇輔相息亮反下輔相同 疏 納公至于陳〇釋曰糜信云二子不繫陳者以其淫亂明絶之也或當上有入陳之文下云于陳故省文耳無義例入人之國。制人之上下。使不得其君臣之道。不可。二人與昏淫當絶而楚強納之是制人之上下〇強其丈反一音其良反

十有二年。春。葬陳靈公。傳例曰失得不葬君弒賊不討不葬以罪下也日卒時葬正也靈公淫夏姬殺泄冶臣子不能討賊踰三年然後葬而日卒時葬何邪泰曰楚已討之矣臣子雖欲討之無所討也故君子即而恕之以申臣子之恩稱國以殺大夫則靈公之惡不嫌不明書葬以表討賊不言靈公無罪也踰三年而後葬則國亂不居可知矣非日月小有前却則書時不嫌〇弒音試夏戶雅反 疏 注傳例至不嫌〇釋曰失得不葬昭十三年傳文君弒賊不討不書葬以罪下也隱十一年傳文日卒時葬正也襄七年傳文案徵舒之弒靈公在十一年五月至此變二十一月而注云踰三年者諸侯五月而葬今踰五月至三年故曰踰也非日月小有前却者未五月謂之前過五月謂之却言葬有前却則書月以見危今三年始葬非是小有前却故書時不嫌也〇楚子圍鄭。〇夏。六月。乙卯。晉荀林父帥師及楚子戰于邲。邲鄭地〇邲皮必反 疏 夏六月至于邲〇釋曰公羊傳稱荀林父稱名氏先楚子者惡林父也若然城濮之戰後子玉當是善子玉乎徐邈云先林父者內晉而外楚是也晉師敗績。績。功也。功。事也。日其事。敗也。〇秋。七月。〇冬。十有二月。戊寅。楚子滅蕭。〇晉人、宋人、衛人、曹人同盟于清丘。清丘衛地 疏 日其事敗也〇釋曰舊解此戰事書日者爲敗之故也特於此發之者二國兵衆不同小國之戰故特發之徐邈云於此發傳者深閔中國大敗於彊楚也今以日爲語辭理足通也但舊解爲日月之日疑不敢質故皆存耳〇戊寅楚子滅蕭〇釋曰書日者徐邈云蕭君有賢德故書日也何休云責楚滅人國故書日若釋善而從則徐言與傳例合也〇宋師伐陳。〇衛人救陳。疏 衛人救陳〇釋曰不言善者衛宋同盟外楚今反救陳不足可善故傳不釋

十有三年。春。齊師伐莒。〇夏。楚子伐宋。〇秋。螽。〇冬。晉殺其大夫先穀。穀戶木反一本作穀 疏 晉殺至先穀〇釋曰此雖無傳於例爲殺無罪也

十有四年。春。衛殺其大夫孔達。〇夏。五月。壬申。曹伯壽卒。〇晉侯伐鄭。〇秋。九月。楚子圍宋。疏 秋九至圍宋〇釋曰徐邈云圍例時此圍久故〇書月以惡之也何休亦然范意或當不異也葬曹文公。〇冬。公孫歸父會齊侯于穀。

十有五年。春。公孫歸父會楚子于宋。〇夏。五月。宋人及楚人平。平者。成也。善其量力而反義也。各自知力不能相制反共和之義 疏 平者成也〇釋曰重發傳者嫌外內異也人者。衆辭也。平稱衆。上下欲之也。外平不道。以吾

人之存焉道之也。吾人謂大夫歸父○六月。癸卯。晉師滅赤狄潞氏。以潞子嬰兒歸。滅國有三術。術猶道也。潞氏音路嬰一盈反中國謹日。卑國月。夷狄不日。卑國謂附庸之屬。襄六年傳曰中國日卑國月夷狄時此謂三術其曰潞子嬰兒。賢也。○〔疏〕滅國至賢也。○釋曰中國日者謂衛滅許之類是也卑國月者謂無駭入極齊侯滅萊之類是也夷狄不日者楚滅江吳滅州來之類是也此不云夷狄時而云不日者方釋潞子嬰兒書日之意故不云夷狄時也夷狄不日宜從下爲文勢嬰兒爲賢書日復稱名者書日以表其賢書名以見滅國所謂善惡兩舉也○秦人伐晉。○王札子殺召伯毛伯。王札子者。當上之辭也。殺召伯毛伯。不言其。何也。解經不言殺其大夫。札側八反召上照反兩下相殺也。兩下相殺。不志乎春秋。此其志。何也。矯王命以殺之。非忿怒相殺也。故曰以王命殺也。以王命殺謂言王札子殺召伯毛伯是知以王命而殺之。○矯居表反以王命殺。則何志焉。爲天下主者。天也。繼天者。君也。君之所存者。命也。爲人臣而侵其君之命而用之。是不臣也。爲人君而失其命。是不君也。君不君。臣不臣。此天下所以傾也。○秋。螽。○初稅畝。初者。始也。古者什一。一夫一婦佃田百畝以共五口父母妻子也又受田十五畝以爲公田公田在內私田在外此一夫一婦爲耕百一十畝。○稅始銳反賦也什一音十十稅一也佃音田又徒徧反共音恭藉而不稅。藉此公田而收其入言不稅民〔疏〕藉而不稅。○釋曰徐邈曰藉借也謂借民力治公田不稅民之私也觀范之注以藉爲賦藉理亦通從徐之言義無妨也初稅畝。非正也。古者三百步爲里。名曰井田。井田者。九百畝。公田居一。出除公田八十畝餘八百二十畝故井田之法八家共一井八百畝餘二十畝家各二畝半爲廬舍○廬力魚反私田稼不善則非吏。非責也吏田畯也言吏急民使不得營私田。○畯音俊田大夫也公田稼不善則非民。民勤私也初稅畝者。非公之去公田而履畝十取一也。以公之與民爲已悉矣。悉謂盡其力。○去如字又起呂反〔疏〕履畝十取一也。○釋曰何休云宣公無恩信於民民不肯盡力治公田故公家履踐案行擇其善畝穀最好者稅取之故曰履畝徐邈以爲除去公田之外又稅私田之十一也傳稱以公之與民爲已悉矣則徐言是也古者公田爲居。八家共居井竈葱韭盡取焉。損其廬舍家作一園以種五菜外種楸桑以備養生送死韭音九楸音秋〔疏〕注損其至送死。○釋曰損爲減損也五菜者世所謂五辛之菜也何休又云古者井田之法一夫一婦受田百畝身與父母妻子五口以爲一戶公田十畝又廬舍二畝半凡爲田一頃一十二畝半也八家而有九頃故曰井田廬舍在內貴人也公田次之重公也私田在外賤私也若五口之外名曰餘夫餘夫率受田二十五畝半記異聞耳於范氏注亦無所取○冬。蝝生。蝝非災也。其曰蝝。非稅畝之災也。凡春秋記災未有言生者蝝之言緣也緣宣公稅畝故生此災以責之非責也○蝝以全反劉歆云此蚍蜉子董仲舒云蝗子字林尹絹反○饑。

十有六年。春。王正月。晉人滅赤狄甲氏及留吁。甲氏留吁赤狄別種晉既滅潞氏今又并盡其餘邑也滅夷狄時賢嬰兒故滅其餘邑猶月。○吁許于反種章勇反并必政反〔疏〕甲氏至猶月。○釋曰傳例滅夷狄時嬰兒以賢書月故知餘邑書月亦爲賢也甲氏留吁非國而云滅者甲氏留吁國之大邑而晉盡有之重其事故云滅若晉滅夏陽之類是也留吁言及者蓋小於甲氏也○夏。成周宣榭災。成周東周今之洛陽宣榭宣王之榭爾雅曰室有東西廂曰廟無東西廂有室曰寢無室曰榭傳例曰國曰災邑曰火。○榭音謝本或作謝災左氏作火〔疏〕成周宣榭災。○釋曰不言京師者爾時成周非京師故也公羊傳云宣榭者何宣宮之榭也故范注亦以爲宣王之廟也無室曰榭爾雅正文或以爲爾雅無此文唯云土高曰臺有木謂之榭臺上有木即是屋也楚語曰榭不過講軍實臨觀講武必是歇前故云無室曰榭爾雅有之者本或誤也又引傳例曰云云者昭九年傳文也周災。不志也。其曰宣榭。何也。以樂器之所藏目之也。移風易俗莫善於樂是故貴其器〔疏〕周災不志也。○釋曰徐邈所據本云周災至注云重王室也今遍檢范本並有不字則不得解與徐同也○秋。郯伯姬來歸。爲夫家所遣○冬。大有年。五穀大熟爲大有年。

十有七年。春。王正月。庚子。許男錫我卒。錫星歷反。○丁未。蔡侯申卒。○夏。葬許昭公。○葬蔡文公。○六月。癸卯。日有食之。○己未。公會晉侯、衛侯、曹伯、邾子。同盟于斷道。己未亦閏月之日斷道晉地。○斷徒短反一音短〔疏〕注己未至晉地。○釋曰十年夏四月丙辰日有食之己巳齊侯元卒范以爲丙辰晦之日也己巳在晦日之下五月之上當是閏月可知此文與彼正同明亦閏月之日也同者。有同也。同外楚也。○秋。公至自會。○冬。十有一月。壬午。公弟叔肸卒。其曰公弟叔肸。賢之也。其賢之。何也。宣弒而非之也。宣公殺子赤叔肸非責之。○肸許乙反〔疏〕同外楚也。○釋曰不於清丘發傳者清丘魯不會故重舉所以包之也非之則胡爲不去也。曰。兄弟也。何去而之。言無所至與之財。則曰我足矣。宣公與之財物則言自足以距之織屨而食。織屨賣以易食○屨九具反終身不食宣公之食。君子以是爲通恩也。以取貴乎春秋。泰曰宣公弒逆故其祿不可受兄弟無絕道故雖非而不去論情可以明親親言義足以厲不軌書曰公弟不亦宜乎〔疏〕取貴乎春秋。○釋曰衛侯之弟鱄去君傳云合於春秋此不去君傳亦取貴於春秋者易稱君子之道或出或處或默或語鱄以衛侯惡而難親恐罪及己故棄之而去使君無殺臣之惡兄無害弟之愆故得合於春秋此叔肸以君有大逆不可受其祿食又是孔懷之親不忍奮飛使君臣之節兩通兄弟之情俱暢故亦取貴於春秋叔肸書字鱄直稱名者叔肸內可以明親親外足以厲不軌比鱄也賢乎遠矣故貴之稱字鱄雖合於春秋無大善可應故直書名而已

十有八年。春。晉侯、衛世子臧伐齊。臧子郎反○公伐杞。○夏。四月。○秋。七月。邾人戕繒子于繒。戕猶殘也。捝殺也。捝謂捶打殘賊而殺地于繒惡其臣子不能距難。○戕在良反殘也賊也猶殺也繒本或作鄫在陵反捝他活反又徒括反捶打也字林云木杖或作撲普木反捶章蘂反村音頂惡其烏路反難乃且反〔疏〕注地于繒至距難。○釋曰據楚子虔誘蔡侯般殺之于申不于國都也○甲戌。楚子呂卒。商臣子莊王。○子呂左氏作旅夷狄不卒。卒。少進也。卒而不日。日。少進也。日而不言正不正。簡之也。中國君日卒正也不日不正也今進夷狄直舉其日而不論正之與不正〔疏〕夷狄至之也。○釋曰夷狄不卒據自此以前吳楚君卒而不書日據襄十二年秋九月吳子乘卒言之也簡之也者中國卒則日不正乃不日夷狄進之則日不論正與不正故云簡之也○公孫歸父如晉。○冬。十月。壬戌。公薨于路寢。路寢。正寢也。○歸父還自晉。還者。事未畢也。莊八年秋師還是也〔疏〕路寢正寢也。○釋曰重發傳者莊據始故發之宣公篡弒有嫌成公承所嫌之下故各發傳也。○歸父還自晉。○釋曰執則致歸父非執而書其還者爲出奔張本也直名不氏者凡致者由上致之故例今不書歸父之氏明有致命之義也自晉事畢也。與人之子守其父之殯。人之子謂歸父子也言成公與歸父子共守宣公殯捐殯而奔其父之使者。是以奔父也。捐棄也奔猶逐也言成公棄父之殯逐父之使使謂歸父

也父命未反而已逐之是與親弃父無異。指以至反至檉。遂奔齊。遂，繼事也。杜預曰檉魯竟外故不言出。檉尹貞反左氏作坙竟音境

穀梁注疏卷十二校勘記　阮元撰盧宣旬摘録

宣公 余本分卷自此以下亦每公爲一卷與石經合明刻經傳本此爲第七卷單疏本同毛本同

元年

固是其理 閩監毛本同何校本理作禮

由上致之也 石經閩監本同毛本由作繇

稱國至罪也 閩監毛本同何校本上有傳字又此下疏三條此本并爲一條在注故不致下閩監毛本分屬三節此疏在傳放無罪也下離會故不致段在注故不致下内不至齊也段在注故書齊取下

注離會故不致不引傳例者 閩監毛本不引上增。及釋曰二字

傳内不至齊也昭二十五年 監毛本傳誤注閩本不誤又閩監毛本昭上增。及釋曰二字

公宣弑入 閩本同監毛本作宣公弑立釋文出宣弑

取雖是易 閩監毛本同何校本無是字

故言師 閩監毛本同宋余仁仲本師誤帥

二年

晉侯雖失衆 閩監毛本同何校本下空一字

皆生獲也 閩監毛本同余本無獲字

今兩書敗獲 閩監本同毛本兩作而

法峻整 閩監毛本同何校本上有嚴字

止以病不知嘗藥 閩監毛本同何校本病上有父

三年

吳敗六國亡之者 閩監毛本亡作言何校本作云

而不急於軍事也 閩本同是也儀禮經傳通解引亦作軍監毛本軍作使

理雖迂延 何校本迂延作迂誕是也閩監毛本迂作遷

則引稷牲而卜之 單疏本稷上有社字。按公羊傳引作振無社字

其帝牲在于滌宮三月 案公羊傳無其字宮字疏以意增也儀禮經傳通解引同

無災而已 閩監毛本同單疏本災下有害字與公羊注合

嫌牛死與卜郊不從異也 閩監毛本同單疏本與作于

五年

理亦通爾 閩監本同何校本爾作耳。按毛本理作禮非

會齊侯於陽穀 閩本同監毛本於作于

故知云及爲非禮 閩本同監毛本云作去

故故書及爲非禮 閩監毛本故字不重案此本剜改下故當依何校本作知

六年

將尊師少直言將 閩監毛本同單疏本無直字。按無直字是也公羊隱五年傳言作稱

七年

來盟前定也 閩監毛本同石經余本盟下有者字

八年

仲遂卒于垂 石經閩監毛本作于此本誤子今訂正

即見罪惡之臣 閩監毛本同單疏本見下有是字

以譏乎宣也 閩監毛本同石經譏誤饑

壬午猶繹猶者可以已之辭也 石經同閩監毛本繹下衍萬入去籥四字釋文先之享後去籥亦其證

則天子以卿爲之 閩監毛本則作即非

卿大夫以下禮小 閩監本同毛本禮小作豐不誤

繹陳昨日禮也 閩監毛本同何校本日下有之字

明爲雨止 閩監毛本同何校本爲作是是也

若未及已丑之而遇雨 補閩監毛本之下有日字此本誤脫

日下昃乃克葬 閩監毛本同何校本昃作稷十行本此字剜改當是本作稷也。按注云稷昃也

九年

諱亟也 閩監本同毛本亟誤急

以根牟爲國名也 閩監毛本同單疏本無也字

每爲發傳日未踰竟也 補毛本日作曰

皆以侵伐會盟見經操扈經既無文 閩監毛本同單疏本上經字空缺無操扈經三字元刻注疏本同

楚子伐鄭 石經同閩監毛本子誤人

陳殺其大夫泄冶 閩監毛本同石經泄作洩下同釋文出泄冶

亦通其家 閩監毛本同石經余本通下有于字

十年

齊由以爲兄弟反之 石經閩監本同毛本由作繇反誤友

傳例曰 此注閩監毛本在日有食之下

十有一年

外狄 閩監毛本同石經余本下有也字

二人與昏淫 閩監毛本同余本與下有君字

十有二年

殺泄冶 閩監毛本泄作洩

則靈公之惡 此下疏文閩監毛本作靈此本誤林何校本惡作罪

日其事敗也 此下疏文閩監毛本分屬兩節一在傳日其事敗也下一在楚子滅蕭下

理足通也 閩監毛本同單疏本理作亦

十有三年

晉殺其大夫先穀 閩監毛本同石經穀作轂宋本釋文出先轂云一本作轂兩者必有一誤通志堂本先穀一本作轂

十有五年

平者成也 閩監毛本同單疏本作夏五月宋人及楚人平

其曰潞子嬰兒賢也 石經閩監毛本同惠棟云曰當作日

謂衛滅許之類 單疏本元本同閩監毛本許作邢是也按僖廿五年衛侯燬滅邢

楚滅江吳滅滅州來之類 下滅衍字單疏本元本無下滅字閩監毛本江下衍黃字無下滅字。按黃字非衍文楚滅江見文四年滅黃見僖十四年皆不書日

又受田十五畝 閩監毛本同余本無五字是也莊廿八年疏引作又受田十畝

凡爲田一頃一十二畝半也 閩本同監毛本下一誤二與公羊注不合

十有六年

宣榭宣王之榭 何校本下榭字作謝

成周宣榭災閩監毛本同單疏本榭作謝下同案此則單疏本所據經注必皆作謝與釋文或作本合

有木謂之榭閩監毛本同何校本無之字

是故貴其器閩監毛本同余本貴作善

十有七年

故重舉所以包之也閩監毛本同單疏本無所字

終身不食宣公之食石經閩本同監毛本身誤日

外足以厲不軌閩監毛本同單疏本足作可

十有八年

邾人戕繒子于繒石經閩本同監毛本上繒誤繪釋文繒本或作鄫

捝殺也石經閩監毛本同嚴杰云石經初刻捝作梲後改從手非也梲殺謂以杖殺之後漢書禰衡傳手持三尺梲杖是也

捝謂捶打殘賊而殺錢大昕云晉唐人書木旁字多作手旁此必杙字之譌說文杙橦也杙與構椓連文知橦亦兼有橦擊義

正寢也閩監毛本同石經余本上有路寢二字疏標起訖同

歸父還自晉還者事未畢也石經閩監毛本晉下衍至檉遂奔齊五字案釋文至檉在捐殯之使下足證五字爲衍文

路寢正寢也此下疏閩監毛本分屬二節一在傳正寢也下一在師還是也下

故例閩監毛本同何校本下有名字

是以奔父也閩監毛本同石經余本以作亦

穀梁注疏卷十二校勘記終

監本春秋穀梁注疏成公卷第十三 起元年終八年

范甯集解　楊士勛疏

成公〔疏〕魯世家成公名黑肱宣公之子以周定王十七年即位謚法安民立政曰成

元年。春。王正月。公即位。○二月。辛酉。葬我君宣公。○無冰。終時無冰則志。此未終時而言無冰。何也。言終寒時無冰當志之耳今方建丑之月是寒時未終〔疏〕無冰。釋曰徐邈何休並云此年無冰者由季孫行父專政之所致也桓十四年亦無冰范云政治舒緩之所致必不得與二說同也又爾時季氏不專政亦無冰明徐何之言不可用終無冰矣。加之寒之辭也。周二月建丑之月夏之十二月也此月既是常寒之月於寒之中又如加甚常年過此無冰終無復冰矣。夏之戸雅反復扶又反〔疏〕終時至辭也。釋曰終時無冰當志謂終寒時無冰當志之也此未終寒時謂今建丑之月是寒時未終而言無冰何也謂怪其書之意也終無冰矣謂過此時無冰則無冰也加之寒之辭也謂於此月書者以此月是常寒之月加甚之辭故糜信徐邈亦云十二月最是寒盛之時故特於此月書之是也餘無冰不發特於此月發之者襄三十八年書春無冰則是一時無冰書時則是終寒時故不傳此在二月葬宣公之下三月作丘甲之上是未終時故特發之桓十四年無冰在正月之下者舊解正月自爲公會鄭伯不爲無冰也或當月却而節前則周之正月亦是常寒之月。注周二至冰矣。釋曰天有四時冬寒夏暑是冬爲常寒之月於寒之中又加甚謂建丑是夏之十二月於寒之中又加甚於餘月雖未終時亦得於此月書之○三月。作丘甲。周禮九夫爲井四井爲邑四邑爲丘丘十六井甲鎧也○鎧開代反〔疏〕三月作丘甲。釋曰何休云月者重錄之徐邈云甲有伎巧非凡民能作而強使作之故書月以譏之范雖無注或書月亦是譏公羊說作丘甲亦與此傳同唯左氏傳以爲譏重斂作。爲也。丘爲甲也。使一丘之民皆作甲〔疏〕作爲也。釋曰後重發傳者文同事異不可以一例該之故也范別例云作例有六直云作者三云新作亦三也云作三者謂作丘甲一也作三軍二也作僖公主三也云新作三者謂新作南門一也新延廄二也新作雉門及兩觀三也言作者不必有新則兼作也三者皆所以爲譏故傳曰作爲也是有加其度也言新有故是也丘甲。國之事也。丘作甲。非正也。丘作甲之爲非正。何也。古者立國家。百官具。農工皆有職以事上。古者有四民。有士民。學習道藝者。〔疏〕有士民。釋曰何休云德能居位曰士范云學習道藝者是以爲之四民若以居位則不得爲之民故云學習道藝也有商民。通四方之貨者有農民。播殖耕稼者有工民。巧心勞手以成器物者夫甲。非人人之所能爲也。各有業也○夫音符丘作甲。非正也。○夏。臧孫許及晉侯盟于赤棘。赤棘晉地〔疏〕夏臧至赤棘。釋曰盟不日者何休云諆結鞌之戰不相負所以不日者孰在三年非此所得保也案隱元年眛之盟爲七年伐郯尚猶去日何爲二年即孰反云非此所得保乎蓋謀爲鞌戰歸我汶陽之田至八年渝前約故略之也○秋。王師敗績于貿戎。貿戎地。貿音茂左氏作茅戎〔疏〕秋王至貿戎。釋曰左氏以爲戎敗之公羊與此亦同爲晉敗之今經不云晉敗之者欲見王者無敵故也不書月者何休云深正之使若不戰范雖不解蓋不言晉敗及戰故亦略其日月不言戰。莫之敢敵也。爲尊者諱敵不諱敗。諱敵使莫二也不諱敗容有過否。爲于僞反爲親者諱敗不諱敵。諱敗惜其毀折也不諱敵諸侯有列國尊尊親親之義也。尊則無敵親則保全尊謂王親謂魯然則孰敗之。晉也。○冬。十月。季孫行父禿。晉郤克眇。衛孫良夫跛。曹公子手僂。同時而聘於齊。齊使禿者御禿者。使眇者御眇者。使跛者御跛者。使僂者御僂者。御音迓迓迎也。禿他不反眇亡小反跛波可反僂於矩反一音刀圭反〔疏〕郤克眇。釋曰左氏以爲跛今云眇者公羊無說未知二傳孰是范明年注云郤克跛者意從左氏故也或以爲誤跛當作眇蕭同姪子、處臺上而笑之。蕭國也同姓也姪子字也其母更嫁齊惠公生頃公宣十二年楚人滅蕭故隨其母在齊。姪子大節反又丈乙反頃公音傾聞於客。客不說而去。相與立胥閭而語。移日不解。胥閭門名。說音悅胥閭思徐反下力居反解古買反又音蟹〔疏〕注胥閭門名。釋曰即周禮二十五家也齊人有知之者曰。齊之患。必自此始矣。穀梁子作傳皆釋經以言義未有無其文而橫發傳者甯疑經冬十月下云季孫行父如齊脫此六字。橫華孟反又如字脫此徒活反又他活反〔疏〕注脫此六字。釋曰季孫行父禿是傳辭上脫季孫行父如齊六字

二年。春。齊侯伐我北鄙。○夏。四月。丙戌。衛孫良夫帥師。及齊師戰于新築。衛師敗績。新築衛地。○築音竹○六月。癸酉。季孫行父、臧孫許、叔孫僑如、公孫嬰齊、帥師會晉郤克、衛孫良夫、曹公子手、及齊侯戰于鞌。齊師敗績。鞌齊地。僑本又作喬其僑反公子手左氏作首鞌音安〔疏〕癸酉季孫至敗績。釋曰徐邈云四大夫不舉重者惡魯猥遣四大夫用兵亦以譏之也然則諸國用兵亦應猥遣何以不具書之蓋是用兵重事故詳內也其日。或曰日其戰也。或曰日其悉也。悉謂魯四大夫時悉在戰也明二者皆當日〔疏〕其日至悉也。釋曰案傳例

疑戰不日，不疑戰則例書日。此傳云日其戰，日其悉也者，豈使詐戰則魯雖四大夫戰亦不得書？但傳以此戰不許書事宜詳，故因經書日，并見此意也。曹無大夫，其曰公子，何也？以吾之四大夫在焉，舉其貴者也。不欲令內衆大夫與外卑者共行戰。○令，力呈反。〔疏〕曹無大夫。○釋曰：復發傳者，前爲崇羈，今爲戰，故重發之。公羊以爲公子手何以書？憂內也。杜解左氏以爲備於禮。並非穀梁意。○秋，七月，齊侯使國佐如師。己酉，及國佐盟于爰婁。鞌去國五百里，爰婁去國五十里。國，齊國也。〔疏〕爰婁至十里。○釋曰：爰婁去齊五十里，今在師之外，明晉師已逼到其國。師謂晉師也。齊爲晉所敗，兵臨城下，然則敗軍之將不可以語勇，驚弦之鳥不可以應弓，所以更能五戰者，齊是大國，邑寬既寬，收拾餘燼，足當諸國之師，故請以五也。壹戰緜地五百里，焚雍門之茨，雍門，齊城門。茨，蓋也。雍，於用反。之茨，在私反。侵車東至海。侵車，侵伐之車。言時侵齊，過乃至海。君子聞之曰：太甚，甚之辭焉。鄭嗣曰：君子聞戰于鞌，乃盟于爰婁，焚雍門之茨，侵車至海，言因齊之敗，逼之甚。○太甚，音泰。齊有以取之也。齊之有以取之，何也？敗衛師于新築，侵我北鄙，敖郤獻子。謂笑其跛。○謂笑其跛，布可反。案杜預注左傳云：郤克跛。此傳言郤克眇，范注當依傳而作眇，恐非。齊有以取之也。爰婁在師之外。言師已逼其國。郤克曰：反魯衛之侵地，以紀侯之甗來，甗，玉甑。齊滅紀，故得其寶。○甗，魚輦反，又音言，又音彥。玉甑也。以蕭同姪子之母爲質，齊侯與姪子同母異父昆弟，不欲斥言齊侯之母，故言蕭同姪子之母也。兼忿姪子笑。○爲質，音致，下同。使耕者皆東其畝，欲以利其戎車於驅侵易。○侵易，以豉反，下伐易同。然後與子盟。國佐曰：反魯衛之侵地，以紀侯之甗來，則諾。以蕭同姪子之母爲質，則是齊侯之母也。齊侯之母猶晉君之母也，晉君之母猶齊侯之母也。言尊同也。使耕者盡東其畝，則是終土齊也。凱曰：利其戎車侵伐易，則是以齊爲土。不可。不可謂若不許已言。請壹戰，壹戰不克，請再，再不克，請三，三不克，請四，四不克，請五，五不克，舉國而授。於是而與之盟。○八月，壬午，宋公鮑卒。○庚寅，衛侯速卒。○取汶陽田。○汶，音問。○冬，楚師、鄭師侵衛。○十有一月，公會楚公子嬰齊于蜀。蜀，某地。楚無大夫，其曰公子，何也？嬰齊亢也。泰曰：莊二十二年丙申及齊高傒盟，文二年乙巳及晉處父盟，傳曰不言高傒、處父，亢也。此傳會嬰齊書公，以明亢何乎？蓋言高傒、處父亢禮敵公，書公則內恥也。嬰齊初雖驕慢，終自降替，故于會則書公以顯嬰齊之驕亢，于盟則稱人以表嬰齊之服罪。然則向之驕正足以表其無禮，不足以病公，則書公可也。○向之，本又作鄉，亦作向，同，許亮反，下文同。〔疏〕楚無至亢也。○釋曰：楚無大夫重發之者，屈完當齊桓，名氏始見，非正例也。椒與宜申二者不見名氏，非大夫之例。今稱公子，是貴於同大夫之文，故重發之。嬰齊之亢，又重發者，高傒則沒公存氏，處父無氏稱名，嬰齊則前驕後讓，三者皆異，故各發之。○丙申，公及楚人、秦人、宋人、陳人、衛人、鄭人、齊人、曹人、邾人、薛人、繒人盟于蜀。楚其稱人，何也？怪楚向稱公子，今稱人。齊在鄭下，蓋時王所黜。〔疏〕注齊在至所黜。○釋曰：知時王所黜者，以秦、宋、陳、衛以下皆稱人，則非卿，以其諸侯之大夫俱是微者，必不能自有升降，故知時王所黜。以齊以傲敵之故，師敗於鞌，兵臨城下，微弱之極，天子因其勢故退之鄭下，此乃一時之宜，非是常例也。知諸侯之大夫是微人者，傳直怪嬰齊稱人，不論諸侯大夫，明知並是微者。於是而後公得其所也。會與盟同月，則地會，不地盟。不同月，則地會地盟。此其地會地盟，何也？以公得其所，申其事也。公得其所，謂楚稱人。申其事，謂地會地盟。○會與盟同月絕句，不同月絕句，則地會地盟絕句。〔疏〕會與至事也。○釋曰：同月則地會不地盟者，僖二十八年踐土之盟，襄十六年溴梁之盟是也。不同月則地會地盟者，昭十三年平丘之盟，定四年皋鼬之盟是也。今之屈，向之驕也。

三年，春，王正月，公會晉侯、宋公、衛侯、曹伯伐鄭。宋衛未葬而自同於正君，故書公侯以譏之。〔疏〕注宋衛至譏之。○釋曰：范意雖葬未踰年亦不得成君，雖踰年而未葬亦不得成君，故云宋衛未葬書公侯以譏之。踰年未葬不得成君，此注是也。雖葬未踰年不得成君，即四年鄭伯伐許，注云喪未踰年自同於正君，亦譏之是也。○辛亥，葬衛穆公。○二月，公至自伐鄭。○甲子，新宮災。三日哭。新宮者，禰宮也。謂宣公廟也。三年喪畢，宣公神主新入廟，故謂之新宮。○禰，乃禮反。〔疏〕甲子新宮災。○釋曰：何休云此象宣公篡位當誅絕，不宜列之昭穆，成公結怨強齊，不得久承宗廟之象也。范以天災難知，非人所及，故不言之。三日哭，哀也。其哀，禮也。宮廟，親之神靈所憑居，而遇災，故以哀哭爲禮。○憑居，皮冰反。迫近不敢稱諡，恭也。迫近，言親禰也。桓僖遠祖，則稱諡。〔疏〕注迫近至稱諡。○釋曰：范不據丹桓宮者，傳云迫近不敢稱諡，言近則宜對遠，故據桓僖言之。其丹桓宮，以莊公娶父之讎女，故特言桓宮，以譏莊之不子也。其辭恭且哀，以成公爲無譏矣。○乙亥，葬宋文公。○夏，公如晉。○鄭公子去疾帥師伐許。○去，起呂反。〔疏〕其辭至譏矣。○釋曰：不稱諡明其恭，三日哭著其哀，是成公爲無譏矣。○公至自晉。○秋，叔孫僑如帥師圍棘。○大雩。○晉郤克、衛孫良夫伐牆咎如。○咎，音羔。〔疏〕叔孫至圍棘。○釋曰：公羊、左氏皆以棘爲汶陽之田邑，此傳無說，事或然也。○冬，十有一月，晉侯使荀庚來聘。○衛侯使孫良夫來聘。○丙午，及荀庚盟。○丁未，及孫良夫盟。其日，公也。來聘而求盟，不言及者，以國與之也。不言其人，亦以國與之也。徐邈曰：不言及，謂凡書來盟者也，若宣七年衛孫良夫來盟是也。以國與之，謂舉國爲主，故直書外來爾。此先聘而後盟，故不言來盟，摠言及，而不復著其人，亦是舉國之辭。○復，扶又反。〔疏〕其日至與之也。○釋曰：案傳例，前定之盟不日，後定之盟則日。此云公也者，其實盟雖公在位，但爲前定則不日，後定則日。此其日，公故也，則後定亦可知矣。但以上文聘既接公，下文及則公文未顯，嫌不得再煩尊者，恐盟時無公，故傳云公以釋之。傳又云不言及者，則宣七年衛孫良夫來盟是也。不言其人者，解此文不書內之名氏是也。又云不言求兩欲之也者，言求當直言求盟，如孫良夫是也。不言求者，此云來聘，又云及盟，是也。何者？來聘是他求，言及我欲也，是兩國同欲之文，非獨求之稱，故云不言求兩欲之也。然上文云來聘而求盟者，解二人本意，來聘只爲求盟，爲下不言求張本也。不言求，兩欲之也。○鄭伐許。鄭從楚而伐衛之喪，又叛諸侯之盟，故狄之。〔疏〕注鄭從至狄之。○釋曰：知伐衛之喪又叛諸侯之盟故狄之者，昭十二年晉伐鮮虞，傳曰不正其與夷狄交伐中國，故狄稱之也；定四年傳云吳不稱子，反其狄道也。鄭衛同姓，不有弔臨之恩，而伐其喪，其爲惡行莫斯之甚，而亦直舉國稱之，明爲夷狄之行也。叛諸侯之盟者，舊解以爲上文背晉，爲諸侯所伐是也。又其言伐喪者，前年衛侯速卒，楚師、鄭師侵衛是也。不於伐喪取者，其罪不積，不足以成惡。鄭既伐喪，背盟一年之中，再加兵於許，故於此夷狄之。

四年，春，宋公使華元來聘。○三月，壬申，鄭伯堅卒。○杞伯來朝。○朝，直遥反。○夏，四月，甲寅，臧孫許卒。○公如晉。○葬鄭襄公。○秋，公至自晉。○冬，城鄆。○鄆，音運。○鄭伯伐許。喪未踰年，自同於正君，亦譏之。〔疏〕注喪未至譏之。○釋曰：傳於宋襄起喪稱之例，則諸侯亦同之可知，故上下經文宋、衛、陳皆有子稱。鄭是伯爵，與侯同於七命，明在喪之稱或亦與侯同也。左氏之例雖云公侯曰子，伯則不入於例，與此異也。

五年，春，王正月，杞叔姬來歸。婦人之義，嫁曰歸，反曰來歸。○仲孫蔑如宋。○夏，叔孫僑如

會晉荀首于穀。穀，齊地。【疏】婦人至來歸。釋曰：范氏云出女例凡三：齊人來歸子叔姬一也，郯伯姬來歸二也，此杞叔姬來歸三也。又別引文十八年夫人姜氏歸於齊爲例者，出既是同，但內外爲異，故并引之也。子叔姬淫而得罪，爲齊所逐，故言齊人來歸；今杞叔姬文既與之異，故並發傳，舉其上下郯伯姬，亦足以相包，故不更發之。○梁山崩。梁山，晉之望也。不言晉者，名山大澤不以封也。許愼曰：山者陽位，君之象也。象君權壞。【疏】注梁山至望也。○釋曰：詩云「奕奕梁山」，是韓國之鎭，霍陽、韓、魏，晉之地，故云晉之望也。不日，何也？據僖十四年秋八月辛卯沙鹿崩書日。高者有崩道也。有崩道，則何以書也？曰：梁山崩，壅遏河三日不流，晉君召伯尊而問焉。伯尊來，遇輦者，輦者不辟，使車右下而鞭之。凡車將在左，御在中，有力之人在右，所以備非常。○壅，於勇反。過，於葛反。伯尊，左氏作伯宗。辟音避。將，子匠反。輦者曰：所以鞭我者，其取道遠矣。所用鞭我之閒，行道則可遠。伯尊下車而問焉。以其言有理，知非凡人。曰：子有聞乎？對曰：梁山崩，壅遏河三日不流。伯尊曰：君爲此召我也，爲之奈何？輦者曰：天有山，天崩之；天有河，天壅之。雖召伯尊，如之何？伯尊由忠問焉。用忠誠之心問之。○爲此，于僞反。輦者曰：君親素縞，帥羣臣而哭之，既而祠焉，斯流矣。素衣縞冠，凶服也。所以凶服者，山川國之鎭也。山崩川塞，示哀窮。○縞，古老反。【疏】注素衣至哀窮。釋曰：禮云素縞者，鄭玄云黑經白緯謂之縞，縞冠素紕，以純喪冠，故謂之素縞，是祥祭之冠也。今注云素衣縞冠，與鄭異也。伯尊至，君問之曰：梁山崩，壅遏河三日不流，爲之奈何？伯尊曰：君親素縞，帥羣臣而哭之，既而祠焉，斯流矣。孔子聞之曰：伯尊其無績乎！攘善也。績，功也。攘，盜也。取輦者之言而行之，非己之功也。績或作續，謂無繼嗣。○攘，如羊反。【疏】注謂無繼嗣。○釋曰：舊說云伯尊，晉之賢大夫；輦人，晉之隱士。今一遇吐誠，理難再得，伯尊不能薦之於晉侯以救朝廷之急，反竊其語而晦其人，蔽賢罪深，故被戮絕嗣。子夏雖匿聖人之論，能播教於西河，令黑水之人欽其風，蒲坂之間愛其道，其罪先輕，故直喪明而已。然此之立說，恐非其理。何者？天道冥昧，非人所知，大聖立言，意在軌世，則伯尊之戮未必由蔽賢人之言，小商喪明豈關匿聖人之論？徒爭罪之輕重，妄說受罪淺深，據理言之，恐非聖賢之旨。何休以爲梁山崩壅河三日不流，象諸侯失勢，王道絕，故自是之後六十年之中，弑君十四，亡國三十二。案此傳說輦者之言，竟不論天子諸侯喪亡之事，則何休之言未必通於此也。○秋，大水。○冬，十一月己酉，天王崩。定王。○十有二月己丑，公會晉侯、齊侯、宋公、衛侯、鄭伯、曹伯、邾子、杞伯，同盟于蟲牢。蟲牢，鄭地。○蟲，直忠反。牢，力刀反。

六年，春，王正月，公至自會。○二月辛巳，立武宮。舊說曰：武公之宮廟毀已久矣，故傳曰不宜立也。禮記明堂位曰：魯公之廟，文世室也；武公之廟，武世室也。言世室則不毀也，則義與此違。【疏】春王至自會。○釋曰：何休云月者，魯使大夫獲齊侯，今親相見，危之，故書月也。傳例致月則危，此書月必是危，但不知同何說以否，或當時有危，傳不言之，故范亦不解。或亦爲此年公遠會始至，立武宮，取鄟，皆是危事，故致會書月也。○立武宮。○釋曰：禮記稱世室，此傳云不宜立者，禮記周末之書，以其廟不毀，故謂之世室；此以武公之廟毀已久，今復立之，故云不宜立，范義與此違也。何休解公羊以爲臧孫許伐齊有功，故立武宮；左氏以爲季文子以鞌之功立武宮。據人雖別，同是伐齊，穀梁之意亦以勝齊立武宮也。立者，不宜立也。○取鄟。鄟，國也。○鄟音專，又市轉反，國名。【疏】取鄟。○釋曰：隱十年鄭伯伐取之，直注云：凡書取國皆滅也，變滅言取，明其易。今不言滅鄟，是明魯取之易也。又惡鄟不備也。凡書取之例，以內外皆有，外書取者，即徐人取舒是也；內書取者，即取鄆是也。其內被取邑，亦爲取，齊侯取鄆是也。公羊以爲鄆是邾之邑，與穀梁異。○衛孫良夫帥師侵宋。○夏六月，邾子來朝。○朝，直遙反。○公孫嬰齊如晉。○壬申，鄭伯費卒。○費音祕。【疏】鄭伯費卒。○釋曰：案世本及左氏，鄭伯費是鄭悼公，不書葬者，何休云：楚伐鄭喪，諸侯不能救，晉欒書又侵之，故去葬，使若非伐喪者，爲中國諱也。在隱三年注：魯不往會，則經亦不書，則悼公不書葬者，魯不會也。○秋，仲孫蔑、叔孫僑如帥師侵宋。○楚公子嬰齊帥師伐鄭。○冬，季孫行父如晉。○晉欒書帥師救鄭。

七年，春，王正月，鼷鼠食郊牛角。不言免牛者，以方改卜郊，吉否未可知。○鼷音奚。吉否，方九反。【疏】注不言至可知。○釋曰：下傳稱免牲不曰不郊，免牛亦然。此言免牛，則嫌似不郊，故云不言免牛者，以方改卜郊未可知也。不言日，急辭也。辭中促急，不容日。【疏】不言至辭也。○釋曰：宣三年郊牛之口傷，彼言之是緩辭，亦不云日；此傳云不言日急辭也者，案宣三年傳言之是牛自傷之緩，此言其是鼠食牛之緩，二者立文雖異，俱是緩辭，則辭間容日，亦是緩辭；傳云不言日急辭也，此已發例，則定十五年、哀元年之類，不言日者，並是急辭也。緩辭不言日者，言之既是緩辭可知，故不須更書日以見緩也。過有司也。郊牛日展斛角而知傷，展道盡矣。其所以備災之道不盡也。有司展察牛，而即知傷，是展察之道盡，不能防災禦患，致使牛傷，故不書日以顯有司之過。斛，球球然角貌。○斛，角其樛反，一音求。角貌，或本作筋，非。禦，魚呂反。球音求。【疏】郊牛至盡也。○釋曰：展，省察也。言日日皆省察牛之斛角，而則知傷，是省察之道盡矣。展道雖盡，不能防災禦患，致使牛傷，長其所以備災之道不盡，是故不言日以責有司也。牛角云斛者，詩稱「兕觥其斛」，又曰「有斛其角」是也。改卜牛，鼷鼠又食其角。又，有繼之辭也。前已食，故曰繼。其，緩辭也。曰亡乎人矣，非人之所能也，所以免有司之過也。至此復食，乃知國無賢君，天災之爾，非有司之過也，故言其以赦之。○能如字，亦作耐。復食，扶又反，下同。【疏】其緩至過也。○釋曰：解經上文云鼷鼠食郊牛角，不言其，此文云又食其角，乃變言其，故釋之云其緩辭也。曰亡乎人矣，亡，無也。至此郊牛復食，乃知國無賢君，非人所不能也，謂國無賢君之故，爲上天之所災，非人力所能禁，所以免有司之過也。謂經言其者，所以放有司也。乃免牛。乃者，亡乎人之辭也。免牲者，爲之緇衣纁裳，有司玄端，奉送至于南郊。免牛亦然。免牲不曰不郊，免牛亦然。郊者用牲，今言免牲，則不郊顯矣。若言免牛亦不郊，而經復書不郊者，蓋爲三望起爾。言時既不郊而猶三望，明失禮。○復。緇，側其反。纁，許云反。爲，于僞反。【疏】乃者至亦然。○釋曰：重發傳者，此再食乃免牛，嫌與他例別，故重發之。○注蓋爲至起爾。○釋曰：僖三十一年夏四月四卜郊不從，乃免牲，猶三望。彼不云不郊，此既云免牛，又云不郊者，彼免牲與三望同時，故略去不郊之文；此春免牛，夏乃三望，故備言之。○吳伐郯。○郯音談。○夏五月，曹伯來朝。○不郊，猶三望。○秋，楚公子嬰齊帥師伐鄭。○公會晉侯、齊侯、宋公、衛侯、曹伯、莒子、邾子、杞伯救鄭。八月戊辰，同盟于馬陵。馬陵，衛地。公至自會。○吳入州來。州來，楚地。○冬，大雩。雩不月而時，非之也。冬無爲雩也。【疏】雩不至雩也。○釋曰：傳例云月雩正也，時雩非正也。非正者，其時未窮，人力未盡，毛澤已竭，不雩則不及事，故月以明之，則經書秋八月雩、九月雩是也。既過此節，秋不書旱，則冬無爲雩也。故鄭釋廢疾：去冬及春夏，案春秋說考異郵，三時唯有禱禮，無雩祭之事，唯四月龍星見始有常雩耳，故因載其禱請山川辭云：方今天旱，野無生稼，寡人當死，百姓何依？不敢煩民，請命願撫萬民，以身塞無狀。是鄭意亦以不須雩，唯有禱請而已。○衛孫林父出奔晉。

八年，春，晉侯使韓穿來言汶陽之田，歸之于齊。晉爲盟主，齊還事晉，故使魯還二年齊所反之田。○穿音川。【疏】注晉爲至之田。○釋曰：公羊以爲齊侯敗鞌之後，七年不飲酒，不食肉，晉侯高其德，遂反其所取侵地。此雖無傳，齊頃是中平之主，安能以一敗之後七年不飲酒食肉乎？故以爲晉爲盟主，齊還事晉，故使魯還二年齊所反之田。杜預解左氏，其意亦然。于齊，緩辭

也。不使盡我也。君曰爲之請歸不使晉制命于我。爲于僞反〔疏〕于齊緩辭也。釋曰僖二十八年晉人執衞侯歸之于京師傳以言之爲緩辭也今言歸之于齊爲緩辭者之緩辭自是常例於齊之理未明故特釋之辭雖不同亦是緩也此以緩辭言之者諱不使制命於我也○晉欒書帥師侵蔡。○公孫嬰齊如莒。○宋公使華元來聘。○夏。宋公使公孫壽來納幣。婚禮不稱主人宋公無主婚者自命之故稱使納幣不書書者賢伯姬故盡其事〔疏〕注婚禮至其事。○釋曰公羊以爲婚禮不稱主人宋公無主婚者辭窮自命之故公孫壽來納幣稱使紀侯有母履緰受紀侯之母命婦人之命不通故不稱使案隱二年傳云其不言使何也逆之道微無足道焉爾據彼傳文以逆者微無足道焉爾故不言使則與公羊異觀此注意云宋公無主婚者自命之故稱使明爲母命之則不稱使似與公羊同而與傳違者范以紀侯之與宋公皆是無母宜並稱主人但納幣是卿之事故稱宋公使也逆女是君之事使大夫非正故履緰不稱使今此注云婚禮不稱主人亦據諸侯母在者言之又且履緰不稱使大夫率言之亦是不稱主人之事故注言之耳納幣不書其經之所書者三莊公以非禮書一也公子遂以喪娶二也此爲賢伯姬三也范知爲賢伯姬者公羊傳云納幣不書此何以書錄伯姬也是爲賢而錄也○晉殺其大夫趙同趙括。○秋。七月。天子使召伯來錫公命。禮有受命。無來錫命。錫命非正也。曰天子。何也。曰見一稱也。天王天子王者之通稱自此以上未有言天子者今言天子是更見一稱。○召上照反曰見賢徧反注更見同一稱尺證反以上時掌反〔疏〕曰見一稱也。○釋曰王既是四大之重宜表異號莫若繫天以衆人卑故術母子貴者取貴稱故謂之天子入春秋以來唯取仁義之稱未表繫天子之尊故曰更見一稱也公羊傳云其稱天子何元年春王正月正也其餘皆通矣何休云德合於元者稱皇德合於天者稱帝仁義合者稱王又云王者取天下歸往也天子者爵稱也聖人受命皆天所生故謂之天子或言天王或言天子皆相通也唯賈逵云畿內稱王諸夏稱天王夷狄稱天子其理非也。○冬。十月。癸卯。杞叔姬卒。杜預曰前五年來歸者女既適人雖見出棄猶以成人之禮書之終爲杞伯所葬故稱杞叔姬○晉侯使士燮來聘。燮素協反○叔孫僑如會晉士燮、齊人、邾人、伐郯。○衞人來媵。杜預曰古者諸侯娶適夫人及左右媵各有姪娣皆同姓之國國三人凡九女所以廣繼嗣魯將嫁伯姬于宋故衞來媵○媵以證反又繩證反嫡丁歷反姪大結反娣音弟〔疏〕衞人來媵。○釋曰公羊以爲媵不合書其書者賢伯姬也左氏雖無其說蓋以來至於魯然後與嫡行故書之此傳之意以伯姬爲災而死閔之故皆書其事是言三傳意小異也媵。淺事也。不志。此其志何也。以伯姬之不得其所。故盡其事也。不得其所謂災死也江熙曰共公之葬由伯姬則共公是失德者也傷伯姬賢而嫁不得其所。○共音恭下同〔疏〕注江熙至其所。○釋曰江熙以不得其所爲共公失德文無所據范引之者傳異聞也

穀梁注疏卷十三校勘記　阮元撰盧宣旬摘錄

終八年　閩監毛本終作盡

成公　余本卷第八單疏本同

元年

又如加甚　閩監毛本同余本無如字案疏兩引皆無如字余本是也

最是寒盛之時　閩監毛本同何校本是作爲

襄三十八年　閩監毛本三作二是　故不傳　閩監毛本同何校本不下有發字

後重發傳者　閩監毛本同單疏本無重字

則兼作也　閩監毛本同單疏本上有言新二字案有者是

播殖耕稼者　閩監本同毛本殖作植

案隱元年昧之盟　閩監毛本同浦鏜云昧誤眛

晉郤克眇衞孫良夫跛　釋云左氏以爲跛今云眇者公羊無說案臧琳經義雜記云據沈文阿引穀梁傳知古本穀梁作晉郤克跛故范注二年傳云謂笑其跛也

二年

前爲崇羈今爲戰　閩監毛本同單疏本羈作霸誤按莊廿六年傳云爲曹羈崇也疏云論崇曹羈之事也

壹戰緜地五百里　石經同閩監毛本壹作一

謂笑其跛　閩監毛本同釋文出謂笑其蹤跛五字案陸氏云杜預注左傳云郤克跛此傳言郤克眇范注當依傳而作跛恐非玩此則釋文本元無蹤字蹤跛字皆从足形相涉而誤衍蹤字也

請壹戰壹戰不克請再　石經同閩監毛本壹作一

傳曰不言高傒處父亢也　閩監毛本同案莊二十二年文二年傳並云不言公此注言下當有公字今本脫也何校本有公字

然則向之驕　閩監毛本同釋文出鄉之云本又作嚮亦作向

是貴於同大夫之文　閩監毛本同何校本同作稱

繒人　石經閩本同監毛本繒誤繒

不同月則地會盟者　案盟上當有地字單疏本及南監本亦誤脫

三年

故云宋衞未葬　閩監毛本同何校本故作此

此象宣公篡位　按公羊注位作立　不宜列之昭穆　公羊注無之字

不得久承宗廟之象也　公羊注象作應

以譏莊之不子也　閩監毛本同單疏本子作孝

其辭至譏矣　閩監毛本作其辭恭且至爲無譏矣又此疏閩監毛本在傳爲無譏矣下何校本上有傳字

叔孫至圍棘　閩本同監毛本此疏在圍棘下

但爲前定則不日　閩監毛本同單疏本爲作是

解二人本意來聘　閩監毛本同何校本人下有或字

背晉爲諸侯所伐　監毛本同閩本背作皆何校本作叛

五年

婦人至來歸　此疏閩監毛本在傳反曰來歸下何校本上有傳字

縞冠素紕以純喪冠　閩監毛本純作紕誤　其罪先輕　閩監毛本先作既

六年

春王至自會　此疏閩監毛本分屬兩節一在公至自會下一在注義與此違下

魯使大夫獲齊侯　閩監毛本同單疏本獲作擭。按公羊注作獲

或亦爲此年公遂會始至　閩監毛本同單疏本亦作以案以是

以其廟不毀　閩監毛本同單疏本毀作廢

以內外皆有　閩監毛本同單疏本以作有何云以字疑衍

七年

以方改卜郊　十行本方下空一格閩監毛本不空單疏本改作正。按注作改字

不言日急辭也　閩監毛本此上衍改卜牛鼷鼠又食其角乃免牛十二字石經與此不誤

郊牛日展斛角而知傷　監本同石經閩毛本斛作觓是也釋文出斛角云其樛反一音求本或作觩非

所以放有司也　閩本放作赦是也監毛本作敉

八年

亦是緩也　閩監本同毛本亦誤女單疏本無是字

辭窮自命之　閩本同監毛本窮作容

逆之道微　閩本同監毛本道作者。按隱二年傳作道

或言天王　閩毛本同監本王誤主。按依公羊注或字上有或言王三字此不當刪

蓋以來至於魯然後與嫡行　閩本同監毛本嫡誤俱何校本至作致

監本春秋穀梁注疏成公卷第十四 起九年盡十八年

范甯集解　楊士勛疏

九年，春，王正月，杞伯來逆叔姬之喪以歸。傳曰：夫無逆出妻之喪而爲之也。〔疏〕傳曰至爲之也。○釋曰：公羊以爲魯脅杞使逆其喪，左氏以爲魯人請之，故杞伯來逆。此傳不說歸之所由，要叔姬免犯七出之愆，反歸父母之國，恩以絶矣，杞伯今復逆出妻之喪而違禮傷教，言其不合爲而爲之，是以書而記之，以見非。傳曰夫無逆出妻之喪爲之言，其不合爲而爲之也。徐邈云爲猶葬也，言夫無逆出妻之喪而葬理亦通矣，但范不訓爲葬也。○公會晉侯、齊侯、宋公、衛侯、鄭伯、曹伯、莒子、杞伯，同盟于蒲。蒲，衛地。公至自會。○二月，伯姬歸于宋。逆者非卿，故不書。○夏，季孫行父如宋致女。致勑戒之言於女。〔疏〕傳夏季至致女。○釋曰：公羊以春秋未有言致女者，此其言致女何？賢伯姬也。左氏無說，蓋以使卿則書，餘不書者，或不致或不使卿也。此傳云詳其事，賢伯姬也，則與公羊意同耳。徐邈云：宋公不親迎，故伯姬未順爲夫婦，故父母使卿致伯姬，使成夫婦之禮，以其責小禮違大節，故傳曰不與內稱，謂不稱夫人而稱女。案傳稱賢伯姬，而徐云責伯姬，是皆傳而解之，故范以爲謂致勑戒之言於女也。致者，不致者也。婦人在家制於父，既嫁制於夫。如宋致女，是以我盡之也。刺已嫁而猶以父制盡之。不正，故不與內稱也。內稱謂稱使。○內稱，尺證反。〔疏〕注內稱謂稱使。○釋曰：案經內大夫出國例言如，不言使。此季孫行父如宋，即是內稱，而云不與者，凡內卿出外，直言如某者，即是使，又即是內稱。今行父稱君之命，以在家之道制出嫁之女，雖言如，以爲內稱，言致女，是見其不與也。僖三年公子友如齊莅盟，彼亦言如，又云莅盟者，若直言如，則嫌是聘，故更須言盟也。莅盟既更須言莅盟，則致女亦須言之，云不與內稱者，莅盟是禮，致女非禮，故不合言也。若然，傳曰逆者微，故致女，詳其事，賢伯姬也，據傳文似致女得正，而云不正，故不與內稱者，禮，諸侯親逆，則不須致女，今以宋逆者微，故致女，是傳解其致女之意也。云不正，故不與內稱也，其以在家之道制出嫁之女也，此傳之意，因解宋公不親逆，并見致女之不正，又云賢伯姬者，以上下文詳，皆云賢伯姬，則此云致女，亦兼賢伯姬也。若其不爲賢伯姬，則致女雖正，亦不書也。逆者微，故致女。詳其事，賢伯姬也。○晉人來媵。媵，淺事也。不志。此其志何也？以伯姬之不得其所，故盡其事也。○秋，七月，丙子，齊侯無野卒。○晉人執鄭伯。○晉欒書帥師伐鄭。不言戰，以鄭伯也。欒書以鄭伯伐鄭，君臣無戰道。爲尊者諱恥。不使臣敵君，王師敗績于貿戎是也。○爲尊，于僞反，下及此傳注同。爲賢者諱過。爲齊桓諱滅項是也。○滅項，乎講反。爲親者諱疾。雍曰：欒書以鄭伯伐鄭，不言戰是也。鄭，兄弟之國，故謂之親。君臣交兵，病莫大焉，故爲之諱。〔疏〕爲親者諱疾。○釋曰：春秋諱有四事：一曰爲尊者諱恥，二曰爲魯諱敗，三曰爲賢者諱過，四曰爲同姓諱疾。此不言魯者，因親者諱疾，則又亦包魯可知，故不言也。聖人有作，親疏一也，今乃以同姓爲別者，春秋之意，因親疏故，仲尼書經內外有別，既內外別，則親疏尊卑見矣。○冬，十有一月，葬齊頃公。○頃，音傾。○楚公子嬰齊帥師伐莒。庚申，莒潰。其日，莒雖夷狄，猶中國也。莒雖有夷狄之行，猶是中國。○潰，戶內反。行，下孟反。大夫潰莒而之楚，是以知其上爲事也。臣以叛君爲事，明君臣無道。〔疏〕大夫至事也。○釋曰：范別例云凡潰者有四，發傳有三：僖四年蔡潰，傳曰潰之爲言上下不相得也；此莒潰，傳曰大夫潰莒而之楚，三者雖同是不相得，與君臣不和自潰散少異，故亦發傳；昭二十九年鄆潰，彼鄆是邑，與國殊，故重發傳，一解鄆不伐而自潰，與常例異，故重發之。文三年沈潰不發者，從例可知他。惡之，故謹而日之也。潰例月，甚之故日。○惡，烏路反。〔疏〕注潰例至故日。○釋曰：傳上云猶中國也，故日；下文言惡之故謹而日之也。若使莒非中國，雖惡不得日也，以潰例月，爲惡故日，是以云謹而日之。范知例月者，僖四年春王正月公會齊侯云云侵蔡，蔡潰；文三年春王正月叔孫得臣會晉人云云伐沈，沈潰，是例月。今此莒師衆民叛君從楚，故變文書日以見惡。○楚人入鄆。〔疏〕楚人入鄆。○釋曰：魯雖有鄆，此鄆非魯也，蓋從左氏爲莒邑，大都以名通，故不繫莒。或以爲昭元年取鄆，范云魯邑，此不繫莒，則魯邑可知，理亦通也。○秦人白狄伐晉。○鄭人圍許。○城中城。城中城者，非外民也。譏公不務德政，恃城以自固，不德能衛其人民。〔疏〕城中至民也。○釋曰：莊二十九年冬城諸及防，傳曰可城也，今云非外民也者，凡城之志皆譏，就譏之中，閒隙之月少耳，故云可，城乃非全善之文。此亦冬城，嫌同而無譏，故發傳明之。舊解以爲有難而脩城則不譏之，若文十二年季孫行父城諸及鄆是也，此涉左氏之說。案穀梁傳凡城之志皆譏，安得有備難之事？若備難無譏，則經本不應書之，經既書之，明譏例同。或以爲城諸及防是十一月，故傳發可城之文；今此城是十二月，故發外民之傳，雖同是譏事，有優劣，故發傳以異之。

十年，春，衛侯之弟黑背帥師侵鄭。〔疏〕衛侯至侵鄭。○釋曰：范荅薄氏駁云：諸侯之尊，弟兄不得以屬通，有賢行則書弟。今黑背書弟者，明亦有賢行故也。陳侯之弟黃、衛侯之弟專、秦伯之弟鍼，傳無賢行，所以皆云弟者，隱七年齊侯使其弟年來聘，傳曰其弟云者，以其來接於我，舉其貴者也，是接我者例稱弟。襄二十年陳侯之弟光出奔楚，昭元年秦伯之弟鍼出奔晉，傳皆曰親而奔之，惡也。襄二十七年衛侯之弟專出奔晉，傳云其曰弟何也？專有是信者，三無罪，故稱弟以惡兄。襄三十年天王殺其弟佞夫，傳曰甚之也，稱弟以惡王也。昭八年陳侯之弟招殺陳世子偃師，傳曰其弟云者，親之也，親而殺之，惡也，是惡而稱弟也。宣十七年公弟叔肹卒，傳曰其曰公弟叔肹，賢之也。莊三十二年公子牙卒，無賢行而不稱弟，明稱弟皆賢也，自然黃、專之非直罪兄，必兼有賢行。叔肹以賢稱弟，傳有賢行明文，則黑背稱弟，自然亦有賢行，故范准例言之。稱弟之例有四意：齊侯之弟年來聘，鄭伯使其弟禦來盟，爲接我稱弟；衛侯之弟專，爲罪兄稱弟；陳侯之弟招，惡之稱弟；叔肹及衛侯之弟黑背，爲賢稱弟，是有四也。○夏，四月，五卜郊，不從，乃不郊。夏四月，不時也。郊時極於二月。五卜，強也。乃者，亡乎人之辭也。○強，其丈反。〔疏〕亡乎人之辭也。○釋曰：重發傳者，嫌五卜與四卜異故也。○五月，公會晉侯、齊侯、宋公、衛侯、曹伯伐鄭。○齊人來媵。媵伯姬也。異姓來媵，非禮。〔疏〕注媵伯姬至非禮。○釋曰：何休以爲異姓亦得媵，故鄭箴膏肓難之云：天子云備百姓，博異氣，諸侯直云備酒漿，何得有異姓在其中？是亦以異姓不合媵也。此媵不發傳者，上詳其事，見同姓之得禮，異姓非禮可知，故省文。○丙午，晉侯獳卒。○獳，乃侯反。〔疏〕晉侯獳卒。○釋曰：何休云不書葬，爲殺大夫趙同等。范雖不解，或當魯不會也。○秋，七月，公如晉。○冬，十月。

十有一年，春，王三月，公至自晉。○晉侯使郤犨來聘。己丑，及郤犨盟。○郤犨，尺由反。公羊作郤州。〔疏〕己丑及郤犨盟。○釋曰：書日者，公親在，又非前定之盟故也。又不云公者，恥舉國與之也。○夏，季孫行父如晉。○秋，叔孫僑如如齊。○冬，十月。

十有二年，春，周公出奔晉。周有入無出。鄭嗣曰：王者無外，故無出也。宗廟宮室有定所，或即位失其常處，反常書入，內宗廟也。昭二十六年天王入于成周是。○處，昌慮反。其曰出，上下一見之也。鄭嗣曰：上謂僖二十四年天王出居于鄭，下謂今周公出奔，上下皆一見之。○見，賢偏反。言其上下之道無以存也。上雖失之，下孰敢有之？今上下皆失之矣。上雖有不君之失，臣下莫敢效不臣之過。今復云周公之出，則上下皆有失矣。君而不君，臣而不臣，是無以存于世，言周之所以衰。○復云扶又反。〔疏〕周有至失之矣。○釋曰：有入無出，注意直據天子，今不云王而云周者，以經雖無王臣入文，至於王臣出，亦是譏限，故言周以總之。范以王者出入之文俱有，故注直言王以當之。案僖二十四年傳云雖失天下，莫敢有也，謂王雖出，鄭不敢有之以爲國也。此云上雖失之，下孰敢有之，謂上雖有不君之失，臣下誰敢於效爲之，觀經立說，故二處不同也。今上下皆失之矣，下謂王既書出居于鄭，今復云周公出奔，是上下皆有失也。公羊以爲書出者，周公自其私土，謂國也。左氏以爲書出者，已復之。周公自出，並與穀梁異也。○夏，公會晉侯、衛侯于瑣澤。瑣澤，某地。○瑣，素果反。○秋，晉人敗狄于交剛。交剛，某地。中國與夷狄不言戰，皆曰敗之。不使夷狄敵中國。夷狄不日。〔疏〕

夷狄不日。○釋曰：不於箕役發傳者，以再敗狄，師甚之，故發於此。○冬，十月。

十有三年，春，晉侯使郤錡來乞師。○錡，魚綺反。乞，重辭也。古之人重師，故以乞言之也。【疏】乞師乞重辭也○釋曰：重發傳者，公子遂內之始，此外之初，故發之也。古之人重師故以乞言之也者，古人以師之為重，故以重辭言之。古者，舊以為穀梁子後代人，遠者舉當時之事，亦以古言之。徐邈以為引古以刺今耳。○三月，公如京師。公如京師，不月，月非如也。時實會晉伐秦，過京師也。公行出竟有危則月，朝聘京師理無危懼，故不月。○過京師，音戈，下同。竟音境。朝聘，直遥反，下皆同。非如而曰如，不叛京師也。因其過朝，故正其文，若使本自往。【疏】公如至師也○釋曰：僖二十八年五月癸丑，公會晉侯云云盟于踐土，陳侯如會，公朝於王所。彼日月並書公朝于王所，雖文承五月癸丑之下，彼之日月自為盟，不為朝也。壬申公朝于王所書日，此意取日不繫月，猶諸侯不宗於天王，朝會無危則例時，今公以伐秦過京師，非真朝，故書月以見意。○夏，五月，公自京師，遂會晉侯、宋公、衛侯、鄭伯、曹伯、邾人、滕人伐秦。言受命。不敢叛周也。使若既朝王而王命己使伐秦，叛周謂專征伐。【疏】言受至周也○釋曰：公子遂如京師，遂如晉，傳云不叛天子，此文重發傳者，嫌君臣異例也。○曹伯廬卒于師。○廬，力吳反，又力魚反。傳曰：閔之也。公大夫在師曰師，在會曰會。【疏】曰閔至曰會○釋曰：諸侯或從會或從伐，皆閔其在外而死，故云卒于師、于會也。卒于師，則此曹伯廬、襄十八年曹伯負芻是也。卒于會者，則定四年杞伯成卒于會是也。僖四年許男新臣亦卒於師，不言於師者，彼以內桓師，雖卒於外，以若在國然，故不書于師。然則大夫之卒，例所不書，而與公同例，云在師曰師、在會曰會者，舊解以為春秋緣大夫之心，則知書君之卒於師則言師，於會則言會，非謂外大夫書卒于師。若然，傳當云大夫也，公不得云大夫。且經無其事，傳因類發例者，其數不少，即日食云、外壤、饑云康之等是也。彼經無其事，傳得因類引之，此雖無經，何以為不得？又會大夫單伯之徒亦書會諸侯，若使卒於師，因當書之，但無卒于師、卒于會者耳。故知公大夫在師曰師，謂公及大夫二者皆然也。徐邈之注亦以為公及大夫所會諸侯，在師言師，在會言會，明為舊解非也。○秋，七月。公至自伐秦。○冬，葬曹宣公。葬時，正也。【疏】葬時正也○釋曰：嫌卒于師，失正葬，故重發之。葬正則是無危，不日卒者，蓋非嫡子為君故也。又僖四年注云：新臣卒于楚，故不日耳。則此不日者，或當為卒于秦故也。若然，襄二十六年壬午許男甯卒于楚，注云許男卒于楚則在外已顯矣，日卒明其正。二注不同者，以無正文，二理俱通，故為兩解。或亦新臣非嫡子，不須兩解，理足可通耳。

十有四年，春，王正月，莒子朱卒。徐邈曰：傳稱莒雖夷狄，猶中國也。言莒本中國，末世衰弱，遂行夷禮，葬皆稱謚，而莒君無謚，謚以公配，而與楚稱王，所以終春秋亦不得書葬。【疏】莒子朱卒○釋曰：莒子朱者，莒渠丘公。今不書葬者，莒行夷禮，則是失德，又葬須稱謚，莒夷無謚，故不書葬也。不日卒者，何休云入春秋以來至此始書卒，故略之不日。或當既行夷禮，不得同中國，故不日。或當非正卒，無文可明之。○夏，衛孫林父自晉歸于衛。○秋，叔孫僑如如齊逆女。泰曰：親迎例時，大夫逆皆謹月，以譏之。下云九月僑如以夫人婦姜氏至自齊，一事不二譏，故此可以不月也。宣元年公子遂如齊逆女，亦以時逆而月致，義與此同。○親迎，魚敬反，傳同，本或作逆。【疏】注宣元至此同○釋曰：案宣元年春王正月公即位，公子遂如齊逆女，彼文承正月之下，即與此別，而云同者，彼雖文承正月之下，正月自為即位發文，非是為遂逆女。若逆女既蒙上月，則下夫人至不須云月。案此比例，知彼亦當時也。○鄭公子喜帥師伐許。○九月，僑如以夫人婦姜氏至自齊。大夫不以夫人，以夫人非正也，刺不親迎也。僑如之摯由上致之也。○刺不，七賜反。摯，苦結反。【疏】大夫至之也○釋曰：公子翬如齊逆女，傳曰不言翬之以來何見于公也。然則夫人見於君，宜言以夫人至，而曰非正者，逆女親者也，使大夫非正也，非正而以夫人至，故刺之。彼以先接於公，故無至文，此使大夫有譏，則翬之被責居然顯矣。不發於宣公逆女於此發之者，宣公以喪娶，故略夫人而不氏，一事不二譏，故省其文。成公非喪娶而不親迎，嫌其無罪，故傳明之。莊公親逆，傳亦譏之者，以娶讎人之女而事宗廟故也。由上致之者，宣元年注云上謂宣公，則謂成公也。○冬，十月，庚寅，衛侯臧卒。○臧，子郎反。○秦伯卒。【疏】秦伯卒○釋曰：世本及左氏是秦桓公也。

十有五年，春，王二月，葬衛定公。○三月，乙巳，仲嬰齊卒。此公孫也，其曰仲，何也？此蓋仲遂之子，據實公孫。子由父疏之也。雍曰：父有弒君之罪，故不得言公子。父不言公子，則子不得稱公孫，是疏之，罪由父故。【疏】子由父疏之也○釋曰：宣十八年公孫歸父如晉，歸父亦襄仲之子，何以不疏者？卒則身之終，今嬰齊之卒，當繼於父，父既被疏，故子亦當略。歸父則奉命出使，使奔之，故具名氏，以恩錄也。歸父還不氏者，以明由上也。公羊以為仲嬰齊何以不稱公孫？以歸父既是兄，公孫嬰齊為歸父後，為人後者則為之子，故不稱公孫，與穀梁異。○癸丑，公會晉侯、衛侯、鄭伯、曹伯、宋世子成、齊國佐、邾人同盟于戚。晉侯執曹伯，歸于京師。以晉侯而斥執曹伯，惡晉侯也。僖二十八年晉人執衛侯歸之于京師，此伯討之文也。今以侯執伯，明執之不以其罪。○惡，烏路反。【疏】斥執曹伯○釋曰：重發者，此執歸于京師，嫌晉之無罪，故明之。○注僖二十至其罪○釋曰：衛侯有罪，故稱人言執，又歸之京師，令天子決之，是伯討之文也。又且此傳云以晉侯而斥執曹伯，惡晉侯也，稱人以執是伯討，明稱人以執是伯討也。若然，定元年晉人執宋仲幾，傳曰：此大夫，其曰人何也？微之也。何為微之？不正其執人於尊者之所也，不與大夫之得伯討也。彼又稱人非伯討者，彼仲幾雖則逆命，當歸於王之有司，今晉大夫執人於尊者之側，故地于京師，以見尊稱人，以見彼是不與大夫之伯討也。伯討宜施諸侯，大夫則不得也。左氏以為曹伯殺大子而自立，公羊之意曹伯篡喜時，據二傳之文，則是有罪。范云不以其罪者，以曹伯言執云惡晉侯，曹伯之入云歸為善，據此二文言之，明執之不以其罪，不得以公羊、左氏為難。不言之，急辭也，斷在晉侯也。明晉之私。○斷在，丁亂反。○公至自會。○夏，六月，宋公固卒。○楚子伐鄭。○秋，八月，庚辰，葬宋共公。月卒日葬，非葬者也。宋共公正立，卒當書日，葬無甚危則當錄月，今反常違例，故知不葬者也。然則共公之不宜書葬，昏亂故。○共音恭。【疏】注宋共至亂故○釋曰：葬書時，正也。注不以時決而以月決之者，以葬書時最為正，書月有故，書日危不得葬，故不以時決之。然共公失德，所以不至去葬文者，為伯姬書葬，故不得不存共公之葬，但書日以表失德，且不全去葬文，嫌是魯之不會，無以明其失德也。此其言葬何也？以其葬共姬，不可不葬共公也。葬共姬則其不可不葬共公，何也？夫人之義，不踰君也，為賢者崇也。賢崇伯姬，故書共公葬。○為，于偽反。○宋華元出奔晉。宋華元自晉歸于宋。○宋殺其大夫山。【疏】宋殺其大夫○釋曰：左氏以為背其族，何休○注公羊以為譖華元敗之，穀梁無說，不知所從。○宋魚石出奔楚。○冬，十有一月，叔孫僑如會晉士燮、齊高無咎、宋華元、衛孫林父、鄭公子鰌、邾人，會吳于鍾離。會又會，外之也。兩書會，殊外夷狄。○無咎，其九反。鰌音秋。【疏】會又會外之也○釋曰：重發傳者，攢函表中國之辭，鍾離明內外之稱，故兩發之。○許遷于葉。遷者，猶得其國家以往者也。其地，許復見也。○葉，始涉反。復，扶又反。見也，賢遍反。

十有六年，春，王正月，雨木冰。穀梁傳曰：雨木冰者，木介甲冑，兵之象。○雨，如字，或于付反，非也。介音界。冑，直又反。【疏】雨木冰○釋曰：劉向云冰者陰之盛，木者少陽，卿大夫之象，此是人將有害，則陰氣脅木，木先寒，得雨而冰也。是時叔孫僑如出奔，公子偃誅死。一曰時晉執季孫行父，執公，此執辱之異也。徐邈云：五行以木為介，介，甲也。木者少陽，幼君大臣之象，冰脅木，君臣將見執之異。根枝折者，象禍害速至也。或曰木冰，此木介，介者甲也，兵之象。是歲有鄢陵之戰，楚子傷目而敗。注云兵之象，則或說是也。雨而木冰也。雨著木成冰。○著，直略反。志異也。傳曰：根枝折。○夏，四月，辛未，滕子卒。【疏】滕子卒○釋曰：左氏滕文公。○鄭公

孫喜帥師侵宋。○六月，丙寅，朔，日有食之。○晉侯使欒黶來乞師。將與鄭楚戰。○黶，於斬反。○甲午，晦，晉侯及楚子、鄭伯戰于鄢陵。鄢陵，鄭地。○鄢，音偃，又於建反。楚子、鄭師敗績。日事遇晦曰晦。四體偏斷曰敗。此其敗則目也。此言敗者，目傷故。【疏】日事遇晦曰晦。○釋曰：僖十五年己卯，晦，震夷伯之廟，傳曰：晦，冥也。則晦非常文，而云遇晦者，舊解以為僖十五年傳曰晦冥也者，謂月光盡而夜闇，不謂非晦日也。今以為震夷伯之廟云晦者，如公羊晝日為冥，自餘稱晦者，是月盡日也。既云日事遇晦，何以日食不書晦者，日食既言日，雖不書晦可以知，省文也。必知不如公羊以晝為晦冥者，上六月丙寅朔日有食之，此甲午是二十九日，晦以日月相當，知非晝日為冥也。○敗則目也。○釋曰：手足偏斷尚謂之敗，目在首，重於手足，故亦為敗也。傳譏在諸侯也。楚不言師。君重於師也。○楚殺其大夫公子側。○秋，公會晉侯、齊侯、衛侯、宋華元、邾人于沙隨，不見公。沙隨，宋地。不見公者，可以見公也。可以見公而不見公，譏在諸侯也。公至自會。【疏】不見公者。○釋曰：是晉侯之意，諸侯既無解釋之者，即是同不與公相見，故以諸侯揔之。○公會尹子、晉侯、齊國佐、邾人伐鄭。尹子，王卿士，子爵。○曹伯歸自京師。不言所歸，歸之善者也。出入不名，以為不失其國也。歸為善，謂直言歸而不言其國，即曹伯歸自京師不言于曹是。自某歸次之。若蔡季自陳歸于蔡，衛侯鄭自楚復歸于衛。【疏】出入不名。○釋曰：凡諸侯有罪失國，出書名者，即昭三年北燕伯款出奔齊是也。入書名者，即僖二十八年衛侯鄭、曹伯襄是也。今曹伯被執，以其無罪，故出入不名，見其不失國也。傳詳發于此者，以歸文與常例異，故分別之。○九月，晉人執季孫行父，舍之于苕丘。行父，魯執政卿，其身執則危及國，故謹而月之，錄所憂也。苕丘，晉地。○苕，音條。【疏】注行父至晉地。○釋曰：昭十三年八月甲戌，同盟于平丘，公不與盟，晉人執季孫意如以歸。二十三年春正月，叔孫婼如晉，癸丑，叔鞅卒，晉人執我行人叔孫婼。彼二文皆承月下，即蒙上月文。何為此注獨為謹而月之者，意如之執文承八月之下，彼月自為盟而發，不為執意如也。婼之執雖文承正月之下，彼月自為叔鞅而發，亦不是為婼而發。故襄十八年晉人執衛行人石買，莊十七年齊人執鄭詹，皆不月也。此九月之下更無他事，指言晉人執季孫，故知為危謹而月之也。一解行父書月以見危，則意如及婼亦是危也。執者不舍。據昭二十三年晉人執我行人叔孫婼，不言舍。○孫婼，丑略反。而舍公所也。今言舍者，以公在苕丘故也。公在苕丘而言舍者，明不得致也。若既不致，復不言舍，則無以見其舍。○復，扶又反，下同。以見，賢徧反，下見公同。執者致。據昭二十四年婼至自晉。而不致，公在也。在，在苕丘也。見舍于苕丘，還國則與公俱，不得致者，重在公。何其執而辭也。問何故書執季孫行父，而言舍之，復不致之辭邪。猶存公也。時行父雖為晉所執，猶欲存公之所在，故不致行父，又言舍之，皆所以見公在苕丘。存意公亦存也。問存舍之不致之意，便可知公所在乎。公存也。但存此二事，即知公在苕丘。【疏】執者至存也。○釋曰：經稱執季孫行父舍之苕丘，故傳稱執者不舍，是據叔孫婼而發問也。而舍公所也者，謂言所舍故也。公所者，即苕丘是也。執致者，謂昭二十四年婼至自晉是也。而不致公在也者，謂今季孫歸而不書至者，公在故也。以其與公同歸，重在公，故不致也。何其執而辭也，謂問經意何以其書執不以致為辭也。猶存公也，謂為晉所執，心欲存公所在，故不致行父，又言舍之也。存意公亦存焉，謂又問經意直存舍之不致之意，則便可知公所在乎。公存也者，荅上問意，但存此二事即知公在也。公存者，謂在苕丘也。舊解注言二事，舍是一事也，於苕丘是二事。今以為乘上注意，則二事者謂舍於苕丘及不致焉二事。○冬，十月，乙亥，叔孫僑如出奔齊。徐邈曰：案襄二十三年臧孫紇出奔齊，傳曰：其日，正臧紇之出也。禮，大夫去，君掃其宗廟，不絕其祀，身雖出奔，而君遇之不失正，故詳而已之，明有恩義也。○紇，根發反。【疏】注徐邈至義也。○釋曰：僑如為君遇之不失所，書日；臧紇則正其有罪而書日。二者不同，范引之者，欲明二者不異。臧孫云正其有罪，亦兼為君遇之不失所；書日僑如言君有恩而書日，亦兼正其罪可知，是互以相包，故引之。○十有二月，乙丑，季孫行父及晉郤犨盟于扈。○公至自會。無二事，會則致會，伐則致伐。上無會事，當言至自伐鄭，而言至自會，嘗所未詳。鄭君曰：伐而致會，於伐事不成。○乙酉，刺公子偃。大夫日卒，正也。先刺後名，殺無罪也。僖二十八年公子買戍衛，不卒戍，刺之，是有罪者，以先列其罪。○刺，七則反，傳同。爾雅云：殺也。戍，式喻反。【疏】刺公子偃。○釋曰：徐邈云：偃為僑如所譖，故云無罪。左氏云為姜氏所立，二者未知孰是。

十有七年，春，衛北宮括帥師侵鄭。○夏，公會尹子、單子、晉侯、齊侯、宋公、衛侯、曹伯、邾人伐鄭。○單，音善。六月，乙酉，同盟于柯陵。柯陵，鄭地。○柯，音歌。柯陵之盟，謀復伐鄭也。○復，扶又反。○秋，公至自會。不曰至自伐鄭也，公不周乎伐鄭也。周，信也。公逼諸侯為此盟爾，意不欲更伐鄭。何以知公之不周乎伐鄭。以其以會致也。何以知其盟復伐鄭也。以其後會之人盡盟者也。後會，謂冬公會單子等是。不周乎伐鄭，則何為日也。據無伐鄭意而強盟，盟不由忠，不當日也。○而強，其丈反。言公之不背柯陵之盟也。舍已從人，遂伐鄭。【疏】不日至盟也。○釋曰：定四年諸侯侵楚，盟于皋鼬，言公至自會者，經之常也。今傳起違例之問者，定四年楚弱而為諸侯所侵，侵訖而盟，故以盟為大事，故云至自會。鄭自柯陵戰後，不助中國，二年之間，三度興兵，以伐為重，盟為輕，故決其不以伐鄭致。僖四年傳云：大伐楚也，不以會致而以伐致，是其事也。案後會齊侯不出，而云後會之人盡盟者也，以今時身在，後遣大夫從師，故亦得云後會之人盡盟。○齊高無咎出奔莒。○九月，辛丑，用郊。夏之始可以承春。以秋之末，承春之始，蓋不可矣。郊，春事也。僖三十一年夏四月，四卜郊不從。傳曰：四月不時。今言可者，方明秋末之不可，故以是為猶可也。九月，用郊。用者，不宜用也。宮室不設，不可以祭。衣服不脩，不可以祭。車馬器械不備，不可以祭。有司一人不備其職，不可以祭。祭者，薦其時也，薦其敬也，薦其美也，非享味也。【疏】宮室至味也。○釋曰：論用郊而陳宮室者，禮有五經，莫重於祭，祭之盛者，莫大於郊。傳意欲見嚴父然後至其夫家，國備然後然享，故具說宮室、祭服、車馬、官司之等，明神非徒享味而已，何得九月始用郊乎？徐邈云：宮室謂郊之齊宮，衣服車馬亦謂郊之所用，言一事闕則不可祭，何得九月用郊，理不通也。○晉侯使荀罃來乞師。將伐鄭。○荀罃，烏耕反。【疏】晉侯至乞師。○釋曰：范別例云：乞師例有三，三者不釋，從例可知也。乞例六者，乞師五，乞盟一，并之為六。乞師五者，公子遂、晉郤錡、欒黶、荀罃、士魴是也；乞盟一者，鄭伯是也。○冬，公會單子、晉侯、宋公、衛侯、曹伯、齊人、邾人伐鄭。言公不背柯陵之盟也。○十有一月，公至自伐鄭。○壬申，公孫嬰齊卒于貍蜃。貍蜃，魯地也。○貍蜃，上力之反，下時軫反。十一月無壬申。壬申乃十月也。致公而後錄臣子之義也。嬰齊實以十月壬申日卒，而公以十一月還，先致公而後錄其卒，故壬申在十一月下也。嬰齊從公伐鄭，致公然後伐鄭之事畢，須公事畢然後書臣卒，先君後臣之義也。其地，未踰竟也。○竟，音境。【疏】致公至竟也。○釋曰：公羊之意，以為臣待君命然後卒大夫。此云致公而後錄其卒，是與公羊異。杜預解左氏以為日誤，又與二傳不同也。○十有二月，丁巳，朔，日有食之。○邾子貜且卒。○貜，俱縛反。且，子餘反。【疏】邾子貜且卒。○釋曰：世本邾定公也。○晉殺其大夫郤錡、郤犨、郤至。自禍於是起矣。厲公見殺之禍。○殺之，如字，又音試。○楚人滅舒庸。

十有八年，春，王正月，晉殺其大夫胥童。○庚

申。晉弒其君州蒲。稱國以弒其君。君惡甚矣。〔疏〕君惡甚矣○釋曰於此發傳者以州蒲二年之間殺四大夫故於此發惡例也○齊殺其大夫國佐。○公如晉。○夏楚子鄭伯伐宋。○宋魚石復入于彭城。彭城宋邑魚石十五年奔楚經稱復入者明前奔時入彭城以叛也今楚取彭城以封魚石故言復入〔疏〕注彭城至復入○釋曰晉欒盈亦書復入者以欒盈先入曲沃後復入晉故亦云復入也後入曲沃不云復入者兵敗奔曲沃即旣前文已云復入于晉故直云入曲沃舊解以為初入國都後入曲沃言復入若然何不云復入曲沃而云復入于晉○公至自晉。○晉侯使士匄來聘。○匄本又作山音蓋○秋杞伯來朝。○朝直遥反下同○八月。邾子來朝。○築鹿囿。築墻為鹿地之苑○囿音又〔疏〕築鹿囿○釋曰范知非為鹿築囿而以鹿為地名者案囿既是地名則此鹿亦當是地名徐邈何休皆云地名天子囿方十里伯方七里子男方五里言魯先有囿今復築之故書以示譏則郎及蛇泉亦是譏也案毛詩傳云囿者天子百里諸侯三十里與徐何二說別者詩傳蓋據孟子稱文王囿七十里寡人三十里故約之為天子諸侯三十里耳未審徐何二家據何為說也築不志。此其志何也。山林藪澤之利。所以與民共也。虞之非正也。○藪素口反○己丑。公薨于路寢。路寢。正也。男子不絕婦人之手。以齊終也。○齊如字又側皆反○冬。楚人鄭人侵宋。○晉侯使士魴來乞師。○魴音房○十有二月。仲孫蔑會晉侯、宋公、衛侯、邾子、齊崔杼。同盟于虛朾。虛朾某地○杼直呂反虛丘魚反朾丑丁反〔疏〕同盟于虛朾○釋曰此虛朾之盟不日者何休云公薨喪盟畧之故不日事或然也○丁未。葬我君成公。

穀梁注疏卷十四校勘記　阮元撰盧宣旬摘錄

九年

恩以絕矣　閩本同監毛本以作已案以已通用

為親者諱疾　何挍本上有傳字

則又亦包魯可知　閩監毛本同單疏本又作文是也

大夫至事也　何挍本上有傳字

與君臣不和自潰散少異　閩監毛本同單疏本少作小

今此莒帥衆民叛君從楚　閩監毛本同單疏本無帥字

不德能衛其人民　閩本同余本監本毛本德作復

城中至民也　何挍本上有傳字

舊解以為有難而脩城　閩監毛本同單疏本脩作新

季孫行父城諸及鄆　案文公十二年經父字下有帥師二字

是十一月　閩監毛本同單疏本十一作其字

今此城是十二月　閩監毛本同單疏本是作為

十年

所以皆云弟者　閩監毛本同何挍本云作稱

冬十月　閩監毛本同浦鏜云中庸疏云成十年不書冬十月公羊無此三字今有者後人妄增當為衍文案石經公如晉下漫漶細驗之冬字上半猶隱隱可辨是范氏本穀梁有此三字也

十有二年

臣下誰敢於效為之　閩監毛本同單疏本誰作孰於作放

周公自其私土謂國也　案公羊傳謂國作而出此誤

十有三年

乞師乞重辭也　何挍本作傳乞重至之也

舊以為穀梁子後代人　閩本同監毛本人作之非

公自京師遂會晉侯宋公衛侯鄭伯曹伯邾人滕人伐秦　閩監毛本同石經公下有至字晉侯下有齊侯二字何煌云考石經三傳左氏有至字公羊無至字余本無齊侯二字公下自上有至字者衍文也穀梁石經此年係宋人補刻疑至字或亦出所增也案是年石經實非補刻何益僞誤公羊疏以至字為衍文者指公羊傳而言穀梁自與公羊不同何據彼疏疑此經非是又補刻石經係朱梁謂宋人補刻亦非是

十有四年

因當書之　閩監毛本同何挍本因作固

親迎例時　閩監毛本同釋文出時迎魚敬反傳同本或作逆案下注有時逆字陸為迎字作音當出親迎今出時迎是釋文本此文作親逆下文時逆作時迎與今注疏本互易

公即云公子遂如齊逆女　閩監毛本云作位單疏本公即云三字作公即位下文即云七字蓋十行本誤脫

莊公親逆　閩監毛本同何挍本逆作迎

則謂成公也　閩本同監毛本則下有此字何挍本此在則上

十有五年

是是疏之罪由父故　閩本同余本監毛本下是作見

嫌晉之無罪　閩監本同毛本嫌誤如

言執又歸之京師　閩監毛本同何挍本執下有之字

稱人以執是伯　閩監毛本同單疏本人作侯是伯作為惡案單疏本是注疏本蓋緣與下文相涉而譌

晉人執宋仲幾　閩監毛本脫人字與定元年經不合

此大夫　何挍本大上有其字非也

不與大夫之得伯討也　案得字乃衍文否則與定元年傳不合

稱人以見彼　閩監毛本同何挍本彼作微是也

曹伯之人　閩本同監毛本人誤入

以葬書時最為正　閩監毛本最誤葬

十有六年

木冰此木介　閩本同監本冰此作水比毛本此作比○按作比是也

省文也　閩監毛本同單疏本上有故字

必知不如公羊以晝為晦冥者　閩監本同毛本晝作畫是也

傳識在諸侯也　此六字當在下疏首下疏不見公者四字當在釋曰下元本及十行本閩監毛本並誤單疏本不誤

不見公者　此疏有脫誤說見上又十行本此疏在經公至自會下閩監毛本在傳識在諸侯也下

自楚復歸于衛　閩監毛本同余本衛下有是字案以上注例之有是字者是○按桓十一年疏引有是字

春正月　昭廿三年經春下有王字

彼二文皆承月下　閩監毛本下誤不

故知為危　閩監本同毛本知誤如

猶存公也　石經閩本同監毛本存誤在

存意公亦存也　閩監毛本同石經余本也作焉

不以致為辭也　閩監毛本不以誤而不

故不致行父　閩本同監毛本故誤公

故詳而已之　閩監毛本已作紀余本已作日。按作日是也否則與成十六年注不合

甯所未詳　閩毛本同監本詳誤議

十有七年

不日至盟也　何校本上有傳字

故云至自會　閩監本同毛本自誤目下鄭白同

故決其不以伐鄭致　閩監毛本同單疏本無不字何校本致作至

以今時身在後　閩監本同毛本脫在字

論用郊而陳宮室者　閩本同監毛本用作有。按儀禮經傳通解續廿二引作用

欲見嚴父然後至其夫家國備然後然享　閩監毛本夫作天下然作能何校本下然作祭儀禮經傳通解引亦作天作祭

理不通也　閩本同監毛本不作亦

乞盟一者　閩毛本同監本一字闕

壬申乃十月也　石經閩監毛本同余本脫壬申二字

十有八年

十五年弃矩　閩監本同毛本弃作棄

即既前文已云復入于晉　閩監毛本同何校本無即字

晉侯使士匄來聘　石經閩監毛本同釋文士匄本又作丐。按丐俗匄字

天子圍方十里　閩監毛本同何校本方下有百里公侯四字與公羊注合

伯方七里子男方五里　案公羊注無二方字

穀梁注疏卷十四校勘記終

監本附音春秋穀梁注疏襄公卷第十五　起元年盡十五年

范甯集解　楊士勛疏

襄公〔疏〕魯世家襄公名午成公之子定姒所生周簡王十四年即位謚法因事有功曰襄

元年。春。王正月。公即位。繼正即位。正也。〔疏〕繼正即位正也。○釋曰襄是定姒之子嫌非正故重明之。○仲孫蔑會晉欒黶、宋華元、衛甯殖、曹人、莒人、邾人、滕人、薛人圍宋彭城。繫彭城於宋者。不與魚石正也。魚石得罪於宋成十五年奔楚十八年復入于彭城然則彭城已屬魚石今猶繫宋者崇君抑叛臣也○復扶又反〔疏〕繫彭至正也○釋曰哀三年齊衛圍戚傳曰不繫戚於衛者子不有父也魚石人臣而取君之邑邑以繫國爲正故言繫彭城於宋不與魚石正也若不繫宋則似與之爲父子君意異繫不有殊公羊傳曰曷爲繫之於宋不與諸侯專封也左氏云今楚取彭城以封魚石是魚石爲楚所封則三傳不異其說彭城繫宋則異也何者公羊意彭城繫宋不與楚封此傳意彭城繫宋不與魚石是其異也左氏以爲不成叛人又云謂之宋志是又與二傳意不同也○夏。晉韓厥帥師伐鄭。○仲孫蔑會齊崔杼、曹人、邾人、杞人次于鄫。鄫鄭地鄫或爲合。○鄫似陵反○秋。楚公子壬夫帥師侵宋。○王而林反九月。辛酉。天王崩。○邾子來朝。○朝直遥反〔疏〕邾子來朝○釋曰世本及左傳邾宣公也○冬。衛侯使公孫剽來聘。○剽匹妙反○晉侯使荀罃來聘。冬者十月初也王崩赴未至皆未聞喪故各得行朝聘之禮〔疏〕注冬者至之禮○釋曰周禮諸侯之邦交歲相問殷相聘世相朝又左傳云凡諸侯即位小國朝之大國聘焉此年公新即位故各行朝聘禮也知王崩赴未至者禮諸侯爲天子斬衰若其聞喪豈天子以九月崩當月即邾子來朝冬初即晉衛來聘魯是有譴之國焉得受之明知赴未至故各得行朝聘之禮也猶如襄二十九年吳子餘祭五月所弒越未至魯故季札以六月致魯仍行聘事亦此類也若然經書九月天王崩者赴雖在十月之末告以九月崩耳知王崩諸侯不得行朝聘之禮者曾子問云諸侯相見揖讓入門不得終禮廢者幾孔子曰六天子崩大廟火日食后夫人之喪雨霑服失容則廢是天子崩不得行朝聘也

二年。春。王正月。葬簡王。○鄭師伐宋。○夏。五月。庚寅。夫人姜氏薨。○六月。庚辰。鄭伯睔卒。○睔古困反○晉師、宋師、衛甯殖侵鄭。其曰衛甯殖。如是而稱于前事也。初衛侯速卒鄭人侵之故舉甯殖之報以明稱其前事不書晉宋之將以慢其伐人之喪○稱于尺證反〔疏〕稱于前事○釋曰依例將尊師少稱將將卑師衆稱師傳知稱于前而書名者三人同有伐喪之罪或名或師明知稱師者罪重稱名者罪輕又成二年鄭人侵衛之喪今甯殖獨稱名氏故知稱其前事也。○秋。七月。仲孫蔑會晉荀罃、宋華元、衛孫林父、曹人、邾人于戚。○己丑。葬我小君齊姜。齊謚○齊姜如字齊謚也一音側皆反後齊歸同〔疏〕注齊謚○釋曰葬皆舉謚又謚法執心克壯曰齊故知是謚○叔孫豹如宋。○冬。仲孫蔑會晉荀罃、齊崔杼、宋華元、衛孫林父、曹人、邾人、滕人、薛人、小邾人于戚。遂城虎牢。若言中國焉。內鄭也。虎牢鄭邑鄭服罪內之故爲之城不繫虎牢於鄭者如中國之邑也僖二年城楚丘傳曰楚丘者何衛之邑國曰城此邑也其曰城何封衛也然則非魯邑皆不言城中國猶國中也○爲于僞反〔疏〕若言至鄭也○釋曰此言若中國焉者非是對戎狄而生名言中國猶國中也今經不繫虎牢於鄭者如國中之邑也所以如國中之邑者鄭服罪故內之也所以鄭服不繫虎牢者春秋之例外邑皆不言城今虎牢若繫鄭則不得書之故不繫之鄭比內邑也公羊以爲虎牢不繫鄭者爲中國諱伐喪說左氏者以爲虎牢已屬晉故不繫鄭並與穀梁異　楚殺其大夫公子申。

三年。春。楚公子嬰齊帥師伐吳。○公如晉。○夏。四月。壬戌。公及晉侯盟于長樗。晉侯出其國都與公盟于外地○樗丑居反〔疏〕注晉侯至外地○釋曰范知出國都與公盟者上言如晉下言公至自晉不言長樗故知之也公至自晉。○六月。公會單子、晉侯、宋公、衛侯、鄭伯、莒子、邾子、齊世子光。己未。同盟于雞澤。雞澤地也同者。有同也。同外楚也。陳侯使袁僑如會。如會。外乎會也。外乎會者明本非會內也諸侯已會乃至耳〔疏〕外乎會也○釋曰莊十四年單伯會伐宋傳云會事之成也僖二十八年陳侯如會傳曰外乎會也是二文互以相通也會伐宋伐事已成單伯乃至則踐土亦會事已成陳侯乃至也陳侯言外乎會明伐宋時亦外乎會也三處發傳者單伯內大夫陳侯是諸侯袁僑爲君所使嫌有異故重發之於會受命也。戊寅。叔孫豹及諸侯之大夫及陳袁僑盟。及以及。與之也。諸侯在會而大夫又盟是大夫執國之權亢君之禮陳君不會袁僑受使來盟袁僑之盟得其義也通言叔孫豹及諸侯之大夫則無以表袁僑之得禮故再言及明獨與袁僑不與諸侯之大夫○受使所吏反諸侯以爲可與。則與之。不可與。則釋之。諸侯盟。又大夫相與私盟。是大夫張也。故雞澤之會。諸侯始失正

矣。大夫執國權。曰袁僑，異之也。釋不但摠言及諸侯之大夫，而復別言袁僑者，是異袁僑之得禮。○復，扶又反。〔疏〕及以至之也。釋曰：傳解經所以再言及者，以及與之也，謂與袁僑故言及以殊之。公羊以為重言及者，為其與袁僑盟也，其意言諸侯大夫所以為盟者，為與袁僑盟也，與穀梁傳異也。禮君不敵臣，陳遣大夫赴會，諸侯大夫與之為盟，則是貴賤之宜。而云大夫強者，陳侯逺慕中國，使大夫詣會受盟，諸侯雖則盟罷，當須更與結好，又尊卑不敵者，謂獨會公侯，今既與諸侯衆在，何以得稱不敵？陳侯不在，故與袁僑得盟諸侯大夫，君在私盟，故謂之彊也。案十六年大夫不臣也，則不繫諸侯。此云諸侯之大夫而謂之彊者，此雖對君私盟，慢君之意緩，至十六年積習已久，不臣之情極，故不繫諸侯。此亦應為君之命而謂之私者，對君盟非臣事，故謂之私。○秋，公至自晉。○冬，晉荀罃帥師伐許。

四年，春，王三月，己酉，陳侯午卒。○夏，叔孫豹如晉。○秋，七月，戊子，夫人姒氏薨。成公夫人，襄公母也。姒，杞姓。○杞，音起。〔疏〕夫人姒氏薨。釋曰：公羊以為弋氏，何休云莒女，此與左氏並為姒氏，范及杜預皆云杞女，是與公羊異也。傳妾子為君，其母不得稱夫人，今薨葬備文者，君與夫人禮成之，臣民不可以妾禮遇之，故亦得稱夫人，今仍非與禮也。○葬陳成公。○八月，辛亥，葬我小君定姒。定，謚。○冬，公如晉。○陳人圍頓。

五年，春，公至自晉。○夏，鄭伯使公子發來聘。○叔孫豹、繒世子巫如晉。外不言如，而言如，為我事往也。外相如不書，為魯事往，故同於內。○巫，亡符反。為，于偽反。〔疏〕叔孫豹繒世子巫如晉者。釋曰：公羊以繒世子巫是繒之前夫人莒女所生，其巫之母即是魯襄公同母姊妹，繒更娶後夫人於莒而無子，有女還于莒為夫人，生公子，但繒子愛後之夫人，故立其外孫莒之公子，故為叔孫豹與世子巫如晉訟之。此傳直云為我事往也，不知更為何事，故徐邈注此取左氏為說云：為我事往者，謂請繒于晉以助已出賦也。今范云外相如不書，為魯事往，故同於內也。下文滅繒，此傳亦同公羊取外孫為嗣，則此之如晉同公羊理亦無損，但巫縱與魯同是莒之外孫，傳不則得云為我事往也。況上四年范注云姒氏襄公母杞姓也，則襄公非莒女也，若同左氏，則於傳文為順，未審范意如何？或當范雖從公羊外孫為嗣，此明如晉非為外孫。○仲孫蔑、衛孫林父會吳于善稻。善稻，吳地。○善稻，吳謂之伊緩，左氏作善道。吳謂善伊，謂稻緩。號從中國，名從主人。夷狄所號地形及物類，當從中國言之，以教殊俗，故不言伊緩而言善稻，人名當從其本俗言。〔疏〕號從中國。釋曰：重發此文者，鄫之與宋俱是中國，嫌此魯衛會吳善稻，善稻吳地，故重發之。大原晉地，接狄之竟，名曰大鹵，恐從狄名，故更發其例。蚡泉魯地，莒從夷俗，但狄人謂蚡泉為矢胎，莒不得與真夷狄同，故亦須發例也。名從主人者，越為於越，左氏云壽夢之鼎是也。○秋，大雩。

○楚殺其大夫公子壬夫。○公會晉侯、宋公、陳侯、衛侯、鄭伯、曹伯、莒子、邾子、滕子、薛伯、齊世子光、吳人、繒人于戚。繒以外甥為子，曾夷狄之不若，故序吳下，所以不復殊外吳者，以其數會中國故。○曾夷，才登反，又如字。復，扶又反。數會，音朔。〔疏〕注數會中國故。釋曰：繒夷狄之不若，自當序吳下，繒在吳下即得殊吳，所以云數會中國者，若繒夷狄不若吳，不數會中國，縱使抑繒，不可稱人進班也。今以其數行進之，故序云會；進之，故序繒于下，以表夷狄之不若。○進吳於上，以顯其數會中國也。公至自會。○冬，戍陳。內辭也。不言諸侯，是魯戍之。〔疏〕內辭也。釋曰：此戍陳，公羊以為諸侯雖至不可得而序，故獨言我也。杜預以為戚會受命戍陳，諸侯各自遣戍，不復告魯，故不書也。觀范注似魯獨自戍之，案檢上下，則於理不得，何者？定五年歸粟于蔡，傳云專辭也，彼專辭即與此內辭不異，彼傳歸粟更云諸侯歸之，則此戍陳亦是諸侯同戍。襄三十年澶淵救災，具列諸國，故定五年歸粟不復歷序諸侯，則此亦以救陳之文具列諸侯，故於戍之文獨言魯戍也。彼傳云義通也，不足具列，則此亦以其事可知，故經文不序。范云魯者，解經之獨立文也。○楚公子貞帥師伐陳。○公會晉侯、宋公、衛侯、鄭伯、曹伯、莒子、邾子、滕子、薛伯、齊世子光救陳。十有二月，公至自救陳。善救陳也。楚人伐陳，公能救中國而攘夷狄，故善之。善之，謂以救陳致〔疏〕善救陳也。釋曰：於公之至下言之者，春秋主善以內，故書公至下重發。○辛未，季孫行父卒。

六年，春，王三月，壬午，杞伯姑容卒。○夏，宋華弱來奔。○秋，葬杞桓公。○滕子來朝。○朝，直遥反。○莒人滅繒。莒是繒甥，立以為後，非其族類，神不歆其祀，故言滅。○莒人滅繒，似陵反。立其甥為後，異姓，故言滅也。非滅也。非以兵滅。中國日，卑國月，夷狄時。繒中國也，而時，非滅也。家有既亡，國有既滅。滅猶亡，亡猶滅。家立異姓為後則亡，國立異姓為嗣則滅，既盡也。滅而不自知，由別之而不別也。繒不達滅亡之義，故國滅而不知。○別，彼列反。莒人滅繒，非滅也，非立異姓以莅祭祀，滅亡之道也。○莅，音利，又音類。〔疏〕中國至道也。釋曰：重發傳者，非兵滅，故重明之。由別之不別也，言繒所以滅者，立嗣須分別同姓，而繒不別也。舊解云別猶識也，言繒君唯識知國須立後，不能分別異姓之不得。齊侯滅萊，左氏以為齊遷萊子於郳，故不書出奔；公羊以為萊子出奔不如死也，死不書，舉滅為重。此無傳，未知所從。○冬，叔孫豹如邾。○季孫宿如晉。宿，行父子。○十有二月，齊侯滅萊。

七年，春，郯子來朝。郯，音談。朝，直遥反，下同。○夏，四月，三卜郊，不從，乃免牲。夏四月，不時也。三卜，禮也。乃者，亡乎人之辭也。〔疏〕三卜至辭也。釋曰：三卜是禮，而書之者，為三卜不從，及四月不時故也。乃者，亡乎人之辭也，復發傳者，嫌三卜禮不當責無人也。○小邾子來朝。〔疏〕小邾子來朝。釋曰：左傳小邾穆公也。○城費。○費，音秘。○秋，季孫宿如衛。○八月，螽。○冬，十月，衛侯使孫林父來聘。壬戌，及孫林父盟。○楚公子貞帥師圍陳。○十有二月，公會晉侯、宋公、陳侯、衛侯、曹伯、莒子、邾子于鄬。鄬，鄭地。○鄬，本又作鄔，于詭反。鄭伯髡原如會。○髡，苦門反，本又作郡，或作頵，頵音於倫反，左氏作髡頑。未見諸侯，丙戌，卒于操。操，鄭地。○操，七報反。未見諸侯，其曰如會何也？致其志也。禮，諸侯不生名，此其生名何也？卒之名也。卒之名，則何為加之如會之上？見以如會卒也。其見以如會卒何也？鄭伯將會中國，其臣欲從楚，不勝其臣，弒而死。其不言弒何也？不使夷狄之民加乎中國之君也。邵曰：以其臣欲從楚，故謂夷狄之民。不欲使夷狄之臣得弒中國之君，故去弒而言卒，使若止卒然。○見，以賢遍反。去，起呂反。其地，於外也。其日，未踰竟也。日卒時葬，正也。未踰竟，音境。〔疏〕日卒至正也。釋曰：葬在八年，此處發之者，以鄭伯被弒而同正卒，既同正卒，宜云正葬，故連言也。重發正卒之傳者，今被弒而同正卒，嫌與他例異，故明之也。陳侯逃歸。以其去諸侯，故逃之也。鄭伯欲從中國而罹其凶禍，諸侯莫有討心，於是懼而去之，背華即夷，故書逃以抑之。○背，音佩。

八年，春，王正月，公如晉。〔疏〕正月公如晉。釋曰：傳例往月危往也。此經今書正月者，以鄭伯歸晉受禍，陳侯畏楚逃歸，明晉之不足可恃，而公往朝，危之道，故書月也。○夏，葬鄭僖公。○鄭人侵蔡，獲蔡公子濕。獲者，不與之辭。侵者，所以服不義，無相獲之道。○公子濕，本又作隰，又音燮，二十年同，左氏作燮。人，微者也。侵，淺事也。而獲公子，公子病矣。〔疏〕公子病矣。釋曰：公羊以為侵而言獲者，適得其意，謂值其無備，故獲得之。此云公子病矣，謂侵是淺事，所以得公子者，由公子病弱矣。徐邈云：公子病，不任為將帥，故獲之。○季孫宿會晉侯、鄭伯、齊人、宋人、衛人、邾人于

邢丘。邢丘地。邢音刑。見魯之失正也。公在而大夫會也。○見賢遍反【疏】見魯之失正也○釋曰以公在晉未及告公大夫爲會故云失正也。○公至自晉。○莒人伐我東鄙。○秋。九月。大雩。○冬。楚公子貞帥師伐鄭。○晉侯使士匄來聘。

九年。春。宋災。外災不志。此其志何也。故宋也。故猶先也孔子之先宋人【疏】宋災○釋曰公羊以爲大者曰災何休云大者謂正寢社稷宗廟朝廷也小者非宗廟社稷也又曰內何以不言火甚之也者何休云春秋以內爲天下法故雖小有火如大災又云外災不書此何書爲王者之後記災也此傳直云故宋也徐邈云春秋王魯以周公爲王後以宋爲故也是亦以爲王者之後記災也今范獨云孔子之先宋人故記其災以黜周王魯乃是公羊之說今徐乃取以解穀梁故范不從之。○夏。季孫宿如晉。○五月。辛酉。夫人姜氏薨。成公母。○秋。八月。癸未。葬我小君穆姜。○冬。公會晉侯、宋公、衛侯、曹伯、莒子、邾子、滕子、薛伯、小邾子、齊世子光伐鄭。十有二月。己亥。同盟于戲。戲鄭地○于戲許宜反不異言鄭。善得鄭也。不致。恥不能據鄭也。戲盟還而楚伐鄭故恥不能終有鄭【疏】不異至鄭也○釋曰舊解以伐鄭之文在上即同盟于戲明鄭在可知故不異言也善得鄭也言鄭服心同盟故以爲善既善得鄭則是無恥所以不致者恥不能據鄭也謂既盟之後楚即伐鄭恥不能終據之故不致也又一解不異言鄭謂會伐無鄭伯之文今不序是不異言也所以不異言者善得鄭也嘉其服心受盟比之舊同好然故不異言也既善得鄭又以爲恥者當時鄭雖受盟楚即伐鄭諸侯不能終據鄭故以爲恥也○楚子伐鄭。

十年。春。公會晉侯、宋公、衛侯、曹伯、莒子、邾子、滕子、薛伯、杞伯、小邾子、齊世子光、會吳于柤。柤楚地○于柤莊加反會又會。外之也。五年會于戚不殊會今殊會吳者復夷狄故○復夷扶又反下不復皆同【疏】會又會外之也○釋曰重發傳者五年戚會不殊吳今殊之故復發傳○注復夷狄故○釋曰舊解戚之會抑損進吳故不得殊會今宜當復夷狄故會以外之或以爲戚會以吳行進故不殊之今在後更爲夷狄之行故外之。○夏。五月。甲午。遂滅傳陽。○傳陽左氏作偪陽遂。直遂也。其曰遂何。不以中國從夷狄也。言時實吳會諸侯滅傳陽以中國之君從夷狄之主故加甲午使若改日諸侯自滅傳陽滅甲國月此日蓋爲遂耳○爲于僞反【疏】遂直遂也○釋曰傳言遂直遂也者是繼事之辭不須云○日今加甲午始云遂滅與凡遂異故傳言之○注此日蓋爲遂耳○釋曰傳陽卑國例當書月此經言日故范云蓋爲遂耳爲遂者欲見不使中國之君從夷狄之主也。公至自會。會夷狄不致。惡事不致。夷狄不致恥與同惡事不致恥有惡此其致何也。會吳會夷狄也滅傳陽惡事也據不應致存中國也。以中國之君從夷狄之主而滅人之邑也此即夷狄爾是無中國也故加甲午使若改日諸侯自滅傳陽爾不以諸侯從夷狄也滅中國雖惡事自諸侯之一眚爾從夷狄而滅人則中國不復存矣○眚所景反【疏】夷狄至國也○釋曰傳二十六年公至自伐齊傳曰惡事不致此其致之也危之也彼亦是以蠻夷伐中國傳揔釋之今分別兩言之者當以直會夷狄直爲惡事二者俱不致會夷狄不致者成二年蜀之盟是也惡事不致者桓二年稷之會是也今公從夷狄爲柤之會又滅傳陽二事皆惡故傳兩舉之彼公以楚師伐齊唯是一事故揔釋耳傳於此見存中國之文者雞澤之會諸侯失政從此之後日益陵遲又會夷狄之人以滅中國惡事之甚故書公至以存之僖二十六年傳云危之此云存之者彼向來陵遲故直云危之公此時微弱之甚故云存中國也○注而滅人之邑○釋曰此謂國邑也故上注云卑國月公羊左氏亦以爲國也中國有善事。則并焉。若中國有善事則不復言會諸侯改日遂滅傳陽如僖四年諸侯侵蔡蔡潰遂伐楚是并焉○則并必性反又如字無善事。則異之存之也。諸侯會吳于柤甲午遂滅傳陽是則若會與遂異人汲鄭伯。汲猶引也鄭伯髡原爲臣所弒而不書弒此引而致於善事○汲音急逃歸陳侯。鄭之會陳侯不會以其爲楚故言逃歸○爲于僞反致柤之會。存中國也。○楚子貞、鄭公孫輒、帥師伐宋。○晉師伐秦。○秋。莒人伐我東鄙。○公會晉侯、宋公、衛侯、曹伯、莒子、邾子、齊世子光、滕子、薛伯、杞伯、小邾子伐鄭。齊世子光序滕薛之上蓋驕蹇○蹇紀輦反○冬。盜殺鄭公子斐、公子發、公孫輒。稱盜以殺大夫。弗以上下道。惡上也。兩下相殺不志乎春秋惡鄭伯不能脩政刑致盜殺大夫也以上下道當言鄭人殺其大夫○斐芳尾反左氏作騑惡烏路反【疏】稱盜至上也○釋曰哀四年傳云微殺大夫謂之盜而曰上下道者以微殺大夫即是兩下相殺兩下相殺不志乎春秋此惡鄭伯不能脩政刑以致盜殺大夫則哀十三年盜殺陳夏區夫昭二十年盜殺衛侯之兄輒亦是惡其君以致盜也兩下相殺既不入于例故云不以上下道其以上下道者當云鄭人殺其大夫也然文六年狐射姑殺陽處父經改稱國殺之文晉殺其大夫陽處父是謂君國殺之之辭也則上下之道亦稱國而獨決其不稱人者稱國以殺大夫有二例以二例不定故不得專爲上下道稱人殺是誅有罪之文有罪無二例故得決之於此發例者盜殺大夫初起於此故也○戍鄭虎牢。不稱其人則魯戍也猶戍陳其曰鄭虎牢。決鄭乎虎牢也。二年鄭去楚而從中國故城虎牢不言鄭使與中國無異自爾已來數反覆無從善之意故繫之於鄭決絕而棄外○數所角反覆芳服反【疏】注二年至棄外○釋曰注言此者解其決鄭之意九年鄭與諸侯同盟其年楚子伐鄭鄭從楚此年又與楚公子貞伐宋是其數反覆也今諸侯則戍鄭當見其無從善之心故不得內之以盟當決絕之若不決絕之當如上二年云城虎牢不繫之鄭也○楚公子貞帥師救鄭。○公至自伐鄭。

十有一年。春。王正月。作三軍。作。爲也。古者天子六師。諸侯一軍。作三軍。非正也。周禮司馬法曰萬有二千五百人爲軍王六軍大國三軍次國二軍小國一軍其將皆命卿二千五百人爲師然則此言天子六師凡萬有五千人大國三軍則三萬七千五百人諸侯制踰天子非義也揔云諸侯一軍又非制也昭五年經曰舍中軍傳曰貴復正也然則魯有二軍今云作三軍增置中軍爾魯爲次國於此爲明○將子匠反舍音捨【疏】注魯爲次國○釋曰魯本周公之後地方七百里而云次國者據春秋時言之也○夏。四月。四卜郊。不從。乃不郊。夏四月。不時也。四卜。非禮也。【疏】四卜非禮也○釋曰上三卜爲禮而非時此卜違禮而禮亦非時故重發傳不言免牲者不行免牲之禮故但言不郊耳○鄭公孫舍之帥師侵宋。○公會晉侯、宋公、衛侯、曹伯、齊世子光、莒子、邾子、滕子、薛伯、杞伯、小邾子伐鄭。○秋。七月。己未。同盟于京城北。盟謀更共伐鄭京城北鄭地○京城左氏京作亳公至自伐鄭。不以後致。盟後復伐鄭也。傳例曰已伐而盟復伐者則以伐致盟不復伐者則以會致此言不以後致謂會在伐後○復扶又反【疏】不以至鄭也○釋曰成十七年夏公會尹子云云伐鄭乙酉同盟于柯陵與此正同彼云公至自會此云公至自伐鄭致文不同者案彼伐鄭同盟於柯陵爲公不同于伐鄭以會事爲大故以會致此時鄭從楚彊諸侯畏之故以伐爲大事又盟後重更伐鄭故以伐致也○注傳例至伐後○釋曰下十九年傳文○楚子鄭伯伐宋。○公會晉侯、宋公、衛侯、曹伯、齊世子光、莒子、邾子、滕子、薛伯、杞伯、小邾子伐鄭。會于蕭魚。蕭魚鄭地公至自會。伐而後會。不以伐鄭致。得鄭伯之辭也。鄭與會而服中國喜之故以會致○鄭與音豫【疏】伐而至辭也○釋曰僖四年傳云二事偶則以後事致此云公至自會正是其常而云不以伐鄭致者以鄭從楚伐之尤難故當以伐爲大事但以喜鄭與會故以會致之○楚人執鄭行人良霄。行人者。挈國之辭也。行人是傳國之辭命者○傳直專反【疏】挈國之辭也○釋曰舊解挈猶傳也行人傳國使會命故云挈國之辭也或以挈爲舉謂傳舉國命之辭理亦通耳但與注乖行人之文有六傳之所以發者三也

昭公八年楚人執陳行人于徵師傳曰稱人以執大夫執有罪也稱行人怨接於上也襄十有八年晉人執衛行人石買傳曰稱行人怨接於上也此云楚人執鄭行人良霄傳曰挈國之辭也徵師云稱人執有罪則此挈國之辭而被四執亦是有罪也石買云稱行人怨接於上則良霄亦然也是其文亦相通也傳舉三者則定六年晉人執宋行人樂祁犂七年齊人執衛行人北宮結昭二十三年晉人執我行人叔孫婼亦然也是稱人以執有罪石買稱行人怨接於上明君之與臣兩舉失之也執大夫稱人又有二義莊十七年齊人執鄭詹傳曰人者衆辭也以人執與之辭也僖四年齊人執陳表濤塗傳曰齊人者齊侯也不正其踰國而執也桓十一年宋人執鄭祭仲傳曰宋人者宋公也其曰人何也貶之也是有二也案經例執大夫皆稱人而執未有稱公侯者而云貶宋公齊侯何也斯有旨矣然執大夫得其罪例當稱人經因事以明義若被執者有罪則稱人以見罪若執人者有罪亦稱人以見惡齊侯爲踰國而執宋公命人逐君故貶之也稱人以明不正也縱使例執得其罪未有稱公侯之文其齊宋二君亦當貶從稱人之限故雖同常文傳則分而別之所謂善惡不嫌同辭不可以一槩求之矣祭仲不稱行人舊解私罪不可稱行人或當非行人故也○冬。秦人伐晉。

十有二年。春。王三月。莒人伐我東鄙。圍邰。蓋攻守之害深故以危錄其月○邰本又作台他來反又音臺 伐國不言圍邑。舉重也。伐國重圍邑輕舉重可以包輕 取邑不書。圍安足書也。不足書而今書蓋爲下事起○爲于僞反[疏]注蓋爲下事起○釋曰范知之者以伐國不言圍邑言圍邑有所見明此爲下事耳 ○季孫宿帥師救邰。遂入鄆。鄆言邑○鄆音運 遂。繼事也。受命而救邰。不受命而入鄆。惡季孫宿也。○惡烏路反 ○夏。晉侯使士魴來聘。○秋。九月。吳子乘卒。○冬。楚公子貞帥師侵宋。○公如晉。

十有三年。春。公至自晉。○夏。取邿。○邿音詩[疏]夏取邿○釋曰公羊以邿爲邾婁之邑此傳雖無說蓋從左氏爲國也 ○秋。九月。庚辰。楚子審卒。共王○共音恭 ○冬。城防。

十有四年。春。王正月。季孫宿、叔老會晉士匄、齊人、宋人、衛人、鄭公孫蠆、曹人、莒人、邾人、滕人、薛人、杞人、小邾人會吳于向。向鄭地○蠆音丑邁反向舒亮反○[疏]正月至于向○釋曰何休云月者刺諸侯委任大夫二年之後君若贅旒然故月之范雖不注或以二卿遠會蠻夷危之故月從何說理亦通耳 ○二月。乙未。朔。日有食之。○夏。四月。叔孫豹會晉荀偃、齊人、宋人、衛北宮括、鄭公孫蠆、曹人、莒人、邾人、滕人、薛人、杞人、小邾人伐秦。○己未。衛侯出奔齊。諸侯出奔例月衎結怨于民自棄於位君弑而歸與知逆謀故出入皆日以著其惡○與音豫[疏]注諸侯至其惡○釋曰桓十六年十有一月衛侯朔出奔齊又十五年五月鄭伯突出奔蔡十承九年月之下是例月也若然昭三年冬北燕伯欵出奔齊二十一年冬蔡侯東出奔楚而書時者彼蔡侯東時爲公如晉不當月故時也其北燕伯時自爲大雨雹故亦略其月文或當時明月同唯書日有異也然此書日以著衛侯之惡則昭二十五年九月乙亥公孫于齊亦是明日公之惡也或可詳內不可以外例准之然衛侯朔出奔齊傳曰朔之名惡也天子召而不往彼亦惡而書名則北燕伯欵蔡侯之徒亦是書名以見惡也今衛侯以惡甚而書日所以不名者鄭忽出奔衛傳日其名失國也衛侯雖惡甚則以其不失國故不名以見得國入書名以明惡也曹伯負芻無罪故出入不名則衛侯鄭入書名者亦惡可知也然衛侯朔亦得國而出書名者以天子絶之故也則蔡侯東北燕伯欵亦爲失國而名也鄭忽桓十五年稱世子忽復歸于鄭亦是得國而書名者以其微弱罪賤之故傳曰其名失國以後雖入國不能自安故亦與失國同也又忽是世子與君少異故彼注云其名謂去世子而但稱忽是也公孫于齊不名者爲內諱也一解以衛侯不名者出奔書日以見罪惡甚故不復名也理亦通耳 ○莒人侵我東鄙。○秋。楚公子貞帥師伐吳。○冬。季孫宿會晉士匄、宋華閱、衛孫林父、鄭公孫蠆、莒人、邾人于戚。○閱音悅

十有五年。春。宋公使向戌來聘。向舒亮反戌音恤 ○二月。己亥。及向戌盟于劉。○劉夏逆王后于齊。劉采地夏名書名則非卿也天子無外所命則成故不言逆女○劉夏戶雅反注同[疏]劉夏至于齊○釋曰公羊以劉夏爲天子下大夫今范云非卿則亦以爲下大夫也此時王者案世本紀當頃王也 過我。故志之也。○過音戈 ○夏。齊侯伐我北鄙。圍成。○公救成。至遇。至遇而齊師已退也遇魯地 ○季孫宿、叔孫豹帥師城成郛。郛音孚 ○秋。八月。丁巳。日有食之。○邾人伐我南鄙。○冬。十有一月。癸亥。晉侯周卒。○

穀梁注疏卷十五校勘記　阮元撰盧宣旬摘錄

襄公　余本卷第九單疏本同

元年

爲父子君意異繫不有殊　閩本同監毛本君作若何校本君下有臣字異下有故字

曷爲繫之於宋　按公羊傳無於字

鄶或爲合　閩毛本同監本鄶誤鄭

晉侯使荀罃來聘　閩監毛本同石經罃作嬰二三年並同

故季札以六月致會　閩監毛本致作至單疏本作到

二年

六月庚辰鄭伯睔卒　石經同閩監毛本辰作寅又毛本脱鄭字

以明稱其前事　閩監毛本其作于

三年

諸侯始失正矣　閩監毛本同石經正作王

謂獨會公侯　閩監毛本同單疏本公作外

此亦應爲君之命　閩監毛本同單疏本爲作受

公至自晉　閩監毛本同石經晉作會

四年

公羊以爲戈氏　監本同閩毛本戈改弋是也

五年

叔孫豹繒世子巫如晉者　閩監毛本無者字案此文當在下公羊以繒世子巫云云之上注疏本以此句爲標起止非也

狄人謂蚡泉爲矢胎　段玉裁云昭五年經蚡作賁矢胎作失台

越爲於越　閩監毛本同單疏本爲作謂

六年

非立異姓以莅祭祀　此本非字空缺閩監毛本無非字石經余本有顧炎武云石經多一非字何煌云非字疑衍案宣十五年傳非稅畝之災也注云緣宣公稅畝故生此災以責之非責也與此傳非字義同繒非滅謂之滅者立異姓是滅亡之道故責之顧說何說並誤

七年

于鄬　閩監毛本同釋文本又作隔

鄭伯髡原如會　閩監毛本同釋文髡本又作郡或作顒

宜云正葬　閩監毛本云作同

嫌與他例異　何校本他誤陀

八年

今書正月者　十行本此上空二字閩監毛本不空

獲蔡公子濕　閩監本同毛本濕作溼釋文本又作隰

九年

以周公爲王後　閩監毛本同何校本王後作後王

公會晉侯宋公衛侯曹伯莒子邾子滕子薛伯小邾子齊世子光伐鄭　閩監毛本同石經薛伯下有杞伯二字

謂會伐無鄭伯之文　閩監毛本會伐誤倒

十年

其曰遂何　閩監毛本同石經余本下有也字

彼向來陵遲　閩監毛本同何校本向來作尙未

今諸侯則戍鄭　閩監毛本同何校本戍作伐

當見其無從善之心　閩本同監毛本見誤是

以盟當決絕之　閩監毛本同單疏本盟作明是也

十有一年

凡萬有五千人　閩監毛本同何校本凡下有七字宋本同案有七者非上注云萬有二千五百人爲軍二千五百人爲師是軍與師不同六師止有萬五千人若七萬五千人則六軍之數非六師之數也

此卜違禮而禮亦非時　閩監毛本同何校本而作非

此時鄭從楚楚彊　閩監本同毛本從誤後單疏本彊作強

稱人以執大夫　閩監毛本下有者字○按昭八年傳無者字

襄十有八年　閩監毛本同何校本無有字

晉執衛行人石買　按十八年經晉下有人字

是其文亦相通也　閩監毛本同何校本亦作互是也

明君之與臣　閩監毛本同何校本與作於

或當非行人故也　閩監毛本同單疏本無非字

十有四年

二年之後　閩監毛本同何校本二作三與公羊注合

文或當時明月同　閩監毛本同何校本明作與是也

穀梁注疏卷十五挍勘記終

監本附音春秋穀梁注疏襄公卷十六　起十六年盡三十一年

范甯集解　楊士勛疏

十有六年，春，王正月，葬晉悼公。○三月，公會晉侯、宋公、衛侯、鄭伯、曹伯、莒子、邾子、薛伯、杞伯、小邾子于溴梁。溴梁，溴地。溴，古闃反。戊寅，大夫盟。溴梁之會，諸侯失正矣。諸侯會，而曰大夫盟，正在大夫也。諸侯在，而不曰諸侯之大夫，大夫不臣也。晉人執莒子、邾子以歸。【疏】晉人至以歸○釋曰：諸侯不得私相治，執人以歸，非禮明矣。○齊侯伐我北鄙。○夏，公至自會。○五月，甲子，地震。○叔老會鄭伯、晉荀偃、衛甯殖、宋人伐許。○秋，齊侯伐我北鄙，圍成。○大雩。○冬，叔孫豹如晉。

十有七年，春，王二月，庚午，邾子瞯卒。瞯音閑。左氏作牼。○宋人伐陳。○夏，衛石買帥師伐曹。○秋，齊侯伐我北鄙，圍桃。齊高厚帥師伐我北鄙，圍防。○九月，大雩。【疏】九月大雩○釋曰：前年大雩不月，此月者，僖十一年傳曰雩月正也，是九月八月雩得正也，故前年雩不正時也。○宋華臣出奔陳。○冬，邾人伐我南鄙。

十有八年，春，白狄來。不言朝，不能行朝禮。○朝，直遥反。○夏，晉人執衛行人石買。稱行人，怨接於上也。怨其君而執其使，稱行人明使人爾罪在上也。○其使，所吏反，下同。【疏】注怨其君至在上也○釋曰：稱人以執，是執有罪。范云明使人者，謂稱行人者明罪在君上，故云明使人，非謂稱行人以罪晉也。重發傳者，楚是夷狄，嫌晉之主盟當異，故重明之。○秋，齊師伐我北鄙。○冬，十月，公會晉侯、宋公、衛侯、鄭伯、曹伯、莒子、邾子、滕子、薛伯、杞伯、小邾子同圍齊。非圍而曰圍。據實伐。齊有大焉，亦有病焉。齊若無罪，諸侯豈得同病之乎。非大而足同焉。齊非大國，諸侯豈足同共圍之與。○與音餘。諸侯同罪之也，亦病矣。諸侯同罪大國，是不量力，必爲大國所譏，則亦病矣。【疏】非圍至病矣○釋曰：知非圍者，以十九年經云至自伐齊，不以圍致故也。傳言非圍而曰圍者，解經不以實言之意。齊有大焉，亦有病焉，謂經稱同圍之意。齊雖有事大國焉，亦有罪惡焉，病猶罪惡也，謂數伐魯，以數伐魯又復國大，故稱同圍之耳。非大而足同與，覆上齊有大焉，諸侯同罪之意也。謂齊若非大國，何須諸侯同罪之也。亦病矣，謂齊是大國，諸侯共同罪之，必爲大國所譏，是取禍之道，故云亦罪惡矣，言諸侯與齊同有罪惡也。○曹伯負芻卒于師。閔之也。【疏】閔之也○釋曰：僖四年許男新臣卒，彼內桓師，故不地，知言卒于師者，皆閔之也。○楚公子午帥師伐鄭。

十有九年，春，王正月，諸侯盟于祝柯。前年同圍齊之諸侯也。祝柯，齊地。○祝柯，古河反，注同。晉人執邾子。公至自伐齊。春秋之義，已伐而盟復伐者，則以伐致。京城北之類是。○復，扶又反，下及注皆同。盟不復伐者，則以會致。會于蕭魚之類是。祝柯之盟，盟復伐齊與。怪不以會致。○與音餘。曰：非也。不復伐齊。然則何爲以伐致也？曰：與人同事，或執其君，或取其地。同與邾圍齊，而晉執其君，魯取其地，此與盟後後伐无異。【疏】或執至其地○釋曰：據此傳文，事實在邾，不關于齊，而以伐齊致者，以明實伐齊盟後又或執其君，或取其地，與盟後復伐無異，故託事以見意，罪晉執君，惡魯取地。若其實不伐齊，亦不得以伐致也。○取邾田，自漷水。以漷水爲界。○漷水，火虢反，又音郭。軋辭也。軋，委曲隨漷水，言取邾田之多。○軋，於八反。【疏】軋辭也○釋曰：公羊以爲漷水移入邾界，魯隨而有之。今云軋辭者，軋謂委曲，經言自漷水者，委曲之辭也。一解：軋辭者，軋謂委曲，言取邾田委曲隨漷水爲界之辭，言其多也。其不日，惡盟也。○惡，烏路反。【疏】其不日惡盟也○釋曰：謂執君取地。○季孫宿如晉。○葬曹成公。○夏，衛孫林父帥師伐齊。○秋，七月，辛卯，齊侯環卒。○晉士匄帥師侵齊，至穀，聞齊侯卒，乃還。還者，事未畢之辭也。【疏】還者至辭也○釋曰：重發傳者，嫌內外異也。何休廢疾難此云：君子不求備於一人，顯違乎？士匄不伐喪，純善矣，何以復責其專大功也。鄭玄釋之曰：士匄不伐喪則善矣，然于善則稱君，禮仍未備，故言乃還，不言乃復，作未畢之辭。還者致辭，復者反命，如鄭之言，亦是譏士匄不復命也。然如鄭意，以乃還爲惡，乃復爲善，則公子遂至黃乃復，又爲惡之者，彼以遂違君命而反，故加畢事之文，欲見臣不專君命，與此意少異。此既善不伐喪，復爲事畢之辭，則是純善士匄，故以未畢之辭言之。受命而誅，生死無所加其怒。不伐喪，善之也。善之則何爲未畢也？君不尸小事，臣不專大名，善則稱君，過則稱已，則民作讓矣。士匄外專君命，故非之也。然則爲士

句者宜奈何。宜墠帷而歸命乎介。除地爲墠於墠張帷反命于介介歸告君君命乃還不敢專也○墠音善介音界副使也○八月。丙辰。仲孫蔑卒。○齊殺其大夫高厚。○鄭殺其大夫公子嘉。○冬。葬齊靈公。○城西郛。○叔孫豹會晉士匄于柯。柯地○城武城。

二十年。春。王正月。辛亥。仲孫速會莒人盟于向。向莒邑○向舒亮反○夏。六月。庚申。公會晉侯、齊侯、宋公、衛侯、鄭伯、曹伯、莒子、邾子、滕子、薛伯、杞伯、小邾子，盟于澶淵。澶淵衛地○澶市然反○秋。公至自會。○仲孫速帥師伐邾。○蔡殺其大夫公子溼。○蔡公子履出奔楚。○陳侯之弟光出奔楚。諸侯之尊，弟兄不得以屬通。其弟云者，親之也。親而奔之，惡也。顯書弟明其親也親而奔逐之所以惡陳侯○弟光左氏作黄惡音烏路反〔疏〕注所以惡陳侯○釋曰知非惡光者以傳例歸爲善自其歸次之以二十三年云光自楚歸于陳又且專之稱弟罪衛侯則光稱弟罪陳侯也故鄭釋廢疾亦云惡陳侯也○叔老如齊。○冬。十月。丙辰。朔。日有食之。○季孫宿如宋。

二十有一年。春。王正月。公如晉。○邾庶其以漆、閭丘來奔。以者，不以者也。鄭曰人臣無專祿以邑叛之道○漆音七閭力居反〔疏〕以者不以者也○釋曰重發傳者此非用兵之以故昭五年莒牟夷以牟婁及防茲來奔傳曰及防茲以大及小也是小大不敵故當言及今不言及爲小大敵故也來奔者不言出。舉其接我者也。漆、閭丘不言及，小大敵也。○夏。公至自晉。○秋。晉欒盈出奔楚。○九月。庚戌。朔。日有食之。○冬。十月。庚辰。朔。日有食之。〔疏〕日有食之○釋曰此年與二十四年皆頻月日食據今歷術無頻食之理但古或有之故漢書高祖本紀亦有頻食○曹伯來朝。朝直遥反○公會晉侯、齊侯、宋公、衛侯、鄭伯、曹伯、莒子、邾子于商任。商任某地○任音壬○庚子。孔子生。〔疏〕庚子孔子生○釋曰仲尼以此年生故傳因而録之史記世家云襄公二十二年生者馬遷之言與經典不同者非一故與此傳異年耳

二十有二年。春。王正月。公至自會。〔疏〕公至自會○釋曰此與二十一年公如晉皆月者依傳例月者有危傳不記危之事未可知也何休云善公能事大國案下沙隨會公至不月則何說非○夏。四月。○秋。七月。辛酉。叔老卒。○冬。公會晉侯、齊侯、宋公、衛侯、鄭伯、曹伯、莒子、邾子、滕子、薛伯、杞伯、小邾子于沙隨。○公至自會。○楚殺其大夫公子追舒。

二十有三年。春。王二月。癸酉。朔。日有食之。○三月。己巳。杞伯匄卒。匄古害反○夏。邾畀我來奔。○畀必二反○葬杞孝公。○陳殺其大夫慶虎及慶寅。稱國以殺，罪累上也。及慶寅，慶寅累也。陳侯之弟光自楚歸于陳。光反稱弟言歸無罪明矣○晉欒盈復入于晉。入于曲沃。曲沃晉地○復扶又反○秋。齊侯伐衛。遂伐晉。○八月。叔孫豹帥師救晉，次于雍渝。雍渝晉地○雍於用反又如字渝羊朱反言救後次，非救也。惡其不遂君命而專止次故先通君命而後言次尊君抑臣之義鄭嗣曰次止也凡先書救而後言次皆非救也傳元年齊師宋師曹師次于聶北救邢此師本欲止聶北遥爲之援爾隨其本意而書故先言次而後言救豹本受君命救晉中道不能故先言救而后言次若鄭伯未見諸侯而曰如會致其本意○惡其音烏路反下傳惡之同聶北不輒反中道丁仲反又如字〔疏〕言救至救也○釋曰后言次爲非救則以僖元年先言次即是救彼傳亦云非救者其實言次則並是非救但傳各隨其本意而釋之鄭嗣言之詳矣○己卯。仲孫速卒。○冬。十月。乙亥。臧孫紇出奔邾。其日，正臧孫紇之出也。正其有罪蘧伯玉曰：不以道事其君者，其出乎。必不見容○蘧其居反○晉人殺欒盈。惡之，弗有也。不言殺其大夫是不有之以爲大夫○齊侯襲莒。輕行掩其不備曰襲○輕遣政反又如字

二十有四年。春。叔孫豹如晉。○仲孫羯帥師侵齊。○夏。楚子伐吳。○秋。七月。甲子。朔。日有食之。既。○齊崔杼帥師伐莒。○大水。○八月。癸巳。朔。日有食之。○公會晉侯、宋公、衛侯、鄭伯、曹伯、莒子、邾子、滕子、薛伯、杞伯、小邾子于夷儀。○冬。楚子、蔡侯、陳侯、許男伐鄭。○公至自會。○陳鍼宜咎出奔楚。鍼其廉反咎其九反○叔孫豹如京師。○大饑。五穀不升爲大饑。升成也一穀不升謂之嗛。嗛不足貌○嗛去簟反二穀不升謂之饑。三穀不升謂之饉。饉音近四穀不升謂之康。五穀不升謂之大侵。侵傳〔疏〕五穀至大侵○釋曰二穀不升謂之饑今經云大饑故傳云五穀不升也謂之嗛謂之康嗛是不足之貌康是虛荒之名五穀不升謂之大侵又謂之大饑者以經云大饑是言之經所云大饑者謂五穀不熟也其實大侵大饑之名通而言之正是一物也傳欲分析五種之名故異言之耳徐邈云有死者曰大饑無死者曰大饑何休云死曰大饑無死曰饑並以意言之與穀梁異也大侵之禮，君食不兼味，臺榭不塗。塗塗飾○榭音謝塗烏路反又同都反弛侯，廷道不除。弛廢也侯射侯也廢侯不燕射廷內道路不脩除○弛侯式氏反廷道之道也一音庭〔疏〕注弛廢至燕射○釋曰凡大射爲祭擇士賓射則接賓而射燕射則因歡燕而爲射既國大饑君不宜燕樂故注舉燕射言之其實尚不祭鬼神亦不射不賓射之禮故傳以弛侯摠之或以爲燕射一侯禮最省故舉之以明餘者亦不爲之耳理亦通之鬼神禱而不祀。周書曰大荒有禱無祀〔疏〕注周書曰周書者先儒以爲仲尼刪尚書之餘今據其書與尚書不類未知是與非也百官布而不制。官職列不可闕廢不更有造作此大侵之禮也。

二十有五年。春。齊崔杼帥師伐我北鄙。○夏。五月。乙亥。齊崔杼弑其君光。莊公失言，淫于崔氏。放言將淫崔氏爲此見弑也邵曰淫過也言莊公語失漏有過於崔子而崔子弑之故傳載其致弑之由以明崔杼之罪甚○爲此于僞反下爲其同〔疏〕注放言至罪甚○釋曰放言謂放言語將淫崔氏邵云謂言語失漏有過於崔氏范兩載之者貴異說耳注又云傳載其致弑之由者正謂此傳不更據別文也○公會晉侯、宋公、衛侯、鄭伯、曹伯、莒子、邾子、滕子、薛伯、杞伯、小邾子于夷儀。○六月。壬子。鄭公孫舍之帥師入陳。○秋。八月。己巳。諸侯同盟于重丘。會夷儀之諸侯也重丘齊地○重直龍反公至自會。○衛侯入于夷儀。夷儀本邢地衛滅邢而爲衛地○楚屈建帥師滅舒鳩。屈居忽反○冬。鄭公孫夏帥師伐陳。○夏戶雅反○十有二月。吳子謁伐楚，門于巢，卒。以伐楚之事門于

巢卒也。所以攻巢之門者爲其伐楚之事故也然則伐楚經巢。○子謁左氏作過于巢者。外乎楚也。若但言伐楚卒而不言于巢者則卒在楚也言于巢則不在楚門于巢乃伐楚也。先攻巢然后楚乃可得伐〔疏〕注先攻巢。○釋曰舊解巢楚竟上之小國有表裏之援故先攻之然后楚可得伐以爲楚邑非也徐邈亦云巢偃姓之國是也諸侯不生名取卒之名。加之伐楚之上者。見以伐楚卒也。其見以伐楚卒何也。據伐楚惡事無緣致本意。○見賢徧反〔疏〕諸侯不生名。○釋曰重發傳者與失國生名異故也古者大國過小邑。小邑必飾城而請罪。禮也。飾城者脩守備請罪問所以爲闕致師之意。○守備手又反或如字吳子謁伐楚。至巢。入其門。門人射吳子。有矢創。反舍而卒。古者雖有文事。必有武備。非巢之不飾城而請罪。非吳子之自輕也。非責。○射食亦反創初良反

二十有六年。春。王二月。辛卯。衛甯喜弒其君剽。此不正。其日何也。殖也立之。喜也君之。正也。父立以爲君則子宜君之以明正也。○君剽匹妙反〔疏〕此不正其日何。○釋曰知剽不正者以元年稱公孫見經故也○衛孫林父入于戚以叛。○甲午。衛侯衎復歸于衛。日歸。見知弒也。書喜弒君衎可言歸衎實與弒故録日以見之書日所以知其與弒者言辛卯弒君甲午便歸是待弒而入故得速也。○衎苦旦反一本作衎見知賢徧反實與音豫下同〔疏〕日歸至弒也。○釋曰衎既與弒不言入以惡之者傳例歸爲善復歸則居其兩端故傳復者復中國歸者歸其所今喜既弒君衎可言歸但以與弒故從平文云復歸書名因以見惡耳不言入以明歸罪于甯喜也○夏。晉侯使荀吳來聘。○公會晉人、鄭良霄、宋人、曹人于澶淵。○秋。宋公殺其世子座。座在禾反○晉人執衛甯喜。○八月。壬午。許男甯卒于楚。宣九年九月辛酉晉侯黑臀卒于扈傳曰其日未踰竟也此乃在楚何以日邪隱三年八月庚辰宋公和卒傳曰日卒正也許男卒于楚則在外已顯日卒明其正。○竟音境〔疏〕注宣九至其正。○釋曰案薄氏駮云此自發例於大國不明於小國其小國或詳或畧許男書日必正也荅云春秋稱世子國有非正周之襄王晉之恭子曹伯射姑亦是其例獲且之卒謂于日食之下何以知其不日然則范之此荅據何文得知又周之襄王與恭子何以爲別又薄氏之駮不問射姑而范荅探意大過者案左氏襄王是惠后之子明襄王是嫡也故文八年書八月戊申天王崩恭世子是獻公烝父妾而生僖五年被殺不日故知雖世子仍非嫡也薄氏之意見射姑稱世子而卒不稱日故駮云發例于大國小國自從詳畧故范以射姑非正荅之據陳侯款僖七年甯母之會亦言世子至僖二十八年書卒之上亦不日明稱世子亦有非正也捷菑既貶則獲且是正故知獲且之卒蒙上日食之文可知襄王正恭子不正而亦引以爲例者欲明襄王正而稱世子申生不正亦稱世子據此言之明有不正而稱世子者○冬。楚子、蔡侯、陳侯、伐鄭。○葬許靈公。

二十有七年。春。齊侯使慶封來聘。○夏。叔孫豹會晉趙武、楚屈建、蔡公孫歸生、衛石惡、陳孔奐、鄭良霄、許人、曹人于宋。奐呼亂反○衛殺其大夫甯喜。稱國以殺。罪累上也。甯喜弒君。其以累上之辭言之何也。嘗爲大夫。與之涉公事矣。鄭嗣曰若獻入以喜有弒君之罪而殺之則不宜既入以爲大夫而得殺之明以他故。○復音扶又反〔疏〕涉公事矣。○釋曰舊解國家之事危若涉海以木行爲踰也徐邈云涉猶歷也傳織絇邯鄲麋信云絇者著屨舄之頭即周禮絇繶及純是也甯喜由君弒君。而不以弒君之罪罪之者。惡獻公也。獻公即衎也鄭嗣曰書甯喜弒其君則喜之罪不嫌不明今若不言喜之無罪而死則獻公之惡不彰。○惡獻烏路反○衛侯之弟專出奔晉。○專左氏作鱄專。喜之徒也。專之爲喜之徒何也。已雖急納其兄。與人之臣謀弒其君。是亦弒君者也。專其曰弟何也。據稱弟則無罪。○已音紀專有是信者。言君本使專與喜爲約納君許以寵賂今反殺之獻公使專失信故稱弟見獻公之惡也。○見賢徧反君賂不入乎喜而殺喜。是君不直乎喜也。故出奔晉。織絇邯鄲。終身不言衛。恥失信。○絇其俱反邯音寒鄲音丹專之去。合乎春秋。何休曰甯喜本弒君之家獻公過而殺之小負也專以君之小負自絶非大義也何以合乎春秋鄭君釋之曰甯喜雖弒君之家本專與約納獻公爾公由喜得入已與喜以君臣從事矣春秋撥亂重盟約今獻公背之而殺忠於已者是獻公惡而難親也獻公既惡而難親專又與喜爲黨懼禍將及君子見幾而作不俟終日微子去紂孔子以爲上仁專之去衛其心若此合於春秋不亦宜乎。○與約如字又於妙反下同爲約于僞反本或作盟約背之音佩○秋。七月。辛巳。豹及諸侯之大夫盟于宋。湨梁之會。諸侯在而不曰諸侯之大夫。大夫不臣也。晉趙武恥之。豹云者。恭也。不舉姓氏諸侯不在而曰諸侯之大夫。大夫臣也。其臣恭也。晉趙武爲之會也。〔疏〕晉趙至會也。○釋曰豹云能恭獨言趙武恥之者趙武恥湨梁之會大夫不臣故合師諸侯大夫爲恭故歸功趙武也傳言豹云者據前稱氏後直名也○冬。十有二月。乙亥。朔。日有食之。

二十有八年。春。無冰。○夏。衛石惡出奔晉。○邾子來朝。○朝直遙反○秋。八月。大雩。○仲孫羯如晉。○冬。齊慶封來奔。○十有一月。公如楚。〔疏〕公如楚。○釋曰書月者何休云危公朝夷狄案下二十九年公至自楚傳云喜之也則何說是耳○十有二月。甲寅。天王崩。靈王○乙未。楚子昭卒。

二十有九年。春。王正月。公在楚。閔公也。閔公爲楚所制故存録○夏。五月。公至自楚。喜之也。凱曰遠之蠻國喜得全歸致君者。殆其往。殆危而喜其反。此致君之意義也。〔疏〕致君至義也。○釋曰於此發之者以公遠之荆蠻故傳特發之明中國亦同也○庚午。衛侯衎卒。○閽弒吳子餘祭。閽。門者也。寺人也。不稱名姓。閽不得齊於人。不稱其君。閽不得君其君也。禮。君不使無恥。不近刑人。無恥不知臧否。○閽音昏不狎敵。不邇怨。守門人也祭側界反寺人本又作侍人不近附近之近下同否音鄙又方九反賤人非所貴也。貴人非所刑也。刑人非所近也。舉至賤而加之吳子。吳子近刑人也。閽弒吳子餘祭。仇之也。怨仇餘祭故弒之。○狎戶甲反怨於願反又於元反仇音求〔疏〕閽門至之也。○釋曰稟二儀之氣須五常之性備然後爲人閽者虧刑絶嗣無陰陽之會故不復齊於人以主門晨昏開閉謂之閽以是奄豎之屬故又謂之寺人也不狎敵不邇怨者言爲人君之道外不得狎敵内不得近怨何者吳過以狎敵蒙禍餘祭以邇怨害身故不可狎敵近怨也賤人非所貴謂卑賤之人無高德者不可卒貴貴人非所刑謂刑不上大夫故不可刑之刑非所近也謂刑罪之人不可信近之今吳子以奄人爲閽是近之也舉至賤而加之吳子近刑人也謂經書閽弒吳子餘祭者譏其近刑人也。○注怨仇餘祭。○釋曰國君不仇匹夫犯罪則誅之故知是閽怨也○仲孫羯會晉荀盈、齊高止、宋華定、衛世叔儀、鄭公孫段、曹人、莒人、邾人、滕人、薛人、小邾人城杞。古者天子封諸侯。其地足以容其民。其民足以滿城以自守也。杞危而不能自守。故諸

侯之大夫相帥以城之。此變之正也。諸侯微弱政由大夫大夫能同恤災危故曰變之正〔疏〕變之正。釋曰諸侯恤災救危是正今大夫爲之故云變之正也 ○晉侯使士鞅來聘。○杞子來盟。杞復稱子蓋時王所黜。○復扶又反 ○吳子使札來聘。杜預曰吳子餘祭既遣札聘上國而後死札以六月到魯未聞喪也不稱公子其禮未同於上國。○札側八反 吳其稱子何也。善使延陵季子。故進之也。身賢賢也。使賢亦賢也。延陵季子之賢。尊君也。以季札之賢吳子得進稱子是尊君也 其名。成尊於上也。春秋賢者不名而札名者許夷狄不一而足唯成吳之尊稱直稱吳則不得有大夫。○尊稱尺證反〔疏〕成尊於上也。釋曰謂進吳稱子上謂君上也 ○秋。七月。葬衛獻公。○齊高止出奔北燕。其曰北燕。從史文也。南燕姞姓在鄭衛之間北燕姬姓在晉之北史曰北燕據時然故不改也傳所言解時但有言燕者。○北燕音烟國名姞其乙反又其吉反〔疏〕從史文也。釋曰傳言從史文者以時有直言燕者故仲尼從史文也 ○冬。仲孫羯如晉。

三十年。春。王正月。楚子使薳罷來聘。聘例時此聘月之何也泰曰桓二年宋督弒其君與夷傳曰書王以正與夷之卒然則善有所明皆須王以正之書王必上繫于春下統于月此書王以治蔡般弒父之罪爾非以錄薳罷之聘。○薳罷于委反下音皮與夷如字又音餘宋殤公名 ○夏。四月。蔡世子般弒其君固。其不日。子奪父政。是謂夷之。此之夷狄故不日也丁未楚世子商臣弒其父傳曰日髡之卒所以謹商臣之弒也楚公子比弒其君傳曰不日比不弒般弒不日而曰夷之何也徐乾曰凡中國君正卒皆書日以錄之夷狄君卒皆不日以畧之所以別中國與夷狄夷狄弒君而日者閔其爲惡之甚謹而錄之中國君卒例日不以弒與不弒也至于卒而不日者乃所以畧之與夷狄同例。○子般音班本或作班髡苦門反以別彼列反〔疏〕注比之至同例。釋曰何休廢疾云蔡世子班弒其君固不日謂之夷楚世子商臣弒其君何以反書日邪鄭玄釋之曰商臣弒父日之嫌夷狄無禮罪輕也今蔡中國而又弒父故不日之若夷狄不足責然公羊有若不疾乃疾之推以況此則無怪然此注之意與鄭君釋廢疾大旨同也但解商臣之弒書日少異耳何者鄭云嫌夷狄無禮罪輕故日徐乾云閔其爲惡之甚故日是少異也昭十九年夏五月戊辰許世子止弒其君買傳云日弒正卒也與此異者彼以實不弒君而書日故與此異也 ○五月。甲午。宋災。伯姬卒。取卒之日加之災上者。見以災卒也。其見以災卒奈何。伯姬之舍失火。左右曰。夫人少辟火乎。伯姬曰。婦人之義。傅母不在。宵不下堂。宵夜。○見以賢徧反辟音避下同 左右又曰。夫人少辟火乎。伯姬曰。婦人之義。保母不在。宵不下堂。遂逮乎火而死。婦人以貞爲行者也。伯姬之婦道盡矣。詳其事賢伯姬也。○逮音代又大計反行下孟反〔疏〕取卒至姬也。釋曰外災例時今伯姬之卒故進日在上以明災死也伯姬之婦道盡矣爲共公卒雖日久姬能守災死之貞謂之婦道盡矣 ○天王殺其弟佞夫。傳曰。諸侯且不首惡。況於天子乎。君無忍親之義。天子諸侯所親者。唯長子母弟耳。天王殺其弟佞夫甚之也。○長丁丈反〔疏〕況於天子乎。釋曰嫌天子之殺弟異於諸侯故以輕況重舉重以明輕見輕重之道並見矣 ○王子瑕奔晉。不言出周無外 ○秋。七月。叔弓如宋。葬共姬。共姬從夫之謚。○共音恭 外夫人不書葬。此其言葬何也。吾女也。卒災。故隱而葬之也。〔疏〕外夫至葬之也。釋曰外夫人卒亦不書而云不書葬者傳云外夫人不葬者謂魯女嫁於諸侯者唯當書卒不合稱葬非謂不是魯女也 ○鄭良霄出奔許。自許入于鄭。鄭人殺良霄。不言大夫。惡之也。○惡烏路反〔疏〕不言至之也。釋曰襄二十一年晉人殺欒盈傳曰惡之弗有也彼云不有則此亦然也重發傳者嫌與復入異故也 ○冬。十月。葬蔡景公。不日卒而月葬。不葬者也。卒而葬之。不忍使父失民於子也。鄭嗣曰夫葬者臣子之事也景公無子不可謂無民無民則景公有失於民有民則罪歸於子若不書葬則嫌亦失民故曰不忍使父失民於子〔疏〕不日至子也。釋曰成十五年秋八月庚辰葬宋共公傳曰月卒日葬者也此云不日卒而月葬不葬者也重發傳而文又異者傳例諸侯日卒時葬正也明違此即非正故兩文以明之又解一弒一卒經文有日月之殊故重發傳而文異日月有殊著宋共則日葬景公則月葬是殊也宋襄失民不葬此民書葬者此即是於失子非失民若實失民則直稱人以弒傳曰不忍使父失民於子也是非失民可知傳云不忍使父失民於子者言若不書葬則與失民同故云然也 ○晉人、齊人、宋人、衛人、鄭人、曹人、莒人、邾人、滕人、薛人、杞人、小邾人、會于澶淵。宋災故。會不言其所爲。其曰宋災故。何也。不言災故。則無以見其善也。其曰人。何也。救災以衆。何救焉。更宋之所喪財也。償其所喪財故雖不及災時而猶曰救災。○所爲于僞反以見賢徧反更音庚償也喪息浪反償時亮反〔疏〕晉人至財也。釋曰公羊傳云卿則其稱人何貶也曷爲貶卿不得憂諸侯也左氏以爲不歸宋財故貶此傳云其日人何救災以衆是三傳異也或當此會趙武亦在但取救災以衆故不顯名也 澶淵之會。中國不侵伐夷狄。夷狄不入中國。無侵伐八年。善之也。晉趙武、楚屈建之力也。〔疏〕無侵伐八年。釋曰徐邈云晉趙武楚屈建感伯姬之節故爲之息兵其意以爲諸侯閔伯姬之賢故歸宋財爲澶淵之會此不相侵伐連會言之故知爲伯姬也范氏不解理未必然言感伯姬歸宋財事亦可矣豈以一婦人之貞國則息兵八載人情測之必是未可又且傳稱趙武屈建之力則無侵伐不由伯姬明矣若然則此會不書楚人則無楚屈建若據此後言之昭元年即楚靈王即位不得云無侵伐八年若據二十六年澶淵之會言之何知彼有趙武屈建唯二十七年見經而云屈建之力者案左氏晉趙武以二十五年爲政二十六年澶淵之會晉人列在鄭卿之上明是趙武但恥湨梁不臣故屈於澶淵也其實晉人者趙武是爲政起於二十五年再會于澶淵一會宋又昭元年會于虢而中國以安屈建雖一會于宋外寧夷狄是屈建之功傳恐連公子圍之事故以屈建別之故左氏云相晉國於今八年亦從二十五年數至昭元年也傳連此澶淵會言之者以諸侯靜兵由趙武功力此歸宋財亦是趙武爲之以其息師故得憂災恤患是以連言之耳

三十有一年。春。王正月。○夏。六月。辛巳。公薨于楚宮。楚宮非正也。楚宮別名非路寢 ○秋。九月。癸巳。子野卒。○襄公太子大音泰 子卒日。正也。〔疏〕子卒日正也。解云未踰年之君弒死不日文十八年子卒是也莊三十二年子般卒書日者以有所見故也今子野正卒書日嫌與子般同故傳發之以明昭公之繼正也 ○己亥。仲孫羯卒。○冬。十月。滕子來會葬。書非禮 ○癸酉。葬我君襄公。○十有一月。莒人弒其君密州。

穀梁注疏卷十六校勘記

阮元撰盧宣旬摘錄

十有六年

晉人至以歸　閩監本同毛本人下衍執字

叔孫豹如晉　石經閩本同監毛本晉誤齊

十有七年

圍桃齊高厚帥師伐我北鄙　閩監毛本同余本脫此十一字

宋華臣出奔陳　閩監本同毛本奔作犇非

十有八年

故重明之　閩監毛本同何校本明作發

非大而足同焉 閩監毛本同石經余本焉作與案釋文出同與是陸所據本亦作與作焉者非

病猶罪惡也 閩本同監毛本猶誤所

十有九年

京城北之類是 閩本同監毛本京誤亳

君子不求備於一人 十行本下空三字閩本同監毛本不空

二十年

弟兄不得以屬通 石經閩監毛本同余本弟兄作兄弟

二十有一年

公至自晉 石經閩本同監毛本晉誤會

今麻有無頻食之理 閩本同監毛本有無作無有何校本有作法

二十有二年

辛酉叔老卒 十行本辛酉二字誤作注閩監毛本不誤○今依訂正

二十有四年

有死曰大饑无死曰饑 單疏本監毛本死下有者字閩本无作無監毛本同饑饑字倒○按公羊注作有死傷曰大饑無死傷曰饑

塗塗飾 閩監毛本同何校本下塗作堊釋文出堊飾

理亦通之 閩本同監毛本無之字

二十有六年

故録日以見之書日 閩監本同毛本日誤曰余本無以見之書日五字

國有非正 閩監毛本同何校本國作固

故知雖世子 閩本同監毛本雖誤非

恭予不正 閩本同監毛本恭誤公

二十有七年

若獻入以喜有弒君之罪 閩監毛本同余本入作公

而得殺之 閩監毛本同何校本得作復案釋文出而復作復是

納君許以寵賂 閩本同監毛本納作約

孔子以爲上仁 閩監毛本上作三是也

不舉姓氏 閩監毛本同余本姓氏作氏姓

故合師諸侯大夫爲恭 今閩監毛本師作帥何校本合作

二十有九年

刑非所近也 閩本同監毛本作刑人非所近

今吳子以奄人爲閽 閩監毛本吳作吾並音相近而譌

解時但有言燕者 閩監毛本同余本燕下有有字

三十年

然則善有所明 閩監毛本同余本善作義

大旨同也 閩本同監毛本旨作致

許世子止弒其君罪 閩監本罪作買是毛本誤貫

姬能守災死之貞 閩監毛本同何校本災死作夫在

諸侯目不首惡 閩本同誤監毛本目作且○按石經亦作且

襄二十一年 閩監毛本同何校本一作三是也

月卒日葬者也 閩監毛本同何校本葬下有非葬二字與成十五年傳合

此云不日卒而月葬 閩毛本同監本不誤一

三十有一年

襄公太子 閩本同監毛本太作大案大是

文十八年 閩本同監毛本脫十字

莊三十二年 閩本同監毛本莊誤襄

監本春秋穀梁注疏昭公卷第十七 起元年盡十三年

范甯集解　楊士勛疏

昭公〔疏〕魯世家昭公名稠襄公之子以周景王四年即位謚法容儀恭明曰昭

元年。春。王正月。公即位。繼正即位正也。〔疏〕繼正即位正也○釋曰重發傳者嫌繼子野非正故明之○叔孫豹會晉趙武、楚公子圍、齊國弱、宋向戌、衞齊惡、陳公子招、蔡公孫歸生、鄭罕虎、許人、曹人于郭。○招上昭反郭左氏作虢○二月。取鄆。鄆魯邑言取者叛荓不服○鄆音運〔疏〕注鄆魯至不服○釋曰案左氏鄆爲莒邑范知魯邑者以經有城諸及鄆之文此鄆不繼莒故知魯邑也公羊傳曰鄆者何內之邑也其言取何不聽也何休云不聽者叛也是范所據之文也○夏。秦伯之弟鍼出奔晉。諸侯之尊。弟兄不得以屬通。其弟云者。親之也。親而奔之惡也。○鍼其廉反惡烏路反〔疏〕親而奔之惡也○釋曰重發傳者陳侯之弟稱歸爲無罪此鍼後無歸文則罪之輕重既不可知故傳云親而奔之惡也明與陳光同耳○六月。丁巳。邾子華卒。○晉荀吳帥師敗狄于大原。大原地○大音泰傳曰中國曰大原。夷狄曰大鹵。號從中國。名從主人。襄五年注詳矣○鹵力古反〔疏〕注襄五至詳矣○釋曰桓二年亦有文而註言襄五年者桓二年論郜鼎之事襄五年則同論地事故注指之○秋。莒去疾自齊入于莒。莒展出奔吳。〔疏〕莒展出奔吳○釋曰展篡踰年不稱爵者徐邈云不爲內外所與也不成君故但書名理或然焉○叔弓帥師疆鄆田。疆之爲言猶竟也。爲之境界○去起呂反竟音境〔疏〕叔弓至鄆田○釋曰鄆是魯邑所以帥師者公羊以爲與莒接竟故帥師是畏莒故以師正其界○葬邾悼公。○冬。十有一月。己酉。楚子卷卒。○卷音權左氏作麇○楚公子比出奔晉。

二年。春。晉侯使韓起來聘。○夏。叔弓如晉。○秋。鄭殺其大夫公孫黑。○冬。公如晉。至河乃復。乃者亡乎人之辭刺公弱劣受制彊臣恥如晉。故著有疾也。公凡四如晉季氏訴公于晉侯使不見公公懼不利于已故公托至河有疾而反以殺恥也十二年傳曰季氏不使遂乎晉與此傳五文以見義然則十二年二十一年如晉與此義同二十二年經曰至河有疾乃復是微有疾而反嫌與上四如晉同故明之○見去聲〔疏〕恥如至疾也○釋曰案公之乃復凡有五文惟二十三年經云至河有疾乃復自餘四者

皆不云有疾而傳曰著有疾者公爲季氏所訴恥四如晉不人故皆書曰乃復者即是託有疾之辭非實疾也故傳云恥如晉故著有疾也二十三年實有疾而復故經言有疾而別之。注公凡四如晉。釋曰此文一也十二年二也十三年三也二十一年四也二十三年經云有疾故不數之耳。○季孫宿如晉。公如晉而不得入。季孫宿如晉而得入。惡季孫宿也。明晉之不見公季孫宿之所爲。○惡烏路反〔疏〕惡季孫宿也。釋曰惡季孫宿十二年又發傳云季孫不使遂乎晉者季孫宿以七年卒十二年譖君者意如見其畢世同惡故傳重明之若然十三年乃復者意如見執之下意如身尚被執安得謂之譖公者彼公不盟亦坐意如意如先以譖公被執之日又自雪無罪晉人聽其言而不受公故經言乃復之文與十二年同明亦是意如譖公可知也

三年。春。王正月。丁未。滕子原卒。○夏。叔弓如滕。○五月。葬滕成公。〔疏〕夏叔至成公。釋曰何休云月者上葬襄公諸侯莫肯加禮獨滕子來會葬故恩錄之穀梁以月葬爲故必不得從何說或當有故但經傳不言耳○秋。小邾子來朝。○朝直遙反○八月。大雩。○冬。大雨雹。○雨于付反雹皮學反○北燕伯款出奔齊。其曰北燕。從史文也。〔疏〕從史文也。釋曰重發傳者前高止之奔欲明從史文今北燕伯出奔亦曰北燕伯嫌目名之故重曰從史文舉此二者以明例故於後不釋

四年。春。王正月。大雨雪。雪或爲雹。○雨雪于付反左氏作雨雹〔疏〕雪注或爲雹。釋曰左氏爲雹故范疑之云或爲雹也○夏。楚子、蔡侯、陳侯、鄭伯、許男、徐子、滕子、頓子、胡子、沈子、小邾子、宋世子佐、淮夷會于申。楚靈王始會諸侯也。○沈音審楚人執徐子。稱人以執執有罪〔疏〕楚人執徐子。釋曰僖二十一年執宋公不言楚此云楚人執徐子者彼欲見諸侯同執且不與夷狄執中國故不言楚人此時楚彊徐又夷也故○云楚執不言歸者蓋在會而執尋亦釋之故不言所歸也秋。七月。楚子、蔡侯、陳侯、許男、頓子、胡子、沈子、淮夷伐吳。衆國之君傾衆悉力以伐彊敵內外之害重故謹而月之定四年伐楚亦月此其例也。○〔疏〕注衆國至例也。釋曰舊解凡日月之例多施於內不止於外而云謹而月之者以四夷之盛吳楚最甚從此以後中國微弱禍害既重書亦宜詳故注并引定四年三月公會劉子以下于召陵侵楚爲證猶莊六年子突王者之師挫於諸侯僖十五年齊桓霸者之兵屈於伐厲故亦書月是其義也徐邈云伐不月而書月者爲滅厲書理亦通也內外之害者內謂吳外謂衆國也執齊慶封。殺之。此入而殺。其不言入。何也。慶封封乎吳鍾離。言時殺慶封自于鍾離實不入吳其不言伐鍾離。何也。不與吳封也。慶封其以齊氏。何也。據已絕于齊爲齊討也。靈王使人以慶封令於軍中曰。有若齊慶封弒其君者乎。謂與崔杼共弒莊公光。○爲于僞反慶封曰。子一息。我亦且一言。曰。有若楚公子圍。弒其兄之子而代之爲君者乎。軍人粲然皆笑。粲然盛笑貌。○粲七旦反〔疏〕弒其兄之子。釋曰元年楚子卷卒不云弒此云弒者彼爲密弒之託以疾卒楚無良史告以不實故春秋從而書之傳因慶封之對以起其事則篡之罪亦足以見也慶封弒其君而不以弒君之罪罪之者。慶封不爲靈王服也。不與楚討也。傳例曰稱人以殺大夫爲殺有罪今殺慶封經不稱人故曰不以弒君之罪罪之。○爲于僞反春秋之義。用貴治賤。用賢治不肖。不以亂治亂也。孔子曰。懷惡而討。雖死不服。其斯之謂與。○與音餘〔疏〕孔子曰至謂與。○釋曰上云春秋之義足以見罪人稱孔子曰者靈王夷狄之君欲行霸者之事嫌於得善故引春秋以明之後言孔子以正之遂滅厲。遂。繼事也。○九月。取鄫。〔疏〕九月取鄫。○釋曰襄六年莒人滅鄫今又云取者彼以立莒之公子爲後故以滅言之其實非滅故今魯得取之不云滅而云取者徐邈云諱故以易言之事或然矣○冬。十有二月。乙卯。叔孫豹卒。

五年。春。王正月。舍中軍。貴復正也。魯次國舊二軍襄十一年立三軍今毀之故曰復正。○舍音捨○楚殺其大夫屈申。○屈居勿反○公如晉。○夏。莒牟夷以牟婁及防茲來奔。以者。不以者也。來奔者不言出。以其方向內也及防茲。以大及小也。莒無大夫。其曰牟夷。何也。以其地來也。以地來則何以書也。重地也。竊地之罪重故不得不錄其人〔疏〕以者至地也。釋曰重發傳者庶其以邑來而不言及此以邑來言及黑肱則不繫濫故各發傳也此傳獨言重地者舉其中以包上下也○秋。七月。公至自晉。○戊辰。叔弓帥師敗莒師于賁泉。賁泉魯地。○賁扶粉反左氏作蚡泉狄人謂賁泉失台。號從中國。名從主人。○台湯來反○秦伯卒。〔疏〕秦伯卒。○釋曰左氏以爲同盟則名同盟而不名皆從赴公羊以爲秦伯不名者秦夷也匿嫡之名其意云嫡子生不以名告國中唯擇勇猛者而立之又云秦伯罃及稻名者嫡子故得名之言獨二人以嫡得立也此傳云隱七年滕侯卒云無名狄道也則此秦伯不名者以用狄道也又隱八年宿男卒注曰宿微國也未能同盟故男卒也據彼則是未同盟者則不赴以名秦秦之諸君卒經或名或不名則是非用狄道蓋同左氏未同盟故不名也徐邈云秦伯不名用狄道也恐非耳○冬。楚子、蔡侯、陳侯、許男、頓子、沈子、徐人、越人伐吳。

六年。春。王正月。杞伯益姑卒。〔疏〕杞伯益姑卒。○釋曰不日卒者蓋非正也○葬秦景公。○夏。季孫宿如晉。○葬杞文公。○宋華合比出奔衛。比必里反又毗志反○秋。九月。大雩。○冬。薳罷帥師伐吳。○冬。叔弓如楚。○齊侯伐北燕。

七年。春。王正月。暨齊平。○暨其器反平者。成也。暨猶暨暨也。暨者。不得已也。以外及內曰暨。〔疏〕平者成也○釋曰舊解平者善事也當同以爲之而不得已而爲之是亂道也故釋之爲成言成亂之辭耳或當成平義通故展轉爲訓○三月。公如楚。○叔孫婼如齊莅盟。婼丑略反莅音利又音類莅位也。內之前定之辭謂之莅。外之前定之辭謂之來。〔疏〕莅位也。釋曰重發傳者嫌公如楚恐婼非是君命故發明之婼亦受命也○夏。四月。甲辰。朔。日有食之。○秋。八月。戊辰。衛侯惡卒。鄉曰衛齊侯。在元年。○鄉香亮反本亦作曏八年同今曰衛侯惡。此何爲君臣同名也。君子不奪人名。不奪人親之所名。重其所以來也。王父名子也。不奪人名謂親之所名明臣雖欲改君不當聽也君不聽臣易名者欲使重父命也父受命名于王父王父卒則聽王父之命名之〔疏〕王父名子也。○釋曰傳言王父則祖也范云欲使人重父命也者父受名於王父王父卒則已命子故傳注兩言之其並存者則不諱若卒哭而後無容得斥君名蓋捨名而稱字耳○九月。公至自楚。○冬。十有一月。癸未。季孫宿卒。○十有二月。癸亥。葬衛襄公。

八年。春。陳侯之弟招殺陳世子偃師。鄉曰陳公子招。在元年今曰陳侯之弟招。何也。曰。盡其親。所以惡招也。盡其親謂既稱公子又稱弟招先君之公子今君之母弟。○惡烏路反〔疏〕盡其親。○釋曰盡其親者招前稱公子明有先君之親今變文言弟彰是今君之親二稱並見故云盡其親也然昭元年

稱公子不闕殺偃師而亦言之者以變公子之文而稱弟故二者并言之也十三年殺公子比不言楚比云陳世子者體國重故繫國言之公子繫君故不繫國也若然下云殺陳孔奐繫陳者楚人殺他國之臣故繫國

兩下相殺不志乎春秋。此其志何也。世子云者，唯君之貳也。云可以重之存焉，志之也。諸侯之尊，兄弟不得以屬通。其弟云者，親之也。親而殺之，惡也。惡招。〔疏〕注惡招。○釋曰此稱弟惡招光稱弟惡陳侯者光有歸文見經明知光無罪今招親殺世子故知稱弟以惡招也○夏四月辛丑，陳侯溺卒。○溺乃歷反○叔弓如晉。○楚人執陳行人干徵師，殺之。干姓徵師名稱人以執大夫，執有罪也。稱行人，怨接於上也。○陳公子留出奔鄭。〔疏〕稱人至上也○釋曰重發傳者嫌楚殺爲甚恐其無罪故重發傳以同之○秋，蒐于紅。紅魯地。○蒐所求反紅戶公反〔疏〕秋蒐于紅○釋曰傳云正也而經書者范氏例云蒐狩書時其例有九書狩有四言蒐有五稱狩有四者桓四年狩于郎一也莊四年狩于郜二也僖二十八年狩于河陽三也哀十四年西狩獲麟四也蒐有五者此蒐于紅一也十一年大蒐于比蒲二也二十二年大蒐于昌間三也定十三年大蒐于比蒲四也定十四年又大蒐于比蒲五也范又云凡書者皆譏也昭八年秋蒐于紅傳云正也而書之者明比年大蒐失禮故因以此正見不正也是范意將以秋蒐得禮欲見以正刺不正故書之范例又云器械皆常故不云大言大者則器械過常狩言公此不云公者狩則主爲游戲故言公蒐是國家常禮故例不言公也然則蒐狩書者皆譏而傳云因蒐狩以習用武事禮之大者也據得禮者言之范云比年大禮謂器械過常又失時常事不書而此書者以後比年大是也正也。蒐失禮因此以見正。○見賢遍反因蒐狩以習用武事，禮之大者也。艾蘭以爲防。蘭香草也防爲田之大限。○狩手又反艾魚廢反置旃以爲轅門。旃旌旗之名周禮通帛旃轅門卬車以其轅表門。○旃之然反卬車五郎反一音仰本又作昂以葛覆質以爲槷。質椹也槷門中臬葛或爲褐。○槷魚列反門橜也椹張林反臬魚列反撅也褐戶葛反毛布也流旁握。御擊者不得入。流旁握謂車兩轊頭各去門邊空握握四寸也擊挂則不得入門。○擊古帝反挂也劉兆云紝也本或作擊轊音衛一音徐歲反車軸頭也挂戶卦反又音卦礙也車軌塵。塵不出轍馬候蹄。發足相應遲疾相投。○蹄徒兮反馬足也相應應對之應揜禽旅。揜取衆禽。○揜於檢反本亦作俺御者不失其馳。然後射者能中。不失馳騁之節。中丁仲反下皆同過防弗逐。不從奔之道也。戰不逐奔之義面傷不獻。嫌誅降。降戶江反不成禽不獻。惡虐幼小。○惡烏路反年末傳及注皆同少詩召反禽雖多。天子取三十焉。其餘與士衆以習射於射宮。取三十以共乾豆賓客之庖射宮澤宮。○共音恭庖步交反射而中。田不得禽。則得禽。田得禽而射不中。則不得禽。是以知古之貴仁義而賤勇力也。射以不爭爲仁揖讓爲義。○爭爭鬬之爭〔疏〕艾蘭至力也。○釋曰蘭是草之貴者地之希有之物而云艾蘭爲防者廣澤之內與衆同生艾之爲防則逢蘭同翦故舉以包之置旃以爲轅門謂以車爲營舉轅爲門又建旃以表之故云置旃以爲轅門以葛覆質以爲槷質者中門之木椹謂恐木椹傷馬足故以葛草覆之以爲槷葛或爲褐者謂之毛布覆之徐邈亦云恐傷馬足故以毛布覆之毛詩傳云褐纏旃以爲門裘纏質以爲槷與此異也流旁握御擊者不得入徐邈云流至也門之廣狹足令車通至車兩軸去門之旁邊一握握四寸也擊謂挂著若車挂著門則不使得入以恥其御拙也觀范之注似與徐邈同或以爲流旁握者謂建旃表門之旒旁去車之兩軸各一握也古字同通故傳作流理亦通也但與注少僻耳范注兩軸頭本或作轊者兩轊兩軸止是一物故鄭玄注少儀亦以軸爲轊也車軌塵謂驅車塵不出軌轍馬候蹄舊解四蹄皆發後足躡前足而相伺候與范注亦合耳揜禽旅旅衆也謂掩取衆禽然禮云不掩羣者謂不得不分別大小一羣盡取之今雖掩衆禽在田則簡其麛卵之流而放之射○注則釋其面傷之徒不獻之以習軍禮則亦不掩羣之義也○古之貴仁義者謂田獵之時務在得禽不升降是勇力也射宮之內有揖讓周旋是仁義也田雖不得禽射中則得禽是貴仁義而賤勇力也舊解以爲射宮之內還射死禽中則取之故以重傷爲難論語稱射不主皮則射皮不射禽也○陳人殺其大夫公子過。○過音戈○大雩。○冬十月壬午，楚師滅陳，執陳公子招，放之于越，殺陳孔奐。惡楚子也。惡其滅人之國放有罪之人反殺無辜之臣故實是楚子而言師〔疏〕惡楚子也○釋曰惡之者謂滅人之國又招有罪而放之奐無辜反殺之有三事之惡故貶而稱師也傳知是楚子者以九年經叔弓會楚子於陳知滅陳亦是楚子但爲惡之故貶稱師也不貶稱人而言師者以楚恃彊滅國著其用大衆故云師若貶之稱人嫌是賤者故不言人矣○葬陳哀公。不與楚滅，閔公也。滅國不葬閔楚夷狄以無道滅之故書葬以存陳〔疏〕滅國○釋曰滅國不葬今書葬者以楚夷狄無道滅人閔陳之滅故書葬以存之

九年春，叔弓會楚子于陳。○許遷于夷。以自遷爲文而地者許復見也夷許地徐邈曰許十八年又遷于白羽許比遷徙所都無常居處薄如一邑之移故略而不月不摠從國遷常例。○復扶又反見賢遍反〔疏〕注故略而不月○釋曰僖元年夏六月邢遷于夷儀三十一年十二月衛遷于帝丘皆書月而許遷不月故知是略也○夏四月，陳火。○火左氏作災國曰災，邑曰火。火不志，此何以志？閔陳而存之也。陳已滅矣猶書火者不與楚滅也不可以方全國故不云災何休曰月者閔之〔疏〕國曰災至存之也○釋曰傳言火不志則是無例而云國曰災邑曰火者火不合志志者皆義有所見此書者以見不與楚滅義在存陳也陳滅不可以比全國故以邑錄之既以邑錄之則不得與國同文國邑文既不同傳宜顯變例故云國曰災邑曰火○秋，仲孫貜如齊。○貜俱縛反○冬，築郎囿。○囿音又舊于目反苑也

十年春王正月。○夏，齊欒施來奔。○秋七月。季孫意如、叔弓、仲孫貜帥師伐莒。○戊子，晉侯彪卒。○彪彼虬反○九月，叔孫婼如晉。月者爲下葬晉平公起。爲于僞反○葬晉平公。○十有二月甲子，宋公成卒。不書冬甯所未詳。○成音城〔疏〕十有至成卒。○釋曰何休云去冬者蓋昭娶吳孟子之年故貶之范既不注或是闕文也

十有一年春王二月，叔弓如宋。○葬宋平公。晉獻公以殺世子申生故不書葬宋平公殺世子痤而書葬何乎何休曰痤有罪故也痤之罪甯所未聞鄭莊公殺弟而書葬以段不弟也何氏將以理例推之然則段不弟故不書弟痤若不子亦不應書世子書世子則痤之罪非不子明矣○痤在禾反不弟大帝反又如字下不弟同〔疏〕注晉獻至明矣○釋曰晉獻公殺世子申生故不書葬痤若無不子之行而平公殺之所以書葬者申生賢孝遇讒而死故黜獻公之葬痤雖無不子之文微有小罪故不黜宋公之葬若然范云甯所未聞者不直取何休之說故云未聞范以與何說異者何休意直謂痤有罪如鄭段之比故平公書葬不論罪之輕重范意以鄭段至逆經不言弟痤若不子亦不應云世子既云世子明無至逆故不從何說而云未聞今以罪輕重解之與何休異○夏四月丁巳，楚子虔誘蔡侯般，殺之于申。何爲名之也？據諸侯不生名。○虔其然反或作乾般音班〔疏〕注據諸侯不生名○釋曰十六年楚子誘戎蠻子殺之不名所以不據之以明於例而摠云諸侯不生名者以傳於鄭伯髡原之卒亦言諸侯不生名者又恐華戎異例故注以廣問衆例言之夷狄之君，誘中國之君而殺之，故謹而名之也。稱時稱月稱日稱地，謹之也。蔡侯般弒父之賊此人倫之所不容王誅之所必加禮凡在官者殺無赦豈得惡楚子殺般乎若謂夷狄之君不得行禮于中國者理既不通事又不然宣十一年楚人殺陳夏徵書不言入傳曰明楚之討有罪也似若上下違反不兩立之說嘗試論之曰夫罰不及嗣先王之令典懷惡而討丈夫之醜行楚虔滅人之國殺人之子伐不以罪亦已明矣莊王之討徵舒則異於是矣凡罰當其理雖夷必申苟違斯道雖華必抑故莊王得爲伯討齊侯不得滅紀趙盾救陳則稱師以大之靈王誘蔡則書名以惡之所以情理俱暢善惡兩顯豈直惡夷狄之君討中國之亂哉夫楚靈王之殺蔡般亦猶晉惠之戮里克雖伐弒逆之國誅有罪之人不獲討賊之美而有累謹之名者良有以也

○得惡烏路反下以惡之豈直惡同陳夏戸雅反醜行下孟反罰當丁浪反又如字趙盾徒本反有累力僞反〔疏〕夷狄之至謹之也○釋曰注凡罰當其理雖夷必申苟違斯道雖華必抑似華討罪事同傳云夷狄之君誘中國之君而殺之故謹而名之又似華戎事異者據此傳意就不討以罪之內則華夷不同注意言但罰當其理者則華夷不異知然者傳以春秋書誘有二皆楚子所爲其罪或名或不名據此二文詳畧知誘中國君與夷狄君異也注故莊王得爲伯討齊侯不得滅紀明討得其罪者則華夷不異可知也○注蔡侯至以也○釋曰殺父者謂襄三十年蔡世子般弑其君故是也禮凡在官者殺無赦禮記檀弓文兩立之說謂兩理皆立之說所以謂之兩理者楚殺徵舒則傳云討有罪楚殺蔡般則傳云夷狄有中國之君故名之同論楚討二者意異故云兩理也又解兩立之說謂兩事立說或以爲不字下讀云不兩立之說謂事不得兩立恐非也又云伐弑逆之國謂蔡也誅有罪之人謂克也而有累謹之名者晉殺其大夫里克傳云稱國以殺罪累上也是謂晉惠也楚子誘蔡侯傳曰謹而名之是謂楚靈也

疾帥師圍蔡。○五月甲申。夫人歸氏薨。昭公母胡女歸姓○大蒐于比蒲。夏而言蒐蓋用秋蒐之禮八年秋蒐于紅傳曰正也比月大蒐人衆器械有踰常禮時有小君之喪不譏喪蒐者重守國之衛安不忘危○比音毗械戸戒反〔疏〕注夏而至忘危○釋曰傳稱夏曰苗秋曰蒐今五月大蒐自是用秋蒐之禮而云蓋者以傳無文解故云蓋以示疑也注又引傳曰正也今以失時之蒐故引正以譏不正也○仲孫貜會邾子盟于祲祥。祲祥地也○祲子鴆反○秋。季孫意如、會晉韓起、齊國弱、宋華亥、衛北宮佗、鄭罕虎、曹人、杞人于厥憖。厥憖地也○佗大何反憖魚斬反又五轄反○九月。己亥。葬我小君齊歸。齊諡○冬十有一月。丁酉。楚師滅蔡。執蔡世子友以歸。用之。僖十九年邾人執繒子用之傳曰用之者叩其鼻以衈血惡之故謹而日之○叩音口衈音二惡烏路反下文及注同〔疏〕注故謹而日之○釋曰傳例滅中國日則此書日爲滅而云惡用蔡世子友故謹而日之者滅國書日傳例以明用人書日其文未顯注嫌用之不得蒙日故特言之其實二者皆當日又檢經上下執例日則書日爲惡故云謹而日之也左氏以爲用之殺蔡世子祭岡山公羊以爲用之築城今范引僖十九年傳則用之祭社也○此子也。諸侯在喪稱子其曰世子。何也。不與楚殺也。一事注乎志。所以惡楚子也。一事輒注而志之也何休曰卽不與楚殺當貶楚爾何故反貶蔡稱世子邪鄭君釋之曰滅蔡者楚子也而稱師固已貶矣楚子思啓封疆而貪蔡誘殺蔡侯般冬而滅蔡殺友惡其淫放其志殺○國二君以取其國故變子言世子使若不得其君終〔疏〕此子至子也○釋曰世子父歿仍得稱世子毋弟兄死而不得稱弟者世子繼體之名父雖歿若意有所見則亦得稱之毋弟者對兄歿則寵名棄矣故不得稱弟○注滅蔡者楚子○釋曰經稱公子棄疾帥師圍蔡鄭知是楚子者以棄疾若貶當云楚人今貶而稱師故知

楚子也又傳云惡楚子也明非棄疾然則惡楚子變文云世子者以楚四年之中滅兩國殺二君自謂得志若遂其凶暴是表中國之衰申夷狄之彊故抑之使若不得其君故云世子也

十有二年。春。齊高偃帥師納北燕伯于陽。三年所奔齊者高偃高傒玄孫齊大夫也陽燕別邑不言于燕未得國都也納者。內不受也。燕伯之不名。何也。據義不可受則應名而絕之〔疏〕傳燕伯之不名何也○釋曰楚人圍陳納頓子傳曰納者何內弗受也彼稱納而不名衞侯入于夷儀亦不書名則不書名乃是常事而傳怪燕伯不名者以衞侯朔入于衞傳曰朔之名惡也則諸侯有惡出入皆名北燕伯亦出入宜名但不以高偃挈之故直書名而已頓子不名者爲楚微者所納故亦不名衞侯入于夷儀不名者以復歸有名故未入國畧而不名也鄭伯突亦未入國書名者以後不書復歸故入櫟書名也不以高偃挈燕伯也。邵曰公子遂以去公子爲挈燕伯以書名爲挈者臣宜書名故須去公子乃爲挈君不可名而以臣名君者不待去燕伯則爲挈也是以目燕伯而不書名所以不與高偃挈之挈苦結反以去起呂反○三月。壬申。鄭伯嘉卒。○夏。宋公使華定來聘。○公如晉。至河乃復。○季孫氏不使遂乎晉也。〔疏〕季孫氏○釋曰不言意如而云氏者欲見累世譖公故也○五月。葬鄭簡公。○楚殺其大夫成虎。○秋。七月。○冬。十月。公子憖出奔齊。憖魚斬反○楚子伐徐。○晉伐鮮虞。其曰晉。狄之也。其狄之何也。不正其與夷狄交伐中國。故狄稱之也。鮮虞姬姓白狄也地居中山故曰中國夷狄謂楚也何休曰春秋多與夷狄並伐何以不狄也鄭君釋之曰晉不見因會以綏諸夏而伐同姓貶之可也狄之大重晉爲厥憖之會實謀救蔡以八國之師而不救楚終滅蔡今又伐徐晉不糾合諸侯以遂前志舍而伐鮮虞是楚而不如也故狄稱之焉厥憖之會穀梁無傳鄭君之說似依左氏甯所未詳是穀梁意非○見賢遍反諸夏戸雅反舍音捨〔疏〕夷狄交伐○釋曰糜信云夷狄交伐謂楚伐徐晉伐鮮虞是也范云夷狄謂楚也則與糜信不異耳○注鮮虞至意非○釋曰鮮虞姬姓白狄也者世本文也云甯所未詳是穀梁意非者疑鄭以厥憖之會謀救蔡者作穀梁意也若然范薄氏亦言楚滅陳蔡而晉不能救棄盟背好交相伐攻者范意以楚滅陳蔡晉不能救者不據厥憖之會故也

十有三年。春。叔弓帥師圍費。費音祕○夏。四月。楚公子比自晉歸于楚。弑其君虔于乾谿。乾谿楚地○谿苦奚反〔疏〕于乾谿○釋曰左氏以爲田獵于乾谿公羊以爲作乾谿臺三年不成范云乾谿楚地則從左氏也自晉。晉有奉焉爾。歸而弑。不言歸。言歸非弑也。傳例曰歸爲善自某歸次之然則弑君不得言歸比不弑之一驗也〔疏〕自晉至焉爾○釋曰重發傳者楚比之歸實非弑嫌自亦非晉力故復明之歸一事也。弑一事也。而遂言之以比之歸弑。比不弑也。歸弑其事各異自宜別書之而今連言之是比之歸遇君弑爾比不弑之二驗也〔疏〕注自宜別書之○釋曰齊小白入于齊齊人取子糾殺之齊陽生入于齊陳乞弑其君荼彼各異書明知此亦宜別書之弑君者日。不日。比不弑也。據文元年丁未楚世子商臣弑其君髡日此不日比不弑之三驗也○髡苦門反〔疏〕弑君者○釋曰弑君日不辨嫡庶者中國死者正則日不正不日是楚不關中國之例故范注引商臣爲證也當上之辭也者謂不稱人以殺而云公子棄疾殺公子比如王札子殺召伯毛伯也○楚公子棄疾殺公子比。當上之辭也。當上之辭者。謂不稱人以殺。乃以君殺之也。稱人以殺謂若衞人殺祝吁于濮是也今比實不弑故以君殺大夫之辭言之○吁香于反濮音卜討賊以當上之辭。殺非弑也。實有弑君之罪則人人皆欲殺宜稱人以殺之今言楚公子棄疾殺公子比明棄疾所殺非弑君之人比之不弑四驗也比之不弑有四。上四事取國者稱國以弑。若比欲取國而殺君者當直云楚比弑其君虔不應言公子也若衞祝吁弑其君完齊無知弑其君諸兒之類是也楚公子棄疾殺公子比。比不嫌也。今棄疾殺之又言殺公子比不言弑其君是比無欲爲君之嫌春秋不以嫌代嫌。不以亂治亂之義棄疾主其事。故嫌也。比實無弑君之罪而主殺之者是棄疾欲爲君之嫌〔疏〕比不至故嫌也○釋曰比歸稱公子今棄疾殺之亦云公子不言弑其君是比無欲爲君之嫌異于無知祝吁之類也然無知祝吁有嫌此亦不稱君未踰年之主例不得稱君以稱公子則異于祝吁之類齊公子商人弑舍雖未踰年欲成商人之罪而稱君若棄疾之罪亦應稱君故范決其不言弑其君也春秋不以嫌代嫌者謂此歸而遇弑則無嫌棄疾之意亦以比欲爲君之嫌而殺之是棄疾以比爲嫌棄殺比而自立亦是嫌也今棄疾不以國氏者不以嫌代嫌故也若以嫌代嫌而當云楚棄疾殺公子比也但由不以嫌代嫌故存棄疾之氏耳棄疾主其事故嫌也傳言此者棄疾殺比理實有嫌但爲不以嫌代嫌故經無其事傳以棄疾經無嫌文故云棄疾主其事故嫌也主其事者主殺比之事也○秋。公會劉子、晉侯、齊侯、宋公、衛侯、鄭伯、曹伯、莒子、邾子、滕子、薛伯、杞伯、小邾子于平丘。平丘地也八月。甲戌。同盟于平丘。公不與盟。公以再如晉不得入故不肯與盟○與音豫同者。有同也。同外楚也。公不與盟者。可以與而不與。譏在公也。其日。善是盟也。公不與盟當從外盟不日今日之善其會盟因楚有難而

反陳蔡之君。有難乃且反〔疏〕注當從外盟不日。釋云外盟不日者隱八年傳曰外盟不日此其日何也諸侯之參盟於是始故謹而日之是非始則不日也 晉人執季孫意如以歸。以公不與盟故 公至自會。〇蔡侯盧歸于蔡。〇陳侯吳歸于陳。八年楚滅陳十一年楚滅蔡諸侯會而復之故言歸 善其成之會而歸之。故謹而日之。二國獲復此盟之功也故於其歸追述前盟謹日之意以美諸侯存亡繼絶非謹陳蔡歸國之日也於盟則發謹日之美於歸則論致美之義〔疏〕注於盟至之義。釋曰注言此者解傳稱謹而日之意也於盟則發謹而日之美者謂傳稱其日善是盟是也於歸論致美之義者謂傳云善其成之會而歸之故謹而日之是也 此未嘗有國也。使如失國辭然者，不與楚滅也。〔疏〕使如至滅也。釋曰傳言此者據其稱爵言歸同於舊有國之例也不與楚滅也謂不與楚滅故以失國辭言之不言復歸者雖同失國之辭實未嘗有國故不得言復歸也公羊傳云此滅國也其言歸何不與諸侯專封也其意不與諸侯專封故使若有國自歸者穀梁以此會劉子在焉楚以無道滅二國諸侯王命存之不得云不與諸侯專封也故以爲善其成之會而歸之狀同舊有國然且又不與楚滅故也 〇冬十月。葬蔡靈公。變之不葬有三。變之謂改常禮春秋之常小國夷狄不葬〔疏〕注變之至不葬。釋曰彼不赴我不會及小國與夷狄不書葬者也舊史之常也言變之言不葬者謂舊合書葬有故而仲尼改之也小國不葬曹許之書葬者小國謂附庸之屬非曹許也 失德不葬。無君道 弒君不葬。謂不討賊如無臣子 滅國不葬。無臣子也 然且葬之。不與楚滅，且成諸侯之事也。蔡靈公弒逆無道以致身死國滅不宜書葬書葬者不令夷狄加乎中國且成諸侯與滅繼絶之善故葬之。〇令力呈反 〇公如晉至河乃復。〇吳滅州來。〔疏〕失德至事也。釋曰此言失德不葬宋其書葬者由賢伯姬故書其葬也弒君不葬春秋所以有弒君書葬者弒君賊不討之不書葬是正也其書葬者皆意有所見也蔡景不忍使父失民於子陳靈公明外之討賊蔡昭以盜名不見若殺微人不足可錄其衛桓齊襄二人並討賊故皆書葬也滅國無臣子不葬是其正也書之者亦意有所見此見不與楚滅蔡且成諸侯之事八年陳哀公書葬者亦見不與楚滅閔陳而存之也

穀梁注疏卷十七挍勘記　阮元撰盧宣旬摘錄

昭公　余本卷第十單疏本同

元年

二月取鄆　閩監毛本同石經二作三是也

晉荀吳帥師敗狄于太原　閩監本同石經毛本太作大釋文出大原云下及注同

二年

受制疆臣　閩毛本疆改彊是也監本作受制彊臣尤誤

故經言有疾而別之　閩監毛本同單疏本而作以

惡季孫宿　閩監毛本同單疏本上有此云二字

安得謂之諸公者　閩監毛本同單疏本謂作爲

三年

夏叔至成公　閩監毛本同單疏本作五月葬滕成公

四年

注雪或爲雹　閩本同監毛本脫此五字

爲齊討也　石經閩本同監毛本討誤封

欲行霸者之事　閩監毛本同單疏本霸作伯

五年

以其地來也　余本閩監毛本同石經無其字

狄人謂賁泉失台　案襄公五年疏賁作蚡失台作矢胎

以用狄道也　閩監毛本同單疏本以作似是也

六年

冬薳罷帥師伐吳　閩監毛本同石經余本冬作楚不誤

七年

平者成也　石經閩監毛本同余本脫此四字

故發明之姑亦受命也　閩監毛本同單疏本明之作之明

鄉曰衛齊惡　石經閩監毛本同釋文出衛云本亦作鄉八年同

欲使重父命也父受命名于王父　閩監毛本同余本使下有人字無下命字

則聽王父之命名之　閩監毛本同余本聽作稱

若卒哭而後　閩監毛本同單疏本而作以

八年

比云陳世子者　閩監毛本同單疏本比作此

兄弟不得以屬通　閩監毛本同石經余本兄弟作弟兄

陳侯溺卒　石經閩本同監毛本脫侯字釋文出侯溺

楚人執陳行人干徵師殺之　石經閩監本同毛本干誤于

怨接於上也　補此下有疏文誤在下經陳公子留出奔鄭下

稱人至上也　此疏閩監毛本在上傳怨接于上也下何校本上有傳字

重發傳者　自此至發傳以同之并經文陳公子留出奔鄭七字閩本闕監本剜增故此半頁獨十行

狩則主爲游戲　監毛本同閩本缺戲字

通帛旃　閩監毛本同余本帛下有爲字是也

或爲褐　閩本同監毛本爲誤作釋文出爲褐

各去門邊空握　閩監毛本同余本空作容

鼈挂則不得入門　閩監毛本同案釋文出挂也云戶卦反又音卦礙也與今本不同疑陸氏所據本鼈挂下有也挂二字

揜禽旅　石經閩監毛本同釋文揜本亦作俺○按俺當是奄之誤

惡虐幼小　閩監毛本同余本小作少案釋文出幼少音詩召反余本是也

謂之毛布覆之　閩監毛本同單疏本謂作爲

足令車通　閩本同監毛本令誤合

謂建旃表門之旒　閩監毛本同單疏本旒作流

但爲惡之　閩監毛本同單疏本爲作是

閔公也　閩監毛本同石經余本公作之

九年

滅國〇釋曰　閩監毛本同單疏本滅國作傳[illegible]之也四字釋曰下有傳解二字

居處薄淺　閩監毛本同余本薄淺作淺薄

十年

故貶之　閩本同監毛本脫之字

十有一年

亦言諸侯不生名者　閩監毛本同單疏本無者字

凡罰當其理　閩本同監毛本罰誤討釋文出罰當

似華討罪事同　閩監毛本同單疏本華下有夷字

弒其君故　補毛本故作固案襄三十年經是固字

夷狄有中國之君　閩監毛本同何煌云誘誤有

比月大蒐人衆器械　閩本同余本比作此監毛本月作蒲人衆作衆人

厥慭地也　閩監毛本也作名

叩其鼻以衈血　僖九年傳血作衈注云取鼻血以釁祭社器

一事注乎志　石經閩本同監毛本注誤註注同釋文出注乎

其志殺○國二君以取其國　閩監毛本○作蔡何校本作一

十有二年

則應名而絕之　閩監毛本同余本而作以

春秋多與夷狄並伐　閩監毛本同余本下有者字

而不救　閩監毛本同余本不下有能字

范意以楚滅陳蔡　閩監毛本同單疏本意作云

十有三年

當上之辭也者　十行本此下疏在弒君者一段內單疏本同閩監毛本刪者字以當上之辭也五字爲標起止下增○及釋曰二字移屬注文故以君殺大夫之辭言之下

楚公子棄疾殺公子比　閩監毛本同石經棄作弃下同

若比欲取國而殺君者　閩監毛本同何校本殺作弒

以稱公子　閩監毛本脫稱字

故范泱其不言弒其君也　閩本同監毛本弒作殺

外盟不日者　閩監毛本同何校本上有知字

於歸論致美之義者　閩本同監毛本義作意非

失德至事也　此疏十行本在吳滅州來下閩監毛本在注故葬之下何校本上有傳字

穀梁注疏卷十七挍勘記終

監本春秋穀梁注疏昭公卷第十八　起十四年盡三十二年

范甯集解　楊士勛疏

十有四年。春。意如至自晉。大夫執則致。致則名。意如惡。然而致見君臣之禮也。大夫有罪則宜廢之既不能廢不得不盡爲君臣之恩故曰見君臣之禮○見君賢徧反〔疏〕大夫執則致○釋曰重發傳者單伯書字意如則書名嫌又無罪以見三者義異故各發傳也○三月。曹伯滕卒。○夏。四月。○秋。葬曹武公。○八月。莒子去疾卒。○去起呂反〔疏〕八月至疾卒○釋曰不正前已見訖今卒書月莒行夷禮故無嫡庶之異○冬。莒殺其公子意恢。○恢苦回反言公子而不言大夫。莒無大夫也。莒無大夫。而曰公子意恢。意恢賢也。曹莒皆無大夫。其所以無大夫者。其義異也。曹叔振鐸文王之子武王封之于曹在甸服之內後削小爾莒已姓東夷本微國○振鐸之愼反下大各反甸徒徧反已姓音己一本又音祀〔疏〕曹莒至異也○釋曰傳言此者總而言之則小國無大夫也就事而釋則曹莒有異故傳辨之○注曹叔至之國○釋曰曹是文王之子封於曹者世本文在甸服之內者定四年左傳文

十有五年。春。王正月。吳子夷末卒。○末亡葛反○二月。癸酉。有事于武宮。籥入。叔弓卒。去樂卒事。君在祭樂之中。聞大夫之喪則去樂卒事。禮也。祭樂者君在廟中祭作樂○籥由若反去起呂反〔疏〕禮也○釋曰禮則不疑而曰有變以聞可乎似有嫌嫌則非禮非禮何以言禮也解云祭祀重禮國之大事一物不具則爲失所以卿佐之卒而闕先君之樂而不止祭嫌有失禮釋之復言可乎問言禮意君在祭樂之中。大夫有變以聞。可乎。變謂死喪大夫國體也。君之卿佐是謂股肱故曰國體古之人重死。君命無所不通。死者不可復生重莫大焉是以君雖在祭樂之中大夫死以聞可也○復扶又反〔疏〕君命至不通○釋曰解命告也大夫與君一體情無疑二祭祀雖重以卒告君君當哀其喪而止祭不得以輕廢重故死可以聞也○夏。蔡朝吳出奔鄭。朝吳蔡大夫○六月。丁巳。朔。日有食之。○秋。晉荀吳帥師伐鮮虞。○冬。公如晉。

十有六年。春。齊侯伐徐。○楚子誘戎蠻子殺之。楚子不名戎蠻子非中國故○夏。公至自晉。○秋。八月。己亥。晉侯夷卒。○九月。大雩。○季孫意如如晉。〔疏〕意如如晉○釋曰何以在葬上解去有本末事書前後文不得同○冬。十月。葬晉昭公。

十有七年。春。小邾子來朝。○朝直遙反○夏。六月。甲戌。朔。日有食之。○秋。郯子來朝。○八月。晉荀吳帥師滅陸渾戎。滅夷狄時潞子嬰兒賢則日此月者蓋亦有殊于常戎○冬。有星孛于大辰。一有一亡曰有。于大辰者。濫于大辰也。劉向曰大辰者大火也不曰孛于大火而曰大辰者謂濫于蒼龍之體不獨加大火○星孛蒲內反孛于本又作茀音佩○楚人及吳戰于長岸。長岸楚地兩夷狄曰敗。夷狄不能結日成陳故曰敗於越敗吳于㩦李是也○曰敗必邁反下文及注同成陳直刃反㩦李音醉中國與夷狄亦曰敗。晉荀吳敗狄于大鹵是也楚人及吳戰。于長岸。進楚子。故曰戰。〔疏〕進楚子故曰戰○釋曰何嫌以發解戰言及所以別客主不施直不言及或在上或在下案宋襄伐齊云及在上所以惡宋襄宣十二年邲之戰楚言及在下所以不惡楚者據無罪言之直用兵得理則客直今楚稱及而在上與邲戰之義反嫌惡楚而善吳吳以伯舉有辭序上稱及以罪楚今兩夷言戰有違常例二國曲直得失未分故須起例以明之

十有八年。春。王三月。曹伯須卒。○夏。五月。壬午。宋衛陳鄭災。其志。以同日也。其日。亦以同日也。或曰。人有謂鄭子產曰。某日有災。子產曰。天者神。子惡知之。是人也。同日爲四國災也。○惡音烏〔疏〕其志至同日○釋曰二文釋何解襄九年宋災傳曰故宋也明之災得書之由然則宋常錄三國事非常也故傳曰同日也解衛陳鄭得書之意以此故復問外災不日之義見同日故不得不爾文釋之鄭子產之言明天時人事報應有驗重其同日故經書其文傳載其事劉向以爲宋陳王者之後衛鄭周之同姓時景王在劉子單子事王猛召氏尹氏立王子朝朝楚之出也及宋衛陳鄭皆外附於楚無尊周室之心後三年崩王室亂故天災四國若曰不救反從楚廢世子言不正以害王室明以同辜○六月。邾人入鄅。○鄅音禹又音矩○秋。葬曹平公。○冬。許遷于白羽。白羽許地

十有九年。春。宋公伐邾。○夏。五月。戊辰。許世子止弒其君買。曰弒。正卒也。蔡世子般實弒父故以比之夷狄而不書日止弒而日知其弒止不弒則買正卒也正卒則止不弒也。不弒而曰弒。責止也。責止不嘗藥〔疏〕正卒至責止也○釋曰責止則買實交不可虛加而復書

葬以赦何解止進藥之罪不由於醫罪連於許君故書殺責止止實不弒宜書葬以赦之春秋子弒父皆非子失教訓之道獨於此見之何有義而然因其可責而責之若商臣蔡般之流行同禽獸不得爲小人非可責之限故傳詳例於此止曰：我與夫弑者，不立乎其位，以與其弟虺。止自責曰我與弑君之人同罪於是致君位於弟○與夫音豫又如字下音扶虺許鬼反哭泣歠飦粥，嗌不容粒，嗌喉也○歠昌悅反又常悅反飦之然反又居言反粥也粥之六反嗌音益咽喉也咎粒音立未踰年而死，故君子即止自責而責之也。就其有自責心故以備禮責之○己卯，地震。○秋，齊高發帥師伐莒。○冬，葬許悼公。日卒時葬，不使止爲弑父也。曰：子既生，不免乎水火，母之罪也；羈貫成童，不就師傅，父之罪也。羈貫謂交午翦髮以爲飾成童八歲以上○羈又作羇貫古亂反就師學問無方，心志不通，身之罪也。心志既通，而名譽不聞，友之罪也。名譽既聞，有司不舉，有司之罪也。有司舉之，王者不用，王者之過也。不敢罪上故言過許世子不知嘗藥，累及許君也。許君不授子以師傅使不識嘗藥之義故累及之○累劣僞反

二十年，春，王正月。○夏，曹公孫會自夢出奔宋。自夢者，專乎夢也。能專制夢○自夢無工反又亡忠反又亡弄反本或作蔑左氏作鄸曹無大夫，其曰公孫，何也？言其以貴取之，而不以叛也。會以公孫之貴而得夢既而不以之叛明曹君無道致令其奔非會之罪故書公孫以善之○令力呈反〔疏〕曹無大夫○釋曰再發傳者何解前崇曹羈之殺此重公孫之奔奔殺異辭而同例發明明其俱賢而得書明小國無大夫也○秋，盜殺衛侯之兄輒。盜，賤也。其曰兄，母兄也。目衛侯，衛侯累也。凱曰諸侯之尊弟兄不得以屬通經不書衛公子而目言衛侯之兄者惡其不能保護其兄乃爲盜所殺故稱至賤殺至貴○惡其烏路反〔疏〕盜賤也○釋曰復發傳何解殺大夫稱人者謂誅有罪故盜殺三卿云不以上下道明大夫之例母兄之殺宜繫於君自殺也不能保存母兄令爲盜所殺故書兩下之文以至賤而殺至貴故不得言上下道稱盜雖同本事例異故發傳也然則何爲不爲君也？嫡兄宜爲君○嫡丁歷反曰：有天疾者不得入乎宗廟。輒者何也？曰：兩足不能相過。齊謂之綦，楚謂之踂，衛謂之輒。○綦音其又其龔反劉兆云綦連併也踂女輒反劉兆云聚合不解也輒本亦作縶劉兆云如見絆縶也○冬，十月，宋華亥、向甯、華定出奔陳。徐邈曰月者蓋三卿同出爲禍害重也君以臣爲體民以君爲命凡爲憂者大害民處甚春秋皆變常文而示所謹非徒足以見時事之實亦知安危監戒云耳○處昌慮反以見賢偏反○十有一月，辛卯，蔡侯廬卒。〔疏〕注月者至害重也○釋曰宋萬以一卿而詳之又弟辰以五大夫而不月何解宋萬乃出月見宋人不討賊致令得奔故謹而月之弟辰爲仲佗所彊元無去意爲患輕故不月

二十有一年，春，王三月，葬蔡平公。○夏，晉侯使士鞅來聘。○宋華亥、向甯、華定自陳入于宋南里以叛。自陳，陳有奉焉爾。入者，內弗受也。其曰宋南里，宋之南鄙也。以者，不以者也。叛，直叛也。言不作亂〔疏〕自陳至焉爾○釋曰復發傳何解從外之叛而加自自實有力嫌其言自叛不由外納力復言內弗受也與入邑異例不受爲同復言以有嫌異於竊地者故發例同之○注言不作亂○釋曰則作亂不得言叛當以作亂書欒盈良霄是也傳言叛是與作亂是也○秋，七月，壬午，朔，日有食之。○八月，乙亥，叔輒卒。叔弓之子○冬，蔡侯東出奔楚。東者，東國也。何爲謂之東也？王父誘而殺焉，楚子虔誘蔡侯般殺之于申○蔡侯東左氏及公羊作蔡侯朱父執而用焉，執蔡世子友以歸用之是也奔而又奔之。曰東，惡之而貶之也。奔既罪矣又奔讎國惡莫大焉○惡之烏路反○公如晉，至河乃復。

二十有二年，春，齊侯伐莒。○宋華亥、向甯、華定自宋南里出奔楚。自宋南里者，專也。專制南里○大蒐于昌間。○間如字一音閒秋而曰蒐，此春也，其曰蒐何也？以蒐事也。〔疏〕秋而至蒐事○釋曰何以發傳於此解大蒐有五入年發例見正議不正此蒐之蒐在夏之未承秋之初尚可以蒐則承春之首不可之甚故須發傳以彰甚也○夏，四月，乙丑，天王崩。○六月，叔鞅如京師。○葬景王。叔鞅叔弓子天子志崩不志葬志葬危不得以禮葬也月者亦爲葬景王起○亦爲于僞反〔疏〕六月葬景王○釋曰何以不書日解傳言曰甚矣其不葬之辭恐其甚之不明日以起之今經言王室亂則甚之可知故省文也王室亂。亂之爲言，事未有所成也。尹氏立子朝劉氏單氏立王猛俱未定也劉子、單子以王猛居于皇。皇地○單音善以者，不以者也。王猛嫌也。直言王猛不言王子是有當國之嫌〔疏〕以者不以者也○釋曰復發傳何解劉單王之重卿猛王之庶子以貴制庶嫌其義別起例以詳之也○秋，劉子、單子以王猛入于王城。以者，不以者也。入者，內弗受也。猛非正也○冬，十月，王子猛卒。此不卒者也。未成君也其曰卒，失嫌也。猛本有當國之嫌其卒則失嫌故錄之〔疏〕失嫌也○釋曰經言王猛以王爲尊何以言當國解春秋以王爲國若言齊晉今言王猛不言子與無知同文故曰當國也○十有二月，癸酉，朔，日有食之。

二十有三年，春，王正月，叔孫婼如晉。○癸丑，叔鞅卒。○晉人執我行人叔孫婼。○晉人圍郊。郊周邑也○夏，六月，蔡侯東國卒于楚。不日在外也以罪出奔又奔讎國故不葬〔疏〕注不日在外也○釋曰案諸侯之卒不日以明庶不以外爲異傳曰諸侯時卒惡之今東國奔讎何以書月解許用新臣卒上言伐楚下言卒無明其在楚庶子而卒卒而不日書時在外文不明故也蔡侯胖在內而卒卒不書日傳曰惡之今蔡侯東國上言東以貶之下言卒於楚諸侯之奔例不書卒今蔡侯之卒見奔讎國而死惡之可知以在外以明惡故書月以顯之○注又奔讎國故不葬○釋曰諸侯奔死於外國例不卒何直不葬有義而然諸侯不卒則已卒宜有葬葬不書者義有所見義不必同或從失德今蔡侯不卒卒於讎國書卒而不葬○秋，七月，莒子庚輿來奔。○戊辰，吳敗頓、胡、沈、蔡、陳、許之師于雞甫，雞甫楚地○雞甫左氏作雞父胡子髡、沈子盈滅。國雖存君死曰滅○髡苦門反盈本亦作逞中國不言敗，此其言敗何也？據十二年晉荀林父及楚子戰于邲晉師敗績不言楚敗晉師〔疏〕中國不言敗○釋曰釋其滅案經戰于韓獲晉侯戰于大棘宋師敗績獲華元中國不言敗直言戰于雞甫敗頓胡沈蔡陳許之師胡子髡沈子盈滅定以言敗解言楚人及吳戰于長岸傳曰進楚子然則邲之戰直在楚以中國不言敗今吳無進稱爲夷狄故不稱戰及敗績以釋其滅足賢胡沈之君亦明吳之不進也中國不敗，胡子髡、沈子盈其滅乎！其言敗，釋其滅也。若師不敗則君無由滅也賢胡沈之君死社稷獲陳夏齧。獲者，非與之辭也。賢夏齧雖獲不病以其得衆也義與華元同○夏戶雅反齧五結反〔疏〕注與華元同○釋曰國書亦然而無傳釋而經文有異何得稱同解華元有故而止又雖不同明賢之義不別國書文同而義同也上下之稱也。君死曰滅臣得曰獲君臣之稱○之稱尺證反注之稱同○天王居于狄泉。敬王辟子朝狄泉周地○辟音避始王也。其曰天王，因其居而王之也。天子踰年即位稱王敬王踰年而出故曰始王雖不

在國行即位之禮王者以天下爲家故居于狄泉稱王尹氏立王子朝。隱四年衛人立晉傳日稱人以立得衆也此言尹氏立朝唯尹氏欲立之〔疏〕始王至之也○釋日注云天子踰年即位稱王敬王踰年而出故日始王天子之稱天王是常例也而傳云始王注云踰年者未逾此傳之意解子猛當國朝亦非正景王以三十一年夏四月崩六月葬劉單二子以王猛居于皇復入王城冬而猛卒至今敬王踰年而既葬所繼者承景王之崩不繼者承王猛之卒是年七月敬王立當踰年既葬之例此歲尹氏立子朝將圖神器天下兇懼其主無雖復常稱其所在著其始王也立者。不宜立者也。朝之不名。何也。據晉之名惡今朝亦惡怪不直名而言王于○惡烏路反下同別嫌乎尹氏之朝也。若但言尹氏立朝則嫌朝是尹氏之子故言王子以別之○別彼列反〔疏〕立者至者也○釋日重發傳何解衛晉得衆言立嫌非所宜此子朝失衆獨在尹氏故言立以著不宜文同而義異故復發傳別嫌乎尹氏之朝○注云嫌朝是尹氏之子○釋日夫國之大事莫善繼統繼統之道勿盛嫡胄繼無承重宜擇立其次故單子劉子立猛文稱當國其次子無命敬獨言立言立彰不宜明有纂王之意今周室雖衰鼎命在上四方諸侯知一人之貴繼成康之道滅典法之文存祭號大名不可虛置巍巍聖寶寧得空假鄙以區區之小而以外孫爲嗣書其滅亡以爲將來之戒況天下重任豈得異姓尹氏不擇天道不違人事不自立其子當有同心之授不義之罪御假一朝之勢以集四海之士此理灼然而愚夫之所不或何爲孔子書經游夏爲傳經於不疑之中而生疑於無嫌之義而巧出嫌恐朝爲尹氏之子爲當有旨解周室大亂骨肉乖離故王猛有篡奪之心單劉懷翼戴之志敬王孤立猛卒之後而朝逆尹氏之世卿婚媾王室禍亂之基固可奪之初自立或招乘釁之衆集負險之民堅冰之際或有无妄之會經別嫌尹氏不亦宜乎衰亂之世何所不爲鄙立異姓周亦致疑疑而須別別嫌立朝者此其旨矣○八月。乙未。地震。○冬。公如晉。至河。公有疾。乃復。疾不志。此其志。何也。釋不得入乎晉也。〔疏〕有疾至晉也○釋日解公之如晉四不得入假言有疾實由季孫之不入今實有疾別於無疾而反也

二十有四年。春。王二月。丙戌。仲孫貜卒。○婼至自晉。大夫執則致。致則挈。由上致之也。上謂宗廟也致臣于廟則直名而已所謂君前臣名○挈苦結反○夏。五月。乙未。朔。日有食之。○秋。八月。大雩。○丁酉。杞伯郁釐卒。釐力之反○冬。吳滅巢。○葬杞平公。

二十有五年。春。叔孫婼如宋。○夏。叔倪會晉趙鞅、宋樂大心、衞北宮喜、鄭游吉、曹人、邾人、滕人、薛人、小邾人于黃父。○有鸜鵒來巢。一有一亡曰有。來者。來中國也。鸜鵒不渡齊非中國之禽故曰來○鸜其俱反本又作鸛音權左氏作鸜公羊作鸛鵒音欲濟子禮反〔疏〕一有至中國○釋日重發傳者何解鸜鵒者飛鳥與蜚蜮異稱有爲同故重發傳云來者來中國也何嫌而發解蜚蜮不言來不見所從嫌不言來者欲但於中國不外之鸜鵒穴者而曰巢。劉向曰去穴而巢此陰居陽位臣逐君之象也或曰。增之也。如增言巢爾其實不巢也雍曰凡春秋記災異未有妄加之文或說非也○秋。七月。上辛。大雩。季辛。又雩。季者。有中之辭也。不言中辛中辛無事又。有繼之辭也。緣有上辛大雩故言又也○九月。乙亥。公孫于齊。孫之爲言猶孫也。諱奔也。次于陽州。次。止也。陽州齊竟上之地未敢直前故止竟也○公孫音遜本亦作遜下同齊竟音境下同〔疏〕孫之至奔也○釋日復發傳何解前發例於夫人今復發例於公明其同義以別尊卑之辭詳畧也齊侯唁公于野井。野井齊地齊侯來唁公公逆之至野井唁音彥弔失國曰唁。唁公不得入於魯也。〔疏〕弔失至魯也○釋日言弔足以釋之復言不入於魯地則日唁者彰公失國言不得入魯繼國事之辭言可以書唁而不詳其文○冬。十月。戊辰。叔孫婼卒。○十有一月。己亥。宋公佐卒于曲棘。曲棘宋地邡公也。邡當爲訪訪謀也言宋公所以卒于曲棘者欲謀納公○邡音方又音訪〔疏〕注宋公至納公○釋日案諸侯之卒卒在外書地縱不納公何得畧以見義解諸侯卒書地者地有遠近國邑之別故鄎扈非國晉侯因會且而鄭伯未見諸侯之所許男朝楚蔡奔雖國四者書地地有所由今曲棘非國是未踰竟當從鄎扈之例既明矣釋以謀納公爲義義叶鄎扈而例不異○十有二月。齊侯取鄆。取鄆以居公取。易辭也。內不言取。以其爲公取之。故易言之也。○易以豉反爲于僞反〔疏〕取易辭○釋日與齊西讙闡同異若何解取者易之辭易辭之義衆內外內之釋雖同同而事殊異異則反覆釋之故日爲公取之言非季氏之略忠臣之意非實易辭尊君抑臣與濟西同文前不異外之易者實易宋取鄆師是也

二十有六年。春。王正月。葬宋元公。○三月。公至自齊。居于鄆。公次于陽州。其曰至自齊。何也。據公但至陽州未至齊〔疏〕注據公至陽州○釋日後如晉出致不同傳以見出致解公初至於陽州後如晉乾侯出不同傳以見齊侯爲義雖至陽州可以齊致明乾侯之致不見晉侯故下二十九年注云以乾侯致不得見晉侯故以齊侯之見公。可以言至自齊也。齊侯唁公于野井以親見齊侯爲重故可言至自齊居于鄆者。公在外也。若但言公至自齊而不言居于鄆則公得歸國欲明公實在外故言居于鄆〔疏〕公在外○釋曰又曰前不外公言外何解言外者嫌內生名公雖出奔臣子不得外公存錄之如在國在國之文不得實同故言居鄆以別之至自齊。道義不外公也。至自齊者臣子喜君父得反致宗廟之辭爾今君雖在外猶以在國之禮錄之是崇君之道○夏。公圍成。成孟氏邑非國不言圍。所以言圍者。以大公也。崇大其事〔疏〕非國至大公也○釋曰何解凡邑不言圍指小都都之大者則國此文是於三家彊大邑過百乘比之小國國家之患良由此起昭公圖成郈郈人不服而臣之邑不順季氏之權得國之資圍而不克故以大公爲文然則定公雖墮三都成人不肯公代不克故傳以大公釋之書致爲異故傳釋之此不致者齊無難公之言不以適齊無爲危至如長葛言圍非常見義乃殊故傳不異○秋。公會齊侯、莒子、邾子、杞伯。盟于鄟陵。鄟陵某地○鄟音專又市轉反公至自會。居于鄆。公在外也。至自會。道義不外公也。〔疏〕義不外公也○釋曰復發傳何解自齊爲虛致自會爲實文與虛致嫌義有殊故發不異也○九月。庚申。楚子居卒。○冬。十月。天王入于成周。周有入無出也。始即位非其所今得還復據宗廟是內故可言入若即位在廟則王者無外不言出〔疏〕周有入無出也○釋日王也傳言周而復釋何解彼明上下一見則同有出文故言周言周有入無出明天王之身入與出故發傳也尹氏、召伯、毛伯以王子朝奔楚。遠矣。非也。雍日奔篡君之賊其責遠矣○召上照反篡初患反〔疏〕注奔篡至遠矣○釋日傳言奔直奔也何嫌以發解非也非責之非責其遠矣獨言遠者傳云於周公著例見上下之文然則王子瑕不言出是常常文而無大罪則從例可知故省文至於尹氏周室之微弱而日月不誅子朝使之奔不足可責遠矣則刺諸侯諸侯謂宋衛陳鄭外附於楚子朝之舅華戎同心而叛天子不能誅則宜遠責諸侯乃經解傳宜其責遠矣傳既責遠愧奔亦異故日奔直奔也傳日奔之惡也惡其奔雖子朝之奔奔雖而曰奔直奔惡諸侯之叛刺其不殊也奔直奔也。

二十有七年。春。公如齊。自鄆行公至自齊。居于鄆。公在外也。〔疏〕公在外也○釋曰發傳不同而重起例何解公前孫而至今如齊不言孫反而言至至言居于鄆故傳言公在外也異義而文別故重言例而文省則義同義同亦在外可知也○夏。四月。吳弒其君僚。○僚力雕反○楚殺其大夫郤宛。○宛於阮反又於元反○秋。晉士鞅、宋樂祁犂、衞北宮喜、曹人、邾人、滕人。會于扈。祁犂力兮反又力私反扈音戶○冬。十月。曹伯午卒。○邾快來奔。徐邈曰自此已前邾畀我庶其黑肱來奔今邾快又至三叛之人俱以魯爲主邾魯鄰國而聚其逋逃爲過之甚故悉書之以示譏也小國無大夫故但舉名而畧其氏○

邾快苦夬反畀必二反本或作鼻遁逃布與反○公如齊。公至自齊。居于鄆。

二十有八年。春王三月。葬曹悼公。○公如晉。次于乾侯。不得入于晉乾侯晉地〔疏〕公如晉○釋曰解與發圍國之文同故傳言公在外也明從鄆如齊不釋言次之言在外亦顯故公在外也。○夏四月丙戌。鄭伯寧卒。○寧下滕子寧皆如字○六月。葬鄭定公。○秋。七月。癸巳。滕子寧卒。○冬。葬滕悼公。

二十有九年。春。公至自乾侯。居于鄆。以乾侯致不得見晉侯故齊侯使高張來唁公。唁公不得入於魯也。〔疏〕唁公至魯也○釋曰復發傳何解前齊侯唁公于野井野井齊地今來唁公于鄆鄆是魯地魯地而言唁言不得入于魯國都魯國都謂宗廟所在唁有遠近人有尊卑君臣同文故重發例也○公如晉。次于乾侯。○夏四月庚子。叔倪卒。季孫意如曰。叔倪無病而死。此皆無公也。是天命也。非我罪也。言叔倪欲納公無病而死此皆天命使魯無君爾魯公之出非我罪○叔倪五計反又五兮反左氏作詣〔疏〕皆無公也○釋曰叔倪之卒事無公而曰皆何解經言無宋公佐卒于曲棘傳言加公也今叔倪復卒傳曰皆無公也○秋。七月。○冬。十月。鄆潰。潰之爲言。上下不相得也。上下不相得則惡矣。亦譏公也。公既出奔不能改德脩行居鄆小邑復使潰亂德之不建如此之甚○潰戶內反惡烏路反又如字行下孟反復扶又反〔疏〕潰之至得也○釋曰重發起例何解上下不相得之爲罪與國同故例詳之此年三月次于乾侯來還于鄆冬而鄆潰嫌自潰不責於公故言亦譏公也昭公出奔。民如釋重負。傳明昭公有過非但季氏之罪

三十年。春王正月。公在乾侯。中國不存公。存公故也。中國猶國中也〔疏〕注中國至中也○釋曰凡言國中指謂魯也中國指其諸夏諸夏爲中國據夷狄爲外案成昭適晉並踰年而不言在襄二十八年公如楚二十九年書公在楚傳曰閔公也爲楚所致存錄之然則此文中國國中何爲變中國者何解中國踰年不言在親倚之情如國與二比之國中不以言中非諸夏且昭以二十五年出奔二十六年居鄆是魯地不存公二十七年二十八年亦如之至此書在乾侯乾侯爲晉地明公去魯竟而入於晉界不復重還遂卒于外雖復生存居地壞于亐來歸來不居茲日故傳以有故釋之所以閔公范例云在有故言在非所在也○夏。六月。庚辰。晉侯去疾卒。去起呂反○秋。八月。葬晉頃公。○頃音傾○冬。十有二月。吳滅徐。滅夷狄時月者爲下奔起○爲于僞反〔疏〕注月者至奔起○釋曰案滅中國日出奔月輕於滅滅夷狄時奔何得更月解范荅薄氏云國不滅而出以月爲國國滅例而出出重發於滅滅夷狄雖時猶加於月然則溫子不滅而出奔何以不月有義而然弦子之奔文承八月之下溫子以逃在正月之後何知不月傳於弦子滅言不日微國則例月例月以則不關於君出君出之重不大於滅國范云出重於滅者言既滅其國君不死難比之常奔恒滅則爲重矣滅在月例者君出不復加日明滅重矣月亦是譚子出月月闕滅國滅國例之同同例在不日傳於滅國詳畧之更於潞子發夷狄之遠例於鄫亡見中國之變稱義例成矣潞子之賢從自盟滅國獲君君或出奔名爲罪皆有罪例故注譚子云蓋無罪今注章羽明不復疑名爲有罪譚子言蓋約邾益之名名義見矣故章禹從正例而不疑也徐子章羽奔楚。奔而名者有罪惡也○惡烏路反

三十有一年。春王正月。公在乾侯。○季孫意如會晉荀櫟于適歷。適歷晉地○櫟音歷舊作躒適丁歷反○夏。四月。丁巳。薛伯穀卒。○晉侯使荀櫟唁公于乾侯。唁公不得入於魯也。曰。既爲君言之矣。不可者意如也。言已告魯求納君唯意如不肯○爲于僞反〔疏〕唁公至魯也○釋曰復發傳何解范例云唁有三弔失國曰唁唁雖有三三釋一而已不入魯界有三文如言唁嫌與魯異其言不得入魯明弔失國而與今地晉而受晉納公有可入之理故言唁公不得入於魯也○秋。葬薛獻公。○冬。黑肱以濫來奔。其不言邾黑肱何也。據襄二十一年邾庶其以漆閭丘來奔言邾○肱古弘反濫力甘反又力暫反別乎邾也。邾以濫邑封黑肱故別之若國○別彼列反其不言濫子何也。據既別之爲國則應書其爵非天子所封也。來奔內不言叛也。〔疏〕來奔至叛也○釋曰重發傳何解書黑肱不繫邾嫌其專地不責叛罪輕故言來奔不言叛罪自顯也○十有二月。辛亥。朔。日有食之。

三十有二年。春王正月。公在乾侯。取闞。○闞口暫反○夏。吳伐越。○秋。七月。○冬。仲孫何忌會晉韓不信、齊高張、宋仲幾、衛太叔申、鄭國參、曹人、莒人、邾人、薛人、杞人、小邾人。城成周。天子微。諸侯不享覲。享獻也覲見也言天子微弱四方諸侯不復貢獻又無朝覲之禮○大音泰享許丈反覲其靳反見賢偏反復扶又反朝直遙反天子之在者。惟祭與號。祭謂郊上帝號謂稱王〔疏〕天子至與號○釋曰於此乃言周衰變之正重復起傳何解平桓之世唯復禮樂出自諸侯諸侯猶有享覲之心襄王雖復出居猶頼晉文之力札子雖云嬬殺王威未甚屈辱至於景王之崩嫡庶交爭宋衛外附楚亦內侮天子獨立成周政教不行天下諸侯無桓文之霸不能致力於京師權柄委于臣手故大夫相率而城之比之在禮故釋不異辭因變正也故諸侯之大夫相帥以城之。此變之正也。○十有二月。己未。公薨于乾侯。

穀梁注疏卷十八挍勘記　　阮元撰盧宣旬摘錄

十有四年

注曹叔至之國　閩監本同毛本國誤內

定四年左傳文　閩監毛本同何校本傳作氏

十有六年

解去有本末　閩監毛本去作云是也

十有七年

不曰孛于大火　閩監毛本同釋文星孛下出茀于云本亦作孛今本作孛與釋文亦作本合

於越敗吳于檇李是也　監毛本于誤於閩本不誤檇皆誤从才

何嫌以發解戰言及所以別客主　閩本及作乃監毛本言及作○註

故須起例以明之　閩監毛本同單疏本以作而

十有八年

明之災得書之由　閩本同監毛本之作宋單疏本作外

十有九年　監本十誤子

故以比之夷狄　閩監毛本同余本無之字

知其弑　閩監毛本同余本其下有不字

而復書葬以赦何　閩監毛本同單疏本無何字

我與弑君之人同罪　閩本同監毛本君作父

母之罪也　閩監毛本同石經元刻上有父字改刻删去故以父也曰子既生不免乎九字爲一行

羈貫成童不就師傅　石經閩本同監毛本傅誤傳釋文羈又作羇

二十年

曹公孫會自夢出奔宋　石經閩監毛本同釋文夢本或作萇

而目言衛侯之兄者　閩監毛本目作自余本作斥

衛謂之輒　石經閩監毛本輒作輙是也釋文本亦作輙

二十有二年

嫌其義別起例以詳之也　閩本同監毛本起誤其

癸酉朔日有食之　石經閩監毛本同余本脫朔字

二十有三年

解許用新臣卒　閩監毛本用作男

死於外國　閩監毛本同單疏本外作他

中國不言敗　閩監毛本此上衍獲陳夏齧四字石經無

定以言敗　閩監毛本同單疏本定作足

以釋其滅　閩監毛本同單疏本釋作稱

賢胡沈之君死社稷　閩本同監毛本胡誤乎

始王至之也　此疏十行本在注尹氏欲立之下閩監毛本在故居于狄泉稱王下何校本上有傳字

未逼此傳之意　十行本未下一字筆畫舛誤閩監毛本作喻何校本作逼

朝唯尹氏欲立之也　閩監毛本同何校本朝作明按作明是

重發傳何　閩監毛本同單疏本重作復

不義之罪　閩監毛本同單疏本義作違

而惡夫之所不或　單疏本元本同閩監毛本或作惑

二十有五年

有鸜鵒來巢　閩監毛本同釋文鸜本又作鸛

如增言巢爾　閩監毛本同何校本如作加

公孫于齊　閩監毛本同是也釋文孫本亦作遜

孫之為言猶孫也諱奔也次于陽州　閩監毛本次于陽州四字誤倒在孫之為言猶孫也上石經此語漫漶諱奔也陽州五字尚可辨知十行本與石經合

復發傳　閩監毛本同單疏本下有者字

何得略以見義　閩監毛本同單疏本何下有以字

晉侯因會旦而鄭伯未見　閩監毛本同單疏本而下有卒字

四者書地地有所由　閩監毛本同單疏本書地作地書

易辭之義兼內　閩監毛本同單疏本內上有外字是

同而事辨異　閩監毛本同單疏本辨作別

二十有六年

則公得歸國　閩監毛本同何校本依公羊疏則下增嫌字

又日前不外公言外　閩監毛本同何校本日作曰

自齊為虛致　閩監毛本同單疏本致作至

刺其不殊也　閩監毛本殊作誅

二十有七年

楚殺其大夫郄宛　石經閩監毛本同釋文出郤宛

宋樂祁犂　閩監毛本同石經犂作犁釋文出祁犁

三十年

雖時猶加於月　閩監毛本同單疏本於作以

滅國例之同　閩監毛本同單疏本例作與

故章禹從正例而不疑也　閩本同單疏本監毛本禹作羽

三十有二年　十行本三字脫中間一畫閩監毛本誤作二

衛太叔申　閩監毛本同石經太作大釋文出大叔音泰○按大太古今字

又無朝覲之禮　閩監毛本同余本覲作見

於此乃言周衰變之正　閩監毛本同單疏本於作以

監本春秋穀梁注疏定公卷第十九　起元年盡十五年

范甯集解　楊士勛疏

定公〔疏〕魯世家定公名宋襄公之子昭公之弟以周敬王十一年即位謚法安民大慮曰定

元年。春。王。不言正月。定無正也。定之無正。何也。昭公之終。非正終也。死在外故〔疏〕注死在外故○釋曰非正終案桓公之薨于齊與乾侯不異莊公不即位而書正月何解以十八年如齊至即薨薨而當歲即入入而莊公繼位行既殯踰年之禮但以先君殺而後立不忍行即位之禮今昭公前年薨今年喪入定公既殯不居正月之前欲行即位非踰年之始非始非正故未得即位不得比之莊公定之始。非正始也。昭無正終。故定無正始。不言即位。喪在外也。○三月。晉人執宋仲幾于京師。晉執人於尊者之側而不以歸京師故但言其執不書所歸徐邈曰案傳定元年不書正月言定無正也然則改元即位在于此年故不可以不書王書王必有月以承之故因其執月以表年首爾不以謹仲幾也〔疏〕注晉執至幾也○釋曰薄氏駁云仲幾之罪自委之王吏非晉人所執故傳云不正其執人於尊者之所也譏執不譏無所歸晉執曹衛他處並可言歸若晉人執仲幾于京師復何得言歸于京師若如此論何以通乎解范荅云晉城成周宋不即役晉為監功之主因而執之此自晉人之事安得委之王吏傳當以執人於尊者之所而不以歸於王之有司非言其不可以執晉文公執曹衛之君各於其國而並不書國者以其歸于京師故也今執仲幾不書所歸唯舉其地者此晉自治之勑若使歸于京師與執諸侯同君臣無別也今直執在京師不可言歸此義猶自未通有義而然上言城成周序仲幾于會於歸言于京師其言足誤天王居于狄泉在畿內而別處若上言城成周下稱晉人執宋仲幾歸于京師具見執之異處而歸天子今晉人於尊者之側而執人以歸自治於國故春秋不與其專執地於京師下文言此大夫其日人何微之也何以知大夫有義而然周之稱名大夫相執無稱名之例因此見義明大夫相執不書書則微之見伯討失所故云云非謂大夫相執得見於經經書晉人執衛侯歸之于京師與伯執稱人不異異則言侯故曰以晉侯而斥執曹伯惡晉侯也是君臣之別也此其大夫。其曰人。何也。微之也。何為微之。不正其執人於尊者之所也。不與大夫之伯討也。○夏六月。癸亥。公之喪至自乾侯。○戊辰。公即位。殯然後即位也。周人殯于西階之上〔疏〕注周人至之上○釋曰嫌何以言解喪自外至雖正棺於兩楹之間兼不亦言故言西階鄭注禮記以為殯亦兩楹之間也定無正。見無以正也。踰年不言即位。是有故公也。謂昭公在外故○見賢徧反言即位。是無故公也。即位。授受之道也。先君見授後君乃受故須

棺在殯乃言即位先君無正終。則後君無正始也。先君有正終。則後君有正始也。戊辰。公即位。謹之也。定之即位。不可不察也。公即位。何以日也。據未有日者〔疏〕定之至察也○釋曰解定公即位特異常文者欲言繼弑公好卒欲言好卒卒非正終不即入踰年乃至至正月當即位而皆失時時不得同於常禮禮宜異文文書之在夏是有故與無故兩文並見即位雖同而時義有別理有所見見必有意故日不可不察也戊辰之日。然後即位也。癸亥。公之喪至自乾侯。何爲戊辰之日。然後即位也。癸亥去戊辰六日怪不即位正君乎國。然後即位也。諸侯五日而殯今以君始死之禮治之故須殯而後言即位沈子曰。正棺乎兩楹之間。然後即位也。兩楹之間南面之君聽治之處○之處昌慮反內之大事日。即位。君之大事也。其不日。何也。以年決者。不以日決也。此則其日。何也。著之也。欲有所見何著焉。踰年即位。厲也。厲危也公喪在外踰年六月乃得即位危故日之於厲之中。又有義焉。先君未殯則後君不得即位未殯。雖有天子之命。猶不敢。況臨諸臣乎。以輕喻重也雖爲天子所召不敢背殯而往況君喪未殯而行即位之禮以臨諸臣乎周人有喪。魯人有喪。周人弔。魯人不弔。周人曰。固吾臣也。使人可也。魯人曰。吾君也。親之者也。使大夫則不可也。故周人弔。魯人不弔。以其下成康爲未久也。周道尚明无愧于不往〔疏〕注周道至不往○釋曰今定公之世天子之存唯祭與號安得云尚明解此傳以重況輕陳上世之事非專今日下成康爲未久定公未殯不得即位以臨群臣輕于王命王命猶不得背殯指謂王與魯並有喪周人弔魯魯人不弔既殯君乃奔喪喪服天子之斬哭泣申父重之情先殯其父後奔天子之喪亦是不奪人之親門外之治義斷恩門內之治恩掩義至如伯禽越紼赴金革之重不拘此例君至尊也。去父之殯。而往弔。猶不敢。況未殯而臨諸臣乎。○秋。七月。癸巳。葬我君昭公。○九月。大雩。雩月。雩之正也。秋大雩。非正也。冬大雩。非正也。秋大雩。雩之爲非正。何也。冬禾稼既成猶雩則非禮可知秋禾稼始苗嫌當須雨故問也毛澤未盡。人力未竭。未可以雩也。邵曰凡地之所生謂之毛公羊傳曰錫之

不毛之地是也言秋百穀之潤澤未盡也人力未盡謂耕耘之功未畢○耘本又作芸音云〔疏〕凡地至是也○釋曰言非必百穀至而雩祀之設本爲求雨求雨之意指爲祈穀故周須噎嘻之篇歌春夏而同名至於脩雩祀不異故此傳言毛澤未窮人力未竭言人力之功施於種植種植之義在于禾黍未闕凡品總稱曰毛將何所據解聖人之於四海不偏一物愛人之情特深懷抱百姓所恃莫急於食食雖民天天不降雨嘉品不育時澤之來昔況無私雖非百穀亦治有洪之潤公田已流遂及之惠彌遠故總凡品爲毛明天德之道廣列子言山川之毛指謂草木公羊所論非專禾麥寒涼之地本不種苗鄒衍吹律乃始名生物謂之黍若以此言之公羊所言不毛鄒衍之前當鄭伯與楚語時也又上傳云冬大雩非正也秋亦曰非正也非正是同而問不異及荅之直釋月雩爲正則四月龍見常失正故也解成七年冬大雩傳云冬無爲雩也言用禱禮明禾稼成不須雩失時不二故問同而荅異注當須雨其解也聖人重謝請請必爲民民之本務在於春夏春夏祈穀先嚴其犧牲具其器物謹脩其禮與精神有感故一時盡力專心求請求請不得失時謂孟夏之節是月有雨先種得成茂實後種更生故重其二時時過以往至於八月九月脩雩之節不言四月非正也故曰是月不雩則無及矣謂八月求雨而得之則書雩明有所及故也是月雩不必有雨而曰無及者人情之意欲其有益故以兩月請是年不艾則無食指謂九月之雩雩而得雨是年有食雩不得雨則書旱旱則一歲無食故曰是年傳於仲秋言月季秋言年年月之情以表遠近深淺之辭也雩月。雩之正也。月之爲雩之正。何也。其時窮。人力盡。然後雩。雩之正也。何謂其時窮。人力盡。是月不雨。則無及矣。是年不艾。則無食矣。是謂其時窮。人力盡也。雩之必待其時窮。人力盡。何也。雩者。爲旱求者也。求者。請也。古之人重請。何重乎請。人之所以爲人者。讓也。請道去讓也。則是舍其所以爲人也。是以重之焉。請哉。請乎應上公。古之神人有應上公者。通乎陰陽。君親帥諸大夫道之而以請焉。道之爲君必爲先也其禱辭曰方今大旱野無生稼寡人當死百姓何請不敢煩民請命願撫萬民以身塞無狀禱亦請也此即請辭也○艾魚廢反去讀羌呂反是舍音捨焉請於虔反應上時掌反道之音導夫請者。非可詒託而往也。必親之者也。是以重之。詒托猶假寄○詒以之反〔疏〕請乎應上公○釋曰案月令大雩帝此經言大雩文與月令同同祀上帝帝天也而曰上公義更何取且雩與禱本自不同而引禱辭以證雩何解天子雩上帝諸侯雩上公與魯天子同雩上帝既雩雩及百辟卿士有益於民者即此傳所謂古之神人通乎陰陽使爲民請雨故言請哉請應乎上公天尊不敢指斥故請其屬神考異郵說僖公三時不雨禱于山川以六過自責又曰方今大旱野無生稼

此注所云其禱辭或亦用之故引以明之耳○立煬宮。煬宮伯禽子廟毀已久○煬宮餘亮反煬公之廟也煬公伯禽子立者。不宜立者也。〔疏〕立者至者也○釋曰重發傳何解不日與武宮異故發傳范例云宮廟有三者三者文有詳略詳略見功有輕重丹楹功少故書時刻桷功重故錄月范荅薄氏云考宮書月比丹楹爲重是其三文武宮書日范云始築之事然煬案周書謚法肆行勞神曰煬煬宮不日比武宮爲輕輕重之例各以類舉此謂范例之數以宮言之立廟之例以立言之在不宜之中一事而兩屬數有所附故例有因亦得數此同在不宜之中○冬。十月。隕霜殺菽。建酉之月隕霜殺菽非常之災未可以殺而殺。舉重。舉殺豆則殺草可知可殺而不殺。舉輕。不殺草則不殺菽亦顯傳三十三年隕霜不殺草是也其曰菽。舉重也。〔疏〕未可至舉輕○釋曰隕霜二文不同書故范特爲一例傳嫌獨殺菽不害餘物故以輕重別之菽易長而難殺故以殺之爲重重者殺則輕者死矣輕而不死重者不殺居然可知

二年。春。王正月。○夏。五月。壬辰。雉門及兩觀災。○雉門公宮之南門兩觀闕也兩觀工喚反注及下文同其不日雉門災及兩觀。何也。據先書雉門則應言雉門災及兩觀鄭嗣曰據災實從雉門起應言雉門災及兩觀災自兩觀始也。不以尊者親災也。始災者兩觀也鄭嗣曰今以災在兩觀下使若兩觀始災者不以雉門親災先言雉門。尊尊也。欲言兩觀災及雉門則卑不可以及尊災不從雉門起故不得言雉門災及兩觀始災故災在兩觀下也鄭嗣曰欲以兩觀親災則經宜言兩觀災及雉門雉門尊兩觀卑卑不可以及尊故不得不先言雉門而後言兩觀欲令兩觀始災故災在兩觀下矣○令力呈反〔疏〕雉門至觀災○釋曰解劉向云雉門天子之門而今過魯制故致天災也○秋。楚人伐吳。○冬。十月。新作雉門及兩觀。言新。有舊也。作。爲也。有加其度也。此不正。其以尊者親之。不正謂更廣大之不合法度也何也。據當諱而以雉門親新作之下雖不正也。於美猶可也。改舊雖不合正脩飾美好之事差可以雉門親之○差初賣反〔疏〕作爲至度也○釋曰重發傳何解此災而更脩嫌與作南門異故發傳以同之災惡故尊雉門推災而遠之今新作美好之事雉門雖不正尊雉門可以親之

三年。春。王正月。公如晉。至河乃復。〔疏〕公如晉○釋曰書月何解昭公四如晉兼有疾爲五皆不月公不入晉則無危十三年二十三年乃復皆不月是其例乃復文承月下不蒙可知昭公即位二年而脩朝禮無闕而爲季氏所譖使不得入公無危懼之意猶數數修朝於晉晉雖不受朝公無危懼之理定立今三年始朝於晉晉責其緩慢不受其朝公懼而反非必季氏所譖公有負於晉而心內畏懼故危錄之

○三月。辛卯。邾子穿卒。○穿音川。○夏四月。○秋。葬邾莊公。○冬。仲孫何忌及邾子盟于拔。○拔，地名。拔，皮八反。

四年。春。王二月。癸巳。陳侯吳卒。○三月。公會劉子、晉侯、宋公、蔡侯、衛侯、陳子、鄭伯、許男、曹伯、莒子、邾子、頓子、胡子、滕子、薛伯、杞伯、小邾子、齊國夏于召陵。侵楚。○夏，戶雅反。召，詩照反。○夏四月。庚辰。蔡公孫姓帥師滅沈。以沈子嘉歸。殺之。○公孫姓音生，又如字。○五月。公及諸侯盟于臯鼬。召陵會劉子諸侯揔言之也。臯鼬，地名。○鼬，由又反。○後而再會。公志於後會也。後，志疑也。公畏強楚，楚疑於侵之故，復者更謀也。不日者，後楚伐蔡不能救故。○復，扶又反。【疏】公會至疑也。○釋曰：案傳例地而伐，疑辭。今經言會于召陵侵楚，則疑於前會，不關於後，而云志於後會也者，後志疑何解？楚當時爲之所困，削弱矣，諸侯侵之，易可得志。今一會之中，十有九國，衆力之彊，足以服楚，不敢深入，淺侵郊竟，則責諸侯之疑居然可曉。公疑於楚彊，謂無勇故，會盟二文並見，魯公外內之疑兩顯。杞伯成卒于會。○六月。葬陳惠公。○許遷于容城。○秋七月。公至自會。○劉卷卒。劉，采地。○劉卷音權。采，七代反。此不卒而卒者。賢之也。寰內諸侯也。非列土諸侯。此何以卒也。天子畿內大夫有采地者謂之寰內諸侯，非列土之諸侯，雖賢猶不當卒。○寰內音環。天王崩。爲諸侯主也。昭二十二年景王崩，嘗以賓主之禮相接，能爲諸侯主，所以爲賢。【疏】此不卒至賢之也。○釋曰：又云非列土諸侯，此何以卒也？天王崩，爲諸侯主也。書卒不關其賢，而范例云寰內諸侯非列土諸侯，非列土諸侯而書之者，賢之也。賢之一文而義當兩用，解上言不卒而得書卒之意，釋下言賢之，猶賢不當卒，卒之者以其爲諸侯主，明賢之義，故得書卒。反覆二事，皆是爲賢。故例復云賢之，不用葬，葬之者，明亦爲賢之，而采地比之畿外諸侯，故書葬。○葬杞悼公。○楚人圍蔡。○晉士鞅、衛孔圄帥師伐鮮虞。○葬劉文公。○冬。十有一月。庚午。蔡侯以吳子及楚人戰于伯舉。楚師敗績。吳其稱子。何也。以蔡侯之以之。舉其貴者也。貴謂子也。蔡侯之以之。則其舉貴者何也。吳信中國而攘夷狄。吳進矣。其信中國而攘夷狄。奈何。子胥父誅于楚也。子胥父伍奢也，爲楚平王所殺。○信音申。攘，如羊反，郤也。挾弓持矢而干闔廬。見不以禮曰干。欲因闔廬復父之讎。○挾，戶牒反，又子協反。闔，戶臘反。盧，力居反。見，賢遍反。闔廬曰。大之甚。勇之甚。子胥匹夫，乃欲復讎於國君，其孝甚大，其心甚勇。【疏】注其孝至甚勇。○釋曰：子胥之復讎，違君臣之禮，失事主之道，以匹夫之弱，敵千乘之強，非心至孝，莫能然也。得事父之孝，非敬長之道，故曰其孝甚大。若夫子胥父欲被誅，竄身外奔，布衣之士而求干列國之君，吐弓矢之志，無疑難之心，故曰其心甚勇。爲是欲興師而伐楚。子胥諫曰。臣聞之。君不爲匹夫興師。【疏】傳不至興師。○釋曰：然則成湯之誅葛伯，爲殺其餉者；武王之殺殷紂，稱斮朝涉之脛，何以萬乘之主爲匹夫復讎？解：湯征葛伯，本爲不祀之罪，罪已灼然，然湯聽其順辭，使其亳民爲耕，葛伯殺其餉者，此由不祀而致禍。其如殷紂之罪，被所不盡斬以所不書，故武王致天之罪，稱斮朝涉之脛，剖賢人之心，亦不爲匹夫興師。吳子有因諸侯之怒，直申子胥之情，故言不爲匹夫興師，得其實論也。傳稱子胥云虧君之義，復父之讎，傳文曲直，子胥是非，穀梁之意，善惡君爲解。公羊、左氏論難紛然，賈逵、服虔共相教授，戴宏、何休亦有脣齒。其於此傳開端似同公羊，及其結絢，不言子胥之善。夫資父事君，尊之非異；重服之情，理宜共均。既以天性之重，降於義合之輕，故令忠臣出自孝子，孝子不稱忠臣。今子胥稱一體之重，忽元首之分，以父被誅而痛纏骨髓，得耿介之孝，失忠義之臣，而忠孝不得並存。傳不善子胥者，兩端之間，忠臣傷孝子之恩，論孝子則失忠臣之義。春秋科量至理，尊君卑臣，子胥有罪明矣。君者，臣之天，天無二日，土無二王。子胥以藉吳之兵，戮楚王之尸，可謂失矣。雖得壯士之偏節，失純臣之具道。傳舉見其非，不言其義，蓋吳子爲蔡討楚，申中國之心，屈夷狄之意，其在可知。且事君猶事父也。虧君之義。復父之讎。臣弗爲也。於是止。蔡昭公朝於楚。有美裘。正是日囊瓦求之。正是日，謂昭公始朝楚之日。○爲是，于僞反，不爲及下爲是皆同。朝於，直遥反，注同。囊，乃郎反。昭公不與。爲是拘昭公於南郢。南郢，楚都。○郢，以井反，又以正反。數年然後得歸。歸乃用事乎漢。用事者禱漢水神。○數，所主反。曰。苟諸侯有欲伐楚者。寡人請爲前列焉。楚人聞之而怒。爲是興師而伐蔡。蔡請救于吳。子胥曰。蔡非有罪。楚無道也。君若有憂中國之心。則若此時可矣。爲是興師而伐楚。何以不言救也。據實救蔡。救大也。夷狄漸進，未同於中國。【疏】救大也。○釋曰：夷狄漸進，未同於中國，狄何以言救齊？解：救齊是善事，今吳夷狄而憂中國，故進稱子，然未同諸夏，故不言救。雖書救齊而未稱人，許夷狄不使頓備故也。今吳既進稱子，復書曰救，便與中國齊蹤，華夷等迹，故不與救。若書救，當言吳子救蔡。蔡侯以吳子及楚人戰于伯舉，不直舉救蔡而言吳入楚。楚囊瓦出奔鄭。知見伐由己，故懼而出奔。庚辰。吳入楚。日入。易無楚也。易無楚者。壞宗廟。徙陳器。撻平王之墓。鄭嗣曰：陳器，樂縣也。禮，諸侯軒縣。言吳人壞楚宗廟，徙其樂器，鞭其君之尸，楚無能抗禦之者，若曰無人也。○易，以豉反。壞音怪。撻，土達反。縣音玄。亢，苦浪反。何以不言滅也。據宗廟既毀，樂器已徙，則是滅也。欲存楚也。其欲存楚奈何。昭王之軍敗而逃。父老送之曰。寡人不肖。亡先君之邑。父老反矣。何憂無君。寡人且用此入海矣。父老曰。有君如此其賢也。以衆不如吳。以必死不如楚。雍曰：吳勝而驕，楚敗而奮。○肖音笑。奮，方問反。相與擊之。一夜而三敗吳人。復立。○楚復立也。敗，必邁反。復，扶又反。何以謂之吳也。據戰稱子。狄之也。何謂狄之也。君居其君之寢。而妻其君之妻。大夫居其大夫之寢。而妻其大夫之妻。蓋有欲妻楚王之母者。不正。乘敗人之績。而深爲利。居人之國。故反其狄道也。

五年。春。王正月。辛亥。朔。日有食之。○夏。歸粟于蔡。蔡侯比年在楚，又爲楚所伐，飢，故諸侯歸之粟。諸侯無粟。諸侯相歸粟。正也。孰歸之。諸侯也。不言歸之者。專辭也。不言歸之者主名，若獨是魯也。義邇也。言此是邇近之事，故不足具列諸侯。○於越入吳。舊說於越，夷言也。春秋即其所以自稱者書之，見其不能慕中國，故以本俗名自通。○見，賢遍反。○六月。丙申。季孫意如卒。傳例曰：大夫不日卒，惡也。意如逐昭公而日卒者，明定之得立由乎意如。春秋因定之不惡而書日，以示譏，亦猶公子翬非桓之罪人，故於桓不貶。○惡，烏路反。翬，許韋反。○秋七月。壬子。叔孫不敢卒。○冬。晉士鞅帥師圍鮮虞。

六年。春。王正月。癸亥。鄭游速帥師滅許。以許男斯歸。○二月。公侵鄭。○公至自侵鄭。○夏。季孫斯、仲孫何忌如晉。仲孫忌而曰仲孫何忌，甯所未詳。公羊傳曰譏二名。○秋。晉人執宋行人樂祁犂。○冬。城中城。城中城者。三家張也。大夫稱家。三家，仲孫、叔孫、季孫也。三家侈張，故公懼而脩內城。譏公不務德政，恃城以自

固。○張如字一音下亮反注同〔疏〕三家張也。○釋曰釋之異辭何也凡城之志皆譏傳於冬城諸及防解可城言間隙無事理實有譏今不釋恐同彼傳言志城之中雖得間隙復有畏張偪之患還與皆譏之義同或是義與可城同也

或曰非外民也。○季孫斯、仲孫忌帥師圍鄆。

七年春王正月。○夏四月。○秋，齊侯、鄭伯盟于鹹。鹹音咸○齊人執衛行人北宮結以侵衛。以，重辭也。衛人重北宮結。齊以衛重結故執以侵之若楚執宋公以伐宋凡言以皆非所宜以〔疏〕以重辭也○釋曰前注云以有二義今注即云凡言以皆非所宜以是一義而曰二何解楚執宋公兩君相執傳以言重辭別於凡以今此君而執臣明以國重不言與二君共例故發例同之二義已見故注更言凡以而起義解以者不以者不止釋此文 ○齊侯、衛侯盟于沙。沙地○大雩。○齊國夏帥師伐我西鄙。九月，大雩。○冬十月。

八年春王正月，公侵齊。○公至自侵齊。○二月，公侵齊。未得志故三月，公至自侵齊。公如，往時致月，危致也。往月，危往也。往月致月，惡之也。○惡烏路反〔疏〕公如至致也○釋曰復發傳何解莊二十三年起例公行有危而書月今公伐齊有危危而書月一時之間再興兵革危懼之理義例所詳故重說以明之 ○曹伯露卒。○夏，齊國夏帥師伐我西鄙。○公會晉師于瓦。瓦衛地也 ○公至自瓦。○秋七月戊辰，陳侯柳卒。○柳良久反 ○晉士鞅帥師侵鄭，遂侵衛。○葬曹靖公。○九月，葬陳懷公。○季孫斯、仲孫忌帥師侵衛。○冬，衛侯、鄭伯盟于曲濮。曲濮衛地○濮音卜 ○從祀先公。貴復正也。文公逆祀今還順 ○盜竊寶玉大弓。寶玉者，封圭也。始封之圭 大弓者，武王之戎弓也。是武王征伐之弓 周公受賜，藏之魯。周公受賜於周藏之魯者欲世世子孫無忘周德也 非其所以與人而與人，謂之亡。亡失也 非其所取而取之，謂之盜。〔疏〕非其至之亡○傳曰於經何例當之解經言饑止謂二穀不政苞宜公之例五穀不收止在當文康饉無例應之今因盜而發亡例經無應之或說非其所以與人謂之亡是梁伯所行也梁伯受國于天子不能撫其民人而自失之夫國之利器不可以示人權之可守焉得虛假君貪色好酒耳目不能聰明上無正長之治大臣背叛而國外奔因若自滅故謂之亡此可以應其義

九年春王正月。○夏四月戊申，鄭伯蠆卒。蠆田邁反 ○得寶玉大弓。杜預曰弓王國之分器也得之足以為榮失之足以為辱故重而書之○分器扶問反 其不地何也？〔疏〕其不地何也○釋曰據何文而責地解此據獲物言地經言戰于大棘獲宋華元宜家上地故據彼責此 寶玉大弓，在家則羞，不目羞也。國之大寶在家則羞也況陪臣專之乎恥甚而不目其地〔疏〕注況陪臣專之乎恥甚而不目其地○釋曰下或曰陽虎以解眾也還是陪臣何以異之解上說不目羞明失之為辱得之為榮而言地地是陪臣之所居魯能奪陪臣之得可以明免恥何為不地夫以千乘之國而受辱於陪臣雖得為榮書地則恥或曰之義得非魯力也陽虎竊國重寶非其所用畏眾之討送納歸君故書而記之 惡得之？惡於何也○惡音烏注同 得之堤下。或曰陽虎以解眾也。○六月，葬鄭獻公。○秋，齊侯、衛侯次于五氏。五氏晉地 ○秦伯卒。○冬，葬秦哀公。

十年春王三月，及齊平。平前八年再侵齊之怨 ○夏，公會齊侯于頰谷。○頰古協反○頰谷左傳作夾谷 公至自頰谷。離會不致，雍曰二國會曰離各是其所是非其所非然則所是之是未必是所非之非未必非未必非者不能非人之真非未必是者不能是人之真是是非紛錯則未有是非不同故曰離離則善惡無在善惡無在則不足致之于宗廟 何為致也？危之也。危之則以地致何也？為危之也。其危奈何？曰頰谷之會，孔子相焉。兩君就壇，兩相相揖。將欲行盟會之禮○為危于偽反相焉息亮反下兩相同壇徒丹反封土曰壇 齊人鼓譟而起，欲以執魯君。羣呼曰譟○鼓譟素報反呼火故反 孔子歷階而上，不盡一等，而視歸乎齊侯，階會壇之階 曰：兩君合好，夷狄之民何為來為？命司馬止之。兩君合會以結親好而齊人欲執魯君此無禮之甚故謂之夷狄之民司馬主兵之官使禦止之○合好呼報反注同使禦魚呂反 齊侯逡巡而謝曰：寡人之過也。退而屬其二三大夫曰：夫人率其君與之行古人之道，二三子獨率我而入夷狄之俗，何為？夫人謂孔子也齊人欲執魯君是夷狄之行○逡七旬反屬章欲反夫人音扶語魚呂反之行下孟反 罷會，齊人使優施舞於魯君之幕下。優俳施其名也幕帳欲嗤笑魯君○幕音莫俳皮皆反嗤尺之反 孔子曰：笑君者罪當死。使司馬行法焉，首足異門而出。齊人來歸鄆、讙、龜陰之田者，蓋為此也。何休曰齊侯自頰谷歸謂晏子曰寡人獲過於魯侯如之何晏子曰君子謝過以質小人謝過以文齊嘗侵魯四邑請皆還之○讙好官反蓋為于偽反 因是以見雖有文事，必有武備。孔子於頰谷之會見之矣。○以見賢遍反〔疏〕一會之怒三軍自降若非孔子必以白刃喪其膽核矣敢直視齊侯行法殺戮故傳於頰谷之會見之矣後世慕其風規欽其意氣者忽若如是毛遂之亢楚王藺子之脅秦王俱展一夫之勇不憚千乘之威亦善忠臣之鯁骨是賢亞聖之義勇 ○晉趙鞅帥師圍衛。○齊人來歸鄆、讙、龜陰之田。○叔孫州仇、仲孫何忌帥師圍郈。郈叔孫氏邑○郈音后 ○秋，叔孫州仇、仲孫何忌帥師圍郈。○宋樂大心出奔曹。○宋公子地出奔陳。○冬，齊侯、衛侯、鄭游速會于安甫。安甫地名 ○叔孫州仇如齊。○宋公之弟辰暨宋仲佗、石彄出奔陳。辰為佗所強故曰暨○暨其器反佗大河反彄苦侯反強其丈反

十有一年春，宋公之弟辰，未失其弟也。言辰未有失其為弟之道故書弟以罪宋公〔疏〕未失其弟也○釋曰宋辰以前年出奔雖骨肉之義今歲入邑有叛國之罪失弟之道彰於經文而曰未失何也解公不能制御彊臣以撫其弟而使二卿脅以外奔故著暨以表彊辭稱弟以見罪在仲石亦可知矣今而入國兩子之情非辰之意書及而辨尊卑言弟以顯無失然則自陳之力由二卿入蕭之叛專歸仲石故重發例以明無罪 及仲佗、石彄、公子地，以尊及卑也。自陳，陳有奉焉爾。入于蕭以叛。蕭宋邑 入者，內弗受也。以者，不以者也。叛，直叛也。○夏四月。○秋，宋樂大心自曹入于蕭。入蕭從叛人叛可知故不書叛 ○冬，及鄭平。平六年侵鄭之怨傳例曰盟不日者渝盟惡之也取夫詳略之義則平不日者亦有惡矣蓋不能相結以信○渝羊朱反變也惡之烏路反下同取夫音符 ○叔還如鄭涖盟。○還音旋

十有二年春，薛伯定卒。○夏，葬薛襄公。○叔孫州仇帥師墮郈。墮猶取也。陪臣專強違背公室恃城為固是以叔孫墮其城若新得之故云墮墮猶取也墮非訓取言今但毀其城則郈永屬已若更取邑於他然○墮許規反毀也背音佩〔疏〕注墮非訓取○釋曰傳言墮猶取也即其訓而曰非者何休難云當言取不言墮費壞耳無取於訓詁鄭君如

此釋之今經墮其爲義 ○衛公孟彄帥師伐曹。○季孫斯、仲孫何忌帥師墮費。費音祕 ○秋，大雩。○冬，十月。癸亥，公會齊侯盟于黄。○十有一月，丙寅朔，日有食之。○公至自黄。○十有二月，公圍成。非國言圍，圍成，大公也。以公之重而伐小邑則爲恥深矣，故大公之事而言圍，使若成是國然。疏 注以公至小邑。○釋曰：案例，國曰圍，今邑而言圍則大都，大都則皆是國，而曰小邑何？解：經書公明成非小，是故言圍。公一國之貴，重成三家之大邑，邑比於國爲細擬，公爲小，比於凡邑則大矣，故書曰圍。公至自圍成，何以致危之也？何危爾？邊乎齊也。邊謂相接

十有三年，春，齊侯次于垂葭。葭音加 ○夏，築蛇淵囿。蛇淵地名。囿音又 ○大蒐于比蒲。比音毗 ○衛公孟彄帥師伐曹。○秋，晉趙鞅入于晉陽以叛。以者，不以者也。叛，直叛也。疏 叛直叛也。○釋曰：不解入而重發叛例，何？解：趙鞅自入已邑，不從外入，入者內弗受也，以其無君命，於義不受，同書入之，非專不受，故但釋其叛，非實叛，故下書歸，明之非叛，而書叛，書叛非真叛也，故復發也。○冬，晉荀寅、士吉射入于朝歌以叛。射食夜反，又食亦反 ○晉趙鞅歸于晉。此叛也，其以歸言之，何也？貴其以地反也。貴其以地反，則是大利也。非大利也，許悔過也。許悔過，則何以言叛也？以地正國也。地謂晉陽也。蓋以晉陽之兵還正國也。公羊傳曰：逐君側之惡人 以地正國，則何以言叛？據是善事 其入無君命也。凱曰：事入晉陽以興兵甲，故不得不言叛；實以驅惡而安君，則釋兵不得不言歸。春秋善惡必著之義 ○薛弒其君比。比必履反，又毗志反 疏 薛弒其君比。○釋曰：不日月者，何？解：傳言剽不正其日，何則？庶子爲君而被弒則不日而月之。傳曰：諸侯時卒，惡之，宜從此例，薛比書時，亦其惡也。

十有四年，春，衛公叔戍來奔。○晉趙陽出奔宋。晉趙陽，左氏作衛趙陽 ○二月，辛巳，楚公子結、陳公孫佗人帥師滅頓，以頓子牂歸。佗徒河反，又如字。牂作郎反 ○夏，衛北宮結來奔。○五月，於越敗吳于檇李。檇李，吳地。敗必邁反。檇李音醉 ○吳子光卒。○公會齊侯、衛侯于牽。牽地。○牽去賢反 ○公至自會。○秋，齊侯、宋公會于洮。○洮他刀反 ○天王使石尚來歸脤。脤，祭肉，天子祭畢以之賜同姓諸侯，親兄弟之國，與之共福。○脤市軫反 脤者何也？俎實也，祭肉也。生曰脤，熟曰膰。其辭石尚，士也。膰音煩，本又作燔 何以知其士也？天子之大夫不名。石尚欲書春秋。欲著名於春秋 諫曰：久矣，周之不行禮於魯也。請行脤。貴復正也。疏 貴復正也。○釋曰：從祀先公前有失正之文，於後言貴復正，今復正前無失正之文，而曰貴復正，何？解：復正之文雖同，義須有異，天王不行禮於魯，失正矣，今由石尚而歸脤，美之，故曰貴復正也。○衛世子蒯聵出奔宋。○蒯聵苦怪反，下五怪反 衛公孟彄出奔鄭。○宋公之弟辰自蕭來奔。稱弟，猶未失爲弟之行。○行下孟反 ○大蒐于比蒲。疏 大蒐于比蒲。○釋曰：文承秋下，注云城莒父云無冬者，甯所未詳，然則大蒐秋，秋則常事，常事不書，書之者何？即昭八年秋蒐于紅，傳曰正也，正所以譏不正，後比蒲大蒐失禮，因此見正。今定公以十三年大蒐秋事而於夏行之，失正，至此十四年大蒐書正，以明前不正也。○邾子來會公。會公于比蒲 ○城莒父及霄。無冬，甯所未詳 疏 注無冬至未詳。○釋曰：桓七年注云：下無秋冬。今不言下，何？解：桓七年夏有八事，而秋冬二時不書，復無八事，故云下。今此上有秋，下有八事，而無冬，故直云無冬，不言下，明冬宜在人事之上也。

十有五年，春，王正月，邾子來朝。朝直遥反 ○鼷鼠食郊牛，牛死，改卜牛。不言所食，食非一處而至死。○鼷音兮，處昌慮反 不敬莫大焉。定公不敬最大，故天災最甚 疏 不敬莫大焉。○釋曰：凡鼠食牛皆是不敬，而曰莫大，何？解：成七年鼷鼠食郊牛角，過有司也；改卜牛，鼷鼠又食其角，歸罪於君。皆道其所傳，明不敬之罪小；今牛體偏食，不敬之罪大也。○二月，辛丑，楚子滅胡，以胡子豹歸。○夏，五月，辛亥，郊。譏不時也 ○壬申，公薨于高寢。高寢，宮名 高寢，非正也。疏 高寢非正也。○釋曰：重發傳，何解？高寢者大名，嫌是路寢之流，故發傳明之。○鄭罕達帥師伐宋。○齊侯、衛侯次于渠蒢。渠蒢，地也。○蒢直居反 ○邾子來奔喪。喪急，故以奔言之。疏 喪急至言之。○釋曰：奔喪之制，日行百里，故傳言急，所以申制闕之情也。○秋，七月，壬申，弋氏卒。妾辭也。不言夫人薨。○弋氏，羊職反 哀公之母，左氏作姒氏也 哀公之母也。○八月，庚辰朔，日有食之。○九月，滕子來會葬。邾、滕，魯之屬國，近則來奔喪，遠則來會葬，於長帥之喪同之，王者書非禮。○長丁丈反，帥所類反 疏 注邾滕至屬國。○釋曰：將何據也？解：范荅薄氏云：屬國非私屬，五國爲屬，屬有長，曹、滕二邾世屬服事我，故謂之屬。○注近則至非禮。○釋曰：若如此注意，以奔喪爲禮，會葬爲非，然則王者之喪，諸侯會出何文？證若以會葬非禮，何以范例云會葬四？案經有三，范捻云會葬禮，何？解：傳言奔喪急，不言非禮可知。諸侯自相會葬，傳無釋文，但釋天子之會葬云其志重天子之禮。又曰在鄙上，明其別於諸侯。傳曰：周人有喪，魯人有喪，周人弔，魯人不弔，周人曰：吾君親之，是以知王者之喪，諸侯親會之。范云四，四當爲三，古者四三皆積畫，字有誤耳。會葬禮也，據釋天子之大夫來會葬言者，重天子之禮，故范例舉之，不謂皆是禮也。○丁巳，葬我君定公。雨，不克葬。葬既有日，不爲雨止，禮也。雨不克葬，喪不以制也。戊午，日下稷，乃克葬。稷，昃也。下昃，謂脯時。○爲于僞反。稷如字，左氏作昃。脯布吳反 疏 葬既有日。○釋曰：重發傳，何解？頃熊夫人，今此人君，嫌禮異，故發傳以明之。且彼言日中，此言日下稷；彼言而，此言乃，文並不同，釋既不異，義體相似。乃，急辭也。不足乎日之辭也。宣八年注詳矣 疏 注宣八至詳矣。○釋曰：范例云克例有六，則數何文以充之？解：鄭伯克段一，不克納二，兩不克葬、日中而克葬各二，是謂四，通前二爲六也。○辛巳，葬定弋。○定弋，左氏作定姒 ○冬，城漆。

穀梁注疏卷十九校勘記　　阮元撰盧宣旬摘錄

定公　余本卷第十一單疏本同

元年

但以先君殺而後主不忍行卽位之禮　閩監毛本主作立何校本殺作弒

復何得言歸于京師　閩監毛本同何校本何作可

此晉自治之効　閩監本同毛本効作效

其言足諔天王居于狄泉　閩監毛本同浦鏜云諔疑證字誤

何以知大夫有義而然周之稱名　閩監毛本同何校本然作後

此其大夫　閩監毛本同石經宋本無其字案成公十五年疏引無其字。按上文疏引亦無其字

兼不亦言　閩監毛本同何校本作嫌殯亦然

又有義焉　石經閩監毛本同余本焉作也

故周人弔　石經閩監本同毛本人誤入

王命猶不得背殯　閩監毛本同何校本背作皆

冬大雩非正也秋大雩雩之爲非正 閩監毛本同石經無下雩字儀禮經傳通解引同余本脫冬大雩非正也六字

故周頌噫嘻之篇 閩監毛本同何挍本無嘻字

食雖民天 閩監毛本同何挍本雖民二字闕

亦治有洪之潤 閩監毛本治作沾何挍本洪作湆是也

爲君必爲先也 閩監毛本同余本爲作謂是也○按儀禮經傳通解引亦作謂

與魯天子同雩上帝 閩監毛本同何挍本與魯乙轉

上帝既雩雩 閩監毛本同何挍本雩字不重

輕重之例 閩本同監毛本例作序

此謂范例之數 閩監毛本同何挍本謂作爲

二年

故災在兩觀下矣 閩監毛本同余本矣作爾

雉門至觀災 閩監毛本同何挍本至作及兩二字

而今過魯制 閩監毛本同惠棟挍本過魯作魯過

四年

後而再會 閩監毛本同石經余本後作一事兩字

公會至疑也 閩監毛本同何挍本公會作傳一事三字

衆傳例地而伐疑辭 閩監毛本同何挍本例作異伐作發

楚當時爲之所困 閩監毛本同何挍本之作吳

此何以卒也天王崩 閩監本同毛本王誤下單疏本卒下有之字與傳不合

挾弓持矢而干闔廬 石經閩監本同毛本持誤扶

傳不至興師 閩監本同毛本傳作君何挍本至作爲匹夫三字

故武王致天之罪 閩監毛本同何挍本罪作罰

亦不爲匹夫興師 閩監毛本同何挍本不下有專字

吳子有因諸侯之怒 閩監毛本同何挍本有作既

傳舉見其非 閩監毛本同單疏本非作爲

其在可知 閩監毛本同何挍本其作理

南郢楚郡 閩監毛本同余本郡作都

然未同諸夏 閩監毛本同單疏本諸作中

知見伐由己故懼而出奔 余本閩本同監毛本脫此十字

楚無能抗禦之者 閩監毛本同余本抗禦作亢御釋文出能亢御之與余本合案十行本係剜修當是本作亢御淺人妄改

五年

由乎意如 閩監毛本同余本乎作于

六年

七年

傳以言重辭 閩監毛本同何挍本以言乙轉

八年

傳曰於經何例當之 傳當作釋閩本誤同監毛本不誤

止謂二穀不政 閩監毛本同何挍本政作收是也

十年

喪其膽核矣 閩監毛本核作胲

後世慕其風規 閩本同監本其誤具毛本規作軌

十有一年

宋公之弟辰未失其弟也 石經同閩監毛本辰下衍及仲佗石彄公子地自陳入于蕭以叛宋公之弟辰二十字

故著暨以表彊辭 閩本同監本著誤者毛本誤同又脫故字

書及而辨尊卑 閩監毛本同單疏本而作以

十有二年

非國言圍 閩監毛本同石經余本國下有不字

邊乎齊也 石經閩監毛本同余本邊誤造

十有三年

故復發也 閩監毛本同何挍本作故重復發傳也

專入晉陽以興兵甲 閩監毛本同余本兵甲乙轉

十有四年

吳子光卒 石經閩監毛本同余本脫此四字

然則大蒐秋 閩監毛本同何挍本蒐下有在字

書之者何卽昭八年秋蒐于紅 閩毛本同監本紅誤經何挍本卽作解

十有五年

食非一處而至死 閩監毛本同余本而作以

弋氏卒 石經閩毛本同監本弋誤戈

曹滕二邾 閩監毛本同單疏本邾作莒何煌云疑此脫莒鈔脫邾蓋曹滕二邾莒爲五國也

又曰在鄫上 閩監毛本同何挍本鄫作比嚴杰云會葬之禮於鄫上文五年傳文何挍本作比上非也

稷昊也 閩監毛本昊作昃下同

日中而克葬各二 閩監毛本同單疏本而作不是也

監本春秋穀梁注疏哀公卷第二十 起元年盡十四年

范甯集解　楊士勛疏

哀公〔疏〕公名蔣定公之子敬王三十六年即位十四年西狩獲麟春秋終矣二十七年薨謚曰哀周書謚法恭仁短折曰哀

元年。春。王正月。公即位。○楚子、陳侯、隨侯、許男圍蔡。隨久不見者哀微也稱侯者本爵俱侯土地見侵削故微爾定六年鄭滅許今復見者自復也○不見賢徧反下復見同復扶又反〔疏〕注隨久至微也○釋曰僖二十年冬楚人伐隨以來更不見經將是哀微不能自通於盟會故也本爵俱侯者隨本侯爵自僖二十年見經至今俱侯盟更不爲貶黜但土地見侵削故微爾昭八年楚師滅陳十一年楚師滅蔡十三年諸侯會于平丘而復陳蔡故經書蔡侯廬歸于蔡陳侯吳歸于陳是有文見復也其許男則定六年鄭游速帥師滅許以許男斯歸其間更無歸文今許男復見經者明是許男自復○鼷鼠食郊牛角。改卜牛。○夏四月辛巳。郊。此該之變而道之也。該備也春秋書郊終於此故於此備說郊之變變謂郊非其時或牲被災害〔疏〕此該至之也○釋曰郊自正月至于三月郊之時也三卜禮之正凡書郊皆譏范例云書郊有九僖三十一年夏四月四卜郊不從乃免牲猶三望一也宣三年郊牛之口傷改卜牛牛死乃不郊猶三望二也成七年鼷鼠食郊牛角三也襄七年夏四月三卜郊不從乃免牲四也襄十一年夏四月四卜郊不從乃不郊者五也定公哀公並有牲變不言所食處不敬莫大二罪不異并爲一物六也定十五年五月郊七也成十七年九月用郊八也及此年四月辛巳郊九也下傳云子之所言至道之何也然則據此而言牛有傷損之異卜有遠近之別亦在其明於變之中。又有言焉。於災變之中又有可善而言者〔疏〕注於災至言者○釋曰郊牛日日展視其觓角而知其傷是展盡道矣即於災變之中有可善而言者但備災之道不盡致此天災而鼷鼠食角故書以譏之也鼷鼠食郊牛角。改卜牛。志不敬也。郊牛日展觓角而知傷。展道盡矣。展道雖盡所以備災之道不盡譏哀公不敬故致天變○觓音紏又音求郊。自正月至于三月。郊之時也。夏四月郊。不時也。五月郊。不時也。夏之始可以承春。以秋之末承春之始。蓋不可矣。○凱曰不時之中有差劇也夏始承春方秋之末猶爲可也○有差初賣反〔疏〕注不時至可也○釋曰自正月二月三月此三春之月是郊天之正時也若夏四月五月以後皆非郊月如其有郊並書以示譏然則郊是春事也如郊在四月五月之中則是以夏始承春其過差少若郊在九月之中則是以秋末承春其過極多則自五月至八月其間有郊亦以承春遠近爲過之深淺也九月用郊。用者。不宜用者也。在成十七年郊三卜。禮也。以十二月下辛卜正月上辛如不從則以正月下辛卜二月上辛如不從則以二月下辛卜三月上辛所謂三卜也鄭嗣曰謂下一辛而三也求吉之道三故曰禮也〔疏〕注鄭嗣至三也○釋曰如嗣之意以十二月下辛卜正月上辛日爲郊之時則於此一辛之上卜不吉以至二卜不吉以至三卜求吉之道三故曰禮也四卜。非禮也。僖三十一年襄十一年皆四卜五卜。強也。成十年五卜〔疏〕四卜非禮也○釋曰僖三十一年以十二月下辛卜正月上辛不從則以正月下辛卜二月上辛不從則以二月下辛卜三月上辛所謂三卜禮也今以三月以前不吉更以三月下辛卜四月上辛則謂四卜郊非禮也成十年以四月以前四卜不吉又於四月下辛卜五月上辛則五卜強也非禮可知鄭嗣之意亦以一辛之中卜至於四五月也一辛之上三卜禮也四卜五卜非禮也然則四卜云非禮五卜變文云強者四卜雖失猶去禮近容有過失故以非禮言之若至五卜則是知其不可而強爲之去禮已遠故以強釋之卜免牲者。吉則免之。不吉則否。牛傷不言傷之者。傷自牛作也。故其辭緩。宣三年郊牛之口傷以牛自傷故加之言緩辭○則否方九反全曰牲。傷曰牛。未牲曰牛。其牛一也。其所以爲牛者異。已卜日成牲而傷之曰牛未卜日未成牲之牛二者不同有變而不郊。故卜免牛也。已牛矣。其尚卜免之何也。災傷不復以郊怪復卜免之禮與其亡也寧有。於禮有卜之與無卜寧嘗有卜嘗置之上帝矣。故卜而後免之。不敢專也。嘗置之滌宮名之爲上帝牲矣故不敢擅施也○滌徒歷反擅市戰反施式氏反又如字卜之不吉。則如之何。不免。安置之繫。而待六月上甲。始庀牲。然後左右之。庀具也待具後牲然後左右前牛皆我用之不復須卜已有新牲故也周禮曰司門掌授管鍵以啟閉國門祭祀之牛牲繫焉然則未左右時監門者養之○庀匹爾反鍵其展反又其偃反監古銜反予之所言者。牲之變也。而曰我一該郊之變而道之。何也。我以六月上甲始庀牲。十月上甲始繫牲。十一月。十二月。牲雖有變。不道也。牲有變則改卜牛以不妨郊事故不言其變〔疏〕子之至道也○釋曰上言子曰弟子問穀梁子之辭而曰我者是弟子述穀梁子自我之意我以六月者是穀梁子荅前弟子之辭我以六月上甲始庀牲庀具猶簡擇未繫之待十月然後始繫養若六月簡訖以後有變則七月八月九月上甲皆可簡擇故傳云六月上甲始庀牲明自六月爲始七月八月九月皆可簡牲自十月繫之有變則改卜卜取吉者十一月十二月亦然是繫之三月也故傳云十月上甲始繫牲十一月十二月牲雖有變不道也是也待正月然後言牲之變周正是郊時之正如其牛有變然後言之二月三月亦然重妨郊故也待正月。然後言牲之變。此乃所以該郊。至郊時然後言其變重其妨郊也十二月不道自前可知也至正月然後道則二月三月亦可知也此所以該郊言其變道盡〔疏〕此乃至該郊○釋曰自六月上甲始庀牲十月始繫牲自十二月以前牲雖有變不道自正月然後云牲之變乃不郊卜免牲吉與不吉如此之類皆是該備郊事言牲變之道盡悉也郊享道也。享者飲食之道貴其時。大其禮。其養牲雖小不備可也。牲有變則改卜牛郊日已過庀繫之禮雖小不備合時得禮用之可也○享許丈反子不忘三月卜郊。何也。三月謂十二月正月二月也〔疏〕注三月至二月○釋曰既言十二月下辛卜正月上辛正月下辛卜二月上辛二月下辛卜三月上辛怪經不書此十二月正月二月之下郊故問之也郊自正月至于三月。郊之時也。有變乃志常事不書我以十二月下辛卜正月上辛。如不從。則以正月下辛卜二月上辛。如不從。則以二月下辛卜三月上辛。如不從。則不郊矣。意欲郊而卜不吉故曰不從郊必用上辛者取其新潔莫先也○秋。齊侯、衛侯伐晉。○冬。仲孫何忌帥師伐邾。

二年。春。王二月。季孫斯、叔孫州仇、仲孫何忌帥師伐邾。取漷東田。漷東未盡也。及沂西田。沂西未盡也。漷沂皆水名邵曰以其言東西則知其未盡也○漷火虢反又音郭沂魚依反癸巳。叔孫州仇、仲孫何忌及邾子盟于句繹。句繹邾地○句古侯反繹音亦三人伐而二人盟。何也。各盟其得也。季孫不得田故不與盟○不與音預○夏四月。丙子。衛侯元卒。○滕子來朝。○朝直遥反○晉趙鞅帥師納衛世子蒯聵于戚。鄭君曰蒯聵欲殺母靈公廢之是也若君薨有反國之道當稱子某如齊子糾也今稱世子如君存是春秋不與蒯聵得反立明矣江熙曰鄭世子忽反正有明文子糾但於公子爲貴非世子也〔疏〕注蒯聵至廢之○釋曰案定公十四年左傳云衛侯爲夫人南子召宋朝會于洮大子蒯聵獻盂于齊過宋野野人歌之曰既定爾婁豬盍歸吾艾豭大子羞之謂戲陽速曰從我而朝少君我顧乃殺之速曰諾乃朝夫人夫人見大子大子二顧速不進夫人見其色啼而走曰蒯聵將殺余公執其手以登臺大子奔宋是也云當稱子某者公羊云君在稱世子君薨稱子某既葬稱子踰年稱君范取公羊爲說也云如齊子糾也者莊九年九月齊人取子糾殺之是也云鄭世子忽反正有明文者桓十五年鄭世忽復歸于鄭傳曰反正也然則鄭世子忽反正春秋不非鄭世子則蒯聵稱世子亦是反正不非之限是其子糾稱子某但於公子之中爲貴謂是右媵之子非世子與鄭忽蒯聵不同如熙之意則蒯聵合立而輒拒父非是也納者。內弗受也。帥師而後納者。有伐也。何

用弗受也。以輒不受也。以輒不受父之命。受之王父也。信父而辭王父則是不尊王父也。其弗受以尊王父也。甯不違此義江熙曰齊景公廢世子世子還國書篡若靈公廢蒯聵立輒則蒯聵不得復稱曩日世子也稱蒯聵爲世子則靈公不命輒審矣此矛楯之喩也然則從王父之言傳似失矣經云納衞世子鄭世子忽復歸于鄭稱世子明正也明正則拒之者非邪○信父音申篡初患反復扶又反曩乃黨反矛五侯反本又作鉾楯常允反又音允拒音巨邪似嗟反【疏】信父至父也○釋曰輒先受王父之命而有國今若以國與父則是申父也若申父而辭王父則是不尊父也何者使父有違命之愆故其不受使父無違命之失則尊父也○注齊景至書篡○釋曰下六年齊陽生入于齊齊陳乞弒其君荼傳曰陽生正荼不正不正則其曰君何也荼雖不正已受命矣此與莊九年齊小白入于齊同文稱名書入者皆一辭也然則蒯聵若已被廢則當與陽生同文稱衞蒯聵入戚不得自稱曩日世子○注矛楯之喩也○釋曰莊子云楚人有賣矛及楯者見人來買矛即謂之曰此矛無何不徹見人來買楯則又謂之曰此楯無何能徹者買人曰還將爾矛刺爾楯若何然則矛楯各自言之則皆善矣若相對言之則必有不善者矣喩今傳文輒若申父而辭王父是不受父則蒯聵違父爲不善若以鄭忽稱世子以明反正則輒之拒父爲醜行亦是非不可並故云矛楯之喩也

○秋八月甲戌。晉趙鞅帥師及鄭罕達帥師戰于鐵。鐵衞地○鐵他結反鄭師敗績。

○冬十月。葬衞靈公。七月葬蒯聵之亂故也【疏】注七月至故也○釋曰隱五年夏四月葬衞桓公傳曰月葬故也月葬憂危最甚不得備禮葬也此月葬故知有故也彼注云有祝吁之難故此則蒯聵之亂故也○十有一月。蔡遷于州來。蔡殺其大夫公子駟。

三年。春。齊國夏、衞石曼姑帥師圍戚。此衞事也。其先國夏何也。子不圍父也。不繫戚於衞者。子不有父也。江熙曰國夏首兵則應言衞戚今不言者辟子有父也子有父者戚繫衞則爲大夫屬于衞子圍父者謂人倫之道絶故以齊首之○曼姑音萬辟音避【疏】注戚繫至于衞○釋曰諸侯有國大夫有邑大夫之邑國君之有若言圍衞戚是戚繫衞便是子之而圍父也故以國夏爲首也○夏四月。甲午。地震。○五月。辛卯。桓宮僖宮災。言及則祖有尊卑。解經不言及傳由我言之。則一也。遠祖恩無差降如一故不言及【疏】注遠祖至言及○釋曰凡言及者皆以尊及卑等者不言及若自祖言之則有昭穆尊可以及穆若自我言之則遠祖親盡尊卑如一故不言及案左氏孔子在陳聞火曰其桓僖乎言廟應毀而不毀故天災也○季孫斯、叔孫州仇帥師城啓陽。稱帥師有難○難乃旦反○宋樂髡帥師伐曹。○髡苦門反○秋七月。丙子。季孫斯卒。○蔡人放其大夫公孫獵于吳。宣元年晉放其大夫胥甲父于衞傳曰稱國以放放無罪也然則稱人以放放有罪也○冬。十月。癸卯。秦伯卒。○叔孫州仇、仲孫何忌帥師圍邾。

四年。春。王二月。庚戌。盜弒蔡侯申。稱盜以弒君。不以上下道道也。以上下道道者若衞祝吁弒其君完之類是直稱盜不在人倫之序【疏】注以上至類是○釋曰祝吁弒其君完隱四年經文祝吁稱國稱名及言弒其君者是下道言弒其君謂此死者是其臣之君而臣弒之故以君臣上下道之今不稱名氏直稱盜盜是微賤稱賤不稱弒其君則此死者非是盜者之君則盜疏外無君是不正人倫上下之序內其君而外弒者。不以弒道道也。襄七年鄭伯將會中國其臣欲從楚不勝其臣弒而死不使夷狄之民加乎中國之君故曰鄭伯髡原如會未見諸侯丙戌卒于操是不以弒道道也【疏】內其至道也○釋曰猶尊內其君而疏外弒者故不與疏外者得弒君之道道之故抑之爲盜若鄭伯髡原實被臣弒其書自卒抑臣爲夷狄之民亦是也春秋有三盜。微殺大夫謂之盜。十三年冬盜殺陳夏區夫是○陳夏戶雅反區烏侯反非所取而取之謂之盜。定八年陽貨取寶玉大弓是辟中國之正道以襲利謂之盜。即殺蔡侯申者是非微者也○辟中音避【疏】辟中至襲利○釋曰辟中國之正道而行同夷狄不以禮義爲主而徼幸以求名利若齊豹之類故抑而書盜者也襲掩也謂求利之心不以禮義爲意也○蔡公孫辰出奔吳。○葬秦惠公。○宋人執小邾子。○夏。蔡殺其大夫公孫姓、公孫霍。○晉人執戎蠻子赤歸于楚。○城西郛。郛郭也○郛音孚○六月。辛丑。亳社災。殷都于亳武王克紂而班列其社于諸侯以爲亡國之戒劉向曰災亳社戒人君縱恣不能警戒之象【疏】注殷都于亳○釋曰書序云湯始居亳從先王居孔注云契父帝嚳都亳湯自商丘遷焉故曰從先王居又盤庚五遷將治亳殷是都亳之事亳社者。亳之社也。亳。亡國也。亳即殷也殷都于亳故因謂之亳社亡國之社以爲廟屏。戒也。立亳之社於廟之外以爲屏蔽取其不得通天人君瞻之而致戒心【疏】注立亳至之外○釋曰周禮建國之神位左宗廟右社稷彼謂天子諸侯之正社稷霜露者周禮又云決陰事于亳社明不與正同處明一在西一在東故左氏曰間於兩社爲公室輔是也其屋亡國之社。不得上達也。必爲之作屋不使上通天也緣有屋故言災○秋。八月。甲寅。滕子結卒。○冬。十有二月。葬蔡昭公。不書弒君之賊而昭公書葬既謂之盜若殺微賤小人不足錄之【疏】冬十有至昭公○釋曰諸侯時葬正也今書月者以明危亦見不葬而書葬者春秋賊不討則不書葬若不書葬則見賊不討今書葬者使若弒者實是盜微賤小人雖討訖不足錄○葬滕頃公。○頃音傾

五年。春。城毗。○夏。齊侯伐宋。○晉趙鞅帥師伐衞。○秋。九月。癸酉。齊侯杵臼卒。○杵昌呂反○冬。叔還如齊。○閏月。葬齊景公。不正其閏也。附月之餘日喪事不數○數所主反【疏】注閏月至不數○釋曰案經書閏月葬者年若數閏則十三月故書閏月葬以見喪事亦不數之例

六年。春。城邾瑕。○晉趙鞅帥師伐鮮虞。○吳伐陳。○夏。齊國夏及高張來奔。○叔還會吳于柤。○柤莊加反○秋。七月。庚寅。楚子軫卒。○軫之忍反○齊陽生入于齊。○齊陳乞弒其君荼。不日荼不正也○荼音舒又音徒一音丈加反【疏】注不日荼不正也○釋曰隱三年八月庚辰宋公和卒傳云諸侯日卒正也荼不日是不正也陽生入而弒其君。以陳乞主之。何也。不以陽生君荼也。其不以陽生君荼何也。陽生正。荼不正。不正則其曰君何也。荼雖不正。已受命矣。已受命于景公而立故可言君入者。內弗受也。荼不正。何用弗受。以其受命。可以言弗受也。先君已命立之於義可以拒之陽生其以國氏。何也。取國于荼也。何休曰即不使陽生以荼爲君不當去公子見當國也又穀梁以爲國于荼齊小白又不取國于子糾無乃近自相反乎曰陽生篡國故不言公子不使君荼謂書陳乞弒小白其事相似荼弒乃後立小白立乃後弒雖然受國焉爾傳曰齊小白入于齊惡之也陽生其以國于荼也義適互相足又何自反乎子糾宜立而非受國于子糾則將誰居乎○當去起呂反見當賢偏反惡烏路反【疏】注荼釋曰經書齊陽生入于齊齊陳乞殺其君荼傳云陽生君以陳乞主之何也不以陽生君荼也是荼受立案莊九年夏齊小白入于齊九月齊人取子糾殺之白立乃後殺也義適互相足者莊九年傳云小白之則陽生入于齊亦惡之此年傳云陽生其以國荼也則小白以其國氏亦取國于子糾也以義推之足故鄭云子糾宜立而小白篡之非受國于子糾則將許乎是也○冬。仲孫何忌帥師伐邾。○宋向巢帥師伐曹。

七年。春。宋皇瑗帥師侵鄭。瑗于眷反○晉魏曼多帥師侵衛。曼音万○夏。公會吳于繒。繒在陵反○秋。公伐邾。八月。己酉。入邾。以邾子益來。以者。不以者也。夫諸侯有罪伯者雖執猶以歸于京師魯非霸王而擅相執錄故日入以表惡之。擅市戰反惡烏路反傳及注同〔疏〕注夫諸侯至于京師。釋曰傳二十八年晉人執衛侯歸之于京師傳云歸之于京師緩辭也斷。在京師也是衛侯有罪晉文伯者執之猶以歸于京師之事。注故日入以表惡之。釋曰案范例云傳二十八年三月丙午晉侯入曹執曹伯畀宋人傳曰入者內弗受也日入惡入者也大惡則月據此日入與彼例同故知日入以表惡之益之名。惡也。惡其不能死社稷春秋有臨天下之言焉。徐乾曰臨者撫有之也王者無外以天下爲家盡其有也〔疏〕春秋至言焉。釋曰此下三者皆以內外辭別之王者則以海內之辭言之即僖二十八年天王狩于河陽傳曰全天王之行也是也王者微弱則以外辭言之即僖二十四年天王出居于鄭傳曰失天下也是也有臨一國之言焉。諸侯之臨國亦得有之如王於天下〔疏〕有臨至言焉。釋曰此亦據內外言之若宣九年辛酉晉侯卒于扈傳曰其地于外也其日未踰竟也既以內外顯地及日是以一國言之有臨一家之言焉。大夫臨家猶諸侯臨國〔疏〕有臨一家至焉。釋曰家謂采地若文元年毛伯來錫公命定四年劉卷卒其毛劉皆采邑名大夫氏采爲家大夫稱家是以一家言之也其言來者。有外魯之辭焉。非已內有從外來者曰來今魯侯身自以歸而曰來是外之也〔疏〕其言至辭焉。釋曰凡言來者非已內有從外始來即邾庶其以漆閭丘來奔是也今書魯侯以邾子益來而文與庶其正同文切直者有外魯侯之辭焉爾○宋人圍曹。○冬。鄭駟弘帥師救曹。

八年。春。王正月。宋公入曹。以曹伯陽歸。○吳伐我。○夏。齊人取讙及闡。宣九年傳曰內不言取言取授之也以是爲賂齊此言取益亦賂也魯前年伐邾以邾子益來益齊之甥也畏齊故賂之。及闡尺善反惡內也。○歸邾子益于邾。侵齊故也。惡烏路反益之名。失國也。於王法當絕故〔疏〕益之名失國也。釋曰經書歸邾子益於邾則益得國而云失國者邾益不能死難而從執辱於王法而言理當絕位魯歸之不得無罪故書益之名以明失國之故也○秋。七月。○冬。十有二月。癸亥。杞伯過卒。過音戈○齊人歸讙及闡。凱曰歸邾子故亦還其賂

九年。春。王二月。葬杞僖公。○宋皇瑗帥師。取鄭師于雍丘。雍丘地也。雍於用反取易辭也。以師而易取鄭。病矣。以師之重而宋以易得之辭言之則鄭師將劣矣。易以豉反將子匠反〔疏〕以師而至鄭病矣。釋曰凡書取皆易辭今以鄭師之重而今宋以易得之辭言之鄭之將帥微弱矣亡軍之咎本由君不任其才故爲鄭國病患○夏。楚人伐陳。○秋。宋公伐鄭。○冬。十月。

十年。春。王二月。邾子益來奔。○公會吳伐齊。○三月。戊戌。齊侯陽生卒。○夏。宋人伐鄭。○晉趙鞅帥師侵齊。○五月。公至自伐齊。傳例曰惡事不致公會夷狄伐齊之喪而致之何也莊六年公至自伐衛傳曰不致則無以見公惡事之成也將宜從此之例。以見賢遍反〔疏〕注傳例至不致。釋曰襄十年公會晉侯云云世子光會吳于祖傳曰會夷狄不致惡事不致是也云傳曰不致則無以見公惡事之成也者案莊五年公會齊人云伐衛注云納惠公朔逆天王之命也六年公至自伐衛傳曰惡事不致此其致何也不致則無用見公之惡事之成也是也此年二月公會吳伐齊之喪是惡事宜不致而致亦以見公惡事之成也○葬齊悼公。○衛公孟彄自齊歸于衛。彄苦侯反○薛伯夷卒。○秋。葬薛惠公。○冬。楚公子結帥師伐陳。吳救陳。

十有一年。春。齊國書帥師伐我。○夏。陳轅頗出奔鄭。頗破何反○五月。公會吳伐齊。甲戌。齊國書帥師及吳戰于艾陵。齊師敗績。獲齊國書。與華元同義。艾陵齊地。艾五蓋反〔疏〕注與華元同義。釋曰宣二年宋華元帥師及鄭公子歸生帥師戰于大棘宋師敗績獲宋華元傳曰獲者不與之辭也言盡其衆以救其將也以三軍敵華元華元雖獲不病也是與此同義○秋。七月。辛酉。滕子虞母卒。○冬。十有一月。葬滕隱公。○衛世叔齊出奔宋。

十有二年。春。用田賦。古者九夫爲井十六井爲丘丘賦之法因其田財通共出馬一匹牛三頭今別其田及家財各出此賦言用者非所宜用。別如字又彼列反〔疏〕用田賦。釋曰古者一丘之田方十六井一百四十四夫軍賦之法因其田財通出馬一匹牛三頭今乃分別其田及家財各令出此賦則一丘之田出馬二匹牛六頭故曰用田賦言非所宜用也謂之田賦者古者但賦其家財今又計田貢故曰田賦也。注古者九夫至爲丘。釋曰案周禮小司徒職九夫爲井四井爲邑四邑爲丘四丘爲甸然則井方一里九夫邑方二里四井三十六夫丘方四里十六井百四十四夫甸方八里六十四井五百七十六夫軍賦之法丘出馬一匹牛三頭甸出長轂一乘馬四匹牛十二頭甲士三人步卒七十二人此甸八里據實出賦者言之其畔各加一里治溝洫者司馬法城方十里出華車一乘者通計治溝洫者言之其實一也今指解經云用田賦者是丘之賦故云九夫爲井十六井爲丘也然經即云用田賦而使丘民以成元年作丘甲民盡作甲則知此用田賦亦令一丘之民用田賦也宣十五年初稅畝則計畝以稅所稅畝十畝稅其一此則通公田什一而不稅畝計故彼言稅而此言賦也。注丘賦至三頭。釋曰凡丘賦之法因其民之所受公田什一及私家之財通融共出馬一匹牛三頭以一丘之民共出此賦以家財爲主故曰丘賦今又分別其所受公田各令出此馬牛之賦故曰用田賦也論語曰哀公云二吾猶不足如之何其徹也即此田財並賦之驗也○古者公田什一。用田賦。非正也。古者五口之家受田百畝爲官田十畝是爲私得其什而官稅其一故曰什一周謂之徹殷謂之助夏謂之貢其實一也皆通法也今乃棄中平之法而田財並賦言其賦民甚矣。爲官于僞反稅舒銳反夏戶雅反〔疏〕古者公至非正也。釋曰凡受農田皆私田百畝公田十畝但由公田而私田皆公家所受故揔曰公田什一則以田之什一及家財而出馬牛之賦是其正也。今魯用田與財各出馬牛之賦非正也。注古者五至百畝。釋曰周禮小司徒云上地家七人可任也者家三人鄭注曰一家男女七人以上則授之以上地所養者衆也男女五人以下則授之以下地所養者寡也正以七六五爲率者有夫有婦然後爲家自二人以至於十人爲九等則七六五爲其中也老者一人其餘彊弱相半此其大數也然則周禮七人五人六人三等范唯言五口之家受田百畝指下等言之其實六人七人亦受田百畝與周禮不異也爲官田十畝者受田百畝之外又受十畝以爲公田是爲私得其十而官稅其一故漢書殖貨志井田一里是爲九夫八家共之各受私田百畝公田十畝是爲八百八十畝餘二十畝爲廬舍則家得二畝半凡家受田一百十二畝半也今傳言公田什一者舉其全數據出稅言之周謂之徹殷謂之助夏謂之貢其實一也者出孟子文彼云滕文公問爲國於孟子孟子對曰夏后氏五十而貢殷人七十而助周人百畝而徹其實皆什一是也然三代受畝悉皆什一則夫皆一百一十畝夏后政寬計其五十畝而貢五畝於公殷人計其七十畝而助十畝於公周人盡計一百一十畝而徹十畝於公徹者通也什一而稅爲天下通法故詩云徹田爲糧是也皆通法者孟子云重之于堯舜大桀小桀輕之於堯舜大貉小貉什一而稅頌聲作則什一而稅堯舜亦然是爲通法也貢起堯舜則古者公田什一冠堯舜之時明此什一之法也范說不與先儒同其先儒皆云什一者十中稅一耳○夏。五月。甲辰。孟子卒。孟子者。何也。昭公夫人也。其不言夫人。何也。諱取同姓也。葬當書姓諱故亦不書葬○取如字又七住反〔疏〕注書當至書葬。釋曰莊二十二年葬我小君文姜經書其氏卒又稱夫人而書葬今孟子卒雖不稱夫人唯弋氏應書葬不言者知諱同姓故范例夫人薨者十而書葬者十夫人之道從母儀即桓公夫人文姜一莊公夫人哀姜二僖公之母成風三文公之母聲姜四宣公之母頃熊五成公之母穆姜六成公之嫡夫人齊姜七襄公之母定姒八昭公之母歸氏九哀公之母定弋十十者並書葬其隱公夫人從夫之讓昭公夫人諱同姓二者皆不書葬也○公會吳于橐皋。橐皐某地。橐章夜反一音託○秋。公會衛侯宋皇瑗于鄖。鄖某地。鄖音云○宋向巢帥師伐鄭。○冬。十有二月。螽。螽音終

十有三年。春。鄭罕達帥師。取宋師于嵒。嵒五咸反取易辭也。以師而易取宋病矣。〔疏〕取易辭至病矣。〇釋曰上九年宋皇瑗取鄭師今鄭罕達取宋師其事正反嫌宋爲人所報非宋之病故重發以同之〇夏。許男成卒。〇公會晉侯及吳子于黃池。及者書尊及卑也黃池某地〔疏〕注及者至卑也。〇釋曰隱二年傳云會者外爲主焉爾今言公會晉侯則晉爲主於黃池而公往會之既以晉侯爲主會無二尊故言及以卑吳也則與桓二年范注云會盟言及別內外也尊卑言及序上下也亦同何者外吳而尊晉別內外序上下也黃池之會。吳子進乎哉。遂子矣。進遂稱子吳夷狄之國也。祝髮文身。祝斷也文身刻畫其身以爲文也必自殘毀者以辟蛟龍之害。〇祝之六反斷音短辟音避蛟音交〔疏〕注文身至之害。〇釋曰荊揚之域厥土塗泥人多游泳故刻畫其身以爲蛟龍之文與之同類以辟其害欲因魯之禮。因晉之權。而請冠端而襲。襲衣冠端玄端〔疏〕欲因魯至而襲。〇釋曰魯是守文之國禮義之鄉晉執中國之權爲諸侯盟主故吳子欲因之而冠必欲因之者以鄭伯髡原欲從中國而被殺于鄭吳子亦恐臣子不肯變從故因魯之禮因晉之權然後羣臣嚮化以魯禮天下共依晉權諸侯所服故也是以明堂位云天下以爲有道之國天下資禮樂焉是也云請冠端而襲者請著玄冠玄端而相襲〇注襲衣冠端玄端。〇釋曰吳俗祝髮文身衣皮弁服不能衣冠相襲今請加冠于首身服玄端則衣冠上下共相掩襲故云襲衣也詩云其軍三單毛傳云三單相襲彼謂三單前後爲相襲則此衣冠上下亦爲相襲也玄端者謂玄端衣而端幅制之即諸侯視朝之服也諸侯視朝之服緇布衣素積襃緇玄一也其藉于成周。藉謂貢獻〔疏〕注藉謂貢獻。〇釋云貢謂土地所有以獻于成周若禹貢齒革羽毛納錫大龜惟金三品之類著於藉錄以爲常職故知藉謂貢獻也以尊天王。吳進矣。吳東方之大國也。累累致小國以會諸侯。以合乎中國。累累猶數數也。〇累累如字數所角反〔疏〕注累累猶數數。〇釋云東方之國吳爲最大吳舉小國必從會吳于柤于道于繒于泄之類積其善事故言數數致小國以合乎中國也吳能爲之。則不臣乎。言其臣也吳進矣。王尊稱也。子卑稱也。辭尊稱而居卑稱。以會乎諸侯。以尊天王。吳王夫差曰。好冠來。孔子曰。大矣哉。夫差未能言冠而欲冠也。不知冠有差等唯欲好冠。〇尊稱尺證反下同夫差音扶下初佳反〔疏〕王尊稱也子卑稱也。〇釋曰自黃池前吳常僭號稱王是其尊稱今去僭號而稱子是其卑稱也。〇號注不知冠而差等。〇釋曰冕有旒數不同則冠亦有差等之別吳爲子爵其冠之飾必不得與公侯同等但未知若爲差等爾〇楚公子申帥師伐陳。〇於越入吳。〇秋。公至自會。吳進稱子又會晉侯故致也〔疏〕注吳進至致也。〇釋曰襄十年傳曰會夷狄不致致會者一以吳進稱子二又爲公會晉侯以此二事之故致之爾〇晉魏曼多帥師侵衞。〇葬許元公。〇九月。螽。〇冬。十有一月。有星孛于東方。不書所孛之星而曰東方者且方見孛衆星皆沒故。〇孛音佩〔疏〕注不書至方者。釋曰文十四年有星孛入于北斗昭十七年有星孛于大辰彼皆言所孛之星此不言所孛之星直言東方者彼北斗大辰未沒之時有故得言所孛之星此則旦明之時方乃見孛其東方常見之星並以沒盡故不言所孛之處星也〇盜殺陳夏區夫。傳例曰微殺大夫謂之盜。〇區夫烏侯反〇十有二月。螽。

十有四年。春。西狩獲麟。杜預曰孔子曰文王既沒文不在茲乎此制作之本旨又曰鳳鳥不至河不出圖吾已矣夫斯不王之明文矣夫關雎之化王者之風麟之趾關雎之應也然則斯麟之來歸於王德者矣春秋之文廣大悉備義始於隱公道終於獲麟。〇狩手又反不出如字又亦遂反矣夫音扶不王于況反下王德同雎七余反之應于敢反〔疏〕注杜預至本旨。〇釋曰論語云文武之道未墜於地在人文王既沒其爲文之道實不在我身乎孔子既言文武之道在我身孔子有制作之意中庸云有其德無其位不得制作有其位無其德而不得制作孔子雖懷聖德而道不王故有制作之志而不爲也。〇注又曰至文矣。〇釋曰凡聖人受命而必鳳鳥至河出圖洛出書故孔子曰鳳鳥不至河不出圖吾已矣夫言已無瑞應道終不王故云斯不王之明文矣。〇注關雎之化王者之風。〇釋曰子夏詩序云關雎之化王者之風言后妃有關雎之德也。〇注麟之趾關雎之應也。〇釋曰詩序文言后妃有關雎之德爲王者之風故感麟來應之以見其趾趾足也〇注然則斯麟之來歸于王德者矣。〇釋曰由后妃有關雎之化爲王者之風故致得麟來應之然則孔子有王之德故亦感得麟來應之故斯應麟之來歸于王德者謂孔子也。〇注春秋至獲麟。〇釋曰其詩周南則始於關雎篇終於麟趾故春秋之文亦義始於隱公之道終於獲麟乘之以十二約之以周典詩云誰將西歸懷之好音示有贊於周道故著西狩獲麟言道備之驗也引取之也。言引取之解經言獲也傳例曰諸獲者皆不與也故今言獲麟自爲孔子來魯引而取之亦不與魯之辭也。〇爲于僞反〔疏〕注傳例至與也。〇釋曰宣二年大棘之戰鄭公子歸生獲宋華元傳曰獲者不與之辭也上十一年艾陵之戰吳獲齊國書范云與華元同義是諸獲皆不與之辭也今言獲麟者欲言此麟自爲孔子有王者之德而來應之魯引而取之亦不與魯之辭也必使魯引取之者天意若曰以夫子因魯史記而脩春秋故也然則孔子脩春秋乃獲麟之驗也狩地。不地不狩也。非狩而曰狩。大獲麟。故大其適也。適猶如也之也非狩而言狩大得麟故以大所如者名之也且實狩當言冬不當言春〔疏〕狩地至適也。〇釋曰桓四年春公狩于郎莊四年冬公及齊人狩而郜是狩皆書地今不書地則非狩也非狩而曰狩者大得此驗故以大其所如者名之。〇注實狩至言春。〇釋曰案桓四年傳云春曰田夏曰苗秋曰蒐冬曰狩是也其不言來。不外麟於中國也。其不言有。不使麟不恒於中國也。雍曰中國者蓋禮義之鄉聖賢之宅軌儀表於遐荒道風扇於不朽麒麟步一郊不爲暫有鸞鳳栖林非爲權來雖時道喪猶若不喪雖麟一降猶若其常鸜鵒非魯之常禽蜚蜮非祥瑞之嘉螽故經書其有以非常有此所以所貴于中國春秋之意義也。〇道喪息浪反鸜音權又音劬鵒音欲蜮音或〔疏〕注鸜鴝至嘉螽。〇釋曰昭二十五年經書有鸜鵒來巢莊二十九年經書秋有蜚莊十八年經書秋有蜮傳皆曰有一亡曰有是也〇注所以至中國。〇釋曰麒麟一致不爲暫有雖時道喪猶若不喪如此爲文是所以取貴于中國而王道須盛麟鳳常有此則春秋之意然也

穀梁注疏卷二十校勘記　阮元撰盧宣旬摘錄

哀公　余本卷第十二單疏本同

敬王三十六年　閩監毛本同何校本三作二不誤

謚法　監毛本同閩本作謚瀘

元年

是有文見復也　閩監毛本同單疏本復作後

此該之變而道之也　閩監毛本同石經余本之上有郊字與儀禮經傳合顧炎武曰石經該誤作郊錢大昕曰石刻止存郊之變而四字以字數計之郊上當有該字炎武非也

此該至之也道之也　閩監毛本同何校本作傳此該郊之變而

子之所言至道之何也　閩監毛本同單疏本脫之字

亦在其明　閩監本同毛本明作問不誤

故致天變　閩本同監本天字上畫不全毛本誤大

盍不可矣　石經閩監毛本同余本矣誤也

其過極多　閩監毛本同何校本極作差

謂下一辛而三也　閩監毛本同余本下作卜

故卜免牛也　石經閩本同監毛本誤免卜

甯嘗有卜　閩監毛本同余本嘗作當

皆我用之　閩監毛本同余本皆作在

上言子曰　閩監毛本同何校本曰作者

子不忘三月卜郊何也　閩監毛本同石經余本忘作志

二月之下郊　閩監毛本同何校本下作卜是也

二年

取鄟東田鄟東未盡也 石經同閩監毛本田下衍及沂西田傳取鄟東田九字
二顧速不進 二當作三閩監毛本不誤何校本此上有大子二字與左傳合
君薨稱子其 閩監本同毛本其改某是
鄭世忽復歸于鄭 閩監毛本世下有子字是也無復字非
以輒不受也 石經閩監毛本同余本脫此五字
鄭世子忽復歸于鄭 閩監毛本同余本脫鄭世子三字
則拒之者非邪 閩監毛本同釋文出邪也則陸所據本邪下有也字
則是不尊父也 閩監本同毛本父上有王字下則尊父也同

三年

不繫戚於衛者 石經閩本同監毛本於誤于

四年

不稱弑其君 閩監毛本同何校本下有者字
又盤庚五遷 閩監本同毛本又作及

六年

則其日君何也 石經閩監毛本同二年疏引亦有其字余本脫
內弗受也茶不正何用弗受以其受命可以言弗受也 閩監本同毛本可誤何石經弗並作不
小白立乃後弑 閩監毛本同余本弑作殺
則將許乎 閩本同監毛本許改誰與注合

七年

緩辭也斷在京師也 閩監本同毛本辭斷並譌作歸字
天王狩于河陽 閩監本同毛本于作於何校本狩作守與石經同

八年

宣九年 閩監毛本同何校本九作元是也
以明失國之故也 閩監毛本同單疏本故上有惡字

十年

則無以見公惡事之成也 閩監毛本同何校本以作用公下有之字與莊六年傳合
則無以見公惡事之成也者 何校本以作用公下有之字是也

十有二年

城方十里 閩監毛本城作成
用田賦而使巨民 閩監毛本同何校本而下有知字
古者公田什一 閩本上有傳字監毛本脫
各出馬牛之賦 閩監毛本同何校本各作並
正以七六五爲率者 閩監毛本正誤止何校本七六五作七人六人五人與鄭注周禮合
老者一人 閩監毛本同何校本上有出字是也
其餘彊弱相半 案周禮注文彊弱上有男女二字彊作强
故漢書殖貨志 閩監毛本同單疏本殖作食不誤
井田一里 閩監毛本同何校本田作方與食貨志合
凡家受田一百十二畝半也 閩本同監毛本受作授
而助十畝於公 閩監毛本同何校本十作七是也
人貊小貊 大誤人閩監毛本不誤
哀公之毋定戈十 閩監本同毛本戈作弋何校本作姒

十有三年

然後羣臣禦化 閩本同監毛本禦作向
于池之類 閩監毛本同何校本池上有黃字
故言數○數致小國以合乎中國也 閩監毛本○作數疊三數字何校本刪一數字
葬許元公 石經閩監毛本同余本脫元字
有星孛入于北斗 閩本同監毛本星孛誤倒

十有四年

故今言獲麟自爲孔子來 閩監毛本同余本無故字
艾陵之戰吳獲齊國書 閩本同監本艾誤文吳誤具毛本吳亦誤具
公及齊人狩而郜 閩監毛本而改于是也
猶若其常 閩監毛本同余本其常作有恒
傳皆曰有一亡 補案皆日下脫一字

欽定四庫全書總目論語正義二十卷

魏何晏注宋邢昺疏昺字叔明曹州濟陰人太平興國中擢九經及第官至禮部尚書事蹟具宋史本傳是書蓋咸平二年詔昺改定舊疏頒列學官至今承用而傳刻頗譌集解所引十三家今本各題曰某氏皇侃義疏則均題其名案奏進序中稱集諸家之善記其姓名侃疏亦曰何集注皆呼人名惟包獨言氏者包名咸何家諱咸故不言也與序文合知今本爲後來刊版之省文然周氏與周生烈遂不可分殊不如皇本之有別考邢昺疏中亦載皇侃何氏諱咸之語其疏記其姓名句則云注但記其姓而此連言名者以著其姓所以名其人非謂名字之名也是昺所見之本已惟題姓故有是曲說七經孟子考文稱其國皇侃義疏本爲唐代所傳是亦一證矣其文與皇侃所載亦異同不一大抵互有短長如學而篇不患人之不己知章皇疏有王肅注一條里仁篇君子之於天下也章皇疏有何晏注一條今本皆無觀顧炎武石經考以石經儀禮校監版或併經文全節漏落則今本集解傳刻佚脫蓋所不免然蔡邕石經論語於而在蕭牆之內句兩本竝存見於隸釋陸德明經典釋文於諸本同異亦皆竝存蓋唐以前經師授受各守專門雖經文亦不能畫一無論注文固不必以此改彼亦不必以彼改此今仍從今本錄之所以各存其舊也昺疏宋志作十卷今本二十卷蓋後人依論語篇第析之晁公武讀書志稱其亦因皇侃所採諸儒之說刊定而成今觀其書大抵翦皇氏之枝蔓而稍傳以義理漢學宋學茲其轉關是疏出而皇疏微迨伊洛之說出而是疏又微故中興書目曰其書於章句訓詁名物之際詳矣蓋微言其未造精微也然先有是疏而後講學諸儒得沿溯以窺其奧祭先河而後海亦何可以後來居上遂盡廢其功乎

論語注疏解經序

翰林侍講學士朝請大夫守國子祭酒上柱國賜紫金魚袋臣邢昺等奉勑校定

序解

【疏】正義曰案漢書藝文志云論語者孔子應荅弟子時人及弟子相與言而接聞於夫子之語也當時弟子各有所記夫子既卒門人相與輯而論纂故謂之論語然則夫子既終微言已絕弟子恐離居已後各生異見而聖言永滅故相與論撰因採時賢及古明王之語合成一法謂之論語也鄭玄云仲弓子游子夏等撰定論者綸也輪也理也次也撰也以此書可以經綸世務故曰綸也圓轉無窮故曰輪也蘊含萬理故曰理也篇章有序故曰次也羣賢集定故曰撰也鄭玄周禮注云荅述曰語以此書所載皆仲尼應荅弟子及時人之辭故曰語而在論下者必經論撰然後載之以示非妄謬也以其口相傳授故經焚書而獨存也漢興傳者則有三家魯論語者魯人所傳卽今所行篇次是也常山都尉龔奮長信少府夏侯勝丞相韋賢及子玄成魯扶卿太子太傅夏侯建前將軍蕭望之並傳之各自名家齊論者齊人所傳別有問王知道二篇凡二十一篇其二十篇中章句頗多於魯論昌邑中尉王吉少府朱畸琅邪王卿御史大夫貢禹尚書令五鹿充宗膠東庸生並傳之唯王吉名家古論語者出自孔氏壁中凡二十一篇有兩子張篇次不與齊魯論同孔安國為傳後漢馬融亦注之安昌侯張禹受魯論于夏侯建又從庸生王吉受齊論擇善而從號曰張侯論最後而行於漢世禹以論授成帝後漢包咸周氏並為章句列於學官鄭玄就魯論張包周之篇章考之齊古為之注焉魏吏部尚書何晏集孔安國包咸周氏馬融鄭玄陳羣王肅周生烈之說并下已意為集解正始中上之盛行於世今以為主焉序者何晏次序傳授訓說之人乃已集解之意序為論語而作故曰論語序

敘曰漢中壘校尉劉向言魯論語二十篇皆孔子弟子記諸善言也大子大傅夏侯勝前將軍蕭望之丞相韋賢及子玄成等傳之【疏】敘曰至傳之○正義曰此敘魯論之作及傳授之人也敘與序音義同曰者發語辭也案漢書百官公卿表云中壘校尉掌北軍壘門內外掌西域顏師古曰掌北軍壘門之內而又外掌西域劉向者高祖少弟楚元王之後辟彊之孫德之子字子政本名更生成帝卽位更名向數上疏言得失以向為中壘校尉向為人簡易專精思於經術成帝詔校經傳諸子詩賦每一書已向輒條其篇目撮其指意錄而奏之著別錄新序此言魯論語二十篇皆孔子弟子記諸善言也蓋出於彼故何晏引之對文則直言曰言荅述曰語散則言語可通故此論夫子之語而謂之善言也表又云太子太傅古官秩二千石傳云夏侯勝字長公東平人少好學為學精熟善說禮服徵為博士宣帝立太后省政勝以尚書授太后遷長信少府坐議廟樂事下獄繫再更冬會赦出為諫大夫上知勝素直復為長信少府遷太子太傅受詔撰尚書論語說賜黃金百斤年九十卒官賜冢塋葬平陵太后賜錢三百萬為勝素服五日以報師傳之恩儒者以為榮始勝每講授常謂諸生曰士病不明經術經術苟明其取青紫如俛拾地芥耳學經不明不如歸耕表又云前後左右將軍皆周末官秦因之位上卿金印紫綬漢不常置或有前後或有左右皆掌兵及四夷傳云蕭望之字長倩東海蘭陵人也好學齊詩事同縣后倉又從夏侯勝問論語禮服以射策甲科為郎累遷諫大夫後代丙吉為御史大夫左遷為太子太傅及宣帝寢疾選大臣可屬者引至禁中拜望之為前將軍元帝卽位為弘恭石顯等所害飲鴆自殺天子聞之驚拊手為之卻食涕泣哀慟左右長子伋嗣為關內侯表又云相國丞相皆秦官金印紫綬掌丞天子助理萬機應劭曰丞承也相助也秦有左右高帝卽位置一丞相十一年更名相國綠綬孝惠高后置左右丞相文帝二年一丞相哀帝元壽二年更名大司徒傳曰韋賢字長孺魯國鄒人也賢為人質朴少欲篤志於學兼通禮尚書以詩教授號稱鄒魯大儒徵為博士給事中進授昭帝詩稍遷光祿大夫及宣帝卽位以先帝師甚見尊重本始三年代蔡義為丞相封扶陽侯年七十餘為相五歲地節三年以老病乞骸骨賜黃金百斤罷歸加賜第一區丞相致仕自賢始年八十二薨諡曰節侯少子玄成字少翁復以明經歷位至丞相鄒魯諺曰遺子黃金滿籯不如一經玄成為相七年建昭三年薨諡曰共侯此四人皆傳魯論語

齊論語二十二篇其二十篇中章句頗多於魯論琅邪王卿及膠東庸生昌邑中尉王吉皆以教授【疏】齊論至教授○正義曰此敘齊論語之興及傳授之人也齊論語凡二十二篇其二十篇篇名與魯論正同其篇中章句則頗多於魯論篇者積章而成篇徧也言出情鋪事明而徧者也積句以成章章者明也總義包體所以明情者也句必聯字而言句者局也聯字分疆所以局言者也琅邪膠東郡國名王卿天漢元年由濟南太守為御史大夫庸生名譚生蓋古謂有德者

也昌邑中尉者表云諸侯王高帝初置金璽盭綬掌治其國有太傅輔王內史治國民中尉掌武職丞相統衆官景帝中五年改丞相曰相成帝綏和元年省內史更名相治民如郡太守中尉如郡都尉傳云王吉字子陽琅邪皐虞人也少好學明經以郡吏舉孝廉爲郎補若盧右丞遷滎陽令舉賢良爲昌邑中尉此三人皆以齊論語教授於人也故有魯論有齊論〔疏〕故有魯論有齊論○正義曰旣敘魯論齊論之作及傳述之人乃以此言結之也魯共王時嘗欲以孔子宅爲宮壞得古文論語〔疏〕魯共至論語○正義曰此敘得古論之所由也嘗曾也壞毀也言魯共王時嘗欲以孔子宅爲宮乃毀之於壁中故得此古文論語也傳曰魯共王餘景帝子程姬所生以孝景前二年立爲淮陽王前三年徙王魯二十八年薨謚曰共王初好治宮室壞孔子舊宅以廣其宮聞鍾磬琴瑟之音遂不敢復壞於其壁中得古文經傳卽謂此論語及孝經爲傳也故漢武帝謂東方朔云傳曰時然後言人不厭其言又成帝賜翟方進策書云傳曰高而不危所以長守貴也是漢世通謂論語孝經爲傳以論語孝經非先王之書是孔子所傳說故謂之傳所以異於先王之書也言古文者科斗書也所謂倉頡本體周所用之以今所不識是古人所爲故名古文形多頭麤尾細狀復團圓似水蟲之科斗故曰科斗也齊論有問王知道多於魯論二篇古論亦無此二篇分堯曰下章子張問以爲一篇有兩子張凡二十一篇篇次不與齊魯論同〔疏〕齊論至魯論同○正義曰此辨三論篇章之異也齊論有問王知道多於魯論二篇所謂齊論語二十二篇也古論亦無此問王知道二篇非但魯論無之古論亦無也古論亦無此二篇而分堯曰下章子張問以爲一篇有兩子張凡二十一篇如淳曰分堯曰篇後子張問何如可以從政以下爲篇名曰從政其篇次又不與齊魯論同新論云文異者四百餘字安昌侯張禹本受魯論兼講齊說善者從之號曰張侯論爲世所貴包氏周氏章句出焉〔疏〕安昌侯至出焉○正義曰此言張禹擇齊魯論之善者從之爲世所重包周二氏爲章句訓說此張侯論語也傳曰張禹字子文河內軹人也從沛郡施讎受易王陽庸生問論語旣皆明習舉爲郡文學久之試爲博士初元中立皇太子令禹授太子論語由是遷光祿大夫數歲出爲東平內史成帝卽位徵禹以師賜爵關內侯給事中領尚書事河平四年代王商爲丞相封安昌侯爲相六歲乞骸骨就第建平二年薨謚曰節侯禹本受魯論於夏侯建又從庸生王吉受齊論故兼講齊說也傳又云始魯扶卿及夏侯勝王陽蕭望之韋玄成皆說論語篇第或異禹先事王陽後從庸生采獲所安最後出而尊貴諸儒爲之語曰欲不爲論念張文由是學者多從張氏餘家寖微是其善者從之號曰張侯論爲世所貴之事後漢儒林傳云包咸字子良會稽曲阿人也少爲諸生習魯詩論語舉孝廉除郎中建武中入授皇太子論語又爲其章句拜諫議大夫永平五年遷大鴻臚周氏不詳何人章句者訓解科段之名包氏周氏就張侯論爲之章句訓解以出其義理焉不言名而言氏者蓋爲章句之時義在謙退不欲顯題其名但欲傳之私族故直云氏而已若杜元凱集解春秋謂之杜氏也或曰以何氏諱咸故沒其名但言包氏連言周氏耳古論唯博士孔安國爲之訓解而世不傳至順帝時南郡太守馬融亦爲之訓說〔疏〕古論至訓說○正義曰此敘訓說古文論語之人也史記世家安國孔子十一世孫爲武帝博士時魯共王壞孔子舊宅壁中得古文虞夏商周之書及傳論語孝經悉還孔氏故安國承詔作書傳又作古文孝經傳亦作論語訓解釋詁云訓道也然則道其義釋其理謂之訓解以傳述言之曰傳以釋理言之曰訓解其實一也以武帝末年遭巫蠱事經籍道息故世不傳自此安國之後至後漢順帝時有南郡太守馬融亦爲古文論語訓說案後漢紀孝順皇帝諱保安帝之子也地理志云南郡秦置高帝元年更爲臨江郡五年復故景帝二年復爲臨江郡中二年復故屬荆州表云郡守秦官掌治其郡秩二千石景帝中二年更名太守傳云馬融字季長扶風茂陵人也爲人美辭貌有俊才博通經籍永初中爲校書郎陽嘉二年拜議郎梁商表爲從事中郎轉武都太守三遷爲南郡太守注孝經論語詩易尚書三禮年八十八延熹九年卒於家漢末大司農鄭玄就魯論篇章考之齊古爲之註〔疏〕漢末至之註○正義曰言鄭玄亦爲論語之注也鄭玄字康成北海高密縣人師事馬融大司農徵不起居家教授當後漢桓靈時故云漢末注易尚書三禮論語尚書大傳五經緯候箋毛詩作毛詩譜破許慎五經異義針何休左氏膏肓發公羊墨守起穀梁廢疾可謂大儒作注之時就魯論篇章謂二十篇也復考校之以齊論古論擇其善者而爲之註註與注音義同近故司空陳羣太常王肅博士周生烈皆爲義說〔疏〕近故至義說○正義曰此敘魏時注說論語之人也年世未遠人已歿故是近故也司空古官三公

也表云奉常秦官掌宗廟禮儀景帝中六年更名太常博士秦官掌通古今魏志云陳羣字長文潁川許昌人也太祖辟羣爲司空西曹屬文帝即位遷尚書僕射明帝即位進封潁陰侯頊之爲司空青龍四年薨王肅字子邕東海蘭陵人魏衛將軍太常蘭陵景侯甘露元年薨注尚書禮喪服論語孔子家語述毛詩注作聖證論難鄭玄周生烈燉煌人七錄云字文逸本姓唐魏博士侍中此二人皆爲論語義說謂作注而說其義故云義說

前世傳授師說雖有異同不爲訓解中間爲之訓解至于今多矣所見不同互有得失〔疏〕前世至得失○正義曰將作論語集解故須言先儒有得失不同之說也據今而道往古謂之前世上教下曰傳下承上曰受謂張禹以上至夏侯勝以來但師資誦說而已雖說有異者同者皆不著篇簡以爲傳注訓解中間爲之訓解謂自古至今中間包氏周氏等爲此論語訓解有二十餘家故云至于今多矣以其趣舍各異故得失互有也

今集諸家之善記其姓名有不安者頗爲改易名曰論語集解〔疏〕今集至集解○正義曰此敘集解之體例也今謂何晏時諸家謂孔安國包咸周氏馬融鄭玄陳羣王肅周生烈也集此諸家所說善者而存之示無勦說故各記其姓名注言包曰馬曰之類是也注但記其姓而此連言名者以著其姓所以名其人非謂名字之名也有不安者謂諸家之說於義有不安者也頗爲改易者言諸家之善則存而不改其不善者頗多爲改易之注首不言包曰馬曰及諸家說下言一曰者皆是何氏自下已言改易先儒者也名曰論語集解者何氏注解既畢乃自題之也杜氏注春秋左氏傳謂之集解者謂聚集經傳爲之作解也此乃聚集諸家義理以解論語言同而意異也

光祿大夫關內侯臣孫邕光祿大夫臣鄭沖散騎常侍中領軍安鄉亭侯臣曹羲侍中臣荀顗尚書駙馬都尉關內侯臣何晏等上〔疏〕光祿至等上○正義曰此敘同集解之人也表云大夫掌論議有太中大夫中大夫諫大夫皆無員多至數十人太初元年更名中大夫爲光祿大夫秩比二千石無印綬爵級十九曰關內侯顏師古曰言有侯號而居京畿無國邑孫邕字宗儒樂安青州人也晉書鄭沖字文和滎陽開封人也起自寒微卓爾立操魏文帝爲太子命爲文學累遷尚書郎出補陳留大守曹爽引爲從事中郎轉散騎常侍光祿勳表又云侍中散騎中常侍皆加官應劭曰入侍天子故曰侍中晉灼曰魏文帝合散騎中常侍爲散騎常侍也又曰所加或列侯將軍卿大夫將都尉尚書太醫太官令至郎中亡員多至數十人如淳曰將謂都郎將以下也自列侯下至郎中皆得有散騎及中常侍也又曰侍中中常侍得入禁中散騎並乘輿車顏師古曰並音步浪反騎而散從無常職也此言中領軍者表無文安鄉亭侯者不在爵級二十之數蓋漢末及魏置亭侯列侯之倫也曹羲沛國譙人魏宗室曹爽之弟荀顗字景倩荀彧之子諶之弟也咸熙中爲司空表又云少府秦官屬官有尚書成帝建始四年初置尚書員五人駙馬都尉掌駙馬武帝初置秩比二千石顏師古曰駙副也非正駕車皆爲副馬一曰駙近也疾也何晏字平叔南陽宛人也何進之孫咸之子曹爽秉政以晏爲尚書又尚公主著述凡數十篇正始中此五人共上此論語集解也

論語注疏解序終

論語注疏解經卷第一

學而第一　何晏集解　邢昺疏

【疏】正義曰自此至堯曰是魯論語二十篇之名及第次也當弟子論撰之時以論語爲此書之大名學而以下爲當篇之小目其篇中所載各記舊聞意及則言不爲義例或亦以類相從此篇論君子孝弟仁人忠信道國之法主友之規聞政在乎行德由禮貴於用和無求安飽以好學能自切磋而樂道皆人行之大者故爲諸篇之先既以學爲章首遂以各篇言人必須學也爲政以下諸篇所次先儒不無意焉當篇各言其指此不煩說第順次也一數之始也言此篇於次當一也

子曰。學而時習之。不亦說乎。馬曰子者男子之通稱謂孔子也王曰時者學者以時誦習之誦習以時學無廢業所以爲說懌有朋自遠方來。不亦樂乎。包曰同門曰朋人不知而不慍。不亦君子乎。慍怒也凡人有所不知君子不怒

【疏】子曰學而至君子乎○正義曰此章勸人學爲君子也子者古人稱師曰子子男子之通稱此言子者謂孔子也曰者說文云詞也從口乙聲亦象口氣出也然則曰者發語詞也以此下是孔子之語故以子曰冠之或言孔子曰者以記非一人各以意載無義例也白虎通云學者覺也覺悟所未知也孔子曰學者而能以時誦習其經業使無廢落不亦說懌乎學業稍成能招朋友有同門之朋從遠方而來與己講習不亦樂乎既有成德凡人不知而不怒之不亦君子乎言誠君子也君子之行非一此其一行耳故云亦也○注馬曰子者至說懌○正義曰云子者男子之通稱者經傳凡敵者相謂皆言吾子或直言子稱師亦曰子是子者男子有德之通稱也云謂孔子者嫌爲他師故辨之公羊傳曰子沈子曰何休云沈子稱子冠氏上者著其爲師也不但言子曰者辟孔子也其不冠子者他師也然則書傳直言子曰者皆指孔子以其聖德著聞師範來世不須言其氏人盡知之故也若其他傳授師說後人稱其先師之言則以子冠氏上所以明其爲師也子公羊子子沈子之類是也若非己師而稱他有德者則不以子冠氏上直言某子若高子孟子之類是也云時者學者以時誦習之者皇氏以爲凡學有三時一身中時學記云發然後禁則扞格而不勝時過然後學則勤苦而難成故內則云十年出就外傅居宿於外學書計十有三年學樂誦詩舞勺十五成童舞象是也二年中時王制云春秋敎以禮樂冬夏敎以詩書鄭玄云春夏陽也詩樂者聲聲亦陽也秋冬陰也書禮者事事亦陰也互言之者皆以其術相成又文王世子云春誦夏弦秋學禮冬讀書鄭玄云誦謂歌樂也弦謂以絲播時陽用事則學之以聲陰用事則學之以事因時順氣於功易也三日中時學記云故君子之於學也藏焉脩焉息焉遊焉是日日所習也言學者以此時誦習所學篇簡之文及禮樂之容日知其所亡月無忘其所能所以爲說懌也譙周云悅深而樂淺也一曰在內曰說在外曰樂言亦者凡外境適心則人心說樂可說可樂之事其類非一此學而時習有朋自遠方來亦說樂之事耳故云亦猶易云亦可醜也亦可喜也○注包曰同門曰朋○正義曰鄭玄注大司徒云同師曰朋同志曰友然則同門者同在師門以授學者也朋卽羣黨之謂故子夏曰吾離羣而索居鄭玄注云羣謂同門朋友也此言有朋自遠方來者卽學記云三年視敬業樂羣也同志謂同其心意所趣鄉也朋疏而友親朋來既樂友卽可知故略不言也○注慍怒至不怒○正義曰云凡人有所不知君子不怒者其說有二一云古之學者爲已已得先王之道含章內映而他人不見不知而我不怒也一云君子易事不求備於一人故爲教誨之道若有人鈍根不能知解者君子恕之而不慍怒也

有子曰。孔子弟子有若其爲人也孝弟。而好犯上者鮮矣。鮮少也上謂凡在己上者言孝弟之人必恭順好欲犯其上者少也不好犯上。而好作亂者。未之有也。君子務本。本立而道生。本基也基立而後可大成孝弟也者。其爲仁之本與。先能事父兄然後仁道可大成

【疏】有子曰至本與○正義曰此章言孝弟之行也弟子有若曰其爲人也孝於父母順於兄長而好陵犯凡在己上者少矣言孝弟之人性必恭順故好欲犯其上者少也既不好犯上而好欲作亂爲悖逆之行者必無故云未之有也是故君子務脩孝弟以爲道之基本基本既立而後道德生焉恐人未知其本何謂故又言孝弟也者其爲仁之本歟禮尚謙退不敢質言故云與也○注孔子弟子有若○正義曰史記弟子傳云有若少孔子四十三歲鄭玄曰魯人○注鮮少也○正義曰釋詁云鮮罕也故得爲少皇氏熊氏以爲上謂君親犯謂犯顏諫爭今案注云上謂凡在己上者則皇氏熊氏違背注意其義恐非也

子曰。巧言令色。鮮矣仁。包曰巧言好其言語令色善其顏色皆欲令人說之少能有仁也

【疏】子曰巧言令色鮮矣仁○正義曰此章論仁者必直言正色其若巧好其言語令善其顏色欲令人說愛之者少能有仁也

曾子曰。馬曰弟子曾參吾日三省吾身。爲人謀而不忠乎。與朋友交而不信乎。傳不習乎。言凡所傳之事得無素不講習而傳之

【疏】曾子曰至習乎○正義曰此章論曾子省身慎行之事弟子曾參嘗曰吾每日三自省察己身爲人謀事而得無不盡忠心乎與朋友結交而得無不誠信乎凡所傳授之事得無素不講習而妄傳乎以謀貴盡忠朋友主信傳惡穿鑿故曾子省慎之○注馬曰弟子曾參○正義曰史記弟子傳云曾參南武城人字子輿少孔子四十六歲孔子以爲能通孝道故授之業作孝經死於魯

子曰。道千乘之國。馬曰道謂爲之政教司馬法六尺爲步步百爲畝畝百爲夫夫三爲屋屋三爲井井十爲通通十爲成成出革車一乘然則千乘之賦其地千成居地方三百一十六里有畸唯公侯之封乃能容之雖大國之賦亦不是過焉○包曰道治也千乘之國者百里之國也古者井田方里爲井十井爲乘百里之國適千乘也融依周禮包依王制孟子義疑故兩存焉敬事而信。包曰爲國者舉事必敬慎與民必誠信節用而愛人。包曰節用不奢侈國以民爲本故愛養之使民以時。包曰作使民必以其時不妨奪農務

【疏】子曰道至以時○正義曰此章論治大國之法也馬融以爲道謂爲之政教千乘之國謂公侯之國方五百里四百里者也言爲政教以治公侯之國者舉事必敬慎與民必誠信省節財用不奢侈而愛養人民以爲國本作事使民必以其時不妨奪農務此其爲政治國之要也包氏以爲道治也千乘之國百里之國也夏卽公侯殷周惟上公也餘同○注馬曰道至存焉○正義曰以下篇子曰道之以政故云道謂爲之政教史記齊景公時有司馬田穰苴善用兵周禮司馬掌征伐六國時齊威王使大夫追論古者兵法附穰苴於其中凡一百五十篇號曰司馬法此六尺曰步至成出革車一乘皆彼文也引之[illegible]大國也云然則千乘之賦其地[illegible]千成云居地方三百一十六里[illegible]十里者百方三百里者三三而[illegible]十里者九百得九百乘也計千[illegible]又以此方百里者一六分破之[illegible]而接之則長六百里廣十六里[illegible]前三百里南西兩邊是方三百[illegible]方十六里者一也方十六里者[illegible]然鼎割方百里者爲六分餘方[illegible]二百五十六埤西南角猶餘方[illegible]而埤三百一十六里兩邊則每[illegible]十六里有畸也云唯公侯之封[illegible]云諸公之地封疆方五百里諸[illegible]之地封疆方三百里諸子之地[illegible]疆方百里此千乘之國居地方[illegible]自方三百而下則莫能容之故[illegible]雖大國之賦亦不是過焉者坊[illegible]雖廣大以千乘爲限故云雖大[illegible]兵車一乘甲士三人步卒七十[illegible]則是六軍矣周禮大司馬序官[illegible]軍王六軍大國三軍次國二軍[illegible]千乘明堂位云封周公於曲皐[illegible]記與此文皆與周禮不合者禮[illegible]五百家爲鄉萬二千五百人爲[illegible]無過家一人是家出一人鄉爲[illegible]六軍既出六鄉則諸侯三軍出[illegible]謂鄉之所出非千乘之衆也千[illegible]軍之車也二者不同故數不相[illegible]國安不忘危故今所在皆有出[illegible]國之大小出三軍二軍一軍也[illegible]盡其境內皆使從軍故復此出[illegible]是正故家出一人計地所出則[illegible]故優之也包曰道治也者以治[illegible]道之以德謂道德故易之但云[illegible]國也者謂夏之公侯殷周上公[illegible]井者孟子云方里而井井九百[illegible]國適千乘也者此包以古之夫[illegible]故計之每十井爲乘方是方一[illegible]百爲十乘開方之法百里十者[illegible]者一爲方一里者百其賦乘乘[illegible]與乘數適相當故曰適千乘也[illegible]者馬融依周禮大司徒文以爲[illegible]里以下也包氏依王制云凡四[illegible]百之十國三十七十里之國六[illegible]百一里國也又孟子云天子之[illegible]百里伯七十里子男五十里包[illegible]不信周禮有方五百里四百里[illegible]名者包氏避其父名也云義疑[illegible]致太平之書爲一代大典王制[illegible]者鄒人也名輈師孔子之孫子[illegible]命世亞聖之大才也今馬氏包[illegible]莫敢去取於義有疑故兩存其[illegible]

正義曰云作使民必以其時者謂築都邑城郭也以都邑者人之聚也國家之藩衛百姓之保障不固則敗不脩則壞故雖不臨寇必於農隙備其守禦無妨農務春秋莊二十九年左氏傳曰凡土功龍見而畢務戒事也注云謂今九月周十一月龍星角亢晨見東方三務始畢戒民以土功事火見而致用注云大火心星次角亢見者致築作之物水昏正而栽注云謂今十月定星昏而中於是樹板幹而興作日至而畢注云日南至微陽始動故土功息若其門戶道橋城郭牆塹有所損壞則特隨壞時脩之故僖二十年左傳曰凡啓塞從時是也王制云用民之力歲不過三日周禮均人職云凡均力政以歲上下豐年則公旬用三日焉中年則公旬用二日焉無年則公旬用一日焉是皆重民之力而不妨奪農務也

子曰。弟子入則孝。出則悌。謹而信。汎愛衆。而親仁。行有餘力。則以學文。馬曰文者古之遺文〔疏〕子曰弟子至學文○正義曰此章明人以德爲本學爲末男子後生爲弟言爲人弟與子者入事父兄則當孝與弟也出事公卿則當忠與順也弟順也入不言弟出不言忠者互文可知也下孔子云出則事公卿入則事父兄孝經云事父孝故忠可移於君事兄弟故順可移於長是也謹而信者理兼出入言恭謹而誠信也汎愛衆者汎者寬博之語君子尊賢而容衆或博愛衆人也而親仁者有仁德者則親而友之能行已上諸事仍有間暇餘力則可以學先王之遺文若徒學其文而不能行上事則爲言非行僞也注言古之遺文者則詩書禮樂易春秋六經是也

子夏曰。賢賢易色。孔曰子夏弟子卜商也言以好色之心好賢則善**事父母能竭其力。事君能致其身。**孔曰盡忠節不愛其身**與朋友交。言而有信。雖曰未學。吾必謂之學矣。**〔疏〕子夏曰至學矣○正義曰此章論生知美行之事賢賢易色者上賢謂好尚之也下賢謂有德之人易改也色女人也女有姿色男子悅之故經傳之文通謂女人爲色人多好色不好賢者能改易好色之心以好賢則善矣故曰賢賢易色也事父母能竭其力者謂小孝也言爲子事父雖未能不匱但竭盡其力服其勤勞也事君能致其身者言爲臣事君雖未能將順其美匡救其惡但致盡忠節不愛其身若童汪踦也與朋友交言而有信者謂與朋友結交雖不能切磋琢磨但言約而每有信也雖曰未學吾必謂之學矣者言人生知行此四事雖曰未嘗從師伏膺學問然此爲人行之美矣雖學亦不是過故吾必謂之學矣○注孔曰子夏弟子卜商○正義曰案史記仲尼弟子傳云卜商字子夏衛人也少孔子四十四歲孔子既沒居西河教授爲魏文侯師

子曰。君子不重則不威。學則不固。孔曰固蔽也一曰言人不能敦重既無威嚴學又不能堅固識其義理**主忠信。無友不如己者。過則勿憚改。**鄭曰主親也憚難也〔疏〕子曰至憚改○正義曰此章勉人爲君子也君子不重則不威學則不固者其說有二孔安國曰固蔽也言君子當須敦重若不敦重則無威嚴又當學先王之道以致博聞強識則不固蔽也一曰固謂堅固言人不能敦重既無威嚴學又不能堅固識其道理也明須敦重也主忠信者主猶親也言凡所親狎皆須有忠信者也無友不如己者言無得以忠信不如己者爲友也過則勿憚改者勿無也憚猶難也言人誰無過過而不改是謂過矣過而能改善莫大焉故苟有過無得難於改也

曾子曰。慎終追遠。民德歸厚矣。孔曰慎終者喪盡其哀追遠者祭盡其敬君能行此二者民化其德皆歸於厚也〔疏〕曾子曰至厚矣○正義曰此章言民化君德也慎終者終謂父母之喪也以死者人之終故謂之終執親之喪禮須謹慎盡其哀也追遠者遠謂親終既葬日月已遠也孝子感時念親追而祭之盡其敬也民德歸厚矣者言君能行此慎終追遠二者民化其德皆歸厚矣言不偷薄也

子禽問於子貢曰。夫子至於是邦也。必聞其政。求之與。抑與之與。鄭曰子禽弟子陳亢也子貢弟子姓端木名賜亢怪孔子所至之邦必與聞其國政求而得之邪抑人君自願與之爲治**子貢曰。夫子溫良恭儉讓以得之。夫子之求之也。其諸異乎人之求之與。**鄭曰言夫子行此五德而得之與人求之異明人君自與之〔疏〕子禽至求之○正義曰此章明夫子由其有德與聞國政之事子禽問於子貢曰夫子至於是邦也必聞其政求之與抑與之與者子禽疑怪孔子所至之邦必與聞其國之政事故問子貢曰此是孔子求於時君而得之與抑人君自願與夫子爲治與抑與皆語辭子貢曰夫子溫良恭儉讓以得之夫子之求之也其諸異乎人之求之與者此子貢荅辭也敦柔潤澤謂之溫行不犯物謂之良和從不逆謂之恭去奢從約謂之儉先人後己謂之讓言夫子行此五德而得與聞國政他人則就君求之夫子則脩德人君自願與之爲治故曰夫子之求之也其諸異乎人之求之與諸與皆語辭○注鄭曰至爲治○正義曰云子禽弟子陳亢子貢弟子姓端木名賜者家語七十二弟子篇云陳亢陳人字子禽少孔子四十歲史記弟子傳云端木賜字子貢少孔子三十一歲云求而得之邪者邪未定之辭

子曰。父在觀其志。父沒觀其行。孔曰父在子不得自專故觀其志而已父沒乃觀其行**三年無改於父之道。可謂孝矣。**孔曰孝子在喪哀慕猶若父存無所改於父之道〔疏〕子曰至孝矣○正義曰此章論孝子之行父在觀其志者在心爲志父在子不得自專故觀其志而已父沒觀其行者父沒可以自專乃觀其行也三年無改於父之道可謂孝矣者言孝子在喪三年哀慕猶若父存無所改於父之道可謂爲孝也

有子曰。禮之用。和爲貴。先王之道。斯爲美。小大由之。有所不行。知和而和。不以禮節之。亦不可行也。馬曰人知禮貴和而每事從和不以禮爲節亦不可行〔疏〕有子曰至行也○正義曰此章言禮樂爲用相須乃美禮之用和爲貴者和謂樂也樂主和同故謂樂爲和夫禮勝則離謂所居不和也故禮貴用和使不至於離也先王之道斯爲美者斯此也言先王治民之道以此禮貴和美禮節民心樂和民聲樂至則無怨禮至則不爭揖讓而治天下者禮樂之謂也是先王之美道也小大由之有所不行者由用也言每事小大皆用禮而不以樂和之則其政有所不行也知和而和不以禮節之亦不可行也者言人知禮貴和而每事從和不以禮爲節亦不可行也

有子曰。信近於義。言可復也。復猶覆也義不必信信非義也以其言可反覆故曰近義**恭近於禮。遠恥辱也。**恭不合禮非禮也以其能遠恥辱故曰近禮也**因不失其親。亦可宗也。**孔曰因親也言所親不失其親亦可宗敬〔疏〕有子曰至宗也○正義曰此章明信與義恭與禮不同及人行可宗之事信近於義言可復也者復猶覆也人言不欺爲信於事合宜爲義若爲義事不必守信而信亦有非義者也言雖非義以其言可反復不欺故曰近義恭近於禮遠恥辱也者恭惟卑巽禮貴會時若巽在牀下是恭不合禮則非禮也恭雖非禮以其能遠恥辱故曰近禮因不失其親亦可宗也者因親也所親不失其親言義之與比也既能親仁比義不有所失則有知人之鑒故可宗敬也言亦者人之善行可宗敬者非一於其善行可宗之中此爲一行耳故云亦也○注義不必信信非義也○正義曰云義不必信者若春秋晉士匄帥師侵齊聞齊侯卒乃還春秋善之是合宜不必守信也云信非義也者史記尾生與女子期於梁下女子不來水至不去抱柱而死是雖守信而非義也

子曰。君子食無求飽。居無求安。鄭曰學者之志有所不暇**敏於事而慎於言。就有道而正焉。可謂好學也已。**孔曰敏疾也有道有道德者正謂問事是非〔疏〕子曰君子至也已○正義曰此章述好學之事君子食無求飽居無求安者學者之志樂道忘飢故不暇求其安飽也敏於事而慎於言者敏疾也言當敏疾於所學事業則有成功說命曰敬遜務時敏厥脩乃來是也學有所得又當慎言說之就有道而正焉者有道謂有道德者正謂問其是非學業有所未曉當就有道德之人正定其是之與非易文言曰問以辨之是也可謂好學也已者揔結之也言能行在上諸事則可謂之爲好學也

子貢曰。貧而無諂。富而無驕。何如。子曰。可也。孔曰未足多**未若貧而樂。富而好禮者也。**鄭曰樂謂志於道不以貧爲憂苦**子貢曰。詩云。如切如磋。如琢如磨。其斯之謂與。**孔曰能貧而樂道富而好禮者能自切磋琢磨**子曰。賜也始可與言詩已矣。告諸往而知來者。**孔曰諸之也子貢知引詩以成孔子義善取類故然之往告之以貧而樂道來荅以切磋琢磨〔疏〕子曰至來者○正義曰此章言貧之與富皆當樂道自脩也貧而無諂富而無驕何如者乏財曰貧佞說爲諂多財曰富傲逸爲驕言人貧多佞說富多傲逸若能貧無諂佞富不驕逸子貢以爲善故問夫子曰其德行何如子曰可也者此夫子荅子貢也時子貢富志怠於學故發此問意謂不驕而爲美德故孔子抑之云可也言未足多未若貧而樂富而好禮者也者樂謂志於善道不以貧爲憂苦好謂閑習禮容不以富而倦略此則勝於無諂無驕故云未若言不如也子貢曰詩云如切如磋如琢如磨其斯之謂與者子貢知師勵己故引詩以成之此衛風淇奧之篇美武公之德也治骨曰切象曰磋玉曰琢石曰磨道其學而成也聽其規諫以自脩如玉石之見琢磨子貢言貧而樂道富而好禮其此能切磋琢磨之謂與子曰賜也始可與言詩已矣者子貢知引詩以成孔子義善取類故呼其名而然之告諸往而知來者此言可與言詩之意諸之也謂告之往以貧而樂道富而好禮則知來者切磋琢磨所以可與言詩也

子曰。不患人之不己知。患不知

人也。疏 子曰不患人之不已知患不知人也。正義曰此章言人當責己而不責人凡人之情多輕易於知人而患人不知己故孔子抑之云我則不耳不患人之不已知但患己不能知人也

論語注疏校勘記 阮元撰盧宣旬摘錄

論語注疏解經序

翰林侍講學士朝請大夫守國子祭酒上柱國賜紫金魚袋臣邢昺等奉勑校定 毛本無此卅一字北監本此二行題明校刊重修等姓名閩本併一行書刪去等字又改定字爲刊字案宋史邢昺傳咸平二年昺受詔與杜鎬舒雅孫奭李慕清崔偓佺等校定周禮儀禮公羊穀梁春秋傳孝經論語爾雅義疏據此則等字定字俱當依此本爲是

序解 唐石經及經典釋文竝作論語序

疏 閩本北監本毛本序解疏併一行寫又此十行本經序注疏文竝頂格寫閩本北監本毛本注疏文竝低一格寫序文經文雖第一節頂格寫其餘亦低一格寫

門人相與輯而論纂 閩本闕論字此本與字論字竝闕今補正又纂字閩本與此本同毛本改作篹案釋文序錄作撰漢書藝文志作篹篹與撰通又與饌通

齊論者 浦鏜十三經注疏正誤云論下脫語字案古書引用或稱論語或止稱論趙岐孟子注凡稱論者皆指論語浦鏜疑有脫字非也

別有問王知道二篇 北監本作問玉案朱彝尊經義考曰今逸論語見於說文初學記文選注太平御覽等書其詮王之屬特詳疑齊論中所逸二篇其一乃問玉非問王也考之篆法三畫正均者爲王中畫近上者爲玉初無大異因僞玉爲王耳王應麟亦云問王疑卽問玉其亶其然乎

少府朱畸 漢書藝文志釋文序錄竝作宋畸

考之齊右爲之註焉 毛本右作古註作注案所改是也。今訂正

敘曰漢中壘校尉劉向 明監本挍作校不誤毛本作挍與此本同案毛本作校者避明熹宗諱也此後以能問於不能章放此考周禮校人釋文云校戶教反字從木若從手旁作是比挍之字耳今人多亂之據此則校尉字亦當從木從手作挍者非。今正

言魯論語二十篇 唐石經二十作廿後二十三十字竝放此案說文廿二十併也卅三十併也竝古文省漢石經如此唐石經沿其例

太子太傅 唐石經太作大案釋文出大子大傅云竝音泰則字當作大。今正

敘曰至傳之○正義曰 毛本至下有等字正義曰上不加○後放此

案漢魯百官公卿表云 閩本同明監本毛本魯作書案魯字誤也。今正

專精思於經術 漢書劉向傳精作積

荅述曰語 北監本述誤迷不成字

賜冢塋 北監本冢誤家

太后賜錢三百萬 按漢書夏侯勝傳三作二

不如親耕 漢書親作躬

蕭望之字長情 案情當作倩。今正

好學齊詩 漢書學下有治字

天子聞之 北監本天作大

哀慟左右 北監本毛本慟作動案漢書蕭望之傳本作慟師古曰慟動也

文帝三年一丞相 漢書百官公卿表三作二年下有復置二字

進授昭帝時 閩本同北監本毛本時作詩案時字誤也今訂正

琅邪王卿 皇侃義疏本琅邪作瑯琊釋文出琅字云音郎本或作瑯案瑯乃琅邪之俗字琅本作郎唐元度九經字樣云郎邪郡名郎良也邪道也以地居鄒魯人有善道故爲郡名今經典相承郎字玉旁作良邪字或作耶者訛

皆以教授 皇本授下有之字七經孟子考文足利本作教之

積章而成篇徧也 毛本徧上增篇者二字

局也 毛本局作局案張參五經文字云局从尺下口作局與局皆訛

成帝綏和元年 北監本毛本綏作綏是也今依訂正

更名相 漢書百官公卿表名作令

遷滎陽令 閩本同北監本滎作榮令誤今案漢書王吉傳作雲陽。按滎陽字古皆从火不从水作滎亦誤也今訂正

聞鍾磬琴瑟之音 閩本北監本毛本鍾作鐘案五經文字云鍾樂器鍾量名又聚也今經典或通用鍾爲樂器。按漢書魯恭王餘傳音作聲

形多頭龐尾細 北監本毛本龐作龎後鄉黨篇君子不以紺緅飾節疏龎曰俗同。按龎乃龐之俗字今改正

魯共王時 皇本共作恭案共恭古字通

爲世所貴 唐石經避太宗諱世作廿後放此

包氏周氏 皇本包作苞後包氏竝放此。按廣韻包下云包裹亦姓楚大夫申包胥之後後漢有大鴻臚包咸皇本作苞非也

乞骸就第 漢書張禹傳骸下有骨字

篇第或異 閩本北監本毛本篇第誤篇篇

欲不爲論念張文 漢書張禹傳無不字。按宋板漢書有不字

餘家寖微 漢書張禹傳寖作浸案五經文字云寖經典及釋文或作浸據此則寖浸古通用浦鏜以爲字誤非也

包咸字子良 釋文序錄作子長

昌魯詩論語 閩本北監本毛本昌作倡案古倡字或省作昌周禮樂師遂倡之注故書倡爲昌廣雅釋詁一昌始也疏中古文互見當以作倡爲是。按後漢書儒林傳昌作習

爲之訓解 皇本解作說。按下文作亦爲之訓說皇本是也

至順帝時 皇本時上有之字

南郡大守 唐石經太作大案釋文出大守云音泰下大常同

亦爲之訓說 攷文足利本無之字

廷壽九年 閩本同北監本毛本廷改延是也。今訂正

考之齊古爲之註 皇本爲上有以字註作注釋文出爲之註云本又作注。按注是

破許慎五經異義 浦鏜云破疑作駮是也

皆爲義說 皇本爲下有之字

年出未遠 北監本毛本出作世出字誤也。今正

太祖辟羣爲司空西曹屬 魏志陳羣傳曹下有掾字。按掾字不當刪

七錄云字文逸 釋文序錄作文逢

前世傳授師說 皇本授作受

不爲訓解 皇本爲下有之字

今集諸家之善 皇本善下有說字

滎陽開封人也 閩本滎誤榮。案榮字亦非滎陽字古多从火作熒詳左傳挍勘記

七員 閩本北監本毛本七作無案作七與漢書百官公卿表合

將謂都郎將以下也 漢書百官公卿表注無都字

散騎竝乘輿車 漢書百官公卿表重騎字

荀或之子 案或當作彧。今正

駙副也 漢書百官公卿表注副下有馬字

論語注疏解經卷第一 閩本北監本毛本竝分二十卷與此本同唐石經分十卷與皇本同攷宋史藝文志卷數正合今挍勘記分卷從之

學而第一　何晏集解　邢昺疏

疏 十行本標題如此後卷放此閩本毛本第一行與十行本同第二行下書魏何晏集解第三行下書宋邢昺疏第四行低一格書學而第一與疏接寫後卷放此北監本第一行下書魏何晏集解宋邢昺疏第二三行書明按刊重修等姓名第四行與閩本毛本同後卷放此

曰禮貴於用和 閩本同北監本毛本曰作由是也○今訂正

弟順次也 浦鏜云順當訓字誤非也

學而時習之章

不亦說乎 皇本說作悅後竝放此釋文出亦說云音悅注同案說文說釋也从言兌聲一曰談說蓋古人喜悅字多假借作說唯皇本俱作悅而先進篇無所不說予路爲君子易事而難說也又仍作說

馬曰 皇本作馬融曰後放此

男子之通稱 皇本作男子通稱也北監本通誤道

王曰 皇本作王肅曰後放此

學者以時誦習之 皇本之作也

所以爲說懌 皇本懌下有也字○案皇本注文有也字者甚多此本十去八九今不悉出

有朋自遠方來 釋文出有朋云有或作友非案白虎通辟雍篇引朋友自遠方來又鄭氏康成注此云同門曰朋同志曰友是舊本皆作友字

包曰 皇本作苞氏曰後放此

君子不慍 皇本作君子不慍之也攷文引足利本作君子不慍

學業稍成 本學誤覺今訂正

則扞格而不勝 本扞誤杆今訂正

又文王世子云 北監本子誤于

弦謂以絲播時 禮記文王世子注時作詩是也

於功易也 北監本毛本於誤初案禮記文王世子注作於功易成也

三日中時 閩本同北監本毛本日作日日字誤也○今訂正

其爲人也孝弟章

有子曰 皇本閩本北監本毛本提行寫唯此本與上章疏文接寫後每章首放此

孔子弟子有若 皇本作孔安國曰弟子有若也案孔子疑孔曰之譌皇本凡孔曰皆稱孔安國曰

其爲人也孝弟 皇本弟作悌注及下竝同案釋文出孝弟云本或作悌下同

謂凡在已上者 皇本者下有也字北監本上字空闕

必恭順 皇本必下有有字

其爲仁之本與 攷文引足利本無爲字

先能事父兄然後仁道可大成 皇本此注作苞氏曰又作然後仁道可成也

巧言令色章

鮮矣仁 皇本作鮮矣有仁案包注及疏文當作有仁

吾日三省吾身

與朋友交而不信乎 皇本高麗本交下有言字

傳不習乎 釋文出傳不云鄭注云魯讀傳爲專今從古

得無素不講習而傳之 皇本之下有乎字

弟子曾參 閩本北監本毛本弟子作曾子案以前其爲人也章疏文例之當作弟子馬季長注亦作弟子曾參

道千乘之國章

以謀貴盡忠 本謀誤講今訂正

道千乘之國 皇本高麗本道作導案釋文出道字云音導本或作導

司馬法 攷文引足利本法下有曰字

通十爲成成出革車一乘 皇本成作城

居地方三百一十六里有畸 皇本畸作奇案釋文出有畸云田之殘也則字當作畸

雖大國之賦 釋文出雖大賦云一本或云雖大國之賦

十井爲乘 攷文引足利本十井作井十

融依周禮包依王制孟子 皇本融上有馬字包作苞氏

敬事而信 宋石經避廟諱敬作欽後放此唯子路篇以下則闕筆爲敬

使民以時 唐石經避太宗諱民作民後放此

作使民 皇本同閩本北監本毛本作下有事字案作事使民文義較明疏中亦有事字

不以此方百里者一 毛本作不乃又字之誤

居地方三百一十六里有畸 各本一竝誤二今訂正

下云道之以德 閩本北監本毛本云作文

五十里國 禮記王制里下有之字

百姓之保鄣 案說文鄣紀邑也障隔也保障字亦當作障

水昏正而栽 閩本同毛本栽作裁案裁字誤○今訂正

於是樹板幹而興作 本幹誤榦今訂正

城郭牆壍 北監本毛本壍作塹案依說文當作塹

弟子入則孝章

出則悌 皇本同毛本悌作弟案釋文出則弟云本亦作悌

古之遺文 皇本文下有也字案釋文引馬注亦有也字

或博愛衆人也 浦鏜云或疑故字誤

賢賢易色章

若童汪踦也 汪踦誤汪錡今訂正

君子不重章

言人不能敦重 皇本作言人不敢重案敢當作敦字形相近而訛

既無威嚴 皇本無嚴字

無友不如已者 釋文出毋友云本亦作無下同案古書無毋多通用後子罕篇各本又竝作毋友唯皇本仍作無釋文出毋友云音無

鄭曰 皇本作鄭玄曰後放此

慎終追遠章

君能行此二者 皇本君上有人字

皆歸於厚也 皇本皆上有而字

夫子至於是邦也章

子禽問於子貢曰 釋文出子貢云本亦作贛案隸釋載漢石經凡子貢字皆作子贛益贛贛竝當作贛臧琳經義雜記云說文貝部貢獻功也贛賜也是貢贛不同依說文當爲贛贛卽贛之譌體子貢名賜故字子贛作貢者字之省借耳今禮記樂記子贛見師乙而問焉祭義子贛問曰子之言祭尚存古本餘則多爲後人改易矣

抑與之與 漢石經抑作意

弟子陳亢也 皇本此句下有字子禽也四字下名賜下有字子貢也四字

抑人君自願與之爲治 皇本作抑人君自願與爲治耶

夫子溫良恭儉讓以得之　宋石經避諱讓作遜後放此惟先進篇其言不讓但闕末筆

夫子之求之也其諸異乎人之求之與　皇本與下有也字攷文引足利本作夫子之求也其諸異乎人求之與

明人君自與之　皇本作明人君自願求與爲治也

父在觀其志章

猶若父存　皇本存作在北監本存誤毋

禮之用章

亦不可行也　漢石經無可字

信近於義章

信非義也　皇本作信不必義也

故曰近禮也　皇本近下有於字又此節注作苞氏曰。按僞昌黎論語筆解此節及上節注並作馬曰

亦可宗也　皇本宗下有敬字

君子食無求飽章

可謂好學也已　漢石經作可謂好學已矣皇本作可謂好學也已矣筆解作可謂好學也矣

有道有道德者　皇本作有道者謂有道德者也案太平御覽四百三引亦有謂字

正謂問事是非　閩本北監本毛本事作其案皇本筆解俱作事字太平御覽四百三亦引作事則作其者非

樂道忘飢　閩本北監本飢作饑案説文穀不孰爲饑飢餓也則字當作飢閩本毛本作飢

敬遜務時敏　閩本同毛本敬遜作遜志案後述而篇志於道章疏閩本北監本並與此本同亦作敬遜惟毛本作孫志

貧而無諂章

子貢曰　皇本作子貢問曰案皇疏云子貢問言若有貧者能不橫求何如故云貧而無諂也邢疏云若能貧無諂佞富不驕逸子貢以爲善故問夫子曰其德行何如據此則古本當有問字

貧而無諂　北監本毛本謟作諂是也此與閩本凡諂字並誤作謟案五經文字云謟諂上音滔從爫從臼凡字聲近謟者皆從舀下丑冉反從刀從臼凡字聲從諂者皆從臽

未若貧而樂　皇本高麗本樂下有道字唐石經道字旁添案唐石經旁添字多不足據此道字獨與古合攷史記仲尼弟子列傳文選幽憤詩注引此文並有道字又下二節孔注及皇邢兩疏亦有道字俱足爲古本有道字之證

不以貧爲憂苦　皇本作不以貧賤爲憂苦也

如琢如磨　釋文出摩字云一本作磨案磨摩正俗字

告諸往而知來者　皇本者下有也字

好謂閑習禮容　閩本北監本毛本好下有禮字案疏云樂謂志於善道不以貧爲憂苦好謂閑習禮容不以富而倦略樂道好禮相對成文足證經文本有道字不知者妄加禮字誤甚

此衞風淇奥之篇　閩本北監本毛本奥作澳。按澳正字毛詩作奥用古文假借字

象曰瑳　閩本北監本毛本瑳作磋案古書瑳磋二字多通用

告諸往而知來者者　閩本北監本毛本脱下者字

不患人之不已知章

不患人之不已知患不知人也　皇本作不患人之不已知也患已不知人也釋文出患不知也云本或作患已不知人也俗本妄加字案經義雜記云據釋文知古本作患不知也蓋與里仁不患莫已知求爲可知也先進居則曰不吾知也如或知爾則何以哉語意同今邢疏及集注本皆作患不知人也人字亦淺人所加。此節皇本有王肅曰但患已之無能知也十一字注各本皆脱

論語注疏解經卷第二

爲政第二　何晏集解　邢昺疏

【疏】正義曰：左傳曰學而後入政，故次前篇也。此篇所論孝敬信勇爲政之德也，聖賢君子爲政之人也，故以爲政冠於章首，遂以名篇。

子曰：爲政以德，譬如北辰，居其所而衆星共之。包曰：德者無爲，猶北辰之不移而衆星共之。【疏】子曰至共之。正義曰：此章言爲政之要。爲政以德者，言爲政之善莫若以德。德者得也，物得以生謂之德。淳德不散，無爲化清，則政善矣。譬如北辰居其所而衆星共之者，譬況也。北極謂之北辰，北辰常居其所而不移，故衆星共尊之，以況人君爲政以德，無爲清靜，亦衆人共尊之也。注包曰至共之。正義曰：案爾雅釋天云：北極謂之北辰。郭璞曰：北極，天之中，以正四時。然則極，中也；辰，時也。以其居天之中，故曰北極；以正四時，故曰北辰。漢書天文志曰：中宮太極星，其一明者，泰一之常居也。旁三星三公，環之匡衛十二星藩臣，皆曰紫宮。北斗七星，所謂旋璣玉衡以齊七政。斗爲帝車，運於中央，臨制四海，分陰陽，建四時，均五行，移節度，定諸紀，皆繫於斗。是衆星共之也。

子曰：詩三百，孔曰：篇之大數。一言以蔽之，包曰：蔽猶當也。曰思無邪。包曰：歸於正。【疏】子曰至無邪。正義曰：此章言爲政之道在於去邪歸正，故舉詩要當一句以言之。詩三百者，言詩篇之大數也。一言以蔽之者，蔽猶當也。古者謂一句爲一言，詩雖有三百篇之多，可舉一句當盡其理也。曰思無邪者，此詩之一言，魯頌駉篇文也。詩之爲體，論功頌德，止僻防邪，大抵皆歸於正，故此一句可以當之也。注孔曰篇之大數。正義曰：案今毛詩序凡三百一十一篇，內六篇亡，今其存者有三百五篇，今但言三百篇，故曰篇之大數。

子曰：道之以政，孔曰：政謂法教。齊之以刑，馬曰：齊整之以刑罰。民免而無恥。孔曰：免，苟免。道之以德，包曰：德謂道德。齊之以禮，有恥且格。格，正也。【疏】子曰至且格。正義曰：此章言爲政以德之效也。道之以政者，政謂法教。道謂化誘，言化誘於民以法制教命也。齊之以刑者，齊謂齊整，刑謂刑罰，言道之以政而民不服者，則齊整之以刑罰也。民免而無恥者，免，苟免也。言君上化民不以德而以法制刑罰，則民皆巧詐苟免，而心無愧恥也。道之以德者，謂道德也。言君上化民必以道德，民或未從化，則制禮以齊整，使民知有禮則安，失禮則恥。有恥且格者，格，正也。如此則民有愧恥而不犯禮，且能自脩而歸正也。

子曰：吾十有五而志于學，三十而立，有所成也。四十而不惑，孔曰：不疑惑。五十而知天命，孔曰：知天命之終始。六十而耳順，鄭曰：耳聞其言而知其微旨。七十而從心所欲，不踰矩。馬曰：矩，法也。從心所欲無非法。【疏】子曰至踰矩。正義曰：此章明夫子隱聖同凡，所以勸人也。吾十有五而志于學者，言成童之歲，識慮方明，於是乃志於學也。三十而立者，有所成立也。四十而不惑者，志強學廣，不疑惑也。五十而知天命者，命，天之所稟受者也。孔子四十七學易，至五十窮理盡性，知天命之終始也。

六十而耳順者順不逆也耳聞其言則知其微旨而不逆也七十而從心所欲不踰矩者矩法也言雖從心所欲而不踰越法度也孔子輒言此者欲以勉人志學而善始令終也

孟懿子問孝。孔曰魯大夫仲孫何忌懿諡也子曰。無違。樊遲御。子告之曰。孟孫問孝於我。我對曰。無違。鄭曰恐孟孫不曉無違之意將問於樊遲故告之樊遲弟子樊須樊遲曰。何謂也。子曰。生事之以禮。死葬之以禮。祭之以禮。

〔疏〕孟懿至以禮○正義曰此章明孝必以禮孟懿子問孝者魯大夫仲孫何忌問孝道於孔子也子曰無違者此夫子荅辭也言行孝之道無得違禮也樊遲御者弟子樊須為夫子御車也子告之曰孟孫問孝於我我對曰無違者孟孫即懿子也孔子恐孟孫不曉無違之意而懿子與樊遲友善必將問於樊遲故夫子告之樊遲曰何謂也者樊遲亦未達無違之旨故復問曰何謂也子曰生事之以禮死葬之以禮祭之以禮者此夫子為言無違之事也生事之以禮謂冬溫夏凊昏定晨省之屬也死葬之以禮謂為之棺椁衣衾而舉之卜其宅兆而安措之之屬也祭之以禮謂春秋祭祀以時思之陳其簠簋而哀戚之之屬也不違此禮是無違之理也不即告孟孫者初時意在簡略欲使思而得之也必告樊遲者恐孟孫以為從父之令是無違故既與別後告於樊遲將使復告孟孫也○注孔子曰至諡也○正義曰春秋定六年經書仲孫何忌如晉傳曰孟懿子往是知孟懿子即仲孫何忌也諡法曰溫柔賢善曰懿○注鄭曰至樊須正義曰案史記弟子傳曰樊須字子遲齊人少孔子三十六歲也

孟武伯問孝。子曰。父母唯其疾之憂。馬曰武伯懿子之子仲孫彘武諡也言孝子不妄為非唯疾病然後使父母憂

〔疏〕孟武伯問孝子曰父母唯其疾之憂○正義曰此章言孝子不妄為非也武伯懿子之仲孫彘也問於夫子為孝之道夫子荅之曰子事父母唯其疾病然後可使父母憂之疾病之外不得妄為非法貽憂於父母也○注馬曰至父母憂○正義曰案春秋懿子以哀十四年卒而武伯嗣哀公十七年左傳曰公會齊侯於蒙孟武伯相武伯問於高柴曰諸侯盟誰執牛耳季羔曰鄫衍之役吳公子姑曹發陽之役衛石魋武伯曰然則彘也是武伯為懿子之子仲孫彘也諡法剛強理曰武

子游問孝。孔曰子游弟子姓言名偃子曰。今之孝者。是謂能養。至於犬馬。皆能有養。不敬。何以別乎。包曰犬以守禦馬以代勞皆養人者一曰人之所養乃至於犬馬不敬則無以別孟子曰食而不愛豕畜之愛而不敬獸畜之

〔疏〕子游至別乎○正義曰此章言為孝必敬子游問孝者弟子子游問行孝之道於孔子也子曰今之孝者是謂能養者此下孔子為子游說須敬之事今之人所謂孝者是雖謂能以飲食供養者也言皆無敬心至於犬馬皆能有養不敬何以別乎者此為不敬之人作譬也其說有二一曰犬以守禦馬以代勞皆能有以養人者但畜獸無知不能生敬於人若人雖能供養於父母而不敬則何以別於犬馬乎一曰人之所養乃至於犬馬伺其飢渴飲之食之皆能有以養之也但人養犬馬資其為人用耳而不敬此犬馬也人若養其父母而不敬則何以別於犬馬乎言無以別明孝必須敬也○注孔曰子游弟子姓言名偃○正義曰史記弟子傳曰言偃吳人字子游少孔子四十五歲○注包曰至畜之○正義曰云孟子曰者案孟子盡心篇孟子曰食而不愛豕交之也愛而不敬獸畜之也趙岐注云人之交接但食之而不愛若養豕也愛而不敬若人畜養獸但愛而不能敬也引之以證孝必須敬彼言豕交之此作豕畜之者所見本異或傳寫誤

子夏問孝。子曰。色難。包曰色難者謂承順父母顏色乃為難有事。弟子服其勞。有酒食。先生饌。馬曰先生謂父兄饌飲食也曾是以為孝乎。馬曰孔子喻子夏服勞先食汝謂此為孝乎未孝也承順父母顏色乃為孝也

〔疏〕子夏問至孝乎○正義曰此章言為孝必須承順父母顏色也子夏問孝者弟子子夏問於孔子為孝之道也子曰色難者荅之也言承順父母顏色乃為難也有事弟子服其勞有酒食先生饌曾是以為孝乎者孔子又喻子夏服勞先食不為孝也先生謂父兄饌飲食也曾猶則也言若家有勞辱之事或弟或子服其勤勞有酒有食進與父兄飲食汝則謂是以為孝乎言此未孝也必須承順父母顏色乃為孝也

子曰。吾與回言終日。不違如愚。孔曰回弟子姓顏名回字子淵魯人也不違者無所怪問於孔子之言默而識之如愚退而省其私。亦足以發。回也不愚。孔曰察其退還與二三子說釋道義發明大體知其不愚

〔疏〕子曰至愚○正義曰此章美顏淵之德子曰吾與回言終日不違如愚者回弟子顏淵也違猶怪問也愚無智之稱孔子言我與回言終竟一日亦無所怪問於我之言默而識之如無知之愚人也退而省其私亦足以發回也不愚者言回既退還而省察其在私室與二三子說釋道義亦足以發明大體乃知其回也不愚○注孔曰至愚○正義曰史記弟子傳云顏回者魯人也字子淵少孔子三十歲年二十九髮盡白蚤死

子曰。視其所以。以用也言視其所行用觀其所由。由經也言觀其所經從察其所安。人焉廋哉。人焉廋哉。孔曰廋匿也言觀人終始安所匿其情

〔疏〕子曰至廋哉○正義曰此章言知人之法也視其所以者以用也言視其所以行用觀其所由者由經也言觀其所經從察其所安者言察其所安處也人焉廋哉人焉廋哉者廋匿也焉安也言知人之法但觀察其終始則人安所隱匿其情哉再言之者深明情不可隱也

子曰。溫故而知新。可以為師矣。溫尋也尋繹故者又知新者可以為人師矣

〔疏〕子曰溫故而知新可以為師矣○正義曰此章言為師之法溫尋也言舊所學得者溫尋使不忘是溫故也素所未知學使知之是知新也既溫尋故者又知新者則可以為人師矣○注溫尋也○正義曰案中庸云溫故而知新鄭注云溫讀如燖溫之溫謂故學之熟矣後時習之謂之溫案左傳哀十二年公會吳于橐臯大宰嚭請尋盟子貢對曰盟可尋也亦可寒也賈逵注云尋溫也又有司徹云乃爇尸俎是尋為溫也言舊學已精熟在後更習之猶若溫燖故食也

子曰。君子不器。包曰器者各周其用至於君子無所不施

〔疏〕子曰君子不器○正義曰此章明君子之德也器者物象之名形器既成各周其用若舟楫以濟川車與以行陸反之則不能君子之德則不如器物各守一用言見幾而作無所不施也

子貢問君子。子曰。先行其言。而後從之。孔曰疾小人多言而行之不周

〔疏〕子貢問君子子曰先行其言而後從之○正義曰此章疾小人多言而行之不周也子貢問於夫子曰君子之德行何如夫子荅之曰君子先行其言而後以言從之言行相副是君子也

子曰。君子周而不比。孔曰忠信為周阿黨為比小人比而不周。

〔疏〕子曰君子周而不比小人比而不周○正義曰此章明君子小人德行不同之事忠信為周阿黨為比言君子常行忠信而不私相阿黨小人則反是○注忠信為周○正義曰魯語文也

子曰。學而不思則罔。包曰學不尋思其義則罔然無所得思而不學則殆。不學而思終卒不得徒使人精神疲殆

〔疏〕子曰至則殆○正義曰此章言教學法也學而不思則罔者言為學之法既從師學則自思其餘蘊若雖從師學而不尋思其義則罔然無所得也思而不學則殆者言但自尋思而不往從師學終卒不得其義則徒使人精神疲勞倦殆

子曰。攻乎異端。斯害也已。攻治也善道有統故殊塗而同歸異端不同歸也

〔疏〕子曰攻乎異端斯害也已○正義曰此章禁人雜學攻治也異端謂諸子百家之書也言人若不學正經善道而治乎異端之書斯則為害之深也以其善道有統故殊塗而同歸異端則不同歸也○注攻治至同歸○正義曰云善道有統故殊塗而同歸者正經是善道也皆以忠孝仁義為本是有統也四術為教是殊塗也皆以去邪歸正是同歸也異端之書則或粃糠堯舜戕毀仁義是不同歸也殊塗同歸是易下繫辭文也

子曰。由。誨女知之乎。孔曰弟子姓仲名由字子路知之為知之。不知為不知。是知也。

〔疏〕子曰至知也○正義曰此章明知也由誨汝知之乎者孔子以子路性剛好以不知為知故此抑之呼其名曰由我今教誨汝為知之乎此皆語辭知之為知之不知為不知是知也者此誨辭也言汝實知之事則為知之實不知之事則為不知此是真知也若其知之反隱曰不知及不知妄言我知皆非知也○注孔曰至子路○正義曰史記弟子傳云仲由字子路卞人也少孔子九歲子路性鄙好勇力志抗直冠雄雞佩猳豚陵暴孔子孔子設禮稍誘子路子路後儒服委質因門人請為弟子

子張學干祿。鄭曰弟子姓顓孫名師字子張干求也祿祿位也子曰。多聞闕疑。慎言其餘。則寡尤。包曰尤過也疑則闕之其餘不疑猶慎言之則少過多見闕殆。慎行其餘。則寡悔。包曰殆危也所見危者闕而不行則少悔言寡尤。行寡悔。祿在其中矣。鄭曰言行如此雖不得祿亦同得祿之道

〔疏〕子張至中矣○正義曰此章言求祿之法子張學干祿者干求也弟子子張師事孔子學求祿位之法子曰多聞闕疑慎言其餘則寡尤者此夫子教子張求祿之法也尤過也寡少也言雖博學多聞疑則闕之尤須慎言其餘不疑者則少過也多見闕殆慎行其餘則寡悔者殆危也言雖廣覽多見所見危者闕而不行尤須慎行其餘不危者則少悔恨也言寡尤行寡悔祿在其中矣者言若少過行又少悔必得祿位設若言行如此雖偶不得祿亦同得祿之道○注鄭曰至位也正義曰史記弟子傳云顓孫師陳人字子張少孔子四十八歲

哀公問曰。何為則民服。包曰哀公魯君諡孔子對曰。舉直錯諸枉。則民服。包曰

錯置也舉正直之人用之廢置邪枉之人則民服其上**舉枉錯諸直。則民不服。**【疏】哀公至不服○正義曰此章言治國使民服之法哀公問曰何爲則民服者哀公魯君也問於孔子曰何所云爲則萬民服從也時哀公失德民不服從哀公患之故有此問孔子對曰舉直錯諸枉則民服者此孔子對以民服之法也錯置也舉正直之人用之廢置諸邪枉之人則民服其上也舉枉錯諸直則民不服者舉邪枉之人用之廢置諸正直之人則民不服上也於時羣邪秉政民心厭棄故以此對之也○注包曰哀公魯君謚○正義曰魯世家云哀公名蔣定公之子周敬王二十六年卽位謚法云恭仁短折曰哀

季康子問使民敬忠以勸。如之何。孔曰魯卿季孫肥康謚**子曰。臨之以莊則敬。**包曰莊嚴也君臨民以嚴則民敬其上**孝慈則忠。**包曰君能上孝於親下慈於民則民忠矣**舉善而教不能則勸。**包曰舉用善人而教不能者則民勸勉【疏】季康至則勸○正義曰此章明使民敬忠勸善之法季康子問使民敬忠以勸如之何者季康子魯執政之上卿也時以僭濫故民不敬忠勸勉故問於孔子曰欲使民人敬上盡忠勸勉爲善其法如之何子曰臨之以莊則敬者此答之也自上涖下曰臨莊嚴也言君臨民以嚴則民敬其上孝慈則忠者言君能上孝於親下慈於民則民作忠舉善而教不能則勸者言君能舉用善人置之祿位教誨不能之人使之材能如此則民相勸勉爲善也於時魯君蠶食深宮季氏專執國政則如君矣故此答皆以人君之事言之也○注魯卿季孫肥康謚○正義曰知者據左傳及世家文也謚法云安樂撫民曰康

或謂孔子曰。子奚不爲政。包曰或人以爲居位乃是爲政**子曰。書云孝乎。惟孝友于兄弟。施於有政。是亦爲政。奚其爲爲政。**包曰孝乎惟孝美大孝之辭友于兄弟善於兄弟施行也所行有政道與爲政同【疏】或謂至爲政○正義曰此章言孝友與爲政同或謂孔子曰子奚不爲政者奚何也或有一人亡其姓名謂孔子曰子既多才多藝何不居官爲政或人以爲居位乃是爲政也子曰書云孝乎唯孝友于兄弟施於有政者此周書君陳篇文引之以荅或人爲孝之事彼云王若曰君陳惟爾令德孝恭惟孝友于兄弟克施有政孔安國云言其有令德善事父母行已以恭言善事父母者必友于兄弟能施有政令其言與此小異此云孝乎唯孝者美大孝之辭也友于兄弟者言善於兄弟也施行也行於此二者卽有爲政之道也是亦爲政奚其爲爲政者此孔子語也此言孝友亦爲政之道此外何事其爲爲政乎言所行有政道卽與爲政同不必居位乃是爲政

子曰。人而無信。不知其可也。孔曰言人而無信其餘終無可**大車無輗。小車無軏。其何以行之哉。**包曰大車牛車輗者轅端橫木以縛軛小車駟馬車軏者轅端上曲鉤衡【疏】子曰至之哉○正義曰此章明信不可無也人而無信不知其可也者言人而無信其餘雖有他才終無可也大車無輗小車無軏其何以行之哉者此爲無信之人作譬也大車牛車輗轅端橫木以縛軛駕牛領者也小車駟馬車軏者轅端上曲鉤衡以駕兩服馬領者也大車無輗則不能駕牛小車無軏則不能駕馬其車何以得行之哉言必不能行也以喻人而無信亦不可行也○注包曰至鉤衡○正義曰云大車牛車者冬官考工記車人爲車大車崇九尺鄭注云大車平地載任之車轂長半柯者也其駕牛故酒誥曰肇牽車牛遠服賈用故曰大車牛車也說文云輗大車轅端持衡者軏轅前也是輗者轅端橫木以縛軛者也云小車駟馬車者考工記兵車田車乘車也皆駕駟馬故曰駟馬車也說文云軏者車轅端持衡者考工記云國馬之輈深四尺有七寸注云馬高八尺兵車乘車軹崇三尺有三寸加軫與轐七寸又并此輈深則衡高八尺七寸也除馬之高則餘七寸爲衡頸之間是輈在衡上也轅從軫以前稍曲而上至衡則居衡之上而鄉下鉤之衡則橫居輈下是轅端上曲鉤衡者名軏也

子張問十世可知也。孔曰文質禮變**子曰。殷因於夏禮。所損益可知也。周因於殷禮。所損益可知也。**馬曰所因謂三綱五常所損益謂文質三統**其或繼周者。雖百世可知也。**物類相召世數相生其變有常故可預知【疏】子張至知也○正義曰此章明創制革命因沿損益之禮子張問十世可知也者弟子子張問於孔子夫國家文質禮變設若相承至於十世世數既遠可得知其禮乎子曰殷因於夏禮所損益可知也周因於殷禮所損益可知也者此夫子荅以可知之事言殷承夏后因用夏禮謂三綱五常不可變革故因之也所損益者謂文質三統夏尚文殷則損文而益質夏以十三月爲正爲人統色尚黑殷則損益之以十二月爲正爲地統色尚白也其事易曉故曰可知也周因於殷禮所損益可知也者言周代殷立而因用殷禮及所損益事事亦可知也其或繼周者雖百世可知也者言非但順知既往兼亦預知將來時周尚存不敢斥言故曰其或言設或有繼周而王者雖多至百世以其物類相召世數相生其變有常故皆可預知也○注馬曰至三統○正義曰云三綱五常者白虎通云三綱者何謂謂君臣父子夫婦也君爲臣綱父爲子綱夫爲妻綱大者爲綱小者爲紀所以張理上下整齊人道也人皆懷五常之性有親愛之心是以綱紀爲化若羅網有紀綱之而百目張也所以稱三綱何一陰一陽之謂道陽得陰而成陰得陽而序剛柔相配故人爲三綱法天地人君臣法天取象日月屈信歸功也父子法地取法五行轉相生也夫婦取象人合陰陽有施君羣也羣下之所歸心臣牽也事君也象屈服之形也父者矩也以度教子子者孳也孳孳無已也夫者扶也以道扶接婦者服也以禮屈服也云五常者仁義禮智信也白虎通云五常者何謂仁義禮智信也仁者不忍好生愛人義者宜也斷決得中也禮者履也履道成文智者知也或於事見微知著信者誠也事一不移故人生而應八卦之體得五氣以爲常仁義禮智信是也云損益謂文質三統者白虎通云王者必一質一文者何所以承天地順陰陽陽道極則陰道受陰道極則陽道受明一陽二陰不能繼也質法天文法地而已故天爲質地受而化之養而成之故爲文尚書大傳曰王者一質一文據天地之道禮三正記曰質法天文法地帝王始起先質後文者順天地之道本末之義先後之序也事莫不先其質性乃後有其文章也夏尚黑殷尚白周尚赤此之謂三統故書傳略說云天有三統物有三變故正色有三天有三生三死故士以三王天特一生死又春秋緯元命包及樂緯稽耀嘉云夏以十三月爲正息卦受泰注云物之始其色尚黑以寅爲朔殷以十二月爲正息卦受臨注云物之牙其色尚白以雞鳴爲朔周以十一月爲正息卦受復其色尚赤以夜半爲朔又三正記云正朔三而改文質再而復以此推之自夏以上皆正朔三而改也鄭注尚書三帛高陽氏之後用赤繒高辛氏之後用黑繒其餘諸侯用白繒如鄭此意卻而推之舜以十一月爲正尚赤堯以十二月爲正尚白故曰其餘諸侯用白繒高辛氏以十三月爲正尚黑故云高辛氏之後用黑繒高陽氏以十一月爲正尚赤故云高陽氏之後用赤繒有少皞以十二月爲正尚白黃帝以十三月爲正尚黑神農以十一月爲正尚赤女媧以十二月爲正尚白伏羲以上未有聞焉易說卦云帝出乎震則伏羲也建寅之月又木之始其三正當從伏羲以下文質再而復者文質法天地文法天質法地周文法地而爲天正殷質法而爲地正者正朔文質不相須正朔以三而改文質以二而復各自爲義不相須也建子之月爲正者謂之天統以天之陽氣始生爲百物得陽氣微稍動變故爲天統建丑之月爲統者以其物已吐牙不爲天氣始動物又未出不得爲人所施功唯在地中含養萌牙故爲地統建寅之月爲統者以人物出於地人功當須脩理故謂之人統統者本也謂天地人之本然王者必以此三月爲正者以其此月物生細微又是歲之始生王者繼天理物含養微細又取其歲初爲正朔之始既天地人之三者所繼不同故各改正朔不相襲也所尚既異符命亦隨所尚而來故禮緯稽命徵云其天命以黑故夏有玄圭天命以赤故周有赤雀銜書天命以白故殷有白狼銜鉤是天之所命亦各隨人所尚符命雖逐所尚不必皆然故天命禹觀河見白面長人洛予命云湯觀於洛沈璧而黑龜與之書黃魚雙躍泰誓言武王伐紂而白魚入於王舟是符命不皆逐正色也鄭康成之義自古以來皆改正朔若孔安國則改正朔殷周二代故注尚書湯承堯舜禪代之後革命創制改正易服是從湯始改正朔也○注物類至預知也○正義曰物類相召者謂三綱五常各以類相召因而不變也云世數相生者謂文質三統及五行相次周而復始而其世運有數相生變革也

子曰。非其鬼而祭之。諂也。鄭曰人神曰鬼非其祖考而祭之者是諂求福**見義不爲。無勇也。**孔曰義所宜爲而不能爲是無勇【疏】子曰至勇也○正義曰此章言祭必已親勇必爲義也非其鬼而祭之諂也者人神曰鬼言若非已祖考而輒祭他鬼者是諂媚求福也見義不爲無勇也者義宜也言義所宜爲而不能爲者是無勇之人也○注鄭曰至求福○正義曰云人神曰鬼者周禮大宗伯之職掌建邦之天神人鬼地示之禮是人神曰鬼也左傳曰神不歆非類民不祀非族故非其祖考而祭之者是諂求福也○注孔子曰至無勇○正義曰若齊之田氏弒君夫子請討之是義所宜爲也而魯君不能爲討是無勇也

論語注疏挍勘記

阮元撰盧宣旬摘錄

爲政第二

爲政以德章

而眾星共之　釋文出眾星共云鄭作拱○按拱正字共假借

包曰　皇本作鄭元曰

猶北辰之不移　皇本猶上有譬字釋文出猶北辰之不移云本或作譬猶北辰之不移與皇本合

而眾星共之　皇本之下有也字

案爾雅釋文云 閩本北監本同毛本文作天文字誤也今訂正
中宮太極皇 漢書天文志太作天
所謂琁璣玉衡 毛本琁作璇○按當作旋璇琁皆俗字
詩三百章
篇之大數 皇本數下有也字下歸於正下同
篇之大數 本大誤夫今正
道之以政章
道之以政 皇本高麗本道作導下節同漢石經作道釋文出道之云音導下同○按後漢書朱景王杜馬劉傳堅馬傳論又杜林傳並引作導之以政漢石經作道用假借字
政謂法教 皇本教下有也字下刑罰下逆德下同
民免而無恥 閩本恥作耻乃恥之俗字
免苟免 皇本作苟免罪也
吾十有五而志于學章
吾十有五而志于學 漢石經高麗本于作乎皇本于作於案翟灝四書攷異曰此經自引詩書外例用於字今此獨變體爲于疑屬乎字傳寫誤漢石經論衡實知篇作乎而朱注亦云志乎此可思也
有所成也 皇本成下有立字
不疑惑 皇本惑下有也字下終始下微旨下同
知天命之終始 閩本北監本毛本作始終
耳聞其言 皇本耳下有順字
從心所欲無非法 皇本法下有者字
孟懿子問孝章
仲孫何忌 皇本忌下有也字下故告之下樊須下同
我對曰無違 漢石經無作毋上無違無字闕
恐孟孫不曉無違之意 皇本無恐字
卜其宅兆而安措之之屬也 閩本北監本毛本措作厝案措正字厝假借字
是無違之理也 毛本理誤禮
孟武伯問孝章
父母唯其疾之憂 閩本母誤毋注同
唯疾病然後使父母憂 皇本作唯疾病然後使父母之憂耳
武伯懿子之仲孫彘也 閩本同北監本毛本之下有子字
子游問孝章
不敬何以別乎 漢石經無乎字
食而不愛豕畜之愛而不敬獸畜之 皇本食作養之下竝有也字
今之人 本今誤令今訂正
子子游 本子誤少今訂正
子夏問孝章
謂承順父母顏色 皇本順作望
先生饌 釋文出先生饌云鄭作餕音俊食餘曰餕案馬注饌飲食也是馬本作饌盇作饌者古論作餕者魯論也
孔子喻子夏 皇本夏下有曰字
未孝也 皇本作未足爲孝也
乃爲孝也 皇本作乃是爲孝耳
吾與回言終日章
默而識之如愚 皇本愚下有者也二字
回也不愚 皇本愚下有也字
說釋道義 皇本同北監本毛本釋作繹釋文出繹字云音亦則字當作繹○按說文說下云說釋也說釋即悅懌說悅釋懌皆古今字作繹用假借字
愚無知之稱 本知誤智今訂正
視其所以章
人焉廋哉人焉廋哉 漢石經脫下哉字
言觀人終始 皇本人下有之字
溫故而知新章
可以爲人師矣 皇本作可以爲師也筆解此注首有孔曰二字又師上亦無人字
乃䙝尸俎 閩本北監本同毛本䙝作褻案䙝字誤也今訂正
是歸爲溫也 閩本同北監本毛本歸作尋案所改是也今依訂正
學而不思章
學而不思則罔 釋文出則罔云本又作冈案古罔字本省作网此作冈又古文之省
學不尋思其義 皇本作學而不尋思其義理
攻乎異端章
斯害也已 皇本高麗本已下有矣字是也
由誨汝知之乎章
誨女知之乎 皇本高麗本毛本女作汝後竝放此案釋文出誨女云音汝後可以意求之
不知爲不知 皇本不知下有之字
子張學干祿章
雖愚不得祿 閩本同北監本毛本愚作偶今依訂正
何爲則民服章
舉直錯諸枉 釋文出錯字云鄭本作措投也○按措正字古經傳多假錯爲之
舉正直之人用之 皇本正上有用字人下無用之二字
則民服其上 皇本上下有矣字毛本作則民服其上也
哀公名蔣 史記魯世家作名將世本作蔣
季康子問使民敬忠以勸章
臨之以莊則敬 皇本臨下有民字又則敬則勸作則民敬則民勸案作臨民作臨之俱可若民之連屬則不詞矣疑皇本誤
或謂孔子曰章
孝乎惟孝 皇本乎作于釋文出孝于云一本作孝乎案惠棟九經古義云蔡邕石經亦作于故包咸注云孝于惟孝美大孝之辭後世儒者據習世所出君陳篇改孝于爲乎惟以孝屬下句以合之若非漢石經及包氏注亦安從而是正邪
是亦爲政 皇本政下有也字
奚其爲爲政 釋文出奚其爲爲政也云一本不重爲字
孝乎惟孝 皇本乎作于惟孝下有者字
美大孝之辭 皇本無大字辭下有也字
施行也 文選閒居賦注引此注下有政所施行也五字各本皆無
與爲政同 皇本作即是與爲政同耳文選閒居賦注引與上有即字同下有也字
今其言 本今誤令今正
美此孝之辭也 孫志祖云此當作大今正

人而無信章

小車無軏　案五經文字云軏軏音月輗端上說文下見論語及釋文相承隸省

輗端上曲鉤衡　皇本鉤作拘衡下有者也二字案鉤拘古音同第四部故多通用周禮巾車金路鉤注故書鉤爲拘杜子春讀爲鉤

大車崇九尺　考工記作三柯

如軫與轐　案如當作加如字誤也閩本北監本毛本與又誤輿

爲衡頸之問　閩本同北監本毛本問作間是也今依訂正

子張問十世章

殷因於夏禮所損益　宋石經避宣祖諱殷作商後放此漢石經損作損

雖百世可知也　皇本高麗本可上有亦字

物類相召世數相生　皇本此注作馬融曰召作招世作勢

故可預知　皇本作故可豫知也案豫預古今字

殷則損益之　各本益之二字誤倒今正

勢數相生　案注文及疏末段俱作世數則此不當作勢字今訂正

若羅網有紀綱之而百目張也　今白虎通作若羅網之有紀綱而萬目張也

剛柔相配故人爲三綱　今白虎通人上有六字

取象日月屈信歸功也　今白虎通功下有天字

取法五行　今白虎通法作象

夫婦取象人合陰陽有施　今白虎通作夫婦法人取象人合陰陽有施化端也

以度教子　今白虎通作以法度教子也

白虎通云　本云誤示今正

五性者何　今白虎通性作常是也

仁者不忍好生愛人　今白虎通作仁者不忍也施生愛人也案白虎通本有作好字者古人所據之本不必盡同今本且引書亦不盡用元文者不得援彼改此浦鏜遽以好爲誤字非也

或於事　今白虎通作不惑於事○按惑正字古多假或爲之

明一陽二陰　今白虎通一作二

事莫不先其質性乃後有其文章也　今白虎通作事莫不先有質性乃後有文章也

天有三生三死故士有三王　今白虎通士作土毛本三死誤二死

女媧以十二月爲正尙白　本正誤王白誤曰今正

又木之始　本木誤未今正

文法天質法地　閩本同案此當作文法地質法天下周文法地殷質法天可證

殷質法而爲地正者　閩本同北監本毛本而上有天字此誤脫也

建丑之月爲地統者　各本脫地字浦鏜挍補下建寅之月爲人統者同

以其物出於地　各本其作人據浦鏜挍改

物生細微　閩本北監本毛本作微細

洛子命云湯觀於洛沈璧而黑龜與之書　浦鏜云予誤子璧誤璧是也今依訂正

泰誓言武王伐紂　本泰誤秦今訂正

而白魚入於王舟　本入誤八今訂正

禪代之後　本代誤伐今訂正

非其鬼而祭之章

是諂求福　皇本作是諂以求福也

義所宜爲　皇本作義者所宜爲也又下是無勇下亦有也字

見其義不爲　孫志祖云其衍字

論語注疏解經卷第三

八佾第三　何晏集解　邢昺疏

【疏】正義曰：前篇論爲政，爲政之善莫善禮樂，禮以安上治民，樂以移風易俗，得之則安，失之則危，故此篇論禮樂得失也。

孔子謂季氏，八佾舞於庭。是可忍也，孰不可忍也。馬曰：孰，誰也。佾，列也。天子八佾，諸侯六，卿大夫四，士二。八人爲列，八八六十四人。魯以周公故受王者禮樂，有八佾之舞。季桓子僭於其家廟舞之，故孔子譏之。【疏】孔子至忍也○正義曰：此章論魯卿季氏僭用禮樂之事。孔子謂季氏八佾舞於庭者謂者，評論之稱。季氏，魯卿，於時當桓子也。佾，列也。舞者八人爲列，八八六十四人。桓子用此八佾舞於家廟之庭，故孔子評論而譏之。是可忍也，孰不可忍也者，此孔子所譏之語也。孰，誰也。人之僭禮，皆當罪責，不可容忍。季氏以陪臣而僭天子，最難容忍，故曰若是可容忍，他人更誰不可忍也。○注馬曰至譏之○正義曰：孰，誰，釋詁文。佾，列，書傳通訓也。云天子八佾，諸侯六，大夫四，士二者，隱五年左傳文也。云八人爲列，八八六十四人者，杜預、何休說如此。其諸侯用六者，六六三十六人；大夫四，四四十六人；士二，二二四人。服虔以用六爲六八四十八人，大夫四爲四八三十二人，士二爲二八十六人。今以舞勢宜方，行列既減，卽每行人數亦宜減，故同何、杜之說。天子所以八佾者，案隱五年左傳：考仲子之宮，將萬焉，公問羽數於衆仲，對曰：天子用八，諸侯用六，大夫四，士二。夫舞所以節八音而行八風，故自八以下。杜預云：唯天子得盡物數，故以八爲列，諸侯則不敢用八。所謂八音者，金、石、土、革、絲、木、匏、竹也。鄭玄云：金，鐘鎛也；石，磬也；土，塤也；革，鼓鼗也；絲，琴瑟也；木，柷敔也；匏，笙也；竹，管簫也。所謂八風者，服虔以爲八卦之風：乾音石，其風不周；坎音革，其風廣莫；艮音匏，其風融；震音竹，其風明庶；巽音木，其風清明；離音絲，其風景；坤音土，其風涼；兌音金，其風閶闔。又易緯通卦驗云：立春調風至，春分明庶風至，立夏清明風至，夏至景風至，立秋涼風至，秋分閶闔風至，立冬不周風至，冬至廣莫風至。是則天子之舞所以節八音而行八風，故八佾也。云魯以周公之故受王者禮樂有八佾之舞者，此釋季氏所以得僭之由，由魯得用之也。案禮記祭統云：昔者周公旦有勳勞於天下，成王、康王賜之以重祭，朱干玉戚以舞大武，八佾以舞大夏，此天子之樂也。重周公，故以賜魯。又明堂位曰：命魯公世世祀周公以天子之禮樂。是受王者禮樂也。然王者禮樂唯得於文王、周公廟用之，若用之他廟，亦爲僭也。故昭二十五年公羊傳稱昭公謂子家駒曰：吾何僭哉？答曰：朱干玉戚以舞大夏，八佾以舞大武，此皆天子之禮也。是昭公之時僭用他廟也。云季桓子僭於家廟舞之，故孔子譏之者，案經但云季氏，知是桓子者，以孔子與桓子同時，親見其事而譏之，故知桓子也。何休云：僭，齊也，下效上之辭。季氏陪臣也，而效君於上，故云僭也。大夫稱家。祭法：大夫三廟。此經又言於庭，魯之用樂見於經傳者，皆據廟中祭祀時，知此亦僭於其家廟舞之，故孔子譏之也。

三家者以雍徹。馬曰：三家謂仲孫、叔孫、季孫。雍，周頌臣工篇名。天子祭於宗廟，歌之以徹祭。今三家亦作此樂。子曰：相維辟公，天子穆穆，奚取於三家之堂。包曰：辟公謂諸侯及二王之後。穆穆，天子之容貌。雍篇歌此者，有諸侯及

二王之後來助祭故也今三家但家臣而已何取此義而作之於堂邪【疏】三家至之堂○正義曰此章譏三家之僭也三家者以雍徹者此弟子之言將論夫子所譏之語故先設此文以爲首引三家謂仲孫叔孫季孫雍周頌臣工篇名天子祭於宗廟歌之以徹祭今三家亦作此樂以徹祭故夫子譏之子曰相維辟公天子穆穆奚取於三家之堂者此夫子所譏之語也先引詩文後言其不可取之理也相維辟公天子穆穆者此雍詩之文也相助也維辭也辟公謂諸侯及二王之後穆穆天子之容貌雍篇歌此者有諸侯及二王之後來助祭故也今三家但家臣而已何取此義而作之於堂乎○注馬曰至此樂○正義曰三孫同是魯桓公之後桓公適子莊公爲君庶子公子慶父公子叔牙公子季友之孫是慶父之後叔孫是叔牙之後季孫是季友之後其後子孫皆以其仲叔季爲氏故有此氏並是桓公子孫故俱稱孫也至仲孫氏後世改仲曰孟孟者庶長之稱也言已是庶不敢與莊公爲伯仲叔季之次故取庶長爲始也云雍周頌臣工篇名者即周頌臣工之什第七篇也天子祭於宗廟歌之以徹祭者案周禮樂師云及徹帥學士而歌徹鄭玄云徹者歌雍又小師云徹歌鄭云於有司徹而歌雍是知天子祭於宗廟歌之以徹祭也今三家亦作此樂故夫子譏之也○注包曰至堂邪○正義曰云辟公謂諸侯及二王之後者此與毛傳同鄭玄以辟爲卿士公謂諸侯爲異餘亦同也云穆穆天子之容貌者曲禮云天子穆穆爾雅釋詁云穆穆美也是天子之容貌穆穆然美也云雍篇歌此者有諸侯及二王之後來助祭故也者將言無諸侯及二王之後助祭則不可歌也云今三家但家臣而已何取此義而作之於堂邪者卿大夫稱家家臣謂家相邑宰之屬來助祭耳何取此雍詩之義而奏作於堂邪邪語辭魯用天子禮樂以雍徹由是三家僭之也

子曰：人而不仁，如禮何？人而不仁，如樂何？包曰言人而不仁必不能行禮樂【疏】子曰至樂何○正義曰此章言禮樂資仁而行也人而不仁如禮何人而不仁如樂何者如奈也言人而不仁奈此禮樂何謂必不能行禮樂也

林放問禮之本。鄭曰林放魯人

子曰：大哉問！禮，與其奢也，寧儉；喪，與其易也，寧戚。包曰易和易也言禮之本意失於奢不如儉喪失於和易不如哀戚【疏】林放至寧戚○正義曰此章明禮之本意也林放魯人也問於夫子禮之本意如何子曰大哉問者夫子將荅禮本先嘆美之也禮之末節人尚不知林放能問其本其意非小故曰大哉問也禮與其奢也寧儉喪與其易也寧戚者此夫子所荅禮本也奢汰侈也儉約省也易和易也戚哀戚也與猶等也奢與儉易與戚等俱不合禮但禮不欲失於奢寧失於儉喪不欲失於易寧失於戚言禮之本意禮失於奢不如儉喪失於和易不如哀戚

子曰：夷狄之有君，不如諸夏之亡也。包曰諸夏中國亡無也【疏】子曰夷狄之有君不如諸夏之亡也○正義曰此章言中國禮義之盛而夷狄無也舉夷狄則戎蠻可知諸夏中國也亡無也言夷狄雖有君長而無禮義中國雖偶無君若周召共和之年而禮義不廢故曰夷狄之有君不如諸夏之亡也○注包曰諸夏中國○正義曰此及閔元年左氏傳皆言諸夏襄四年左傳魏絳云諸夷必叛華夏皆謂中國而謂之華夏者夏大也言有禮儀之大有文章之華也

季氏旅於泰山。子謂冉有曰：女弗能救與？馬曰旅祭名也禮諸侯祭山川在其封內者今陪臣祭泰山非禮也冉有弟子冉求時仕於季氏救猶止也 對曰：不能。

子曰：嗚呼！曾謂泰山不如林放乎？包曰神不享非禮林放尚知問禮泰山之神反不如林放邪欲誣而祭之【疏】季氏至放乎○正義曰此章譏季氏非禮祭泰山也季氏旅於泰山者旅祭名也禮諸侯祭山川在其封內者今陪臣祭泰山非禮也子謂冉有曰女弗能救與者冉有弟子冉求時仕於季氏救猶止也夫子見季氏非禮而祭泰山故以言謂弟子冉有曰汝既臣於季氏知其非禮卽合諫止女豈不能諫止與與語辭對曰不能者言季氏僭濫已不能諫止也子曰嗚呼曾謂泰山不如林放乎者孔子歎其失禮故曰嗚呼曾之言則也夫神不享非禮林放尚知問禮況泰山之神豈反不如林放乎而季氏欲誣罔而祭之也言泰山之神必不享季氏之祭若其享之則是不如林放也○注馬曰至止也○正義曰云旅祭名者周禮大宗伯職云國有大故則旅上帝及四望鄭注云故謂凶裁旅陳也陳其祭事以祈焉禮不如祀之備也故知旅祭名也云禮諸侯祭山川在其封內者王制云諸侯祭名山大川之在其地者是也云今陪臣祭泰山非禮也者陪重也諸侯既爲天子之臣故謂諸侯之臣爲陪臣泰山在魯封內故魯得祭之今季氏亦祭故云非禮云冉有弟子冉求者史記弟子傳云冉求字子有少孔子二十九歲鄭玄曰魯人

子曰：君子無所爭，必也射乎！孔曰言於射而後有爭 揖讓而升，下而飲，王曰射於堂升及下皆揖讓而相飲 其爭也君子。馬曰多筭飲少筭君子之所爭【疏】子曰至君子○正義曰此章言射禮有君子之風也君子無所爭者言君子之人謙卑自牧無所競爭也必也射乎者君子雖於他事無爭其或有爭必也於射禮乎言於射而後有爭也揖讓而升下而飲者射禮於堂將射升堂及射畢而下勝飲不勝其耦皆以禮相揖讓也其爭也君子者射者爭中正鵠而已不同小人厲色援臂故曰其爭也君子○注孔曰言於射而後有爭○正義曰鄭注射義云飲射爵者亦揖讓而升降勝者袒決遂執張弓不勝者襲說決拾卻左手右加弛弓於其上而升飲君子恥之是以射則爭中是於射而後有爭○注王曰至相飲○正義曰云射於堂升及下皆揖讓而相飲者儀禮大射云耦進上射在左並行當階北面揖及階揖升堂揖皆當其物北面揖及物揖射畢北面揖如升射是射時升降揖讓也大射又云及飲射爵之時勝者皆袒決遂執張弓不勝者皆襲說決拾卻左手右加弛弓于其上遂以執弣揖如始升射及階勝者先升升堂少右不勝者進北面坐取豐上之觶立卒觶坐奠於豐下興揖不勝者先降是飲射爵之時揖讓升降也○注馬曰多筭飲少筭○正義曰云多筭飲少筭者筭籌也鄉射記曰箭籌八十長尺有握握素是也多筭謂勝者少筭謂不勝者勝飲不勝而相揖讓故曰君子之所爭也

子夏問曰：巧笑倩兮，美目盼兮，素以爲絢兮。何謂也？馬曰倩笑貌盼動目貌絢文貌此上二句在衛風碩人之二章其下一句逸也

子曰：繪事後素。鄭曰繪畫文也凡繪畫先布衆色然後以素分布其間以成其文喻美女雖有倩盼美質亦須禮以成之

曰：禮後乎？孔曰孔子言繪事後素子夏聞而解知以素喻禮故曰禮後乎

子曰：起予者商也！始可與言詩已矣。包曰予我也孔子言子夏能發明我意可與共言詩【疏】子夏至詩已矣○正義曰此章言成人須禮也子夏問曰巧笑倩兮美目盼兮素以爲絢兮何謂也者倩笑貌盼動目貌絢文貌此衛風碩人之篇閔莊姜美而不見荅之詩也言莊姜既有巧笑美目倩盼之容又能以禮成文絢然素喻禮也子夏讀詩至此三句不達其旨故問夫子何謂也子曰繪事後素者孔子舉喻以荅子夏也繪畫文也凡繪畫先布衆色然後以素分布其間以成其文喻美女雖有倩盼美質亦須禮以成之也曰禮後乎者此子夏語子夏聞孔子言繪事後素卽解其旨知以素喻禮故曰禮後乎子曰起予者商也始可與言詩已矣者起發也予我也商子夏名孔子言能發明我意者是子夏也始可與共言詩也○注馬曰至逸也○正義曰云此上二句在衛風碩人之二章者案今毛詩碩人四章章七句其二章曰手如柔荑膚如凝脂領如蝤蠐齒如瓠犀螓首蛾眉巧笑倩兮美目盼兮是也云其下一句逸者今毛詩無此一句故曰逸言亡逸也○注鄭曰至成之○正義曰案考工記云畫繢之事雜五色下云畫繢之事後素功是知凡繪畫先布衆色然後以素分布其間以成其文章也

子曰：夏禮吾能言之，杞不足徵也；殷禮吾能言之，宋不足徵也。包曰徵成也杞宋二國名夏殷之後夏殷之禮吾能說之杞宋之君不足以成也 文獻不足故也，足則吾能徵之矣。鄭曰獻猶賢也我不以禮成之者以此二國之君文章賢才不足故也【疏】子曰至徵之矣○正義曰此章言夏商之後不能行先王之禮也夏禮吾能言之杞不足徵也殷禮言之宋不足徵也者徵成也杞宋二國言夏殷之後也孔子言夏殷之禮吾能說之但以杞宋之君闇弱不足以成之也文獻不足故也足則吾能徵之矣者此又言不足徵之意獻賢也孔子言我不以禮成之者以此二國之君文章賢才不足故也○注包曰王成也○正義曰徵成釋詁文云杞宋二國名夏殷之後者樂記云武王克殷下車而封夏后氏之後於杞封殷之後於宋是也

子曰：禘自既灌而往者，吾不欲觀之矣。孔曰禘祫之禮爲序昭穆故毀廟之主及羣廟之主皆合食於太祖灌者酌鬱鬯灌於太祖以降神也既灌之後列尊卑序昭穆而魯逆祀躋僖公亂昭穆故不欲觀之矣【疏】子曰禘自既灌而往者吾不欲觀之矣○正義曰此章言魯禘祭非禮之事禘者五年大祭之名灌者將祭酌鬱鬯於太祖以降神也既灌之後列尊卑序昭穆而魯逆祀躋僖公亂昭穆故孔子曰禘自既灌已往吾則不欲觀之也○注孔曰至觀之○正義曰云禘祫之禮爲序昭穆故毀廟之主及羣廟之主皆合食於太祖者鄭玄曰魯禮三年喪畢而祫於太祖明年春禘於羣廟自爾之後五年而再殷祭以遠主初始入祧新死之主又當與先君相接故禮因是而爲大祭以審序昭穆故謂之禘禘者諦也言使昭穆之次審諦而不亂也祫者合也文二年公羊傳曰大祫者何合祭也其合祭奈何毀廟之主陳于太祖未毀廟之主皆升合食於太祖是也云灌者酌鬱鬯灌於太祖以降神者郊特牲云周人尚臭灌用鬯臭鬱合鬯臭陰達於淵泉灌以圭璋用玉氣也既灌然後迎牲致陰氣也鄭注云灌謂以圭瓚酌鬯始獻神也鬱鬱金草釀秬爲酒煮鬱金草和之其氣芬芳調暢故曰鬱鬯言未殺牲先酌鬱鬯酒灌地以求神於太祖廟也云既灌之後列尊卑序昭穆者言既灌地降神之後始列木主以尊卑陳列太祖前太祖東鄉昭南鄉穆北鄉其餘孫從王父父曰昭子曰穆昭取其鄉明穆取其北面尚敬三年一祫五年一禘禘所以異於

禘者毀廟之主陳於太祖與祫同未毀廟之主則各就其廟而祭也云而魯逆祀躋僖公亂昭穆故不欲觀之者春秋文二年秋八月丁卯大事于太廟躋僖公公羊傳曰躋者何升也何言乎升僖公譏何譏爾逆祀也何休云升謂西上禮昭穆指父子近取法春秋惠公與莊公當同南面西上隱桓與閔僖亦當同北面西上繼閔者在下文公緣僖公於閔公爲庶兄置僖公於閔公上失先後之義故譏之是知當閔在僖上今升僖先閔故云逆祀二公位次之逆非昭穆亂也此注云亂昭穆及魯語云將躋僖公宗有司曰非昭穆也弗忌曰我爲宗伯明者爲昭其次爲穆何常之有如彼所言又似閔僖異昭穆者位次之逆如昭穆之亂假昭穆以言之非謂異昭穆也若兄弟相代卽異昭穆設今兄弟四人皆立爲君則祖父之廟卽已從毀知其理必不然故先儒無作此說以此逆祀失禮故孔子不欲觀之也

或問禘之說。子曰。不知也。孔曰荅以不知者爲魯諱知其說者之於天下也。其如示諸斯乎。指其掌。包曰孔子謂或人言知禘禮之說者於天下之事如指示掌中之物言其易了〔疏〕或問至其掌○正義曰此章言諱國惡之禮也或問禘之說者或人問孔子禘祭之禮其說何如子曰不知也者孔子荅言不知禘禮之說荅以不知者爲魯諱諱國惡禮也若其說之當云禘之禮序昭穆時魯躋僖公亂昭穆說之則彰國之惡故但言不知也知其說者之於天下也其如示諸斯乎也者諸於也斯此也孔子既荅或人以不知禘禮之說若不更說恐或人以爲已實不知無以明其諱國惡且恐後世以爲禘祭之禮聖人不知而致廢絶更爲或人言此也言我知禘禮之說者於天下之事中其如指示於此掌中之物言其易了也指其掌者此句弟子作論語時言也當時孔子舉一手伸掌以一手指之以示或人曰其如示諸斯乎弟子等恐人不知示諸斯謂指示何等物故著此一句言是時夫子指其掌也

祭如在。孔曰言事死如事生祭神如神在。孔曰謂祭百神子曰。吾不與祭。如不祭。包曰孔子或出或病而不自親祭使攝者爲之不致肅敬於心與不祭同〔疏〕祭如在至不祭○正義曰此章言孔子重祭禮祭如在者謂祭宗廟必致其敬如其親存言事死如事生也祭神如神在者謂祭百神亦如神之存在而致敬也子曰吾不與祭如不祭者孔子言我若親行祭事則必致其恭敬我或出或病而不自親祭使人攝代已爲之不致肅敬於心與不祭同○注謂祭百神○正義曰百神謂宗廟之外皆是言百神舉成數

王孫賈問曰。與其媚於奧。寧媚於竈。何謂也。孔曰王孫賈衛大夫奧內也以喻近臣竈以喻執政賈執政者欲使孔子求昵之微以世俗之言感動之也子曰。不然。獲罪於天。無所禱也。孔曰天以喻君孔子拒之曰如獲罪於天無所禱於衆神〔疏〕王孫至禱也○正義曰此章言夫子守禮不求媚於人也王孫賈者衛執政大夫也問曰與其媚於奧寧媚於竈何謂也者媚趣嚮也奧內也謂室內西南隅也以其隱奧故尊者居之其處雖尊而閒靜無事以喻近臣雖尊不執政柄無益於人也竈者飲食之所由雖處卑褻爲家之急用以喻國之執政位雖卑下而執賞罰之柄有益於人也此二句世俗之言也言與其趣於閒靜之處寧若趣於急用之竈以喻其求於無事之近臣寧若求於用權之執政王孫賈時執國政舉於二句佯若不達其理問於孔子曰何謂也欲使孔子求媚親昵於已故微以世俗之言感動之也子曰不然獲罪於天無所禱也者孔子拒賈之辭也然如此也言我則不如世俗之言也天以喻君獲猶得也我道之行否由於時君無求於衆臣如得罪於天無所禱於衆神

子曰。周監於二代。郁郁乎文哉。吾從周。孔曰監視也言周文章備於二代當從之〔疏〕子曰至從周○正義曰此章言周之禮文猶備也周監於二代郁郁乎文哉者監視也二代謂夏商郁郁文章貌言以今周代之禮法文章迴視夏商二代則周代郁郁乎有文章哉吾從周者言周之文章備於二代故從而行之也

子入太廟。包曰太廟周公廟孔子仕魯魯祭周公而助祭也每事問。或曰。孰謂鄹人之子知禮乎。入太廟。每事問。孔曰鄹孔子父叔梁紇所治邑時人多言孔子知禮或人以爲知禮者不當復問子聞之曰。是禮也。孔曰雖知之當復問愼之至也〔疏〕子入至禮也○正義曰此章言夫子愼禮也子入太廟者子謂孔子太廟周公廟孔子仕魯魯祭周公而助祭故得入之也每事問者言太廟之中禮器之屬每事輒問於令長也或曰孰謂鄹人之子知禮乎入太廟每事問者孰誰也鄹魯鄹邑大夫孔子父叔梁紇也或人有人曰誰謂鄹大夫之子知禮者也時人多言孔子知禮或人以爲知禮者不當復問何爲入太廟而每事問乎意以爲孔子不知禮子聞之曰是禮也者孔子聞或人之譏乃言其問之意以宗廟之禮當須重愼不可輕言雖已知之當更復問愼之至也○注包曰至助祭也○正義曰云太廟周公廟者文十三年公羊傳曰周公稱太廟魯公稱世室羣公稱宮故知太廟周公廟也云孔子仕魯者史記孔子世家云孔子貧且賤及長嘗爲季氏吏料量平嘗爲司職吏而畜蕃息由是爲司空其後定公以孔子爲中都宰一年四方皆則之由中都宰爲司空由司空爲大司寇攝相事是仕魯由是故得與助祭也○注孔曰至復問○正義曰云鄹孔子父叔梁紇所治邑者古謂大夫守邑者以邑冠之呼爲某人孔子父鄹邑大夫左傳稱鄹人紇故此謂孔子爲鄹人之子也左傳成二年云新築人仲叔于奚杜注云于奚守新築大夫卽此類也

子曰。射不主皮。馬曰射有五善焉一曰和志體和二曰和容有容儀三曰主皮能中質四曰和頌合雅頌五曰興武與舞同天子三侯以熊虎豹皮爲之言射者不但以中皮爲善亦兼取和容也爲力不同科。古之道也。馬曰爲力力役之事亦有上中下設三科焉故曰不同科〔疏〕子曰至古之道也○正義曰此章明古禮也射不主皮者言古者射不禮張布爲侯而棲熊虎豹之皮於中而射之射有五善焉不但以中皮爲善亦兼取禮樂容節也周衰禮廢射者無復禮容但以主皮爲善故孔子抑之云古之射者不主皮也爲力不同科者言古者爲力役之事亦有上中下設三科焉周衰政失力役之事貧富兼并強弱無別而同爲一科故孔子非之云古之爲力役不如今同科也古之道也者結上二事皆前古所行之道也○注馬曰至和容也○正義曰云射有五善焉者言射禮有五種之善下所引是也云一曰和至五曰興舞皆周禮鄉大夫職文也云志體和至興舞同皆馬融解義語案彼云退而以鄉射之禮五物詢衆庶一曰和二曰容三曰主皮四曰和容五曰興舞注云以用也行鄉射之禮而以五物詢於衆民鄭司農云詢謀也問於衆庶寧復有賢能者和謂閨門之內行也容謂容貌也主皮謂善射射所以觀士也故書舞爲無杜子春讀和容爲和頌謂能爲樂也無讀爲舞謂能爲六舞玄謂和載六德容包六行也庶民無射禮因田獵分禽則有主皮者張皮射之無侯也主皮和容興舞則六藝之射與禮樂是也今此注二曰和容衍和字五曰興武武當爲舞聲之誤也云天子三侯以熊虎豹皮爲之者周禮天官司裘職云王大射則共熊侯虎侯豹侯設其鵠諸侯則共熊侯豹侯卿大夫則共麋侯皆設其鵠注云大射者爲祭祀射王將有郊廟之事以射擇諸侯及羣臣與邦國所貢之士可以與祭者射者可以觀德行其容體比於禮其節比於樂而中多者得與於祭諸侯謂三公及王子弟封於畿內者卿大夫亦皆有采地焉其將祀其先祖亦與羣臣射以擇之凡大射各於其射宮侯者其所射也以虎熊豹麋之皮飾其側又方制之以爲臺謂之鵠著於侯中所謂皮侯王之大射虎侯王所自射也熊侯諸侯所射豹侯卿大夫以下所射諸侯之大射熊侯諸侯所自射豹侯羣臣所射卿大夫之大射麋侯君臣共射焉凡此侯道虎九十弓熊七十弓豹麋五十弓列國之諸侯大射大侯亦九十參七十干五十遠尊得伸可同耳所射正謂之侯者天子中之則能服諸侯諸侯以下中之則得爲諸侯鄭司農云鵠鵠毛也方十尺曰侯四尺曰鵠二尺曰正四寸曰質玄謂侯中之大小取數於侯道鄉射記曰弓二寸以爲侯中則九十弓者侯中廣丈八尺七十弓者侯中廣丈四尺五十弓者侯中廣一丈尊卑異等此數明矣考工記曰梓人爲侯廣與崇方參分其廣而鵠居一焉然則侯中丈八尺者鵠方六尺侯中丈四尺者鵠方四尺六寸大半寸侯中一丈者鵠方三尺三寸少半寸謂之鵠者取名於鳱鵠鳱鵠小鳥而難中是以中之爲儁亦取鵠之言較較者直也射所以直己志用虎熊豹麋之皮示服猛討迷士惑者射者大禮故取義衆也不大射士無臣祭無所擇也

子貢欲去告朔之餼羊。鄭曰牲生曰餼禮人君每月告朔於廟有祭謂之朝享魯自文公始不視朔子貢見其禮廢故欲去其羊子曰。賜也。爾愛其羊。我愛其禮。包曰羊存猶以識其禮羊亡禮遂廢〔疏〕子貢至其禮○正義曰此章言孔子不欲廢禮也子貢欲去告朔之餼羊者牲生曰餼禮人君每月告朔於廟因有祭謂之朝享魯自文公怠於政禮始不視朔廢朝享之祭有司仍供備其羊子貢見其禮廢故欲并去其羊也子曰賜也爾愛其羊我愛其禮者此孔子不許子貢之欲去羊故呼其名而謂之曰賜也爾以爲既廢其禮虛費其羊故欲去之是愛其羊也我以爲羊存猶以識其禮羊亡禮遂廢所以不去其羊欲使後世見此告朔之羊知有告朔之禮庶或復行之是愛其禮也○注鄭曰至其羊○正義曰云牲生曰餼者僖三十三年左傳曰餼牽竭矣餼與牽相對牽是牲可牽行則餼是已殺殺又非熟故解者以爲腥曰餼謂生肉未煮者也其實餼亦是生哀二十四年左傳云晉師乃還餼臧石牛是以生牛賜之也此及聘禮注皆云牲生曰餼由不與牽相對故爲生也云禮每月告朔於廟有祭謂之朝享者案周禮大史頒告朔于邦國鄭玄云天子頒朔于諸侯諸侯藏之祖廟至朔朝于廟告而受行之此云子貢欲去告朔之餼羊是用生羊告於廟謂之告朔人君卽以此日聽視此朔之政謂之視朔文十六年公四不視朔僖五年傳曰公旣視朔是也視朔者聽治此月之政亦謂之聽朔玉藻云天子聽朔于南門之外是也其日又以禮祭於宗廟謂之朝廟周禮謂之朝享司尊彝云追享朝享是也其歲首爲之則謂之朝正襄二十九年正月公在楚傳曰釋不朝正於廟是也告朔視朔聽朔朝廟享朝正二禮各有三名同日而爲之也必於月朔爲此告朔聽朔之禮者杜預春秋釋例曰人君者設官分職以爲民極

遠細事以全委任之責縱諸下以盡知力之用揔成敗以效能否執八柄以明誅賞故自非幾事皆委任焉誠信足以相感事貴盡而不擁故受位居職者思效忠善日夜自進而無所顧忌也天下之細事無數一日二日萬端人君之明有所不照人君之力有所不堪則不得不借問近習有時而用之如此則六鄉六遂之長雖躬履此事躬造此官當皆移聽於內官同心於左右政之粃亂常必由此聖人知其不可故簡其節敬其事因月朔朝廟遷坐正位會羣吏而聽大政考其所行而決其煩疑非徒議將然也乃所以考已然又惡其審聽之亂公也故顯衆以斷之是以上下交泰官人以理萬民以察天下以治也每月之朔必朝於廟因聽政事事敬而禮成以故告特羊然則朝廟朝正告朔視朔皆同日之事所從言異耳是言聽朔朝廟之義也玉藻說天子朝日之禮云聽朔於南門之外諸侯皮弁聽朔於太廟鄭玄以爲明堂在國之陽南門之外謂明堂也諸侯告朔以特羊則天子以特牛與天子用特牛告其帝及其神配以文王武王諸侯用特羊告太祖而已杜預以明堂與祖廟爲一但明堂是祭天之處天子告朔雖杜之義亦應告人帝朝享即月祭是也祭法云王立七廟祖廟曰考廟王考廟皇考廟顯考廟皆月祭之二祧享嘗乃止諸侯立五廟曰考廟王考廟皇考廟皆月祭之顯考廟祖考廟享嘗乃止然則天子告朔於明堂朝享於五廟諸侯告朔於大廟朝享自皇考以下三廟耳皆先告朔後朝廟朝廟小於告朔文公廢其大而行其小故春秋文公六年經云閏月不告朔猶朝于廟公羊傳曰猶者可止之辭也天子玄冕以視朔皮弁以日視朝諸侯皮弁以聽朔朝服以日視朝其閏月則聽朔於明堂闔門左扉立於其中聽政於路寢門終月故於文王在門爲閏云魯自文公始不視朔者即文六年閏月不告朔是也

子曰。事君盡禮。人以爲諂也。孔曰時事君者多無禮故以有禮者爲諂〔疏〕子曰至諂也○正義曰此章疾時臣事君多無禮也言若有人事君盡其臣禮謂將順其美及善則稱君之類而無禮之人反以爲諂佞也

定公問君使臣。臣事君。如之何。孔曰定公魯君謚時臣失禮定公患之故問之孔子對曰。君使臣以禮。臣事君以忠。〔疏〕定公問至以忠○正義曰此章明君臣之禮也定公問君使臣臣事君如之何者定公魯君也時臣失禮君不能使定公患之故問於孔子曰君之使臣及臣之事君當如之何也孔子對曰君使臣以禮臣事君以忠者言禮可以安國家定社稷止由君不用禮則臣不竭忠故對曰君之使臣以禮則臣必事君以忠也○注孔曰至問之○正義曰云定公魯君謚者魯世家云定公名宋襄公之子昭公之弟以敬王十一年即位謚法安民大慮曰定

子曰。關雎樂而不淫。哀而不傷。孔曰樂不至淫哀不至傷言其和也〔疏〕子曰至不傷○正義曰此章言正樂之和也關雎者詩國風周南首篇名興后妃之德也詩序云樂得淑女以配君子憂在進賢不淫其色是樂而不淫也哀窈窕思賢才而無傷善之心焉是哀而不傷也樂不至淫哀不至傷言其正樂之和也

哀公問社於宰我。宰我對曰。夏后氏以松。殷人以栢。周人以栗。曰使民戰栗。孔曰凡建邦立社各以其土所宜之木宰我不本其意妄爲之說因周用栗便云使民戰栗子聞之曰。成事不說。包曰事已成不可復解說遂事不諫。包曰事已遂不可復諫止既往不咎。包曰事已往不可復追咎孔子非宰我故歷言此三者欲使慎其後〔疏〕哀公至不咎○正義曰此章明立社所用木也哀公問社於宰我者哀公魯君也社五土之神也凡建邦立社各以其土所宜木哀公未知其禮故問於弟子宰我也宰我對曰夏后氏以松殷人以栢周人以栗曰使民戰栗者三代立社各以其土所宜木故宰我舉之以對哀公也但宰我不本其土宜之意因周用栗便妄爲之說曰周人以栗者欲使其民戰栗故也子聞之曰成事不說遂事不諫既往不咎者孔子聞宰我對哀公使民戰栗知其虛妄無如之何故曰事已成不可復解說也事已遂不可復諫止也事已往不可復追咎也歷言此三者以非之欲使慎其後也○注孔曰至戰栗○正義曰云凡建邦立社各以其土所宜之木者以社者五土之揔神故凡建邦立國必立社也夏都安邑宜松殷都亳宜栢周都豐鎬宜栗是各以其土所宜木也謂用其木以爲社主張包周本以爲哀公問主於宰我先儒或以爲宗廟主者杜元凱何休用之以解春秋以爲宗廟主今所不取

子曰。管仲之器小哉。言其器量小也或曰。管仲儉乎。包曰或人見孔子小之以爲謂之大儉曰。管氏有三歸。官事不攝。焉得儉。包曰三歸娶三姓女婦人謂嫁曰歸攝猶兼也禮國君事大官各有人大夫兼并今管仲家臣備職非爲儉然則管仲知禮乎。包曰或人以儉問故荅以安得儉或人聞不儉便謂爲得禮曰。邦君樹塞門。管氏亦樹塞門。邦君爲兩君之好。有反坫。管氏亦有反坫。鄭曰反坫反爵之坫在兩楹之間人君別內外於門樹屏以蔽之若與鄰國爲好會其獻酢之禮更酌酌畢則各反爵於坫上今管仲皆僭爲之如是是不知禮管氏而知禮。孰不知禮。〔疏〕子曰至知禮○正義曰此章言管仲僭禮也子曰管仲之器小哉者管仲齊大夫管夷吾也孔子言其器量小也或曰管仲儉乎者或人見孔子言管仲器小以爲謂其大儉故問曰管氏儉乎曰管氏有三歸官事不攝焉得儉者孔子荅或人以管仲不儉之事也婦人謂嫁曰歸攝猶兼也焉猶安也禮大夫雖有妾媵嫡妻唯娶一姓今管仲娶三姓之女故曰有三歸禮國君事大官各有人大夫雖得有家臣不得每事立官當使一官兼攝餘事今管仲家臣備職奢豪若此安得爲儉也然則管仲知禮乎者或人聞孔子言管仲不儉便謂爲得禮故又問曰然則管仲是知禮之人乎曰邦君樹塞門管氏亦樹塞門邦君爲兩君之好有反坫管氏亦有反坫者此孔子又爲或人說管仲不知禮之事也邦君諸侯也屏謂之樹人君別內外於門樹屏以蔽塞之大夫當以簾蔽其位耳今管仲亦如人君樹屏以塞門也反坫反爵之坫在兩楹之間人君與鄰國爲好會其獻酢之禮更酌酌畢則各反爵於坫上大夫則無之今管仲亦有反爵之坫僭濫如此是不知禮也管氏而知禮孰不知禮者孔子舉其僭禮於上而以此言非之孰誰也言若謂管氏而爲知禮更誰爲不知禮言雖管氏不知禮也○注包曰至爲儉○正義曰云婦人謂嫁曰歸者隱二年公羊傳文何休曰婦人生以父母爲家嫁以夫爲家故謂嫁曰歸明有三歸之道也○注鄭曰至知禮○正義曰云反坫反爵之坫在兩楹之間者以鄉飲酒是鄉大夫之禮於房戶間燕禮是燕己之臣子故尊於東楹之西若兩君相敵則尊於兩楹間故其坫在兩楹間也云人君別內外於門樹屏以蔽之者釋宮云屏謂之樹郭璞曰小牆當門中郊特牲云臺門而旅樹鄭玄云此皆諸侯之禮也旅道也屏謂之樹樹所以蔽行道管氏樹塞門塞猶蔽也禮天子外屏諸侯內屏大夫以簾士以帷是也云若與鄰國爲好會其獻酢之禮更酌酌畢則各反爵於坫上者熊氏云主君獻賓賓筵前受爵飲畢反此虛爵於坫上於西階上拜主人於阼階上荅拜賓於坫取爵洗爵酌以酢主人主人受爵飲畢反此虛爵於坫上主人阼階上拜賓荅拜是賓主飲畢反爵於坫上也而云酌畢各反爵於坫上者文不具耳其實當飲畢

子語魯大師樂。曰。樂其可知也。始作。翕如也。大師樂官名五音始奏翕如盛從之。純如也。從讀曰縱言五音既發放縱盡其音聲純純和諧也皦如也。言其音節明也繹如也。以成。縱之以純如皦如繹如言樂始作翕如而成於三〔疏〕子語至以成○正義曰此章明樂子語魯大師樂者大師樂官名猶周禮之大司樂也於時魯國禮樂崩壞故孔子以正樂之法語之使知也曰樂其可知也者言五音翕然盛也翕盛皃如皆語辭從之純如也者從讀曰縱謂放縱也純和也言五音既發放縱盡其音聲純純和諧也皦如也者皦明也言其音節分明也繹如也者言其音落繹然相續不絕也以成者言樂始作翕如又縱之以純如皦如繹如則正樂以之而成也

儀封人請見。鄭曰儀蓋衛邑封人官名曰。君子之至於斯也。吾未嘗不得見也。從者見之。包曰從者弟子隨孔子行者通使得見出曰。二三子何患於喪乎。天下之無道也久矣。孔曰語諸弟子言何患於夫子聖德之將喪亡邪天下之無道已久矣極衰必盛天將以夫子爲木鐸。孔曰木鐸施政教時所振也言天將命孔子制作法度以號令於天下〔疏〕儀封至木鐸○正義曰此章明夫子之德天將命之使其定禮樂也儀封人請見衛國儀邑典封疆之人請告於孔子從者欲見孔子也曰君子之至於斯也吾未嘗不得見也者此所請辭也嘗曾也言往者有德之君子至於我斯地也吾嘗得見之未曾有不得見者也從者見之者從者謂弟子隨孔子行者既見其請故爲之紹介通使得見也出曰二三子何患於喪乎者儀封人請既見夫子出門乃語諸弟子曰二三子何須憂患於夫子聖德之將喪亡乎天下之無道也久矣者此封人又說孔子聖德不喪之由也言事不常一盛必有衰衰極必盛今天下之衰亂無道亦已久矣言拯弱興衰屬在夫子天將以夫子爲木鐸者木鐸金鈴木舌施政教時所振也言天將命孔子制作法度以號令於天下如木鐸以振文教也○注鄭曰儀蓋至官名○正義曰云儀蓋衛邑者以左傳衛侯入於夷儀疑與此是一故云蓋衛邑也云封人官名者周禮封人掌爲畿封而樹之鄭玄云畿上有封若今時界也天子封人職典封疆則知諸侯封人亦然也左傳言頴谷封人祭仲足爲祭封人宋高哀爲蕭封人此云儀封人皆以地名封人蓋職典封疆居在邊邑頴谷儀祭皆是國之邊邑也○注包曰至得見○正義曰云通使得見者見謂爲之紹介使之見也若左傳云乃見鱄設諸焉齊豹見宗魯於公孟亦然○注孔曰至天下○正義曰云木鐸施政教時所振也者禮有金鐸木鐸鐸是鈴也其體以金爲之明舌有金木之異知木鐸是木舌也周禮教鼓人以金鐸通鼓大司馬教振旅兩司馬執鐸明堂位云振木鐸於朝是武事

振金鐸文事振木鐸此云木鐸施政教時所振者所以振文教是也子謂韶。盡美矣。又盡善也。孔曰韶舜樂名謂以聖德受禪故盡善謂武。盡美矣。未盡善也。孔曰武武王樂也以征伐取天下故未盡善〔疏〕子謂至善也○正義曰此章論韶武之樂子謂韶盡美矣又盡善也者韶舜樂名韶紹也德能紹堯故樂名韶言韶樂其聲及舞極盡其美揖讓受禪其聖德又盡善也謂武盡美矣未盡善也者武周武王樂以武得民心故名樂曰武言武樂音曲及舞容則盡極美矣然以征伐取天下不若揖讓而得故其德未盡善也○注孔曰至盡善○正義曰云韶舜樂名者樂記云韶繼也注云韶之言紹也言舜之道德繼紹於堯也元命包曰舜之時民樂其紹堯業其書益稷云簫韶九成鳳皇來儀是韶爲舜樂名也云謂以聖德受禪故盡善者書序云昔在帝堯聰明文思光宅天下將遜于位讓于虞舜孔安國云若使攝遂禪之禪即讓也是以聖德受禪也○注孔曰至未盡善○正義曰云武武王樂也者禮器云樂也者樂其所自成注云作樂者緣民所樂於己之功然則以武王用武除暴爲天下所樂故謂其樂爲武樂武樂爲一代大事故歷代皆稱大也云以征伐取天下故未盡善者以臣伐君雖曰應天順人不若揖讓而受故未盡善也子曰。居上不寬。爲禮不敬。臨喪不哀。吾何以觀之哉。〔疏〕子曰居上不寬爲禮不敬臨喪不哀吾何以觀之哉○正義曰此章揔言禮意居上位者寬則得衆不寬則失於苛刻凡爲禮事在於莊敬不敬則失於傲惰親臨死喪當致其哀不哀則失於和易凡此三失皆非禮意人或若此不足可觀故曰吾何以觀之哉

論語注疏校勘記　阮元撰盧宣旬摘錄

八佾第三

孔子謂季氏章

金鍾鎛也　毛本鍾作鐘閩本鎛誤鏄北監本鍾亦作鐘鎛亦誤鏄

重周公故以賜魯　禮記祭統重作康

吾何僭哉　公羊傳哉上有矣字

下効上之辭　閩本同北監本毛本効作效案効乃效之俗字今正

三家者以雍徹　釋文出撤字云本或作徹案五經文字云撤去也案字書無此字見論語

今三家亦作此樂　皇本樂下有者也二字○按者是衍文

天子穆穆　皇本穆穆下有矣字

天子之容貌　皇本貌作也

雍篇歌此者　皇本此下有曲字

但家臣而已　本但誤伹今改正

季氏旅於泰山章

季氏旅於泰山　玉篇云祣祭名論語作旅廣韻云祣祭山川名論語只作旅○按說文有旅無祣鄭氏注大司徒云旅陳也陳其祭事以祈焉

女弗能救與　皇本高麗本弗作不

君子無所爭章

多筭飲少筭　毛本筭作算釋文出多筭云本今作筭案五經文字云筭祖亂反作笇訛算先卯反從具見禮經說文筭計厤數者从竹弄算數也从竹具據此則字當作筭

右加弛弓　毛本作弛○按禮注射儀注作弛是正字

揖如始升射　儀禮大射儀無始字

坐奠於豐下興揖　本興誤與今訂正

鄉射記曰　北監本毛本記作禮後射不主皮章疏同○按作記是也

巧笑倩兮章

巧笑倩兮　皇本北監本毛本笑作笑後陽貨篇子之武城章夫子莞爾而笑皇本閩本北監本毛本亦竝作笑五經文字云笑喜也從竹下犬○按釋文注中多作笑竹下笑大井古也

美目盼兮　唐石經閩本北監本同毛本盼作盻下竝同○案說文盼詩曰美目盼兮从目分聲盻恨視也从目兮聲音義迥別毛本改从分是今依訂正

繪事後素　釋文出繪事云本又作績同畫文也案繪績古通用周禮考工記凡畫繢之事後素功注及文選夏侯常侍誄注竝引作績

凡繪畫先布衆色　皇本作畫繪又色作采

然後以素分布其閒　皇本無布字

起予者商也　漢石經無者字

可與共言詩　皇本詩下有已矣二字

夏禮吾能言之章

殷禮言之　浦鏜云禮下脫吾能二字

徵成釋詁文　孫志祖云今爾雅釋詁無此文

封殷之後於宋是也　禮記樂記封作投

禘自既灌而往章

列尊卑　皇本列作別

而魯逆祀　皇本魯下有爲字

禘者二年大祭之名　浦鏜云五誤二今正

禘祭自既灌已往　閩本北監本毛本已作以○按已以古字通

五年一禘　本五誤王今正

是知當閔在僖上　本上誤上今正

或問禘之說章

爲魯諱　皇本作爲魯君諱也

如指示掌中之物　皇本掌上有以字

其如示諸斯乎也者　浦鏜云也字衍

言我知禘禮之說者於天下之事中　浦鏜云我疑若字誤中字疑衍

祭如在章

不致肅敬於心　皇本不上有故字無肅字毛本於誤作其疏文可證也

與其媚於奧章

賈執政者　皇本賈下有者字者下有也字

欲使孔子求昵之　釋文出求昵云亦作暱案昵暱古字通五經文字云暱昵同尼一反近也

孔子拒之曰　皇本拒作距北監本誤作柜五經文字云拒與距同○按距雞距字說文有歫無拒歫即拒也

舉於二句　浦鏜云於疑此字誤

周監於二代章

郁郁乎文哉　汗簡云古論語郁作戫案說文戫有文章也戫即戫字之省

當從之　皇本作當從周也

此章言周之禮文猶備也　浦鏜云猶當獨字誤

子入太廟章

子入太廟　唐石經皇本太作大下文及注竝同後竝放此唯本篇管仲之器小哉章注以爲謂之太儉皇本亦作太案釋文出大字云音泰則此當作大爲是

嘗爲季氏史　閩本北監本同毛本史作吏今依訂正

射不主皮章

云志體和至與舞同　北監本閩本與誤興

行鄉射之禮　本鄉誤卿今正

無讀爲舞 本讀誤不今正

與禮與樂是也 按周禮注無下與字

主將有祭祀之射 北監本毛本作主將有郊廟之事浦鏜云主當作王是也

卿大夫亦皆有采地焉 本卿誤鄉焉誤馬今並正○案閩本北監本卿亦誤鄉

其將祀其先祖 本先誤無閩本同案此無作无形近之譌今正

又方制之以爲𩫖 本𩫖誤韋閩本同北監本毛本作𩫖亦誤○今正

鄉射記曰 毛本記作禮周禮注作記不誤

討迷士惑者 閩本同北監本毛本無士字○補案此士字因下士不大射誤衍

不大射 本大誤犬今改正○補毛本不上有士字案此誤脫

子貢欲去告朔之餼羊章

爾愛其羊 唐石經爾作女皇本高麗本作汝

云禮每月告朔於廟 浦鏜云據注文每上脫人君二字

是用牲羊告於廟 閩本同案牲當作生今訂正

則謂之朝政 閩本同毛本政作正是也今依訂正

朝廟享朝正 毛本享上有朝字此誤脫也閩本北監本毛本作朝廟享廟正尤誤

皆委立焉 閩本同毛本立作任是也今依正

雖則履此事 浦鏜云躬誤則今依正

每月之朝 閩本同毛本朝作朔案朝字誤今正

以故告特羊 本特誤時今正

王立七廟祖廟 禮記祭法無祖廟二字按下脫祖考廟三字此蓋因下文誤衍

廟享自皇考以下 閩本北監本同毛本廟作朝是也今依正

關雎樂而不淫章

樂不至淫哀不至傷 皇本不上並有而字

哀窈窕 北監本窈作窈窈字非也毛本窈誤窕

哀公問社於宰我章

哀公問社於宰我 釋文出問社云鄭本作主云主田主謂社案左氏文二年經丁丑作僖公主正義云論語哀公問主於宰我古論語及孔鄭皆以爲社主以張包周等並爲廟主故杜所依用

使民戰栗 皇本高麗本栗下有也字

不可復追咎 皇本追下有非字

杜元凱 本元誤無今正

管仲之器小哉章

以爲謂之大儉 皇本大作太儉下有乎字按釋文出大儉云音泰

焉得儉 皇本高麗本儉下有乎字

三歸娶三姓女 皇本作三歸者娶三姓女也釋文出取三云本今作娶○按娶正字古多假取字

婦人謂嫁曰歸 皇本曰作爲釋文出謂嫁爲歸云一本無爲字本今作曰歸

便謂爲得禮 皇本作更謂爲得知禮也

邦君爲兩君之好 漢石經避高帝諱邦作國後放此

有反坫管氏亦有反坫 毛本坫並誤站

人君別內外 皇本作人君有別外內

若與鄰國爲好會 皇本國下有君字

孰不知禮 皇本禮下有也字

隱二年公羊傳文 各本二誤三今正

反此虛爵於坫上 各本此誤坫今正

子語魯大師樂章

子語魯大師樂曰 閩本毛本作太師按釋文出大師云音泰注同

樂其可知也 皇本高麗本也下有已字

五音始奏 皇本五上有言字

從之純如也 唐石經避憲宗諱純作紬後放此按史記孔子世家從作縱後漢書班固傳注亦引作縱當是古論

放縱盡其音聲 皇本無音字

純純和諧也 皇本和上有如字按史記孔子世家集解引此注不重純字

言其音節明也 皇本明上有分字

言樂始作翕如而成於三 皇本作作於史記孔子世家集解引同皇本三下有者也二字

落繹然相續不絕也 補北監本毛本落作絡

儀封人請見章

儀盇衞邑 皇本衞下有下字

君子之至於斯也 皇本高麗本也作者

天下之無道也久矣 高麗本無也字

儀封人既請見夫子 各本並誤作請既今訂正

子謂韶章

又盡善也 嘉定錢大昕養新錄云漢書董仲舒傳本引又盡善矣上矣下也語意不同當是論語古本今漢書亦改作也唯宋景祐本是矣字西漢策要與景祐本同

故盡善 皇本作故曰盡善也下作故曰未盡善也

鳳皇來儀 閩本北監本皇作凰○按皇凰正俗字

武樂爲一代大事 盧文弨挍本改武爲夫

論語注疏解經卷第四

何晏集解　邢昺疏

里仁第四

〔疏〕正義曰此篇明仁仁者善行之大名也君子體仁必能行禮樂故以次前也

子曰。里仁為美。鄭曰里者仁之所居居於仁者之里是為美擇不處仁。焉得知。鄭曰求居而不處仁者之里不得為有知〔疏〕子曰至得知。○正義曰此章言居必擇仁也里仁為美者里居也仁者之所居處謂之里仁凡人之擇居於仁者之里是為美也擇不處仁焉得知者焉猶安也擇求居處而不處仁者之里安得為有知也

子曰。不仁者不可以久處約。孔曰久困則為非不可以長處樂。孔曰必驕佚仁者安仁。包曰惟性仁者自然體之故謂安仁知者利仁。王曰知仁為美故利而行之〔疏〕子曰至利仁。○正義曰此章明仁性也不仁者不可以久處約者言不仁之人不可令久長處貧約若久困則為非也不可以長處樂者言亦不可令久長處於富貴逸樂若久長處樂則必驕佚仁者安仁者謂天性仁者自然安而行之也知者利仁者知能照識前事知仁為美故利而行之也。○注包曰至安仁。○正義曰此經仁者安仁知者利仁與表記正同理亦不異云惟性仁者自然體之者言天性仁者非關利害自然汎愛施生體包仁道易文言曰君子體仁足以長人是也。○注王曰至行之。○正義曰云知仁為美故利而行之者言有知謀者貪利而行仁有利則行無利則止非本情也

子曰。唯仁者能好人。能惡人。孔曰唯仁者能審人之所好惡〔疏〕子曰唯仁者能好人能惡人。○正義曰此章言唯有仁德者無私於物故能審人之好惡也

子曰。苟志於仁矣。無惡也。孔曰苟誠也言誠能志於仁則其餘終無惡〔疏〕子曰苟志於仁矣無惡也。○正義曰苟誠也此章言誠能志在於仁則其餘行終無惡也

子曰。富與貴。是人之所欲也。不以其道得之。不處也。孔曰不以其道得富貴則仁者不處貧與賤。是人之所惡也。不以其道得之。不去也。時有否泰故君子履道而反貧賤此則不以其道得之雖是人之所惡不可違而去之君子去仁。惡乎成名。孔曰惡乎成名者不得成名為君子君子無終食之間違仁。造次必於是。顛沛必於是。馬曰造次急遽顛沛偃仆雖急遽偃仆不違仁〔疏〕子曰至於是。○正義曰此章廣明仁行也富與貴是人之所欲也不以其道得之不處也者富者財多貴者位高此二者是人之所貪欲也若不以其道而得之雖是人之所欲而仁者不處也貧與賤是人之所惡也不以其道得之不去也者乏財曰貧無位曰賤此二者是人之所嫌惡也時有否泰故君子履道而反貧賤此則不以其道而得之雖是人之所惡而仁者不違而去之也君子去仁惡乎成名者惡乎猶於何也言人欲為君子唯行仁道乃得君子之名若違去仁道則於何得成名為君子乎言去仁則不得成名為君子也君子無終食之間違仁者言仁不可斯須去身故君子無食頃違去仁道也造次必於是顛沛必於是者造次急遽也顛沛偃仆也言君子之人雖身有急遽偃仆之時而必守於是仁道而不違去也。○注馬曰至違仁。○正義曰云造次急遽者造次猶言草次鄭玄云倉卒也皆迫促不暇之意故云急遽云顛沛偃仆者說文云偃僵也仆頓也則偃是仰倒也仆是踣倒也雖遇此顛躓之時亦不違仁也

子曰。我未見好仁者。惡不仁者。好仁者無以尚之。孔曰難復加也惡不仁者。其為仁矣。不使不仁者加乎其身。孔曰言惡不仁者能使不仁者不加非義於己不如好仁者無以尚之為優有能一日用其力於仁矣乎。我未見力不足者。孔曰言人無能一日用其力脩仁者耳我未見欲為仁而力不足者蓋有之矣。我未之見也。孔曰謙不欲盡誣時人言不能為仁故云為能有爾我未之見也〔疏〕子曰至見也。○正義曰此章疾時無仁也我未見好仁者惡不仁者孔子言我未見性好仁者亦未見能疾惡不仁者也好仁者無以尚之者此覆說上好仁者也尚上也言性好仁者為德之最上他行無以更上之言難復加也惡不仁者其為仁矣不使不仁者加乎其身此覆說上惡不仁者也言能疾惡不仁者亦得為仁但其行少劣故曰其所為仁矣也唯能不使不仁者加乎非義於己身也不如好仁者無以尚之為優也有能一日用其力於仁矣乎者言世不脩仁也故曰有人能一日之間用其力於仁道矣乎言人誠能一日用其力脩仁者耳我未見力不足者言德輶如毛行仁甚易我欲仁斯仁至矣何須用力故曰我未見欲為仁而力不足者也蓋有之矣我未之見也者此孔子謙不欲盡誣時人言不能為仁故曰蓋有能為之者矣但我未之見也

子曰。人之過也。各於其黨。觀過。斯知仁矣。孔曰黨黨類小人不能為君子之行非小人之過當恕而勿責之觀過使賢愚各當其所則為仁矣〔疏〕子曰至仁矣。○正義曰此章言仁恕也人之過也各於其黨者黨黨類也言人之為過也君子小人各於其類也觀過斯知仁矣者言觀人之過使賢愚各當其所若小人不能為君子之行非小人之過當恕而勿責之斯知仁者之用心矣

子曰。朝聞道。夕死可矣。言將至死不聞世之有道〔疏〕子曰朝聞道夕死可矣正義曰此章疾世無道也設若早朝聞世有道暮夕而死可無恨矣言將至死不聞世之有道也

子曰。士志於道。而恥惡衣惡食者。未足與議也。〔疏〕子曰至議也。○正義曰此章言人當樂道固窮也士者人之有士行者也言士雖志在善道而衣服飲食好其華美恥其麤惡者則是志道不篤故未足與言議於道也

子曰。君子之於天下也。無適也。無莫也。義之與比。〔疏〕子曰至與比。○正義曰此章貴義也適厚也莫薄也比親也言君子於天下之人無擇於富厚與窮薄者但有義者則與相親也

子曰。君子懷德。孔曰懷安也小人懷土。孔曰重遷君子懷刑。孔曰安於法小人懷惠。包曰惠恩惠〔疏〕子曰至懷惠。○正義曰此章言君子小人所安不同也君子懷德小人懷土者懷安也君子執德不移是安於德也小人安安而不能遷者難於遷徙是安於土也君子懷刑小人懷惠者刑法制惠恩惠也君子樂於法制齊民是懷刑也小人唯利是親安於恩惠是懷惠也

子曰。放於利而行。孔曰放依也每事依利而行多怨。孔曰取怨之道〔疏〕子曰放於利而行多怨。○正義曰此章惡利也放依也言人每事依於財利而行則是取怨之道也故多為人所怨恨也

子曰。能以禮讓為國乎。何有。何有者言不難不能以禮讓為國。如禮何。包曰如禮何者言不能用禮〔疏〕子曰至禮何。○正義曰此章言治國者必須禮讓也能以禮讓為國乎者為猶治也禮節民心讓則不爭言人君能以禮讓為教治其國乎云何有者謂以禮讓治國何有其難言不難也不能以禮讓為國者言人君不能明禮讓以治民也如禮何者言有禮而不能用如此禮何

子曰。不患無位。患所以立。不患莫己知。求為可知也。包曰求善道而學行之則人知己〔疏〕子曰至知也。○正義曰此章勸學也不患無位者言不憂爵位也患所以立者言但憂其無立身之才學耳不患莫己知者言不憂無人見知於己也求為可知也者言求善道而學行之使己才學有可知重則人知己也

子曰。參乎。吾道一以貫之。曾子曰。唯。孔曰直曉不問故荅曰唯子出。門人問曰。何謂也。曾子曰。夫子之道。忠恕而已矣。〔疏〕子曰至已矣。○正義曰此章明忠恕也子曰參乎者呼曾子名欲語之也吾道一以貫之者貫統也孔子語曾子言我所行之道唯用一理以統天下萬事之理也曾子曰唯者曾子直曉其理更不須問故荅曰唯子出者孔子出去也門人問曰何謂也者門人曾子弟子也不曉夫子之言故問於曾子也曾子曰夫子之道忠恕而已矣者荅門人也忠謂盡中心也恕謂忖己度物也言夫子之道唯以忠恕一理以統天下萬事之理更無他法故云而已矣

子曰。君子喻於義。小人喻於利。孔曰喻猶曉也〔疏〕子曰君子喻於義小人喻於利。○正義曰此章明君子小人所曉不同也喻曉也君子則曉於仁義小人則曉於財利

子曰。見賢思齊焉。包曰思與賢者等見不賢而內自省也。〔疏〕子曰至省也。○正義曰此章勉人為高行也見彼賢則思與之齊等見彼不賢則內自省察得無如彼人乎

子曰。事父母幾諫。包曰幾者微也當微諫納善言於父母見志不從。又敬不違。勞而不怨。包曰見志見父母志有不從己諫之色則又當恭敬不敢違父母意而遂己之諫〔疏〕子曰至不怨。○正義曰此并下四章皆明孝事父母幾諫者幾微也父母有過當微納善言以諫於父母也見志不從又敬不違者見父母志有不從己諫之色則又當恭敬不敢違父母意而遂己之諫也勞而不怨者父母使己以勞辱之事己當盡力服其勤不得怨父母也

子曰。父母在。不遠遊。遊必有方。鄭曰方猶常也〔疏〕子曰父母在不遠遊遊必有方。○正義曰方猶常也父母既存或時思欲見己故不遠遊遊必有常所欲使父母呼己得即知其處也設若告云詣甲則不得更詣乙恐父母呼己於甲處不見則使父母憂也

子曰。三年無改於父之道。可謂孝矣。鄭曰孝子在喪哀戚思慕無所改於

父之道非心所忍爲〔疏〕子曰三年無改於父之道可謂孝矣。正義曰言孝子在父母喪三年之中哀戚思慕無所改爲父之道非心所忍爲故也此章與學而篇同當是重出學而篇是孔注此是鄭注本或二處皆有

子曰。父母之年。不可不知也。一則以喜。一則以懼。孔曰見其壽考則喜見其衰老則懼〔疏〕子曰父母之年不可不知也一則以喜一則以懼。正義曰言孝子當知父母之年也其意有二一則以父母年多見其壽考則喜也一則以父母年老形必衰弱見其衰老則憂懼也

子曰。古者言之不出。恥躬之不逮也。包曰古人之言不妄出口爲身行之將不及〔疏〕子曰古者言之不出恥躬之不逮也。正義曰此章明慎言躬身也逮及也言古人之言不妄出口爲身行之將不及故也

子曰。以約失之者鮮矣。孔曰俱不得中奢則驕佚招禍儉約無憂患〔疏〕子曰至鮮矣。正義曰此章貴儉鮮少也得中合禮爲事乃善設若奢儉俱不得中奢則驕佚招禍儉約無憂患是以約致失者少也

子曰。君子欲訥於言而敏於行。包曰訥遲鈍也言欲遲而行欲疾〔疏〕子曰君子欲訥於言而敏於行。正義曰此章慎言貴行也訥遲鈍也敏疾也言君子但欲遲鈍於言敏疾於行惡時人行不副言也

子曰。德不孤。必有鄰。方以類聚同志相求故必有鄰是以不孤〔疏〕子曰德不孤必有鄰。正義曰此章勉人脩德也有德則人所慕仰居不孤特必有同志相求與之爲鄰也。注方以至不孤。正義曰云方以類聚者周易上繫辭文也方謂法術性行各以類相聚也云同志相求者周易乾卦文言也言志同者相求爲朋友也故必有鄰是以不孤者案坤卦文言曰君子敬以直內義以方外敬義立而德不孤言身有敬義以接於人則人亦敬義以應之是亦德不孤也

子游曰。事君數。斯辱矣。朋友數。斯疏矣。數謂速數之數〔疏〕子游曰事君數斯辱矣朋友數斯疏矣。正義曰此章明爲臣結交當以禮漸進也數謂速數數則瀆而不敬故事君數斯致罪辱矣朋友數斯見疏薄矣。注數謂速數之數。正義曰嫌讀爲上聲去聲故辨之

論語注疏挍勘記　阮元撰盧宣旬摘録

里仁第四

里仁爲美章

里仁爲美　高麗本美作善

里者仁之所居　皇本作里者民之所居也案此當依皇本作民文選潘岳閒居賦注引作人之所居也當是避唐諱耳

是爲美　皇本作是爲善也案義疏云文云美而注云善者夫美未必善故鄭深明居仁者里必是善也疑邪疏作美誤觀閒居賦注亦引作善可證

擇不處仁　案困學紀聞載張衡思元賦注引論語宅不處仁謂古文本作宅字九經古義云按釋名曰宅擇也擇吉處而營之是宅有擇義或古文作宅訓爲擇亦通

焉得知　皇本高麗本知作智後並放此案釋文出知字云音智注及下同

不仁者不可以久處約章

知仁爲美故利而行之　皇本作智者知仁爲美故利而行之也

苟志於仁矣章

無惡也　漢石經高麗本無也字

富與貴章

是人之所欲也　此句也字及下是人之所惡也兩也字疑俱屬後人所加攷初學記十八文選幽通賦注引此二段皆無也字又晉書皇甫謐王沈二傳並云富貴人之所欲貧賤人之所惡亦無也字又後漢書李通傳論陳蕃傳注晉書夏侯湛傳文選鮑照擬古詩注太平御覽四百七十一單引此句亦無也字四書攷異云案此也字唐以前人引述悉略去未必不謀盡同也恐是當時傳本如此。按考異非也古人引書每多節省況有皇偘義疏可證也

偃仆　皇本偃作僵下同案釋文出僵字云本今作偃

言仁不可斯須去身　本去誤立今正

皆迫從不暇之意　十行本促誤從

我未見好仁者章

我未見好仁者惡不仁者　漢石經好仁下無者字

無以尚之爲優　皇本以下有加字優下有也字

有能一日用其力於仁矣乎我未見力不足者　皇本仁下有者字不足者下有也字

蓋有之矣　皇本高麗本矣作乎

故云爲能有爾我未之見也　皇本能下有仁字爾作耳我上有其字無之字

言人誠能一日用其力脩仁者耳　浦鏜云耳當乎字誤

人之過也章

人之過也　皇本高麗本人作民

朝聞道章

夕死可矣　漢石經矣作也

君子之於天下也章

無適也　釋文出適字云鄭本作敵九經古義云古敵字皆作適禮記雜記云赴於適者鄭注云適讀爲匹敵之敵史記范雎傳攷適伐國田單傳適人開戶李斯傳羣臣百官皆畔不適徐廣皆音征敵之敵荀卿子君子篇云天子四海之內無客禮告無適也注讀爲敵

義之與比　皇本比下有也字有注二十二字言君子之於天下無適無莫無所貪慕也唯義之所在也各本並脫

君子懷德章

君子懷刑　漢石經刑作荆案說文井部荆罰辠也从井从刀易曰井法也井亦聲今經典相承作刑

參乎章

參乎　釋文云參所金反九經字樣云曑參上說文下隸省與參字不同參音驂從厽今經典相承通作參孝經參不敏釋文本作曑音所林反

吾道一以貫之　皇本高麗本之下有哉字

事父母幾諫章

又敬不違　皇本敬下有而字

勞而不怨　高麗本無而字

且志不從　補且當作見北監本毛本並是見字

三年無改於父之道章

無所改爲父之道　浦鏜云於誤爲

父母之年章

孔曰　釋文云此章注或云孔注或云包氏又作鄭元語辭未知孰是

古者言之不出章

古者言之不出　皇本作古之者言之不妄出也高麗本出下有也字四書攷異云包氏注云古人之言不妄出口據其文或舊本經原有妄字未可知若上一之字則斷知其流傳訛衍。按皇本妄字必因注文而誤衍也

不妄出口爲身行之將不及　皇本作不妄出口者爲恥其身行之將不及也

以約失之者章

奢則驕佚招禍　皇本佚作溢

儉約無憂患　皇本作儉約則無憂患也

君子欲訥於言章

言欲遲而行欲疾　皇本作言欲遲鈍而行欲敏也

事君數章

數謂速數之數　皇本此注作孔安國曰數下有也字案筆解作包曰

當以禮斬進也　案斬當漸字之譌閩本北監本毛本並脫此字

論語注疏解經卷第五

公冶長第五　何晏集解　邢昺疏

〔疏〕正義曰此篇大指明賢人君子仁知剛直以前篇擇仁者之里而居故得學爲君子卽下云魯無君子斯焉取斯是也故次里仁

子謂公冶長。可妻也。雖在縲絏之中。非其罪也。以其子妻之。孔曰冶長弟子魯人也姓公冶名長縲黑索絏攣也所以拘罪人

〔疏〕子謂至妻之○正義曰此章明弟子公冶長之賢也子謂公冶長可妻也者納女於人曰妻孔子評論弟子公冶長德行純備可納女與之爲妻也雖在縲絏之中非其罪也者縲黑索絏攣也古獄以黑索拘攣罪人於時冶長以枉濫被繫故孔子論之曰雖在縲絏之中實非其冶長之罪也以其子妻之者論竟遂以其女子妻之也○注孔曰至罪人○正義曰云冶長弟子魯人也者案家語弟子篇云公冶長魯人字子長爲人能忍恥孔子以女妻之又案史記弟子傳云公冶長齊人而此云魯人用家語爲說也張華云公冶長墓在陽城姑幕城東南五里所基極高舊說冶長解禽語故繫之縲絏以其不經今不取也

子謂南容。邦有道不廢。邦無道免於刑戮。以其兄之子妻之。王曰南容弟子南宮縚魯人也字子容不廢言見用

〔疏〕子謂南容至妻之○正義曰此章孔子評論弟子南容之賢行也邦有道不廢邦無道免於刑戮者此南容之德也若遇邦國有道則常得見用在官不被廢棄若遇邦國無道則必危行言遜以脫免於刑罰戮辱也以其兄之子妻之者言德行如此故以其兄之女與之爲妻也○注王曰至見用○正義曰云南容弟子南宮縚魯人也字子容者此家語弟子篇文也案史記弟子傳云南宮括字子容鄭注檀弓云南宮縚孟僖子之子南宮閱以昭七年左氏傳云孟僖子將卒召其大夫云屬說與何忌於夫子以事仲尼以南宮爲氏故世本云仲孫貜生南宮縚是也然則名縚名括又名閱字子容氏南宮本孟氏之後也

子謂子賤。孔曰子賤魯人弟子宓不齊君子哉若人。魯無君子者。斯焉取斯。包曰若人者若此人也如魯無君子子賤安得此行而學行之

〔疏〕子謂子賤至取斯○正義曰此章論子賤之德也君子哉若人魯無君子者斯焉取斯者此評論之辭也因美魯多君子故曰有君子之德哉若此人也魯國若更無君子者斯子賤安得取斯君子之德行而學行之乎明魯多君子故子賤得學爲君子也○注孔曰至不齊○正義曰案家語弟子篇云宓不齊魯人字子賤少孔子四十九歲爲單父宰有才知仁愛百姓不忍欺之故孔子大之也

子貢問曰。賜也何如。子曰。女器也。孔曰言女器用之人曰。何器也。曰。瑚璉也。包曰瑚璉黍稷之器夏曰瑚殷曰璉周曰簠簋宗廟之器貴者

〔疏〕子貢至瑚璉也○正義曰此章明弟子子貢之德也子貢曰賜也何如者子貢見夫子歷說諸弟子不及於己故問之曰賜也已自不知其行何如也子曰女器也夫子荅之言女器用之人也曰何器也者子貢雖得夫子言己爲器用之人但器有善惡猶未知己器云何故復問之也曰瑚璉也者此夫子又爲指其定分瑚璉黍稷之器宗廟之器貴者也言女是貴器也○注包曰至貴者○正義曰云瑚璉黍稷之器夏曰瑚殷曰璉周曰簠簋者案明堂位說四代之器云有虞氏之兩敦夏后氏之四璉殷之六瑚周之八簋注云皆黍稷器制之異同未聞鄭注周禮舍人云方曰簠圓曰簋如記文則夏器名璉殷器名瑚而包咸鄭玄等注此論語賈服杜等注左傳皆云夏曰瑚或引有所據或相從而誤也

或曰。雍也仁而不佞。馬曰雍弟子仲弓名姓冉子曰。焉用佞。禦人以口給。屢憎於人。不知其仁。焉用佞。孔曰屢數也佞人口辭捷給數爲人所憎惡

〔疏〕或曰至用佞○正義曰此章明仁不須佞也或曰雍也仁而不佞者佞口才也或有一人言於夫子曰弟子冉雍雖身有仁德而口無才辯或人嫌其德未備也子曰焉用佞者夫子語或人言仁人安用其佞也禦人以口給屢憎於人者夫子更爲或人說佞人之短屢數也言佞人禦當於人以口才捷給屢致憎惡於人謂數爲人所憎惡也不知其仁焉用佞者言佞人既數爲人所憎惡則不知有仁德之人復安用其佞邪○注馬曰雍弟子仲弓名姓冉○正義曰案史記弟子傳冉雍字仲弓鄭玄曰魯人也○注孔曰至憎惡○正義曰屢數也者釋言云屢亟也郭璞云亟亦數也云佞人口辭捷給數謂人所憎惡者案左傳云寡人不佞服虔云佞才也不才者自謙之辭也而此云焉用佞禦人以口給屢憎於人則佞非善事而以佞爲諂者佞是口才捷利之名本非善惡之稱但爲佞有善惡耳爲善捷敏是善佞祝鮀是也爲惡捷敏是惡佞卽遠佞人是也但君子欲訥於言而敏於行言之雖多情或不信故云焉用佞耳

子使漆彫開仕。對曰。吾斯之未能信。孔曰開弟子漆彫姓開名仕進之道未能信者未能究習子說。鄭曰善其志道深

〔疏〕子使至子說○正義曰此章明弟子漆彫開之行子使漆彫開仕者弟子姓漆彫名開孔子使之仕進也對曰吾斯之未能信者開意志於學道不欲仕進故對曰吾於斯仕進之道未能信言未能究習也子說者孔子見其不汲汲於榮祿知其志道深故喜說也○注孔曰至究習○正義曰案史記弟子傳漆彫開字子開鄭玄曰魯人也

子曰。道不行。乘桴浮于海。從我者其由與。馬曰桴編竹木大者曰栰小者曰桴子路聞之喜。孔曰喜與己俱行子曰。由也好勇過我。無所取材。鄭曰子路信夫子欲行故言好勇過我無所取材者無所取於桴材以子路不解微言故戲之耳一曰子路聞孔子欲浮海便喜不復顧望故孔子歎其勇曰過我無所取哉言唯取於己古字材哉同

〔疏〕子曰至取材○正義曰此章仲尼患中國不能行己之道也道不行乘桴浮于海者桴竹木所編小桴也言我之善道中國既不能行卽欲乘其桴栰浮渡于海而居九夷庶幾能行己道也從我者其由與者由子路名以子路果敢有勇故孔子欲令從己意未決定故云與以疑之子路聞之喜者喜夫子欲與己俱行也子曰由也好勇過我無所取材者孔子以子路不解微言故以此戲之耳其說有二鄭以爲材桴材也子路信夫子欲行故言好勇過我無所取材者無所取於桴材也示子路令知己但歎世無道耳非實卽欲浮海也一曰材讀曰哉子路聞孔子欲浮海便喜不復顧望孔子之微意故孔子歎其勇曰過我無所取哉者言唯取於己無所取於他人哉○注馬曰至曰桴○正義曰云桴編竹木大者曰栰小者曰桴者爾雅云舫泭也郭璞云水中簰筏孫炎云舫水中爲泭筏也方言云泭謂之簰簰謂之筏筏秦晉之通語也方舫泭桴音義同也

孟武伯問。子路仁乎。子曰。不知也。孔曰仁道至大不可全名也又問。子曰。由也千乘之國。可使治其賦也。孔曰賦兵賦不知其仁也。求也何如。子曰。求也千室之邑。百乘之家。孔曰千室之邑卿大夫之邑卿大夫稱家諸侯千乘大夫百乘宰家臣可使爲之宰也。不知其仁也。赤也何如。子曰。赤也束帶立於朝。可使與賓客言也。馬曰赤弟子公西華有容儀可使爲行人不知其仁也。

〔疏〕孟武至仁也○正義曰此章明仁之難也孟武伯問子路仁乎子曰不知也者魯大夫孟武伯問於夫子曰弟子子路有仁德否乎夫子以爲仁道至大不可全名故荅曰不知也又問者武伯意其子路有仁故夫子雖荅以不知又復問之也子曰由也千乘之國可使治其賦也不知其仁也者此夫子更爲武伯說子路之能言由也有勇千乘之大國可使治其兵賦也不知其仁也言仁道則不全也求也何如者此句又武伯問辭言弟子冉求仁道何如子曰求也千室之邑百乘之家可使爲之宰也不知其仁也者此孔子又荅武伯以冉求之能也言求也若卿大夫千室之邑百乘卿大夫之家可使爲之邑宰也仁則不知也赤也何如者此句又武伯問辭言弟子公西赤仁道何如子曰赤也束帶立於朝可使與賓客言也不知其仁也者此孔子又荅以公西赤之才也言赤也有容儀可使爲行人之官盛服束帶立於朝廷可使與鄰國之大賓小客言語應對也仁則不知○注孔曰賦兵賦○正義曰案隱四年左傳云敝邑以賦與陳蔡從服虔云賦兵也以田賦出兵故謂之兵賦正謂以兵從也其賦法依周禮九夫爲井四井爲邑四邑爲丘丘十六井出戎馬一匹牛三頭四丘爲甸甸六十四井出長轂一乘戎馬四匹牛十三頭甲士三人步卒七十二人是也○注孔曰至家臣○正義曰云千室之邑卿大夫之邑者大學云百乘之家不畜聚斂之臣鄭注云百乘之家有采地者也又鄭注云采地一同之廣輪也然則此云千室之邑百乘之家者謂卿大夫采邑地有一同民有千家者也左傳曰唯卿備百邑司馬法成方十里出革車一乘故知百乘之家地一同也○注馬曰至行人○正義曰云赤弟子公西華者案史記弟子傳云公西赤字子華鄭玄曰魯人少孔子四十二歲云有容儀可使爲行人者按周禮有大行人小行人之職掌賓客之禮儀及朝覲聘問之事言公西華任此官也

子謂子貢曰。女與回也孰愈。孔曰愈猶勝也對曰。賜也何敢望回。回也聞一以知十。賜也聞一以知二。子曰。弗如也。吾與女弗如也。包曰既然子貢不如復云吾與女俱不如者蓋欲以慰子貢也

〔疏〕子謂至如也○正義曰此章美顏回之德子謂子貢曰女與回也孰愈者愈猶勝也孔子乘間問弟子子貢曰女之才能與顏回誰勝對曰賜也何敢望回者望謂比視子貢稱名言賜也才劣何敢比視顏回也回也聞一以知十賜也聞一以知二者子貢更言不敢望回之事假設數名以明優劣一者數之始十者數之終顏回亞聖故聞始知終子貢識淺故聞一纔知二以明己與回十分及二是其懸殊也子曰弗如

也吾與女弗如也者夫子見子貢之荅識有懸殊故云不如也弗者不之深也既然荅子貢不如又恐子貢慚愧故復云吾與女俱不如欲以安慰子貢之心使無慚也

宰予晝寢。孔曰宰予弟子宰我子曰。朽木不可雕也。包曰朽腐也彫彫琢刻畫糞土之牆不可杇也。王曰杇鏝也此二者以喻雖施功猶不成於予與何誅。孔曰誅責也今我當何責於女乎深責之子曰。始吾於人也。聽其言而信其行。今吾於人也。聽其言而觀其行。於予與改是。孔曰改是聽言信行更察言觀行發於宰我之晝寢〔疏〕宰予至汝是○正義曰此章勉人學也宰予晝寢者弟子宰我晝日寢寐也子曰朽木不可彫也糞土之牆不可杇也者此孔子責宰我之辭也朽腐也彫彫琢刻畫也杇鏝也言腐爛之木不可彫琢刻畫以成器物糞土之牆易爲垝壞不可杇鏝塗墁以成華美此二者以喻人之學道當輕尺璧而重寸陰今乃廢惰晝寢雖欲施功教之亦終無成也於予與何誅者誅責也與語辭言於宰我何足責乎謂不足可責乃是責之深也然宰我處四科而孔子深責者託之以設教畢宰我非實情學之人也子曰始吾於人也聽其言而信其行今吾於人也聽其言而觀其行於予與改是者與亦語辭以宰予嘗謂夫子言已勤學今乃晝寢是言與行違故孔子責之曰始前吾於人也聽其所言即信其行以爲人皆言行相副今後吾於人也雖聽其言更觀其行待其相副然後信之因發於宰予晝寢言行相違改是聽言信行更察言觀行也○注包曰宰予弟子宰我○正義曰案史記弟子傳云宰予字子我鄭玄曰魯人也○注王曰杇鏝也○正義曰釋宮云鏝謂之杇郭璞云泥塗也李巡曰塗一名杇塗土之作具也然則杇是塗之所用因謂泥塗爲杇

子曰。吾未見剛者。或對曰。申棖。包曰申棖魯人子曰。棖也慾。焉得剛。孔曰慾多情慾〔疏〕子曰至得剛○正義曰此章明剛子曰吾未見剛者剛謂質直而理者也夫子以時皆柔佞故云吾未見剛者或對曰申棖者或人聞孔子之言乃對曰申棖性剛子曰棖也慾焉得剛者夫子謂或人言剛者質直寡欲今棖也多情慾情慾既多或私佞媚安得剛乎○注包曰申棖魯人○正義曰鄭云蓋孔子弟子申續史記云申棠字周家語云申續字周

子貢曰。我不欲人之加諸我也。吾亦欲無加諸人。馬曰加陵也子曰。賜也。非爾所及也。孔曰言不能止人使不加非義於己〔疏〕子貢至及也○正義曰此章明子貢之志子貢曰我不欲人之加諸我也吾亦欲無加諸人者加陵也諸於也子貢言我不欲他人以非義加陵於己吾亦欲無以非義加陵於人也子曰賜也非爾所及也者爾女也夫子言使人不加非義於己亦爲難事故曰賜也此事非女所能及言不能止人使不加非義於己也

子貢曰。夫子之文章可得而聞也。章明也文彩形質著見可以耳目循夫子之言性與天道不可得而聞也。性者人之所受以生也天道者元亨日新之道深微故不可得而聞也〔疏〕子貢至聞也○正義曰此章言夫子之道深微難知也子貢曰夫子之文章可得而聞也者章明也子貢言夫子之述作威儀禮法有文彩形質著明可以耳聽目視依循學習故可得而聞也夫子之言性與天道不可得而聞也者天之所命人所受以生是性也自然化育元亨日新是天道也與及也子貢言若夫子言天命之性及元亨日新之道其理深微故不可得而聞也○注性者至聞也○正義曰云性者人之所受以生也者中庸云天命之謂性注云天命謂天所命生人者也是謂性命木神則仁金神則義火神則禮水神則信土神則知孝經說曰性者生之質命人所稟受度也言人感自然而生有賢愚吉凶或仁或義若天之付命遣使之然其實自然天性故云性者人之所受以生也云天道者元亨日新之道者案易乾卦云乾元亨利貞文言曰元者善之長也亨者嘉之會也利者義之和也貞者事之幹也謂天之體性生養萬物善之大者莫善施生元爲施生之宗故言元者善之長也嘉美也言天能通暢萬物使物嘉美而會聚故云嘉之會也利者義之和也者言天能利益庶物使物各得其宜而和同也貞者事之幹者言天能以中正之氣成就萬物使物皆得幹濟此明天之德也天本無心豈造元亨利貞之德也天本無心豈造元亨利貞之名也但聖人以人事託之謂此自然之功爲天之四德也此但言元亨者略言之也天之爲道生生相續新新不停故曰日新也以其自然而然故謂之道云深微故不可得而聞也者言人稟自然之性及天之自然之道皆不知所以然而然是其理深微故不可得而聞也

子路有聞。未之能行。唯恐有聞。孔曰前所聞未及行故恐後有聞不得並行也〔疏〕子路有聞未之能行唯恐有聞○正義曰此章言子路之志也子路於夫子之道前有所聞未能及行唯恐後有聞不得並行也

子貢問曰。孔文子何以謂之文也。孔曰孔文子衞大夫孔圉文謚也子曰。敏而好學。不恥下問。是以謂之文也。孔曰敏者識之疾也下問謂凡在己下者〔疏〕子貢至文也○正義曰此章言文爲美謚也子貢問曰孔文子何以謂之文也者言文是謚之美者故問衞大夫孔圉有何善行而得謂之文也子曰敏而好學不恥下問是以謂之文也者此夫子爲子貢說文子之美行也敏者疾也下問問凡在己下者言文子知識敏疾而又好學有所未辨不羞恥於問己下之人有此美行是以謚謂之文也○注孔曰至謚也○正義曰云孔文子衞大夫孔圉者左傳文也云文謚也者案謚法云勤學好問曰文

子謂子產。有君子之道四焉。孔曰子產鄭大夫公孫僑其行己也恭。其事上也敬。其養民也惠。其使民也義。〔疏〕子謂至也義○正義曰此章美子產之德也子謂子產有君子之道四焉者孔子評論鄭大夫子產事上使下有君子之道四焉下文是也其行己也恭者一也言己之所行常能恭順不違忤於物也其事上也敬者二也言承事在己上之人及君親則忠心復加謹敬也其養民也惠者三也言愛養於民振乏賙無以恩惠也其使民也義者四也義宜也言役使下民皆於禮法得宜不妨農也○注孔曰至孫僑○正義曰案左傳子產穆公之孫公子發之子名僑公子之子稱公孫襄三十年執鄭國之政故云鄭大夫公孫僑也公子發字子國公孫之子以王父字爲氏據後而言故後或謂之國僑

子曰。晏平仲善與人交。久而敬之。周曰齊大夫晏姓平謚名嬰〔疏〕子曰晏平仲善與人交久而敬之○正義曰此章言齊大夫晏平仲之德凡人輕交易絕平仲則久而愈敬所以爲善○注周曰至名嬰○正義曰云齊大夫晏姓平謚名嬰者案左傳文知之是晏桓子之子也謚法治而清省曰平

子曰。臧文仲居蔡。包曰臧文仲魯大夫臧孫辰文謚也蔡國君之守龜出蔡地因以爲名焉長尺有二寸居蔡僭也山節藻梲。包曰節者栭也刻鏤爲山梲者梁上楹畫爲藻文言其奢侈何如其知也。孔曰非時人謂之爲知〔疏〕子曰至知也○正義曰此章明臧文仲不知也子曰臧文仲居蔡者蔡國君之守龜名也而魯大夫臧文仲居守之言其僭也山節者節栭也刻鏤爲山形故云山節也藻梲者藻水草有文者也梲梁上短柱也畫爲藻文故云藻梲此言其奢侈也何如其知也者言僭奢若此是不知也所以非時人謂之爲知○注包曰至僭也○正義曰云臧文仲魯大夫臧孫辰者案世本孝公生僖伯彄彄生哀伯達達生伯氏瓶瓶生文仲辰則辰是公子彄曾孫也彄字子臧公孫之子以王父字爲氏故姓曰臧也云文謚也者謚法云道德博厚曰文云蔡國君之守龜出蔡地因以爲名焉長尺有二寸居蔡僭也者漢書食貨志云元龜爲蔡家語稱漆彫平對孔子云臧氏有守龜其名曰蔡文仲三年而爲一兆武仲三年而爲二兆是大蔡爲大龜蔡是龜之名耳鄭玄包咸皆云出蔡地因以爲名未知孰是食貨志云龜不盈尺不得爲寶故知此龜長尺二寸此國君之守龜臧氏爲大夫而居之故云僭也○注包曰至奢侈○正義曰云節者栭也者釋宮文云刻鏤爲山梲者梁上楹畫爲藻文者釋宮云杗廇謂之梁其上楹謂之梲栭謂之楶郭璞曰梲侏儒柱也楶即櫨也此言山節謂刻鏤柱頭爲斗拱形如山也藻梲者謂畫梁上短柱爲藻文也此是天子廟飾而文仲僭爲之故言其奢侈後文二年左傳仲尼謂之作虛器言有其器而無其位故曰虛也

子張問曰。令尹子文。孔曰令尹子文楚大夫姓鬭名穀字於菟三仕爲令尹。無喜色。三已之。無慍色。舊令尹之政。必以告新令尹。何如。子曰。忠矣。曰。仁矣乎。曰。未知。焉得仁。但聞其忠事未知其仁也崔子弒齊君。陳文子有馬十乘。棄而違之。孔曰皆齊大夫崔杼作亂陳文子惡之捐其四十匹馬違而去之至於他邦。則曰。猶吾大夫崔子也。違之。之一邦。則又曰。猶吾大夫崔子也。違之。何如。子曰。清矣。曰。仁矣乎。曰。未知。焉得仁。孔曰文子辟惡逆去無道求有道當春秋時臣陵其君皆如崔子無有可止者〔疏〕子張至得仁○正義曰此章明仁之難成也子張問曰令尹子文三仕爲令尹無喜色三已之無慍色舊令尹之政必以告新令尹何如者弟子子張問於孔子曰楚大夫令尹子文三被任用仕爲令尹之官而無喜見於顏色三被已退無慍懟之色舊令尹之政令規矩必以告新令尹慮其未曉也子文有此美行子張疑可謂仁故問曰何如子曰忠矣者孔子荅之爲行如此是忠臣也曰仁矣乎者子張復問子文此德可謂仁矣乎曰未知焉得仁者孔子荅言如其所說但聞其忠事未知其仁也崔子弒齊君陳文子有馬十乘棄而違之至於他邦則曰猶吾大夫崔子也違之之一邦則又曰猶吾大夫崔子也違之何如者此子張又舉齊大夫陳文子之行而問孔子也崔子崔杼也爲齊大夫作亂弒其君光陳文子

惡之故家雖富有馬十乘謂四十匹也而輒捐棄違去之至於他國亦遇其亂陳文子則曰猶吾齊大夫崔子也而違去之復往一他邦則又曰猶吾大夫崔子也而違去之爲行若此其人何如子曰淸矣者孔子荅言文子辟惡逆去無道求有道當春秋時臣陵其君皆如崔子無可止者可謂淸絜矣曰仁矣乎者子張意其爲仁故復問之曰可以爲仁矣乎曰未知焉得仁者孔子荅言據其所聞但是淸耳未知他行安得仁乎○注孔曰至於菟○正義曰案宣四年左傳云初若敖娶於䢵生鬬伯比若敖卒從其母畜於䢵淫於䢵子之女生子文焉䢵夫人使棄諸夢中虎乳之䢵子母見之懼而歸夫人以告遂使收之楚人謂乳穀謂虎於菟故命之曰鬬穀於菟實爲令尹子文是也令尹宰也周禮六卿太宰爲長遂以宰爲上卿之號楚臣令尹爲長從他國之言或亦謂之宰宣十二年左傳云蔿敖爲宰是也令善也尹正也言用善人正此官也楚官多以尹爲名皆取其正直也○注孔曰至去之○正義曰云皆齊大夫者並見春秋故知之云崔杼作亂者左襄二十五年云四十匹馬者古以四馬共駕一車因謂四匹爲乘經言十乘故知四十匹也**季文子三思而後行。子聞之曰。再。斯可矣。**鄭曰季文子魯大夫季孫行父文謚也文子忠而有賢行其舉事寡過不必乃三思〔疏〕季文子三思而後行子聞之曰再斯可矣○正義曰此章美魯大夫季文子之德文子忠而有賢行其舉事皆三思之然後乃行常寡過咎孔子聞之曰不必乃三思但再思之斯亦可矣○注鄭曰至三思○正義曰案春秋文六年經書秋季孫行父如晉左傳曰季文子將聘於晉使求遭喪之禮以行其人曰將焉用之文子曰備豫不虞古之善教也求而無之實難過求何害杜預云所謂文子三思故知文子魯大夫季孫行父也謚法云道德博厚曰文**子曰。甯武子。**馬曰衛大夫甯俞武謚也**邦有道則知。邦無道則愚。其知可及也。其愚不可及也。**孔曰佯愚似實故曰不可及也〔疏〕子曰至及也○正義曰此章美衛大夫甯武子之德也邦有道則知邦無道則愚者此其德也若遇邦國有道則顯其知謀若遇無道則韜藏其知而佯愚其知可及也其愚不可及也者言有道則知人或可及佯愚似實不可及也○注馬曰衛大夫甯俞武謚也○正義曰案春秋文四年衛侯使甯俞來聘左傳曰衛甯武子來聘公與之宴爲賦湛露及彤弓不辭又不荅賦使行人私焉對曰臣以爲肄業及之也杜元凱注云此其愚不可及也是甯武子即甯俞也謚法云剛彊直理曰武**子在陳曰。歸與歸與。吾黨之小子狂簡。斐然成章。不知所以裁之。**孔曰簡大也孔子在陳思歸欲去故曰吾黨之小子狂簡者進取於大道妄作穿鑿以成文章不知所以裁制我當歸以裁之耳遂歸〔疏〕子在陳曰歸與歸與吾黨之小子狂簡斐然成章不知所以裁之○正義曰此章孔子在陳既久言其欲歸之意也與語辭再言歸與者思歸之深也狂者進取也簡大也斐然文章貌言我所以歸者以吾鄉黨之中未學之小子等進取大道妄作穿鑿斐然而成文章不知所以裁制故我當歸以裁之耳遂歸也不即歸而言此者恐人怪已故託此爲辭耳**子曰。伯夷叔齊。不念舊惡。怨是用希。**孔曰伯夷叔齊孤竹君之二子孤竹國名〔疏〕子曰伯夷叔齊不念舊惡怨是用希○正義曰此章美伯夷叔齊二人之行不念舊時之惡而欲報復故希爲人所怨恨也○注伯夷叔齊孤竹君之二子孤竹國名○正義曰案春秋少陽篇伯夷姓墨名允字公信伯長也夷謚叔齊名智字公達伯夷之弟齊亦謚也太史公曰伯夷叔齊孤竹君之二子也父欲立叔齊及父卒叔齊讓伯夷伯夷曰父命也遂逃去叔齊亦不肯立而逃之國人立其中子於是伯夷叔齊聞西伯昌善養老盍往歸焉及至西伯卒武王載木主號爲文王東伐紂伯夷叔齊叩馬而諫曰父死不葬爰及干戈可謂孝乎以臣弑君可謂仁乎左右欲兵之太公曰此義人也扶而去之武王已平殷亂天下宗周而伯夷叔齊恥之義不食周粟隱於首陽山采薇而食之及餓且死者是也孤竹北方之遠國名地里志遼西令支有孤竹城應劭曰故伯夷國**子曰。孰謂微生高直。**孔曰微生姓名高魯人也**或乞醯焉。乞諸其鄰而與之。**孔曰乞之四鄰以應求者用意委曲非爲直人〔疏〕子曰至與之○正義曰此章明直者不應委曲也孰謂微生高直者孰誰也孔子曰誰言魯人微生高性行正直或乞醯焉乞諸其鄰而與之者此孔子言其不直之事醯醋也諸之也或有一人就微生高乞醯時自無之即可荅云無高乃乞之其四鄰以應求者用意委曲非爲直人也**子曰。巧言令色足恭。**孔曰足恭便僻貌**左丘明恥之。丘亦恥之。**孔曰左丘明魯太史**匿怨而友其人。**孔曰心內相怨而外詐親**左丘明恥之。丘亦恥之。**〔疏〕子曰至恥之○正義曰此章言魯太史左丘明與聖同恥之事巧言令色足恭者孔以爲巧好言語令善顏色便僻其足以爲恭謂前却俯仰以足爲恭也一曰足將樹切足成也謂巧言令色以成其恭取媚於人也左丘明恥之丘亦恥之者左丘明魯太史受春秋經於仲尼者也恥此諸事不爲適合孔子之意故云丘亦恥之匿怨而友其人者友親也匿隱也言心內隱其相怨而外貌詐相親友也左丘明恥之丘亦恥之者亦俱恥而不爲也○注孔曰足恭便僻貌○正義曰此讀足如字便僻謂便習盤僻其足以爲恭也○注左丘明魯太史○正義曰漢書藝文志文者也**顏淵季路侍。子曰。盍各言爾志。子路曰。願車馬。衣輕裘。與朋友共。敝之而無憾。**孔曰憾恨也**顏淵曰。願無伐善。**孔曰不自稱己之善**無施勞。**孔曰不以勞事置施於人**子路曰。願聞子之志。子曰。老者安之。朋友信之。少者懷之。**孔曰懷歸也〔疏〕顏淵至懷之○正義曰此章仲尼顏淵季路各言其志也顏淵季路侍者二弟子侍孔子也卑在尊旁曰侍子曰盍各言爾志者盍何不也夫子謂二弟子曰何不各言女心中之所志也子路曰願車馬衣輕裘與朋友其敝之而無憾者憾恨也衣裘以輕者爲美言願以己之車馬衣裘與朋友共乘服而被敝之而無憾恨也此重義輕財之志也顏淵曰願無伐善無施勞者誇功曰伐言願不自稱伐己之善不置施勞役之事於人也此仁人之志也子路曰願聞子之志者二子各言其志畢子路復問夫子曰願聞子之志古者稱師曰子子曰老者安之朋友信之少者懷之者此夫子之志也懷歸也言己願老者安己事之以孝敬也朋友信己待之以不欺也少者歸己施之以恩惠也**子曰。已矣乎。吾未見能見其過。而內自訟者也。**包曰訟猶責也言人有過莫能自責〔疏〕子曰已矣乎吾未見能見其過而內自訟者也○正義曰此章疾時人有過莫能自責也訟猶責也已終也吾未見有人能自見其己過而內自責者也言將終不復見故云已矣乎**子曰。十室之邑。必有忠信如丘者焉。不如丘之好學也。**〔疏〕子曰十室之邑必有忠信如丘者焉不如丘之好學也○正義曰此章夫子言己勤學也十室之邑邑之小者也其邑雖小亦不誣之必有忠信如我者焉但不如我之好學不厭也衞瓘讀焉於虔切爲下句首焉猶安也言十室之邑雖小必有忠信如我者也安不如我之好學也言亦不如我之好學也義並得通故具存焉

論語注疏挍勘記

阮元撰盧宣旬摘錄

公冶長第五

子謂公冶長章

雖在縲絏之中 皇本高麗本絏作紲宋石經亦作紲案字本作緤唐人避太宗諱改作絏釋文出紲字云本今作絏五經文字云絏本文从世緣廟諱偏旁今經典並準式例變

冶長 皇本作公冶長案孔注下云姓公冶名長則不當單稱冶長

在官不被廢弃 閩本北監本毛本弃作棄後放此案說文棄籀文弃古文棄蓋古今字

南宮括 閩本北監本毛本括作适案史記弟子列傳作括

中孫貜生南宮縚是也 浦鏜云獲誤貜按禮記檀弓上疏引世本作獲故浦以爲獲之誤然攷南宮縚之父爲孟僖子僖子即左氏昭公九年經所書仲孫貜如楚者也據此不得以貜字爲誤

子謂子賤章

安得此行而學行之 皇本得下有取字

賜也何如章

賜也何如 高麗本作如何

瑚連也 案說文槤胡槤也大徐云今俗作連非九經古義云瑚連二字从玉旁俗所作也當爲胡連春秋傳曰胡簋之事明堂位曰夏后氏之四連皆不从玉旁據此則槤爲本字連爲假借从玉者俗字耳○按韓勑禮器碑胡輦器用即胡連也

此夫子又爲指其定分 本夫誤未今訂正

注此論語 閩本北監本毛本注作說

或引有所據 浦鏜云别誤引是也今訂正

雍也仁而不佞章

子曰焉用佞高麗本佞下有也字
屢憎於人高麗本作屢憎民
不知其仁焉用佞皇本高麗本仁下佞下有也字
數爲人所憎惡皇本無惡字有也字
數謂人所憎惡者閩本北監本同毛本謂作爲案所改是也
而以不佞爲嫌者本嫌誤謙
子使漆彫開仕章
子使漆彫開仕閩本北監本毛本彫作雕注疏同案釋文出彫字云本或作凋同四書攷異云舊經漆雕與後章朽木不可雕雕俱爲彫松柏後彫之彫爲凋體義自合不知何時皆傳寫差此本此處作彫不誤後朽木不可彫經文已作雕唯注疏尚作彫歲寒章亦作彫與閩本北監本毛本同○按依說文當作琱凡琱琢之成文則曰彫今彫行而琱廢雕凋皆假借字
善其志道深皇本善作喜深下有也字
子使漆彫開仕者本仕誤化今改正
道不行章
乘桴浮于海從我者其由與皇本于作於由下有也字高麗本也字同案此經例用於字惟爲政篇吾十有五而志于學及此兩於字變體作于爲政篇于字乃乎字之譌此亦疑本作於傳寫者偶亂耳觀文選嘯賦注尚引作於可證又由下也字亦與顏師古漢書地理志注大平御覽四百六十七所引合
大者曰栰皇本栰作筏
子路聞孔子欲浮海皇本浮上有乘桴二字毛本子路誤孔路
古字材哉同皇本同下有耳字
水中簰筏閩本同北監本毛本簰作䈅是也
方舫泭浮音義同也閩本同北監本毛本浮作桴是也
孟武伯問子路仁乎章
可使治其賦也釋文出賦字云孔云兵賦也鄭云軍賦梁武云魯論作傳
兵賦皇本賦下有也字下之邑下公西華下行人下同
大夫百乘皇本作卿大夫故曰百乘也
出戎馬一匹本戎誤戍今改正下同
女與回也孰愈章
回也聞一以知十釋文出聞一云本或作問字非
吾與女釋文出吾與爾云爾本或作女音汝案三國志夏侯淵傳曰仲尼有言吾與爾不如也正作爾字蓋與陸氏所據本合
蓋欲以慰子貢也皇本貢下有心字案筆解也作爾
故云不如也浦鏜云不當作弗
宰予晝寢章
弟子宰我皇本我下有也字下刻晝下同又此注作包氏曰案疏述注亦作包曰今本作孔曰疑誤
朽木不可雕也閩本北監本毛本彫經注疏俱作雕此本經文作雕餘仍作彫案唐石經宋石經俱作彫漢書董仲舒傳論衡問孔篇詩大雅棫樸正義亦俱引作彫是作雕者用假借字釋文亦作雕
不可杇也皇本杇作圬釋文出圬字云本或作杇鏝也案史記弟子列傳漢書董仲舒傳俱作圬蓋論語古本作圬說文杇所以塗也杇當是正字圬乃杇之假借耳
杇鏝也皇本作圬墁也此本杇並誤朽今正案釋文出槾字云或作鏝五經文字云槾莫干反見論語經文槾字當即此注
此二者以喻雖施功猶不成皇本無此以二字成下有也字
深責之皇本之下有辭也二字
改是聽言信行皇本是下有者始二字
更察言觀行發於宰我之晝寢皇本更上有今字無之字寢下有也字
此孔子責宰我之辭也此本辭皆作辤案說文詞意內而言外也辭訟也辤不受也籀文作辤據此則此處不當作辤五經文字云辭辤辭上說文中古文下籀文經典相承通用上字
託之以設教耳本耳誤卑
今乃晝寢晝寢二字闕今補正下故孔子責之責字聽其所言聽字雖聽其言更觀其行聽觀二字杇鏝也鏝字釋宮釋字鏝謂之杇鏝字泥塗也李巡曰塗因謂泥塗三塗字並同
釋宮云鏝謂之杇郭璞云泥塗也李巡曰塗一名杇浦鏜云泥塗也鏝誤塗下鏝一名杇因謂泥鏝爲杇二鏝字誤同
塗上之作具也北監本土誤上浦鏜云工誤土
吾未見剛者章
申棖魯人棖魯二字闕今補
夫子以時皆柔佞本佞誤倭今正下同
質直寡欲閩本北監本毛本欲作慾○按欲正字慾俗字
申棠字周浦鏜云周上脫子字案史記弟子列傳本無子字浦鏜疑有脫字者據家語也然釋文引家語亦無子字則今本家語有子字者恐不足據
夫子之文章章
可以耳目循皇本作可得以耳目自修也又筆解此注作孔曰
夫子之言性與天道史記孔子世家作夫子之言天道與性命
不可得而聞也皇本高麗本也下有已矣二字是也按漢書眭兩夏侯京翼李傳贊及匡謬正俗並作已矣
故不可得而聞也本聞誤問今正
孝經說曰性者天之質按禮記中庸注天作生此誤
嘉之會也本嘉誤加下嘉字同今正
成就万物閩本北監本毛本作齊物○按唐人千萬字多作万今改
豈迨元亨利貞之德也閩本同毛本迨作造是也亨作享誤
子路有聞章
子路有聞未之能行皇本高麗本無之字
孔文子何以謂之文也章
有所未辯此本辯皆作辨案五經文字云辯辨上理也下別也經典或通用之
晏平仲章
久而敬之皇本高麗本而下有人字
治而清省曰平北監本毛本清省改無眚案二本所改蓋據今本周書謚法解攷周書舊本本作清省以今本改古本非也
臧文仲居蔡章
長尺有二寸本寸誤十今正
山節藻梲釋文出梲字云本又作棳○按梲說文訓木杖經典多借用爲梁上短柱之棳
非時人謂之爲知皇本之作以知下有也字
彊生哀伯達本生誤注今正
故姓曰臧也本姓誤謚今正
道德博厚曰文北監本毛本厚改閒後季文子章疏同案周書舊本亦作厚此亦據今本誤改

龜不盈尺 漢書食貨志作盈五寸

宊瘤謂之梁 閩本同毛本宊瘤作宊廇是也北監本宊亦誤宊

令尹子文章

姓鬭名穀字於菟。皇本穀作穀釋文出名穀云本又作穀。按說文穀乳也从子𣪊聲釋文穀字卽穀字之訛又作穀用假借字說詳左傳釋文挍勘記

必以告新令尹何如 皇本高麗本如下有也字又此注作孔安國曰

崔子弒齊君 釋文出崔子云鄭注云魯讀崔爲高今從古又出弑字云本又作殺同案九經古義云王充論衡曰猶吾大夫高子也葢用魯論語之言

棄而違之 唐石經避太宗諱棄作弃後放此

則曰猶吾大夫崔子也 高麗本則下有又字

違之之一邦 皇本作違之之至他邦高麗本作違之之至一邦案攷文載足利本作違之至一邦疑皇本高麗本竝衍一之字

文子辟惡逆去無道 皇本辟作避後竝放此案釋文出辟字云音避本亦作避。按避正字辟假借字

皆如崔子 皇本子作杼案釋文出杼字云直呂反則陸氏所據本亦作崔杼

無有可止者 本止誤且今正

三仕爲令尹 本三誤二今正

從其毋畜於邷 閩本北監本同毛本毋作母是也今依正

邷子毋 案毋當作田各本竝誤

季文子三思而後行章

再斯可矣 唐石經作再思可矣皇本高麗本作再思斯可矣

不必乃三思 皇本作不必及三思也案及字是也

甯武子章

佯愚似實 皇本佯作詳案佯詳古字通史記蘇秦傳詳僵而棄酒吳太伯世家公子光詳爲足疾皆以詳爲佯

爲賦湛露及彤弓不辤 閩本北監本毛本辤作辭閩本彤誤彫

子在陳章

不知所以裁之 皇本高麗本之下有也字史記孔子世家不知上有吾字

狂簡者進取於大道妄作穿鑿以成文章 皇本無簡字取作趨妄下無作字案史記孔子世家集解引亦無簡字

我當歸以裁之耳 皇本裁下有制字案文選王簡栖頭陁寺碑文注引不知所以裁製

孰謂微生高直章

或乞醯焉 高麗本或下有人字釋文出乞醯云亦作醯案五經文字云醯作醯俗

巧言令色足恭章

巧言令色足恭 釋文出色足云一本此章有子曰字恐非

漢書藝文志文者也 各本也上竝誤衍者字

願車馬衣輕裘 唐石經輕字旁注案石經初刻本無輕字車馬衣裘見管子小匡及外傳齊語是子路本用成語後人因雍也篇衣輕裘誤加輕字甚誤錢大昕金石文跋尾云石經輕字宋人誤加攷北齊書唐邕傳顯祖嘗解服青鼠皮裘賜邕云朕意在車馬衣裘與卿共敝葢用子路故事是古本無輕字一證也釋文於赤之適齊節音衣爲於旣反而此衣字無音是陸本無輕字二證也邢疏云願以己之車馬衣裘與朋友共乘服是邢本亦無輕字三證也皇疏云車馬衣裘共乘服而無所憾恨也是皇本亦無輕字四證也今注疏與皇本正文有輕字則後人依通行本增入非其舊矣

敝之而無憾 皇本敝作弊。按敝正字弊俗字

不以勞事置施於人 皇本不作無人下有也字

懷歸也 皇本歸作安

十室之邑章

不如丘之好學也 高麗本學下有者字

論語注疏解經卷第六

雍也第六　何晏集解　邢昺疏

〔疏〕正義曰此篇亦論賢人君子及仁知中庸之德大抵與前相類故以次之

子曰。雍也可使南面。包曰可使南面者言任諸侯治。〔疏〕子曰雍也可使南面 正義曰此章稱弟子冉雍之德行南面謂諸侯也言冉雍有德行堪任爲諸侯治理一國者也

仲弓問子桑伯子。王曰伯子書傳無見焉 子曰。可也簡。孔曰以其能簡故曰可也 仲弓曰。居敬而行簡。以臨其民。不亦可乎。孔曰居身敬肅臨下寬略則可 居簡而行簡。無乃大簡乎。包曰伯子之簡太簡 子曰。雍之言然。〔疏〕仲弓至言然。○正義曰此章明行簡之法仲弓問子桑伯子者仲弓冉雍字也問子桑伯子其人德行何如子曰可也簡者孔子爲仲弓述子桑伯子之德行也簡略也言其人可也以其行能寬略故也仲弓曰居敬而行簡以臨其民不亦可乎者仲弓因辨簡之可否言若居身敬肅而行寬略以臨其下民不亦可乎言其可也居簡而行簡無乃太簡乎者言居身寬略而行又寬略乃大簡也則子桑伯子之簡是太簡也子曰雍之言然者然猶是也夫子許仲弓之言是故曰然。○注王曰伯子書傳無見焉。○正義曰書傳無見不知何人也子桑伯子當是一人故此注及下包氏皆唯言伯子而已鄭以左傳秦有公孫枝字子桑則以此爲秦大夫恐非

哀公問弟子孰爲好學。孔子對曰。有顏回者好學。不遷怒。不貳過。不幸短命死矣。今也則亡。未聞好學者也。凡人任情喜怒違理顏回任道怒不過分遷者移也怒當其理不移易也不貳過者有不善未嘗復行 〔疏〕哀公至者也。○正義曰此章稱顏回之德哀公問弟子孰爲好學者魯君哀公問於孔子曰弟子之中誰爲樂於好學者孔子對曰有顏回者好學不幸短命死矣今也則亡未聞好學者也者孔子對哀公曰有弟子顏回者其人好學遷移也凡人任情喜怒違理顏回任道怒不過分而當其理不移易不遷怒也人皆有過憚改顏回有不善未嘗不知知之未嘗復行不貳過也凡事應失而得曰幸應得而失曰不幸惡人橫夭則惟其常顏回以德行著名應得壽考而反二十九髮盡白三十二而卒故曰不幸短命死矣亡無也言今則無好學者矣未聞更有好學者也。○注凡人至復行。○正義曰云凡人任情喜怒違理者言凡常之人信任邪情恣其喜怒違於分理也云顏回任道怒不過分者言顏回好學既深信用至道故怒不過其分理也云有不善未嘗復行者周易下繫辭文彼云子曰顏氏之子其殆庶幾乎有不善未嘗不知知之未嘗復行也韓康伯注云在理則昧造形而悟顏子之分也失之於幾故有不善得之於貳不遠而復故知之未嘗復行也引之以證不貳過也此稱其好學而言不遷怒貳過者以不遷怒貳過由於學問既篤任道而行故舉以言焉以明好學之深也一曰以哀公遷怒貳過而孔子因以諷諫

子華使於齊。冉子爲其母請粟。子曰。與之釜。馬曰子華弟子公西華赤之字六斗四升曰釜 請益。曰。與之庾。

包曰十六斗曰庾冉子與之粟五秉。馬曰十六斛曰秉五秉合爲八十斛子曰。赤之適齊也。乘肥馬。衣輕裘。吾聞之也。君子周急不繼富。鄭曰非冉有與之太多〔疏〕子華至繼富。○正義曰此章論君子當賑窮周急子華使於齊者弟子公西赤字子華時仕魯爲魯使適於齊也冉子爲其母請粟者冉子即冉有也爲其子華之母請粟於夫子言其子出使而家貧也子曰與之釜者夫子令與粟六斗四升也請益者冉有嫌其粟少故更請益之曰與之庾者夫子令益與十六斗也冉子與之粟五秉者冉有終以爲少故自與粟八十斛也子曰赤之適齊也乘肥馬衣輕裘吾聞之也君子周急不繼富者此孔子非冉有與之太多也赤子華名適往也言子華使往齊國乘駕肥馬衣著輕裘則是富也富則毋不闕粟吾嘗聞之君子當周救人之窮急不繼接於富有今子華家富而多與之粟則是繼富故非之也。○注馬曰至曰釜。○正義曰史記弟子傳云公西赤字子華鄭玄曰魯人少孔子四十二歲云六斗四升曰釜者昭三年左傳晏子曰齊舊四量豆區釜鍾四升爲豆各自其四以登于釜杜注云四豆爲區區十六升四區爲釜釜六斗四升是也。○注包曰十六斗曰庾馬曰十六斛曰秉。○正義曰案聘禮記云十斗曰斛十六斗曰籔十籔曰秉鄭注云秉十六斛今江淮之閒量名以爲籔者今文籔爲逾是庾逾籔其數同故知然也原思爲之宰。包曰弟子原憲思字也孔子爲魯司寇以原憲爲家邑宰與之粟九百。辭。孔曰九百九百斗辭辭讓不受子曰。毋。孔曰祿法所得當受無讓以與爾鄰里鄉黨乎。鄭曰五家爲鄰五鄰爲里萬二千五百家爲鄉五百家爲黨〔疏〕原思至黨乎。○正義曰此章明爲受祿之法原思弟子原憲也孔子爲魯司寇以原憲爲家邑宰也與之粟九百辭者孔子與之粟九百斗原思辭讓不受子曰毋者毋禁辭也孔子禁止其讓言祿法所得當受無讓也以與爾鄰里鄉黨乎者言於已有餘可分與爾鄰里鄉黨之人亦不可辭也。○注包曰至邑宰。○正義曰史記弟子傳曰原憲字子思鄭玄曰魯人云孔子爲司寇以原憲爲家邑宰者世家云孔子由中都宰爲司空由司空爲司寇魯司寇大夫也必有采邑大夫稱家故以原憲爲家采邑之宰也。○注鄭曰至爲黨正義曰云五家爲鄰五鄰爲里者地官遂人職文案大司徒職云五家爲比五比爲閭四閭爲族五族爲黨五黨爲州五州爲鄉故知萬二千五百家爲鄉五百家爲黨也子謂仲弓曰。犂牛之子騂且角。雖欲勿用。山川其舍諸。犂雜文騂赤也角者角周正中犧牲雖欲以其所生犂而不用山川寧肯舍之乎言父雖不善不害於子之美〔疏〕子謂至舍諸。○正義曰此章復謂冉雍之德也子謂仲弓曰犂牛之子騂且角雖欲勿用山川其舍諸者雜文曰犂騂純赤色也角者角周正也舍棄也諸之也仲弓父賤人而行不善故孔子稱謂仲弓曰譬若雜文之犂牛生純赤且角周正之子中祭祀之犧牲雖欲以其所生犂而不用山川寧肯舍棄之乎言仲弓父雖不善不害於子之美也子曰。回也其心三月不違仁。其餘則日月至焉而已矣。餘人暫有至仁時唯回移時而不變〔疏〕子曰回也其心三月不違仁其餘則日月至焉而已矣。○正義曰此章稱顏回之仁三月爲一時天氣一變人心行善亦多隨時移變唯回也其心雖經一時復一時而不變移違去仁道也其餘則蹔有至仁時或一日或一月而已矣季康子問仲由可使從政也與。子曰。由也果。包曰果謂果敢決斷於從政乎何有。曰。賜也可使從政也與。曰。賜也達。孔曰達謂通於物理於從政乎何有。曰。求也可使從政也與。曰。求也藝。孔曰藝謂多才藝於從政乎何有。〔疏〕季康至何有。○正義曰此章明子路子貢冉有之才也季康子問仲由可使從政也歟者康子魯卿季孫肥也問於孔子曰仲由之才可使從一官而爲政治也歟子曰由也果於從政乎何有者果謂果敢決斷何有言不難也孔子言仲由之才果敢決斷其於從政何有難乎言仲由可使從政也曰賜也可使從政也歟者季康子又問子貢也曰賜也達於從政乎何有者達謂通於物理孔子答言子貢之才通達物理亦言可從政也曰求也可使從政也歟者季康子又問冉有也曰求也藝於從政乎何有者藝謂多才藝孔子荅言冉求多才藝亦可從政也季氏使閔子騫爲費宰。孔曰費季氏邑季氏不臣而其邑宰數畔聞子騫賢故欲用之閔子騫曰。善爲我辭焉。孔曰不欲爲季氏宰託使者善爲我辭焉說令不復召我如有復我者。孔曰復我者重來召我則吾必在汶上矣。孔曰去之汶水上欲北如齊〔疏〕季氏至上矣。○正義曰此章明閔損之賢也季氏使閔子騫爲費宰者費季氏邑季氏不臣而其邑宰數畔聞子騫賢故欲使之也閔子騫曰善爲我辭焉者子騫不欲爲季氏宰故語使者曰善爲我作辭說令不復召我也如有復我者則吾必在汶上矣者復重也言如有重來召我者則吾必去之在汶水上欲北如齊也。○注孔曰至用之。○正義曰云費季氏邑者左傳文也云季氏不臣而其邑宰數畔者僭禮樂逐昭公是不臣也昭十二年南蒯以費畔又公山弗擾以費畔是數畔也。○注去之汶水上欲北如齊。○正義曰地理志云汶水出泰山萊蕪西南入濟在齊南魯北故曰欲北如齊伯牛有疾。馬曰伯牛弟子冉耕子問之。自牖執其手。包曰牛有惡疾不欲見人故孔子從牖執其手也曰。亡之。孔曰亡喪也疾甚故持其手曰喪之命矣夫。斯人也。而有斯疾也。斯人也。而有斯疾也。包曰再言之者痛惜之甚〔疏〕伯牛至疾也。○正義曰此章孔子痛惜弟子冉耕有德行而遇惡疾也伯牛冉耕字也有疾有惡疾也子問之自牖執其手者自從也伯牛惡疾不欲見人故孔子問之從牖執其手也曰亡之者亡喪也疾甚故持其手曰喪之命矣夫斯人也而有斯疾也斯人也而有斯疾也者行善遇凶非人所召故歸之於命言天命矣夫斯此也此善人也而有此惡疾也是孔子痛惜之也再言之者痛惜之甚。○注馬曰伯牛弟子冉耕。○正義曰史記弟子傳曰冉耕字伯牛鄭玄曰魯人。○注包曰伯牛有惡疾。○正義曰惡疾疾之惡者也淮南子云伯牛癩子曰。賢哉回也。一簞食。一瓢飲。孔曰簞笥也在陋巷。人不堪其憂。回也不改其樂。賢哉回也。孔曰顏淵樂道雖簞食在陋巷不改其所樂〔疏〕子曰至回也。○正義曰此章歎顏回之賢故曰賢哉回也云一簞食一瓢飲者簞竹器食飯也瓢瓠也言回家貧唯有一簞飯一瓢飲也在陋巷人不堪其憂回也不改其樂者言回居處又在隘陋之巷他人見之不任其憂唯回也不改其樂道之志不以貧爲憂苦也歎美之甚故又曰賢哉回也。○注孔曰簞笥也。○正義曰案鄭注曲禮云圓曰簞方曰笥然則簞與笥方圓異而此云簞笥者以其俱用竹爲之舉類以曉人也冉求曰。非不說子之道。力不足也。子曰。力不足者。中道而廢。今女畫。孔曰畫止也力不足者當中道而廢今女自止耳非力極〔疏〕冉求曰至女畫。○正義曰此章勉人學也冉求曰非不說子之道力不足也者弟子冉求言已非不說樂子之道而勤學之但以力不足故也子曰力不足者中道而廢今女畫者畫止也此孔子責冉求之不說學也言力不足者當中道而廢今女自止耳非力極也子謂子夏曰。女爲君子儒。無爲小人儒。孔曰君子爲儒將以明道小人爲儒則矜其名〔疏〕子謂子夏曰女爲君子儒無爲小人儒。○正義曰此章戒子夏爲君子也言人博學先王之道以潤其身者皆謂之儒但君子則將以明道小人則矜其才名言女當明道無得矜名也子游爲武城宰。包曰武城魯下邑子曰。女得人焉耳乎。孔曰焉耳乎皆辭曰。有澹臺滅明者。行不由徑。非公事。未嘗至於偃之室也。包曰澹臺姓滅明名字子羽言其公且方〔疏〕子游至室也。○正義曰此章明子羽公方也子游爲武城宰者武城魯下邑子游時爲之宰也子曰女得人焉耳乎者孔子問子游言女在武城得其有德之人乎焉耳乎者皆語助辭曰有澹臺滅明者此子游對孔子言已所得之人也姓澹臺名滅明行不由徑非公事未嘗至於偃之室也者此言其人之德也行遵大道不由小徑是方也若非公事未嘗至於偃之室是公也既公且方故以爲得人。○注包曰至且方。○正義曰史記弟子傳云澹臺滅明武城人字子羽少孔子三十九歲狀貌甚惡欲事孔子孔子以爲材薄既已受業退而脩行名施乎諸侯孔子聞之曰吾以貌取人失之子羽是亦弟子也故注不言弟子者從可知也云言其公且方者公無私也方正直也子曰。孟之反不伐。孔曰魯大夫孟之側與齊戰軍大敗不伐者不自伐其功奔而殿。將入門。策其馬。曰。非敢後也。馬不進也。馬曰殿在軍後前曰啓後曰殿孟之反賢而有勇軍大奔獨在後爲殿人迎功之不欲獨有其名曰我非敢在後拒敵馬不能前進〔疏〕子曰至進也。○正義曰此章言功以不伐爲善也孟之反不伐者誇功曰伐孟之反魯大夫孟之側也有軍功而不誇伐也奔而殿將入門策其馬曰非敢後也馬不進也者此其不伐之事也殿在軍後曰殿策捶也魯與齊戰魯師敗而奔孟之反賢而有勇獨在後爲殿人迎功之不欲獨有其名故將入國門乃捶其馬欲先奔者入城也且曰我非敢在後爲殿以拒敵馬不能前進故也。○注孔曰魯大夫孟之側。○正義曰杜預曰之側孟氏族字反是也。○注馬曰至前進。○正義曰云殿在軍後前曰啓後曰殿者案司馬法謀帥篇曰大前驅啓乘車大殿倅車屬焉大震即大殿也音相似襄二十三年左傳曰齊侯伐衞大殿商子游御夏之御寇詩曰元戎十乘以先啓行是殿在軍後前曰啓也案哀十一

年左傳說此事云齊師伐我及淸孟孺子洩帥右師冉求帥左師及齊師戰于郊右師奔齊人從之孟之側後入以爲殿抽矢策其馬曰馬不進也文不同者各據所聞而記之也

子曰。不有祝鮀之佞。而有宋朝之美。難乎免於今之世矣。孔曰佞口才也祝鮀衛大夫子魚也時世貴之宋朝宋之美人而善淫言當如祝鮀之佞而反如宋朝之美難乎免於今之世害也〔疏〕子曰不有祝鮀之佞而有宋朝之美難乎免於今之世矣〇正義曰此章言世尚口才也佞口才也祝鮀衛大夫子魚也有口才時世貴之宋朝宋之美人善淫時世疾之言人當如祝鮀之有口才則見貴重若無祝鮀之佞而反有宋朝之美難乎免於今之世害也〇注孔曰至善也〇正義曰云祝鮀衛大夫子魚也時世貴之者春秋定四年會于召陵盟于皋鼬左傳曰將會衛子行敬子言於靈公曰會同難嘖有煩言莫之治也其使祝鮀從公曰善乃使子魚是祝鮀即子魚也傳又曰及皋鼬將盟將長蔡於衛衛侯使祝鮀私於萇弘文多不載萇弘說告劉子與范獻子謀之乃長衛侯於盟是時世貴之也云宋朝宋之美人而善淫者案定十四年左傳曰衛侯爲夫人南子召宋朝杜注云南子宋女也朝宋公子舊通于南子在宋呼之是朝爲宋之美人而善淫也

子曰。誰能出不由戶。何莫由斯道也。孔曰言人立身成功當由道譬猶出入要當從戶〇〔疏〕子曰誰能出不由戶何莫由斯道也〇正義曰此章言道爲立身之要也故曰誰人能出入不由門戶以譬何人立身不由於此道也言人立身成功當由道譬猶出入要當從戶

子曰。質勝文則野。包曰野如野人言鄙略也文勝質則史。包曰史者文多而質少文質彬彬。然後君子。包曰彬彬文質相半之貌〔疏〕子曰至君子〇正義曰此章明君子也質勝文則野者謂人若質多勝於文則如野人言鄙略也文勝質則史者言文多勝於質則如史官也文質彬彬然後君子者彬彬文質相半之貌言文華質朴相半彬彬然然後可爲君子也

子曰。人之生也直。馬曰言人所生於世而自終者以其正直也罔之生也幸而免。包曰誣罔正直之道而亦生者是幸而免〔疏〕子曰人之生也幸而免〇正義曰此章明人以正直爲德言人之所以生於世而自壽終不橫夭者以其正直故也罔誣罔也言人有誣罔正直之道而亦生者是幸而獲免也

子曰。知之者。不如好之者。好之者。不如樂之者。包曰學問知之者不如好之者篤好之者不如樂之者深〔疏〕子曰知之者不如好之者好之者不如樂之者〇正義曰此章言人之學道用心深淺之異也言學問知之者不如好之者篤厚也好之者又不如悅樂之者深也

子曰。中人以上。可以語上也。中人以下。不可以語上也。王曰上謂上知之所知也兩舉中人以其可上可下〔疏〕子曰中人以上可以語上也中人以下不可以語上也〇正義曰此章言授學之法當稱其才識也語謂告語上謂上知之所知也人之才識凡有九等謂上上上中上下中上中中中下下上下中下下也上上則聖人也下下則愚人也皆不可移也其上中以下下中以上是可教之人也中人謂第五中中之人也以上謂上中上下中上之人也以其才識優長故可以告語上知之所知也中人以下謂中下下上下中之人也以其才識暗劣故不可以告語上知之所知也此應云中人以上可以語上以下不可以語上而繁文兩舉中人者以其中人可上可下故也言此中人若才性稍優則可以語上才性稍劣則不可以語上是其可上可下也

樊遲問知。子曰。務民之義。王曰務所以化道民之義敬鬼神而遠之。可謂知矣。包曰敬鬼神而不黷問仁。曰。仁者先難而後獲。可謂仁矣。孔曰先勞苦而後得功此所以爲仁〔疏〕樊遲至仁矣〇正義曰此章明仁知之用也樊遲問知者弟子樊須問於孔子何爲可謂之知子曰務民之義敬鬼神而遠之可謂知矣者孔子荅其爲知也言當務所以化道民之義恭敬鬼神而疏遠之不褻黷能行如此可謂爲知矣問仁者樊遲又問何爲可謂之仁子曰仁者先難而後獲可謂仁矣者此荅其爲仁也獲猶得也言爲仁者先受勞苦之難而後乃得功此所以爲仁也已

子曰。知者樂水。包曰知者樂運其才知以治世如水流而不知已仁者樂山。仁者樂如山之安固自然不動而萬物生焉知者動。包曰日進故動仁者靜。孔曰無欲故靜知者樂。鄭曰知者自役得其志故樂仁者壽。包曰性靜者多壽考〔疏〕子曰至仁者壽〇正義曰此章初明知仁之性次明知仁之用三明知仁之功也知者樂水者樂謂愛好言知者性好運其才知以治世如水流而不知已止也仁者樂山者言仁者之性好樂如山之安固自然不動而萬物生焉知者動者言知者常務進故動仁者靜者言仁者本無貪欲故靜知者樂者言知者役用才知成功得志故歡樂也仁者壽者言仁者少思寡欲性常安靜故多壽考也

子曰。齊一變。至於魯。魯一變。至於道。包曰言齊魯有太公周公之餘化太公大賢周公聖人今其政教雖衰若有明君興之齊可使如魯魯可使如大道行之時〔疏〕子曰齊一變至於魯魯一變至於道〇正義曰此章言齊魯有太公周公之餘化太公大賢周公聖人今其政教雖衰若有明君興之齊可一變使如於魯魯可一變使如於大道行之時也

子曰。觚不觚。馬曰觚禮器一升曰爵二升曰觚觚哉觚哉。觚哉觚哉言非觚也以喻爲政不得其道則不成〔疏〕子曰觚不觚觚哉觚哉〇正義曰此章言爲政須遵禮道也觚者禮器所以盛酒二升曰觚言觚者用之當以禮若用之失禮則不成爲觚也故孔子歎之觚哉觚哉言非觚也以喻人君爲政當以道若不得其道則不成爲政也〇注馬曰觚禮器一升曰爵二升曰觚〇正義曰案特牲禮刑三爵三觚四觶一角三散是觚爲禮器也異義韓詩爲一升曰爵爵盡也足也二升曰觚觚寡也飲當寡少三升曰觶觶適也飲當自適也四升曰角角觸也不能自適觸罪過也五升曰散散訕也飲不省節爲人謗訕揔名曰爵其實曰觴觴者餉也觥亦五升所以罰不敬觥廓也所以著明之貌君子有過廓然著明非所以餉不得名觴此雖言爵觚者略言之也

宰我問曰。仁者雖告之曰。井有仁焉。其從之也。孔曰宰我以仁者必濟人於患難故問有仁人墮井將自投下從而出之不乎欲極觀仁者憂樂之所至子曰。何爲其然也。君子可逝也。不可陷也。孔曰逝往也言君子可使往視之耳不肯自投從之可欺也。不可罔也。馬曰可欺者可使往也不可罔者不可得誣罔令自投下〔疏〕宰我至罔也〇正義曰此章明仁者之心也宰我問曰仁者雖告之曰井有仁焉其從之也者宰我以仁者必濟人於患難故問曰仁者之人設有來告曰井中有仁人焉言仁人墮井也此承告之仁人將自投下從而出之不乎意欲極觀仁者憂樂生之所至也子曰何爲其然也君子可逝也不可陷也者此孔子怪拒之辭逝往也然如是也言何爲能使仁者如是自投井乎夫仁人君子但可使往視之耳不可陷入於井言不可自投從之也可欺也不可罔也者雖可欺之使往視不可得誣罔令自投下也

子曰。君子博學於文。約之以禮。亦可以弗畔矣夫。鄭曰弗畔不違道〔疏〕子曰君子博學於文約之以禮亦可以弗畔矣乎〇正義曰畔違也此章言君子若博學於先王之遺文復用禮以自檢約則不違道也

子見南子。子路不說。夫子矢之曰。予所否者。天厭之。天厭之。孔曰舊以南子者衛靈公夫人淫亂而靈公惑之孔子見之者欲因以說靈公使行治道矢誓也子路不說故夫子誓之行道既非婦人之事而弟子不說與之呪誓義可疑焉〔疏〕子見至厭之〇正義曰此章孔子屈已求行治道也子見南子者南子衛靈公夫人淫亂而靈公惑之孔子至衛見此南子意欲因以說靈公使行治道故也子路不說者子路性剛直未達孔子之意以爲君子當義之與比而孔子乃見淫亂婦人故不說樂夫子矢之者矢誓也以子路不說故夫子告誓之曰予所否者天厭之天厭之者此誓辭也予我也否不也厭棄也言我見南子所不爲求行治道者願天厭棄我再言之者重其誓欲使信之也〇注孔曰至疑焉〇正義曰云孔曰舊以南子者衛靈公夫人淫亂而靈公惑之孔子見之者欲因以說靈公使行治道矢誓也子路不說故夫子誓之者先儒舊有此解也云行道既非婦人之事而弟子不說與之呪誓義可疑焉者安國以爲先儒舊說不近人情故疑其義也史記世家孔子至衛靈公夫人有南子者使人謂孔子曰四方之君子不辱欲與寡君爲兄弟者必見寡小君寡小君願見孔子辭謝不得已而見之夫人在絺帷中孔子入門北面稽首夫人自帷中再拜環珮玉聲璆然孔子曰吾鄉爲弗見見之禮荅焉子路不說孔子矢之曰天厭之天厭之是子見南子之事也欒肇曰見南子者時不獲已猶文王之拘羑里也天厭之者言我之否屈乃天命所厭也蔡謨云矢陳也夫子爲子路陳天命也

子曰。中庸之爲德也。其至矣乎。民鮮久矣。庸常也中和可常行之德世亂先王之道廢民鮮能行此道久矣非適今〔疏〕子曰中庸之爲德也其至矣乎民鮮久矣〇正義曰此章言世亂人不能行中庸之德也中謂中和庸常也鮮罕也言中和可常行之德也其至極矣乎以世亂先王之道廢故民罕能行此道久多時矣非適而今也

子貢曰。如有博施於民。而能濟衆。何如。可謂仁乎。子曰。何事於仁。必也聖乎。堯舜其猶病諸。孔曰君能廣施恩惠濟民於患難堯舜至聖猶病其難夫仁者。己欲立而立人。己欲達而達人。能近取譬。可謂仁之方也已。孔曰更爲子貢說仁者之行方道也但能近取譬於己皆恕己所欲

而施之〔疏〕子貢至也已○正義曰此章明仁道也子貢曰
於人 如有博施於民而能濟衆何如可謂仁乎者子
貢問夫子曰設如人君能廣施恩惠於民而能振濟衆民於
患難者此德行何如可以謂之仁人之君乎子曰何事於仁
必也聖乎堯舜其病諸者此孔子荅子貢之語也言君能博
施濟衆何止事於仁謂不啻於仁必也爲聖人乎然行此事
甚難堯舜至聖猶病之以爲難也夫仁者己欲立而立人己
欲達而達人能近取譬可謂仁之方也已者此孔子更爲子
貢說仁者之行也方猶道也言夫仁者己欲立身進達而先
立達他人又能近取譬於己皆恕己所欲而施之於人己所
不欲弗施於人
可謂仁道也

論語注疏校勘記　阮元撰盧宣旬摘録

雍也第六 十行本閩本毛本此下竝有疏文與各第下同北監本脫此疏

雍也可使南面章

雍也可使南面 高麗本面下有也字

言任諸侯治 皇本作言任諸侯可使治國政也釋文出諸侯治云一本無治字本作言任諸侯治國也

孔曰以其能簡故曰可也 皇本無孔曰字

無乃大簡乎 北監本毛本大作太案釋文出大簡云音泰下同

則以此爲秦大夫恐非 孫志祖云則字衍

哀公問弟子章

哀公問弟子孰爲好學 皇本高麗本問下有曰字

有顏回者好學 浦鏜云下脫不遷怒不貳過六字

未聞更有好學者也 案此聞字與下顏回任道顏字互易而誤今訂正

子華使於齊章

包曰十六斗曰庾 本包誤句皇本作十六斗爲庾也

此章論君子當賑窮周急 閩本北監本賑作振案作振是也顏師古匡謬正俗云振給振貸字皆作振振舉救也俗作賑非

區十六升 浦鏜云斗誤十

量名以爲籔者 浦鏜云有誤以是也

原思爲之宰章

辭辭讓不受 皇本辭字不重受下有也字

子曰毋 閩本北監本同毛本毋作毋是也今正

此章明爲受祿之法 各本爲下竝有仕字此誤脫也

云孔子爲司寇 浦鏜云爲下脫魯字

由司空爲司寇 浦鏜云爲下脫大字

子謂仲弓章

騂赤也 皇本赤下有色字

不害於子之美 皇本子上有其字美下有也字

中祭祀之犧牲 本犧誤儀今正

回也其心三月不違仁章

餘人暫有至仁時 皇本餘上有言字

復一時而不變移 毛本作移變

其餘蹔有至仁時 北監本毛本蹔作暫案暫蹔正俗字

季康子問仲由章

曰賜也達 皇本高麗本曰上有子字下曰求也藝下同

藝謂多才藝 皇本作藝謂多才能也

季氏使閔子騫爲費宰章

而其邑宰數畔 皇本畔作叛是正字古多假畔字爲之

聞子騫賢故欲用之 皇本子上有閔字之作也

託使者 皇本作語使者曰案釋文出語字云魚據反是陸氏所據本亦作語

善爲我辭焉說令不復召我 皇本作善爲作辭說令不復召我也下重來召我下如齊下有也字

則吾必在汶上矣 釋文出則吾必在云一本無吾字鄭本無則吾二字案史記弟子列傳亦無則吾字

昭十二年 各本二誤三今訂正

汶水出泰山萊蕪西南入濟 閩本北監本毛本濟誤齊

伯牛有疾章

命矣夫斯人也而有斯疾也斯人也而有斯疾也 史記弟子列傳作命也夫斯人也而有斯疾命也夫

賢哉回也章

簞笥也 皇本此下有瓢瓠也三字又下所樂下有也字案正義亦有三字注脫

子謂子夏章

無爲小人儒 高麗本無作毋

將以明道 皇本明下有其字下其名下有也字又此注作馬融曰

女得人焉耳乎 皇本高麗本乎下有哉字案焉耳乎三字連文已屬不詞下又增哉字更不成文疑耳當爾字之訛攷太平御覽一百七十四二百六十六俱引作爾又張栻論語解呂祖謙論語說眞德秀論語集編暨論語纂疏四書通四書纂箋諸本竝作爾又今坊本亦作爾蓋焉爾者猶於此也言女得人於此乎哉此者此武城也如書作耳則義不可通矣

孟之反不伐章

人迎功之 皇本功上有爲字

曰我非敢在後拒敵 皇本曰作故云二字拒作距敵下有也字○按距別一字說見前

馬不能前進 皇本進下有耳字

策捶也 本捶誤捶今正

商子游御夏之御寇 北監本毛本此下有崔如爲右燭庸之越駟乘十字閩本亦無

帥右師 本帥誤師今正

不有祝鮀之佞章

衞大夫子魚也 皇本子上有名字

而反如宋朝之美 皇本反作及案釋文出及如云一本及字作反義亦通

難乎免於今之世害也 皇本乎作矣之世作世之

誰能出不由戶章

誰能出不由戶 皇本戶下有者字

質勝文則野章

文質彬彬 說文引作份份○按彬份古今字

人之生也直章

人之生也直 皇本作人生之直

言人所生於世而自終者以其正直也 皇本作言人之所以生於世而自終者以其正直之道也

誣罔正直之道而亦生者是幸而免 皇本無者字免下有也字

知之者章

好之者不如樂之者深 皇本不上有又字深下有也字

中人以上章

上謂上知之所知也 皇本上知字作智之下有人字

樊遲問知章

敬鬼神而不黷 皇本黷作瀆下有也字下爲仁下同釋文出瀆字云本今作黷○按瀆黷古今字

問仁曰 皇本仁下有子字

而後得功 皇本而作乃

不褻黷 本褻誤蓺今正

知者樂水章

日進故動 皇本作自進故動也下故靜下故樂下亦有也字

性靜者多壽考 皇本作性靜故壽考也

故多壽考也 本考誤者今正

觚不觚章

二升曰觚 正義同皇本二作三觚下有也字案異義引韓詩說及儀禮特牲饋食禮記注周禮梓人疏俱云二升爲觚又廣雅釋器亦云二升曰觚皇本作三者字之誤也

刑三爵三觚四觶一角三散 案刑當作用上兩三字當作二下三字當作一閩本北監本毛本二爵誤三爵一散亦誤三散○今並訂正

韓詩說 本說誤爲

飲不省節 閩本北監本毛本省作自

仁者雖告之曰章

井有仁焉其從之也 皇本仁下有者字也作與案孔注云有仁人墮井則仁下當有者字

宰我以仁者 皇本以下有爲字

將自投下 本將誤得今正

不肯自投從之曰 皇本從作救之下有也字又此節作包氏

不可得誣罔令自投下 本罔誤固投誤役今正

君子博學於文章

君子博學於文 釋文云一本無君子字兩得案無君子者是經義雜記云集解載鄭注云弗畔不違道既言君子不嫌其違畔於道後顏淵篇此見再見正本皆無君子字據釋文知此處古本無有者衍文顏淵篇釋文云博學於文一本作君子博學於文正義曰或本亦有作君子博學於文蓋皆後人所加後篇朱子皆無

子見南子章

予所否者 史記孔子世家否作不釋文引鄭康成繆播訓爲不與史記合○按不者事之不然者也否者說事之不然者也此當作否

舊以南子者 皇本舊作等以下有爲字案釋文出等以爲男子者云集解本皆爾或不達其義妄去等字非也今注云舊以南子者

故夫子誓之 皇本之下有曰字釋文出故孔子云一本作夫子

與之呪誓 釋文出之祝云本今作呪○按祝呪正俗字

意欲因以說靈公 本因誤日今正

如有博施於民章

如有博施於民而能濟衆 皇本有作能衆下有也字

君能廣施恩惠 皇本君作若

已所欲而施之於人 皇本作已所不欲而勿施人也

此孔子荅子貢之語也 本之語誤諸之今正

論語注疏解經卷第七

述而第七　何晏集解　邢昺疏

〔疏〕正義曰此篇皆明孔子之志行也以前篇論賢人君子及仁者之德行成德有漸故以聖人次之

子曰述而不作信而好古竊比於我老彭 包曰老彭殷賢大夫好述古事我若老彭但述之耳 〔疏〕子曰述而不作信而好古竊比於我老彭○正義曰此章記仲尼著述之謙也作者之謂聖述者之謂明老彭殷賢大夫也老彭於時但述脩先王之道而不自制作篤信而好古事孔子言今我亦爾故云比老彭猶不敢顯言故云竊○注包曰至之耳○正義曰云老彭殷賢大夫者老彭卽莊子所謂彭祖也李云名鏗堯臣封於彭城歷虞夏至商年七百歲故以久壽見聞世本云姓籛名鏗在商爲守藏史在周爲柱下史年八百歲籛音翦一云卽老子也崔云堯臣仕殷世其人甫壽七百年王弼云老是老聃彭是彭祖老子者楚苦縣厲鄉曲仁里人也姓李氏名耳字伯陽謚曰聃周守藏室之史也云好述古事我若老彭但述之耳者言老彭不自制作好述古事仲尼言我亦若老彭但述之耳

子曰默而識之學而不厭誨人不倦何有於我哉 鄭曰無是行於我我獨有之 〔疏〕子曰默而識之學而不厭誨人不倦何有於我哉○正義曰此章仲尼言已不言而記識之學古而心不厭敎誨於人不有倦息他人無是行於我我獨有之故曰何有於我哉

子曰德之不脩學之不講聞義不能徙不善不能改是吾憂也 孔曰夫子常以此四者爲憂 〔疏〕子曰德之不脩學之不講聞義不能徙不善不能改是吾憂也○正義曰此章言孔子憂在脩身也德在脩行學須講習聞義事當徙意從之有不善當追悔改之夫子常以此四者爲憂憂己恐有不脩不講不徙不改之事故云是吾憂也

子之燕居申申如也夭夭如也 馬曰申申夭夭和舒之貌 〔疏〕子之燕居申申如也夭夭如也○正義曰此章言孔子燕居之時體貌也申申夭夭和舒之貌如者如此義也謂體貌和舒如似申申夭夭也故玉藻云受一爵而色洒如也及鄉黨每云如也者皆謂容色如此

子曰甚矣吾衰也久矣吾不復夢見周公 孔曰孔子衰老不復夢見周公明盛時夢見周公欲行其道也 〔疏〕子曰甚矣吾衰也久矣吾不復夢見周公○正義曰此章孔子歎其衰老言我盛時嘗夢見周公欲行其道今則久多時矣吾更不復夢見周公知是吾衰老甚矣

子曰志於道 志慕也道不可體故志之而已 據於德 據杖也德有成形故可據 依於仁 依倚也仁者功施於人故可倚 遊於藝 藝六藝也不足據依故曰遊 〔疏〕子曰志於道據於德依於仁遊於藝○正義曰此章孔子言已志慕據杖依倚遊習者道德仁藝也○注志慕也至而已○正義曰道者虛通無擁自然之謂也王弼曰道者無之稱也無不通也無不由也況之曰道寂然無體不可爲象是道不可體故但志慕而已○注據杖也○正義曰德者得也物得其所謂之德寂然至無則謂之道離無入有而成形器是謂德業少儀云士依於德遊於藝文與此類

鄭注云德三德也一曰至德二曰敏德三曰孝德周禮師氏掌以三德教國子一曰至德以道爲本二曰敏德以行爲本三曰孝德以知逆惡注云德行内外之稱在心爲德施之爲行至德中和之德覆燾持載含容者也孔子曰中庸之爲德也其至矣乎敏德仁義順時者也說命曰敬孫務時敏厥修乃來孝德尊祖愛親守其所以生者也孔子曰武王周公其達孝矣乎夫孝者善繼人之志善述人之事者也是德有成形者也夫立身行道唯杖於德故可據也○注依倚也仁者功施於人故可倚○正義曰博施於民而能濟衆乃謂之仁恩被於物物亦應之故可倚賴○注藝六藝也不足據依故曰遊○正義曰六藝謂禮樂射馭書數也周禮保氏云掌養國子教之六藝一曰五禮二曰六樂三曰五射四曰五馭五曰六書六曰九數注云五禮吉凶軍賓嘉也六樂雲門大咸大韶大夏大濩大武也五射白矢參連剡注襄尺井儀也五馭鳴和鸞逐水曲過君表舞交衢逐禽左也六書象形會意轉注處事假借諧聲也九數方田粟米差分少廣商功均輸方程贏不足旁要也此六者所以飾身耳劣於道德與仁故不足依據故但曰遊

子曰自行束脩以上吾未嘗無誨焉孔曰言人能奉禮自行束脩以上則皆教誨之〔疏〕子曰自行束脩以上吾未嘗無誨焉○正義曰此章言已誨人不倦也束脩禮之薄者言人能奉禮自行束脩以上而來學者則吾未曾不誨焉皆教誨之也○注孔曰至誨之○正義曰云言人能奉禮自行束脩以上者案書傳言束脩者多矣皆謂十脡脯也檀弓曰古之大夫束脩之問不出竟少儀曰其以乘壺酒束脩一犬賜人穀梁傳曰束脩之問不行竟中是知古者持束脩以爲禮然此是禮之薄者其厚則有玉帛之屬故云以上以包之也

子曰不憤不啓不悱不發舉一隅不以三隅反則不復也鄭曰孔子與人言必待其人心憤憤口悱悱乃後啓發爲說之如此則識思之深也說則舉一隅以語之其人不思其類則不復重教之〔疏〕子曰不憤不啓不悱不發舉一隅不以三隅反則不復也○正義曰此章言誨人之法啓開也言人若不心憤憤則孔子不爲開說若不口悱悱則孔子不爲發明必待其人心憤憤口悱悱乃後啓發爲說之如此則識思之深也其說之也略舉一隅以語之凡物有四隅者舉一則三隅從可知學者當以三隅反類一隅以思之而其人若不以三隅反思其類則不復重教之矣

子食於有喪者之側未嘗飽也喪者哀戚飽食於其側是無惻隱之心〔疏〕子食於有喪者之側未嘗飽也○正義曰此章言孔子助喪家執事時故得有食饑而廢事非禮也飽而忘哀亦非禮故食而不飽以喪者哀戚若飽食於其側是無惻愴隱痛之心也

子於是日哭則不歌一日之中或哭或歌是褻於禮容〔疏〕子於是日哭則不歌○正義曰此章言孔子於是日聞喪或弔人而哭則終是日不歌也若一日之中或哭或歌是褻於禮容故不爲也檀弓曰弔於人是日不樂注引此文是也

子謂顏淵曰用之則行舍之則藏唯我與爾有是夫孔曰言可行則行可止則止唯我與顏淵同

子路曰子行三軍則誰與孔曰大國三軍子路見孔子獨美顏淵以爲已勇至於夫子爲三軍將亦當誰與已同故發此問

子曰暴虎馮河死而無悔者吾不與也孔曰暴虎徒搏馮河徒涉必也臨事而懼好謀而成者也〔疏〕子謂至者也○正義曰此章孔子言已行藏與顏回同也子謂顏淵曰用之則行舍之則藏唯我與爾有是夫者言時用之則行舍之則藏用捨隨時行藏不忤於物唯我與汝同有是行夫子路曰子行三軍則誰與者大國三軍子路見孔子獨美顏淵以已有勇故發此問曰若子行三軍之事爲三軍之將則當誰與同子路意其與已也子曰暴虎馮河死而無悔者吾不與也者空手搏虎爲暴虎無舟渡河爲馮河言人若暴虎馮河輕死而不追悔者吾不與之同也子路之勇若此故孔子抑之也必也臨事而懼好謀而成者也者此又言行三軍所與之人必須臨事而能戒懼好謀而有成功者吾則與之行三軍之事也所以誘子路使慎其勇也○注孔曰大國三軍○正義曰此司馬序官文也○注孔曰暴虎徒搏馮河徒涉○正義曰釋訓文也舍人曰無兵空手搏之郭璞曰空手執也李巡曰無舟而渡水曰徒涉郭璞曰無舟檝詩傳云馮陵也然則空涉水陵波而渡故訓馮爲陵也

子曰富而可求也雖執鞭之士吾亦爲之鄭曰富貴不可求而得之當修德以得之若於道可求者雖執鞭之賤職我亦爲之如不可求從吾所好孔曰所好者古人之道〔疏〕子曰富而可求也雖執鞭之士吾亦爲之如不可求從吾所好○正義曰此章孔子言已脩德好道不諂求富貴也言富貴不可求而得之當脩德以得之若富貴而於道可求者雖執鞭賤職我亦爲之如不可求則當從吾所好者古人之道也○注雖執鞭賤職○正義曰案周禮秋官條狼氏掌執鞭以趨辟王出入則八人夾道公則六人侯伯則四人子男則二人注云趨辟趨而辟行人若今卒辟車之爲也序官云條狼氏下士故云執鞭賤職也

子之所慎齋戰疾孔曰此三者人所不能慎而夫子獨能慎之〔疏〕子之所慎齋戰疾○正義曰此一章記孔子所慎之行也將祭散齋七日致齋三日齋之爲言齊也所以齊不齊也故戒慎之左傳曰皆陳曰戰夫兵凶戰危不必其勝重其民命固當慎之君子敬身安體若偶嬰疾病則慎其藥齊以治之此三者凡人所不能慎而夫子能慎之也

子在齊聞韶三月不知肉味周曰孔子在齊聞習韶樂之盛美故忽忘於肉味曰不圖爲樂之至於斯也王曰爲作也不圖作韶樂至於此此齊〔疏〕子在至斯也○正義曰此章孔子美韶樂也子在齊聞韶三月不知肉味者韶樂名孔子在齊聞習韶樂之盛美故三月忽忘於肉味而不知也曰不圖爲樂之至於斯也者圖謀度也爲作也斯此也謂此齊也言我不意度作韶樂乃至於此齊也○注王曰至於此齊○正義曰云爲作也者釋言云作造爲也互相訓故云爲作也云不圖作韶樂至於此此齊者言不意作此韶樂至於齊也韶是舜樂而齊得作之者案禮樂志云夫樂本情性浹肌膚而藏骨髓雖經乎千載其遺風餘烈尚猶不絶至春秋時陳公子完奔齊陳舜之後韶樂存焉故孔子適齊聞韶三月不知肉味曰不圖爲樂之至於斯美之甚也

冉有曰夫子爲衛君乎鄭曰爲猶助也衛君者謂輒也衛靈公逐太子蒯聵公薨而立孫輒後晉趙鞅納蒯聵於戚城衛石曼姑帥師圍之故問其意助輒不乎子貢曰諾吾將問之入曰伯夷叔齊何人也曰古之賢人也曰怨乎曰求仁而得仁又何怨孔曰夷齊讓國遠去終於餓死故問怨邪以讓爲仁豈有怨乎出曰夫子不爲也鄭曰父子爭國惡行孔子以伯夷叔齊爲賢且仁故知不助衛君明矣〔疏〕冉有至爲也○正義曰此章記孔子崇仁讓也冉有曰夫子爲衛君乎者爲猶助也衛君謂出公輒也衛靈公逐太子蒯聵公薨而立孫輒輒即蒯聵之子也後晉趙鞅納蒯聵於戚城衛石曼姑帥師圍之子而拒父惡行之甚時孔子在衛爲輒所賓禮人疑孔子助輒故冉有言問其友曰夫子之意助輒不乎子貢曰諾吾將問之者子貢承冉有之問其意亦未決故諾其言我將入問夫子庶知其助不也入曰伯夷叔齊何人也者此子貢問孔子辭也伯夷叔齊孤竹君之二子兄弟讓國遠去終於餓死今衛乃父子爭國爭讓正反所以舉夷齊爲問者子貢意言夫子若不助衛君應言夷齊爲是夫子若助衛君應言夷齊爲非故入問曰伯夷叔齊何人也曰古之賢人也者孔子荅言是古之讓國之賢人也曰怨乎者此子貢復問曰夷齊初雖有讓國之賢而終於餓死得無怨恨邪所以復問此者子貢意言若夫子不助衛君應言不怨若助衛君則應言有怨也曰求仁而得仁又何怨者此孔子荅言不怨也初心讓國求爲仁也君子殺身以成仁夷齊雖終於餓死得成於仁豈有怨乎故曰又何怨出曰夫子不爲也者子貢既問而出見冉有而告之曰夫子不助衛君也知其父子爭國惡行也孔子以伯夷叔齊爲賢且仁故知不助衛君明矣○注鄭曰至不乎○正義曰云衛靈公逐太子蒯聵者案左傳定十四年蒯聵謀殺靈公夫人南子不能而出奔宋是也云公薨而立孫輒者哀二年左傳曰夏衛靈公卒夫人曰命公子郢爲太子君命也對曰郢異於他子且君沒於吾手若有之郢必聞之且亡人之子輒在乃立輒是也云後晉趙鞅納蒯聵於戚城者亦哀二年春秋文也云衛石曼姑帥師圍之者春秋哀三年春齊國夏衛石曼姑帥師圍戚是也

子曰飯疏食飲水曲肱而枕之樂亦在其中矣孔曰疏食菜食肱臂也孔子以此爲樂不義而富且貴於我如浮雲鄭曰富貴而不以義者於我如浮雲非已之有〔疏〕子曰至浮雲○正義曰此章記孔子樂道而賤不義也子曰飯疏食飲水曲肱而枕之樂亦在其中矣者疏食菜食也肱臂也言已飯菜食飲水寢則曲肱而枕之以此爲樂不義而富且貴於我如浮雲者富與貴雖人之所欲若富貴而以不義者於我如浮雲言非已之有也

子曰加我數年五十以學易可以無大過矣易窮理盡性以至於命年五十而知天命以知命之年讀至命之書故可以無大過〔疏〕子曰加我數年五十以學易可以無大過矣○正義曰此章孔子言其學易年也加我數年方至五十謂四十七時也易之爲書窮理盡性以至於命吉凶悔吝豫以告人使人從吉不從凶故孔子言已四十七學易可以無過咎矣○注易窮至大過○正義曰云窮理盡性以至於命者說卦文也命者生之極窮理則盡其極也云五十而知天命者爲政篇文云以知命之年讀至命之書故可以無大過矣者漢書儒林傳云孔子蓋晚而好易讀之韋編三絶而爲之傳是孔子讀易之事也言孔子以知天命終始之年讀窮理盡性以至於命之書則能避凶之吉而無過咎謙不敢自言盡無其過故但言可以無大過矣

子所雅言孔曰雅言正言也詩書執禮皆雅言也鄭曰讀先王典法必正言其音

然後義全故不可有所諱禮不誦故言執〔疏〕子所雅言詩書執禮皆雅言也○正義曰此章記孔子正言其音無所諱避之事雅正也子所正言者詩書禮也此三者先王典法臨文教學讀之必正言其音然後義全故不可有所諱禮不背文誦但記其揖讓周旋執而行之故言執也舉此三者則六藝可知

葉公問孔子於子路。子路不對。孔曰葉公名諸梁楚大夫食菜於葉僭稱公不對者未知所以荅子曰。女奚不曰。其為人也。發憤忘食。樂以忘憂。不知老之將至云爾。〔疏〕葉公至云爾○正義曰此章記孔子之為人也葉公問孔子於子路子路不對者葉公名諸梁楚大夫食菜於葉僭稱公問孔子為人志行於子路子路未知所以荅故不對子曰女奚不曰其為人也發憤忘食樂以忘憂不知老之將至云爾者孔子聞子路不能荅故教之奚何也言女何不曰其孔子之為人也發憤嗜學而忘食樂道以忘憂不覺老之將至云爾乎○注孔曰至以荅○正義曰云葉公名諸梁楚大夫食菜於葉僭稱公者據左傳世本文也名諸梁字子高為葉縣尹楚子僭稱王故縣尹皆僭稱公也

子曰。我非生而知之者。好古敏以求之者也。鄭曰言此者勸人學〔疏〕子曰我非生而知之者好古敏以求之者也○正義曰此章勸人學也恐人以己為生知而不可學故告之曰我非生而知之者但愛好古道敏疾求學而知之也

子不語。怪。力。亂。神。王曰怪怪異也力謂若奡盪舟烏獲舉千鈞之屬亂謂臣弒君子弒父神謂鬼神之事或無益於教化或所不忍言〔疏〕子不語怪力亂神○正義曰此章記夫子為教不道無益之事怪怪異也力謂若奡盪舟烏獲舉千鈞之屬也亂謂臣弒君子弒父也神謂鬼神之事或無益於教化或所不忍言也李充曰力不由理斯怪力也神不由正斯亂神也怪力亂神有與於邪無益於教故不言也○注烏獲舉千鈞○正義曰烏獲古之有力人三十斤為鈞言能舉三萬斤之重也

子曰。三人行。必有我師焉。擇其善者而從之。其不善者而改之。言我三人行本無賢愚擇善從之不善改之故無常師〔疏〕子曰三人行必有我師焉擇其善者而從之其不善者而改之○正義曰此章言學無常師也言我三人行本無賢愚相懸但敵體耳然彼二人言行必有一人善一人不善我則擇其善者而從之不善者而改之有善可從是為師矣故無常師也

子曰。天生德於予。桓魋其如予何。包曰桓魋宋司馬天生德者謂授我以聖性德合天地吉無不利故曰其如予何〔疏〕子曰天生德於予桓魋其如予何○正義曰此章言孔子無憂懼也案世家孔子適宋與弟子習禮大樹下宋司馬桓魋欲殺孔子拔其樹孔子去弟子曰可速矣孔子發此語言天生德於予者謂天授我以聖性德合天地吉無不利桓魋必不能害我故曰其如予何

子曰。二三子以我為隱乎。吾無隱乎爾。包曰二三子謂諸弟子聖人知廣道深弟子學之不能及以為有所隱匿故解之吾無行而不與二三子者。是丘也。包曰我所為無不與爾共之者是丘之心〔疏〕子曰至丘也○正義曰此章言孔子教人無所隱惜也子曰二三子以我為隱乎吾無隱乎爾者二三子謂諸弟子也聖人知廣道深弟子學之不能及常以為夫子有所隱匿故以此言解之言女以我為隱我實無隱也吾無行而不與二三子者是丘也者言我所行所為無不與爾等共之者是丘之心也言心者使信其言也

子以四教。文。行。忠。信。四者有形質可舉以教〔疏〕子以四教文行忠信○正義曰此章記孔子行教以此四事為先也文謂先王之遺文行謂德行在心為德施之為行中心無隱謂之忠人言不欺謂之信此四者有形質故可舉以教也

子曰。聖人吾不得而見之矣。得見君子者。斯可矣。疾世無明君子曰。善人吾不得而見之矣。得見有恒者。斯可矣。亡而為有。虛而為盈。約而為泰。難乎有恒矣。孔曰難可名之為有常〔疏〕子曰聖人至恒矣○正義曰此章疾世無明君也子曰聖人吾不得而見之矣得見君子者斯可矣者聖人謂上聖之人若堯舜禹湯也君子謂行善無怠之君也言當時非但無聖人亦無君子也子曰善人吾不得而見之矣得見有恒者斯可矣者善人即君子也恒常也又言善人之君吾不得而見之矣得見有常德之君斯亦可矣亡而為有虛而為盈約而為泰難乎有恒矣者此明時無常德也亡無也時既澆薄皆虛矯以無為有將虛作盈內實窮約而外為奢泰行既如此難可名之為有常也

子釣而不綱。弋不射宿。孔曰釣者一竿釣綱者為大綱以橫絕流以繳繫釣羅屬著綱弋繳射也宿宿鳥〔疏〕子釣而不綱弋不射宿○正義曰此章言孔子仁心也釣者以繳繫一竿而釣取魚也綱者為大綱羅屬著綱以橫絕流而取魚也釣則得魚少綱則得魚多孔子但釣而不綱是其仁也弋繳射也宿宿鳥也夫子雖為弋射但晝日為之不夜射栖鳥也為其欺暗必中且驚衆也○注孔曰至宿鳥○正義曰云釣者一竿釣綱者為大綱以橫絕流以繳繫釣羅屬著綱者此注文句交互故少難解耳若其次序應云釣者一竿釣以繳繫釣綱者為大綱以橫絕流羅屬著綱也繳即綸也釣謂鉤也謂以一竹竿用綸繫鉤而取魚也羅細網也網以繩為大綱則屬著此綱施之水中橫絕流以取魚舉綱則提其綱也云弋繳射也者夏官司弓矢云矰矢茀矢用諸弋射注云結繳於矢謂之矰矰高也茀矢象焉茀之言刜也二者皆可以弋飛鳥刜羅之也然則繳射謂以繩繫矢而射也說文云繳謂生絲為繩也

子曰。蓋有不知而作之者。我無是也。包曰時人有穿鑿妄作篇籍者故云然多聞。擇其善者而從之。多見而識之。知之次也。孔曰如此者次於天生知之〔疏〕子曰至次也○正義曰此章言無穿鑿也子曰蓋有不知而作之者我無是也者言時人蓋有不知理道穿鑿妄作篇籍者我即無此事也多聞擇其善者而從之多見而識之知之次也者言人若多聞擇善而從之多見而志之能如此者比天生知之可以為次也言此者所以戒人不為穿鑿

互鄉難與言。童子見。門人惑。鄭曰互鄉鄉名也其鄉人言語自專不達時宜而有童子來見孔子門人怪孔子見之子曰。與其進也。不與其退也。唯何甚。孔曰教誨之道與其進不與其退怪我見此童子惡惡一何甚人絜己以進。與其絜也。不保其往也。鄭曰往猶去也人虛己自絜而來當與之進亦何能保其去後之行〔疏〕互鄉至往也○正義曰此章言教誨之道也互鄉難與言童子見門人惑者互鄉鄉名也其鄉人言語自專不達時宜而有童子來見孔子門人怪孔子見之琳公云此互鄉難與言童子八字通為一句言此鄉有一童子難與言非是一鄉皆難與言也子曰與其進也不與其退也唯何甚者孔子以門人怪己故以言語之言教誨之道與其進不與其退也怪我見此童子惡惡一何甚乎人絜己以進與其絜也不保其往也者往猶去也言人若虛己自絜而來當與之進亦何能保其去後之行者謂往前之行今已過去顧懽云往謂前日之行夫人之為行未必可一或有始無終先迷後得教誨之道絜則與之往日之行非我所保也

子曰。仁遠乎哉。我欲仁。斯仁至矣。包曰仁道不遠行之即是〔疏〕子曰仁遠乎哉我欲仁斯仁至矣○正義曰此章言仁道不遠行之即是故曰仁道豈遠乎哉我欲行仁即斯仁至矣是不遠也

陳司敗問昭公知禮乎。孔曰司敗官名陳大夫昭公魯昭公孔子曰。知禮。孔子退。揖巫馬期而進之。曰。吾聞君子不黨。君子亦黨乎。君取於吳為同姓。謂之吳孟子。君而知禮。孰不知禮。孔曰巫馬期弟子名施相助匿非曰黨魯吳俱姬姓禮同姓不昏而君取之當稱吳姬諱曰孟子巫馬期以告。子曰。丘也幸。苟有過。人必知之。孔曰以司敗之言告也諱國惡禮也聖人道弘故受以為過〔疏〕陳司至知之○正義曰此章記孔子諱國惡之禮也陳司敗問昭公知禮乎者陳大夫為司寇之官舊聞魯昭公有違禮之事故問孔子曰昭公知禮乎孔子曰知禮者荅言昭公知禮也孔子退揖巫馬期而進之曰吾聞君子不黨君子亦黨乎者相助匿非曰黨孔子既荅司敗而退去司敗復揖弟子巫馬期而進之問曰我聞君子不阿黨今孔子言昭公知禮乃是君子亦有黨乎君取於吳為同姓謂之吳孟子君而知禮孰不知禮者孰誰也魯吳俱姬姓禮同姓不昏而君取之當稱吳姬為是同姓諱之故謂之吳孟子若以魯君昭公而為知禮又誰不知禮也巫馬期以告子曰丘也幸苟有過人必知之者巫馬期以司敗之言告孔子也孔子初言昭公知禮是諱國惡也諱國惡禮也但聖人道弘故受以為過言丘也幸苟有過人必知之也○注司敗官名陳大夫○正義曰文十一年左傳云楚子西曰臣歸死於司敗也杜注云陳楚名司寇為司敗也傳言歸死於司敗知司敗主刑之官司寇是也此云陳司敗知陳楚同此名也○注孔曰至孟子○正義曰云巫馬期弟子名施者史記弟子傳云巫馬施字子旗少孔子三十歲鄭玄云魯人也云魯吳俱姬姓者魯周公之後吳泰伯之後故云俱姬姓也云禮同姓不昏者曲禮云取妻不取同姓故買妾不知其姓則卜之又大傳曰繫之以姓而弗別綴之以食而弗殊雖百世而昏姻不通者周道然也云而君取之當稱吳姬而諱曰孟子者案春秋哀十二年夏五月甲辰孟子卒左氏傳曰昭公娶於吳故不書姓此云君娶於吳為同姓謂之吳孟子是魯人常言稱孟子也坊記云魯春秋去夫人之姓曰吳其死曰孟子卒是舊史書為孟子卒及仲尼脩春秋以魯人已知其非諱而不稱姬氏諱國惡禮也因而不改所以順時世也魯春秋去夫人之姓曰

吳春秋無此文坊記云然者禮夫人初至必書於冊若娶齊女則云夫人姜氏至自齊此孟子初至之時亦當書曰夫人姬氏至自吳同姓不得稱姬舊史所書蓋直云夫人至自吳是去夫人之姓直書曰吳而已仲尼脩春秋以犯禮明著全去其文故經無其事也○注孔曰至爲過○正義曰云諱國惡禮也者僖元年左傳文也○案坊記云善則稱君過則稱已則民作忠善則稱親過則稱已則民作孝是君親之惡務於欲掩之是故聖賢作法通有諱例杜預曰有時而聽之則可也正以爲後法則不經故不奪其所諱亦不爲之定制言若正爲後法每事皆諱則爲惡者無復忌憚居上者不知所懲不可盡令諱也人之所極唯君與親纔有小惡即發其短以爲非臣子之心全無愛敬之義是故不抑不勸有時聽之以爲諱惡者禮也無隱者直也二者俱通以爲世教也云聖人道弘大故受以爲過者孔子所言雖是諱國惡之禮聖人之道人弘故受以爲過也我荅云孔子得巫馬期之言稱已名云是已幸受以爲過故云苟有過人必知之所以然者昭公不知禮我荅云知禮若使司敗不譏我則千載之後遂永信昭公不昭公所行爲知禮則亂禮之事從我而始今得司敗見非而受以爲過則後人不謬故我所以爲幸也繆協云諱則非諱若受而爲過則所諱者又以明矣亦非諱也緜司敗之問則詭言以爲諱今苟將明其義故緜之言爲合禮也苟曰合禮則不爲黨矣若不受過則何禮之有乎

子與人歌而善。必使反之。而後和之。樂其善，故使重歌而自和之。〔疏〕子與人歌而善必使反之而後和之○正義曰此章明孔子重於正音也反猶重也孔子共人歌彼人歌善合於雅頌者樂其善故使重歌之審其歌意然後自和而荅之

子曰。文莫吾猶人也。莫無也文無者猶俗言文不也文不吾猶人者凡言文皆不勝於人 **躬行君子。則吾未之有得。**孔曰身爲君子已未能也〔疏〕子曰文莫吾猶人也躬行君子則吾未之有得○正義曰此章記夫子之謙德也莫無也文無者猶俗言文不也文不吾猶人者言凡文皆不勝於人但猶如常人也躬身也言身爲君子已未能也

子曰。若聖與仁。則吾豈敢。孔曰孔子謙不敢自名仁聖 **抑爲之不厭。誨人不倦。則可謂云爾已矣。公西華曰。正唯弟子不能學也。**馬曰正如所言弟子猶不能學況仁聖乎〔疏〕子曰至學也○正義曰此章亦記孔子之謙德也子曰若聖與仁則吾豈敢者唯聖與仁人行之大者也孔子謙不敢自名仁聖也抑爲之不厭誨人不倦則可謂云爾已矣者抑語辭爲猶學也孔子言已學先王之道不厭教誨於人不倦但可謂如此而已矣公西華曰正唯弟子不能學也者公西華聞孔子云學之不厭誨人不倦故荅於孔子曰正如所言不厭不倦之二事弟子猶不能學況仁聖乎

子疾病。子路請禱。包曰禱禱請於鬼神 **子曰。有諸。**周曰言有此禱請於鬼神之事 **子路對曰。有之。誄曰。禱爾于上下神祇。**孔曰子路失指誄禱篇名 **子曰。丘之禱久矣。**孔曰孔子素行合於神明故曰丘之禱久矣〔疏〕子疾至久矣○正義曰此章記孔子不詔求於鬼神也子疾病子路請禱者孔子疾病子路告請禱求鬼神冀其疾愈也子曰有諸者諸之也孔子以死生有命不欲禱祈故反問子路曰有此禱請於鬼神之事乎子路對曰有之誄曰禱爾于上下神祇者誄禱篇名誄累也累功德以求福子路失孔子之指故曰有之又引禱篇之文以對也子曰丘之禱久矣者孔子不許子路故以此言拒之若人之履行違忤神明罹其咎殃則可禱請孔子素行合於神明故曰丘之禱久矣也

子曰。奢則不孫。儉則固。與其不孫也。寧固。孔曰俱失之奢不如儉奢則僭上儉不及禮固陋也〔疏〕子曰奢則不孫儉則固與其不孫也寧固○正義曰此章戒人奢僭也孫順也固陋也言奢則僭上而不順儉則偪下而窶陋二者俱失之與其不順也寧爲窶陋是奢不如儉也以其奢則僭上儉但不及禮耳

子曰。君子坦蕩蕩。小人長戚戚。鄭曰坦蕩蕩寬廣貌長戚戚多憂懼〔疏〕子曰君子坦蕩蕩小人長戚戚○正義曰此章言君子小人心貌不同也坦蕩蕩寬廣貌長戚戚多憂懼也君子內省不疚故心貌坦蕩蕩然寬廣也小人好爲咎過故多憂懼

子溫而厲。威而不猛。恭而安。〔疏〕子溫而厲威而不猛恭而安○正義曰此章說孔子體貌也言孔子體貌溫和而能嚴正儼然人望而畏之而無剛暴雖爲恭孫而能安泰此皆與常度相反若皐陶謨之九德也他人不能唯孔子能然故記之也

論語注疏挍勘記

阮元撰盧宣旬摘錄

述而第七

述而不作章

但述之耳　皇本但作祖案筆解亦作祖

楚苦縣　閩本同北監本毛本苦作苦案苦字誤今正

默而識之章

默而識之　釋文出默而云俗作嘿五經文字云默與嘿同經典通爲語默字

無是行於我我獨有之也　皇本作人無有是行於我我獨有之也

德之不脩章

德之不脩學之不講聞義不能徙不善不能改　皇本高麗本每句下並有也字又高麗本徙作從又注爲憂下皇本有也字下章注之貌下同

子之燕居章

子之燕居　釋文出燕居云鄭本作宴案後漢書仇覽傳注引作宴與鄭本合○案宴正字燕假借字

甚矣吾衰也章

久矣吾不復夢見周公　皇本高麗本公下有也字又釋文出久矣云據陸氏所見本知經無復字非案經義雜記云本或無復字乃後人援注所增以經云久矣吾不夢見先時曾夢見故注云不復夢見復字正釋久矣字陸氏反以無復字爲非不審之至

不復夢見周公　本公字空闕今補正

欲行其道也　本也字空闕今據北監本增入○案攷文所載足利本亦無也字

志於道章

遊於藝　皇本閩本北監本毛本遊並作游唐石經亦作遊○案遊俗字

寂然無體不可爲象　閩本空闕二格脫無體不三字

一曰至德以道爲本二曰敏德以行爲本　周禮師氏作一曰至德以爲道本二曰敏德以爲行本此誤

覆幬持載含容者也　本幬誤壽今正

六藝謂禮樂射馭書數也　毛本馭作御案馭御古今字周禮作馭

五禮吉凶軍賓嘉也　注同周禮保氏注軍賓作賓軍正義引

轉註處事　閩本北監本同毛本處作指註作注○案周禮注作處事劉歆班固首象形次象事指事即象事也鄭司農作處事非也

自行束脩以上章

注孔曰至誨之　本曰誤于今正

故云其上以包之也　案其當作以今正

不憤不啓章

舉一隅　皇本高麗本隅下有而示之三字案文選西京賦注引有此三字又鼂公武蜀石經考異云舉一隅下有而示之三字與李鶚本不同據此則古本當有此三字也

則不復也　皇本作則吾不復也高麗本作則吾不復

乃後啓發爲說之　皇本作乃後啓發爲之說也

子食於有喪者之側章

喪者哀慼　皇本慼作戚○案依說文當作慽从心戚聲假借作戚或作慼

子於是日哭章　皇本高麗本連上爲一章此與閩本北監本毛本俱別爲一章案釋文出子於是日哭則不歌云舊以爲別章今宜合前章

子於是日哭　皇本日下有也字

一日之中或哭或歌是褻於禮容　皇本高麗本脫此注

子謂顏淵章

以爲已勇　皇本勇上有有字

亦當誰與已同皇本誰作唯同作俱下此問下徒博下徒涉下竝有也字

暴虎馮河皇本高麗本馮作憑注同釋文出馮河云字亦作憑○案說文作淜馮假借字憑俗字

用舍隨時本舍作捨

富而可求也章

雖執鞭之士釋文出執鞭云或作鞕音吾孟反非也

富貴不可求而得之皇本之作者也二字

雖執鞭之賤職皇本無之字

如不可求皇本高麗本求下有者字

若今卒辟車之爲也今本周禮注同段玉裁過校來本周禮今下有時字

子之所慎章

齊毛本齋作齊釋文云齊本或作齋同○案古多假齊爲齋

則慎其藥齊以治之毛本齊作劑案劑齊古字通周禮劑皆作齊

子在齊聞韶章

子在齊聞韶皇本高麗本韶下有樂字

故忽忘於肉味皇本無忘字味下有也字

不圖爲樂之至於斯也釋文出爲樂云本或作媯音居危反非

此齊皇本作此此齊也案文選嘯賦注引王注不圖韶之王於此此齊也疑皇本衍一此字

夫子爲衛君乎章

後晉趙鞅納蒯聵於戚城皇本無城字是也○按正義亦衍城字

又何怨皇本高麗本怨下有乎字案左氏哀三年傳正義史記伯夷列傳索隱文選江淹雜體詩注引竝有乎字疑古本如此

豈有怨乎皇本無有字

飯疏食章

飯疏食皇本疏作蔬釋文出疏字云本或作蔬案說文無蔬字新附始有之蔬乃疏之俗字

加我數年章

加我數年史記孔子世家加作假案風俗通義窮通卷亦引作假

五十以學易釋文出學易云魯讀易爲亦今從古案魯論作亦連下句讀惠棟云外黃今高彪碑云恬虛守約五十以斆此從魯論亦字連下讀也斆音效約音要

故可以無大過矣者浦鏜云矣衍字

子所雅言章

禮不背文誦浦鏜云文字當在禮上

葉公問孔子於子路章

葉公問孔子於子路唐石經避太宗諱葉字變體作葉後放此

食菜於葉毛本菜作采案考文所載古本足利本亦作菜周禮太宰注公卿大夫之采邑釋文采音菜古采菜字通故釋菜本作釋采

我非生而知之者章

善此者勸人學皇本作言此者勉勸人於學也此善字誤今正

三人行章

三人行必有我師焉唐石經皇本三上有我字有作得案釋文出我三人行云一本無我字下出必得我師焉云本或作必有與唐石經皇本合觀何晏自注及邢昺疏竝云言我三人行卽朱子集注亦云三人同行其一我也當以皇本爲是

天生德於予章

宋司馬皇本馬下有黎也二字

天生德者皇本德下有於予二字

二三子以我爲隱乎章

二三子以我爲隱乎皇本隱下有子字

聖人知廣道深本深誤探今正

聖人吾不得而見之矣章

得見有恆者宋石經避眞宗諱恆作常後放此

亡而爲有釋文出亡而爲有云亡如字一音無此舊爲別章今宜與前章合

子釣而不綱章

爲大綱以橫絕流皇本閩本毛本綱作網案疏中竝作大網唯此疏後段仍誤作大綱

用線繫釣而取魚也閩本同毛本釣作鉤案釣字誤今正

矰矢茀案周禮司弓矢茀下有矢字

蓋有不知而作之者章

時人有穿鑿皇本人下有多字

知之次也高麗本無之字

善時人閩本同案善當作言今正

多見擇善而志之毛本志作識案志識古今字

互鄉難與言章

人絜已以進與其絜也皇本閩本北監本毛本絜竝作潔注同唐石經宋石經俱作絜與此本合廣韻十六屑云潔清也經典通用絜○案潔俗絜字

人虛已自絜而來本自誤目今正

顧歎云浦鏜云懽誤歎是也

仁遠乎哉章

行之卽是皇本作行之則是至也

陳司敗問昭公知禮乎章

揖巫馬期而進之皇本之作也史記弟子列傳期作旗

同姓不昏皇本昏作婚○昏婚古字通○案昏當作昏从日氐省

而君取之皇本作而君娶吳女

聖人道宏皇本人下有智深二字

魯春秋去夫人之姓曰吳各本去誤云今正

必書於冊本冊誤冊今正

我荅云浦鏜云此三字當衍文案此因下文誤衍

諱則非諱浦鏜云下諱字當過字誤

若愛以爲過本以誤而今正

子與人歌章

而自和之皇本作而後自和之也

文莫吾猶人也章

凡言文皆不勝於人皇本凡言作言凡人下有也字

則吾未之有得皇本高麗本得下有也字

子疾病章

子疾病釋文出子疾云一本云子疾病皇本同鄭本無病字案集解於子罕篇始釋病則此有病字非

誄曰釋文出誄曰云說文作讄云或作讄案說文誄謚也讄禱也累功德以求福論語云讄曰禱爾于上下神祇讄

或从纍是古論作讄也然鄭君注周禮小宗伯引作讄大祝仍引作誄蓋二字相溷已久

子路失指　皇本指作旨是也下有也字

上之禱久矣　皇本高麗本禱下有之字

奢則不孫章

奢則不孫　皇本孫作遜後放此釋文出不孫云音遜○案依說文當作愻論語多假孫爲之遜乃遜遁字

儉不及禮　皇本作則不及禮耳

君子坦蕩蕩章

多憂懼　皇本懼下有貌也二字

子溫而厲章

子溫而厲　釋文出子溫而厲云一本作子曰厲作列皇本作君子案此章說孔子德行依此文爲是也案今皇本仍與今本同不作君子疑有脫誤觀後子張篇君子有三變章義疏云所以前卷云君子溫而厲是也則皇本此處當脫一君字

威而不猛　皇本無而字

論語注疏校勘記卷七終

論語注疏解經卷第八

泰伯第八　何晏集解　邢昺疏

【疏】正義曰此篇論禮讓仁孝之德賢人君子之風勸學立身守道爲政歎美正樂鄙薄小人遂稱堯舜及禹文王武王以前篇論孔子之行此篇首末載賢聖之德故以爲次也

子曰。泰伯其可謂至德也已矣。三以天下讓。民無得而稱焉。王曰泰伯周太王之長子次弟仲雍少弟季歷季歷賢又生聖子文王昌昌必有天下故泰伯以天下三讓於王季其讓隱故無得而稱言之者所以爲至德也【疏】子曰泰伯其可謂至德也已矣三以天下讓民無得而稱焉○正義曰此章論泰伯讓位之德也泰伯周太王之長子次弟仲雍少弟季歷季歷賢又生聖子文王昌昌必有天下故泰伯以天下三讓於王季其讓隱故民無得而稱言之者所以爲至德而孔子美之也鄭玄注云泰伯周太王之長子次子仲雍次子季歷太王見季歷賢又生文王有聖人表故欲立之而未有命太王疾泰伯因適吳越採藥太王歿而不返季歷爲喪主一讓也季歷赴之不來奔喪二讓也免喪之後遂斷髮文身三讓也三讓之美皆隱蔽不著故人無得而稱焉○注王曰至至德也○正義曰云泰伯周太王之長子云云者史記吳世家云泰伯弟仲雍皆周太王之子而王季歷之兄也季歷賢而有聖子昌太王欲立季歷以及昌於是泰伯仲雍二人乃奔荊蠻文身斷髮示不可用以辟季歷季歷果立是爲王季而昌爲文王泰伯之奔荊蠻自號句吳荊蠻義之從而歸之千餘家立爲吳泰伯泰伯卒無子弟仲雍立是爲吳仲雍仲雍卒子季簡立季簡卒子叔達立叔達卒子周章立是時周武王克殷求太伯仲雍之後得周章周章已君吳因而封之乃封周章弟虞仲於周之北故夏墟是爲虞仲列爲諸侯是泰伯讓位之事也

子曰。恭而無禮則勞。愼而無禮則葸。葸畏懼之貌言愼而不以禮節之則常畏懼勇而無禮則亂。直而無禮則絞。馬曰絞絞刺也君子篤於親。則民興於仁。故舊不遺。則民不偷。包曰興起也君能厚於親屬不遺忘其故舊行之美者則民皆化之起爲仁厚之行不偷薄【疏】子曰至不偷○正義曰此章貴禮也子曰恭而無禮則勞者勞謂困苦言人爲恭孫而無禮以節之則自困苦愼而無禮則葸者葸畏懼之貌言愼而不以禮節之則常畏懼勇而無禮則亂者亂謂逆惡言人勇而不以禮節之則爲亂矣直而無禮則絞者正曲爲直絞謂絞刺也言人而爲直不以禮節則絞刺人之非也君子篤於親則民興於仁故舊不遺則民不偷者君子人君也篤厚也興起也偷薄也言君能厚於親屬則民化之起爲仁行相親友也君不遺忘其故舊故民德歸厚不偷薄也

曾子有疾。召門弟子曰。啓予足。啓予手。鄭曰啓開也曾子以爲受身體於父母不敢毀傷故使弟子開衾而視之也詩云。戰戰兢兢。如臨深淵。如履薄冰。孔曰言此詩者喻己常戒愼恐有所毀傷而今而後。吾知免夫小子。周曰乃今日後我自知免於患難矣小子弟子也呼之者欲使聽識其言【疏】曾子至小子。正義曰此章言曾子之孝不敢毀傷也曾子有疾召門弟子曰啓予足啓予手者啓開也曾子以爲受身體於父母不敢毀傷故有疾恐死召其門弟子使開衾而視之以明無毀傷也詩云戰戰兢兢如臨深淵如履薄冰者小雅小旻篇文也戰戰恐懼兢兢戒愼臨深恐墜履薄恐陷曾子言此詩者喻己常戒愼恐有所毀傷也而今而後吾知免夫小子者小子弟子也言乃今日後自知免於患難矣呼弟子者欲使聽識其言也

曾子有疾。孟敬子問之。馬曰孟敬子魯大夫仲孫捷曾子言曰。鳥之將死。其鳴也哀。人之將死。其言也善。包曰欲戒敬子言我將死言善可用君子所貴乎道者三。動容貌。斯遠暴慢矣。正顏色。斯近信矣。出辭氣。斯遠鄙倍矣。鄭曰此道謂禮也動容貌能濟濟蹌蹌則人不敢暴慢之正顏色能矜莊嚴栗則人不敢欺詐之出辭氣能順而說之則無惡戾之言入於耳籩豆之事。則有司存。包曰敬子忽大務小故又戒之以此籩豆禮器【疏】曾子至司存○正義曰此章貴禮也曾子有疾孟敬子問之者來問疾也曾子言曰鳥之將死其鳴也哀人之將死其言也善者曾子因敬子來問己疾將欲戒之先以此言告之言我將死言善可用也君子所貴乎道者三動容貌斯遠暴慢矣正顏色斯近信矣出辭氣斯遠鄙倍矣者此其所戒之辭也道謂禮也言君子所崇貴乎禮者有三事也動容貌能濟濟蹌蹌則人不敢暴慢之正顏色能矜莊嚴栗則人不敢欺誕之出辭氣能順而說之則無鄙惡倍戾之言入於耳也人之相接先見容貌次觀顏色次交言語故三者相次而言也暴慢鄙倍同是惡事故俱云遠信是善事故云近也籩豆之事則有司存者敬子輕忽大事務行小事故又戒之以此籩豆禮器也言執籩豆行禮之事則有所主者存焉此乃事之小者無用親之○注孟敬子魯大夫仲孫捷○正義曰鄭玄注檀弓云敬子武伯之子名捷是也○注包曰欲戒敬子言我將死言善可用○正義曰案春秋左氏傳魏顆父病困命使殺妾以殉又趙孟孟孝伯並將死其語偷又晉程鄭問降階之道鄭然明以爲死而有或疾此等並是將死之時其言皆變常而曾子云人之將死其言也善者但人之疾患有深有淺淺則神正深則神亂故魏顆父初欲嫁妾是其神正之時曾子云其言也善是其未困之日且曾子賢人至困猶善其中庸已下未有疾病天奪之魄苟欲偷生則趙孟孝伯程鄭之徒不足怪也○注籩豆禮器○正義曰周禮天官籩人掌四籩之實醢人掌四豆之實鄭注云籩竹器如豆者其容實皆四升釋器云木豆謂之豆竹豆謂之籩籩豆盛菹醢籩盛棗栗以供祭祀享故云禮器也

曾子曰。以能問於不能。以多問於寡。有若無。實若虛。犯而不校。包曰校報也言見侵犯而不報昔者吾友嘗從事於斯矣。馬曰友謂顏淵【疏】曾子至斯矣○正義曰此章稱顏淵之德行也曾子曰以能問於不能以多問於寡有若無實若虛犯而不校者校報也言其好學持謙見侵犯而不報也昔者吾友嘗從事於斯矣者曾子云昔時我同志之友顏淵嘗從事於斯矣言能行此上之事也

曾子曰。可以託六尺之孤。孔曰六尺之孤幼少之君可以寄百里之命。孔曰攝君之政令

臨大節。而不可奪也。大節安國家定社稷奪不可傾奪君子人與。君子人也。〔疏〕曾子至人也。○正義曰此章論君子德行也曾子曰可以託六尺之孤者謂可委託以幼少之君也若周公霍光也可以寄百里之命者謂君在亮陰可當國攝君之政令也臨大節而不可奪也者謂傾奪大節謂安國家定社稷言事有可以安國家定社稷臨時固守羣衆不可傾奪也君子人與君子人也者言能此已上之事可以謂之君子人與者疑而未定之辭審而察之能此上事者可謂君子無復疑也故又云君子人也○注孔曰六尺之孤幼少之君○正義曰鄭玄注此云六尺之孤年十五已下言已下者正謂十四已下亦可寄託非謂六尺可通十四已下鄭知六尺年十五者以周禮鄉大夫職云國中自七尺以及六十野自六尺以及六十有五皆征之以其國中七尺爲二十對六十野云六尺對六十五晚校五年明知六尺與七尺早校五年故以六尺爲十五也曾子曰。士不可以不弘毅。任重而道遠。包曰弘大也毅強而能斷也士弘毅然後能負重任致遠路仁以爲己任。不亦重乎。死而後已。不亦遠乎。孔曰以仁爲己任重莫重焉死而後已遠莫遠焉〔疏〕曾子至遠乎。○正義曰此章明士行也曾子曰士不可以不弘毅任重而道遠者弘大也毅強而能斷也言士能弘毅然後能負重任致遠路也仁以爲己任不亦重乎死而後已不亦遠乎者復明任重道遠之事也言仁以爲己任人鮮克擧之是他物之重莫重於此焉他人行仁則日月至焉而已矣士則死而後已是遠莫遠焉子曰。興於詩。包曰興起也言脩身當先學詩立於禮。包曰禮者所以立身成於樂。包曰樂所以成性〔疏〕子曰興於詩立於禮成於樂。○正義曰此章記人立身成德之法也興起也言人脩身當先起於詩也立身必須學禮成性在於學樂不學詩無以言不學禮無以立既學詩禮然後樂以成之也子曰。民可使由之。不可使知之。由用也可使用而不可使知者百姓能日用而不能知〔疏〕子曰民可使由之不可使知之。○正義曰此章言聖人之道深遠人不易知也由用也民可使用之而不可使知之者以百姓能日用而不能知故也子曰。好勇疾貧。亂也。包曰好勇之人而患疾己貧賤者必將爲亂人而不仁。疾之已甚。亂也。包曰疾惡太甚亦使其爲亂〔疏〕子曰好勇疾貧亂也人而不仁疾之已甚亂也。○正義曰此章說小人之行也言好勇之人患疾己貧賤者必將爲逆亂也人若本性不仁則當以禮孫接不可深疾之若疾惡太甚亦使爲亂也子曰。如有周公之才之美。使驕且吝。其餘不足觀也已。孔曰周公者周公旦〔疏〕子曰如有周公之才之美使驕且吝其餘不足觀也已。○正義曰此章戒人驕吝也周公旦也大聖之人也才美兼備設人有周公之才之美使爲驕矜且鄙吝其餘雖有善行不足觀也言爲鄙吝所擯弃也○注周公者周公旦○正義曰以春秋之世別有周公此孔子極言其才美而云周公恐與彼相嫌故注者明之子曰。三年學。不至於穀。不易得也。孔曰穀善也言人三歲學不至於善不可得言必無也所以勸人學〔疏〕子曰三年學不至於

穀不易得也。○正義曰此章勸學也穀善也言人勸學三歲必至於善若三歲學不至於善不可得言必無也所以勸人學也子曰。篤信好學。守死善道。危邦不入。亂邦不居。天下有道則見。無道則隱。包曰言行當常然危邦不入始欲往亂邦不居今欲去亂謂臣弑君子弑父危者將亂之兆邦有道。貧且賤焉。恥也。邦無道。富且貴焉。恥也。〔疏〕子曰至恥也。○正義曰此章勸人守道也子曰篤信好學者言厚於誠信而好學問也守死善道者守節至死不離善道也危邦不入亂邦不居者亂謂臣弑君子弑父危者將亂之兆也不入謂始欲往見其亂兆不復入也不居謂今欲見其已亂則逆去之也天下有道則見無道則隱者言値明君則當出仕遇闇主則當隱遯邦有道貧且賤焉恥也者恥其不得明君之祿也邦無道富且貴焉恥也者恥食汚君之祿以致富貴也言人之爲行當常如此子曰。不在其位。不謀其政。孔曰欲各專一於其職〔疏〕子曰不在其位不謀其政。○正義曰此章戒人侵官也言不在此位則不得謀此位之政欲使各專一守於其本職也子曰。師摯之始。關雎之亂。洋洋乎。盈耳哉。鄭曰師摯魯大師之名始猶首也周道衰微鄭衛之音作正樂廢而失節魯大師摯識關雎之聲而首理其亂有洋洋盈耳聽而美之〔疏〕子曰師摯之始關雎之亂洋洋乎盈耳哉。正義曰此章美正樂之音也師摯魯太師名也始猶首也關雎周南篇名正樂之首章也周道衰微鄭衛之音作正樂廢而失節魯太師摯識關雎之聲而首理其亂者洋洋盈耳聽而美之子曰。狂而不直。孔曰狂者進取宜直侗而不愿。孔曰侗未成器之人宜謹愿悾悾而不信。包曰悾悾慤也宜可信吾不知之矣。孔曰言皆與常度反我不知之〔疏〕子曰狂而不直侗而不愿悾悾而不信吾不知之矣。○正義曰此章孔子疾小人之性與常度反也狂者進取宜直而乃不直侗未成器之人宜謹愿而乃不愿悾悾慤也謹慤之人宜信而乃不信此等之人皆與常度反我不知之也子曰。學如不及。猶恐失之。學自外入至熟乃可長久如不及猶恐失之〔疏〕子曰學如不及猶恐失之。○正義曰此章勸學也言學自外入至熟乃可長久故勸學汲汲如不及猶恐失之也何況怠惰而不汲汲者乎子曰。巍巍乎。舜禹之有天下也。而不與焉。美舜禹也言己不與求天下而得之巍巍高大之稱〔疏〕子曰巍巍乎舜禹之有天下也而不與焉。○正義曰此章美舜禹也巍巍高大之稱言舜禹之有天下自以功德受禪不與求而得之所以其德巍巍然高大也子曰。大哉堯之爲君也。巍巍乎。唯天爲大。唯堯則之。孔曰則法也美堯能法天而行化蕩蕩乎。民無能名焉。包曰蕩蕩廣遠之稱言其布德廣遠民無能識其名焉巍巍乎。其有成功也。功成化隆高大巍巍煥乎其有文章。煥明也其立文垂制又著明〔疏〕子曰至文章。○正義曰此章歎美堯也子曰大哉堯之爲君也巍巍乎唯天爲大唯堯則之者則法也言大矣哉堯之爲

君也聰明文思其德高大巍巍然有形之中唯天爲大萬物資始四時行焉唯堯能法此天道而行其化焉蕩蕩乎民無能名焉者蕩蕩廣遠之稱言其布德廣遠民無能識其名者焉巍巍乎其有成功也者言其治民功成化隆高大巍巍然煥乎其有文章者煥明也言其立文垂制又著明也舜有臣五人。而天下治。孔曰禹稷契皐陶伯益武王曰。予有亂臣十人。馬曰亂治也治官者十人謂周公旦召公奭太公望畢公榮公太顛閎夭散宜生南宮适其一人謂文母孔子曰。才難。不其然乎。唐虞之際。於斯爲盛。有婦人焉。九人而已。孔曰唐者堯號虞者舜號際者堯舜交會之間斯此也言堯舜交會之間比於周周最盛多賢才然尚有一婦人其餘九人而已大才難得豈不然乎三分天下有其二。以服事殷。周之德。可謂至德也已矣。包曰殷紂淫亂文王爲西伯而有聖德天下歸周者三分有二而猶以服事殷故謂之至德〔疏〕舜有至已矣。○正義曰此章論大才難得也舜有臣五人而天下治者言帝舜時有大才之臣五人而天下大治五人者禹也稷也契也皐陶也伯益也武王曰予有亂臣十人者亂治也周武王曰我有治官之臣十人者謂周公旦也召公奭也太公望也畢公也榮公也太顛也閎夭也散宜生也南宮适也其一人謂文母也孔子曰才難不其然乎唐虞之際於斯爲盛有婦人焉九人而已者記者擧舜及武王之時大才之人於上遂載孔子之言於下唐者堯號虞者舜號際者堯舜交會之間也斯此也言堯舜交會之間比於此周周最爲盛多賢才也然尚有一婦人其餘九人而已大才難得豈不然乎三分天下有其二以服事殷周之德其可謂至德也已矣者此孔子因美周文王有至聖之德也言殷紂淫亂文王爲西伯而有聖德天下歸周者三分有二而猶以服事殷故謂之至德也○注孔曰禹稷契皐陶伯益○正義曰案史記及舜典禹名文命鯀之子也舜命作司空平水土之官也稷名棄帝嚳之子也舜命爲后稷布種百穀之官也契亦帝嚳之子也佐禹治水有功舜命作司徒布五教之官也皐陶字庭堅顓頊之後舜命作士理官也伯益皐陶之子舜命作虞官掌山澤之官也○注馬曰至文母○正義曰云亂治也釋詁文云十人謂周公旦以下者先儒相傳爲此說也案史記世家云周公名旦武王之弟也封於魯食采於周謂之周公召公名奭與周同姓封於燕食邑於召謂之召公太公望呂尚也東海上人其先祖嘗爲四岳佐禹平水土甚有功虞夏之際封於呂本姓姜氏從其封姓故曰呂尚呂尚蓋嘗窮困年老矣以魚釣奸周西伯西伯將獵卜之曰所獲非龍非彲非虎非羆所獲霸王之輔於是周西伯獵果遇太公於渭之陽與語大說曰自吾先君大公曰當有聖人適周周以興子眞是邪吾太公望子久矣故號之曰太公望載與俱歸立爲大師劉向別錄曰師之尚之父之故曰師尚父父亦男子之美號孫子兵法曰周之興也呂牙在殷則牙又是其名字武王已平商而王天下封師尚父於齊畢榮皆國名入爲天子公卿畢公文王庶子太閎散南宮皆氏顛夭宜生适皆名也文母文王之后大姒也從夫之謚武王之母謂之文母周南召南言后妃夫人者皆是也○注孔曰至然乎○正義曰云唐者堯號虞者舜號者史記諸書皆言堯帝嚳之子帝摯之弟嚳崩摯立摯崩乃傳位於堯書傳云堯年十六以唐侯升爲天子遂以爲號或謂之陶唐氏書曰惟彼陶唐世本云帝堯爲陶唐氏韋昭云陶唐

皆國名猶湯稱殷商也案經傳契居商故湯以商爲國號後盤庚遷殷故殷商雙舉歷檢書傳未聞帝堯居陶而以陶冠唐蓋以二字爲名所稱或單或複也舜之爲虞猶禹之爲夏外傳稱禹氏曰有夏則如舜氏曰有虞顓頊已來地爲國號而舜有天下號曰有虞氏是地名也王肅云虞地也皇甫謐云堯以二女妻舜封之於虞今河東太陽山西虞地是也然則舜居虞地以虞爲氏堯封之虞爲諸侯及王天下遂爲天子之號故從微至著常稱虞氏○注包曰至至德○正義曰云殷紂淫亂者紂爲淫亂書傳備言若泰誓云沈湎冒色敢行暴虐之類是也云文王爲西伯而有聖德者鄭玄詩譜云周之先公曰太王者避狄難自豳始遷焉而脩德建王業商王帝乙之初命其子王季爲西伯至紂又命文王典治南國江漢汝墳之諸侯是謂文王繼父之業爲西伯也殷之州長曰伯謂爲雍州伯也周禮八命作牧殷之州牧蓋亦八命如旱麓傳云九命然後錫以秬鬯圭瓚孔叢云羊容問於子思曰古之帝王中分天下而二公治之謂之二伯周自后稷封爲王者之後大王王季皆爲諸侯奚得爲西伯乎子思曰吾聞諸子夏云殷王帝乙之時王季以九命作伯於西受圭瓚秬鬯之錫故文王因之得專征伐此諸侯爲伯猶周召分陝皇甫謐亦云王季於帝乙殷王之時賜九命爲西長始受圭瓚秬鬯皆以爲王季受九命作東西大伯鄭不見孔叢之書旱麓之箋不言九命則以王季爲州伯也文王亦爲州伯故西伯戡黎注云文王爲雍州之伯南兼梁荊在西故曰西伯文王之德優於王季文王尚爲州伯明王季亦爲州伯也楚辭天問曰伯昌號衰秉鞭作牧王逸注云伯謂文王也鞭以喻政言紂號令既衰文王執鞭持政爲雍州牧天問屈原所作去聖未遠謂文王爲牧明非大伯也所以不從毛說言至紂又命文王者既以繼父爲伯又命之使兼治南國江漢汝墳之諸侯周本紀云季歷娶大任生昌有聖瑞古公曰我世當有興者其在昌乎後果受命爲文王也云天下歸周者三分有二而猶服事殷者鄭玄又云於時三分天下有其二以服事殷故雍梁荊豫徐揚之人咸被其德而從之鄭既引論語三分有二故據禹貢州名指而言之雍梁荊豫徐揚歸文王其餘兾青兖屬紂九州而有其六是爲三分有其二也書傳云文王率諸侯以事紂是猶服事殷也紂惡貫盈文王不忍誅伐猶服事之故謂之至德也 子曰禹吾無間然矣。孔曰孔子推禹功德之盛美言己不能復間廁其間 菲飲食而致孝乎鬼神。馬曰菲薄也致孝鬼神祭祀豐絜 惡衣服而致美乎黻冕。孔曰損其常服以盛祭服 卑宮室而盡力乎溝洫。包曰方里爲井井間有溝溝廣深四尺十里爲成成間有洫洫廣深八尺 禹吾無間然矣。〔疏〕子曰至然矣○正義曰此章美夏禹之功德也子曰禹吾無間然矣者間謂間廁孔子推禹功德之盛美言己不能復間廁其間也菲飲食而致孝乎鬼神者此下言其無間之三事也菲薄也薄己飲食而致孝鬼神令祭祀之物豐多絜靜也惡衣服而致美乎黻冕者黻冕皆祭服也言禹降損其常服以盛美其祭服也卑宮室而盡力乎溝洫者溝洫田間通水之道也言禹卑下所居之宮室而盡力以治田間之溝洫也以常人之情飲食務於肥濃禹則淡薄之衣服好其華美禹則麤惡之宮室多尚高廣禹則卑下之飲食鬼神所享故云致孝祭服備其采章故云致美溝洫人功所爲故云盡力也禹吾無間然矣者美之深故再言之○注孔曰損其常服以盛祭服○正義曰鄭玄注此云黻是祭服之衣冕其冠也左傳晉侯以黻冕命士會亦當然也黻蔽膝也祭服謂之黻其他謂之韠俱以韋爲之制同而色異韠各從裳色黻其色皆赤尊卑以深淺爲異天子純朱諸侯黃朱大夫赤而已大夫以上冕服悉皆有黻故禹言黻冕左傳亦言黻冕但冕服自有尊卑耳周禮司服云王之服祀昊天上帝則服大裘而冕祀五帝亦如之享先王則袞冕享先公饗射則鷩冕祀四望山川則毳冕祭社稷五祀則希冕祭羣小祀則玄冕孤之服自希冕而下左傳士會黻冕當是希冕也此禹之黻冕則六冕皆是也○注包曰至八尺○正義曰方里爲井井間有溝溝廣深四尺十里爲成成間有洫洫廣深八尺者案考工記匠人爲溝洫耜廣五寸二耜爲耦一耦之伐廣尺深尺謂之甽田首倍之廣二尺深二尺謂之遂九夫爲井井間廣四尺深四尺謂之溝方十里爲成成間廣八尺深八尺謂之洫方百里爲同同間廣二尋深二仞謂之澮鄭注云此畿內采地之制九夫爲井井者方一里九夫所治之田也采地制井田異於鄉遂及公邑三夫爲屋屋具也一井之中三屋九夫三三相具以出賦稅共治溝也方十里爲成成中容一甸甸方八里出田稅緣邊一里治洫方百里爲同同中容四都六十四成方八十里出田稅緣邊十里治澮是溝洫之法也

論語注疏卷八挍勘記　阮元撰盧宣旬摘錄

泰伯第八

泰伯章

民無得而稱焉　釋文出民無得云本亦作德案後漢書丁鴻傳論引孔子曰泰伯三以天下讓民無德而稱焉李注云論語載孔子之言也又引鄭元注云三讓之美皆蔽隱不著故人無德而稱焉據此釋文所云作德者乃鄭君所據之本也然字雖作德而義仍爲得蓋德得古字通

故無得而稱言之者　皇本故下有民家二字

恭而無禮章

君子篤於親　汗簡引古論語篤作竺案竺篤古今字

曾子有疾章

啓予足　說文誃離別也从言多聲讀若論語跢予之足○案段玉裁云跢當是啓誤或曰當作哆予之足哆猶開也

如臨深淵　唐石經避高祖諱淵作渆後放此

喻已常戒愼　皇本戒作誡案誡戒古字通

呼之者　皇本無之字

曾子有疾孟敬子問之章

君子所貴乎道者三　高麗本無乎字

能濟濟蹌蹌　釋文出蹌蹌云本或作鏘同○案依說文當作蹩蹌假借字鏘俗字

則人不敢欺詐之　皇本詐作詐

以能問於不能章

言見侵犯不報　皇本作言見侵犯而不校之也

可以託六尺之孤章

可以託六尺之孤　玉篇人部引作侂案侂與託古字通經義雜記云據玉篇所引則論語舊是侂字蓋从言者以言託寄之从人者以人託寄之義各不同今从言蓋通借字

野自六尺以及六十有三　閩本北監本同案三當作五

士不可以不宏毅章

言仁以爲己任　本仁誤士今正

興於詩章

包曰樂所以成性　皇本作孔安國曰

好勇疾貧章

亦使其爲亂　皇本亂下有也字又此節注作孔安國曰

如有周公之才之美章

其餘不足觀也已　皇本高麗本已下有矣字是也

故註者明之　本註誤註今改作注

三年學章

不易得也　皇本高麗本也下有已字

篤信好學章

亂謂臣弑君子弑父　皇本作臣弑君子弑父亂也釋文出悳字云古臣字本今作臣後先進篇季子然問仲由冉求章可謂大臣與釋文亦出悳字云古文臣字本今作臣案唐書所載唐天后撰字中有悳字是天后所撰字非盡出杜撰○錢大昕說戰國策悳字乃草書臣字之譌

言學於誠信而好樂問也　閩本同北監本樂作學案樂字誤今正

不居謂今欲　閩本北監本同毛本欲下有去字是也

師摯之始章

周道衰微　皇本衰上有既字

洋洋盈耳聽而美之　皇本作洋洋乎盈耳哉聽而美也

狂而不直章

悾悾愨也　皇本作悾悾愨愨也

巍巍乎章

言已不與求天下而得之　閩本北監本言作信皇本無言字之下有也字

大哉堯之爲君也章

唯天爲大　毛本唯作惟此疏亦作惟閩本北監本同說見前

民無能識其名焉　皇本無其字

舜有臣五人而天下治章

予有亂臣十人　唐石經臣字旁注釋文出予有亂十人云本或作亂臣十人非案困學紀聞云論語釋文予有亂十人左傳叔孫穆子亦曰武王有亂十人劉原父謂子無臣母之理然本無臣字舊說不必改攷皇疏云亂理也武王曰我有共理天下者有十人也似亦無臣字葢唐石經此處及左傳襄廿八年臣字皆後人據僞泰誓妄增

亂治也　皇本治作理後放此

其一人　皇本一上有餘字

斯此也　皇本此也下有此此於周也五字各本並脫

比於周　皇本周上有此字

人才難得　皇本人作大

三分天下有其二　皇本三作參釋文出參分云一音三本今作三案後漢書伏湛傳文選典引注並引作參是古本皆作參字

周之德　皇本高麗本無之字

布種百穀之官也　浦鏜云播誤布

皐陶字廷堅　北監本毛本廷作庭是也

食菜於周　閩本同毛本菜作采。案作采與史記世家合

以魚釣奸周西伯　本奸誤好今正又毛本魚作漁是也

彪勑知切　案此邢昺自爲音釋或以爲誤衍非也說詳詩經校勘記

非虎非熊　北監本毛本熊作羆與史記合

則如舜氏曰有虞　孫志祖云如當作知

又命文王典治南國江漢汝墳之諸侯　鄭氏詩譜墳作旁下同

羊容問於子思曰　本子誤乎今正

而二公治之　今孔叢子而作使

受圭瓚秬鬯之錫　本秬誤柜錫作賜今正

此諸侯爲伯　今孔叢子此下有以字

故雍梁荆豫徐楊之人　閩本北監本同毛本楊作揚下同。案作楊是也

禹吾無閒然矣章

孔子推禹功德之盛美　皇本無美字

致孝鬼神　皇本孝下有乎字

十里爲成　皇本成作城後放此

禹則麄惡之　閩本同毛本作麤案麄俗字今正

三夫爲屋　本夫誤天今正

緣邊千里治澮　閩本同案千當作十今正

論語注疏解經卷第九

子罕第九　何晏集解　邢昺疏

〔疏〕正義曰此篇皆論孔子之德行也故以次泰伯堯禹之至德

子罕言利與命與仁。罕者希也利者義之和也命者天之命也仁者行之盛也寡能及之故希言也〔疏〕子罕言利與命與仁○正義曰此章論孔子希言難及之事也罕希也與及也利者義之和也命者天之命也仁者行之盛也孔子以其利命仁三者常人寡能及之故希言也○注罕者至言也○正義曰釋詁云希罕也轉互相訓故罕得爲希也云利者義之和也者乾卦文言文也言天能利益庶物使物各得其宜而和同也此云利者謂君子利益萬物使物各得其宜足以和合於義法天之利也云命者天之命也者謂天所命生人者也天本無體亦無言語之命但人感自然而生有賢愚吉凶窮通天壽若天之付命遺使之然故云天之命也云仁者行之盛也者仁者愛人以及物是善行之中最盛者也以此三者中知以下寡能及知故孔子希言也

達巷黨人曰。大哉孔子。博學而無所成名。鄭曰達巷者黨名也五百家爲黨此黨之人美孔子博學道藝不成一名而已子聞之。謂門弟子曰。吾何執。執御乎。執射乎。吾執御矣。鄭曰聞人美之承之以謙吾執御欲名六藝之卑也〔疏〕達巷至御矣○正義曰此章論孔子道藝該博也達巷黨人曰大哉孔子博學而無所成名者達巷者黨名也五百家爲黨此黨之人美孔子博學道藝不成一名而已子聞之謂門弟子曰吾何執執御乎執射乎吾執御矣者孔子聞人美之承之以謙故告謂門弟子曰我於六藝之中何所執守乎但能執御乎執射乎乎者疑而未定之辭又復謙指云吾執御矣以爲人僕御是六藝之卑者孔子欲名六藝之卑故云吾執御矣謙之甚矣

子曰。麻冕。禮也。今也純。儉。吾從衆。孔曰冕緇布冠也古者績麻三十升布以爲之純絲也絲易成故從儉拜下。禮也。今拜乎上。泰也。雖違衆。吾從下。王曰臣之與君行禮者下拜然後成禮時臣驕泰故於上拜今從下禮之恭也〔疏〕子曰至從下○正義曰此章記孔子從恭儉從衆者冕緇布冠也古者績麻三十升布以爲之故云麻冕禮也今也謂當孔子時純絲也絲易成故云純儉用絲雖不合禮以其儉易故孔子從之也拜下禮也今拜乎上泰也雖違衆吾從下者禮臣之與君行禮者下拜然後升成禮是也今時之臣皆拜於上長驕泰也孔子以其驕泰則不孫故違衆而從下拜之禮也下拜禮之恭故也○注孔曰至從儉○正義曰云冕緇布冠也者冠者首服之大名冕者冠中之別號故冕得爲緇布冠也士冠禮曰陳服緇布冠頍項青組纓屬于頍記曰始冠緇布之冠也大古冠布齊則緇之其緌也孔子曰吾未之聞也冠而敝之可也云古者績麻三十升布以爲之者鄭注喪服云布八十縷爲升○注王曰至恭也○正義曰云臣之與君行禮者下拜然後升成禮者案燕禮君燕卿大夫之禮也其禮云公坐取大夫所媵觶興以酬賓賓降西階下再拜稽首公命小臣辭賓升成拜鄭注升成拜復再拜稽首也先時君辭之於禮若未成然又覲禮天子賜侯氏以車服諸公奉篋服加命書于其上升自西階東面大

史氏右侯氏升西面立大史述命侯氏降兩階之間北面再拜稽首升成拜皆是臣之與君行禮下拜然後升成禮也

子絕四。毋意。以道為度故不任意毋必。用之則行舍之則藏故無專必毋固。無可無不可故無固行毋我。述古而不自作處羣萃而不自異唯道是從故不有其身

【疏】子絕四毋意毋必毋固毋我。○正義曰此章論孔子絕去四事與常人異也毋不也我身也常人師心徇惑自任已意孔子以道為度故不任意也常人行藏不能隨時用舍好自專必惟孔子用之則行舍之則藏不專必也常人之情可者與之不可者拒之好堅固其所行也孔子則無可無不可不固行也人多制作自異以擅其身孔子則述古而不自作處羣衆萃聚和光同塵而不自異故不有其身也

子畏於匡。包曰匡人誤圍夫子以為陽虎陽虎曾暴於匡夫子弟子顏剋時又與虎俱行後剋為夫子御至於匡匡人相與共識剋又夫子容貌與虎相似故匡人以兵圍之曰。文王既沒。文不在茲乎。孔曰茲此也言文王雖已死其文見在此此自謂其身天之將喪斯文也。後死者不得與於斯文也。孔曰文王既沒故孔子自謂後死言天將喪此文者本不當使我知之今使我知之未欲喪也天之未喪斯文也。匡人其如予何。馬曰其如予何者猶言奈我何也天之未喪此文則我當傳之匡人欲奈我何言其不能違天以害已也

【疏】子畏至予何。○正義曰此章記孔子知天命也子畏於匡者謂匡人以兵圍孔子記者以衆情言之故云子畏於匡其實孔子無所畏也曰文王既沒文不在茲乎者孔子以弟子等畏懼故以此言論之茲此也言文王雖已死其文豈不見在我此身乎言其文見在我此身也天之將喪斯文也後死者不得與於斯文也者後死者孔子自謂也以文王既沒故孔子自謂已為後死者言天將喪此文者本不當使我與知之今既使我知之是天未欲喪此文也天之未喪斯文也匡人其如予何者如予何猶言奈我何也天之未喪此文則我當傳之匡人其奈我何言匡人不能違天以害已也。○注包曰至圍之。○正義曰此注皆約世家述其畏匡之由也案世家云孔子去衛將適陳過匡顏剋為僕以策指之曰昔吾入此由彼缺也匡人聞之以為魯之陽虎陽虎嘗暴匡人匡人於是遂止孔子孔子狀貌類陽虎拘焉五日匡人拘孔子益急弟子懼孔子曰文王既沒文不在茲乎已下文與此正同是其事也

大宰問於子貢曰。夫子聖者與。何其多能也。孔曰大宰大夫官名或吳或宋未可分也疑孔子多能於小藝子貢曰。固天縱之將聖。又多能也。孔曰言天固縱大聖之德又使多能也子聞之曰。大宰知我乎。吾少也賤。故多能鄙事。君子多乎哉。不多也。包曰我少小貧賤常自執事故多能為鄙人之事君子固不當多能

【疏】大宰至多也。○正義曰此章論孔子多小藝也大宰問於子貢曰夫子聖者與何其多能也者大宰大夫官名大宰之意以為聖人當務大忽小今夫子既曰聖者與又何其多能小藝乎以為疑故問於子貢也子貢曰固天縱之將聖又多能也者將大也言天固縱大聖之德又使多能也子聞之曰大宰知我乎者孔子聞大宰疑已多能非聖故云知我乎謙謙之意也吾少也賤故多能鄙事者又說以多能之由也言我自小貧賤常自執事故多能為鄙人之事也君子多乎哉不多也者又言聖人君子當多能乎哉言君子固不當多能也今已多能則為非聖所以為謙謙也。○注孔曰至小藝。○正義曰云大宰大夫官名者案周禮大宰六卿之長卿即上大夫也故云大夫官名也云或吳或宋未可分也者以當時惟吳宋二國上大夫稱大宰諸國雖有大宰非上大夫故云或吳或宋未可分也鄭云是吳大宰嚭也以左傳哀十二年公會吳于橐皐吳子使大宰嚭請尋盟公不欲使子貢對又子貢嘗適吳故鄭以為是吳大宰嚭也

牢曰。子云。吾不試故藝。鄭曰牢弟子子牢也試用也言孔子自云我不見用故多技藝

【疏】牢曰子云吾不試故藝。○正義曰此章論孔子多技藝之由但與前章異時而語故分之牢弟子琴牢也試用也言孔子自云我不見用於時故多能技藝。○注牢弟子子牢也。○正義曰家語弟子篇云琴牢衛人也字子開一字張此云弟子子牢當是耳

子曰。吾有知乎哉。無知也。知者知意之知也知者言未必盡今我誠盡有鄙夫問於我。空空如也。我叩其兩端而竭焉。孔曰有鄙夫來問於我其意空空然我則發事之終始兩端以語之竭盡所知不為有愛

【疏】子曰至竭焉。○正義曰此章言孔子教人必盡其誠也子曰吾有知乎哉無知也者知者意之所知也孔子言我有意之所知不盡以教人乎哉無之也常人知者言未必盡今我誠盡也有鄙夫問於我空空如也我叩其兩端而竭焉者此舉無知而誠盡之事也空空虛心也叩發動也兩端終始也言設有鄙賤之夫來問於我其意空空然我則發事之終始兩端以告語之竭盡所知不為有愛言我教鄙夫尚竭盡所知況知禮義之弟子乎明無愛惜其意之所知也。○注知者至誠盡。○正義曰云知者知意之知也者知意之知猶言意之所知也云知者言未必盡者言他人之知者言之以教人未必竭盡所知謂多所愛惜也云今我誠盡者謂孔子言今我教人實盡其意之所知無愛惜也故云無知也

子曰。鳳鳥不至。河不出圖。吾已矣夫。孔曰聖人受命則鳳鳥至河出圖今天無此瑞吾已矣夫者傷不得見也河圖八卦是也

【疏】子曰鳳鳥不至河不出圖吾已矣夫。○正義曰此章言孔子傷時無明君也聖人受命則鳳鳥至河出圖今天無此瑞則時無聖人也故歎曰吾已矣夫傷不得見也。○注孔曰至是也。○正義曰聖人受命則鳳鳥至河出圖者禮器云升中於天而鳳皇降援神契云德至鳥獸則鳳皇來天老曰鳳象麟前鹿後蛇頸魚尾龍文龜背燕頷雞喙五色備舉出於東方君子之國翱翔四海之外過崐崘飲砥柱濯羽弱水莫宿丹穴見則天下大安寧鄭玄以為河圖洛書龜龍銜負而出如中候所說龍馬銜甲赤文綠色甲似龜背袤廣九尺上有列宿斗正之度帝王錄紀興亡之數是也孔安國以為河圖即八卦是也

子見齊衰者。冕衣裳者。與瞽者。包曰冕者冠也大夫之服瞽盲也見之。雖少必作。過之必趨。包曰作起也趨疾行也此夫子哀有喪尊在位恤不成人

【疏】子見至必趨。○正義曰此章言孔子哀有喪尊在位恤不成人也子見齊衰者冕衣裳者與瞽者齊衰周親之喪服也言齊衰則斬衰從可知也冕冠也大夫之服也瞽盲也見之雖少必作過之必趨者作起也趨疾行也言夫子見此三種之人雖少坐則必起行則必趨

顏淵喟然歎曰。喟歎聲仰之彌高。鑽之彌堅。言不可窮盡瞻之在前。忽焉在後。言恍惚不可為形象夫子循循然善誘人。循循次序貌誘進也言夫子正以此道進勸人有所序博我以文。約我以禮。欲罷不能。既竭吾才。如有所立卓爾。雖欲從之。末由也已。孔曰言夫子既以文章開博我又以禮節節約我使我欲罷而不能已竭我才矣其有所立則又卓然不可及言己雖蒙夫子之善誘猶不能及夫子之所立

【疏】顏淵至也已。○正義曰此章美夫子之道也顏淵喟然歎曰仰之彌高鑽之彌堅瞻之在前忽焉在後者喟歎聲也彌益也顏淵喟然發歎言夫子之道高堅不可窮盡恍惚不可為形象故仰而求之則益高鑽研求之則益堅瞻之似若在前忽然又復在後也夫子循循然善誘人者循循次序貌誘進也言夫子以此道教人循循然有次序可謂善進勸人也博我以文約我以禮欲罷不能既竭吾才如有所立卓爾雖欲從之末由也已者末無也言夫子既開博我以文又節約我以禮節使我欲罷止而不能已竭我才矣其夫子更有所創立則又卓然絕異已雖欲從之無由得及言已雖蒙夫子之善誘猶不能及夫子之所立也

子疾病。包曰疾甚曰病子路使門人為臣。鄭曰孔子嘗為大夫故子路欲使弟子行其臣之禮病間。曰。久矣哉。由之行詐也。無臣而為有臣。吾誰欺。欺天乎。孔曰少差曰間言子路久有是心非今日也且予與其死於臣之手也。無寧死於二三子之手乎。馬曰無寧寧也二三子門人也就使我有臣而死其手我寧死於弟子之手乎且予縱不得大葬。孔曰君臣禮葬予死於道路乎。馬曰就使我不得以君臣禮葬有二三子在我寧當憂棄於道路乎

【疏】子疾至路乎。○正義曰此章言孔子不欺也子疾病者疾甚曰病子路使門人為臣者以孔子嘗為魯大夫故子路欲使弟子行其家臣之禮以夫子為大夫君也病間曰久矣哉由之行詐也者少差曰間當其疾甚時子路以門人為臣夫子不知及病少差知之乃責之言子路久有是詐欺之心非今日也故云久矣哉由之行詐也無臣而為有臣吾誰欺欺天乎者言我既去大夫是無臣也女使門人為臣是無臣而為有臣如此行詐人蓋知之是人不可欺故云吾誰欺既人不可欺乃欲遠欺天乎且予與其死於臣之手也無寧死於二三子之手乎者無寧寧也二三子門人也言使我有臣且我等其死於臣之手寧如死於弟子之手乎就且予縱不得大葬予死於道路乎者大葬謂君臣禮葬言且就使我縱不得以君臣禮葬有二三子在我寧當憂棄於道路乎言必不至死於道路也

子貢曰。有美玉於斯。韞匵而藏諸。求善賈而沽諸。馬曰韞藏也匵匵也謂藏諸匵中沽賣也得善賈寧肯賣之邪子曰。沽之哉。沽之哉。我待賈者也。包曰沽之哉不衒賣之辭我居而待賈

【疏】子貢至者也。○正義曰此章言孔子藏德待用也子貢曰有美玉於斯韞匵而藏諸求善賈而沽諸者子貢欲觀孔子聖德藏用何如故託玉以諮問也韞藏也匵匵也諸之沽賣也言人有美玉於此藏在匵中而藏之若求得善賈

之賈寧肯賣之邪君子於玉比德子貢之意言夫子有美德而懷藏之若人虛心盡禮求之夫子肯與之乎子曰沽之哉沽之哉我待賈者也者孔子荅言我賣之哉不衒賣之辭雖不衒賣我居而待賈言有人虛心盡禮以求我道我卽與之而不荅也

子欲居九夷。馬曰九夷東方之夷有九種 或曰。陋如之何。子曰。君子居之。何陋之有。馬曰君子所居則化 〔疏〕子欲至之有。正義曰此章論孔子疾中國無明君也子欲居九夷者東方之夷有九種孔子以時無明君故欲居東夷或曰陋如之何者或人謂孔子言東夷僻陋無禮如何可居子曰君子居之何陋之有者孔子荅或人言君子所居則化使有禮義故云何陋之有。○注馬曰九夷東方之夷有九種。○正義曰案東夷傳云夷有九種曰畎夷于夷方夷黃夷白夷赤夷玄夷風夷陽夷又一曰玄菟二曰樂浪三曰高麗四曰滿飾五曰鳧臾六曰索家七曰東屠八曰倭人九曰天鄙

子曰。吾自衛反魯。然後樂正。雅頌各得其所。鄭曰反魯哀公十一年冬是時道衰樂廢孔子來還乃正之故雅頌各得其所 〔疏〕子曰吾自衛反魯然後樂正雅頌各得其所。正義曰此章記孔子言正廢樂之事也孔子以定十四年去魯應聘諸國魯哀公十一年自衛反魯是時道衰樂廢孔子來還乃正之故雅頌各得其所也。○注反魯魯哀公十一年冬。○正義曰案左傳哀十一年冬衛孔文子之將攻大叔也訪於仲尼仲尼曰胡簋之事則嘗學之矣甲兵之事未之聞也退命駕而行曰鳥則擇木木豈能擇鳥文子遽止之曰圉豈敢度其私訪衛國之難也將止魯人以幣召之乃歸杜注云於是自衛反魯樂正雅頌各得其所是也

子曰。出則事公卿。入則事父兄。喪事不敢不勉。不爲酒困。何有於我哉。馬曰困亂也 〔疏〕子曰出則事公卿入則事父兄喪事不敢不勉不爲酒困何有於我哉。正義曰此章記孔子言忠順孝悌哀喪慎酒之事也困亂也言出仕朝廷則盡其忠順以事公卿也入居私門則盡其孝悌以事父兄也若有喪事則不敢不勉力以從禮也未嘗爲酒亂其性也他人無是行於我我獨有之故曰何有於我哉

子在川上曰。逝者如斯夫。不舍晝夜。包曰逝往也言凡往也者如川之流 〔疏〕子在川上曰逝者如斯夫不舍晝夜。正義曰此章記孔子感歎時事既往不可追復也逝往也夫子因在川水之上見川水之流迅速且不可追復故感之而興歎言凡時事往者如此川之流夫不以晝夜而有舍止也

子曰。吾未見好德如好色者也。疾時人薄於德而厚於色故發此言 〔疏〕子曰吾未見好德如好色者也。正義曰此章孔子疾時人薄於德而厚於色也

子曰。譬如爲山。未成一簣。止。吾止也。包曰簣土籠也此勸人進於道德爲山者其功雖已多未成一籠而中道止者我不以其前功多而善之見其志不遂故不與也 譬如平地。雖覆一簣。進。吾往也。馬曰平地者將進加功雖始覆一簣我不以其功少而薄之據其欲進而與之 〔疏〕子曰至往也。正義曰此章孔子勸人進於道德也譬如爲山未成一簣止吾止也者簣土籠也言人之學道垂成而止前功雖多吾不與也譬如爲山者其功雖已多未成一籠而中道止者我不以其前功多而善之見其志不遂故吾止而不與也譬如平地雖覆一簣進吾往也者言人進德脩業功雖未多而強學不息則吾與之也譬如平地者將進加功雖始覆一簣我不以其功少而薄之據其欲進故吾則往而與之也

子曰。語之而不惰者。其回也與。顏淵解故語之而不惰餘人不解故有惰語之時 〔疏〕子曰語之而不惰者其回也與。正義曰此章美顏回也惰謂懈惰也言餘人不能盡解故有懈惰於夫子之語時其語之而不懈惰者其唯顏回也與顏淵解故也

子謂顏淵曰。惜乎。吾見其進也。未見其止也。包曰孔子謂顏淵進益未止痛惜之甚 〔疏〕子謂顏淵曰惜乎吾見其進也未見其止也。正義曰此章以顏回早死孔子於後歎惜之也孔子謂顏淵進益未止痛惜之甚也

子曰。苗而不秀者。有矣夫。秀而不實者。有矣夫。孔曰言萬物有生而不育成者喻人亦然 〔疏〕子曰苗而不秀者有矣夫秀而不實者有矣夫。正義曰此章亦以顏回早卒孔子痛惜之爲之作譬也言萬物有生而不育成者喻人亦然也

子曰。後生可畏。焉知來者之不如今也。後生謂年少 四十五十而無聞焉。斯亦不足畏也已。〔疏〕子曰至也已。正義曰此章勸學也子曰後生可畏焉知來者之不如今也者後生謂年少也言年少之人足以積學成德誠可畏也安知將來者之道德不如我今日也四十五十而無聞焉斯亦不足畏也已者言年少時不能積學成德至於四十五十而令名無聞雖欲強學終無成德故不足畏也

子曰。法語之言。能無從乎。改之爲貴。孔曰人有過以正道告之口無不順從之能必自改之乃爲貴 巽與之言。能無說乎。繹之爲貴。馬曰巽恭也謂恭孫謹敬之言聞之無不說者能尋繹行之乃爲貴 說而不繹。從而不改。吾末如之何也已矣。〔疏〕子曰至已矣。正義曰此章貴行也子曰法語之言能無從乎改之爲貴者謂人有過以禮法正道之言告語之當時口無不順從之者口雖服從未足可貴能必自改之乃爲貴耳巽與之言能無說乎繹之爲貴者巽恭也繹尋繹也謂以恭孫謹敬之言教與之當時聞之無不喜說者雖聞之喜說未足可貴必能尋繹其言行之乃爲貴也說而不繹從而不改吾末如之何也已矣者謂口雖說從而行不尋繹追改疾夫形服而心不化故云末如之何猶言不奈何也

子曰。主忠信。毋友不如己者。過則勿憚改。慎所主友有過務改皆所以爲益 〔疏〕子曰主忠信毋友不如己者過則勿憚改。正義曰此章戒人忠信改過也主猶親也憚猶難也言凡所親狎皆須有忠信者也無得以忠信不如己者爲友也苟有其過無難於改也學而篇已有此文記者異人故重出之

子曰。三軍可奪帥也。匹夫不可奪志也。孔曰三軍雖衆人心不一則其將帥可奪而取之匹夫雖微苟守其志不可得而奪也 〔疏〕子曰三軍可奪帥也匹夫不可奪志也。正義曰此章言人守志不移也萬二千五百人爲軍帥謂將也匹夫謂庶人也三軍雖衆人心不一則其將帥可奪而取之匹夫雖微苟守其志不可得而奪也士大夫已上有妾媵庶人賤但夫婦相匹配而已故云匹夫

子曰。衣敝縕袍。與衣狐貉者立。而不恥者。其由也與。孔曰縕枲著 不忮不求。何用不臧。馬曰忮害也臧善也言不忮害不貪求何用爲不善疾貪惡忮害之詩 子路終身誦之。子曰。是道也。何足以臧。馬曰臧善也尚復有美於是者何足以爲善 〔疏〕子曰至以臧。正義曰此章善仲由也子曰衣敝縕袍與衣狐貉者立而不恥者其由也與者縕枲著也縕袍衣之賤者狐貉裘之貴者常人之情著破敗之縕袍與著狐貉之裘者並立則皆慙恥而能不恥者唯其仲由也與不忮不求何用不臧者忮害也臧善也言不忮害不貪求何用爲不善言仲由不忮害不貪求何用爲不善此詩邶風雄雉之篇疾貪惡忮害之詩也孔子言之以善子路也子路以夫子善已故常稱誦之子曰是道也何足以臧者孔子見子路誦之不止懼其伐善故抑之言人行尚復有美於是者此何足以爲善。○注孔曰縕枲著。○正義曰玉藻云纊爲繭縕爲袍鄭玄云衣有著之異名也纊謂今之新緜縕謂今纊及舊絮也然則今云枲著者雜用枲麻以著袍也

子曰。歲寒。然後知松柏之後彫也。大寒之歲衆木皆死然後知松柏小彫傷平歲則衆木亦有不死者故須歲寒而後別之喻凡人處治世亦能自脩整與君子同在濁世然後知君子之正不苟容 〔疏〕子曰歲寒然後知松柏之後彫也。正義曰此章喻君子也大寒之歲衆木皆死然後知松柏小彫傷若平歲則衆木亦有不死者故須歲寒而後別之喻凡人處治世亦能自脩整與君子同在濁世然後知君子之正不苟容也

子曰。知者不惑。包曰不惑亂 仁者不憂。孔曰無憂患 勇者不懼。〔疏〕子曰知者不惑仁者不憂勇者不懼。正義曰此章言知者明於事故不惑亂仁者知命故無憂患勇者果敢故不恐懼

子曰。可與共學。未可與適道。適之也雖學或得異端未必能之道 可與適道。未可與立。雖能之道未必能有所立 可與立。未可與權。雖能有所立未必能權量其輕重之極 唐棣之華。偏其反而。豈不爾思。室是遠而。逸詩也唐棣移也華反而後合賦此詩者以言權道反而後至於大順思其人而不得見者其室遠也以言思權而不得見者其道遠也 子曰。未之思也。夫何遠之有。夫思者當思其反反是不思所以爲遠能思其反何遠之有言權可知唯不知思耳思之有次序斯可知矣 〔疏〕子曰至之有。正義曰此章論權道也子曰可與共學未可與適道者適之也言人雖可與共學所學或得異端未必能之正道故未可與適道也可與適道未可與立者言人雖能之道未必能有所立故未可與立也可與立未可與權者言人雖能有所立未必能隨時變通權量其輕重之極也唐棣之華偏其反而豈不爾思室是遠而者此逸詩也唐棣移也其華偏然反而後合賦此詩者以言權道亦先反常而後至於大順也豈不爾思者言誠思爾也誠思其人而不得見者其室遠也以喻思權而不得見者其道遠也子曰未之思也夫何遠之有者言夫思者當思其反若不思是反所以爲遠能思其反何遠之有言權可知唯不知思爾能思之有次序斯可知矣記者嫌與詩言相亂故重言子曰也。○注唐棣移也

○正義曰釋木文也舍人曰唐棣一名移郭璞曰似白楊江東呼夫移詩召南云唐棣之華陸璣云奥李也一名雀梅亦曰車下李所在山皆有其華或白或赤六月中熟大如李子可食

論語注疏校勘記

阮元撰盧宣旬摘錄

子罕第九

子罕言章

命者天之命也段玉裁云此當是用董子命者天之令也

寡能及之故希言也筆解引無也字又此注作包曰

故希言也北監本毛本希作罕○按希字是承上文希也而言

又復謙指云本指誤捐今正

麻冕章

古者績麻三十升布以爲之本三誤二升誤斤疏中兩三十升升並誤斤今正

王曰後漢書陳元傳注引作何晏注云○按注即集解字之譌故引下節注亦不加王曰以別之此處不誤

下拜然後成禮皇本成上有升字邢疏亦有升字○按有升字是也後漢書注可證

此章記孔子從恭儉浦鏜云恭儉下脫麻冕禮也今也純儉八字

纓屬于頍本于誤干閩本同今正

大史氏右閩本右誤古北監本氏作是案作是與儀禮覲禮合彼注云古文是爲氏也

子絕四章

毋意本毋誤母今正下同

故不有其身皇本作故不自有其身也

子畏於匡章

夫子弟子顏尅皇本毛本尅作剋釋文出顏剋云諸書或作顏亥

文王既沒本文誤三今正

大宰問於子貢章

大宰知我乎皇本高麗本我下有者字

牢曰子云章朱子集注本合前章注疏本別爲一章

故多技藝皇本多下有能字藝下有也字又技作伎○按伎訓與古多假爲技藝字

字子開一字張浦鏜云張上脫子字

吾有知乎哉章

有鄙夫問於我皇本問上有來字

空空如也釋文出空空云鄭或作悾悾

知意之知猶意言意之所知也浦鏜云猶意之意當衍字

言他人之短者浦鏜云短當知字誤

鳳鳥不至章

此章言孔子傷時无明君也毛本无作無下今天无此瑞同

聖人受命浦鏜云聖上脫云字是也

燕含閩本北監本毛本含作頷

飲砥柱本飲誤欽閩本同今正

莫宿丹穴本丹誤舟閩本同今正

子見齊衰者章

冕衣裳者釋文出冕字云鄭本作弁云魯讀弁爲絻今從古鄉黨篇亦然案說文冕大夫以上服也從冃免聲絻或從糸據此則今之作冕者蓋魯論也

雖少必作皇本高麗本少下有者字

過之必趨宋石經趨作趍○按趍趨正俗字

此夫子哀有喪本此誤北今正

顏淵喟然歎曰章

顏淵喟然歎曰此本歎作嘆今訂正注疏同○按說文歎訓吟嘆訓吞嘆二字義別此當从欠今人多通用之

忽焉在後閩本北監本毛本焉作然筆解亦作然案唐石經宋石經竝作焉又列子仲尼篇史記孔子世家後漢書黃憲傳亦俱作焉據此則此本作焉是今朱子集注本尚仍其誤

言恍惚不可爲形象皇本恍惚作忽怳釋文出惚怳云本今作恍惚

夫子循循然案後漢書趙壹傳注引論語曰夫子恂恂然善誘人恂恂恭順貌疑是鄭注又攷孟子明堂章章指及三國志步隲傳後漢書李膺傳注俱引作恂恂又後漢書郭太傳論林宗恂恂善導宋書禮志載晉袁瓌疏曰孔子恂恂道化洙泗北魏書賈思伯傳云接誘恂恂曾無倦色竝用此文俱作恂字蓋作循者古論作恂者魯論鄭從魯論故字作恂○按翟灝之說云爾

言夫子正以此道進勸人有所序皇本進勸人作勸進人又所作次序下有也字

已竭盡我才矣本盡誤盖今正

由不能及夫子之所立也毛本由作尤浦鏜云猶誤尤案浦鏜說是也今正

子疾病章

故子路欲使弟子行其臣之禮也筆解無故字其作爲毛本無也字

少差曰間皇本少上有病字間下有也字

言子路久有是心非今日也皇本無久字非下有唯字

以夫子爲大夫官也本官誤君今正

乃責之本責誤貴今正

有美玉於斯章

韞匵而藏諸毛本匵作匱是也釋文出匵字云本又作櫝二字音義皆同今訂作匵

求善賈而沽諸漢石經沽作賣下同○按作沽用假借字玉篇夂部及下引論語曰求善賈而夃諸未知所據何本也

我待賈者也案白虎通商賈篇後漢書張衡傳注逸民傳注文選琴賦注竝引作待價是俗字

此章言孔子藏德待用也本德誤得疏美德同今竝訂正

故託玉以諮問也本玉誤土今正

若人虛心盡禮求之本盡誤盖下盡禮同今竝正

子欲居九夷章

君子所居則化皇本作君子所居者皆化也

四曰滿節浦鏜云飾誤節是也今正

吾自衛反魯章

吾自衛反魯皇本高麗本反下有於字

反魯哀公十一年冬皇本哀上重魯字案疏中亦重魯字皇本是也

胡簋之事閩本北監本毛本胡作簠

子在川上章

包曰皇本作鄭元曰

夫不以晝夜而有舍止也本夫誤天今正

譬如爲山章

未成一籠本一字空闕今補正

子謂顏淵章

包曰　皇本作馬融曰

後生可畏章

後生可畏　皇本高麗本畏下有也字

謂年少　皇本少下有也字釋文出少年云本今作年少

斯亦不足畏也已　皇本高麗本已下有矣字是也

法語之言章

口無不順從之　皇本不上有所字

能必自改之乃爲貴　皇本無之字貴下有也字

謂恭孫謹敬之言　皇本孫作巽言下有也字

未足可貴　閩本北監本毛本可作爲下同

主忠信章

愼所主友　皇本作愼其所主所友

衣敝緼袍章

衣敝緼袍　皇本高麗本敝作弊釋文出衣弊云本今作敝案說文袍字下引論語亦作弊弊者敝之俗說文所無袍下引作弊者亦後人妄改也

與衣狐貉者立　汗簡引古論語貉作貈釋文出狐貉云依字當作貈案史記弟子列傳作貈。按貈正字貉假借字貉俗字

常人之情　本情誤清今正

唯其仲由也與　浦鏜云唯其字當譌倒

歲寒章

歲寒然後知松柏之後彫也　皇本彫作凋注同釋文出後彫云依字當作凋。按釋文是也彫是假借字

知者不惑章

勇者不懼　攷文古本此下有孔安國曰無畏懼也八字皇本閩本北監本毛本並脫

可與共學章

未必能有所立　皇本作未必能以有所成立者也筆解此注作孔曰

可與立未可與權　筆解云正文傳寫錯倒當云可與共學未可與立可與適道未可與權案詩緜正義及說苑權謀篇三國志魏武帝紀注北周書宇文護傳論並引可與適道未可與權與筆解說合。按此亦翟灝之說

雖能有所立　筆解無能字亦作孔曰

唐棣之華　春秋繁露竹林篇文選廣絕交論注並引作棠棣

思其人而不自見者　皇本自作得案邢疏亦作得字

未之思也　釋文出未之云或作末者非

夫何遠之有　皇本高麗本有下有哉字

似白楊　本似誤以閩本同今正

陸機云　毛本機作璣機與璣古字通隸釋載堯廟碑云璣旋機之政周公禮殿記云旋機離常璣並作機又文選宋文皇帝元皇后哀策文注云璣與機同。按孫志祖讀書脞錄續編云梁元帝作同姓名錄兼收名之音義通用者有兩陸機一吳人字士衡一名璣字元恪注本艸者而宋槧爾雅疏引艸木疏作陸璣此二字古人殆通借用之與錢大昕云當作陸機

論語注疏解經卷第十　何晏集解　邢昺疏

鄉黨第十

【疏】正義曰此篇唯記孔子在魯國鄉黨中言行故分之以次前篇也此篇雖曰一章其間事義亦以類相從今各依文解之

孔子於鄉黨，恂恂如也。似不能言者。王曰恂恂温恭之貌 其在宗廟朝廷，便便言，唯謹爾。鄭曰便便辯也雖辯而謹敬 朝與下大夫言，侃侃如也。孔曰侃侃和樂之貌 與上大夫言，誾誾如也。孔曰誾誾中正之貌 君在，踧踖如也，與與如也。馬曰君在視朝也踧踖恭敬之貌與與威儀中適之貌

【疏】孔子至與與如也○正義曰此一節記言語及趨朝之禮容也孔子於鄉黨恂恂如也似不能言者恂恂温恭之貌言孔子在於鄉黨中與故舊相接常温和恭敬恂恂然如似不能言語者道其謙恭之甚也凡言如也者皆謂如此義也其在宗廟朝廷便便言唯謹爾者便便辯也宗廟行禮之處朝廷布政之所當詳問極言故辯治也雖辯而唯謹敬朝與下大夫言侃侃如也與上大夫言誾誾如也者侃侃和樂之貌誾誾中正之貌下大夫稍卑故與之言可以和樂上大夫卿也爵位既尊故與之言常執中正不敢和樂也君在踧踖如也與與如也者君在謂視朝時也踧踖恭敬之貌與與威儀中適之貌既當君在之所故恭敬使威儀中適不敢解惰也

君召使擯，鄭曰君召使擯者有賓客使迎之 色勃如也，孔曰必變色 足躩如也。包曰足躩盤辟貌 揖所與立，左右手。衣前後，襜如也。鄭曰揖左人左其手揖右人右其手一俛一仰衣前後襜如也 趨進，翼如也。孔曰言端好 賓退，必復命曰：賓不顧矣。鄭曰復命白君賓已去矣

【疏】君召使擯至顧矣○正義曰此一節言君召孔子使爲擯之禮也擯謂主國之君所使出接賓者也色勃如也足躩如也者勃然變色也足躩盤辟貌既傳君命以接賓故必變色而加肅敬也足容盤辟然不敢懈慢也揖所與立左右手衣前後襜如也者謂交擯傳命時揖左人左其手揖右人右其手一俛一仰衣前後襜如也趨進翼如也者謂疾趨而進張拱端好爲鳥之張翼也賓退必復命曰賓不顧矣謂賓禮畢上擯送賓出反告白君賓已去矣不反顧也○注鄭曰至如也○正義曰云揖左人左其手揖右人右其手者謂傳擯時也案諸侯自相爲賓之禮凡賓主各有副賓副曰介主副曰擯及行人若諸侯自行則介各從其命數至主國大門外主人及擯出門相接若主君是公則擯者五人侯伯則擯者四人子男則擯者二人所以不隨命數者謙也故並用強半之數也賓若是公來至門外直當闑西去門九十步而下車當軹北嚮而立鄭注考工記云軹轂末也其侯伯立當前侯胡下子男立當衡注衡謂車軛其君當軫而九介立在君之北邐迤西北並東嚮而列主公出直闑東南西嚮立擯在主人之南邐迤東南立並西嚮也使末擯與末介相對中間傍相去三丈六尺列擯介既竟則主君就擯求辭所以須求辭者不敢自許人求詣己恐爲他事而至故就求辭自謙之道也求辭之法主人先傳求辭

之言與上擯上擯以至次擯次擯繼傳以至末擯末擯傳與賓末介末介以次繼傳上至於賓賓答辭隨其來意又從上介而傳下至末介末介又傳與末擯末擯傳相次而上至於主人傳辭既竟而後進迎賓至門知擯介朝位如此者大行人職文又知傳辭拜迎賓前至門者司儀職文其傳辭司儀之交擯也其列擯介傳辭委曲約聘禮文若諸侯使卿大夫相聘其介與主位則大行人云卿大夫之禮各下其君二等鄭注云介與朝位是也主君待之擯數如待其君其有異者主君至大門而不出限南面而立也若公之使亦直闑西北嚮七介而去門七十步侯伯之使列五介而去門五十步子男之使三介而去門三十步上擯出閾外闑東南西嚮陳介西北東面邐迤如君自相見也而末介末擯相對亦相去三丈六尺陳擯介竟則不傳命而上擯進至末擯間南揖賓賓亦進至末介間上擯與賓相去亦三丈六尺而上擯揖而請事入告君君在限內後乃相與入也知者約聘禮文不傳辭司儀及聘禮謂之旅擯君自來所以必傳命者聘義云君子於其所尊弗敢質敬之至也又若天子春夏受朝宗則無迎法受享則有之故大行人云廟中將幣三享鄭云朝先享不言朝者朝正禮不嫌有等也若秋冬覲遇一受之於廟則亦無迎法故郊特牲云覲禮天子不下堂而見諸侯明冬遇依秋也以爲擯之禮依次傳命故揖左人左其手揖右人右其手一俛一仰使衣前後襜如也○注鄭曰復命白君賓已去矣○正義曰案聘禮行聘享私覿禮畢賓出公再拜送賓不顧鄭注云公既拜客趨辟君命上擯送賓出反告賓不顧矣於此君可以反路寢矣

入公門。鞠躬如也。如不容。孔曰斂身 立不中門。行不履閾。孔曰閾門限 過位。色勃如也。足躩如也。包曰過君之空位 其言似不足者。攝齊升堂。鞠躬如也。屏氣似不息者。孔曰皆重慎也衣下曰齊攝齊者摳衣也 出降一等。逞顏色。怡怡如也。孔曰先屏氣下階舒氣故怡怡如也 沒階趨進。翼如也。孔曰沒盡也下盡階 復其位。踧踖如也。孔曰來時所過位 疏 入公門至踧踖如也○正義曰此一節記孔子趨朝之禮容也入公門鞠躬如也如不容者公君門也鞠曲也躬身也君門雖大斂身如狹小不容受其身也立不中門者中門謂棖闑之中央君門中央有闑兩旁有棖棖謂之門梐棖闑之中是尊者所立處故人臣不得當之而立也行不履閾者履踐也閾門限也出入不得踐履門限所以爾者一則自高二則不淨並爲不敬過位色勃如也足躩如也者過位過君之空位也謂門屏之間人君宁立之處君雖不在此位人臣過之宜敬故勃然變色足盤辟而爲敬也其言似不足者下氣怡聲如似不足者也攝齊升堂鞠躬如也屏氣似不息者皆重慎也衣下曰齊攝齊者摳衣也將升堂時以兩手當裳前提挈裳使起恐衣長轉足躡履之仍復曲斂其身以至君所則屏藏其氣似無氣息者也出降一等逞顏色怡怡如也者以先時屏氣出下階一級則舒氣故解其顏色怡怡然和說也沒階趨進翼如也者沒盡也下盡階則疾趨而出張拱端好如鳥之舒翼也復其位踧踖如也者復至其來時所過之位則又踧踖恭敬也○注閾門限○正義曰釋宮云柣謂之閾孫炎云閾門限也經傳諸注皆以閾爲門限爲內外之限約也○注衣下曰齊攝齊者摳衣也○正義曰曲禮云兩手摳衣去齊尺鄭注云齊謂裳下緝也然則衣謂裳也對文則上曰衣下曰裳散則可通故此云摳衣摳提挈也謂提挈裳前使去地一尺也

執圭。鞠躬如也。如不勝。包曰爲君使聘問鄰國執持君之圭鞠躬者敬慎之至 上如揖。下如授。勃如戰色。足蹜蹜。如有循。鄭曰上如揖授玉宜敬下如授不敢忘禮戰色敬也足蹜蹜如有循舉前曳踵行 享禮有容色。鄭曰享獻也聘禮既聘而享用圭璧有庭實 私覿。愉愉如也。鄭曰覿見也既享乃以私禮見愉愉顏色和 疏 執圭至愉愉如也○正義曰此一節記爲君使聘問鄰國之禮容也執圭鞠躬如也如不勝者言執持君之圭以聘鄰國而鞠躬如不能勝舉慎之至也上如揖下如授者上謂授玉時宜敬故如揖也下謂既授玉而降雖不執玉猶如授時不敢忘禮也勃如戰色足蹜蹜如有循者亦謂執圭行聘時戰栗其顏色敬也足則舉前曳踵而行蹜蹜如有所循也享禮有容色者享獻也聘禮既聘而享用圭璧有庭實聘時執圭致命故勃如戰色至行享時則稍許有容色不復戰栗私覿愉愉如也者覿見也愉愉顏色和也謂既享乃以私禮見故顏色愉愉然和說也○注包曰至之至○正義曰云爲君使聘問鄰國執持君之圭者案聘禮云賓襲執圭致命公側襲受玉于中堂與東楹之間是其事也凡執玉之禮大宗伯云公執桓圭注云雙植謂之桓桓宮室之象所以安其上也圭長九寸故玉人云命圭九寸公守之是也宗伯又云侯執信圭伯執躬圭注云蓋皆象以人形爲琢飾文有麤縟耳欲其慎行以保身圭皆長七寸故玉人云命圭七寸謂之信圭侯守之命圭七寸謂之躬圭伯守之江南儒者解云直者爲信其文縟細曲者爲躬其文麤略義或然也宗伯又云子執穀璧男執蒲璧注云穀所以養人蒲爲席所以安人不執圭者未成國也蓋琢爲穀稼及蒲葦之文蓋皆徑五寸故大行人云子執穀璧男執蒲璧五寸是也凡圭廣三寸厚半寸剡上左右各寸半知者聘禮記文其璧則內有孔外有肉其孔謂好故爾雅釋器云肉倍好謂之璧好倍肉謂之瑗肉好若一謂之環此謂諸侯所執圭璧皆朝于王及相朝所用也故典瑞前既陳玉則云朝覲宗遇會同於王諸侯相見亦如之是也其公侯伯朝后皆用璋知者以聘禮聘君用圭聘夫人以璋則朝知於天子及后亦然也其子男既朝王用璧朝后宜用琮以璧琮相對故也鄭注小行人云其上公及二王之後享天子圭以馬享后璋以皮其侯伯子男享天子璧以帛享后琮以錦其玉大小各如其命數知者玉人云璧琮九寸諸侯以享天子是也其諸侯相朝所執之玉與朝天子同其享玉皆以璧享君以琮享夫人明相朝禮亦當然子男相享則降用琥以繡璜以黼故鄭注小行人云其於諸侯亦用璧琮耳子男於諸侯則享用琥璜下其瑞也其諸侯之臣聘天子及聘諸侯其聘玉及享玉降其君瑞一等故玉人云瑑圭璋八寸璧琮八寸以覜聘是也○注足蹜蹜如有循舉前曳踵行○正義曰按玉藻云執龜玉舉前曳踵蹜蹜如也踵謂足後跟也謂將行之時初舉足前後曳足跟行不離地蹜蹜如也言舉足狹數蹜蹜如也玉藻又云圈豚行不舉足齊如流鄭注云圈轉也豚之言若有所循不舉足曳踵則衣之齊如水之流矣孔子執圭則然此徐趨也○注鄭曰至庭實○正義曰享獻也釋詁文也云聘禮既聘而享用圭璧有庭實者案覲禮侯氏既見王乃云四享皆束帛加璧庭實唯國所有鄭玄云四當爲三大行人職曰諸侯廟中將幣皆三享其禮差又無取於四也初享或用馬或用虎豹之皮其次享三牲魚腊籩豆之實龜也金也丹漆絲纊竹箭也其餘無常貨此物非一國所能有唯國所有分爲三享皆以璧帛致之禮器云大

饗其王事與三牲魚腊四海九州之美味也籩豆之薦四時之和氣也內金示和也束帛加璧尊德也龜爲前列先知也金次之見情也丹漆絲纊竹箭與衆共財也其餘無常貨各以其國之所有則致遠物也郊特牲曰旅幣無方所以別土地之宜而節遠邇之期也龜爲前列先知也以鍾次之以和居參之也虎豹之皮示服猛也束帛加璧往德也鄭玄覲禮之注所言出於彼也諸侯相朝聘其禮亦然案聘禮賓裼奉束帛加璧享記曰凡庭實隨入左先皮馬相間可也小行人職云合六幣圭以馬璋以皮璧以帛琮以錦琥以繡璜以黼此六物者以和諸侯之好故鄭注云合同也六幣所以享也五等諸侯享天子用璧享后用琮其大各如其瑞皆有庭實以馬若皮皮虎豹皮也用圭璋者二王之後也二王後尊故享用圭璋而特之禮器曰圭璋特是也其於諸侯亦用璧琮耳子男於諸侯則享用琥璜下其瑞也凡二王後諸侯相享之玉大小各降其瑞一等及使卿大夫覜聘亦如之是用圭璧有庭實也○注既享乃以私禮見○正義曰案聘禮擯者出請事賓告事畢賓奉束錦以請覿注云覿見也鄉將公事是欲交其歡敬也不用羔因使而見非特來是也

君子不以紺緅飾。孔曰一入曰緅飾者不以爲領袖緣也紺者齊服盛色以爲飾衣似衣齊服緅者三年練以緅飾衣爲其似衣喪服故皆不以爲飾衣 紅紫不以爲褻服。王曰褻服私居服非公會之服皆不正褻尚不衣正服無所施 當暑袗絺綌。必表而出之。孔曰暑則單服絺綌葛也必表而出之加上衣 緇衣羔裘。素衣麑裘。黃衣狐裘。褻裘長。短右袂。孔曰服皆中外之色相稱也私家裘長主溫短右袂便作事 必有寢衣。長一身有半。孔曰今之被也 狐貉之厚以居。鄭曰在家以接賓客 去喪無所不佩。孔曰去除也非喪則備佩所宜佩也 非帷裳必殺之。王曰衣必有殺縫唯帷裳無殺也 羔裘玄冠不以弔。孔曰喪主素吉主玄吉凶異服 吉月。必朝服而朝。孔曰吉月月朔也朝服皮弁服 齊必有明衣布。孔曰以布爲沐浴衣 疏 君子至明衣布○正義曰此一節記孔子衣服之禮也君子不以紺緅飾者君子謂孔子也紺玄色緅淺絳色飾者領緣也紺者齊服盛色以爲飾衣似衣齊服緅者三年練以緅飾衣爲其似衣喪服故皆不以爲飾衣紅紫不以爲褻服者紅南方間色紫北方間色褻服私居服非公會之服以其紅紫二色皆不正故不以爲褻服褻服尚不用則正服無所施可知也但言紅紫則五方間色皆不用也當暑袗絺綌必表而出之者袗單也絺綌葛也精曰絺麤曰綌暑則單服必加尚表衣然後出之爲其形褻故也緇衣羔裘素衣麑裘黃衣狐裘者凡祭服先加明衣次加中衣冬則次加袍繭夏則不袍繭用葛也次加祭服若朝服布衣亦先以明衣親身次加中衣冬則次加裘裘上加裼衣裼衣之上加朝服夏則中衣之上不用裘而加葛葛上加朝服凡服必中外之色相稱羔裘黑羊裘也故用緇衣以裼之麑裘鹿子皮以爲裘也故用素衣以裼之狐裘黃故用黃衣以裼之褻裘長短右袂者此私家所著之裘也長之者主溫也袂是裘之袖短右袂者作事便也必有寢衣長一身有半者今之被也狐貉之厚以居者謂在家接賓客之裘者居家主溫故厚爲之去喪無所不佩者去除也居喪無飾故不佩除喪則備佩所宜佩也非帷裳必殺之者殺謂殺縫凡衣

必有殺縫唯帷裳無也羔裘玄冠不以弔者凶主素吉主玄故羔裘玄冠不以弔喪也吉月必朝服而朝者吉月月朔也朝服皮弁服言每朔日必服皮弁之服以朝於君也齊必有明衣布者將祭而齊則必沐浴浴竟而著明衣所以明絜其體也明衣以布爲之故曰齊必有明衣布也○注孔曰至飾衣○正義曰云一入曰緅飾者不以爲領袖緣也者案考工記云三入爲纁五入爲緅七入爲緇注云染纁者三入而成又再染以黑則爲緅緅今禮俗文作爵言如爵頭色也又復再染以黑乃成緇矣鄭司農說以論語曰君子不以紺緅飾又曰緇衣羔裘爾雅曰一染謂之縓再染謂之赬三染謂之纁詩云緇衣之宜兮玄謂此同色耳染布帛者染人掌之凡玄色者在緅緇之間其六入者與今孔氏云一入曰緅者未知出何書又云緅者三年練以緅飾衣則似讀緅爲縓案檀弓云練練衣黃裏縓緣注云小祥練冠練中衣以黃爲內縓爲飾黃之色卑於纁縓纁之類明外除故曰爲其似衣喪服故皆不以爲飾衣云紺者齊服盛色以爲飾衣似衣齊服者說文云紺帛深青揚赤色是紺爲青赤色也故爲齊服盛色若以爲領袖緣飾則似衣齊服也○注服皆中外之色相稱也○正義曰謂中衣外裘其色皆相稱也此經云緇衣羔裘者謂朝服也知者案玉藻云諸侯朝服以日視朝於內朝士冠禮云主人玄冠朝服緇帶素韠注云玄冠委貌朝服者十五升布衣而素裳不言色者衣與冠同色是朝衣色玄玄卽緇色之小別此論孔子之服云緇衣羔裘玉藻亦云羔裘緇衣以裼之是羔裘裼用緇衣明其上正服亦緇色也下文又曰羔裘玄冠不以弔是羔裘所用配玄冠羔裘之上必用緇布衣爲裼裼衣之上正服亦是緇色又與玄冠相配故知緇衣羔裘是諸侯君臣日視朝之服也其素衣麑裘則在國視朔之服也卿大夫士亦皆然故鄭玄注此云素衣麑裘視朔之服是也其受外國聘享亦素衣麑裘故聘禮云裼降立注引玉藻云麑裘青豻褎絞衣以裼之又引此云素衣麑裘皮弁時或素衣如鄭此言則裼衣或絞或素不定也熊氏云臣用絞君用素皇氏云素衣爲正記者亂言絞耳其黃衣狐裘謂大蜡息民之祭服也人君以歲事成熟搜索羣神而報祭之謂之大蜡又臘祭先祖五祀因令民得大飲農事休息謂之息民於大蜡之後作息民之祭其時則有黃衣狐裘也大蜡之祭與息民異也息民用黃衣狐裘大蜡則皮弁素服二者不同矣以其大蜡之後始作息民之祭息民大蜡同月其事相次故連言之耳知者郊特牲云蜡也者索也歲十二月合聚萬物而索饗之也皮弁素服而祭素服以送終葛帶榛杖喪殺也是大蜡之祭用素服也郊特牲既說蜡祭其下又云黃衣黃冠而祭息田夫也注云祭謂既蜡臘先祖五祀也於是勞農以休息之是息民之祭用黃衣也此說孔子之服云黃衣狐裘玉藻云狐裘黃衣以裼之以此知大蜡息民則有黃衣狐裘也是此三者之服中衣與外裘其色皆相稱也○注孔曰至佩也○正義曰云非喪則備佩所宜佩也者案玉藻云古之君子必佩玉右徵角左宮羽凡帶必有佩玉唯喪則否佩玉有衡牙君子無故玉不去身君子於玉比德焉天子佩白玉而玄組綬世子佩瑜玉而綦組綬士佩瓀玟而縕組綬孔子佩象環五寸而綦組綬是非居喪則備佩此所宜佩也○注王曰衣必有殺縫唯帷裳無殺也○正義曰謂朝祭之服上衣必有殺縫在下之裳其制正幅如帷名曰帷裳則無殺縫其餘服之裳則亦有殺縫故深衣之制要在縫半下縫齊倍要喪服之制裳內削幅注云削猶殺也○注孔曰喪主素吉主玄吉凶異服○正義曰檀弓云奠以素器以生者有哀素之心注哀素言哀痛無飾凡物無飾曰素又禮祭服皆玄衣服是喪主素吉主玄也○注孔曰至弁服○正義曰云吉月月朔也者以詩云二月初吉周禮云正月之吉皆謂朔日故知此吉月謂朔日也云朝服皮弁服者士冠禮云皮弁服素積緇帶素韠注云此與君視朔之服也皮弁者以白鹿皮爲冠象上古也積猶辟也以素爲裳辟蹙其要中皮弁之衣用布亦十五升其色象焉魯自文公不行視朔之禮孔子恐其禮廢故每於月朔必衣此視朔之服而朝於君所謂我愛其禮也

齊必變食。孔曰改常饌**居必遷坐。**孔曰易常處**食不厭精。膾不厭細。食饐而餲。**孔曰饐餲臭味變**魚餒而肉敗不食。**魚敗曰餒**色惡不食。臭惡不食。失飪不食。**孔曰失飪失生熟之節**不時不食。**鄭曰不時非朝夕日中時**割不正不食。不得其醬不食。**馬曰魚膾非芥醬不食**肉雖多。不使勝食氣。唯酒無量。不及亂。沽酒市脯不食。不撤薑食。**孔曰撤去也齊禁薰物薑辛而不臭故不去**不多食。**孔曰不過飽**祭於公。不宿肉。**周曰助祭於君所得牲體歸則班賜不留神惠**祭肉不出三日。出三日。不食之矣。**鄭曰自其家祭肉過三日不食是褻鬼神之餘**食不語。寢不言。雖蔬食菜羹瓜祭。必齊如也。**孔曰齊嚴敬貌三物雖薄祭之必敬

【疏】齊必至如也○正義曰此一節論齊祭飲食居處之事也齊必變食者謂將欲接事鬼神宜自絜淨故改其常饌也居必遷坐者謂改易常處也食不厭精膾不厭細者食飯也牛與羊魚之腥聶而切之爲膾飯與膾所尚精細也食饐而餲魚餒而肉敗不食者饐餲臭味變也魚敗曰餒言飯之氣味變及魚肉敗壞皆不食之色惡不食臭惡不食者謂飯食及肉顏色香臭變惡者皆不食之失飪不食者謂失生熟之節也不時不食者謂非朝夕日中時也割不正不食者謂折解牲體脊脅臂臑之屬禮有正數若解割不得其正則不食也不得其醬不食者謂魚膾非得芥醬則不食也肉雖多不使勝食氣者氣小食也言有肉雖多食之不可使過食氣也唯酒無量不及亂者唯人飲酒無有限量但不得多以至困亂也沽酒市脯不食者沽賣也酒不自作未必精絜脯不自作不知何物之肉故不食也酒當言飲而亦云不食者因脯而并言之耳經傳之文此類多矣易繫辭云潤之以風雨左傳曰馬牛皆百匹玉藻云大夫不得造車馬皆從一而省文也不撤薑食者撤去也齊禁薰物薑辛而不臭故不去也不多食者不可過飽也自此已上皆蒙齊文凡言不食者皆爲不利人亦齊者孔子所慎齊必嚴敬若必食之或致困病則失嚴敬心故不食也其凡常不必然祭於公不宿肉者謂助祭於君所得牲體歸則班賜不留神惠經宿也祭肉不出三日出三日不食之矣者謂自其家祭肉過三日不食是褻慢鬼神之餘也食不語寢不言者直言曰言荅述曰語方食不可語語則口中可憎寢息宜靜故不言也雖蔬食菜羹瓜祭必齊如也者祭謂祭先齊嚴敬貌言蔬食也菜羹也瓜也三物雖薄將食祭先之時亦必嚴敬○注孔曰饐餲臭味變○正義曰釋器云食饐謂之餲郭璞云飯饐臭說文云饐飯傷熱也蒼頡篇云食臭敗也字林云饐飯傷熱濕也○注魚敗曰餒○正義曰釋器云肉謂之敗魚謂之餒郭璞云敗臭壞也餒肉爛也○注孔曰至必敬○正義曰云三物雖薄祭之必敬者祭謂祭先也案玉藻云唯水漿不祭又云瓜祭上環知此三者雖薄亦祭先也若祭之亦必齊敬也

席不正不坐。鄉人飲酒。杖者出。斯出矣。孔曰杖者老人也鄉人飲酒之禮主於老者老者禮畢出孔子從而後出

【疏】席不正不坐鄉人飲酒杖者出斯出矣正義曰此明坐席及飲酒之禮也凡爲席之禮天子之席五重諸侯之席三重大夫再重席南鄉北鄉以西方爲上東鄉西鄉以南方爲上如此之類是禮之正也若不正則孔子不坐也杖者老人也鄉人飲酒之禮主於老者老者禮畢出孔子則從而後出

鄉人儺。朝服而立於阼階。孔曰儺驅逐疫鬼恐驚先祖故朝服而立於廟之阼階

【疏】鄉人儺朝服而立於阼階○正義曰此明孔子存室神之禮也儺索室驅逐疫鬼也恐驚先祖故孔子朝服而立於廟之阼階鬼神依人庶其依已而安也所以朝服者大夫朝服以祭故用祭服以依神也

問人於他邦。再拜而送之。孔曰拜送使者敬也

【疏】問人於他邦再拜而送之○正義曰此記孔子遺人之禮也問猶遺也謂因問有物遺之也問者或自有事問人或聞彼有事而問之悉有物表其意故曲禮云凡以弓劍苞苴簞笥問人者操以受命如使之容此孔子凡以物問遺人於他邦者必再拜而送其使者所以示敬也

康子饋藥。拜而受之。包曰饋孔子藥**曰。丘未達。不敢嘗。**孔曰未知其故故不敢嘗禮也

【疏】康子饋藥拜而受之曰丘未達不敢嘗○正義曰此明孔子受饋之禮也魯卿季康子饋孔子藥孔子拜而受之凡受人饋遺可食之物必先嘗而謝之孔子未達其藥之故不敢先嘗故曰丘未達不敢嘗亦其禮也

廄焚。子退朝。曰。傷人乎。不問馬。鄭曰重人賤畜退朝自君之朝來歸

【疏】廄焚子退朝曰傷人乎不問馬○正義曰此明孔子重人賤畜也廄焚謂孔子家廄被火也孔子罷朝退歸承告而問曰廄焚之時得無傷人乎不問傷馬與否是其重人賤畜之意不問馬一句記者之言也

君賜食。必正席先嘗之。孔曰敬君惠也既嘗之乃以班賜**君賜腥。必熟而薦之。**孔曰薦其先祖**君賜生。必畜之。侍食於君。君祭先飯。**鄭曰於君祭則先飯矣若爲君嘗食然

【疏】君賜至先飯○正義曰此明孔子受君賜食及侍食之禮也君賜食必正席先嘗之者謂君以熟食賜已必正席而坐先品嘗之敬君之惠也君賜必多不可留君之惠既嘗當以班賜君賜腥必熟而薦之者謂君賜已生肉必亨熟而薦其先祖榮君賜也熟食不薦者褻也君賜生必畜之者謂君賜已牲之未殺者必畜養之以待祭祀之用也侍食於君君祭先飯者謂君召已共食時也於君祭時則先飯矣若爲君嘗食然○注鄭曰至食然○正義曰云於君祭則先飯矣者曲禮云主人延客祭注云祭祭先也君子有事不忘本也君子不忘本者有德必酬之故得食而種種出少許置在豆間之地以報先代造食之人也若敵客則得先自祭降等之客則後祭若臣侍君而賜之食則不祭若賜食而君以客禮待之則得祭雖得祭又先須君命之祭後乃敢祭也此言君祭先飯則是非客之禮也故不祭而先飯若爲君嘗食然也

疾。君視之。東首。加朝服。拖紳。包曰夫子疾處南牖之下東首加其朝服拖紳紳大帶不敢不衣朝服見君

【疏】疾君視之東首加朝服拖紳○正義曰此明孔子有疾君來視之時也拖加也紳大

帶也病者常居北牖下爲君來視則暫時遷鄉南牖下東首令君得南面而視之以病臥不能衣朝服及大帶又不敢不衣朝服見君故但加朝服於身又加大帶於上是禮也

君命召。不俟駕行矣。鄭曰急趨君命行出而車駕隨之【疏】君命召不俟駕行矣○正義曰此明孔子急趨君命也俟猶待也謂君命召已不待駕車而即行出車當駕而隨之也

入太廟。每事問。【疏】入太廟每事問○正義曰此明孔子因助祭入太廟中禮儀祭器雖知之猶每事復問慎之至也

朋友死。無所歸。曰於我殯。孔曰重朋友之恩無所歸言無親昵【疏】朋友死無所歸曰於我殯○正義曰此明孔子重朋友之恩也言朋友若死更無親昵可歸孔子則曰於我殯與之爲喪主也

朋友之饋。雖車馬。非祭肉不拜。孔曰不拜者有通財之義【疏】朋友之饋雖車馬非祭肉不拜○正義曰此言孔子輕財重祭之禮也朋友有通財之義故其饋遺之物雖是車馬非祭肉不拜謝之言其祭肉則拜之尊神惠也

寢不尸。包曰偃臥四體布展手足似死人**居不容。**孔曰爲室家之敬難久【疏】寢不尸居不容○正義曰此言孔子寢息居家之禮也尸死人也言人偃臥四體布展手足似死人孔子則當欹屈也其居家之時則不爲容儀爲室家之敬難久當和舒也

見齊衰者。雖狎必變。孔曰狎者素親狎**見冕者。與瞽者。雖褻必以貌。**周曰褻謂數相見必當以貌禮之**凶服者式之。式負版者。**孔曰凶服送死之衣物負版者持邦國之圖籍**有盛饌。必變色而作。**孔曰作起也敬主人之親饋**迅雷風烈必變。**鄭曰敬天之怒風疾雷爲烈【疏】見齊至必變○正義曰此一節言孔子見所哀恤及敬重之事爲之變容也見齊衰者雖狎必變者狎謂素相親狎言見衣齊衰喪服者雖素親狎亦必爲變容此即哀有喪也見冕者與瞽者雖褻必以貌者冕大夫冠也瞽盲也褻謂數相見也言孔子見大夫與盲者雖數相見必當以貌禮之此即尊在位恤不成人也凶服者式之式負版者凶服送死之衣物也負版者是持邦國之圖籍者也式者車上之橫木男子立乘有所敬則俯而馮式遂以式爲敬名言孔子乘車之時見送死之衣物見持邦國之圖籍者皆馮式而敬之也有盛饌必變色而作者作起也謂人設盛饌待已已必改容而起敬主人之親饋也迅雷風烈必變者迅急疾也風疾雷爲烈此陰陽氣激爲天之怒故孔子必變容以敬之也○注孔曰狎者素親狎○正義曰案左傳宋華弱與樂與少相狎曲禮云賢者狎而敬之狎是相褻慢相貫習之名也故爲素相親狎也○注負版者持邦國之圖籍○正義曰案周禮小宰職曰聽閭里以版圖注云版是戶籍圖也聽人訟地者以版圖決之司書職曰邦中之版土地之圖也以圖籍相將之物故知負版者是持邦國之圖籍也

升車。必正立執綏。周曰必正立執綏所以爲安**車中不內顧。不疾言。不親指。**包曰車中不內顧者前視不過衡軛傍視不過輢轂【疏】升車至親指○正義曰此記孔子乘車之禮也升車必正立執綏者綏者挽以上車之索也言孔子升車之時必正立執綏所以爲安也車中不內顧者顧謂迴視也言孔子在車中不鄉內迴顧掩人之私也不疾言不親指者亦謂在車中時也疾急也以車中既高故不不疾言不親有所指皆爲惑人也○注包曰車中不內顧者前視不過衡軛傍視不過輢轂○正義曰衡軛是轅端橫木駕馬領者輿人注云較兩輢上出軾者則輢較俱在車之兩傍言孔子在車中前視則不過衡軛之前傍視則不過輢轂之後案曲禮云立視五嶲式視馬尾顧不過轂注云立平視也嶲猶規也謂輪轉之度案車輪一周爲一規乘車之輪高六尺六寸徑一圍三三六十八得一丈八尺又六寸爲一尺八寸捴一規爲一丈九尺八寸五規爲九十九尺六尺爲步捴爲十六步半則在車上得視前十六步半也而此注云前視不過衡軛者禮言中人之制此記聖人之行故前視但不過衡軛耳

色斯舉矣。馬曰見顏色不善則去之**翔而後集。**周曰迴翔審觀而後下止【疏】色斯舉矣翔而後集○正義曰此言孔子審去就也謂孔子所處見顏色不善則於斯舉動而去之將所依就則必迴翔審觀而後下止此翔而後集一句以飛鳥喻也

曰山梁雌雉。時哉時哉。子路共之。三嗅而作。言山梁雌雉得其時而人不得其時故歎之子路以其時物故共具之非本意不苟食故三嗅而作作起也【疏】曰山梁雌雉時哉時哉子路共之三嗅而作○正義曰此記孔子感物而歎也梁橋也共具也嗅謂鼻歆其氣作起也孔子行於山梁見雌雉飲啄得所故歎曰此山梁雌雉得其時哉而人不得其時也子路以失指以爲夫子云時哉者言是時物也故取而共具之孔子以非己本意義不苟食又不可逆子路之情故但三嗅其氣而起也

論語注疏校勘記

阮元撰盧宣旬摘錄

鄉黨第十

孔子於鄉黨節 案釋文云此篇凡一章故此篇以分節標之此節君在以下毛本提行別爲一節與各本異

雖辨而謹敬 閩本北監本毛本謹敬作敬謹

和樂之貌 皇本作和樂貌也下中正之貌作中正貌也恭敬之貌作恭敬貌也威儀中適之貌下亦有也字

君在視朝也 皇本作君在者君視朝也

君召使擯節

君召使擯 釋文出使擯云本又作儐亦作賓皆同○按擯相之擯當从才从人者乃儐禮字釋文亦作賓者如史記設九賓於庭是也

色勃如也 案說文孛下引論語色孛如也艴下引論語色艴如也汗簡云艴見古論語

足躩盤辟貌 皇本無足躩二字貌下有也字釋文出盤字云字又作磐○按當作般假借作盤俗作磐

左右手 皇本手上有其字案鄭注云揖左人左其手揖右人右其手疑皇本是

翼如也 說文引作趩今作翼者趩之省文

鄭曰 皇本高麗本作孔安國曰

如鳥之張翼也 本如誤爲今正

賓不顧矣者 浦鏜云矣下脫者字

子男則擯者二人 浦鏜云三誤二

其侯伯立當前侯胡下 案今本周禮大行人竝誤作前疾唯此及詩蓼蕭正義所引不誤說詳惠天牧禮說

主君出直闑東南西嚮立 浦鏜云西衍字毛本作主公

使末擯 本末誤未今正

則主君就擯求辭 浦鏜云賓誤擯

不敢自許人求詣已 閩本北監本毛本詣作諸浦鏜云來誤求

上擯以至次擯 浦鏜云以上脫傳字

送賓不復 儀禮聘禮復作顧

入公門節

鞠躬如也 案躬又作窮儀禮聘禮記執圭入門鞠躬焉如恐失之釋文作窮云劉音弓本亦作躬羣經音辨云鞠躬容謹也鄭康成說禮孔子之執圭鞠窮如也是鄭陸所據本作窮但字雖作窮讀仍如躬蓋鞠躬本雙聲字史漢中屢見之史記韓長孺傳贊云壺遂之內廉行修斯鞠躬君子也太史公自序云敦厚慈孝訥於言敏於行務在鞠躬君子長者漢書馮奉世傳贊鞠躬履方擇地而行鞠躬字鄉黨凡三見皆訓謹敬貌蓋鞠躬同見母猶踧踖同精母皆雙聲字也

沒階趨進 釋文出沒階趨云一本作沒階趨進誤也案經義雜記云集注引陸氏曰趨下本無進字俗本有之誤案史記孔子世家作沒階趨進儀禮聘禮注引論語同曲禮帷薄之外不趨正義儀禮士相見禮疏引竝有進字然則自兩漢以至唐初皆作沒階趨進趨進者趨前之謂也進字不作入字解舊有此字非誤孫志祖云說文引此文亦有進字見走部趩字注

閾門限也 本限誤恨今正

攝齊升堂 本升誤知今正

以先時屏氣 本屏誤[illegible]不成字今正

柣謂之閾 各本柣竝誤秩今正

對衣則上曰衣 孫志祖云對衣當作對文今正

執圭節

下如授 釋文出下如云魯讀下爲趨今從古

授玉宜敬 本玉誤王疏同今正

既聘而享用圭璧 本璧誤壁今正又皇本重享字

記爲君使聘問鄰國之禮容也　本使誤德今正

大宗伯云　本大誤太閩本同今正

左右各寸半　各本各竝誤瑗今正

外有肉　本肉誤玉閩本同今正

皆朝於王　案此王誤玉下執龜玉玉又誤王今竝正

案覲禮侯氏既見王　各本王竝誤正今正

卿將公事　今儀禮聘禮注卿作鄉

君子不以紺緅飾節

一入曰緅　案緅乃縓字之誤錢大昕荅問云爾雅一染謂之縓即孔所云一入也檀弓云練衣黃裏縓緣注云小祥練冠練中衣以黃爲內縓爲飾即孔所云三年練以飾衣者也然則孔本經注皆當作縓不作緅矣攷工記鍾氏三入爲纁五入爲緅七入爲緇注謂染纁者三入而成又再染以黑則爲緅緅今禮俗文作爵言如爵頭色也先鄭司農以論語君子不以紺緅飾證五入爲緅之文則先鄭所受論語本作緅與孔本異也自集解采孔氏說而經文仍從緅字又改注文之縓亦爲緅而二文相亂邢氏知孔讀緅爲縓又云一入曰緅未知出何書此知二五而不知十也

不以爲領袖緣也　釋文出領褎云字亦作袖俗字也

以爲飾衣　皇本無衣字

故皆不以爲飾衣　皇本無爲字

當暑袗絺綌　皇本袗作縝唐石經作紾釋文出紾字云本又作袗單也五經文字云袗論語作袗禮記作振廣韻十六軫云紾單衣或作縝又文選聖主得賢臣頌注亦引作紾說文訓袗爲元服竝無單衣之訓○按段玉裁云曲禮引論語作袗孔安國曰暑則單服玉藻振絺綌不入公門鄭云振讀爲袗袗禪也是袗爲正字振紾爲假借字縝俗字說文袗元服據曲禮玉藻注當云袗禪也

素衣麑裘　案釋文云麑鹿子也則字當作麛說文麛鹿子也麑狻麑獸也兩字義別然古書多通用據禮記玉藻麛裘青豻褎注儀禮聘禮裼降立注鄭君俱引素衣麛裘是鄭所見本作麛與說文合○按兒聲弭聲古音同部

褻裘長短右袂　閩本北監本毛本竝連上爲一節與此本同皇本此六字別爲一節以私家裘長以下爲此節注又加孔安國曰四字說文引褻裘長作絬衣長

相稱也　本相誤目今正

狐貉之厚以居　說文引貉作貈是也說見前

無所不佩　釋文出不佩云字或從王旁是俗字

吉凶異服　皇本此下有故不相弔也五字各本俱脫

齊必有明衣　釋文出齊必云本或作齋

故用素衣以裼之　浦鏜云上當脫麑裘白三字

作事便也　閩本北監本毛本作便作事也

再染謂之竀　本竀誤窺閩本同案爾雅釋器竀作赬五經文字云竀與赬同○按作竀假借字

紺帛深青揚赤色　各本揚竝誤楊今正

又與元冠相配　本又誤文閩本同今正

素服以送終　禮郊特牲終下有也字

唯喪則否　禮玉藻無則字

要在縫半下　禮深衣無在字

吉主元　本主誤王今正

吉凶異服○　閩本北監本○上有也字毛本無○案注本無也十行本是

以素爲常　浦鏜云裳誤常案浦說非也說文常下帬也常或从衣今裳行而常廢矣

齊必變食節

膾不厭細　釋文出膾字云又作鱠非

臭味變　皇本臭作臰俗字下放此

魚餒而肉敗　釋文出魚餒云說文云魚敗曰餧本又作鯘字書同○按說文作餧从食委聲餧餒古今字鯘俗字

魚敗曰餒　皇本餒下有也字又此注作孔安國曰案史記孔子世家集解亦作孔曰疑此有脫字

不使勝食氣　說文引氣作既案禮記中庸既廩稱事鄭君注既讀爲餼說文無餼字氣即餼字是既與氣通也程瑤田通藝錄曰論語不使勝食氣說文氣作既釋之曰小食也引論語以證之蓋古文氣息字作气加米則爲氣稟字與既字相通然後世於氣字無不讀作氣息者不有說文則論語食氣二字難通其義矣

不撤薑食　案石經考文提要引宋本九經撤作徹說文無撤字撤乃徹之俗字

齊禁薰物　北監本毛本薰作葷疏同釋文出焄字云本或作葷同本今作薰○按葷古多作薰或作焄

雖蔬食菜羹　皇本同北監本毛本蔬作疏說見前

瓜祭　皇本瓜作苽釋文出瓜祭云魯讀瓜爲必今從古○按苽俗字

唯水漿之祭　閩本同北監本毛本之作不案之字誤今正

鄉人儺節

鄉人儺　釋文出人儺云魯讀爲獻今從古案郊特牲汁獻涚於醆酒注獻讀當爲莎齊人語聲之誤也此讀儺爲獻亦聲近之誤

朝服而立於阼階　釋文出於阼云本或作於阼階案釋文是古本無階字經義雜記云此階字蓋因注誤衍禮記郊特牲鄉人禓孔子朝服立于阼注禓或爲儺知禮記文與論語同亦無階字

康子饋藥節

難索室驅逐疫鬼也　北監本毛本難作儺案難正字儺假借字

拜而受之　釋文出拜而受之云一本或無而之二字

饋孔子藥　皇本作遺孔子藥也釋文出遺孔云唯季反本今無此字按廣雅釋詁云饋遺也饋遺俱从貴聲義本相通

故不敢嘗　皇本無敢字

廄焚節

廄焚　唐石經廄作廐釋文出廄與此本同閩本北監本毛本作廐大誤

君賜食節

乃以班賜　閩本北監本毛本班作頒○按頒假借字

君賜腥　釋文出賜腥云說文字林竝作胜案五經文字云胜腥上先丁反下先定反今經典通用腥爲胜竝先丁反

薦其先祖　皇本重薦字

君賜生　釋文出賜生云魯讀生爲牲今從古

若爲君嘗食然　皇本君作先釋文出若爲嘗食然云一本作若爲君嘗食然

疾君視之節

加朝服拖紳　唐石經拖作拕釋文出拕字云本或作拖○按說文引朝服袉紳卽雜記云申加大帶於上是也拕拖卽手部拕字許所據作袉是假借袉爲拕也此在引經說假借之例閩諸段玉裁云

入太廟節

入太廟　唐石經皇本太作大釋文出大廟云音太是作太誤又此節下皇本有注云鄭元曰爲君助祭也大廟周公廟也各本竝脫

寢不尸節

居不容　唐石經作客釋文出居不客云苦百反本或作容羊凶反案唐石經作客字不誤經義雜記云居不客言居家不以客禮自處集解載孔注云爲室家之敬難久謂因一家之人難久以客禮敬己也邢疏云不爲容儀夫君子

物各有儀豈因私居廢乎是當從陸氏作客段玉裁曰居不客者嫌其主之類於賓也寢不尸惡其生之同於死也

見齊衰者節

見齊衰者　皇本高麗本見上有子字

必當以貌禮之　閩本北監本毛本貌禮作禮貌皇本之作也案皇本作貌禮邢疏亦作貌禮此本是

凶服送死之衣服　皇本凶服下有者字衣服下有也字毛本作衣物正義同○按皇本亦作衣物服字非也

敬主人之親饋　本主誤王今正

宋華弱與樂轡　本宋誤朱閩本同今正

版是戶籍圖也　今周禮小宰注無是字圖下有地圖二字

升車節

車中不內顧　釋文出車中不內顧云魯論車中內顧今從古也案魯論古論雖所傳不同然究以無不字爲是盧文弨鍾山札記云文選東京賦云夫君人者黈纊垂耳車中內顧李善引魯論及崔駰車左銘正位受綏車中內顧以爲注又漢書成帝紀贊云升車正立不內顧不疾言不親指顏師古注云今論語云車中不內顧不疾言不親指內顧者說者以爲前視不過衡軛旁視不過輢轂與此不同然則師古所見之論語亦無不字說者云云乃包咸注是包亦依魯論爲說也惟集解既從古論而又采包注以附之不知者幷增不字誤益誤矣

車中不內顧者　皇本車作輿閩本北監本毛本作居釋文出輿中云一本作車中

曰山梁雌雉節

時哉　釋文出時哉云一本作時哉時哉案皇邢兩疏文義俱不當重時哉又攷後漢書班固傳注太平御覽九百十七竝引此文時哉二字亦不重

子路共之　皇本作供注同釋文出共之云本又作供案共供古字通

三嗅而作　玉篇齅下引作三齅而作案說文止有齅字嗅乃齅之俗字

非本意　皇本非下有其字案筆解引此注作周曰

故三嗅而作作起也　皇本無二作字

見雌雉飲啄得所故歎曰　閩本北監本毛本作見雌雉飲啄得其所歎曰

論語注疏挍勘記卷十終

論語注疏解經卷第十一

先進第十一　何晏集解　邢昺疏

〔疏〕正義曰前篇論夫子在鄉黨聖人之行也。此篇論弟子賢人之行聖賢相次亦其宜也。

子曰先進於禮樂野人也後進於禮樂君子也。孔曰先進後進謂仕先後輩也禮樂因世損益後進與禮樂俱得時之中斯君子矣先進有古風斯野人也。如用之則吾從先進。將移風易俗歸之淳素先進猶近古風故從之〔疏〕子曰至吾從先進。正義曰此章孔子評其弟子之中仕進先後之輩也先進於禮樂野人也者先進謂先輩仕進之人準於禮樂不能因世損益而有古風故曰朴野之人也後進於禮樂君子也者後進謂後輩仕進之人也準於禮樂能因時損益與禮樂俱得時之中故曰君子之人也如用之則吾從先進者言如其用之以爲治則吾從先輩朴野之人夫子之意將移風易俗歸之淳素先進猶近古風故從之也○注孔曰至人也。正義曰云先進後進謂仕先後輩也者下章云從我於陳蔡者皆不及門也謂不及仕進之門則此謂不從於陳蔡得仕進者也蓋先進者當襄昭之世後進者當定哀之世云禮樂因世損益者爲政篇云殷因於夏禮所損益可知也周因於殷禮所損益可知也又周初則禮樂盛周衰則禮樂衰是禮樂因世損益也云後進與禮樂俱得時之中斯君子矣者言禮樂隨世盛衰後進與時消息皆中當於時故爲君子也云先進有古風斯野人也者言先輩仕進之人比今則猶尚淳素故云斯野人也

子曰從我於陳蔡者皆不及門也。鄭曰言弟子從我而厄於陳蔡者皆不及仕進之門而失其所〔疏〕子曰從我於陳蔡者皆不及門也。正義曰此章孔子閔弟子之失所言弟子從我而厄於陳蔡者皆不及仕進之門而失其所也

德行顏淵閔子騫冉伯牛仲弓。言語宰我子貢。政事冉有季路。文學子游子夏。〔疏〕德行顏淵閔子騫冉伯牛仲弓言語宰我子貢政事冉有季路文學子游子夏。正義曰此章因前章言弟子失所不及仕進遂舉弟子之中才德尤高可仕進之人鄭氏以合前章皇氏別爲一章言若任用德行則有顏淵閔子騫冉伯牛仲弓四人若用其言語辨說以爲行人使適四方則有宰我子貢二人若治理政事決斷不疑則有冉有季路二人若文章博學則有子游子夏二人也然夫子門徒三千達者七十有二而此四科唯舉十人者但言其翹楚者耳或時在陳言之唯舉從者其不從者雖有才德亦言不及也

子曰回也非助我者也於吾言無所不說。孔曰助益也言回聞言即解無所發起增益於己〔疏〕子曰回也非助我者也於吾言無所不說。正義曰此章稱顏回之賢也助益也說解也凡師資問答以相發起若與子夏論詩子曰起予者商也如此是有益於已也今回也非增益於已者也以其於吾之所言皆默而識之無所不解言回聞言即解無所發起增益於已也

子曰孝哉閔子騫人不間於其父母昆弟之言。陳曰言子騫上事父母下順兄弟動靜盡善故人不得有非間之言〔疏〕子曰孝哉閔子騫人不間於其父母昆弟之言。正義曰此章歎美閔子騫之孝行也昆兄也間謂非毀間厠言子騫上事父母下順兄弟動靜盡善故人不得有非間之言

南容三復白圭。孔曰詩云白圭之玷尚可磨也斯言之玷不可爲也南容讀詩至此三反覆之是其心慎言也孔子以其兄之子妻之。〔疏〕南容三復白圭孔子以其兄之子妻之。正義曰此章美南容慎言也復覆也詩云白圭之玷尚可磨也斯言之玷不可爲也南容讀詩至此三反覆之是其心慎言也孔子知其賢故以其兄之女子妻之此即邦有道不廢邦無道免於刑戮者也弟子各記所聞故又載之○注詩云白圭之玷尚可磨也斯言之玷不可爲也。正義曰此大雅抑篇刺厲王之詩也毛傳云玷缺也箋云斯此也玉之缺尚可磨鑢而平人君政教一失誰能反覆之意言教令尤須謹慎白玉爲圭圭有損缺猶尚可更磨鑢而平若此政教言語之有缺失則遂往而不可改爲王者安危在於出令故特宜慎之是詩人戒其慎言南容之心亦欲慎言故三覆讀此也

季康子問弟子孰爲好學。孔子對曰有顏回者好學不幸短命死矣今也則亡。〔疏〕季康子問弟子孰爲好學孔子對曰有顏回者好學不幸短命死矣今也則亡。正義曰此章稱顏回之好學也季康子魯執政大夫故言氏稱對此與哀公問同而荅異者以哀公遷怒貳過故因荅以諫之康子無之故不云也

顏淵死顏路請子之車以爲之椁。孔曰路淵父也家貧欲請孔子之車賣以作椁子曰才不才亦各言其子也鯉也死有棺而無椁吾不徒行以爲之椁以吾從大夫之後不可徒行也。孔曰鯉孔子之子伯魚也孔子時爲大夫言從大夫之後不可以徒行謙辭也〔疏〕顏淵死至徒行也。正義曰此并三章記顏回死時孔子之語也顏淵死顏路請子之車以爲之椁者路顏淵父也家貧欲請孔子之車賣以作椁也子曰才不才亦各言其子也鯉也死有棺而無椁吾不徒行以爲之椁者此舉親喻疏也言淵才鯉不才雖異亦各言其子則同我子鯉也死時但有棺以家貧而無椁吾不賣車以作椁今女子死安得賣我車以作椁乎以吾從大夫之後不可徒行也者此言不可賣車作椁之由徒行步行也以吾爲大夫不可步行故也孔子時爲大夫言從大夫之後者謙辭也○注孔曰至辭也○正義曰云鯉孔子之子伯魚也者世家文也云孔子時爲大夫言從大夫之後不可以徒行謙辭也者案孔子世家定公十四年孔子年五十六由大司寇攝行相事魯受齊女樂不聽政三日孔子遂適衛歷至宋鄭陳蔡晉楚去魯凡十四歲而反乎魯然魯終不能用孔子亦不求仕以哀公十六年卒年七十三今案顏回少孔子三十歲三十二而卒則顏回卒時孔子年六十一方在陳蔡矣伯魚年五十先孔子死則鯉也死時孔子蓋年七十左右皆非在大夫位時而此注云時爲大夫未知有何所據也杜預曰嘗爲大夫而去故言後也據其年則顏回先伯魚卒而此云顏回死顏路請子之車以爲之椁子曰鯉也死有棺而無椁又似伯魚先死者王肅家語注云此書久遠年數錯誤未可詳也或以爲假設之辭也徒猶空也謂無車空行也是步行謂之徒行故左傳襄元年敗鄭徒兵於洧上杜注云徒兵步兵也

顏淵死。子曰噫。包曰噫痛傷之聲天喪予天喪予。天喪予者若喪

已也再言之者痛惜之甚〔疏〕顏淵死子曰噫天喪予天喪予。○正義曰噫痛傷之聲天喪予者孔子痛惜顏淵死言若天喪已也再言之者痛惜之甚顏淵死。子哭之慟。馬曰慟哀過也從者曰。子慟矣。曰。有慟乎。孔曰不自知已之悲哀過非夫人之爲慟。而誰爲。〔疏〕顏淵死至誰爲。○正義曰子哭之慟者慟過哀也言夫子哭顏淵其悲哀過甚從者曰子慟矣者從者衆弟子見夫子哀過故告曰子慟矣曰有慟乎者時夫子不自知已之悲哀過故荅曰有慟乎邪非夫人之爲慟而誰爲者因弟子言已悲哀過甚遂說已之過哀亦當於理非失也夫人謂顏淵言不於顏淵哭之爲慟而更於誰人爲慟乎顏淵死。門人欲厚葬之。子曰。不可。禮貧富有宜顏淵貧而門人欲厚葬之故不聽門人厚葬之。子曰。回也視予猶父也。予不得視猶子也。非我也。夫二三子也。馬曰言回自有父父意欲聽門人厚葬我不得割止非其厚葬故云耳〔疏〕顏淵至三子也。○正義曰顏淵死門人欲厚葬之者門人顏淵之弟子以其師有賢行故欲豐厚其禮以葬之也子曰不可者禮貧富有宜顏淵貧而門人欲厚葬故不聽之曰不可也門人厚葬之者初咨孔子孔子不聽門人故違孔子而卒厚葬之也子曰回也視予猶父也者此下孔子非其厚葬之語也言回也師事於已視已猶如其父也予不得視猶子也者言回自有父存父意欲聽門人厚葬我不得割止之故曰予不得視猶子也非我也夫二三子也者言厚葬之事非我所爲夫門人二三子爲之也非其厚葬故云耳季路問事鬼神。子曰。未能事人。焉能事鬼。曰。敢問死。曰。未知生。焉知死。陳曰鬼神及死事難明語之無益故不荅〔疏〕季路至知死。○正義曰此章明孔子不道無益之語也子路問事鬼神者對則天曰神人曰鬼散則雖人亦曰神故下文獨以鬼荅之子路問承事神其理何如子曰未能事人焉能事鬼者言生人尚未能事之況死者之鬼神安能事之乎曰敢問死者子路又曰敢問人之若死其事何如曰未知生焉知死者孔子言女尚未知生時之事則安知死後乎皆所以抑止子路也以鬼神及死事難明又語之無益故不荅也閔子侍側。誾誾如也。子路。行行如也。冉有。子貢。侃侃如也。子樂。鄭曰樂各盡其性行行剛強之皃若由也。不得其死然。孔曰不得以壽終〔疏〕閔子至死然。○正義曰此章孔子喜四弟子任其直性也閔子侍側誾誾如也者卑在尊側曰侍誾誾中正之皃如也者言其皃如此也子路行行如也者行行剛強之皃冉有子貢侃侃如也者侃侃和樂之皃子樂者以四子各盡其自然之性故喜樂也若由也不得其死然者然猶焉也言子路以剛必不得其以壽終焉魯人爲長府。閔子騫曰。仍舊貫。如之何。何必改作。鄭曰長府藏名也藏財貨曰府仍因也貫事也因舊事則可也何乃復更改作子曰。夫人不言。言必有中。王曰言必有中者善其不欲勞民改作〔疏〕魯人至有中。○正義曰此章重於勞民也魯人爲長府者藏財貨曰府長其藏名也爲作也言魯人新改作之也閔子騫曰仍舊貫

如之何何必改作者子騫見魯人勞民改作長府而爲此辭仍因也貫事也言因舊事則亦可矣何必乃復更改作也子曰夫人不言言必有中者孔子聞子騫之言而善之也夫人謂子騫言此人其唯不言則已若其發言必有中於理此言何必改作是中理之言也善其不欲勞民故以爲中。○注鄭曰至改作。○正義曰云長府藏名者言魯藏財貨之府名長府也云藏財貨曰府者布帛曰財金玉曰貨周禮天官有大府爲王治藏之長玉府掌王之金玉玩好內府主良貨賄藏在內者外府主泉藏在外者是藏財貨皆曰府府猶聚也言財貨之所聚也仍因貫事皆釋詁文子曰。由之瑟。奚爲於丘之門。馬曰子路鼓瑟不合雅頌門人不敬子路。子曰。由也升堂矣。未入於室也。馬曰升我堂矣未入於室耳門人不解謂孔子言爲賤子路故復解之〔疏〕子曰至室也。○正義曰此章言子路之才學分限也子曰由之瑟奚爲於丘之門者由子路名奚何也子路性剛鼓瑟不合雅頌故孔子非之云由之鼓瑟何爲於丘之門乎所以抑其剛也門人不敬子路者門人不解孔子之意謂孔子言爲賤子路故不敬之也子曰由也升堂矣未入於室也者以門人不解故孔子復解之言子路之學識深淺譬如自外入內得其門者入室爲深顏淵是也升堂次之子路是也今子路既升我堂矣但未入於室耳豈可不敬也子貢問師與商也孰賢。子曰。師也過。商也不及。孔曰言俱不得中曰。然則師愈與。子曰。過猶不及。愈猶勝也〔疏〕子貢至猶不及。○正義曰此章明子張子夏才性優劣子貢問師與商也孰賢者師子張名商子夏名孰誰也子貢問孔子曰子張與子夏二人誰爲賢才子曰師也過商也不及者孔子荅言子張所爲過當而不已子夏則不及而止言俱不得中也曰然則師愈與者愈猶勝也子貢未明夫子之旨以爲師也過則是賢才過於子夏故復問曰然則子張勝於子夏與與爲疑辭子曰過猶不及者子貢不解故復解之曰過當猶如不及俱不中理也季氏富於周公。孔曰周公天子之宰卿士而求也爲之聚斂而附益之。孔曰冉求爲季氏宰爲之急賦稅子曰。非吾徒也。小子鳴鼓而攻之可也。鄭曰小子門人也鳴鼓聲其罪以責之〔疏〕季氏至可也。○正義曰此章夫子責冉求重賦稅也季氏富於周公者季氏魯臣諸侯之卿也周公天子之宰卿士魯其後也孔子之時季氏專執魯政盡征其民其君蠶食深宮賦稅皆非已有故季氏富於周公也而求也爲之聚斂而附益之者時冉求爲季氏家宰又爲之急賦稅聚斂財物而陪附助益季氏也子曰非吾徒也小子鳴鼓而攻之可也者小子門人也冉求亦夫子門徒當尚仁義今爲季氏聚斂害於仁義故夫子責之曰非我門徒也使其門人鳴鼓以聲其罪而攻責之可也。○注孔曰周公天子之宰卿士。○正義曰何休云宰猶治也三公之職號尊名也杜預注左傳曰卿士王之執政者也柴也愚。弟子高柴字子羔愚愚直之愚參也魯。孔曰魯鈍也曾子性遲鈍師也辟。馬曰子張才過人失在邪辟文過由也喭。鄭曰子路之行失於畔喭子曰。回也其庶乎。屢空。賜不受命。而貨殖焉。億則屢中。言回庶幾聖道雖數空匱而樂在其

中賜不受教命唯財貨是殖億度是非蓋美回所以勵賜也一曰屢猶每也空猶虛中也以聖人之善道教數子之庶幾猶不至於知道者各內有此害其於庶幾每能虛中者唯回懷道深遠不虛心不能知道子貢雖無數子之病然亦不知道者雖不窮理而幸中雖非天命而偶富亦所以不虛心也〔疏〕柴也愚至屢中。○正義曰此章孔子歷評六弟子之德行中失也柴也愚者高柴性愚直也參也魯者曾參性遲鈍也師也辟者子張才過人失在邪辟文過也由也喭者子路之行失於畔喭也子曰回也其庶乎屢空賜不受命而貨殖焉億則屢中者此蓋孔子美顏回所以勵賜也其說有二一曰屢數也空匱也億度也言回庶幾聖道雖數空匱貧寠而樂在其中是美回也賜不受命唯財貨是殖若億度是非則數中言此所以勉勵賜也一曰屢猶每也空猶虛中也言孔子以聖人之善道教數子之庶幾猶不至於知道者各內有此害故也其於庶幾每能虛中者唯有顏回懷道深遠若不虛心不能知道也子貢雖無數子之病然亦不知道者雖不窮理而幸中雖非天命而偶富有此二累亦所以不虛心也。○注弟子高柴字子羔。○正義曰史記弟子傳云高柴字子羔鄭玄曰衛人少孔子三十歲左傳亦作子羔家語作子高禮記作子皐三字不同其實一也。○注鄭曰子路之行失於畔喭。○正義曰舊注作吸喭字書吸喭失容也言子路性行剛強常吸喭失於禮容也今本吸作畔王弼云剛猛也。○注言回至心也。○正義曰云言回庶幾聖道者易下繫辭云顏氏之子其殆庶幾乎是回庶慕幾微之聖道云雖數空匱而樂在其中者即簞食瓢飲不改其樂是也云賜不受教命者言不受夫子禮教之命云惟財貨是殖者言唯務使貨財生殖蕃息也云億度是非者言又用心億度人事之是非也云蓋美回所以勵賜也者言孔子之意美顏回貧而樂道所以勸勵子貢言汝既富矣又能億則屢中何得不受教命乎云一曰以下者何晏又爲一說也云以聖人之善道教數子之庶幾者言孔子以聖人庶幾之善道並教六子也云猶不至於知道者各內有此害者言聖人不倦並教誨之而猶尙不能至於知幾微善道者以其各自內有愚魯辟喭之病害故也云其於庶幾每能虛中唯回者言唯顏回每能虛其中心知於庶幾之道也云懷道深遠不虛心不能知道者此解虛中之由由其至道深遠若不虛其中心則不能知道者也云子貢雖無數子之病者謂無愚魯辟喭之病也然亦不知道者謂亦如四子不知聖道也云雖不窮理而幸中雖非天命而偶富亦所以不虛心也者此解子貢不知道由於有此二累也雖不窮理而幸中釋經億則屢中言雖不窮理盡性但億度之幸中其言也左傳定十五年春邾隱公來朝子貢觀焉邾子執玉高其容仰公受玉卑其容俯子貢曰以禮觀之二君者皆有死亡焉夏五月壬申公薨仲尼曰賜不幸言而中哀七年以邾子益來是其屢中也雖非天命而偶富釋經不受命而貨殖也言致富之道當由天命與之爵祿今子貢不因天命爵祿而能自致富故曰偶富言有億度之勞富有經營之累以此二事何服虛心以知道故云亦所以不虛心也子張問善人之道。子曰。不踐迹。亦不入於室。孔曰踐循也言善人不但循追舊迹而已亦少能創業然亦不入於聖人之奧室子曰。論篤是與。君子者乎。色莊者乎。論篤者謂口無擇言君子者謂身無鄙行色莊者不惡而嚴以遠小人言此三者皆可以爲善人〔疏〕子張至者乎。○正義曰此章論善人所行之道也子張問善人之道者問行何道可謂善人子曰不踐迹亦不入於室者孔子荅其善人

之道也踐循也迹已行舊事之言善人不但循追舊迹而已當自立功立事也而善人好謙亦少能創業故亦不能入於聖人之奧室也子曰論篤是與君子者乎色莊者乎者此亦善人之道也故同爲一章當是異時之語故別言子曰也論篤是與者篤厚也謂口無擇言所論說皆重厚是善人與君子者乎者言身無鄙行之君子亦是善人乎色莊者乎者言能顏色莊嚴使小人畏威者亦是善人乎孔子謙不正言故云與乎以疑之也○注論篤至善人○正義曰云口無擇言孝經文也所言皆善故無可擇也云身無鄙行者所以並美無鄙惡也以遠小人不惡而嚴者周易遯卦象辭也

子路問聞斯行諸。包曰賑窮救乏之事子曰。有父兄在。如之何其聞斯行之。孔曰當白父兄不得自專冉有問聞斯行諸。子曰。聞斯行之。公西華曰。由也問聞斯行諸。子曰。有父兄在。求也問聞斯行諸。子曰。聞斯行之。赤也惑。敢問。孔曰惑其問同而荅異子曰。求也退。故進之。由也兼人。故退之。鄭曰言冉有性謙退子路務在勝尚人各因其人之失而正之〔疏〕子路至退之。○正義曰此章論施予之禮并孔子問同荅異之意也子路問聞斯行諸者諸之也子路問於孔子曰若聞人窮乏當賑救之事於斯即得行之乎子曰有父兄在如之何其聞斯行之也者言當先白父兄不得自專也冉有問聞斯行諸子曰聞斯行之者此問與子路同而所荅異也公西華曰由也問聞斯行諸子曰有父兄在求也問聞斯行諸子曰聞斯行之赤也惑敢問者赤公西華名也見其問同而荅異故疑惑而問於孔子也子曰求也退故進之由也兼人故退之者此孔子言其荅異之意也冉有性謙退子路務在勝尚人各因其人失而正之故荅異也

子畏於匡。顏淵後。孔曰言與孔子相失故在後子曰。吾以女爲死矣。曰。子在。回何敢死。包曰言夫子在已無所敢死〔疏〕子畏至敢死。○正義曰此章言仁者必有勇也子畏於匡顏淵後者言孔子畏於匡時與顏回相失既免而回在後方至也子曰吾以女爲死矣者孔子謂顏淵曰吾以女爲致死與匡人鬬也子在回何敢死者言夫子若陷於危難則回必致死今夫子在已則無所敢死言不敢致死也

季子然問仲由冉求可謂大臣與。孔曰子然季氏子弟自多得臣此二子故問之子曰。吾以子爲異之問。曾由與求之問。孔曰謂子問異事耳則此二人之問安足大乎所謂大臣者。以道事君。不可則止。今由與求也。可謂具臣矣。孔曰言備臣數而已曰。然則從之者與。孔曰問爲臣皆當從君所欲邪子曰。弒父與君。亦不從也。孔曰言二子雖從其主亦不與爲大逆〔疏〕季子至從也。○正義曰此章明爲臣事君之道季子然問仲由冉求可謂大臣與者季子然季氏之子弟也自多得臣此二子故問於夫子曰仲由冉求才能爲政可以謂之大臣與疑而未定故云與也子曰吾以子爲異之問曾由與求之問者此孔子抑其自多也曾則也吾以子爲問異事耳則此二人之問安足多大乎言所問小也所謂大臣者以道事君不可則止者此孔子更爲子然陳說大臣之體也言所可謂之大臣者以正道事君君若不用已道則當退止也今由與求也可謂具臣矣者既陳大臣之體乃言二子非大臣也具備也今二子臣於季氏季氏不道而不能匡救又不退止唯可謂備臣數而已不可謂之大臣也曰然則從之者與者子然既聞孔子言二子非大臣故又問曰然則二子爲臣皆當從君所欲邪子曰弒父與君亦不從也者孔子更爲說二子之行言二子雖從其主若其主弒父與君爲此大逆亦不與也

子路使子羔爲費宰。子曰。賊夫人之子。包曰子羔學未熟習而使爲政所以爲賊害子路曰。有民人焉。有社稷焉。何必讀書。然後爲學。孔曰言治民事神於是而習之亦學也子曰。是故惡夫佞者。孔曰疾其以口給應遂已非而不知窮〔疏〕子路至佞者。○正義曰此章勉人學也子路使子羔爲費宰者子路臣季氏故任舉子羔使爲季氏費邑宰也子曰賊夫人之子者賊害也夫人之子指子羔也孔子之意以爲子羔學未熟習而使爲政必累其身所以爲賊害也子路曰有民人焉有社稷焉何必讀書然後爲學者子路辯荅孔子言費邑有人民焉而治之有社稷之神焉而事之治民事神於是而習之是亦學也何必須讀書然後乃謂爲學也子曰是故惡夫佞者言人所以憎惡夫佞者祇爲口才捷給文過飾非故也今子路以口給應遂已非而不知窮已是故致人惡夫佞者也

子路。曾晳。孔曰晳曾參父名點冉有。公西華侍坐。子曰。以吾一日長乎爾。毋吾以也。孔曰言我問女女無以我長故難對居則曰。不吾知也。孔曰女常居云人不知已如或知爾。則何以哉。孔曰如有用女者則何以爲治子路率爾而對曰。率爾先三人對千乘之國。攝乎大國之間。包曰攝迫也迫於大國之間加之以師旅。因之以饑饉。由也爲之。比及三年。可使有勇。且知方也。方義方夫子哂之。馬曰哂笑求爾何如。對曰。方六七十。如五六十。求性謙退言欲得方六七十如五六十里小國治之而已求也爲之。比及三年。可使足民。如其禮樂。以俟君子。孔曰求自云能足民而已謂衣食足也若禮樂之化當以待君子謙也赤爾何如。對曰。非曰能之。願學焉。宗廟之事。如會同。端章甫。願爲小相焉。鄭曰我非自言能願學爲之宗廟之事謂祭祀也諸侯時見曰會衆頫曰同端玄端也衣玄端冠章甫諸侯日視朝之服小相謂相君之禮點爾何如。鼓瑟希。孔曰思所以對故音希鏗爾。舍瑟而作。對曰。異乎三子者之撰。孔曰置瑟起對撰具也爲政之具鏗者投瑟之聲子曰。何傷乎。亦各言其志也。孔曰各言己志於義無傷曰。莫春者。春服既成。冠者五六人。童子六七人。浴乎沂。風乎舞雩。詠而歸。包曰莫春者季春三月也春服既成衣單袷之時我欲得冠者五六人童子六七人浴乎沂水之上風涼於舞雩之下歌詠先王之道而歸夫子之門夫子喟然歎曰。吾與點也。周曰善點獨知時三子者出。曾晳後。曾晳曰。夫三子者之言何如。子曰。亦各言其志也已矣。曰。夫子何哂由也。曰。爲國以禮。其言不讓。是故哂之。包曰爲國以禮禮貴讓子路言不讓故笑之唯求則非邦也與。安見方六七十。如五六十。而非邦也者。唯赤則非邦也與。宗廟會同。非諸侯而何。孔曰明皆諸侯之事與子路同徒笑子路不讓赤也爲之小。孰能爲之大。孔曰赤謙言小相耳誰能爲大相〔疏〕子路至篇末。○正義曰此章孔子乘間四弟子侍坐因使各言其志以觀其器能也子路曾晳冉有公西華侍坐者時孔子坐四子侍側亦皆坐也子曰以吾一日長乎爾毋吾以也者孔子將發問先以此言誘掖之也言女等侍吾以吾年長於女謙而少言故云一日今我問女女等毋以吾長而憚難其對也居則曰不吾知也如或知爾則何以哉者此問辭也言女常居則云已有才能人不我知設如有人知女將欲用之則女將何以爲治子路率爾而對者子路性剛故率爾先三人而對也千乘之國攝乎大國之間加之以師旅因之以饑饉由也爲之比及三年可使有勇且知方也者此子路所志也千乘之國公侯之大國也攝迫也穀不熟爲饑蔬不熟爲饉方義方也言若有公侯之國迫於大國之間又加之以師旅侵伐復因之以饑饉民困而由也治之比至三年以來可使其民有勇敢且知義方也夫子哂之者哂笑也夫子笑之也求爾何如者子路既對三子無言故孔子復歷問之冉求爾志何如對曰方六七十如五六十求也爲之比及三年可使足民如其禮樂以俟君子者此冉求之志也求性謙退言欲得方六七十如五六十里小國治之而已求也治此小國比至三年以來使足民衣食若禮樂之化當以待君子此謙辭也赤爾何如者又問公西華也對曰非曰能之願學焉宗廟之事如會同端章甫願爲小相焉者此赤也之志也曰言也我非自言能之願學爲焉宗廟祭祀之事如有諸侯會同及諸侯衣玄端冠章甫日視朝之時已願爲其小相君之禮焉點爾何如者又問曾晳也鼓瑟希者時曾晳方鼓瑟承師之問思所以對故音希也鏗爾舍瑟而作者作起也舍置也鏗投瑟聲也思得其對故置瑟起對投置其瑟而聲鏗然也對曰異乎三子者之撰者撰具也未敢言其志先對此辭言己之所志異乎三子者所陳爲政之具也子曰何傷乎亦各言其志也者孔子見曾晳持謙難其對故以此言誘之曰於義何傷乎亦各言其志也欲令任其所志而言也曰莫春者春服既成冠者五六人童子六七人浴乎沂風乎舞雩詠而歸者此曾點所志也莫春季春也春服既成衣單袷之時也我欲得與二十以上冠者五六人十九以下童子六七人浴乎沂水之上風涼於舞雩之下歌詠先王之道而歸夫子之門也夫子喟然歎曰吾與點也者喟然歎之皃夫子聞其樂道故喟然而歎曰吾與點之志善其獨知時而不求爲政也三子者出曾晳後者子路冉有公西華三子先出曾晳後猶侍坐

於夫子也曾晳曰夫三子者之言何如者曾晳在後問於夫子曰夫三子者適各言其志其言是非何如也子曰亦各言其志也已矣者言三子亦各言其所志而已無他別是非也曰夫子何哂由也者曾晳又問夫子曰既三子各言其志何獨笑仲由也曰爲國以禮其言不讓是故哂之者此夫子爲說哂之意言爲國以禮禮貴謙讓子路言不讓故笑之也唯求也則非邦也與安見方六七十如五六十而非邦也者唯赤則非邦也與宗廟會同非諸侯而何者此夫子又言不哂其子路欲爲諸侯之事故舉二子所言明皆諸侯之事與子路同其言讓故不笑之徒笑其子路不讓耳赤也爲之小孰能爲之大者此夫子又言公西華之才堪爲大相今赤謙言小相耳若赤也爲之小相更誰能爲大相○注孔子曰晳曾參父名點○正義曰史記弟子傳曰曾蒧音點字晳是也○往方義方○正義曰義宜也方道也言能敎之使知合宜之道也左傳曰愛子敎之以義方○注鄭曰至之禮○正義曰云宗廟之事謂祭祀也者謂禴祠烝嘗及追享朝享禘祫之類皆是也云諸侯時見曰會殷頫曰同者周禮春官大宗伯職文但彼作殷見此作殷頫頫則見也鄭玄注云此禮以諸侯見王爲文時見者言無常期諸侯有不順服者王將有征討之事則既朝覲王爲壇於國外合諸侯而命事焉春秋傳曰有事而會不協而盟是也殷猶衆也十二歲王始不巡守則六服盡朝朝禮既畢王亦爲壇合諸侯以命政焉所命之政如王巡守殷見四方四時分來終歲則偏是也云端玄端也衣玄端冠章甫諸侯日視朝之服者其衣正幅染之玄色故曰玄端案王制云周人玄衣而養老注云玄衣素裳天子之燕服爲諸侯朝服彼云玄衣則此玄端也若以素爲裳卽是朝服此朝服素裳皆得謂之玄端故此注云端玄端諸侯朝服若上士以玄爲裳中士以黃爲裳下士以雜色爲裳天子諸侯以朱爲裳則皆謂之玄端不得名爲朝服也云小相謂相君之禮者案周禮秋官司儀職云掌九儀之賓客擯相之禮以詔儀容辭令揖讓之節注云出接賓曰擯入贊禮曰相又曰凡諸公相爲賓及將幣交擯三辭車逆拜辱賓車進荅拜三揖三讓每門止一相注曰相爲主君擯者及賓之介也謂之相者於外傳辭耳入門當以禮詔侑也介紹而傳命者君子於其所尊不敢質敬之至也每門上一相彌相親也是相謂相君之禮也聘禮云卿爲上擯大夫爲承擯士爲紹擯玉藻曰君入門介拂闑大夫中棖與闑之間士介拂棖則卿爲上介大夫爲次介士爲末介也此云願爲小相者謙不敢爲上擯上介之卿願爲承擯紹擯次介末介之大夫士耳○注包曰至之門○正義曰云我欲得冠者五六人童子六七人者意在取其朋友十餘人耳云浴于沂水之上風涼於舞雩之下者杜預云魯城南自有沂水此是也夫沂水出益縣南至下邳入泗雩者祈雨之祭名左傳曰龍見而雩是也鄭玄曰雩者吁也吁嗟而請雨也杜預曰雩之言遠也遠爲百穀祈膏雨也使童男女舞之春官女巫職曰旱暵則舞雩因謂其處爲舞雩舞雩之處有壇墠樹木可以休息故云風涼於舞雩之下也○注周曰善點獨知時○正義曰仲尼祖述堯舜憲章文武生値亂時而君不用三子不能相時志在爲政唯曾晳獨能知時志在澡身浴德詠懷樂道故夫子與之也

論語注疏校勘記

阮元撰盧宣旬摘錄

先進第十一

○此篇論弟子賢人之行　閩本弟誤第○按此上○誤衍

先進於禮樂章

孔曰先進後進謂仕先後輩也　皇本高麗本無孔曰字又皇本仕作士案釋文出先進云包云謂仕也是陸又以此注爲包注○補案正義標起止孔曰至人也是正義本有孔曰

將移風易俗　皇本此段注作包氏曰

從我於陳蔡章

皆不及門也　皇本也上有者字

此章孔子閔弟子之失所　毛本閔作憫○按閔憫正俗字

德行章

德行　釋文云鄭云以合前章皇別爲一章案攷文載古本德行上有子曰二字毛奇齡論語稽求篇曰舊有子曰字故史記冉伯牛傳云孔子稱之爲德行四書攷異云案攷文每云古本皆以證其與皇本同也今檢皇侃義疏本惟別分此爲章子曰字未嘗有其疏則云此章初無子曰者是記者所書竝從孔子印可而錄在論中也二字之無尤確鑿物觀以彼國別藏寫本謬稱古本未可援之實史記矣

若用其言語辨說　各本辨竝作辯

回也非助我者也章

助益也　皇本益上有猶字

孝哉閔子騫章

陳曰　皇本作陳羣曰後放此

南容三復白圭章

三反覆之　本三誤二今正

故三覆讀此也　北監本無也字浦鏜云反誤三

季康子問弟子章

季康子問弟子　釋文出康子云一本作季康子鄭本同

今也則亡　皇本高麗本此下有未聞好學者五字各本竝無

以哀公遷怒貳過　本貳誤二今正

顏淵死章

以爲之椁　皇本椁作槨下同高麗本無此四字案釋文出無椁云古廓反不爲之椁作音似陸氏所據本亦無此四字

鯉也死　高麗本無也字

吾不徒行以爲之椁　皇本高麗本不下有可字

不可徒行也　皇本高麗本不上有吾以二字無也字

魯終不能用孔子亦不求仕　今史記孔子世家重孔子二字

顏淵死子哭之慟章

曰有慟乎　皇本曰上有子字

非夫人之爲慟而誰爲　皇本高麗本爲下有慟字

亦當於理　本理誤埋今正

非失也　各本失竝誤不今正

顏淵死門人欲厚葬之章

禮貧富有宜　皇本有上有各字

我不得割止　皇本割作制

故云耳　皇本作故云爾也

季路問事鬼神章

曰敢問死　朱子集注本無曰字案皇疏云曰敢問死者此又問當來之事也邢疏云曰敢問死者子路又曰敢問人之若死其事何如是皇邢本竝有曰字又匡謬正俗引此文亦有曰字今集注本無曰字誤脫

子路問承事神　浦鏜云神上脫鬼字

閔子侍側章

閔子侍側　皇本子下有騫字

冉有子貢　唐石經有作子

若由也不得其死然　皇本若上有曰字朱子集注載洪氏曰漢書引此句上有曰字或云上文樂字卽曰字之誤案漢書敘傳幽通賦云固行行其必凶顏師古曰論語稱閔子云云子樂曰若由也不得其死然蓋集注漢書下脫一注字耳又孫奕示兒編曰子樂必當作子曰聲之誤也始以聲相近而轉曰爲悅繼又以義相近而轉悅爲樂知由也不得其死則何樂之有今攷文選幽通賦及座右銘兩注竝引子路行行如也子曰若由也不得其死然與孫說正合

魯人爲長府章

仍舊貫　釋文出仍舊云魯讀仍爲仁今從古案九經古義云揚雄將作大匠箴曰或作長府而閔子不仁用魯論也

由之瑟章

由之瑟　皇本高麗本瑟上有鼓字

子路鼓瑟　皇本子上有言字

子貢問師與商也孰賢章

子貢問師與商也孰賢 本貢誤路今正皇本問上有曰字賢下有乎字高麗本亦有乎字

過猶不及 皇本高麗本及下有也字

季氏富於周公章

而求也爲之聚斂而附益之 皇本之作也

小子鳴鼓而攻之可也 皇本無而字案論衡順鼓篇引亦無而字

柴也愚章

曾子性遲鈍 皇本無性字鈍下有也字案釋文明出鈍也是陸氏所據本亦有也字

師也辟 皇本高麗本辟作僻注同

由也喭 書無喭正義引作諺案說文有諺無喭喭乃諺之俗字

失於畔喭 皇本畔作吸喭下有也字釋文出吸字云本今作畔案廣韻二十九換吸喭失容據此則字不當作畔

子曰回也其庶乎 朱子集注本以下別爲一章各本並連上爲一章案釋文云或分爲別章今所不用

億則屢中 皇本高麗本億作憶注同○按億憶皆意之俗字

王弼云 本王誤玉今正

每能虛中唯回者 浦鏜云中下脫者字○補案回者者字疑因上脫致誤衍

子張問善人之道章 各本並連下論篤是與爲一章朱子集注本分爲兩章

不踐迹 釋文出踐迹云本亦作跡案跡乃迹之俗字五經文字云迹經典或作跡

亦少能創業 皇本少上有多字

然亦不入於聖人之奧室 皇本入上有能字室下有也字案邢疏亦有能字也字

子路問聞斯行諸章

謂身無鄙行 筆解此節注作孔曰

如之何其聞斯行之 皇本高麗本之下有也字案邢疏本有也字疑今本脫

不得自專 皇本作不可得自專也

季子然問仲由冉求章

安足大乎 皇本作安足爲大臣乎

言二子雖從其王 案王當作主皇本無言字

子路使子羔爲費宰章

所以爲賊害 皇本作所以賊害人也

言費邑有人民焉而治之 案人民誤倒今訂正

祇爲口才捷給 北監本祇作秖○按作秖亦非當作祇後同

子路曾皙章

毋吾以也 皇本毋作無釋文出毋字云音無又出吾以云鄭本作已

子路率爾而對 皇本率作卒注同案率卒古字通莊子人間世注率然拊之釋文率本或作卒

因之以饑饉 釋文出饑字云鄭本作飢同○按飢乃飢餓字當作饑

可使足民 皇本高麗本民下有也字

殷覞曰同 閩本北監本毛本殷作眾毛本覞誤頫皇本覞作見邢疏作殷釋文出殷覞云本或作見據此則字當作殷

鏗爾 玉篇手部摼下引論語摼爾捨瑟而作云與鏗同

鏗者 皇本作鏗爾者

異乎三子者之撰 釋文出之撰云鄭作僎讀曰詮詮之言善也

亦各言其志也 釋文出亦各言其志云一本作亦各言其志也

莫春者 皇本莫作暮釋文出莫春云音暮本亦作暮

冠者五六人 皇本冠上有得字

詠而歸 釋文出而歸云如字鄭本作饋饋酒食也魯讀饋爲歸今從古案論衡明雩篇作詠而饋與古論合

包曰 筆解作孔曰

而歸夫子之門 本夫誤天今正

禮貴讓 皇本禮下有道字

宗廟會同非諸侯而何 皇本高麗本作宗廟之事如會同非諸侯如之何釋文出宗廟會同云本或作宗廟之事如會同又出非諸侯而何云一本作非諸侯如之何

赤也爲之小孰能爲之大 皇本高麗本小下大下並有相字

先以此言誘棭之也 諸本棭作掖案棭字誤也今正

千乘之國 浦鏜云千上脫曰字

穀不熟爲飢 閩本明監本毛本飢作饑下飢饉同案飢饉與釋文所載鄭本合

言欲得方六七十如五十里小國 浦鏜云五下脫六字

此赤也之志也 浦鏜云上也字當衍文

注孔子曰晳 孔下子字誤衍

曾蒧音點 各本蒧並誤蔵今正

王始不巡守 浦鏜云如誤始

論語注疏解經卷第十二

顏淵第十二　何晏集解　邢昺疏

〔疏〕正義曰此篇論仁政明達君臣父子辨惑折獄君子文爲皆聖賢之格言仕進之階路故次先進也

顏淵問仁。子曰。克己復禮爲仁。馬曰克己約身孔曰復反也身能反禮則爲仁矣一日克己復禮。天下歸仁焉。馬曰一日猶見歸況終身乎爲仁由己。而由人乎哉。孔曰行善在己不在人也顏淵曰。請問其目。包曰知其必有條目故請問之子曰。非禮勿視。非禮勿聽。非禮勿言。非禮勿動。鄭曰此四者克己復禮之目顏淵曰。回雖不敏。請事斯語矣。王曰敬事此語必行之〔疏〕顏淵至語矣○正義曰此并下三章皆明仁也子曰克己復禮爲仁者克約也己身也復反也言能約身反禮則爲仁矣一日克己復禮天下歸仁焉者言人君若能一日行克己復禮則天下皆歸此仁德之君也一日猶見歸況終身行仁乎爲仁由己而由人乎哉者言行善由己豈由他人乎哉言不在人也顏淵曰請問其目者淵意知其爲仁必有條目故請問之子曰非禮勿視非禮勿聽非禮勿言非禮勿動者此四者克己復禮之目也曲禮曰視瞻毋回立視五雋式視馬尾之類是禮也非此則勿視曲禮云毋側聽側聽則非禮也言無非禮則口無擇言也動無非禮則身無擇行也四者皆所以爲仁顏淵曰回雖不敏請事斯語矣者此顏淵預謝師言也言回雖不敢達請敬事此語必行之也○注馬曰克己約身○正義曰此注克訓爲約劉炫云克訓勝也己謂身也身有嗜慾當以禮義齊之嗜慾與禮義戰使禮義勝其嗜慾身得歸復於禮如是乃爲仁也復反也言情爲嗜慾所逼己離禮而更歸復之今刊定云克訓勝也己謂身也謂能勝去嗜慾反復於禮也

仲弓問仁。子曰。出門如見大賓。使民如承大祭。孔曰爲仁之道莫尚乎敬己所不欲。勿施於人。在邦無怨。在家無怨。包曰在邦爲諸侯在家爲卿大夫仲弓曰。雍雖不敏。請事斯語矣。〔疏〕仲弓問仁至語矣○正義曰此章明仁在敬恕也子曰出門如見大賓使民如承大祭者此言爲仁之道莫尚乎敬也大賓公侯之賓也大祭禘郊之屬也人之出門失在倨傲故戒之出門如見公侯之賓使民失於驕易故戒之如承奉禘郊之祭己所不欲勿施於人者此言仁者必恕也己所不欲無施之於人以他人亦不欲也在邦無怨在家無怨者言既敬且恕若在邦爲諸侯必無人怨在家爲卿大夫亦無怨也仲弓曰雍雖不敏請事斯語矣者亦承謝之語也

司馬牛問仁。子曰。仁者其言也訒。孔曰訒難也牛宋人弟子司馬犂曰。其言也訒。斯謂之仁已乎。子曰。爲之難。言之得無訒乎。孔曰行仁難言仁亦不得不難〔疏〕司馬牛問仁至訒乎○正義曰此章言仁之難也子曰仁者其言也訒者訒難也言仁道至大非但行之難也其言之亦難曰其言也訒斯謂之仁已乎者牛意嫌孔子所言未盡

其理故復問曰秖此其言也訒便謂仁已乎子曰爲之難言之得無訒乎者此孔子又爲牛說言訒之意行仁旣難言仁亦不得不難。注孔子曰至馬犂。正義曰史記弟子傳云司馬耕字子牛多言而躁問仁於孔子孔子曰仁者其言也訒是也

司馬牛問君子。子曰。君子不憂不懼。孔曰牛兄桓魋將爲亂牛自宋來學常憂懼故孔子解之 曰。不憂不懼。斯謂之君子已乎。子曰。內省不疚。夫何憂何懼。包曰疚病也自省無罪惡無可憂懼 【疏】司馬至何懼。正義曰此章明君子也司馬牛問君子者問於孔子言君子之行何如也子曰君子不憂不懼者言君子之人不憂愁不恐懼時牛兄桓魋將爲亂牛自宋來學常憂懼故孔子解之也曰不憂不懼斯謂之君子已乎者亦意少其言故復問之子曰內省不疚夫何憂何懼者此孔子更爲牛說不憂懼之理疚病也自省無罪惡則無可憂懼

司馬牛憂曰。人皆有兄弟。我獨亡。鄭曰牛兄桓魋行惡死亡無日我爲無兄弟 子夏曰。商聞之矣。死生有命。富貴在天。君子敬而無失。與人恭而有禮。四海之內。皆兄弟也。君子何患乎無兄弟也。包曰君子疏惡而友賢九州之人皆可以禮親 【疏】司馬至弟也。正義曰此章言人當任命友賢也司馬牛憂曰人皆有兄弟我獨亡者亡無也牛兄桓魋行惡死亡無日故牛常憂而告人曰他人皆有兄弟若桓魋死亡之後我爲獨無兄弟也子夏曰商聞之矣死生有命富貴在天君子敬而無失與人恭而有禮四海之內皆兄弟也君子何患乎無兄弟也者子夏見牛憂無兄弟以此言解之也商子夏名謙故云商聞之矣示非妄謬也言人死生短長各有所稟之命財富位貴則在天之所予君子但當敬慎而無過失與人結交恭謹而有禮能此疏惡而友賢則東夷西戎南蠻北狄四海之內九州之人皆可以禮親之爲兄弟也君子何須憂患於無兄弟也。注鄭曰至兄弟。正義曰云牛兄桓魋行惡死亡無日者案哀十四年左傳云宋桓魋之寵害於公公將討之未及魋先謀公公知之召皇司馬子仲及左師向巢以命其徒攻桓氏向魋遂入於曹以叛民叛之而奔衛遂奔齊是其行惡死亡之事也桓氏卽向氏此桓魋卽向魋也又謂之桓司馬卽此桓魋也

子張問明。子曰。浸潤之譖。膚受之愬。不行焉。可謂明也已矣。鄭曰譖人之言如水之浸潤漸以成之馬曰膚受之愬皮膚外語非其內實 浸潤之譖。膚受之愬。不行焉。可謂遠也已矣。馬曰無此二者非但爲明其德行高遠人莫能及 【疏】子張至已矣。正義曰此章論人之明德子張問明者問於孔子何如可謂之明也子曰浸潤之譖膚受之愬不行焉可謂明也已矣者此荅爲明也夫水之浸潤漸以壞物皮膚受塵漸成垢穢譖人之言如水之浸潤皮膚受塵亦漸以成之使人不覺知也若能辨其情僞使譖愬之言不行可謂明德也浸潤之譖膚受之愬不行焉可謂遠也已矣者言人若無此二者非但爲明其德行可謂高遠矣人莫能及之也。注馬曰膚受之愬皮膚外語非其內實。正義曰愬亦譖也變其文耳皮膚受塵垢穢其外不能入內也以喻譖毀之語但在外萋斐構成其過惡非其人內實有罪也

子貢問政。子曰。足食足兵。民信之矣。子貢曰。必不得已而去。於斯三者何先。曰。去兵。子貢曰。必不得已而去。於斯二者何先。曰。去食。自古皆有死。民無信不立。孔曰死者古今常道人皆有之治邦不可失信 【疏】子貢問政至不立。正義曰此章貴信也子曰足食足兵民信之矣者此荅爲政之事也足食則人知禮節足兵則不軌畏威民信之則服命從化子貢曰必不得已而去於斯三者何先者子貢復問曰若不獲已而除去於此三者之中何者爲先曰去兵者孔子荅言先去兵以兵者凶器民之殘也財用之蠹也故先去之子貢曰必不得已而去於斯二者何先者子貢復問設若事不獲已須要去之於此食與信二者之中先去何者曰去食自古皆有死民無信不立者孔子荅言二者之中先去食夫食者人命所須去之則人死而去食不去信者言死者古今常道人皆有之治國不可失信失信則國不立也

棘子成曰。君子質而已矣。何以文爲。鄭曰舊說云棘子成衛大夫 子貢曰。惜乎。夫子之說君子也。駟不及舌。鄭曰惜乎夫子之說君子也過言一出駟馬追之不及 文猶質也。質猶文也。虎豹之鞟。猶犬羊之鞟。孔曰皮去毛曰鞟虎豹與犬羊別正以毛文異耳今使文質同者何以別虎豹與犬羊邪 【疏】棘子至之鞟。正義曰此章貴尚文章也棘子成曰君子質而已矣何以文爲者衞大夫棘子成言曰君子之人淳質而已則可矣何用文章乃爲君子意疾時多文章子貢曰惜乎夫子之說君子也駟不及舌者夫子指子成也子貢聞子成言君子不以文爲其言過謬故歎曰可惜乎棘子成之說君子也過言一出於舌駟馬追之不及文猶質也質猶文也虎豹之鞟猶犬羊之鞟者此子貢舉喻言文章不可去也皮去毛曰鞟言君子野人異者質文不同故也虎豹與犬羊別者正以毛文異耳今若文猶質質猶文使文質同者則君子與鄙夫何以別乎如虎豹之皮去其毛文以爲之鞟與犬羊之鞟同處何以別虎豹與犬羊也

哀公問於有若曰。年饑。用不足。如之何。有若對曰。盍徹乎。鄭曰盍何不也周法什一而稅謂之徹徹通也爲天下之通法 曰。二吾猶不足。如之何其徹也。孔曰二謂什二而稅 對曰。百姓足。君孰與不足。百姓不足。君孰與足。孔曰孰誰也 【疏】哀公至與足。正義曰此章明稅法也哀公問於有若曰年饑用不足如之何者魯君哀公問於孔子弟子有若曰年穀不熟國用不足如之何使國用得足也有若對曰盍徹乎者盍猶何不也周法什一而稅謂之徹徹通也爲天下之通法有若意譏哀公重斂故對曰旣國用不足何不依通法而稅取乎曰二吾猶不足如之何其徹也者二謂什二而稅哀公不覺其譏故又曰什而稅二吾之國用猶尚不足如之何其依徹法什而稅一乎對曰百姓足君孰與不足者孰誰也哀公旣言重斂之實故有若又對以盍徹足用之埋言若依通法而稅則百姓家給人足百姓旣足上命有求則供故曰君孰與不足也今君重斂民則困窮上命所須無以供給故曰百姓不足君孰與足也。注鄭曰至通法。正義曰云周法什一而稅謂之徹者公羊傳曰古者什一而藉古者曷爲什一而藉什一者天下之中正也多乎什一大桀小桀寡乎什一大貉小貉什一者天下之中正也什一行而頌聲作矣何休云多取於民比於桀蠻貉無百官制度之費稅薄穀粱傳亦云古者什一而藉孟子云夏后氏五十而貢殷人七十而助周人百畝而徹其實皆什一也趙岐注云民耕五十畝者貢上五畝耕七十畝者以七畝助公家耕百畝者徹取十畝以爲賦雖異名而多少同故云皆什一也書傳云十一者多矣故杜預云古者公田之法十取其一謂十畝內取一舊法旣已十畝取一矣春秋魯宣公十五年初稅畝又履其餘畝更復十收其一乃是十取其二故此哀公曰二吾猶不足謂十內稅二猶尚不足則從宣公之後遂以十二爲常故曰初言初稅十二自宣公始也諸書皆言十一而稅而周禮載師云凡任地近郊十一遠郊二十而三稍縣都皆無過十二漆林之征二十而五者彼謂王畿之內所共多故賦稅重諸書所言什一皆謂畿外之國故此鄭玄云什一而稅謂之徹徹通也爲天下之通法言天下皆什一耳不言畿內亦什一也孟子又曰方里爲井井九百畝其中爲公田八家皆私百畝同養公田公事畢然後敢治私事漢書食貨志取彼意而爲之文云井田方一里是爲九夫八家共之各受私田百畝公田十畝是爲八百八十畝餘二十畝爲廬舍諸儒多用彼爲義如彼所言則家別一百一十畝是爲十外稅一也鄭玄詩箋云井稅一夫其田百畝則九而稅一其意異於漢書不以志爲說也又孟子對滕文公云請野九一而助國中什一使自賦鄭玄周禮匠人注引孟子此言乃云是邦國亦異外內之法則鄭玄以爲諸侯郊外郊內其法不同郊內什一使自賦其一郊外九而助一是爲二十而稅二故鄭玄又云諸侯謂之徹者通其率以十一爲正言郊內郊外相通其率爲十稅一也杜預直云十取其一則又異於鄭唯謂一夫百畝以十畝歸公趙岐不解夏五十殷七十之意蓋古者人多田少一夫唯得五十七十畝耳五十而貢貢五畝七十而助助七畝好惡取於此鄭注考工記云周人畿內用夏之貢法邦國用殷之助法也

子張問崇德辨惑。孔曰辨別也 子曰。主忠信。徙義。崇德也。包曰徙義見義則徙意而從之 愛之欲其生。惡之欲其死。旣欲其生。又欲其死。是惑也。包曰愛惡當有常一欲生之一欲死之是心惑也 誠不以富。亦祇以異。鄭曰此詩小雅也祇適也言此行誠不可以致富適足以爲異耳取此詩之異義以非之 【疏】子張至以異。正義曰此章言人當有常德也子張問崇德辨惑者崇充也辨別也言欲充盛道德祛別疑惑何爲而可也子曰主忠信徙義崇德也者主親也徙遷也言人有忠信者則親友之見義事則遷意而從之此所以充盛其德也愛之欲其生惡之欲其死旣欲其生又欲其死是惑也者言人心愛惡當須有常若人有順已已卽愛之便欲其生此人忽逆於已已卽惡之則願其死一欲生之一欲死之用心無常是惑也旣能別此是惑則當祛之誠不以富亦祇以異者此詩小雅我行其野篇文也祇適也言此行誠不足以致富適足以爲異耳取此詩之異義以非人之惑也。注鄭曰至非之。正義曰案詩刺淫昏之俗不思舊姻而求新昏也彼誠作成鄭箋云女不以禮爲室家成事不足以得富也女亦適以此自異於人道言可惡也此引詩斷章故不與本義同也

齊景公問政於孔子。孔子對曰。君君。臣臣。父

父父。子子。孔曰當此之時陳恒制齊君不君臣不臣父不父子不子故以對公曰。善哉。信如君不君。臣不臣。父不父。子不子。雖有粟。吾得而食諸。孔曰言將危也陳氏果滅齊【疏】齊景至食諸。○正義曰此章明治國之政也齊景公問政於孔子者齊君景公問爲國之政於夫子也孔子對曰君君臣臣父父子子者言政者正也若君不失君道乃至子不失子道尊卑有序上下不失而後國家正也當此之時陳恒爲齊大夫以制齊國君不君臣不臣父不父子不子故孔子以此對之公曰善哉信如君不君臣不臣父不父子不子雖有粟吾得而食諸者諸之也景公聞孔子之言而信服之故歎曰善哉信如夫子之言而今齊國君不君以至子不子雖有其粟吾得而食之乎言將見危亡必不得食之也○注陳氏果滅齊○正義曰史記田完世家完卒諡爲敬仲仲生稺孟夷夷生泯孟莊莊生文子須無文子生桓子無宇桓子生武子啟及僖子乞乞卒子當代之是爲田成子成子弒簡公專齊政成子生襄子盤盤生莊子白白生大公利和遷齊康公於海上和立爲齊侯和孫威王稱王四世而秦滅之是陳氏滅齊也世家云敬仲之知齊以陳子爲田氏左傳終始稱陳則田必非敬仲所改未知何時改耳

子曰。片言可以折獄者。其由也與。孔曰片猶偏也聽訟必須兩辭以定是非偏信一言以折獄者唯子路可子路無宿諾。宿猶豫也子路篤信恐臨時多故故不豫諾【疏】子曰至宿諾。○正義曰此章言子路有明斷篤信之德也子曰片言可以折獄者其由也與者片猶偏也折猶決斷也凡聽訟必須兩辭以定是非偏信一言以決斷獄訟者唯子路可故云其由也與子路無宿諾者宿猶豫也子路篤信恐臨時多故故不豫諾或分此別爲一章今合之○注孔曰至路可○正義曰云聽訟必須兩辭以定是非者周禮秋官大司寇云以兩造禁民訟以兩劑禁民獄注云訟謂以財貨相告者獄謂相告以罪名者造至也劑今券書也使訟者兩至獄者各齎券書既兩至兩券書乃治之不至及不券書則是自服不直者也故知聽訟必須兩辭方定是非偏信一言則是非難決唯子路才性明辨能聽偏言決斷獄訟故云唯子路可

子曰。聽訟。吾猶人也。包曰與人等必也使無訟乎。王曰化之在前【疏】子曰聽訟吾猶人也必也使無訟乎。○正義曰此章孔子言己至誠也言聽斷獄訟之時備兩造吾亦猶如常人無以異也言與常人同必也在前以道化之使無爭訟乃善○注王曰化之在前○正義曰案周易訟卦象曰天與水違行訟君子以作事謀始王弼云聽訟吾猶人也必也使無訟乎無訟在於謀始謀始在於作制契之不明訟之所以生也物有其分職不相濫爭何由興訟之所以起契之過也故有德司契而不責於人是化之在前也又案大學云子曰聽訟吾猶人也必也使無訟乎無情者不得盡其辭大畏民志鄭注云情猶實也無實者多虛誕之辭聖人之聽訟與人同耳必使民無實者不敢盡其辭大畏其心志使誠其意不敢訟然則聽訟吾猶人也必也使無訟乎是夫子辭無情者不得盡其辭大畏民志是記者釋夫子無訟之事意與此注及王弼不同未知誰是故具載之

子張問政。子曰。居之無倦。行之以忠。王曰言爲政之道居之於身無得解倦行之於民必以忠信【疏】子張問政子曰居之無倦行之以忠。○正義曰此章言爲政之道若居之於身無解倦行之於民必以忠信也

子曰。博學於文。約之以禮。亦可以弗畔矣夫。鄭曰弗畔不違道【疏】子曰至弗畔矣夫。○正義曰此章及注與雍也篇同當是弟子各記所聞故重載之或本亦有作君子博學於文

子曰。君子成人之美。不成人之惡。小人反是。【疏】子曰君子成人之美不成人之惡小人反是。○正義曰此章言君子之於人嘉善而矜不能又復仁恕故成人之美不成人之惡也小人則嫉賢樂禍而成人之惡不成人之美故曰反是

季康子問政於孔子。孔子對曰。政者正也。子帥以正。孰敢不正。鄭曰康子魯上卿諸臣之帥也【疏】季康子問政至不正。○正義曰此章言爲政在乎修正己對曰政者正也者言政教者在於齊正也子帥以正孰敢不正者言康子爲魯上卿諸臣之帥也若己能每事以正則己下之臣民誰敢不正也

季康子患盜。問於孔子。孔子對曰。苟子之不欲。雖賞之不竊。孔曰欲多情慾言民化於上不從其令從其所好【疏】季康子至不竊。○正義曰此章言民從上化也季康子患盜問於孔子者時魯多盜賊康子患之問於孔子欲以謀去也孔子對曰苟子之不欲雖賞之不竊者孔子言民化於上不從其令從其所好苟誠如子之不貪欲則民亦不竊非但不爲假令賞之民亦知恥而不竊也今多盜賊者正由子之貪欲故耳注孔孔曰至所好○正義曰云民化於上不從其令從其所好者大學曰堯舜率天下以仁而民從之紂率天下以暴而民從之其所令反其所好而民不從注云言民化君行也君若好貨而禁民淫於財利不能正也

季康子問政於孔子曰。如殺無道。以就有道。何如。孔曰就成也欲多殺以止姦孔子對曰。子爲政。焉用殺。子欲善。而民善矣。君子之德風。小人之德草。草上之風必偃。孔曰亦欲令康子先自正偃仆也加草以風無不仆者猶民之化於上【疏】季康子至必偃。○正義曰此章言爲政不須刑殺但在上自正則民化之也季康子問政於孔子曰如殺無道以就有道何如者就成也子之意欲多殺止姦以成爲有道也孔子對曰子爲政焉用殺者言子爲執政安用刑殺也子欲善而民善矣者言子若爲善則民亦化之爲善矣君子之德風小人之德草草上之風必偃者此爲康子設譬也偃仆也在上君子爲政之德若風在下小人從化之德如草加草以風無不仆者猶化民以正無不從者亦欲令康子先自正也

子張問士何如斯可謂之達矣。子曰。何哉。爾所謂達者。子張對曰。在邦必聞。在家必聞。鄭曰言士之所在皆能有名譽子曰。是聞也。非達也。夫達也者。質直而好義。察言而觀色。慮以下人。馬曰常有謙退之志察言語觀顏色知其所欲其志慮常欲以下人在邦必達。在家必達。馬曰謙尊而光卑而不可踰夫聞也者。色取仁而行違。居之不疑。馬曰此言佞人假仁者之色行之則違安居其僞而不自疑在邦必聞。在家必聞。馬曰佞人黨多【疏】子張至必聞。○正義曰此章論士行子張問士何如斯可謂之達矣者士有德之稱問士行何如可謂通達也子曰何哉爾所謂達者者夫子復問子張何者是汝意所謂達者欲使試言之也子張對曰在邦必聞在家必聞者問謂有名譽使人聞之也言士有德行在邦臣於諸侯必有名聞在家臣於卿大夫亦必有名聞言士之所在皆有名譽意謂此爲達也子曰是聞也非達也者言汝之所陳正是名聞之士非是通達之士也夫達也者質直而好義察言而觀色慮以下人者此孔子又說達士之行也爲性正直所好義事察人言語觀人顏色知其所欲其念慮常欲以下人言常有謙退之志也在邦必達在家必達者以其謙退故所在通達也夫聞也者色取仁而行違居之不疑者此言佞人色則假取仁者之色而行則違之安居其僞而不自疑也在邦必聞在家必聞者言佞人黨多妄相稱譽故所在皆有名聞也○注馬曰謙尊而光卑而不可踰○正義曰此周易謙卦彖辭也言尊者有謙而更光明盛大卑者有謙而不可踰越引證士有謙德則所在必達也

樊遲從遊於舞雩之下。包曰舞雩之處有壇墠樹木故下可遊焉曰。敢問崇德脩慝辨惑。孔曰慝惡也脩治也治惡爲善子曰。善哉問。先事後得。非崇德與。孔曰先勞於事然後得報攻其惡。無攻人之惡。非脩慝與。一朝之忿。忘其身以及其親。非惑與。【疏】樊遲至惑與。○正義曰此章言脩身之事也樊遲從遊於舞雩之處有壇墠樹木故弟子樊遲隨從孔子遊於其下也曰敢問崇德脩慝辨惑者脩治也慝惡也此樊遲因從行而問孔子曰敢問欲充盛其德治惡爲善袪別疑惑何爲而可也子曰善哉問者其問皆脩身之要故善之先事後得非崇德與者言先勞於事然後得報是崇德也攻其惡無攻人之惡非脩慝與者攻治也言治其已過無治人之過是治惡也一朝之忿忘其身以及其親非惑與者言君子忿則思難若人有犯已一朝忿之不思其難則忘身也辱其身則羞其親故曰以及其親也非惑與言是惑也○注壇墠○正義曰封土爲壇除地爲墠言雩壇在所除地中故連言壇墠

樊遲問仁。子曰。愛人。問知。子曰。知人。樊遲未達。子曰。舉直錯諸枉。能使枉者直。包曰舉正直之人用之廢置邪枉之人則皆化爲直樊遲退。見子夏曰。鄉也吾見於夫子而問知。子曰。舉直錯諸枉。能使枉者直。何謂也。子夏曰。富哉言乎。孔曰富盛也舜有天下。選於衆。舉皐陶。不仁者遠矣。湯有天下。選於衆。舉伊尹。不仁者遠矣。孔曰言舜湯有天下選擇於衆舉皐陶伊尹則不仁者遠矣仁者至矣【疏】樊遲至遠矣。○正義曰此章明仁知也樊遲問仁子曰愛人者言汎愛濟衆是仁道也問知子曰知人者言知人賢才而舉之是知也樊遲未達子曰舉直錯諸枉能使枉者直者樊遲未曉達知人之意故孔子復解之言舉正直之人而用之廢置邪枉之人則皆化爲直故曰能使枉者直也樊遲退見子夏曰鄉也吾見

於夫子而問知子曰舉直錯諸枉能使枉者直何謂也者樊遲雖問舉直錯枉之語猶自未喻故復問子夏也子夏曰富哉言乎者子夏聞言即解故歎美之曰富盛哉此言乎舜有天下選於衆舉皋陶不仁者遠矣湯有天下選於衆舉伊尹不仁者遠矣者此子夏爲樊遲說舉直錯枉之事也言舜湯有天下選擇於衆舉用皋陶伊尹則不仁者遠矣仁者至矣長其能使邪枉者亦化爲直也

子貢問友。子曰：忠告而善道之，不可則止，毋自辱焉。包曰：忠告以是非告之，以善道導之，不見從則止，必言之或見辱。

〔疏〕子貢問友子曰忠告而善道之不可則止毋自辱焉。○正義曰：此章論友也。言盡其忠以是非告之，又以善道導之，若不從己則止而不告不導也，毋得強告導之以自取困辱焉，以其必言之或時見辱。

曾子曰：君子以文會友，孔曰：友以文德合。**以友輔仁。**孔曰：友相切磋之道，所以輔成己之仁。

〔疏〕曾子曰君子以文會友以友輔仁。○正義曰：此章以論友。言君子之人以文德會合朋友，朋友有相切磋琢磨之道，所以輔成己之仁德也。

論語注疏挍勘記

阮元撰 盧宣旬摘錄

顏淵第十二

顏淵問仁章

克己復禮爲仁 皇本克作尅，下及注同。

立視五雋 案雋當作巂，閩本同誤。

司馬牛問仁章

仁者其言也訒 釋文出也訒云：字或作仞。○按：說文引作其言也訒。

弟子司馬犂 皇本犂下有也字。釋文出馬犂云：史記作耕，云字牛。

斯謂之仁已乎 皇本、高麗本作斯可謂之仁已矣乎，朱子集注本作矣乎。

子曰行仁難 案子當作孔，各本並誤。正義標注孔子曰，子字亦誤作。

祇此其言也訒 北監本祇作秖，是也。閩本亦誤祇，毛本作秖，並非。

司馬牛問君子章

斯謂之君子已乎 皇本、高麗本作可謂君子已乎，朱子集注本作矣乎。

司馬牛憂曰章

我爲無兄弟 皇本我下有獨字，弟下有也字。案邢疏有獨字。

皆兄弟也 皇本、高麗本皆下有爲字。案鹽鐵論和親章及文選蘇子卿古詩注並引此文，皆有爲字。

君子疏惡而友賢 皇本疏作疎。案疎乃疏之俗字。

子張問明章

構成其過惡 毛本構作搆。案說文無搆字，古構成字亦作構，今以搆爲搆成字，誤。

子貢問政章

民信之矣 皇本民上有令字，高麗本令作使。

子貢曰必不得已而去於斯二者何先 皇本無子貢二字。

民無信不立 皇本無作不。

棘子成曰章

棘子成曰 皇本、高麗本成作城，注同。○按：漢書古今人表、三國志秦宓傳作革子成。

何以文爲 高麗本作爲文。

駟馬追之不及 皇本及下有舌也二字。

虎豹之鞟猶犬羊之鞟 皇本、高麗本鞟作鞹，注同。又下之鞟下有也字。案說文：鞹，去毛皮也。即引此文，今作鞟者，省文耳。

哀公問於有若章

虎豹與犬羊別 皇本別下有者字。案邢疏本有者字，釋文亦明出別者字，今注誤脫。

年饑 皇本饑作飢。釋文出饑字云：鄭本作飢。說見前。

周法什一而稅 皇本什作十，下什二同。

孔曰二謂什二而稅 案周禮匠人疏引作鄭曰。

蠻貊無百官制度之費 公羊宣十五年傳注百官上有社稷宗廟四字。

雖異名二多少同 各本二作義，今孟子注二作而。案義字是也。

又曰方里爲井 今孟子爲作而。

子張問崇德辨惑章

子張問崇德辨惑 釋文出辨惑云：本亦作或。

崇德也 皇本無也字。

愛之欲其生惡之欲其死 皇本、高麗本生下、死下並有也字。

亦祇以異 閩本、北監本、毛本同。案祇當作秖，唐石經作秖，五經文字、廣韻亦作秖。

齊景公問政於孔子章

吾得而食諸 皇本、高麗本吾下有豈字。釋文出吾焉得而食諸，云：本亦作焉得而食諸。焉，於虔反。本今作吾得而食諸。案史記仲尼世家及漢書武五子傳並作豈，與皇本合。太平御覽二十二引吾惡得而食諸，豈、焉、惡三字義皆相近，疑今本吾下有脫字。

夷生湣孟莊 今史記田完世家湣作湣。案湣乃湣之省文。

桓子生武子啟 今史記啟作開，避漢景帝諱也。

及僖子乞 今史記及作與，僖作釐。案僖、釐古字通。

乞卒子當代之 今史記當作常，之作立。

白生大公利 毛本利作和。案和字是也。閩本大作太，和亦誤利。

敬仲之知齊 毛本知作如。案如字是也。閩本同誤。

以陳子爲田氏 北監本子作字。浦鏜云：氏誤字。

片言章

片言可以折獄者 釋文出以折云：魯讀折爲制，今從古。案古多假折爲制，墨子尚同中引書呂刑制以刑作折則刑。

子路無宿諾 各本並連上爲一章。釋文云：或分此爲別章。

凡聽訟 案訟當作訟，形近之譌，今正。

周禮秋官大司寇聽云 毛本聽作職，是也。閩本亦誤聽。北監本官誤言。

今劵書也 劵當作券，各本並誤，下同。案說文：券，契也，从刀，𢍏聲。劵，勞也，从力，卷省聲。大徐云：今俗作倦。

獄者各齎券書 周禮大司寇注獄上有使字。

子張問政章

居之無倦 釋文出無倦云：亦作卷。案九經古義云：棟案卷當作劵，漢涼州刺史魏君碑云施舍不劵，鄭氏攷工記注云：劵，今倦字也。

無得解倦 皇本解作懈。釋文亦作懈，是正字。

必以忠信也 北監本、毛本以誤有。

博學於文章

博學於文 皇本博上有君子二字。釋文出博學於文云：一本作君子博學於文。案說詳雍也篇。

鄭曰 高麗本無此二字。

季康子患盜章

苟子之不欲 皇本、高麗本無之字。

欲多情慾 皇本慾作欲，下有也字。案釋文出情慾云：本今作欲。說見前。

孔孔曰至所好 案孔字誤重。

不從其今　案今當作令今正

季康子問政於孔子章

欲多殺以止姦　皇本姦作姧下有也字案五經文字云姦俗作姧譌

君子之德風小人之德草　皇本高麗本草下風下有也字案漢書董仲舒傳及說苑政理篇引此文亦並有也字與皇本合

草上之風必偃　皇本高麗本上作尙釋文出草尙云本或作上案尙上古字通

子張問士章

夫達也者　皇本高麗本無也字下夫聞也者同

則所扗必遠也　案遠當作達閩本亦誤

樊遲從遊於舞雩之下章

無攻人之惡　皇本高麗本無作毋

封土爲壇　本土誤上今正

樊遲問仁章

舉直錯諸枉　釋文出錯諸云或作措同說見前

鄉也　皇本高麗本鄉作嚮釋文出鄉也云又作曏同。按嚮俗字曏正字鄉假借字

富哉言乎　皇本高麗本言上有是字

樊遲雖問舉直錯枉之語　案問當作聞閩本北監本並誤今正

長其能使邪枉者　案長當作是形近之譌

子貢問友章

忠告而善道之　皇本高麗本作忠告而以善導之釋文出善道云導也案包注本作以善道之文義較明順

不可則止　皇本高麗本作否則止

毋自辱焉　皇本高麗本毋作無釋文出毋自云音無

君子以文會友章

友相切磋之道　皇本友下有有字釋文出有相切磋云本今作友

此章以論友　浦鏜云友下當脫也字以當亦字誤

論語注疏挍勘記卷十二終

論語注疏解經卷第十三

子路第十三　何晏集解　邢昺疏

【疏】正義曰此篇論善人君子爲邦教民仁政孝弟中行常德皆治國脩身之要大意與前篇相類且回也入室由也升堂故以爲次也

子路問政。子曰：先之勞之。孔曰先導之以德使民信之然後勞之易曰說以使民民忘其勞請益。曰：無倦。孔曰子路嫌其少故請益曰無倦者行此上事無倦則可【疏】子路問政至無倦○正義曰此章言政先德澤也子曰先之勞之者言爲德政者先導之以德使民信之然後可以政役之事勞之則民從其令也請益者子路嫌其少故更請益之曰無倦者夫子言行此上事無倦怠則可也○注易曰說以使民民忘其勞○正義曰此周易兌卦彖辭文也言先以說豫撫民然後使之從事則民皆竭力忘其勞苦也引之以證先之勞之之義也

仲弓爲季氏宰，問政。子曰：先有司，王曰言爲政當先任有司而後責其事赦小過，舉賢才。曰：焉知賢才而舉之。曰：舉爾所知。爾所不知，人其舍諸。孔曰女所不知者人將自舉其所知則賢才無遺【疏】仲弓至舍諸○正義曰此章言政在舉賢也仲弓爲季氏宰問政者冉雍爲季氏家宰而問政於夫子也子曰先有司赦小過舉賢才者有司屬吏也言爲政當先委任屬吏各有所司而後責其成事赦放小過寬則得衆也舉用賢才使官得其人野無遺逸是政之善也曰焉知賢才而舉之者仲弓聞使舉賢意言賢才難可偏知故復問曰安知賢才而得舉用之也曰舉爾所知爾所不知人其舍諸者舍置也諸之也夫子教之曰但舉女之所知女所不知人將自舉之其肯置之而不舉乎既各舉其所知則賢才無遺

子路曰：衛君待子而爲政，子將奚先。包曰問往將何所先行子曰：必也正名乎。馬曰正百事之名子路曰：有是哉，子之迂也。奚其正。包曰迂猶遠也言孔子之言遠於事子曰：野哉由也。孔曰野猶不達君子於其所不知，蓋闕如也。包曰君子於其所不知當闕而勿據今由不知正名之義而謂之迂遠名不正，則言不順。言不順，則事不成。事不成，則禮樂不興。禮樂不興，則刑罰不中。孔曰禮以安上樂以移風二者不行則有淫刑濫罰刑罰不中，則民無所錯手足。故君子名之必可言也。言之必可行也。王曰所名之事必可得而明言所言之事必可得而遵行君子於其言，無所苟而已矣。【疏】子路至而已矣○正義曰此章論政在正名也子路曰衛君待子而爲正子將奚先者奚何也案世家孔子自楚反乎衛是時衛君輒父不得立在外諸侯數以爲讓而孔子弟子多仕於衛衛君欲得孔子爲政故子路問之曰往將何以先行子曰必也正名乎者言將先正百事之名也子路曰有是哉子之迂也奚其正者迂猶遠也子路言豈有若是哉夫子之言遠於士也何其正名乎子曰野哉由也者野猶不達也夫子見子路言迂故曰不達理哉此仲由也君子於其所不知蓋闕如也者此責子路不知正名之義而便言迂遠也言君子於其所不知蓋當闕而勿據今由不知正名之義而便謂之迂遠不亦野哉名不正則言不順言不順則事不成事不成則禮樂不興禮樂不興則刑罰不中刑罰不中則民無所錯手足者此孔子更陳正名之理也夫事以順成名由言舉名若不正則言不順序言不順序則政事不成政事不成則君不安於上風不移於下是禮樂不興行也禮樂不行則有淫刑濫罰故不中也刑罰枉濫民則蹐地局天動羅刑綱故無所錯其手足也故君子名之必可言也言之必可行也君子於其言無所苟而已矣者此又言正名之事非爲苟且也君子名此事必使可明言言此事必可遵行君子於其所言無苟且若名之不可言言之不可行是苟且而言也○注孔曰至濫罰○正義曰云禮以安上樂以移風者孝經廣要道章文言禮所以正君臣父子之別明男女長幼之序故可以安上化下風移俗易先入樂聲變隨人心正由君德正之與變因樂而彰故可以移風易俗也云二者不行則有淫刑濫罰者禮運云禮者所以治政安君也政不正則君位危君位危則大臣倍小臣竊刑肅而俗敝則法無常又樂記曰五刑不用百姓無患天子不怒如此則樂達矣故禮樂二者不行則刑罰淫濫而不中也○注王曰至遵行○正義曰云所名之事必可得而明言者若禮人名不以國以國則廢名是不可明言也云所言之士必可得而遵行者緇衣曰可言也不可行君子弗言也可行也不可言君子弗行也熊氏云君子賢人可行不可言作凡人法若曾子有母之喪水漿不入於口七日不可言說以爲法是不可遵行也是以可明言可遵行而後君子名言之也

樊遲請學稼。子曰：吾不如老農。請學爲圃。曰：吾不如老圃。馬曰樹五穀曰稼樹菜蔬曰圃樊遲出。子曰：小人哉，樊須也。上好禮，則民莫敢不敬。上好義，則民莫敢不服。上好信，則民莫敢不用情。孔曰情情實也言民化於上各以實應夫如是，則四方之民襁負其子而至矣，焉用稼。包曰禮義與信足以成德何用學稼以教民乎負者以器曰襁【疏】樊遲至用稼○正義曰此章言禮義忠信爲治民之要樊遲請學稼者樹五穀曰稼弟子樊須請於夫子學播種之法欲以教民也子曰吾不如老農者孔子怒其不學禮義而學稼種故拒之曰稼種之事吾不如久老之農夫也請學爲圃者樹菜蔬曰圃樊遲又請於夫子學樹蓺菜蔬之法曰吾不如老圃者亦拒其請也言樹蓺菜蔬之法吾不如久老爲圃者樊遲出子曰小人哉樊須也者樊遲既請而出夫子與諸弟子言曰小人哉此樊須也謂其不學禮義而學農圃故曰小人也上好禮則民莫敢不敬上好義則民莫敢不服上好信則民莫敢不用情者孔子遂言禮義與信可以教民也禮毋不敬故上好行禮則民化之莫敢不敬也人聞義則服故上好行義則民莫敢不服也以信待物物亦以實應之故上若好信則民莫不用其情情猶情實也言民於上各以實應也夫如是則四方之民襁負其子而至矣焉用稼者此又言夫禮義與信足以成德化民如是則四方之民感化自來皆以襁器背負其子而至矣何用學稼以教民乎○注樹五穀曰稼樹菜蔬曰圃○正義曰樹者種殖之名五穀

者黍稷麻麥豆也周禮注云種穀曰稼如嫁女以有所生也周禮大宰職云園圃毓草木注云樹果蓏曰圃園其樊也然則園者外畔藩籬之名其內之地種樹菜果則謂之圃蔬則菜也鄭云周禮注云百草根實可食者釋文云蔬不熟爲饉郭璞曰凡草菜可食者通名爲蔬注負者以器曰襁○正義曰博物志云織縷之廣八尺長丈二以約小兒於背

子曰誦詩三百授之以政不達使於四方不能專對雖多亦奚以爲專猶獨也〔疏〕子曰誦詩三百授之以政不達使於四方不能專對雖多亦奚以爲○正義曰此章言人之才學貴於適用若多學而不能用則如不學也誦謂諷誦周禮注云倍文曰諷以聲節之曰誦詩有國風雅頌凡三百五篇皆言天子諸侯之政也古者使適四方有會同之事皆賦詩以見意今有人能諷誦詩文三百篇之多若授之以政使居位治民而不能通達使於四方不能獨對諷誦雖多亦何以爲言無所益也

子曰其身正不令而行其身不正雖令不從令教令也〔疏〕子曰其身正不令而行其身不正雖令不從○正義曰此章言爲政者當以身先也言上之人其身若正不在教令民自觀化而行之其身若不正雖教令滋章民亦不從也

子曰魯衛之政兄弟也包曰魯周公之封衛康叔之封周公康叔既爲兄弟康叔睦於周公其國之政亦如兄弟〔疏〕子曰魯衛之政兄弟也○正義曰此章孔子評論魯衛二國之政相似如周公康叔之爲兄弟也魯周公之封衛康叔之封周公康叔既爲兄弟康叔睦於周公其國之政亦如兄弟也

子謂衛公子荊善居室王曰荊與蘧瑗史鰌並爲君子始有曰苟合矣少有曰苟完矣富有曰苟美矣〔疏〕子謂至美矣○正義曰此章孔子稱謂衛公子荊有君子之德也善居室者言居家理也始有曰苟合矣者家始富有不言己才能所致但曰苟且聚合也少有曰苟完矣者又少有增多但曰苟且完全矣富有曰苟美矣者富有大備但曰苟且有此富美耳終無泰侈之心也○注王曰荊與蘧瑗史鰌並爲君子○正義曰案左傳襄十九年吳公子札來聘遂適衛說蘧瑗史狗史鰌公子荊公叔發公子朝曰衛多君子未有患也是與蘧瑗史鰌並爲君子也

子適衛冉有僕孔曰孔子之衛冉有御子曰庶矣哉孔曰庶衆也言衛人衆多冉有曰既庶矣又何加焉曰富之曰既富矣又何加焉曰教之〔疏〕子適至教之○正義曰此章言治民之法也子適衛冉有僕者適之衛也孔子之衛冉有爲僕以御車也子曰庶矣哉者庶衆也至衛境見衛人衆多故孔子歎美之冉有曰既庶矣又何加焉者言民既衆多復何加益也曰富之者孔子言當施舍薄斂使之衣食足也曰既富矣又何加焉者冉有言民既饒足復何加益之曰教之者孔子言當教以義方使知禮節也

子曰苟有用我者期月而已可也三年有成孔曰言誠有用我於政事者期月而可以行其政教必三年乃有成功〔疏〕子曰苟有用我者期月而已可也三年有成○正義曰此章孔子自言爲政之道也苟誠也期月周月也謂周一年之十二月也孔子言誠有用我於政事者期月而可以行其政教必滿三年乃有成功也

子曰善人爲邦百年亦可以勝殘去殺矣王曰勝殘殘暴之人使不爲惡也去殺不用刑殺也誠哉是言也孔曰古有此言孔子信之〔疏〕子曰善人爲邦百年亦可以勝殘去殺矣誠哉是言也○正義曰此章言善人君子治國至於百年以來亦可以勝殘暴之人使不爲惡去刑殺而不用矣誠哉是言者古有此言孔子信之故曰誠哉是言也

子曰如有王者必世而後仁孔曰三十年曰世如有受命王者必三十年仁政乃成〔疏〕子曰如有王者必世而後仁○正義曰三十年曰世此章言如有受天命而王天下者必三十年仁政乃成也

子曰苟正其身矣於從政乎何有不能正其身如正人何〔疏〕子曰苟正其身矣於從政乎何有不能正其身如正人何○正義曰此章言政者正也欲正他人在先正其身也苟誠能自正其身則於從政乎何有言不難也若自不能正其身則雖令不從如正人何言必不能正人也

冉子退朝周曰謂罷朝於魯君子曰何晏也對曰有政馬曰政者有所改更匡正子曰其事也馬曰事者凡行常事如有政雖不吾以吾其與聞之馬曰如有政非常之事我爲大夫雖不見任用必當與聞之〔疏〕冉子至聞之○正義曰此章明政事之別也冉子退朝者時冉有臣於季氏朝廷曰退謂罷朝於魯君也子曰何晏也者晏晚也孔子訝其退朝晚故問之對曰有政者冉子言有所改更匡正之政故退晚也子曰其事也如有政雖不吾以吾其與聞之者孔子言女之所謂政者但凡行常事耳設如有大政非常之事我爲大夫雖不見任用必當與聞之也○注周曰謂罷朝於魯君○正義曰周氏以爲夫子云雖不吾以吾其與聞皆論魯朝之事故云罷朝於魯君鄭玄以冉有臣於季氏故以朝爲季氏之朝少儀云朝廷曰退謂於朝廷之中若欲散還則稱曰退以近君爲進還私遠君爲退此退朝謂罷朝也○注馬曰事者凡行常事○正義曰案昭二十五年左傳曰爲政事庸力行務以從四時杜預曰在君爲政在臣爲事杜意據此文時冉子仕於季氏稱季氏有政孔子謂之爲事是在君爲政在臣爲事也何晏曰爲仲尼稱孝友是亦爲政明其政事通言但隨事大小異其名耳故不同鄭杜之說而取周馬之言以朝爲魯君之朝以事爲君之凡行常事也

定公問一言而可以興邦有諸孔子對曰言不可以若是其幾也王曰以其大要一言不能正興國幾近也有近一言可以興國人之言曰爲君難爲臣不易如知爲君之難也不幾乎一言而興邦乎孔曰事不可以一言而成如知此則可近也曰一言而喪邦有諸孔子對曰言不可以若是其幾也人之言曰予無樂乎爲君唯其言而莫予違也孔曰言無樂於爲君所樂者唯樂其言而不見違如其善而莫之違也不亦善乎如不善而莫之違也不幾乎一言而喪邦乎孔曰人君所言善無違之者則善也所言不善而無敢違之者則近一言而喪國〔疏〕定公至邦乎○正義曰此章言爲君之道也定公問一言而可以興邦有諸者魯君定公問於孔子爲君之道有一言而可以興其國有之乎孔子對曰言不可以若是其幾也者幾近也孔子以其大要一言不能正興國故云言不可以若是有近一言可以興國者故云其幾也人之言曰爲君難爲臣不易如知爲君之難也不幾乎一言而興邦乎者此孔子稱其近興國之一言也事不可以一言而成如知此則可近也曰一言而喪邦有諸者定公又問曰人君一言不善而致亡國有之乎孔子對曰言不可以若是其幾也者亦言有近一言可以亡國也人之言曰予無樂乎爲君唯其言而莫予違也者此舉近亡國之一言也言我無樂於爲君所樂者唯樂其言而不見違也如其善而莫之違也不亦善乎如不善而莫之違也不幾乎一言而喪邦乎者此孔子又評其理言人君所言善無違之者則善也所言不善而無敢違之者則近一言而亡國也

葉公問政子曰近者說遠者來〔疏〕葉公至者來○正義曰此章楚葉縣公問爲政之法於孔子也子曰當施惠於近者使之喜說則遠者當慕化而來也

子夏爲莒父宰問政鄭曰舊說云莒父魯下邑子曰無欲速無見小利欲速則不達見小利則大事不成孔曰事不可以速成而欲其速則不達矣小利妨大則大事不成〔疏〕子夏至不成○正義曰此章弟子子夏爲魯下邑莒父之宰問爲政之法於夫子也子曰無欲速無見小利者言事有程期無欲速成當存大體無見小利也欲速則不達見小利則大事不成者此又言其欲速見小利害政之意若事不可以速成而欲其速則其事不達矣務見小利而行之則妨大政故大事不成也

葉公語孔子曰吾黨有直躬者孔曰直躬直身而行其父攘羊而子證之周曰有因而盜曰攘孔子曰吾黨之直者異於是父爲子隱子爲父隱直在其中矣〔疏〕葉公至中矣○正義曰此章明爲直之禮也葉公語孔子曰吾黨有直躬者躬身也言吾鄉黨中有直身而行者其父攘羊而子證之者此所直行之事也有因而盜曰攘言因羊來入己家父即取之而子言於失羊之主證父之盜葉公以此子爲直行而誇於孔子也孔子曰吾黨之直者異於是父爲子隱子爲父隱直在其中矣者孔子言此以拒葉公也言吾黨之直者異於此證父之直也子苟有過父爲隱之則慈也父苟有過子爲隱之則孝也孝慈則忠忠則直也故曰直在其中矣今律大功以上得相容隱告言父祖者入十惡則典禮亦爾而葉公以證父爲直者江熙云葉公見聖人之訓動有隱諱故舉直躬欲以此言毀訾儒教抗衡中國夫子答之辭正而義切荆蠻之豪喪其誇矣

樊遲問仁子曰居處恭執事敬與人忠雖之夷狄不可棄也包曰雖之夷狄無禮義之處猶不可棄去而不行〔疏〕樊遲至棄也○正義曰此章明仁者之行也弟子樊遲問仁於孔子子曰居處恭執事敬與人忠雖之夷狄不可棄也者言凡人居處多放恣執事則懈惰與人交則不盡忠唯仁者居處恭謹執事敬愼忠以與人也此恭敬及忠雖之適夷狄無禮義之處亦不可棄而不行也

子貢問曰何如斯可謂之士矣子

曰。行已有恥。孔曰有恥者有所不爲使於四方。不辱君命。可謂士矣。曰。敢問其次。曰。宗族稱孝焉。鄉黨稱弟焉。曰。敢問其次。曰。言必信。行必果。硜硜然。小人哉。抑亦可以爲次矣。鄭曰行必果所欲行必果敢爲之硜硜者小人之皃也抑亦其次言可以爲次曰。今之從政者何如。子曰。噫。斗筲之人。何足算也。鄭曰噫心不平之聲筲竹器容斗二升算數也【疏】子貢至算也。○正義曰此章明士行也子貢問曰何如斯可謂之士矣者士有德之稱故子貢問於孔子曰其行如何斯可謂之士矣子曰行已有恥使於四方不辱君命可謂士矣者此若士之高行也言行已之道若有不善恥而不爲爲臣奉命出使能遭時制宜不辱君命有此二行可謂士矣曰敢問其次者子貢復問士之爲行次於此二者云何曰宗族稱孝焉鄉黨稱弟焉此孔子復爲言其士行之次也宗族同宗族屬也善事父母爲孝宗族內親見其孝而稱之善事長上爲弟鄉黨差遠見其弟而稱之也曰敢問其次者子貢又問更有何行可次於此也曰言必信行必果硜硜然小人哉抑亦可以爲次矣者孔子又爲言其次也若人不能信以行義而言必執信行不能相時度宜所欲行者必果敢爲之硜硜然者小人之皃也言此二行雖非君子所爲乃硜硜然小人耳抑辭也抑亦其次言可以爲次也曰今之從政者何如者子貢復問今之從政之士其行何如也子曰噫斗筲之人何足算也者噫心不平之聲斗量名容十升筲竹器容斗二升算數也孔子見時從政者皆無士行唯小器耳故心不平之而曰噫今斗筲小器之人何足數也言不足數故不述其行子曰。不得中行而與之。必也狂狷乎。包曰中行行能得其中者言不得中行則欲得狂狷者狂者進取。狷者有所不爲也。包曰狂者進取於善道狷者守節無爲欲得此二人者以時多進退取其恆一【疏】子曰至爲也。○正義曰此章孔子疾時人不純一也子曰不得中行而與之必也狂狷乎者中行行能得其中者也言既不得中行之人而與之同處必也得狂狷之人可也狂者進取狷者有所不爲者此說狂狷之行也狂者進取於善道知進而不知退狷者守節無爲應進而退也二者俱不得中而性恆一欲得此二人者以時多進退取其恆一也子曰。南人有言曰。人而無恆。不可以作巫醫。孔曰南人南國之人鄭曰言巫醫不能治無恆之人善夫。包曰善南人之言也不恆其德。或承之羞。孔曰此易恆卦之辭言德無常則羞辱承之子曰。不占而已矣。鄭曰易所以占吉凶無恆之人易所不占【疏】子曰至已矣。○正義曰此章疾性行無恆之人也子曰南人有言曰人而無恆不可以作巫醫者南人南國之人也巫主接神除邪醫主療病南國之人嘗有言曰人而性行無恆不可以爲巫醫言巫醫不能治無恆之人也善夫者孔子善南人之言有徵也不恆其德或承之羞者此易恆卦之辭孔子引之言德無恆則羞辱承之也子曰不占而已者孔子既言易文又言夫易所以占吉凶無恆之人易所不占也。○注孔曰至承之。○正義曰云此易恆卦之辭者謂此經所言是易恆卦九三爻辭也王弼云處三陽之中居下體之上處上體之下上不全尊下不全卑中不在體體在乎恆而分無所定無恆者也德行無恆自相違錯不可致詰故或承之羞也子曰。君子和而不同。小人同而不和。君子心和然其所見各異故曰不同小人所嗜好者同然各爭利故曰不和【疏】子曰君子和而不同小人同而不和。○正義曰此章別君子小人志行不同之事也君子心和然其所見各異故曰不同小人所嗜好者則同然各爭利故曰不和子貢問曰。鄉人皆好之。何如。子曰。未可也。鄉人皆惡之。何如。子曰。未可也。不如鄉人之善者好之。其不善者惡之。孔曰善人善己惡人惡己是善善明惡惡著【疏】子貢至惡之。○正義曰此章別好惡子貢問曰鄉人皆好之何如者言有一人爲一鄉之所愛好此人何如可謂善人乎子曰未可也者言未可爲善或一鄉皆惡此人與之同黨故爲衆所稱是以未可鄉人皆惡之何如者此子貢又問夫子既鄉人皆好未可爲善若鄉人衆共憎惡此人何如可謂善人乎子曰未可也者言亦未可爲善或一鄉皆善此人獨惡故爲衆所嫉是以未可不如鄉人之善者好之其不善者惡之者孔子既皆不可其問自爲說其善人也言鄉之善人善之惡人惡之眞善人也。○注孔曰至惡著。○正義曰言鄉人皆好之是善善不明鄉人皆惡之是惡惡不著若鄉人之善者善之惡者惡之則是善善分明惡惡顯著也子曰。君子易事而難說也。孔曰不責備於一人故易事說之不以道。不說也。及其使人也。器之。孔曰度才而官之小人難事而易說也。說之雖不以道。說也。及其使人也。求備焉。【疏】子曰至備焉。○正義曰此章論君子小人不同之事也子曰君子易事而難說也者言君子不責備於一人故易事不受妄說故難說也說之不以道不說也及其使人也器之者此覆明難說易事之理言君子有正德若人說己不以道而妄說則不喜說也是以難說度人才器而官之不責備故易事小人難事而易說也者小人反君子故也說之雖不以道說也及其使人也求備焉者此覆明易說難事之理以小人爲人說媚雖不以道而妄說之亦喜說故易說也及其使人也責備於一人焉故難事也子曰。君子泰而不驕。小人驕而不泰。君子自縱泰似驕而不驕小人拘忌而實自驕矜【疏】子曰君子泰而不驕小人驕而不泰。○正義曰此章論君子小人禮皃不同之事也君子自縱泰似驕而不驕小人實自驕矜而強自拘忌不能寬泰也子曰。剛毅木訥近仁。王曰剛無欲毅果敢木質樸訥遲鈍有斯四者近於仁【疏】子曰剛毅木訥近仁。○正義曰此章言有此四者之性行近於仁道也仁者靜剛無欲亦靜故剛近仁也仁者必有勇毅者果敢故毅近仁也仁者不尚華飾木者質樸故木近仁也仁者其言也訒訥者遲鈍故訥近仁也子路問曰。何如斯可謂之士矣。子曰。切切偲偲。怡怡如也。可謂士矣。朋友切切偲偲。兄弟怡怡。馬曰切切偲偲相切責之皃怡怡和順之皃【疏】子路至怡怡。○正義曰此章問士行也子路問曰何如斯可謂之士矣者問士之行何如也子曰切切偲偲怡怡如也可謂士矣者此荅士行也朋友切切偲偲兄弟怡怡者此覆明其所施也切切偲偲相切責之皃朋友以道義切磋琢磨故施於朋友也怡怡和順之皃兄弟天倫當相友恭故怡怡施於兄弟也子曰。善人教民七年。亦可以卽戎矣。包曰卽就也戎兵也言以攻戰【疏】子曰善人教民七年亦可以卽戎矣。○正義曰此章言善人爲政之法也善人謂君子也卽就也戎兵也言君子爲政教民至於七年使民知禮義與信亦可以就兵戎攻戰之事也言七年者夫子以意言之耳子曰。以不教民戰。是謂棄之。馬曰言用不習民使之攻戰必破敗是謂棄之【疏】子曰以不教民戰是謂棄之。○正義曰此章言用不習之民使之攻戰必致破敗是謂棄之棄擲也

論語注疏校勘記　　阮元撰盧宣旬摘錄

子路第十三

子路問政章

先導之以德　釋文出先道云道導也本今作導是正字

無倦　釋文出曰毋倦云本今作無

仲弓爲季氏宰章

人將自舉其所知　皇本舉下有之各舉三字

言賢才難可偏知　案偏當作徧

衛君待子而爲政章

子之迂也　釋文出之迂云鄭本作于案迂于古字通禮記文王世子云況于其身以善其君乎鄭君注于讀爲迂

孔曰禮以安上　皇本作苞氏曰

則民無所錯手足　毛本錯作措疏仍作錯釋文出所錯云本又作措說見前

衛君待子而爲正　補案正當作政

遠於士也　案士當作事下所言之士誤同

君子賢人可行不可言作凡人法　浦鏜云可行下脫此事二字

樊遲請學稼章

曰吾不如老圃　皇本高麗本曰上有子字

樹菜蔬曰圃也　各本蔬作蔬案蔬爲疏之俗字蔬又蔬之誤

襁負其子而至矣　釋文出繈字云又作襁同五經文字云襁作繈者非○按五經文字非也古繈緥字

從糸不從衣說文襁字乃淺人不得其解而妄增之段玉裁說

負者以器曰襁皇本襁下有也字案史記弟子傳集解引包注作負子之器曰襁

謂於夫子案謂當作請

孔子怒其不學禮義而學稼種閩本北監本毛本怒作恐誤也今正

以信待物案待當作待寫者偶誤也今正

黍稷麻麥豆也案麥當作麥形近之譌

鄭云周禮注云案上云字當作元各本並誤

釋文云案文當作天各本並誤

織縷之北監本毛本之上有爲字案釋文繈下引博物志亦有爲字

誦詩三百章

誦詩三百唐石經避順宗諱誦作誦

亦奚以爲高麗本爲下有哉字

子謂衞公子荆

案左傳襄十九年十九年上各本並脫二字當依本書補正

子適衞章

冉有僕皇本有作子案風俗通義十反卷及論衡問孔篇並引作子又春秋繁露仁義法篇亦稱冉子與皇本合

冉有御皇本御下有也字

言衞人衆多皇本人作民多下有也字

曰教之考文古本此下有王肅曰民富然後教義也衣食足後知辱十六字各本俱無

苟有用我者章

期月而已可也皇本期作朞注同

期月周月也案上月字本誤目今改正

善人爲邦百年章

勝殘殘暴之人皇本作勝殘者勝殘暴之人

冉子退朝章

冉子退朝皇解作冉有

馬曰事者北監本曰誤目不成字

孔子訝其退朝晚北監本訝其誤訝莫

皆論君朝之事案君當作君閩本亦誤

還私遠君爲退朝浦鏜云故稱退誤爲退朝

何晏曰爲仲尼稱孝友浦鏜云曰當以字誤

定公問一言而可以興邦章

如知爲君之難也皇本無之字

一言而喪邦有諸皇本而下有可以二字高麗本亦有可字

唯其言而莫予違也皇本高麗本而下有樂字

葉公問政章

此章楚葉縣公問爲政之法於孔子也各本公作尹公字誤也今正

子夏爲莒父宰章

無欲速高麗本無作毋釋文出毋欲云本今作無

無見小利皇本無作毋

小利妨大皇本作見小利妨大事

則具事不達矣案具當作其形近之譌今正

葉公語孔子曰章

吾黨有直躬者釋文出直躬云鄭本作弓云直人名弓案呂氏春秋當務篇引孔子云異哉直躬之爲信也淮南氾論訓直躬其父攘羊而子證之高誘注直躬楚葉縣人也葢字雖作躬亦俱不解爲直身

此章明爲直之禮也補明監本禮作理

何如斯可謂之士矣章

鄉黨稱弟焉皇本高麗本弟作悌釋文出稱弟云亦作悌

何足算也釋文出算字云本或作筭案鄭君注算數也不當作筭字漢書公孫賀傳贊及鹽鐵論大論並引作選乃算之假借字

子貢至算也本貢誤曰今正

次此於二者云何明監本可作何案何字是也閩本誤作子浦鏜云於此字誤倒

宗族稱孝焉本孝誤之今正

不得中行而與之章

取其恒一也本一字空闕今補正

鄉人皆好之章

其不善者惡之高麗本之下有也字

何如斯可謂之士矣章

斯可謂之士矣皇本無之字

切切偲偲釋文出偲偲云本又作愢

兄弟怡怡皇本高麗本怡怡下有如也二字案文選曹植求通親親表注引兄弟怡怡如也又初學記十七藝文類聚二十一太平御覽四百十六引此文並有如也二字與皇本合

善人教民七年章

包曰皇解無此二字

即就也戎兵也皇本作即戎就兵

論語注疏解經卷第十四

憲問第十四　何晏集解　邢昺疏

【疏】正義曰：此篇論三王二霸之迹、諸侯大夫之行、爲仁知恥、脩己安民，皆政之大節也，故以類相聚，次於問政也。

憲問恥。子曰：「邦有道，穀。孔曰：穀，祿也。邦有道當食祿。邦無道，穀，恥也。」孔曰：君無道而在其朝，食其祿，是恥辱。「克、伐、怨、欲不行焉，可以爲仁矣？」馬曰：克，好勝人。伐，自伐其功。怨，忌小怨。欲，貪欲也。子曰：「可以爲難矣，仁則吾不知也。」包曰：四者行之難，未足以爲仁。

【疏】「憲問恥」至「知也」。○正義曰：此章明恥辱及仁德也。憲謂弟子原憲，問於夫子曰：人之行何爲可恥辱也？子曰：邦有道穀，邦無道穀，恥也者，穀，祿也。孔子荅言：邦有道當食祿，君無道而在其朝食其祿，是恥辱也。克伐怨欲不行焉，可以爲仁矣者，克，好勝人也；伐，自伐其功也；怨，忌小怨也；欲，貪欲也。原憲復問曰：若此四者不行焉，可以爲仁矣乎？子曰可以爲難矣，仁則吾不知也者，孔子荅言不行四者可以爲難，未足以爲仁也。○注「馬曰」至「欲也」。○正義曰：云「克，好勝人」者，克訓勝也。左傳僖九年，秦伯將納晉惠公，謂其大夫公孫枝曰：「夷吾其定乎？」對曰：「言多忌克，難哉！」公曰：「忌則多怨，又焉能克？」杜預曰：「其言雖多忌，適足以自害，不能勝人也。」是克爲好勝人也。云「伐，自伐其功」者，書曰：「汝惟不伐，天下莫與汝爭功。」老子曰：「自伐者無功。」言人有功，誇示之，則人不與，乃無功也。是伐去其功，若伐去樹木然，故經傳謂誇功爲伐，謂自伐其功也。

子曰：「士而懷居，不足以爲士矣。」士當志道，不求安，而懷其居，非士也。

【疏】「子曰士而懷居，不足以爲士矣」。正義曰：此章言士當志於道，不求安，居而懷安其居，則非士也。

子曰：「邦有道，危言危行。包曰：危，厲也。邦有道，可以厲言行也。邦無道，危行言孫。」孫，順也。厲行，不隨俗；順言，以遠害。

【疏】「子曰邦有道，危言危行，邦無道，危行言孫」。○正義曰：此章教人言行之法也。危，厲也。孫，順也。言邦有道，可以厲言行；邦無道，則厲其行，不隨汙俗，順言辭以避當時之害也。

子曰：「有德者必有言，德不可以億中，故必有言。有言者不必有德。仁者必有勇，勇者不必有仁。」

【疏】「子曰」至「有仁」。○正義曰：此章言有德有仁者之行也。子曰「有德者必有言」者，德不可以無言，億中，故必有言也。「有言者不必有德」者，辯佞口給，不必有德也。「仁者必有勇」者，見危授命，殺身以成仁，是必有勇也。「勇者不必有仁」者，若暴虎馮河之勇，不必有仁也。

南宮适孔曰：适，南宮敬叔，魯大夫。問於孔子曰：「羿善射，奡盪舟，孔曰：羿，有窮國之君，篡夏后相之位，其臣寒浞殺之，因其室而生奡。奡多力，能陸地行舟，爲夏后少康所殺。俱不得其死然。孔曰：此二子者，皆不得以壽終。禹稷躬稼而有天下。」夫子不荅。馬曰：禹盡力於溝洫，稷播百穀，故曰躬稼。禹及其身，稷及後世，皆王。适意欲以禹稷比孔子，孔子謙，故不荅也。南宮适出。子曰：「君子哉若人！尚德哉若人！」孔曰：賤不義而貴有德，故曰君子。

【疏】「南宮适」至「若人」。○正義曰：此章賤不義而貴有德也。南宮适者，魯大夫南宮敬叔也，問於孔子曰：羿善射，奡盪舟，俱不得其死然，禹稷躬稼而有天下者，羿，有窮國之君，以其善射，篡夏后相之位，其臣寒浞殺之。奡，寒浞之子，多力，盪，推也，能陸地推舟而行，爲夏后少康所殺。然，猶焉也。此二子者，皆不得其壽終而死焉。禹盡力於溝洫，洪水既除，烝民乃粒。稷，后稷也，名弃，周之始祖，播種百穀，皆以身親稼穡，故曰禹稷躬稼也。禹受舜禪，稷及后世至文武，皆王天下，故曰而有天下也。夫子不荅者，适意欲以禹稷比孔子，孔子謙，故不荅也。南宮适出者，既問而退也。子曰君子哉若人，尚德哉若人者，以其賤奡羿之不義，貴禹稷之有德，故美之曰君子哉若此人也，尚德哉若此人也。○注「孔曰适南宮敬叔，魯大夫」。正義曰：此即南宮縚也，字子容。鄭注檀弓云：「敬叔，魯孟僖子之子仲孫閱是也。」○注「孔曰」至「所殺」。○正義曰：云「羿，有窮國之君」者，羿居窮石之地，故以窮爲國號，以有配之，猶言有周、有夏也。窮國之君曰羿，羿是有窮君之名號也。孔注尚書云：「羿，諸侯名。」杜注左傳云：「羿，有窮君之號。」則與孔不同也。說文云：「羿，帝嚳射官也。」賈逵云：「羿之先祖，世爲先王射官，故帝嚳賜羿弓矢，使司射。」淮南子云：「堯時十日竝生，堯使羿射九日而落之。」楚辭天問云：「羿焉彈日？烏解羽？」歸藏易亦云：「羿彈十日。」說文云：「彈者，射也。」此三者言雖不經，難以取信，要言帝嚳時有羿，堯時亦有羿，則羿是善射之號，非復人之名字。信如彼言，則不知此羿名爲何也。云「篡夏后相之位」者，襄四年左傳曰：「昔有夏之方衰也，后羿自鉏遷於窮石，因夏民以代夏政。」杜注云：「禹孫大康淫放失國，夏人立其弟仲康。仲康亦微弱，仲康卒，子相立，羿遂代相，號曰有窮。」是也。云「其臣寒浞殺之，因其室而生奡」者，傳又曰：「寒浞，伯明氏之讒子弟也。伯明后寒弃之，夷羿收之，信而使之，以爲己相。浞行媚于內而施賂于外，愚弄其民而虞羿于田，樹之詐慝，以取其國家，外內咸服。羿猶不悛，將歸自田，家衆殺而亨之。浞因羿室，生澆及豷。」是也。澆即奡也，聲轉字異，故彼此不同。云「奡多力，能陸地行舟」者，以此文云「奡盪舟」，盪訓推也，故知多力能陸地推舟而行也。云「爲夏后少康所殺」者，哀元年左傳曰：「昔有過澆殺斟灌以伐斟鄩，滅夏后相。后緡方娠，逃出自竇，歸于有仍，生少康焉。爲仍牧正，惎澆能戒之。澆使椒求之，逃奔有虞，爲之庖正，以除其害。虞思於是妻之以二姚，而邑諸綸，有田一成，有衆一旅。能布其德，而兆其謀，以收夏衆，撫其官職。使女艾諜澆，使季杼誘豷，遂滅過、戈，復禹之績。」是也。過，澆國；戈，豷國。如彼傳文，當是羿逐出后相，乃自立爲天子，相依斟灌、斟鄩，夏祚猶尚未滅，蓋與羿竝稱王也。及寒浞殺羿，因羿室而生澆，澆已長大，自能用師，始滅后相，相死之後，始生少康，少康生杼，杼又年長，已堪誘豷，方始滅浞而立少康，計大康失邦，及少康紹國，向有百載，乃滅有窮。而夏本紀云：「仲康崩，子相立。相崩，子少康立。」都不言羿浞之事，是馬遷之疎也。○注「馬曰」至「荅也」。○正義曰：云「禹盡力於溝洫」者，泰伯篇文。云「稷播百穀」者，舜典文也。又益稷云：「暨稷播，奏庶艱食鮮食，懋遷有無化居，烝民乃粒。」故曰躬稼。云「禹及其身，稷及後世，皆王」者，禹受舜禪，是及身也；稷后十五世至文王受命，武王誅討，是及後世也，皆王有天下而爲王也。云「适意欲以禹稷比孔子」者，言孔子勤行道德，亦當王有天下也。孔子持謙，不敢以己比於禹稷，故不荅其言也。

子曰：「君子而不仁者有矣夫，未有小人而仁者也。」孔曰：雖曰君子，猶未能備。

【疏】「子曰君子而不仁者有矣夫，未有小人而仁者也」。○正義曰：此章言仁道難備也。雖曰君子，猶未能備，而有時不仁也。若管仲九合諸侯，不以兵車，可謂仁矣，而鏤簋朱紘，山節藻棁，是不仁也。小人性不及仁道，故未有仁者。

子曰：「愛之，能勿勞乎？忠焉，能勿誨乎？」孔曰：言人有所愛，必欲勞來之；有所忠，必欲教誨之。

【疏】「子曰愛之能勿勞乎，忠焉能勿誨乎」。○正義曰：此章論忠愛之心也。言人有所愛，必欲勞來之；有所忠，必欲教誨之也。

子曰：「爲命，裨諶草創之，孔曰：裨諶，鄭大夫氏名也。謀於野則獲，於國則否。鄭國將有諸侯之事，則使乘車以適野，而謀作盟會之辭。世叔討論之，行人子羽脩飾之，東里子產潤色之。」馬曰：世叔，鄭大夫游吉也。討，治也。裨諶既造謀，世叔復治而論之，詳而審之。行人，掌使之官。子羽，公孫揮。子產居東里，因以爲號。更此四賢而成，故鮮有敗事。

【疏】「子曰」至「色之」。正義曰：此章美鄭國大夫之善也。子曰「爲命，裨諶草創之」者，裨諶，鄭大夫也。命，謂政命盟會之辭也。言鄭國將有諸侯之事，作盟會政命之辭，則使裨諶適草野以創制之。「世叔討論之」者，世叔即子大叔，鄭大夫游吉也。討，治也。裨諶既造謀，世叔復治而論之，詳而審之也。「行人子羽脩飾之」者，行人，掌使之官。子羽，公孫揮，亦鄭大夫也。世叔既討論，復令公孫揮脩飾之也。「東里子產潤色之」者，東里，鄭城中里名，子產居東里，因以爲號。脩飾、潤色，皆謂增脩使華美也。既更此四賢而成，故鮮有敗事也。○注「孔曰」至「之辭」。○正義曰：云「謀於野則獲，於國則否」者，襄三十一年左傳文。此及下注皆出於此。案彼傳云：「子產之從政也，擇能而使之。馮簡子能斷大事；子大叔美秀而文；公孫揮知四國之爲，而辨於大夫之族姓、班位、貴賤、能否，而又善爲辭令；裨諶能謀，謀於野則獲，謀於邑則否。鄭國將有諸侯之事，子產問四國之爲於子羽，且使多爲辭令，與裨諶乘以適野，使謀可否，而告馮簡子使斷之。事成，乃授子大叔使行之，以應對賓客，是以鮮有敗事。」是也。○注「馬曰」至「敗事」。○正義曰：云「行人，掌使之官」者，周禮秋官有大行人、小行人，皆大夫也，掌諸侯朝覲宗廟會同之禮儀，及時聘問之事，則諸侯之行人亦然，故云掌使之官，謂掌其爲使之官也。

或問子產。子曰：「惠人也。」孔曰：惠，愛也。子產，古之遺愛。問子西。曰：「彼哉！彼哉！」馬曰：子西，鄭大夫。彼哉彼哉，言無足稱。或曰楚令尹子西。問管仲。曰：「人也。猶詩言所謂伊人。奪伯氏駢邑三百，飯疏食，沒齒無怨言。」孔曰：伯氏，齊大夫。駢邑，地名。齒，年也。伯氏食邑三百家，管仲奪之，使至蔬食，而沒齒無怨言，以其當理也。

【疏】「或問」至「怨言」。○正義曰：此章歷評子產、子西、管仲之爲人也。「或問子產」者，或人問於夫子曰：鄭大夫子產何如人也？子曰「惠人也」者，惠，愛也。言子產仁恩被物，愛人之人也。「問子西」者，或人又問鄭大夫子西之行。曰「彼哉彼哉」者，彼指子西也。言如彼人哉，如彼人哉，無足可稱也。「問管仲」者，或人又問齊大夫管夷吾也。曰「人也，奪伯氏駢邑三百，飯疏食，沒齒無怨言」者，此荅言管仲是當理之人也。人也，指管仲，猶云此人也。伯氏，鄭大夫。駢邑，地名。沒齒，謂終沒齒年也。伯氏食邑於駢邑三百家，管仲奪之，使貧，但飯疏食，至於終年，亦無怨言，以其管仲當理故也。○注「孔曰」至「遺愛」。○正義曰：「惠，愛」，釋詁文。云「子產，古之遺愛」者，昭二十年左傳曰：「子產卒，仲尼聞之，出涕曰：『古之遺愛也。』」杜注云：「子產見愛，有古人之遺風。」○注「馬曰」至「子西」。○正義曰：云「子西，鄭大夫」者，案左傳，子駟之子公孫夏也。「或曰楚令尹子西」者，案左傳，公子申也，代囊瓦爲令尹，爲白公勝所殺者也。○注「猶詩言所謂伊人」。○正義曰：詩

秦風蒹葭文也毛傳云伊維也鄭箋云伊當作繄繄猶是也伊人若言是人也

子曰。貧而無怨難。富而無驕易。【疏】子曰貧而無怨難富而無驕易○正義曰此章言人之貧乏多所怨恨而無怨爲難江熙云顏淵無怨不可及也人若豐富好生驕逸而無驕爲易江熙云子貢不驕猶可能也

子曰。孟公綽爲趙魏老則優。不可以爲滕薛大夫。孔曰公綽魯大夫趙魏皆晉卿家臣稱老公綽性寡欲趙魏貪賢家老無職故優滕薛小國大夫職煩故不可爲【疏】子曰孟公綽爲趙魏老則優不可以爲滕薛大夫○正義曰此章評魯大夫孟公綽之才性也趙魏皆晉卿所食采邑名也家臣稱老公綽性寡欲趙魏貪賢家老無職若公綽爲之則優游有餘裕也滕薛乃小國而大夫職煩則不可爲也

子路問成人。子曰。若臧武仲之知。馬曰魯大夫臧孫紇公綽之不欲。馬曰孟公綽卞莊子之勇。周曰卞邑大夫冉求之藝。文之以禮樂。孔曰加之以禮樂文成亦可以爲成人矣。曰。今之成人者。何必然。見利思義。馬曰義然後取不苟得見危授命。久要不忘平生之言。亦可以爲成人矣。孔曰久要舊約也平生猶少時【疏】子路至人矣○正義曰此章論成人之行也子路問成人者問於夫子行何德行謂之成人子曰若臧武仲之知公綽之不欲卞莊子之勇冉求之藝文之以禮樂亦可以爲成人矣者此荅成人之行也必也知如武仲廉如公綽勇如卞莊子藝如冉求既有知廉勇藝復以禮樂文成之雖未足多亦可以爲成人矣曰今之成人者何必然者夫子鄉言成人者是古之人也又言今之成人不必能備如此也見利思義見危授命久要不忘平生之言亦可以爲成人矣者此今之成人行也見財利思合義然後取之見君親有危難當致命以救之久要舊約也平生猶少時言與人少時有舊約雖年長貴達不忘其言能此三事亦可以爲成人也○注馬曰魯大夫臧孫紇○正義曰案春秋襄二十三年左氏傳以阿順季氏出奔邾又以防求爲後於魯致防而奔齊齊侯將爲臧紇田臧孫聞之見齊侯與之言伐晉對曰多則多矣抑君似鼠夫鼠晝伏夜動不穴於寢廟畏人故也今君聞晉之亂而後作焉寧將事之非鼠如何乃弗與田仲尼曰知之難也有臧武仲之知杜注云謂能避齊禍是武仲之知也

子問公叔文子於公明賈曰。信乎夫子不言不笑不取乎。孔曰公叔文子衛大夫公孫拔文謚公明賈對曰。以告者過也。夫子時然後言。人不厭其言。樂然後笑。人不厭其笑。義然後取。人不厭其取。子曰。其然。豈其然乎。馬曰美其得道嫌不能悉然【疏】子問至然乎○正義曰此章言衛大夫公孫拔之德行也子問公叔文子於公明賈曰信乎夫子不言不笑不取乎者夫子指文子也孔子舊聞文子有此三行疑而未信故問於公明賈曰信實乎公明賈對曰以告者過也者過誤也賈對孔子言以告者誤云不言不笑不取耳夫子時然後言人不厭其言樂然後笑人不厭其笑義然後取人不厭其取者賈言文子亦有言笑及取但中時然後言無遊言也故人不厭棄其言可樂而後笑不苟笑也故人不厭惡其笑也見得思義合宜然後取之不貪取也故人不厭倦其取也子曰其然豈其然乎者然如此也孔子聞賈之言驚而美之也美其得道故曰其如是又嫌不能悉然故曰豈可盡能如此者乎○注孔曰公叔文子衛大夫公孫拔○正義曰案世本云獻公生成子當當生文子拔拔生朱爲公叔氏謚法慈惠愛民曰文

子曰。臧武仲以防求爲後於魯。雖曰不要君。吾不信也。孔曰防武仲故邑爲後立後也魯襄公二十三年武仲爲孟氏所譖出奔邾自邾如防使爲以大蔡納請曰紇非能害也知不足也非敢私請苟守先祀無廢二勳敢不辟邑乃立臧爲紇致防而奔齊此所謂要君【疏】子曰臧武仲以防求爲後於魯雖曰不要君吾不信也○正義曰此章論臧孫紇要君之事防武仲故邑爲後猶立後也武仲據防邑求立後於魯他人雖曰武仲不是要君吾不信也言實是要君○注孔曰至要君○正義曰云魯襄公二十三年武仲爲孟氏所譖出奔邾者此及下至致防而奔齊皆左氏傳文也案彼傳云季武子無適子公彌長而愛悼子欲立之訪於臧紇紇爲立之公彌卽公鉏也孟孫惡臧孫季孫愛之孟氏之御騶豐點好羯也孟莊子疾豐點謂公鉏苟立羯請讎臧氏孟孫卒遂立羯孟氏閉門告於季孫曰臧氏將爲亂不使我葬季孫不信臧孫聞之戒冬十月孟氏將辟藉除於臧氏臧孫使正夫助之除於東門甲從己而視之孟氏又告季孫季孫怒命攻臧氏乙亥臧紇斬鹿門之關以出奔邾是也云自邾如防使爲以大蔡納請者傳又曰初臧宣叔娶于鑄生賈及爲而死繼室以其姪穆姜之姨子也生紇長於公宮姜氏愛之故立之臧賈臧爲出在鑄臧武仲自邾使告臧賈且致大蔡焉曰紇不佞失守宗祧敢告不弔紇之罪不及不祀子以大蔡納請其可賈曰是家之禍也非子之過也賈聞命矣再拜受龜使爲以納請遂自爲也臧孫如防使來告是也杜預曰大蔡大龜云紇非敢害也知不足也者此下皆彼傳文言使甲從己但慮事淺耳云非敢私請者言爲其先人請也云苟守先祀無廢二勳者二勳文仲宣叔云敢不辟邑乃立臧爲紇致防而奔齊此所謂要君者據邑請後故孔子以爲要君

子曰。晉文公譎而不正。鄭曰譎者詐也謂召天子而使諸侯朝之仲尼曰以臣召君不可以訓故書曰天王狩於河陽是譎而不正也齊桓公正而不譎。馬曰伐楚以公義責苞茅之貢不入問昭王南征不還是正而不譎也【疏】子曰晉文公譎而不正齊桓公正而不譎○正義曰此章論二霸之事也譎詐也謂晉文公召天子而使諸侯朝之是詐而不正也齊桓公伐楚實因侵蔡而遂伐楚乃以公義責苞茅之貢不入問昭王南征不還是正而不詐也○注鄭曰至不正○正義曰云謂召天子而使諸侯朝之者案左傳僖二十八年冬會于溫是會也晉侯召王以諸侯見且使王狩是也云仲尼曰以臣召君不可以訓故書曰天王狩于河陽是亦彼傳文也云是爲譎而不正也者晉侯本意欲大合諸侯之師共尊事天子以爲臣之名義實將無覬覦之心但於時周室既衰天子微弱忽然帥九國之師將數千萬衆入京師以臨天子似有篡奪之說恐爲天子拒逆或復天子怖懼棄位出奔則諸侯心實盡誠無辭可解故自嫌彊大不敢朝王故召諸侯來會于溫溫去京師路近因加諭令王就會受朝天子諸侯不可以受朝爲辭故令假稱出狩諸侯因會遇王遂共朝王得盡君臣之禮皆孔子所謂譎而不正之事聖人作法所以貽訓後世以臣召君不可以爲教訓故改正舊史舊史當依實而書言晉侯召王且使王狩仲尼書曰天王狩于河陽言天王自來狩獵于河陽之地使若獵失其地故書之以譏王然注馬曰至譎也○正義曰云伐楚以公義責苞茅之貢不入問昭王南征不還者案左傳僖四年春齊侯以諸侯之師侵蔡蔡潰遂伐楚楚子使與師言曰君處北海寡人處南海唯是風馬牛不相及也不虞君之涉吾地也何故管仲對曰昔召康公命我先君大公曰五侯九伯汝實征之以夾輔周室賜我先君履東至于海西至于河南至于穆陵北至于無棣爾貢苞茅不入王祭不共無以縮酒寡人是徵昭王南征而不復寡人是問是也杜注云包裹束也茅菁茅也束而灌之以酒爲縮酒尚書包匭菁茅茅之爲異未審昭王成王之孫南巡狩涉漢船壞而溺周人諱而不赴諸侯不知其故故問之案禹貢荊州包匭菁茅孔安國云其所包裹而致者匭匣也菁以爲菹茅以縮酒郊特牲云縮酌用茅鄭玄云泲之以茅縮去滓也周禮甸師祭祀共蕭茅鄭興云蕭字或爲莤莤讀爲縮縮束茅立之祭前沃酒其上酒滲下去若神飲之故謂之縮縮滲也故齊桓公責楚不貢苞茅王祭不共無以縮酒杜預用鄭興之說孔安國以菁與茅別杜云茅菁茅則以菁茅爲一特令荊州貢茅必當異於餘處但更無傳說故云茅之爲異未審也沈氏云大史公封禪書云江淮之間一茅三脊杜云未審者以三脊之茅比目之魚比翼之鳥皆是靈物不可常貢故杜云未審也舊說皆言漢濱之人以膠膠船故得水而壞昭王溺焉不知本出何書

子路曰。桓公殺公子糾。召忽死之。管仲不死。曰。未仁乎。孔曰齊襄公立無常鮑叔牙曰君使民慢亂將作矣奉公子小白出奔莒襄公從弟公孫無知殺襄公管夷吾召忽奉公子糾出奔魯齊人殺無知魯伐齊納子糾小白自莒先入是爲桓公乃殺子糾召忽死之子曰。桓公九合諸侯。不以兵車。管仲之力也。如其仁。如其仁。孔曰誰如管仲之仁【疏】子路至其仁○正義曰此章論齊大夫管仲之行也子路曰桓公殺公子糾召忽死之管仲不死曰未仁乎者召忽管仲皆事子糾及桓公殺公子糾召忽致死而管仲獨不死復臣桓公故子路言管仲未得爲仁乎子曰桓公九合諸侯不以兵車管仲之力也如其仁如其仁者孔子聞子路言管仲未仁故爲說其行仁之事言齊桓公九會諸侯不以兵車謂衣裳之會也存亡繼絕諸夏乂安皆管仲之力也足得爲仁餘更有誰如其管仲之仁再言之者所以拒子路美管仲之深也言九合者史記云兵車之會三乘車之會六穀梁傳云衣裳之會十有一范甯注云十三年會北杏十四年會鄄十五年又會鄄十六年會幽二十七年又會幽僖元年會檉二年會貫三年會陽穀五年會首戴七年會甯毋九年會葵丘凡十一會不取北杏及陽穀爲九也注孔曰至死之○正義曰云襄公立無常至出奔莒皆莊八年左傳文也杜注云政令無常鮑叔牙小白傅小白僖公庶子云襄公從弟公孫無知殺襄公者春秋莊八年冬十有一月癸未齊無知弒其君諸兒是也云管夷吾召忽奉公子糾出奔魯者亦莊八年左傳文云齊人殺無知魯伐齊納子糾者莊九年經文也云小白自莒先入是爲桓公者九年傳文也云殺子糾召忽死之者案莊九年傳云夏公伐齊納子糾桓公自莒先入秋師及齊師戰于乾時我師敗績鮑叔帥師來言曰子糾親也請君討之管召讎也請受而甘心焉乃殺子糾于生竇召忽死之管仲請囚鮑叔受之及堂阜而脫之歸而以告曰管夷吾治於高傒使相可也公從之是也

子

貢曰。管仲非仁者與。桓公殺公子糾。不能死。又相之。子曰。管仲相桓公。霸諸侯。一匡天下。馬曰匡正也天子微弱桓公帥諸侯以尊周室一正天下民到于今受其賜。受其賜者爲不被髮左衽之惠微管仲。吾其被髮左衽矣。馬曰微無也無管仲則君不君臣不臣皆爲夷狄豈若匹夫匹婦之爲諒也。自經於溝瀆而莫之知也。王曰經經死於溝瀆中也管仲召忽之於公子糾君臣之義未正成故死之未足深嘉不死未足多非死事既難亦在於過厚故仲尼但美管仲之功亦不言召忽不當死

疏子貢至知也○正義曰此章亦論管仲之仁也子貢曰管仲非仁者與者子貢言齊大夫管仲不仁疑而未定故云與桓公殺公子糾不能死又相之者子貢既言非仁遂言非仁之事管仲與召忽同事公子糾則有君臣之義理當授命致死而齊桓公使魯殺公子糾召忽則死管仲不能致死復爲桓公之相是無仁心於子糾故子貢非之也子曰管仲相桓公霸諸侯一匡天下者此下孔子爲子貢說管仲之仁也匡正也霸把也諸侯把天子之政也言時周天子微弱管仲相桓公帥諸侯以尊周室一匡天下也民到於今受其賜者謂受不被髮左衽之惠賜也微管仲吾其被髮左衽矣者微無也衽謂衣衿衣衿向左謂之左衽夷狄之人被髮左衽言無管仲則君不君臣不臣中國皆爲夷狄故云吾其被髮左衽也豈若匹夫匹婦之爲諒也自經於溝瀆而莫之知也者自經謂經死於溝瀆中也諒信也匹夫匹婦謂庶人也無別妾媵唯夫婦相匹而已言管仲志在立功創業豈肯若庶人之爲小信自經死於溝瀆中而使人莫知其名也且管仲召忽之於公子糾君臣之義未正成故召忽死之未足深嘉管仲不死未足多非死事既難亦在於過厚故仲尼但美管仲之功亦不言召忽不當死○注馬曰至天下○正義曰云匡正也釋言文云天子微弱桓公帥諸侯以尊周室一正天下者成二年左傳云五伯之霸也杜預云夏伯昆吾商伯大彭豕韋周伯齊桓晉文是三代有五伯矣伯者長也言爲諸侯之長也鄭玄云天子衰諸侯興故曰霸霸者把也言把持王者之政教故其字或作伯或作霸也是天子微弱桓公帥諸侯以尊周室一正天下故曰霸諸侯也

公叔文子之臣大夫僎。與文子同升諸公。孔曰大夫僎本文子家臣薦之使與己並爲大夫同升在公朝子聞之曰。可以爲文矣。孔曰言行如是可謚爲文

疏公叔至文矣○正義曰此章論衛大夫公孫拔之行也公叔文子之臣大夫僎與文子同升諸公者諸於也大夫僎本文子家臣文子薦之使與己並爲大夫同升在於公朝也子聞之曰可以爲文矣者孔子聞其行如是故稱之曰可以謚爲文矣以謚法錫民爵位曰文故也

子言衛靈公之無道也。康子曰。夫如是。奚而不喪。孔子曰。仲叔圉治賓客。祝鮀治宗廟。王孫賈治軍旅。夫如是。奚其喪。孔曰言雖無道所任者各當其才何爲當亡

疏子言至其喪○正義曰此章言治國在於任材也○子言衛靈公之無道也康子曰夫如是奚而不喪者喪亡也奚何也夫子因言衛靈公之無道季康子乃問之曰夫靈公無道如是何爲而國不亡乎孔子曰仲叔圉治賓客祝鮀治宗廟王孫賈治軍旅夫如是奚其喪者言君雖無道有此三人所任者各當其才何爲當亡

子曰。其言之不怍。則爲之也難。馬曰怍慙也內有其實則言之不慙積其實者爲之難

疏子曰其言之不怍則爲之也難○正義曰此章疾時人內無其實而辭多慙怍怍慙也人若內有其實則其言之不慙然則內積其實者爲之也甚難

陳成子弒簡公。孔子沐浴而朝。告於哀公曰。陳恒弒其君。請討之。馬曰成子齊大夫陳恒也將告君故先齋齋必沐浴公曰。告夫三子。孔曰謂三卿也孔子曰。以吾從大夫之後。不敢不告也。君曰告夫三子者。馬曰我禮當告君不當告三子君使我往故復往之三子告。不可。孔子曰。以吾從大夫之後。不敢不告也。馬曰孔子由君命之三子告不可故復以此辭語之而止

疏陳成至告也○正義曰此章記孔子惡無道之事也陳成子弒簡公者春秋哀十四年齊人弒其君壬是也孔子沐浴而朝告於哀公曰陳恒弒其君請討之者孔子在魯聞齊弒其君故齋戒沐浴而朝告於魯君哀公曰齊大夫陳恒弒其君請往討伐之公曰告夫三子者哀公使孔子告夫季孫孟孫叔孫三卿也孔子曰以吾從大夫之後不敢不告也者嘗爲大夫而去故云從大夫之後聞夫不義禮當告君故云不敢不告君曰告夫三子者言我禮當告君不當告三子君使我往故復往也之三子告不可者之往也往三子所告之三子不肯討齊也孔子曰以吾從大夫之後不敢不告也者孔子以君命往告三子三子不可其請故孔子復以此辭語之而止案左傳錄此事與此小異此云沐浴而朝彼云齊而請此云公曰告夫三子彼云公曰告季孫禮齋必沐浴三子季孫爲長各記其一故不同耳此又云之三子告彼無文者傳是史官所錄記其與君言耳退後別告三子唯弟子知之史官不見其告故事無文也

子路問事君。子曰。勿欺也。而犯之。孔曰事君之道義不可欺當能犯顏諫爭

疏子路問事君子曰勿欺也而犯之○正義曰此章言事君之道義不可欺而當能犯顏諫爭之

子曰。君子上達。小人下達。本爲上末爲下

疏子曰君子上達小人下達○正義曰此章言君子小人所曉達不同也本爲上謂德義也末爲下謂財利也言君子達於德義小人達於財利

子曰。古之學者爲己。今之學者爲人。孔曰爲己履而行之爲人徒能言之

疏子曰古之學者爲己今之學者爲人○正義曰此章言古今學者不同也古人之學則履而行之是爲己也今人之學空能爲人言說之己不能行是爲人也范甯云爲人者馮譽以顯物爲己者因心以會道也

蘧伯玉使人於孔子。孔子與之坐而問焉。孔曰伯玉衛大夫蘧瑗曰。夫子何爲。對曰。夫子欲寡其過而未能也。言夫子欲寡其過而未能無過使者出。子曰。使乎使乎。陳曰再言使乎者善之也言使得其人

疏蘧伯至使乎○正義曰此章論衛大夫蘧瑗之德蘧伯玉使人於孔子孔子與之坐而問焉曰夫子何爲者夫子指蘧伯玉也蘧伯玉有君子之名故孔子問其使人曰夫子何所云爲而得此君子之名譽乎對曰夫子欲寡其過而未能也者言夫子常自脩省欲寡少其過而未能無過也使者出子曰使乎使乎者孔子善其使得其人故言使乎使乎所以善之者顏回尚未能無過況伯玉乎而使者云未能是伯玉之心不見欺也

子曰。不在其位。不謀其政。曾子曰。君子思不出其位。孔曰不越其職

疏子曰不在其位不謀其政曾子曰君子思不出其位○正義曰此章戒人之僭濫侵官也言若已不在此位則不得謀議此位之政事也曾子遂曰君子思謀當不出已位言思慮所及不越其職

子曰。君子恥其言而過其行。

疏子曰君子恥其言而過其行○正義曰此章勉人使言行相副也君子言行相顧若言過其行謂有言而行不副君子所恥也

子曰。君子道者三。我無能焉。仁者不憂。知者不惑。勇者不懼。子貢曰。夫子自道也。

疏子曰至道也○正義曰此章論君子之道子曰君子道者三我無能焉者言君子之道有三我皆不能也仁者不憂知者不惑勇者不懼者此其三也仁者樂天知命內省不疚故不憂也知者明於事故不惑勇者折衝禦侮故不懼夫子言我皆不能此三者子貢曰夫子自道也者子貢言夫子實有仁知及勇而謙稱我無故曰夫子自道說也所謂謙尊而光

子貢方人。孔曰比方人也子曰。賜也賢乎哉。夫我則不暇。孔曰不暇比方人也

疏子貢至不暇○正義曰此章抑子貢也子貢方人者謂比方人也子貢多言嘗舉其人倫以相比方子曰賜也賢乎哉夫我則不暇者夫知人則哲堯舜猶病而子貢輙比方人怒其輕易故曰賜也賢乎哉所以抑之也夫我則不暇比方人也

子曰。不患人之不已知。患其不能也。王曰徒患己之無能

疏子曰不患人之不己知患其不能也○正義曰此章勉人脩德也言不患人不知己但患己之無能

子曰。不逆詐。不億不信。抑亦先覺者。是賢乎。孔曰先覺人情者是寧能爲賢乎或時反怨人

疏子曰不逆詐不億不信抑亦先覺者是賢乎○正義曰此章戒人不可逆料人之詐不可億度人之不信也抑語辭也言先覺人者是□□□□□□□□□□所以非賢者以詐僞不信之人爲之億度□□□□□□人故先覺者非爲賢也

微生畝謂孔子曰。丘何爲是栖栖者與。無乃爲佞乎。包曰微生姓畝名孔子曰。非敢爲佞也。疾固也。包曰疾世固陋欲行道以化之

疏微生至疾固也○正義曰此章記孔子疾世之事也微生畝謂孔子曰丘何爲是栖栖者與無乃爲佞乎者栖栖猶皇皇也微生畝隱士之姓名也以言謂孔子曰丘呼孔子名也何爲如是東西南北而栖栖皇皇者與無乃爲佞說之事於世乎孔子曰非敢爲佞也疾固也者孔子荅言不敢爲佞但疾世固陋欲行道以化之

子曰。驥不稱其力。稱其德也。鄭曰德者調良之謂

疏子曰驥不稱其力稱其德也○正義曰此章疾時尚力取勝而不重德驥是古之善馬名人不稱其任重致遠之力但稱其調良之德也馬尚

如是人亦宜然。或曰：「以德報怨，何如？」子曰：「何以報德？德，恩惠之德。以直報怨，以德報德。」

【疏】「或曰」至「報德」。○正義曰：此章論酬恩報怨之法也。或曰以德報怨何如者，或人之意欲人犯而不校，故問孔子曰：以恩德報讎怨何如？子曰何以報德者，孔子答言，若以恩德報讎怨，既用其德，則受人恩德者何以報之？以直報怨以德報德者，既不許或人以德報怨，故陳其正法，言當以直道報讎怨，以恩德報德也。○注「德，恩惠之德」。○正義曰：謂荷其恩惠故謂荷恩爲德。左傳云「然則德我乎」，又曰「王德狄人」，皆是也。

子曰：「莫我知也夫！」子貢曰：「何爲其莫知子也？」子貢怪夫子言何爲莫知己，故問。子曰：「不怨天，不尤人。馬曰：孔子不用於世，而不怨天，人不知己，亦不尤人。下學而上達。孔曰：下學人事，上知天命。知我者其天乎！」聖人與天地合其德，故曰唯天知己。

【疏】「子曰」至「天乎」。○正義曰：此章孔子言無人知我志者也。子曰莫我知也夫者，夫，語辭。孔子言無人知我也。子貢曰何爲其莫知子也者，子貢怪夫子之言，何爲其莫知子，故問之也。子曰不怨天不尤人者，孔子自明其志也。言己不用於世，而不怨天；人不知己，亦不尤人。下學而上達者，言己下學人事，上知天命，時有否泰，故用之則行，舍之則藏，是以不怨天尤人也。知我者其天乎者，聖人與天地合其德，故唯天知己也。○注「聖人」至「知己」。○正義曰：此易乾卦文言文也。合其德者，謂覆載也。引之者，以證天知夫子者，以夫子聖人與天地合德故也。

公伯寮愬子路於季孫。馬曰：愬，譖也。伯寮，魯人，弟子也。子服景伯以告，孔曰：魯大夫子服何忌也。告，告孔子。曰：「夫子固有惑志，孔曰：季孫信讒，恚子路。於公伯寮，吾力猶能肆諸市朝。」鄭曰：吾勢力猶能辨子路之無罪於季孫，使之誅寮而肆之。有罪既刑，陳其尸曰肆。子曰：「道之將行也與，命也。道之將廢也與，命也。公伯寮其如命何！」

【疏】「公伯」至「命何」。○正義曰：此章言道之廢行皆由天命也。公伯寮愬子路於季孫者，愬，譖也。伯寮，魯人，孔子弟子也。子路時仕季氏，伯寮譖子路於季孫也。子服景伯以告者，子服景伯，魯大夫子服何忌也，以伯寮譖愬之事告孔子也。曰夫子固有惑志於公伯寮吾力猶能肆諸市朝者，此景伯所告之辭也。夫子謂季孫也。言季孫信伯寮之讒，固有疑惑之志。景伯又言吾勢力猶能辨子路之無罪於季孫，使季孫誅伯寮而肆之於市朝也。子曰道之將行也與命也道之將廢也與命也公伯寮其如命何者，孔子不許其告，故言道之廢行皆由天命，公伯寮其如命何？○注「馬曰」至「弟子」。○正義曰：史記弟子傳云：公伯寮字子周。○注「孔曰魯大夫子服何忌也」。○正義曰：案左傳哀十三年，吳人將以公見晉侯，子服景伯對使者曰云云，乃止。既而悔之，將囚景伯。景伯曰：何也立後於魯矣。杜注云：景伯，子服何忌也。○注「鄭曰」至「曰肆」。○正義曰：案周禮秋官鄉士職云：協日刑殺，肆之三日。鄭玄云：肆猶申也，陳也。殺其人而陳其尸曰肆也。言市朝者，大夫已上於朝，士已下於市。

子曰：「賢者辟世，孔曰：世主莫得而臣。其次辟地，馬曰：去亂國，適治邦。其次辟色，孔曰：色斯舉矣。其次辟言。」孔曰：有惡言乃去。子曰：「作者七人矣。」包曰：作，爲也。爲之者凡七人，謂長沮、桀溺、丈人、石門、荷蕢、儀封人、楚狂接輿。

【疏】「子曰」至「人矣」。○正義曰：此章言自古隱逸賢者未能高栖絕世，但擇地而處。去亂國，適治邦者也。其次辟色者，不能預擇治亂，但觀君之顏色，若有厭己之色，於斯舉而去之也。其次辟言者，不能觀色斯舉矣，有惡言乃去之也。子曰作者七人矣者，作，爲也。言爲此行者凡七人。○注「包曰」至「接輿」。○正義曰：作，爲，釋言文。云爲之者凡七人，謂長沮、桀溺、丈人、石門、荷蕢、儀封人、楚狂接輿者，長沮一，桀溺二，丈人三，石門晨門四，荷蕢五，儀封人六，楚狂接輿七。鄭康成云：伯夷、叔齊、虞仲辟世者，荷蓧、長沮、桀溺辟地者，柳下惠、少連辟色者，荷蕢、楚狂接輿辟言者也。七當爲十字之誤也。

子路宿於石門。晨門曰：「奚自？」晨門者，閽人也。子路曰：「自孔氏。」曰：「是知其不可而爲之者與？」包曰：言孔子知世不可爲而強爲之。

【疏】「子路」至「者與」。○正義曰：此章記隱者晨門之言也。子路宿於石門者，石門，地名也。晨門曰奚自者，晨門，掌晨昏開閉門者，謂閽人也。奚，何也。自，從也。晨門者問子路曰：汝何從來？子路曰自孔氏者，子路答晨門，言自孔氏處來也。曰是知其不可而爲之者與者，晨門聞子路云從孔氏，未審孔氏爲誰，又舊知孔子之行，故問曰：是知其世不可爲而周流東西，彊爲之者，此孔氏與？意非孔子不能隱遯辟世也。

子擊磬於衛，有荷蕢而過孔氏之門者，曰：「有心哉，擊磬乎！」蕢，草器也。有心，謂契契然。既而曰：「鄙哉，硜硜乎！莫己知也，斯已而已矣。此硜硜者，徒信己而已，言亦無益。深則厲，淺則揭。」包曰：以衣涉水爲厲。揭，揭衣也。言隨世以行己，若過水必以濟，知其不可則當不爲。子曰：「果哉！末之難矣。」未知己志而便譏己，所以爲果。末，無也。無難者，以其不能解己之道。

【疏】「子擊」至「難矣」。○正義曰：此章記隱者荷蕢之言也。子擊磬於衛者，孔子在衛而自擊磬爲聲也。有荷蕢而過孔氏之門者，蕢，草器也。有一荷擔草器之人，經過孔子之門。曰有心哉擊磬乎者，荷蕢之人既聞孔子擊磬之聲，乃言曰：有心哉，此擊磬之聲乎！既而曰鄙哉硜硜乎者，既言有心，又復言曰：可鄙哉！硜硜乎！莫己知也斯已而已矣者，言此硜硜者，徒信己而已，亦無益也。深則厲淺則揭者，此衛風匏有苦葉之詩也。荷蕢者引之，言隨世以行己，若過水，深則當厲，淺則當揭也。子曰果哉末之難矣者，孔子聞荷蕢之譏己，未知己志而便譏己，所以爲果敢。末，無也。無難者，以其不能解己之道也。○注「蕢草器也」至「契契然」。○正義曰：有心謂契契然者，毛傳云：契契，憂苦也。○注「包曰」至「不爲」。○正義曰：以衣涉水爲厲，揭，揭衣也者，爾雅釋水文也。孫炎曰：揭衣，褰裳也。衣涉，濡褌也。

子張曰：「書云：高宗諒陰，三年不言。何謂也？」孔曰：高宗，殷之中興王武丁也。諒，信也。陰，猶默也。子曰：「何必高宗，古之人皆然。君薨，百官總己，馬曰：己，百官。以聽於冢宰三年。」孔曰：冢宰，天官卿佐王治者。三年喪畢，然後王自聽政。

【疏】「子張」至「三年」。○正義曰：此章論天子諸侯居喪之禮也。子張曰書云高宗諒陰三年不言何謂也者，尚書無逸篇文也。子張未達其理，故問於夫子。子曰何必高宗古之人皆然者，孔子答言，何必獨高宗，古之人君皆如是也。君薨百官總己以聽於冢宰三年者，此言古之人皆然之事也。君薨，世子即位，百官各總己職以聽使於冢宰，三年喪畢，然後王自聽政，故三年不言也。○注「孔曰」至「默也」。○正義曰：云高宗殷之中興王武丁也者，盤庚弟小乙，小乙子名武丁，武丁德高可尊，故號高宗。禮記喪服四制云：書曰高宗諒闇，三年不言，善之也。王者莫不行此禮，何以獨善之也？曰：高宗者武丁，武丁者殷之賢王也，繼世即位而慈良於喪，當此之時，殷衰而復興，禮廢而復起，故善之，善之故載之書中而高之，故謂之高宗。云諒信也陰猶默也者，言信任冢宰，默而不言也。鄭玄以爲諒闇謂凶廬也，非孔義，今所不取。○注「孔曰」至「聽政」。○正義曰：云冢宰天官卿佐王治者，周禮天官云：乃立天官冢宰，使帥其屬而掌邦治，以佐王均邦國。鄭注云：冢，大也。宰者，官也。爾雅曰：冢，大也。冢宰，大宰也。云三年喪畢然後王自聽政者，案晉書，泰始十年，元皇后崩，既葬，詔問……杜預以爲古者天子諸侯三年之喪，始同齊斬，既葬除喪服，諒闇以居，心喪終制，不與士庶同禮……盧欽、魏舒問預證據……預曰：春秋晉侯享諸侯，子產相鄭伯，時簡公未葬……周景王有后世子之喪，既葬除喪而宴樂，叔向譏其宴樂已早……天子居喪，齊斬之制……百官總己以聽於冢宰……

子曰：「上好禮，則民易使也。」民莫敢不敬，故易使。

【疏】「子曰」至「使也」。○正義曰：此章言君上好禮，則民莫敢不敬，故易使也。

子路問君子。

子。子曰。脩已以敬。孔曰敬其身曰。如斯而已乎。曰。脩已以安人。孔曰人謂朋友九族曰。如斯而已乎。曰。脩已以安百姓。脩已以安百姓。堯舜其猶病諸。孔曰病猶難也〔疏〕子路問君子至病諸○正義曰此章論君子之道也子路問於孔子爲行何如可謂之君子也子曰脩已以敬者言君子當敬其身也曰如斯而已乎者子路嫌其少故曰君子之道豈如此而已曰脩已以安人者人謂朋友九族孔子更爲廣之言當脩已又以恩惠安於親族也曰如斯而已乎者子路猶嫌其少故又言此曰脩已以安百姓者百姓謂衆人也言當脩已以安天下之衆人也脩已以安百姓堯舜其猶病諸者病猶難也諸之也孔子恐其未已故又說此言此脩已以安百姓之事雖堯舜之聖其猶難之況君子乎

原壤夷俟。馬曰原壤魯人孔子故舊夷踞俟待也踞待孔子子曰。幼而不孫弟。長而無述焉。老而不死是爲賊。賊謂賊害以杖叩其脛。孔曰叩擊也脛脚脛〔疏〕原壤夷俟至其脛○正義曰此章記孔子責原壤之辭原壤魯人孔子故舊夷踞也俟待也原壤聞孔子來乃申兩足箕踞以待孔子也子曰幼而不孫弟長而無述焉老而不死是爲賊者孔子見其無禮故以此言責之孫順也言原壤幼少不順弟於長上及長無德行不稱述今老而不死不脩禮敬則爲賊害以杖叩其脛者叩擊也脛脚脛孔子既數責之復以杖擊其脚脛令不踞也○注馬曰至孔子○正義曰原壤魯人孔子故舊者檀弓云孔子之故人曰原壤是也云夷踞俟待也者說文云踞蹲也蹲卽坐也禮揖人必違其位今原壤坐待孔子故孔子責之也

闕黨童子將命。馬曰闕黨之童子將命者傳賓主之語出入或問之曰。益者與。子曰。吾見其居於位也。童子隅坐無位成人乃有位見其與先生並行也。非求益者也。欲速成者也。包曰先生成人也並行不差在後違禮欲速成人者則非求益也〔疏〕闕黨至者也○正義曰此章戒人當行少長之禮也闕黨童子將命者闕黨黨名童子未冠者之稱將命謂傳賓主之語出入時闕黨之童子能傳賓主之命也或問之曰益者與者或人見其童子能將命故問孔子曰此童子是自求進益之道也與子曰吾見其居於位也見其與先生並行也非求益者也欲速成者也孔子荅或人言此童子非求進益者也乃是欲速成人者也知者禮童子偶坐無位成人乃有位今吾見此童子其居於成人之位禮父之齒隨行兄之齒鴈行今吾見此童子其與先生成人者並行不差在後違謙越禮故知欲速成人者非求益也

論語注疏挍勘記

阮元撰盧宣旬摘錄

憲問第十四

憲問恥章　閩本北監本連下克伐怨欲爲一章與此本同毛本及朱子集注本別爲一章

當食祿　皇本作當食其祿也

君無道而在其朝　釋文出在朝云本今作在其朝

四者行之難　皇本作此四者行之難者又史記弟子傳集解引此節注作鄭曰

左傳僖元年　案元年當作九各本竝誤今正

邦有道章

危行言孫　皇本孫作遜注同釋文出言孫云音遜說見前

有德者必有言章

德不可以億中　皇本億作憶說詳先進篇柴也愚章

南宮适章

南宮适　釋文出宮适云本又作括唐石經避德宗諱适作适

羿善射　說文引羿作𢏚案汗簡載羿之古文爲𢏚云出古尚書𢏚卽𢏚之變體蓋古論則作𢏚也

有窮國之君　皇本無國字君下有也字

稷播百穀　皇本播下有殖字

及后世　閩本北監本毛本后作後案經傳多借后爲後

堯時十日竝生　浦鏜云出誤生

羿焉彈日烏解羽　閩本北監本烏誤鳥非也

因夏民以伐夏政　毛本伐作代伐字誤也今正

淫於失國　閩本北監本同案皆誤也於當作放

夷羿牧之　閩本同明監本毛本牧作收是也

其心澆能戒之　閩本同明監本毛本其心二字并作惎案作惎是也

爲之苞正　閩本同明監本毛本苞作庖案苞字誤也

以牧夏衆　閩本同毛本牧夏作收夏案所改是也北監本夏亦誤夏

反少康紹國　閩本北監本同毛本反作及案及字不誤

武王誅討　〔補〕北監本毛本討作紂案紂字是也

爲命章

裨諶草創之　高麗本裨作卑羣經音辨一艸部卑諶鄭人也引鄭康成曰卑諶艸創之釋文出草創云依說文此是創瘡字創制之字當作刱案後漢書皇后紀下卑整注引風俗通義云卑氏鄭大夫卑諶之後是古本作卑也又漢書古今人表作卑湛湛諶古字通草創乃艸刱二字之假借○按依說文當作煁說詳左傳注疏挍勘記

則使乘車以適野　釋文出乘以云本今作乘車以

行人子羽脩飾之　皇本脩作修案後脩已以敬脩已以安人脩已以安百姓及脩文德脩廢官此章脩飾之竝從彡作修此外如德之不脩脩慝辨惑仍同今本作脩體例不能畫一○案脩訓脯修訓治經傳假脩爲修治字

此章迹鄭國大夫之善也　案迹當作述各本皆誤

公孫揮知四國之爲而辨於大夫之族姓　今左氏襄三十一年傳知上有能字於下有其字

且使多爲辭令　本且誤旦今正

及時聘問之事　閩本北監本毛本間問作會同案會同已見上文依此作間問爲是

或問子產章

猶詩言所謂伊人　皇本此注作鄭元曰

飯疏食　皇本高麗本疏作蔬注同釋文出蔬字云本今作疏

代囊瓦爲令尹　閩本北監本代誤伐毛本代作楚

貧而無怨難章

富而無驕易　考文古本此下有王肅曰貧者善怨富者善驕二者之中貧者人難使不怨也二十三字注各本俱無

孟公綽章

孟公綽　釋文出公綽云本又作繛案說文繛或省作綽又汗簡云繛見古論語是魯論作綽古論作繛也○按據汗簡改非也當云本又作卓

不可以爲滕薛大夫　皇本高麗本夫下有也字

故憂　北監本毛本憂作優案此寫者誤脫人旁也今正

皆晉卿所食菜邑名也　北監本毛本菜作采說見前

子路問成人章

若臧武仲之知　皇本知作智

子問公叔文子於公明賈章

衛大夫公孫枝　皇本枝作拔釋文出公孫拔云皮八反禮記檀弓下公叔文子卒鄭君注文子衛獻公之孫名拔或作發疏引世本亦作拔困學紀聞六云衛公叔發注謂公叔文子論語孔注作公孫拔是王伯厚所見本尚作拔字養新錄云公叔文子朱注作公孫枝王伯厚以爲傳寫之誤予嘗見倪士毅四書輯釋載朱文公論語注公叔文子衛大夫公孫拔也又引吳氏程曰拔皮八反俗本作枝誤卽公叔發乃知今世所行集注本非考亭之舊王厚齋所見亦是誤本據此則集解集注諸本枝字皆形近專寫之譌○案此疏中作技尤誤

人不厭其言　皇本高麗本言下有也字下其笑其取下並同

臧武仲以防章

紇非能害也　皇本能作敢

防於臧紇　北監本毛本防作訪是也閩本亦誤

藉除於臧氏　北監本毛本藉作耤是也閩本亦誤

紇非敢害也　左氏襄二十三年傳敢作能

此下皆彼傳文　案又當作文各本皆不誤今正

苟守先祖　北監本毛本祖作祀祖字誤也今正

晉文公譎而不正章

天王狩於河陽　皇本於作于釋文出狩字云本亦作守

責苞茅之貢不入　皇本北監本毛本苞作包疏同案五經文字云包裹也經典或借苞字爲之

將數千萬眾　浦鏜云十誤千

弃位出奔　北監本毛本弃作棄案棄字是也○今正

因加譎論　浦鏜云諷誤譎

天王狩于河陽　各本狩下衍獵字

責苞茅之貢不及　及當作入今正

不虞君之涉吾地何故　左氏僖四年傳地下有也字

主祭不共　主當作王

舡壞而溺　(補)北監本毛本舡作船下膠舡同

縮滲也　周禮甸師注作浚也

桓公殺公子糾章

殺襄公　釋文出殺襄云本今作弒考文所載足利本作弒與釋文合○按述其實則曰殺正其名則曰弒注述其實也則當作殺

謂衣安之會也　北監本毛本安作裳安字誤

諸夏義安　北監本毛本義作乂案乂字是也閩本亦誤

五年會首戴　北監本毛本戴誤止

小白傳　各本傳竝誤傳

子糾親也　閩本親誤親不成字

管夷吾治於高傒　案傒當作徯今正

管仲非仁者與章

爲不被髮左衽之惠　皇本爲作謂閩本北監本被衽誤祓衽

吾其被髮左衽矣　閩本北監本毛本衽作袵○按說文作衽袵乃衽之俗字

公叔文子之臣大夫僎章

大夫僎　釋文出大夫僎云本又作撰案漢書古今人表又作大夫選古選撰僎三字竝通先進篇子路曾晳章異乎三子者之撰釋文云鄭作僎又漢書食貨志白撰史記平準書本作白選

此章論衛大夫公孫拔之行也　北監本毛本拔誤枝

子言衛靈公之無道也章

子言衛靈公之無道也　皇本高麗本作子曰衛靈公之無道久也釋文出子曰衛靈公之無道云一本作子言鄭本同

名當其才　(補)北監本毛本名作各案名字誤今訂正

其言之不怍章

則爲之也難　皇本作則其爲之難高麗本作則其爲之也難也

作慙也　案作是怍之譌今正

陳成子弒簡公章

陳成子弒簡公　皇本高麗本弒作殺下同釋文出弒簡云本亦作殺同音試下同

成子　本子誤了今訂正皇本成上有陳字

故先齊　閩本北監本毛本齊作齋釋文出先齊云亦作齋是正字

齋必沐浴　案沬當作沐疏誤同皇本齋作齊

告夫三子　唐石經皇本高麗本三上有二字下句同

之三子告　皇本高麗本三上亦有二字釋文出之三子告云本或作二三子告非也案釋文惟於此句云本或作二三子告且云非也皇本高麗本於上兩句竝有二字據皇疏云本不應告三子今君使我告三子又云三子告孔子曰又云三子既告孔子云俱無二字今有二字者甚誤

不敢不告也　皇本無也字

齊人弒其君壬是也　本壬誤王閩本同今正

告夫三子者　閩本北監本毛本脫者字

此云沐浴而朝　本浴誤洛今正

亏告季孫　北監本毛本亏作于

故專無交也　北監本專作傳案傳字是也閩本亦誤

君子上達章

未爲下　北監本毛本未作末是也閩本亦誤

不在其位章　皇本閩本北監本合下曾子曰君子思不出其位爲一章毛本曾子曰提行別爲一章案邢疏云曾子遂曰明出一遂字則毛本別爲一章非是○案孫志祖讀書脞錄云論語憲問篇子曰不在其位不謀其政注疏以此二句與下曾子曰君子思不出其位合爲一章益曾子引易以證夫子之言語意本一貫猶牢曰子云吾不試故藝也集注因泰伯篇有此文注爲重出而以曾子曰自爲一章誤矣

君子恥其言而過其行章

君子恥其言而過其行　皇本高麗本而作之行下有也字○按潛夫論交際篇孔子疾夫言之過其行者亦作之字荅問云邢叔明疏云君子言行相顧若言過其行謂有言而行不副君子所恥也則邢本亦當與皇同今注疏本乃後人依朱文公本校改非邢氏之舊矣

子貢方人章

子貢方人　釋文出方人云鄭本作謗謂言人之過惡案方與旁通謗字從旁古或與方通借故鄭本作謗讀書脞錄云讀左傳襄十四年庶人謗正義云謗謂言其過失使在上聞之而自改亦是諫之類也昭四年傳鄭人謗子產國語厲王虐國人謗王皆是言其實事謂之爲謗但傳聞之事有實有虛或有妄謗人者今世遂以謗爲誣類是俗易而意異也始悟子貢謗人之義如此

賜也賢乎哉夫我則不暇　皇本作賜也賢乎我夫哉我則不暇高麗本作賜也賢乎我夫我則不暇○按皇本高麗本皆非也

而子貢輔比方人　(補)北監本毛本輔作務案務字是也

不逆詐章

或時反怨人　皇本人下有也字釋文出反怨云本或作宛

言先覺人者是　者是下九字模糊下接所以非賢者閩本是作具下十字實闕北監本毛本亦作具下十字空闕

不信之人爲之億度　度下五字模糊下接人故先覺者閩本之人下十字實闕北監本毛本十字空闕

微生畝謂孔子曰章

微生畝　唐石經畝作畒皇本北監本作畆閩本作畂案五經文字云畞畒上說文下經典相承隸省

丘何爲是栖栖者與　釋文出丘何云或作丘何爲鄭作丘何是本今作丘何爲是

孔子曰非敢爲佞也　皇本高麗本曰上有對字

包曰疾世固陋　閩本北監本毛本疾作病又北監本包誤色案邢疏各本並作疾疾字不誤

驥不稱其力章

馬尙如定　北監本毛本定作是案定是形近之譌

或曰以德報怨章

何以報德　本德誤之今改正

公伯寮愬子路於季孫章

公伯寮愬子路於季孫　說文引作公伯寮案作寮俗省也

愬讚也　北監本毛本讚作譖案讚字誤也

於公伯寮　皇本高麗本寮下有也字

案左傳哀十二年　按十二乃十三之誤

秋官卿士職云協日刑殺　案卿當作鄉各本皆誤閩本日誤曰

賢者辟世章　各本並合下子曰作者七人矣爲一章朱子集注本別爲一章

賢者辟世　皇本高麗本辟作避是正字下皆同

世主莫得而臣　皇本作世主莫得而臣之也

荷蕢　釋文出荷蕢本又作何音同宋漢書古今人表正作何蕢○按何荷正俗字

子路宿於石門章

子路宿於石門晨門曰　皇本高麗本重石門二字注爲之下有也字

閽人也　釋文出閽人云本或作昏同案周禮天官序官閽人注閽人司昏晨以啓閉者故字亦可省作昏

爲門人所問　〔補〕北監本毛本門人作閽人案門字誤也

子擊磬於衞章

有荷蕢而過孔氏之門者　皇本高麗本氏作子○按說文引蕢作臾據古文論語也

鄙哉硜硜乎　說文硜古文磬九經古義云何晏注云此硜硜者謂此磬聲也史記載樂記云石聲硜硜卽磬字今禮記作磬○按硜本古文磬字段玉裁云後以硜爲堅確之意是所謂古今字

莫已知也斯已而已矣　各本上兩已字並誤作已案養新錄云今人讀斯已而已兩已字皆如以考唐石經莫己斯己皆作人己之己而已作已止之已釋文莫己音紀下斯己同與石經正合集解此硜硜者徒信己而已皇疏申之云言孔子硜硜不宜隨世變唯自信己而已矣是唐以前論語斯已字皆不作止解由於經文作己不作已也已與已絕非一字宋儒誤讀斯已爲以未免改經文以就已說矣

契憂苦也　今小雅大東傳作契契

衣涉濡褌也　案褌當作禈褌字誤也閩本北監本作揮亦誤

子張曰書云章

山預曰冢　〔補〕北監本毛本預作項案項字是也

始服齊斬　今晉書禮志中服作同

此皆既葬除服諒陰之證也　晉志陰作闇下同

書傳之說既多　晉志作先儒舊說往往亦見

預又作議曰　閩本北監本毛本又誤亦

既葬除喪而宴樂　毛本喪作服晉志同

比亦天子喪事　〔補〕北監本比作此案比字誤

不言喪服三年　晉志作服喪

而譏其宴樂早則既葬應除　晉志早上有已字則作明是也

堯崩　晉志崩作喪

寢苦枕由　案苦當作苫由當作凷皆形近之譌

拊祭於廟　案拊當作祔拊字非也閩本作袝亦誤

原壤夷俟章

幼而不孫弟　皇本孫弟作遜悌說見前

長而無述焉　釋文出長無云丁丈反是陸氏所據本無而字

是爲賊　皇本賊下有也字

不脩禮敬　北監本毛本敬作教案教字是也

闕黨童子章

闕黨童子將命　皇本高麗本命下有矣字

今吾見此童子　本今誤令○今正

論語注疏解經卷第十五

衞靈公第十五　何晏集解　邢昺疏

〔疏〕正義曰此章記孔子先禮後兵去亂就治并明忠信仁知勸學爲邦無所毁譽必察好惡志士君子之道事君相師之儀皆有恥且格之事故次前篇也

衞靈公問陳於孔子。孔曰軍陳行列之法　孔子對曰。俎豆之事。則嘗聞之矣。孔曰俎豆禮器　軍旅之事。未之學也。鄭曰萬二千五百人爲軍五百人爲旅軍旅末事本未立不可教以末事　〔疏〕衞靈至學也○正義曰此章記孔子先禮後兵之事也衞靈公問陳於孔子者問軍陳行列之法於孔子也孔子對曰俎豆之事則嘗聞之矣軍旅之事未之學也者俎豆禮器萬二千五百人爲軍五百人爲旅孔子之意治國以禮義爲本軍旅爲末本未立則不可教以末事今靈公但問軍陳故對曰俎豆行禮之事則嘗聞之軍旅用兵之事未之學也左傳哀十一年孔文子之將攻大叔也訪於仲尼仲尼曰胡簋之事則嘗學之矣甲兵之事未之聞也其意亦與此同軍旅甲兵亦治國之具也彼以文子非禮欲國內用兵此以靈公空問軍陳故並不荅非輕甲兵也○注俎豆禮器○正義曰案明堂位云俎有虞氏以梡夏后氏以嶡殷以椇周以房俎鄭注云梡斷木爲四足而已嶡之言蹷也謂中足爲橫距之象周禮謂之距椇之言枳椇也謂曲橈之也房謂足下跗也上下兩間有似於堂房魯頌曰籩豆大房又曰夏后氏以楬豆殷玉豆周獻豆鄭注云楬無異物之飾也獻疏刻之齊人謂無髮爲禿楬其委曲制度備在禮圖○注鄭曰萬二千五百人爲軍五百人爲旅○正義曰皆司馬序官文也

明日遂行。在陳絕糧。從者病。莫能興。孔曰從者弟子興起也孔子去衞如曹曹不容又之宋宋遭匡人之難又之陳會吳伐陳陳亂故乏食　子路慍見曰。君子亦有窮乎。子曰。君子固窮。小人窮斯濫矣。濫溢也君子固亦有窮時但不如小人窮則濫溢爲非　〔疏〕明日至濫矣○正義曰此章記孔子阨於陳也明日遂行者既荅靈公之明日也遂去衞國而之於他邦也在陳絕糧從者病莫能興者從者弟子也興起也孔子適在陳會吳伐陳陳亂故乏絕糧食弟子從者困病莫能興起也子路慍見曰君子亦有窮乎者慍怒也子路以爲君子學則祿在其中不當有窮困今乃窮困故慍怒而見問於夫子曰君子豈亦如常人有窮困邪子曰君子固窮小人窮斯濫矣者濫溢也言君子固亦有窮困時但不如小人窮則濫溢爲非○注孔曰至乏食○正義曰云孔子去衞如曹曹不容又之宋宋遭匡人之難又之陳會吳伐陳者皆以孔子世家文而知也如之皆訓往

子曰。賜也。女以予爲多學而識之者與。對曰。然。孔曰然謂多學而識之　非與。孔曰問今不然　曰。非也。予一以貫之。善有元事有會天下殊塗而同歸百慮而一致知其元則衆善舉矣故不待多學而一知之　〔疏〕子曰至貫之○正義曰此章言善道有統也子曰賜也女以予爲多學而識之者與者孔子問子貢女意以我爲多其學問記識之者與與語辭對曰然者子貢意以爲然是夫子多學而識之也

非與者子貢又言今乃非多學而識之者與曰非也予一以貫之者孔子荅言己之善道非多學而識之也我但用一理以通貫之以其善有元事有會知其元則衆善舉矣故不待多學一以知之○注天下殊塗而同歸百慮而一致○正義曰周易下繫辭文也

子曰。由知德者鮮矣。王曰君子固窮而子路愠見故謂之少於知德〔疏〕子曰由知德者鮮矣○正義曰此一章言子路鮮於知德鮮少也由子路名言君子固窮而子路愠見故謂之少於知德也

子曰。無爲而治者。其舜也與。夫何爲哉。恭己正南面而已矣。言任官得其人故無爲而治〔疏〕子曰無爲而治者其舜也與夫何爲哉恭己正南面而已矣○正義曰此一章美帝舜也帝王之道貴在無爲清靜而民化之然後之王者以罕能及故孔子曰無爲而治者其舜也與所以無爲者以其任官得人夫舜何必有爲哉但恭敬己身正南面嚮明而已○注言任官得其人故無爲而治○正義曰案舜典命禹宅百揆棄后稷契作司徒皋陶作士垂共工益作朕虞伯夷作秩宗夔典樂教胄子龍作納言并四岳十二牧凡二十二人皆得其人故舜無爲而治也

子張問行。子曰。言忠信。行篤敬。雖蠻貊之邦行矣。言不忠信。行不篤敬。雖州里行乎哉。鄭曰萬二千五百家爲州五家爲鄰五鄰爲里行乎哉言不可行立則見其參於前也。在輿則見其倚於衡也。夫然後行。包曰衡軛也言思念忠信立則常想見參然在目前在輿則若倚車軛子張書諸紳。孔曰紳大帶〔疏〕子張至諸紳○正義曰此一章言可常行之行也子張問行者問於夫子何如則可常行子曰言忠信行篤敬雖蠻貊之邦行矣言不忠信行不篤敬雖州里行乎哉者孔子荅言必當言盡忠誠不欺於物行唯敦厚而常謹敬則雖蠻貊遠國其道行矣反此雖州里近處而行乎哉言不可行也立則見其參於前也在輿則見其倚於衡也夫然後行者輿是車輿也衡軛也言常思念忠信篤敬立則想見參然在目前在輿則若倚車軛夫能如是而後可行子張書諸紳者紳大帶也子張以孔子之言書之紳帶意其佩服無忽忘也○注鄭曰至爲里○正義曰周禮大司徒職云五家爲比五比爲閭四閭爲族五族爲黨五黨爲州是二千五百家爲州也今云萬二千五百家爲州誤也云五家爲鄰五鄰爲里遂人職文也○注紳大帶○正義曰以帶束腰垂其餘以爲飾謂之紳玉藻說帶云大夫大帶是一名大帶也玉藻稱天子素帶朱裏終辟諸侯素帶不朱裏而終辟大夫素帶辟垂士練帶率下辟居士錦帶弟子縞帶并紐約用組三寸長齊於帶紳長制士三尺有司二尺有五寸子游曰參分帶下紳居二焉紳韠結三齊大夫大帶四寸雜帶君朱綠大夫玄華士緇辟二寸再繚四寸凡帶有率無箴功此紳帶之制也

子曰。直哉史魚。孔曰衛大夫史鰌邦有道如矢。邦無道如矢。孔曰有道無道行直如矢言不曲君子哉蘧伯玉。邦有道則仕。邦無道則可卷而懷之。包曰卷而懷謂不與時政柔順不忤於人〔疏〕子曰至懷之○正義曰此章美衛大夫史鰌蘧瑗之行也直哉史魚者美史魚之行正直也邦有道如矢邦無道如矢者此其直之行也矢箭也史鰌之德其性惟直國之有道無道行直如箭言不隨世變曲也君子哉蘧伯玉者美伯玉有君子之德也邦有道則仕邦無道則可卷而懷之者此其君子之行也國若有道則肆其聰明而在仕也國若無道則韜光晦知不與時政亦常柔順不忤逆校人是以謂之君子也

子曰。可與言而不與言。失人。不可與言而與之言。失言。知者不失人。亦不失言。〔疏〕子曰可與言而不與言失人不可與言而與之言失言知者不失人亦不失言○正義曰此章戒其知人也若中人以上可以語上是可與言而不與言是失於彼人也若中人以下不可以語上而已與之言則失於己言也惟知者明於事二者俱不失

子曰。志士仁人。無求生以害仁。有殺身以成仁。孔曰無求生以害仁死而後成仁則志士仁人不愛其身也〔疏〕子曰志士仁人無求生以害仁有殺身以成仁○正義曰此章言志善之士仁愛之人無求生而害仁若身死而後成仁則志士仁人不愛其身有殺其身以成其仁者也若伯夷叔齊及比干是也

子貢問爲仁。子曰。工欲善其事。必先利其器。居是邦也。事其大夫之賢者。友其士之仁者。孔曰言工以利器爲用人以賢友爲助〔疏〕子貢至仁者○正義曰此章明爲仁之法也子貢問爲仁者子貢欲爲仁未知其法故問之子曰工欲善其事必先利其器者將荅爲仁先爲設譬也若百工欲善其所爲之事當先脩利所用之器居是邦也事其大夫之賢者友其士之仁者此荅譬也言工以利器爲用人以賢友爲助大夫尊故言事士卑故言友大夫言賢士言仁互文也

顏淵問爲邦。子曰。行夏之時。據見萬物之生以爲四時之始取其易知乘殷之輅。馬曰殷車曰大輅左傳曰大輅越席昭其儉也服周之冕。包曰冕禮冠周之禮文而備取其黈纊塞耳不任視聽樂則韶舞。韶舜樂也盡善盡美故取之放鄭聲。遠佞人。鄭聲淫。佞人殆。孔曰鄭聲佞人亦俱能惑人心與雅樂賢人同而使人淫亂危殆故當放遠之〔疏〕顏淵至人殆○正義曰此章言治國之法也顏淵問爲邦者爲猶之治問治國之禮法於孔子也子曰行夏之時者此下孔子荅以爲邦所行用之禮樂車服也夏之時謂以建寅之月爲正也據見萬物之生以爲四時之始取其易知故使行之乘殷之輅者殷車曰大輅謂木輅也取其儉素故使乘之服周之冕者冕禮冠也周之禮文而備取其黈纊塞耳不任視聽故使服之樂則韶舞者韶舜樂名也以其盡善盡美故使取之放鄭聲遠佞人鄭聲淫佞人殆者又當放棄鄭衛之聲遠離辨佞之人以鄭聲佞人亦俱能惑人心與雅樂賢人同然而使人淫亂危殆故使放遠之○注馬曰至儉也○正義曰云殷車曰大輅者明堂位曰大輅殷輅也鄭注云大路木路也漢祭天乘殷之路今謂之桑根車者是也路訓大也君之所在以大爲號門曰路門寢曰路寢車曰路車故人君之車通以路爲名周禮巾車掌王之五路鄭玄云王在焉曰路彼解天子之車故云王在耳其實諸侯之車亦稱爲路云左傳曰大輅越席昭其儉也者桓二年文也越席結蒲爲席置於路中以茵藉示其儉也服虔云大路木路引之者以證殷路一名大路也杜元凱以大路爲玉路今所不取○注包曰至視聽正義曰云冕禮冠周之禮文而備者冠者首服之大名冕者冠中之別號故云冕禮冠也世本云黃帝作冕宋仲子云冕冠之有旒者禮文殘缺形制難詳周禮弁師掌王之五冕皆玄冕朱裏止言玄朱而已不言所用之物子罕篇云麻冕禮也蓋以木爲幹而用布衣之上玄下朱取天地之色其長短廣狹則經傳無文阮諶三禮圖漢禮器制度云冕制皆長尺六寸廣八寸天子以下皆同沈引董巴輿服志云廣七寸長尺二寸應劭漢官儀云廣七寸長八寸沈又云廣八寸長尺六寸者天子之冕廣七寸長尺二寸者諸侯之冕廣七寸長八寸者大夫之冕但古禮殘缺未知孰是故備載焉司馬彪漢書輿服志云孝明帝永平二年初詔有司采周官禮記尚書之文制冕皆前圓後方朱裏玄上前垂四寸後垂三寸天子白玉珠十二旒三公諸侯青玉珠七旒卿大夫黑玉珠五旒皆有前無後此則漢法耳其古禮鄭玄注弁師云天子袞冕以五采繅前後十二旒旒有五采玉十有二鷩冕前後九旒毳冕前後七旒希冕前後五旒玄冕前後三旒旒皆五采玉十有二上公袞冕三采繅前後九旒旒有三采玉九侯伯鷩冕三采繅前後七旒旒有三采玉七子男毳冕三采繅前後五旒旒有三采玉五孤卿以下皆二采繅二采玉焉蓋以繅采玉其旒又玉名依命數耳謂之冕者冕俛也以其後高前下有俛俯之形故因名焉蓋以在上位者先於驕矜欲令位彌高而志彌下故制此服令貴者下賤也云取其黈纊塞耳不任視聽者黈纊黃緜也案今禮圖袞冕以下皆有充耳天子以黈纊諸侯以青纊以其冕旒垂目黈纊塞耳欲使無爲清靜以化其民故不任視聽也

子曰。人無遠慮。必有近憂。王曰君子當思患而預防之〔疏〕子曰人無遠慮必有近憂○正義曰此章戒人備豫不虞也○注王曰君子當思患而預防之○正義曰此周易既濟象辭也王弼云存不忘亡既濟不忘未濟也

子曰。已矣乎。吾未見好德如好色者也。〔疏〕子曰已矣乎吾未見好德如好色者也○正義曰此章疾時人好色而不好德也

子曰。臧文仲其竊位者與。知柳下惠之賢而不與立也。孔曰柳下惠展禽也知賢而不舉是爲竊位〔疏〕子曰臧文仲其竊位者與知柳下惠之賢而不與立也○正義曰此章勉人舉賢也竊盜也魯大夫臧文仲知賢不舉偷安於位故曰竊位以其知柳下惠之賢不稱舉與立於朝廷也○注柳下惠展禽也○正義曰案魯語展禽對臧文仲云獲聞之是其人氏展名獲字禽柳下惠是其所食之邑名謚曰惠列女傳柳下惠死門人將謚之妻曰夫子之謚宜爲惠乎門人從以爲謚莊子云柳下季者季是五十字禽是二十字

子曰。躬自厚而薄責於人。則遠怨矣。孔曰責己厚責人薄所以遠怨咎〔疏〕子曰躬自厚而薄責於人則遠怨矣○正義曰此章戒人責己也躬身也言凡事自責厚薄責於人則所以遠怨咎也

子曰。不曰如之何。孔曰不曰如之何者猶言不曰奈是何如之何者。吾末如之何也已矣。孔曰如之何者言禍難已成吾亦無如之何〔疏〕子曰不曰如之何如之何者吾末如之何也已矣○正義曰此章戒人豫防禍難也如奈也不曰如之何猶言不曰奈是何末無也若曰奈是何者則是禍難已成不可救藥吾亦無奈之何

子曰。羣居終日。言不及義。好行小慧。難矣哉。

鄭曰：小慧謂小小之才知。難矣哉，言終無成。〔疏〕子曰羣居終日言不及義好行小慧難矣哉。○正義曰：此章貴義也。小慧謂小小才知。言人羣朋，其居終竟一日，所言不及義事，但好行小小才知以陵誇於人，難有所成矣哉，言終無成也。

子曰：君子義以爲質，禮以行之，孫以出之，信以成之。君子哉。鄭曰：義以爲質謂操行，孫以出之謂言語。〔疏〕子曰君子義以爲質禮以行之孫以出之信以成之君子哉。○正義曰：此章論君子之行也。義以爲質，謂操執以行者當以義爲體質，文之以禮然後行之，孫順其言語以出之，守信以成之，能此四者可謂君子哉。

子曰：君子病無能焉，不病人之不已知也。包曰：君子之人但病無聖人之道，不病人之不已知。〔疏〕子曰君子病無能焉不病人之不已知也。○正義曰：此章戒人脩己也。病猶患也。言君子之人但患已無聖人之道，不患人之不知已也。

子曰：君子疾沒世而名不稱焉。疾猶病也。〔疏〕子曰君子疾沒世而名不稱焉。○正義曰：此章勸人脩德也。疾猶病也。言君子病其終世而善名不稱也。

子曰：君子求諸己，小人求諸人。君子責己，小人責人。〔疏〕子曰君子求諸己小人求諸人。○正義曰：此章言君子責於己，小人責於人也。求，責也。諸，於也。

子曰：君子矜而不爭，包曰：矜，矜莊也。羣而不黨。孔曰：黨，助也。君子雖衆，不相私助，義之與比。〔疏〕子曰君子矜而不爭羣而不黨。○正義曰：此章言君子貌雖矜莊而不爭鬭，君子雖衆而不私相黨助，義之與比也。

子曰：君子不以言舉人，包曰：有言者不必有德，故不可以言舉人。不以人廢言。王曰：不可以無德而廢善言。〔疏〕子曰君子不以言舉人不以人廢言。○正義曰：此章言君子用人取其善節也。有言者不必有德，故不可以言舉人，當察言觀行然後舉之。夫婦之愚可以與知，故不可以無德而廢善言也。

子貢問曰：有一言而可以終身行之者乎？子曰：其恕乎。己所不欲，勿施於人。言己之所惡，勿加施於人。〔疏〕子貢至於人。○正義曰：此章言人當恕己不及物也。子貢問曰有一言可以終身行之者乎者，問於孔子求脩身之要道也。子曰其恕乎己所不欲勿施於人者，孔子荅言唯仁恕之一言可終身行之也。己之所惡勿欲施於人，即恕也。

子曰：吾之於人也，誰毀誰譽？如有所譽者，其有所試矣。包曰：所譽者輒試以事，不虛譽而已。斯民也，三代之所以直道而行也。馬曰：三代夏殷周用民如此，無所阿私，所以云直道而行。〔疏〕子曰至行也。○正義曰：此章論正直之道也。子曰吾之於人也誰毀誰譽者，毀謂譖害，譽謂稱揚，言我之於人，於誰毀，於誰譽，無私毀譽也。如有所譽者其有所試矣者，言所稱譽者輒試以事，不虛譽而已也。斯民也三代之所以直道而行也者，斯，此也，三代，夏殷周也，言如此用民無所阿私，夏殷周三代之令王所以得稱直道而行也。

子曰：吾猶及史之闕文也。包曰：古之良史於書字有疑則闕之，以待知者。有馬者借人乘之，今亡矣夫。

包曰：有馬不能調良則借人乘習之。孔子自謂及見其人如此，至今無有矣。言此者以俗多穿鑿。〔疏〕子曰至矣夫。○正義曰：此章疾時人多穿鑿也。子曰吾猶及史之闕文也者，史是掌書之官也，文，字也，古之良史於書字有疑則闕之，以待能者，不敢穿鑿。孔子言我尚及見此古史闕疑之文。有馬者借人乘之者，此舉喻也，喻已有馬不能調良，當借人乘習之也。今亡矣夫者，亡，無也，孔子自謂及見其人如此闕疑，至今則無有矣。言此者以俗多穿鑿。

子曰：巧言亂德，小不忍則亂大謀。孔曰：巧言利口則亂德義，小不忍則亂大謀。〔疏〕子曰巧言亂德小不忍則亂大謀。○正義曰：此章戒人慎口忍事也。有言者不必有德，故巧言利口則亂德義。山藪藏疾，國君含垢，故小事不忍則亂大謀。

子曰：衆惡之，必察焉；衆好之，必察焉。王曰：或衆阿黨比周，或其人特立不羣，故好惡不可不察也。〔疏〕子曰衆惡之必察焉衆好之必察焉。○正義曰：此章論知人之事也。夫知人未易，設有一人爲衆所惡，不可即從雷同而惡之，或其人特立不羣，故必察焉。又設有一人爲衆所好，亦不可即從衆而好之，或此人行惡，衆乃阿黨比周，故不可不察。○注王曰或衆阿黨比周。○正義曰：此解衆好之也。謂衆多惡人私相阿曲朋黨比近周密也。文十八年左傳言渾敦之惡云頑嚚不友，是與比周。杜注云：比，近也。周，密也。言比是相近也，周是親密也。雖是親愛之義，非爲善惡之名。爲政篇子曰君子周而不比，小人比而不周，孔曰忠信爲周，阿黨爲比。

子曰：人能弘道，非道弘人。王曰：才大者道隨大，才小者道隨小，故不能弘人。〔疏〕子曰人能弘道非道弘人。○正義曰：此章論道也。弘，大也。道者通物之名，虛無妙用，不可須臾離。但仁者見之謂之仁，知者見之謂之知，是人才大者道隨之大也，故曰人能弘道。百姓則日用而不知，是人才小者道亦隨小，而道不能大其人也，故曰非道弘人也。

子曰：過而不改，是謂過矣。〔疏〕子曰過而不改是謂過矣。○正義曰：此章戒人改過也。人誰無過，過而能改，善莫大焉。過而不改，是謂過矣。

子曰：吾嘗終日不食，終夜不寢，以思，無益，不如學也。〔疏〕子曰吾嘗終日不食終夜不寢以思無益不如學也。○正義曰：此章勸人學也。

子曰：君子謀道不謀食。耕也，餒在其中矣；學也，祿在其中矣。君子憂道不憂貧。鄭曰：餒，餓也。言人雖念耕而不學，故飢餓；學則得祿，雖不耕而不餒。此勸人學。〔疏〕子曰君子謀道不謀食耕也餒在其中矣學也祿在其中矣君子憂道不憂貧。○正義曰：此章亦勸人學也。人非道不立，故必先謀於道，道高則祿來，故不假謀於食。餒，餓也。言人雖念耕而不學，則無知，歲有凶荒，故飢餓；學則得祿，雖不耕而不餒。是以君子但憂道德不成，不憂貧乏也。然耕也未必皆餓，學也未必皆得祿，大判而言，故云耳。

子曰：知及之，仁不能守之，雖得之，必失之。包曰：知能及治其官，而仁不能守，雖得之，必失之。知及之，仁能守之，不莊以涖之，則民不敬。包曰：不嚴以臨之，則民不敬從其上。知及之，仁能守之，莊以涖之，動之不以禮，未善也。王曰：動必以禮然後善。〔疏〕子曰至善也。○正義曰：此章論居官臨民之法也。子曰知及之仁不能守之雖得之必失之者，得位由知，守位在仁，若人知能及治其官，而仁不能守，雖得祿位，必將失之。知及之仁能守之不莊以涖之則民不敬者，莊，嚴也，涖，臨也，言雖知及官，仁能守位，不嚴以臨之，則民不敬從其上。知及之仁能守之莊以涖之動之不以禮未善也者，言動必以禮然後善。李充云：夫知及以得，其失也蕩；仁守以靜，其失也寬；莊涖以威，其失也猛。故必須禮然後和之。以禮制知，則精而不蕩；以禮輔仁，則溫而不寬；以禮御莊，則威而不猛。故安上治民，莫善於禮。顏特進云：知以通其變，仁以安其性，莊以安其慢，禮以安其情，化民之善必備此四者。

子曰：君子不可小知，而可大受也；小人不可大受，而可小知也。王曰：君子之道深遠，不可小了知，而可大受；小人之道淺近，可小了知，而不可大受也。〔疏〕子曰君子不可小知而可大受也小人不可大受而可小知也。○正義曰：此章言君子小人道德深淺不同之事也。言君子之道深遠，仰之彌高，鑽之彌堅，故不可小了知也，使人饜飫而已，是可大受也。小人之道淺近，易爲窮竭，故不可大受而可小了知也。

子曰：民之於仁也，甚於水火。馬曰：水火及仁，民所仰而生者，仁最爲甚。水火，吾見蹈而死者矣，未見蹈仁而死者也。馬曰：蹈水火或時殺人，蹈仁未嘗殺人。〔疏〕子曰至者也。○正義曰：此章勸人行仁道也。子曰民之於仁也甚於水火者，言水火飲食所由，仁者善行之長，皆民所仰而生者也，若較其三者所用，則仁最爲甚也。水火吾見蹈而死者矣未見蹈仁而死者也，此明仁甚於水火之事也。蹈猶履也，水火雖所以養人，若履蹈之，或時殺人，若履行仁道，未嘗殺人也。王弼云：民之遠於仁，甚於水火，見有蹈水火者，未嘗見蹈仁者也。雖與馬意不同，亦得爲一義。

子曰：當仁不讓於師。孔曰：當行仁之事，不復讓於師，言行仁急。〔疏〕子曰當仁不讓於師。○正義曰：此章言行仁之急也。弟子之法爲事雖當讓於師，若當行仁之事，不復讓於師也。

子曰：君子貞而不諒。孔曰：貞，正。諒，信也。君子之人正其道耳，言不必小信。〔疏〕子曰君子貞而不諒。○正義曰：此章貴正道而輕小信也。貞，正也。諒，信也。君子之人正其道耳，言不必小信。案昭七年左傳云：子產爲豐施歸州田於韓宣子，曰：日君以夫公孫段爲能任其事而賜之州田，今無祿早世，不獲久享君德，其子弗敢有，不敢以聞於君，私致諸子。宣子辭。子產曰：古人有言曰，其父析薪，其子弗克負荷。施將懼不能任其先人之祿，其況能任大國之賜？縱吾子爲政而可，後之人若屬有疆場之言，敝邑獲戾，而豐氏受其大討。吾子取州，是免敝邑於戾而建置豐氏也，敢以爲請。杜注云：傳言子產貞而不諒。言段受晉邑，卒而歸之，是正也；知宣子欲之，而言畏懼後禍，是不信，故杜氏引此文爲注也。

子曰：事君敬其事而後其食。孔曰：先盡力而後食祿。〔疏〕子曰事君敬其事而後其食。○正義曰：此章言其爲臣事君之法也。言當先盡力敬其職事，必有勳績而後食祿也。

子曰：有教無類。馬曰：言人所在見教，無有種類。〔疏〕子曰有教無類。○正義曰：此章言教人之法也。類謂種類。言人所在見教，無有貴賤種類也。

子曰：道不同，不相爲謀。〔疏〕子曰道不同不

相爲謀○正義曰此章言人之爲事必須先謀若道同者共謀則情審不誤若道不同而相爲謀則事不成也子曰辭達而已矣。孔曰凡事莫過於實辭達則足矣不煩文豔之辭〔疏〕子曰辭達而已矣○正義曰此章明言語之法也凡事莫過於實辭達則足矣不煩文豔也師冕見。孔曰師樂人盲者名冕及階。子曰階也。及席。子曰席也。皆坐。子告之曰某在斯某在斯。孔曰歷告以坐中人姓字所在處師冕出。子張問曰與師言之道與。子曰然固相師之道也。馬曰相導也〔疏〕師冕見至道也○正義曰此章論相師之禮也師冕見者師樂人盲者名冕見謂來見孔子也及階子曰階也及席子曰席也者師冕及階及席孔子並告之使師冕知而升階登席也皆坐子告之曰某在斯某在斯者孔子見瞽者必起弟子亦起冕既登席而坐孔子及弟子亦皆坐孔子歷以坐中人姓字所在處告師冕使知也師冕出子張問曰與師言之道與者道謂禮也子張見孔子歷告之未嘗知此禮既師冕出去而問孔子曰此是與師言之禮與子曰然固相師之道也者相猶導也孔子然荅子張言此固是相導樂師之禮也

論語注疏校勘記

阮元撰盧宣旬摘錄

衞靈公第十五

去亂就治　北監本去誤云毛本治作治案治字是也。今訂正

皆有恥且格之事　本且誤目今正

衞靈公問陳於孔子章

衞靈公問陳於孔子　釋文出問陣云直刃反注同本今作陳案陣爲陳之俗字顏氏家訓書證篇云太公六韜有天陳地陳人陳雲鳥之陳論語曰衞靈公問陳於孔子左傳爲魚麗之陳俗本多作阜旁車乘之車著雅及近世字書皆無惟王羲小學章獨阜旁作車縱復俗行不宜追改六韜論語左傳也

軍旅末事　本末誤未下末事同○今正

不可教以末事　皇本不上有則字事下有也字閩本北監本毛本教以作以教案筆解亦作教以與邢疏合作以教者非

孔文子之將攻大叔也　北監本毛本大作太

明日遂行章　朱子集注本合上爲一章

在陳絕糧　皇本糧作粻釋文出絕糧云音粮鄭本作粻音張糧也○案糧正字粻粮皆俗字

孔子去衞如曹　毛本去衞二字空闕

宋遭匡人之難　皇本無宋字

君子亦有窮乎　高麗本無有字

小人窮斯濫矣　說文引濫作㯕案九經字樣云㯕今經典相承作濫

此章記孔子阨於陳也　本阨誤路今正

但不如小人窮則濫溢爲非　本如誤好今正

孔曰至之食　案之是乏字上畫板損今補正

賜也女以予爲多學而識之者與章

問今不然　皇本然下有也字閩本北監本毛本問作謂

此章言善道有統也　本此誤一今正

是夫子多學而識之也　本夫誤王今正

子張問行章

立則見其參於前也　皇本高麗本參下有然字案釋文云參所金反包注云參然在目前是古讀如森不讀如驂字當作曑與曾子名同今作參隸之變體竟讀如驂甚誤

夫然後行　皇本高麗本行下有也字

在輿則若倚車軛　皇本車作衡軛下有也字釋文出枙字云本今作軛

玉藻說帶云　本玉誤王下同今並訂正

朱裏於辟　北監本毛本於作終案終字是也閩本亦誤今正

并紐約用組三寸　補北監本毛本紉作紐案紐字是也

紳居二焉　禮記玉藻二作一

直哉史魚章

則可卷而懷之　唐石經之作也案後漢書周黃徐姜申屠傳序曰孔子稱蘧伯玉邦無道則可卷而懷也亦作也字

則可卷而懷之者　北監本懷誤憻不成字毛本懷之一字空闕

則韜光晦知　北監本毛本知作迹

不與時政　閩本北監本毛本無時字

亦常柔順　閩本北監本毛本亦上有故字

不忤逆校人　補北監本校作於

可與言而不與言章

可與言而不與言　閩本北監本毛本不與下有之字朱子集注本亦有之字案唐石經皇本高麗本石經考文提要引岳珂本俱無之字疏述經文本無之字則無之字是

亦不失言　皇本有所言皆是故無所失者也十字注各本並無

志士仁人章

無求生以害仁　唐石經仁作人案文選曹植贈徐幹詩注及太平御覽四百十九俱引作人與唐石經合然皇疏云無求生以害仁者既志善行仁恆欲救物故不自求我之生以害於仁恩之理也則字當作仁又此本正義述經文亦作仁字

子貢問爲仁章

友其士之仁者　皇本高麗本者下有也字注爲助下同

將荅問仁　本問誤爲今正

不任視聽　本視誤劉今正

乘殷之輅　釋文出之輅云音路本亦作路是假借字

木輅也　本木誤未今正

巾車掌王之曰路　案曰當作五閩本北監本毛本之五並誤車曰

王在焉曰路　本王誤玉今正

○正義曰　本正誤玉今正

周之禮文而備者　閩本北監本毛本無而字案據注文有而字是

司馬彪漢書輿服志云　本馬誤焉今正

天子白玉珠十二旒　本白玉誤曰王下玉十有二玉七又玉名誤同今正

三公諸侯青玉珠七旒　○按輿服志作三公諸侯七旒青玉爲珠

卿大夫黑玉珠五旒　○按輿服志作卿大夫五旒黑玉爲珠

先於驕矜　北監本毛本先作失

案今禮圖　本今誤令今正

人無遠慮章

人無遠慮　皇本高麗本人下有而字

君子當思患而預防之　本思誤惡今正

已矣乎章

已矣乎　皇本無乎字

臧文仲其竊位者與章

知賢而不舉是爲切位　皇本知下有其字無是字切作竊按此爲者省竊作窃遂譌爲切今

訂正

柳下惠是其所食之邑名　浦鏜云惠當衍字

不曰如之何章

吾末如之何也已矣　本末誤未今正

好行小慧　皇本慧作惠注同釋文出行小慧云音惠小才知魯讀慧爲惠今從古案古多假惠爲慧如韓詩外傳五云主名者其臣惠漢書昌邑王傳云清狂不惠列子逢氏有子少而惠是也

君子義以爲質章

君子義以爲質　釋文出爲質云一本作君子義以爲質鄭本畧同案文義君子字不當有孝經三才章疏引亦無君子字經義雜記云有者係衍文蓋先說義以爲質四句然後言君子哉明不當先言君子也

鄭曰義以爲質云云　高麗本無此注

君子病無能焉章

包曰君子之人云云　高麗本無此注

君子矜而不爭章

義之與比也　本比誤此今正

君子不以言舉人章

王曰不可以無德而廢善言　皇本高麗本竝無此注

取其善節也　北監本取誤孰不成字

有一言而可以終身行之者乎章

勿施於人　皇本人下有也字

言已之所惡勿加施於人　皇本高麗本竝無此注

吾之於人也章

吾之於人也　皇本無也字

如有所譽者　皇本所作可

馬曰三代云云　高麗本無此注

吾猶及史之闕文也章

吾猶及史之闕文也　唐石經無之字

今亡矣夫　皇本高麗本今下有則字朱子集注本矣作已案宋石經作矣石經考文提要引宋本九經岳珂本亦作矣今集注本作已非

巧言亂德章

則亂大謀　高麗本無則字

巧言亂德　本巧誤則今正

衆惡之章

王曰衆或阿黨比周　北監本毛本作或衆是也

頑嚚不友　補北監本嚚作嚚是也

人能宏道章

非道宏人　皇本高麗本人下有也字

王曰才大者　皇本才作材下同又注首無王曰二字

君子謀道不謀食章

君子憂道不憂貧　高麗本貧下有也字

故不假謀於食　北監本毛本假作暇

君子不可小知章

王曰君子之道深遠　皇本高麗本無王曰二字

君子貞而不諒章

日君以夫公孫段　本段誤叚下同今正

事君敬其事而後其食章

事君敬其事而後其食　郡齋讀書志載蜀石經作敬其事而後食其祿○按皇疏云國家之事知無不爲是敬其事也必有纏勳績乃受祿賞是後其食也蜀石經作而後食其祿是依注文妄增也

敬其職事也　毛本其作共浦鏜云共疑衍不知其爲誤字

辭達而已矣章

孔曰凡事莫過於實辭達則足矣　高麗本無孔曰字皇本實下有足也二字

師冕見章

及席　高麗本席下有也字案文義不當有也字各本俱無

歷告以坐中人姓字所在處　皇本坐作座字下有及字處下有也字

論語注疏解經卷第十六

季氏第十六　何晏集解　邢昺疏

疏正義曰此篇論天下無道政在大夫故孔子陳其正道揚其衰失稱損益以教人舉詩禮以訓子明君子之行正夫人之名以前篇首章記衛君靈公失禮此篇首章言魯臣季氏專恣故以次之也

季氏將伐顓臾。冉有季路見於孔子曰。季氏將有事於顓臾。孔曰顓臾伏羲之後風姓之國本魯之附庸當時臣屬魯季氏貪其土地欲滅而取之冉有與季路爲季氏臣來告孔子孔子曰。求。無乃爾是過與。孔曰冉求爲季氏宰相其室爲之聚歛故孔子獨疑求教之夫顓臾。昔者先王以爲東蒙主。孔曰使主祭蒙山且在邦域之中矣。孔曰魯七百里之邦顓臾爲附庸在其域中是社稷之臣也。何以伐爲。孔曰已屬魯爲社稷之臣何用滅之爲冉有曰。夫子欲之。吾二臣者。皆不欲也。孔曰歸咎於季氏孔子曰。求。周任有言曰。陳力就列。不能者止。馬曰周任古之良史言當陳其才力度己所任以就其位不能則當止危而不持。顚而不扶。則將焉用彼相矣。包曰言輔相人者當能持危扶顚若不能何用相爲且爾言過矣。虎兕出於柙。龜玉毀於櫝中。是誰之過與。馬曰柙檻也櫝匱也失虎毀玉豈非典守之過邪冉有曰。今夫顓臾。固而近於費。馬曰固謂城郭完堅兵甲利也費季氏邑今不取。後世必爲子孫憂。孔子曰。求。君子疾夫。孔曰疾如女之言舍曰欲之。而必爲之辭。孔曰舍其貪利之說而更作他辭是所疾也丘也聞有國有家者。不患寡而患不均。孔曰國諸侯家卿大夫不患土地人民之寡少患政理之不均平不患貧而患不安。孔曰憂不能安民耳民安則國富蓋均無貧。和無寡。安無傾。包曰政教均平則不貧矣上下和同不患寡矣大小安寧不傾危矣夫如是。故遠人不服。則脩文德以來之。既來之。則安之。今由與求也。相夫子。遠人不服。而不能來也。邦分崩離析。而不能守也。孔曰民有異心曰分欲去曰崩不可會聚曰離析而謀動干戈於邦內。孔曰干楯也戈戟也吾恐季孫之憂。不在顓臾。而在蕭牆之內也。鄭曰蕭之言肅也牆謂屏也君臣相見之禮至屏而加肅敬焉是以謂之蕭牆後季氏家臣陽虎果囚季桓子

疏季氏至內也○正義曰此

章論魯卿季氏專恣征伐之事也季氏將伐顓臾者顓臾伏義之後風姓之國本魯之附庸當時臣屬於魯而季氏貪其土地欲滅而取之也冉有季路見於孔子曰季氏將有事於顓臾者冉有季路爲季氏臣來告孔子言季氏將有征伐之事於顓臾也孔子曰求無乃爾是過與者無乃乃也爾女也雖二子同來告以冉求爲季氏宰相其室爲之聚斂故孔子獨疑求教之言將伐顓臾乃女是罪過與與疑辭也夫顓臾昔者先王以爲東蒙主者言昔者先王始封顓臾爲附庸之君使主祭蒙山蒙山在東故曰東蒙且在邦域之中矣者魯之封域方七百里顓臾爲附庸在其域中也是社稷之臣也何以伐爲者言顓臾已屬魯爲社稷之臣何用伐滅之爲冉有曰夫子欲之吾二臣者皆不欲也者夫子謂季氏也冉有歸其咎惡於季氏也故言季氏欲伐我二人皆不欲也孔子曰求周任有言曰陳力就列不能者止者周任古之良史也夫子見冉有歸咎於季氏故呼其名引周任之言以責之言爲人臣者當陳其才力度已所任以就其列位不能則當自止退也危而不持顛而不扶則將焉用彼相矣者相謂輔相焉何也言輔相人者當持其主之傾危扶其主之顛躓若其不能何用彼相爲且爾言過矣者爾汝也汝爲季氏輔相而歸咎於季氏自是汝之言罪過矣虎兕出於柙龜玉毀於櫝中是誰之過與者此又爲輔相之人作譬也柙檻也櫝匱也虎兕皆猛獸故設檻以制之龜玉皆大寶故設匱以藏之若虎兕失出於檻龜玉損毀於匱中是誰之過與言是典守者之過也以諭主君有闕是輔相者之過也冉有曰今夫顓臾固而近於費今不取後世必爲子孫憂者此冉有乃自言欲伐顓臾之意也固謂城郭完堅兵甲利也費季氏邑言今夫顓臾城郭甲兵堅固而又近於費邑若今不伐而取之後世必爲季氏子孫之憂也孔子曰求君子疾夫舍曰欲之而必爲之辭者孔子見冉有言將伐顓臾之意故又呼冉有名而責之如汝之言君子所憎疾夫以舍其探利之說而更作他辭是所疾也丘也聞有國有家者不患寡而患不均者此下孔子又爲言其正治之法以示非臆說故云丘也聞國謂諸侯家謂卿大夫言爲諸侯卿大夫者不患土地人民之寡少但患政理之不均平也不患貧而患不安者言不憂國家貧但憂不能安民耳民安則國富也蓋均無貧和無寡安無傾者孔子既陳其所聞更爲言其理蓋言政教均平則不貧矣上下和同不患寡矣小大安寧不傾危矣如上所聞此應云均無寡安無貧而此乃云均無貧和無寡安無傾者欲見政教均平又須上下和睦然後國富民多而社稷不傾危也故衍其文耳夫如是故遠人不服則脩文德以來之既來之則安之者言夫政教能均平和安如此故遠方之人有不服者則當脩文德使遠人慕其德化而來遠人既來當以恩惠安存之今由與求也相夫子者謂冉有季路輔相季氏也遠人不服而不能來也者謂不脩文德也邦分崩離析而不能守也者民有異心曰分欲去曰崩不可會聚曰離析言國內之民又不能以恩惠安撫致有異心不可會聚莫能固守也而謀動干戈於邦內者謂將伐顓臾也吾恐季孫之憂不在顓臾而在蕭牆之內也蕭牆謂屏也蕭之言肅也君臣相見之禮至屏而加肅敬焉是以謂之蕭牆孔子聖人有先見之明見季氏家臣擅命必知將爲季氏之禍因冉有言顓臾後世必爲子孫憂故言吾恐季孫之憂不遠在顓臾而近在蕭牆之內後季氏家臣陽虎果囚季桓子○注孔曰至孔子○正義曰云顓臾伏羲之後風姓之國者僖二十一年左傳云任宿須句顓臾風姓也實司太皞與有濟之祀杜注云太皞伏羲四國伏羲之後故主其祀顓臾在泰山南武陽縣東北是也云本魯之附庸當時臣屬魯者王制云公侯田方百里伯七十里子男五十里不能五十里者不合於天子附於諸侯曰附庸鄭注云不合謂不朝會也小城曰附庸附庸者以國事附於大國未能以其名通也言此顓臾始封爲附庸之君以國事附於魯耳猶不爲魯臣故曰魯之附庸春秋之世強陵弱衆暴寡故當此季氏之時而顓臾已屬魯爲臣故曰當時臣屬魯也○注使主祭蒙山○正義曰禹貢徐州云蒙羽其藝地理志云泰山蒙陰縣蒙山在西南有祠顓臾國在蒙山下○注曰魯七百里之封顓臾爲附庸在其域中○正義曰明堂位曰成王以周公爲有勳勞於天下是以封周公於曲阜地方七百里革車千乘鄭注云曲阜魯地上公之封地方五百里加魯以四等之附庸方百里者二十四并五五二十五積四十九開方之得七百里言其顓臾爲附庸在此七百里封域之中也○注周任古之良史○正義曰周大夫也與史佚臧文仲並古人立言之賢者也○馬曰至過邪○正義曰云柙檻也者說文云柙檻也檻櫳也一曰圈以藏虎兕爾雅云兕野牛郭璞云一角青色重千斤說文云兕如野牛青色其皮堅厚可制鎧交州記曰兕出九德有一角角長三尺餘形如馬鞭柄是也云櫝匱也者亦說文云也○注孔曰干楯也戈戟也○正義曰干一名楯今謂之旁牌方言云楯自闕而東或謂之楯或謂之干闕西謂之楯是干楯爲一也施紛以持之孔注尚書費誓云施乃楯紛紛如綬而小繫於楯以持之且以爲飾也干扞也並之以扞敵故牧誓云比爾干也戈者考工記云戈秘六尺有六寸其刃廣二寸內倍之胡三之援四之鄭玄注云戈今句孑戟也或謂之雞鳴或謂之擁頸內謂胡以內接秘者也長四寸胡六寸援八寸鄭司農云援直刃也胡其孑

孔子曰。天下有道。則禮樂征伐自天子出。天下無道。則禮樂征伐自諸侯出。自諸侯出。蓋十世希不失矣。孔曰希少也周幽王爲犬戎所殺平王東遷周始微弱諸侯自作禮樂專行征伐始於隱公至昭公十世失政死於乾侯矣**自大夫出。五世希不失矣。**孔曰季文子初得政至桓子五世爲家臣陽虎所囚**陪臣執國命。三世希不失矣。**馬曰陪重也謂家臣陽虎爲季氏家臣至虎三世而出奔齊**天下有道。則政不在大夫。**孔曰制之由君**天下有道。則庶人不議。**孔曰無所非議

【疏】孔曰至不議○正義曰此一章論天下有道無道禮樂征伐所出不同及言衰失之世數也孔子曰天下有道則禮樂征伐自天子出者王者功成制禮治定作樂立司馬之官掌九伐之法諸侯不得制作禮樂賜弓矢然後專征伐是天下有道之時禮樂征伐自天子出也天下無道則禮樂征伐自諸侯出者謂天子微弱諸侯上僭自作禮樂專行征伐也自諸侯出蓋十世希不失矣者希少也言政出諸侯不過十世必失其位不失者少也若魯昭公出奔齊是也自大夫出五世希不失矣者言政在大夫不過五世必失其位不失者少矣若魯大夫季桓子爲陽虎所囚是也陪臣執國命三世希不失矣者陪重也謂家臣也大夫已爲臣故謂家臣爲陪臣言陪臣擅權執國之政命不過三世必失其位不失者少矣若陽虎三世而出奔齊是也天下有道則政不在大夫者元爲政命制之由君也天下有道則庶人不議者議謂謗訕言天下有道則上酌民言以爲政教所行皆是則庶人無有非毀謗議也○注孔曰至乾侯○正義曰云周幽王爲犬戎所殺平王東遷者案周本紀云幽王三年嬖褒姒生伯服幽王欲廢太子太子母申侯女而爲后幽王得褒姒愛之使廢申后并去太子用褒姒爲后以其子伯服爲太子幽王之廢后去太子也申侯怒乃與繒西夷犬戎共攻幽王幽王舉烽火徵兵兵莫至遂殺幽王驪山下虜褒姒盡取周賂而去隱六年左傳稱周桓公言於王曰我周之東遷晉鄭焉依周本紀又云於是諸侯乃即申侯而共立故幽王太子宜臼是爲平王也云周始微弱者地理志云幽王淫褒姒滅宗周子平王東居雒邑於是王室之尊與諸侯無異其詩不能復雅故其詩謂之王國風是周始微弱也云諸侯自作禮樂者謂僭爲天子之禮樂若魯昭公之比也案昭二十五年公羊傳云子家駒曰諸侯僭於天子大夫僭於諸侯久矣昭公曰吾何僭矣哉子家駒曰設兩觀乘大輅朱干玉戚以舞大夏八佾以舞大武是也云專征伐者謂不由王命專擅行其征伐春秋之時諸侯皆是也云始於隱公至昭公十世失政死於乾侯者隱公名息姑伯禽七世孫惠公弗皇子聲子所生平王四十九年卽位是王室微弱政在諸侯始於隱公隱公卒弟桓公允立卒子莊公同立卒子閔公開立卒兄僖公申立卒子文公興立卒子宣公倭立卒子成公黑肱立卒子襄公午立卒子昭公裯立是爲十世也春秋昭公二十五年公孫於齊三十二年卒於乾侯是也○注孔曰至所囚○正義曰季文子初得政至桓子五世者謂文子武子悼子平子桓子爲五世也云爲家臣陽虎所囚者定五年左傳云九月乙亥陽虎囚季桓子及公父文伯是也○注陽虎至奔齊○正義曰魯伐陽虎陽虎出奔齊在定九年

孔子曰。祿之去公室五世矣。鄭曰言此之時魯定公之初魯自東門襄仲殺文公之子赤而立宣公於是政在大夫爵祿不從君出至定公爲五世矣**政逮於大夫四世矣。**孔曰文子武子悼子平子**故夫三桓之子孫微矣。**孔曰三桓謂仲孫叔孫季孫三卿皆出桓公故曰三桓也仲孫氏改其氏稱孟氏至哀公皆衰

【疏】孔子至微矣○正義曰此章言魯公室微弱政在大夫也孔子曰祿之去公室五世矣者謂政在大夫爵祿不從君出始於宣公言此之時在魯定公之初故爲五世矣政逮於大夫四世矣者逮及也言君之政令及於大夫至今四世矣謂季文子武子悼子平子也故夫三桓之子孫微矣者三桓謂仲孫叔孫季孫三卿皆出桓公故曰三桓也仲孫氏改其氏稱孟氏以禮樂征伐自大夫出五世希不失故夫三桓子孫至哀公時皆衰微也○注鄭曰至五世矣○正義曰魯自東門襄仲殺文公之子赤而立宣公者文十八年左傳云文公二妃敬嬴生宣公敬嬴嬖而私事襄仲宣公長而屬諸襄仲欲立之叔仲不可仲見于齊侯而請之齊侯新立而欲親魯許之冬十月仲殺惡及視而立宣公是也公羊傳作子赤襄仲居東門故曰東門襄仲云至定公爲五世矣者謂宣公成公襄公昭公定公也○注孔曰文子武子悼子平子○正義曰此據左傳及世家文也

孔子曰。益者三友。損者三友。友直。友諒。友多聞。益矣。友便辟。馬曰便辟巧辟人之所忌以求容媚**友善柔。**馬曰面柔也**友便佞。損矣。**鄭曰便辯也謂佞而辨

【疏】孔子至損矣○正義曰此章戒人擇友也益者三友損者三友者以人爲友損益於己其類各三也友直友諒友多聞益矣者直謂正直諒謂誠信多聞謂博學以此三種之人爲友則有益於己也友便辟友善柔友便佞損矣者便辟巧辟人之所忌以求容媚者也善柔謂面柔和顏悅色以誘人者也便辯也謂佞而復辨以此三種之人爲友則

有損於已也

孔子曰。益者三樂。損者三樂。樂節禮樂。孔曰動得禮樂之節 樂道人之善。樂多賢友。益矣。樂驕樂。孔曰恃尊貴以自恣 樂佚遊。王曰佚遊出入不節 樂宴樂。損矣。孔曰宴樂沈荒淫瀆三者自損之道

〔疏〕孔子至損矣。○正義曰此章言人心樂好損益之事各有三種也樂節禮樂者謂凡所動作皆得禮樂之節也樂道人之善者謂好稱人之美也樂多賢友者謂好多得賢人以為朋友也言好此三者於身有益也樂驕樂者謂恃尊貴以自恣也樂佚遊者謂好出入不節也樂宴樂者謂好沈荒淫溢也言好此三者自損之道也○注沈荒淫瀆○正義曰云沈者書微子云沈酗於酒言人以酒亂若沈沒於水故以耽酒為沈也荒者廢也謂有所好樂而廢所掌之職事也書云酒荒於厥邑內作色荒外作禽荒皆是淫訓過也言耽酒為過差也瀆者媟慢也言無復禮節也

孔子曰。侍於君子有三愆。孔曰愆過也 言未及之而言。謂之躁。鄭曰躁不安靜 言及之而不言。謂之隱。孔曰隱匿不盡情實 未見顏色而言。謂之瞽。周曰未見君子顏色所趣嚮而便逆先意語者猶瞽也

〔疏〕孔子至之瞽。○正義曰此章戒卑侍於尊審慎言語之法也侍於君子有三愆者言卑侍於尊有三種過失之事言未及之而言謂之躁者謂君子言事未及於已而輒先言是謂躁動不安靜也言及之而不言謂之隱者謂君子言論及已已應言而不言是謂隱匿不盡情實也未見顏色而言謂之瞽者謂無目之人也言未見君子顏色所趣嚮而便逆先意語者猶若無目人也

孔子曰。君子有三戒。少之時。血氣未定。戒之在色。及其壯也。血氣方剛。戒之在鬭。及其老也。血氣既衰。戒之在得。孔曰得貪得

〔疏〕孔子至在得。○正義曰此章言君子之人自少及老有三種戒慎之事也少之時血氣未定戒之在色者少謂人年二十九以下血氣猶弱筋骨未定貪色則自損故戒之及其壯也血氣方剛戒之在鬭者壯謂氣力方當剛強喜於爭鬭故戒之及其老也血氣既衰戒之在得者老謂五十以上得謂貪得血氣既衰多好聚斂故戒之

孔子曰。君子有三畏。畏天命。順吉逆凶天之命也 畏大人。大人即聖人與天地合其德 畏聖人之言。深遠不可易知測聖人之言也 小人不知天命而不畏也。恢疏故不知畏 狎大人。直而不肆故狎之 侮聖人之言。不可小知故侮之

〔疏〕孔子至之言。○正義曰此章言君子小人敬慢不同也君子有三畏者心服曰畏言君子心所畏服有三種之事也畏天命者謂作善降之百祥作不善降之百殃順吉逆凶天之命也故君子畏之畏大人者大人即聖人也與天地合其德故君子畏之畏聖人之言者聖人之言深遠不可易知測故君子畏之也小人不知天命而不畏也者言小人與君子相反天道恢疏故小人不知畏也狎大人者狎謂慣忽聖人直而不肆故小人忽之侮聖人之言者侮謂輕慢聖人之言不可小知故小人輕慢之而不行也○注順吉逆凶天之命也○正義曰虞書大禹謨云惠迪吉從逆凶惟影響孔安國云順道吉從逆凶吉凶之報若影之隨形響之應聲言不虛道即天命也天命無不報故可畏之○注大人即聖人與天地合其德○正義曰易云利見大人即聖人也乾卦文言云夫大人者與天地合其德莊氏云謂覆載也與日月合其明謂照臨也與四時合其序若賞以春夏刑以秋冬之類也與鬼神合其吉凶若福善禍淫也此獨舉天地合其德者舉一隅也○注恢疏故不知畏○正義曰案老子德經云天網恢恢疏而不失言天之網羅恢恢疏遠刑淫賞善不失毫分也○注直而不肆故狎之○正義曰肆謂放肆言大人質直而不放肆故小人輕狎之也

孔子曰。生而知之者。上也。學而知之者。次也。困而學之。又其次也。孔曰困謂有所不通 困而不學。民斯為下矣。

〔疏〕孔子至下矣。○正義曰此章勸人學也生而知之者上也者謂聖人也學而知之者次也者言由學而知道次於聖人謂賢人也困而學之又其次也者人本不好學因其行事有所困禮不通發憤而學之者復次於賢人也困而不學民斯為下矣者謂知困而不能學此為下愚之民也○注孔曰困謂有所不通○正義曰言為事不能通達者也左傳昭七年公如楚孟僖子為介不能相儀及楚不能荅郊勞九月公至自楚孟僖子病不能相禮乃講學之是其困而學之者也

孔子曰。君子有九思。視思明。聽思聰。色思溫。貌思恭。言思忠。事思敬。疑思問。忿思難。見得思義。

〔疏〕孔子至思義。○正義曰此章言君子有九種之事當用心思慮使合禮義也視思明者目覩為視見微為明言君子覩視當思見微若離婁也聽思聰者耳聞為聽聽遠為聰言君子耳聽當思聞遠若師曠也色思溫者言顏色不可嚴猛當思溫也貌思恭者體貌接物不可驕亢當思恭遜也言思忠者凡所言論不可隱欺當盡其忠心也事思敬者凡人執事多惰廢君子當思謹敬也疑思問者己有疑事不使在躬當思問以辨之也忿思難者謂人以非理忤己已必忿怒心雖忿怒不可輕易當思其後得無患難乎若一朝之忿忘其身以及其親是不思難者也見得思義者言若有所得當思義然後取不可苟也

孔子曰。見善如不及。見不善如探湯。吾見其人矣。吾聞其語矣。孔曰探湯喻去惡疾 隱居以求其志。行義以達其道。吾聞其語矣。未見其人也。

〔疏〕孔曰至人也。○正義曰此章言善人難得也見善如不及者言善常汲汲也見不善如探湯者人之探試熱湯其去之必速以喻見惡事去之疾也吾見其人矣吾聞其語矣者言今與古人皆有能若此者也隱居以求其志者謂隱遯幽居以求遂其已志也行義以達其道者謂好行義事以達其仁道也吾聞其語矣未見其人也者言但聞其語說古有此行之人也今則無有故未見其人也

齊景公有馬千駟。孔曰千駟四千匹 死之日。民無德而稱焉。伯夷叔齊餓于首陽之下。馬曰首陽山在河東蒲坂縣華山之北河曲之中 民到于今稱之。其斯之謂與。王曰此所謂以德為稱

〔疏〕齊景公至謂與。○正義曰此章貴德也齊景公有馬千駟死之日民無德而稱焉者景公齊君景謚也馬四匹為駟千駟四千匹也言齊君景公雖富有千駟及其死也無德可稱伯夷叔齊餓于首陽之下民到于今稱之其斯之謂與者夷齊孤竹君之二子讓位適周遇武王伐紂諫之不入及武王既誅紂義不食周粟故于河東郡蒲坂縣首陽山下采薇而食終餓死雖然窮餓民到于今稱之以為古之賢人其此所謂以德為稱者與

陳亢問於伯魚曰。子亦有異聞乎。馬曰以為伯魚孔子之子所聞當有異 對曰。未也。嘗獨立。孔曰獨立謂孔子 鯉趨而過庭。曰。學詩乎。對曰。未也。不學詩。無以言。鯉退而學詩。他日又獨立。鯉趨而過庭。曰。學禮乎。對曰。未也。不學禮。無以立。鯉退而學禮。聞斯二者。陳亢退而喜曰。問一得三。聞詩。聞禮。又聞君子之遠其子也。

〔疏〕陳亢至子也。○正義曰此章勉人為詩為禮也陳亢問於伯魚曰子亦有異聞乎者伯魚孔子之子鯉也弟子陳亢以為伯魚是孔子之子所聞當有異於餘人故問之對曰未也者荅言未有異聞也嘗獨立鯉趨而過庭曰學詩乎對曰未也不學詩無以言鯉退而學詩者伯魚對陳亢言雖未有異聞有時夫子嘗獨立於堂鯉疾趨而過其中庭夫子謂已曰學詩乎已即對曰未也夫子又言不學詩無以言以古者會同皆賦詩見意若不學之何以為言也鯉於是退而遂學詩也他日又獨立鯉趨而過庭曰學禮乎對曰未也不學禮無以立鯉退而學禮者謂異日夫子又嘗獨立而伯魚趨過夫子訓之曰學禮乎荅言未也夫子又言若不學禮無以立身以禮者恭儉莊敬人有禮則安無禮則危故不學之則無以立其身也鯉於是退而學禮聞斯二者蓋言別無異聞但聞此詩禮二者也陳亢退而喜者既問伯魚退而喜悅也曰問一得三聞詩聞禮又聞君子之遠其子也者亢言始但問異聞是問一也今乃聞詩可以言禮可以立且鯉也過庭方始受訓則知不常嘻嘻褻慢是又聞君子之疏遠其子也故為得三所以喜也

邦君之妻。君稱之曰夫人。夫人自稱曰小童。邦人稱之曰君夫人。稱諸異邦曰寡小君。異邦人稱之。亦曰君夫人。孔曰小君君夫人之稱對異邦謙故曰寡小君當此之時諸侯嫡妾不正稱號不審故孔子正言其禮也

〔疏〕邦君至夫人。○正義曰此章正夫人之名稱也邦君之妻者諸侯之夫人也妻者齊也言與夫齊體上下之通稱故曰邦君之妻也君稱之曰夫人者夫之言扶也能扶成人君之德也邦君自稱其妻則曰夫人也夫人自稱曰小童者自稱謙言已小弱之童稚也邦人稱之曰君夫人者謂國中之臣民言則繫君而稱之言是君之夫人故曰君夫人也稱諸異邦曰寡小君者諸於也謂已國臣民稱已君之夫人於他國之人則曰寡小君對異邦謙也以對異邦稱君曰寡君謙言寡德之君夫人對君為小故曰寡小君也異邦人稱之亦曰君夫人者謂稱他國君妻亦曰君夫人也以當此之時諸侯嫡妾不正稱號不審故孔子正言其禮也

論語注疏校勘記　阮元撰盧宣旬摘錄

季氏第十六
揚其衰失 本揚誤楊今正
季氏將伐顓臾章
季氏將伐顓臾 唐石經臾作臾北監本作臾案臾是正字省作臾誤作臾
伏羲之後 皇本伏羲作宓犧釋文出宓字云音密又音伏本亦作伏案五經文字云宓論語注亦用作宓犧字音伏是唐時論語注俱作宓犧
季氏貪其土地 皇本無土字
欲滅而取之 皇本取作有
來告孔子 皇本子作氏下有也字
故孔子獨疑求教之 皇本之作也
且在邦域之中矣 釋文出邦域云邦或作封案邦與封古字雖通然此處疑本作封字孔注云魯七百里之封邢疏云魯之封域方七百里顓臾爲附庸在其域中也又云顓臾爲附庸在此七百里封域之中也皆作封字可證
魯七百里之封 皇本封作邦
何以伐爲 皇本高麗本作何以爲伐也
虎兕出於柙龜玉毀於櫝中 皇本無二於字高麗本毀下無於字釋文出於匣云本今作柙五經文字云柙與匣同見論語○按柙訓檻匣訓匱是柙爲正字匣爲假借字
櫝匱也 皇本匱作櫃案櫃乃匱之俗字
失虎毀玉豈非典守之過邪 皇本作失毀非典守者之過邪
後世必爲子孫憂 釋文出必爲子孫憂云本或作後世必爲子孫憂
而必爲之辭 皇本高麗本必下有更字
患政理之不均平 皇本理作治平下有也字釋文出政治云本今作理
則不貧矣 皇本不下有患字
而謀動干戈於邦內 釋文出邦內云鄭本作封內
干楯也 釋文出盾字云又作楯
不在顓臾 唐石經高麗本在下有於字釋文出不在顓臾云或作不在於顓臾
而在蕭牆之內也 隸釋載漢石經在下有於字云盍毛包周無於又牆作蘠閩本北監本毛本作墻○按墻俗牆字

言季氏將有征伐之事於顓臾也 本顓誤頊今正
且爾言過矣 本且誤目今正
自是汝之言罪過矣 本自誤目今正
言將伐顓臾之意 本臾誤更今正
以舍其探利之說 北監本毛本探作貪
不患土地人民之寡少 本土誤士今正
則當修文德 本文誤大今正
而在蕭牆之內也 浦鏜云也下脫者字
至屏而加肅敬焉 本肅誤蕭今正
武陽縣東北是也 本北誤此今正
爾雅云兕野牛 案爾雅野當作似各本皆誤
戈秘六尺有六寸 監本毛本秘作柲是也閩本亦誤
戈今句矛戟也 浦鏜云孑誤矛是也
胡其子 子當作孑閩本毛本並誤
天下有道章
周幽王爲犬戎所殺 本犬誤天今改
孔曰至乾侯 北監本毛本作至侯矣
幽王之廢后去太子也 今史記周本紀后上有申字
遂殺幽王麗山下 本同毛本麗作驪
云專征伐者 浦鏜云專下脫行字
子昭公禂立 閩本北監本毛本禂作裯○按史漢並作裯左傳作禂說詳左傳注疏校勘記二十六
祿之去公室章
孔曰文子云云 皇本高麗本竝作鄭元曰
文公子妃 左氏文十八年傳子作二
欲立之 左氏文十八年傳欲上重襄仲二字
益者三友章
友便辟 高麗本辟作僻案馬讀辟爲避鄭讀辟爲譬今高麗本作僻蓋與釋文同今既采馬注而字又作僻其誤甚矣

巧辟人之所忌以求容媚 皇本作巧避人所忌以求容媚者也
友便佞 說文引便作諞案五經文字云諞見周書與便巧之便同
便辨也 北監本毛本辨作辯說見前
益者三樂章
樂佚遊 釋文出佚遊云本亦作逸音同○按佚逸字多通用
謂好沈荒淫溢也 浦鏜云瀆誤溢
瀆者嫖慢也 案嫖是媟之誤閩本同
侍於君子有三愆章
言未及之而言謂之躁 釋文出躁字云魯讀躁爲傲今從古案荀子勸學篇云未可與言而言謂之傲鹽鐵論孝養章云言不及而言者傲也皆用魯論
言及之而不言謂之隱 皇本高麗本無而字
君子有三戒章
戒之在鬭 唐石經鬭誤鬬皇本閩本誤鬪北監本毛本誤鬭
戒之在得 釋文出在得云或作德非
生而知之者章
有所禮不通 補北監本禮作屈
君子有九思章
孔子至思義 本義誤夫今正
凡人執事多惰寙 閩本北監本毛本寙作怠
若一朝之忿 本一字空闕今補正
齊景公有馬千駟章
民無德而稱焉 皇本高麗本德作得又皇本無而字案得與德字雖通然此處自當作德王注云此所謂以德爲稱正義云此章貴德也又云及其死也無德可稱又云其此所謂以德爲稱者與皆以斯字即指德言直截目然若改爲得頗乖文義
餓于首陽之下 案論語于皆作於惟此章作于
陳亢問於伯魚曰章
陳亢 說文云論語有陳伉案亢字子禽與爾雅亢鳥嚨詁訓相合作伉似非也然漢書古今人表陳亢陳子禽爲二

人段玉裁說

未也不學詩無以言　皇本高麗本也下有曰字言下有也字

聞斯二者　皇本者下有矣字高麗本者作矣

問一得三　北監本毛本問誤聞

邦君之妻章

亦曰君夫人　皇本高麗本人下有也字

對異邦謙　本邦誤所今正

諸侯嫡妾不正　釋文出嫡妾云本又作適同

論語注疏校勘記卷十六終

論語注疏解經卷第十七

陽貨第十七　何晏集解　邢昺疏

〔疏〕正義曰此篇論陪臣專恣因明性習知愚禮樂本末六蔽之惡二南之美君子小人爲行各異今之與古其疾不同以前篇首章言大夫之惡此篇首章記家臣之亂尊卑之差故以相次也

陽貨欲見孔子。孔子不見。孔曰陽貨陽虎也季氏家臣而專魯國之政欲見孔子使仕 歸孔子豚。孔曰欲使往謝故遺孔子豚 孔子時其亡也。而往拜之。遇諸塗。孔曰塗道也於道路與相逢 謂孔子曰。來。予與爾言。曰。懷其寶而迷其邦。可謂仁乎。曰。不可。馬曰言孔子不仕是懷寶也知國不治而不爲政是迷邦也 好從事而亟失時。可謂知乎。曰。不可。孔曰言孔子栖栖好從事而數不遇失時不得爲有知 日月逝矣。歲不我與。馬曰年老歲月已往當急仕 孔子曰。諾。吾將仕矣。孔曰以順辭免 〔疏〕陽貨至仕矣。正義曰此章論家臣專恣孔子遜辭遠害之事也陽貨欲見孔子者陽貨陽虎也蓋名虎字貨爲季氏家臣而專魯國之政欲見孔子將使之仕也孔子不見者疾其家臣專政故不與相見歸孔子豚者歸遺也豚豕之小者陽貨欲使孔子往謝因得從容見之故遺孔子豚也孔子時其亡而往拜之者謂何虎不在家時而往謝之也遇諸塗者塗道也孔子既至貨家而反於道路與相逢也謂孔子曰來予與爾言者貨呼孔子使來就己言我與汝有所言也曰懷其寶而迷其邦可謂仁乎者此陽貨謂孔子之言也寶以喻道德言孔子不仕是懷藏其道德也知國不治而不爲政是使迷亂其國也仕者當拯弱興衰使功被當世今爾乃懷寶迷邦可以謂之仁乎曰不可者此孔子遜辭言如此者不可謂之仁也好從事而亟失時可謂知乎者此亦陽貨謂孔子辭亟數也言孔子棲棲好從事而數不過失時可謂有知者乎不得爲有知也曰不可者此亦孔子遜辭言如此者不可謂之知也日月逝矣歲不我與者此陽貨勸孔子求仕之辭逝往也言孔子年耆歲月已往不復畱待我也當急求仕孔子曰諾吾將仕矣者諾應辭也孔子知其勸仕故應答之言我將求仕以順辭免去也

子曰。性相近也。習相遠也。孔曰君子慎所習 子曰。唯上知與下愚不移。孔曰上知不可使爲惡下愚不可使強賢 〔疏〕子曰性相近也習相遠也子曰唯上知與下愚不移。正義曰此章言君子當慎其所習也性謂人所稟受以生而靜者也未爲外物所感則人皆相似是近也既爲外物所感則習以性成若習於善則爲君子若習於惡則爲小人是相遠也故君子慎所習然此乃是中人耳其性可上可下故遇善則升逢惡則墜也孔子又嘗曰唯上知聖人不可移之使爲惡下愚之人不可移之使強賢此則非如中人性習相近遠也

子之武城。聞弦歌之聲。孔曰子游爲武城宰 夫子莞爾而笑。莞爾小笑貌 曰。割雞焉用牛刀。孔曰言治小何須用大道 子游對曰。昔者偃也。聞諸夫子曰。君子學道則愛人。小人學道則易使也。孔曰道謂禮樂也樂以和人人和則易使 子曰。二三子。孔曰從行者 偃之言是也。前言戲之耳。孔曰戲以治小而用大道 〔疏〕子之至之耳。正義曰此章論治民之道也子之武城聞弦歌之聲者之適也武城魯邑名時子游爲武城宰意欲以禮樂化導於民故弦歌孔子因適武城而聞其聲也夫子莞爾而笑曰割雞焉用牛刀者莞爾小笑貌言雞乃小牲割之當用小刀何用解牛之大刀以喻治小何須用大道今子游治小用大故笑之子游對曰昔者偃也聞諸夫子曰君子學道則愛人小人學道則易使也者子游見孔子笑其治小用大故稱名而引昔聞夫子之言以對之道謂禮樂也禮節人心樂和人聲言若在位君子學禮樂則愛養下人也若在下小人學禮樂則人和而易使也子曰二三子者呼其弟子從行者也偃之言是也前言戲之耳者孔子語其從者言子游之說是我前言戲之以治小而用大道其實用大是也

公山弗擾以費畔。召。子欲往。孔曰弗擾爲季氏宰與陽虎共執季桓子而召孔子 子路不說。曰。末之也已。何必公山氏之之也。孔曰之適也無可之則止何必公山氏之適 子曰。夫召我者。而豈徒哉。如有用我者。吾其爲東周乎。興周道於東方故曰東周 〔疏〕公山至周乎。正義曰此章論孔子欲不避亂而興周道也公山弗擾以費畔召子欲往者弗擾即左傳公山不狃也字子洩爲季氏費邑宰與陽虎共執季桓子據邑以畔來召孔子孔子欲往從之也子路不說曰末之也已何必公山氏之之也者上下二之俱訓爲適末無也已止也子路以爲君子當去亂就治今孔子乃欲就亂故不喜說且曰無可適也則止之何必公山氏之適也子曰夫召我者而豈徒哉如有用我者吾其爲東周乎者孔子荅其欲往之意也徒空也言夫人召我者豈空然哉必將用我道也如有用我道者我則興周道於東方其使魯爲周乎吾是以不擇地而欲往也。注弗擾爲季氏宰與陽虎共執季桓子。正義曰案定五年左傳曰六月季平子行東野還未至丙申卒于房陽虎將以璵璠斂仲梁懷弗與曰改步改玉陽虎欲逐之告公山不狃不狃曰彼爲君也子何怨焉既葬桓子行東野及費子洩爲費宰逆勞於郊桓子敬之勞仲梁懷仲梁懷弗敬子洩怒謂陽虎子行之乎九月乙亥陽虎囚季桓子是其事也至八年又與陽虎謀殺桓子陽虎敗而出至十二年季氏將墮費公山不狃叔孫輒率費人以襲魯國人敗諸姑蔑二子奔齊

子張問仁於孔子。孔子曰。能行五者於天下。爲仁矣。請問之。曰。恭。寬。信。敏。惠。恭則不侮。孔曰不見侮慢 寬則得衆。信則人任焉。敏則有功。孔曰應事疾則多成功 惠則足以使人。〔疏〕子張至使人。正義曰此章明仁也子張問仁於孔子者問何如斯可謂之仁也孔子曰能行五者於天下爲仁矣者言爲仁之道有五也請問之者子張復請問五者之目也曰恭寬信敏惠者此孔子略言爲仁五者之名也恭則不侮者此下孔子又歷說五者之事也言己若恭以接人人亦恭以待己故不見侮慢寬則得衆者言行能寬簡則爲衆所歸也信則人任焉

者言而有信則人所委任也敏則有功者敏疾也應事敏疾則多成功也惠則足以使人者有恩惠則人忘其勞也

佛肸召。子欲往。孔曰晉大夫趙簡子之邑宰子路曰。昔者由也聞諸夫子曰。親於其身爲不善者。君子不入也。孔曰不入其國佛肸以中牟畔。子之往也。如之何。子曰。然。有是言也。不曰堅乎。磨而不磷。不曰白乎。涅而不緇。孔曰磷薄也涅可以染皁言至堅者磨之而不薄至白者染之於涅而不黑喻君子雖在濁亂濁亂不能汚吾豈匏瓜也哉。焉能繫而不食。匏瓠也言匏瓜得繫一處者不食故也吾自食物當東西南北不得如不食之物繫滯一處

【疏】佛肸至不食。○正義曰此章亦言孔子欲不擇地而治也佛肸召子欲往者佛肸爲晉大夫趙簡子之中牟邑宰以中牟畔來召孔子孔子欲往從之也子路曰昔者由也聞諸夫子曰親於其身爲不善者君子不入也者言君子不入不善之國也佛肸以中牟畔子之往也如之何者言今佛肸以中牟畔則是身爲不善而子欲往如前言何子曰然有是言也者孔子荅云雖有此不入不善之言也不曰堅乎磨而不磷不曰白乎涅而不緇者孔子之意雖言不入不善緣君子見幾而作亦有可入之理故謂之作譬磷薄也涅水中黑土可以染皁緇黑色也人豈不曰至堅者磨之而不薄至白者染之於涅而不黑以喻君子雖居濁亂濁亂不能汚也吾豈匏瓜也哉焉能繫而不食者孔子又爲言其欲往之意也匏瓠也瓠瓜得繫一處者不食故也吾自食物當東西南北不得如不食之物繫滯一處江熙云夫子豈實之公山佛肸乎欲往之意以示無係以觀門人之意如欲居九夷乘桴浮于海耳子路見形而不及道故聞乘桴而喜聞之公山而不說升堂而未入室安得聖人之趣

子曰。由也。女聞六言六蔽矣乎。六言六蔽者謂下六事仁知信直勇剛也對曰。未也。居吾語女。孔曰子路起對故使還坐好仁不好學。其蔽也愚。孔曰仁者愛物不知所以裁之則愚好知不好學。其蔽也蕩。孔曰蕩無所適守好信不好學。其蔽也賊。孔曰父子不知相爲隱之輩好直不好學。其蔽也絞。好勇不好學。其蔽也亂。好剛不好學。其蔽也狂。孔曰狂妄抵觸人

【疏】子曰至也狂。○正義曰此章勸學也子曰由也女聞六言六蔽矣乎者蔽謂蔽塞不自見其過也孔子呼子路而問之曰汝嘗聞六言不學而皆蔽塞者乎對曰未也者子路對言未曾聞也居吾語女者居由坐也禮君子問更端則起子路起對故使還坐吾將語女也好仁不好學其蔽也愚者此下歷說六言六蔽之事也學者覺也所以覺寤未知也仁者之行學則不固是以愛物好與曰仁若但好仁不知所以裁之所施不當則如愚人也好知不好學其蔽也蕩者明照於事曰知若不學以裁之則其蔽在於蕩逸無所適守也好信不好學其蔽也賊者人言不欺爲信則當信義若但好信而不學以裁之其蔽在於賊害父子不知相爲隱之輩也好直不好學其蔽也絞者絞切也正人之曲曰直若好直不好學則失於譏刺太切好勇不好學其蔽也亂者勇謂果敢當學以知義若好勇而不好學則是有勇而無義則爲賊亂好剛不好學其蔽也狂者狂猶妄也剛者無欲不爲曲求若好特其剛不學以制之則其蔽也妄抵觸人

子曰。小子何莫學夫詩。包曰小子門人也詩可以興。孔曰興引譬連類可以觀。鄭曰觀風俗之盛衰可以羣。孔曰羣居相切瑳可以怨。孔曰怨刺上政邇之事父。遠之事君。孔曰邇近也多識於鳥獸草木之名。子謂伯魚曰。女爲周南召南矣乎。人而不爲周南召南。其猶正牆面而立也與。馬曰周南召南國風之始樂得淑女以配君子三綱之首王教之端故人而不爲如向牆而立

【疏】子曰至也與。○正義曰此章勸人學詩也子曰小子何莫學夫詩者小子門人也莫不也孔子呼門人曰何不學夫詩也詩可以興者又爲說其學詩有益之理也若能學詩詩可以令人能引譬連類以爲比興也可以觀者詩有諸國之風俗盛衰可以觀覽知之也可以羣者詩有如切如磋可以羣居相切磋也可以怨者詩有君政不善則風刺之言之者無罪聞之者足以戒故可以怨刺上政邇之事父遠之事君者近也詩有凱風白華相戒以養是有邇之事父之道也又有雅頌君臣之法是有遠之事君之道也言事父與事君皆有道也多識於鳥獸草木之名者言詩人多記鳥獸草木之名以爲比興則因又多識於此鳥獸草木之名也子謂伯魚曰女爲周南召南矣乎者爲猶學也孔子謂其子伯魚曰女學周南召南之詩矣乎人而不爲周南召南其猶正牆面而立也與者又爲說宜學周南召南之意也牆面而向牆也周南召南國風之始三綱之首王教之端故人若學之則可以觀與人而不爲則如面正向牆而立無所觀見也○注周南至而立○正義曰云周南召南國風之始者詩序云然則關雎麟趾之化王者之風故繫之周公南言化自北而南也鵲巢騶虞之德諸侯之風也先王之所以教故繫之召公周南召南正始之道王化之基是以周南召南二十五篇謂之正國風爲十五國風之始也云樂得淑女以配君子者亦詩關雎序文也言二南皆是正始之道先美家內之化是以關雎之篇說后妃心之所樂樂得此賢善之女以配己之君子也云三綱之首王化之端者白虎通云三綱者何謂謂君臣父子夫婦也君爲臣綱父爲子綱夫爲妻綱有夫婦然後有父子有父子然後有君臣二南之詩首論夫婦文王刑于寡妻至于兄弟以御于家邦是故二國之詩以后妃夫人之德爲首終以麟趾騶虞言后妃夫人有斯德興助其君子皆可以成功至于致嘉瑞故爲三綱之首王教之端也

子曰。禮云禮云。玉帛云乎哉。鄭曰玉圭璋之屬帛束帛之屬言禮非但崇此玉帛而已所貴者乃貴其安上治民樂云樂云。鐘鼓云乎哉。馬曰樂之所貴者移風易俗非謂鐘鼓而已

【疏】子曰至乎哉。○正義曰此章辨禮樂之本也子曰禮云禮云玉帛云乎哉者玉圭璋之屬帛束帛之屬皆行禮之物也言禮之所云豈在此玉帛云乎哉者言非但崇此玉帛而已所貴者在於安上治民樂云樂云鐘鼓云乎哉者鐘鼓樂之器也樂之所貴者貴其移風易俗非謂貴此鐘鼓鏗鏘而已故孔子歎之重言之者深明樂之本不在玉帛鐘鼓也

子曰。色厲而內荏。孔曰荏柔也爲外自矜厲而內柔佞譬諸小人。其猶穿窬之盜也與。孔曰爲人如此猶小人之有盜心穿穿壁窬窬牆

【疏】子曰色厲而內荏譬諸小人其猶穿窬之盜也與。○正義曰此章疾時人體與情反也厲矜莊也荏柔佞也穿穿壁窬窬牆也言外自矜厲而內柔佞爲人如此譬之猶小人外雖持正內常有穿壁窬牆竊盜之心也與

子曰。鄉原德之賊也。周曰所至之鄉輒原其人情而爲意以待之是賊亂德也一曰鄉向也古字同謂人不能剛毅而見人輒原其趣嚮容媚而合之言此所以賊德

【疏】子曰鄉原德之賊也。○正義曰此章疾時人之詭隨也舊解有二周曰所至之鄉輒原其人情而爲意以待之是賊亂德也何晏云一曰鄉向也古字同謂人不能剛毅而見人輒原其趣嚮容媚而合之言此所以賊德也

子曰。道聽而塗說。德之棄也。馬曰聞之於道路則傳而說之

【疏】子曰道聽而塗說德之棄也。○正義曰此章疾時人不習而傳之也塗亦道也言聞之於道路則於道路傳而說之必多謬妄爲有德者所棄也

子曰。鄙夫可與事君也與哉。孔曰言不可與事君其未得之也。患得之。患得之者患不能得之楚俗言既得之。患失之。苟患失之。無所不至矣。鄭曰無所不至者言其邪媚無所不爲

【疏】子曰鄙夫至至矣。○正義曰此章論鄙夫之行也子曰鄙夫可與事君也與哉者言凡鄙之人不可與之事君也其未得之也患得之者此下明鄙夫不可與事君之由也患得之者患不能得也言其初未得事君也時常患己不能得事君也既得之患失之者言不能任直守道常憂患失其祿位也苟患失之無所不至矣者苟誠也若誠憂失之則用心顧惜竊位偷安言其邪媚無所不爲也以此故不可與事君也

子曰。古者民有三疾。今也或是之亡也。包曰言古者民疾與今時異古之狂也肆。包曰肆極意敢言今之狂也蕩。孔曰蕩無所據古之矜也廉。馬曰有廉隅今之矜也忿戾。孔曰惡理多怒古之愚也直。今之愚也詐而已矣。

【疏】子曰至已矣。○正義曰此章論今人澆薄不如古人也子曰古者民有三疾今也或是之亡也者亡無也言古者淳朴之時民之行有三疾今也澆薄或是亦無也言古者民疾與今時異古之狂也肆者此下歷言三疾也肆謂極意敢言多抵觸人也今之狂也蕩者謂忿怒而多咈戾惡理多怒古之愚也直者謂心直而無邪曲今之愚也詐而已矣者謂多行欺詐自利也

子曰。巧言令色鮮矣仁。王曰巧言無實令色無質

【疏】子曰巧言令色鮮矣仁。○正義曰此章與學而篇同弟子各記所聞故重出之

子曰。惡紫之奪朱也。孔曰朱正色紫間色之好者惡其邪好而奪正色惡鄭聲之亂雅樂也。包曰鄭聲淫聲之哀者惡其亂雅樂惡利口之覆邦家者。孔曰利口之人多言少實苟能悅媚時君傾覆國家

【疏】子曰至家者。○正義曰此章記孔子惡邪奪正也惡紫之奪朱也者朱正色紫間色之好者惡其邪好而奪正色也惡鄭聲之亂雅樂也者鄭聲淫聲之哀者惡其淫聲亂正樂也惡利口之覆邦家者利口之人多言少實苟能悅媚時君傾覆國家也。○注孔曰至正色。○正義曰云朱正色紫間色者皇氏云謂青赤白黑五

方正色不正謂五方間色綠紅碧紫騮黃色是也青是東方正綠是東方間東爲木木色青木刻土土色黃并以所刻爲間故綠色青黃也朱是南方正紅是南方間南爲火火色赤火刻金金色白故紅色赤白也白是西方正碧是西方間西爲金金色白金刻木故碧色青白也黑是北方正紫是北方間北爲水水色黑水刻火火色赤故紫色赤黑也黃是中央正騮黃是中央間中央土土色黃土刻水水色黑故騮黃色黃黑也

子曰。予欲無言。子貢曰。子如不言。則小子何述焉。言之爲益少故欲無言子曰。天何言哉。四時行焉。百物生焉。天何言哉。〔疏〕子曰至言哉。正義曰此章戒人慎言也子曰予欲無言者君子訥於言而敏於行以言之爲益少故欲無言子貢曰子如不言則小子何述焉者小子弟子也子貢聞孔子不欲言故告曰夫子若不言則弟子等何所傳述子曰天何言哉四時行焉百物生焉天何言哉者此孔子舉天亦不言而令行以爲譬也天何嘗有言語哉而四時之令遞行焉百物皆依時而生焉天何嘗有言語教命哉以喻人若無言但有其行不亦可乎

孺悲欲見孔子。孔子辭以疾。將命者出戶。取瑟而歌。使之聞之。孺悲魯人也孔子不欲見故辭之以疾爲其將命者不已故歌令將命者悟所以令孺悲思之〔疏〕孺悲至聞之。正義曰此章蓋言孔子疾惡也孺悲欲見孔子孔子辭以疾者孺悲魯人也來欲見孔子孔子不欲見故辭之以疾也將命者出戶取瑟而歌使之聞之者將猶奉也奉命者主人傳辭出入人也初將命者來入戶言孺悲求見夫子辭之以疾又爲將命者不已故取瑟而歌令將命者聞之而悟己無疾但不欲見之所以令孺悲思之

宰我問。三年之喪。期已久矣。君子三年不爲禮。禮必壞。三年不爲樂。樂必崩。舊穀既沒。新穀既升。鑽燧改火。期可已矣。馬曰周書月令有更火之文春取榆柳之火夏取棗杏之火季夏取桑柘之火秋取柞楢之火冬取槐檀之火一年之中鑽火各異木故曰改火也子曰。食夫稻。衣夫錦。於女安乎。曰。安。女安則爲之。夫君子之居喪。食旨不甘。聞樂不樂。居處不安。故不爲也。今女安則爲之。孔曰旨美也責其無仁恩於親故再言女安則爲之宰我出。子曰。予之不仁也。子生三年。然後免於父母之懷。馬曰子生於三歲爲父母所懷抱夫三年之喪。天下之通喪也。孔曰自天子達於庶人予也有三年之愛於其父母乎。孔曰言子之於父母欲報之恩昊天罔極而予也有三年之愛乎〔疏〕宰我至母乎。正義曰此章論三年喪禮也宰我問三年之喪期已久矣者禮喪服爲至親者三年宰我嫌其期月大遠故問於夫子曰三年之喪期已久矣乎君子三年不爲禮禮必壞三年不爲樂樂必崩者此宰我又說喪不可三年之義也言禮檢人迹樂和人心君子不可斯須去身推在喪則皆不爲也不爲既久故禮壞而樂崩也舊穀既沒新穀既升鑽燧改火期可已矣者宰我又言三年之喪一期爲足之意也夫人之變遷本依天道一期之間則舊穀已沒新穀已成鑽木出火謂之燧言鑽燧者又已改變出火之木天道萬物既已改新則人情亦宜從舊故喪禮但一期而除亦可已矣子曰食夫稻衣夫錦於女安乎者孔子見宰我言至親之喪欲以期斷故問之言禮爲父母之喪既殯食粥居倚廬斬衰三年期而小祥食菜果居堊室練冠縓緣要絰不除今女既期之後食稻衣錦於女之心得安否乎曰安者宰我言既期除喪即食稻衣錦其心安也女安則爲之者孔子言女心安則自爲之夫君子之居喪食旨不甘聞樂不樂居處不安故不爲也今女安則爲之者孔子又爲說不可安之禮旨美也言君子之居喪也疾卽飲酒食肉雖食美味不以爲甘雖聞樂聲不以爲樂寢苫枕塊居處不求安也故不爲食稻衣錦之事今女既心安則在自爲之責其無仁恩於親故再言女安則爲之宰我出子曰予之不仁也子生三年然後免於父母之懷者予宰我名宰我方當愚執夫子不欲面斥其過故宰我既問而出去孔子對二三子言曰夫宰予不仁於父母也凡人子生未三歲常爲父母所懷抱既三年然後免離父母之懷是以聖人制喪禮爲父母三年夫三年之喪天下之通喪也者通達也謂上自天子下達庶人皆爲父母三年故曰通喪也予也有三年之愛於其父母乎者爲父母愛己故喪三年今予也不欲行三年之服是有三年之恩愛於父母乎。注馬曰至火也。正義曰云周禮月令有更火之文者周書孔子所刪尚書百篇之餘也晉成康中得之汲冢有月令篇其辭今亡案周禮司爟掌行火之政令四時變國火以救時疾鄭玄注云行猶用也變猶易也鄭司農說以鄹子曰春取榆柳之火夏取棗杏之火季夏取桑柘之火秋取柞楢之火冬取槐檀之火其文與此正同釋者云榆柳青故春用之棗杏赤故夏用之桑柘黃故季夏用之柞楢白故秋用之槐檀黑故冬用之。注孔曰自天子達於庶人。正義曰禮記三年問云夫三年之喪天下之通喪也鄭玄云達謂自天子至於庶人喪服四制曰此喪之所以三年賢者不得過不肖者不得不及檀弓曰先王制禮也過之者俯而就之不至者跂而及之也聖人雖以三年爲文其實二十五月而畢若駟之過隙然而遂之則是無窮也故先王爲之立中制節壹使足以成文理則釋之矣喪服四制曰始死三日不怠三月不解期悲哀三年憂恩之殺也故孔子云子生三年然後免於父母之懷夫三年之喪天下之達喪也所以喪必三年爲制也。注孔曰至愛乎。正義曰云欲報之德昊天罔極者小雅蓼莪文鄭箋云之猶是也我欲報父母是德昊天乎我心無極云予也有三年之愛乎者言宰予不欲服喪三年是無三年之愛也繆協云爾時禮壞樂崩三年不行宰我大懼其往以爲聖人無微旨以戒將來故假時人之謂啓憤於夫子義在屈己以明道也

子曰。飽食終日。無所用心。難矣哉。不有博奕者乎。爲之猶賢乎已。馬曰爲其無所據樂善生淫欲〔疏〕子曰至乎已。正義曰此章疾人之不學也子曰飽食終日無所用心難矣哉者言人飽食終日於善道無所用心則難以爲處矣哉不有博奕者乎爲之猶賢乎已者賢勝也已止也博說文作簙局戲也六箸十二棊也古者烏曹作簙圍棊謂之奕說文奕從廾言竦兩手而執之棊者所執之子以子圍而相殺故謂之圍棊圍棊稱奕者又取其落奕之義也夫子爲其飽食之之無所據樂善生淫欲故教之曰不有博奕之戲者乎若其爲之猶勝乎止也欲令據此爲樂則不生淫欲也

子路曰。君子尚勇乎。子曰。君子義以爲上。君子有勇而無義爲亂。小人有勇而無義爲盜。〔疏〕子路至爲盜。正義曰此章抑子路也子路曰君子尚勇乎者子路有勇意謂勇可崇尚故問於夫子曰君子當尚勇乎子曰君子義以爲上者言君子不尚勇而上義也上卽尚也君子有勇而無義爲亂小人有勇而無義爲盜者君子指在位者合宜爲義言在位之人有勇而無義則爲亂逆在下小人有勇而無義則爲盜賊

子貢曰。君子亦有惡乎。子曰。有惡。惡稱人之惡者。包曰好稱說人之惡所以爲惡惡居下流而訕上者。孔曰訕謗毀惡勇而無禮者。惡果敢而窒者。馬曰窒窒塞也曰。賜也亦有惡乎。惡徼以爲知者。孔曰徼抄也抄人之意以爲己有惡不孫以爲勇者。惡訐以爲直者。包曰訐謂攻發人之陰私〔疏〕子貢至直者。正義曰此章論人有惡行可憎惡也子貢曰君子亦有惡乎者君子謂夫子也子貢問夫子之意亦有憎惡乎子曰有惡者荅言有所憎惡也惡稱人之惡者謂好稱說人之惡所以惡之也惡居下流而訕上者訕謗毀也謂人居下位而謗毀在上所以惡之也惡勇而無禮者謂好爲勇而無禮義爲亂所以惡之也惡果敢而窒者窒塞謂好爲果敢窒塞人之善道所以惡之也曰賜也亦有惡乎者子貢言賜也亦有所憎惡也惡徼以爲知者徼抄也禮毋抄說若抄人之意以爲己有所以惡之惡不孫以爲勇者孫順也君子義以爲勇若以不順爲勇者亦可惡也惡訐以爲直者訐謂攻發人之陰私也人之爲直當自直己若攻發他人陰私之事以成己之直者亦可惡也

子曰。唯女子與小人爲難養也。近之則不孫。遠之則怨。〔疏〕子曰唯女子與小人爲難養也近之則不孫遠之則怨。正義曰此章言女子與小人皆無正性難畜養所以難養者以其親近之則多不孫順疏遠之則好生怨恨此言女子舉其大率耳若其稟性賢明若文母之類則非所論也

子曰。年四十而見惡焉。其終也已。鄭曰年在不惑而爲人所惡終無善行〔疏〕子曰年四十而見惡焉其終也已。正義曰此章言人年四十猶爲惡行而見憎惡於人者則是其終無善行也已以其年在不惑而猶爲人所惡必不能追改故也

論語注疏校勘記

阮元撰盧宣旬摘錄

陽貨第十七

陽貨欲見孔子章

歸孔子豚　釋文出歸孔子云如字鄭本作饋魯讀爲歸今從古案歸饋古今字儀禮聘禮注今文歸或爲饋

遇諸塗　釋文出塗字云字當作途。按古道塗字多作涂从辵从土皆後出字

言孔子栖栖好從事　北監本毛本栖作棲此疏中亦作棲案說文西爲本字或作棲此作栖又爲棲之俗字

以順辭免皇本免下有害也二字

予與爾言者本予誤子今正

仕者當拯弱興衰北監本毛本弱作溺

言孔子年老本老誤者今正

性相近也章

唯上知與下愚皇本唯作惟說見前

不可使爲惡皇本爲上有强字案釋文爲下强賢作音則此處亦無强字

未爲外物所感本未誤夫今正

下愚之人閩本北監本毛本人作夫

子之武城章

聞弦歌之聲皇本弦作絃案說文有弦無絃

夫子莞爾而笑釋文出莧爾云本今作莞案易夬莧陸夬夬虞注莧悅也讀如夫子莧爾而笑之莧是仲翔所見本亦作莧字

小人學道則易使也高麗本無也字

言雞乃小牲本牲誤往今正

而引昔聞夫子之言以對之本昔誤焉閩本同今正

公山弗擾以費畔章

公山弗擾皇本高麗本弗作不注同

何必公山氏之之也高麗本之字不重

如有用我者皇本用上有復字

此章論孔子不避亂而興周道也本避誤壁今正

改步改玉本玉誤王閩本同今正

子張問仁於孔子章

孔子曰高麗本曰上有對字

佛肸召章

佛肸召唐石經同皇本佛肸作胇肸後同案漢書古今人表作茀肸佛茀胇三字皆以音近通借五經文字云肸肸上說文下經典相承隸省

有是言也不曰堅乎皇本不上有曰字

涅而不緇閩本同毛本涅作湼案史記孔子世家及論衡問孔篇俱作不淄淄與緇古字通後漢書后妃紀云恩隆好合遂忘淄蠹以淄爲緇又隸釋載費鳳別碑有云埿而不滓史記屈原賈生傳云皭然泥而不滓者也後漢書隗囂傳亦云賢者泥而不滓竝皆本此當是古魯異文

故謂之作譬浦鏜云爲誤謂

由也女聞六言六蔽矣乎章

由也女聞六言六蔽矣乎皇本無也字

未也居吾語女皇本居上有曰字

居由坐也閩本同毛本由作猶

好剛不好學本學誤之今正

小子何莫學夫詩章皇本以子謂伯魚曰以下別爲一章朱子集注本與皇本同

羣居相切瑳毛本瑳並作磋

女爲周南召南矣乎皇本高麗本召作邵下及注並同○按周召字當作召作邵非

樂得淑女皇本無樂字

如向牆而立皇本立下有也字釋文出如鄉云又作向同說見前

王者之風本王誤五今正

三綱者何謂今白虎通謂下有也字

禮云禮云章

鍾鼓云乎哉皇本閩本北監本毛本鍾作鐘注疏並同

言非但崇此玉帛而已本而誤不今正

深明樂之本北監本毛本樂上有禮字此誤脫也

色厲而内荏章

其猶穿窬之盜也與釋文出穿踰云本又作窬音同案孔注云窬窬牆也則字當從踰

鄉原章

而爲意以待之皇上意上有己字

是賊亂德也皇本也上有者字釋文出是敗亂云敗或作賊字

而見人輒原其趣鄉皇本鄉作向釋文出趣鄉云本今作向說見前

言此所以賊德諸本有也字

道聽而塗說章

德之棄也高麗本無也字

鄙夫章

鄙夫可與事君也與哉釋文出與哉云本或作無哉

其未得之也患得之高麗本無也字

苟患失之高麗本無之字

言其邪媚無所不爲皇本無其字爲下有也字

則用心固惜案固當作顧各本皆不誤今正

古者民有三疾章

與今時異本今誤令今正

古之矜也廉釋文出廉字云魯讀廉爲貶今從古

今之狂也蕩者謂忿戾而多咈戾蕩者下毛本有謂無所依據大放涙也古之矜也廉者謂有廉隅自撿束也今之矜也忿戾者三十字閩本北監本並有上謂字以下二十九字閩本實闕北監本空闕

巧言令色章

王曰巧言無實令色無質皇本高麗本無此節經注

惡紫之奪朱也章

惡紫之奪朱也高麗本無也字下雅樂下同

惡利口之覆邦家者皇本者作也高麗本無者字

傾覆國家皇本作傾覆其國家也

謂青赤田白黑北監本毛本田作黃是也浦鏜云謂上脫正字

緅紅碧紫騂黃色是也浦鏜云色字衍

東爲木本東誤策今正

木刻土閩本同案刻當作克下同

中央上上色黃案二上字並當作土浦鏜云央下脫爲字

土刻水本土誤士今正

予欲無言章

天何言哉釋文出天何言哉云魯讀天爲夫今從古

孺悲欲見孔子章

孺悲欲見孔子　釋文出孺悲云字亦作孺案五經文字云孺經典及釋文或作孺與孺同

孔子辭以疾　皇本高麗本以上有之字

爲其將命者不已　皇本已上有知字

宰我問三年之喪章

期已久矣　釋文出期已久矣云一本作朞

周書月令有更火之文　皇本無之文二字

食夫稻衣夫錦　皇本高麗本稻下錦下有也字案世說規箴篇引此文亦竝有也字

安女安則爲之　皇本女上有曰字

子生於二歲　案二當作三皇本於作未

天下之通喪也　史記弟子列傳喪作義

於其父母乎　漢石經無乎字

欲報之恩　皇本恩作德

宰我嫌其期月大遠　北監本毛本期月作三年

推在喪則皆不爲也　案推當惟誤

一期之間　本間誤問今正

其辭今亡　本今誤令今正

天下之通喪也　禮記三年問通作達案此本疏後述經文亦作達喪

先王制禮也　今禮記檀弓王下有之字

不至者　今禮記檀弓至下有焉字

有三年之愛乎者　浦鏜云愛下脫於其父母四字

飽食終日章

不有博奕者乎　皇本閩本同北監本毛本奕作弈閩本疏中亦作弈此本疏中唯說文下作弈按當作弈从廾亦聲

馬曰　高麗本無馬曰字

善生淫欲　皇本欲作慾下有也字釋文出淫慾云本今作欲。按欲慾古今字

局戲也　毛本局作局說見前

古者烏曹作簙　閩本同北監本毛本曹改作曹是也案廣韻十九鐸衆經音義八藝文類聚七十四引世本竝作烏曹說文作烏胄段玉裁說文注已正其誤

夫子爲其飽食之之　按之之當是終日之誤

猶勝乎上也　北監本毛本上作止

君子尚勇乎章

君子義以爲上者　本以誤而今正

言君子不尚勇而上義也　北監本毛本上作尚

君子亦有惡乎章

子貢曰　皇本高麗本曰上有問字

君子亦有惡乎　漢石經無亦字下有惡無惡字

惡居下流而訕上者　漢石經無流字案皇疏云又憎惡爲人臣下而毀謗其君上者也邢疏云謂人居下位而謗毀在上所以惡之也是皇邢兩本亦無流字九經古義云當因子張篇惡居下流涉彼而誤鹽鐵論大夫曰文學居下而訕上漢書朱雲傳云小臣居下訕上是漢以前皆無流字

惡果敢而窒者　釋文出而窒云魯讀窒爲室今從古案室乃窒之省文隸釋載漢韓勑脩孔廟後碑以窒爲室

賜也亦有惡乎　皇本高麗本乎作也

惡徼以爲知者　釋文出徼以云鄭本作絞案敫聲交聲古音同部故得通借

抄人之意　皇本抄上有惡字

禮毋抄說　案抄當作勦北監本毋誤母。按段玉裁云曲禮勦字从刀不从力

唯女子與小人章

遠之則怨　皇本怨上有有字

若文母之類　本母誤毋今正

年四十而見惡焉章

年四十而見惡焉　漢石經作年卌見惡焉

論語注疏解經卷第十八

微子第十八　何晏集解　邢昺疏

〔疏〕正義曰此篇論天下無道禮壞樂崩君子仁人或去或死否則隱淪巖野周流四方因記周公戒魯公之語四乳生八士之名以前篇言羣小在位則必致仁人失所故以此篇次之

微子去之。箕子爲之奴。比干諫而死。馬曰微箕二國名子爵也微子紂之庶兄箕子比干紂之諸父微子見紂無道早去之箕子佯狂爲奴比干以諫見殺　孔子曰。殷有三仁焉。仁者愛人三人行異而同稱仁以其俱在憂亂寧民〔疏〕微子至仁焉。正義曰此章論殷有三仁志同行異也微子去之箕子爲之奴比干諫而死者微子紂之庶兄箕子比干紂之諸父見紂無道微子去之箕子佯狂爲奴比干以諫見殺孔子曰殷有三仁焉者愛人謂之仁三人所行異而同稱仁以其俱在憂亂寧民也。注馬曰至見殺。正義曰云微箕二國名子爵也者孔安國云微圻內國名子爵爲紂卿士去無道鄭玄以爲微與箕俱在圻內孔雖不言箕亦當在圻內王肅云微國名子爵入爲王卿士肅意蓋以微爲圻外故言入也微子名啓世家作開辟漢景帝名也微子紂之庶兄箕子比干紂之諸父者啓與其弟仲衍皆紂之同母庶兄也呂氏春秋仲冬紀云紂之母生微子啓與仲衍其時尚爲妾改而爲妻後生紂紂之父欲立微子啓爲太子太史據法而爭曰有妻之子不可立妾之子故立紂爲後偏檢書傳不見箕子之名惟司馬彪注莊子云箕子名胥餘不知出何書也家語曰比干是紂之親則諸父知比干是紂之諸父耳箕子則無文宋世家云箕子者紂之親戚也言親戚不知爲父爲兄也鄭玄王肅皆以箕子爲紂之諸父服虔杜預以爲紂之庶兄既無正文各以意言之耳云微子見紂無道早去之箕子佯狂爲奴比干以諫見殺者尚書微子篇備有去殷之事本紀云西伯既卒周武王之東伐至盟津諸侯叛殷會周者八百諸侯皆曰紂可伐矣武王曰爾未知天命乃復歸紂愈淫亂不止微子數諫不聽乃與太師謀遂去比干曰爲人臣者不得不以死爭迺強諫紂紂怒曰吾聞聖人心有七竅剖比干觀其心箕子懼乃佯狂爲奴紂又囚之是也

柳下惠爲士師。孔曰士師典獄之官三黜。人曰。子未可以去乎。曰。直道而事人。焉往而不三黜。孔曰苟直道以事人所至之國俱當復三黜　枉道而事人。何必去父母之邦。〔疏〕柳下至之邦。正義曰此一章論柳下惠之行也柳下惠爲士師者士師典獄之官也三黜者時柳下惠爲魯典獄之官任其直道羣邪醜直故三被黜退人曰子未可以去乎者或人謂柳下惠曰吾子數被黜辱未可以去離魯乎曰直道而事人焉往而不三黜枉道而事人何必去父母之邦者荅或人不去之意也焉何也枉曲也時世皆邪已用直道以事於人則何往而不三黜乎言苟直道以事人所至之國俱當復三黜若舍其直道而曲以事人則在魯亦不見黜何必去父母所居之國也。注士師典獄之官。正義曰士師卽周禮司寇之屬有士師鄉士皆以士爲官名鄭玄云士察也主察獄訟之事是士師爲典獄之官也

齊景公待孔子曰。若季氏則吾不能。以季孟

之間待之。孔曰魯三卿季氏爲上卿最貴孟氏爲下卿不用事言待之以二者之間曰。吾老矣。不能用也。孔子行。以聖道難成故云吾老不能用〔疏〕齊景至子行○正義曰此章言孔子失所也齊景公待孔子者待遇也謂以祿位接遇孔子也曰若季氏則吾不能以季孟之間待之者魯三卿季氏爲上卿最貴孟氏爲下卿不用事景公言我待孔子以上卿之位若魯季氏則不能以其有田氏專政故也又不可使其位卑若魯孟氏故欲待之以季孟二者之間曰吾老矣不能用也者時景公爲臣下所制雖說孔子之道而終不能用故託云聖道難成吾老不能用也孔子行者去齊而歸魯也○注以聖道難成故云吾老不能用○正義曰案世家云魯昭公奔齊頃之魯亂孔子適齊景公數問政景公說將以尼谿田封孔子晏嬰諫而止之異日景公止孔子曰奉子以季氏吾不能以季孟之間待之齊大夫欲害孔子孔子聞之景公曰吾老矣弗能用也孔子遂行反乎魯是其事也○

齊人歸女樂。季桓子受之。三日不朝。孔子行。孔曰桓子季孫斯也使定公受齊之女樂君臣相與觀之廢朝禮三日〔疏〕齊人歸女樂季桓子受之三日不朝孔子行○正義曰此章言孔子去無道也桓子季孫斯也使定公受齊之女樂君臣相與觀之廢朝禮三日孔子遂行也案世家定公十四年孔子年五十八由大司寇行攝相事於是誅魯大夫亂政者少正卯與聞國政三月粥羔豚者弗飾賈男女行者別於塗塗不拾遺四方之客至乎邑者不求有司皆予之以歸齊人聞之而懼曰孔子爲政必霸霸則吾地近焉我之爲先并矣盍致地犂鉏請先嘗沮之沮之而不可則致地庸遲乎於是選齊國中女子好者八十人皆衣文衣而舞康樂文馬三十駟遺魯君陳女樂焉於魯城南高門外季桓子微服往觀再三將受乃語魯君爲周道遊往觀終日怠於政事子路曰夫子可以行矣孔子曰魯今且郊如致膰乎大夫則吾尤可以止桓子卒受齊女樂三日不聽政郊又不致膰俎於大夫孔子遂行宿乎屯而師已送曰夫子則非罪孔子曰吾歌可夫歌曰彼婦人之口可以出走彼婦人之謁可以死敗蓋優哉游哉維以卒歲師已反桓子曰孔子亦何言師已以實告桓子喟然歎曰夫子罪我以羣婢故也孔子遂適衛矣

楚狂接輿歌而過孔子。孔曰接輿楚人佯狂而來歌欲以感切孔子曰。鳳兮鳳兮。何德之衰。孔曰比孔子於鳳鳥鳳鳥待聖君乃見非孔子周行求合故曰衰往者不可諫。孔曰已往所行不可復諫止來者猶可追。孔曰自今已來可追自止辟亂隱居已而已而。今之從政者殆而。孔曰已而已而者言世亂已甚不可復治也再言之者傷之深也孔子下。欲與之言。趨而辟之。不得與之言。包曰下下車〔疏〕楚狂至之言○正義曰此章記接輿佯狂感切孔子也楚狂接輿歌而過孔子者接輿楚人姓陸名通字接輿也昭王時政令無常乃被髮佯狂不仕時人謂之楚狂也時孔子適楚與接輿相遇而接輿行歌從孔子邊過欲感切孔子也曰鳳兮鳳兮何德之衰往者不可諫來者尤可追已而已而今之從政者殆而者此其歌辭也知孔子有聖德故比孔子於鳳但鳳鳥待聖君乃見今孔子周行求合諸國而每不合是鳳德之衰也諫止也言已往所行者不可復諫止也自今已來尤可追而自止欲勸孔子辟亂隱居也已而已而者言世亂已甚不可復治也再言之者傷之深也殆危也言今之從政者皆無德自將危亡無日故曰殆而而皆語辭也孔子下欲與之言者下謂下車孔子感其言故下車欲與語趨而辟之不得與之言者趨謂疾行也疾行以辟孔子故孔子不得與之言也

長沮桀溺耦而耕。孔子過之。使子路問津焉。鄭曰長沮桀溺隱者也耜廣五寸二耜爲耦津濟渡處長沮曰。夫執輿者爲誰。子路曰。爲孔丘。曰。是魯孔丘與。曰。是也。曰。是知津矣。馬曰言數周流自知津處問於桀溺。桀溺曰。子爲誰。曰。爲仲由。曰。是魯孔丘之徒與。對曰。然。曰。滔滔者天下皆是也。而誰以易之。孔曰滔滔周流之貌言當今天下治亂同空舍此適彼故曰誰以易之且而與其從辟人之士也。豈若從辟世之士哉。士有辟人之法有辟世之法長沮桀溺謂孔子爲士從辟人之法已之爲士則從辟世之法耰而不輟。鄭曰耰覆種也輟止也覆種不止不以津告子路行以告。夫子憮然。爲其不達已意而便非已也曰。鳥獸不可與同羣。孔曰隱於山林是同羣吾非斯人之徒與而誰與。孔曰吾自當與此天下人同羣安能去人從鳥獸居乎天下有道。丘不與易也。言凡天下有道者丘皆不與易也已大而人小故也〔疏〕長沮至易也○正義曰此章記孔子周流爲隱者所譏也長沮桀溺耦而耕孔子過之使子路問津焉者長沮桀溺隱者也耜耕器也二耜爲耦津濟渡之處也長沮桀溺並二耜而耕孔子道行於旁過之使子路往問濟渡之處也長沮曰夫執輿者爲誰者執輿謂執轡在車也時子路爲御既使問津孔子代之而執轡故長沮見而問子路曰夫執轡者爲誰人子路曰爲孔丘者子路以其師名聞於天下故舉師之姓名以荅長沮也曰是魯孔丘與者長沮舊聞夫子之名見子路之荅又恐非是故復問之曰是魯國之孔丘與是疑而未定之辭曰是也者子路言是魯孔丘也曰是知津矣者長沮言既是魯孔丘是人數周流天下自知津處故乃不告問於桀溺者長沮不告津處故子路復問桀溺桀溺曰子爲誰者不識子路故問之曰爲仲由者子路稱姓名以荅也曰是魯孔丘之徒與者桀溺舊聞魯孔丘之門徒有仲由有恐非是故復問之曰是與曰然者然尤是也子路言已是魯孔丘之徒也曰滔滔者天下皆是也而誰以易之者此譏孔子周流天下也滔滔周流之貌言孔子何事滔滔然周流者乎當今天下治亂同皆是無道也空舍此適彼誰以易之爲有道者也且而與其從辟人之士也豈若從辟世之士哉者士有辟人辟世之法謂孔子從辟人之法長沮桀溺自謂從辟世之法且而皆語辭與猶等也既言天下皆亂無以易之則賢者皆合隱辟且等其隱辟從辟人之法則有周流之勢從辟世之法則有安逸之樂意令孔子如已也耰而不輟者耰覆種也輟止也覆種不止不以津告子路行以告者子路以長沮桀溺之言告夫子夫子憮然者憮失意貌謂不達已意而便非已也曰鳥獸不可與同羣者孔子言其不可隱居避世之意也山林多鳥獸不可與同羣若隱於山林是同羣也吾非斯人之徒與而誰與者與謂相親與我非天下人之徒衆相親與而更誰親與言吾自當與此天下人同羣安能去人從鳥獸居乎天下有道丘不與易也者言凡天下有道者我皆不與易也爲其已大而人小故也○注耜廣五寸二耜爲耦○正義曰此周禮考工記文也鄭注云古者耜一金兩人並發之今之耜岐頭兩金象古之耦也月令云脩耒耜鄭注云耜者耒之金

子路從而後。遇丈人以杖荷蓧。包曰丈人老人也蓧竹器子路問曰。子見夫子乎。丈人曰。四體不勤。五穀不分。孰爲夫子。包曰丈人云不勤勞四體不分殖五穀誰爲夫子而索之邪植其杖而芸。孔曰植倚也除草曰芸子路拱而立。未知所以荅止子路宿。殺雞爲黍而食之。見其二子焉。明日。子路行以告。子曰。隱者也。使子路反見之。至則行矣。孔曰子路反至其家丈人出行不在子路曰。不仕無義。鄭曰留言以語丈人之二子長幼之節。不可廢也。君臣之義。如之何其廢之。孔曰言女知父子相養不可廢反可廢君臣之義邪欲絜其身。而亂大倫。包曰倫道理也君子之仕也。行其義也。道之不行。已知之矣。包曰言君子之仕所以行君臣之義不必自已道得行孔子道不見用自已知之〔疏〕子路至之矣○正義曰此章記隱者與子路相譏之語也子路從而後遇丈人以杖荷蓧者子路隨從夫子行不相及而獨在後逢老人以杖擔荷竹器子路問曰子見夫子乎者夫子孔子也丈人曰四體不勤五穀不分孰爲夫子者丈人責子路云不勤勞四體不分殖五穀誰爲夫子而來問我求索之邪植其杖而芸者植倚也芸除草也丈人既責子路至於田中倚其荷蓧之杖而芸其苗子路拱而立者子路未知所以荅故隨至田中拱手而立也止子路宿殺雞爲黍而食之見其二子焉者丈人留子路宿殺雞爲黍而食之丈人知子路賢故又以二子見於子路也明日子路行以告者既宿之明日子路行去遂及夫子以丈人所言及雞黍見子之事告之也子曰隱者也使子路反見之至則行矣夫子言此丈人必賢人之隱者也使子路反求見之欲語以已道子路反而至其家則丈人出行不在也子路曰不仕無義者丈人既不在留言以語丈人之二子令其父還則述之此下之言皆孔子之意言父子之道天性也君臣之義也人性則皆當有之若其不仕是無君臣之義也長幼之節不可廢也君臣之義如之何其廢之者言女知父子相養是知長幼之節不可廢也反可廢君臣之義而不仕濁世欲清絜其身則亂於君臣之義大道理也君子之仕也行其義也道之不行已知之矣者言君子之仕非苟利祿而已所以行君臣之義亦不必自已道得行孔子道不見用自已知之也○注蓧竹器○正義曰說文作莜芸田器也

逸民。伯夷。叔齊。虞仲。夷逸。朱張。柳下惠。少連。逸民者節行超逸也包曰此七人皆逸民之賢者子曰。不降其志。不辱其身。伯夷叔齊與。鄭曰言其直已之心不入庸君之朝謂柳下惠少連。降志辱身矣。言中倫。行中慮。其斯而

已矣。孔曰但能言應倫理行應思慮如此而已謂虞仲夷逸隱居放言。包曰放置也不復言世務身中清廢中權。馬曰清純潔也遭世亂自廢棄以免患合於權也我則異於是無可無不可。馬曰亦不必進亦不必退唯義所在〔疏〕逸民至不可。正義曰此章論逸民賢者之行也逸民伯夷叔齊虞仲夷逸朱張柳下惠少連者逸民謂民之節行超逸者也此七人皆逸民之賢者也子曰不降其志不辱其身伯夷叔齊與者此下孔子論其逸民之行也言其直已之心不降志也不入庸君之朝不辱身也惟伯夷叔齊有此行也謂柳下惠少連降志辱身矣者言中倫行中慮其斯而已矣者又論此二人食祿亂朝是降志辱身也倫理也中慮也但能言應倫理行應思慮如此而已不以世務嬰心故亦謂之逸民謂虞仲夷逸隱居放言身中清廢中權者放置也清純潔也權反常合道也孔子又論此二人隱遯退居放置言語不復言其世務其身不仕濁世應於純潔遭世亂自廢棄以免患應於權也我則異於是無可無不可者孔子言我之所行則與此逸民異亦不必進亦不必退唯義所在故曰無可無不可也此不論朱張之行者王弼云朱張字子弓荀卿以比孔子言其行與孔子同故不論也大師摯適齊。亞飯干適楚。孔曰亞次也次飯樂師也摯干皆名三飯繚適蔡。四飯缺適秦。包曰三飯四飯樂章名各異師繚缺皆名也鼓方叔入於河。包曰鼓擊鼓者方叔名入謂居其河內播鼗武。入於漢。孔曰播搖也武名也少師陽擊磬襄入於海。孔曰魯哀公時禮壞樂崩樂人皆去陽襄皆名〔疏〕大師至於海。正義曰此章記魯哀公時禮壞樂崩樂人皆去也大師摯適齊者太師樂官之長名摯去魯而適齊也亞飯干適楚者亞次也天子諸侯每食奏樂樂章各異各有樂師次飯樂師名干往楚三飯樂師名繚往蔡四飯樂師名缺往秦鼓方叔入於河者擊鼓者名方叔入於河內也播鼗武入於漢者播搖也鼗如鼓而小有兩耳持其柄搖之旁耳還自擊搖鼗者名武入居於漢中也少師陽擊磬襄入於海者陽襄皆名二人入居於海內也周公謂魯公孔曰魯公周公之子伯禽封於魯曰。君子不施其親。孔曰施易也不以他人之親易己之親不使大臣怨乎不以。孔曰以用也怨不見聽用故舊無大故則不棄也。無求備於一人。孔曰大故謂惡逆之事〔疏〕周公至故舊無大故則不棄也無求備於一人。正義曰此一章記周公戒魯公之語也周公謂魯公者魯公周公之子伯禽封於魯將之國周公戒之也曰君子不施其親者施易也言君子為國不以他人之親易己之親當行博愛廣敬也不使大臣怨乎不以者以用也既任為大臣則當聽用之不得令大臣怨不見聽用故舊無大故則不棄者大故謂惡逆之事也故舊朋友無此惡逆之事則不有遺棄也無求備於一人者求責也任人當隨其才無得責備於一人也周有八士。伯達。伯适。仲突。仲忽。叔夜。叔夏。季隨。季騧。包曰周時四乳生八子皆為顯士故記之爾〔疏〕周有八士伯達伯适仲突仲忽叔夜叔夏季隨季騧。正義曰此章記異也周時有人四偏生子而乳之每乳皆二子凡八子皆為顯士故記之耳鄭玄以為成王時劉向馬融皆以為宣王時

論語注疏卷十八挍勘記　阮元撰盧宣旬摘錄

微子第十八

微子去之章

其時尤尚為妾　閩本同北監本毛本尤作猶是也。按今本呂氏春秋無其時猶三字

改而為妻後生紂　案呂氏春秋呂覽改作已後作而是也

紂之父欲立微子啓。案呂氏春秋父下有紂之母三字立作置下同

比干是紂之親　今家語作比干於紂親

乃與大師謀遂去　史記殷本紀太師下有少師二字

吾聞聖人心有七竅　本竅誤窮今正

柳下惠為士師章

所至之國　皇本所上有於字

齊景公待孔子章

季氏為上卿最貴　史記孔子世家集注引上卿作正卿

異日　本日誤曰今正

齊人歸女樂章

齊人歸女樂　釋文出齊人歸云鄭作饋案說見陽貨篇

陳女樂馬於魯城南高門外　本馬誤焉史記孔子世家馬上有文字

則吾尤可以正　北監本毛本尤作猶正作止是也

彼婦人之口　北監本毛本無人字下彼婦人之謂亦無人字又謂作謁與今史記合

以羣婢故也　史記孔子世家無故字也下有夫字下適衞下無矣字

楚狂接輿歌而過孔子章

楚狂接輿歌而過孔子　高麗本孔子下有之門二字閩本狂誤往下同案高麗本有之門二字頗與古合蓋接輿乃楚狂之名過孔子者過孔子之門也莊子人閒世言孔子適楚楚狂接輿遊其門正指此事故鄭君注孔子下云下堂出門最為明確包咸以下為下車甚誤

何德之衰　漢石經何下有而字衰下有也字下可諫可追下並同皇本高麗本句末亦並有也字唐石經唯衰下有也字案莊子人閒世作何如德之衰也如與而古字通

已而已而今之從政者殆而　釋文出殆而云魯讀期斯已矣今之從政者殆今從古

來者猶可追　本猶誤尤下同今正

趨而辟之　各本趍作趨下同

長沮桀溺耦而耕章

夫執輿者為誰　漢石經輿作車誰下有子字皇本誰下有乎字

曰是也曰　漢石經無也字下曰字皇本高麗本上曰上有對字

是魯孔丘之徒與　釋文出孔子之徒與云一本作子是本今作孔丘之徒與案史記孔子世家作子孔丘之徒與

滔滔者　釋文出滔滔云鄭本作悠悠案史記孔子世家亦作悠悠文選晉紀總論注引孔注云悠悠者周流之貌也鄭作悠悠亦从古論今注中仍作滔滔當是何晏从魯論妄改

耰而不輟　漢石經耰作櫌案說文亦引作櫌與漢石經合五經文字云櫌音憂覆種見論語經典及釋文皆作耰

子路行以告夫子憮然　漢石經無行字夫字案史記孔子世家亦無行字因丈人章而誤衍也皇侃疏已有行字

鳥獸不可與同羣　皇本高麗本羣下有也字

隱於山林是同羣。皇本作隱居於山林是與鳥獸同羣也按文選劉孝標廣絕交論注引隱居山林是同羣也

有恐非是　〔補〕明監本有作又

是與　浦鏜云當為是魯國孔丘之徒與八字

夫子憮然者憮失意貌　本憮並誤撫今正

謂不達己意　本謂誤其今正

鳥獸不可與同羣者　本鳥誤烏下並同閩本下山林多烏獸烏字亦誤烏

兩人並發之　今周禮攷工記注並作併

今之耜歧頭兩金　閩本北監本毛本歧作岐。按岐歧正俗字

子路從而後章

以杖荷蓧　皇本蓧作篠釋文出蓧字云本又作條又作莜案說文玉篇並引作莜是莜為本字蓧為假借字條又為蓧之省文史記孔子世家引包氏注蓧草器名也字當从艸無疑今包注作竹器竹乃艸字之訛皇本竟改从竹作篠并云籮籠之屬誤益甚矣

植其杖而芸　漢石經植作置芸作耘釋文出而芸云音云多作耘字案植置古字通耘為本字芸乃假借字

君臣之義如之何其廢之 漢石經作君臣之禮如之何其廢之也皇本作如之何其可廢也案後漢書申屠蟠傳注亦作其可廢也

欲絜其身 皇本閩本北監本毛本絜作潔案潔乃絜之俗字

道之不行 皇本高麗本行下有也字

見子之士 (補)明監本士作事是也

逸民章

朱張 釋文出朱張云鄭作侏張云音陟留反案鄭氏不以朱張爲人姓名故讀朱如周朱周一聲之轉書譸張爲幻本或作侜張亦作侏張此言逸民之行皆不合於正故云侏張猶師古注夷逸謂竄於蠻夷而遁亦不以爲人姓名也○按下無謂朱張之語

不辱其身 皇本高麗本身下有者字

其斯而已矣 漢石經作其斯以乎案已以古字通

謂虞仲夷逸 漢石經逸作佚案前夷逸字闕○按二字古多通用

身中清 史記孔子世家身作行

降志辱身矣者 案者字誤衍諸本竝無

中慮也 案此三字是中倫中慮之誤

應於純潔 北監本毛本同案潔當作絜

荀卿以比孔子 本比誤此今正

大師摯適齊章

入於河 唐石經皇本於作干下入於海入於漢同

播鼗武 皇本高麗本鼗作鞀釋文出鼗字云亦作鞉案說文鞀或从兆作鞉或从鼓从兆作𪔛此作鼗乃𪔛之變體

播搖也 皇本搖上有猶字

太師樂官之長 北監本同毛本太作大

鼗如鼓而小 本鼗誤人今正

周公謂魯公曰章

周公謂魯公曰 高麗本謂作語

君子不施其親 釋文出不弛云本今作施案施弛古字通禮記孔子閒居引詩弛其文德注弛作施周禮遂人以其施舍注云施讀爲弛

入以他人之親易己之親 案入當作不皇本作不以他人親易其親也

施不易也 孫志祖云不字當衍

無此惡逆之事 本事誤士今正

周有八士章

生八子 皇本生作得案釋文明出生字是陸氏所見本亦不作得字

故記之爾 皇本爾作耳

徧生子而乳之 本徧誤偏今正

論語注疏解經卷第十九

子張第十九　何晏集解　邢昺疏

〔疏〕正義曰此篇記士行交情仁人勉學或接聞夫子之語或辨揚聖師之德以其皆弟子所言故善次諸篇之後

子張曰。士見危致命。孔曰致命不愛其身見得思義。祭思敬。喪思哀。其可已矣。〔疏〕子張曰士見危致命見得思義祭思敬喪思哀其可已矣○正義曰此章言士行也士者有德之稱自卿大夫已下皆是致命謂不愛其身子張言爲士者見君有危難不愛其身致命以救之見得利祿思義然後取有祭事思盡其敬有喪事當盡其哀有此行者其可以爲士已矣

子張曰。執德不弘。信道不篤。焉能爲有。焉能爲亡。孔曰言無所輕重〔疏〕子張曰執德不弘信道不篤焉能爲有焉能爲亡○正義曰此章言人行之不備者弘大也篤厚也亡無也言人執守其德不能弘大雖信善道不能篤厚人之若此雖存於世何能爲有而重雖沒於世何能爲無而輕言於世無所輕重也

子夏之門人問交於子張。孔曰問與人交接之道子張曰。子夏云何。對曰。子夏曰。可者與之。其不可者拒之。子張曰。異乎吾所聞。君子尊賢而容衆。嘉善而矜不能。我之大賢與。於人何所不容。我之不賢與。人將拒我。如之何其拒人也。包曰友交當如子夏汎交當如子張〔疏〕子夏至人也○正義曰此章論與人結交之道子夏之門人問交於子張者門人謂弟子問交問與人交接之道子張曰子夏云何者子張反問子夏之門人汝師嘗說結交之道云何乎對曰子夏曰可者與之不可者拒之者子夏弟子對子張述子夏之言也子夏言結交之道若彼人賢可與交者即與之交若彼人不賢不可與之交者則拒之而不交子張曰異乎吾所聞者言己之所聞結交之道與子夏所說異也君子尊賢而容衆嘉善而矜不能者此所聞之異者也言君子之人見彼賢則尊重之雖衆多亦容納之人有善行者則嘉美之不能者則哀矜之我之大賢與於人何所不容我之不賢與人將拒我如之何其拒人也者既陳其所聞又論其不可拒人之事誠如子夏所說可者與之不可者拒之設若我之大賢則所在見容也我若不賢則人將拒我不與已交又何暇拒他人乎然二子所言各是其見論交之道不可相非友交當如子夏汎交當如子張

子夏曰。雖小道。必有可觀者焉。小道謂異端致遠恐泥。包曰泥難不通是以君子不爲也。〔疏〕子夏曰雖小道必有可觀者焉致遠恐泥是以君子不爲也○正義曰此章勉人學爲大道正典也小道謂異端之說百家語也雖曰小道亦必有小理可觀覽者焉然致遠經久則恐泥難不通是以君子不學也

子夏曰。日知其所亡。孔曰日知其所未聞月無忘其所能。可謂好學也已矣。〔疏〕子夏曰日知其所亡月無忘其所能可謂好學也已矣○正義曰此章勸學也亡無也舊無聞者當

學之使日知其所未聞舊已能者當溫尋之使月無忘也能如此者可以謂之好學子夏曰。博學而篤志。孔曰廣學而厚識之切問而近思。切問者切問於己所學未悟之事近思者思己所未能及之事汎問所未學遠思所未達則於所習者不精所思者不解仁在其中矣。〔疏〕子夏曰博學而篤志切問而近思仁在其中矣○正義曰此章論好學近於仁也博廣也篤厚也志識也言廣學而厚識之使不忘切問者親切問於己所學未悟之事不汎濫問之也近思者思己所未能及之事不遠思也若汎問所未學遠思所未達則於所習者不精所思者不解仁者之性純篤今學者既能篤志近思故曰仁在其中矣子夏曰。百工居肆以成其事。君子學以致其道。包曰言百工處其肆則事成猶君子學以致其道〔疏〕子夏曰百工居肆以成其事君子學以致其道○正義曰此章亦勉人學舉百工以爲喻也審曲面勢以飭五材以辨民器謂之百工五材各有工言百衆言之也肆謂官府造作之處也致至也言百工處其肆則能成其事猶君子勤於學則能至於道也子夏曰。小人之過也必文。孔曰文飾其過不言情實〔疏〕子夏曰小人之過也必文○正義曰此章言小人不能改過也言小人之有過也必文飾其過彊爲辭理不言情實也子夏曰。君子有三變。望之儼然。即之也溫。聽其言也厲。鄭曰厲嚴正〔疏〕子夏曰君子有三變望之儼然即之也溫聽其言也厲○正義曰此章論君子之德也望之即之及聽其言也有此三者變易常人之事也厲嚴正也常人遠望之則多懈惰即近之則顏色猛厲聽其言則多佞邪唯君子則不然人遠望之則正其衣冠尊其瞻視常儼然也就近之則顏色溫和及聽其言辭則嚴正而無佞邪也子夏曰。君子信而後勞其民。未信則以爲厲己也。王曰厲猶病也信而後諫。未信則以爲謗己也。〔疏〕子夏曰君子信而後勞其民未信則以爲厲己也信而後諫未信則以爲謗己也○正義曰此章論君子使下事上之法也厲猶病也言君子若在上位當先示信於民然後勞役其民則民忘其苦也若未嘗施信而便勞役之則民以爲從欲崇侈妄加困病於己也若爲人臣當先盡忠於君待君信己而後可諫君之失若君未信己而便稱君過失以諫諍之則君以爲謗讟於己也子夏曰。大德不踰閑。孔曰閑猶法也小德出入可也。孔曰小德不能不踰法故曰出入可〔疏〕子夏曰大德不踰閑小德出入可也○正義曰此章論人之德有小大而行亦不同也閑猶法也大德之人謂上賢也所行皆不越法則也小有德者謂次賢之人不能不踰法有時踰法而出旋能入守其法不責其備故曰可也子游曰。子夏之門人小子。當洒埽應對進退則可矣。抑末也。本之則無如之何。包曰言子夏弟子但當對賓客脩威儀禮節之事則可然此但是人之末事耳不可無其本故云本之則無如之何子夏聞之曰。噫。孔曰噫心不平之聲言游過矣。君子之道孰先傳焉。孰後倦焉。

包曰言先傳業者必先厭倦故我門人先教以小事後將教以大道譬諸草木。區以別矣。馬曰言大道與小道殊異譬如草木異類區別言學當以次君子之道焉可誣也。馬曰君子之道焉可使誣言我門人但能洒埽而已有始有卒者。其唯聖人乎。孔曰終始如一唯聖人耳〔疏〕子游至人乎○正義曰此章論人學業有先後之法也子游曰子夏之門人小子當洒埽應對進退則可矣抑末也本之則無如之何者子游言偃也門人小子謂弟子也應當也抑語辭也本謂先王之道言偃有時評論子夏之弟子但當對賓客脩威儀禮節之事則可然此但是人之末事耳不可無其本今子夏弟子於其本先王之道則無有不可奈何故云如之何也子夏聞之曰噫者噫心不平之聲子夏既聞子游之言中心不平之故曰噫言游過矣者謂言偃所說爲過失也君子之道孰先傳焉孰後倦焉者言君子教人之道先傳業者必先厭倦誰有先傳而後倦者乎子夏言我之意恐門人聞大道而厭倦故先教以小事後將教以大道也譬諸草木區以別矣者諸之也言大道與小道殊異譬之草木異類區別言學當以次也君子之道焉可誣也者言君子之道當知學業以次安可便誣罔言我門人但能洒埽而已有始有卒者其唯聖人乎者卒猶終也言人之學道靡不有初鮮克有終能終始如一不厭倦者其唯聖人耳子夏曰。仕而優則學。學而優則仕。馬曰行有餘力則以學文〔疏〕子夏曰仕而優則學學而優則仕○正義曰此章勸學也言人之仕官行已職而優閒有餘力則以學先王之遺文也若學而德業優長者則當仕進以行君臣之義也子游曰。喪致乎哀而止。孔曰毀不滅性〔疏〕子游曰喪致乎哀而止○正義曰此章言居喪之禮也言人有父母之喪當致極哀慼不得過毀以至滅性滅性則非孝○注毀不滅性○正義曰此孝經文也注云不食三日哀毀過情滅性而死皆虧孝道故聖人制禮施教不令至於隕滅子游曰。吾友張也。爲難能也。包曰言子張容儀之難及然而未仁。〔疏〕子游曰吾友張也爲難能也然而未仁○正義曰此章論子張材德也子游言吾同志之友子張其容儀爲難能及也然而其德未仁曾子曰。堂堂乎張也。難與並爲仁矣。鄭曰言子張容儀盛而於仁道薄也〔疏〕曾子曰堂堂乎張也難與並爲仁矣○正義曰此章亦論子張材德也堂堂容儀盛貌曾子言子張容儀堂堂然盛於仁道則薄故難與並爲仁矣曾子曰。吾聞諸夫子。人未有自致者也。必也親喪乎。馬曰言人雖未能自致盡於他事至於親喪必自致盡〔疏〕曾子曰吾聞諸夫子人未有自致者也必也親喪乎○正義曰此章論人致誠之事也諸之也曾子言我聞之夫子言人雖未能自致盡其誠於他事至於親喪必自致盡也曾子曰。吾聞諸夫子。孟莊子之孝也。其他可能也。其不改父之臣與父之政。是難能也。馬曰孟莊子魯大夫仲孫速也謂在諒陰之中父臣及父政雖有不善者不忍改也〔疏〕曾子曰吾聞諸夫子孟莊子之孝也其他可能也其不改父之臣與父之政是難能也○正義曰此章論魯大夫仲孫速之孝行也言其他哭泣之哀齊斬之情饘

粥之食他人可能及之也其在諒陰之中父臣及父政雖有不善者不忍改之也是他人難能也孟氏使陽膚爲士師。包曰陽膚曾子弟子士師典獄之官問於曾子。曾子曰。上失其道。民散久矣。如得其情。則哀矜而勿喜。馬曰民之離散爲輕漂犯法乃上之所爲非民之過當哀矜之勿自喜能得其情〔疏〕孟氏至勿喜○正義曰此章論典獄之法也孟氏使陽膚爲士師者陽膚曾子弟子士師典獄之官問於曾子者問其師求典獄之法也曾子曰上失其道民散久矣如得其情則哀矜而勿喜者言上失爲君之道民人離散爲輕易漂掠犯於刑法亦已久矣乃上之失政所爲非民之過女若求得其情當哀矜之勿自喜也子貢曰。紂之不善。不如是之甚也。是以君子惡居下流。天下之惡皆歸焉。孔曰紂爲不善以喪天下後世憎甚之皆以天下之惡歸之於紂〔疏〕子貢曰紂之不善不如是之甚也是以君子惡居下流天下之惡皆歸焉○正義曰此章戒人爲惡也紂名辛字受德商末世之王也爲惡不道周武王所殺諡法殘義損善曰紂言商紂雖爲不善以喪天下亦不如此之甚也乃後人憎甚之耳下流者謂爲惡行而處人下若地形卑下則衆流所歸人之爲惡處下衆惡所歸是以君子常爲善不爲惡惡居下流故也紂爲惡行居下流則人皆以天下之惡歸之於紂也子貢曰。君子之過也。如日月之食焉。過也人皆見之。更也人皆仰之。孔曰更改也〔疏〕子貢曰君子之過也如日月之食焉過也人皆見之更也人皆仰之正義曰此章論君子之過似日月之食也更改也言君子苟有過也則爲衆所知如日月正當食時則萬物皆覩也及其改過之時則人皆復仰其德如日月明生之後則萬物亦皆仰其明衛公孫朝馬曰公孫朝衛大夫問於子貢曰。仲尼焉學。子貢曰。文武之道。未墜於地。在人。賢者識其大者。不賢者識其小者。莫不有文武之道焉。夫子焉不學。孔曰文武之道未墜落於地賢與不賢各有所識夫子無所不從學而亦何常師之有。孔曰無所不從學故無常師〔疏〕衛公至之有○正義曰此章論仲尼之德也衛公孫朝者衛大夫也問於子貢曰仲尼焉學者問子貢仲尼何所從學而得成此聖也意謂孔子生知無師所從學也子貢曰文武之道未墜於地在人賢者識其大者不賢者識其小者莫不有文武之道焉夫子焉不學者焉猶安也言文武之道未墜落於地行之在人賢與不賢各有所識夫子皆從而學安得不學乎而亦何常師之有者言夫子無所不從學故無常師叔孫武叔。語大夫於朝。馬曰魯大夫叔孫州仇武諡曰。子貢賢於仲尼。子服景伯以告子貢。子貢曰。譬之宮牆。賜之牆也及肩。闚見室家之好。夫子之牆數仞。不得其門而入。不見宗廟之美。百官之富。得其門

者或寡矣。包曰七尺曰仞。夫子之云，不亦宜乎。包曰夫子謂武叔。疏叔孫至宜乎。○正義曰此章亦明仲尼之德也叔孫武叔語大夫於朝曰子貢賢於仲尼者叔孫武叔魯大夫有時告語諸大夫於朝中曰子貢賢才過於仲尼子服景伯以告子貢者景伯亦魯大夫子服何也以武叔之言告之子貢也子貢曰譬之宮牆賜之牆也及肩闚見室家之好夫子之牆數仞不得其門而入不見宗廟之美百官之富者子貢聞武叔之言已賢於仲尼此由君子之道不可小知故致武叔有此言乃爲之舉喻曰譬如人居之宮四圍各有牆牆卑則可闚見其在內之美猶小人之道可以小知也牆高則不可闚見在內之美猶君子之道不可小知也今賜之牆也纔及人肩則人闚見牆內室家之美好夫子之牆高乃數仞七尺曰仞若人不得其門而入則不見宗廟之美備百官之富盛也得其門者或寡矣者言夫子聖闕非凡可及故得其門而入者或少矣夫子之云不亦宜乎者夫子謂武叔故以此論之卽武叔云子貢賢於仲尼亦其宜也不足怪焉○注馬曰魯大夫叔孫州仇武諡○正義曰案世本州仇公子叔此六世孫叔孫不敢子也春秋定十年秋叔孫州仇仲孫何忌帥師圍郈左傳曰武叔懿子圍郈是知叔孫武叔卽州仇也諡法云剛強直理曰武

叔孫武叔毀仲尼。子貢曰：無以爲也，仲尼不可毀也。他人之賢者，丘陵也，猶可踰也。仲尼，日月也，無得而踰焉。人雖欲自絕，其何傷於日月乎？多見其不知量也。言人雖自絕弃於日月，其何能傷之乎？適足自見其不知量也。疏叔孫至量也。○正義曰此章亦明仲尼也叔孫武叔毀仲尼者訾毀孔子之德也子貢曰無以爲也仲尼不可毀也者言無用爲此毀訾夫仲尼之德不可毀也他人之賢者丘陵也猶可踰也仲尼日月也無得而踰焉者子貢又爲設譬也言他人之賢譬如丘陵雖曰廣顯猶可踰越至於仲尼之賢則如日月之至高人不可得而踰也人雖欲自絕其何傷於日月乎者言人雖欲毀訾夫日月特自絕弃於日月其何能傷之乎故人雖欲毀仲尼亦不能傷仲尼也多見其不知量也多猶適也皆化但不能毀仲尼又適足自見其不知量也○注言人至量也○正義曰云適足自見其不知量也者據此注意似訓多爲適所以多得爲適者古人多祇同音多見其不知量猶襄二十九年左傳云多見疏也服虔本作祇見疏解云祇適也晉宋杜本皆作多張衡西京賦云炙炮夥清酤多皇恩溥洪德施施與多爲韻此類衆矣故以多爲適也

陳子禽謂子貢曰：子爲恭也，仲尼豈賢於子乎？子貢曰：君子一言以爲知，一言以爲不知，言不可不慎也。夫子之不可及也，猶天之不可階而升也。夫子之得邦家者，孔曰謂爲諸侯若卿大夫。所謂立之斯立，道之斯行，綏之斯來，動之斯和。其生也榮，其死也哀，如之何其可及也。孔曰綏安也言孔子爲政其立教則無不立道之則莫不興行安之則遠者來至動之則莫不和睦故能生則榮顯死則哀痛。疏陳子至及也。○正義曰此章亦明仲尼之德也陳子禽謂子貢曰子爲恭也仲尼豈賢於子乎者此子禽必作陳亢當是同其姓字耳見其子貢每事稱譽其師故謂子貢云當是子爲恭孫故也其實仲尼才德豈賢於子乎子貢曰君子一言以爲知一言以爲不知言不可不慎也者子貢聞子禽之言以此言拒而非之也言君子出一言是則人以爲有知出一言非則人以爲不知知與不知既由一言則其言不可不慎也今乃云仲尼豈賢於子乎則是女不慎其言是爲不知也夫子之不可及也如天之不可階而升也者又爲設譬言夫子之德不可及也他人之賢猶他物之高者可設階梯而升上之至於仲尼之德猶天之高不可以階梯而升上之夫子之得邦家者所謂立之斯立道之斯行綏之斯來動之斯和其生也榮其死也哀如之何其可及也者又爲廣言仲尼爲政之德也得邦謂爲諸侯得家謂爲卿大夫綏安也言孔子爲政其立教則無不立道之則莫不興行安之則遠者來至動之則民莫不和睦故能生則榮顯死則哀痛故如之何其可及也

論語注疏挍勘記

阮元撰　盧宣旬摘錄

子張第十九

或辨揚聖帥之德　北監本毛本辨作辯帥作師○按帥字誤今正

士見危致命章

當盡其哀　浦鏜云思誤當

子夏之門人章

其不可者拒之　漢石經皇本高麗本拒作距下並同釋文於賢與後出距字云本今作拒下同論見前八佾篇

我之大賢與　高麗本無之字下我之不賢與亦無之字

如之何其拒人也者　本者誤有今正

雖小道章

亦必有小理可觀覽者焉　本小誤少今正

日知其所亡章

使月無忘也　閩本同北監本毛本也作已屬下能字讀

博學而篤志章

思已所未能及之事　皇本作近思於己所能及之事也

汎問所未學　皇本汎上有君字

則於所習者不精　皇本習作學

百工居肆章

猶君子學以致其道　皇本致作立

以飭五材　閩本北監本毛本材作財案作材與周禮攷工記合

小人之過也章

小人之過也必文　皇本必下有則字案作必則文義頗難通攷文所載古本作則必文古文與皇本悉合此亦疑作則必今皇本誤倒

君子有三變章

望之儼然　皇本儼作嚴釋文出儼然云本或作嚴音同案古多借嚴爲儼公羊桓二年傳注儼然人望而畏之釋文亦云儼本又作嚴

君子信而後勞其民章

則以爲厲己也　釋文出厲字云鄭讀爲賴

則以爲謗己也　高麗本也作矣

此章論君子使下事上之法也　閩本北監本毛本作事上使下案使下指君子信而後勞其民事上指信而後諫據經文前後此本爲是

大德不踰閑章

小德不能不踰法　閩本北監本毛本德下有則字是衍文

子夏之門人小子章

子游曰　漢石經游作斿案九經古義云說文云㫃旌旗之游讀若偃古人名㫃字子游游旌旗之流也从㫃汓聲游與斿通大宰九貢八曰斿貢注云斿讀如囿游之游漢武班碑亦以斿爲游

當洒埽　皇本閩本北監本毛本埽作掃釋文出洒掃云上色買反又所綺反正作灑經典下素報反本今作埽案五經文字云灑經典或借洒爲灑埽字埽經典及釋文多作掃是俗字

抑末也　釋文出末字云本末之末字或作未非也

但當對賓客　皇本但下有於字

言先傳業者　皇本傳下有大字

焉可誣也　案九經古義云漢書薛宣傳云君子之道焉可憮也蘇林曰憮同也兼也晉灼曰憮音誣師古曰論語載子夏之言謂行業不同所守各異唯聖人爲能體備之家君曰蘇解得之據此是古本有作憮者當是古魯異傳

其唯聖人乎　閩本北監本毛本唯作惟說見前

吾聞諸夫子章

吾聞諸夫子人未有自致者也　漢石經作吾聞諸子人未有自致也者

吾聞諸夫子孟莊子之孝也章

是難能也　皇本高麗本無能字

魯大夫仲孫連也　閩本北監本毛本同案連當作速疏內同

謂在諒陰之中　皇本陰作闇

雖有不善者　皇本無有字

孟氏使陽膚爲士師章

則哀矜而勿喜　案鹽鐵論後刑章舊唐書懿宗紀竝引此文則作卽卽則古字通

上失其道　本上誤士今正

紂之不善章

紂之不善　皇本高麗本善下有也字注於紂下亦有也字

不如是之甚也　漢石經之作其

君子之過也章

如日月之食焉　皇本高麗本食焉作蝕也

衛公孫朝章

未墜於地　漢石經墜作隧案墜隧古字通

賢者識其大者　漢石經識作志案志識古今字康成注周禮保章氏云志古文識賈疏云古之文字少志意之志與記識之識同後代自有記識之字不復以志爲識

叔孫武叔語大夫於朝章

譬之宮牆　漢石經作辟諸宮牆皇本高麗本作譬諸宮牆也案白虎通社稷篇亦引作諸與漢石經合○按譬正字辟假借字

闚見室家之好　閩本北監本毛本闚作窺朱子集注本亦作窺案五經文字云窺與闚同

夫子之牆數仞　皇本夫子上有夫字高麗本作夫子之牆也釋文出數仞云仞一作刃音同案古多假刃爲仞如書旅獒爲山九仞左氏昭卅二年傳仞溝洫釋文竝云仞本作刃

不得其門而入　皇本高麗本入下有者字

夫子之云　本夫誤天今訂正

案此本用仇公子叔此六世孫　毛本上此字作世用作州是也浦鏜云叔此當叔牙誤

叔孫武叔毀仲尼章　皇本合上爲一章

仲尼日月也　皇本高麗本日上有如字案後漢書孔融傳列女傳二注引此文竝有如字

人雖欲自絕　皇本高麗本絕下有也字

疏　本此字實闕

此章亦明仲尼也　浦鏜云尼下當脫之德二字

猶可踰也　本踰字實闕

猶可踰越　本踰字實闕

則如日月　本月下君字實闕閩本同北監本毛本空闕

不可得而踰也　本踰字實闕

人雖欲自絕　本雖字實闕

其何傷於日月乎者言　本言下六字實闕閩本同北監本空闕毛本作人雖欲毀訾夫○今依毛本補正

日月　本月下三字實闕閩本同北監本空闕毛本作特自絕

其何能傷之乎　本乎下五字實闕閩本同北監本空闕毛本作故人雖欲毀

仲尼亦不　本不下四字實闕閩本同北監本空闕毛本作能傷仲尼

多見其不知量也　浦鏜云也下脫者字

皆化但不能毀仲尼　毛本化作作浦鏜云皆化當言非之誤

言人至量也　本量誤者今訂正

所以多得爲適者　本所誤斥今訂正

古人多祇同者　閩本同案者當作音今正

服虔本作祇　北監本毛本祇作秖亦誤○按當作祇

炙炮夥清酤多　本夥清酤三字實闕閩本同○嚴杰案西京賦夥作敪譪如支

皇恩溥　本溥字實闕閩本同

陳子禽謂子貢章

夫子之不可及也　高麗本無也字

夫子之得邦家者　高麗本無之字

動之則莫不和睦　皇本睦作穆○按睦穆古書多通用

故能生則榮顯　皇本則下有見字○按此本能字實闕榮誤荣顯誤显○今訂正

死則哀痛　皇本哀上有見字

陳子禽謂子貢曰　本陳誤東今正

此子禽必作陳亢　各本必作不

是爲不知也　本是誤豈今正

如天之不可階而升也者　浦鏜云如當依經文作猶

可設階梯而升上之　本階梯誤皆弟今正

其生也榮　本生誤主今正

動之則民莫不和睦　本民字實闕

故如之何其可及也　浦鏜云故當衍字

論語注疏解經卷第二十

堯曰第二十　何晏集解　邢昺疏

〔疏〕正義曰此篇記二帝三王及孔子之語明天命政化之美皆是聖人之道可以垂訓將來故殿諸篇非所次也

堯曰。咨爾舜。天之厤數在爾躬。厤數謂列次也 允執其中。四海困窮。天祿永終。包曰允信也困極也永長也言爲政信執其中則能窮極四海天祿所以長終 舜亦以命禹。孔曰舜亦以堯命己之辭命禹 曰予小子履。敢用玄牡。敢昭告于皇皇后帝。孔曰履殷湯名此伐桀告天之文殷家尚白未變夏禮故用玄牡皇大后君也大大君帝謂天帝也墨子引湯誓其辭若此 有罪不敢赦。包曰順天奉法有罪者不敢擅赦 帝臣不蔽。簡在帝心。言桀居帝臣之位罪過不可隱蔽以其簡在天心故 朕躬有罪。無以萬方。萬方有罪。罪在朕躬。孔曰無以萬方萬方不與也萬方有罪我身之過 周有大賚。善人是富。周周家賚賜也言周家受天大賜富於善人有亂臣十人是也 雖有周親。不如仁人。孔曰親而不賢不忠則誅之管蔡是也仁人謂箕子微子來則用之 百姓有過。在予一人。謹權量。審法度。修廢官。四方之政行焉。包曰權秤也量斗斛也 興滅國。繼絕世。舉逸民。天下之民歸心焉。所重民食喪祭。孔曰重民國之本也重食民之命也重喪所以盡哀重祭所以致敬 寬則得衆。信則民任焉。敏則有功。公則說。孔曰言政教公平則民說矣凡此二帝三王所以治也故傳以示後世

〔疏〕堯曰至則說。○正義曰此章明二帝三王之道凡有五節初自堯曰至天祿永終記堯命舜之辭也二自舜以命禹一句舜亦以堯命己之辭命禹也三自曰予小子至罪在朕躬記湯伐桀告天之辭也四自周有大賚至在予一人言周家受天命及伐紂告天之辭也五自謹權量至公則說此明二帝三王政化之法也堯曰咨爾舜天之厤數在爾躬者此下是堯命舜以天命之辭也咨咨嗟也爾女也厤數謂列次也堯姓伊祁名放勛舜姓姚名重華諡法云翼善傳聖曰堯仁義盛明曰舜堯子丹朱不肖不堪嗣位虞舜側微堯聞之聰明將使嗣位故先咨嗟歎而命之欲使重其事言天位之列次當在女身故我今命授於女也允執其中四海困窮天祿永終者此堯戒舜以爲君之法也允信也困極也永長也言爲政信執其中則能窮極四海天之祿籍所以長終汝身舜亦以命禹者舜有子商均亦不肖禹有治水大功故舜禪位與禹故亦以堯命己之辭命禹也曰予小子履敢用玄牡敢昭告于皇皇后帝者此下湯伐桀告天辭也禹受舜禪傳位子孫至桀無道湯有聖德應天順人舉干戈而伐之遂放桀於南巢自立爲天子而以此辭告天也履殷湯名稱小子謙也玄牡黑牲也殷尚白而用黑牲者未變夏禮故也昭明也皇大也后君也大大君帝謂天帝也謂殺牲明告天帝以伐桀之意有罪不敢赦者言己順天奉法有罪者不敢擅放赦也帝臣不蔽簡在帝心者帝天也帝臣謂桀也桀是天子天子事天猶臣事君故謂桀爲帝臣也言桀居帝臣之位罪過不可隱蔽以其簡閱在天心故也朕躬有罪無以萬方萬方有罪罪在朕躬者言我身有罪無用汝萬方萬方不與也萬方有罪過在我身自責化不至也周有大賚善人是富者周周家也文王武王居岐周而王天下故曰周家賚賜也周家受天大賜富於善人有亂臣十人是也雖有周親不如仁人百姓有過在予一人者此武王誅紂誓衆之辭湯亦傳位子孫至末孫帝紂無道周武王伐而滅之而以此辭誓衆言雖有周親不賢不忠則誅之若管蔡是也不如有仁德之人賢而且忠若箕子微子來則用之也百姓謂天下衆民也言若不教百姓使有罪過當在我一人之化不至也謹權量審法度脩廢官四方之政行焉者此下總言二帝三王所行政法也權秤也量斗斛也謹飭之使鈞平法度謂車服旌旂之禮儀也審察之使貴賤有別無僭偪也官有廢闕復脩治之使無曠也如此則四方之政化興行焉興滅國繼絕世舉逸民天下之民歸心焉者諸侯之國爲人非理滅之者復興立之賢者當世祀爲人非理絕之者則求其子孫使復繼之節行超逸之民隱居未仕者則舉用之政化若此則天下之民歸心焉而不離析也所重民食喪祭者言帝王所重有此四事重民國之本也重食民之命也重喪所以盡哀重祭所以致敬寬則得衆信則民任焉敏則有功公則說者又言帝王之德務在寬簡信敏公平也寬則人所歸附故得衆信則民聽不惑皆爲已任用焉敏則事無不成故有功政教公平則民說凡此上事二帝三王所以治也故傳之以示後世此章有二帝三王之事錄者採合以成章檢大禹謨湯誥與泰誓武成則此章其文略矣○注厤數謂列次也○正義曰孔注尚書云謂天道謂天厤運之數帝王易姓而興故言厤數謂天道鄭玄以厤數在汝身謂有圖錄之名何云列次義得兩通○注孔曰至若此○正義曰云履殷湯名者案世本湯名天乙者安國意蓋以湯受命之王依殷法以乙日生名天乙至將爲王改名履故二名也亦可安國不信世本無天乙之名皇甫謐巧欲傳會云以乙日生故名履字天乙又云祖乙亦云乙日生復名乙引易緯孔子所謂天之錫命故可同名既以天乙爲字何云同名乎斯文妄矣云墨子引湯誓其辭若此者以其尚書湯誓無此文而湯誥有之又與此小異唯墨子引湯誓其辭與此正同故言之所以證此爲伐桀告天之文也○注以其簡在天心故○正義曰鄭玄云簡閱在天心言天簡閱其善惡也○注孔予至用之○正義曰云親而不賢不忠則誅之管蔡是也者金縢云武王既喪管叔及其羣弟乃流言於國曰公將不利於孺子周公乃致辟管叔于商囚蔡叔于郭鄰所謂殺管叔而殺蔡叔也云仁人謂箕子微子來則用之者箕子紂之諸父書洪範序云以箕子歸作洪範宋世家云微子開者殷帝乙之首子而帝紂之庶兄周武王克殷微子乃持其祭器造於軍門肉袒面縛左牽羊右把茅膝行而前以告於是武王乃釋微子復其位成王誅武庚乃命微子代殷之後於宋是言雖有管叔蔡叔爲周親不如箕子微子之仁人也案周書泰誓云雖有周親不如仁人是武王往伐紂次于河朔誓衆之辭也孔傳云周至也言紂至親雖多不如周家之少仁人此文與彼正同而孔注與此異者蓋孔意以彼爲伐紂誓衆之辭此汎言周家政治之法欲兩通其義故不同也○注權秤也量斗斛○正義曰漢書律厤志云權者銖兩斤鈞石也所以稱物平施知輕重也本起於黃鍾之重一龠容千二百黍重十二銖兩之爲兩二十四銖爲兩十六兩爲斤三十斤爲鈞四鈞爲石五權謹矣量者龠合升斗斛也所以量多少也本起於黃鍾之龠用度數審其容以子穀秬黍中者千有二百實其龠合龠爲合十合爲升十升爲斗十斗爲斛而五量加矣志又云度者分寸尺丈引也所以度長短也本起黃鍾之長以子穀秬黍中者一黍之廣爲一分十分爲寸十寸爲尺十尺爲丈十丈爲引而五度審矣而此不言度者從可知也

子張問於孔子曰。何如斯可以從政矣。子曰。尊五美。屏四惡。斯可以從政矣。孔曰屏除也 子張曰。何謂五美。子曰。君子惠而不費。勞而不怨。欲而不貪。泰而不驕。威而不猛。子張曰。何謂惠而不費。子曰。因民之所利而利之。斯不亦惠而不費乎。王曰利民在政無費於財 擇可勞而勞之。又誰怨。欲仁而得仁。又焉貪。君子無衆寡。無小大。無敢慢。孔曰言君子不以寡小而慢也 斯不亦泰而不驕乎。君子正其衣冠。尊其瞻視。儼然人望而畏之。斯不亦威而不猛乎。子張曰。何謂四惡。子曰。不教而殺謂之虐。不戒視成謂之暴。馬曰不宿戒而責目前成爲視成 慢令致期謂之賊。孔曰與民無信而虛刻期 猶之與人也。出納之吝。謂之有司。孔曰謂財物俱當與人而吝嗇於出納惜難之此有司之任耳非人君之道

〔疏〕子張至有司。○正義曰此章論爲政之理也子張問於孔子曰何如斯可以從政矣子曰尊五美屏四惡斯可以從政矣者屏除也子張問其政術孔子荅曰當尊崇五種美事屏除四種惡事則可以從政矣何謂五美者未知其目故復問之子曰君子惠而不費勞而不怨欲而不貪泰而不驕威而不猛者此孔子爲述五美之目也子張曰何謂惠而不費者子張雖聞其目猶未達其理故復問之子曰因民之所利而利之斯不亦惠而不費乎者此孔子爲說其惠而不費之一美也民居五土所利不同山者利其禽獸渚者利其魚鹽中原利其五穀人君因其所利使各居其所安不易其利則是惠愛利民在政且不費於財也擇可勞而勞之又誰怨者孔子知子張未能盡達故既答惠而不費不須其問卽爲陳其餘者此說勞而不怨者也擇可勞而勞之謂使民以時則又誰怨恨哉欲仁而得仁又焉貪此說欲而不貪也言常人之欲失在貪財我則欲仁而仁斯至矣又安得爲貪乎君子無衆寡無小大無敢慢斯不亦泰而不驕乎者此說泰而不驕也常人之情敬衆大而慢寡小君子則不以寡小而慢之也此不亦是君子安泰而不驕慢乎君子正其衣冠尊其瞻視儼然人望而畏之斯不亦威而不猛乎者此說威而不猛也言君子常正其衣冠尊重其瞻視端居儼然人則望而畏之斯不亦雖有威嚴而不猛厲者乎子張曰何謂四惡者子張未聞四惡之義故復問之子曰不教而殺謂之虐者此下孔子歷荅四惡也爲政之法當先施教令於民猶復寧申勅之教令既治而民不從後乃誅也若未嘗教告而卽殺之謂之殘虐不戒視成謂之暴者謂不宿戒而責目前成謂之卒暴慢令致期謂之賊者謂與民無信而虛刻期期不至則罪罰之謂之賊害猶之與人也出納之吝謂

之有司者謂財物俱當與人而人君吝嗇於出納而惜難之此有司之任耳非人君之道孔子曰。不知命。無以爲君子也。孔曰命謂窮達之分不知禮。無以立也。不知言。無以知人也。馬曰聽言則別其是非也〔疏〕孔子曰不知命無以爲君子也不知禮無以立也不知言無以知人也○正義曰此章言君子立身知人也命謂窮達之分言天之賦命窮達有時當待時而動若不知天命而妄動則非君子也禮者恭儉莊敬立身之本若其不知則無以立也聽人之言當別其是非若不能別其是非則無以知人之善惡也

論語注疏校勘記　阮元撰盧宣旬摘錄

堯曰第二十

堯曰章

殷家尚白　皇本家作冢是也

墨子引湯誓　孫志祖云今墨子兼愛篇作湯說疑說字正誓字之譌

言桀居帝臣之位　筆解此注作包曰

罪過不可隱蔽　皇本罪上有有字

無以萬方　漢石經無作毋

萬方有罪罪在朕躬　漢石經皇本高麗本不重罪字案書湯誥云其爾萬方有罪在予一人國語周語引湯誓云萬夫有罪在余一人墨子兼愛篇下亦云萬方有罪卽當朕身呂氏春秋季秋紀云萬夫有罪在余一人說苑貴德篇云百姓有過在予一人與此竝大同而小異核其文義俱不重罪字

萬方不與也　皇本與作預○按預俗字古書多假與爲豫

四方之政行焉　皇本焉作矣案漢書律厤志亦引作矣

信則民任焉　漢石經皇本高麗本竝無此句案此句疑因陽貨篇子張問仁章誤衍

公則說　皇本說上有民字

禹有治水大功　本大誤太今正

故舜禪位與禹　浦鏜云與疑於字誤

皇大也　本大誤天今正

大大君帝　本下大字誤作夫今正

居岐周而王天下　本岐誤歧今正

謂有圖錄之名　浦鏜云籙誤錄○按籙錄古今字

皇甫謐巧欲傳會　閩本同傳誤傳

注孔子至用之　〔補〕案曰誤子

所謂殺管叔而殺蔡叔也　北監本作蔡蔡叔毛本作囚蔡叔案北監本是也

而帝紂之庶兄　今史記宋世家作而紂之庶兄也

不如周家之少仁人　閩本北監本毛本少作多案今孔傳本作不如周家之少仁人孔疏云多惡不如少善故言紂至親雖多不如周家之少仁人則穎達所見本作少字朱子集注本引孔傳誤作多蓋據誤本改也

所以稱物平施知輕重也　閩本北監本毛本稱作秤是俗字漢書律厤志本作稱

合龠爲合　北監本毛本作十龠案漢書律厤志作合龠舊本亦有誤作十龠者唐六典云二龠爲合此云合龠猶言兩龠也若作十龠未免太多矣

十升爲斗　本斗誤十今正

而五量加矣　今漢書律厤志加作嘉

子張問於孔子章

子張問於孔子曰　皇本高麗本問下有政字

尊五美屏四惡　案漢平都相蔣君碑遵五迸四隸釋云後漢傳有遵五迸四之文此碑亦然蓋漢人傳魯論有如此者攷說文無迸字古多借屏爲之詩作之屏之禮記王制屏之遠方穀梁宣元年傳放猶屏也皆作屏字唯禮記大學迸諸四夷作迸釋文引皇云迸猶屏也又尊乃遵字之省文宗敬則率循也義亦相近

因民之所利而利之　易益卦注周禮旅師疏及文選洞簫賦注引此文竝作因民所利而利之案皇疏兩述經文皆無上之字疑後人據俗本誤增

擇可勞而勞之　皇本可上有其字

言君子不以寡小而慢也　皇本慢下有之字

與民無信而虛刻期　皇本刻作剋

出納之吝　唐石經皇本高麗本納作內注同釋文出內字云如字又音納注同本今作納○按內納古今字

又誰怨者　本又誤且今正

此說勞而不怨者也　浦鏜云者字衍

又焉貪　浦鏜云貪下脫者

我則欲仁而仁斯至矣　本則誤財今正

此說威而不猛也　本猛誤猛今正

當先施教令於民　本民誤氏今正

猶復丁寧申勑之　本寧上脫丁字

謂不宿戒而責目前成謂之卒暴　本責目誤貴日今正

不知命章　釋文出孔子曰不知命無以爲君子也云魯論無此章今從古

孔子曰　朱子集注本無孔字案唐石經宋石經釋文皇本高麗本及閩本北監本毛本竝有孔字據此則朱子作子曰者非也

命謂窮達之分　本達誤逹今正

當待時而動　本待作侍今正

立身之本　本立誤以今正

欽定四庫全書總目孝經正義三卷

唐元宗明皇帝御注宋邢昺疏案唐會要開元十年六月上注孝經頒天下及國子學天寳二年五月上重注亦頒天下舊唐書經籍志孝經一卷元宗注唐書藝文志今上孝經制旨一卷注曰元宗其稱制旨者猶梁武帝中庸義之稱制旨實一書也趙明誠金石錄載明皇注孝經四卷陳振孫書錄解題亦稱家有此刻爲四大軸蓋天寳四載九月以御注刻石於太學謂之石臺孝經今尚在西安府學中爲碑凡四故拓本稱四卷耳元宗御製序末稱一章之中凡有數句一句之內義有兼明具載則文繁略之則義闕今存於疏用廣發揮唐書元行沖傳稱元宗自注孝經詔行沖爲疏立於學官唐會要又載天寳五載詔孝經書疏雖麤發明未能該備今更敷暢以廣闕文令集賢院寫頒中外是注凡再修疏亦再修其疏唐志作二卷宋志則作三卷殆續增一卷歟宋咸平中邢昺所修之疏卽據行沖書爲藍本然孰爲舊文孰爲新說今已不可辨別矣孝經有今文古文二本今文稱鄭元注其說傳自荀昶而鄭志不載其名古文稱孔安國注其書出自劉炫而隋書已言其僞至唐開元七年三月詔令羣儒質定右庶子劉知幾主古文立十二驗以駁鄭國子祭酒司馬貞主今文摘閨門章文句凡鄙庶人章割裂舊文妄加子曰字及注中脫衣就功諸語以駁孔其文具載唐會要中厥後今文行而古文廢元熊禾作董鼎孝經大義序遂謂貞去閨門一章卒啟元宗無禮無度之禍明孫本作孝經辨疑併謂唐宮闈不肅貞削閨門一章乃爲國諱夫削閨門一章遂啟幸蜀之衅使當時行用古文果無天寳之亂乎唐宮闈不肅誠有之至於閨門章二十四字則絕與武韋不相涉指爲避諱不知所避何諱也況知幾與貞兩議竝上會要載當時之詔乃鄭依舊行用孔注傳習者稀亦存繼絕之典是未因知幾而廢鄭亦未因貞而廢孔迨時閱三年乃有御注太學刻石署名者三十六人貞不預列御注既行孔鄭兩家遂併廢亦未聞貞更建議廢孔也禾等徒以朱子刊誤偶用古文遂以不用古文爲大罪又不能知唐時典故徒聞中興書目有議者排毀古文遂廢之語遂沿其誤說憒憒然歸罪於貞不知以注而論則孔佚鄭亦佚孔佚罪貞鄭佚又罪誰乎以經而論則鄭存孔亦存古文竝未因貞一議亡也貞又何罪焉今詳考源流明今文之立自元宗此注始元宗此注之立自宋詔邢昺等修此疏始衆說喧呶皆揣摩影響之談置之不論不議可矣

孝經注疏序

孝經者百行之宗五教之要自昔孔子述作垂範將來奥旨微言已備解乎注疏尚以辭高旨遠後學難盡討論今特翦截元疏旁引諸書分義錯經會合歸趣一依講說次第解釋號之爲講義也

翰林侍講學士朝請大夫守國子祭酒上柱國賜紫金魚袋臣邢昺等奉勑校定注疏　成都府學主鄉貢傳注奉右撰

夫孝經者孔子之所述作也述作之旨者昔聖人藴大聖德生不偶時適值周室衰微王綱失墜君臣僭亂禮樂崩頽居上位者賞罰不行居下位者褒貶無作孔子遂乃定禮樂删詩書讃易道以明道德仁義之源修春秋以正君臣父子之法又慮雖知其法未知其行遂說孝經一十八章以明君臣父子之行所寄知其法者修其行知其行者謹其法故孝經緯曰孔子云欲觀我褒貶諸侯之志在春秋崇人倫之行在孝經是知孝經雖居六籍之外乃與春秋爲表矣先儒或云夫子爲曾參所說此未盡其指歸也蓋曾子在七十弟子中孝行最著孔子乃假立曾子爲請益問荅之人以廣明孝道既說之後乃屬與曾子洎遭暴秦焚書並爲煨燼漢膺天命復闡微言孝經河間顔芝所藏因始傳之于世自西漢及魏歷晉宋齊梁注解之者迨及百家至有唐之初雖備存祕府而簡編多有殘缺傳行者唯孔安國鄭康成兩家之注并有梁博士皇侃義疏播於國序然辭多紕繆理昧精研至唐玄宗朝乃詔羣儒學官俾其集議是以劉子玄辨鄭注有十謬七惑司馬堅斥孔注多鄙俚不經其餘諸家注解皆榮華其言妄生穿鑿明皇遂於先儒注中採摭菁英芟去煩亂撮其義理允當者用爲注解至天寶二年注成頒行天下仍自八分御扎勒于石碑即今京兆石臺孝經是也

孝經正義

翰林侍講學士朝請大夫守國子祭酒上柱國賜紫

金魚袋臣邢昺等奉　勅校定

御製序并注〔疏〕

正義曰孝經者孔子爲曾參陳孝道也漢初長孫氏博士江翁少府后倉諫大夫翼奉安昌侯張禹傳之各自名家經文皆同唯孔氏壁中古文爲異至劉炫遂以古孝經庶人章分爲二曾子敢問章分爲三又多閨門一章凡二十二章桓譚新論云古孝經千八百七十二字今異者四百餘字孝者事親之名經者常行之典按漢書藝文志云夫孝天之經地之義民之行也舉大者言故曰孝經又按禮記祭統云孝者畜也畜養也釋名云孝好也周書謚法至順曰孝揔而言之道常在心盡其色養中情悅好承順無怠之義也爾雅曰善父母爲孝皇侃曰經者常也法也此經爲教任重道遠雖復時移代革金石可消而爲孝事親常行存世不滅是其常也爲百代規模人生所資是其法也言孝之爲教使可常而法之易有上經下經老子有道經德經孝爲百行之本故名曰孝經經之創制孔子所撰也前賢以爲曾參雖有至孝之性未達孝德之本偶於閒居因得侍坐參起問於夫子夫子隨而答參是以集錄因名爲孝經尋繹再三將未爲得也何者夫子刊緝前史而修春秋猶云筆則筆削則削四科十哲莫敢措辭按鉤命決云孔子曰吾志在春秋行在孝經斯則修春秋撰孝經孔子之志行也何爲重其志而自筆削輕其行而假他人者乎按劉炫述義其略曰炫謂孔子自作孝經本非曾參請業而對也士有百行以孝爲本本立而後道行道行而後業就故曰明王之以孝治天下也然則治世之要孰能非乎徒以教化之道因時立稱經典之目隨事表名至使威儀禮節之餘盛傳當代孝悌德行之本隱而不彰夫子運偶陵遲禮樂崩壞名教將絕特感聖心因弟子有請問之道師儒有教誨之義故假曾子之言以爲對揚之體乃非曾子實有問也若疑而始問答以申辭則曾子應每章一問仲尼應每問一答按經夫子先自言之非參請也諸章以次演之非待也且辭義血脉文連旨環而開宗題其端緒餘章廣而成之非一問一答之勢也理有所極方始發問又非請業請答之事首章言先王有至德要道則下章云此之謂要道也非至德其執能順民皆遙結道本答曾子也舉此爲例凡有數科必其主爲曾子言首章答曾子已了何由不待曾子問更自述而脩之且三起曾參侍坐與之別二者是問也一者歎之也故假言乘閒曾子坐也與之論孝開宗明義上陳天子下陳庶人語盡無更端於曾子未有請故假參歎孝之大又說以孝爲理之功說之以終欲言其聖道莫大於孝又假參問乃說聖人之德不加於孝在前論敬順之道未有規諫之事慇懃在悅色不可頓說犯顏故須更借曾子言陳諫諍之義此皆孔子須參問非參須問孔子也莊周之斥鷃笑鵬罔兩問影屈原之漁父鼓枻太卜拂龜馬卿之烏有無是揚雄之翰林子墨寧非師祖製作以爲楷模者乎若依鄭注實居講堂則廣延生徒侍坐非一夫子豈凌人侮衆獨與參言邪且云汝知之乎何必直汝曾子而參先避席乎必其偏告諸生又有對者當參不讓儕輩而獨答乎假使獨與參言言畢參自集錄豈宜稱師字者乎由斯言之經教發極夫子所撰也而漢書藝文志云孝經者孔子爲曾子陳孝道也謂其爲曾子特說此經然則聖人之有述作豈爲一人而已斯皆誤本其文致茲乖謬也所以先儒注解多所未行唯鄭玄之六藝論曰孔子

以六藝題目不同指意殊別恐道離散後世莫知根源故作孝經以揔會之其言雖則不然其意頗近之矣然入室之徒不獨假曾子爲言以參偏得孝名也老子曰六親不和有孝慈然則孝慈之名因不和而有若萬行俱備稱爲人聖則凡聖無不孝也家有三惡舜稱大孝龍逄比干忠名獨彰君有不明也孝以伯奇之名偏著母不慈也曾子性雖至孝蓋有由而發矣藜蒸不熟而出其妻家法嚴也耘瓜傷苗幾殞其命明父少恩也曾子孝名之大其或由茲固非參性遲朴躬行匹夫之孝也審攷經言詳稽炫釋貫藏理於古而獨得之於今者與元氏雖同炫說恐未盡善今以藝文志及鄭氏所說爲得其作經年先儒以爲魯哀公十四年西狩獲麟而作春秋至十六年夏四月己丑孔子卒爲證則作在魯哀公十四年後十六年前案鉤命決云孔子曰吾志在春秋行在孝經據先後言之明孝經之文同春秋作也又鉤命決云孔子曰春秋屬商孝經屬參則孝經之作在春秋後也○御者按大戴禮盛德篇云德法者御民之本也古之御政以治天下者冢宰之官以成道司徒之官以成德宗伯之官以成仁司馬之官以成聖司寇之官以成義司空之官以成禮故六官以爲轡司會均入以爲軜故曰御四馬者執六轡御天地與人與事者亦有六政是故善御者正身同轡均馬力齊馬心唯其所引而之以取長道遠行可以之急疾可以御天地與人事此四者聖人之所乘也是故天子御者內史太史左右手也六官亦六轡也天子三公合以執六官均五政齊五法以御四者故亦爲其所引而之以之道則國治以之德則國安以之仁則國和以之聖則國平以之義則國成以之禮則國定此御政之體也然則御者治天下之名若柔轡之御剛馬也家語亦有此文是以秦漢以來以御爲至尊之稱又蔡邕獨斷曰御者進也凡衣服加於身飲食入於口妃妾接於寢皆曰御至於器物製作亦皆以御言之故此云御也○製者裁翦述作之謂也故左傳曰子有美錦不使人學製焉取此美名故人之文章述作皆謂之製以此序唐玄宗所撰故云御製也玄宗唐弟六帝也諱隆基睿宗之子以延和元年即位時年三十三在位四十五年年七十八登遐謚曰明孝皇帝廟號玄宗開元十年製經序并注序者按詩頌云繼序思不忘毛傳云序緒也又釋詁云敍緒也是序與敘音義同郭璞云又爲端緒然則此言序者舉一經之端緒耳○并注者并兼也注著也解釋經指使義理著明也言非但製序兼亦作注故云并也案今俗所行孝經題曰鄭氏注近古皆謂康成而晉魏之朝無有此說晉穆帝永和十一年及孝武太元元年再聚羣臣共論經義有荀昶者撰集孝經諸說始以鄭氏爲宗晉末以來多有異論陸澄以爲非玄所注請不藏於祕省王儉不依其請遂得見傳至魏齊則立學官著作律令蓋由虜俗無識故致斯訛舛然則經非鄭玄所注其驗有十二焉據鄭自序云遭黨錮之事逃難至黨錮事解注古文尚書毛詩論語爲袁譚所逼來至元城乃注周易都無注孝經之文其驗一也鄭君卒後其弟子追論師所注述及應對時人謂之鄭志其言鄭所注者唯有毛詩三禮尚書周易都不言注孝經其驗二也又鄭志目錄記鄭之所注五經之外有中候大傳七政論乾象厤六藝論毛詩譜答臨碩難禮許愼異議釋廢疾發墨守箴膏肓答甄守然等書寸紙片言莫不悉載若有孝經之注無容隱而不言其驗三也鄭之弟子分授門徒各述所言更爲問答編錄其語謂之鄭記唯載諸易論語其言不及孝經其驗四也趙商作鄭玄碑銘具載諸所注箋驗論亦不言注孝經晉中經簿周易尚書中候尚書大傳毛詩周禮儀禮禮記論語凡九書皆云鄭氏注名玄至於孝經則稱鄭氏解無名玄二字其驗五也春秋緯演孔圖

注云康成注三禮詩易尚書論語其春秋孝經則有評論宋均詩譜序云我先師北海鄭司農則均是玄之傳業弟子師有注述無容不知而云春秋孝經唯有評論非玄所注時明其驗六也又宋均孝經緯注引鄭六藝論敘孝經云玄又爲之注司農論如是而均無聞焉有義無辭令予昏惑舉鄭之語而云無聞其驗七也宋均春秋緯注云爲春秋孝經略說則非注之謂所言又爲之注者汎辭耳非事實其敘春秋亦云玄又爲之注寧可復責以實注春秋乎其驗八也後漢史書存於代者有謝承薛瑩司馬彪袁山松等其所注皆無孝經唯范氏書有孝經其驗九也王肅孝經傳首有司馬宣王奉詔令諸儒注述孝經以肅說爲長若先有鄭注亦應言及而不言鄭其驗十也王肅注書好發鄭短凡有小失皆在聖證若孝經此注亦出鄭氏被肅攻擊最應煩多而肅無言其驗十一也魏晉朝賢辯論時事鄭氏諸注無不撮引未有一言孝經注者其驗十二也以此證驗易爲討覈而代之學者不覺其非乘後謬說競相推舉諸解不立學官此注獨行於世觀言語鄙陋義理乖謬固不可示彼後來傳諸不朽至古文孝經孔傳本出孔氏壁中語甚詳正無俟商摧而曠代亾逸不被流行隨開皇十四年祕書學生王逸於京市陳人處買得一本送與著作王劭以示河間劉炫仍令校定而此書更無兼本難可依憑炫輒以所見率意刊改因著古文孝經稽疑一篇故開元七年勅議之際劉子玄等議以爲孔鄭二家雲泥致隅令綸旨煥發校其短長必謂行孔廢鄭於義爲允國子博士司馬貞議曰今文孝經是漢河間王所得顏芝本至劉向以此參校古文省除繁惑定此一十八章其注相承云是鄭玄所作而鄭志及目錄等不載故往賢共疑焉唯荀昶范曄以爲鄭注故昶集解孝經具載此注爲優且其注縱非鄭玄而義旨敷暢將爲得所雖數處小有非隱實亦未爽經言其古文二十二章無出孔壁先是安國作傳緣遭巫蠱未之行也昶集注之時尚未見孔傳中朝遂亡其本近儒欲崇古學妄作傳學假稱孔氏輒穿鑿改更又僞作閨門一章劉炫詭隨妄稱其善且閨門之義近俗之語必非宣尼正說案其文云閨門之內具禮矣嚴親嚴兄妻子臣妾繇百姓徒役也是比妻子於徒役文句凡鄙不合經典又分庶人章從故自天子已下別爲一章仍加子曰二字然故者連上之辭既是章首不合言故是古人既沒後人妄開此等數章以應二十二之數非但經以不眞抑亦傳文淺僞又注用天之道分地之利其略曰脫之應功暴其肌體朝暮從事露髮徒足少而習之其心安焉此語雖旁出諸子而引之爲注何言之鄙俚乎與鄭氏所云分別五土視其高下高田宜黍稷下田宜稻麥優劣懸殊曾何等級今議者欲取近儒詭說而廢鄭注理實未可請准令式孝經鄭注與孔傳依舊俱行詔鄭注仍舊行用孔傳亦存是時蘇宋文吏拘於流俗不能發明古義奏議排子玄令請儒對定司馬貞與學生郗常等十人盡非子玄卒從諸儒之說至十年上自注孝經頒于天下卒以十八年章爲定

孝經正義終

孝經序

朕聞上古其風朴略。〔疏〕朕聞上古至德之本歟。正義曰自此以下至於序末凡有五段明義當段自解其指於此不復繁文今此初段序孝之所起及可以教人而爲德本也。朕者我也古者尊卑皆稱之故帝舜命禹曰朕志先定禹曰朕德罔克皋陶曰朕言惠可底行又屈原亦云朕皇考曰伯庸是由古人質故君臣共稱至秦始皇二十六年始定爲天子之稱聞者目之不覩耳之所傳曰聞上古者經典所說不同案禮運鄭玄注云中古未有釜甑則謂神農爲中古若易歷三古則伏羲爲上古文王爲中古孔子爲下古若三王對五帝則五帝亦爲上古故士冠記云大古冠布下云三王共皮弁則大古五帝時也大古亦上古也以其文各有所對故上古中古不同也此云上古者亦謂五帝以上也知者以下云及乎仁義既有以禮運及老子言之仁義之盛在三王之世則此上古自然當五帝以上也云其風朴略者風教也朴質也略疏也言上古之君貴尚道德其於教化則質朴疏略也

雖因心之孝已萌。而資敬之禮猶簡。〔疏〕正義曰因猶親也資猶取也言上古之人有自然親愛父母之心如此之孝雖已萌兆而取其恭敬之禮節猶尚簡少也周禮大司徒教六行云孝友睦婣任恤注云因親於外親是因得爲親也詩大雅皇矣云惟此王季因心則友士章云資於事父以事君而敬同此其所出之文也故引以爲序耳

及乎仁義既有。親譽益著。〔疏〕正義曰及乎者語之發端連上逮下之辭也仁者兼愛之名義者裁非之謂仁義既有謂三王時也案曲禮云太上貴德鄭注云大古帝皇之世又禮運云大道之行也鄭注云大道謂五帝時老子德經云失道而後德失德而後仁失仁而後義是道德當三皇五帝時則仁義當三王之時可知也慈愛之心曰親聲美之稱曰譽謂三王之世天下爲家各親其親各子其子親譽之道日益著見故曰親譽益著也

聖人知孝之可以教人也。〔疏〕正義曰聖人謂以孝治天下之明王也孝爲百行之本至道之極故經文云聖人之德又何以加於孝乎

故因嚴以教敬。因親以教愛。〔疏〕正義曰引下經文以證義也

於是以順移忠之道昭矣。立身揚名之義彰矣。〔疏〕正義曰經云君子之事親孝故忠可移於君又曰立身行道揚名於後世言人事兄能悌以之事長則爲順事親能孝移之事君則爲忠然後立身揚名傳於後世也昭彰皆明也

子曰。吾志在春秋。行在孝經。〔疏〕正義曰此鉤命決文也言褒貶諸侯善惡志在於春秋人倫尊卑之行在於孝經也

是知孝者。德之本歟。〔疏〕正義曰論語云孝弟也者其爲仁之本歟今言孝者德之本歟歟者歎美之辭舉其大者而言故但云孝德則行之惣名故變仁言德也

經曰。昔者明王之以孝理天下也。不敢遺小國之臣。而況於公侯伯子男乎。〔疏〕經曰至形於四海。正義曰此第二段序已仰慕先世明王欲以博愛廣敬之道被四海也。經曰至男乎。此孝治章文也故言經曰言小國之臣尚不敢遺棄何況於五等列爵之君乎公侯伯子男五等之爵也白虎通曰公者通也公正無私之意也春秋傳曰王者之後稱公侯者候也候順逆也伯者長也爲一國之長也子者字也常行字愛於人也男者任也常任王事也王制云公侯地方百里伯七十里子男五十里至於周公時增地益廣加賜諸侯之地公五百里侯四百里伯三百里子二百里男一百里公爲上等侯伯爲中等子男爲下等言小國之臣謂子男之臣也

朕嘗三復斯言。景行先哲。〔疏〕正義曰復猶覆也斯此也景明也哲智也言每讀經至此科三度反覆重讀庶幾法則此有明行者先世聖智之明王也論語云南容三復白圭詩云高山仰止景行行止是其類也

雖無德教加於百姓。〔疏〕正義曰上避辭也

庶幾廣愛形于四海。〔疏〕正義曰此上意思行教也庶幾猶幸望既謙言無德教加於百姓唯幸望以廣敬博愛之道著見於四夷也案經作刑刑法也今此作形則形猶見也義得兩通無繁改字四海即四夷也又經別釋

嗟乎。夫子沒而微言絕。異端起而大義乖。〔疏〕嗟乎至樞要也。正義曰此第三段歎夫子沒後遺世陵遲典籍散亡傳注踳駁所以撮其樞要而自作注也嗟乎上歎辭也夫子孔子也以嘗爲魯大夫故云夫子案史記云孔子生魯國昌平陬邑魯襄公二十二年生年七十三以魯哀公十六年四月己丑卒葬魯城北泗上而微言絕者藝文志文李奇曰隱微不顯之言也顏師古曰精微要妙之言耳言夫子沒後妙言咸絕七十子既喪而異端並起大義乖

況泯絕於秦。得之者皆煨燼之末。〔疏〕正義曰泯滅也秦者隴西谷名也在雍州鳥鼠山之東北昔皋陶之子伯翳佐禹治水有功舜命作虞賜姓曰嬴其末孫非子爲周孝王養馬於汧渭之間封爲附庸邑于秦谷及非子之曾孫秦仲周宣王又命爲大夫仲之孫襄公討西戎救周周室東遷以岐豐之地賜之始列爲諸侯春秋時稱秦伯至孝公子惠文君立是爲惠王及莊襄王爲秦質子於趙見呂不韋姬說而取之生始皇按秦昭王四十八年正月生於邯鄲及生名爲政姓趙氏年十三莊襄王死政代立爲秦王至二十六年平定天下號曰始皇帝三十四年置酒咸陽宮博士齊人淳于越進曰臣聞殷周之王千餘歲封子弟功臣自爲枝輔今陛下有海內而子弟爲匹夫卒有田常六卿之臣無輔拂何以相救哉丞相李斯曰五帝不相復三代不相襲非其相反時變異也今陛下創大業建萬世之功固非愚儒之所知臣請史官非秦記皆燒之非博士官所職天下敢有藏詩書百家語者悉詣守尉雜燒之制曰可三十五年以爲諸生誹謗乃自除犯禁者四百六十餘人皆阬之咸陽是經籍之道滅絕於秦說文云煨盆火也燼火餘也言遭秦焚阬之後典籍滅亡雖僅有存者皆火餘之微末耳若伏勝尚書顏貞孝經之類是也

濫觴於漢。傳之者皆糟粕之餘。〔疏〕正義曰案家語孔子謂子路曰夫江始於岷山其源可以濫觴及其至江津也不舫舟不避風雨不可以涉王肅曰觴所以盛酒者言其微也又文選郭景純江賦曰惟岷山之導江初發源乎濫觴臣翰注云濫謂汎濫小流貌觴酒醆也謂發源小如一醆漢者巴蜀之間地名也二世元年諸侯叛秦沛人共立劉季以爲沛公二年八月入秦秦相趙高殺二世立二世兄子子嬰冬十月爲漢元年子嬰二年春正月項羽尊楚懷王爲義帝羽自立爲西楚霸王更立沛公爲漢王王巴蜀漢中四十一縣都南鄭五年破項羽斬之六年二月即皇帝位于汜水之陽遂取漢爲天下號若商周然也漢興改秦之政大收篇籍言從始皇焚燒之後至漢氏尊學初除挾書之律有河間人顏貞出其父芝之所藏凡一十八章以相傳授言其至少故云濫觴於漢也其後復盛則如江矣釋名云酒滓曰糟浮米曰粕既以濫觴況其少因取糟粕比其微言醇粹既喪但餘此糟粕耳

故魯史春秋。學開五傳。〔疏〕正義曰故者因上起下之語夫子約魯史春秋學開五傳五傳者謂名專已學以相教授分經作傳凡有五家開則分也五傳者案漢書藝文志云左氏傳三十卷左丘明魯大史也公羊傳十一卷公羊子齊人名高受經於子夏穀梁傳十一卷名赤魯人糜信云與秦孝公同時七錄云名俶字元始風俗通云子夏門人鄒氏傳十一卷漢書云王吉善鄒氏春秋夾氏傳十一卷有錄無書其鄒夾二義鄒氏無師夾氏未有書故不顯于世蓋王莽時亡失耳

國風雅頌。分爲四詩。〔疏〕正義曰詩有國風小雅大雅周頌魯頌商頌故曰國風雅頌四詩者毛詩韓詩齊詩魯詩也毛詩自夫子授卜商傳至大毛公名亨大毛公授毛萇趙人爲河間獻王博士先有子夏詩傳一卷萇各置其篇端存其作者至後漢大司農鄭玄爲之箋是曰毛詩韓詩者漢文帝時博士燕人韓嬰所傳武帝時與董仲舒論於上前仲舒不能難至晉無人傳習是曰韓詩齊詩者漢景帝時博士清河太傅轅固生所傳號齊詩傳夏侯始昌昌授后蒼蓋門入尤盛後漢陳元方亦傳之至西晉亡是曰齊詩魯詩者漢武帝時魯人申公所述以經爲訓詁教之無傳疑者則闕號爲魯詩

去聖逾遠。源流益別。〔疏〕正義曰逾越也百川之本曰源水行曰流增多曰益言秦漢而下上去孔子聖越遠孝經本是一源諸家增益別爲衆流謂其文不同也

近觀孝經舊注。踳駁尤甚。〔疏〕正義曰孝經今文稱鄭玄注古文稱孔安國注先儒詳之皆非眞實而學者互相宗尚踳乖也駁錯也尤過也今言觀此二注乖錯過甚故言踳駁尤甚也

至於跡相祖述。殆且百家。〔疏〕正義曰至於者語更端之辭也跡蹤跡也祖始也因而明之曰述言學者蹤跡相尋以在前者爲始後人從而述脩之若仲尼祖述堯舜之爲也殆近也言近且百家目其多也案其人今文則有魏王肅蘇林何晏劉邵吳韋昭謝萬徐整晉袁宏虞槃佑東晉楊泓殷仲文車胤孫氏庾氏荀昶孔光何承天釋慧琳齊王玄載明僧紹及漢之長孫氏江翁翼奉后蒼張禹鄭衆鄭玄所說各擅爲一家也其梁皇侃撰義疏三卷梁武帝作講疏賀瑒嚴植之劉貞簡明山賓咸有說唯有鉅鹿魏眞克者亦爲之訓注其古文出自孔氏壁中本是孔安國作傳會巫蠱事其本亡失至隋王邵所得以送劉炫炫敍其得喪述其義疏議之劉綽亦作疏與鄭義俱行又馬融亦作古文孝經傳而世不傳此皆祖述名家者也

業擅專門。猶將十室。〔疏〕正義曰上言百家者大略皆祖述而已其於傳守已業專門命氏者尚自將近十室室則家也爾雅釋宮云宮謂之室室謂之宮其內謂之家但與上百家變文耳故言十室其十室之名序不指摘不可強言蓋后蒼張禹鄭玄王肅之徒也

希升堂者。必自開戶牖。〔疏〕正義曰希望也論語云子曰由也升堂矣未入於室夫子言仲由升我堂矣未入於室耳今祖述孝經之人望升夫子之堂者既不得其門而入必自擅開門戶牖矣言其妄爲穿鑿也

攀

逸駕者。必騁殊軌轍。【疏】正義曰攀引也逸駕謂奔逸之車駕也案莊子顏淵問於仲尼曰夫子步亦步夫子趨亦趨夫子馳亦馳夫子奔逸絕塵而回瞠若乎後耳言夫子之道神速不可及也今祖述孝經之人欲仰慕攀引夫子奔逸之駕者既不得直道而行必馳騁於殊異之軌轍矣言不知道之無從也兩轍之間曰軌車輪所轢曰轍是以道隱小成。言隱浮僞。【疏】正義曰道者聖人之大道也隱蔽也小成謂小道而有成德者也言者夫子之至言也浮僞謂浮華詭辨也言此穿鑿馳騁之徒唯行小道華辯致使大道至言皆爲隱蔽其實則不可隱故莊子內篇齊物論云道惡乎隱而有眞僞言惡乎隱而有是非道惡乎往而不存言惡乎存而不可道隱於小成言隱於榮華此文與彼同唯榮華作僞耳大意不異也且傳以通經爲義。義以必當爲主。【疏】正義曰且者語辭傳者注解之別名博釋經意傳示後人則謂之傳注者著也約文敷暢使經義著明則謂之注作得自題不爲義例或曰前漢以前名傳後漢以來名注蓋亦不然何則馬融亦謂之傳知或說非也此言傳注解釋則以通暢經指爲義義之裁斷則以必然當理爲主也至當歸一。精義無二。【疏】正義曰至極之當必歸於一精妙之義焉有二三將言諸家不同宜會合之也安得不翦其繁蕪。而撮其樞要也。【疏】正義曰安何也諸家之說既互有得失何得不翦截繁多蕪穢而撮取其樞機要道也韋昭王肅。先儒之領袖。虞翻劉邵。抑又次焉。【疏】正義曰自此至有補將來爲第四段序作注之意舉六家異同會五經旨趣敷暢經義望益將來也吳志曰韋曜字弘嗣吳郡雲陽人本名昭避晉文帝諱改名曜事吳至中書僕射侍中領左國史封高陵亭侯魏志曰王肅字子雍王朗之子仕魏歷散騎黃門侍郎散騎常侍兼太常吳志虞翻字仲翔會稽餘姚人漢末舉茂才曹公辟不就仕吳以儒學聞爲老子論語國語訓注傳於世魏志劉邵字孔才廣平邯鄲人仕魏歷散騎常侍賜爵關內侯著人物志百篇此指言韋王所學在先儒之中如衣之有領袖也虞劉二家亞次之抑語辭也劉炫明安國之本。陸澄譏康成之注。【疏】正義曰隋書云劉炫字光伯河間景城人炫左畫方右畫圓口誦目數耳聽五事並舉無所遺失仕後周直門下省竟不得官縣司責其賦役炫自陳於內史乞送吏部吏部尚書韋世康問其所能炫自爲狀曰周禮禮記毛詩尚書公羊左傳孝經論語孔鄭王何服杜等注凡三十家雖義有精麤並堪講授周易儀禮穀梁用功頗少子史文集嘉言美事咸誦於心天文律歷窮覈微妙公私文翰未嘗舉手吏部竟不詳試除殿內將軍仕隋歷太學博士罷歸河間賊中餓死謚宣德先生初炫既得王邵所送古文孔安國注本遂著古文稽疑以明之蕭子顯齊書曰陸澄字彥淵吳郡吳人也少學博覽無不知起家仕宋至齊歷國子祭酒光祿大夫初澄以晉荀昶所學爲非鄭玄所注請交藏秘書王儉違其議在理或當。何必求人。【疏】正義曰言但在注釋之理允當不必譏非其人也求猶責也今故特舉六家之異同。會五經之旨趣。【疏】正義曰六家即韋昭王肅虞翻劉邵劉炫陸澄也言舉此六家而又會合諸經之旨趣耳約文敷暢。義則昭然。【疏】正義曰約省也敷布也暢通也言作注之體直約省其文不假繁多能徧布通暢經義使之昭明也然辭也分注錯經。理亦條貫。【疏】正義曰謂分其注解間錯經文也經注雖然分錯其理亦不相亂而有條有貫也書云若網在綱有條而不紊論語子曰參乎吾道一以貫之是條之理也寫之琬琰。庶有補於將來。【疏】正義曰案考工記玉人職云琬圭九寸而繅以象德注云琬猶圜也王使之瑞節也諸侯有德王命賜之使者執琬圭以致命焉繅藉也又云琰圭九寸判規以除慝以易行注云凡圭琰上寸半琰圭琰半以上又半爲瑑飾諸侯有爲不義使者征之執以爲瑞節也除慝誅惡逆也易行止暴苛今言以此所注孝經寫之琬圭琰圭之上若簡策之爲庶幾有所裨補於將來學者或曰謂刊石也而言寫之琬琰者取其美名耳且夫子談經。志取垂訓。【疏】正義曰自此至序末爲第五段言夫子之經言約意深注繁文不能具載仍作疏義以廣其旨也且夫子所談之經其志但取垂訓後代而已雖五孝之用則別。而百行之源不殊。【疏】正義曰五孝者天子諸侯卿大夫士庶人五等所行之孝也言此五孝之用雖尊卑不同而孝爲百行之源則其致一也是以一章之中。凡有數句。一句之內。意有兼明。【疏】正義曰積句以成章章者明也總義包體所以明情者也句必聯字而言句者局也聯字分疆所以局言者也言夫子所脩之經志在殷勤垂訓所以一章之中凡有數句一句之內意有兼明者也若移忠移順博愛廣敬之類皆是具載則文繁。略之又義闕。【疏】正義曰言作注之體意在約文敷暢復恐太略則大義或闕今存於疏。用廣發揮。【疏】正義曰此言必順作疏之義也發謂發越揮謂揮散若其注文未備者則具存於疏用此義疏以廣大發越揮散夫子之經旨也

孝經注疏挍勘記序

阮元撰盧宣旬敬錄

孝經有古文有今文有鄭注有孔注孔注今不傳近出於日本國者誕妄不可據要之孔注即存不過如尚書之僞傳決非眞也鄭注之僞唐劉知幾辨之甚詳而其書久不存近日本國又撰一本流入中國此僞中之僞尤不可據者孝經注之列於學官者係唐元宗御注唐以前諸儒之說因藉捃摭以僅存而當時元行沖義疏經宋邢昺刪改亦尚未失其眞學者舍是固無繇闚孝經之門徑也惟其譌字實繁元舊有挍本因更屬錢塘監生嚴杰旁披各本並文苑英華唐會要諸書或讎或挍務求其是元復親酌定之爲孝經挍勘記三卷釋文挍勘記一卷阮元記

引據各本目錄

唐石臺孝經四軸　顧炎武金石文字記云石刻孝經今在西安府儒學前第二行題曰御製序并注及書其下小字曰皇太子臣亨奉勅題額後有天寶四載九月一日銀青光祿大夫國子祭酒上柱國臣李齊古上表及元宗御批大字草書三十八字其下有特進行尚書左僕射兼右相吏部尚書集賢院學士修國史上柱國晉國公臣林甫等四十五人惟林甫以左僕射不書姓經序注但八分書其額曰大唐開元天寶聖文神武皇帝注孝經臺中間人名下攙入丁酉歲八月廿六日紀九字是後人所添是歲乙酉非丁酉也又末二行官銜不書臣亦可疑

唐石經孝經一卷

宋熙寧石刻孝經一卷　是本張南軒所書不分章每行十一字末題熙寧壬子八月壬寅書付姪憓收時寓卩之廢寺居東齋南軒題

南宋相臺本孝經一卷　宋岳珂刊每半葉八行行十七字注文雙行附音釋卷末有木刻亞形篆書相臺岳氏刻梓荊溪家塾印

正德本孝經注疏九卷　是本刊于明正德六年每半葉十行行十七字注疏每格雙行行廿三字經文下載注不標注字正義冠大疏字於上每葉之末上題篇識皆元泰定間刊本舊式錯字甚多今挍正義無別本可據記中所稱此本者即據是刻而言

閩本孝經注疏九卷　明嘉靖閩中御史李元陽刻分卷同正德本每半葉九行每章首行廿一字餘低一格每行二十字注同正義雙行每行亦二十字詳春秋左傳注疏挍勘記

重脩監本孝經注疏九卷　明萬歷十四年刊分卷同正德本詳春秋左傳注疏挍勘記

毛本孝經注疏九卷　明崇禎己巳常熟汲古閣毛晉刊分卷同正德本詳春秋左傳注疏挍勘記

孝經注疏序挍勘記

阮元撰盧宣旬摘錄

孝經注疏序　此五字頂格在第一行閩本監本毛本同案注原作註今訂正下同說詳唐元宗序以下凡他本與此本同者不載。註今改作注

今特翦截元疏　案翦原作剪俗字今訂正下同此本序低二字分作六行閩本監本低一字分作四行毛本頂格

翰林侍講學士朝請大夫守國子祭酒上柱國賜紫金魚袋臣邢昺等奉勅挍定注疏　是銜在第八行第九行魚字另提行並低一字閩本監本在第六行第七行魚字另提行低一字毛本在第二行序前翰字上增宋字低一字臣字

不側註校作較案當作挍唐張參五經文字手部云挍經典及釋文以爲比挍字案王溥唐會要云天寶五載詔孝經書䟽雖藴發明未能該備今更敷暢以廣闕文令集賢院寫頒中外又唐書元行沖傳稱元宗自注孝經詔行沖爲䟽立於學官卽序所謂今存於䟽用廣發揮者也宋會要咸平三年三月命祭酒邢昺等取元行沖䟽約而脩之四年九月以獻崇文總目孝經正義三卷邢昺撰咸平中奉詔據元氏本而增損焉然則是䟽卽據行沖書爲藍本其所增損者今亦無從辨别矣

成都府學主鄉貢傳注　奉右撰　此十二字在第十行低字牛閩本監本在第九行低一字毛水改入序文卽今京兆石臺孝經是也之下案秀水朱彝尊經義考云按孫奭序或作成都府學主鄉貢傳注奉右撰

以明君臣父子之行所寄　嘉善浦鏜正誤云寄當冀字誤案寄字不誤浦鏜所寄屬下讀因疑寄爲誤字浦鏜書不盡足據此類是也

雖備存祕府　閩本祕作秘案秘俗祕字後仿此

皇侃　閩本監本毛本作皇侃案侃俗侃字

播於國序　毛本於作于

辨鄭注有十謬　閩本監本毛本辨作辯案張參五經文字云辯理也辨别也經典或通用之

乃自八分御札　閩本監本毛本札作札是也此本御字提行是宋刻舊式閩本監本承之毛本改接分字下

卽今京兆石臺孝經是也　監本毛本臺作臺是也下仿此

孝經正義　此四字頂格諸本及篇末同

翰林侍講學士朝請大夫守國子祭酒上柱國賜紫金魚袋臣邢昺等奉　勑校定　是銜在第二行第三行金字另提行此本以下不著閩本第二行但著宋邢昺註䟽五字第三行墨釘與宋字並每卷同監本二三兩行刻校刊官銜首行行孝經正義下著宋邢昺校四字毛本在第二行校作較後並同案較當作撰監本宋誤朱今改正

御製序并註　此本御字頂格閩本監本毛本低一格䟽同監本註字加圈毛本作陰文石臺本唐石經註作注是也又案唐會要云開元十年六月上注孝經頒天下及國子學天寶二年五月上重注亦頒天下云云是注凡再脩正義但云開元十年而不及天寶五載非也

傅士江翁　毛本作博士是下仿此

少府后倉　毛本倉作蒼案漢書藝文志作倉儒林傳作蒼

相譚新論云　閩本監本毛本相作桓案作相避宋欽宗諱此翻宋十行本之證譚當作譚

古孝經千八百七十二字　案宋本古文孝經後記數云經凡一千八百一十言日本信陽太宰純所按僞古文孝經孔傳後記數云通計經一千八百六十一字

周書謚法　毛本謚作諡盧文弨鍾山札記云今本說文謚行之迹也从言兮皿闕徐鍇曰兮聲也謚笑皃从言益聲玉篇於謚下增一謚字云同上餘並同今說文余向於累行之字皆从兮从皿又證以玉篇以爲眞說文之舊矣段玉裁云五經文字謚謚二字音常利反上說文下字林字林以謚爲笑聲音呼益反今用上字據此說文作謚並不从兮从皿卽字林以謚代謚亦未嘗增一从兮从皿之字此出近世所改从兮从皿實無義余以其言爲然從之案毛本作謚法非也下仿此

至順曰孝　案浦鏜云謚法解無此文

惣而言之　閩本惣作揔監本毛本作總案作總轉寫之異當作揔顧野王玉篇張參五經文字皆作總唐元度九經字樣揔下云說文作總經典相承通用李文仲字鑑云俗作惣揔非是

而爲孝事親常行　案正誤作孝爲是也

夫子隨而荅參　閩本監本毛本隨作隨後同荅毛本作荅閩本監本作答案作荅非也五經文字荅荅字下云上說文下石經此荅本小豆之一名對荅之荅本作畣經典及人間行此荅已久故不可改變下仿此

夫子刊緝前史　毛本緝作輯

而修春秋　監本修作脩案經典多作脩下仿此

按鉤命決云　此本誤决監本毛本作決案玉篇云决俗決字張參亦云作决訛下仿此

本非曾參請業而對也　此本作夲毛本作本下仿此

孰能非乎　正誤非作外

名教將絕　此本作絶毛本作絕是也下倣此

以爲對揚之躰　閩本監本毛本躰作體案玉篇云躰俗體字

非待也　正誤待下有問字是也

皆遥結道本荅曾子也　正誤道本作首章

必其主爲曾子言　此本主誤王今據閩本監本毛本改正

首章荅曾子已了　此本了誤子今據閩本監本毛本改正

何由不待曾子問　毛本由作甴避明熹宗諱後同

更自述而脩之　正誤脩作明

且三起曾參侍坐與之别　正誤三作首别作言

故假言乘開曾子坐也　正誤故作蓋

說之以終　正誤以作已案已以古多通用

故須更借曾子言　此本更誤史據閩本監本毛本改正

楊雄之翰林子墨　毛本楊作揚案廣韻揚字注不言姓楊字注云姓出弘農天水二望本自周宣王子尚父幽王邑諸楊號曰楊侯後并於晉因爲氏漢書楊雄本傳云其先食采於楊因氏焉又云楊在河汾之閒應劭曰左傳霍楊韓魏皆姬姓也楊今河東楊縣卽楊侯國正誤云監本誤楊非也

經教發極　正誤極作抒

孔子以六藝題目不同　此本誤作日閩本監本毛本日改目是也

然入室之徒不　案不下脫一字

則凡聖無不孝也　毛本孝誤盡

龍逢　閩本監本逢作逄

孝以伯奇之名偏著　監本毛本以作已案當作已正誤云之當孝誤是也

德法者御民之本也　案大戴禮本作銜

內史太史　案今本大戴禮作大史內史

此御政之體也　閩本監本毛本體作禮此本作體與大戴禮合

諱隆著　閩本毛本著作基不誤

謚曰明孝皇帝　明字據毛本補

敘緒也　此本誤叙閩本毛本作敘是也下仿此

言非但製序　此本但誤旦今依閩本監本毛本改

案今俗所行孝經　文苑英華行作傳

而晉魏之朝　文苑英華唐會要作魏晉是也

有荀昶者　監本毛本作㬥非

晉末以來　文苑英華唐會要作自齊梁已來

著作律令　文苑英華唐會要作作在是也

遭黨錮之事逃難　案此下當依文苑英華唐會要補注禮二字

鄭君卒後　唐會要君作元

有中條　此本誤條依閩本監本毛本改作條

大傳　文苑英華唐會要作書傳是也

毛詩謂 閩本監本毛本謂作譜是也

許慎異議 文苑英華唐會要許上有駁字議作義是也

箴膏盲 監本毛本盲作肓是也

分授門徒 閩本監本毛本作分撜誤也文苑英華唐會要並作分授

各述所言 文苑英華唐會要所作師是也

更爲問荅 文苑英華唐會要作更相是也

唯載禮易論語 此本唯誤佳今依閩本監本毛本改文苑英華唐會要載下有詩書二字是也

趙商作鄭元碑銘 文苑英華唐會要元作先生

具載諸所注箋驗論 文苑英華唐會要載作稱諸作其驗作駁是也

晉中經薄 文苑英華唐會要薄作簿

尚書守候 閩本監本毛本守作中不誤唐會要文苑英華尚書字並重是也

則有評論 此本有誤者今改正

宋均詩譜序云 文苑英華均下有於字譜作緯唐會要亦有於字

我先師北海鄭司農 此本北誤比今改正

非元所注時明 監本毛本時作特文苑英華亦作特所上有之字唐會要惟注字作著

其所注皆無孝經 文苑英華唐會要其下有爲鄭元傳者載其七字

唯范氏書有孝經 監本范誤鄭文苑英華唐會要並無此七字

有司馬宣王奉詔 文苑英華唐會要王下有之奏云三字

而不言鄭 文苑英華而下有都字

好發鄭短 好發文苑英華唐會要作發揚

而肅無言 按禮記郊特牲正義引王肅難鄭云月令命民社鄭注云社后土也孝經注云社后土也句龍爲后土鄭既云社后土則句龍也是鄭自相違反然則王肅未嘗無言也六藝論序孝經云元又爲之注又孝經序云念昔先人餘暇述夫子之志而注孝經則鄭氏會注此經或成於後人之手未可知也非之者始於陸澄而極於劉子元此固無關乎異同因讀子元議附訂於此

辯論時事 監本時誤將文苑英華作論辨時事

未有一言孝經注者 文苑英華唐會要無者字言下有引字注上有之字

以此證驗 文苑英華唐會要以作凡是也

乘後謬說 文苑英華唐會要後作彼是也

此注獨行於世 文苑英華世作代

觀言語鄙陋義理乖謬 文苑英華言上有夫字謬作疎唐會要脫下四字

語甚詳正 諸本甚誤其據浦鏜正誤改

不被流行 文苑英華唐會要被作復

祕書學生王逸 文苑英華王下有孝字又注云一本生作士案唐會要作士

送與著作王劭 唐會要文苑英華作字下有郎字

仍令校定 毛本校作挍避明熹宗諱全書皆然

至劉向以此參校古文 文苑英華唐會要此下有本字

定此一十八章 此本此誤比今改正文苑英華此下有爲字唐會要此爲二字倒誤

具載此注 文苑英華此上有此注而其序以鄭爲主是先達博選以十五字唐會要同序下有云字

無出孔壁 無唐會要文苑英華並作元

尚未見孔傳中朝遂亡其本 文苑英華唐會要尚未作有字是也

妄作傳學 文苑英華唐會要作妄作此傳是也

具禮矣 唐會要文苑英華矣下有乎字

然故者建下之辭 建下閩本監本毛本作逮下亦非文苑英華唐會要作連上是也

是古人既沒 唐會要文苑英華並作是古文既亡

以應二十二之數 文苑英華唐會要之上有章字

非但經久不真 監本毛本久作文

又注用天之道分地之利 文苑英華作至注用天之時因地之利唐會要用改因

脫之應功 文苑英華唐會要及日本所刻僞孝經孔傳並作脫衣就功

暴其肌體 僞孝經孔傳作暴其髮膚

朝暮從事 僞孝經孔傳朝作旦

露髮徒足 僞孝經孔傳作露體塗足文苑英華亦作塗唐會要作跣足

少而習之其心安焉 僞孝經孔傳之作焉安作休

分別五土 此本土誤士今改正

欲取近儒詭說 文苑英華唐會要下有殘經缺傳四字

請准令式 唐會要作望請准式

孝經正義終

孝經序 唐石經此三字八分書

疏 此本疏字陽文加圈於外監本方圈閩本毛本陰文閩本作䟽監毛本作疏案䟽疏古今字唐人多作䟽

至於序未 閩本監本毛本未作末是也

凡有五段 此本作段閩本作段毛本作段案當作段今依訂正下仿此

朕言惠可底行 案當作底顧炎武云五經無底字皆是底字今說文本底字下有一畫誤字當從氏段王裁云此說大誤底訓柔石經傳多借訓爲致凡字書韻書皆無作底少下一畫者惟唐石經刻五經文字广部底誤底厂部底致也不誤

目之不觀 閩本監本毛本觀作覩

中古末有釜甑 閩本監本毛本末作未是也

其風朴略者 閩本監本毛本略作畧案古畧略字皆田在左

因親於外親 浦鏜云因周禮作姻

大古帝皇之世 閩本監本毛本皇作王案作皇與幽禮注合

昔者明王之以孝理天下也 案經作治序作理避唐高宗諱

而況於公侯伯子男乎 唐石經此處殘闕

至形於四海 毛本於作于案經作于

公侯百子男 閩本監本毛本百作伯是也下百七十里同

公侯地方百里 案王制地作田

朕嘗三復斯言 岳本嘗作甞石臺本作常案作嘗是也

刑于四海 唐石經此處闕石臺本閩本監本毛本刑作形案正義曰案經作刑刑法也今此作形則形猶見也義得兩通無煩改字

無繁改字 監本毛本繁作煩

嗟乎夫子沒而微言絕 唐石經絕字殘闕石臺本岳本監本毛本作絶案作絕是也說文絕斷絲也从糸从刀从卩廣韻云絕斷也下仿此

異端起而大義乖 監本起作起案監本凡從走字多作走

典藉散士 閩本監本毛本藉作籍士作亡是也

逮魯城北四上 閩本監本毛本四作泗是也

況泯絕於秦 石臺本泯作泯避所諱

爲周孝王養馬於汧謂之間也 閩本監本毛本謂作渭是也

及非子之曾孫秦仲 監本秦仲誤秦伯下稱秦爲秦監本作稱秦爲秦亦非
按秦昭王四十八年 案史記按作以
王十四年 閩本監本毛本王作三不誤
享于越進曰 閩本監本毛本享作淳于閩監本作于是也
封子弟立功臣 案史記無立字
何以輔政哉 案史記輔政作相救
建萬世之所 案史記所作功是也
皆阬之咸陽 閩本監本毛本阬作坑下焚坑此本作焚阬案史記作阬坑俗阬字
不避風雨 正誤雨作則屬下讀
大收篇藉 閩本監本毛本藉作籍是也
出其交並之所藏 閩本監本毛本交作爻是也
沉其少 閩本監本毛本沉作况案當作沉
左氏傳三千卷 閩本監本毛本千作十是
穀梁傳十一卷名赤魯人 案卷下當作穀梁子魯人名赤
十錄云 案十當作七
王吉善鄒民春秋 閩本監本毛本民作氏不誤
毛詩商詩 監本毛本商作韓是也
傳至大毛公名享 閩本監本享作亨案當作亨
萇名置其篇 閩本監本毛本名作各是
傳夏侯始昌 閩本監本毛本傳作傅是
昌授后蒼輩 毛本輩作軰案軰俗輩字
以經爲訓話教之 閩本監本毛本話作詁是
近觀孝經舊註 石臺本唐石經註作注案漢唐宋人經注之字從無作註者賈公彥儀禮疏云言注者注義於經下若水之注物是也下仿此惟記注字從言不從氵如左傳敘諸所記註服虔通俗文記物曰註張揖廣雅云註識也是也
晧駁尤甚 閩本晧作晧亦非正義並同石臺本唐石經岳本監本毛本作晧是也駁石臺本唐石經本岳本作駮
虞槃佑 正誤佑作佐從隋唐志校

賀場 案場當作瑒瑒字德璉南史有傳
其古文出自孔氏壞壁 閩本監本毛本壂作壁是也
其上室之名 閩本監本毛本上作十是也
必自擅開門戶牕牖矣 毛本牕作牕監本作牕並非下仿此
必騁殊軼轍 下同 石臺本唐石經岳本閩本毛本軼作軌不誤
而回暄若乎後耳 閩本監本毛本暄作暄是也正誤耳作矣
小道謂小道而有成德者也 案上道字當作成諸本並誤
唯行小道華辯 閩本監本毛本辯作辨
言惡乎有而不可 監本毛本有作存案莊子作存
此文與改同 閩本監本毛本改作彼是也
唯榮華作僞 閩本監本毛本作下有浮字案序文當有
不爲義列 監本毛本列作例是也
例則馬融亦謂之傳 浦鏜云例當何字誤下疑有脫文
虞飜 岳本作翻與今本三國志同下同
事吳 閩本監本毛本事作仕是也
爲老子命語國語 案命當作論
炫自陳於內史 閩本監本毛本作史此本誤吏今改正
乞送吏部 案隋書本傳送下有詣字
雖義有精麤 閩本監本毛本麤作粗案當作麤
用功頗少 案隋書作差少
未嘗舉手 案隋書舉作假
傳覽無所不知 閩本毛本傳作博是也
請文藏祕書 案隋書本傳文作不書作省是也
易行上繁荷 閩本監本毛本上作止荷作苛案周禮鄭注作去煩苛
鍇侯 閩本監本毛本鍇作諸不誤
聯字分强 正誤强作彊
志在殷勤垂訓 毛本勤改懃案殷勤亦作慇懃
此言必順作疏之義也 浦鏜云順當須字誤是也

孝經注疏序校勘記終

孝經注疏卷第一

開宗明義章第一　　邢昺注疏

〔疏〕正義曰開張也宗本也明顯也義理也言此章開張一經之宗本顯明五孝之義理故曰開宗明義章也第次也一數之始也以此章揔標諸章以次結之故爲第一冠諸章之首焉案孝經遭秦坑焚之後爲河間顏芝所藏初除挾書之律芝子貞始出之長孫氏及江翁后倉翼奉張禹等所說皆十八章及魯恭王壞孔子宅得古文二十二章孔安國作傳劉向校經籍比量二本除其煩惑以十八章爲定而不列名又有荀昶集其錄及諸家疏並無章名而援神契自天子至庶人五章唯皇侃標其目而冠於章首今鄭注見章名豈先有改除近人追遠而爲之也御注依古今集詳議儒官連狀題其章名重加商量遂依所請章者明也謂分析科段使理章明說文曰樂歌竟爲一章章字從音從十謂從一至十十數之終諸書言章者蓋因風雅凡有科段皆謂之章焉言天子庶人雖列貴賤而立身行道無限高卑故次首章先陳天子等差其貴賤以至庶人次及三才孝治聖治三章並敍德教之所由生也紀孝行章敍孝子事親爲先與五刑相因即夫孝始於事親也廣要道章廣揚名章即先王有至德要道揚名於後世也揚名之上因諫爭之臣從諫之君必有應感三章相次不離於揚名之事君章即忠於事君也喪親章繼於諸章之末言孝子事親之道紀也皇侃以開宗及紀孝行喪親等三章通於貴賤今案諫爭章大夫已上皆有爭臣而士有爭友父有爭子亦該貴賤則通於貴賤者有四焉

仲尼居。仲尼孔子字居謂閒居曾子侍。曾子孔子弟子侍謂侍坐

〔疏〕仲尼居曾子侍○正義曰夫子以六經設教隨事表名雖道由孝生而孝綱舉將欲開明其道垂之來裔以曾參之孝先有重名乃假因閒居爲之陳說自標己字稱仲尼呼參爲子者明因此兩句以起師資問荅之體似若別有承受而記錄之○注仲尼至閒居○正義曰云仲尼孔子字者案家語云孔子父叔梁紇娶顏氏之女徵在徵在既往廟見以夫年長懼不時有男而私禱尼丘之山以祈焉孔子故名丘字仲尼夫子者長幼之次也仲尼有兄字伯故曰仲其名則案桓六年左傳申繻曰名有五其三曰以類命爲象杜注云若孔子首象尼丘蓋以孔子生而汚頂象尼丘山故名丘字仲尼而劉瓛述張禹之義以爲仲者中也尼者和也言孔子有中和之德故曰仲尼殷仲文又云夫子深敬孝道故稱表德之字及梁武帝又以丘爲聚以尼爲和今並不取仲尼之先殷之後也案史記殷本紀曰帝嚳之子契爲堯司徒有功堯封之於商賜姓子氏契後世孫湯滅夏而爲天子至湯裔孫有位無道周武王殺之封其庶兄微子啓於宋案家語孔子世家皆云宋孔子其先宋人也宋閔公有子弗父何長而當立讓其弟厲公何生宋父周周生世子勝勝生正考父正考父受命爲宋卿生孔父嘉嘉別爲公族故其後以孔爲氏或以爲用乙配子或以滴溜穿石其言不經今不取也孔父嘉生木金父木金父生皐夷父皐夷父生防叔避華氏之禍而奔魯防叔生伯夏伯夏生叔梁紇叔梁紇生孔子也云居謂閒居者古文孝經云仲尼閒居蓋爲乘閒居而坐與論語云居吾語汝義同而與下章居則致其敬不同○注曾子至侍坐○正義曰云曾子孔子弟子者案史記仲尼弟子傳稱曾參南武城人字子輿少孔子四十六歲孔子以爲能通孝道故授之業作孝經死於魯故知是仲尼弟子也云侍謂侍坐者言侍孔子而坐也案古文云曾子侍坐故知侍謂侍坐也卑者在尊側曰侍故經謂之侍凡侍有坐有立此曾子侍即侍坐也曲禮有侍坐於先生侍坐於所尊侍坐於君子據此而言明侍坐於夫子也

子曰。先王有至德要道。以順天下。民用和睦。上下無怨。孝者德之至道之要也言先代聖德之主能順天下人心行此至要之化則上下臣人和睦無怨汝知之乎。曾子避席曰。參不敏。何足以知之。參曾子名也禮師有問避席起荅敏達也言參不達何足知此至要之義子曰。夫孝。德之本也。人之行莫大於孝故爲德本教之所由生也。言教從孝而生復坐。吾語汝。曾參起對故使復坐

〔疏〕子曰至語汝。○正義曰子者孔子自謂案公羊傳云子者男子通稱也古者謂師爲子故夫子以子自稱曰者辭也言先代聖帝明王皆行至美之德要約之道以順天下人心而教化之天下之人被服其教用此之故並自相和睦上下尊卑無相怨者參汝能知之乎又假言參聞夫子之說乃避所居之席起而對曰參性不聰敏何足以知先王至德要道之言義既敍曾子不知夫子又爲釋之曰夫孝德行之根本也釋先王有至德要道謂至德要道元出於孝孝爲之本也云教之所生也者此釋以順天下民用和睦上下無怨謂王教由孝而生也孝道深廣非立可終故使復坐吾語汝也○注孝者至無怨○正義曰云孝者德之至道之要也者依王肅義德以孝而至道以孝而要是道德不離於孝殷仲文曰窮理之至以一管衆爲要劉炫曰性未達何足知然性未達何足知至要之義者謂自云性不達何足知此先王至德要道之義也○注人之至德本○正義曰此依鄭注引其聖治章文也言人之行最大故爲德之本也德則至德也○注教從孝而生○正義曰此依韋注也案禮記祭義稱曾子云衆之本教曰孝尚書敬敷五教解者謂教父以義教母以慈教兄以友教弟以恭教子以孝舉此則其餘順人之教皆可知也○注曾參至復坐○正義曰此義已見於上

身體髮膚。受之父母。不敢毀傷。孝之始也。父母全而生之已當全而歸之故不敢毀傷立身行道。揚名於後世。以顯父母。孝之終也。言能立身行此孝道自然名揚後世光顯其親故行孝以不毀爲先揚名爲後

〔疏〕身體至終也○正義曰身謂躬也體謂四支也髮謂毛髮膚謂皮膚禮運曰四體既正膚革充盈詩曰鬒髮如雲此則身體髮膚之謂也言爲人子者常須戒慎戰戰兢兢恐致毀傷此行孝之始也又言孝行非唯不毀而已須成立其身使善名揚於後代以先榮其父母此孝行之終也若行孝道不至揚名榮親則未得爲立身也○注父母至毀傷○正義曰云父母全而生之已當全而歸之者此依鄭注引祭義樂正子春之言也言子之初生受全體於父母故當常自念慮至死全而歸之若曾子啓手啓足之類是也云故不敢毀傷者毀謂虧辱傷謂損傷故夫子云不虧其體不辱其身可謂全矣及鄭注周禮禁殺戮云見血爲傷是也○注言能至其後○正義曰云能言立身行此孝道者謂人將立其身先須行此孝道也其行孝道之事則下文始於事親中於事君是也云自然名揚後世光榮其親者皇侃云若生能行孝沒而揚名則身有德譽乃能光榮其父母也因引祭義曰孝也者國人稱願然曰幸哉有子如此又引哀公問稱孔子對曰君子也者人之成名也百姓歸之名謂之君子之子是使其親爲君子也此則揚名榮親也云故行孝以不毀爲先者全其身爲孝子之始也云揚名爲後者謂後行孝道爲孝之終也夫不敢毀傷闔棺乃止立身行道弱冠須明經雖言其始終此略示有先後非謂不敢毀傷唯在於始立身獨在於終也明不敢毀傷立身行道從始至末兩行無怠此於次有先後非於事理有終始也

夫孝。始於事親。中於事君。終於立身。言行孝以事親爲始事君爲中忠孝道著乃能揚名榮親故曰終於立身也

〔疏〕夫孝至立身○正義曰夫爲人子者先能全身而後能行其道也夫行道者謂先能事親而後能立其身前言立身末示其跡其跡始者在於內事其親也中者在於出事其主忠孝皆備揚名榮親是終於立身○注言行至身也○正義曰云言行孝以事親爲始事君爲中者此釋始於事親中於事君也云忠孝道著乃能揚名榮親故曰終於立身也者此釋終於立身也然能事親事君理兼士庶則終於立身此通貴賤焉鄭玄以爲父母生之是事親爲始四十強而仕是事君爲中七十致仕是立身爲終也者劉炫駁云若以始爲在家終爲致仕則兆庶皆能有始人君所以無終若以年七十者始爲孝終不致仕者皆爲不立則中壽之輩盡曰不終顏子之流亦無所立矣

大雅云。無念爾祖。聿脩厥德。詩大雅也無念念也聿述也厥其也義取恒念先祖述脩其德

〔疏〕大雅至厥德○正義曰夫子敍述立身行道揚名之義既畢乃引大雅文王之詩以結之言凡爲人子孫者常念爾之先祖常述脩其功德也○注詩大至其德○正義曰云無念念也聿述也此並毛傳文厥其也釋言文云義取常念先祖述脩其德者此依孔傳也謂述脩先祖之德而行之此經有十一章引詩及書劉炫云夫子敍經申述先王之道詩書之語事有當其義者則引而證之示言不虛發也七章不引者或事義相違或文勢自足則不引也五經唯傳引詩而禮則雜引詩書及易並意及則引若汎指則云詩曰詩云若指四始之名即云國風大雅小雅魯頌商頌若指篇名即言句曰武曰皆隨所便而引之無定例也鄭注云雅者正也方始發章以正爲始亦無取焉

天子章第二

〔疏〕正義曰前開宗明義章雖通貴賤其跡未著故此已下至於庶人凡有五章謂之五孝各說行孝奉親之事而立教焉天子至尊故標居其首案禮記表記云惟天子受命於天故曰天子白虎通云王者父天母地亦曰天子虞夏以上未有此名殷周以來始謂王者爲天子也

子曰。愛親者。不敢惡於人。博愛也敬親者。不敢慢於人。廣敬也愛敬盡於事親。而德教加於百姓。刑于四海。刑法也君行博愛廣敬之道使人皆不慢惡其親則德教加被天下當爲四夷之所法則也蓋天子之孝也。蓋猶略也孝道廣大此略言之

〔疏〕子曰至孝也○正義曰此陳天子之孝也所謂愛親者是天子身行愛敬也不敢惡於人不敢慢於人者是天子施化使天下之人皆行愛敬不敢慢惡於其親也親謂其父母也言天子豈唯因心內恕克己復禮自行愛敬而已亦當設教施令使天下之人不慢惡於其父母如此則至德要道之教加被天下亦當使四海蠻夷慕化而法則之此蓋是天子之行孝也孝經援神契云天子孝

曰就言德被天下澤及萬物始終成就榮其祖考也五等之孝惟於天子章稱子曰者皇侃云上陳天子極尊下列庶人極卑尊卑既異恐嫌爲孝之理有別故以一子曰通冠五章明尊卑貴賤有殊而奉親之道無二○注博愛也○正義曰此依魏注也博大也言君愛親又施德教於人使人皆愛其親不敢有惡其父母者是博愛也○注廣敬也○正義曰此依魏注也廣亦大也言君敬親又施德教於人使人皆敬其親不敢有慢其父母者是廣敬也孔傳以人爲天下衆人言君愛敬己親則能推己及物謂有天下者愛敬天下之人有一國者愛敬一國之人也不惡者爲君常思安人爲其興利除害則上下無怨是爲至德也不慢者則曲禮曰毋不敬書曰爲人上者奈何不敬君能不慢於人脩己以安百姓則千萬人悅是爲要道也上施德教人用和睦則分崩離析無由而生也案禮記祭義稱有虞氏貴德而尚齒夏后氏貴爵而尚齒殷人貴富而尚齒周人貴親而尚齒虞夏殷周天下之盛王也未有遺年者年之貴乎天下久矣次乎事親也斯亦不敢慢於人也所以於天子章明愛敬者王肅韋昭云天子居四海之上爲教訓之主爲教易行故寄易行者宣之然愛之與敬解者衆多沈宏云親至結心爲愛崇恪表迹爲敬劉炫云愛惡俱在於心敬慢並見於貌愛者隱惜而結於內敬者嚴肅而形於外皇侃云愛敬各有心迹烝烝至惜是爲愛心温清搔摩是爲愛迹肅肅悚慄是爲敬心拜伏擊跪是爲敬迹舊說云愛生於眞敬起自嚴孝是眞性故先愛後敬也舊問曰天子以愛敬爲孝及庶人以躬耕爲孝五者並相通否梁王荅云天子既極愛敬必須五等行之然後乃成庶人雖在躬耕豈不愛敬及不驕不溢已下事邪以此言之五等之孝互相通也然諸侯言保社稷大夫言守宗廟士言保其祿位而守其祭祀以例言之天子當云保其天下庶人當言保其田農此略之不言何也左傳曰天子守在四夷故愛敬盡於事親之下而言德教加於百姓刑于四海保守之理已定不煩更言保也庶人用天之道分地之利謹身節用保守田農不離於此既無守任不假言保守也○注刑法至則也○正義曰刑法也釋詁文云君行博愛廣敬之道使人皆不慢惡其親者是天子愛敬盡於事親又施德教使天下之人皆不敢慢惡其親也云則德教加被於天下者釋刑于四海也百姓謂天下之人皆有族姓言百舉其多也尚書云平章百姓則謂百姓爲百官爲下有黎民之文所以百姓非兆庶也此經德教加於百姓則謂天下百姓爲與刑于四海相對四海既是四夷則此百姓自然是天下兆庶也經典通謂四夷爲四海案周禮記爾雅皆言東夷西戎南蠻北狄謂之四夷或云四海故注以四夷釋四海也孫炎曰海者晦暗無知也○注蓋猶至略言之○正義曰此依魏注也案孔傳云蓋者辜較之辭劉炫云辜較猶梗槩也孝道既廣此纔舉其大略也劉瓛云蓋者不終盡之辭明孝道之廣大此略言之也皇侃云略陳如此未能究竟是也鄭注云蓋者謙辭據此而言蓋非謙也劉炫駁云若以制作須謙則庶人亦當謙矣苟以名位須謙夫子曾爲大夫於士何謙而亦云蓋也斯則卿士以上之言蓋者並非謙辭可知也

甫刑云。一人有慶。兆民賴之。甫刑即尚書呂刑也一人天子也慶善也十億曰兆義取天子行孝兆人皆賴其善

【疏】甫刑至賴之○正義曰夫子述天子之行孝既畢乃引尚書甫刑篇之言以結成其義慶善也言天子一人有善則天下兆庶皆倚賴之也善則愛敬是也一人有慶結愛敬盡於事親已上也兆民賴之結而德教加於百姓已下也○注甫刑至其善○正義曰云甫刑即尚書呂刑也者尚書有呂刑而無甫刑也案禮記緇衣篇孔子兩引甫刑辭與呂刑無別則孔子之代以甫刑命篇明矣今尚書爲呂刑者孔安國云後爲甫侯故稱甫刑知者以詩大雅崧高之篇宣王之詩云生甫及申揚之水爲平王之詩不與我戍甫明子孫改封爲甫侯不知因呂國改作甫名不知別封餘國而爲甫號然子孫封甫穆王時未有甫名而稱爲甫刑者後人以子孫之國號名之也猶若叔虞初封於唐子孫封晉而史記稱晉世家也劉炫以爲遭秦焚書各信其學後人不能改正而兩存之也者非也諸章皆引詩此章獨引書者以孔子之言布在方策言必皆引詩書證事示不憑虛說義當詩意則引詩義當易意則引易此章與書意義相契故引爲證也鄭注以書錄王事故證天子之章以爲引類得象然引大雅證大夫引曹風證聖治豈引類得象乎此不取也云一人天子也者依孔傳也舊說天子自稱則言予一人予我也言我雖身處上位猶是人中之一耳與人不異是謙也若臣人稱之則惟言一人言四海之內惟一人乃爲尊稱也天子者帝王之爵猶公侯伯子男五等之稱云慶善也書傳通也云十億曰兆者古數爲然云義取天子行孝兆人皆賴其善者釋一人有慶兆民賴之也姓言百民稱兆皆舉其多也

孝經注疏卷一挍勘記　阮元撰盧宣旬摘錄

孝經注疏卷第一

開宗明義章第一　熙寧石刻不載分章此本此行在第二行頂格疏另提行亦頂格閩本監本在第四行毛本在第三行並低一格疏文接第一字下提行處低二格後章並同鄭注本無第一第二等字釋文可證

以此章總摽　監本毛本作標案作標不誤下摽其同

樂歌竟爲一章　案今本說文作樂曲盡爲竟

郎夫孝始於事親也　閩本毛本作即夫是也

揚名之上　正誤上作義

因諫爭之臣　閩本監本毛本爭作諍案玉篇云爭諫也或作諍

即忠於事君也　案忠當作中

言孝子事親之道紀也　正誤紀作終

自摽已字　監本毛本摽作標是也案已當作己

徼在既往庿見　案庿乃廟之譌閩本監本毛本作廟

蓋以孔子生而汗頂　監本毛本汗作汙案史記孔子世家作圩索隱謂圩音烏窊也白虎通姓名篇云孔子首類尼邱山蓋中低而四旁高如屋宇之反則作圩是也

而劉獻述張禹之義　監本毛本獻作瓛案宋欽宗諱桓兼避丸瓛洹等字此作獻承避宋諱故也

又以邱爲娶　監本毛本娶作聚

宋閔公　正誤閔作襄是也

右文孝經云　閩本監本毛本右作古不誤

曲禮有侍坐於先生　閩本監本毛本作先此本誤侍今改正

言先代聖德之生　監本毛本生作王石臺本岳本作主

汝知之乎　岳本汝作女鄭注本同此正義本則作汝字

曾子避席曰　鄭注本避作辟用假借字與此本不同

敏達也　石臺本岳本閩本毛本逹作達達從羍得聲羍音他葛反作逹非也下仿此

夫孝德之本也　石臺本唐石經宋熙寧石刻本作夲石臺本注同案說文作本五經文字云經典相承從隸省作夲後同

人之行莫大於孝　案正義云此依鄭注據釋文注人上有夫字是明皇所刪也

吾語汝　岳本汝作女

參性不聰敏　閩本聰字模糊監本毛本作聦俗字

云教之所生也者　案正誤生上補由字是也

以一管衆爲要　浦鏜云下當脫參曾至之義○正義曰九字案下文劉炫疑正義二字之譌

性未達何足知　盧文弨挍本下補此依劉注也五字

然性未達　案然當言字之譌

已當全而歸之　石臺本岳本已作己是也

揚名於後世　唐石經世作廿避唐太宗諱

光顯其親　石臺本岳本顯作榮案正義亦作榮

言能至其後　閩本監本毛本其作爲案注當作爲

末示其跡　閩本監本毛本末作未是也

是終於立身　正誤身下補也字是也

無念爾祖　鄭注本作毋念左傳文二年趙成子引詩同此正義本則作無念

常述脩其功德也　正誤常作當

即言句曰武曰　閩本亦誤句監本毛本作勺是也

天子章第二

故摽居其首　監本毛本摽作標

亦曰天子　正誤亦作故是也

敬親者　宋熙寧石刻敬作敬追避宋翼祖諱

刑于四海　鄭注本刑作形此正義本則作刑于字監本毛本改於

柰何不敬　閩本監本毛本柰作奈案柰本果名假借爲柰何字俗作奈何非也

沈宏云　浦鏜云按陸氏注解傳述人當袁宏之誤

溫清搔摩　閩本監本毛本清作凊是也

肅肅悚慄　閩本監本毛本慄改悚

王者並相通否　案王宜作五

反相通也　正誤反作互

而言德教加於百姓　毛本於作于下同案經作於

不假旨保守也　浦鏜云旨疑言字誤案當作言

云則德教加被於天下者　毛本於改于

案周禮記爾雅　正誤記上補禮字

楊之水　閩本監本毛本楊作揚案詩王風揚之水釋文云或作楊

義當易意則引易　毛本義作意非

止

孝經注疏卷第二

諸侯章第三　邢昺注疏

〔疏〕正義曰次天子之貴者諸侯也案釋詁云公侯君也不曰諸公者嫌涉天子三公也故以其次稱爲諸侯猶言諸國之君也皇侃云以侯是五等之第二下接伯子男故稱諸侯今不取也

在上不驕。高而不危。諸侯列國之君貴在人上可謂高矣而能不驕則免危也制節謹度。滿而不溢。費用約儉謂之制節慎行禮法謂之謹度無禮爲驕奢泰爲溢高而不危。所以長守貴也。滿而不溢。所以長守富也。富貴不離其身。然後能保其社稷。而和其民人。列國皆有社稷其君主而祭之言富貴常在其身則長爲社稷之主而人自和平也蓋諸侯之孝也。〔疏〕在上至孝也○正義曰夫子前述天子行孝之事已畢次明諸侯行孝也言諸侯在一國臣人之上其位高矣高者危懼若不能以貴自驕則雖處高位終不至於傾危也積一國之賦稅其府庫充滿矣若制立節限慎守法度則雖充滿而不至盈溢也滿謂充實溢謂奢侈書稱位不期驕祿不期侈是知貴不與驕期而驕自至富不與侈期而侈自來言諸侯貴爲一國人主富有一國之財故宜戒之也又覆述不危不溢之義言居高位而不傾危所以常守其貴財貨充滿而不盈溢所以長守其富使富貴長久不去離其身然後乃能安其國之社稷而協和所統之臣人謂社稷以此安臣人以此和也言此上所陳蓋是諸侯之行孝也皇侃云民是廣及無知人是稍識仁義即府史之徒故言民人明遠近皆和悅也援神契云諸侯行孝曰度言奉天子之法度得不危溢是榮其先祖也○注諸侯至危也○正義曰云諸侯列國之君者經典皆謂天子之國爲王國諸侯之國爲列國詩云思皇多士生此王國則天子之國也左傳魯叔孫豹云我列國也鄭子產云列國一同是諸侯之國也言列國者言其國君皆以爵位尊卑及土地大小而敘列焉五等皆然云貴在人上可謂高矣者言諸侯貴在一國臣人之上其位高也云而能不驕則免危也者言其爲國以禮能不陵上慢下則免傾危也○注費用至爲溢○正義曰云費用約儉謂之制節者此依鄭注釋制節也謂費國之財以供已用每事儉約不爲華侈則論語道千乘之國云節用而愛人是也云慎行禮法謂之謹度者此釋謹度也言不可奢僭當須慎行禮法無所乖越動合典章皇侃云謂宮室車旗之類皆不奢僭也無禮爲驕奢泰爲溢者皆謂華侈放恣也前未解驕今於此注與溢相對而釋之言無禮謂陵上慢下也皇侃云在上不驕以戒貴應云居財不奢以戒富若云制節謹度以戒富亦應云制節謹身以戒貴此不例者互其文也但驕由居上故戒貴云在上溢由無節故戒富云制節也○注列國至平也○正義曰列國已具上釋云皆有社稷者韓詩外傳云天子大社東方青南方赤西方白北方黑中央黃土若封四方諸侯各割其方色土苴以白茅而與之諸侯以此土封之爲社明受於天子也社則土神也經典所論社稷皆連言之皇侃以爲稷五穀之長亦爲土神據此稷亦社之類也言諸侯有社稷乃有國無社稷則無國也云其君主而祭之者案左傳曰君人者社稷是主社稷因地故以列國言之祭必由君故以其君言之云言富貴常在其身者此依王注釋富貴不離其身也則長爲社稷之主者釋保其社稷也云而人自和平也者釋而和其民人也然經上文先貴後富言因貴而富也下覆之富在貴先者此與易繫辭崇高莫大乎富貴老子云富貴而驕皆隨便而言之非富合先於貴也經傳之言社稷多矣案左傳曰共工氏之子曰勾龍爲后土后土爲社有烈山氏之子曰柱爲稷自夏以上祀之周棄亦爲稷自商以來祀之言句龍柱棄配社稷而祭之即句龍柱棄非社稷也又條牒云稷壇在社西俱北鄉並列同營共門並如條之說

詩云。戰戰兢兢。如臨深淵。如履薄冰。戰戰恐懼兢兢戒慎臨深恐墜履薄恐陷義取爲君恒須戒慎〔疏〕詩云至薄冰○正義曰夫子述諸侯行孝終畢乃引小雅小旻之詩以結之言諸侯富貴不可驕溢常須戒懼故戰戰兢兢常如臨深履薄也○注戰戰至戒懼○正義曰此依鄭注也案毛詩傳云戰戰恐也兢兢戒也此注恐下加懼戒下加慎足以圓文也云臨深恐墜履薄恐陷者亦毛詩傳文也恐墜謂墜入深淵不可復出恐陷謂沒在冰下不可拯濟也云義取爲君常須戒慎者引詩大意如此

卿大夫章第四

〔疏〕正義曰次諸侯之貴者即卿大夫焉說文云卿章也白虎通云卿之爲言章也章善明理也大夫之爲言大扶扶進人者也故傳云進賢達能謂之卿大夫王制云上大夫卿也又典命云王之卿六命其大夫四命則爲卿與大夫異也今連言者以其行同也

非先王之法服不敢服。服者身之表也先王制五服各有等差言卿大夫遵守禮法不敢僭上偪下非先王之法言不敢道。非先王之德行不敢行。法言謂禮法之言德行謂道德之行若言非法行非德則虧孝道故不敢也是故非法不言。非道不行。言必守法行必遵道口無擇言。身無擇行。言行皆遵法道所以無可擇也言滿天下。無口過。行滿天下。無怨惡。禮法之言焉有口過道德之行自無怨惡三者備矣。然後能守其宗廟。三者服言行也禮卿大夫立三廟以奉先祖言能備此三者則能長守宗廟之祀蓋卿大夫之孝也。〔疏〕非先王至孝也○正義曰夫子述諸侯行孝之事終畢次明卿大夫之行孝也言大夫委質事君學以從政立朝則接對賓客出聘則將命他邦服飾言行須遵禮典非先王禮法之衣服則不敢服之於身若非先王禮法之言辭則不敢道之於口若非先王道德之景行亦不敢行之於身就此三事之中言行尤須重慎是故非禮法則不言非道德則不行所以口無可擇之言身無可擇之行也使言滿天下無口過行滿天下無怨惡服飾言行三者無虧然後乃能守其先祖之宗廟蓋是卿大夫之行孝也援神契云卿大夫行孝曰譽蓋以聲譽爲義謂言行布滿天下能無怨惡遐邇稱譽是榮親也舊說云天子諸侯各有卿大夫此章既云言行滿於天下又引詩云夙夜匪懈以事一人是舉天子卿大夫也天子卿大夫尚爾則諸侯卿大夫可知也○注服者至偪下○正義曰服者身之表也者此依孔傳也左傳曰衣身之章也彼注云章貴賤言服飾所以章其貴賤章則表之義也云先王制五服各有

等差者案尚書皐陶篇曰天命有德五服五章哉孔傳云五服天子諸侯卿大夫士之服也尊卑采章各異是有等差也云言卿大夫遵守禮法不敢僭上偪下者僭上謂服飾過制僭擬於上也偪下謂服飾儉固偪迫於下也卿大夫言必守法行必遵德服飾須合禮度無宜僭偪故劉炫引禮證之曰君子上不僭上下不偪下是也又案尚書益稷篇稱命禹曰予欲觀古人之象日月星辰山龍華蟲作會宗彝藻火粉米黼黻絺繡以五采章施於五色作服汝明孔傳曰天子服日月而下諸侯自龍衮而下至黼黻七服藻火大夫加粉米上得兼下下不得僭上此古之天子冕服十二章以日月星辰及山龍華蟲六章畫於衣衣法於天畫之爲陽也以藻火粉米黼黻六章繡之於裳裳法於地繡之爲陰也日月星辰取照臨於下山取與雲致雨龍取變化無窮華蟲謂雉取耿介藻取文章火取炎上以助其德粉取絜白米取能養黼取斷割黻取背惡鄉善皆爲百王之明戒以益其德諸侯自龍衮而下八章也四章畫於衣四章繡於裳大夫藻火粉米四章也二章畫於衣二章繡於裳孔安國葢約夏殷章服爲說周制則天子冕服九章象陽之數極也案鄭注周禮司服稱至周而以日月星辰畫於旌旗所謂三辰旂旗昭其明也又云登龍於山登火於宗彝尊其神明也古文以山爲九章之首火在宗彝之下周制以龍爲九章之首火在宗彝之上是登龍於山登火於宗彝也又案司服云王祀昊天上帝則服大裘而冕祀五帝亦如之享先王則衮冕享先公饗射則鷩冕祀四望山川則毳冕祭社稷五祀則絺冕羣小祀則玄冕而冕服九章也又案鄭注九章初一曰龍次二曰山次三曰華蟲次四曰火次五曰宗彝皆畫以爲繢次六曰藻次七曰粉米次八曰黼次九曰黻皆絺以爲繡則衮之衣五章裳四章凡九也鷩畫以雉謂華蟲也其衣三章裳四章凡七章毳畫虎蜼謂宗彝也其衣三章裳二章凡五也絺刺粉米無畫也其衣一章裳二章凡三也玄者衣無文裳刺黻而已是以謂玄焉凡冕服皆玄衣纁裳又案司服公之服自衮冕而下如王之服侯伯之服自鷩冕而下子男之服自毳冕而下卿大夫之服自玄冕而下士之服自皮弁而下如大夫之服則周自公侯伯子男其服之章數又與古之象服差矣○注法言至敢也○正義曰法言謂禮法之言者此則論語云非禮勿言是也云德行謂道德之行者即論語云志於道據於德是也若言非法行非德者即王制云言僞而辯行僞而堅是也云則虧孝道故不敢也者釋所以不敢之意也○注言必至遵道○正義曰此依正義釋非法不言非道不行也○注言行至擇也○正義曰言不守禮法行不遵道德皆已而法之經言無擇謂令言行無可擇也○注禮法至怨惡○正義曰口有過惡者以言之非禮法行有怨惡者以所行非道德也若言必守法行必遵道則口無過怨惡無從而生○注三者至之祀○正義曰云三者服言行也此謂法服法言德行也然言之與行君子所最謹出已加人發邇見遠出言不善千里違之其行不善譴辱斯及故首章一敘不毀而再敘立身此章一舉法服而三復言行也則知表身者以言行不虧不毀猶易立身難備也皇侃云初陳教本故舉三事服在身外可見不假多戒言行出於內府難明必須備言最於後結宜應摠言謂人相見先觀容飾次交言辭後謂德行故言三者以服爲先德行爲後也云禮卿大夫立三廟者義見求章云以奉先祖者謂奉事其祖考也云言能備此三者則能長守宗廟之祀者謂卿大夫若能備服飾言行故能守宗廟也

詩云。夙夜匪懈。以事一人。夙早也懈惰也義取爲卿大夫能早夜不惰敬事其君也〔疏〕詩云至一人○正義曰夫子既述卿大夫行孝終畢乃引大雅烝民之詩以結之言卿大夫當早起夜寐以事天子不得懈惰匪猶不也○注夙早至君也○正義曰夙早也釋古文懈惰也釋言文云義取爲卿大夫能早夜不惰者引詩大意如此云敬事其君也者釋以事一人不言天子而言君者欲通諸侯卿大夫也

士章第五

〔疏〕正義曰次卿大夫者即士也案說文曰數始於一終於十孔子曰推一合十爲士毛詩傳曰士者事也白虎通曰士者事也任事之稱也故禮辨名記曰士者任事之稱也傳曰通古今辨然不然謂之士

資於事父以事母而愛同。資於事父以事君而敬同。資取也言愛父與母同敬父與君同故母取其愛。而君取其敬。兼之者父也。言事父兼愛與敬也故以孝事君則忠。移事父孝以事於君則爲忠矣以敬事長則順。移事兄敬以事於長則爲順矣忠順不失。以事其上。然後能保其祿位。而守其祭祀。能盡忠順以事君長則常安祿位永守祭祀蓋士之孝也。〔疏〕資於至孝也○正義曰夫子述卿大夫行孝之事終次明士之行孝也言士始升公朝離親入仕故此敘事父之愛敬宜均事母與事君以明割恩從義也資者取也取於事父之行以事母則愛父與愛母同取於事父之行以事君則敬父與敬君同母之於子先取其愛君之於臣先取其敬皆不奪其性也若兼取愛敬者其惟父乎既說愛敬取捨之理遂明出身入仕之行故者連上之辭也謂以事父之孝移事其君則爲忠矣以事兄之敬移事於長則爲順矣長謂公卿大夫言其位長於士也又言事上之道在於忠順二者皆能不失則可事上矣上謂君與長也言以忠順事上然後乃能保其祿秩官位而長守先祖之祭祀蓋士之孝也援神契云士行孝曰究以明審爲義當須能明審資親事君之道是能榮親也白虎通云天子之士獨稱元士蓋士賤不得體君之尊故加元以別於諸侯之士也此直言士則諸侯之士前言大夫是戒天子之大夫諸侯之大夫可知也此章戒諸侯之士則天子之士亦可知也○注資取至君同○正義曰云資取也此依孔傳也案鄭注表記考工記並同訓資取也云言愛父與母同敬父與君同者謂事母之愛事君之敬並同於父也然愛之與敬俱出於心君以尊高而敬深母以鞠育而愛厚劉炫曰夫親至則敬不極此情親而恭也尊至則愛不極此心敬而恩殺也故敬極於君愛極於母梁王云天子章陳愛敬以辨化也此章陳愛敬以辨情也○注言事至敬也○正義曰此依王注也劉炫曰母親至而尊不至豈則尊之不極也君尊至而親不至豈則親之不極也惟父既親且尊故曰兼也劉瓛曰父情天屬尊無所屈故愛敬雙極也○注移事至忠矣○正義曰此依鄭注也揚名章云君子之事親孝故忠可移於君是也舊說云入仕本欲安親非貪榮貴也若用安親之心則爲忠也若用貪榮之心則非忠也嚴植之曰上云君父敬同則忠孝不得有異言以至孝之心事君必忠也○注移事至順矣○正義曰此依鄭注也下章云事兄悌故順可移於長注不言悌而言敬者順經文也左傳曰兄愛弟敬又曰弟順而敬則知悌之與敬其義同焉尚書云邦伯師長安國曰衆長公卿也則知大夫已上皆是上之長○注能盡至祭祀○正義曰謂能盡忠順以事君長則能保其祿位也祿謂廩食位謂爵位廣雅曰位涖也涖下爲位王制云上農夫食九人謂諸侯之下士視上農夫中士倍下士上士倍中士祭者際也人神相接故曰際也祀者似也謂祀者似將見先人也士亦有廟經不言耳大夫既言宗廟士可知也士言祭祀則大夫之祭祀亦可知也皆互以相明也諸侯言保其社稷大夫言守其宗廟士則保守並言者皇侃云稱保者安鎮也守者無逸也社稷祿位是公故言保宗廟祭祀是私故言守也士初得祿位故兩言之也

詩云。夙興夜寐。無忝爾所生。忝辱也所生謂父母也義取早起夜寐無辱其親也〔疏〕詩云至所生○正義曰夫子述士行孝畢乃引小雅小宛之詩以證之也言士行孝當早起夜寐無辱其父母也○注忝辱至親也○正義曰云忝辱也釋言文所生謂父母也下章云父母生之是也云義取早起夜寐無辱其親也者亦引詩之大意也

孝經注疏卷二校勘記　阮元撰盧宣旬摘錄

孝經注疏卷第二

諸侯章第三

諸諸列國之君是也　石臺本岳本閩本監本毛本下諸字作侯

奢泰爲溢　監本泰作泰案張參五經文字云從小者訛

然後能保其社稷　案臧琳云儀禮鄉射禮挾弓矢而后下射注古文而后作後非也孝經說然后曰后者後也當從后釋曰孝經援神契說孝經然後能保其社稷之等皆作后世所行唐明皇注本稱爲今文而然後能保其社稷之等皆作後不作后蓋依古文改之也

而和其民人　石臺本民作民避唐太宗諱

則長爲社稷之主　毛本長誤常

所以當守其貴　閩本監本毛本當作常案經作長

仁是稍識仁義　閩本監本毛本上仁字作人案當作人

皆謂華侈族恣也　閩本監本毛本族作放不誤毛本謂作爲非也

茸以白茸而與之　監本毛本下茸字作茅是也

共工氏之子曰句龍　案左傳之作有

如臨深淵　石臺本唐石經淵作淵避唐高祖諱

臨深恐墜　鄭注本作隊此正義本則作墜案隊墜古今字

履薄恐陷　監本陷作陷亦非正義並同石臺本岳本毛本作陷是也

恒須戒懼　石臺本岳本懼作愼案正義亦云義取爲君常須戒愼此注及疏標起止作戒懼非也

臨深恐薄墜履浮恐陷者　閩本監本毛本薄墜履浮作墜履薄是也

卿大夫章第四

非先王之法服不敢服 石臺本法作灋案灋法古今字

言卿大夫遵守禮法 石臺本法作灋自此以下注文皆作灋

然後能守其宗廟 釋文云本或作庿此正義本則作廟案說文云庿古文廟字

七服藻火 案七當作士

所謂三辰旂旗 監本旂作旍是也

祭社稷五祀則絺冕 案周禮絺作希注云讀爲黹或作絺字之誤也

皆畫以爲績 閩本毛本績作繢是也

凡七章 案上下文作凡幾也此處亦不應作章

龜畫虎雉 閩本監本毛本雉作蜼是也

元者衣無衣 正誤下衣作文是也

此依正義 浦鏜云正疑王字誤案浦說是也

後謂德行 正誤謂作論

懈惰也 石臺本作墯下同案華嚴音義上引作懈墯也與石臺本合

言卿大夫當早起夜寐 監本毛本寐作寐是也

釋古文 閩本監本毛本古作詁是也

懈惰也釋言文 閩本監本毛本作惰也此本誤惰世今改正案今爾雅釋言惰作怠

士章第五

惟一苔十爲士 毛本惟作推苔作合案毛本是也

故禮辨名記曰 閩本監本毛本辨作辯下今辨同案禮記月令孟夏正義引作辯名記白虎通作別名記

言事父非愛與敬也 石臺本岳本閩本監本毛本非作兼不誤

又言事上之道 監本上作主亦誤閩本毛本作上

故愛敬双極也 閩本監本双作雙毛本作雙案毛本是也

廣雅曰位涖也 正誤云廣雅作涖眎也案浦鏜所據乃俗本不知位涖取同聲之字爲訓王念孫廣雅疏證云各本涖下脫去也字遂與下條合而爲一孝經正義可據也

孝經注疏卷二挍勘記終

孝經注疏卷第三

邢昺注疏

庶人章第六

〔疏〕正義曰庶者衆也謂天下衆人也皇侃云不言衆民者兼包府史之屬通謂之庶人也嚴植之以爲士有員位人無限極故士以下皆爲庶人

用天之道。春生夏長秋斂冬藏舉事順時此用天道也 **分地之利。**分別五土視其高下各盡所宜此分地利也 **謹身節用以養父母。**身恭謹則遠恥辱用節省則免飢寒公賦既充則私養不闕 **此庶人之孝也。**庶人爲孝唯此而已

〔疏〕用天至孝也○正義曰夫子上述士之行孝已畢次明庶人之行孝也言庶人服田力穡當須用天之四時生成之道也分地五土所宜之利謹慎其身節省其用以供養其父母此則庶人之孝也援神契云庶人行孝曰畜以畜養爲義言能躬耕力農以畜其德而養其親也○注春生至道也○正義曰云春生夏長秋斂冬藏者此依鄭注也爾雅釋天云春爲發生夏爲長嬴秋爲收成冬爲安寧安寧即閉藏之義也云舉事順時此用天之道也者謂舉農畝之事順四時之氣春生則耕種夏長則耘苗秋收則穫刈冬藏則入廩也○注分別至利也○正義曰云分別五土視其高下者此依鄭注也案周禮大司徒云五土一曰山林二曰川澤三曰丘陵四曰墳衍五曰原隰謂庶人須能分別視此五土之高下隨所宜而播種之則職方氏所謂青州其穀宜稻麥雍州其穀宜黍稷之類是也云各因其所宜此分地利也者此依孔傳也劉炫云黍稷生於陸菰稻生於水○注身恭至不闕○正義曰云身恭謹則遠恥辱者論語曰恭近於禮遠恥辱也云用節省則免飢寒者用謂庶人衣服飲食喪祭之用當須節省禮記曰食節事時又曰庶人無故不食珍及三年之耕必有一年之食九年耕必有三年之食以三十年之通雖有凶旱水溢民無菜色是免飢寒也云公賦既充則私養不闕者賦者自上稅下之名也謂常省節財用公家賦稅充足而私養父母不闕乏也孟子稱周人百畝而徹其實皆什一也劉熙注云家耕百畝徹取十畝以爲賦也又云公事畢然後敢治私事是也○注庶人至而已○正義曰此依魏注也案天子諸侯卿大夫士皆言蓋而庶人獨言此注釋言此之意也謂天子至士孝行廣大其章略述宏綱所以言蓋也庶人用天分地謹身節用其孝行已盡故曰此言惟此而已庶人不引詩者義盡於此無贅諸也

故自天子至於庶人。孝無終始。而患不及者。未之有也。始自天子終於庶人尊卑雖殊孝道同致而患不能及者未之有也言無此理故曰未有

〔疏〕故自至有也○正義曰夫子述天子諸侯卿大夫士庶人行孝畢於此總結之則有五等尊卑雖殊至於奉親其道不別故從天子已下至於庶人其孝道則無終始貴賤之異也或有自患已身不能及於孝未之有也自古及今未有此理蓋是勉人行孝之辭也○注始自至未有○正義曰云始自天子終於庶人者謂五章以天子爲始庶人爲終也云尊卑雖殊孝道同致者謂天子庶人尊卑雖別至於行孝其道不殊天子須愛親敬親諸侯須不驕不溢卿大夫於言行無擇士須資親事君庶人謹身節用各因心而行之斯至豈藉創物之智扛鼎之力若率強之無不及也云而患不能及者未之有也者此謂人無貴賤尊卑行孝之道同致若各率其已分則皆能養親言患不及於孝者未有也說孝道包含之義廣大塞乎天地橫乎四海經言孝無終始謂難備終始但不致毀傷立身行道安其親忠於君一事可稱則行成名立不必終始皆備也此言行孝甚易無不及之理故非孝道不終始致必反之患也云言無此理故曰未有者此釋未之有之意也謝萬以爲無終始恒患不及未之有者少賤之辭也劉瓛云禮不下庶人若言我賤而患行孝不及已者未之有也此但得憂不及之理而失於歎少賤之義也鄭曰諸家皆以爲患及身今注以爲自患不及將有說乎答曰案說文云患憂也廣雅曰患惡也又若案注說釋不及之義凡有四焉大意皆謂有患貴賤行孝無及之憂非以患爲禍也經傳之稱患者多矣論語不患人之不已知又曰不患無位也又曰不患寡而患不均左傳曰宣子患之皆是憂惡之辭也惟蒼頡篇謂患爲禍孔鄭韋王之學引之以釋此經故皇侃曰無始有終謂改悟之善惡禍何必及之則無始之言已成空設也禮祭義曾子說孝曰衆之本教曰孝其行曰養養可能也敬爲難敬可能也安爲難安可能也卒爲難父母既沒愼行其身不遺父母惡名可謂能終矣夫以曾參行孝親承聖人之意至於能終孝道尚以爲難則寡能無識固非所企也今爲行孝不終禍患必及此人偏執詎謂經通鄭曰書云天道福善禍淫又曰惠迪吉從逆凶惟影響斯則必有灾禍何得稱無也苔曰來問指淫凶悖慝之倫經言戒不終善美之輩論語曰今之孝者是謂能養曾子曰參直養者也安能爲孝乎又此章云以養父母此庶人之孝也儻有能養而不能終只可未爲具美無宜即同淫慝也古今凡庸詎識孝道但使能養安知始終若今皆及於灾便是比屋可貽禍矣而當朝通識者以爲鄭注非誤故謝萬云言爲人無終始者謂孝行有終始也患不及者謂用心憂不足也能行如此之善曾子所以稱難故鄭注云善未有也諦詳此義將謂不然何者孔聖垂文包於上下盡力隨分寧限高卑則因心而行無不及也如依謝萬之說此則常情所昧矣子夏曰有始有卒者其惟聖人乎若施化惟待聖人千載方期一遇加於百姓刑於四海乃爲虛說者與制有日嗟乎孝之爲大若天之不可逃也地之不可遠也朕窮五孝之說人無貴賤行無終始未有不由此道而能立其身者然則聖人之德豈云遠乎我欲之而斯至何患不及於已者哉

三才章第七

〔疏〕正義曰天地謂之二儀兼人謂之三才曾子見夫子陳說五等之孝既畢乃發歎曰甚哉孝之大也夫子因其歎美乃爲說天經地義人行之事可教化於人故以名章次五孝之後

曾子曰。甚哉孝之大也。參聞行孝無限高卑始知孝之爲大也

子曰。夫孝。天之經也。地之義也。民之行也。經常也利物爲義孝爲百行之首人之常德若三辰運天而有常五土分地而爲義也 **天地之經。而民是則之。**則天有常明地有常利言人法天地亦以孝爲常行也 **則天之明。因地之利。以順天下。**法天明以爲常因地利以行義順此以施政教則不待嚴肅而成理也 **是以其教不肅而成。其政不嚴而治。**

〔疏〕曾子曰至而治○正義曰夫子述上從天子下至庶人五等之孝後摠以結之語勢將畢欲以更明孝道之大無以發端特假曾子歎孝之大

更以彌大之義告之也曰夫孝天之經地之義民之行經常也人生天地之間稟天地之氣節人之所法是天地之常義也聖人司牧黔庶故須則天之常明因依地之義利以順行於天下是以其爲教也不待肅戒而成也其爲政也不假威嚴而自理也○注參聞至大也○正義曰高謂天子卑謂庶人言曾參既聞夫子陳說天子庶人皆當行孝始知孝之爲大也○注經常至義也○正義曰云經常也利物爲義者經常即書傳通訓也易文言曰利物足以和義是利物爲義也云孝爲百行之首人之常德者鄭注論語云孝爲百行之本言人之爲行莫先於孝案周易曰常其德貞是人所常之德也云若三辰運天謂日月星以時運轉於天釋名云土者吐也言吐生萬物周禮五土十地之利言孝爲百行之首是人生有常之德若日月星辰運行於天而有常山川原隰分别土地而爲利則知貴賤雖别必資孝以立身皆貴法則於天地然此經全與左傳鄭子大叔荅趙簡子問禮同其異一兩字而已明孝之與禮其義同○注天有至行也○正義曰云天有常明者謂日月星辰明臨於下紀於四時人事則之以夙興夜寐無忝爾所生故下文云則天之明也云地有常利者謂山川原隰動植物産人事因之以晨羞夕膳色養無違故下文云因地之利也此皆人能法則天地之行經者故云亦以孝爲常行也上云天之經地之義此云天地之經而不言義者爲地有利物之義亦是天常也若分而言之則爲義合而言之則爲常也○注法天至理也○正義曰云法天明以爲常因地利以行義者上文云夫孝天之經地之義者故云法天明以爲常釋天之明也因地利以爲義釋地之利也云順此以施政教則不待嚴肅而成理也者經云其教不肅而成其政不嚴而治注則以政教相就而明之嚴肅相連而釋之從便宜省也制旨曰天無立極之統無以常其明地無立極之統無以常其元缺十一字利人無立身之本無以常其德然則三辰迭運而一以經之者天利之性也五土分植而一以宜之者大順之理也百行殊塗而一致之者大中之要也夫愛始於和而敬生於順是以因和以教愛則易知而有親因順以教敬則易從而有功愛敬之化行而禮樂之政備矣聖人則天之明以爲經因地之利以行義故能不待嚴肅而成可久可大之業焉

先王見教之可以化民也。見因天地教化人之易也

是故先之以博愛。而民莫遺其親。君愛其親則人化之無有遺其親者

陳之於德義。而民興行。陳說德義之美爲衆所慕則人起心而行之

先之以敬讓。而民不爭。君行敬讓則人化而不爭

導之以禮樂。而民和睦。禮以檢其跡樂以正其心則和睦矣

示之以好惡。而民知禁。示好以引之示惡以止之則人知有禁令不敢犯也

〔疏〕先王至知禁。○正義曰言先王見因天地之常不肅不嚴之政教可以率先化下人也故須身行博愛之道以率先之則人漸其風教無有遺其親者於是陳說德義之美以順教誨人則人起心而行之也先王又以身行敬讓之道以率先之則人漸其德而不爭競也又導之以禮樂之教正其心迹則人被其教自和睦也又示之以好者必愛之惡者必討之則人見之而知國有禁也○注見因至易也○正義曰此依鄭注也言先王見天明地利有益於人因之以施化行之甚易也○注君愛至親者○正義曰此依王注也言君行博愛之道則人化之皆能行愛敬無有遺忘其親者即天子章之愛敬盡於事親而德教加於百姓是也○注陳說至行之○正義曰易稱君子進德脩業又論語云義以爲質又左傳說趙衰薦郤穀云說禮樂而敦詩書詩書義之府也禮樂德之則也德義利之本也且德義之利是爲政之本也言大臣陳說德義之美是天子所重爲羣情所慕則人起發心志而效行之○注君行至不爭○正義曰此依魏注也案禮記鄉飲酒義云先禮而後財則民作敬讓而不爭矣言君身先行敬讓則天下之人自息貪競也○注禮以至睦矣○正義曰此依魏注也案禮記云樂由中出禮自外作中謂心在其中也外謂跡見於外也由心以出者宜聽樂以正之自跡以見者當用禮以檢之檢之謂檢束也言心跡不違於禮樂則人當自和睦也○注示好至犯也○正義曰云示好以引之示惡以止之者案樂記云先王之制禮樂也將以教民平好惡而反人道之正也故示有好必賞之令以引喻之使其慕而歸善也示有惡必罰之禁以懲止之使其懼而不爲也云則人知有禁令不敢犯也者謂人知好惡而不犯禁令也

詩云。赫赫師尹。民具爾瞻。赫赫明盛貌也尹氏爲太師周之三公也義取大臣助君行化人皆瞻之也

〔疏〕詩云至爾瞻。○正義曰夫子既述先王以身率下先及大臣助君行化之義畢乃引小雅節南山詩以證成之赫赫明盛之貌也是太師尹氏也言助君行化爲人模範故人皆瞻之○注赫赫至之也○正義曰赫赫明盛貌也尹氏爲太師周之三公也者此毛傳文太師太傅太保是周之三公尹氏時爲太師故曰尹氏也云義取大臣助君行化人皆瞻之也者引詩大意如此孔安國曰具皆也爾女也古語或謂人具爾瞻則人皆瞻女也此章再言先之是吾身行率先於物也陳之道之示之是大臣助君爲政也案大戴禮云昔者舜左禹而右皋陶不下席而天下大治夫政之不中君之過也政之既中令之不行職事者之罪也後引周禮稱三公無官屬與王同職坐而論道又案尚書益稷篇稱帝曰吁臣哉鄰哉鄰哉臣哉又曰臣作朕股肱耳目孔傳曰言君臣道近相須而成言大體若身君任股肱臣戴元首之義也故禮緇衣稱上好是物下必有甚者矣故上之好惡不可不慎也是民之表也詩云赫赫師尹民具爾瞻甫刑曰一人有慶兆民賴之緇衣之引詩書是明下民從上之義師尹大臣也一人天子也謂人君爲政有身行之者有大臣助行之者人之從上非惟從君亦從論道之大臣故并引以結之也此章上言先王下引師尹則知君臣同體相須而成者謂此也皇侃以爲無先王在上之詩故斷章引大師之什今不取也

孝經注疏卷三挍勘記

阮元撰盧宣旬摘錄

孝經注疏卷第三

庶人章第六

案即府吏之屬也　閩本監本毛本案即作兼包吏作史是

爵列之以爲士有員位也　閩本監本毛本爵列作嚴植是

人謂衆民　閩本監本毛本作人無限極

故士以下以爲庶人　閩本監本毛本下以字作皆是也

秋斂冬藏也　石臺本作秋收鄭注本同案正義云此依鄭注則當作秋收岳本改爲秋斂非此作歛斂歛

乃正俗字

四事順時　石臺本岳本閩本監本毛本四作舉是也此本正義亦誤作四

原隰之宜　石臺本岳本閩本監本毛本作各盡所宜是也

用節省則兄飢寒　石臺本岳本閩本監本毛本兄作免不誤閩監毛本飢作饑案當作飢

公賦時充　石臺本岳本閩本監本毛本時作旣不誤岳本充改足監本誤兗

則篤養不闕矣　石臺本岳本閩本監本毛本篤作私矣是衍文

庶人之孝　石臺本岳本閩本監本毛本之作爲是也

止此而已　石臺本岳本閩本監本毛本止作唯案正義正作唯

用人至孝也　閩本監本毛本人作天不誤

言庶人服田力釋　閩本毛本釋作稽是也

謹身其道　閩本毛本身作愼閩監毛本道作身是也

節省用而以供養其父母　閩本監本毛本省下有其字無而字

以畜養爲事　閩本監本毛本事作義

秋斂冬藏孝　閩本監本毛本孝作者是案鄭注本作秋收此作秋斂非也

此四事順時天道也天云　閩本監本毛本四事順時天道也作依鄭注也爾雅釋不誤

夏爲長統　閩本監本毛本統作毓案爾雅作贏釋文云本亦作贏

秋爲收斂　案爾雅斂作成

冬爲肅殺　閩本監本毛本肅殺作安寧是也

安養閉藏地之義也　閩本監本毛本養作寧即無地字是也

云四事順時　閩本監本毛本四作舉案當作舉

謂服百畝之事　閩本監本毛本服百作舉農是也

春三則爲種　閩本監本毛本三作生爲作耕不誤

夏長則耘苗　閩本監本毛本耘作芸案說文䅽字注云除苗閒穢也或从芸作𦔳今字省艸作耘

閩本以下作芸非也

秋收則獲刈　閩本獲作穫是也刈字閩監毛本改㓹

冬藏則入稾也　閩本監本毛本稾作廩

此依魏注也　閩本監本毛本魏作鄭案分別五土視其高下見太平御覽卷三十六初學記卷五

唐司馬貞議及釋文所引皆云鄭注此本作魏注非是

其種宜稻粱閩本監本毛本種作穀粱閩本毛本作粱案作粱亦非周禮作麥

此分地之利者也閩本監本毛本作也者此本誤倒今改正

此依本傳也閩本監本毛本作孔不誤

則免飢寒者監本毛本飢改饑下同

庶人無故不食珍閩本監本毛本作食珍是也此本誤合吻今改正

淡三年之排閩本監本毛本淡　及排作耕不誤

以三年繼之通也閩本監本毛本三下有十字無繼字是也

民無采色閩本監本毛本采作菜案古多以采爲菜

二年賦用足閩本監本毛本二年作云公用作既毛本足作充是也閩本毛本誤克

則私養不闕者閩本監本毛本作養不闕此本誤力於田今改正

謂常省節財用閩本監本毛本作常省節財用此本誤黨有庠然後今改正

公家取稅亦足閩本監本毛本取作賦亦作充是也

而私養父母不闕之也監本毛本之作乏是也

孟子曰閩本監本毛本曰作稱非

劉熙注云正誤劉熙作趙岐是也

又云公事已案方敢造私事是也閩本監本毛本已案方作畢然後造作治不誤

此言惟此而已閩本監本毛本惟作唯與注文合

無贅諸也閩本監本毛本贅諸作贅詞不誤

故從天子已下閩本監本毛本已作以

杠鼎之力閩本監本毛本杠作扛是也

若率强之無不及也段玉裁云率當作牽

說孝道包含之義浦鏜云說上當脫禮記二字

劉獻云閩本監本毛本獻作瓛

諸家皆以爲惠及身閩本監本毛本惠作患不誤

惡禍可必及之閩本監本毛本可作何

是謂能食閩本監本毛本食作養是也

十載方期一遇閩本監本毛本十作千是也

制有曰案有當作旨唐元宗孝經制旨一卷見唐書藝文志

三才章第七

人之常德石臺本常作恒岳本同案作常避宋諱正義引易恒其德貞作常其德貞皆仍宋刻之舊

其政不嚴而治石臺本治作治避唐高宗諱

孝是人所常德也正誤所作之

明臨於下正誤明作照是也

以晨羞夕膳也正誤也作而屬下讀

無以常其利此本其字下空十一字非也

天利之性也閩本監本天作夫亦誤毛本作大

人之易也鄭注本人作民正義云此依鄭注也則當作民案注作人避唐太宗諱

禮以檢其跡毛本檢作檢避所諱正義同下仿此

故須身行傳愛之道閩本監本毛本傳作博是也

又道之以禮樂之教閩本監本毛本道作導

又論語曰義以爲質按論語釋文出爲質云一本作君子義以爲質此與釋文合

當用禮以檢之此本之下空一字非也

先及大臣正誤先作次

古語或謂人具爾瞻浦鏜云古語或謂四字疑衍文下句則疑謂字之誤

陳之道之示之閩本監本毛本道作導是也

臣哉鄰哉臣哉鄰哉閩本監本毛本下臣鄰字作鄰臣是也

言大體若身正誤大作同是也

孝經注疏卷第四

孝治章第八　　邢昺注疏

【疏】正義曰夫子述此明王以孝治天下也前章明先王因天地順人情以爲教此章言明王由孝而治故以名章次三才之後也

子曰昔者明王之以孝治天下也。言先代聖明之王以至德要道化人是爲孝理不敢遺小國之臣。而況於公侯伯子男乎。小國之臣至卑者耳主尚接之以禮況於五等諸侯是廣敬也故得萬國之懽心。以事其先王。萬國舉其多也言行孝道以理天下皆得懽心則各以其職來助祭也

【疏】子曰至先王。○正義曰此章之首稱子曰者爲事訖更別起端首故也言昔者聖明之王能以孝道治於天下大教接物故不敢遺小國之臣而況於五等之君乎言必禮敬之明王能如此故得萬國之懽心謂各脩其德盡其懽心而來助祭以事其先王經先王有六焉一曰先王有至德二曰非先王之法服三曰非先王之法言四曰非先王之德行五曰先王見教之此皆指先代行孝之王此章云以事其先王則指行孝王之考祖○注言先至孝理○正義曰此釋孝治之義也國語云古曰在昔昔曰先民尚書洪範云睿作聖左傳照臨四方曰明昔者非當時代之名明王則聖王之稱也是汎指前代聖王之有德者經言明王還指首章之先王也以代言之謂之先王以聖明言之則爲明王事義相同故注以至德要道釋之○注小國至敬也○正義曰此依王注義也五等諸侯則公侯伯子男舊解云公者正也言正行其事侯者候也言斥候而服事伯者長也爲一國之長也子者字也言字愛於小人也男者任也言任王之職事也爵則上皆勝下若行事亦互相通舜典曰輯五瑞孔安國曰舜斂公侯伯子男之瑞圭璧斯則堯舜之代已有五等諸侯也論語云殷因於夏禮周因於殷禮案尚書武成篇云列爵惟五分土惟三鄭注王制云殷所因夏爵三等之制也是有公侯伯而無子男武王增之揔建五等時九州界狹故土惟三等則王制云公侯方百里伯七十里子男五十里至周公攝政斥大九州之界增諸侯之大者地方五百里侯四百里伯三百里子二百里男百里然據鄭立夏殷不建子男武王復增之也案五等公爲上等侯伯爲次等子男爲下等則小國之臣謂子男卿大夫況此諸侯則至卑也曲禮云列國之大夫入天子之國曰某士諸侯言列國者兼小大是小國之卿大夫有見天子之禮也言雖至卑盡來朝聘則天子以禮接之案周禮掌客云王公饔餼九牢飧五牢侯伯饔餼七牢飧四牢子男饔餼五牢飧三牢三等其五等之介行人宰史皆有飧饔餼唯上介有禽獸其卿大夫士有特來聘問者則待之如其爲介時也是待諸侯及其臣之禮是皆廣敬之道也○注萬國至祭也○正義曰云萬國舉其多也者此依魏注也詩書之言萬國者多矣亦猶言萬方是舉多而言之不必數滿於萬也皇侃云春秋稱禹會諸侯於塗山執玉帛者萬國言禹要服之內地方七千里而置九州九州之中有方百里七十里五十里之國計有萬國也因引王制殷之諸侯有千七伯七十三國也孝經稱周諸侯有九千八百國所以證萬國爲夏法也信如此說則周頌云綏萬邦六月云萬邦爲憲豈周之代復有萬國乎今不取也云言行孝道以理天下皆得懽心則各以其職

來助祭也者言明王能以孝道理於天下則得諸侯之懽心以事其先王也各以其職來祭者謂天下諸侯各以其所職貢來助天子之祭也和者禮器云大饗其王事與注云盛其饌與貢謂祫祭先王又云三牲魚腊四海九州之美味也籩豆之薦四時之和氣也注云此饌諸侯所獻又云内金示和也注云此所貢也内之庭實先設之今從華性和荆楊二州貢金三品又云束帛加璧尊德也注云貢享所執致命者君子於玉比德焉又云龜爲前列先知也注云龜知事情者陳於庭在前荆州納錫大龜又云金次之見情也注云金炤物金有兩義先入後設又云丹漆絲纊竹箭與衆共財也注云萬民皆有此物荆州貢丹兗州貢漆絲豫州貢纊楊州貢篠簜又云其餘無常貨各以國之所有則致遠物也注云其餘謂九州之外夷服鎮服蕃服之國周禮九州之外謂之蕃國世一見各以其所貴寶爲贄周穆王征犬戎得白狼白鹿近之大傳云遂率天下諸侯執豆籩駿奔走又周頌曰駿奔走在廟此皆助祭者也治國者。不敢侮於鰥寡。而況於士民乎。理國謂諸侯也鰥寡國之微者君尚不敢輕侮況知禮義之士乎故得百姓之懽心。以事其先君。諸侯能行孝理得所統之懽心則皆恭事助其祭享也【疏】治國者至先君。○正義曰此說諸侯之孝治也言諸侯以孝道治其國者尚不敢輕侮於鰥夫寡婦而況於知禮義之士民乎亦言必不輕侮也以此故得其國内百姓懽悅以事其先君也○注理國至士乎。○正義曰云理國謂諸侯也者此依魏注也案周禮云體國經野詩曰生此王國是其天子亦言國也易曰先王以建萬國親諸侯是諸侯之國上言明王理天下此言理國故知諸侯之國也云鰥寡國之微者君尚不敢輕侮者案王制云老而無妻者謂之鰥老而無夫者謂之寡此天民之窮而無告者也則知鰥夫寡婦是國之微賤者也言微賤之者國君尚不輕侮況知禮義之士乎釋經之士民詩云彼都人士左傳曰多殺國士此皆指有知識之人不必居官授職之士舊解士知義理又曰士丈夫之美稱故注言知禮義之士乎謂民中知禮義者○注諸侯至享也○正義曰云諸侯能行孝理得所統之懽心者此言諸侯孝治其國得百姓之懽心也一國百姓皆是君之所統理故以所統言之孔安國曰亦以相統理是也云則皆恭事助其祭享也者祭享謂四時及禘祫也於此祭享之時所統之人則皆恭其職事獻其所有以助於君故云助其祭享也治家者。不敢失於臣妾。而況於妻子乎。理家謂卿大夫臣妾家之賤者妻子家之貴者故得人之懽心。以事其親。卿大夫位以材進受祿養親若能孝理其家則得小大之懽心助其奉養【疏】治家者至其親○正義曰說卿大夫之孝治也言以孝道理治其家者不敢失於其家臣妾賤者而況於妻子之貴者乎言必不失也故得其家之懽心以承事其親也○注理家至貴者○正義曰云理家謂卿大夫者此依鄭注也案下章云大夫有爭臣三人雖無道不失其家禮記王制曰上大夫卿則知治家謂卿大夫云臣妾家之賤者案尚書費誓曰竊馬牛誘臣妾孔安國云誘偷奴婢既以臣妾爲奴婢是家之賤者也云妻子家之貴者案禮記哀公問於孔子孔子對曰妻者親之主也敢不敬與子者親之後也敢不敬與是妻子家之貴者也○注卿大夫至奉養○正義曰云卿大夫位以材進者案毛詩傳曰建邦能命龜田能施命作器能銘使能造命升高能賦師旅能誓山川能說喪紀能誄祭祀能語君子

能此九者可謂有德音可以爲大夫是位以材進也云受祿養親者若能孝理其家則受其所稟之祿以養其親云若能孝理其家則得小大之懽心者謂小大皆得其懽心小謂臣妾大謂妻子也云助其奉養者案禮記内則稱子事父母婦事舅姑曰以雞初鳴咸盥漱以適父母舅姑之所問衣燠寒饘酏酒醴芼羹菽麥蕡稻黍粱秫唯所欲棗栗飴蜜以甘之父母舅姑必嘗之而後退此皆奉養事親也天子諸侯繼父而立故言先王先君也大夫唯賢是授居位之時或有侔祿以逮於親故言其親也注順經文所以言助其奉養此謂事親生之義也若親以終沒亦當言助其祭祀也明王言不敢遺小國之臣諸侯言不敢侮於鰥寡大夫言不敢失於臣妾者劉炫云遺謂意不存錄侮謂忽慢其人失謂不得其意小國之臣位卑或簡其禮故云不敢遺也鰥寡人中賤弱或被人輕侮欺陵故曰不敢侮也臣妾營事產業宜須得其心力故云不敢失也則王況公侯伯子男諸侯況士民卿大夫況妻子者以王者尊貴故況列國之貴者諸侯差卑故況國中之卑者以五等皆貴故況其卑也大夫或事父母故況家人之貴者也夫然。故生則親安之。祭則鬼享之。夫然者上孝理皆得懽心則存安其榮沒享其祭是以天下和平。災害不生。禍亂不作。上敬下懽存安沒享人用和睦以致太平則災害禍亂無因而起故明王之以孝治天下也如此。言明王以孝爲理則諸侯以下化而行之故致如此福應【疏】夫然至如此。○正義曰此總結天子諸侯卿大夫之孝治也言明王孝治其下則諸侯以下各順其教皆治其國家也如此各得懽心親若存則安其孝養沒則享其祭祀故得和氣降生感動昭昧是以普天之下和睦太平災害之萌不生禍亂之端不起此謂明王之以孝治天下也能致如此之美○注夫然者至其祭○正義曰云夫然者然上孝理皆得懽心者此謂明王諸侯大夫能行孝治皆得其懽心也云則存安其榮者釋生則親安之云沒享其祭者釋祭則鬼享之也○注上敬至而起○正義曰此釋天下和平以皆由明王孝治之所致也皇侃云天反時爲災謂風雨不節地反物爲妖妖即害物謂水旱傷禾稼也善則逢殃爲禍臣下反逆爲亂也○注言明至福應○正義曰云言明王以孝爲理則諸侯以下化而行之者案上文有明王諸侯大夫三等而經獨言明王孝治如此者言由明王之故也則諸侯以下奉而行之而功歸於明王也云故致如此福應者福謂天下和平應謂災害不生禍亂不作詩云。有覺德行。四國順之。覺大也義取天子有大德行則四方之國順而行之【疏】詩云至順之。○正義曰夫子述昔時明王孝治之義畢乃引大雅抑篇讚美之也言天子身有至大德行使四方之國皆順而行之○注覺大至行之○正義曰云覺大也此依鄭注也故詩箋云有大德行則天下順從其化是以覺爲大也云義取天子有大德行則四方之國順而行之者言引詩之大意如此也

孝經注疏卷四挍勘記　　阮元撰盧宣旬摘錄

孝經注疏卷第四

孝治章第八

言先代聖明之王　石臺本王作主

主尚接之以禮　岳本閩本監本毛本主作王

故得萬國之懽心　鄭注本作歡此正義本則作懽萬石臺本作万注同按唐人千萬字多作万

萬國舉其多也　岳本多改作大數非是

皆得歡心　石臺本岳本毛本歡作懽是也

則指行孝王之考祖　正誤作祖者

古曰在昔曰先民　正誤重昔字依國語增也

還指首章之先王也　閩本監本毛本作指此本誤有今改正

王公饔餼九牢　案周禮掌客王作上　飧五牢　案當作飱从夕从食下同

子男饔五牢　案五上脫餼字當依周禮補

唯上介有禽獸　閩本監本毛本作上此本誤止今改正案周禮獸作獻

有千七伯七十三國也　閩本監本毛本伯作百案禮記作百

和者禮器云　正誤和作知

荆楊二州貢金三品　閩本監本毛本楊作揚段玉裁云今人多作揚从才攷廣雅云楊揚也毛詩王風揚之水釋文云或作楊然則毛傳楊激揚也正廣雅之所本而郭忠恕佩觿曰楊析也亦州名是郭所據書作楊後人因江南其氣燥勁厥性輕揚之云改爲揚州不知古今字多假借所重惟音則州名當依古從木也

楊州貢篠簜　閩本毛本篠簜作篠簜是也監本篠作筿不成字案說文作筱隸變篠陸德明釋文云筱或作篠

理國謂諸侯也　案經作治注作理避所諱

則皆恭事助其祭享也　石臺本享作亨

言微賤之者　正誤作言國之微者又云下國字衍

此皆況惜有知識之人　閩本監本毛本況惜作說指

妻者君之主也　正誤君作親是也

簣稻　案禮記作蕡諸本從竹非也　黍粱　毛本粱作梁不誤

若親以終沒　浦鏜云以當已字之誤非也

故況列國之貴者　閩本監本毛本作列此本誤則今改正

祭則鬼享之　石臺本享作亨注同案亨通之亨烹飪之烹獻享之享古多作亨

上孝理皆得懽心　閩本監本毛本同石臺本岳本作然上孝理正義同

讚或之也　閩本監本毛本作贊美之也

使四方之國　正誤使作則

孝經注疏卷第五

聖治章第九

邢昺注疏

【疏】正義曰此言曾子聞明王孝治以致和平因問聖人之德更有大於孝否夫子因問而說聖人之治故以名章次孝治之後

曾子曰。敢問聖人之德無以加於孝乎。參聞明王孝理以致和平又問聖人德教更有大於孝不子曰。天地之性。人爲貴。貴其異於萬物也人之行。莫大於孝。孝者德之本也孝莫大於嚴父。萬物資始於乾人倫資父爲天故孝行之大莫過尊嚴其父也嚴父莫大於配天。則周公其人也。謂父爲天雖無貴賤然以父配天之禮始自周公故曰其人也【疏】曾子至其人也。○正義曰夫子前說孝治天下能致災害不生禍亂不作是言德行之大也將言聖德之廣不過於孝無以發端故又假曾子之問曰聖人之德更有加於孝乎否也夫子承問而釋之曰天地之性人爲貴性生也言天地之所生唯人最貴也人之所行者莫有大於孝行也孝行之大者莫有大於尊嚴其父也嚴父之大者莫有大於以父配天而祭也言以父配天而祭之者則文王之子成王叔父周公是其人也○注貴其至物也○正義曰此依鄭注也夫稱貴者是殊異可重之名案禮運曰人者五行之秀氣也尚書曰惟天地萬物父母惟人萬物之靈是異於萬物也○注萬物至父也正義曰云萬物資始於乾者易云大哉乾元萬物資始是也云人倫資父爲天者曲禮曰父之讎弗與共戴天鄭玄曰父者子之天也殺已之天與共戴天非孝子也杜預左氏傳曰婦人在室則天父出則天夫是人倫資父爲天也云故孝行之大莫過尊嚴其父也者尊謂崇也嚴敬也父既同天故須尊嚴其父是孝行之大也○注謂父至人也○正義曰云謂父爲天雖無貴賤者此將釋配天之禮始自周公故先張此文言人無限貴賤皆得謂父爲天也云然以父配天之禮始自周公故曰其人也者但以父配天徧檢羣經更無殊說案禮記有虞氏尚德不郊其祖夏殷始尊祖於郊無父配天之禮也周公大聖而首行之禮無二尊既以后稷配郊天不可又以文王配之五帝天之別名也因享明堂而以文王配之是周公嚴父配天之義也亦所以申文王有尊祖之禮也經稱周公其人注順經旨故曰始自周公也

昔者周公郊祀后稷以配天。后稷周之始祖也郊謂圜丘祀天也周公攝政因行郊天之祭乃尊始祖以配之也宗祀文王於明堂。以配上帝。明堂天子布政之宮也周公因祀五方上帝於明堂乃尊文王以配之也是以四海之內。各以其職來祭。君行嚴配之禮則德教刑於四海海內諸侯各脩其職來助祭也夫聖人之德。又何以加於孝乎。言無大於孝者【疏】昔者至孝乎。○正義曰前陳周公以父配天因言配天之事自昔武王既崩成王年幼即位周公攝政因行郊天祭禮乃以始祖后稷配天而祀之因祀五方上帝於明堂之時乃尊其父文王以配而享之尊父祖以配天崇孝享以致敬是以四海之內有土之君各以其職貢來助祭也既明聖治之義乃總其意而荅之也周公聖人首爲尊父配天之禮以極於孝敬之心則夫聖人之德又何以加於孝乎是言無以加也○注后稷至配之○正義曰云后稷周公之始祖也者案周本紀云后稷名棄其母有邰氏女曰姜原爲帝嚳元妃出野見巨人跡心忻然欲踐之踐之而身動如孕者居期而生子以爲不祥棄之隘巷馬牛過者皆辟不踐徙置之林中適會山林多人遷之而棄渠中冰上飛鳥以其翼覆薦之姜嫄以爲神遂收養長之初欲棄之因名曰棄棄爲兒好種樹麻菽及爲成人遂好耕農帝堯舉爲農師天下得其利有功帝舜曰棄黎民阻飢爾后稷播時百穀封棄於邰號曰后稷后稷曾孫公劉復脩其業自后稷至王季十五世而生文王受命作周案毛詩大雅生民之序曰生民尊祖也后稷生於姜嫄文武之功起於后稷故推以配天焉是也云郊謂圜丘祀天也者此孔傳文祀祭也故祭天謂之郊周禮大司樂云凡樂圜鍾爲宮黃鍾爲角大蔟爲徵姑洗爲羽靁鼓靁鼗孤竹之管雲和之琴瑟雲門之舞冬日至於地上之圜丘奏之若樂六變則天神皆降可得而禮矣郊特牲曰郊之祭也迎長日之至也大報天而主日也兆於南郊就陽位也又曰郊之祭也大報本反始也言以冬至之後日漸長郊祭而迎之是建子之月則與經俱郊祀於天明圜丘南郊也云周公攝政因行郊天之祭乃尊始祖以配之也者案文王世子稱仲尼曰昔者周公攝政踐阼而治抗世子法於伯禽所以善成王也則郊祀是周公攝政之時也公羊傳曰郊則曷爲必祭稷王者必以其祖配王者則曷爲必以其祖配自內出者無主不行自外至者無主不止言祭天則天神爲客是外至也須人爲主天神乃至故尊始祖以配天神侑坐而食之案左氏傳曰凡祀啓蟄而郊又云郊祀后稷以祈農事也而鄭注禮郊特牲乃引易說曰三王之郊一用夏正建寅之月也此言迎長日者建卯而晝夜分分而日長也然則春分而長短分矣此則迎在未分之前至謂春分之日也夫至者是長短之極也明分者晝夜均也分是四時之中啓蟄在建寅之月過至而未及分必於夜短方爲日長則左氏傳不應言啓蟄也若以日長有漸郊可預迎則其初長宜在極短之日故知傳啓蟄之郊是祈農之祭也周禮冬至之郊是迎長日報本反始之祭也鄭玄以祭法有周人禘嚳之文遂變郊爲祀感生之帝謂東方青帝靈威仰周爲木德威仰木帝以駮之曰案爾雅曰祭天曰燔柴祭地曰瘞薶又曰禘大祭也謂五年一大祭之名又祭法祖有功宗有德皆在宗廟本非郊配若依鄭說以帝嚳配祭圜丘是天之最尊也周之尊帝嚳不若后稷今配青帝乃非最尊實乖嚴父之義也且徧窺經籍並無以帝嚳配天之文若帝嚳配天則經應云禘嚳於圜丘以配天不應云郊祀后稷也天一而已故以所在祭在郊則謂爲圜丘言於郊爲壇以象圜天圜丘即郊也郊即圜丘也其時中郎馬昭抗章固執當時敕博士張融質之融稱漢世英儒自董仲舒劉向馬融之倫皆斥周人之祀昊天於郊以后稷配無如玄說配蒼帝也然則周禮圜丘則孝經之郊聖人因尊事天因卑事地安能復得祀帝嚳於圜丘配后稷於蒼帝之禮乎且在周頌思文后稷克配彼天又昊天有成命郊祀天地也則郊非蒼帝通儒同辭肅說爲長伏以孝爲人行之本祀爲國事之大孔聖垂文固非臆說前儒詮證各擅一家自頃脩撰備經斟覆究理則依王肅爲長從衆則鄭義已久王義其聖證之論鄭義其於三禮義宗王鄭是非於禮記其義文多卒難詳縷說此略據機要且舉二端焉○注明堂至之也○正義曰云明堂天子布政之宮也者案禮記明其二端注明堂朝諸侯于明堂之位天子負斧依南鄉而立明堂也者明諸侯之尊卑也制禮作樂頒度量而天下大服知明堂是布政之宮也云周公因祀五方上帝於明堂乃尊文王以配之也者五方上帝即是上帝也謂以文王配五方上帝之神侑坐而食也案鄭注論語云皇皇后帝並謂太微五帝在天爲上帝分王五方爲五帝舊說明堂在國之南去王城七里以近爲媟南郊去王城五十里以遠爲嚴五帝卑於昊天所以於郊祀昊天於明堂祀上帝也其以后稷配郊以文王配明堂義見於上也五帝謂東方青帝靈威仰南方赤帝赤熛怒西方白帝白招拒北方黑帝汁光紀中央黃帝含樞紐鄭玄云明堂居國之南南是明陽之地故曰明堂案史記云黃帝接萬靈於明庭明庭即明堂也明堂起於黃帝周禮考工記曰夏后曰世室殷人重屋周人明堂先儒舊說其制不同案大戴禮云明堂凡九室一室而有四戶八牖三十六戶七十二牖以茅蓋屋上圓下方鄭玄據援神契云明堂上圓下方八窗四闥考工記曰明堂五室稱九室者或云取象陽數也八牖者陰數也取象八風三十六戶取象六甲子之爻六六三十六也上圓象天下方法地八牖者即八節也四闥者象四方也稱五室者取象五行皆無明文也以意釋之耳此言宗祀於明堂謂九月大享靈威仰等五帝也以文王配之即月令云季秋大享帝注云徧祭五帝以其上言舉五穀之要藏帝藉之收於神倉九月西方成事終而報功也○注君行至祭也○正義曰云君行嚴配之禮者此謂宗祀文王於明堂以配天是也云則德教刑於四海海內諸侯各脩其職來助祭也者謂四海之內六服諸侯各脩其職貢方物也案周禮大行人以九儀辨諸侯之命廟中將幣三享又曰侯服貢祀物鄭云犧牲之屬甸服貢嬪物注云絲枲也男服貢器物注云尊彝之屬也采服貢服物注云玄纁絺纊也衛服貢材物注云八材也要服貢貨物注云龜貝也此是六服諸侯各脩其職來助祭又若尚書武成篇云丁未祀於周廟邦甸侯衛駿奔走執豆籩亦是助祭之義也

故親生之膝下。以養父母日嚴。親猶愛也膝下謂孩幼之時也言親愛之心生於孩幼比及年長漸識義方則日加尊嚴能致敬於父母也聖人因嚴以教敬。因親以教愛。聖人因其親嚴之心敦以愛敬之教故出以就傅趨而過庭以教敬也抑搔癢痛懸衾篋枕以教愛也聖人之教不肅而成。其政不嚴而治。聖人順羣心以行愛敬制禮則以施政教亦不待嚴肅而成理也其所因者本也。本謂孝也【疏】故親至本也○正義曰此更廣陳嚴父之由言人倫正性必在蒙幼之年教之則明不教則昧言親愛之心生在其孩幼膝下之時於是父母則教示比及年長漸識義方則日加尊嚴能致敬於父母故云以養父母日嚴也是以聖人因其日嚴而教之以敬因其知親而教之以愛故聖人之以施政教不待嚴肅自然成治也然其所因以者在於孝也言本皆因於孝道也○注親猶至母也○正義日云親猶愛也者嫌以親爲父母故云親猶愛也云膝下謂孩幼之時也者案內則云子生三月妻以子見於父父執子之右手孩而名之案說文云孩小兒笑也謂指其頤下令之笑而爲之名故知膝下謂孩幼之時也云親愛之心生於孩幼之時也者言孩幼之時已有親愛父母之心生也云比及年長漸識義方則日加尊嚴能致敬於父母也者春秋左氏傳石碏曰臣聞愛子教之以義方猶道也謂教以仁義合宜之道也其教之者案禮記內則子能飲食教以右手能言男唯女俞男鞶革女鞶絲六年教之數與方名七年男女不同席不共食八年出入門戶及即席飲食必後長者始教之

讓九年教之數曰又曲禮云幼子常視無誑立必正方不傾聽與之提攜則兩手奉長者之手負劍辟咡詔之則掩口而對注約彼文爲說故曰日加尊嚴言子幼而誨及長則能致敬其親也○注聖人至愛也○正義曰父子之道簡易則慈孝不接狎則怠慢生焉故聖人因其親嚴之心敎以愛敬之敎也云出以外傅者案禮記內則云十年出就外傅居宿於外學書計鄭云外傅教學之師也謂年十歲出就外傅居宿於外就師而學也案十年出就外傅指命士已上今此引之則尊卑皆然也云趨而過庭以教敬也者言父之與子於禮不得常同居處也案論語云陳亢問於伯魚曰子亦有異聞乎對曰未也嘗獨立鯉趨而過庭曰學禮乎對曰未也不學禮無以立鯉退而學禮聞斯二者陳亢退而喜曰問一得三聞詩聞禮又聞君子之遠其子也故注約彼文以爲說也云抑搔癢痛懸衾篋枕以教愛者也者此並約內則文案彼云以適父母舅姑之所及所下氣怡聲問衣燠寒疾痛疴癢而敬抑搔之父母舅姑將坐奉席請何鄉將衽長者奉席請何趾少者執牀與坐御者舉几斂席與簟懸衾篋枕斂簟而褥之鄭注云須卧乃敷之也褥韜也是父母未寢故衾被則懸枕則置篋中言子有近父母之道所以教其愛也夫愛以敬生敬先於愛無宜待教而此言教敬愛者禮記樂記曰樂者爲同禮者爲異同則相親異則相敬樂勝則流是愛深而敬薄也禮勝則離是嚴多而愛殺也不教敬則不嚴不和親則忘愛所以先敬而後愛也舊注取士章之義而分愛敬父母之別此其失也○注聖人至理也○正義曰云聖人順羣心以行愛敬者聖人謂明王也聖者通也稱明王者言在位無不照也稱聖人者言用心無不通也順羣心者則首章以順天下是也以行愛敬者則天子能愛親敬親者是也云制禮則以施政教者則德教加於百姓是也云亦不待嚴肅而成理也者蓋言王化順此而行也言亦者三才章已有成理之言故云亦也○注本謂孝也○正義曰此依鄭注也首章云夫孝德之本也制旨曰夫人倫正性在蒙幼之中導之斯通壅之斯蔽故先王慎其所養於是乎有胎中之教膝下之訓感之以惠和而日親焉期之以恭順而日嚴焉夫親也者緣乎正性而達人情者也故因其親嚴之心敎以愛敬之範則不嚴而治不肅而成謂其本於先祖也

父子之道。天性也。君臣之義也。父子之道天性之常加以尊嚴又有君臣之義**父母生之。續莫大焉。**父母生子傳體相續人倫之道莫大於斯**君親臨之。厚莫重焉。**謂父爲君以臨於已恩義之厚莫重於斯【疏】父子至重焉○正義曰此言父子恩親之情是天生自然之道父以尊嚴臨子子以親愛事父尊卑既陳貴賤斯位則子之事父如臣之事君易稱乾元資始坤元資生又論語曰子生三年然後免於父母之懷是父母生已傳體相續此爲大焉言有父之尊同君之敬恩義之厚此最爲重也○注父子至之義○正義曰云父子之道天性之常者父子之道自然慈孝本乎天性則生愛敬之心是常道也云加以尊嚴又有君臣之義者言父子相親本於天性慈孝生於自然既能尊嚴於親又有君臣之義故易家人卦曰家人有嚴君焉父母之謂也是謂父母爲嚴君也○注父母至於斯○正義曰案說文云續連也言子繼於父母相連不絕也易稱生生之謂易言後生次於前也此則傳續之義也○注謂父至於斯○正義曰上引家人之文言人子之道於父母有嚴君之義此章既陳聖治則事繫於人君也案禮記文王世子稱昔者周公攝政抗世子法於伯禽使之與成王居欲令成王之知父子君臣之義君之於太子也親則父也尊則君也有父之親有君之尊然後兼天下而有之者言既有天性之恩又有君臣之義厚重莫過於此也

故不愛其親而愛他人者。謂之悖德。不敬其親而敬他人者。謂之悖禮。言盡愛敬之道然後施教於人違此則於德禮爲悖也**以順則逆。民無則焉。**行教以順人心今自逆之則下無所法則也**不在於善。而皆在於凶德。**善謂身行愛敬也凶謂悖其德禮也**雖得之。君子不貴也。**言悖其德禮雖得志於人上君子之不貴也【疏】故不至貴也○正義曰此說愛敬之失悖於德禮之事也所謂不愛敬其親者是君上不能身行愛敬也而愛他人敬他人者是教天下行愛敬也君自不行愛敬而使天下人行是謂悖德悖禮也雖人君合行政教以順天下人心今則自逆不行翻使天下之人法行於道道故人無所法則斯乃不在於善而皆在於凶德在謂心之所在也凶謂凶害於德也如此之君雖得志於人上則古先哲王聖人君子之所不貴也○注言盡至悖也○正義曰云言盡愛敬之道然後施教於人者此孔傳也則天子章言愛敬盡於事親而德教加於百姓是也云違此則於德禮爲悖也者案禮記大學云堯舜率天下以仁而民從之桀紂率天下以暴而民從之其所令反其所好而民不從是故君子有諸已而后求諸人無諸已而后非諸人所藏乎身不恕而能喻諸人者未之有也是知人君若違此盡愛敬之道而教天下人行愛敬是悖逆於德禮也○注善謂至禮也○正義曰云善謂身行愛敬也者謂身行愛敬乃爲善也云凶謂悖其德禮也者悖猶逆也言逆其德禮則爲凶也○注言悖至貴也○正義曰云悖其德禮者此依魏注也謂人君不行愛敬於其親鄭注云悖若桀紂是也云雖得志於人上者君子之不貴也者言君子如此是雖得志居臣人之上幸免篡逆之禍言聖人君子之所不貴言賤惡之也

君子則不然。不悖德禮也**言思可道。行思可樂。**思可道而後言人必信也思可樂而後行人必悅也**德義可尊。作事可法。**立德行義不違道正故可尊也制作事業動得物宜故可法也**容止可觀。進退可度。**容止威儀也必合規矩則可觀也進退動靜也不越禮法則可度也**以臨其民。是以其民畏而愛之。則而象之。**君行六事臨撫其人則下畏其威愛其德皆放象於君也**故能成其德教。而行其政令。**上正身以率下下順上而法之則德教成政令行也【疏】君子至政令○正義曰前說爲君而爲悖德禮之事此言聖人君子則不然也君子者須慎其言行動止舉措思可道而後言思可樂而後行故德義可以尊崇作業可以爲法威容可以觀望進退皆脩禮法以此六事君臨其民則人畏威而親愛之法則而象效之故德教以此而成政令以此而行也○注不悖德禮也○正義曰此依魏注也言君子舉措皆合德禮無悖逆也○注思可至悅也○正義曰言者心之聲也思者心之慮也可者事之合也道者陳說也行謂施行也樂謂使人悅服也禮記中庸稱天下至聖言而民莫不信行而民莫不說也○注立德至法也○正義曰此立德行義不違道正故可尊也者此依孔傳也劉炫云德者得於理也義者宜於事也得理在於身宜事見於外謂理得事宜行道守正故能爲人所尊也知制作事業動得物宜故可法也者作謂造立也事謂施爲也易曰舉而措之天下之民謂之事業言能作衆物之端爲器用之式造立於已成式於物物得其宜故能使人法象也○注容止至度也○正義曰容止威儀也必合規矩則可觀也者此依孔傳也容止謂禮容所止也漢書儒林傳云魯徐生善爲容以容爲禮官大夫是也威儀即禮儀也中庸云威儀三千是也春秋左氏傳曰有威而可畏謂之威有儀而可象謂之儀言君子有此容止威儀能合規矩案禮記玉藻云周還中規折還中矩鄭云反行也宜圜曲行也宜方是合規矩故可觀云進退動靜也者進則動也退則靜也案易乾文言曰進退無常非離羣也又艮卦彖曰時止則止時行則行動靜不失其時其道光明是進退則動靜也云不越禮法則可度也者動靜不乖越禮法故可度也○注君行至君也○正義曰云君行六事臨撫其人者言君施行六事以臨撫其下人六事即可度以上之事有六也云則下畏其威愛其德皆放象於君也者案左傳北宮文子對衛侯說威儀之事稱有威而可畏謂之威有儀而可象謂之儀君有君之威儀其臣畏而愛之則而象之又因引周書數文王之德曰大國畏其力小國懷其德言畏而愛之也詩云不識不知順帝之則言則而象之也又云君子在位可畏施舍可愛進退可度周旋可則容止可觀作事可法德行可象聲氣可樂動作有文言語有章以臨其下謂之有威儀也據此經雖稍殊別大抵皆敎君之威儀也故經引詩云其儀不忒其義同也○注上正至行也○正義曰云上正身以率下者此依孔傳也論語孔子對季康子曰子率以正孰敢不正又曰其身正不令而行是正其身之義也云下順上而法之者言正其身以率下則下人皆從之無不法則德教成政令行也者言風化當如此也

詩云。淑人君子。其儀不忒。淑善也忒差也義取君子威儀不差爲人法則【疏】詩云至不忒○正義曰夫子述君子之德既畢乃引曹風鳲鳩之詩以贊美之言善人君子威儀不差失也○注淑善至法則○正義曰云淑善也忒差也此依鄭注也淑善釋詁文釋言云爽差也爽忒也轉互相訓故忒得爲差也云義取君子威儀不差爲人法則者亦言引詩大意如此也

孝經注疏卷五挍勘記　阮元撰盧宣旬摘錄

孝經注疏卷第五

聖治章第九

參問明王孝理　岳本參改作曾子石臺本問作聞是也監本王誤至

更有大於孝不　岳本不作否

杜預左氏傳曰　案曰上當有注字

郊謂圜丘祀天也　監本祀誤配

各以其職來祭　毛本職作軄案軄俗職字石臺本唐石經宋熙寧石刻岳本閩本監本正義本來下有助字禮記禮器正義公羊傳十五年疏後漢書班彪傳下注引並作各以其職來助祭注云各脩其職來助祭也是經文本有助字石臺本脫諸本仍之

云后稷周公之始祖也者　案公字衍文

姜原　閩本監本毛本改姜嫄

冰上飛鳥以其翼覆薦之　監毛本薦作藉案史記周本紀薦作薦

黎民阻饑　案史記周本紀阻饑作始飢此作阻依古文尚書改非是段玉裁尚書撰異云今文尚書作祖飢其證有五五帝本紀曰黎民始飢一也漢書食貨志曰舜命后稷以黎民祖饑二也孟康注漢書曰祖始也古文言阻三也徐廣史記音義曰今文尚書作祖飢祖始也四也毛詩釋文曰馬融注尚書作祖云始也五也

圜鐘爲宮　監本毛本鐘作鍾五經文字云鍾樂器鍾量名今經典或通用鍾爲樂器案開成石經凡樂器之鍾皆作鍾

周公攝政踐祚而治　監本毛本祚作阼是也

無主不行　案公羊傳主作匹注云合也

威仰木帝　儀禮經傳通解續下有以后稷配蒼龍精也韋昭所著亦符此說惟魏太常王肅獨著論廿五字

王義其聖證之論鄭義其於三禮義宗　案其並具字之誤

於禮記其義文多　盧文弨挍本文作尤

按禮記明其二端注明堂　正誤其二端注明堂作堂位昔者周公是也

鄭炫云　案炫當作元下同

夏后曰世室　案曰當作氏

以茅蓋屋　閩本監本毛本盖作蓋是也九經字樣云說文蓋从卄从盍張參五經文字又公害翻並見卄部卄音草明皇御注孝經石臺亦作蓋今或相承作盖者乃從行書譌俗不可施於經典今孝經作蓋

八牖者即八節也　正誤即作象

藏帝藉之收於神倉　閩本監本毛本藉作籍按月令作藉

六月西方成　案六當作九

注云繒帛也　案帛當作枲

故親生之膝下　石臺本唐石經宋熙寧石刻岳本監本膝作膝是也下倣此

懸衾篋枕　石臺本亦作懸篋作篋岳本作縣案當作縣隸書从竹字往往作卄如制節謹度之節石臺本作莭此篋字亦隸體也

子能飲食　案飲當作食讀如字下食音嗣或疑與下食字重遂改爲飲

九年教之數目　監本毛本目作日不誤

云出以外傳者　監本毛本外作就是也

鯉趨而過庭　正誤云下脫曰學詩乎對曰未也不學詩無以言鯉退而學詩他日又獨立鯉趨而過庭廿九字

懸衾篋枕　閩本監本毛本作衾此本誤食今改正案內則懸作縣懸俗縣字

以教愛者也　案注無上者字此衍文也

疾痛疴癢　案禮記作苛癢

無宜待教　浦鏜云無宜疑誤倒或宜爲容字之誤

是嚴多而愛殺也　正閩本監本毛本作愛此本誤成今改

不和親則忘愛　正誤和作教

聖人謂明王也　閩本監本毛本作王此本誤正今改正

此言父子恩親之情　正誤親作愛

同君之敬　正閩本監本毛本作君之此本二字誤倒今改

君之於太子也　案禮記太作世

然後兼天下而有之者　案禮記無者字此誤衍

君子之不貴也　岳本之下增所字案正義亦無浦鏜云脫所字非也

是知人君若違此盡愛敬之道　閩本監本毛本違作達此下有不字是也

言君子如此　浦鏜云君子當人君誤是也

言聖人君子之所不貴　浦鏜云言當亦字誤是也

臨撫其人　岳本撫作於案正義亦作撫岳本非也

道者陳悅也　閩本監本毛本者作謂不誤悅作說

此立德行義　正誤此作云是也

儈徐生善爲容　漢書儒林傳容作頌案頌正字容假借字

威儀不差夫也　閩本監本毛本夫作失是也

孝經注疏卷第六

紀孝行章第十　　邢昺注疏

【疏】正義曰此章紀録孝子事親之行也前章孝治天下所施政教不待嚴肅自然成理故君子皆由事親之心所以孝行有可紀也故以名章次聖人之後或於孝行之下又加犯法兩字今不取也

子曰。孝子之事親也。居則致其敬。平居必盡其敬　養則致其樂。就養能致其懽　病則致其憂。色不滿容行不正履　喪則致其哀。擗踊哭泣盡其哀情　祭則致其嚴。齊戒沐浴明發不寐　五者備矣。然後能事親。五者闕一則未爲能

【疏】子曰至事親○正義曰致猶盡也言爲人子能事其親而稱孝者謂平常居處家之時也當須盡於恭敬若進飲食之時怡顏悅色致親之懽若親之有疾則冠者不櫛怒不至詈盡其憂謹之心若親喪亡則擗號毀瘠終其哀情也若卒哀之後當盡其祥練及春秋祭祀又當盡其嚴肅此五者無限貴賤有能備者是其能事親○注平居必盡其敬○正義曰此依王注也平居謂平常在家孝子則須恭敬也案禮記內則云子事父母雞初鳴咸盥漱至於父母之所敬進甘脆而后退又祭義曰養可能也敬爲難是盡敬之義也○注就養能致其懽○正義曰此依魏注也案檀弓曰事親有隱而無犯左右就養無方言孝子冬溫夏凊昏定晨省及進飲食以養父母皆須盡其敬安之心不然則難以致親之懽○注色不滿容行不正履○正義曰此依鄭注也案禮記文王世子云王季有不安節則內豎以告文王文王色憂行不能正履又下文云此古之世子亦朝夕問於內豎其有不安節世子色憂不滿容此注減憂能二字者以此章通於貴賤雖儗人非其倫亦舉重以明輕之義也○注擗踊至哀情○正義曰此依鄭注也並約喪親章文其義具於彼○注齊戒至不寐○正義曰此皆說祭祀嚴敬之事也案祭義曰孝子將祭夫婦齊戒沐浴盛服奉承而進之言將祭必先齊戒沐浴也又云文王之祭也事死如事生詩云明發不寐有懷二人文王之詩也鄭注云明發不寐謂夜而至旦也二人謂父母也言文王之嚴敬祭祀如此也○注五者至爲能○正義曰此依魏注也凡爲孝子者須備此五等事也五事若闕於一則未爲能事親也

事親者。居上不驕。當莊敬以臨下也　爲下不亂。當恭謹以奉上也　在醜不爭。醜衆也爭競也當和順以從衆也　居上而驕則亡。爲下而亂則刑。在醜而爭則兵。謂以兵刃相加　三者不除。雖日用三牲之養。猶爲不孝也。三牲太牢也孝以不毀爲先言上三事皆可亡身而不除之雖日致太牢之養固非孝也

【疏】事親至孝也○正義曰此言居上位者不可爲驕溢之事爲臣下者不可爲撓亂之事在醜輩之中不可爲忿爭之事是以居上須去驕不去則危亡也爲下須去亂不去則致刑辟在醜輩須去爭不去則兵刃或加於身若三者不除雖復日日能用三牲之養終貽父母之憂猶爲不孝之子也○注醜衆也爭競也○正義曰此依魏注也醜衆釋詁文左傳曰師競已甚杜預云競猶爭也故注以競釋爭也○注謂以兵刃相加○正義曰此依常

義案左傳云晉范鞅用劍以帥卒杜預曰用短兵接敵此則刃劍之屬謂之兵也必有刃堪害於人則左傳齊莊公請自刃於廟是也言處儕衆之中而每事好爭競或有以刃相讎害也○注三牲至非孝也○正義曰云三牲太牢也者三牲牛羊豕也案尚書召誥稱越翼日戊午乃社于新邑牛一羊一豕一孔云用太牢也是謂三牲爲太牢也云孝以不毀爲先者則首章不敢毀傷也云言上三事皆可亡身者謂上居上而驕爲下而亂在醜而爭之三事皆可喪亡其身命也云而不除之雖日致太牢之養固非孝也者言奉養雖優不除驕亂及爭競之事使親常憂故非孝也

五刑章第十一

【疏】正義曰此章五刑之屬三千案舜命皐陶云汝作士明于五刑又禮記問喪云喪多而服五罪多而刑五以其服有親疏罪有輕重也故以名章以前章有驕亂忿爭之事言此罪惡必及刑辟故此次之

子曰。五刑之屬三千。而罪莫大於不孝。五刑謂墨劓剕宮大辟也條有三千而罪之大者莫過不孝

要君者無上。君者臣之稟命也而敢要之是無上也

非聖人者無法。聖人制作禮樂而敢非之是無法也

非孝者無親。善事父母爲孝而敢非之是無親也

此大亂之道也。言人有上三惡豈唯不孝乃是大亂之道

【疏】子曰至道也○正義曰五刑者言刑名有五也三千者言所犯刑條有三千也所犯雖異其罪乃同故言三千之屬以包之就此三千條中其不孝之罪尤大故云而罪莫大於不孝也凡爲人子當須遵承聖教以孝事親以忠事君君命宜奉而行之敢要之是無心遵於上也聖人垂範當須法則今乃非之是無心法於聖人也孝者百行之本事親爲先今乃非之是無心愛其親也卉木無識尚感君之政禽獸無禮尚知戀親況在人靈而敢要君不孝也逆亂之道此爲大焉故曰此大亂之道也○注五刑至不孝○正義曰云五刑謂墨劓剕宮大辟也者此依魏注也此五刑之名皆尚書呂刑文孔安國云刻其顙而涅之曰墨刑顙額也謂刻額爲瘡以墨塞瘡孔令變色也墨一名黥又云截鼻曰劓刖足曰剕釋言云剕刖也李巡曰斷足曰剕是也又云宮淫刑也男子割勢婦人幽閉次死之刑以男子之陰名爲勢割去其勢與椓去其陰事亦同也婦人幽閉閉於宮使不得出也又云大辟死刑也案此五刑之名見於經傳唐虞以來皆有之矣未知上古起自何時漢文帝始除肉刑除墨劓剕耳宮刑猶在隋開皇之初始除男子宮刑婦人猶閉於宮此五刑之名義鄭注周禮司刑引書傳曰決關梁踰城郭而略盜者其刑臏男女不以義交者其刑宮觸易君命革輿服制度姦軌盜攘傷人者其刑劓非事而事之出入不以道義而誦不詳之辭者其刑墨降畔寇賊劫略奪攘撟虔者其刑死案說文云臏膝骨也刖臏謂斷其臏骨此注不言臏而云剕者據呂刑之文也云條有三千而罪之大者莫過不孝者案周禮司刑掌五刑之法以麗萬民之罪墨罪五百劓罪五百宮罪五百剕罪五百殺罪五百合二千五百至周穆王乃命呂侯入爲司寇令其訓暢夏禹贖刑增輕削重依夏之法條有三千則周三千之條首自穆王始也呂刑云墨罰之屬千劓罰之屬千剕罰之屬五百宮罰之屬三百大辟之罰其屬二百五刑之屬三千言此三千條中罪之大者莫有過於不孝也案舊注說及謝安袁宏王獻之殷仲文等皆以不孝之罪聖人惡之云在三千條外此失經之意也案上章云三者不除雖日用三牲之養猶爲不孝此承上不孝之後而云三千之罪莫大於不孝是因其事而便言之本無在外之意案檀弓云子弒父凡在官者殺無赦殺其人壞其室洿其宮而豬焉既云學斷斯獄則明有條可斷也何者易序卦稱有天地然後萬物生焉自屯蒙至需訟即爭訟之始也故聖人法雷電以申威刑所興其來遠矣唐虞以上書傳靡詳舜命皐陶有五刑五刑斯著案風俗通曰皐陶謨是虞時造也及周穆王訓夏李悝師魏乃著法經六篇而以盜賊爲首賊之大者有惡逆焉決斷不違時凡赦不免又有不孝之罪並編十惡之條前世不忘後世爲式而安宏不孝之罪不列三千之條中今不取也○注君者至無上也○正義曰此依孔傳也案晉語云諸大夫迎悼公公曰孤始願不及此孤之及此天也抑人之有元君將稟命焉明凡爲臣下者皆稟君教命而敢要以從已是有無上之心故非孝子之行也若臧武仲以防求爲後於魯晉舅犯及河授璧請亡之類是也○注聖人至法也○正義曰此依孔傳也聖人規模天下法則兆民敢有非毀之者是無聖人之法也○注善事至親也○正義曰孝爲百行之本敢有非毀之者是無親愛之心也○注言人至之道○正義曰言人不忠於君不法於聖不愛於親此皆爲不孝乃是罪惡之極故經以大亂結之也

廣要道章第十二

【疏】正義曰前章明不孝之惡罪之大者及要君非聖人此乃禮教不容廣宜要道以教化之則能變而爲善也首章略云至德要道之事而未詳悉所以於此申而演之皆云廣也故以名章次五刑之後要道先於至德者謂以要道施化化行而後德彰亦明道德相成所以互爲先後也

子曰。教民親愛。莫善於孝。教民禮順。莫善於悌。言教人親愛禮順無加於孝悌也

移風易俗。莫善於樂。風俗移易先入樂聲變隨人心正由君德正之與變因樂而彰故曰莫善於樂

安上治民。莫善於禮。禮所以正君臣父子之別明男女長幼之序故可以安上化下也

【疏】子曰至於禮○正義曰此夫子述廣要之義言君欲教民親於君而愛之者莫善於身自行孝也君能行孝則民效之皆親愛其君欲教民禮於長而順之者莫善於身自行悌也人君行悌則人效之皆以禮順從其長也欲移易風俗之弊敗者莫善於聽樂而正之欲身安於上民治於下者莫善於行禮以帥之○注言教至悌也○正義曰言欲民親愛於君禮順於長者莫善於身自行孝悌之善也○注風俗至於樂○正義曰云風俗移易先入樂聲者子夏詩序云風風也教也風以動之教以化之韋昭曰人之性繫於大人大人風聲故謂之風隨其趨舍之情欲故謂之俗詩序又曰至于王道衰禮義廢政教失國異政家殊俗而變風變雅作矣是入樂聲之義也云變隨人心正由君德者詩序又曰國史明乎得失之迹傷人倫之廢哀刑政之苛吟詠情性以風其上故變風發乎情止乎禮義發乎情民之性也止乎禮義先王之澤也以斯言之則知樂者本於情性聲者因乎政教政教失則人情壞人情壞則樂聲移是變隨人心也國史明之遂吟以風上也受其風上而行其失乃行禮義以正之教化以美之上政既和人情自治是正由君德也云正之與變因樂而彰故曰莫善於樂者詩序又曰治世之音安以樂其政和亂世之音怨以怒其政乖亡國之音哀以思其民困又尚書益稷篇舜曰予欲聞六律五聲八音在治忽孔安國云在察天下理治及忽怠者皆是因樂而彰也案禮記云大樂與天地同和則自生人以來皆有樂性也世本曰伏羲造琴瑟則其樂器漸於伏羲也史籍皆言黃帝樂曰雲門顓頊曰六英帝嚳曰五莖堯曰咸池舜曰大韶禹曰大夏湯曰大濩武曰大武於樂之聲節起自黃帝也○注禮所至下也○正義曰云禮所以正君臣父子之別明男女長幼之序者此依魏注也禮云非禮無以辨君臣上下長幼之位非禮無以辨男女父子兄弟之親是也云故可以安上化下也者釋安上治民也制百口禮殊事而合敬樂異人而同愛敬愛之極是謂要道神而明之是謂至德故必由斯人以弘斯教而後禮樂興焉政令行焉以盛德之訓傳於樂聲則感人深而風俗移易以盛德之化措諸禮容則悅者衆而名教著明蘊乎其樂章乎其禮故相待而成矣然則韶樂存於齊而民不爲之易周禮備於魯而君不獲其安亦政教失其極耳夫豈禮樂之咎乎

禮者。敬而已矣。敬者禮之本也

故敬其父。則子悅。敬其兄。則弟悅。敬其君。則臣悅。敬一人。而千萬人悅。居上敬下盡得權心故曰悅也

所敬者寡。而悅者衆。此之謂要道也。

【疏】禮者至道也○正義曰此承上莫善於禮也言禮者敬而已矣謂禮主於敬也入明敬功至廣是要道也其要正以謂天子敬人之父則其子皆悅敬人之兄則其弟皆悅敬人之君則其臣皆悅此皆敬父兄及君一人則其子弟及臣千萬人皆悅故其所敬者寡而悅者衆即前章所言先王有至德要道者皆此義之謂也○注敬者禮之本也○正義曰此依鄭注也案曲禮曰毋不敬是也○注居上至悅也○正義曰云居上敬下者案尚書五子之歌云爲人上者奈何不敬謂居上位須敬其下云盡得權心故曰悅也者言得權心則無所不悅也案孝治章云故得萬國百姓及人之權心是也舊注云一人謂父兄君千萬人謂子弟臣也者此依孔傳也一人指受敬之人則知謂父兄君也千萬人指其喜悅者則知謂子弟臣也夫子弟及臣名何啻千萬言千萬人者舉其大數也

孝經注疏卷六校勘記

阮元撰盧宣旬摘錄

孝經注疏卷第六

紀孝行章第十　正義云或於孝行之下又加犯法兩字今不取也

次聖人之後　案人當作治

擗踊哭泣　石臺本踊作踴監本泣誤立案說文有踊無踴

齊戒沐浴　石臺本岳本閩本監本毛本齊作齋

謂平常居處家之時也當須盡於恭敬　正誤處下有在字無也字於作其

致親之孝　正誤孝當作權是也

敬進甘脆而后退　諸本作進此本誤道今改正毛本后改後

言孝子冬溫夏清　閩本毛本清作凊是也

此古之世子 浦鏜云此當記字誤
其有不安止 閩本監本毛本止作節是也
雖儗人非其倫 閩本監本毛本儗改擬案作儗是也
以舉重以明輕之義也 毛本上以字作亦是也
其義與於彼 正誤與作具是也
謂以兵刃相加 監本刃誤不
此則刃劒之屬 正誤刃作刀依左傳注改

五刑章第十一

又禮記問喪云 案問喪當作服問
喪多而服五罪多而刑五 案此二句誤倒當乙轉
君者臣之稟命也 石臺本之作所岳本監本毛本稟作禀與石臺本合
聖人制作禮樂 石臺本岳本樂作法
尚感君政 正誤政作化
劓其額而涅之曰墨 案劓當作刻
釋言云剕刖也 案爾雅剕作𨇾說文亦作𨇾
與椓去其陰 監本毛本椓作椓案說文作斀云去陰之刑也玉篇作劅云刑也今書呂刑作椓尚書撰異作劅黥云今本劅作椓此唐天寶三載衛包所改也孔訓劅爲椓陰衛妄謂劅古字椓今字以椓改劅而宋開寶五年又改釋文大書劅爲椓矣正義亦遭天寶後改從衛包而時有改之未盡者如卷二引鄭本尚書劅刵劅剠此篇云劅椓人陰是其證也
隋開皇之初始除男子宫刑 宋王應麟云按通鑑西魏大統十三年三月除宫刑非始於隋
案說文云臏厀骨也 說文臏作髕膝作厀案臏者髕之俗字
則臏謂斷其膝骨 閩本監本毛本則作刖是也
以厲萬民之罪 案厲當作麗
子弑父凡在官者殺無赦 監本官作宫是也

廣要道章第十二

故以右章 閩本監本毛本右作名是也
化行而後徧彰 正誤徧作德是也
莫善於悌 鄭注本作弟此正義本則作悌
此夫子述廣要之義 正誤要下補道字是也
隨其越舍之情欲 監本毛本越作趨是也
於樂之聲節 正誤於作則
禮云 正誤云上補記字
非禮無以辨男女父子兄弟之親是也 禮記辨作別
制百口 閩本監本毛本作樂記云
樂異人而同愛 案人當作文同禮記作合
敬一人而千萬人悅 毛本而誤則
入明敬功至廣 閩本監本毛本入作又是也

孝經注疏卷第七

廣至德章第十三　邢昺注疏

〔疏〕正義曰首章標至德之目此章明廣至德之義故以名章次廣要道之後

子曰。君子之教以孝也。非家至而日見之也。言教不必家到戶至日見而語之但行孝於內其化自流於外教以孝。所以敬天下之爲人父者也。教以悌。所以敬天下之爲人兄者也。舉孝悌以爲教則天下之爲人子弟者無不敬其父兄也教以臣。所以敬天下之爲人君者也。舉臣道以爲教則天下之爲人臣者無不敬其君也〔疏〕子曰至君者也。○正義曰此夫子述廣至德之義言聖人君子教人行孝事其親者非家家悉至而日見之但教之以孝則天下之爲人父者皆得其子之敬也教之以悌則天下之爲人兄者皆得其弟之敬也教之以臣則天下之爲君者皆得其臣之敬○注言教至於外○正義曰此依鄭注也祭義所謂孝悌發諸朝廷行乎道路至乎閭巷是流於外○注舉孝至父兄也○正義曰云舉孝悌以爲教者此依王注也案禮記祭義曰祀乎明堂所以教諸侯之孝也食三老五更於太學所以教諸侯之弟也此即謂發諸朝廷至乎州里是也云則天下之爲人子弟者無不敬其父兄也者言皆敬也案舊注用應劭漢官儀云天子無父父事三老兄事五更乃以事父事兄爲教孝悌之禮案禮教敬自有明文假令天子事三老蓋同庶人倍年以長之敬本非教孝子之事今所不取也○注舉臣至君也○正義曰此依王注也案祭義云朝覲所以教諸侯之臣也者諸侯列國之君也若朝覲於王則身行臣禮言聖人制此朝覲之法本以教諸侯之爲臣也則諸侯之卿大夫亦各放象其君而行事君之禮也劉炫以爲將教爲臣之道固須天子身行者案禮運曰故先王患禮之不達於下也故祭帝於郊謂郊祭之禮册祝稱臣是亦以見天子以身率下之義也

詩云。愷悌君子。民之父母。愷樂也悌易也義取君以樂易之道化人則爲天下蒼生之父母也非至德。其孰能順民如此其大者乎。〔疏〕詩云至者乎○正義曰夫子既述至德之教已畢乃引大雅泂酌之詩以贊美之愷樂也悌易也言樂易之君子能順民心而行教化乃爲民之父母若非至德之君其誰能順民心如此其廣大者乎孰誰也案禮記表記稱子言之君子所謂仁者其難乎詩云凱弟君子民之父母凱以強教之弟以說安之使民有父之尊有母之親如此而后可以爲民父母矣非至德其孰能如此乎此章於孰能下加順民如此下加其大者與表記爲異其大意不殊而皇侃以爲并結要道至德兩章或失經旨也劉炫以爲詩美民之父母證君之行教未證至德之大故於詩下別起歎辭所以異於餘章頗近之矣○注愷樂至母也○正義曰愷樂悌易釋詁文云義取君以樂易之道化人則爲天下蒼生之父母也者亦言引詩大意如此蒼生尚書文謂天下黔首蒼蒼然衆多之貌也孔安國以爲蒼蒼然生草木之處今不取也

廣揚名章第十四

〔疏〕正義曰首章略言揚名之義而未審而於此廣之故以名章次至德之後

子曰。君子之事親孝。故忠可移於君。以孝事君則忠事兄悌。故順可移於長。以敬事長則順居家理。故治可移於官。君子所居則化故可移於官也是以行成於內。而名立於後世矣。脩上三德於內名自傳於後代

〔疏〕子曰至世矣。○正義曰此夫子廣述揚名之義言君子之事親能孝者故資孝爲忠可移孝行以事君也事兄能悌者故資悌爲順可移悌行以事長也居家能理者故資治爲政可移於績以施於官也是以君子居能以此善行成之於內則令名立於身沒之後也先儒以爲居家理下闕一故字御注加之○注以孝事君則忠○正義曰此一章之文義已見於上○注以敬事長則順○正義曰此依鄭注也亦士章之敬悌義同已具上釋然人之行敬則有輕有重敬父敬君則重也敬兄敬長則輕也○注君子至官也○正義曰此依鄭注也論語云君子不器言無所不施○注脩上至後代○正義曰此依鄭注也三德則上章云移孝以事於君移悌以事於長移理以施於官也言此三德不失則其令名常自傳於後世經云立而注爲傳者立謂常有之名傳謂不絶之稱但能不絶即是常有之行故以傳釋立也

諫諍章第十五

〔疏〕正義曰此章言爲臣子之道若遇君父有失皆諫爭也曾子問聞揚名已上之義而問子從父之令夫子以令有善惡不可盡從乃爲述諫爭之事故以名章次揚名之後

曾子曰。若夫慈愛恭敬。安親揚名。則聞命矣。敢問子從父之令。可謂孝乎。事父有隱無犯又敬不違故疑而問之

〔疏〕曾子至孝乎。○正義曰前章以來唯論愛敬及安親之事未說規諫之道故又假曾子之問曰若夫慈愛恭敬安親揚名則已聞命矣敢問子從父之教令亦可謂之孝乎疑而問之故稱乎也尋上所陳唯言敬愛未及慈恭而曾子并言慈恭已聞命矣者皇侃以爲上陳愛敬則包於慈恭矣慈者孜孜愛者念惜恭者貌多心少敬者心多貌少如侃之說則慈恭愛敬之別何故云包慈恭也或曰慈者接下之別名愛者奉上之通稱劉炫引禮記內則說子事父母慈以旨甘喪服四制云高宗慈良於喪莊子曰事親則孝慈此並施於事上夫愛出於內慈爲愛體敬生於心恭爲敬貌此經悉陳事親之跡寧有接下之文夫子據心而爲言所以唯稱愛敬曾參體貌而兼取所以并舉慈恭如劉炫此言則知慈是愛親也恭是敬親也安親則上章云故生則親安之揚名即上章云揚名於後世矣經稱夫有六焉蓋發言之端也一曰夫孝始於事親二曰夫孝德之本三曰夫孝天之經四曰夫然故生則親安之五曰夫聖人之德此章云若夫慈愛並卻明前理而下有其趣故言夫以起之劉獻曰夫猶凡也○注事父至問之○正義曰禮記檀弓云事親有隱而無犯以經云從父之令故注變親爲父案論語云事父母幾諫見志不從又敬不違引此二文以成疑疏證曾子有可問之端也

子曰。是何言與。是何言與。有非而從成父不義理所不可故再言之

昔者天子有爭臣七人。雖無道。不失其天下。諸侯有爭臣五人。雖無道。不失其國。大夫有爭臣三人。雖無道。不失其家。降殺以兩尊卑之差爭謂諫也言雖無道爲有爭臣則終不至失天下亡家國也士有爭友。則身不離於令名。令善也益者三友言受忠告故不失其善名父有爭子。則身不陷於不義。父失則諫故免陷於不義故當不義。則子不可以不爭於父。臣不可以不爭於君。不爭則非忠孝故當不義。則爭之。從父之令。又焉得爲孝乎。

〔疏〕子曰至孝乎。○正義曰夫子以曾參所問於理乖僻陳諫爭之義因乃詰而荅之曰汝之此問是何言與再言之者明其深不可也既詰之後乃爲曾子說必須諫爭之事言臣之諫君子之諫父自古依然故言昔者天子治天下有諫爭之臣七人雖復無道昧於政教不至失於天下言無道者謂無道德諸侯有諫爭之臣五人雖無道亦不失其國也大夫有諫爭之臣三人雖無道亦不失於其家士有諫爭之友則其身不離遠於善名也父有諫爭之子則身不陷於不義故君父有不義之事凡爲臣子者不可以不諫爭以此之故當不義則須諫之又結此以荅曾子曰令若每事從父之令又焉得爲孝乎言不得也案曾子唯問從父之令不指當時而言昔者皇侃云夫子述孝經之時當周亂衰之代無此諫爭之臣故言昔者也不言先王而言天子者諸稱先王皆指聖德之主此言無道所以不稱先王也○注有非至不義○正義曰言父有非子從而行不諫是成父之不義云理所不可故再言之者義見於上○注降殺至國也○正義曰左傳云自上以下降殺以兩禮也謂天子尊故七人諸侯卑於天子降兩故有五人大夫卑於諸侯降兩故有三人論語云信而後諫左傳云伏死而爭此蓋謂極諫爲爭也若隨無道人各有心鬼神之主季梁猶在楚不敢伐是有爭臣不亡其國舉中而率則大夫天子從可知也不言國家嫌如獨指一國也國則諸侯也家則大夫也注貴省文故曰家國也案孔鄭二注及先儒所傳並引禮記文王世子以解七人之義案文王世子記曰虞夏商周有師保有疑丞設四輔及三公不必備惟其人又尚書大傳曰古者天子必有四鄰前曰疑後曰丞左曰輔右曰弼天子有問無對責之疑可志而不志責之丞可正而不正責之輔可揚而不揚責之弼其爵視卿其祿視次國之君大傳四鄰則見之四輔兼三公以充七人之數諸侯五者孔傳指天子所命之孤及三卿與上大夫王肅指三卿內史外史以充五人之數大夫三者孔傳指家相室老側室以充三人之數王肅無側室而謂邑宰斯並以意解說恐非經義劉炫云案下文云子不可以不爭於父臣不可以不爭於君則爲子爲臣皆當諫爭豈獨大臣當爭小臣不爭乎豈獨長子當爭其衆子不爭者乎若父有十子皆得諫爭王之百辟惟許七人是天子之佐乃少於匹夫也又案洛誥云成王謂周公曰誕保文武受民亂爲四輔冏命穆王命伯冏惟予一人無良實賴左右前後有位之士匡其不及據此而言則左右前後四輔之謂也疑丞輔弼當指於諸臣非是別立官也謹案周禮不列疑丞周官歷敘羣司顧命總名卿士左傳云龍師鳥紀曲禮云五官六大無言疑丞輔弼專掌諫爭者若使爵視於卿祿比次國周禮何以不載經傳何以無文且伏生大傳以四輔解爲四鄰孔注尚書以四鄰爲前後左右之臣而不爲疑丞輔弼安得又采其說也左傳稱周辛甲之爲太史也命百官官箴王闕師曠說匡諫之事史爲書瞽爲詩工誦箴諫大夫規誨士傳言官師相規工執藝事以諫此則凡在人臣皆合諫也夫子言天子有天下之廣七人則足以見諫爭功之大故舉少以言之也然父有爭子士有爭友雖無定數要一人爲率自下而上稍增二人則從上而下當如禮之降殺故舉七五三人也劉炫之讜義雜合通途何者傳載忠言比於藥石逆耳苦口隨要而施若指不備之員以匡無道之主欲求不失其可得乎先儒所論今不取也○注令善至善名○正義曰令善也釋詁文云益者三友論語文即友直友諒友多聞益矣是也云言受忠告故不失其善名者論語云子貢問友子曰忠告而善道之言善名爲受忠告而後成也大夫以上皆云不失士獨云不離不離即不失也○注父失至不義○正義曰此依鄭注也案內則云父母有過下氣怡色柔聲以諫諫若不入起敬起孝說則復諫曲禮曰子之事親也三諫而不聽則號泣而隨之言父有非故須諫之以正道庶免陷於不義也

孝經注疏卷七挍勘記

阮元撰盧宣旬摘録

孝經注疏卷第七

廣至德章第十三

言教不必家到戶至　正義曰此依鄭注也案李善注文選庾元規讓中書令表引鄭注云非門到戶至而見之又注任彥昇齊竟陵文宣王行狀引鄭注云非門到戶至而日見也石臺本門改家諸本仍之

則天下之爲君者　正誤爲下補人字是也

至乎閭巷　案禮記作州巷下作州里亦非

案禮教敬　正誤敬作孝

若朝覲於王　閩本監本毛本若作君是也

詩云凱弟君子　閩本監本毛本凱弟作愷悌

皇侃以爲并結要道至德兩章　閩本監本毛本結作結是也

廣揚名章第十四

次德之後　案次下脫廣至二字

居家理故治可移於官　正義曰先儒以爲居家理下闕故字御注加之案釋文注云讀居家理故治與上異讀似陸氏所據本亦無故字後人依石臺本增入非也

此夫子廣述揚名之義　案當作述廣

可移於績　正誤於作治是也

居能以此善行成之於內　正誤居作若是也

此一章之文 正誤一改士是也
亦士章之敬悌義同 案敬悌當作孝順
諫諍章第十五 石臺本唐石經岳本作爭案正義前後並作諫爭經爭臣爭友爭子今本白虎通引並作諍非
皆諫諍也 案當作爭
曾子因聞揚名已上之義 諸本因作問依正誤改
故疑而問之 岳本之下有也字衍文
夫孝人之經 案人當作天
劉獻曰 閩本監本毛本獻作瓛案作獻避所諱
子曰是何言與 鄭注本作歟用正字此正義本作與則用假借字
不失其天下 石臺本無其字釋文同案正義本無其字漢書霍光傳云聞天子有爭臣七人雖無道不失天下陸德明云或作不失其天下其字衍耳
則身不離於令名 鄭注本無不字與此不同說詳釋文挍勘記
則身不陷於不義 閩本陷作陥注及正義同石臺本唐石經案熙寧石刻岳本監本毛本作陷是也
陳諫爭之義 正誤陳作非是也
鬼神之主 正誤之作乏
則見之四輔 正誤見作記
商命 閩本監本毛本商作冏是也下同
揔名卿七 監本毛本揔作總七作士案作士是也
左傳稱周主申父之爲太史也 毛本父作甫案主申父當作辛甲
贊爲詩 閩本監本毛本作贊此本誤鼓今改正
以匡無道之主 閩本監本毛本作匡此本誤宝今改正

孝經注疏卷七挍勘記終

孝經注疏卷第八

感應章第十六

邢昺注疏

【疏】正義曰此章言天地明察神明彰矣又云孝悌之事通於神明皆是應感之事也前章論諫爭之事言人主若從諫爭之善必能脩身慎行致應感之福故以名章次於諫爭之後

子曰。昔者明王事父孝。故事天明。事母孝。故事地察。王者父事天母事地言能致事宗廟則事天地能明察也 長幼順。故上下治。君能尊諸父先諸兄則長幼之道順君人之化理 天地明察。神明彰矣。事天地能明察則神感至誠而降福佑故曰彰也

【疏】子曰昔者明王至神明彰矣○正義曰此章夫子述明王以孝事父母能致感應之事言昔者明聖之王事父能孝故事天能明言能明天之道故易說卦云乾爲天爲父此言事父孝故能事天明是事父之孝通天也事母能孝故事地能察言能察地之理故說卦云坤爲地爲母此言事母孝故事地察則是事母之道通於地也明王又於宗族長幼之中皆順於禮則凡在上下之人皆自化也又明王之事天地既能明察必致福應則神明之功彰見謂陰陽和風雨時人無疾厲天下安寧也經稱明王者二焉一曰昔者明王之以孝治天下也二即此章言昔者明王事父孝俱是聖明之義與先王爲一也言先王示及遠也言明王示聰明也○注王者至察也○正義曰云王者父事天母事地者此依王注義也案白虎通云王者父天母地此言事者謂移事父母之孝以事天地也云言能敬事宗廟則事天地能明察也者謂蒸嘗以時疏數合禮是能敬事宗廟既能敬宗廟則不違犯天地之時若祭義曾子曰樹木以時伐焉禽獸以時殺焉夫子曰斷一樹殺一獸不以其時非孝也又王制曰獺祭魚然後虞人入澤梁豺祭獸然後田獵鳩化爲鷹然後設罻羅草木零落然後入山林昆蟲未蟄不以火田此則令無大小皆順天地是事天地能明察也○注君能至化理○正義曰此言明王能順長幼之道則臣下化之而自理也謂放效於君書曰違上所命從厥攸好是效之也○注事天至彰也○正義曰誠和也言事天地若能明察則神祇感其至和不降福應以祐助之是神明之功彰見也書云至誠感神又瑞應圖曰聖人能順天地則天降膏露地出醴泉詩云降福穰穰易曰自天祐之吉無不利注約諸文以釋之也案此則神感至誠當爲至誠今定本作至誠字之誤也

故雖天子。必有尊也。言有父也。必有先也。言有兄也。父謂諸父兄謂諸兄皆祖考之胤也禮君讌族人與父兄齒也 宗廟致敬。不忘親也。言能敬事宗廟則不敢忘其親也 脩身慎行。恐辱先也。天子雖無上於天下猶脩持其身謹慎其行恐辱先祖而毀盛業也 宗廟致敬。鬼神著矣。事宗廟能盡敬則祖考來格享於克誠故曰著也 孝悌之至。通於神明。光于四海。無所不通。能敬宗廟順長幼以極孝悌之心則至性通於神明光于四海故曰無所不通

【疏】故雖至不通○正義曰故者連上起下之辭以上文云事父孝又云事母孝又云長幼順所以於此述尊父先兄之義以及致敬與脩身之道兼言鬼神之著孝悌之至無所不通也言王者雖貴爲天子於天下宗族之中必有所尊之者謂天子有諸父也必有所先之者謂天子有諸兄也宗廟致敬是不忘其親脩身慎行是不辱其祖考故能致敬於宗廟則鬼神明著而歆享之是明王有孝悌之至性感通神明則能光于四海無所不通然諫爭兼有諸侯大夫此章唯稱王者言王能致應感則諸侯已下亦當自勗也○注父謂至齒也○正義曰云父謂諸父兄謂諸兄者父之昆弟曰伯父叔父已之昆兄其屬非一故言諸也詩曰以速諸父又曰復我諸兄是也云皆祖考之胤也者案曲禮曰父死曰考言以上通謂之祖考胤嗣也謂其廟未毀其胤皆是王者之族親也云禮君讌族人與父兄齒也者此依孔傳也案詩序角弓父兄刺幽王盡謂君之諸父諸兄也古者天子祭畢同姓則留之謂與族人讌故其詩曰諸父兄弟備言燕私鄭箋云祭畢歸賓客之俎同姓則留與之燕是天子讌族人也又禮記文王世子云若公與族燕則異姓爲賓膳宰爲主人公與父兄齒則如燕族人亦以尊卑爲列齒於父兄之下也○注言能至親也○正義曰案禮記文王世子稱五廟之孫祖廟未毀雖爲庶人冠取妻必告死必赴是不忘親也禮記大傳稱其不可得變革者則有矣親親也尊尊也長長也親親故尊祖尊祖故敬宗敬宗故收族收族故宗廟嚴言君致敬宗廟則不敢忘其親也○注天子至業也○正義曰云天子雖無上於天下者此依正注也禮坊記云天無二日土無二王家無二主尊無二上謂普天之下天子至尊也云猶脩持其身謹慎其行恐辱先祖而毀盛業也者案禮記祭義云父母既沒慎行不辱先也盛業謂先祖積德累功而有天下之業上言必有先也先兄也此言恐辱先也是先祖也○注事宗至著也○正義曰云祖考來格者尚書益稷文格至也言事宗廟能恭敬則祖考之神來格詩曰神保是格報以景福亦是言神之至云享於克誠故曰著也者享於克誠尚書太甲篇文孔傳云言鬼神不保一人能誠信者則享其祀則祖考來格享於克誠皆昭著之義上言宗廟致敬謂天子尊諸父先諸兄致敬祖考不敢忘其親也此言宗廟致敬述天子致敬宗廟能感鬼神雖同稱致敬而各有所屬也舊注以爲事生者易事死者難聖人慎之故重其文今不取也上言神明謂天地之神也此言鬼神謂祖考之神易曰陰陽不測之謂神先儒釋云若就三才相對則天曰神地曰祇人曰鬼言天道玄遠難可測故曰神也祇者知也言地去人近長育可知故曰祇也鬼者歸也言人生於無還歸於無故曰鬼也亦謂之神案五帝德云黃帝死而民畏其神百年是也上言神明尊天地也此言鬼神尊祖考也○注能敬至不通○正義曰能敬宗廟順長幼以極孝悌之心者敬宗廟爲孝順長幼爲悌此極孝悌之心也云則至性通於神明光於四海故曰至性如此則通於神明光於四海

詩云。自西自東。自南自北。無思不服。義取德教流行莫不服義從化也

【疏】詩云至不服○正義曰夫子述孝悌之事應感之美既畢乃引大雅文王有聲之詩以贊美之自從也言從近及遠至於四方皆感德化無有思而不服之者以明無所不通詩本文云鎬京辟雍自西自東自南自北無思不服此則雍東北服對句爲韻而皇侃云先言西者此是周詩謂化從西起所以文王爲西伯又爲西鄰自西而東滅紂恐非其義也○注義取至化也○正義曰此依鄭注也德化流行則無不通服義從化即無思不服言服明王之義從明王之化也

事君章第十七

疏 正義曰此章首言君子之事上又言進思盡忠退思補過皆是事君之道孔子曰天下有道則見無道則隱前章言明王之德應感之美天下從化無思不服此孝子升朝事君之時也故以名章次應感之後

子曰。君子之事上也。上謂君也進思盡忠。進見於君則思盡忠節退思補過。君有過失則思補益將順其美。將行也君有美善則順而行之匡救其惡。匡正也救止也君有過惡則正而止之故上下能相親也。下以忠事上上以義接下君臣同德故能相親

疏 子曰至親也○正義曰此明賢人君子之事君也言入朝進見與謀慮國事則思盡其忠節若退朝而歸常念已之職事則思補君之過失其於政化則當順行君之美道止正君之過惡如此則能君臣上下情志通協能相親也經稱君子有七焉一曰君子不貴二曰君子不然三曰淑人君子四曰君子之教以孝五曰愷悌君子已上皆斷章指於聖人君子謂居君位而子下人也六曰君子之事親孝故此章君子之事上則皆指於賢人君子也○注上謂君也○正義曰此對論語云孝悌而好犯上者鮮矣彼上謂凡在已上者此上惟指君故云上謂君也○注進見至忠節○正義曰此依韋注也說文云忠敬也盡心曰忠字詁曰忠直也論語曰臣事君以忠則忠者善事君之名也節操也言事君者敬其職事直其操行盡其忠誠也言臣常思盡其節操能致身授命也○注君有至補益○正義曰案舊注韋昭云退歸私室則思補其身過以禮記少儀曰朝廷曰退燕遊曰歸左傳引詩曰退食自公杜預注臣自公門而退入私門無不順禮室猶家也謂退朝理公事畢而還家之時則當思慮以補身之過故國語曰士朝而受業晝而講貫夕而習復夜而計過無憾而後即安言若有憾則不能安是思自補也案左傳晉荀林父爲楚所敗歸請死於晉侯晉侯許之士渥濁諫曰林父之事君也進思盡忠退思補過晉侯赦之使復其位是其義也文意正與此同故注依此傳文而釋之今云君有過則思補益出制旨也義取詩大雅烝民云袞職有闕惟仲山甫補之毛傳云有袞冕者君之上服也仲山甫補之善補過也鄭箋云袞職者不敢斥王言也王之職有缺輒能補之者仲山甫也此理爲勝故易舊也○注將行至行之○正義曰此依王注也案孔注尚書太誓云肅將天威爲敬行天罰是將訓爲行也言君施政教有美則當順而行之○注匡正也救止也○正義曰此依王注也匡正釋詁文也馬融注論語云救猶止也云君有過惡則正而止之者尚書云予違汝弼汝無面從是也○注下以至相親○正義曰此依魏注也書曰居上克明爲下克忠是其義也左傳曰君義臣行如此則能相親也

詩云。心乎愛矣。遐不謂矣。中心藏之。何日忘之。遐遠也義取臣心愛君雖離左右不謂爲遠愛君之志恒藏心中無日蹔忘也

疏 詩云至忘之○正義曰夫子述事君之道既已乃引小雅隰桑之詩以結之言忠臣事君雖復有時離遠不在君之左右然共心之愛君不謂爲遠中心常藏事君之道何日暫忘之○注遐遠至忘也○正義曰云遐遠也義取臣心愛君雖離左右不謂爲遠者遐遠釋詁文此釋心乎愛矣遐不謂矣云愛君之志恒藏心中無日蹔忘也者釋中心藏之何日忘之案檀弓說事君之禮云左右就養有方此則臣之事君有常在左右之義也若周公出征管叔蔡叔召公聽訟於甘棠是離左右也

孝經注疏卷八挍勘記　阮元撰盧宣旬摘録

孝經注疏卷第八

感應章第十六　石臺本唐石經岳本作應感正義前後並同今本作感應依鄭注本改非正義本也

孝悌之事　案事當作至

言能致事宗廟　石臺本岳本閩本監本毛本致作敬不誤

神明彰矣　鄭注本作章矣此正義本則作彰矣

則神感至誠而降福佑　毛本誠作諴正義曰按此則神感至誠當爲至諴今定本作至誠字之誤也案陸氏尚書音義亦作諴音咸毛本作諴是也

能致感應之事　案感應當作應感此處誤倒

是事父之孝通天也　正誤通下補於字案下文作事母之道此作之孝二者必有一誤

此依玉注義也　閩本監本毛本玉作王不誤

謂蒸嘗以時　浦鏜云蒸當作烝

誠和也　監本毛本誠作諴是也

則神祇感其至和　閩本監本祇作祗案祗訓敬與神祇字別

不降福應　閩本監本毛本不作而是也

書曰至誠感神　毛本誠作諴是也

自天祐之　毛本祐作佑案當作祐

當爲至誠　毛本誠作諴是也

享於克誠　石臺本享作亯

光于四海　大戴記曾子大孝云衡之而橫於四海小戴記祭義溥之而橫於四海庶人章正義橫乎四海北史孝行論塞天地橫四海則此古本亦必作橫鄭氏注樂記號以立橫孔子閒居以橫於天下並云橫充也即爾雅之桄充也書堯典僞孔傳光充孔沖遠正義光充釋言文案戴震云橫轉爲桄誤脫爲光又云光被四表古本必有作橫被四表者其說甚詳獨未及此經

光于四海　石臺本岳本于作於

是不忘其祖考　閩本監本毛本忘作辱是也

然諫議兼有諸侯大夫　毛本議作諍案諍當作爭

謂與族人讌　閩本監本毛本讌作燕下文並同按燕乃宴之假借字讌俗字

故其詩曰　浦鏜云其當作楚茨

祖廟未許　閩本監本毛本許作毀是也

此依正注也　閩本監本毛本正作王是也

禮防記云　閩本監本毛本防作坊案禮作坊坊乃防之別體廣韻坊下注云見禮即指此

地曰祇　閩本監本祇誤祗下同

故曰祗也　毛本祗作祇是也

故曰至性如此　浦鏜云故曰當者言二字之誤

光於四海　毛本於作于

䟽爲德教流行　石臺本閩本監本毛本䟽爲作義取不誤

莫不敬義從化也　石臺本閩本監本毛本敬作服正義云此依鄭注也案鄭注本則作被自石臺本改爲服諸本仍之

以明無所不道　閩本監本毛本道作通是也

詩今文云　浦鏜云今文二字衍文

德教流行　諸本教作化依正誤改

事君章第十七

次應感之後　正誤作感應非是

子曰君子之事上也　石臺本唐石經宋熙寧石刻岳本閩本監本毛本作君此本誤孝今改正

故上下能相親也　唐石經初刻作故上下能相親磨改增也字故此行十一字

而子人下也　此本脫子字依閩本監本毛本補

六曰君子之事親孝　此本六日之間空闕一格非是

不敢作王言也　閩本監本毛本作作斥是也

王之職有鈌　監本毛本鈌作闕是也

尚書太誓云　閩本監本毛本太作泰案當作大王應麟困學紀聞云泰誓古文作大誓晁氏曰開元間衛包定今文始作泰

匡正釋詁文也　案詁當作言

汝無面從是也　閩本監本毛本作面此本誤而今改正

無日蹔忘也　岳本蹔作暫案玉篇云蹔與暫同監本忘誤志

雖復有時離遠　閩本監本毛本作遠此本誤達今改正

孝經注疏卷第九　　邢昺注疏

喪親章第十八

〔疏〕正義曰此章首云孝子之喪親也故章中皆論喪親之事喪亡也失也父母之亡沒謂之喪親言孝子亡失其親也故以名章結之於末矣

子曰。孝子之喪親也。生事已畢死事未見故發此事哭不偯。氣竭而息聲不委曲禮無容。觸地無容言不文。不爲文飾服美不安。不安美飾故服縗麻聞樂不樂。悲哀在心故不樂也食旨不甘。旨美也不甘美味故疏食水飲此哀戚之情也。謂上六句三日而食。教民無以死傷生。毀不滅性。此聖人之政也。不食三日哀毀過情滅性而死皆虧孝道故聖人制禮施教不令至於殞滅喪不過三年。示民有終也。三年之喪天下達禮使不肖企及賢者俯從夫孝子有終身之憂聖人以三年爲制者使人知有終竟之限也

〔疏〕子曰至終也○正義曰此夫子述喪親之義言孝子之喪親哭以氣竭而止不有餘偯之聲舉措進退之禮無趨翔之容有事應言則言不爲文飾服美不以爲安聞樂不以爲樂假食美味不以爲甘此上六事皆哀慼之情也三日而食者聖人設教無以親死多日不食傷及生人雖即毀瘠不令至於殞滅性命此聖人所制喪禮之政也又服喪不過三年示民有終畢之限也○注生事至此事○正義曰此依鄭注也生事謂上十七章說生事之禮已畢其死事經則未見故又發此章以言也○注氣竭至委曲○正義曰此依鄭注也禮記間傳曰斬衰之哭若往而不反齊衰之哭若往而反此注據斬衰而言之是氣竭而後止息又曰大功之哭三曲而偯鄭注云三曲一舉聲而三折也偯聲餘從容也是偯爲聲餘委曲也斬衰則不偯故云聲不委曲也○注觸地無容○正義曰此禮記問喪之文也以其悲哀在心故形變於外所以稽顙觸地無容哀之至也○注不爲文飾○正義曰案喪服四制云三年之喪君不言又云不言而事行者扶而起言而后事行者杖而起鄭玄云扶而起謂天子諸侯也杖而起謂大夫士也今此經云言不文則是謂臣下也雖則有言志在哀慼不爲文飾也○注不安至縗麻○正義曰案論語孔子責宰我云食夫稻衣夫錦於汝安乎美飾謂錦繡之類也故禮記問喪云身不安美是也孝子喪親心如斬截爲其不安美飾故聖人制禮令服縗麻縗當心麁布長六寸廣四寸麻爲要絰首絰俱以麻爲之縗之言摧也絰之言實也孝子服之明其心實摧痛也韋昭引書云成王既崩康王冕服即位既事畢反喪服據此則天子諸侯但位定初喪是皆服美故宜不安也○注悲哀至樂也○正義曰此依鄭注也言至痛中發悲哀在心雖聞樂聲不爲樂也○注旨美至水飲○正義曰旨美經傳常訓也嚴植之曰美食人之所甘孝子不以爲甘故問喪云口不甘味是不甘美味也間傳曰父母之喪既殯食粥既虞卒哭疏食水飲不食菜果是疏食水飲也韋昭引曲禮云有疾則飲酒食肉是爲食旨故宜不甘也○注不食至殯滅○正義曰經云三日而食毀不滅性注言不食三日即三日不食也云哀毀過情者是毀瘠過度也言三日不食及毀瘠過度因此二者有致危亡皆虧孝行之道禮記問喪云親始死傷腎乾肝焦肺水漿不入口三日又間傳稱斬衰三日不食此云三日而食者何劉炫言三日之後乃食皆謂滿三日則食也云故聖人制禮施教不令至於殞滅者此曲禮云居喪之禮毀瘠不形又曰不勝喪乃比於不慈不孝是也○注三年至限也○正義曰云三年之喪天下達禮者此依鄭注也禮記三年問云夫三年之喪天下之達喪也鄭玄云達謂自天子至於庶人注與彼同唯改喪爲禮耳云使不肖企及賢者俯從者案喪服四制曰此喪之所以三年賢者不得過不肖者不得不及檀弓曰先王制禮也過之者俯而就之不至焉者跂而及之也注引彼二文欲舉中爲節也起踵曰企俛首曰俯云夫孝子有終身之憂聖人以三年爲制者聖人雖以三年爲文其實二十五月而畢故三年問云將由夫脩飾之君子與則三年之喪二十五月而畢若駟之過隙然而遂之則是無窮也故先王焉爲之立中制節壹使足以成文理則釋之矣是也喪服四制曰始死三日不怠三月不解期悲哀三年憂思之殺也故孔子云子生三年然後免於父母之懷夫三年之喪天下之達喪也所以喪必三年爲制也

爲之棺椁衣衾而舉之。周尸爲棺周棺爲椁衣謂斂衣衾被也舉謂舉屍內於棺也陳其簠簋而哀慼之。簠簋祭器也陳奠素器而不見親故哀慼也擗踊哭泣。哀以送之。男踊女擗祖載送之卜其宅兆。而安措之。宅墓穴也兆塋域也葬事大故卜之爲之宗廟。以鬼享之。立廟祔祖之後則以鬼禮享之春秋祭祀。以時思之。寒暑變移益用增感以時祭祀展其孝思也

〔疏〕爲之至思之○正義曰此言送終之禮及三年之後宗廟祭祀之事也言孝子送終須爲棺椁衣衾也大斂之時則用衾而舉尸內於棺中也陳設簠簋之奠而加哀感葬則男踊女擗哭泣哀號以送之親既長依丘壟故卜選宅兆之地而安置之既葬之後則爲宗廟以鬼神之禮享之三年之後感念於親春秋祭祀以時思之也○注周尸至棺也○正義曰云周尸爲棺周棺爲椁者此依鄭注也檀弓稱葬也者藏也藏也者欲人之弗得見也是故衣足以飾身棺周於衣椁周於棺土周於椁注約彼文故言周尸爲棺周棺爲椁也白虎通云棺之言完宜完密也椁之言廓謂開廓不使土侵棺也易繫辭曰古之葬者厚衣之以薪葬之中野不封不樹喪期無數後世聖人易之以棺椁案禮記云有虞氏瓦棺夏后氏堲周殷人棺椁周人牆置翣則虞夏之時棺椁之初也云衣謂斂衣衾被也舉謂舉屍內於棺也者此依孔傳也衣謂襲與大小斂之衣也衾謂單被覆尸薦尸所用從初死至大斂凡三度加衣也一是襲也謂沐尸竟著衣也天子十二稱公九稱諸侯七稱大夫五稱士三稱襲皆有袍袍之上又有衣一通朝祭之服謂之一稱二是小斂之衣也天子至士皆十九稱不復用袍衣皆有絮也三是大斂也天子百二十稱公九十稱諸侯七十稱大夫五十稱士三十稱衣皆禪袷也喪大記云布紟二衾君大夫士一也鄭玄云二衾者或覆之或薦之是舉屍所用也棺椁之數貴賤不同皇侃據檀弓以天子之棺四重謂水兕革棺杝棺一梓棺二最在內者水牛皮次外兕牛皮各厚三寸爲一重合厚六寸又有杝棺厚四寸謂之椑棺言漆之椑椑然前三物爲二重合一尺外又有梓棺厚六寸謂之屬棺言連屬內外就前四物爲三重合厚一尺六寸外又有梓棺厚八寸謂之大棺言其最大在衆棺之外就前五物爲四重合厚二尺四寸也上公去水牛皮則三重合厚二尺一寸也侯伯子男又去兕牛皮則二重合厚一尺八寸上大夫又去椑棺一重合厚一尺四寸下大夫亦一重但屬四寸大棺六寸合厚一尺士不重無屬唯大棺六寸庶人即棺四寸案檀弓云栢椁以端長六尺又喪大記曰君松椁大夫栢椁士雜木椁是也○注簠簋至感也○正義曰簠簋祭器也者周禮舍人職云凡祭祀供簠簋實之陳之是簠簋爲器也故鄭玄云方曰簠圓曰簋盛黍稷稻粱器云陳奠素器而不見親故哀感也者下檀弓云奠以素器以生者有哀素之心也又案陳簠簋在衣衾之下哀以送之上舊說以爲大斂祭是不見親故哀感也○注男踊至送之○正義曰案問喪云在牀曰尸在棺曰柩動尸舉柩哭踊無數惻怛之痛疾之意悲哀志懣氣盛故袒而踊之婦人不宜袒故發胷擊心爵踊殷殷田田如壞牆然則是女質不宜極踊故以擗言之據此女既有踊則男亦有擗是互文也云祖載送之者案既夕禮柩車遷祖質明設遷祖奠日側徹之乃載鄭注云乃舉柩卻下而載之又云商祝飾柩及陳器訖乃祖注云還柩鄉外爲行始又檀弓云曾子弔於負夏主人既祖鄭云祖謂移柩車去載處爲行始然則祖始也以生人將行而飲酒曰祖故柩車既載而設奠謂之祖奠是祖載送之之義也○注宅墓至卜之○正義曰云宅墓穴也兆塋域也者此依孔傳也案士喪禮筮宅鄭云宅葬居也詩云臨其穴惴惴其慄鄭云穴謂冢壙中也故云宅墓穴也案周禮冢人掌公墓之地辨其兆域則兆是塋域也云葬事大故卜之者此依鄭注也孔安國云恐其下有伏石涌水泉復爲市朝之地故卜之是也○注立廟至享之○正義曰立廟者即禮記祭法天子至士皆有宗廟云王立七廟曰考廟曰王考廟曰皇考廟曰顯考廟曰祖考廟皆月祭之遠廟爲祧有二祧享嘗乃止諸侯五廟曰考廟曰王考廟曰皇考廟皆月祭之顯考廟祖考廟享嘗乃止大夫立三廟曰考廟曰王考廟曰皇考廟享嘗乃止適士二廟曰考廟曰王考廟享嘗乃止官師一廟曰考廟庶人無廟斯則立宗廟者爲能終於事親也舊解云宗尊也廟貌也言祭宗廟見先祖之尊貌也故祭義曰祭之日入室僾然必有見乎其位周還出戶愾然必有聞乎其歎息之聲是也祔祖謂以亡者之神祔之於祖也檀弓曰卒哭曰成事是日也以吉祭易喪祭明日祔於祖父則是卒哭之明日而祔未卒哭之前皆喪祭也既祔之後則以鬼禮享之然宗廟謂士以上則春秋祭祀兼於庶人也○注寒暑至思也○正義曰案祭義云霜露既降君子履之必有悽愴之心非其寒之謂也春雨露既濡君子履之必有怵惕之心如將見之是也

生事愛敬。死事哀慼。生民之本盡矣。死生之義備矣。孝子之事親終矣。愛敬哀感孝行之始終也備陳死生之義以盡孝子之情

〔疏〕生事至終矣○正義曰此合結生死之義言親生則孝子事之盡於愛敬親死則孝子事之盡於哀感生民之宗本盡矣死之義理備矣孝子之事親終矣言十八章具載有此義○注愛敬至之情○正義曰云愛敬哀感孝行之終始也者愛敬是孝行之始也哀感是孝行之終也云備陳死生之義以盡孝子之情者言孝子之情無所不盡也

孝經注疏卷九挍勘記　　阮元撰盧宣旬摘錄

孝經注疏卷第九

喪親章第十八

故發此事　石臺本岳本事作章案正義曰說生事之禮已畢其死事經則未見故又發此章以言也此本

作事非
哭不偯釋文云偯俗作哀非說文作悠云痛聲也音同案臧
鏞堂云說文無偯字哀從口衣聲依從人衣聲依偯
聲形皆相近故誤陸氏本作依故云說文作悠音同又云俗
作偯非以偯爲依之俗寫也今依既誤偯因改偯爲哀然必
不當有作哭不哀者是可證哀爲偯之改偯爲依之譌矣
故服縗麻釋文云縗字或作衰岳本同此正義本則作縗按縗正字衰假借字
故蔬食水飲石臺本岳本閩本監本蔬作疏
此哀戚之情也石臺本宋熙寧石刻岳本鄭注本戚作慼唐石經此處刓闕證以下文而哀慼之死事哀
慼皆作慼則此可知矣案說文作慽从心戚聲戚假借字慼
俗字
毀不滅性石臺本唐石經宋熙寧石刻岳本閩本監本毛本作滅此本誤減今改正注同
皆哀慼之情也監本毛本慼改戚
示民有終畢之終也閩本監本毛本下終作限不誤
又曰大功之哭閩本監本毛本作又此本誤文今改正
又云不言而事行者閩本監本毛本事行誤倒
當心衰布長六寸監本毛本心作以衰作縗是也正義當上補縗字是也
麻爲腰絰首絰閩本絰誤經下同正誤云爲當謂字誤是也
但位定初喪閩本監本毛本作定位是也
傷賢乾肝焦肺閩本監本毛本賢作腎是也
將申天脩飾之君子與也閩本監本毛本申天作由夫是
天下之達喪也案今本論語作通
爲之棺槨衣衾而舉之鄭注本作槨此正義本則作椁按椁正字槨俗字
舉謂舉屍內於棺也岳本屍作尸按屍正字經傳多作尸同音假借也
而哀慼之岳本慼作戚注同
擗踊哭泣石臺本踊作踴注同李善注文選宋孝武宣貴妃誄引孝經曰擗踴哭泣
卜其宅兆而安措之鄭注本作厝按儀禮士喪禮注孝經曰卜其宅兆而安厝之此正義本則作措
字厝措義別而古多通用
爲之宗廟以鬼享之釋文云享又作饗之石臺本作亨注同
布給二衾監本毛本給作紟是也
謂水兕革棺閩本監本毛本作革此本誤貰今改正

杝棺一閩本監本毛本作杝此本誤地今改正下同
次外兕生皮正誤生作牛是也
言漆之椑椑然監本毛本作犢犢
栢槨以端長六尺毛本作柏椁與檀弓合下同
是簠簋爲器也正誤爲下補祭字
盛黍稷稻梁監本毛本梁作粱是也
惻怛之心閩本監本毛本作怛此本誤但今改正
故祖而誦之閩本監本毛本祖作袒誦作踊是也
周禮家人閩本監本毛本家作冢是也
諸侯五廟正誤五上補立字是也
周還出戶正誤云下脫肅然必有聞乎其容聲出戶而聽十三字
明日祔祖父正誤祔下補於字
如將見之是之閩本監本毛本下之作也
死事哀慼岳毛慼作戚注同
死之義理備矣正誤之上補生字是也
孝行之終始也者案當作始終

爾雅注疏十一卷

晉郭璞注宋邢昺疏璞字景純河東聞喜人官至宏農太守事蹟具晉書本傳昺有孝經疏已著錄案大戴禮孔子三朝記稱孔子教魯哀公學爾雅則爾雅之來遠矣然不云爾雅爲誰作據張揖進廣雅表稱周公著爾雅一篇(案經典釋文以揖所稱一篇爲釋詁)今俗所傳三篇(案漢志爾雅三卷此三篇謂三卷也)或言仲尼所增或言子夏所益或言叔孫通所補或言沛郡梁文所考皆解家所說疑莫能明也於作書之人亦無確指其餘諸家所說小異大同今參互而考之郭璞爾雅注序稱豹鼠既辨其業亦顯邢昺疏以爲漢武帝時終軍事七錄載犍爲文學爾雅注三卷(案七錄久佚此據隋志所稱梁有某書亾知爲七錄所載)陸德明經典釋文以爲漢武帝時人則其書在武帝以前曹粹中放齋詩說曰(案此書今未見傳本此據永樂大典所引)爾雅毛公以前其文猶略至鄭康成時則加詳如學有緝熙于光明毛公云光廣也康成則以爲學于有光明者而爾雅曰緝熙光明也又齊子豈弟康成以爲猶言發夕也而爾雅曰豈弟發也薄言觀者毛公無訓振古如茲毛公云振自也康成則以觀爲多以振爲古其說皆本於爾雅使爾雅成書在毛公之前顧得爲異哉則其書在毛亨以後(案詩傳乃毛亨作非毛萇作語詳詩正義條下)大抵小學家綴緝舊文遞相增益周公孔子皆依託之詞觀釋地有鶼鶼釋鳥又有鶼鶼同文複出知非纂自一手也其書歐陽修詩本義以爲學詩者纂集博士解詁高承事物紀原亦以爲大抵解詁詩人之旨然釋詩者不及十之一非專爲詩作揚雄方言以爲孔子門徒解釋六藝王充論衡亦以爲五經之訓故然釋五經者不及十之三四更非專爲五經作今觀其文大抵採諸書訓詁名物之同異以廣見聞實自爲一書不附經義如釋天云暴雨謂之涷釋艸云卷施艸拔心不死此取楚辭之文也釋天云扶搖謂之猋釋蟲云蒺蔾蝍蛆此取莊子之文也釋詁云嫁往也釋水云瀵大出尾下此取列子之文也釋地四極云西王母釋畜云小領盜驪此取穆天子傳之文也釋地云東方有比目魚焉不比不行其名謂之鰈南方有比翼鳥焉不比不飛其名謂之鶼鶼此取管子之文也又云邛邛岠虛負而走其名謂之蟨此取呂氏春秋之文也又云北方有比肩民焉迭食而迭望釋地云河出崑崙虛此取山海經之文也釋詁云天帝皇王后辟公侯又云洪廓宏溥介純夏幠釋天云春爲青陽至謂之醴泉此取尸子之文也釋鳥曰爰居雜縣此取國語之文也如是之類不可殫數蓋亦方言急就之流特說經之家多資以證古義故從其所重列之經部耳璞時去漢未遠如遂幠大東稱詩釗我周王稱逸書所見尚多古本故所注多可據後人雖迭爲補正然宏綱大旨終不出其範圍昺疏亦多能引證如尸子廣澤篇仁意篇皆非今人所及睹其犍爲文學樊光李巡之注見於陸氏釋文者雖多所遺漏然疏家之體惟明本注注所未及不復旁搜此亦唐以來之通弊不能獨責於昺惟既列注文而疏中時復述其文但曰郭注云云不異一字亦更不別下一語殆不可解豈其初疏與注別行歟今未見原刻不可復考矣

爾雅疏敘

翰林侍講學士朝請大夫守國子祭酒上柱國賜紫金魚袋臣邢昺等奉勑校定

夫爾雅者先儒授教之術後進索隱之方誠傳注之濫觴爲經籍之樞要者也夫混元闢而三才肇位聖人作而六藝斯興本乎發德於衷將以納民於善洎夫醇醨既異步驟不同一物多名繫方俗之語片言殊訓滯今古之情將使後生若爲鑽仰繇是聖賢間出詁訓遞陳周公倡之於前子夏和之於後蟲魚草木爰自爾以昭彰禮樂詩書盡由斯而紛郁然又時經戰國運歷挾書傳授之徒寖微發揮之道斯寡諸篇所釋世罕得聞惟漢終軍獨深其道豹鼠既辨斯文遂隆其後相傳乃可詳悉其爲注者則有犍爲文學劉歆樊光李巡孫炎雖各名家猶未詳備惟東晉郭景純用心幾二十年注解方畢甚得六經之旨頗詳百物之形學者祖焉取爲稱首其爲義疏者則俗間有孫炎高璉皆淺近俗儒不經師匠今既奉勑校定考案其事必以經籍爲宗理義所詮則以景純爲主雖復研精覃思尚慮學淺意疏謹與尚書駕部員外郎直祕閣臣杜鎬尚書都官員外郎祕閣校理臣舒雅大常博士直集賢院臣李維諸王府侍講大常博士兼國子監直講臣孫奭殿中丞臣李慕清大理寺丞國子監直講臣王煥大理評事國子監直講臣崔偓佺前知洺州永年縣事臣劉士玄等共相討論爲之疏釋凡一十卷雖上遵睿旨共竭於顓蒙而下示將來尚慙於疏畧謹敘

爾雅注疏挍勘記序

阮元撰盧宣旬敬錄

爾雅一書舊時學者苦其難讀今則三家村書塾尠不讀者文教之盛可云至矣爾雅注郭氏後出不必精審而從前古注之散見者通儒多愛惜攟拾之若近日寶應劉玉麐武進臧庸皆采輯成書可讀邢昺作疏在唐以後不得不綷唐人語爲之近者翰林學士邵晉涵改弦更張別爲一疏與邢並行時出其上顧邢書列學官已久士所共習而經注疏三者皆譌舛日多俗閒多用汲古閣本近年蘇州翻版尤劣元搜訪舊本於唐石經外得明吳元恭仿宋刻爾雅經注三卷元槧雪牕書院爾雅經注三卷宋槧爾雅邢疏未附合經注者十卷皆極可貴授武進監生臧庸取以正俗本之失條其異同纖悉畢備元復定其是非爲爾雅注疏挍勘記六卷上中下三卷各分上下卷後之讀是經者於此不無津梁之益陸德明經典釋文此經爲最詳仍別爲挍訂譌字不依注疏本與經注相淆若夫爾雅經文之字有不與經典合者轉寫多岐之故也有不與說文解字合者說文於形得義皆本字本義爾雅釋經則假借特多其用本字本義少也此必治經者深思而得其意固非挍勘之餘所能盡載矣阮元記

引據各本目錄

單經本

唐石經爾雅三卷首載郭序每卷標篇目下題郭璞注每行十字卷上釋詁第一釋言第二釋訓第三釋親第四卷中釋宮第五釋器第六釋樂第七釋天第八釋地第九釋丘第十釋山第十一釋水第十二卷下釋草第十三釋木第十四釋蟲第十五釋魚第十六釋鳥第十七釋獸第十八釋畜第十九大致與今本同非特較陸氏釋文迥然不侔卽與邢疏本亦有異如釋天石經作析木謂之津而邢本作析木之津云定本有謂字因注誤釋地石經作下者曰溼而邢本作下者曰隰云本作溼誤舉此知今本承石經之誤者多矣

國朝石經考文提要爾雅一卷乾隆五十六年挍刊石經據宋元舊刻多所訂正尙書彭元瑞撰輯此篇每經爲一卷

經注本

明吳元恭仿宋刻爾雅經注三卷嘉靖十七年秋七月東海吳元恭挍刊有後序每葉十六行每行十七字卷首標目同唐石經卷末總計經若干字注若干字間有一二小誤絕無私意竄改處不附釋文而郭注中之某音某完然無闕爲經注本之最善者必本宋刻無疑今以此爲據間參用陳本以證其同陳本者明陳深十三經解詁本也較此多卬合而微有刪改處如釋詁注云其餘義皆通見詩書陳本作其餘義見詩書嗟咨嗟也注云音兗置陳本刪此三字不若吳本之可據也今作挍勘記以此本爲據凡摘書經注皆用此本凡札記經注云此本者謂此也

元槧雪牕書院爾雅經注三卷無年代可考首署雪牕書院挍正新刊入字故稱雪牕本字體與唐石經同每葉二十行每行經十九字注二十六字注下連附音切於本字上加圈爲識較諸注疏本獨爲完善釋畜騋牝驪牝與經

義雜記合釋蟲注蟗蠽桑樹與釋文合而今本釋文亦誤若女桑桋桑之作姨四蹢皆白首之作騚釋草注音纏繞之作音丘阮皆其私改又不可不知者然較之俗所行郎奎金鍾人傑等刊本則遠勝之矣郎鍾等本隨意增刪竄易更不可據

單疏本

宋槧爾雅疏十卷宋史藝文志玉海皆十卷俗本注疏分十一卷非卷一釋詁卷二釋詁下卷三釋言卷四釋訓釋親卷五釋宮釋器釋樂卷六釋天卷七釋地釋丘釋山釋水卷八釋草卷九釋木釋蟲釋魚卷十釋鳥釋獸釋畜每卷標目首署邢氏名銜每葉三十行每行三十字或多少一字經注或載全文或標起止皆空一格下稱釋曰此當脫胎北宋本中有明人刊補者最劣今作挍勘記以此本爲據凡摘書疏本皆用此本凡札記疏文云此本者謂此也

注疏本

元槧爾雅注疏十一卷卷一釋詁分上中下卷二釋言分卷下卷三釋訓釋訓下釋親卷四釋宮釋器下釋器卷五釋樂釋天下釋天卷六釋地釋丘卷七釋山釋水卷八釋草分卷下卷九釋木下釋木釋蟲卷十釋魚釋鳥下釋鳥卷十一釋獸釋畜分卷極無理閩本正襲此每葉十八行經每行二十字注及疏低一格亦每行二十字經下載注雙行不標注字疏標陰文疏字內多明人補刻板其佳者往往與單疏本雪牕本印合而訛字極多不勝指摘今第取其是者及與閩監毛三本有相涉者證其同異云

明閩本爾雅注疏十一卷明嘉靖間閩中御史李元陽刊分卷及疏文脫落處悉與元板同知此本出於元板也其佳者多與單疏本元本合而增補之字多不得當剜擠之痕灼然可考監毛本則照此排勻矣每半葉九行每行經二十一字注及疏低一格每行二十字經下載注單行居中標陰文注字分經注疏爲大中小三等字

明監本爾雅注疏十一卷萬厤二十一年刊每卷首署皇明朝列大夫國子監祭酒臣曾朝節司業臣周應賓等奉勑重較刊皇明朝列大夫國子監祭酒臣吳士玉承德郎司業仍加俸一級臣黃錦等奉旨重修行數字數與閩本同惟分卬吾台予以下爲釋詁下餘篇不分上下注用小字單行偏右較閩本爲完善誤字亦較毛本爲少

明汲古閣毛本爾雅注疏十一卷崇禎庚辰古虞毛晉刊經注疏亦分大中小三等字合釋詁爲一篇其餘行欵與監本同此世所通行者而錯誤極多

國朝浦鏜爾雅注疏正誤三卷嘉善浦鏜撰據毛本及他書徵引之文以意參挍共所改正之字多未可信

國朝惠棟爾雅注疏挍本十一卷元和惠棟挍本多以說文釋文唐石經等訂俗本之訛

國朝盧文弨爾雅注疏挍本十一卷餘姚盧文弨挍本以釋文及衆家說參挍

經典釋文

明葉林宗影抄宋本經典釋文爾雅音義共二卷上中一卷下一卷

國朝盧文弨爾雅音義考證二卷盧文弨撰

爾雅疏卷第一

翰林侍講學士朝請大夫守國子祭酒上柱國賜紫金魚袋臣邢昺等奉
勅校定

爾雅序【疏】釋曰爾雅者釋文云所以訓釋五經辨章同異實九經之通路百氏之指南多識鳥獸草木之名博覽而不惑者也爾近也雅正也言可近而取正也釋詁一篇蓋周公所作釋言以下或言仲尼所增子夏所足叔孫通所益梁文所補張揖云昔在周公纘述唐虞宗翼文武克定四海勤相成王踐阼理政日昃不食坐而待旦德化宣流越裳來貢嘉禾貫桑六年制禮以導天下著爾雅一篇以釋其義傳乎後學歷載五百墳典散落唯爾雅常存禮三朝記哀公曰寡人欲學小辯以觀於政其可乎孔子曰爾雅以觀於古足以辯言矣春秋元命包言子夏問夫子作春秋不以初哉首基爲始何是以知周公所造也率斯以降超絕六國越踰秦楚爰暨帝劉魯人叔孫通撰置禮記文不違古今俗所傳三篇爾雅或言仲尼所增或言子夏所益或言叔通所補或言沛郡梁文所著皆解家所說先師口傳既無正驗聖人所言是故疑不足能明也夫爾雅之爲書也文約而義固其陳道也精研而無誤真九經之檢度學問之階路儒林之楷素也序與緒音義同釋詁云敘緒也言已注述之由敘陳此經之旨若繭之抽緒耳孔子作書序子夏作詩序故郭氏亦謂之序序之大指凡有五焉初自夫爾雅者至辨同實而殊號者也明此書之用也二自誠九流之津涉至摛翰者之華苑也言爲羣經之樞要也三自若乃至莫近於爾雅言其博物他書不之過也四自爾雅者至其業亦顯明其興隆之時也五自英儒贍聞之士至序末摠序已所以作注之意也今各依文解之

夫爾雅者。所以通詁訓之指歸。敘詩人之興詠。摠絕代之離詞。辯同實而殊號者也。【疏】夫爾雅至同實而殊號者也。釋曰此明其用也夫者發語辭亦指示語指此爾雅者所以通詁訓之指歸也詁古也通古今之言使人知也訓道也道物之貌以告人也指歸謂指意歸鄉也言此書所以通暢古今之言訓道百物之貌使人知其指意歸鄉也若言初哉首基者其指歸在始也若言番番矯矯者其指歸在勇也略舉一隅他皆放此云敘詩人之興詠者敘次敘也鄭玄注周禮大司樂云興者以善物喻善事又注大師云興者見今之美嫌於媚諛取善事以喻勸之鄭司農云興者託於事物詞者永言也故舜典云歌永言孔注云歌詠其義以長其言又詩序云言之不足故嗟歎之嗟歎之不足故永歌之斯皆詩人所爲此書能次敘之故言敘詩人之興詠也若言噰噰喈喈以興民協服也其虛其徐以詠威儀容止也如此之類皆是案爾雅所釋徧解六經而獨云敘詩人之興詠者以爾雅之作多爲釋詩故毛公傳詩皆據爾雅謂之詁訓傳亦此意也云摠絕代之離詞者摠聚也絕代猶遠代也離詞猶異詞也郭璞方言云標六代之絕語類離詞之指韻亦猶此也以其六代絕遠四方乖越故今古語異夷夏詞殊此書能摠聚而釋之使人知也若其繹又祭也周曰繹商曰肜夏曰復胙及注引方言之類是也云辯同實而殊號者也者辯謂辯別凡物雖殊其號而同一實者此書辯之若繴謂之罿罿罬也罬謂之罦罦覆車也又釋草云唐蒙女蘿女蘿菟絲注云別四名如此之類是也

誠九流之津涉。六藝之鈐鍵。學覽者之潭奧。摛翰者之華苑也。鍵音件摛音癡【疏】誠九至苑也。釋曰此明其樞要也云誠九流之津涉者誠實也九流者敘六藝爲九種言於六經若水之下流也津涉者濟渡之處名言九流之多非此書無以通喻九河之廣非津涉無以渡案漢書藝文志云儒家者流五十三家八百三十五篇蓋出於司徒之官助人君順陰陽明教化者也游文於六經之中留意於仁義之際祖述堯舜憲章文武宗師仲尼以重其言於道最爲高孔子曰如有所譽其有所試唐虞之隆殷周之盛仲尼之業已試之效者也然惑者既失精微而辟者又隨時抑揚違離道本苟以譁眾取寵後進循之是以五經乖析儒學寖衰此辟儒之患也道家者流三十七家九百九十三篇蓋出於史官歷記成敗存亡禍福古今之道然後知秉要執本清虛以自守卑弱以自持此人君南面之術也合於堯之克讓易之嗛嗛一謙而四益此其所長也陰陽家者流二十一家二百六十九篇蓋出於羲和之官敬順昊天厤象日月星辰敬授民時此其所長也法家者流十家二百一十七篇蓋出於理官信賞必罰以輔禮制易曰先王以明罰飭法此其所長也名家者流七家三十六篇蓋出於禮官古者名位不同禮亦異數孔子曰必也正名乎名不正則言不順言不順則事不成此其所長也墨家者流六家八十六篇蓋出於清廟之官茅屋采椽是以貴儉養三老五更是以兼愛選士大射是以上賢宗祀嚴父是以右鬼順四時而行是以非命以孝視天下是以上同此其所長也縱橫家者流十二家百七篇蓋出於行人之官孔子曰誦詩三百使於四方不能專對雖多亦奚以爲又曰使乎使乎言其當權事制宜受命而不受辭此其所長也雜家者流二十家四百三篇蓋出於議官兼儒墨合名法知國體之有此見王治之無不貫此其所長也農家者流九家百一十四篇蓋出於農稷之官播百穀勸耕桑以足衣食故八政一曰食二曰貨孔子曰所重民食此其所長也此九流之大旨也云六藝之鈐鍵者案漢書藝文志六藝謂易書詩禮樂春秋六經也凡六藝一百三家三千一百二十三篇說文云鈐鏁也方言云戶鑰自關之東陳楚之間謂之鍵小爾雅云鍵謂之鑰言此書爲六藝之鏁鑰必開通之然後得其微旨也故云六藝之鈐鍵也云學覽者之潭奧者潭淵也室中西南隅謂之奧言隱奧也此書釋二儀之形象載八表之昏荒雖博學廣覽之士莫能究淵深隱奧故云學覽者之潭與也云摛翰者之華苑也者言此書森羅萬有純粹六經摛文染翰之士足以擷其英華若園苑然故云華苑也

若乃可以博物不惑。多識於鳥獸草木之名者。莫近於爾雅。【疏】若乃至爾雅。釋曰此言其博物也云若乃者因上起下語上既言其功用此復美其博物故云若乃既可以博釋庶物又能多識辨於鳥獸草木之名者莫近於爾雅言爾雅最近之又案公羊傳說春秋功德云撥亂世反諸正莫近諸春秋何休云莫近猶莫過之也然則博物多識他書亦莫過於爾雅也

爾雅者。蓋興於中古。隆於漢氏。豹鼠既辯。其業亦顯。【疏】爾雅至亦顯。釋曰此言興隆之時也云蓋興於中古者爾雅之作經傳莫言其人及時世但相傳云周公作之以教成王無正文故云蓋以疑之經典通以伏羲爲上古文王爲中古孔子爲下古周公文王子父統子業周公亦可言中古故云蓋興於中古云隆於漢氏者以夫子沒後書紀散亡戰國陵遲嬴秦燔滅則此書亦從而墜矣洎乎漢氏御宇旁求典籍除挾書之律開獻書之路此書亦從而隆矣故曰隆於漢氏也云豹鼠既辯其業亦顯者謂漢武帝時孝廉郎終軍既辯豹文之鼠人服其博物故爭相傳授爾雅之業於是遂顯言不但興行兼亦廣顯故云亦也

英儒贍聞之士。洪筆麗藻之客。靡不欽玩耽味。爲之義訓。璞不揆檮昧。少而習焉。沈研鑽極。二九載矣。雖注者十餘。然猶未詳備。竝多紛謬。有所漏略。是以復綴集異聞。會稡舊說。考方國之語。采謠俗之志。錯綜樊孫。博關羣言。剟其瑕礫。搴其蕭稂。事有隱滯。援據徵之。其所易了。闕而不論。別爲音圖。用袪未寤。輒復擁篲清道。企望塵躅者。以將來君子爲亦有涉乎此也。○贍時豔反璞音朴檮音桃少時照切會古外切稡子外切剟音掇礫音歷搴音僁稂音郎易以豉切了音瞭篲似稅切企丘豉切躅音逐【疏】英儒至序末。釋曰此言已所以作注之意也云英儒贍聞之士者案禮辭名記德過千人曰英儒者柔也能以德柔服人也贍多也士者有德之稱言英俊通儒多聞之士也云洪筆麗藻之客者洪大也麗美也藻水草也有文以喻人之文章言人有詞筆美於文章之客也云靡不欽玩耽味爲之義訓者靡無也欽敬愛也耽味猶樂嗜也言英儒等無不敬愛此書如耽樂嗜嘉肴然故曰耽味而爲之義理訓解謂作注也云璞不揆檮昧少而習焉者此自謙也揆度也檮檮杌無知之貌昧闇也郭氏言已不度其無知闇昧自少小而習此書焉云沈研鑽極二九載矣者此言用功深不敢苟爲注解也謂深沈研覈鑽求窮極凡十八載故云二九載矣云雖注者十餘然猶未詳備者言作注者雖十有餘家猶尙未能精詳具備十餘家者陸德明敘錄犍爲文學注二卷劉歆注三卷樊光注六卷李巡注三卷孫炎注三卷爲此五家而已又五經正義援引有某氏謝氏顧氏今郭氏言十餘者典籍散亡未知誰氏或云沈旋施乾謝嶠顧野王者非也此四家存郭氏之後故知非也云竝多紛謬有所漏略者言十家所注竝多紛紜錯繆若孫叔然覶舉弟離字別爲義是紛繆也其所注解則全不入根節是漏略也云是以復綴集異聞會稡舊說者是以者因前起後語因前十家所注紛繆漏畧起已作注之意故言是以對前已有注故云復綴集謂聯綴聚集異聞者注所引六經子史之類是也會稡者廣雅云會收也稡聚也舊說謂十家所說也雖不能盡善亦時有可觀其所善者則收聚用之也云考方國之語者考成也四方之國言語不同有所通釋者則援引考成之注引方言是也云采謠俗之志者采取也徒歌謂之謠案漢書地理志云好惡取舍動靜亡常隨君上之情欲故謂之俗但童謠嬉戲之言及俗閒有所記志可以上通此書者亦采用之若注引齊人諺曰上山斫檀榽槾先殫蟏蛸注云俗呼爲喜子之類是也云錯綜樊孫者謂交錯綜聚樊光孫炎二家之注取其理長者用之云博關羣言者關通也羣言謂子史及小說也言非但援引六經亦博通此子史等以爲注說也云剟其瑕礫搴其蕭稂者此喻已作注去惡取善也剟其瑕礫以玉石

喻也劉削也削去其瘢瑕瓦礫以取瑾瑜也搴其蕭稂以禾莠喻也搴拔也蕭蒿也稂童梁莠類也拔去其蕭蒿稂莠以存其嘉禾也云事有隱滯援據徵之者援引也徵成也若事有隱與滯泥者則援引經據以證成之也云其所易了闕而不論者謂通見詩書不難曉了者則不須援引故闕而不論也云別爲音圖用袪未寤者謂注解之外別爲音一卷圖贊二卷字形難識者則審音以知之物狀難辯者則披圖以別之用此音圖以袪除未曉寤者故云用袪未寤也云輒復擁篲清道企望塵躅者此郭氏自問也擁手持也篲帚也清道謂清絜道塗也企望者企踵而瞻望也塵躅者塵路躅跡也言已注此書若人持帚以清道企踵而望其芳塵美跡所以然者何謂是自問也云以將來君子爲亦有涉乎此也者此自荅也言已注此書非他以爲將來有德君子之爲必欲研覈百氏探討九流非此爾雅不可必涉歷此途若其注釋未備則恐迷誤後人作注之由良爲此也

爾雅卷上〔疏〕釋曰上者對中下生名直以簡編重多分爲上中下三卷無義例也　**郭璞**

注〔疏〕郭璞字景純河東人東晉弘農太守著作郎注者著也解釋經指使義理著明也亦言已注意以釋此書也詩書謂之傳者傳傳也博識經意傳示後人也此皆其人自題故或言傳或言注無義例也

釋詁第一〔疏〕釋曰釋解也詁古也古今異言解之使人知也釋言則釋詁之別故爾雅敘篇云釋詁釋言通古今之字古與今異言也第次也一數之始也以其作最在先故爲第一此篇相承以爲周公作但其文有周公後事故先儒共疑焉或曰仲尼子夏所增足也或曰嘗周公時有之今無者或在散亡之中然則詩書所有非周公所釋乃後人依放故言雅記而爲之文故與之同郭氏因即援據以成其義若言胡不承權輿及緇衣之蓆兮此秦康鄭武之詩在周公之後明矣其義猶今爲文採摭故事以爲辭耳則此篇所載悉周公時所有何足怪也其諸篇所次舊無明解或以爲有親必須宮室宮室既備事資器用今謂不然何則造物之始莫先兩儀而樂器居天地之先豈天地乃樂器所資乎蓋以先作者居前增益者處後作非一時故題次無定例也其篇之名義逐篇具釋此不繁言此書之作以釋六經之言而字別爲義無復章句今而作疏亦不分科段所解經文若其易了及郭氏未詳者則闕而不論其稍難解則援引經據及諸家之說以證之郭氏之注多采經記若其通見可曉者則但指篇目而已或書名辭異義旨隱奧者則具載彼文以袪未寤音耳

初哉首基肇祖元胎俶落權輿始也。尚書曰三月哉生魄詩曰令終有俶又曰俶載南畝又曰訪予落止又曰胡不承權輿胚胎未成亦物之始也其餘皆義之常行者耳此所以釋古今之異言通方俗之殊語。肇音兆俶昌叔切〔疏〕初哉至始也。釋曰皆初始之異名也初者說文云從衣從刀裁衣之始也哉者古文作才說文云才草木之初也以聲近借爲哉始之哉首者頭也首之始也基者說文云牆始築也肇者說文作肁始開也祖者宗廟之始也元者善之長也長即始義也胎者人成形之始也俶者動作之始也落者木葉隕墜之始也權輿者天地之始也天圓而地方因名云此皆造字之本意也及乎詩書雅記所載之言則不必盡取此理但事之初始俱得言焉他皆倣此〔注〕尚書至殊語。釋曰云尚書曰三月哉生魄者康誥文云詩曰令終有俶者大雅既醉文又曰俶載南畝者周頌載芟文又曰訪予落止者周頌訪落文又曰胡不承權輿者秦風權輿文云胚胎未成亦物之始也者說文云胚婦孕一月也胎婦孕三月也然則尚未成形而爲形之始故曰胚胎未成亦物之始物則形也云其餘皆義之常行者耳者謂初首基肇祖元也通見詩書故曰義之常行云此所以釋古今之異言通方俗之殊語者楊雄說方言云皆古今語也初別國不相往來之言也今或同而舊書雅記故俗語不失其方而後人不知故爲之作釋也郭彼注云謂作釋詁釋言是也

林烝天帝皇王后辟公侯君也。詩曰有王有林又曰文王烝哉其餘義皆通見詩書。辟并亦反〔疏〕林烝至君也。釋曰皆天子諸侯南面之君異稱也白虎通云君羣也羣下之所歸心也林者說文云平地有叢木曰林烝者左傳云天生烝民樹之以君而司牧之然則人物之衆必立君以長以司牧之故以林烝爲君也天者說卦云乾爲天爲君以其俱尊極故也大雅皆謂君爲天是也帝皇者白虎通云德合天地者稱帝帝者諦也象可承也皇美也大也天之揔美大稱也時質故揔稱之號之爲皇煌煌人莫違也王者往也天下所歸往說文云后者繼體君也象人之形施令以告四方故后之從一口發號者君后也辟者法也爲下所法則也公者通也公正無私之意也侯者候也候逆順也天帝皇王惟謂天子公侯惟謂諸侯餘皆通稱〔注〕詩曰至詩書。釋曰云詩曰有王有林者小雅賓之初筵文又曰文王烝哉者大雅文王有聲文云其餘義皆通見詩書者謂天帝皇王后辟公侯皆義之常行故不備引

弘廓宏溥介純夏幠厖墳嘏丕弈洪誕戎駿假京碩濯訏宇穹壬路淫甫景廢壯冢簡箌昄晊將業席大也。詩曰我受命溥將又曰亂如此幠爲下國駿厖湯孫奏嘏王公伊濯訏謨定命有王有林厥聲載路既有淫威廢爲殘賊爾土宇昄章緇衣之席兮廓落宇宙穹隆至極亦爲大也箌義未聞尸子曰此皆大有十餘名而同一實。幠音呼厖亡江切誕音但訏音吁箌音罩昄蒲板切晊之日切〔疏〕弘廓至大也。釋曰此皆廣大之異言也弘者含容之大也周書洛誥云武王弘朕恭廓者方言云張小使大謂之廓宏者書曰若保宏父介者方言云東齊海岱之間謂之介純者魯頌閟宮云天錫公純嘏夏者方言云自關而西秦晉之間凡物之壯大而愛偉之謂之夏厖者深之大也墳大者方言云墳地大也青幽之間凡土而高且大者謂之墳秦晉之間凡物壯大謂之嘏丕者書云嘉乃丕績弈者詩大雅韓弈云奕奕梁山洪者書大誥云洪惟我幼沖人誕者大雅生民云誕彌厥月戎者方言云宋魯陳衛之間謂之嘏或曰戎京碩濯訏者秦晉之間凡人大謂之奘燕之北鄙齊楚之郊或曰京齊宋之間曰碩荆吳楊甌之郊曰濯中齊西楚之間曰訏此皆謂大之方俗之殊語也甫者詩齊風云無田甫田景者周頌潛篇云以介景福壯者秦晉之間凡人大謂之奘或謂之壯冢者舍人曰冢封之大也大雅緜篇云乃立冢土簡者周頌執競云降福簡簡箌者郭云義未聞顧氏云都角切說文云草大也韓詩云倬彼甫田將者周頌云日就月將業者說文云大版也大雅靈臺云虡業維樅餘皆見注〔注〕詩至一實。釋曰詩云我受命溥將者商頌烈祖文又曰亂如此幠者小雅巧言文云下國駿厖者商頌長發文云湯孫奏嘏者商頌那篇文云王公伊濯者大雅文王有聲文云訏謨定命者大雅抑篇文云有王有林者小雅賓之初筵文云厥聲載路者大雅生民文云既有淫威者周頌有客文云廢爲殘賊者小雅四月文云爾土宇昄章者大雅卷阿文云緇衣之席兮者鄭風緇衣文云廓落宇宙穹隆至極亦爲大也者廓落大貌四方上下曰宇說文云宙舟輿所極也穹隆天之形也郭氏讀晊爲至故云至極是廓宇穹晊亦爲大也云尸子曰此皆大有十餘名而同一實者漢書藝文志云尸子二十篇注曰名佼魯人秦相商君師之鞅死佼逃入蜀案尸子廣澤篇云墨子貴兼孔子貴公皇子貴衷田子貴均列子貴虛料子貴別囿其學之相非也數世矣而已弁弇於私也天帝后皇辟公弘廓閎溥介純夏幠冢晊昄皆大也十有餘名而實一也若使兼公虛均衷平易別囿一實也則無相非也以其數字皆訓爲大故引之也周公作詁必以始也君也大也居先者始者無先之稱君者至尊之號大則無所不包故先言之一曰此三者天也人也地也易乾卦云萬物資始坤卦云直方大老子云域中有四大王居其一焉故以此三者爲先乾坤相對之物而以地在人後者以人居天地之中且尊尚人君故進之自此而下隨便即言無義例也

幠厖有也。二者又爲有也詩曰遂幠大東〔疏〕幠厖有也。釋曰二者又爲有言大有也成十六年左傳云生民敦厖言人生聚豐厚大有也〔注〕詩曰遂幠大東。釋曰魯頌閟宮文也案今詩本作遂荒此言遂幠者所見本異也或當在齊魯韓詩

迄臻極到赴來弔艐格戾懷摧詹至也。齊楚之會郊曰懷宋曰屆詩曰先祖于摧又曰六日不詹詹摧皆楚語方言云。極紀力切弔音的艐音宗摧昨雷切〔疏〕迄臻至至也。釋曰迄者自古至今也大雅生民云以迄于今臻者詩邶風泉水云遄臻于衛言疾至於衛也極者窮盡之至也樂記云及夫禮樂之極乎天而蟠乎地言禮樂之道上至於天下委於地也到者自遠而至也大雅韓奕云靡國不到赴者趨而至也雜記云凡赴於君來者自彼至我也春秋經曰祭伯來言至魯也弔者小雅天保云神之弔矣艐讀爲屆屆格戾懷摧詹皆方俗語〔注〕齊楚至言云。釋曰云齊楚之會郊曰懷宋曰屆者方言文云詩曰先祖于摧者大雅雲漢文又曰六日不詹者小雅采綠文云詹摧皆楚語方言云者案方言云假䮀狢格懷摧詹戾艐屆至也邠唐冀兖之間曰假或曰狢齊楚之會郊或曰懷摧詹戾楚語也艐宋語也皆古雅之別語也今則或同是也

如適之嫁徂逝往也。方言云自家而出謂之嫁猶女出爲嫁〔疏〕如適至往也。釋曰皆謂造於彼也如者自我而往也春秋公及大夫朝聘皆曰如之者論語云之一邦言又往一國也適嫁徂逝皆方俗語〔注〕方言至爲嫁。釋曰案方言云嫁逝徂適往也自家而出謂之嫁猶女而出爲嫁也逝秦晉語也徂齊語也適宋魯語也往凡語也

賚貢錫畀予貺賜也。皆賜與也。畀必寐切予羊汝切〔疏〕賚貢至賜也。釋曰皆謂賜與也賚者賜有功善人也書湯誓曰予其大賚汝貢者下與上也左傳齊桓責楚云爾貢包茅不入錫者嘉賜也禹貢云禹錫玄圭畀者付與也詩鄘風干旄云何以畀之予者授與也小雅采菽云天子所予貺者惠賜也小雅彤弓云中心貺之

儀若祥淑鮮省臧嘉令類綝彀攻穀介徽善也。詩曰儀刑文王左傳曰禁禦不若詩曰永錫爾類我車既攻介人維藩大姒嗣徽音省綝彀未詳其義餘皆常語。鮮息淺切省先郢切令力政切綝勑金切彀古豆切〔疏〕儀若至善也。釋曰皆謂美善也儀者形象之善也若者惠順之善也祥者李巡曰福之善也書泰誓云襲于休祥淑者有德之善也詩曹風鳴鳩云淑人君子鮮者清絜之善也邶風新臺云籧篨

不鮮省綝彀郭氏未詳臧者功能之善也詩齊風云射則臧兮嘉者美之善也詩大雅抑篇云無不柔嘉令者大雅卷阿云令問令望類者昭二十八年左傳云勤施無私曰類攻者堅緻之善穀者養生之善詩小雅小明云式穀以女介者大善也徽者美善也〔注〕詩曰至常語○釋曰詩曰儀刑文王者大雅文王篇文云左傳曰禁禦不若者左傳無全文案文十八年說四凶云投諸四裔以禦螭魅宣三年傳言鑄鼎象物故民入山林不逢不若蓋採合傳文故云禁禦不若也云詩曰永錫爾類者大雅既醉文云我車既攻者小雅車攻文云介人維藩者大雅板篇文云大姒嗣徽音者思齊文云餘皆常語者謂祥淑鮮臧嘉令穀書傳多有之故云皆常語

舒、業、順，敘也。皆謂次敘

舒、業、順、敘，緒也。四者又為端緒〔疏〕舒業至緒也○釋曰敘謂次敘舒者展舒徐緩有次也業者事有次敘也順者不逆有敘也舒業順敘四者又為端緒互相訓也

怡、懌、悅、欣、衎、喜、愉、豫、愷、康、妉、般，樂也。皆見詩○妉丁含切般盤樂洛〔疏〕怡懌至樂也○釋曰皆謂喜樂也怡者和樂也小雅節南山云既夷既懌怡夷音義同懌者悅樂也商頌那篇云亦不夷懌悅者心樂也小雅都人士云我心不說悅說音義同欣者笑喜之樂也大雅鳧鷖云旨酒欣欣毛傳云欣欣然樂也衎者飲食之樂也小雅南有嘉魚云嘉賓式燕以衎喜者說文云不言而悅也小雅彤弓云中心喜之愉者安閒之樂也唐風山有樞云他人是愉毛傳云愉樂也豫者逸樂也小雅白駒云逸豫無期愷者康樂也小雅魚藻云豈樂飲酒康者安樂也唐風蟋蟀云無以大康妉者樂之久也小雅鹿鳴云和樂且湛又衞風氓篇云無與士耽鄭箋云耽非禮之樂般者遊樂也周頌般篇名也鄭箋云般樂也〔注〕皆見詩○釋曰按郭以爾雅之作多為釋詩且詩中備有此文故云皆見詩其實六經之中所訓亦爾但以詩書之作作非一人故有音義雖同而字形踳駁者詩文作湛耽而此作妉詩文作夷說豈嫌槃而此作怡悅愷般之類直以異人之作故不同爾無義例也他皆放此

悅、懌、愉、釋、賓、協，服也。皆謂喜而服從〔疏〕悅懌至服也○釋曰皆謂喜而服從也悅懌愉者皆喜樂而服也釋者釋去恨怨而服也賓者懷德而服也旅獒云四夷咸賓協者和合而服也左傳曰謀其不協

遹、遵、率、循、由、從，自也。自猶從也

遹、遵、率，循也。三者又為循行○遹音聿〔疏〕遹遵至循也○釋曰自亦從也轉互相訓也遹者大雅緜篇云聿來胥宇遹聿音義同遵者周南汝墳云遵彼汝墳率者大雅緜篇云率西水滸循者顧命云率循大卞由者曲禮大夫士出入君門由闑右從者小雅何人斯云伊誰云從遹遵率三者又為循行

靖、惟、漠、圖、詢、度、咨、諏、究、如、慮、謨、猷、肇、基、訪，謀也。國語曰詢于八虞咨于二虢度于閎夭謀于南宮諏于蔡原訪于辛尹通謂謀議耳如肇所未詳餘皆見詩○度鐸趣子須〔疏〕靖惟至謀也○釋曰皆謂謀議也靖者安謀也小雅小旻云靖共爾位惟者思謀也漠者舍人曰心之謀也小雅小弁云聖人莫之漠莫音義同圖者大雅崧高云我圖爾居詢度咨諏者小雅皇皇者華傳云訪問於善為咨咨事為諏咨事之難易為謀咨禮義所宜為度親戚之謀為詢究者小雅小弁云不舒究之慮者計謀也謨者大謀也大雅云訏謨定命猷者以道而謀也大雅文王云厥猷翼翼猷猶音義同肇者大雅江漢云肇敏戎公基者君子作事謀始也訪者謀政事也〔注〕國語至見詩○釋曰云國語曰詢於八虞咨於二虢度於閎夭謀於南宮諏於蔡原訪於辛尹者是晉語胥臣對文公辭說文王之即位也韋氏解云八虞周八士皆在虞官二虢文王弟虢仲虢叔南宮南宮括也蔡蔡公原原公辛辛甲尹尹逸皆周大史也

典、彝、法、則、刑、範、矩、庸、恒、律、戛、職、秩，常也。庸戛職秩義見詩書餘皆謂常法耳○彝音夷〔疏〕典彝至常也○釋曰皆謂常禮法也典刑者詩大雅蕩篇云尚有典刑彝者洪範云彝倫攸敘法則者天官冢宰以八灋治官府以八則治都鄙鄭注云邦國官府謂之禮法常所守以為法式也則亦法也典法則所用異異其名也範者模法之常也矩者度方有常也庸者書皐陶謨云自我五禮有庸哉恒久之常也湯語云若有恒性律者常法也戛者康誥云不率大戛職者主之常也秩者商頌烈祖云有秩斯祜

柯、憲、刑、範、辟、律、矩、則，法也。詩曰伐柯伐柯其則不遠論語曰不踰矩〔疏〕柯憲至法也○釋曰此亦謂常法轉互相訓柯者執以取法也憲者大雅桑扈云百辟為憲辟罪法也刑範律矩則皆謂常法也〔注〕詩曰至踰矩○釋曰云詩曰伐柯伐柯其則不遠者豳風伐柯文云論語曰不踰矩者為政文

辜、辟、戾，辠也。皆刑罪○辟婢亦切辜音孤辠音罪〔疏〕辜辟戾辠也○釋曰皆謂刑罪也辜者書仲虺之誥云罔不懼于非辜辟者呂刑云墨辟疑赦戾者大雅抑篇云亦維斯戾辠罪古今字也說文云辠犯法也從辛從自言辠人蹙鼻苦辛之憂秦以辠似皇改為罪取非人自投於网自古文以為鼻

黃髮、齯齒、鮐背、耇、老，壽也。黃髮髮落更生黃者齯齒齒墮更生細者鮐背背皮如鮐魚耇者耇猶耆也皆壽考之通稱○齯音倪鮐音台耇音狗〔疏〕黃髮至壽也○釋曰皆壽考之通稱也黃髮者舍人曰黃髮老人髮白復黃也郭云黃髮髮落更生黃者齯齒者說文云齯老人兒齒也郭云齒墮更生細者魯頌閟宮云既多受祉黃髮兒齒鄭箋云兒齒亦壽徵鮐背者舍人曰老人氣衰皮膚消瘠背若鮐魚郭云鮐背背皮如鮐魚劉熙釋名云九十曰鮐背背有鮐文大雅行葦云黃耇台背毛傳云台背大老也鄭箋云台之言鮐也大老則背有鮐文方言云秦晉之郊陳兗之會謂老曰耇鮐耇者郭云耇者也方言云燕代北鄙謂耇為梨郭彼注云梨面色似凍梨也舍人曰耇觀也血氣精華觀竭言色赤黑如狗矣孫炎曰耇面如凍梨色似浮垢老人壽徵也老者說文云七十曰老從人毛匕言須髮變白也

允、孚、亶、展、諶、誠、亮、詢，信也。方言曰荊吳淮汭之間曰展燕岱東齊曰諶宋衞曰詢亦皆見詩○亶丁簡切諶市林切〔疏〕允孚至信也○釋曰皆謂誠實不欺也〔注〕方言至見詩○釋曰案方言云允訦譎恂譎展諒[illegible]穆信也齊魯之間曰訦宋衞汝潁之間曰恂荊吳淮汭之間曰展西甌毒屋黃石野之間曰穆衆信曰諒周南召南衞之語也云亦皆見詩者鄘風定之方中云終然允臧大雅文王云萬邦作孚小雅祈父云亶不聰鄘風君子偕老云展如之人兮大雅蕩篇云其命匪諶誠者復言之復也鄘柏舟云不諒人只鄭風溱洧云洵訏且樂訦諶亮諒詢洵音義同

展、諶、允、慎、亶，誠也。轉相訓也詩曰慎爾優遊〔疏〕展諶至誠也○釋曰皆謂至誠轉相訓也〔注〕詩曰慎爾優遊○釋曰小雅白駒文

謔、浪、笑、敖，戲謔也。謂調戲也見詩〔疏〕謔浪至謔也○釋曰詩曰謔浪笑敖者不敬之戲謔也舍人曰謔戲謔也浪意明也笑心樂也敖意舒也戲笑邪戲謔笑之貌郭云謂調戲也見詩者此邶風終風文

粵、于、爰，曰也。書曰土爰稼穡詩曰對越在天王于出征

爰、粵，于也。轉相訓○粵音曰〔疏〕粵于至于也○釋曰皆謂語辭發端轉互相訓也說文云曰從開口象氣出於口也〔注〕書曰至出征○釋曰云書曰土爰稼穡者周書洪範文云詩曰對越在天者周頌清廟文云王于出征者小雅采芑文

爰、粵、于、那、都、繇，於也。左傳曰棄甲則那那猶今人云那那也書曰皋陶曰都繇辭於乎皆語之韻絕○繇音由於音烏〔疏〕爰粵至於也○釋曰皆語之韻絕歎辭也爰粵于三者又為於乎〔注〕左傳至韻絕○釋曰云左傳曰棄甲則那者宣二年華元荅謳者辭也云書曰皋陶曰都者虞書皋陶謨文也云繇辭者繇卦兆之辭也云於乎者周頌維天之命云於乎不顯是也

敆、郃、盍、翕、仇、偶、妃、匹、會，合也。皆謂對合也○敆音閤郃合盍胡臘切妃音配〔疏〕敆郃至合也○釋曰皆謂對合也敆者說文云合會也郃者和合也盍者衆合也易豫卦九四云勿疑朋盍簪翕者斂合也書皋陶謨云翕受敷施仇者左傳曰怨耦曰仇偶者相對合也左傳曰大都耦國妃者嘉耦曰妃匹者配合也大雅文王有聲云作豐伊匹會者集合也周禮曰時見曰會

仇、讎、敵、妃、知、儀，匹也。詩云君子好仇樂子之無知實維我儀國語亦云丹朱憑身以儀之讎猶儔也廣雅云讎輩也〔疏〕仇讎至匹也○釋曰皆謂匹合也仇者孫炎云相求之匹讎者儔侶輩類之匹也敵者相當之匹也妃合耦之匹也〔注〕詩云至輩也○釋曰云詩云君子好仇者周南關雎文云樂子之無知者檜風隰有萇楚文云實維我儀者鄘柏舟文也云國語亦云丹朱憑身以儀之者案周語惠王十五年有神降于莘王問於內史過曰今是何神也對曰昔昭王娶於房曰房后實有爽德協于丹朱丹朱憑身以儀之生穆王焉實臨照周之子孫而禍福之夫神一不遠徙遷若由是觀之其丹朱乎韋氏解云憑依也儀匹也言房后之行有似丹朱丹朱憑依其身而匹偶之生穆王焉

妃、合、會，對也。皆相當對

妃，媲也。相偶媲也○媲普計切〔疏〕妃合至媲也○釋曰此三者又為當對妃又為媲謂相偶媲也

紹、胤、嗣、續、纂、緌、績、武、係，繼也。詩曰下武維周緌見釋水餘皆常語○纂子管切〔疏〕紹胤至繼也○釋曰皆謂繼不絕也紹者大雅抑篇云弗念厥紹胤者大雅既醉云永錫祚胤嗣者周頌酌篇云載用有嗣續者小雅斯干云似續妣祖纂者魯頌閟宮云纘禹之緒緌武見注績者陳風東門之枌云不績其麻係者繫屬之繼易曰係小子失丈夫〔注〕詩曰至常語○釋曰云詩曰下武維周者大雅下武文云緌見釋水者彼云汎汎楊舟紼纚維之紼縴也纚緌也是矣

忥、諡、溢、蟄、慎、貉、謐、顗、頠、密、寧，靜也。忥顗頠未聞其義餘皆見詩傳○忥音戲諡音侍貉音陌謐音密顗音擬頠魚毀切〔疏〕忥諡至靜也○釋曰皆安靜也諡者人死將葬諡列其行而作之也溢者盈溢者宜靜周頌維天之命云假以溢我蟄者藏伏靜處也易曰龍蛇之蟄慎者謹靜也大雅云淑慎爾止貉者靜定也大雅皇矣云貊其德音鄭箋云德政應和曰貊謐者說文云靜語也密者周頌昊天有成命云夙夜基命宥密寧者周頌良耜云婦子寧止

隕、磒、湮、下、降、墜、摽、蘦，落也。磒猶隕也方俗語有輕重耳湮沉落也摽蘦見詩○隕于閔切磒于敏切摽婢耿切蘦音零〔疏〕隕磒至落也○

釋曰皆謂墜落也隕者說文云從高墜也易曰有隕自天碩者石落也郭云碩猶隕也方俗語有輕重耳湮沈落也下者自上而落也降即下也曲禮謂羽鳥死曰降墜者說文曰從高墜也左傳曰弗敢失墜摽者召南云摽有梅蘦者說文云草曰蘦木曰落此對文爾散而言之他物之落亦言蘦鄘風定之方中云靈雨既零蘦零音義同

命、令、禧、畛、祈、請、謁、訊、誥、告也。禧未聞禮記曰畛於鬼神令力政切畛稹告谷〔疏〕命令至告也。釋曰皆謂告諭也命者使告也詩唐風揚之水云我聞有命令發號以告也論語云其身正不令而行畛者致告也祈者求告也書召誥云祈天永命請者言告也婚禮五曰請期謁者告白也月令曰謁於天子訊者告問也詩云歌以訊之誥者布告也書大誥洛誥之類是也〔注〕禮記曰畛於鬼神。釋曰下曲禮文

永、悠、迴、違、遐、逷、闊、遠也。書曰逷矣西土之人。迴戶頂切逷音惕

永、悠、迴、遠、遐也。遐亦遠也轉相訓〔疏〕永悠迴違至遐也。釋曰皆謂遼遠也永者長遠也周南漢廣云江之永矣悠者小雅漸漸之石云山川悠遠迴者大雅云洞酌彼行潦迴音義同違者離遠也召南殷其雷云何斯違斯遐者大雅旱麓云遐不作人逷者古文逖也闊者相疏遠也邶風擊鼓云于嗟闊兮永悠迴遠四者又遠遐也遐亦遠也轉相訓爾〔注〕書曰逷矣西土之人。釋曰周書牧誓文也

虧、壞、圮、垝、毀也。書曰方命圮族詩曰乘彼垝垣虧通語耳。壞音怪圮房美一切垝音鬼〔疏〕虧壞至毀也。釋曰皆謂毀敗也虧者損毀祭義云不虧其體壞者人毀也音怪一云自毀也乎怪切圮者岸毀也書敘曰祖乙圮于耿垝是毀垣也〔注〕書曰至語耳。釋曰云書曰方命圮族者堯典文孔安國云圮毀族類也言鯀性很戾好比方名命而行事輒毀敗善類云詩曰乘彼垝垣者衛風氓篇文也

矢、雉、引、延、順、薦、劉、繹、尸、旅、陳也。禮記曰尸陳也雉順劉皆未詳〔疏〕矢雉至陳也。釋曰皆謂敷陳也矢者書敘云皋陶矢厥謨引者伸陳也延鋪陳也薦者饌陳也繹者復陳也周頌賚篇云時周之命於繹思尸者主陳也旅者謂布陳也大雅賓之初筵云殽核維旅〔注〕禮記曰尸陳也。釋曰郊特牲文

尸、職、主也。左傳曰殺老牛莫之敢尸詩曰誰其尸之又曰職爲亂階〔疏〕尸職主也。釋曰皆謂爲之主宰也〔注〕左傳至亂階。釋曰云左傳曰殺老牛莫之敢尸者成十七年傳云晉欒書中行偃遂執公焉召韓厥韓厥辭曰昔吾畜於趙氏孟姬之讒吾能違兵古人有言曰殺老牛莫之敢尸而況君乎二三子不能事君焉用厥也是其事云詩曰誰其尸之者召南采蘋文又曰職爲亂階者小雅巧言文

尸、寀也。謂寀也

寀、寮、官也。官地爲寀同官爲寮。寀七代反〔疏〕尸寀至官也。釋曰寀謂寀地主事者必有寀地寀采也采取賦稅以供已有寀地及言同寮者皆謂居官者也〔注〕官地至爲寮。釋曰云官地爲寀者禮運云大夫有寀以處其子孫是也云同官爲寮者左傳文七年荀林父告先蔑之辭也

績、緒、采、業、服、宜、貫、公、事也。論語曰仍舊貫餘皆見詩書〔疏〕績緒至事也。釋曰皆事爲也績者功事也商頌云設都于禹之績緒者事業也魯頌閟宮云纘大王之緒采者臯陶謨云亮采有邦業者學人所有事書周官云業廣惟勤服者周南關雎云寤寐思服宜者宜其事也大雅鳧鷖云公尸來燕來宜貫者魏風碩鼠云三歲貫女公者周頌酌篇云實維爾公允師〔注〕論語曰仍舊貫。釋曰先進篇云魯人爲長府閔子騫曰仍舊貫如之何何必改作是也

永、羕、引、延、融、駿、長也。宋衛荊吳之間曰融羕所未詳。羕音樣〔疏〕永羕至長也。釋曰說文云長久遠也方言云施於衆長謂之永引者漢書律厤志云十丈爲引引者信也顏師古曰信讀曰伸言其長延者方言云延季長也凡施於季者謂之延又宋衛荊吳之間曰融駿者長大也

喬、嵩、崇、高也。皆高大貌左傳曰師叔楚之崇也

崇、充也。亦爲充盛〔疏〕喬嵩至充也。釋曰皆高大貌喬周頌般篇云墮山喬嶽釋山云由大而高崧嵩音義同崇者高貴也亦爲充盛樂記云復綴以崇〔注〕左傳曰師叔楚之崇也。釋曰宣十二年傳文也杜注云師叔潘尫爲楚人所崇貴

犯、奢、果、毅、尅、捷、功、肩、堪、勝也。陵犯誇奢果毅皆得勝也左傳曰殺敵爲果肩即尅耳書曰西伯堪黎。毅音義〔疏〕犯奢至勝也。釋曰皆謂得勝也舍人曰肩強之勝也孫炎曰戡勝之勝也陵犯誇奢殺敵爲果致果爲毅尅殺捷獲有功肩尅堪任是也皆得勝也〔注〕左傳至堪黎。釋曰云左傳曰殺敵爲果者宣二年君子辭也云書曰西伯堪黎者商頌篇名也

勝、肩、戡、劉、殺、克也。轉相訓耳公羊傳曰克之者何殺之也。戡音堪〔疏〕勝肩至克也。釋曰克亦勝也詩周頌敬之云佛時仔肩克也又爲殺也皆謂得勝而殺之轉互相訓耳〔注〕公羊至之也。釋曰公羊者在隱元年經曰夏五月鄭伯克段于鄢傳曰克之者何殺之也

劉、獮、斬、刺、殺也。書曰咸劉厥敵秋獵曰獮應殺氣也公羊傳曰刺之者何殺之也。獮尠刺次〔疏〕劉獮至殺也。釋曰說文云殺戮也斬者文二年左傳曰很瞫取戈以斬囚餘皆具注〔注〕書曰至之也。釋曰書曰咸劉厥敵者周書君奭文云秋獵爲獮者釋天文云應殺氣也者言秋氣肅殺故名秋獵爲獮大司馬云中秋教治兵遂以獮田是也云公羊傳曰刺之者何殺之也者僖二十七年傳文也經云公子買戍衛不卒戍刺之故傳云此也

亹亹、蠠沒、孟、敦、勗、釗、茂、劭、勔、勉也。詩曰亹亹文王蠠沒猶黽勉書曰茂哉茂哉方言云周鄭之間相勸勉爲勔釗孟未聞。亹音尾蠠音密釗音招劭音邵勔音泯〔疏〕亹亹至勉也。釋曰皆謂勸勉也敦者厚相勉也勗者邶風燕燕云以勗寡人劭者勉力也餘皆見注〔注〕詩曰至未聞。釋曰云詩曰亹亹文王者大雅文王文也言勉勉乎不倦文王之勤用明德也云蠠沒猶黽勉者以其聲相近方俗語有輕重耳邶風谷風云黽勉同心云書曰茂哉茂哉者皋陶謨文也書作懋茂懋古今字也云方言云以下者案彼云釗薄勉也秦晉曰釗或曰薄故其鄙語曰薄努猶勉努也南楚之外曰薄努自關而東周鄭之間曰勔釗齊魯曰勗茲是也

騖、務、昏、暋、強也。馳騖事務皆自勉強書曰不昏作勞暋不畏死。騖音務暋音閔強其丈切〔疏〕騖務至強也。釋曰皆謂自勉強也騖謂馳騖務謂先務二者皆以力勉強孫炎曰昏夙夜之強也〔注〕書曰至畏死。釋曰云書曰不昏作勞者盤庚文云暋不畏死者康誥文

爾雅注疏卷一挍勘記

阮元撰盧宣旬摘錄

爾雅疏敘　正德本閩本監本毛本改作爾雅註疏序。註字正德本作注閩監毛本作註非此經有元板注疏上一卷爲閩監毛本之所從出元板有闕頁明正德年補刊者今稱正德本是也有補刊而不著正德年者今但稱舊本是也分別稱之以明其與元刻有閒耳疏文以宋槧單疏本爲據經注以明嘉靖十七年東海吳元恭翻刻宋本爲據

翰林侍講學士朝請大夫守國子祭酒上柱國賜紫金魚袋臣邢昺等奉勑校定　此本十卷每卷篇題前著名銜如此上空三格勑字提行下文今既奉勑校定同正德本亦然又正德本閩本監本毛本子誤賜

誠傳注之濫觴　正德本同閩本監本毛本注改註非段玉裁云傳注字必從水卽六書之轉注引伸其義有所歸如引水注於江海也凡記註字則從言明人盡改注爲註張參云註與訓注字同則唐時已昧昧矣

夫混元闢而三才肇位　正德閩監毛四注疏本肇改肇下準此

豹鼠既辨　正德本閩本監本毛本辨作辯盇依唐石經爾雅序所改此本下釋郭序亦作豹鼠既辨

臣崔偓佺　注疏本偓誤偓按說文偓偓佺也从人屋聲

爲之疏釋凡一十卷　注疏本刪下四字按宋史藝文志及玉海藝文皆十卷鄭樵通志載爾雅兼義十卷卽此書兼義者以經注本兼合義疏也後人分爲十一卷因刪此四字。按今周易注疏首標周易兼義蓋宋之後人作此名目

雖上遵睿旨　睿旨提行正德本同閩本監本毛本不提

爾雅疏卷第一　敘後載疏卽題此注疏本別置邢敘於前改此爲爾雅註疏卷第一

辨章同異　正德本同閩本監本毛本辨改辯與釋文序錄合此與下文辯言小辯有別

日昃不食　注疏本昃改昃

或言叔孫通所補　閩本監本同正德本脫孫字毛本倒作孫叔通

或言沛郡梁文所著　監本或言下衍是字閩本毛本作或言是沛郡梁文考正德本作或言沛郡梁文考廣雅序作或言制郡梁文所考皆誤按玉海藝文所引與此本同。按制系郡之誤

夫爾雅之爲書也　注疏本脫之

眞九經之檢度　注疏本九誤七

序與緒音義同　浦鏜云敘誤緒

五自英儒贍聞之士至序末惣序已所以作注之意也　注疏本脫至字惣作總下準此惣者唐人俗字此字从牛甚無謂也

辯同實而殊號者也　單疏本雪牕本注疏本同唐石經號作号

夫爾雅至同實而殊號者也○釋曰此明其用也 注疏本改釋曰二字作方匡疏字逼書皆然又刪夫爾雅至同實而殊號者也十一字因注疏本另載郭序故刪以避複然失邢氏真面目矣凡釋曰上及標注起止上此本皆空一字元本於釋注上亦然今倣他經注疏例加圓圈間之○疏標經注起止及釋曰二字注疏本刪今悉加補後不悉出

故嗟嘆之 正德本同閩本監本毛本嘆作歎係依俗本毛詩改

故永歌之 正德本同閩本監本毛本永誤詠

亦此意也 注疏本亦上衍蓋

凡物雖殊其號 正德本脫凡閩本監本毛本改作事物

後進循之 漢書同注疏本循誤脩

然後知秉要執本 注疏本同與漢書合浦鏜改執爲執讀秉要執絶句誤甚漢書此類極多不及盡正

易之嗛嗛 正德本閩本同與漢書合監毛本改作謙謙按易釋文謙子夏傳作嗛云嗛謙也言嗛爲謙之假借字也班志所用正韓嬰易此本舊亦描改爲謙今訂正

法家者流十家 注疏本衍作十二家按漢書云右法十家

先王以明罰飭法 舊本同與漢書合閩本監本毛本飭作勑依今易所改按易釋文云勑法恥力反此俗字也

縱橫家者流 舊本同閩本監本毛本縱作從與漢書合按從縱古今字

說文云鈐鏁也 注疏本脫云○按說文無此語不知邢氏何據說文亦無鏁字

必開通之 舊本同閩本監本毛本通改導

足以掇其英華 舊本足誤兄閩本監本毛本改作凡

又能多識辨於鳥獸草木之名者 元本同閩本監本毛本辨改辯

又案公羊傳 注疏本又誤也

莫近諸春秋 元本閩本同監毛本諸改於

豹鼠既辯 唐石經雪牕本注疏本同單疏本辯改辨元板疏中亦作辨

經典通以伏犧爲上古 元本同閩監毛本犧改羲

周公亦可言中古 元本同閩監毛本言改爲

戰國陵遲 元本同閩監毛本遟改遲下準此

故曰隆於漢氏也 元本同閩本監本毛本曰改云

雖註者十餘 唐石經單疏本雪牕本注疏本同釋文註之戍反字皆從言或疑當作注非也按五經文字言部註竹句反與訓註之註義同一切經音義卷六云註記廣雅註疏也識也字林註解也通俗文記物曰註可證郭景純本用言旁字考石臺孝經序劉炫明安國之本陸澄譏康成之注又敷文約暢義則昭然分註錯經理亦條貫注註二字盡然有別開成石經同○按唐人已有將傳注字譌作註者要之注是正字註是俗字也

用袪未寤 單疏本閩本監本同釋文亦作袪字從衣雪牕本元本毛本作祛非唐石經闕

案禮辭名記德過千人曰英 惠棟云辭當作辨辨名記逸禮文按詩汾沮洳正義日大戴禮辨名記云千人爲英禮記禮運春秋宣十五年正義皆引作辨名記白虎通聖人篇作別名記辨別義同

藻水草也 注疏本草誤藻

此言用功深 注疏本功改力

云雖註者十餘 正德本監本同閩毛本註作注

犍爲文學注二卷 注疏本同浦鏜改作三卷按葉鈔釋文作二卷云闕中卷

劉諫注三卷 在各本諫皆作歆

謝嶠 注疏本嶠改濤此與釋文序錄同

此四家存郭氏之後 正德本同閩監毛本存作在

並多紛紜錯繆 正德本閩本同此以繆釋上之謬監本上下皆作繆毛本上下皆作謬並非

及俗閒有所記志 補各本閒作聞

蟰蛸注云俗呼爲喜子之類 正德本亦作蟰蛸閩監毛本蟰誤蟏又並脫呼字

剡削也削去其瘢瑕瓦礫 注疏本脫也削二字閩監毛本瘢誤疵

此自咨也 注疏本自誤亦

爾雅卷上 唐石經單疏本雪牕本監本毛本同正德本閩本署爾雅兼義卷上分釋詁一篇爲上中下三卷

郭璞注 唐石經單疏本雪牕本正德本同在爾雅卷上後閩本刪此於序疏前署晉郭璞註宋邢昺疏八字監本毛本從之

釋詁第一

釋詁釋言通古今之字 注疏本脫古字按毛詩周南關雎詁訓傳正義曰爾雅序篇云釋詁釋言通古今之字古與今異言也釋訓言形貌也邢疏本此

此秦康鄭武之詩 注疏本詩誤時

胚胎未成 注疏本同釋文亦作胚從丕單疏本雪牕本及元本疏中皆作肧○案肧字是

哉者說文云 補單疏本哉者下有古文作才四字

肇者說文作肁 注疏本下仍作肇非

楊雄說方言云 正德閩監本同毛本楊改揚

故后之 說文作故厂之此誤

弈 唐石經單疏本雪牕本同釋文作奕○按依說文奕大也弈圍棊也然則作弈非是毛詩弈弈梁山亦是譌字耳

釗 釋文唐石經單疏本雪牕本閩本監本毛本同元本作莉盧文弨曰釋文引說文云草大也則字當從艸今說文爾雅皆有誤

胵 唐石經單疏本雪牕本同釋文胵舊音之日反本又作至又作胵按胵當作郅史記司馬相如傳爰周胵隆徐廣曰至胵蓋字誤或爲郅北地有郁郅縣郅大也音質索隱曰郅至也樊光云郅可見之大也今本史記胵郅字互誤漢書注文穎曰郅至也○按作郅作胵作胵者皆至之轉寫譌俗漢魏人所爲也而胵字僅見後漢書人名

席 唐石經單疏本陳本同雪牕本注疏本作蓆注及疏準此釋文蓆音席按說文蓆廣多也席藉也廣多有大義當從釋文詩緇衣亦作蓆毛傳曰蓆大也本此

湯孫奏嘏 雪牕本注疏本嘏作假此本作嘏王氏詩考引爾雅注同按詩釋文奏假毛古雅反大也鄭作格升也是毛鄭異讀而字同作假郭引作嘏以證經之嘏而非釋經之假蓋所據魯韓詩

廓落宇宙穹隆至極亦爲大也 單疏本雪牕本同疏云郭氏讀旺爲至故云至極是廓字穹旺亦爲大也按此經作旺注作至爲經注異文之證釋文音經旺本又作至蓋依注改經也○按郭所據之經本作至而後人亂之未可定耳

弈弈梁山 元本閩本監本同毛本改奕奕非王氏詩考引作弈弈

韓詩云釗彼圃田 注疏本圃改甫玉篇艸部引韓詩莉彼圃田與此合釗亦當從玉篇作莉按毛詩車攻東有甫草李善注文選李賢注後漢書皆引韓詩東有圃草是毛詩甫字韓詩多作圃也

云緇衣之席兮者 注疏本席改蓆

皇子貴衷 監本毛本同正德本閩本衷誤衰

料子貴別圃 監本毛本同正德本閩本圃作原則句下屬惠棟云料疑作科

天帝后皇 正德本閩本監本同毛本倒作皇后

閎博介怏夏幠蒙贖昄 監本同正德本毛本作宏博介純夏幠冡昄係依爾雅改按閎宏博溥怏純皆同聲幠憮音相近故規模字亦作撫蒙爲王女王大也故蒙亦爲大贖當作贖元板困學紀聞引作贖與昄皆音質

自此而下 正德本監本同閩本毛本而改以

艐 唐石經單疏本正德本毛本同雪牕本閩本監本誤艘音宗釋文亦誤

宋曰居 單疏本雪牕本同按釋文艐郭音屆孫云古居字此音經艐字也又居音界此音注居字也爲經注異文之證五經文字云艐爾雅或作居此依注改經非也

先祖于摧 注疏本同單疏本雪牕本于作於按郭注引詩如先祖於摧尚不媿於屋漏祝祭於祊集於灌本皆作於不作于盖毛詩古文作于三家詩今字作於也

假音駕格古格字懷摧詹戾艐古居字至也 注疏本音切改大字

斯逝秦晉語也 注疏本脫逝

貢 唐石經單疏本雪牕本同釋文貢字或作贛同臧琳經義雜記曰論語子貢字隸釋載石經殘碑作贛說文貢獻功也贛賜也子貢名賜字當作贛爾雅釋詁貢賜也郭注皆賜與也據釋文知爾雅古本作正字然陸德明已不能定其是非矣邢疏引左傳爾貢包茅不入爲證誤解贛賜之贛爲貢獻之貢則無足責也○按經典子貢爲贛之假借字

清絜之善 注疏本絜改潔下準此

詩齊風云射則臧兮 注疏本同浦鏜云齊風下當脫猗嗟二字按此類係疏文原本如是非由脫誤

令問令望 注疏本同浦鏜改作令聞云問字誤按詩釋文令聞音問本亦作問宋板荀子正名篇引詩作問與此合

以禦螭魅也 注疏本螭作魑因魅字從鬼故改螭亦作鬼

蓋採合傳文故云禁禦不若也 閩本監本毛本採作采云作言文誤之正德本作采作云與此合

我心不說 正德本閩本監本說作悅毛本脫此字

無以大康 注疏本大改太非浦鏜以改已按後漢書張升傳注引詩無以大康古以已通

但以詩書之作作非一人 注疏本不重作字

而字形踳駮者○ 正德本閩本作踳駮監本毛本作踳駁案踳字非也

詩文作夷說豈槃口 此本槃下空闕一字注疏本改作弁槃

恊 雪牕本正德本閩本監本同釋文唐石經單疏本毛本作協按說文協同心之和協衆之同和也此詁服當用從十字五經文字云心部亦有協字按古文作叶則從十者義長

漠 釋文單疏本雪牕本同瞿中溶云唐石經漠謨二字皆磨改

究如慮謨猷肇 唐石經單疏本雪牕本同釋文猷肇在究謨上唐石經謨字先作謀

小雅小旻云 浦鏜云明誤旻

小雅小弁云 浦鏜云巧言誤小弁

咨禮義所宜爲度 閩本監本毛本義改之正德本實闕

詢於八虞 正德本閩本監本同毛本於改于按晉語六千字並當作於明道本及俗本皆于於錯出

是晉語胥臣對文公辭 正德本同閩本監本毛本是誤皆

皆周大史也 注疏本脫也

若有恒性 注疏本若誤君

有秩斯祜 注疏本祜誤祐

詩曰伐柯伐柯 單疏本雪牕本正德本閩本監本同毛本曰改云

大雅桑扈云 浦鏜云小誤大

自古文以爲鼻 注疏本作古文自爲鼻誤也徐鉉曰自古者以爲鼻字說文自鼻也象形

齯齒 唐石經單疏本雪牕本同釋文兒五兮反一音如字按者云本今作齯按注云黃髮髮落更生黃者兒齒齒隋更生細者訓兒爲細是本不從齒也儀禮士冠禮疏引爾雅云黃髮兒齒與釋文合詩閟宮亦作兒此當從陸本○按玉篇作齯

齒墮更生細者 雪牕本注疏本同釋文單疏本墮作隋古字通借

耇猶耆也 雪牕本同釋文單疏本注疏本耆作耆下經耆長也準此按五經文字云耆從老省從旨今或作老下目者非

黃耇台背毛傳云台背 注疏本台作鮐依爾雅改按詩作台

燕代北鄙謂耇爲棃 正德本同閩本監本毛本代誤岱

色似浮垢 注疏本似改如按春秋僖廿五年正義引作似

匕言須髮變白也 正德本同閩本監本毛本須改鬚

方言曰荆吳淮汭之間曰展 雪牕本正德本同閩本監本毛本汭誤洒毛本方言曰曰改云按釋文汭仁銳反單疏本亦作汭

終然允臧 正德本閩本監本同毛本依坊刻詩集傳改作終焉謬甚

愼爾優遊 單疏本雪牕本同注疏本遊改游

謔浪笑敖 唐石經單疏本雪牕本元本閩本同釋文亦作笑五經文字云笑喜也從竹下大監本毛本作笑係據說文改通書準此

浪意明也 注疏本作意朗也此誤詩終風正義作意萌

小雅采芑文 元本同誤也閩本剜改采芑爲六月監本毛本從之

那 雪牕本注疏本同釋文唐石經單疏本作那

云繇辭者繇卦兆之辭也 注疏本繇作繇按說文玉篇廣韻無繇字集韻始收詩氓箋云兆卦之繇無凶咎之辭杕杜箋云合言於繇爲近小旻箋云占繇不中葉鈔釋文繇繇錯出岳本今本皆從卜他宋本仍作繇此經唐石經單疏本作繇釋文繇除又反注同是陸氏所據經注同作繇從卜之字非古也○按此經繇同由如孟子由是則生而有不用是也由與於皆語辭於如字不音烏也自郭氏注譌而疏者更支離矣

仇讎敵妃知儀匹也 元本閩本自此起分一卷中

丹朱憑身以儀之 陳本閩本同釋文單疏本雪牕本正德本監本毛本憑作馮國語同此下加心非

實臨昭周之子孫而禍福之 元本同閩本監本毛本昭作照盖據國語改

若由是觀之 元本監本同與明道本國語合毛本若作焉上屬係依俗本國語改閩本若上剜擠焉字

陳風東門之枌云 注疏本脫風

謚 葉鈔釋文唐石經單疏本雪牕本元本閩本監本同毛本作諡盧文弨曰五經文字謚諡常利反上說文下字林字林以謚爲笑聲音呼益反今用上字據此知爾雅本作謚毛刻諡字剜改盖因今本說文而誤段玉裁云宋以前無諡字元應書引說文云從言益聲是也說文作諡始於徐鉉等經典改謚爲諡始於毛居正岳珂

碩 釋文唐石經單疏本雪牕本元本毛本同閩本監本作殞訛石經考文提要引至善堂本亦作碩

標 唐石經單疏本雪牕本注疏本同此舊作標訛今訂正葉鈔釋文作標

召南殷其靁云 元本閩本監本作隱其雷毛本作殷其雷按詩釋文殷音隱

矢 唐石經單疏本雪牕本同釋文戻本作矢同失耳反按廣雅二釋詁戻陳也本此經當從陸本作戻玉篇戻與矢同

引者信也 注顏師古曰信讀曰伸言其長○注疏本改小注爲大字

果毅 唐石經單疏本雪牕本同釋文惈音果本今作果無毅字音按果當爲惈一切經音義卷九引爾雅惈勝也與釋文合郭注引左傳作果此經注異字之證毅當爲衍文注云陵犯誇奢皆得勝也此釋經之犯字奢字又云左傳曰殺敵爲果此釋經之惈字今注陵犯誇奢下有果毅二字益後人竄入邢疏祇云陵犯誇奢經如本有毅字郭引左傳必連致果爲毅矣邢所據本有毅字故釋經云殺敵爲果致果爲毅段玉裁云注當本是陵犯夸奢惈毅以惈毅釋惈猶以陵犯夸奢釋犯釋夸也下引左傳作果以證惈字廣韻引者頡篇作惈則惈字甚古特說文不收

剋 唐石經單疏本雪牕本元本同閩本監本毛本改尅注中準此

堪 唐石經單疏本注疏本同皆上作堪下作戡雪牕本上下皆作戡於此云戡音堪注疏本移此音於下按此堪勝也

與下戡克也同字同義但轉相訓耳故釋文於此作堪云本又作戡下不别出明無異文也盖自唐石經始誤加區别而今本因之

陵犯誇奢　單疏本雪牕本同釋文夸口花反或作誇非按說文大部夸奢也作誇者爲言之誇誕在言部

西伯堪黎　單疏本注疏本同雪牕本堪作戡釋文𨚵國名本作黎按說文邑部𨚵殷諸侯國从邑㓞聲商書西伯戡𨚵許氏所引書爲古文此注正與之合當從釋文今本非史記宋微子世家滅阮索隱謂鄒誕本作𨚵音黎又尚書及伏生大傳皆作戡與說文合此作堪非盖既區别經文爲上堪下戡因復據經改注耳

戡勝之勝也　書正義作强之勝也此誤

宣二年君子辭也　元本閩本監本同毛本宣下衍公字

轉互相訓耳　注疏本脫耳

秋獮爲獮　單疏本雪牕本同注疏本爲改曰

云秋獮爲獮者　注疏本脫者

僖二十七年傳文也　元本閩本監本同誤也毛本七改八

黽沒猶黽勉　單疏本雪牕本同釋文僶字又作黽按詩釋文黽本亦作僶五經文字人部僶莫尹反僶勉之僶字書無此字經典或借黽字爲之

昏暋　唐石經同釋文暋從昏單疏本正德本作昬暋雪牕本注中作昬暋經及閩本監本毛本作昏暋

務謂先務　注疏本先改事

昏夙夜之强也　監本同與書正義合正德本强誤勉閩本毛本承之

爾雅疏卷第一　卷末篇題閩本書一行每卷準此

爾雅注疏卷第一挍勘記終

爾雅疏卷第二

翰林侍講學士朝請大夫守國子祭酒上柱國賜紫金魚袋臣邢昺等奉

勑挍定

釋詁下

卬、吾、台、予、朕、身、甫、余、言、我也。卬猶姎也語之轉耳書曰非台小子古者貴賤皆自稱朕禮記曰授政任功曰予一人眕於鬼神曰有某甫言見詩。卬五剛切台音怡下同〔疏〕卬吾至我也。釋曰我者施身自謂也此皆我之别稱也卬者郭云卬猶姎也語之轉耳說文云女人稱我曰姎由其語轉故曰卬邶風匏有苦葉云人涉卬否吾者孔子曰吾自衛反魯身者我之躬也余者邶谷風云伊余來塈餘皆見注〔注〕書曰至見詩。釋曰云書曰非台小子者湯誓文云古者貴賤皆自稱朕者大禹謨云帝曰朕宅帝位禹曰朕德罔克屈原亦云朕皇考曰伯庸是貴賤皆自稱朕史記秦始皇二十六年定爲至尊之稱漢因不改以迄於今云禮記云授政任功曰予一人眕於鬼神曰有某甫者皆下曲禮文云言見詩者周南葛覃云言告師氏言告言歸是也

朕、余、躬、身也。今人亦自呼爲身〔疏〕朕余躬身也。釋曰身即我也郭云今人亦自呼爲身舍人曰余謙卑之身也孫炎曰余舒遲之身也僖九年左傳云齊侯曰小白余杜注云小白齊侯名余身也邶谷風云我躬不閱

台、朕、賚、畀、卜、陽、予也。賚卜畀皆賜與也與猶予也因通其名耳魯詩曰陽如之何今巴濮之人自呼阿陽。畀必二切陽音暘予音與〔疏〕台朕至予也。釋曰予即與也皆謂賜與台者遺與也讀與貽同朕者我與之也賚昇卜皆賜與也說命云夢帝賚予良弼鄘風干旄云何以畀之小雅天保云君曰卜爾萬壽無疆〔注〕與猶至阿陽。釋曰云與猶予也因通其名耳者說文云與黨與也予推予前人也象兩手相與之形今經典多以與爲推予故云因通其名耳云魯詩云陽如之何者漢書藝文志云魯申公爲詩訓故是爲魯詩其經云陽如之何申公以陽爲予故引之云今巴濮之人自呼阿陽者以時驗而言也

肅、延、誘、薦、餤、晉、寅、藎、進也。禮記曰主人肅客詩曰亂是用餤王之藎臣易曰晉進也寅未詳。餤音淡藎音燼〔疏〕肅延至進也。釋曰皆謂進道延者引而進之射義云子路出延射誘者道而進之也召南野有死麕云吉士誘之薦者進獻也月令云先薦寢廟餘皆見注〔注〕禮記至進也。釋曰云禮記曰主人肅客者上曲禮文也鄭注云進客謂道之云詩曰亂是用餤者小雅巧言文云王之藎臣者大雅文王文云易曰晉進也者晉卦彖辭也

羞、餞、迪、烝、進也。皆見詩禮〔疏〕羞餞至進也。釋曰謂進與也羞者曲禮云間子有客使某羞餞者進飲食之名也迪者以道而進也烝者周頌豐年云烝畀祖妣

詔、亮、左、右、相、導也。皆謂教導之

詔、相、導、左、右、助、勴也。勴謂贊勉

亮、介、尚、右也。紹介勸尚皆相佑助

左、右、亮也。反覆相訓以盡其義。相息亮切勴音慮〔疏〕詔亮至亮也。釋曰詔者大宗伯云詔相王之大禮亮者大雅大明云涼彼武王左右者周南關雎云左右流之相者鄉飲酒云相者二人此皆謂教導之也敎導即贊勉也故又爲勴說文云勴助也不以力助以心助也郭云紹介勸尚皆相佑助孫炎曰介者相助之義如人之左右手故以介爲左右也大雅生民云攸介攸止故轉爲右左右即亮也亦皆謂佐助反覆相訓以盡其義亮涼音義同

緝、熙、烈、顯、昭、晧、頲、光也。詩曰學有緝熙于光明又曰休有烈光。頲古迥切〔疏〕緝熙至光也。釋曰顯者光明也大雅假樂云顯顯令德說文云昭日明也大雅雲漢云昭回于天晧者亦日光也頲火光也小雅無將大車云不出于熲〔注〕詩曰至烈光。釋曰云學有緝熙于光明者周頌敬之文又曰休有烈光周頌載見文

劼、鞏、堅、篤、掔、虔、膠、固也。劼虔皆見詩書易曰鞏用黃牛之革固志也掔然亦牢固之意。劼苦黠切掔音牽〔疏〕劼鞏至固也。釋曰皆牢固也劼者確固也鞏者說文云以革有所束也堅者剛彊之固也論語云不曰堅乎磨而不磷篤者厚也物厚者牢固堅者掔亦牢固之意虔者恭之固也膠者所以固物小雅隰桑云德音孔膠〔注〕劼虔至志也。釋曰云劼虔皆見詩書者酒誥云劼毖殷獻臣大雅韓奕云虔共爾位云易曰鞏用黃牛之革固志也者案革卦初九鞏用黃牛之革遯卦六二象曰執用黃牛固志也文與此異然則郭云固志者所以釋革卦之鞏非謂遯之固志

疇、孰、誰也。易曰疇離祉。疇直留切〔疏〕疇孰誰也。釋曰皆謂語辭不爲義也又猶言誰人也論語云君孰與不足陳風墓門云誰昔然矣〔注〕易曰疇離祉。釋曰否卦九四爻辭也

暀暀、皇皇、藐藐、穆穆、休、嘉、珍、禕、懿、鑠、美也。自穆穆已上皆美盛之貌其餘常語。暀音旺藐音邈禕音衣〔疏〕暀暀至美也。釋曰皆謂美盛也少儀云祭祀之美齊齊皇皇鄭玄云皇皇讀如歸往之往彼言皇皇則此暀暀也少儀又云言語之美穆穆皇皇曲禮云天子穆穆諸侯皇皇鄭注皆云行容止之貌然則皇皇穆穆者皆言語容止之美盛也大雅崧高云旣成藐藐毛傳云藐藐美貌休者大禹謨云戒之用休又曰嘉乃丕績儒行云席上之珍以待聘禕者歎美也懿者周頌時邁云我求懿德鑠者周頌酌篇於鑠王師是皆謂美之常語爾

諧、輯、協、和也。書曰八音克諧左傳曰百姓輯睦

關關、噰噰、音聲和也。皆鳥鳴相和

勰、燮、和也。書曰燮友柔克。輯集噰於恭反勰音協〔疏〕諧輯至和也。釋曰皆謂和同協者說文云眾之同和也關關噰噰者皆鳥鳴音聲相和也周南關雎云關關雎鳩邶風匏有苦葉云噰噰鳴雁勰即古文協字〔注〕書曰至柔克。釋曰云書曰八音克諧者舜典文云左傳曰百姓輯睦者案僖十五年及成十六年皆云羣臣輯睦其是乎云書曰燮友柔克者周書洪範文

從、申、神、加、弼、崇、重也。隨從弼輔增崇皆所以爲重疊神所未詳。重直龍切〔疏〕從申至重也。釋曰隨從申重加弼弼輔崇充皆所以爲重疊也大雅鳧鷖云福祿來崇

觳、悉、卒、泯、忽、滅、罄、空、畢、罊、殲、拔、殄、盡也。觳今直語耳忽然盡貌今江東呼厭極爲罊餘皆見詩。觳音學罄苦計切殲音尖〔疏〕觳今至見詩。釋曰此皆謂終盡觳今直語耳忽然盡貌左傳曰臯陶庭堅不祀忽諸云今江東呼厭極爲罊者以時驗而言也說文云器中盡也云餘皆見詩者悉者說文云詳盡也卒者終盡也衞風日月云畜我不卒泯者滅盡也大雅桑柔云靡國不泯滅絕盡也小雅正月云寧或滅之罄者說文云器中空也小雅蓼莪云缾之罄矣空者小雅大東云杼柚

其空畢者小雅無羊云畢來既升殲者舍人曰衆之盡也秦風黃鳥云殲我良人拔者拔除使盡也殄者詩云邦國殄瘁

苞、蕪、茂，豐也。苞叢繁蕪皆豐盛〔疏〕苞蕪茂豐也○釋曰皆豐盛也苞者草木叢生也禹貢云草木漸苞蕪者繁蕪也洪範云庶草蕃廡蕪廡音義同茂者茂盛也小雅天保云如松柏之茂

揫、斂、屈、收、戢、蒐、裒、鳩、樓，聚也。禮記曰秋之言揫揫斂也春獵爲蒐蒐者以其聚人衆也詩曰屈此羣醜原隰裒矣左傳曰以鳩其民樓猶今言拘樓聚也○揫子由切蒐音搜〔疏〕揫斂至聚也○釋曰皆會聚也斂者率聚也禮記大學曰百乘之家不畜聚斂之臣收者周頌維天之命云我其收之戢者藏聚也周頌時邁云載戢干戈餘皆見注〔注〕禮記至聚也○釋曰云禮記曰秋之言揫揫斂也者鄉飲酒義文云春獵爲蒐蒐者以其聚人衆也春獵爲蒐釋天文也云詩曰屈此羣醜者魯頌泮水文云原隰裒矣者小雅常棣文云左傳曰以鳩其民者隱八年文云樓猶今言拘樓聚也者以時驗而言也

肅、齊、遄、速、亟、屢、數、迅，疾也。詩曰仲山甫徂齊○遄音船亟欺冀切數音朔〔疏〕肅齊至疾也○釋曰皆謂急疾也肅者召南小星云肅肅宵征毛傳云肅肅疾貌齊者壯疾也遄者邶風泉水云遄臻于衛速者論語云無欲速亟者媿冀論語曰好從事而亟失時一云亟居力切大雅靈臺云匪亟其欲屢者小雅巧言云君子屢盟數者祭義云祭不欲數迅者疾走也論語云迅雷風烈必變〔注〕詩曰仲山甫徂齊○釋曰大雅烝民文

寁、駿、肅、亟、遄，速也。詩曰不寁故也駿猶迅速亦疾也○寁音昝亟居力切〔疏〕寁駿至速也○釋曰速亦疾也肅亟遄轉相訓耳駿者猶迅也禮記大傳云逡奔走駿逡音義同鄭注云疾奔走言勤事也〔注〕詩曰不寁故也○釋曰鄭風遵大路文

塈、阬、阬、滕、徵、隍、漮，虛也。塈谿塈也阬阬謂阬塹也隍城池無水者方言云漮之言空也皆謂丘墟耳滕徵未詳○阬音坑漮音康〔疏〕塈阬至虛也○釋曰皆謂空虛也塈者谿之虛也大雅韓奕云實墉實塈阬阬者坎陷之虛也但重言耳隍者城池無水者易曰城復于隍漮者注引方言云康之言空也彼注云漮㝩空貌亦丘墟之空無小雅賓之初筵云酌彼康爵鄭箋云康虛也漮康音義同

黎、庶、烝、多、醜、師、旅，衆也。皆見詩〔疏〕黎庶至衆也○釋曰皆謂衆夥也注云皆見詩者大雅雲漢云周餘黎民靈臺云庶民子來烝民云天生烝民周頌載見云思皇多祜大雅緜篇云戎醜攸行棫樸云六師及之小雅采芑云振旅闐闐之類是也

洋、觀、裒、衆、那，多也。詩曰薄言觀者又曰受福不那洋溢亦多貌〔疏〕洋觀至多也○釋曰皆謂衆多也洋者洋溢亦多貌魯頌閟宮云萬舞洋洋裒者聚之多也易曰君子以裒多益寡衆者周頌臣工云命我衆人〔注〕詩曰至不那○釋曰詩曰薄言觀者小雅采綠文又曰受福不那者桑扈文

流、差、柬，擇也。皆選擇見詩○差音叉柬音簡〔疏〕流差柬擇也○釋曰皆選擇也周南關雎云左右流之小雅吉日云既差我馬邶風云簡兮簡兮皆是也簡柬音義同

戰、慄、震、驚、戁、竦、恐、慴，懼也。詩曰不戁不竦慴即懾也○慄音栗戁女板切恐丘勇切慴之涉切〔疏〕戰慄至懼也○釋曰皆惶怖也論語曰使民戰栗詩秦風黃鳥云惴惴其慄震者易曰震來虩虩又曰驚遠而懼邇也詩云不戁不竦月令曰國時有恐樂記曰柔氣不慴是皆懼也慴即懾也〔注〕詩曰不戁不竦○釋曰商頌長發文也

痛、瘏、虺、頹、玄、黃、劬、勞、咎、顇、瘽、瘉、鰥、戮、癙、癵、瘇、痒、疷、疵、閔、逐、疚、痗、瘥、痱、擅、瘵、瘼、癠，病也。虺頹玄黃皆人病之通名而說者便謂之馬疾失其義也詩曰生我劬勞書曰智藏瘵在相戮辱亦可恥病也今江東呼病曰瘵東齊曰瘼禮記曰親瘠色容不盛戮逐未詳餘皆見詩○痡普胡切瘏音徒虺音灰顇音悴瘽音勤瘉音愈癙音鼠癵力專反瘇音里痒音羊疷音祇痗音妹瘥徂何切痱音肥擅音亶瘵音債癠徂細切〔疏〕痛瘏至病也○釋曰疾甚曰病此皆病之通名耳孫炎曰痛人疲不能行之病瘏馬疲不能進之病虺頹馬罷不能升高之病玄黃馬更黃色之病然則虺頹者病之狀玄黃者病之變色郭云皆人病之通名而說者便謂之馬病失其義也病蓋指孫炎不能弘通故云失其義也咎者罪病也顇者小雅雨無正云維躬是瘁顇瘁音義同瘽者勞苦之病也瘉者小雅角弓云交相爲瘉舍人云瘉相戮辱亦可恥病也癙及痒者小雅正月云癙憂以痒舍人云癙瘇痒皆心憂憊之病也孫炎云癙者畏之病也瘇者小雅正月云悠悠我里瘇里音義同疷者孫炎云滯之病也小雅白華云俾我疷兮疵者云瑕釁小病也閔者邶風柏舟云覯閔既多者衛風考槃云碩人之軸鄭箋云軸病也軸與逐古字通郭氏未詳疚者小雅采薇云憂心孔疚痗者小雅十月云亦孔之痗瘥者節南山云天方薦瘥痱者四月云百卉具腓痱腓音義同擅者大雅板篇云下民卒擅瘵者大雅瞻卬云士民其瘵瘼者大雅桑柔云瘼此下民餘皆見注〔注〕詩曰至見詩○釋曰云生我劬勞者小雅蓼莪文云書曰智藏瘵在者周書召誥文云今江東呼病曰瘵者以時驗而言云東齊曰瘼者方言文云禮記曰親瘠色容不盛者玉藻文

恙、寫、悝、盱、繇、慘、恤、罹，憂也。今人云無恙謂無憂也寫有憂者思散寫也詩曰悠悠我悝云何盱矣繇役亦爲憂愁也○悝音里盱音吁繇音遙〔疏〕恙寫至憂也○釋曰皆言憂愁也恙者聘禮云公問君賓對公再拜鄭注云拜其無恙郭云今人云無恙謂無憂也寫有憂者思散寫也小雅車舝云我心寫兮繇者繇役亦爲憂愁慘者心憂也恤者小雅祈父云胡轉予于恤罹者王風兔爰云逢此百罹〔注〕詩曰至盱矣○釋曰云詩曰悠悠我悝者小雅十月文云何盱矣者卷耳及都人士文也

倫、勩、邛、敕、勤、愉、庸、癉，勞也。詩曰莫知我勩維王之邛哀我癉人國語曰無功庸者倫理事務以相約敕亦爲勞勞苦者多惰愉今字或作窳同○勩與世切勞力報切〔疏〕倫勩至勞也○釋曰皆謂勞苦也倫者理也理治事務者必勞勤者廣雅云苦也孫炎曰習事之勞也敕者相約敕也亦爲勞苦勤者勞力也梓材云既勤垣墉愉者懶也郭云勞苦者多惰愉今字或作窳同庸者民功曰庸癉者說文云勞病也〔注〕詩曰至庸者○釋曰云詩曰莫知我勩者小雅雨無正文云維王之邛者巧言文云哀我癉人者大東文云國語曰無功庸者晉語韓獻子老使公族穆子受事於朝辭曰厲公之亂無忌備公族不能死臣聞之曰無功庸者不敢居高位今無忌智不能匡君使至於難仁不能救勇不能死敢辱君朝以忝韓宗請退也固辭不立悼公聞之曰難雖不能死而能讓不可不賞使掌公族大夫是其事也

勞、來、強、事、謂、翦、篲，勤也。詩曰職勞不來自勉強者亦勤力者由事事故爲勤也詩曰迨其謂之翦篲未詳○來音賚強其丈切〔疏〕勞來至勤也○釋曰皆謂勤勞也勞來者以其有勤勞也自勉強者亦爲勤由能事事有功者亦爲勤〔注〕詩曰至謂之○釋曰云職勞不來者小雅大東文人以不被勞來者爲不見勤故采薇敘曰杕杜以勤之即是勞來也云迨其謂之者召南摽有梅文也

悠、傷、憂，思也。皆感思也思司嗣切〔疏〕悠傷憂思也○釋曰皆感思也悠者秦風渭陽云悠悠我思傷者周南卷耳云維以不永傷憂者愁思也

懷、惟、慮、願、念、惄，思也。詩曰惄如調飢○惄音溺〔疏〕懷惟至思也○釋曰皆思念也方言云鬱悠懷惄惟慮願念靖慎思也晉宋衛魯之間謂之鬱悠惟凡思也慮謀思也願欲思也念常思也東齊海岱之間曰靖秦晉或曰慎凡思之貌亦曰慎或曰惄舍人曰惄志而不得之思也〔注〕詩曰惄如調飢○釋曰周南汝墳文

祿、祉、履、戩、祓、禧、褫、祜，福也。詩曰福履綏之俾爾戩穀祓祿康矣禧褫書傳不見其義未詳○戩子淺切祓音廢褫音斯〔疏〕祿祉至福也○釋曰皆福祉也福祿對文則小異散則祿亦福也商頌玄鳥云百祿是何鄭箋謂當擔負天之多福祉者繁多之福也周頌烈文云錫茲祉福祜者小雅信南山云受天之祜〔注〕詩曰至康矣○釋曰云詩曰福履綏之者周南樛木文云俾爾戩穀者小雅天保文云祓祿康矣者大雅卷阿文

禋、祀、祠、烝、嘗、禴，祭也。書曰禋于六宗餘者皆以爲四時祭名也○禴音藥〔疏〕禋祀至祭也○釋曰皆祭之別名祭際也人神交際說文云從示從又肉又手也以手持肉示神所以祭也禋者說文云絜祀也祀者說文云祭無已也餘者四時祭名也〔注〕書曰禋于六宗○釋曰虞書舜典文孔安國云精意以享謂之禋宗尊也所尊祭者其祀有六謂四時也寒暑也日也月也星也水旱也

儼、恪、祗、翼、諲、恭、欽、寅、熯，敬也。儼然敬貌書曰夙夜惟寅詩曰我孔熯矣諲未詳○恪虛各切諲音因熯而善切〔疏〕儼恪至敬也○釋曰皆謂謹敬也儼者郭云儼然敬貌論語云儼然人望而畏之恪者心敬也周書微子之命云恪慎克孝祗者虞書大禹謨云祗承于帝翼者小心之敬也云恭者敬貌也大雅桑柔云溫溫恭人欽者堯典云欽若昊天〔注〕書曰至熯矣○釋曰云書曰夙夜惟寅者虞書舜典文云詩曰我孔熯矣者小雅楚茨文

朝、旦、夙、晨、晙，早也。晙亦明也○晙音俊〔疏〕朝旦至早也○釋曰早者說文云晨也從日在甲上十古文甲字今即以不晚爲早朝者鄘風蝃蝀云崇朝其雨毛傳云崇終也從旦至食時爲終朝旦者說文云明也從日在一上一地也陳風東門之枌云穀旦于差夙者齊風東方未明云不夙則莫晨者說文云晨昧爽也東方未明云不能晨夜晙早也

須、竢、替、戾、底、止、徯，待也。書曰徯我后今河北人語亦然替戾底者皆止也止亦相待○須音須竢音士底音止徯胡禮切〔疏〕須竢至待也○釋曰皆相待也須者邶風匏有苦葉云卬須我友竢者齊風著篇云俟我于著乎而俟竢音義同替戾底者郭云皆止也止亦相待〔注〕書曰徯我后○釋曰商書太甲文

嘒、幾、烖、殆，危也。幾猶殆也嘒烖未詳○嘒音聿烖音哉〔疏〕嘒幾至危也○釋曰皆危險也說文云危在高而懼幾者幾猶殆也周書顧命云無以釗冒貢于非幾殆者小雅節南山云無小人殆

饑，汔也。謂相摩近○饑音祈汔音盡〔疏〕饑汔也○釋曰說文云剴摩也郭讀饑爲剴云謂相摩近孫炎云汔近也大雅民勞云汔可小康鄭箋云汔幾也反覆相訓故汔得爲幾也昭二十年左傳亦引此詩云杜預云汔期也然

則期字雖別皆是近義言其近當如此史記稱漢高祖欲廢大子周昌曰臣口不能言然臣期期知其不可陛下雖廢大子臣期不奉詔言期者意亦與此同也

治、肆、古、故也。治未詳肆古見詩書【疏】治肆古故也○釋曰肆之爲故語更端辭也商書湯誥曰肆台小子古之爲故謂舊故也周頌良耜云續古之人

肆、故、今也。肆既爲故又爲今今亦爲故故亦爲今此義相反而兼通者事例在下而皆見詩【疏】肆故今也○釋曰詩大雅緜篇云肆不殄厥慍毛傳云肆故今也即以肆之一字爲故今因上起下之語郭氏字別爲義云肆既爲故又爲今今亦爲故故亦爲今此義相反而兼通者事例在下在下者謂在下文徂在存也注

惇、亶、祜、篤、掔、仍、肫、埤、竺、腹、厚也。頻仍埤益肫輔皆重厚掔然厚貌餘皆見詩書○肫音盹埤音裨竺音篤【疏】惇亶至厚也○釋曰皆重厚也惇者周書武成云惇信明義亶者誠之厚也大雅桑柔云逢天僤怒小雅天保云俾爾單厚周頌昊天有成命云單厥心皆訓厚也亶僤單音義同祜者福厚也篤者周頌維天之命云曾孫篤之掔然厚貌頻仍埤益肫輔皆重厚釋天云仍饑爲荐邶風北門云政事一埤益我小雅節南山云天子是毗又采菽云福祿膍之肫毗膍音義同腹者小雅蓼莪云出入腹我月令云水澤腹堅

載、謨、食、詐、僞也。載者言而不信謨者謀而不忠書曰朕不食言【疏】載謨至僞也○釋曰皆虛僞也郭云載者言而不信謨者謀而不忠者以載誥爲言謨爲謀今又爲僞故以爲言而不信謀而不忠不信不忠則是僞也食者孫炎曰食言之僞也哀二十五年左傳云孟武伯惡郭重曰何肥也公曰是食言多矣能無肥乎然則言而不行如食之消盡後終不行前言爲僞故通謂僞言爲食言故此訓食爲僞也詐者方言云膠譎詐也涼州西南之間曰膠自關而東西或曰譎或曰膠詐通語也【注】書曰朕不食言○釋曰商書湯誥文

話、猷、載、行、訛、言也。詩曰慎爾出話猷者道道亦言也周禮曰作盟詛之載今江東通謂語爲行世以妖言爲訛【疏】話猷至言也○釋曰皆謂言辭也話者善言也孫炎曰善人之言也猷者道也道亦言也載者載於簡策之言也郭云今江東通謂語爲行世以妖言爲訛【注】詩曰至之載○釋曰云詩曰慎爾出話者大雅抑篇文云周禮曰作盟詛之載者春官詛祝職文也

遘、逢、遇也。謂相遭遇**遘、逢、遇、遻也。**轉復爲相觸遻**遘、逢、遇、遻、見也。**行而相值即見○遘音構遻音悟【疏】遘逢至見也○釋曰皆謂相遭遇觸遻而相見也召南草蟲云亦既遘止周書洪範云子孫其逢吉鄭風野有蔓草云邂逅相遇轉復相訓三者又爲相觸遻遘逢遇遻四者皆行而相值之名行而相值即見也故又爲見

顯、昭、覲、釗、覿、見也。顯昭明見也逸書曰釗我周王○釗之遙切【疏】顯昭至見也○釋曰顯昭明見也周頌敬之云天維顯思又時邁云明昭有周覲釗覿者皆下見上也曲禮云天子當依而立諸侯北面而見天子曰覲郊特牲云不敢私覿○注逸書曰釗我周王○釋曰不在今尚書之內故曰逸書

監、瞻、臨、涖、頫、相、視也。皆謂察視也○監音鑒涖音利頫音跳【疏】監瞻至視也○釋曰皆謂察視也小雅節南山云何用不監又曰民具爾瞻大雅大明云上帝臨女王世子云成王幼不能涖阼覜者考工記云瑑圭璋八寸璧琮八寸以覜聘鄭注云覜視也聘問也衆來曰覜特來曰聘相者小雅小弁云相彼投兔

鞠、訩、溢、盈也。詩曰降此鞠訩【疏】鞠訩溢盈也○釋曰皆謂盈多訩訟滿溢皆盈多也○注詩曰降此鞠訩○釋曰小雅節南山文毛傳云鞠盈訩訟也鄭箋云盈猶多也以盈者必多故鄭轉云盈猶多也

孔、魄、哉、延、虛、無、之、言、間也。孔穴延魄虛無皆有間隙餘未詳【疏】孔魄至間也○釋曰間謂間隙也孔者孔穴小雅角弓云如酌孔取魄者形也謂月之無光之處名魄也康誥云惟三月哉生魄延者今墓道也虛無者空無所有也是皆有間隙也

瘞、幽、隱、匿、蔽、竄、微也。微謂逃藏也左傳曰其徒微之是也○瘞於計切匿女力切【疏】瘞幽至微也○釋曰微謂逃藏也瘞者埋藏之微也幽者深微也隱者潛隱而微也匿者舍人曰藏之微也蔽者覆障使微也竄者行之微也是皆微味不顯揚也○注左傳至是也○釋曰哀十六年傳云楚白公勝作亂殺子西子期葉公子高至遇箴尹固帥其屬將與白公子高曰微二子者楚不國矣棄德從賊其可保乎乃從葉公使與國人以攻白公白公奔山而縊其徒微之是也

訖、徽、妥、懷、安、按、替、戾、底、廢、尼、定、曷、遏、止也。妥者坐也懷者至也按抑按也替廢皆止住也戾底義見詩傳國語曰戾久將底孟子曰行或尼之今以逆相止爲遏徽未詳○妥他果切遏烏曷切【疏】訖徽至止也○釋曰皆謂止住也訖者終止也妥者坐止也懷至止也安休止也按抑替廢皆止住也大雅云妥以按徂旅小雅云勿替引之定者靜止也曷者俗以抑止爲曷今以逆相止爲遏餘皆見注○注戾底至尼之○釋曰云戾底義見詩者小雅采菽云亦是戾矣底者在物之下是亦止也凡注言見詩今毛詩無者蓋在齊魯韓詩也云國語曰戾久將底者案晉語云文公在翟十二年狐偃曰日吾來此也非以翟爲榮可以成事也吾曰奔而易達困而有資休以擇利可以戾也今戾久矣戾久將底底著滯淫誰能興之盍速行乎是其事也云孟子曰行或尼之者案孟子魯平公將見孟子嬖人臧倉止之樂正子見孟子曰克告於君君爲來見也嬖人有臧倉者沮君君是以不來也曰行或使之止或尼之行止非人所能也吾之不遇魯侯天也臧氏之子焉能使予不遇哉是其事也此云行或尼之者所見本異或傳寫誤

豫、射、厭也。詩曰服之無斁豫未詳○射音亦【疏】豫射厭也○釋曰謂厭倦也○注詩曰服之無斁○釋曰詩曰者周南葛覃文也

烈、績、業也。謂功業也【疏】烈績業也○釋曰謂功業也烈者周頌執競云無競維烈績者大雅文王有聲云維禹之績

績、勳、功也。謂功勞也【疏】績勳功也○釋曰謂功勞也績者虞書大禹謨云嘉乃丕績勳者案周禮司勳職云王功曰勳鄭注云輔成王業若周公

功、績、質、登、平、明、考、就、成也。功績皆有成詩曰質爾民人禮記曰年穀不登穀梁傳曰平者成也事有分明亦成濟也【疏】功績至成也○釋曰皆謂成濟也勳功績業皆有成也事有分明亦成濟也舜典云三載考績周頌敬之云日就月將皆言成功也○注詩曰至成也○釋曰云詩曰質爾民人者大雅抑篇文云禮記曰年穀不登者下曲禮文云穀梁傳曰平者成也者宣十五年文也

梏、梗、較、頲、庭、道、直也。梏梗較頲皆正直也詩曰既庭且碩頲道無所屈○梏音谷較音角頲他頂切【疏】梏梗至直也○釋曰梏梗較頲皆正直也庭條直也道者頲道無所屈○注詩曰既庭且碩○釋曰小雅大田文

密、康、靜也。皆安靜也【疏】密康靜也○釋曰皆安靜也周頌昊天有成命夙夜基命宥密大雅生民云不康禋祀

豫、寧、綏、康、柔、安也。皆見詩書【疏】豫寧至安也○釋曰皆安樂也大雅板田云不敢戲豫虞書大禹謨云萬邦咸寧商書大甲云撫綏萬邦大雅民勞云汔可小康虞書舜典云柔遠能邇

平、均、夷、弟、易也。皆謂易直【疏】平均至易也○釋曰易者不難也和平均一皆易直也周頌天作云岐有夷之行大雅洞酌云豈弟君子

矢、弛也。弛放**弛、易也。**相延易○矢弛弛音尸紙切【疏】矢弛至易也○釋曰郭云弛放也以弓釋弦曰弛故云弛放禮記雜記云一張一弛弛又爲易爲相延易也

希、寡、鮮、罕也。罕亦希也**鮮、寡也。**謂少○鮮息淺切【疏】希寡至寡也○釋曰皆簡少之稱也論語云希不失矣易說卦云巽爲寡髮大雅篇云鮮不爲則郭云罕亦希也鄭風大叔于田云叔發罕忌鮮又爲寡轉互相訓皆謂希少爾

酬、酢、侑、報也。此通謂相報荅不主于飲酒○酢音昨【疏】酬酢侑報也○釋曰皆相報荅也郭云此通謂相報荅不主于飲酒者以飲酒之禮主人酌酒于賓曰獻賓既卒爵洗而酌主人曰酢主人既卒酢爵又酌自飲卒爵復酌進賓曰酬故說者以酬酢主謂飲酒相報荅郭以易繫辭云可與酬酢謂應對萬物也小雅楚茨云萬壽攸酢是神報主人也故云不主於飲酒侑者案公食大夫禮賓三飯之後云公受宰夫束帛以侑注云束帛十端帛也侑猶勸也主國君以爲食賓殷勤之意未至復發幣以勸之欲其深安賓也是侑者主人所以報賓也

毗、劉、暴、樂也。謂樹木葉缺落蔭疏暴樂見詩○暴音剝樂音洛【疏】毗劉暴樂也○釋曰舍人曰毗劉暴樂之意也木枝葉稀疎不均爲暴樂郭云謂樹葉缺落蔭疏暴樂見詩者大雅桑柔云捋采其劉毛傳云劉暴爍而希也是矣

覭、髳、茀、離也。謂草木之叢茸翳薈也茀離即彌離彌離猶蒙蘢耳孫叔然字別爲義失矣○覭音陌髳音蒙【疏】覭髳茀離也○釋曰郭云謂草木之叢茸翳薈也茀離即彌離彌離猶蒙蘢耳孫叔然字別爲義失矣郭以時驗而爲此解孫氏每字各別爲義故云失矣

蠱、諂、貳、疑也。蠱惑有貳心者皆疑也左傳曰天命不諂○諂音滔【疏】蠱諂貳疑也○釋曰皆謂疑惑也○注蠱惑至不諂○釋曰云蠱惑有貳心者皆疑也者案昭元年左傳晉趙孟問於醫和曰何謂蠱對曰淫溺惑亂之所生也於文皿蟲爲蠱穀之飛亦爲蠱在周易女惑男風落山謂之蠱是蠱惑也貳者心疑不一也大雅大明云無貳爾心毛傳云無敢懷貳心也云左傳曰天命不諂者哀十七年葉公子高辭也

楨、翰、儀、榦也。詩曰維周之翰儀表亦體榦也【疏】楨翰儀榦也○釋曰舍人曰楨正也築牆所立兩木也翰所以當牆兩邊障土者也大雅生民云維周之楨又崧高云維周之翰儀表亦體榦也

弼、棐、輔、比、俌也。書曰天威棐忱易曰比輔也俌猶輔也○棐音匪比毗志切俌音甫【疏】弼棐輔比俌也○釋曰俌猶輔也弼者商書說命云夢帝賚予良弼棐者周書康誥云天威棐忱輔者商書湯誓云爾尚輔予一人比者易比卦象云比輔也

疆、界、邊、衛、圉、垂也。疆場竟界邊旁營衛守圉皆在外垂也左傳曰聊以固吾圉也○圉音語【疏】疆界至垂也○釋曰謂四垂也郭云疆場竟界邊旁營衛守圉皆在外垂也舍人曰圉拒邊垂也孫炎曰圉國之四垂也○注左傳曰聊以固吾圉也○釋曰隱十一年

鄭伯辭也

昌、敵、彊、應、丁、當也。書曰禹拜昌言彊者好與物相當值〔疏〕昌敵至當也○釋曰皆相當也昌者言當也敵者仇匹相當也文六年左傳曰敵惠敵怨彊者好與物相當值應者對當也大雅下武云應侯順德丁者雲漢云寧丁我躬○注書曰禹拜昌言○釋曰虞書大禹謨文

淳、肩、搖、動、蠢、迪、俶、厲、作也。淳然興作貌蠢動作公羊傳曰俶甚也穀梁傳曰始厲樂矣肩見書迪未詳〔疏〕淳肩至作也○釋曰皆興作也淳然興作貌莊公十一年左傳云禹湯罪己其興也淳然肩者勝任之作也搖者考工記矢人云夾而搖之以視其豐殺之節也動者商書咸有一德云德惟一動罔不吉蠢者鄉飲酒義云春之爲言蠢也俶者始作也厲者方言云厲卬爲也甌越曰卬吳曰厲爲亦作也○注公羊至樂矣○釋曰云公羊傳曰俶甚也者隱九年云三月庚辰大雨雪何以書記異也何異爾俶甚也云穀梁傳曰始厲樂矣者隱五年云九月考仲子之宮初獻六羽始僭樂矣尸子曰舞夏自天子至諸侯皆用八佾初獻六羽始厲樂矣

茲、斯、咨、呰、已、此也。呰已皆方俗異語○呰音紫〔疏〕茲斯至此也○釋曰此者對彼之稱言近在是也茲者虞書大禹謨云念茲在茲斯者召南殷其雷云何斯違斯咨與茲同呰已與此皆音相近故得爲此也郭云呰已皆方俗異語

嗟、咨、䁥也。今河北人云䁥歎音兔罝○䁥音嗟〔疏〕嗟咨䁥也○釋曰皆歎也周南卷耳云嗟我懷人堯典云嚋咨若時登庸郭云今河北人云䁥歎

閑、狎、串、貫、習也。串厭串貫貫忕也今俗語皆然○串五患切貫音慣〔疏〕閑狎至習也○釋曰皆便習也莊二十二年左傳曰赦其不閑於教訓曲禮曰賢者狎而敬之大雅皇矣云串夷載路齊風猗嗟云射則貫兮皆是習也郭云串厭串貫貫忕也今俗語皆然者當時晉時有此厭串貫忕之語故以爲證也

曩、塵、佇、淹、留、久也。塵垢佇企淹滯皆稽久〔疏〕曩塵至久也○釋曰曩曩塵垢佇企淹滯留止皆稽久也通見詩書

逮、及、暨、與也。公羊傳曰會及暨皆與也逮亦及也〔疏〕逮及暨與也○釋曰皆相親與也○注公羊至及也○釋曰云公羊傳曰會及暨皆與也者隱元年文也云逮亦及也者方言文

騭、假、格、陟、躋、登、陞也。方言曰魯衞之間曰騭梁益曰格禮記曰天王登遐公羊傳曰躋者何陞也○騭音質假音遐〔疏〕騭假至陞也○釋曰皆謂陞上陟者周南卷耳云陟彼高岡餘見注○注方言至陞也○釋曰方言曰者案彼云躡郅鮨跂鍇俗躋踰躐登也自關而西秦晉之間曰躡東齊海岱之間謂之躋魯衞曰郅梁益之間曰俗或曰跂騭郅格俗音義同云禮記曰天王登遐者下曲禮文云公羊傳曰躋者何陞也者文公二年文也

揮、盝、歇、涸、竭也。月令曰無漉陂池國語曰水涸而成梁揮振去水亦爲竭歇通語○涸音鶴〔疏〕揮盝至竭也○釋曰皆謂竭盡也揮者郭云揮振去水亦爲竭曲禮曰執玉器者弗揮是也盝即漉也郭云歇通語謂歇即竭之通語也涸水竭也○注月令至成梁○釋曰云月令云無漉陂池者按月令仲春之月是月也無竭川澤無漉陂池無焚山林鄭注云順陽養物也畜水曰陂穿地通水曰池云國語曰水涸而成梁者案周語定王使單襄公聘於宋遂假道於陳以聘楚單子歸告王曰陳侯不有大咎國必亡王曰何故對曰夫辰角見而雨畢天根見而水涸本見而草木節解駟見而隕霜火見而清風戒寒故先王之教曰雨畢而除道水涸而成梁草木節解而備藏隕霜而冬裘具清風至而脩城郭宮室今陳國火朝覿矣而道路若塞野場若棄澤不陂障川無舟梁是廢先王之教也引之者證涸爲水竭

抯、拭、刷、清也。振訊抆拭埽刷皆所以爲絜清○抯音振刷所劣切〔疏〕抯拭刷清也○釋曰郭云振訊抆拭埽刷皆所以爲絜清禮記喪大記云抯用巾哀十四年公羊傳云反袂拭面周禮凌人職云夏頒冰掌事秋刷後鄭云秋涼冰不用可以清除其室

鴻、昏、於、顯、間、代也。鴻鴈知運代昏主代明明亦代昏顯即明也間錯亦相代於義未詳○於音烏間音澗〔疏〕鴻昏至代也○釋曰皆謂更代也云鴻鴈知運代者鴻鴈之屬九月而南正月而北是知其時運而更代南北也云昏主代明者釋經昏字也日入後二刻半爲昏昏來則明往故云昏主代明云明亦代昏者釋經顯也顯即明也云間錯亦相代者謂間厠交錯亦相更代也儀禮鄉飲酒云乃間歌魚麗鄭注云間代也謂一歌則一吹是也又周頌桓篇云皇以間之

饁、饟、饋也。國語曰其妻饁之○饁音叶饟音餉饋音櫃〔疏〕饁饟饋也○釋曰饁者以食遺與也野食曰饁舍人曰饟自家之野也○注國語曰其妻饁之○釋曰晉語云臼季使舍於冀野冀缺耨其妻饁之敬相待如賓從而問之冀芮之子與之歸既復命而進之曰臣得賢人敢以告是也

遷、運、徙也。今江東通言遷徙〔疏〕遷運徙也○釋曰皆謂移徙也大雅皇矣云帝遷明德易曰日月運行郭云今江東通言遷徙者時驗而言也

秉、拱、執也。兩手持爲拱〔疏〕秉拱執也○釋曰皆謂持執也周書金縢云植璧秉珪郭云兩手持爲拱老子云雖有拱璧

廞、熙、興也。書曰庶績咸熙廞見周官○廞許金切〔疏〕廞熙興也○釋曰皆謂興作郭云書曰庶績咸熙者虞書舜典文云廞見周官者周官即周禮也笙師職云大喪廞其樂器鄭注廞興也興謂作之

衛、蹶、假、嘉也。詩敘曰假樂嘉成王也餘未詳○蹶居衛切假音暇〔疏〕衛蹶假嘉也○釋曰謂嘉美也郭云詩敘曰假樂嘉成王也者大雅假樂篇敘也

廢、稅、赦、舍也。詩曰召伯所稅舍放置○舍音捨〔疏〕廢稅赦舍也○釋曰皆舍置也廢者宣八年公羊傳云廢其無聲者赦者放置也虞書舜典云眚災肆赦郭云詩曰召伯所稅者召南甘棠文也

棲遲、憩、休、苦、㰹、齂、呬、息也。棲遲遊息也苦勞者宜止息憩見詩㰹齂呬皆氣息貌今東齊呼息爲呬也○憩去例切㰹苦怪切齂許戒切呬許四切〔疏〕棲遲至息也○釋曰皆止息也舍人曰棲遲行步之息郭云棲遲遊息也陳風衡門云衡門之下可以棲遲憩者召南甘棠云召伯所憩休者止而息也周南漢廣云不可休息苦者郭云苦勞者宜止息㰹齂呬者郭云皆氣息貌案方言云餘喙呬息也周鄭宋沛之間曰餘自關而西秦晉之間或曰喙或曰餘東齊曰呬故郭云今東齊呼息爲呬也

供、峙、共、具也。皆謂備具○峙直紀切供音恭〔疏〕供峙共具也○釋曰皆謂備具也供者論語云子路共之供共音義同峙者周書費誓云峙乃糗糧周頌臣工云庤乃錢鎛峙庤音義同共者小雅小旻云靖共爾位

㥽、憐、惠、愛也。㥽韓鄭語今江東通呼爲憐○㥽音某〔疏〕㥽憐惠愛也○釋曰愛謂寵惜也方言云憮㤜韓俺擔憐牟愛也韓鄭曰憮晉衞曰俺汝潁之間曰憐宋魯之間曰牟或曰憐憐通語也故郭云㥽韓鄭語今江東通呼爲憐㥽憮音義同惠也者仁愛也邶北風云惠而好我

娠、蠢、震、憖、妯、騷、感、訛、蹶、動也。娠猶震也詩曰憂心且妯無感我帨兮或寢或訛蠢憖騷蹶皆搖動貌○娠音振妯音抽〔疏〕娠蠢至動也○釋曰皆謂動作娠者說文云妊娠動也郭云娠猶震也者以大雅生民云載震載夙昭元年左傳曰邑姜方震大叔哀元年左傳曰后婚方震皆謂有身爲震故云娠猶震也蠢者郭云蠢憖騷蹶皆搖動貌小雅采芑云蠢爾蠻荆震者大雅常武云震驚徐方憖者恐動也商頌長發云不憖不竦騷者大雅常武云徐方繹騷蹶者大雅緜篇云文王蹶厥生○注詩曰至或訛○釋曰云詩曰憂心且妯者小雅鼓鍾文云無感我帨兮者周南野有死麕文云或寢或訛者小雅無羊文

覆、察、副、審也。覆校察視副長皆所爲審諦〔疏〕覆察副審也○釋曰郭云覆校察視副長皆所爲審諦覆者月令季春云命舟牧覆舟五覆五反察者周書呂刑云惟察惟法副者次長之稱

契、滅、殄、絕也。今江東呼刻斷物爲契斷○契苦結反〔疏〕契滅殄絕也○釋曰皆謂斷絕契者郭云今江東呼刻斷爲契斷定九年左傳曰盡借邑人之車契其軸杜注云契刻也滅者小雅正月云寧或滅之殄者大雅桑柔云不殄心憂

郡、臻、仍、迺、侯、乃也。迺即乃餘未詳〔疏〕郡臻至乃也○釋曰乃語辭也迺乃音義同大雅緜篇云迺慰迺止是也

迪、繇、訓、道也。義皆見詩書○繇音由〔疏〕迪繇訓道也○釋曰虞書大禹謨曰惠迪吉小雅巧言云秩秩大猷繇音義同周書顧命云命汝嗣訓

僉、咸、胥、皆也。東齊曰胥見方言○僉七廉切〔疏〕僉咸胥皆也○釋曰謂衆皆也舜典云僉曰伯禹作司空商書云咸有一德郭云東齊曰胥見方言者案方言云僉胥皆也自山而東五國之郊曰僉東魯曰胥是也

育、孟、耆、艾、正、伯、長也。育養亦爲長正伯皆官長○長丁丈反〔疏〕育孟至長也○釋曰皆謂長上也郭云育養亦爲長邶谷風云既生既育鄭箋云育謂長老也孟庶長也又周書康誥云王若曰孟侯孔安國云孟長也五侯之長者艾皆老長也曲禮曰五十曰艾服官政六十曰耆指使正伯皆官長大雅雲漢云以戾庶正盤庚云邦伯師長

艾、歷也。長者多更歷〔疏〕艾歷也○釋曰艾又爲歷郭云長者多更歷

厤、秭、算、數也。厤厤數也今以十億爲秭論語云何足算也○秭音姊算音筭〔疏〕厤秭算數也○釋曰皆算數也郭云厤厤數也推律所生之數虞書大禹謨云天之厤數在汝躬秭者周頌豐年云萬億及秭毛傳云數億至萬曰億數億至億曰秭郭云今以十億爲秭者以時驗而言也○注論語至算也○釋曰案論語子貢問曰今之從政者何如子曰噫斗筲之人何足算也鄭曰算數也

歷、傳也。傳近○歷音厤〔疏〕歷傳也○釋曰謂傳近也隱十一年左傳云庚辰傳於許

艾、歷、覛、胥、相也。覛謂相視也公羊傳曰胥盟者何相盟也艾歷未詳○覛音脈〔疏〕艾歷至相也○釋曰皆謂相視也覛者郭云覛謂相視也說文云覛邪視也郭云公羊傳曰胥盟者何相盟也者桓三年文

乂、亂、靖、神、弗、淈、治也。論語曰予有亂臣十人淈書敘作汩音同耳神未詳餘見詩書○淈音骨〔疏〕乂亂至治也○注論語至詩書○釋曰皆治理也舍人曰亂義之治也孫炎曰亂治之理也云論語曰予有亂臣十人者泰伯篇文也淈書敘作汩音同耳者虞書敘云帝釐下土方設居方別生分類作汩作孔傳云汩治作興也言其治民之功興故爲汩作之篇亡云餘竝見詩書者

舜典云有能俾乂小雅菀柳云俾予靖之大雅生民云茀厥豐草弗茀音義同

頤、艾、育，養也。 汝潁梁宋之間曰艾方言云〔疏〕頤艾育養也○釋曰頤者易曰頤貞吉育者易无妄象曰先王以茂對時育萬物郭云汝潁梁宋之間曰艾方言云者案方言云台胎陶鞠養也晉衛燕趙曰台瞻陳楚韓鄭之間曰鞠秦或曰陶汝潁梁宋之間曰胎或曰艾是也

汱、渾、隕，墜也。 汱渾皆水落貌○汱姑犬切渾故本切〔疏〕汱渾隕墜也○釋曰皆墜落也郭云汱渾皆水落貌春秋僖公十六年經云星隕如雨

際、接、翜，捷也。 捷謂相接續也○翜所甲切〔疏〕際接翜捷也○釋曰郭云捷謂相接續也際者相會之捷也左傳曰爾未際也小雅菀柳云無自瘵焉鄭箋云瘵接也接者曾子問云接祭而已謂捷速而祭也翜者未詳

毖、神、溢，慎也。 神未詳餘見詩書○毖音祕〔疏〕毖神溢慎也○釋曰謂謹慎也毖者周官洛誥云夙夜毖祀溢者舍人曰溢行之慎周頌維天之命云假以溢我故注云見詩書

鬱、陶、繇，喜也。 孟子曰鬱陶思君禮記曰人喜則斯陶陶斯詠詠斯猶猶即繇也古今字耳○繇音由〔疏〕鬱陶繇喜也○釋曰皆謂歡悅鬱陶者心初悅而未暢之意也○注孟子至字耳○釋曰云孟子曰鬱陶思君者案孟子云象往入舜宮舜在牀琴曰鬱陶思君爾忸怩趙氏注云象見舜生在牀鼓琴愕然反辭曰我鬱陶思君故來爾辭也忸怩而慙是其情也云禮記曰人喜則斯陶陶斯詠詠斯猶者下檀弓文鄭注云陶鬱陶也咏嘔也猶當為搖聲之誤也搖謂身動搖也秦人猶搖聲相近云猶即繇也古今字耳者言禮記猶即此經繇也古今字異耳

馘、穧，獲也。 今以獲賊耳為馘獲禾為穧並見詩○馘古獲切穧才細切〔疏〕馘穧獲也○釋曰皆謂克獲也郭云今以獲賊耳為馘者大雅皇矣云攸馘安安毛傳云不服者殺而獻其左耳曰馘魯頌泮水云在泮獻馘鄭箋云馘所格者之左耳皆謂臨陳格殺之而取其耳也云獲禾為穧者小雅大田云此有不斂穧穧者禾之鋪而未束故云獲禾為穧是並見詩也

阻、艱，難也。 皆險難○難乃旦切〔疏〕阻艱難也○釋曰皆險難也秦風蒹葭云道阻且長商書說命云非知之艱

剡、䂮，利也。 詩曰以我剡耜○剡羊冉切䂮音略〔疏〕剡䂮利也○釋曰皆耜之利也小雅大田云以我覃耜剡覃音義同周頌載芟云有略其耜䂮略音義同

允、任、壬，佞也。 書曰而難任人允信者佞人似信壬猶任也○任壬林切〔疏〕允任壬佞也○釋曰皆謂諂佞也允信也佞人似信任者孫炎云似可任之佞也虞書舜典云而難任人壬猶任也皐陶謨云何畏乎巧言令色孔壬

俾、拼、抨，使也。 皆謂使令見詩

俾、拼、抨、使，從也。 四者又為隨從○拼北萌切抨烹〔疏〕俾拼抨使也至從也○釋曰皆謂使令隨從也郭云見詩者魯頌閟宮云俾爾熾而昌大雅桑柔云荓云不逮拼荓音義同抨義亦同此皆為使令也俾拼抨使四者又為隨從

儴、仍，因也。 皆謂因緣○儴音穰〔疏〕儴仍因也○釋曰皆因緣也費誓曰無敢寇攘鄭注云因其亡失曰攘儴攘音義同施博士讀曰襄周書君奭云襄我二人郭無明說義得兩通論語云仍舊貫

董、督，正也。 皆謂御正〔疏〕董督正也○釋曰皆謂御正也虞書大禹謨云董之用威春秋僖公十二年左傳云謂督不忘

享，孝也。 享祀孝道〔疏〕享孝也○釋曰享祀孝道也小雅南山云享於祖考

珍、享，獻也。 珍物宜獻穀梁傳曰諸侯不享覲〔疏〕珍享獻也○釋曰致物於尊者曰獻珍者珍物宜獻也享者周禮大行人云廟中將幣三享鄭司農云三享三獻也郭云穀梁傳曰諸侯不享覲者隱五年文

縱、縮，亂也。 縱放掣縮皆亂法也〔疏〕縱縮亂也○釋曰放縱掣縮皆亂法也大雅民勞云無縱詭隨

探、篡、俘，取也。 書曰俘厥寶玉篡者奪取也探者摸取也○探音貪篡初患切俘音孚〔疏〕探篡俘取也○釋曰郭云探者摸取也篡者奪取也李巡曰因敵曰俘伐執之曰取○注書曰至取也○釋曰云書曰俘厥寶玉者商書敘云夏師敗績湯遂從之遂伐三朡俘厥寶玉孔氏云俘取也

徂、在，存也。 以徂為存猶以亂為治以曩為曏以故為今此皆詁訓義有反覆旁通美惡不嫌同名〔疏〕徂在存也○釋曰鄭風出其東門匪我思且鄭箋云非我思存也徂且音義同在訓存者常語也上云徂往也往則非存故郭氏引類以曉人也云美惡不嫌同名者案隱七年公羊傳云貴賤不嫌同號美惡不嫌同辭何休云若繼體君亦稱即位繼弒君亦稱即位皆有起文美惡不嫌同辭是也若此篇往也死也亦稱徂是惡也存也亦稱徂是美也各有其義故稱美惡不嫌同名

在、存、省、士，察也。 書曰在璿璣玉衡士理官亦主聽察存即在〔疏〕在存至察也○釋曰謂審察也虞書舜典云在璿璣玉衡以齊七政存即在也省謂視察論語云吾日三省吾身士者理獄之官亦主聽察虞書舜典舜命皐陶云汝作士

烈、枿，餘也。 晉衛之間曰蘗陳鄭之間曰烈○枿五割反〔疏〕烈枿餘也○釋曰謂遺餘也詩大雅雲漢敘云宣王承厲王之烈李巡曰枿槁木之遺也商書盤庚云若顛木之有由蘗枿蘗音義同郭云晉衛之間曰蘗陳衛之間曰烈者方言文

迓，迎也。 公羊傳曰跛者迓跛者〔疏〕迓迎也○釋曰謂相逢迎也○注公羊至跛者○釋曰云公羊傳曰跛者迓跛者此成二年傳文案彼云晉郤克與臧孫許同時而聘于齊蕭同姪子者齊君之母也踊于棓而窺客則客或跛或眇於是使跛者迓跛者眇者迓眇者是也引之以證迓為迎也宣三年左傳曰狂狡輅鄭人杜注云輅迎也周禮秋官有訝士及聘禮云厥明訝賓于館鄭注皆云訝迎也召南鵲巢云百兩御之鄭注云御迎也字形雖別音義實同蓋以作非一人致茲異也當以迓為正字餘皆假借

元、良，首也。 左傳曰狄人歸先軫之元良未聞〔疏〕元良首也○釋曰謂頭首也郭云左傳曰狄人歸先軫之元者僖三十三年狄伐晉及箕八月戊午晉侯敗狄于箕郤缺獲白狄子先軫曰匹夫逞志於君而無討敢不自討乎免胄入狄師死焉狄人歸其元面如生是也引證元為首良未詳

薦、摯，臻也。 薦進也摯至也故皆為臻至也○薦曹練切〔疏〕薦摯臻也○釋曰臻至也薦進執摯皆所以表至也

廙、揚，續也。 書曰乃廙載歌揚未詳○廙古孟切〔疏〕廙揚續也○釋曰謂相繼續也郭云書曰乃廙載歌者虞書益稷文

祔、祪，祖也。 祔付也付新死者於祖廟祪毀廟主○祪音鬼〔疏〕祔祪祖也○釋曰謂先祖也說文云祔後死者合食於先祖也郭云祔付也付新死者於祖廟士虞記云明日以其班祔毀廟之主名祪

即，尼也。 即猶今也尼者近也尸子曰悅尼而來遠○尼女乙切〔疏〕即尼也○釋曰尼近也言即今相近也

尼，定也。 尼者止也止亦定〔疏〕尼定也○釋曰尼詁為止止即定也舍人曰尼者私之定也

邇、幾、暱，近也。 暱親近也○幾音機暱女乙切〔疏〕邇幾暱近也○釋曰皆謂殆近也邇者鄭風東門之墠云其室則邇幾者聘義曰幾中而后禮成暱者郭云親近也小雅菀柳云無自暱焉

妥、安，坐也。 禮記曰妥而後傳命○妥他可切〔疏〕妥安坐也○釋曰妥定之坐也○注禮記至傳命○釋曰云禮記曰妥而後傳命者案士相見禮云凡言非對也妥而後傳言鄭注云凡言謂已為君言事也妥安坐也傳言猶出言也此言禮記曰妥而后傳命者傳寫誤也或所見本異

貉、縮，綸也。 綸者繩也謂牽縛縮貉之今俗語亦然○貉音陌〔疏〕貉縮綸也○釋曰郭云綸者繩也謂牽縛縮貉之今俗語亦然據時驗而言也大雅緜篇云其繩則直縮板以載

貉、嘆、安，定也。 皆靜定見詩○嘆音莫〔疏〕貉嘆安定也○釋曰皆靜定也大雅皇矣云貊其德音毛傳云貉靜也鄭箋云德正應和曰貉嘆者皇矣又云求民之莫鄭箋云求民之定謂所歸就也貉貊嘆莫音義同安者小雅斯干云乃安斯寢

伊，維也。 發語辭

伊、維，侯也。 詩曰侯誰在矣互相訓〔疏〕伊維也至侯也○釋曰皆發語辭轉互相訓邶谷風云伊余來塈大雅大明云維此文王小雅六月云侯誰在矣

時、寔，是也。 公羊傳曰寔來者何是來也○寔音石〔疏〕時寔是也○釋曰是此也秦風駟驖云奉時辰牡郭云公羊傳曰寔來者何是來也者案春秋桓五年冬州公如曹六年春正月寔來公羊傳曰寔來者何猶曰是人來也引之證寔為是也

卒、猷、假、輟，已也。 猷假未詳○卒子卹切輟丁劣切〔疏〕卒猷至已也○釋曰皆謂終已也卒者終盡之已也輟止已也論語曰耰而不輟

求、酋、在、卒、就，終也。 詩曰嗣先公爾酋矣成就亦終也其餘未詳○酋在由切〔疏〕求酋至終也○釋曰皆謂終盡也求者大雅下武云世德作求郭云詩曰嗣先公爾酋矣者大雅卷阿文卒者邶風日月云畜我不卒就者凡事物成就亦終也

崩、薨、無祿、卒、徂落、殪，死也。 古者死亡尊卑同稱耳故尚書堯曰徂落舜曰陟方乃死○薨呼弘切殪於計切〔疏〕崩薨至死也○釋曰此皆死之別稱也曲禮曰天子死曰崩諸侯曰薨大夫曰卒士曰不祿庶人曰死鄭注云異死名者為人褻其無知若猶不同然也自上顛壞曰崩薨顛壞之聲也卒終也不祿不終其祿死之言澌也精神澌盡也又曰壽考曰卒短折曰不祿鄭注云祿謂有德行任為大夫士而不為者老而死從大夫之稱少而死從士之稱此云無祿者即彼之不祿也徂落者李巡曰徂落堯死之稱郭云古者死亡尊卑同稱耳故尚書堯曰徂落舜曰陟方乃死者皆虞書舜典文也謂之徂落者徂為往也言人命盡而往落者若草木葉落也殪者案隱九年左傳云衷戎師前後擊之盡殪杜注云殪死也

爾雅注疏卷二挍勘記

阮元撰盧宣旬摘錄

爾雅疏卷第二 注疏本合卷一

釋詁下 上空四格監本同有此題正德本閩本毛本無之自卬吾台予節以後為釋詁下此蓋邢氏作疏時所分

禮記云 單疏本雪窻本同注疏本云改曰

史記秦始皇二十六年 注疏本脫記

賫卜畀皆賜與也 雪牕本注疏本同按經作賫畀卜疏云賫畀卜皆賜與也此作賫卜畀盎誤

夢帝賫予良弼 注疏本予誤以

漢書蓺文志云 注疏本蓺作藝

導也 唐石經單疏本雪牕本同釋文道從報反本或作導注及下同按經當作道注教導字作導陸所見本已亂

皆相佑助 單疏本雪牕本同此經作右注作佑

相者二人此皆謂教導之也 注疏本二誤一導改道非下同

皓 雪牕本閩本監本毛本同釋文唐石經單疏本正德本作晧從日疏云晧者亦日光也今本從白非

又日休有烈光 注疏本又日改云

剛彊之固也 注疏本彊作强非

虔者恭之固也膠者所以固物 注疏本脫也此本膠者字誤著今訂正

云易曰鞏用黃牛之革 注疏本脫云

禕 唐石經單疏本雪牕本注疏本同此本舊作褘從衣訛今訂正按釋文通志堂本作禕葉鈔本誤作褘五經文字示部禕美也音猗玉篇示部禕於宜切美見又歎辭廣韻五支禕美也珍也文選東京賦漢帝之德侯其禕而薛綜注禕美也字皆從示宋人書衣示偏旁往往無別或據誤本謂爾雅禕當從衣其未考之唐石經五經文字玉篇等書也○按說文有从衣之褘無从示之禕凡用禕爲歎美字者取其同音而已傳寫遂多从示唐石經五經文字玉篇不可爲典要也

自穆穆已上 雪牕本同注疏本脫自

齊齊皇皇 注疏本改齊濟皇皇非此與禮記合

皆言語容止之美盛也 正德本同閩本監本毛本言語倒

周頌酌篇云 注疏本脫云

協 唐石經單疏本注疏本同雪牕本作恊按疏云協者說文云衆之同和也字亦從十

關關噰噰音聲和也 唐石經單疏本雪牕本同釋文噰噰於恭反按文選南都賦嚶嚶和鳴注毛詩曰鳥鳴嚶嚶爾雅曰關關嚶嚶聲之和也又笙賦嚶嚶關關下引爾雅曰關關嚶嚶音和也噰噰和也又引爾雅嚶嚶和也毛傳曰喈喈和聲遠聞也然則李善所據本噰噰作嚶嚶與釋文唐石經異郭注此云皆鳥鳴相和於伐木詩亦洽也毛傳曰嚶嚶驚懼也與此異義張平子東京賦歸田賦皆云關關嚶嚶李善注俱引爾雅關關嚶嚶音聲和也證之

今江東呼厭極爲罄 單疏本雪牕本同注疏本罄誤罊

樓 唐石經單疏本雪牕本同釋文摟力侯反從手本或作樓非

樓猶今言拘樓 單疏本注疏本同雪牕本作摟猶今言拘樓按雪牕本樓摟二字互易始得之

云詩曰屈此羣醜者 注疏本脫者

云樓猶今言拘摟聚也者 注疏本脫者

凾者欺冀切論語曰 注疏本音切作大字

阬阬 釋文唐石經單疏本雪牕本同疏云阬阬者坎陷之虛也但重言耳經義雜記曰廣韻十二庚阬下引爾雅虛也郭注云坑壍也坑上同引經注字皆不重則鄭漁仲謂其一衍者是也疑一卽作坑

濂虛也 唐石經雪牕本同釋文引郭云濂本或作荒荒亦丘墟之空無經義雜記曰詩召旻我居圉卒荒箋云荒虛也正義曰荒虛釋詁文某氏曰野荒民散則削之唯某氏之本有荒字諸家爾雅無之按郭音知荒卽濂之異文蓋孫郭諸家本作濂鄭樊本作荒或誤會詩正義語謂某氏本阬字不重其一卽作荒非也

皆謂丘墟耳 雪牕本注疏本同釋文音經虛許居反音注墟去魚反此經注異字之明證

濂筤空貌 浦鏜云窘誤筤按濂筤疊韻字浦據誤本方言改筤爲窘非

亦丘墟之空無 舊本及釋文引方言注同閩本監本毛本無誤也

康虛也 舊本同閩本監本毛本虛誤空

那 單疏本雪牕本注疏本同釋文唐石經作䢵

使民戰栗 監本同舊本閩本毛本栗作慄

震來虩虩 舊本同閩本監本毛本來誤雷

虺頹 葉鈔釋文雪牕本同通志堂釋文唐石經單疏本注疏本作虺積爲是

癵 單疏本雪牕本同唐石經此字磨改釋文癵郭作拘攣文選登徒子好色賦蓬頭攣耳李善引爾雅攣病也一切經音義卷十一爾雅云攣病也亦拘攣也作臠癵二形並非體按玉篇癵體曲也廣韻癵病也瘦也詩棘人欒欒兮說文作臠臠此從疒當省肉作癵或作癵今本非郭作拘欒今注無蓋別見音義與文選注元應書所引合

疷 注疏本同誤也釋文唐石經單疏本雪牕本皆作疧當據以訂正釋文疧祈支反或丁禮反本作疲按疧與疲同字同音或丁禮反故誤作疷五經文字疧巨支反病也見爾雅雪牕本疧音祈單疏本引白華俾我疧兮說文毛傳皆云疧病也今詩亦誤疷

虺頹元黃皆人病之通名 單疏本雪牕本同釋文於經後標瘣字云呼回反字林云病也按此蓋注作瘣頹字經作虺者因與毛詩同假借字也淺人援經改注亦作虺按釋文者因云今經注無此字矣詩釋文曰虺呼回反說文作瘣今說文無瘣玉篇廣韻皆云瘣馬病蓋毛詩爾雅作虺韓詩作瘣邵晉涵正義曰舊本爾雅必有作瘣頹者

而說者便爲之馬病 單疏本雪牕本同閩本監本毛本爲作謂正德本注作謂疏作爲按謂爲二字每相亂此作謂是也○今訂正

智藏瘝在 單疏本雪牕本同釋文鰥古頑反注瘝同此經注異字之證尚書作瘝或欲依經改作鰥非也

戮逐未詳 雪牕本注疏本同按戮字當衍注云相戮辱亦可恥病也是戮字注已詳之矣邢疏亦云逐者郭氏未詳翟灝云一本但云逐未詳無戮字

瘽者小雅正月云 浦鏜云十誤正

下民卒瘽 注疏本同今詩瘽作癉疏不云瘽與癉音義同者邢氏所據詩本作瘽也詩釋文云癉沈本作瘽

大雅瞻卬云 注疏本卬改仰

云書曰智藏瘝在者 注疏本瘝改鰥

悠悠我悝 單疏本雪牕本同按上瘽病也疏引十月之交悠悠我里云瘽里音義同此悝憂也注當引雲漢云如何悝何也據十月之交毛傳曰里病也雲漢鄭箋云悝憂也可證此作悠悠我悝誤或云郭氏據魯韓詩

繇役亦爲憂愁也 單疏本雪牕本同注疏本亦誤以

云何盱矣者卷耳及都人士文也 按卷耳作云何吁矣箋云而今云何乎其亦憂矣深閔之辭不作盱何人斯作云何其盱此誤記

邛 葉鈔釋文唐石經單疏本雪牕本注中亦作邛陸德明音巨凶反今釋文及注疏本作卭誤石經考文提要引至善堂九經本作卭

倫理事務以相約敕亦爲勞 雪牕本注疏本同按事務二字係疏語竄入當衍此訓倫爲理訓敕爲約經無事務也上經務字注云事務下經事字注云事事此因疏云倫者理也理治事務者必勞淺人因增事務於注中矣或當作倫理約敕亦爲勞事務以相四字皆衍文

今字或作窳同 注疏本同單疏本雪牕本窳作窊按詩召旻釋文正義皆引說文窳嬾也一切經音義卷十四引爾雅窳勞也郭氏曰勞苦者多墮窳也承慶云懶人不能自起瓜瓠在地不能自立故字從瓜又懶人恒在室中故從宀今釋文亦誤作窳蓋因說文脫窳字故諸書誤以穴部字當之又元應書引爾雅窳勞也郭氏曰勞苦者多惰窳也凡七見蓋經作窳注云或作窳愉今本係後人乙改

難雖不能死而能讓 今國語作難雖不能死君浦鏜云此脫君字按國語上云無忌備公族不能死又云勇不能死此正承上文不能死與能讓相對不當有君字今本國語衍也

慦志而不得之思也 注疏本志誤恚詩汝墳正義亦作志

被祿康矣 單疏本雪牕本注疏本同郎本或依詩改作茀祿爾康矣誤甚按卷阿毛傳曰茀小也是讀茀爲蔽茀之茀釋言茀小也是也與此異義

禠禧書傳不見 雪牕本同注疏本不作少誤

厎　唐石經雪牕本同注疏本作底非單疏本經作厎注作底釋文厎之視反字宜從一或作底底非也底音丁禮反按五經文字唐石經厎皆作底與葉鈔釋文合段玉裁云釋文字宜從一乃广之訛

止亦相待　單疏本雪牕本同注疏本待下衍也

卬須我友　元本同閩本剜改須爲須監本毛本承之

止亦相待　元本同閩本監本毛本待下衍也

昭二十年左傳　閩本監本毛本脫二元本實闕

頫仍埤益朓輔皆重厚　單疏本雪牕本同按經先朓後埤與注異

以載詁爲言　元本同閩本監本毛本詁誤話

或曰誦或曰膠　注疏本脫上三字

世以妖言爲訛　單疏本雪牕本同釋文祅於喬反本又作妖同

載於簡策之言也　閩本監本毛本言誤謂元本空闕

謂相遭遇　雪牕本同注疏本作遘遇非邢疏云相遭遇

行而相值即見　陳本同雪牕本注疏本作行而相值即是見是衍字邢疏云行而相值即見也本注

行而相值即見也　注疏本脫也

頫　閩本監本毛本同釋文唐石經單疏本雪牕本元本作覜當據以訂正按說文見部覜視也本此頁部頫低頭也大史卜書頫仰字如此義別

上帝臨女　元本同閩本監本毛本女改汝

不能涖作　元本涖作莅閩本監本毛本作蒞非

覜者考工記云　注疏本覜誤頫下並同

聘問也　注疏本也誤曰

鞫訩溢盈也　唐石經單疏本雪牕本同按訩當爲衍文詩節南山降此鞫訩毛傳鞫盈訩訟也正義曰訩訟釋言文鞫盈釋詁文可證鞫訩不訓盈也此殆因郭注引詩降此鞫訩正文遂衍訩字

降此鞫訩　雪牕本注疏本同單疏本鞫字剜改蓋本作鞫釋言訩訟也單疏本引詩降此鞫訩可證

空無所有也　元本同閩本監本毛本空誤虛

微謂逃藏也　雪牕本注疏本同一切經音義卷四卷十四卷十五卷十八四引皆作謂逃竄也

潛隱而微也　元本閩本監本同毛本隱作藏非

底　通志堂釋文雪牕本注疏本同葉鈔釋文唐石經單疏本作底五經文字底丁米反下也按說文广部底山居也从广氏聲山居有止義即爾雅此字當從氏爲正釋文五經文字開成石經皆作底從氏蓋隸省相承如是與說文不同○按此張參之誤

廢　注疏本同誤也葉鈔釋文唐石經作厎單疏本引注亦作厎當據以訂正單疏本雪牕本經作底非

按抑按也替廢皆止住也　雪牕本注疏本同邵晉涵正義云監本按抑下衍按也二字今從宋本刪邢疏云按抑替廢皆止住也與宋本同按注訓按爲抑訓替爲廢因注衍按也二字似替廢皆經所有又未審厎底爲二字因改經厎作廢矣

戾底義見詩傳國語曰戾久將底　雪牕本注疏本同單疏本作戾底義見詩國語曰戾久將底當據以訂正疏云凡注言見詩今毛詩無者蓋在齊魯韓詩也可證今本傳字衍

豫射厭也　雪牕本閩本監本毛本同唐石經單疏本元本厭作猒釋文作厭

服之無斁　單疏本雪牕本同案禮記緇衣王逸楚辭注引詩皆作服之無射

案周禮司勳職云　注疏本脫司

質爾民人　單疏本雪牕本注疏本同鍾本依詩改作人民非按詩正義釋經云言汝等當平治汝民人知政事又釋箋云故令質爾民人也是正義本作民人開成石經毛詩誤倒耳鹽鐵論世務篇引詩詰爾民人說苑脩文篇引詩告爾民人皆不作人民

頫道無所屈　雪牕本注疏本同按頫解已見上不當複出邢疏云道者頫道無所屈此注當作道挺道無所屈左傳周道挺挺杜注挺挺正直也

周頌昊天有成命　浦鏜下增云字按此頫皆疏本原本如是不當補

不敢戲豫　浦鏜依今詩改作無敢非也左傳昭三十二年後漢郎顗丁鴻蔡邕等傳引詩皆作不敢

豈弟君子　元本同閩本監本毛本豈改愷

不主于飲酒　單疏本雪牕本同按于當作於

案公食大夫禮賓三飯之後云　元本同閩本監本毛本禮賓倒

殷勤之意未至　元本同閩本監本毛本殷勤改慇懃

謂樹木葉缺落蔭疏暴樂　雪牕本注疏本同釋文廕又作蔭同單疏本作謂樹葉缺落蔭疏暴樂當據以訂正按釋文音經暴樂本又作爆爍郭音落疏引毛詩傳作爆爍引舍人注作爆樂

爆樂之意也　元本同閩本監本毛本爆改暴非下二爆樂同

天命不謟音縚　釋文謟郭音縚與此合雪牕本作音叨非今注疏本別附音切者皆刪去音縚二字以避複下準此

云左傳曰　元本同閩本監本毛本云改注

楨翰儀榦也　單疏本雪牕本同唐石經原刻作幹後磨改作榦釋文翰胡旦反榦本又作幹翰幹字當兩列今本誤并爲一按詩正義翰幹釋詁文凡三引又一引釋詁楨幹也字皆從干與石經原刻合

維周之翰　單疏本雪牕本注疏本同此本翰字舊誤幹今訂正

翰所以當牆兩邊障土者也　注疏本脫翰○按此翰當作幹詩桑扈疏可證

大雅生民云　正德本同閩本剜改作文王監本毛本從之

天威棐忱　單疏本雪牕本注疏本同此本舊作天畏係據孔本尚書改今訂正臯陶謨天明畏釋文云馬本作威是孔本畏字舊本多作威也釋文諶市林反本今作忱按風俗通卷五引書天威棐諶與此合今本作忱亦後人據尚書改

疆　唐石經單疏本雪牕本同釋文壃字又作畺經典作疆假借字惠棟云據此知爾雅不作疆也當改正按說文畺界字作畺或作疆此當經作畺注作疆嘗謂爾雅之文有較經典獨得其正者此類是也一切經音義卷二十五壃界居良反壃境也爾雅壃陲也與陸本合

疆場竟界　單疏本雪牕本同雪牕本注疏本竟作境按古竟界字祇作竟竟盡也加土旁者俗作

蠢動作　雪牕本同注疏本下衍也

其興也悖焉　元本作浡焉閩本監本毛本改浡然

大雨雪　注疏本脫雪

召南殷其雷云　注疏本雷作靁

今何北人云蹉歎　單疏本同雪牕本作嗟歎注疏本歎改嘆按釋文引字林云蹉古嗟字

音兔罝　雪牕本同注疏本作音兔罝之罝係淺人增改

貫　唐石經單疏本雪牕本同釋文慣本又作貫又作遦同古患反按玉篇慣習也遦習也本此經後漢書馮異傳注引爾雅慣復也郭氏曰謂慣忕復爲之也亦用慣字今本注不然

貫貫伏也　單疏本伏作忕從大是也釋文亦誤從犬雪牕本注疏本作伕更誤

天王登遐　單疏本雪牕本注疏本同釋文音經假音遐本注讀也此經注異字之證或疑當從禮記作假以合正文非

躡郅音質跂音企狢躋踚音躍登也　注疏本刪小注登也下增郅音質跂音企踚音躍九字

涸竭也　唐石經單疏本雪牕本同釋文渴音竭本或作竭按古竭盡字多作渴此當從陸本說文水部涸渴也渴盡也本此經立部竭云負舉也

無漉陂池　單疏本雪牕本同釋文毋音無本今作無按月令多言毋此作無非釋文音經盝爲鹿又音注漉爲鹿此經注異字之明證

執玉器者弗揮是也 按禮記飲玉爵者弗揮此誤記

振訊抆拭埽刷 雪牕本注疏本同釋文單疏本埽作帚按此經作抿注作振鍾本郎本改爲抿振祓拭謬甚

可以清除其室 注疏本除誤際

謂間廁交錯 注疏本廁誤則

舍人曰 注疏本舍誤食

晉語云臼季使舍於冀野 注疏本作臼季使過冀浦鏜曰此左傳文

冀芮之子也 注疏本脫也

臣得賢人敢以告 今國語作當以告非

周官即周禮也 注疏本脫周官二字

棲 釋文單疏本雪牕本同唐石經作捿從手誤釋草瓠棲瓣棲字刮磨蓋本作手旁明道本國語越王句踐棲於會稽之上棲亦從手

憩 唐石經單疏本雪牕本同釋文作憇

餽消息喙呬息也 注疏本消息二字改大字

庤乃錢鎛 正德本同閩本監本毛本庤作痔誤

靖共爾位 注疏本靖改靜

憮七輔切俺音掩憐年愛也 注疏本刪音切愛也下增憮七輔切俺音淹七字

今江東通呼爲憐謀憮音義同 注疏本脫通謀音三字

昭元年左傳曰邑姜方震大叔哀元年左傳曰后婚方震 今左傳哀元年作娠按昭元年釋文云方震本又作娠震娠古今字漢書高帝紀已而有娠應劭注云娠動懷任之意左傳曰邑姜方娠師古曰漢書皆以娠爲任身字邑姜方震自爲震動之字不作娠蓋左氏本作震以義讀之爲娠也

覆校察視副長 單疏本雪牕本元本閩本監本同毛本校作挍釋文校音教挍五經文字手部云挍經典及釋文或以爲比校字按字書無文又詩序子衿刺學校廢也注鄭國謂學爲校言可以校正道藝葉鈔釋文以挍正音教然則此釋文亦當作挍音教也

杜注云 注疏本衍作注杜預云

郡 唐石經雪牕本同段玉裁云郡當爲那之誤按那仍迺乃皆一音之轉經傳未見訓郡爲乃者

迺即乃 雪牕本注疏本同一切經音義卷十三引作迺即乃字也卷十八引作迺亦乃字也

周書顧命云 注疏本周上衍又

皆筭數也 注疏本筭改算

毛傳云數億至萬曰億數億至億曰秭 注疏本作數萬至萬曰億毛詩豐年傳同按詩正義云數億至億曰秭定本集注皆云數億至萬曰秭釋文作數億至萬曰秭云一本作數億至億曰秭說文亦云數億至萬曰秭蓋此疏引毛傳本作數萬至萬曰億數億至萬曰秭淺人誤改遂不可通

覛 唐石經單疏本雪牕本同釋文覛字又作脈亡革反按五經文字脈摸白反見爾雅文選魯靈光殿賦徒脈脈而狋狋李善注爾雅曰脈相視也莫革切○按釋文又作脈乃脈之譌也

論語曰予有亂臣十人 單疏本雪牕本同惠棟云臣字俗人妄加

餘並見詩書 單疏本雪牕本同陳本並誤并注疏本脫此字

晉衞燕趙曰台 音頤○注疏本音頤改大字

或曰艾是也 注疏本脫是

汱 唐石經雪牕本注疏本同單疏本作汏從大引注同非也按釋文汱姑犬反施胡犬反顧徒蓋反字宜作汏是陸德明施乾皆作汱音犬惟據顧音謂字宜作汏猶未改爲汏也廣韻二十七銑汱爾雅云墜也姑泫切即此字十四泰汏濤汏說文云淅灡也徒蓋切非此義邵晉涵正義謂汱當作汏失之

云孟子曰鬱陶思君者案孟子云 閩本監本毛本上云改注脫下云元本上云亦作云

曰鬱陶思君爾 注疏本衍作象曰按此蒙上象往入舜宮句無象是

象見舜生在牀鼓琴 注疏本生誤正

陶鬱陶也咏嘔也 元本上句同嘔改謳閩本監本毛本作鬱陶陶也咏謳也按禮記釋文云咏謳本亦作嘔與此合

穫禾爲穧 單疏本雪牕本同釋文穫禾一本作獲禾按穫禾字當從禾此經注異文之證今本依經改犬旁非

此有不斂穧穧者 注疏本脫一穧

是並見詩也 注疏本脫也

春秋僖公十二年左傳云 注疏本二誤三

以爨爲䰞 雪牕本注疏本同釋文爲鬻本今作䰞按釋言作䰞

皆有起文 注疏本有誤可

士理官 雪牕本同邢疏云士者理獄之官閩本監本毛本作士師官誤舊本誤作正思宜此類不足舉正

晉衞之間曰蘗 單疏本雪牕本同釋文音糵五割反注作蘗並同此經注異字之明證

迓迎也 唐石經單疏本雪牕本同釋文訝五駕反本又作迓按說文訝相迎也从言牙聲周禮曰諸侯有卿訝訝或从辵又周禮掌訝注訝迎也鄭司農云訝讀爲跛者訝跛者之訝此經當從陸本作訝爲正字注引公羊傳跛者迓跛者亦當作訝與鄭司農所引同賈公彥邢昺所據公羊皆作迓淺人遂援以改注而并以改經矣○按說文本無迓篆今有者徐鉉所增十九文之一也

蕭同姪子者 閩本同正德本監本毛本依左傳姪改叔

踊于棓而窺客 浦鏜云窺公羊傳作闚按宋槧官本公羊傳作窺與此合公羊釋文云闚本又作窺

鄭注亦云 注疏本脫亦

致茲異也 監本同正德本閩本毛本致誤到

郭云左傳曰 正德本同閩本監本毛本郭改注

郭云書曰 正德本同閩本監本毛本郭改注

毀廟之主名祧 閩本監本毛本名作曰元本脫此字

日幾中而后禮成 元本同與禮記聘義合閩本監本毛本后改後

衆士相見禮云 元本同閩本監本毛本云改曰

今俗語亦然 注疏本同或作猶然雪牕本語作言

貊其德音 注疏本依爾雅貊改貉按爾雅作貉邢氏引詩及傳箋作貊故下云貉貊音義同

皇矣又云 注疏本又誤文

伊余來墍 注疏本墍誤塈

終盡之已也 注疏本盡誤壽

求會在卒就終也 唐石經單疏本雪牕本同釋文殏巨牛反又作求就又作殧同殏音終本又作終按玉篇殏終也亦作求殧終也千六切殏殁也今作終與陸本合

嗣先公爾會矣 單疏本雪牕本注疏本同按卷阿詩三章俾爾彌爾性百神爾主矣四章俾爾彌爾性純嘏爾常矣每章末句皆用爾字惟二章俾爾彌爾性嗣先公會矣句無爾字蓋今本脫考正義曰又嗣其先君之功汝主能終之矣訓爾爲汝是孔本有爾字郎本鍾本依今詩刪爾字非

徂落 唐石經單疏本雪牕本同注疏本改殂非釋文殂音徂本又作徂落音落本又作落

故尙書堯曰殂落 單疏本雪牕本注疏本同此經注異字之明證按尙書作殂落說文殂往死也虞書曰放勛乃殂足證孔氏古文作殂

爾雅疏卷第三

翰林侍講學士朝請大夫守國子祭酒上柱國賜紫金魚袋臣邢昺等奉

勑校定

釋言第二〔疏〕釋曰說文曰直言曰言仲尼曰言以足志介之推曰言身之文也然則言者發於志而形於聲所以文章於身者也論語曰詩三百一言以蔽之曰思無邪左傳趙簡子稱子大叔遺我以九言皆以一句爲一言也漢書東方朔云十六學詩書誦二十二萬言則以一字爲一言也雖一句一字有異要以今古方國殊別學者莫能通是以方言云皆古今語也初別國不相往來之言也今或同而舊書雅記故俗語不失其方而後人不知故爲之作釋也是曰釋言

殷、齊、中也。書曰以殷仲春釋地曰岠齊州以南〔疏〕殷齊中也○釋曰殷齊皆謂正中也注書曰以殷仲春者堯典文案彼云日中星鳥以殷仲春孔安國以殷爲正中正義同故也云釋地曰岠齊州以南者彼注云岠去也齊中也謂中州爲齊州是齊得爲中也

斯、誃、離也。齊陳曰斯誃見詩○誃音侈〔疏〕斯誃離也○釋曰斯析誃張皆分離也孫炎曰斯析之離郭云齊陳曰斯者方言文陳風墓門云斧以斯之也云誃見詩者小雅巷伯云哆兮侈兮成是南箕鄭箋云因箕星之哆而又侈大之是也誃侈音義同

謖、興、起也。禮記曰尸謖○謖所六切〔疏〕謖興起也○釋曰謖興皆作起也注禮記曰尸謖者祭統文也

還、復、返也。○還音旋〔疏〕還復返也○釋曰皆迴返也春秋書師還又曰至河乃復之類是也

宣、徇、徧也。皆周徧也○徇辭峻切〔疏〕宣徇徧也○釋曰皆周徧也大雅江漢云來旬來宣毛傳云旬周徧鄭箋云宣徧是皆爲徧也徇旬音義同

馹、遽、傳也。皆傳車驛馬之名○馹音日傳張戀切〔疏〕馹遽傳也○釋曰皆傳車驛馬之名文十六年左傳曰楚子乘馹會師于臨品又僖三十三年云使遽告於鄭又成五年曰晉侯以傳召伯宗是皆謂今驛也

蒙、荒、奄也。奄奄覆也皆見詩〔疏〕蒙荒奄也○釋曰皆謂奄覆唐風云葛生蒙楚孫炎曰荒大之奄周南云葛藟荒之故郭云皆見詩

告、謁、請也。皆求請也○告音谷〔疏〕告謁請也○釋曰皆謂求請也成二年左傳曰郤克對齊侯曰吾與魯衛兄弟也來告曰大國朝夕釋憾於敝邑之地詩敘云無險詖私謁之心

肅、雝、聲也。詩曰肅雝和鳴〔疏〕肅雝聲也○釋曰和樂聲也注詩曰肅雝和鳴者周頌有瞽文也

格、懷、來也。書曰格爾衆庶懷見詩〔疏〕格懷來也○釋曰謂招來也注書曰格爾衆庶者商書湯誓文也云懷見詩者周頌時邁云懷柔百神

眇、厎、致也。皆見詩傳〔疏〕眇厎致也○釋曰曲禮曰眇於鬼神昭元年左傳叔向曰厎祿以德周頌武篇云耆定爾功毛傳曰耆致也王肅云致定其大功謂誅紂定天下是毛讀耆爲厎故注云見詩傳

恔、怙、恃也。今江東呼母爲恔恔音是〔疏〕恔怙恃也○釋曰皆依恃也郭云今江東呼母爲恔小雅蓼莪云無父何怙無母何恃是也

律、遹、述也。皆敘述也方俗語耳〔疏〕律遹述也○釋曰皆敘述也方俗語異耳律管所以述氣遹者述行之也大雅文王有聲云遹駿有聲之類是也

俞、盒、然也。禮記曰男唯女俞盒者應也亦爲然○盒音苔〔疏〕俞盒然也○釋曰皆然應也禮記曰男唯女俞文也盒古苔字故爲應

豫、臚、敍也。皆陳敍也〔疏〕豫臚敍也○釋曰豫者事豫備者亦有敍也漢書云典客秦官大初元年更名大鴻臚韋昭曰鴻大也臚陳敍也以禮大陳敍賓客也又莊子云大儒臚傳是也

庶、幾、尚也。詩曰不尚息焉〔疏〕庶幾尚也○釋曰尚謂心所希望也注詩曰不尚息焉者小雅菀柳篇文也鄭箋云尚庶幾也以心所念尚即是庶幾義相反覆故引之

觀、指、示也。國語曰且觀之兵〔疏〕觀指示也○釋曰示謂呈見於人也注國語曰且觀之兵者案周語穆王將征犬戎祭公謀父諫曰不可先王耀德不觀兵犬戎氏以其職來王天子曰予必以不享征之且觀之兵無乃廢先王之訓而王幾頓乎是也論語曰指其掌謂舉掌以示人也

若、惠、順也。詩曰惠然肯來〔疏〕若惠順也○釋曰順不逆也書曰若稽古謂順考古道也詩邶風終風云惠然肯來言有順心然後可來是也

敖、憮、傲也。禮記曰無憮無敖敖傲慢也○傲五報切憮好吾切〔疏〕敖憮傲也○釋曰皆謂傲慢周頌絲衣云不吳不敖注禮記曰無憮無傲者投壺文也案彼云魯令弟子辭曰毋憮毋敖毋偝立毋踰言偝立踰言有常爵是也

幼、鞠、稚也。書曰不念鞠子哀〔疏〕幼鞠稚也○釋曰方言云稚年小也曲禮曰幼子常視無誑書曰兄亦不念鞠子哀是皆謂年小也書曰者周書康誥文也

逸、僭、過也。書曰汝則有逸罰○僭音僣〔疏〕逸僭過也○釋曰皆謂咎過也注云書曰汝則有逸罰者案商書盤庚云惟予一人有佚罰費誓云汝則有常刑無云汝則有逸罰者師讀不同故也或者其在今文乎僭者左傳曰禮義不僭之類是也

疑、休、戾也。戾止也疑者亦止〔疏〕疑休戾也○釋曰戾止也書曰疑謀勿成月令云百工休是疑休皆爲止也

疾、齊、壯也。壯壯事謂速也齊亦疾〔疏〕疾齊壯也○釋曰急疾齊整皆於事敏速彊壯也

悈、褊、急也。皆急狹○悈紀力切褊必淺切〔疏〕悈褊急也○釋曰悈與亟同大雅靈臺云經始勿亟文王有聲云匪棘其欲禮記引此詩作匪革其猶革亦急也悈亟棘革字雖異音義同魏風葛屨云維是褊心又廣雅云悈謹也褊狹陋也是皆急狹也

貿、賈、市也。詩曰抱布貿絲○賈音古〔疏〕貿賈市也○釋曰謂市買賣物也注詩曰抱布貿絲者衛風氓篇文也大雅瞻卬云如賈三倍也

屏、陋、隱也。禮記曰屏用席書曰揚側陋○屏符佛切〔疏〕屏陋隱也○釋曰皆幽隱也注禮記曰屏用席者案有司徹云有司官徹饋饌于室中西北隅南面如饋之設右几屏用席是也云禮記者誤也云書曰揚側陋者堯典文也

遏、遾、逮也。東齊曰遏北燕曰遾皆相及逮○遾音誓〔疏〕遏遾逮也○釋曰逮謂相及也注東齊曰遏北燕曰遾者方言文也

征、邁、行也。詩曰王于出征邁亦行〔疏〕征邁行也○釋曰皆出行也注詩曰王于出征者小雅六月文也云邁亦行者詩云周王于邁是也

圮、敗、覆也。謂毀覆○圮彼美反〔疏〕圮敗覆也○釋曰圮毀敗壞皆傾覆也書曰祖乙圮于耿

荐、原、再也。易曰水荐至今呼重蠶爲蠶○荐音賤〔疏〕荐原再也○釋曰皆重再也孫炎云荐草生之再也郭云易曰水荐至者周易坎卦象辭也云今呼重蠶爲蠶者周禮夏官馬質云禁原蠶者是也

撫、敉、撫也。撫愛撫也敉義見書〔疏〕撫敉撫也○釋曰皆撫也方言云宋衞邪陶之間謂愛曰撫者大誥云予翼以于敉寧武圖功之類是也

臞、脙、瘠也。齊人謂瘠瘦爲脙○臞音衢脙音求〔疏〕臞脙瘠也○釋曰皆瘦瘠也鄭玄周禮注云瘦臞腐敗郭云齊人謂瘠瘦爲脙

桄、熲、充也。皆充盛也○熲俱永反〔疏〕桄熲充也○釋曰孫叔然本桄作光書云光被四表說文云熲是火光也是皆充盛也

屢、暱、亟也。親暱者亦數亟亦數也○亟虛記切〔疏〕屢暱亟也○釋曰亟猶數也詩頌曰屢豐年左傳曰諸夏親暱親暱者恩信必數故注云親暱者亦數

靡、罔、無也。〔疏〕靡罔無也○釋曰無不有也詩云靡神不舉書曰罔有攸赦皆是

爽、差也。爽、忒也。皆謂用心差錯不專一○差初加切〔疏〕爽差也爽忒也○釋曰廣異言也爽謂差錯又爲忒變孫炎曰忒變雜不一郭云皆謂用心差錯不專一詩衛風云女也不爽大雅瞻卬云鞫人忮忒

佴、貳也。佴次爲副貳○佴而志切〔疏〕佴貳也○釋曰佴次也次即副貳之義

劑、翦、齊也。南方人呼翦刀爲劑刀○劑即隨切〔疏〕劑翦齊也○釋曰皆爲齊截也郭云南方人呼翦刀爲劑刀釋器金鏃翦羽謂之鏃

饙、餾、稔也。今呼餐飯爲饙饙熟爲餾○饙音分餾力又切〔疏〕饙餾稔也○釋曰稔熟也孫炎曰蒸之曰饙均之曰餾郭云今呼餐飯爲饙饙熟爲餾說文云饙一蒸米也餾飯氣流也然則蒸米謂之饙饙必餾而熟之故言饙餾稔也大雅泂酌云可以餴饎饙餴音義同

媵、將、送也。左傳曰以媵秦穆姬詩曰遠于將之○媵以正切〔疏〕媵將送也○釋曰皆謂送行也孫炎曰將行之送也注云左傳曰以媵秦穆姬者案僖五年晉執虞公及其大夫井伯以媵秦穆姬杜注云秦穆姬晉獻公女送女曰媵以屈辱之云詩曰遠于將之者邶風燕燕衛莊姜送歸妾之詩也

作、造、爲也。〔疏〕作造爲也○釋曰謂營爲也皆見鄭風緇衣篇

餥、餱、食也。方言云陳楚之間相呼食爲餥○餥音非〔疏〕餥餱食也○釋曰皆飯食也注方言云陳楚之間相呼食爲餥者案彼云餥飵食也陳楚之內相謁而食麥饘謂之餥楚曰飵凡陳楚之郊南楚之外相謁而飧或曰飵或曰䭐秦晉之際河陰之間曰䭐此真秦語也大雅公劉云乃裹餱糧

鞫、究、窮也。皆窮盡也見詩〔疏〕鞫究窮也○釋曰皆窮盡也大雅雲漢云鞫哉庶正小雅節南山云以究王訩

滷、矜、鹹、苦也。滷苦地也可矜憐者亦辛苦苦即大鹹〔疏〕滷矜鹹苦也○釋曰郭云滷苦地也者謂斥滷可煑鹽者左傳曰表淳鹵云可矜憐者亦辛苦者小雅鴻鴈云爰及矜人鄭箋云可憐之人謂貧窮者是辛苦之人也云苦即大鹹者釋經之鹹也鹹味極必苦故以鹹爲苦也

干、流、求也。詩曰左右流之〔疏〕干流求也○釋曰皆求取也論語云子張學干祿注詩曰左右流之者周南關雎文也

流、覃也。覃、延也。皆謂蔓延相被及〔疏〕流覃也覃延也○釋曰轉相解也皆謂蔓延相被及水之流必相延及詩周南云葛之覃兮

佻、偷也。謂苟且○佻音挑〔疏〕佻偷也○釋曰小雅鹿鳴云視民不佻是也李巡曰佻偷薄之偷郭云謂苟且左傳趙孟曰吾儕偷食朝不謀夕何其長也杜注云言欲苟免目前不能念長久是謂偷爲苟且也

潛、

深也。潛、深、測也。測亦水深之別名【疏】潛深也潛深測也○釋曰轉相解也詩曰潛雖伏矣是深矣潛深又爲測郭云測亦水深之別名

穀、鞠、生也。詩曰穀則異室【疏】穀鞠生也○釋曰皆生活也注詩曰穀則異室者王風大車篇文也小雅蓼莪云母兮鞠我

啜、茹也。啜者拾食○茹如庶切【疏】啜茹也○釋曰說文云啜嘗也郭云啜者拾食禮記檀弓云啜菽飲水大雅烝民云柔則茹之方言云茹食也吳越凡貪飲食者謂之茹

茹、虞、度也。皆測度也詩曰不可以茹○度音鐸【疏】茹虞度也○釋曰皆謂測度也注詩曰不可以茹者邶柏舟文也左傳曰備豫不虞

試、式、用也。皆見詩書【疏】試式用也○釋曰皆任用也注皆見詩書者小雅大東云百僚是試雨無正云庶曰式臧商書盤庚云今予將試以汝遷又云式敷民德之類是也

誥、誓、謹也。皆所以約勤謹戒衆【疏】誥誓謹也○釋曰皆謹勑也以大義論衆謂之誥集將士而戒之曰誓尚書誥誓之篇是也故郭云皆所以約勤謹戒衆也

競、逐、彊也。皆自勉彊○彊巨丈反【疏】競逐彊也○釋曰皆自勉彊也大雅抑篇云無競維人駞逐者亦彊梁也

禦、圉、禁也。禁制【疏】禦圉禁也○釋曰皆謂禁制小雅棠棣云外禦其務養馬曰圉亦所以禁制故皆爲禁也

窒、薶、塞也。謂塞孔穴○窒豬乙切【疏】窒薶塞也○釋曰皆謂堙塞孔穴豳七月云穹窒熏鼠大宗伯云以貍沈祭山林川澤是其類也

黼、黻、彰也。黼文如斧黻文如兩己相背○黼音甫黻音弗【疏】黼黻彰也○釋曰彰明也言文采著明也注黼文如斧黻文如兩己相背者考工記云白與黑謂之黼黑與青謂之黻釋器云斧謂之黼蓋半白半黑似斧刃白而身黑黻謂以青黑線刺繡爲兩己字相背黼取能斷黻取善惡相背

膺、身、親也。謂躬親【疏】膺身親也○釋曰服膺身先皆謂躬親也

愷、悌、發也。發發行也詩曰齊子愷悌【疏】愷悌發也○釋曰謂發明而行也注詩曰齊子愷悌者齊風載驅篇文也毛傳云言文姜於是樂易然鄭箋云此愷悌猶言發夕也豈讀當爲闓弟古文尚書以弟爲圛圛明也然則郭云發發行也是用鄭箋爲說

髦、士、官也。取俊士令居官【疏】髦士官也○釋曰下士髦俊也士者男子之人大號言取俊士令居官也大雅棫樸云髦士攸宜是也

畯、農夫也。今之嗇夫是也○畯音俊【疏】畯農夫也○釋曰田畯一曰農夫孫炎曰農夫田官也皆謂主田大夫也小雅甫田云田畯至喜鄭箋云田畯司嗇今之嗇夫也此注云今之嗇夫是也然則田畯田官在田司主稼穡故謂之司嗇漢及東晉亦有此官謂之嗇夫故鄭郭皆云今之嗇夫也

蓋、割、裂也。蓋未詳【疏】蓋割裂也○釋曰割謂以刀裂之也

邕、支、載也。皆方俗語亦未詳【疏】邕支載也○釋曰謝氏云邕字又作擁釋云擁者護之載郭云皆方俗語亦未詳

誣、諉、累也。以事相屬累爲誣諉○誣竹睡切累劣僞切諉女誣切【疏】誣諉累也○釋曰謂相累及也孫炎曰楚人曰誣秦人曰諉郭云以事相屬累爲誣諉

漠、察、清也。皆清明【疏】漠察清也○釋曰樊光云漠然清貌察明也是皆清明也

庇、庥、廕也。今俗語呼樹蔭爲庥【疏】庇庥廕也○釋曰舍人曰庇蔽也庥依止也郭云今俗語呼樹蔭爲庥文七年左傳云葛藟猶能庇其本根

穀、履、祿也。書曰既富方穀詩曰福履將之【疏】穀履祿也○釋曰皆福祿也孝經援神契云祿者錄也取上所以敬錄接下下所以敬錄事上注書曰既富方穀者洪範文云詩曰福履將之者周南樛木文也

履、禮也。禮可以履行見易【疏】履禮也○釋曰履又爲禮也注禮可以履行見易者敘卦云物畜然後有禮故受之以履韓康伯云履者禮也

隱、占也。隱度【疏】隱占也○釋曰占者視兆以知吉凶也必先隱度故曰隱占也

逆、迎也。【疏】逆迎也○釋曰謂迎逆周書顧命云逆子釗于南門之外

憯、曾也。發語辭見詩○憯音慘【疏】憯曾也○釋曰憯猶言曾也曾則也皆發語辭郭云見詩者小雅節南山云憯莫懲嗟衛風河廣云曾不崇朝之類是也

增、益也。今江東通言增【疏】增益也○釋曰謂饒益也郭云今江東通言增

窶、貧也。謂貧陋○窶求矩切【疏】窶貧也○釋曰窶者無禮也貧者無財也由其無財以爲禮郭云謂貧陋邶風北門云終窶且貧

薆、隱也。謂隱蔽○薆音愛【疏】薆隱也○釋曰薆鄭即隱蔽也

僾、唈也。嗚唈短氣皆見詩○僾音愛唈烏合切【疏】僾唈也○釋曰孫炎曰心唈也郭云嗚唈短氣皆見詩大雅桑柔云亦孔之僾是也

基、經也。基業所以自經營

基、設也。亦爲造設【疏】基經也基設也○釋曰基墻下土也又釋詁爲始作事謀始必經綸也郭云基業所以自經營又爲造設

祺、祥也。謂徵祥

祺、吉也。祥吉之先見【疏】祺祥也祺吉也○釋曰舍人曰祺福之祥謂徵祥也祥即吉之先見者也故又爲吉大雅行葦云壽考維祺

兆、域也。謂塋界【疏】兆域也○釋曰謂塋墓界域也孝經曰卜其宅兆廣雅云兆葬地也士喪禮云筮宅冢人營之鄭注云宅葬居也然則筮得吉兆經營之以爲界域也

肇、敏也。書曰肇牽車牛【疏】肇敏也○釋曰謂敏疾也書曰肇牽車牛者周書酒誥文也

挾、藏也。今江東通言挾○挾音叶【疏】挾藏也○釋曰謂隱藏物也郭云今江東通言挾史記秦有挾書之律

浹、徹也。謂霑徹○浹音接【疏】浹徹也○釋曰言潤澤浹洽相霑徹也

替、廢也。替、滅也。亦爲滅絕【疏】替廢也替滅也○釋曰替謂廢已也小雅楚茨云子子孫孫勿替引之是也替又爲絕滅

速、徵也。徵、召也。易曰不速之客【疏】速徵也徵召也○釋曰轉相解也皆謂呼召注易曰不速之客者需卦上六爻辭也

琛、寶也。詩曰來獻其琛○琛敕金切【疏】琛寶也○釋曰謂珍寶也舍人曰美寶曰琛注詩曰來獻其琛者魯頌泮水文也

探、試也。刺探嘗試【疏】探試也○釋曰試謂嘗之也論語云見不善如探湯郭云刺探嘗試

髦、選也。俊士之選

髦、俊也。士中之俊如毛中之髦【疏】髦選也髦俊也○釋曰廣異言也毛中之長毫曰髦士之俊選者借譬爲名焉故郭云士中之俊如毛中之髦

俾、職也。使供職【疏】俾職也○釋曰俾詁爲使言任使供職也

紕、飾也。謂緣飾見詩○紕音備【疏】紕飾也○釋曰謂緣飾見詩者鄘風干旄云素絲紕之是也

淩、慄也。淩懍戰慄○淩音淩

慄、慼也。戰慄者憂慼【疏】淩慄也慄慼也○釋曰轉相解也埤蒼云淩慄也郭云淩懍戰慄則淩懍音義同慄又爲慼郭云戰慄者憂慼秦風黃鳥云惴惴其慄

蠲、明也。蠲清明貌

茅、明也。左傳曰前茅慮無

明、朗也。【疏】蠲明至朗也○釋曰郭云蠲清明貌樊光云蠲除垢穢使令清明茅亦明也舍人曰茅昧之明也左傳云前茅慮無者宣十二年傳文也杜注慮無如今軍行前有斥候踰伏皆持以絳及白爲幡見騎賊舉絳幡見步賊舉白幡備慮有無也茅明也或曰時楚以茅爲旌識明即融朗也

猷、圖也。周官曰以猷鬼神祇謂圖畫

猷、若也。詩曰實命不猶【疏】猷圖也猷若也○釋曰猷謂圖畫又爲若若如也周禮曰以猷鬼神祇者春官凡以神仕者掌三辰之法以猷鬼神示之居辯其名物是也詩曰實命不猶者召南小星文也

偁、舉也。書曰偁爾戈【疏】偁舉也○釋曰謂興舉也注偁爾戈者周書牧誓文也

稱、好也。物稱人意亦爲好【疏】稱好也○釋曰謂美好郭云物稱人意亦爲好

坎、律、銓也。易坎卦主法法律皆所以銓量輕重【疏】坎律銓也○釋曰謂銓量也樊光曰坎水也水性平律亦平銓亦平郭云易坎卦主法者說卦云坎爲水水平故主法云法律皆所以銓量輕重者白虎通云水之爲言準也律厤志云繩直生準準正則平衡而鈞權矣又曰權衡者衡平也權重也衡所以任權而鈞物平輕重也本起於黃鍾之重一龠容千二百黍重十二銖兩之爲兩兩者兩黃鍾律之重是法律皆所以銓量輕重也

矢、誓也。相約誓【疏】矢誓也○釋曰相約誓也鄘栢舟云之死矢靡它

舫、舟也。竝兩船【疏】舫舟也○釋曰謂竝兩船釋水曰大夫方舟

泳、游也。潛行游水底【疏】泳游也○釋曰謂潛行游水底也邶谷風云泳之游之

迨、及也。東齊曰迨【疏】迨及也○釋曰謂相及也注東齊曰迨者方言文也

冥、幼也。幼稺者冥昧【疏】冥幼也○釋曰謂幼少也郭云幼稺者冥昧小雅斯干云噦噦其冥

降、下也。【疏】降下也○釋曰召南草蟲云我心則降

傭、均也。齊等○傭勑容切【疏】傭均也○釋曰謂齊等也小雅節南山云昊天不傭

強、暴也。彊梁淩暴【疏】強暴也○釋曰彊梁者好淩暴於物詩敘云彊暴之男

窕、肆也。輕窕者好放肆

肆、力也。肆極力【疏】窕肆也肆力也○釋曰窕輕也肆放也輕窕者好放肆肆又爲極力

俅、戴也。詩曰戴弁俅俅【疏】俅戴也○釋曰謂頭戴也注詩曰戴弁俅俅者周頌絲衣文也

瘞、幽也。幽亦薶也【疏】瘞幽也○釋曰皆謂薶藏

氂、罽也。毛氂所以爲罽○氂音離罽音計【疏】氂罽也○釋曰毛氂所以爲罽舍人曰氂謂毛罽也胡人績羊毛而作衣然則罽者織毛爲之若今之毛氍毹以衣馬之帶鞅也

烘、燎也。燒燎

煁、烓也。今之三隅竈見詩○燎音料煁市針切烓頃【疏】烘燎也煁烓也○釋曰舍人曰烘以火燎也煁烓竈也郭云烘謂燒燎煁今之三隅竈也然則烓者無釜之竈其上燃火謂之烘本爲此竈上以然火照物若今之火鑪也注云見詩者小雅白華云樵彼桑薪卬烘于煁是也

陪、朝也。陪位爲朝【疏】陪朝也○釋曰臣見君曰朝朝之列位必陪重是陪位爲朝也

康、苛也。謂苛刻○苛音何【疏】康苛也○釋曰注謂苛刻案苛者毒草名爲政刻急者取譬焉禮記孔子曰苛政猛於虎苛名康者以康安也苛刻者心安之左傳曰州吁阻兵而安忍其類也

樊、藩也。謂藩籬【疏】樊藩也○釋曰孫炎曰樊

圃之藩也郭曰謂藩籬藩以細木爲之齊風東方未明云折柳樊圃小雅青蠅云營營青蠅止于樊毛傳云棘樊所以爲藩是也賦、量也。賦稅所以評量〔疏〕賦量也○釋曰謂賦稅也郭云賦稅所以評量方言云平均賦也燕之北鄙東齊北郊凡相賦斂謂之平均是評量也粻、糧也。今江東通言粻〔疏〕粻糧也○釋曰謂粻食也郭云今江東通言粻王制云五十異粻庶、侈也。庶者衆多爲奢侈庶、幸也。庶幾僥倖〔疏〕庶侈也庶幸也○釋曰富庶者多奢侈郭云庶者衆多爲奢侈書曰祿不期侈庶又爲幸冀郭云庶幾僥倖僥者求見親御也幸與倖通用之筑、拾也。謂拾掇○筑音竹〔疏〕筑拾也○釋曰拾謂拾掇金縢云凡大木所偃盡起而築之馬融云起其木拾其禾奘、駔也。今江東呼大爲駔駔猶麤也○奘徂朗切駔音租〔疏〕奘駔也○釋曰皆謂大也秦晉謂大爲奘郭云今江東呼大爲駔駔猶麤也集、會也。〔疏〕集會也○釋曰說文云集若羣鳥在林木之上故曰集指事也故經典通謂聚會爲集舫、泭也。水中箄筏○泭音孚〔疏〕舫泭也○釋曰孫炎曰舫水中爲泭筏也郭云水中箄筏方言云泭謂之箄箄謂之筏筏秦晉之通語也周南漢廣云不可方思論語云乘桴浮於海注云桴編竹木大曰栰小曰桴是也舫方泭桴音義同洵、均也。謂調均洵、龕也。未詳〔疏〕洵均也洵龕也○釋曰李巡曰洵偏之均也郭云謂調均大雅桑柔云菀彼桑柔其下侯旬毛傳云旬言陰均也然則洵旬音義同洵又爲龕未詳逮、遝也。今荆楚人皆云遝○遝音沓〔疏〕逮遝也○釋曰亦謂相及方俗語異耳郭云今荆楚人皆云遝是、則也。是事可法則〔疏〕是則也○釋曰是不非則法效也郭云是事可法則言不非之事乃可爲人法則畫、形也。畫者爲形象○畫音畫〔疏〕畫形也○釋曰郭云畫者爲形象考工記云畫繢之事土以黃其象方天時變火以圜山以章水以龍鳥獸蛇是畫者爲形象也賑、富也。謂隱賑富有○賑之忍反〔疏〕賑富也○釋曰皆豐財也郭云謂隱賑富有局、分也。謂分部○分部問切〔疏〕局分也○釋曰成十六年左傳云離局姦也杜注云遠其部曲爲離局懠、怒也。詩曰天之方懠○懠音薺〔疏〕懠怒也○釋曰舍人曰懠怒聲也郭云詩曰天之方懠者大雅版篇文也僁、聲也。謂聲音○僁音屑〔疏〕僁聲也○釋曰郭云謂聲音言聲音僁僁然也葵、揆也。詩曰天子葵之揆、度也。商度○度徒各切〔疏〕葵揆也揆度也○釋曰轉相解也皆謂商度法詩曰天子葵之者小雅采菽文也鄘風定之方中云揆之以日逮、及也。〔疏〕逮及也○釋曰亦謂相及也大雅桑柔云荓云不逮惄、飢也。惄然飢意〔疏〕惄飢也○釋曰李巡云惄宿不食之飢也郭云惄然飢意周南汝墳云惄如調飢毛傳云惄飢意也鄭箋云惄思也然則惄之爲訓本爲思耳但飢之思食意又惄然故又以爲飢惄是飢之意非飢之狀故郭及毛傳皆言飢意鄭箋以爲思義相接成也眕、重也。謂厚重見左傳○眕之忍切〔疏〕眕重也○釋曰謂厚重見左傳者隱三年衞大夫石碏曰夫寵而不驕驕而能降降而不憾憾而能眕者鮮矣杜注云如此者少也降其身則必恨恨則思亂不能自安自重是也獮、虐也。淩獮暴虐〔疏〕獮虐也○釋曰獮謂從禽也必暴害於物故云虐郭云淩獮暴虐土、

田也。別二名〔疏〕土田也○釋曰別地之二名也白虎通云中央者土土主吐含萬物土之爲言吐也釋名云土已耕者曰田田者填也五稼填滿其中也戍、遏也。戍守所以止寇賊〔疏〕戍遏也○釋曰過止也郭云戍守所以止寇賊春秋公子買戍衞師、人也。謂人衆〔疏〕師人也○釋曰師衆也周禮大司馬二千五百人爲師故郭云謂人衆硈、鞏也。硈然堅固○硈苦角切〔疏〕硈鞏也○釋曰謂牢固易文言云確乎其不可拔又革卦初九云鞏用黃牛之革若如此說硈確學當從告說文別有硈苦八切石堅也字雖小異其義則同棄、忘也。〔疏〕棄忘也○釋曰心遺忘小雅谷風云棄我如遺囂、閑也。囂然閑暇貌○囂上刀切謀、心也。謀慮以心獻、聖也。謚法曰聰明睿智曰獻〔疏〕囂閑至聖也○釋曰郭云謚法曰聰明睿智曰獻謚法者周書篇名也里、邑也。謂邑居〔疏〕里邑也○釋曰謂邑居也論語云里仁爲美王制云凡居民量地以制邑襄、除也。詩曰不可襄〔疏〕襄除也○釋曰謂除去也注詩曰不可襄者鄘風牆有茨文也振、古也。詩曰振古如茲猶云久若此〔疏〕振古也○釋曰言久故也注詩曰振古如茲猶言久若此者案周頌載芟云匪今斯今振古如茲毛傳云振自也鄭箋云振亦古也言脩德行禮莫不獲報乃古古而如此所由來者久非適今時是也懟、怨也。○懟音隊〔疏〕懟怨也○釋曰謂懟怨恨左傳曰以死誰懟縭、介也。縭者繫介猶閡○縭音離〔疏〕縭介也○釋曰郭云縭者繫介猶閡以釋水云縭緌也緌繫著則介閡也號、謼也。今江東皆言謼○號音毫謼火胡切〔疏〕號謼也○釋曰謂叫謼也小雅賓之初筵云載號載呶郭云今江東皆言謼凶、咎也。〔疏〕凶咎也○釋曰謂咎惡也通見詩書苞、積也。今人呼物叢緻者爲積〔疏〕苞積也○釋曰郭云今人呼物叢緻者爲積孫炎曰物叢生曰苞齊人名曰積唐風鴇羽云集于苞栩毛傳云苞稹鄭箋云稹者根相迫迮梱緻亦謂叢生也逜、寤也。相干寤○逜音寤〔疏〕逜寤也○釋曰逜謂相干也寐而覺之曰寤郭云相干寤顁、題也。題額也詩曰麟之定○顁丁佞切〔疏〕顁題也○釋曰皆謂額也注詩曰麟之定者周南麟之趾文也猷、肎、可也。詩曰猷來無棄肎今通言〔疏〕猷肎可也○釋曰皆可也注詩曰猷來無棄者魏風陟岵文也肎今通言者邶風終風云惠然肎來是也務、侮也。詩曰外禦其侮〔疏〕務侮也○釋曰謂輕侮也注詩曰外禦其侮小雅常棣文也貽、遺也。相歸遺○遺唯季切〔疏〕貽遺也○釋曰謂相歸遺詩云貽我握椒貿、買也。廣二名〔疏〕貿買也○釋曰貿市也又爲買郭云廣二名詩云抱布貿絲賄、財也。〔疏〕賄財也○釋曰財帛摠名周禮冢宰職云商賈阜通貨賄鄭注云布帛曰賄甲、狎也。謂習狎〔疏〕甲狎也○釋曰謂狎習也衞風芄蘭云能不我甲左傳曰水懦民狎而翫之菼、騅也。菼、薍也。詩曰毳衣如菼菼草色如騅在青白之間○菼他敢切薍五患切〔疏〕菼騅也菼薍也○釋曰廣異言也注詩曰毳衣如菼者王風大車文也毛傳云菼騅也蘆之初生者也鄭箋云菼薍也以傳解菼色未辨草名故定之也郭云菼草色如騅在青白之間者以釋畜云蒼白雜毛騅故也粲、餐也。今河

北人呼食爲粲○餐音孫〔疏〕粲餐也○釋曰謂餐食也郭云今河北人呼食爲粲鄭風緇衣云還予授子之粲鄭箋云自館還在采地之都我則設餐以授之愛之欲飲食之渝、變也。謂變易〔疏〕渝變也○釋曰謂變易也詩曰敕命不渝宜、肴也。詩曰與子宜之〔疏〕宜肴也○釋曰謂肴饌也李巡曰飲酒之肴也注詩曰與子宜之者鄭風女曰雞鳴文也夷、悅也。詩曰我心則夷〔疏〕夷悅也○釋曰謂喜悅也注詩曰我心則夷者召南草蟲文顛、頂也。頭上〔疏〕顛頂也○釋曰謂頭上也詩曰有馬白顛耋、老也。八十爲耋○耋音迭〔疏〕耋老也○釋曰耋鐵也孫炎曰老人面如鐵色郭云八十爲耋詩秦風車鄰云逝者其耋毛傳云八十曰耋易離卦云大耋之嗟鄭注云年踰七十僖九年左傳曰伯舅耋老服虔云七十曰耋此及詩傳言八十曰耋者耋有七十八十無正文也詩以仕者七十致事仕者慮已之耋欲得早致事故以爲八十此用詩傳爲說故與之同輶、輕也。詩曰德輶如毛○輶音酋〔疏〕輶輕也○釋曰謂輕微也注詩曰德輶如毛者大雅烝民文俴、淺也。詩曰小戎俴收○俴音踐〔疏〕俴淺也○釋曰謂淺近注詩曰小戎俴收者秦風小戎文也紃、絞也。糾絞繩索○紃音陶〔疏〕紃絞也○釋曰謂糾繩索也李巡曰紃繩之絞也豳七月云宵爾索綯訛、化也。詩曰四國是訛〔疏〕訛化也○釋曰匡正之化也注詩曰四國是訛者豳風破斧文跋、躐也。詩曰狼跋其胡疐、跲也。詩曰載疐其尾○躐音獵疐音致跲其業切〔疏〕跋躐也疐跲也○釋曰李巡曰跋前行曰躐跲卻頓曰疐注詩云狼跋其胡載疐其尾者豳風狼跋文也說文云跋蹎丁干切跲蹎竹二切躓即疐也然則跋與疐皆是顛倒之類以跋爲躐者謂跋其胡而倒躓耳毛傳云老狼有胡謂頷下垂胡進則躐其胡謂躐胡而前倒也退則跲其尾謂卻頓而倒於尾上也烝、塵也。人衆所以生塵埃〔疏〕烝塵也○釋曰孫炎曰烝物久之塵小雅南有嘉魚云烝然罩罩郭云人衆所以生塵埃戎、相也。相佐助〔疏〕戎相也○釋曰相如字注同一云相助也息亮切故注云相佐助也飫、私也。宴飲之私〔疏〕飫私也○釋曰孫炎曰飫非公朝私飲酒也郭云宴飲之私小雅常棣云飲酒之飫毛傳云飫私也不脫屨升堂謂之飫鄭箋云私者圖非常之事若議大疑於堂則有飫禮焉聽朝爲公周語曰王公立飫孺、屬也。謂親屬〔疏〕孺屬也○釋曰李巡云孺骨肉相親屬也常棣云和樂且孺毛傳云九族會曰和孺屬也鄭箋云屬者昭穆相次序幕、暮也。幕然暮夜〔疏〕幕暮也○釋曰幕然暮夜也煽、熾也。熾、盛也。互相訓煽義見詩〔疏〕煽熾也熾盛也○釋曰轉相解也皆熾盛也注煽義見詩者小雅十月之交云豔妻煽方處柢、本也。謂根本○柢音帝〔疏〕柢本也○釋曰謂根本也周禮典瑞云四圭有邸鄭司農云於中央爲璧圭著其四面一玉俱成即引此文云邸本也圭本著於璧故四圭有邸圭末四出故也又曰兩圭有邸後鄭云僻而同邸皆謂本也柢邸音義同窕、閒也。窈窕閒隙○閒音閑〔疏〕窕閒也○釋曰窈窕閒隙也詩周南關雎云窈窕淑女毛傳云窈窕幽閒鄭箋云幽閒深宮皆謂淑女所處之宮形狀窈窕然淪、率也。相率使〔疏〕淪率也○釋曰謂相率郭云相率使小雅雨無正云淪胥以鋪懼、

毒也。憂思慘毒〔疏〕罹毒也○釋曰釋詁云罹憂也郭云憂思慘毒也○小雅小弁云我獨于罹 檢、同也。模範同等〔疏〕檢同也○釋曰檢模範也郭云模範同等說文云書署也 郵、過也。道路所經過〔疏〕郵過也○釋曰郵謂郵亭過謂經過也郭云道路所經過郊特牲云郵表畷 遜、遯也。謂逃去〔疏〕遜遯也○釋曰謂逃去也春秋莊元年夫人姜氏孫于齊公羊傳曰孫者何孫猶孫也內諱奔謂之孫穀梁傳曰孫之爲言猶孫諱奔也 斃、踣也。前覆 僨、僵也。卻偃○斃音弊踣蒲北切僨音奮僵音姜〔疏〕斃踣也僨僵也○釋曰前卻顛倒之名也斃又謂之踣皆前覆也檀弓云射之斃鄭注云斃仆也然則又爲仆僨謂之僵皆仰偃也左傳曰鄭伯之車僨於濟 眕、殄也。謂殄絕〔疏〕眕殄也○釋曰謂眕絕也周頌曰載芟云徂隰徂畛毛傳曰畛場也地官遂人云十夫有溝溝上有畛則畛謂地畔之徑路也至此而易之故以畛爲場易則地絕故得爲殄 曷、盍也。盍何不〔疏〕曷盍也○釋曰郭云盍何不也論語曰盍各言爾志 虹、潰也。謂潰敗○潰音會〔疏〕虹潰也○釋曰潰敗亂也大雅抑篇云實虹小子召旻云蟊賊內訌 隌、闇也。隌然冥貌○隌音唵闇音暗〔疏〕隌闇也○釋曰謂冥昧也郭云隌然冥貌 䵒、膠也。膠黏䵒○䵒女乙切〔疏〕䵒膠也○釋曰膠黏䵒也方言云䵒敎黏也齊魯青徐自關而東或曰䵒或曰敎 孔、甚也。厥、其也。戛、禮也。謂常禮〔疏〕孔甚至禮也○釋曰孔甚厥其也○通見詩書釋訓云戛常禮也故郭云謂常禮 闍、臺也。城門臺○闍音都〔疏〕闍臺也○釋曰謂城門臺也鄭風云出其闉闍毛傳云闉曲城也闍城臺也 因、拘也。謂拘執〔疏〕因拘也○釋曰謂拘執也月令云挺重囚左傳曰南冠而縶者楚囚也縶則拘執也 攸、所也。展、適也。得自申展皆適意〔疏〕攸所也展適也○釋曰易曰利有攸往郭云得自申展者皆適意也 鬱、氣也。鬱然氣出〔疏〕鬱氣也○釋曰鬱鬱然氣出也謂鬱蒸之氣也 宅、居也。〔疏〕宅居也○釋曰謂居處也大雅文王有聲云宅是鎬京 休、慶也。〔疏〕休慶也○釋曰謂嘉慶也商頌曰何天之休 祈、叫也。祈祭者叫呼而請事〔疏〕祈叫也○釋曰祈猶禱也求也春官大祝掌六祝之辭以祈福祥求永貞郭云祈祭者叫呼而請事 濬、幽、深也。濬亦深也 哲、智也。〔疏〕濬幽至智也○釋曰舍人曰濬下之深也哲大智也郭云濬亦深也虞書舜典云濬哲文明孔安國云舜有深智言其智之深所知不淺近也 弄、玩也。〔疏〕弄玩也○釋曰謂玩好也小雅斯干云載弄之璋鄭箋云玩以璋者欲其比德焉 尹、正也。謂官正也 皇、匡、正也。〔疏〕尹正至正也○釋曰尹正長也郭云謂官正也言爲一官之長也周書君陳曰尹茲東郊皇君成之正匡救諫之正孝經云匡救其惡注詩曰四國是皇者豳風破斧文也 服、整也。服御之令齊整〔疏〕服整也○釋曰謂整治也郭云服御之令齊整也周南葛覃云服之無斁 聘、問也。見穀梁傳〔疏〕聘問也○釋曰問謂存省之對而言之則聘問異周禮大行人云時聘以結諸侯之好間問以諭諸侯之德又曰凡諸侯之邦交歲相問也殷相聘也聘禮云小聘曰問是異也散而言之皆謂相存省故此云聘問也注見

穀梁傳者按隱九年春天王使南季來聘穀梁傳曰南氏姓也季字也聘問也是其事 愧、慙也。〔疏〕愧慙也○釋曰謂慙恥也小爾雅云不直失節謂之慙慙愧也面慙曰慙心慙曰恧體慙曰逡方言云梅惡被慙也晉曰梅或曰慙秦晉之間凡愧而見上謂之被梁宋曰慙又云慙恧也荊揚青徐之間曰慙若梁益秦晉之問言心內慙矣山之東西自愧曰恧趙魏之間謂之恥 殛、誅也。書曰鯀則殛死○殛紀力切〔疏〕殛誅也○釋曰謂誅責也注書曰鯀則殛死者周書洪範文 克、能也。翌、明也。書曰翌日乃瘳〔疏〕克能也翌明也○釋曰克能通見書傳注書曰翌日乃瘳者周書金縢文 訩、訟也。言訩讀〔疏〕訩訟也○釋曰多爭訟也郭云言訩讀讀即讙讀○小雅節南山云降此鞫訩 晦、冥也。奔、走也。逡、退也。外傳曰已復於事而逡○冥亡定切〔疏〕晦冥至退也○釋曰晦冥謂闇冥也見公羊傳奔大走也左傳曰事馳卒奔逡卻退也注外傳曰已復於事而逡者齊語管仲對桓公辭也韋昭曰已畢也逡伏退也此國語也而謂之外傳者韋昭曰左丘明采錄前世穆王以來下訖魯悼智伯之誅邦國成敗嘉言善語陰陽律呂天時人事逆順之數以爲國語其文不主於經故號曰外傳也 亶、仆也。頓躓倒仆○仆音赴〔疏〕亶仆也○釋曰即前文踣與仆也郭云頓躓倒仆 亞、次也。〔疏〕亞次也○釋曰亞下次也通見書 諗、念也。相思念○諗音沈〔疏〕諗念也○釋曰謂相思念也小雅四牡云將母來諗 屆、極也。有所限極〔疏〕屆極也○釋曰有所限極也大雅瞻卬云靡有夷屆 弇、同也。詩曰奄有龜蒙 弇、蓋也。謂覆蓋〔疏〕弇同也弇蓋也○釋曰廣異言也注詩曰奄有龜蒙魯頌閟宮文言弇覆同也弇又爲蓋謂覆蓋也易曰惡積而不可弇奄掩音義同 恫、痛也。詩曰神罔時恫〔疏〕恫痛也○釋曰謂傷痛也注詩曰神罔時恫者大雅思齊文王肅云文王之德能上順祖宗安寧百神無失其道無所怨痛 握、具也。謂備具〔疏〕握具也○釋曰郭云謂備具本作幄釋云居位處之具也秦風權輿云夏屋渠渠鄭箋云屋具也義其同乎 振、訊也。振者奮迅〔疏〕振訊也○釋曰謂振訊書去塵也郭云振者奮迅曲禮曰振書端書 鬩、恨也。相怨恨○鬩呼麻切〔疏〕鬩恨也○釋曰郭云相怨恨孫炎本作很解云相很戾小雅常棣云兄弟鬩于墻毛傳云鬩很也很者忿爭之名曲禮曰很無求勝以字形異濫故釋者致殊於義兩解得之 越、揚也。謂發揚 對、遂也。詩曰對揚王休〔疏〕越揚也對遂也○釋曰揚謂稱美郭云謂發揚遂者因事之辭注詩曰對揚王休者大雅江漢文 燬、火也。詩曰王室如燬燬齊人語○燬音毀〔疏〕燬火也○釋曰李巡曰燬一名火孫炎曰方言有輕重故謂火爲燬郭云燬齊人語方言云㶬火也楚轉語也猶齊言焜火也注詩曰王室如燬者周南汝墳文 懈、怠也。〔疏〕懈怠也○釋曰謂怠慢也大雅烝民云夙夜匪懈 宣、緩也。謂寬緩 遇、偶也。偶爾相值遇〔疏〕宣緩也遇偶也○釋曰郭云偶爾相值遇春秋隱八年春宋公衛侯遇于垂穀梁曰不期而會曰遇 曩、曏也。國語曰曩而言戲也〔疏〕曩曏也○釋曰在今而道既往或曰曩或曰曏書大傳云曏之取於圄中勇力之取也注國語曰曩而言戲也者案晉語驪姬與優

施謀飲里克酒乃歌曰暇豫之吾吾不如鳥烏人皆集于苑己獨集於枯里克笑曰何謂苑何謂枯優施曰其母爲夫人其子爲君可不謂苑乎其母既死其子又有謗可不謂枯乎枯且有傷優施出里克辟奠不飧而寢夜半召優施曰曩而言戲乎如有所聞之乎是也 偟、暇也。詩曰不遑啟處○偟音皇〔疏〕偟暇也○釋曰謂閒暇也注詩曰不遑啟處者小雅四牡文 宵、夜也。〔疏〕宵夜也○釋曰舍人曰宵陽氣消也詩云肅肅宵征書曰宵中星虛 懊、忨也。謂愛忨 愒、貪也。謂貪羨○懊烏報切忨五館切愒苦蓋切〔疏〕懊忨也愒貪也○釋曰皆謂愛忨貪羨也昭元年左傳云主民翫歲而愒日杜注云忨愒皆貪也 榰、柱也。相榰柱○榰音枝柱音注〔疏〕榰柱也○釋曰郭云相榰柱也說文云榰柱砥古用木今以石字書云柱屋之歛 栽、節也。竝、併也。詩曰竝坐鼓瑟〔疏〕栽節也竝併也○釋曰易泰卦云后以財成天地之道裁財音義同竝古今字注詩曰竝坐鼓瑟者秦風車鄰篇文 卒、既也。既盡已也 慒、慮也。謂謀慮○慒音四〔疏〕慒慮也○釋曰郭云謂謀慮也字書作悰 將、資也。謂資裝〔疏〕將資也○釋曰行所資也郭云謂資裝 黹、紩也。今人呼縫紩衣爲黹○黹致恥切紩音秩〔疏〕黹紩也○釋曰謂縫刺也郭云今人呼縫紩衣爲黹鄭注司服云黼黻希繡希讀爲黹謂刺繡也 遞、迭也。更迭〔疏〕遞迭也○釋曰李巡曰遞者更迭間厠相代之義邶柏舟云胡迭而微 矧、況也。譬況〔疏〕矧況也○釋曰說文云矧況詞從矢取詞之所之如矢也郭云譬況謝氏云志譬況是詞也 廩、廯也。或說云即倉廩所未詳○廯息淺切〔疏〕廩廯也○釋曰廣雅云倉也則廩廯皆囷倉之別名孫炎云廩藏穀鮮絜也舍人云廩少廯也郭云或說云即倉廩所未詳 逭、逃也。亦見禮記○逭音換〔疏〕逭逃也○釋曰謂逭逃也商書大甲云自作孽不可逭注亦見禮記者案緇衣云子曰小人溺於水君子溺於口大人溺於民皆在其所褻也下云太甲曰天作孽可違也自作孽不可以逭 訊、言也。相問訊〔疏〕訊言也○釋曰訊問以言也郭云相問訊詩云執訊獲醜 間、俔也。左傳謂之諜今之細作也○間諫俔胡典切〔疏〕間俔也○釋曰反間一名俔今之細作也注左傳謂之諜者案桓十二年左傳云使伯嘉諜之杜注云諜伺也說文云諜軍中反間也又鄭注周禮掌戮云諜謂姦寇反間者候間隙以反報其主 沄、沆也。水流漭沆○沄音云沆胡黨切〔疏〕沄沆也○釋曰說文云沄轉流也一曰沆郭云水流漭沆漭沆水大貌 干、扞也。相扞衛〔疏〕干扞也○釋曰郭云相扞衛孫炎曰干盾自蔽扞周南兔罝云公侯干城言公侯以武夫自固爲扞蔽如盾爲防守如城然 趾、足也。腳 跀、刖也。斷足○跀扶味切〔疏〕趾足也跀刖也○釋曰易云賁其趾趾則足也亦謂之腳跀一名刖斷足刑也呂刑云刵罰五百孔安國云刖足曰刵鄭注司刑云刖斷足也周改臏作刖跀刵音義同 襄、駕也。書曰懷山襄陵〔疏〕襄駕也○釋曰謂乘駕也鄭風大叔于田云兩服上襄注書曰懷山襄陵堯典文 忝、辱也。燠、煖也。今江東通言燠○燠於六切〔疏〕忝辱也燠煖也○釋曰忝謂恥辱也詩曰無忝爾所生煖溫也洪範云哲時燠

若郭云今江東通言燠塊、堛也。土塊也外傳曰枕凷以堛○堛孚逼切【疏】塊堛也○釋曰塊者結土也說文云塊俗凷字也凷一名堛郭云土凷也注外傳曰枕凷以堛案吳語吳王夫差既許越成乃大戒師徒將以伐齊申胥進諫曰昔楚靈王不君其臣箴諫不入乃築臺於章華之上闕爲石郭陂漢以象帝舜罷弊楚國以間陳蔡不脩方城之內踰諸夏而圖東國三歲於沮汾以服吳越其民不忍飢勞之殃三軍叛王於乾谿王親獨行屛營仿偟於山林之中三日乃見其涓人疇王呼之曰余不食三日矣疇趨而進王枕其股以寑於地王寐疇枕王以墣而去之王覺而無見乃匍匐將入於棘闈棘闈不納也乃入芊尹申亥氏焉是其專也說文云墣匹角切亦塊也今注云枕凷者字之誤也凷當作王又外傳作墣郭云以堛者蓋亦理同或所見本異也將、齊也。謂分齊也詩曰或肆或將○齊才細切【疏】將齊也○釋曰郭云謂分齊也詩曰或肆或將者小雅楚茨文毛傳云肆陳將齊也或陳于牙或肆或將齊其肉王肅云分齊其肉所當用也餾、饘也。糜也【疏】餾饘也○釋曰郭云糜也下云鬻糜郭云淖糜然則餾饘鬻糜相類之物稠者曰糜淖者曰鬻餾饘是其別名昭七年左傳云饘於是鬻於是以餬余口啟、跪也。小跽【疏】啟跪也○釋曰謂跪拜也小雅四牡云不遑啟處郭云小跽說文曰跽長跪也莊子云擎跽曲拳臣之禮也㬋、密也。謂緻密○㬋武延切【疏】㬋密也○釋曰郭云謂緻密開、闓也。書曰闓四門【疏】開闓也○釋曰書曰闓四門虞書舜典文袍、襺也。左傳曰重襺衣裘○襺吉典切【疏】袍襺也○釋曰玉藻云纊爲繭縕爲袍鄭玄云衣有著之異名也纊謂今之新緜縕謂今之纊及舊絮也然則襺是袍之別名謂新緜著袍者也注左傳曰重襺衣裘者襄二十一年傳云楚子使薳子馮爲令尹遂以疾辭方暑闕地下冰而牀焉重襺衣裘鮮食而寑是也障、畛也。謂塍障【疏】障畛也○釋曰郭云謂塍障一名畛左傳曰封畛土略覸、姡也。面姡然○姡音滑【疏】覸姡也○釋曰郭云面姡然孫炎曰覸人面姡然說文曰覸面見人姡面覸也然則覸與姡皆面見人之貌詩云有覸面目鬻、糜也。淖糜○鬻之六切舒、緩也。謂遲緩【疏】鬻糜也舒緩也○釋曰郭云謂遲緩詩云舒而脫脫兮翢、纛也。纛、翳也。今之羽葆幢舞者所以自蔽翳○翢徒刀切纛徒到切【疏】翢纛也纛翳也○釋曰李巡曰翢舞者所持纛也孫炎曰纛舞者所持羽也郭云今之羽葆幢鄭司農注鄉師云翢羽葆幢也蔡邕獨斷云以旄牛尾爲之大如斗在左騑馬頭上所謂黃屋左纛纛又謂之翳郭云舞者所以自蔽翳然則翢一名纛纛所以爲翳故王風云左執翿毛傳云翿纛也翳也隍、壑也。城池空者爲壑【疏】隍壑也○釋曰隍城池無水者郭云城池空者爲壑易泰卦上六城復於隍芼、搴也。謂拔取菜【疏】芼搴也○釋曰孫炎曰皆釋菜也某氏曰搴猶拔也郭云謂拔取菜以搴是拔之義史記曰斬將搴旗謂拔取敵人之旗也周南關雎云參差荇菜左右芼之故云謂拔取菜毛傳云芼擇謂拔菜而擇之也亦典、經也。威、則也。威儀可法則【疏】典經也威則也○釋曰周禮大宰之職掌建邦之六典鄭注云典常也經也法也王謂之禮經常所秉以治天下也邦國官府謂之禮法常所以守爲法式也常者其上下通名郭云威儀可法則詩曰敬慎威儀維民之則苛、妎也。煩苛者多嫉妎○妎胡計切【疏】苛妎也○釋曰說文云妎妬也郭云煩苛者多嫉妎言煩苛之人多嫉妬芾、小也。芾者小貌○芾音貝【疏】芾小也○釋曰芾是木榦及葉之小者也召南云蔽芾甘棠此比於大木爲小也我行其野云蔽芾其樗鄭箋云樗之蔽芾始生謂樗葉之始生形亦小也郭云芾者小貌迷、惑也。狃、復也。狃忕復爲○狃女九切復扶又切【疏】迷惑也狃復也○釋曰小雅節南山云俾民不迷謂不惑也狃復習也郭云狃忕復爲孫炎云狃忕前事復爲也說文云狃狎也忕習也鄭風云將叔無狃毛傳云狃習也桓十三年左傳云莫敖狃於蒲騷之役杜注云狃忕也然則狃忕皆貫習之義復亦貫習之意也逼、迫也。般、還也。左傳曰般馬之聲○般音班還音旋【疏】逼迫也般還也○釋曰逼相急迫也般還反也注左傳曰般馬之聲者襄十八年晉大夫邢伯告中行伯之辭也班、賦也。謂布與【疏】班賦也○釋曰郭云謂布與桓六年左傳云諸侯之大夫戍齊齊人饋之餼使魯爲其班聘禮記云肸肉及廋車班肸音義同左傳曰屬役賦丈濟、渡也。濟、成也。濟、益也。所以廣異訓各隨事爲義【疏】濟渡至益也○釋曰郭云所以廣異訓各隨事爲義方言云過渡謂之涉濟彼注云猶今云濟渡左傳曰濟河焚舟濟又爲成左傳曰以欲從人則可以人從欲鮮濟濟又爲增益左傳曰盡請濟師於王緡、綸也。詩曰維絲伊緡緡繩也江東謂之綸○緡音民【疏】緡綸也○釋曰孫炎云皆繩名也郭云緡繩也江東謂之綸注詩曰維絲伊緡者召南何彼襛矣文辟、歷也。未詳漦、盝也。漉漉出涎沫○辟婢亦切漦仕其切【疏】辟厤也漦盝也○釋曰李巡云吐沫漦也郭云漉漉出涎沫鄭語云訓語有之曰夏之衰也襃人之神化爲二龍以同于庭而言曰余襃之二君夏后卜殺之與去之與止之莫吉卜請其漦而藏之吉韋昭云漦龍所吐沫龍之精氣也寬、綽也。謂寬裕也【疏】寬綽也○釋曰孫炎云性之裕者郭云謂寬裕也皋陶謨云寬而栗袞、黻也。袞衣有黻文【疏】袞黻也○釋曰郭云袞衣有黻文小雅采菽云玄袞及黼必兼有黼黻詩但言及黼嫌於無黻故此釋之毛傳云玄袞卷龍也白與黑謂之黼鄭箋云玄袞玄衣而畫以卷龍也黼黼黻黻謂絺衣也諸公之服自袞冕而下華、皇也。釋草曰葟華榮○華胡瓜切【疏】華皇也○釋曰草木之華一名皇樊光引詩云皇皇者華孫炎云皇皇猶煌煌郭云釋草曰葟華榮引之以證皇亦華榮之名昆、後也。謂先後方俗語【疏】昆後也○釋曰郭云謂先後方俗語大禹謨云官占惟先蔽志昆命元龜彌、終也。終竟也【疏】彌終也○釋曰郭云終竟也大雅生民云誕彌厥月言大矣后稷之在其母終人道十月而生也

爾雅注疏卷三校勘記　阮元撰盧宣旬摘錄

爾雅疏卷第三　注疏本卷第二

釋言第二

初别國不相往來之言也　注疏本脫也

故爲之作釋也　閩本監本毛本脫之也元本脫之

岠齊州以南　單疏本雪䆫本注疏本同釋文距又作岠同音巨按今釋地作岠釋文同盇失其舊○按依說文本作歫从止俗改从山

注禮記曰尸謖者　注疏本刪注字○按單疏本所標注字注疏本盡刪今悉補正後不悉出

還復返也　元本經下載音切還音旋閩本監本誤爲注毛本遂剜改作皆迴返也似郭氏舊有此注矣考此本雪䆫本陳本鍾本郎本葛本皆無也

皆傳車驛馬之名　單疏本雪䆫本元本閩本監本同毛本驛作馹依經所改釋文音經傳也張戀反注同此本傳誤轉今訂正單疏本經中傳字亦誤轉

格懷來也　唐石經單疏本雪䆫本同釋文徠音來本今作來按釋親來孫陸本亦作徠云音來本亦作來玉篇彳部徠力哀切就也還也今爲來

厎　釋文唐石經雪䆫本同注疏本作底非單疏本經誤底疏中作厎五經文字厂部厎音指致也

皆見詩傳　雪䆫本注疏本同單疏本無皆字

厎祿以德周頌武篇云　注疏本厎誤底下同武上衍下

今江東呼母爲㑃音是　雪䆫本同注疏本刪下二字因別附音切有㑃音是三字也全書準此

無母何恃是也　注疏本脫是也

畣者應也　雪䆫本注疏本同釋文音經畣古荅字一本作荅○按畣字从田絕無文理舊本㒸釋作畣从日似近是然亦俗字耳

大初元年　注疏本大改太

以禮大陳敘賓客也　閩本監本毛本大陳敘改陳敘于元本實闕

幠　釋文唐石經雪䆫本元本同單疏本作撫閩本監本毛本作憮皆誤

無幠無傲　單疏本雪䆫本同注疏本作無憮無敖非疏引投壺作無撫無敖亦誤

幼鞠稚也　唐石經單疏本雪䆫本元本同閩本監本毛本稚改穉疏中同釋文穉又作稚按釋親穉婦釋文亦作穉云又作稚

是皆謂年小也　注疏本小改少

急疾齊整　注疏本疾改速

革亦急也　注疏本脫也

云書曰揚側陋者　注疏本刪曰者

北燕曰遴　單疏本雪䆫本同浦鏜云方言作[illegible]

易曰水荐至　單疏本雪䆫本同浦鏜云易荐作洊按易釋文於洊下引爾雅云再也又云于作荐則爾雅有作洊周易有作荐者

今呼重蠶爲螈　單疏本雪䆫本注疏本同釋文原含人本作螈音同

敉義見書　單疏本雪䆫本同注疏本作敉寧因疏引書大誥敉寧字致誤疏中同

皆憐撫也 注疏本憐改愛

宋衛邠陶之間 元本同閩本監本毛本宋衛改東齊

故注云撫愛撫也 注疏本注誤上又上撫作憮元本與此同

齊人謂瘠瘦爲脙 單疏本雪牕本同注疏本脫瘦

瘦臞腐敗 注疏本臞誤瞿周禮廛人釋文臞其俱反又作臞音稍按賈疏本臞作臞

桄 唐石經單疏本雪牕本同釋文桄孫作光古黃反按說文
桄充也與橫闌木也連文桄字通鄭注禮記樂記孔子
閒居皆云橫充也此其證尚書光被四表漢書王莽傳後漢
馮異傳皆作橫被四表蓋作桄桄作橫者爲今文作光者爲古
文孔傳堯典云光充也與孫叔然本合賈逵云古文讀應爾
雅是爾雅本作光也作桄者蓋李巡本

書云光被四表 注疏本云改曰

親暱者恩信必數 注疏本者誤時

次卽副貳之義 閩本監本毛本義誤貳元本闕

今呼餐飯爲饙 單疏本雪牕本同閩本監本毛本餐誤餐疏中同元本餐誤攸釋文飰字又作餅俗
作飯同按玉篇餅飰並俗飯字

饙熟爲餾 注疏本同詩正義作饙均熟爲餾因連引孫炎注均之日餾而誤衍耳郭釋經稔爲熟詩
釋文引孫炎均之日餾引郭注餴熟爲餾可證

注方言云 注疏本刪注字

或曰餂 注疏本餂誤餂

河陰之間曰饐惡根切餶五根切○注疏本音切改大字

酒裹餱糧 注疏本酒改乃

矜 唐石經雪牕本注疏本同單疏本作矜釋文矜音矜本又作矜按廣雅釋詁一矜哀也玉篇鹵部矜苦也皆本此經
蓋經作矜注作矜後人轉寫亂之

可矜憐者亦辛苦 單疏本雪牕本同釋文憐力田反本今作憐同按今當作又

表淳鹵 元本同閩本監本毛本鹵改滷按左傳襄二十五年作鹵

云可矜憐者亦辛苦者小雅鴻鴈云爰及矜人 注疏本矜作矜
毛詩唐石經宋本同按釋訓矜憐撫掩之也疏引詩鴻
鴈亦作矜華嚴經音義卷上特垂矜念下引毛詩傳矜
憐也又引說文字統矜憐也皆從矛令矜憐聲相近故
說文毛傳皆云矜憐也紐樹玉云漢隸字源矜字注引
唐君頌不侮矜寡詩序王于矜寡史記有矜在民間曰
虞舜字皆從矛令

鹹味極必苦 注疏本味誤殊

論語云 注疏本脫論

皆謂蔓延相被及 單疏本雪牕本同釋文蔓莚以戰反相連不斷又音延本今作延按蔓莚字古
皆從艸作莚華嚴經音義卷上引爾雅覃延也引郭注謂
蔓莚相被及也與釋文同此經作延注作莚之明證釋草
菌鹿藿蘦大苦注蔓延生釋文皆作蔓莚毛詩旄丘傳曰
如葛之蔓延相連及也釋文蔓莚以戰反又音延芄蘭箋
云恆蔓延於地釋文云本或作蔓莚於地

視民不恌是也 元本同監本毛本恌作佻與經合左傳昭十年及說文玉篇皆引詩視民不佻
此從心蓋依今詩改

注詩曰不可以茹者 注疏本刪注字

皆見詩書 雪牕本注疏本無皆字

注皆見詩書者 注疏本刪注字

尚書誥誓之篇是也 閩本監本毛本篇改類元本此字實闕

競逐彊也 唐石經單疏本雪牕本同釋文強巨丈反注同本或作彊字又其良反按此蓋經作彊盛字注用勉
強字

皆自勉彊 單疏本注疏本同雪牕本作皆自強勉按強勉猶彊勉也漢書董仲舒傳事在彊勉而已矣師
古曰彊音其兩反此當從雪牕本古彊強通

皆自勉彊也 元本同閩本監本毛本彊改強下彊梁同

故皆爲禁也 元本閩本監本同毛本脫也

言文采著明也 閩本監本毛本下衍一字元本實闕

注詩曰齊子愷悌者 注疏本刪注字

士者男子之大號 注疏本同浦鏜云人大二字疑美字之誤

蓋割裂也 唐石經單疏本雪牕本同釋文蓋古害反舍人本作害按書呂刑鰥寡無蓋蓋卽害字之借言堯時
鰥寡無害也釋名害割也書堯典洪水方割大誥天降割之
類皆害字之借割與蓋亦音相近書君奭割申勸寧王之德
鄭注緇衣云割之言蓋是也

今俗語呼樹蔭爲麻 單疏本注疏本同雪牕本蔭作廕按釋文廕字亦作蔭依經當作廕蓋以
樹蔭義改從艸耳釋詁注云疏蔭爆樂釋文廕又作蔭同

福履將之 單疏本雪牕本同按此當如釋詁注引詩福履綏之毛傳履祿也本此經樛木詩一章福履綏
之二章福履將之

注禮可以履行見易者 注疏本刪注字

薆隱也 唐石經單疏本雪牕本同釋文薆僾皆音愛按亦作愛詩烝民愛莫助之毛傳愛隱也本此經而字作愛
可證

基經也基設也○釋曰基牆下止也 注疏本刪上八字止作土按說文基
牆始也玉篇址基也廣韻基址也然則此止當爲址合
上字土字始得之

祥吉之先見 注疏本同雪牕本作謂吉之先見

禔福之祥 元本同閩本監本毛本福誤祥

兆域也 唐石經雪牕本同釋文兆本又作垗按依說文垗正字也兆假借字也

注書曰肇牽車牛者 注疏本刪注字

浹徹也 唐石經雪牕本同釋文浹子協反郭音接詹事錢大昕云說文無浹字當作挾詩使不挾四方毛傳挾達
也漢儒諱徹爲通通達義同按爾雅當本作挾徹也與上挾
藏也同字異訓詩釋文挾子燮反與郭音接正合正義曰挾
者周匝之義周禮所謂浹日周禮釋文挾日字又作浹凡挾
作浹者皆後人所改

小雅楚茨云 注疏本云上衍篇

注易曰不速之客者 注疏本刪注之二字

注詩曰來獻其琛者 注疏本刪注字

士之俊選者借譬爲名焉故郭云士中之俊如毛中之
髦 注疏本作士之俊選者是也刪借譬以下一十七字

淩懍戰慄 單疏本雪牕本同釋文淩郭注意當作倰埤蒼云倰慄也按陸謂注意當作倰則字不作倰矣
或謂注當作倰非下注云強梁淩暴亦用水旁字

淩慄也慄感也○釋曰 注疏本刪

倰慄也 元本同閩本監本毛本倰誤淩

郭云淩懍戰慄 注疏本云誤言

注左傳云 注疏本刪注字

周官曰 雪牕本注疏本同單疏本作周禮曰按郭注多引作周禮凡釋詁釋官釋器釋天旌旂釋丘釋草釋
畜共十二見皆作周禮惟此及釋天講武注作周官

偁舉也 唐石經單疏本雪牕本同釋文音下稱好也尺證反此偁字不出音蓋本作稱李善注文選陸士衡演連
珠引爾雅稱舉也郭注引書偁爾戈今尚書作稱

注偁爾戈者 注疏本刪注字

之死矢靡它 元本閩本監本同毛本它改他按唐石經毛詩作它

並兩舩 雪牕本注疏本同釋文併字又作並按釋水大夫方舟注亦云併兩舩此作並非

潛行游水底 單疏本雪牕本同葉鈔釋文底作底

強 雪牕本同單疏本注疏本作彊唐石經先作彊後改強按注云彊梁淩暴疏引詩序彊暴之男則字當從彊上文競

逐彊也疏云馳逐者亦彊梁可互證石經原刻是

强梁淩暴 雪牕本同注疏本强作彊疏云彊梁者好淩暴於物淩字從冫非五經文字云淩水名經典或以爲侵陵字

窕 唐石經單疏本雪牕本同注疏本作宨注及疏準此元本唐石經作宨按葉鈔釋文宨肆也吐彫反窕閒也郭徒了反與唐石經皆畫然有別玉篇廣韻脁宨字今本皆作窕誤甚詩大明正義引釋言及郭注作宨集韻二十九篠於宨下引爾雅肆也謂輕宨放肆類篇宀部宨下引爾雅肆也此其證左傳成十六年楚師輕窕釋文勅彫反依義當作宨

戴弁俅俅 單疏本元本閩本毛本同雪牕本監本戴改載按毛詩絲衣載弁俅俅箋云載猶戴也葢古文作載今文作戴韓魯詩當有作戴者玉篇頁部引詩戴弁俅俅可證

幽亦薶也 注疏本同雪牕本薶改埋係俗省按釋文邢疏皆作薶

毳謂毛罽也 注疏本毳下衍所

若今之火鑪也 元本同閩本監本毛本鑪改爐

平均賦也 注疏本平改評按下云凡相賦斂謂之平均本此

盡起而築之 注疏本築改筑按書釋文築音竹本亦作筑馬云築拾也單疏本引書不隨經改字故足據

今江東呼大爲駔 單疏本雪牕本同釋文評火乎反或作呼同按說文評召字在言部呼吸字在口部此當從陸本

駔猶麤也 單疏本注疏本同雪牕本麤作麁俗字

水中篺筏 注疏本篺作簰單疏本作篺後剜改作簰按葉鈔釋文作篺引方言泭謂之篺篺謂之筏與此合○按廣韻集韻有簰單字無篺字

龕 注疏本同唐石經雪牕本作龕當據以訂正單疏本此頁係明人補刻不足據按釋文龕苦南反字或作含本今作龕今本多誤九經字樣云龕龍皃也從龍從今聲作龕訛玉篇龕苦含切龍皃也受也盛也字皆從今

苑彼桑柔 閩本監本毛本苑改菀按葉鈔釋文詩桑柔作苑單疏本補刻作菀非今據元本訂正

洵又爲龕未詳 今據元本訂正閩本監本毛本龕作龕單疏本補刻同

今荆楚人皆云遝音沓 雪牕本同注疏本刪下二字釋文沓與上同亦徒荅反

是不非 監本毛本下衍也補刻亦剜擠也字茲據元本閩本訂正

畫者爲形象 單疏本雪牕本同注疏本象改像

畫繢之事 元本同閩本監本毛本繢改繪

天之方懠音薺 雪牕本同注疏本刪下二字

郭云詩曰天之方懠者大雅版篇文也 閩本監本毛本郭改注版篇改作板板之元本作郭云版篇二字實闕按詩上帝板板釋訓作版版後漢書董卓傳注文選辨命論注皆引詩上帝版版

天子葵之 單疏本雪牕本元本同閩本監本毛本葵改揆按單疏本及元本疏引詩天子葵之揆之以日二字畫然有別

土巳耕者曰田 元本巳字空闕閩本監本毛本改作田

硈 唐石經單疏本雪牕本同釋文硈苦角反邢疏云硈當從告說文別有硈石堅也字異義同按說文硞石聲從石告聲苦角切段玉裁云據說文知爾雅硈必硞之誤非告聲不得苦角切也五經文字硈口八反又苦角反見爾雅葢張氏所見本始誤從吉矣

硈苦學切當從告 注疏本音切改大字下同

棄我如遺 注疏本同浦鏜依詩改作棄予云我字誤按文選郭泰機荅傅咸一首棄我忽若遺李注引毛詩曰將安將樂棄我如遺又新序雜事五引詩棄我如遺是未可據今詩改也

聰明睿智曰獻 單疏本雪牕本同浦鏜云諡法解智作哲

不可襄 陳本同雪牕本注疏本作不可襄也

乃古古而如此 注疏本古古改自古

緌者繄 單疏本雪牕本元本同閩本監本毛本下有也

緌繄著則介閡也 注疏本著誤者

今江東皆言諱 單疏本雪牕本同釋文音經諱又作呼

毛傳云苞積 元本閩本監本同毛本下增也

根相迫迮梱緻 注疏本誤作逼迮梱緻按此與正義本同定本緻作致

寐而覺之曰寤 注疏本覺下衍寤

猷來無棄 單疏本雪牕本同按棄當作止詩陟岵首章猶來無止毛傳猶可也與郭義同二章猶來無棄

外禦其侮 單疏本雪牕本元本同閩本剜改侮爲務監本毛本承之按毛詩外禦其務箋云務侮也本此經言務爲侮之假借也故郭注引詩以證務義之爲侮雖有春秋內外傳引詩外禦其侮而此注必當同毛作務矣

水懦民狎而翫之 注疏本同浦鏜依今左傳作水懦弱云脫弱字按偶少一字亦可不補

菼薍也 唐石經雪牕本同釋文薍五患反按此係釋草文誤入郭氏言菼草色如騅云云本上文菼騅也之注而在此下可證詩大車毳衣如菼毛傳菼騅也箋云菼薍也立義曰菼騅釋言文菼薍釋草文分析最清釋文薍字音亦後人竄入

未辨草名 元本同閩本監本毛本辨改辯

粲餐也 唐石經單疏本雪牕本同釋文飧謝素昆反說文云餔也字林云水澆飯也本又作餐施七丹反字林云呑食按說文飧餔也从夕食餔日加申時食也餐呑也从食奴聲湌餐或从水葢爾雅作飧爲正字毛詩傳作餐爲假借字此當從陸本

今河北人呼食爲餐 單疏本雪牕本元本同閩本監本毛本餐改粲

赦命不渝 元本監本同誤也閩本毛本改作舍命按箋云舍猶處也

㥶悇也 唐石經單疏本雪牕本同釋文悇本又作㥶音同按玉篇心部悇悇也本此經作悇注引詩作㥶亦異文之證

伯舅耋老服虔云七十曰耋 注疏本云改曰元本閩本脫下八字

跋蹎丁千切跲躓竹二切○注疏本音切改大字

謂領下垂胡 注疏本領改頷

小雅南有嘉魚云 注疏本脫云

戎相也如字注同一云相助也息亮切○注疏本音切改大字

飫非公朝私飲酒也 注疏本同詩常棣正義私下衍飫字浦鏜據以補此誤甚

熾盛也 唐石經單疏本雪牕本同釋文晟市正反本作盛同按釋詁美也注皆美盛之貌釋文盛或作晟同玉篇晟明也廣韻晟熾也集韻云或作晟

鹺妻𦘫方處 閩本監本同毛本鹺改齹元本此字闕

圭末四出故也 注疏本末誤本

宨 釋文唐石經單疏本注疏本同雪牕本及此本作窕訛今訂正

無淪胥以鋪 注疏本同浦鏜云無衍字

謂逃去 注疏本同雪牕本作謂逃亡

孫猶孫也 注疏本下孫改遜

孫之猶言爲孫 元本同監本毛本及穀梁傳作孫之爲言猶孫閩本爲言二字剜改段玉裁云此本誤今訂正

斃踣也 單疏本雪牕本同斃字唐石經闕釋文斃字亦作弊又作斃○案從大與從廾一也後人訓死者改爲斃字

却偃 雪牕本同單疏本注疏本却作郤○案郤却正俗字

前郤顛倒之名也 注疏本倒改覆元本此字實闕

射之斃鄭注云 注疏本射誤躬注誤箋元本注字實闕

虹潰也 唐石經雪牕本同釋文虹音洪顧作訌音同李本作降下江反按毛詩抑實虹小子傳虹潰也召旻蟊賊內訌傳訌潰也說文訌讀也从言工聲詩曰蟊賊內訌蓋虹假借字訌正字虹訌皆工聲陸德明作虹與抑合顧野王作訌與召旻合陸顧本皆郭本也李巡本作降古降與虹音同亦是假借字

召旻云 注疏本脫云

膠黏䵒 注疏本同雪牕本作膠黏無䵒字別附音切云䵒女乙反注與音相連今本蓋因此衍䵒字○按黏䵒雙聲字未必䵒爲衍也

䵒敎黏也 注疏本敎誤敎丨或曰敎同釋文云䵒字又作敎敎亦敎之誤玉篇敎而與切黏也

得自申展者皆適意也 注疏本脫者也字

以諭諸侯之德 注疏本諭作喻

梅慝音匿赧慙也 注疏本音匿改大字別附於後監本毛本梅作悔元本閩本亦作梅下晉曰梅同○按方言作挴从手是也

㥏音腆恧女六切慙也 注疏本㥏誤倎下同音切改大字○按唐人疏內間出雙行小字邢氏用其法

趙魏之間謂之聁 音密亦音祕○注疏本音切改大字

殛 唐石經單疏本雪牕本同釋文殛紀力反段玉裁云殛經注皆作極按詩菀柳後予極焉箋云極誅也正義曰極誅釋言文閟宮致天之屆箋云屆極也極紂於商郊牧野釋文屆極紀力反下同正義曰屆極釋言文釋言又云極誅也此經作極之證書洪範鯀則殛死釋文殛紀力反本或作極音同周禮大宰之職注殛鯀於羽山葉鈔釋文極紀力反此注作極之證爾雅釋文當與毛詩周禮同作極唐石經作殛非書釋文作殛蓋開寶所改陸氏原本當亦作極

注書曰翌日乃瘳者 注疏本脫者

讁卽讁讀 注疏本脫下讀

降此鞫訩 浦鏜改鞫爲鞠云從言誤按說文本從言鞫爲蹋鞠字義別唐石經毛詩鞫皆作鞫惟采芑節南山蓼莪誤作鞠此引節南山作鞫可以補正唐石經之誤不當反據俗本毛詩改

已復於事而逡 單疏本雪牕本同按齊語有司已於事而竣凡六見無復字此蒙上文鄉長復事引之有司卽鄉長也說文竣下引國語曰有司已事而竣則今本於字亦當衍一切經音義卷九引爾雅逡退也郭氏曰逡巡卻退也文選東都賦注引郭注曰逡巡卻去也今本無此五字爾雅正義據文選注補

頓躓倒仆 單疏本雪牕本同按此經作蹪注作躓爲經注異文之明證釋文蹪躓各爲音

大雅瞻卬云 注疏本卬改仰

奄同也 陳本同唐石經單疏本雪牕本注疏本皆作弇此與下文弇蓋也異字蓋據注誤改當訂正

奄有龜蒙 單疏本雪牕本注疏本同按奄當依經作弇說文廾部弇蓋也大部奄覆也爾雅蒙荒奄也卽說文大部字爾雅弇同也弇蓋也卽說文廾部字閟宮上言泰山巖巖魯邦所至故此言同有龜山蒙山也蓋毛詩假借作奄魯韓詩作弇

弇奄揜音義同 注疏本脫奄

主持辦具也 元本同閩本剜改作握持監本毛本承之

振者奮迅 雪牕本注疏本同單疏本迅改訊與經同

郭云振者奮迅 注疏本迅下衍也

振書端書 按此用曲禮文也單疏不誤注疏本作端冊誤也

閱恨也 釋文唐石經單疏本雪牕本同釋文恨孫炎作很云相很戾春秋傳二十四年正義曰釋言云閱很也孫炎云相很戾也李巡本作恨注云相怨恨按詩常棣兄弟閱于牆毛傳閱很也此經作恨當從孫叔然本李巡本作恨誤也郭氏據李本兼用其義失之○按廣雅很恨也是其義通也

小雅常棣云 元本閩本監本同毛本常改棠

忿爭之名 注疏本爭誤呼

熼呼隗切火也 注疏本音切改大字下熼字音同

遇偶也 唐石經單疏本雪牕本同按文選讓宣城郡公表偶識量已注引爾雅曰偶遇也郭氏曰偶爾值也與山巨源絕交書偶與足下相知注引爾雅曰偶遇也一切經音義卷二偶成下引字林偶合也引爾雅偶遇也郭氏曰偶爾相值者矣卷九偶得下引爾雅偶遇也郭氏曰偶爾相值也據此知唐以前爾雅作偶遇也郭注作偶爾相值值卽釋經之遇今本經又誤倒注衍遇字

曩而言戲也 單疏本雪牕本同按國語晉語作曩而言戲乎也與邪古通論語子張問十世可知也也義作邪說詳顏氏家訓

注國語曰 注疏本刪注字

人皆集於苑 元本同閩本監本毛本苑改菀按明道本國語作苑與此合下同

如有所聞之乎是也 注疏本如有作抑有據國語改按如當讀而

注詩曰不遑啟處者 注疏本刪注字

小雅駟牡文 元本同閩本監本毛本駟改四按儀禮既夕禮疏引鄭駁異義云小雅駟牡騑騑王氏詩考引之未可據今本輕改

楮柱也 唐石經單疏本雪牕本元本閩本同石經考文提要引至善堂九經本亦作楮柱五經文字木部引爾雅楮柱也監本毛本作楮拄非按釋文作楮拄云說文作楮柱皆從木然則今本從手據釋文改也按郭注云相楮拄義當從手若經字則本從木

黹紩也 唐石經作黹單疏本作黹毛本作黹按說文黹箴縷所紩衣玉篇廣韻皆作黹黹黹同今釋文監本閩本作黹雪牕本作黹元本作黹此本舊作黹皆訛今訂正石經考文提要引至善堂九經本亦作黹

黼黻希繡希讀爲黹 注疏本希誤絺又脫希讀二字元本繡誤綉

更迭 雪牕本注疏本同一切經音義卷一卷十六卷十七卷二十二四引皆作遞更易也

譬況 單疏本雪牕本同釋文辟況本亦作譬同按古譬況字多作辟此當從陸本

取辟之所之如矢也 注疏本脫之所之三字

則廩廥皆囷倉之別名 注疏本皆誤百

謂詐爲敵國之人 元本詐作詳閩本監本毛本遂改佯

又鄭注周禮掌戮云 注疏本又誤人

跳一名刖斷足刑也 注疏本足誤人元本一字實闕本監本毛本改刑

塊 唐石經單疏本雪牕本同釋文塊本作凷說文云塊俗凷字也凷一名堛邪疏引郭云土凷也蓋經作凷注作塊後人轉寫亂之

枕凷以堛 單疏本雪牕本同按疏云凷當作王此蓋因經文塊作凷相涉致誤

屛營仿偟於山林之中 元本同閩本監本作傍偟毛本作傍徨按國語明道本作仿宋公序本補音作傍今本蓋據補音改

墣匹角切亦塊也 注疏本音切改大字匹誤四

凷當作王 元本王誤上閩本監本毛本誤土

麋也 雪牕本同誤也釋文單疏本注疏本皆作麇當據以訂正釋文注中亦誤作麋鹿字

玉藻云纊爲繭 此與今禮記同注疏本作纊爲繭與釋文引玉藻合

纊謂今之新緜 注疏本緜改綿下同

然則襺是袍之別名 此本舊作襺係剜改今據注疏本訂正此舉經中襺字必當從衣

注左傳曰重襺衣裘者 單疏本此頁自襺字起以下補刻極劣此襺字空闕蓋據今左傳作繭剜改也按注疏本此作襺與下引左傳文作繭不同今訂正釋文標注重襺衣裘

襄二十一年傳云 注疏本衍作魯襄公

重繭衣裘 元本同閩本監本毛本繭改襺

姡面靦也 詩正義同今說文作面靦也係淺人所改浦鏜反據以改此誤甚爾雅靦姡也說文姡面姡也轉相訓

鬻糜也單疏本無此經及疏因并釋於上文餬饘也下此不重出唐石經雪牕本注疏本並有據以增入

翢葉鈔釋文唐石經單疏本雪牕本元本同通志堂釋文及閩本監本毛本作翿單疏本此頁補刻故作翿按玉篇翢纛也廣韻翢羽葆幢皆本此經

纛也單疏本雪牕本同唐石經纛作纛下纛翳也同釋文纛字又作翳葉鈔本作字又作纛則正文當作纛詩君子陽陽毛傳翿纛也釋文云纛徒報反俗作纛可證五經文字云纛見詩作纛訛

舞者所以自蔽翳雪牕本注疏本同詩君子陽陽正義引郭云所持以自蔽翳也按持字當有

然則翢一名為纛閩本監本毛本一作又元本闕

煩苛者多嫉妎單疏本雪牕本閩本監本毛本同元本妎作姤盖因疏云言煩苛之人多嫉姤致誤

謂樗葉之始生元本閩本監本同毛本謂誤為

狃忕復為雪牕本忕作忕盧文弨曰忕從大聲從犬者訛注疏本作伏更誤下同後漢書馮異傳注引此作慣忕復為之也

孫炎云元本閩本監本同毛本云改曰

忕習也元本同閩本監本毛本忕誤伏浦鏜云說文無忕字按詩蕩釋文及詩四月正義春秋桓十三年正義皆引說文忕習也與此合犬部狃下云犬性忕也允為本有忕字之證

般還也唐石經單疏本雪牕本同釋文般郭音班左傳云役將般矣是也按此經當本作班還也與下班賦也為同字異言之證注引左傳般馬之聲今襄十八年傳作班馬之聲可證一音蒲安反非

注左傳曰般馬之聲者襄十八年注疏本脫注毛本襄下衍公

召南何彼穠矣文注疏本同按五經文字衣部云襛見詩風從禾者訛然則唐本毛詩已有從禾者矣

辟歷也唐石經雪牕本同單疏本此經無疏凡注云未詳及重出者邢氏例不為疏因不標經通書準此

洟洟出涎沫雪牕本注疏本同此經作盝注作洟釋文洟字當作次又作涎字林云口液按一切經音義卷十四引束皙餅賦曰行人失涎於下風郭注爾雅云涎沫也與陸本正合

以同于庭閩本同元本作以司監本毛本作以何皆誤此與明道本國語合韋注云共處曰同

華皇也唐石經單疏本雪牕本同注疏本作皇華也非釋草注引此作華皇也段玉裁云今本因注引釋草䔢華榮而倒改一例此言華本草木之花引申之則凡煌煌者皆得曰華也禮記玉藻注云華黃色也古皇黃通華與皇雙聲故訓詁如此說文引雖華也為釋草文而非釋言文

䔢華榮雪牕本注疏本同單疏本作皇華榮釋文皇胡光反釋草釋文䔢音皇本亦作皇

爾雅注疏卷三挍勘記終

爾雅疏卷第四

翰林侍講學士朝請大夫守國子祭酒上柱國賜紫金魚袋臣邢昺等奉

勑挍定

釋訓第三

〔疏〕釋曰案釋詁云訓道也周禮地官有土訓誦訓鄭司農注云訓謂以遠方土地所生異物以告道王也後鄭云玄謂能訓說土地善惡之勢誦訓能訓說四方所誦習及人所作為及時事然則此篇以物之事義形貌告道人也故曰釋訓案此所釋多釋詩文故郭氏即以詩義解之

明明、斤斤，察也。皆聰明鑒察○斤居覲反○〔疏〕明明斤斤察也○釋曰舍人曰明明言其明甚孫炎曰明明性理之察也大雅常武云赫赫明明舍人斤斤物精詳之察也孫炎曰斤斤重慎之察也周頌執競云斤斤其明聰明鑒察也

條條、秩秩，智也。皆智思深長○條由〔疏〕條條秩秩智也○釋曰皆智思深長也小雅賓之初筵云左右秩秩言其威儀審智不失禮也

穆穆、肅肅，敬也。皆容儀謹敬〔疏〕穆穆肅肅敬也○釋曰周頌雝篇云有來雝雝至止肅肅相維辟公天子穆穆此皆禘祭之時容儀謹敬也

諸諸、便便，辯也。皆言辭辯給○便婢緜反〔疏〕諸諸便便辯也○釋曰皆言辭辯給也論語云便便言小雅采菽云平平左右毛傳云平平辯治也便平古今字

肅肅、翼翼，恭也。皆恭敬〔疏〕肅肅翼翼恭也○釋曰皆恭敬也大雅思齊云肅肅在廟大明云維此文王小心翼翼言文王及羣臣恭敬貌也

廱廱、優優，和也。皆和樂○廱於容反〔疏〕廱廱優優和也○釋曰大雅思齊云雝雝在宮商頌長發云敷政優優此皆人君德政和樂也

兢兢、憴憴，戒也。皆戒慎〔疏〕兢兢憴憴戒也○釋曰小雅小旻云戰戰兢兢大雅抑篇云子孫繩繩此皆小心戒慎也憴繩音義同

戰戰、蹌蹌，動也。皆恐動趨步〔疏〕戰戰蹌蹌動也○釋曰小旻云戰戰兢兢楚茨云濟濟蹌蹌此皆恐動趨走威儀謹敬也

晏晏、溫溫，柔也。皆和柔〔疏〕晏晏溫溫柔也○釋曰衛風氓篇云言笑晏晏大雅抑篇云溫溫恭人此皆寬緩和柔也

業業、翹翹，危也。皆縣危〔疏〕業業翹翹危也○釋曰大雅召旻云兢兢業業豳風鴟鴞云予室翹翹此皆縣危恐懼也

惴惴、僥僥，懼也。皆危懼○惴之瑞反僥許堯反〔疏〕惴惴僥僥懼也○釋曰秦風黃鳥云惴惴其栗豳風鴟鴞云予維音嘵嘵此皆危恐懼戰也

番番、矯矯，勇也。皆壯勇之貌○番波矯居兆反〔疏〕番番矯矯勇也○釋曰大雅崧高云申伯番番魯頌泮水云矯矯虎臣此皆武夫壯勇之貌

桓桓、烈烈，威也。皆嚴猛之貌〔疏〕桓桓烈烈威也○釋曰皆威武嚴猛之貌周頌桓篇云桓桓武王小雅黍苗云烈烈征師

洸洸、赳赳，武也。皆果毅之貌〔疏〕洸洸赳赳武也○釋曰大雅江漢云武夫洸洸周南兔罝云赳赳武夫此皆武夫果毅之貌左傳殺敵為果致果為毅

藹藹、濟濟，止也。皆賢士盛多之容止○藹烏害反濟子禮反〔疏〕藹藹濟濟止也○釋曰大雅卷阿云藹藹王多吉士小雅楚茨云濟濟蹌蹌此皆王朝賢士盛多之容止也

悠悠、洋洋，思也。皆憂思○思賜〔疏〕悠悠洋洋思也○釋曰鄭風子衿云悠悠我思邶風二子乘舟云中心養養此皆想念憂思也洋養音義同又中庸云齊明盛服以承祭祀洋洋乎如在其上如在其左右鄭玄云洋洋人想思其傍偟之貌

蹶蹶、踖踖，敏也。皆便速敏捷○踖夕〔疏〕蹶蹶踖踖敏也○釋曰唐風蟋蟀云良士蹶蹶小雅楚茨云執爨踖踖此皆便速敏捷於事也

薨薨、增增，衆也。皆衆夥之貌〔疏〕薨薨增增衆也○釋曰周南螽斯云螽斯羽薨薨兮魯頌閟宮云烝徒增增此皆人物衆夥之貌楚人謂多為夥

烝烝、遂遂，作也。皆物盛興作之貌〔疏〕烝烝遂遂作也○釋曰皆物盛興作之貌也魯頌泮水云烝烝皇皇

委委、佗佗，美也。皆佳麗美豔之貌○佗陀〔疏〕委委佗佗美也○釋曰李巡曰皆寬容之美也孫炎曰委委行之美佗佗長之美詩鄘風君子偕老云委委佗佗毛傳云委委者行可委曲從迹也佗佗者德平易也是皆佳麗美豔之貌也

忯忯、惕惕，愛也。詩云心焉惕惕韓詩以為悅人故言愛也忯忯未詳○忯徒啟反〔疏〕忯忯惕惕愛也○釋曰李巡曰忯忯和適之愛也注詩云心焉惕惕者陳風防有鵲巢文云韓詩以為悅人故言愛也者燕人韓嬰為詩作傳名曰韓詩以此惕惕為悅人故言愛也

偁偁、格格，舉也。皆舉持物〔疏〕偁偁格格舉也○釋曰皆謂舉持物也

蓁蓁、孽孽，戴也。皆頭戴物〔疏〕蓁蓁孽孽戴也○釋曰周南桃夭云其葉蓁蓁衛風碩人云庶姜孽孽此皆頭戴物婦人盛飾貌

懕懕、媞媞，安也。皆好人安詳之容○懕於占反媞題〔疏〕懕懕媞媞安也○釋曰秦風小戎云厭厭良人毛傳云厭厭安靜也孫炎曰媞媞行步之安也魏風葛屨云好人提提毛傳云提提安諦謂行步安舒而審諦也此皆好人安詳之容也

祁祁、遲遲，徐也。皆安徐〔疏〕祁祁遲遲徐也○釋曰皆安徐也豳風七月云春日遲遲采蘩祁祁

丕丕、簡簡，大也。皆多大〔疏〕丕丕簡簡大也○釋曰書立政云以並受此丕丕基周頌執競云降福簡簡是皆多大之稱

存存、萌萌，在也。萌萌未見所出〔疏〕存存萌萌在也○釋曰謂存在也易繫辭云成性存存萌萌字書作蕄說文云作蕄郭云未見所出

懋懋、慔慔，勉也。皆自勉強○懋茂慔暮〔疏〕懋懋慔慔勉也○釋曰皆自勉強也書曰懋哉懋哉慔與慕同

庸庸、慅慅，勞也。皆劬勞也○慅蚤〔疏〕庸庸慅慅勞也○釋曰皆劬勞也有功庸者皆勞也小雅巷伯云勞人草草毛傳云草草勞心也又陳風月出云勞心慅兮慅草音義同

赫赫、躍躍，迅也。皆盛疾之貌○赫音釋〔疏〕赫赫躍躍迅也○釋曰孫炎云赫赫顯著之迅大雅常武云赫赫業業毛傳云赫赫然盛也巧言詩云躍躍毚兔是皆顯盛迅疾之貌

綽綽、爰爰，緩也。〔疏〕綽綽爰爰緩也○釋曰皆寬緩也小雅角弓云綽綽有裕毛傳云綽綽寬也王風兔爰云有兔爰爰毛傳云爰爰緩意郭云悠悠偁偁丕丕簡簡存存懋懋庸庸綽綽盡重語者言此數字單言之其義亦同但古人有重語者故復出之

坎坎、壿壿，喜也。皆鼓舞懽喜○壿七旬反〔疏〕坎坎壿壿喜也○釋曰皆鼓舞懽喜也小雅伐木云坎坎鼓我蹲蹲舞我鄭箋云為我擊鼓坎坎然

為我與舞蹲蹲然謂以樂樂己也壿蹲音義同瞿瞿、休休、儉也。皆良士節儉○瞿居其反〔疏〕瞿瞿休休儉也○釋曰李巡曰皆良士顧禮節之儉也唐風蟋蟀云良士瞿瞿毛傳云瞿瞿然顧禮義也又云良士休休毛傳云休休樂道之心皆良士節儉也旭旭、蹻蹻、憍也。皆小人得志憍蹇之貌○蹻巨虐反憍嬌夭反〔疏〕旭旭蹻蹻憍也○釋曰郭氏讀旭旭為好好小雅巷伯云驕人好好鄭箋云好好者喜讒言之人也大雅板篇云小子蹻蹻毛傳云蹻蹻驕貌是皆小人得志憍蹇之貌也夢夢、訰訰、亂也。皆闇亂○夢七工反訰之閏反〔疏〕夢夢訰訰亂也○釋曰孫炎曰夢夢昏昏之亂也大雅抑篇云視爾夢夢又曰誨爾諄諄皆是闇亂也訰諄音義同爆爆、邈邈、悶也。皆煩悶爆雹〔疏〕爆爆邈邈悶也○釋曰爆爆煩悶也舍人曰邈邈憂悶也大雅抑篇云聽我藐藐毛傳云藐藐然不入也是皆煩悶之謂也儚儚、洄洄、惛也。皆迷惛○儚亡崩反〔疏〕儚儚洄洄惛也○釋曰皆迷亂惛惑也郭音義云洄本作愇音韋版版、盪盪、僻也。皆邪僻〔疏〕版版盪盪僻也○釋曰皆邪僻也李巡曰版版失道之僻也盪盪者弗思之僻也大雅板篇上帝板板毛傳云板板反也上帝以稱王者也鄭箋云王為政反先王與天之道又蕩篇云蕩蕩上帝鄭箋云蕩蕩法度廢壞之貌版板盪蕩音義同爞爞、炎炎、薰也。皆旱熱薰炙人○爞音同〔疏〕爞爞炎炎薰也○釋曰皆旱熱之氣薰炙人也大雅雲漢云蘊隆蟲蟲毛傳云蘊蘊而暑隆隆而雷蟲蟲而熱又云赫赫炎炎毛傳云赫赫氣也炎炎熱氣也爞蟲音義同居居、究究、惡也。皆相憎惡〔疏〕居居究究惡也○釋曰李巡曰居居不狎習之惡孫炎云究究窮極人之惡唐風羔裘云羔裘豹袪自我人居居又曰自我人究究毛傳曰居居懷惡不相親比之貌究究猶居居也是皆相憎惡也仇仇、敖敖、傲也。皆傲慢賢者○敖五高反傲五耗反〔疏〕仇仇敖敖傲也○釋曰小雅正月云執我仇仇毛傳云仇仇猶謷謷也鄭箋云王既得我執留我其禮待我謷謷然亦不問我在位之功力言其有貪賢之名無用賢之實大雅板篇云我即爾謀聽我囂囂毛傳云囂囂猶謷謷也鄭箋云我就女而謀欲忠告以善道女反聽我言謷謷然不肯受是皆傲慢賢者敖謷囂音義同佌佌、瑣瑣、小也。皆才器細陋○佌音此〔疏〕佌佌瑣瑣小也○釋曰皆才器細陋也小雅正月云佌佌彼有屋毛傳云佌佌小也鄭箋云此言小人富也舍人曰瑣瑣計謀褊淺之貌節南山云瑣瑣姻亞鄭箋云瑣瑣婚姻妻黨之小人悄悄、慘慘、慍也。皆賢人愁恨〔疏〕悄悄慘慘慍也○釋曰慍恨怒也皆賢人愁恨也邶風柏舟云憂心悄悄慍于羣小毛傳云慍怒也悄悄憂貌李巡曰慘慘憂之慍大雅抑篇云我心慘慘毛傳云慘慘憂不樂也痯痯、瘐瘐、病也。皆賢人失志懷憂病也○痯管瘐羊主反〔疏〕痯痯瘐瘐病也○釋曰小雅杕杜云四牡痯痯毛傳云痯痯罷貌又大雅板篇云靡聖管管毛傳云管管無所依也小雅正月云憂心愈愈毛傳云愈愈憂懼也此皆賢人失志懷憂病也殷殷、惸惸、忉忉、慱慱、欽欽、京京、忡忡、惙惙、怲怲、弈弈、憂也。此皆作者歌事以詠心憂○惸瓊慱團怲柄〔疏〕殷殷至憂也○釋曰小雅正月

云憂心慇慇毛傳云慇慇然痛也又云憂心惸惸毛傳云惸惸憂意也檜風羔裘云勞心忉忉鄭箋云三諫不從待放而去思君如是心忉忉然又素冠云勞心慱慱毛傳云慱慱憂勞也秦風云憂心欽欽毛傳云思望之心中欽欽然小雅正月云憂心京京毛傳云京京憂不去也召南草蟲云未見君子憂心忡忡毛傳云忡忡猶衝衝也鄭箋云未見君子者謂在塗時也在塗而憂憂不當君子無以寧父母故心衝衝然又曰憂心惙惙毛傳云惙惙憂也小雅頍弁云憂心怲怲毛傳云怲怲憂盛滿也又云憂心弈弈毛傳云弈弈然無所薄也此皆作者歌事以詠心憂也畇畇、田也。言墾辟也○畇音巡〔疏〕畇畇田也○釋曰謂耕墾開辟土田畇畇然也小雅信南山云畇畇原隰毛傳云畇畇墾辟貌畟畟、耜也。言嚴利○畟楚力反〔疏〕畟畟耜也○釋曰舍人曰畟畟耜入地之貌周頌良耜云畟畟良耜俶載南畝毛傳云畟畟猶測測也鄭箋云良善也農人測測以利善之耜熾菑是南畝也是言耜之嚴利也郝郝、耕也。言土解○郝釋〔疏〕郝郝耕也○釋曰謂耕地其土解散郝郝然也周頌載芟云其耕澤澤鄭箋云土氣烝達而和耕之則澤澤然解散郝郝澤澤音釋其義亦同繹繹、生也。言種調〔疏〕繹繹生也○釋曰舍人云穀皆生之貌載芟云驛驛其達毛傳云達射也鄭箋云達出地也是言其種調勻皆出地而生也繹與驛音義同穟穟、苗也。言茂好也○穟音遂〔疏〕穟穟苗也○釋曰大雅生民云禾役穟穟毛傳云役列也穟穟苗好美也是言茂好也緜緜、穮也。言芸精○穮方遙反〔疏〕緜緜穮也○釋曰孫炎云緜緜言詳密也載芟云緜緜其麃毛傳云麃耘也說文云穮耨鉏田也字林云穮耕禾間也是言芸耨精也穮麃耘芸音義同挃挃、穫也。刈禾聲○挃丁秩反穫戶郭反栗栗、眾也。積聚緻〔疏〕挃挃穫也栗栗眾也○釋曰孫炎云挃挃穫聲也李巡曰栗栗積聚之眾也良耜云穫之挃挃積之栗栗毛傳云挃挃穫聲也栗栗眾多也小爾雅云截穎謂之挃故郭云刈禾聲積聚緻也緻謂密也溞溞、淅也。洮米聲○溞蘇刀切淅音錫烰烰、烝也。氣出盛〔疏〕溞溞淅也烰烰烝也○釋曰大雅生民云釋之叟叟烝之浮浮毛傳云釋淅米也叟叟聲也浮浮氣也鄭箋云釋之烝之以為酒及簠簋之實故郭云洮米聲氣出盛也溞與叟音異義同烰浮音義同俅俅、服也。謂戴弁服〔疏〕俅俅服也○釋曰周頌絲衣云載弁俅俅毛傳云俅俅恭順貌鄭箋云載猶戴也弁爵弁也爵弁而祭於王士服也故郭云謂戴弁服峨峨、祭也。謂執圭璋助祭〔疏〕峨峨祭也○釋曰大雅棫樸云奉璋峨峨毛傳云半珪曰璋峨峨盛壯也鄭箋云璋璋瓚也祭祀之禮王祼以圭瓚諸臣助之亞祼以璋瓚奉璋之儀峨峨然故郭云王執圭璋助祭也鍠鍠、樂也。鐘鼓音○鍠音黃〔疏〕鍠鍠樂也○釋曰周頌執競云鐘鼓喤喤毛傳云喤喤和也鄭箋云武王既定天下祭祖考之廟奏樂而八音克諧字書云鍠鍠樂之聲也故郭云鐘鼓音鍠喤音義同穰穰、福也。言饒多〔疏〕穰穰福也○釋曰執競云降福穰穰毛傳云穰穰眾也鄭箋云神與之福又眾大謂如嘏辭也是言得福饒多也子子、孫孫、引無極也。世世昌盛長無窮〔疏〕子子孫孫引無極也○釋曰子子孫孫小雅楚茨文也引無極也者作者所以釋之也舍人曰子孫

長行美道引無極也郭云世世昌盛長無窮顒顒、卬卬、君之德也。道人君者之德望〔疏〕顒顒卬卬君之德也○釋曰此道人君之德望也顒顒卬卬大雅卷阿文也君之德也者作者釋之也案詩云顒顒卬卬如圭如璋令聞令望毛傳云顒顒溫貌卬卬盛貌鄭箋云令善也王有賢臣與之以禮義相切瑳體貌則顒顒然敬順志氣則卬卬然高朗如玉之圭璋也人聞之則有善聲譽人望之則有善威儀德行相副丁丁、嚶嚶、相切直也。丁丁斫木聲嚶嚶兩鳥鳴以喻朋友切磋相正○丁音爭〔疏〕丁丁嚶嚶相切直也○釋曰直猶正也小雅伐木云伐木丁丁鳥鳴嚶嚶鄭箋云昔日未居位在農之時與友生於山巖伐木為勤苦之事猶以道德相切正也故郭云丁丁伐木聲嚶嚶兩鳥鳴以喻朋友切磋相正藹藹、萋萋、臣盡力也。梧桐茂賢士眾地極化臣竭忠噰噰、喈喈、民協服也。鳳凰應德鳴相和百姓懷附興頌歌○盡苦忍切喈音皆〔疏〕藹藹至服也○釋曰大雅卷阿云藹藹王多吉士鄭箋云王之朝多善士藹藹然又云菶菶萋萋雝雝喈喈毛傳云梧桐盛也鳳皇鳴也臣竭其力則地極其化天下和洽則鳳皇樂德鄭箋云菶菶萋萋喻君德盛也雝雝喈喈喻民臣和協是皆臣下盡力民人協服也故郭云梧桐茂賢士眾地極化臣竭忠鳳皇應德鳴相和百姓懷附興頌歌也佻佻、契契、愈遐急也。賦役不均小國困竭賢人憂歎遠益急切○佻勑料契苦結反〔疏〕佻佻契契愈遐急也○釋曰愈益也遐遠也謂賦役不均小國困竭賢人憂歎遠益急切也小雅大東云糾糾葛屨可以履霜佻佻公子行彼周行毛傳云佻佻獨行貌公子譚公子也鄭箋云云葛屨夏屨也周行周之列位也言時財貨盡雖公子衣屨不能順時乃夏之葛屨今以履霜送轉餫因見使行周之列位者而發幣焉言雖困乏猶不得止又云契契寤歎哀我憚人毛傳云契契憂苦也鄭箋云今譚大夫契契憂苦而寤歎哀其人民之勞苦是也宴宴、粲粲、尼居息也。盛飾宴安近處優閑○尼女乙切〔疏〕宴宴粲粲尼居息也○釋曰尼近也謂宴安盛飾近處優閑也小雅北山云或燕燕居息毛傳云燕燕安息貌又大東云東人之子職勞不來西人之子粲粲衣服毛傳云東人譚人也來勤也西人京師人也粲粲鮮盛也鄭箋云職主也東人勞苦而不見謂京師人衣服鮮絜而逸豫言王政偏甚也哀哀、悽悽、懷報德也。悲苦征役思所生也〔疏〕哀哀悽悽懷報德也○釋曰懷思也悲苦征役思報父母之德也小雅蓼莪云哀哀父母生我劬勞鄭箋云哀哀者恨不得終養父母報其生長已之苦郭音云悽本或作萋出車云赫赫南仲薄伐西戎春日遲遲卉木萋萋是也言以此征役故思所生謂父母儵儵、嘒嘒、罹禍毒也。悼王道穢塞羨蟬鳴自得傷己失所遭讒賊○儵徒的嘒呼惠〔疏〕儵儵嘒嘒罹禍毒也○釋曰罹遭也小雅小弁云踧踧周道鞫為茂草毛傳云踧踧平易也周道周室之通道鞫窮也鄭箋云此喻幽王信褒姒之讒亂其德政使不通於四方又曰菀彼柳斯鳴蜩嘒嘒毛傳云蜩蟬也嘒嘒聲也鄭箋云柳木茂盛則多蟬案詩敘云小弁刺幽王也太子之傅作焉毛傳云幽王取申女生太子宜咎又說褒姒生子伯服立以為后而放宜咎將殺之故郭云悼王道穢塞羨蟬鳴自得傷己失所遭讒賊儵踧並音狄晏晏、旦旦、悔爽忒也。傷見絕棄恨士失也〔疏〕

晏晏旦旦悔爽忒也○釋曰悔恨也爽忒差失也皆婦人恨夫棄已而行差失也衛風氓篇云總角之晏言笑晏晏信誓旦旦毛傳云總角結髮也晏晏和柔也信誓旦旦然鄭箋云我爲童女未笄結髮宴然之時女與我言笑晏晏然而和柔我其以信相誓旦旦耳言其懇惻款誠案詩敘云氓刺時也宣公之時禮義消亡淫風大行男女無別遂相奔誘華落色衰復相棄背或乃困而自悔喪其妃耦故敘其事以風焉故郭云傷見絕棄恨士失也

皐皐、琄琄、刺素食也。譏無功德尸寵祿也○琄胡犬反刺七賜反〔疏〕皐皐琄琄刺素食也○釋曰素空也刺無德而空食其祿也舍人曰皐皐不治之貌大雅召旻云皐皐訿訿曾不知玷毛傳云皐皐頑不知其道也鄭箋云玷缺也王政已大壞小人在位曾不知大道之缺某氏云鞙鞙無德而佩小雅大東云鞙鞙佩璲不以其長毛傳云鞙鞙玉貌璲瑞也鄭箋云佩璲者以瑞玉爲佩佩之鞙鞙然居其官職非其才之所長也徒美其佩而無其德刺其素飡是也郭云譏無功德尸寵祿也者案鄭注禮記云尸謂不知人事無辭讓也以其尸者神象居位不言但受祭享小人在位亦無言而受寵祿有似於尸故云尸寵祿也琄鞙音義同

懽懽、愮愮、憂無告也。賢者憂懽無所訴也○懽音貫愮音遙〔疏〕懽懽愮愮憂無告也○釋曰謂賢者憂懽無所告訴也大雅板篇云老夫灌灌毛傳云灌灌猶款款也鄭箋云老夫諫女款款然王風云中心搖搖毛傳云搖搖憂無所愬懽灌愮搖音義同

憲憲、洩洩、制法則也。佐興虐政設教令也〔疏〕憲憲洩洩制法則也○釋曰李巡曰皆惡黨爲制法則也孫炎曰厲王方虐諂臣竝爲制作法令大雅板篇云天之方難無能憲憲天之方蹶無能泄泄毛傳云憲憲猶欣欣也蹶動也泄泄猶沓沓也鄭箋云天斥王也王方欲艱難天下之民又方變更先王之道臣乎女無憲憲然無沓沓然爲之制法度達其意以成其惡皆是佐興虐政設教令也

謔謔、謞謞、崇讒慝也。樂禍助虐增譖惡也○謞虛各切〔疏〕謔謔謞謞崇讒慝也○釋曰崇增也讒譖也慝惡也言樂禍助虐增譖惡也舍人曰謔謔謞謞皆盛烈貌孫炎曰厲王暴虐大臣謔謔謞謞然盛以興讒惡也大雅板篇云天之方虐無然謔謔毛傳云謔謔然喜樂鄭箋云王方爲酷虐之政女無謔謔然以讒慝助之又曰多將熇熇不可救藥毛傳云熇熇然熾盛也鄭箋云多行熇熇慘毒之惡誰能止其禍是也謞熇音義同

翕翕、訿訿、莫供職也。賢者陵替姦黨熾背公恤私曠職事○訿子氏切〔疏〕翕翕訿訿莫供職也○釋曰言賢者陵替姦黨熾盛背公恤私曠其職事無肯供職也小雅小旻云潝潝訿訿亦孔之哀毛傳云潝潝然患其上訿訿然思不稱乎上鄭箋云臣不事君亂之階也甚可哀也又大雅召旻云皐皐訿訿毛傳云訿訿窳不共事也故郭云賢者陵替姦黨熾盛背公恤私曠職事說文云窳懶也草木皆自竪立惟瓜瓠之屬卧而不起似若懶人常卧室故字從宀音眠

速速、蹙蹙、惟逑鞫也。陋人專祿國侵削賢士永哀念窮迫〔疏〕速速蹙蹙惟逑鞫也○釋曰惟念也逑急迫也鞫窮也言鄙陋小人專據爵祿國土侵削致賢士永哀念其窮迫也小雅正月云蔌蔌陋也鄭箋云穀祿也此言小人富而窶陋將貴也又節南山云蹙蹙靡所騁毛傳云騁極也鄭箋云蹙蹙小之貌我視四方土地日見侵削於夷狄蹙蹙然雖欲馳騁無所之也速蔌音義同

抑抑、密也。威儀審諦 秩秩、清也。德音清泠〔疏〕抑抑密也秩秩清也○釋曰言威儀審諦德音清泠也舍人曰威儀密靜也大雅假樂云威儀抑抑德音秩秩鄭箋云成王立朝之威儀致密無所失教令又清明天下皆樂仰之

甹夆、掣曳也。謂牽拕○甹普經切夆芳逢切掣充泄切〔疏〕甹夆掣曳也○釋曰孫炎曰謂相掣曳入於惡也郭云謂牽拕周頌小毖云莫予荓蜂毛傳云荓蜂摩曳也鄭箋云羣臣小人無敢我摩曳謂爲譎詐誑欺不可信也然則掣曳者從旁牽挽之言是挽離正道使就邪僻甹荓夆蜂掣摩音義同

朔、北方也。謂幽朔〔疏〕朔北方也○釋曰舍人曰朔盡也北方萬物盡故言朔也李巡曰萬物盡於北方小雅出車云城彼朔方毛傳云朔方北方也但北方大名皆言朔方堯典云宅朔方故郭云謂幽朔

不俟、不來也。不可待是不復來〔疏〕不俟不來也○釋曰俟待也既云不待是不來也郭云不可待是不復來

不遹、不蹟也。言不循軌跡也○遹聿〔疏〕不遹不蹟也○釋曰遹循也軌跡也謂不循道者曰不蹟郭云言不循軌跡也小雅沔彼云念彼不蹟毛傳云不蹟不循道也是矣

不徹、不道也。徹亦道也〔疏〕不徹不道也○釋曰小雅十月云天命不徹毛傳云徹道也鄭箋云不道者言王不循天之政教是也

勿念、勿忘也。勿念念也〔疏〕勿念勿忘也○釋曰勿念念也念即不忘也若大雅文王篇云無念爾祖是也

萲諼、忘也。義見伯兮考槃詩○萲諼音喧〔疏〕萲諼忘也注義見伯兮考槃詩○釋曰衛風伯兮云焉得諼草毛傳云諼草令人忘憂又考槃云永矢弗諼是也伯兮篇木或作萲草

每有、雖也。詩曰每有良朋辭之雖也〔疏〕每有雖也○釋曰小雅常棣云每有良朋況也永歎毛傳云況茲永長也箋云每有雖也良善也當急難之時雖有善同門來茲對之長歎而已郭云辭之雖也者言爲辭語之雖無佗義也

饎、酒食也。猶今云饎饌皆一語而兼通〔疏〕饎酒食也○釋曰小雅天保云吉蠲爲饎毛傳云吉善蠲絜也饎酒食也郭云猶今云饎饌皆一語而兼通者言饎之一字兼通酒食兩名也李巡曰得酒食則喜歡也

舞號、雩也。雩之祭舞者吁嗟而請雨○雩音于〔疏〕舞號雩也○釋曰孫炎云雩之祭有舞有號左傳云龍見而雩服杜皆云雩之言遠也遠爲百穀祈膏雨月令仲夏云大雩帝鄭注云雩吁嗟求雨之祭也郭云雩之祭舞者吁嗟而請雨是同鄭說也

暨、不及也。公羊傳曰及我欲之暨不得已暨不得已是不得及○暨音忌〔疏〕暨不及也注公羊至得及○釋曰案春秋隱元年三月公及邾婁儀父盟于昧公羊傳曰及者何與也會及暨皆與也曷爲或言會或言及或言暨會猶最也及猶汲汲也暨猶暨暨也及我欲之暨不得已也然則暨者非我欲之事不獲已而爲會者也故云不及也

蠢、不遜也。蠢動爲惡不謙遜也〔疏〕蠢不遜也○釋曰蠢動也遜順也言蠢動爲惡不謙遜也小雅采芑蠢爾蠻荊大邦爲讎是也

如切如磋、道學也。骨象須切磋而爲器人須學問以成德 如琢如磨、自脩也。玉石之被琢磨猶人自脩飾 瑟兮僩兮、恂慄也。恒戰竦 赫兮烜兮、威儀也。貌光宣 有斐君子、終不可諼兮。斐文貌 道盛德至善、民之不能忘也。常思詠○僩音限烜音喧〔疏〕如切至忘也○釋曰此衛風淇澳篇文以釋之也云如切如磋者詩文也云道學也者以釋詩也道言也言人之學以成德如切磋骨象以成器毛傳云治骨曰切象曰磋道其學而成也故郭云骨象須切磋而爲器人須學問以成德云如琢如磨者詩文也云自脩也者釋之也言人自脩飾如琢磨玉石毛傳云治玉曰琢石曰磨聽其規諫以自脩如玉石之見琢磨郭云玉石之被琢磨猶人自脩飾云瑟兮僩兮者詩文也恂慄也者釋之也謂嚴恂戰栗也故郭云恒戰竦毛傳云瑟矜莊貌僩寬大貌是外貌莊嚴內寬裕也云赫兮烜兮者詩文也威儀也者釋之也言赫烜者容儀發揚之言故言威儀也毛傳云赫有明德赫赫然烜威儀容止宣著也故郭云貌光宣云有斐君子終不可諼兮者詩文也云道盛德至善民之不能忘也者釋之也毛傳云斐文章貌諼忘也此道有斐然文章之君子盛德至善如此故民稱之常思詠終不能忘也案詩稱君子謂武公

既微且尰。骭瘍爲微。腫足爲尰。骭腳脛瘍瘡也○尰時勇切骭音幹瘍音羊〔疏〕既微至爲尰○釋曰云既微且尰者小雅巧言文也云骭瘍爲微腫足爲尰者釋之也孫炎曰皆水濕之疾也郭云骭腳脛瘍瘡也然則膝脛之下有瘡腫是涉水所爲故鄭箋亦云此人居下濕之地故生微尰之疾也詩云居河之麋是居下濕也

是刈是濩。濩、煑之也。煑葛爲絺綌〔疏〕是刈是濩濩煑之也○釋曰云是刈是濩者周南葛覃文也云濩煑之也者釋之也舍人曰是刈刈取之是濩煑治之郭云煑葛爲絺綌以煑之於濩故曰濩煑非訓濩爲煑以彼下云爲絺爲綌故知煑葛爲絺綌也毛傳云精曰絺麤曰綌

履帝武敏。武、迹也。敏、拇也。拇迹大指處○拇音畝〔疏〕履帝武敏武迹也敏拇也○釋曰云履帝武敏者大雅生民文也云武迹也敏拇也者釋之也云拇迹大指處鄭箋詩云祀郊禖之時時則有大神之迹姜嫄履之足不能滿履其拇指之處於是遂有身而生后稷是其事也

張仲孝友。周宣王時賢臣 善父母爲孝。善兄弟爲友。〔疏〕張仲至爲友○釋曰云張仲孝友者小雅六月文也云善父母爲孝善兄弟爲友者釋之也李巡云張姓仲字其人孝故稱孝友毛傳云張仲賢臣也鄭箋云張仲吉甫之友其性孝友以詩敘云六月宣王北伐也故郭云周宣王時賢臣

有客宿宿、言再宿也。有客信信、言四宿也。再宿爲信重言之故知四宿〔疏〕有客至四宿也○釋曰云有客宿宿有客信信者周頌有客文也云言再宿也言四宿也者釋之也毛傳云一宿曰宿再宿曰信各重言之故知再宿及四宿也

美女爲媛。所以結好媛○媛于眷切〔疏〕美女爲媛○釋曰詩鄘風君子偕老云展如之人兮邦之媛也故此釋之郭云所以結好媛孫炎曰君子之援助然則由有美可以援助君子故云美女爲媛

美士爲彥。人所彥詠〔疏〕美士爲彥○釋曰鄭風羔裘云彼其之子邦之彥兮故此釋之也毛傳云彥士之美稱郭云人所彥詠舍人曰國有美士爲人所言道

其虛其徐、威儀容止也。雍容都雅之貌〔疏〕其虛其徐威儀容止也○釋曰云其虛其徐者邶風北風文也威儀容止也者釋之也郭云雍容都雅之貌孫炎云虛徐威儀謙退也然則虛徐者謙虛閑徐之義故鄭箋云威儀虛徐寬仁者也詩作其邪此作其徐字雖異音實同故鄭箋云邪讀如徐

猗嗟名兮。

目上爲名。眉眼之間。猗於宜切〔疏〕猗嗟名兮目上爲名。○釋曰云猗嗟名兮者齊風猗嗟文也云目上爲名者釋之也孫炎云上平博郭云眉眼之間式微式微者、微乎微者也。言至微〔疏〕式微至者也○釋曰云式微式微者邶風式微文也云微乎微者也釋之也郭云言至微鄭箋云式發聲也案詩敘云式微黎侯寓于衛其臣勸以歸也然則以君被逐既微又見卑賤是至微也不取式爲義故鄭云發聲也之子者、是子也。斥所詠〔疏〕之子者是子也○釋曰詩言之子者多矣故此釋之李巡云之子者論五方之言是子也然則之爲語助人言之子者猶言是此子也桃夭傳云嫁子也彼謂嫁事爲嫁者之子漢廣之子則貞絜者之子東山之子言其妻自華之子斥幽王各隨其事而名之故郭云斥所詠徒御不驚、輦者也。步挽輦車〔疏〕徒御不驚輦者也○釋曰云徒御不驚者小雅車攻文也云輦也者釋之也此止解徒字也諸徒皆爲徒行此獨爲輦是以辨之地官鄉師云大軍旅會同治其輦注云輦人輓行所以載任器也止以爲蕃營司馬法輦有一斧一斤一鑿一梩周輦加二板二築夏后氏二十人而輦殷十八人而輦周十五人而輦是會同田獵人挽輦以徒行也故郭云步挽輦車襢裼、肉袒也。脫衣而見體○襢音但裼音息暴虎、徒搏也。空手執也〔疏〕襢裼至搏也○釋曰鄭風大叔于田云襢裼暴虎故此釋之毛傳云襢裼肉袒也李巡曰襢裼脫衣見體曰肉袒孫炎曰袒去裼衣郭云脫衣而見體毛傳又云暴虎空手以搏之舍人曰無兵空手搏之然則徒空也故郭云空手執也馮河、徒涉也。無舟楫○馮音平〔疏〕馮河徒涉也○釋曰小雅小旻云不敢馮河故此釋之也李巡曰無舟而渡水曰徒涉郭云無舟楫毛傳云馮陵也然則空涉水陵波而渡故訓馮爲陵也籧篨、口柔也。籧篨之疾不能俯口柔之視人顏色常亦不伏因以名云○籧音渠篨音除戚施、面柔也。戚施之疾不能仰面柔之人常俯似之亦以名云〔疏〕籧篨至面柔也○釋曰邶風新臺云籧篨不鮮又曰得此戚施故此釋之也毛傳云籧篨不能俯者戚施不能仰者李巡曰籧篨巧言好辭以口饒人是謂口柔戚施和顏悅色以誘人是謂面柔但籧篨戚施本人疾之名故晉語云籧篨不可使俯戚施不可使仰是也人口柔者必仰面觀人之顏色而爲辭似籧篨不俯之人因名口柔者爲籧篨面柔者必低首下人媚以容色似戚施之人因名面柔者爲戚施故郭云籧篨之疾不能俯口柔之人視人顏色常亦不伏因以名云夸毗、體柔也。屈己卑身以柔順人也○夸音誇〔疏〕夸毗體柔也○釋曰大雅板篇云無爲夸毗故此釋之也毛傳云夸毗以柔人也李巡曰屈己卑身求得於人曰體柔然則夸毗者便辟其足前卻爲恭以形體順從于人故郭云屈己卑身以柔順人也婆娑、舞也。舞者之容〔疏〕婆娑舞也○釋曰陳風東門之枌云婆娑其下故此釋之李巡曰婆娑盤辟舞也郭云舞者之容孫炎曰舞者之容婆娑然則婆娑舞者之狀貌也擗、拊心也。謂椎胷也○擗婢亦拊撫〔疏〕擗拊心也○釋曰邶風柏舟云寤擗有摽謂拊心也郭云謂椎胷也矜憐、撫掩之也。撫掩猶撫拍謂慰卹也〔疏〕矜憐撫掩之也○釋曰撫掩猶撫拍謂慰卹也小雅鴻鴈云爰及矜人緎、羔裘之縫也。縫飾

羔皮之名。緎棫縫逢〔疏〕緎羔裘之縫也○釋曰召南羔羊云羔羊之革素絲五緎故此解之也孫炎云緎之爲界緎然則縫合羔羊皮爲裘縫即皮之界緎因名裘縫爲緎故郭云縫飾羔皮之名殿屎、呻也。呻吟之聲○殿丁練切屎音希〔疏〕殿屎呻也○釋曰大雅板云民之方殿屎毛傳云殿屎呻吟也是用此爲說郭云呻吟之聲孫炎云人愁苦呻吟之聲也幬謂之帳。今江東亦謂帳爲幬○幬音紬〔疏〕幬謂之帳○釋曰一名幬召南小星云抱衾與裯鄭箋云幬牀帳也郭云今江東亦謂帳爲幬幬與裯音義同侜張、誑也。書曰無或侜張爲幻幻惑欺誑人者○侜張留切〔疏〕侜張誑也○釋曰陳風防有鵲巢云誰侜予美毛傳云侜張誑也鄭箋云女衆讒人誰侜張誑欺我所美之人乎郭云書曰無或侜張爲幻者周書無逸篇文也引之者以證侜張謂幻惑欺誑人者誰昔、昔也。誰發語辭〔疏〕誰昔昔也○釋曰陳風墓門云誰昔然矣毛傳云昔久也郭云誰發語辭與毛同也不辰、不時也。辰亦時也〔疏〕不辰不時也○釋曰辰亦時也不辰者言不得其時也大雅桑柔云我生不辰逢天僤怒是也凡曲者爲罶。毛詩傳曰罶曲梁也凡以薄爲魚笱者名爲罶○罶力九切〔疏〕凡曲者爲罶○釋曰曲薄也凡以薄取魚爲罶郭云毛詩傳曰罶曲梁也者小雅魚麗篇傳文也云凡以薄爲魚笱者名爲罶者即釋器云嫠婦之笱謂之罶也鬼之爲言歸也。尸子曰古者謂死人爲歸人〔疏〕鬼之爲言歸也○釋曰人死爲鬼小雅何人斯云爲鬼爲蜮周禮曰享大鬼謂之鬼者鬼猶歸也若歸去然故尸子曰古者謂死人爲歸人

釋親第四

〔疏〕釋曰案禮記大傳云聖人南面而聽天下所最先者五民不與焉一曰治親蒼頡曰親愛也近也然則親者恩愛狎近不疏遠之稱也書曰克明俊德以親九族喪服小記曰親親以三爲五以五爲九上殺下殺旁殺而親畢矣以九族之親其名謂非一此篇釋之故曰釋親

父爲考、母爲妣。禮記曰生曰父母妻死曰考妣嬪今世學者從之案尚書曰大傷厥考心事厥考厥長聰聽祖考之彝訓如喪考妣公羊傳曰惠公者何隱之考也仲子者何桓之母也蒼頡篇曰考妣延年書曰嬪于虞詩曰聿嬪于京周禮有九嬪之官明此非死生之異稱矣其義猶今謂兄爲晜妹爲媦即是此例也○妣音比父之考爲王父。父之妣爲王母。加王者尊之王父之考爲曾祖王父。王父之妣爲曾祖王母。曾猶重也曾祖王父之考爲高祖王父。曾祖王父之妣爲高祖王母。高者言最在上父之世父、叔父爲從祖祖父。父之世母、叔母爲從祖祖母。從祖而別世統異故父之晜弟，先生爲世父。後生爲叔父。世有爲嫡者嗣世統故也男子先生爲兄。後生爲弟。謂女子。先生爲姊。後生爲妹。父之姊妹爲姑。父之從父晜弟爲從祖父。父之從祖晜

弟爲族父。族父之子相謂爲族晜弟。族晜弟之子相謂爲親同姓。同姓之親無服屬兄之子、弟之子、相謂爲從父晜弟。從父而別子之子爲孫。孫猶後也孫之子爲曾孫。曾猶重也曾孫之子爲玄孫。玄者言親屬微昧也玄孫之子爲來孫。言有往來之親來孫之子爲晜孫。晜後也汲冢竹書曰不啻之晜弟晜孫之子爲仍孫。仍亦重也仍孫之子爲雲孫。言輕遠如浮雲王父之姊妹爲王姑。曾祖王父之姊妹爲曾祖王姑。高祖王父之姊妹爲高祖王姑。父之從父姊妹爲從祖姑。父之從祖姊妹爲族祖姑。父之從父晜弟之母爲從祖王母。父之從祖晜弟之母爲族祖王母。父之兄妻爲世母。父之弟妻爲叔母。父之從父晜弟之妻爲從祖母。父之從祖晜弟之妻爲族祖母。父之從祖祖父爲族曾王父。父之從祖祖母爲族曾王母。父之妾爲庶母。祖、王父也。晜、兄也。今江東人通言晜。從竝才用切晜音昆宗族。〔疏〕父爲至宗族○釋曰此別同宗親族白虎通曰父矩也以度教子也又爲考考成也言有成德廣雅云母牧也言育養子也又爲妣妣媲也媲匹於父廣雅又云兄況也況於父又謂之晜弟悌也言順於兄子孜也以孝事父常孜孜也孫順也順於祖男任也任家事也女如也白虎通曰言如人也徐鍇曰女子從父之教從夫之命故曰如姑故也言尊如故也又謂之威徐鍇曰土盛於戌土陰之主也故字從戌漢律曰婦告威姑是也姊咨也以其先生言可咨問說文云妹女弟也又謂之媦妾接也鄭注禮記云聞彼有禮走而往焉以得接見於君子也庶母者父之妾也此皆同宗之族也白虎通云宗者何謂也宗者尊也爲先祖主也宗人之所尊也禮記曰宗人將有事族人皆侍所以必有宗何也所以長和睦也族者何也族者湊也聚也謂恩愛相流湊生相親愛死相哀痛有會聚之道故謂之族也注禮記至此例也○釋曰云禮記曰生曰父母妻死曰考妣嬪者曲禮下篇文也云今世學者從之者謂從禮記以父母妻爲生之稱以考妣嬪爲死之稱彼乃記者一家之說爾學者膠柱遂爲生死定稱非也故郭氏引諸文以證之云尚書曰大傷厥考心康誥文也云事厥考厥長聰聽祖考之彝訓者皆酒誥文也云如喪考妣者舜典文也此皆生稱考之也云公羊傳曰惠公者何隱之考也仲子者何桓之母也者隱元年傳文也此即死稱母也云蒼頡篇曰考妣延年者亦生稱考妣也云書曰嬪于虞者堯典文也云詩曰聿嬪于京大雅大明篇文也云周禮有九嬪之官者天官掌婦學之法者也此皆生稱嬪者也云明此非死生之異稱矣者所

以破先儒之說也云其義猶今謂兄爲舅妹爲婿即是此例也者舉類以曉人也○注從祖而別世統異故○釋曰解所以稱從之理也從祖而別繼世分宗其統各異故曰從祖▲○注世有爲嫡者嗣世統故也○釋曰解所以稱世之義也繼世以嫡長先生於父則繼者也故曰世父說文叔作尗許慎曰從上小言尊行之小也○注同姓之親無服屬者○釋曰此禮記大傳云親者屬也鄭注云有親者服名以其屬親疏此經言親同姓者謂五世之外比諸同姓猶親但無服屬爾○注孫猶後也○釋曰言繼後嗣也廣雅云孫順也許慎云從子從系系續也言順續也言順續先祖之後也○注玄者言親屬微昧也○釋曰玄者緜緜之間色色之微昧者也親屬微昧故曰玄孫○注晜後也汲冢竹書曰不窋之晜孫○釋曰晜後也釋言文東晳傳曰大康元年汲郡民盜發魏安釐王塚得竹書漆字科斗之文科斗文者周時古文也其字頭麤尾細似科斗之蟲故俗名之焉不窋后稷之子也晜孫謂與榆也

○母之考、爲外王父。母之妣、爲外王母。母之王考、爲外曾王父。母之王妣、爲外曾王母。異姓故言外母之晜弟、爲舅。母之從父晜弟、爲從舅。母之姊妹、爲從母。從母之男子、爲從母晜弟。其女子子、爲從母姊妹。○母黨。〔疏〕母之至母黨○釋曰此一節別母之族黨也黨是鄉之細也此外族屬母若黨之屬鄉故云母黨云舅者孫炎云舅之言舊尊長之稱詩秦風云我送舅氏曰至渭陽是也

○妻之父、爲外舅。妻之母、爲外姑。謂我舅者吾謂之甥然則亦宜呼壻爲甥孟子曰帝館甥于二室是姑之子爲甥。舅之子爲甥。妻之晜弟爲甥。姊妹之夫爲甥。四人體敵故更相爲甥甥猶生也今人相呼皆依此妻之姊妹同出爲姨。同出謂俱已嫁詩曰邢侯之姨女子謂姊妹之夫爲私。詩曰譚公維私男子謂姊妹之子爲出。公羊傳曰蓋舅出女子謂晜弟之子爲姪。左傳曰姪其從姑謂出之子爲離孫。謂姪之子爲歸孫。女子子之子爲外孫。女子同出。謂先生爲姒、後生爲娣。同出謂俱嫁事一夫公羊傳曰諸侯娶一國二國往媵之以姪娣從娣者何弟也此即其義也女子謂兄之妻爲嫂▲。弟之妻爲婦。猶今言新婦是也長婦謂稚婦爲娣婦、娣婦謂長婦爲姒婦。今相呼先後或云妯娌○姪徒結反姒音似娣音第妻黨。〔疏〕妻之至妻黨○釋曰此一節別妻之親黨也內則云聘則爲妻白虎通云妻者齊也與夫齊體自天子下至庶人其義一也○注孟子曰帝館甥于二室○釋曰孟子云舜尚見帝帝館甥于貳室亦饗舜迭爲賓主是天子而友匹夫也彼注云尚上也舜在畎畝之時堯友禮之舜上見堯舍之於貳室貳室副宮也堯亦就饗舜之所設更迭爲賓主禮記妻父曰外舅謂我舅者吾謂之甥堯以女妻舜故謂堯甥卒與之天位是天子之友匹夫也注四人至依此○釋曰四人謂姑之子舅之子妻之晜弟姊妹之夫是也此四人尊卑體敵更相爲甥云甥猶生也者取相親之意也注詩曰邢侯之姨譚公維私○釋曰皆衛風碩人篇文也孫炎曰私無正親之言然則謂吾姨者我謂之私邢侯譚公皆莊姜姊妹之夫互言之耳春秋譚子奔莒則譚是子爵言公者蓋依臣子稱便文耳注公羊傳曰蓋舅出○釋曰案春秋襄五年夏叔孫豹鄫世子巫如晉公羊傳曰外相如不書此何以書爲叔孫豹率而與之俱也叔孫豹則曷爲率而與之俱蓋舅出也何休云巫者鄫前夫人莒女▲之子也俱莒外孫故曰舅出是也注左傳曰姪其從姑○釋曰案僖十五年傳云初晉獻公筮嫁伯姬於秦遇歸妹之睽史蘇占之曰不吉其繇曰姪娣從姑杜注云震爲木離爲火火從木生離爲震妹於火爲姑謂我姪者我謂之姑謂子圉質秦是也注公羊至弟也○釋曰春秋莊十九年秋公子結媵陳人之婦于鄄遂及齊侯宋公盟公羊傳曰媵者何諸侯娶一國則二國往媵之以姪娣從姪者何兄之子也娣者何弟也諸侯壹聘九女諸侯不再娶何休云必以姪娣從之者欲使一人有子二人喜也所以防嫉妬令重繼也因以備尊尊親親也九者極陽數也不再娶者所以節人情開媵路注猶今言新婦是也○釋曰儀禮喪服傳云夫之晜弟何以無服也其夫屬乎父道者妻皆母道也其夫屬乎子道者妻皆婦道也謂弟之妻婦者是嫂亦可謂之母乎故名者人治之大者也可無慎乎鄭注云道猶行也言婦棄姓無常秩嫁於父行則爲母行嫁於子行則爲婦行也謂之妻爲婦者卑遠之故謂之婦嫂者尊嚴之稱是嫂亦可謂之母乎嫂猶叟也叟老人稱也是爲叙男女之別爾若已以母婦之服服兄弟之妻兄弟之妻以舅子之服服已則是亂昭穆之敘也治猶理也父母兄弟夫婦之理人倫之大者可不慎乎大傳曰同姓從宗合族屬異姓主名治際會名著而男女有別是別嫂婦之名也郭云猶今言新婦者以時驗而知也至今猶然注今相呼先後或云妯娌○釋曰廣雅云娣姒妯娌娣姒先後也世人多疑娣姒之名皆以爲兄妻呼弟妻爲娣弟妻呼兄妻爲姒因即惑於斯文不知何以爲說今謂母婦之號隨夫尊卑娣姒之名從身長幼以其俱來夫族其夫班秩既同尊卑無以相加遂從身之少長喪服小功章曰娣姒婦報傳曰娣姒婦者弟長也以弟長解娣姒言娣是弟姒是長也公羊傳亦云娣者何弟也是其以弟解娣自然以長解姒長謂身之年長非夫之年長也此云長婦謂稚婦爲娣婦娣婦謂長婦爲姒婦者止言婦之長稚不言夫之大小左傳成十一年穆姜謂聲伯之母爲姒昭二十八年傳叔向之嫂謂叔向之妻爲姒二者皆呼夫弟之妻爲姒豈計夫之長幼乎上云女子同出謂先生爲姒後生爲娣郭云同出謂俱嫁事一夫也事一夫者以已生先後爲娣姒則知娣姒以已之年非夫之年也故賈逵鄭玄及杜預皆云兄弟之妻相謂爲姒言兩人相謂長者爲姒知娣姒之名不計夫之長幼也

○婦稱夫之父曰舅、稱夫之母曰姑。姑舅在、則曰君舅君姑。沒、則曰先舅先姑。國語曰吾聞之先姑謂夫之庶母爲少姑。夫之兄爲兄公▲。今俗呼兄鍾語之轉耳夫之弟爲叔。夫之姊爲女公。夫之女弟爲女妹▲。今謂之女妹是也子之妻爲婦。長婦爲嫡婦。衆婦爲庶婦。女子子之夫爲壻。壻之父爲姻。婦之父爲婚。父之黨爲宗族。母與妻之黨爲兄弟。婦之父母、壻之父母、相謂爲婚姻。兩壻相謂爲亞。詩曰瑣瑣姻亞今江東人呼同門爲僚壻婦之黨爲婚兄弟。壻之黨爲姻兄弟。古者皆謂婚姻爲兄弟嬪、▲婦也。書曰嬪于虞謂我舅者、吾謂之甥也。○公音鍾嫡音的嬪音頻婚姻。〔疏〕婦稱至婚姻○釋曰此別夫婦婚姻之名也說文云婦服也從女持帚灑掃也白虎通云夫婦者何謂也夫者扶也以道扶接婦者服也以禮屈服謂之舅姑者何舅者舊也姑者故也舊故老人稱也夫之父母謂舅姑何尊如父而非父者舅也親如母而非母者姑也鄭注喪服傳云女子子者子女也別於男子也說文云壻女之夫也從士胥聲一曰知也十子爲士胥有才知之稱謂女之夫爲壻廣雅云壻謂之倩方言云東齊之間壻謂之倩白虎通云婚姻者何謂昏時行禮故曰婚婦人因夫而成故曰姻注國語曰吾聞之先姑○釋曰魯語季康子問於公文伯之母曰主亦有以語肥也對曰吾能老而已何以語子康子曰雖然肥願有聞於主對曰吾聞之先姑曰君子能勞後世有繼子夏聞之曰善哉商聞之曰古之嫁者不及舅姑謂之不幸夫婦學於舅姑者也是矣注詩曰瑣瑣婚亞○釋曰小雅節南山文也劉熙釋名云兩壻相謂爲亞者言每一人取姊一人取妹相亞次也又並來女氏則姊夫在前妹夫在後亦相亞也注古者皆謂婚姻爲兄弟○釋曰禮記曾子問曰昏禮既納幣有吉日女之父母死則如之何孔子曰壻使人弔如壻之父母死則女之家亦使人弔鄭注云必使人弔者未成兄弟又云父喪稱父母喪稱母父母不在則稱伯父世母壻已葬壻之伯父致命女氏曰某之子有父母之喪不得嗣爲兄弟使某致命女氏許諾而弗敢嫁禮也是古者謂昏姻爲兄弟以夫婦有兄弟之義或據壻於妻之父母有緦服故得謂之兄弟也注書曰嬪于虞○釋曰案堯典羣臣共舉舜於帝帝曰我其試哉女于時觀厥刑于二女釐降二女于嬀汭嬪于虞孔安國注云降下嬪婦也舜爲匹夫能以義理下帝女之心於所居嬀水之汭使行婦道於虞氏是也

爾雅注疏卷四挍勘記　阮元撰盧宣旬摘錄

爾雅疏卷第四名銜後另行標釋訓第三釋親第四上空四格注疏本卷第三

釋訓第三

元謂能訓說土地善惡之勢　元本閩本同與周禮注合監本毛本元謂下增土訓二字此本舊亦剜擠今刪正

物精詳之察也　注疏本精誤情

聰明鑒察也　浦鏜云句上當有郭云皆三字

僶繩音義同　閩本監本毛本僶繩倒元本誤作僶繩○按繩正字僶俗字也

皆恐動趨步　單疏本雪牕本同注疏本趨作趍俗寫

皆懸危　雪牕本注疏本同釋文皆縣音元單疏本作懸按五經文字云縣音元又音眩經典兩音用此字不作懸危之懸據此知懸危之懸經典相承下從心也

皆果毅之貌　雪牕本注疏本同釋文悍音果本亦作果按悍毅字當從心見釋詁

人想思其傍僾之貌　禮記注同注疏本僾改倚非

皆便速敏捷　雪牕本同注疏本下衍也

烝烝　唐石經單疏本雪牕本同釋文作蒸蒸按者云本今作烝烝

佗佗　單疏本雪牕本注疏本同唐石經先作他他後改佗佗按詩君子偕老委委佗佗葉鈔釋文作他他與呂氏讀詩記引釋文合通志堂本作佗佗非

皆寬容之美也　元本閩本及詩正義無皆監本毛本脫寬

委委者行可委曲從迹也　元本同閩本監本毛本從改蹤按毛詩羔羊傳云委蛇行可從迹也釋文從迹足容反字亦作蹤知正作從字

忯忯　釋文唐石經單疏本雪牕本元本閩本監本同毛本改怟怟誤注及疏準此嚴元照云說文忯愛也从心氏聲無怟字玉篇忯怟並列忯訓愛訓敬怟訓悶都替切音義悉異近人有欲據玉篇改爲怟者誤也

孫炎曰　注疏本曰改云元本脫此字

好人提提毛傳云提提安諦　注疏本提提改媞媞按此本引孫炎爾雅注作媞媞引毛詩及傳作提提

萌萌　唐石經單疏本雪牕本同釋文萌萌字或作萠嚴元照云玉篇艸部萌下引爾雅有存萌萌在也又萠同上本或作萠廣韻十三耕十七登萌下皆引爾雅按說文心部云簡簡存也从心簡省聲讀若簡義本雅訓

易繫辭云　注疏本繫改係

皆自勉強也　注疏本自誤出

巧言詩云　舊本並誤何人斯據閩本監本毛本改

皆顯盛迅疾之貌　注疏本盛迅誤著然

皆寬緩也悠悠偁偁丕丕簡簡存存懋懋庸庸綽綽盡重語　單疏本雪牕本同有此注注疏本刪釋文重語直用反又直龍反單疏本悠悠作攸攸

洄洄　釋文唐石經單疏本雪牕本同按此溯洄字以上僾僾例之當作佪佪玉篇人部廣韻十五灰佪字注皆云佪惛也本此經今本作洄洄非

洄本作幃音韋　注疏本幃作褘釋文幃音韋按字林幃重衣貌按幃當作褘即幃之誤說文衣部褘重衣貌字不從巾按字林以下云云義乖似非陸語邵晉涵正義云太元疑初一疑㦉㦉失貞矢㦉㦉非㦉一字從心不誤也從巾從衣皆非

盪盪　唐石經單疏本雪牕本同釋文蕩蕩本或作盪李云蕩蕩者弗思之偁也按毛詩作蕩蕩按李巡注爾雅亦作蕩蕩

皆邪僻　雪牕本注疏本同釋文皆家本又作邪

薰也　唐石經單疏本雪牕本同釋文熏本亦作燻或作薰按當從陸本作熏一切經音義卷四華嚴經音義卷上卷下兩引此經及郭注字皆作熏

皆旱熱薰炙人　雪牕本注疏本同釋文炙之石反一切經音義引作謂旱氣熏灼人也華嚴經音義兩引俱作皆旱氣熏灼人也按詩雲漢憂心如熏毛傳熏灼也

毛傳云赫赫氣也　元本閩本監本同毛本作毛傳赫赫旱氣也

𨇤𨇤猶警警也　注疏本脫𨇤𨇤警三字

欲忠告以善道　浦鏜改作及忠云及誤欲按俗本毛詩誤作及小字本岳本皆作欲與此合

是皆傲慢賢者　元本同閩本監本毛本傲改敖

瘐瘐　唐石經單疏本雪牕本注疏本同釋文庾庾羊主反又羊朱反本今作瘐瘐按所謂本今者據唐石經以下本言之也葉鈔釋文正作庾庾爲是通志堂本庾瘐字互倒

管管無所依也　注疏本同按毛傳作依繫此也字剜改

殷殷　唐石經單疏本雪牕本同釋文作慇慇按者云本今作殷殷

惸惸　釋文唐石經單疏本雪牕本元本閩本監本同毛本作惸惸訛

忡忡猶衝衝也　閩本監本毛本同與毛詩傳合元本作衝衝下引鄭箋同按說文衝从行童聲玉篇正作衝同作衝

在塗而憂　注疏本而誤時

毛傳云畇畇　元本同閩本監本毛本脫畇畇

謂耕地其土解散　閩本監本毛本地其誤也有元本誤他有

土氣烝達而和耕之則澤澤然解散　注疏本脫土耕二字

驛驛其達　注疏本下衍也

繹與驛音義同　元本同閩本監本毛本繹驛互倒

緜緜穮也　唐石經單疏本雪牕本同釋文麃字書作穮引說文字林皆從禾詩載芟緜緜其麃毛傳麃耘也釋文緜緜如字爾雅云麃也正義曰釋訓緜緜麃也據此知詩經爾雅毛傳皆作麃陸孔所據釋訓字皆不從禾自唐石經據字書增加而今本承之

言芸精　雪牕本同釋文耘字亦作芸注疏本作言芸耨精按耨字是邢疏語竄入毛詩載芟傳云麃耘也正義引郭曰芸不息也皆不言耨

截穎謂之挃　注疏本穎誤頴

烰烰烝也　唐石經單疏本雪牕本注疏本同釋文作蒸按者云本今作烝

謂戴弁服　單疏本雪牕本注疏本同釋文載丁代反本今作戴

故郭云謂戴弁服　元本閩本監本同毛本云誤氏

半珪曰璋　注疏本珪改圭

鍠鍠　唐石經單疏本雪牕本同釋文韹韹又作鍠

穰穰福也　唐石經單疏本雪牕本同釋文禳禳而羊反本今作穰穰按毛詩執競傳穰穰衆也字從禾言若黍稷之衆多也爾雅禳禳福也字從示言禳除災禍則神降之福也今本並據毛詩改

毛傳云穰穰衆也　注疏本脫上五字

引無極也者　注疏本脫也字

此道人君之德望也　元本同閩本監本毛本人君倒

桊詩云　閩本監本毛本桊作○元本空闕

與之以禮義相切瑳　元本同閩本監本毛本瑳改磋按詩卷阿釋文云磋或作瑳與此合

賢士衆　單疏本雪牕本同注疏本士誤才

鳳凰應德鳴相和　閩本監本毛本同單疏本雪牕本元本凰作皇按正作凰俗作皇

譚公子也　注疏本譚誤譚

宴宴　唐石經單疏本雪牕本同釋文燕燕字又作宴按邢疏於此引北山或燕燕居息於下引氓言笑晏晏字各有當今本此作宴宴與下作晏晏爲一字非

近處優閑　單疏本雪牕本元本閩本監本同毛本閑改閒按釋文閒音閑本今作閑毛本蓋據釋文改

謂宴安盛飾近處優閑也　注疏本安誤宴毛本閑改閒

小雅北山或燕燕居息　北山下舊剜擠云字按注疏本無今刪正

又大東云　注疏本脫又

生大子宜咎　元本閩本監本同與毛詩傳合毛本改宜臼非

又說褒姒　注疏本說改悅

結髮宴然之時　元本同閩本監本毛本宴改晏

氓刺時也　注疏本氓誤恨

宣公之時 注疏本公誤王

瑣瑣 釋文唐石經單疏本雪牕本同釋文又云鞫音與瑣同瓚胡犬反挍者云本今無鞫瓚二字按此當如璲瑞也注引詩鞫鞫佩璲葢經作瑣注作鞫瓚卽瑣字音今本皆無

剌其素飧是也 元本同閩本監本毛本飧改餐按詩箋作飧

以其尸者神象 注疏本者誤皆

懽懽 唐石經單疏本雪牕本同釋文灌本或作懽同古玩反按詩板老夫灌灌毛傳灌灌猶款款也說文心部悹憂也从心官聲古玩切玉篇悹悹憂無告也悺同上然則此經本從官從心矣作灌者聲近之借作懽又灌形近之訛耳今說文懽下引爾雅懽懽愮愮憂無告也葢非許氏原文

猶歘歘也 注疏本歘作款是正字

懽灌愮愮音義同 閩本監本毛本懽灌倒

憲憲洩洩制法則也 唐石經單疏本雪牕本元本閩本同釋文泄泄或作呭今本沿唐諱之舊監本毛本泄改渫疏中準此

謞謞 釋文唐石經雪牕本同釋文又出熇字音許各火沃二反挍者云本今無此字盧文弨曰詩板作熇熇郭葢引此而今注缺耳

讒譖也慝惡也 注疏本讒譖浦鏜作讒慝惡也并以上也字爲衍誤甚

言樂禍助虐增譖惡也舍人曰 注疏本脫上九字

大臣謔謔謞謞然盛 注疏本同詩板正義引孫炎曰大臣謔謔然喜謞謞然盛此脫然喜二字

背公恤私曠職事 單疏本雪牕本元本同閩本監本毛本恤改卹下矜憐撫掩之也注同

故郭云賢者陵替姦黨熾 注疏本作姦黨熾盛盧文弨曰熾事爲韻不當有盛字按此本剜擠盛字元本排入今刪正

故字從宀 音眠○詩召旻正義同元本閩本作從密監本毛本作從宙皆誤此葬㝠字從宀而非從穴耳注疏本音眠改大字

賢士永哀念窮迫 單疏本雪牕本元本同閩本監本毛本永誤求疏中同

德音清泠也 注疏本如此此本清泠誤德明涉下文教令又清明致誤今訂正

謂牽拕 單疏本雪牕本元本同釋文拕本或作拖同泰何達可二反閩本監本毛本拕改挽因邢疏有從旁牽挽及挽離正道等言而誤改

謂爲譎詐誑欺 注疏本脫誑此本舊誤詐今據詩箋訂正

李巡曰 注疏本巡誤超

不俟不來也 唐石經單疏本雪牕本同釋文不椞事已反待也宜從來本今作俟字說文來部椞下引詩不椞不來从來矣聲又後椞或从彳按說文引詩不椞與爾雅合采薇詩古本當作我行不椞其義爲不來椞與疚亦韻也毛詩作來因聲相近而字脫其半毛傳來至也箋云來猶反也皆如字讀失雅訓矣

故郭云 注疏本脫故

不適不蹟也 唐石經單疏本雪牕本同釋文適古述字按此本孫叔然語爾雅述字多作適釋詁釋言釋訓三篇皆有之此釋邶風日月篇報我不述也葢古經有作報我不適者邢疏引沔水念彼不蹟邵晉涵正義因謂以不俟釋不來以不適釋不蹟誤甚釋訓一篇皆詩經在上雅訓在下未有倒置之者

言不循軌跡也 單疏本雪牕本同按此經作蹟注作跡

小雅沔水云 閩本監本毛本水誤彼元本闕

義見伯兮考盤詩 單疏本雪牕本同注疏本盤作槃釋文考槃本又作盤按邢疏引注作考盤引詩作考槃是陸邢所據本不同

衛風伯兮云 注疏本脫風

況也永嘆 此與唐石經毛詩原刻同注疏本改况也永歎非

兼通酒食兩名也 注疏本脫兼又此節疏後元本閩本分三卷下

服杜皆云 監本同元本閩本毛本皆作注

暨不得已是不得及 雪牕本注疏本同按此說公羊傳以釋經之不及也不當云不得及下得字當衍單疏本標起止云注公羊至得及則邢本已衍

公及邾婁儀父盟于眛 閩本監本毛本眛誤昧元本誤時

小雅采芑 注疏本同此本下衍云字係剜擠今刪正邢疏引詩不言云者多矣

如琢如磨 唐石經雪牕本注疏本同段玉裁云磨當作摩按一切經音義卷十練摩下引易堅柔相摩注云相切摩也爾雅石謂之摩郭曰玉石被摩猶人自修飾也今釋訓釋器皆作磨

玉石之被雕磨 單疏本同雪牕本元本雕作彫雕彫一字也閩本監本毛本雕改琢非按釋文琢丁角反治玉也本或作琢非也葢作本或作雕非也釋器玉謂之雕王謂之琢本爾文邢氏所據郭注是雕字陸氏所據本是琢字

赫兮烜兮 釋文唐石經單疏本雪牕本同注疏本烜作咺據毛詩改也釋文舊挍已云今並作咺字矣按單疏本引爾雅經作烜從火引毛詩傳作咺從口

此舉衛風淇奧篇文 元本同閩本監本毛本奧改澳

如切磋骨象以成器 注疏本磋上衍如

內心寬裕也 注疏本內心改又內

云赫兮烜兮者 注疏本烜改咺下文言赫烜者同

容儀發揚之言故言威儀也 元本脫故言閩本監本毛本之言作之貌又脫故

瘍瘠 雪牕本同華嚴經音義卷上引郭注爾雅瘍瘠也單疏本注疏本作瘍創也釋文創初良反按瘠俗創字鄭注周禮瘍醫云瘍創癰也亦作創

然則膝脛之下有瘡腫 注疏本脫脛

是刈是鑊鑊煑之也 唐石經雪牕本同釋文又本亦作刈鑊又作濩同經義雜記曰宋刻單疏本爾雅作是刈是濩鑊賚之也今考元本正如是閩本又剜改鑊爲濩監本毛本承之單疏本亦兩字描改作濩按毛詩作濩舍人孫炎以濩爲賚與毛傳同五經文字水部云濩賚也金部無鑊字詩正義有賚之於濩之言字當從金爾雅釋文作鑊鍾人傑本上下皆作鑊是也唐石經上從禾旁葢非穫爲收穫與刈穫也

以賚之於鑊故曰濩賚非訓濩爲賚 閩本監本毛本同元本訓濩之濩亦作鑊

麤曰綌 元本麤作麄閩本監本毛本作粗下準此

張姓仲字 詩正義同注疏本脫姓

所以結好媛 單疏本雪牕本注疏本同邵晉涵正義作好援云從宋本按釋文援音媛舊挍云本今作媛是宋本亦從女旁矣

人所彥詠 單疏本雪牕本注疏本同釋文喭音彥本今作彥段玉裁云陸氏經本作喭注中彥字乃言字之誤說文彣部云彥美士有文人所言也舍人注云國有賢士爲人所言道皆以言釋彥取同音爲訓也說文繫傳引作人所唁詠正言之誤耳

云其虛其徐 注疏本同臧禮堂云下當脫一者字

鄘風北風文也 浦鏜云邶誤鄘

上平博 元本同閩本剜擠作曰上平傳監本毛本承之

云微乎微者也 元本同閩本監本毛本作云微乎微也者

桃夭傳云嫁子 注疏本嫁作之浦鏜云之子下脫嫁子二字非也邢疏引毛傳略之子二字耳

此止解徒字也 注疏本止誤上

止以爲蕃營 監本同元本閩本毛本蕃改籓

無舟楫 單疏本雪牕本同釋文檝本又作楫方言曰檝橈也說文云檝舟棹也按今說文作楫舟櫂也非論

語述而正義引此注作無舟楫與陸本合

巧言好辭以口饒人　注疏本同浦鏜云口衍字按釋文引李云巧言辭以饒人

必仰面觀人之顏色　注疏本脫之

故郭云邃篨之疾不能俯口柔之人視人顏色常亦不伏因以名云　注疏本同浦鏜云下脫戚施之疾云云一十九字

便僻其足　詩正義同監本毛本僻改辟元本閩本求得於人下脫曰體柔然則夸毗者便僻其足前卻爲恭以形體順從於人二十三字

辟　唐石經雪牕本同單疏本注疏本作擗按釋文辟婢亦反字宜作擗引詩寤擗有摽以證然則爾雅本作辟毛詩則從手也今本毛詩爾雅互易其字

爰及矜人　注疏本矜改矝

召南羔裘云　注疏本同浦鏜云羊誤裘

幬牀帳也　注疏本同按幬當依詩箋作裯此順爾雅改

郭云書曰　元本同閩本監本毛本郭改注

凡曲者爲罶　唐石經單疏本雪牕本元本閩本監本同毛本爲誤謂

毛詩傳曰　單疏本雪牕本同注疏本脫詩

凡以簿爲魚笱者　單疏本元本同雪牕本閩本監本毛本簿作薄釋文薄蒲博反本今作簿按說文艸部薄林薄也一曰蠶薄知從竹者非矣凡蠶簿笙簿簿圍字古皆作薄

郭云毛詩傳曰　閩本監本毛本郭作注脫詩字元本作郭云

釋親第四

聖人南面而聽天下　注疏本脫而

來孫之子爲晜孫　唐石經雪牕本注疏本同按史記索隱孟嘗君列傳漢書惠帝紀師古注皆引爾雅來孫之子爲昆孫昆孫之子爲仍孫是唐初本爾雅作昆孫開成石經始誤爲晜弟字猶昆弟字釋文及後漢書注亦誤作晜也郭注晜後也及不窋之晜孫二晜字皆當作昆邢疏云晜後也釋言文今釋言作昆後也可證

宗族　唐石經單疏本此題同在晜兄也後雪牕本注疏本移在釋親第四下非也下母黨妻黨婚姻準此

以度教子也　浦鏜云以下脫注

男任也任家事也　注疏本脫任也

宗者尊也　注疏本者誤有

禮記曰　元本同閩本剜去記字監本毛本承之

族人皆侍侍　元本同監本毛本侍侍上衍侍閩本作族人皆侍聖者聖者二字剜擠

故曰從祖　元本同閩本監本毛本下衍別

科斗之文　注疏本脫之

舅孫謂毀榆　注疏本下有也

帝館甥于二室是　單疏本雪牕本同元本二作貳閩本是下剜揩也字監本毛本承之按副貳字多作貳然釋文無貳字音邢疏引孟子作貳引爾雅注作二

此卽其義也　注疏本同雪牕本無卽字此葢衍單疏本標起止云注公羊至弟也併無此五字

女子謂兄之妻爲嫂　唐石經雪牕本同釋文嫂素早反本今作嫂

禮記妻父曰外舅　注疏本同浦鏜改禮記作禮謂云謂誤記按今孟子注作禮謂者誤也孟子疏云注妻父曰外舅此葢按禮記而云也則作疏時所據趙注本是禮記風俗通引釋樂篇稱禮樂記白虎通引釋親篇稱禮親屬記張揖上廣雅表所云叔孫通撰置禮記是也故漢人多稱爾雅爲禮記

故謂堯甥　浦鏜云舜誤堯

是天子之友匹夫也　注疏本同浦鏜改作而友云而誤之按今本孟子作而誤也元本孟子注作之與此合

春秋譚子奔莒　注疏本奔誤伐

襄公母姊夫之子也　注疏本姊作妹按公羊注作姊妹之子與此經合夫當作妹

諸侯壹聘九女　元本同閩本監本毛本壹作一

言婦人棄姓無常秩　元本同閩本秩剜改作稱監本毛本遂衍作無常秩稱

故謂之婦　注疏本婦誤娣

娣姒先後也世人多疑娣姒之名　注疏本上句脫娣下句脫世

左傳成十一年　注疏本成下增公考元本始擠入

昭二十八年傳　注疏本昭下增公脫二十

言兩人相謂謂長者爲姒　注疏本脫一謂

夫之兄爲兄公　唐石經雪牕本注疏本同釋文兄妐音鍾本今作公禮記奔喪注兄公於弟之妻正義曰釋親婦人謂夫之兄爲兄公郭景純云今俗呼兄鍾語之轉耳今此記本皆女旁置公轉誤也皇氏云婦人稱夫之兄爲公者須公平尊稱也按禮記俗本女旁置公與爾雅釋文合下文夫之姊爲女公昏義注亦作女妐然劉熙釋名作兄公云公君也君者尊稱也合之皇侃云公者須公平然則此經及奔喪注本不作妐字唐石經今本作公是也

今俗呼兄鍾語之轉耳　雪牕本注疏本同或疑鍾當爲妐釋文兄妐本爲注音經則作兄公

按釋名夫之兄曰公俗間曰兄妐俗或謂舅曰章又曰妐一切經音義卷十三引釋名云俗謂舅章曰妐言是已所敬見之妐遽自齊肅也漢書景十三王傳背尊章師古曰尊章猶舅姑也今關中俗婦呼舅姑爲鍾鍾者章聲之轉也然則公妐妐鍾章五字聲互相轉婦人於夫之父及兄皆有妐鍾之稱爾雅注與漢書注合可證鍾字之非誤矣

夫之女弟爲女妹　唐石經雪牕本注疏本同袁廷檮云女妹當作女叔按禮記昏義和於室人注室人謂女妐女叔諸婦也正義曰女叔謂壻之姊也夫之弟爲叔故女弟爲女叔以經作女叔故注云今謂之女妹是也若經作女妹郭氏必不如此下注矣段玉裁云嫂妹見曹大家女誡是漢人始有女妹之稱亦名不正之一也

婚姻　唐石經雪牕本注疏本婚作婚按說文昏从日从氏省氏者下也一曰民聲

持帚灑埽也　注疏本埽改掃

聞一知十爲士　此邢疏語耳浦鏜據說文改作推十合一爲士非

何以語子康子曰　元本脫以語子閩本監本毛本脫子康

是古者謂昏姻爲兄弟　元本同閩本監本毛本昏作婚

爾雅疏卷第四　唐石經雪牕本並題爾雅卷上單疏本始刪去此題注疏本同此本下記經四千一百三十二字注五千四百一十六字雙行小字

爾雅疏卷第五

翰林侍講學士朝請大夫守國子祭酒上柱國賜紫金魚袋臣邢昺等奉勑校定

釋宮第五〔疏〕釋宮第五。○釋曰：易繫辭云：上古穴居而野處，後世聖人易之以宮室，上棟下宇，以待風雨，蓋取諸大壯。此其始也。白虎通云：黃帝作宮室。世本曰：禹作宮室。其臺榭樓閣之異，門墉行步之名，皆自於宮，故以釋宮揔之也。

宮謂之室，室謂之宮。皆所以通古今之異語，明同實而兩名。〔疏〕宮謂至之宮。○釋曰：別二名也。郭云：皆所以通古今之異語，明同實而兩名。○釋名云：宮，穹也，言屋見於垣上，穹崇然也。室，實也，言人物實滿於其中也。是所從言之異耳。詩云：作于楚宮。又曰：入此室處。是也。古者貴賤所居皆得稱宮，故禮記曰：由命士以上，父子皆異宮。又喪服傳繼父為其妻前夫之子築宮廟，是士庶人皆有宮稱也。至秦漢以來乃定為至尊所居之稱。

牖戶之間謂之扆。窻東戶西也。禮云斧扆者，以其所在處名之。**其內謂之家。**今人稱家義出於此。扆倚。〔疏〕牖戶至之家。○釋曰：牖者，戶西窻也。此牖東戶西為牖戶之間，其處名扆。云其內者，其扆內也。自此扆內即謂之家。說文云：家，居也。禮記云：已受命，君言不宿於家。郭云：今人稱家義出於此。言其稱家之義本出於此也。注禮云至名之。○釋曰：云禮云斧扆者，案覲禮云：天子設斧依於戶牖之間，左右几。鄭注云：依如今綈素屏風也，有繡斧文，所以示威也。斧謂之黼是也。云以其所在處名之者，言本牖戶之間名扆。覲禮天子設屏風之扆於牖戶之間，因名此屏風為扆，是以其在扆處即名之曰扆也。

東西牆謂之序。所以序別內外。〔疏〕東西牆謂之序。○釋曰：此謂室前堂上東廂西廂之牆也。所以次序分別內外親疏，故謂之序也。尚書顧命云：西序東嚮，敷重底席。東序西嚮，敷重豐席。及禮經每云東序西序者，皆謂此也。

西南隅謂之奧。室中隱奧之處。**西北隅謂之屋漏。**詩曰：尚不媿於屋漏。其義未詳。**東北隅謂之宧。**宧見禮，亦未詳。**東南隅謂之窔。**禮曰：埽室聚窔。窔亦隱闇。宧夷。窔要。〔疏〕西南至之窔。○釋曰：此別宮中四隅之異名也。云奧者，孫炎云：室中隱奧之處也。古者為室，戶不當中而近東，則西南隅最為深隱，故謂之奧，而祭祀及尊者常處焉。曲禮云：几為人子者，居不主奧，是也。西北隅名屋漏，東北隅名宧，東南隅名窔，窔亦隱闇之義也，與奧相類，故郭云亦也。注詩曰至未詳。○釋曰：云詩曰尚不媿於屋漏者，大雅抑篇文也。鄭箋云：尚無肅敬之心，不媿於屋漏，有神見人之為也。屋，小帳也。漏，隱也。禮，祭於奧，既畢，改設饌於西北隅而厞隱之處，此祭之末也。孫炎云：屋漏者，當室之白，日光所漏入。郭云其義未詳者，以孫鄭之說皆無所據，故不取也。注宧見禮亦未詳。○釋曰：李巡云：東北者陽始起，育養萬物，故曰宧。宧，養也。說文亦云。郭云亦未詳者，以頤養之字作頤，又室中四隅無取陰陽之義，與屋漏意同，故云亦未詳也。注禮曰埽室聚窔。○釋曰：案既夕記云：朔月，童子執帚，卻之，左手奉之，從徹者而入。比奠，舉席埽室，聚諸窔，布席如初。卒奠，埽者執帚，垂末內鬣，從執燭者而東。是其事也。

柣謂之閾。門限。**棖謂之楔。**門兩旁木。**楣謂之梁。**門戶上橫梁。**樞謂之椳。**門戶扉樞。**樞達北方謂之落時。**門持樞者，或達北檼，以為固也。**落時謂之戺。**道二名也。○柣于結切。閾域。楔古黠切。樞昌朱切。椳於回切。戺音士。〔疏〕柣謂至之戺。○釋曰：此別門戶上下及兩旁之木名也。柣者，孫炎云：門限也。經傳諸注皆以閾為門限，謂門下橫木為內外之限也。俗謂之地柣，一名閾。曲禮云：不履閾。是也。棖者，門兩旁長木，一名楔。李巡曰：棖謂梱上兩旁木。禮記玉藻云：君入門，士介拂棖。鄭注云：棖，門楔也。楣即梁也。呂伯雍云：門樞之橫梁也。郭云：門戶上橫梁。鄉射記云：堂則物當楣。是也。樞者，門扉開闔之所由也，一名椳。易曰：樞機之發。是也。其持樞之木，或達北檼，以為牢固者，名落時。檼即棟也。落時又名戺，是持樞一木有二名也。

㙲謂之坫。在堂隅。坫端也。**牆謂之墉。**書曰：既勤垣墉。**鏝謂之杇。**泥鏝。**椹謂之榩。**斫木櫍也。**地謂之黝。**黑飾地也。**牆謂之堊。**白飾牆也。○垝古委反。杇烏榩砧樓虞。黝於糾反。堊於故反。〔疏〕垝謂至之堊。○釋曰：此別宮室垣墉及脩飾之名也。坫者，堂角也，一名垝。牆者，室之防也，一名墉。李巡曰：謂垣牆也。郊特牲曰：君南鄉於北墉下。注云：社內北牆是也。亦為城。王制注云：小城曰附庸。大雅皇矣云：以伐崇墉。義得兩通也。鏝者，泥鏝也，一名杇，塗工之作具也。論語曰：糞土之牆不可杇也。椹者，斫木所用以藉者之木名也，一名榩。孫炎云：斲木質也。詩商頌云：方斲是虔。是也。又名櫍。穀梁傳曰：婁斲櫍以為梟是也。以黑飾地謂之黝，以白飾牆謂之堊。周禮守祧職云：其祧則守祧黝堊之。是也。注在堂隅坫端也。○釋曰：坫名見於經傳者有三。案禮記明堂位云：反坫出尊，崇坫亢圭。及論語：邦君為兩君之好，有反坫。此三者在兩楹之間，以土為之，非此經所謂也。案既夕記云：設棜于東堂下，南順，齊于坫。士冠禮云：爵弁、皮弁、緇布冠各一匴，執以待于西坫南。則此經所謂也。鄭注云：坫在堂角。然則堂之東南角為東坫，西南角為西坫，故郭云在堂隅。坫端也，坫則端也，言坫是堂角端也。注書曰既勤垣墉。○釋曰：此周書梓材篇文也。案彼云：若作室家，既勤垣墉，惟其塗塈茨。孔傳云：如人為室家，已勤立垣墉，惟其當塗塈茨蓋之。此喻教化也。

樴謂之杙。橜也。**在牆者謂之楎。**禮記曰：不敢懸於夫之楎箷。**在地者謂之臬。**即門橜也。**大者謂之栱，長者謂之閣。**別杙所在長短之名。○樴徒得反。杙亦。楎暉。臬魚列反。〔疏〕樴謂至之閣。○釋曰：此別杙所在長短之名也。杙即橜也，一名樴。置杙在牆者名楎，在地及門中者名臬。玉藻云：公事自闑西，私事自闑東。是也。大者名栱，長者名閣也。注禮記曰不敢懸於夫之楎箷。○釋曰：此內則文也。鄭注云：竿謂之箷。楎，杙也。

闍謂之臺。積土四方。**有木者謂之榭。**臺上起屋。○闍都。〔疏〕闍謂至之榭。○釋曰：別臺榭之制也。積土四方而高者名臺，即下云四方而高者也，一名闍。李巡云：積土為之，所以觀望。詩云：出其闉闍。彼以闍為城臺。於此臺上有木起屋者名榭。月令仲夏云：可以處臺榭。謂此也。

雞棲於弋為榤，鑿垣而棲為塒。今寒鄉穿牆棲雞。皆見詩。○榤竭。垣袁。塒時。〔疏〕雞棲至為塒。○釋曰：李巡曰：別雞所棲之名也。弋，橜也。鑿牆為雞作棲曰塒。注今寒至見詩。○釋曰：云今寒鄉穿牆棲雞者，謂苦寒之鄉也，寒故穿牆以棲雞。云皆見詩者，案王風君子于役云：雞棲于塒。又曰：雞棲于桀。是也。

植謂之傳，傳謂之突。戶持鏁植也。見埤蒼。〔疏〕植謂至之突。○釋曰：植謂戶之維持鏁者也。植木為之，因名云。又名傳，又名突也。文見埤蒼。

宋廇謂之梁。屋大梁也。**其上楹謂之梲。**侏儒柱也。**閞謂之槉。**柱上欂也，亦名枅，又曰楮。**栭謂之楶。**即櫨也。**棟謂之桴。**屋檼。**桷謂之榱。**屋椽。**桷直而遂謂之閱。**謂五架屋際椽正相當。**直不受檐謂之交。**謂五架屋際椽不直上檐，交於檼上。**檐謂之樀。**屋梠。○宋亡。廇力又反。梲拙。閞卞。槉疾。楶節。桴浮。榱衰。檐簷。樀滴。〔疏〕宋廇至之樀。○釋曰：此別梁楝樀之名也。梁即屋大梁也，一名宋廇。楹，柱也。其上短柱以名梲。禮器云：藻梲。者，謂畫梁上柱為藻文也。一名侏儒柱，其短小故也。閞者，柱上木名也，又謂之槉，又名欂，亦名枅。字林云：枅，柱上方木是也。又曰楮也，是一物五名也。栭，櫨也，皆謂斗栱也。禮器云：管仲山節。者，謂刻柱頭為斗栱形如山也。棟，屋檼也，一名桴，今屋脊也。易曰：棟隆，吉。是也。桷，椽也，一名榱。屋尻沈子云：齊魯名桷，周人名椽。易曰：鴻漸于木，或得其桷。左傳子產曰：棟折榱崩，僑將壓焉。是也。屋椽若長直而遂達五架屋際者名閱，言相當也。直不上於檐交於檼上者名交，言相交也。不直上也。檐一名樀。四垂也。故士喪禮曰：為銘置于宇西階上。鄭注又云：宇，梠也。

容謂之防。形如今牀頭小曲屏風，唱射者所以自防隱。見周禮。〔疏〕容謂之防。○釋曰：容者，射獲者蔽身之物也，一名防，言所以容身防矢也，一名乏。鄉射禮云：乏參侯道，居侯黨之一，西五步。鄭注云：容謂之乏，所以為獲者御矢也。謂之乏者，言矢至此力乏也。郭云形如今牀頭小曲屏風，唱射者所以自防隱。見周禮者，案夏官射人職云：以射灋治射儀，王以六耦射三侯，三獲三容。鄭司農云：容者，乏也，待獲者所蔽也。是矣。

連謂之簃。堂樓閣邊小屋，今呼之簃廚、連觀也。○簃丈知反。〔疏〕連謂之簃。○釋曰：相連謂小屋名也。郭云：堂樓閣邊小屋，今呼之簃廚、連觀也。

屋上薄謂之筄。屋笮。〔疏〕屋上薄謂之筄。○釋曰：屋上薄一名筄，今謂之屋笮也。

兩階間謂之鄉。人君南鄉當階間。**中庭之左右謂之位。**羣臣之側位也。**門屏之間謂之宁。**人君視朝所宁立處。**屏謂之樹。**小牆當門中。○鄉向。屏音併。宁佇。〔疏〕兩階至之樹。○釋曰：此別君臣之位處也。人君南面鄉明而治，其位在兩階間，因名云也。云中庭之左右謂之位者，左右猶東西也，位，羣臣之列位也。案明堂位云：三公中階之前，北面東上。諸侯之位，阼階之東，西面北上。諸伯之國，西階之西，東面北上。諸子之國，門東，北面東上。諸男之國，門西，北面東上。是也。云門屏之間謂之宁者，謂正門外屏樹之內，人君視朝宁立之處，因名為宁。李巡云：正門內兩塾間曰宁。曲禮曰：天子當宁而立，諸公東面，諸侯西面，曰朝。是也。云屏謂之樹者，屏，蔽也。樹，立也。立牆當門以自蔽也。李巡曰：垣當門自蔽，名曰樹。郭云：小牆當門中。禮緯云：天子外屏，諸侯內屏。郊特牲云：旅樹。鄭注云：旅，道也。屏謂之樹，樹所以蔽行道。以此推之，則諸侯內屏在路門之內，天子外屏在路門之外而近應門者矣。

閍謂之門。詩曰：祝祭于祊。**正門謂之應門。**朝門。**觀謂之闕。**宮門雙闕。**宮**

中之門謂之闈。謂相通小門也其小者謂之閨。小閨謂之閤。大小異名衖門謂之閎。左傳曰盟諸僖閎閎衖頭門門側之堂謂之塾。夾門堂也橛謂之闑。門閫闔謂之扉。公羊傳曰齒著于門闔所以止扉謂之閎。門辟旁長橛也左傳曰高其閈閎閎長杙即門橜也○閍補耕反觀貫衖巷塾熟橛其月反闑魚列反〔疏〕閍謂至之閎○釋曰此別門闕之異名也李巡曰閍廟門名其路門之外受朝正門一名應門應門之外門曰雉門雉門之旁名觀又名闕宮中相通小門名闈闈之小者名閨閨之小者名閤衖頭之門名閎門側之堂夾門堂西者名塾門中之橛名闑一名闔闔門扇也一名扉扉於門辟旁樹長橛所以止扉者名閎注詩曰祝祭於祊○釋曰小雅楚茨篇文也案祊本廟門之名設祭於廟門因名其祭亦名祊凡祊有二種一是正祭之時既設祭於廟又求神於廟門之內郊特牲云索祭祝於祊及詩云祝祭於祊注云祊乎生門內之旁待賓客之處與祭同日也二是明日繹祭之時設饌於廟門外西室亦謂之祊即郊特牲注云祊之禮宜於廟門外之西室及禮器云爲祊乎外是也然則廟門內外皆有祊稱注朝門○釋曰案詩大雅云迺立皐門皐門有伉乃立應門應門將將鄭箋云諸侯之宮外門曰皐門朝門曰應門內有路門天子之宮加以庫雉案鄭玄注周禮秋官朝士職王五門皐庫雉應路也又曰天子諸侯皆有三朝外朝一內朝二其天子外朝一者在皐門之內庫門之外大詢衆庶之朝也朝士掌之內朝二者正朝在路門外司士掌之燕朝在路門內大僕掌之諸侯之外朝一者在皐門內應門外內朝二者亦在路寢門之外內以正朝在應門內故謂應門爲朝門也注宮門雙闕○釋曰周禮大宰正月之吉縣治象之法于象魏使萬民觀治象鄭衆云象魏闕也劉熙釋名云闕在門兩旁中央闕然爲道也白虎通云闕是闕疑義亦相兼然則其上縣法象其狀魏魏然高大謂之象魏使人觀之謂之觀也是觀與象魏闕一物而三名也以門之兩旁相對爲雙故云雙闕注左傳曰盟諸僖閎○釋曰襄十一年傳文也案彼云季武子將作三軍盟叔孫穆子曰然則盟諸乃盟諸僖閎杜注云僖宮之門是也注公羊傳曰齒著于門闔○釋曰莊十二年傳文也案彼云宋萬搏閔公絕其脰仇牧聞君弑趨而至遇之于門手劒而叱之萬辟殺仇牧碎其首齒著乎門闔何休云闔扇也是也注左傳曰高其閈閎○釋曰襄三十一年傳云子產相鄭伯以如晉晉侯以我喪故未之見也子產使盡壞其館之垣而納車馬焉士文伯讓之曰敝邑以政刑之不脩寇盜充斥無若諸侯之屬辱在寡君者何是以令吏人完客所館高其閈閎是也案說文云閈門也汝南平輿里門曰閈閎既爲門故郭氏以閎爲長杙即門橜也杜預云閎門也非郭義也瓴甋謂之甓。甋甎也今江東呼瓴甓○瓴靈甋的甓蒲覓切〔疏〕瓴甋謂之甓○釋曰瓴甋一名甓郭云甋甎也今江東呼瓴甓詩陳風云中唐有甓是也宮中衖謂之壼。巷閤間道廟中路謂之唐。詩曰中唐有甓堂途謂之陳。堂下至門徑也路、旅，途也。途即道也路、場、猷、行，道也。博說道之異名一達謂之道路。長道二達謂之歧旁。歧道旁出也三達謂之劇旁。今南陽冠軍樂鄉數道交錯俗呼之五劇鄉四達謂之

衢。交道四出五達謂之康。史記所謂康莊之衢六達謂之莊。左傳曰得慶氏之木百車於莊七達謂之劇驂。三道交復有一歧出者今北海劇縣有此道八達謂之崇期。四道交出九達謂之逵。四道交出復有旁通○壼苦本切劇極〔疏〕宮中至之逵○釋曰此別衢道之異名也宮中衖閤間道名壼孫炎曰巷舍間道也王肅曰今後宮稱永巷是宮內道名也廟中之路名唐堂下至門徑名陳路旅皆途之別名也途即道也路場猷行四者復是道之異名也一達長道謂之道路歧分二達者謂之歧旁言歧道旁出也歧分三達者謂之劇旁孫炎云旁出歧多故曰劇交道四達謂之衢交道四出復有一旁達謂之康孫炎云康樂也交會樂道也交道六出謂之莊孫炎云莊盛也道煩盛三道交出復有一歧出者謂之劇驂四道交出謂之崇期四道交復有一歧出者謂之逵注詩曰中唐有甓○釋曰此陳風防有鵲巢篇文也注史記所謂康莊之衢○釋曰案史記列傳云騶奭者齊諸騶子亦頗采騶衍之術以紀文於是齊王嘉之自如淳于髡以下皆命曰列大夫爲開第康莊之衢是也注左傳得慶氏之木百車於莊○釋曰案襄二十八年齊慶封謀殺子雅子尾陳文子謂桓子曰禍將作矣吾其何得對曰得慶氏之木百車於莊杜注云慶封時有此木積於六軌之道是也注四道交出復有旁通○釋曰詩周南云施于中逵毛傳云逵九達之道是也案左傳隱十一年云及大逵桓十四年焚渠門入及大逵莊二十八年衆車入自純門及逵市宣十二年入自皇門至于逵路杜預皆以爲道並九軌案周禮經涂九軌不名曰逵杜意蓋以鄭之城內不應有九出之道故以爲並九軌於此則不合也室中謂之時。堂上謂之行。堂下謂之步。門外謂之趨。中庭謂之走。大路謂之奔。〔疏〕室中至之奔○釋曰此皆人行步趨走之處因以名云室中名時時然後動堂上曰行謂平行也堂下曰步白虎通云人踐三尺法天地人再舉足曰步備陰陽也門外曰趨鄭玄云行而張拱曰趨中庭曰走走疾趨也大路曰奔奔大走也書曰駿奔走案此經所釋謂祭祀之禮知者以召誥云王朝步自周則至于豐注云告文王廟告文王則告武王可知出廟入廟不以遠爲文是也若迎賓則樂師云行以肆夏趨以采齊行謂大寢之庭至路門趨謂路門至應門隄謂之梁。即橋也或曰石絕水者爲梁見詩傳石杠謂之徛。聚石水中以爲步渡彴也孟子曰歲十一月徒杠成或曰今之石橋○隄低杠江徛寄〔疏〕隄謂至之徛○釋曰此別橋彴之名也隄一名梁郭氏兩解一名即橋也以木爲之一云以石絕水石杠一名徛郭氏亦兩解一云聚石水中以爲步渡彴也廣雅云彴步橋也一云或曰今之石橋注或曰石絕水爲梁見詩傳○釋曰衛風云有狐綏綏在彼淇梁傳云石絕水曰梁是也注孟子曰歲十一月徒杠成○釋曰案孟子云子產聽鄭國之政以其乘輿濟人於溱洧孟子曰惠而不知爲政歲十一月徒杠成十二月輿梁成民未病涉也趙岐注云以爲子產有惠民之心不知爲政當以時脩橋梁民何由病苦涉水乎是也引之以證石杠爲步橋也此注作十月誤脫或所見本異室有東西廂曰廟。夾室前堂無東西廂有室曰寢。但有大室無室曰榭。榭即今堂堭四方而高曰臺。陝而脩

曲曰樓。脩長也○陝狹〔疏〕室有至曰樓○釋曰此明寢廟樓臺之制也凡大室有東西廂夾室及前堂有序牆者曰廟但有大室者曰寢月令仲春云寢廟畢備鄭注云前曰廟後曰寢以廟是接神之處其處尊故在前寢衣冠所藏之處對廟爲卑故在後無室者名榭春秋宣十六年夏成周宣榭火杜預云宣榭講武屋引此文無室曰榭謂屋歇前然則榭有二義一者臺上構木曰榭上云有木曰榭及月令云可以處臺榭是也二屋歇前無壁者名榭其制如今廳事也春秋云成周宣榭公羊以爲宣宮之榭及鄉射禮云榭則鉤楹內是也郭云榭即今堂堭者堂堭即今殿也殿亦無室故云即今堂堭四方而高者名臺即上閣也脩長也凡臺上有屋陝長而屈曲者曰樓

釋器第六

〔疏〕釋器第六○釋曰案說文云器皿也從犬犬所以守之以此篇釋諸器之名故曰釋器

木豆謂之豆。豆禮器也〔疏〕木豆謂之豆注禮器也○釋曰案周禮瓬人爲豆實三而成觳崇尺鄭注云崇高也豆實四升又祭統云夫人薦豆執校執醴授之執鐙鄭注云校豆中央直者也鐙豆下跗也又禮圖云口圓徑尺黑漆飾朱中大夫以上畫以雲氣諸侯以象天子以玉皆謂飾其豆口也然則豆者以木爲之高一尺口足徑一尺其足名鐙中央直豎者名校校徑二寸揔而言之名豆豆實四升用薦菹醢周禮醢人掌四豆之實朝事之豆其實韭菹醓醢之類是也其飾則三代不同明堂位曰夏后氏以楬豆殷玉豆周獻豆注云楬無異物之飾也獻疏刻之是也以供祭祀燕饗故云禮器也竹豆謂之籩。籩亦禮器○籩邊〔疏〕竹豆謂之籩注籩亦禮器○釋曰案鄭注籩人及士虞禮云籩以竹爲之口有縢緣形制如豆亦受四升盛棗栗桃梅菱芡脯脩膴鮑糗餌之屬是也亦祭祀享燕所用故云亦禮器瓦豆謂之登。即膏登也〔疏〕瓦豆謂之登○釋曰對文則木曰豆瓦曰登散則皆名豆故云瓦豆謂之登冬官旊人爲瓦器而云豆中縣鄭云縣繩正豆之柄是瓦亦名豆也詩大雅生民云于豆于登毛傳云豆薦菹醢登大羹也公食大夫禮云大羹湆不和實於登湆者肉汁大古之羹也不調以鹽菜以其質故以瓦器盛之郭云即膏登也盎謂之缶。盆也○盎烏浪切〔疏〕盎謂之缶○釋曰孫炎云缶瓦器郭云盆也詩陳風云坎其擊缶則缶是樂器易離卦九三不鼓缶而歌則大耋之嗟注云艮爻也位近丑丑上值弁星似缶詩云坎其擊缶則樂器亦有缶又史記藺相如使秦王擊缶是樂器爲缶也案坎卦六四樽酒簋貳用缶注云爻辰在丑丑上值斗可以斟之象斗上有建星建星之形似簋貳副也建星上有弁星弁星之形又如缶天子大臣以王命出會諸侯主國尊於簋副設玄酒以缶則缶又是酒器也比卦初六爻有孚盈缶注云爻辰在未上值東井之水人所汲用缶缶汲器襄九年宋災左傳曰具綆缶備水器則缶是汲水之器也然則缶是瓦器可以節樂若今擊甌又可以盛水盛酒即今之瓦盆也甌瓿謂之瓵。瓿甊小甖長沙謂之瓵○瓿蒲口切瓵移〔疏〕甌瓿謂之瓵○釋曰甌一名瓿瓿一名瓵郭云瓿甊小甖長沙謂之瓵方言云瓬瓭[illegible]也靈桂之郊謂之瓬其小者謂之瓭周魏之間謂之甊秦之舊都謂之甈淮汝之間謂之缶江湖之間謂之甆自關而西晉之舊都河汾之間其大者謂之甀其中者謂之瓿甊自關而東趙魏之郊謂之瓮或謂之甖東齊海岱之間謂之甔甖其通語也甇陳魏宋楚之間曰甂甊或曰瓶甊燕之東北朝鮮洌水

之間謂之瓺㼖齊之東北海岱之間謂之儋甔周洛韓鄭之間謂之甄或謂之甇甇謂之甀甖甖謂之罃缶謂之瓿甌甊其小者謂之瓶罃甈謂之盎自關而西或謂之盆或謂之盎其小者謂之升甌㼜甂陳魏宋楚之間謂之題𤭏䃕自關而西謂之甂其大者謂之甌是其方俗之異名也

康瓠謂之甈。瓠壺也賈誼曰寶康瓠是也○瓠胡甈契

〔疏〕康瓠謂之甈○釋曰康瓠一名甈瓠即壺也說文云破罌也方言云甈謂之盎皆非郭義也注賈誼說曰寶康瓠是也○釋曰案漢書云賈誼洛陽人也年十八以誦詩屬文漢文帝召為博士為絳灌之屬害之天子疏誼為長沙王傅以謫去意不自得及渡湘水為賦以弔屈原其詞曰斡棄周鼎寶康瓠兮是也

斪斸謂之定。鋤屬○斪音衢斸丁錄切定多佞切

〔疏〕斪斸謂之定○釋曰斪斸一名定郭云鋤屬李巡曰鋤別名也廣雅云定謂之耨世本云垂作耨呂氏春秋云耨柄尺此其度也其耨六寸所以間稼也高誘注云耨耘苗也六寸所以入苗間詩頌臣工云庤乃錢鎛毛傳云鎛耨也耨及定當是一器但先儒或即云鋤或云鋤屬古器變易未能識之

斫謂之鐯。钁也○鐯張畧切

〔疏〕斫謂之鐯○釋曰斫一名鐯郭云钁也說文云钁大鋤也

斛謂之疀。皆古鍬鍤字○斛鍬疀鍤

〔疏〕斛謂之疀○釋曰郭云皆古鍬鍤字方言云燕之東北朝鮮洌水之間謂之斛宋魏之間謂之鏵或謂之鍏江淮南楚之間謂之臿趙魏之間謂之喿喿是皆謂今鍬也○鍬音秋

緵罟謂之九罭。九罭，魚罔也。今之百囊罟是亦謂之罭今江東呼為緵

嫠婦之笱謂之罶。毛詩傳曰罶曲梁也謂以簿為魚笱

罺謂之汕。今之撩罟

篧謂之罩。捕魚籠也

槮謂之涔。今之作槮者聚積柴木於水中魚得寒入其裏藏隱因以簿圍捕取之

鳥罟謂之羅。謂羅絡之

兔罟謂之罝。罝猶遮也見詩

麋罟謂之罞。冒其頭也

彘罟謂之羉。羉幕也

魚罟謂之罛。最大罟也今江東云

繴謂之罿。罿，罬也。罬謂之罦。罦，覆車也。今之翻車也有兩轅中施罥以捕鳥展轉相解廣異語○緵子弄切罭域嫠離笱狗罺嘲汕所諫切篧主角切槮桑感切罝嗟罞茆彘滯羉鸞罛孤繴壁罿衝罬拙罦浮

〔疏〕緵罟至覆車也○釋曰此別羅網之異名也罟網名緵罟一名九罭即魚罔也嫠婦之笱取魚器也一名罶罺一名汕罩捕魚籠一名篧積柴水中取魚名槮又名涔鳥罔名羅兔罔名罝麋罔名罞冒也言冒覆其頭也彘豬也其罔名羉羉幕也言幕絡其身也魚之大罔名罛翻車小罔捕鳥者名繴也罿也罬也罦也皆謂覆車也注今之至為緵○釋曰今之百囊罟是亦謂之罭今江東呼為緵者以時驗而言也孫炎云九罭謂魚之所入有九囊也詩豳風云九罭之魚鱒魴是也注毛詩至魚笱○釋曰云毛詩傳曰罶曲梁也者小雅云魚麗于罶傳云罶曲梁也是矣云謂以簿為魚笱者孫炎云罶曲梁其功易故謂之寡婦之笱然則曲簿也嫠寡也以簿為魚笱其功易號之寡婦之笱耳非寡婦所作也注今之撩罟○釋曰李巡云汕以簿汕魚也案詩小雅云南有嘉魚烝然汕汕傳云汕汕樔也汕云樔今之撩罟也皆以今曉古注捕魚籠也○釋曰李巡云篧編細竹以為罩捕魚也孫炎云今楚篧也然則罩以竹為之無竹則以荆故謂之楚篧皆謂捕魚籠也詩小雅云南有嘉魚烝然罩罩是也注今之至取之○釋曰李巡曰今以木投水中養魚曰涔孫炎云積柴養魚曰槮郭云今之作槮者聚積柴木於水中魚得寒入其裏藏隱因以簿圍捕取之小爾雅曰魚之所息謂之潛潛槮也積柴水中魚舍也詩周頌云潛有多魚是也槮罧潛涔古今字注謂羅絡之○釋曰李巡云鳥飛張網以羅之然則張網以羅絡飛鳥詩王風云雉離于羅是也注罝猶遮也見詩○釋曰周南云肅肅兔罝是也李巡云兔自作徑路張罝捕之也然則張罔遮兔因名曰罝注最大罟也今江東云○釋曰李巡曰魚罟捕魚具也然則捕魚之具最大者名罛詩衛風云施罛濊濊是也注今之至異語○釋曰孫炎曰覆車網可以掩兔者也一物五名方言異也郭云今之翻車也有兩轅中施罥以捕鳥展轉相解廣異語廣雅云罥罿也案詩王風云雉離于罦又曰雉離于罿然則捕鳥之具也孫炎云掩兔非也

約謂之救。救絲以為約或曰亦罥名○約其具切

〔疏〕約謂之救○釋曰郭氏兩解一云救絲以為約約屨頭飾也士冠禮曰玄端黑屨青約鄭注云約之言拘也以為行戒狀如刀衣鼻在屨頭是也或曰約屨屬小爾雅曰屬而今約也一云亦罥名者言此經約亦罥罟之別名也義疑故兩存焉

律謂之分。律管可以分氣○分音粉

〔疏〕律謂之分○釋曰律一名分鄭注月令云律候氣之管也以銅為之律麻志云黃帝使伶倫氏自大夏之西崑崙之陰取竹之解谷斷兩節間而吹之以為黃鍾之宮制十二篇以聽鳳凰之鳴其雄鳴則為六律雌鳴則為六呂陽管為律律法也言陽氣與陰氣為法鄭云律述也述氣之管陰管為呂律麻志云呂助也言助陽宣氣又云呂拒也言與陽相承更迭而至又陰律稱同言與陽同也揔而言之陰陽皆稱律故月令十二月皆云律中是也以其分候十二月氣故又名分郭云律管可以分氣是也

大版謂之業。築牆版也

繩之謂之縮之。縮者約束之詩曰縮版以載

〔疏〕大版至縮之○釋曰此解詩云縮版以載也大版名業以繩束版謂之縮注築牆版也○釋曰孫炎曰業所以飾栒刻版捷業如鋸齒也毛詩傳云業大版也所以飾栒為縣也捷業如鋸齒或曰畫之然則業者是樂縣之飾郭必以為築牆版者以此文與縮之相連詩云縮版以載作者以類相從縮既築牆所用之繩則業是築牆之版明矣散而言之則業亦樂縣之飾故詩大雅云虡業維樅周頌云設業設虡而毛鄭皆以為大版所以飾栒為縣也注縮者至以載○釋曰孫炎云繩束築版謂之縮然則縮者束物之名用繩東版故謂之縮復言縮之明用繩束之也故云縮者約束之云詩曰縮版以載者大雅緜篇文也

彝、卣、罍，器也。皆盛酒尊彝其揔名

小罍謂之坎。罍形似壺大者受一斛○卣酉

〔疏〕彝卣至之坎○釋曰別酒尊大小之異名也彝其揔名彝者法也與諸尊為法司尊彝云雞彝鳥彝斝彝黃彝虎彝蜼彝是也卣者下云卣中尊也孫炎云尊彝為上罍為下卣居中郭云不大不小者是在罍彝之閒即周禮犧象壺著太山等六尊是也罍者尊之大者也即周禮司尊彝云皆有罍諸臣之所酢是也案禮圖云六彝為上受三斗六尊為中受五斗六彝為下受一斛故異議罍制韓詩說金罍大夫器也天子以玉諸侯大夫皆以金士以梓毛詩說金罍酒器也諸臣之所酢人君以黃金飾尊大一碩金飾龜目蓋刻為雲雷之象謹案韓詩說天子以玉經無明文謂之罍者取象雲雷博施如人君下及諸臣又司尊彝云皆有罍諸臣之所酢注云罍亦刻而畫之為山雲之形言刻畫則用木矣故禮圖依制度云刻木為之韓說言士以梓士無飾言其木體則以上同用梓加飾耳毛詩言大一碩禮圖亦云大一斛則大小之制尊卑同也雖尊卑飾異皆得畫雲雷之形以其云罍取於雲雷故也是彝卣罍三者皆為盛酒器也其罍之小者別名坎

衣統謂之視。衣縷也齊人謂之攣或曰袿衣之飾

黼領謂之襮。繡刺黼文以褗領

緣謂之純。衣緣飾也

袕謂之褮。衣開孔也

衣眥謂之襟。交領

衱謂之裾。衣後襟也

衿謂之袸。衣小帶

佩衿謂之褑。佩玉之帶上屬

執衽謂之袺。持衣上衽

扱衽謂之襭。扱衣上衽於帶

衣蔽前謂之襜。今蔽膝也

婦人之褘謂之縭。縭，緌也。即今之香纓也褘邪交落帶繫於體因名為褘緌繫也

裳削幅謂之纀。削殺其幅深衣之裳○裗流視倪襮搏緣餘絹切純之閏切袕穴褮營眥才細切衱劫袸賤褑院衽稔袺結扱插襜昌占切褘韋縭離緌汝誰切纀卜

〔疏〕衣統至謂之纀○釋曰此別衣服之異名也云衣者目之也統一名視刺繡黼文於衣領名襮衣之緣飾名純禮記深衣云衣純以繢衣純以青之類是也袕衣開孔也名褮說文云鬼衣也衣眥名襟謂交領也方言云衿謂之交是也衱一名裾即衣後裾也衿衣小帶也一名袸士昏禮曰施衿結帨是也佩下之帶名褑衽裳際也手執持其衽名袺扱衽於帶名襭詩周南云薄言袺之薄言襭之是也衣之蔽前者名襜婦人之香纓名褘又謂之縭縭緌也緌猶繫也取繫屬之義衣下曰裳削殺也裳削殺其幅者名纀謂深衣之裳也注衣縷至之飾○釋曰此郭氏兩解一云衣縷也本或作褸鞢方言云縷謂之袿又謂之祜妍狡彼注云即衣衿也云齊人謂之攣者以目驗而言也一云或曰袿衣之飾者釋名曰婦人上服曰袿廣雅云袿長襦也言飾者蓋以繒為緣飾耳注繡刺黼文以褗領○釋曰詩唐風云素衣朱襮毛傳云襮領也諸侯繡黼丹朱中衣毛言繡黼者謂於繒之上繡刺以為黼非訓繡為黼郭氏取毛為說也注今蔽膝也○釋曰方言云蔽膝江淮南楚之間謂之褘或謂之袚蔽魏宋南楚之間謂之大巾自關東西謂之蔽膝齊魯之郊謂之衻音詹襜又名韠禮記玉藻云韠君朱大夫素士爵韋圜殺直天子直公侯前後方大夫前方後挫角士前後正韠下廣二尺上廣一尺長三尺其頸五寸肩革帶博二寸是也注即今至繫也○釋曰孫炎云褘帨巾也郭云即今之香纓也褘邪交落帶繫於體因名為褘緌繫也此女子既嫁之所著示繫屬於人義見禮記曲禮云女子許嫁纓及內則云衿纓是也詩云親結其縭謂母送女重結其所繫著以申戒之孫炎以褘為帨巾失之也注削殺其幅深衣之裳○釋曰案深衣目錄云稱深衣者以餘服則上衣下裳不相連此深衣衣裳相連被體深邃故謂之深衣案深衣篇云制十有二幅以應十有二月鄭注云裳六幅幅分之以為上下之殺故云削殺其幅深衣之裳也其深衣褻度禮記具焉

輿革前謂之鞎，以韋靶車軾

後謂之第。以韋靶後戶

竹前謂之禦，以簟衣軾

後謂之蔽。以簟衣後戶

環謂之捐。著車眾環

鑣謂之钀。馬勒旁鐵

載轡謂之轙。車軛上環轡所貫也

轡首謂之革。轡靶勒見詩○捐因絹切鑣表驕切钀魚列切轙儀

〔疏〕輿革至之革○釋曰此辨車馬之飾名也云輿革前謂之鞎者李巡曰輿革前謂輿前以革為車飾曰鞎郭云

以韋靶車軾靶謂鞔也軾車上橫木毛詩傳云諸侯之路車有朱革之質而羽飾謂以皮革爲本質其上又以翟羽爲之飾詩齊風云簟茀朱鞹是也後謂之茀者李巡曰茀車後戶名也郭云以韋靶後戶云竹前謂之禦者李巡曰竹前謂編竹當車前以擁蔽名之曰禦禦止也孫炎曰禦以簟爲車飾也郭云以簟衣軾詩傳云簟方文席也云後謂之蔽者郭云以簟衣後戶即詩所謂簟茀也云環謂之捎謂著車衆環名捎云鑣謂之钀者鑣馬勒旁鐵一名钀云載轡謂之轙者轡者御馬之具也古者乘車駕駟馬凡八轡轅端之木名衡衡即軛軛上著環以貫轡此即載轡之環名轙故郭云車軛上環轡所貫也云轡首謂之革者轡首名革也詩大雅云鞗革金厄是也郭云轡靶勒見詩字林云靶轡革也

餀謂之餯。說物臭也食饐謂之餲。飯饖臭見論語摶者謂之糷。飯相著米者謂之糪。飯中有腥肉謂之敗。臭壞魚謂之餒。肉爛○餀呼蓋切餯許穢切饐意餲隘糷爛糪柏餒奴罪切〔疏〕餀謂至之餒○釋曰此別物臭惡之異名也李巡云餀餯皆穢臭也食飯也饐飯臭也一名餲飯摶相著者名糷李巡云糷飯淖糜相著也飯中有腥米者名糪李巡曰米飯半腥半熟名糪即論語云失飪不食肉臭壞曰敗魚肉爛曰餒即論語云魚餒而肉敗不食是也注飯饖臭見論語○釋曰說文云饖飯傷熱蒼頡篇云食臭敗也云見論語者鄉黨篇云食饐而餲孔曰饐餲臭味變是也注肉爛○釋曰案春秋僖十九年云梁亡公羊傳曰此未有伐者其言梁亡何自亡也其自亡奈何魚爛而亡也何休云梁君隆刑峻法百姓一旦相率俱去狀若魚爛魚爛從內發故云爾然則魚之敗壞先自內始故云內爛是郭用公羊爲說今本內作肉恐誤

肉曰脫之。剝其皮也今江東呼麋鹿之屬通爲肉魚曰斮之。謂削鱗也○斮莊畧反〔疏〕肉曰至斮之○釋曰此論治擇魚肉之名也肉剝去其皮因名脫之李巡云肉去其骨曰脫皇侃云治肉除其筋膜取好者郭氏以與魚曰斮之文連斮謂斬削其鱗則脫是脫剝其皮也嫌羊豕有不剝其皮者故又云今江東呼麋鹿之屬通爲肉案禮記內則及李巡爾雅本皆云魚曰作之皇侃云作謂搖動也凡取魚搖動之視其鮮餒餒者不食李巡云作之魚骨小無所去今本作斮郭云謂削鱗也

冰脂也。莊子云肌膚若冰雪冰雪脂膏也〔疏〕冰脂也○釋曰脂膏也一名冰注莊子至膏也○釋曰云莊子云肌膚若冰雪者此內篇逍遙之言也案彼云藐姑射之山有神人居焉肌膚若冰雪綽約若處子引之者證冰爲脂也云脂膏也者孫炎曰膏凝曰脂則似脂與膏異而云脂膏者以脂有凝有釋對例即內則注云脂肥凝者釋者曰膏散文則脂膏皆揔名也肉謂之羹。肉臛也廣雅曰湆見左傳魚謂之鮨。鮨鮓屬也見公食大夫禮肉謂之醢。肉醬有骨者謂之臡。雜骨醬見周禮○鮨祁醢海臡泥〔疏〕肉謂至之臡○釋曰此別魚肉所作食味之名也肉之所作臛名羹魚所作鮓名鮨以肉作醬名醢有骨相雜者名臡注肉臛至左傳○釋曰云肉臛也者儀禮所謂膷臐膮是也云廣雅曰湆者則彼云羹謂之湆是也云見左傳者案隱元年鄭伯寘其母姜氏于城潁而誓之曰不及黃泉無相見也既而悔之潁考叔爲潁谷封人聞之有獻於公公賜之食食舍肉公問之對曰小人有母皆嘗小人之食矣未嘗君之羹請以遺之是謂肉爲羹也注鮨鮓至夫禮○釋曰案公食大夫禮云牛炙南醢以西

牛胾醢牛鮨鄭注云內則謂鮨爲膾然則膾用鮨是也注雜骨醬見周禮○釋曰案醢人職云掌四豆之實朝事之豆其實韭菹醓醢昌本麋臡鄭注云作醢及臡者必先膊乾其肉乃後莝之雜以粱麴及鹽漬以美酒塗置甀中百日則成矣是也康謂之蠱。米皮澱謂之垽。滓澱也今江東呼垽○垽魚靳切〔疏〕康謂至之垽○釋曰康米皮也一名蠱左傳曰穀之飛亦名蠱是也澱滓泥也一名垽郭云今江東呼垽

鼎絕大謂之鼐。最大者圜弇上謂之鼒。鼎斂上而小口附耳外謂之釴。鼎耳在表款足者謂之鬲。鼎曲腳也○鼐耐圜袁鼒咨釴亦款苦管反鬲力〔疏〕鼎絕至之鬲○釋曰此別鼎名也鼎最大者名鼐鼎體圜斂上而小口者名鼒詩周頌云鼐鼎及鼒附耳在鼎表者名釴款闊也謂鼎足相去疏闊者名鬲融謂之鬵。詩曰溉之釜鬵鬵鉹也。涼州呼鉹○鬵尋鉹移〔疏〕融謂之鬵鬵鉹也○釋曰融一名鬵涼州名鉹方言云甑自關而東或謂之甗或謂之鬵或謂之酢餾是也注詩曰溉之釜鬵○釋曰檜風匪風篇文也

璲瑞也。詩曰鞙鞙佩璲璲者玉瑞玉十謂之區。雙玉曰穀五穀爲區○璲遂區羌于反〔疏〕璲瑞也玉十謂之區○釋曰璲者瑞玉名也玉十名區注詩曰至玉瑞○釋曰云詩曰鞙鞙佩璲者小雅大東篇文也毛傳云鞙鞙玉貌璲瑞也鄭箋云佩璲者以瑞玉爲佩佩之鞙鞙然是也注雙玉曰穀五穀爲區○釋曰襄十八年左傳云晉侯伐齊將濟河獻子以朱絲係玉二穀杜注云雙玉曰穀是先儒之相傳爲然也五穀則十玉也

羽本謂之翮。鳥羽根也一羽謂之箴。十羽謂之縛。百羽謂之緷。別羽數多少之名○翮戶革切縛纂緷衮〔疏〕羽本至之緷○釋曰此別羽數多少之名也本根也鳥羽根名翮一羽名箴十羽名縛百羽名緷案周禮地官羽人職云掌以時徵羽翮之材于山澤之農以當邦賦之政令凡受羽十羽爲審百羽爲摶十摶爲縛鄭注云審摶縛羽數束名也爾雅云一羽謂之箴十羽謂之縛百羽謂之緷其名音相近也一羽則有名蓋失之矣鄭意以爲箴與審縛與摶緷與縛名數聲音皆相近也一羽不合有名疑一羽當爲十羽也郭意以爲凡物無不從一爲始以爾雅不失周官未爲得也

木謂之虡。縣鐘磬之木植者名虡○虡音巨〔疏〕木謂之虡○釋曰郭云縣鐘磬之木植者名虡者考工記云梓人爲筍虡鄭注云樂器所縣橫曰筍植曰虡然則縣鐘磬者兩端有植木其上有橫木謂直立者爲虡謂橫牽者爲栒栒上加大版爲之飾名業詩大雅云虡業維樅旄謂之藣。旄牛尾也○藣卑〔疏〕旄謂之藣○釋曰郭云旄牛尾一名藣舞者所執也菜謂之蔌。蔌者菜茹之揔名見詩○蔌音速〔疏〕菜謂之蔌○釋曰菜茹名蔌郭云蔌者菜茹之揔名見詩者案大雅韓奕云其蔌維何維筍及蒲毛傳云蔌菜殺也是矣白蓋謂之苫。白茅苫也今江東呼爲蓋○蓋合〔疏〕白蓋謂之苫○釋曰孫炎云白蓋茅苫也郭云白茅苫也今江東呼爲蓋然則蓋即苫也以白茅爲之故曰白蓋襄十四年左傳晉將執戎子駒支范宣子親數諸朝曰乃祖吾離被苫蓋杜注云蓋苫之別名是也黃金謂之璗。其美者謂之鏐。白金謂之銀。其美者謂之鐐。此皆道金錫之別名及精者鏐即紫磨金鉼金謂之鈑。周禮曰祭五帝即供金鈑錫謂之鈏。白鑞○璗蕩鏐留鐐遼鉼餅鈑版鈏引〔疏〕黃金至之鈏○釋曰此別金錫之異名也黃金一名璗其精美者名鏐白金名銀其精美者名鐐郭云此皆道金銀之別名及精者鏐即紫磨金詩傳云天子玉琫而珧珌諸侯璗琫而鏐珌大夫鐐琫而鏐珌士珧琫而珧珌鉼金名鈑錫今白鑞也一名鈏周禮職方氏云揚州其利金錫是也注周禮至是也○釋曰云周禮曰祭五帝即共金鈑者案秋官司金職云旅于上帝則共其金鈑此云祭五帝者旅則祭也上帝則五帝也郭氏以義言之故文異爾彼注云鉼金謂之版此版所施未聞

象謂之鵠。角謂之觷。犀謂之剒。木謂之剫。玉謂之雕。左傳曰山有木工則剫之五者皆治樸之名○鵠斛觷嶽剒錯剫鐸〔疏〕象謂至之雕○釋曰郭云五者皆治樸之名謂治其樸俱未成器有此五名也注左傳山有木工則剫之○釋曰隱十一年傳文也金謂之鏤。木謂之刻。骨謂之切。象謂之磋。玉謂之琢。石謂之磨。六者皆治器之名〔疏〕金謂至之磨○釋曰郭云六者皆治器之名也則此謂治器加工而成之名也故論語注云切磋琢磨以成寶器是也璆琳、玉也。美玉名○璆求〔疏〕璆琳玉也○釋曰郭云璆琳美玉名禹貢梁州云璆鐵銀鏤又雍州云球琳琅玕是也簡謂之畢。今簡札也〔疏〕簡謂之畢○釋曰簡竹簡也古未有紙載文於簡謂之簡札一名畢禮記學記云呻其佔畢謂但吟誦所視簡之文是謂簡爲畢也不律謂之筆。蜀人呼筆爲不律也語之變轉〔疏〕不律謂之筆○釋曰筆一名不律許慎云楚謂之聿吳人謂之不律燕謂之弗秦謂之筆郭云蜀人呼筆爲不律也語之變轉滅謂之點。以筆滅字爲點〔疏〕滅謂之點○釋曰郭云以筆滅字爲點今猶然

絕澤謂之銑。銑即美金言最有光澤也國語曰玦之以金銑者謂此也○銑蘇典切〔疏〕絕澤謂之銑○釋曰金之最有光澤者名銑注國語曰玦之以金銑○釋曰子申生伐東山佩之金玦狐突歎曰以尨衣純而玦之以金銑者寒甚矣說國語者以銑下屬與郭異也金鏃翦羽謂之鍭。今之錍箭是也鏃不翦羽謂之志。今之骨髇是也弓有緣者謂之弓。緣者繳纏之即今宛轉也無緣者謂之弭。今之角弓也左傳曰左執鞭弭以金者謂之銑。以蜃者謂之珧。以玉者謂之珪。用金蚌玉飾弓兩頭因取其類以爲名珧小蚌○鏃作木切緣掾弭彌珧姚〔疏〕金鏃至之珪○釋曰辨弓箭之名也鏃箭頭也翦齊也以金爲鏃齊羽者名鍭孫炎云金鏑斷羽使前重也郭云今之錍箭是也以骨爲鏃不齊其羽者名志郭云今之骨髇是也此二者郭氏皆以今曉古案方言云箭自關而東謂之矢江淮之間謂之鍭關西曰箭鏃胡合嬴者四鐮或曰拘腸三鐮者謂之羊頭其廣長而薄鐮謂之錍或謂之鈀鏑其小而長中穿二孔者謂之鉀鑪嗑謂亦謂之錍箭也弓者說文云以近窮遠象形古者倕作弓周禮六弓王弓弧弓以射甲革椹質夾弓庾弓以射豻侯鳥獸唐弓大弓

以授學射者此弓之類有緣者名弓無緣者名弭李巡曰骨飾兩頭曰弓不以骨飾兩頭曰弭孫炎云緣謂繳束而漆之弭謂不以繳束骨飾兩頭者也郭云緣者繳纏之即今宛轉也弭今之角弓也然則郭意與孫同也當時謂繳束爲宛轉若飾弓兩頭以金者名銑以蜃者名珧以玉者名珪也注左傳曰左執鞭弭○釋曰此僖二十三年傳文也案彼晉公子重耳及楚楚子饗之曰公子若反晉國何以報我對曰其左執鞭弭右屬櫜鞬以與君周旋是也注用金至小蚌○釋曰云用金蚌飾弓兩頭者以與上弭連文故知然也蚌即蜃月令孟冬雉入大水爲蜃是也銑即金絶澤者珧即蜃小者珪即玉成器者以此名弓故云因取其類以爲名也云珧小蚌者即釋魚云蜃小者珧是也

珪大尺二寸、謂之玠。詩曰錫爾玠珪 璋大八寸、謂之琡。璋半珪也 璧大六寸、謂之宣。漢書所云瑄玉是也 肉倍好、謂之璧。肉邊好孔 好倍肉、謂之瑗。孔大而邊小 肉好若一、謂之環。邊孔適等○琡俶好耗瑗院

【疏】珪大至之環○釋曰此別珪璧之屬也圭者玉器執以爲瑞者也大長也珪長尺二寸者名玠璋半珪也大八寸者名琡璧亦玉器子男所執者也大六寸者名宣因說璧之制肉邊也好孔也邊大倍於孔者名璧孔大而邊小者名瑗邊孔適等若一者名環左傳昭十六年宣子有環其一在鄭商是也○注詩曰錫爾玠珪○釋曰此大雅崧高篇文也注璋半珪也○釋曰知者以典瑞云四圭有邸以祀天兩圭有邸以祀地圭璧以祀日月璋邸射以祀山川自上而下降殺以半故知璋半珪也注漢書所云瑄玉是也○釋曰郊祀志云公卿言皇帝始郊見泰一雲陽有司奉瑄玉嘉牲薦饗是也

璲、綬也。即佩玉之組所以連繫瑞玉者因通謂之璲

【疏】璲綬也○釋曰所佩之玉名璲繫玉之組名綬以其連繫璲玉因名其綬曰璲故郭云即佩玉組所以連繫瑞玉者因通謂之璲也

一染謂之縓。今之紅也 再染謂之赬。淺赤 三染謂之纁。纁絳也 青謂之蔥。淺青 黑謂之黝。黝黑貌周禮曰陰祀用黝牲 斧謂之黼。黼文畫斧形因名云○縓戀切赬勑呈切纁勳黝於糾反

【疏】一染至之黼○釋曰別衆色之名也一染謂之縓者此述染絳法也一染一入色名縓今之紅也說文云帛黃赤色喪服記云公子爲其母練冠麻衣縓緣是也再染名赬即淺赤也三染名纁李巡云三染其色已成爲絳纁絳一名也考工記云三入爲纁鄭玄云染纁者三入而成禹貢云厥篚玄纁是也淺青一名蔥玉藻云三命赤韍蔥衡是也黑色名黝以白黑二色畫之爲斧形名黼考工記云白與黑謂之黼書云黼黻絺繡是也注周禮曰陰祀用黝牲○釋曰此地官牧人職文也鄭注云陰祀祭地北郊及社稷也

邸謂之柢。根柢皆物之邸邸即底通語也○邸氏

【疏】邸謂之柢○釋曰根柢名邸邸本也郭云根柢皆物之邸邸即底通語也言凡物之柢必在底下因名云也即周禮典瑞云四圭有邸以祀天兩圭有邸以祀地皆謂邸爲本柢也

雕謂之琢。治玉名也

【疏】雕謂之琢○釋曰案上文治玉璞名雕治玉器名琢彼對例耳散文則雕琢通謂治玉名不分璞與器也

蓐謂之茲。公羊傳曰屬負茲茲者蓐席也○蓐辱

【疏】蓐謂之茲○釋曰蓐一名茲郭云茲者蓐席也言草蓐之席也宣十二年左傳軍行右轅左追蓐注公羊傳曰屬負茲○釋曰此桓十六年傳文也案彼衛侯朔出奔齊傳云何以名絶曷爲絶之得罪於天子也其得罪於天子奈何見使守衛朔而不能使衛小衆越在岱陰齊屬負茲舍不即罪爾何休云屬託也天子有疾稱不豫諸侯稱負茲大夫稱犬馬士稱負薪舍止也託疾止不就罪是也引之以證茲爲蓐也

竿謂之箷。衣架○箷移

【疏】竿謂之箷○釋曰凡以竿爲衣架者名箷曲禮曰男女不同椸枷謂此也

簀謂之笫。牀版○笫側予切

【疏】簀謂之笫○釋曰簀牀版也一名笫檀弓曰華而睆大夫之簀與左傳曰牀笫之言不踰閾方言云齊魯之間謂之簀陳楚之間或謂之笫是也

革中絕、謂之辨。中斷皮也○辨片 革中辨、謂之韏。復分半也○韏眷

【疏】革中至之韏○釋曰皮去毛曰革此別分斷之名也中斷之名辨復中分其辨名韏也

鏤、鋑也。刻鏤物爲鋑○鋑蘇婁切

【疏】鏤鋑也○釋曰別二名也郭云刻鏤物爲鋑詩云鈞膺鏤錫

卣、中、尊也。不大不小者○卣酉

【疏】卣中尊也釋在上

釋樂第七

【疏】釋樂第七○釋曰案樂記云樂者樂也君子樂得其道小人樂得其欲也又說文云樂五聲八音之總名象鼓鞞之形木虡也白詞也又象鍾磬也五聲者商角宮徵羽也律麻志云商之爲言章也物成孰可章度也角觸也物觸地而出戴芒角也宮中也居中央暢四方唱始施生爲四聲綱也徵祉也物盛大而繁祉也羽宇也物聚藏宇覆之也又云八音土曰塤匏曰笙皮曰鼓竹曰管絲曰絃石曰磬金曰鐘木曰柷此篇揔釋五聲之名及八音之器故名釋樂也

宮謂之重。商謂之敏。角謂之經。徵謂之迭。羽謂之柳。皆五音之別名其義未詳○徵之矢反

【疏】宮謂至之柳○釋曰案此文則宮一名重商一名敏角一名經徵一名迭羽一名柳但未見義所出也注皆五至未詳○釋曰云皆五音者案鄭玄注樂記云雜比曰音謂宮商角徵羽清濁相雜和比謂之音單出曰聲謂五聲之內唯單有一聲更無餘聲相雜也然則初發口單出者謂之聲衆聲和合成章謂之音金石干戚羽旄謂之樂則聲爲初音爲中樂爲末此云五音者舉中而言也云別名者謂重敏經迭柳是宮商角徵羽之別名也云其義未詳者以爾雅之作以釋六藝今經典之中無此五名或在亡逸中不可得而知其義故未詳案孫叔然云宮濁而遲故曰重也孫氏雖有此說更無經據故不取也

大瑟謂之灑。長八尺一寸廣一尺八寸二十七絃○灑所蟹反

【疏】大瑟謂之灑○注長八至七絃○釋曰瑟者登歌所用之樂器也故先釋之世本曰庖犧作五十絃黃帝使素女鼓瑟哀不自勝乃破爲二十五絃具二均聲禮圖舊云雅瑟長八尺一寸廣一尺八寸二十三絃其常用者十九絃其餘四絃謂之番番贏也頌瑟長七尺二寸廣尺八寸二十五絃盡用之熊氏云瑟兩頭有孔其在底下者名越鄉飲酒禮云二人皆左何瑟後首挎越注云越瑟底孔也燕禮云小臣左何瑟面鼓執越注云越瑟下孔也若用之祭祀則練其絃疏其越樂記云清廟之瑟朱弦而疏越鄭注云朱弦練朱弦練則聲濁越瑟底孔也畫疏之使聲遲也以其不練則體勁而聲清練則絲熟而聲濁也疏通也使兩頭孔相連而通也孔小則聲急孔大則聲遲故也其大者別名灑孫叔然云音多變布如灑出也郭云二十七絃未見所出

大琴謂之離。或曰琴大者二十七絃未詳長短廣雅曰琴長三尺六寸六分五絃

【疏】大琴謂之離注或曰至五絃○釋曰琴操曰伏羲作琴世本云神農作琴白虎通曰琴者禁也禁止於邪以正人心也琴之大者別名離也孫叔然云音多變聲流離也云或曰琴大者二十七絃未詳長短者或入言琴有二十七絃是琴之大者也但未詳其長短耳云廣雅曰琴長三尺六寸六分五絃者此常用之琴也象三百六十六日五絃象五行大絃爲君小絃爲臣文王武王加二絃以合君臣之恩也又五絃第一絃爲宮其次商角徵羽文武二絃爲少宮少商又琴操曰廣六寸象六合也又上曰池言其平下曰濱言其服前廣後狹象尊卑上圓下方法天地然琴爲樂器通見詩書故此釋之也

大鼓謂之鼖。鼖長八尺○鼖墳 小者謂之應。詩曰應朄縣鼓在大鼓側○應音膺

【疏】大鼓至之應○釋曰別鼓大小之名也鼓之大者名鼖周禮鼓人職曰以鼖鼓鼓軍事是也其小者名應言聲應於大鼓也李巡云小者聲音相承故曰應也孫炎云和應大鼓也注鼖長八尺○釋曰知者案考工記韗人爲鼖長八尺鼓四尺中圍加三之一謂之鼖鼓鄭注云中圍加三之一者加於面之圍以三分之一也面四尺其圍十二尺加以三分一四尺則中圍十六尺徑五尺三寸三分寸之一也今以合二十版則版六寸三分寸之二耳大鼓謂之鼖以鼖鼓鼓軍事鄭司農云鼓四尺謂革所蒙者廣四尺注詩曰至大鼓側○釋曰應朄縣鼓周頌有瞽篇文也鄭箋云鞞小鼓大鼓旁應鞞之屬也案朄引也謂擊小鼓引樂聲

大磬謂之毊。毊形似犂錧以玉石爲之○毊虛驕反

【疏】大磬謂之毊○釋曰磬樂器名也以玉石爲之世本曰無句作磬○釋名云磬磬也聲堅磬磬然考工記曰磬氏爲磬倨句一矩有半其博爲一股爲二鼓爲三參分其股博去一以爲鼓博參分其鼓博以其一爲之厚已上則磨其旁已下則磨其耑是其制也大者名毊孫炎云毊喬也喬高也謂其聲高也李巡云大磬聲清燥也故曰毊毊燥也注毊形至爲之○釋曰字林云錧田器也自江而南呼犂刃爲錧此毊形似犂錧但大爾云以玉石爲之者左傳云玉磬紀甗又八音謂之磬石故知以玉石爲之也

大笙謂之巢。列管瓠中施簧管端大者十九簧 小者謂之和。十三簧者鄉射記曰三笙一和而成聲

【疏】大笙至之和○釋曰世本云隨作笙禮記曰女媧之笙簧釋名曰笙生也象物貫地而生說文云笙正月之音物生故謂之笙有十三簧象鳳之身其大者名巢巢高也言其聲高小者名和李巡云小者聲少音相和也孫炎云應和於笙注列管至九簧○釋曰笙匏也以匏爲底故八音謂笙爲匏簧者笙管之中金薄鍱也笙管必有簧故或謂笙爲簧詩王風云左執簧是也大者十九簧以時驗而言也注十三至成聲○釋曰云十三簧者鄭司農注周禮亦云十三簧相傳爲然云鄉射記曰三笙一和而成聲者彼鄭注云三人吹笙一人吹和是也

大篪謂之沂。篪以竹爲之長尺四寸圍三寸一孔上出一寸三分名翹橫吹之小者尺二寸廣雅云八孔○篪池沂銀

【疏】大篪謂之沂○釋曰李巡曰大篪其聲非一也孫炎曰篪聲悲沂悲也○釋名曰篪啼也聲如嬰兒啼郭云篪以竹爲之長尺四寸圍三寸一孔上出寸三分名翹橫吹之小者尺二寸廣雅云八孔鄭司農注周禮云篪七空蓋不數其上出者故七也

大塤謂之嘂。燒土爲之大如鵝子銳上平底形如稱錘六孔小者如雞子○塤喧嘂叫

【疏】大塤謂之嘂○釋曰說文云壎樂器○名從

土熏聲埙壎古今字釋名云埙喧也聲濁喧喧然大埙名嘂孫炎曰音大如叫呼聲郭云埙燒土爲之大如鵝子銳上平底形如稱錘六孔小者如雞子周禮小師注云埙燒土爲之大如鴈卵鄭司農亦云六孔是相傳爲然也世本云暴辛公作埙蘇成公作篪譙周古史云古有埙篪尚矣周幽王時暴辛公善埙蘇成公善篪記者因以爲作謬矣世本之謬信如周言其云蘇公暴公所善亦未知所出蓋以詩小雅云伯氏吹壎仲氏吹篪蘇公刺暴公也故致斯謬

大鐘謂之鏞。書曰笙鏞以間亦名鑮○鑮音博 其中謂之剽。小者謂之棧。〔疏〕大鐘至之棧○釋曰此別鐘大小之名也說文云鐘樂器也世本云垂作鐘考工記鳧氏爲鐘釋名曰鐘空也內空受氣多其大者名鏞李巡曰大鐘音聲大鏞大也孫炎曰鏞深長之聲又名鑮大射禮云樂人宿縣于阼階東笙磬西面其南笙鐘其南鑮鄭云鑮如鐘而大是也其中不大不小者名剽孫炎曰剽者聲輕疾也李巡云其中微小故曰剽剽小也其小者名棧李巡云棧淺也東晉太興元年會稽剡縣人家井中得一鐘長三寸口徑四寸上有銘古文云棧鐘之小者既長三寸自然淺也注書曰笙鏞以間○釋曰尚書益稷篇文也

大簫謂之言。編二十三管長尺四寸 小者謂之筊。十六管長尺二寸簫一名籟○筊音交〔疏〕大簫至之筊○釋曰此別簫大小之名也風俗通云舜作簫其形參差以象鳳翼十管長二尺博雅曰簫大者二十三管無底小者十六管有底其大者名言李巡曰大簫聲大者言言也郭云編二十三管長尺四寸其小者名筊李巡曰小者聲揚而小故言筊筊小也郭云十六管長尺二寸簫一名籟又通卦驗云簫長尺四寸其言管數長短蹉異要是編小竹管爲之耳

大管謂之簥。管長尺圍寸併漆之有底賈氏以爲如篪六孔○簥嬌 其中謂之篞。小者謂之篎。篞乃結切篎音眇〔疏〕大管至之篎○釋曰別管大小之名也大管名簥李巡云聲高大故曰簥簥高也郭云管長尺圍寸併漆之有底賈氏以爲如篪六孔小師注云管如笛形小併兩管而吹之今大予樂官有之是也其中不大不小者名篞

大籥謂之產。籥如笛三孔而短小 其中謂之仲。小者謂之箹。〔疏〕大籥至之箹○釋曰籥樂器名其大者名產其中者名仲小者名箹郭云籥如笛三孔而短小廣雅云七孔周禮笙師掌教吹籥鄭注云籥如篴三空詩邶風云左手執籥毛傳云籥六孔所見異也

徒鼓瑟謂之步。獨作之 徒吹謂之和。徒歌謂之謡。詩云我歌且謡○吹昌睡切和去聲 徒擊鼓謂之咢。詩云或歌或咢○咢五各切 徒鼓鐘謂之修。徒鼓磬謂之蹇。未見義所出○蹇紀展切〔疏〕徒鼓瑟至之蹇○釋曰凡八音備作曰樂一音獨作不得樂名故此辨其異名也徒空也鄭注周禮小師云出音曰鼓空作一器以出其音者謂之徒鼓故郭云獨作之也注詩云我歌且謡○釋曰此魏風園有桃篇文也毛傳云曲合樂曰歌徒歌曰謡孫炎云聲消搖也注或歌或咢○釋曰大雅行葦篇文也毛傳云歌者比於琴瑟也徒擊鼓曰咢孫炎云聲驚咢也

所以鼓柷謂之止。柷如漆桶方二尺四寸深一尺八寸中有椎柄連底桐之令左右擊止者其椎名○柷昌叔切 所以鼓敔謂之籈。敔如伏虎背上有二十七鉏鋙刻以木長尺櫟之籈者其名○籈音真〔疏〕所以鼓敔至之籈○釋曰此別柷敔之名也周禮小師掌教鼓鼗柷敔皆以木爲之故大師注云木柷敔也禮記謂之椌楬所以鼓動其柷以出其音者名止所以鼓其敔以出其音者名籈郭云柷如漆桶方二尺四寸深一尺八寸中有椎柄連底桐之令左右擊止者其椎名敔如伏虎背上有二十七鉏鋙刻以木長尺櫟之籈者其名皋陶謨云合止柷敔鄭注云柷狀如漆桶中有椎合之者投椎於其中而撞之敔狀如伏虎背上刻之所以鼓之以止樂此等形狀蓋依漢之大予樂而知之

大鼗謂之麻。小者謂之料。麻者音概而長也料者聲清而不亂○鼗桃料聊〔疏〕大鼗至之料○釋曰詩頌云鼗磬柷敔鄭注小師職云鼗如鼓而小持其柄搖之旁耳還自擊一名麻其少者名料麻者音概而長也料者聲清而不亂

和樂謂之節。〔疏〕和樂謂之節○釋曰八音克諧無相奪倫謂之和樂樂和則應節樂記云治世之音安以樂其政和是也樂記又云大樂與天地同和大禮與天地同節此對文爾揔而言之則禮樂相將故此和樂亦謂之節一云節樂器名謂相也樂記云治亂以相鄭注云相即拊也亦以節樂拊者以韋爲表裝之以糠糠一名相因以名焉言治理奏樂之時擊拊以輔相於樂而爲節也既以柷作樂以敔止樂故以節爲和樂義所通也

爾雅注疏卷五挍勘記

阮元撰盧宣旬摘錄

爾雅注疏卷第五 名銜後標目釋宮第五釋器第六另行標釋樂第七監本毛本釋宮釋器卷第四釋樂以下卷第五元本閩本釋宮以下爲四卷上剛謂之鍵以下爲四卷下

釋宮第五

門墉行步之名 元本同閩本監本毛本墉改牖非經云牆謂之墉

言屋見於垣上穹崇然也 注疏本同浦鏜依釋名改作穹隆非崇亦高也

窻東戶西也 雪牕本元本同單疏本亦作窻閩本監本窻改窓毛本改窗

敷重厎席 注疏本厎誤底按書釋文作厎鄭注厎致也

尚不媿於屋漏 單疏本元本同雪牕本改媿于閩本監本毛本改愧於按釋文作媿

東南隅謂之窔 按說文窔作宧

掃室聚窔 單疏本雪牕本注疏本掃皆作埽當據以訂正此從手旁者俗字

不慙媿於屋漏 元本閩本監本同毛本改愧于

當室之白 注疏本衍作當室之所白按當室之白見禮記曾子問

以孫鄭之說 注疏本脫以

與屋漏意同 注疏本脫意字

及兩旁之木名也 元本閩本同監本毛本旁改傍

曲禮云不履閾是也 注疏本同浦鏜云踐誤履

士介拂棖鄭注云棖門楔也 監本亦作士元本閩本毛本士誤上注誤笅又並脫也

坫墆也 單疏本閩本同雪牕本舊本墆誤墆監本毛本作端按釋文墆達結達計二反或作端丁果反本或作端

社內北牆是也 閩本同舊本監本毛本社誤杜

方斵是虞是也 注疏本脫是也

穀梁傳曰褰纏櫍以爲臬是也 注疏本同浦鏜云穀梁傳作葛覆質以爲槷按毛詩車攻傳作褰纏質以爲槸質槸皆古今字槷與槸一也邢氏引毛詩傳誤記爲穀梁耳

不敢縣於夫之楎箷 雪牕本注疏本同單疏本箷作椸釋文箷字林云竿也本或作椸字林云棡前机也段玉裁云禮記注竿謂之箷則從竹者是今禮記作椸非

臺土起屋 雪牕本同注疏本屋誤土

雞棲於弋爲榤 唐石經雪牕本同單疏本榤起止云雞棲至爲榤釋文栖音西下同又作棲按說文西鳥在巢上日在西方而鳥西故因以爲東西之西棲西或从木妻然則陸本作栖是也

傳謂之突 唐石經單疏本雪牕本同釋文突本又作㮇徒忽反按五經文字木部㮇音突見爾雅

戶持鐶植也 單疏本亦作鐶雪牕本元本閩本作鎖監本毛本誤鎖釋文鎖本又作瑣按一切經音義卷十三引作瑣瑣鎖古今字

其上楹謂之梲 唐石經雪牕本同單疏本亦作脫釋文棳之劣反本或作梲音同

字林云栭柱上方木是也 注疏本脫字林云栭四字

一名榱呂沈云齊魯名桷周人名榱 注疏本呂誤相按沈當作忱釋文引字林云周人名椽曰榱齊魯名榱曰桷即此文浦鏜讀一名榱相當衍誤也

以射灋治射儀 注疏本灋改法

待獲者所蔽也是矣 注疏本也誤者

今呼之簃廚連觀也 單疏本同雪牕本注疏本廚作厨釋文廚本或作蹰按說文广部廚庖屋也从广尌聲五經文字云廚俗作厨非此當從釋文广厂不同部

屋上薄謂之筄 單疏本注疏本同唐石經雪牕本薄作簙按廣韻三十五笑筄屋上薄也字亦從卄

屋笮 單疏本雪牕本同釋文迮本或作笮

人君南鄉當階閒 雪牕本同注疏本君誤居

鄉明而治 元本同閩本監本毛本鄉改嚮

諸侯西面曰朝是也 元本同閩本監本毛本曰誤而

閍謂之門 唐石經雪牕本同單疏本摽起止云閍謂至之閍按此文疑倒禮記郊特牲祊之於東方正義曰釋
宮云門謂之閍孫炎云謂廟門外是孫叔然注本作門謂之
閍也郊特牲索祭祝于祊注廟門曰祊正義曰爾雅釋宮文
又禮器爲祊乎外正義曰以釋宮云廟門謂之祊皆閍字在
下可互證鄭孔俱言廟者以義增加非爾雅本文

祝祭於祊 注單疏本雪牕本注疏本同釋文祊音同閍此經異文之明證郊特牲正義引孫炎注亦引詩

祝祭於祊

小閨謂之閤 唐石經注疏本同疏云閨之小者名閤雪牕本閤作閣誤

閎衖頭門 雪牕本元本閩本監本同毛本衖作閧訛

齒著于門閾 單疏本雪牕本注疏本同釋文作著乎按公羊傳作乎邢疏載郭注作于引公羊傳作乎

所以止扉謂之閎 唐石經單疏本雪牕本同釋文所以止扉謂之閎音宏本亦作閣音各郭注本無此
字又左傳釋文云爾雅本止扉之名或作閣字讀者因改左
傳皆作各音惠棟云說文閣所以止扉也是古本如此段玉
裁云郭注上文大者謂之栱小者謂之閣云別杙所在長短
之名注此云長杙即門橛也前後皆訓爲長杙則前後皆作
閣字其所據左傳作閈閣門既高則門旁杙亦高盟諸僖閎
閎訓門高其閈閣閣訓長橜郭氏分引畫然匡謬正俗引左
傳高其閈閣引爾雅所以止扉謂之閣及郭注高其閈閣顏
氏所據左傳爾雅尚未誤而俗刻匡謬正俗皆改作閎矣廣
韻十九鐸閣字注引急就章閣并訢顏師古注云閣所以止
扉今之門扶是也

案鄭元注周禮 注疏本周誤閒

義亦相兼 注疏本亦誤又

其肰魏魏然高大 注疏本魏改巍

手劍而叱之萬辟掇仇牧 閩本監本毛本叱誤掇掇誤刺元本掇字不誤萬作万

齒著乎門闔 元本同閩本監本毛本乎誤于

閽扇也是矣 注疏本矣改也

杜預云 注疏本預改注

今江東呼瓴甓 單疏本雪牕本同詩正義引作今江東呼爲瓴甓按爲字當有

宮中衖謂之壼 注疏本同單疏本雪牕本壼作壹五經文字云壼見爾雅唐石經闕

巷閤閒道 雪牕本注疏本同按此經作衖注作巷聲類以衖爲巷字是也

廟中路謂之唐 雪牕本注疏本同唐石經闕釋文隋音唐本今作唐

堂途謂之陳 唐石經雪牕本同周禮匠人爲溝洫注引爾雅堂涂謂之陳按說文有涂無途塗爾雅釋上當
涂梧上亦作涂

二達謂之歧旁 唐石經單疏本雪牕本注疏本同釋文作歧旁字從止一切經音義卷二十歧路下引爾
雅二達謂之歧旁五經文字云俗以岐爲山名別作歧路字
字書無按玉篇止部歧翹移切歧路也廣韻五支岐山名歧
歧路是六朝以來歧路字多從止矣

宮中衖閤閒道名壼 注疏本壼改壺

室中名時 元本閩本同監本毛本室誤堂

鄭元云 注疏本脫云

聚石水中以爲步渡彴也 單疏本注疏本同雪牕本彴作彴釋文彴音研今江東呼彴音
約按說文彴約也無彴字當從雪牕本釋天奔星爲彴約
即此字星之奔流如人之渡彴也釋文前後皆作彴玉篇
廣韻分釋宮字從彳釋天字從亻蓋非

歲十月徒杠成 單疏本雪牕本同注疏本作十一月係淺人據今本孟子改按郭注所據孟子作十
月邢疏所據孟子作十一月

郭氏亦兩解一云 注疏本云誤名

彴步橋也 元本同閩本監本毛本彴誤徛

但有大室 單疏本雪牕本同注疏本室誤寢

陝而修曲曰樓 毛本同唐石經單疏本雪牕本元本閩本監本修作脩疏中準此按古修長修飾多用脩
脯字此改修非○今訂正

無室者名榭 元本閩本監本同毛本無誤爲

春秋宣十六年 注疏本脫六

二屋歇前無壁者 元本同閩本監本毛本二改一壁改屋

釋器第六

豆實四升用薦菹醢 注疏本豆誤其菹改葅

其實韭菹醓醢 注疏本醓誤醯

亦祭祀享燕所用 元本同閩本監本毛本享誤饗

瓦豆謂之登 單疏本雪牕本元本閩本監本同唐石經闕毛本登改登釋文登本又作鐙按公食大夫禮注
瓦豆謂之鐙公羊傳桓四年一日乾豆何注豆祭器名狀如
鐙禮記祭統夫人薦豆執校執醴授之執鐙注鐙豆下跗也
然則鐙本豆附之名因通名瓦豆爲鐙矣又說文鐙錠也从
金登聲徐鉉曰今俗別作燈非是合之郭注云即膏登知漢
以來爾雅字皆作鐙詩生民于豆于登毛傳瓦曰登薦大羹
盖古文作登今文作鐙郭云膏登字必當從金膏鐙即油燈
此說非又說文豆部有𧯛字云禮器也从廾持肉在豆上讀
若鐙同說者因謂詩爾雅豆登字皆當從肉作𧯛此臆說也
○按詩于豆于登用叚借字俗改爲登

樽酒簋 元本閩本監本同與周易合毛本樽改尊非

主國尊於簋副 浦鏜云扵誤於按詩正義作扵單疏本此頁係補刻多誤

有孚盈缶注云 注疏本云誤六

爻辰在木 浦鏜云未誤木

若今摯甂 注疏本若改如

瓬音岡㼧都感切甗音武缶音由鄭音甕仕江切甄皮睡切甋甋音甂部甂落口切甓牛志切覺也 注疏本但有覺也二字改以上爲音切移於是其方俗之異名也之
後因甂字無音無所附麗遂刪之都感仕江二切字作
反睡作睡牛作年皆誤甗字元本同閩本監本毛本作
甗下同

陳魏宋楚之間曰甂音臾或曰瓶音殊○注疏本音切改大字移於下準此

謂之瓬 音暢亦暘○注疏本暢誤暘

海岱之間謂之儋 音擔○元本同閩本監本毛本儋改甔

甇謂之瓶 鼓鼙○注疏本複甇字鼓鼙改大字不移於後者不知爲瓶作音也

缶謂之瓿甂 音隅○注疏本隅誤偶

或謂之盆 注疏本脫或字

甂音邊陳魏宋楚之間謂之題 杜啟切○注疏本切作反

賈誼曰 雪牕本注疏本同單疏本作賈誼說曰元本疏亦引作賈誼說

瓠即壺也 元本閩本監本同毛本壺改壼

及渡湘水 元本閩本監本同毛本及誤乃

寶康瓠兮是也 元本閩本監本毛本脫兮

斪斸謂之定 唐石經雪牕本同釋文斪斸本或作拘欘廣韻四覺斸下云爾雅拘欘謂之定本亦作斪斸說
文斤部斪斸二字注皆云斫也即陸本所從出考工記車人
之事注引爾雅句欘謂之定按說文木部欘斫也一曰斤柄
性自曲者欘即欘之變古從木字往往改作手旁然則此經
本作句欘字書始作斪斸矣

耨及定當是一器 注疏本耨上有鎒字按自引廣雅定謂之耨至毛傳鎒耨也皆言耨以釋
經之定故云耨及定當是一器詩正義則釋毛傳不釋
爾雅故云鎒耨當是一器後者據此增鎒於耨上誤甚
此本舊有鎒字
係剜擠今刪正

但先儒或即云鋤或云鋤屬注疏本脫或云鋤三字

斫謂之鐯唐石經單疏本雪牕本同釋文鐯字又作櫡按一切經音義卷十四引爾雅斫謂之櫡嚴元照云說文木部櫡下云斫謂之櫡知舊本從木爲正

斫謂之鐯此節疏後元本閩本分四卷下

斛謂之疀唐石經單疏本雪牕本元本同閩本監本毛本斛作斸訛五經文字云斛見爾雅釋文云從斤按玉篇斤部斪斫也今釋文作劚從刀字書所無說文斗部斛下引爾疋作斛廣韻三蕭亦引作斛釋文疀本或作鍤○按釋文作鍤

皆古鍬鍤字單疏本雪牕本元本同閩本監本毛本鍤作插訛

朝鮮洌水之間謂之斛閩本監本毛本斛作劚元本實闕

或謂之鍏音韋○注疏本音改大字

趙魏之間謂之喿音鍫○注疏本脫音鍫

今江東呼爲鍫單疏本同雪牕本注疏本呼爲作謂之

謂以簿爲魚笱單疏本同雪牕本注疏本簿作薄釋文作步各反

今之作槮者雪牕本注疏本同單疏本作今之作罧者而云槮罧古今字又玉篇木部槮下廣韻五十二沁罧下及初學記卷二十八皆引爾雅作槮引郭注作罧此經注異文之明證今本援經改注非也釋文云字林作罧是晉時用罧字故郭注本之

因以簿圍捕取之單疏本同雪牕本注疏本簿作薄按詩潛正義及廣韻五十二沁引此注皆作簿圍蓋相傳舊本如是今本作薄係近人改從古字耳

彘豬也注疏本豬作猪

皆謂捕魚籠也注疏本籠改是

聚積柴木於水中注疏本脫木

然則張罔遮兔元本同閩本監本毛本罔改網

元端黑履青絇注疏本同浦鏜云履誤屨按義疏之文履屨往往相亂無庸盡改下文絇屨屬此本亦作屨屬矣

爲而今絇也注疏本同浦鏜云而如也

崐崘之陰閩本監本毛本改崑崙元本作崑侖

然則業者元本者誤之閩本改作乃監本毛本承之

用繩束版元本同閩本監本毛本繩誤縮

云詩曰縮版以載者元本同閩本監本毛本云改注

彝其揔名雪牕本元本同釋文亦作揔單疏本作摠與揔同閩本監本毛本改總

受一斛注疏本斛作斗

金飾龜目注疏本同浦鏜云龜通解作尸目

繡刺黼文以褗領單疏本注疏本同雪牕本褗作偃釋文褗音偃又作偃按偃領者謂黼文偃伏衣領上也字不當從衣又釋文音經袊本又作領音同按說文毛詩傳皆云襮領也唐石經亦作黼領蓋經作領注中偃領字作袊玉篇衣部袊力井切衣袊也

衣眥謂之襟唐石經雪牕本閩本監本毛本同元本眥作背監本作背皆誤

佩玉之帶上屬雪牕本同注疏本上誤二釋文上屬上持掌反

持衣上衽雪牕本同注疏本持誤掎邢疏云手執持其衽名袺

衣蔽前謂之襜唐石經雪牕本同單疏本亦作襜釋文襜本或作襜方言作袡

婦人之褘謂之縭唐石經單疏本雪牕本同釋文幃本或作褘又作徽同按說文褘蔽䣛也幃囊也孫炎注以褘爲帨巾郭注以爲香纓義並當從巾李善注文選思元賦云爾雅曰婦人之褘謂之縭今之香囊在男曰幃在女曰縭與陸本正合知舊本爾雅從巾不從衣也思元賦注又引爾雅婦人之褘謂之縭與陸云又作本合

褘邪交落帶繫於體雪牕本注疏本同單疏本作褘交絡帶繫於體按褘當作褻釋文邪字亦作褻是也今本作褘邪褘蓋衍字下云因名爲褘則上不當言褘矣繫絡字本從糸旁作落蓋古通詩東山正義引作絡與單疏本合○按說文交部曰㝮㝮也郭用㝮邪爲重疊字交落者交絡也帶繫連文郭用同音之字以爲訓也

緌繫也雪牕本注疏本同單疏本標起止云注即今至繫也詩正義引郭注此下有此女子既嫁之所著示繫屬於人義見禮記以詩云親結其縭謂母送女重結其所繫著以申戒之說者以禕爲帨巾失之也共四十七字審爲郭注正義有申戒之辭未知何時逸去釋文於著字重字皆無音未詳也按既嫁當爲未嫁或作許嫁士昏禮注云婦人十五許嫁笄而禮之因著纓明有繫也郭注上云此女子未嫁之所著示繫屬於人故下云母送女重結其所繫著以申戒之

帬削幅謂之纀唐石經雪牕本注疏本同釋文亦作纀單疏本作纀按玉篇纀布木切帬削幅也亦作襥

帬削殺其幅者名纀注疏本纀作纀

本或作褸音婁○注疏本音婁作大字褸元本閩本同監本毛本誤纃下引方言同釋文纃又作褸

褸即襥之訛

又謂之袺子俠切○注疏本作丁狹切

齊魯之郊謂之衻昌詹切○注疏本音切改大字

制十有二幅元本同閩本監本毛本十有倒

其深衣製度注疏本製作制此非

此辨車馬之飾名也元本同閩本監本毛本辨作别

轡者御馬之具也注疏本轡誤轡

古者乘車駕駟馬元本閩本同監本毛本作乘馬非

魚謂之餒唐石經雪牕本同單疏本亦作餒釋文本作餧奴罪反引說文魚敗曰餒云字書作餧同按玉篇餧魚敗也是也今釋文委妥偏旁互易論語音義同五經文字云餒奴罪反飢也經典相承別作餧爲飢餧字以此字爲餒餉之餧字書無文然則張參所見經典已有作餧者矣特其所據釋文尚是餒字

肉爛雪牕本注疏本同誤也單疏本作內爛論語正義引此注同此疏云魚內爛曰餒按說文爛孰也从火蘭聲無爤字今本從闌非爾雅爤爤瀾字皆從蘭

飯摶相著者名爤元本同誤也閩本監本毛本爤作爛當據以訂正

魚內爤曰餒注疏本內誤肉爤字元本同閩本監本毛本改爛非

故云爾然則魚之敗壞先自內始故云內爛注疏本脫爾然以下十三字

謂削鱗也單疏本雪牕本同釋文鰭巨夷反子虛賦云揵鰭掉尾是也或作鱗按上林賦揵鰭掉尾郭注鰭背上鬣也子虛賦無文江賦云暘鰭掉尾經曰斮注當言鰭作鱗蓋非

此論治擇魚肉之名也元本同閩本監本毛本論下衍辨

肉剝去其皮注疏本脫去

斮謂斬削其鱗元本閩本監本同毛本謂誤爲

一名冰元本同閩本監本毛本下衍脂

其實韭菹醓醢注疏本誤作韭菹醓醢

滓澱也今江東呼垽雪牕本注疏本同單疏本引下句同按滓澱也當作澱滓也邢疏云澱滓泥也所據郭注蓋未誤一切經音義卷十五兩引此注云澱滓也江東呼爲垽華嚴經音義卷上所引同澱滓皆未誤倒爲字亦當據以補正

款闊也元本同閩本監本毛本闊改濶

鄭箋云注疏本脫鄭

獻子以朱絲係玉二瑴注疏本係改繫今左傳作係

五轂則十玉也注疏本十下衍變

栒上加大版爲之飾注疏本版作板

栞謂之蔌單疏本雪牕本元本同閩本監本毛本蔌作蔌非釋文亦作蔌唐石經闕

毛傳云元本閩本同監本毛本傳上衍詩

白茅苦也單疏本雪牕本同注疏本脫也

孫炎云注疏本云改曰

蓋苦之別名是也閩本監本毛本脫是正德本此字實闕

鏐卽紫磨金單疏本雪牕本元本閩本監本同毛本磨改磨

錫今白鑞也正德本閩本監本同毛本今誤金

則共其金版注疏本作供其金鈑係依郭注改正德本亦作共單疏本引爾雅注作卽供金鈑引周禮作共其金版各依本文不彼此互改故足貴

犀謂之剒唐石經雪牕本同葉鈔釋文剒本或作厝同七各反通志堂本誤斮玉篇刀部剒且落切爾雅曰犀謂之剒亦作錯

五者皆治樸之名雪牕本注疏本同單疏本樸作樸誤釋文璞字又作樸按一切經音義卷十六引此注云治璞之名也所據本與釋文合與毛詩按相矛盾

璆琳玉也唐石經單疏本雪牕本同段玉裁云本作璆美玉也藝文類聚所引不誤釋文琳字無音後崏崘虛之璆琳琅玕乃音林詩韓奕釋文曰琳字又作玲音林鄭注尙書云璆美玉也玲美石也鄭與說文合今郭注琳亦衍字按說文玲石之次玉者从玉令聲又琳美玉也从玉林聲然則尙書之璆玲與爾雅之璆琳異字異訓琳爲美玉爾雅與說文亦合非衍字也釋地注云璆琳美玉名

郭云璆琳美玉名正德本同閩本監本毛本琳誤卽

玦之以金銑者雪牕本注疏本同釋文玦作決單疏本作玦之以金銑無者字按韋氏注此云玦猶決也郭注以決爲玦與韋義同今本仍作玉旁非又國語而玦之以金銑者寒甚矣單疏本引作而玦之以金者銑寒甚矣余謂古本國語常無者字故韋注云銑猶灑也灑灑寒貌讀銑寒甚矣句絕爾雅下文以金者謂之銑郭此注云銑卽美金國語曰玦之以金銑是讀而玦之以金銑句絕

以尨衣純而玦之以金者銑寒甚矣元本同閩本剜改尨作厖者銑作銑省監本毛本承之

以銑下屬注疏本下誤玉

辨弓箭之名也閩本監本毛本辨改辯

金鏑斷羽注疏本鏑改鏃

以骨爲鏃注疏本骨誤金

江淮之閒謂之鍭注疏本鍭誤鏃

或謂之鈀音葩○注疏本音葩改大字

謂之鉀鑪監盧二音亦謂鉀箭也注疏本鉀誤鉀監誤盬注亦誤皆音切改大字

古者倕作弓監本同毛本倕作垂閩本作揮正德本實闕○按揮作弓同說文

以射豻侯鳥獸元本同閩本監本毛本侯誤猴

此僖二十三年傳文也注疏本三誤二

蚌卽蜃也月令孟冬注疏本蚌誤蛖脫月令

銑卽金絕澤者元本閩本同監本毛本金誤今

璧大六寸謂之宣唐石經單疏本雪牕本同經義雜記曰漢書郊祀志有司奉瑄玉孟康注用爾雅字作瑄藝文類聚引此作瑄說文玉部云珣醫無閭之珣玗琪周書所謂夷玉也从玉旬聲一曰玉器讀若宣知爾雅宣當作珣今作宣是借用同聲字本或宣旁加玉誤甚按注引漢書瑄玉以證經之宣豈是經作宣注作瑄也釋文云宣本或作瑄是有據注以改經者

肉邊好孔雪牕本同注疏本作肉邊也好孔也蓋依疏語增

孔大而邊小雪牕本同刑疏亦云孔大而邊小名瑗注疏本誤作孔大於邊也

所以連繫瑞玉者單疏本注疏本同今本疏中誤作璲玉滿鎧反據以改注誤甚

所佩之玉名璲元本同閩本剜改璲爲璲監本毛本承之

所以連繫瑞玉者元本同閩本監本毛本瑞改璲

因通謂之璲也元本閩本監本同毛本璲誤璲按經注皆作璲此與上文所佩之玉名璲璲字互誤

再染謂之赬唐石經雪牕本同釋文赬敕貞反說文赤部云赬赤色也引詩魴魚赬尾又赬或从貞考工記鍾氏注鄭司農引爾雅再染謂之竀竀勑貞反木又作赬亦作赬按赬正字竀假借字正與貞巠聲相近左氏哀十七年傳如魚竀尾杜注竀赤色魚勞則尾赤亦用假借字

淺赤雪牕本同注疏本作染赤誤

帛黃赤色元本同閩本監本毛本帛誤縞今說文云帛赤黃色

書云黼黻絺繡是也元本同閩本監本毛本云改曰

衣架單疏本雪牕本同注疏本誤作木架

凡以竿爲衣架者名箷元本閩本同監本毛本名誤多

簀謂之笫注疏本同葉鈔釋文唐石經單疏本雪牕本笫作第

牀笫之言不踰閾元本同閩本監本毛本踰誤踰

齊魯之閒謂之簀注疏本簀作簣

復分半也雪牕本同注疏本半誤平

釋樂第七

白詞也又象鍾磬也元本象誤家鍾字空闕閩本剜改作又云石磬也監本毛本承之誤甚按此八字亦誤說文釋樂字之言今本無之當據以補正白卽鼻字詞言之气由鼻出故从白取詞義也下从本兩○○象鍾磬懸虡之形

物成孰可章度注疏本孰改熟

此篇惣釋五聲之名注疏本脫之

皆五音之別名單疏本監本毛本同雪牕本元本皆作謂閩本剜改作皆釋文引郭云皆五音別名

淸濁相雜和比謂之音注疏本脫相雜按禮記注但云雜比曰音

衆聲和合成章注疏本脫聲

庖犧作五十絃注疏本犧下有氏

朱弦練朱弦練則聲濁注疏本弦改絃下練脫按上引樂記朱絃而疏越亦當改弦

畫疏之監本同元本閩本毛本畫誤晝

如灑出也注疏本同釋文引作出如灑也此誤倒

伏犧作琴元本閩本監本同毛本犧改羲

應⿰車柬縣鼓單疏本雪牕本元本閩本監本同毛本⿰車柬改楝○按說文作朄

則版六寸三分寸之二耳浦鏜云則版下脫寬字

以鼖鼓軍事注疏本脫以鼖

磬樂器名也元本閩本同監本毛本磬誤罄

巳上則磨其旁元本閩本監本同毛本磨改摩下同

有十三簧注疏本脫十

其大者名巢據釋文此下當有孫炎云三字

以匏爲底注疏本底作厎

鄭司農注周禮亦云十三簧注疏本同此亦字係剜擠

云鄉射記曰　元本同閩本監本毛本云改注

大篪謂之沂　唐石經單疏本雪牕本同釋文注疏本篪作箎注及疏準此按篪是也从竹虒聲作箎非

大篪其聲非一也　按釋文引李孫云篪聲悲沂悲也此非一兩字卽悲之誤分

名翹橫吹之　注疏本脫名

大如鵝子　單疏本雪牕本同釋文鵝作鵞

形如稱錘　單疏本雪牕本同注疏本稱作秤俗字釋文似稱尺證反按李善注文選笙賦引此作形似稱錘似與如一義然郭氏多言似作如者後人所改

銳上平底　注疏本底作底

大鐘謂之鏞　唐石經單疏本同雪牕本注疏本鐘作鍾釋文鍾說文作鐘云樂器也字林同以此鍾爲酒器今經典通爲樂器據此則唐石經亦當作鐘

笙鏞以間　單疏本雪牕本同按鏞當作庸周禮眡瞭疏儀禮大射疏皆引尚書笙庸以間詩那庸鼓有斁毛傳大鐘曰庸書正義引李巡注云大鐘音聲大鏞大也當本作庸大也

亦名鑮音博　雪牕本同注疏本刪下二字

鐘樂器也　注疏本脫樂

東晉與元年　注疏本同釋文亦作與元年盧文弨曰據晉書太興元年此脫太字

籥一名籟　單疏本雪牕本同案詩有瞽正義引此注無籥字非也

博雅曰籥大者二十三管　注疏本同盧文弨曰廣雅二十四管初學記所引同此誤

無底小者十六管有底　注疏本底皆作底

其言管數長短　注疏本脫言

管長尺圍寸併漆之　單疏本雪牕本同釋文漆音七按文選閒居賦管啾啾而並吹李善引此注曰管長尺圍寸併吹之與鄭注周禮併兩管而吹之義同今作漆蓋誤

有底　注疏本同單疏本底作底雪牕本誤底

其中謂之篞　單疏本雪牕本注疏本同釋文唐石經篞作[illegible]

小者謂之箹　唐石經單疏本雪牕本元本同釋文箹郭音妙石經考文提要引至善堂九經本亦作箹閩本監本毛本箹誤篎

今大予樂官有之是也　注疏本大予改太常此本舊訛作大子茲據下文所以鼓柷謂之止疏訂正

詩云我歌且謠　單疏本雪牕本同按云當作曰上下文注引詩皆作曰

詩云或歌或咢　雪牕本注疏本作詩曰此誤

徒鼓鐘謂之修　唐石經同釋文修如字本作脩雪牕本注疏本作徒鼓鐘謂之脩按華嚴經音義卷上云廣雅修長也本作脩者謂乾脯又卷下云玉篇修飾修長字皆從彡今本玉篇廣雅皆不然此爲修長義當從彡釋文唐石經皆作修保正字之僅存者

徒鼓磬謂之蹇　唐石經雪牕本同初學記卷十六引作徒擊磬謂之蹇按磬多言擊鼓字蓋涉上文誤釋文引李巡云徒擊磬聲蹇連也蓋李本作擊磬○按蹇字下从巾

孫炎曰　注疏本曰作云

連底桐之　雪牕本注疏本同釋文單疏本底作底挏書皐陶正義引作挏玉篇挏達孔切吕氏春秋云百官挏擾挏動也廣韻挏推引也漢有挏馬官作酒又音同今本從木誤

以木長尺櫟之　單疏本注疏本同雪牕本櫟音櫟釋文櫟力的反廣雅云擽擊也漢書音義云擽捎也按廣雅卷二釋詁擽擊也字從手玉篇手部擽郎的切捎也舒也廣韻二十八藥擽字統云擊也三十三錫擽捎也可訂釋文及今本之訛

投椎於其中而橦之　注疏本橦作撞俗

蓋依漢之大予樂　注疏本予改常

麻者音概而長也　單疏本同釋文概居器反雪牕本注疏本概作槪訛按說文木部槪杚也此言聲之稠密也

爾雅疏卷第六

翰林侍講學士朝請大夫守國子祭酒上柱國賜紫金魚袋臣邢昺等奉

勑校定

釋天第八

【疏】釋天第八○釋曰河圖括地象云易有大極是生兩儀兩儀未分其氣混沌淸濁既分伏者爲天偃者爲地釋名云天顯也在上高顯又云天坦也坦然高遠說文云天顛也至高無上從一大也春秋說題辭云天之言鎭也居高理下爲人經紀故其字一大以鎭之此天之名義也天之爲體中包乎地日月星辰屬焉然天地有高下之形四時有升降之理日月有運行之度星辰有次舍之常既曰釋天不得不畧言其趣故其形狀之殊凡有六等一曰蓋天文見周髀如蓋在上二曰渾天形如彈丸地在其中天包其外猶如雞卵白之繞黃揚雄桓譚張衡蔡邕陸績王肅鄭玄之徒並所依用三曰宣夜舊說云殷代之制其形體事義無所出以言之四曰昕天昕讀爲軒言天北高南下若車之軒是吳時姚信所說五曰穹天云穹隆在上虞氏所說不知其名也六曰安天是晉時虞喜所論案鄭注考靈耀云天者純陽淸明無形聖人則之制璿璣玉衡以度其象如鄭此言則天是大虛本無形體但指諸星運轉以爲天耳但諸星之轉從東而西凡三百六十五日四分日之一星復舊處星既左轉日則右行亦三百六十五日四分日之一至舊星之處即以一日之行而爲一度計二十八宿一周天凡三百六十五度四分度之一是天之一周之數也天如彈丸圜圜三百六十五度四分度之一案考靈耀云一度二千九百三十二里千四佰六十一分里之三百四十八周天百萬一千里者是天圜周之里數也以圜三徑一言之則直徑三十五萬七千里此爲二十八宿所迴直徑之數也然二十八宿之外上下東西各有萬五千里是爲四遊之極謂之四表據四表之內并星宿內揔有三十八萬七千里然則天之中央上下正半之處則一十九萬三千五百里地在於中是地去天之數也鄭注考靈耀云地蓋厚三萬里春分之時地正當中自此地漸漸而下至夏至之時地下萬五千里地之上畔與天中平夏至之後地漸漸向上至秋分地正當天之中央自此地漸漸而上至冬至上遊萬五千里地之下畔與天中平自冬至後地漸漸而下此是地之升降於三萬里之中但渾天之體雖繞於地地則中央正平天則北高南下北極高於地三十六度南極下於地三十六度然則北極之下三十六度常見不沒南極之上三十六度常沒不見南極去北極一百二十一度餘若逐曲計之則一百八十一度餘若以南北中半言之謂之赤道去南極九十一度餘去北極亦九十一度餘此是春秋分之日道赤道之北二十四度爲夏至之日道去北極六十七度也赤道之南二十四度爲冬至之日道去南極亦六十七度地有升降星辰有四遊又鄭注考靈耀云天旁日四表之中冬南夏北春西秋東皆薄四表而止地亦升降於天之中冬至而下夏至而上二至上下蓋極地厚也地與星辰俱有四遊升降四遊者自立春地與星辰西遊春分西遊之極地雖西極升降正中從此漸漸而東至春末復正自立夏之後北遊夏至北遊之極地則升降極下至夏末復正立秋之後東遊秋分東遊之極地則升降正中至秋末復正立冬之後南遊冬至南遊之極地則升降極上至冬末復正此是地及星辰四遊之義也星辰亦隨地升降故鄭注考靈耀云夏日道上與四表平下去東井十二度爲三萬里則是夏至之日上極萬五千里星辰下極萬五千

里故夏至之日下至東井三萬里也日有九道故考靈耀云萬世不失九道謀鄭注引河圖帝覽嬉云黃道一青道二出黃道東赤道二出黃道南白道二出黃道西黑道二出黃道北日春東從青道夏南從赤道秋西從白道冬北從黑道立春星辰西遊日則東遊春分星辰西遊之極日東遊之極日與星辰相去三萬里立夏星辰北遊日則南遊夏至星辰北遊之極日南遊之極日與星辰相去三萬里以此推之秋冬放此可知計夏至之日日在井星當嵩高之上以其南遊之極故在嵩高之南萬五千里所以夏至有尺五寸之景也於時日又上極星辰下極故日下去東井三萬里也然鄭四遊之說元出周髀之文但二十八宿從東而左行日從西而右行一度逆沿二十八宿案漢書律麻志云冬至之時日在牽牛初度春分之時日在婁四度夏至之時日在東井三十一度秋分之時日在角十度若日在東井則極長八尺之表尺五寸之景若春分在婁秋分在角晝夜等八尺之表七尺五寸之景冬至日在斗則晝極短八尺之表一丈三尺之景一丈三尺之中去其一尺五寸則餘有一丈一尺五寸之景是冬夏往來之景也凡於地千里而差一寸則夏至去冬至體漸南漸下相去十一萬五千里又考靈耀云正月假上八萬里假下一十萬四千里所以有假上假下者鄭注考靈耀之意以天去地十九萬三千五百里正月雨水之時日在上假於天八萬里下至地一十一萬三千五百里夏至之時日上極與天表平也後日漸向下故鄭注考靈耀云夏至日與表平冬至之時日下至於地八萬里上至於天十一萬三千五百里也委曲具考靈耀注凡二十八宿及諸星皆循天左行一日一夜一周天一周天之外更行一度計一年三百六十五周天四分度之一日月五星則右行日一日一度月一日一十三度十九分度之七此相通之數也今麻象之說則月一日至於四日行最疾日行十四度餘自五日至八日行次疾日行十三度餘自九日至十九日行則遲日行十二度餘自二十日至二十三日又小疾日行十三度餘自二十四日至於晦行又最疾日行一十四度餘此是月行之大率也二十七日月行一周天至二十九日彊半月及於日與日相會乃為一月故考靈耀云九百四十分為一日二十九日與四百九十九分為月是一月二十九日之外至第三十日分至四百九十九分月及於日計九百四十分則四百七十為半今四百九十九分是過半二十九分也但月是陰精日為陽精故周髀云日猶火月猶水火則外光水則含景故月光生於日所照魄生於日所蔽當日則光盈就日則明盡京房云月與星辰陰者也有形無光日照之乃有光先師以為日似彈丸月似鏡體或以為月亦似彈丸日照處則明不照處則闇案律麻志云二十八宿之度角一十二度亢九氐十五房五心五尾十八箕十一東方七十五度斗二十六牛八女十二虛十危十七營室十六壁九北方九十八度奎十六婁十二胃十四昴十一畢十六觜二參九西方八十度井三十三鬼四柳十五星七張十八翼十八軫十七南方一百一十二度丑為星紀初斗十二度終婺女七度子為玄枵初婺女八度終於危十五度亥為娵訾初危十六度終於奎四度戌為降婁初奎五度終於胃六度酉為大梁初胃七度終於畢十一度申為實沈初畢十二度終於井十五度未為鶉首初井十六度終於柳八度午為鶉火初柳九度終於張十七度巳為鶉尾初張十八度終於軫十一度辰為壽星初軫十二度終於氐四度卯為大火初氐五度終於尾九度寅為析木初尾十度終於斗十一度五星者東方歲星南方熒惑西方太白北方辰星中央鎮星其行之遲速俱在律麻志不更煩說元命包云日之為言實也月闕也劉熙釋名云日實也光明盛實月闕也滿則闕也說題辭云星陽精之榮也陽精為日日分為星故其字日下生也釋名云星散也布散於天又云陰蔭也氣在內奧蔭也陽揚也陽氣在外發揚此等是陰陽日月之名也祭法黃帝正名百物其名蓋黃帝而有也或後人更有增足其天高地下日盈月闕觜星度少井斗度多日月右行星辰左轉四遊升降之差二儀運動之法非由人事所作皆是造化自然先儒因自然遂以人事為義或據理是實或構虛不經既無正文可憑今皆略而不錄

穹、蒼蒼、天也。天形穹隆其色蒼蒼因名云　春為蒼天。萬物蒼蒼然生　夏為昊天。言氣皓旰　秋為旻天。旻猶愍也愍萬物彫落　冬為上天。言時無事在上臨下而已　四時。

【疏】穹蒼至四時。○釋曰此釋四時之天名也云穹蒼蒼天也者詩大雅桑柔云靡有旅力以念穹蒼故此釋之也詩人因天形穹隆其色蒼蒼故云穹蒼其實則與下云春為蒼天者是一故云穹蒼蒼天也郭云天形穹隆其色蒼蒼因名云也云春為蒼天者詩王風黍離云悠悠蒼天故此釋之也郭云萬物蒼蒼然生者言春時萬物蒼蒼然生春時天名曰蒼天也云夏為昊天者詩雨無正云浩浩昊天故此釋之昊者元氣博大之貌郭云言氣皓旰者皓旰日光出之貌也言昊日光明皓旰因名云昊天也云秋為旻天者詩大雅召旻云旻天疾威之類旻愍也言秋氣肅殺萬物可愍故曰旻天郭云旻猶愍也愍萬物彫落者旻愍詩序文但彼愍作閔音義同也云冬為上天者詩小雅信南山云上天同雲之類言冬時無事唯在於上故曰上天郭云言時無事在上臨下而已者言冬氣閉藏無他生殺之事唯在於上監於下而已也案詩傳云蒼天以體言之尊而君之則稱皇天元氣廣大則稱昊天仁覆閔下則稱旻天自上降監則稱上天據遠視之蒼蒼然則稱蒼天毛公此傳當有成文不知出何書李巡云古詩人質仰視天形穹隆而高其色蒼蒼故曰穹蒼是蒼天以體言之也皇君也故尊而君之則稱皇天昊大貌故言其混元之氣昊昊廣大則稱昊天旻閔也言其以仁慈之恩覆閔在下則稱旻天從上而下視萬物則稱上天據人遠而視之其色蒼蒼然則稱蒼天又李巡注此云春萬物始生其色蒼蒼故曰蒼天夏萬物盛壯其氣昊大故曰昊天秋萬物成孰皆有文章故曰旻天冬陰氣在上萬物伏藏故曰上天案此以四時異其天名詩傳則各用所宜為稱似稱乖異而鄭之則和合二說故異義同號今尚書歐陽說春曰昊天夏曰蒼天秋曰旻天冬曰上天爾雅亦云古尚書與毛詩同謹案尚書堯典羲和以昊天總勑以四時故知昊天不獨春也左傳夏四月孔丘卒稱曰昊天不弔非秋也玄之聞也爾雅者孔子門人所作以釋六藝之言蓋不誤也春氣博施故以廣大言之夏氣高明故以遠大言之秋氣或生或殺故以閔下言之冬氣閉藏而清察故以監下言之皇天者至尊之號也六藝之中諸稱天者以情所求之耳非必於其時稱之浩浩昊天求天之博施蒼天蒼天求天之高明昊天不弔求天之生殺當得其宜上天同雲求天之所為當順其時也此之求天猶人之說事各從其主耳若察於是則堯命羲和欽若昊天孔丘卒旻天不弔無可怪耳是鄭和合二說之事也爾雅春為蒼天夏為昊天歐陽說春為昊天夏為蒼天鄭既言爾雅不誤當從爾雅而又從歐陽說以春昊夏蒼者鄭讀爾雅與孫郭本異故許慎既載今尚書說即言爾雅亦云明見爾雅與歐陽說同雖蒼昊有春夏之殊則未知孰是要二說理相符合故鄭和而釋之○四時○釋曰此題上事也言上所陳是四時天之名也題之在下者若周公踐阼及詩篇章句皆篇末題之故

此亦爾白虎通云歲時何謂春秋冬夏也時者期也陰陽消息之期也鄉飲酒義云春之為言蠢也產萬物者聖也夏之為言假也養之長之假之仁也秋之為言揫也揫之以時察守義者也冬之為言中也中者藏也

○春為青陽。氣清而溫陽　夏為朱明。氣赤而光明　秋為白藏。氣白而收藏　冬為玄英。氣黑而清英　四氣和謂之玉燭。道光照　春為發生。夏為長嬴。秋為收成。冬為安寧。此亦四時之別號尸子皆以為太平祥風　四時和為通正。通平暢也　謂之景風。所以致景風　甘雨時降。萬物以嘉。莫不善之　謂之醴泉。所以出醴泉　祥。

【疏】春為至醴泉。○釋曰此釋太平之時四氣和暢以致嘉祥之事也云春為青陽者言春之氣和則青而溫陽也云夏為朱明者言夏之氣和則赤而光明也云秋為白藏者言秋之氣和則色白而收藏也云冬為玄英者言冬之氣和則黑而清英也云四氣和謂之玉燭注云道光照者道言也言四時和氣溫潤明照故曰玉燭李巡云人君德美如玉而明若燭聘義云君子比德於玉焉是知人君若德輝動於內則和氣應於外統而言之謂之玉燭也云春為發生夏為長嬴秋為收成冬為安寧者此亦四時之別號也云四時和為通正者言上四時之功和是為通暢平正也云謂之景風者言所以致景風景風即和風也云甘雨時降萬物以嘉者嘉善也甘雨即時雨也不為萬物所苦故曰甘若月令云苦雨數來則非甘也甘雨既以時降則萬物莫不嘉善之也云謂之醴泉者言四時平暢亦所以使地出醴泉也醴泉者水泉味甘如醴也云祥者亦題上事也祥吉也善也言此上皆太平之吉祥也○注此亦至祥風○釋曰云此亦四時之別號者言與上青陽等同為四時別號故云亦也上據氣而言此據功為說云尸子皆以為太平祥風者案尸子仁意篇述太平之事云燭於玉燭飲於醴泉暢於永風春為青陽夏為朱明秋為白藏冬為玄英四氣和為正光此之謂玉燭甘雨時降萬物以嘉高者不少下者不多此之謂醴泉其風春為發生夏為長嬴秋為方盛冬為安靜四氣和為通正此之謂永風是也○注所以出醴泉○釋曰案援神契云德及於天斗極明日月光甘露降德至深泉則黃龍見醴泉湧是言玉者脩德以召和平則致景風醴泉也案此經所釋即謂發生等為景風時雨為醴泉而郭云所以致景風醴泉者所以弘通其義也

○穀不熟為饑。五穀不成　蔬不熟為饉。凡草菜可食者通名為蔬　果不熟為荒。果木子　仍饑為荐。連歲不熟左傳曰今又荐饑○荐賤　災。

【疏】穀不至為荐。○釋曰此釋歲凶災荒之名也穀謂五穀黍稷麻麥豆也孰成也五穀不成曰饑郭云凡草菜可食者通名蔬李巡曰可食之菜皆不熟為饉周禮天官大宰職云以九職任萬民八曰臣妾聚斂疏材鄭玄云疏材百草根實可食者小雅云降喪饑饉襄十四年穀梁傳曰一穀不升謂之嗛二穀不升謂之饑三穀不升謂之饉四穀不升謂之康五穀不升謂之大饑又謂之大侵彼以五穀熟之多少立差等之名其實五者皆是饑也三穀不升於民之困蓋與蔬不熟同故俱名為饉也果木子也不成熟之歲名荒仍因也相因而饑謂連歲不熟也僖十三年晉荐饑是也云災者亦題上事也下皆做此○注左傳曰今又荐饑○釋曰此晉語文也左丘明既作傳以解春秋又采簡牘以作國語其文不

主於經故謂之外傳俱是丘明所作亦得云左傳曰案彼云晉饑乞糴於秦丕豹曰晉君無禮於君衆莫不知往年有難今又荐饑已失人又失天其殃也多矣君其伐之勿與糴是其事也○大歲在甲曰閼逢。在乙曰旃蒙。在丙曰柔兆。在丁曰強圉。在戊曰著雍。在己曰屠維。在庚曰上章。在辛曰重光。在壬曰玄黓。在癸曰昭陽。閼烏割切著直畧切重直龍切黓音亦歲陽。○大歲在寅曰攝提格。在卯曰單閼。在辰曰執徐。在巳曰大荒落。在午曰敦牂。在未曰協洽。在申曰涒灘。在酉曰作噩。在戌曰閹茂。在亥曰大淵獻。在子曰困敦。在丑曰赤奮若。牂音臧洽夾涒湯昆切噩五各切閹音俺敦頓〔疏〕太歲在甲至赤奮若○釋曰此別太歲在日在辰之名也甲至癸為十日日為陽寅至丑為十二辰辰為陰案漢書律厤志云迺以前厤上元泰初四千六百二十七歲至於元封七年復得閼逢攝提格之歲中冬孟康曰言復得者上元泰初時亦是閼逢之歲歲在甲曰閼逢在寅曰攝提格此謂甲寅之歲也然則乙卯之歲曰旃蒙單閼丙辰之歲曰柔兆執徐丁巳之歲曰強圉大荒落戊午之歲曰著雍敦牂己未之歲曰屠維協洽庚申之歲曰上章涒灘辛酉之歲曰重光作噩壬戌之歲曰玄黓閹茂癸亥之歲曰昭陽大淵獻甲子之歲曰閼逢困敦乙丑之歲曰旃蒙赤奮若以此推之周而復始可知載歲也。夏曰歲。取歲星行一次商曰祀。取四時一終周曰年。取禾一熟唐虞曰載。取物終更始歲名。〔疏〕載歲也至曰載○釋曰別年歲之名也載即歲也白虎通云王者受命而改正朔者明易姓示不相襲也明受之於天不受之於人所以變易民心革其耳目以則化也然則歲名變易理亦同此故夏曰歲取歲星行一次夏書曰每歲孟春遒人以木鐸徇于路是也商曰祀取四時一終則以祀者嗣也取其與來往之義孫炎曰取四時祭祀一訖商書曰惟元祀十有二月乙丑伊尹祠于先王是也周曰年者取禾一熟也案說文云季穀熟也從禾千聲春秋曰大有年然則年者禾熟之名每歲一熟故以為歲名左傳曰卜年七百是也唐虞曰載載始也取物終更始堯典曰朕在位七十載舜典曰五載一巡守是也○注取歲星行一次○釋曰案律厤志分二十八宿為十二次晉灼注天文志云太歲在四仲則歲行三宿太歲在四孟四季則歲行二宿二八十六三四十二而行二十八宿十二歲而周天是歲星年行一次也○月在甲曰畢。在乙曰橘。在丙曰修。在丁曰圉。在戊曰厲。在己曰則。在庚曰窒。在辛曰塞。在壬曰終。在癸曰極。窒知乙切塞先北切月陽。○正月為陬。離騷云攝提貞於孟陬二月為如。三月為寎。四月為余。五月為皋。六月為且。七月為相。八月為

壯。九月為玄。國語云至於玄月是也○寎孚柄切且子余切相息亮切十月為陽。純陰用事嫌於無陽故以名云十一月為辜。十二月為涂。皆月之別名自歲陽至此其事義皆所未詳通者故闕而不論○涂音徒月名。〔疏〕月在甲至月名○釋曰此辨以日配月之名也設若正月得甲則曰畢陬二月得乙則曰橘如三月得丙則曰脩寎四月得丁則曰圉余五月得戊則曰厲皋六月得己則曰則且七月得庚則曰窒相八月得辛則曰塞壯九月得壬則曰終玄十月得癸則曰極陽十一月得甲則曰畢辜十二月得乙則曰橘涂周而復始亦可知也若史記厤書云月名畢聚也○注離騷至孟陬之○釋曰離騷者屈原之所作也屈原與楚同姓仕懷王為三閭大夫為大夫靳尚所譖毀見疏乃作離騷經離別也騷愁也言已放逐離別心中愁思猶陳正道以諷諫君也其經曰帝高陽之苗裔兮朕皇考曰伯庸攝提貞於孟陬兮惟庚寅吾以降彼注云言已生得陰陽之正中是引之以証正月為陬之義○注國語至是也○釋曰此越語文也案彼云越王將伐吳范蠡諫曰王姑待之至於玄月王召范蠡而問焉彼注云魯哀公十六年九月也至十七年三月越伐吳是也引之以證九月為玄也○注純陰至名云○釋曰純陰用事嫌於無陽故以名云者以易言之五月一陰生十月純坤用事故云純陰用事也云嫌者君子愛陽而惡陰故以陽名之無陽而得陽名者以分陰分陽迭用柔剛十二月之消息見其用事耳其實陰陽常有詩緯曰陽生酉仲陰生戌仲是十月中兼有陰陽也四月秀萋靡草死豈無陰乎明陰陽常兼有也詩小雅云日月陽止是也○注皆月至不論○釋曰言正月為陬已下皆月之別名云自歲陽至此者謂自閼逢以下也云其事義皆所未詳通者案李巡孫炎雖各有其說皆構虛不經疑事無質故闕而不論○南風謂之凱風。詩曰凱風自南東風謂之谷風。詩云習習谷風北風謂之涼風。詩云北風其涼西風謂之泰風。詩云泰風有隧焚輪謂之穨。暴風從上下○穨徒回切扶搖謂之猋。暴風從下上○猋必遙切風與火為庉。庉庉熾盛之貌○庉徒袞切迴風為飄。旋風也○飄音飄日出而風為暴。詩云終風且暴風而雨土為霾。詩云終風且霾○雨音預陰而風為曀。詩云終風且曀○曀於計切天氣下、地不應曰雺。言蒙昧○應音膺地氣發、天不應曰霧。霧謂之晦。言晦冥螮蝀謂之雩。螮蝀虹也。俗名為美人虹江東呼雩○螮音帝蝀丁孔切雩于句切蜺為挈貳。蜺雌虹也見離騷挈貳其別名見尸子○挈若結切弇日為蔽雲。即暈氣五彩覆日也○弇掩疾雷為霆霓。雷之急激者謂霹靂○霆廷霓宜雨霓為霄雪。詩云如彼雨雪先集維霰霰水雪雜下者謂之消雪○霓醉見切暴雨謂之涷。今江東人呼夏月暴雨為涷雨離騷云令飄風兮先驅使涷雨兮灑塵是也○涷音東西之東小雨謂之霢霂。詩云益之以霢霂○霢墨霂木久雨謂之淫。左傳曰天作淫雨淫謂之霖。雨自三日已上

為霖濟謂之霽。今南陽人呼雨止為霽○濟音薺霽徂計切風雨。〔疏〕南風至風雨○釋曰此釋風雨之名也易曰風以動之雨以潤之又曰潤之以風雨洪範曰月之從星則以風雨然則風雨相將之物故此類聚而釋之也○南風謂之凱風者李巡曰南風長養萬物萬物喜樂故曰凱風凱樂也郭氏無說義或當然詩邶風云凱風自南是也○東風謂之谷風者孫炎曰谷之言穀穀生也谷風者生長之風也詩邶風云習習谷風是也○北風謂之涼風者北風一名涼風言北方寒涼之風也月令孟秋之月涼風至詩邶風云北風其涼是也○西風謂之泰風者孫炎曰西風成物物豐泰也詩大雅桑柔云泰風有隧是也○焚輪謂之頹者李巡曰焚輪暴風從上來降謂之頹頹下也孫炎曰迴風從上下曰頹郭云暴風從上下與李同也詩小雅云習習谷風維風及頹是也○扶搖謂之猋者李巡曰扶搖暴風從下升上故曰猋猋上也孫炎曰迴風從下上曰猋郭云暴風從下上亦用李說莊子說鵬云摶扶搖而上者九萬里月令孟春行秋令則猋風暴雨摠至是也○風與火為庉者郭云庉庉熾盛之貌言風自火出火因風熾而有大風者為庉○迴風為飄者郭云旋風也李巡曰一曰飄風別二名也詩蓼莪云飄風發發是也○日出而風為暴者孫炎云陰雲不興而大風暴起然則為風之暴疾故詩邶風云終風且暴毛傳云暴疾也○風而雨土為霾者孫炎曰大風揚塵土從上下也詩邶風云終風且霾是也○陰而風為曀者孫炎曰雲風曀日光詩邶風云終風且曀是也○天氣下地不應曰雺者郭云言蒙昧洪範云曰雺鄭注云雺聲近蒙詩零雨其濛則是[illegible]氣發天不應曰霧[illegible]令氣霧冥冥鄭云[illegible]不應之則為氛霧[illegible]之廟公羊穀梁皆云晦冥也[illegible]者郭云俗名美人虹江東呼雩然則螮蝀一名雩一名虹詩鄘風云螮蝀在東月令季春之月虹始見音義云虹雙出色鮮盛者為雄雄曰虹闇者為雌雌曰蜺虹是陰陽交會之氣純陰純陽則虹不見若雲薄漏日日照雨滴則虹生螮與蝃音義同○蜺為挈貳者蜺雌虹也一名挈貳說文云蜺屈虹青赤或白色陰氣也郭云見離騷者即天問云白蜺嬰茀胡為此堂及遠遊章云雌蜺便娟以會橈兮是也挈貳其別名也文見尸子○弇日為蔽雲者郭云即暈氣五彩覆日也然則暈氣弇日名蔽雲周禮春官眡祲掌十輝之法鄭司農云輝謂日光焉是也○疾雷為霆霓者郭云雷之急擊者謂霹靂案說文云霆雷餘聲也鈴鈴所以挻出萬物也又云震劈歷振物者然則疾雷一名霆霓又名震春秋震夷伯之廟謂劈歷破之是也霹靂俗字也○雨霓為霄雪者霓水雪雜下也因名霄雪霄即消也詩小雅頍弁云如彼雨雪先集維霰鄭箋云將大雨雪始必微溫雪自上下遇溫氣而摶謂之霰案大戴禮曾子云陽之專氣為霰陰之專氣為雹盛陽之氣在雨水則溫暖為陰氣薄而脅之不相入則摶為雹也盛陰之氣在雨水則凝滯而為雪陽氣薄而脅之不相入則消散而下因水而為霰是霰由陽氣所薄而為之故鄭言遇溫氣而搏也霓與霰音義同○暴雨謂之涷者暴雨謂[illegible]雨也一名涷郭云今江東人呼夏月暴雨為涷雨離騷云令飄風兮先驅使涷雨兮灑塵是也者此離騷九歌大司命文案彼云廣開兮天門紛吾乘兮玄雲令飄風兮先驅使涷雨兮灑塵是也○小雨謂之霢霂者小雨一名霢霂小雅信南山云益之以霢霂是也李巡云冰雪俱下案此文上有暴雨下云久雨於中間無雪事而云冰雪俱下妄矣○久雨謂之淫者淫

過也久雨過多害於五稼故謂之淫月令季春行秋令則天多沈陰淫雨早降謂久雨也注云左傳曰天作淫雨者莊十一年傳文也○淫謂之霖者淫雨又名霖也郭云雨自三日已上爲霖者隱九年左傳文也○濟謂之霽者濟止也雨止名霽郭云今南陽人呼雨止爲霽書云曰霽云風雨者題上事也

○壽星角亢也。數起角亢列宿之長故曰壽○亢音剛天根氐也。角亢下繫於氐若木之有根○氐音低天駟房也。龍爲天馬故房四星謂之天駟大辰房心尾也。龍星明者以爲時候故曰大辰大火謂之大辰。大火心也在中最明故時候主焉析木謂之津。即漢津也○析昔箕斗之間漢津也。箕龍尾斗南斗天漢之津梁星紀斗牽牛也。牽牛斗者日月五星之所終始故謂之星紀玄枵虛也。虛在正北北方色黑枵之言耗耗亦虛意○枵許嬌切顓頊之虛虛也。顓頊水德位在北方○顓專頊旭北陸虛也。虛星之名凡四○虛墟營室謂之定。定正也作宮室皆以營室中爲正○定多佞切娵觜之口營室東壁也。營室東壁星四方似口因名云○娵子余切觜咨降婁奎婁也。奎爲溝瀆故名降○降戶江切大梁昴也西陸昴也。昴西方之宿別名旄頭濁謂之畢。掩兔之畢或呼爲濁因星形以名咮謂之柳。咮朱鳥之口○咮猪究切柳鶉火也鶉鳥名火屬南方北極謂之北辰。北極天之中以正四時何鼓謂之牽牛。今荆楚人呼牽牛星爲檐鼓檐者荷也○何胡可切明星謂之啓明。太白星也晨見東方爲啓明昏見西方爲太白○启啓彗星爲欃槍。亦謂之孛言其形孛孛似埽彗○欃初銜槍初庚奔星爲彴約。流星○彴蒲握切約音藥星名。

疏壽星至星名○釋曰此別星名也案周禮保章氏以星土辨九州之地所封封域皆有分星以觀妖祥鄭玄注云大界則曰九州諸國之封域於星亦有分焉其書亡矣堪輿雖有郡國所入度非古數也今其存可言者十二次之分也星紀吳越也玄枵齊也娵訾衛也降婁魯也大梁趙也實沈晉也鶉首秦也鶉火周也鶉尾楚也壽星鄭也大火宋也析木燕也又漢書律麻志東方角亢氐房心尾箕北方斗牛女虛危室壁西方奎婁胃昴畢觜參南方井鬼柳星張翼軫宿凡二十八此經所釋次惟有九宿惟十七者以爾雅之作釋六藝所載者所不載者則闕焉○壽星角亢也者言壽星之次值角亢之宿也郭云數起角亢列宿之長故曰壽天文志云東宮蒼龍左角理右角將大角天王帝坐廷亢爲宗廟是也○天根氐也者氐一名天根郭云角亢下繫於氐若木之有根國語曰天根見而水涸是也○天駟房也者房一名天駟也郭云龍爲天馬故房四星謂之天駟天文志曰房爲天府曰天駟國語曰月在天駟是也○大辰房心尾也者大辰房心尾之揔名也辰時也郭云龍星明者以爲時候故曰大辰春秋昭十七年冬有星孛於大辰是也○大火謂之大辰者大火大辰之次名也李巡云大火蒼龍宿心以候四時郭云大火心也在中最明故時候主焉左傳曰心爲大火是也○析木謂之津箕斗之間漢津也者析木之津箕斗之次名也孫炎曰析別水木以箕斗之間是天漢之津也劉炫謂是天漢即天河也天河在箕斗二星之間箕在東方木位斗在北方水位分析水木以箕星爲隔隔河須津梁以度故謂此次爲析木之津也不言析水而言析木者此次自南而盡北故依此次而名析木也郭云箕龍尾斗南斗天漢之津梁以四方皆有七宿各成一形東方成龍形西方成虎形皆南首而北尾南方成鳥形北方成龜形皆西首而東尾箕在蒼龍之末故云龍尾斗至南方即見故云南斗昭八年左傳曰今在析木之津國語曰日在析木之津者是也案經典但有析木之津無析木謂之津今定本有謂字因注云即漢津也誤矣○星紀斗牽牛也者星紀斗牛之次也郭云牽牛斗者日月五星之所終始故謂之星紀左傳曰歲在星紀是也○玄枵虛也者玄枵虛之次名也郭云虛在正北北方色黑枵之言秏秏亦虛意然則以其色黑而虛秏故名其次曰玄枵案襄二十八年左傳云春無冰梓愼曰今茲宋鄭其饑乎歲在星紀而淫於玄枵以有時蓄陰不堪陽蛇乘龍龍宋鄭之星也宋鄭必饑玄枵虛中也枵秏名也土虛而民秏不饑何爲顓項之虛也郭云顓頊水德位在北方然則以北方三次以玄枵爲中玄枵次有三宿又虛在其中以水位在北顓頊居之故謂玄枵虛星爲顓頊之虛也昭十年左傳云鄭裨竈言於子產曰今茲歲在顓頊之虛是也○北陸虛也者虛星又謂之北陸也孫炎曰陸中也北方之宿虛爲中也昭四年左傳云古者日在北陸而藏冰杜注云陸道也陸之爲中爲道皆無正訓各以意耳要以虛爲北方中星宿是日行之道故謂之北陸郭云虛星之名凡四者玄枵也虛也顓頊之虛也北陸也○營室謂之定室者營室一名定郭云定正也作宮室皆以營室中爲正詩鄘風云定之方中作于楚宮鄭箋云定星昏中而正於是可以營制官室故謂之營室娵訾之口營室東壁也者娵訾室壁之次也壁居南則在室東孫炎曰娵訾之歎則口開方營室東壁四方似口故因名也郭云營室東壁星四方似口因名云由其營室與東壁相成故得正四方襄三十年左傳云歲在娵訾之口是也○降婁奎婁也者降婁奎婁之次名也孫炎曰降下也奎爲溝瀆故稱降也郭云奎爲溝瀆故名降者漢書天文志云奎曰封豨爲溝瀆是也案襄三十年左傳曰鄭公孫揮與裨竈晨過伯有氏其門上生莠子羽曰其莠猶在乎於是歲在降婁降婁中而旦裨竈指之曰猶可以終歲歲不及此次也已及其亡也歲在娵訾之口其明年乃及降婁是也○大梁昴也西陸昴也者大梁昴之次名也昴西方之宿名也昴又謂之西陸昭四年左傳云古者日在北陸而藏冰西陸朝覿而出之又十一年傳云歲及大梁蔡復楚凶是昴星之名凡三郭云昴西方之宿別名旄頭者天文志云昴曰旄頭胡星也是矣○濁謂之畢者畢西方之宿名一名濁郭云掩兔之畢或呼爲濁因星形以名詩小雅云有捄天畢毛傳云捄畢貌畢所以掩兔也特牲饋食禮曰宗人執畢鄭注云畢狀如乂蓋爲其似畢星取名焉然則掩兔祭器之畢俱象畢星爲之但掩兔之畢施網爲異爾○咮謂之柳柳鶉火也者柳南方之宿名南方七宿共爲朱鳥之形柳爲朱鳥之口故名咮咮即朱鳥之口也鶉火柳之次名也鶉即朱鳥也火屬南方行也因名其次爲鶉火襄九年左傳曰晉侯問於士弱曰吾聞之宋災於是乎知有天道何故對曰古之火正或食於心或食於咮以出內火是故咮爲鶉火心爲大火是也○北極謂之北辰者極中也辰時也居天之中人望之在北因名北極斗杓所建以正四時故云北辰論語云爲政以德譬如北辰是也○何鼓謂之牽牛者李巡云何鼓牽牛皆二十八宿名也孫炎曰何鼓之旗十二星在牽牛北也或名爲何鼓亦名牽牛如此文則牽牛何鼓一星也如李巡孫炎之意則二星今不知其同異也案漢書天文志牽牛爲犧牲其北河鼓河鼓大星上將左右將左右將亦以牽牛河鼓爲二星郭云今荆楚人呼牽牛星爲檐鼓檐者荷也順經爲說以時驗而言也○明星謂之啓明者孫炎曰明星大白也出東方高三舍今日明星昏出西方高三舍今日太白郭云太白星也晨見東方爲啓明昏見西方爲太白然則啓明是太白矣詩小雅云東有啓明西有長庚長庚不知是何星也或以星出在東西而異名或二者別星未能審也○彗星爲欃槍者彗星一名欃槍漢書天文志云歲星贏而東南石氏見彗星甘氏不出三月迺生彗本類星末類彗長二丈贏東北石氏見覺星甘氏不出三月迺生天棓本類星末銳長四尺縮西南石氏見欃雲如牛甘氏不出三月迺生天槍左右銳長數丈縮西北石氏見槍雲如馬甘氏不出三月迺生天欃本類星末銳長數丈石氏槍欃棓彗異狀其殃一也郭云亦謂之孛言其形孛孛似埽彗春秋左氏傳昭十七年冬有星孛于大辰西及漢申須曰彗所以除舊布新也公羊傳孛者何彗星也彗謂帚也言其狀似埽帚光芒孛孛然妖變之星非常所有故言孛又言彗也○奔星爲彴約者奔星即流星也一名彴約星名題上事也

○春祭曰祠。祠之言食夏祭曰礿。新菜可汋秋祭曰嘗。嘗新穀冬祭曰蒸。進品物也祭天曰燔柴。既祭積薪燒之○燔音煩祭地曰瘞薶。既祭埋藏之祭山曰庪縣。或庪或縣置之於山山海經曰縣以吉玉是也○庪居委反縣玄祭川曰浮沈。投祭水中或浮或沈祭星曰布。布散祭於地祭風曰磔。今俗當大道中磔狗云以止風此其象○磔音責是禷是禡。師祭也。師出征伐類於上帝禡於所征之地○禷類禡罵既伯既禱。馬祭也。伯祭馬祖也將用馬力必先祭其先禘大祭也。五年一大祭○禘大計切繹又祭也。祭之明日尋繹復祭周曰繹。春秋經曰壬午猶繹商曰肜。書曰高宗肜日夏曰復胙。未見義所出○胙音祚祭名。

疏春祭至祭名○釋曰此別四時及三代諸祭名也春祭曰祠夏祭曰礿秋祭曰嘗冬祭曰蒸者此四時之祭名也郭云祠之言食礿新菜可汋嘗嘗新穀蒸進品物也此皆周禮也殷以上則礿禘蒸嘗王制文是也至周公則去夏禘之名以春禴當之更名春曰祠故禘祫志云王制記先王之法度宗廟之祭春曰禴夏曰禘秋曰嘗冬曰蒸祫爲大祭於夏於秋於冬周公制禮乃改夏爲禴禘又爲大祭祭義注云周以禘爲殷祭更名春曰祠是祠禴嘗蒸之名周公制禮之所改也若然詩小雅云禴祠蒸嘗于公先王此文王之詩所以已得有制禮所改之名者然王者因革與世而遷事雖制禮大定要亦所改有漸易曰不如西鄰之禴祭鄭注爲夏祭之名則文王時已改言周公者據制禮大定言之耳○祭天曰燔柴者祭天名燔柴祭法云燔柴於泰壇祭天也郭云既祭積薪燒之大宗伯云以禋祀祀昊天上帝以實柴祀日月星辰以槱燎祀司中司命飌師雨師鄭云禋之言煙周人尚臭煙氣之臭聞者槱積也詩曰芃芃棫樸薪之槱之三祀皆積柴實牲體焉或有玉帛燔燎而升煙所以報陽也然則祭天之禮積柴以實牲體玉帛而燔之使煙氣之臭上達於天因名祭天曰燔柴也○祭地曰瘞薶者祭地名瘞薶祭法云瘞埋於泰折祭地也然則祭神州地祇於北郊瘞繒埋牲因名祭地曰瘞薶李巡曰祭

地以玉埋地中曰瘞薶孫炎曰瘞者翳也既祭翳藏地中○祭山曰庪縣者庪縣祭山之名也庪謂埋藏之大宗伯云以貍沈祭山林川澤鄭注云祭山林曰埋是也縣謂縣其牲幣於山林中因名祭山曰庪縣郭云或庪或縣置之於山是也又云山海經曰縣以吉玉是也者案中山經云歷兒冢也其祠禮毛大牢之具縣以吉玉彼注云縣祭山之名是也○祭川曰浮沈者浮沈祭川之名也郭云投祭水中或浮或沈大宗伯云以貍沈祭山林川澤鄭注云祭川澤曰沈順其性之含藏是也○祭星曰布者李巡曰祭星者以祭布露地故曰布孫炎曰既祭布散於地似星布列也郭云布散祭於地○祭風曰磔者磔謂披磔牲體象風之散物因名云郭云今俗當大道中磔狗云以止風此其象○是類是禡師祭也者是類是禡詩大雅皇矣篇文也師祭也作者所以解詩也言用師出征之祭名也郭云師出征伐類於上帝禡於所征之地者王制云天子將出征類乎上帝禡於所征之地是也言類乎上帝則類祭祭天也祭天而謂之類者尚書夏侯歐陽說以事類祭之在南方就南郊祭之春官肆師注云類禮依郊祀而爲之是用尚書說爲義也禡之所祭其神不明肆師云凡四時之大田獵祭表貉則爲位注云貉師祭也於立表處爲師祭祭造軍法者禱氣勢之增倍也其神蓋蚩尤或曰黃帝又甸祝掌四時之田表貉之祝號杜子春云貉兵祭也甸以講武治兵故有兵祭皆兵之禮故貉祭禱氣勢之十百而多獲由此二注言之則禡祭造兵爲軍法者爲表以祭之禡周禮作貉貉又或爲貊字古今之異也貉之言百祭祀此神求獲百倍○既伯既禱馬祭也者既伯既禱詩小雅吉日篇文也馬祭也作者所以釋詩也毛傳云伯馬祖也重物愼微將用馬力必先爲之禱其祖禱禱獲也郭云伯祭馬祖也將用馬力必先祭其先知伯是祭馬祖者爲馬而祭故知馬祖謂之伯者伯長也馬祖始是長也鄭注周禮云馬祖天駟房也彼注云龍爲天馬故房四星謂之天駟馬國之大用王者重之故夏官校人春祭馬祖夏祭先牧秋祭馬社冬祭馬步注云馬祖天駟上文云天駟先牧始養馬者馬社始乘馬者馬步神爲災害馬者既四時各有所爲祭之馬祖祭之在春其常也而將用馬力則又用彼禮以禱之○禘大祭也者經傳之文稱禘非一其義各殊論語云禘自既灌及春秋禘于太廟謂宗廟之祭也喪服小記云王者禘其所自出也及大傳云禮不王不禘謂祭感生之帝於南郊也祭法云周人禘嚳而郊稷謂祭昊天於圜丘也以此比餘處爲大祭揔得稱禘宗廟謂之禘者禘諦也言使昭穆之次審諦而不亂也祭天謂之禘者亦言使典禮審諦也郭云五年一大祭者出禮緯文知非祭天之禘者以此文下云繹又祭也爲宗廟之祭知此亦宗廟之祭也○繹又祭也者又復也繹復祭之名也郭云祭之明日尋繹復祭公羊傳云繹者何祭之明日也穀梁傳云繹者祭之旦日之享賓也天子諸侯謂之爲繹少牢饋食大夫之禮也謂之賓尸與祭同日若然是亦與賓尸事不同矣而詩頌絲衣序云繹賓尸者繹祭之禮主爲賓事此尸但天子諸侯禮大異日爲之別爲立名謂之爲繹言其尋繹昨日卿大夫禮小同日爲之不別立名直指其事謂之賓尸耳此序言繹者是此祭之名賓尸是其祭之事故特詳其文也然又祭之名三代各異周名繹商名肜夏名復胙郭云春秋經曰壬午猶繹者宣八年經文也又云書曰高宗肜日商書篇也孫炎云肜日相尋不絕之意也曰復胙者郭云未見義所出以夏之典訓無言復胙名者是未見義所出也詩傳及詩箋亦無此一句說者云胙是祭肉也以祭之旦日復陳其祭肉以賓尸也未知然不祭名者以題上事也○**春獵爲蒐。**搜索取不任者○蒐音搜

夏獵爲苗。爲苗稼除害**秋獵爲獮。**順殺氣也○獮息淺切**冬獵爲狩。**得獸取之無所擇○狩羊又反**宵田爲獠。**管子曰獠獵畢弋今江東亦呼獵爲獠音遼或曰即今夜獵載鑪照也**火田爲狩。**放火燒草獵亦爲狩**乃立冢土。戎醜攸行。**冢土大社戎醜大衆**起大事。動大衆。必先有事乎社而後出。謂之宜。**有事祭也周官所謂宜乎社**振旅闐闐。**振旅整衆闐闐羣行聲○闐音田**出爲治兵。尚威武也。**幼賤在前貴勇力**入爲振旅。反尊卑也。**尊老在前復常儀也**講武。**〔疏〕春獵至講武○釋曰此說田獵習武之事也云春獵爲蒐夏獵爲苗秋獵爲獮冬獵爲狩者此四時田獵之名也郭云蒐搜索取不任者苗爲苗稼除害獮順殺氣也狩得獸取之無所擇隱五年左傳文與此同杜注云蒐索擇取不孕者苗爲苗除害也獮殺也以殺爲名順秋氣也狩圍守也冬物畢成獲則取之無所擇也周禮大司馬職中春教振旅遂以蒐田中夏教茇舍遂以苗田中秋教治兵遂以獮田中冬教大閱遂以狩田其名亦與此同鄭玄解苗田與此小異言擇取不孕任者若治苗去不秀實者孫炎亦然桓四年公羊傳曰春曰苗秋曰蒐冬曰狩三名既與禮異又復夏時不田穀梁傳曰四時之田皆爲宗廟之事也春曰田夏曰苗秋曰蒐冬曰狩皆與禮異者良由微言既絕曲辨妄生左丘明親受聖師爾雅者或云子夏所作故二者與禮合漢代古學不行明帝集諸學士作白虎通義因穀梁之文爲之其說曰王者諸侯所以田獵何爲苗除害上以共宗廟下以簡集士衆也春謂之田何春歲之本舉本名而言之也夏謂之苗何擇去懷任者也秋謂之蒐何蒐索肥者也冬謂之狩何守地而取之也四時之田揔名爲田何爲田除害也案苗非懷任之名何云擇去懷任秋獸盡皆不瘦何云蒐索取肥雖名通義義不通也故先儒皆依周禮左傳爾雅之文而爲之說其名亦不意焉雖復春獵獲則取之不能擇取不孕夏獵所取無多有能爲苗除害爲因時異而變文耳謂之獵者蔡邕月令章句云獵者捷取之名也○宵田爲獠者宵夜也夜獵名獠郭云管子曰獠獵畢弋者案管子四稱篇管仲對桓公曰昔者無道之君誅其良臣敖其婦女獠獵畢弋暴遇諸父者是也又云今江東亦呼獵爲獠者以時驗而言也或曰即今夜獵載鑪照也者亦得爲一義故復引之○火田爲狩者郭云放火燒草獵亦爲狩言與冬獵同名故云亦也李巡孫炎皆云放火燒草守其下風周禮羅氏蜡則作羅襦鄭云襦細密之羅此時蟄者畢矣可以羅罔圍取禽也今俗放火張羅其遺教禮記王制云昆蟲未蟄不以火田則是已蟄得火田也○乃立冢土戎醜攸行者此詩大雅緜篇文也郭云冢土大社戎醜大衆郊特牲云社所以神地之道也禮運云命降於社之謂殽地是社爲土之神也冢詁爲大土爲社主故知冢土大社也釋詁云戎大也醜衆也故云戎醜大衆也○起大事動大衆必先有事乎社而後出謂之宜者此作者既引詩文於上然後爲此辭以釋之也孫炎曰大事兵也有事祭也宜求見使祐也此文本解戎醜攸行之意言國家起發軍旅之大事以興動其大衆必先有祭祀於社社而後出行其祭之名謂之爲宜以師行必須宜祭以告社故言戎醜攸行也成十三年左傳曰國之大事在祀與戎故兵爲大事也春秋昭十五年有事於武宮雜記云有事於上帝皆是祭事故謂祭爲有事以兵凶職危慮有負敗祭之以求其福宜故謂之宜王制云天子將出宜乎社是也郭云周官所謂宜乎社者春官大祝職云出師宜于社造于祖是也○振旅闐闐者此詩小雅采芑篇文也鄭箋云至戰止將歸又振旅伐鼓闐闐然振猶止也旅衆也郭云振旅整衆闐闐羣行聲也出爲治兵尚威武也入爲振旅反尊卑也者此亦作者釋上詩文也古者春教振旅秋教治兵以戎是大事又三年一教隱五年左傳曰三年而治兵入而振旅是也征伐之時出軍至對陳用治兵禮戰止至還歸用振旅法名異而禮同也以此出當用之故以脩治兵事爲名入則休息故以整衆爲名其治兵振旅之名周禮左傳穀梁與此皆同惟公羊以治兵爲祠兵其禮治兵則幼賤在前振旅則尊者在前郭云幼賤在前貴勇力也尊老在前復常儀也講武者題上事也言皆所以講習武事也○

素錦綢杠。以白地錦韜旗之竿○杠音江**纁帛縿。**纁帛絳也縿衆旒所著○纁音勳縿音衫**素陞龍于縿。**畫白龍於縿令上向**練旒九。**練絳也**飾以組。**用綦組飾旒之邊**維以縷。**用朱縷維連持之不欲令曳地周禮曰六人維王之大常是也**緇廣充幅。長尋曰旐。**帛全幅長八尺○廣上曠長直亮**繼旐曰旆。**帛續旐末爲燕尾者義見詩○旐音兆**注旄首曰旌。**載旄於竿頭如今之幢亦有旒**有鈴曰旂。**縣鈴於竿頭畫蛟龍於旒**錯革鳥曰旟。**此謂合剝鳥皮毛置之竿頭即禮記云載鴻及鳴鳶○旟餘**因章曰旃。**以帛練爲旒因其文章不復畫之周禮云通帛爲旃**旌旂。**〔疏〕素錦至旌旂○釋曰此別旌旂之異名也素錦綢杠者自此至維以縷說旂之制也綢韜也杠竿也先以白地錦韜旂之竿禮記所謂綢練設旐夏也則以纁帛著於素錦名縿縿即衆旒所著者陞上也又畫白龍於縿令上向又練絳帛爲旒九以著於縿飾旒之邊用綦組維持其旒使不曳地以朱縷詩鄘風云素絲紕之鄭箋云素絲者以爲縷以縫紕旌旗之旒縿或以維持之是也郭云周禮曰六人維王之大常者夏官節服氏職文後鄭注云維之以縷王旌十二旒兩兩以縷綴連旁三人持之禮天子旌曳地鄭司農云維持之是也廣雅云天子杠高九仞諸侯七仞大夫五仞天子十二斿至地諸侯九斿至軫卿大夫七斿至軹士三斿至肩○緇廣充幅長尋曰旐者緇黑色也以黑色之帛廣全幅長八尺屬於杠名旐又以帛繼續旐末爲燕尾者名旆郭云義見詩者小雅六月云白旆央央是也○注旄首曰旌者李巡曰旄牛尾著竿首孫炎曰析五采羽注旄上也其下亦有旒縿郭云載旄於竿頭如今之幢亦有旒如是則竿之首有旄有羽也故周禮序官夏采注云夏采夏翟羽色禹貢徐州貢夏翟之羽有虞氏以爲綏後世或無故染鳥羽象而用之謂之夏采其職注云綏以旄牛尾爲之綴於幢上所謂注旄於竿首者也○有鈴曰旂者郭云縣鈴於竿頭畫交龍於旂司常云交龍爲旂又曰諸侯建旂然則旂者畫二龍於上一升一降相交又縣鈴於竿是諸侯之所建也詩小雅云旂旐央央是也○錯革鳥曰旟者孫炎云錯置也革急也畫急疾之鳥於縿也鄭志荅張逸亦云畫急疾之鳥隼以司常云鳥隼爲旟詩小雅云織文鳥章也郭云此謂合剝鳥皮毛置之竿頭者意與孫鄭少異云即禮記云載鴻及鳴鳶者案曲禮云前有水則載青旌前有塵埃則載鳴鳶前有車騎則載飛鴻前有士師則載虎皮前有摯獸則載貔貅鄭注云載謂舉於旌首以警衆也禮君行師從卿行旅從前驅舉此則士衆知所有所舉各以其類象青青雀水鳥鳶鳴則將風鳴取飛有行列也士師謂兵

熊虎取其有威勇也貔貅亦摰獸也。因章曰旜者孫炎曰因其繒色以爲旜章不畫之是也司常云通帛爲旜鄭注云通帛謂大赤從周正色無飾郭云以帛練爲旒因其文章不復畫之周禮云通帛爲旜者以因其文章通用絳帛隨義立名其實一也故引爲證。旌旂者九旗之名雖異旌旂爲之摠稱故以此題之案祭名講武旌旂俱非天類而亦在此者以皆王者大事又祭名則天曰燔柴講武則類於上帝旌旂則日月爲常他篇不可攝故繫之釋天也

爾雅注疏卷六挍勘記　阮元撰盧宣旬摘錄

爾雅疏卷第六 注疏本仍卷第五

釋天第八

天之言鎭也 注疏本鎭改顚非按此猶說文云天顚也鎭與顚皆眞聲下言居高理下爲人經紀並鎭守之義

三日宣夜舊說云 注疏本舊誤昔脫云

昕讀爲軒 注疏本爲改曰

但指諸星運轉 閩本監本毛本星下有之元本星字複

即以一日之行而爲一度 注疏本以誤日

地下萬五千里 浦鏜云萬上脫遊

地之下畔與天中平 注疏本脫平

但渾天之體 注疏本渾誤混

南極去北極 元本去誤星閩本監本毛本改至

則一百八十一度餘 注疏本同按八十一當作八十二

去南極九十一度餘 注疏本脫餘

天旁日四表之中 注疏本日改行非

地亦升降於天之中 注疏本脫之

至春末復正 元本同閩本剜改作春季監本毛本承之

冬季復正 元本同閩本冬上剜擠至字監本毛本排入

萬世不失九道謀 注疏本世改里非

立春星辰西遊日則東遊春分星辰西遊之極日東遊之極日與星辰相去三萬里立夏星辰北遊日則南遊夏至星辰北遊之極日南遊之極日與星辰相去三萬里 元本先立春次夏至春分立夏閩本監本毛本先立春次立夏春分夏至下文相去三萬里監本毛本同元本閩本三誤二按此舉春夏以該秋冬言四遊之極以明日與星辰相去之遠也立春春分立夏夏至以四時之敘言之注疏本倒錯不可讀

秋冬放此可知 注疏本放改倣

冬至日在斗則晝極短 元本斗誤升閩本剜擠作日在牽牛監本毛本作斗牛又注疏本晝作日

又於日與日相會 注疏本又作及

但月是陰精 元本但月誤餘此閩本因剜擠爲餘倣此月陰精監本毛本遂排入

辟九 注疏本辟改壁非

不更煩說 注疏本不更倒

既無正文可馮 元本同閩本監本毛本馮改憑

言氣皓旰 注疏本同單疏本雪牕本作晧旰釋文晧本亦作昊光明也日出也按此經作昊注作晧爲經注異文之證注仍作昊非說文晧日出皃从日告聲暤暤旰也从日皋聲晧暤蓋通今本從白訛

在上臨下而已 單疏本雪牕本同注疏本在上下衍而字

古詩八質 元本監本同閩本詩剜改時毛本承之

昊大貌 注疏本大誤天下其氣昊大同

故異義天號 注疏本天改同

蒼天蒼天 元本同閩本監本毛本改作悠悠蒼天

而又從歐陽之說 注疏本脫之

是四時天之名也 注疏本脫天

歲時者何 注疏本脫者

四氣和謂之玉燭 唐石經單疏本雪牕本同注疏本作四時非按邢疏引尸子云四氣和爲正光此之謂玉燭此經無爲正光故直言謂之玉燭

夏爲長嬴 唐石經單疏本雪牕本注疏本同釋文嬴本或作贏盧文弨刊本作本或作瀛石經考文提要作夏爲長嬴云從釋文

尸子皆以爲太平祥風 單疏本注疏本同雪牕本太作大釋文大平音泰或作太

四時和爲通正謂之景風 唐石經單疏本雪牕本同文選新刻漏銘注引作四氣和爲通正按此猶上文四氣和謂之玉燭也論衡是應篇引爾雅曰四氣和爲景星景風作景星無爲通正三字邢疏引尸子則云四氣和爲通正此之謂永風又尸子論衡文選注白帖卷一皆作四氣與上同唐石經上作四氣此作四時蓋非論衡引爾雅作景星尸子作永風永景聲相近

甘雨時降 唐石經雪牕本同論衡是應篇曰爾雅言甘露時降則今本作甘雨非

水泉味甘如醴也 此本下接云祥者亦題上事也祥吉也善也言此上皆大平之吉祥也二十三字次接○注此亦至祥風○釋曰云此亦四時之別號者云云蓋先釋經文都畢然後釋注也注疏本以上二十三字移配題下失其次矣

云尸子皆以爲太平祥風者 元本同閩本監本毛本云改注

四氣和爲正光 元本作四氣和正光照和下脫爲照字係剜擠閩本始排人監本毛本作四時和正光照更非按尸子作正光與上青陽朱明白藏元英韻元板困學記聞所引與此同

其雨時降 元本同閩本監本毛本其作甘此據爾雅改尸子也尸子此云其雨時降萬物以嘉下云其風春爲發生夏爲長嬴是其風其雨對文之證

穀不熟爲饑 唐石經單疏本雪牕本元本閩本監本毛本同釋文饑本或作饉饑改飢下仍饑爲荐注及疏同釋文饑本或作飢

詩小雅云 注疏本脫詩

襄十四年穀梁傳 浦鏜云二十四年

一穀不升謂之嗛 注疏本嗛作歉此與穀梁傳同

四穀不升謂之康 注疏本康改荒此與穀梁傳同

相因而饑謂連歲不熟也 元本監本作饑飢也連歲不熟爲荐饑閩本毛本作飢饑也連歲不熟爲荐饑皆係臆改

晉荐饑是也 此本下接云災者亦題上事也下皆倣此次接注左傳曰今又荐饑○釋曰此晉語文也云云注疏本移云災者十二字分配題下失其次

太歲在甲曰閼逢 單疏本雪牕本注疏本同唐石經太字一點後人增添釋文大歲音泰下放此錢大昕云古法太陰與太歲不同淮南大文太陰在寅歲名曰攝提格云云史記厤書索隱引爾雅云歲在甲曰閼逢寅曰攝提格無太字當是古本東漢術家不求太陰誤仞太陰爲太歲故漢書天文志有太歲在寅曰攝提格之文太史公書但云攝提格歲陰左行在寅初不云太歲也按天官書索隱引李巡注爾雅歲在寅爲攝提格無太字又漢書律厤志上復得閼逢攝提格之歲孟康注云歲在甲曰閼逢在寅曰攝提格然則天文志大歲之太當亦後人增加耳

在戊曰著雍 唐石經雪牕本同單疏本亦作著雍釋文著本或作祝廱字又作雍本或作黎按史記厤書作祝犂

在壬曰元黓 唐石經閩本監本毛本同釋文亦作黓此本及雪牕本元本作黓誤從戈今訂正

在未曰協洽　雪牕本元本閩本監本同釋文協音叶唐石經單疏本毛本作恊洽按字當從十

秊穀熟也　正德本同閩本監本毛本秊作年非

卜年七百　閩本同正德本監本毛本卜誤十

在丙曰修　唐石經雪牕本注疏本同釋文修本亦作脩按單疏本云三月得丙則曰脩病

正月爲陬　唐石經雪牕本同釋文陬側留子侯二反隅也又子瑜反史記厤書月名畢聚索隱音鄒周禮注作娵釋文徐劉沈竝子須反按陬娵聚皆取聲

三月爲寎　唐石經雪牕本同單疏本亦作寎元本疏中作寎釋文寎本或作窉字同按廣韻三十八梗窉爾雅云三月爲窉本亦作寎四十三映寎驚病玉篇穴部窉筆永切穴也宀部無寎字是此經舊作窉也

十二月爲涂　唐石經雪牕本同釋文涂音徒周禮䂍蔟氏注云月謂從娵至荼按涂荼皆余聲

離騷至孟陬之　之疑當作兮

屈原之所作也　注疏本脫之字

仕懷王　注疏本仕改事

高陽之苗裔兮　舊本同閩本高陽上剜擠帝字監本毛本排入

言已生得陰陽之正中是　舊本同閩本監本毛本是改者

引之以證正月爲陬之義　注疏本證改証

十月純坤用事　閩本監本毛本坤改陰舊本陰誤陽

其實陰陽常有　注疏本常有倒

四月秀葽　注疏本秀改莠

南風謂之凱風　唐石經雪牕本同釋文颽又作凱

詩云泰風有隧　雪牕本注疏本云作曰此非

焚輪謂之穨　唐石經雪牕本同單疏本注疏本穨作頹釋文焚本或作焚頹本或作穨隤同○按頹俗字也

詩云終風且暴　注疏本同雪牕本云作曰

天氣下地不應曰雺　唐石經單疏本雪牕本同釋文雺或作霧字同亡公亡侯二反文選廿泉賦霧集而蒙合兮李善注爾雅曰天氣下地不應曰霧霧與蒙同按說文天氣下地不應曰霿霿晦也霚地氣發天不應雺籒文省五經文字云霚雺霧三同竝莫侯反上說文中籒文下經典相承隸變竝見爾雅義與說文同與爾雅正相反孫同元云蓋今本說文互誤玉篇云霚同雺天氣下地不應也雺從矛聲與蒙聲相近洪範曰蒙史記宋世家作曰霧索隱曰霧音蒙鄭注尚書云雺聲近蒙釋名釋天云霧冒也氣蒙亂覆冒物也郭景純云言蒙昧皆以蒙訓霧指天氣下地不應言之

地氣發天不應曰霧霧謂之晦　唐石經單疏本雪牕本同釋文霧亡弄反又亡付反字林作霿音同本亦作霧五經文字霧莫弄反爾雅釋文竝作霧惠棟云二霧字皆當作霿按釋文當正作霿云本亦作霧孫同元云字林作霿霧卽霿之省文玉篇云霧武付切地氣發天不應也據文選注引上文作霧則此必不作霧可知

江東呼雺音芧　雪牕本同注疏本刪下二字按釋文云雺今借爲芧音予付反本注云然也

蜺爲挈貳　唐石經單疏本雪牕本同釋文霓五兮反本或作蜺漢書同

疾雷爲霆霓　唐石經單疏本雪牕本同經義雜記曰靈與霓二物不當併稱郭注無霓字考初學記一白氏六帖二引作疾雷謂之霆文選注一北堂書鈔一百五十二事類賦三引作疾雷爲霆可證霆下本無霓字蓋因下句雨霓爲霄雪霓與霓形相近遂誤衍矣

雷之急激者　雪牕本元本同釋文激古厤反單疏本監本毛本激誤繫閩本激字空闕

雨霓爲霄雪　唐石經單疏本雪牕本同說文霄雨霓爲霄从雨肖聲齊語也五經文字霄雨霓爲霄見爾雅按霓爲水雪雜下是不得偏舉雪也古本爾雅蓋無雪字

先集維霰　雪牕本舊本閩本監本同毛本霓作霰蓋據毛詩改釋文霓本或作霰霹同詩釋文云霰字亦作霓五經文字霰霓二同上見詩下見爾雅按說文霰積雪也从雨散聲霓霰或从見是霓霰同字郭氏所據詩蓋本作霓

霓水雪雜下者　單疏本雪牕本同注疏本水作冰非按詩信南山正義引李巡注云水雪俱下禮記月令注云水雪雜下劉熙釋名云水雪相摶

故謂之消雪　雪牕本同邢疏云霄卽消也注疏本作謂之霄雪一脫一誤按此經作霄注作消釋文霄音消本亦作消蓋援注改經未審經注異文之致自陸氏作釋文時已然矣

暴雨謂之涷　唐石經雪牕本注疏本同五經文字水部涷見爾雅廣韻一送涷暴雨又水名涷冰涷皆又音東按釋文作涷都貢反單疏本從經中字作涷疏云暴雨一名涷引郭注兩涷引九歌大司命涷雨字皆从冫文選思元賦注引兩涷雨謂之涷及注兩涷雨涷雨字皆作涷考說文有涷無涷今人呼夏月暴雨爲冷雨涷雨猶冷雨也當從釋文張參錄此字於水部蓋非

今江東呼夏月暴雨爲涷雨　雪牕本注疏本同單疏本涷作涷文選思元賦注引作今江東人呼夏月暴雨爲涷雨按人字當有下注云今南陽人呼雨止爲霽可證

使涷雨兮灑塵是也涷音東西之東　雪牕本同注疏本刪下六字作細字音切釋文云涷郭音東本此

雨自三日已上爲霖　單疏本注疏本同釋文及雪牕本作以上按左傳作以上

濟謂之霽　唐石經單疏本雪牕本同釋文濟霽皆有音錢大昕云洪範曰雨曰霽史記宋世家作濟則濟霽本一字說文霎字注云霽謂之霎此經霽當爲霎字之誤

今南陽人呼雨止爲霽音薺　雪牕本同注疏本刪下二字文選高唐賦注引作音濟蓋音霽爲濟也

○南風謂之凱風者　此本每節首空一字元本同舊本每節加○閩本監本毛本每節增字下倣此

南風長養萬物萬物喜樂　注疏本脫一萬物

亦用李說　注疏本用誤同

火而有大風者爲庵　注疏本脫火

詩云𩅰雨其濛　注疏本脫云濛改蒙非此本鄭氏尚書注書正義引鄭注作濛

地氣不應而蒙闇也　注疏本脫而

○地氣發天不應曰霧　注疏本發下衍而

陰之專氣爲雹　元本閩本監本同毛本爲誤謂

盛陽之氣在雨水則溫暖　元本閩本監本同毛本暖改暎

因水而爲霰　注疏本霰誤雹

書云曰霽云風雨者題上事也　注疏本刪下云字移風雨者七字於題下

析木謂之津　唐石經單疏本雪牕本同邢疏云析木之津者箕斗之次名也經典但有析木之津無析木謂之津今定本有謂字因注云卽漢津也誤矣據此知邢疏本無謂字今有者係後人據定本增加按春秋昭八年正義引孫炎注爾雅云析木之津箕斗之閒漢津也無謂字

牽牛斗者　單疏本雪牕本同按依經當作斗牽牛者否則作牛斗者邢疏云星紀斗牛之次也

北方色黑枵之言耗　單疏本耗作秏雪牕本注疏本色黑作黑色非秏誤耗釋文亦作秏按廣韻秏減也亦稻屬俗作耗

作宮室皆以營室中爲正　單疏本雪牕本同注疏本營室下衍之

娵觜之口　唐石經雪牕本注疏本同釋文亦作娵訾單疏本及元本疏引經作娵訾之口按左傳襄三十年作娵訾之口十二辰之次字作訾與二十八宿之觜不同釋文及唐石經作觜蓋用假借字

營室東壁也　閩本監本毛本同唐石經單疏本壁作壁釋文辟本又作辟雪牕本元本誤璧

濁謂之畢　唐石經單疏本雪牕本同詩漸漸之石毛傳畢噣也詩序盧令注畢噣也正義曰釋天云噣謂之畢引李巡孫炎郭氏注皆作噣釋文前後皆云噣本亦作濁則此經舊從口爲正也

或呼爲濁因星形以名　單疏本雪牕本同詩盧令正義引作或呼爲噣因星形以名之按之

字當有

咮朱鳥之口 單疏本雪牕本同注疏本口誤名

何鼓謂之牽牛 單疏本雪牕本注疏本同石經考文提要引至善堂九經本亦作何惠棟云何石經補字改作河按唐石經元刻作何後刮磨作河釋文何胡可反小爾雅云任也說文云擔也注以何爲荷訓作擔是郭本不作河考史記漢書作河鼓詩正義引李巡孫炎注同蓋爾雅本作河郭氏私定爲何唐石經用郭注本改爲河則非

檐者荷也 單疏本雪牕本毛本同釋文云何注作荷字音間此經注異文之明證元本閩本監本荷仍作何非思元賦注引作檐者荷也又單疏本檐字上從木此從手非釋文檐丁甘反字林云負也字從木詩元鳥箋云謂擔負天之多福葉鈔釋文擔作檐是舊作木旁字今訂正

彗星爲欃槍 雪牕本注疏本同唐石經闕五經文字云欃槍見爾雅單疏本作欃釋文篲本今作彗按說文篲彗或从竹

言其形孛孛似埽彗 單疏本同釋文亦作埽雪牕本注疏本作掃俗字按釋文音經篲恤遂反又似醉似銳二反音注彗似銳反又音遂蓋經用古字作篲注用今字作彗

孛星爲彴約 單疏本雪牕本注疏本同唐石經闕段玉裁云彴釋文誤從彳今依玉篇佩觿正之按廣韻十八藥彴彴約流星開元占經卷七十一引此注曰彴約流星別名也字皆從彳

壽星至星名○釋曰 注疏本删

九州諸國之封域 浦鏜云諸國下脫中字按今本周禮注有中字者衍也鏜從此所引

釋六蓺所載者 注疏本蓺作藝

○壽星角亢也者 此節注疏本誤連上文未分節

析木之津者 注疏本脫者

箕斗之次名也孫炎曰 閩本監本毛本孫炎曰上增一一字元本空一格皆誤分節

東方成龍形 元本同閩本監本毛本方誤南

尾箕在蒼龍之末 注疏本蒼改倉

日在析木之津皆是也 注疏本皆誤者

北方色黑枵之言秏秏亦虛意 注疏本色黑倒脫一秏字秏作耗非

各以意耳 浦鏜云意下脫言

謂元枵也虛也 注疏本脫謂

娵訾之歎則口開方 監本同元本閩本毛本歎誤次詩定之方中正義誤鄭許宗彥云室壁四星相連其方如口故曰娵訾之口娵訾與嗟咨聲相近故娵訾之歎則口開方也

案襄三十年左傳曰 注疏本曰作云

畢所以掩兔也 注疏本脫也

吾聞之宋災 注疏本災改灾

左右左右將 元本同閩本剜擠作左左星右右將監本毛本作左左星右右將蓋依漢書改

今荆楚人呼牽牛星爲檐鼓 元本同閩本監本毛本荆楚倒

今曰明星 注疏本同盧文弨曰天官書索隱引孫炎注作命曰明星命曰太白今字誤下同

東有啟明 元本閩本同監本毛本啟改启

西有長庚長庚不知是何星也或以星出在東西而異名 注疏本脫一長庚及星出二字

甘氏不出三月迺生天欃 元本閩本同監本毛本及漢書作天槍蓋誤

甘氏不出三月迺生天欃 監本毛本及漢書同元本閩本作天槍蓋此誤

公羊傳曰 注疏本脫曰

○孛星爲彴約者 元本同閩本監本毛本誤連上文不分節

一名彴約星名題上事也 注疏本移下六字配題下

冬祭曰蒸 唐石經單疏本雪牕本同釋文亦作蒸五經文字廿部云蒸爾雅以爲祭名其經典祭烝多去草以此爲薪蒸

既祭埋藏之 雪牕本注疏本同按此經作薶注作埋

祭山曰庪縣 唐石經單疏本注疏本同釋文縣音元注同五經文字云庪縣見爾雅藝文類聚引此經縣字皆作懸案縣懸正俗字

是禷是禡 唐石經單疏本雪牕本同釋文禷音類經典作類五經文字云禷師祭名五經及釋文皆作類唯爾雅從示按說文禷以事類祭天神从示類聲與此經字同

類於上帝 單疏本雪牕本元本同閩本監本毛本於改于按此經作禷注作類爲異文之證

商曰肜 雪牕本注疏本同釋文肜余終反唐石經肜作肜五經文字舟部肜音融按說文舟部肜船行也从舟彡聲丑林切玉篇肜余弓切爾雅云祭也又丑林切舟行也詩書正義引孫炎注云肜者相尋不絕之意相尋不絕與船行義合古人詁訓每取聲相近者肜與尋同在二十一侵以丑林切爲正余終反乃其轉音古冬韻字與侵韻最相近也或以此祭名字當從肉音融者誤

夏曰復胙 唐石經雪牕本注疏本同釋文胙才各反本又作祚亦作胙同才故反祚福也胙祭肉也於義並同按此說非也復胙者復胙日之祭也上文繹又祭也孫郭注並云祭之明日尋繹復祭可證周曰繹商曰肜皆又祭之義此與肜字從肉之謬說正同當從陸本訂正

自殷以上 注疏本脫自

若然詩小雅云 注疏本同此本若誤者今訂正

○祭天曰燔柴者 注疏本誤連上文不分節此本脫曰字今補

鄭注云禋之言煙 注疏本脫注

瘞埋於泰折 元本同閩本監本毛本折改折

因名祭地曰瘞薶 注疏本薶改埋

以貍沈祭山林川澤 元本同閩本監本毛本貍改薶下及鄭注同

其祠祀毛太牢之具 元本同閩本祀改禮監本毛本承之

順其性之含藏是也 元本閩本監本同毛本含改舍

郭云布散祭於地 注疏本脫祭

是禷是禡師祭也者是禷是禡 注疏本禷改類

類於上帝禡於所征之地者 元本同毛本於改于閩本監本上于下於

凡四時之大田獵 注疏本脫大

故有兵祭 浦鏜云下脫鄭曰二字

○既伯既禱馬祭也者 注疏本誤連上節

重物慎微 元本脫微閩本剜補監本毛本排入

馬祖天駟上文云天駟 注疏本脫下五字

○禘大祭也者 注疏本誤連上節

及春秋禘于太廟謂宗廟之祭也 元本同毛本于改於宗廟改太廟閩本監本作于

謂祭昊天於圓丘也 元本同閩本監本毛本圓改圜

摠得稱禘 元本稱誤稷閩本監本毛本改謂

亦言使典禮審諦也 注疏本脫審

出禮緯文 注疏本緯誤記

未知然不祭名者以題上事也 注疏本脫下八字不字元本同閩本監本毛本改否

管子曰獠獵畢弋今江東亦呼獵爲獠音遼或曰即今夜

獵載鑪照也　雪牕本同單疏本注疏本無音遼二字釋文獠郭音遼或作燎單本又作畢史記司馬相如傳索隱引此注云又音遼也詩伐檀正義引此注云獠猶燎也今之夜獵載鑪照者也江東亦呼獵爲獠管子曰獠獵畢弋按當如詩正義所引今本失其次注先以獠爲燎故申言之曰今之夜獵載鑪照者也者字當有釋文云獠或作燎本注爲說次引江東所呼及管子證之今本首引管子反以宵田爲餘義非

周官所謂宜乎社　單疏本雪牕本注疏本同案官或作禮

文與此同杜注云　元本與此誤蒐于閩本剜改與此同杜四字作蒐苗獮狩監本毛本承之

曲辨妄生　閩本剜改辨爲辯監本毛本承之元本作曲說妄言當由臆改

漢代古學不行明帝集諸學士　監本毛本同元本漢作歷脫明閩本剜補

雖名通義義不通也　元本同閩本監本毛本脫一義

敖其婦女　注疏本敖改滔按管子作敖

可以羅罔圍取禽也　閩本監本毛本罔改網元本實闕

作者既引詩文於上　監本毛本同元本閩本引改列

而後出行　元本脫行閩本監本毛本脫後

至戰止將歸又振旅　元本閩本監本同毛本旅誤振

羣行聲也　注疏本無也按也當作○下分節

貴勇力　注疏本下衍也按注本無

復常儀也講武者　注疏本以講武者以下十六字分配題下

以白地錦韜旗之竿　雪牕本注疏本同邢疏云又以白地錦韜旗之竿下題旌旂釋文云本又作旗是旂旗字兩見按此經作綢注作韜釋文綢韜字兩列皆音他刀反爲經注異文之明證

練絳練　雪牕本注疏本下有也

六人維王之大常是也　雪牕本注疏本同單疏本太作大

繼旐曰旆　雪牕本注疏本同釋文唐石經單疏本旆作旆五經文字云旆從巿巿音普末反或從巾者訛

畫蛟龍於旐　注疏本同誤也單疏本蛟作交詩載見正義公羊宣十二年疏皆引作交龍當據以訂正

雪牕本作如畫交龍於旐如衍字或云當作加

此別旌旂之異名也　注疏本旂改旗

維持其旒使不曳地以朱縷　注疏本移以朱縷三字於維持其旒上按此倒句法本注

素絲紕之　注疏本紕誤組

以縫紕旌旗之旒縿　注疏本旗改旂按爾雅言旌旂詩箋言旌旗淺人互易之

士三斿至肩□是也　閩本監本毛本○改云正德本空一字

白斾央央是也　注疏本同按此當如公羊疏引孫炎注作帛斾英英

夏翟羽色　正德本閩本同監本毛本色改名

畫交龍於旐　注疏本交誤蛟

以爲旗章　正德本閩本同監本毛本旗改旆

通帛爲旜　注疏本旜改旃

謂大赤從周正色無飾　注疏本無改而

故引爲證□旌旂者　注疏本移旌旂者一節分配題下

九旗之名雖異　元本同閩本監本毛本九誤凡

旌旂爲之摠稱　注疏本同此旂誤旗今訂正

爾雅疏卷第六

爾雅疏卷第七

翰林侍講學士朝請大夫守國子祭酒上柱國賜紫金魚袋臣邢昺等奉

勑挍定

釋地第九

〔疏〕釋地第九○釋曰案說文云元氣初分輕淸陽爲天重濁陰爲地萬物所陳列也白虎通云地者易也言養萬物懷任交易變化含吐應節也釋名云地底也其體在底下載萬物也禮統云地施也諦也應變施化審諦不誤也此篇釋地之所載四方中國州府陵藪之異故曰釋地

兩河間曰兾州。自東河至西河

河南曰豫州。自南河至漢

河西曰雝州。自西河至黑水○雝於用反

漢南曰荆州。自漢南至衡山之陽

江南曰楊州。自江南至海

濟河間曰兖州。自河東至濟

濟東曰徐州。自濟東至海○濟子禮切

燕曰幽州。自易水至北狄

齊曰營州。自岱東至海此蓋殷制

九州。〔疏〕兩河至九州○釋曰此釋九州之名及其界域也○兩河間曰兾州注自東河至西河○釋曰周禮職方氏云河内曰兾州禹貢不說境界孔安國云此州帝都不說境界以餘州所至即可知以其禹貢兖州云濟河自東河以東也豫州云荆河自南河以南也雍州云西河自西河以西也明東河之西西河之東南河之北是兾州之境也言東河西河南河者皆據帝都兾州而言也案禹貢導河自積石龍門南流謂之西河至于華陰折而東經底柱孟津過洛汭皆東流謂之南河至于大伾折而北流過降水至于大陸又北播爲九河同爲逆河入于海謂之東河此惟云兩河者從可知李巡曰兩河間其氣淸厥性相近故曰兾兾近也○河南曰豫州注自南河至漢○釋曰職方與此同禹貢云荆河惟豫州孔安國云西南至荆山北距河水以其荆山在荆州漢水所經故文不同其實一也李巡云河南其氣著密厥性安舒故曰豫豫舒也○河西曰雝州注自西河至黑水○釋曰周禮正西曰雍州禹貢云黑水西河惟雍州孔安國云西距黑水東據河案鄭元水經黑水出張掖雞山南流至燉煌過三危山南流入於南海然則雍州之境東據龍門河西距此黑水也李巡云河西其氣蔽塞厥性急凶故曰雍雍壅也兼得梁州之地西北之位陽所不及陰壅也○漢南曰荆州注自漢南至衡山之陽○釋曰周禮正南曰荆州禹貢荆及衡陽惟荆州孔安國云北據荆山南及衡山之陽言北據荆山則至漢水也李巡曰漢南其氣燥剛稟性彊梁故曰荆荆彊也釋名以爲取荆山之名荆警也南蠻數爲寇逆常警備也○江南曰揚州注自江南至海○釋曰周禮東南曰揚州禹貢淮海惟揚州孔安國云北據淮南距海然則揚州之境跨江北至淮此云江南者舉遠大而言也李巡曰江南其氣燥勁厥性輕揚太康地記云以揚州漸大陽位天氣奮揚履正含文故取名焉○濟河間曰兖州注自河至濟○釋曰周禮河東曰兖州禹貢濟河惟兖州孔安國云東南據濟西北距河孔傳凡云據者謂跨之也距至也濟河之間相去路近兖州之境跨濟而過東南越濟水西北至東河也李巡云濟河間其氣專質厥性信謙故曰兖兖信也釋名以爲取兖水之義○濟東曰徐州注自濟東至海○釋曰禹貢海岱及淮惟徐州孔傳云東至海北至岱南及淮此云自濟東則是西至濟也李巡曰淮海間其氣寬舒稟性安徐故曰徐徐舒也周

合其地於青州○燕曰幽州注自易水至北狄○釋曰周禮東北曰幽州李巡曰燕其氣深要厥性剽疾故曰幽幽要也禹貢其地合於冀州地理志云涿郡故安縣閻鄉易水所出東至范陽入濡也從此易水至於北狄幽州之境也○齊曰營州注自岱東至海此蓋殷制○釋曰周禮正東曰青州禹貢海岱惟青州孔傳云東北據海西南距岱然則此營州則青州之地也博物志云營與青同海東有青丘齊有營丘豈是名乎太康地記云東方少陽其色青其氣清歲之首事之始故以青爲名焉云此蓋殷制者以此文上與禹貢不同下與周禮又異禹別九州有青徐梁而無幽并營是夏制也周禮周公所作有青幽并而無徐梁營是周制也此有徐幽營而無青梁并疑是殷制也以無正文故云蓋也此上釋九州之名故題云九州也○魯有大野。今高平鉅野縣東北大澤是也【疏】魯有大野○釋曰此下至周有焦護釋十藪之名也禹貢徐州云大野既豬地理志云大野澤在山陽鉅野縣北鉅即大也由其旁有大澤故縣以鉅野爲名哀十四年左傳云西狩於大野以其澤在曲阜西故云西狩也郭云今高平鉅野縣者東晉時鉅野屬高平郡故與志不同凡注言今者皆謂東晉時也晉有大陸。今鉅鹿北廣河澤是也【疏】晉有大陸注今鉅鹿北廣河澤是也○釋曰孫炎曰廣河猶大陸以地名言之近爲是也禹貢冀州云大陸既作是也案定元年左傳晉魏獻子田於大陸焚焉還卒於甯杜預注嫌鉅鹿絶遠疑此田在汲郡吳澤甯今脩武縣近吳澤計此二澤相去甚遠亦得言大陸者以其廣平曰陸但廣而平者則名大陸故異所而同名也澤雖卑下旁帶廣平之地故統名焉秦有楊陓。今在扶風汧縣西○陓於于反【疏】秦有楊陓注今在扶風汧縣西○釋曰周禮冀州云其澤藪曰陽陓鄭注云所在未聞又雍州云其澤藪曰弦蒲鄭注云在汧案地理志汧吳山在西古文以爲汧山北有蒲谷鄉弦中谷雍州藪今注亦云在汧然則周禮弦蒲即此楊陓也宋有孟諸。今在梁國睢陽縣東北【疏】宋有孟諸注今在梁國睢陽縣東北○釋曰周禮青州其澤藪曰望諸鄭注云望諸明都也在睢陽禹貢豫州云導荷澤被孟豬左傳亦作孟諸文不同者聲轉字異正是一地也楚有雲夢。今南郡華容縣東南巴丘湖是也【疏】楚有雲夢注今南至湖是也○釋曰周禮荆州云其澤藪曰雲瞢鄭注云雲瞢在華容禹貢云雲土夢作乂昭三年左傳楚子與鄭伯田于江南之夢又定四年楚子涉睢濟江入于雲中杜預云南郡枝江縣西有雲夢城江夏安陸縣東南亦有雲夢或曰南郡華容縣東南有巴丘湖江南之夢也雲夢一澤而每處有名者司馬相如子虛賦云雲夢者方九百里則此澤跨江南北亦得單稱雲單稱夢瞢即夢也吳越之間有具區。今吳縣南太湖即震澤是也【疏】吳越之間注今吳至澤是也○釋曰周禮揚州云其澤藪曰具區鄭注云在吳南地理志云會稽吳縣故周泰伯所封國也具區在西古文以爲震澤禹貢揚州云三江既入震澤底定是也齊有海隅。海濱廣斥【疏】齊有海隅注海濱廣斥○釋曰此營州藪也云海濱廣斥禹貢文也孔傳云濱涯也言復其斥鹵案說文云鹵鹹地也東方謂之斥西方謂之鹵海畔迥闊地皆斥鹵故云廣斥也燕有昭余祁。今太原鄔陵縣北九澤是也【疏】燕有昭余祁注今太至澤是也○釋曰周禮并州其澤藪曰昭餘祁鄭注云在鄔地理志云鄔九澤在北是爲昭余祁并州藪是也鄭有圃田。今熒

陽中牟縣西圃田澤是也【疏】鄭有圃田注今熒陽至田澤是也○釋曰周禮豫州云其澤藪曰圃田鄭注云在中牟地理志云中牟圃田澤在西豫州藪僖三十三年左傳云鄭之有原圃猶秦之有具囿也又詩車攻云東有甫草鄭玄以爲甫田之草皆謂此也周有焦護。今扶風池陽縣瓠中是也【疏】周有焦護注今扶風至中是也○釋曰孫炎云周岐周也詩六月云玁狁匪茹整居焦穫是也時人謂之瓠中也十藪。【疏】十藪○釋曰此題上事也說文云大澤也風俗通云藪厚也有草木魚鱉所以厚養人也○東陵阠。南陵息慎。西陵威夷。中陵朱滕。北陵西隃鴈門是也。即鴈門山也○阠音信【疏】東陵至是也○釋曰此五方之陵名也其義及所在未詳云鴈門是也者此指解北陵也即鴈門山是也陵莫大於加陵。今所在未聞【疏】陵莫大於加陵○釋曰莫無也陵大阜也言陵無大於加陵者謂加陵最大也今所在未聞梁莫大於溴梁。溴水名梁隄也○溴古壁切【疏】梁莫大於溴梁注溴水名梁隄也○釋曰釋宮云隄謂之梁詩傳云石絶水曰梁然則以土石爲隄障絶水者名梁雖所在皆有而無大於溴水之旁者杜預云溴水出河內軹縣東南至溫入河春秋襄十六年公會晉侯以下于溴梁是也墳莫大於河墳。【疏】墳莫大於河墳○釋曰墳大防亦謂隄雖水所皆有而河墳最大也八陵。【疏】八陵○釋曰此亦題上事也大阜曰陵溴梁河墳雖非大阜以其絶大若陵故通謂之八陵也○東方之美者。有醫無閭之珣玗琪焉。醫無閭山名今在遼東珣玗琪玉屬○珣荀玗于東南之美者。有會稽之竹箭焉。會稽山名今在山陰縣南竹箭篠也○會古外反稽古今反南方之美者。有梁山之犀象焉。犀牛皮角象牙骨西南之美者。有華山之金石焉。黃金礝石之屬西方之美者。有霍山之多珠玉焉。霍山今在平陽永安縣東北珠如今雜珠而精好西北之美者。有崐崘虛之璆琳琅玕焉。璆琳美玉名琅玕狀似珠也山海經曰崐崘山有琅玕樹○崘路昆切虛音墟北方之美者。有幽都之筋角焉。幽都山名謂多野牛筋角東北之美者。有斥山之文皮焉。虎豹之屬皮有縟綵者○斥音尺中有岱岳。與其五穀魚鹽生焉。言泰山有魚鹽之饒九府。【疏】東方至生焉○釋曰此釋八方中國名山所產之物也○注醫無至玉屬○釋曰案地理志遼東郡無慮縣應劭曰慮音閭顏師古曰即所謂醫巫閭是縣因山爲名故爲山名今在遼東周禮幽州鎮也云珣玗琪玉屬者說文云珣周書所謂夷玉也玗石之似玉者琪玉也皆玉之類也故云玉屬○注會稽至縣也○釋曰周禮揚州云其山鎮曰會稽鄭注云在山陰地理志會稽郡山陰縣云會稽在南上有禹冢禹井故云山名今在山陰縣南也云竹箭篠也者禹貢揚州云篠簜既敷釋草云篠竹箭也郭云別二名則竹箭一名篠是竹之小者可以爲箭簳

者也○南方之美者有梁山之犀象焉○釋曰郭氏不注梁山所在犀象二獸皮角牙骨材之美者也○注黃金礝石之屬○釋曰經惟言金知黃金者以三品之中黃金爲上此言美者故知黃金礝石之次玉者以玉藻云士佩礝玟而縕組綬是也其類非一故云之屬○注霍山至精好○釋曰周禮冀州其山鎮曰霍山鄭云在彘案地理志河南郡彘縣云霍大山在東冀州山周厲王所奔應劭曰順帝改曰永安然則東晉時屬平陽郡而彘縣名永安故云今在平陽永安縣也云珠如今雜珠而精好者郭氏時驗爲然也○注璆琳至玗樹○釋曰璆與球同說文云璆玉磬也琳美玉名書云戛擊鳴球美玉可以爲磬故皆云美玉也云山海經曰者案海內西經云帝之下都崐崘之虛方八百里高萬仞其上有三頭人琅玕樹注云琅玕子似珠是也○注幽都至筋角○釋曰山海經云北海之內有山名曰幽都之山是也○東北至皮焉○釋曰斥山名也文皮虎豹之屬其皮毛有文彩細縟故謂之文皮焉○中有至生焉○釋曰岱岳泰山也此言中國也五穀黍稷麻麥豆也泰山近海禹貢云海岱惟青州厥貢鹽絺海物惟錯言其饒多非一種故注云言泰山有魚鹽之饒也○九府○釋曰此亦題上事也府聚也財物之所聚也言此八方及中皆美物之所聚故題云九府也○東方有比目魚焉。不比不行。其名謂之鰈。狀似牛脾鱗細紫黑色一眼兩片相合乃得行今水中所在有之江東又呼爲王餘魚○鰈音牒南方有比翼鳥焉。不比不飛。其名謂之鶼鶼。似鳬青赤色一目一翼相得乃飛西方有比肩獸焉。與邛邛岠虛比。爲邛邛岠虛。齧甘草。即有難。邛邛岠虛負而走。其名謂之蹷。呂氏春秋曰北方有獸其名爲蹷鼠前而兔後趨則頓走則顛然則邛邛岠虛亦宜鼠後而兔前前高不得取甘草故須蹷食之今鴈門廣武縣夏屋山中有獸形如兔而大相負共行土俗名之爲蹷鼠音厥○邛巨凶岠巨齧五結難乃旦反北方有比肩民焉。迭食而迭望。此即半體之人各有一目一鼻一孔一臂一脚亦猶魚鳥之相合更望備驚急○迭徒結切中有枳首蛇焉。岐頭蛇也或曰今江東呼兩頭蛇爲越王約髮亦名弩弦○枳居是切此四方中國之異氣也。五方。【疏】東方至氣也○釋曰此釋五方異氣而產非常之物也云東方有比目魚焉者言東方水中有魚其形狀似牛脾鱗細紫黑色一眼兩片相合兩目相比乃得行故曰比目魚云不比不行者比合也言一片不能行須兩片相合乃一行故云不比不行也云其名謂之鰈者言鰈爲此魚之名也一名比目魚一名鰈郭云江東又呼爲王餘魚○注似鳬至乃飛○釋曰案山海經云崇五山有鳥狀如鳬一翼一目相得乃飛名曰蠻蠻郭云比翼鳥也色青赤不比不能飛爾雅作鶼鶼者正謂此也○西方至之蹷○釋曰云西方有比肩獸焉者此謂蹷也與邛邛岠虛相比蹷則肩痺不能走而能取甘草邛邛岠虛則前高不得取甘草而善走穆天子傳曰邛邛岠虛走百里是也故各以其能而濟所不能蹷常爲邛邛岠虛齧甘美之草仰而食之即有急難邛邛岠虛則背負而走者其名謂之蹷也○注呂氏至音厥○釋曰云呂氏春秋二十六篇秦相呂不韋輯智略士作也云曰北方有獸至則顛者大慎覽順說

篇之文也引之乃以證邛邛岠虛之形也然則以下郭氏注云今鴈門廣武縣云云者目驗知之也○北方至迭望○釋曰此即半體人也兩半相比乃得為人動作及樂非常以肩在上而顯故謂之比肩民焉迭更也謂一體取食則一體瞻望所以備驚急也故云迭食而迭望○中有枳首蛇焉○釋曰枳岐也此即兩頭蛇也江東呼越王約髮言是越王約髮所變也亦名弩弦即以形相似而名之也○五方○釋曰亦題上事也言是五方風氣殊異而生此怪物也

○邑外謂之郊。郊外謂之牧。牧外謂之野。野外謂之林。林外謂之坰。邑國都也假令百里之國五十里之界界各十里也○坰古營切

下溼曰隰。大野曰平。廣平曰原。高平曰陸。大陸曰阜。大阜曰陵。大陵曰阿。可食者曰原。可種穀給食 陂者曰阪。陂陀不平 下者曰隰。公羊傳曰下平曰隰 田一歲曰菑。今江東呼初耕地反草為菑 二歲曰新田。詩曰于彼新田 三歲曰畬。易曰不菑畬○畬音于

野。

〔疏〕○邑外至曰畬○釋曰此釋郊野之地遠近高下不同之名也云邑外謂之郊者邑國都也謂國都城之外名郊也云郊外謂之牧者言可放牧也書牧誓云王朝至于商郊牧野乃誓是也云牧外謂之野者言牧外之地名野詩傳云郊外曰野者以細別言之則郊外之地名牧牧外之地名野若大判而言則野者郊外通名故周禮六遂在遠郊之外遂人職云凡治野田是其郊外之地揔稱野也云野外謂之林者言野外之地名林以其去都邑遠薪采者少其地可長平林因名云也云林外謂之坰者言林外之地最為遠野名坰魯頌云駉駉牡馬在坰之野毛傳云坰遠野是也○注邑國至里也○釋曰云邑國都也者案周禮四縣為都四井為邑春秋莊二十八年左氏傳曰凡邑有宗廟先君之主曰都無曰邑然則邑與都異此為一者彼對文之例耳但都者聚居之處故詩小雅云彼都人士說文云邑國也是天子諸侯所居國城或謂之邑或謂之都故以國都解邑也云假令百里之國五十里之界界各十里也者以其百里之國國都在中去境五十里每十里而異其名則坰為邊畔去國最遠故毛傳以為遠野也此假令者據小國言之郊為遠郊牧野林坰自郊外為差耳然則郊之遠近計國境之廣狹以為差也聘禮云賓及郊注云郊遠郊周制天子畿內千里遠郊百里以此差之遠郊上公五十里侯四十里伯三十里子二十里男十里也近郊各半之是鄭之所約也是以司馬法云王國百里為遠郊又此經從邑之外止有五名明當每皆百里故知遠郊百里也知近郊半之者書序云周公既沒命君陳分正東郊成周於時周都王城而謂成周為東郊則成周在其郊也於漢王城為河南成周為洛陽相去不容百里則所言郊者謂近郊故鄭注云天子近郊五十里今河南洛陽相去則然是鄭以河南洛陽約近郊之里數也周禮杜子春注云五十里為近郊白虎通亦云近郊五十里遠郊百里是儒者相傳為然也○下溼曰隰者謂地形卑下而水溼者李巡曰下溼謂土地窊下常沮洳名為隰也云大野曰平者大野之澤一名平魯有大野是也云廣平曰原者謂澤之廣平者亦名原漢以平原為郡名屬青州云高平曰陸大陸曰阜大阜曰陵大陵曰阿者李巡曰高平謂土地豐正名為陸土地高大名曰阜最大名為陵陵之大者名阿詩大雅皇矣云無矢我陵我陵我阿是也此上七者或萊沛沮洳或險阻磽确雖不可種穀給食亦得其名也云可食曰原陂者曰阪下者曰隰此三者釋地形雖有高下不平皆可種穀給食高而可食者名原詩大雅云篤公劉于胥斯原是也陂陀不平而可食者名阪詩小雅正月云瞻彼阪田有菀其特是也下平而可食者名隰本作溼誤○注公羊傳曰下平曰隰○釋曰此昭元年傳文也彼云晉荀吳帥師敗狄于大原此大鹵也曷為謂之大原地物從中國邑人名從主人原者何上平曰原下平曰隰何休云分別之者地勢各有所生原宜粟隰宜麥當教民所宜因以制貢賦是也○田一歲曰菑二歲曰新田三歲曰畬○釋曰此釋耕田年歲遠近名義不同之事也菑者災也畬和柔之意也孫炎云菑始災殺其草木也新田新成柔田也畬和也田舒緩也郭云今江東呼初耕地反草為菑○注詩曰于彼新田○釋曰此小雅采芑篇文也案彼云薄言采芑于彼新田于此菑畝毛傳取此文為說故引為證也○注易曰不菑畬○釋曰此无妄六二爻辭也鄭注亦取此文故引以為證也○野○釋曰此亦題上事也上自邑外謂之郊以下雖遠近高下其名不同野為揔稱故題云野

○東至於泰遠。西至於邠國。南至於濮鉛。北至於祝栗。謂之四極。皆四方極遠之國○邠彬濮卜 觚竹。北戶。西王母。日下。謂之四荒。觚竹在北北戶在南西王母在西日下在東皆四方昏荒之國次四極者○觚音孤 九夷。八狄。七戎。六蠻。謂之四海。九夷在東八狄在北七戎在西六蠻在南次四荒者 岠齊州以南。戴日為丹穴。岠去也齊中也 北戴斗極為空桐。戴值 東至日所出為大平。西至日所入為大蒙。即蒙汜也 大平之人仁。丹穴之人智。大蒙之人信。空桐之人武。地氣使之然也

四極。

〔疏〕○東至至人武○釋曰此釋九州之外四方極遠之國名及其人性稟氣不同也泰遠邠國濮鉛祝栗此四方極遠之國名也觚竹者漢書地理志遼西令支有孤竹城是乎北戶者即日南郡是也顏師古曰言其在日之南所謂北戶以向日者西王母者山海西荒經云西海之中流沙之濱赤水之後黑水之前有大山名崐崙之丘有人戴勝虎齒有尾穴處名曰西王母又穆天子傳曰天子賓于西王母乃紀其迹于弇山名曰西王母之山是也日下者謂日所出處其下之國也山海東荒經云大荒之中有山名曰大言日月所出有波谷山者有大人之國又云大荒之中有山名曰合虛日月所出有中容之國如此之類是也云謂之四荒者言聲教不及無禮義文章是四方昏荒之國也在土四極之內云九夷八狄七戎六蠻謂之四海者孫炎云海之言晦晦闇於禮義也○注九夷至荒者○釋曰知在東西南北者以曲禮云其在東夷北狄西戎南蠻雖大曰子故也案風俗通云東方人好生萬物觝觸地而出夷者觝也其類有九依東夷傳夷有九種曰畎夷干夷方夷黃夷白夷赤夷玄夷風夷陽夷又一曰玄菟二曰樂浪三曰高驪四曰滿飾五曰鳧更六曰索家七曰東屠八曰倭人九曰天鄙蠻者風俗通云君臣同川而浴極為簡慢蠻者慢也其類有八李巡云一曰天竺二曰咳首三曰僬僥四曰跛踵五曰穿胷六曰儋耳七曰狗軹八曰旁春戎者風俗通云斬伐殺生不得其中戎者兇也其類有六李巡云一曰僥夷二曰戎夫三曰老白四曰耆羌五曰鼻息六曰天剛狄者風俗通云父子嫂叔同穴無別狄者辟也其行邪辟其類有五李巡云一曰月支二曰穢貊三曰匈奴四曰單于五曰白屋案李巡所注爾雅本謂之四海下更三句云八蠻在南方六戎在西方五狄在北方故得此解孫炎郭氏諸本皆無此三句案明堂位稱九夷八蠻六戎五狄周禮職方氏掌四夷八蠻七閩九貉五戎六狄之人鄭注云四八七九五六周之所服國數也偏檢經傳四夷之數參差不同先儒舊解此爾雅上文殷制也明堂位及職方并爾雅下文皆為周制義或當然此在四荒之內九州之外於王者世一見周禮曰九州之外謂之蕃國世一見是也故云次四荒者○岠齊州以南戴日為丹穴○釋曰此明四海之中別有四種之名也岠去也齊中也中州猶言中國也戴值也言去中國以南北戶以北值日之下其處名丹穴天老說鳳云濯羽弱水莫宿丹穴又山海經云禱過山東五百里曰丹穴山是予云北戴斗極為空桐者斗北斗也極者中宮天極星其一明者泰一之常居也以其居天之中故謂之極極中也北斗拱極故云斗極值此斗極之下其處名空桐○注即蒙汜也○釋曰即者即淮南子云日出扶桑入於蒙汜是也○注地氣使之然也○釋曰言是土地之氣剛柔不同使之仁智信武耳若考工記云鄭之刀宋之斤魯之削吳越之劍遷乎其地而弗能為良地氣然也

釋丘第十

〔疏〕釋丘第十○釋曰案廣雅云小陵曰丘說文解字曰土之高也非人所為也從北從一一地也人居在丘南故從北中邦之居在崐崙東南一曰四方高中央下為丘象形此下云非人為之丘然則土有自然而高小於陵者名丘也其體雖一其名則多或近道途或因水澤所如則陵畝各異其重則再三不同通見詩書此篇具釋故名釋丘

丘一成為敦丘。成猶重也周禮曰為壇三成今江東呼地高堆者為敦○敦都昆

〔疏〕丘一成為敦丘○釋曰成重也言丘上更有一丘相重累者名敦丘詩衛風氓篇云送子涉淇至于頓丘是也○注成猶至為敦○釋曰孫炎云形如覆敦敦器似盂今案下文別云如覆敦者敦丘則此自是丘之一重者故郭氏云成猶重也與孫氏意異云周禮曰為壇三成者此秋官司儀職文也鄭司農云三成三重也引之證成為重也

再成為陶丘。今濟陰定陶城中有陶丘

〔疏〕再成為陶丘○釋曰丘形上有兩丘相重累者名陶丘李巡曰再成其形再重也禹貢曰濟水東出于陶丘北是也○注今濟至陶丘○釋曰濟陰郡名定陶縣名地理志云定陶縣西南有陶丘亭是也

再成銳上為融丘。鑯頂者○銳音惠

〔疏〕再成銳上為融○釋曰丘形再重而頂鑯者名融丘也

三成為崐崙丘。崐崙山三重故以名云

〔疏〕三成為崐崙丘○釋曰丘形三重者名崐崙丘○注崐崙山三重故以名云○釋曰崐崙山記云崐崙山一名崐丘三重高萬一千里是也凡丘之形三重者因取此名云耳

如椉者椉丘。形似車椉也或云椉者謂稻田塍埒○椉繩正切

〔疏〕如椉者椉丘○釋曰郭氏兩解一云形似車椉也繩證切二或云椉謂稻田塍埒似椉市陵切許叔重云塍稻田畦埒也案地理志云泰山有椉丘春秋莊十年公敗宋師于乘丘是因丘以為名乎

如陼者陼丘。水中小洲為陼○陼渚

〔疏〕如陼者陼丘○釋曰水中可居之小者丘形似之名為陼丘也

水潦所止泥丘。頂上污下者○潦音老

〔疏〕水潦所止泥丘○釋

日水潦雨水也丘形頂上污下潦水停止而成泥濘者名泥丘

方丘，胡丘。形四方〔疏〕方丘胡丘○釋曰丘形四方者名胡丘

絕高爲之京。人力所作〔疏〕絕高爲之京○釋曰言卓絕高大如丘而人力爲作之者名京案春秋宣十二年左傳楚敗晉師於邲而潘黨曰君盍築武軍而收晉尸以爲京觀楚子曰云云今罪無所而民皆盡忠以死君命又可以爲京乎是其類也

非人爲之丘。地自然生〔疏〕非人爲之丘○釋曰李巡云謂非人力所爲自然生者孫炎曰地性自然也故郭云地自然生

水潦所還，埒丘。謂丘邊有界埒水環繞之〔疏〕水潦所還埒丘○釋曰還環繞也埒小隄也墳土爲之言此丘邊有其界埒外則爲水潦環繞者名埒丘

上正，章丘。頂平〔疏〕上正章丘○釋曰丘頂上平正者名章丘章亦平也

澤中有丘，都丘。在池澤中〔疏〕澤中有丘都丘○釋曰都水所聚也言在池澤中者因名都丘

當途，梧丘。途道〔疏〕當途梧丘○釋曰途道也梧遇也當道有名梧丘言若相遇於道路然也

途出其右而還之，畫丘。言爲道所規畫○還音旋〔疏〕途出其右而還之畫丘○釋曰右謂西也還繞也畫規畫也言道出丘西而復環繞之者名畫丘若爲道所規畫然也

途出其前，戴丘。道出丘南〔疏〕途出其前戴丘○釋曰謂道過丘南若爲道負戴故爲戴丘

途出其後，昌丘。道出丘北〔疏〕途出其後昌丘○釋曰謂道過丘北者名昌丘

水出其前，渻丘。水出其後，沮丘。水出其右，正丘。水出其左，營丘。今齊之營丘淄水過其南及東○渻所景沮辭與〔疏〕水出至營丘○釋曰此釋丘之前後左右有水過之者名也左右猶東西也○注今齊至及東○釋曰地理志云齊郡臨淄城中有丘即營丘也志又云泰山萊蕪縣淄水所出東至博昌入泲然則淄水出萊蕪經臨淄過營丘南折而北至博昌入泲言此以證水出其左者名營丘

如覆敦者，敦丘。敦盂也○敦音堆〔疏〕如覆敦者敦丘○釋曰案周禮九嬪職云凡祭祀贊玉齍注云玉齍玉敦也受黍稷器又少牢禮曰主婦執壹金敦黍有蓋凡設四敦皆南首注云敦有首者尊者器飾也飾象龜形孝經緯說敦與簠簋容受雖同上下內外皆圓爲異郭氏言敦盂舉其類而言之也丘形如覆敦者名敦丘

邐迤，沙丘。旁行連延○邐呂紙切迤余紙切〔疏〕邐迤沙丘注旁行連延○釋曰說文云邐行也迤斜行也故注云旁行連延也連延謂連接延長丘形邪行連接而長者名沙丘地理志云鉅鹿有紂所作沙丘臺在東北七十里

左高，咸丘。右高，臨丘。前高，旄丘。詩云旄丘之葛兮

後高，陵丘。〔疏〕左高至陵丘○釋曰此四者釋丘形左右前後高而名不同也○注詩云旄丘之葛兮○釋曰邶風旄丘篇文也

偏高，阿丘。詩云陟彼阿丘〔疏〕偏高阿丘注詩云陟彼阿丘○釋曰謂丘形四隅有一高而不正在左右前後者名阿丘也詩云陟彼阿丘者鄘風載馳篇文也

宛中，宛丘。宛謂中央隆高〔疏〕宛中宛丘注宛謂中央隆高○釋曰案詩陳風云宛丘之上兮毛傳云四方高中央下曰宛丘李巡孫炎亦皆云中央下而郭氏以爲中央高者以其四方高中央下即是上文水潦所止泥丘也又下云丘上有丘爲宛丘作者嫌人不曉故重辯之既言丘上有丘非中央隆高而何此郭氏所以不從先儒也

丘背有丘爲負丘。此解宛丘中央隆峻狀如負一丘於背上〔疏〕丘背有丘爲負丘○釋曰此解宛丘之狀也言中央隆峻若丘背之上更有一丘而負戴之者名宛丘又名負丘也

左澤，定丘。定下佞切〔疏〕左澤定丘○釋曰謂丘之東有水澤者名定丘

右陵，泰丘。宋有泰丘社亡見史記〔疏〕右陵泰丘○釋曰謂丘之西有大阜者名泰丘○注宋有大丘社亡見史記○釋曰案六國年表周顯王三十三年秦惠文王二年宋大丘社亡是也宋依丘作社在宋國於時亡去故云大丘社亡亦咎徵也

如畝，畝丘。丘有壟界如田畝〔疏〕如畝畝丘○釋曰李巡曰謂丘如田畝曰畝丘孫炎云方百步郭以爲田畝之壟也丘形有界埒似之因名云詩小雅巷伯云楊園之道猗于畝丘是也

如陵，陵丘。陵大阜也〔疏〕如陵陵丘注陵大阜也○釋曰丘形如大阜者名陵丘云陵大阜者釋地文也

丘上有丘，爲宛丘。嫌人不了故重曉之

陳有宛丘。今在陳郡陳縣

晉有潛丘。今在太原晉陽縣

淮南有州黎丘。今在壽春縣

天下有名丘五，三在河南，其二在河北。說者多以州黎宛營爲河南潛敦爲河北者案此方稱天下之名丘恐此諸丘碌碌未足用當之殆自別更有魁梧桀大者五但未詳其名號今者所在耳

丘。

〔疏〕注說者至在耳○釋曰此郭氏破先儒說天下名丘未當也碌小石也碌碌多貌恐此州黎等五丘碌碌然小耳史記毛遂入楚謂平原君諸舍人曰公等碌碌所謂因人成事者也意相類也殆近也近自更有魁梧然桀大者五但名號所在今所未詳知也此已上釋衆丘之名義故題曰丘也

○**望厓洒而高，岸。**厓水邊洒謂深也視厓峻而水深者曰岸○厓牙洒先典切〔疏〕望厓洒而高岸○釋曰望視也厓水邊也洒水深也言視水邊之厓其下水深其厓高峻者名岸詩衛風云淇則有岸

夷上洒下，不漘。厓上平坦而下水深者爲漘不發聲○漘脣〔疏〕夷上洒下不漘○釋曰李巡云夷上平上洒下陗下故名曰漘孫炎曰平上陗下故名曰漘不者蓋衍字郭云厓上平坦而下水深者爲漘不發聲也詩王風葛藟云在河之漘是也

隩，隈。今江東呼爲浦隩淮南子曰漁者不爭隈○隩與隈烏回切〔疏〕隩隈○釋曰隩一名隈也孫炎云隈水曲中也詩衛風云瞻彼淇隩故此釋之也○注淮南子曰漁者不爭隈○釋曰案淮南子原道篇云昔舜耕於歷山朞年而田者爭處墝埆以封畔肥饒相讓釣於河濱朞年而漁者爭處湍瀨以曲隈深潭相予是不爭隈之事也引之以證隈即厓內深隩之處也

厓內爲隩，外爲隈。別厓表裏之名〔疏〕厓內至爲隈○釋曰別厓表裏之名也孫炎云內曲裏也外曲表也李巡曰厓內近水爲隩其外爲鞫此句覆釋上文隩隈之處也云外爲隈者隈當作鞫傳寫誤也詩大雅公劉云芮鞫之即毛傳云水之外曰鞫然則厓在水曲其內名隩又名隈其外名鞫又作坑音義同今以隩隈一事分爲外內之名故知誤也

畢，堂牆。今終南山道名畢其邊若堂之牆〔疏〕畢堂牆○釋曰李巡云堂牆名厓似堂牆曰畢郭以畢終南山之道名也其邊之厓如堂室之牆言平正也詩秦風云終南何有有紀有堂是也

重厓，岸。兩厓累者爲岸○重直龍切〔疏〕重厓岸○釋曰言兩厓相重累者亦名岸也

岸上，滸。岸上地○滸音虎〔疏〕岸上滸○釋曰岸上平地去水稍遠者名滸詩大雅緜篇云率西水滸之類也

墳，大防。謂隄〔疏〕墳大防○釋曰李巡云墳謂厓岸狀如墳墓名大防也詩周南云遵彼汝墳又釋地云墳莫大於河濆是也

涘爲厓。謂水邊○涘音士〔疏〕涘爲厓○釋曰李巡曰涘一名厓謂水邊也詩秦風云所謂伊人在水之涘也

窮瀆，汜。水無所通者○汜音似〔疏〕窮瀆汜○釋曰謂窮困不通水瀆名汜也亦得名谿即釋山云山瀆無所通谿郭注云所謂窮瀆者雖無所通與水注川同名是也

谷者，溦。通於谷○溦眉

厓岸。

〔疏〕谷者溦○釋曰謂窮瀆汜若能通於谷者則別名溦也此已上釋厓岸之名也故題厓岸

釋山第十一

〔疏〕釋山第十一○釋曰案釋名云山產也言產生萬物說文云山宣也宣氣散生萬物有石而高象形也此篇釋諸山之名故云釋山也

河南，華。華陰山

河西，嶽。吳嶽

河東，岱。岱宗泰山

河北，恒。北岳恒山

江南，衡。衡山南岳〔疏〕河南華至江南衡○釋曰篇首載此五山者以爲中國之名山也案周禮職方氏河南曰豫州其山鎮曰華山正西曰雍州其山鎮曰嶽山正東曰兗州其山鎮曰岱山正北曰幷州其山鎮曰恒山正南曰荊州其山鎮曰衡山鄭注云鎮名山安地德者也又爲五嶽知者案鄭注大司樂云五嶽岱在兗州衡在荊州華在豫州嶽在雍州恒在幷州是也案下文及經典羣書言五嶽者皆數嵩高不數嶽而鄭云然者蓋鄭有所案據更見異意也其正名五嶽必取嵩高爲定解下文別釋云河南華注華陰山者案禹貢導河積石至于龍門南至于華陰東至于底柱孔安國云河自龍門南流至華山北而東行然則此山在河之南故曰河南華下皆放此在華陰縣界故曰華陰山也云河西嶽注吳嶽者在西河之西一名吳嶽鄭玄云在汧云河東岱注岱宗泰山者在東河之東一名岱宗一名泰山鄭玄云在博云河北恒注北嶽恒山者下文恒山爲北嶽是也鄭玄云在上曲陽云江南衡注衡山南嶽者禹貢云岷山導江又曰岷山之陽至于衡山孔注云衡山江所經然則江水經此山之北東入于海故曰江南衡也鄭注大宗伯云五嶽南曰衡也是也

山三襲，陟。襲亦重〔疏〕山三襲陟注襲亦重○釋曰山之形若三山重累者名陟重衣謂之襲故以襲爲重也上篇注已云成猶重也故此云亦重也

再成，英。兩山相重〔疏〕再成英注兩山相重○釋曰成重也山形兩重者名英今南郡英山縣蓋取此名也

一成，坯。書曰至于大伾○坯備悲切〔疏〕一成坯注書曰至于大伾○釋曰案此文則山上更有一山重累者名伾書曰者禹貢文也孔安國云山再成曰伾與此不同者蓋所見異也鄭玄云大伾在脩武武德之界張揖云成皋縣山也漢書音義臣瓚以爲皆非今黎陽縣山臨河豈不是大伾乎瓚意當然

山大而高，崧。今中嶽嵩高山蓋依此名○崧嵩〔疏〕山大而高崧注今中嶽嵩山蓋依此名○釋曰詩大雅云崧高維嶽毛傳云崧高貌釋名云崧竦也亦高稱也李巡曰高大曰嵩此則山高大者自名崧本不指中嶽名嵩高或取此文以立名乎無正文故云蓋以疑之

山小而高，岑。言岑崟〔疏〕山小而高岑注言岑

崟。○釋曰：言山形雖小而高嶔崟者名岑也。

銳而高，嶠。言纖峻。○嶠音喬。【疏】銳而高嶠。注言纖峻。○釋曰：銳則纖也，言山形纖峻而高者名嶠。列子曰：渤海之東有壑，其中山曰員嶠。蓋同此也。

卑而大，扈。扈，廣貌。【疏】卑而大扈。注扈廣貌。○釋曰：言山形卑下而廣大者名扈。禮記檀弓云：南宮縚之妻之姑之喪，夫子誨之髽，曰：爾毋扈扈爾。鄭注云：扈扈謂大廣。蓋取此義也。

小而衆，巋。小山叢羅。○巋，丘鬼切。【疏】小而衆巋。注小山叢羅。○釋曰：言山小而衆叢萃羅列者名巋。

小山岌大山，峘。岌謂高過。○岌，魚泣切。峘，桓。【疏】小山岌大山峘。注岌謂高過。○釋曰：言小山與大山相並而小山高過於大山者名峘，非謂小山名岌、大山名峘也。

屬者，嶧。言駱驛相連屬。○屬，燭。嶧，亦。【疏】屬者嶧。注言駱驛相連屬。○釋曰：言山形相連屬駱驛然不絕者名嶧。駱驛，連屬不絕之辭。禹貢云：嶧陽孤桐。地理志云：東海下邳縣西有葛嶧山。取此名也。

獨者，蜀。蜀亦孤獨。【疏】獨者蜀。注蜀亦孤獨。○釋曰：言山之孤獨者名蜀。案說文云：蜀，蟲名。詩云：蜎蜎者蠋。釋蟲云：蚅，烏蠋。郭云：大蟲如指，似蠶。此蟲更無羣匹，故云蜀亦孤獨。既蟲之孤獨者蜀，是以山之孤獨者亦名蜀也。

上正，章。山上平。【疏】上正章。注山上平。○釋曰：正猶平也，言山形上平者名章。

宛中，隆。山中央高。【疏】宛中隆。注山中央高。○釋曰：言山形中央蘊聚而高者名隆。

山脊，岡。謂山長脊。【疏】山脊岡。注謂山長脊。○釋曰：孫炎云：長山之脊也。言高山之長脊名岡。詩云：陟彼高岡。是也。

未及上，翠微。近上旁陂。【疏】未及上翠微。注近上旁陂。○釋曰：謂未及頂上在旁陂陀之處名翠微。一說山氣青縹色，故曰翠微也。

山頂，冢。山顛。

崒者，厜㕒。謂山峰頭巉巖。○崒，子恤反。厜，子規切。㕒音危。【疏】山頂至厜㕒。○釋曰：此二句釋小雅十月云：山冢崒崩之文也。毛傳云：山頂曰冢。鄭箋云：崒者，崔嵬。雖音字小異，義實同也。是取此文爲說。彼云冢者謂山頂也。釋言云：顛，頂也。故此郭云山顛。彼云崒者謂山巔之末，其峰巉巖厜㕒然者也。

山如堂者，密。形如堂室者。尸子曰：松柏之鼠，不知堂密之有美樅。【疏】山如堂者密。○釋曰：言山形如堂室者名密。○注尸子至美樅。○釋曰：此尸子綽子篇文，引之證山有名密者。

如防者，盛。防，隄。○盛音成。【疏】如防者盛。注防隄。○釋曰：此盛讀如粢盛之盛。隄防之形，隨而高峻，若黍稷之在器，故其山形如隄防者亦名盛也。

巒，山墮。謂山形長狹者，荊州謂之巒。詩曰：嶞山喬嶽。○嶞，湯果切。【疏】巒山墮。○釋曰：凡物狹而長者謂之嶞，則此言山嶞者，謂山形狹長者一名巒也。○注詩曰嶞山喬嶽。○釋曰：周頌般篇文也。

重甗，隒。謂山形如累兩甗。甗，甑。山形狀似之，因以名云。○重，平聲。甗，言蹇反。隒音儼。【疏】重甗隒。注謂山至名云。○釋曰：孫炎云：山基有重岸也。郭云甗甑者，鄭衆注考工記云：甗，無底甑。方言云：甗，自關而東謂之甗。故知甗，甑也。

左右有岸，厒。夾山有岸。○厒，口閤切。【疏】左右有岸厒。注夾山有岸。○釋曰：謂山兩邊有水，山與水爲岸，此山名厒。

大山宮小山，霍。宮謂圍繞之。禮記曰：君爲廬宮之。是也。【疏】大山宮小山霍。○釋曰：宮猶圍繞也。謂小山在中，大山在外圍繞之，山形若此者名霍，非謂大山名宮、小山名霍也。○注宮謂至是也。○釋曰：禮記曰者，喪大記文也。鄭注云：宮謂圍障之也。引之者，證宮爲圍繞之義也。

小山別大山，鮮。不相連。○別，彼列切。鮮，息淺切。【疏】小山別大山鮮。注不相連。○釋曰：謂小山與大山分別不相連屬者名鮮。李巡云：大山少，故曰鮮。

山絕，陘。連中斷絕。○陘，形。【疏】山絕陘。注連中斷絕。○釋曰：謂山形連延中忽斷絕者名陘。

多小石，磝。多礓礫。○磝音敲。【疏】多小石磝。注多礓礫。○釋曰：礓礫即小石也。山多此小石者名磝。釋名曰：小石曰礫。

多大石，礐。多盤石。○礐音殼。【疏】多大石礐。注多盤石。○釋曰：盤，大石也。山多此盤石者名礐。

多草木，岵。無草木，峐。皆見詩。○岵，戶。峐，屺。【疏】多草木岵，無草木峐。注皆見詩。○釋曰：峐當作屺，音起。案詩魏風云：陟彼岵兮，瞻望父兮。又曰：陟彼屺兮，瞻望母兮。毛傳云：山無草木曰岵，山有草木曰屺。與此不同者，當是傳寫誤也。王肅解依爾雅。

山上有水，埒。有停泉。○埒音劣。【疏】山上有水埒。注有停泉。○釋曰：謂山巔之上有停泉名埒。

夏有水冬無水，澩。有停潦。○澩音學。【疏】夏有水冬無水澩。注有停潦。○釋曰：潦，雨水也。言山上汙下，夏有停泉，至冬竭涸者名澩。

山豄無所通，谿。所謂窮瀆者，雖無所通，與水注川同名。○豄音瀆。【疏】山豄無所通谿。○釋曰：豄即溝瀆也。山有豄而無通流者名谿。注所謂至同名。○釋曰：云所謂者，所謂釋上云窮瀆汜者也。云與水注川同名者，即釋水云：水注川曰谿，是也。

石戴土謂之崔嵬。石山上有土者。○崔，徂回切。嵬，五回切。

土戴石爲砠。土山上有石者。○砠，七余切。【疏】石戴至爲砠。○釋曰：詩周南卷耳云：陟彼崔嵬。又云：陟彼砠矣。毛傳云：崔嵬，土山之戴石者。石山戴土曰砠。與此正反者，或傳寫誤也。

山夾水，澗。陵夾水，澞。別山陵間有水者之名。○澞音虞。【疏】山夾至水澞。○釋曰：謂山間有水者名澗。詩云：考盤在澗。是也。其陵間有水者名澞。

山有穴爲岫。謂巖穴。【疏】山有穴爲岫。○釋曰：謂山有巖穴者爲岫也。

山西曰夕陽。暮乃見日。【疏】山西曰夕陽。注暮乃見日。○釋曰：日即陽也，夕始得陽，故名夕陽。詩大雅公劉云：度其夕陽，豳居允荒。是也。

山東曰朝陽。旦即見日。【疏】山東曰朝陽。注旦即見日。○釋曰：謂山頂之東，皆早朝見日，但是山東之岡脊，揔曰朝陽。詩大雅卷阿曰：梧桐生矣，于彼朝陽。是也。

泰山爲東嶽。華山爲西嶽。霍山爲南嶽。即天柱山，潛水所出。恒山爲北嶽。常山。嵩高爲中嶽。大室山也。【疏】泰山至中嶽。○釋曰：案周禮大宗伯云：以血祭祭社稷、五祀、五嶽。故此釋之也。白虎通云：嶽者何？嶽之爲言捔，捔功德也。東方爲岱者，言萬物皆相代於東方也。南方爲霍，霍之爲言護也，言大陽用事，護養萬物也。西方爲華，華之爲言獲也，言萬物成熟可得獲也。北方爲恒，恒者常也，萬物伏藏於北方有常也。中央爲嵩，嵩言其高大也。風俗通云：嶽，捔考功德黜陟也。然則以四方方有一山，天子巡守至其下，捔考諸侯功德而黜陟之，故謂之嶽也。案詩傳言四嶽之名，東嶽岱，南嶽衡。此及諸經傳多云泰山爲東嶽，霍山爲南嶽者，皆山有二名也。風俗通云：泰山，山之尊，一曰岱宗。岱，始也；宗，長也。萬物之始，陰陽交代，故爲五嶽長，王者受命恒封禪之。衡山一名霍，言萬物霍然大也。華，變也，萬物成變由於西方也。恒，常也，萬物伏北方有常也。嵩，高也，言高大也。是解衡之與霍、泰之與岱，皆一山而有二名也。若此上云江南衡，地理志云衡山在長沙湘南縣，張揖廣雅云天柱謂之霍山，地理志云天柱在廬江灊縣，則在江北矣。而云衡霍一山二名者，本衡山一名霍山，漢武帝移嶽神於天柱，又名天柱亦爲霍，故漢以來衡霍別耳。郭云：霍山今在廬江灊縣西南，別名天柱山，漢武帝以衡山遼曠，移其神於此，今其土俗人皆呼之爲南嶽。南嶽本自以兩山爲名，非從近也。而學者多以霍山不得爲南嶽，又言從漢武帝始乃名之。如此言，爲武帝在爾雅前乎？斯不然矣。竊以璞言爲然。何則？孫炎以霍山爲誤，當作衡山。案書傳虞夏傳及白虎通、風俗通、廣雅並云霍山爲南嶽，豈諸文皆誤？明是衡山一名霍也。○注即天柱山潛水所出。○釋曰：此據作注時霍山爲言。此山本名天柱，漢武帝移江南霍山之祀於此，故又名霍山。其經之霍山，即江南衡是也，故上注云衡山南嶽也。○釋曰：大室山也。案山海經云：半石山東五十里曰少室山，又東三十里曰泰室山。郭注云：即中嶽嵩高山也，今在陽城縣西。戴延之西征記云：其山東謂之大室，西謂之少室，相去十七里，嵩其揔名也。以其下各有室焉，故謂之室是也。

梁山，晉望也。晉國所望祭者，今在馮翊夏陽縣西北臨河上。【疏】梁山晉望也。注晉國至河上。○釋曰：言梁山在晉國境內，晉以歲時望祭之，故云晉望也。云晉國所望祭者，案春秋僖三十一年經云：夏四月，四卜郊，不從，乃免牲，猶三望。公羊傳云：三望者何？望祭也。鄭君以爲望者祭山川之名也，諸侯之祭山川在其地者，非其地則不祭。賈逵、服虔、杜預皆以爲三望，分野之星、國中山川。楚語云：天子徧祀羣神品物，諸侯二王後祀天地三辰及其土地之山川。注國語者皆云：諸侯二王後祀天地三辰，日月星也；非二王後祀分野星辰山川也。以此言之，則分野之星、國內山川，其義是也。今案昭元年左傳云：辰爲商星，參爲晉星。又禮記禮器云：晉人將有事於河，必先有事於呼池。及此云梁山晉望也。然則晉國三望，謂參也、梁山也、河也。故云晉國所望祭者。云今在馮翊夏陽縣西北者，地理志文也。知臨河上者，成五年公羊傳曰：梁山者何？河上之山也。故知臨河上。

釋水第十二【疏】釋水第十二。○釋曰：說文解字云：水，準也。北方之行，象衆水並流，中有微陽之氣也。白虎通云：水之爲言準也，是平均法則之稱。此篇釋諸水之名，故曰釋水。

泉一見一否爲瀸。瀸纔有貌。○見，現。否，畢美反。瀸，纖。【疏】泉一見一否爲瀸。○釋曰：說文云：泉，水原也。言此泉其水有時出見，有時不出而竭涸者名瀸。瀸謂瀸微也，故注云纔有貌。

井一有水一無水，爲瀱汋。山海經曰：天井夏有水冬無水，即此類也。○瀱，計。汋，仕捉切。【疏】井一有水一無水爲瀱汋。○釋曰：說文云：井，鑿地取水也。釋名云：井，清也，泉之清絜者也。世本云：伯益作井。亦云黃帝始穿。此言井或一時有水，一時無水者，名瀱汋也。○注山海至類也。○釋曰：案中山經云：帝囷山東南五十里曰視山，其上多韭，有井焉，名天井，夏有水，冬竭者是也。孫子兵法云：地陷曰天井。然則非人爲之者曰天井。云即此類也者，以此經但言井，山海經言天井，非正相當，故云類也。

濫泉正出。正出，涌出也。公羊傳曰：直出。直猶正也。【疏】濫泉正出，正出涌出也。○釋曰：詩大雅瞻卬云：觱沸檻泉。故此釋之也。詩言檻泉者，正直上出之泉也。其水涌出，故更云正出涌出也。李巡曰：水泉從下上出曰涌泉。濫、檻音義同。○注公羊至正也。○釋曰：案昭五年傳云：叔弓帥師敗莒師于濆泉。濆泉者何？直泉

也直泉者涌泉也是其事也郭云直出者蓋以義言之彼言直此言正其意一也故云直猶正也

沃泉縣出。縣出、下出也。從上溜下。○縣音玄〔疏〕沃泉縣出至注從上溜下○釋曰李巡亦云水泉從上溜下然則相傳為然也曹風云冽彼下泉則此沃泉也

氿泉穴出。穴出、仄出也。從旁出也。○氿軌仄側〔疏〕氿泉穴出至注從旁出也○釋曰李巡曰水泉從旁出名曰氿氿仄出是側出曰氿泉也大東云有冽氿泉是也

湀闢流川。通流。○湀揆〔疏〕湀闢流川注通流○釋曰說文解字云川貫穿通流水也虞書曰濬畎澮距川言深畎澮之水會為川也釋名云川穿也穿地而流也然則湀闢者則通流大川之別名也

過辨回川。旋流。○過古禾切辨片〔疏〕過辨回川注旋流○釋曰回旋也言川水之中有回旋而流者名過辨

灉、反入。即河水決出復還入者河之有灉猶江之有沱。○灉於用切〔疏〕灉反入○釋曰反復也謂河水決出而復入河者名灉即下云水自河出為灉是也

潬、沙出。今江東呼水中沙堆為潬。潬音但〔疏〕潬沙出○釋曰言潬者是沙堆出於水中之名也故曰沙出

汧、出不流。水泉潛出便自停成汙池。○汧音牽〔疏〕汧出不流○釋曰謂木泉潛出停成汙池者名汧地理志云扶風汧縣雍州弦蒲藪汧出西北入渭以其初出不流停成弦蒲澤藪故曰汧出不流也其終則入渭也

歸異、出同流、肥。毛詩傳曰所出同所歸異為肥〔疏〕歸異出同流肥○釋曰謂小水支分歸入大水則異其泉源初出則同流者各肥即詩邶風泉水云我思肥泉茲之永歎毛傳云所出同所歸異為肥泉是也

瀵、大出尾下。今河東汾陰縣有水口如車輪許濆沸涌出其深無限名之為瀵馮翊郃陽縣復有瀵亦如之相去數里而夾河河中陼上又有一瀵瀵源皆潛相通在汾陰者人壅其流以為陂種稻呼其本所出處為瀵魁此是也○尾猶底也瀵音糞〔疏〕瀵大出尾下○釋曰尾猶底也言源深大出於底下者名瀵瀵猶灑散也○注今河至底也○釋曰河東馮翊者皆郡名也云河中陼上者陼謂水中可居之小者云人壅其流以為陂種稻者澤障曰陂謂人畜壅此水以為陂澤而溉稻田也云瀵魁者魁帥也首也以其水源故謂之魁也

水醮曰厬。謂水醮盡○厬音軌〔疏〕水醮曰厬○釋曰醮盡也凡水之盡皆曰厬厬則竭涸之一名也

水自河出為灉。書曰灉沮會同。濟為濋。汶為瀾。洛為波。漢為潛。書曰沱潛既道○濋楚汶問瀾闌沱陀　淮為滸。江為沱。書曰岷山導江東別為沱。過為洵。潁為沙。汝為濆。詩曰遵彼汝墳皆大水溢出別為小水之名○過烏禾反潁餘頃反濆墳〔疏〕水自至汝為濆○釋曰此十者皆大水分出別為小水之名也○注書曰灉沮會同○釋曰禹貢兗州云雷夏既澤灉沮會同孔安國云雷夏澤名灉沮二水會同此澤引之證水自河出別名為灉也○注書曰沱潛既道○釋曰禹貢梁州云岷嶓既藝沱潛既道孔安國云岷山嶓冢皆山名沱潛發源此州入荊州案地理志云蜀郡有湔道岷山在西徼外江水所出也隴西郡西縣嶓冢山西漢水所出是二者皆山名也沱出於江潛出於漢二水發源此州而入荊州故荊州亦云沱潛既道案郭氏音義云沱水自蜀郡都水縣揃山與江別而更流又云有水從漢中沔陽南流至梓潼漢壽入大穴中通峒山下西南潛出一名沔水舊俗云即禹貢潛也郭氏此言並解梁州沱潛也然則此注言書曰者亦指梁州者也所以荊州亦有沱潛者蓋以水從江漢出者皆曰沱潛所以判梁二州皆有也○注書曰岷山導江東別為沱○釋曰亦禹貢文也孔安國云江東南流沱東行引之證江水溢出名沱也○注詩曰遵彼汝墳○釋曰此周南汝墳篇文也毛傳云汝水名也墳大防也毛意以為伐薪宜於厓岸之上故以大防解之郭意以為汝濆所分之處有美地因謂之濆且毛傳墳從土此濆從水所以異也

水決之澤為汧。水決入澤中者亦名為汧〔疏〕水決之澤為汧○釋曰凡水為人所決陂障為澤者亦與上出不流者同名汧也

決復入為汜。水出去復還〔疏〕決復入為汜○釋曰凡水決之岐流復還本水者名汜詩召南云江有汜是也

河水清且瀾漪。大波為瀾。言渙瀾○瀾蘭漪衣　小波為淪。言蘊淪　直波為徑。言徑挺〔疏〕河水至為徑○釋曰案詩魏風伐檀篇云河水清且漣漪又曰河水清且直漪又曰河水清且淪漪故此釋之毛傳云風行水成文曰漣直直波也小風水成文轉如輪也李巡云分別水大小曲直之名郭氏云瀾言渙瀾淪言蘊淪徑言徑挺然則瀾直淪論水波之異漪皆辭也案詩漣淪皆言波名直波不言徑而言直又在淪漪前者取韻故也瀾漣雖異而義同瀾漪先舉詩文然後釋之直淪不舉者省文從可知也

江有沱。河有灉。汝有濆。此故上水別出耳所作者重見

滸、水厓。水邊地〔疏〕滸水厓注水邊地○釋曰謂水邊厓岸之地別名滸李巡曰滸水邊地名厓也詩大雅江漢云江漢之滸是也

水草交為湄。詩曰居河之湄○湄音眉〔疏〕注詩曰居河之湄○釋曰此小雅巧言之篇文也以詩有此言故釋之云水草交為湄李巡曰水中有草木交會曰湄今詩作麋音義同

濟有深涉。謂濟渡之處○濟子細切　深則厲。淺則揭。揭者揭衣也。謂褰裳也○揭上二字音憩下上竭切　以衣涉水為厲。衣謂褌　繇膝以下為揭。繇膝以上為涉。繇帶以上為厲。繇自也○繇音由上時掌反〔疏〕濟有至為厲○釋曰案詩邶風匏有苦葉濟有深涉深則厲淺則揭故此先引詩文然後釋之云揭者揭衣也謂度處水淺推褰裳可涉者名揭注云謂褰裳也者對文言之則在上曰衣在下曰裳散而言之則通是以此經言揭衣注言褰裳曲禮云兩手摳衣去齊尺衣亦謂裳也云以衣涉水為厲者此衣謂褌也言水深至於褌以上者而涉渡者名厲云繇膝以下為揭者此更釋揭涉及厲之名繇與由同繇由也言水淺自膝以下為揭水差深自膝以上者為涉水若深至衣帶以上者為厲注云繇自也釋詁文

潛行為泳。水底行也晏子春秋曰潛行逆流百步順流七里〔疏〕潛行為泳○釋曰謂人潛隱水底而行者名為泳○詩周南漢廣云漢之廣矣不可泳思是矣○注晏子至七里○釋曰晏子者名嬰諡平仲相齊景公孔子稱善與人交者也著書謂之晏子春秋云景公蓄勇士公孫接田開彊古冶子事景公以勇力搏於虎問晏子而趨三子者不起晏子見公請去之公乃使人餽之二桃令三子計功而食公孫接曰接一搏特猏再搏乳虎若接之功可以食桃而毋與人同矣援桃而起田開彊曰吾杖兵卻三軍者再若開彊之功可以食桃而毋與人同矣援桃而起古冶子曰吾嘗從君濟於河黿銜左驂以入砥柱之中流當是時也冶少不能游潛行逆流百步順流九里得黿而殺之左操馬尾右挈黿頭鶴躍而出津人皆曰河伯也冶之視之則大黿之首也若冶之功可以食桃而毋與人同矣二子恥功不逮俯自殺古冶子亦自殺是其所引之文也以證潛行為泳之事也但彼作九里此作七里蓋傳寫誤或所見本異也

汎汎楊舟。紼縭維之。紼、縴也。縴索○紼弗縭離縴律　縭、綅也。綅繫○綅如誰切〔疏〕汎汎至綅也○釋曰汎汎楊舟紼縭維之此詩小雅采菽篇文也云紼縴也縭綅也此釋詩紼縭之義也李巡云縴竹為索所以維持舟者郭云綅繫孫炎云舟止繫之於樹木縴竹為大索然則紼訓為縴是縆縭訓為綅綅又為繫正謂舟之止息以縆繫而維持之也

天子造舟。比船為橋○造七到切　諸侯維舟。維連四船　大夫方舟。併兩船　士特舟。單船　庶人乘泭。併木以渡泭音桴〔疏〕天子至乘泭○釋曰此釋尊卑橋船之異制也云天子造舟者詩大雅大明云造舟為梁是也言造舟者比船於水加版於上即今之浮橋故杜預云造舟為梁則河橋之謂也維舟以下則水上浮而行但船有多少為差等耳云庶人乘泭者詩漢廣云江之永矣不可方思毛傳云方泭也釋言云舫泭也郭注云水中簰筏論語曰乘桴浮於海注云桴編竹木大曰栰小曰桴是也桴泭音義同

水注川曰谿。注谿曰谷。注谷曰溝。注溝曰澮。注澮曰瀆。此皆道水轉相灌注所入之處名○澮古外切〔疏〕水注至曰瀆注此皆道水轉相灌注所入之處名也○釋曰郭云轉相灌注者蓋以川瀆皆水之大者也虞書云濬畎澮距川下云江河淮濟為四瀆是也今若言水注川曰谿謂水之注入川者名谿則注入溝者名澮溝小如澮豈能容乎若言注溝曰澮謂注溝水入之名澮則注川水入之者名谿杜預云谿亦澗也豈能容受川水乎然則水注川曰谿是澗谿之水注入於川也故李巡云水出於山入於川曰谿注谿曰谷謂山谷中水注入澗谿也注谷曰溝此以下與上不類謂山谷中水無澗谿者注入平地之溝溝廣深四尺注云澮廣二尋深二仞注溝曰澮謂注溝水入之者名澮注澮水入之者名瀆故注云轉相灌注也

逆流而上曰泝洄。順流而下曰泝游。皆見詩○泝音素〔疏〕逆流至泝游注皆見詩○釋曰案詩秦風蒹葭云遡洄從之道阻且長遡游從之宛在水中央是也孫炎曰逆渡者逆流也順渡者順流也然則逆流順流皆謂渡水有逆順也

正絕流曰亂。直橫渡也書曰亂于河〔疏〕正絕流曰亂○釋曰正直也謂橫絕其流而直渡名曰亂○注書曰亂于河○釋曰案禹貢梁州云入于渭亂于河孔安國云越河而北入渭浮東渡河而還帝都白所治以帝都在河之東故直橫渡河陸行而還帝都也彼孔氏引此文故以為證也

江河淮濟為四瀆。四瀆者、發源注海者也。〔疏〕江河至者也○釋曰案白虎通云瀆者何謂瀆中國垢濁發源而注海其功著大故稱瀆也案禹貢云導河積石至于龍門南至于華陰東至于底柱又東至于孟津東過洛汭至于大伾北過降水至于大陸又北播為九河同為逆河入于海岷山導江東別為沱又東至于澧過九江至于東陵東迤北會于匯東為中江入于海導沇水東流為濟入于河溢為滎東出于陶丘北又東至于菏

又東北會于汝又北東入于海導淮自桐柏東會于泗沂東入于海是發源注海者也水泉。〔疏〕水泉○釋曰題上事也下皆倣此○水中可居者曰洲。小洲曰陼。小陼曰沚。小沚曰坻。人所爲爲潏。人力所作○陼渚坻池潏述水中。〔疏〕水中至爲潏○釋曰此一段釋水中之地名也故下題云水中衆李巡云四方皆有水中央獨可居但大小異其名耳若人所作者則名潏周南云在河之洲召南云江有渚采蘩云于沼于沚秦風蒹葭云宛在水中坻是其所出之文也河出崐崘虛、色白。山海經曰河出崐崘西北隅虛山下基也所渠并千七百一川、色黃。潛流地中汩漱沙壞所受渠多衆水溷淆宜其濁黃百里一小曲。千里一曲一直。公羊傳曰河曲流河千里一曲一直河曲。〔疏〕河出至一直○釋曰此一段釋河源所自及遠近曲直之勢也故下題云河曲云河出崐崘虛色白者崐崘山名虛山下基也言河源出於崐崘山下之基其初纖徼源高激湊故水色白也云所渠并千七百者謂所受之渠并計凡有一千七百也云一川色黃者以其所受渠多沙壞溷淆故爲一川千水色黃也云百里一小曲千里一曲一直者此河自然之勢也故謂之河曲○注山海至北隅○釋曰案海內西經云帝之下都崐崘之虛方八百里高萬仞河水出東北隅以行其北西南又入渤海又出海外即西北而北入禹所導積石山又北山經云敦薨山敦薨水出焉西注泑澤出乎崐崘東北隅實爲河源郭注云即河出崐崘虛也今注云西北者蓋所見本異或傳寫誤○注潛流至濁黃○釋曰云潛流地中者案漢書西域傳云河有兩源一曰葱嶺一出于闐于闐在南山下其河北流與葱嶺河合東注蒲昌海蒲昌海一名鹽澤者去玉門陽關三百餘里廣袤三四百里其水停居冬夏不增減皆以爲潛行地下南出于積石爲中國河又山海經云不周山東望泑澤河水之所潛也其源渾渾泡泡郭注云河出崐崘潛行地下至葱嶺山于闐國復分流岐出合而東流注泑澤又復潛行南出于積石而爲中國河泑澤一名蒲昌海潛行渾渾泡泡水濆涌之貌是潛流地中也說文云汨水流也溷濁也淆雜亂也言水流漱其沙壞所受之渠又多衆水溷濁雜亂所以宜其水濁且黃也○注公羊至一直○釋曰此文十二年傳文也案彼經云晉人秦人戰于河曲傳云曷爲以水地河曲疏矣河千里而一曲也言其河曲之地疏闊故可戰也引之證河必千里一曲一直之義然此注以疏爲流又加一直宇誤也○徒駭。今在成平縣義所未聞駭諸稽切太史。今所在未詳馬頰。河勢上廣下狹狀如馬頰覆鬴。水中可居任而有狀如覆釜○覆扶服切鬴父胡蘇。東莞縣今有胡蘇亭其義未詳簡。水道簡易絜。水多約絜鉤盤。水曲如鉤流盤桓也鬲津。水多阨狹可隔以爲津而橫渡○鬲革九河。從釋地已下至九河皆禹所名也〔疏〕徒駭至鬲津○釋曰案禹貢云九河既導故此釋其名下即題云九河也李巡曰徒駭者禹疏九河以徒衆起故曰徒駭大史禹大使徒衆通其水道故曰大史馬頰河勢上廣下狹狀如馬頰也覆釜水中多渚往往而處形如覆釜胡蘇其水下流故曰胡蘇胡下也蘇流也簡大也河水深而大也絜言河水多山石治之苦絜絜苦也鉤盤言河水曲如鉤屈折如盤也鬲津河水狹小可隔以爲津也孫炎曰徒駭禹疏九河用功雖廣衆

懼不成故曰徒駭胡蘇水流多散胡蘇然其餘同李巡郭云徒駭今在成平東光縣今有胡蘇亭馬頰覆鬴鬲津之名同李巡簡云水多約絜鉤盤水曲如鉤流盤桓也餘名皆云其義未詳計禹疏九河云復其故道則名應先有不宜徒駭太史因禹立名此郭氏所以未詳也或九河雖舊有名至禹治水更別立名即此所云是也漢書溝洫志成帝時河隄都尉許商上書曰古記九河之名有徒駭胡蘇鬲津今見在成平東光鬲縣界中自鬲津以北至徒駭其間相去二百餘里是知九河所在徒駭最北鬲津最南蓋徒駭是河之本道東出分爲八枝也許商上言三河下言三縣則徒駭在成平胡蘇在東光鬲津在鬲縣其餘不復知也此九河之次從北而南既知三河之處則其餘六者太史馬頰覆釜在東光之北成平之南簡絜鉤盤在東光之南鬲縣之北也其河填塞時有故道鄭玄云周時齊桓公塞之同爲一河今河間弓高以東至平原鬲津往往有其遺處春秋緯寶乾圖云移河爲界在齊呂填閼八流以自廣鄭玄蓋據此文爲桓公塞之也言閼八流拓境則塞其東流八枝并使歸於徒駭也此九河之名義也案胡蘇下東光本定本注作東莞當作光字之誤也○從釋地已下至九河皆禹所名也○釋曰謂釋地已下凡四篇其中五嶽四瀆及諸山川丘陵之名皆禹所制也然山川等名其來尚矣治水之後更復改新言此名是禹所制非禹始爲名也

爾雅注疏卷七挍勘記

阮元撰盧宣旬摘錄

爾雅疏卷第七 名衍下標目釋地第九釋丘第十另行標釋山第十一釋水第十二注疏本分釋山以下爲卷第七以上仍卷第六

釋地第九

佼易變化 注疏本佼改交白虎通同按古交易字多作佼說文佼交也易大壯喪羊于易釋文易鄭音亦謂佼易也詩天作箋云川岐邦之君有佼易之道公羊傳莊十三年何以不曰易也何休注易猶佼易也相親信無後患之辭

兩河間曰冀州 注疏本作冀葉鈔釋文唐石經單疏本雪牕本作兾按五經文字冀兾兩列云上說文下隸省知今本作冀係據說文改也

江南曰揚州 雪牕本元本閩本同釋文唐石經單疏本監本毛本作楊州五經文字云楊木名揚舉也州名取輕揚之義亦合作此字俗從木誤詩王風揚之水釋文云揚如字激揚也或作楊木之字非唐風揚之水石經魯詩殘碑作楊按廣雅釋言云楊揚也據此知尚書周禮爾雅楊州字詩王風唐風揚之水字本皆從木其義爲輕揚激揚陸德明張參輩以從木爲非故經典定從手旁其實非也唐許嵩建康實錄引春秋元命苞云地多赤楊因取名焉則楊木楊州實一字也

河西曰雝州 注疏本雝改雍

兼得梁州之地 浦鏜云據釋文此上脫太康地記云雍州七字

漢南曰荊州 注疏本荊作荆此本亦荊荆錯出

稟性彊梁 注疏本彊改强下同

荊警也 監本毛本同元本閩本警作驚下同

江南曰揚州 監本毛本同閩本毛本楊州字凡四見皆從木惟輕揚從手

孔傳凡云據者 注疏本脫凡

禹貢其地合於冀州 注疏本下衍也

東至范入濡也 浦鏜云范下脫陽

云此蓋殷制者 注疏本脫云

禹貢海岱惟青州 注疏本貢下衍云

下與周禮又異 元本同閩本監本毛本又誤文

有青幽幷 注疏本幽并倒

疑是殷制 注疏本下衍也

故云蓋也此上釋九州之名 注疏本移此上云云一十三字分配題下

秦有楊陓 唐石經雪牕本同釋文陓孫於于反郭烏花反本或作紆字非也經義雜記曰周禮職方氏其澤藪曰楊紆說文云九州之藪冀有陽紆淮南墜形秦之楊紆風俗通山澤引爾雅秦有陽紆劉昭注續漢郡國志引爾雅秦有楊紆則釋地舊本皆是紆字郭本定爲陓陸以紆爲非不知孫叔然於于反亦作紆也

周禮冀州云其澤藪曰陽陓 元本同閩本監本毛本陽作楊按陓當作紆今周禮作楊紆余仁仲本注中作陽紆

今吳縣南大湖 單疏本雪牕本注疏本同釋文大湖音泰舊按云本今作太

震澤厎定是也 注疏本厎作底非書釋文葉鈔本作厎

海畔迴濶 閩本作迴濶舊本作迴闊監本毛本作迴濶

其澤藪曰昭餘祁 舊本同閩本監本毛本餘改余下引地理志同

今滎陽中牟縣西圃田澤是也 雪牕本舊本監本同單疏本滎作熒釋文同當據以訂正閩本毛本作榮更誤凡古書熒陽字皆從火有從水者淺人所改

周有焦護 唐石經單疏本雪牕本同釋文穫胡故反又作護同按作護非也當從陸本作穫劉昭注續漢書郡國志李善注文選北征賦皆引爾雅周有焦穫郭注曰音護是護乃穫之音不得以護易穫也詩六月整居焦穫釋文焦穫音護爾雅十藪周有焦穫不言詩之穫字有異引爾雅穫字則後人改從言旁矣正義引釋地云周有焦穫尚作禾旁此類皆當訂正

十藪 釋文唐石經單疏本雪牕本同周禮澤虞注云爾雅有八藪賈公彥說九州各一藪周秦同在雍州又除畿內不數故八按今本作十係淺人依數增加

中陵朱滕 雪牕本注疏本同唐石經滕作滕釋文滕又作滕同

謂加陵最大也注疏本也誤者

梁莫大於溴梁單疏本雪牕本注疏本同唐石經溴作湨單疏本引春秋經注亦作湨○按从狊是也

杜預云溴水出河內注疏本預改注脫水

亦謂隄注疏本亦誤也

有醫無閭之珣玗琪焉唐石經雪牕本同釋文單疏本亦作珣玗琪石經考文提要引王善堂九經本同注疏本玗誤玕

有崐崘虛之璆琳琅玕焉唐石經雪牕本正德本同釋文單疏本亦作崐崘閩本監本毛本作昆侖移山於上失其舊釋文琅音郎又作瑯同

琅玕狀似珠也雪牕本同注疏本作如珠非邢疏引山海經注亦云琅玕子似珠

謂多野牛筋角雪牕本正德本閩本監本同單疏本標起止云注角都至筋角毛本角誤骨

有斥山之文皮焉雪牕本注疏本同釋文唐石經作斥山邢疏云斥山山名也廣韻四十禡斥丑格切引爾雅又音尺

顏師古曰郎所謂醫巫閭注疏本曰改云脫所

周書所謂夷玉也注疏本夷誤美

云珠如今雜珠而精好者注疏本脫者

云山海經曰者注疏本脫云

琅玕子似珠是也注疏本脫是

財物之所聚也注疏本也誤故聚作藏元本同

江東又呼爲王餘魚雪牕本注疏本同單疏本又字剜改蓋本作人字史記封禪書索隱引此注云江東人呼爲王餘亦曰版魚可證按版片也兩片相合乃行故曰版今本注脫亦曰版三字

與邛邛岠虛比唐石經雪牕本舊本同石經考文提要引王善堂九經本亦作邛邛葉鈔釋文邛邛巨凶反單疏本閩本監本毛本作邛邛誤下同釋文駏本或作岠又作狚驉本或作虛又作㺒

土俗名之爲蹷鼠音厥雪牕本同注疏本刪下二字釋文云蹷郭音厥單疏本標起止云呂氏至音厥

各有一目一鼻一孔一臂一脚雪牕本注疏本同正德本脚作足此本舊無一目二字今依諸本補李善注文選三月三日曲水詩序引一鼻一孔作一鼻孔其義爲是今本下一字係誤衍

更望備驚急雪牕本正德本閩本同單疏本云所以備驚急也毛本驚改警

中有枳首蛇焉唐石經單疏本同釋文枳本或作贄石經考文提要引王善堂九經本亦作枳雪牕本注疏本作軹○案枳之正字當作岐作枝凡作枳作軹作贄並同音假借字也

亦名弩絃陳本同單疏本雪牕本注疏本絃作弦此從糸旁者俗字當訂正五經文字云琴瑟弦亦用此弦字作絃者非

言鰈爲此魚之名也注疏本此魚誤比目

崇五山有鳥正德本同閩本剜改五爲吾監本毛本承之

不比不能飛注疏本能作得

正謂此也注疏本謂下衍相此誤比

大愼覽順說篇之文也盧文弨曰呂氏春秋作愼大覽又順說當作不廣呂氏篇題在後讀者誤以前篇之目當之

所以備驚急也正德本閩本監本同毛本驚改警

中有枳首蛇焉注疏本枳改軹

江東呼越王約髮監本毛本江東上有今字閩本今字剜改正德本實闕

下溼曰隰唐石經單疏本雪牕本同釋文溼俗作濕隰本或作隰音習五經文字云經典皆以濕爲溼唯爾雅用之

下者曰隰唐石經雪牕本今注疏本隰作溼單疏本作下者曰隰云本作溼誤按詩車鄰正義引下者曰隰李巡曰隰溼也是李本作隰字據注引公羊傳作隰知郭本同今本沿唐石經之誤也

遂人職云凡治野田浦鏜云田字衍

是鄭之所約也注疏本是下衍也

下溼曰隰者此本及注疏本以下皆不分節此節首剜改當有云字

案彼云元本同閩本監本毛本云改曰

曷爲謂之大原元本同閩本毛本爲謂倒

故引爲證也注疏本脫爲

故題云野注疏本作故云二字

九夷八狄七戎六蠻謂之四海唐石經單疏本雪牕本同書旅獒正義詩蓼蕭正義皆言謂之四海下有八蠻在南方六戎在西方五狄在北方三句詩正義謂此三句惟李巡所注有之孫炎郭氏諸本皆無按周禮職方及布憲注皆引爾雅曰九夷八蠻六戎五狄謂之四海與李本合

岠齊州以南唐石經單疏本雪牕本同按藝文類聚卷二十一引爾雅岠作距釋言注引此經釋文距又作歫同今本作岠非段玉裁云說文止部歫从止通作距亦作拒其作岠者乃變止爲山也

北戴斗極爲空桐唐石經單疏本雪牕本同太平御覽七百九十九引戴作載

東至日所出爲大平雪牕本注疏本同釋文大平音泰下同瞿中溶云唐石經太皆作大獨此太平大蒙字各兩見四小點後人所加

西至日所入爲大蒙唐石經雪牕本注疏本同釋文濛音蒙本今作蒙按此蓋經作大濛注云濛汜陸氏爲注作音

四方極遠之國名注疏本下衍也

遼西令支有孤竹城是乎正德本亦作乎閩本監本毛本孤作觚乎改也按漢書作觚此邢氏不敢質言之辭作也非

西海之中正德本同閩本監本毛本中改南

三曰高驪小學紺珠引此同閩本監本毛本驪改儷按後漢書作高驪

一曰天竺正德本同閩本監本毛本竺作笁

三曰僬僥正德本同與小學紺珠所引合閩本監本毛本僬改焦

四曰跛踵小學紺珠引此同注疏本作跂踵按宋本禮記王制正義作跂踵

七曰狗軌注疏本軌作軹

二曰戎夫元本作戎央閩本監本毛本作戎夷此本舊誤戎夾茲據小學紺珠所引訂正

其行邪辟元本閩本同監本毛本辟作僻

故云次四荒者元本同閩本監本毛本脫者

岠齊州以南戴日爲丹穴○釋曰注疏本刪釋曰閩本監本毛本岠上增云穴下增者脫州字元本與此同

禱過山東五百里曰丹穴山是乎元本乎誤呼閩本監本毛本改也

値此斗極之下注疏本此誤北

釋丘第十

云周禮曰元本同閩本監本毛本云改注

此秋官司儀職文也注疏本職下衍所載二字

定陶縣名注疏本下增也

鐵頂者雪牕本同釋文單疏本皆作鐵注疏本改鐵

三成爲崐崘丘唐石經單疏本雪牕本同惠棟云酈元引爾雅曰山三成爲崐丘無崘字按水經注卷四河水篇云水出三累山其山層密三成故俗以三累名山爾雅山三成爲崐丘斯山豈亦崐丘乎亦邢疏引崐崘山記云崐崘山一名崐丘三重蓋經文本無崘字後人因郭注增加

如椉者椉丘唐石經單疏本雪牕本同釋文如乘本又作椉繩證反注車乘同按經當作椉注當作乘

桒謂稻田塍埒 單疏本雪牎本同注疏本桒下衍者字

形似車桒也 繩證切 二或云桒謂稻田塍埒桒 市陵切 許叔

重云塍埒稻田畦隄 注疏本繩證切移後證誤正桒市陵切桒誤塍音切改大字按此桒字當衍說文土部云塍稻田畦也此衍埒字隄當爲也此行剜擠故有衍文

春秋莊十年公敗宋師于乘丘 注疏本十下衍五毛本乘改桒

水潦所止泥丘 唐石經單疏本雪牎本同釋文泥依字作尼又作坭按當爲又作坭玉篇引爾雅泥作坭廣韻同經義雜記曰說文丘部屔反頂受水丘从丘泥省聲郭云頂上汙下者當用說文丘部字

頂上汙下者 雪牎本元本同釋文單疏本皆作汚閩本監本毛本作汙疏中準此

而人力爲作之者 正德本亦作爲作閩本監本毛本改所作又並脫之

又可以爲京乎 正德本閩本同監本毛本可改何浦鏜依今左傳改作又何以爲京觀乎考唐石經左傳本作可以爲京乎觀字係旁增小字與此合

水繞環之 雪牎本閩本監本毛本同正德本繞作遶按疏云還環繞也又云外則爲水潦環繞者名埒丘蓋邢本作水環繞之

還環繞也 注疏本繞作遶

外則爲水潦環繞者 注疏本環繞倒

當途梧丘 唐石經單疏本雪牎本同石經考文提要引至善堂九經本亦作當注疏本當誤堂釋文涂字又作途

而復環繞之者 注疏本環誤還

故名戴丘 注疏本名誤爲

水出其右正丘 唐石經雪牎本注疏本同釋名曰水出其右曰沚丘沚止也西方義氣有所制止也今爾雅作正蓋止之訛此制止與下營迴義取相反

水出其左營丘 唐石經雪牎本注疏本同史記周本紀集解禮記檀弓正義皆引作水出其前而左曰營丘水經緇水注引作水出其前左爲營丘又云營陵城南無水惟城北有一水世謂之白狼水西出丹山東北流由爾雅出前左之文不得以爲營丘矣今臨淄城中有丘淄水出其前故有營丘之名與爾雅相符邵晉涵正義據此謂舊本爾雅經有前字注云淄水過其南及東東南二字正釋前左二字然考詩齊譜正義引孫炎注爾雅云水出其左營丘無前字經文水出其前後左右四字相對與下左高咸丘右高臨丘前高旄丘後高陵丘文法整對劉熙釋名本爾雅亦言水出其左曰營上蓋史記亦經注等蒙上水出其前淆上之文引之王宗炎云凡古人祇言左右者皆據前言之猶言東西亦據前言之若對文則並舉如釋畜言馬有前右後右前左後左矣此言水出其左謂水出其前左也引者加前字須人易曉耳

左右猶東西也 注疏本猶下增言

至博昌入泲也 注疏本脫也

言此以證水出其左名營丘也 注疏本左下增者上下脫也

敦盂也 閩本監本毛本同單疏本作敦盂無也字雪牎本正德本作敦盂丘誤詩氓正義引郭注曰敦盂也音頓又釋文於上一成爲敦丘下引郭云音頓今本前後注中無音頓字

主婦執壹金敦 閩本監本毛本壹改一元本此字實闕

丘形如覆敦者名敦丘也 注疏本脫也

邐迆沙丘 單疏本雪牎本正德本同閩本監本毛本迆作迤疏中同釋文迆字或作迤唐石經闕

丘形邪行連接而長者 正德本同閩本監本毛本邪改斜又此本及正德本閩本形字係剜擠監本毛本始排入

詩云者 注疏本云下增陟彼阿丘四字

而郭氏以爲中央高者 注疏本脫氏

謂丘之東有水澤者 注疏本脫水

宋有太丘社亡 雪牎本同單疏本太作大注疏本作泰依經所改亡字單疏本誤曰此本誤云今據雪牎本注疏本訂正

有大阜者名泰丘 注疏本泰改太

宋依丘作社 注疏本宋作蓋

丘有壟界如田畝 雪牎本注疏本壟作隴疏云郭以爲田畝之壟也則邢本作壟釋文隴界本又作壟文選高唐賦注引作隴

謂丘如田畝曰畝丘孫炎曰 注疏本謂誤諸下曰字正德本同閩本監本毛本作云

殆自別更有魁梧傑大者五 單疏本雪牎本注疏本傑作桀釋文傑渠列反本今作桀此蓋據釋文改又按別更義同當衍其一釋文更字有音邢疏云殆近也近是更有魁梧桀大者五亦作更字蓋陸邢本作更經注本作別淺人合并之隨復沓不可讀

今者所在耳 雪牎本同注疏本脫者

今所未詳知也此已上釋衆丘之名義 注疏本移此已上云云十四字分配題下

不發聲 雪牎本注疏本同單疏本聲下有也按詩葛藟釋文正義皆引此注云不發聲也

故名曰漘 注疏本脫曰

今江東呼爲浦隩 雪牎本注疏本同文選謝宣遠王撫軍庾西陽集別詩注引此云今江東人呼浦爲隩此脫人字作呼爲浦隩亦非

是不爭隩之事也 注疏本脫也

外爲隈 唐石經單疏本雪牎本同釋文隈作鞫云如字字林作坈云厓外也九六反邢疏云隈當作鞫傳寫誤也詩公劉芮鞫之即正義曰釋丘隩隈也厓內爲隩外爲鞫李巡曰厓內近水爲隩其外爲鞫是孔穎達所據李巡本作鞫與釋文正合其誤始於開成石經也公劉箋云芮之言內也水之內曰隩水之外曰鞫則鄭讀爾雅與李巡同

其外爲鞫 注疏本鞫誤鞫下同

毛傳云水之外曰鞫 浦鏜云鄭箋誤毛傳

又作坈 注疏本坈誤坑

其邊若堂之牆 雪牎本同閩本堂下剜擠室字監本毛本排入按疏云其邊之厓如堂室之牆蓋因疏語誤衍矣詩終南正義引此注云其邊若室之牆

率西水滸之類是也 注疏本脫是

涘一名厓厓謂水邊也 注疏本脫一厓

在水之涘是也 閩本脫是正德本作在水之邊也監本毛本作在水之涘矣

則別名澨也此已上釋厓岸之名也 注疏本移此已上云云十三字分配題下

釋山第十一

以爲中國之名山也 注疏本脫之

正東曰兗州 元本監本毛本同誤也閩本剜改作洒東

一名吳嶽 元本閩本同監本毛本吳誤無

南曰衡也是也 注疏本脫上也

故此云亦也 注疏本故上衍是

一成坯 唐石經單疏本雪牎本同釋文坯或作伾單疏本注作伾水經注卷五引爾雅作伾

山再成曰伾 注疏本伾作坏依經所改下同

今中嶽嵩高山 雪牎本注疏本同單疏本作今中嶽高山按高當即嵩之誤此經作崧注作嵩爲經注異文之明證經之作崧有釋文唐石經今本爲據詩崧高維嶽毛傳崧高貌山大而高曰崧正義引釋名亦曰山大而高曰崧皆經字作崧之證若嵩高爲中嶽之嵩則絕無作崧者釋文音經云崧又作嵩此依注改經也詩正義引郭氏曰今中岳崧高山此順經改注也

其中山曰員嶠 注疏本脫山

卑而大扈 唐石經單疏本雪牕本同釋文𡾟音戸或作扈

扈廣貌 單疏本雪牕本同注疏本貌誤也

言山小而衆 注疏本山小倒

小山岌大山峘 唐石經單疏本雪牕本同釋文峘胡官反又音恆經義雜記曰說文𩣡馬行相及也从馬从及讀若爾雅小山𩣡大山峘郭注謂高過與馬行相及訓亦合岌及也峘恆也以小山而高及大山爲恆長可知釋文胡官反音袁非錢坫云晉書地道記恆山北行四百五十里得恆山岌號飛狐口可證峘卽恆之訛錢大昕云大山宮小山霍卽南嶽霍山則小山岌大山峘爲北嶽恆山審矣

取此名也 注疏本取上有蓋

是以山之孤獨者亦名蜀也 注疏本名下衍曰

謂山峯頭巉巖 雪牕本同注疏本無山監本毛本峯作峰釋文五經文字巉作巉下從兔釋文嵒木又作巖

巔頂也 舊本閩本監本同毛本巔誤巓

謂山巔之末其峯巉巖 監本末誤未峯作峰元本閩本毛本巔誤巓

形似堂室者 雪牕本舊本同閩本監本毛本似改如按注以似釋經之如

巒山墮 雪牕本同釋文唐石經單疏本注疏本墮作隋

謂山形長狹者 雪牕本注疏本同釋文形狹而長也詩般釋文引郭云山狹而長也邢疏云凡物狹而長者謂之隋則此言山隋者謂山形長者據此知長狹本作狹長也釋魚注云橢謂狹而長亦可證釋文狹乎夾反當本作陜乎夾反釋魚釋蟲篇此字三見皆作陜乎夾反

隨山喬嶽 單疏本注疏本同雪牕本隨作隋詩釋文云隨字又作墮按說文隓山之隓隓者从山从㩻省聲讀若相推落之墮則作墮非

凡物狹而長者謂之隋 注疏本脫者按隋當作隋平準書復小橢之索隱橢作隋引爾雅注隋者狹長也

巘甗 雪牕本同注疏本甗下有也按詩公劉正義引此注無也

山狀似之 雪牕本注疏本作山形狀似之形字衍詩正義亦引作山狀似之又詩正義此下有上大下小四字下因以名云作因以爲名葛藟釋文引此注云形似累兩重甗上大下小然則今本無上大下小四字者脫也

故知巘甗也 監本毛本脫甗舊本閩本作故云甗也

左右有岸厒 唐石經單疏本雪牕本同釋文厒口閤反五經文字𠂆部厒口合反見爾雅段玉裁云厒當作㕁文選江賦㕁以灘瀨李善注㕁苦合切是也玉篇厒口合切山夾有岸廣韻二十七合厒口荅切山左右有岸字皆誤

小山別大山鮮 唐石經單疏本雪牕本同釋文鮮或作𡽀詩皇矣度其鮮原毛傳小山別大山曰鮮正義引此經及孫炎注曰別不相連也公劉陟則在巘毛傳巘小山別於大山也釋文巘本又作𡽀毛傳與爾雅異正義本亦作巘引釋山重巘陳郭注及西京賦陵重巘釋之且云與皇矣小山曰鮮義別按釋名小山別大山曰巘巘甗也甗一孔者巘形孤出處似之也蓋公劉詩本作巘故釋文正義皆作巘釋名正本毛詩傳也鮮巘聲相近毛蓋讀巘爲鮮故與皇矣傳無異訓陸孔皆執守此經鮮與巘別故一則曰與爾雅異再則曰與皇矣別

謂小山與大山分別不相連屬者 注疏本脫分別

多小石磝 唐石經單疏本雪牕本同釋文磝字或作磽同五經文字云磽五交反見爾雅是張參所據本作磽也釋名山多小石曰磽磽堯也每石磽磽獨處而出見也是劉熙所據爾雅亦作磽今釋名作磝依俗本爾雅改也說文磽礊石也無磝字

多盤石 單疏本雪牕本同釋文磐步丸反今作盤同

山多此盤石者名礐 注疏本名下衍曰

多草木岵無草木峐 唐石經單疏本雪牕本同釋文云峐三蒼字林聲類並云猶屺字詩陟岵毛傳山無草木曰岵山有草木曰屺正義曰與爾雅正反當是傳寫誤也定本亦然釋文云王肅依爾雅按毛詩傳則此經當作無草木岵多草木峐毛詩傳不誤爾雅誤也王肅解依爾雅蓋以鄭箋本爲誤耳釋名云山有草木曰岵山無草木曰屺蓋所據爾雅本亦誤段玉裁云岵之言瓠落也有陽道故以言父屺之言荄滋也有陰道故以言母

峐當作屺音起 注疏本無音起按二字當作小注

山有草木曰屺 注疏本脫山

有停泉 單疏本雪牕本同釋文渟亦作停同

有停泉者名埒 注疏本脫者

下夏有停潦 注疏本潦作泉

所謂窮瀆者雖無所通 雪牕本同注疏本雖誤雖釋文隫說文云古文隫字蓋經作隫注作瀆依說文瀆隫分部窮瀆字義當作隫今作水旁者隸書通借也

云與水注川同名者 注疏本脫水

石戴土謂之崔嵬土戴石爲岨 唐石經雪牕本同毛詩卷耳傳崔嵬土山之戴石者石山戴土曰砠正義曰與爾雅正反者或傳寫誤按說文山部云岨石戴土也釋名石戴土曰岨岨臚然也土戴石曰崔嵬因形名之也皆與毛傳同嵬巍砠岨音義同段玉裁云石戴土者以石戴於土上土戴石者以土戴於石上有辭異而義同者此是也

謂山有巖穴者 注疏本巖作岩

卽天柱山潛水所出 單疏本雪牕本同注疏本下衍也字詩崧高正義引郭氏爾雅注云霍山今在廬江潛縣西南別名天柱山漢武帝以衡山遼曠移其神於此今其土俗人皆呼之爲南岳南岳本自以兩山爲名非從近也而學者多以霍山不得爲南岳又言從漢武帝始乃名之如此言爲武帝在爾雅前乎斯不然矣尚書舜典春秋昭四年正義周禮大司樂疏皆引之審爲郭注未詳何時脫落邢氏作疏時已逸但采諸詩正義耳

大室山也 單疏本雪牕本同春秋正義引此注下有別名外方今在河南陽城縣西北十三字

言萬物皆相代於東方也 舊本同閩本監本毛本皆作更

西方爲華 注疏本方誤嶽

華之爲言獲也 舊本同閩本監本毛本獲誤穫下同

嵩言其峻大也 舊本峻誤多閩本剜改作高監本毛本承之

嶽捔考功德黜陟也 舊本同閩本捔誤捐監本毛本陟下衍坍

天子巡守至其下 舊本同閩本監本毛本守改狩

衡山在長沙湘南縣 注疏本縣下有南

故漢巳來衡霍別耳郭云霍山今在廬江 注疏本耳改矣脫今

皆呼之爲南嶽南嶽本自以兩山爲名 注疏本脫一南嶽

孫炎以霍山爲誤 注疏本炎下衍云

云晉國所望祭者 注疏本脫者

鄭君以爲望者 元本同閩本監本毛本君改元

以此言之 元本脫此閩本剜擠作以此知三望監本毛本承之

必先有事於呼池 注疏本改泘池非按禮記注云惡當爲呼此依注作呼耳

公羊傳曰 注疏本曰作云

釋水第十二

水之爲言准也 注疏本准改準按白虎通舊本作准後校刊者始改作準說詳孫志祖讀書脞錄

是平均法則之稱 元本同閩本監本毛本法改灋下準此

泉水原也 元本同閩本監本毛本原改源

故注云纔有貌 注疏本注誤此

山海經曰 雪牕本同注疏本曰作云

或一時有水一時無水者 注疏本有水下衍者

濫泉正出正出涌出也 唐石經單疏本雪牕本同釋文濫胡覽反按濫一作檻詩采菽觱沸檻泉毛傳檻泉正出也瞻卬觱沸檻泉毛傳檻泉正出涌出也正義於采菽曰釋水云檻泉正出正出涌出也於瞻卬曰檻泉正出涌出釋水文是陸孔所據本有作檻者論衡是應篇曰爾雅釋水章檻泉正出正出涌出也尤爲作檻之證段玉裁云濫泉正字也檻泉假借字也文選荅賓戲注引爾雅濫泉正出正出湧出也韋昭曰濫音檻後漢書黃憲傳注引爾雅正出濫泉濫音檻是作濫仍爲檻音也

李巡曰 注疏本曰作云

瀵泉者何直泉也 注疏本脫者何

故云直猶正也 注疏本脫直

沃泉縣出縣出下出也 單疏本雪牕本注疏本同釋文縣音元唐石經縣皆作懸論衡引此云沃泉懸出懸出下出也釋名云懸出曰沃泉水從上下有所灌沃也據此知縣字舊本作懸唐石經是也

從上溜下 單疏本雪牕本同釋文霤本又作溜

水泉從上溜下 注疏本脫從

洌彼下泉 元本監本毛本洌改冽今毛詩同誤也按詩釋文作洌正義曰字從水唐石經三章皆作洌彼下泉與此合

水泉從旁出 注疏本脫泉

言深眎滄之水 注疏本深下衍滄

名過辨 注疏本辨下有也

卽河水決出復還入者 雪牕本同注疏本作卽河水決出而復入者釋文復還扶又反此本復還入三字剜改蓋本作決出而復入者疏云謂河水決出而復入河者可證是陸本作復還入邢本作而復入按經云決復入爲汜則今本作而復入是也

河之有灉猶江之有沱 雪牕本元本同閩本監本毛本沱作汜釋文沱徒河反或作汜汜音似按下經決復入爲汜詩江有汜毛傳曰決復入爲汜江有沱毛傳曰沱江之別者是汜與沱不同此經云反入卽復入注當言江之有汜矣作沱非

卽下云 注疏本云誤之

今江東呼水中沙堆爲潬音但 雪牕本同注疏本江東改河中又刪下二字按一切經音義卷十卷十一卷十九三引此注皆作江東

便自停成汙池 單疏本雪牕本元本同閩本監本毛本汙作污疏中同

歸異出同流肥 唐石經單疏本雪牕本同惠棟云水經注引作歸異出同曰肥犍爲舍人曰水異出流行合同曰肥又引呂忱字林曰爾雅異出同流爲瀵水

歸入大水 注疏本水誤海

名之爲瀵 雪牕本同注疏本爲改曰

瀵源皆潛相通 雪牕本元本同閩本監本毛本源作原改從古字也

呼其本所出處爲瀵魁 雪牕本同注疏本脫所

言源深大 注疏本作言其源深

皆謂水中可居之小者 注疏本皆作睹水作河此誤

謂八壅畜此水 注疏本壅畜倒

而溉稻田也 注疏本田誤苗

凡水之盡皆曰厬 元本閩本監本同毛本曰作謂之

岷山導江 單疏本雪牕本注疏本同釋文道江徒報反本或作導按引導開導字古皆作道今禹貢作岷山導江非當從此釋文作道

汝爲濆 唐石經單疏本雪牕本同釋文濆符云反下同字林作涓工元反衆爾雅本亦作涓按說文涓小流也从水肙聲爾雅曰汝爲涓注云皆大水溢出別爲小水之名則從涓義長郭本作濆注引汝墳詩可證

遵彼汝濆 注疏本同單疏本雪牕本濆作墳按詩遵彼汝墳正義引釋水文又云郭氏曰詩云遵彼汝墳則郭意以此汝墳爲濆汝所分之處有美地因謂之濆然則此注本以墳爲濆亦經注異字之證注疏本依經改濆非也

雷夏澤名 元本脫名閩本剜擠監本毛本排入

而入荊州 注疏本脫州

沱水自蜀郡都水縣揃山 元本同閩本揃誤湔監本毛本改湔因上引地理志蜀郡有湔道故也按書禹貢正義引郭氏爾雅音義本作揃山字從手

卽禹貢潛也 注疏本貢下衍云

郭意以爲汝濆所分之處 注疏本濆改墳

亦與上出不流者同名汧也 注疏本同名汧也作亦名爲汧

河水清且瀾漪 雪牕本同注疏本瀾作灡唐石經闕單疏本無經疏中作灡按釋文瀾郭力但反又力安反下及注同則下文大波爲瀾注言渙瀾皆作瀾今諸本作灡非經義雜記曰說文瀾大波爲瀾灡潘也潘淅米汁也義別釋文作瀾是聲借字

直波爲徑 唐石經雪牕本同單疏本摽起止云河水至爲徑釋文俓字或作徑注同按字或作徑當爲涇釋名云水直波曰涇涇俓也言如道俓也經大波爲瀾小波爲淪字皆從水此當作直波爲涇注云言俓侹則作俓爲經注異文之證俓徑同

言徑涏 單疏本雪牕本注疏本同釋文侹字又作挺俓侹直也按此當從陸本作俓侹通俗文平直曰侹草書水旁與人旁相近遂誤涏

毛傳云風行水成文曰漣 注疏本脫云水下衍上

江有沱河有灉 唐石經雪牕本同按上注云河之有灉猶江之有汜然則此經當作江有汜與上文江爲沱不同猶上云汝爲濆此作汝有濆皆上下異文之證

汝有濆 唐石經注疏本同上汝爲濆釋文云濆符云反下同雪牕本濆作墳非詩遵彼汝墳正義引釋水汝有濆而曰彼濆從水此墳從土分析最清俗本猶寫亂之

深則厲 唐石經單疏本雪牕本同釋文則厲如字本或作濿五經文字濿音厲爾雅或以爲深則厲之厲詩風及論語皆作厲

衣亦謂裳也 注疏本謂下衍之

繇與由同繇由也 注疏本作繇自也按當作由自也

不可泳思是矣○注晏子至七里○釋曰 注疏本矣改也下入字作晏子春秋日者

晏子者名嬰諡平仲 注疏本脫者諡誤字

田開彊 注疏本彊作疆下同元本開誤問按開疆猶辟疆也作彊蓋誤

事景公以勇力搏於虎問 注疏本問作鬪係臆改按問當作聞晏字春秋作聞浦鏜云於字衍

晏子而趨 注疏本作晏子晨趍浦鏜云晏子下脫過

接一搏特猏 注疏本猏作猾

可以食桃而毋與人同矣 晏子毋作無古字通

吾杖兵卻三軍者再 閩本監本毛本卻作却元本闕此文

治之視之 元本治誤冶監本無上之字

犇是絚 注疏本同絚卽大索此本絚上剜擠大字今刪正詩采菽正義亦衍大字○按絚从亙亙从二从舟

庶人乘泭 唐石經單疏本雪牕本同釋文於此無音於釋丘云泭本又作桴下文並放此則此亦當一作桴

石經乘皆作椉獨釋水乘泭釋畜宜乘不作古字

加版於上 元本同閩本監本毛本版改板

釋言云舫泭 注疏本舫誤船

此皆道水轉相灌注所入之處名 雪牕本注疏本同單疏本名下有也

豈能容受川水乎 注疏本脫水

注入於川也 注疏本脫於

注溝曰澮 閩本監本毛本脫注溝二字元本溝字實闕

注澮水入之者名瀆 注疏本注上衍一

轉相灌注也者 注疏本下衍灌貫二字是音切誤入疏中

迴游從之 注疏本游改遊

然則逆流順流 元本脫順流閩本剜擠順字監本毛本脫上流

直橫渡也 雪牕本元本同閩本監本毛本渡誤流詩公劉正義引孫炎注曰直橫渡也注本此

曰所治 監本毛本曰上衍有浦鏜云白誤曰元本閩本自有曰所治起共脫二十字

陸行而還帝都也 監本毛本脫陸行

發源注海者也 唐石經雪牕本注疏本同此本源改原非今訂正

瀆中國恬濁發源而注海 元本同毛本瀆作濁閩本監本毛本恬作垢而誤東

北過降水 元本閩本同監本毛本降改洚

會于匯 元本同毛本于誤爲閩本監本匯誤淮

虛山下基也 雪牕本注疏本同釋文引郭云墟者山下基也發源處高激峻湊故水色白也按虛當作墟下十二字亦郭注釋文引孫炎云墟者山下之地白者西方之色也可證又按釋文音經虛去魚反本亦作墟非此經作虛注作墟孫叔然注已如此釋天顓頊之虛釋文云此一字音墟下如字是經不作墟也釋詁釋文音經虛許居反音注墟去魚反是因經之虛字本爲空虛故經注字不相混

此一段釋河源所自及遠近曲直之勢也 注疏本脫一段也三字

云所渠并千七百者 注疏本脫者

并計凡有一千七百也 元本閩本監本同毛本計誤記

入禹所謂石山 元本作入禹所積石山閩本剜擠作入禹所導積石山監本毛本排勻

廣袤三四百里其水停居 元本同閩本監本脫袤毛本脫四停改亭

南出于積石爲中國河 注疏本脫于

是潛流地中也 注疏本流誤行

太史 唐石經單疏本雪牕本同釋文大謝音泰孫如字本今作太

河勢上廣下狹 雪牕本注疏本同釋文狹胡夾反當本作陝胡夾反釋蟲釋魚釋文可證

水中可居往者而有狀如覆釜 注疏本無者字雪牕本作水中可居往往而有狀如覆釜按釋文曰李孫郭並云水中可居往往而有可居之處狀如覆釜之形疏引李巡曰水中多渚往往而有可居處形如覆釜則此注當從雪牕本矣此本往者二字剜改蓋原刻本作往往

東莞縣今有胡蘇亭 注疏本同雪牕本作東莞縣疏云胡蘇在東光定本注作東莞莞當作光字之誤也

鉤盤 唐石經單疏本雪牕本同釋文般步干反本又作盤李本作股云水曲如鉤折如人股孫郭同云水曲如鉤流盤桓不直前也漢書地理志平原郡有般縣莽曰分明是讀般爲班也師古曰爾雅說九河云鉤般郭氏以爲水曲如鉤流般桓也按盤當作般錢大昕云漢隸從舟之字作月股與股二文相涉李巡在孫郭之前當以股爲正鉤股雙聲與胡蘇疊韻正相類也

覆釜水中多渚往往而處形如覆釜 監本毛本同元本作覆釜水中可居多者往往而處形如覆釜閩本者作渚按依釋文當作水中多渚往往而有可居處形如覆釜

可隔以爲津也 注疏本隔改鬲

用功雖廣 浦鏜云釋文作此河功難此誤按詩正義作用功難

郭云徒駭 元本閩本同監本毛本郭誤簡

計禹陳九河 注疏本陳改疏

則名應先有 注疏本脫則

或九河雖舊有名 注疏本脫名

至平原鬲津 浦鏜云漢書作鬲般此誤

定本注作東莞 注疏本莞誤莞下同

謂釋地已下凡四篇 元本同閩本監本毛本已改以

爾雅疏卷第七 唐石經雪牕本並題爾雅卷中單疏本注疏本刪此本下記經三千五百六十四字注四千三百二十二字

爾雅疏卷第八

翰林侍講學士朝請大夫守國子祭酒上柱國賜紫金魚袋臣邢昺等奉

勑撰

釋草第十三

〔疏〕釋草第十三○釋曰草說文作艸隸變作卄七老切百卉也又曰象野草莽蒼之形說文別有草字自保切云草斗櫟實也一曰象斗子徐鉉曰今俗以此爲艸木之草別作皁字爲黑色之皁案櫟實可以染帛爲黑色故曰草通用爲草棧字然則此爲艸百卉之名見於經傳者當爲草木之草故云釋草

藿，山韭。茖，山葱。葝，山䪥。蒚，山蒜。今山中多有此菜皆如人家所種者茖葱細莖大葉○藿音育韭音九茖音革葱音忩葝巨盈切䪥音薤蒚力〔疏〕藿山至山蒜○釋曰此辨四種菜生山中與人家所種者異名也韭說文云菜名一種而久者故謂之韭象形在一之上一地也生山中者名藿韓詩云六月食鬱及藿是也葱說文云菜名生山中者名茖細莖大葉者是也䪥說文云菜也葉似韭生山中者名葝蒜說文云葷菜也一云菜之美者雲夢之葷菜生山中者名蒚

薜，山蘄。廣雅曰山蘄當歸當歸今似蘄而麤大○薜音百蘄音芹〔疏〕薜山蘄○釋曰說文云蘄草也生山中者一名薜一名山蘄色白者名白蘄下文薜白蘄是也生平地即名蘄○注廣雅至麤大○釋曰廣雅張揖以廣爾雅之闕漏也曰山蘄當歸者言即今藥草當歸案本草當歸不言名薜及山蘄是即以時驗而言也故郭云今似蘄而麤大言似平地蘄而差麤大耳

椴，木槿。櫬，木槿。別二名也似李樹華朝生夕隕可食或呼日及亦曰王蒸○椴音段槿謹櫬襯〔疏〕椴木槿櫬木槿○釋曰此別椴櫬是木槿之二名也某氏云別二名也其樹如李其華朝生暮落與草同氣故在草中詩鄭風云顏如舜華陸機疏云舜一名木槿一名櫬一名椵齊魯之間謂之王蒸今朝生暮落者是也郭氏云可食亦呼日及五月始華故月令仲夏云木堇榮

术，山薊。本草云术一名山薊今术似薊而生山中○薊音計楊枹薊。似薊而肥大今呼之馬薊○枹音孚〔疏〕术山薊楊枹薊○釋曰此辨薊生山中及平地者名也生平地者即名薊生山中者一名术本草云一名山薊一名山薑一名山連陶注云有兩種白术葉大有毛甜而少膏赤术葉細小苦而多膏是也其生平地而肥大於衆者名楊枹薊今呼之馬薊

葥，王蔧。王帚也似藜其樹可以爲埽蔧江東呼之曰落帚○葥音翦蔧音遂〔疏〕葥王蔧○釋曰此即藜之科大爲樹可以作埽蔧者一名葥一名王蔧一名王帚江東呼落帚

菉，王芻。菉蓐也今呼鴟腳莎○菉音綠〔疏〕菉王芻○釋曰舍人云菉一名王芻某氏云菉鹿蓐也郭云菉蓐也今呼鴟腳莎詩衛風云瞻彼淇奧綠竹猗猗是也

拜，蔏藋。蔏藋亦似藜○蔏音商藋徒的切〔疏〕拜蔏藋○釋曰此亦似藜而葉大者名拜一名蔏藋莊子云藜藋柱宇是也

蘩，皤蒿。白蒿蒿，菣。今人呼青蒿香中炙啖者爲菣

蔚，牡菣。無子者○蔚音尉菣去刃切〔疏〕蘩皤至牡菣○釋曰此辨蒿色及有子無子者之異名也詩召南云于以采蘩于沼于沚毛傳云蘩皤蒿也郭氏云白蒿然則皤猶白也本草云白蒿唐本注云此蒿葉麤於青蒿從初生至枯白於衆蒿欲似艾者所在有之又云葉似艾葉上有白毛麤澀俗呼蓬蒿可以爲菹故詩箋云以豆薦蘩菹

陸機云凡艾白色爲皤蒿今白蒿春始生及秋香美可生食又可烝一名游胡北海人謂之旁勃故大戴禮夏小正傳曰蘩游胡游胡旁勃也是蒿一名蔽詩小雅鹿鳴云食野之蒿陸機云蒿青蒿也荆豫之間汝南汝陰皆云蔽孫炎云荆楚之間謂蒿爲蔽郭云今人呼青蒿香中炙啖者爲蔽是也蔚卽蒿之雄無子者故云牡蔽舍人曰蔚一名牡蔽詩蓼莪云匪莪伊蔚陸機云牡蒿也三月始生七月華華似胡麻華而紫赤八月爲角角似小豆角銳而長一名馬新蒿是也

齧、彫蓬。薦、黍蓬。別蓬種類【疏】齧彫蓬薦黍蓬○釋曰此別蓬種類也說文云蓬蒿也草之不理者也種類非一故有齧彫蓬薦黍蓬詩召南騶虞云彼茁者蓬月令云藜莠蓬蒿竝興是也

萆、鼠莞。亦莞屬也纖細似龍須可以爲席蜀中出好者○萆方寐切莞音官【疏】庳鼠莞○釋曰莞屬也說文云莞草可以爲席此庳一名鼠莞纖細似龍須亦可以爲席蜀中出好者

葝、鼠尾。可以染皁【疏】葝鼠尾○釋曰可以染皁草也一名葝一名鼠尾本草有白華者有赤花者又一名長翹陶注云田野甚多人採作滋染木蘭是也

菥蓂、大薺。似薺葉細俗呼之曰老薺○菥音惜蓂音覓【疏】菥蓂大薺○釋曰菥蓂一名大薺而葉細本草又名蔑菥一名太蕺一名馬辛是也

蒤、虎杖。似紅草而麤大有細刺可以染赤○蒤音途【疏】蒤虎杖○釋曰蒤一名虎杖注云似紅草而麤大有細刺可以染赤陶注本草云田野甚多狀如大馬蓼莖班而葉圓是也

孟、狼尾。似茅今人亦以覆屋【疏】孟狼尾○釋曰草似茅者一名孟一名狼尾今人亦以覆屋

瓠、棲瓣。瓠中瓣也詩云齒如瓠棲○瓠戶故切瓣方莧切【疏】瓠棲瓣○釋曰瓣瓠中瓣也一名瓠棲人之齒美者似之故詩衛風碩人美莊姜云齒如瓠棲是也

茹藘、茅蒐。今之蒨也可以染絳○茹音如藘力居切【疏】茹藘茅蒐○釋曰今染絳蒨也一名茹藘一名茅蒐詩鄭風云茹藘在阪陸機云一名地血齊人謂之牛蔓卽今之蒨草是也

果臝之實栝樓。今齊人呼之爲天瓜○臝方果切【疏】果臝之實栝樓○釋曰果臝之草其實名栝樓實卽子也故李巡云栝樓子名也郭云今齊人謂之天瓜本草云栝樓葉如瓜葉形兩兩相值蔓延青黑色六月華七月實如瓜瓣是也

荼、苦菜。詩曰誰謂荼苦苦菜可食【疏】荼苦菜○釋曰此味苦可食之菜一名荼一名苦菜本草一名荼草一名選一名游冬易緯通卦驗玄圖云苦菜生於寒秋經冬歷春乃成月令孟夏苦菜秀是也葉似苦苣而細斷之有白汁花黃似菊堪食但苦耳○注詩曰誰謂荼苦○釋曰邶風谷風篇文也

萑、蓷。今茺蔚也葉似荏方莖白華華生節間又名益母廣雅云○萑音隹蓷他回切【疏】萑蓷○釋曰萑一名蓷李巡曰臭穢草也郭云茺蔚也廣雅名益母葉似荏方莖白華華生節間詩王風中谷有蓷陸機云舊說及魏博士濟陰周元明皆云菴蕳是也韓詩及三蒼說悉云益母故曾子見益母而感案本草茺蔚一名益母故劉歆曰蓷臭穢臭穢卽茺蔚也

蘮蒘。小草有雜色似綬○蘮音逆【疏】蘮蒘○釋曰蘮蒘者雜色如綬文之草也詩陳風云邛有旨鷊陸機疏云鷊五色作綬文故曰綬草是也

粢、稷。今江東人呼粟爲粢【疏】粢稷○釋曰左傳曰粢食不鑿粢者稷也曲禮云稷曰明粢是也郭云今江東人呼粟爲粢然則粢也稷也粟也正是一物而本草稷米在下品別有粟米在中品又似二物故先儒共疑焉

衆、秫。謂黏粟也○衆音終秫音述【疏】衆秫○釋曰衆一名秫謂黏粟也說文云稷之黏者也與穀相似米黏北人用之釀酒其莖稈似禾而麤大者是也

戎叔謂之荏菽。卽胡豆也○菽音叔【疏】戎叔謂之荏菽○釋曰戎叔一名荏菽孫炎云大豆也詩大雅生民云蓺之荏菽荏菽旆旆鄭箋亦以爲大豆樊光舍人李巡郭氏皆云今以爲胡豆郭又云春秋齊侯來獻戎捷穀梁傳曰戎菽也管子亦云北伐山戎出冬葱及戎菽布之天下今之胡豆是也案此戎菽皆爲大豆注穀梁者亦以爲大豆也郭氏等以戎胡俱是夷名故以戎菽爲胡豆也

卉、草。百卉揔名【疏】卉草○釋曰別二名也百卉猶百草也詩小雅云百卉具腓是也

萲、雀弁。未詳

蘥、雀麥。卽燕麥也○萲悅轉切蘥音藥【疏】蘥雀麥○釋曰蘥一名雀麥一名燕麥本草云生故墟野林下苗似小麥而弱實似穬麥而細在處亦有之是也

蘾、烏蕵。萰、菟荄。蘩、菟葵。皆未詳

黃、菟瓜。菟瓜似土瓜○蘾戶怪切蕵音孫萰音練菟音兔荄音核葵音兮黃音演【疏】黃菟瓜○釋曰菟瓜一名黃苗及實似土瓜土瓜者卽王瓜也月令王瓜生是也

茢薽、豕首。本草曰彘盧一名蟾蠩蘭今江東呼豨首可以熸蠶蛹○茢音列薽音眞豕傷氏切【疏】茢薽豕首○釋曰茢薽藥草名一名豕首一名彘盧一名蟾蠩蘭一名天名精一名麥句薑一名蝦蟆藍一名天門精一名玉門精別錄一名天蔓精南人名爲地菘味甘辛故有薑稱狀如藍故名蝦蟆藍香似蘭故名蟾蠩蘭郭云江東呼豨首可以熸蠶蛹者言著云熸熬也

荓、馬帚。似蓍可以爲埽蔧○荓音并【疏】荓馬帚○釋曰荓草似蓍者今俗謂蓍荓可以爲埽蔧故一名馬帚○注似蓍○釋曰蓍蒿屬也年千歲三百莖可以爲卜筮白虎通云此天地之間壽考物也故問之是也

藬、懷羊。未詳

茭、牛蘄。今馬蘄葉細銳似芹亦可食○蘄胡祈切【疏】茭牛蘄○釋曰似芹可食菜也而葉細銳一名茭一名牛蘄一名馬蘄子入藥用本草注云生水澤中苗似鬼鍼菾菜等花青白色子黃黑色似防風子是也

葖、蘆萉。萉宜爲菔蘆菔蕪菁屬紫華大根俗呼雹葖○葖他忽切蘆音羅萉蒲北切【疏】葖蘆萉○釋曰紫花大菘也俗呼溫菘似蕪菁大根一名葖俗呼雹葖一名蘆菔今謂之蘿蔔是也

蒏、灌。未詳

茵、芝。芝一歲三華瑞草○道音勑茵音囚【疏】茵芝○釋曰瑞草名也一歲三華一名茵一名芝論衡云芝生於土土氣和故芝草生瑞命禮曰王者仁慈則芝草生是也

筍、竹萌。初生者【疏】筍竹萌○釋曰孫炎曰竹初萌生謂之筍凡草本初生謂之萌筍則竹之初生者故曰筍竹萌也可以爲菜殽詩大雅韓奕云其蔌維何維筍及蒲蔌則菜殽也

簜、竹。竹別名儀禮曰簜在建鼓之間簫管之屬○簜音蕩【疏】簜竹○釋曰簜則竹之別名李巡曰竹節相去一丈曰簜孫炎曰竹闊節者曰簜禹貢篠簜既敷孔安國云簜大竹郭氏卽云竹別名無大小之異故引禮經爲證也○注儀禮至之屬○釋曰儀禮者大射禮文也案彼云樂人宿縣西階之西頌磬東西其南鍾其南鑮皆南陳一建鼓在其南東鼓朔鼙在其北一建鼓在西階之東南面簜在建鼓之間鄭注云簜竹也謂笙簫之屬倚於堂以笙簫之屬固非大竹故郭氏引之也鄭又云建猶樹也以木貫而載之樹之跗也故謂之建鼓云謂簫管之屬者郭用鄭玄之說也

莪、蘿。今莪蒿也亦曰廩蒿【疏】莪蘿○釋曰舍人云莪一名蘿郭云今莪蒿也亦曰廩蒿詩小雅云菁菁者莪陸機云莪蒿也一名蘿蒿生澤田漸洳之處葉似邪蒿而細科生三月中莖可生食又可烝香美味頗似蔞蒿是也

苨、蒢苨。薺苨○苨音禰蒢音底【疏】苨蒢苨○釋曰苨一名蒢苨郭云薺苨也本草薺苨陶注云根莖都似人參而葉小異根味甜又別本注云根似桔梗以無心爲異者是也

絰、履。未詳

莕、接余。其葉苻。叢生水中葉圓在莖端長短隨水深淺江東食之亦呼爲莕音杏○莕音荇絰待節切【疏】莕接余其葉苻○釋曰莕菜一名接余其葉名苻郭云叢生水中葉圓在莖端長短隨水深淺江東食之亦呼爲莕詩周南關雎云參差荇菜是也荇與莕同陸機疏云接余白莖葉紫赤色正圓徑寸餘浮在水上根在水底與水深淺等大如釵股上青下白鬻其白莖以苦酒浸之脆美可案酒

白華、野菅。菅茅屬詩曰白華菅兮○菅音姦【疏】白華野菅○釋曰舍人云白華一名野菅陸機云菅似茅而滑澤無毛根下五寸中有白粉者柔忍宜爲索漚乃尤善矣郭云菅茅屬此白華亦是茅之類也漚之柔忍異其名謂之爲菅因謂在野未漚者爲野菅耳詩小雅云白華菅兮是也

薜、白蘄。卽上山蘄

菲、芴。卽土瓜也○菲音匪芴音物【疏】菲芴○釋曰一名芴郭云卽土瓜也孫炎曰蒠類也詩谷風云采葑采菲陸機云菲似蒠麤葉厚而長有毛三月中蒸鬻爲茹滑美可作羹幽州人謂之芴爾雅又謂之蒠菜今河內人謂之宿菜案今爾雅菲芴與蒠菜異郭注似是蒠別草如陸之言又是一物某氏注爾雅二處皆引谷風詩卽菲也芴也蒠菜也土瓜也宿菜也五者一物也其狀似葍而非葍故云葍類也

葍、蔓。大葉白華根如指正白可啖○葍音福蔓音富【疏】葍蔓○釋曰葍一名蔓郭云大葉白華根如指正白可啖詩小雅云我行其野言采其葍陸機云幽州人謂之燕葍其根正白可著熱灰中温啖之饑荒之歲可蒸以禦饑也

熒、委萎。藥草也葉似竹大者如箭竿有節葉狹而長表白裏青根大如指長一二尺可啖○萎音威【疏】熒委萎○釋曰藥草也一名熒一名委萎本草女萎萎蕤一名熒是也葉似竹大者如箭竿有節葉狹而長表白裏青根大如指長一二尺可啖

蕑、苄熒。未詳

竹、萹蓄。似小藜赤莖節好生道旁可食又殺蟲○蕑音劬苄他丁切熒音迥萹匹善切【疏】竹萹蓄○釋曰李巡曰一物二名也孫炎曰某氏引詩衛風云綠竹猗猗郭云似小藜赤莖節好生道旁可食又殺蟲案陶隱居本草注云處處有布地而生節間白葉華細綠人謂之萹竹煮汁與小兒飲療蚘蟲是也

葴、寒漿。今酸漿草江東呼曰苦葴音針【疏】葴寒漿○釋曰葴一名寒漿郭云今酸漿草江東呼曰苦葴案本草酸漿一名醋漿陶注云處處人家多有葉亦可食子作房房中有子如梅李大皆黃赤色

薢茩、英茪。英明也葉黃銳赤華實如山茱萸或曰蔆也關西謂之薢茩○薢音皆茩音狗英音決茪音光【疏】薢茩英茪○釋曰藥草英明也一名英茪明也郭云葉黃銳赤華實如山茱萸陶注本草云葉如茳芏子形似馬蹄呼爲決明廣雅謂之羊躑躅也○注或曰蔆也至薢茩○釋曰知者案說文云蔆楚曰芰秦曰薢茩是也

莁荑、蔱蘠。一名白蕢○莁音巫荑音夷蔱音殺蘠音牆【疏】莁荑蔱蘠○釋曰莁荑一名蔱蘠郭云一名白蕢此草也案本草蕪荑一名無姑一名蔱蘠唐本注云爾雅蕪荑一名蔱蘠今作蔱蘠字之誤也而在本部疑非是或者與草同氣乎○蔱音殿蘠音唐

瓞、瓝。其紹瓞。俗呼瓝瓜爲瓞紹者瓜蔓緒亦著子但小如瓝

○瓞大結切瓝步角切〔疏〕瓞瓝其紹瓞○釋曰瓞一名瓝小瓜也紹繼也瓜之蔓紹緒先歲之瓜必小亦名瓞故云其紹瓞詩大雅云緜緜瓜瓞舍人云瓞名瓝小瓜也紹繼謂瓞子漢中小瓜曰瓞孫炎曰瓞小瓜子如瓝其本子小紹先歲之瓜曰瓞然則瓜瓞之族類本有二種大者曰瓜小者曰瓞此則其種別也而瓜蔓近本之瓜必小於先歲之大瓜以其小如瓝故謂之瓞瓞是瓝之別名故郭云俗呼瓝為瓞紹者瓜蔓緒亦著子但小如瓝

芍、鳧茈。生下田苗似龍須而細根如指頭黑色可食○芍戶了切〔疏〕芍鳧茈○釋曰芍一名鳧茈郭云生下田中苗似龍須而細根如指頭黑色可食今俗瀹而鬻之者是也

蘱、薡蕫。似蒲而細○蘱音類薡音鼎蕫音董〔疏〕蘱薡蕫○釋曰蘱一名薡蕫狀似蒲而細可為屬亦可綯以為索

蕛、苵。蕛似稗布地生穢草○蕛音帝苵大結切〔疏〕蕛苵○釋曰蕛一名苵似稗之穢草也布生於地莊子曰道在蕛稗是亦有米細小莊子又曰若蕛米之在太倉是也

鉤、芺。大如拇指中空莖頭有臺似薊初生可食〔疏〕鉤芺○釋曰薊類也一名鉤一名芺郭云大如拇指中空莖頭有臺似薊初生可食說文云味苦江南食以下氣是也

䕲、鴻薈。即䪥菜也○薈音會〔疏〕䕲鴻薈○釋曰䕲葉似韭之菜也一名鴻薈本草謂之菜芝是也

蘇、桂荏。蘇荏類故名桂荏〔疏〕蘇桂荏○釋曰蘇荏類之草也以其味辛似荏故一名桂荏陶注本草云葉下紫色而氣甚香其無紫色不香似荏者名野蘇生池澤中者名水蘇一名雞蘇皆荏類也

薔、虞蓼。虞蓼澤蓼○蓼音了〔疏〕薔虞蓼○釋曰薔一名虞蓼即蓼之生水澤者也周頌良耜云以薅荼蓼毛傳云蓼水草是也

蓧、蓨。未詳

虋、赤苗。今之赤粱粟

芑、白苗。今之白粱粟皆好穀

秬、黑黍。詩曰維秬維秠

秠、一稃二米。此亦黑黍但中米異耳漢和帝時任城生黑黍或三四實實二米得黍三斛八斗是○蓧他凋切蓨音暢虋音門芑音起秠孚鄙切稃音敷〔疏〕虋赤至二米○釋曰案詩大雅生民云誕降嘉種維秬維秠維穈維芑故此釋之也虋與穈音義同虋即嘉穀赤苗者郭云今之赤粱粟芑即嘉穀白苗者郭云今之白粱粟皆好穀也李巡曰黑黍一名秬黍秬即黑黍之大名也秠是黑黍之中一稃有二米者別名之為秠若然秬秠皆黑黍矣而春官鬯人注云釀秬為酒秬如黑黍一秠二米言如者以黑黍一米者多秬為正稱二米則秬中之異故言如以明秬有二等也秬有二等則一米亦可為酒鬯人之注必言二米者以宗廟之祭唯禋為重二米嘉異之物鬯酒宜當用之故以二米解其實秬是大名故云釀秬為酒此云秠一稃二米鬯人注曰一秠二米文不同者鄭志荅張逸云秠即皮其稃亦皮也爾雅重言以曉人然則秠稃古今語之異故鄭引此文得以稃為秠也漢和帝時任城縣生黑黍或三四實實二米得黍三斛八斗是也

稌、稻。今沛國呼稌○稌音杜〔疏〕稌稻○釋曰別二名也郭云今沛國呼稌詩周頌云豐年多黍多稌禮記內則云牛宜稌豳風七月云十月穫稻是一物也案說文云沛國謂稻為糯秔稻屬也字林云糯黏稻也秔稻不黏者本草以粳米稻米為二物秔與粳古今字然秔糯甚相類黏不黏為異耳依說文稌稻即糯也江東呼粳乃亂切

葍、藑茅。葍華有赤者為藑藑葍一種耳亦猶蓤苕華黃白異名○藑音瓊〔疏〕葍藑茅○釋曰葍與藑茅一草也華白者即名葍華赤者別名藑茅故郭云亦猶蓤苕華黃白異名也

臺、夫須。鄭箋詩云臺可以為禦雨笠○夫音扶〔疏〕臺夫須○釋曰舍人云臺一名夫須詩小雅云南山有臺陸機云舊說夫須莎草也可以為蓑笠都人士云臺笠緇撮是也○注鄭箋至雨笠案箋者傳之別名也以詩先有毛公作傳鄭玄釋其未備者字林云箋者表也識也鄭以毛學審備遵暢厥旨所以表明毛意記識其事故特稱箋也都人士箋云都人之士以臺皮為笠此引其意非全文也

藆、蕟。未詳

莔、貝母。根如小貝圓而白華葉似韭○藆音蹇蕟音伐莔音萌〔疏〕莔貝母○釋曰藥草貝母也一名莔郭云根如小貝圓而白華葉似韭詩鄘風載馳云陟彼阿丘言采其蝱陸機云蝱今藥草貝母也其葉如栝樓而細小其子在根下如芋子正白四方連累相著有分解也本草一名空草陶注云出近道形似聚貝子故名貝母是也

荍、蚍衃。今荊葵也似葵紫色謝氏云小草多華少葉葉又翹起○荍音翹蚍音毗衃音浮〔疏〕荍蚍衃○釋曰舍人云荍一名蚍衃郭云今荊葵也似葵紫色謝氏云小草多華少葉葉又翹起詩陳風云視爾如荍毛傳云荍芘芣也陸機云芘芣一名荊葵似蕪菁華紫綠色可食微苦是也

艾、冰臺。今艾蒿〔疏〕艾冰臺○釋曰艾一名冰臺即今艾蒿也詩王風彼采艾兮是也

萆、亭歷。實葉皆似芥一名狗薺廣雅云○萆音典〔疏〕萆亭歷○釋曰萆一名亭歷郭云實葉皆似芥廣雅又名狗薺本草一名丁歷一名大室一名大適陶注云今近道亦有母則公薺子細黃至苦是也

苻、鬼目。今江東有鬼目草莖似葛葉員而毛子如耳璫也赤色叢生〔疏〕苻鬼目○釋曰苻一名鬼目郭云今江東有鬼目草莖似葛葉員而毛子如耳璫也赤色叢生

薜、庾草。未詳

蔜、蕿蔞。今蘩蔞也或曰雞腸草○蔜五高切蕿音蔞〔疏〕蔜蕿蔞○釋曰蔜一名蕿蔞一名雞腸草本草云蘩蔞味辛陶注此菜人以作羹唐本注云此即雞腸草也多生下濕坑渠之側人家園庭亦有此草是也

離南、活莌。草生江南高丈許大葉莖中有瓤正白零陵人祖日貫之為樹○莌音奪〔疏〕離南活莌○釋曰離南一名活莌郭云草生江南高丈許大葉似荷葉而肥莖中有瓤正白零陵人祖日貫之為樹者祖且也貫事也正白言零陵郡人且日事之使科大若樹然也郭又注山海經云零陵桂人且日貫之以為樹所未詳

蘢、天蘥。

須、葑蓯。未詳

蒡、隱荵。似蘇有毛今江東呼為隱荵藏以為菹亦可瀹食○蘢音聾葑方孔切蓯音總蒡音旁〔疏〕蒡隱荵○釋曰蒡蘇類菜也一名隱荵郭云似蘇有毛今江東呼為隱荵藏以為菹亦可瀹食者瀹煮也

茜、蔓于。草生水中一名軒于江東呼茜○茜音猶〔疏〕茜蔓于○釋曰茜一名蔓于郭云草生水中一名軒于江東呼茜

菌、蘆。作履苴草○菌音魯蘆才古切〔疏〕菌蘆○釋曰菌一名蘆郭云作履苴草說文云菌草也可以作履底故云作履苴草也字苑云苴履底也

柱夫、搖車。蔓生細葉紫華可食今俗呼曰翹搖車○柱音主夫音扶〔疏〕柱夫搖車○釋曰柱夫一名搖車郭云蔓生細葉紫華可食俗呼翹搖車因其華紫搖動故名云翹起也

出隧、蘧蔬。蘧蔬似土菌生菰草中今江東啖之甜滑音氈氍毹○隧音遂蘧巨俱切蔬山俱切〔疏〕出隧蘧蔬○釋曰出隧一名蘧蔬郭云似土菌生菰草中今江東啖之甜滑廣雅云朝生形如鬼蓋一名出隧蘧蔬郭云似土菌生菰草中說文云菰蔣也張揖云氍毹毛席取其音同

蘄茝、蘼蕪。香草葉小如萎狀淮南子云似蛇牀山海經云臭如蘼蕪○茝昌改切〔疏〕蘄茝蘼蕪○釋曰芎藭苗也一名蘄茝一名蘼蕪本草一名薇蕪一名江離陶注云似蛇牀而香郭云香草葉小如萎狀者言如萎蕎之狀也○注淮南子至蘼蕪○釋曰淮南子云似蛇牀者案淮南子氾論篇云夫物之相類者世人之所亂惑也嫌疑肖像者眾人之所眩燿故良者類知而非知也愚者類君子而非君子也贛者類勇而非勇也使人相去也若玉之與石也葵之與莧也則論人易矣夫亂人者若芎藭之與藁本蛇牀之與蘼蕪者許慎云此四者藥草臭味之相似其治病則不同力是也云山海經曰臭如蘼蕪者案西山經浮山有草曰訓草麻葉而方莖赤華而黑實臭如蘼蕪可以已癘又天帝山有草其狀如葵其臭如蘼蕪名曰杜衡可以走馬食之已癭是也臭香也言其香氣如蘼蕪也

茨、蒺蔾。布地蔓生細葉子有三角刺人見詩〔疏〕茨蒺蔾○釋曰茨一名蒺蔾郭云布地蔓生細葉子有三角刺人見詩者案詩小雅云楚楚者茨是也

蘮蒘、竊衣。似芹可食子大如麥兩兩相合有毛著人衣○蘮音計蒘音如〔疏〕蘮蒘竊衣○釋曰蘮蒘一名竊衣郭云似芹可食子大如麥兩兩相合有毛著人衣俗名鬼麥者也

髦、顛蕀。細葉有刺蔓生一名商蕀廣雅云女木也○髦音毛蕀音棘〔疏〕髦顛蕀○釋曰髦一名顛蕀郭云細葉有刺蔓生一名商蕀廣雅云女木也

雚、芄蘭。雚芄蔓生斷之有白汁可啖○雚音貫〔疏〕雚芄蘭○釋曰雚一名芄蘭其郭云雚芄蔓生斷之有白汁可啖案如此注則似雚芄一名蘭或傳寫誤芄衍字詩衛風云芄蘭之支陸機云一名蘿藦幽州人謂之雀瓢

蕁、蔙藫。生山上葉如韭一曰提母○蕁徒南切蔙音沈〔疏〕蕁蔙藫○釋曰藥草知母也一名蕁一名蔙藫郭云生山上葉如韭一名提母案本草此名之外更有十餘名文多不載陶注云形似昌蒲而柔潤葉至難死掘出隨生須燥乃止也

蕍、蕮。今澤蕮○蕍音俞蕮音昔〔疏〕蕍蕮○釋曰蕍一名蕮即藥草澤蕮也本草作澤瀉一名水舄一名及瀉一名芒芋一名鵲瀉陶注云葉狹長叢生諸淺水中

蔨、鹿藿。其實莥。今鹿豆也葉似大豆根黃而香蔓延生○蔨巨負切藿音霍莥女九切〔疏〕蔨鹿藿其實莥○釋曰蔨一名鹿藿其實名莥郭云今鹿豆也葉似大豆根黃而香蔓延生本草云味苦唐本注云此草所在有之苗似豌豆有蔓而長大人取以為菜亦微有豆氣名為鹿豆也

薃、侯莎。其實媞。夏小正曰薃也者莎隋媞者其實○薃音浩媞音提〔疏〕薃侯莎其實媞○釋曰薃一名侯莎維也猶語辭也其實別名媞○注夏小正至其實○釋曰夏小正者大戴禮之篇名本夏后氏著十二月之候也漢九江太守戴德記之謂之大戴禮記其正月云媞薃也者莎隋也媞也者其實也先言媞而後言薃何也媞先見者也何以謂之小正以著名也案廣雅云地毛莎隋也是隋即莎薃也故云莎隋

莞、苻蘺。其上蒚。今西方人呼蒲為莞蒲蒚謂其頭臺首也今江東謂之苻蘺西方亦名蒲中莖為蒚用之為席○蒚音翮〔疏〕莞苻蘺其上蒚○釋曰本草云白蒲一名苻蘺楚謂之莞蒲其上臺別名蒚郭義具注詩小雅斯干云下莞上簟鄭箋云莞小蒲之席也以莞蒲一草之名而司几筵有莞筵蒲筵則有大小之異為席有精粗故得為兩種席也

荷、芙渠。別名芙蓉江東呼荷　其莖茄。

其葉蕸。其本蔤。莖下白蒻在泥中者　其華菡萏。見詩　其實蓮。

蓮謂房也。其根藕。其中的。蓮中子也。的中薏。中心苦。〔疏〕荷芙至中薏。釋曰李巡曰皆分別蓮莖葉華實之名芙渠其總名也別名芙蓉江東呼荷菡萏蓮華也的蓮實也薏中心也郭璞云蕸莖下白蒻在泥中者今江東人呼荷華爲芙蓉北方人便以藕爲荷亦以蓮爲荷蜀人以藕爲茄或用其母爲華名或用根子爲母葉號此皆名相錯習俗傳誤失其正體者也陸機疏云蓮青皮裹白子爲的的中有青爲薏味甚苦故里語云苦如薏是也。注見詩。釋曰詩陳風云彼澤之陂有蒲與荷又曰有蒲與蕑又曰有蒲菡萏是也。

紅蘢古。其大者蘬。俗呼紅草爲蘢鼓語轉耳。蘬丘軌切〔疏〕紅蘢至者蘬。釋曰舍人曰紅名蘢古其大者名蘬詩鄭風云隰有游龍毛云龍紅草也陸機云一名馬蓼葉大而赤白色生水澤中高丈餘郭云俗呼紅草爲蘢鼓語轉耳。

蒫薺實。薺子名。蒫才何切〔疏〕蒫薺實。釋曰本草云薺味甘人取其葉作菹及羹亦佳詩谷風云誰謂荼苦其甘如薺其子別名蒫。

麖枲實。禮記曰苴麻之有麖。麖扶刃切〔疏〕麖枲實。釋曰枲麻也麖者即麻子名也故云麖枲實也。注禮記至有麖。釋曰禮記曰苴麻之有麖者儀禮喪服傳文也傳所以解經故亦謂之禮記也案喪服經云苴絰傳曰苴絰者麻之有麖者是也。

枲麻。別二名〔疏〕枲麻。釋曰麻一名枲故注云別二名禹貢青州云厥貢岱畎絲枲是也。

須薞蕪。薞蕪似羊蹄葉細味酢可食〔疏〕須薞蕪。釋曰案詩谷風云采葑采菲毛傳云葑須也先儒即以葑須蓯當之孫炎云須一名葑蓯今郭注上葑蓯云未詳注此云薞蕪似羊蹄葉細味酢可食則郭意以毛云葑須者謂此薞蕪也坊記注云葑蔓菁也陳宋之間謂之葑陸機云葑蕪菁幽州人或謂之芥方言云蘴蕘蕪菁也陳楚謂之蘴齊魯謂之蕘關西謂之蕪菁趙魏之部謂之大芥蘴與葑字雖異音實同則葑也須也蕪菁也蔓菁也薞蕪也蕘也芥也七者一物也。

菲蒠菜。菲草生下溼地似蕪菁華紫赤色可食。菲音匪蒠音息〔疏〕菲蒠菜。釋曰菲一名蒠菜案詩谷風云采葑采菲毛傳云菲芴也郭上注菲芴云土瓜也此注云菲草生下溼地似蕪菁華紫赤色可食則是芴與蒠菜別草而某氏及陸機以爲一物非郭義也。

蕢赤莧。今之莧赤莖者。蕢丘貴切〔疏〕蕢赤莧。釋曰赤莧一名蕢今莧菜之赤莖者也。

蘠蘼虋冬。虋冬一名滿冬本草云。蘼音美〔疏〕蘠蘼虋冬。釋曰藥草也一名蘠蘼一名虋冬。注虋冬至草云。釋曰案山海經云條谷山其草多芍藥虋冬郭注亦云本草一名滿冬今檢本草有天門冬一名顛勒麥門冬秦名羊韭齊名愛韭楚名馬韭越名羊蓍一名禹葭一名禹餘糧無名滿冬者蓋所見本異也虋門字異音同耳。

萹苻止。未詳

濼貫衆。葉圓銳莖毛黑布地冬不死一名貫渠廣雅云貫節。萹音偏濼音爍衆音終〔疏〕濼貫衆。釋曰藥草名也一名濼一名貫衆本草云一名貫節一名貫渠一名百頭一名虎卷一名萹苻一名伯萍一名藥藻此謂鴟頭陶注云葉如大蕨形色毛芒全似老鴟頭因名之郭氏云葉圓銳莖毛黑布地冬不死一名貫渠廣雅云貫節。

莙牛藻。似藻葉大江東呼爲馬藻。莙其隕切藻音早〔疏〕莙牛藻。釋曰莙一名牛藻藻之葉大者也詩召南云于以采藻左傳云蘋蘩薀藻之菜以此草好聚生故言薀藻薀訓聚也毛傳云藻聚藻也陸機云藻水草也生水底有二種其一種葉如雞蘇莖大如箸長四五尺其一種莖大如釵股葉如蓬蒿謂之聚藻又云扶風人謂之藻聚爲發聲也此二藻皆可食煮熟挼去腥氣米麪糝蒸爲茹嘉美揚州人饑荒可以當穀食。

蓫薚馬尾。廣雅曰馬尾蔏陸本草云別名薚今關西亦呼爲薚江東呼爲當陸。蓫他六反薚他羊反〔疏〕蓫薚馬尾。釋曰藥草蔏陸也一名蓫薚一名馬尾郭云廣雅曰馬尾蔏陸本草云別名薚今關西呼爲薚江東爲當陸案本草蔏陸一名薚根一名夜呼不同者所見本異也今注云一名白昌一名當陸是也。

萍蓱。水中浮蓱江東謂之薸。萍音平蓱音瓶薸音瓢

其大者蘋。詩曰于以采蘋〔疏〕萍蓱其大者蘋。釋曰舍人曰萍一名蓱大者名蘋郭曰水中浮蓱江東謂之薸陸機毛氏義疏云今水上浮蓱是也其麤大者謂之蘋小者曰蓱季春始生可糝蒸爲茹又可苦酒淹以就酒。注詩曰于以采蘋。釋曰召南采蘋篇文也。

莃菟葵。頗似葵而小葉狀如藜有毛汋啖之滑。莃音希〔疏〕莃菟葵。釋曰莃一名菟葵郭云頗似葵而小葉狀如藜有毛汋啖之滑者汋煮也案本草唐本注云苗如石龍芮葉光澤花白似梅莖紫色煑汁極滑堪噉爾雅釋草一名莃所在平澤皆有田間人多識之是也。

芹楚葵。今水中芹菜〔疏〕芹楚葵。釋曰郭云今水中芹菜案本草云水芹一名水英陶注云其二月三月作英時可作菹及瀹食之又有渣芹可爲生菜亦可生噉別本注云芹有兩種荻芹取根白色赤芹取莖葉並堪作菹及生菜是也。

藬牛蘈。今江東呼草爲牛蘈者高尺餘許方莖葉長而銳有穗穗間有華華紫縹色可淋以爲飲。藬吐回切蘈音頹〔疏〕藬牛蘈。釋曰藬一名牛蘈詩小雅云言采其蓫鄭箋云蓫牛蘈郭云今江東呼草爲牛蘈者高尺餘許方莖葉長而銳有穗穗間有華華紫縹色可淋以爲飲者字林云縹青白色也淋以水沃也。

藚牛脣。毛詩傳曰水蕮也如續斷寸寸有節拔之可復。藚音續〔疏〕藚牛脣。釋曰李巡云別二名郭云如續斷寸寸有節陸機以爲今澤蕮也郭氏所不取。注毛詩至蕮也。釋曰詩魏風汾沮洳云彼汾一曲言采其藚毛傳云藚水蕮也是也。

苹藾蕭。今藾蒿也初生亦可食。藾音賴〔疏〕苹藾蕭。釋曰苹一名藾蕭郭云今藾蒿也初生亦可食詩小雅云呦呦鹿鳴食野之苹陸機云葉青白色莖似箸而輕脆始生香可生食又可烝食是也。

連異翹。一名連苕又名連草本草云〔疏〕連異翹。釋曰連一名異翹郭云一名連苕又名連草本草云者案今本連翹一名異翹一名蘭華一名折根一名軹一名三廉不同者所見本異也唐本注云此物有兩種大翹小翹大翹葉狹長如水蘇花黃可愛生下濕地著子似椿實之未開者作房翹生出衆草其小翹生崗原之上葉花實皆似大翹而小細耳是也。

澤烏薞。即上蘘也〔疏〕澤烏薞。釋曰即上蘘生於水澤者然形所未詳。

傳橫目。一名結縷俗謂之鼓箏草〔疏〕傳橫目。釋曰傳一名橫目郭云一名結縷俗謂之鼓箏草是也。

釐蔓華。一名蒙華〔疏〕釐蔓華。釋曰釐一名蔓華郭云一名蒙華。

蔆蕨攗。蔆蕨水中芰。蔆音陵攗音眉〔疏〕蔆蕨攗。釋曰蔆一名蕨攗郭云今水中芰者字林云楚人名蔆曰芰可食國語曰屈到嗜芰俗云蔆角是也。

大菊蘧麥。一名麥句薑即瞿麥〔疏〕大菊蘧麥。釋曰大菊一名蘧麥草藥也郭云一名麥句薑即瞿麥廣雅云茈葳麥句薑瞿麥案本草云瞿麥一名巨句麥一名大菊一名大蘭陶注云今出近道一莖生細葉花紅紫赤可愛子頗似麥故名瞿麥。

薜牡蕢。未詳

葥山莓。今之木莓也實似藨莓而大亦可食。薜音百蕢音匱葥音箭莓音每〔疏〕葥山莓。釋曰山莓一名葥郭云今之木莓也實似藨莓而大亦可食藨莓說在下。

齧苦菫。今菫葵也葉似柳子如米汋食之滑〔疏〕齧苦菫。釋曰齧一名苦菫可食之菜也郭云今菫葵也葉似柳子如米汋食之滑者本草唐本注云此菜野生非人所種俗謂之菫菜葉似蕺花紫色者內則云菫荁枌榆是也本草云味甘此云苦者古人語倒猶甘草謂之大苦也。

藫石衣。水苔也一名石髮江東食之或曰藫葉似薤而大生水底亦可食。藫音潭〔疏〕藫石衣。釋曰藫一名石衣郭云水苔也一名石髮江東食之者案本草有陟釐別本注云此即古石髮也色類似苦而麤澀爲異郭又云或曰藫葉似薤而大生水底亦可食者即本草海藻一名藫陳藏器本草云大葉藻也生深海中及新羅葉如水藻而大海人取之正在深海底以繩繫腰沒水下刈得旋繫繩上五月已後當有大魚傷人不可取也。

蘜治蘠。今之秋華菊。蘜音菊〔疏〕蘜治蘠。釋曰蘜一名治蘠郭云今之秋華菊月令季秋云菊有黃華本草云菊華一名節華陶注云菊有兩種一種莖紫氣香而味甘葉可作羹而食者爲真一種莖青而大作蒿艾氣味苦不堪食者名苦薏非真也。

唐蒙女蘿。女蘿菟絲。別四名詩云爰采唐矣〔疏〕唐蒙至菟絲。釋曰孫炎曰別三名郭云別四名則唐與蒙或并或別故三四異也詩經直言唐而傳云唐蒙也是以蒙解唐也則四名爲得下云蒙王女郭云即唐也是又名王女然則唐也蒙也女蘿也菟絲也王女也凡五名詩頍弁云蔦與女蘿毛傳云女蘿菟絲陸機云今菟絲蔓連草上生黃赤如金今合藥菟絲子是也。注詩云爰采唐矣。釋曰鄘風桑中篇文也。

苖蓨。未詳

茥蒛葐。覆葐也實似莓而小亦可食。蓨他凋切茥音圭蒛音缺葐音盆〔疏〕茥蒛葐。釋曰茥一名蒛葐郭云覆葐也實似莓而小亦可食案本草蓬蘽一名覆盆一名陵蘽一名陰蘽其實名覆盆子今注云蓬蘽是覆盆之苗也覆盆乃蓬蘽之子也唐本注云然生處不同沃地則子大而甘瘠地則子細而酸是也。

芨菫草。即烏頭也江東呼爲菫。芨音急菫音靳〔疏〕芨菫草。釋曰芨一名菫草郭云即烏頭也江東呼爲菫音靳案詩大雅云菫荼如飴又晉語驪姬將譖申生寘鴆於酒寘菫於肉賈逵曰菫烏頭也然則菫者其烏頭乎嫌讀爲菫荁之菫故音之。

蘵百足。未詳

菺戎葵。今蜀葵也似葵華如木槿華。蘵音織菺音肩〔疏〕菺戎葵。釋曰菺一名戎葵郭云今蜀葵也似葵華如木槿華戎蜀蓋其所自也因以名之。

蘻狗毒。樊光云俗語苦如蘻。蘻音計〔疏〕蘻狗毒。釋曰蘻一名狗毒樊光云俗語苦如蘻樊光者京兆人後漢中散大夫注爾雅六卷故郭氏取以爲說。

垂比葉。未詳

蕧盜庚。旋蕧似菊。蕧音服〔疏〕蕧盜庚。釋曰蕧一名盜庚郭云旋蕧似菊本草旋蕧一名戴椹一名金沸草一名盛椹陶注云出近道下濕地似菊花而大是也。

茡麻母。苴麻盛子者〔疏〕茡麻母。釋曰苴麻之盛子者也一名茡一名麻母。

瓝九葉。今江東有草五葉共叢生一莖俗因名爲五葉即此類也〔疏〕瓝九葉。釋曰此草九葉叢生一莖然郭亦未詳其狀但舉其類云今江東有草五葉共叢生一莖俗因名爲五葉即此類也。

藐茈草。可以染紫一名茈莀廣雅云。藐亡角切茈子爾切〔疏〕藐茈草。釋曰藐一名茈草根

可以染紫之草廣雅一名茈𦲸本草一名紫丹唐本注云苗似蘭香莖赤節青花紫白色而實白也

倚商、活脫。即離南也 藏、黃蒢。藏草葉似酸漿華小而白中心黃江東以作菹食○脫音奪藏音職蒢音除 疏 藏黃蒢○釋曰藏草一名黃蒢郭云藏草葉似酸漿華小而白中心黃江東以作菹食

藒車、芞輿。藒車香草見離騷○藒音挈芞音乞 疏 藒車芞輿○釋曰香草也一名藒車一名芞輿郭云藒車香草見離騷者離騷經云畦留夷與揭車兮雜杜衡與芷是也

權、黃華。今謂牛芸草爲黃華華黃葉似𦶀蓿 疏 權黃華○釋曰權一名黃華郭云今謂牛芸草爲黃華華黃葉似𦶀蓿說文亦云芸草也似苜蓿淮南子說芸草可以死復生月令注云芸香草也雜禮圖曰芸蒿也葉似邪蒿香美可食然則牛芸者亦芸類也郭以時驗而言之故云今謂牛芸草爲黃華也

葞、春草。一名芒草本草云○葞音尾 疏 葞春草注一名至草云○釋曰藥草也郭云一名芒草本草云者案本草莽草一名葞一名春草陶注云今是處皆有葉青辛烈者良今俗呼爲菵草也郭云芒草者所見本異也

蔠葵、蘩露。承露也大莖小葉華紫黃色○蔠音終 疏 蔠葵蘩露○釋曰葵類一名蔠葵一名蘩露郭云承露也大莖小葉華紫黃色

菋、荎藸。五味也蔓生子叢在莖頭○菋音未荎直其切藸音除 疏 菋荎藸○釋曰藥草也一名菋一名荎藸郭云五味也蔓生子叢在莖頭案本草五味子一名會及一名玄及唐本注云五味皮肉甘酸核中辛苦都有鹹味此則五味具也其葉似杏而大蔓生木上子作房如落葵大如蘡子

蒤、委葉。詩云以茠蒤蓼○蒤音徒 疏 蒤委葉○釋曰穢草也舍人曰蒤一名委葉王肅說詩云茶陸穢草然則蒤者原田蕪穢之草非苦菜也○注詩云以茠蒤蓼○釋曰此周頌良耜篇文茠耘除也今詩本茠作薅音義同

皇、守田。似燕麥子如彫胡米可食生廢田中一名守氣 疏 皇守田○釋曰皇一名守田郭云似燕麥子如彫胡米可食生廢田中一名守氣彫胡即菰米也

鉤、藈姑。鉤瓤也一名王瓜實如瓝瓜正赤味苦○藈音圭 疏 鉤藈姑○釋曰鉤一名藈姑郭云鉤瓤也一名王瓜實如瓝瓜正赤味苦本草云王瓜一名土瓜陶注云即今土瓜生籬院亦有子熟時赤如彈丸根大唐本注云此物蔓生葉似栝樓圓無叉缺子如梔子生青熟赤但無稜爾根似葛細而多糝是也

望、乘車。可以爲索長丈餘○乘音繩 疏 望乘車○釋曰望一名乘車郭云可以爲索長丈餘

困、衱袶。未詳 欔、烏階。即烏杷也子連相著狀如杷齒可以染皁○衱音劫袶音絳欔音钁 疏 欔烏階○釋曰欔一名烏階郭云即烏杷也子連相著狀如杷齒可以染皁今俗謂之狼杷是也

杜、土鹵。杜衡也似葵而香 疏 杜土鹵○釋曰香草也一名杜一名土鹵郭云杜衡也似葵而香本草唐本注云杜衡葉似葵形如馬蹄故俗云馬蹄香生山之陰水澤下濕地根似細辛白前等山海經云天帝山有草其狀如葵其臭如蘼蕪名曰杜衡可以走馬食之已癭是也

盱、虺牀。蛇牀也一名馬牀廣雅云○盱音吁 疏 盱虺牀○釋曰盱一名虺牀郭云蛇牀也一名馬牀廣雅云案本草蛇牀一名蛇米一名虺牀一名思益一名繩毒一名棗棘一名牆蘼陶注云近道田野墟落間甚多花葉正似蘼蕪

蔝、蔜。未聞 赤、枹薊。即上枹薊 菟奚、顆凍。款凍也紫赤華生水中○蔝音米蔜五刀切凍音東 疏 菟奚顆凍○釋曰藥草也一名菟奚一名顆凍郭云款凍也紫赤華生水中案本草款凍一名橐吾一名顆東一名虎鬚一名菟奚陶注云形如宿蓴未舒者其腹裏有絲其花乃似大菊花唐本注云葉似葵而大叢生花出根下是也

中馗、菌。地蕈也似蓋今江東名爲土菌亦曰馗廚可啖之○馗音逵菌巨隕切 小者菌。大小異名 疏 中馗菌小者菌○釋曰此辨菌大小之異名也大者名中馗小者即名菌郭云地蕈也似蓋今江東人名爲土菌亦曰馗廚可啖之者說文云蕈桑䓴也謂菌生木上也今云地蕈即俗呼地菌者是也

菆、小葉。未聞 苕、陵苕。一名陵時本草云 黃華、蔈。白華、茇。苕華色異名亦不同○菆音輒苕音調蔈音標茇音沛 疏 苕陵苕至華茇○釋曰苕一名陵苕本草一名陵時舍人曰苕陵苕也黃華名蔈白華名茇別華色之名也陸機疏云一名鼠尾生下濕水中七八月中華紫似今紫草可染皁煑以沐髮即黑詩小雅云苕之華芸其黃矣鄭箋云陵苕之華紫赤而繁陸機亦言其華紫色而此云黃白者蓋就紫色之中有黃紫白紫爾及其將落則全變爲黃故詩云芸其黃矣毛傳云將落則黃是也

蘼從水生。生於水中○蘼音眉 疏 蘼從水生○釋曰草從水生者曰蘼故注云生於水中

薇、垂水。生於水邊 疏 薇垂水○釋曰草生於水濱而枝葉垂於水者曰薇故注云生於水邊也

薜、山麻。似人家麻生山中 疏 薜山麻○釋曰麻生山中者名薜故注云似人家麻生山中也

莽、數節。竹類也節間促 桃枝、四寸有節。今桃枝節間相去多四寸○數音朔 粼、堅中。竹類也其中實 簢、筡中。言其中空竹類 仲、無笐。亦竹類未詳 䈙、箭萌。萌筍屬也周禮曰䈙菹鴈醢 篠、箭。別二名○粼音吝簢音閔筡音徒笐音杭䈙音待 疏 莽數至篠箭○釋曰此辨竹節希數及中空實萌篠之異名也凡竹節間促數者名莽相去四寸有節者名桃枝竹其中堅實者名粼其中空者名簢筡空也仲無笐注未詳䈙一名箭萌即筍也篠一名箭書曰篠簜既敷釋地云會稽之竹箭是也○注今桃枝節間相去多四寸○釋曰郭以時驗而言也尚書顧命云敷重篾席孔安國云篾桃枝竹周禮春官司几筵云加次席黼純鄭注云次席桃枝席有次列成文是也○注周禮曰䈙菹鴈醢○釋曰天官醢人職文也彼文作箈鄭玄注云箈箭萌字雖異音義同

枹、霍首。素華、軌鬷。皆未詳 芏、夫王。芏草生海邊似莞藺今南越人采以爲席○枹音包芏音杜 疏 芏夫王○釋曰芏草一名夫王郭云芏草生海邊似莞藺今南越人采以爲席

綦、月爾。即紫綦也似蕨可食○綦音其 疏 綦月爾○釋曰綦一名月爾可食之菜也郭云即紫綦也似蕨可食

葴、馬藍。今大葉冬藍也○葴音針 疏 葴馬藍○釋曰葴一名馬藍郭氏今大葉冬藍也今爲澱者是也

姚莖、涂薺。未詳 苄、地黃。一名地髓江東呼苄○苄音戶 疏 苄地黃○釋曰藥草也郭云一名地髓江東人呼苄案本草地黃一名地髓一名苄一名芑陶注云生渭城者乃有子實實如小麥

蒙、王女。蒙即唐也女蘿別名 拔、蘢葛。似葛蔓生有節江東呼爲龍尾亦謂之虎葛細葉赤莖 疏 拔蘢葛○釋曰拔一名龍葛葛類也郭云似葛蔓生有節江東呼爲龍尾亦謂之虎葛細葉赤莖

藗、牡茅。白茅屬○藗音速 疏 藗牡茅○釋曰茅之不實者也一名藗一名牡茅郭云白茅屬

卷耳、苓耳。廣雅云枲耳也亦云胡枲江東呼爲常枲或曰苓耳形似鼠耳叢生如盤○卷音捲 疏 卷耳苓耳○釋曰卷耳一名苓耳郭云廣雅云枲耳也亦云胡枲江東呼爲常枲或曰苓耳形似鼠耳叢生如盤詩周南云采采卷耳陸機疏云葉青白色似胡荽白華細莖蔓生可煮爲茹滑而少味四月中生子如婦人耳璫幽州謂之爵耳是也

蕨、虌。廣雅云紫綦非也初生無葉可食江西謂之虌○虌音鼈 疏 蕨虌○釋曰可食之菜也舍人曰蕨一名虌郭云廣雅云紫綦非也初生無葉可食江西謂之虌詩召南云言采其蕨陸機疏云蕨山菜也初生似蒜莖紫黑色可食如葵是也

蕎、邛鉅。今藥草大戟也本草云 疏 蕎邛鉅○釋曰蕎一名邛鉅郭云今藥草大戟也本草云者案本草大戟一名邛鉅苗名澤漆陶注云今近道處處有生時摘葉有白汁故名澤漆也

蘩、由胡。未詳 莣、杜榮。今莣草似茅皮可以爲繩索履屩也○莣音忘 疏 莣杜榮○釋曰莣草一名杜榮郭云今莣草似茅皮可以爲繩索履屩也者屩草履也

稂、童粱。稂莠類也 疏 稂童粱○釋曰舍人曰稂一名童粱郭云稂莠類也詩曹風云浸彼苞稂陸機疏云禾秀爲穗而不成崱嶷然謂之童粱今人謂之宿田翁或謂之守田也甫田云不稂不莠外傳曰馬不過稂莠皆是也

藨、麃。麃即莓也今江東呼爲藨莓子似覆葐而大赤酢甜可啖○藨蒲苗切麃平表切 疏 藨麃○釋曰藨一名麃郭云麃即莓也今江東人呼爲藨莓子似覆葐而大酢甜可啖

的、薂。即蓮實○薂音亦 疏 的薂○釋曰的又一名薂即上釋荷云其實蓮其中的也故郭云即蓮實

購、蔏蔞。蔏蔞蔞蒿也生下田初出可啖江東用羹魚○購古豆切蔞力朱切 疏 購蔏蔞○釋曰舍人曰購一名蔏蔞郭云蔏蔞蔞蒿也生下田初出可啖江東用羹魚詩周南漢廣云翹翹錯薪言刈其蔞陸機疏云其葉似艾白色長數寸高丈餘好生水邊及澤中正月根牙生旁莖正白生食之香而脆美其葉又可蒸爲茹是也

茢、勃茢。一名石芸本草云○茢音列 疏 茢勃茢○釋曰茢一名勃茢郭云一名石芸本草云者案本草石芸味甘一名螫烈一名顧啄是也

葽繞、蕀蒬。今遠志也似麻黃赤華葉銳而黃其上謂之小草廣雅云○葽烏了切蒬音冤 疏 葽繞蕀蒬○釋曰藥草也葽繞一名蕀蒬郭云今遠志也似麻黃赤華葉銳而黃其上謂之小草廣雅云者案本草遠志一名細草其葉名小草陶注云小草狀似麻黃而青今注云遠志莖葉似大青而小廣雅云蕀蒬遠志也其上謂之小草是也

茦、刺。草刺針也關西謂之刺燕北朝鮮之間曰茦見方言○茦音冊 疏 茦刺○釋曰謂草針刺人也一名茦又名刺郭云草刺針也關西謂之刺燕北朝鮮之間曰茦見方言者案方言凡草木刺人北燕朝鮮之間謂之茦或謂之壯自關而東或謂之梗或謂之劌自關而西謂之刺江湘之間謂之棘是也

蕭、萩。即蒿○萩音秋 疏 蕭萩○釋曰李巡云萩一名蕭陸機云今人所謂萩蒿者是也或云牛尾蒿似白蒿白葉莖麤科生多者數十莖可作燭有香氣故祭祀以脂爇之爲香許慎以爲艾蒿非也郊特牲云既奠然後爇蕭合馨香是也

蕁、海藻。藥草也一名海羅如亂髮生海中本草云 疏 蕁海藻○釋曰蕁又名海藻郭云藥草也一名海羅如亂髮生海中本草云者案本草一名落首一名蕁陶注云生海島上黑色如亂髮而大少許

葉大都以藻葉長楚、銚芅。今羊桃也或曰鬼桃葉似桃華白子如小麥亦似桃○銚音姚芅音亦〔疏〕長楚銚芅○釋曰舍人曰長楚一名銚芅本草云銚芅名羊桃郭云今羊桃也或曰鬼桃葉似桃華白子如小麥亦似桃詩檜風隰有長楚陸機疏云今羊桃是也葉長而狹華紫赤色其枝莖弱過一尺引蔓于草上今人以爲汲灌重而善沒不如楊柳也近下根刀切其皮著熱灰中脫之可韜筆管蘦、大苦。今甘草也蔓延生葉似荷青黃莖赤有節節有枝相當或云蘦似地黃〔疏〕蘦大苦○釋曰藥草也蘦一名大苦郭云今甘藥也蔓延生葉似荷青黃莖赤有節節有枝相當或云蘦似地黃詩唐風云采苓采苓首陽之巔是也蘦與苓字雖異音義同芣苢、馬舄。馬舄、車前。今車前草大葉長穗好生道邊江東呼爲蝦蟇衣○芣音浮苢音以〔疏〕芣苢至車前○釋曰藥草也別三名郭云今車前草大葉長穗好生道邊江東呼爲蝦蟇衣詩周南云采采芣苢陸機疏云馬舄一名車前一名當道喜在牛跡中生故曰車前當道也今藥中車前子是也幽州人謂之牛舌草可鬻作茹大滑其子治婦人難產王肅引周書王會云芣苢如李出於西戎王基駮云王會所記雜物奇獸皆四夷遠國各齎土地異物以爲貢贄非周南婦人所得采是芣苢爲馬舄之草非西戎之木也綸似綸、組似組、東海有之。綸今有秩嗇夫所帶糾青絲綸組綬也海中草生彩理有象之者因以名云帛似帛、布似布。華山有之。草葉有象布帛者因以名云生華山中〔疏〕綸似綸至山有之○釋曰此辨草似綸組布帛者以其所似因名其草也綸是糾青絲繩也組綬也東海有草采理似之即名綸草組草草山有草葉似帛布者因名帛草布草也○注綸今至絲綸○釋曰案漢書百官公卿表云十里一亭十亭一鄉鄉有有三老有秩嗇夫有游徼三老掌教化嗇夫掌獄訟游徼掌禁盜賊故漢書云張敞以鄉有秩補太守卒史又云朱邑爲桐鄉嗇夫又續漢書百官表云鄉置有秩三老游徼有秩郡所置秩百戶其鄉小者縣所置嗇夫案此則有秩嗇夫職同但隨鄉大小故異耳名雖異皆糾青絲爲綸以帶佩之則同至東晉尚然故郭云今也張華云綸如宛轉繩芁、東蠡。未詳緜馬、羊齒。草細葉葉羅生而毛有似羊齒今江東呼爲鴈齒繅者以取繭緒〔疏〕緜馬羊齒○釋曰緜馬一名羊齒郭云草細葉葉羅生而毛有似羊齒今江東人呼爲鴈齒繅者以取繭緒說文云繅繹繭爲絲也緒絲耑也以此草似羊齒而毛故繅者用之以取繭緒也萿、麋舌。今麋舌草春生葉有似於舌○萿古活反〔疏〕萿麋舌○釋曰萿草春生葉似麋舌故萿一名麋舌郭云今麋舌草春生葉有似於舌搴、柜朐。未聞蘩之醜、秋爲蒿。醜類也春時各有種名至秋老成通皆呼爲蒿○搴居展切柜音巨朐音劬〔疏〕蘩之至爲蒿○釋曰醜類也此言蘩蕭蔚莪之類春始生氣味既異故其名不同至秋老成則皆蒿也郭云醜類也春時各有種名至秋老成皆通呼爲蒿也芺、薊，其實荂。芺與薊莖頭皆有蓊臺名荂即其實音俘○芺音襖〔疏〕芺薊其實荂○釋曰鉤芺枹薊之類其實名荂郭云芺與薊莖頭皆有蓊臺名荂荂即其實也蔈、荂、荼。即芀猋、藨、芀。皆芀荼之別名方俗異語所未聞○蔈方腰切猋必遙切藨方驕切芀音調〔疏〕蔈荂荼猋藨芀○釋曰此辨苕荼之別名也案鄭注周禮掌荼及詩有女如荼皆云荼茅秀也蔈也荂也其別名荼即苕也苕又一名猋又名藨皆雀矛之屬華秀名也故注云皆芀荼之別名方俗異語所未聞言未聞者謂未聞其所出也葦醜、芀。其類皆有芀秀〔疏〕葦醜芀○釋曰葦即蘆之成者其類皆有芀秀也葭、華。即今蘆也蒹、薕。似萑而細高數尺江東呼爲蒹藡○薕音廉葭、蘆。葦也菼、薍。似葦而小實中江東呼爲烏蓲○菼他敢切薍五患切蓲音丘其萌蘿。今江東呼蘆筍爲蘿然則萑葦之類其初生者皆名蘿蘿音繾綣〔疏〕葭華至萌蘿○釋曰此辨蒹葭等生成之異名也葭一名葦即今蘆也葦之未成者蒹一名薕郭云似萑而細高數尺江東呼爲蒹藡詩秦風云蒹葭蒼蒼陸機云蒹水草也堅實牛食令牛肥彊青徐人謂之蒹兗州遼東通語也葭一名蘆菼一名薍李巡曰分別葦類之異名郭云蘆葦也菼似葦而小實中江東呼爲烏蓲如李巡云蘆薍共爲一草如郭云則蘆薍別草案詩大車傳云菼鵻也蘆之初生則毛意亦以葭菼爲一草也案詩衛風碩人云葭菼揭揭陸機云薍或謂之荻至秋堅成則謂之萑其初生三月中其心挺出其下本大如箸上銳而細揚州人謂之馬尾以今語驗之則蘆薍別草也其萌名蘿郭云今江東人呼蘆筍爲蘿然則萑葦之類其初生者皆名蘿○注音繾綣○釋曰大雅民勞云以謹繾綣昭二十五年左傳云繾綣從公無通外內此取蘿與綣字音同不爲義也蕍、芛、葟、華、榮。釋言云華皇也今俗呼草木華初生者爲芛音貕豬猶敷蕍亦華之貌所未聞○蕍音俞芛羊捶切葟音皇〔疏〕蕍芛葟華榮○釋曰此別草木榮華之異名也蕍言華之敷貌芛華初生之名也葟亦華也郭云釋言云華皇也今俗呼草木華初生者爲芛蕍猶敷蕍亦華之貌所未聞云未聞者亦未聞所出也○注音貕豬○釋曰釋獸云貕豬郭云俗呼小貕豬爲貕子此亦取芛與貕音同其義則異也卷施草、拔心不死。宿莽也離騷云〔疏〕卷施至不死○釋曰卷施草一名宿莽拔其心亦不死也○注宿莽也離騷云○釋曰案離騷經云朝搴阰之木蘭兮夕攬洲之宿莽王逸云草冬生不死者楚人名之曰宿莽荺、茭。今江東呼藕紹緒如指空中可啖者爲茇茭即此類○荺于閔切茭胡巧切〔疏〕荺茭○釋曰荺一名茭謂草根可食者也亦筍類也非一種故郭氏舉類以曉人云今江東呼藕紹緒如指空中可食者爲茇茭即此類是也荄、根。別二名俗呼韭根爲荄〔疏〕荄根○釋曰凡草根一名荄郭云別二名俗呼韭根爲荄此舉一隅也欔、橐含。未詳華、荂也。今江東呼華爲荂○荂音敷華、荂、榮也。轉相解木謂之華、草謂之榮、不榮而實者謂之秀。榮而不實者謂之英。〔疏〕華荂至之英○釋曰李巡云分別異名以曉人也華一名荂郭云今江東呼華爲荂華與荂又一名榮郭云轉相解木則名華草則名榮月令季春桐始華月令仲夏木槿榮此對文爾散文則草亦名華鄭風云隰有荷華是也不見其榮但見其實者曰秀詩大雅云實發實秀有其榮而不實者曰英此亦對文爾故以英爲不實其實黍稷皆先榮後實詩小雅出車云黍稷方華是嘉穀之秀必有榮也

爾雅注疏卷八校勘記

阮元撰盧宣旬摘錄

爾雅疏卷第八　注疏本同唐石經吳本雪牕本題爾雅卷下單疏本元本閩本監本刪

釋草第十三

隸變作卄　七老切○閩本七作倉

說文別有草字　自保切○注疏本音切改大字

徐鉉曰今俗以此爲卄木之草　元本同閩本監本毛本作徐鍇誤按草當作卄
說文作艸木之艸

茖山葱　釋文五經文字唐石經單疏本雪牕本元本同作蔥閩本監本毛本作葱依說文改說文蔥菜也从艸悤
聲

葝山䪥　唐石經雪牕本同釋文䪥本又作薤五經文字䪥薤並列云上說文下經典相承隸省今爾雅作䪥餘並
用下字按說文䪥从韭㲋聲無薤字此爾雅之字較經典獨
得其正者

廣雅云　陳本同單疏本雪牕本注疏本云皆作曰

今似蘄而麤大　單疏本同雪牕本元本麤作麄釋文作麤舊按云本今作麤閩本監本毛本改粗下
準此

椵木槿　唐石經單疏本同雪牕本注疏本此本椵訛椵今訂正釋文堇本或作槿音謹下同按說文堇艸也从艸
堇聲今隸省作堇是也木部無槿字此因木槿連文遂加木
旁矣當從釋文月令木堇榮

或呼日及　單疏本雪牕本同釋文爲日入逸反按文選歎逝賦辟日及之在條李善引郭注曰或呼爲日
及又月令正義引某氏曰或呼爲日及亦云王蒸此注正
本之今本日上脫爲字當補

亦曰王蒸　雪牕本注疏本同釋文作烝舊按云本今作蒸按文選注亦作蒸

別三名也　注疏本誤別二名按宋本月令正義引作別三名陸元恪所云一名木槿一名櫬一名椵
是也

陸機疏云　元本閩本監本同毛本機改璣非葉鈔釋文陸機字作木旁隋書經籍志烏程令吳郡陸
機字從木浦鏜以監本作機爲非此蹈唐李濟翁資暇
集宋晁公武讀書志之誤耳下準此

其樹可以爲埽蔧　釋文埽素報反下同單疏本亦作埽蔧雪牕本注疏本作掃俗字按蔧當作彗

此則蔡之科大爲樹可以作埽蔧者　注疏本則作郎埽蔧元本同閩本作
埽蔧監本毛本作掃蔧

菉王芻　唐石經單疏本雪牕本同釋文菉力辱反按五經文字菉力辱反見爾雅此作彔葢誤

今呼鴟腳莎　單疏本雪牕本注疏本同釋文鴟尺之反詩綠竹釋文引作今呼白腳莎郎本作今呼爲
腳莎葢互脫一字白當作曰

郭云菉蓐也　注疏本脫菉

瞻彼淇奧綠竹猗猗是也　元本奧字綠字與此同閩本監本毛本改澳改菉猗猗監

本毛本同元本閩本誤作澥澥

今人呼青蒿香中炙啖者爲菣 單疏本雪牕本同釋文咍本亦作啖又作噉按詩鹿鳴正義引郭云今人呼爲青蒿按爲字當有詩正義引下句亦作啖

上有白毛麤澁 元本作麄澁閩本監本毛本作粗澀

可以爲葅 注疏本葅改菹下同

又可烝 注疏本改蒸

北海人謂之旁勃 元本作滂勃閩本剜改作旁監本毛本承之

蘩游胡旁勃也 元本同閩本監本毛本蘩改繁毛本游改由按春秋隱三年正義引陸機作蘩遊胡游遊同

萆鼠莞 唐石經單疏本雪牕本同釋文五經文字玉篇皆作萆按廣韻四紙萆并弭切六至萆必至切互引爾雅經注殆隨音作字也孫星衍云一切經音義卷四引釋草鼠莞補侍補婢二反萆俗字說文所無知古本作萆矣

可以染皁 雪牕本同單疏本閩本監本毛本皁作皂釋文皁音造舊本誤草

人採作滋染木蘭是也 監本同舊本木蘭作本草閩本毛本作皂草

似蘄葉細 雪牕本注疏本脫似字按疏云似蘄而葉細則邢本有似字

郭云似紅草而麤大 注疏本皆改注麤作粗舊本作麄

孟狼尾 唐石經單疏本雪牕本同石經考文提要引至善堂九經本亦作孟注疏本孟誤盂

齒如瓠棲 雪牕本注疏本同疏引詩亦作棲宋王氏詩考采入詩異字郎本依今詩改犀誤甚又注疏本疏末有今詩文作犀五字單疏本無則非邢氏語也

果贏之實栝樓 唐石經單疏本雪牕本同釋文蓏力果反栝樓本或作苦蔞按作苦蔞是也毛詩傳用括樓假借字說文作苦蔞正字爾雅多用正字贏亦俗字當作蓏說文在木曰果在地曰蓏又說文苦蔞果蓏也本此經與本書在地曰蓏之言合而俗本亦改作贏矣

葉如瓜葉形 注疏本如作似

此味苦可食之菜也 注疏本脫也

經冬麻春乃成 浦鏜云麻春下釋文有得夏二字此脫

又名益母廣雅云 雪牕本注疏本同疏引郭云今茺蔚也廣雅名益母葉似荏云云此邢氏約注義引之非郭氏原文故不得其次釋文益音益本今作益按引廣雅字當從廿今本廣雅亦作益非

萑臭穢臭穢即茺蔚也 注疏本脫一臭穢

邛有旨鷊 正德本同閩本監本毛本作邛有旨鷏非

鷊五色作綬文 注疏本脫文

故先儒共疑焉 注疏本共誤甚

戎叔謂之荏菽 唐石經雪牕本注疏本同單疏本作戎菽謂之荏菽詩生民正義引釋草同按釋文於荏上出赤字云本亦作叔下不別出明無異文釋詁戎大也此以大菽釋詩之荏菽則戎菽字尤不當獨作古字唐石經上叔下菽非

詩大雅生民云蓺之荏菽 注疏本脫云蓺作埶

卉草 唐石經單疏本雪牕本同許宗彥云藝文類聚卷八十一引作卉百草據注云百草揔名又書禹貢正義引舍人云凡百草一名卉則卉上當有百字

菟雀弁 唐石經雪牕本舊本同釋文菟悅轉反又古本反閩本監本毛本作莵此本作菟皆訛今訂正注云未詳故邢氏無釋單疏本不標經通書準此

蘾烏蘾 唐石經雪牕本同釋文蘾戶怪切石經考文提要引至善堂九經本亦作蘾注疏本作蘾按玉篇別爲一字非也蘾當從石經作蘾從夕下須蘾蕪澤烏蘾同五經文字云蘾見爾雅

蔌莵芺 唐石經雪牕本同釋文菟音兔嚴元照云諸菟字不當從廿說文黃兔瓜也莵兔葵也可證

鐃盧一名蟾蠩蘭 單疏本雪牕本舊本同閩本監本毛本盧改顱蠩改蜍疏中同

一名天蔓精 舊本閩本監本同毛本精改菁非

香氣似蘭故名蟾蠩蘭 注疏本脫氣蠩改蜍

可以爲掃蔧 單疏本雪牕本舊本作埽蔧釋文亦作埽閩本監本毛本作掃蔧按蔧當作篲郭亭輒復擁篲清道釋文篲字又作蔧

蘾懷羊 唐石經雪牕本舊本閩本監本同毛本蘾改蘾按玉篇廣韻作蘾蓋毛本所據改釋文五經文字皆作蘾

生水澤旁 注疏本旁作中

苗似鬼鍼菾菜等 舊本同監本毛本菾作蒸誤按玉篇廣韻皆云菾菜名徒兼切

葖蘆萉 單疏本雪牕本同釋文葖他忽反毛本葖誤葵唐石經此字闕郭注云萉宜爲菔經義雜記曰說文菔蘆菔从艸服聲萉枲實也从艸肥聲後漢書注卷十一引爾雅曰葖蘆菔菔音步北反字或作蔔據說文及後漢書注知爾雅本作菔蓋郭本以形近致誤

紫華大根 陳本同雪牕本注疏本華改花

郭氏即云竹別名之 元本即字闕閩本改曰監本毛本承

其南鍾其南鏞 注疏本脫下三字元本閩本監本毛本鍾改鐘

茋蒢茋 唐石經單疏本雪牕本同葉鈔釋文五經文字蒢作蒢

莕接余 唐石經單疏本雪牕本同釋文莕音杏本亦作荇詩云參差荇菜說文作莕按五經文字莕荇二同並音杏見爾雅則釋文當爲本亦作莕故下引詩參差荇菜說文作荇以證之張參正本釋文云然也今說文莕菨餘也从艸杏聲荇莕或从行同非陸氏所見之說文矣

葉圓在莖端 字單疏本雪牕本同按圓當作員雅注多用員

江東食之亦呼爲莕音杏 雪牕本同注疏本脫爲又刪下二字單疏本作亦呼爲莕按齊民要術卷九引作江東菹食之以證菹法則菹字當有

脃美可案酒 元本脃字實闕閩本監本毛本誤肥

柔忍宜爲索 元本同閩本監本毛本忍改韌按毛詩將仲子傳檀彊韌之木釋文作彊忍采薇箋元堅忍白華箋云柔忍知陸元恪亦用忍字韌爲說文新附字

郭云即土瓜也 注疏本脫即

滑美可作羹幽州人謂之芴 元本亦作滑閩本監本毛本誤甘注疏本脫州

又是一物 注疏本一誤二

五者一物也 注疏本脫也

大葉白華 單疏本閩本監本毛本同雪牕本元本作菅華白葉誤

熒委萎 唐石經單疏本雪牕本同釋文委作萎云謝於蘧反孫於爲反郭女委反舊按云本今作委按委萎一字唐石經今本作委非當從陸本作萎玉篇蘂於營切萎蘂也即此物萎蕤也邢疏引本草亦曰萎蕤玉篇廣韻以萎同菱云胡菱香菜蓋此經之誤久矣邢疏云一名熒字從木蓋誤釋文熒戶坰反

長一二尺可啖 單疏本監本毛本同雪牕本作長二尺元本作長三尺閩本作長二尺又剜擠一字

好生道旁 單疏本雪牕本元本同閩本監本毛本旁改傍

綠竹猗猗 元本同閩本監本毛本綠改菉

葉華細綠 注疏本作華葉

葴寒漿 唐石經單疏本雪牕本同釋文蕒何干反本今作寒按玉篇艸部蕒蕒蔣也廣韻二十五寒蕒蕒蔣草也與陸本合

薢茩芵茪 唐石經單疏本雪牕本同釋文茪本或作光按當作茪本或作光此後人乙改五經文字云茪音光爾雅或作光可證○按說文無茪當是後人加艸爲之

芵明也 雪牕本注疏本同邢疏云藥草芵明也一名芵光一名決明按芵明也字當作決蓋經作芵茪注作決明今本注作芵爲依經所改釋文音經芵本亦作決又依注改經也

關西謂之薢茩音皆 陳本郎本同釋文薢郭音皆雪牕本注疏本刪下二字改爲小字音切

一名泱明注疏本泱改英

葉如茳豆元本同閩本監本毛本作茳芒

案本草蕪荑一名無姑注疏本作莁荑順爾雅改按釋木疏云本草無荑一名無姑蕪無同字與此合

一名蔱蘠音殿唐〇注疏本改音於疏後云蔱音殿蘠音唐

或者與草同氣乎注疏本刪乎

故云其紹陂元本閩本脫云監本毛本脫其

生下田雪牕本注疏本同單疏本作生下田中後漢書劉元傳注引此注同按下購商蔞注云生下田

亦可綯以爲索注疏本可下衍爲

莖頭有臺似薊單疏本閩本監本毛本同釋文雪牕本元本薊作薊按五經文字云薊從角者訛

故一名桂荎注疏本脫故

生池澤中者注疏本脫澤

虋赤苗單疏本雪牕本唐石經虋亦作虋五經文字虋音門見爾雅釋文虋本亦作虋按詩維糜維芑毛傳糜赤苗也芑白苗也正義曰皆釋草文雖彼糜作虋音同耳釋文糜音門爾雅作虋同據此知虋舊作虋說文虋赤苗嘉穀也从艸釁聲

此亦黑黍雪牕本注疏本同詩生民正義引作秠亦黑黍齊民要術卷二同按秠亦黑黍對上文秬黑黍言之今本作此非

維穈維芑元本同閩本監本毛本穈誤糜下同

則一米亦可爲酒元本同閩本監本毛本一誤二

十月穫稻注疏本穫誤獲

按說文云注疏本按改案

江東呼稬乃亂切〇注疏本音切改大字

葍藑茅雪牕本注疏本同唐石經單疏本藑作藑按茅疑衍文注云葍華有赤者爲藑藑葍一種耳不言茅說文舜艸也楚謂之葍秦謂之藑蔓地連華象形亦不言茅艸部云藑茅葍也一名蕣此茅字蓋後人竄入離騷索藑茅以莛篿王逸注藑茅靈草也與爾雅異義恐因此誤衍〇按單呼曰藑絫呼曰藑茅未可疑說文艸部爲添字則未可疑爾雅爲衍字

亦猶菱苕雪牕本同單疏本注疏本菱作蔆從水此非

臺夫須唐石經單疏本雪牕本同釋文臺字又作薹同蕢音須本今作須按詩都人士釋文云臺如字爾雅作薹則此釋文當作薹字又作臺蓋爾雅經作薹注引詩箋作臺今祇以臺薹爲異文誤也據釋文須作蕦知臺亦作薹矣

鄭箋詩云臺可以爲禦雨笠雪牕本注疏本同單疏本標起止云注鄭箋至雨笠按詩都人士臺笠緇撮毛傳臺所以禦暑笠所以禦雨也箋云臺夫須也都人之士以臺皮爲笠此約傳箋意合引之非鄭箋本文

可以爲蓑笠元本同閩本監本毛本蓑改簑

莔貝母唐石經單疏本雪牕本同釋文五經文字亦作莔注疏本作商訛

貟而白華葉似韭單疏本雪牕本元本同閩本監本毛本貟改圓下苻鬼目注濼貫衆注同

謝氏云小草多華少葉葉又翹起雪牕本注疏本同邢疏亦與郭注連引之邵晉涵正義曰此當是謝嶠殆因詩疏與郭注連引後人遂混入注中太平御覽引郭注無謝氏說按爾雅序疏云五經正義援引有某氏謝氏顧氏邢氏不云郭注引謝氏而云五經正義引謝氏則邢氏所據郭注本無謝氏說可知

廣雅云音典雪牕本同注疏本刪下二字

母則公薺元本同疑誤閩本監本毛本作狗薺

莖似葛葉貟而毛注疏本似改如貟改圓舊本作似

蔜蕿藧雪牕本注疏本同唐石經單疏本蔜作蔜釋文蔜五高反本今作蔜

蘩蔓味辛舊本同閩本監本毛本蔓改蘰

多生下濕坑渠之側舊本閩本監本同毛本濕改溼

離南活莌唐石經單疏本雪牕本同釋文蘺力知反本今作離

零陵人祖曰貫之爲樹單疏本雪牕本注疏本同釋文祖日人一反段玉裁云當依山海經注作零桂人植而日灌之以爲樹

大葉似荷葉而肥注疏本脫似荷葉

零桂人人且日貫之以爲樹舊本同閩本下人字剜改作灌監本承之毛本作零桂人植而日灌之以爲樹毛本是也

須葑蓯唐石經雪牕本同釋文蕦音須本今作須

藏以爲菹亦可瀹食單疏本雪牕本同注疏本食下衍也按蒩當作菹釋文亦誤

草生水中陳本正德本同雪牕本閩本監本毛本草作多

江東呼莤音猶雪牕本同注疏本刪下二字釋文云莤郭音由又音酉此猶蓋本作酉又猶由字同

作履苴草單疏本雪牕本同按此經作蘆注作苴釋文蘆苴皆有音

中作履底字苑云鞹苴履底注疏本底作底是也

杜夫搖車唐石經單疏本注疏本同雪牕本杜作拄釋文杜本或作拄同

今江東啖之甜滑單疏本雪牕本同釋文啖大敢反按齊民要術卷十引此啖作噉

音蟺䍫蚝單疏本雪牕本同注疏本蟺作蟺係臆改按釋文蟺之延反本亦作蝻同蚝所俱反本今作蚝

音蟺䍫蚝者元本同閩本監本毛本蟺改同

蘄茝蘪蕪唐石經單疏本雪牕本同釋文蘪亡悲反本今作蘪按雪牕本注云臭如蘪蕪史記司馬相如列傳索隱引樊光注云藁本一名蘪蕪根名蘄芷蘪字皆與釋文合

山海經云雪牕本同單疏本注疏本云作曰

言如蔞蕎之狀也元本同閩本監本毛本蕎改葵大誤按蕎即莠字與蔞義同

世人之所亂惑也元本同閩本監本毛本人改主

衆人所眩燿也注疏本燿改耀

贛者類勇而非勇也元本同閩本監本毛本贛改戇

其治病則不同力注疏本其作惟元本閩本亦作不同力監本毛本倒作力不同

浮山有草曰訓草元本同閩本監本毛本訓改薰

名曰杜衡注疏本脫名

茨蒺藜唐石經單疏本同釋文蔾作蔾雪牕本注疏本作蔾據說文改五經文字云蒺藜音黎見爾雅玉篇云蔾疾藜蒿類

蘮蒘竊衣唐石經單疏本雪牕本同五經文字蒘女居反釋文作蒘按今釋文作蒘蓋淺人據石經改

名商蕀單疏本雪牕本元本閩本同監本毛本蕀改棘

郭云細葉有刺蔓生注疏本刺改棘

雚一名芄蘭注疏本名下衍是

則似雚芄一名蘭注疏本似誤以

或傳寫誤芄衍字按當作誤衍芄字

蕁莐藩單疏本雪牕本注疏本同釋文五經文字唐石經蕁作蕁下蕁海藻同九經字樣云尋從口從工作尋者訛

一曰提母單疏本雪牕本正德本同閩本監本毛本提改蝭葉鈔釋文引郭云一名提母通志堂本作蝭誤按釋文下引本草一名蚔母一名蝭母淺人遂據此以改雅注耳

葉如韭一名提母正德本同監本毛本改葉似韭一名蝭母閩本亦作似

形似昌蒲注疏本昌改菖

須燥乃止也　正德本同閩本監本毛本須下有枯按此疏襲釋文枯字當有

今澤蔦　單疏本雪牕本同釋文音經蔦本又作舄引郭云今澤舄蓋經作蔦注作舄後人轉寫亂之釋文又引本草一名水舄陶注云仙經服食用之令人身輕能步行水上此所以名澤舄水舄歟

蔨鹿蘿　唐石經單疏本雪牕本同釋文鹿力斛反本今作鹿

本夏后氏著　監本同正德本閩本毛本著誤者

先言媞而後言蔫　此與傳崧卿本夏小正同蒲鏜據大戴禮記蔫下增者非

莞苻蘺　唐石經單疏本雪牕本同釋文莞本或作蔇苻蘺本或作離經義雜記曰說文莞州也蔇夫蘺也蔫夫蘺上也則莞當作蔇莞乃別一字釋文云本或作蔇蔇卽蔇之訛今本作蘺與說文合按玉篇蔇下引爾雅曰蔇夫蘺其上蔫與說文同知古本爾雅作夫不作苻也蓋經作夫注作苻故郭云今江東謂之苻蘺釋文及今本經亦作苻蓋誤邢疏引本草一名苻蘺

蔫謂其頭臺首也　雪牕本注疏本同按頭卽首也首字當衍此本首字剜改王宗炎云廣韻二十一麥蔫蒲臺頭名

用之爲席音羽翮　雪牕本同注疏本刪下三字釋文蒻郭音翮

荷芙渠　唐石經單疏本雪牕本同石經考文提要引王善堂九經本亦作芙渠注疏本渠改蕖按釋文渠本又作蕖今本蓋出此說文亦作蕖○按芙俗字也古作扶渠

其葉蕸　唐石經雪牕本作其葉蕸注疏本葉作葉攺唐諱也釋文云其葉遐衆家並無此句惟郭有然就郭本中或復脫此句亦並闕讀經義雜記曰說文茄芙蕖莖荷芙蕖葉蔤芙蕖本亦無其葉蕸句荷爲芙蕖葉則其芙蕖名荷高注淮南子說山篇云其莖曰茄其本曰蔤中無其葉蕸句可證衆家本及郭本並無此句其有者直係俗人妄加

莖下白蒻在泥中者　雪牕本注疏本同詩澤陂正義引釋草文及李巡注又引郭氏曰蔤莖下白蒻在泥中者今江東人呼荷華爲芙蓉北方人便以藕爲荷亦以蓮爲荷蜀人以藕爲茄或用其母爲華名或用根子爲母號此皆名相錯習俗傳誤失其正體者也共六十八字審爲郭注未詳何時脫落邢疏襲用詩正義之文絶不別言今注有無是其跡也初學記卷二十七引此注云江東呼荷華爲芙蓉與孔氏所引合

其華菡萏　唐石經雪牕本同釋文萏字又作蕳徒感反本今作萏按五經文字萏道感反見爾雅

皆分別蓮莖葉華實之名　注疏本葉華倒

芙渠其總名也　元本同閩本監本毛本渠改蕖

俗呼紅草爲蘢鼓　單疏本雪牕本注疏本同按蘢鼓當作龍鼓釋文音經龍力恭反音注爲龍如字此經注異文之明證淺人據經改注按者因云本今作蘢矣

隰有游龍毛云龍紅草也　元本同閩本監本毛本龍改蘢

蕣子名　雪牕本同注疏本作蕣子味甘涉疏語誤改

黂枲實　單疏本雪牕本同釋文亦作黂枲唐石經枲作枲下枲麻準此五經文字云枲從台從木木音匹刃反今雖枲字從木經典相承從木

菲蒠菜　唐石經雪牕本同釋文蒠本又作息按單疏本菲一名息菜與釋文又本合

菲一名息菜　元本同閩本監本毛本息作蒠

菲芴也　注疏本脫也

今之莧赤莖者　雪牕本同元本閩本作赤莧一名蕢今莧菜之赤莖者也監本毛本無也字係邢疏語誤爲郭注也經義雜記曰易夬莧陸夬夬正義引董遇云莧人莧也齊民要術卷十人莧下引爾雅并郭注云今人莧赤莖者爾雅經注本作今之莧赤莖者之卽人字之訛

蕢赤莧○釋曰赤莧一名蕢今莧菜之赤莖者也　注疏本刪

蘠蘼虋冬　釋文唐石經單疏本注疏本同雪牕本蘼作蘼釋文蘼又作蘼同虋音門本皆作門郭云門俗字亦作虋字按說文蘠蘠蘼虋冬也字作蘼山海經中山經其草多芎藥虋冬注本草經曰虋冬一名滿冬今作門俗作耳此郭氏改門作虋之事注仍依俗作門爲經注異文之證虋作虋與上虋赤苗作虋正合

一名伯蓱　注疏本蓱改萍

楊州人饑荒可以當穀食　注疏本脫人食下衍也楊字閩本監本同毛本改揚元本則

蓫薚馬尾　唐石經單疏本雪牕本同釋文及注疏本薚作蕩非五經文字云薚見爾雅

江東呼爲當陸　釋文單疏本雪牕本同注疏本脫呼

馬尾蔏陸　注疏本蔏誤薚

今關西亦呼爲薚江東呼爲當陸　注疏本脫亦及下呼

一名蕩根　正德本蕩作募閩本監本毛本誤薚

萍蓱　雪牕本注疏本同正德本作苹萍非唐石經單疏本作苹蓱當據以訂正釋文苹音平萍本或作蓱音瓶按五經文字云苹音平蓱音瓶釋文又作萍則張氏所據釋文當爲蓱音瓶本又作萍今本非

水中浮蓱江東謂之薸音瓢　雪牕本同注疏本刪下二字蓱改萍釋文薸郭音瓢單疏本亦作水中浮蓱詩采蘋正義引此云今水上浮蓱也江東謂之薸音瓢月令正義引此云水中浮蓱也然則也字亦當有

苹一名蓱　正德本同閩本監本毛本苹作萍非

今水上浮蓱是也　注疏本蓱誤萍

可糝烝爲茹　正德本同閩本監本毛本烝改蒸

頗似葵而小　注疏本脫而

苗如石龍芮　正德本閩本同監本毛本芮誤苪

其二月三月作英時　注疏本脫其

可作菹及瀹食之　注疏本菹改葅下同

又有渣音攎芹　注疏本改大字渣音攎移於後

藬牛蘈　單疏本雪牕本同釋文藬本又作蘈同吐回反蘈大回反唐石經作藬牛蘈按藬當爲蓫毛詩我行其野言采其蓫箋云蓫牛蘈也本此正義曰釋草無文則孔所據本已誤爲藬矣詩釋文蓫勑六反本又作蓄又云牛藬本又作蘈徒雷反則藬蘈實一字也

藚牛脣　唐石經單疏本雪牕本同釋文脣音脣本今作脣按玉篇藚牛脣也與陸本合

毛詩傳曰水蕮也　單疏本雪牕本同釋文蕮音昔按毛詩汾沮洳傳作水舄正義引此注作水蕮是毛傳本作舄郭氏引之加艸頭耳邢疏引毛傳郭注皆從艸非說文藚水舄也與毛傳同

如藚斷　雪牕本注疏本同誤也單疏本作積斷詩正義所引同當據以訂正此亦經注異文之證

藚水蕮也是　注疏本也是倒

莖似箸而輕肥　盧文弨曰御覽卷九百九十八引作輕脆此誤

又可烝食是也　注疏本脫是烝字正德本同閩本監本毛本改蒸

澤烏蕵　雪牕本正德本同石經考文提要引王善堂九經本亦作烏蕵閩本監本毛本蕵作蘾因注云卽上蘾也致誤葉鈔釋文唐石經單疏本蕵作蕵從夕

傳撗目　唐石經單疏本雪牕本同釋文注疏本撗作橫從木按五經文字云橫從手者訛

一名結縷　單疏本雪牕本注疏本同釋文結音姑本今作結集韻十一模結結縷草名本此按當作結縷俗謂之鼓箏草語轉耳一切經音義卷十四引孫炎注云俗名句屢草句屢猶結縷也皆一聲之轉文選上林賦布結縷郭注曰結縷蔓生如縷相結此結縷亦結之訛結縷猶結縷苦蔓括樓也○按姑與結雙聲舊校云上林賦結當爲結非也

蔆蕨攈　唐石經單疏本注疏本同雪牕本此本蔆作蔆訛說文蔆从艸淩聲今訂正釋文蔆字又作菱力矜反本今作蔆攈亡悲反孫居郡反又居羣反按一切經音義卷十五引爾雅菱蕨麇字從禾與孫音合下浩麇舌釋文麇俱綸反本或作麇音眉是麇麇二字易相亂錢大昕云說文有攈無攈當從孫叔然音作攈字凡草木蟲鳥之名多取雙聲疊韻釋草如英芜蕨苕鼎董逐葛荎藸祓袶卬鉅銚芒之類皆雙聲蕨攈亦雙聲攈字誤

楚人名蔆曰芰　釋文引字林同注疏本蔆改菱

葥山莓唐石經單疏本雪牕本同釋文葥子賤反莓音每又音梅五經文字云葥葥二同子賤反又音前山梅也爾雅用下字蓋莓或作梅

蘦苦堇唐石經單疏本注疏本同釋文亦作蓳雪牕本作蓳注及下芨堇草同按堇字說文在艸部然經典相承省作堇毛詩堇荼如飴亦不從艸獨雪牕本改蓳非也

蓳葍枌榆是也注疏本葍誤荳

水苔也單疏本雪牕本注疏本同釋文落徒來反說文云水青衣也本今作苔按此草生水中故字从艸从水台聲今說文作水衣从艸治聲非當據此訂正郭氏注本用落字廣雅云水衣落也

生水底雪牕本注疏本同葉鈔釋文單疏本底作底

色類似苔而麤澁為異注疏本脫似閩本監本毛本作麁澀

以繩繫胥舊本同閩本監本毛本胥改膂

咽沒水下注疏本咽誤因

今之秋華菊單疏本雪牕本注疏本同釋文蘜字或作菊按說文蘜治牆也从艸鞠聲此經作蘜注作菊須人易曉也

菊有黃華舊本同閩本監本毛本華改花

一種莖青而大注疏本脫大

唐蒙女蘿唐石經單疏本雪牕本同釋文蓎音唐本今作唐按蒙王女注蒙即唐也釋文亦云蓎音唐舊按云本今作唐知蓎字皆从艸矣今本據毛詩改之玉篇蓎蓎蒙女蘿

下云蒙王女舊本閩本同監本毛本王誤玉下同

茥一名蒛葐注疏本葐改盆下一名覆葐同

瘠地則子細而酸是也注疏本酸下衍者

江東呼為蓳音靳單疏本雪牕本同注疏本刪下二字疏中引郭云有之邢氏云蘳讀為蓳葍之蓳故音之釋文蓳郭音靳居覲反按詩緜正義引此注云江東人呼為蓳此脫人字

孎嫗將譜中生元本閩本監本同毛本孎改孋

蘳讀為蓳葍之蓳注疏本葍誤草

葿戎葵唐石經單疏本雪牕本同釋文戎音戎本今作戎按文選西京賦戎葵懷羊李善注爾雅曰葿戎葵戎音戎與陸本合玉篇戎戎葵也

旋葍似菊單疏本注疏本同雪牕本葍作覆非釋文引郭云旋葍也

莩麻母唐石經單疏本雪牕本同石經考文提要引至善堂九經本亦作莩注疏本莩訛莩釋文莩孫音嗣本又作字

莩麻母○釋曰注疏本刪按單疏本闕卷八之第十一自一名莩之一字起至近道田野墟落間甚多之甚字止今據元本注疏校補其標經注起止元本亦無以補正云○今依經注疏起止照單疏例加補

倚商活脫唐石經雪牕本同釋文蔏音商本今作商

蘵黃蒢唐石經雪牕本同釋文蘵字又作職諸弋反五經文字蘵音職釋文作織按玉篇蘵諸翼切蘵草葉似酸漿蘵同上釋文當為織字又作職夏小正作識

江東以作葅食雪牕本閩本監本毛本同元本葅作菹釋文菹側居反按說文菹从艸沮聲玉篇菹淹菜為菹也葅同上

藒車芞輿釋文唐石經雪牕本同釋文車音居本多無此字經義雜記曰說文藒芞輿也芞芞輿也知古本爾雅作藒芞輿不名藒車也郭氏因離騷謂之藒車故援以證之後人輒傚注義增經字耳離騷畦留夷與揭車兮車即輿之駮文猶曰藒輿云耳王叔師云揭車一名芞輿合之爾雅說文少舛矣

○離騷經云閩本監本毛本脫經字此據元本下準此

雜杜衡與芷閩本與下剜擠芳字監本毛本承之

葉似苜蓿雪牕本元本同閩本監本毛本苜誤莜疏中同釋文苜音牧本亦作目按說文芸艸也似目宿

蔠葵蘩露唐石經雪牕本注疏本同釋文終本亦作蔠同五經文字云蔠釋文作終石經考文提要曰周禮終葵首左傳終葵氏俱作終蔠從經典釋文今本非

華紫黃色雪牕本閩本監本毛本同元本華誤葉疏中同

菋荎藸唐石經雪牕本注疏本同釋文菋音味又亡戒反藸音除按說文菋荎藸也藸荎藸也與此同釋木作菋荎著周禮䜴師注杜子春讀䜴為味荎著之味羣經音辨云著藥草也爾雅菋荎著五味也又味荎著藥草也蓋賈氏所據釋草釋文亦作著唐石經以下作藸後人依說文改耳

五味也雪牕本注疏本同按此經作菋注作味

子叢在莖頭閩本同監本毛本在誤生

五味皮肉甘酸此闕酸字據閩本監本毛本補

都有鹹味此闕鹹字據閩本監本毛本補

蒤委葉唐石經雪牕本注疏本同釋文荼字亦作蒤按說文有荼無蒤當從陸本

以茠蒤蓼雪牕本注疏本同釋文茠本或作薅按作薅者依毛詩改非也詩釋文曰薅說文云或作茠引此以茠荼蓼與此注合蒤亦當作荼今說文蓐部作既茠荼蓼者誤也當據詩釋文及此注訂正

鉤藈姑唐石經閩本監本毛本同雪牕本元本藈作藈釋文藈本或作睽菇音姑本今作姑按睽字從目作藈訛廣雅亦作菇今本作姑非

鉤𤫬也雪牕本注疏本同誤也按鉤當作𤬪釋文音經鉤古侯反音注𤬪音鉤字林云𤬪𤫬王瓜也此經注異文之明證今本援經改鉤非廣雅葵茹𤬪𤫬王瓜也是𤬪𤫬字皆從瓜

一云鉤𤫬也按當作郭云

葉似括樓圓閩本監本毛本括作栝是也

困衱袶唐石經注疏本同雪牕本此本袶作袶訛今訂正釋文袶施音袶孫蒲空反本今作袶按廣韻一東袶下引爾雅困衱袶云亦作袶音降與釋文合釋文袶字舊作袶訛茲改正

攫烏階唐石經元本同雪牕本攫音钁閩本監本毛本作櫻訛釋文攫沈居縛反葉鈔本如此通志堂本誤作櫻雪牕本同

攫一名烏階閩本同監本毛本攫誤櫻

杜土蓾唐石經雪牕本同釋文蓾本又作鹵按玉篇蓾來伍切杜蓾也郭璞曰杜衡也似葵而香知此經舊作蓾字矣

款涷也單疏本雪牕本同元本涷誤陳閩本監本毛本改冬非釋文引郭云款涷也

紫赤華生水中注疏本華誤莖

案本草款涷一名橐吾一名顆東元本同閩本監本毛本涷改冬東改涷按葉鈔釋文作一名顆東與此合釋文引陶注云其冬月在冰下生則應是冬恐承音作字異耳據此知本草不作款冬故陶注云應是冬字今改釋文引本草作冬非

中馗菌唐石經單疏本雪牕本同釋文菌郭巨隕反孫去貧反本今作菌按釋文知孫郭本皆作菌今作菌非

蕈桑荑也元本荑作荑閩本監本毛本作葽非按說文蕈桑荑荑即荑之訛葉鈔釋文作桑荑

菆小葉雪牕本元本閩本監本同毛本菆改菆釋文菆豬葉反又阻留反字又作菆唐石經闕五經文字菆音輒見爾雅廣韻二十九葉菆陟葉切爾雅釋草云菆小葉按唐石經與五經文字多合據五經文字作菆知唐石經亦作菆也

名亦不同音沛雪牕本同注疏本刪下二字釋文芨郭音沛補蓋反

別華色之名也注疏本色改花

有黃紫白紫爾元本同注疏本爾改耳

蘪從水生唐石經單疏本雪牕本同按生字疑衍此蘪從水與下薇垂水文一律此注生於水中與下注生於水邊文亦一律因經無生字故注云生於水中今本蓋因注誤衍覺注為贅矣釋山谷者微故垂水名薇釋水水草交曰麋故從水名蘪○按此宜蘪從為句後人誤斷其句若邢云艸從水生者曰蘪非也

鄰堅中 唐石經雪牕本注疏本同釋文亦作鄰此作𨙸訛今訂正疏云其中堅實者名鄰鄰亦當作𨙸

仲無笐 唐石經雪牕本元本閩本毛本同石經考文提要引至善堂九經本亦作笐釋文笐本又作亢戶剛反監本作笐訛

𥰭箭萌 唐石經雪牕本同釋文箭音前本今作箭

𥰭菹鴈醢 單疏本雪牕本注疏本同毛本鴈改雁釋文菹作蒩此非

筡空也 注疏本也誤中

枹霍首 唐石經雪牕本元本閩本監本同毛本首改旹絕無所本惟釋器旹首謂之革釋文謂本或作古旹字

今南方越人采以爲席 單疏本雪牕本同注疏本脫方字

似莞蘭 注疏本莞作莞

綦月爾 唐石經單疏本雪牕本同釋文綦郭音其字亦作綦說文云綦土夫也按此則許氏讀爾雅土夫王綦爲句與郭氏異讀今本說文作綦月爾也係據郭本竄改非許慎原文

姚莖涂薺 唐石經雪牕本同釋文蒤音徒本今作涂

江東呼芐音怙 陳本同雪牕本怙改戶注疏本刪下二字釋文音經芐音戶又於注怙音戶單疏本作江東人呼芐此脫人字

一名芑 注疏本芑作芑

蒙王女 唐石經單疏本雪牕本元本閩本同監本毛本王誤玉石經考文提要引至善堂九經本亦作王女

或曰苓耳 單疏本雪牕本元本閩本監本同毛本曰改云

幽州人謂之爵耳 注疏本脫人

蕨虌 唐石經單疏本雪牕本元本同釋文虌字亦作鼈閩本監本毛本虌改虌注及疏準此

蕎邛鉅 唐石經雪牕本元本同釋文單疏本閩本監本毛本邛作卭誤

繁由胡 唐石經雪牕本注疏本同釋文繁音繁本今作繁按繁當作蘩此蘩由胡與上蘩皤蒿一也字皆從卄傳崧卿本夏小正蘩由胡由胡者蘩母也上蘩下繁最有區別春秋隱三年正義及邢疏蘩皤蒿皆引陸璣疏曰夏小正蘩遊胡今本夏小正亦作繁皆俗寫流傳失其本眞非古字通也詩采蘩字亦從卄

今莣草似茅 單疏本雪牕本同注疏本莣改芒釋文音經莣音亡木亦作芒按廣韻十陽莣字下引爾雅莣杜榮郭云今莣草似茅據此知舊本注皆作莣非由經注有異也

莣草一名杜榮郭云今莣草似茅 注疏本莣皆作芒

今江東呼爲藨莓子似覆葐而大 單疏本雪牕本同注疏本葐作盆非上茥缺葐注亦作覆葐又疏引郭云今江東下有人字此脫

子似覆葐而大赤 注疏本葐改盆脫赤

的薂 唐石經單疏本雪牕本同釋文菂丁歷反本今作的按上的中薏釋文云的丁歷反或作菂同

卽蓮實也 雪牕本同注疏本無也

葽繞蕀蒬 唐石經雪牕本注疏本同單疏本蕀作棘釋文棘字或作蕀同按說文束象木芒之形棘从並束不當更從卄說文蒬棘蒬也从艸冤聲亦止作棘五經文字蒬見爾雅今本作蒬非

今遠志也 注疏本同單疏本雪牕本作遠蒠釋文遠志字又作遠蒠非今本蓋據釋文改

一名蕀蒬郭云今遠蒠也 元本同閩本監本毛本蕀改棘蒠改志下並同

小草狀似麻黃而青 注疏本似改如

茦刺 釋文雪牕本元本同單疏本閩本監本毛本作萊刺非唐石經作萊刺釋文刺字又作刾又作莿按五經文字云刺作刾訛刾當作刾隸釋載石經魯詩殘碑是以爲刾說文莿茦也从艸刺聲與釋文又作字合

或謂之䓠 注疏本䓠誤葴

蕭萩 唐石經單疏本雪牕本元本同石經考文提要引至善堂九經本亦作萩閩本監本毛本萩誤荻釋文萩音秋按說文萩蕭也从艸秋聲詩采葛正義引釋草今亦誤爲荻此蕭萩與藨麃的薂勃蓢葽繞茦刺皆所謂疊韻是也

一名蕭 元本同閩本監本毛本蕭改蕭

長楚銚芅 唐石經單疏本雪牕本同五經文字芅音翼見爾雅釋文萇且良反本今作長芅音翼字亦作弋按詩隰有萇楚毛傳萇楚銚弋也說文萇萇楚跳弋从艸長聲字皆作萇今本作長非

芣苢馬舄馬舄車前 唐石經單疏本雪牕本同釋文舄四夕反本今作舄按毛詩傳作舄爾雅作舄

其子治婦人難産 注疏本作産難

王基駮云 元本閩本監本同毛本駮改駁

綸今有秩嗇夫所帶糾青絲綸 雪牕本注疏本同此本下綸字剜改按疏云綸是糾青絲綸也本注爲說原刻綸當作綸疏引張華云綸如宛轉繩又釋言注云綸者繩也皆可證

彩理有象之者 雪牕本注疏本同按疏云采理似之所據郭注彩當作采

采理似之 注疏本采改文

今江東呼爲鴈齒 雪牕本注疏本同單疏本今江東下有人字此脫

繅者以取繭緒口 注疏本口作者此空闕一字

繅繹繭爲絲也緒絲耑也 注疏本繹誤擇耑字正德本同閩本監本毛本改端

此言蘩蕭蔚莪之類 注疏本脫蔚

莩卽其實音俘 雪牕本同單疏本注疏本實下有也無音俘釋文莩香于芳于二反注音俘同

猋藨芀 唐石經單疏本雪牕本同釋文芀字或作苕下同按單疏本經作芀疏云此辨苕荼之別名也又蔈也荂也其別名荼卽苕也又注云皆苕荼之別名是郭注用苕字故邢疏據之考說文芀葦華也苕艸也毛詩鴟鴞傳荼卽苕也是苕秀字經本作芀毛公郭氏轉用苕字漢晉通行須人易曉故也此經注異文之明證陸氏不能區別輒云某或作某矣

此辨苕荼之別名也 注疏本苕改芀

荼卽苕也苕又一名猋 元本亦作苕閩本剜改芀監本毛本承之下同元本猋作猋按釋文云猋字從三犬俗從三火非也

葭華 唐石經單疏本雪牕本同按華當作葦字之誤也說文葦大葭也葭葦之未秀者可證文選東京賦外豐葭菼李善引爾雅曰葭葦也菼薍也是唐初本不誤今本承開成石經之訛耳郭注葭葦云卽今蘆也注葭蘆云葦也正彼此互證

江東呼爲蒹藡音廉 單疏本作江東呼爲蘼藡雪牕本作江東呼爲蘼音蘼注疏本蒹作蘼刪注下三字釋文藡徒的反史記索隱司馬相如列傳引此注作江東人呼爲蒹蔵蔵音斂按藡蔵同字人字亦當有

江東呼爲烏蓲 單疏本同雪牕本蓲誤區注疏本烏誤鳥釋文引說文云烏蓲草也引張揖云未秀曰烏蓲今本說文脫烏字而玉篇蓲字注云烏蓲也當據以補正史記索隱引作江東人呼爲烏蓲此脫人字

音丘 雪牕本同注疏本刪釋文丘五經文字云蓲江東謂之蓲蓲音丘見爾雅皆與此合

今江東呼蘆筍爲虇 雪牕本元本同單疏本今江東下有人字閩本監本毛本筍作笋玉篇作江東人呼蘆筍爲虇亦有人字當據補五經文字云筍俗作笋訛

音綣 單疏本閩本監本毛本同元本刪此三字雪牕本改作音丘阮因釋文云虇郭音綣丘阮反故也

江東呼爲蘼藡 元本同閩本監本毛本藡誤適

音豬猪 雪牕本注疏本同單疏本作音豬豬按釋文豬作猪舊按云本今作豬

葟亦華也 元本華誤單閩本監本毛本遂改作葟華單也

郭云釋言云華皇也今俗呼草木華初生者爲芛蕍猶敷蕍亦華之貌所未聞 注疏本刪上二十七字

卷施草 唐石經單疏本雪牕本同釋文施或作葹同石經考文提要引至善堂九經本亦作葹注疏本施誤旃

夕擥洲之宿莽 正德本同閩本監本毛本洲上衍中

今江東呼藕紹緒如指空中可啖者爲茇茇卽此類 單疏本雪牕本同注疏本紹作經爲茇作爲茇皆誤疏中同經義雜記曰疑衍一茇字○按作爲茇茇是也說文曰茇草根也

攫橐含 釋文唐石經同石經考文提要引至善堂九經本亦作攫雪牕本作攫橐監本作欔索毛本作欔橐皆非

正德本閩本亦誤按此欆槖含與上攫烏階一字也陸此音俱縛反與上沈音居縛反一音也

今江東呼華為荂音敷　雪牕本同注疏本刪下二字

不榮而實者謂之秀　釋文唐石經雪牕本同陸德明云眾家並無不字按當從眾家無不字詩生民實發實秀毛傳曰榮而實曰秀正義本衍不字因曲為之說曰彼是英秀對文以英為不實故以秀為不榮其實黍稷皆先榮後實出車云黍稷方華是嘉穀之秀必有榮也此傳因彼成文而引之耳高誘注淮南子時則及本經篇皆引爾雅榮而實曰秀俗本亦增不字

榮而不實者謂之英　按西山經云黑華而不實名曰蒼蓉郭傳曰榮而不實謂之英蒼音骨今本山海經奪英字耳非有異文也

華與荂又一名榮　監本毛本脫上三字

散文則草亦名華　監本毛本散誤故

實發實秀　監本毛本發秀倒

徒有其勞而不實者曰英　監本毛本脫徒

爾雅注疏卷八挍勘記終

爾雅疏卷第九

翰林侍講學士朝請大夫守國子祭酒上柱國賜紫金魚袋臣邢昺等奉勅校定

釋木第十四

〔疏〕釋木第十四○釋曰說文云木冒也冒地而生東方之行也白虎通云木觸也陽氣動躍觸地而出也種名雖多木為搇號此篇析別故云釋木也

稻、山榎。今之山楸○稻音叨榎音賈〔疏〕稻山榎○釋曰李巡云山榎一名稻郭云今之山楸詩秦風云終南何有有條有梅陸機疏云稻今山楸也亦如下田楸耳皮葉白色亦白材理好宜為車板能溼又可為棺木宜陽共北山多有之也

栲、山樗。栲似樗色小白生山中因名云亦類漆樹○樗丑於切〔疏〕栲山樗○釋曰舍人曰栲名山樗郭云栲似樗色小白生山中因名云亦類漆樹俗語曰櫄樗栲漆相似如一詩唐風云山有栲陸機疏云山樗與下田樗略無異葉似差狹耳吳人以其葉為茗方俗無名此為栲者似誤也今所云為栲者葉如櫟木皮厚數寸可為車輻或謂之栲櫟許慎正以栲讀為糗今人言栲失其聲耳

柏、椈。禮記曰鬯臼以椈○椈音菊〔疏〕柏椈○釋曰柏一名椈○注禮記曰鬯臼以椈○釋曰上雜記文也彼鄭注云所以擣鬱也椈柏也是也

髡、梱。未詳

椵、柂。白椵也樹似白楊○髡音坤梱五門切椵音段柂音夷〔疏〕椵柂○釋曰椵一名柂郭云白椵也樹似白楊其材能溼禮記檀弓云柂棺鄭注云所謂椑也即引此文以證之是也

梅、柟。似杏實酢○柟而占切〔疏〕梅柟○釋曰孫炎云荊州曰梅揚州曰柟郭云似杏實酢詩秦風終南云有條有梅陸機疏云梅樹皮葉似豫樟葉大如牛耳一頭尖赤心華赤黃子青不可食柟葉大可三四葉一叢木理細緻於豫樟子赤者材堅子白者材脆是也

柀、煔。煔似松生江南可以為船及棺材作柱埋之不腐○柀音披煔音彡〔疏〕柀煔○釋曰柀一名煔俗作杉郭云煔似松生江南可以為船及棺材作柱埋之不腐

櫠、椵。柚屬也子大如盂皮厚二三寸中似枳食之少味○櫠音廢椵音賈〔疏〕櫠椵○釋曰櫠一名椵郭云柚屬也子大如盂皮厚二三寸中似枳食之少味

杻、檍。似棣細葉葉新生可飼牛材中車輞關西呼杻子一名土橿○杻女九切檍音億〔疏〕杻檍○釋曰杻一名檍郭云似棣細葉葉新生可飼牛材中車輞關西呼杻子一名土橿詩唐風云隰有杻陸機疏云葉似杏而尖白色皮正赤為木多曲少直枝葉茂好二月中葉疏華如練而細蘂正白蓋樹今官園種之正名曰萬歲既取名於億萬其葉又好故種之共汲山下人或謂之牛筋或謂之檍材可為弓弩幹也

楙、木瓜。實如小瓜酢可食○楙音茂〔疏〕楙木瓜○釋曰木瓜一名楙也郭云實如小瓜酢可食詩衛風云投我以木瓜是也

椋、即來。今椋材中車輞○椋音良〔疏〕椋即來○釋曰椋一名即來郭云今椋材中車輞本草唐本注云葉似柿兩葉相當子細圓如牛李子生青熟黑其木堅重煑汁赤色爾雅云椋即來是也

栵、栭。樹似槲樕而庳小子如細栗可食今江東亦呼為栭栗○栵音列栭音而〔疏〕栵栭○釋曰栵一名栭詩大雅皇矣云其灌其栵陸機疏云葉如榆也木理堅韌而赤可為車轅郭云樹似槲樕而庳小子如細栗可食今江東亦呼為栭栗禮記內則云芝栭蔆椇是也

檴、落。可以為桮器素○檴音鑊〔疏〕檴落○釋曰檴一名落某氏曰可作桮圈皮韌繞物不解郭云可以為桮器素素謂樸也小雅大東云無浸檴薪鄭箋云檴落木名陸機疏云今椈榆也其葉如榆其皮堅韌剝之長數尺可為絙索又可為甑帶其材可為桮器是也

柚、條。似橙實酢生江南〔疏〕柚條○釋曰柚一名條郭云似橙實酢生江南禹貢揚州云厥苞橘柚孔安國云小曰橘大曰柚呂氏春秋云果之美者有雲夢之柚本草唐本注云柚皮厚味甘不如橘皮味辛而苦其肉亦如橘有甘有酸酸者名胡甘今俗人或謂橙為柚非也

時、英梅。雀梅〔疏〕時英梅○釋曰時一名英梅郭云雀梅似梅而小者也

楥、柜桺。未詳或曰桺當為柳柜桺似柳皮可煑作飲○楥音袁桺音卯〔疏〕楥柜桺○釋曰楥一名柜桺郭云未詳或曰桺當為柳柜桺似柳皮可煑作飲以時驗而知也

栩、杼。柞樹○栩香羽切杼省汝切〔疏〕栩杼○釋曰栩一名杼郭云柞樹詩唐風云集于苞栩陸機疏云今柞櫟也徐州人謂櫟為杼或謂之為栩其子為皁或言皁斗其殼為汁可以染皁今京洛及河內言杼斗謂櫟為杼五方通語也

味、荎著。釋草已有此名疑誤重出○荎直之切著音儲

藲、荎。今之刺榆○藲音歐荎大結反〔疏〕藲荎○釋曰別二名也郭云今之刺榆詩唐風云山有樞陸機疏其針刺如柘其葉如榆瀹為茹美滑於白榆也榆之類有十種葉皆相似皮及木理異耳

杜、甘棠。今之杜棠〔疏〕杜甘棠○釋曰杜一名甘棠郭云今之杜棠下云杜赤棠白者棠舍人曰杜赤色名赤棠白者亦名棠然則其白者名棠其赤者為杜為甘棠為赤棠詩召南云蔽芾甘棠小雅云有杕之杜傳云杜赤棠是也

狄、臧槔。貢、綦。皆未詳

朹、檕梅。朹樹狀似梅子如指頭赤色似小柰可食○槔音臯綦音其朹音求檕音計〔疏〕朹檕梅○釋曰朹一名檕梅郭云朹樹狀似梅子如指頭赤色似小柰可食

朻者聊。未詳

魄、榽橀。魄大木細葉似檀今江東多有之齊人諺曰上山斫檀榽橀先殫○榽音兮橀許兮切〔疏〕魄榽橀○釋曰魄一名榽橀郭云魄大木細葉似檀今江東多有之齊人諺曰上山斫檀榽橀先殫殫訓盡也

梫、木桂。今南人呼桂厚皮者為木桂桂樹葉似枇杷而大白華而不著子叢生巖嶺枝葉冬夏常青間無雜木○梫音寢〔疏〕梫木桂○釋曰梫一名木桂郭云今南人呼桂厚皮者為木桂桂樹葉似枇杷而大白華華而不著子叢生巖嶺枝葉冬夏常青間無雜木案本草謂之牡桂者是也

棆、無疵。楩屬似豫章○棆音倫〔疏〕棆無疵○釋曰棆美木也無疵病因名之郭云棆楩屬似豫章案楩及豫章皆南方大木之名也

椐、樻。腫節可以為杖○椐音祛樻起槐切〔疏〕椐樻○釋曰別二名也郭云腫節可以為杖詩大雅皇矣云其檉其椐陸機疏云節中腫以扶老今人以為馬鞭及杖弘農郡北山甚有之

檉、河柳。今河旁赤莖小楊〔疏〕檉河柳○釋曰檉一名河柳郭云今河旁赤莖小楊陸機疏云生水旁皮正赤如絳一名雨師枝葉似松

旄、澤柳。生澤中者〔疏〕旄澤柳○釋曰柳生澤中者別名旄郭云生澤中者

楊、蒲柳。可以為箭左傳所謂董澤之蒲〔疏〕楊蒲柳○釋曰楊一名蒲柳生澤中可為箭笴○注左傳所謂董澤之蒲○釋曰案左傳宣十二年晉楚戰于邲晉師敗績楚熊負羈囚知罃知莊子以其族反之廚武子御下軍之士多從之每射抽矢菆納諸廚子之房廚子

怒曰非子之求而蒲之愛董澤之蒲可勝既乎杜注云董澤澤名河東聞喜縣東北有黃池陂既盡也是其事也

權、黃英。輔、小木。權輔皆未詳

杜、赤棠。白者棠。棠色異異其名 疏 杜赤棠白者棠○釋曰郭云棠色異異其名樊光云赤者爲杜白者爲棠陸機疏云赤棠與白棠同耳但子有赤白美惡子白色爲白棠甘棠也少酢滑美赤棠子澀而酢無味俗語云澀如杜杜是也赤棠木理韌亦可以作弓幹

諸慮、山櫐。今江東呼櫐爲藤似葛而麤大○櫐音壘 疏 諸慮山櫐○釋曰諸慮一名山櫐郭云今江東呼櫐爲藤似葛而麤大

欇、虎櫐。今虎豆纏蔓林樹而生莢有毛刺今江東呼爲欇欇音涉 疏 欇虎櫐○釋曰欇一名虎櫐郭云今虎豆纏蔓林樹而生莢有毛刺今江東呼爲欇或曰葛類也子如藟豆而葉大

杞、枸檵。今枸杞也○檵音計 疏 杞枸檵○杞一名枸檵郭云今枸杞也詩小雅四牡云集于枸杞陸機疏云一名苦杞一名地骨春生作羹茹微苦其莖似莓子秋熟正赤莖葉及子服之輕身益氣耳

杬、魚毒。杬大木子似栗生南方皮厚汁赤中藏卵果 疏 杬魚毒○釋曰杬一名魚毒郭云杬大木子似栗生南方皮厚汁赤中藏卵果

檓、大椒。今椒樹叢生實大者名爲檓 疏 檓大椒○釋曰檓者大椒之別名也郭云今椒樹叢生實大者名爲檓詩唐風云椒聊且陸機疏云椒樹似茱萸有針刺葉堅而滑澤蜀人作茶吳人作茗皆合煮其葉以爲香今成皋諸山間有椒謂之竹葉椒其樹亦如蜀椒少毒熱不中合藥也可著飲食中又用烝雞豚最佳香東海諸島上亦有椒樹枝葉皆相似子長而不圓甚香其味似橘皮島上獐鹿食此椒葉其肉自然作椒橘香

楰、鼠梓。楸屬也今江東有虎梓○楰音庾 疏 楰鼠梓○釋曰李巡曰鼠梓一名楰郭云楸屬也今江東有虎梓詩小雅云北山有楰陸機疏云其樹葉木理如楸山楸之異者今人謂之苦楸是也

楓、欇欇。楓樹似白楊葉員而岐有脂而香今之楓香是○欇音涉 疏 楓欇欇○釋曰說文云楓木厚葉弱枝善搖一名欇欇郭云楓樹似白楊葉員而岐有脂而香今之楓香是也案本草唐本注云樹高大葉三角商洛之間多有之是也又山海南荒經云有宋山者木生山上名曰楓木楓木蚩尤所棄其桎梏是謂楓木注云即今楓香樹也

寓木、宛童。寄生樹一名蔦○寓魚具切 疏 寓木宛童○釋曰寓木一名宛童郭云寄生樹一名蔦詩小雅頍弁云蔦與女蘿陸機疏云蔦一名寄生葉似當盧子如覆盆赤黑恬美是也

無姑、其實夷。無姑姑榆也生山中葉圓而厚剝取皮合漬之其味辛香所謂無夷 疏 無姑其實夷○釋曰無姑一名姑榆其實名夷郭云無姑姑榆也生山中葉圓而厚剝取皮合漬之其味辛香所謂無夷云所謂者所謂本草無夷一名無姑也

櫟、其實梂。有梂彙自裹○梂音求 疏 櫟其實梂○釋曰櫟似樗之木也梂盛實之房也孫炎曰櫟實橡也郭云有梂彙自裹詩秦風云山有苞櫟陸機疏云秦人謂柞櫟爲櫟河內人謂木蓼爲櫟椒樧之屬也其子房生爲梂木蓼子亦房生故說者或曰柞櫟或曰木蓼機以爲此秦詩也宜從其方土之言柞櫟是也

檖、蘿。今楊檖也實似梨而小酢可食○檖音遂 疏 檖蘿○釋曰檖一名羅郭云今楊檖也實似梨而小酢可食詩秦風云隰有樹檖陸機疏云檖一名赤蘿一名山梨也今人謂之楊檖實如梨但小耳一名鹿梨一名鼠梨今人亦種之極有脃美者亦如梨之美者

楔、荆桃。今櫻桃

旄、冬桃。子冬熟

榹桃、山桃。實如桃而小不解核○楔音戛榹音斯 疏 楔荆桃至山桃○釋曰別桃類也楔一名荆桃郭云今櫻桃廣雅云櫻桃含桃也月令仲夏云羞以含桃是也桃子冬熟者名旄生山中者名榹桃郭云實如桃而小不解核

休、無實李。一名趙李

痤、椄慮李。今之麥李

駁、赤李。子赤 疏 休無至赤李○釋曰別李屬也李之無實者名休郭云一名趙李痤椄慮李郭云今之麥李與麥同熟因名云李之子赤者名駁

棗、壺棗。今江東呼棗大而銳上者爲壺壺猶瓠也

邊、要棗。子細腰今謂之鹿盧棗○要音腰

櫅、白棗。即今棗子白熟

樲、酸棗。樹小實酢孟子曰養其樲棗○樲音二

楊徹、齊棗。未詳

遵、羊棗。實小而員紫黑色今俗呼之爲羊矢棗孟子曰曾皙嗜羊棗

洗、大棗。今河東猗氏縣出大棗子如雞卵

煮、填棗。未詳

蹶泄、苦棗。子味苦

皙、無實棗。不著子者

還味、稔棗。還味短味○洗屑典切填音田泄音屑還音旋稔音稔 疏 棗壺至稔棗○釋曰別棗類也云棗者目諸棗也壺棗者棗形似壺也郭云今江東呼棗大而銳上者爲壺壺猶瓠也邊棗大而腰細者名邊要棗郭云細腰今謂之鹿盧棗棗子白熟者名櫅實小而味酢者名樲棗楊徹齊棗注未詳遵一名羊棗郭云實小而員紫黑色今俗呼之爲羊矢棗洗最大之棗名也郭云今河東猗氏縣出大棗子如雞卵煮填棗注未詳蹶泄者味苦之棗名也皙者無實之棗名也還味者短味也名稔棗○注孟子曰養其樲棗○釋曰案孟子曰人之於身也體有貴賤有小大無以小害大無以賤害貴養其小者爲小人養其大者爲大人今有場師舍其梧檟養其樲棗則爲賤場師焉趙岐注云樲棗小棗所謂酸棗是也○注孟子曰曾皙嗜羊棗○釋曰孟子云曾皙嗜羊棗而曾子不忍食羊棗公孫丑問曰膾炙與羊棗孰美孟子曰膾炙哉公孫丑曰然則曾子何爲食膾炙而不食羊棗曰膾炙所同也羊棗所獨也諱名不諱姓姓所同也名所獨也是其事也

櫬、梧。今梧桐 疏 櫬梧○釋曰櫬一名梧郭云今梧桐詩大雅云梧桐生矣于彼朝陽是也

樸、枹者。樸屬叢生者爲枹詩所謂棫樸枹櫟○樸音卜 疏 樸枹者○釋曰樸屬枹𣪠皆木叢生之名也郭云樸屬叢生者爲枹○注詩所謂棫樸枹櫟○釋曰棫樸者詩大雅云芃芃棫樸薪之槱之是也枹櫟者秦風云山有苞櫟隰有六駁是也

謂櫬、采薪。采薪即薪。指解今樵薪 疏 謂櫬至即薪○釋曰郭云指解今樵薪一名櫬一名采薪一名即薪公羊謂之薪采左傳云不樵樹史記云樵蘇後爨師不宿飽注云樵取薪蘇取草皆謂取草木爲薪也

棪、樕其。棪實似柰赤可食 疏 棪樕其○釋曰棪一名樕其郭云棪實似柰赤可食山海經云堂庭之山多棪木注云子似柰而赤可食是也

劉、劉杙。劉子生山中實如梨酢甜核堅出交趾 疏 劉劉杙○釋曰劉一名劉杙其子可食郭云劉子生山中實如梨酢甜核堅出交趾

櫰、槐大葉而黑。槐樹葉大色黑者名爲櫰○櫰苦回切 疏 櫰槐大葉而黑○釋曰櫰槐一也大葉而黑名櫰不爾者即名槐郭云槐樹葉大色黑者名爲櫰

守宮槐、葉晝聶宵炕。槐葉晝日聶合而夜炕布者名爲守宮槐○聶音輒炕呼郎切 疏 守宮至宵炕○釋曰此亦槐也聶合也炕張也言其葉晝合夜開者別名守宮槐郭云槐葉晝日聶合而夜炕布者名爲守宮槐

槐小葉曰榎。槐當爲楸楸細葉者爲榎

大而皵、楸。老乃皮麤皵者爲楸

小而皵、榎。小而皮麤皵者爲榎左傳曰使擇美榎 疏 槐小至皵榎○釋曰別楸榎之異也楸之小葉者名榎樊光云大者老也皵措皮也謂樹老而皮麤皵者爲楸小少也樹小而皮麤皵者爲榎○注左傳曰使擇美榎○釋曰案襄二年夏齊姜薨初穆姜使擇美榎以自爲櫬與頌琴季文子取以葬是其事也

椅、梓。即楸○椅於寄切 疏 椅梓○釋曰別二名也郭云即楸詩鄘風云椅桐梓漆陸機疏云梓者楸之疏理白色而生子者爲梓梓實桐皮曰椅則大類同而小別也

桋、赤楝。白者楝。赤楝樹葉細而岐銳皮理錯戾好叢生山中中爲車輞白楝葉員而岐爲大木○楝山厄切 疏 桋赤白者楝○釋曰楝赤者名桋白者名楝某氏曰其色雖異爲名即同郭云赤楝樹葉細而岐銳皮理錯戾好叢生山中中爲車輞白楝葉員而岐爲大木也詩小雅云隰有杞桋陸機疏云桋葉如柞皮薄而白其木理赤者爲赤楝一名桋白者爲楝其木皆堅韌今人以爲車轂

終、牛棘。即馬棘也其刺麤而長 疏 終牛棘○釋曰終一名牛棘郭云即馬棘也其刺麤而長謂棘之針刺麤長者因名牛棘馬棘也

灌木、叢木。詩曰集于灌木 疏 灌木叢木○釋曰灌木者即叢生之木也下云木族生爲灌郭云族叢也是灌木爲叢木也詩周南云黃鳥于飛集于灌木是也

瘣木、苻婁。謂木病尫傴癭腫無枝條○瘣胡罪切 疏 瘣木苻婁○釋曰某氏云詩云譬彼瘣木疾用無枝苻婁尫傴內疾瘣磊故疾用無枝郭云謂木病尫傴癭腫無枝條舍人苻婁屬下句獨爲異也

蕡、藹。樹實繁茂菴藹 疏 蕡藹○釋曰蕡亦樹實名又名藹郭云樹實繁茂菴藹

枹遒木、魁瘣。謂樹木叢生根枝節目盤結磈磊○遒徂由切 疏 枹遒木魁瘣○釋曰木叢攢迫而生者名枹遒木魁瘣讀若磈磊謂根節盤結處也郭云謂樹本叢生根枝節目盤結磈磊

棫、白桵。桵小木叢生有刺實如耳璫紫赤可啖○棫音域桵人佳切 疏 棫白桵○釋曰棫一名白桵郭云桵小木叢生有刺實如耳璫紫赤可啖詩大雅云芃芃棫樸陸機云三蒼說棫即柞也其材理全白無赤心者爲白桵直理易破可爲櫝車輻又可爲矛戟矜今人謂之白梂或曰白柘此二說不同未知孰是

梨、山樆。即今梨樹○樆音离 疏 梨山樆○釋曰梨生山中者名樆郭云即今梨樹言其在山之名則曰樆人植之曰梨

桑辨有葚、梔。辨半也○辨音片 疏 桑辨有葚梔○釋曰說文云葚桑實也郭云辨半也舍人云日桑樹一半有葚半無葚爲梔

女桑、桋桑。今俗呼桑樹小而條長者爲女桑樹 疏 女桑桋桑○釋曰女桑一名桋桑郭云今俗呼桑樹小而條長者爲女桑樹詩豳風七月云猗彼女桑是也

榆、白枌。枌榆先生葉却著莢皮色白 疏 榆白枌○釋曰榆之皮色白名白枌郭云枌榆先生葉却著莢皮色白詩陳風云東門之枌是也

唐棣、栘。似白楊江東呼夫栘○栘音移 疏 唐棣栘○釋曰舍人曰唐棣一名栘郭云似白楊江東呼夫栘詩召南云唐棣之華陸機疏云奧李也一名雀梅亦曰車下李所在山皆有其華或白或赤六月中熟大如李子可食

常棣、棣。今山中有棣樹子如櫻桃可食 疏 常棣棣○釋曰舍人曰常棣一曰

名棣郭云今山中有棣樹子如櫻桃可食詩小雅云常棣之華陸機疏云許愼曰白棣樹也如李而小子如櫻桃正白今官園種之又有赤棣樹亦似白棣葉如刺榆葉而微圓子正赤如郁李而小五月始熟自關西天水隴西多有之

檟、苦荼。樹小如梔子冬生葉可煮作羹飲今呼早采者爲茶晚取者爲茗一名荈蜀人名之苦荼〔疏〕檟苦荼○釋曰檟一名苦荼郭云樹小似梔子冬生葉可煮作羹飲今呼早采者爲茶晚取者爲茗一名荈蜀人名之苦荼

樕樸、心。槲樕別名〔疏〕樕樸心○釋曰孫炎曰樸樕一名心某氏曰樸樕槲樕也有心能濕江河間以作杜是樸樕爲木名也故郭云槲樕別名詩召南云林有樸樕此作樕樸文雖倒其實一也或者傳寫誤

榮、桐木。即梧桐〔疏〕榮桐木○釋曰桐木一名榮郭云即梧桐與上櫬梧一也

棧木、干木。橿木也江東呼木觡〔疏〕棧木干木○釋曰棧木一名干木郭云橿木也江東呼木觡

檿桑、山桑。似桑材中作弓及車轅〔疏〕檿桑山桑○釋曰山桑一名檿桑郭云似桑材中作弓及車轅冬官考工記云弓人取幹柘爲上檿桑次之是也

木自獘、神。獘踣　立死、椔。不獘頓　獘者、翳。樹蔭翳覆地者詩云其椔其翳　木相磨、槸。樹枝相切磨　棤、皵。謂木皮甲錯　梢、梢擢。謂木無枝柯梢擢長而殺者○神音伸翳側吏切棤音錯皵音舄梢音朔擢音濁〔疏〕木自獘至梢擢○釋曰此別死頓相磨皮甲抽擢之異名也云木者總在下之稱也自獘踣者名神立死不獘頓者名椔枝葉蔽蔭覆地者名翳木兩枝相切磨者一名槸木皮甲麤錯者名棤亦名皵木無枝柯長而殺者名梢一名梢擢小爾雅曰拔根曰擢○注詩云其椔其翳○釋曰詩大雅皇矣篇文也毛傳云木立死曰菑自獘爲翳說者引李巡曰以死害生曰菑獘死也然則以立死之木妨他木長生爲木之害故曰菑也自獘者生木自倒枝葉覆地爲陰翳故曰翳也爾雅直云獘者詩傳以其非人獘之故曰自獘其文與此不同者所見本異也

樅、松葉柏身。今大廟梁材用此木尸子所謂松柏之鼠不知堂密之有美樅○樅七容切

檜、柏葉松身。詩曰檜楫松舟〔疏〕樅松至松身○釋曰此辨樅檜之異名也松葉柏身者名樅柏葉松身者名檜○注今大至美樅○釋曰云今大廟梁材用此木者以時驗而言也注尸子所謂已下者綽子篇文也○注詩曰檜楫松舟○釋曰詩鄘風竹竿篇文也毛傳云楫所以櫂舟是也

句如羽、喬。樹枝曲卷似鳥毛羽　下句曰朻。上句曰喬。如木楸曰喬。楸樹性上竦　如竹箭曰苞。篠竹性叢生　如松柏曰茂。枝葉婆娑　如槐曰茂。言扶疎茂盛〔疏〕句如至如槐曰茂○釋曰此別木之曲直叢生茂盛之異名也句曲也樹枝曲卷似鳥毛羽名喬樹枝下垂而曲名朻詩周南云南有樛木是也本枝上竦而曲卷者亦名喬如木楸上竦者亦曰喬郭云楸樹性上竦詩周南云南有喬木是也凡木如竹箭叢生者曰苞禹貢曰草木漸包是也凡木枝葉婆娑者曰茂詩小雅云如松柏之茂是也枝葉扶疎茂盛如槐者亦曰茂

祝、州木。髦、柔英。未詳　槐、棘、醜喬。枝皆翹竦　桑、柳、醜條。阿那垂條　椒、榝、醜菉。菉萸子聚生成房貌今江東亦呼菉榝似茱萸而小赤色○榝音殺　桃、李、醜核。子中有核人〔疏〕槐棘至醜核○釋曰此辨木之枝條子實形狀之異醜類也喬高也槐棘之類枝皆喬竦桑柳之類皆阿那垂條菉者實之房也椒榝之類實皆有菉彙自裹李巡曰榝茱萸也茱萸皆有房故曰菉菉實也郭云菉萸子聚生成房貌今江東亦呼菉榝似茱萸而小赤色桃李之類皆子中有核人曲禮云其有核者懷其核

瓜曰華之。桃曰膽之。棗李曰疐之。樝梨曰鑽之。皆啖食治擇之名樝似梨而酢澀見禮記○華胡化切疐音帝鑽子官切〔疏〕瓜曰至鑽之○釋曰此辨啖食治擇瓜果之名也云瓜曰華之者此爲國君削瓜之禮也華謂半破也降於天子故破而不四析也亦橫斷之而巾以絺也云桃曰膽之者桃多毛拭治去毛令色青滑如膽也或曰膽謂苦桃有苦如膽者擇去之云棗李曰疐之者謂治棗李皆去其疐疐者柢也云樝梨曰鑽之者恐有蟲故一一鑽看其蟲孔也○注皆啖至禮記○釋曰云樝似梨而酢澀者案鄭注禮記內則云祖梨之不臧者今之所謂樝子者是也云見禮記者案曲禮云爲天子削瓜者副之巾以絺爲國君者華之巾以綌又內則云棗曰新之栗曰撰之桃曰膽之祖梨曰鑽之鄭注云皆治擇之名也文雖小異大意則同

小枝上繚爲喬。謂細枝翹繚上句者名爲喬木○繚音了〔疏〕小枝上繚爲喬○釋曰此即上句曰喬嫌不了故重出之言小枝上竦翹繚者名爲喬木也

無枝爲檄。檄擢直上○檄音亦〔疏〕無枝爲檄○釋曰此即上文梢梢擢也檄即擢也謂木無枝檄擢直上長而殺者也

木族生爲灌。族叢〔疏〕木族生爲灌○釋曰族叢也木叢生者爲灌即上灌木叢木也

釋蟲第十五

〔疏〕釋蟲第十五○釋曰案說文蟲者裸毛羽鱗介之總稱也此篇廣釋諸蟲之名狀故曰釋蟲

螜、天螻。螻蛄也夏小正曰螜則鳴○螜音斛〔疏〕螜天螻注螻蛄也夏小正曰螜則鳴○釋曰螜一名天螻一名碩鼠即今之螻蛄也夏小正者大戴禮之篇名以蟲魚草木正十二月之節候起於夏后氏故曰夏小正其三月云螜則鳴螜天螻是也

蜚、蠦蜰。蜰即負盤臭蟲○蜚音費蠦音蘆蜰音肥〔疏〕蜚蠦蜰注蜰即負盤臭蟲○釋曰案洪範五行傳云蜚負蠜夷狄之物越之所生其爲蟲臭惡南方淫氣之所生也本草曰蜚厲蟲也然則蜚是臭惡之蟲害人之物故春秋左氏傳曰有蜚不爲災亦不書也春秋經傳皆云有蜚則此蟲名蜚一名蠦蜰而舍人李巡皆云蜚蠦一名蜰非也此蟲一名負盤漢書及左傳注多作負蠜者以此下有草蟲負蠜故相涉誤耳

螾衘、入耳。蚰蜒○螾音引衘音演〔疏〕螾衘入耳注蚰蜒○釋曰此蟲象吳公黃色而細長呼爲吐古案方言云蚰蜒自關而東謂之螾衘或謂之入耳或謂之𧊅𧏙趙魏之間或謂之蚨虶北燕謂之蛆蚭江東人呼蛩䗖今蚰蜒憙入人耳者也

蜩、蜋蜩。夏小正傳曰蜋蜩者五彩具○蜩音調　螗蜩。夏小正傳曰螗蜩者蝘俗呼爲胡蟬江南謂之螗蛦音夷　蚻、蜻蜻。如蟬而小方言云有文者謂之蜻夏小正曰鳴蚻虎懸　蠽、茅蜩。江東呼爲茅截似蟬而小青色○蚻音札蠽音節　蝒、馬蜩。蜩中最大者爲馬蟬　蜺、寒蜩。寒螿也似蟬而小青赤月令曰寒蟬鳴　蜓蚞、螇螰。即蝭蟧也一名蟪蛄齊人呼螇螰○蜓音挺蚞音木〔疏〕蜩蜋蜩至螇螰○釋曰此辨蟬之大小及方言不同之名也云蜩者目諸蜩也蜋蜩五彩具者也螗蜩俗呼胡蟬似蟬而小鳴聲清亮者也蚻一名蜻蜻如蟬而小有文者也蠽一名茅蜩似蟬而小青色者也蝒一名馬蜩一名馬蟬蟬中最大者也蜺一名寒蜩又名寒螿似蟬而小青赤色者也關東謂蟪蛄爲蜓蚞齊謂之螇螰也○注夏小至彩具○釋曰在五月記時也○注夏小至音夷○釋曰云螗蜩者蝘者亦在五月舍人曰皆蟬一也方語不同三輔以西爲蜩梁宋以東謂蜩爲蝘陸機云螗一名蝘蛁字林蛁或作嘹也青徐人謂之螇蟧然則蝘亦皆蟬也大雅蕩篇云如蜩如螗是也○注如蟬至虎懸○釋曰舍人曰小蟬也蜻蜻者案方言云蟬楚謂之蜩宋衛之間謂之螗蜩陳鄭之間謂之蜋蜩秦晉之間謂之蟬海岱之間謂之蛉其小者謂之麥蚻有文者謂之螓是也詩碩人云螓首蛾眉鄭云螓謂蜻蜻此蟲額廣而且方故以比婦人之首也某氏解此云鳴蚻蚻者也云夏小正曰者在四月彼云鳴蚻蚻者虎懸也鳴而後知之故先鳴而後蚻是也○注月令曰寒蟬鳴○釋曰在七月鄭注云寒蟬寒蜩謂蜺也是○注即蝭至螇螰○釋曰案方言云蛥蚗齊謂之螇螰楚謂之蟪蛄楚辭云蟪蛄鳴兮啾啾是也或謂之蛉蛄秦謂之蛥蚗自關而東謂之虭蟧或謂之蝭蟧或謂之蜓蚞然則亦皆蟬之別名耳

蛣蜣、蜣蜋。黑甲蟲噉糞土○蛣起吉切蜣音羌〔疏〕蛣蜣蜣蜋○釋曰蛣蜣一名蜣蜋郭云黑甲蟲噉糞土喜取糞作丸而轉之莊子曰蛣蜣之智在於轉丸是也

蝎、蛣蝠。木中蠹蟲○蝎音曷蝠音屈〔疏〕蝎蛣蝠○釋曰木中蠹解在下

蠰、齧桑。似天牛長角體有白點喜齧桑樹作孔入其中江東呼爲齧髮○蠰音餉〔疏〕蠰齧桑○釋曰蠰一名齧桑郭云似天牛長角體有白點喜齧桑樹作孔入其中江東呼爲齧髮

諸慮、奚相。未詳

蜉蝣、渠略。似蛣蜣身狹而長有角黃黑色叢生糞土中朝生暮死豬好啖之○蜉音浮蝣音遊〔疏〕蜉蝣渠略○釋曰舍人曰蜉蝣一名渠略南陽以東曰蜉蝣梁宋之間曰渠略似蛣蜣身狹而長有角黃黑色叢生糞中朝生暮死豬好啖之夏小正曰蜉蝣渠略也朝生而莫死詩曹風云蜉蝣之羽陸機疏云蜉蝣方土語也通謂之渠略似甲蟲有角大如指長三四寸甲下有翅能飛夏月陰雨時地中出今人燒炙噉之美如蟬也樊光謂之糞中蝎蟲隨陰雨時爲之朝生而夕死

蛂、蟥蛢。甲蟲也大如虎豆綠色今江東呼黃蛢音瓶○蛂步結切蟥音黃〔疏〕蛂蟥蛢○釋曰蛂一名蟥蛢甲蟲也形大如虎豆綠色

蠸、輿父、守瓜。今瓜中黃甲小蟲喜食瓜葉故曰守瓜○蠸音權父音甫〔疏〕蠸輿父守瓜○釋曰蠸輿父一名守瓜黃甲小蟲喜食瓜葉因名守瓜

蝚、蛖螻。螻蛄類○蝚音柔蛖武江切〔疏〕蝚蛖螻注螻蛄類○釋曰案方言云蛄詣謂之杜蛒螻蛒謂之螻蛞或謂之蟓蛉南楚謂之杜狗或謂之蛞螻然則此言蛖及蟓螻者亦螻蛄之異名耳

不蜩、王蚥。未詳

蛄䗐、強蛘。今米穀中蠹小黑蟲是也建平人呼爲蛘子音芈姓○䗐音施蛘亡婢切〔疏〕蛄䗐強蛘○釋曰方言云蛄䗐謂之強蛘今米穀中小黑蟲也江東謂之蛪蟵建平人呼蛘子楚姓之芊

不過、蟷蠰。蟷蠰螗蜋別名　其子蜱蛸。一名䗈蟭蟷蠰卵也○蟷丁郎切蠰音相蜱音毗蛸音消〔疏〕不過蟷蠰其子蜱蛸○釋曰不過一名蟷蠰一名蟷蠰螵蛸母也其子一名蜱蛸一

名蟳蟭一名螵蛸蟷蠰卵也方言云譚魯以南謂之蟷蠰三河之域謂之蟷蠰燕趙之際謂之食厖齊杞以東謂之馬穀其子同名蜱蛸也月令仲夏云螳蜋生是也

蒺蔾，蝍蛆。似蝗而大腹長角能食蛇腦○蝍音即蛆子余切〔疏〕蒺蔾蝍蛆○釋曰蒺蔾一名蝍蛆廣雅云蝍蛆蜈蚣也郭云似蝗而大腹長角能食蛇腦則非蜈蚣也莊子云蝍蛆甘帶是也

蝝，蝮蜪。蝗子未有翅者外傳曰蟲舍蚳蝝○蝝音緣蝮孚福切蜪音陶〔疏〕蝝蝮蜪○釋曰蝝一名蝮蜪蝗子未有翅者春秋宣十五年冬蝝生是也○注外傳曰蟲舍蚳蝝○釋曰此魯語里革諫宣公之辭也韋氏解曰蚳蟻子也可以為醢蝝蝮蜪也可食舍不取也

蟋蟀，蛬。今促織也亦名青蛚○蛬音拱〔疏〕蟋蟀蛬○釋曰蟋蟀一名蛬今促織也亦名青蛚詩唐風云蟋蟀在堂歲聿其暮陸機疏云蟋蟀似蝗而小正黑有光澤如漆有角翅一名蛬一名蜻蛚楚人謂之王孫幽州人謂之趨織里語曰趨織鳴嬾婦驚是也

蟼，蟆。蛙類○蟼音警〔疏〕蟼蟆注蛙類○釋曰此自一種蝦蟆也

蟿，馬蛈。馬蠲蚼俗呼馬蟿○蟿音閑蛈音棧〔疏〕蟿馬蛈○釋曰蟿蟲一名馬蛈一名馬蠲蚼俗呼馬蟿方言云馬蛈北燕謂之蛆蟝其大者謂之馬袖蝽是也

阜螽，蠜。詩曰趯趯阜螽○阜音阜螽音終

草螽，負蠜。詩云喓喓草蟲謂常羊也○蠜音凡

蜇螽，蜙蝑。蜙蝑也俗呼蝽蟐○蜇音斯蜙音松蝑音胥

蟿螽，螇蚸。今俗呼似蜙蝑而細長飛翅作聲者為螇蚸○蟿音契蚸音歷

土螽，蠰谿。似蝗而小今謂之土蝶○蠰音壤〔疏〕阜螽至蠰谿○釋曰阜螽之族厥類實煩此辨之也阜螽一名蠜李巡曰蝗子也陸機疏云今人謂蝗子為螽子兗州人謂之螣許慎云蝗螽也蔡邕云螽蝗也明是一物草蟲一名負蠜一名常羊陸機云小大長短如蝗也奇音青色好在茅草中又一名草蟲詩云喓喓草蟲趯趯阜螽是也蜇螽周南作斯螽七月作斯螽雖字異文倒其實一也一名蜙蝑一名蜙蜙一名蝽蟐陸機云幽州人謂之舂箕舂箕即舂黍蝗類也長而青長角長股股鳴者也或謂似蝗而小班黑其股似瑇瑁叉五月中以兩股相切作聲聞數十步者是也蟿螽一名螇蚸形似蜙蜙而細長飛翅作聲者是也土螽一名蠰谿今謂之土蝶江南呼蟲蚱蛨又名蚱蜢形似蝗而小善跳者是也○注詩云喓喓草蟲趯趯阜螽○釋曰此召南草蟲篇文也

螼蚓，蜸蚕。即蛩蟺也江東呼寒蚓○螼羌引切蜸苦顯切蚕他典切〔疏〕螼蚓蜸蚕○釋曰螼蚓一名蜸蚕即蛩蟺也廣雅云蛩蟺蚯蚓也月令四月蚯蚓出十一月蚯蚓結是也江東呼寒蚓郭云蚯蚓土精無心之蟲與阜螽交者也

莫貈，螳蜋，蛑。螳蜋有斧蟲江東呼石蜋孫叔然以方言說此義亦不了○貈音鶴蛑音謀〔疏〕莫貈螳蜋蛑○釋曰莫貈一名螳蜋一名蛑即上不過也捕蟬而食有辟若斧奮之當軼不避莊子云猶螳蜋之怒臂以當車軼是也江東呼為石蜋又名齕肱○注孫叔然以方言說此義亦不了○釋曰方言云螳蜋謂之髦或謂之虰或謂之芊芊孫炎取此方言之文以虰上屬為說案說文以虰蛵負勞為一則方言之說既失其指孫氏引之為說是亦不了也

虰蛵，負勞。或曰即蜻蛉也江東呼狐黎所未聞○虰音丁蛵音馨〔疏〕虰蛵負勞○釋曰即蜻蛉六足四翼蟲也一名虰蛵一名負勞江東呼狐黎方言云蜻蛉謂之蝍蛉淮南人又呼蠊蚜䗴康字林云一名桑根闤注本草云一名蜻蜓是也○注或曰至未聞○釋曰云所未聞者雖有或人之說但經典未聞所出示其無質故云所未聞

蜭，毛蠹。即蛓○蜭戶感切〔疏〕蜭毛蠹○釋曰蜭一名毛蠹即蛓也說文云蛓毛蟲也今俗呼為毛蛓有毒螫人楚辭云蛓緣兮我裳是也

螺，蛅蟖。蛓屬也今青州人呼蛓為蛅蟖孫叔然云八角螫蟲失之○螺音墨蛅而占切蟖音斯〔疏〕螺蛅蟖○釋曰螺一名蛅蟖即蛓類也青州人呼蛅蟖○注孫叔然云八角螫蟲失之○釋曰此即毛蠹何止八角故云失之蠚也字林云蟲行毒也

蟠，鼠負。甕器底蟲○蟠音煩〔疏〕蟠鼠負○釋曰此與下蛜威委黍是一故下注云舊說鼠婦別名則此蟲一名蟠一名鼠負或作婦本草作婦一名蛜威一名委黍也陸機云在壁根下甕器底土中生似白魚者是也陶注本草云多在坎中鼠背負之然與鼠婦及鼠婦則似乖詩東山云伊威在室是也

蟫，白魚。衣書中蟲一名蛃魚○蟫音淫〔疏〕蟫白魚○釋曰此衣書中蟲也一名蟫一名白魚一名蛃魚本草謂之衣魚是也

蛾，羅。蠶蛾○蛾音娥〔疏〕蛾羅○釋曰此即蠶蛹所變者也說文云蛾羅也是

螒，天雞。小蟲黑身赤頭一名莎雞又曰樗雞○螒音汗〔疏〕螒天雞○釋曰此小蟲黑身赤頭一名螒一名天雞一名莎雞又曰樗雞李巡曰一名酸雞詩豳風七月云六月莎雞振羽陸機疏云如蝗而班色毛翅數重其翅正赤六月中飛而振羽索索作聲幽州人謂之蒲錯是也

傅，負版。未詳

強，蚚。即強醜捋○蚚音祈〔疏〕強蚚○釋曰強蟲名也一名蚚好自摩捋者蓋蠅類

蛶，螪何。未詳

螝，蛹。蠶蛹○蛶音劣螪音商螝音龜〔疏〕螝蛹○釋曰即蠶所變者一名螝又名蛹也

蜆，縊女。小黑蟲赤頭喜自經死故曰縊女○蜆音演〔疏〕蜆縊女○釋曰蜆小黑蟲也赤頭喜自縊故又名縊女說文云蛻為蝶是也○注喜自經死○釋曰經即縊也晉語申生使猛足辭於狐突乃雉經於新城廟僖四年左氏傳云十二月戊申縊于新城是謂縊為經也

蚍蜉，大螘。俗呼為馬蚍蜉

小者螘。齊人呼蟻蟻蛘

蠪，朾螘。赤駁蚍蜉

螱，飛螘。有翅

其子蚳。蚳蟻卵周禮曰蜃蚳醬○螘魚綺切蠪音聾朾直耕切螱音尉蚳音池〔疏〕蚍蜉至子蚳○釋曰此辨眾螘及其子名也螘通名也其大者別名蚍蜉俗呼馬蚍蜉小者即名螘齊人呼蟻蛘方言云蚍蜉齊魯之間謂之蚼蟓西南梁益之間謂之玄蚼燕謂之蛾蛘其場謂之坻或謂之垤是也其大而赤色斑駁者名蠪一名朾螘有翅而飛者名螱即飛螘也其子在卵者名蚳可以作醢○注周禮曰蜃蚳醬○釋曰案周禮醢人職曰饋食之豆蜃蚳醢醢則醬之有肉者故此云醬也

次蟗，鼅鼄。鼅鼄，鼄蝥。今江東呼蝃蝥音掇○蟗音秋鼅音知鼄音誅蝥音謀

土鼅鼄。在地中布網者

草鼅鼄。絡幕草上者〔疏〕次蟗至草鼅鼄○釋曰此辨鼅鼄方言及在土在草之名也次蟗即鼅鼄別名也又一名鼄蝥今江東呼蝃蝥說文謂之鼅蝥作罔鼄蝥也方言云自關而西秦晉之間謂之鼄蝥自關而東趙魏之郊謂之鼅鼄或謂之蠾蝓蠾蝓北燕朝鮮洌水之間謂之蝳蜍[illegible]郭又云齊人又呼社公亦言罔公其在地中布網者名土鼅鼄其作網絡幕草上者名草鼅鼄也

土蠭。今江東呼大蠭在地中作房者為土蠭啖其子即馬蠭今荊巴間呼為蟺音蟬

木蠭。似土蠭而小在樹上作房江東亦呼為木蠭又食其子○蠭音蜂〔疏〕土蠭木蠭○釋曰此辨蠭在土在木之異也說文云蠭飛蟲螫人者其形大在地中作房而啖其子者名土蠭又名馬蠭今荊巴間呼為蟺其形差小在樹上作房者名木蠭亦食其子○注音蟬○釋曰嫌讀為蟬之蟺故音之

蟦，蠐螬。在糞土中

蝤蠐，蝎。在木中今雖通名為蝎所在異○蟦音費蝤音囚〔疏〕蟦至蝎○釋曰此辨蝎在土在木之異名也其在糞土中者名蟦蠐又名蠐螬其在木中者方言云關東謂之蝤蠐梁益之間謂之蝎上文蝎蛣蟩郭云木中蠹下文蝎桑蠹郭云即蛣蟩然則蠐螬也蝤蠐也蛣蟩也桑蠹也蝎也一蟲而六名也以在木中白而長故詩人以比婦人之頸碩人云領如蝤蠐是也

蛜威，委黍。舊說鼠婦別名然所未詳○蛜音伊

蟰蛸，長踦。小鼅鼄長腳者俗呼為喜子○蟰音蕭蛸所交切踦巨綺切〔疏〕蟰蛸長踦○釋曰此小鼅鼄長腳者也一名蟰蛸一名長踦詩東山云蟰蛸在戶陸機疏云一名長腳荊州河內人謂之喜母此蟲來著人衣當有親客至有喜也幽州人謂之親客亦如蜘蛛為羅網居之是也

蛭蝚，至掌。未詳

國貉，蟲蠁。今呼蛹蟲為蠁廣雅云土蛹蠁蟲○蛭音直反〔疏〕國貉蟲蠁○釋曰此蛹蠁也今俗呼為蠁一名國貉蠁蟲是也說文云知聲蟲也

蠖，蚇蠖。[illegible]〔疏〕蠖蚇蠖○釋曰蠖一名蚇蠖說文云尺蠖屈伸蟲也易繫辭云尺蠖之屈以求信者是也

果臝，蒲盧。即細腰蜂也俗呼為蠮螉

螟蛉，桑蟲。俗謂之桑蟲〔疏〕[illegible]雅小宛云螟蛉有子果臝負之[illegible]俗呼為蠮螉方言云蠭燕趙之間謂之蠓螉其小者謂之蠮螉鄭注中庸以蒲盧為土蠭說文云細要土蠭也天地之性細要純雄無子[illegible]螟蛉者桑上小青蟲也似步屈其色青而細小或在草萊上果臝土蠭也似蠭而小腰取桑蟲負之於木空中七日而化為子法言云螟蛉之子殪而逢果臝祝之曰類我類我久則肖之是也

蝎，桑蠹。即蛣蟩

熒火，即炤。夜飛腹下有火○炤音照〔疏〕熒火即炤○釋曰熒火一名即炤夜飛腹下有火蟲也本草又名夜光一名熠燿月令季夏腐草為熒腐草此時得暑濕之氣故為熒至秋而天沈陰數雨熒火夜飛之時也詩東山云熠燿宵行是也

密肌，繼英。未詳

蚅，烏蠋。大蟲如指似蠶見韓子〔疏〕蚅烏蠋○釋曰蚅一名烏蠋似蠶而大如指詩大雅韓奕云鞗革金厄毛傳云厄烏蠋也○注見韓子○釋曰韓子內儲說上七術云其三曰信賞盡能云鱣似蛇蠶似蠋人見蛇則驚駭見蠋則毛起然而婦人拾蠶漁者握鱣利之所在則忘其所惡皆為孟賁其事也

蠓，蠛蠓。小蟲似蚋喜亂飛○蠓莫孔切蠛亡結切〔疏〕蠓蠛蠓○釋曰小蟲似蚋亂飛者也名蠛蠓又名蠓列子云生於朽壤之上因雨而生得陽而死者也名醯雞莊子云孔子見老聃出告顏回曰丘之於道也其猶醯雞與是也郭象云醯雞者甕中之蠛蠓是也

王，蛈蜴。即螲蟷似鼅鼄在穴中有蓋今河北人呼蛈蜴○蛈大結切蜴音湯〔疏〕王蛈蜴○釋曰此鼅鼄之一種也郭云即螲蟷穴居布網穴口有蓋河北人呼蛈蜴者是也

蟓，桑繭。食桑葉作繭者即今蠶

雔由，樗繭。食樗葉○蟓音象雔音讎

棘

繭。食棘葉 **欒繭。**食欒葉 **蚢、蕭繭。**食蕭葉者皆蠶類。蚢音杭〔疏〕蟓桑至蕭繭。釋曰此皆蠶類作繭者因所食葉異而異其名也食桑葉作繭者名蟓即今蠶也食樗葉棘葉欒葉者名雔由食蕭葉作繭者名蚢

翥、醜罅。剖母背而生 **螽、醜奮。**好奮迅作聲。翥者庶切罅呼暇切 **強、醜捋。**以腳自摩捋 **蠭、醜螸。**垂其腴。螸音俞 **蠅、醜扇。**好搖翅〔疏〕翥醜至醜扇。釋曰此辨蟲屬所生及所好之狀不同者也翥飛也醜類也蟲類能飛翥者謂蟬屬皆剖坼母背以爲孔罅而生螽蝗之類好奮迅作聲而飛強坼之類好以腳自摩捋蠭類好垂其腴以休息說文云螸垂腴也腴即腹下也青蠅之類好搖翅自扇

食苗心、螟。食葉、蟘。食節、賊。食根、蟊。分別蟲啖食禾所在之名耳皆見詩。蟘音特蟊音謀〔疏〕食苗至根蟊。釋曰此分別蟲啖食禾所在之名也李巡云食禾心爲螟言其姦螟螟難知也食禾葉者言假貸無厭故曰蟘也食禾節者言貪狼故曰賊也食禾根者言其稅取萬民財貨故云蟊也孫炎曰皆政貪所致因以爲名也郭璞直以蟲食所在爲名而李巡孫炎並因託惡政則災由政起雖以食所在爲名而所在之名緣政所致理爲兼通也陸機疏云螟似子方而頭不赤螣蝗也賊似桃李中蠹赤頭身長而細耳或說云蟊螻蛄也食苗根爲人患許慎云吏冥冥犯法即生螟吏乞貸則生蟘吏抵冒取民財則生蟊舊說云螟螣蟊賊一種蟲也如言寇賊姦宄內外言之爾故犍爲文學曰此四種蟲皆蝗也實不同故分別釋之。注皆見詩。釋曰詩小雅大田云去其螟螣及其蟊賊無害我田穉是也

有足謂之蟲。無足謂之豸。〔疏〕有足謂之蟲無足謂之豸。釋曰此對文爾散文則無足亦曰蟲月令春日其蟲鱗鄭注云龍蛇之屬是也

釋魚第十六

〔疏〕釋魚第十六。釋曰案說文云魚水蟲也此篇釋其見於經傳者是以不盡載魚名至於龜蛇貝鼈之類以其皆有鱗甲亦魚之類故揔曰釋魚也

鯉。今赤鯉魚〔疏〕鯉。釋曰今赤鯉魚也詩云豈其食魚必河之鯉是也

鱣。鱣大魚似鱏而短鼻口在頷下體有邪行甲無鱗肉黃大者長二三丈今江東呼爲黃魚。鱣張連切〔疏〕鱣。釋曰鱣郭義具注陸機云鱣出江海三月中從河下頭來上鱣身形似龍銳頭口在頷下背上腹下皆有甲縱廣四五尺今於盟津東石磧上釣取之大者千餘斤可蒸爲臛又可爲鮓魚子可爲醬詩衞風碩人云鱣鮪發發是也

鰋。今鰋額白魚。鰋音偃〔疏〕鰋。釋曰注云今鰋額白魚郭以目驗言之也詩頌云鰷鱨鰋鯉是也

鯷。別名鯷江東通呼鮎爲鯷〔疏〕鮎。釋曰郭氏云別名鯷江東通呼鮎爲鯷案此經鯉鱣鰋鮎舍人曰鯉一名鱣孫炎曰鰋一名鮎則是舍人以鯉鱣爲一魚孫炎以鰋鮎爲一魚郭氏以爲四魚者如陸機之言又以今語驗之則鯉鮪鱣鮎皆異魚也故郭氏云先儒及毛詩訓傳皆謂此魚有兩名今此魚種類形狀有殊無緣強合之爲一物是郭氏所以異也

鱧。鮦也〔疏〕鱧注鮦也。釋曰今鱧魚也鮦與鱧音義同詩小雅云魚麗于罶魴鱧是也

鯇。今鯶魚似鱒而大。鯇華板切〔疏〕鯇注今鯶魚似鱒而大。釋曰舍人云鱧一名鯇郭氏所不取也

鯊、鮀。今吹沙小魚體圓而有點文。鮀音駝〔疏〕鯊鮀。釋曰鯊一名鮀詩小雅云魚麗于罶鱨鯊陸機云魚狹而小常張口吹沙故郭氏云今吹沙小魚也

鮂、黑鰦。即白鯈魚江東呼爲鮂。鮂音囚鰦音茲〔疏〕鮂黑鰦。釋曰鮂一名黑鰦郭云即白鯈江東呼爲鮂者以時驗而言之也詩頌曰鰷鱨鰋鯉是也

鰼、鰌。今泥鰌。鰼音習鰌音秋〔疏〕鰼鰌。釋曰鰼一名鰌即今泥鰌也穴於泥中因以名云

鰹、大鮦。小者鮵。今青州呼小鱺爲鮵。鰹音堅鮦音同鮵音奪〔疏〕鰹大鮦小者鮵。釋曰此即上文鱧也其大者名鰹小者名鮵故注云今青州呼小鱺爲鮵鮵鱺與鱧音義同

魾、大鱯。小者鮡。鱯似鮎而大白色。魾音皮鱯音畫鮡音兆〔疏〕魾大鱯小者鮡。釋曰鱯魚名似鮎而大白色鱯之大者別名魾小者別名鮡也

鰝、大鰕。鰕大者出海中長二三丈鬚長數尺今青州呼鰕魚爲鰝。鰝音鄗。鰕音霞〔疏〕鰝大鰕。釋曰鰕之大者長二三丈鬚長數尺若此之類者名鰝

鯤、魚子。凡魚之子揔名鯤〔疏〕鯤魚子。釋曰凡魚之子揔名鯤詩云其魚魴鰥鄭云鰥魚子鯤字異蓋古字通用也魯語云宣公夏濫於泗淵里革斷其罟而棄之曰魚禁鯤鮞鳥翼鷇卵蕃庶物也是亦以鯤爲魚子也

鱀、是鱁。鱀鰽屬也體似鱏尾如鯛魚大腹喙小銳而長齒羅生上下相銜鼻在額上能作聲少肉多膏胎生健啖細魚大者長丈餘江中多有之。鱀音忌〔疏〕注鱀鰽至有之。釋曰鱀一名是鱁鰽之屬也云體似鱏者字林云鱏長鼻魚也重千斤傳曰伯牙鼓琴鱏魚出聽是也鱀魚之體似之也云尾如鯛魚者說文云鯛魚名出樂浪潘國一曰鯛魚出江東有兩乳今鱀魚之尾如鯛魚故云尾如鯛魚也云大腹以下者時驗而言也

鱦、小魚。家語曰其小者鱦魚也今江東亦呼魚子未成者爲鱦。鱦音繩〔疏〕注家語曰其小者鱦魚也。釋曰案家語宓子賤爲單父宰孔子使巫馬期往觀政焉期陰免衣弊裘入界見漁者得魚輒捨之期問焉曰凡漁者爲得何以得魚即捨之曰魚之大者名爲鱒鱨吾大夫愛之其小者名爲鱦吾大夫欲長之是以得二者輒捨之是也引之證鱦是小魚之名也

鮥、鮛鮪。鮪鱣屬也大者名王鮪小者名鮛鮪今宜都郡自京門以上江中通出鱣鱏之魚有一魚狀似鱣而小建平人呼鮥子即此魚也音洛。鮛音叔鮪音偉〔疏〕鮥鮛鮪。釋曰郭義具注陸機云鮪魚形似鱣而青黑頭小而尖似鐵兜鍪口亦在頷下其甲可以摩薑大者不過七八尺益州人謂之鱣鮪大者爲王鮪小者爲鮛鮪一名鮥肉色白味不如鱣也今東萊遼東人謂之尉魚或謂之仲明仲明者樂浪尉也溺死海中化爲此魚又曰河南鞏縣東北崖上山腹有穴舊說云此穴與江湖通鮪從此穴而來北入河西上龍門入漆沮故張衡賦云王鮪岫居山穴爲岫謂此穴也月令季春薦鮪於寢廟天官獻人春獻王鮪是也

鯦、當魱。海魚也似鯿而大鱗肥美多鯁今江東呼其最大長三尺者爲當魱。魱音胡。鯦俱救切〔疏〕鯦當魱。釋曰鯦一名當魱海魚也。注海魚至音胡。釋曰云似鯿而大鱗者案鯿似魴而大腰細而長今鯦魚似之但鱗大耳云肥美以下者以時驗而知也

鮤、鱴刀。今之鮆魚也亦呼爲魛魚。鮤音列鱴音滅〔疏〕鮤鱴刀。釋曰鮤一名鱴刀郭氏云今之鮆魚也說文云鮆飲而不食刀魚也九江有之亦呼爲魛魚是則此魚一名鮤一名鱴刀一名魛魚一名鮆魚也

鱊鮬、鱖鯞。小魚也似鮒子而黑俗呼爲魚婢江東呼爲妾魚。鱊音聿鮬音步鱖音厥鯞章酉切〔疏〕鱊鮬鱖鯞。釋曰郭云小魚也似鮒子而黑廣雅云鮒鰿也此魚似其小者故云似鮒子而黑色爲異也江東呼爲妾魚說文云鱖魚出樂浪潘國是也

魚有力者徽。強大多力。徽音暉〔疏〕魚有力者徽。釋曰凡魚之強大多力異於羣輩者名徽

魵、鰕。出穢邪頭國見呂氏字林。魵音墳〔疏〕魵鰕。釋曰魵魚一名鰕郭云出穢邪頭國見呂氏字林案說文亦云

鮅、鱒。似鯶子赤眼。鮅音必鱒才損切〔疏〕鮅鱒。釋曰鮅一名鱒詩云九罭之魚鱒魴陸機云鱒似鯶魚而鱗細於鯶赤眼是也

魴、魾。江東呼魴魚爲鯿一名魾音毗。魴音房〔疏〕魴魾。釋曰魴一名魾江東呼魴爲鯿詩云其魚魴鱮陸機云魴今伊洛濟潁魴魚也廣而薄肥恬而少肉細鱗魚之美者遼東梁水魴特肥而厚尤美於中國魴故其鄉語曰居就糧梁水魴是也

鯬、鯠。未詳

蜎、蠉。井中小蛣蟩赤蟲一名孑孓廣雅云。鯬音黎鯠音來蜎狂兗切蠉香完切〔疏〕蜎蠉。釋曰井中小赤蟲也一名蜎一名蠉又名蛣蟩又一名孑孓廣雅云孑孓蜎是也

蛭、蟣。今江東呼水中蛭蟲入人肉者爲蟣。蟣音祈〔疏〕蛭蟣。釋曰此水中蟲喜入人肉者江東呼爲蟣本草謂之水蛭一名馬蜞一名馬蟥即楚王食寒葅得而吞之能去結積者是也

科斗、活東。蝦蟆子〔疏〕科斗活東。釋曰郭云蝦蟆子此蟲一名科斗一名活東頭圓大而尾細古文似之故孔安國云皆科斗文字是也

魁陸。本草云魁狀如海蛤圓而厚外有理縱橫即今之蚶也〔疏〕魁陸。釋曰即魁蛤也見本草。注本草至蚶也。釋曰案本草蟲魚部魁蛤一名魁陸生東海正圓兩頭空表有文陶隱居注云形似紡軖小狹長外有縱橫文理云是老蝙蝠化爲者是也云即今之蚶也者案字書云蚶蛤也出會稽可食是也然則又一名蚶也

蜪、蚅。未詳

鼁鱦、蟾諸。似蝦蟆居陸地淮南謂之去蚥 **在水者黽。**耿黽也似青蛙大腹一名土鴨。鼁音去鱦音秋蟾音占黽音猛〔疏〕鼁鱦蟾諸在水者黽。釋曰此有多種鼁鱦一名蟾諸郭云似蝦蟆居陸地淮南謂之去蚥然蟾諸非蝦蟆但相似耳案本草蝦蟆陶注云此是腹大皮上多痱磊者也蟾諸亦類此抱朴子曰蟾諸壽三千歲者頭上有角頷下有丹書八字玄中記云蟾諸頭生角者食之壽千歲是也其居水者名黽一名耿黽一名土鴨狀似青蛙而腹大爲異陶注本草云大而青脊者俗名土鴨其鳴甚壯即此黽也陶又云一種小形善鳴喚名爲鼃者即郭云青蛙者也

蜌、螷。今江東呼蚌長而狹者爲螷。蜌音陛螷蒲猛切〔疏〕蜌螷。釋曰蜌一名螷蚌屬也說文云脩爲螷圓爲蠇郭云今江東呼蚌長而狹者爲螷其肉可爲醢周禮醢人掌饋食之豆云蜱析蜃醢是也

蚌、含漿。蚌即蜃也〔疏〕蚌含漿。釋曰說文云蜃屬郭云即蜃也謂老蜯珠者也一名蚌一名含漿周禮謂之貍物

鼈三足能。龜三足賁。山海經曰從山多三足鼈大苦山多三足龜今吳興郡陽羨縣君山上有池池中出三足鼈又有六眼龜〔疏〕鼈三足能龜三足賁。釋曰鼈龜皆四足三足者異故異其名鼈之三足者名能龜之三足者名賁也。注山海至六眼。釋曰案中山經云游戲山東南二十里曰從山從水出其上潛其下其中多三足鼈食之無蟲疾是從山多三足鼈也又云放皋山東五十七里曰大苦山陽狂水出焉西南注伊水中多三足龜食者無大疾可以已腫是大苦山多三足龜也云吳興郡以下者以時

驗而言也。

蚹蠃、螔蝓。即蝸牛也。蚹音附。蠃音羅。螔音移。蝓音俞。〔疏〕蚹蠃螔蝓○釋曰：蚹蠃一名螔蝓，郭云即蝸牛也。案本草蝸牛，陶注云：生山中及人家，頭形似蛞蝓，但背負殼爾。海邊又一種，正相似，以火炙殼便走出，食之益顏色，名寄居，亦可作醢。周禮饋食之豆，葵菹蠃醢是也。

蠃、小者蜬。螺大者如斗，出日南漲海中，可以為酒杯。蜬音含。〔疏〕蠃與螺音義同。其小者名蜬。

螖蠌、小者蟧。螺屬，見埤蒼。或曰即彭螖也，似蟹而小。音滑。蠌音澤。蟧音勞。〔疏〕螖蠌小者蟧。○釋曰：螖即彭螖也，似蟹而小，一名螖蠌，其小者別名蟧。案埤蒼即云螺屬，郭氏兩從之。

蜃、小者珧。珧，玉珧，即小蚌。珧音遙。〔疏〕蜃小者珧。○釋曰：蜃，大蛤也。月令云：孟冬之月，雉入大水為蜃。其小者名珧，一名玉珧，可飾佩刀削。詩傳云：天子玉琫而珧珌是也。山海經嶧皐山，皐水出焉，東注潎女水，其中多蜃珧。

龜、俯者靈。行頭低。仰者謝。行頭仰。前弇諸果。甲前長。後弇諸獵。甲後長。左倪不類。行頭左庳，今江東所謂左食者，以甲卜審。右倪不若。行頭右庳，為右食，甲形皆爾。○倪丑計切。〔疏〕龜俯至不若。○釋曰：此辨龜之俯仰前後左右，其形不同，其名亦異也。云龜者，目諸龜也。云龜俯者靈者，謂行時頭低，周禮天龜曰靈屬是也。云仰者謝者，謂行時頭仰，周禮地龜曰繹屬是也。云前弇諸果者，諸，辭也，謂甲前長弇覆者名果，周禮東龜曰果屬是也。云後弇諸獵者，諸亦辭也，謂甲後長弇覆者名獵，周禮南龜曰獵屬是也。云左倪不類者，倪，庳也；不，發聲也；謂行時頭左邊庳下者名類，周禮西龜曰靁屬是也。云右倪不若者，不亦發聲也，謂行時頭右邊庳下者名若，周禮北龜曰若屬是也。周禮又云：各以其方之色與其體辨之。鄭注云：屬言非一也。色謂天龜玄，地龜黃，東龜青，西龜白，南龜赤，北龜黑。俯者靈，仰者繹，前弇果，後弇獵，左倪靁，右倪若，是其體也。東龜南龜長前後，在陽，象經也；西龜北龜長左右，在陰，象緯也。天龜俯，地龜仰，東龜前，南龜卻，西龜左，北龜右，各從其耦也。是周禮先有成文，故此釋之。鄭取此文為說，其言正同，惟繹與謝、靁與類小異耳，其義亦同。○注行頭至卜審。○釋曰：案賈公彥說周禮，以倪為睥睨，則左倪右倪是左顧右顧也。郭氏以庳解倪，及云今江東所謂左食者，皆以時驗而言也。云以甲卜審，言用此龜之甲以卜吉凶審諦也。

貝、居陸贆，在水者蜬。陸水異名也。貝中內如科斗，但有頭尾耳。○贆音標。大者魧。書大傳曰：大貝如車渠。車渠謂車輞，即魧屬。○魧音杭。小者鰿。今細貝亦有紫色者，出日南。○鰿音積。玄貝、貽貝。黑色貝也。餘貾、黃白文。以黃為質，白文為點。○貾音池。餘泉、白黃文。以白為質，黃為文點。今之紫貝，以紫為質，黑為文點。蚆、博而頯。頯者中央廣，兩頭銳。○蚆音巴。頯匡軌切。蜠、大而險。險者謂汙薄。○蜠求隕切。鰿、小而橢。即上小貝。橢謂狹而長。此皆說貝之形容。○鰿音責。橢他果切。〔疏〕貝居至而橢。○釋曰：此辨貝居陸居水大小文彩不同之名也。云貝者，目諸貝也。說文云：貝，海介蟲也。取其甲以飾器物。古者貨貝，周而有泉，至秦廢貝行錢。居陸者名贆，在水者名蜬。至大者名魧，至小者名鰿。黑色之貝名貽貝。黃為質白為文點者名餘貾。白為質黃為文點者名餘泉。中央廣兩頭銳者名蚆。大而汙薄者名蜠。小而狹長者名鰿。○注書大至江屬。○釋曰：案大傳云：西伯既戡耆，紂囚之羑里，散宜生之江淮之浦，取大貝，大如大車之渠，以贖其辜是也。考工記謂車輞為渠，故云渠謂車輞。其貝形曲及大小如車輞，故比之也。引之以證此經魧是其大如車輞者，故云即魧屬。○注以白至文點。○釋曰：舍人云：貝，水中蟲也。李巡曰：餘貾貝甲黃為質白為文彩，餘泉貝甲白為質黃為文彩。陸機疏云：貝，水中介蟲也，龜鼈之屬。其文采之異，大小之殊甚衆。古者貨貝是也。餘貾黃為質以白為文，餘泉白為質以黃為文。又有紫貝，其白質如玉，紫點為文，皆行列相當。其貝大者常至一尺六七寸者，今九真交趾以為杯盤寶物也。是先儒相傳為然，但解紫貝與郭氏少異，陸機以白為質紫為文，郭氏以紫為質黑為文，是其異也。書云：文貝仍几。詩云：成是貝錦。山海經：陰山，濁浴水出焉，南流注蕃澤，其中多文貝。皆謂此餘貾餘泉也。○注即上至形容。○釋曰：云即上小貝，知者，以其同名鰿也。云橢謂狹而長者，詩云：隋山喬嶽。楚辭云：南北順橢，其循幾何。皆是橢為狹長之名也。

蠑螈、蜥蜴。蜥蜴、蝘蜓。蝘蜓、守宮也。轉相解，博異語，別四名也。○蠑音榮。螈音原。蜥音昔。蜴音亦。蝘音掩。蜓徒典切。〔疏〕蠑螈至守宮也。○釋曰：詩小雅正月云：胡為虺蜴。謂此也。蠑螈、蜥蜴、蝘蜓、守宮一物，形狀相類而四名也。字林云：蠑螈，蛇醫也。說文云：在草曰蜥蜴，在壁曰蝘蜓。方言云：秦晉西夏謂之守宮，或謂之蠦蝘盧龍，或謂之蜥易。南陽人呼蝘蜓，其在澤中謂之易蜥，南楚謂之蛇醫，或謂之蠑螈。又東方朔云：非守宮即蜥蜴。案此諸文，則是在草澤中者名蠑螈、蜥蜴，在壁者名蝘蜓、守宮也。博物志云：以器養之，食以真朱，體盡赤，重七斤，擣萬杵，以點女人體，終身不滅，耦則落，故號守宮。陸機疏云：青綠色，大如指，形狀可惡是也。

蚨、蝁。蝮屬，大眼，最有毒。今淮南人呼蝁子。○蚨音迭。蝁烏洛切。〔疏〕蚨蝁○釋曰：蛇也，蝮虺之屬，大眼有毒，一名蚨，又名蝁，淮南人呼蝁子者是也。

螣、螣蛇。龍類也，能興雲霧而遊其中。淮南云蟒蛇。○螣上音胅，下音騰。〔疏〕螣螣蛇。○釋曰：蛇似龍者也，名螣，一名螣蛇，能興雲霧而遊其中也。○注淮南云蟒蛇。○釋曰：蟒當為奔。案淮南子覽冥篇說女媧云：功烈上際九天，下契黃壚，名聲被後世，光輝熏萬物，乘雷車，服應龍，驂青虯，援絕瑞，席蘿圖，雲黃璐，前白螭，後奔蛇。許慎云：奔蛇，馳蛇是也。或曰：淮南人呼此螣為蟒蛇，義亦通。

蟒、王蛇。蟒蛇最大者，故曰王蛇。○蟒音莽。〔疏〕蟒王蛇。○釋曰：此蛇之最大者也，名蟒，又名王蛇，與土螣蛇異。

蝮虺、博三寸，首大如擘。身廣三寸，頭大如人擘指。此自一種蛇，名為蝮虺。○擘音拍。〔疏〕蝮虺至如擘。○釋曰：博，廣也。首，頭也。擘，拇指也。此自一種毒蛇，名蝮虺，身廣三寸，其頭大如人拇指。○注身廣至蝮○釋曰：案郭注三蒼云：擘，大指也。蒼頡篇以為足大指，鄭注儀禮以為手大指，然則手足大指皆得名擘，故注云一頭大如人擘指。又名拇，孫炎云頭如拇指是也。案舍人曰：蝮一名虺，江淮以南曰蝮，江淮以北曰虺。孫炎曰：江淮以南謂虺為蝮，廣三寸，頭如拇指，有牙，最毒。郭璞曰：此自一種蛇，人自名為蝮虺。今蛇細頸大頭，色如艾綬文，文間有毛似豬鬣，鼻上有針，大者長七八寸，一名反鼻，如虺類，足以明此自一種蛇。如郭意，此蛇人自名蝮虺，非南北之異。蛇實是蟲，以有鱗故在釋魚，且魚亦蟲之屬乎。

鯢、大者謂之鰕。今鯢魚似鮎，四腳，前似獼猴，後似狗，聲如小兒啼，大者長八九尺。〔疏〕鯢雌鯨也，大者長八九尺，別名鰕。

魚枕謂之丁。枕在魚頭骨中，形似篆書丁字，可作印。魚腸謂之乙。魚尾謂之丙。此皆似篆書字，因以名焉。禮記曰：魚去乙。然則魚之骨體盡似丙丁之屬，因形名之。〔疏〕魚枕至之丙。○釋曰：此釋魚之骨體腸尾之名也。其魚頭中骨為枕，其骨形似篆書丁字，故因謂之丁；其腸似篆書乙字，尾似篆書丙字，亦因名之也。○注禮記曰魚去乙。○釋曰：此禮記內則文也。鄭玄注云：乙，魚體中害人者名也。今東海鰫魚有骨名乙，在目旁，狀如篆乙，食之鯁人不可出者。與此經違，非郭義也。

一曰神龜。龜之最神明。二曰靈龜。涪陵郡出大龜，甲可以卜，緣中文似蝳蝐，俗呼為靈龜，即今觜蠵龜，一名靈蠵，能鳴。三曰攝龜。小龜也，腹甲曲折，解能自張閉，好食蛇，江東呼為陵龜。○攝音涉。四曰寶龜。書曰：遺我大寶龜。五曰文龜。甲有文彩者。河圖曰：靈龜負書，丹甲青玄。六曰筮龜。常在蓍叢下潛伏，見龜策傳。七曰山龜。八曰澤龜。九曰水龜。十曰火龜。此皆說龜生之處所。火龜猶火鼠耳，物有含異氣者，不可以常理推然，亦無所怪。〔疏〕一曰至火龜。○釋曰：易損卦六五爻辭云：十朋之龜，弗克違。馬、鄭皆取此文解之，則此經十龜所以釋易也。神龜者，龜之最神明者也。禮統曰：神龜之象，上圓法天，下方法地，背上有盤法丘山，玄文交錯以成列宿，長尺二寸，明吉凶，不言而信者是也。靈龜之有靈文神龜者，雜書曰：靈龜者，玄文五色，神靈之精也。攝龜龜之小者，腹甲曲折，能自張閉者也。寶龜，傳國所寶者，春秋經曰：盜竊寶玉大弓。公羊傳曰：寶者何？龜青純。何休云：謂之寶者，言世世保用之辭是也。文龜，甲有文彩者。筮龜，在蓍叢下者。山龜生山中者，澤龜生澤中者，水龜生水中者，火龜生火中者。○注書曰遺我大寶龜。○釋曰：此周書大誥文也。○注河圖至青文。○釋曰：引此以證龜甲有文彩也。其實河圖說靈龜也，非此經之文，取其一邊耳。○注常在至策傳。○釋曰：龜策傳曰：上有擣蓍，下有神龜。又云：聞蓍滿百莖者，其下必有神龜守之，其上常有青雲覆之。傳曰：天下和平，王道得而蓍莖長丈，其叢生滿百莖是也。○注火龜猶火鼠耳。○釋曰：嫌龜不生於火，故以火鼠猶之也。郭注山海經云：今去扶南東萬里有耆薄國，復五千里許有火山國，其山雖霖雨，火常燃。火中白鼠時出山邊求食，人捕得之，以毛作布，名之火澣布是也。

爾雅注疏卷九校勘記

阮元撰　盧宣旬摘錄

爾雅疏卷第九　名銜後一行標目釋木第十四釋蟲第十五另行標釋魚第十六注疏本釋木釋蟲卷第九釋魚以下卷第十

釋木第十四

宜陽共北山多有之　舊本閩本同毛本脫共監本下衍也

亦類漆樹　雪牕本注疏本同單疏本漆作漆釋文桼字又作漆按說文桼木汁水名字作漆此當從陸本　又詩山有樞正義引此注下有俗語曰標榜漆相似如一十一字釋文俗語作方志標音勑倫反

陸機疏云　舊本疏下剜擠語字閩本監本毛本排入

許慎正以栲讀為糗　元本同閩本監本毛本糗作⿰禾臭非　說文米部糗从米臭聲禾部無⿰禾臭字古音考讀若臭讀為當作讀若今說文⿰木尻山樗也从木尻聲以栲為⿰木尻之正無栲讀為糗語玉篇以⿰木尻為栲

之重文據陸疏則說文當以栲爲正字柷爲重文於栲下云讀若糗

矢其聲耳 舊本同閩本監本毛本耳改矣

皂臼以掬 單疏本雪牕本同注疏本脫臼釋文皂臼其久反此本掬從手訛今訂正

椵梔 雪牕本注疏本同釋文單疏本椵作椵唐石經作椵此與下椵椵之椵相涉亂耳徒亂反

梔梢一鄭注云 注疏本梢誤椵脫一

郭云柚屬也子大如盂皮厚二三寸中似枳食之少味 注疏本刪下十六字

可飼牛 單疏本雪牕本注疏本同釋文飤囚志反字林云糧也經典並止作食字借作飼音本又作飯扶晚反本今作飼五經文字云飤經典通以食字爲之按說文飤糧也从人食無飼字知郭注本用飤字

材中車輞 單疏本雪牕本注疏本輞作輞釋文輞音罔下同與此合下準此

二月中葉疏 注疏本疏改疎

今官園種之 注疏本官誤官

共汲山下人 閩本監本同元本毛本共誤其

椋卽來 唐石經單疏本雪牕本同釋文椋力臺反埤蒼字林並作棶云椋也本今作棶按玉篇棶椋也說文椋卽來也無棶字

栵栭 唐石經單疏本雪牕本同釋文栭字又作栭音而按後漢書王苻傳注引作檽與陸本合檽蓋栭之訛卽栭之俗體玉篇檽乃豆切木名皮可染別一字也

今江東亦呼爲栭栗 單疏本雪牕本同按亦字當衍或爲人字之訛詩皇矣正義廣韻十七薛並引此云今江東呼爲栭栗無亦字

芝栭蔆棋 元本同閩本監本毛本蔆改蔆棋監本毛本改棋

檴落 唐石經單疏本雪牕本閩本監本毛本同元本作穫落檴音鑊疏云檴一名落按詩大東無浸穫薪毛傳穫艾也箋云穫落木名也釋文云穫鄭木名字則宜從木旁是雅經檴字本從木不與毛詩同據唐石經單疏本知元本非也

可以爲杯器素 單疏本雪牕本同詩正義引此上有檴音三字釋文栝必回反本今作杯按說文栝匵也匵小栝也詩正義引某氏曰可作杯圈郭氏曰可爲杯器素也杯卽栝之省素當爲索字之誤也陸元恪云其皮堅韌剝之長數尺可爲緪索其材可爲杯器注本此邢氏作疏時已誤作素故云素謂杯也按釋草望乘車注云可以爲索長丈餘志杜柴注云皮可以爲繩索可與此注互證也

無浸檴薪鄭箋云檴落木名 元本同閩本監本毛本檴改穫非

今椰榆也 元本同誤也閩本監本毛本椰作梛與詩正義作梛合○按左傳莊四年正義曰木有似榆者俗呼爲朗榆集韻梛木名廣韻梛木名皆是此字而从阝者誤此疏梛字亦當作梛非椰子木也作椰者非是草木蟲魚疏作梛榆其誤久矣梛不得連榆成文

楥柜柳 唐石經雪牕本同單疏本注疏本柳誤柳五經文字柳音卯見爾雅葉鈔釋文云郭音卯今本誤作卯

或曰柳當爲柳柜柳似柳 單疏本雪牕本同盧文弨曰上言柳當爲柳則下自當云柜柳矣此仍作柳誤

今京洛及河內言杼斗 正德本同閩本監本毛本斗誤汁

味荎著 唐石經雪牕本正德本同閩本監本毛本味改菋釋文菋音味又亡戒反本今作味知從廾者據釋文改也

藲荎 釋文唐石經單疏本同玉篇木部樞木名爾雅云樞荎廣韻十九侯同字皆從木從區唐石經作廾下樞非釋文藲烏侯反詩云山有樞是也本或作蓲同太平御覽卷九百五十六載郭注引詩曰山有蓲考說文艸部有蓲木部有樞皆區聲而無藲藲字毛詩山有樞用木部戶樞字魯詩山有蓲用艸部烏蓲字據郭注引詩作蓲釋文引詩作樞知爾雅本與詩同今作樞藲兩體乃并合艸部木部字爲之複沓難以下筆俗作也近戴震讀樞爲昌朱切讀樞爲烏侯切謂詩字必當從爾雅作藲今作樞訛豈未審蓲樞同一區聲皆可讀作歐爾雅本與詩同作藲者爲俗字乎

濇爲茹 正德本同閩本監本毛本濇改瀹

美滑於白榆也 注疏本脫也監本毛本於誤如

榆之類有十種 注疏本脫榆

皮及木理異耳 正德本同閩本監本毛本耳改矣

其赤者爲杜爲甘棠爲赤棠 正德本同閩本杜下擠棠甘棠下擠杜監本毛本承之

小雅云有杕之杜傳云杜赤棠是也 元本同閩本監本毛本改作唐風云按小雅杕杜篇無傳

狄臧槔 唐石經同石經考文提要引至善堂九經本亦作臧釋文臧孫子郎反雪牕本注疏本作藏誤

似小楝可食 單疏本雪牕本正德本同閩本監本毛本楝改柰疏中同按廣韻十八尤梂字下引注作楝玉篇楝同柰

枓者聊 唐石經雪牕本同注疏本枓誤料釋文云郭音斗而字亦誤枓此枓與聊爲疊韻

今江東多有之 單疏本雪牕本同注疏本江改河非疏中同

今南人呼桂厚皮者爲木桂 單疏本注疏本同雪牕本南人作江東非桂生南方

棆美木也 注疏本脫美

節中腫以扶老 舊本同閩本監本毛本以作似○按節中腫似扶老語本陸機詩疏扶老木可作杖陶淵明策扶老以流憩詳困學紀聞作似者是也又按靈壽木作杖一名扶老杖見孔光傳邛竹亦名扶老竹見中山經

恆農郡北山甚有之 舊本同閩本監本毛本恆作宏郡作共

董澤澤名 注疏本澤名誤之蒲

諸慮山藟 唐石經單疏本雪牕本同釋文慮字又作櫖力余反按櫖當作櫖五經文字櫖丑餘反見爾雅玉篇櫖山藟也似葛而麤大

今江東呼爲櫐欇音涉 雪牕本同是也注疏本刪下二字釋文欇郭音涉按單疏本引郭注今江東呼爲欇止齊民要術卷十四載郭注亦呼爲欇止欇音涉三字別爲小字音切今本刪音涉二字而誤存欇字皆非也

蔈有毛刺 注疏本脫毛

春生羹茹微苦 舊本同閩本生下擠作監本毛本排入

杬魚毒 唐石經單疏本雪牕本同注疏本杬誤杭釋文杬音元又作芫盧文弨曰說文艸部芫魚毒也从艸元聲木部無杬字顏師古注急就章云芫華一名魚毒漁者煑之以投水中魚則死而浮出故以爲名其華可以爲藥芫字或作杬郭景純說誤其生南方用藏卵果者自別一杬木乃左思吳都賦所云縣杬杶櫨者耳非毒魚之杬也據此蓋本釋草文因芫或作杬遂誤入釋木耳上文菋荎著郭注亦以爲釋草文之誤重者

中藏夘果 雪牕本正德本同釋文亦作夘單疏本作卵閩本誤卯監本毛本作夘俗字

大椒之別名也 注疏本脫名

葉員而岐 正德本同雪牕本作葉員而歧釋文歧音祈單疏本注疏本員作圓下無姑注同

赤黑恬美 舊本同閩本監本毛本恬作甜

無姑 唐石經單疏本雪牕本注疏本同此本誤作无姑王氏急就篇補注引經注同係俗省今訂正下無實李同

生山中葉圓而厚剝取皮合漬之其味辛香 單疏本注疏本同段玉裁云顏師古注急就篇曰生於山中其莢圓厚剝取樹皮合漬而乾之成其辛味也係用郭語葉作莢爲長

所謂無夷 單疏本雪牕本正德本同閩本監本毛本改蕪夷疏中準此

所謂無夷云所謂者 元本無者字注疏本同無改蕪

檖羅 唐石經單疏本雪牕本同注疏本羅改蘿按毛詩晨風傳檖赤羅也正義曰釋木云檖赤羅是古本有赤字

實似梨而小 棃雪牕本同單疏本注疏本梨作棃玉篇棃同

實如桃而小 單疏本雪牕本同文選閒居賦注引作實似桃而小此作如非

痤椄慮李 唐石經單疏本同雪牕本痤改桻正德本椄誤接閩本監本毛本誤座椄疏中準此釋文痤徂禾反石經考文提要引至善堂九經本亦作痤按玉篇木部云桻亦作桻廣韻桻下引爾雅痤接慮李云或從木雪牕本蓋據

此

棗壺棗 唐石經棗作棗凡從棘束字皆作朿與朿縛字不同注疏本作棗非壺字石經闕單疏本雪牎本正德本作壺

子細署 單疏本正德本同雪牎本閩本監本毛本署作要按釋文要一遙反注同是陸本作要

子白熟 雪牎本正德本同閩本白下剜擠乃字監本毛本排入按疏云棗子白熟者名擠是邢本無乃字

養其樲棗 單疏本雪牎本正德本同閩本監本毛本棗改棘俗本孟子同按此疏引孟子及趙岐注作樲棗玉篇木部樲酸棗孟子云樲棗是也皆與此合

實小而員 單疏本雪牎本正德本同閩本監本毛本員改圓下楝赤楝注同初學記卷二十八引此作員

洗大棗 唐石經雪牎本注疏本同釋文洗屑典反段玉裁云集韻二十七銑引爾雅梡大棗出河東猗氏縣廣韻亦云梡棗木然則爾雅固有從木作梡者白氏六帖棗類云遵羊洗犬並棗名出爾雅以羊從犬相儷蓋唐人本作犬棗注今河東猗氏縣出大棗疑注亦本作大盧文弨曰梁文帝碑中用河東洗犬隴右蹲鴟仁和丁希曾嘗舉以校爾雅○案詳注意當是大字六朝辭章多不足據存以俟攷

蹶洩苦棗 唐石經雪牎本注疏本同釋文單疏本洩作泄

晳無實棗 單疏本注疏本同雪牎本此本晳作晢訛今訂正唐石經作晳字從白五經文字白部晳思歷反从色白亦如上字相承多從日非

還味稔棗 單疏本雪牎本注疏本同唐石經闕釋文稔又作棯同按說文玉篇皆於棯下云棯味稔棗初學記作引爾雅亦作稔稔熟也棗過熟者味短也故名還味說文木部無稔字玉篇廣韻於稔下引爾雅非

還味短味 單疏本雪牎本注疏本同此本舊作短苦苦字剜改今訂正

邊大而署細者 元本同閩本監本毛本署改要下同

蹶泄者 元本同閩本監本毛本泄改洩

趙岐注云樲棗小棗 注疏本脫小棗

諱名不諱姓姓所同也名所獨也是其事 注疏本刪上十三字

樸屬枹綴 元本綴作緻閩本監本毛本改樕

棪實似柰赤可食 單疏本雪牎本注疏本同按柰當作棕釋文引山海經堂庭之山多棪木注云子似棕而赤可食可證邪疏引山海經注棕亦改作柰矣○按柰正字棕俗字耳舊按非

皆謂取草木爲薪也 注疏本脫木

出交趾 單疏本雪牎本注疏本同釋文阯音止本今作趾按釋獸注交趾釋文雪牎本此本皆作交阯此注亦當從陸作阯○按古書多作交止亦作交阯

槐葉晝日聶合而夜炕布者 單疏本雪牎本注疏本同釋文音經炕樊本作抗按郭注炕布字當作抗

大而散楸 唐石經雪牎本同釋文楸字或作櫷下同本今作散

老乃皮麤散者爲楸 單疏本同雪牎本元本麤作麄閩本監本毛本作粗疏中同下準此

散措皮也 閩本監本毛本措誤猪正德本誤猎

楝赤楝白者楝 單疏本雪牎本正德本同閩本監本毛本楝作楝非五經文字唐石經作楝束音七賜反○按唐人作七賜反之朿字略同束書一玉反之字而短其末一橫轉寫刊版勢難不誤不如一作朿一作束爲明析

中爲車輞 釋文輞音罔今本作輞與此合單疏本雪牎本注疏本皆作輞蓋據釋文改與舊按不符矣

白楝葉員而岐 正德本同閩本監本毛本員改圓

隰有杞桋 正德本同閩本監本毛本桋改夷下一名桋同按詩釋文云桋本亦作夷音夷

終一名牛棘郭云即馬棘也其刺麤而長謂棘之針刺

麤長者 注疏本刪作終一名牛棘之針刺粗長者

因名牛棘馬棘也 正德本同閩本監本毛本誤作馬刺

灌木叢木 唐石經單疏本雪牎本同釋文槶古亂反字又作灌音同按下本族生爲灌釋文慣古牛反或作灌玉篇槶木叢生也今作灌文在釋文當從陸本作槶毛詩作灌灌假借字蓋今本所據改或郭氏引詩作灌後人援在改之

集於灌木 陳本同雪牎本注疏本於改于單疏本不載注其疏中別引詩云集于灌木蓋淺人據此改

木叢攢迫而生者 注疏本誤作櫕道元本攢字不誤按釋文云謂叢攢迫而生

棫白桵 唐石經單疏本雪牎本同五經文字桵人佳反見爾雅釋文桵本或作桵字林人佳反按說文無桵字今說文作桵從妥者誤也字林作桵當本之說文此宜作桵凡從委字多有改作妥者如餧作餒捼作挼之類可證

紫赤可啖 單疏本雪牎本同詩緜正義齊民要術卷十一切經音義卷十四皆引作紫赤可食

三蒼說 注疏本三誤王

梨山樆 唐石經單疏本注疏本同雪牎本棃作梨五經文字云樆山梨也見爾雅釋文棃字亦作梨樆音離本亦作離非按史記司馬相如列傳集解引漢書音義日離山梨文選子虛賦注張揖日離山梨也顏師古注漢書同則爾雅古本作離山梨樆字說文無釋文原本當上樆下棃張參所據尚未誤玉篇廣韻皆云樆山梨

桑辨有葚梔 唐石經單疏本雪牎本元本同閩本監本毛本辨改辨經俗字疏中準此葉鈔釋文作辨通志堂本改辨按此注云辨半也釋器革中絕謂之辨釋文引孫云辨半分也革中辨謂之韏郭注云復分半也是辨爲半也

女桑桋桑 唐石經單疏本注疏本同雪牎本桋改荑陋甚釋文桋或作荑按荑當作荑毛詩傳女桑荑桑也可證

葉却著莢 單疏本雪牎本注疏本同釋文卻去略反按詩東門之枌正義引此注却作卻此作却俗字

似白楊 單疏本雪牎本元本監本毛本同詩何彼襛矣釋文正義引此注上有今白移也四字閩本擠入此

江東呼夫移 單疏本雪牎本注疏本同釋文夫移音苻此本舊作大移誤今訂正

今山中有棣樹子如櫻桃可食 單疏本雪牎本元本同監本毛本山中作關西閩本此二字空闕按春秋僖二十四年正義引此注云今關西山中有棣樹子似櫻桃可啖當據以補正陸機疏亦云自関西天水隴西多有之猶釋獸魋如小熊注云今建平山中有此獸鼳鼠注云今江東山中有鼳鼠文正相類今本單言關西及山中非也子如櫻桃可食亦當作子似櫻桃可啖因郭注多言似言啖也

常棣之華 注疏本常改棠

子如櫻桃正白今官園種之 注疏本脫子官誤宮

晚取者爲著 注疏本取作采

樕樸心 單疏本注疏本同唐石經雪牎本皆樕字在上樸字闕釋文樸音卜本今作樸樕按玉篇樸樕小木也亦作樸按毛詩野有死麕作樸樕爾雅當作樸樕詩正義引釋草文及孫炎某氏注皆樕字在下今本蓋誤倒

詩召南云 正德本閩本監本同毛本召南下增野有死麕四字

文雖倒 注疏本倒改別

棧木干木 唐石經單疏本雪牎本同注疏本干誤于按棧與干爲疊韻釋文干木古丹反樊本作杆同○按干即乾濕字俗字也

檀木也 單疏本注疏本同雪牎本檀字闕釋文殨字書云死而不朽本或作僵又作檀按死而不朽字當從陸本作殨宋鄭樵注本作僵今本從木非

立死椔 雪牎本注疏本同唐石經椔字闕五經文字云椔壯利反立死也見爾雅單疏本亦作椔按釋文云菑字林作椔是爾雅不作椔也詩皇矣其菑其翳毛傳木立死曰菑正義引釋木云立死菑李巡曰以當死害生曰菑釋文菑本又作菑然則毛詩亦作菑不作椔也今本從木蓋因字林增加

不獘頓 雪牎本同注疏本頓下衍椔字按雪牎本不獘頓下連椔側吏反之音俗本刪之未盡遂誤菑椔字而強以側吏反加之下文翳字矣釋文翳側吏反

樹蔭翳覆地者 雪牎本注疏本同按此注當作樹蔭翳相覆蔽今本作覆地因詩正義之文相涉致誤釋文音經蔽必世反注同是注中有蔽字也詩釋文引爾雅蔽者翳郭云相覆蔽此其證詩正義引郭氏曰翳樹蔭翳覆地者也又云自獘者生本自倒枝葉覆地爲蔭翳故曰翳也此因毛傳蔽者作自獘遂爲覆地之說以順改郭注耳郭不言覆地也

梢梢擢 單疏本注疏本同唐石經闕雪牎本櫂作擢釋文擢直角反方言云拔也蒼頡篇云抽也小爾雅云拔根曰擢字皆從手邢疏釋經云此別死頓相磨皮甲抽擢之異名也又下無枝爲櫬疏云此即上文梢梢擢也然則邢本擢亦從手今經作木旁誤嚴元照云上文木相磨櫬措散謂樹枝相切磨者爲櫬木皮甲錯者爲散此云梢擢謂梢者爲擢

當衍一梢字唐石經以字數計之此行亦多一字○按謂衍一梢字非也方言曰杪梢也梢尾也說文曰櫂引也梢櫂者謂木杪引而愈長愈長則愈細因此目之曰梢也單言櫂則又不完

梢櫂長而殺者 注疏本同雪牕本櫂作櫂按一切經音義卷十五引此注云梢櫂長而殺者也

此別死頓相磨皮甲抽擢之異名也 注疏本抽擢誤措擢

木兩枝相切磨者 注疏本脫者

自斃為翳 注疏本斃改弊

以死害生曰菑 以下舊擠當字今刪正正德本死誤當閩本死上剜擠當字監本毛本排人

枝葉覆地為陰翳 按陰當作蔭詩皇矣正義作蔭

言亦扶疏茂盛 雪牕本同注疏本無亦按亦無所承當衍

草木漸包是也 注疏本包作苞單疏本此頁係補刻因誤改包

祝州木 雪牕本正德本閩本同監本毛本祝改柷釋文柷章六反本今作祝按監毛本據釋文改與舊校不符矣宋翔鳳云柷蓋謂木之中空者也正德本閩本此下分九卷下

子中有核人 單疏本雪牕本注疏本同鍾本郎本人作仁按古書核中人無作仁者明人始全改本艸作仁非也

椵似茱萸而小 注疏本椵誤椒

棗李曰疐之 正德本同唐石經單疏本作疐之閩本監本毛本作疐釋文作重疐

樝似梨而酢澁 單疏本雪牕本正德本同閩本監本毛本澁改澀釋文澁字又作澀

謂苦桃有苦如膽者 注疏本誤杏桃

櫠櫂直上 雪牕本注疏本同單疏本櫂作擢釋文云擢直角反字從手不誤

櫠即櫂也 注疏本作櫂身櫂也誤

釋蟲第十五

裸毛羽鱗介之總稱 正德本裸誤課閩本監本毛本改螺

螯天螻是也 注疏本天誤大

蜰即負盤臭蟲 單疏本雪牕本同春秋隱元年左傳有蜚不為災正義曰釋蟲云蜚蠦蜰舍人李巡皆云蜚蠦一名蜰郭氏云蜚即負盤臭蟲洪範五行傳云蜚負蠜本草曰蜚厲蟲也經傳皆云有蜚則此蟲直名蜚耳不名蜚蠦說爾雅者言蜚蠦一名蜰非也然則郭讀爾雅蜚一名蠦蜰不與舍人李巡同邢疏襲用春秋正義而郭注仍作蜰誤甚今邵晉涵正義改作蜚嚴元照云山海經中山經有鳥如雉恒食蜚注云蜚負盤也音蜚可與雅注相證

南方淫氣之所生也 注疏本淫作滛

害人之物 注疏本之誤亥

蟥衘入耳 唐石經單疏本雪牕本同釋文衘本又作衍經義雜記曰考工記梓人為筍虡注卻行蟥衍之屬釋文蟥衍下如字爾雅云蟥衍入耳劉云或作蚰衍賈疏引釋蟲亦作蟥衍今爾雅作衘陸云本又作蚰蚰當為衘按方言云蚰蜒自關而東謂之蟥蚰或謂之入耳字作蚰

此蟲象吳公 正德本同閩本監本毛本改蜈蚣非按廣雅蝍蛆吳公也本不加虫旁

案方言云蚰蜒由延二音或謂之蛝蠼音麗或謂之蚨虶扶于二音北燕謂之蛆蚭蛆奴六切蚭音尼江東人呼蛩音鞏○注疏本改音扶切為大字搃移於下云蚰音由蜒音延蠼音麗蚨音扶虶音于蛆奴六切蚭音尼蛩音鞏

蟔入人耳者也 注疏本脫人蟔字正德本同閩本監本毛本改蟔

江南謂之蟾蠩音黃 釋文蠩郭音黃徒低反單疏本標起止云注夏小正至音黃皆與此合雪牕本作蟥音夷注疏本亦作蟥又刪下二字

鳴蚻虎懸 雪牕本注疏本同單疏本標起止云注如蟬至虎縣釋文縣音元按夏小正作鳴札札者寧縣也

蠽茅蜩 唐石經單疏本雪牕本同釋文作蠽舊按云本今作蠽五經文字亦作蠽按說文蠽小蟬蜩也从虫截聲蓋今本所從出據注云江東呼為茅截蓋經作蠽注作截也

似蟬而小青赤 單疏本雪牕本同注疏本赤作色此涉上蠽茅蜩注似蟬而小青色致誤按詩七月正義禮記月令正義皆引作青赤初學記卷三十引青而赤

俗呼胡蟬 注疏本胡誤日

一名馬蟬蟬中最大者也 注疏本脫上四字中誤之

字林虭或作嘹也 浦鏜云蟟誤嘹按詩蕩正義作蟟

有文者謂之螓是也 注疏本同此本螓字剜擠作蜻蜻係據方言改今訂正

詩碩人云螓首蛾眉鄭云 注疏本詩下衍人鄭云誤鄭元

虎懸也鳴而後知之 注疏本縣改懸脫之

謂蜺也是 注疏本也是倒

案方言云蛥蚗 音折決○注疏本蛥蚗改蛥蛈音折玦三字作大字移於後

或謂之蛉蛄音零或謂之蚒蟧貂料二音或謂之蝭蟧音帝○注疏本音切上增一本字彙於後加圈以間之

蛣蜣蜣蜋 唐石經單疏本雪牕本同注疏本及此本蜣作蜣訛今訂正釋文蜣

莊子曰 注疏本脫曰

身狹而長 雪牕本注疏本同釋文狹作陜舊按云本今作狹○按作陿者說文體也省作陝非

豬好啖之 單疏本雪牕本同詩蜉蝣正義引此啖作噉按上注噉糞土亦用噉字

梁宋之間曰渠略 按此下當有郭云

夏小正曰 浦鏜云詩正義上有孫炎曰此脫

朝生而莫死 注疏本莫改暮

今江東呼黃蛢音瓶 雪牕本同注疏本刪下二字釋文蛢郭音瓶經義雜記曰考工記梓人為筍虡疏引此注云今江東呼為黃蛢按一切經音義卷十五引此注云江南呼為黃瓦亦有為字瓦即瓶之訛

蝚蛖螻 釋文唐石經單疏本注疏本同雪牕本蛖作蛖俗字書所無

案方言蛄詣謂之杜蛒音格螻蛭謂之螻蛄音窒或謂之蟓蛉 象鈴二音○注疏本言下增云詣誤者蛒誤略蛭誤蛭刪音切彙於後毛本亦作蛒蛭作蝗

不蜩王蚥 唐石經雪牕本舊本閩本毛本同監本蚥改父石經考文提要引至善堂九經本亦作蚥按上蠖與父釋文云父音甫下同則陸本於此作父唐石經加虫旁非

蛄䗐強蛘 單疏本雪牕本同唐石經蛄作姑按說文䗐姑䗐強芊也字亦作姑今本作虫旁非

今米穀中蠹小黑蟲是也 雪牕本同注疏本蠹作蠧非按疏云今米穀中小黑蠹蟲也此作蠹小黑蟲誤倒

建平人呼為蛘子音芊姓 雪牕本同注疏本刪下三字釋文蛘郭音芊疏云音楚姓芊之芊

江東謂之蛩音加建平人呼蛘子音楚姓芊之芊 注疏本音加改大字下六字舊本同閩本監本毛本改音芊楚姓芊

螗蜋別名 雪牕本注疏本同單疏本作螳蜋釋文螳音唐本今作螗此當從陸本

一名蟳蟭 單疏本舊本同雪牕本閩本監本毛本蟳誤蟳按釋文蟳普莫反又補莫反

一名螳蜋螵蛸母也 注疏本脫螵蛸螳舊本作唐閩本監本毛本誤蟷

方言云譚魯以南謂之蟷蠰 注疏本譚改潭盧文弨曰藝文類聚稱此為鄭志月令正義誤引為方言此承其誤

謂之蟷蜋 舊本作堂蜋下引月令同閩本監本毛本改螳蜋

謂之馬穀 注疏本穀改谷

蒺蔾蝍蛆 唐石經單疏本雪牕本舊本閩本監本同毛本蔾改藜

蟲舍蚳蝝 單疏本雪牕本注疏本同此本蚳作蚔誤按玉篇別為一字非釋文蚳直其反說文从虫氐聲

亦名青蛪 單疏本雪牕本同釋文蜻蛚干盈反廣雅云蜻蛚促織也舊按云本今作青蛪按禮記月令正

義引孫炎作蜻蛚說文亦作蜻蛚詩蟋蟀正義引李巡陸機作蜻蛩凡蜻蛚字皆不作青此當從陸本

一名蟯蛩 注疏本作青蛩按蟯當作蜻字之誤也詩正義作蜻蛩可證

馬蠲蚼俗呼馬蠸 單疏本雪牕本元本同釋文蚼音句閩本監本毛本蚼誤蚼玉篇廣韻無蚼集韻十八諄蚼蟲名馬蠸也本釋文太平御覽蟲部引此注云馬蠲蚼也。按蠲蚼聯緜字也

馬蚿音弦北燕謂之蛆蟝音子余切其大者謂之馬蚰音逐。注疏本音切作大字移於後柚改蚰今本方言同

詩曰趯趯阜螽 雪牕本同注疏本亦作詩日單疏本日作云非注疏本阜作皇按單疏本釋經引詩趯趯皇螽又標注云喓喓草蟲趯趯阜螽曰召南草蟲篇文也阜字蓋順毛詩改注引詩當作皇

草螽負蠜 唐石經雪牕本同釋文蟦音負字或作負

蜙蝑也 雪牕本注疏本同疏云一名蜙蝑釋文蚣本亦作蝓同烏公反字林云蟲在牛馬皮者按說文蝓蟲在牛馬皮者从虫翁聲烏紅切蝑蜙蝑也又蜙蜙蝑以股鳴者从虫松聲息恭切蚣蜙或省此經作蜙蝑字注作蝓字淺人據說文蚣蜙為一字因改蚣為蜙而不知此蚣為蝓之省而非蜙蝑字也

俗呼蝽蟍 雪牕本注疏本同疏云一名蝽蟍釋文春黍本或作蝽蟍按詩螽斯正義云舍人曰今所謂春黍也陸機疏云幽州人謂之春箕春箕即春黍釋文曰楊雄許慎皆云春黍然則春黍二字本無虫旁當從陸本

蟿螽螇蚸 單疏本雪牕本同五經文字蚸他各反又音厤見爾雅唐石經作蚸非。按依說文斥作厈則唐石經是

幽州人謂之春箕春箕即春黍 元本同閩本監本毛本春字黍字並加虫旁非

或謂似蝗而小班黑 元本同閩本監本毛本班改斑

其股似瑇瑁叉 按叉當為叉字之誤也元本瑇瑁省作毒冒為合古

又名虴蛨 注疏本改虴蛨按釋文虴字又作虴作宅反詁幼云虴虴蛨也

形似蝗而小 注疏本脫形而誤細

螼蚓蜸蚕 唐石經單疏本雪牕本注疏本同毛本蚕改蠶蓋因蠶字俗省作蚕因誤改此蚕為蠶也釋文蚕他典反嚴杰云陸佃新義亦誤為蠶且云蚕老而後眠

江東呼寒蚓 單疏本雪牕本同釋文𧒃音寒字亦作寒一切經音義卷十三云今江東呼為寒蚓當本此注

莫貈蟷蜋蛑 雪牕本注疏本同誤也釋文唐石經單疏本蟷作螳當據以訂正說文作堂蜋

螗蜋有斧蟲 雪牕本元本同閩本監本毛本螗作蟷非螗依經作蟷

江東呼石蜋 陳本同單疏本雪牕本注疏本作江東呼為石蜋此脫為字

虰蛵負勞 唐石經單疏本雪牕本同釋文蟧力刀反本今作勞

即蜻蛉也 雪牕本注疏本同釋文青本今作蜻按郭注當本作青蛉高誘注淮南子齊俗篇云蜻青蛉也

蜻蛉謂之蝍蛉淮南人又呼蠊蛜 音康伊。注疏本脫小注元本蝍字闕

本監本毛本誤蜻

蛅毛蠹 唐石經單疏本雪牕本蠹作蠹注疏本及此本上從上非

八角螫蟲 單疏本雪牕本同釋文螫作蠚釋獸鼶鼠注同五經文字亦作蠚玉篇蠚同螫

然與鼠婦及鼠婦 元本同閩本監本剜改與作為毛本承之

蠶蛾 元本閩本監本同雪牕本毛本蠶作蚕誤釋文蠶徂南反下同疏云此即蠶蛹所變者也按下蟓桑繭注及疏同

說文云蠶羅也是 注疏本也是倒

螒天雞 唐石經單疏本雪牕本同釋文螒胡旦反字林作螒同按文選江賦注引作螒天雞與陸本合釋蟲螒天雞釋鳥鶾天雞字皆作翰唐石經作螒為依字林所改非也釋鳥釋文鶾本又作幹胡旦反幹即翰之訛說文翰天雞赤羽也从羽倝聲逸周書曰文翰若翬雉此其證釋文當云翰本又作鶾今本出後人乙改因文在釋蟲故從虫文在釋鳥故從鳥也

如蝗而班色 元本同監本閩本毛本班改斑

蝆螪何 毛本同雪牕本元本閩本監本螪訛蟔唐石經闕釋文蟔失羊反字林之亦反五經文字云蟔失羊反又之亦反按失羊反字作螪之亦反字作蟔說文蝆螪何也無螪蟔二字

蜆縊女 唐石經單疏本雪牕本同釋文蜆孫音倪按此孫讀蜆為俔俔與磬聲相轉毛詩俔天之妹韓詩作磬說文磬象懸虡之形禮記文王世子注云縣縊殺之曰磬磬者經死之即縣虡之義此縊女之所以名蜆也

說文云蛻為蝶是也 今說文蜆縊女也下無此語又說文有蠂無蝶此蓋誤引

齊人呼蟻蟻蛘 陳本同雪牕本元本作齊人呼蟻為蛘閩本監本毛本改齊人呼蟻為蛘按蟻當作齊人呼蟻蛘疏云小者即名螘齊人呼蟻蛘方言云燕謂之蟻蛘郭彼注云蟻養二音邢疏正本注云然也釋文燕蛘以丈反郭云齊人呼蟻也字林云北燕人謂蚍蜉曰蟻蛘與疏合釋文音經螘俗作蟻字音同蓋注用俗字以曉人也○按呼蟻蟻蛘者呼蟻為蟻蛘也此本方言有改下一蟻字作為者非是

螱飛螘 唐石經單疏本雪牕本同釋文螱於貴反說文字林從蚰五經文字螱於貴反爾雅又作螱按釋文蚰為蚰之訛謂說文字林皆從蚰作蠽爾雅則從虫作螱也唐石經今本依字書改蠽非今說文無蠽螱字玉篇螱飛螘也

謂之蚼蟓 駒養二音。注疏本蟓誤蠓注改大字移於後云蚼音駒蠓音蒙下準此

燕謂之蛾蛘 蟻養二音。注疏本移音於下

次蟗 按經文蟗字於六書皆不合出非諧聲也以諧聲求之當是作蠹从蚰橐聲與說文蚍蠹同字次蠹在說文則作蠹蟗古音相同也次古音讀如荼

今江東呼蝃蝥音掇 陳本同雪牕本掇誤蝃注疏本刪下二字釋文掇章悅反本或作掇拾字非。按當云掇音掇寫者省掇字耳

說文謂之蠿蟊作罔鼄蟊也 注疏本蠿蟊改鼄蝥罔作網正德本作罔作蟊下同

謂之鼅蟊 閩本監本毛本蟊作蝥

或謂之蠋蝓 蠋與二音。正德本亦作蠋閩本監本毛本作蝸

謂之蝳蜍 毒餘二音。注疏本改大字每字分音彙於後

土蠭 唐石經單疏本注疏本同下木蠭同釋文蠭字又作蜂按此經作蠭注作蜂雪牕本注中五蠭字皆作蜂是也

今江東呼大蠭在地中作房者為土蠭 雪牕本同蠭作蜂注疏本脫呼

今荊巴間呼為蟺音憚 雪牕本憚誤蟬注疏本刪下二字釋文蟺郭音憚徒且反

此辨蠭在土在木之異也 注疏本脫下在

讀為蛩蟺之蟺 注疏本蟺誤亶讀上增蟺

其在糞土中者名蠐螬 浦鏜云蠐字衍

以在木中白而長 注疏本中下衍者

蛜威委黍 唐石經同五經文字蛜見爾雅詩風作伊雪牕本蛜音伊經作伊威非釋文蛜音伊本今作伊當為蛜音伊本今作蛜注疏本作蛜威鼠負疏引此經同乃并合詩爾雅字為之非也說文蛜蛜威委黍从虫伊省聲

蠨蛸長踦 唐石經單疏本正德本同石經考文提要引至善堂九經本亦作蠨雪牕本閩本監本毛本蠨改蟰按釋文云蠨詩作蠨明爾雅不作蟰也

一名蠨蛸 正德本同閩本監本毛本蠨改蟰

蠨蛸在戶 正德本訛肅肖閩本監本毛本蠨改蟰按廣韻一屋一切經音義卷二十五引詩皆作蠨

為羅罔居之 正德本同閩本監本毛本罔改網

蟦蝛謂之蚇蠖 音即縮。注疏本蟦改蝍分音於後

果臝蒲盧 唐石經單疏本正德本同石經考文提要引至善堂九經本亦作臝雪牕本閩本監本毛本臝改蠃按說文蠃蜾蠃也从虫羸聲作蠃為俗字五經文字蠃魯果反見爾雅為勝於開成石經當本之釋文今釋文亦改蠃矣詩小宛作蜾蠃說文於艸部作果蓏於虫部作蜾蠃爾雅當與說文同

即細要蠭也 單疏本正德本同雪牕本閩本監本毛本要作腰釋文細要一遙反本今作腰

亦曰戎女 雪牕本注疏本同詩小宛正義引作亦呼為戎女

蜾蠃負之 注疏本蜾作果釋文音經果本又作蜾大元親次三蜾蠃負之宋司馬君實注引詩作蜾

貟之於木空中　注疏本貟誤附

蝎桑蠹　唐石經雪牕本同注疏本蠹作蠧非

本草又名夜光　注疏本又作一此本又下剜擠一字今刪正

蚅烏蠋　唐石經單疏本雪牕本同釋文螐音烏本又作烏按玉篇虫部螐螐蠋也

鱣似蛇　正德本鱣誤亶閩本監本毛本改蟺下同

則忘其所惡　閩本監本毛本忘誤亡正德本誤死

小蟲似蜹喜亂飛　雪牕本閩本監本毛本同單疏本蜹作蜹正德本作芮卽蜹之訛疏中準此釋文蜹又作蚋按說文秦晉謂之蜹楚謂之蚊从虫芮聲一切經音義卷八引此注作蜹今本作蚋非喜亦當作憙

因雨而生　注疏本而誤布

卽螲蟷　雪牕本注疏本同釋文蟷丁郎反此本作蝙訛螲蟷之爲蛈蜴語轉耳

讎由樗繭　唐石經雪牕本同釋文讎市由反本今作雠

食蕭葉者　雪牕本同注疏本脫者按廣韻十一唐蚢字下引此注有者

因所食葉異　注疏本脫異

食樗葉棘葉欒葉者名讎由　浦鏜云下脫棘欒二字

蠹醜鏬　正德本同雪牕本閩本監本毛本鏬作罅唐石經作鏬釋文罅呼暇反本今作鏬段玉裁云後人訛寫從金也釋文當是本作罅○按廣韻九御引爾雅蠹醜罅字不作鏬

皆剖坼母背　監本毛本同舊本閩本脫背

强斯之類　注疏本强斯改螽斯

好垂其腴以休息　注疏本休誤伏

食葉蟘　注疏本同唐石經單疏本雪牕本蟘作蟦按釋文蟘字又作蟦今本作蟦非

食節賊　唐石經雪牕本同釋文蠈音賊本今作賊按玉篇蠈音賊食禾節蟲與陸本合今本蓋據毛詩改

分別蟲啖食禾所在之名耳　雪牕本注疏本同按詩大田正義引郭云分別蟲啖禾所在之名耳郭注多言啖蓋詩正義引作啖注疏本作食今本誤幷爲一

故曰蟘也　舊本同閩本監本毛本蟘改蟦下同

螟似子方而頭不赤　注疏本子方作虸蚄廣韻虸蚄蟲名按詩正義作子方與此合

賊似桃李中蠹蟲　注疏本脫似

吏抵冒取民財　舊本同閩本監本毛本抵誤秪

釋魚第十六

是以不盡載魚名　元本闕載閩本監本剜改作釋毛本承之

石磧上釣取之　元本同閩本監本毛本釣改鈎

又以今語驗之　元本闕今閩本監本毛本改時

則鯉鮪鱣鮥　注疏本鮥改鮎

鱧注鮦也○釋曰今鱧魚也　注疏本刪注鮦也釋曰五字此本鱧誤鯉今訂正

今鯶魚似鱒而大　單疏本雪牕本同釋文鯶胡本反此本鯶訛鱓今訂正按此云鯶魚似鱒下鱒注云似鯶子可互證

體員而有點文　雪牕本元本同閩本監本毛本員改圓下䰳陸注同按點文當作文點下言見注云白爲文點黃爲文點黑爲文點此作點文非

此卽上文鱧也　元本同閩本監本毛本文改云

鱯魚名似鮎而大　注疏本同此本鱯字剜改作鮭今訂正

今青州呼鮍魚爲鰝音鄗　雪牕本同注疏本刪下三字釋文鰝郭音鄗戶老反鄗芳弓反

魚禁鯤鱬　詩敝笱正義宋本同注疏本鱬作鮞按鱬當作鱬卽鮞字之變體淺人改鱬別爲一字矣

健啖細魚　雪牕本注疏本同釋文啖作噉大敢反

鱏長鼻魚也　注疏本鼻作鼻下並同

鮬魚出江東　注疏本脫出

見敂者得魚　注疏本脫者

其小者名爲鮥　注疏本脫爲

鮥鮛鮪　唐石經單疏本雪牕本同五經文字鮛音叔按釋文云叔字林作鮛是爾雅不作鮛也詩碩釋文引爾雅云鮥叔鮪可證然則五經文字唐石經作鮛非又按說文鮪鮥也鮥鮪也互訓今本鮪下衍叔字鄭箋詩碩人及潛皆云鮪鮥也蓋散文則鮪鮥不別對文則大者名鮪小者名鮥

大者名王鮪小者名鮛鮪　雪牕本注疏本同按鮛當作叔文選江賦魚則江豚海狶叔鮪王鱣李善引爾雅鮥鮛鮪郭注曰大者王鮪小者叔鮪又詩碩人釋文曰大者曰王鮪小者曰鮛鮪可與經互證

卽此魚也音洛　雪牕本同注疏本刪下二字釋文鮥郭音洛

崖上山腹有穴　注疏本上誤二

天官𩾃人春獻王鮪　注疏本𩾃改漁元本闕獻閩本監本毛本改薦

膄細而長　注疏本膄誤腹

鮤鱴刀　唐石經雪牕本注疏本同單疏本鱴作蠛釋文鱴亡節反按玉篇鱴與鮇同海中魚似鮑也義別鮤字注引此作蔑刀周禮鼈人注貍物亦謂鱴刀含漿之類釋文鱴字無音

亦呼爲魛魚　單疏本雪牕本注疏本同毛本魛誤鮡疏同按此經作刀注作魛釋文音經刀亦作魛非

一名鮤一名蠛刀一名魛魚　注疏本鮤下衍魚蠛作鱴魛誤鮡

故云似鮒子　注疏本脫似

鮻魚出樂浪潘國　注疏本出誤也

出穢邪頭國○按釋文魵郭云小鰕別名集韵亦引郭同小鰕云小鰕者謂今蝦之小者對上文鰝大鰕而言郭注並載二說而今本有脫也

江東呼魴魚爲鯿　雪牕本注疏本同詩九罭正義引此注云江東人呼魴魚爲鯿按人字當有

一名魾音毗　雪牕本同注疏本刪下二字釋文魾音丕又音毗又音郎郭音也

肥恬而少肉細鱗　元本同閩本監本毛本少肉作小力

一名子孑　單疏本雪牕本同注疏本及此本作孑孑非疏中同今訂正釋文孑紀列反字林云無右臂孑九月反字林云無左臂

今江東呼水中蛭蟲入人肉者爲蟣　雪牕本注疏本同按疏云此水中蛭蟲憙入人肉者江東呼爲蟣本注爲說入人肉者上當脫憙字蜆縊女注云憙自經死可證

憙入人肉者　注疏本憙改喜

卽楚王食寒菹　注疏本脫楚菹改葅

蝦蟆子　單疏本雪牕本同釋文蟆字又作蟇按一切經音義卷四引此云蝦蟇子也與陸本合

外有理縱橫　雪牕本注疏本同釋文從子容反本今作縱

形似紡軖音狂○注疏本刪音狂

鼁鱦蟾諸　唐石經單疏本雪牕本同釋文鼁起據反鱦音秋蟾音諸本今作諸戴震曰鼁說文作鼀今爾雅轉寫訛按鱦當爲鱦說文鼁鱦同字非誤其引詩得此鱦今毛詩作戚施鱦與戚鼁與施皆聲相近斯其證矣釋文鱦爲爾之訛一切經音義卷十引爾雅作蟾蠩與陸本合今本作諸

似蝦蟆居陸地淮南謂之去蚥　單疏本同一切經音義卷上引作似蝦蟇與上陸本合釋文蚥音甫雪牕本注疏本及此本作蚊訛今訂正疏中同

但相似耳　注疏本但誤俱

蟾諸頭生角者　注疏本脫頭

蜌蠯　唐石經單疏本雪牕本同釋文蠯字林作廲挍者云本今作蠯

掌饋食之豆云脾析蠯醢　注疏本掌改職蠯改蠯

大苦山多三足龜　單疏本雪牕本元本同閩本苦剜改𦯷監本毛本承之此本剜改作苦今訂正

今吳興郡陽羨縣　雪牕本同注疏本脫今按文選江賦注引此注有今

遊戲山東南二十里　元本同閩本二十剜擠作三十五監本毛本承之

食之無蟲疾　元本同閩本剜改蟲疾為蠱疫監本毛本承之

曰大苦山　元本同閩本剜改苦作𦯷監本毛本承之

形似蛞蝓　注疏本蛞誤蛣

葵菹蠃醢　注疏本葵誤莫

螺大者如斗　雪牕本注疏本同按此經作蠃注作螺釋文上云蠃力禾反下同注作螺字亦同可證

即彭蜞也　單疏本雪牕本同注疏本彭改蟚釋文蟚音彭本今作彭按今本據釋文改與舊挍不符矣

似蟹而小音滑　雪牕本同注疏本刪下二字

蟚即彭蜞也　元本同閩本監本毛本彭改蟚

案埤蒼即云螺屬　元本亦作即云下二字闕閩本剜改作云即蟚蜞監本毛本承之

月令孟冬之月云　注疏本云倒月令下

可飾佩刀削　元本同閩本削剜改鞘監本毛本承之

東注激女水　注疏本女作汝依今本山海經改按釋文引東山經作激女之水與此合

仰者謝　唐石經雪牕本同釋文謝如字衆家本作射按禮記玉藻注云謂靈射之屬所當用者是鄭氏所據本亦作射龜人地龜曰繹屬注云仰者繹此順周禮經字以繹為射也周禮古文故作繹爾雅今文故作射郭本作謝非

行頭左庫　雪牕本注疏本同釋文俾普計反下同本今作庫疏云謂行時頭左邊庫下者按說文俾俾門侍人俛俾也一切經音義卷十云說文頃傾頭也蒼頡篇頃不正也經文作俾是俾頃字通左右俾者行時頭俾倚於左右少衺傾也釋文音經俛亦作睨文選思元賦注引爾雅左睨不類郭注曰行頭左睥也周禮龜人疏云頭向左右睥睨然考說文有俾無睥睨為邪視其義非也此當從陸本作俾邪疏作庫高字誤甚

龜俯者靈　注疏本脫龜

車渠謂車輞　釋文車輞音罔雪牕本注疏本作輞按疏云考工記謂車輞為渠故云渠謂車輞然則上車字衍文因上引書大傳致誤

小者鰿　唐石經雪牕本同釋文鱝字又作鰿

餘貾黃白文　唐石經雪牕本同釋文蚳字或作貾同按五經文字貾丈尸反見爾雅

今之紫貝　雪牕本同注疏本無之

謂污薄　雪牕本注疏本同釋文污作汙

蟦小而橢　唐石經雪牕本注疏本同釋文蟦本或作鰿按注云即上小貝則當同上作蟦石經上鰿下蟦非釋文當為鰿本或作蟦邪疏釋此經曰小而狹長者名鰿又釋注曰云即上貝知者以其同名鰿也則邪本上下皆作鰿字

橢謂狹而長　單疏本雪牕本同釋文狹作陜

貝海介蟲也　注疏本海誤為

周而有泉　注疏本改周有泉貝

大而汙薄者名蜠　注疏本脫者

西伯既戡耆　注疏本耆改黎按書釋文曰黎尚書大傳作耆書正義曰書傳云文王受命五年伐耆詩文王正義曰殷傳云西伯得四友獻寶免於虎口而克耆此皆大傳作耆之證

紂囚之牖里　注疏本牖改羑

以備其辜　注疏本作以贖其辜按此作備誤釋詁辜辠也

其文采之異大小之殊甚衆　注疏本脫之異大小倒

以黃為文　注疏本脫以

其白質如玉　注疏本脫其

今九眞交趾以為杯盤　注疏本今上衍皆杯作柸

以其同名鰿也　正德本同閩本監本毛本鰿誤蟦

隨山喬嶽　注疏本隨作墮非

其循幾何　浦鏜云楚辭循作衍按此蓋脩字之譌

或謂之蠦蟔　盧墨兩音

或謂之刺易　南陽人呼蝘蜓

其在澤中者謂之易蜥　注疏本刺易易蜥皆改蜥蜴盧墨改蠦蟔脫人字者字音切俱作大字

或謂之蠑螈　注疏本此下誤空一字

則是在草澤中者名蠑螈蜥蜴在壁者名蝘蜓守宮也　注疏本脫是及下者

檮萬杵　正德本閩本同監本毛本檮改搗

今淮南人呼蝁子音惡　雪牕本同注疏本刪下二字

螣螣蛇　唐石經雪牕本同單疏本注疏本作螣螣蛇釋文螣直錦反字又作朕螣字又作騰徒登反按螣螣雖兩體實一字也據釋文知本作螣騰蛇注云能興雲霧而遊其中即騰之謂也唐石經作螣螣誤文選思元賦注藝文類聚卷九十六皆引爾雅作騰蛇與釋文合

淮南云蟒蛇　單疏本雪牕本同疏云蟒當為奔淮南子覽冥篇後奔蛇許慎云奔蛇馳蛇是也或曰淮南人呼此螣為蟒蛇義亦通按注引淮南子奔蛇以證經之騰蛇奔騰一義也故許注又轉為馳蛇馳亦奔騰之意也因字形相涉奔誤為莽又因下有蟒王蛇遂改莽作蟒此當從邪叔明義或說非也

雲黃璐　注疏本璐誤路按依淮南子當作絡雲黃

淮南人呼此螣為蟒蛇　正德本誤蟒螣閩本監本毛本誤蟒蟒

蟒蛇最大者故曰王蛇　雪牕本注疏本同按一切經音義卷六引此注云虵之最大者故曰王是訓莽為大也邪疏亦云此蛇之最大者也今本作蟒蛇最大者非孫星衍云蟒義當用莽小爾雅莽大也○按蟒迺蛇最大者句

蝮虺　唐石經單疏本雪牕本同釋文蝮字亦作蝮虫即虺字也說文云虫一名蝮博三寸首大如擘字林同郭云別自一種蛇名蝮虺本今作虺按此為經作虫注作虺之明證唐石經以下諸本俱係後人援注所改

又名蚦　注疏本蚦下衍指

郭璞曰　注疏本脫璞

文間有毛似豬鬣　注疏本豬作猪

大者長八九尺　雪牕本同注疏本此下有別名鯇三字係疏語竄入

涪陵郡出大龜甲可以卜緣中文似瑇瑁俗呼為靈龜　雪牕本注疏本同段玉裁云文當作乂靈龜當作靈乂乂叙古今字依蜀都賦注華陽國志訂正毒冒即龜之王大者其甲可為叙

見龜策傳　單疏本雪牕本同釋文筴初革反本今作策

背上有盤法丘山　注疏本脫有

公羊傳曰　注疏本曰作云

言世世保用之辭　舊本閩本同監本毛本保改寶

其實河圖說靈龜也　元本閩本監本同毛本實誤寶

上有檮蓍　索隱云檮古稠字元本檮誤儔閩本監本毛本作壽今史記作下有檮著下當從此作上○按檮當从木

今去天南東萬里　元本同閩本剜改天為扶監本毛本承之

名之火澣布是也　浦鏜云今誤名

爾雅疏卷第十

翰林侍講學士朝請大夫守國子祭酒上柱國賜紫金魚袋臣邢昺等奉

勑校定

釋鳥第十七

〔疏〕釋鳥第十七○釋曰說文云鳥者羽禽之總名象形字左傳曰少皞氏以鳥名官之類此篇廣釋其名也

隹其鳺鴀。今鵓鳩○鳺方扶切鴀方浮切〔疏〕隹其鳺鴀○釋曰舍人曰鵻一名夫不李巡曰今楚鳩也某氏引春秋云祝鳩氏司徒祝鳩即鵻其夫不孝故爲司徒也郭云今鵓鳩詩曰翩翩者鵻毛傳云鵻夫不也一宿之鳥鄭箋云一宿者一意於所宿之木又云鳥之謹愨者人皆愛之則此是謹愨孝順之鳥也陸機云今小鳩也一名鵓鳩幽州人或謂之鵓鷚梁宋之間謂之隹楊州人亦然

鶌鳩鶻鵃。似山鵲而小短尾青黑色多聲今江東亦呼爲鶻鵃○鶌居物切鶻音骨鵃音嘲〔疏〕鶌鳩鶻鵃○釋曰春秋左氏傳云鶻鳩氏司事也杜注云鶻鳩鶻鵃也春來秋去故爲司事即此鶌鳩也舍人曰鶌鳩一名鶻鵃今之班鳩孫炎曰鶻鳩一名鳴鳩月令云鳴鳩拂其羽郭云似山鵲而小短尾青黑色多聲今江東亦呼爲鶻鵃似案舊說及廣雅皆云班鳩非也

鳲鳩鴶鵴。今之布穀也江東呼爲穫穀○鳲音尸鴶古八切鵴音菊〔疏〕鳲鳩鴶鵴○釋曰左傳云鳲鳩氏司空也詩召南云維鵲有巢維鳩居之皆謂此也郭云今之布穀江東呼爲穫穀埤倉云鴶鵴方言云戴勝謝氏云布穀類也陸機云今梁宋之間謂布穀爲鴶鵴一名擊穀一名桑鳩案戴勝自生穴中不巢生而方言云戴勝非也

鷑鳩鵧鷑。小黑鳥鳴自呼江東名爲烏鵧○鷑音及鵧符悲切〔疏〕鷑鳩鵧鷑○釋曰鷑鳩一名鵧鷑郭云小黑鳥鳴自呼江東名爲烏鵧

鴡鳩王鴡。雕類今江東呼之爲鶚好在江渚山邊食魚毛詩傳曰鳥摯而有別○鴡七徐反〔疏〕鴡鳩王鴡○釋曰李巡曰王鴡一名鴡鳩郭云類今江東呼之爲鶚好在江渚山邊食魚詩周南云關關鴡鳩陸機疏云鴡鳩大小如鴟深目目上骨露幽州謂之鷲而楊雄許慎皆曰白鷢似鷹尾上白○注毛詩傳曰鳥摯而有別釋曰此即關雎傳文也摯至也謂鳥中雖雄情意至厚而猶能有別故以興后妃說樂君子情深猶能不淫其色

鵅鵋鶀。今江東呼鵂鶹爲鵋鶀亦謂之鵂鵅音格○鵋音忌鶀音欺〔疏〕鵅鵋鶀○釋曰鵅一名鵋鶀郭云今江東呼鵂鶹爲鵋鶀亦謂之鵂鶹

鶅鵵軌。未詳

鴗天狗。小鳥也青似翠食魚江東呼爲水狗○鵵音兔鴗音立〔疏〕鴗天狗○釋曰鴗一名天狗郭云小鳥也青似翠今江東呼爲水狗

鷚天鸙。大如鷃雀色似鶉好高飛作聲今江東名之曰天鷚音綢繆○鷚士侯切鸙音藥〔疏〕鷚天鸙○釋曰鷚一名天鸙郭云大如鷃雀色似鶉好高飛作聲今江東名之曰天鷚音綢繆者詩豳風云綢繆牖戶取其音同故讀從之

鵱鷜鵝。今之野鵝○鵱音六鷜力于切〔疏〕鵱鷜鵝○釋曰鵱鷜者野鵝之別名也郭云今之野鵝

鶬麋鴰。今呼鶬鴰○鴰古活切〔疏〕鶬麋鴰○釋曰鶬一名麋鴰郭云今呼鶬鴰

鵅烏鸔。水鳥也似鶂而短頸腹翅紫白背上綠色江東呼烏鸔音駮○鵅音洛鸔音剝〔疏〕鵅烏鸔○釋曰鵅一名烏鸔郭云水鳥也似鶂而短頸腹翅紫白背上綠色江東呼烏鸔

舒鴈鵝。禮記曰出如舒鴈今江東呼鴚音加〔疏〕舒鴈鵝○釋曰鵝一名舒鴈今江東呼鴚某氏云在野舒翼飛遠者爲鵝李巡曰野曰鴈家曰鵝○注禮記曰出如舒鴈○釋曰聘禮記文也案彼云私覿愉愉焉出如舒鴈鄭注云威儀自然而有行列是也

舒鳧鶩。鴨也○鶩音木〔疏〕舒鳧鶩○釋曰鶩鴨也一名舒鳧李巡曰野曰鳧家曰鶩禮記內則辨鳥之不可食者云舒鳧翠

鳽鵁鶄。似鳧腳高毛冠江東人家養之以厭火災○鳽音額鵁音交鶄音精〔疏〕鳽鵁鶄○釋曰鵁鶄一名鳽郭云似鳧腳高毛冠江東人家養之以厭火災

輿鵛鶋。未詳

鵜鴮鸅。今之鵜鶘也好羣飛沈水食魚故名洿澤俗呼之爲淘河○鵛音經[illegible]鵜音啼鴮音烏鸅音澤〔疏〕鵜鴮鸅○釋曰舍人曰鵜一名鴮鸅郭云今之鵜鶘也好羣飛沈水食魚一名洿澤俗呼之爲淘河詩曹風云維鵜在梁陸機疏云鵜水鳥形如鶚而極大喙長尺餘直而廣口中正赤頷下胡大如數斗囊若小澤中有魚便羣共抒水滿其胡而棄之令水竭盡魚在陸地乃共食之故曰淘河

鶾天雞。鶾雞赤羽逸周書曰文鶾若彩雞成王時蜀人獻之○鶾音汗〔疏〕鶾天雞○釋曰鶾一名天雞赤羽之鳥也○注逸周書至獻之○釋曰云逸周書曰者雖是周書不在尚書百篇內故曰逸周書今所謂汲冢周書也云文鶾若彩雞者王會篇文也案彼云蜀人以文鶾文鶾者若翬雉孔晁注云鳥有文彩者是也云成王時蜀人獻之者案彼孔晁注又云王城既成大會諸侯及四夷故知當成王時蜀人獻之也

鷽山鵲。似鵲而有文彩長尾觜腳赤○鷽音握〔疏〕鷽山鵲○釋曰山鵲一名鷽郭云似鵲而有文彩長尾觜腳赤說文云知來事鳥也

鷣負雀。鷣鷂也江南呼之爲鷣善捉雀因名云○鷣音淫〔疏〕鷣負雀○釋曰鷣一名負雀郭云鷣鷂也江南呼之爲鷣善捉雀因名云

齧齒艾。未詳

鶨鵙老。鵮鶨也俗呼爲癡鳥○鶨丑絹切鵮巨炎切〔疏〕鶨鵙老○釋曰鶨一名鵙老郭云鵮鶨俗呼爲癡鳥字林云勾喙鳥

鳸鴳。今鴳雀○鳸音戶鴳音晏〔疏〕鳸鴳○釋曰別二名也郭云今鴳雀案舍人李巡孫炎郭氏皆斷老上屬鳸下屬解云鶨一名鵙老鳸一名鴳鴳雀也唯樊光斷鶨鵙爲句以老下屬注云春秋云九鳸爲九農正九鳸者春鳸夏鳸秋鳸冬鳸棘鳸行鳸宵鳸桑鳸老鳸是以老爲下屬唯鴳不重耳杜預仍云老鳸鴳鴳非郭義

桑鳸竊脂。俗謂之青雀觜曲食肉好盜脂膏因名云〔疏〕桑鳸竊脂○釋曰桑鳸一名竊脂郭云俗謂之青雀觜曲食肉好盜脂膏因名云鄭玄詩箋云竊脂肉食陸機毛詩疏云竊脂青雀也好竊人脯肉脂及筩中膏故以名竊脂也諸儒說竊脂皆謂盜人脂膏即如下云竊玄竊黃者豈復盜竊玄黃乎案下篇釋獸云虎竊毛謂之虦貓魋如小熊竊毛而黃竊毛皆謂淺毛竊即古之淺字但此鳥其色不純竊玄淺黑也竊藍淺青也竊黃淺黃也竊丹淺赤也四色皆具則竊脂爲淺白也而諸儒必爲盜竊脂膏者以此經下別云桑鳸竊脂與竊玄竊黃等并列則爲淺白者也春秋九鳸是也此自別一種青雀好竊脂肉目驗而然詩小雅交交桑鳸是也且鄭玄郭璞陸機皆當世名儒無容不知竊爲淺義爲自色而待後人刊正也後人不達此旨妄說異端非也

鳭鷯剖葦。好剖葦皮食其中蟲因名云江東呼蘆虎似雀青斑長尾○鷯力周切〔疏〕鳭鷯剖葦○釋曰鳭鷯一名剖葦郭云好剖葦皮食其中蟲因名云江東呼蘆虎似雀青斑長尾

桃蟲鷦其雌鴱。鷦䳭桃雀也俗呼爲巧婦○鴱音艾〔疏〕桃蟲鷦其雌鴱○釋曰舍人曰桃蟲名鷦其雌名鴱郭云鷦䳭桃雀也俗呼爲巧婦此鷦䳭小鳥而生鵰鶚者也詩周頌云肇允彼桃蟲拚飛維鳥毛傳云桃蟲鷦也鳥之始小終大者陸機疏云今鷦鷯是也微小於黃雀其雛化而爲鵰故俗語鷦鷯生鵰鄭詩箋云鷦之所爲鳥題肩也或曰鴞皆惡聲之鳥其義未詳方言說巧婦之名自關而東謂之工爵或謂之過贏或謂之女鴎自關而東謂之鸋鴂自關而西謂之桑飛或謂之韈爵是也

鶠鳳其雌皇。瑞應鳥雞頭蛇頸燕頷龜背魚尾五彩色高六尺許〔疏〕鶠鳳其雌皇○釋曰鳳一名鶠郭云瑞應鳥雞頭蛇頸燕頷龜背魚尾五彩色高六尺許說文云神鳥也天老曰鳳像麟前鹿後蛇頭魚尾龍文龜背燕頷雞喙五色備舉出於東方君子之國翱翔四海之外過崐崘飲砥柱濯羽弱水莫宿丹穴見則天下大安寧字從鳥凡聲鳳飛則羣鳥從以萬數故鳳古作朋字山海經曰丹穴之山有鳥焉其狀如鶴五彩而文名曰鳳首文曰德翼文曰順背文曰義膺文曰仁腹文曰信是鳥也飲食自歌自舞見則天下大安寧京房易傳曰鳳皇高丈二漢時鳳皇數至漢書云高五六尺是說鳳皇之狀也

䳭鴒雝渠。雀屬也飛則鳴行則搖〔疏〕䳭鴒雝渠○釋曰䳭鴒一名雝渠水鳥也郭云雀屬也飛則鳴行則搖詩小雅云脊令在原陸機疏云大如鷃雀長腳長尾尖喙背上青灰色腹下白頸下黑如連錢故杜陽人謂之連錢是也

鷽斯鵯鶋。鴉烏也小而多羣腹下白江東亦呼爲鵯烏音匹○鷽音預〔疏〕鷽斯鵯鶋○釋曰鷽斯一名鵯鶋郭云鴉烏也小而多羣腹下白江東亦呼爲鵯烏詩小雅云弁彼鷽斯毛傳云鷽鵯然則此鳥名鷽而云斯者語辭猶蓼彼蕭斯之類也小爾雅云小而腹下白不反哺者謂之雅烏說文字林皆云楚烏是也

燕白脰烏。脰頸○脰音豆〔疏〕燕白脰烏○釋曰脰項也小爾雅云白項而羣飛者謂之燕烏白脰烏是也

鴽鴾母。鵪也青州呼鴾母○鴽音如鴾音謀〔疏〕鴽鴾母○釋曰李巡云鴽鵪一名鴾母郭云鵪也青州呼鴾母田鼠所化者也月令季春田鼠化爲鴽是也

密肌繫英。釋蟲以有此名疑誤重

嶲周。子嶲鳥出蜀中○嶲音攜〔疏〕嶲周○釋曰子嶲鳥也出蜀中說文云嶲蜀王望帝化爲子嶲今謂之子規是也

燕燕鳦。詩云燕燕于飛一名玄鳥齊人呼鳦○鳦音乙〔疏〕燕燕鳦○釋曰燕燕又名鳦郭云一名玄鳥齊人呼鳦此燕燕即今之燕也古人重言之詩云燕燕于飛漢書童謠云燕燕尾涎涎是也孫炎舍人以嶲周燕燕鳦爲一物三名郭所不取也○注詩云至呼鳦○釋曰詩云燕燕于飛者邶風衛莊姜送歸妾之詩也云一名玄鳥者案月令仲春之月玄鳥至以其色玄故謂之玄鳥也云齊人呼鳦者[illegible]

鴟鴞鸋鴂。鴟類○鴟尺之切鴂音決〔疏〕鴟鴞鸋鴂○釋曰舍人云鴟鴞一名鸋鴂郭云鴟類[illegible]鴟鴞毛傳云鴟鴞鸋鴂陸機疏云鴟鴞似黃雀而小其喙尖如錐取茅秀爲窠以麻紩之如刺韈然縣著樹枝或一房或二房幽州人謂之鸋鴂或曰巧婦或曰女匠關東謂之工雀或謂之過贏關西謂之桑飛或謂之韈雀或曰巧女先儒皆以爲今之巧婦郭注此云鴟類又注方言云鴟鴞鴟屬非此小雀明矣是與先儒意異也今爾雅以郭氏爲宗且依郭

郭氏狂、茅鴟。今鵂鴟也，似鷹而白。怪鴟。即鴟鵂也。見廣雅。今江東通呼此屬為怪鳥。梟鴟。土梟。○梟音嬌。［疏］狂茅鴟怪鴟梟鴟○釋曰：此別鴟類也。茅鴟一名狂。廣雅云：茅鴟，鵂也。郭云：今鵂鴟也，似鷹而白。怪鴟，廣雅謂之鴟鵂。郭云：今江東通呼此屬為怪鳥。梟一名鴟。郭云土梟。說文云：梟，食母不孝之鳥，故冬至捕梟磔之。字從鳥首在木上。詩陳風云：墓門有梅，有鴞萃止。毛傳云：惡聲之鳥也。一名鵩，一名梟，一名鴟。大雅瞻卬云：為梟為鴟。陸機云：鴞大如班鳩，綠色，惡聲之鳥也。入家凶，賈誼所賦鵩鳥是也。其肉甚美，可為羹臞，又可為炙。漢供御物，各隨其時，鴞冬夏常施之，以其美故也。

鶻、劉疾。未詳。生哺、鷇。鳥子須母食之。生噣、雛。皆自食。○鷇音皆瞉古候切。噣音啄。雛仕俱切。［疏］生哺鷇生噣雛○釋曰：辨鳥子之異名也。鷇，鳥子生須母哺而食者名瞉，謂燕雀之屬也。史記趙武靈王探雀鷇而食之是也。鳥子生而能自啄食者名雛，謂雞雉之屬也。禮記內則云：雛尾不盈握弗食是也。

爰居、雜縣。國語曰：海鳥爰居。漢元帝時琅邪有大鳥如馬駒，時人謂之爰居。［疏］爰居雜縣○釋曰：爰居，海鳥也，大如馬駒，一名雜縣。漢元帝時琅邪有之。○注國語至爰居○釋曰：云國語曰海鳥爰居者，案魯語云：海鳥曰爰居，止於魯東門之外三日，臧文仲命國人祭之。展禽曰：越哉臧孫之為政也。夫祀，國之大節也；節，政之所成也。故制祭祀以為國典。今無故而加典，非政之宜也。今海鳥至，已不知而祀之，以為國典，難以言仁且知矣。夫仁者講功，而知者處物。無功而祀之，非仁也；不知而弗問，非知也。今茲海其有災乎？夫廣川之鳥獸，皆知辟其災也。是歲也，海多大風，冬煖。是其事也。

春鳸、鳻鶞。夏鳸、竊玄。秋鳸、竊藍。冬鳸、竊黃。桑鳸、竊脂。棘鳸、竊丹。行鳸、唶唶。宵鳸、嘖嘖。諸鳸皆因其毛色音聲以為名。竊藍，青色。○鳻音汾。鶞勑倫切。唶音即。嘖音責。［疏］春鳸至嘖嘖○釋曰：李巡云：諸鳸別春夏秋冬四時之名。唶唶、嘖嘖，鳥聲貌也。郭云：諸鳸皆因其毛色音聲以為名。竊藍，青色。案昭十七年左傳云：九鳸為九農正。以此八鳸并上鳸鴳為九。賈逵注云：春鳸分循，相五土之宜，趣民耕種者也。夏鳸竊玄，趣民耘苗者也。秋鳸竊藍，趣民收斂者也。冬鳸竊黃，趣民蓋藏者也。棘鳸竊丹，為果驅鳥者也。行鳸唶唶，晝為民驅鳥者也。宵鳸嘖嘖，夜為農驅獸者也。桑鳸竊脂，為蠶驅雀者也。老鳸鷃鷃，趣民收麥，令不得晏起者也。舍人、樊光注爾雅，其言亦與賈同。其意皆謂以鳸為官，還令依此諸鳸而動作也。然則趣民耕耘及收斂蓋藏，其事可得召民使聚而號令之。其為果驅鳥，為蠶驅雀，豈得多置官方，使之就果樹、入蠶室，為民驅之哉？又晝驅鳥，夜驅獸，不可竟日通宵常在田野。溥天之下，何以可周？且其言不經，難可據信也。故郭氏及杜預皆不從也。

鵖鴔、戴鵀。鵀即頭上勝，今亦呼為戴勝。鵖鴔猶鵖鵖，語聲轉耳。○鵖彼及切。鴔皮及切。鵀音賃。［疏］鵖鴔戴鵀○釋曰：李巡云：戴勝一名鵖鴔。郭云：鵀即頭上勝，今亦呼為戴勝。鵖鴔猶鵖鴔，語聲轉耳。月令季春云：戴勝降于桑。方言云：燕之東北、朝鮮冽水之間謂之鵖鴔，自關而東謂之戴鵀，或謂之戴須，或謂之戴勝。東齊吳揚之間謂之鵀，自關而西謂之服鶝，或謂之鶝鶝。

鶭、澤虞。今婟澤鳥，似水鴨，蒼黑色，常在澤中，見人輒鳴喚不去。有象主守之官，因名云。俗呼為護田鳥。○鶭孚往切。［疏］鶭澤虞○釋曰：澤虞一名鶭。郭云：今婟澤鳥，似水鴨，蒼黑色，常在澤中，見人輒鳴喚不去。有象主守之官，因名云。俗呼為護田鳥。說文云：婟，嫪也。聲類云：婟嫪，戀惜也。以此鳥戀惜泚澤，見人不去，因名婟澤鳥也。

鷀、鷧。即鸕鷀也。觜頭曲如鉤，食魚。○鷀音慈。鷧於計切。［疏］鷀鷧○釋曰：別二名也。字林云：似鶂而黑。郭云：即鸕鷀也。

鷯、鶉。其雄鶛、牝痺。鵪鶉屬。○痺音脾。［疏］鷯鶉其雄鶛牝痺○釋曰：李巡曰：別雄雌異方之言。鶉一名鷯，其雄名鶛，其牝名痺。郭云：鵪鶉屬。即上云鴽鴾母者也。鴽，鼠所化者。鶉，蝦蟆所化者也。

鸍、沈鳧。似鴨而小，長尾，背上有文。今江東亦呼為鸍。音施。［疏］鸍沈鳧○釋曰：鸍一名沈鳧。郭云：似鴨而小，長尾，背上有文。陸機云：鸍大小如鴨，青色，卑腳短喙，水鳥之謹愿者也。大雅云：鳧鷖在涇。

鴢、頭鵁。似鳧，腳近尾，略不能行。江東謂之魚鵁。音髐。○鴢音拗。鵁音交。［疏］鴢頭鵁○釋曰：鴢一名頭鵁。郭云：似鳧，腳近尾，略不能行。江東謂之魚鵁。山海經云：青要之山，畛水出焉，而北流注于河，其中有鳥焉，名曰鴢，狀如鳧，青身朱目赤毛，食之宜子是也。

鵽鳩、寇雉。鵽大如鴿，似雌雉，鼠腳，無後指，岐尾，為鳥憨急羣飛，出北方沙漠地。○鵽丁刮切。［疏］鵽鳩寇雉○釋曰：寇雉一名鵽鳩。郭云：鵽大如鴿，似雌雉，鼠腳，無後指，岐尾，為鳥憨急羣飛，出北方沙漠地。下云寇雉泆泆是也。

萑、老鵵。木兔也。似鴟鵂而小，兔頭有角，毛腳，夜飛，好食雞。○萑音丸。［疏］萑老鵵○釋曰：萑一名老鵵。郭云：木兔也。似鴟鵂而小，兔頭有角，毛腳，夜飛，好食雞。

鶅、鵑鳥。似雉，青身白頭。［疏］釋曰：鵑鳥一名鶅。郭云：似雉，青身白頭。

狂、瘳鳥。狂鳥，五色，有冠。見山海經。［疏］狂瘳鳥○釋曰：瘳鳥一名狂。案大荒西經云：五采之鳥有冠，名曰狂鳥是也。

皇、黃鳥。俗呼黃離留，亦名搏黍。［疏］皇黃鳥○釋曰：舍人曰：皇名黃鳥。郭云：俗呼黃離留，亦名搏黍。陸機疏云：黃鳥，黃鸝留也，或謂之黃栗留。幽州人謂之黃鶯，一名倉庚，一名商庚，一名鶩黃，一名楚雀。齊人謂之搏黍，關西謂之黃鳥。當葚熟時，來在桑間，故里語曰：黃栗留，看我麥黃葚熟，亦是應節趨時之鳥也。自此以下諸言倉庚、商庚、鶩黃、楚雀，文與此一也。

翠、鷸。似燕，紺色，生鬱林。○鷸音聿。［疏］翠鷸○釋曰：李巡曰：一名為翠，其羽可以為飾。樊光云：青羽雀也。說文云：翠，青羽雀也，出鬱林。然則翠羽可以飾器物，故尚書、尉佗獻文帝翠鳥千，孔叡二十四年左氏傳鄭子臧好聚鷸冠是也。

鸀、山烏。似烏而小，赤觜，穴乳，出西方。○鸀音蜀。［疏］釋曰：鸀一名山烏。郭云：似烏而小，赤觜，穴乳，出西方。

蝙蝠、服翼。齊人呼為蟙蠼，或謂之仙鼠。［疏］蝙蝠服翼○釋曰：蝙蝠一名服翼。郭云：齊人呼為蟙蠼，或謂之仙鼠。方言云：蝙蝠，自關而東謂之服翼，或謂之飛鼠，或謂之老鼠，或謂之仙鼠。自關而西秦隴之間謂之蝙蝠，北燕謂之蟙蠼。

晨風、鸇。鷂屬。詩曰：鴥彼晨風。○鸇之然切。［疏］晨風鸇○釋曰：晨風一名鸇。郭云鷂屬。陸機云：鸇似鷂，青黃色，燕頷勾喙，嚮風搖翅，乃因風飛，急疾擊鳩鴿燕雀食之。詩秦風晨風篇文也。

鸉、白鷹。似鷹，尾上白。○鸉音陽。［疏］釋曰：鸉一名白鷹。郭云：似鷹，尾上白。

寇雉、泆泆。即鵽也。［疏］

鷏、蟁母。似烏鸔而大，黃白雜文，鳴如鴿聲。今江東呼為蚊母。俗說此鳥常吐蚊，因以名云。蟁、蚊音義同。○鷏音田。蟁音文。［疏］釋曰：鷏一名蟁母。郭云：似烏鸔而大，黃白雜文，鳴如鴿聲。江東呼為蚊母。俗說此鳥常吐蚊，因以名云。

鷉、須鸁。鷉，鸊鷉，似鳧而小，膏中瑩刀。○鷉音梯。鸁音螺。［疏］鷉須鸁○釋曰：鷉一名須鸁。郭云：鷉，鸊鷉，似鳧而小，膏中瑩刀。

鼯鼠、夷由。狀如小狐，似蝙蝠，肉翅，翅尾項脅毛紫赤色，背上蒼艾色，腹下黃，喙頷雜白，腳短，爪長，尾三尺許，飛且乳，亦謂之飛生。聲如人呼，食火煙，能從高赴下，不能從下上高。○鼯音吾。［疏］鼯鼠夷由○釋曰：鼯鼠一名夷由。郭云：狀如小狐，似蝙蝠，肉翅，翅尾項脅毛紫赤色，背上蒼艾色，腹下黃，喙頷雜白，腳短，爪長，尾三尺許，飛且乳，亦謂之飛生。聲如人呼，食火煙，能從高赴下，不能從下上高。

庚、商庚。即鵹黃也。

鴩、餔敊。未詳。○鴩大結反。餔音步。敊音鼓。

鷹、鶆鳩。鶆當為鷞，字之誤耳。左傳作鷞鳩是也。［疏］鷹鶆鳩○釋曰：樊光曰：來鳩，爽鳩也。春秋曰：爽鳩氏司寇。鷹鷙，故為司寇。郭云：鶆當為鷞，字之誤耳。左傳作鷞鳩是也。案昭十七年左傳：郯子曰：少皞氏以鳥名官，爽鳩氏司寇也。杜注云：爽鳩，鷹也。鷙，故為司寇，主盜賊是也。

鶼鶼、比翼。說已在上。［疏］鶼鶼比翼○釋曰：鶼鶼比翼，鳥名也。說在釋地篇，故注云說已在上。

鵹黃、楚雀。即倉庚也。○鵹音離。

鴷、斲木。口如錐，長數寸，常斲樹食蟲，因名云。○鴷音列。［疏］鴷斲木○釋曰：鴷一名斲木。郭云：口如錐，長數寸，常斲樹食蟲，因名云。

鶶、鷵。似烏，蒼白色。○鶶音唐。鷵音徒。［疏］鶶鷵○釋曰：鶶一名鷵。郭云：似烏，蒼白色。

諸雉。未詳。或云即今雉。

鷺、舂鉏。白鷺也。頭翅背上皆有長翰毛，今江東人取以為睫欐，名之曰白鷺縗。○鉏音鋤。［疏］鷺舂鉏○釋曰：鷺一名舂鉏。郭云：白鷺也。頭翅背上皆有長翰毛，今江東人取以為睫欐，名之曰白鷺縗。陸機疏云：鷺，水鳥也。好而潔白，故謂之白鳥。齊魯之間謂之舂鉏，遼東樂浪吳揚人皆謂之白鷺。青腳，高尺七八寸，尾如鷹尾，喙長三寸，頭上有毛十數枚，長尺餘，毵毵然與眾毛異，好欲取魚時則弭之。今吳人亦養焉。楚威王時有朱鷺合沓飛翔而來舞，則復有赤者。舊鼓吹朱鷺曲是也。然則鳥名白鷺，赤者少耳。

鷂雉。青質五采。○鷂音遙。鷮雉。即鷮雞也。長尾，走且鳴。○鷮音驕。鳪雉。黃色，自呼。○鳪音卜。鷩雉。似山雞而小冠，背毛黃，腹下赤，項綠色鮮明。○鷩音鼈。秩秩、海雉。如雉而黑，在海中山上。鸐、山雉。長尾者。○鸐音狄。韓雉、鵫雉。今白鵫也。江東呼白鵫，亦名白雉。○韓音汗。鵫丁罩切。

雉絕有力、奮。最健鬬。伊洛而南、素質、五采皆備成章曰翬。翬亦雉屬，言其毛色光鮮。○翬音暉。江淮而南、青質、五采皆備成章曰鷂。即鷂雉也。南方曰𠷎。東方曰鶅。北方曰鵗。西方曰鷷。說四方雉之名。○𠷎音儔。鶅音緇。鵗音希。鷷音尊。［疏］鷂雉至曰鷷○釋曰：此別諸雉之名也。郭云：青質五采，即下文江淮而南，青質五采皆備成章曰鷂者是也。云鷮即鷮雞也，長尾走且鳴者，說文云：鷮，長尾雉，走鳴，乘輿以尾為防釳，著馬頭上。詩小雅云：有集維鷮。陸機疏云：鷮微小於翟也，走而且鳴，曰鷮鷮。其尾長，肉甚美，故林慮山下人語曰：四足之美有麃，兩足之美有鷮。鷮者似雉而小，是也。山海經曰：凡山其鳥多白鷮。足之美有鷮，雉者之黃色鳴自呼者名鳪。鷩雉者，郭注云：即鷩雉也。尚書謂之華蟲，周禮

春官司服職云鷩冕七章之服也畫此鷩雉郭云似山鷄而小冠背毛黃腹下赤項綠色鮮明云秩秩海雉者海雉一名秩秩郭云如雉而黑在海中山上云鸐山雉者山雉一名鸐郭云尾長者今俗呼山鷄是也云雗雉鵫雉者雗一名也郭云今白鵫也江東呼白雗亦名白雉云雉絕有力奮者謂雉之壯大有力能鬬者名奮郭云最健鬬云伊洛而南素質五采皆備成章曰翬者李巡曰素質五采備具文章鮮明曰翬孫炎曰翬雉白質五色爲文也郭云翬亦雉屬言其毛色光鮮主后之服以爲飾案周禮內司服云王后之六服褘衣鄭注云王后之服刻繒爲之形而采畫之綴於衣以爲文章褘衣畫翬者是也云江淮而南青質五采皆備成章曰鷂者有雉青質五采備具而成文章名曰鷂雉也郭云即鷂雉也亦王后之服以爲飾周禮云揄狄鄭注云揄狄畫搖者是也搖與鷂音義同云南方曰𠷎東方曰鶅北方曰鵗西方曰鷷者郭云說四方雉之名左傳曰五雉爲五工正杜預取此四方之雉并上翬雉以爲五也必取翬雉者伊洛土之中區故與四方之雉爲五也樊光賈逵以此五雉分屬五土無所馮據不可采用故略而不言

鳥鼠同穴。其鳥爲鵌。其鼠爲鼵。鼵如人家鼠而短尾鵌似鵽而小黃黑色穴入地三四尺鼠在內鳥在外今在隴西首陽縣鳥鼠同穴山中孔氏尚書傳云共爲雄雌張氏地理記云不爲牝牡○鵌音徒鼵音突 疏 鳥鼠同穴其鳥爲鵌其鼠爲鼵○釋曰尚書禹貢云導渭自鳥鼠同穴不言鳥獸之名故此釋之也李巡云鵌鼵鳥鼠之名共處一穴天性然也郭云鼵如人家鼠而短尾鵌似鵽而小黃黑色穴入地三四尺鼠在內鳥在外今在隴西首陽縣鳥鼠同穴山中孔氏尚書傳云共爲雌雄張氏地理記云不爲牝牡郭氏並載此言未知誰得其實也

鸛鷒、鶝鶔。如鵲短尾。射之銜矢射人。或說曰鸛鷒鶝鶔一名瓔羿○鸛音歡鷒音團鶝音福鶔音柔射食亦切 疏 鸛鷒鶝鶔如鵲短尾射之銜矢射人○釋曰鸛鷒一名鶝鶔郭云或曰鸛鷒鶝鶔一名瓔羿宋字書云瓔古以爲僻情字羿古之善射者此言鳥捷勁雖羿之善射亦僻情不敢射也故以名云郭圖讚云鸛鷒之鳥一名瓔羿應弦銜鏑矢不著地逢蒙縮手養由不覩

鵲鵙醜。其飛也翪。竦翅上下○翪音宗 疏 鵲鵙醜其飛也翪○釋曰鵙伯勞也翪竦也醜類也鵲鵙之類不能翱翔遠飛但竦翅上下而已

鳶烏醜。其飛也翔。布翅翱翔○鳶音玄 疏 鳶烏醜其飛也翔○釋曰鳶鴟也鴟鳥之類其飛也布翅翱翔

鷹隼醜。其飛也翬。鼓翅翬翬然疾 疏 鷹隼醜其飛也翬○釋曰舍人曰謂隼鷂之屬也翬翬其飛疾羽聲也郭云鼓翅翬翬然疾是急疾之鳥也說文云隼鷙鳥也陸機云隼鷂屬也齊人謂之擊征或謂之題肩或謂之雀鷹春化爲布穀者是也

鳧鴈醜。其足蹼。腳指間有幕蹼屬相著○蹼音卜 其踵企。飛即伸其腳跟企直 疏 鳧鴈醜其足蹼其踵企○釋曰鳧水鳥也鴈陽鳥也蹼猶蹼屬也蹼屬相著之謂也踵腳跟也鳧鴈之類腳指間有幕蹼屬相著飛則伸其腳跟企直也

烏鵲醜。其掌縮。飛縮腳腹下 疏 烏鵲醜其掌縮○釋曰掌足也烏鵲之類飛時縮足於其腹下

亢鳥嚨。嚨謂喉嚨亢即咽 其粻嗉。嗉者受食之處別名嗉今江東呼粻○亢戶郎切嗉音素 疏 亢鳥嚨其粻嗉○釋曰別鳥咽嗉之名也亢者鳥喉嚨也其受粻處名嗉郭云嚨謂喉嚨亢即咽也嗉者受食之處別名嗉今江東呼粻

鶉子鳼。鴽子鸋。別鶉鴽雛之名○鳼音文 疏 鶉子鳼鴽子鸋○釋曰別鶉鴽雛之名也鶉之子雛名鳼鴽之子雛名鸋

雉之暮子爲鷚。晚生者今呼少雞爲鷚○鷚力攷切 疏 雉之暮子爲鷚○釋曰鷚是雉晚生之子名也郭云晚生者今呼少雞爲鷚

鳥之雌雄不可別者。以翼右掩左雄。左掩右雌。疏 鳥之雌至右雌○釋曰鄭詩箋云陰陽相下之義也

鳥少美長醜爲鶹鷅。鶹鷅猶留離詩所謂留離之子○長丁丈切鶹音留鷅音栗 疏 鳥少至鶹鷅○釋曰鳥之少爲子而美長而醜其名爲鶹鷅鶹鷅猶留離詩所謂留離之子者案詩邶風云瑣兮尾兮流離之子陸機疏云流離梟也自關而西謂梟爲流離其子適長大還食其母故張奐云鶹鷅食母許慎云梟不孝鳥是也流與鶹同

二足而羽謂之禽。四足而毛謂之獸。疏 二足至謂之獸○釋曰此別禽獸之異也凡語有通別別而言之羽則曰禽毛則曰獸所以然者禽者擒也言鳥力小可擒捉而取之獸者守也言其力多不見可擒圍守然後乃獲故曰獸也通而爲說鳥不可曰獸獸亦可曰禽故曲禮鸚鵡不曰獸而猩猩通曰禽也易云王用三驅失前禽則驅走者亦曰禽也又周禮司馬職云大獸公之小禽私之以此而言則禽未必皆鳥也又鄭玄注周禮云凡鳥獸未孕曰禽周禮又云以禽作六贄卿羔大夫鴈白虎通云禽者鳥獸之總名以其小獸可擒故得通名禽也

鶪伯勞也。似鶷鶡而大左傳曰伯趙氏○鶪工役切 疏 鶪伯勞也○釋曰李巡云伯勞一名鶪樊光曰春秋傳曰少皞氏以鳥名官伯趙氏司至伯趙鶪也以夏至來冬至去郭云似鶷鶡而大陳思王惡鳥論云伯勞以五月鳴應陰氣之動陽氣爲仁養陰爲殺殘賊伯勞蓋賊害之鳥也其聲鶪鶪故以其音名云月令仲夏之月鶪始鳴是也○注似鶪至趙是○釋曰云似鶪鶡而大者字林云鶷鶡似伯勞而小故也云左傳伯趙是者案昭十七年云伯趙氏司至者也杜注云伯趙伯勞也以夏至鳴冬至止是也

倉庚、黧黃也。其色黧黑而黃因以名云○黧力知切 疏 倉庚黧黃也○釋曰即上黃鳥也郭云其色黧黑而黃因以名云

釋獸第十八 疏 釋獸第十八○釋曰釋鳥云四足而毛謂之獸說文云獸守備也此篇釋其名狀故曰釋獸

麋、牡麔。牝麎。其子麇。國語曰獸長麑麇 其跡躔。腳所踐處 絕有力狄。○麔音咎麎音辰麇於兆切 疏 麋牡至力狄○釋曰此辨麋之種類也說文云麋鹿屬冬至解其角春秋莊十七年冬多麋麋揔名也其牡者名麔其牝者名麎詩吉日云其麎孔有是也其所生之子名麇其跡所踐之處名躔其絕異壯大有力者名狄也○注國語曰獸長麑麇○釋曰此魯語文也魯宣公夏濫于泗淵里革斷其罟而棄之曰且夫山不槎蘖澤不伐夭魚禁鯤鮞獸長麑麇鳥翼鷇卵蟲舍蚳蝝蕃庶物也古之訓也今魚方別孕不教魚長又行網罟貪無藝也韋昭云鹿子曰麑麋子曰麇是其事也

鹿、牡麚。牝麀。其子麛。其跡速。絕有力麉。○麚音加麀於牛切麛音迷麉音堅 疏 鹿牡至力麉○釋曰此辨鹿之種類也說文云鹿解角獸也羣萃善走者也其牡名麚其牝名麀詩小雅云麀鹿麌麌其跡名速絕有力者名麉

麕、牡麌。詩曰麀鹿麌麌鄭康成解即謂此也但重言耳○麕音君麌魚矩切 牝麜。其子麆。其跡解。絕有力豜。○麜音加麆音助豜五見切 疏 麕牡至力豜○釋曰此辨麕之種類也說文云麕麞也麕其揔名也麌牡名麌其子名麆其跡名解云有力名豜○注詩曰至言耳○釋曰詩小雅吉日篇文鄭箋云麕牡曰麌麌復麌言多也是鄭康成解即謂此也云但重言耳者謂再言麌也

狼、牡貛。牝狼。其子獥。絕有力迅。○獥音亦 疏 狼牡至力迅○釋曰此辨狼之種類也舍人曰狼牡名貛牝名狼其子名獥絕有力者名迅孫炎曰迅疾也詩齊風云並驅從兩狼兮陸機疏云其鳴能小能大善爲小兒啼聲以誘人去數十步其猛健者雖善用兵者不能免也其膏可煎和其皮可爲裘故禮記曰小切狼臅膏又曰君之右虎裘厥左狼裘是也

兔子、嬔。俗呼曰嬔 其跡迒。絕有力欣。○嬔芳萬切迒音剛 疏 兔子至力欣○釋曰此辨兔之種類也崔豹古今注云兔有九孔論衡曰兔舐毫而孕及其生子從口而出其子名嬔郭云俗呼曰嬔其跡名迒字林云迒兔道也絕有力名欣

豕子、豬。今亦曰彘江東呼豨皆通名 𧱏、豶。俗呼小豶豬爲𧱏子○𧱏音偉豶音墳 幺、幼。最後生者俗呼爲幺豚○幺音腰 奏者豱。今豱豬短頭皮理腠蹙○豱音溫腠音奏 豕生三豵、二師、一特。豬生子常多故別其少者之名○豵音宗 所寢、橧。橧其所臥蓐○橧音繒 四豴皆白、豥。詩云有豕白蹢蹢蹄也○豴音滴豥音垓 其跡、刻。絕有力、豟。即豕高五尺者○豟音厄 牝、豝。詩云一發五豝○豝音巴 疏 豕子至牝豝○釋曰此辨豕之種類也其子名豬郭云今亦曰彘江東呼豨皆通名也方言云豬北燕朝鮮之間謂之豭關東西或謂之彘或謂之豕南楚謂之豨其子或謂之豚或謂之豯吳揚之間謂之豬子……爲幺豚云奏者豱者謂皮理腠蹙者名豱郭云今豱……其少者之名詩召南云一發五豵……以上更無名也故知過三亦……其檻及蓐曰橧是也李巡曰……○釋曰召南騶虞篇文也毛傳云豕牝曰豝虞人翼五豝以待公之發鄭箋云君射一發而翼五豝者戰禽獸之命……之者仁心……注之號至是也

虎竊毛、謂之虦貓。竊淺也詩曰有貓有虎○虦……疏 虎竊毛謂之虦貓○釋曰竊淺也虎之淺毛者別名虦貓詩大雅韓奕篇文也

貘、白豹。

似熊小頭庳腳黑白駁能舐食銅鐵及竹骨骨節強直中實少髓皮辟濕或曰豹白色者別名貘○貘音陌

【疏】貘白豹○釋曰貘一名白豹字林云似熊而白黃出蜀郡一曰白豹郭云熊小頭庳腳黑白駁能舐食銅鐵及竹骨骨節強直中實少髓皮辟濕或曰豹白色者別名貘

甝、白虎。漢宣帝時南郡獲白虎獻其皮骨爪牙○甝音含

【疏】甝白虎○釋曰白虎一名甝漢宣帝時南郡獲白虎獻其皮骨爪牙

虪、黑虎。晉永嘉四年建平秭歸縣檻得之狀如小虎而黑毛深者爲班山海經云幽都之山多玄虎玄豹○虪式六切

【疏】虪黑虎○釋曰黑虎一名虪郭云晉永嘉四年建平秭歸縣檻得之狀如小虎而黑毛深者爲班山海經云幽都之山多玄虎玄豹者案海內經云北海之內有山名曰幽都之山黑水出焉其上有玄鳥玄蛇玄豹玄虎是也

貀、無前足。晉太康七年召陵扶夷縣檻得一獸似狗豹文有角兩足即此種類也或說貀似虎而黑無前兩足○貀女滑切

【疏】貀無前足○釋曰字林云獸無前足似虎而黑者名貀郭云晉大康七年召陵扶夷縣檻得一獸似狗豹文有角兩腳即此種類也或說貀似虎而黑無前兩足

鼳、鼠身長須而賊。秦人謂之小驢。鼳似鼠而馬蹄一歲千斤爲物殘賊○鼳古役切

【疏】鼳鼠身至小驢○釋曰鼳獸名也身如鼠有長須而賊害於物秦人呼爲小驢郭云鼳似鼠而馬蹄一歲千斤爲物殘賊

熊、虎醜。其子、狗。絕有力、麙。律曰捕虎一購錢三千其狗半之○麙音巖

【疏】熊虎醜至力麙○釋曰醜類也熊虎之類其子名狗絕有力名麙郭云律曰捕虎一購錢三千其狗半之此當時之律也引之以證虎子名狗之義也

貍子、隸。今或呼豾貍○隸音曳

【疏】貍子隸○釋曰字林云貍伏獸似貙其子名隸郭云今或呼豾貍者字林云豾貍也

貈子、貆。其雌者名䝙今江東呼貉爲䝙貗○貈乎各切貆音丸

【疏】貈子貆○釋曰字林云貈似狐善睡其子名貆郭云其雌者名䝙今江東呼貉爲䝙貗字林云䝙貍類䝙謂之貗廣雅云貗䝙也然則皆貈之通名也

貒子、貗。貒豚也一名貛○貒音湍貗其禹切

【疏】貒子貗○釋曰字林云貒獸似豕而肥其子名貗郭云貒豚也一名貛

貔、白狐。其子、豰。一名執夷虎豹之屬○貔音毗豰火卜切

【疏】貔白狐其子豰○釋曰字林云貔豹屬一名白狐其子名豰郭云一名執夷虎豹之屬詩大雅云獻其貔皮陸機疏云貔似虎或曰似熊一名執夷一名白狐遼東人謂之白羆

麝父、麕足。腳似麕有香○父音甫

【疏】麝父麕足○釋曰字林云小鹿有香其足似麞故云麕足郭云腳似麕有香

豺、狗足。腳似狗

【疏】豺狗足○釋曰說文云豺狼屬狗聲郭云腳似狗食殘之獸左傳云戎狄豺狼不可厭也

貙獌、似貍。今山民呼貙虎之大者爲貙犴音岸○貙音樞獌音萬

【疏】貙獌似貍○釋曰字林云貙似貍而大一名獌郭云今山民呼貙虎之大者爲貙犴字林云犴胡地野狗似狐黑喙皆貙之類故又呼貙犴

羆、如熊。黃白文。似熊而長頭高腳猛憨多力能拔樹木關西呼曰貑羆

【疏】羆如熊黃白文○釋曰舍人曰羆如熊色黃白也郭云似熊而長頭高腳猛憨多力能拔樹木關西呼曰貑羆詩大雅韓奕云赤豹黃羆陸機疏云羆有黃羆有赤羆大於熊其脂如熊白而麤理不如熊白美也

麢、大羊。麢羊似羊而大角圓銳好在山崖間○麢音零

【疏】麢大羊○釋曰羊之大者名麢郭云麢羊似羊而大角圓銳好在山崖間陶注本草云今出建平宜都諸蠻中及西域多兩角有一角者爲勝角甚多節蹙蹙圓繞別有山羊極長唯一邊有節節亦疏大而不入用羌夷云只此名麢羊

麠、大麃。牛尾、一角。漢武帝郊雍得一角獸若麃然謂之麟者此是也麃即麞○麠音京麃音炮

【疏】麠大至一角○釋曰麃麞也大麞牛尾一角者名麠即所謂麟也郭云漢武帝郊雍得一角獸若麃然謂之麟者此是也者漢書郊祀志文也麃即麞也

麈、大麋。旄毛狗足。旄毛獵長○麈音几旄音帽

【疏】麈大至狗足○釋曰麈亦麞也旄毛獵長毛也大麞毛長狗足者名麈山海經云女几山其獸多麈

魋、如小熊。竊毛而黃。今建平山中有此獸狀如熊而小毛麤淺赤黃色俗呼爲赤熊即魋也○魋音頹

【疏】魋如至而黃○釋曰竊淺也獸如小熊淺毛而黃者名魋郭云今建平山中有此獸狀如熊而小毛麤淺赤黃色俗呼爲赤熊即魋也

猰、貐類貙。虎爪、食人、迅走。迅疾○猰烏八切貐羊玉切

【疏】猰貐至迅走○釋曰迅疾也猰貐之獸其狀類貙而虎爪食人疾走山海經云少咸山有獸狀如牛而赤身人面馬足名曰窫窳其音如嬰兒食人其名與此同其狀與此錯

狻麑、如虦貓。食虎豹。即師子也出西域漢順帝時疏勒王來獻犎牛及師子穆天子傳曰狻猊日走五百里

【疏】狻麑至虎豹○釋曰即師子也出西域其狀如虦貓食虎豹善走者也○注漢順帝至百里○釋曰云漢順帝時疏勒王來獻犎牛及師子者案後漢帝紀云孝順帝諱保安帝之子也陽嘉二年疏勒國獻師子犎牛注引東觀記曰疏勒王盤遣使文時詣闕獻師子似虎正黃有頿耏尾端茸毛大如斗封牛其領上肉隆起若封然因以名之即今之峰牛是也云穆天子傳曰狻猊日走五百里案穆天子傳云柏夭曰名獸使足狻猊野馬走五百里是也

驨、如馬。一角、不角者、騏。元康八年九真郡獵得一獸大如馬一角角如鹿茸此即驨也今深山中人時或見之亦有無角者○驨胡圭切

【疏】驨如至者騏○釋曰驨獸名也狀如馬一角不角者名騏郭云元康八年九真郡獵得一獸大如馬一角角如鹿茸此即驨也今深山中人時或見之亦有無角者

羱、如羊。羱羊似吳羊而大角角橢出西方○羱音元

【疏】羱如羊○釋曰字林云野羊大角者也郭云羱羊似吳羊而大角角橢出西方橢謂狹而長也

麐、麕身、牛尾、一角。角頭有肉公羊傳曰有麕而角○麐音鄰

【疏】麐麕身牛尾一角○釋曰李巡曰麐瑞應獸名孫炎曰靈獸也京房易傳曰麐麕身牛尾狼額馬蹄有五彩腹下黃高丈二詩周南云麟之趾毛傳云麟信而應禮以足至者也鄭箋云麟角之末有肉示有武而不用陸機疏云麟麕身牛尾馬足黃色圓蹄一角角端有肉音中鍾呂行中規矩遊必擇地詳而後處不履生蟲不踐生草不羣居不侶行不入陷阱不罹羅網王者至仁則出今并州界有麟大小如鹿非瑞應麟也故司馬相如賦曰射麋腳麟謂此麟也○注公羊傳曰有麕而角○釋曰案春秋哀十四年春西狩獲麟公羊傳云有以告者曰有麕而角者孔子曰孰爲來哉孰爲來哉是其事也

猶、如麂。善登木。健上樹○麂音几

【疏】猶如麂善登木○釋曰說文云猶玃屬也其狀如麂爲獸健捷善能上樹

貄、脩毫。毫毛長○貄音四

【疏】貄脩毫○釋曰脩長也廣雅云貄毛謂之毫言貄獸體多長毛

貙、似貍。今貙虎也大如狗文如貍

【疏】貙似貍○釋曰貙獸其文似貍郭云今貙虎也大如狗文如貍

兕、似牛。一角青色重千斤

【疏】兕似牛○釋曰郭云一角青色重千斤說文云兕如野牛青毛其皮堅厚可制鎧交州記曰兕出九德有一角角長三尺餘形如馬鞭柄是也

犀、似豕。形似水牛猪頭大腹庳腳腳有三蹄黑色三角一在頂上一在額上一在鼻上鼻上者即食角也小而不橢好食棘亦有一角者○犀音西

【疏】犀似豕○釋曰郭云形似水牛猪頭大腹庳腳腳有三蹄黑色三角一在頂上一在額上一在鼻上鼻上者即食角也小而不橢好食棘亦有一角者劉欣期交州記曰犀出九德毛如豕蹄有甲頭似馬志云武陵阮南縣以南皆有犀

彙、毛刺。今蝟狀似鼠○彙音謂刺音次

【疏】彙即蝟也其毛如針郭云今蝟狀如鼠

狒狒、如人。被髮迅走、食人。梟羊也山海經曰其狀如人面長脣黑身有毛反踵見人則笑交廣及南康郡山中亦有此物大者長丈許俗呼之曰山都○狒音費備

【疏】狒狒至食人○釋曰狒狒獸名狀如人被髮疾走食人山海經謂之梟羊又謂之贛巨人周書王會云北方謂之吐嘍郭云梟羊也山海經曰其狀如人面長脣黑身有毛反踵見人則笑交廣及南康郡山中亦有此物大者長丈許俗呼之曰山都云山海經曰者海內南經文也案彼文云梟羊在北朐之西其狀人面長脣黑身有毛反踵見人笑亦笑左手操管又海內經云笑則脣蔽其面因可逃也故郭讚云狒狒怪獸被髮操竹獲人則笑脣蔽其目終亦號咷反爲我戮是也云反踵者腳跟反向也大傳云周成王時州靡國獻之也

貍、狐、貒、貈醜。其足蹯。皆有掌蹯○蹯音煩

其跡、厹。厹指頭處○厹音紐

【疏】貍狐至跡厹○釋曰說文云蹯掌也此四獸之類皆有掌蹯是其類也其指頭著地處名厹宣二年左傳云宰夫胹熊蹯不熟

蒙頌、猱狀。即蒙貴也狀如蜼而小紫黑色可畜健捕鼠勝於貓九真日南皆出之猱亦獼猴之類○猱奴刀切

【疏】蒙頌猱狀○釋曰蒙頌一名蒙貴狀似猱故曰猱狀郭云即蒙貴也狀如蜼而小紫黑色可畜健捕鼠勝於貓九真日南皆出之猱亦獼猴之類

猱、蝯善援。便攀援○蝯音袁

【疏】猱蝯善援○釋曰猱一名蝯善攀援樹枝郭云便攀援者便謂便捷也

貜父、善顧。貑貜也似獼猴而大色蒼黑能貜持人好顧盼○貜音钁父音甫

【疏】貜父善顧○釋曰貜父大蝯也能貜持人又善顧盼因名郭云貑貜也似獼猴而大色蒼黑能貜持人好顧盼

威夷、長脊而泥。泥少才力

【疏】威夷長脊而泥○釋曰泥弱也威夷之獸長脊而劣弱少才力也

麔麚、短脰。脰項

【疏】麔麚短脰○釋曰脰項也麔麚之獸皆短項

贙、有力。出西海大秦國有養者似狗多力獷惡○贙音鉉

【疏】贙有力○釋曰贙似犬之獸名也郭云出西海大秦國有養者似狗多力獷惡

豦、迅頭。今建平山中有豦大如狗似獼猴黃黑色多髯鬣好奮迅其頭能舉石擿人貜類也○豦音據

【疏】豦迅頭○釋曰豦似猴之獸也好奮迅其頭故曰迅頭郭云今建平山中有豦大如狗似獼猴黃黑色多髯鬣奮迅其頭能舉石擿人貜類也

蜼、卬鼻而長尾。蜼似獼猴而大黃黑色尾長數尺似獺尾末有岐鼻露向上雨即自縣於樹以尾塞鼻或以兩指江東人亦取養之爲物健捷○蜼音誄

【疏】蜼卬鼻而長尾○釋曰蜼亦猴

類之獸卬鼻而尾長大山海經曰鬲山多蜼是也郭云蜼似獮猴而大黃黑色尾長數尺似獺尾末有岐鼻露向上雨即自縣於樹以尾塞鼻或以兩指江東人亦取養之爲物健捷

時善乘領。好登山峰。○乘音承。【疏】時善乘領○釋曰好登山峰之一獸也

猩猩小而好啼。山海經曰人面豕身能言語今交阯封谿縣出猩猩狀如獾狍聲似小兒啼。【疏】猩猩小而好啼○釋曰能言獸也曲禮曰猩猩能言周書王會曰都郭狌狌欺羽狌狌若黃狗人面能言郭云山海經曰人面豕身能言語今交阯封谿縣出猩猩狀如獾狍聲似小兒啼云山海經者海內南經文也

闕洩多狃。說者云腳饒指未詳○闕其越切狃音鈕【疏】闕洩多狃○釋曰舊說以爲闕洩獸名其腳多狃狃指也然其形所未詳聞

寓屬。【疏】寓屬○釋曰寓寄也言此上獸屬多寄寓木上故題云寓屬○

鼢鼠。地中行者○鼢音憤　鼸鼠。以頰裏藏食○鼸故忝切　鼷鼠。有螫毒者○鼷音奚　鼶鼠。夏小正曰鼶鼬則穴○鼶音斯　鼬鼠。今鼬似鼦赤黃色大尾啖鼠江東呼爲鼪音牲○鼬音佑　鼩鼠。小鼱鼩也亦名䶌鼩○鼩音劬　鼭鼠。未詳　鼣鼠。山海經說獸云狀如鼣鼠然形則未詳○鼭音時鼣音吠　鼫鼠。形大如鼠頭似兔尾有毛青黃色好在田中食粟豆關西呼爲鼩鼠見廣雅音瞿○鼫音石　鼤鼠鼨鼠。皆未詳○鼤音問鼨音終　豹文鼮鼠。鼠文彩如豹者漢武帝時得此鼠孝廉郎終軍知之賜絹百匹○鼮音廷　鼰鼠。今江東山中有鼰鼠狀如鼠而大蒼色在樹木上音巫覡○鼰南見切

鼠屬。【疏】鼢鼠至鼰鼠○釋曰此別鼠屬也云鼢鼠者郭云地中行者說文云地中行鼠伯勞所作也廣雅云鼢鼠也方言各犂鼠即此鼠也謂起地若耕因名云云鼢鼠者大戴禮云田鼠者鼸鼠也鼸是頰裏藏食之名鼠若此者因名鼸鼠云鼷鼠者李巡曰鼷鼩鼠郭云有螫毒者螫如今鼠狼春秋成七年食郊牛角者是也博物志云鼠之最小者或謂之耳鼠何休亦云鼷鼠者鼠中之微者云鼶鼠者似鼬鼠也郭云夏小正曰鼶鼬則穴者在九月云鼬鼠者字林云如鼠赤黃而文郭云今鼬似鼦赤黃色大尾啖鼠江東呼爲鼪即莊子云騏驥驊騮捕鼠不如狸鼪是也云鼩鼠者鼩小鼠也本云一名鼱鼩鼠郭云小鼱鼩也亦名䶌鼩云鼣鼠者孫炎曰五技鼠許慎云鼫鼠五技能飛不能上屋能游不能渡谷能緣不能窮木能走不能先人能穴不能覆身此之謂五技蔡邕以此爲螻蛄郭云形大如鼠頭似兔尾有毛青黃色好在田中食粟豆關西呼爲鼩鼠見廣雅鼩鼩今本作鼩誤也案詩魏風云碩鼠碩鼠陸機疏云今河東有大鼠能人立交前兩脚於頸上跳舞善鳴食人禾苗人逐則走入樹空中亦有五技或謂之雀鼠案此與郭氏所說同云豹文鼮鼠者郭云鼠文彩如豹者漢武帝時得此鼠孝廉郎終軍知之賜絹百匹者案漢書云終軍字子雲濟南人也少好學以辯博能屬文初入關棄繻而去至長安上書拜爲謁者給事中使南越爲呂嘉所殺死時年二十餘故世號之終童武帝嘗得豹文鼠終軍以爾雅辨其名故受賜也鼰鼠者鼰鼠名也郭云今江東山中有鼰鼠狀如鼠而大蒼色在樹木上○注山海經說獸云狀如鼣鼠○釋曰案中山經云倚帝山其上多玉下多金有獸焉狀如鼣鼠白喙名狙如見則其國有大兵是也鼠屬○釋曰言此上皆鼠之屬類也鼠小獸也亦四足而毛故於此釋之案字林云鼨鼠即鼣鼠也今郭氏分爲二又說文云鼣豹文鼠也今郭氏以豹文下屬未知孰是故略言之○

牛曰齝。食之已久復出嚼之○齝丑之切　羊曰齥。今江東呼齝爲齥音漏洩　麋鹿曰齸。江東名咽爲齸齸者齝食之所在依名云○齸音益　鳥曰嗉。咽中裏食處　寓鼠曰嗛。頰裏貯食處寓謂獼猴之類寄寓木上

齸屬。【疏】牛曰齝至齸屬○釋曰此別鳥獸嚼食之名也牛名曰齝郭云食之已久復出嚼之羊名曰齥郭云今江東呼齝爲齥麋鹿名曰齸郭云江東名咽爲齸齸者齝食之所在依名云鳥名曰嗉郭云咽中裏食處即上篇其粻嗉也寓木之獸及鼠皆曰嗛郭云頰裏貯食處寓謂獼猴之類寄寓木上此屬皆咽中藏食復出嚼之故題云齸屬

獸曰釁。自奮釁動作○釁許刃切　人曰撟。頻伸夭撟○撟紀小切　魚曰須。鼓鰓須息　鳥曰狊。張兩翅皆氣體所須○狊古閴切

須屬。【疏】獸曰釁至須屬○釋曰此辨人魚鳥獸氣體所須之名也獸之自奮迅動作名釁人之罷倦頻伸夭撟舒展屈折名撟魚之鼓動兩頰若人之欠須導其氣息者名須鳥之張兩翅狊狊然搖動者名狊此皆氣倦體罷所須若此故題云須屬也

釋畜第十九【疏】釋畜第十九○釋曰案字林畜作嘼說文云獸也人之畜養者也所以與釋獸異篇者以其畜是畜養之名獸是毛蟲總號故此篇唯論馬牛羊彘犬雞前篇則通釋百獸之名所以異也

騊駼馬。山海經云北海有獸狀如馬名騊駼色青○騊音陶駼音徒【疏】騊駼馬○釋曰良馬名騊駼字林云北狄良馬也一曰野馬瑞應圖云幽隱之獸也有明王在位即至是也○注山海至色青○釋曰海外北經文也色青二字郭氏語也

野馬。如馬而小出塞外【疏】野馬○釋曰如馬而小出塞外案穆天子傳云野馬日走五百里是也

駮如馬倨牙食虎豹。山海經云有獸名駮如白馬黑尾倨牙音如鼓食虎豹○倨音鋸【疏】駮如至虎豹○釋曰駮亦野馬名也其狀如馬其牙倨曲而食虎豹也詩秦風云隰有六駮傳引此文以釋之是也○注山海至虎豹○釋曰案西山經云中曲山有獸如馬而身黑二尾一角虎牙爪音如鼓名曰駮食虎豹可以禦兵言雖小異正謂此也

騉蹄趼善陞甗。甗山形似甑上大下小騉蹄蹄如趼而健上山秦時有騉蹄苑○騉音昆趼五見切甗言蹇切【疏】騉蹄趼善陞甗○釋曰舍人云騉蹄者澗蹄也趼平也謂蹄平正善陞甗者登山隒也一云甗者阪也言騉善登高歷險上下於阪秦時有騉蹄苑是也李云騉者其蹄正堅而平似趼也顧云山嶺曰甗郭云甗山形似甑上大下小騉蹄平似趼而健上山秦時有騉蹄苑者取此駿馬以名其苑也

騉駼枝蹄趼善陞甗。騉駼亦似馬而牛蹄【疏】騉駼枝蹄趼善陞甗○釋曰騉駼馬名李巡曰騉駼其跡枝平似趼亦能登高歷危險也孫炎云騉駼之馬枝蹄如牛而下平郭云騉駼亦似馬而牛蹄

小領盜驪。穆天子傳曰天子之駿盜驪綠耳又曰右服盜驪盜驪千里馬【疏】小領盜驪○釋曰領頸也盜驪駿馬名也駿馬小頸名曰盜驪○注穆天子至千里馬○釋曰案穆天子傳云丙寅天子屬官效器乃命正公郊父受敕憲用申入駿之乘以飲于枝湭之中積石之南河天子之駿赤驥盜驪白義渠黃華騮綠耳郭注云盜驪者爲馬細頸驪黑色也綠耳者紀年曰北唐之君來見驪馬是生綠耳魏時西單獻千里馬白色而兩耳黃因名之爲黃耳即此類也云又曰右服盜驪者案彼云癸酉天子命駕八駿之乘右服盜驪而左綠耳右驂赤驥而左白義天子主車造父爲御是也

絕有力駥。即馬高八尺○駥音戎【疏】絕有力駥○釋曰馬絕有力者名駥郭云即馬高八尺者即下文馬八尺爲駥者也

膝上皆白惟馵。四骹皆白驓。骹膝下也○馵音注骹音敲驓音繒　四蹢皆白首。俗呼爲踏雪馬　前足皆白騱。後足皆白翑。前右足白啟。左傳曰啟服○騱音奚翑音劬　左白踦。前左腳白○踦音欺　後右足白驤。左白馵。後左腳白易曰震爲馵足○驤音箱　駵馬白腹騵。駵赤色黑鬣○駵音留騵五官切　驪馬白跨驈。驪黑色跨髀間○驈音聿　白州驠。州竅○驠音宴　尾本白騴。尾株白○騴音晏　尾白駺。但尾毛白○駺音郎　馰顙白顛。戴星馬也○馰音的　白達素縣。素鼻莖也俗所謂漫顱徹齒○縣音玄　面顙皆白惟駹。顙額○駹音尨【疏】膝上至惟駹○釋曰此辨馬白色所在之異名也馬之膝上皆白者惟名馵也骹膝下也四骹下皆白名驓蹢蹄也四蹢皆白名首俗呼爲踏雪馬言蹄白似踏雪也前兩足皆白名騱後兩足皆白名翑前右足白名啟前左足白名踦後右足白名驤後左足白名馵駵馬赤色黑鬣馬也若駵馬腹下白者別名騵詩大雅云四騵彭彭是也孫炎云驪黑也白跨股腳白也郭云驪黑色跨髀間也謂黑馬髀間白名驈詩魯頌云有驈有皇是也州竅也謂馬之白尻者名驠本根株也馬尾株白者名騴但尾毛白者名駺的顙者舍人曰的白也顙額也額有白毛今之戴星馬也易震爲的顙素鼻莖也其白自額下達鼻莖者名縣俗所謂漫顱徹齒其面額皆白者惟駹馬○注左傳曰啟服○釋曰案昭二十九年公至自乾侯處于鄆衛侯來獻其乘馬曰啟服杜預云啟服馬名是也○注易曰震爲馵足○釋曰說卦文也取其動而見也

回毛在膺宜乘。樊光云俗呼之官府馬伯樂相馬灋旋毛在腹下如乳者千里馬　在肘後減陽。在幹茀方。幹脅○減古湛切　在背闋廣。皆別旋毛所在之名○闋音缺廣音光【疏】回毛至闋廣○釋曰此別馬旋毛所在之名也回旋也膺胸也旋毛在膺者名宜乘樊光云俗呼之官府馬伯樂相馬灋旋毛在腹下如乳者千里馬也旋毛在肘後者名減陽幹脅也旋毛在脅者名茀方旋毛在背者名闋廣郭云皆別旋毛所在之名也

逆毛居馻。馬毛逆刺○馻音允【疏】逆毛居馻○釋曰字林云馬逆毛也郭云馬毛逆刺

騋牝驪牡。詩云騋牝三千馬七尺已上爲騋見周禮【疏】騋牝驪牡○注詩云至周禮○釋曰云詩云騋牝三千者鄘風定之方中篇文也云七尺已上爲騋見周禮者廋人文也案鄭玄注禮記檀弓引此文云騋牝驪牡玄謂七尺曰騋牝者色驪牡者色玄與郭異也

玄駒褭驂。玄駒小馬別名褭驂耳或曰此即腰褭古之良馬名○褭奴了切驂音參【疏】玄駒褭驂○釋曰此郭氏兩解一云玄駒小馬別名褭驂耳指謂今馬駒也一云或曰此即腰褭古之良馬名言玄駒褭驂即腰褭也

牡曰騭。今江東呼馬爲騭音質　牝曰騇。草馬名○騇音舍【疏】牡曰騭牝曰騇○釋曰別馬牝牡之異名也郭云今江東呼駜馬爲

騭騇即草馬之名也駵白、駁。黃白、騜。詩曰騜駁其馬駵馬黃脊、騝。驪馬黃脊、騽。皆背脊毛黃。騝音虔騽音習青驪、駽。今之鐵驄。駽呼縣切青驪驎、驒。色有深淺班駁隱粼今之連錢驄。驎良刃切驒音陀青驪繁鬣、騥。禮記曰周人黃馬繁鬣繁鬣兩被毛或曰美髦鬣。鬣音獵騥音柔驪白雜毛、鴇。今之烏驄。鴇音保黃白雜毛、駓。今之桃華馬。駓音皮陰白雜毛、駰。陰淺黑今之泥驄。駰乙巾切蒼白雜毛、騅。詩曰有騅有駓彤白雜毛、騢。即今之赭白馬。彤赤。○騢音遐白馬黑鬣、駱。禮記曰夏后氏駱馬黑鬣白馬黑脣、駩。黑喙、騧。今之淺黃色者為騧馬。○騧音瓜一目白、瞯。二目白、魚。似魚目也。詩曰有驔有魚。○瞯音閑〔疏〕駵白駁至白魚。○釋曰此別馬毛色不純之異名也孫炎曰駵赤色也謂馬有駵處有白處者曰駁有黃處有白處者曰騜駵馬脊毛黃者名騝驪馬脊毛黃者名騽青驪駽舍人曰青驪馬今名駽馬也孫炎曰色青之間青毛黑毛相雜者名駽今之鐵驄也青驪驎驒孫炎曰色有淺深似魚鱗郭云色有深淺班駁隱粼名驒今之連錢驄說文云馬文如鼉詩云有驒有駱是也毛色青黑而髦鬣繁多者名騥毛色黑白而復有雜毛相錯者名鴇詩云叔于田乘乘鴇是也今謂之烏驄毛色黃白而復有雜毛者名駓今謂之桃華馬陰淺黑色也毛淺黑而白兼雜毛者名駰今謂之泥驄詩云有駰有騢是也蒼淺青也毛有淺青及白兼雜毛者名騅彤赤也毛赤白兼雜毛者名騢說文云似鰕魚也即今之赭白馬也鬣鬣也白馬黑鬣者名駱白馬黑脣者名駩喙口也黑喙者名騧說文云黃馬黑喙曰騧郭云今之淺黃色者為騧馬詩云騧驪是驂是也一目白者名瞯二目白者名魚言似魚目也○注詩曰騜駁其馬○釋曰豳風東山篇文也○注禮記至髦鬣○釋曰云周人黃馬繁鬣者明堂位文也云繁鬣兩被毛者郭氏釋之也言繁鬣者分其髦鬣兩鄉被之也云或云美髦鬣者又引或人以為一解言其髦鬣繁多而美也今禮記本繁作蕃則或說為得○注詩曰有騅有駓又詩曰有驔有魚○釋曰皆魯頌駉篇文也○注禮記曰夏后氏駱馬黑鬣○釋曰亦明堂位文也既差我馬。差、擇也。宗廟齊毫。尚純○差音叉戎事齊力。尚強田獵齊足。尚疾〔疏〕既差至齊足。○釋曰云既差我馬者此詩小雅吉日篇文也作者引之然後作釋云差擇也者詁差為揀擇之義也云宗廟齊毫戎事齊力田獵齊足者此遂言擇馬之事也李巡曰祭於宗廟當加謹敬取其同色也某氏曰戎事謂兵革戰伐之事當齊其力以載干戈之屬舍人曰田獵取牲於苑囿之中逐飛逐走取其疾而已郭云尚純尚強尚疾者此毛傳文也案詩小雅車攻云我馬既同毛傳引此文則每增二字以辟之云宗廟齊毫尚純也戎事齊力尚強也田獵齊足尚疾也言齊其毫毛尚純色齊其馬力尚強壯齊其馬足尚迅疾義與此合故郭氏取以為說也馬屬。〔疏〕馬屬。○釋曰自騊駼已下雖駿異毛色不同皆馬之屬類故以此題之也下倣此○摩牛。出巴中重千斤。○摩音麻犦牛。即犎牛也領上肉犦胅起高二尺許狀如橐駝肉鞍一邊健行者日三百餘里今交州合浦徐聞縣出此牛○犦音雹犤牛。犤牛庳小今之㹀牛也又呼果下牛出廣州高涼郡○犤音悲犩牛。即犪牛也如牛而大肉數千斤出蜀中山海經曰岷山多犪牛○犩音危犣牛。旄牛也髀膝尾皆有長毛○犣音獵犝牛。今無角牛○犝音童犑牛。未詳○犑古覓切角一俯一仰、觭。牛角低仰○觭音欺皆踊、觢。今豎角牛○觢音誓黑脣、犉。毛詩傳曰黃牛黑脣此宜通謂黑脣牛○犉閏句切黑眥、犆。眼眥黑○眥才細切犆音袖黑耳、犚。黑腹、牧。黑腳、犈。皆別牛黑所在之名○犚音尉犈音權其子、犢。今青州呼犢為㹀體長、牬。長身者○牬音貝絕有力、欣犌。○犌音加牛屬。〔疏〕摩牛至欣犌。○釋曰此別牛屬也云摩牛名也郭云出巴中重千斤犦牛領上肉犦胅起之牛也郭云即犎牛也者即上注云漢順帝時疏勒王來獻犎牛是也云領上肉犦胅起高二尺許者謂領上肉腫墳起也云狀如橐駝肉鞍一邊者山海經云號山獸多橐駝彼注云有肉鞍善行流沙中日行三百里負千斤知水泉所在是也橐駝肉鞍胅起有二此牛領肉胅起惟一故云一邊云健行者日三百餘里今交州合浦徐聞縣出此牛犤牛名也郭云犤牛庳小今之㹀牛也又呼果下牛出廣州高涼郡以其庳小可行果樹下故又呼果下牛犩牛亦牛名也郭云即犪牛也如牛而大肉數千斤出蜀中山海經曰岷山多犪牛案中山經云岷山其獸多犀象犪牛彼注云今蜀中有大牛重數千斤名為犪牛晉太興元年此牛出上庸郡人弩射殺之得三十擔肉即爾雅犩牛是也犣亦牛名也郭云旄牛也髀膝尾皆有長毛案山海經潘侯山有獸狀如牛而四節生毛名曰旄牛彼注云今旄牛背膝及胡尾皆有長毛是也犝牛者無角牛名也易云童牛之牿是也俯低也牛角一低一仰者名觭言傾欹也踊豎也牛兩角豎者名觢牛黑脣者名犉皆目匡也牛之目匡黑者名犆黑耳者名犚黑腹者名牧黑腳者名犈郭云皆別牛黑所在之名其牛所生之子名犢郭云今青州呼犢為㹀體身也凡牛之身長者名牬絕有力壯大者名欣犌○注毛詩至脣牛○釋曰詩小雅無羊篇云誰謂爾無牛九十其犉毛傳云黃牛黑脣曰犉毛意以此言黑脣明不與身同色而牛之黃者衆故云黃牛也其實不主為黃牛故郭氏云此宜通謂黑脣牛○羊、牡、羒。謂吳羊白羝○羒音墳牝、牂。詩曰牂羊墳首○牂音臧夏羊。黑羖䍽牡、羭。黑羝也歸藏曰兩壺兩羭○羭音俞牝、羖。今人便以牂羖為白黑羊名○羖音古角不齊、觤。一短一長○觤音鬼角三觠、羷。觠角三匝○觠音權羷音險羳羊、黃腹。腹下黃○羳音煩未成羊、羜。俗呼五月羔為羜○羜直呂切絕有力、奮。羊屬。〔疏〕羊牡羒至力奮。○釋曰此別羊屬也云謂吳羊也其牡者名羒即白羝也其牝者名牂云夏羊者黑羖䍽也其牡者名羭即黑羝也其牝者名羖郭云今人便以牂羖為白黑羊名其實白羊牝者名牂黑羊牝者名羖羊角不齊一長一短者名觤觠捲也羊角捲三匝者名羷羊之黃腹者名羳羊新生未成羊者名羜郭云俗呼五月羔為羜詩小雅伐木云既有肥羜是也壯大絕有力者名奮○注詩云牂羊墳首○釋曰小雅苕之華篇文也○注歸藏曰兩壺兩羭○釋曰歸藏者成湯之所作也言萬物歸之所藏也是三易之一也云兩壺兩羭者齊毋經瞿有之文也案彼云瞿有瞿有觚宵粱為酒尊於兩壺兩羭飲之三日然后饑士有澤我取其魚是也○犬生三、猣、二師、一玂。此與豬生子義同名亦相出入○猣音宗玂音祈未成毫、狗。狗子未生幹毛者長喙、獫。短喙、猲獢。詩曰載獫猲獢○獫力驗切猲音歇獢虛嬌切絕有力、狣。尨、狗也。詩曰無使尨也吠○狣音兆狗屬。〔疏〕犬生至狗也○釋曰此別狗屬也云犬者說文云狗之有縣蹏者也象形孔子曰視犬之字如畫狗也犬生三子則曰猣二曰師三曰玂毫是幹毛也犬子未生幹毛者名狗喙口也犬長口者名獫短口者名猲獢壯大絕有力者名狣尨即狗也說文孔子曰狗叩也叩气吠以守也○注此與至出入○釋曰云此與豬生子義同者案釋獸注云豬生子常多故別其少者之名犬生子亦常多而此亦別其少者之名故云義同云名亦相出入者謂此猣師玂與彼豵師特字雖小異大意則同故云亦相出入○注詩曰載獫猲獢○釋曰秦風駟鐵篇文也毛傳云田犬也長喙曰獫短喙曰猲獢鄭箋云載始也始田犬者謂達其搏噬始成之也○注詩曰無使尨也吠○釋曰召南野有死麕篇文也毛傳云尨狗也非理相陵則狗吠是也○雞大者蜀。今蜀雞蜀子、雓。雓子名○雓音餘未成雞、僆。江東呼雞少者曰僆○僆音練絕有力、奮。諸物有氣力多者無不健自奮迅故皆以名云雞屬。〔疏〕雞大至力奮。○釋曰此別雞屬也案春秋說題辭曰雞為積陽南方之象火陽精物炎上故陽出雞鳴以類感也雞者知時畜其大者名蜀郭云今蜀雞蜀之雞子名雓雞之稍長未成雞者名僆郭云江東呼雞少者曰僆壯大絕有力者名奮郭云諸物有氣力多者無不健自奮迅故皆以名云者謂上文雞也羊也并此雞皆云絕有力奮故此釋之也○馬八尺為駥。周禮曰馬八尺已上為駥○駥音戎牛七尺為犉。詩曰九十其犉亦見尸子○犉閏句切羊六尺為羬。尸子曰大羊為羬六尺○羬五咸切彘五尺為豟。尸子曰大豕為豟五尺今漁陽呼猪大者為豟○豟音厄狗四尺為獒。公羊傳曰靈公有害狗謂之獒也尚書孔氏傳曰犬高四尺曰獒即此義○獒五刀切雞三尺為鶤。陽溝巨鶤古之名雞○鶤音昆六畜。〔疏〕馬八尺至為鶤。○釋曰此別六畜絕大者名也馬高八尺者名駥牛高七尺者名犉羊高六尺者名羬山海經云錢來山有獸其狀如羊而馬尾名羬注云今大月氏國有大羊如驢馬尾是也彘豬也豬高五尺者名豟狗高四尺者名獒雞高三尺者名鶤○注周禮至為駥○釋曰夏官庾人職文也○注詩曰至尸子○釋曰小雅無羊篇文也上云牛黑脣犉注引此詩傳此牛七尺為犉又引此詩文是犉有二義則牛黑脣者為犉牛七尺者亦為犉義得兩通故並引之云亦見尸子者尸子說六畜云大牛為犉七尺故云亦見尸子下羊彘倣此○注公羊至之獒○釋曰案宣六年傳云晉靈公將殺趙盾趙盾躇階而走靈公有周狗謂之獒呼獒而屬之獒亦躇階而從之祁彌明逆而跛之絕其頷趙盾顧曰君之獒不若臣之獒也何休云周狗可以比周之狗所指如意是也今此周作害蓋傳寫誤或所見本異也

爾雅注疏卷第十校勘記　阮元撰盧宣旬摘錄

爾雅疏卷第十　單疏本名銜後標目釋鳥第十七釋獸第十八另行標釋畜第十九注疏本分釋獸以下

卷第十一

釋鳥第十七

鵹一名夫不　元本同閩本監本毛本夫不改鳺鴀下同

夫不孝　注疏本孝誤者

則此是謹慤孝順之鳥也　注疏本脫則

或謂之鵖鴔　元本亦作鵖閩本鴔作鴟監本毛本鵖鴔作鵯鵖

鶻鳩鶻鵰也　注疏本鵰誤鶻

春來秋去　浦鏜云冬誤秋

今之班鳩　注疏本班改斑下同

鶻鵃一名鳴鳩　元本閩本監本鳴誤鶻毛本改鶻鵃浦鏜云鶻鳩當作鶻鵃

埤倉云鵲鶨　注疏本倉作蒼

一名繫縠　注疏本繫作擊

鷑鳩鵧鷑　唐石經單疏本雪牕本同釋文鵧謝苻悲反郭力買反又苻尸反字林父佳反惠棟云鵧鷑當作裨笠亦名雞禮見淮南子王宗炎云淮南說林篇烏力勝日而服於雞禮高誘注云雞禮爾雅謂裨笠秦人謂之祀祝此經鵧當作鵯釋文所載四音其字皆從卑苻悲反讀爲卑力買反讀爲捭釋文唐石經作鵧訛○按此古支淸合音之理戴震已詳言之

江東名爲烏鵙　注疏本同單疏本作鴟雪牕本作鵙皆鴟之訛疏中準此釋文白如字本或作鵙

好在江渚山邊食魚　單疏本雪牕本同詩關睢正義引作好在江邊沚中亦食魚按睢鳩水鳥不當言在山邊據詩正義則此注當作好在江中渚邊沚諸義通山爲中字之誤

鳥摯而有別　單疏本注疏本同雪牕本摯作鷙釋文鷙本又作摯文選高唐賦注引此作鳥鷙而有別者按左傳昭十七年鳩氏司馬也杜注鳩王鴡也鷙而有別故爲司馬主法制鄭康成說鷙從鳥摯省聲也月令鷹隼蚤鷙夏小正作鷹始摯是古文鷙字多作摯常武如飛如翰傳曰疾如飛摯如翰亦以摯爲鷙可證杜郭皆以今字讀之故云鷙而有別詩箋云摯之言至非毛義也陸於爾雅左傳從鷙於毛詩從摯最是單疏本此作摯

幽州人謂之鷙　注疏本脫人鷙誤鷙

鵅鵋鶀　唐石經單疏本雪牕本同釋文鵋本亦作忌鶀本亦作欺下欺老同本今作鶀按鶀字從欺故通作欺今作鵋非也據釋文則下鵋一鵋老本作鵋老亦作欺老說文鵋欺老也可證今亦作鵋非一切經音義卷十卷十七卷二十四三引皆作鵋忌欺嚴元照云說文隹部雒忌欺也鳥部鵋烏鸔也二字音同文異廣韻十九鐸雒鵋同經義與說文同釋文唐石經前後皆作鵋非玉篇隹部云雒鵋鵋鳥與說文合然鳥部云鵋鵋鵋也又鳥鸔也蓋爲宋人所亂耳

今江東呼鵂鶹爲鵋鶀亦謂之鴝鵒　單疏本注疏本同雪牕本鵋作忌釋文鉤古侯反本今作鴝按一切經音義卷十七鉤鵒下引爾雅怪鴟鍵爲舍人曰謂鵂鶹也南陽名鉤鵒又引郭氏曰今江東呼鵂鶹爲忌欺亦謂之鉤鵒論文作鴝與鸜同音具榆反鴝鵒鳥也鴝非字義足以證陸本之是訂今本之訛鴟鵂亦當作忌欺也

音格　雪牕本同注疏本刪此二字按一切經音義卷十卷二十四兩引皆有之

今江東名之天鷚　雪牕本元本同閩本監本毛本名之下有曰

鵱鷜鵝　毛本同唐石經單疏本雪牕本元本閩本監本鵝作鶩下舒鴈鵝及注同釋文鵝字亦作鶩五經文字鶩或作鵝見爾雅

江東呼烏鶩音駮　雪牕本同注疏本刪下二字釋文鶩郭音駮布角反

今江東呼鴚音加　雪牕本同注疏本刪下二字釋文鴚郭音加

聘禮記文也　元本聘字實闕閩本監本毛本改引

鴨也　雪牕本注疏本同釋文鳥字又作鴨

與鵛鶔　唐石經注疏本同雪牕本與作輿釋文輿音餘樊孫本作鶩按輿即鶩之省當從釋文唐石經作與非

沈水食魚故名洿澤　單疏本雪牕本同釋文音經作鴮鸅云毛詩傳作洿澤此經注異文之明證

俗呼之爲淘河　注疏本脫爲

頷下胡大如數斗囊　注疏本斗作升

鶾天雞　唐石經單疏本雪牕本注疏本皆作雞注中同

文鶾者若翬雉　浦鏜云周書翬雉作皐雞按經義雜記曰說文引逸周書文翰若翬雉是許氏所見周書本作翬雉不作皐雞也此所引與說文合今本作皐雞非又元本閩本此節疏後分十卷下

鷽山鵲　唐石經單疏本雪牕本同釋文鷽本亦作鸒

觜脚赤　單疏本注疏本同雪牕本觜作鴜釋文鴜字或作觜廣雅云口也葉鈔本觜作紫按廣雅紫嘴喙口也從鳥從魚皆誤一切經音義卷五引下鷽鵲注云紫頭曲如鉤今釋文及諸本皆作觜

江南呼之爲鶪　單疏本雪牕本同注疏本南改東

因名云音洼　雪牕本同注疏本刪下二字

齧齒艾　唐石經雪牕本同嚴元照云齒亦當作齧鳥名齧艾猶蟲名齧桑其說非也

鳹鶨也　單疏本雪牕本元本同閩本監本毛本鳹誤鴿按釋文鳹巨炎反

鵗一名鳸鳸雀也　元本同閩本剜改作鳸一名鵗鵗雀也監本毛本承之

桑鳸竊脂　唐石經雪牕本注疏本同單疏本鳸改扈按上鳸鳸釋文云鳸左傳詩並作扈是爾雅不作扈也

皆謂盜人脂膏　注疏本脫人

竊藍淺青也　注疏本脫淺

而待後人剝正也　元本同閩本監本毛本剝改駮

青班長尾　單疏本雪牕本元本同閩本監本毛本班改斑疏中準此

此鷦鷯小鳥而生鵰鴞者也　按鴞當作鶚

肈允彼桃蟲　注疏本肈改肇按唐石經毛詩作肈

或曰鴞　注疏本鴞誤鶚

或謂之過鸁　元本鸁字闕閩本監本毛本改鸁

自關而東謂之鸋鴂　元本鴂作鴂餘同閩本監本毛本改幽人或謂之鸋鴂

或謂之幭爵　元本作幭爵閩本監本毛本改幭雀○按本作幭字心幭猶細也

五彩色其高六尺許　陳本同單疏本雪牕本注疏本及釋文引郭云皆無其字此蓋衍

翺翔四海之外　注疏本外作內此剜改

其狀如鶴　浦鏜云雞誤鶴

鵬鴒雝渠　唐石經單疏本雪牕本同釋文鶺詩作脊本今作鴨

背上青灰色　注疏本灰作赤此剜改

江東亦呼爲鴨烏音匹　雪牕本同注疏本刪下二字詩小弁正義引此無亦單疏本同衍

謂之雅烏　元本同閩本監本毛本雅改鴉此本烏誤鳥今訂正

燕白脰烏　唐石經單疏本雪牕本同石經考文提要引至善堂九經本亦作烏元本閩本監本烏作鳥誤

燕白脰烏○釋曰脰頸也頸項也　注疏本刪但存脰項三字

鴽鴾母　單疏本雪牕本元本閩本同唐石經監本毛本母作毋疏中同按釋文母如字李音無舍人本作無則石經作母非禮記月令注鴽母無釋文母音牟正義曰母當作牟聲轉字誤牟字作母儀禮公食大夫禮注鴽無母誤倒當依月令注作母無其母字作無與舍人本合說文鴽牟母也从隹奴聲鴽或从鳥

青州呼鴾母　單疏本雪牕本同按公食大夫禮疏引作青州人呼曰鴾母禮記內則正義引作青州呼爲鴾母下字作夕母字非也

密肌繫英　唐石經雪牕本同釋文䳑音密本今作密鶧音英本今作英

釋蟲以有此名　陳本元本同雪牕本閩本監本毛本以作已古已以通

爲一物三名　注疏本爲誤鳥

見元鳥隋其卵　注疏本脫見隋改墮非

詩豳風云鴟鴞鴟鴞　注疏本脫一鴟鴞

取茅秀爲窠　元本同閩本監本毛本秀作莠

關東謂之工雀或謂之過羸　注疏本脫工雀或謂之五字此本工誤上今訂正

今鵂鶹也　單疏本雪牕本同注疏本鵂訛鵂釋文鵂字又作䳄亡項反

鴞大如班鳩　元本同閩本監本毛本班改斑

鳥子須母食之　雪牕本注疏本同釋文母食本或作飤同音嗣按華嚴經音義卷上引此注曰㲉謂鳥子須母飤者鷇謂能自食者也是飤養與自食字不同一切經音義卷十引爾雅生哺鷇郭氏曰謂須母飤也亦作飤郭氏當本用飤字杻檍注可飤牛可證○按說文本無飤字後人分別爲之

鳥子生而能自啄食者　注疏本子生倒啄作啗

春鳸鳻鶞　唐石經雪牕本同單疏本亦作春鳸釋文鳸音戶蓋誤

春鳸分循　注疏本分循改鳻鶞鳸改鳸下並同

鵖鴔猶鶝鶔　單疏本同注疏本鵖作鴊雪牕本作鴘皆誤釋文鵖皮逼反

東齊吳揚之間謂之鵀　注疏本鵀改鵀舊本閩本本揚作楊

似鵙而黑　注疏本鵙改鶪

牝庳　注疏本同誤也釋文唐石經單疏本雪牕本皆作庳當據以訂正疏中同

今江東亦呼爲鶅音施　雪牕本同注疏本刪下二字釋文鶅郭音施

岐尾　單疏本閩本監本毛本同釋文雪牕本正德本岐作岐

鴩鴐鳥　唐石經雪牕本注疏本同單疏本鴐作鵝非釋文胡字或作鴐

狂瘮鳥　唐石經單疏本雪牕本同釋文鴹音狂本今作狂

五采之鳥也　舊本同閩本監本毛本采改彩下同

皇名黃鳥　按皇下脫一

齊人謂之搏黍　注疏本搏作摶段玉裁云摶非也搏是也搏黍者謂其搏取黍而食之與儀禮摶黍迥別

看我麥黃葚熟　詩葛覃正義熟下有不字此脫不否平聲

尉他獻文帝翠鳥毛　注疏本他改佗非

鵙山鳥　唐石經雪牕本注疏本同釋文亦作鶡單疏本作鶡非疏中仍作鵙

謂之服翼或謂之礐鼠　閩本毛本礐改僊

一名鶡鶡摯鳥也　舊本同閩本監本毛本脫一鶡

青黃色　注疏本脫青

嚮風搖翅　舊本同閩本監本毛本翅改翄

鸉白鷹　唐石經單疏本同石經考文提要引至善堂九經本亦作鸉釋文鸉音楊雪牕本注疏本誤分楊鳥二字

今江東呼爲蚊母　單疏本雪牕本同釋文音經蟁本或作鴟郭云皆古蚊字按說文云俗蟁从虫从文此經作古字注作今字之證

故以名云　陳本同單疏本雪牕本注疏本故皆作因

鸊鷉鷉　單疏本雪牕本同釋文鸊蒲歷反本今作鷿

膏中瑩刀　單疏本雪牕本同釋文鎣烏瞑反本今作瑩按唐瑩字當從金今本作瑩非

鵊鋪豉　唐石經雪牕本同釋文鴃本今作鵊鋪音步字或作鴿豉如字本今作技按說文鴃鋪豉也玉篇同一切經音義卷八卷十一引爾雅作鵊鋪豉與陸本合唐石經作鵊技非又廣韻十一暮鵏鵏豉鳥蓋鵏字從鳥甫聲即鋪之俗體釋文云字或作鵏是今本作鴿訛

鷹鶆鳩　唐石經單疏本雪牕本同釋文來鳩來字或作爽郭讀作爽衆字並依字林作鶆字音來云鶆鷹也又音注爽鳩本或作鶆按春秋昭十七年正義引釋鳥鷹鶆鳩樊光曰來鳩爽鳩也春秋曰爽鳩氏又引郭注曰鶆當爲爽字之誤耳左傳作爽鳩是也蓋爾雅經作來鳩注作爽鳩字林始加鳥旁唐石經今本因之

來鳩爽鳩也春秋曰爽鳩氏司寇　注疏本來改鶆爽改鷞元本作來

爽鳩氏司寇也　元本同閩本監本毛本爽改鷞下引杜注同

似烏蒼白色　單疏本雪牕本同廣韻三十嘯引作似烏而蒼白色按而字當有

鷺舂鉏　唐石經單疏本雪牕本同釋文鋤字又作鉏按文選西都賦注引作鷺舂鋤與陸本合

今江東人取以爲睫攡　單疏本雪牕本同釋文注疏本攡作攡按廣韻十一暮亦引作手旁

青質五彩　雪牕本閩本監本毛本同單疏本元本彩作采當據以訂正

今白鵫也　單疏本雪牕本同釋文鵫音白本今作白按注當本用鵫字今本蓋因下文白鵫白雉誤改

素質五采皆備成章曰翬　唐石經單疏本雪牕本同石經考文提要引至善堂九經本亦作采注疏本采改彩下同元本下作采疏中同

言其毛色光鮮　雪牕本注疏本同邵晉涵正義曰邢疏引郭注此下有王后之服以爲飾七字檢諸本俱無按邢疏有引周禮申釋之辭則爲郭注無疑

即鷂雉也　雪牕本注疏本同按邢疏引郭注此下有亦王后之服以爲飾八字下引周禮申釋之

鷂微小於翟也　元本同閩本監本毛本翟改鶴非

山海經女几山　元本女几作友凡閩本監本毛本改文几○案作女几與山海經中山經合

無所馮據　元本同閩本監本毛本馮作憑

穴入地三四尺　單疏本雪牕本注疏本同此本舊脫穴今補按續漢郡國志注引作穴地入三四尺

共爲雄雌　注疏本同單疏本雪牕本作雌雄按疏中作雌雄

天性然也郭云鼵如人家鼠而短尾鵌似鵽而小黃黑色穴入地三四尺鼠在內鳥在外今在隴西首陽縣鳥鼠同穴山中　注疏本刪下四十三字

壞古以爲懈惰字　元本同閩本監本毛本懈改解下同

鵲鵙醜其飛也翪　單疏本雪牕本同唐石經鵙作鵙此誤釋文亦作鵙

鳶烏醜　唐石經單疏本雪牕本元本閩本毛本同石經考文提要引至善堂九經本亦作鳶烏監本作鳥誤

齊人謂之擊征　注疏本同此本征字剜改當本作正

其足蹼　單疏本雪牕本同唐石經闕下二字釋文蹼本又作蹼

烏鸛醜　唐石經單疏本雪牕本元本同石經考文提要引至善堂九經本亦作烏鸛閩本監本毛本作鳥誤

別鶬鶊雛之名　雪牕本元本同單疏本閩本監本毛本雛作鶵按釋文作雛

鷚是雉晚生之子名也郭云晚生者今呼少鷄爲鷚　注疏本脫郭云以上八字雉誤雞鷄作雞

鳥之少爲子而美　注疏本而誤者

詩所謂留離之子者　注疏本脫詩所留離四字

流離梟也　注疏本梟誤梟

鳥不可曰獻　注疏本不改亦

以禽作六贄　注疏本脫以

似鶬鶊而大　雪牕本注疏本同單疏本鶊作鵙按釋文作鶊元本疏中亦作鵙

左傳曰伯趙是　雪牕本元本同閩本監本毛本是改氏按單疏本標起止作是

陳思王惡鳥論云伯勞以五月鳴　此本以字剜擠注疏本排入云作曰

陽氣爲仁養　注疏本作陽爲生仁養

云左傳伯趙是者　元本同閩本監本毛本云改注是改氏

倉庚黧黃也　唐石經單疏本雪牕本同釋文黧力兮反按文選東京賦注引作鶬鶊鵹黃也鵹字與陸本合上皇黃鳥疏云自此以下諸言倉庚商庚鵹黃楚雀倉庚鵹黃之文與此一也則邢本與釋文同作鵹今單疏本於此作鶩非按上鵹黃與此鶩黃爲一不當殊文或因注云其色鶩黑而黃因以改經矣五經文字云鵹鶩黃也爾雅作鶩又云

黧黑也見爾雅所據與唐石經今本同

卽上黄鳥也 注疏本黄鳥改鵹黄

釋獸第十八

魯宣公夏濫於泗淵 注疏本作泗淵此本剜擠公字脫泗字○今補

鳥翼㲉卵 元本同閩本監本毛本卵誤殼

貪無藝也 注疏本藝作蓺

其跡速 唐石經單疏本雪牕本同釋文速素卜反本又作速按速當作速段玉裁云說文速爲籀文迹廣雅蹝跡解亢迹也四字正釋爾雅曹憲音蹝爲匹迹速與蹝同字石鼓詩亦當讀麀鹿速速

麀鹿麌麌 單疏本雪牕本同按麌麌當作噳噳釋文音經麌一作麌麌卽噳之訛爲經注異文之證陸所見本已溷混矣詩吉日麀鹿麌麌本作噳噳正義曰噳噳衆多與韓奕同則傳本作噳字下箋云祁當作麎此噳不破字則鄭本亦作噳也是正義本作噳明甚韓奕麀鹿噳噳說文噳下引詩同云麀鹿羣口相聚貌無麌字

卽謂此也 雪牕本注疏本同按卽字疑衍或當作謂卽刪疏有卽謂此也之言或因此誤衍

兔子娩 唐石經單疏本雪牕本同釋文娩本或作嬔

兔舐豪而孕 注疏本豪作毫

江東呼豨 單疏本同雪牕本注疏本豨誤狶按初學記卷二十九太平御覽卷九百三皆引作江東呼爲豨此脫爲字

所寢檜 唐石經單疏本雪牕本同釋文檜舊本多作繒帛字非方言作木旁詩漸漸之石箋云離其繒牧之處釋文爾雅豕所寢曰繒方言作檜從木正義引爾雅作檜云繒與檜音義同按書本作繒帛字與詩釋文所引合

四豴皆白豥 唐石經單疏本雪牕本同五經文字豕部豴也見爾雅按釋文蹢蹄也本今作豴詩有豕白蹢傳蹢蹄也注本此則郭本必作蹢字當從釋文自五經文字誤作豕旁而開成石經因之

大者謂之豜 注疏本豜改豣

或謂之貕 音奚○注疏本刪音奚

駭者躁疾之言也 注疏本同此本駭字剜改作豥今訂正

戰禽獸之命也 監本職誤戰也字同元本閩本毛本也改必今詩箋同按詩正義曰故云戰禽獸之命也而必云戰之者則箋文有也無必

能舐食銅鐵及竹骨節強直 陳本同雪牕本注疏本骨字複單疏本亦複骨字而上文竹字剜擠

虪黑虎 唐石經單疏本雪牕本同釋文虪式六反本今作虪

無前兩足 單疏本雪牕本同注疏本作前無兩足誤倒元本無前二字實闕

鼳鼠身 唐石經單疏本同雪牕本鼳作鼳注疏本作鼳皆訛下鼳鼠同

其雌者名獷 注疏本獷作獷單疏本作獷釋文作獷按集韻三十二晧則獷當作獷獷當作獷雪牕本獷誤貍

麝父麕足 唐石經單疏本雪牕本同釋文麕本或作麏

今山民呼貙虎之大者爲貙豻音岸 雪牕本同注疏本刪下二字釋文豻郭音岸

似熊而長頭 單疏本雪牕本同詩斯干正義一切經音義卷二十四皆引作似熊而長頭此作頭誤又一切經音義卷二卷二十四引此下有似馬有犛四字今諸本無

角圓銳 單疏本雪牕本元本同閩本監本毛本貟改圓

旄毛獶長 注疏本同雪牕本獶作濃此本作穠皆誤今訂正五經文字犬部獶犬多毛見爾雅釋文獶字林云多毛犬也疏云旄毛獶長毛也

大麞毛長狗足者 注疏本脫者

俗呼爲赤熊卽魋也 單疏本雪牕本同注疏本刪下三字

猰貐類貙 唐石經單疏本雪牕本同釋文猰字亦作猰或作窫貐字或作窳按山海經北山經注引作窫窳似貙太平御覽卷九百八引作猰窳類貙皆與陸氏所見本合

名曰窫窳 注疏本作窫窳

其狀與此錯 注疏本錯作異

卽師子也 單疏本雪牕本元本同閩本監本毛本師改獅俗字下及疏中同

狻猊日走五百里 單疏本雪牕本同釋文音經麑字又作猊按此經作麑注作猊

陽嘉三年 浦鏜云二誤三

踈勒王盤 注疏本脫盤

封牛其領上肉隆起 元本同閩本監本毛本封改犎

角橢出西方 單疏本雪牕本同釋文橢字或作隋他果反下同按郭注當本用隋字

麐麕身 唐石經單疏本雪牕本同釋文麐本又作麟牝麒也五經文字云麐牝麒也經典皆作麟唯爾雅作此麐字按說文麒仁獸也麐牝麒也麟大牝鹿也是麒麟字作麐今毛詩春秋禮記作麟者同聲假借也惟爾雅作麐爲正

非瑞應麟也 注疏本脫應

貄脩毫 唐石經單疏本雪牕本閩本監本同元本脩字闕毛本改修按釋文脩說文作豨

武陵阮南縣 元本閩本同監本毛本阮改沅是也

今蝟狀似鼠 雪牕本注疏本同單疏本似作如非釋文音經彙又作蝟按此經作彙注作蝟

梟羊也 按此作梟羊字說文作梟陽或有改此羊爲陽者非也

又謂之贛音感臣人 注疏本移音感於後脫臣人○按山海經臣作巨此臣字蓋誤

梟羊在北朐之西 注疏本朐誤煦北字此本誤此今訂正

笑則脣蔽其面 元本同閩本監本毛本面改目

狒狒怪萌 元本同閩本剜改萌作獸監本毛本承之

其跡厹 雪牕本注疏本同釋文唐石經單疏本厹作丸按說文厹九聲

宣二年左傳云 元本同閩本監本毛本二誤三

猱蝯善援 唐石經單疏本雪牕本同釋文猨音爰本今作蝯五經文字云蝯作猨訛按釋文知此經舊作猨從犬說文虫部云蝯善援故五經文字唐石經皆定作蝯

能貜持人 單疏本注疏本同說文引爾雅云貜父善顧攫持人也此貜持爲攫持之訛雪牕本作攫蓋本從手旁誤剜改注以攫釋貜本說文

好顧盻 單疏本注疏本同毛本盻誤盼釋文盻七見反按說文眄邪視也莫甸切當用此字盻恨視也胡計切盼詩美目盼兮匹莧切皆非此義雪牕本此字脫

蜼卬鼻而長尾 唐石經單疏本作卬鼻雪牕本作卬鼻注疏本作卬釋文卬五剛反又魚兩反按注云鼻露向上則卬爲古仰字魚兩反今作卬非

尾末有岐 單疏本注疏本同雪牕本元本岐作歧釋文岐音祁

爲物捷健 雪牕本注疏本同單疏本作健捷

好登山峯 單疏本雪牕本元本閩本同監本毛本峯改峰按釋文作峰舊校云本今作峯

猩猩小而好啼 雪牕本注疏本同按猩猩當作狌狌釋文猩音生當本是狌音生唐石經兩字作狌犬旁清楚星星糢糊蓋本作狌後剜改邪疏引周書王會都郭狌狌又引曲禮猩猩能言按禮記釋文云狌音生本又作猩知禮記本作狌山海經海內經作狌狌郭注云或作猩猩可證此注引山海經亦當作狌狌釋文嘷作啼同

今交阯封谿縣出猩猩 雪牕本元本同單疏本閩本監本毛本阯改趾按釋文阯音止磎音溪本今作谿

狀如貛豚 單疏本雪牕本同釋文豚字亦作貒

都郭狌狌欺羽 今周書狌狌作生生非○按都山海經注作鄭

闕洩多狃 唐石經雪牕本注疏本同釋文單疏本洩作泄是

寓屬　唐石經單疏本雪牕本同釋文寓屬舍人本作麌按說文蝯善援禺屬周禮司尊彝注蜼禺屬卬鼻而長尾是許叔重鄭康成所據爾雅皆作禺說文禺母猴屬殆目蒙頌猱狀以下言之今本作寓屬邢疏以寄寓木上釋之非○按寓屬對釋嘼言之嘼者人所養也寓屬者皆寄居於野者也自麋以下至末皆是也若說文周禮注之禺屬單謂母猴類與此寓屬絕不相涉舊挍非也

以頯裏藏食　雪牕本注疏本同釋文引郭云以頯內藏食也此本裏作褱譌今訂正下寓鼠曰嗛注同

江東呼爲鼪音牲　雪牕本同注疏本刪下二字釋文鼪郭音生

鼣鼠　單疏本雪牕本同唐石經犬旁漫闕段玉裁云鼣當作鼣按釋文鼣字或作𪕀苻廢反舍人云其鳴如犬也集韻二十廢鼣鼣鼠名其鳴如犬吠或從發是丁度等所據釋文本作鼣舍人云其鳴如犬犬下脫一吠字廣韻亦云如犬吠藝文類聚卷九十五引爾雅作鼣鼠音吠犮發聲相近今本從犬訛

關西呼爲鼩鼠見廣雅音瞿　雪牕本同注疏本刪下二字釋文作關西呼爲鼩鼠見廣雅又云鼩郭音雀將略反郭注本雀字或誤爲瞿字瞿音劬疏云鼩音雀今本作鼩誤也

狀如鼠而大蒼色在樹木上　單疏本雪牕本同段玉裁云初學記引作江東呼鼫鼠者似鼠大而食鳥在樹木上又以食鳥毀牛爲事對蒼色蠹食鳥形近之訛

鼫鼠也方言名鼨鼠　注疏本鼫改鼫方言下增云

云鼫鼠者似鼬之鼠也　注疏本鼫誤鼫

本云一名鼫鼠　釋文引李云此誤

關西呼爲鼩鼠見廣雅鼩　音雀○注疏本作鼩音瞿小注改大字元本同

牛曰齝　唐石經單疏本雪牕本同釋文齝郭音笞一切經音義卷一卷七皆引爾雅牛曰齝按下注齝字釋文作䶗是䶗齝同字然郭氏音笞則此經郭本作齝也

食之已久復出嚼之　單疏本雪牕本同按詩無羊釋文引郭注爾雅云食已復出嚼之也又一切經音義卷九引此云食之已復出嚼之也今本衍之久脫也

羊曰齥　唐石經雪牕本注疏本同釋文單疏本齥作齛疏中同○按當作齛注洩當作泄皆唐人避諱改也說文齛羊粻也

自奮䵷　雪牕本同注疏本作自奮迅動作係依疏語刪改元本䵷字以下實闕

鼓鰓須息　注疏本鰓作顋雪牕本元本作腮釋文鰓西才反此舊作鰓訛今據釋文訂正顋與腮同字玉篇顋頰腮鰓魚頰也

鳥曰狊　闃　唐石經單疏本雪牕本同注疏本狊誤臭釋文狊古

張兩翄　單疏本雪牕本同釋文翄本或作翅又作䎗同

魚之鼓動兩頰　元本同閩本監本毛本頰改腮

釋畜第十九

色青　單疏本雪牕本同按釋文曰山海經云有獸狀如馬名駒駼青色本注云然也又疏云青色二字郭氏語也又史記索隱匈奴列傳曰郭注爾雅云駒駼馬青色音淘塗然則此注色青本作青色矣

幽隱之獸也　注疏本脫也

而身黑三尾　注疏本三作二浦鏜云山海經作白身黑尾

蹄如趼而健上山　單疏本雪牕本同釋文引郭云蹄如研而健上山此作趼訛釋文引舍人云研平也謂蹄平正李云其蹄正堅而平似研也釋文音經趼本或作研段玉裁曰如淳百官公卿表注作昆蹄研師古日蹄研者謂其蹄下平也作研爲是作趼者淺人所改

舍人云騉蹄者　注疏本騉誤騉

盜驪綠耳　單疏本雪牕本同釋文綠耳本或作騄駬同按五經文字馬部騄音綠騄耳見爾雅史記秦本紀造父以善御幸於周繆王得盜溫驪驊騮騄耳之駟集解引郭氏曰紀年北唐之君來見以一驪馬是生綠耳八駿皆因其毛色以爲名號索隱引穆王傳曰赤驥盜驪白義渠黃驊騮騟騎騄耳山子是紀年作綠耳穆傳作騄耳此注引穆傳字當作騄矣釋文當是騄駬本或作綠耳今本後人竄改張參所見本盡作騄

千里馬領頸　雪牕本同注疏本刪下二字單疏本云注穆天至領頸太平御覽卷九百十三引此注亦有領頸

受敕憲　元本同閩本監本毛本敕改勑穆傳同按廣韻敕誡也恥力切今相承用勑勑本音賚說文勑勞也

華騮綠耳　元本同閩本監本毛本華改驊

魏時西畢獻千里馬　浦鏜改西畢作鮮卑云西字誤按西鮮聲相近今穆傳注作鮮

右服盜驪而左綠耳　浦鏜云盜驪當爲驊騮穆傳作藺騮注云疑驊騮字按此注引穆傳之右服盜驪以證爾雅之小領盜驪且自釋之曰盜驪千里馬然則穆傳必本作盜驪今本作驊騮淺人所改當據此訂正

卽馬高八尺　單疏本雪牕本同按八尺下當有者字疏曰郭云卽馬高八尺者卽下文馬八尺爲駥者也是邢本原有者字釋獸絕有力豣注云卽豕高五尺者可證

四蹢皆白首　唐石經單疏本注疏本同雪牕本首改驌按玉篇驌才田切馬四蹄白廣韻一先驌馬四蹄皆白也考初學記卷二十九藝文類聚卷九十三引爾雅皆作首與唐石經合今邵晉涵正義改作四蹢皆白前云爾雅舊本作前後人加馬旁作驌因字形相涉前誤爲首

尾白騴　唐石經雪牕本同釋文騴本多作狠同音郎按藝文類聚引爾雅作尾白狠盧文弨曰說文有狠無騴知此經本用狠字

馰顙白顛　唐石經雪牕本注疏本同單疏本馰作的引易震爲的顙按釋文云的字林作馰是爾雅不作馰也初學記引爾雅作的顙與釋文邢本合又易釋文作的云說文作馰○按說文引周易爲馰顙又日部的下引易爲的顙的本从日俗从白作的

白達素縣　單疏本雪牕本注疏本同唐石經縣作懸

素鼻莖也　單疏本同雪牕本注疏本鼻作鼻

四膝下皆白名驓　注疏本名誤色

後兩足皆白名翑　注疏本兩改二

謂馬之白尻者名驠　元本閩本同監本毛本驠下衍也

的顙者　元本同閩本監本毛本的改馰下引易同

回毛在膺宜乘　唐石經雪牕本同釋文乘字又作乘按爾雅乘字多作乘石經此作乘非

騋牝驪牡　唐石經注疏本同單疏本描改不可據雪牕本作騋牝驪牝經義雜記曰鄭康成孫叔然本作騋牝驪牡元郭景純本作騋牝驪牝騋古讀若驪故爾雅以驪牝釋詩騋牝釋文騋牝頻忍反下同指下驪牝之牝也今本作驪牡係妄改陸云孫注改上騋牝爲牡讀與郭異因下作驪牝故言上騋牝別之且以明下驪牝爲孫郭同也

馬七尺已上爲騋　雪牕本同注疏本已作以

云詩云騋牝三千者　元本同閩本監本毛本云改注

云七尺已上爲騋　元本同閩本監本毛本已改以

今江東呼駁馬爲隲音質　雪牕本同注疏本刪下二字釋文父本或作駁俗字按單疏本注疏本作駁雪牕本誤駮此當從陸本

今之鐵驄　單疏本雪牕本元本同閩本監本毛本驄改驄釋文亦作驄

青驪驎驒　唐石經單疏本雪牕本同五經文字云驎與鄰同今之連錢驄也釋文粼本或作驎郭云斑剝隱鄰也孫云似魚鱗也按說文無驎字驒下云一曰青驪白鱗文如鼉魚與孫說合是古借用魚鱗字或用隱鄰字今本作驎非

色有深淺班駁隱粼　閩本監本毛本同元本粼作鄰單疏本雪牕本作鄰釋文引郭云斑剝隱鄰鄰也或音鄰詩駉釋文正義皆引作斑駁隱鄰按說文巛部粼水生厓石間粼粼也今從巛訛作鄰爲同聲借用字

驪白雜毛鴇　注疏本同釋文五經文字唐石經單疏本鴇作鴇毛詩大叔于田傳驪白雜毛曰鴇釋文云鴇依字作鴇

今之烏驄 雪牕本注疏本同疏云今謂之烏驄詩大叔于田正義引作今呼之爲烏驄今本脫呼爲二字

陰淺黑今之泥驄 雪牕本注疏本同詩駉正義引此注下有或云目下白或云白陰皆非也十二字正義有申釋之辭

詩曰有驔有騢 單疏本雪牕本同詩駉正義引郭注曰即今騅馬也與今本異

即今之赭白馬形赤 雪牕本注疏本同按此注誤倒詩正義引郭云形赤也即今赭白馬是也猶陰白雜毛騢注先言陰淺黑訓陰爲淺黑後云今之泥驄舉時驗以證之

今之淺黃色者爲騧馬 單疏本雪牕本同釋文引郭云今以淺黃色爲騧馬按今本之字蓋涉上注誤當從釋文作以

一目白瞯二目白魚 唐石經單疏本雪牕本同釋文瞯音閑本又作瞯魚本又作鰸按釋文當作瞯音閑本又作瞯鰸本又作魚葉鈔本云本又作瞯則正當作瞯詩釋文引爾雅云一目白瞯二目白鰸可證說文瞯戴目也从目閒聲

色青之間 元本同閩本青下擠黑監本毛本排入

青驪驎驒 注疏本驒誤驛

色有深淺班駁隱鄰名驒 元本同閩本監本毛本班改斑鄰誤粼

文似鼉魚也 元本閩本脫此句監本毛本作似鼉文也

詁差爲揀擇之義也 注疏本詁改訓

某氏曰 注疏本某氏誤其次

田獵取牲於苑囿之中 元本閩本監本同毛本囿改圃

領上肉犦胅起 單疏本雪牕本同釋文犦音與上犦字同本亦作犦按犦胅字當從肉鄭注考工記云犦謂墳起郭注以犦訓犦此當從釋文然陸氏所見本已有援經改注者矣元本閩本監本毛本胅作昳

狀如橐駞 單疏本雪牕本同注疏本駞改駝五經文字作駝云駞音洛又他各反見爾雅釋文橐字又作駞引字林云駞似鹿而大然則爾雅注本作橐駝呂氏字林作駞駝後人據以改之

今之犪牛也 單疏本雪牕本同注疏本犪訛犪五經文字犪子力反見爾雅釋文犪子息反本或作犪

魏牛 唐石經單疏本雪牕本注疏本皆作犪牛釋文亦作犪此作魏蓋非盧文弨曰山海經中山經犪牛郭傳云即爾雅所謂魏犪兩字俱無牛旁與此合按五經文字牛部載爾雅牛屬字無犘犨二字蓋張參所據本亦作魏

犣牛 唐石經單疏本雪牕本同五經文字犣力涉反見爾雅釋文犣字林云牛名也本多作鬣字此牛多毛按注云旄牛也髀膝尾皆有長毛釋文旄作髦郭氏以髦訓鬣則經必作鬣字今本後人援字林所改說文無犣

今無角牛 雪牕本同元本閩本監本無牛毛本無今疏云犝牛者無角牛名也

犪牛 釋文五經文字唐石經同雪牕本注疏本犪誤犪

牛角低仰 雪牕本注疏本同釋文低卬五剛反又魚丈反按仰當作卬注以低卬釋經之俯仰今本誤

體長牬 注疏本同釋文單疏本雪牕本牬作特皆誤按五經文字引爾雅作牬布大反玉篇牬布外反牛體長當據以訂正釋文博蓋反雪牕本音貝則字本作牬也○按以艸木朩朩然之朩爲聲

絕有力欣犌 雪牕本注疏本同單疏本標經起止云摩牛至欣犌唐石經犌損闕然欣之偏旁欠字尚可考邵晉涵正義曰玉篇云犌牛絕有力廣韻云犌牛絕有力欣字疑衍按邵說是也釋鳥雉絕有力奮釋獸麋絕有力狄鹿絕有力麕絕有力豣狼絕有力迅兔絕有力欣豕絕有力豟熊絕有力麙釋畜馬絕有力駥羊絕有力奮犬絕有力狣雞絕有力奮是凡鳥獸之絕有力者皆單字無兼名者自唐石經誤衍欣字而今本因之○按單字雙字隨方俗語言爲之舊按誤引邵說

號山獸多橐駝 元本同閩本號誤虢監本毛本誤虢

人弩射殺得之 元本同閩本監本毛本得之倒

犝牛者 注疏本脫者

言傾欺也 浦鏜云欹誤欺

謂吳羊白羝 雪牕本元本同閩本監本毛本羝誤羒釋文羝丁兮反

牡羭牝羖 唐石經單疏本雪牕本同程瑤田謂當作牡羖牝羭說詳通藝錄

羳角三匝 雪牕本注疏本同釋文單疏本匝作迊廣韻三十三線引作帀

俗呼五月羔爲羜 單疏本注疏本同詩伐木正義引此注俗呼上有今字此脫

即白羝也 監本毛本脫也元本閩本誤作即助羝也

齊毋經瞿有之文也 元本閩本監本同毛本毋作母

然后縣土有澤 注疏本后改後

短喙猲獢 唐石經單疏本雪牕本同釋文猲許謁反字林作獦按玉篇獦許謁切獦獢犬短喙也亦作猲文選西京賦載獫猲獢獥爲狼子釋文胡狄古狄工弔三反非犬名也陸氏既云字林作獦知爾雅不作獦矣釋文作獥者獥之訛今本作獦者據字林所改毛詩作歇驕者爲通借字說文亦作猲

毫是乾毛也 注疏本也誤子

叩气吹以守也 元本閩本毛本同監本气誤乞

云名亦相出入者 注疏本名誤義

與彼獵師特 注疏本獵誤二

秦風駟鐵篇文也 浦鏜云鐵誤從金旁作鐵按詩正義本作驖鐵云言其色黑如鐵俗本改作馬旁

雛子名 單疏本雪牕本同注疏本雛誤雛釋文雛本或作鷄

周禮云馬八尺已上爲駥 雪牕本注疏本云作曰釋文已作以單疏本元本駥作龍此經注異字之證閩本監本毛本雪牕本皆作駥非後漢書注引亦誤作駥

牛七尺爲犉 唐石經雪牕本同單疏本亦作犉釋文犉字亦作犉按爾雅釋文本多用古字

今漁陽呼猪大者爲豟 雪牕本同注疏本猪作豬疏云豬高五尺者名豟

靈公有害狗謂之獒也 雪牕本監本同單疏本亦作害元本閩本毛本作善狗係臆改按何氏公羊傳本作周狗害恐周之誤字也字形相似

尚書孔氏傳曰犬高四尺曰獒即此義 雪牕本注疏本同段玉裁云此非郭注後人所附益按單疏本標起止云注公羊至之獒是邢氏所據郭注無此一十五字

六畜 雪牕本同有此題唐石經單疏本注疏本皆無石經考文提要云至善堂九經本亦有此二字按春秋桓六年正義曰爾雅釋畜於馬牛羊豕狗雞之下題曰六畜又昭二十五年正義曰釋畜之末別釋馬牛羊豕犬雞六者之名其下題曰六畜然則唐初本爾雅舊有此題特開成石經偶脫耳

牛高七尺者名犉羊高六尺者名羬 注疏本脫二者羬下衍者

其狀如羊而馬尾名羬 注疏本名作曰

今大月氏國 元本同閩本監本氏改氐

豬高五尺者名豟 注疏本名誤爲豟作豟

此牛七尺爲犉 注疏本此誤云

晉靈公將殺趙盾趙盾躇階而走 注疏本脫一趙盾

今此周作害 注疏本害改善大誤

爾雅疏卷第十 唐石經雪牕本同題爾雅卷十單疏本注疏本刪此本下記經三千一百一十三字注七千八百九十字

欽定四庫全書總目孟子正義十四卷

漢趙岐注其疏則舊本題宋孫奭撰岐字邠卿京兆長陵人初名嘉字臺卿永興二年辟司空掾遷皮氏長延熹元年中常侍唐衡兄玹爲京兆尹與岐夙隙岐避禍逃避四方乃自改名字後遇赦得出拜幷州刺史又遭黨錮十餘歲中平元年徵拜議郎舉燉煌太守後遷太僕終太常事蹟具後漢書本傳奭字宗古博平人太宗端拱中九經及第仁宗時官至兵部侍郎龍圖閣學士事蹟具宋史本傳是注即岐避難北海時在孫賓家夾柱中所作漢儒注經多明訓詁名物惟此注箋釋文句乃似後世之口義與古學稍殊然孔安國馬融鄭元之注論語今載於何晏集解者體亦如是蓋易書文皆最古非通其訓詁則不明詩禮語皆徵實非明其名物亦不解論語孟子詞旨顯明惟闡其義理而止所謂言各有當也其中如謂宰予子貢有若緣孔子聖德高美而盛稱之孟子知其太過故貶謂之汙下之類紕繆殊甚以屈原憔悴爲徵於色以甯戚叩角爲發於聲之類亦比擬不倫然朱子作孟子集注或問於岐說不甚掊擊至於書中人名惟盆成括告子不從其學於孟子之說季孫子叔不從其二弟子之說餘皆從之書中字義惟折枝訓按摩之類不取其說餘亦多取之蓋其說雖不及後來之精密而開闢荒蕪俾後來得循途而深造其功要不可泯也胡爌拾遺錄據李善文選注引孟子曰墨子兼愛摩頂致於踵趙岐曰致至也知今本經文及注均與唐本不同今證以孫奭音義所音岐注亦多不相應（語詳孟子音義條下）蓋已非舊本至於盡心下篇夫子之設科也注稱孟子曰夫我設教授之科云云則顯爲予字今本乃作夫子又萬子曰句注稱萬子萬章也則顯爲子字今本乃作萬章是又注文未改而經文誤刊者矣其疏雖稱孫奭作而朱子語錄則謂邵武士人假託蔡季通識其人今考宋史邢昺傳稱昺於咸平二年受詔與杜鎬舒雅孫奭李慕清崔偓佺等校定周禮儀禮公羊穀梁春秋傳孝經論語爾雅義疏不云有孟子正義涑水紀聞載奭所定著有論語孝經爾雅正義亦不聞有孟子正義其不出奭手確然可信其疏皆敷衍語氣如鄉塾講章故朱子語錄謂其全不似疏體不曾解出名物制度只繞纏趙岐之說至岐注好用古事爲比疏多不得其根據如注謂非禮之禮若陳質娶妻而長拜之非義之義若藉交報讎（案藉交報讎似謂藉交游之力以報讎如朱家郭解非有人姓藉名交也疑不能明謹附識於此）此誠不得其出典至於單豹養其內而虎食其外事出莊子亦不能舉則弇陋太甚朱彝尊經義考摘其欲見西施者人輸金錢一文事詭稱史記今考注以尾生爲不虞之譽以陳不瞻爲求全之毀疏亦並稱史記尾生事實見莊子陳不瞻事實見說苑（案說苑作陳不占蓋古字同音假借）皆史記所無如斯之類益影撰無稽矣以久列學官姑仍舊本錄之爾

孟子正義序

朝散大夫尚書兵部郎中充龍圖閣待制知通進銀臺司兼門下封駮事兼判國子監上護軍賜紫金魚袋臣孫奭撰

夫總羣聖之道者莫大乎六經紹六經之教者莫尚乎孟子自昔仲尼既没戰國初興至化陵遲異端竝作儀衍肆其詭辯楊墨飾其淫辭遂致王公納其謀以紛亂於上學者循其踵以蔽惑於下猶洚水懷山時盡昏墊繁蕪塞路孰可芟夷惟孟子挺名世之才秉先覺之志拔邪樹正高行厲辭導王化之源以救時弊開聖人之道以斷羣疑其言精而贍其旨淵而通致仲尼之教獨尊於千古非聖賢之倫安能至於此乎其書由炎漢之後盛傳於世爲之注者則有趙岐陸善經爲之音則有張鎰丁公著自陸善經已降其所訓說雖小有異同而共宗趙氏惟是音釋二家撰録俱未精當張氏則徒分章句漏落頗多丁氏則稍識指歸僞謬時有若非再加刊正詎可通行臣奭前奉勑與同判國子監王旭國子監直講馬龜符國子學說書吳易直馮元等作音義二卷已經進呈今輒罄淺聞隨趙氏所說仰効先儒釋經爲之正義凡理有所滯事有所遺質諸經訓與之增明雖仰測至言莫窮於奥妙而廣傳博識更俟於發揮謹上

孟子注疏題辭解

題辭解〔疏〕正義曰案史記云孟軻受業子思門人道既通所干者不合退與萬章之徒序詩書述仲尼之意作孟子七篇至嬴秦焚書坑儒孟子之徒黨自是盡矣其七篇書號爲諸子故篇籍得不泯絕漢興高皇未遑庠序之事孝惠雖除挾書之律然而公卿皆武力功臣亦莫以爲意及孝文皇帝廣遊學之路天下衆書往往稍出由是論語孟子孝經爾雅皆置博士當時乃有劉歆九種孟子凡十一篇炎漢之後盛傳於世爲之注者西京趙岐出焉至于李唐又有陸善經出焉自陸善經已降其所訓說雖小有異同而咸歸宗於趙氏隋志云趙岐注孟子十四卷又有鄭亢注孟子七卷在梁時又有綦母邃孟子九卷唐書藝文志又云孟子注凡四家有三十五卷至于皇朝崇文總目孟子獨存趙岐注十四卷唐陸善經注孟子七卷凡二家二十一卷今校定仍據趙注爲本今以爲主題辭者趙岐謂此書孟子之所作所以題號孟子之書其題辭爲孟子而作故曰孟子題辭

孟子題辭者所以題號孟子之書本末指義文辭之表也〔疏〕孟子至表也。正義曰此敘孟子題辭爲孟子書之序也張鎰譯云孟子題辭即序也趙注尚異故不謂之序而謂之題辭

孟姓也〔疏〕正義曰此敘孟氏之所自也案魯史桓公之後桓公適子莊公爲君庶子公子慶父公子叔牙公子季友仲孫是慶父之後叔孫是叔牙之後季孫是季友之後其後子孫皆以仲叔季爲氏至仲孫氏後世改仲曰孟又云孟庶長之稱也言已是庶不敢與莊公爲伯仲叔季之次故取庶長爲始也又定公六年有仲孫何忌如晉左傳即曰孟懿子往是孟氏爲仲孫氏之後改孟也

子者男子之通稱也〔疏〕正義曰此敘凡稱子之例也案經傳凡敵者相謂皆言吾子或直言子稱師亦曰子是子者男子有德之通稱也公羊傳云子沈子曰何休云沈子稱子冠氏上者著其爲師也不但言子曰者辟孔子也然則後人稱先師則以子冠氏上所以明其爲師也如子公羊子子沈子之類是也凡書傳直言子曰者皆指孔子以其師範來世人盡知之故不必言氏也孟軻有德亦足以師範來世宜其以氏冠子使後人知之非獨云有孔子又有孟子稱爲子焉

此書孟子之所作也故總謂之孟子〔疏〕正義曰此敘孟子所作此書故總名號爲孟子也唐林慎思續孟子書二卷以謂孟子七篇非軻自著乃弟子共記其言韓愈亦云孟軻之書非軻自著軻既沒其徒萬章公孫丑相與記軻所言焉今趙氏爲孟子之所作故總謂之孟子者蓋亦有由爾

其篇目則各自有名〔疏〕正義曰此敘孟子七篇各有名目也故梁惠王公孫丑滕文公離婁萬章告子盡心是也

孟子鄒人也名軻字則未聞也鄒本春秋邾子之國至孟子時改曰鄒矣國近魯後爲魯所并又言邾爲楚所并非魯也今鄒縣是也〔疏〕正義曰此敘孟子姓字及所居之國也案史記列傳云孟軻鄒人也不紀其字故趙氏云字則未聞焉後世或云字子輿云鄒本春秋邾子之國至是也者案春秋隱公元年書公及邾儀父盟于蔑杜注云邾今魯國鄒縣是也儀父事齊桓以奬王室王命以爲邾子說文云鄒孔子鄉也一云鄒魯附庸之國云國近魯者案左傳哀公七年公伐邾及范門猶聞鍾聲又曰魯擊柝聞於邾杜注云范門邾郭門也是爲魯所并云爲楚所并者案史記云魯頃公二十四年楚考烈王伐滅魯是又爲楚所并

或曰孟子魯公族孟孫之後故孟子仕於齊喪母而歸葬於魯也三桓子孫既以衰微分適他國〔疏〕或曰至他國。正義曰此敘孟子爲魯公族孟孫之後也其說在孟姓之段云仕於齊葬於魯者公孫丑篇之文也春秋定公六年季孫斯仲孫何忌如晉十年叔孫侁如齊哀公二十七年公患三桓之後欲以諸侯去之杜預云欲求諸侯以逐三桓後至魯頃公時魯遂絕祀由是三桓子孫衰微

孟子生有淑質夙喪其父幼被慈母三遷之教長師孔子之孫子思治儒述之道通五經尤長於詩書〔疏〕孟子至詩書。正義曰此敘孟子自幼至長之事也案史列女傳云孟軻母其舍近墓孟子少嬉遊爲墓間之事孟母曰此非吾所以處子也乃去舍市傍其嬉戲乃賈人衒賣之事又曰此非吾所以處子也復徙舍學宮之傍其嬉戲乃設俎豆揖遜進退孟母曰此真可以居吾子矣遂居焉及孟子既學而歸孟母問學所至孟子自若也孟母以刀斷機曰子廢學若吾斷機孟子懼旦夕勤學不息師子思遂成名儒又案史記云孟軻受業於子思之門人道既通所干不合退與萬章之徒敘詩書故趙氏云尤長於詩書

周衰之末戰國縱橫用兵爭強以相侵奪當世取士務先權謀以爲上賢先王大道陵遲墮廢異端並起若楊朱墨翟放蕩之言以干時惑衆者非一孟子閔悼堯舜湯文周孔之業將遂湮微正塗壅底仁義荒怠佞僞馳騁紅紫亂朱〔疏〕周衰之末至亂朱。正義曰此敘周衰戰國縱橫之時大道陵遲也案太史公曰秦紀至大戎敗幽王周東遷洛邑秦襄公始封爲諸侯作西時用事上帝於是僭端見矣自陪臣執政大夫世祿六卿分晉及田常弒簡公而相齊國諸侯晏然不討海內爭於戰攻於是六國盛焉其務在強兵并敵謀詐用而縱橫長短之說起故秦用商君富國強兵楚魏用吳起戰勝弱敵齊威宣王用孫子田忌之徒而諸侯東面朝齊天下於是方務於合縱連橫以攻伐爲賢而楊朱墨翟以兼愛自爲以害仁義孟軻乃述唐虞三代之德退敘詩書述孔子之意當此之時念非孟子有哀憫之心則堯舜湯文周孔之業將遂沉小而正道鬱塞仁義荒怠佞僞並行紅紫亂朱矣楊雄云古者楊墨塞路孟子辭而闢之云湮微者湮沉也微小也云壅底者言正道鬱塞而不明也云仁義荒蕪者釋名曰仁忍也好生惡殺善惡含忍也義宜也裁制事物使合宜也莊子云愛人利物之謂仁楊子云事得其宜謂之義尚書云無怠無荒孔注云迷亂曰荒怠惰也云佞僞馳騁者論語云仁而不佞孔云佞口辭捷給爲人所憎惡者說文云僞詐也馳騁奔走云紅紫亂朱者論語云惡紫之奪朱也孔注云朱正色紫間色案皇氏云青赤黃白黑五方正色也不正謂五方間色綠紅碧紫騮黃是也青是東方正綠是東方間東爲木木色青木尅土土色黃並以所尅爲間故綠色青黃也朱是南方正紅是南方間南爲火火色赤火尅金金色白故紅色赤白也白是西方正碧是西方間西爲金金色白金尅木故碧色青白也黑是北方正紫是北方間北方水水色黑水尅火火色赤故紫色赤黑也黃是中央正騮黃是中央間中央土土色黃土尅水水色黑故騮黃色黃黑也是正間然

於是則慕仲尼周流憂世遂以儒道遊於諸侯思濟

斯民然由不肯枉尺直尋時君咸謂之迂闊於事終莫能聽納其說〔疏〕於是至其說。正義曰此敘孟子周流聘世時君不聽納其說也言孟子心慕孔子徧憂其世遂以儒家仁義之道歷遊諸侯之國思欲救濟天下之民然而諸侯不能尊敬之者孟子亦且不見也雖召之而不往以其不肯枉尺以直尋十寸曰尺八尺曰尋史記云孟子道既通遊事齊齊宣王不能用適梁梁惠王不果所言是皆以爲迂遠而闊於事情而莫有能聽納其說者

孟子亦自知遭蒼姬之訖▲錄值炎劉之未奮進不得佐興唐虞雍熙之和退不能信三代之餘風恥沒世而無聞焉是故垂憲言以詒後人仲尼有云我欲託之空言不如載之行事之深切著明也〔疏〕孟子至著明也。正義曰此敘孟子自知道不行於世恥沒世無名聞故慕仲尼託之空言而載之行事也言孟子生於六國之時當衰周末又遇漢之未興上不得輔起唐虞二世之治下不能伸夏商周三代之風化自愧沒一世而無名聞所以垂法言以貽後人故託慕仲尼周流憂世旣不遇乃退而與萬章之徒敘詩書而作此七篇也趙氏意其然乃引孔子之言而明孟子載七篇之意也云蒼姬者周以木德王故號爲蒼姬姬周姓也云炎劉者漢以火德王故號爲炎劉劉高祖之姓氏也

於是退而論集所與高第弟子公孫丑萬章之徒難疑荅問又自撰其法度之言著書七篇二百六十一章三萬四千六百八十五字包羅天地揆敘萬類仁義道德性命禍福粲然靡所不載〔疏〕於是至不載。正義曰此敘孟子退而著述篇章之數也史記云孟子所干者不合退而與萬章之徒敘詩書述仲尼之意作孟子七篇云二百六十一章者合七篇之章數言也據趙氏分章則梁惠王篇凡二十有一章公孫丑篇凡二十有三章滕文公篇凡十有五章離婁篇凡六十一章萬章篇凡十有八章告子篇凡三十有六章盡心篇凡八十有四章揔而計之是二百六十一章也云三萬四千六百八十五字者合七篇而言也今計梁惠王篇凡五千三百三十三字公孫丑篇凡五千一百二十字滕文公篇凡四千五百三十三字離婁篇凡四千二百八十五字萬章篇凡五千一百二十字告子篇凡五千五百三十五字盡心篇凡四千一百五十九字揔而計之是三萬四千六百八十五字也云包羅天地至靡所不載者言此七篇之書大而至於天地微而至於昆蟲草木又次而至於性命禍福無有不載者也然而篇所以七者蓋天以七紀璇璣運度七政分離聖以布曜故法之也章所以二百六十一者三時之日數也不敢比易當期之數故取於三時三時者成歲之要時故法之也三萬四千六百八十五字者可以行五常之道施七政之紀故法五七之數而不敢盈也已

帝王公侯遵之則可以致隆平頌清廟卿大夫士蹈之則可以尊君父立忠信守志厲操者儀之則可以崇高節抗浮雲〔疏〕帝王至浮雲。正義曰此敘孟子之七篇書爲要者也言上而帝王遵循之則可以與升平之治次而公侯遵循之則可以頌清廟云頌清廟者言公侯可以助祭于天子之廟也詩有清廟之篇以祀文王注云天德清明文王象焉故祭而歌此詩也箋云諸侯有光明著見之德者來助祭也卿大夫士蹈之則可以尊欽君父主其忠信守志厲操者儀而法之則可以此崇其高節而抗富貴如浮雲云帝王公侯卿大夫士者蓋帝以德言王以業言卿有諸侯之卿有大夫之卿士有中士有下士公侯是周之爵所謂公侯伯子男凡有五等是也自帝王以下言之則有公侯自公侯以下則有卿自卿以下則有大夫自大夫以下則止於有士也

有風人之託物二雅之正言可謂直而不倨曲而不屈命世亞聖之大才者也〔疏〕有風至者也。正義曰此敘孟子七篇有風人二雅之言爲亞聖者也如對惠王欲以與民同樂故以文王靈臺靈沼爲言對宣王欲以好貨色與百姓同之故以太王厥妃爲言論仁則託以穀爲喻論性則託以牛山之木爲喻是皆有風人之託物言也云二雅之正言者如引他人有心予忖度之乃積乃倉古公亶父來朝走馬不失其馳舍矢如破凡此之類是皆有二雅之正言也故可謂直其辭而且不失之倨傲曲其辭而且不失之屈枉而孟子誠爲間世亞聖之大才者也言孟子之才比於上聖人之才但相王天而已故謂亞聖大才

孔子自衛反魯然後樂正雅頌各得其所乃刪詩定書繫▲周易作春秋〔疏〕孔子至春秋。正義曰此敘引孔子退而著述之意也案定公十四年孔子去魯應聘諸國哀公十一年自衛反魯是時道衰樂廢孔子來還乃正之又哀公十一年左傳云冬衛孔文子將攻太叔訪於仲尼仲尼曰胡簋之事則嘗學之甲兵之事未之聞也退命駕而行曰鳥則擇木木豈能擇鳥文子遽止之曰圉豈敢度其私訪衛國之難也將止魯人以幣召之乃歸杜預曰於是自衛反魯然後樂正雅頌各得其所是也云乃刪詩定書繫周易作春秋者案世家云魯定公五年季氏僭公室陪臣執國命是以魯大夫以下皆僭離於正道故孔子不仕退而修詩書禮樂弟子彌衆至自遠方莫不受業焉至哀十一年自衛反魯乃上采契后稷中述商周之盛至幽厲之缺凡三百五篇孔子皆弦歌之以求合韶武雅頌之音禮樂自此可得而述以備王道成六藝孔子晚喜易序彖繫象說卦孔子以詩書禮樂教弟子蓋三千焉哀十四年春狩大野仲尼視之曰麟也取之曰吾道窮矣乃因史記作春秋上至隱公下訖哀十四年十二公據魯親周故商運之三代約其文辭而指博故曰後世知丘者其惟春秋罪丘者亦惟春秋

孟子退自齊梁述堯舜之道而著作焉此大賢擬聖而作者也〔疏〕孟子至者也。正義曰此敘孟子退而擬孔子之聖而著述焉案馬遷作列傳云孟子遊仕齊宣王宣王不能用適梁梁惠王不果所言是以退而敘詩書述仲尼之意而作孟子七篇也

七十子之疇會集夫子所言以爲論語論語者五經之錧鎋六藝之喉衿也〔疏〕七十子至衿也。正義曰此敘引孔子弟子記諸善言而爲論語也案漢書藝文志云論語者孔子應荅弟子時人及弟子相與言而接聞於夫子之語也當時弟子各有所記夫子既卒門人相與集而論纂故謂之論語鄭注云仲弓子游子夏等撰述論者綸也以此書可以經綸世務故曰論也語者鄭注周禮云荅述曰語此書所載皆仲尼荅弟子及時人之辭故曰語而在論字下錧鎋者車軸頭鐵也說文云車鍵也喉衿者說文云喉咽也衿衣領也言論語爲五經六藝之要如此錧鎋與夫喉衿也

孟子之書則而象之〔疏〕正義曰此敘孟子作此七篇之書而儀象論語之書是亦錧鎋喉衿

衛靈公問陳於孔子孔子荅以俎豆梁惠王

問利國孟子對以仁義宋桓魋欲害孔子孔子稱天生德於予魯臧倉毁鬲孟子孟子曰臧氏之子焉能使予不遇哉旨意合同若此者衆〔疏〕衞靈公至遇哉。正義曰此敘孟子作七篇則象論語之旨意也衞靈公問陳於孔子孔子對曰俎豆之事此論語之文也案左傳哀公十一年云云在孔子自衞反魯段云俎豆者案明堂位云俎有虞氏以梡夏后氏以嶡商以椇周以房俎鄭注云梡斷木爲四足而已嶡之言蹷也謂中足爲橫距之象周禮謂之距椇之言根椇也謂曲橈之也謂足下跗也上下兩間有似於堂房魯頌曰籩豆大房又曰夏后氏以楬豆商玉豆周獻豆鄭注云楬無異物之飾也獻疏刻之齊人謂無髮爲禿楬其委曲制度備在禮圖梁惠王問利國孟子對以仁義說在梁惠王篇宋桓魋欲害孔子孔子稱天生德於予是亦論語之文也案世家孔子適宋與弟子習禮大樹下宋司馬桓魋欲殺孔子拔其樹孔子去弟子曰可速矣故孔子發此語言天生德於予者言孔子謂天授我以德性德合天地吉無不利桓魋必不能害我故曰其如予何云魯臧倉毁鬲孟子孟子曰臧氏之子焉能使予不遇哉者說在惠王下篇凡此者是皆旨意合若此類者甚衆故不特止此而已又有外書四篇性善辯文說孝經爲正其文不能弘深不與内篇相似似非孟子本真後世依放而託之者也〔疏〕正義曰凡此外書四篇趙岐不尚以故非之漢中劉歆九種孟子有十一卷時合此四篇孟子既没之後大道遂絀逮至亾秦焚滅經術坑戮儒生孟子徒黨盡矣其書號爲諸子故篇籍得不泯絶〔疏〕孟子至泯絶。正義曰此敘孟子之書得其傳亦蓋孟子生於六國之時憫道之不行遂著述作七篇之書既没之後先王之大道遂絀而不明于世至嬴秦并六國號爲秦始皇帝因李斯之言遂焚書坑儒自是孟子徒黨盡矣秦紀云秦皇三十四年丞相李斯曰五帝不相復三代不相襲今陛下創大業是萬世之功固非愚儒所知且越言三代之事臣請史官非秦紀皆燒之非博士官所職天下敢有藏詩書百家語者悉詣守尉雜燒之所不去者惟有醫卜種藝之書故孟子之書號爲諸子以故篇籍不亾而得傳於世漢興除秦虐禁開延道德孝文皇帝欲廣遊學之路論語孝經孟子爾雅皆置博士後罷傳記博士獨立五經而已訖今諸經通義得引孟子以明事謂之博文〔疏〕漢興至博文。正義曰此敘孟子之書自漢而行也案漢書云高皇帝誅項羽引兵圍魯魯中諸儒尚講習禮弦歌之音不絶豈非聖人遺化好學之國哉於是喟然興於學然尚有干戈平定四海亦未遑庠序之事至孝惠乃除挾書之律然公卿皆武力功臣莫以爲意至孝文始使掌故晁錯從伏生受尚書尚書出于屋壁詩始萌芽天下衆書往往頗出猶廣立於學官爲置博士由是論語孟子孝經爾雅皆置博士及後罷傳記博士以至于後漢惟有五經博士博士秦官掌通古今秩比六百石員多至數十人漢武建元五年初置五經博士宣帝黃龍九年增員二十人自是之後五經獨有博士訖於西京趙岐之際凡諸經通義皆得引孟子以明事故謂之博文也孟子長於譬喻辭不迫切而意以獨至其言曰說詩者不以文害辭不以辭害志以意逆志爲得之矣斯言殆欲使後人深求其意以解其文不但施於說詩也今諸解者往往摭取而說之其說又多乖異不同〔疏〕正義曰此敘孟子作七篇之書長於譬喻其文辭不至迫切而趙岐遂引孟子說詩之言亦欲使後人知之但深求其意義其言不特止於說詩也然今之解者摭取而說之其說又多乖異而不同矣孟子以來五百餘載傳之者亦已衆多〔疏〕正義曰此言孟子七篇之書自孟子既没之後至西京趙岐已五百有餘年傳七篇之書解者亦甚衆多也余生西京世尋丕祚有自來矣少蒙義方訓涉典文知命之際嬰戚于天遘屯離蹇詭姓遁身經營八紘之内十有餘年心勦形瘵何勤如焉嘗息肩弛擔於濟岱之間或有温故知新雅德君子矜我劬瘁睠我皓首訪論稽古慰以大道余困吝之中精神遐漂靡所濟集聊欲係志於翰墨得以亂思遺老也惟六籍之學先覺之士釋而辯之者既已詳矣儒家惟有孟子閎遠微妙緼奥難見宜在條理之科於是乃述已所聞證以經傳爲之章句具載本文章别其旨分爲上下凡十四卷究而言之不敢以當達者施於新學可以寤疑辯惑愚亦未能審於是非後之明者見其違闕儻改而正諸不亦宜乎〔疏〕余生至不亦宜乎。正義曰此是趙岐自敘己意而爲孟子解也言我生自西漢之京若以世代根尋其祚其先與秦共祖皆顓帝之裔孫也其後子孫造父爲穆王攻徐偃王大破之以功封趙城後因氏焉故其來端有自矣在幼少蒙義方教訓之以先王典籍及五十之歲間乃零丁嬰戚于天是其時遇迍邅之險難遂詭詐其姓氏逃遁其身經營治身於八紘之内至十餘年心神形色莫不焦瘁疲瘵謂何勤如此之甚曾因息肩弛負擔於濟岱之地或有温故君子有雅德者憐我勤苦焦瘁見我頭白遂訪我談論以稽考古人仍慰我以大道然於困吝之中其精神亦且遐漂未有歸定聊欲係志於筆墨以亂思遺我老也思其六經皆得先覺之賢士釋而辯論之亦已甚詳於儒家獨有孟子七篇之書其理蘊奥深妙難造宜在於聖智條理之科於是乃申述己之聞見驗以六經之傳斷爲章句具載本文章别爲意言分七篇作上下篇爲十四卷究極而言雖不敢當於達士然於初學者資之亦可以曉悟其疑惑其有是非得失愚亦未敢審實後之有明哲者如見其違理疑闕者改而正之是其宜也[illegible]云爲之章句分爲上下凡十四卷者各於卷下有説此更不言[illegible]丁公著案漢書趙岐本傳云趙岐字邠卿京兆長陵人也嘗遇疾甚誡其子曰吾死之後置一圓石安墓前刻曰漢有逸人姓趙名岐有志無時後疾瘳仕至大僕卿嘗仕州郡以廉直疾惡見憚焉

孟子注疏挍勘記序

漢人孟子注存於今者惟趙岐一家趙岐之學以較馬鄭許服諸儒稍爲固陋然屬書離辭指事類情於詁訓無所戾七篇之微言大義藉是可推且章別爲指令學者可分章尋求於漢傳注別開一例功亦勤矣唐之張鎰丁公著始爲之音宋孫奭采二家之善補其闕遺成音義二卷本未嘗作正義也未詳何人擬他經爲正義十四卷於注義多所未解而妄說之處全抄孫奭音義略加數語署曰孫奭疏朱子所云邵武一士人爲之者是也又盡刪章指矣而疏內又往往詮釋其所削於十三卷自偁其例曰凡於趙注有所要者雖於文段不録然於事未嘗敢弃之而不明其可議有如此者自明以來學官所貯注疏本而已疏之悠謬不待言而經注之譌舛闕逸莫能諟正吳中舊有北宋蜀大字本宋劉氏丹桂堂巾箱本相州岳氏本盱郡重刊廖瑩中世綵堂本皆經注善本也賴吳寬毛扆何焯何煌朱奂余蕭客先後傳挍迄休寧戴震授曲阜孔繼涵安邱韓岱雲鋟版於是經注譌可正闕可補而注疏本有十行者亦較它注疏本爲善今屬元和生員李銳合諸本臚其同異元爲辨其是非以經注本正注疏本以注疏十行本正明之閩本北監本汲古閣本爲挍勘記十四卷章指及篇敘既學者所罕見則備載之音義亦挍訂附後俾爲趙氏之學者得有所參考折衷日本孟子考文所據僅足利本古本二種今則所據差廣考孟子者殆莫能捨是矣阮元記

引據各本目録

單經本

宋石經殘本 高宗御書行書每行字數參差不齊今止存十一碑見在杭州府學

經注本

北宋蜀大字本 章邱李氏所藏今據何焯挍本

宋本 劉氏丹桂堂巾箱本鄭師山所藏闕公孫丑告子二冊今據何焯挍本

岳本 亦據何焯挍本

廖本 廖瑩中世綵堂本元盱郡重刊今據何煌挍本

孔本 乾隆壬辰曲阜孔繼涵微波榭刊凡十四卷末附音義韓本同

韓本 乾隆辛丑安邱韓岱雲刊

日本國古本 已下二本據七經孟子考文補遺

足利本

注疏本

宋十行本 凡十四卷卷分上下閩監毛三本同又此本及閩本無題辭監毛本有

閩本

監本

毛本

孟子注疏解經卷第一上

梁惠王章句上　凡七章　孫奭疏

趙氏注　梁惠王者魏惠王也魏國名惠謚也王號也時天下有七王皆僭號者猶春秋之時吳楚之君稱王也魏惠王居於大梁故號曰梁王聖人及大賢有道德者王公侯伯及卿大夫咸願以爲師孔子時諸侯問疑質禮若弟子之問師也魯衛之君皆專事焉故論語或以弟子名篇而有衛靈公季氏之篇孟子亦以大儒爲諸侯師是以梁惠王滕文公題篇以公孫丑等而爲之一例者也

【疏】梁惠王章句上○正義曰自此至盡心是孟子七篇之目及次第也總而言之則孟子此書之大名梁惠以下爲當篇之小目其次第蓋以聖王之盛唯有堯舜堯舜之道仁義爲首故以梁惠王問利國對以仁義爲七篇之首也此篇凡二十三章趙氏分爲上下卷此上卷只有七章一章言治國以仁義爲名二章言聖王之德與民共樂恩及禽獸三章言王化之本在於使民養生喪死之用足備四章言王者爲政之道生民爲首五章言百里行仁天下歸之六章言定天下者一道而已不貪殺人者則歸之七章言典籍攸載帝王之道無傳霸之事其餘十六章分在下卷各有言說大抵皆是君國之要務故述爲篇章之先凡此二十三章既以梁惠王問利國爲章首遂以梁惠王爲篇名公孫丑以下諸篇所以次當篇之下各有所說云章句者章文之成也句者辭之絶也又言章者明也總義包體所以明情者也句必聯字而言句者局也聯字分疆所以局言者也○注云梁惠王例者也○正義曰案史記世家云魏之先畢公高之後也武王伐紂而高封於畢是爲畢姓其後絶封爲庶人或在夷狄其苗裔曰畢萬事晉獻公獻公十六年以魏封畢萬爲大夫卜偃曰畢萬之後必大矣萬滿數也魏大名也畢萬封十一年獻公卒畢萬之世彌大從其國名爲魏氏生武子武子生悼子悼子生嬴嬴生魏獻子獻子生侈侈之孫曰魏桓子桓子孫曰文侯文侯卒子擊立爲武侯武侯卒子罃立爲惠王惠王二十一齊趙共伐我邑於是徙都大梁然則梁惠王是武侯之子名罃謚曰惠謚法云愛人好與曰惠汲冢紀年云梁惠成王九年四月甲寅徙都大梁○字林云王者天地人一貫三爲王天下所法也是時天下有七王者魏趙韓秦齊楚燕七雄之王也云論語或以弟子名篇而有衛靈季氏之篇者如顏淵子路子張是弟子名篇也趙岐所以引而爲例

孟子見梁惠王。孟子適梁魏惠王禮請孟子見之王曰。叟不遠千里而來。亦將有以利吾國乎。曰辭也叟長老之稱猶父也孟子去齊老而之魏王尊禮之曰父不遠千里之路而來此亦將有以爲寡人興利除害者乎孟子對曰。王何必曰利。亦有仁義而已矣。孟子知王欲以富國強兵爲利故曰王何以利爲名乎亦有仁義之道可以爲名以利爲名則有不利之患矣因爲王陳之王曰。何以利吾國。大夫曰。何以利吾家。士庶人曰。何以利吾身。上下交征利。而國危矣。征取也從王至庶人故言上下交爭各欲利其身必至於篡弒則國危矣論語曰放於利而行多怨故不欲使王以利爲名也又言交爲俱也萬乘之國。弒其君者。必千乘之家。萬乘兵車萬乘謂天子也千乘諸侯也夷羿之弒夏后是以千乘取其萬乘者也千乘之國。弒其君者。必百乘之家。天子建國諸侯立家百乘之家謂大國之卿食采邑有兵車百乘之賦者也若齊崔衛甯晉六卿等是以其終亦皆弒君此以百乘取千乘也上下乘當言國而言家者諸侯以國爲家亦以避萬乘稱故稱家君臣上下之辭萬取千焉。千取百焉。不爲不多矣。周制君十卿祿君食萬鍾臣食千鍾亦多故不爲不多矣苟爲後義而先利。不奪不饜。苟誠也誠令大臣皆後仁義而先自利則不篡奪君位不足自饜飽其欲矣未有仁而遺其親者也。未有義而後其君者也。仁者親親義者尊尊人無行仁而遺棄其親也無行義而忽後其君長王亦曰。仁義而已矣。何必曰利。孟子復申此者重嘆其禍也

【疏】孟子見梁惠王至何必曰利○正義曰此章言治國之道當以仁義爲名也孟子見梁惠王者是孟子自齊至梁見惠王也王曰叟不遠千里而來亦將有以利吾國乎者王號也以業爲言也曰發語詞也叟尊老之稱也言惠王尊老孟子也惠王尊孟子曰叟不遠千里之路而至此相將亦有以利益我國乎云亦與乎者況外物不可必又非可止於一事耳故云亦乎與論語云不亦說乎不亦樂乎同孟子對曰王何必曰利亦有仁義而已矣者是孟子答惠王也言王何必特止曰財利我亦有仁義之道以利益而已上利以財利爲言下利以利益爲言王曰何以利吾國大夫曰何以利吾家士庶人曰何以利吾身上下交征利而國危矣者是孟子託言也言惠王今問我曰何以利益我國則爲王之大夫必問我曰何以利益我家爲大夫既欲利益其家則爲王之士庶人亦必問我曰何以利益我身假使上至下至於士庶人皆且取其利益而國必危亂喪亡矣王以國爲問大夫以家爲問士庶人以身爲問者王稱國故以國問大夫稱家故以家問士庶人無稱故以身問而已萬乘之國弒其君者必千乘之家千乘之國弒其君者必百乘之家者孟子言上下交取其利而國喪亡者是萬乘之國弒其君者必千乘之家所弒也無它焉則千乘之家欲以萬乘之利爲多也千乘之國弒其君者必百乘之家所弒也亦無它焉是百乘之家欲以千乘之利爲多也云弒者自下殺上謂之弒萬取千焉千取百焉不爲不多者孟子言凡欲天子之萬乘者且於其內取千乘而爲天子之諸侯欲諸侯之千乘者且於其內但取百乘而爲之大夫是亦不爲少矣何必交相爭奪慕多爲勝耶苟爲後義而先利不奪不饜者孟子言且令臣庶皆後去其仁義而先且以自利則不交相殺奪故不足自飽饜言必殺奪如千乘奪取萬乘百乘奪取千乘然後爲飽足也未有仁而遺其親者也未有義而後其君者也者孟子言未有心存乎仁而遺棄其親者亦未有存義而後去其君者王亦曰仁義而已矣何必曰利者孟子重嗟歎其禍故曰王今亦當曰亦有仁義而已矣何必特止言其利一說云是惠王悟孟子之言爲是而以已言爲非故亦應之曰仁義而已矣何必言利○注云孟子至見之○正義曰案魏世家云惠王三十五年惠王以厚幣招賢者鄒衍淳于髡孟子皆至梁是也○注曰辭也至之魏○正義曰詞也從口乙聲亦象口氣出也劉熙曰叟長老之稱依皓首之言父矩也家長率教者云去齊之魏者案史記列傳云孟子事齊宣王宣王不能用乃適魏是也○注征取也至俱也○正義曰征正也蓋言君子至於利也非釋之而弗取也特不可交征而正取之爾猶季氏聚斂以弱魯趙孟貪之頻晉之類故也引論語曰放於利而行多怨者證其上下交征利而國危亡之意也孔曰放依也每事依利而行取怨之道也云交俱也蓋云俱皆也○注萬乘至萬乘也○正義曰案司馬法云六尺爲步步百爲畝畝百爲夫夫三爲屋屋三爲井井十爲通通十爲成成方十里成十爲終終十爲同同方百里同十爲封封十爲畿畿方千里有稅有賦稅以足食賦以足兵一同百里提封萬井定出賦六千四百井戎馬四百匹兵車百乘此卿大夫采地之大者也是謂百乘之家一封三百一十六里提封十萬井定出賦六萬四千井戎馬四千匹兵車千乘此諸侯之大者也是謂千乘之國天子畿方千里提封百萬井定出賦六十四萬井戎馬四萬匹兵車萬乘故稱萬乘之主云夷羿弒夏后者引之以語千乘取萬乘也案魯襄四年左傳曰昔有夏之方衰也后羿自鉏遷於窮石因夏民以代夏政杜預曰禹孫大康淫放失國夏人立其弟仲康仲康亦微弱仲康卒子相立羿遂代相號曰有窮後爲少康所滅注云夷羿者左傳襄四年杜注云夷氏也故云夷羿○注云齊崔衛甯晉六卿等○正義曰此引之以證百乘取千乘也齊崔杼爲齊之大夫語云崔子弒齊君襄公二十五年左傳云崔杼作亂是也衛甯甯喜也爲衛大夫史記世家衛獻公十八年甯惠子與孫文子逐獻公獻公奔齊齊置獻公於聚邑孫甯共立定公弟秋爲衛君是爲殤公殤公十二年爲晉平公所執獻公復入衛後元年誅甯喜又襄二十六年書甯喜弒其君剽是也六卿魏獻子與韓宣子趙簡子智文子中行氏子范獻子六人是也史記世表云昭公二十八年六卿誅公族分其邑各使其子爲大夫故也○注周制至不多矣○正義曰周制蓋言周之所制也王制云君十卿祿是也云鍾量名也晏子曰齊舊四量豆區釜鍾四升爲豆四豆爲區四區爲釜釜十爲鍾是也○注苟誠也至欲矣○正義曰語云苟子之不欲苟能正其身之苟同云饜者說文云饜飽也字從厭從食也飽則厭食也此一章遂爲七篇之首章

孟子見梁惠王。王立於沼上。顧鴻鴈麋鹿。曰。賢者亦樂此乎。沼池也王好廣苑囿大池沼與孟子遊觀乃顧視禽獸之衆多其心以爲娛樂誇咤孟子曰賢者亦樂此乎孟子對曰。賢者而後樂此。不賢者。雖有此不樂也。惟有賢者然後乃得樂此耳謂修堯舜之道國家安寧故得有此以爲樂也不賢之人亡國破家雖有此亦爲人所奪故不得以爲樂也詩云。經始靈臺。經之營之。庶民攻之。不日成之。詩大雅靈臺之篇也言文王始初經營規度此臺衆民並來治作之而不與之相期日限自來成之經始勿亟。庶民子來。言文王不督促使之亟疾也衆民自來赴若子來爲父使之也王在靈囿。麀鹿攸伏。麀鹿濯濯。白鳥鶴鶴。麀鹿牝鹿也言文王在囿中麀鹿懷妊安其所而伏不驚動也獸肥飽則濯濯鳥肥飽則鶴鶴而澤好而已王在靈沼。於牣魚躍。文王在池沼魚乃跳躍喜樂言其德及鳥獸魚鼈也文王以民力爲臺爲沼。而民歡樂之。謂其臺曰靈臺。謂其沼曰靈沼。樂其有麋鹿魚鼈。孟子謂王誦此

詩因曰文王雖以民力築臺鑿池民由歡樂之謂其臺沼若神靈之所爲欲使其多禽獸以養文王者也古之人與民偕樂。故能樂也。偕俱也言古賢之君與民同樂故能得其樂湯誓曰。時日害喪。予及女皆亡。湯誓尚書篇名也時是也日乙卯日也害大也言桀爲無道百姓皆欲與湯共伐之湯臨士衆誓言是日桀當大喪亡我與女俱往亡之民欲與之皆亡。雖有臺池鳥獸。豈能獨樂哉。孟子說詩書之義以感喻王言民欲與湯共亡桀雖有臺池禽獸何能獨樂之哉復申明上言不賢者雖有此不樂也

疏孟子見梁惠王至豈能獨樂哉。○正義曰此章言聖王之德與民共樂恩及鳥獸也孟子見梁惠王王立於沼上顧鴻鴈麋鹿者是孟子在梁時見惠王立於沼之上而顧盼鴻鴈麋鹿之狀也曰賢者亦樂此乎者是惠王稱譽孟子爲賢者問孟子亦樂此池沼之上而顧盼鴻鴈麋鹿乎云乎意恐孟子樂與不樂所以云乎而作疑之之辭也孟子對曰賢者而後樂此不賢者雖有此不樂也者是孟子荅惠王言唯有德之賢者爲君然後得樂於此如君之不賢雖有此鴻鴈麋鹿之顧亦不爲得其樂也詩云經始靈臺經之營之庶民攻之不日成之經始勿亟庶民子來者至魚躍是孟子爲王誦此靈臺之詩以證賢者而後樂此也言文王規度始於靈臺而經營之際衆民皆作治之故臺不期日而有成言其成之速也既成之速文王未嘗亟疾使民成之用如此之速也是衆民自然若子來如爲父之使耳故如此之速也王在靈囿麀鹿攸伏麀鹿濯濯白鳥鶴鶴者言文王在靈囿之時麀鹿皆安其所而伏臥以懷其妊又且不驚動非特不驚動又且濯濯然而肥飽非特麀鹿之肥飽其於白鳥又且鶴鶴然而肥澤也麀鹿牝鹿也王在靈沼於牣魚躍者言文王在靈沼之時則魚盈滿乎沼中又且跳躍喜樂如也言其魚之微物亦且得其所也文王以民力爲臺爲沼而民歡樂之謂其臺曰靈臺謂其沼曰靈沼樂其有麋鹿魚鼈者是孟子至此又自言文王作臺沼之意而感喻于惠王也文王雖以民力爲其臺沼然而民皆喜樂而爲之如謂其臺沼則曰靈臺靈沼也以靈臺靈沼云者謂其文王之德化亦樂其有之行如神靈之所至故謂其臺沼必曰爲靈臺靈沼凡此者無他焉是衆民感文王之德化亦樂其有魚鼈禽獸之多以奉養文王也已古之人與民偕樂故能樂也者言古之賢君如此文王與民同其樂故能得此臺池之樂也湯誓曰時日害喪予及女皆亡者是孟子引商書謂桀於是時無道暴虐百姓故百姓皆欲與湯王共伐之湯於是往伐臨於衆中誥誓之曰是日桀當大滅我與女衆共往滅之一云時日害喪予及女皆亡者是桀云故湯誓引而言之也謂桀云天有是日猶吾之有民日曷有亡哉日亡則吾與民亦俱亡矣民欲與之皆亡雖有臺池鳥獸豈能獨樂哉者是孟子首對惠王曰不賢者雖有此不樂也故引此桀而諸其言也言桀爲不賢之君民亦欲與湯共伐之雖有臺池鳥獸豈能得獨享其此樂哉言不能得樂也○注云詩大雅至成之也○正義曰周詩大雅篇名曰靈臺注云天子有靈臺者所以觀祲象察氣之妖祥也神之精明者稱曰靈四方而高曰臺文王受命于周作邑于豐立靈臺又案春秋傳曰公既視朔遂登觀臺以望而書雲物爲備○注言文王至使也○正義曰案靈臺之詩箋云亟急也度始靈臺之基衆民各以子成父事而來攻之○注云麀鹿至澤好○正義曰毛氏注云麀鹿牝鹿也囿所以域養禽獸也天子百里諸侯四十里○箋云攸所也言所遊伏毛注云濯濯娛遊也鶴鶴肥澤也○注文王至魚鼈。○正義曰詩注云沼池也牣滿也箋云靈沼之魚盈滿其中皆跳躍亦言得其所。○注云湯誓至亡之正義曰湯誓商書之篇名也案史記云是日何時喪予與女皆亡驅注曰尚書大傳云桀云天之有日猶吾之有民日有亡哉日亡則吾亦亡矣尚書孔安國注云比桀於日日是日何時喪我與女皆亡欲殺身以喪桀是也檀弓云子卯不樂鄭注云紂以甲子死桀以乙卯亡也

梁惠王曰。寡人之於國也。盡心焉耳矣。王侯自稱孤寡言寡人於治國之政盡心欲利百姓焉耳者懇至之辭河內凶。則移其民於河東。移其粟於河內。河東凶亦然。言凶年以此救民也魏舊在河東後爲強國兼得河內也察鄰國之政。無如寡人之用心者。言鄰國之君用心憂民無如己也鄰國之民不加少。寡人之民不加多。何也。王自怪爲政有此惠而民人不增多於鄰國者何也孟子對曰。王好戰。請以戰喻。因王好戰故以戰事喻解王意填然鼓之。兵刃既接。棄甲曳兵而走。或百步而後止。或五十步而後止。以五十步笑百步。則何如。填鼓音也兵以鼓進以金退孟子問王曰今有戰者兵刃已交其負者棄甲曳兵而走五十步而止足以笑百步者否曰。不可。直不百步耳。是亦走也。王曰不足以相笑也是人俱走直爭不百步耳曰。王如知此。則無望民之多於鄰國也。孟子曰王如知此不足以相笑王之政猶此也王雖有移民轉粟之善政其好戰殘民與鄰國同而獨望民之多何異於五十步笑百步者乎不違農時。穀不可勝食也。從此已下爲王陳王道也使民得三時務農不違奪其要時則五穀饒穰不可勝食數罟不入洿池。魚鼈不可勝食也。數罟密網也密細之網所以捕小魚鼈也故禁之不得用魚不滿尺不得食斧斤以時入山林。材木不可勝用也。時謂草木零落之時使材木茂暢故有餘穀與魚鼈不可勝食。材木不可勝用。是使民養生喪死無憾也。憾恨也民所用者足故無恨養生喪死無憾。王道之始也。王道先得民心民心無恨故言王道之始五畝之宅。樹之以桑。五十者可以衣帛矣。廬井邑居各二畝半以爲宅各入保城二畝半故爲五畝也樹桑墻下古者年五十乃衣帛矣雞豚狗彘之畜。無失其時。七十者可以食肉矣。言孕字不失時也七十不食肉不飽百畝之田。勿奪其時。數口之家。可以無饑矣。一夫一婦耕耨百畝百畝之田不可以徭役奪其時功則家給人足農夫上中下所食多少各有差故揔言數口之家也謹庠序之教。申之以孝悌之義。頒白者不負戴於道路矣。庠序者教化之宮也殷曰序周曰庠謹脩教化申重孝悌之義頒者班也頭半白班班者也壯者代老心各安之故頒白者不負戴也七十者衣帛食肉。黎民不饑不寒。然而不王者。未之有也。言百姓老稚溫飽禮義脩行積之可以致王也孟子欲以風王何不行此可以王天下有率土之民何但望民多於鄰國狗彘食人食而不知檢。塗有餓莩而不知發。言人君但養犬彘使食人食不知以法度檢斂也塗道也餓死者曰莩詩曰莩有摽莩零落也道路之旁有餓死者不知發倉廩以用賑救之也人死。則曰非我也。歲也。是何異於刺人而殺之。曰非我也。兵也。人死謂餓疫死者也王政使然而曰非我殺之歲殺之也此何以異於用兵殺人而曰非我也兵自殺之也王無罪歲。斯天下之民至焉。戒王無歸罪於歲責已而改行則天下之民皆可致也

疏梁惠王曰至民至焉。○正義曰此章言王化之本在於使民養生喪死之用足備也王侯自稱曰寡惠王與孟子曰寡人之於國盡其心而爲民耳矣耳矣者言至極也言河內凶荒我則移徙民於河東之地河東粟多我則移之於河內河東之地凶荒我則又如此而移民故曰亦然也察鄰國之政無如寡人之用心者察詳視也言詳視鄰國之君無有似寡人如此之用心者然而鄰國之人民不加益其損寡人之人民不加益其多是如之何故曰鄰國之民不加少寡人之民不加多何也遂以此而問孟子孟子對曰王好戰請以戰喻是孟子荅惠王言惠王心好征戰故孟子請以戰事比喻而解王之意填然鼓之兵刃既接棄甲曳兵而走或百步而後止或五十步而後止以五十步笑百步則何如者是孟子言戰事之語也填塞也又滿也趙氏云鼓音盡言鼓音之充塞洋洋而盈滿也言鼓音既充塞盈滿於戰陣之際則兵刃刀鎗既以交接兵刃既交接乃棄去其甲曳散其兵而反走者或百步之間而止或五十步之間而止以五十步之間而止者則笑走至百步之間而止者則王以爲如何曰不可直不百步耳是亦走也惠王荅孟子言凡征戰之際鼓音既填然則不可棄去其甲曳散其兵而相笑走也雖有走或只止於五十步或有止於百步言其但自棄甲曳兵而反走者是雖止於五十步不至於百步然皆是走也豈可以五十步笑百步哉故曰直不百步耳是亦走也曰王如知此則無望民之多於鄰國者是孟子荅惠王言惠王如能知此不可以五十步笑百步則王無更望其國民加多於鄰國也意謂王既好征戰而殘民而以轉粟移民爲盡心欲望民加多於鄰國是亦五十步笑百步之走者也不違農時穀不可勝食至不王未之有也者是皆孟子又爲王陳其王道也言使民無違奪其春耕夏耘秋收三時之要則五穀豐盛饒穰雖勝食之多亦不可盡也密細之網不入於洿池則魚鼈不可勝食斧斤以草木零落之時入山林不以草木生長之時入之則材木不可勝用也穀與魚鼈既不可勝食材木既不可勝用是使民得以養生喪死無怨恨於不足也五畝之宅栽墻下以桑則年至五十之老可以着其絹帛雞豚狗彘不失其養字之時則年至七十之老可以食其肉百畝之田不奪其耕耨之時則七入口之家可以無飢凡云可者但得過而已未至於富足有餘也謹庠序教化之宮以申舉孝悌之義而富以教之則頭班班然而半白者不自負戴於道塗之間矣無他人皆知孝

悌之義爲之壯者必代之爾故曰班白者不負戴於道路矣是則五十之老足以衣帛七十之老足以食肉而黎庶之民故不飢不寒然而君上能如此而民不歸往而王之者必無也故曰未之有也狗彘食人食而不知檢塗有餓莩而不知發人死則曰非我也歲也是何異於刺人而殺之曰非我也兵也者是孟子以此諷惠王也言人君但養其狗彘而食人之所食而王不知檢斂道塗之間有餓死者而王不知發倉廩以救賑之見其人死則推之曰非我之罪是歲之罪也言是歲之凶荒而疫死之也是何異於執其兵器而刺殺人而曰非我殺也是兵器自殺之類也王無罪於歲則天下之民至焉者是孟子諷之而又誠之也言王儻人餓死不歸罪於歲但責已而改行則天下之民眞不歸往而至焉耳爲惠王好征戰以糜爛其民故以此謳之○注云王侯自稱孤寡○正義曰禮云諸侯與民言自稱曰寡人在凶服曰孤老聃云王侯自稱孤寡不穀是也○注云魏舊河東至河內○正義曰案地理云魏地觜鵩參之分野其界自高陵以東盡河東河內河東本殷之舊都周既滅殷分其地畿內爲三國詩風邶鄘衞是也○注云戰事○正義曰莊公十一年左傳曰皆陳曰戰杜預云堅而有備各得其所成敗決於志力者也○注填鼓音兵以鼓進以金退○正義曰賈逵云填塞也滿也禮云色容填填史云車馬騈填云兵以鼓進以金退者案周官大司馬辨鼓鐸鐲鐃之用以教坐作進退疾徐蹤數之節云鼓人三鼓司馬振鐸羣吏作旗車徒鼓行鳴鉦車徒督行鳴鐃且卻是也○注使民得三時務農不違奪其要時○正義曰王制云用民之力歲不過三日周禮均人職云凡均力政以歲上下豐年則公旬用三日焉中年則公旬用二日焉無年則公旬用一日焉語云使民以時包注曰作使民必以其時不妨奪農務荀卿曰春耕夏耘秋收冬藏四者不失時故五穀不絕而百姓有餘食是五穀不可勝食也○注數罟至不得食○正義曰釋云數密也罟網也荀子曰網罟毒藥不入澤洿池謂沼謹其時禁故魚鼈優多而百姓有餘用注云食足之外可貨易也○注時謂至有餘○正義曰周官山虞掌山林之政令云仲冬斬陽木仲夏斬陰木鄭注云陽木春夏生陰木秋冬生者若松栢之屬一云陽木生山陽在南者陰木生山陰在北者荀卿曰斬伐養長不失其時故山林不童而百姓有餘材也○注廬井至衣帛矣○正義曰案周禮云乃經土地而井牧其田野九夫爲井四井爲邑遂人掌邦之野辨其野之土地上地夫一廛田百畝萊五十畝餘夫亦如之中地夫一廛田百畝萊百畝餘夫亦如之下地夫一廛田百畝萊二百畝餘夫亦如之鄭司農云戶計一夫一婦而賦之田其一戶有數口者餘夫亦受此田也廛居也萊謂休不耕者鄭玄云廛城邑之居漢志云六尺爲步步百爲畝畝百爲夫夫三爲井井方一里是爲九夫八家共之各受私田百畝公田十畝是爲八百八十畝餘爲廬舍里有序而鄉有庠序以明教庠以行禮而視化焉其有秀異者移鄉學于庠序庠序之異者移國學于小學小學之異者移於大學命曰造士行同能偶則別之以射然後爵命焉此先王制士處居富而教之之大略也王制云五十異粻始衰六十非肉不飽七十非帛不煖八十非人不煖九十雖得人不煖是古者五十乃衣帛矣○注言人君至救之也○正義曰餓死者曰莩詩曰莩有梅李零落也者案毛詩而言也毛詩云莩落也箋云梅實尚餘而未落是其解也

梁惠王曰。寡人願安承教。願安意承受孟子之教令孟子對曰。殺人以梃▲與刃。有以異乎。梃杖也曰。無以異也。王曰梃刃殺人無以異也以刃與政。有以異乎。孟子欲以政喻王曰。無以異也。王復曰梃刃殺人與政殺人無異也曰。庖有肥肉。廄有肥馬。民有飢色。野有餓莩。此率獸而食人也。孟子言人君如此率率獸而食人也獸相食。且人惡之。爲民父母行政。不免於率獸而食人。惡在其爲民父母也。虎狼食禽獸人猶尚惡視之牧民爲政乃率禽獸食人安在其爲民父母之道也仲尼曰。始作俑者。其無後乎。爲其象人而用之也。如之何其使斯民飢而死也。俑偶人也用之送死仲尼重人類謂秦穆公時以三良殉葬本由有作俑者也惡其始造故曰此人其無後嗣乎如之何其使斯民飢而死也孟子陳此以教王愛其民也

〔疏〕梁惠王曰至死也○正義曰此一段宜與前段合爲一章趙氏分別之蓋言王者爲政之道在生民爲首也梁惠王曰寡人願安承教者是惠王願安意承受孟子之教令也孟子對曰殺人以梃與刃有以異乎者是孟子答惠王故託此而問惠王言殺人以杖與刃有以各異乎云乎者是又孟子未知惠王以爲如何故疑之也曰無以異者是惠王答孟子之問言以杖殺人與刃殺人無以各異是皆能殺人也以刃與政有以異乎者孟子復問以刃與政殺人有以異曰無以異也者惠王復曰政之殺人與刃之殺人亦無以異也言致人死則一也曰庖有肥肉廄有肥馬民有飢色野有餓莩此率獸而食人也者是孟子之諷惠王也言庖廚之間有肥肉棧廄之中有肥馬而民皆有飢餓之顏色郊野之間又有餓而死者此乃是王率獸而食人也獸相食且人惡之爲民父母行政不免於率獸而食人惡在其爲民之父母也者孟子言獸畜自相食如虎狼食牛羊且人猶尚惡見之況爲民之父母其於行政以治民尚不免驅率獸而食人安在其爲民之父母也言行政如此不足爲民之父母也仲尼曰始作俑者其無後乎是孟子引仲尼之言也言仲尼有云始初作俑偶人者其無後嗣乎無他焉是爲其象人而用之也故後有秦穆公以生人從葬故曰其無後嗣也○注梃杖也○正義曰釋文云梃木片也○注俑偶人也○正義曰記云孔子謂爲俑者不仁埋倉云木人送葬設關而能踊跳故名之曰俑魯文公六年秦穆公卒以子車氏之三子奄息仲行鍼虎爲殉杜預曰以人從葬曰殉詩有黃鳥之篇以哀三良是也孟子諷之故曰如之何使斯民飢餓而死

梁惠王曰。晉國天下莫強焉。叟之所知也。韓魏趙本晉六卿當此時號三晉故惠王言晉國天下之強焉及寡人之身。東敗於齊。長子死焉。西喪地於秦七百里。南辱於楚。寡人恥之。願比死者壹▲洒之。如之何則可。王念有此三恥求策謀於孟子孟子對曰。地方百里而可以王。言古聖人以百里之地以政王天下謂文王也王如施仁政於民。省刑罰。薄稅斂。深耕易耨。壯者以暇日。修其孝悌忠信。入以事其父兄。出以事其長上。可使制梃以撻秦楚之堅甲利兵矣。易耨芸苗令簡易也制作也王如行此政可使國人作杖以捶敵國堅甲利兵何患恥之不雪也彼奪其民時。使不得耕耨以養其父母。父母凍餓。兄弟妻子離散。彼陷溺其民。王往而征之。夫誰與王敵。彼謂齊秦楚也彼因其民願王往征之也彼失民心民不爲用夫誰與共禦王之師而爲王之敵乎故曰。仁者無敵。王請勿疑。鄰國暴虐已修仁政則無敵矣王請行之勿有疑也

〔疏〕梁惠王至勿疑○正義曰此章言百里行仁則天下歸之也梁惠王曰晉國天下莫強焉叟之所知也者是梁惠王欲問孟子之謀策也言晉國爲天下之最強叟必知之及寡人之身東敗於齊長子死焉西喪地於秦七百里南辱於楚寡人恥之願比死者壹洒之如之何則可者是惠王言晉國逮及寡人之身東則見敗於齊而殺死其長子西又喪去其地於秦七百里南又常受辱於楚寡人心甚愧恥之今願近死不惜命者一洗除之當如之何謀則可以洗除此恥孟子對曰地方百里而可以王者是孟子答惠王言古之聖君其地但止於百里尚可以王天下也王如施仁政於民省刑罰薄稅斂深耕易耨壯者以暇日修其孝悌忠信入以事其父兄出以事其長上可使制以梃以撻秦楚之堅甲利兵矣者是孟子言王自令能施仁政以及民又省去其刑罰輕其稅斂使民皆得深耕易耨壯者以閑暇日修孝悌忠信入閭門之內以奉事其父兄出鄉黨之間以奉事其長上凡能如此雖作一捶梃亦可以禦撻秦楚之堅甲利兵矣然以秦楚有堅甲利兵而以一梃可撻秦言蓋秦楚常違奪其農時使民不得耕耨也故云彼奪其民時使不得耕耨以養父母又云父母凍餓兄弟妻子離散彼陷溺其民王往而征之夫誰與王敵者言民既不得耕耨以奉養父母秦爲父母者被寒凍飢餓兄弟者與妻子者皆離散各彼奉則楚陷溺其人民如此而王往彼正其罪夫更誰敢與王之師而爲王之敵者故曰仁者無敵王請勿疑者是孟子請惠王行此仁政而往正其罪而無敵如所謂仁者無敵是也遂請之行而無更遲疑也前所謂閑暇日者蓋言民於耕耨田地之外有休息閑暇之日也○注韓趙魏至強也○正義曰案史記年表云定王十六年魏桓子與韓康子趙襄子三人敗知伯于晉陽乃至分其地故號爲三晉是爲強國云東敗於齊而喪長子者案史記世家惠王三十年魏伐趙趙告急於齊齊宜王用孫子計救趙魏遂大興師太子申自將攻齊遂與齊人戰敗於馬陵是也云西喪地於秦者案史記年表云周顯王十五年秦與魏戰元里斬首七千取少梁南則常辱於楚馬陵者案徐廣云地在於元城

孟子注疏卷一上挍勘記

阮元撰盧宣旬摘錄

朝散大夫尚書兵部郎中充龍圖閣待制知通進銀臺司

兼門下封駮事兼判國子監上護軍賜紫金魚袋臣孫奭

撰按此銜名十行本作兩行上空一字與音義序題銜合閩監毛三本改爲一行猶寫又音義銜龍圖下無閣字撰下有進字

夫總羣聖之道者按自此至篇末十行本行頂格亦與音義序合閩監毛三本首行頂格次行以下

並上空一格。又記中凡摘經注疏句有不盡采全者倣經典釋文例

爲之音　閩監毛三本同音義序此下者字是也

而共宗趙氏　按此下音義序有今既奉勑按定仍據趙注爲本十二字僞疏刪

惟是音釋　按此下音義序有宜在討論臣今詳七字

漏落頗多　閩監毛三本同音義序落作略

若非再加刊正　按音義序無再加二字

臣奭前奉勑與同判國子監王旭國子監直講馬龜符國子學說書吳易直馮元等　按音義序此文作謹與尚書虞部員外郎同判國子監臣王旭諸王府侍講太常博士國子監直講臣馬龜符鎮寧軍節度推官國子學說書臣吳易直前江陰軍江陰縣尉國子學說書臣馮元等僞疏刪去寄祿官及臣字非也

作音義二卷已經進呈今輒罄淺聞隨趙氏所說仰効先儒釋經爲之正義凡理有所滯事有所遺質諸經訓與之增明　按音義序無此文而有推究本文參考舊注采諸儒之善削異說之煩證以字書質諸經訓疏其疑滯備其闕遺集之成音義二卷一段文蓋僞疏竄改又上文勑字及此進呈字十行本提行頂格閩監毛三本並接寫不提行

孟子注疏題辭解　按十行本閩本無此篇監毛本有山井鼎考文所謂孟子題辭注疏本或無之者是也又按音義孟子題辭張鎰云即序也不云題辭解疑此解字是僞疏增又音義孟子題辭下出趙氏字今本無之蓋失其舊

孟子[illegible]表也　監本此下有圖毛本無以下並同

値炎劉之未奮　毛本同音義出值炎云丁作直

繫周易　毛本同音義繫本亦作系

爲正　毛本同浦鏜正誤云政誤正按周禮小宰職聽政役以比居注或作正是正政古通用浦說是也

孟子注疏解經卷第一上　監毛本同閩本誤脫上字

梁惠王章句上　凡七章按宋高宗御書孟子石經殘本篇題並頂格不空字十行本正與之合蓋猶是舊欵閩監毛三本並低一格字非又篇題下近孔繼涵韓岱雲所刻經注本及考文古本無凡幾章幾字音義及足利本有

趙氏注　孫奭疏　十行本孫奭疏三字在第二行篇題下趙氏注三字在第三行上低一字下接注文閩監毛三本並作漢趙氏注宋孫奭疏在篇題之前其注移在凡幾章之下考文古本注在趙氏注下與十行本合足利本注及題名在篇題後其題名作後漢太常趙岐邪卿注與各本皆不合非也廖瑩中經注本趙氏作趙岐亦非按音義題辭下出趙氏字然則舊本題名不作趙岐并無注字也

梁惠王者　自此至一例者也岳本廖本無又按十行本注文皆雙行細字閩監毛三本以注文改爲單行上冠注字非復十行本舊式矣

皆僭號者　閩監毛三本同宋本孔本韓本考文古本足利本下有也字

皆尊事焉　閩監毛三本同宋本孔本韓本考文古本尊作尊。按尊是也

爲諸侯師　閩監毛三本同宋本孔本韓本考文古本師上有所字

以公孫丑等而爲之一例者也　閩監毛三本同宋本考文古本孔本以作與無而之者三字韓本與宋本同有者字

梁惠王章句上　十行本標起止下每作一圈以別正義閩監本同毛本去圈正義接標起止下以後放此

長老之稱　閩監毛三本同廖本孔本韓本考文古本下有也字

王尊禮之　閩監毛三本同廖本孔本韓本考文古本上有故字

而來此　閩監毛三本同宋本孔本韓本考文古本此上有王字

亦將有以爲寡人興利除害者乎　閩監毛三本同宋本孔本有下有可字無者字廖本無者字韓本足利本有下有可字考文古本有下有可字者乎作也

故曰王何以利爲名乎　閩監毛三本同孔本韓本考文古本何下有必字足利本王何作可必

亦有仁義之道　閩監毛三本同宋本亦下有惟字廖本岳本下有者字孔本韓本考文古本作亦惟有仁義之道者

則國危矣　閩監毛三本同廖本孔本韓本考文古本危下有亡字

是以千乘取其萬乘者也　閩監毛三本同宋本廖本孔本韓本考文古本無其字者字岳本無者字

亦皆弑君　閩監毛三本同廖本孔本韓本考文古本足利本君上有其字

上下乘當言國　閩監毛三本同孔本韓本考文古本下作千是也

亦多故不爲不多矣　閩監毛三本同廖本孔本韓本考文古本故作矣。按作故是

不足自饜飽其欲矣　閩監毛三本孔本同宋本廖本韓本考文古本無矣字

而遺棄其親也　閩監毛三本同廖本孔本韓本考文古本無也字

而忽後其君長　閩監毛三本同宋本廖本孔本韓本考文古本長作者

重歎其禍也　閩監毛三本同宋本孔本韓本考文古本作重嗟歎其禍音義出重嗟則亦有嗟字

▲章指言　孔本韓本作曰下同　治國之道明當以仁義爲名然後上下和親君臣集穆　足利本集作輯　天經地義不易之道故以建篇立始也　凡章指十行本以下注疏本無今據岳本載全文于每章後各本異同即注于下以補注疏本之缺全書同此

此章言治國之道當以仁義爲名也　宋每章疏首數句乃僞疏竊取趙氏章指之文而又不全截謬甚

孔曰放依也　閩監毛三本孔下並衍子字

又襄二十六年　閩本同監毛本襄下有公字

乃顧視禽獸之衆多　閩監毛三本同宋本孔本韓本考文古本無乃字

其心以爲娛樂　閩監毛三本同宋本廖本孔本韓本考文古本無其字

誇咤孟子　閩監毛三本同宋本廖本孔本韓本考文古本誇作夸音義出誇咤丁云誇也按此則作誇非也

亦爲人所奪　閩監毛三本同宋本孔本韓本考文古本亦作當

而不與之相期日限自來成之　閩監毛三本同宋本無而之相三字日作曰廖本無而相限二字下有也字孔本下有也字韓本考文古本無而相限三字下有也字

不督促使之　閩監毛三本孔本韓本同音義出不督云丁作[illegible]。按[illegible]疑裻之誤古裻與督義同音同

爲父使之也　閩監毛三本同宋本廖本孔本韓本考文古本無之字

牝鹿也　閩監毛三本同廖本孔本韓本牝作牸牸與牝義同考文古本牝作特特即牸之譌也俗刊之書多此誤字

言文王在囿中　閩監毛三本同岳本廖本孔本韓本考文古本囿上有此字

麀鹿懷妊　閩監毛三本同宋本廖本孔本韓本妊作任

則鶴鶴而澤好而已　閩監毛三本同宋本廖本孔本韓本考文古本無而已二字

於牣魚躍　閩監毛三本孔本韓本同音義出於牣云丁本作仞

而民歡樂之　各本同音義出歡樂云本亦作勸樂臧琳曰案左傳昭九年注衆民自以子義來勸樂爲之正義曰衆民自以子成父事而來勸樂而早成之耳知晉唐時本皆作勸樂

孟子謂王誦此詩　閩監同廖本孔本韓本監毛本誦作爲是也

民由歡樂之　宋本孔本韓本考文古本足利本同閩監毛三本由作猶按由猶古今字

言古賢之君　閩監毛三本同廖本孔本韓本足利本賢之作之賢

與民同樂閩監毛三本同廖本作與民共同其樂宋本孔本韓本作與民共同其所樂考文古本作與民同其所樂

故能得其樂閩監毛三本同廖本孔本韓本考文古本作故能樂之

子及女皆亡孔本韓本同閩監毛三本皆作偕

日乙卯日也閩監毛三本韓本同宋本孔本上日作時。按宋本孔本非當作是日乙卯日也

湯臨士衆誓閩監毛三本同廖本孔本韓本作湯臨士衆而誓之考文古本下有之字

言民欲與湯共亡桀閩監毛三本同宋本孔本韓本民下有皆字

▲章指言聖王之德與民共樂恩及鳥獸則忻戴其上大平化興無道之君衆怨神怒則國滅祀絕不得保守其所樂也

以奉養文王也巳閩監毛三本巳作此非

注言文王至使也閩本同監本毛本使下有之字非

毛氏注云閩監毛三本氏作詩。案注當作傳

足以笑百步者否閩監毛三本同廖本步下有止字宋本否作不孔本韓本考文古本作足以笑百步止者不足利本作是以笑百步止者不音義出者不

王雖有移民轉粟之善政閩監毛三本同宋本孔本韓本考文古本足利本粟作穀

而獨望民之多閩監毛三本孔本韓本足利本同考文古本獨作猶

何異於五十步笑百步者乎閩監毛三本韓本同廖本孔本考文古本於下有以字

所以捕小魚鼈也閩監毛三本同宋本孔本韓本也上有者字

各入保城二畝半閩監毛三本足利本同宋本孔本韓本各作冬是考文古本城作域非。按據公羊傳宣十四年注及漢地理志則作冬是也公羊注同春夏出田秋冬入保城郭今各本或作保城或作城保若依公羊則保城爲長

可以無饑矣監本毛本同宋本岳本咸淳衢州本孔本韓本閩本饑作飢按飢餓之字當作飢饑乃饑饉字此經當以飢爲正

頭半白班班者也閩監毛三本同宋本白下有日字岳本廖本韓本者上並有然字孔本作頭半白日頒斑斑然者也按以班爲斑古字假借毛本孔本韓本班作斑非也足利本作頭半白日頒班者也山井鼎云日當作曰是。按頒白字說文作𩑈从須卑聲

故頒白者不負戴也閩監毛三本同孔本足利本故下有曰字戴下有於道路三字韓本與孔本同無曰字

黎民不饑不寒監本同韓本閩本毛本饑作飢

言人君但養犬彘廖本孔本韓本考文古本足利本同閩監毛三本犬作狗

不知以法度檢斂也閩監毛三本同毛本檢作撿避所諱宋本孔本韓本下上有而字

詩曰莩有梅宋本孔本韓本同閩監毛三本曰作云

道路之旁有餓死者韓本閩監毛三本同宋本孔本旁作傍

以用賑救之也廖本考文古本足利本同宋本孔本韓本賑作振閩監毛三本用作周按振卽古之賑字作賑者非

▲章指言王化之本在於孔本於作乎使民養生喪死之用備足然後導之以禮義責巳矜窮則斯民集矣

在於使民養生喪死之用足備也閩監毛三本喪作送誤

可以着其絹帛閩本同監本毛本着作著

背陣曰戰閩本同按背當作皆監本毛本改作皆是也

周禮内八職云閩監毛三本同盧文弨云内當作均是也

殺人以挺與刃閩本同宋本廖本岳本孔本韓本監毛本挺作梃案音義云從木則此本及閩本誤也此本注俱作梃閩本經注並作挺

梃刃殺人閩監毛三本同孔本韓本考文古本梃作杖

曰無以異也各本同孔本以異誤倒

梃刃殺人與政殺人閩監毛三本廖本岳本同宋本孔本韓本無梃刃殺人與五字

無異也閩監毛三本同廖本岳本孔本韓本考文古本無下有以字

率獸而食人也閩監毛三本上率字作是廖本作是率禽獸以食人也宋本孔本韓本考文古本作爲率禽獸以食人也足利本與古本同且人下有者字

虎狼食禽獸人猶尚惡視之牧民爲政乃率禽獸食人安在其爲民父母之道也各本並同足利本作古者虎狼之中能常食於禽獸是人所惡今人猶尚惡視之牧民爲政乃率禽獸食人安在其爲民父母之道也巳

惡其始造閩監毛三本同廖本孔本韓本惡上有夫字音義出夫惡山井鼎考文云古本本由有作偏者也下有夫字以夫字屬上讀非也

如之何其使斯民飢而死也閩監毛三本同廖本孔本韓本考文古本斯作此也作邪岳本斯作此音義出死邪

以教王愛其民也閩監毛三本同廖本無也字宋本孔本韓本考文古本無其字也字

▲章指言王者爲政之道生民爲首以政殺人人君之咎猶以白刃疾之甚也

故惠王言晉國天下之强焉閩監毛三本之作莫廖本無之字宋本孔本韓本考文古本無之焉二字

壹洒之孔本韓本考文古本同閩監毛三本壹作一

深耕易耨音義出易耨云下奴豆切字亦作蓐

而爲王之敵乎閩監毛三本同宋本孔本韓本足利本無而之二字廖本無而字考文古本作於王敵乎

▲章指言以百里行仁天下歸之以政傷民民樂其亡以梃服强仁與不仁也足利本也上有者字

願比死者壹洒之閩監毛三本壹作一

今願近死不惜命者一洗除之閩本同監毛本近作爲

背離散各各字誤閩監毛三本並作亡

韓魏趙至强也閩本同監毛本也改焉

孟子注疏解經卷第一下

梁惠王章句上　趙氏注　孫奭疏

孟子見梁襄王。出語人曰。望之不似人君。襄謚也。魏之嗣王也。望之無儼然之威儀也。就之而不見所畏焉。就與之言。無人君操柄之威。知其不足畏。卒然問曰。天下惡乎定。卒暴問事。不由其次也。問天下安所定。言誰能定之。吾對曰。定于一。孟子謂仁政爲一也。孰能一之。言孰能一之者。對曰。不嗜殺人者能一之。嗜猶甘也。言今諸侯有不甘樂殺人者。則能一之。孰能與之。王言誰能與不嗜殺人者乎。對曰。天下莫不與也。孟子曰。時人皆苦虐政。如有行仁。天下莫不與之。王知夫苗乎。七八月之間旱。則苗槁矣。天油然作雲。沛然下雨。則苗浡然興之矣。其如是。孰能禦之。以苗生喻人歸也。周七八月。夏之五六月也。油然興雲之貌。沛然下雨以潤槁苗。則浡然已盛。孰能止之。今夫天下之人牧。未有不嗜殺人者也。如有不嗜殺人者。則天下之民皆引領而望之矣。誠如是也。民歸之。由水之就下。沛然誰能禦之。今天下牧民之君誠能行此仁政。民皆延頸望欲歸之。如水就下。沛然而來。誰能止之。

【疏】孟子見梁襄王至誰能禦之。○正義曰。此章言定天下者一道而已。不貪殺人。人則歸之也。孟子見梁襄王出語人曰望之不似人君就之而不見所畏焉者。是孟子在梁見襄王而語於人曰。遠望之。襄王而不似人君。言無人君之威儀也。就而近之。而不見所畏焉。言無人君操柄之威也。卒然問曰天下惡乎定者。是孟子語於人言襄王卒暴而問我曰天下誰能定。吾對曰定于一者。言我對之曰定天下者在乎仁政爲一者也。孰能一之。是孟子言襄王又問誰能仁政爲一。對曰不嗜殺人者能一之者。是孟子言我復荅之。唯不好殺人者能以仁。故爲一也。孰能與之者。言襄王又問誰能與之不好殺人者。對曰天下莫不與也。言我對曰天下之人無有不與之也。王知夫苗乎。七八月之間旱則苗槁矣。天油然作雲。沛然下雨。則苗浡然興之矣。其如是。孰能禦之者。是孟子比喻而解王之意也。故問襄王曾知夫苗乎。言夫苗自七八月之時則乾旱而無水。苗於是枯槁。上天油然而起雲。沛然而降雨。則枯槁之苗又浡然興起而茂。其不嗜殺人者能一之有如此苗而與茂。誰能止之也。又言如有行仁而天下莫不與之。誰能止之而不與也。今夫天下之人牧。未有不嗜殺人者也。王誰能禦之者。是孟子因此喻苗而解王之意。又以此復詳明之。欲使襄王即曉之也。言今天下爲牧養人民之君。未有不好殺人者也。皆好殺人。若有不好殺人者。則天下之人民皆延頸而望王以歸之矣。誠如此上言之者。則民皆歸之。亦若水之流自上而下。其勢沛然而來。誰能止之。言無人能止之也。○注襄謚也至儀。○正義曰。案世家云。惠王在位三十六年卒。子赫立。是爲襄王。襄王在位六年卒。謚曰襄。謚法云。因事有功曰襄。又曰辟土有德曰襄。○注周七八月夏之五六月。○正義曰。周之時蓋以子之月爲正。夏之時建寅之月爲正。是知周之七八月即夏之五六月也。

齊宣王問曰。齊桓晉文之事。可得聞乎。宣謚也。宣王問桓公小白。晉文公重耳。孟子冀得行道。故仕於齊。齊不用。乃適梁。建篇先梁者。欲以仁義爲首篇。因言魏事。章次相從。然後道齊之事。孟子對曰。仲尼之徒無道桓文之事者。是以後世無傳焉。臣未之聞也。孔子之門徒頌述宓羲以來至文武周公之法制。耳雖及五霸。心賤薄之。是以儒家後世無欲傳道之者。故曰臣未之聞也。無以。則王乎。既不論三皇五帝殊無所問。則尚當問王道耳。不欲使王問霸者之事。曰。德何如則可以王矣。王曰。德行當何如而可得以王乎。曰。保民而王。莫之能禦也。保安也。禦止也。言安民則惠而黎民懷之。若此以王。無能止也。曰。若寡人者。可以保民乎哉。王自恐德不足以安民。故問之。曰。可。孟子以爲如王之性。可以安民也。曰。何由知吾可也。王問孟子何以知吾可以保民。曰。臣聞之胡齕曰。王坐於堂上。有牽牛而過堂下者。王見之。曰。牛何之。對曰。將以釁鍾。王曰。舍之。吾不忍其觳觫。若無罪而就死地。對曰。然則廢釁鍾與。曰。何可廢也。以羊易之。不識有諸。胡齕。王左右近臣也。觳觫。牛當到死地處恐貌。新鑄鍾。殺牲以血塗其釁郄。因以祭之。曰釁。周禮大祝曰。墮釁逆牲逆尸。令鍾鼓天府上春釁寶鍾及寶器。孟子曰。臣受胡齕言。王嘗有此仁。不知誠有之否。曰。有之。王曰。有之。曰。是心足以王矣。百姓皆以王爲愛也。臣固知王之不忍也。孟子曰。王推是仁心。足以至於王道。然百姓皆謂王嗇愛其財。臣知王見牛恐懼不欲趨死。不忍。故易之也。王曰。然。誠有百姓者。齊國雖褊小。吾何愛一牛。即不忍其觳觫。若無罪而就死地。故以羊易之也。王曰。亦誠有百姓所言者矣。吾國雖小。豈愛惜一牛之財費哉。即見其牛哀之。釁鍾又不可廢。故易之以羊耳。曰。王無異於百姓之以王爲愛也。以小易大。彼惡知之。王若隱其無罪而就死地。則牛羊何擇焉。異怪也。隱痛也。孟子言無怪百姓謂王愛財也。見王以小易大故也。王如痛其無罪。羊亦無罪。何爲獨釋牛而取羊。王笑曰。是誠何心哉。我非愛其財而易之以羊也。宜乎百姓之謂我愛也。王自笑心不然。而不能自免爲百姓所非。乃責己之以小易大。故曰宜乎其罪我也。曰。無傷也。是乃仁術也。見牛未見羊也。君子之於禽獸也。見其生。不忍見其死。聞其聲。不忍食其肉。是以君子遠庖廚也。孟子解王自責之心。曰。無傷於仁。是乃王爲仁之道也。時未見羊。羊之爲牲次於牛。故用之耳。是以君子遠庖廚。不欲見其生食其肉也。王說曰。詩云。他人有心。予忖度之。夫子之謂也。夫我乃行之。反而求之。不得吾心。夫子言之。於我心有戚戚焉。此心之所以合於王者。何也。詩小雅巧言之篇也。王喜悅。因稱是詩以嗟歎孟子忖度知己心。戚戚然心有動也。寡人雖有是心。何能足以合於王也。曰。有復於王者曰。吾力足以舉百鈞。而不足以舉一羽。明足以察秋毫之末。而不見輿薪。則王許之乎。復白也。許信也。人有白王如此。王信之乎。百鈞。三千斤也。曰。否。王曰。我不信也。今恩足以及禽獸。而功不至於百姓者。獨何與。然則一羽之不舉。爲不用力焉。輿薪之不見。爲不用明焉。百姓之不見保。爲不用恩焉。故王之不王。不爲也。非不能也。孟子言王恩及禽獸而不安百姓。若不用力不用明者也。不爲耳。非不能也。曰。不爲者與不能者之形。何以異。王問其狀何以異也。曰。挾太山以超北海。語人曰。我不能。是誠不能也。爲長者折枝。語人曰。我不能。是不爲也。非不能也。故王之不王。非挾太山以超北海之類也。王之不王。是折枝之類也。孟子爲王陳爲與不爲之形若是。王則不折枝之類也。折枝。案摩折手節解罷枝也。少者恥是役。故不爲耳。非不能也。太山北海皆近齊。故以爲喻也。老吾老。以及人之老。幼吾幼。以及人之幼。天下可運於掌。老猶敬也。幼猶愛也。敬我之老。亦敬人之老。愛我之幼。亦愛人之幼。推此心以惠民。天下可轉之掌上。言其易也。詩云。刑于寡妻。至于兄弟。以御于家邦。言舉斯心加諸彼而已。詩大雅思齊之篇也。刑正也。寡少也。言文王正已適妻。則八妾從以及兄弟。御享也。享天下國家之福。但舉已以加於人而已。故推恩足以保四海。不推恩無以保妻子。古之人所以大過人者。無他焉。善推其所爲而已矣。大過人者。大有爲之君也。善推其心所好惡以安四海也。今恩足以及禽獸。而功不至於百姓者。獨何與。復申此言。非王不能。不爲之耳。權然後知輕

重度然後知長短物皆然心爲甚王請度之權銓衡也可以稱輕重度丈尺也可以量長短凡物皆當稱度乃可知心當行之乃爲仁心比於物尤當爲之甚者也欲使王度心如度物也抑王興甲兵危士臣構怨於諸侯然後快於心與抑辭也孟子問王抑亦如是乃快邪王曰否吾何快於是將以求吾所大欲也王言不然我不快是也將欲以求吾心所大欲者耳曰王之所大欲可得聞與孟子雖心知王意而故問者欲令王自道遂因而陳之王笑而不言王意大而不敢正言曰爲肥甘不足於口與輕煖不足於體與抑爲采色不足視於目與聲音不足聽於耳與便嬖不足使令於前與王之諸臣皆足以供之而王豈爲是哉孟子復問此五者欲以致王所欲也故發異端以問之也曰否吾不爲是也王言我不爲是也曰然則王之所大欲可知已欲辟土地朝秦楚莅中國而撫四夷也莅臨也言王意欲庶幾王者臨莅中國而安四夷者也以若所爲求若所欲猶緣木而求魚也若順也順鄉者所爲謂構兵諸侯之事求順今之所欲莅中國之願其不可得如緣木而求生魚也王曰若是其甚與王謂此之緣木求魚爲大甚曰殆有甚焉緣木求魚雖不得魚無後災以若所爲求若所欲盡心力而爲之後必有災孟子言盡心戰鬭必有殘民破國之災故曰殆有甚於緣木求魚者也曰可得聞與王欲知其害也曰鄒人與楚人戰則王以爲孰勝言鄒小楚大也曰楚人勝王曰楚人勝也曰然則小固不可以敵大寡固不可以敵衆弱固不可以敵强海内之地方千里者九齊集有其一以一服八何以異於鄒敵楚哉固辭也言小弱固不可以敵强大集會齊地可方千里譬一州耳今欲以一州服八州猶鄒欲敵楚也蓋亦反其本矣王欲服之之道蓋當反王道之本耳今王發政施仁使天下仕者皆欲立於王之朝耕者皆欲耕於王之野商賈皆欲藏於王之市行旅皆欲出於王之塗天下之欲疾其君者皆欲赴愬於王其若是孰能禦之反本道行仁政若此則天下歸之誰能止之也王曰吾惛不能進於是矣願夫子輔吾志明以教我我雖不敏請嘗試之王言我情思惛亂不能進行此仁政不知所當施行也欲使孟子明言其道以教訓之我雖不敏願嘗使少行之也曰無恒產而有恒心者惟士爲能若民則無恒產因無恒心孟子爲王陳其法也恒常也產生也恒產則民常可以生之業也恒心人常有善心也惟有學士之心者雖窮不失道不求苟得耳凡民迫於飢寒則不能守其常善之心也苟無恒心放辟邪侈無不爲已及陷於罪然後從而刑之是罔民也民誠無恒心放溢辟邪侈於姦利犯罪觸刑無所不爲乃就刑之是由張羅罔以罔民者也焉有仁人在位罔民而可爲也安有仁人爲君罔陷其民是政何可爲也是故明君制民之產必使仰足以事父母俯足以畜妻子樂歲終身飽凶年免於死亡然後驅而之善故民之從之也輕言衣食足知榮辱故民從之教化輕易也今也制民之產仰不足以事父母俯不足以畜妻子樂歲終身苦凶年不免於死亡此惟救死而恐不贍奚暇治禮義哉言今民困窮救死恐凍餓而不給何暇修禮行義乎王欲行之則盍反其本矣五畝之宅樹之以桑五十者可以衣帛矣雞豚狗彘之畜無失其時七十者可以食肉矣百畝之田勿奪其時八口之家可以無飢矣謹庠序之教申之以孝悌之義頒白者不負戴於道路矣老者衣帛食肉黎民不飢不寒然而不王者未之有也其說與上同八口之家次上農夫也孟子所以重言此者乃王政之本常生之道故爲齊梁之君各具陳之當章究義不嫌其重也

疏齊宣王至未之有也○正義曰此章言典籍攸載帝王之道無傳霸者之事也齊宣王問曰齊桓晉文之事可得聞乎者齊宣威王之子辟彊是也謚爲宣言齊宣王問孟子曰齊威公小白晉文公重耳二霸之事可得而聞之乎孟子對曰仲尼之徒無道桓文之事者是以後世無傳焉臣未之聞也者是孟子荅齊宣王之言也言自孔子之門徒無有道及桓文二霸者之事是以後世無傳焉故臣于今未之曾聞知也云臣者孟子對王而言故自稱已爲臣也無以則王乎者孟子言無以問及宓犧以來至文武周公之法尚當以王者之道爲問耳曰德何如則可以王矣者齊宣又問孟子言德當何如則可以爲王曰保民而王莫之能禦也者孟子言當安民而爲之王則天下之民莫之能禦止之也曰若寡人者可以保民乎哉者宣王又自問只如寡人之德可以安民乎王恐德不足以安民故問之也曰可者孟子言如王之德可以安民也曰何由知吾可也者宣王又問孟子何緣而知吾之德可以安民曰臣聞之胡齕曰王坐於堂上有牽牛而過堂下王見之曰牛何之至以羊易之者是孟子因胡齕之言而荅宣王之問也胡齕王之左右近臣言嘗聞胡齕曰王坐於廟堂之上有牽牛自堂下而過者王見之而問牽牛者曰其牛牽去何所牽牛者對之曰相將以爲釁鐘也王對牽牛者曰舍去之我不忍其牛之恐慄若無罪之人而就於所死之地者也牽牛者又對曰如若王之所不忍則廢去釁鍾之禮與王復與牽牛者曰塗釁祭鐘之禮何可得而廢以羊更易之而已不識有諸者是孟子又未知齊宣王還是有此言故問宣王曰不識有諸曰有之者宣王荅孟子以爲是有此言也曰是心足以王矣者是孟子於此言知王有此不忍之心故足以爲王矣百姓皆以王爲愛也臣固知王之不忍也者孟子言然百姓盡以王爲愛財也臣素知王有不忍之心故如此也王曰然者宣王復亦自謂百姓是有此疑也誠有百姓者齊國雖褊小吾何愛一牛即不忍其觳觫若無罪而就死地故以羊易之也者宣王言誠有百姓以我爲愛財者齊國雖曰褊小狹隘我亦何獨止愛其一牛即是不忍見其牛之恐慄如無罪而就於所死之地又爲釁鍾不可廢故以羊更之也宣王必以羊易牛者以其羊之爲牲次於牛也故以羊易之曰王無異於百姓之以王爲愛也以小易大彼惡知之王若隱其無罪而就死地則牛羊何擇焉者孟子對宣王言王無怪百姓皆謂我爲愛財也以羊之小而易牛之大彼百姓之人安知王以爲不忍見其恐慄又爲釁鍾不可廢故以羊易之之意也彼必曰王若隱痛不忍見牛若無罪而就所死之地則牛與羊何擇焉言羊之與牛是皆若無罪而就死也何獨擇取其牛而以羊就死也王笑曰是誠何心哉我非愛其財而易之以羊也宜乎百姓之謂我愛也者是宣王自笑以其己之心不如是故笑之也笑而言曰儻如此者是何心哉然我非愛其財故以羊易牛也云此者宣王又疑孟子亦以爲然故以此言復荅之也宜乎百姓不知我之意而謂我愛財也曰無傷也是乃仁術也見牛未見羊也君子之於禽獸也見其生不忍見其死聞其聲不忍食其肉是以君子遠庖厨也者孟子復解王之自責之意也言如此亦無傷害於爲王也此亦爲仁之一術耳無他是見其牛之觳觫未見其羊之觳觫也凡君子之於禽獸見其生貌則不忍見其就死聞其鳴聲則不忍食其肉是以君子之人凡於庖厨烹炙之事所以遠去之也王悅曰詩云他人有心予忖度之夫子之謂也者是宣王見孟子解其已意故喜悅之而引詩之文而言也他人有心予忖度之二句是小雅巧言之詩也宣王引之而爲如夫子之所謂也云夫子者宣王尊孟子爲夫子也夫我乃行之反而求之不得吾心夫子言之於我心有戚戚焉者宣王言我既行之事尚且反而求之於己而不得其心之所自今夫子言之於我心中戚戚然有動也此心之所以合於王者何也者宣王言雖有是心其所以得契合於王者是如之何也曰有復於王者曰吾力足以舉百鈞而不足以舉一羽明足以察秋毫之末而不見輿薪則王許之乎者是孟子欲以此比喻而解王也言今有人復白於王曰我力能舉得三千斤之重而不能舉一羽毛之輕目之明能觀視其秋毫之末銳而不能見一大車之薪木則王信乎否乎曰否者是宣王荅之曰凡如此云者我不信也今恩足以及禽獸而功不至於百姓者獨何與者孟子復以此諷之也言今王有恩德足以及其禽獸而其功績不至於百姓者王獨以爲何如然則一羽之不舉爲不用力焉輿薪之不見爲不用明焉百姓之不見保爲不用恩焉故王之不王不爲也非不能也者孟子又言苟如是一羽之輕所以不能舉者爲其不用

力也一車薪之大所以不見之者爲其不用明也今百姓所以不見安者爲其不用恩也故王之所以不爲王是王之不爲也非不能也曰不爲者與不能者之形何以異者是宣王問孟子言不爲與不能二狀何以爲異也曰挾太山以超北海語人曰我不能是誠不能也爲長者折枝語人曰我不能是不爲也非不能也故王之不王非挾太山以超北海之類也是折枝之類也者是孟子又以此比喻而解王問不爲與不能之異狀也言今有人云挾太山而超過北海而語人曰我不能挾太山超北海此真不能也如爲長者按摩手節而語人曰我不能爲長者按摩手節是恥見役使但不爲之耳非不能也今王之所以不王非是挾太山超北海之類也是不爲長者折枝之類也以其不爲之耳老吾老以及人之老幼吾幼以及人之幼天下可運於掌者是孟子欲以此教宣王也言敬吾之所敬以及他人之所敬者愛吾之所愛以及他人之所愛者凡能推此而惠民則治天下之大亦如運轉於掌上之易也詩云刑于寡妻至于兄弟以御于家邦者是孟子引大雅思齊之詩文也言文王自正于寡妻以至正于兄弟自正于兄弟以至臨御于家邦言凡此是能舉此心而加諸彼耳故推恩足以保四海不推恩無以保妻子古之人所以大過人者無他焉善推其所爲而已矣者孟子言爲君者但能推其恩惠故足以安四海苟不推恩惠雖妻子亦不能安之古之人君所以大過强於人者無他事焉獨能推其所爲恩惠耳蓋所謂老吾老以及人之老幼吾幼以及人之幼又如詩云文王刑于寡妻至于兄弟以御于家邦是其善推其所爲之意言故也今恩足以及禽獸而功不至於百姓者獨何與者孟子復言非王不能但不爲耳故復云然權然後知輕重度然後知長短物皆然心爲甚王請度之者孟子又託物而諷王也言爲之權與度然尚能知其輕重長短其權度之爲物也然尚皆然而人心又甚於權度故請王自忖度之耳抑王興甲兵危士臣構怨於諸侯然後快於心與者抑辭也與語曰抑爲之不厭之抑同孟子又以此敎事而測王之意也言抑是王欲興起甲兵以伐人危士臣以即戎不以爲危事外結怨於諸侯如此且然後快樂其心與王曰否者宣王答之以爲不如是也言我何肯快心於此數事我但將以求吾所大欲耳曰王之所大欲可得聞與者是孟子欲知王之所大欲故問之曰王大欲可得而聞之乎王笑而不言宣王知己之所欲甚大但笑而不言也曰爲肥甘不足於口與輕緩不足於體與至不足使令於前與者是孟子又以此四事而測王所大欲也言王之所大欲是爲其肥甘之味不足以供於口與抑是其聲音之樂不足供聽於王之耳與便嬖之幸不足使令於王之前與采色之餘不足供視於王之目與然此數事而爲王之諸臣者皆足以供奉王矣而王豈用爲此者與故繼之曰王之諸臣皆足以供之而王豈爲是哉又曰否吾不爲是者宣王答之曰我不爲是四者之事也曰然則王之所大欲可知已者孟子言如是則王之大欲我今可得知已欲辟土地朝秦楚莅中國而撫四夷也者孟子知王以此爲所大欲也以若所爲求若所欲猶緣木而求魚也者孟子言王如若以此欲開闢其土地而求其廣又欲朝秦楚之諸侯以臨莅其中國而撫安四夷爲所大欲是若緣喬木之上而求其魚也王曰若是其甚與者宣王亦謂己之大欲若此求魚之甚與曰殆有甚焉緣木求魚雖不得魚無後災以若所爲求若所欲盡心力而爲之後必有災者孟子言王如此大欲殆有甚於緣木求魚也緣喬木而求魚雖不得魚又且無後災難所及而王如若以所欲假使盡心力而爲之後亦必有大災難所及也曰可得聞與者是宣王又問孟子欲求知其大災難也曰鄒人與楚人戰則王以爲孰

勝者孟子以此比喻而解王也言鄒之小國與楚之大國戰鬭則王以爲誰國勝之曰楚人勝者宣王答孟子以爲楚之大國人勝之也曰然則小固不可以敵大寡固不可以敵衆弱固不可以敵强者孟子言如是則小國固不可敵大國人之寡少固不可以敵人之衆多劣弱固不可以敵强悍也海內之地方千里者九齊集有其一以一服八何以異於鄒敵楚哉者孟子又言今海內之地方千里者有九而齊國但集而有一且以一而服八是何以異於鄒國之小而敵楚國之大哉言與此無異也王如欲服之蓋當反行王道之本耳故云蓋亦反其本矣今王發政施仁至孰能禦之者孟子於此教宣王王道之本也言今王發政而施仁使天下爲之仕者皆欲立於王之朝廷耕者皆欲耕作於王之郊野商賈皆欲藏於王之市行旅皆欲出於王之道塗凡天下欲疾惡其君者又皆欲奔赴王而告愬之其如此天下皆歸之誰能止禦之也商賈漢書云通財鬻貨曰商白虎通云賈曰賈行旅者師旅也說文云軍五百人也王曰吾惛不能進於是矣願夫子輔吾志明以教我我雖不敏請嘗試之者宣王欲孟子明其王道而教之也故曰我之惛亂不能進於此仁政願夫子輔我志以明白教我也我雖不能敏疾而行之但請嘗試教之如何耳曰無恒產而有恒心者惟士爲能若民則無恒產因無恒心苟無恒心放辟邪侈無不爲已至未之有也者是孟子爲宣王陳王道之本而教之者也言無常生之業而有常善之心者惟士人爲能有之言士窮則獨善其身不求苟得故能有常心也若民則迫於窮困不能守其常善苟無常生之業遂因之而無常善之心苟無常善之心則放辟邪侈之事無有不爲及其陷溺於罪然後又從而誅戮之是若張羅網而罔民也安有仁人之君在位而以罔民而可爲之也故明哲之君制別民之生產必使其民仰而上之則足以奉事父母俯而下之則足以畜養妻子豐樂之歲終身飽足凶荒之年又免其死亡然後驅率而從善教故其民從其善教亦輕易也自今之君制民之產仰則不足以奉養父母俯則不足以畜養妻子雖豐樂之歲終身又且勞苦而凶荒之年又不得免其死亡如此則民惟獨於救死尚恐其不足何有閒暇而修治禮義哉言無及修其禮義也王欲行之則盡反其本矣者言王欲行之則何不反其王道之本五畝之宅至未之有也是又孟子爲宣王陳王道之本其說已在前此更不解○注宣謚也王齊也○正義曰周顯王二十七年史記云齊威卒子辟疆立是爲齊宣王在位十九年卒謚曰宣謚法云善問周達曰宣云齊桓公小白者莊公八年左傳王齊僖公母弟曰夷仲年生公孫無知有寵於僖公弒君自立九年春弒無知莊公納子糾桓公小白自莒入於是立爲桓公元年史記云桓公小白元年春齊弒無知五年與魯人會柯七年始霸會諸侯於鄄云晉文公重耳者史記云周襄王十六年晉文公重耳立是爲元年又云晉獻公五年伐驪戎得二姬歸生奚齊其娣生卓子驪姬嬖欲立其子重耳者乃獻公娶於戎得二女大戎狐姬之所生也十二年居重耳於蒲城二十六年獻公卒立奚齊里克殺之及卓子又立小戎所生夷吾者爲晉惠公七年重耳聞管仲死自狄之齊十四年惠公夷吾卒遂立重耳爲晉文公九年在位卒云孟子不得行道故仕於齊齊不用乃適梁者案史記列傳已說在梁王段注云宓羲至聞也正義曰宓羲古帝王氏也即伏犧氏也五霸者即齊桓晉文秦繆宋襄楚莊是也崔李云夏昆吾殷大彭豕韋周齊桓晉文是也謂之霸者把也把持諸侯之權也案國語亦然荀子云仲尼之門人五尺之豎子言羞稱乎五霸是仲尼之徒無道桓文之事者之證也注云觳觫牛於到死地處恐貌正義曰案廣雅有云觳觫死貌是也云周禮大

祝墮釁逆牲逆尸令鐘鼓者鄭司農云墮釁謂薦血也凡血祭曰釁既墮釁後言逆牲容逆鼎是也蓋古者器成而釁以血所以厭變怪禦妖釁釁鐘之釁謂之釁亦治亂謂之亂之類也云天府云上春釁寶鐘及寶器者寶鎮寶器玉瑞玉器之美上春孟春也又言釁謂以殺牲以血血之也蓋釁之法其來有自矣周之所釁又非止此而已如大司馬於軍器小子於邦器小人於龜器雞人於雞大祝逆牲小祝祈號皆在所釁也注愛嗇也正義曰釋文云嗇愛濇也字法從來亩來麥也來者亩而藏之故田夫謂之嗇夫亩音廩書云嗇夫馳是也○注百鈞三千斤也○正義曰律歷志云銖兩斤鈞石本起於黃鍾之重一龠容千二百黍重十二銖二十四銖爲兩十六兩爲斤三十斤爲鈞重一千五百二十銖四鈞爲石重百二十斤以此推之則百鈞是三千斤也○注太山北海近齊○正義曰案地理志云齊地南有太山城陽北有千乘清河是也○注權銓衡至度物也○正義曰權重衡平衡所以任權而均物平輕重也釋文云銓平木器又曰銓衡也權稱錘也度者分寸尺丈引也所以度長短也本起於黃鍾之長以子穀巨黍中者子穀穀子在地即黑黍中者不大不小言黑黍穀子大小中者率爲分寸一黍之廣度之九十分黃鐘之長爲十分十分爲寸十寸爲尺十尺爲丈十丈爲引法用銅高一寸廣二寸長一丈而分寸尺丈存焉○注八口之家次上農夫○正義曰王制制農田百畝百畝之分上農夫食九人其次食八人孟子云一夫百畝百畝之糞上農夫食九人上次食八人是也此云八口之家所以待指次上農夫者而已斯亦舉其次而見上下之意耳

孟子注疏卷一下挍勘記　阮元撰盧宣旬摘錄

梁惠王章句上　趙氏注　孫奭疏　十行本各上篇下及下篇上下

卷題名如此

魏之嗣王也　閩監毛三本同廖本孔本韓本足利本魏作梁

操柄之威　閩監毛三本同廖本孔本韓本柄作秉○按秉柄古今字古書柄多用秉者

沛然下雨　音義出沛字云字亦作霈按初學記引此文正作霈

以苗生喻人歸也　閩監毛三本岳本孔本韓本同宋本考文古本歸作象

夏之五六月也　閩監毛三本韓本同廖本孔本考文古本無也字

章指言定天下者一道　韓本足利本作仁政孔本作一道仁政而已　而已不貪

殺人人則歸之是故文王視民如傷此之謂也

襄謚也至儀　閩本同監毛本儀上有威字

齊不用乃適梁　閩監毛三本同廖本孔本韓本考文古本作不用而去乃適於梁岳本足利本無齊字

欲以仁義爲首篇　閩監毛三本孔本同宋本廖本韓本無爲字

然後道齊之事　閩監毛三本同宋本考文古本作然後道齊也廖本岳本孔本韓本足利本事下有

也字

頌述宓義 義字誤閩監毛三本作羲廖本孔本韓本考文古本足利本作戲音義出宓戲

不欲使王問霸者之事 閩監毛三本同宋本廖本孔本韓本考文古本作不欲使王問霸事也

而黎民懷之 閩監毛三本同宋本廖本孔本韓本無而字

可以保民 閩監毛三本同廖本孔本韓本保作安

將以釁鍾 宋九經本咸淳衢州本閩本同孔本韓本監毛本鍾作鐘下及注同音義出鍾與知此經亦當作鍾

上春釁寶鍾 閩本同宋本岳本孔本韓本監毛本作鐘按鍾當依周禮作鎮形相涉而譌

不知誠充之否 閩監毛三本同廖本孔本韓本考文古本充作有

不忍故易之也 閩監毛三本孔本韓本足利本同考文古本無也字

無怪百姓謂王愛財也 閩監毛三本同廖本孔本韓本謂上有之字

無傷於仁 各本同考文古本仁作牛

時未見羊 閩監毛三本同廖本孔本時上有王字

何能足以合於王也 閩監毛三本同宋本廖本孔本韓本考文古本無合於二字

挾太山以超北海 各本同音義出以超云超或作趨

少者恥見役 廖本孔本韓本考文古本足利本同閩監毛三本改見爲是非也

敬我之老 廖本孔本韓本同閩監毛三本我作吾非

言其易也 閩監毛三本同宋本廖本孔本韓本考文古本無其字

亭也亭天下國家之福 孔本韓本閩毛本同監本亭作亭浦鏜云誤

但舉已心加於人而已 閩本同監毛本心作以形近而誤宋本廖本孔本韓本考文古本而已作耳

可以量長短 宋本廖本岳本孔本韓本同閩監毛三本量短作度考文古本亦作量短下有也字按音義云度之待各切注稱度度心度物皆同不云度長短是音義本亦當作量改爲度者閩本之誤監毛二本因而不革也

尤當爲之甚者也 閩監毛三本孔本同韓本足利本無當字

將欲以求吾心所大欲者耳 閩本考文古本同宋本廖本孔本韓本吾作我廖本監毛本耳作矣

遂因而陳之 閩監毛三本同宋本廖本孔本韓本考文古本因而作緣以

故發異端以問之也 孔本閩監毛三本同韓本考文古本無之字山井鼎云古本問作明恐非

臨莅中國 閩監毛三本韓本同岳本廖本孔本考文古本足利本作莅臨

而安四夷者也 閩監毛三本孔本同韓本考文古本無者字

固不可以敵強大 閩監毛三本同宋本孔本韓本考文古本足利本作固不如強大

猶鄒欲敵楚也 閩監毛三本同宋本廖本孔本韓本考文古本無也字

蓋亦反其本矣 閩監毛三本孔本同韓本足利本蓋作盍周廣業孟子四考曰按史記孔子世家夫子蓋少貶焉檀弓子蓋愼諸並以盍爲蓋

蓋當反王道之本耳 閩監毛三本同宋本廖本孔本考文古本無耳字韓本無當字耳字韓本考文古本蓋作盍山井鼎云似非

誰能止之也 閩監毛三本同宋本廖本孔本韓本考文古本也作者

吾惛不能進於是矣 石經惛作惛

無恒產而有恒心者 石經恒諱作恒下同

人常有善心也 閩監毛三本同廖本考文古本有下有所字孔本韓本人下有所字

則不能守其常善之心也 閩監毛三本同宋本廖本孔本韓本考文古本無也字

放辟邪侈 侈音義云丁作移案考工記梟氏侈弇之所由興注故書侈作移又儀禮少牢篇移袂又禮記衣服以移之是移爲侈之假借字

是罔民也 各本同音義罔民丁作司民下同按丁本司當讀爲何司何古通用○按依趙注則是罔字丁作司者非趙本也

樹之以桑 石經樹諱作樹

▲章指言典籍攸載帝王道純桓文之事譎正相紛撥亂反正聖意弗珍 韓本考文古本作稱 故曰後世無傳未聞仁不施人猶不成德釁鍾易牲 考文古本牲誤性 民不被澤王請嘗試欲踐其跡 考文古本作路 答以反本惟是爲要此蓋孟子不屈道之言也

齊威公小白 閩監本同毛本威作桓

通財鬻貨曰商 閩本同監毛本財作利

莊公八年左傳王 閩本同按王當作云監毛本改作云是也

十四年 此文之下十行本有脫頁閩本亦缺閩本出於十行本此其證也

孟子注疏解經卷第二上

梁惠王章句下 凡十六章 趙氏注 孫奭疏

疏 正義曰此卷趙氏分別爲第二卷也故云梁惠王章句下今據此卷章指凡十六章一章言人君田獵以時鐘鼓有節與民同樂二章譏王廣囿專利以嚴刑陷民三章言聖人樂大事小以勇安天下四章言與天下同憂樂者不爲慢遊恣盜之行五章言齊王好色好貨孟子推以公劉太王好貨色與民同之六章言君臣上下各勤其任無墮其職七章言人君進賢退惡八章言孟子云紂以崇惡失其尊名九章言任賢使能不遺其學十章言征伐之道在順民心十一章言伐惡養善無貪其富以小王大十二章言上恤其下下赴其難惡出於已害及其身十三章言事無禮之國不若得民心與之守死善道十四章言君子之道正已在天彊暴之來非已所召獨善其身而已十五章言太王居邠權也效死弗去義也十六章言讒邪構賢賢者歸於天不尤人也凡十六章合上卷七章是梁惠王篇有二十三章矣故名於卷首揔列其章目而分別其指焉

莊暴見孟子曰。暴見於王。王語暴以好樂。暴未有以對也。曰。好樂何如。莊暴齊臣也不能決知之故無以對而問曰王好樂何如 孟子曰。王之好樂甚。則齊國其庶幾乎。王誠能大好古之樂齊國其庶幾治乎 他日見於王曰。王嘗語莊子以好樂。有諸。孟子問王有是語不 王變乎色曰。寡人非能好先王之樂也。直好世俗之樂耳。變乎色愠恚莊子道其好樂也王言我不能好先聖王之樂直好世俗之樂謂鄭聲也 曰。王之好樂甚。則齊其庶幾乎。今之樂。猶古之樂也。甚大也謂大要與民同樂古今何異也 曰。可得聞與。王問古今同樂之意寧可得聞邪 曰。獨樂樂。與人樂樂。孰樂。孟子復問王獨自作樂樂邪與人共聽其樂爲樂邪 曰。不若與人。王曰獨聽樂不如與衆共聽之爲樂 曰。與少樂樂。與衆樂樂。孰樂。孟子復問王與少之人共聽樂樂邪衆人共聽樂樂也 曰。不若與衆。王言不若與衆人共聽樂爲樂 臣請爲王言樂。孟子欲爲王陳獨樂與衆人樂樂狀 今王鼓樂於此。百姓聞王鍾鼓之聲。管籥之音。舉疾首蹙頞而相告曰。吾王之好鼓樂。夫何使我至於此極也。父子不相見。兄弟妻子離散。鼓樂者樂以鼓爲節也管笙籥簫或曰籥若笛短而有三孔詩云左手執籥以節衆也疾首頭痛也蹙頞愁貌言王擊鼓作樂發賦徭役皆出於民而德不加之故使民愁也 今王田獵於此。百姓聞王車馬之音。見羽旄之美。舉疾首

蹙頞而相告曰。吾王之好田獵。夫何使我至於此極也。父子不相見。兄弟妻子離散。此無他。不與民同樂也。田獵無節以非時取牲也羽旄之美但飾羽旄使之美好也發民驅獸供給役使不得休息故民窮極而離散奔走也今王鼓樂於此。百姓聞王鍾鼓之聲。管籥之音。舉欣欣然有喜色而相告曰。吾王庶幾無疾病與。何以能鼓樂也。百姓欲令王康強而鼓樂也今無賦斂於民而有惠益故欣欣然而喜也今王田獵於此。百姓聞王車馬之音。見羽旄之美。舉欣欣然有喜色而相告曰。吾王庶幾無疾病與。何以能田獵也。此無他。與民同樂也。王以農隙而田不妨民時有憫民之心因田獵而加撫恤之是以民悅之也今王與百姓同樂。則王矣。孟子言王何故不大好樂効古賢君與民同樂則可以王天下也何惡莊子之言王之好樂也

〔疏〕莊暴見孟子至則王矣○正義曰此章言人君田獵以時鍾鼓有節與民同樂也莊暴見孟子曰暴見於王王語暴以好樂暴未有以對也者莊暴齊臣也莊姓也暴名也言莊暴見孟子謂暴朝見於齊王王語暴以好樂之事暴是時未有言以對荅之曰好樂何如者故莊暴問孟子以謂王之所以好樂是如之何孟子曰王之好樂甚則齊國其庶幾乎者孟子荅莊暴之問也言齊王之好樂至甚則齊國庶幾其治安乎他日見於王曰王嘗語莊子以好樂有諸者是孟子自見莊暴言好樂之後他一日見於齊王而問之曰王曾與莊子語以好樂之事還有此言否乎孟子稱莊子不稱曰暴者是孟子尊王之臣故不欲稱其名也王變乎色曰寡人非能好先王之樂也直好世俗之樂耳者是齊王自孟子問之後變其常容而有憤怒之色蓋憤莊暴言已之好樂於孟子也故荅孟子曰寡人不能好古聖王之樂古聖王之樂如黃帝之咸池堯之大章舜禹之韶夏商周之濩武是也但能直好世俗樂耳如鄭衛之聲是也曰王之好樂甚則齊其庶幾乎者孟子復對王而言也言王之好樂至甚則齊幾乎治安孟子言齊國其庶幾乎以對莊子對之齊王則止曰齊其庶幾乎者蓋對莊子則稱其國及對齊王故不必稱國焉耳今之樂猶古之樂者是孟子見齊王言不能好先王之樂直好世俗之樂故以此言今之樂亦若古之聖王樂也但其要在能與民同聽樂爲樂耳遂以此問之曰可得聞與者是齊王問孟子言古今之樂一同寧可得而聞知之與曰獨樂樂與人樂樂孰樂者是孟子欲以此問王使王知與民同樂樂爲樂也故問之曰王獨作樂爲樂邪與人同樂爲樂邪曰不若與人者是齊王荅孟子亦以爲獨樂樂不若與人同樂爲樂也曰與少樂樂與衆樂樂孰樂者是孟子復問王與少人同樂爲樂與衆人同樂爲樂孰樂邪曰不若與衆者齊王亦復荅孟子以爲不若與衆人同樂爲樂也臣請爲王言樂孟子於此知齊王亦識與衆同樂之意乃爲王陳其獨樂與衆同樂之效故不待王問而自請言之也今王鼓樂於此至與民同樂也者皆孟子陳獨樂與衆樂樂之文也言今王鼓作其樂於此國也百姓之人聞王鍾鼓之聲與管籥之音舉皆疾痛其頭又蹙頞愁問而交相告曰我王之好作樂爲樂發賦徭役使我至於此之極也父子不得以相見兄弟妻子又皆離散之以其如此故百姓所以頭痛蹙頞愁問也又言今王田獵於此國百姓之人聞王車馬之音見羽旄之美好舉皆蹙頞愁問疾痛其首而交相告曰我王之好田獵禽獸如何使我供給役使不得休息而至於如此之極父子不得以相見兄弟妻子皆離散之然則王之鼓樂田獵而百姓皆如此者無他事焉是王之不與民同樂樂也言今王鼓樂於此國百姓聞王鍾鼓之聲管籥之音舉皆欣欣然有喜色而交相告曰我王庶幾無疾病也何以能鼓樂於此言百姓皆欲之康強不特止於庶幾無疾病也苟即庶幾近於無疾病則王亦何以能鼓樂也又言今王田獵禽獸於此國百姓之人聞王車馬之音見羽旄之美好舉皆欣欣然有喜色而交相告曰我王即庶幾近於無疾病又何以能田獵也此言又欲王之康強不特止於庶幾無疾病也然則王之鼓樂田獵百姓皆如此欲王之康強者無他事焉是王能與民同其樂也言今之王能與民同樂爲樂則爲之王者矣云鼓樂者蓋鍾以止爲體鼓以作爲用故凡作樂所以謂之鼓樂也云音與聲者蓋鍾鼓言聲以其聲之單出故云聲也管籥車馬言音以其音之雜比故云音也然車馬亦謂之音者蓋升車則馬動馬動則鸞鳴鸞鳴則和應故也聲之與音合而言之則聲音則一也別而言之則單出爲聲雜比爲音詩云嘒嘒管聲此言管籥之音是聲音之通論也齊王悅南郭先生吹竽廩食以數百人喜鄭忌鼓琴卒按之國政是安知與衆樂樂邪此孟子所以陳其與民同樂之意也○注鄭聲也○正義曰論語云鄭聲淫以其能惑人心也孔傳云鄭聲惑人心其與雅樂同也○注鼓樂至百姓愁○正義曰周禮鼓人掌教六鼓以節聲樂鍾師掌金奏注云以鍾鼓奏者先擊鍾次擊鼓以奏九夏夏大也樂之大歌有九王夏肆夏昭夏納夏章夏齊夏族夏祴夏鶩夏凡九夏是也故附于此云管笙籥簫或曰籥若笛而有三孔者案禮圖云笙長四尺諸管參差亦如鳥翼爾雅曰大笙謂之巢小者謂之和郭璞爾雅云二十三管爲簫風俗通云舜作竹簫以象鳳翼周禮笙師掌教吹籥後鄭云籥如笛有三孔是也詩云左手執籥蓋邶詩簡兮之篇文也注云籥六孔言碩人多才藝又能籥舞言文武備也釋云首頭也頞鼻頞也言齊王擊鼓作樂其使民徭役苦楚皆蹙其鼻頭而愁問也○注田獵至奔走也○正義曰釋云獵田也蒐狩苗獮是也案魯隱公五年左傳云春蒐夏苗秋獮冬狩皆於農隙講武事也杜預曰蒐索擇取不孕者苗爲苗除害也獮殺也以殺爲名順秋氣也狩圍守也冬物畢成獲則取之無所擇也羽旄者案左傳魯襄公十四年范宣子假羽旄於齊定公四年晉人假羽旄於鄭杜預曰以析羽爲旌爲王者旃車之所建也又案司常九旗之數又有全羽析羽釋云全羽析羽直有羽而無帛也云天時不如地利地利不如人和蓋公孫丑篇文也

齊宣王問曰。文王之囿。方七十里。有諸。王言聞文王苑囿方七十里寧有之孟子對曰。於傳有之。於傳文有是言曰。若是其大乎。王怪其大曰。民猶以爲小也。言文王之民尚以爲小也曰。寡人之囿。方四十里。民猶以爲大。何也。王以爲文王在岐山之時雖爲西伯土地尚狹而囿已大矣今我地方千里而囿小之民以爲寡人之囿爲大何故也曰。文王之囿。方七十里。芻蕘者往焉。雉兔者往焉。與民同之。民以爲小。不亦宜乎。芻蕘者取芻薪之賤人也雉兔獵人取雉兔者言文王聽民往取禽獸刈其芻薪民苦其小是其宜也臣始至於境。問國之大禁。然後敢入。言王之政嚴刑重也臣聞郊關之內。有囿方四十里。殺其麋鹿者。如殺人之罪。郊關齊四境之郊皆有關則是方四十里爲阱於國中。民以爲大。不亦宜乎。設陷阱者不過丈尺之間耳今王陷阱乃方四十里民言其大不亦宜乎

〔疏〕齊宣王至不亦宜乎○正義曰此章譏王廣囿專利嚴刑陷民也齊宣王問曰文王之囿方七十里有諸者是宣王嘗聞文王有囿方闊七十里故見孟子問之還是有之否孟子對曰於傳有之者孟子荅之以爲書傳之文有言也曰若是其大乎者宣王怪之以爲文王囿如此之闊大民猶尚以爲之小也曰寡人之囿方四十里民猶以爲大何也者宣王又問孟子言寡人之囿但方闊四十里而民猶尚以爲之大是如之何其差也曰文王之囿方七十里芻蕘者往焉雉兔者往焉與民同之民以爲小不亦宜乎者孟子言文王之囿方闊七十里而採芻草薪木之賤人與獵雉鳥兔獸者皆得往其中而有所取之是其與民同共之故民以爲小不亦宜乎也臣始至於境問國之大禁然後敢入者孟子對王稱臣言自臣始初至於王之齊境問其王國禁令然後乃敢入其國中也臣聞郊關之內有囿方四十里殺其麋鹿者如殺人之罪則是方四十里爲阱於國中民以爲大不亦宜乎者孟子言自臣入王郊關之內乃聞王有苑囿方四十里之廣其有於中殺其麋鹿者如殺其人之罪而科之如此則是王爲阱陷方四十里之廣於國中以陷其民也故民以爲大不亦宜之乎凡此是皆孟子譏王之專利而不與民同也傳云天子之囿方百里大國四十里次國三十里小國二十里文王之國百里之國或者以謂有七十之里爲苑囿是如之何其差殊不知文王百里之國是其始封之時制也七十里之囿乃文王作西伯之時有也周制上公封四百里其食者三之一豈七十里之囿特止山川不可食之地與彼有子虛者以謂楚地方千里而囿居其九是可食之地亦鞠爲遊畋之地耶是安知周制之法與○注云文王在岐山之時雖爲西伯土地尚狹而囿以大者○正義曰案鄭玄詩譜云周之先公曰太王者避狄難自豳始遷焉商王帝乙之初命其子王季爲西伯至紂又命文王典治南國江漢汝墳之諸侯是文王繼父之業爲西伯於岐邑也商之州長曰伯謂爲雍州伯也子夏云王季以九命作伯於西文王因之亦爲西伯焉論語云三分天下有其二以服事殷是時宜七十里之囿而民猶以爲小也○注郊關齊四境之郊皆有關者○正義曰周官閭師掌國中及四郊之人民司馬法曰王國百里爲郊二百里爲州三百里爲野四百里爲縣五百里爲都載師掌任土之法以宅田士田賈田任近郊之地以官田牛田賞田牧田任遠郊之地杜子春云五十里爲近郊百里爲遠郊云四境郊皆有關者蓋四郊之門也

齊宣王問曰。交鄰國有道乎。問與鄰國交接之道孟子對曰。有。欲爲王陳古聖王之道也惟仁者爲能以大事小。是故湯事葛。文王事昆夷。葛伯放而不祀湯先助之祀詩云昆夷兌矣惟其喙矣謂文王也是則聖人行仁政能以大事小者也惟智者爲能以小事大。

故太王事獯鬻。勾踐事吳。獯鬻北狄彊者今匈奴也大王去邠避獯鬻越王勾踐退於會稽身自官事吳王夫差是則智者用智是故以小事大而全其國也以大事小者。樂天者也。以小事大者。畏天者也。樂天者保天下。畏天者保其國。詩云。畏天之威。于時保之。聖人樂行天道如天無不蓋也故保天下湯文是也智者量時畏天故保其國大王勾踐是也詩周頌我將之篇言成王尚畏天之威於是時故能安其太平之道也王曰。大哉言矣。寡人有疾。寡人好勇。王謂孟子之言大不合於其意荅之云寡人有疾在於好勇不能行聖賢之所履也對曰。王請無好小勇。夫撫劍疾視曰。彼惡敢當我哉。此匹夫之勇。敵一人者也。疾視惡視也撫劍瞋目曰人安敢當我哉此一匹夫之勇足以當一人之敵者也王請大之。詩云。王赫斯怒。爰整其旅。以遏徂莒。以篤周祜。以對于天下。此文王之勇也。文王一怒而安天下之民。詩大雅皇矣之篇也言文王赫然斯怒於是整其師旅以遏止往伐莒者以篤周家之福以揚名於天下文王一怒而安民願王慕其大勇無論匹夫之小勇而已書曰。天降下民。作之君。作之師。惟曰其助上帝。寵之四方。有罪無罪惟我在。天下曷敢有越厥志。尚書逸篇也言天生下民爲作君爲作師以助天光寵之也四方善惡皆在己所謂在予一人天下何敢有越其志者也一人衡行於天下。武王恥之。此武王之勇也。衡橫也武王恥天下一人有橫行不順天道者故伐紂也而武王亦一怒而安天下之民。今王亦一怒而安天下之民。民惟恐王之不好勇也。孟子言武王好勇亦則文王一怒而安天下之民也今王好勇亦則武王一怒而安天下之民民恐王之不好勇耳王何爲欲小勇而自謂有疾也【疏】自齊宣王至惟恐王之不好勇也○正義曰此章言聖人樂天賢者知時仁者必有勇也齊宣王問曰交鄰國有道乎者是宜王問孟子以交接鄰國其有道乎孟子對曰有者以孟子欲陳古之聖王而比之故荅之曰有道也惟仁者爲能以大事小是故湯事葛文王事昆夷至于時保之者是皆孟子陳古之聖王而比之之文也言惟有仁者之君乃能以大而奉事其小是故葛國之伯不祭祀而湯且遺之牛羊而助之是湯事葛也文王西有昆夷之患而以采薇薄伐肆不殄厥愠是文王事昆夷也昆夷西戎之國也惟智者乃能以小奉事其大是故太王去邠避狄始事之以皮幣珠玉犬馬而不免是大王事獯鬻也勾踐退會稽身自官事吳王夫差而勾踐事吳也勾踐越王也以大奉事其小是樂行天道如天無不覆者也以小奉事其大以其量時畏天者也故樂天者如湯文遂能安天下畏天者如太王勾踐遂能安其國故詩之周頌我將之篇有云畏天之威于時保之蓋言成王能欽畏上天

之威故能安持盈守成太下之道也此孟子所以引之而證其言王曰大哉言矣寡人有疾寡人好勇者宣王謂孟子之言大不合已意故荅之曰大哉言矣以言其寡人有疾而疾在於好勇也對曰王請無好小勇夫撫劍疾視曰彼惡敢當我哉此匹夫之勇敵一人者也者是孟子又荅宣王言宣王也今請之無好其小勇也夫按劍瞋目疾視而號於衆曰彼安敢當敵我哉此則一匹夫之小勇只可以抵敵於一人者也故曰王請大之也詩云王赫斯怒爰整其旅以遏徂莒以篤周祜以對于天下者此詩大雅皇矣之篇文也孟子所以引此者蓋欲言文王之勇而陳于王也故曰此文王之勇也其詩蓋言文王赫然大怒以整其師旅以止往伐莒以篤厚周家之福以揚天下之名也言文王亦一怒而安天下之民者謂文王亦以此一怒而安天下之民也書曰天降下民作之君作之師惟曰其助上帝寵之四方有罪無罪惟我在天下曷敢有越厥志者此周書之文也孟子所以又引此書云者蓋又欲言武王之勇而陳于王也言天生下民而立之君師以治以教之惟曰其在助相上帝寵安四方有善有惡皆在我天下安有敢違越其志者也一人衡行於天下武王恥之此武王之勇也者一人指紂而言之也言紂一人縱橫逆行其道而不順其天故武王心愧恥之於是伐紂也凡此是武王之大勇也而武王於是亦一怒而安天下之民故曰武王亦一怒而安天下之民今王亦一怒而安天下之民民惟恐王之不好勇也者孟子言今王若能如文王武王一怒而安天下之民則天下之民惟恐王之不好勇也○注葛伯不祀至小者也○正義曰書云葛伯不祀湯始征之孔安國云葛國也伯爵也湯居亳與葛爲鄰葛伯不祀湯使人遺之牛羊又不祀湯又使人往爲之耕是其助之也詩云昆夷兌矣惟其彖矣謂文王也者蓋引大雅緜之篇文也箋云昆夷夷狄國也見文王之使者將士衆過已國則惶怖驚走奔突入柞棫之中而逃甚困劇也又云駾突也喙困也趙注引此而證以解作文王事昆夷大與詩注不台又云大王避狄文王伐昆夷成道與國其志一也是文王未嘗事之也今孟子乃曰文王事昆夷者昆夷西戎之國也詩之采薇云文王之時西有昆夷之患注云昆夷西戎也是也今據詩之箋云乃曰伐昆夷與孟子不合者蓋文王始初事之卒不免惟伐之也始初之時乃服事殷之時也趙注引昆夷兌矣惟其彖矣蓋失之矣○注獯鬻至其國也○正義曰案匈奴傳云唐虞以上有山戎獫狁獯戎居于北邊夏道衰公劉變于西戎邑于西戎邑于豳其後三百餘戎狄攻大王亶父亶父走于岐山後至六國遂爲匈奴是也云越王勾踐退會稽而身自官事吳王夫差者案史記世家云吳王闔廬十五年伐越至吳王夫差元年悉以精兵伐越敗之越王勾踐乃以甲兵五千人棲於會稽請委國爲臣妾是也賈逵曰會稽山名也○注周頌我將之篇至太平之道○正義曰箋云于時於是也言成王畏天之威於是得安文王之道是其解也○注疾視至敵也○正義曰莊書云蓬頭突鬢瞋目而語此庶人之勇無異於闘雞一旦命已絕矣是與此同意○注大雅至小勇○正義曰案大雅皇矣之篇其文乃曰以遏徂旅今孟子乃曰以遏徂莒者又案春秋魯隱公二年書莒子盟于密則莒者密之近地詩言咨之衆孟子言咨之地其吉同也○注尚書逸篇○正義曰案周書泰誓篇今有云天佑下民作之君作之師惟其克相上帝寵綏四方有罪無罪予曷敢有越厥志孔安國云寵綏四方言當能助寵安天下越遠也言已志欲爲民除惡是與否不敢遠其志趙注乃以其助上帝寵之而斷其句以四方爲下文則其意俱通故二解皆錄焉○注衡橫也至伐紂也○正義曰周書泰誓篇云惟十有一年武王伐

紂是也釋文云衡橫也齊宣王見孟子於雪宮。王曰。賢者亦有此樂乎。雪宮離宮之名也宮中有苑囿臺池之飾禽獸之饒王自多有此樂故問曰賢者亦有此之樂乎孟子對曰。有。人不得。則非其上矣。不得而非其上者。非也。爲民上而不與民同樂者。亦非也。有人不得人有不得其志也不責已仁義不自修而責上之不用已此非君子之道人君適情從欲獨樂其身而不與民同樂亦非在上不驕之義也樂民之樂者。民亦樂其樂。憂民之憂者。民亦憂其憂。言民之所樂君與之同故民亦樂使其君有樂也民之所憂者君亦助之憂故民亦能憂君之憂爲之赴難也樂以天下。憂以天下。然而不王者。未之有也。言古賢君樂則以已之樂與天下同之憂則以天下之憂與已共之如是未有不王者孟子以是荅王者言雖有此樂未能與人共之昔者齊景公問於晏子曰。吾欲觀於轉附朝儛。遵海而南。放於琅邪。吾何脩而可以比於先王觀也。孟子言往者齊景公嘗問其相晏子若此也轉附朝儛皆山名也又言朝水名也遵循也放至也循海而南至於琅邪琅邪齊東境上邑也當何修治可以比先王之觀遊乎先王先聖王也晏子對曰。善哉問也。天子適諸侯曰巡狩。巡狩者。巡所守也。諸侯朝於天子曰述職。述職者。述所職也。無非事者。春省耕而補不足。秋省斂而助不給。言天子諸侯出必因王事有所補助於民無非事而空行者也春省耕補耒耜之不足秋省斂助其力不給也夏諺曰。吾王不遊。吾何以休。吾王不豫。吾何以助。一遊一豫。爲諸侯度。晏子道夏禹之世民之諺語也言王者巡狩觀民其行從容若遊若豫豫亦遊也遊亦豫也春秋傳曰魯季氏有嘉樹晉范宣子豫焉吾王不遊吾何以得見勞苦休息也吾王不豫我何以得見賑贍助不足也王者一遊一豫行恩布德應法而出可以爲諸侯之法度也今也不然。師行而糧食。飢者弗食。勞者弗息。睊睊胥讒。民乃作慝。今也者晏子言今時天下之民人君行師興軍皆遠轉糧食而食之有飢不得飽食者勞者致重亦不得休息在位在職者又睊睊側目相視更相讒惡民由是化之而作其慝惡也方命虐民。飲食若流。流連荒亡。爲諸侯憂。方猶逆也逆先王之命但爲虐民之政恣意飲食若水流之無窮極也謂沈湎于酒熊蹯不熟怒而殺人之類也流連荒亡皆驕君之溢行也言王道虧諸侯行霸由當相匡正故爲諸侯憂也從流下而忘反謂之流。從流上而忘反謂之連。從獸無厭謂之荒。樂酒無厭謂

之亡。先王無流連之樂。荒亡之行。惟君所行也。言驕君放遊無所不爲或浮水而下樂而忘反謂之流若齊桓與蔡姬乘舟於圃之類也連引也使人徒引舟舡上行而亡反以爲樂故謂之連書曰罔水行舟丹朱慢遊是好無水而行舟豈不引舟於水上而行乎此其類也從獸無厭若羿之好田獵無有厭極以亡其身故謂之荒亂也樂酒無厭若殷紂以酒喪國也故謂之亡言聖人之行無此四者惟君所欲行也晏子之意不欲使景公空遊於琅邪而無益於民也景公說。大戒於國。出舍於郊。於是始興發補不足。景公說晏子之言也戒備也大修戒備於國出舍於郊示憂民困始興惠政發倉廩以賑貧困不足者也召大師曰。爲我作君臣相說之樂。蓋徵招、角招是也。大師樂師也徵招角招其所作樂章名也其詩曰。畜君何尤。畜君者。好君也。其詩樂詩也言臣說君謂之好何尤者無過也孟子所以導晏子景公之事者欲以感喻宣王非其矜夸雪宮而欲以苦賢者

【疏】齊宣王至好君也〇正義曰此章言與天下同憂者不爲慢遊之樂不循肆溢之行也齊宣王見孟子於雪宮者雪宮離宮之名也中間有池圃言宣王在雪宮之中而見孟子來至也王曰賢者亦樂此乎者是宣王稱孟子爲賢者問之孟子亦嘗有此雪宮之樂也云乎者亦未知孟子可否若何所以云乎而疑之之辭也亦梁惠王在沼上而問孟子賢者亦樂此乎同意孟子對曰有人不得則非其上矣至然而不王者未之有也者孟子荅宣王之言而欲宣王有此雪宮之樂在與民同其樂也故言有爲人下者不得此樂則必非謗其上矣爲人下者既不得此樂而以非謗其上非也以其不可也無他是不知命與分定故也爲民之上者既有此樂而不與下民同其樂亦非也以其亦不可也無他是不知義而失之於驕也蓋爲之君在民之上凡有所樂皆出於民之賦役而成之也豈可驕之哉故曰亦非也苟爲君能以民之所樂而爲已之樂則在下之民見君之所樂亦樂之而不敢非謗也以民之所憂而已亦爲憂之則在已有所憂而在下之民亦分憂之矣凡此皆君民憂樂施報之効也故曰在上爲君者凡有所樂與天下之民同其樂凡有所憂天下之民同其憂然而天下不歸往而爲之王者未之有也言其無也昔者齊景公問於晏子曰吾欲觀於轉附朝儛遵海而南放於琅邪吾何脩而可比於先王觀也至好君也者是皆孟子引景公問晏子晏子告景公之言而誨齊宣王也昔往也齊景公齊莊公之後景公杵臼是也魯襄公二十六年立在位五十八年薨轉附朝儛皆山名也又云朝水也言往者齊景公嘗問於晏子曰我欲遊觀於轉附朝儛循海而南至於琅邪我何以修治而可以比効於先聖王之遊觀也晏子齊景公之相齊大夫也姓晏名嬰者晏子荅曰善哉王之問也乃言天子往於諸侯謂之巡狩巡狩者謂巡諸侯爲天子所守土也如歲二月東巡狩五月南巡狩八月西巡狩十一月北巡狩是也諸侯朝觀於天子謂之述職述職者謂述已之所守職如春朝以圖天下之事夏宗以陳天下之謨秋覲以比邦國之功冬遇以協諸侯之慮是也然此皆無非事而已春則省察民之耕而食不足者則補之如周禮旅師春頌其粟是也秋則省察民之收而有力不足者則助之如遂師巡其稼穡而移用其民以救時事是也凡如此是皆下之所以有望於上而巡也故夏禹之世民俗諺有曰我王不遊我何以得其休息我王不豫我何以得助其力此先聖王所以一遊一豫而爲諸侯之法度也統而言之則遊與豫皆巡行也別而言之則遊者有所從至於適也豫者有所適而至於樂也故於遊則未至於豫豫則不止於遊也今也景公則不如此其興師行軍皆遠轉糧食而食之有飢之民而不得飽食有勞乏之民則不得休息在位者皆睊睊然惻目相視而非其上而下民又皆作爲邪慝也故方命虐民飲食若流流連荒亡爲諸侯憂方逆也凡物圓則行方則止行則順止則逆所謂方命虐民者是逆先王之命而下則暴虐民人也凡遊豫補助皆先王之命也今則方命而虐民又飲食無窮極而若水之流蓋流連荒亡四行皆爲諸侯之所憂也以其皆能喪亡其身而已故流者是從流下而忘反之謂也如齊桓與蔡姬乘舟於圃是也連者從流上而忘反之謂也如書曰罔水行舟若丹朱是也荒者從獸無厭之謂也如羿之好田獵無有厭極以亡其身是也亡者樂酒無厭之謂也如殷紂以酒喪國是也故曰從流下而忘反謂之流從流上而忘反謂之連從獸無厭謂之荒樂酒無厭謂之亡以其晏子自解之耳言先王無流連之樂荒亡之行惟君所行也者謂古之先王無此流連之極樂荒亡之盜行惟獨在君所行也君者指景公而言也景公自知已小有流連之樂大有荒亡之行遂一聞晏子之言而喜悅之景公所以說者以其能悟而改過也乃大戒勑於國而敢慢其事出舍於郊而不敢寧其居於是能興發倉廩而補贍其不足者又召樂師之官曰爲我作君臣相說之樂以作徵招角招是也必作其徵招角招之者蓋徵以爲事角以爲民皆以招名之曰亦舜作歌以康燕事鼓琴歌南風以阜民財之意也此所以謂之徵招角招矣又引樂詩曰畜君何尤畜君者好君也言說君所以好君何有其過也故又曰畜君者是好君也凡此皆晏子所言是其畜君者也孟子引此誨宣王亦欲宣王如景公說晏子之言而悟之也〇注轉附朝儛至邑也〇正義曰云轉附朝儛皆山名令案諸經並未詳據梁時顧野王釋云瀰水名出南陽恐偰瀰爲儛他並未詳云琅邪爲齊東南上邑者案地理志云齊地東有琅邪南越志云琅邪邑名是也〇注沈湎于酒熊蹯不熟怒而殺人者〇正義曰注云羲和湎淫胤往征之孔安國云羲和氏世業天地四時之官自唐虞至三代世職不絕承太康之後沈湎于酒過差非度又曰紂沈湎冒亂敢行暴虐孔安國傳云沈湎耆酒春秋魯宣公二年晉靈公不君厚斂以彫墻從臺上彈人而觀其避丸也宰夫胹熊蹯不熟殺之寘諸畚使婦人載以過朝釋云胹煑也畚草器也〇注齊桓與蔡姬乘舟於囿正義曰案魯僖公三年左傳云齊侯與蔡姬乘舟于圃蕩公公怒杜預曰蔡姬齊侯夫人蕩搖也圃苑也蓋魚池在苑中耳〇注書云罔水行舟若丹朱慢遊者〇正義曰案書益稷篇云無若丹朱傲惟慢遊是好傲虐是作罔晝夜額額罔水行舟朋淫于家用殄厥世孔安國云丹朱堯之子傲戲而爲虐無晝夜常額額肆惡無休息習於無水陸地行舟言無度羣淫於家妻妾亂用是絕其世不得似〇注羿之好田獵無有厭極以亡其身〇正義曰案書云太康尸位以逸豫滅厥德黎民咸貳乃盤遊無度畋于有洛之表十旬弗反有窮后羿因民弗忍距于河孔注曰有窮國名羿諸侯名距太康於河不得入遂廢之魯襄公四年左傳云事錄在梁惠王首章賈逵曰羿之先祖世爲射官故帝嚳賜羿弓矢使司射淮南子云堯十日竝出堯使羿射九日而落之歸藏易云羿彈十日凡此其說羿爲諸侯名皆難取信欲言帝嚳時有羿堯時亦有羿則羿是善射之號非爲人名信如是則不知言以羿爲窮國君號爲諸侯者何也〇注殷紂以酒喪國〇正義曰案史記云殷王紂樂戲於沙丘以酒爲池以肉爲林使男女裸相逐其閒爲長夜之飲百姓怨望而諸侯有畔於是有炮烙之法後爲武王所伐是也〇注徵招角招樂章也〇正義曰凡宮商角徵羽蓋樂之五聲也晉志云宮土音數有八十一爲聲之始屬土者以其最清者也君之象也宮亂則荒其君驕商金音三分徵益一以生其數七十二屬金者以其濁次宮臣之象也商亂則詖其官壞也角木音三分羽益一以生其數六十四屬木者以其清濁中人之象也亂則憂其人怨也徵火音三分宮去一以生其數五十四屬火者以其微清事之象也亂則哀其事勞也羽水音三分商去一以生其數四十八屬水者以其最清物之象也亂則危其財匱也凡此乃爲樂章之名也然則景公所以作角徵樂以其爲民爲事也〇注文王不敢盤于遊畋也〇正義曰注云此者蓋引周書無逸之篇文也孔注云文王不敢盤于遊畋者是不敢樂於遊逸田獵者也故錄此焉

齊宣王問曰。人皆謂我毀明堂。毀諸已乎。謂泰山下明堂本周天子東巡狩朝諸侯之處也齊侵地而得有之人勸齊宣王諸侯不用明堂可毀壞故疑而問於孟子當毀之乎已止也孟子對曰。夫明堂者。王者之堂也。王欲行王政。則勿毀之矣。言王能行王道者則可無毀也王曰。王政可得聞與。王言王政當何施其法寧可得聞對曰。昔者文王之治岐也。耕者九一。仕者世祿。關市譏而不征。澤梁無禁。罪人不孥。言往者文王爲西伯時始行王政使岐民修井田八家耕八百畝其百畝者以爲公田及廬井故曰九一也紂時稅重文王復行古法也仕者世祿賢者子孫必有土地關以譏難非常不征稅也陂池魚梁不設禁與民共之也孥妻子也詩云樂爾妻孥罪人不孥惡惡止其身不及妻子也老而無妻曰鰥。老而無夫曰寡。老而無子曰獨。幼而無父曰孤。此四者。天下之窮民而無告者。文王發政施仁。必先斯四者。言此四者皆天下之窮民而文王常恤鰥寡存孤獨也詩云。哿矣富人。哀此煢獨。詩小雅正月之篇哿可也詩人言居今之世可矣富人但憐憫此煢獨羸弱者耳文王行政如此也王曰。善哉言乎。善此王政之言曰。王如善之。則何爲不行。孟子言王如善此王政則何爲不行也王曰。寡人有疾。寡人好貨。王言我有疾疾於好貨故不能行對曰。昔者公劉好貨。詩云。乃積乃倉。乃裹餱糧。于橐于囊。思戢用光。弓矢斯張。干戈戚揚。爰方啓行。故居者有積倉。行者有裹囊也。然後可以爰方啓行。王如好貨。與百姓同之。於王何有。詩大雅公劉之篇也乃積穀於倉乃裹盛乾食之糧於槖囊也思安民故用有寵光也戚斧揚鉞也又以武備之曰方啓行道路孟子言公劉好貨若此王若則之於王何有不可也王曰。寡人有疾。寡人好

色。王言我有疾疾於好色不能行也對曰。昔者太王好色。愛厥妃。詩云。古公亶父。來朝走馬。率西水滸。至于岐下。爰及姜女。聿來胥宇。當是時也。內無怨女。外無曠夫。王如好色。與百姓同之。於王何有。詩大雅緜之篇也亶父大王名也號稱古公來朝走馬遠避狄難去惡疾也率循也滸水涯也循西方水滸來至岐山下也姜女大王妃也於是與姜女俱來相土居也言大王亦好色非但與姜女俱行而巳普使一國男女無有怨曠王如則之與百姓同欲皆使無過時之思則於王之政何有不可乎○

【疏】齊宣王問至於王何有○正義曰此章言齊王好貨色孟子推以公劉大王好貨色責難於君也齊宣問曰人皆謂我毀明堂毀諸巳乎者是齊王問孟子以為在國之人皆謂勸我毀壞其明堂今毀壞之巳而勿毀壞乎魯太山下有明堂後為齊侵其地故齊有明堂齊宣王尚疑之所以問也孟子對曰夫明堂者王之堂也王欲行王政則勿毀之矣者孟子欲使宣王行王政所以勸之勿毀耳王曰王政可得聞與者是宣王問孟子以謂王政之法寧可得而聞知之歟對曰昔者文王之治岐也耕者九一仕者世祿關市譏而不征澤梁無禁罪人不孥至必先斯四者是孟子對荅宣王為王政之法也言往者文王為西伯行政自岐邑耕者皆以井田之法制之一夫受私田百畝八夫家計受私田八百畝井田中百畝是為公田以其九分抽一分為公以抵其賦稅也仕者不特身受其祿而至子孫之世亦與土地祿焉關市司關司市之所但議問之不令姦人出入而不征取其稅川澤魚梁之所但與民共之而不設禁止之法罪人但誅辱止其一身而不誅辱其妻子孥妻子也老而無妻曰鰥老而無夫曰寡老而無子曰獨幼而無父曰孤凡此鰥寡孤獨四者是皆天下之民窮而無告者也文王發政施仁必先及此四者焉無告者以其鰥寡孤獨單隻上下無所告者之人也是皆孟子言文王在岐邑之時為王政之法如此而巳詩云哿矣富人哀此煢獨者哿可也蓋詩之小雅正月之篇文也其意蓋言當今之世可矣富人但先哀憫此煢獨羸弱者耳孟子所以引之謂其文王行政是如此也故援之以荅宣王王曰善哉言乎者是宣王問孟子荅之以文王行王政之法而善其言也故曰善哉言乎曰王如善之則何為不行者孟子言王如能善此王政之言則何為不行此也王曰寡人有疾寡人好貨者宣王言我有疾疾在於好貨財也昔者公劉好貨詩云至於王何有者孟子引公劉好貨故詩有大雅公劉之篇文而荅于宣王也言往者公劉好其貨財其詩蓋謂乃積穀于倉乃裹乾食之糧於橐囊之中其思在於輯和其民以光顯于時張其弓矢執其干戈斧鉞告其士卒曰為女方開道路而行如此故居者有穀積于倉行者有糧裹于囊然後可以日方開道路而行王如能好貨與民人同之亦若公劉之如此則於王也何有不可云橐囊者大曰囊小曰橐也爰曰也王曰寡人有疾寡人好色者是宣王又言我有疾疾在於好色也對曰昔者太王好色愛厥妃詩云至於何有者是孟子又引太王好色故詩大雅緜之篇文也荅宣王也亶父大王名也古公號也言往者太王好色愛厥妃其詩蓋謂古公亶父來朝走馬而避惡且早又疾急循西水涯而至于岐山之下曰與姜女自來相土居如此故當是之時內無怨女外無曠夫皆男女嫁娶過時者謂之怨女曠夫也女生向內故云內男生向外故云外王如能好色與百姓同之亦若大王之如此則於王也又何有不可姜女大姜也是太王之妃也○注謂太山下明堂至巳止也○正義曰案地理志云齊南有太山史記封禪書云舜二月東巡狩至于岱宗岱宗太山也遂覲東后又云此山黃帝之所常遊自古受命帝王未有睹符瑞見而不臻乎太山也云太山下明堂本周天子東巡狩朝諸侯之地案禮記明堂位云明堂者明諸侯之尊卑昔殷紂亂天下脯諸侯以享諸侯是以周公相武伐紂武王崩成王幼弱周公踐天子之位六年朝諸侯於明堂七年致政於成王成王封周公於曲阜令魯世世祀周公以天子之禮樂然則太山下明堂即周公朝諸侯之處盖魯封內有太山後嘗為齊所伐故齊南有太山文中子云如有我用我者當處於太山矣注云太山黃帝有合宮在其下可以立明堂之制焉禮器云魯人將有事於上帝必先有事於頖宮齊人將有事於太山必先有事於配林則太山在齊明矣案周制明堂云周人明堂度九尺之筵東西九筵南北七筵堂崇一筵五室凡室二筵賈釋云明堂者明政教之堂又夏度以步殷度以尋周度以筵是王者明政也周堂高九尺殷三尺以一相參之數而卑宮室則夏堂高一尺矣又上注云堂上為五室象五行以宗廟制如明堂明堂中有五天帝五人神之座皆法五行以五行先起於東方故東北之堂為木其實兼水矣東南火室矣兼木西南金室兼火西北水室兼金以中央太室有四堂四角之室亦皆有堂乃知義然也賈釋太史閏月下義云明堂路寢及宗廟皆有五室十二堂門是也四角之堂皆於太室外接四角為之則五室南北止有二筵東西角二筵有六尺乃得其度若聽朔皆於時之堂不於木火等室居若閏月則闔門左扉立其中而聽朔焉○注往者文王為西伯至妻子也○正義曰史記云古公亶父為獯鬻戎狄所攻遂去豳踰梁山止於岐下古公少子季歷生昌有聖瑞立季歷以傳昌昌立是為西伯西伯陰行善諸侯皆來徐廣曰文王九十七乃崩云修井田八家八百畝以為公田者亦依孟子云方里而井井九百畝是也小司徒佐大司徒當都鄙三等之菜地而為井田經云九夫為井四井為邑四邑為丘四丘為甸四甸為縣四縣為都以任役萬民使嘗地事而貢軍賦出車徒又菜地之中每一井之田出一夫之稅以入於官也故曰九一也云紂時稅重者史記云紂為人資辨捷疾聞見甚敏材力過人手格猛獸智足以拒諫言足以飾非好酒淫樂嬖於婦人愛妲巳於是厚賦稅以實鹿臺之財盈鉅橋之粟是紂時稅重也關譏不征稅魚梁不設禁者周禮司關國凶札則無關門之征猶譏司市國凶荒則市無征而作布澤虞掌國澤之政令為之厲禁川衡以時舍其守犯禁者執而罰之司厲男子入于罪隸女子入于舂稾此而推之則關市非無征也澤梁非無禁也罪人非不孥也而文王必皆無者蓋亦見文王權一時之宜不得不然耳故孟子於宣王之一時亦以此引之以救弊矣○注詩小雅正月之篇者○注云哿可也獨單也箋云此言王政如是富人巳可惸獨困也○注詩大雅公劉之篇也至不可也○正義曰注云公劉居於邰而遭夏人亂迫逐公劉公劉乃辟中國之難遂平西戎而遷其民邑於豳焉乃積乃倉言民事時和國有積倉也小曰橐大曰囊思輯用光言民相與和睦以顯於時也箋云公劉乃有積倉積委及倉也安安而能遷積而能散為夏人迫逐巳之故不忍鬪其民乃裹糧食於橐囊之中棄其餘而去思在和其民人用光其道為令子孫之基又毛注云戚斧也揚鉞也張其弓矢秉其干戈戚揚以方開道路去之蓋諸侯之從者十有八國焉箋云干盾也戈勾孑戟也爰曰也公劉之去邰整其師設其兵器告其士卒曰為方開道而行明巳之遷非為迫逐之故乃欲全民也○注詩大雅緜之篇也至不可乎○正義曰緜詩與也緜緜不絕貌也毛注云古公豳公也古言久也亶父字或因以名言質也古公處豳狄人侵之事之以皮幣不得免焉事之以犬馬不得免焉事之以珠玉不得免焉乃屬其耆老而告之曰狄之所欲者吾土地吾聞君子不以所養人者害人於踰梁山邑于岐山之下居焉率循也滸水涯也姜女大姜也胥相也宇居也箋云來朝走馬言其辟惡早且疾也循西水涯漆水側也爰於也及與也聿自也於是與其妃大姜自來相可居者著大姜之賢知也

孟子注疏卷二上挍勘記

阮元撰　盧宣旬摘錄

孟子注疏解經卷第二上　自此至不如與衆共聽之樂十行本缺今所出者據閩本

梁惠王章句下　監毛本此下有正義一段閩本無案十行本缺一頁計其篇幅當有正義閩本無者蓋李元陽所見十行本已有缺頁別據經注本補足故無僞疏也又各卷卷上篇題下有凡幾章字閩監毛本此卷獨缺蓋經注本本無也又按此下正義是監本所補本若別有注疏本可據不應脫漏凡幾章字然則十行及閩本所缺之正義而監毛本有者疑是偽中之偽也

有是語不○　監毛本孔本韓本足利本同考文古本不作否按古可否字祇作不

先聖王之樂也　監毛本同宋本孔本韓本足利本無聖字

由古之樂也　監毛本韓本同石經宋本岳本咸淳衢州本孔本考文古本由作猶

問古今同樂之意　孔本韓本考文古本足利本同監毛本樂作異

寧可得聞之與　監毛本同宋本孔本韓本考文古本之與作邪廖本與作邪

與少人共聽樂　宋本廖本孔本韓本考文古本同閩監毛三本少下有之字案十行本少下空一字之字係閩本誤增監毛本仍其誤也

衆人共聽樂樂也　廖本閩監毛三本同宋本孔本韓本衆上有與字

與衆人共聽樂為樂　閩監毛三本同宋本無為字廖本考文古本下有也字孔本韓本為樂作樂也

與衆人樂樂狀　閩監毛三本同宋本岳本無下樂字廖本孔本韓本考文古本下樂字作之

籥若笛短而有三孔　閩監毛三本孔本韓本同考文古本笛短作短笛足利本與古本同篇作籥

故使民愁也　閩監毛三本同宋本廖本孔本韓本考文古本作故使百姓愁

有憫民之心　閩監毛三本同宋本廖本孔本韓本憫作愍

是以民悅之也　閩監毛三本同廖本孔本韓本考文古本無之字

王之好樂也　閩監毛三本同宋本岳本廖本孔本韓本無之字

章指言人君田獵以時鐘鼓有節發政行仁民樂其事則

王道之隆在於此矣故曰天時不如地利地利不如人和矣 考文古本矣作也

其國及對齊王 自此至則爲之王者矣監本脫一頁而板心數不缺蓋承刊諸人之謬也毛本據別本補足故第四頁下有又四一頁

言百姓皆欲之康彊 毛本同閩本之作王

則聲音則一也 閩監毛三本無下則字

其與雅樂同也 補毛本同明監本其作不是也

文王在岐山之時 閩監毛三本同岳本無之字廖本考文古本山作豐宋本孔本韓本岐山之時作岐豐時

而囿以大矣 閩本同孔本韓本監毛本以作已○按以已古通用此處自作已爲長

寡人之囿爲大 閩監毛三本同宋本孔本韓本無之字爲大字廖本無爲字

民言其大 閩監毛三本同宋本廖本孔本韓本考文古本言作若

▲章指言譏王廣囿專利嚴刑陷民也

古聖王之比也 閩監毛三本比作交誤宋本無也字廖本王作賢岳本孔本韓本考文古本王作賢無也字

文王事昆夷 閩監毛三本同音義石經廖本孔本韓本作混夷按詩緜混夷駾矣皇矣箋患夷即混夷與此經正合作昆非也

湯先助之祀 閩監毛三本孔本足利本同韓本考文古本先作見按先字是也

故太王事獯鬻 閩監毛三本同音義石經廖本孔本韓本太作大音義云後大師大王放此是經文皆作大作太者非

北狄強者 考文古本同閩本孔本韓本作彊監毛本作疆按唐人彊弱字通用彊強勉強字作強宋人避所諱多作彊監毛作疆乃疆界字非也

身自官事 閩監毛三本同孔本韓本考文古本官作臣

聖人樂行天道 閩監毛三本同廖本孔本韓本行天作天行

在於好勇 閩監毛三本同宋本廖本考文古本在作疾孔本韓本足利本在於作疾在

此一匹夫之勇 閩監毛三本同宋本廖本孔本韓本考文古本無匹字足利本無之字按以一夫釋匹夫不得云一匹

無論匹夫之小勇而已 閩監毛三本同宋本廖本孔本韓本考文古本無而已二字無者是

▲章指言聖人樂天賢者知時仁必有勇勇以討亂而不爲暴則百姓安之

而比之文也 閩監毛三本之文作湯文是也

變于西戎邑于西戎邑于豳 閩監本同毛本無邑于西戎四字乃據漢書刪是也

其後三百餘戎狄攻太王亶父 閩監本同毛本百餘作百有餘歲亦據漢書改

賢者亦有此之樂乎 閩監毛三本同宋本亦下有能字廖本無之字孔本韓本考文古本作賢者亦能有此樂乎

人有不得其志也 閩監毛三本同宋本廖本孔本韓本考文古本無其字也上有者字足利本也作者

適情從欲 閩監毛三本孔本韓本足利本同考文古本從作縱音義出從欲云本亦作縱

君亦助之憂 閩監毛三本同宋本孔本韓本考文古本作君助憂之廖本之憂作憂之

放於琅邪 閩監毛三本同石經孔本韓本於作于

齊東境上邑也 閩監毛三本同廖本孔本韓本東下有南字按疏引境作南字朱子注同是此注有脫也

可以比先王之觀遊乎 閩監毛三本同廖本孔本韓本觀遊作遊觀

先聖王也 閩監毛三本同宋本廖本孔本韓本考文古本王上有之字

補耒耜之不足 閩監毛三本同宋本岳本孔本韓本補作問

遊亦豫也 閩監毛三本同宋本岳本廖本孔本韓本考文古本無此四字○按無者是

吾何以得見勞苦 閩監毛三本同孔本韓本考文古本吾作我

睊睊胥讒 音義出睊睊云字亦作誚

行師興軍 閩監毛三本同宋本岳本廖本孔本韓本考文古本作興師行軍

而食之 閩監毛三本孔本同韓本足利本無之字

有飢不得飽食者 閩監毛三本同廖本孔本韓本無者字

在位在職者 閩監毛三本同宋本孔本韓本考文古本無在職二字

而作其慝惡也 閩監毛三本同宋本廖本孔本韓本考文古本無其字

方猶逆也 閩監毛三本同廖本孔本韓本考文古本逆作放

逆先王之命 閩監毛三本同宋本先王上有不用二字廖本逆作放棄孔本韓本考文古本作放棄不用先王之命

惟君所行也 石經無行字

連引也 閩監毛三本同廖本孔本韓本考文古本連下有者字

是好無水而行舟 閩監毛三本同宋本廖本岳本孔本韓本無是好二字

豈不引舟於水上而行乎 閩監毛三本同宋本孔本韓本考文古本上而作而上

以振貧困不足者也 閩監毛三本振作賑非宋本廖本孔本韓本考文古本困作下

召太師曰 石經太作大

謂之好 閩監毛三本同宋本岳本孔本韓本好下有君字

導晏子景公之事者 閩監毛三本同廖本孔本韓本導作道○按道導古今字古書多用道

非其矜夸雩宮 宋本廖本孔本韓本考文古本同閩監毛三本夸作誇誤增言旁

而欲以苦賢者 閩監毛三本韓本同廖本孔本考文古本苦作若形相涉而誤也

▲章指言與天下同憂者不爲慢遊之樂不循四 孔本韓本作肆是也

溢之行是以文王不敢盤于遊田也

天下之民同其憂 閩監毛三本天上有與字是也毛本憂誤作一

而敢慢其事 閩監毛三本敢上有不字是也閩本不敢字擠是閩本增也

怒而殺人者 閩本同監毛本者作之類也

用是絕其世不得似 閩監毛三本似作嗣

以其最清者也 明監毛本同按清當作濁今改正

其事驕也 驕字模糊閩監毛三本如此

文王不敢盤于遊畋也 此章指末句注無此文

人勸齊宣王 閩監毛三本同宋本孔本韓本考文古本無齊字

而文王常恤鰥寡 閩監毛三本同宋本廖本孔本韓本無而字

但憐憫此煢獨 閩監毛三本同宋本廖本孔本韓本憫作愍

行者有裹囊也 宋本孔本同石經閩監毛三本韓本囊作橐案鹽鐵論公劉好貨居者有積行者有囊與裹囊合

又以武備之曰方啟行道路 閩監毛三本同宋本廖本孔本韓本考文古本曰作四無行字岳本無行字足利本無之字曰作四

我有疾疾於好色 閩監毛三本同宋本岳本疾作病無於字孔本韓本於作在

古公亶父 閩監毛三本同石經宋本岳本咸淳衢州本廖本孔本韓本考文古本父作甫注同

非但與姜女俱行而已閩監毛三本同廖本孔本韓本考文古本而已下有也字

▲章指言夫子恂恂然善誘人誘人以進於善也齊王好貨好色孟子推以公劉大王所謂責難於君謂之恭者也

齊宣問曰閩監毛三本宣下有王字是也

詩云至於何有曰閩監本同毛本曰作者是也

如有我用我者上我字衍閩本有下空一格是亦以爲衍而剜去之也監毛本無上我字不空格

必先有事於郊宮補案明監毛本並從禮記作頖宫

注至何可也此上脫正義曰三字閩毛本注字作陰文監本注字上加圈非也

孟子注疏卷二上校勘記

孟子注疏解經卷第二下

梁惠王章句下　趙氏注　孫奭疏

孟子謂齊宣王曰。王之臣有託其妻子於其友。而之楚遊者。假此言以爲喻比其反也。則凍餒其妻子。則如之何。言無友道當如之何王曰。棄之。言當棄之絕友道也曰。士師不能治士。則如之何。士師獄官吏也不能治獄當如之何王曰。已之。已之者去之也曰。四境之內不治。則如之何。境內之事王所當理不勝其任當如之何王顧左右而言他。王慙而左右顧視道他事無以荅此言也孟子以此動王心令戒懼也

疏孟子至言他。○正義曰此章言君臣上下各勤其任無墮厥職乃安其身也孟子謂齊宣王曰王之臣有託其妻子於其友而之楚遊者是孟子欲以此比喻而諷之也言王之臣下有寄託妻子於交友而往楚國遊戲者比其反也則凍餒其妻子則如之何者言寄妻子於交友而往楚國在近則反歸而妻子在交友之所皆寒凍其膚飢餒其腹則爲交友之道當如之何凍者寒之過也餒者飢之過之謂也王曰棄之者是宣王荅孟子以爲交友之道既如此當棄去之而不必與爲友也曰士師不能治士則如之何者孟子因循又問宣王言爲之獄吏者而不能主治其士則爲士師者當如之何處之王曰已之者言當止之而不可與爲士師也曰四境之內不治則如之何者孟子因循問至於此乃欲諷諫之故問之曰自一國四境之內皆亂而不治則爲之君當如之何處之王顧左右而言他者宣王知罪在已乃自慙羞之而顧視左右道其他事無以荅此言也○注士師獄吏也○正義曰士師即周司寇之屬有士師鄉士皆以士爲官鄭玄云士察也主察獄訟之事是士師爲獄官之吏者也

孟子見齊宣王曰。所謂故國者。非謂有喬木之謂也。有世臣之謂也。故者舊也喬高也人所謂是舊國也者非但見其有高大樹木也當有累世修德之臣常能輔其君以道乃爲舊國可法則也王無親臣矣。今王無可親任之臣昔者所進。今日不知其亡也。言王取臣不詳審往日之所知今日爲惡當誅亡王無以名也王曰。吾何以識其不才而舍之。王言我當何以先知其不才而舍之不用也曰。國君進賢。如不得已。將使卑踰尊。疏踰戚。可不慎與。言國君欲進用人當留意考擇如使忽然不精心意而詳審之如不得已而取備官則將使尊卑疏戚相踰豈可不慎歟左右皆曰賢。未可也。諸大夫皆曰賢。未可也。國人皆曰賢。然後察之。見賢焉。然後用之。謂選乃臣隣比周之譽核其鄉原之徒論曰衆好之必察焉左右皆曰不可。勿聽。諸大夫皆曰不可。勿聽。國人皆曰不可。然後察之。見不可焉。然後去之。衆惡之必察焉惡直醜正寔蕃有徒防其朋黨以毀忠正也左右皆曰可殺。勿聽。諸大夫皆曰可殺。勿聽。國人皆曰可殺。然後察之。見可殺焉。然後殺之。故曰國人殺之也。言當慎行大辟之罪五聽三宥古者刑人於市與衆棄之如此。然後可以爲民父母。行此三慎之聽乃可以子畜百姓也

疏孟子見至爲民父母。○正義曰此章言人君進賢退惡翔而後集有世賢臣乃爲舊可法則也孟子見齊宣王曰所謂故國者非謂有喬木之謂也者是孟子見齊宣王而問之言人所謂舊國者非謂有高大木而謂之舊國也以其有世世修德之舊臣也故謂之舊國故曰有世臣之謂也故舊也喬高也世臣累世修德之舊臣也王無親臣矣昔者所進今日不知其亡也者孟子言今王無有親任用之臣矣往日所進者今日爲惡而王又不知誅亡之王曰吾何以識其不才而舍之者宣王言我何以知其臣之不才而舍去之而不用也曰國君進賢如不得已將使卑踰尊疏踰戚可不慎歟者孟子言國君進用賢人當留意揀擇如使混然不能精心揀擇但如不得已而取備官職則將使其卑踰尊疏踰戚而殺亂之矣其如是豈可不重慎之歟左右皆曰賢未可也諸大夫皆曰賢未可也國人皆曰賢然後察之見賢焉然後用之至如此然後可以爲民父母者此皆孟子教宣王進退賢不肖之言也言於進用賢人之際雖自王之左右臣者皆曰此人賢當進用之則王未可進而用之也以至諸大夫皆曰此人之賢當進用之則王又未可進而用之也逮至一國之人皆曰此人之賢當進而用之則王然後詳察亦見其眞足爲賢人故然後進而用之矣如左右皆曰此人不賢不可進用則王莫聽之以至諸大夫皆曰此人不賢不可進用當去之則王亦當莫聽迨至一國之人皆曰此人不賢不可進用當去之則王然後審察之見其眞實不賢不可進用然後去之乃不進用也如左右皆曰此人之罪可以殺之則王又當莫聽以至諸大夫皆曰此人之罪當殺之則王又當勿聽迨至一國之人皆曰此人之罪可以殺之則王然後詳察亦見其人實有可殺之罪故然後方可殺之也無他以其一國之人皆曰可殺而殺之也夫如此則王然後可以爲民父母而子畜百姓矣○注故舊也至可法則也○正義曰釋云故舊也文從古故也詩伐木之篇云出自幽谷遷于喬木注云喬高也故知喬木爲高大之木郭璞云喬樹枝曲卷似鳥羽也書云圖任舊人共政又周任有言曰人惟求舊是故臣之謂也○注鄉原之徒○正義曰語云鄉原德之賊也周氏注曰所至之鄉輒原其人情而爲意以待之是賊亂其德也何晏云一曰鄉向也古字同謂人不能剛毅而見人輒原其趣嚮容媚而合之言此所以合德也故有三說焉○注大辟之罪五聽三有○正義曰孔安國傳云大辟死刑也周禮大司寇以五聲聽獄訟求民情一曰辭聽二曰色聽三曰氣聽四曰耳聽五曰目聽鄭注云辭聽者觀其出言不直則煩也色聽者觀其顏色不直則赧然也氣聽者觀其氣息不直則惴也耳聽者觀其聽聆不直則惑也目聽者觀其眸子視不直則眊然也凡此五聽是也三宥者司刺掌三宥一宥曰不識再宥曰過失三宥曰遺忘鄭司農云不識謂愚民無所識則宥之過失若今律過失殺人不坐死鄭玄云遺忘若間帷薄忘有在焉而以兵矢投射之凡此三宥也○注云行此三慎之聽也蓋指孟子言自左右皆曰賢至國人殺之也者是爲之解也

齊宣王問曰。湯放

桀。武王伐紂。有諸。有之否乎孟子對曰。於傳有之。於傳文有之矣曰。臣弒其君可乎。王問臣何以得弒其君豈可行乎曰。賊仁者謂之賊。賊義者謂之殘。殘賊之人謂之一夫。聞誅一夫紂矣。未聞弒君也。言殘賊仁義之道者雖位在王公將必降爲匹夫故謂之一夫也但聞武王誅一夫紂耳不聞弒君也書云獨夫紂此之謂也〔疏〕齊宣王問至未聞弒君也○正義曰此章言孟子云紂崇惡失其尊名不得以君臣論之欲以深寤宣王垂戒于後也齊宣王問曰湯放桀武王伐紂有諸者是宣王問孟子言商之湯王放其夏王桀於南巢之地周武王伐商王紂於鹿臺之中還是有此言也否乎孟子對曰於傳有之者孟子荅宣王以爲傳文有是言也故書云湯放桀於南巢惟十有一年武王伐紂又史記武王伐紂紂走入登鹿臺蒙衣其珠玉自燔于火而死武王以黃鉞斬紂頭縣大白之旗是也曰臣弒其君可乎者宣王問孟子如是則爲臣下者得以殺其君上豈可乎曰賊仁者謂之賊賊義者謂之殘殘賊之人謂之一夫聞誅一夫紂矣未聞弒君也者孟子荅宣王以謂賊害其仁者名謂之賊賊害其義者名謂之殘名謂殘賊者皆謂之一匹夫也我但聞誅亡其一匹夫紂矣未嘗聞知有弒君者也故尚書有云獨夫紂是其證也

孟子謂齊宣王曰。爲巨室。則必使工師求大木。工師得大木。則王喜。以爲能勝其任也。匠人斲而小之。則王怒。以爲不勝其任矣。巨室大宮也爾雅曰宮謂之室工師主工匠之吏匠人工匠之人也將以比喻之也夫人幼而學之。壯而欲行之。王曰。姑舍女所學而從我。則何如。姑且也謂人少學先王之道壯大而仕欲施行其道而王止之曰且舍置汝所學而從我之教命此如何也今有璞玉於此。雖萬鎰。必使玉人彫琢之。至於治國家。則曰姑舍女所學而從我。則何以異於教玉人彫琢玉哉。二十兩爲鎰彫琢治飾玉也詩云彫琢其章雖有萬鎰在此言衆多也必須玉人能治之耳至於治國家而令從我是爲教玉人治玉也教人治玉不得其道則玉不得美好教人治國不以其道則何由能治乎〔疏〕孟子謂齊宣王至玉人彫琢玉哉○正義曰此章言任賢使能不遺其學則功成而不墮也孟子謂齊宣王曰爲巨室則必使工師求大木工師得大木則王喜以爲能勝其任也匠人斲而小之則王怒以爲不勝其任矣者是孟子謂齊宣王言爲大宮則王必遣使工匠之吏求其大木工匠之吏求得其大木則王喜以爲工匠之吏能勝其所任用矣則至匠人斲削而小之則王怒以爲匠人不勝其任矣凡此皆孟子將以比喻而言也以其欲使宣王易曉其意也巨室大宮也工師主工匠之吏也又言夫人幼而學之壯而欲行之王曰姑舍女所學而從我則何如者是孟子又言夫人既以幼少而學先王之道及壯大而仕而欲施行其幼之所學之道而王乃曰且舍去汝所學之道而從我教命則如之何也今有璞玉於此雖萬鎰必使玉人彫琢之至於治國家則曰姑舍女所學而從我則何以異於教玉人彫琢玉哉者是孟子又復以此而比喻于宣王也言今假有素璞之玉於此雖有萬鎰之多然必使治玉之人彫琢而治飾之耳至於治國家則固當以先王之道治之而曰且舍去女所學而令從我教命則何以有異於教玉人治飾玉哉言其無以異也以其治國家當取學先王之道者乃能治之今乃至於治國家以曰且舍汝所學而從我教命是何以異於此哉蓋巨室則國家比也用人猶制木木則君子之道比也工師則君子比也匠人則人君比也意言治國家必用君子之道施而後治人君反小而用之未有能治國家者也不特若此又有以喻焉璞玉則亦國家比也玉人則亦君子比也意謂璞玉人之所寶也然不敢自治飾之必用使治玉人然後得成美器也若國家則人君之所寶也然人君不能自治必用君子治之然後安也今也君子不得施所學之道以治國家反使從己所教以治之此亦教玉人彫琢玉同也固不足以成美器適所以殘害之也故孟子所以有此譬之也○注巨室大宮也至喻之也○正義曰字林云巨大也白虎通曰黃帝始作宮室是知巨室則大宮也周禮考工記云審曲面埶以飭五材以辨民器謂之工凡攻木之工七攻金之工六攻皮之工五設色之工五刮摩之工五搏埴之工二輪輿弓廬匠車梓凡此者是攻木之工也餘工不敢煩述所謂工師者師範也教也即掌教百工者如漢書云將作少府秦官掌理宮室者是也匠人即斲削之人也風俗通云凡是於事巫卜陶匠是也然則此言匠人者即攻木之匠也○注金二十兩爲鎰○正義曰國語云二十四兩爲鎰禮云朝一鎰米注亦謂二十四兩今注僞爲二十兩

齊人伐燕。勝之。宣王問曰。或謂寡人勿取。或謂寡人取之。以萬乘之國。伐萬乘之國。五旬而舉之。人力不至於此。不取必有天殃。取之何如。萬乘非諸侯之號時燕國皆侵地廣大僭號稱王故曰萬乘五旬五十日也書曰朞三百有六旬言五旬未久而取之非人力乃天也天與不取懼有殃咎取之何如孟子對曰。取之而燕民悅。則取之。古之人有行之者。武王是也。武王伐紂而殷民喜悅簞厥玄黃而來迎之是以取之也取之而燕民不悅。則勿取。古之人有行之者。文王是也。文王以三仁尚在樂師未奔取之懼殷民不悅故未取之也以萬乘之國。伐萬乘之國。簞食壺漿。以迎王師。豈有它哉。避水火也。如水益深。如火益熱。亦運而已矣。燕人所以持簞食壺漿來迎王師者欲避水火難耳如其所患益甚則亦運行奔走而去矣今王誠能使燕民免於水火亦若武王伐紂殷民喜悅之則取之而已〔疏〕齊人伐燕勝之至亦運而已矣○正義曰此章言征伐之道當順民心也齊人伐燕勝之宣王問曰或謂寡人勿取或謂寡人取之至何如者言齊國之人伐燕之人必強勝之齊宣乃問孟子以謂或有人教我勿取此燕國或有人又教我取之今以萬乘之國伐萬乘之國但五十日足以興舉之非人力所能至此乃天也天與之而勿取必有天殃而禍之今則取之何如故以此問孟子孟子對曰取之而燕民悅則取之古之人有行之者武王是也者是孟子荅齊宣以爲今伐取之燕國而燕國之民悅樂則可以伐取之也古之人有行征伐之道如此國者若武王伐紂是也書曰肆予東征綏厥士女惟其士女篚厥玄黃昭我周王是其武王伐紂之事耳孟子所以引此荅齊宣蓋欲齊宣征伐順民心亦若武王也取之而燕民不悅則勿取古之人有行之者文王是也者孟子又以此荅之齊宣言今欲取之燕國苟燕國之民愁怨而不悅則當勿取之故古之人有欲行征伐之道若此者如文王於紂是也孔子有云文王三分天下有其二猶服事殷是文王於紂之事耳孟子所以又引此荅齊宣者復欲齊宣如文王順民心而未取之耳以萬乘之國伐萬乘之國簞食壺漿以迎王師至亦運而已矣者孟子言今且託以萬乘之國伐取萬乘之國其有以簞食壺漿而來迎王兵師者豈有它事哉蓋欲避去水火之患難耳如若水爾深火爾熱則民亦運行而奔走矣豈來迎王之兵師哉意謂今齊誠能使燕民得免水火之難亦若武王伐紂殷民皆悅樂之則可以取燕也如不然則若文王之於紂故未取之耳云萬乘者蓋六國之時爲諸侯者皆僭王號故皆曰萬乘云簞笥者案曲禮曰圓曰簞方曰笥飯器也書云衣裳在笥則笥亦盛衣云壺漿者禮圖云酒壺受一斛口徑尺足高二寸徑尺又公羊傳云齊侯唁公于野井國子執壺漿何休云壺禮器腹方口圓曰壺釋名曰漿水也飲也或云漿酒也○注篚厥玄黃正義曰孔安國傳云以篚盛其絲帛也禮圖云篚以竹爲之長三尺廣一尺深六寸足高三寸上有蓋也○注萬乘非諸侯之號至如何○正義曰云萬乘非諸侯之號時燕國皆侵地僭號稱王者說在上卷首章書曰朞三百有六旬者案孔安國傳云匝四時曰朞一歲十二月月三十日正三百六十日除小月六日爲六日是爲一歲有餘十二日未盈三歲足得一月則置閏焉是其解也○注武王伐紂至取之也○正義曰書云惟十一年武王伐紂史記云武王伐紂發兵七十萬人距紂紂師皆倒兵以戰以開武王武王馳之紂兵崩叛紂走反入鹿臺蒙衣其珠玉自燔于火而死武王以黃鉞斬紂懸其頭於大白之旗是也○注文王以三仁尚在樂師未奔者○正義曰語云殷有三仁焉蓋微子箕子比干是也呂氏春秋仲冬紀云紂之母生微子啓與仲衍其時猶尚爲妾改而爲妻後生紂紂之父欲立微子啓爲太子太史曰妻之有子不可立妾之子故立紂爲後微子名啓世家曰開孔安國曰微圻內國名子爵爲紂卿士箕子者莊子云箕子名胥鄭玄云箕亦在圻內比干者家語曰比干是紂之親則諸父知比干乃紂之諸父也宋世家云箕子乃紂之親戚也言爲親戚又莫知其爲父爲兄也鄭玄王肅皆以箕子爲紂之諸父杜預以爲紂之庶兄皆以意言之耳趙云三仁尚在者蓋文王爲西伯之時三仁尚未之亡去及西伯卒武王東伐至盟津諸侯會者八百皆曰紂可伐武王猶曰爾未知天命紂愈淫亂不止微子諫不聽乃與大師謀遂去比干曰爲人臣者不得不以死諫乃強諫紂紂怒曰吾聞聖人心有七竅剖比干觀其心箕子懼乃佯狂爲奴紂又囚之後因武王乃釋之耳

齊人伐燕。取之。諸侯將謀救燕。宣王曰。諸侯多謀伐寡人者。何以待之。宣王貪燕而取之諸侯不義其事將謀救燕伐齊宣王懼而問之孟子對曰。臣聞七十里爲政於天下者。成湯修德以七十里而得天下今齊湯是也。未聞以千里畏人者也。地方千里何畏懼哉書曰。湯一征。自葛始。天下信之。東面

而征西夷怨。南面而征北狄怨。曰。奚爲後我。民望之。若大旱之望雲霓也。歸市者不止。耕者不變。誅其君而弔其民。若時雨降。民大悅。書曰。徯我后。后來其蘇。此二篇皆尚書逸篇之文也言湯初征自葛始誅其君恤其民天下信湯之德面者向也東向征西夷怨王去王城四千里夷服之國也故謂之四夷言遠國思望聖化之甚也故曰何爲後我霓虹也雨則虹見故大旱而思見之徯待也后君也待我君來則我蘇息而已今燕虐其民。王往而征之。民以爲將拯已於水火之中也。簞食壺漿以迎王師。若殺其父兄。係累其子弟。毀其宗廟。遷其重器。如之何其可也。拯所也係累猶縛結也燕民所以悅喜迎王師者謂濟救於水火之中耳今又殘之若此安可哉天下固畏齊之彊也。今又倍地而不行仁政。是動天下之兵也。言天下諸侯素畏齊彊今復并燕一倍之地以是行暴則多所危是動天下之兵共謀齊也王速出令。反其旄倪。止其重器。謀於燕衆。置君而後去之。則猶可及止也。速疾也旄老耄也倪弱小倪倪者也孟子勸王急出令先還其老小止勿徙其寶重之器與燕民謀置所欲立君而去之歸齊天下之兵猶可及其未發而止之也〔疏〕齊人伐燕取之至猶可及止也○正義曰此章言伐惡養善無貪其富以小王大將何懼也齊人伐燕取之諸侯將謀救燕者齊國伐其燕國而取其地天下諸侯皆將謀度救燕國也宣王曰諸侯多謀伐寡人者何以待之者是齊宣見諸侯將謀度救燕國而共伐我乃曰天下多有謀度與燕共伐我者則我當如之何以待它故以此問孟子孟子對曰臣聞七十里爲政於天下者湯是也未聞以千里畏人者也者孟子荅齊宣以爲臣嘗聞有地但方闊七十里而能爲王政於天下者如商湯王是也未嘗聞有地方闊千里而猶畏人者也蓋湯爲夏方伯之時但有七十里而後爲天下商王今天下方千里者有九而得其一是齊之有千里地也所以云然書曰湯一征自葛始天下信之東面而征西夷怨至民大悅者此皆尚書遺亡篇文也今據商書仲虺之誥篇則云乃葛伯仇餉初征自葛東征西夷怨南征北狄怨曰奚爲後予大抵孟子引此者蓋恐齊王爲已之臆說以引此而證之欲使齊宣信之也故言書云湯一征自葛國爲始天下皆信湯王之德後湯東向而征伐則西夷之人思望而怨不先自此而正君之罪南嚮而征伐則北狄之人又皆思望而怨以爲不先自此而正君之罪乃曰何爲後去其我而先向他國而征之故其民望湯之來皆昔於大旱而望雲霓如霓不特此也又使歸市者皆不止以其皆得貨易有無也耕于郊野者又不變易其事以言其常得耕作也雖誅亡其君又弔問而存恤其民其如時之旱而雨降民皆悅樂之也書曰徯我后后來其蘇者注云自上文與此皆逸篇之文也今據仲虺之篇有云大抵孟子引此而言者又欲齊王知民如此之慕湯而則法湯也蓋謂民皆喜曰徯待我君來而蘇息我也今燕虐其民王往而征之民以爲將拯已於水火之中也至如之何其

可也者是孟子又言今燕國之暴虐其民而王以兵往征伐之民皆以爲王兵之來將拯救已於水火之中如也故以簞食壺漿迎其王師之來今乃若以殺其民之父兄繫縛其民之子弟又毀壞其國中之宗廟使民不得其祀復遷徙其國中之寶器如之何可也天下固畏齊之彊也今又倍地而不行王政至可及止也者孟子又言天下之諸侯素畏齊國之彊也今王又并燕國一倍之地而且復不行其王政是所以興動天下諸侯之兵而共伐之也王今即速疾出其命令還其老耄幼小勿遷移其寶器復謀度於燕國之衆爲置立其君而後去之而歸齊則天下諸侯之兵尚可得及止之也○注云去王城四千里夷服之國也○正義曰周禮九服又案禮圖云自王畿千里至夷服凡四千里是也云霓虹也爾雅云雲出天之正氣霓出地之正氣雄謂之虹雌謂之霓則雲陽物也陰陽和而既雨則雲散而霓見矣○注旄老耄倪弱小倪倪者○正義曰釋云耄鮐案爾雅云黃髮倪齒壽也然則趙注云倪弱小非止幼童之弱小亦老之有弱小爾

鄒與魯鬨。穆公問曰。吾有司死者三十三人。而民莫之死也。誅之。則不可勝誅。不誅。則疾視其長上之死而不救。如之何則可也。鬨鬭聲也猶構兵而鬭也長上軍帥也鄒穆公忿其民不赴難而問其罰當謂何則可也孟子對曰。凶年饑歲。君之民老弱轉乎溝壑。壯者散而之四方者。幾千人矣。而君之倉廩實。府庫充。有司莫以告。是上慢而殘下也。言往者遭凶年之阨民困如是有司諸臣無告白於君有以賑救之是上驕慢以殘賊其下也曾子曰。戒之戒之。出乎爾者。反乎爾者也。曾子有言上所出善惡之命下終反之不可不戒也夫民今而後得反之也。君無尤焉。尤過也孟子言百姓乃今得反報諸臣不哀矜耳君無過責之也君行仁政。斯民親其上。死其長矣。君行仁恩憂民困窮則民化而親其上死其長矣〔疏〕鄒與魯鬨至死其長矣○正義曰此章言上恤其下則赴其難惡出於已則害及其身如影響也鄒與魯鬨者言鄒國與魯國相鬭也穆公問曰吾有司死者三十三人而民莫之死也誅之則不可勝誅不誅則疾視其長上之死而不救如之何則可也者是鄒穆公問孟子言我國與魯國相鬭而有司死者有三十三人而民皆莫之死我今欲誅亡其民不可勝誅不可勝誅者是民衆之多難以誅亡也不誅其民則我惡疾視其長上有司之死而不救之故問孟子當何則可以誅亡也孟子對曰凶年饑歲君之民老弱轉乎溝壑至是上慢而殘下也者孟子荅穆公以爲凶荒之年民皆飢餓於君之民人老羸者轉落死於溝壑之中強壯者又離散之於四方者幾近千人矣而君之倉廩盈實府庫充塞爲君之有司者皆莫以告自其上發倉廩以濟其食之不給開府庫以佐其用之不足如此則有司在民之上而以驕慢殘害其下也曾子曰戒之戒之出乎爾者反乎爾者孟子言曾子有云在慎之戒慎之以其凡有善惡之命苟善之出乎爾則終亦以善反歸乎爾也苟出乎爾以惡則其終反歸爾亦以惡也夫民今而後得反之也君無尤焉者孟子言夫民今所以

不救長上之死者以其在凶荒饑饉之歲君之有司不以告白其君發倉廩開府庫以救賑之所以於今視其死而不救以報之也然非民之過也是有司自取之爾故曰君無尤焉君行仁政斯民親其上死其長矣者孟子言君能行仁爲政則在下之民皆親其上樂其君而輕其死以爲其長上矣○注鬨鬭聲釋云鬨鬭也故曰猶構兵而鬭也滕文公問曰。滕。小國也。間於齊楚。事齊乎。事楚乎。文公言我居齊楚二國之間非其所事不能自保也孟子對曰。是謀非吾所能及也。無已。則有一焉。鑿斯池也。築斯城也。與民守之。效死而民弗去。則是可爲也。孟子以二大國之君皆不由禮義我不能知誰可事者也不得已則有一謀焉惟施德義以養民與之堅守城池至死使民不畔去則是可以爲也〔疏〕滕文公至可爲也○正義曰此章言事無禮義國不若得民心與之守死善道也滕文公問曰滕小國也間於齊楚事齊乎事楚乎者是滕文公問孟子言我之滕國則小國也今間厠在齊楚二國之間而我今當奉事齊國乎楚國乎故以此問孟子孟子對曰是謀非吾所能及也無已則有一焉鑿斯池至是可爲也者是孟子荅文公以謂若此之謀而指誰國可事非我所能及知也以其齊楚二國皆是無禮義之國孟子所以荅曰是謀非吾所能及也言不得已則有一謀許焉言但鑿此滕國之池築此滕國之城與人民堅守此滕國至死使民不畔去則是一謀可以爲也其它非吾所及

滕文公問曰。齊人將築薛。吾甚恐。如之何則可。齊人并得薛築其城以偪於滕故文公恐也孟子對曰。昔者大王居邠。狄人侵之。去之岐山之下居焉。非擇而取之。不得已也。大王非好岐山之下擇而居之焉迫不得已困於強暴故避之苟爲善。後世子孫必有王者矣。誠能爲善雖失其地後世乃有王者若周家也君子創業垂統。爲可繼也。若夫成功。則天也。君如彼何哉。強爲善而已矣。君子創業垂統貴令後世可繼續而行耳又何能必有成功成功乃天助之也君豈如彼齊何乎但當自強爲善法以遺後世而已矣〔疏〕滕文公至強爲善而已矣○正義曰此章言君子之道正已在天強暴之來非已所招謂窮則獨善其身也滕文公問曰齊人將築薛吾甚恐如之何則可者言齊人并得薛地將欲築其城於此故滕文公恐其偪乃問孟子當如何則可免爲不見迫孟子對曰昔者太王居邠狄人侵之去之岐山之下居焉非擇而取之不得已也者孟子荅滕文公以謂往者太王居邠國後爲戎狄之國所侵伐遂去之岐山下爲居焉當此之時非太王擇此岐山之下爲居焉不得已而避狄所侵患故之岐山下爲居耳苟爲善後世子孫必有王者矣者孟子言滕文公誠能爲善修德而布政於民今雖失其薛地至後世子孫必有王者興作矣君子創業垂統爲可繼也若夫成功則天也君如彼何哉強爲善而已矣者孟子又言君子在上基創其業垂統法於後世蓋令後世可以繼續而承之耳若夫其有成功乃天助之也於人又不可必其成功君今豈奈彼齊之大國何但勉強自爲善以遺法於後世也

滕文公問曰。滕。小國也。竭力以事大國。則不得免焉。如之何則可。問免難全國於孟子孟子對曰。昔者大王居邠。狄人侵之。事之以皮幣。不得免焉。事之以犬馬。不得免焉。事之以珠玉。不得免焉。皮狐貉之裘幣繒帛之貨也乃屬其耆老而告之曰。狄人之所欲者。吾土地也。吾聞之也。君子不以其所以養人者害人。二三子何患乎無君。我將去之。去邠。踰梁山。邑于岐山之下居焉。屬會也土地生五穀所以養人也會長老告之如此而去之矣邠人曰。仁人也。不可失也。從之者如歸市。言樂隨大王如歸趨於市若將有得也或曰。世守也。非身之所能爲也。效死勿去。君請擇於斯二者。或曰土地乃先人之所受也世世守之非已身所能專爲至死不可去也欲令文公擇此二者惟所行也

【疏】滕文公問曰至擇於斯二者○正義曰此章言大王去邠權也效死守業義也滕文公問曰滕小國也竭力以事大國則不得免焉如之何則可者是滕文公問孟子言我之滕國小國也今竭盡其力以奉事大國則不得免其侵伐當如何則可以免焉孟子對曰昔者太王居邠狄人侵之至事之以珠玉不得免焉者孟子荅文公以謂往太王所居邠國後爲戎狄所侵伐是時也太王事之以皮幣且尚不免其侵伐又事之以犬馬又不得免其侵伐復事以珠玉又且猶不免其侵伐焉乃屬耆老而告之曰至邑于岐山居焉邠人曰仁人也不可失也從之者如歸市者孟子言大王以皮幣犬馬珠玉奉事戎狄猶不免其侵伐乃會耆老而告之曰狄人所欲者在我之土地也我聞君子不以所養人之土地而殘賊其民汝二三子何憂患乎無君我將去之以讓狄也遂去邠國踰梁山而邑于岐山下居焉邠國之人遂聞大王此言乃曰仁人之君不可失去也故從之者如歸趨於市若將有所得耳或曰世守也非身之所能爲也效死勿去者孟子又言或人有云土地者乃先人之所受也非已身所能爲者也乃世世守之也當效死而不可去也故請文公擇斯二者而處之二者其一如太王去邠其二如或云效死勿去是也○注皮狐貉之裘幣繒帛之貨○正義曰蓋狐貉之皮爲裘也釋云狐貉妖獸也後人以其狐貉性多疑故以皮爲之裘也孔子曰黃衣狐裘又曰狐貉之厚以居是也周禮行人職云合六幣圭以馬璋以皮璧以帛琮以錦琥以繡璜以黼此六物以和諸侯之好鄭注云合同也六幣所以享也是幣即繒帛之貨也云屬會也釋文云會也又曰付也

魯平公將出。嬖人臧倉者。請曰。他日君出。則必命有司所之。今乘輿已駕矣。有司未知所之。敢請。平諡也嬖人愛幸小人也公曰。將見孟子。平公敬孟子有德不敢請召將往就見之曰。何哉。君所爲輕身以先於匹夫者。以爲賢乎。禮義由賢者出。而孟子之後喪踰前喪。君無見焉。匹夫一夫也臧倉言君何爲輕千乘而先匹夫乎以爲孟子賢故也賢者當行禮義而孟子前喪父約後喪母奢君無見也公曰。諾。諾止不出樂正子入見曰。君奚爲不見孟軻也。樂正姓也子通稱孟子弟子也爲魯臣問公何爲不使見孟軻也曰。或告寡人曰。孟子之後喪踰前喪。是以不往見也。公言以此故也曰。何哉。君所謂踰者。前以士。後以大夫。前以三鼎。而後以五鼎與。樂正子曰君所謂踰者前以士後以大夫禮士祭三鼎大夫祭五鼎故也曰。否。謂棺槨衣衾之美也。公曰不謂鼎數也以其棺槨衣衾之美惡也曰。非所謂踰也。貧富不同也。樂正子曰此非薄父厚母令母喪踰父也喪父時爲士喪母時爲大夫大夫祿重於士故使然貧富不同也樂正子見孟子曰。克告於君。君爲來見也。嬖人有臧倉者。沮君。君是以不果來也。克樂正子名也果能也曰克告君以孟子之賢君將欲來臧倉者沮君故君不能來也曰。行或使之。止或尼之。行止非人所能也。吾之不遇魯侯。天也。臧氏之子。焉能使予不遇哉。尼止也孟子之意以爲魯侯欲行天使之矣及其欲止天令嬖人止之耳行止天意非人所能爲也如使吾見魯侯冀得行道天欲使濟斯民也故曰吾之不遭遇魯侯乃天所爲也臧氏小子何能使我不遇哉

【疏】魯平公將出至焉能使予不遇哉○正義曰此章言讒邪構賢賢者歸天不尤人也魯平公將出嬖人臧倉者請曰他日君出則必命有司所之今乘輿已駕矣有司未知所之敢請者魯平公魯國之君也謚曰平嬖人平公愛幸之人也臧嬖人姓也倉名也言魯平公將欲出見孟子有司皆未知惟臧倉爲平公愛幸之人乃請問之曰所往他日君之所出則必揮命有司同所往今君乘車已駕行矣有司之人皆未知君之所往敢請問之君何所往駕行也之往也公曰將見孟子者魯平公荅臧倉言將欲出見孟子也曰何哉君所爲輕身以先於匹夫者以爲賢乎禮義由賢者出而孟子之後喪踰前喪君無見焉者臧倉者言君今欲一見孟子以其爲何往哉君今所爲自輕薄其身以先往見於一匹之夫夫以謂之爲賢乎臧倉言此謂孟子則一匹之賤夫不足謂之爲賢也故曰禮義之道皆由賢者所出而孟子乃以後喪其母之喪事奢過於前喪其父之喪事請君無更往而見焉倉謂孟子母喪用事豐備父喪用事儉約父母皆已之所親也其喪用事有厚薄者此孟子所以不知禮義也故云禮義由賢者出而孟子之後喪踰前喪君無見焉公曰諾者平公許允止而不出也樂正子入見曰君奚爲不見孟軻也者是日樂正子見平公乘輿既行而止之遂入見平公而問之曰君何爲不往見於孟子樂正子爲平公之臣亦是孟子之弟子也姓樂正名克稱子者蓋男子之通稱也曰或告寡人曰孟子之後喪踰前喪是以不往見也者平公荅樂正子以謂或有臧倉者告我曰孟子後有母喪用事豐備過於前父之喪用事我是以見其如此遂正其駕而不往見也曰何哉君所謂踰者前以士後以大夫前以三鼎而後以五鼎與者樂正子見平公爲此而不往見孟子乃曰君不往見是爲其何哉君今所謂孟子以後喪過前喪者蓋孟子前喪父之時孟子正爲之士故以士禮用之後喪母之時孟子以爲之大夫故得以大夫禮用之爲其前爲士即得以三鼎之禮祭之其後爲大夫遂得以五鼎之禮祭之故也曰否謂棺槨衣衾之美也者平公以謂否不爲鼎數之有不同也是爲棺槨衣衾被服之美好有前後之不同也曰非所謂踰也貧富不同也者樂正子謂非所謂孟子有過於前也爲其前後貧富之不同也非薄其父厚其母也樂正子見孟子曰克告於君君爲來見也嬖人有臧倉者沮君君是以不果來也者蓋平公先欲見孟子者以其樂正子告之也故樂正自入見平公所問君之不往意已畢乃出而見於孟子遂曰克前告其君嘗言孟子君是以欲往來見之平公愛幸之人有一姓臧名倉者沮止其君所以不能來也曰行或使之止或尼之行止非人所能也吾之不遇魯侯天也臧氏之子焉能使予不遇哉者孟子見樂正子告之以此意遂曰君所欲行天使之行也君所欲止天使之止也臧氏之子安能使我不遇魯侯哉○注平謚也嬖人愛幸小人也○正義曰謚法云治而清省曰平春秋左傳魯隱公有云嬖人之子杜預曰嬖親幸也釋云賤而得幸曰嬖○注樂正姓也爲魯臣孟子弟子也○正義曰自微子之後宋戴公四世孫樂莒爲大司寇又左傳宋上卿正考甫之後是樂正皆姓也趙注樂正者爲姓案禮記有正子春是樂正之姓有自矣云孟子弟子者蓋嘗受教於孟子者無非弟子也爲魯臣者蓋非魯平公之臣何以克告於君是以知爲魯臣明矣趙注詳其意故云爲魯臣如於他經書則未詳○注士祭三鼎大夫祭五鼎○正義曰如子路有列鼎之奉主父在漢有五鼎之食是其爵有差也蓋士則爵卑而賤大夫則爵尊而貴孟子前以士後以大夫是其爵命貴賤之不同耳○經云衣衾者蓋衾今之被也案喪大記小斂君錦衾大夫縞士緇凡衾皆五幅鄭注云衾單被也

孟子注疏卷二下挍勘記　阮元撰盧宣旬摘錄

▲章指言君臣上下各勤其任無墮其職乃安其身也

有士師鄉士　補明監本同毛本同案鄉當作卿今改正

王無以名也　閩監本同廖本孔本韓本考文古本名作知毛本王作我也作之毛本誤也

而詳審之　閩監毛三本同宋本廖本孔本韓本考文古本無此四字

疏戚相踰　閩監毛三本同廖本孔本韓本考文古本足利本疏戚作親疏

豈可不慎歟　閩監毛三本同廖本孔本韓本考文古本作豈可不重慎之

謂選乃臣隣比周之譽　十行本乃字隣字模糊閩監毛三本如此廖本孔本韓本考文古本乃作大隣作防音義出防比

核其鄉原之徒　閩監毛三本原誤愿廖本孔本韓本考文古本無其字

論曰　閩監毛三本同孔本韓本考文古本作論語曰

以毀忠正也　閩監毛三本同宋本岳本廖本孔本韓本足利本無也字考文古本作以毀忠臣

▲章指言人君進賢退惡朔而後集有世賢臣稱曰舊國則四方瞻仰之以爲則矣

未聞弒君也 石經孔本韓本閩監毛三本同足利本君上有其字非也

不聞弒君也 閩監毛三本同孔本韓本考文古本足利本君上有其字

▲章指言孟子云 孔本韓本云作言 紂以崇惡失其尊名不得以君臣論之欲以深寤齊王垂戒於後也

主工匠之吏 補此本誤重吏字明監本毛本不誤

將以比喻之也 閩監毛三本同廖本孔本韓本考文古本比作此

先王之道 閩監毛三本同廖本孔本韓本考文古本道作正法

此如何也 閩監毛三本同廖本孔本韓本考文古本作此何如也

二十兩爲鎰 按經注中鎰字皆俗字也當依儀禮喪服作溢溢之言滿也滿於十六兩爲一斤之外也鄭注二十兩爲溢趙同若國語注二十四兩爲鎰此別一說僞疏不了

是爲教玉人治玉也 閩監毛三本孔本韓本同足利本無也字

則玉不得美好 閩監毛三本孔本韓本同足利本玉下有人字非也

則何由能治乎 閩監毛三本同廖本孔本韓本考文古本治下有者字

▲章指言任賢使能不違其學則功成而不墮屈人之是從已之非則人不成道玉不成圭善惡之致 孔本致下有何字是也 可不 七經孟子考文作不可非 察哉

以曰且舍汝所學也 以字明監本作而毛本作則毛本是

朝一鎰米 閩本同監毛本米誤朱按儀禮鎰作溢

樂師未奔 廖本孔本韓本監本同閩毛二本奔作犇下同

故未取之也 閩監毛三本孔本同宋本廖本韓本考文古本無也字

奔走而去矣 閩監毛三本足利本孔本同韓本考文古本無走字

殷民喜悅之則取之而已 閩監毛三本同宋本悅之下有時字廖本則下有可字無而已二字孔本韓本考文古本作殷民喜悅之時則可取之

▲章指言征伐之道當順民心民心悅則天意得天意得 考文古本不疊此三字 然後乃可以取人之國也

司比干觀其心 閩監毛三本司作剸按剸字是

救燕伐齊 閩監毛三本同廖本孔本韓本考文古本足利本作伐齊救燕

東向征西夷怨王 閩本同廖本孔本韓本監毛本王作者考文云古本怨下有者字則衍一王字矣非也

則我蘇息而已 閩監毛三本足利本同宋本廖本孔本韓本考文古本而已作也

拯所也 宋本廖本孔本韓本考文古本所作濟閩監毛三本所作捄○按所誤字

老耄也 閩監毛三本孔本韓本同廖本耄作旄

弱小倪倪者也 閩監毛三本同孔本韓本倪倪作緊倪案音義出緊字施倪下云詳注意倪謂緊倪小兒也與今孔韓本合○按依說文釋名作緊婗禮記注作鷖彌此本作倪倪者誤也

而止之也 閩監毛三本孔本韓本同廖本作七形近而譌

▲章指言伐惡養善無貪其富以小王大 考文古本王作至足利本作以大王 小夫將何懼也

至猶可及士也 士止之誤閩監毛三本不誤

而望雲霓如霓 補毛本如霓作似多

如之何可也 閩本同監毛本何下有其字

至蘇也 閩本同監毛本也改息

軍帥也 音義本廖本孔本韓本閩本考文古本足利本帥作率按率帥字通監毛二本作師則誤矣

而問其罰當謂何則可也 閩監毛三本同宋本孔本韓本考文古本無則可二字足利本無則也二字

▲章指言上惜 孔本韓本考文古本作恤 其下下赴其難惡出乎 孔本韓本考文古本作於 已害及其身如影響自然也

二國之間 閩監毛三本同宋本廖本孔本韓本考文古本無二國二字

皆不由禮義 閩監毛三本同廖本孔本韓本考文古本無義字

則有一謀焉 閩監毛三本同廖本孔本韓本無則字

惟施德義以養民 廖本孔本韓本考文古本同閩監毛三本惟誤雖

則是可以爲也 閩監毛三本同宋本孔本韓本考文古本作則可爲矣廖本也作矣足利本作則可以爲矣

▲章指言事無禮之國不若得民心與之守死善道也

擇而居之焉 閩監毛三本同廖本孔本韓本考文古本無焉字

困於強暴 閩監毛三本同廖本孔本韓本強作彊

後世乃有王者 閩監毛三本同廖本孔本韓本考文古本乃下有可字

強爲善而已矣 宋本岳本廖本孔本同石經閩監毛三本韓本強作彊

君子創業垂統 閩監毛三本同宋本孔本韓本考文古本創作造

成功乃天助之也 閩監毛三本孔本同韓本足利本無之字

以遺後世而已矣 閩監毛三本同廖本孔本韓本考文古本而已矣作也

▲章指言君子之道正已任天 考文古本作在天 強暴之來非已所招謂窮則獨善其身者也

繒帛之貨也 閩監毛三本孔本同韓本足利本無也字

而去之矣 閩監毛三本同宋本廖本孔本韓本考文古本無矣字

若將有得也 閩監毛三本孔本同韓本作若將有所得也考文古本作若將有得也複有字非

▲章指言大王去邠權也效死而守業義也義權不並故曰擇而處之也

非已身所能爲專也 閩監毛三本專作者按注云非已身所能專爲則專字是也

樂正姓也 閩監毛三本同宋本岳本廖本孔本韓本考文古本無也字

不便見孟軻也 閩監毛三本同宋本廖本孔本韓本考文古本無也字

前以士後以大夫禮 閩監毛三本同廖本孔本韓本作前者以士禮後者以大夫禮考文古本士下有禮字

曰否 石經閩監毛三本孔本韓本同音義出曰否云本亦作不○按古不否同字後人一之

嬖人有臧倉者沮君 石經閩監毛三本孔本韓本同音義出沮字云本亦作阻

止或尼之 石經閩監毛三本孔本韓本同音義出尼之云郭璞注爾雅引孟子作此字丁本作㞙云居字

非人所能也 閩監毛三本孔本韓本同岳本能下有爲字

臧氏小子 廖本孔本韓本足利本作臧倉小人閩監毛三本作臧氏之子考文古本作臧倉小子

▲章指言讒邪構賢賢者歸天不尤人也

以先往見於一匹之夫夫 補案下云則一匹之賤夫此二夫字上夫字當爲賤之譌

案禮記有正子春 補案正上當有樂字

凡衾皆五幅 閩監二本同毛本五作三

孟子注疏解經卷第三上

公孫丑章句上凡九章　孫奭疏

趙氏注　公孫丑者，公孫姓，丑名，孟子弟子也。丑有政事之才，問管晏之功，猶論語子路問政，故以題篇。

【疏】正義曰：前篇章首論梁惠王問以利國，孟子荅以仁義之事，故目梁惠王爲篇題，蓋謂君國當以仁義爲首也。既以仁義爲首，然後其政可得行之，是以此篇公孫丑有政事之才，而問管晏之功，如論語子路問政，遂以目爲篇題，不亦宜乎？故次梁惠王之篇，所以揭公孫丑爲此篇之題也。此篇凡二十有三章，趙氏分之，遂爲上下卷，據此上卷有九章而已：一章言德流速於置郵，君子得時，大行其道，管晏爲曾西之所羞；二章言義以行勇，則不動心，養氣順道，無効揠苗，聖人量時，賢者道偏，孟子究言情理，而歸學孔子；三章言王者任德，霸者兼力；四章言國必修政，君必行仁，禍福由已，不尊在天，當防患於未亂；五章言修古之道，鄰國之民以爲父母，命曰天吏；六章言人之行，當內求諸已，以演大四端，充擴其道，上以正君，下以榮身；七章言各治其術，術有善惡，福之來，隨行而作，恥爲人役，不若居仁，治術之忌，勿爲矣；八章言大聖之君，由取善於人；九章言伯夷、柳下惠，古之大賢，猶有所闕其餘。十四章，趙氏分在下卷，各有分說。○注「公孫姓，丑名，孟子弟子也」至「題篇」。○正義曰：自魯桓公之子慶父之後，有孟孫氏、叔孫氏、季孫氏，同出三桓子孫；衞國有王孫賈，出自周頊王之後，王孫賈之子自以去王室久，改爲賈孫氏，故孫氏多焉，又非特止於一族也。自封公後，其子孫皆以公孫爲氏。春秋隱公八年，無駭卒，羽父請謚與族，公問族於衆仲，衆仲對曰：「天子建德，因生以賜姓。」公命以字爲展氏。杜預曰：「諸侯之子稱公子，公子之子稱公孫，公孫之子以王父字爲氏。」然則公孫氏皆自公子之後爲氏也。今公孫丑其氏有自來矣。案史記孟子列傳云：「孟子退而與萬章、公孫丑之徒著述，作七篇。」則公孫丑爲孟子弟子明矣。經曰「弟子之惑滋甚」是也。論語第十三篇子路問政，子曰：「先之勞之。」請益，曰：「無倦。」集論語者因其問政，故以題篇，若此公孫丑有政事之才，而問管晏之功，亦以因其人而題其篇，而次之梁惠王也。

公孫丑問曰：「夫子當路於齊，管仲、晏子之功，可復許乎？」夫子謂孟子。許，猶興也。如使夫子得當仕路於齊，而可以行道，管夷吾、晏嬰之功，寧可復興乎？

孟子曰：「子誠齊人也，知管仲、晏子而已矣。誠，實也。子實齊人也，但知二子而已，豈復知王者之佐乎？

或問乎曾西曰：『吾子與子路孰賢？』曾西蹵然曰：『吾先子之所畏也。』曾西，曾子之孫。蹵然猶蹵踖也。先子，曾子也。子路在四友，故曾子畏敬之，曾西不敢比。

曰：『然則吾子與管仲孰賢？』曾西艴然不悅，曰：『爾何曾比予於管仲？艴然，愠怒色也。何曾，猶何乃也。

管仲得君，如彼其專也；行乎國政，如彼其久也；功烈，如彼其卑也。爾何曾比予於是？』曾西荅或人言管仲得遇桓公，使之專國政如彼，行政於國其久如彼，功烈卑陋如彼，謂不率齊桓公行王道而行霸道，故言卑也。重言何曾比我，恥見比之之甚也。

曰：「管仲，曾西之所不爲也，而子爲我願之乎？」孟子心狹曾西，曾西尚不欲爲管仲，而子爲我願之乎？非丑之言小也。

曰：「管仲以其君霸，晏子以其君顯。管仲、晏子猶不足爲與？」丑曰：管仲輔桓公以霸道，晏子相景公以顯名，二子如此，尚不可以爲邪？

曰：「以齊王，由反手也。」孟子言以齊國之大而行王道，其易若反手耳，故譏管晏不勉其君以王業也。

曰：「若是，則弟子之惑滋甚。且以文王之德，百年而後崩，猶未洽於天下；武王、周公繼之，然後大行。今言王若易然，則文王不足法與？」丑曰：如是言，則弟子惑益甚也。文王尚不能及身而王，何謂若易然也？若是，則文王不足以爲法邪？

曰：「文王何可當也？由湯至於武丁，賢聖之君六七作，天下歸殷久矣，久則難變也。武丁朝諸侯有天下，猶運之掌也。武丁，高宗也。孟子言文王之時難爲功，故言何可當也。從湯以下，聖賢之君六七興，謂太甲、太戊、盤庚等也。運之掌，言其易也。

紂之去武丁未久也，其故家遺俗，流風善政，猶有存者；又有微子、微仲、王子比干、箕子、膠鬲，皆賢人也，相與輔相之，故久而後失之也。尺地莫非其有也，一民莫非其臣也，然而文王猶方百里起，是以難也。紂得高宗餘化，又多良臣，故久乃亡也。微仲、膠鬲皆良臣也，但不在三仁中耳。文王當此時，故難也。

齊人有言曰：『雖有智慧，不如乘勢；雖有鎡基，不如待時。』齊人諺言也。乘勢，居富貴之勢。鎡基，田器耒耜之屬。待時，三農時也。今時易以行王化者也。

今時則易然也。夏后、殷、周之盛，地未有過千里者也，而齊有其地矣；雞鳴狗吠相聞，而達乎四境，而齊有其民矣。地不改辟矣，民不改聚矣，行仁政而王，莫之能禦也。三代之盛，封畿千里耳，今齊地士民以足矣，不更辟土聚民也。雞鳴狗吠相聞，言民室屋相望而衆多也。以此行仁而王，誰能止之也。

且王者之不作，未有疏於此時者也；民之憔悴於虐政，未有甚於此時者也。飢者易爲食，渴者易爲飲。孔子曰：『德之流行，速於置郵而傳命。』言王政不興久矣，民患虐政甚矣，若飢者食易爲美，渴者飲易爲甘。德之流行，疾於置郵傳書命也。

當今之時，萬乘之國行仁政，民之悅之，猶解倒懸也。故事半古之人，功必倍之，惟此時爲然。」倒懸，喻困苦也。當今所施恩惠之事半於古人，而功倍之矣，言今行之易也。

【疏】「公孫丑問曰」至「惟此時爲然」。正義曰：此章言德流之速過於置郵，君子得時，大行其道，管晏雖勤，猶爲曾西所羞也。「公孫丑問曰：夫子當路於齊，管仲、晏子之功，可復許乎」者，公孫丑問孟子，言夫子得當仕路於齊國，則管仲、晏子佐桓、景二霸之功，寧可復興之乎？管仲，管夷吾也；晏子，晏嬰也。夷吾佐桓公者也，晏嬰佐景公者也。「孟子曰：子誠齊人也，知管仲、晏子而已矣」者，孟子荅公孫丑，以謂子實齊國之人也，然但能知此二子而止矣。孟子荅之以此者，其意蓋謂丑豈能復知有王者之佐乎？「或問乎曾西曰：吾子與子路孰賢？曾西蹵然曰：吾先子之所畏也」至「爾何曾比予於是」者，孟子又謂嘗有或人問乎曾西，曾西，曾子之孫也，而曰吾子與子路孰賢？曾西乃蹵踖而言曰：我先子曾子所敬畏者也。曰「然則吾子與管仲孰賢？曾西艴然不悅，曰：爾何曾比予於管仲」者，言或人又曰：如是，則吾子與管仲孰爲賢？曾西乃艴然愠怒而不悅，曰：爾何如乃比我於管仲爲也？管仲得君如彼其專也，行乎國政如彼其久也，功烈如彼其卑也，爾何曾比予於是者，曾西言管仲得齊桓立爲仲父，貴戚不敢爲之妬，與高國之位，大臣不敢爲之惡，內外政皆盡委之斷焉，言如此其專也；自立位相職，至終四十餘年，執齊國之政，言其行政又如此其久也；其終也，不過致君爲霸者而已，而其功烈只如此之卑也。爾故何如乃比我於是之甚焉？功烈者，蓋致力以爲功，成業以爲烈，言管仲以力致齊桓，則止於爲霸功；以業成就齊桓，則亦止爲霸烈，故曰功烈如彼之卑也。孟子所以引此或人與曾西之言者，意在於王佐爲貴也，不以霸者之佐爲貴也。故曰「管仲，曾西之所不爲也，而子爲我願之乎」者，孟子言管仲曾西之所不願爲也，而子以爲我願比之乎？云子者，指孫丑而云也。曰「管仲以其君霸，晏子以其君顯，管仲、晏子猶不足爲與？曰：以齊王，猶反手也」者，孟子言管仲以佐其君爲霸，晏子以佐其君而顯名，管仲、晏子猶若不足爲耳，言我能佐齊國之大而行王道爲王，其易則若反覆手掌也，故曰「以齊王，由反手也」。孟子言此，蓋譏管晏二子不能致君行王道耳。曰「若是，則弟子之惑滋甚」者，公孫丑不曉孟子意在譏管晏二子但爲霸者之佐，故於孟子曰如此之言，則弟子之蔽惑益甚也。弟子者，蓋公孫丑自稱爲孟子弟子也。「且以文王之德，百年而後崩，猶未洽於天下；武王、周公繼之，然後大行。今言王若易然，則文王不足法與」者，公孫丑言今且以文王之德化觀之，起自百里之微，加之百年之久，而後崩喪，其尚不能及身而王天下，狹洽其德，及武王、周公繼續之，然後德化大行，爲王於天下。今言以齊王若反手之易，是則文王不足以爲之法與？曰「文王何可當也？由湯至於武丁，賢聖之君六七作，天下歸殷久矣，久則難變也。武丁朝諸侯有天下，猶運之掌也」至「是以難也」者，孟子又言文王安可當也？言自湯至於武丁，其間賢聖之君六七作，故天下德化被民也久，恩澤漸人也深，而有天下之民歸心於殷，固以久而難變也。是以武丁朝諸侯而有天下，若反運手掌之易也。武丁，高宗也。云六七作，若太甲、大戊、祖乙、盤庚等是也。「紂之去武丁未久也，其故家遺俗，流風善政，猶有存者」至「是以難也」者，孟子又言自殷紂去武丁之時尚未久，故其世嗣續之故家，其民習尚之遺俗，上之化下，其流風之所被，善政之所行，尚有存者。不特此也，又有微子、微仲、王子比干、箕子、膠鬲數

者皆是賢人相與同輔相其紂故紂之失亡亦至久而後失也雖一尺之地莫非紂之所有一民莫非爲紂之臣然而如此尚能自百里之地而興起爲王是以難而不若武丁之易也齊人有言曰雖有智慧不如乘勢雖有鎡基不如待時者孟子又言齊國之人有言云人雖有智慧之才亦不如乘其富貴之勢雖有田器如耒耜之屬亦不如乘三時農務之際也蓋大而知之之謂智小而察之之謂慧鎡基田器之利也言人雖有智慧之才然非乘富貴之勢則智慧之才有所不遷此之齊國則今時易以行王道者也故曰今時則易然也夏后殷周之盛地未有過千里者也而齊有其地矣至莫之能禦也者孟子言自夏后殷周三代之盛治其封畿皆方千里未有過千里之地者也而齊國今有其地亦得其千里雞鳴狗吠相聞而達乎四境是其齊國不特有千里之地而已其間雞犬相聞而又有其民相望而衆多也如此土地亦以足矣故不待更廣闢其土地矣民人亦以足矣又不待聚策其民人矣即行仁爲政而王之人莫能禦止之也其王者不作未有疏於此時者也飢者易爲食渴者易爲飲孔子曰德之流行速於置郵而傳命者孟子又言且王者之不興作未有如疏於此時者也而民人憔悴困苦於暴虐之政又未有如極甚於此時者也以若飢餓者食易爲美渴者飲易爲甘矣故孔子有云其德化之流行其速疾又過於置郵而傳書命也郵驛名云境上舍也又云官名督郵主諸縣罰負說文曰境上行書舍也當今之時萬乘之國行仁政民之悅之猶解倒懸也者孟子又言當今齊國之時爲萬乘之國行仁政而及民則民皆喜悅之如得解其倒懸之索也云倒懸者喻其困苦之如此也故事半古之人功必倍之惟此時爲然者孟子又言故於當此之時其施恩惠之事但半於古人其成治功亦必倍過於古人矣故曰惟此當今齊國之時爲能如是也○管夷吾晏嬰○正義曰管仲齊之相也案左傳魯莊公八年桓公殺公子糾召忽死之管仲不死請囚鮑叔受之及堂阜而稅之歸而以告曰管夷吾治於高傒使相之可也杜注云堂阜齊地西北有夷吾亭或曰鮑叔解夷吾縛於此又云高傒齊卿高敬仲也言管仲治理政事才多於高敬仲遂使相之晏嬰姓晏名嬰齊大夫也語云晏平仲善與人交周注云諡爲平諡法曰治而清省曰平案左傳文知之是晏桓子之子也相齊景公○注曾西曾子之孫及子路正義曰曾西爲曾子之孫者經云曾西曰吾先子之所畏也先子是曾子也以祖稱之也即知曾西乃曾子之孫也其他經傳未詳子路孔子弟子姓仲名由字子路卞國人也案史記弟子傳云少孔子九歲性鄙好勇力抗直冠雄雞佩豭豚陵暴孔子孔子設禮誘子路子路後儒服委質因門人請爲弟子云蹙然猶蹴踖者語云蹴踖如也馬注云蹴踖恭敬之貌○注艴然慍怒色○正義曰釋云艴不悅也字從弗色是知即慍怒之色也○注武丁高宗也至易也○正義曰孔安國傳云盤庚弟小乙子名武丁德高可尊始號爲高宗云從湯以下賢聖之君六七作謂太甲太戊盤庚等是也者案史記世表云自湯之後湯太子早卒故立次弟外丙外丙即位二年卒立外丙弟仲壬仲壬即位四年卒伊尹乃立太丁子太甲太甲成湯適長孫也太甲立三年不明伊尹放之桐三年悔過自責反善伊尹乃迎帝太甲授之政太甲修德諸侯咸歸百姓以寧稱爲太宗太宗崩子沃丁立丁崩弟太庚立庚崩子小甲立甲崩弟雍已立殷道衰諸侯或不至已崩弟太戊立殷道復興諸侯歸之故稱中宗中宗崩子仲丁立丁遷于囂丁崩弟外壬立壬崩弟河亶甲立殷道復衰甲崩子帝祖乙立乙立殷道復興乙崩子祖辛立辛崩弟沃甲立甲崩兄祖辛之子祖丁立丁崩弟沃甲之子南庚立庚崩祖丁之子陽甲立殷道復衰甲崩弟盤庚立殷道復興諸侯來朝庚崩弟小辛立殷道復衰辛崩弟小乙立乙崩子武丁立殷道復興故號爲高宗是也○注云鎡基田器耒耜之屬○正義曰釋名云鎡基大鋤也云農時者左傳莊公二十九年云凡土功龍見而畢務注云今九月周十一月龍星角亢晨見東方三務始畢火見而致用注云大火心星次角亢見者致築作之物水昏正而栽注云謂今十月定星昏而中於是樹板幹而興作日至而畢注云日南至微陽始動故土功畢若其門戶道橋城郭牆塹有所損壞則隨時修之僖公二十年云凡啓塞從時是也又案七月之詩云三之日于耜四之日舉趾同我婦子饁彼南畝注云三之日夏之正月也四之日周之四月民無不舉足耕矣

公孫丑問曰。夫子加齊之卿相。得行道焉。雖由此霸王不異矣。如此則動心否乎。加猶居也丑問孟子如使夫子得居齊卿相之位行其道德雖用此臣位輔君行之亦不異於古霸王之君矣如是寧動心畏難自恐不能行否耶丑以此爲大道不易人當畏懼之不敢欲行也

孟子曰。否。我四十不動心。孟子言禮四十強而仕我志氣已定不妄動心有所畏也

曰。若是。則夫子過孟賁遠矣。丑曰若此夫子志意堅勇過孟賁賁勇士也孟子勇於德

曰。是不難。告子先我不動心。孟子言是不難也告子之勇未四十而不動心矣

曰。不動心有道乎。丑問不動心之道云何

曰。有。孟子欲爲言之 北宮黝之養勇也。不膚橈。不目逃。思以一豪挫於人。若撻之於市朝。不受於褐寬博。亦不受於萬乘之君。視刺萬乘之君。若刺褐夫。無嚴諸侯。惡聲至。必反之。北宮姓黝名也人刺其肌膚不爲橈却刺其目目不轉睛逃避之矣人拔一毛若見撻於市朝之中矣褐寬博獨夫被褐者嚴尊也無有尊嚴諸侯可敬者也以惡聲加已已必惡聲報之言所養育勇氣如是也

孟施舍之所養勇也。曰。視不勝。猶勝也。量敵而後進。慮勝而後會。是畏三軍者也。舍豈能爲必勝哉。能無懼而已矣。孟姓舍名施發音也施舍自言其名則但曰舍舍豈能爲必勝哉要不恐懼而已也以爲量敵少而進慮勝者足勝乃會若此畏三軍之衆者耳非勇者也

孟施舍似曾子。北宮黝似子夏。夫二子之勇。未知其孰賢。然而孟施舍守約也。孟子以爲曾子長於孝孝百行之本子夏知道雖衆不如曾子孝之大也故以舍譬曾子黝譬子夏以施舍要之以不懼爲約要也

昔者曾子謂子襄曰。子好勇乎。吾嘗聞大勇於夫子矣。自反而不縮。雖褐寬博。吾不惴焉。自反而縮。雖千萬人。吾往矣。孟施舍之守氣。又不如曾子之守約也。子襄曾子弟子也夫子謂孔子也縮義也惴懼也詩云惴惴其慄曾子謂子襄言孔子告我大勇之道人加惡於己己內自省有不義不直之心雖敵人被褐寬博一夫不當輕驚懼之也自省有義雖敵家千萬人我直往突之言義之強也施舍雖守勇氣不如曾子守義之爲約也

曰。敢問夫子之不動心。與告子之不動心。可得聞與。丑曰不動心之勇其意豈可得聞與

告子曰。不得於言。勿求於心。不得於心。勿求於氣。不得於心。勿求於氣。可。不得於言。勿求於心。不可。不得者不得人之善心善言也求者取也告子爲人勇而無慮不原其情人有不善之言加於己不復取其心有善也直怒之矣孟子以爲不可也告子知人之有惡心雖以善辭氣來加己亦直怒之矣孟子以爲是則可言人當以心爲正也告子非純賢其不動心之事一可用一不可用也

夫志氣之帥也。氣體之充也。志心所念慮也氣所以充滿形體爲喜怒也志帥氣而行之度其可否也

夫志至焉。氣次焉。志爲至要之本氣爲其次焉

故曰。持其志。無暴其氣。暴亂也言志所嚮氣隨之當正持其志無亂其氣妄以喜怒加人也

既曰志至焉氣次焉。又曰。持其志。無暴其氣者。何也。丑問暴亂其氣云何

曰。志壹則動氣。氣壹則動志也。今夫蹶者趨者。是氣也。而反動其心。孟子言壹者志氣閉而爲壹也志閉塞則氣不行氣閉塞則志不通蹶者相動今夫行而蹶者氣閉不能自持故志氣顛倒顛倒之間無不動心而恐矣則志氣之相動也

敢問夫子惡乎長。丑問孟子才志所長何等

曰。我知言。我善養吾浩然之氣。孟子云我聞人言能知其情所趨我能自養育我之所有浩然之大氣也

敢問何謂浩然之氣。丑問浩然之氣狀如何

曰。難言也。其爲氣也。至大至剛。以直養而無害。則塞于天地之間。言此至大至剛正直之氣也然而貫洞纖微洽於神明故言之難也養之以義不以邪事干害之則可使滋蔓塞滿天地之間布施德教無窮極也

其爲氣也。配義與道。無是餒也。重說是氣言此氣與道義相配偶俱行義謂仁義可以立德之本也道無形而生於有形舒之彌六合卷之不盈握包絡天地稟授羣生者也言能養道氣而行義理常以充滿五臟若其無此則腹腸飢虛若人之餒餓也

是集義所生者。非義襲而取之也。集雜也密聲取敵曰襲言此浩然之氣與義雜生從內而出人生受氣所自有者

行有不慊於心。則餒矣。慊快也自省所行仁義不備干害浩氣則心腹飢餒矣

我故曰。告子未嘗知義。以其外之也。孟子曰仁義皆出於內而告子嘗以爲仁內義外故言其未嘗知義也

必有事焉而勿正。心勿忘。勿助長也。

言人行仁義之事必有福在其中而勿正但以爲福故爲義也但心勿忘其爲福而亦勿汲汲助長其福也汲汲則似宋人也無若宋人然。宋人有閔其苗之不長而揠之者。芒芒然歸。謂其人曰。今日病矣。予助苗長矣。其子趨而往視之。苗則槁矣。揠挺拔之欲亟長也病罷也芒芒然罷倦之貌其人家人也其子揠苗者之子也趨走也槁乾枯也以喻人之情邀福者必有害若欲急長苗而反使之枯死也天下之不助苗長者寡矣。以爲無益而舍之者。不耘苗者也。助之長者。揠苗者也。非徒無益。而又害之。天下人行善者皆欲速得其福恬然者少也以爲福祿在天求之無益舍置仁義不求爲善是由農夫任天不復耘治其苗也其邀福欲急得之者由此揠苗人也非徒無益於苗乃反害之言告子外義常恐其行義欲急得其福故爲丑言人之行當內治善不當急求其福亦若此揠苗者矣何謂知言。丑問知言之意何謂曰。詖辭知其所蔽。淫辭知其所陷。邪辭知其所離。遁辭知其所窮。孟子曰人有險詖之言引事以褒人若賓孟言雄雞自斷其尾之事能知其欲以譽子朝蔽子猛也有淫美不信之辭若驪姬勸晉獻公與申生之事能知欲以陷害之也有邪辟不正之辭若豎牛觀仲壬賜環之事能知其欲行譖毀以離之於叔孫也有隱遁之辭若秦客之廋辭於朝能知其欲以窮晉諸大夫也若此四者之類我聞能知其所趨也生於其心。害於其政。發於其政。害於其事。聖人復起。必從吾言矣。生於其心譬若人君有好殘賊嚴酷心必妨害仁政不得行之也發於其政者若出令欲以非時田獵築作宮室必妨害民之農事使百姓有飢寒之患也吾見其端欲防而止之如使聖人復興必從我言也宰我子貢善爲說辭。冉牛閔子顏淵善言德行。孔子兼之。曰。我於辭命。則不能也。言人各有能我於辭言教命則不能如二子然則夫子既聖矣乎。丑見孟子但言不能辭命不言不能德行謂孟子欲自比孔子故曰夫子既已聖矣乎曰。惡。是何言也。昔者子貢問於孔子曰。夫子聖矣乎。孔子曰。聖則吾不能。我學不厭。而教不倦也。子貢曰。學不厭。智也。教不倦。仁也。仁且智。夫子既聖矣乎。夫聖孔子不居。是何言也。惡者不安事之歎辭也孟子荅丑言往者子貢孔子相荅如此孔子尚不敢安居於聖我何敢自謂爲聖故再言是何言也昔者竊聞之。子夏子游子張。皆有聖人之一體。冉牛閔子顏淵。則具體而微。體者四肢股肱也孟子言昔日竊聞師言也丑方問欲知孟子之德故謙辭言竊聞也一體者得一肢也具體者四肢皆具微小也比聖人之體微小耳體以喻德也敢問所安。丑問孟子所安比也曰。姑舍是。姑且也孟子曰且置是我不願比也曰。伯夷伊尹何如。丑曰伯夷之行何如孟子心可願比伯夷否曰。不同道。言伯夷之行不與孔子伊尹同道也非其君不事。非其民不使。治則進。亂則退。伯夷也。非其君非已所好之君也非其民不以正道而得民伯夷不願使之故謂之非其民也何事非君。何使非民。治亦進。亂亦進。伊尹也。伊尹曰事非其君者何傷也使非其民者何傷也要欲爲天理物冀得行道而已矣可以仕則仕。可以止則止。可以久則久。可以速則速。孔子也。止處也久留也速疾去也皆古聖人也。吾未能有行焉。乃所願則學孔子也。此皆古之聖人我未能有所行若此乃言我心之所庶幾則願欲學孔子所履進退無常量時爲宜也伯夷伊尹於孔子。若是班乎。班齊等之貌也丑嫌伯夷伊尹與孔子相比問此三人之德班然而等乎曰。否。自有生民以來。未有孔子也。孟子曰不等也從有生民以來非純聖人則未有與孔子齊德也然則有同與。丑曰然則此三人有同者邪曰。有得百里之地而君之。皆能以朝諸侯有天下。行一不義。殺一不辜。而得天下。皆不爲也。是則同。孟子曰此三人君國皆能使鄰國諸侯尊敬其德而朝之不以其義得之皆不爲也是則孔子同之矣曰。敢問其所以異。丑問孔子與二人異謂何曰。宰我子貢有若。智足以知聖人。汙不至阿其所好。孟子曰宰我等三人之智足以識聖人汙下也言三人雖小汙不平亦不至阿其所好以非其事阿私所愛而空譽之其言有可用者欲爲丑陳三子之道孔子也宰我曰。以予觀於夫子。賢於堯舜遠矣。予宰我名也以爲孔子賢於堯舜以孔子但爲聖不王天下而能制作素王之道故美之如使當堯舜之世觀於制度賢之遠矣子貢曰。見其禮而知其政。聞其樂而知其德。由百世之後。等百世之王。莫之能違也。自生民以來。未有夫子也。見其制作之禮知其政之可以致太平也聽聞其雅頌之樂而知其德之可與文武同也春秋外傳曰五聲昭德言五音之樂聲可以明德也從孔子後百世上推等其德於前百世之聖王無能違離孔子道者自從生民以來未有能備若孔子也有若曰。豈惟民哉。麒麟之於走獸。鳳凰之於飛鳥。泰山之於丘垤。河海之於行潦。類也。聖人之於民。亦類也。出於其類。拔乎其萃。自生民以來。未有盛於孔子也。垤蟻封也行潦道傍流潦也萃聚也有若以爲萬類之中各有殊異至於人類卓絕未有盛美過於孔子者也若三子之言孔子所以以異於伯夷伊尹也夫聖人之道同符合契前聖後聖其揆一也不得相踰云生民以來無有者此三人皆孔子弟子緣孔子聖德高美而盛稱之也孟子知其言大過故貶謂之汙下但不以無爲有耳因事則褒辭在其中矣亦以明師徒之義得相褒揚也

【疏】公孫丑問曰夫子加齊之卿相至未有盛於孔子也○正義曰此章言義以行勇則不動心養氣順道無効宋人聖人量時賢者道偏孟子究言情理歸學於孔子也公孫丑問曰夫子加齊之卿相得行道焉雖由此霸王不異矣如此則動心否乎者是公孫丑問孟子言以夫子之才加之以齊國卿相之位以得行其道雖曰用此卿相之位而輔相其君而行之亦不異於古之霸王矣如此則夫子寧動心畏懼其不能行乎否不動心畏懼其不能行乎孟子曰否我四十不動心者孟子荅公孫丑以謂我年至四十之時內有所定故未嘗動心有所畏懼也曰若是則夫子過孟賁遠矣者公孫丑見孟子以謂四十之時已不動心言如此則夫子是有勇過於孟賁之勇士也曰是不難告子先我不動心者孟子言我之有勇過於孟賁此不難也孟子之意蓋謂已之勇勇於德孟賁之勇但勇於力必能過之也所以謂不難也以言其易過之也言告子之勇已先我於未四十之時而不動心矣曰不動心有道乎者丑問孟子謂不動心寧有道乎曰有孟子欲爲公孫丑言其不動心之道故荅之曰有也北宮黝之養勇也不膚撓不目逃至孟施舍之養勇也曰視不勝猶勝也以至又不如曾子之守約也者此皆孟子荅公孫丑而言養勇者也北宮黝北宮姓黝名孟施舍孟姓名舍施發言之音也曾子姓曾名參字子輿子夏姓卜名商字子夏並爲孔門之徒弟子也言北宮黝之養勇人刺其肌膚不爲撓却人刺其目不以目轉睛而逃避思以一毫之毛而拔於人若見捶撻於市朝之中矣不受物於彼褐者之獨夫亦不受賜於萬乘之君視刺萬乘之君但若刺被褐者之獨夫無嚴畏諸侯有惡聲加已已亦以惡聲反報之此北宮黝養勇之如是也孟施舍之養勇嘗謂視敵之不勝猶勝之也若以量度其敵可以敵然後進而敵之謀慮其必能勝敵然後方會其兵此是畏三軍之士也非勇者也故自稱名曰舍豈能爲必勝其敵哉但能無所畏懼而已矣此孟施舍養勇之如是也孟施舍養勇其迹近似於曾子北宮黝養勇其迹近似於子夏以其孟施舍養勇見於言而要約如曾子以其孝弟事親喻爲守身之本聞夫子之道則喻爲一貫之要故以此比之也北宮黝養勇見於行而多方如子夏況在於紛華爲已有雜於小人之儒教人以事於灑掃之末故以此比之也雖然以二子之實固不足比於曾子子夏但以粗迹比之耳是二子之養勇皆止於一偏未如君子所養得其大全而已孟子所以言夫二子黝與舍之養勇又未知誰以爲猶賢然而能無懼而已者近能知其本也故曰孟施舍守約也昔者曾子謂子襄曰子好勇乎吾嘗聞大勇於夫子矣至守約也孟子言往者曾子謂子襄曰子能好勇乎言我嘗聞夫子有大勇之義告於我以謂自反已之勇爲非義則在人者有可陵之辱故雖一褐寬博之獨夫我且不以小恐惴之而且亦大恐焉自反已之勇爲義則在人無可憚之威故雖千萬人之衆我且直往其中而不懼矣如此則孟施舍養勇在於守其氣勇又不如曾子以義爲守而要也言此則黝不如子夏可知矣以其養勇有本末之異則言北宮黝之多方不若孟施舍之守約以其守約有氣義之別則又言孟施舍之守其氣勇不如曾子以義爲守而要也然

論其不動心則同根其德則大不相侔矣曰敢問夫子之不動心與告子之不動心可得聞與者公孫丑又問孟子之不動心與告子之不動心其道可得而聞知之與告子曰不得於言勿求於心不得於心勿求於氣至勿求於心不可者孟子荅孫丑以謂告子言人有不善之言者是其不得於言者也故不復求其有善心告子意以謂人既言之不善則心中亦必不善也故云不得於言勿求於心人有不善之心者是其不得於心者也故不復求其有善辭氣告子意以謂人心既惡則所出辭氣亦必不善也故云不得於心勿求於氣孟子言之以謂人有不善之心故勿復求其有善辭氣則如告子之言可也如人但有不善之言便更不復求其心之有善則告子之言以爲不可也無他蓋以人之言雖有不善而其心未必不善也其心之不善則所出辭氣必不善故也以其告子非得其大全之道故其言此一可行一不可行也夫志氣之帥也氣體之充也者孟子言人之志心之所之之謂志所以帥氣而行之者也氣但能充滿形體者也故曰志氣之帥也氣體之充也以其人之辭氣有不善者皆心志所帥而行之矣氣者但惟志是從也所以又言志至焉氣次焉蓋以氣由志之所發志得氣而運之也然則氣爲所適善惡之路豈非志至焉氣次焉之意乎至言無以過之以其足以制於氣不爲氣之所制次言有以先之以其從於志而又有以持於志也故曰持其志無暴其氣者孟子言氣惟志之是從但持揭其志則無暴亂其氣矣既曰志至焉氣次焉又曰持其志無暴其氣者何也者孫丑未曉孟子之言志氣故問之曰夫子既以言志至焉氣次焉而又再言持其志無暴其氣是如之何也曰志壹則動氣氣壹則動志也今夫蹶者趨者是氣也而反動其心者孟子荅孫丑言志鬱壹而不通矣是謂志壹則動氣氣鬱壹而不通矣是謂氣壹則動志也今夫志氣皆鬱壹而不通以之顛倒趨蹶者是乃反動其心焉故曰今夫蹶者趨者是氣也而反動其心蓋志則將帥譬也氣則衆卒譬也心則君譬也君任將帥將帥御衆然則志壹則動氣如將帥悖則動衆卒矣氣壹則動志如衆卒悖則動將帥其上又有以動其君矣由此論之則既持其志又不可不知無暴其氣矣敢問夫子惡乎長者公孫丑問孟子曰夫子之才志所長以何等敢請問之曰我知言我善養吾浩然之氣者孟子荅孫丑之問以謂我之所長是我能知人之言而識其人情之所嚮我又善養我所有浩然之氣也敢問何謂浩然之大氣者公孫丑之言敢問如何謂之浩然大氣曰難言也其爲氣也至大至剛以直養而無害則塞于天地之間者孟子荅公孫丑以爲浩然之大氣難以言形也蓋其爲氣至大而無所不在至剛而無所不勝養之在以直道不以邪道干害之則充塞于天地之間無有窮極也其爲氣也配義與道無是餒也者孟子又重言爲氣也與道義相配偶常以充滿於人之五臟若無此氣與道義配偶則餒矣若人之飢餓也能合道義以養其氣即至大至剛之氣也蓋裁制度宜之謂義故義之用則剛萬物莫不由之謂道故道之用則大氣至充塞盈滿乎天地之間是其剛足以配義大足以配道矣此浩然大氣之意也是集義所生者非義襲而取之也者孟子又言是氣也是與義雜生所自有者也從內而出矣非義之所密取而在外入者也行有不慊於心則餒矣者孟子又言人之所行如有道義不足於心者則飢餒者矣以其有邪干害之浩然之氣者爲孟子所以云我故曰告子未嘗知義以其外之也蓋以告子以仁內義外爲言此孟子乃曰告子未嘗知義是又不知是集義所生者非義襲而取之之意也必有事焉而勿正心勿忘勿助長也者孟子又言人之所行仁義之事必有福在其中矣而不可但正心於爲福然後乃

行仁義也止在其不忘於爲福不汲汲於助長其福矣以其人生之初蓋性固有不但爲之然後有也惟在常存行之耳斯亦集義所生非義襲而取之之意也故曰必有事焉而勿正心勿忘勿助長也又一說云言人之所行不可必待有事而後乃正其心而應之也惟在其常存而不忘又不在汲汲求助益之而已斯則先事而慮謂之豫豫則事優成後事而慮謂之猶猶則不立之意也以其在常存正心於事未然之前耳矣故曰必有事焉而勿正心其言勿忘勿助長則同意無若宋人然宋人有閔其苗之不長而揠之者至而又害之者此孟子引宋人揠苗而比喻之以解其助長之意也言人苟欲速得其福而助長之者則宋人揠苗者也故言無若宋人然宋人宋國之人也宋國之人有憐閔苗之不長茂而以揠拔欲亟其長者芒芒然罷倦而回歸謂其家中之人日今日我罷倦成病矣我其爲助長其苗矣其宋人之子見父云助苗長而罷倦成病乃趨走而往視其苗還助得其長否及往至田所視之其苗則皆枯槁而死矣孟子又言今天下之人不若助苗長者少矣言當時人皆欲速其福而助長之者也以其爲善無所益而舍去之者是忘其善也是若不耘其苗者也助長者是若揠苗者也非特無益其善而又適所以殘害其善也善者即仁義是也仁義即善也苗是種之義者以譬則人之美質也固非可以增減之耳孟子之意蓋欲人之所行當內治不當急欲求其福也此亦脩其天爵而人爵從之之意也孟子所以云我善養吾浩然之氣何謂知言者公孫丑既得孟子言浩然之氣又問孟子知言之意謂何曰詖辭知其所陷邪辭知其所離遁辭知其所窮者此孟子又荅孫丑問知言之意也詖辭其言有偏詖不平也孟子言人有偏詖不平之言我則知其蔽於一曲而已若告子言仁內義外是也趙云若賓孟言雄雞自斷其尾之事也淫辭言過而不中也孟子言人有過而不中之言我則知其所陷而陷又無所不蔽而已如人墜於陷阱之陷以其無所不蔽也若楊墨無父無君之言是也趙云若驪姬勸晉獻公與申生之事也邪辭悖正道者也孟子言人有悖正道之言我則知其言易以離畔矣若陳賈謂周公未盡仁智而況於齊王之言是也趙云若堅牛觀仲壬賜環之事也遁辭屈其理也孟子言人有屈理之言我則知其言易以窮也若夷子與孟子相勝以辯卒以受教是也趙云若秦客之廋辭也生於其心害於其政發於其政害於其事者孟子又言此上四事皆非出於其心者即皆出於異端之學者也人君苟生此四者於心中必妨害其仁政既妨害其仁政則又妨害其事政則本上之所施而正人者也事則下之所行以治職者也故事爲政之末政爲事之本如孔子問冉子之退朝何晏也則謂之事故不謂之政是知政事有別矣聖人復起必從吾言矣者孟子言後之聖人有能復興起者必從事吾此言而行之矣宰我子貢善爲說辭冉牛閔子顏淵善言德行孔子兼之曰我於辭命則不能也者孟子既言其詖淫邪遁之辭爲非故於此言其善爲說辭善言德行爲是者也蓋言宰我子貢二者皆善能爲說辭說辭者以辭說人者也宰我子貢皆得聖人所以言者也故云善爲說辭論語四科二人所以列於言語之科也冉牛閔子顏淵三者皆善言德行善言德行者言之必可行是善言也行之必可言是德行也冉牛閔子顏淵皆得聖人所以行者也故云善言德行論語四科三者所以列於德行科也孔子兼之者孔子天縱之將聖故多能鄙事則於說辭德行兼而能焉而曰我於辭命則不能也孟子蓋以儒道遊於諸侯而諸侯賓之不敢臣又爲國人所矜式故於辭命又安用之哉此所以曰我於辭命則不能也然孟子於辭命非誠不能也但不爲之耳以辭命人者故謂之辭命以

其末也非本也故不言不能德行以其本也非末也孟子之意蓋欲當時之人務本不務末耳然則夫子既聖矣乎者公孫丑見孟子但言不能辭命之末不言不能德行之本故謂孟子如是則夫子既已爲聖矣以其宰我子貢雖善爲說辭然尚未得聖人所以言冉牛閔子顏淵雖善言德行然尚未得聖人所以行故數子者但爲孔子之高弟惟顏淵三子於聖但具體而微者而亦未得其爲聖矣公孫丑見孟子言之辭命則不能者以知孟子之意蓋有在於此矣所以於辭命則言不能也故問之曰然則夫子既聖矣乎曰惡是何言也者孟子荅公孫丑爲不敢安居其聖故曰惡是何言也惡歎也以其不敢居聖故嘆而言之也又言昔者子貢問於孔子曰夫子聖矣乎至是何言也者孟子言昔日子貢嘗問於孔子而謂夫子聖矣乎孔子荅之曰於聖則我不能爲也我但學不厭飽教人不倦息也子貢曰夫學道能不厭飽是有智也以其智足以有知故能學道不厭也教人能不倦息是有仁也以其仁足以有物故能教人不倦也仁而且智是夫子既以聖矣孟子遂言夫聖於孔子尚不敢居而今丑言我既聖矣是何所言也故再言是何言也昔者聞之子夏子游子張皆有聖人之一體冉牛閔子顏淵則具體而微者孟子常自謙故言我往日竊聞之有子夏子游子張三人皆有聖人之一體亦未得其全才冉牛閔子顏淵則具體但而微小者也孟子言此是宜孫丑於前有夫子既聖矣乎而問之也敢問所安者丑見孟子又言此子夏子游子張冉牛閔子顏淵數者意欲知孟子於此數者之中何者爲比也曰姑舍是者孟子言且置去非我之願比者也曰伯夷伊尹何如者丑見孟子不比數者又問之以伯夷伊尹二者可比之何如曰不同道者孟子荅之以爲伯夷之行不與伊尹孔子同道也非其君不事非其民不使治則進亂則退伯夷也者孟子非其所好之君則不奉事之非以正道得民者不命使之天下有治道之時則進而仕之天下無道則退藏其身是伯夷之所行也何事非君何使非民治亦進亂亦進伊尹也者孟子言伊尹曰何所事之君爲非君蓋所事者即皆君也何所使之民爲非民蓋以所使皆是民也天下治亦進而行道天下亂亦進而行其道是伊尹之如是也可以仕則仕可以止則止可以久則久可以速則速孔子也者孟子言可以進而進而爲仕則進而仕之可以止而不仕則止之而不仕可以久則久雖終身不仕亦不爲之久可以速則速雖接淅而行亦不爲速是孔子所行如是也皆古聖人也吾未能有行焉乃所願則學孔子也孟子言此數者皆是古之聖人也我俱未有所行若此而已乃言我之所願學則孔子是學也孟子之意蓋謂孔子所行於伯夷伊尹二子皆兼而有之也故可仕則仕而不爲伯夷之必於退可止則止而不爲伊尹之必於進無可無不可矣故於終所必歸之但願學孔子也伯夷伊尹於孔子若是班乎者公孫丑見孟子言之伯夷伊尹又言之以孔子乃曰皆古聖人也故問之以伯夷伊尹孔子如是則齊等之乎班齊等也曰否自生民以來未有孔子也者孟子荅之以爲否不齊等也自其有生民以來至今未有與孔子齊其等者也然則有同與者公孫丑又問孟子以謂如是則伯夷伊尹孔子三人有同者邪曰有得百里之地而君之至是則同者孟子荅之以謂此三人有所同也蓋得百里之土地而爲君三人皆能以朝諸侯有天下也然行一事之不義殺一人之無罪而得天下則三人亦皆不爲之如是則同若其他事則所行又有不同焉故曰是則同曰敢問其所以異者公孫丑又問孟子曰丑敢請問三人其所以有異者曰宰我子貢有若智足以知聖人汙不至阿其所好至未有盛於孔子也者此皆孟子爲丑言此三人其所以異者也言宰我

與子貢有若三者其有智皆足以知其聖人然雖有小卑汙不平處蓋亦不至於阿私所好而空譽之其言皆有可用者也遂引宰我知聖人之事爲公孫丑言之故言宰我有曰以子觀於孔子其賢過於堯舜遠矣予宰我名也宰我之意蓋謂堯舜有位之聖人故其行道易孔子無位之聖人故其行道難故以難易爲言也又謂堯舜治天下但見効於當時即一時之功也孔子著述五經載道於萬世以其有萬世之功故以功爲言也孟子又引子貢有曰見其孔子制作之禮而知孔子有政可以致天下之太平聞孔子雅頌之樂音而知孔子有德與文武同也從孔子之後推而等之百世之聖王者無有能違逆其孔子之道者是其自生民而來至于今未有如夫子者也凡此是子貢之知聖人有如此也孟子又引有若有曰豈獨其民有類乎哉言麒麟之於走獸鳳凰之於飛鳥大山之於丘垤河海之於行潦亦類也聖人之於民亦類也然而走獸之中以麒麟爲之長飛鳥之中以鳳凰爲之王丘垤之中以太山爲之尊行潦之間以河海爲之大人民之間以聖人爲人倫之至也聖人之於民類也物亦類也以其出乎民人之類而超拔乎衆萃之中自生民以來至于今未有盛美過於孔子者也然則孔子於此三子言之是所以異於伯夷伊尹者也故孟子所以願學則學孔子也○注四十強而仕○正義曰曲禮云人生十年曰幼學二十曰弱冠三十曰壯而有室四十曰強而仕五十曰艾服官政六十曰耆指使七十曰老而傳八十九十曰耄凡此是其禮文也○注孟賁勇士也○正義曰案帝王世說云秦武王好多力之人齊孟賁之徒盍歸焉孟賁生拔牛角是爲之勇士也○注云北宮黝北宮姓黝名也又云褐寬博獨夫被褐者釋云褐編衆衣也一曰短衣北宮黝其人未詳於他經傳亦未之聞焉孟施舍亦未詳云縮義也惴懼也聞記云古之冠也縮縫今之冠也衡經則縮者理之直也是知縮訓義也詩云惴惴其慄注云恐也傳曰小恐惴惴大恐縵縵是也○注密聲取敵曰襲○正義曰左傳云凡有鍾鼓曰伐無鍾鼓曰襲杜預注云密聲取敵曰襲是其文也○注云賓孟言雄雞自斷其尾至諸大夫也○正義曰案魯昭公二十二年左傳云王子朝賓起有寵於景王王與賓孟說之欲立劉獻公之庶子伯蚡事單穆公惡賓孟適郊見雄雞自斷其尾問之侍者曰自憚其犧也遽歸告王且曰雞其憚爲人用乎人異於是犧者實用人人犧實難已犧何害王弗應凡此是也云驪姬勸晉獻公與申生者案魯莊公二十八年云晉獻公娶于賈無子烝於齊姜生秦穆夫人及太子申生又娶二女於戎大戎狐姬生重耳小戎子生夷吾晉伐驪戎驪戎男女以驪姬歸生奚齊其娣生卓子驪姬欲立其子賂外嬖梁五與東關嬖五使言於公曰曲沃君之宗也蒲與二屈君之疆也不可以無主宗邑無主則民不威疆場無主則啓戎心若使太子主曲沃而重耳主蒲夷吾主屈則可以威民而懼戎且旌君伐使俱曰狄之廣莫於晉爲都晉之啓土不亦宜乎晉侯悅之夏使太子申生主曲沃重耳居蒲夷吾居屈惟二姬之子在絳二五卒與驪姬譖羣公子而立奚齊晉人謂之二五耦凡此是也云豎牛觀仲王賜環之事案左傳昭公四年云初穆子去叔孫氏及庚宗適齊娶於國氏生孟丙仲壬夢天壓已弗勝顧而見人黑而上僂深目而猳喙號之曰牛助余乃勝之耳且召其徒無之及後婦人獻雉婦人是穆子及庚宗之地常遇而宿者也因問其有子曰余子長矣能奉雉而從我矣召而見之則所夢也問其名曰牛遂使爲豎臣有寵長使爲政豎牛欲亂後仲壬與公御萊書觀於公公與之環使牛入示之入不示出命佩之牛謂叔孫見仲壬而何叔孫曰何爲而不見既自見矣公與之環而佩之矣遂逐之奔齊叔孫疾急命召仲牛許而不召有進食則止之而弗進叔孫不食乃卒立其子而相之昭公五年又曰昭子即位朝其家衆曰豎牛禍叔孫氏使亂大從殺適立庶又披其邑將以赦罪罪莫大焉必速殺之豎牛懼奔齊孟仲之子殺諸塞外投其首於寧風之棘上凡此是也云秦客廋辭者案國語晉文公時范文子暮退於朝武子曰何暮也對曰有秦客廋辭於朝大夫莫之能對吾知一二焉武子怒曰大夫非不能也讓父兄也爾童子而三掩人於朝吾不在晉國無日矣擊之以杖折委笄凡此者是也大抵廋辭云者如今呼筆爲管城子紙爲楮先生錢爲白水眞人又爲阿堵物之類是也○注予宰我名也○正義曰案史記弟子傳云宰予字子我鄭玄曰魯人也○注垤蟻封行潦道傍流潦也萃聚也○正義曰釋云垤蟻家也潦雨水盛也經云行潦是也爲道傍流潦也萃亦云集也

孟子注疏卷三上挍勘記　阮元撰盧宣旬摘錄

公孫丑者　自此至故以題篇廖本無閩監毛三本孔本韓本有

謂不率齊桓公　閩監毛三本同廖本孔本韓本考文古本率作帥按音義出不帥注云音率則作帥是也

恥見比之之甚也　閩監毛三本同孔本韓本不重之字

尚不可以爲邪　閩監毛三本孔本同韓本考文古本無以字

何謂若易然也　閩監毛三本同孔本若作王韓本考文古本謂下有王字

聖賢之君六七興　閩監毛三本同岳本孔本韓本聖賢作賢聖

言其易也　閩監毛三本同廖本孔本韓本考文古本無其字

相與輔相之　各本同音義出輔相云丁本作押義與夾同

雖有鎡基　音義出鎡基云或作茲

三豊時也　補案明監本毛本並作三農是也此本作豐形近之譌

今齊地士民以足矣　士當作土閩監毛三本不誤廖本考文古本民下有人字孔本韓本與廖本同以作已

△章指言德流之速過於置郵君子得時大行其道是以呂望覩文王而陳王圖管晏足利本作嬰非雖勤猶爲會西所羞也

猶爲曾西所羞也　閩監毛三本曾改會是今據改

指孫丑而云也　閩本同監毛本孫上有公字按此及下章疏稱公孫丑爲孫丑不一而足當是僞疏本文如此非脫字也監毛每加公字非

其王者不作　其當作且閩監毛三本不誤

注曾西曾子之孫及子路　此下脫一○

雖用此臣位　各本並同足利本臣作巨非

輔君行之　閩監毛三本同岳本廖本孔本韓本考文古本上有而字

人當畏懼之　孔本韓本同閩監毛三本畏作恐

夫子志意堅勇　岳本廖本孔本韓本考文古本同閩監毛三本意作氣

丑問不動心之道云何　閩監毛三本孔本韓本足利本同考文古本無心字

不膚橈　宋九經本岳本廖本孔本韓本同閩監毛三本橈作撓按音義出橈字作撓非也

思以一豪挫於人　宋九經本岳本咸淳衢州本孔本韓本同閩監毛三本豪作毫非

舍豈能爲必勝哉　閩監毛三本同廖本孔本韓本考文古本無舍字

吾不惴焉　音義之睡切丁本作遄音揣

詩云惴惴其慄　閩監毛三本同孔本韓本考文古本慄作栗○按說文無慄字作栗是也

不復取其心有善也　廖本孔本韓本考文古本同閩監毛三本也作已非

氣之帥也　音義出之帥云本亦作師○按據干祿字書唐人帥字多作師乃俗字也既又譌師

氣爲其次焉　閩監毛三本同廖本孔本韓本考文古本無焉字

故志氣顚倒　音義出顛側云字或作傎

則志氣之相動也　閩監毛三本孔本韓本同廖本足利本無也字

治於神明　閩監毛三本同廖本孔本韓本考文古本治作洽是也足利本作合

布旅德教　監毛本俱作布施

道無形而生於有形　閩監毛三本同廖本孔本考文古本道下有謂陰陽大道五字無於字韓本與廖本同大作天足利本亦與廖本同生有形作生於形非○按有謂陰陽大道五字無於字者是也漢人皆以陰陽五行爲天道易曰一陰一陽之謂道趙氏用此語以無形生有形者也

稟授羣生者也　孔本韓本考文古本同閩監毛三本授作受○按授是

言能養道氣　閩監毛三本同岳本廖本孔本韓本考文古本道上有此字

若人之餧餓也　各本同足利本餓作饑

故爲義也　閩監毛三本同岳本廖本孔本韓本考文古本義上有仁字

而亦勿汲汲　閩監毛三本同孔本韓本足利本無而字

以喻人之情邀福者　閩監毛三本同廖本者作也孔本之作助者作也韓本足利本之作助

天下人行善者　閩監毛三本同廖本孔本韓本考文古本無者字

其遲福欲急得之者　閩監毛三本同廖本孔本韓本考文古本遲作遫○按遲是也讀如遲容

之逆

由此揠苗人也閩監毛三本同廖本孔本韓本考文古本人上有之字

乃反害之閩監毛三本同孔本韓本乃作而

常恐其行義各本同考文古本行作作

急求其福閩監毛三本同岳本孔本韓本急下有欲字

亦若此揠苗者矣閩監毛三本同孔本韓本考文古本無此七字按考文引矣作也非

丑問知言之意何謂閩監毛三本同孔本韓本考文古本何謂作謂何

若賓孟言雄雞自斷其尾之事閩監毛三本孔本同韓本足利本無之字又足利本孟下有子字非

若驪姬勸晉獻公與申生之事閩監毛三本同廖本孔本考文古本驪作麗之事作政韓本驪作麗足利本事作政按音義出麗姬字則宣公所見本亦作麗

勸仲壬賜環之事閩監本同孔本韓本考文古本壬作任毛本勸誤觀

能知其所趨也閩監毛三本同廖本孔本韓本考文古本趨下有者字

辭言教命閩監毛三本同孔本作言辭命教韓本作言辭教命考文古本作辭言命教

夫子既聖矣乎各本無乎字此本有乎字非也足利本同

曰伯夷伊尹何如盧文弨抱經堂文集云依趙注經文但云伯夷何如無伊尹二字○按此說極確趙注本憭然丑問伯夷一人孟子乃及伊尹

故謂之非其民也閩監毛三本孔本同韓本考文古本無之字

要欲為天理物廖本孔本韓本考文古本同閩監毛三本要誤更

冀得行道而已矣各本同考文古本矣作也

亦不至阿其所好各本同考文古本阿誤於

如使當堯舜之世觀於制度閩監毛三本足利本同廖本孔本韓本考文古本世作處無觀於制度四字○按無者是

未有能備若孔子也閩監毛三本孔本同韓本考文古本無有字

泰山之於丘垤咸淳衢州本泰作太

未有盛於孔子也各本同閩本也上衍者字

所以以異於伯夷伊尹也閩本同監毛本少一以字廖本上有則字孔本韓本考文古本足利本所以作則所以

但不以無為有耳閩監毛三本孔本同韓本考文古本無耳字

章指言義以行勇則不動心養氣順道無效宋人聖人量時賢者道偏足利本作徧是以孟子究言情理而歸之學孔子也

賢者道偏閩監本同毛本偏作徧非

然則氣為所適善惡之馬閩監毛三本馬作路

苗是種之義者閩監毛三本義作美

詖辭知其所陷陷上脫蔽淫辭知其所六字閩監毛三本不脫

孟子非其所好之君非上脫言字閩監毛三本不脫

是伊尹之如是也閩監毛三本之下有行字案閩本行如是三字擠則行字是閩本增也

孟子言可以進而進而為仕衍進而字閩監本同毛本刪去是也

案帝王世說云閩監毛三本同案說當是紀之誤

豎牛欲亂後閩本同監毛本後作其室按監本其室字擠是監本據左傳改也

而不見既自見矣明監毛本同案而當曰謁豎牛語也

孟子注疏解經卷第三下

公孫丑章句上　趙氏注　孫奭疏

孟子曰。以力假仁者霸。霸必有大國。以德行仁者王。王不待大。湯以七十里。文王以百里。言霸者以大國之力假仁義之道然後能霸若齊桓晉文等是也以已之德行仁政於民小國則可以致王若湯文王是也以力服人者。非心服也。力不贍也。以德服人者。中心悅而誠服也。如七十子之服孔子也。贍足也以已力不足而往服就於人非心服者也以已德不如彼而往服從之誠心服者也如顏淵子貢等之服於仲尼心服者也詩云。自西自東。自南自北。無思不服。此之謂也。詩大雅文王有聲之篇言從四方來者無思不服武王之德此亦心服之謂也〔疏〕孟子曰至此之謂也○正義曰此章言王者任德霸者兼力力服心服優劣不同也孟子曰以力假仁者霸至文王百里者孟子言以大國之力而假以仁義之道行之者乃能為霸以把握諸侯之權也故必有其大國以德澤而行仁政者乃能為之王使天下皆歸往者也故不待有大國而為之也湯但以七十里起而為商之湯王文王但以百里而天下歸是其以德澤行仁政於天下故不待有大國而為之王此湯文二者是也以力服人者至服孔子也者孟子言但以力而服人人雖面從而服之然亦非是心服之也以德服人人則中心悅樂而誠心服也如七十子之服仲尼者也是其以誠心服之也非面從而服之者也詩云自西自東自南自北無思不服此之謂也者此蓋詩大雅文王有聲之篇文也蓋孟子引此而證其誠服之意故援之曰自南而自北自西而自東而四方皆歸之無有所思而不服是亦此之謂與○注大雅文王有聲之詩○正義曰此篇蓋言文王繼伐武王能廣文王之聲卒其伐功也箋云自由也言武王於鎬京行辟雍之禮自四方來觀者皆感化其德而心無不服者

孟子曰。仁則榮。不仁則辱。今惡辱而居不仁。是猶惡濕而居下也。行仁政則國昌而民安得其榮樂行不仁則國破民殘蒙其恥辱惡辱而不行仁譬猶惡濕而居卑下近水泉之地也如惡之。莫如貴德而尊士。賢者在位。能者在職。諸侯如惡辱之來則當貴德以治身尊士以敬人使賢者居位官得其人能者居職人任其事也國家閒暇。及是時。明其政刑。雖大國必畏之矣。及無鄰國之虞以是閒暇之時明修其政教審其刑罰雖天下大國必來畏服詩云。迨天之未陰雨。徹彼桑土。綢繆牖戶。今此下民。或敢侮予。孔子曰。為此詩者。其知道乎。能治其國家。誰敢侮之。詩邠國鴟鴞之篇迨及徹取也桑土桑根也言此鴟鴞小鳥猶尚知反天未陰雨而取桑根之皮以纏綿牖戶人君能治國家誰敢侮之刺邠君曾不如此鳥孔子善之故謂此詩知道也今

國家閒暇。及是時。般樂怠敖。是自求禍也。禍福無不自己求之者。般大也孟子傷今時之君國家適有閒暇且以大作樂怠惰敖遊不脩政刑是以見侵而不能距皆自求禍者也詩云。永言配命。自求多福。詩大雅文王之篇永長言我也長我周家之命配當善道皆內自求責故有多福也太甲曰。天作孽。猶可違。自作孽。不可活。此之謂也。殷王太甲言天之妖孽尚可違避譬若高宗雊雉宋景守心之變皆可以德消去也自己作孽者若帝乙慢神震死是爲不可活故若此之謂也

〔疏〕孟子曰至此之謂也○正義曰此章言國必修政君必行仁禍福由己不尊在天當防患於未亂也孟子曰仁則榮不仁則辱今惡辱而居不仁是猶惡濕而居下也者孟子言國君行仁則國昌民安享其榮樂行不仁則國破民殘故已蒙其恥辱今之國君既能疾惡其有恥辱於已而以居處於不仁之道是若疾惡其濕活而以居其卑下近水泉之地也如惡之莫如貴德而尊士賢者在位能者在職者言今之國君如能疾惡其恥辱莫若尚其有德之賢而尊敬其有道之士也既能貴德尊士則賢者居其官位能者任其官職也所貴德者爲其有德也所以尊士者爲其事道也能爲人所不能爲賢長於德行者也能爲人之所能爲能長於道藝者也得賢能在位在職則國無不治也所以謂仁則榮之意也今國家閒暇及是時明其政刑雖大國必畏之矣者言今國家閒暇無事以及此時若能修明政教刑罰雖强大之國亦必畏服矣詩云迨天之未陰雨徹彼桑土至誰敢侮之者自迨天至或敢侮予蓋詩邠國鴟鴞之篇文也言此鴟鴞小鳥尚知天未陰雨之前取彼桑根之皮土以纏綿牖戶喻人君能於閒暇之時治其國家以明其刑政則今此下民誰敢侮慢我也詩人蓋以天之未陰雨國家閒暇之譬也徹彼桑土綢繆牖戶明其政刑之譬也今此下民或敢侮予大國必畏之譬也鴟鴞所以徹彼桑土於天未陰雨之前以纏綿牖戶則風雨莫得以漂搖人君所以明政刑於閒暇之時以維持國家則鄰國莫得以侵侮此孔子所以曰作爲此詩者是能知其治道者也以其能治其國家則誰敢侮之矣是宜孔子善之以謂爲此詩者其知道乎今國家閒暇及是時般樂怠敖是自求禍也禍福無不自己求者孟子傷今之人君於國家閒暇以及於此時乃大作樂怠惰敖遊而不修明刑政是自求其禍也以其禍福無有不自於己求之矣如所謂夫人必自畏然後人畏之夫人必自侮然後人侮之是其禍福無不自己求之意也詩云永言配命自求多福者蓋詩大雅文王之篇文也永長也言我也蓋謂我長配天命而行以自求多福也太甲曰天作孽猶可違自作孽不可活此之謂也者太甲殷王之名也言太甲嘗謂上天作其災孽尚可違避如已自作其災孽不可得而生活也如高宗宋景二者修德以消去者是天作孽猶可違也帝乙慢神震死是自作孽不可活也凡此孟子所以引之者是亦證其禍福無不自己求之之意也○注詩邠國之篇○正義曰鴟鴞之詩蓋言周公救亂也成王未知周公之志公乃爲詩以遺王名之曰鴟鴞焉毛云鴟鴞鸋鴂也追及也徹剝也桑土桑根也綢繆猶纏綿也箋云鴟鴞自說作巢至苦矣如是以喻諸臣之先臣亦及文武未定天下積日累功以固定此官位與土地今女我巢下之民寧有敢侮慢欲毀之者乎意欲恚怒之以喻諸臣之先臣固定此官位土地亦不欲見其絕奪矣○注詩大雅文王之篇○正義曰此詩蓋言文王受命作周之詩也箋云長猶常也王既述修祖德常言當配天命而行則福祿自求也○注殷王太甲至不可活也○正義曰案本紀云太甲成湯適長孫也太丁之子也太甲既立三年不明暴虐不遵湯法亂德於是伊尹放之於桐宮桐宮三年悔過自責反善伊尹迺迎太甲而授之政太甲修德諸侯咸歸百姓以寧伊尹嘉之作太甲訓以褒太甲號稱太宗云高宗雊雉者案史記云武丁也武丁祭成湯明日有飛雉登鼎耳而雊武丁懼祖乙曰王勿憂先修政事武丁乃修政行德天下咸驩武丁崩祖乙嘉武丁之以祥雉爲德立其廟爲高宗遂作高宗肜日及訓是也云宋景守心之變者案史記云頭曼立二十七年熒惑守心心宋之分野也景公憂之司星子韋曰可移於相景公曰相吾之股肱曰可移於民景公曰君者待民曰可移於歲景公曰歲飢民困吾誰爲君子韋曰天高聽卑君有君人之言三熒惑宜有動於是候之果徙三度六十四年景公卒是也云帝乙慢神震死者案史記云庚丁之子也武乙立爲帝無道爲偶人謂之天神與之搏令人爲行天神不勝乃僇辱之爲革囊盛血仰而射之命曰射天武乙獵於河渭之間暴雷武乙震死是也

孟子曰。尊賢使能。俊傑在位。則天下之士皆悅。而願立於其朝矣。俊美才出衆者也萬人者稱傑市，廛而不征。法而不廛。則天下之商皆悅。而願藏於其市矣。廛市宅也古者無征衰世征之王制曰市廛而不稅周禮載師曰國宅無征法而不廛者當以什一之法征其地耳不當征其廛宅也關，譏而不征。則天下之旅皆悅。而願出於其路矣。言古之設關但譏禁異言譏異服耳不征稅出入者也故王制曰古者關譏而不征周禮太宰曰九賦七曰關市之征司關曰國凶札則無關門之征猶譏王制謂文王以前也文治岐關譏而不征周禮有征者謂周公以來孟子欲令復古之征使天下行旅悅之也耕者助而不稅。則天下之農皆悅。而願耕於其野矣。助者井田什一助佐公家治公田不橫稅賦若履畝之類廛無夫里之布。則天下之民皆悅。而願爲之氓矣。里居也布錢也夫一夫也周禮載師曰宅不毛者有里布田不耕者有屋粟凡民無職事者出夫家之征孟子欲使寬獨夫去里布則人皆樂爲之氓矣氓者謂其民也信能行此五者。則鄰國之民。仰之若父母矣。率其子弟。攻其父母。自生民以來。未有能濟者也。今諸侯誠能行此五事四鄰之民仰望而愛之如父母矣鄰國之君欲將其民來伐之譬若率勉人子弟使自攻其父母自生民以來何能以此濟成其欲也如此。則無敵於天下。無敵於天下者。天吏也。然而不王者。未之有也。言諸侯所行能如此者何敵之有是爲天吏天吏者天使之也爲政當爲天所使誅伐無道故謂之天吏也

〔疏〕孟子曰至未之有也○正義曰此章言修古之道鄰國之民以爲父母行今之政自己之民不得而子是故衆夫擾擾非所常有命曰天吏明天所使者也孟子曰尊賢使能俊傑在位則天下之士皆悅而願立於其朝矣者孟子言今之國君能尊敬賢者任使能者俊傑大才在官位則天下爲之士者皆悅樂願立其朝廷矣市廛而不征法而不廛則天下之商皆悅而願藏於其市矣者言市廛宅而不征取其稅以什一之法征其地而不征其廛宅則天下爲商賈者皆喜悅而願藏貯於其市矣關譏而不征則天下之旅皆悅而願出其路矣者言關門之所但譏察其異言異服之人而不稅出入者則天下行旅之衆皆悅樂而願出於其道路矣耕者助而不稅則天下之農皆悅而願耕於其野矣者言耕田者但以井田制之使助佐公田而治不以橫稅取之則天下爲之農者皆悅而願耕作其郊野矣廛無夫里之布則天下之民皆悅而願爲之氓矣者言一夫所受之宅而不出夫家之征一廛所居之地而不取其里布則天下之民皆悅樂而願爲之氓矣信能行此五者於天下則鄰國之民仰之若父母矣率其子弟攻其父母自有生民以來未有能濟者也者言今之國君誠信能行此上五者之事則四鄰之國民仰望之如父母而親之矣鄰國雖欲勉率其民如子弟攻其父母言自有生民以來而至於今未有能濟成其欲者也言其民皆仰望之而親敬之不肯爲其所惡而賊其所好也如此則無敵於天下無敵於天下者天吏也然而不王者未之有也者言國君行此五者之事而民仰望之如此則是無敵於天下也言天下之人無與敢爲敵者也既無敵於天下者是名爲天吏者也天所使者是謂天吏也然而爲天吏而不王者必無也故曰未之有也廛者一夫所受之宅也里者一廛所居之地也野者氓者案周官制地之法六鄉以教爲主其主民有郊於內故其地爲郊而民則謂之民以其近主而有知者也六遂以耕爲主而其民有遂於外故其地爲野而民故謂之氓以其遠主而無知者也此孟子云野云氓之意也蓋孟子或云貴德而尊士賢者在位能者在職或曰尊賢使能俊傑在位者以其貴士之有德尊士之有道者爲其賢也爲其能也即其賢而授之位所以尊其賢即其能而授之職所以使其能若夫俊傑則行而敏速立而絕衆賢之豪者非可使以職也故曰在位而已○注廛市宅至廛宅也○正義曰王制云市廛而不稅者案鄭注云廛市物邸舍稅其舍不稅其物也注云周禮載師云宅無征者載師者掌任士之法以物地事授地職而待其政令者也宅無征所以言宅無稅也○注言古之設關至旅之稅也○正義曰云王制曰古者關譏而不征禮記有王制之篇中有云此案鄭注云譏異服譏異言也云周禮太宰曰九賦七曰關市之賦一曰邦中之賦二曰四郊之賦三曰邦甸之賦四曰家削之賦五曰邦縣之賦六曰邦都之賦七曰關市之賦八曰山澤之賦九曰幣餘之賦鄭司農云幣餘百工之餘司關曰國凶札則無關門之征猶譏鄭司農云凶謂凶年饑荒也札謂疾疫死亡也越人謂死爲札春秋傳曰札瘥夭昏無門關之征者出入關門無租稅猶苛察不得令姦人出入也注周禮載師曰宅不毛者有里布田不耕者出屋粟凡民無職事者出夫家之征鄭司農云宅不毛者謂不樹桑麻也里布者參印書廣二寸長二尺以爲幣貿易物詩云抱布貿絲抱布也或曰布泉也春秋傳曰買之百兩一布又廛人職掌斂市之次布儳布質布罰布廛布一不知言布參印書者何見舊時說也鄭玄謂宅不毛者罰以一里二十五家之泉空田者罰以三家之稅粟以共吉凶二服及喪器也民雖有閒無職事者猶出夫稅家稅也夫稅者百畝之稅家稅者出士徒車輦給徭役

孟子曰。人皆有不忍人之心。言人人皆有不忍加惡於人之心也先王有不忍人之心。斯有不忍人之政矣。以不忍人之心。行不忍人之

政。治天下可運之掌上。先聖王推不忍害人之心以行不忍傷民之政以是治天下易於轉丸於掌上也所以謂人皆有不忍人之心者。今人乍見孺子將入於井。皆有怵惕惻隱之心。非所以內交於孺子之父母也。非所以要譽於鄉黨朋友也。非惡其聲而然也。乍暫也孺子未有知之小子所以言人皆有是心凡人暫見小孺子將入井賢愚皆有驚駭之情情發於中非爲人也非惡有不仁之聲名故爲之怵惕者而然也由是觀之。無惻隱之心。非人也。無羞惡之心。非人也。無辭讓之心。非人也。無是非之心。非人也。言無此四者當若禽獸非人心耳爲人則有之矣凡人但不能演用爲行耳惻隱之心。仁之端也。羞惡之心。義之端也。辭讓之心。禮之端也。是非之心。智之端也。端者首也人皆有仁義禮智之首可引用之人之有是四端也。猶其有四體也。有是四端。而自謂不能者。自賊者也。自謂不能爲善自賊害其性使不爲善也謂其君不能者。賊其君者也。謂君不能爲善而不匡正者賊其君使陷惡也凡有四端於我者。知皆擴而充之矣。若火之始然。泉之始達。苟能充之。足以保四海。苟不充之。不足以事父母。擴廓此凡有四端在於我者知皆廓而充大之若火泉之始微小廣大之則無所不至以喻人之四端也人誠能充大之可保安四海之民誠不充大之內不足以事父母言無仁義禮智何以事父母也

〔疏〕孟子曰至不足以事父母○正義曰此章言人之行當內求諸己也孟子曰人皆有不忍人之心者孟子言人之爲人皆有不忍加惡於人之心也先王有不忍人之心斯有不忍人之政至掌上者又言古先聖王有不忍加惡於人之心斯有不忍傷民之政既以不忍加惡於人之心以行其不忍傷民之政其治天下之易但若轉運走丸於掌上之易者也所以謂人皆有不忍人之心者今人乍見孺子將入井至然也者孟子又言所以謂人之爲人皆有不忍加惡於人之心者且以今人乍見孺子言之孺子無知之小子也今人乍見無知之小子相將匍匐欲墜於井但見之者皆有怵惕恐懼惻隱痛忍之心所以然者非是內嘗結交於孺子之父母然後如此也又非是所以欲要求美譽於鄉黨朋友也又非所以惡有不仁之聲而然也由是觀之無惻隱之心非人也至無是非之心非人也者孟子言由此見孺子將入於井人皆有怵惕惻隱之心觀察之是無惻隱羞惡辭讓是非四者之心皆非是人也乃若禽獸之類也禽獸所以無惻隱不忍之心又無羞惡慙恥之心又無辭讓揖遜之心又無是非好惡之心者也言苟無此四者所以皆謂之非人也乃禽獸之類也惻隱之心至智之端也者孟子言人有惻隱之心是仁之端本起於此也有羞惡之心者是義之端本起於此也有辭讓是非之心者是禮智之端本起於此者也以其仁者不過有不忍惻隱也此孟子所以言惻隱羞惡辭讓是非四者是爲仁義禮智四者之端本也人之有是四端也猶其有四體也至賊其君者也者孟子又言人有是惻隱羞惡辭讓是非爲仁義禮智之四端若其人之有四肢也既有此四端而自謂己之不能爲善者是自賊害其善而不爲善也以之事君如謂其君不能爲善不匡正之者是亦賊害其君使陷於惡也無他以其人之爲人皆有此四端也但不推用而行之耳如能推此四端行之是爲仁義禮智者矣所謂仁義禮智者即善也然則人人皆有善矣故孟子所以言之以此凡有四端於我者知皆擴而充之至不足以事父母者孟子又言凡人所以有四端在於我己者能皆廓而充大之是若火之初燃泉之始達而終極乎燎原之熾襄陵之蕩也苟能充大之雖四海之大亦足保安之也苟不能充大之雖己之父母亦不足以奉事之故曰苟能充之足以保四海苟不充之不足以事父母是亦推恩足以保四海不推恩無以保妻子之意也

孟子曰。矢人豈不仁於函人哉。矢人惟恐不傷人。函人惟恐傷人。巫匠亦然。故術不可不慎也。矢箭也函甲也周禮曰函人爲甲作箭之人其性非獨不仁於作甲之人也術使之然巫欲祝活人匠梓匠作棺欲其蚤售利在於人死也故治術當慎修其善者也孔子曰。里仁爲美。擇不處仁。焉得智。里居也仁最其美者也夫簡擇不處仁爲不智夫仁。天之尊爵也。人之安宅也。莫之禦而不仁。是不智也。爲仁則可以長天下故曰天所以假人尊爵也居之則安無止之者而人不能知入是仁道者又安得爲之智乎不仁不智。無禮無義。人役也。若此爲人所役者也人役而恥爲役。由弓人而恥爲弓。矢人而恥爲矢也。治其事而恥其業者惑也如恥之。莫如爲仁。如其恥爲人役而爲仁仁則不爲役也仁者如射。射者正己而後發。發而不中。不怨勝己者。反求諸己而已矣。以射喻人爲仁不得其報當反責己之仁恩有所未至也不怨勝己者

〔疏〕孟子曰至反求諸己而已矣○正義曰此章言各治其術術有善惡禍福之來隨行而作恥爲人役不若居仁治術之忌勿爲矢人也孟子曰矢人豈不仁於函人哉至故術不可不慎也者孟子言作矢之人其性豈不仁過於函人哉其所以不仁於函人者以其術使之然也作矢之人其心於所作箭之時惟恐不利不能傷害人也作函之人其心於作函之時惟恐不堅厚而有傷害於人也不特此二者如此雖作巫祝梓匠之人亦如是也以其巫人祝在於活人梓匠作棺欲其速售利在於人死也此孟子所以故云其治術人亦不可不慎擇也矢箭也函鎧也甲是也孔子曰里仁爲美擇不處仁焉得智者孟子言孔子有曰所居以仁最爲美也然而人所揀擇不處於仁里又安得謂之智也以其智足以有知故也不知擇處於仁豈謂之智哉夫仁天之尊爵也人之安宅也莫之禦而不仁是不智也者言夫仁之爲道是天之尊爵也人之安宅也謂之尊爵者蓋受之於人而彼得以賤之者非尊爵也仁則得之於天而萬物莫能使之賤是尊爵也安宅者蓋營於外而彼得以危之者非安宅也仁則立之自內而萬物莫能使之危是安宅也今夫天下之事有形格勢禁而不得有爲者爲其有以禦之也仁之爲道乃天之尊爵而得之自天者人之安宅而立之自我者但欲仁則仁矣誰其禦之而不爲哉今仁之爲道人莫禦之使不爲而自不爲仁者是亦不智者也不仁不智無禮無義人役也至莫如爲仁者言人之不仁不智者是無禮無義爲人所役者也既爲人所役而恥辱爲人所役是若作弓矢之人不知擇術而恥爲弓矢也如恥爲人所役莫若擇術而爲仁也以其爲仁則禮義隨而有之矣雖欲役之不可得已然則仁則榮不仁則辱亦此之謂也仁者如射至反求諸己而已矣者孟子比之於仁者如射也以其射者必待先正其身己然後而發矢射之也既發矢而射之不中其的則又不怨恨其射勝於己者但反責求諸己而已矣蓋君子以仁存心其愛人則人當愛之猶之正己而後發也有人於此待我以橫逆猶之發而不中也自反而不以責諸人猶之不怨勝己者反求諸己而已矣此孟子所以比仁者如射發而不中不怨勝己者反求諸己而已矣

孟子曰。子路人告之以有過則喜。禹聞善言則拜。子路樂聞其過過而能改也尚書曰禹拜善言大舜有大焉。善與人同。舍己從人。樂取於人以爲善。大舜虞舜也孔子稱曰巍巍故言大舜有大焉能舍己從人故爲大也於子路與禹同者也自耕稼陶漁。以至爲帝。無非取於人者。取諸人以爲善。是與人爲善者也。故君子莫大乎與人爲善。舜從耕於歷山及其陶漁皆取人之善謀而從之故曰莫大乎與人爲善

〔疏〕孟子曰至與人爲善○正義曰此章言大聖之君猶采善於人也孟子曰子路人告之以有過則喜禹聞善言則拜者孟子言子路之爲人人有告之以過事則喜樂從人之言而改其過大禹之爲人聞有善言則拜而受之也大舜有大焉善與人同舍己從人樂取於人以爲善者孟子又言大舜之爲帝有大巍巍之功焉無它以其善能與人同之也己之善亦猶人之善人之善亦猶己之善是與人同善也所以能如此者亦以能舍己之所見而從人之見又樂取諸人以爲善也自耕稼至與人爲善者此孟子自引舜之事迹而自解舜取人以爲善之言也言舜自耕稼於歷山陶於河濱漁於雷澤之時以至爲帝無非取人之善謀而從之也取諸人以爲善是亦與人爲其善者也所謂舜耕歷山歷山之人皆讓畔漁雷澤雷澤之人皆讓居陶河濱河濱器皆不苦窳是亦與人爲善之事也故君子莫大乎與人爲善者此孟子所以復言凡爲善之君子莫大乎與人爲善也○注大舜虞帝王同者也○正義曰虞舜之國號也云孔子稱曰巍巍者案論語有云巍巍乎其有成功孔注云功成化隆高大巍巍也○注舜從歷山及其陶漁者○正義曰此皆案史記帝紀有云然也

孟子曰。伯夷非其君不事。非其友不友。不立於惡人之朝。不與惡人言。立於惡人之朝。與惡人言。如以朝衣朝冠坐於塗炭。推惡惡之心。思與鄉人立。其冠不正。望望然去之。若將浼焉。伯夷孤竹君之長子讓國而隱居者也塗泥炭墨也浼汙也思念也與鄉人立

見其冠不正望望然慙愧之貌也去之恐其汚已也是故諸侯雖有善其辭命而至者不受也不受也者是亦不屑就已屑潔也詩云不我屑已伯夷不潔諸侯之行故不忍就見也殷之末世諸侯多不義故不就之後乃歸於西伯也柳下惠不羞汙君不卑小官進不隱賢必以其道遺佚而不怨阨窮而不憫故曰爾爲爾我爲我雖袒裼裸裎於我側爾焉能浼我哉柳下惠魯公族大夫也姓展名禽字季柳下是其號也進不隱已之賢才必欲行其道也憫懣云善已而已惡人何能汚於我邪故由由然與之偕而不自失焉援而止之而止援而止之而止者是亦不屑去已由由浩浩之貌不憚與惡人同朝並立偕俱也與之偕行於朝何傷但不失已之正心而已耳援而止之謂三黜不慙去也是柳下惠不以去爲潔也孟子曰伯夷隘柳下惠不恭隘與不恭君子不由也伯夷隘懼人之汚來及已故無所含容言其大隘狹也柳下惠輕忽時人禽獸畜之無欲彈正之心言其大不恭敬也聖人之道不取於此故曰君子不由也先言二人之行孟子乃評之耳【疏】孟子曰伯夷至君子不由也○正義曰此章言伯夷古之大賢猶有所闕也孟子曰伯夷非其君不事至是亦不屑就已者孟子言伯夷非已所好之君則不奉事之非與已同志之友則不與爲交友不立於惡人之朝是不事非其君也不與惡人言是不友非其友也謂立於惡人之朝與惡人言語如以服其朝衣朝冠而坐於塗泥炭壘之中矣以其有汚於已也推已惡惡之心乃至於與鄉人立其冠有不正且望望然慙恥而遠去之若相將有汚於已也如此故諸侯雖有善辭命而至者亦不受也以其不受之者是亦不潔而不忍就見也故以不就爲潔也屑潔也柳下惠不羞汚君不卑小官至是亦不屑去已者孟子又言柳下惠不羞恥事其汚君汚君濫惡之君也雖居小官之位而不卑辱進而仕則不隱已之賢才必以欲行其道雖遺佚於野而不怨恨雖阨之使窮困而不哀憫故曰爾爲之爾我爲之我雖袒裼裸裎襲其身體於我身側爾又安能浼瀆於我哉以其不殊於俗一於和而已如此故由由然浩浩與人偕儷而行但不失已之正心焉牽援而止之而則止之以其援而止之而止是亦不潔而去已故以不去爲潔也孟子曰伯夷隘柳下惠不恭隘與不恭君子不由也者此孟子所以復言伯夷之行失之太清而不能含容故爲狹隘柳下惠失之太和而輕忽時人故爲不恭敬然狹隘與不恭敬是非先王所行之道故君子不由用而行之也○注伯夷孤竹君之長子讓國而隱居者也○正義曰案春秋少陽篇云伯夷姓墨名允字公信謚爲夷太史公云伯夷叔齊孤竹君之二子父欲立叔齊及父卒叔齊讓伯夷伯夷曰父命也遂逃去叔齊不肯立亦逃之國人立其中子於是伯夷叔齊聞西伯昌善養老盍往歸焉及西伯卒武王東伐紂伯夷叔齊叩馬而諫曰父死不葬爰及干戈可謂孝乎以臣弒君可謂仁乎左右欲兵之太公曰此義人也扶而去之武王平殷天下宗周伯夷叔齊恥之義不食周粟隱於首陽山采薇而食之及餓死者是矣孤竹北方之遠國也號爲孤竹案地理志云遼西有孤竹城應劭曰故伯夷國是也

○柳下惠魯公族大夫姓展名禽字季柳下是其號者○正義曰案史記傳云柳下惠姓展名禽魯人也爲魯典獄之官任以直道故孔子云柳下惠爲士師三黜人曰子未可去乎曰直道而事人焉往而不三黜枉道而事人何必去父母之邦孔注云士師典獄之官鄭玄亦云然

孟子注疏卷三下挍勘記　阮元撰盧宣旬摘錄

足也　監本足誤是

而往服就於人　閩監毛三本同孔本韓本足利本就作從

非心服者也　閩監毛三本同廖本孔本韓本考文古本無者字

章指言王者任德霸者兼力力服心服優劣不同故曰遠人不服修文德以懷韓本足利本作來之

譬猶惡濕而居界下　音義本廖本考文古本界作堺閩監毛三本猶作由孔本韓本猶作若界作堺

邠國鴟鴞之篇　孔本韓本考文古本同閩監毛三本國改風非

猶尚知及天未陰雨　閩監毛三本同廖本孔本韓本考文古本無猶字

人君能治國家　閩監毛三本同孔本韓本考文古本治下有其字

是爲不可活故若此之謂也　閩監毛三本同廖本孔本韓本考文古本無故若此之謂五字○按無者是

章指言國必修政君必行仁禍福由己不專在天言當防患於未亂也

言國宓修政　宓必之誤閩監毛三本不誤今改正

詩邠國之篇　閩本同監毛本改爲詩邠風鴟鴞之篇非

放之於桐宮桐宮　閩本同監毛本刪桐宮二字

君有君人之言云　閩監毛三本云改三是也今改正

萬人者稱傑　閩監毛三本孔本足利本同韓本考文古本上有勝字

皆悅而願藏於其市矣　音義出願藏云或作臧音藏

周禮載師　閩監毛三本足利本載誤戴孔本韓本考文古本不誤下同

七曰關市之征　閩監毛三本同廖本孔本韓本考文古本征作賦是也

復古之征　閩監毛三本同廖本孔本韓本考文古本之作去

不橫稅賦　各本同考文古本賦作則非也

皆悅而願爲之氓矣　音義出氓字云或作萌或作甿○按作萌最古漢人多用萌字經典內萌多改氓改甿如說文引周禮以興耡利萌是也

皆樂爲之氓矣　閩監毛三本同孔本韓本考文古本氓作民

氓者謂其民也　閩監毛三本同廖本孔本韓本考文古本無者謂其三字○按尋謂字則經文當本作萌

自生民以來　閩監毛三本韓本同孔本考文古本自下有有字按石經此文漫漶細審之此句是六字當亦有有字也

自生民以來　閩監毛三本同孔本韓本考文古本無自字

何能以此濟成其欲也　閩監毛三本同廖本孔本韓本考文古本其下有所字欲下有者字

天使之也　閩監毛三本同廖本孔本韓本考文古本無之字是也

章指言修古之道鄰國之民以爲父母行今之政自已之民不得而子是故衆夫攘攘非所常有命曰天吏明天所使也

中有云此　閩本同監本剜改云此作此文毛本與監本同

七曰關市之賦一曰邦中之賦　閩本同監本於關市之賦下剜增者太宰以九賦斂財賄九字毛本同監本

非所以內交於孺子之父母也　音義出內交云本亦作納

未有知之小子　閩監毛三本同廖本孔本韓本考文古本無之字下有也字

暫見小孺子　閩監毛三本同廖本孔本韓本考文古本小下重小字

情發於中　閩監毛三本同廖本孔本無情字韓本足利本情作以

非爲人也　閩監毛三本同岳本廖本孔本韓本考文古本人上有其字

故爲之怵惕者而然也　閩監毛三本同廖本孔本韓本考文古本無爲之者而然五字足利本同古本也上多一矣字按無五字者是

無辭讓之心　石經下文讓諱作遜此處模糊亦似遜字

演用　此云演用下文注云引用引卽演聲之誤也說文曰演者長流也

可引用之　閩監毛三本孔本同韓本考文古本之作也

謂君不能爲善　各本同考文古本君作其非

知皆擴而充之矣　音義出擴云亦作彍

擴廓此閩監毛三本同廖本孔本韓本考文古本此作也是也盎形近之譌

凡有四端閩監毛三本韓本同岳本廖本孔本無四字

若火泉之始微小閩監毛三本同廖本孔本韓本考文古本足利本火泉作水火

章指言人之行當内求諸已以演大四端充廣其道上以匡君下以榮身也

所以非謂之非人也上非字閩監毛三本作皆是今改正

矢人惟恐不傷人恐閩本誤豈

函甲也閩監毛三本同廖本孔本韓本甲作鎧下作甲同音義出鎧字

作甲之人也考文古本甲作鎧

故治術廖本孔本韓本考文古本同閩監毛三本治作凡非

又安得爲之智乎閩監毛三本同廖本孔本韓本考文古本作何得爲智乎

矢人而恥爲矢也各本同孔本上有由字按音義由反手下云下文由弓人由矢人義同是音義本此文上有由字

當反責已之仁恩有所未至也不怨勝已者閩監毛三本同廖本孔本韓本考文古本作當反責已仁恩之未至

章指言各治其術術有善惡禍福之來隨行而作恥爲人役不若居仁治術之忌足利本忌作忘非勿爲矢人也足利本作勿力矢也非

禹拜善言閩監毛三本同音義本廖本孔本韓本考文古本善作讜是也○按段玉裁曰今文尚書禹拜讜言古文尚書禹拜昌言

虞舜也閩監毛三本孔本韓本同廖本考文古本作虞也按當本作虞舜也淺人或刪舜或改爲帝

章指言大聖之君由采善於人故曰計及下者無遺策舉及衆者無廢功也

舜從歷山及其陶漁者閩本從下有耕字無者字監毛本同閩本

望望然閩監毛三本同廖本孔本韓本足利本作望望去之考文古本作望望伐之後作望望代之古本並非

後乃歸於西伯也閩監毛三本同廖本孔本韓本考文古本無於字

遺佚而不怨音義出遺佚云或作逸或作失皆音逸

阨窮而不憫音義出阨窮云本亦作厄

雖袒裼裸裎於我側音義裎亦作程○按儀禮注作桯

憫懣云善已而已閩監毛三本云作也廖本孔本韓本懣下有也字考文古本善已而已善上有云字則與此本合足利本作其非音義出懣也云本亦作滿

惡人何能污於我邪閩監毛三本同廖本孔本韓本考文古本無於字邪作也

援而止之音義云或作正之

由由浩浩之貌閩監毛三本同孔本韓本考文古本浩浩作浩然

謂三黜閩監毛三本同廖本孔本韓本黜作絀是音義出絀字

不憖去也閩監毛三本同孔本韓本考文古本無也字

伯夷隘音義或作阸或作阨

無欲彈正之心廖本孔本韓本考文古本同閩監毛三本彈誤憚按音義出彈正字

孟子乃評之耳閩監毛三本同廖本孔本韓本無耳字考文古本評作平無耳字

章指言伯夷柳下惠古之大賢猶有所闕介者必偏中和爲貴純聖能然君子所由堯舜是尊

孟子曰伯夷隘君子不由也閩本同監毛本伯夷下增非其君三字

柳下惠魯公族大夫也此上脫姓字閩監本同毛本增是

孟子注疏解經卷第四上

公孫丑章句下凡十四章　趙氏注　孫奭疏

〔疏〕正義曰此卷趙氏分上篇爲此卷也此卷凡十四章一章言民和爲貴二章言人君以尊德樂義爲賢君子以守道不回爲志三章言取與之道必得其禮於其可雖少不辭義之無處兼金不顧四章言人臣以道事君否則奉身以退五章言執職者劣藉道者優六章言道不合者不相與言七章言孝必盡心匪禮之踰八章言誅不義者必須聖賢九章言聖人親親不文其過小人順非以諂其上十章言君子立身行道道之不行命也不爲利回十一章言惟賢能安賢智能知微十二章言大德洋洋介士察察賢者志其大者不賢者志其小者十三章言聖賢興作與天消息天非人不因人非天不成十四章言禄以食功志以率事無事而食其禄君子不由也此十四章合上篇卷是公孫丑有二十三章矣

孟子曰。天時不如地利。地利不如人和。三里之城。七里之郭。環而攻之而不勝。夫環而攻之。必有得天時者矣。然而不勝者。是天時不如地利也。天時謂時日支干五行王相孤虛之屬也地利險阻城池之固也人和得民心之所和樂也環城圍之必有得天時之善處者然而城有不下是不如地利城非不高也。池非不深也。兵革非不堅利也。米粟非不多也。委而去之。是地利不如人和也。有堅強如此而破之走者不得民心民不爲守衛懿公之民曰君其使鶴戰余焉能戰是也故曰。域民不以封疆之界。固國不以山谿之險。威天下不以兵革之利。域民居民也不以封疆之界禁之使懷德也不依險阻之固恃仁惠也不爲兵革之威仗其道德而已矣得道者多助。失道者寡助。寡助之至。親戚畔之。多助之至。天下順之。以天下之所順。攻親戚之所畔。故君子有不戰。戰必勝矣。得道之君何嚮不平君子之道貴不戰耳如其當戰戰則勝矣〔疏〕孟子曰天時至戰必勝矣○正義曰此章言民和爲貴也孟子曰天時不如地利地利不如人和至是地利不如人和也者孟子言其用兵之要也謂古之用兵者莫不布策挾龜迎日計月望雲占風觀星候氣以察吉凶以明利害必有得天時者矣然而内有三里之城外有七里之郭以爲之禦雖環轉而攻之則莫能勝焉是天時不如地利也鑿池深之使其不可踰築城高之使其不可攻又以甲兵之堅利米粟之多積是地利亦有得矣然而上下異政君民異心不能効死以守至皆委却而去之是地利又不如人和也孟子於前言天時不如地利地利不如人和乃設此文於後而解其言也故曰三里之城七里之郭環而攻之而不勝夫環而攻之必有得天時者矣然而不勝者是天時不如地利也至是地利不如人和而已矣故曰域民不以封疆之界至戰必勝矣者此又孟子復言而詳説之也故曰所居之民不在以封疆之爲界欲牢固其國又不

在以山谿之為險威震天下又不在以兵甲之為堅利以其得道之君則人多助之失道之君則人寡助之而已孟子所以言此者蓋謂但在得其道不在於封疆山谿兵甲之為矣故復言人有寡助之至極者則親戚離畔之親戚離畔者職必不勝而敗績有多助之至者則天下皆順從之以天下之所順從而攻伐其親戚所離畔者故君子在有不戰而已如戰則必勝○注天時謂時日支干五行旺相孤虛之屬○正義曰時日支干者子丑寅卯辰巳午未申酉戌亥是為支甲乙丙丁戊己庚辛壬癸是為干干支所以配時日而用之也云五行旺相孤虛之屬者五行金木水火土是也金旺在巳午未申酉木旺在亥子丑寅卯水旺在申酉戌亥子火旺在寅卯辰巳午土旺在申酉戌亥孤虛者蓋孤虛之法以一晝為孤無晝為虛二晝為實以六十甲子日定東西南北四方然後占其孤虛實而向背之即知吉凶矣又如周武王犯歲星以伐商魏太祖以甲子日破慕容凡用師之道有太史以抱天時太師之執同律之類是也○注衞懿公之民曰君其使鶴戰○正義曰案左傳魯閔公二年云狄人伐衞衞懿公好鶴鶴有乘軒者將戰國人受甲者皆曰使鶴鶴實有祿位余焉能戰是其文也○注得乎丘民而為天子○正義曰此蓋經之文

孟子將朝王。王使人來曰：寡人如就見者也，有寒疾，不可以風。朝將視朝，不識可使寡人得見乎？ 孟子雖仕齊處師賓之位以道見敬或稱以病未嘗趨朝而拜也王欲見之先朝使人往謂孟子云寡人如就見者若言就孟子之館相見也有惡寒之疾不可見風儻可來朝欲力疾臨視朝因得見孟子也不知可使寡人得相見否 對曰：不幸而有疾，不能造朝。 孟子不悅王之欲使朝故稱其有疾而拒之也 明日，出弔於東郭氏。公孫丑曰：昔者辭以病，今日弔，或者不可乎？ 東郭氏齊大夫家也昔者昨日也丑以為不可 曰：昔者疾，今日愈，如之何不弔？ 孟子言我昨日病今日愈我何為不可以弔 王使人問疾，醫來。 王以孟子實病遣人將醫來且問疾也 孟仲子對曰：昔者有王命，有采薪之憂，不能造朝。今病小愈，趨造於朝，我不識能至否乎？ 孟仲子孟子之從昆弟從學於孟子者也權辭以對如此憂病也曲禮云有負薪之憂 使數人要於路，曰：請必無歸而造於朝。 仲子使數人要告孟子君命宜敬當必造朝也 不得已而之景丑氏宿焉。 孟子迫於仲子之言不得已而心不欲至朝因之其所知齊大夫景丑之家而宿焉具以語景丑氏耳 景子曰：內則父子，外則君臣，人之大倫也。父子主恩，君臣主敬。丑見王之敬子也，未見所以敬王也。 景丑責孟子不敬何義也 曰：惡！是何言也！齊人無以仁義與王言者，豈以仁義為不美也？其心曰：是何足與言仁義也云爾，則不敬莫大乎是。 曰惡者深嗟歎云景子之責我何言乎今人皆謂王無知不足與言仁義云爾絕語之辭也人之不敬無大於是者也 我非堯舜之道，不敢以陳於王前，故齊人莫如我敬王也。 孟子言我每見王常陳堯舜之道以勸勉王齊人無有如我敬王者也 景子曰：否，非此之謂也。禮曰：父召無諾，君命召不俟駕。固將朝也，聞王命而遂不果，宜與夫禮若不相似然。 景子曰非謂不陳堯舜之道謂為臣固自當朝也今有王命而不果行果能也禮父召無諾無諾而不至也君命召輦車就牧不坐待駕而夫子若是事宜與夫禮若不相似然乎愚竊惑焉 曰：豈謂是與？曾子曰：晉楚之富，不可及也。彼以其富，我以吾仁；彼以其爵，我以吾義，吾何慊乎哉？夫豈不義而曾子言之？是或一道也。 孟子荅景丑云我豈謂是君臣召呼之間乎謂王不禮賢下士故道曾子之言自以不慊晉楚之君慊少也曾子豈嘗言不義之事邪是或者自得道之一義欲以喻王猶晉楚我猶曾子我臣輕於王乎 天下有達尊三：爵一，齒一，德一。朝廷莫如爵，鄉黨莫如齒，輔世長民莫如德。惡得有其一以慢其二哉？ 三者天下之所通尊也孟子謂賢者長者有德有齒人君無德但有爵耳故云何得以一慢二乎 故將大有為之君，必有所不召之臣。欲有謀焉則就之。其尊德樂道，不如是不足以有為也。 言古之大聖大賢有所與謀為之君必就大賢臣而謀事不敢召也王者師臣霸者友臣也 故湯之於伊尹，學焉而後臣之，故不勞而王；桓公之於管仲，學焉而後臣之，故不勞而霸。 言師臣者王桓公能師臣而管仲不勉之於王故孟子於上章陳其義譏其烈之卑也 今天下地醜德齊，莫能相尚，無他，好臣其所教，而不好臣其所受教。 醜類也言今天下之人君土地相類德教齊等不能相絕者無它但好臣其所教勑役使之才可驕者耳不能好臣大賢可從而受教者也 湯之於伊尹，桓公之於管仲，則不敢召。管仲且猶不可召，而況不為管仲者乎？ 孟子自謂不為管仲故非齊王之召已也是以不往而朝見於齊王也

〔疏〕孟子將朝王至而況不為管仲者乎○正義曰此章言人君以尊德樂義為賢君子以守道不回為志者也孟子將朝王王使人來曰寡人如就見者也至得見乎者孟子自將欲朝見王王未及行而齊王欲見之乃先使人來曰寡人如往而就孟子所館處相見以其有惡寒之疾不可見風儻可以來朝見而我將視其來朝不知可使寡人因此而得見孟子否乎此皆齊王使人而言也對曰不幸而有疾不能造朝者王之使人既已見孟子而導王之言孟子乃荅王之使人亦曰我之不幸而有其疾不能趨造而朝見王以其孟子不喜王欲使來朝故云有疾以拒之也明日出弔於東郭氏公孫丑曰昔者辭以病今日弔或者不可乎者言孟子自辭王以為疾不能造朝之明日乃出弔問於齊大夫東郭氏之家其弟子公孫丑問孟子曰昨日辭王之使以為疾不能造朝而今日以出弔問於東郭氏或者以為不可出弔曰昔者疾今日愈如之何不弔者孟子荅公孫丑以為昨日有疾今日已差愈如之何為不可弔孟子於是往弔之王使人問疾醫來者王見使人回報以謂孟子有疾乃謂實有疾遂遣人問疾醫者來問其疾孟仲子對曰昔者有王命有采薪之憂不能造朝今疾小愈趨造於朝我不識能至否乎者孟仲子孟子從昆弟學於孟子者也孟仲子時見王使人問疾醫來至而孟子已往弔於東郭氏乃權其言而荅問疾醫者曰昨日有王命來使孟子朝孟子辭之以其有采薪之憂小疾不能趨造而朝王今日病以小愈已趨造於王朝我不知于今能至於王朝者乎以為未曾至乎使數人要於路曰請必無歸而造於朝者孟仲子恐孟子歸以為失言乃使數人而來告孟子造朝者請必無歸而趨造於王朝不得已而之景丑氏宿焉者孟子見孟仲子使數人要於路乃見迫於仲子之言遂不得已而往齊大夫景丑氏之家宿焉以其心不欲朝王故往景丑氏家宿而已景子曰內則父子外則君臣人之大倫也父子主恩君臣主敬丑見王之敬子也未見所以敬王也者景丑見孟子不造朝而乃止其家宿焉於是曰所閨門之內則有父子之親出而邦國之外則有君臣之義在人之大倫而不可汨也父子則存乎慈孝之恩君臣則存乎恭敬之義今丑每見王之敬重其子也而未嘗見子之所以能尊敬於王也曰惡是何言也至莫大乎是者孟子荅景丑言乃嘆惜言是何言而責我也齊人皆無以仁義之道與王言者豈以仁義之道為不嘉美也其齊人心已謂是王何足與言仁義也云爾言爾之不尊敬於王莫大乎此者也我非堯舜之道不敢以陳於王前故齊人莫如我敬王也者孟子言我非是堯舜二帝之道則不敢鋪陳於王之前故齊人未有如我如此之敬王也所謂堯舜之道即仁義之道也景子曰否非此之謂也禮曰父召無諾至若不相似然者景丑言否我不謂不陳堯舜之道也以其禮云父召而子無諾而不至君有命召不坐待駕今子固將欲自朝於王而聞王命以遂不果行是宜與夫禮若不相似然以其有逆此禮也曰豈謂是歟曾子曰晉楚之富至是或一道也者孟子又言於景丑曰我豈謂是君臣呼召之問乎以其曾子言晉楚二君之富人不可及也然彼既以其富我但存吾之仁彼既有其爵而我但存吾之義我何慊不足於彼乎哉夫晉楚之富豈為不義然於吾仁言是止於一道而言之也一於道而言之則曾子所以言以吾仁吾義而不慊於晉楚之富與其爵言蓋謂晉楚於富但以其不過有所施而已然我之仁固足以有施矣晉楚貴於爵者以其足以有制而已然我之義固足以有制矣然則富之與爵而仁義得以并而有焉耳此曾子所以一[illegible]而晉楚富貴不足為富貴也孟子所以執此而語景子者意欲以此齊王之有富貴亦晉楚之富貴不足為富貴也而我猶曾子但以仁義敵之何有不足於齊王哉此[illegible]王之意也天下有達尊三至惡得有其一而慢其二哉者達通也孟子又言天下有達尊者有三爵一齒一德一是也自朝廷之間莫如以爵為之尊自鄉黨之間莫如以齒為之尊自輔治其世長養其民莫如以德為之尊以其朝廷貴貴在爵故以爵為朝廷之所尊鄉黨長長在齒

故以齒爲鄉黨之所尊賢者有德故以之輔世而佐佑之則天下待之而後治以之長民則天下之民待之而後安故以德爲輔世長民之所尊今齊王但有其爵而安可止以一而慢去其齒德二者哉此孟子所以言齊王不能尊有德之士故於景子而云然也故將大有爲之君至而況不爲管仲者乎者孟子又言故將有大與爲之君必有所不可命召之臣凡欲有所謀計則就而謀以其不敢召也其尊德樂道不如此有謀則就而不召是不足有大與爲也故湯王之於伊尹乃就而師之然後方敢得而爲臣故湯王自七十里而爲天下但不待勞而爲之王者齊桓公之於管仲乃就而師之然後方敢得而爲臣故桓公亦不勞而爲諸侯之霸者今天下於齊國其地亦有類於湯桓其德又與湯桓齊等其未能有相加尚者無他事焉但湯桓好受臣其所教而齊王不好臣其所受教也夫以湯王之於伊尹齊桓之於管仲則不敢召而見之管仲霸者之佐且猶尚不可召見之而況我不爲管仲者乎此孟子所以見齊王之召已是以不往而見也○注云東郭氏齊大夫家也○正義曰東郭者齊國之東地號爲東郭也經云卒之東郭墦間之祭者則東郭是齊國之東地也氏者未詳其人注云齊大夫家也以理測之孟子之所以弔問者必齊之賢大夫也如非大夫之等孟子亦何由而弔之○注孟仲子孟子之從昆弟而學於孟子者也○正義曰未詳以理推之則與孟子同姓必孟子從昆弟而學於孟子者也○注景丑氏齊大夫亦未詳其人也

陳臻問曰。前日於齊。王餽兼金一百而不受。於宋。餽七十鎰而受。於薛。餽五十鎰而受。前日之不受是。則今日之受非也。今日之受是。則前日之不受非也。夫子必居一於此矣。陳臻孟子弟子兼金好金也其價兼倍於常者故謂之兼金一百百鎰也古者以一鎰爲一金一鎰是爲二十四兩也故云兼金一百百鎰也孟子曰。皆是也。當在宋也。予將有遠行。行者必以贐。辭曰。餽贐。予何爲不受。贐送行者贈賄之禮也時人謂之贐當在薛也。予有戒心。辭曰。聞戒。故爲兵餽之。予何爲不受。戒有戒備不虞之心也時有惡人欲害孟子孟子戒備薛君曰聞有戒此金可鬻以作兵備故餽之我何爲不受也若於齊。則未有處也。無處而餽之。是貨之也。焉有君子而可以貨取乎。我在齊時無事於義未有所處也義無所處而餽之是以貨財取我欲使我懷惠也安有君子而可以貨財見取之乎是其禮當其可也

〔疏〕陳臻問曰至可以貨取乎○正義曰此章言取與之道必得其禮於其可也雖少不辭義之無處兼金不顧也陳臻問曰前日於齊王餽兼金一百而不受至必居一於此矣者陳臻孟子弟子也問孟子前日於齊王所而王餽賜兼金百鎰而不受於宋國但餽以七十鎰而受之於薛國餽以五十鎰而受之如爲前日在齊不受百鎰是則今日之受宋七十鎰爲非也如今日之受宋七十鎰爲是則前日在齊不受一百鎰爲非也夫子於此三者之間必居一於此矣孟子曰皆是也至而可以貨取乎者孟子荅弟子陳臻以爲比三者之間受與不受之所皆是也無有非也言我在宋之時以其我將有遠行行者必以有贐故餽之者乃爲之辭曰餽贐我何爲不受是所以受之也而不爲非也贐送行者之賄也我當在薛之時我有戒不虞之心以其時人欲害孟子也餽之者乃爲之辭曰聞孟子有戒欲以此金餽之可爲兵備之用也如此我何爲不受是所以受之也若於齊之時其以無事於我未有所處於我未有所處而餽我若以是以貨財見取於我也安有君子而可以貨取之乎是所以於齊不受百鎰亦爲是也云有處未有處者如宋以遠行乃以贐爲餽於薛有戒乃以兵爲餽是皆若有處以餽之也於齊亦無遠行亦無戒備餽之者亦無以辭處之而餽於我亦無有辭處而受之故也○注云陳臻孟子弟子至二十四兩○正義曰云弟子者蓋時有所問於孟子者即知爲弟子也如非弟子又安得有問於孟子云二十四兩爲鎰案國語有云二十四兩爲鎰又鄭注之文亦然

孟子之平陸。謂其大夫曰。子之持戟之士。一日而三失伍。則去之否乎。平陸齊之邑也大夫居邑大夫也持戟士也一日三失其行伍則去之否乎去殺之也以昭果毅曰。不待三。大夫曰一失之則行罰不及待三失伍也然則子之失伍也。亦多矣。凶年饑歲。子之民。老羸轉於溝壑。壯者散而之四方者。幾千人矣。轉轉尸於溝壑也此則子之失伍也曰。此非距心之所得爲也。距心大夫名曰此乃齊王之大政不肯賑窮非我所得專爲也曰。今有受人之牛羊而爲之牧之者。則必爲之求牧與芻矣。求牧與芻而不得。則反諸其人乎。抑亦立而視其死與。牧牧地以此喻距心不得自專何不致爲臣而去乎何爲立視民之死也曰。此則距心之罪也。距心自知以不去位爲罪者也他日。見於王曰。王之爲都者。臣知五人焉。知其罪者。惟孔距心。爲王誦之。王曰。此則寡人之罪也。孔姓也爲都治都也邑有先君之宗廟曰都誦言也爲王言孔距心語者也王知本之在已故受其罪也

〔疏〕孟子之平陸至寡人之罪也○正義曰此章言人臣以道事君否則奉身以退也孟子之平陸謂其大夫曰子之持戟之士一日而三失伍則去之否乎者孟子往齊之平陸邑謂其邑之大夫曰子之持戟之戰士一日三次失其行伍則殺之否乎曰不待三者邑大夫荅孟子以爲不待三次失行伍也言一次失行伍則殺之也然則子之失伍也亦多矣凶年飢歲子之民老羸轉於溝壑壯者散而之四方者幾千人矣者凶年飢歲子之邑民老羸弱者皆散轉乎溝壑壯健者皆散而奔往於四方者幾近於一千人矣此孟子首以持戟之士失伍比之欲終以此諷之故也蓋軍法以五人爲伍而以下士一人爲之長則持戟之士伍長之士也所以保衛其伍者也不能保衛其伍故一日三失伍此不稱其職也如齊之平陸大夫所以保衛其邑之民不能保衛其邑之民故老弱轉溝壑壯者散四方其亦不稱職也孟子故以此喻而終歸諷之曰此非距心之所得爲也者距心齊大夫之名也距心言是其齊王行政故不肯發倉廩而賑救其民非我所得而專爲者也曰今有受人之牛羊而爲之牧之者則必爲之求牧與芻矣求牧與芻而不得則反諸其人乎抑亦立而視其死與者孟子又以此比喻而歸諷之也言今有受人之牛羊而爲牧養者不羊之主求其牧養之芻草矣求牧與芻而不得則必還於其主乎抑亦但立視牛羊之死而不爲求牧與芻與故以此比喻而諷問之曰此則距心之罪也者距心因孟子此比喻乃自知以不去位爲罪也他日見於王曰王之爲臣者臣知五人焉至此則寡人之罪也者言他日距心見於王曰王之治都之臣者臣知五人焉然於此五人之中能知其有罪者惟孔距心故爲王言之孔距心之姓也王自知治都之臣有其罪者以其王本皆自於已故云此則寡人之罪也○注邑有先君之宗廟曰都周禮云都鄙鄭注云都之所居曰鄙都鄙公卿大夫之采邑王弟子所食邑周召毛聃畢原之屬在畿內者祭祀社稷者也云彼君子兮不素餐兮者詩國風伐檀之篇文也箋云彼君子者斥伐檀之人仕有功者乃肯受祿毛氏云孰食曰餐箋云如魚餐之餐

孟子謂蚳鼃曰。子之辭靈丘而請士師。似也。爲其可以言也。今既數月矣。未可以言與。蚳鼃齊大夫靈丘齊下邑士師治獄官也周禮士師曰以五戒先後刑罰無使罪麗於民孟子見蚳鼃辭邑大夫請爲士師知其欲近王以諫正刑罰之不中者數月而不言故曰未可以言歟以感責之也蚳鼃諫於王而不用。致爲臣而去。三諫不用致仕而去齊人曰。所以爲蚳鼃則善矣。所以自爲。則吾不知也。齊人論孟子爲蚳鼃謀使之諫不用而去則善矣不知自諫不用而不去故曰我不見其自爲謀者公都子以告。公都子孟子弟子也以齊人語告孟子也曰。吾聞之也。有官守者。不得其職則去。有言責者。不得其言則去。我無官守。我無言責也。則吾進退。豈不綽綽然有餘裕哉。官守居官守職者言責獻言之責諫諍之官也孟子言人臣居官不得守其職諫正君不見納者皆當致仕而去今我居師賓之位進退自由豈不綽綽然舒緩有餘裕乎綽裕皆寬也

〔疏〕孟子謂蚳鼃曰至綽綽然有餘裕哉○正義曰此章言執職者劣藉道者優也孟子謂蚳鼃曰子之辭靈丘而請士師似也至未可以言歟者孟子謂蚳鼃曰子之辭去其靈丘邑而請爲王治獄之官似得諫其刑罰不中者今既以數月矣而不言是其未鼃否故以此責而感之也蚳鼃諫於王而不用致爲者於是蚳鼃諫於王而王不用其諫乃致其臣而去日所以爲蚳鼃則善矣所以自爲則吾不知也者齊見孟子謂蚳鼃乃言曰孟子所以爲蚳鼃謀使之諫去之則善矣美矣其所以自爲其已之諫不見納而則我不知也以言其爲蚳鼃謀使之去而不知自去公都子以告者公都子孟子弟子也公都子見齊國此言乃以此言告於孟子孟子曰吾聞之也有官守則去有言責者不得其言則去我無官守我無言責退豈不綽綽然有餘裕哉者孟子荅公都子以爲我有居官守職者不得其職而守之則去之而致仕有諍之任不得其言而諫正其君則亦去而致仕今我無官職

之所守又無言責而諫諍則我進退自由豈不綽綽然舒緩有餘裕哉綽裕皆寬裕也○注蚳鼃齊大夫靈丘齊下邑至罪罷於民○正義曰蚳鼃於他經傳未詳其人靈丘者案地理志曰代郡有靈丘縣是也云周禮士師曰以五戒先後刑罰毋使罪麗於民者今案其文云一曰誓用之于軍旅二曰誥用之于會同三曰禁用諸田役四曰糾用諸國中五曰憲用諸都鄙鄭注云先後猶左右也誓誥於書則甘誓大誥之屬禁則軍禮曰無干車無自後射此其類也糾憲未有聞焉○注臧武仲段干木○正義曰案魯襄公二十二年左傳云臧武仲如晉雨過御叔御叔在其邑將飲酒曰焉用聖人我將飲酒而已雨行何以聖爲穆叔聞之曰不可使也杜預云御叔魯御邑大夫又武仲多知時人謂之聖云段干木偃寢而軾閭案史記魏世家云魏文侯受子夏經藝客段干木過其閭未嘗不軾也是矣

孟子爲卿於齊出弔於滕王使蓋大夫王驩爲輔行王驩朝暮見反齊滕之路未嘗與之言行事也。孟子嘗爲齊卿出弔於滕君蓋齊下邑也王以治蓋之大夫王驩爲輔行輔副使也王驩齊之諂人有寵於齊後爲右師孟子不悅其爲人雖與同使而行未嘗與之言行事不願與之相比也

公孫丑曰齊卿之位不爲小矣齊滕之路不爲近矣反之而未嘗與言行事何也。丑怪孟子不與驩議行事也

曰夫既或治之予何言哉。既已也或有也孟子曰夫人既自謂有治行事我將復何言哉言其事知自善不知諮於人也蓋言道不合者故不相與言所以有是而言之也已〔疏〕孟子爲卿於齊至予何言哉○正義曰此章言道不合者不相與言也孟子爲卿於齊出弔於滕至未嘗與言行事也者言孟子嘗爲卿相於齊時自齊國出弔於滕國之君齊王使齊之下邑大夫名曰王驩者爲之輔行輔行言其爲副使也王驩且夕見孟子及反歸自齊滕之道路而行孟子未嘗與之言行事也公孫丑問曰齊卿之位不爲小矣齊滕之路不爲近矣反之而未嘗與言行事何也者公孫丑問孟子言齊王卿相之位不爲卑小矣自齊至滕其相去之路又不爲近矣然而自滕反歸齊其於道路之中未嘗與王驩言行治之事是如之何也以其公孫丑有怪孟子不與王驩言故問之以此耳曰夫既或治之予何言哉者孟子荅公孫丑以謂夫王驩既以嘗自謂有治行事我將復何言哉以其王驩自專爲善不諮訪人故孟子所以未嘗與之言也○注王驩後爲右師○正義曰此蓋推經於離婁篇有云孟子不與右師言右師不悅是知王驩後爲右師也王驩姓王名驩字子敖又云至於公行之喪以其禮解之者蓋亦經之文也

孟子注疏卷四上挍勘記　阮元撰盧宣旬摘錄

旺相孤虛之屬也　閩監毛三本同音義本廖本孔本韓本考文古本旺作王

而破之走者　各本同岳本破作被

余焉能戰是也　閩監毛三本同廖本孔本韓本考文古本作若是之類也

使懷德也　閩監毛三本同廖本孔本韓本考文古本使下有民字

仗其道德而已矣　閩監毛三本同廖本孔本韓本考文古本作仗道德也

寡助之至　音義至或作主

▲章指言民和爲貴貴於天地故曰得乎丘民爲天子　足利本作天下也非

注得乎丘民而爲天子　按此章指文也浦鏜云今脫未知屬何節下非也

孟子雖仕齊　閩監毛三本同岳本廖本孔本韓本仕下有於字

使人往謂孟子　廖本孔本韓本考文古本同閩監毛三本往誤來

有惡寒之疾　閩監毛三本同廖本孔本韓本考文古本疾作病

故稱其有疾而拒之也　閩監毛三本同廖本孔本韓本考文古本無其字而拒之也四字

今日弔　閩監本孔本韓本同廖本毛本日作以形近之譌考文引作今以弔云今下古本有日字足利本同尤非

從學於孟子者也　閩監毛三本同廖本孔本韓本考文古本無從字

當必造朝也　廖本孔本韓本同閩本當必誤倒監毛本承閩本之誤

而心不欲至朝　各本同考文古本心作必

具以語景丑氏耳　閩監毛三本同廖本考文古本景丑作景子無氏耳二字孔本韓本作且以語景子足利本作且以語景子耳

君臣主敬　石經諱敬作欽下並作欽

景丑責孟子　廖本孔本韓本同閩監毛三本丑作子

今人皆謂王無知　閩監毛三本孔本韓本同廖本考文古本皆作言誤

豈有如我敬王者也　閩監毛三本同廖本孔本韓本考文古本也作邪足利本作耶

禮父召無諾無諾而不至也　各本同考文古本無無諾二字

我豈謂是君臣名呼之間乎　廖本孔本韓本同閩監毛三本名呼誤倒

曾子豈嘗言不義之事邪　孔本韓本考文古本同閩監毛三本嘗誤常

我臣輕於王乎　考文古本同閩監毛三本孔本韓本足利本臣作豈按豈是也

桓公之於管仲　桓石經諱似作威

烈之卑也　閩監毛三本同廖本孔本韓本考文古本上有功字足利本也作耳

可從而受教者也　閩監毛三本同廖本孔本韓本考文古本無而字也字

故非齊王之召已也是以不往而朝見於齊王也　閩監毛三本同廖本孔本韓本考文古本上也字作已無而朝見於齊王六字足利本與古本同無上也字

▲章指言人君以尊德樂義爲賢君子以守道不回爲志

言晉楚二君之富　閩監毛三本君作國

而晉楚富貴不足爲富貴也　閩監毛三本爲上有以字

一鎰是爲二十四兩也故云兼金一百百鎰也　閩監毛三本同廖本考文古本此十八字作鎰二十兩四字孔本韓本作鎰二十兩也足利本作鎰二十四兩○按作二十兩乃與爲巨室章合

可鬻以作兵備　音義出可鬻云本或作育

安有君子而可以貨財見取之乎　閩監毛三本同廖本孔本韓本考文古本無可之二字

是其禮當其可也　閩監毛三本同廖本孔本韓本考文古本無此七字

▲章指言取與之道必得其禮於其可也雖少不辭義之無處兼金不顧

是則今日之受宋七十鎰爲非也如今日之受宋七十鎰爲是　閩本同監毛本兩七十鎰下並有受薛五十鎰五字

平陸齊之邑也　閩監毛三本同廖本孔本韓本考文古本之作下

以昭果毅　閩監毛三本足利本同岳本孔本韓本以作戎與左傳合考文古本以上有戎字非

凶年饑歲　閩監毛三本韓本同石經廖本孔本饑作飢

爲罪者也　閩監毛三本同廖本孔本韓本考文古本無者字

爲王言孔距心語者也　閩監毛三本同廖本孔本韓本考文古本言下有所與二字

故受其罪也　閩監毛三本同廖本孔本韓本考文古本無也字

▲章指言人臣以道事君否則奉身以退詩云彼君子兮不素餐兮言不尸其祿也

他日距心自見於王　補案距心自三字疑衍

邑有先君之宗廟曰都至不素餐兮　閩本同監毛本刪至不素餐兮五字按不素餐兮章指文也僞疏連解之故出此文

云彼君子兮不素餐兮者詩國風伐檀之篇文也箋云彼君子者斥伐檀之人仕有功者乃肯受祿毛氏云熟食曰餐箋云如魚餐之餐　閩本同監毛本刪去

無使罪罹於民 閩監毛三本同岳本廖本孔本韓本無作毋音義出毋使按作無非也

孟子爲蚳鼃謀 廖本閩本孔本韓本考文古本足利本同監毛本謀誤諫

不用而去 閩監毛三本同廖本孔本韓本考文古本無不用二字

不用而不去 閩監毛三本同廖本孔本韓本無不用二字而作又考文古本與廖本同又作亦

諫諍之官也 閩監毛三本同廖本孔本韓本諍作爭

皆當致仕而去 閩監毛三本孔本韓本同廖本仕作位

豈不綽綽然舒緩有餘裕乎 閩監毛三本同廖本孔本韓本作豈不綽然

章指言執職者劣藉道者優是以臧武仲雨行而不息段干木偃寢而式閭 考文古本誤問

○註臧武仲段干木○正義曰按魯襄公二十二年左傳云臧武仲如晉雨過御叔御叔在其邑將飲酒曰焉用聖人我將飲酒而已雨行何以聖爲穆叔聞之曰不可使也杜預云御叔魯御邑大夫又武仲多知時人謂之聖云段干木偃寢而軾閭按史記魏世家云魏文侯受子貢經藝客段干木過其閭未嘗不軾也是矣 此僞疏釋

章指文也 閩本同監毛本刪去

出弔於滕君 閩監毛三本同廖本孔本韓本考文古本無於字

有寵於齊 閩監毛三本同廖本孔本韓本考文古本齊作王

蓋言道不合者故不相與言所以有是而言之也已 閩本同監毛本孔本韓本考文古本無此二十字

章指言道不合者不相與言王驩之操與孟子殊君子處時危言遜行 孔本韓本考文古本作危行言遜 故不尤之但不與言至於公行之喪以禮爲解也

孟子注疏卷四上挍勘記

孟子注疏解經卷第四下

公孫丑章句下　趙氏注　孫奭疏

孟子自齊葬於魯。反於齊。止於嬴。充虞請曰。前日不知虞之不肖。使虞敦匠事。嚴。虞不敢請。今願竊有請也。木若以美然。孟子仕於齊喪母而歸葬於魯也嬴齊南邑充虞孟子弟子敦匠厚作棺也事嚴喪事急木若以泰美然也

曰。古者棺槨無度。中古棺七寸。槨稱之。自天子達於庶人。非直爲觀美也。然後盡於人心。孟子言古者棺槨厚薄無尺寸之度中古謂周公制禮以來棺槨七寸槨薄於棺厚薄相稱相得也從天子至於庶人厚薄皆然但重累之數牆翣之飾有異非直爲人觀視之美好也厚者難腐朽然後盡於人心所不忍也謂一世之後孝子更去辟世是爲人盡心也過是以往變化自其理也

不得不可以爲悅。無財不可以爲悅。得之爲有財。古之人皆用之。吾何爲獨不然。悅者孝子之欲厚送親得之則悅也王制所禁不得用之不可以悅心也無財以供則度而用之禮喪事不外求不可稱貸而爲悅也禮得用之財足備之古人皆用之我何爲獨不然不然者言其不如是也

且比化者。無使土親膚。於人心獨無恔乎。恔快也棺槨敦厚比親體之變化且無令土親膚於人子之心獨不快然無所恨也

吾聞之君子。不以天下儉其親。我聞君子之道不以天下人所得用之物儉約於其親言事親竭其力者也論語曰生事之以禮死喪之以禮可謂孝也已

疏 孟子自齊葬於魯至不以天下儉其親正義曰此章言孝必盡心匪禮之踰也孟子自齊葬於魯反於齊止於嬴者言孟子仕於齊國喪其母乃歸葬於魯國既葬又反於齊下嬴邑而止焉充虞請曰前日不知虞之不肖使虞敦匠事嚴虞不敢請今願竊有請也木若以美然者充虞孟子弟子也言孟子止於嬴邑弟子充虞請見於孟子曰前日孟子喪母之時孟子不知虞之不肖乃使虞敦匠厚作其棺以其是時喪事嚴急故虞不敢請問孟子今孟子既葬而反顧竊得而請問也木若以美然此充虞請問以此也其問孟子爲棺槨之木若以泰美然也曰古者棺槨無度中古棺七寸槨稱之自天子達於庶人非直爲觀美也然後盡於人心至吾聞之君子不以天下儉其親者此皆孟子荅充虞而言也言上古之人棺槨薄厚無尺寸之度自中古以來棺厚七寸以槨相稱之自天子通於庶人皆然非謂直爲人觀美好也然後乃爲盡於人心也以其不得其厚用之則不可以爲悅於心也既得以此厚用之而財物無以供贍其度亦不可以爲悅於心如得之以此厚用又有財物以供其度古之人皆用之以厚葬其親也我何爲而獨不如是也且棺槨敦厚比親體之變化無使其土壤親其肌膚於人子之心獨無快乎恔快也以其人子之心如此得厚葬其親乃快然而弗恨也我聞之君子者不以天下所得用者而儉薄其親也○注嬴齊南邑○正義曰案魯桓公三年左傳杜預注云嬴齊邑今泰山嬴縣是也○注重累之數牆翣之飾○正義曰案禮記檀弓云周人牆置翣鄭注云牆柳衣也凡此皆後王之制又案阮氏圖云柳車也四輪一轅車長丈二尺高五尺案喪大記云君飾棺黼翣二黻翣二畫翣二龍翣二禮器云天子八翣大夫四翣又鄭注喪大記引漢禮翣以木爲筐廣三尺高二尺四寸方兩角高以白布畫著紫雲氣其餘各如其象柄長五尺車行使人持之而從以障既窆樹於壙中障柩也○注論語曰生事之以禮死葬之以禮○正義曰經於滕文之篇亦引爲曾子言也已說在前

沈同以其私問曰。燕可伐與。孟子曰。可。子噲不得與人燕。子之不得受燕於子噲。沈同齊大臣自以私情問非王命也故曰私子噲燕王也子之燕相也孟子曰可者以子噲不以天子之命而擅以國與子之子之亦不受天子之命而私受國於子噲故曰其罪可伐

有仕於此。而子悅之。不告於王而私與之吾子之祿爵。夫士也。亦無王命而私受之於子。則可乎。何以異於是。子謂沈同也孟子設此以譬燕王之罪

齊人伐燕。沈同以孟子言可因歸勸其王伐燕 或問曰。勸齊伐燕。有諸。有人問孟子勸齊王伐燕有之

曰。未也。沈同問燕可伐與。吾應之曰。可。彼然而伐之也。孟子曰我未勸王也同問可伐乎吾曰可彼然而伐之也

彼如曰。孰可以伐之。則將應之曰。爲天吏。則可以伐之。彼如將問我曰誰可以伐之我將曰爲天吏則可以伐之天吏天所使謂王者得天意者也彼不復問孰可便自往伐之矣

今有殺人者。或問之曰。人可殺與。則將應之曰。可。彼如曰。孰可以殺之。則將應之曰。爲士師。則可以殺之。今以燕伐燕。何爲勸之哉。今有殺人者問此人可殺否將應之曰可爲士官主獄則可以殺之矣言燕雖有罪猶當王者誅之耳譬如殺人者雖當死士師乃得殺之耳今齊國之政猶燕政也不能相踰又非天吏也我何爲勸齊國伐燕國乎

疏 沈同以其私問曰至何爲勸之哉○正義曰此章言誅不義者必須聖賢禮樂征伐自天子出王道之正者也沈同齊之大臣沈同以其私問日燕可伐歟孟子曰可子噲不得與人燕子之不得受燕於子噲者子噲燕王名也子之燕相之名也言沈同非王命以其私情自問孟子曰燕可伐之歟孟子荅之以爲可伐之以也蓋以燕王不得天子之命而擅與其國於子之子之亦不得天子之命而私受燕國於子噲故其專擅如此可以伐之也有仕於此而子悅之不告於王而私與之吾子之祿爵夫士也亦無王命而私受之於子則可乎何以異於是者此皆孟子設此譬喻王之罪而可伐者也吾子謂沈同也言今有爲之仕於此齊國而子喜悅之爲人乃不告於王而私自與之吾子之祿爵夫爲之士者又無王之所命而私自受祿爵於子則可矣否乎今燕王所以爲可伐之罪何以有異於此齊人伐燕者以其沈同問於孟子之言爲燕可伐於是歸勸齊王而伐之或問勸齊伐燕有諸者言有人或問於孟子以爲孟子勸齊伐燕是有勸之之言否曰未也沈同問燕可伐

與吾應之曰可彼然而伐之也者孟子荅或人以爲我未嘗勸王也以其沈同問我謂燕可伐之歟我應之曰可彼以爲是而伐之也彼如曰孰可以伐之則將應之曰爲天吏則可以伐之者孟子又荅之或人言彼如問我曰誰可以伐之我將應之曰爲天吏天所使者則可以伐之矣今有殺人者或問之曰人可殺歟至何爲勸之哉者孟子又以此言而比喻齊之伐燕也言今有殺人者或問我曰人可以殺之歟我將應之曰可以殺之彼如復問誰可以殺之我則將應之曰爲士師主獄之官則可以殺之矣今以齊國之政亦若燕之政是皆有燕之罪以燕伐燕我何爲勸齊王以伐燕乎以其燕之雖有其罪亦當王者則可以誅之耳○注子噲燕王也子之燕相也○正義曰案史記世家云易王立十二年子燕噲立噲立齊人殺蘇秦蘇秦之在燕與其相子之爲婚燕噲三年與楚三晉攻秦不勝而還子之相燕貴重主斷蘇代爲齊使於燕燕王問曰齊王奚如對曰必不霸燕王曰何也對曰不信其臣於是燕王大信子之子之遺蘇代百金乃謂燕王不如以國讓子之子之以謂堯賢者讓天下於許由由不受有讓天下之名而實不失天下今王以燕國讓子之子之亦必不敢受是王與堯同行也燕王因屬國於子之子之大重於是南面行王事而噲老不聽政國事皆決於子之三年國大亂百姓惻恐孟軻謂齊王曰今伐燕此文武之時不可失也齊王因令章子將五都之兵以伐燕燕噲死齊大勝燕子之亡凡此是其事也○注云禮樂征伐自天子出○正義曰此蓋論語季氏孔子之言也言王者功成制禮治定作樂立司馬之官掌九伐之法諸侯不得制禮作樂賜弓矢然後專征伐是禮樂征伐自天子出也

燕人畔。王曰。吾甚慙於孟子。燕人畔不肯歸齊齊王聞孟子與沈同言爲未勸王今竟不能有燕故慙之

陳賈曰。王無患焉。王自以爲與周公孰仁且智。王曰。惡。是何言也。陳賈齊大夫也問王曰自視何如周公仁智乎欲爲王解孟子意故曰王無患焉王歎曰是何言言周公何可及也

曰。周公使管叔監殷。管叔以殷畔。知而使之。是不仁也。不知而使之。是不智也。仁智周公未之盡也。而況於王乎。賈請見而解之。賈欲以此說孟子也

見孟子。問曰。周公何人也。賈問之也 曰。古聖人也。孟子曰周公古之聖人也 曰。使管叔監殷。管叔以殷畔也。有諸。賈問有之否乎 曰。然。孟子曰如是也 曰。周公知其將畔而使之與。賈問之也 曰。不知也。孟子曰周公不知其將畔也 然則聖人且有過與。過謬也賈曰聖人且猶有謬誤 曰。周公弟也。管叔兄也。周公之過。不亦宜乎。孟子以爲周公雖知管叔不賢亦必不知其將畔周公惟管叔弟也故愛之管叔念周公兄也故望之親親之恩也周公之此過謬不亦宜乎

且古之君子。過則改之。今之君子。過則順之。古之君子。其過也如日月之食。民皆見之。及其更也。民皆仰之。今之君子。豈徒順之。又從爲之辭。古之所謂君子眞聖人賢人君子也周公雖有此過乃誅三監作大誥明勑庶國是周公改之也今之所謂君子非眞君子也順過飾非或爲之辭孟子言此以譏賈不能匡君而欲以辭解之

〔疏〕燕人畔至又從爲之辭○正義曰此章言聖人親親不文其過小人順非以語其上者也燕人畔王曰吾甚慙於孟子者言燕人皆離畔不肯歸齊王齊王聞孟子與沈同言未嘗勸王伐燕今果不能得燕乃曰我甚慙恥而見於孟子陳賈曰王無患焉王自以爲與周公孰仁且智者陳賈齊國之大夫也言於齊王以爲無用憂患慙於孟子也且王自以爲與周公孰仁且智乎賈欲以此解王故問之以此王曰惡是何言也者齊王乃歎曰此是何言也周公大聖人安可得而及之曰周公使管叔監殷管叔以殷畔知而使之是不仁也不知而使之是不智也仁智周公未之盡也而況於王乎賈請見而解之者言陳賈謂周公使管叔爲三監於殷管叔乃背畔於殷周公知管叔有背畔之心而復使爲監是周公不仁也周公不知管叔將有背畔之心而使之爲監是周公之不智也仁與智而周公大聖人也尚未之能盡而況於齊王乎賈今請以此見孟子爲王解之見孟子問曰周公何人也賈遂見孟子果以此說問於孟子以謂周公是何等人也曰古之大聖人也孟子荅之以爲周公是古之大聖人也曰使管叔監殷管叔以殷畔也有諸賈又問孟子以謂周公使管叔爲監於殷管叔以殷而背畔之有之否乎曰然孟子荅之以是有之也曰周公知其將畔而使之與賈又問之以謂周公知管叔將欲背畔故使之爲監與曰不知也孟子荅之以爲周公不知管叔將背畔然則聖人且有過與賈又問之如是則周公爲古之大聖人尚且有過失乎曰周公弟也管叔兄也周公之過不亦宜乎孟子以爲周公雖知管叔不賢亦不能知其將有畔之心周公惟管叔弟也故愛之而使爲監管叔念是周公兄也故亦望之是則周公有是之過謬不亦宜之也以親親之故不得不然耳且古之君子過則改之至今之君子又從爲之辭者孟子又言古之君子如周公雖有此過然而乃能誅三監作大誥以明勑庶國則周公故能改之也今之君子非眞君子有過則順而不改古之君子其有過也如日月之蝕焉民皆得知而見之及其更也民皆得而仰望之今之君子豈徒順其過而不改又且從其有過復作言辭以文飾其過耳孟子所以言此者以其欲譏陳賈不能匡正齊王之過又從爲此周公管叔之辭順其王之過而文之也○注燕人畔王聞孟子與沈同言正義曰此蓋前段案史記世家言之詳矣○注誅三監作大誥明勑庶國正義曰案尚書大誥篇云武王崩三監及淮夷叛周公相成王將黜殷作大誥孔安國云三監管蔡商是也言作大誥以誥天下又案史記云周公奉成王命與師東伐作大誥遂誅管叔殺武庚放蔡叔收殷餘民

孟子致爲臣而歸。辭齊卿而歸其室也 王就見孟子曰。前日願見而不可得。謂未來仕齊也適聞孟子之賢而不能得見之 得侍同朝甚喜。來就爲卿君臣同朝得相見故喜之也 今又棄寡人而歸。今致爲臣棄寡人而歸 不識可以繼此而得見乎。不知可以續今日之後遂使寡人得相見否乎 對曰。不敢請耳。固所願也。孟子對王言不敢自請耳固心之所願也孟子意欲使王繼今當自來謀也

他日。王謂時子曰。我欲中國而授孟子室。養弟子以萬鍾。使諸大夫國人皆有所矜式。子盍爲我言之。時子齊臣也王欲於國中而爲孟子築室使敎養一國君臣之子弟與之萬鍾之祿中國者使學者遠近均也矜敬也式法也欲使諸大夫國人皆敬法其道盍何不也謂時子何不爲我言之於孟子知肯就之否 時子因陳子而以告孟子。陳子孟子弟子陳臻也 陳子以時子之言告孟子。孟子曰。然。夫時子惡知其不可也。如使予欲富。辭十萬而受萬。是爲欲富乎。孟子曰如是夫時子安能知其不可乎時子以我爲欲富故以祿誘我我往者饗十萬鍾之祿以大道不行故去耳今更當受萬鍾是爲欲富乎距時子之言所以有是云也

季孫曰。異哉。子叔疑。二子孟子弟子也季孫知孟子意不欲而心欲使孟子就之故曰異哉弟子之所聞也子叔心疑惑之亦以爲可就之矣 使已爲政。不用。則亦已矣。又使其子弟爲卿。人亦孰不欲富貴。而獨於富貴之中。有私龍斷焉。孟子解二子之異意疑心曰齊王使我爲政不用則亦自止矣今又欲以其子弟故使我爲卿而與我萬鍾之祿人亦誰不欲富貴乎是猶獨於富貴之中有此私登龍斷之類也我則恥之

古之爲市也。以其所有。易其所無者。有司者治之耳。有賤丈夫焉。必求龍斷而登之。以左右望而罔市利。人皆以爲賤。故從而征之。征商。自此賤丈夫始矣。古者市置有司但治其爭訟不征稅也賤丈夫貪人可賤者也入市則求龍斷而登之龍斷謂堁斷而高者也左右占視望見市中有利罔羅而取之人皆賤其貪者也故就征取其利後世緣此遂征商人孟子言我苟貪萬鍾不恥屈道亦與此賤丈夫何異也古者謂周公以前周禮有關市之征也

〔疏〕孟子致爲臣而歸至自此賤丈夫始矣○正義曰此章言君子正身行道道之不行命也不爲利回也孟子致爲臣而歸是孟子辭齊卿而歸處於室也王就見孟子曰前日願見而不可得至不識可以繼此而得見乎是齊王見孟子辭齊卿而歸於室乃就孟子之室而見孟子曰前日未仕齊時聞孟子之賢願見之而不能得見後得侍於我而爲之卿遂得同朝相見故甚喜之今乃又棄去寡人而歸處於爲我不知可以繼今日之後而使寡人得相見否故以此問孟子孟子對曰不敢請耳固所願也孟子意欲使王繼今日之後當自來就見故云不請見固我心之所願也他日王謂時子曰我欲中國而授孟子室至盍爲我言之時子齊王之臣也言自見孟子已往他日齊王又謂其臣時子曰我今欲以中國授孟子爲築其室教養一國之子弟故賜予以萬鍾之祿使其諸大夫與一國之人皆有所敬法時子何不爲我以此言說之時子因陳子而以告孟子陳子陳臻也是孟子弟子也時子於是因陳臻而以齊王之言使陳臻告於孟子也陳子以時子之言告孟子至是爲欲富乎是陳子乃以時子所告齊王之言而告於孟子孟子乃荅之曰然如是也夫時子又安知其有

不可也如使我欲富其祿我以辭去十萬之祿而受其萬是以爲我欲其富乎云乎者是不爲欲富也孟子欲以此言距時子也季孫曰異哉子叔疑季孫子叔二子皆孟子弟子也但季孫知孟子意不欲遂時子之言而以心尚欲孟子就之故言異哉弟子之所聞也子叔疑之亦以爲可欲使已爲政不用則亦已矣又使其子弟爲卿至有私龍斷焉者孟子又言齊王使已爲政既以不得用則我亦以辭之而止於其室矣又欲以子弟之道教而使我爲卿以與我萬鍾之祿人亦誰不欲其富貴乎然以此者是亦猶獨於富貴之中私登能斷之類也以其恥之所以言然古之爲市也以其所有易其所無者至自此賤丈夫始矣者孟子又言古之所以爲市者以其有無相貿易耳有司者但治其爭訟而不征稅也有賤丈夫則必求巨龍壟斷之高者而登之以左右占望見市中有利罔羅而取之人皆以爲賤丈夫焉故後世亦從而征取其市中之稅以其所以征商之稅於後世者亦自此賤丈夫登龍斷而罔市利爲之始矣故曰故從而征之征商自此賤丈夫始矣周禮有司關司市是有司者也○注云古者謂周公前周禮有關市之征○正義曰此蓋前篇說之詳矣此不復說

孟子去齊。宿於晝。有欲爲王留行者。晝齊西南近邑也孟子去齊欲歸鄒至晝地而宿也齊人之知孟子者追送見之欲爲王留孟子行坐而言。不應。隱几而臥。客危坐而言留孟子之言也孟子不應荅因隱倚其几而臥也客不悅曰。弟子齊宿而後敢言。夫子臥而不聽。請勿復敢見矣。齊敬宿素也弟子素持敬心來言夫子慢我不受我言言而遂起退欲去請絕也曰。坐。我明語子。孟子止客曰且坐我明告語子昔者魯繆公無人乎子思之側。則不能安子思。泄柳申詳無人乎繆公之側。則不能安其身。往者魯繆公尊禮子思子思以道不行則欲去繆公常使賢人往留之說以方且聽子爲政然則子思復留泄柳申詳亦賢者也繆公尊之不如子思二子常有賢者在繆公之側勸以復之其身乃安矣子爲長者慮。而不及子思。子絕長者乎。長者絕子乎。長者老者也孟子年老故自稱長者言子爲我慮不如子思時賢人也不勸王使我得行道而但勸我留留者何爲哉此爲予絕我乎又我絕子乎何爲而慍恨也〔疏〕孟子去齊至絕子乎○正義曰此章言惟賢能安賢智能知微以愚喻智道之所以乖也孟子去齊欲歸鄒至晝有欲爲王留行者晝齊之近邑也言孟子去齊宿於晝而宿齊人見之有欲爲王留行者也坐而言不應隱几而臥言爲王留行者危坐而說留孟子之行言孟子乃隱倚其几但臥而不應荅也客不悅曰弟子齊宿而後敢言夫子臥而不聽請勿復敢見矣客爲王留行者也齊敬也宿素也言容見孟子不應荅其言但隱几而臥焉遂欲退乃曰弟子素齊敬其心而後方敢言留夫子之行夫子今乃臥而不聽其言自今請絕於此後勿復更敢見夫子矣曰坐我明語子孟子遂止客且坐言我分明言告於子云自昔日繆公至長者絕予乎是皆明告之言也言往日魯國繆公無人於子思之側以導達其意則不能安子思泄柳申詳無人於繆公之側以稱譽其賢則泄柳申詳不能安其身以其子思之於繆公師道也非求容者也故繆公無人於子思之側則不能安子思泄柳申詳之於繆公臣道也則求容者也故無人於繆公之側則不能安其身今孟子所以言此者是謂齊之士不能爲王謀安於孟子未去之前至出晝然後方爲留行此所以隱几臥而不荅也齊之留行之士不知以此但以爲孟子不應遂不悅而請勿復見如此是留行之士不以安子思而謀安孟子但請勿復見爲言以其自絕於孟子矣故孟子所以言子爲長者慮而不及於子思是子絕其長者乎是長者絕子矣以其不以安子思而謀安孟子於未去之前是爲孟子慮者不及子思特欲爲泄柳申詳之所爲耳故孟子所以有是言之以曉其所以隱几而臥不應之意也長者孟子以年已之老自稱爲長者也○注晝齊西南近邑○正義曰蓋以鄒在魯而魯又在齊之西南上孟子去齊歸鄒至晝而宿是知晝之地爲齊之西南近邑者也故云近邑

孟子去齊。尹士語人曰。不識王之不可以爲湯武。則是不明也。識其不可。然且至。則是干澤也。千里而見王。不遇故去。三宿而後出晝。是何濡滯也。士則茲不悅。尹士齊人也干求也澤祿也尹士與論者言之云孟子不知則爲求祿濡滯淹久也既去近留於晝三日怪其淹久故云士於此事則不悅也高子以告。高子亦齊人孟子弟子以尹士之言告孟子也曰。夫尹士惡知予哉。千里而見王。是予所欲也。不遇故去。豈予所欲哉。予不得已也。孟子曰夫尹士安能知我哉我不得已而去耳何汲汲而驅馳乎予三宿而出晝。於予心猶以爲速。王庶幾改之。王如改諸。則必反予。我自謂行速疾矣冀王庶幾能反覆招還我矣夫出晝而王不予追也。予然後浩然有歸志。浩然心浩浩有遠志也予雖然。豈舍王哉。王由足用爲善。王如用予。則豈徒齊民安。天下之民舉安。王庶幾改之。予日望之。孟子以齊大國知其可以行善政故戀戀望王之改而反之是以安行也豈徒齊民安言君子達則兼善天下也予豈若是小丈夫然哉。諫於其君而不受。則怒。悻悻然見於其面。去則窮日之力。而後宿哉。我豈若狷狷急小丈夫恚怒其君而去極日力而宿懼其不遠者哉論曰悻悻然小人哉言已志大在於濟一世之民不爲小節也尹士聞之曰。士誠小人也。尹士聞義則服故曰士誠小人也〔疏〕孟子去齊至士誠小人也○正義曰此章言大德洋洋介士察察賢者志其大者不賢者志其小者也孟子去齊者言孟子去齊而歸鄒也尹士語人曰至士則茲不悅尹士齊人也尹士見孟子去齊而宿於晝乃語人曰不知齊王不可以爲湯武之王則是孟子蒙昧而不明鑒也知齊王不可爲湯武之王然且自鄒至齊而爲仕則是孟子干求其祿也今自千里之遠而見齊王不遇不行其道故復去而歸然而三宿而後方出晝而行是何其濡滯淹久也我則以此不悅之也高子以告高子亦齊人爲孟子弟子也高子以此尹士語人之言而告於孟子曰夫尹士惡知予哉至而後宿哉孟子荅高子以爲夫尹士者安知我之志哉我千里而見王是我欲行道也不遇於齊王不得行其道故去豈我心之所欲哉我不得已而去之矣我三宿而後出晝邑而行於我心尚以爲急速也齊王如能改之使我得行其道則必反留我回耳夫出晝邑至三宿而齊不我追而還齊國我然後浩浩然有歸志也我雖然有浩然歸之之志然而豈肯舍去王哉王猶可足用爲之善政王如用我則豈徒使齊國之民安泰天下之民亦皆安泰矣王庶幾能改而反我我日常望之於王矣我豈若狷狷急小丈夫恚怒其君而去爲其諫於君而不受則悻悻然心有所怒而見於面容去則極日力而後力止宿哉孟子如此所以云然也尹士聞之曰士誠小人也尹士聞孟子言之以此故服其義而言於孟子曰士實小人也以其不能知孟子之意有如此矣

孟子去齊。充虞路問曰。夫子若不豫色然。前日虞聞諸夫子曰。君子不怨天。不尤人。路道也於路中問也充虞謂孟子去齊有恨心顏色故不悅也曰。彼一時。此一時也。五百年必有王者興。其間必有名世者。由周而來。七百有餘歲矣。以其數則過矣。以其時考之則可矣。彼時前聖賢之出是其時也今此時亦是其一時也五百年王者興有興王道者也名世次聖之才物來能名正於一世者生於聖人之間也七百有餘歲謂周家王迹始興大王文王以來考驗其時則可有也夫天未欲平治天下也。如欲平治天下。當今之世。舍我其誰也。吾何爲不豫哉。孟子自謂能當名世之士時又值之而不得施此乃天自未欲平治天下耳非我之愆我固不怨天何爲不悅豫乎是故知命者不憂不懼與天消息而已矣〔疏〕孟子去齊充虞路問曰至吾何爲不豫哉○正義曰此章言聖賢興作與天消息天非人不因人非天不成也孟子去齊充虞路問曰至不尤人言孟子歸鄒弟子充虞於路中問孟子曰夫子若有不悅豫之顏色然前日虞聞夫子有言君子之人凡於事不怨恨於天不見過於人也曰彼一時此一時也至吾何爲不豫哉孟子荅充虞以謂彼時聖賢之所出是其時也此時今時亦是其一時也五百年之後必有王者興爲於其間亦必名世大賢者今自周興大王文王以來已有七百有餘歲矣以其年數推之則過於五百年矣以其時考之而其時亦可有也今天自未欲平治天下也如天欲使平治天下則當今之世捨我其誰哉此孟子所以歸於天命道行與不行皆未嘗有不悅之色也故曰吾何爲不豫哉蓋孟子所以言此者以其自謂能當名世之士而時又值不得施爾

孟子去齊。居休。公孫丑問曰。仕而不受祿。古之道乎。休地名丑問古人之道仕而不受祿邪怪孟子於齊不受其祿也曰。非也。於崇。吾得見王。退而有去志。不欲變。故不受也。崇地名孟子言不受祿非古之道於崇吾始見齊王知其不能納善退出志欲去矣不欲即去若爲變詭見非太甚故且宿留心欲去故不復受其祿也繼而

有師命。不可以請。久於齊。非我志也。言我本志欲速去繼見之後有師旅之命不得請去故使我久而不受祿耳久非我本志也〔疏〕孟子去齊至非我志也○正義曰此章言祿以食功志以率事無其事而食其祿君子不由也孟子去齊居休休乃地名也言孟子去齊乃居於休之地蓋齊邑下之地也公孫丑問曰仕而不受祿古之道乎公孫丑問孟子曰夫爲仕而不受爵祿古之道誠然乎丑以其怪孟子於齊不受祿故以此問之曰非也於崇吾得見王至非我志也者孟子荅之曰我非不受祿也亦非古之道如此也然我於崇之地我始得見於齊王知王不能納善故退而有去之心又其不欲遽變爲苟去故於祿有所不受也無他以其道不行不敢無功而受祿也既去而齊王續以賓師之命而禮貌之故由足爲善遂不敢請去是以久留於齊非我之志也但不得已而已矣

孟子注疏卷四下校勘記　阮元撰盧宣旬摘錄

孟子仕於齊　閩監毛三本孔本韓本同廖本仕作事案事仕宋刻書往往通用

而歸葬於魯也　閩監毛三本同廖本、孔本韓本無而也二字考文古本引歸葬於魯也無而字

棺椁七寸　閩監毛三本同廖本孔本韓本考文古本足利本椁作厚是也此形近之譌

然後盡於人心　閩監毛三本同廖本孔本韓本考文古本足利本盡上有能字

不然者言其不如是也　閩監毛三本同廖本孔本韓本考文古本作然如是也

且無令土親膚　閩監毛三本同廖本孔本韓本考文古本膚上有肌字

論語曰生事之以禮死葬之以禮可謂孝也已　閩監毛三本同孔本韓本考文古本無十八字案此章指文也

▲章指言孝必盡心匪禮之踰論語曰生事之以禮死葬之以禮可謂孝矣

高以白布　閩本同監毛本高下有衣字案監本此處有剜改痕是監本據禮記注增也

沈同以其私問曰　音義沈或作沉誤

我何爲勸齊國伐燕國乎　閩監毛三本同廖本孔本韓本考文古本作我何爲當勸齊伐燕乎

▲章指言誅不義者必須聖賢禮樂征伐自天子出王考文古本作天道之正也

以其燕之雖有其罪　閩本同監毛本無之字

陳賈齊大夫也問王曰自視何如周公仁智乎欲爲王解孟子意故曰王無患焉王歎曰是何言言周公何可及也　閩監毛三本同廖本孔本韓本此注分二段陳賈至患焉在經文孰仁且智下王歎至及也在經文是何言也下

周公使管叔監殷　石經殷諱作商下同

亦必不知其將畔　閩監毛三本同岳本廖本孔本韓本考文古本必不作不必

周公之此過謬　閩監毛三本同廖本孔本韓本考文古本之作於

▲章指言聖人親親不文其過小人順非以諂其上也

孟子致爲臣而歸　石經每章提行此獨不提行誤

故喜之也　閩監毛三本同廖本孔本韓本考文古本無之字

遂使寡人得相見否乎　閩監毛三本同廖本孔本韓本無乎字

孟子對王言不敢自請耳　閩監毛三本孔本韓本同岳本廖本王作曰

王欲於國中而爲孟子築室　閩監毛三本同廖本孔本韓本考文古本而作央

使教養一國君臣之子弟　閩監毛三本同廖本孔本韓本教養作養教

遠近均也　閩監毛三本同廖本孔本韓本均作鈞

距時子之言所以有是云也　閩監毛三本同廖本孔本韓本考文古本無所以有是云五字

子叔心疑惑之亦以爲可就之矣　閩監毛三本同廖本孔本韓本考文古本無惑之二字之矣作也

古之爲市也　石經閩監毛三本韓本同孔本也作者

左右占視望　閩監毛三本同廖本孔本韓本考文古本無視字足利本作左右皆望

人皆賤其貪者也　閩監毛三本同廖本考文古本無者字孔本韓本足利本無者也二字

有關市之征也　閩監毛三本同廖本孔本韓本征作賦考文古本征作稅

▲章指言君子正身行道道之不行命也不爲利回創業可繼是以君子以龍斷之人爲惡戒也

宿於晝　各本同孔本韓本晝作畫注同案此當是宋用舊說不必有本子也○按廣韻四十九宥晝字下云又姓晝邑大夫之後因氏焉出風俗通孟子晝字不當改爲畫字孔繼涵所引高郵老儒黃彥利之說但可存以參考

至晝地而宿也　閩監毛三本同廖本孔本韓本考文古本無地字

追送見之　閩監毛三本孔本韓本足利本同考文古本追作進

留孟子行　閩監毛三本同廖本孔本韓本考文古本行上有之字

弟子齊宿而後敢言　音義出齊宿云字亦作齋

其身乃安矣　閩監毛三本同廖本孔本韓本考文古本矣作也

▲章指言惟賢能安賢智能知微以愚喻智道之所以乖也

淹久也　閩監毛三本足利本同廖本孔本作猶稽也韓本作孰稽也考文古本作熟稽也考文一本作淹留

怪其孰久　韓本考文古本同廖本孔本孰作猶閩監毛三本作淹

則不悅也　閩監毛三本同廖本孔本韓本無則字

夫尹士惡知予哉　此及下兩予字毛本誤子

悻悻然見於其面　音義出悻悻云字或作悻悻然

我豈若狷狷急小丈夫　閩監毛三本同岳本廖本孔本韓本考文古本不重狷字○按不重者是

論曰　閩監毛三本同廖本孔本韓本考文古本作論語曰○按趙注多稱論

故曰士誠小人也　閩監毛三本同廖本孔本韓本考文古本無此七字無者是

▲章指言大德洋洋介士察察賢者志其大者不賢者志其小者此之謂也

夫子若不豫色然　補諸本若下有有字

顏色故不悅也　閩監毛三本同廖本孔本韓本考文古本無故字

彼時前聖賢之出是其時也　閩監毛三本同廖本孔本韓本考文古本無時字其作有足利本無之字

五百年王者興　閩監毛三本同廖本孔本韓本考文古本足利本年下有有字

正於一世者　閩監毛三本同廖本孔本韓本考文古本無於字

是故知命者不憂不懼與天消息而已矣　閩監毛三本同廖本孔本韓本考文古本無此文

▲章指言聖賢興作與天消息天非人不因人非天不成是故知命者足利本無者字不憂不懼也

亦必名世大賢者　閩本必下剜增有字監毛本同

不受其祿也　閩監毛三本同廖本孔本韓本考文古本無其字

吾始見齊王　閩監毛三本同廖本孔本韓本見上有得字

見非太甚　閩監毛三本同廖本孔本韓本大作泰

故不復受其祿也　閩監毛三本同廖本孔本韓本考文古本無其字也字

▲章指言祿以食功志以率事無其事而食其祿君子不由也

孟子注疏解經卷第五上

滕文公章句上　凡五章

趙氏注　滕文公者滕國名文謚也公者國人尊君之稱也文公於當時尊敬孟子問以古道猶衛靈公問陳於孔子論語因以題篇　孫奭疏

〔疏〕正義曰前篇章首論公孫丑有政事之才問管晏之功故曰公孫丑爲篇題蓋謂行政莫大乎反古之道是以此篇滕文公尊敬孟子問以古道如論語衛靈公問陳於孔子遂以目爲篇題不亦宜乎故次公孫丑之篇所以揭滕文公爲此篇之題也此篇凡十五章趙注分之遂成上下卷據此上卷凡五章而已一章言人當上則聖人秉仁行義二章言事莫當於奉禮孝莫大於哀慟三章言尊賢師智采人之善修學校勸禮義勑民事正經界均井田賦什一四章言神農務本教於世民許行蔽道君臣同耕陳相背師降于幽谷孟子博陳堯舜上下之叙以正之五章言聖人緣情制禮以直正枉其餘十章趙注分爲下卷各有叙焉○注滕文公至題篇○正義曰案春秋魯隱公十一年滕侯薛侯來朝爭長滕侯曰我周之卜正也乃長滕侯隱公七年杜預注云滕國在沛國公丘縣東南是滕文公之國即滕侯之後也謚法曰慈惠愛民曰文忠信接禮曰文論語第十五篇衛靈公問陳於孔子孔子對俎豆之事則常聞之軍旅之事未之學也遂以爲之篇題故也

滕文公爲世子。將之楚。過宋而見孟子。孟子道性善。言必稱堯舜。文公爲世子使於楚而過宋孟子時在宋與相見也滕侯周文王之後也古紀世本錄諸侯之世滕國有考公麋與文公之父定公相直其子元公弘與文公相直似後世避諱改考公爲定公以元公行文德故謂之文公也孟子與世子言人生皆有善性但當充而用之耳又言堯舜之治天下不失仁義之道故勉世子。世子自楚反。復見孟子。從楚還復詣孟子欲重受法則也　孟子曰。世子疑吾言乎。夫道一而已矣。世子疑吾言有不盡乎天下之道一而已矣惟有行善耳復何疑邪　成覵謂齊景公曰。彼丈夫也。我丈夫也。吾何畏彼哉。成覵勇果者也與景公言曰尊貴者與我同丈夫我亦能爲之何爲畏彼之哉　顏淵曰。舜何人也。予何人也。有爲者亦若是。言欲有爲當若顏淵庶幾成覵不畏乃能有所成耳又以是勉世子也　公明儀曰。文王我師也。周公豈欺我哉。公明儀賢者也師文王信周公言其知所法則也　今滕絕長補短。將五十里也。猶可以爲善國。滕雖小其境界長短相補可得大五十里子男之國也尚可以行善者也　書曰。若藥不瞑眩。厥疾不瘳。書逸篇也瞑眩藥攻人疾先使瞑眩憒亂乃是瘳愈喻行仁當精熟德惠乃洽也

〔疏〕滕文公爲世子至厥疾不瘳○正義曰此章言人上當則聖人秉仁行義者也滕文公爲世子將之楚過宋而見孟子孟子道性善言必稱堯舜者世子諸侯適子之稱也言滕文公爲世子之時往楚國而在宋國過見孟子孟子乃與世子文公道其人性皆有善但當行之而已凡有言則必以堯舜爲言蓋堯舜古之受禪之帝其治國所行之事皆爲後世所法故言必堯舜之事言於世子文公以其欲勉世子文公也文公者後謚世子爲文公也世子自楚反復見孟子者是世子文公自宋而見孟子之後往至楚國又自楚國反歸復見孟子於宋國也孟子曰世子疑吾言乎夫道一而已矣者孟子見世子復見再有所問乃曰世子是疑我言有不盡故復見乎言道之在天下一而已惟當善行焉何必復疑而再欲問邪成覵謂齊景公曰彼丈夫也我丈夫也吾何畏彼哉者孟子又引往日成覵嘗謂齊景公曰彼之尊貴者即丈夫也我亦丈夫也言即一耳我何爲畏之哉是言我能爲之亦如彼之尊貴矣又何畏顏淵有曰舜何人也我何人也亦言其人即一耳但有能爲之者亦若此舜矣故曰舜何人也予何人也有爲者亦若是公明儀曰文王我師也周公豈欺我哉者孟子又以公明儀有曰文王者我師法者也周公豈欺誣我哉言周公我亦信而師法之耳今滕絕長補短將五十里也猶可以爲善國者孟子謂世子言今之滕國之地絕長補短其廣大亦將有五十里也尚可以爲行善之國也五十里者子男之國也故曰猶可以爲善國書曰若藥弗瞑眩厥疾不瘳者此蓋今之尚書說命之篇文也孟子引書云若藥之攻人人服之不以瞑眩憒亂則其疾以不愈也所以引此者蓋孟子恐云今滕國絕長補短將有五十里猶可爲善國有致世子之所嫌乃引此而喻之抑亦所謂瞑藥苦口忠言逆耳之意而解世子又有以勸勉焉○注文公爲世子至勉世子也○正義曰此蓋古紀世本之文也云滕有考公麋與文公之父定公相直其子元公洪與文公相直後世因避諱之故更考公爲定公元公爲文公以其能安民大慮故以定爲謚以其能慈惠愛民故以文爲謚魯有文公定公之號周有文王定王之名其謚雖與滕君同然稱其實蓋不無異焉凡稱公者蓋古者天子有三公稱公王者之後稱公其餘大國稱侯伯小國稱子男之君亦得稱公者非僭之也以其國人尊之故稱公而已○注云成覵勇果者也公明儀賢者也○正義曰以意推之則成覵之勇果公明儀之賢者可知矣人亦未詳禮於檀弓有公明儀而注亦無所說亦以孟子之時事罕有所載學者亦不必規規務求極焉○注若藥不瞑眩厥疾不瘳○正義曰商書說命篇孔氏傳云開汝心沃我心如服藥必瞑眩極其病乃除欲其出切言以自警

滕定公薨。世子謂然友曰。昔者孟子嘗與我言於宋。於心終不忘。今也不幸。至於大故。吾欲使子問於孟子。然後行事。定公文公父也然友世子之傅也大故謂大喪也　然友之鄒。問於孟子。孟子歸在鄒也　孟子曰。不亦善乎。親喪固所自盡也。不亦者亦也問此亦其善也　曾子曰。生事之以禮。死葬之以禮。祭之以禮。可謂孝矣。曾子傳孔子之言孟子欲令世子如曾子之從禮也時諸侯皆不行禮故使獨行之也　諸侯之禮。吾未之學也。雖然。吾嘗聞之矣。三年之喪。齊疏之服。飦粥之食。自天子達於庶人。三代共之。孟子言我雖不學諸侯之禮嘗聞師言三代以來君臣皆行三年之喪齊疏齊衰也飦糜粥也　然友反命。定爲三年之喪。父兄百官皆不欲也。故曰。吾宗國魯先君莫之行。吾先君亦莫之行也。至於子之身而反之。不可。父兄百官滕之同姓異姓諸臣也皆不欲使世子行三年滕魯同姓俱出文王魯周公之後滕叔繡之後敬聖人故宗魯者也　且志曰。喪祭從先祖。曰。吾有所受之也。父兄百官且復言也志記也周禮小史掌邦國之志曰喪祭之事各從其先祖之法言我轉有所受之不可於已身獨改更也一說吾有所受之世子言我受之於孟子也故曰吾有所受　謂然友曰。吾他日未嘗學問。好馳馬試劍。今也父兄百官不我足也。恐其不能盡於大事。子爲我問孟子。父兄百官見我他日所行謂我志行不足假恐我不能盡大事之禮故止我也爲我問孟子當何以服其心使其信我也　然友復之鄒。問孟子。孟子曰。然。不可以他求者也。孔子曰。君薨。聽於冢宰。歠粥。面深墨。即位而哭。百官有司莫敢不哀。先之也。孟子言如是不可用他事求也喪尚哀惟當以哀戚感之耳國君薨委政冢宰大臣嗣君但盡哀情歠粥不食顏色深墨深甚也墨黑也即喪位而哭百官有司莫敢不哀者以君先哀之也　上有好者。下必有甚焉者矣。君子之德風也。小人之德草也。草上之風必偃。是在世子。上之所欲下以爲俗尚加也偃伏也以風加草莫不偃伏也是在世子以身帥之也　然友反命。世子曰。然。是誠在我。世子聞之知其在身欲行之也　五月居廬。未有命戒。百官族人可謂曰知。諸侯五月而葬未葬居倚廬於中門之內也未有命戒居喪不言也異姓同姓之臣可謂曰知世子之能行禮也　及至葬。四方來觀之。顏色之戚。哭泣之哀。弔者大悅。四方諸侯之賓來弔會者見世子之憔悴哀戚大悅其孝行之高美也已

〔疏〕滕定公薨至弔者大悅○正義曰此章言事莫當於奉禮孝莫大於哀慟從善如流文公之謂也滕定公薨者滕文公之父死也世子謂然友曰昔者孟子嘗與我言於宋於心終不忘今也不幸至於大故吾欲使子問於孟子然後行事者然友世子之傅也世子謂然友言往日孟子曾與我言於宋國之事於我心至今常存終不爲忘之也今也不幸至於父喪之大故我欲使予問於孟子然後行其父喪之事然友之鄒問於孟子者孟子將以自宋歸鄒也然友乃往鄒國問孟子以世子所問之事孟子曰不亦善乎親喪固所自盡也者孟子答然友謂不亦善然以世子所問也曾子曰生事之以禮死葬之以禮祭之以禮可謂孝矣至三代共之者孟子以此答然友之問言曾子謂父母在生之時當以禮奉事之如冬温夏凊昏定晨省是其禮也父母死之

時當以禮安葬之如踴躃哭泣哀以送之卜其宅兆而安厝之是其禮也及祭之禮如春秋祭祀以時思之陳其簠簋而哀戚之是也能如此則可謂之能孝者矣如問其諸侯所行之禮則我未之學也雖然爲未嘗學諸侯之禮我嘗聞知之矣言嘗聞三年父母之喪以齋疏齊衰之服以糜粥之食凡此三年之喪自上至於天子下而達於庶人三代夏商周共行之矣然友反命者然友自鄒得孟子之言乃反歸命告於滕公也定爲三年之喪父兄百官皆不欲也故曰吾宗國魯先君莫之行也至於子之身而反之不可者是世子因然友問孟子歸後乃定爲三年之喪事其滕之同姓與異姓諸臣皆不欲爲三年之喪遂曰我宗國魯先君莫之嘗行此三年喪禮我之先君亦莫之嘗行也今至於子之身而反違之以爲三年之喪不可言其不可反背先君而以自爲三年喪之禮也且志曰喪祭從先祖曰吾有所受之也父兄百官言之後復引記有曰喪祭之事各從其先祖之法我但有所承受之也不可於已身獨改更爲三年喪耳滕與魯同姓俱出魯周公之後故云吾宗國魯先君志記也謂然友曰吾他日未嘗學問好馳馬試劍今也父兄百官不我足也恐其不能盡於大事子爲我問孟子者滕文公旣定爲三年之喪禮而父兄百官見之皆不欲爲乃復謂然友曰我所往他日未嘗學問禮但好驅馳走馬試劍事今也定爲三年之喪父兄百官見之皆謂我志不足以行此三年之喪恐其不能盡於大事之禮子復爲我之鄒問孟子以爲如何當使父兄百官服其心而信我也然友復之鄒問孟子者是然友自文公所乃因其命復往鄒國見孟子而問焉孟子曰不可以他求也孔子曰君薨聽於家宰歠粥面深墨即位而哭百官有司莫敢不哀先之也至是在世子者孟子荅然友爲世子之問言如此則不可更以他事求也惟當以哀戚感之耳故引孔子曰國君之薨其政事皆委家宰大臣聽行之嗣君者但歠糜粥而不食面之顏色亦變爲甚黑之色即喪位而哀哭之故百官有司莫敢不哀先之也是所謂上有所好者下必有甚焉者耳且君子之德如風也小人之德如草也草加之以風必偃伏而從風所趨耳是在世子但以身率之爾凡此皆孟子荅然友爲世子之問而以此復教之矣然友反命世子曰是誠在我者然友自問孟子之後乃以孟子之言反歸告於世子世子於是五月居於喪廬不敢入處故未有命以令人未有戒以號令以其在外思之而不言也百官族人皆以爲知禮能行三年之喪乃曰可謂曰知以其百官族人指文公而言也及至葬四方來觀之顏色之戚哭泣之哀弔者大悅者言及至葬日四方諸侯來弔慰而觀之顏色之戚而形於容哭泣之哀而形於聲於是弔之者皆大悅以喜其有孝行也○注定公文公父也○正義曰說在前段已詳矣○注曾子傳孔子之言○正義曰案論語孟孫問孝於孔子孔子對曰生事之以禮死葬之以禮祭之以禮是曾子傳孔子之言而云孟子所以引爲曾子言矣○注滕魯國同姓俱出魯周公之後○正義曰案魯隱公十一年滕侯與薛侯爭長薛侯曰我先封滕侯曰我周之卜正也薛庶姓也我不可以後之公使羽父請於薛侯曰君與滕君辱在寡人周諺有之曰山有木工則度之賓有禮主則擇之周之宗盟異姓爲後寡人若朝于薛不敢與諸任齒君若辱貺寡人則願以滕君爲請薛侯許之乃長滕侯杜預云薛任姓以此推之則知滕爲魯之後與魯同姓也○注周禮小史掌邦國之志至孟子也○正義曰鄭司農云志謂記也春秋傳所謂周志國語所謂鄭志之屬也兩說者其意皆行謂之父兄百官言亦行謂之世子亦行但不逆意則可矣○注諸侯五月而葬未葬居倚廬於中門之內也○正義曰案左傳隱公元年云天子七月而葬同

軌畢至諸侯五月而葬同盟至大夫三月同位至士踰月外姻至父大喪記云父母之喪居倚廬是也滕文公問爲國。孟子曰。民事不可緩也。問治國之道也民事不可緩之使怠惰當以政督趣教以生產之務也詩云。晝爾于茅。宵爾索綯。亟其乘屋。其始播百穀。詩豳風七月之篇言教民晝取茅草夜索以爲綯綯絞也及爾閒暇亟而乘蓋爾野外之屋春事起爾將始播百穀矣言農民之事無休已民之爲道也。有恒產者有恒心。無恒產者無恒心。苟無恒心。放辟邪侈。無不爲已。及陷乎罪。然後從而刑之。是罔民也。焉有仁人在位。罔民而可爲也。義與上篇同孟子既爲齊宣王言之滕文公問復爲究陳其義故各自載之也是故賢君必恭儉禮下。取於民有制。古之賢君身行恭儉禮下大臣賦取於民不過十一之制也陽虎曰。爲富不仁矣。爲仁不富矣。陽虎魯季氏家臣也富者好聚仁者好施施不得聚道相反也陽虎非賢者也言有可采不以人廢言也夏后氏五十而貢。殷人七十而助。周人百畝而徹。其實皆什一也。徹者徹也。助者藉也。夏禹之世號夏后氏后君也禹受禪於君故夏稱后殷周順人心而征伐故言人也民耕五十畝貢上五畝耕七十畝者以七畝助公家耕百畝者徹取十畝以爲賦雖異名而多少同故曰皆什一也徹猶人徹取物也藉者借也猶人相借力助之也龍子曰。治地莫善於助。莫不善於貢。貢者。校數歲之中以爲常。龍子古賢人也言治土地之賦無善於助者也貢者校數歲以爲常類而上之民供奉之有易有不易故謂之莫不善於貢也樂歲粒米狼戾。多取之而不爲虐。則寡取之。凶年糞其田而不足。則必取盈焉。樂歲豐年狼戾猶狼藉也粒米粟米之粒也饒多狼藉棄捐於地是時多取於民不爲暴虐也而反以常數少取之至於凶年饑歲民人糞其田尚無所得不足以食而公家取其稅必滿其常數焉不若從歲饑穰以爲多少與民同之也爲民父母。使民盻盻然。將終歲勤動。不得以養其父母。又稱貸而益之。使老稚轉乎溝壑。惡在其爲民父母也。盻盻勤苦不休息之貌動作稱舉也言民勤身動作終歲不得以養食其父母公賦當畢有不足者又當舉貸子倍而益滿之至使老少轉尸溝壑安可以爲民之父母也夫世祿。滕固行之矣。古者諸侯卿大夫士有功德則世祿賜族者也官有世功也其子雖未任居官得世食其父祿賢者子孫必有土之義也滕固知行是矣言亦當恤民之子弟閔其勤勞者也詩云。雨我公田。遂及我私。惟助爲有公田。由

此觀之。雖周亦助也。詩小雅大田之篇言太平時民悅其上願欲天之先雨公田遂以次及我私田也猶殷人助者爲有公田耳此周詩也而云雨公田知雖周家之時亦有助之之制也設爲庠序學校以教之。以學習禮教化於國庠者養也。校者教也。序者射也。夏曰校。殷曰序。周曰庠。學則三代共之。皆所以明人倫也。養者養耆老教者教以禮義射者三耦四矢以達物導氣也學則三代同名皆謂之學學乎人倫人倫者人事也猶洪範曰彝倫攸序謂其常事有序者也人倫明於上。小民親於下。有王者起。必來取法。是爲王者師也。有行三王之道而興起者當取法於有道之國也詩云。周雖舊邦。其命惟新。文王之謂也。子力行之。亦以新子之國。詩大雅文王之篇言周雖后稷以來舊爲諸侯其受王命惟文王新復修治禮義以致之耳以是勸勉文公欲使庶幾新其國也使畢戰問井地。畢戰滕臣也問古井田之法時諸侯各去典籍人自爲政故井田之道不明也孟子曰。子之君。將行仁政。選擇而使子。子必勉之。夫仁政必自經界始。經界不正。井地不鈞。穀祿不平。子畢戰也經亦界也必先正其經界勿慢鄰國乃可均井田平穀祿穀所以爲祿也周禮小司徒云乃經土地而井其田野言正其土地之界乃定受其井牧之處也是故暴君汙吏。必慢其經界。經界既正。分田制祿。可坐而定也。暴君殘虐之君汙吏貪吏也慢經界不正也必相侵陵長爭訟也分田賦廬井也制祿以庶人在官者比上農夫轉以爲差故可坐而定也夫滕壤地褊小。將爲君子焉。將爲野人焉。無君子莫治野人。無野人莫養君子。褊小謂五十里也爲有也雖小國亦有君子亦有野人言足以爲善政也請野九一而助。國中什一使自賦。九一者井田以九頃爲數而供什一郊野之賦也助者殷家稅名也周亦用之龍子所謂莫善於助也時諸侯不行助法國中什一也周禮園廛二十而稅一時行重法賦責之什一也而如也自從也孟子欲請使野人如助法什一而稅之國中從其本賦二十而稅一以寬之也卿以下必有圭田。圭田五十畝。餘夫二十五畝。古者卿以下至於士皆受圭田五十畝所以供祭祀也圭潔也上田故謂之圭田所謂惟士無田則亦不祭言絀士無潔田也井田之民養公田者受百畝圭田半之故五十畝餘夫者一家一人受田其餘老小尚有餘力者受二十五畝半於圭田謂之餘夫也受田者田萊多少有上中下周禮曰餘夫亦如之亦如上中下之制也王制曰夫圭田無征謂餘夫圭田皆不當征賦也時無圭田餘夫孟子欲令復古所以重祭祀利民之道也死徙無出鄉。死謂葬死也徙謂受上易居也肥磽也不出其鄉易爲功也鄉田

同井。出入相友。守望相助。疾病相扶持。則百姓親睦。同鄉之田共井之家各相營勞也出入相友相友耦也周禮大宰曰八曰友以任得民守望相助助察姦惡也疾病相扶持扶持其羸弱救其困急皆所以教民相親睦之道和睦也**方里而井。井九百畝。其中爲公田。八家皆私百畝。同養公田。公事畢。然後敢治私事。所以別野人也。**方一里者九百畝之地也地爲一井八家各私得百畝同共養其公田之苗稼公田八十畝其餘二十畝以爲廬井宅園圃家一畝半也先公後私遂及我私之義也則是野人之事所以別於士伍者也**此其大略也。若夫潤澤之。則在君與子矣。**略要也其井田之大要如是也而加恩惠潤澤之則在滕君與子共戮力撫循之也

〔疏〕滕文公問爲國至則在君與子矣○正義曰此章言尊賢師知采人之善修學校勸禮義敕民事正經界均井田賦十一則爲國之大本也滕文公問爲國者滕文公問孟子治國之道也孟子曰民事不可緩也者孟子荅文公言治國之道惟民事當急而不可緩也詩云晝爾于茅宵爾索綯亟其乘屋其始播百穀者此蓋詩之豳風七月之篇文也言民事於日中則取茅夜中以索綯綯絞索也晝日中也宵夜中也及爾間暇之時則亟疾乘蓋其野外之屋春事始興以爲播百穀爲也以其民事當無休巳孟子所以引此而教之文公也亦欲文公教民如此者爲民之爲道也有恒產者有恒心無恒產者無恒心苟無恒心放辟邪侈無不爲巳及陷乎罪然後從而刑之是罔民也焉有仁人在位罔民而可爲也者此義同前篇此所以復言之者以其前篇孟子爲齊宣陳之也此篇蓋因文公爲治國之道故孟子復此爲荅遂兩載焉此更不說是故賢君制民必恭儉禮下取民有制者言古之賢君必身行恭儉恭則不侮人儉則不奪人非特不侮人不奪人且又禮下接於賢人其取民之賦又有什一之制什一蓋十分則取一而已陽虎曰爲富不仁矣爲仁不富矣者陽虎魯季氏之家臣也孟子言陽虎有云凡爲富者富常聚民之財賄爲已所有故不仁凡爲仁者以其常務博施濟衆故不能富矣孟子今引之而教文公者蓋欲使得其中矣夏后氏五十而貢殷人七十而助周人百畝而徹其實皆什一也徹者徹也助者藉也者言夏后氏之時民耕五十畝田其於貢上之賦但五畝而已是夏后氏五十而貢也殷人之時民耕七十畝田其助公家則七畝而已是殷人七十而助也周人之時民耕百畝其徹取之賦則十而已是周人百畝而徹也總而論之其實皆什一之賦也徹者徹也助者藉也此孟子自解之義也徹猶徹取助但借民力而耕之矣故藉借也夏后氏與殷人周人之稱不同者蓋禹之受禪以繼舜有天下故夏稱后后君也殷周以征伐順人心而有天下故云人也龍子曰治地莫善於助莫不善於貢貢者校數歲之中以爲常者龍子蓋古之賢人也孟子言龍子有云治土地之賦莫善於助者也莫不善於貢也以其助則借民力而耕之其所出在歲之所熟如何耳貢者以其撿校數歲之中以爲有常之例也其歲之所熟則貢之數亦然歲之荒則貢之數亦然蓋以歲荒則有損於民也故曰莫善於助莫不善於貢樂歲粒米狼戾多取之而不爲虐則寡取之凶年糞其田而不足則必取盈焉者此亦孟子自解其上文之言也言豐樂之歲其粒米狼藉饒多雖多取之而不爲暴虐則以寡取之凶荒之年糞其田尚不足則以取滿其常數焉是則校數歲之中以爲常之意也爲民父母使民盻盻然將終歲勤動不得以養其父母又稱貸而益之使老稚轉乎溝壑惡在其爲民父母也孟子言人君爲下民之父母使民盻盻相顧將至終歲勤苦勞動不得以贍養其父母人君在上又更稱貸而益之以滿其常數之貢致使老少羸弱飢餓而轉尸於溝壑之中如此安更可在上爲下民父母也言其不足以爲民父母矣以其爲民父母當子養其民不當如此故也夫世祿滕固行之矣孟子言今夫滕國於世祿固已知行之矣但亦當憐憫民之老少與其勤勞者也世祿者以其有功德之臣則世祿之賜其土地也謂其子雖未任居官得食其父之祿亦必有土地祿之也詩云雨我公田遂及我私惟助爲有公田由此觀之雖周亦助也者此詩蓋小雅大田之篇文也惟助至助也孟子又自言之因詩而解周之亦助也其詩蓋謂民樂其上願欲天之先雨及公田次及我等私田也孟子緣此而觀之遂知雖周百畝而徹取之賦其亦有助之制焉以其惟行助則爲有公田如貢徹則非有公田矣孟子於此所以復辨其周之亦有助法而取民之賦蓋謂其莫善於助之義也設爲庠序學校以教之者此孟子亦欲文公富而教之之意也言又不特止於制民之賦而已既制其祿又當開設爲之庠序學校以教之矣故曰庠者養也校者教也序者射也至是爲王者師也者此孟子欲詳說其庠序學校之意也言庠者所以養耆老於此者也校者所以教禮義於此者也序者所以講射於此而行尊卑揖遜之禮者也夏之時謂之校殷之時謂之序周之時謂之庠然而爲學則三代皆共之皆所以於此而明人倫之序大倫既備明於上小民既親之於其下如有王者興起而用之必來取法於此是爲王者之師也孟子所以區區爲滕文公言及此又欲文公由此化民成俗故也詩云周雖舊邦其命惟新文王之謂也子力行之亦以新子之國者詩云蓋詩大雅文王之篇文也其時周雖自后稷以來但爲之舊邦其受王命復脩治而維新之是文王之謂也孟子言文公但能力行如此而脩治亦以新子之國矣以其欲以此勉文公使庶幾新其國也使畢戰問井地畢戰滕文公之臣也滕文公自問爲國之道孟子告之民事貢賦敕禮義之意其後又使其臣畢戰問孟子以井地之制也孟子曰子之君將行仁政選擇而使子子必勉夫仁政必自經界始經界不正井地不鈞穀祿不平者而以至在君與子矣皆孟子荅畢戰問井地之制也孟子言子之君將欲行其仁政選擇而使子來問以井地之制子必當勉力與民同行之耳夫仁政必自經界爲始如經界不能正之則井地由此不均齊井地不均則穀祿亦不平矣穀所以爲祿故云穀祿是故暴君汙吏必慢其經界至定也者孟子言此故暴虐之君汙濫之吏必慢其經界所以告之以此者孟子欲滕君不爲暴君畢戰不爲汙吏也故如是云然經界既以正則田由此而分平祿由是而得制是其分田制祿可坐而定之也以言其易定也夫滕壤地褊小將爲君子焉將爲野人焉無君子莫治野人無野人莫養君子孟子言今夫滕國土壤之地褊小卽止於五十里然將爲之君子人焉爲之野人焉以其無君子則莫能治其野人無野人則莫能養其君子孟子所以言此者蓋以滕國亦有君子亦有野人足以爲善政也請野九一而助國中什一使自賦至若夫潤澤之則在君與子矣者此皆孟子欲滕國爲善政故以是請教之也今言請於郊野行井田之制以九一而助佐公田爲之賦國中廛園以什一之法使貢自賦之以其十中取一也古者自鄉以下皆有其圭田謂之圭田者所以名其潔而供祭祀之田也言自鄉以下皆受此圭田五十畝餘夫二十五畝以其一家之人受田其餘老少尚有餘力者亦受此圭田二十五畝而已死徙無出鄉以其死葬易居無出其本鄉耳鄉田同井出入相友守望相助疾病相扶持則百姓親睦以其謂同鄉之田共井之家者凡有出入皆相交友爲伴所以同其心也相助以守而此不可以威武奪相助以望而彼不得以投隙來疾病則相扶持其羸弱而救其困急則百姓於是相親和睦矣方里而井以其方一里之地爲之井田九百畝以其一井之田有九百畝其中爲公田以其九百畝於井中抽百畝爲公田之苗稼八家皆私百畝以其八口之家皆受八百畝以爲巳之私田苗稼同養公田公事畢然後敢治私事以其八口之家同共耕養其公田及至公田之事了畢然後耕治已之私田以爲之私事所以別野人也此所以爲野人之事以別於士伍者也此其大略也若夫潤澤之則在君與子矣孟子言此則井田之大要如是也若夫加之以慈惠潤澤之則有在於滕君與子矣子者稱畢戰爲子也○注詩邠風七月之篇至無休巳○正義曰毛氏云宵夜也綯絞也乘升也箋云爾女也汝當晝日往取茅歸夜作絞索以待時用亟急也乘治也十月定星將中急當治野廬之屋其始播百穀謂期來年百穀于公社也此詩蓋陳王業之艱難○注陽虎魯季氏家臣非賢者也○正義曰案論語云陽貨欲見孔子孔子不見孔傳云陽貨陽虎也季氏之家臣而專魯國之政是則姓陽名虎字貨也孔子不見所以知其非賢故也○注詩小雅大田之篇至亦助也○正義曰此蓋幽王之詩也箋云其民之心先公後私令天注雨於公田因及私田爾言民怙君德蒙其餘惠○注洪範彛倫攸敘○正義曰孔安國云彛倫常道也言常道所以次敘也洪大也範道也此箕子陳之於武王者也○注詩大雅文王之篇○正義曰此詩蓋言文王受命作周箋云大王聿來胥宇而國於周王迹起矣而未有天命至文王而受命言新者美之也○注周禮小司徒曰乃經土地而井牧其田野○正義曰鄭注云小司徒爲經之立其五溝五塗之界其制似井之字因取名焉鄭司農云井牧者春秋傳所謂井衍沃牧隰皋者也鄭玄云隰皋之地九夫爲牧二牧而當一井今造都鄙授民田有不易者有一易者有再易者通率二而當一是之謂井牧昔少康在虞思有田一成有衆一旅一旅之衆而田一成則井牧之法先古然矣九夫爲井者方一里九夫所治之田也此制小司徒經之匠人爲之溝洫相包乃成耳○注周禮園廛二十而稅一○正義曰鄭司農云園廛亦輕之者廛無穀園少利也○注周禮曰餘夫亦如之王制曰夫圭田無征○正義曰鄭司農云戶計一夫一婦而賦之田其一戶有數口者餘夫亦受此田也夫圭田無征者鄭氏云夫猶治也征稅也治圭田者不稅所以厚賢也此則周禮之士田以在近郊之地者也○注周禮大宰曰八曰友以任得民○正義曰案大宰之職以九兩繫邦國之民一曰牧以地得民二曰長以貴得民三曰師以賢得民四曰儒以道得民八曰友以任得民九曰藪以富得民注云兩猶耦也所以協耦萬民繫聯綴也牧州長也長諸侯也師諸侯師氏有德行教民者也儒諸侯保氏有六藝以教民者也宗繼別爲大宗牧族者也鄭司農云主謂公卿大夫世世食至不絶者也吏小吏在鄉邑者友謂同井相合耦勸作者藪亦有虞掌其政令爲之厲禁者使其地之民守其財物者此大宰之職有是以掌之也

孟子注疏卷五上校勘記　阮元撰盧宣旬摘錄

旻公於當時　閩監毛三本孔本韓本作文公於當時宋本無於當時三字

猶衛靈公問陳於孔子論語因以題篇　閩監毛三本孔本韓本同宋本考文

古本作若弟子之問師故以題篇

慈惠愛民曰　此下脫文字閩本同監毛本增是也

考公麋　閩監毛三本同廖本孔本韓本麋作靡音義云從禾作麋是也考文古本考公作孝公下同

似後世避諱　孔本似作以

故勉世子　閩監毛三本同廖本孔本韓本考文古本作欲勸勉世子也

天下之道一而已矣　閩監毛三本同廖本作夫天下之道一言已矣孔本韓本作夫天下之道一言而已考文古本足利本一而已矣作一言而已

復何疑邪　閩監毛三本同廖本孔本韓本考文古本邪作也

同丈夫　閩監毛三本同宋本孔本韓本考文古本下有耳字

何爲畏彼之哉　閩本同監毛本考文古本作我何爲畏之哉孔本韓本無彼字

言欲有爲　閩監毛三本同孔本韓本考文古本爲上有所字

可得大五十里　廖本孔本韓本考文古本同閩監毛三本大誤夫

若藥不瞑眩　音義云又作眠眴

瞑眩憒亂　音義云瞑或作傎

乃得瘳愈　閩監毛三本同廖本孔本韓本考文古本下有也字

▲德惠乃治也　閩監毛三本同孔本韓本無也字足利本洽作治非

▲章指言人　韓本人下有主字

當上則聖人秉仁行義高山景行庶幾不倦論語曰力行近仁蓋不虛云

言人上當則聖人　閩本同監毛本上作主案此約章指文上當當作當上監本剜改作主非

齋疏之服　閩監毛三本孔本齋作齊韓本作齋案音義出齋疏作齋采用音義也○按作齊者經典假借字也作齋者正字也作齋者齋之誤

三代以事　閩監毛三本事作前廖本孔本韓本考文古本足利本事作來

齊衰也　閩監毛三本孔本韓本同考文古本衰作縗案音義出縗字云或作衰

麋粥也　閩監毛三本同宋本孔本韓本麋作饘音義出饘字云字亦作饘案饘字大誤

滕文同姓異姓諸臣也　閩監毛三本同宋本孔本韓本考文古本文作之

且志曰　此與左傳且諺曰匪宅是卜惟鄰是卜文法正同依趙注疑且字下奪曰字左傳亦然

言我轉有所受之　閩監毛三本同宋本孔本韓本考文古本受上有承字廖本承作丞

故曰吾有所受　閩監毛三本下有也字廖本孔本韓本考文古本無此句無者是

使其信我也　閩監毛三本同宋本岳本孔本韓本考文古本無其字

以君先哀之也　閩監毛三本同宋本孔本韓本考文古本之作故浦鏜云哀誤哀非也

草上之風　閩監毛三本同石經廖本孔本韓本上作尚

大悅其孝行之高美也已　閩監毛三本同廖本孔本韓本考文古本無已字

▲章指言事莫當於奉禮孝莫大於哀慟從善如流文公之謂也

鄭書之屬也　閩監毛三本書作志

父大喪記云　父又之誤閩監毛三本不誤大喪當作喪太

詩云　石經孔本韓本同閩本云誤曰監毛本承其誤

晝爾于茅　音義張云或作苗誤也○按士相見禮在野則曰草茅之臣注古文茅作苗是茅苗古通用張說非也茅山古曰苗山魏有苗茨之碑即茅茨之碑

有恒產者有恒心　石經恒諱作常下同

放邪侈　放下脫辟字今補正閩監毛三本不脫宋本孔本韓本辟作僻侈音義張云諸本作移誤也案作移者別是一本非誤也說見前

是罔民也　音義張云罔或作司誤也案作司者即今之伺字

不過十一之制也　十字此本模糊閩監毛三本如此宋本孔本韓本考文古本十作什

殷人七十而助　石經殷諱作商下同

徹猶取人徹取物也　閩監毛三本同岳本宋本廖本孔本韓本考文古本無上取字無者是

故謂之莫不善於貢也　閩監毛三本同廖本孔本韓本足利本無於貢二字

而反以常數少取之　閩監毛三本孔本韓本同廖本考文古本足利本數作類

民人糞其田　閩監毛三本同宋本孔本韓本考文古本糞下有治字

與民同之也　閩監毛三本孔本同廖本韓本考文古本無之字

使民盻盻然　音義丁作肹○按盻字見說文云恨視兒但趙注以勤苦不休息爲訓趙作肹不作盻也說文肹蠁布也肸振也肹肹古通用肹肹猶屑屑方言曰屑屑不安也

至使老少轉尸溝壑　閩監毛三本同宋本少作小尸作乎岳本孔本韓本少作小足利本尸下有乎字

其子雖未任居官　閩監毛三本韓本同孔本考文古本任作士音義出未任音壬作任是也

得世食其父祿　閩監毛三本孔本韓本同宋本得作則

猶殷人助者　宋本孔本考文古本足利本同閩監毛三本韓本猶作惟案猶當獨字之誤閩本改爲惟非也

知雖周家之時亦有助之之制也　閩監毛三本同宋本岳本亦有助之之制也作亦助也孔本韓本足利本作知雖周家時亦助也考文古本之時之制無之字

謂其常事有序者也　閩監毛三本同宋本孔本韓本足利本作謂常事所序也考文古本無其字有作所

其命惟新　石經宋九經本岳本咸淳衢州本廖本孔本韓本同閩監毛三本惟作維

詩大雅文王之篇　補此本誤重文字

井地不鈞　石經岳本咸淳衢州本廖本孔本韓本考文古本足利本同閩監毛三本鈞作均

勿慢鄰國　此本慢字模糊閩監毛三本如此廖本孔本韓本考文古本作侵案侵是也

小司徒云　此本云字模糊閩監毛三本如此孔本韓本考文古本作曰

而井其田野　補案井下應有牧字

不正也　閩監毛三本同廖本孔本韓本考文古本作不正本也

時行重法賦　閩監毛三本同宋本孔本韓本考文古本無法字

所以供祭祀也　閩監毛三本同岳本孔本韓本考文古本無也字

上田　宋本考文古本同閩監毛三本孔本韓本上作十

其餘老小　廖本孔本韓本同閩監毛三本小作少

亦如上中下之制也　宋本孔本韓本同閩監毛三本制誤等

皆不當征賦也　此本當字模糊閩監毛三本如此廖本孔本韓本考文古本作出

時無圭田餘夫　時宋本作詩誤也

謂受土易居也肥磽也　上也字模糊閩監毛三本如此廖本孔本韓本受作爰上也作平考文古本上也作平○按作爰作平是爰上即國語之轅田賈侍中云轅易也爲易田之法左傳作爰田食貨志曰三歲更耕之自爰其處公羊傳注曰三年一換土易居然則爰者換也平肥磽者謂一易之地家百畝再易之地家二百畝三易之地家三百畝無偏枯不均也

助察姦惡也　閩監毛三本同廖本孔本韓本考文古本無惡字

和睦也　閩監毛三本同廖本孔本韓本考文古本作睦和也爲是

地爲一井　閩監毛三本同廖本孔本韓本考文古本無地字

以爲廬井宅園圃家一畝半也　閩監毛三本同廖本孔本韓本考文古本無井字一

作二。按無井字非也穀梁傳曰古者公田爲居井竈蔥韭取焉一作二是也此二畝半合城保二畝半是爲五畝之宅

別於士伍者也閩監毛三本孔本同韓本考文古本伍作位

章指言尊賢師知采人之善足利本作言非善之至也韓本脫此四字修學校勸禮義勑民事正經界鈞孔本韓本作均井田賦什一則爲國之大本也

子必勉下脫之字閩監毛三本不脫

蓋目至在君與子矣閩監毛三本蓋目作而以今據改

而未有天命閩監毛三本未作永

四曰儒以道得民八曰友以任得民八曰上脫五曰宗以族得民六曰主以利得民七曰吏以治得民三句閩監毛三本不脫

孟子注疏卷五上挍勘記

孟子注疏解經卷第五下

滕文公章句上　趙氏注　孫奭疏

有爲神農之言者許行。自楚之滕。踵門而告文公曰。遠方之人。聞君行仁政。願受一廛而爲氓。神農三皇之君炎帝神農氏許姓行名也治爲神農之道者踵至也廛居也自稱遠方之人願爲氓氓野人也文公與之處。其徒數十人。皆衣褐。捆屨織席。以爲食。文公與之居處舍之宅也其徒學其業者也衣褐貧也捆猶叩椓也織屨欲使堅故叩之也賣屨席以供飲食也陳良之徒陳相。與其弟辛。負耒耜而自宋之滕。曰。聞君行聖人之政。是亦聖人也。願爲聖人氓。陳良儒者也陳相良之門徒也辛相弟也聖人之政謂仁政也陳相見許行而大悅。盡棄其學而學焉。棄陳良之儒道更學許行神農之道也陳相見孟子。道許行之言曰。滕君則誠賢君也。雖然。未聞道也。陳相言許行以爲滕君未達至道也賢者與民並耕而食。饔飧而治。今也滕有倉廩府庫。則是厲民而以自養也。惡得賢。相言許子以爲古賢君當與民並耕而各自食其力饔飧熟食也朝曰饔夕曰飧當身自具其食兼治民事耳今滕賦稅有倉廩府庫之富是爲厲病其民以自奉養安得爲賢君乎三皇之時質樸無事故道若此者也孟子曰。許子必種粟而後食乎。問許子必自身種粟乃食之邪曰。然。相曰然許子自種之許子必織布然後衣乎。孟子曰許子自織布然後衣之乎曰。否。許子衣褐。相曰不自織布許子衣褐以毳織之若今馬衣也或曰褐枲衣也一曰粗布衣也許子冠乎。孟子問相冠乎曰。冠。相曰冠也曰。奚冠。孟子問許子何冠也曰。冠素。相曰許子冠素曰。自織之與。曰。否。以粟易之。相言許子以粟易素曰。許子奚爲不自織。孟子曰許子自織素乎曰。害於耕。相曰織紡害於耕故不自織也曰。許子以釜甑爨。以鐵耕乎。爨炊也孟子曰許子寧以釜甑炊食以鐵爲犁用之耕否邪曰。然。相曰用之自爲之與。孟子曰許子自治鐵陶瓦器邪曰。否。以粟易之。相曰不自作鐵瓦以粟易之也以粟易械器者。不爲厲陶冶。陶冶亦以其械器易粟者。豈爲厲農夫哉。且許子何不爲陶冶。舍皆取諸其宮中而用之。何爲紛紛然。與百工交易。何許子之不憚煩。械器之摠名也厲病也以粟易器不病陶冶陶冶亦何以爲病農夫乎且許子何爲不自陶冶舍者止也止不肯皆自取之其宮宅中而用之何爲反與百工交易紛紛而爲之煩也曰。百工之事。固不可耕且爲也。相曰百工之事固不可耕且爲故交易也然則治天下。獨可耕且爲與。孟子言百工各爲其事尚不可得耕且兼之人君自天子以下當治天下政事此反可耕且爲邪欲以窮許行之非滕君不親耕也孟子謂五帝以來有禮義上下之事不得復若三皇之道也言許子不知禮者也有大人之事。有小人之事。且一人之身。而百工之所爲備。如必自爲而後用之。是率天下而路也。孟子言人道自有大人之事謂人君行教化也小人之事謂農工商也一人而備百工之所作作之乃得用之者是率導天下人以羸困之路也故曰是率天下而路也故曰。或勞心。或勞力。勞心者治人。勞力者治於人。治於人者食人。治人者食於人。天下之通義也。勞心君也勞力民也君施教以治理之民竭力治公田以奉養其上天下通義所常行者也當堯之時。天下猶未平。洪水橫流。氾濫於天下。草木暢茂。禽獸繁殖。五穀不登。禽獸偪人。獸蹄鳥迹之道。交於中國。堯獨憂之。舉舜而敷治焉。遭洪水故天下未平水盛故草木暢茂草木盛故禽獸繁息衆多也登升也五穀不足升用也猛獸之迹當在山林而反交於中國懼害人故堯獨憂念之敷治也書曰禹敷土是言治其土也舜使益掌火。益烈山澤而焚之。禽獸逃匿。掌主也主火之官猶古之火正也烈熾益視山澤草木熾者而焚之故禽獸逃匿而奔走遠竄也禹疏九河。瀹濟漯。而注諸海。決汝漢。排淮泗。而注之江。然後中國可得而食也。當是時也。禹八年於外。三過其門而不入。雖欲耕。得乎。疏通也瀹治也排壅也於是水害除故中國之地可得耕而食也禹勤事於外八年之中三過其門而不入書曰辛壬癸甲啟呱呱而泣如此寧可得耕也后稷教民稼穡。樹藝五穀。五穀熟而民人育。棄爲后稷也樹種藝殖也五穀謂稻黍稷麥菽也五穀所以養人也故言民人育也人之有道也。飽食煖衣。逸居而無教。則近於禽獸。聖人有憂之。使契爲司徒。教以人倫。父子有親。君臣有義。夫婦有別。長幼有敘。朋友有信。司徒主人教以人事父父子子君君臣臣夫夫婦婦兄兄弟弟朋友貴信是爲契之所教也放勳曰。勞之來之。匡之直之。輔

之翼之。使自得之。又從而振德之。放勳堯號也遭水災恐其小民放僻邪侈故勞來之匡正直其曲心使自得其本善性然後又從而振其羸窮德恩惠之德也聖人之憂民如此。而暇耕乎。重喻陳相堯以不得舜爲已憂。舜以不得禹皋陶爲已憂。夫以百畝之不易爲已憂者。農夫也。分人以財謂之惠。教人以善謂之忠。爲天下得人者謂之仁。言聖人以不得賢聖之臣爲已憂農夫以百畝不易治爲已憂是故以天下與人易。爲天下得人難。爲天下求能治天下者難得也故言以天下傳與人尚爲易也孔子曰。大哉堯之爲君。惟天爲大。惟堯則之。蕩蕩乎民無能名焉。君哉舜也。巍巍乎有天下而不與焉。堯舜之治天下。豈無所用其心哉。亦不用於耕耳。天道蕩蕩乎大無私生萬物而不知其所由來堯法天故民無能名堯德者也舜得人君之道哉德盛而巍巍乎有天下之位雖貴盛不能與益舜巍巍之德言德之大大於天子位也堯舜蕩蕩巍巍如此但不用心於躬自耕也吾聞用夏變夷者。未聞變於夷者也。言以諸夏之禮義化變蠻夷之人耳未聞變化於夷蠻之人同其道也陳良楚產也。悅周公仲尼之道。北學於中國。北方之學者。未能或之先也。彼所謂豪傑之士也。子之兄弟。事之數十年。師死而遂倍之。陳良生於楚北遊中國學者不能有先之也所謂豪傑過人之士也子之兄弟謂陳相陳辛也數十年師事陳良良死而倍之更學於許行非之也昔者孔子沒。三年之外。門人治任將歸。入揖於子貢。相嚮而哭。皆失聲。然後歸。子貢反築室於場。獨居三年。然後歸。任擔也失聲悲不能成聲場孔子冢上祭祀壇場也子貢獨於場左右築室復三年慎終追遠也他日。子夏子張子游。以有若似聖人。欲以所事孔子事之。彊曾子。曾子曰。不可。江漢以濯之。秋陽以暴之。皜皜乎不可尚已。有若之貌似孔子此三子者思孔子而不可復見故欲尊有若以作聖人朝夕奉事之禮如事孔子以慰思也曾子不肯以爲聖人之潔白如濯之江漢暴之秋陽秋陽周之秋夏之五六月盛陽也皜皜白甚也何可尚而乃欲以有若之質於聖人之坐席乎尊師道故不肯也今也南蠻鴃舌之人。非先王之道。子倍子之師而學之。亦異於曾子矣。吾聞出於幽谷。遷于喬木者。未聞下喬木而入于幽谷者。今此許行乃南楚蠻夷其舌之惡如鴃鳥耳鴃博勞鳥也詩云七月鳴鴃應陰而後動者也許子託於太古非先聖王堯舜之道不務仁義而欲使君臣並耕傷害道德惡如鴃舌與曾子之心亦異遠也人當出深谷止喬木今子反下喬木入於幽谷魯頌曰。戎狄是膺。荊舒是懲。周公方且膺之。子是之學。亦爲不善變矣。詩魯頌閟宮之篇也膺擊也懲艾也周家時擊戎狄之不善者懲止荊舒之人使不敢侵陵也周公常欲擊之言南蠻之人難用而子反悅是人而學其道亦爲不善變更矣孟子究陳此者所以責陳相也從許子之道。則市賈不貳。國中無僞。雖使五尺之童適市。莫之或欺。布帛長短同。則賈相若。麻縷絲絮輕重同。則賈相若。五穀多寡同。則賈相若。屨大小同。則賈相若。陳相復爲孟子言此如使從許子淳樸之道可使市無二價不相爲詐不相欺愚小大長短謂丈尺輕重謂斤兩多寡謂斗石大小謂尺寸皆言同價故曰市無二價者也曰。夫物之不齊。物之情也。或相倍蓰。或相什百。或相千萬。子比而同之。是亂天下也。巨屨小屨同賈。人豈爲之哉。從許子之道。相率而爲僞者也。惡能治國家。孟子曰夫萬物好醜異賈精粗異功其不齊同乃物之情性也蓰五倍也什十倍也至於千萬相倍譬若和氏之璧雖與凡玉之璧尺寸厚薄適等其價豈可同哉子欲以大小相比而同之則使天下有爭亂之道也巨粗屨也小細屨也如使同價而賣之人豈肯作其細哉時許子教人僞者耳安能治其國家者也

【疏】有爲神農之言至惡能治國家○正義曰此章言神農務本教以凡民許行蔽道同之君臣陳相倍師降於幽谷不理物情謂之淳樸者有爲神農者許行至願受一廛而爲氓者神農炎帝氏也許行南蠻之人也姓許名行也自楚之地往滕國至門而言告於文公曰我是遠方楚蠻之人聞滕君行仁政於此我今所以來至心願受一廛居之以爲之氓也氓野人之稱已說在孫丑篇文公之處其徒數十人皆衣褐捆屨織席以爲食言文公乃與許行之居而處之其許行之徒弟有數十人皆衣短褐叩捆織屨席以供其飲食也陳良之徒陳相與其弟辛至願爲聖人氓陳良儒者也陳相與其陳辛二人皆陳良徒弟也言陳良徒弟陳相與其弟辛背負其耒耜而從宋國往滕國而向滕君曰我聞知君行聖人之政事是爲聖人者也今願爲聖人之氓陳相見許行而大悅盡棄其學而學焉言陳相至滕乃見許行而大悅樂之遂盡棄去陳良之儒學而就學於許行之道陳相見孟子道許行之言曰至惡得其賢言陳相後見孟子乃道許行之言曰滕君則誠爲賢君者也雖然未聞至道也古之賢君乃與民同耕而食饔飧而兼治政事朝食曰饔夕曰飧今也滕君乃取財稅而有倉廩府庫之富則是厲病其民以自奉養也安得謂之賢君乎倉廩釋名曰倉藏也藏穀物也廩倉有屋曰廩孟子問許子必種粟而後食乎曰然陳相荅之以爲許行是自種而後食也許子必織布然後衣乎孟子又問許子必自織布然後衣着乎曰許子予衣褐陳相荅之許子不自紡織其布爲衣以其即著枲布也許子冠乎孟子問許子戴冠乎曰冠陳相荅之許子戴冠也曰奚冠孟子又問許子戴何冠曰冠素陳相荅之許子冠以素爲之爾素鳥也曰自織之歟孟子又問許子以素爲冠其自織之歟曰否以粟易之陳相荅之許子不自織爲冠以粟更易之而已曰許子奚爲不自織孟子又問許子何爲而不自織爲之乎曰害於耕陳相荅之以謂許子不自織爲之也以其自織者斯害於耕也曰許子以釜甑爨以鐵耕乎孟子又問許子寧以釜甑炊食以鐵爲犁用之耕否乎曰然陳相荅之以爲許子用之也自爲之歟孟子又問許子是自爲釜甑炊食鐵犁耕乎曰否以粟易之陳相荅以爲許子之不自爲也以粟更易之而已以粟易械器者不爲厲陶冶至何許子之不憚煩孟子又復問以許子將粟更易械器者不以厲病於陶冶陶冶亦以器更易之以粟豈爲病厲其農夫哉陶作瓦器之匠也冶鑄金之匠也且許子何不自爲之陶冶止皆取其宮室之中而用之乎何爲更紛紛然交易於百工歟何許子之不畏其煩故以此欲排之陳相也曰百工之事固不可耕且爲也陳相又荅之以謂百工之事固不可耕且爲之也所以用交易而用之耳然則治天下獨可耕且爲之歟孟子又排之如是則爲國君治天下獨可自耕且又爲政事以治天下歟陳相及此以應荅故孟子一向自言而排之乃曰有大人之事大人之事則國君行教化也有小人之事即農工商也且以一人之身而用百工之所作爲備具如必皆用自爲然後方行用之也此則驅率天下之人以羸困之路也又一說云如此是驅率天下之人如道路之人但泛視而不知上下貴賤耳以其許行陳相皆欲君民並耕不知有上下貴賤相待故以此說據下文意義相通堪以此說爲尚所及亡羸困之路者但趙注之說耳詳而推之羸困之路不若此說故曰或勞心或勞力至天下之通義也者此下文之如此也言天下之人有但或勞其力但或勞其心者勞其心所以制政教而治天下之人耳勞其力所以見治於上人而已見治於上之人者竭力治公田以奉養上之人也治天下之人者以其爵祿皆出民之賦稅故食於人而已言此是天下通義人所常行者也上之人君爲言也下之人民爲言也以此推之則上下貴賤有所相待耳當堯之時天下猶未平至舉舜而敷治焉孟子又言當古之唐堯盛帝之時天下猶尚未平是以其大水橫流逆其勢汎汎濫濁徧於天下草木由是暢茂敷實禽獸又由此而繁息而生殖焉五穀黍稷稻麥菽於是不豐登禽獸亦偪害於人猛獸之迹交馳於中國之道堯帝乃獨自憂懼之以其有傷害於人民故舉用虞舜而廣治之廣治其水土也舜使益掌火至禹疏九河后稷教民稼穡又至使契爲司徒止於亦不用於耕耳言舜因堯帝舉用乃使伯益爲掌火之官益視山澤草木煩盛乃烈山澤而焚燒之禽獸於是懼而逃匿遠竄而不敢出又使禹疏通九河又瀹治濟漯之水而流注歸海又開決汝漢之水而排壅淮泗二水而同流注歸之江九河在東北案爾雅云九河一曰徒駭二曰太史三曰馬頰四曰覆釜五曰湖蘇六曰簡七曰潔八曰鉤盤九曰鬲津是也江九江也案潯陽記有云一曰烏江二曰蚌江三曰烏白江四曰嘉靡江五曰箇江六曰提江七曰廩江八曰源江九曰畎江是也然後中國之地人方可耕藝而食也當此之時大禹八年在外治水土經三次過其家門而不得入其家雖欲於時耕作之其可得乎又使后稷棄教天下民稼穡種樹藝殖五穀五穀既豐熟而天下人民於是得養育其生稼穡者說文云種曰稼斂曰穡也人之於是有養生之道飽食而煖衣逸樂居處而無

以教之則近類於禽獸以其不知高下也聖人有憂懼其民如此舜又使契爲司徒之官教以人倫使天下之人知父子有親親慈孝君臣有尊卑之義夫婦有交別長幼有等叙朋友有忠信又言放勳有曰勞之來之匡之直之輔之翼之使自得之又從而振德之民之有勤勞於事者有以償其勞故曰勞之因其民之來歸者有以償其來故曰來之民之既能直其心故以正其直爲之正故曰匡之民之或曲其心故以正其曲爲之直故曰直之輔之如車輔使民有所安於業故曰輔之翼之如羽翼使民有所進於道故曰翼之勞之來之匡之直之輔之翼之所以欲使其自得悅樂之而已矣民既自得而悅樂之於是又從加之恩惠而振德之振德即恩惠耳言聖人之憂於天下之民如此尚何暇以耕爲乎又言堯以不得舜而舉用使敷治焉則爲民之憂舜既得堯舉而用之如舜復不得皐陶禹爲輔則亦爲已之憂今夫以百畝之難耕恐爲已所憂者農夫也分人以財謂之惠教人以善謂之忠爲天下得人謂之仁以言其以已之財物布與人者是謂之惠也以已之有善而以教諸人謂其心之忠也中心之謂忠爲天下求得其人而治天下者是謂其仁者也愛人之謂仁所以爲天下求得其人不過愛天下之人故如是也是故以天下與人易爲天下得人難孟子言如此故以天下傳與其人尚以爲易也爲天下得其人而治天下者猶以爲難孔子曰大哉堯之爲君惟天爲大惟堯則之蕩蕩乎民無能名焉至亦不用於耕耳孟子又引孔子有云大哉堯帝之爲君也惟上天之爲大而不可尚惟堯帝又能則法上天而行之故蕩蕩然其德之大而民無有能指名之者亦若上天之蕩蕩其覆載之德人亦不能指名而窮極之故也德於堯如此其大故孔子所以曰大哉堯之爲君君哉舜也巍巍乎其功德之大如此而天下之事未嘗自與及焉無他以其急於得人而輔之耳所以但無爲而享之故不必自與及焉然則堯帝舜帝之治天下豈爲無所用其心哉以其但急用心於得賢亦且不用於躬耕耳孟子所以言至於此者蓋欲排許子於陳相欲以滕君與民並耕而食故演之以此也是所以謂之之云耳吾聞用夏變夷者未聞變於夷者也至亦爲不善變矣者此蓋孟子又欲以此而議陳相學於許行者也言其聞用中夏之禮義而變化於蠻夷之人未聞以蠻夷之道而變化於中夏也且陳良自楚國而生也悅樂其周公仲尼之大道乃自楚之南而往北求學於中國蓋中國以楚地觀之則中國在北之地故也北方之學者未能有人或先之陳良彼陳良所謂豪傑過人之士者也子之兄弟以師事數十年矣至師死而遂背去其所學而學於許行故以此而譏之言往日孔子喪没至於三年之外其門人有治擔任而將歸室者乃至子貢之所入揖於子貢相向面而哭乃至悲不成聲然後歸之室復感發子貢追思孔子又反至築室於孔子冢上之壇獨居又至三年然後方辭冢室而歸處又及他日子夏子張子游三人以有若之貌狀似孔子聖人三人遂欲以往日所事孔子之禮且夕奉事有子至勉强曾子同以此事之曾子乃曰不可言江漢以濯之則至清而不可汚秋陽以曝之則至明而不可掩其孔子如此江漢秋陽皜皜然清潔明白不可得而尚耳故不可以有若比之而以事孔子之禮事之也孟子所以言之以此者蓋謂孔子之死至三年之久而門人尚歸與子貢相向而哭乃至悲而不成聲又感子貢復築室於冢上而追思之以至子張子游子夏欲慰其心思乃强曾子同以往日事孔子之禮而事之有若曾子尚不忍以有若加於孔子而今子之兄弟但自師死之未久遂便以背去之而欲以許行爲師而就學之何忍之如是邪故以此非之然前又所謂用夏變夷即陳良北學中國以周公仲

尼之道爲悅是又孟子明言之也豈見如許行陳相兄弟用蠻夷之事而欲變於滕國也今也南蠻鴃舌之人非先王之道子倍子之師而學之至爲不善變矣孟子言今也許行乃南蠻鴃舌之惡如於鳥者也所行皆非先王之正道而子之兄弟皆背去其已之師陳良而以學許行是亦有興於曾子不忍以有若加孔子矣我聞出自幽谷之内而遷登于高大之木者未聞有下高大之木而遷入于幽谷之内者也又魯頌閟宮之篇有曰戎狄之人不善周公於是膺擊之荆舒之人亦不善周公於是懲誠之然則戎狄之人周公方且膺擊之今以南蠻之人反悅其道而以學之亦爲不善變更者矣蓋戎狄荆舒皆南蠻之地也然周公一則膺擊之一則但懲誠之是何邪夫以戎狄之地遠荆舒之地近以遠者有所膺擊則近者自然從而治也故戎狄是膺荆舒是懲矣此孟子所以又執此而非之陳相兄弟學于許行爲不善更變其師者焉從許子之道則市價相若者此乃陳相之言從許行之道爲美之之意於孟子也言今從許行之道而行之則市中物價貴賤則一而不二也國中亦無姦僞欺許雖使五尺之童子往市中亦莫有人或敢斯瞞之也以其布與絹帛長短則同其價例則相若不異麻縷絲絮四者輕重又同而價例亦相若而更無高低五穀斗量多寡亦則同而價例亦相若脚屨大小亦同而價則相若凡此是皆市無二價也故以此言於孟子曰夫物之不齊物之情也至惡能治國家此孟子又從而排之也言夫萬物之不齊等是物有貴賤好惡之情也然或相倍蓰或相什伯或相千萬其不同之有如此而子今以爲上皆同之而無二價是使天下交事而亂之也大屨與小屨同其價則人必爲之小屨而賣之而大屨豈爲之哉言此屨之大小則其他物之貴賤不言而可知矣今從許行之道者是相驅卒而作詐僞者也又安能治國家焉此孟子至終而闢之以此也○注神農三皇之君炎帝神農氏也○正義曰案皇甫謐曰易稱包羲氏沒神農氏作是爲炎帝班固云教民耕農故號曰神農○注褐馬衣至袍布衣也○正義曰案説文云編枲襪也一曰短衣也又曰袍也馬被衣也○注古火正○正義曰案左傳昭公二十九年有五行之官木正曰勾芒火正曰祝融金正曰蓐收水正曰玄冥土正曰后土顓頊氏之子曰犂爲祝融是爲火正故也○注書曰辛壬癸甲啟呱呱而泣○正義曰案孔傳云辛日娶妻至于甲日復往治水啟禹之子禹治水過門不入聞啟泣聲不暇子名之以大治度水土之功故也○注放勳堯名也○正義曰案徐廣云放勳號陶唐也孔安國云堯能放上世之功化也○注場孔子冢上祭祀壇場○正義曰案史記云孔子葬魯城北泗上皇覽曰孔子冢去城一里冢營百畝南北廣十步東西十三步高一丈二尺冢前以瓴甓爲祠壇方六尺與地平之無祠堂冢營中樹以百數皆異種魯人世世無能名其樹者民傳言孔子弟子異國人各持其方樹來種之其樹柞枌維離女貞五味毚檀之樹塋中不生荆棘及刺人草○注魯頌閟宮之篇○正義曰此詩頌僖公能復周公之宇也箋云懲艾也僖公與齊桓舉義兵北當戎狄南艾荆與羣舒是其解也

墨者夷之。因徐辟而求見孟子。夷之治墨家之道者徐辟孟子弟子也求見孟子欲以辯道也孟子曰。吾固願見。今吾尚病。病愈。我且往見。我常願見之今值我病不能見也病愈將自往見以辭卻之夷子不來。他日。又求見孟子。是日夷子聞孟子病故不來他日復往求見之孟子曰。吾今則可以見矣。不直。則道不見。我且直之。告徐子曰今我可以見夷之矣不直言之則儒家聖道不見我且欲直攻之也吾聞夷子墨者。墨之治喪也。以薄爲其道也。夷子思以易天下。豈以爲非是而不貴也。然而夷子葬其親厚。則是以所賤事親也。我聞夷子爲墨道者墨者治喪貴薄而賤厚夷子欲以此道易天下之化使從已豈肯以薄爲非是而不貴之也如使夷子葬其父母厚也是以所賤之道事其親也如其薄也下言上世不葬者又可鄙足以爲戒也吾欲以此攻之者也徐子以告夷子。夷子曰。儒者之道。古之人若保赤子。此言何謂也。之則以爲愛無差等。施由親始。之夷子名也蓋儒家者曰古之洽卽若愛赤子此何謂乎之以爲當同其恩愛無有差次等級親疏也但施愛之事先從已親屬始耳若此何爲獨非墨道也徐子以告孟子。孟子曰。夫夷子信以爲人之親其兄之子。爲若親其鄰之赤子乎。彼有取爾也。赤子匍匐將入井。非赤子之罪也。親愛也夫夷子以爲人愛兄子與愛鄰人之子等耶彼取赤子將入井雖他人子亦愛救之故謂之愛同也但以赤子無知故救之耳夷子必以此況之未盡達人情者也故曰赤子匍匐將入井非赤子之罪也且天之生物也。使之一本。而夷子二本故也。天生萬物各由一本而出今夷子以他人之親與已親等是爲二本故欲同其愛也蓋上世嘗有不葬其親者。其親死則舉而委之於壑。上世未制禮之時壑路傍坑壑也其父母終舉而委之棄於壑也他日過之。狐狸食之。蠅蚋姑嘬之。其顙有泚。睨而不視。夫泚也。非爲人泚。中心達於面目。蓋歸反虆梩而掩之。掩之誠是也。則孝子仁人之掩其親。亦必有道矣。嘬相共食之也顙額也泚汗出泚泚然也見其親爲獸蟲所食形體毀敗中心慙故汗泚泚然出於額非爲他人而慙也自出其心聖人緣人心而制禮也虆梩籠臿之屬可以取土者也而掩之實是其道則孝子仁人掩其親亦有道矣徐子以告夷子。夷子憮然爲間曰。命之矣。孟子言是以爲墨家薄葬不合道也徐子復以告夷子夷子憮然者猶悵然也爲間者有頃之間也命之猶言受命教矣〔疏〕墨者夷之至命之矣○正義曰此章言聖人緣情制禮奉終墨子互同質而違中以直正枉憮然改容而受命也墨者夷之因徐辟而見孟子夷之治墨家之道者姓名也徐辟孟子弟子也言治墨家之道者夷之因孟子弟子徐辟而見孟子也孟子曰吾固願見今吾尚正病且待病之瘥愈我以往而見之也夷子不來他日又求見孟子夷子聞孟子以爲尚病故不來見至於他日復往求見孟子孟子曰吾今則可以見矣不直則道不見我且直之孟子

見夷子復來求見遂不得已先言於徐子曰我今則可以見矣欲不見則不得直已之道而正之儒家先王之正道則泯而不見我且見而直已之道而正彼也吾聞夷子墨者墨之治喪也以薄爲其道也至是以所賤事親也此孟子以此告徐子是其直已之道而正夷子也以其夷子既以厚葬其親而尚治其墨家之道故不知以此厚其親是儒家之正道而已孟子所以反覆直而正之乃囙徐子而告之曰我聞夷子治墨家之道者也夫墨者治喪不厚但以薄之是爲其道也夷子思以墨道以變易天下之化豈以薄其喪而不貴之者也然而夷子葬其父母以厚爲之則是以墨家所賤者而事父母之親喪也以其墨家賤厚而貴薄也徐子以告夷子徐子囙孟子此言以告之夷子也夷子曰儒者之道古之人若保赤子至施由親始此又夷子以言於徐子而以墨道爲是也乃曰儒者之道有云古之人治民若保安赤子者是言何謂之乎是則以爲恩愛之道無有差等之異也但施行恩愛之道當自父母之親爲始耳我所以厚葬其親何爲獨非以墨道也之夷子自稱已之名也徐子又以夷子此言告於孟子孟子曰夫夷子信以爲人之親其兄之子至亦必有近矣孟子又言今夷子以爲愛無差等是夷子信以爲人親愛其兄之子爲若親愛其鄰家之赤子乎然彼夷子益亦有所取而云耳故亦不足怪也彼夷子必謂孺子有將入井人皆有怵惕惻隱之心故云愛無差等又以古之人若保赤子爲言也盖其赤子匍匐將入於井非赤子之罪惡也但以赤子未有知人故不忍見焉故救之耳今夷子必以此况之而遂以爲愛無差等如親其兄之子爲若親其鄰之赤子同是則親兄之子必亦得將入井然後救之矣是夷子未達人情者也且天之生萬物也皆使之由一本而出矣今夷子以他人之親與已之親同是爲有二本也又安知先王制禮而稱人之情以爲之厚薄施於父子者不以同於兄弟行於同宗者不以行於鄰族也益上世於太古未制禮之時常有不葬其親者其親之死則擡舉而委棄於路傍坑壑之中他日子過之於此見其狐狸野獸食之蠅蚋飛蟲且共嘬食其子之額泚泚然出汗故睨眡而不敢詳視夫子所以有泚泚然之汗於額而出者非爲他人而慙也故如是而泚泚然而出於額也以其中心有所不忍其親之如是故自中心之所痛恨故發之於面目所以有泚泚然之汗出於額也盖不忍之如是乃歸取虆梩籠畚取土而遮掩之誠是其不忍其親之道也是則孝子仁人之心而掩其親亦必有道耳孟子所以言是者益非墨家薄葬爲非而以厚葬爲是故以直其正道矣夫以謂太古未制禮之時子有不忍其親爲獸蟲所食尚知掩之之道况今之世先王所制定其禮而可蔽之墨家道而薄葬爲是而以厚葬爲非邪夷子既以能厚其親而尚不知以墨家之所薄爲非所以執此而直之使正耳徐子以告夷子至命之矣者徐子又因孟子此言而告於夷子夷子乃憮然而覺悟其已之罪故頊然爲間曰我今愛孟子之教命而不敢逆矣

孟子注疏卷五下挍勘記　阮元撰盧宣旬摘錄

炎帝神農氏 閩監毛三本同廖本孔本韓本考文古本下有也字

野人也 閩監毛三本同廖本孔本韓本考文古本作野人之稱

捆屨 音義云張作稛

猶叩椓也 椓从木各本从手誤

以供飲食也 閩監毛三本同廖本孔本韓本飲食作食飲

當與民並耕 廖本當作常

兼治民事耳 此本民字模糊閩監毛三本孔本韓本如此廖本考文古本作政

故道若此者也 閩監毛三本同廖本孔本韓本考文古本無者字

許子必織布然後衣乎 石經廖本孔本閩本同監毛本韓本然誤而

若今馬衣也 閩監毛三本同廖本孔本韓本考文古本也上有者字

孟子問相冠乎 閩監毛三本同廖本孔本韓本考文古本無冠乎二字

曰自織之與 廖本孔本韓本此下有孟子曰許子自織素與注文九字此本及閩監毛三本並脫

孟子曰許子自織素乎 閩監毛三本同廖本孔本韓本考文古本自上有何爲不三字○按有者是也

織紡害於耕 閩監毛三本孔本韓本同廖本紡作妨

陶冶亦以械器易粟者 諸本同一本冶誤治

紛紛而爲之煩也 閩監毛三本同廖本孔本韓本考文古本無而字之字

此反可耕且爲邪 閩監毛三本同廖本孔本韓本可下有得字

不得復若三皇之道也 考文古本同閩監毛三本孔本韓本得作可

言許子不知禮者也 閩監毛三本同岳本孔本韓本考文古本無者字

有小人之事 閩監毛三本孔本韓本同石經考文古本人作民

以羸困之路也 案音義出羸路云字亦作贏案此則宣公所見本無困之二字○按路與露古通用露羸見於古書者多矣大雅串夷載路鄭箋以瘠釋路俗人乃改瘠爲應此添困之二字其謬同也

故曰是率天下而路也 閩監毛三本同宋本廖本孔本韓本考文古本無此九字無者是

勞心君也勞力民也 閩監毛三本同廖本孔本韓本考文古本心力下並有者字

所常行者也 閩監毛三本同廖本孔本韓本考文古本無者字

是言治其土也 閩監毛三本同岳本宋本廖本孔本韓本考文古本作治土也

猶古之火正也 閩監毛三本同孔本韓本考文古本無之字

烈熾 閩監毛三本同廖本孔本韓本考文古本下有也字

熾者而焚之 閩監毛三本同廖本孔本韓本考文古本作熾盛者而焚燒之○按熾盛是也熾盛謂草木不謂火

而奔走遠竄也 閩監毛三本同廖本孔本韓本考文古本無奔走二字

瀹濟漯 音義丁云下他合切作濕誤也案說文濕爲漯之正字乾溼字作溼作濕者乃正字非誤也丁說非詳音義挍勘記

三過其門而不入 閩監毛本同廖本門上有家字孔本韓本考文古本作三過其家門而不得入

如此寧可得耕也 閩監毛三本同岳本也作乎廖本韓本無可字也作乎孔本與廖本同上有弓弗子三字考文古本無可字

樹藝五穀 石經樹諱作植

長幼有敘 石經廖本孔本韓本同閩監毛三本敘作序

司徒主人 考文古本主作得

是爲契之所教也 閩監毛三本同廖本孔本韓本考文古本作契之教也

放勳曰 石經閩監毛三本韓本同孔本曰作日音義出日云丁音馹或作曰誤

匡之直之 石經匡諱作正

堯號也 閩監毛三本孔本韓本同廖本考文古本號作名案考文引堯之號也各注疏本皆無之字益誤衍

遭水災恐其小民放僻邪侈 廖本孔本韓本考文古本同岳本亦作恐宋本恐作悐閩監毛三本災恐作逆行

然後又從而振其羸窮 閩監毛三本同岳本廖本孔本韓本考文古本又下有復字

德恩惠之德也 閩監毛三本同廖本孔本韓本考文古本作加德惠也

不易治爲已憂 閩監毛三本孔本韓本同岳本考文古本易治作治易

德盛乎巍巍乎 宋本孔本考文古本同閩監毛三本韓本上乎作而

當以諸夏之禮義化蠻夷之人耳 廖本孔本韓本考文古本蠻夷作夷蠻閩監毛三本當誤言

同其道也 閩監毛三本同廖本孔本韓本考文古本同作則

不能有先之也 閩監毛三本同廖本孔本韓本考文古本也上有者字

可謂豪傑過人之士也 廖本孔本韓本同閩監毛三本可作所

故欲尊有若以作聖人朝夕奉事之禮如事孔子以慰思也 閩監毛三本同宋本廖本孔本韓本無禮字考文古本以作似無禮字

夏之五六月 閩監毛三本同岳本考文古本五下有月字孔本韓本作夏五六月案注疏本並有之字考文引作夏五六月當是誤脫也

白甚也 閩監毛三本同廖本孔本韓本考文古本作甚白也

於聖人之坐席乎閩監毛三本同廖本孔本韓本考文古本於作放案音義出質放○按放是也放者今之倣字

故不肯也閩監毛三本同廖本孔本韓本考文古本無也字

鴃舌依注則當作鶪鶪者伯勞也見說文

未聞下喬木而入于幽谷者閩監毛三本同廖本孔本韓本于作於

博勞鳥也閩監毛三本同廖本孔本韓本考文古本無鳥字

而後勸者也閩監毛三本勸作動廖本孔本韓本考文古本後勸作殺物是也詩正義引陳思王惡鳥論云伯勞蓋賊害之鳥

止喬木閩監毛三本同廖本孔本韓本考文古本止作上

入於幽谷閩監毛三本同廖本孔本韓本考文古本作入深谷

戎狄是膺音義出膺擊云丁本作應案丁本注既作應則此經必亦作應也

言南蠻之人閩監毛三本同廖本孔本韓本考文古本蠻作夷

可使市無二價閩監毛三本同廖本孔本韓本價作賈下同

不相爲詐閩監毛三本爲作僞孔本韓本考文古本詐作誕

不相欺愚小大閩監毛三本同廖本作不欺愚小大也孔本韓本作不欺愚小民也考文古本作不相欺愚小也○按愚小謂五尺之童也考文古本得之

謂丈尺岳本作謂尺丈

皆言同價故曰市無二賈者也閩監毛三本同廖本孔本韓本考文古本言下有其字無市字足利本無也字

或相什百孔本同石經相什字漫漶餘同閩監毛三本韓本百作伯

豈肯作其細哉閩監毛三本同廖本孔本韓本考文古本哉上有者字

安能治其國家者也閩監毛三本同廖本孔本韓本考文古本無其字

章指言神農務本教於凡民許子蔽道同之君臣陳相倍師降於幽谷不理萬考文古本作方足利本作物韓本同情謂之敦考文引足利本教作淳樸是以孟子博陳堯舜上下之敘以匡之也

說在孫丑篇閩本同監本孫上剜增公字非也毛本同監本

文公之處補公下當有與字監毛本亦脫

惡得其賢閩監本同毛本去其字

許子衣褐補誤重子字監毛本不誤

皆欲君民並耕並下墨丁閩監毛三本如此今據補

此說爲尚此下墨丁閩監毛三本如此今據補

所以亡羸困之路者此本以作及下一字墨丁閩本如此監毛本羸作羸

此下文之如此也此下墨丁閩監毛三本如此今據補

至舉舜而敷治焉舉下墨丁閩監毛三本如此今據補

是以其大水橫流以上墨丁閩監毛三本如此今據補

交馳於中國之道交下二字墨丁閩監毛三本如此今據補

乃獨自憂懼之乃下墨丁閩監毛三本如此今據補

案溽陽端記有云端地之誤閩監毛三本不誤

稼穡種樹種下墨丁閩監毛三本如此今據補

斂曰穡也曰上墨丁閩監毛三本如此今據補

四曰嘉匪江補案匪監毛本並作靡

其覆載之德覆下墨丁閩監毛三本如此今據補

其功德之大其下墨丁閩監毛三本如此今據補

急於得人而輔之耳於下墨丁閩監毛三本如此今據補

但急用心於得賢得下墨丁閩監毛三本如此今據補

至亦爲不善變矣閩監毛三本如此十行本作至亦不爲言矣言下矣上一字墨丁

復往求見之閩監毛三本同廖本孔本韓本考文古本無之字

不直言之閩監毛三本同廖本孔本韓本考文古本言下有攻字

我聞夷子爲墨道者閩監毛三本同廖本孔本韓本考文古本無者字

欲以此道閩監毛三本同廖本孔本韓本考文古本上有思字

事其親也事字模糊閩監毛三本如此廖本孔本韓本考文古本事作奉

足以爲戒也吾欲以此攻之者也閩監毛三本同廖本孔本韓本考文古本無上以字者字

蓋儒家者曰古之治卽若愛赤子蓋字卽若愛三字俱模糊閩監毛三本如此廖本孔本韓本考文古本蓋作言無者字卽作民愛作安

親疏也親疏字模糊閩監毛三本如此廖本孔本韓本考文古本作相殊也

但施厚之事宋本廖本孔本韓本考文古本同閩監毛三本厚作愛

亦愛救之亦愛字模糊閩監毛三本如此廖本孔本韓本考文古本愛作驚

故謂之愛同也閩監毛三本同孔本韓本考文古本無故字

但以赤子無知閩監毛三本同廖本考文古本上有此字下有非其罪惡四字孔本韓本同廖本無此字

故曰赤子匍匐將入井非赤子之罪也閩監毛三本同岳本廖本孔本韓本考文古本無此十五字

舉而委之棄於壑也閩監毛三本同廖本孔本韓本考文古本作舉而委棄之壑中也

狐狸食之石經狸作貍案詩取彼狐狸釋文唐石經皆作貍

蠅蚋姑嘬之音義蚋作蜹張云諸本或作蝎誤也○按姑蓋謂螻蛄隋王劭說方言螻蛄字作姑見列子釋文

蓋歸反虆梩而掩之虆音義云或作蔂

相共食之也閩監毛三本同岳本孔本韓本相作攢攢字是

亦有道矣閩監毛三本同廖本孔本韓本足利本作有以也考文古本無亦字以字

章指言聖人緣情制禮奉終墨子元同質而違中以直正枉憮然改容蓋其理也

孟子注疏解經卷第六上

滕文公章句下 凡十章　趙氏注　孫奭疏

疏 正義曰此卷趙注分上卷爲之者也此卷凡有十章一章言以道正君非禮不運稱大丈夫阿意用謀善戰務勝事雖有剛心歸柔順三章言君子務仕思播其道達義行仁待禮而動苟容干祿踰牆之女人之所賤四章言百工食力以祿養賢修仁尚義國之所尊移風易俗其功可珍雖食諸侯不爲素餐五章言德修無小暴慢無强六章言白沙在泥不染自黑蓬生麻中不扶自直言輔之者衆也七章言道異不謀迫斯强之段泄已甚闞之得宜正已直行不納於邪八章言從善改非坐以待旦知而爲之罪重於故九章言憂世撥亂勤以濟之義以正之十章言聖人之道親親尚和志士之操取介守持凡此十章合上卷五章是滕文公一篇十有五章也

陳代曰。不見諸侯。宜若小然。今一見之。大則以王。小則以霸。且志曰。枉尺而直尋。宜若可爲也。陳代孟子弟子也代見諸侯有來聘請見孟子孟子有所不見以爲孟子欲以是爲介故言此介得無爲狹小乎如一見之儻得行道可以輔致霸王乎志記也枉尺直尋欲使孟子屈己信道故言宜若可爲也孟子曰。昔齊景公田。招虞人以旌。不至。將殺之。虞人守苑囿之吏也招之當以皮冠而以旌故招之而不至也志士不忘在溝壑。勇士不忘喪其元。孔子奚取焉。取非其招不往也。如不待其招而往。何哉。志士守義者也君子固窮故常念死無棺椁沒溝壑而不恨也勇士義勇者也元首也以義則喪首不顧也孔子奚取取守死善道非禮招己則不往言虞人不得其招尚不往如何君子而不待其招直事妄見諸侯者何爲也已且夫枉尺而直尋者。以利言也。如以利。則枉尋直尺而利。亦可爲與。尺小尋者尚可任大就小而以要其利也昔者趙簡子使王良與嬖奚乘。終日而不獲一禽。嬖奚反命曰。天下之賤工也。趙簡子晉卿也王良善御者也嬖奚簡子幸臣也以不能得一禽故反命於簡子謂王良天下鄙賤之工師也或以告王良。良曰。請復之。聞嬖奚賤之故請復與乘强而後可。强嬖奚乃肯行一朝而獲十禽。嬖奚反命曰。天下之良工也。以一朝得十禽故謂之良工簡子曰。我使掌與女乘。掌主也使王良主與女乘謂王良。良不可。王良不肯曰。吾爲之範我馳驅。終日不獲一。爲之詭遇。一朝而獲十。範法也王良曰我爲之法度之御應禮之射正殺之禽不能得一橫而射之曰詭遇非禮之射則能獲十言嬖奚小人也不習於禮也詩云。不失其馳。舍矢如破。我不貫與小人乘。請辭。詩小雅車攻之篇也言御者不失其馳驅之法則射者必中之順毛而入順毛而出一發貫臧應矢而死者如破矣此君子之射也貫習也我不習與小人乘不願掌與嬖奚同乘故請辭御者且羞與射者比。比而得禽獸。雖若丘陵。弗爲也。如枉道而從彼。何也。孟子引此以喻陳代云御者尚知羞恥此射者不欲與比子如何欲使我枉正道而從彼驕慢諸侯而見之乎且子過矣。枉己者。未有能直人者也。謂陳代之言過謬也人當以直矯枉耳己自枉曲何能正人

疏 陳代曰至未有能直人者也○正義曰此章言修禮守正非招不往枉道富貴君子不許也陳代曰不見諸侯宜若小然今一見之大則以王小則以霸且志曰枉尺而直尋宜若可爲也者陳代孟子弟子也問孟子以謂今不見諸侯是宜若小其身然今一往見諸侯大則行一道可以輔佐一君爲王小則得行道而佐君爲之霸且記云枉一尺而直其尋宜若可以爲之也尺十寸爲尺尋十丈爲尋也陳代欲孟子往見諸侯故以此言問之孟子曰昔齊景公田至何哉者孟子言往日齊國景公田獵招聘其虞人以旌旃招聘之如有虞人不至者則將殺戮之虞人掌山澤苑囿之吏也然而志士守其義者常念雖死無棺椁但沒在於溝壑之中而不恨也勇義之士念雖喪去其首而且不顧也孔子於此何取焉蓋孔子以取非其所招而能不往者也如此則虞人不得其所招之禮尚且守義雖死而且不往應其招如何爲之君子且以不待所招聘而往見諸侯是何爲哉蓋先王制招聘之禮旌所以招其大夫者虞人之招但以皮冠而已今齊景公以旌招虞人虞人守其職分所以雖死而不往也孟子引此意以謂今之諸侯所以聞有能招已者又非招已之所招而待之也故我何往見之哉所以不往見之也且夫枉尺而直尋者至亦可爲與孟子又言且夫子今以謂枉其尺而直其尋以利言之而已如以利爲之雖枉其尋而但直其尺而利亦可得而爲之耳孟子所以言之以此者蓋謂我苟志於利雖枉尋而直尺我亦爲之況子以謂枉尺而直尋乎本其我志於分義不肯枉道以徇利所以不欲屈已而求見於諸侯也以其見之諸侯但爲之徇利者矣故雖枉尺而直尋不爲也昔者趙簡子使王良與嬖奚乘終日而不獲一禽嬖奚反命曰天下之賤工也孟子又引昔者晉卿趙簡子嘗使善御人王良與幸人奚乘而田終日而不能得一禽奚乃反命報於簡子曰王良天下之賤工師也或以告王良良曰能復之或有人以嬖奚報簡子之言爲王良之賤遂告王良王良聞之故請復與嬖奚乘而田强而後可王良强勉嬖奚乃肯行一朝而獲十禽反命曰天下之良工也言一日遂得十禽嬖奚乃反命報於簡子曰王良天下之良善工師也非小賤者也簡子曰我使掌與女乘謂王良良不可至我不貫與小人乘請辭趙簡子言於嬖奚曰我使王良與女乘於是簡子謂王良而使之良乃不肯遂言於簡子曰我爲之法度之御我與嬖奚馳驅而田終一日而不能獲其一禽後爲之詭而橫射之止一朝而以能獲者十禽且詩小雅車攻之篇有云不失其馳驅之法而所中者應矢而死如破矣此君子之所射也我今不貫習與嬖奚小人同乘而敢也故請辭之不與掌乘御者且羞與射者比至未有能直人者也孟子引至此乃自爲之言曰夫王良但爲之御者且尚能羞恥與嬖奚之射者比並雖使王良與嬖奚比之如得禽獸若丘陵之多亦必不爲之比矣今子欲使我枉正道而從彼驕傲之諸侯而往見之是何如哉且子言此者已失之過謬也如枉已之正道者未有能直其人者也必自正已之道然後可以直人矣是亦揚子所謂詘道而伸身雖天下不可爲也同意○注招虞人以皮冠○正義曰經於萬章篇云萬章問孟子招虞人何以孟子曰以皮冠是其文也○注趙簡子晉卿至工師也○正義曰案史記世家云趙景公卒趙鞅是爲簡子爲晉卿晉出公十七年卒張華云簡子家在臨水界冢上氣成樓閣○注詩小雅車攻之篇○正義曰此篇蓋言宣王復古也箋云不失其馳舍矢如破謂御者之良得舒疾之中射者之二矢發則中如椎破物也○注伯夷亦不屑就也○正義曰此乃公孫丑篇末之文也

景春曰。公孫衍張儀。豈不誠大丈夫哉。一怒而諸侯懼。安居而天下熄。景春孟子時人爲縱橫之術者公孫衍魏人也號爲犀首嘗佩五國相印爲從長秦王之孫故曰公孫張儀合從者也一怒則構諸侯使强陵弱故言懼也安居不用辭說則天下兵革熄也孟子曰。是焉得爲大丈夫乎。子未學禮乎。丈夫之冠也。父命之。女子之嫁也。母命之。往送之門。戒之曰。往之女家。必敬必戒。無違夫子。以順爲正者。妾婦之道也。孟子以禮言之男子之道當以義正君女子則當婉順從人耳男子之冠則命曰就爾成德今此二子從君順指行權合從無輔弼之義安得爲大丈夫也居天下之廣居。立天下之正位。行天下之大道。得志與民由之。不得志獨行其道。富貴不能淫。貧賤不能移。威武不能屈。此之謂大丈夫。廣居謂天下也正位謂男子純乾正陽之位也大道仁義之道也得志行正與民共之不得志隱居獨善其身守道不回也淫亂其心也移易其行也屈挫其志也三者不惑乃可以爲之大丈夫矣

疏 景春曰至此之謂大丈夫○正義曰此章言以道匡君非禮不運故妾婦以況儀衍者也景春曰公孫衍張儀豈不誠大丈夫哉一怒而諸侯懼安居而天下熄景春問孟子曰公孫衍張儀二者豈不誠爲大丈夫之人哉夫二人一怒則諸侯懼之以其能使强陵弱故也安居處而不用辭說則天下兵革於是乎熄滅景春故以此遂謂二人實爲大丈夫孟子白是焉得爲大丈夫乎子未學禮乎至妾婦之道孟子荅之景春曰二人如此安得爲之大丈夫乎子亦嘗學禮也夫禮言丈夫之冠也父則命之女子之嫁也母則命之蓋以冠者爲丈夫之事故父命之以責其成人之道嫁者女子之事故母命之以責其爲婦之道也以女子之臨嫁母則送之於門而戒之女子曰雖往女之家必當敬其舅姑亦必當戒慎以貞潔其己無違尊敬夫子以其夫在則得順其夫夫沒則從其子以順從無違爲正而已固妾婦之道如此也乃若夫之與子在所制義固不可以從婦矣苟爲從婦以順爲正是爲得爲大丈夫乎孟子所以引此妾婦而言者蓋欲以此妾婦比之公孫衍張儀也以其二人非大丈夫耳蓋以二人爲六國之亂期合六國之君希意導言靡所不至而當世之君讒毀稱譽言無不聽喜怒可否勢無不行雖一怒而諸侯懼安居而天下熄未免夫從人以順爲正者也是則妾婦之道如此也豈足爲大丈夫乎居天下之廣居立天下之正位行天下之大道至此

之謂大丈夫孟子言能居仁道以爲天下廣大之居立禮以爲天下之正位行義以爲天下之大路得志達而爲仕則與民共行乎此不得志則退隱獨行此道而不回雖使富貴亦不足以淫其心雖貧賤亦不足以移易其行雖威武而加之亦不足屈挫其志夫是乃得謂之大丈夫也今且以公孫衍張儀但能從人而不知以此正其己是則妾婦以順爲正之道固不足以爲大丈夫者焉○注景春至華熄也○正義曰云景春孟子時人經傳未詳公孫衍魏人也號爲犀首爲秦王之孫故曰公孫案史記云犀首者魏之陰晉人也名衍姓公孫氏與張儀不善張儀之魏魏王相張儀犀首弗利故令人謂韓公叔曰張儀已合秦魏矣魏王所以欲貴張儀者但欲得韓地且韓之南陽已舉矣子何不少委焉以爲衍功則魏必圖秦而棄儀後相衍張儀去復相秦卒犀首入相秦常佩五國之相印爲從長司馬彪曰犀首者魏之官名若今虎牙將軍是也張儀者案史家本傳云張儀魏人也常事鬼谷先生後相魏而卒凡此是皆公孫衍張儀之事矣

周霄問曰古之君子仕乎。周霄魏人也問君子之道當仕否孟子曰仕。傳曰孔子三月無君則皇皇如也出疆必載質。質臣所執以見君者也三月一時也物變而不佐君化故皇皇如有所求而不得爾公明儀曰古之人三月無君則弔。公明儀賢者也言古人三月無君則弔明當仕也三月無君則弔不以急乎。周霄怪乃弔於三月無君何其急也曰士之失位也猶諸侯之失國家也禮曰諸侯耕助以供粢盛夫人蠶繅以爲衣服犧牲不成粢盛不絜衣服不備不敢以祭惟士無田則亦不祭牲殺器皿衣服不備不敢以祭則不敢以宴亦不足弔乎。諸侯耕助者躬耕勸率其民收其藉助以供粢盛粢稷盛稻也夫人親執蠶繅之事以率女功衣服祭服不成不實肥腯也惟辭也言惟祿之士無圭田者不祭牲必特殺故曰殺皿所以覆器者也不祭則不宴猶喪人曰不亦可弔乎出疆必載質何也。周霄問出疆何爲復載質曰士之仕也猶農夫之耕也農夫豈爲出疆舍其耒耜哉。孟子言仕之爲急若農夫不可不耕曰晉國亦仕國也未嘗聞仕如此其急仕如此其急也君子之難仕何也。魏本晉也周霄曰我晉人也亦仕而不知其急若此君子何爲難仕君子謂孟子何爲不急仕也曰丈夫生而願爲之有室女子生而願爲之有家父母之心人皆有之不待父母之命媒妁之言鑽穴隙相窺踰牆相從則父母國人皆賤之。言人不可觸情從欲須禮而行古之人未嘗不欲仕也又惡不由其道不由其道而往者與鑽穴隙之類也。言古之人雖欲仕如不由其道亦與鑽穴隙者無異

〔疏〕周霄曰至鑽穴隙之類也○正義曰此章言君子務仕思播其道達義行仁待禮而動也周霄問曰古之君子仕乎周霄問孟子曰古之君子欲爲仕乎否孟子曰仕傳曰三月無君則皇皇如也出疆必載質者此孟子荅之以爲古之君子欲爲仕也傳文有云孔子三月不得佐其君則心皇皇如有所求而不得也出其疆土必載贄而行贄者如所謂三帛二生一死之贄也臣所以執此而見君也公明儀曰古之人三月無君則弔又引公明儀亦云古之人三月天時之一變如不得佐其君乃弔問之其欲仕也三月無君則弔不以急乎周霄怪此言復問之曰三月無君則弔問之不以失之大急乎曰士之失位也猶諸侯之失國家也至亦不足弔乎孟子又荅之曰夫士者欲行其道若失其職位則如諸侯之失其國家也如此三月無君則弔豈足謂之急歟且禮有云諸侯躬耕藉田勸率其民收其藉助以供給其粢盛稷稻夫人乃親養蠶繅絲以爲之祭服如犧牲不成肥腯稷稻無以致絜衣服又無以致備則不敢以祭社稷宗廟惟士之失位無有田祿者則亦不祭無他以其牲殺器皿衣服不備不敢以祭也非特不敢祭又且不敢以宴樂也如此是亦不足爲弔之急矣若公子重耳失其晉國而且稱喪人孔子失魯司寇之位亦謂之喪以至士大夫之去國必爲壇位嚮國而哭素衣素裳素冠徹緣三月而復蓋亦此意也然則士之三月無君則弔尚何以爲急乎牲殺器皿牲必殺故曰殺器皿所以覆器者也出疆必載質何也周霄又問孟子士之出疆必載其質是如之何曰士之仕也猶農夫之耕也農夫豈爲出疆舍其耒耜哉孟子荅之曰士之進以爲仕也若農夫之於耕也夫農夫豈爲出疆而耕乃以舍去其耒耜哉此士之爲仕所以出疆亦必執其贄也曰晉國亦仕國也未嘗聞仕如此其急仕如此其急也君子之難仕何也周霄又問孟子曰今之晉國亦可爲仕之國也然而未嘗聞有仕者如此之急又以仕既如此之急然而君子之難進於仕是如之何故以併問之曰丈夫生而願爲之有室女子生而願爲之有家父母之心人皆有之至鑽穴隙之類也孟子又荅之曰夫丈夫之生乃願爲之有室婦女子之生乃願爲之有家而事之其於欲慕爲人子之父母心人皆有之矣然而欲爲父母其爲室家乃不待父母之命媒妁而言之遂私鑽穴隙而相窺踰牆而擅自相從終雖得爲父母其於國中之衆人亦且皆賤之而不美矣夫古之人未嘗不欲爲之仕也然而又惡其不由其道而爲之仕所以君子難仕也如不由其道而往爲之仕者是與此鑽穴隙相窺而慕爲人子之父母之類也孟子所以終荅之周霄以此者以其士之仕猶男女之相求亦必待父母之命媒妁之言也○注質臣所執以見君至不得爾○正義曰蓋質之爲言至也自五玉三帛二生一死皆所以爲質以見其君與自相質同也

彭更問曰後車數十乘從者數百人以傳食於諸侯不以泰乎。泰甚也彭更孟子弟子怪孟子徒衆多而傳食於諸侯之國得無爲甚奢泰者也孟子曰非其道則一簞食不可受於人如其道則舜受堯之天下不以爲泰子以爲泰乎。簞笥也非其道一笥之食不可受也子以舜受堯之天下爲泰乎曰否士無事而食不可也。彭更曰不以舜爲泰也謂仕無功而虛食人者不可也

曰子不通功易事以羨補不足則農有餘粟女有餘布子如通之則梓匠輪輿皆得食於子。孟子言凡人當通功易事乃可各以奉其用梓匠木工也輪人輿人作車者也交易則得食於子之所有矣周禮攻木之工七梓匠輪輿是其四餘羨者也於此有人焉入則孝出則悌守先王之道以待後之學者而不得食於子子何尊梓匠輪輿而輕爲仁義者哉。入則事親孝出則敬長悌順也守先王之道上德之士可以化俗者若此不得食子之祿子何尊彼而賤此也曰梓匠輪輿其志將以求食也君子之爲道也其志亦將以求食與。彭更以爲彼志食於此亦但志食也曰子何以其志爲哉其有功於子可食而食之矣且子食志乎食功乎。孟子言祿以食功子何食乎曰食志。彭更以爲當食志也曰有人於此毀瓦畫墁其志將以求食也則子食之乎。孟子言人但破碎瓦畫地則復墁滅之此無用之爲也然而其志反欲求食則可食乎曰否。彭更曰不食也曰然則子非食志也食功也。孟子曰如是則子果食功也非食其志也

〔疏〕○彭更問曰至食功也○正義曰此章言百工食力以祿養賢修仁尚義國之所尊移風易俗其功可珍雖食諸侯不爲素餐也彭更問曰後車數十乘從者數百人以傳食於諸侯不以泰乎彭更孟子弟子問孟子以謂後車數十乘之多從徒又有數百人之衆皆以傳食於諸侯不以爲泰甚乎傳食蓋以孟子食於諸侯車徒又食於孟子要之所食之祿皆出於諸侯之所供耳故云傳食諸侯孟子曰非其道則一簞食不可受於人如其道則若舜受堯之天下不以爲之泰子今以車徒傳食於諸侯爲之泰以其不足爲泰也曰否士無事而食不可也彭更又曰否不以舜爲泰而言也蓋以士之無功事於諸侯固不可虛食於諸侯也曰子不通功易事以羨補不足至皆食於子孟子又荅之曰今且以子言之如子不通功易事而相濟以有餘而補其不足則農夫有餘粟而人有受其飢女有餘布而人有受其寒子如通功易事乃可以各奉其事業則梓人成其器械以利用匠人營其宮室以安居輪人作車輪以運行輿人作車輿以利載是皆得食於子矣事與功者蓋所作未成則謂之事事之成則謂之功孟子所以言之者蓋謂梓匠輪輿皆小人之功也如得以通功易事而皆得食於子況有君子之功功於道者而乃不得傳食之於諸侯乎故以下文言之於此有人焉入則孝出則悌守先王之道以待後之學者而不得食於子子何尊梓匠輪輿而輕爲仁義者哉孟子又言今有人焉入於閭門之內則以孝爲仁出於鄉黨邦國之間以悌爲義是守先王仁義之道以待覺於後之學者是有功於道者也而乃不得食於子是則子何獨尊於梓匠輪輿小人之功而以輕爲仁義有功於道者哉曰梓匠輪輿其志將以求食君子之爲道也其志亦將以求食歟彭更又以此言於孟子曰彼梓匠輪輿者是其有志將以此業而求食者也今以君子之爲於道其志亦將以爲道而求食歟彭更之意以謂士志於道

不志於食故以此疑乃問孟子也曰子何以志為哉其有功於子可食而食之矣然以子言之則子今有食於人者是則食其有志於為食者乎是則食其有功者乎曰食志彭更又荅之以為有志於食則食其有志於求食者矣曰有人於此毀瓦畫墁其志將以求食也則子食之乎孟子又欲排之故以此喻之言今有人於此但以毀破碎之瓦而畫地又復墁滅之是其志將以此求其食也則子食之乎曰否彭更以為如此者不食之也曰然則子非食志也食功也孟子乃言之曰如此是則子非食其有志於求食者也是則食其有功者也以其毀瓦畫墁但有志而無功者而彭更不食之是則知彭更是亦食於有功者矣然則孟子志非欲傳食於諸侯而諸侯所以食之者亦以孟子有功而已矣。○注周禮攻木之工。○正義曰此蓋梁惠王下卷誤之矣

萬章問曰。宋。小國也。今將行王政。齊楚惡而伐之。則如之何。問宋當如齊楚何也孟子曰。湯居亳。與葛為鄰。葛伯放而不祀。湯使人問之曰。何為不祀。曰。無以供犧牲也。湯使遺之牛羊。葛伯食之。又不以祀。葛夏諸侯嬴姓之國放縱無道不祀先祖湯又使人問之曰。何為不祀。曰。無以供粢盛也。湯使亳衆往為之耕。老弱饋食。葛伯率其民。要其有酒食黍稻者奪之。不授者殺之。有童子以黍肉餉。殺而奪之。書曰。葛伯仇餉。此之謂也。童子未成人殺之尤無狀尚書逸篇文仇怨也言湯伐葛伯怨其害此餉也為其殺是童子而征之。四海之內皆曰。非富天下也。為匹夫匹婦復讎也。四海之民皆曰湯不貪天下富也為一夫報仇也湯始征。自葛載。十一征而無敵於天下。東面而征西夷怨。南面而征北狄怨。曰。奚為後我。民之望之。若大旱之望雨也。歸市者弗止。芸者不變。誅其君。弔其民。如時雨降。民大悅。書曰。徯我后。后來其無罰。載始也言湯初征自葛始也十一征而服天下一說言當作再字再十一征而言湯再征十一國再十一凡征二十二國也書逸篇也民曰待我君來我則無罰矣歸市不止不以有軍來征故市者止不行也不使芸者變休也有攸不惟臣。東征。綏厥士女。篚厥玄黃。紹我周王見休。惟臣附于大邑周。其君子實玄黃于篚。以迎其君子。其小人簞食壺漿。以迎其小人。救民於水火之中。取其殘而已矣。從有攸以下道周武王伐紂時也皆尚書逸篇之文也攸所也言武王東征安天下士女小人各有

所執往無不惟念執臣子之節篚厥玄黃謂諸侯執玄三纁二之帛願見周王望見休善使我得附就大邑周家也其君子小人各有所執以成其類也言武王之師救殷民於水火之中討其殘賊也太誓曰。我武惟揚。侵于之疆。則取于殘。殺伐用張。于湯有光。太誓古尚書百二十篇之時泰誓也我武王用武之時惟鷹揚也侵紂之疆界則取于殘賊者以張殺伐之功也民有簞食壺漿之歡比於湯伐桀為有光寵美武王德優前代也今之尚書泰誓篇後得以充學故不與古太誓同諸傳記引泰誓皆古泰誓也不行王政云爾。苟行王政。四海之內。皆舉首而望之。欲以為君。齊楚雖大。何畏焉。萬章憂宋迫於齊楚不得行政故孟子為陳殷湯周武之事以喻之誠能行之天下思以為君何畏齊楚之國焉

疏萬章問曰至齊楚雖大何畏焉。○正義曰此章言修德無小暴慢無強也萬章問曰宋小國也今將行王政齊楚惡而伐之則如之何萬章問孟子言宋國小國也今將欲行王者之政齊楚大國惡其行之而欲伐之則宋國當如之何而處之孟子曰湯居亳與葛為鄰葛伯放而不祀湯使人問之曰何為不祀至此之謂也孟子荅之曰湯王居亳地與葛國為鄰葛國之伯放縱無道而不祀先祖湯王使人問之葛伯何為而不祀先祖乃荅之曰無以供其犧牲也牲之色純無雜色謂之犧牲湯乃使人遺賜之牛羊葛伯既受之牛羊又自食之而不祀先祖湯又使人問葛伯何為而又不祀葛伯又曰又無以供其粢盛也湯復使亳之衆往為葛伯耕作以助其粢盛有老弱者饋耕者之食葛伯又率已之民於路要其有酒食黍稻者奪而食之有不授與之者乃殺之有童子以黍肉飯餉其耕者葛伯率民殺其子而奪其黍肉故書有云葛伯仇怨其有所餉者故害之是此之謂也為其殺是童子而征之四海之內皆曰非富天下也為匹夫匹婦復讎也孟子又言為其葛伯殺此童子而湯乃往而征伐之四海之內人皆曰湯王非貪富於天下而征葛也是為天下之一匹夫一匹之婦復報其讎也湯始征自葛載至后來其無罰者言湯王初征自葛國始也湯之卄一征而天下無敵者故東面而征其君則西夷之國怨之以為不先征其我君之罪南面而征其君則北夷之國怨之以為不征其我君之罪而先於彼故怨云何為而後去其我民之望其湯之來若大旱之時人望其雲霓而雨之降也遂使歸市者得奔趨而貿易芸苗者亦得芸而不為之休亦以湯即誅其君之有罪者而又能弔問存恤其人民故如時雨之降民皆大喜悅之書云民徯待我君之來言我君之來則我無誅罰矣一說云十一征當作再字再十一征者言湯再征十一國再十一凡征二十二國也有攸不惟臣至取其殘而已矣此皆逸書之文也言殷之民有所征之則無不惟念臣服之節故武王東征而綏無其士女則為之士女皆以箱篚盛其玄黃之帛以昭明我之周王見休美惟臣皆得就附于大邑周家也故其君子實則玄黃之帛以迎其君子小人簞食壺漿以迎其小人是各從其類也武王之師衆中有君子有小人故商民有君子有小人迎之者也言武王所拯救殷民於水火之中獨取伐其殘賊其民者也今據書乃曰昭我周王而此乃曰紹我周王蓋紹者繼也民皆以玄黃之帛盛於篚而隨武王之師後而繼送之也蓋周王者即武王也然必以玄黃於篚者蓋天謂之玄地謂之黃武王能革殷之否而泰之是能如天地以覆載以養民者也必言士女者以其武王所綏不特匹夫匹婦而已雖未冠之士未笄

之女亦且綏之故曰綏厥士女太誓曰我武惟揚侵于之疆則取于殘殺伐用張于湯有光此古之太誓篇之文也言太誓有云我武王用武之時惟鷹揚也侵于紂之疆界則取于殘賊者於是殺伐之功用張行之故比于湯王伐桀之時又有以光于前代也不行王政云爾苟行王政至齊楚雖大何畏焉孟子於此乃曰今宋國不行王者之政故云齊楚惡而伐之爾如宋國苟能行其王者之政則四海之內人皆舉首引領而望之欲以為之君也齊楚二國雖大然何畏之有。○注葛夏諸侯嬴姓之國。○正義曰案地理志云葛今梁國寧陵有葛鄉裴駰亦引之而證史記亳都亦在梁國故云為鄰書曰湯征諸侯葛伯不祀湯始征之孔安國云葛國伯爵也廢其土地山川及宗廟神祇皆不祀湯始伐之言伐始於葛也書於是乎作湯征今尚書仲虺之誥曰乃葛伯仇餉初征自葛東征西夷怨南征北狄怨曰奚獨後予孔傳云葛伯游行見農民之餉於田者殺其人奪其餉故謂之仇餉仇怨也湯為是以不祀之罪伐之從此後遂征無道西夷北狄舉遠以言則近者著矣曰奚獨後予者怨者之辭也。○注從有攸下至殘賊也。○正義曰云篚厥玄黃謂諸侯執玄三纁二之帛者禮云諸侯世子執纁公之孤執玄附庸之君執黃是帛也鄭司農云三染謂之纁此亦周禮鍾氏有三入為纁故也

孟子謂戴不勝曰。子欲子之王之善與。我明告子。不勝宋臣有楚大夫於此。欲其子之齊語也。則使齊人傅諸。使楚人傅諸。孟子假喻有楚大夫在此欲變其子使學齊言當使齊人傅之使楚人自傅相之邪曰。使齊人傅之。不勝曰使齊人曰。一齊人傅之。衆楚人咻之。雖日撻而求其齊也。不可得矣。引而置之莊嶽之間數年。雖日撻而求其楚。亦不可得矣。言使一齊人傅相衆楚人咻之者讙也如此雖日撻之欲使齊言不可得矣言寡不勝衆也莊嶽齊街里名也多人處之數年而自齊也子謂薛居州。善士也。使之居於王所。在於王所者。長幼卑尊。皆薛居州也。王誰與為不善。孟子曰不勝常言居州宋之善士也欲使居於王所如使在王所者小大皆如居州則王誰與為不善者也在王所者。長幼卑尊。皆非薛居州也。王誰與為善。一薛居州。獨如宋王何。如使在王左右者皆非居州之疇王當誰與為善乎一薛居州獨如宋王何而能化之也周之末世列國皆僭號自稱王故曰宋王也

疏孟子謂戴不勝至如宋王何。○正義曰此章言自非聖人在所變化故諺曰白沙在泥不染自黑蓬生麻中不扶自直之類也孟子謂戴不勝曰至亦不可得矣不勝宋王之臣也姓戴名不勝孟子謂之曰子今欲子之宋王為善歟我今明言而告子且假喻今有楚國之大夫於此欲使其子學齊人之言則當使齊人傅諸使楚人傅諸曰使齊人傅之不勝荅之以為當使齊人傅相之孟子又言如使一齊人傅相其子之言而衆楚人皆咻讙之雖日加鞭撻其子而求為齊言也不可得已如引其子置之閭巷之間數年之久雖日加鞭撻而求其子為楚言亦不可得已子謂薛居州善士也

至如宋王何孟子又言今不勝謂薛居州善士者也使之居於宋王之所如在宋王之所者長幼卑尊皆如薛居州善士者也則宋王誰與爲不善也如在宋王之左右長幼卑尊皆非薛居州之善者也則宋王誰能與爲善今以一薛居州獨佐於宋王爲善其能如宋王何無他以其一人之寡不能勝其衆也故孟子所以齊人楚人而比喻之也薛居州宋國之善上者也

孟子注疏卷六上挍勘記　阮元撰盧宣旬摘錄

請見孟子　閩監毛三本足利本同廖本孔本韓本考文古本無見字

故招之而不至也　閩監毛三本同廖本孔本韓本考文古本作故不至也

何爲也已　閩監毛三本同廖本孔本韓本考文古本無已字

尺小尋者尚可枉大就小而以要其利也　閩監毛三本同廖本孔本韓本考文古本者尚作大不無其字案音義出要利則無其字是也

簡子幸臣也　閩監毛三本同廖本孔本韓本考文古本無也字

吾爲之範我馳驅　音義範我或作范氏案後漢書班固傳注引孟子正作范氏文選注同今亦誤改爲範我○按范氏見左傳劉累學擾龍事孔甲賜氏曰御龍晉范氏其後也李善引括地圖即此事但孔甲譌爲禹耳孟子作范氏爲長範我乃淺人所改

不習於禮也　閩監毛三本同廖本孔本韓本考文古本無也字

一發貫臧　足利本臧作機音義出貫臧作機非○按臧即今五臟字徂浪切一發貫臧應矢而死所謂貫心死疾爲上殺也孫宣公云臧如字非也

尚知羞恥此射者　閩監毛三本同岳本孔本韓本羞恥作恥羞

而見之乎　閩監毛三本孔本足利本同廖本韓本考文古本無乎字

▲章指言修禮守正非招不往枉道富貴君子不許是以諸侯雖有善其辭命伯夷亦不屑就也

招虞人以當皮冠　以當誤倒閩監毛三本不誤

當以義正君　閩監毛三本同廖本孔本韓本考文古本正作匡

乃可以爲之大丈夫矣　閩監毛三本同廖本孔本韓本考文古本作乃可謂大丈夫案爲字無理

▲章指言以道匡君非禮不運稱大丈夫阿意用考文古本作相謀善戰務勝事雖有剛心歸柔順故云妾婦以況儀衍而不得爾　閩監毛三本同廖本孔本韓本考文古本無爾字

言古人　閩監毛三本同廖本孔本韓本考文古本上有而字

猶喪人曰　閩監毛三本同廖本孔本韓本考文古本曰作也案也是

周霄曰我晉人也　考文古本上有故字

君子何爲難仕　閩監毛三本同廖本孔本韓本考文古本上重若此二字重者是

如不由其道亦與鑽穴隙者無異　閩監毛三本同廖本孔本韓本考文古本道上有正字亦作是無作何

▲章指言君子務仕思播其道達義行仁待禮而動苟容干考文古本作求祿踰牆之女人之所賤故弗爲也

爲甚奢泰者也　閩監毛三本同廖本韓本無者字孔本者也作乎

非其道　閩監毛三本同廖本孔本韓本考文古本作非以其道

子以舜受堯之天下　閩監毛三本同廖本孔本韓本無之字

謂仕無功　閩監毛三本同宋本亦作仕廖本仕作士孔本韓本同下有事字考文古本亦有事字

是其四餘羨者也　閩監毛三本同岳本四下有者字廖本孔本韓本考文古本作是其四者羨餘也案閩監毛三本誤

悌悌順也　閩監毛三本同廖本孔本韓本考文古本上悌作順也二字

彭更以爲彼志食於　閩監毛三本同廖本孔本韓本考文古本食於作於食案三本誤

畫墁　音義云張武安切與謾同○按謾必誤字謾者欺也於此文理不順依注云墁滅則當云與槾同集韻鏝槾墁三字同也墁乃槾之俗

然而其意　廖本孔本韓本考文古本同閩監毛三本意作志

則可食乎　閩監毛三本同廖本孔本韓本可作子

則子果食功也非食其志也　閩監毛三本同廖本孔本無非食其志也五字韓本考文古本與廖本同無則字

▲章指言百工食力以祿養賢修仁尚義國之所尊移風易俗其功可珍雖食諸侯不爲素餐

尚書逸篇文　閩監毛三本同廖本孔本韓本考文古本作書尚書逸篇也

言湯伐葛伯　閩監毛三本同廖本孔本韓本考文古本作言湯所以伐殺葛伯

爲一夫報仇也　閩監本廖本孔本韓本足利本同毛本誤作匹夫執仇也考文古本與毛本同匹作

北狄怨　廖本狄作夷

自葛始也　閩監毛三本韓本同岳本廖本孔本自作從

再十一征而言湯再征十一國　閩監毛三本同岳本下再下有出字廖本韓本考文古本作再十一者湯再出征十一國孔本與廖本同無出字

民曰待我君來　閩監毛三本同孔本韓本考文古本重君字

有攸不惟臣　按各舊本經注及各本注疏皆作惟疏云惟念臣服之節固不誤也朱子集注本譌作爲臣不可不正

篚厥元黃　閩監毛三本同廖本孔本韓本篚作匪案音義出匪厥丁云義當作篚此作匪古字借用則作匪是也下同○按據說文匚部匪似竹篋引周書實元黃于匪非借用乃正字也竹部篚訓車笭也

救民於水火之中　音義救字或作捄

皆尚書逸篇之文也　閩監毛三本同廖本孔本韓本無也字

以成其類也　閩監毛三本同廖本孔本韓本考文古本成作迎

太誓曰　閩監毛三本同廖本孔本韓本太作大注太泰同

侵紂之疆界　閩監毛三本同廖本孔本韓本考文古本上有侵于之疆四字

以張殺伐之功也　閩監毛三本同廖本孔本韓本考文古本殺伐作伐殺

皆古泰誓也　孔本脫也字

何畏齊楚之國焉　閩監毛三本同廖本孔本韓本考文古本無之國二字

▲章指言修德無小暴慢無強是故夏商之末民思湯武雖欲不王末由也已

實則元黃之帛　則實誤倒閩監毛本不誤

當使齊人傅之　閩監毛三本同廖本孔本韓本考文古本下有邪字

衆楚人咻之　閩監毛三本孔本同韓本考文古本衆楚作楚衆

嚾也　閩監毛三本同廖本孔本韓本作讙也案音義出嚾也丁云字讙譁同則作讙非也

如使在王所者　廖本孔本韓本考文古本同閩監毛三本如誤即

則王誰與爲不善者也　閩監毛三本同岳本廖本孔本韓本考文古本無者字

▲章指言自非聖人在所變化故諺曰白沙在涅不染自黑蓬生麻中不扶自直言輔之者衆也

孟子注疏卷六上挍勘記

孟子注疏解經卷第六下

滕文公章句下　趙氏注　孫奭疏

公孫丑問曰不見諸侯何義丑怪孟子不肯每輒應諸侯之聘不見之於義謂何也孟子曰古者不爲臣不見古者不爲臣不肯見不義而富且貴者也段干木踰垣而辟之泄柳閉門而不納是皆已甚迫斯可以見矣孟子言魏文侯魯繆公有好善之心而此二人距之太甚迫窄則可以見之陽貨欲見孔子而惡無禮大夫有賜於士不得受於其家則往拜其門陽貨魯大夫也孔子士也陽貨矙孔子之亡也而饋孔子蒸豚孔子亦矙其亡也而往拜之當是時陽貨先豈得不見矙視也陽貨視孔子亡而饋之者欲使孔子來荅恐其便荅拜使人也孔子心不欲見陽貨也論語曰饋孔子豚孟子曰蒸豚豚非大牲故用熟饋也是時陽貨先加禮豈得不往拜見之哉曾子曰脅肩諂笑病于夏畦脅肩竦體也諂笑强笑也病極也言其意苦勞極甚於仲夏之月治畦灌園之勤也子路曰未同而言觀其色赧赧然非由之所知也未同志未合也不可與言而與之言謂之失言也觀其色赧赧然面赤心不正之貌也由子路名子路剛直故曰非由所知也由是觀之則君子之所養可知已矣孟子言由是觀曾子子路之言以觀君子之所養志可知矣謂君子養正氣不以入邪也〔疏〕公孫丑問曰至可知已矣○正義曰此章言道異不謀迫斯强之段泄已甚矙亡得其宜正已直行不納於邪赧然不接傷若夏畦也公孫丑問曰不見諸侯何義丑怪孟子不見諸侯故問之曰不見諸侯其義謂何也孟子曰古者不爲臣不見至可知已矣孟子荅之公孫丑言古之不爲臣者不肯見不義而富貴者也如段干木踰垣牆而避魏文侯於外泄柳閉門而拒魯繆公於內然皆不見之者是皆文侯繆公而就見已甚迫切斯可以見矣然干木泄柳且不見之耳陽貨欲願見於孔子而畏孔子惡已之無禮而不見之意已謂已爲大夫而有遺賜孔子但爲之士彼不得受其遺賜於其家則必往謝已門故陽貨視孔子不在遂饋送孔子蒸豚之禮然而孔子至後亦以視陽貨不在乃往其門而拜謝之故當是之時陽貨豈先不得見孔子以其不合視孔子不在乃饋蒸豚孔子所以不欲見亦復其亡而往謝之也蒸豚熟豚也曾子又有云脅肩諂笑竦縮其身强容而笑者其勞苦有甚於夏之五六月而灌園也治畦曰灌園也子路有云未合其志而與之言觀其色赧赧然面赤而心不正者非我之所知也由子路自稱名也孟子曰由此數者觀之則君子之所養以義可得而知矣蓋就此數者論之孟子必荅孫丑以此者則孟子不見諸侯是亦分也義也孫丑乃不知之奈之何哉今且以孟子不見諸侯必以段干泄柳爲言者蓋謂魏文魯繆二君欲見此二子如此之迫切而二子尚不見之而況已往見諸侯哉必以陽貨爲言者蓋謂孔子不見陽貨者乃陽貨自取之

爾今已之不見諸侯者亦以諸侯不禮於我矣必以曾子所謂而言者蓋謂已如往見諸侯亦是脅肩諂笑者也必以子路所謂而言者蓋謂已如就見諸侯亦是未同而觀其色赧赧然之人也此孟子所以執此而喻其意於公孫丑也說文云畦菜畦也是知即園也○注論語曰饋孔子豚○正義曰案孔安國傳云陽貨欲使孔子往謝故遺孔子豚陽貨陽虎也名虎字貨爲季氏家臣而專魯國之政欲見孔子孔子不見歸孔子豚孔子時其亡也而往拜之遇諸塗謂孔子曰來予與爾言曰懷寶而迷邦可謂仁乎好從事而亟失時可謂知乎曰不可日月逝矣歲不我與孔子曰諾吾將仕矣凡此是其事也○注子路剛直正義曰案孔子弟子列傳云子路性鄙好勇力志伉直是爲剛直也後死於衛

戴盈之曰什一去關市之征今茲未能請輕之以待來年然後已何如戴盈之宋大夫問孟子欲使君去關市征稅復古行什一之賦今年未能盡去且使輕之待來年然後復古何如孟子曰今有人日攘其鄰之雞者或告之曰是非君子之道曰請損之月攘一雞以待來年然後已攘取也取自來之物也孟子以此爲喻知攘之惡當即止何可損少月取一雞待來年乃止乎謂盈之之言若此類者也如知其非義斯速已矣何待來年〔疏〕戴盈之曰至何待來年○正義曰此章言從善改非坐而待旦知而爲之罪重於故譬猶攘雞多少同盜變惡速然後可也戴盈之曰什一去關市之征至何待來年戴盈之即戴不勝字盈之也爲宋國之大夫問於孟子曰欲使宋君去關市之征稅今年未能盡去且使輕取之以待來年然後盡去之如之何孟子曰今有人日攘其鄰之雞至何待來年孟子以此喻之以荅盈之之言非也言今有人日日攘取其鄰家之雞者或有人告之曰此攘雞乃小人盜賊之道非君子大公至正之道也乃曰請損之但月攘一雞以待來年然後止而勿攘今子如知宋君取關市之稅爲非義若此攘雞之非道斯可速而止之耳何可待來年然後已乎此孟子所以告之是耳

公都子曰外人皆稱夫子好辯敢問何也公都子孟子弟子外人他人論議者也好辯言孟子好與楊墨之徒辯爭孟子曰予豈好辯哉予不得已也曰我不得已耳欲救正道懼爲邪說所亂故辯之也天下之生久矣一治一亂天下之生生民以來也迭有治亂非一世當堯之時水逆行氾濫於中國蛇龍居之民無所定下者爲巢上者爲營窟水生蛇龍水盛則蛇龍居民之地也民患水避之故無定居埤下者於樹上爲巢猶鳥之巢也上者高原之上也鑿岸而營度之以爲窟穴而處之書曰洚水警余洚水者洪水也尚書逸篇之水逆行洚洞無涯故曰洚水也洪大也使禹治之禹掘地而注之海驅蛇龍而放之菹水由地中行江淮河漢是也險阻既

遠鳥獸之害人者消然後人得平土而居之堯使禹治洪水通九州故曰掘地而注之海也菹澤生草者也今青州謂澤有草爲菹水流行於地而去也民人下高就平土故遠險阻也水去故鳥獸害人者消盡也堯舜既沒聖人之道衰暴君代作壞宮室以爲汙池民無所安息棄田以爲園囿使民不得衣食邪說暴行又作園囿汙池沛澤多而禽獸至暴亂也亂君更興殘壞民室屋以其處爲汙池棄五穀之田以爲園囿長逸遊而棄本業使民不得衣食有飢寒並至之厄其小人則放辟邪侈故作邪僞之說爲姦宄之行沛草木之所生也澤水也至衆也田疇不墾故禽獸衆多謂羿桀之時也及紂之身天下又大亂周公相武王誅紂伐奄三年討其君驅飛廉於海隅而戮之滅國者五十驅虎豹犀象而遠之天下大悅奄東方無道國武王伐紂至于孟津還歸二年復伐前後三年也飛廉紂諛臣驅之海隅而戮之猶舜放四罪也滅與紂共爲亂政者五十國也奄大國故特伐之尚書多方曰王來自奄書曰丕顯哉文王謨丕承哉武王烈佑啓我後人咸以正無缺書尚書逸篇也丕大顯明承纘烈光也言文王大顯明王道武王大纘承天光烈佑開後人謂成康皆行正道無虧缺也此周公輔相以撥亂之功也世衰道微邪說暴行有作臣弒其君者有之子弒其父者有之孔子懼作春秋春秋天子之事也是故孔子曰知我者其惟春秋乎罪我者其惟春秋乎世衰道微周衰之時也孔子懼正道遂滅故作春秋因魯史記設素王之法謂天子之事也知我者謂我正綱紀也罪我者謂時人見彈貶者言孔子以春秋撥亂也聖王不作諸侯放恣處士橫議楊朱墨翟之言盈天下天下之言不歸楊則歸墨楊氏爲我是無君也墨氏兼愛是無父也無父無君是禽獸也言孔子之後聖王之道不興戰國縱橫布衣處士游說以干諸侯若楊墨之徒無尊異君父之義而以橫議於世也公明儀曰庖有肥肉廐有肥馬民有飢色野有餓莩此率獸而食人也公明儀魯賢人言人君但崇庖廚養犬馬不恤民是爲率禽獸而食人也楊墨之道不息孔子之道不著是邪說誣民充塞仁義也仁義充塞則率獸食人人將相食言仁義塞則邪說行獸食人則人相食此亂之甚也吾爲此懼閑先聖

之道。距楊墨。放淫辭。邪說者不得作。閑習也淫放也孟子言我懼聖人之道不著爲邪說所乘故習聖人之道以距之作於其心。害於其事。作於其事。害於其政。聖人復起。不易吾言矣。說與上篇同昔者禹抑洪水。而天下平。周公兼夷狄。驅猛獸。而百姓寧。孔子成春秋。而亂臣賊子懼。抑治也周公兼懷夷狄之人驅害人之猛獸也言亂臣賊子懼春秋之貶責也詩云。戎狄是膺。荆舒是懲。則莫我敢承。此詩已見上篇說無父無君。是周公所膺也。是周公所欲伐擊也我亦欲正人心。息邪說。距詖行。放淫辭。以承三聖者。豈好辯哉。予不得已也。孟子言我亦欲正人心距詖行以奉禹周公孔子也不得已而與人辯耳豈好之哉能言距楊墨者。聖人之徒也。孟子自謂能距楊墨也徒黨也可以繼聖人之道謂名世者也故曰聖人之徒也。

【疏】孟子曰予豈好辯哉至聖人之徒也○正義曰此章言憂世撥亂勤以濟之義以匡之也公都子問孟子曰外人皆稱夫子好與楊墨之徒爭辯敢問是何如孟子曰予豈好辯哉予不得已也孟子荅之曰我豈好與彼爭辯之哉但欲正人心不得已而用辯之也天下之生久矣一治一亂至上者爲營窟孟子言天下之生民以來至于今以久矣其間一治一亂甚多當堯之時水逆勢而流行氾濫濁於中國蛇龍由是居處於其間民亦無所安其居處以至居於埤下者乃於樹上爲巢如鳥之居於巢也居於高原之上者乃鑿爲穴窟而處之書曰洚水警余洚水者洪水也使禹治之禹掘地而注之海至然後人得平土而居之言尚書逸篇之文云洚水警懼我此蓋舜言故稱余余我也孟子引之故自解之洚水言洚水則洪大之水也故舜使禹治其洪水禹乃掘地因其勢順而流注之海又驅遺蛇龍而放之菹菹澤生草之所也於是水從地中流行故不氾逆所謂導江導淮導河導入漢之水是禹之治也危險艱阻既以遠去而無氾濫之患鳥獸之害於人者遂消滅然後人皆得平坦之地而居之所謂水逆行氾濫於中國蛇龍居之爲巢營窟之難於是免矣堯舜既沒聖人之道衰至及紂之身又至咸以正無缺者孟子言自堯舜既沒之後聖人所行之道衰微暴虐之君更興乃毀壞民之宮室以爲之汙池而民皆無所安居休息又棄五穀之田以爲之園囿而恣遊傲乃使民不得衣食於是民有飢寒其小人皆放辟邪侈作邪僞之說爲姦寇之行又作園囿汙池於是草木沛澤茂盛而禽獸至衆及紂之世又爲大亂周公乃輔相武王誅伐其紂又伐奄國終始三年討戮殘賊之君乃驅逐飛廉諛臣於海隅之地而戮殺之遂滅與紂共爲亂之國者有五十國然後驅遺其虎豹犀象之野獸而遠去之天下之人已皆大悅而歸武王書所謂丕顯哉文王謨丕承哉武王烈佑啓我後人咸以正無缺是斯之謂歟蓋言大明文王創始之謀謨大纘集武王之功烈佑開後人皆以正道行之故無虧缺也後人是謂成王康王在後者也世衰道微邪說暴行至其惟春秋乎孟子又言至周世之道衰於是微滅邪說暴行之人又有起作於是臣弒其君者有之子弒其父者有之惟孔子於此時乃恐懼正道遂滅而害人正心故因魯史記而作春秋之經蓋春秋者乃設素王之道皆天子之事迹也孔子云知我正王綱者其惟以春秋知我矣罪我以謂迷亂天下者其亦惟以春秋罪我矣聖王不作諸侯放恣至是禽獸也孟子又言自孔子之後聖王無有興作於其間諸侯乃放恣爲亂布衣之處士乃橫議而遊說於諸侯於是楊朱墨翟偏蔽之言盈滿於天下天下之言者不歸從楊朱之爲已則歸從墨翟之兼愛以其爲已之言行是使天下無其君也兼愛之言行是使天下無其父也無父無君是禽獸之類也非人也公明儀曰至率獸而食人也孟子又引昔公明儀有云君之庖廚乃多有其肥肉棧廄之中多養其肥馬而下民以有飢餓之顏色郊野之間以有餓死之莩者如此是國君率獸而食人也楊墨之道不息孔子之道不著至吾爲此懼又至吾言矣孟子又言楊墨自爲兼愛之道不熄滅則孔子之正道不著明是邪說欺誣其民而充溢掩其仁義之道也仁義既以邪說充塞而掩之則不持率獸食人而人亦將自相食也孟子故言我爲此恐懼乃欲防閑衛其先聖之正道而排斥拒其楊墨放逐其淫辭使邪說者不得與作於其間所謂作於其心害於其事作於其事害於其政聖人復起必從吾言矣此蓋說在上篇此更不說昔者禹抑洪水而天下平周公兼夷狄驅猛獸而百姓寧孔子作春秋而亂臣賊子懼此皆孟子言至於此又復自堯至於孔子再詳總說之也言往者自舜使禹抑治其水而天下於是乎得平安至周公相武王兼征夷狄驅逐暴獸而人民於是乎得寧靜以至孔子作成春秋而褒貶著而亂臣賊子於是乎恐懼之詩云戎狄是膺荆舒是懲則莫我敢承說在上篇詳矣孟子言如是則無父無君者是周公所欲膺擊而伐之也我今亦欲正其人心息滅其邪說距止其險陂之行放逐其淫辭以奉承禹周公孔子三聖者豈我好與楊墨之辯哉是我不得已故當與之爭辯也然而能言距止楊墨之道者是亦爲聖人之徒黨也故曰我亦欲正人息邪說距詖行放淫辭以承三聖者豈好辯哉予不得已也能言距楊墨者聖人之徒也○注堯使禹治洪水通九州至消盡也○正義曰禹通九州者蓋始自堯所都冀州而起遂從東南通于兗州兗州既達又東南通於青州青州既達又從南通於徐州徐州既達又南通於揚州揚州既達又西通於荊州荊州既達又從荊而北通於豫州豫州既達又從豫而西通於梁州梁州既達又從梁而北通於雍州雍州既達於是又通乎冀州冀州乃帝都也凡此是皆禹通之耳○注奄東方無道國至王來自奄正義曰案鄭玄云奄國在淮夷之北裴駰亦引而證史記云伐奄者孔安國云周公歸政之明年淮夷奄國又叛成王東伐淮夷遂滅奄而徙其君五月自奄還至縞京是王自奄也云飛廉紂諛臣案史記云飛廉乃顓頊之苗裔也飛廉善走其子惡來惡來有力父子俱以材力事殷紂周武王伐紂并殺之是矣舜放四罪所謂流共工于幽州放驩兜于崇山竄三苗于三危殛鯀于羽山四罪而天下咸服凡此是也○注禹稷胼胝周公仰思仲尼皇皇正義曰經云禹稷手足胼胝周公仰而思之夜以繼日揚雄云仲尼皇皇是也凡此蓋言皆能勤於爲生民耳

匡章曰。陳仲子豈不誠廉士哉。居於陵。三日不食。耳無聞。目無見也。井上有李。螬食實者過半矣。匍匐往將食之。三咽。然後耳有聞。目有見。匡章齊人也陳仲子齊一介之士窮不苟求者是以絕糧而餒也螬蟲也李實有蟲食之過半言仲子目不能擇也孟子曰。於齊國之士。吾必以仲子爲巨擘焉。雖然。仲子惡能廉。充仲子之操。則蚓而後可者也。夫蚓上食槁壤。下飲黃泉。巨擘大指也比於齊國之士吾必以仲子爲指中大者耳非大器也蚓蚯蚓之蟲也充滿其操行似蚓而可行者也蚓食土飲泉極廉矣然無心無識仲子不知仁義苟守一介亦猶蚓也仲子所居之室。伯夷之所築與。抑亦盜跖之所築與。所食之粟。伯夷之所樹與。抑亦盜跖之所樹與。是未可知也。孟子問匡章仲子豈能必使伯夷之徒築室樹粟乃居食之邪抑亦得盜跖之徒使作也是殆未可知也曰。是何傷哉。彼身織屨。妻辟纑。以易之也。匡章曰惡人作之何傷哉彼仲子身自織屨妻緝纑以易食宅耳緝績其麻曰辟練其麻曰纑故云辟纑曰。仲子齊之世家也。兄戴蓋祿萬鍾。以兄之祿爲不義之祿而不食也。以兄之室爲不義之室而不居也。避兄離母。處於於陵。孟子言仲子齊之世卿大夫之家兄名戴爲齊卿食采於蓋祿萬鍾仲子以爲事非其君行非其道以居富貴故不義之竄於於陵也他日歸。則有饋其兄生鵝者。已頻顣曰。惡用是鶂鶂者爲哉。他日異日也歸省其母見兄受人之鵝而非之已仲子也頻顣不悅曰安用是鶂鶂者爲乎鶂鶂鵝鳴聲他日。其母殺是鵝也。與之食之。其兄自外至。曰。是鶂鶂之肉也。出而哇之。以母則不食。以妻則食之。以兄之室則弗居。以於陵則居之。是尚爲能充其類也乎。若仲子者。蚓而後充其操者也。異日母食以鵝不知是前所頻顣者也兄疾之告曰是鶂鶂之肉也仲子出門而哇吐之孟子非其不食於母而食妻所作緝纑易食也不居兄室而居於陵人所築室也是尚能充人類乎如蚓之性然後可以充其操也是以孟子喻以蚯蚓而比諸巨擘而已

【疏】匡章曰至而後充其操者也○正義曰此章言聖人之道親親尚和志士之操耿介特立可以激濁不可常法者也匡章曰陳仲子豈不誠廉士哉至目有見者匡章齊國之人也仲子齊國一介之士也匡章謂孟子曰陳仲子之爲人豈不誠爲廉士者哉言仲子居處於陵之地三日無食故不求食以至飢餓使耳聾而無聞目盲而無見井里之上有李果爲螬蟲所食者其實已過半矣但匍匐往而取食之至三吞然後耳方有所聞而不聾目方有所見而不盲言仲子之至如此之甚尚不肯苟求於人是所謂豈不誠廉潔之士哉孟子曰於齊國之士至下飲黃泉孟子荅之以謂於齊國之衆士中吾必以陳仲子如指中之大者耳雖然大指又安能爲廉潔之士哉如充滿其仲子之操守則必似蚯蚓而後可行也故蚓但上食其槁壤之土下飲其黃泉之水是謂極廉矣今仲子所居處之屋且以爲伯

夷之所築而居之歟抑亦即盜跖爲利者之所築而居歟仲子所貪之粟米且以伯夷之所種而食歟抑亦即爲盜跖者之所種而食歟故孟子以此問之匡章乃曰仲子所居之室伯夷之所築歟抑亦盜跖之所築歟所食之粟伯夷之所樹歟抑亦盜跖之所樹歟然孟子必以伯夷言之又必以盜跖言之者蓋謂伯夷之清最爲潔者盜跖最爲貪利者而仲子必不能使伯夷之徒築室樹粟乃居食之也但亦盜跖所築樹而居食之也豈足謂之廉士哉故曰是未可知也以其但亦盜跖所築樹也殆未可得而知也曰是何傷哉彼身織屨妻辟纑以易之也匡章又言於孟子曰此何傷於仲子爲廉哉言雖盜跖之徒而築樹之而仲子所居食之亦不足傷害仲子爲廉潔之士矣以其彼仲子親織其草屨妻緝績其麻以更易室與粟而居食之也曰仲子齊之世家也兄戴蓋祿萬鍾以兄之祿爲不義之祿至蚓而後可充其操者也孟子又言仲子者乃齊國世卿大夫之家也其仲子之兄名戴者食采於蓋之邑祿受萬鍾之祿仲子乃以兄之祿爲不義之祿而不食以兄所居之室爲不義之室而不居遂逃避其兄離去其母而自處於於陵於陵齊之别邑也異日歸省其母見有饋遺其兄之生鵝者乃頻顣不悅而言曰安用是鶃鶃者爲饋哉又至異日其仲子之母乃殺此鵝與仲子而食之其仲子之兄自外而歸至見仲子食此鵝肉乃疾告之曰此是前日所饋我鶃鶃者之肉也仲子覺爲鵝肉出門外哇而吐之以其母所殺之食而且不食乃食於妻子所辟纑而易所食而食之以兄所居之屋而且不居乃以於陵之人所居之屋而居之如此尚何能充爲人之類乎若仲子者但如蚓之性然後可充其所操也孟子意謂仲子之廉以此是不足爲廉者矣人安可得而法之邪匡章子所以言仲子爲廉士者以其欲則法之宜孟子以是言而比喻巨擘蚯蚓之類而排拒之也巨擘大指也○注緝績其麻曰辟練麻曰纑○正義曰釋名云辟分辟也纑布纑也是知爲緝績練麻也○注食采於蓋○正義曰蓋齊之下邑也公孫丑之篇亦有說焉

孟子注疏卷六下挍勘記　阮元撰盧宣旬摘錄

閉門而不納 閩監毛三本同廖本孔本韓本納作内案音義出不内作内是也

有好善之心 閩監毛三本同宋本廖本孔本韓本善作義

陽貨矙孔子之亡也 音義矙或作瞰○按依說文則矙是正字

章指言道異不謀迫斯彊之段泄巳甚矙亡得宜正已直行不納於邪赧然不接傷若夏畦也 足利本無赧然以下九字

公孫問曰 閩本同監毛二本孫下有丑字

孟子必荅孫丑以此者 閩本同監毛二本孫上有公字下孫丑乃不知之同

章指言從善改非坐而待且知而爲之罪重於故譬猶攘雞多少同盜變惡自新 孔本新作心非 速然後可也

孟子弟子 閩監毛三本同廖本孔本韓本考文古本下有也字

言孟子 閩監毛三本韓本同廖本孔本無孟字

生民以來也 孔本脫民字

迭有治亂 閩監毛三本同廖本韓本治亂作亂治

埋下者 毛本埋作卑案音義出埋作卑非也

尚書逸篇之水逆行 閩本之作文監毛本之水作水之廖本孔本韓本考文古本之作也

故曰洚水也洪大也 閩監毛三本同宋本作故洚水洪水也岳本廖本孔本韓本無上也字

謂澤有草爲菹 閩監毛三本同岳本孔本韓本考文古本草下有者字

水流行於地而去之 閩監毛三本足利本同廖本孔本韓本考文古本之作也

故作邪僞之說 閩監毛三本孔本韓本同廖本邪作詐

誅紂伐奄 考文古本誅作討

大纘承天光烈 廖本孔本韓本考文古本同閩監毛三本天誤夫

皆行正道無虧鈌也 岳本正作王鈌諸本作缺

懼正道遂滅 閩監毛三本同廖本孔本韓本考文古本正作王

謂我正綱紀也 閩監毛三本同廖本孔本韓本考文古本綱紀作王綱

無尊異君父之義 廖本異作畀足利本同廖本無之字

而以攢議於世也 閩監毛三本同廖本孔本韓本考文古本攢作橫足利本作縱橫

野有餓莩 音義莩或作芟或作殍孔本作芟蓋采用或本莩殍巳見於廣韻

此率獸而食人也 廖本考文古本獸上有禽字

距詖行 閩監毛三本同廖本孔本韓本考文古本作距險詖之行

故曰聖人之徒也 閩監毛三本同廖本孔本韓本考文古本無此七字

章指言夫憂世撥亂勤以濟之義以匡之是故禹稷駢蹟周公仰思仲尼皇皇墨突不及汙聖賢若此 孔本韓本考文古本作是

豈得不辯也

我亦欲正人 下脫心字閩監毛三本不脫

還至縞京 閩本同監毛本縞作鎬

練其麻曰纑故云辟纑 閩監毛三本同廖本孔本韓本無其字故云辟纑四字考文古本引故云辟纑云無此四字○按練其麻當作練麻縷說文曰纑布縷也

竄於於陵也 閩監毛三本同廖本孔本韓本考文古本無也字

巳頻顣曰 音義頻亦作顰案文選注引孟子曰顰蹙而言正作顰字

鵝鳴聲 閩監毛三本同廖本孔本韓本考文古本聲上有之字○按丁氏五歷切與鵝鳴聲不相似蓋孟子書本作兒如今人之讀小兒與鶃聲略相近也俗人加鳥作鶃則爲說文六鶃字

是以孟子喻以丘蚓而比諸巨擘而已 閩監毛三本同廖本孔本韓本考文古本無此注

章指言聖人之道親親尚和志士之操耿介特立可以激濁不可以 孔本韓本考文古本皆無以字 常法是以孟子喻以丘蚓比諸巨擘也

至自有見者 自目之誤閩監毛三本不誤今據改

孟子注疏解經卷第七上

離婁章句上 凡二十八章

趙氏注　孫奭疏

離婁者古之明目者蓋以為黃帝之時人也黃帝亡其玄珠使離朱索之離朱即離婁也能視於百步之外見秋毫之末然必須規矩乃成方圓猶論語述而不作信而好古故以名篇

【疏】正義曰前章首論滕文公問以古道故以滕文公為篇題次於公孫丑問政謂其為政莫大於反古也然則此篇孟子首言離婁之明故以目為篇題次於滕文公問以古道是亦反古道者莫大乎明也遂次滕文公之篇所以揭離婁為此篇之題此篇凡六十章趙氏分之以為上下卷此卷只有二十八章而已一章言離有巧智猶須法度二章言法則堯舜鑒戒桀紂三章言安仁在於為仁惡弗去則患及其身四章言行有不得於人反求諸身責己之道也五章言天下國家本正則立本傾則踣六章言巨室不罪咸以為表德之流行可充四海七章言遭衰逢亂屈服強大據國行仁天下無敵八章言人之安危皆由於己九章言水性趨下民樂歸仁十章言曠仁舍禮自暴棄之道也十一章言親親敬長近取諸己十二章言事上得君乃可臨民信友悅親本在於身十三章言養老尊賢國之上務十四章言聚斂富民棄於孔子重人命之至者十五章言知人之道十六章言人君恭儉率下移風人臣恭儉明其廉忠十七章言權時之義嫂溺援手十八章言父子至親相責離恩易子而教相成以仁十九章言上孝養志下孝養體二十章言小人為政不足間非君正國定下不邪修二十一章言不虞獲譽不可為戒求全受毀未足懲咎二十二章言出於身不惟其責則易之矣二十三章言人患在為師二十四章言尊師重道二十五章言餔啜沈浮君子不與二十六章言無後不可二十七章言仁義之本在孝悌二十八章言天下之富貴不若得意於親其餘三十二章分在下卷不無敘焉○注離婁至篇○正義曰莊子天地篇云黃帝遊乎赤水之北登乎崑崙之山南望而歸遺其玄珠使知索之不得使離朱索之蓋其人也離朱即離婁也論語第七篇首云述而不作信而好古竊比於我老彭是其旨也

孟子曰。離婁之明。公輸子之巧。不以規矩。不能成方員。公輸子魯班魯之巧人也或以為魯昭公之子雖天下至巧亦猶須規矩也師曠之聰。不以六律。不能正五音。師曠晉平公之樂太師也其聽至聰不用六律不能正五音六律陽律大蔟姑洗甤賓夷則無射黃鍾也五音宮商角徵羽也堯舜之道。不以仁政。不能平治天下。當行仁恩之政天下乃可平也今有仁心仁聞。而民不被其澤。不可法於後世者。不行先王之道也。仁心性仁也仁聞仁聲遠聞也雖然猶須行先王之道使百姓被澤乃可為後世之法也故曰。徒善不足以為政。徒法不能以自行。但有善心而不行之不足以為政但有善法度而不施之法度亦不能獨自行也詩云。不愆不忘。率由舊章。遵先王之法而過者。未之有也。詩大雅假樂之篇愆過也所行不過差矣不可忘者以其循用舊故文章遵用先王之法度未聞有過者也

聖人既竭目力焉。繼之以規矩準繩。以為方員平直。不可勝用也。盡己目力續以其四者方員平直可得而審知故用之不可勝極也既竭耳力焉。繼之以六律正五音。不可勝用也。音須律而正也既竭心思焉。繼之以不忍人之政。而仁覆天下矣。盡心欲行恩繼以不忍加惡於人之政則天下被覆衣之仁也故曰。為高必因丘陵。為下必因川澤。為政不因先王之道。可謂智乎。言因自然則用力少而成功多矣是以惟仁者宜在高位。不仁而在高位。是播其惡於衆也。仁者能由先王之道不仁逆道則自播揚其惡於衆人也上無道揆也。下無法守也。朝不信道。工不信度。君子犯義。小人犯刑。國之所存者。幸也。言君無道術可以揆度天意臣無法度可以守職奉命朝廷之士不信道德百工之作不信度量君子觸義之所禁謂學士當行君子之道也小人觸刑愚人罹於密網也此亡國之政然而國存者僥倖耳非其道也故曰。城郭不完。兵甲不多。非國之災也。田野不辟。貨財不聚。非國之害也。上無禮。下無學。賊民興。喪無日矣。言君不知禮臣不學法度無以相檢制則賊民興亡在朝夕無復有期日言國無禮義必亡詩曰。天之方蹶。無然泄泄。泄泄猶沓沓也。詩大雅板之篇天謂王者蹶動也言天方動汝無然沓沓但為非義非禮背先王之道而不相匡正也事君無義。進退無禮。言則非先王之道者。猶沓沓也。故曰。責難於君謂之恭。陳善閉邪謂之敬。吾君不能謂之賊。人臣之道當進君於善責難為之事使君勉之謂行堯舜之仁是為恭臣陳善法以禁閉君之邪心是為敬君言吾君不肖不能行善因不諫正此為賊其君也故有恭敬賊三者之善

【疏】孟子曰離婁之明至吾君不能謂之賊○正義曰此章言雖有巧智猶須法度固由先王禮義為要不仁在位播越其惡誣君不諫謂之賊明上下相須而道化行也孟子曰離婁之明公輸子之巧不以規矩不能成方員者公輸子魯班魯之巧匠也孟子謂離婁明雖足以察秋毫之末公輸子其性雖巧然不以規矩之度不能成其方員之器規所以員也言物之員者皆由規之所出也矩所以方也言物之方者皆由矩之所出也師曠之聰不以六律不能正五音者師曠樂官名也孟子又謂師曠其耳雖聰善能聽音然不得六律以和之固不能正其五音也六律五音大蔟姑洗甤賓夷則無射黃鍾是六律也宮商角徵羽是五音也堯舜之道不以仁政不能平治天下者堯舜二帝唐虞之盛者也然而不以仁政而施之於天下故不能平治天下而享無為之功矣以其天下平治由仁政之施也如物之方員必自規矩之所出五音之正由六律以和之者也今有仁心仁聞而民不被其澤不可法於後世者不行先王之道也者孟子言今之人君雖有仁人不忍之心又有仁聲而遠聞四方然而民皆不得霑被其恩澤不可為後世之所法者以其不行古先王之道而治之也無他蓋以先王之道有恩澤足以被民其法可為後世取象也故苟不行先王之道雖有仁心仁聞亦君離婁之明師曠之聰堯舜之道不得以規矩六律仁政為之亦無如之何也已矣故曰徒善不足以為政徒法不能以自行者此孟子言至於此所以復言之者也徒善不足以為政蓋謂雖有先王之道而為之善然而人不能用而行之是徒善不足以為政也徒法不能以自行蓋謂雖有規矩六律之法然而人不能因而用之是徒法不能以自行也以其規矩六律之法不能自行之必待人而用之然後能成其方員正其五音也堯舜之道自不足以為之政必待人而行之然後能平治天下而為法於後世也詩云不愆不忘率由舊章遵先王之道而過者未之有也者孟子引大雅假樂之篇文而云也蓋謂不愆違不忘去其故舊典章皆循而用之未有過失者也故復言之曰遵先王之法而過者未之有也典章者即先王之法也聖人既竭目力焉繼之以規矩準繩以為方員平直不可勝用也者孟子又言聖人既竭己目力而視續以規矩準繩而為方員平直故其用之不可勝極也蓋規所以能員矩所以能方準所以能平繩所以能直故也既竭耳力焉繼之以六律正五音不可勝用也者孟子又言聖人既已盡其耳力而聽之又續以六律而正五音故其用亦不可勝極也蓋六律所以正五音也既竭心思焉繼之以不忍人之政而仁覆天下矣者孟子又言聖人既已能盡心之所思慮續以施其不忍人之政則仁恩德澤足以覆蓋於天下矣無他以其仁恩廣大矣故云覆天下故曰為高必因丘陵為下必因川澤為政不因先王之道可謂智乎者孟子言至於此又所以復言之者也蓋譬言人之欲為高者必因其丘陵而為之也為下者必因其川澤而為之耳無他以其丘陵之山其本高矣川澤之地其本下矣言為政於天下者而不因先王之道為之豈足謂之智者乎言不可謂之智矣以其先王之道是為之所本焉故智足以有知苟為政而不知以先王之道為本豈謂之智乎大抵孟子言規矩準繩六律者皆譬為政而言也抑亦知孟子長於譬喻者歟是以惟仁者宜在高位不仁而在高位是播其惡於衆也者孟子於此舉其譬喻乃曰是以惟仁者之君宜其處高位為尊也不仁之君而處高位是其處高位而播揚其惡於人民之衆矣上無道揆也下無法守也朝不信道工不信度君子犯義小人犯刑國之所存者幸也者孟子言上之為君無道術以表率其下下之為臣無法度以守其職朝廷之士皆不信其道德百工之作皆不信其度量君子之人以之觸義之所禁小人之人以之犯冒其刑憲然而如此而國尚存而不亡者以其僥倖得存焉必云幸也蓋少有存者也故曰城郭不完兵甲不多非國之災也田野不辟貨財不聚非國之害也上無禮下無學賊民興喪無日矣者孟子言至此所以復言之也故云城郭頹壞而不完兵甲之器少此非為國之災害也田野荒蕪而不開辟貨財竭盡而無貯聚此非為國之害也然而上之為君無禮法以檢制下之為人臣不學法度以守職賊民相殺戮以之興起是則國之喪亡俱在朝夕無復有日矣詩云天之方蹶無然泄泄泄泄猶沓沓也事君無義進退無禮言則非先王之道者猶沓沓也者自天之方蹶至沓沓也是詩大雅板之篇詩也自事君至沓沓也是孟子自解上云沓沓之義也其詩蓋言王者方動而為非為之臣者無更沓沓但復為非禮義以事其王者也故曰天之

方蹶無然泄泄泄泄猶沓沓也蹶動也天謂王者也泄泄則沓沓是也孟子復自解之言事君以無義之事事之其進退無禮飾其言則非先王之道而爲言者是若沓沓者也以其當匡正其君不可復長君之惡耳故曰責難於君謂之恭陳善閉邪謂之敬吾君不能謂之賊者孟子言至於此所以又復言之者也故云君之有難惡當責之以善能責君難惡以爲之善是爲恭臣恭其君也陳之以善事而閉其君之邪心是謂敬其君者也如不責君之難不陳善而閉君之邪而乃曰我君不能行善因不諫正之者是謂殘賊其君者也故曰責難於君謂之恭陳善閉邪謂之敬吾君不能謂之賊○注公輸子至規矩也正義曰案淮南子云楚欲攻宋墨子聞而悼之見楚王曰臣見大王之必傷義而不得宋王曰公輸天下之巧工作爲雲梯之械設以攻宋曷爲弗取墨子曰令公輸設攻臣請守之於是公輸設攻宋之械墨子設守宋之備九攻而墨子九卻之弗能入乃偃兵不攻是公輸即魯般也或云是魯昭公之子也○注師曠晉平公之樂太師至羽也正義曰案呂氏春秋云晉平公鑄鐘使工聽之皆以爲調師曠曰不調請更鑄之平公曰工皆以爲調矣師曠曰後世有知音者將知不調臣竊爲恥之至師消果知鍾之不調是師曠善聽爲晉平公之樂師也云六律陽律大蔟姑洗蕤賓夷則無射黃鍾案律厤志云呂不韋春秋言黃鐘之宮律之本也下生林鐘林鍾上生大蔟大蔟下生南呂南呂上生姑洗姑洗下生應鍾應鐘上生蕤賓蕤賓下生大呂大呂下生夷則夷則上生夾鐘夾鐘下生無射無射上生中呂淮南王安延致儒生博士亦爲律呂云黃鐘之律九寸而宮音調因而九之九九八十一故黃鐘之數立位在子大蔟其數七十二姑洗之數六十四蕤賓之數五十七夷則之數五十一無射之數四十五以黃鍾大蔟爲商姑洗爲角角生應鍾不比正音故爲和應鍾生蕤賓不比正音故爲繆日冬至音比林鐘浸以濁日夏至音比黃鍾浸以清以十二律應二十四時之變甲子大呂之徵也丙子夾鍾之羽也戊子黃鍾之宮也庚子無射之商也壬子夷則之角也其爲音一律而生五音十二律爲六十音因而六之六六三十六故三百六十五日以當一歲之日故律之數天地之道也凡此則以律正五音之謂也○注詩大雅假樂之篇○正義曰箋云愆過也率循也言成王之令德不過誤不遺失循用舊典之文章舊典謂周公之禮法也○注云詩大雅板之篇○正義曰箋注云蹶動也泄泄猶沓沓也箋云天斥王也王方欲艱難天下之民又方更變先王之道無沓沓然爲之制法度達其意以成其意

孟子曰。規矩、方員之至也。聖人、人倫之至也。至極也人事之善者莫大取法於聖人猶方員須規矩也

欲爲君盡君道。欲爲臣盡臣道。二者皆法堯舜而已矣。堯舜之爲君臣道備 不以舜之所以事堯事君。不敬其君者也。不以堯之所以治民治民。賊其民者也。言舜之事堯敬之至也堯之治民愛之盡也 孔子曰。道二。仁與不仁而已矣。暴其民甚。則身弑國亡。不甚。則身危國削。名之曰幽厲。雖孝子慈孫。百世不能改也。仁則國安不仁則國危亡甚謂桀紂不甚謂幽厲厲王流于彘幽王滅於戲可謂身危國削矣名之謂謚之也謚以幽厲以章其惡百世傳之孝子慈孫何能改也 詩云。殷鑒不遠。在夏后之世。此之謂也。詩大雅蕩之篇也殷之所鑒視近在夏后之世矣以前代善惡爲明鏡也欲使周亦鑒于殷之所以亡也

〔疏〕孟子曰規矩至此之謂也○正義曰此章言法則堯舜鑒戒桀紂也孟子曰規矩方員之至也聖人人倫之至也者孟子言規矩之度其爲方員之至者也謂之至者以其至矣盡矣不可以有加矣聖人是爲人倫之至者亦然人倫君臣父子夫婦兄弟朋友是也欲爲君盡君道欲爲臣盡臣道二者皆法堯舜而已矣者孟子言凡欲爲人君者當盡其爲君之道也凡欲爲人臣者當盡其爲臣之道也此二者在皆則法堯舜而已矣以堯舜所爲君臣之道備矣不以舜之所以事堯事君不敬其君者也不以堯之所以治民治民賊其民者也者言爲人臣者如不以舜之所以事堯者事君是不尊敬其君者也爲人臣者如不以堯之所以治民者治民是殘賊其民者也舜所以事堯者盡其義之道也堯之所以治民者盡其仁之道也義所以敬其君者也仁所以愛其民者也孔子曰道二仁與不仁而已矣暴其民甚則身弑國亡不甚則身危國削名之曰幽厲雖孝子慈孫百世不能改也者孟子言孔子有曰道有二是仁與不仁爲二而已暴虐其民以至於甚極則身必爲下之所殺而國必喪亡矣不至於極甚則身必危難而國必滅削諡之曰幽厲之君既諡爲幽厲以章惡於後世雖有孝子慈孫所出亦不能改此諡也厲王但止於流彘幽王滅於戲是謂身危國削矣如身弑國亡而孟子不止歸於人名者以其被所殺戮國已喪亡足以章其惡固不待爲諡而彰之矣如桀紂者也詩云殷鑒不遠在夏后之世此之謂也者蓋詩大雅蕩之篇文也其詩已謂殷之世所以鑒視在近而不遠者以其即在夏后之世是也以其前代善惡足以爲明鏡而可鑒也孟子所以云此之謂也者蓋欲使周之時亦鑒於殷之所以亡也○注堯舜之爲君臣道備○正義曰書云堯克明俊德以親九族平章百姓協和萬邦黎民於變時雍蓋爲君之道盡於此矣是君道之備也舜自元德升聞以之事堯而慎徽五典百揆時敘賓于四門四門穆穆其後坐常見堯於牆食常見堯於羹蓋爲臣道盡於此矣是臣之道備也○注桀紂幽厲○正義案史記本紀云桀爲虐政淫荒湯伐之於是桀敗於有娀之墟湯王乃改正朔易服色是爲湯王爲殷之始王又云紂資辨捷知足以拒諫言足以飾非好酒淫樂醢九侯脯鄂侯武王東伐至于盟津伐紂紂兵敗走入登鹿臺衣其寶玉赴火而死武王遂斬紂頭懸之白旗殷民大悅武王於是爲天子以爲天予以爲周之王又云厲王行暴虐侈傲國人謗之於是相與畔襲厲王厲王出奔於彘韋昭曰彘晉地也漢爲縣屬河東今曰永安是也厲王終死於彘於是太子靜即位是爲宣王宣王崩子幽王宮涅立幽王以褒姒不好笑幽王欲其笑乃爲燧火大鼓有寇至則舉燧火諸侯悉至至而無寇褒姒乃大笑幽王悅之爲數舉烽燧其後不信諸侯益不至幽王以虢石父爲卿用事國人皆怨申侯怒與繒西夷犬戎攻幽王幽王舉烽火徵兵兵不至遂殺幽王驪山下汲冢紀年日湯滅夏以至于紂二十九王凡四百九十六年自武滅紂以至幽王几二百五十七年○注詩大雅蕩之篇○正義曰箋云此言殷之明鏡不遠近在夏后之世謂湯誅桀也後武王誅紂今之王何以不用爲之戒孟子於此所以引之以戒其時之君臣也

孟子曰。三代之得天下也以仁。其失天下也以不仁。國之所以廢興存亡者亦然。三代夏商周國謂公侯之國存亡在仁與不仁而已 天子不仁。不保四海。諸侯不仁。不保社稷。卿大夫不仁。不保宗廟。士庶人不仁。不保四體。今惡死亡而樂不仁。是由惡醉而强酒。保安也四體身之四肢强酒則必醉也喻惡亡而樂不仁也

〔疏〕孟子曰三代至强酒○正義曰此章言人所以安莫若爲仁惡而弗去患必及身自上達下而其道一也孟子曰三代之得天下也以仁其失天下也以不仁國之所以廢興存亡者亦然者孟子言夏商周三代之王其所以得天下也以其皆以仁存心爲政於天下而得之也三代之中其有以失天下者以其不仁故失之也以至公侯之國所以有廢而不興有興而不廢者亦如三代之得天下也以仁失天下也以不仁也以其皆在於仁道而已天子不仁不保四海諸侯不仁不保社稷卿大夫不仁不保宗廟士庶人不仁不保四體今惡死亡而樂不仁是猶惡醉而強酒者孟子言爲天子者不爲仁則不能安其四海諸侯不仁則不能安其社稷卿大夫不爲仁則不能安其宗廟士庶人不爲仁則不能安其四體四體身之四肢也天子守四海諸侯守社稷卿大夫守宗廟士庶人守其身故各因其所守而言也今天下之人皆知疾惡其死亡而以樂爲不仁是若惡其醉酒而以強飲其酒耳亦論語孔子謂惡濕而居下之意也

孟子曰。愛人不親反其仁。治人不治反其智。禮人不荅反其敬。行有不得者。皆反求諸己。其身正。而天下歸之。反其仁已仁獨未至邪反其智已智猶未足邪反其敬已敬獨未恭邪反求諸身身已正則天下歸就之服其德也 詩云。永言配命。自求多福。此詩已見上篇其義同

〔疏〕孟子曰至自求多福○正義曰此章言行有不得於人反求於身是爲責己之道也孟子曰愛人不親反其仁治人不治反其智至而天下歸之者孟子言愛人而人不親之必吾仁有所未至也故當反己之治其人而人不治者必吾之智有所未盡也故當反己而責之也禮接於人而人不以禮報荅之必吾之敬有所未至也故當反己而責之也凡所行有不得於人者皆當反求諸己而已以其身之所有未至也故當自反而責之蓋以身先自治而正之則天下之人皆歸之而服其德也如顏淵克己而天下歸仁焉是也詩云永言配命自求多福已說於上篇此固不說

孟子曰。人有恒言。皆曰天下國家。恒常也人之常語也天下謂天子之所主國謂諸侯之國家謂卿大夫家 天下之本在國。國之本在家。家之本在身。治天下者不得良諸侯無以爲本治其國者不得良卿大夫無以爲本治其家者不得良身無以爲本也是則本正則立本傾則踣固在所敬慎而已

〔疏〕孟子曰至本在身○正義曰此章言天下國家各依其本本正則立本傾則踣也孟子曰人有恒言皆曰天下國家者孟子言人之所常言皆曰天下國家也天子有天下公侯有國大夫有家天下之本在國國之本在家家之本在身者言天下之根本獨在於公侯爲之根本也公侯之根本又在卿大夫爲之根本也卿大夫之根本抑又在於私身爲之根本也如大學有云欲明明德於天下必先治其國欲治其國必先齊其家欲齊其家必先修其身此

其意也云天下國家者天子有天下謂之天下諸侯有國謂之國然有國者不可以稱天下者或可以稱國故諸侯謂之邦國天子謂之王國國家文從或又從國爲其或之也故國之也至於家則自天子達於庶人未嘗不通稱之矣

孟子曰。爲政不難。不得罪於巨室。巨室大家也謂賢卿大夫之家人所則效者言不難者但不使巨室罪之則善也巨室之所慕。一國慕之。一國之所慕。天下慕之。故沛然德教溢乎四海。慕思也賢卿大夫一國思隨其所善惡一國思其善政則天下思以爲君矣沛然大洽德教可以滿溢於四海之内也【疏】孟子曰至溢乎四海。正義曰此章言天下傾心思慕向善巨室不罪咸以爲表德之流行可以充四海也孟子曰爲政不難不得罪於巨室者巨室喻卿大夫之家也孟子言爲政於天下易而不難也但不得罪於卿大夫之家也以其卿大夫之家以上則近君而君所待以輔弼以道則近民而民待以視效故君之言動其是非可得而刺也國之政令其得失可得而議也道合則從不合則去君民之從違而係之也故爲君不得罪於卿大夫則爲政可以行天下矣巨室之所慕一國慕之一國之所慕天下慕之故沛然德教溢乎四海者言一卿大夫之所思慕也一國亦隨而思慕之一國所思慕則天下亦隨而思慕之故沛然大洽其上之德教可以充溢乎四海如東注之水沛然流溢乎四海也此言四海猶中國則謂之天下夷狄則謂之四海耳孟子之意蓋欲當時國君爲政直其道正其心使卿大夫慕之而不去則遠近雖異方莫不均慕之此德教所以溢乎四海亦如傳云大夫者近者視而傚之遠者望而傚之蓋其意也

孟子曰。天下有道。小德役大德。小賢役大賢。天下無道。小役大。弱役强。斯二者天也。順天者存。逆天者亡。有道之世小德小賢樂爲大德大賢役服於賢德也無道之時小國弱國畏懼而役於大國强國也此二者天時所遺也當順從之不當逆也齊景公曰。既不能令。又不受命。是絶物也。涕出而女於吳。齊景公齊侯景謚也言諸侯既不能令告鄰國使之進退又不能事大國往受教命是所以自絶於物物事也大國不與之通朝聘之事也吳蠻夷也時爲强國故齊侯畏而恥之泣涕而與爲婚今也小國師大國而恥受命焉。是猶弟子而恥受命於先師也。今小國以大國爲師學法度焉而恥受命教不從其進退譬猶弟子不從師也如恥之。莫若師文王。師文王。大國五年。小國七年。必爲政於天下矣。文王行仁政以移殷民之心使皆就之今師效文王大國不過五年小國七年必得政於天下矣文王時難故百年乃洽今之時易文王由百里起今大國乃踰千里過之十倍有餘故五年足以爲政小國美之故七年詩云。商之孫子。其麗不億。上帝既命。侯于周服。侯服于周。天命靡常。殷士膚敏。祼將于京。詩大雅文王之篇麗億數也言殷帝之子孫其數雖不但億萬人天既命之惟服於周殷之美士執祼鬯之禮將事於京師若微子者膚大敏達也此天命之無常也孔子曰。仁不可爲衆也。夫國君好仁。天下無敵。孔子云行仁者天下之衆不能當也諸侯有好仁者天下無敵與之爲敵今也欲無敵於天下。而不以仁。是猶執熱而不以濯也。詩云。誰能執熱。逝不以濯。詩大雅桑柔之篇誰能持熱而不以水濯其手喻其爲國誰能違仁而無敵於天下也【疏】孟子曰天下有道至逝不以濯。正義曰此章言遭衰逢亂屈伏强大據國行仁天下莫敵雖有億衆無德不親執熱須濯明不可違仁也孟子曰天下有道小德役大德小賢役大賢天下無道小役大弱役强斯二者天也順天者存逆天者亡者孟子言天下有治道之時小德樂爲大德小賢樂爲大賢故小德役服大德小賢役服大賢以其德之得於己者有多少故有大德小德以其賢之賢於人也有遠近故有大賢小賢天下有道則論德而定位故小德役大德小賢役大賢天下無道而亂則小國弱國畏懼而役於大國强國以其力有小大勢有强弱故有小有大有弱有强天下無道則力勝德勢勝賢故小役大弱役强言二者皆天使然也順其天者故存逆其天者故亡以其所遭之時然也故當順而不當逆齊景公曰既不能令又不受命是絶物也涕出而女於吳者孟子引齊景公謂諸侯既不能以令制鄰國又不能受命以制於鄰國是自絶於交通朝聘之事也於是景公泣涕以女事於吳是時吳爲强大也故女於吳此乃小役大弱役强者也今也小國師大國而恥受命焉是猶弟子而恥受命於先師也者言今也爲之小國者既以師其大國而恥羞受大國之命焉如此是若爲之弟子者以羞恥受教命於先師也如恥之莫若師文王師文王大國五年小國七年必爲政於天下矣者言如恥受命於大國莫若師法文王也如師法文王則大國不過五年小國不過七年必能爲政行於天下矣以言其時之易也詩云商之孫子其麗不億上帝既命侯于周服侯服于周天命靡常殷士膚敏祼將于京者此蓋詩大雅文王之篇文也孟子所以引此者蓋言其天命靡常惟德是親之意也其詩言商王之子孫雖相附麗而不足以爲强雖數至億而不足以爲衆至文王膺受上天之駿命而商之孫子乃爲君侯於周之九服中然爲君處服于周是天命靡常惟德是親也不特商之子孫如此其爲殷之侯者爲壯美之士亦莫不執祼鬯之禮而皆助祭於周之京師也孔子曰仁不可爲衆也夫國君好仁天下無敵者言孔子有曰爲仁者不可爲衆而當之也夫國君能好仁則天下無敵與之敵也今也欲無敵於天下而不以仁是猶執熱而不以濯也者言今也欲爲無敵於天下而不以仁爲之是若持其熱物而不以濯也濯者以水濯其手也詩云誰能執熱逝不以濯蓋詩之大雅桑柔之篇文也孟子於此所以引之蓋謂詩有云言誰能持其熱物往而不以水濯手也以其執熱須濯手於水也如欲無敵於天下必須爲仁也。注齊景公齊侯景謚也至爲婚。正義曰云景謚也者案史記云靈王十六年齊莊公母弟杵臼立是爲景公在位五十八年卒謚曰景地近荆蠻故注云蠻夷也注詩大雅至無當也。正義曰箋云麗數也于於也言商之子孫其數不徒億多言之也至天已命文王之後乃爲君於周之九服中言衆之不如德也九服案周禮九服云侯甸男采衛蠻夷鎮蕃人也毛注云殷士殷侯也膚美也敏疾也祼灌鬯也將行也鄭云祼謂以圭瓚酌鬱鬯以獻尸也瓚如槃大五升口徑八寸深二寸其柄用圭是也注詩大雅桑柔之篇。正義曰箋云當如手持熱物之用濯亦猶治國之道當用其賢人者也

孟子曰。不仁者可與言哉。安其危而利其菑。樂其所以亡者。不仁而可與言。則何亡國敗家之有。言不仁之人以其所以爲危者反以爲安必以惡見亡而樂行其惡如使其能從諫從善可與言議則天下何有亡國敗家也有孺子歌曰。滄浪之水清兮。可以濯我纓。滄浪之水濁兮。可以濯我足。孔子曰。小子聽之。清斯濯纓。濁斯濯足矣。自取之也。孺子童子也小子孔子弟子也清濁所用尊卑若此自取之喻人善惡見尊賤乃如此夫人必自侮。然後人侮之。家必自毁。而後人毁之。國必自伐。而後人伐之。人先自爲可侮慢之行故見侮慢也家先自爲可毁壞之道故見毁也國先自爲可誅伐之政故見伐也太甲曰。天作孽。猶可違。自作孽。不可活。此之謂也。以見上篇說同【疏】孟子曰至此之謂也。正義曰此章言人之安危皆由於己也孟子曰不仁可與言哉安其危而利其菑樂其所以亡者不仁而可與言則何亡國敗家之有者孟子言不仁之人可與言哉言不可與之言也以其不仁之人以危爲之安以菑爲之利樂行其所以亡者也如不仁而可以與言議以其能從諫從善也如此則何有亡國敗家者哉言不能亡國敗家也有孺子歌曰滄浪之水清兮可以濯我纓滄浪之水濁兮可以濯我足者子曰至自取之也者孟子言有孺子歌詠曰滄浪之水清兮則可以洗濯我之纓滄浪之水渾濁兮則可以洗濯我之足以其纓在上人之所貴水清而濯纓則清者人之所貴也足在下人之所賤水濁而濯足則濁者人之所賤也孔子曰小子當聽之清斯濯其纓濁斯濯其足貴賤人所自取之也孺子童稚也小子則孔子稱弟子也清斯喻仁濁斯喻不仁言仁與不仁見貴賤亦如此也夫人必自侮然後人侮之家必自毁而後人毁之國必自伐而後人伐之者孟子言夫人苟自爲可侮之事然後人從其事而侮慢之家自爲可毁藹之事而後人從而毁藹之國必自爲可誅戮之事而人然後從而誅戮之斯亦自取之謂也太甲曰天作孽猶可違自作孽不可活此之謂也者已說在上篇。注云如臨深淵戰戰恐懼也。正義曰此蓋詩之小雅小旻之篇文也注云戰戰恐懼也趙氏放之而已

孟子注疏卷七上校勘記

阮元撰盧宣旬摘錄

離婁者　閩監毛三本同宋本者作乃孔本韓本無者字

蓋以爲黃帝之時人也　閩監毛三本同宋本無之字孔本韓本作黃帝時人也

乃成方圓　閩監毛三本韓本同孔本考文古本圓作員

故以名篇　閩監毛三本同宋本孔本韓本考文古本名作題

大蔟　孔本同閩監毛三本韓本作大簇誤

黃鍾也閩監毛三本同孔本韓本考文古本無也字

乃可爲後世之法也閩監毛三本同廖本無之字孔本考文古本無世之二字韓本足利本無之字也字

假樂之篇閩監毛三本同宋本孔本韓本假作嘉音義出嘉樂

未聞有過者也閩監毛三本同廖本孔本韓本考文古本無者字

續以其四者閩監毛三本同廖本孔本韓本考文古本無其字

可得而審知閩監毛三本同廖本孔本韓本審知作知審

羅於密網也閩監毛三本同孔本韓本考文古本網作罔

兵甲不多音義出甲兵云甲或作鉀案据音義則此經兵甲舊作甲兵

言天方動汝無然沓沓廖本汝作女閩監毛三本然作敢孔本韓本汝作女然作敢音義出動女

背先王之道閩監毛三本同廖本孔本韓本考文古本背下有棄字

使君爲敬閩監毛三本同廖本孔本韓本考文古本爲敬作勉之是也

是勉之爲敬閩監毛三本同廖本孔本韓本考文古本勉之作爲敬是也案爲敬勉之四字十行本並在行末前後行互換因而致誤

故有恭敬賊三者之善閩監毛三本善作義廖本孔本韓本考文古本無此九字

章指言雖有巧智猶須法度國由先王禮義爲要不仁在位播越其惡誣君不諫故謂之賊明上下相須而道化行也

觸義之所其〔補〕案其字監毛本並作具

主方欲艱難天下之民〔補〕案主當依監本作王毛本作五更謬

近在夏后之世矣閩監毛三本同廖本孔本韓本考文古本矣作耳

亦鑒于殷閩監毛三本同廖本孔本韓本考文古本于作於

章指言法則堯舜以爲規矩鑒戒桀紂避遠危殆名謚一定千載而不可改也

正義案史記本紀云義下脫曰字閩監毛三本不脫

以爲天子閩監毛三本同案此四字衍文毛本加圍蓋意欲刊去此文是也

夏商周閩監毛三本同孔本韓本考文古本商作殷

在仁與不仁而已閩監毛三本同岳本廖本孔本韓本考文古本而已作也

喻惡亡而樂不仁也閩監毛三本同廖本孔本韓本考文古本無此注

章指言人所以考文古本無此字安莫若爲仁惡而弗孔本作勿去患必在考文古本作及韓本同身自上達下其道一焉

諸侯不仁不下脫爲字閩監毛三本不脫

而天下歸之毛本而誤則

獨未至邪閩監毛三本同宋本孔本韓本足利本獨作猶下同

猶未足邪考文古本猶作獨

章指言行有不得於人一求諸身責己之道也改行飭躬福則至矣

家謂卿大夫家閩監毛三本同孔本韓本下家作也考文古本下有也字

是則本正則立本傾則踣固在所敬慎而已閩監毛三本同廖本孔本韓本考文古本無此注文

章指言天下國家各依其本本正則立本傾則踣雖曰常言必須敬慎也

沛然大治閩監毛三本同宋本孔本韓本考文古本治作洽

四海之內也閩監毛三本同廖本孔本韓本考文古本無也字

章指言天下傾心思慕向孔本韓本考文引古本作嚮按向今鄉字嚮俗善巨室不罪咸以爲表德之流行以充四海也

令告鄰國閩本孔本韓本同監毛本鄰誤大

而恥受命教宋本孔本韓本同閩監毛三本命教誤倒

故百年乃治閩監毛三本同廖本孔本韓本考文古本治作洽

小國美之閩監毛三本同廖本孔本韓本考文古本美作差

執裸鬯之禮閩監毛三本同廖本孔本韓本鬯作暢音義出暢字案古鬯暢通用

喻其爲國上二字此本模糊閩監毛三本如此宋本孔本韓本考文古本無其字

而無敵於天下也閩監毛三本同廖本孔本韓本考文古本無於天下三字

章指言遭衰逢亂屈服強大據國行仁天下莫敵雖有億衆無德不親執熱須濯明其孔本韓本考文古本無此字不可違仁也

足利本無也字

者案史記云案自此至下章疏則淸者人之所貴也足利十行本缺一頁而板心數不缺誤也閩本仍十行本之舊亦未補監本毛本不缺未詳據何本補足

以見上篇說同毛本同孔本韓本足利本以作已下有也字考文古本以作已

章指言人之安危皆由於己先自毀伐人乃攻討甚於天孽敬慎而已如臨深淵戰戰恐懼孔本韓本考文引古本作栗也

孟子注疏解經卷第七下

離婁章句上　趙氏注　孫奭疏

孟子曰。桀紂之失天下也。失其民也。失其民者。失其心也。失其民之心則天下畔之簞食壺漿以迎武王之師是也得天下有道。得其民。斯得天下矣。得其民有道。得其心。斯得民矣。得其心有道。所欲與之聚之。所惡勿施爾也。欲得民心聚其所欲而與之爾近也勿施行其所惡使民近則民心可得矣民之歸仁也。猶水之就下。獸之走壙也。故爲淵敺魚者。獺也。爲叢敺爵者。鸇也。爲湯武敺民者。桀與紂也。今天下之君有好仁者。則諸侯皆爲之敺矣。雖欲無王。不可得已。民之思明君猶水樂卑下獸樂廣野敺之則歸其所樂獺獱也鸇土鸇也故云諸侯好爲仁者敺民若此也湯武行之矣如有則之者雖欲不王不可得也今之欲王者。猶七年之病。求三年之艾也。苟爲不畜。終身不得。苟不志於仁。終身憂辱。以陷於死亡。今之諸侯欲行王道而不積其德如至七年病而卻求三年時艾當畜之乃可得以三年時不畜藏之至七年欲卒求之何可得乎艾可以爲灸人病乾久益善故以爲喻志仁者亦久行之不行之則憂辱以陷死亡桀紂是也詩云。其何能淑。載胥及溺。此之謂也。詩大雅桑柔之篇淑善也載辭也胥相也刺時君臣何能爲善乎但相與爲沉溺之道也

疏孟子曰桀紂至此之謂也○正義曰此章言水性趨下民樂歸仁桀紂敺使就其君三年之艾畜而可得一時欲仁猶將沉溺所以明鑒戒也孟子曰桀紂之失天下也至心也者孟子言桀紂失亡天下是失其民失其民乃是失其民之心也得天下有道至勿施爾也者言人君所以得天下有其道也得其民斯爲得天下矣所以得其民有道者得其民之心斯爲得民矣所以得其心有道在民所欲而與之聚之民之所惡而勿施於民則近得其民心矣民之歸仁也至不可得已者言民之歸親於仁人之君如水之歸就於下獸之樂趨於廣野矣故爲淵而敺聚其魚而歸之淵者是獺爲之敺矣爲叢木而敺聚其爵而歸之叢者是鸇爲之敺也爲湯王武王而敺聚其民而歸之湯武者是桀與紂也今夫天下爲之君者有能好行其仁政則天下諸侯皆爲敺聚其民而歸之亦如獺爲淵敺魚鸇爲叢敺爵者而歸之矣如此雖欲不爲王不可得而不爲耳今之欲王者猶七年之病至於死亡者言今之國君欲爲王者如七年之病欲卒而求討三年之艾草也苟爲已前不積雖終身而死亦不得此三年之艾也若苟不志仁於久雖終一身憂辱亦以陷於死亡之地矣詩云其何能淑載胥及溺此之謂也蓋詩之大雅桑柔之篇文也蓋言何能爲之善乎但相與及其沉溺於患難也孟子所以言此者欲時君在於久行其仁不但欲爲之王然後乃行之耳○注獺獱也鸇土鸇也○正義曰案釋名云獺形如猫居水食魚者也獱獺之屬也鸇鷂之屬也能食鳥雀○詩大雅桑柔之篇○正義曰此詩蓋芮伯刺厲王之詩也

孟子曰。自暴者。不可與有言也。自棄者。不可與有爲也。言非禮義。謂之自暴也。吾身不能居仁由義。謂之自棄也。言人尙自暴自棄何可與有言有爲仁。人之安宅也。義。人之正路也。曠安宅而弗居。舍正路而不由。哀哉。曠空舍縱哀傷也弗由居是者是可哀傷也

疏孟子曰至哀哉　正義曰此章言曠仁舍禮自暴棄之道也孟子曰自暴者不可與有言自棄者不可與有爲也者孟子言人之有爲自暴者不可與之言議也有爲自棄者不可與之有所爲也言非禮義謂之自暴也吾身不能居仁由義謂之自棄也者此蓋孟子自解自暴自棄之言也仁人之安宅也至哀哉者孟子言仁道乃人之所安之宅舍也義乃爲人之正路也今有空曠其此宅而不安居之捨去此正路而不行之者是可得而哀傷之者也此孟子所以有是而言於當世也

孟子曰。道在邇而求諸遠。事在易而求諸難。人人親其親。長其長。而天下平。邇近也道在近而患人求之遠也事在易而患人求之難也謂不親其親以事其長故其事遠而難也

疏正義曰此章言親親敬長近取諸已則邇而易者也孟子曰至天下平者孟子言道在近而人乃求遠事在易而人乃求之於難但人人親愛其所親敬長其所長則天下即太平大治矣親親即仁也長長即義也

孟子曰。居下位而不獲於上。民不可得而治也。獲於上有道。不信於友。弗獲於上矣。信於友有道。事親弗悅。弗信於友矣。悅親有道。反身不誠。不悅於親矣。誠身有道。不明乎善。不誠其身矣。言人求上之意先從已始本之於心心不正而得人意者未之有也是故誠者。天之道也。思誠者。人之道也。至誠而不動者。未之有也。不誠未有能動者也。授人誠善之性者天也思行其誠以奉天者人也至誠則動金石不誠則鳥獸不可親狎故曰不誠未有能動者也

疏孟子曰至未有能動者也○正義曰此章言事上得君乃可臨民信友悅親本在於身也孟子曰居下位而不獲於上民不可得而治也者孟子言居下位而爲君上之臣者而不見獲於上則民故不可得而治之也以其上之所以得民者乃治也獲於上有道至不誠其身者言獲於上者有其道如不信於友則弗獲於上矣以其君之所以願乎臣者忠也如臣弗信於友則其忠不足稱矣此所以弗獲於上矣信於友有其道如事其親而弗悅其親則亦弗信於友矣以其友之所以責於已者仁也如事親弗悅則其仁不足稱矣此所以弗信於友矣悅親有其道如反已而不誠則弗悅於親矣以其親之所望於已者孝也如反身不誠則其孝不足稱矣此所以不悅於親誠身有其道如不能明乎善則不誠其身矣以其所謂誠者亦明乎在我之善而已如不明其善則在我之善有所未明又安知所謂誠故不明乎善則不誠其身矣由此推之則信於友是獲於上之道也悅親是信於友之道也誠身是悅親之道也而明乎善者是又誠身之道也是故誠者天道也思誠者人道也至誠而不動者未之有也不誠未有能動者也者孟子言此故誠者是天授人誠善之性者也是爲天之道也思行其誠以奉天是爲人之道也然而至誠而有不感動者必無也故曰未之有也不至誠而能感動之者亦必無也故曰未有能動者也注曾子三省大雅矜矜正義曰論語云曾子曰吾日三省吾身爲人謀而不忠乎與朋友交而不信乎傳不習乎是曾子三省之事也大雅矜矜此蓋荀卿之言然

孟子曰。伯夷辟紂。居北海之濱。聞文王作。興曰。盍歸乎來。吾聞西伯善養老者。伯夷讓國遭紂之世辟之隱遁北海之濵聞文王起興王道盍歸乎來歸周也太公辟紂。居東海之濵。聞文王作。興曰。盍歸乎來。吾聞西伯善養老者。太公呂望也亦辟紂世隱居東海曰聞西伯養老二人皆老矣往歸文王也二老者。天下之大老也。而歸之。是天下之父歸之也。天下之父歸之。其子焉往。此二老猶天下之父也其餘皆天下之子耳子當隨父二父往矣子將安如言皆歸往也諸侯有行文王之政者。七年之內。必爲政於天下矣。今之諸侯如有能行文王之政者七年之間必足以爲政矣天以七紀故云七年文王時難故久衰周時易故速也上章言大國五年者大國地廣人衆易以行善故五年足以治也

疏孟子曰至必爲政於天下矣○正義曰此章言養老尊賢國之上務七年爲政以勉諸侯者也孟子曰伯夷辟紂至養老者孟子言伯夷辟紂之世乃辟紂而逃遁居於北海之畔後聞文王作興而起王道乃曰盍歸乎來歸周也我聞之西伯善養其耆老者也太公辟紂至養老者孟子又言太公辟紂之亂而辟居於東海之畔後聞文王興起乃曰盍歸乎來歸周也我聞西伯善養其耆老者也二老者天下之大老也至其子焉往者言伯夷太公二老乃天下之大老也猶父也而皆歸之是天下之父歸之天下之父既歸之其爲天下之子又焉往是必皆歸之也○注伯夷讓國至歸周也○正義曰案太史公云其傳曰伯夷叔齊孤竹君之二子也父欲立叔齊及父卒叔齊讓伯夷伯夷曰父命也遂逃去叔齊亦不肯立而逃之國人立其中子於是伯夷叔齊聞西伯昌善養老盍往歸焉後因叩馬諫武王武王平殷亂二人恥食周粟隱於首陽山且餓死焉孔子云伯夷叔齊餓於首陽之下是也又云太公望東海之上人也或云處士隱海濱周西伯招呂尙呂尙亦曰吾聞西伯賢又善養老盍往焉○注云天以七紀故云七年○正義曰書云五紀曰歲月日星辰厤數今云七紀者案魯昭公二十年左傳云天以七紀杜注云二十八宿四七是其旨也

孟子曰。求也爲季氏宰。無能改於其德。而賦粟倍他日。孔子曰。求非我徒也。小子鳴鼓而攻之可也。求孔子弟子冉求季氏魯卿季康子宰家臣小子弟子也孔子以冉求不能改季氏使從善爲之多斂賦粟故欲使弟子鳴鼓以聲其罪而攻伐責讓之曰求非我

徒疾之也由此觀之。君不行仁政而富之。皆棄於孔子者也。況於爲之强戰。爭地以戰。殺人盈野。爭城以戰。殺人盈城。此所謂率土地而食人肉。罪不容於死。孔子棄富不仁之君者況於爭城爭地而殺人滿之乎此若率土地使食人肉也言其罪大死刑不足以容之故善戰者服上刑。連諸侯者次之。辟草萊任土地者次之。孟子言天道重生戰者殺人故使善戰者服上刑上刑重刑也連諸侯合從者也罪次善戰者辟草萊任土地不務脩德而富國者罪次合從連橫之人也

疏 孟子曰求也至次之○正義曰此章言聚斂富民棄於孔子重人命之至也孟子曰求也為季氏宰至攻之可也者孟子言冉求為季氏之家臣不能佐君改於其德以為治國而乃聚斂其粟倍過於他日孔子責之曰求非我之徒弟也乃令弟子鳴鼓以聲其罪而攻之可也由此觀之君不行仁政至罪不容於死者孟子言由此冉求賦斂觀之以孔子所攻則今之國君不行仁政而富之是皆棄之於孔子者也又況為之强戰爭地以戰而殺人至於盈滿其野爭城以戰而殺人至於盈滿其城此所謂率土地而食人之肉也其罪必不容於死以其罪大雖死刑不足以容之也故善戰者服上刑至任土地者次之者孟子又言故善能為陳而戰者服於上刑上刑重刑也合縱連橫之諸侯罪次之以其罪次於善戰之上刑也務廣開闢草萊而任土地不務脩德者又次之以其又次連橫合縱之諸侯者刑也○注求孔子弟子至疾之也○正義曰案史記弟子傳云冉求字子有鄭氏曰魯國人又案論語云季氏富於周公而求也為之聚斂而附益之子曰非吾徒也小子鳴鼓而攻之可也孔安國云冉求為季氏宰為之急賦稅鄭注云小子門人也云季氏魯卿季康子者案左傳云季康子魯卿季孫肥諡曰康諡法曰安樂撫民曰康

孟子曰。存乎人者。莫良於眸子。眸子不能掩其惡。眸子瞳子也存人存在人之善心也胸中正。則眸子瞭焉。胸中不正。則眸子眊焉。瞭明也眊者蒙蒙目不明之貌聽其言也。觀其眸子。人焉廋哉。廋匿也聽言察目言正視端人情可見安可匿之哉

疏 孟子曰存乎人者至人焉廋哉○正義曰此章言目為神侯精之所在存而察之善惡不隱也孟子曰存乎人者莫良於眸子眸子不能掩其惡者孟子言存在於人者莫貴乎眸子眸子目瞳子也眸子不能蓋掩人之惡也胸中正則眸子瞭焉胸中不正則眸子眊焉者言人胸中正而不邪則眸子於是乎明瞭明也胸中不正則眸子矇矇而不明眊不明也聽其言也觀其眸子人焉廋哉者言知人之道但聽其言觀其眸子明與不明則人可見又安可廋匿之哉此孟子言知人之道但觀人之眸子耳○注眸瞳子瞭明眊不明之貌○正義曰是皆矇釋文而言之也

孟子曰。恭者不侮人。儉者不奪人。侮奪人之君。惟恐不順焉。惡得爲恭儉。爲恭敬者不侮慢人爲廉儉者不奪取人有好侮奪人之君有貪陵之性恐人不順從其所欲安得爲恭儉之行也恭儉豈可以聲音笑貌爲哉。恭儉之人儼然無欲自取其名豈可以和聲音笑貌強爲之哉

疏 孟子曰恭者至爲哉○正義曰此章言人君恭儉率下人臣恭儉明其廉忠也孟子曰恭者不侮人至豈可以聲音笑貌爲哉者孟子言爲之恭儉者則不侮慢於人亦不能借奪於人蓋以恭敬則不侮儉約則不奪故也如有侮奪人之君惟恐其民不順已之所欲安得爲恭儉者焉爲之恭儉又豈可以聲音笑貌爲之恭儉哉言人爲恭儉在心之所存不在於聲音與其笑貌爲之矣

淳于髡曰。男女授受不親。禮與。淳于髡齊人也問禮男女不相親授孟子曰。禮也。禮不親授曰。嫂溺則援之以手乎。髡曰見嫂溺水則當以手牽援之否邪曰。嫂溺不援。是豺狼也。孟子曰人見嫂溺不援出是爲豺狼之心也男女授受不親。禮也。嫂溺援之以手者。權也。孟子告髡曰此權也權者反經而善者也曰。今天下溺矣。夫子之不援。何也。髡曰天下之道溺矣夫子何不援之乎曰。天下溺。援之以道。嫂溺。援之以手。子欲手援天下乎。孟子曰當以道援天下而道不得行子欲使我以手援天下乎

疏 淳于髡曰至子欲手援天下乎○正義曰此章言權時之義者也淳于髡曰男女授受不親禮與者淳于髡齊國之人也問孟子曰男女授受之際不相親授是禮然與否孟子曰禮也孟子荅之以為是禮然也曰嫂溺則援之以手乎者髡又問孟子如是則嫂之沈溺於水當以牽援以手乎曰嫂溺不援是豺狼也孟子言如嫂之沈溺於水而不牽援之者是有豺狼之心者也以其豺狼之為獸其心常有害物之暴故以喻之也男女授受不親禮也嫂溺援之以手者權也者孟子又告淳于髡以謂男女授受不親是禮當然也嫂之沈溺援之以手者是權道也夫權之為道所以濟變事也有時乎然有時乎不然反經而善是謂權道也故權云為量或輕或重隨物而變者也曰今天下溺矣夫子之不援之何也髡復問孟子言今天下之道以沈溺之也夫子之不拯援之是如之何曰天下溺援之以道嫂溺援之以手子欲手援天下乎孟子言天下之沈溺當以道拯援之嫂溺則當以手援之今子之言是欲使我以手援天下乎此言不可以手援天下當以道援之矣斯亦明淳于髡之蔽也

公孫丑曰。君子之不教子。何也。問父子不親教何也孟子曰。勢不行也。教者必以正。以正不行。繼之以怒。繼之以怒。則反夷矣。夫子教我以正。夫子未出於正也。則是父子相夷也。父子相夷。則惡矣。父親教子其勢不行教以正道而不能行則責怒之夷傷也父子相責怒則傷義矣一說云父子反自相非若夷狄也子之心責於父云夫子教我以正道而夫子之身未必自行正道也執此意則為反夷矣故曰惡也古者易子而教之。父子之閒不責善。責善則離。離則不祥莫大焉。易子而教不欲自相責以善也父子主恩離則不祥莫大焉

疏 公孫丑曰至不祥莫大焉○正義曰此章言父子至親相責則離易子而教相成以仁教之善者也公孫丑曰君子之不教子何也公孫丑問孟子言君子以不自教誨其子是如之何孟子曰勢不行也至父子相夷則惡矣者孟子荅公孫丑以謂君子所以不教子者是其勢之不行所以不自教也教之者必以正道而教之以正道而教之而子不行則續之憤怒既續之以憤怒則反傷其為父子之恩矣夷傷也父子之恩則父慈子孝是為父子之恩也今繼之以怒是非父之慈也且以子比之夫子既教我以正道而子之身自未能出行其正道也如父子之間子以是言反父是則父子相傷矣父子既以相傷其恩則父子必相疾惡也故云則惡矣古者易子而教之父子之間不責善責善則離離則不祥莫大焉者孟子又言古之時人皆更易其子而教之者以其父子間不相責讓其善也如父子自相責讓則父子之恩必離之矣父子恩離則不祥之大者也所謂易子而教者如己之子與他人教他人之子與己而教之是易子而教也所謂不祥之大者則禍之大者矣○注夷有二說一說則以夷訓傷一說以夷為夷狄其義皆通矣

孟子曰。事孰爲大。事親爲大。守孰爲大。守身爲大。不失其身。而能事其親者。吾聞之矣。失其身而能事其親者。吾未之聞也。事親養親也守身使不陷於不義也失不義則何能事父母乎孰不爲事。事親。事之本也。孰不爲守。守身。守之本也。先本後末事守乃立也曾子養曾晳。必有酒肉。將徹。必請所與。問有餘。必曰有。曾晳死。曾元養曾子。必有酒肉。將徹。不請所與。問有餘。曰。亡矣。將以復進也。此所謂養口體者也。若曾子則可謂養志也。事親若曾子者。可也。將徹請所與問曾晳所欲與子孫所愛者也必曰有恐違親意也故曰養志曾元曰無欲以復進曾子也不求親意故曰養口體也事親之道當如曾子之法乃為至孝

疏 孟子曰事孰為大至可也○正義曰此章言上孝養志下孝養口體者也孟子曰事孰為大事親為大守孰為大守身為大至吾未之聞也者孟子言人之所事者何事為大以其事父母之親為大者也人之所守者何守為大以其守己之身為大也不失其身而能事其父母之親則我嘗聞之矣如失其身而能事父母之親則我未之聞也蓋以己身尚不能守之況能事其父母乎孰不為事事親事之本也孰不為守守身守之本也者言人誰不為所事凡有所事於彼者是皆為所事也然而事父母之親是所事之本也己人誰不為所守凡有所守於我者是皆為所守也然而守身是所守之本也所謂身安而國家可保事親孝故忠可移於君此之謂也豈非事親守身為事為守之本者歟曾子養曾晳至事親若曾子可也者孟子又言昔日曾子奉養其父曾晳必有酒肉將欲徹去曾子必請所欲與者如曾晳問復有餘剩曾子必應曰有餘剩曾晳已死曾元奉養其曾子曾元曾子之子也必有酒肉將欲徹去曾元不請所欲與者如曾子復問有餘剩曾元乃應之曰無矣遂將以酒食復進曾子也如此是謂養其父之口體而已必若曾子之養父乃可謂養其父之志也如事其親若曾子之事親則可矣蓋曾子知父欲有餘者與之所愛之子孫故徇而請其所與問有餘故復應之曰有

是其遂其親之志意而不違者也故曰養志也曾元反此蓋有違逆其親之志意但爲養口體者也非養志者也故孟子所以言事親若曾子則可以爲之孝子孟子曰。人不足與適也。政不足與間也。惟大人爲能格君心之非。適過也詩云室人交徧適我間非格正也時皆小人居位不足過責也政教不足復非說獨得大人爲輔臣乃能正君也非法度也君仁莫不仁。君義莫不義。君正莫不正。一正君而國定矣。正君之身一國定矣欲使大人正之（疏）孟子曰至一正君而國定矣○正義曰此章言小人爲政不足間非賢臣正君使握道機君正國定下不邪侈將何間者也孟子曰人不足與適也至爲能格君心之非者孟子言小人在位不能事君不足適責之也所行政教亦不足間非也惟大人爲臣而事其君故能格正君心之非也○注詩云室人交徧適我○正義曰蓋詩國風北門之篇文也云我入自外室人交徧讁我箋云我從外入在室之人更迭徧來責我使已去也言室人亦不知己志也孟子曰。有不虞之譽。有求全之毀。虞度也言人之行有不虞度其時有名譽而得者若尾生本與婦人期於梁下不度水之卒至遂至沒溺而獲守信之譽求全之毀者陳不瞻將赴君難聞金鼓之聲失氣而死可謂欲求全其節而反有怯弱之毀者也（疏）正義曰此章言不虞獲譽求全受毀者也孟子言人有不虞度其功而終獲其名譽又有欲求全其行而終反受其人之毀者以言其君子之人於毀譽不容心於其間但務爲善之實而不期人之譽務去其不善之實而不恤人之毀是皆行義以俟命而已矣○注尾生與陳不瞻之事○正義曰此皆據史記之文而言之也其事煩故不重述耳孟子曰。人之易其言也。無責耳矣。人之輕易其言不得失言之咎責也一說人之輕易不肯諫正君者以其不在言責之位者也孟子曰。人之患。在好爲人師。人之所患患於不知己未有可師而好爲人師者乃或也（疏）正義曰此章言君子之患在好爲人師也孟子曰人之患在好爲人師者孟子言人之有患非他特在其好爲人之師也蓋在人患在於不知己未有可師耳如務在好爲人師則或也樂正子從於子敖之齊。樂正子見孟子。魯人樂正克孟子弟子也從於齊之右師子敖使而之魯樂正子隨之來之齊也孟子在齊樂正子見之也孟子曰。子亦來見我乎。孟子見其來見遲故云亦來也曰。先生何爲出此言也。樂正子曰先生何爲非克而出此言也曰。子來幾日矣。孟子問子來幾日乎曰。昔者。克曰昔者來至昔者往也謂數日之間也曰。昔者則我出此言也。不亦宜乎。孟子曰昔者來至而今乃來我出此言亦其宜也孟子重愛樂正子欲亟見之深思望重也曰。舍館未定。克曰所止舍館未定故不即來也館客舍曰。子聞之也。舍館定。然後求見長者乎。孟子曰子聞見長者之禮當須舍館定乃見之乎曰。克有罪。樂正子謝過服罪也（疏）樂正子至克有罪○正義曰此章言尊師重道敬賢事長人之大綱樂正子好

善孟子譏之責賢者備也樂正子從子敖之齊樂正子從子敖往齊而見孟子孟子曰子亦來見我乎孟子見樂正子來遲故曰子亦來見我乎曰先生何爲出此言也樂正子問孟子何爲於我而出此言也曰子來幾日矣孟子又問樂正子從子敖到齊以幾日乎曰昔者樂正子曰往日來至若數日之間也曰昔者則我出此言也不亦宜乎孟子又言子到數日而今乃來見我則我出此言是其宜也曰舍館未定樂正子又曰爲客館所止未定故不能即來也曰子聞之也舍館定然後求見長者乎孟子又言子曾聞見長者之禮必待舍館定然後乃見長者乎曰克有罪樂正子於是無所荅乃對孟子曰是克有罪也以其待舍館定然後見非尊師重道者也宜孟子以此責之孟子謂樂正子曰。子之從於子敖來。徒餔啜也。我不意子學古之道。而以餔啜也。子敖齊之貴人右師王驩者也學而不行其道徒食飲而已謂之餔啜也樂正子本學古聖人之道而今隨從貴人無所匡正故言不意子但餔啜也（疏）孟子謂樂正子曰至而以餔啜○正義曰此章言學優則仕仕以行道否則隱逸餔啜沉浮君子不與是以孟子咨嗟樂正子者也孟子謂樂正子曰子之從於子敖來徒餔啜也我不意子學古之道而以餔啜也者孟子謂樂克曰子隨右師來至齊是徒以食飲而已我不意有如子本學古聖人之道而且今隨右師之遊而以徒爲其飲食也孟子所以言此蓋謂子敖我未嘗與之學古者而今子乃隨之遊是誚道以從人之謂也○注云子敖齊之貴人右師王驩者○正義曰此蓋以經文推而爲解也公孫丑篇云孟子爲卿於齊出弔於滕王使蓋大夫王驩爲輔行王驩朝暮見反齊滕之路未嘗與之言行事也下卷言公行有子之喪右師往弔入門有進而與右師言者有就右師之位而與右師言者孟子不與右師言右師不悅曰諸君子皆與驩言孟子獨不與驩言是簡驩也孟子聞之曰禮也子敖以我爲簡不亦異乎是知爲齊之貴人右師王驩者也孟子曰。不孝有三。無後爲大。於禮有不孝者三事謂阿意曲從陷親不義一不孝也家窮親老不爲祿仕二不孝也不娶無子絕先祖祀三不孝也三者之中無後爲大舜不告而娶。爲無後也。君子以爲猶告也。舜懼無後故不告而娶君子知舜告焉不得而娶娶而告父母禮也舜不以告權也故曰猶告與告同也（疏）孟子曰至君子以爲猶告也○正義曰此章言量其輕重無後爲不孝之大者也孟子曰不孝有三無後爲大者言不孝於禮有三惟先祖無以承後世無以繼爲不孝之大者而阿意曲從陷親於不義家貧親老不爲祿仕特不孝之小而已舜以不告而娶爲無後也君子以爲猶告也故孟子乃言此以謂舜受堯之二女所以不告父母而娶是爲其無後也告之則不得娶故也君子於舜不告而娶是亦言舜猶告而娶之也以其反禮而合義故君子以爲不告猶告也○注堯二女○正義曰案古史云舜有二妃一曰娥皇二曰女英並堯之女孟子曰。仁之實。事親是也。義之實。從兄是也。智之實。知斯二者弗去是也。事皆有實事親從兄仁義之實也知仁義所用而不去之則智之實也禮之實。節文斯二者是也。樂之實。樂斯二者。禮義之實節文事親從兄使不失其節而文其禮敬之容故中心樂之也樂則

生矣。生則惡可已也。惡可已。則不知足之蹈之。手之舞之。樂此事親從兄出於中心則樂生其中矣樂生之至安可已也豈能自覺足蹈節手舞曲哉（疏）孟子曰至足之蹈之手之舞之○正義曰此章言仁義之本在孝悌蓋有諸中而形於外也孟子曰仁之實事親是也至知斯二者弗去是也者孟子言仁道之本實在事親是也義之本實在從兄是也以其事親孝也從兄悌也能孝悌是爲仁義矣智之本實在知事親之孝從兄之弟而弗去之者是也禮之實節文斯二者是也樂之實樂斯二者言禮之本實使事親從兄者是也由此言之則事親之孝爲仁之實凡移之於事君者則爲仁之華也從兄之悌爲義之實則知凡移於從長者是爲義之華也知義爲智之實則知前識者是爲智之華也禮之實在仁義則威儀爲禮之華也樂之實在仁義則節奏爲樂之華也凡此是皆從而可知矣樂則生矣生則惡可已也惡可已則不知足之蹈之手之舞之言由仁義之實充之至於樂則流通而不鬱日進而不已是其樂則生生則烏可已烏可已則得之於心而形之於四體故不知手舞足蹈之所以者也蓋當時有夷子不知一本告子以義爲外故孟子宜以是言之而救當時之弊者也孟子曰。天下大悅而將歸己。視天下悅而歸己。猶草芥也。惟舜爲然。舜不以天下將歸己爲樂號泣于天不得乎親。不可以爲人。不順乎親。不可以爲子。舜盡事親之道。而瞽瞍厎豫。瞽瞍厎豫。而天下化。瞽瞍厎豫。而天下之爲父子者定。此之謂大孝。舜以不順親意爲非人子厎致也豫樂也瞽瞍頑父也盡其孝道而頑父致樂使天下化之爲父子之道者定也（疏）孟子曰至此之謂大孝○正義曰此章言以天下富貴爲不若得意於親也孟子曰天下大悅而將歸己視天下悅而歸己猶草芥也惟舜爲然者孟子言天下之人皆大悅而將歸己視天下悅而歸己但若一草芥不以爲意者惟大舜爲能如此也不得乎親不可以爲人不順乎親不可以爲子至此之謂大孝者孟子又言人若不得事親之志故不可以爲人[illegible]而不能順事親之道則不可以爲子[illegible]母之道而[illegible]天下亦從而化之瞽瞍頑且致樂故天下之父子者親之道定此所以爲舜之大孝矣故曰此之謂大孝○注瞽瞍頑父也○正義曰瞽瞍者案孔安國尚書傳云無目曰瞽瞍舜父有目不能分別好惡故時人謂之瞽配字曰瞍瞍無目之稱者左傳云心不則德義之經爲頑

孟子注疏卷七下校勘記　阮元撰盧宣旬摘錄

水樂卑下　閩監毛三本同廖本孔本韓本卑作埤音義出埤字

獸樂廣野　閩監毛三本同廖本孔本韓本廣作壙

欲卒求之　閩監毛三本同廖本孔本韓本欲上有而字

艾可以爲灸人病　灸音久亦音究孫氏不爲音俗譌作炙

▲章指言水性趨下民樂歸仁桀紂之敺使就其君三年之艾畜而可得一時欲仁猶將沉孔本韓本考文引古本作沈按依說文當作湛沈假借字沉俗字溺所以明鑒戒也是可哀傷也閩監毛三本同廖本孔本韓本考文古本也作哉

▲章指言曠仁舍義自暴棄之道也

道在邇考文古本邇作爾注同

以事其長閩監毛三本同廖本孔本韓本考文古本以作不

▲章指言親親敬長近取諸己則邇考文古本作爾而易也

而人乃求遠閩本同監毛本作而人乃求之於遠當是據下文例增

天也閩監毛三本同廖本孔本韓本考文古本下有故曰天道四字

人也閩監毛三本同廖本孔本韓本考文古本作人道也

故曰不誠未有能動者也閩監毛三本同廖本孔本考文古本無不誠二字韓本作故曰未有能動者足利本無也字

▲章指言事上得君乃可臨民信友悅親本在於身是以曾子三省大雅矜矜以誠爲貴也

皆天下之子耳宋本耳作有

言皆歸往也閩監毛三本韓本足利本同廖本孔本考文古本歸作將

▲章指言養老尊賢國之上務文王勤考文古本作務之二老遠至父來子從天之順道七年爲政以勉諸侯欲使庶幾於行善也

辟草萊任土地閩監毛三本同廖本作辟草任土孔本韓本作辟草任地案音義出任土則作任地非也

▲章指言聚斂富君孔本韓本作民棄於孔子冉求行之同孔本韓本足利本作固聞鳴鼓以戰殺人孔本韓本考文古本作民土食人肉罪不容死以爲大戮重人命之至也

瞳子也閩監毛三本同廖本孔本韓本考文古本上有目字案童正字瞳俗字

安可匿之哉閩監毛三本同廖本孔本韓本考文古本無之字

▲章指言目爲神候精之所在存而察之善惡不隱知人之道斯爲審矣

豈可以和聲音笑貌强爲之哉閩監毛三本同廖本孔本韓本考文古本音作諂笑下有之字足利本笑上有諂字

▲章指言人君恭儉率下移風人臣恭儉明其廉忠侮奪之惡何由干之而錯其心

此權此閩監毛三本同廖本孔本韓本考文古本下此作也案作也是

天下之道閩監毛三本同廖本孔本韓本上有今字

何不援之乎閩監毛三本同廖本孔本韓本考文古本無乎字

▲章指言權時之義嫂溺援手君子大行拯世以道道之指也案道字恐誤重

一說云閩監毛三本同廖本孔本韓本考文古本云作曰

父子反自相非宋本廖本孔本韓本考文古本同閩監毛三本自誤日

責於父云閩監毛三本同廖本孔本韓本考文古本於作其

不欲自相責以善也閩監毛三本同廖本孔本韓本足利本無相字

▲章指言父子至親相責離恩易子而教相成以仁教之義也

皆通矣閩本同監毛二本刪矣字

失不義閩監毛三本同廖本孔本考文古本作失仁義韓本足利本作夫不義○按失不義是

乃爲至孝閩監毛三本同廖本孔本韓本考文古本下有也字

▲章指言上孝養志下孝養體曾參事親可謂至矣孟子言之欲令後人則曾子也

父母之親爲大者也閩本同監本毛本無者字

已人誰不爲所守〔補〕監毛本已作夫是也

政不足與間也閩監毛三本同岳本孔本韓本無與字音義出足間

室人交徧適我廖本適作謫

政教不足復非說閩監毛三本同廖本孔本韓本考文古本說作訧案音義出非訧作訧非也蓋形相近而譌

乃能正君也非法度也閩本同廖本監毛二本孔本韓本次上也作之是

▲章指言小人爲政不足間非賢臣正君使握道機君正國定下韓本考文古本作上不邪佞將何間也

亦不足間非也閩本同監毛二本非下有之字

有不虞度其時有名譽而得者閩監毛三本同廖本孔本韓本足利本無虞字時作將

者陳不瞻閩本監本毛本瞻誤贍廖本孔本韓本考文古本者作若

▲章指言不虞獲譽不可爲戒求全受毁未足懲咎君子正行不由斯二者也

▲章指言言出於身駟不及舌不惟其責則易之矣此章疏文全脫

乃惑也閩監毛三本同廖本孔本韓本考文古本無乃字

▲章指言君子好謀而成臨事而懼時然後言畏失言也故曰師哉師哉孔本韓本哉作乎按哉字是也否則與楊子法言不合桐子之命不慎則有患矣

而出此言也閩監毛三本同廖本孔本韓本考文古本無也字

深思望重也閩監毛三本同廖本孔本韓本考文古本深思作思深

故不即來也閩監毛三本同孔本韓本無也字

▲章指言尊師重道敬賢事長人之大綱樂正子好善故孟子譏之責賢者備也

宜孟子以備責之閩監二本貴作責是也毛本備貴作此責

王驩者也閩監毛三本同廖本孔本韓本考文古本無者字

▲章指言學優則仕仕以行道否則隱逸免置窮處餔啜沉孔本韓本考文引古本作沈是也浮君子不與是以孟子咨嗟樂正子也

孟子不與右師言也此下空三字當是有衍字而剜去之○今不空三字俱提上寫故下章孟子曰頂格寫

家窮親老閩監毛三本同廖本孔本韓本窮作貧

▲章指言量其輕重無後不可是以大舜受堯二女夫三不孝蔽者所闇至於大聖卓然匪疑所以垂法也

禮義之實閩監毛三本同孔本韓本考文古本義作樂

惡可已閩監毛三本孔本韓本同廖本考文古本下有也字

手之舞之也閩本同監毛二本孔本韓本無也字

▲章指言仁義之本在於孝弟孝弟孔本脫孝弟二字之至通於神明況於歌舞不考文古本作而能自知蓋有諸中形於外也

知義爲智之實閩本義上剜增仁字監毛本同閩本

而瞽瞍底豫閩監毛三本同孔本韓本底作厎案音義之爾切是用厎字○案經典內凡曰厎致也皆之爾切與底都禮切不同經典內用厎字不多而俗刻多厎譌爲底

▲章指言以天下之貴富爲不若得意於親故能懷協頑嚚厎豫而欣天下化之父子加親故稱盛德者必百世祀無與比崇孔本韓本考文古本下有也字

孟子注疏卷七下挍勘記

孟子注疏解經卷第八上

離婁章句下　凡三十二章　趙氏注　孫奭疏

疏正義曰此卷即趙注分上卷爲此卷也此卷凡三十有二章一章言聖人殊世而合其道二章言重民之道平政爲首三章言君臣之道以義爲表以恩爲裏舊君之服蓋有所興諷喻宣王勸以仁也四章言君子見幾而作五章言上爲下倣六章言大人不爲非禮非義七章言父兄已賢子弟既頑教而不改乃歸自然八章言好言人惡殆非君子九章言疾之已甚亂也十章言大人所求合義十一章言視民如子則民懷矣十二章言養生竭力人情所勉哀死送終謂之大事十三章言學必根源如性自得十四章言廣尋道意詳說其事要約至義還反於朴十五章言五伯服人三王服心十六章言進賢受賞蔽賢蒙戮十七章言有本不竭無本則涸十八章言禽獸俱含天氣衆人皆然聖人超絕識仁義之主於己也十九章言周公能思三王之道以輔成王二十章言詩書與春秋二十一章言五世一體上下通流二十二章言廉惠勇三者二十三章言求交取友必得其人二十四章言貌好行惡當修飾之惟義爲常二十五章言能修性守故天道可知二十六章言循理而動不合時人二十七章言君子責己小人不改蹈仁行禮不患其患二十八章言顏子之心有同禹稷二十九章言臣得罪出妻屏子三十章言曾子子思處義非謬者也三十一章言人以道殊賢愚體別三十二章言小人苟得妻妾猶羞凡此三十二章合前卷二十八章是離婁一篇有六十章矣

孟子曰：舜生於諸馮，遷於負夏，卒於鳴條，東夷之人也。生始卒終記終始也諸馮負夏鳴條皆地名也負海也在東方夷服之地故曰東夷之人也文王生於岐周，卒於畢郢，西夷之人也。岐周畢郢地名也岐山下周之舊邑近畎夷畎夷在西故曰西夷之人也書曰大子發上祭于畢下至于盟津畢文王墓近於酆鎬之地地之相去也，千有餘里；世之相後也，千有餘歲。得志行乎中國，若合符節。先聖後聖，其揆一也。土地相去千有餘里千里以外也舜至文王千二百歲得志行政於中國蓋謂王也如合符節節玉節也周禮有六節揆度也言聖人之度量同也

疏孟子曰至其揆一也○正義曰此章言聖人殊世而合其道也孟子曰舜生於諸馮遷於負夏卒於鳴條東夷之人也者孟子言舜帝其始生於諸馮之地其後遷居於負夏之地其卒死於鳴條之野是東夷之人也以其地在東方故曰東夷之人文王生於岐周卒於畢郢西夷之人也者孟子又言文王其始生岐山之下其終卒於畢郢之地是西夷之人也以其地在西故曰西夷之人岐山本是周邑故曰岐周地之相去也千有餘里世之相後也千有餘歲得志行乎中國若合符節先聖後聖其揆一也者孟子言自舜帝所居終始之地與文王所居終始之地有千里以外之遠自舜所生之世文王所生之世相後有千二百歲之久其皆得志行政於中國以致治如合其符節有同而無異一爲先聖於前一爲後聖在後其所揆度則一而無二也以其同也揆度也○注生始至東夷之人也○正義曰案史記云舜冀州之人也耕於厤山漁雷澤陶河濱作什器於壽丘就時於負夏年二十以孝聞三十堯娶以二女遂舉用之五十攝行天子事五十八堯崩六十一代堯踐帝位踐帝位三十九年南巡狩崩於蒼梧之野葬於江南九嶷山是爲零陵今云舜生於諸馮則諸馮在冀州之分鄭玄云負夏衞地案地理志云衞地營室東壁之分野今之東郡是也其本顓頊之墟推之則衞地與冀州之地相近是負夏之爲地名也一云負夏鳴條者書云湯與桀戰于鳴條之野孔傳云地在安邑之西鄭玄云地在南夷云東夷之人者案史記云帝舜爲有虞皇甫謐云舜嬪于虞今河東大陽是也○注岐周畢郢至鄠鎬也○正義曰案本紀云古公亶父去邠踰梁山止於岐下徐廣曰岐山在扶風美陽西北其南有周原裴駰案皇甫謐曰邑於周地故始改曰周古公有少子季歷生昌有聖瑞後立爲西伯移徙都酆徐廣曰酆在京兆鄠縣東有靈臺鄗在上林昆明北有鄗池去酆有二十五里皆在長安南數十里徐廣云文王九十七崩謚爲文王謚法曰慈惠愛民曰文忠蒙接禮曰文武王即位九年上祭于畢馬融曰畢文王墓地名也南越志云郢故楚都在南郡則知畢在郢之地故曰畢郢○注舜至文王千二百歲周禮有六節○正義曰案史記世表推之是自舜至文王有千二百歲矣其文煩更不錄周禮六節案周禮云守邦國者用玉節守都鄙者用角節凡邦國之使節山國用虎節土國用人節澤國用龍節皆金也以英蕩輔之鄭注云以金爲節鑄象也必自以其國所多者所以相別爲信明也今漢有銅虎符杜子春云蕩當爲帑謂以函器盛此節或曰英蕩或曰函關門用符節貨賄用璽節道路用旌節注云符節如今宮中諸官詔符也璽節者今之印章也旌節今使者所擁節是也將送者執此節以送行者也凡此是周禮有六節之別爾

子產聽鄭國之政，以其乘輿濟人於溱洧。子產鄭卿爲政聽訟也溱洧水名見人有冬涉者仁心不忍以其乘車度之也孟子曰：惠而不知爲政。歲十一月，徒杠成；十二月，輿梁成，民未病涉也。以爲子產有惠民之心而不知爲政當以時修橋梁民何由病苦涉水乎周十月夏九月可以成涉度之功周十一月夏十月可以成輿梁也君子平其政，行辟人可也，焉得人人而濟之。君子爲國家平治政事刑法使無違失其道辟除人使卑辟尊可爲也安得人人濟渡於水乎每人而悅之欲自加恩以成其意則日力不足以足之也故爲政者，每人而悅之，日亦不足矣。

疏子產聽鄭國之政至亦不足矣○正義曰此章言重民之道平政爲首也子產聽鄭國之政以其乘輿濟人於溱洧者子產鄭大夫公孫僑也溱洧鄭國水名也言子產爲政聽訟於鄭國於冬寒之月見人涉溱洧之水乃不忍遂以所乘之車輿濟渡人於溱洧孟子曰惠而不知爲政至日亦不足矣孟子言子產雖有恩惠及人而以陸地乘輿而濟人於溱洧然而不知行其不忍人之政而濟人矣所謂歲十一月徒杠成十二月輿梁成是其政也言歲中以十一月兩畢乾晴之時乃以政命成其徒杠徒杠者說文云石矼石橋也俗作杠從木所以整其徒步之石十月成津梁則梁爲在津之橋梁也今云輿梁者蓋橋上橫架之板若車輿者故謂之輿梁如此民皆得濟所以未有憂病其涉者也君子之爲但平其政事使無違失行法於人而使尊之其若此則可也又安得人人而濟渡之乎如人人濟之則人望我者無窮而我應者有不足焉故爲國之政者如每以人人而使之悅雖日力之窮亦不足以濟之矣但平其政事使徒杠成

於十一月與梁成於十月則病涉之民無不濟矣子產不知爲政之道在此而徒知以乘輿濟人爲之惠故宜孟子言之於當時以激勸而譏諷之也○注子產鄭卿爲政聽訟溱洧水名○正義曰案左傳云子產穆公之孫公子發之子也又魯襄三十年執鄭國之政故云鄭卿爲政聽訟也云溱洧水名者蓋鄭國之水名案地理志云溱洧水在河南又說文云水在鄭國南入于洧則知溱洧水名在鄭國也○又於注周十一月即夏十月十月即夏九月已說上篇叔向云十月而津梁成是其旨也

孟子告齊宣王曰。君之視臣如手足。則臣視君如腹心。君之視臣如犬馬。則臣視君如國人。君之視臣如土芥。則臣視君如寇讎。芥草芥也臣緣君恩以爲差等其心所執若是也王曰。禮爲舊君有服。何如斯可爲服矣。宣王問禮舊臣爲舊君服喪服問君恩何如則可以爲服曰。諫行言聽。膏澤下於民。有故而去。則使人導之出疆。又先於其所往。去三年不反。然後收其田里。此之謂三有禮焉。如此則爲之服矣。爲臣之時諫行言從惠澤加民若有他故不得不行譬如華元奔晉隨會奔秦是也古之賢君遭此則使人導之出境又先至其所到之國言其賢良三年不反乃收其田里田業也里居也此三者有禮則爲之服矣今也爲臣。諫則不行。言則不聽。膏澤不下於民。有故而去。則君搏執之。又極之於其所往。去之日。遂收其田里。此之謂寇讎。寇讎何服之有。搏執其族親也極者惡而困之也遇臣若寇讎何服之有乎〔疏〕孟子告齊至之有○正義曰此章言君臣之道以義爲表以恩爲裏相應猶若影響舊君之服蓋有所興諷諭宣王勸以仁也孟子告齊宣王曰至如寇讎者孟子告諭齊宣王謂君之視其臣如己之手足則臣亦視君如己之腹心君之視其臣如畜之犬馬則臣亦視其君但以國人遇之也君之視其臣如土芥之賤而弃之則臣視其君亦如寇讎惡而絕之也凡此君臣施報相待以爲用矣蓋無爲於其內者腹心也有爲於其外者手足也君臣相須猶一體也此言相待施報均於厚也若以君視臣如犬馬之畜而臣視君如國人而弗親此言不相待施報均於薄也以君視臣如土芥之賤而臣視君如寇讎而惡之此言不相待施報均於賤也然則君臣施報亦隨之而已王曰禮爲舊君有服何如斯可爲服矣宣王問孟子於禮爲舊君有喪服何如斯可爲之服言舊君所去之國君也曰諫行言聽至則爲之服矣孟子答之謂臣之於君君有過謬而諫之則行事有可爲而言之則聽而膏潤之恩澤施之又下浹於民此得行其道也然不幸遭其事故而去之則國君使人導之以達其情至出國之疆界又先去其所往之邦以稱譽之去三年之久而不反歸然後國君乃收其田業里居此三者是謂三有禮焉如此三有禮則可爲之喪服矣今也爲臣諫則不行言則不聽至何服之有孟子又言今之爲臣於國君君有過謬及其諫也則拒之而弗得行言則違之而弗聽而膏澤又不得以下浹此不得行其道也及其所遭事故而去之君乃不使人導之且搏執其親族而戮之又困極而惡之於其所往之邦即自離去之日遂便收其田業里居此是謂過其臣如寇讎之惡既以寇讎遇其臣則臣何有喪服爲君故○注舊臣爲舊君服喪服○正義曰如儀禮言以道去君而未絕者服齊衰三月禮記云臣之去國君不掃其宗廟則爲之服是爲舊臣服喪服之謂也○注如華元奔晉隨會奔秦○正義曰案左傳成十五年華元爲右師華元曰我爲右師君臣之訓師所司也今公室卑而不能正吾罪大矣不能治官敢賴寵乎乃出奔晉魚石爲左師自止華元於河上後及奔晉得五月日乃反書曰宋華元出奔晉宋華元自晉歸于宋是也云隨會奔秦者案文公七年先蔑奔秦隨會從之至十三年晉人患秦之用士會也晉侯乃使魏壽餘僞以魏叛者以誘士會士會既濟魏人譟而還杜注云喜得士會也是矣

孟子曰。無罪而殺士。則大夫可以去。無罪而戮民。則士可以徙。惡傷其類視其下等懼次及也語曰鳶鵲蒙害仁鳥增逝此之謂也〔疏〕孟子至可以徙○正義曰此章言君子見幾而作也孟子謂國君無罪而殺戮其士則爲之大夫者可以奔去無他蓋大夫雖於士爲尊不可命以爲士然亦未離乎士之類也是其惡傷其類耳國君無罪而誅戮其民則爲之士者可以徙而避之無他蓋士於民雖以爲尊不可命以爲民然亦未離乎民之類也是亦惡傷其類耳於士言殺於民言戮者摠而言之皆然也別而言之則戮又輕於殺矣案周禮司稽掌巡市云凡有罪者撻戮而罰之是知戮不過撻而辱之耳而殺乃至於亡命故也史記趙殺鳴犢孔子臨河而不濟乃嘆曰刳胎殺夭則麒麟不至郊竭澤涸魚則蛟龍不會覆巢毀卵則鳳凰不翔君子諱傷其類也今注云語曰鳶鵲蒙害仁鳥增逝是亦史記之文趙注引之

孟子曰。君仁莫不仁。君義莫不義。君者一國所聽仰以爲法政必從之是上爲下則也〔疏〕正義曰此章言國君率衆仁義是上爲下効者也孟子謂國君在上能以仁義爲先率於一國則一國之人莫不從而化之亦以仁義爲也○注云上爲下効者○正義曰如所謂君子之德風小人之德草草上之風必偃也又荀卿所謂表正則影正盤圓則水圓盂方則水方是其旨也

孟子曰。非禮之禮。非義之義。大人弗爲。若禮而非禮陳質娶婦而長拜之也若義而非義藉交報讎是也此皆大人之所不爲也〔疏〕正義曰此章言禮義人之所以折中履其正者乃可爲中是以大人弗行之也孟子謂有所爲禮有所爲非禮有所爲義有所爲非義如非禮非義惟大夫能弗爲之也○注陳質娶婦藉交報讎者○正義曰此蓋史傳之文而云然

孟子曰。中也養不中。才也養不才。故人樂有賢父兄也。中者履中和之氣所生謂之賢才者是謂人之有俊才者有此賢者當以養育教誨不能進之以善故樂父兄之賢以養己也如中也弃不中。才也弃不才。則賢不肖之相去。其間不能以寸。如使賢者弃愚不養其所以當養則賢亦近愚矣如此賢不肖相覺何能分寸明不可不相訓導也〔疏〕孟子至不能以寸○正義曰此章言父兄之賢而子弟既頑教而不改乃歸自然也孟子言君子以性德而教養滅其性德者以性之能而教養滅其性之才能者故人所以樂得其賢父兄而教養也如君子有賢父兄之道而不推己之性德以教養人之不中不推己之才性而教養人之不才是弃去其不中不才之人也如此則賢不肖惡能相去以寸哉是不足以相賢矣蓋中者性之德也才性之能也賢父兄者所以對弟子而言之也如孟子所謂曾子居武城而謂之爲師也父兄也是其意也○注中者履中和之氣至養己也○正義曰中和之氣者蓋人受天地之中而生稟陰陽之秀氣莫非所謂中和也中庸云喜怒哀樂未發謂之中發而皆中節謂之和賢以德言云俊才者俊智過千人曰俊則知才能有過於千人之才能是爲俊才也一云俊敏也疾也

孟子曰。人有不爲也。而後可以有爲。人不爲苟得乃能有讓千乘之志也〔疏〕正義曰此章言貴賤廉恥乃有不爲不爲非義義乃可由也孟子言人之有不爲非義之事然後可以有爲其義矣又所謂人皆有所不爲達之於其所爲義也亦是意也以此推之則仁也禮也智也皆待是而裁成之矣

孟子曰。言人之不善。當如後患何。人之有惡惡人言之言之當如後有患難及己乎〔疏〕正義曰此章言好言人之惡殆非君子者也孟子謂人有好談人之不善者必有患難及之矣故曰言人之不善當如後患何如莊子云菑人者人必反菑之論語云不忮不求何用不臧亦與此同意

孟子曰。仲尼不爲已甚者。仲尼彈邪以正正斯可矣故不欲爲已甚泰過也孟子所以譏踰墻距門者也〔疏〕正義曰此章言疾之已甚亂者也孟子言孔子凡所爲不爲已甚泰過者也如論語云疾之已甚亂也同意○注云孟子所以譏踰墻距門者蓋謂如段干木踰垣而避文侯泄柳閉門而拒繆公是爲已甚者

孟子曰。大人者。言不必信。行不必果。惟義所在。果能也大人仗義義有不得必信其言子爲父隱也有不能得果行其所欲行者若親在不得以其身許友也義或重於信故曰惟義所在也〔疏〕正義曰此章言大人之行行其重者不信不果求合義也孟子言大人者其於言不以必信行不以必果惟義之所在可以信則信可以行則行耳如言必信行必果則所謂硜硜然小人哉矣豈大人肯如是耶蓋孔子與蒲人盟不適衛而終適衛是言不必信也佛肸召子欲往而終不往是行不必果也○注子爲父隱以其身許友也○正義曰此案論語禮記云也

孟子曰。大人者。不失其赤子之心者也。大人謂君國君視民當如赤子不失其民心之謂也一說曰赤子嬰兒也少小之子專一未變化人能不失其赤子時心則爲貞正大人也〔疏〕正義曰此章言人之所愛莫過赤子所謂視民如子則民懷之者也孟子言世之所謂大人者是其能不失去其嬰兒之時心也故謂之大人如老子所謂常德不離復歸於嬰兒之意同

孟子曰。養生者。不足以當大事。惟送死。可以當大事。孝子事親致養未足以爲大事送終如禮則爲能奉大事也〔疏〕正義曰此章言養生竭力人情所勉哀死送終謂之大事也孟子言人奉養父母於其生日雖昏定晨省冬溫夏凊然以此之孝亦不足以當其大事也惟父母終能擗踊哭泣哀以送之卜其宅兆而安厝之斯可以當之也

孟子曰。君子深造之以道。欲其自得之也。造致也言君子學問之法欲深致極竟之以知道意欲使己得其原本如性自有之然也故曰欲其自得之而已自得之則居之

安。居之安。則資之深。資之深。則取之左右逢其原。故君子欲其自得之也。居之安若己所自有也資取也取之深則得其根也左右取之在所逢遇皆知其原本也故使君子欲其自得之也（疏）孟子至得之也○正義曰此章言學必根源如性自得者也孟子曰君子深造之以道至君子欲其自得之也者此孟子教人學道之法也言君子所以深造至其道奧之妙者是欲其如己之所自有也己之所自有則居之安居之安者是使權利不能移羣衆不能傾天下不能蕩是也居之安則資質以深則自本自根取之不殫酌之不竭是也資之既深則取之左右逢其原左右逢其原者則理與萬物得性與萬物明取之左則左取之右則右無非自本自根也故云取之左右逢其原如此故君子所以學道欲其自得之也如莊生所謂黃帝遺其元珠使智索之不得使離朱索之不得使契詬索之不得乃使象罔得之蓋元珠譬則道也智有待於思言思之亦不能得其道也離朱有待於明言以明求之亦不能得其道也契詬有待於言以言求之亦不能得其道也象罔則無所待矣唯無無所待故能得其道是其所謂自得也

孟子曰。博學而詳說之。將以反說約也。博廣詳悉也廣學悉其微言而說之者將以約說其要意不盡知則不能要言之也是謂廣尋道意還反於樸說之美者也（疏）正義曰此章言廣尋道意詳說其事要約至義還反於樸者也孟子言人之學道當先廣博而學之又當詳悉其微言而辯說之其相將又當以還反說其至要者也以得其至要之義而說之者如非廣博尋學詳悉辯說之則是非可否未能決斷故未有能反其要也是必將先有以博學詳說然後斯可以反說其約而已

孟子曰。以善服人者。未有能服人者也。以善養人。然後能服天下。天下不心服而王者。未之有也。以善服人之道治世謂以威力服人者也故人不心服以善養人養之以仁恩然後心服矣若文王治於岐邑是也天下不心服何由而王也（疏）孟子曰至未之有也○正義曰此章言五霸服人三王服心其服則一功則不同也孟子曰以善服人者未有能服人者也至未之有也者孟子言人君之治天下如以善政而屈服人者未有能屈服其人也以善教而養人者然後故能屈服其天下然以善教養天下天下不以心服而歸往為之王未之有也以其能如此則必為之王者使天下心服而歸往之矣蓋所謂善政民畏之善教民愛之之意也又云善教得民心是矣若文王作辟雍是能以善養人者也故自西自東自南自北無思不服此之謂也

孟子曰。言無實不祥。不祥之實。蔽賢者當之。凡言皆有實孝子之實養親是也善之實仁義是也祥善當直也不善之實何等也蔽賢之人直於不善之實也（疏）正義曰此章言進賢受上賞蔽賢蒙顯戮者也孟子曰至蔽賢者當之者孟子謂人之言無其實本者乃虛妄之言也以虛妄之言言之則或掩人之善或飾人之惡為人所惡者也故其為不祥莫大焉不祥則禍是矣不祥之實者乃蔽賢直之也所謂蔽賢則掩人之善是矣如臧文仲知柳下惠而不舉虞丘知叔敖之賢而不進凡此之類是謂蔽賢者也

徐子曰。仲尼亟稱於水曰。水哉水哉。何取於水也。徐子徐辟也問仲尼何取於水而稱之也孟子曰。源泉混混。不舍晝夜。盈科而後進。放乎四海。有本者如是。是之取爾。言水不舍晝夜而進盈滿科坎放至也至於四海者有原本也以況於事有本者皆如是是之取也苟為無本。七八月之間雨集。溝澮皆盈。其涸也。可立而待也。苟誠也誠令無本若周七八月夏五六月天之大雨潦水卒集大溝小澮皆滿然其涸也可立待之者以其無本故也故聲聞過情。君子恥之。人無本行暴得善聲令聞過其情若潦水不能久也故君子恥之（疏）徐子至君子恥之○正義曰此章言有本不竭無本則涸也徐子曰仲尼亟稱於水曰水哉水哉何取於水也者徐子即徐辟也徐辟問孟子以謂孔子數數稱道於水乃復自而嘆之曰水哉水哉云水之為水哉水哉何仲尼獨數數稱於水也孟子曰源泉混混不舍晝夜至是之取爾孟子荅之曰孔子所以數數稱於水者以其有本源之泉水混混滾勢而流不捨晝夜是流之不竭至有坎科則必待盈滿而後流進以至乎四海之中以其道大有本亦如是孔子所以亟稱而必取之爾苟為無本至君子恥之者孟子又言苟為無本之水是若周之七八月夏之五六月間天之大雨驟降其雨之水卒然聚集乎大溝小澮皆盈盈然而滿溢則其乾涸但可立而守之也以無本源故如是之速乾耳孟子復於此言如聲譽名聞有或過於情實而君子所以羞恥之亦無本之水矣然則孟子荅徐辟以此者非特言原泉混混不捨晝夜盈科而後進放乎四海而已矣蓋有為而言之也以其源泉混混則譬君子之德性不舍晝夜則譬君子之學問盈科而後進則譬君子之成章放乎四海則譬君子於是造乎道也○注徐子徐辟○正義曰經於滕文公篇云墨者夷之因徐辟而見孟子又曰徐子以告夷子是知徐子即徐辟也○注大溝小澮○正義曰案周禮遂人掌邦之野凡治野夫間有遂遂上有徑十夫有溝溝上有畛百夫有洫洫上有塗千夫有澮澮上有道鄭注云十夫二鄰之田百夫一鄰之田千夫二鄰之田遂溝洫澮皆所以通水於川也遂廣深各二尺溝倍之是廣深各四尺也洫又倍之是洫廣深各八尺也澮廣二尋深二尋然則注云大溝小澮又非以常制言之爾論語云子在川上曰逝者如斯夫不舍晝夜是仲尼常稱於水者也

孟子曰。人之所以異於禽獸者幾希。庶民去之。君子存之。幾希無幾也知義與不知義之間耳衆民去義君子存義也舜明於庶物。察於人倫。由仁義行。非行仁義也。倫序察識也舜明庶物之情識人事之序仁義生於內由其中而行非強力行仁義也故道性善言必稱於堯舜但君子存之庶民去之而不由爾（疏）孟子曰至行仁義也○正義曰此章言禽獸俱含天氣衆人皆然聖人超絕識仁義之主於己者也孟子曰人之所以異於禽獸者幾希至非行仁義也者孟子言世之人所以有別異於禽獸畜者無幾也以其皆含天地之氣而生耳皆能辟去其害而就其利矣但小人去其異於禽獸之心所以為小人也君子知存其異於禽獸之心所以為君子也所謂異於禽獸之心者即仁義是也禽獸俱不知仁義所以為禽獸今夫舜之為帝在深山之中與木石居與鹿豕遊雖與禽獸雜居其間然能聞一善言見一善行莫不從之若決江河也而無滯之耳如此是舜能明於庶物之無知而存乎異於禽獸之心詳察人倫之類而由仁義之道而行之矣然舜既由其仁義而行之非所謂行仁義而得之人也是由仁義而行以得之天性也孟子以此言之其有以異於禽獸者皆舜之徒也曰舜亦人也我亦人也有為者亦若是但當存其異於禽獸之心耳如楊雄由於禮義入自仁門由於情慾入自禽門斯其旨歟

孟子曰。禹惡旨酒。而好善言。旨酒美酒也儀狄作酒禹飲而甘之遂疏儀狄而絕旨酒書曰禹拜昌言湯執中。立賢無方。執中正之道惟賢速立之不問其從何方來舉伊尹以為相也文王視民如傷。望道而未之見。視民如傷者雍容不動擾也望道而未至殷錄未盡尚有賢臣道未得至故望而不致誅於紂也武王不泄邇。不忘遠。泄狎邇近也不泄狎近賢不遺忘遠善近謂朝臣遠謂諸侯也周公思兼三王。以施四事。其有不合者。仰而思之。夜以繼日。幸而得之。坐以待旦。三王三代之王也四事禹湯文武所行之事也不合已行有不合世仰而思之參諸天也坐以待旦言欲急施之也（疏）孟子曰至坐以待旦○正義曰此章言周公能思三王之道以輔成王也孟子曰禹惡旨酒而好善言孟子言禹王惡疾其美酒而樂好人之善言以其酒甘而易溺常情之所嗜者也故禹王所以惡之蓋儀狄造酒禹王飲而甘之遂疏儀狄是也善言而難入而常情之所厭者也故禹王所以好之耳蓋聞皐陶昌言禹受而拜之是也湯執中立賢無方孟子言湯王執大中至正之道使其賢者智者得以俯而就而不為狂者愚者不肖者得以跂而及而不為猶者矣未嘗立驕亢崖異絕俗之道而使人不可得而至也所謂中道而立能者從之是其旨歟尚書云湯懋昭大德建中于民是其事矣立其賢則不以一方任之但隨其才而用之以其人之材固有長短小大不可一槩以取之矣書云佑賢輔德顯忠遂良是其事矣揔以湯言之則所謂常善救人故無棄人常善用人故無遺賢是其旨歟文王視民如傷望道而未之見孟子言文王常有恤民之心故視下民常若有所傷而不敢以橫役而優動之也尚書曰文王不敢侮鰥寡又曰懷保小民是其事矣蓋以望商之有賢道未得至故不敢誅於紂也故曰未之見也武王不泄邇不忘遠者孟子言武王於在邇之臣則常欽之而不泄狎在遠之臣則常愛之而不遺忘是所謂不泄邇不忘遠也非特臣也雖遠邇之民亦如是尚書云武王不寶遠物則遠人格所寶惟賢則邇人安又曰華夏蠻貊罔不率俾是其事矣周公思兼三王以施四事至坐以待旦者孟子言周公輔相成王常思念兼此三王而施行此四事以為功業矣三王即禹湯文武之三代王也然以孟子則曰三王者蓋文武明父子也言其父則子不待言而在其中故但云三王四事者即惡旨酒好善言湯執中立賢無方與視民如傷望道而未之見不泄邇不忘遠是四事也然以孟子於事則云四蓋父子所為有不同所以別言之也言周公施為其有不合於此三王四事則常仰望而思索之必夜以繼日而未嘗敢忘去之也及幸而思索得合於此三王之四事則雞鳴而起坐以守待其旦明而施行之耳是其急於有行如恐失之謂也○注三王三代之王也○正義曰禹夏之代始王也湯殷之代始王也文武周之代始王也是為三代之王也

孟子曰。王者之迹熄而詩亡。詩亡然後春秋作。王者謂聖王也太平道衰王迹

止熄頌聲不作故詩亡春秋撥亂作於衰世也晉之乘。楚之檮杌。魯之春秋。一也。其事則齊桓晉文。其文則史。孔子曰。其義則丘竊取之矣。此三大國史記之異名乘者興於田賦乘馬之事因以爲名檮杌者嚚凶之類興於記惡之戒因以爲名春秋以二始舉四時記萬事之名其事則五霸所理也桓文五霸之盛者故舉之其文史記之文也孔子自謂竊取之以爲素王也孔子人臣不受君命私作之故言竊亦聖人之謙辭爾〔疏〕孟子曰王竊取之矣○正義曰此章言時無所詠春秋乃興假史記之文孔子正之以匡邪也孟子曰王者之迹熄至丘竊取之矣孟子言自周之王者風化之迹熄滅而詩亡歌詠於是乎衰亡歌詠既以衰亡然後春秋褒貶之書於是乎作春秋其名有三自晉國所記言之則謂之乘以其所載以田賦乘馬之事故以因名爲乘也自楚國所記而言之則謂之檮杌以其所載以記嚚凶之惡故以因名爲檮杌也魯以編年舉四時記爲一事之名故以因名爲春秋也凡此雖曰異其名然究其實則一也蓋王者迹熄則所存者但霸者之迹而已言其霸則齊桓晉文爲五霸之盛者故其所載之文則魯史之文而孔子自言之曰其春秋之義則丘私竊取之矣蓋春秋以義斷之則賞罰之意於是乎在是天子之事也故曰其義則丘竊取之矣竊取之者不敢顯述也故以賞罰之意寓之褒貶而褒貶之意則寓於一言耳○注云乘爲乘馬之事檮杌爲嚚凶之類○正義曰乘馬之事已詳故不再述云檮杌嚚凶者案文公十八年左傳所謂渾敦窮奇檮杌饕餮四凶其言檮杌乃曰顓頊氏有不才子不可教訓告之則頑舍之則嚚天下之民謂之檮杌杜預云檮杌嚚凶無疇匹之貌也

孟子曰。君子之澤。五世而斬。小人之澤。五世而斬。予未得爲孔子徒也。予私淑諸人也。澤者滋潤之澤大德大凶流及後世自高祖至玄孫善惡之氣乃斷故曰五世而斬予我也我未得爲孔子門徒也淑善也我私善之於賢人耳蓋恨其不得學於大聖人也〔疏〕孟子至諸人也○正義曰此章言五世一體上下通流君子小人斬各有時孟子恨以不及仲尼也孟子曰君子之澤至予私淑諸人也者孟子言君子小人雖有賢不肖之異然自禮服而推之則餘澤之所及但皆五世而斷耳以其親屬替之者焉惟孔子有道德之澤流於無窮雖萬世亦莫不尊親者矣孟子所言我未得爲孔子徒黨者矣我但私有所善於已未有善諸人人也蓋孟子學孔子者也然必於此乃言予未得爲孔子徒者蓋亦公孫丑問夫子既聖矣乎則曰夫聖孔子不居之意也孟子之志又可知矣斬斷也淑善也○注云自高祖至於玄孫○正義曰自高祖至玄孫凡有九等高祖曾祖祖父已身子孫曾孫玄孫是也今注乃以此證五世而斬者據已身而推之則上自高祖至玄孫是爲無服者也

孟子注疏卷八上挍勘記　阮元撰盧宣旬摘錄

凡三十二章　音義閩監毛三本同按此當作三十三章僞疏不數人有不爲也一章故較少一章音義本亦作三十二當是後人據注疏本改

是離婁一篇有六十章矣　按題辭正義云離婁凡六十一章與此不合

皆地名也負海也　閩監毛三本同廖本孔本韓本考文古本無上也字負下重負字

近於酆鎬之地　閩監毛三本同廖本孔本韓本考文古本之地作也足利本無之字

千里以外也　廖本孔本韓本考文古本同閩監毛三本以誤之

蓋謂王也　閩監毛三本孔本同岳本廖本韓本無蓋字足利本無也字

王節也也　閩本足利本同監本毛本孔本韓本作玉節也是

▲章指言聖人殊世而合其道地雖不比由通一軌故可以爲百王法也

周十月夏九月　閩監毛三本同廖本孔本韓本作周十一月○按爾雅釋宮注引孟子曰歲十一月徒杠成邢疏云郭注作十月推求文義趙注本作周十月夏八月周十一月夏九月而經文本作歲十月徒杠成十一月輿梁成也後人亂之而閩監毛本尚存舊迹廖孔韓本則似是而實非矣周禮之例凡夏正皆曰歲凡曰歲終曰正歲曰歲十有二月皆謂夏時也凡言正月之吉不曰歲謂周正也說詳戴震文集孟子言歲十月十一月謂夏正兩言七八月之間則謂周正正與周禮同例趙注未解其例今本則經注又皆舛誤矣夏令曰十月成梁孟子與國語合

可以成涉度之功　閩監毛三本同廖本孔本韓本涉作步考文古本度作渡

周十一月夏十月　閩監毛三本同廖本孔本韓本考文古本一作二按詳上

每人而悅之　閩監毛三本同非也廖本考文古本而悅之作輒孔本韓本悅之作輒

▲章指言重民之道平政爲首人君由天天不家撫是以子產渡人孟子不取也

十月成津梁　閩本同監毛本十下有二字

輿梁成於十月　閩本同監毛本十下有二字

則使人導之出疆　閩監毛三本孔本韓本則下有君字

乃收其田里田業也里居也　閩監毛三本同廖本韓本作乃收其田菜及里居也孔本考文古本作乃收其田菜及里居也足利本作乃收其田里田菜及里居○按音義亦出田菜菜當作采大夫采地字古書多或作菜菜誤爲萊作業則更誤矣足利本誤衍尤非

▲章指言君臣之道以義爲表以恩爲裏表裏相應猶若影響舊君之服蓋有所興風諭宣王勸以仁也

仁鳥增逝　閩監毛三本同廖本孔本韓本增作曾考文古本增逝作曾遊○按作曾是曾者高也

▲章指言君子見幾而作故趙殺鳴犢孔子臨河而不濟也

是上爲下則也　閩監毛三本同廖本孔本韓本考文古本注文無此六字

▲章指言君以仁義率衆孰不順焉上爲下效也

陳質娶婦而長拜之　音義陳質本亦作賈○按孫志祖曰長讀長幼之長長字句絕春秋繁露五行相勝篇云愛人者有子不食其力尊老者妻長而夫拜之陳質事當同此

藉交報讎　閩監毛三本同廖本孔本韓本讎作仇

此皆大人之所不爲也　閩監毛三本同廖本孔本韓本考文古本無之字

▲章指言禮義人之所以折中履其正者乃可爲中是以大人不行疑懼　孔本韓本考文引古本並作禮是也

是謂人之有俊才者　閩監毛三本同廖本孔本韓本考文古本無是字

不養其所以當養　廖本無以字

賢不肖相覺　孔本覺作較非按音義出相覺丁云義當作校蓋覺即校之假借字古書往往用覺字

▲章指言父兄已賢子弟既頑教而不改乃歸自然

乃能有讓千乘之志也　閩監毛三本同廖本孔本韓本考文古本無也字

▲章指言貴賤廉恥乃有不爲不爲非義義乃可申

當如後有患難及已乎　閩監毛三本孔本韓本同廖本後有作有後

▲章指言好言人惡殆非君子故曰不忮不求何用不臧

故不欲爲已甚泰過也　閩監毛三本同廖本考文古本無故字爲作其孔本韓本無故字足利本故字同毛本

孟子所以譏踰墻距門者也　閩監毛三本同廖本孔本韓本考文古本無此注文

▲章指言論　考文引足利本作語字亦非韓本作論語曰　曰疾之已甚亂也故孟子所以　孔本韓本考文引古本無所以二字　譏踰墻距門者也

大人仗義　閩監毛三本韓本同廖本孔本仗作杖○按杖正仗俗

故曰惟義所在也　閩監毛三本同廖本孔木韓本考文古本無也字

▲章指言大人之行行其重者不信不果所求合義也

少小之子　閩監毛三本同廖本孔本韓本考文古本子作心

▲章指言人之所愛莫過赤子視民則然民懷之矣大人之行不過是也

▲章指言養生竭力人情所勉哀死送終行之高者事不違

禮可謂難矣故謂之大事

言君子學問之法 閩監毛三本同孔本韓本足利本學問作問學

如性自有之然也 閩監毛三本足利本同廖本孔本韓本考文古本無然字

故曰欲其自得之而已 閩監毛三本同廖本孔本韓本考文古本無此九字

皆知其原本也 閩監毛三本同孔本韓本足利本無也字

欲其自得之也 閩監毛三本同廖本孔本韓本考文古本無其字

▲章指言學必根原 孔本作源 如性自得物來能名事來不惑君子好之朝益暮習道所以臻也

至其道奧之如者 閩監毛三本如作妙

是謂廣尋道意還反於樸說之美者也 閩監毛三本同廖本孔本韓本考文古本無此注

▲章指言廣尋道意詳說其事要約至義還反於樸說之美者也

若文王治於岐邑是也 閩監毛三本同廖本孔本韓本作文王治岐是也考文古本無若字於字足利本亦無也字

▲章指言五霸服人三王服心其服一也功則不同上論堯舜其是違乎

▲章指言進賢受上賞蔽賢蒙顯戮故謂之不祥也

源泉混混 閩監毛三本同宋九經本岳本咸淳衢州本廖本孔本韓本源作原○按原正字源俗字上文取之左右逢其原不从水可以證从水之誤矣

然其涸也 閩監毛三本同岳本廖本孔本韓本考文古本也作乾

可立待之者 閩監毛三本同廖本孔本韓本無之字

以其無本故也 閩監毛三本足利本同廖本孔本韓本考文古本作無本之故也

▲章指言有本不竭無本則涸虛聲過實君子恥諸是以仲尼在川上曰逝者如斯 考文古本衍斯字

非強力行仁義也 宋本作非强〻力行義也

言必稱於堯舜 閩監毛三本同廖本孔本韓本考文古本無於字

但君子存之庶民去之而不由爾 閩監毛三本同廖本孔本韓本考文古本無此注

▲章指言人與禽獸俱含天氣就利避 孔本韓本考文引古本避作辟按古書多假辟作避 害其閒不希衆人皆然君子則否聖人超絕識仁義之生於己也

若決江河也而無滯之耳 閩本同監本無也之耳三字毛本同監本無作不

禹拜昌言 閩監毛三本足利本同廖本孔本韓本考文古本昌作讜○按作讜者今文尚書也音義出讜言

殷錄未盡 廖本考文古本同閩監毛三本孔本韓本錄誤祿

故望而不致誅於紂也 廖本孔本韓本考文古本同閩監毛三本足利本致誤敢

謂諸侯也 宋本也作者

所行之事也 閩監毛三本同廖本孔本韓本無之字

己行有不合世 岳本廖本孔本考文古本同閩監毛三本世作者韓本作也按韓本是也

坐以待旦 廖本以作而

▲章指言周公能思三王之道以輔成王大平之隆禮樂之備蓋由此也

則遠人安 閩監毛三本遠改邇

湯殷之代始王也文武周之代始王也 閩本同監毛二本脫此十五字

此三大國史記之異名 閩監毛三本同宋本孔本韓本考文古本異名作名異

則五霸所理也 閩監毛三本同廖本孔本韓本考文古本霸作伯下同

亦聖人之謙辭爾 閩監毛三本同廖本孔本韓本考文古本無爾字

▲章指言詩可以言頌詠大平時無所詠春秋乃興假史記之文孔子正之以匡邪也

澤者滋潤之澤 按宋本注分兩段自此至故曰五世而斬在經文五世而斬下

淑善也 足利本無也字

蓋恨其不得學於大聖人也 閩監毛三本同廖本韓本考文古本無蓋其人三字孔本足利本無人字

▲章指言五世一體上下通流君子小人斬各有時企以高山跌以陷汙是以君子恨不及乎仲尼也

孟子注疏解經卷第八下

離婁章句下　趙氏注　孫奭疏

孟子曰。可以取。可以無取。取傷廉。可以與。可以無與。與傷惠。可以死。可以無死。死傷勇。三者皆謂事可出入不至違義但傷此名亦不陷於惡也【疏】正義曰此章言廉勇惠三者人之高行也孟子曰至死傷勇者蓋言凡於所取之道可以取之則取之故無傷害於廉可以無取而乃取之是爲傷害於廉也又言凡所與之道可以與之則與之而下爲傷其惠可以無與而乃與之是爲傷害於惠也又言凡於所死之道可以死之則死不爲傷害其勇可以無死而乃死之是爲傷害其勇也如孟子受薛七十鎰是可以取則取之也求也爲聚斂而附益之是可以無取而乃取之者也孔子與原思之粟是可以與則與之者也冉子與子華之粟五秉是可以無與而乃與之者也比干諫而死是可以死則死也荀息不能格君心之非而終遂以死許是可以無死而乃死之也

▲逢蒙學射於羿。盡羿之道。思天下惟羿爲愈己。於是殺羿。羿有窮后羿逢蒙羿之家衆也春秋傳曰羿將歸自田家衆殺之 孟子曰。是亦羿有罪焉。罪羿不擇人也故以下事喻之 公明儀曰。宜若無罪焉。曰。薄乎云爾。惡得無罪。鄭人使子濯孺子侵衞。衞使庾公之斯追之。子濯孺子曰。今日我疾作。不可以執弓。吾死矣夫。孺子鄭大夫庾公衞大夫疾作瘧疾 問其僕曰。追我者誰也。其僕曰。庾公之斯也。曰。吾生矣。僕御也孺子曰吾必生矣 其僕曰。庾公之斯。衞之善射者也。夫子曰吾生。何謂也。曰。庾公之斯。學射於尹公之他。尹公之他。學射於我。夫尹公之他。端人也。其取友必端矣。端人用心不邪辟知我是其道本所出必不害我也 庾公之斯至。曰。夫子何爲不執弓。曰。今日我疾作。不可以執弓。曰。小人學射於尹公之他。尹公之他。學射於夫子。我不忍以夫子之道。反害夫子。雖然。今日之事。君事也。我不敢廢。抽矢叩輪。去其金。發乘矢而後反。庾公之斯至竟如孺子之所言而曰我不敢廢君事故叩輪去鏃使不害人乃以射孺子禮射四發而去乘四也詩云四矢反兮孟子言是以明羿之罪假使如子濯孺子之得尹公之他而教之何由有逢蒙之禍乎【疏】逢蒙學射至乘矢而後反○正義曰此章言求交取友必得其人也逢蒙學射於羿盡羿之道思天下惟羿爲愈己於是殺羿言逢蒙學射於

后羿既學盡后羿所射之道乃思天下惟后羿所射有強於已於是反妒之而殺其后羿孟子曰是亦羿有罪焉孟子復言逢蒙所以殺其后羿是后羿亦有可罪之道者焉公明儀曰宜若無罪焉孟子引公明儀於往日嘗曰逢蒙殺羿宜若羿無罪而見殺焉又鄙之公明儀之言曰薄乎此言爾安得謂之無罪焉昔鄭國之君使子濯孺子爲大夫以侵伐其衞國衞君乃使大夫庾公之斯追捉其子濯子濯乃曰今日我癰疾發作不可以執弓而敵之我必死矣遂問其御僕曰衞之追趕我者是誰也其御僕乃告之曰衞大夫庾公之斯者也子濯即曰我得生矣不能死我也其御僕乃問庾公之斯是衞國之最善射者也而夫子乃曰吾生矣是何之謂也子濯乃與之御僕曰庾公之斯學射於尹公之他尹公之他學射於我夫尹公之他端正之人也其所友亦必端正之人然後教其射矣庾公之斯遂追至子濯之所見子濯不執弓矢乃問曰夫子何爲不執弓以拒之子濯告之曰今日我瘧疾發作不可以執弓矣庾公之斯乃自稱已爲小人言小人學射於尹公之他尹公之他學射於夫子今不忍以夫子之道而反歸害其夫子矣雖然不忍害夫子奈以今日所追之事乃君命之事也我亦不敢廢背其君命耳遂不免抽取其矢而敲之於車輪之上乃去其鏃利而發射子濯至發耳四矢然後乃反歸而不追之蓋去鏃利所以無害於子濯耳云乘矢者乘四矢也蓋四馬爲一乘是亦取其意也○注羿有窮至殺之○正義曰羿有窮后羿者說在梁王首篇詳矣云逢蒙羿之家衆至殺之者案襄公四年左傳云將歸自田家衆殺之而烹之以食其子子不忍食諸死于窮門杜注云子羿之子也不忍食又殺之國門○注孺子鄭大夫庾公衞大夫○正義曰襄公十四年左傳云尹公他學射於庾公差庾公差學射於公孫丁二子追衞獻公公孫丁御公子曰射爲背師不射爲我射爲禮乎射兩鉤而還尹公他曰子爲師我則遠矣乃反之公孫丁授公轡而射之貫臂杜預曰子魚庾公差然則孟子之言與此不同是二說必有取一焉

孟子曰。西子蒙不潔。則人皆掩鼻而過之。西子古之好女西施也蒙不潔以不潔汙巾帽而蒙其頭面雖好以蒙不潔人過之者皆自掩鼻懼聞其臭也雖有惡人。齋戒沐浴。則可以祀上帝。惡人醜類者也面雖醜而齋戒沐浴自治潔淨可以待上帝之祀言人當自治以仁義乃爲善也

疏孟子至上帝○正義曰此章言貌好行惡西子冒臭醜人潔服供事上帝明當修飾惟義爲常也孟子言西施之女其貌雖好然加之不潔巾帽而蒙其頭則人見之亦必遮掩鼻而過之更不顧也如惡人雖曰至醜然能齋戒沐浴自潔淨其身則亦可以供事上帝矣孟子之意蓋人能修潔其已雖神猶事而況於人乎然知人修治其已不可以已也○注西子西施○正義曰案史記云西施越之美女越王勾踐以獻之吳王夫差大幸之每入市人願見者先輸金錢一文是西施也

孟子曰。天下之言性也。則故而已矣。故者以利爲本。今天下之言性則以故而已矣以言其故者以利爲本耳若杞柳爲桮棬非杞柳之性也所惡於智者。爲其鑿也。惡人欲用智而妄穿鑿不順物之性而改道以養之如智者若禹之行水也。則無惡於智矣。禹之行水也。行其所無事也。禹之用智決江疏河因水之性因地之宜引之就下行其空虛無事之處如智者。亦行其所無事。則智亦大矣。如用智者不妄改作但循理若禹之行水於無事則爲大智也天之高也。星辰之遠也。苟求其故。千歲之日至。可坐而致也。天雖高星辰雖遠誠能推求其故常千歲日至之日可坐而致也星辰日月之會致至也知其日至在何日也

疏孟子曰至可坐而致也○正義曰此章言能修性守故天道可知也孟子曰天下之言性也則故而已矣故者以利爲本至可坐而致也者孟子言今夫天下之人有言其性也者非性之謂也則事而已矣蓋故者事也如所謂故舊無大故之故同意以其人生之初萬理已具於性矣但由性而行本乎自然固不待於有爲則可也是則爲性矣今天下之人皆以待於有爲爲性是行其性也非本乎自然而爲性者耳是則爲事矣事者必以利爲本是人所行事必擇其利然後行之矣是謂故者以利爲本矣我之所以有惡於智者非謂其智也爲其不本性之自然之爲智但穿鑿逆其自然之性而爲智者矣故曰所惡於智者爲其鑿也孟子言此又恐後人因是遂以爲故與智爲不美所以復爲明言之故言如爲智者若禹之治水則我無惡於爲智矣以其大禹之治行其水也但因水自然之性引而通之是行其所無事者也非逆其水性而行之也若今之人爲智但因性之自然而爲智是亦行其無事耳而其爲智亦大智者矣此孟子於此以爲智之美又非所謂惡之者也且天之最高者也星辰最遠者也然而誠能但推求其故常雖千歲之後其日至之日亦可坐而計之也孟子於此以故爲美所以又執是而言之耳以其恐人不知已前所謂則故而已矣爲事之故遂引天與星辰而言故常之故於此爲美也謂人之言性者但本乎故常自然之性而爲性不以妄自穿鑿改作則身之修亦若天與星辰之故常而千歲日至之日但可坐而致也此所以明其前所謂故爲事故之故終於此云故乃故當之故蓋故義亦訓常所謂必循其故之故同○注以杞柳爲桮棬○正義曰經之告子篇文也○注星辰日月之會○案孔安國尚書傳云星辰日月所會也書云辰弗集于房是也

公行子有子之喪。右師往弔。入門。有進而與右師言者。有就右師之位。而與右師言者。公行子齊大夫也右師齊之貴臣王驩字子敖者公行之喪齊卿大夫以君命會各有位次故下云朝廷也與言者皆諂於貴人也孟子不與右師言。右師不悅。曰。諸君子皆與驩言。孟子獨不與驩言。是簡驩也。右師謂孟子簡其無德故不與言是以不悅也孟子聞之曰。禮。朝廷不歷位而相與言。不踰階而相揖也。我欲行禮。子敖以我爲簡。不亦異乎。孟子聞子敖之言曰我欲行禮故不歷位而言反以我爲簡異也云以禮者心惡子敖而外順其辭也

疏公行子至不亦異乎○正義曰此章言循理而動不合時人也公行子有子之喪右師往弔入門有進而與右師言者有就右師之位而與右師言者公行子齊國之大夫喪其子故有子之喪王驩字子敖者公行子家而弔慰入公行之門其間有進揖而與右師王驩言者又有就右師王驩之位所而與言者孟子不與右師言至不亦異乎者言孟子獨不與右師言右師見孟子不與之言乃不說而有憤憤之色曰諸君子之衆賢皆與我言獨孟子不與我言是孟子簡畧不禮於我也孟子聞王驩此言乃告之曰不與右師言者乃是禮然也於禮則朝廷之間不歷位而相與言不踰越階而相揖我欲行其禮故如是不與之言也子敖今以我爲簡畧而爲不禮是其言不亦乖異於禮乎○注右師齊之貴臣○正義曰古者天子之卿尊者謂之太師卑者謂之少師諸侯之卿尊者謂之左師卑者謂之右師故也

孟子曰。君子所以異於人者。以其存心也。君子以仁存心。以禮存心。仁者愛人。有禮者敬人。愛人者。人常愛之。敬人者。人常敬之。存在也君子之在心者仁與禮也愛敬施行於人人亦必反報之於已也有人於此。其待我以橫逆。則君子必自反也。我必不仁也。必無禮也。此物奚宜至哉。橫逆者以暴虐之道來加我也君子反自思省謂已仁禮不至也物事也推此人何爲以此事來加於我也其自反而仁矣。自反而有禮矣。其橫逆由是也。君子必自反也。我必不忠。君子自謂我必不忠自反而忠矣。其橫逆由是也。君子曰。此亦妄人也已矣。如此則與禽獸奚擇哉。於禽獸又何難焉。妄人妄作之人無知者與禽獸何擇異也無異於禽獸又何足難矣是故君子有終身之憂。無一朝之患也。乃若所憂則有之。舜人也。我亦人也。舜爲法於天下。可傳於後世。我由未免爲鄉人也。是則可憂也。君子之憂憂不如堯舜也憂之如何。如舜而已矣。憂之當如何乎如舜而後可故終身憂也若夫君子所患則亡矣。非仁無爲也。非禮無行也。如有一朝之患。則君子不患矣。君子之行本自不致患常行仁禮如有一朝橫來之患非已愆也故君子歸天不以爲患也

疏孟子曰至君子不患矣○正義曰此章言君子責已小人不改比之禽獸故不足難也蹈仁行禮不患其患也孟子曰君子所以異於人者至人常敬之者孟子言君子之人所以有別於衆人者以其存心與衆人別也君子之人常以仁道存乎心又以禮存乎心以仁存乎心者是愛人者也有禮存乎心者是敬人者也愛人者人亦常愛之敬人者人亦常敬之蓋人所以亦常愛敬之者抑以施報自然之道也有人於此至又何難焉孟子又託言今有人在此其待我者皆以橫逆暴虐之道而待我則爲君子者必自反責於已也以其是我必不仁又無禮也此所以待我橫逆故曰此物奚宜至哉言此人何爲以此橫逆加我哉是必於我有不仁之心有無禮之行此人所以如是而加我矣其自反而仁矣自反而有禮矣其橫逆加我又由此者君子之人又必自反責其已以爲是我必有不忠之心矣自反旣以有忠其橫逆加我者又由

此君子之人乃曰此人以橫逆暴虐之道加我是必妄人矣如此爲妄人矣則與禽獸奚擇有異哉既爲禽獸於我又何足責難焉此君子之人又自歸已而不譴彼之罪矣是故君子有終身之憂至君子不患矣者孟子言如此是故君子有終身之憂慮而無一朝之患難乃若君子有所憂慮是亦不爲無焉然而有憂者但憂慮而爲舜帝亦一人也我亦一人也舜帝既爲法於天下可傳之於後世以爲人所取則而我猶尚未免爲鄉俗之人此則君子可憂也既以憂之是如之何憂言憂但慕如舜爲法可傳於後世而止矣然則君子其於有所患則無矣非仁之事既以無爲非禮之事既以不行然而如有一朝之患則君子亦不爲之患矣無他以其非已之有愆過而招之也其所以有患者亦彼之患不足爲我之患也前所謂橫逆待我是必妄人也已於禽獸又何足難焉正此之謂也孟子言之是亦欲人以仁禮存心其有橫逆加已又當反已故無患及耳

禹稷當平世。三過其門而不入。孔子賢之。顏子當亂世。居於陋巷。一簞食。一瓢飲。人不堪其憂。顏子不改其樂。孔子賢之。孟子曰。禹稷顏回同道。禹思天下有溺者。由己溺之也。稷思天下有飢者。由己飢之也。是以如是其急也。禹稷顏子。易地則皆然。當平世三過其門者身爲公卿憂民者也當亂世安陋巷者不用於世窮而樂道者也孟子以爲憂民之道同用與不用之宜若是也故孔子俱賢之禹稷急民之難若是顏子與之易地其心皆然不在其位故勞佚異

今有同室之人闘者。救之。雖被髮纓冠而救之。可也。鄉鄰有闘者。被髮纓冠而往救之。則惑也。雖閉戶可也。纓冠者以冠纓貫頭也鄉鄰同鄉也同室相救是其理也喻禹稷走赴鄉鄰非其事顏子所以閉戶而高枕也

【疏】禹稷當平世至可也○正義曰此章言顏子之心有同禹稷者也禹稷當平世至易地則皆然者孟子言大禹與后稷皆當平治之世急於爲民三過家門而不入其室孔子皆以爲賢故尊賢之顏淵當危亂之世不得其用居處於隘陋之巷但以一簞盛其食一瓢盛其飲而飲食之時人皆不堪忍此之憂顏淵獨樂於道而不改此憂孔子亦以爲賢孟子乃至於此乃自曰禹稷顏回三人其道則同耳以其大禹於是時思念天下有因洪水而沉溺也后稷於是時思念天下有因水土未平而被飢餓之者亦如已被其飢餓也是以三過家門而不入其室而爲民如是之急也禹稷與顏子更易其地則皆能如是謂顏子在禹稷之世亦能如禹稷如是爲民之急禹稷在顏子之世亦能不改其樂是則爲同道者也若其有異但時之一平一亂矣今有同室之人至可也者孟子又以此言比喻之謂禹稷爲民如是之急若今有同室之人有闘爭之者救勸之者雖被髮而纓冠於頭而救勸之可也無它以其人情於同居是爲親者也如有爭闘而不救勸之是疏其親也禹稷當平世既違而在上亦急於爲民也如不急於民是在上位而不恤民者也孟子固以同室之人救闘爲喻顏子在陋巷而不改其樂若今有同鄉之人有爭闘者如被散其髮而纓冠於頭而救勸之則爲惑者矣雖閉戶而勿救之可也無它以其鄉鄰於已爲疏非親也如往救之是親其疏矣顏子當危亂之世既窮而不得用亦宜處陋巷而不改其樂耳如改其樂是媚於世而非賢者也孟子故以鄉鄰之人不救爲喻由此推之則孟子爲禹稷顏回同道是其不誣於後世也孔子曰賢哉回也是孔子賢顏回之謂也又曰禹吾無間然矣是孔子賢禹之謂也南宮适曰禹稷躬稼而有天下子曰君子哉若人尚德哉若人以此觀之孔子美南宮适云及此二人者如此是知孔子有賢於禹稷也亦是孔子賢稷之謂也然而三過其門則主乎禹今孟子則兼稷言之何也曰孔子言躬稼其亦主於稷而乃兼禹言之以禹之治水非暨稷之播殖則無以奏艱食非得禹之平水土則無以爲躬稼是二者未常不相待爲用耳孔孟交言之是亦一道也蓋躬稼而有天下雖出乎南宮适之言然孔子美之者亦孔子之言也故云孔子言也

公都子曰。匡章通國皆稱不孝焉。夫子與之遊。又從而禮貌之。敢問何也。匡章齊人也一國皆稱不孝問孟子何爲與之遊又禮之以顏色喜悅之貌也

孟子曰。世俗所謂不孝者五。惰其四支。不顧父母之養。一不孝也。博弈好飲酒。不顧父母之養。二不孝也。好貨財。私妻子。不顧父母之養。三不孝也。從耳目之欲。以爲父母戮。四不孝也。好勇闘很。以危父母。五不孝也。章子有一於是乎。惰懈不作極耳目之欲以陷罪戮及父母凡此五者人所謂不孝之行章子豈有一事於此五不孝中也

夫章子。子父責善而不相遇也。責善。朋友之道也。父子責善。賊恩之大者。遇得也章子子父親教相責以善不能相得父逐之也朋友切磋乃當責善耳父子相責以善賊恩之大者也

夫章子。豈不欲有夫妻子母之屬哉。爲得罪於父。不得近。出妻屏子。終身不養焉。夫章子豈不欲身有夫妻之配子有子母之屬哉但以身得罪於父不得近父故出去其妻屏遠其子終身不爲妻子所養也

其設心以爲不若是。是則罪之大者。是則章子已矣。章子張設其心執持此屏妻子之意以爲得罪於父而不若是以自責罰是則罪益大矣

【疏】公都子曰至則章子而已矣○正義曰此章言匡章得罪出妻屏子上不得養下以責已衆人以爲不孝孟子以爲禮貌之者也公都子曰匡章通國皆稱不孝焉至敢問何也者公都子謂孟子曰匡章子徧國人皆稱爲不孝者焉夫子乃與之遊又從而敬悅之敢問夫子是如之何孟子曰世俗所謂不孝者五至於是乎孟子荅公都子曰世俗之人所謂爲不孝之行有五怠惰其四支不作事業而不顧父母之所養爲一不孝也博弈好飲酒而不顧父母之所養爲二不孝也好貨財私愛妻子而不顧父母之所養爲三不孝也縱其耳目之所慾陷於其罪以辱及父母是四不孝也好勇暴好爭闘好頑很以驚危父母是五不孝也章子豈有一事於此五不孝乎夫章子子父責善而不相遇也責善朋友之道也父子責善賊恩之大者孟子言章子但失於父子責善不相遇也不遇者是不相得也其所以相責於善乃朋友切磋琢磨之道也如父子相責善是賊害其父子之恩大者矣夫章子豈不欲有夫妻子母之屬哉至是則章子而已矣孟子又言夫章子與父子不相遇而離之豈以章子不欲有夫妻子母之爲親屬哉爲其得罪於父不得近焉故用出去其妻屏逐其子終身不爲妻子所養也其章子如或開設於心爲不若是離之父故出妻屏子是陷父於不義之罪者矣是則罪之莫大者矣是則章子之行以此而已我何可絕而不與之邪以此論之則章子之過過於厚者矣宜孟子與之遊又從而禮貌之也蓋謂不顧父母之養者是有逆於父母而不順父母之意耳孝經云父有爭子則身不陷於不義禮云與其得罪於州閭鄉黨寧熟諫然則父有不義雖熟諫以爭之可也又安可以朋友責善施於父子之間哉故章子所以離之遂用出妻屏子爲其父有不義而不可言耳

曾子居武城。有越寇。或曰。寇至。盍去諸。盍何不也曾子居武城有越寇將來人曰寇方至何不去之

曰。無寓人於我室。毀傷其薪木。寇退則曰。脩我牆屋。我將反。寓寄也曾子欲去戒其守人曰無寄人於我室恐其傷我薪草樹木也寇退則曰治牆屋之壞者我將來反

寇退。曾子反。左右曰。待先生如此其忠且敬也。寇至則先去以爲民望。寇退則反。殆於不可。左右相與非識曾子者言武城邑大夫敬曾子武城人爲曾子忠謀勸使避寇君臣忠敬如此而先生寇至則先去使百姓瞻望而効之寇退安寧則復來還殆不可如是怪曾子何以行之也

沈猶行曰。是非汝所知也。昔沈猶有負芻之禍。從先生者七十人。未有與焉。沈猶行曾子弟子也行謂左右之人曰先生之行非汝所知也先生曾子也往者先生嘗從門徒七十人舍吾沈猶氏時有作亂者曰負芻來攻沈猶氏先生率弟子去之不與其難言賓師不與臣同耳

子思居於衛。有齊寇。或曰。寇至。盍去諸。子思曰。如伋去。君誰與守。伋子思名也子思欲助衛君赴難

孟子曰。曾子子思同道。曾子。師也。父兄也。子思。臣也。微也。曾子子思。易地則皆然。孟子以爲二人同道曾子爲武城人作師則其父兄故去留無毀子思微少也又爲臣委質爲臣當死難故不去也子思與曾子易地皆然

【疏】曾子居武城至易地則皆然○正義曰此章言曾子子思處義非謬者也曾子居武城有越寇至或曰寇至盍去諸者孟子言曾子嘗居於武城之邑有南越寇賊與或人告之曰寇賊來何不去之曰無寓人於我室毀傷其薪木寇退則曰修我牆屋我將反者言曾子欲去乃戒其所守之人曰無寓人於我此室而毀傷我薪木寇賊既退則曰修我牆屋我將反居此寇退曾子反左右曰待先生如此其忠且敬也至殆於不可者言寇賊已退曾子於是乎反居此也左右之大夫皆曰待先生如此其忠而不敢慢也寇賊至則先去以使民瞻望而效之寇退平靜則反其居殆不可如是也猶行曰至未有與焉者言沈猶行荅左右之人曰先生之去非汝所能知者也往日沈猶有寇賊自負其芻草來攻我室隨從先生者有七十人言曾

子率弟子而去之故未有與及此難也故得免其禍焉先生曾子也子思居於衛有齊寇至君誰與守者孟子又言子思居於衛邑有齊國之寇賊興或人告之曰寇賊來何不去之子思乃自稱名荅或人曰如使伋見其寇賊至則去之衛君則誰與爲守護伋子思名也孟子曰曾子子思同道至易地則皆然孟子引至於此乃曰曾子子思二人其道則同也以其曾子居於武城則師之道也如人之父兄也則去留人不可毀無它其以無所拘也子思居於衛則臣之道也其勢則微小也當赴君之難不可去也無它以其有所拘也雖然二人如更易其地則皆能如是也謂子思居於曾子之所而爲之師亦未必不能如曾子去留無所拘也曾子居於子思之所而爲之臣亦未必不能如子思赴君之難而不去也故曰曾子子思同道案史記弟子傳曾子名參字子輿武城人少孔子四十六歲孔子以爲能通孝道故授之業作孝經死於魯國○注伋子思名也○正義曰案世家云子思名伋字子思伯魚之子孔子之孫也六十二嘗困於宋子思作中庸沒於衛

儲子曰。王使人瞯夫子。果有以異於人乎。儲子齊人也瞯視也果能也謂孟子曰王言賢者身貌必當有異故使人視夫子能有異於衆人之容乎孟子曰。何以異於人哉。堯舜與人同耳。人生同受法於天地之形我當何以異於人哉且堯舜之貌與凡人同耳其所以異乃以仁義之道在於內也【疏】儲子至同耳○正義曰此章言人以道殊賢愚體別也儲子謂孟子曰齊王使人視夫子能有以異別於衆人乎以其齊王必謂孟子之賢貌狀須有異於人也孟子荅之曰我何以有別異於衆人哉雖堯舜之盛帝亦與人同其貌狀耳但其所以有異於衆人者特以仁義之道與人異耳孟子言此則知齊王是爲不達者也蓋古之人善觀人者不索人於形骸之外而索之於形骸之內今齊王乃索孟子於形骸之外宜其過也○注儲子齊人也○正義曰蓋亦因經而爲言之也故孟子仕於齊今此乃曰王使人來者是知爲齊人

齊人有一妻一妾而處室者。其良人出。則必饜酒肉而後反。其妻問所與飲食者。則盡富貴也。良人夫也盡富貴者夫詐言其姓名也其妻告其妾曰。良人出。則必饜酒肉而後反。問其與飲食者。盡富貴也。而未嘗有顯者來。吾將瞯良人之所之也。妻疑其詐故欲視其所之蚤起。施從良人之所之。徧國中無與立談者。卒之東郭墦間之祭者。乞其餘。不足。又顧而之他。此其爲饜足之道也。施者邪施而行不欲使良人覺也墦間郭外冢間也乞其祭者所餘酒肉也其妻歸告其妾曰。良人者。所仰望而終身也。今若此。與其妾訕其良人。而相泣於中庭。妻妾於中庭悲傷其良人相對涕泣而謗毀之而良人未之知也。施施從外來。驕其妻妾。施施猶扁扁喜悅之貌以爲妻妾不知如故驕之也由君子觀之。則人之所以求富貴利達者。其妻妾不羞也。而不相泣者。幾希矣。由用也用君子之道觀之今求富貴者皆以枉曲之道昏夜乞哀而求之以驕人於白日此良人爲妻妾所羞而泣傷也幾希者言今苟求富貴妻妾雖不羞泣者與此良人妻妾何異也【疏】齊人至幾希矣○正義曰此章言小人苟得妻妾猶羞也齊人有一妻一妾至幾希矣者孟子託此以譏時人苟貪富貴而驕人者也言齊國中人有一妻一妾者而居處於室其良人出外則必饜飽酒肉而後歸其妻問所與飲食酒肉者良人則盡以爲富貴者與之也其妻遂告其妾曰良人出門則必饜飽酒肉而後歸問其所與者良人皆以爲富貴者與之也而未嘗見有富貴顯達者來家中我將視其良人所往妻疑之故欲視其所往也明日蚤起乃邪施其身微從良人之所往徧盡一國之中無有與良人立談話者終往齊國東郭之處有冢間之祭者良人乃就乞其餘祭之酒肉不飽饜又顧視而求之於他人以此遂爲饜足之道其妻乃先歸告其妾曰良人者所仰望而終身者也今乃若此而乞之祭者爲饜足遂與其妾共訕良人而相對涕泣於中庭之間而良人未之知其妻妾非訕其已又施施然喜悅從外來歸復驕泰其妻妾孟子引至此乃曰由此齊人觀之則今之人所以諂求富貴利達者其妻與妾而不羞恥不相對涕泣於中庭者幾希矣言其少也皆若此齊人耳蓋孟子之言每每及此者所以救時之弊不得不如已矣

孟子注疏卷八下校勘記　　阮元撰盧宣旬摘錄

▲章指言廉惠勇人之高行也喪此三名則韓本考文古本作列士病諸故設斯科以進能者也

逢蒙按逢字从夅逢蒙逢伯陵逢丑父逢公皆薄紅反東轉爲江乃薄江反德公士元非有二字也宋人廣韻改字作逢薄江切殊謬孟子音義同謬不可不正逢蒙古書作蠭蒙則其字不當从夅可知矣

有窮后羿閩監毛三本韓本足利本同孔本考文古本窮作竆

曰小人學射於尹公之他考文古本他下有曰字

假使如子濯孺子之得尹公之他閩本廖本孔本韓本同監毛本脫上之字

何由有逢蒙之禍乎閩監毛三本同廖本孔本韓本考文古本無乎字

▲章指言求交取友必得其人得善以全考文古本作金養足利本無此字凶獲患是故子濯濟難夷羿以殘可以鑒也

殺之而亰之【補】案殺之之字衍

子曰射爲背師閩監本同毛本子下增魚字

而蒙其頭面閩監毛三本同廖本孔本韓本考文古本面作也

皆自掩鼻閩監毛三本同廖本孔本韓本考文古本無自字

自治絜淨凡絜作潔者俗也古書祇用絜

▲章指言貌好行惡西子蒙臭孔本考文引古本蒙作冒韓本同臭作鼻非也醜人絜服供事上帝明當修飾惟義爲常也

今天下之言性則以故而已矣以言其故者以利爲本耳閩監毛三本同廖本孔本韓本考文古本作言天下萬物之情性當順其故則利之也改戾其性則失其利矣

若杞柳爲桮棬閩監毛三本同廖本孔本韓本考文古本杞上有以字

但循理若禹之行水於無事閩監毛三本同廖本孔本韓本考文古本作作事循理若禹行水於無事之處

誠能推求其故常閩監毛三本同廖本孔本韓本考文古本下有之行二字

可坐而致也閩監毛三本同廖本孔本韓本考文古本作可坐知也

▲章指言能修性守故天道可知妄智改常必與道乖性命之指也

齊之貴臣閩監毛三本同宋本孔本韓本考文古本無之字

字子敖者閩監毛三本同廖本孔本韓本考文古本無者字

反以我爲簡異也閩監毛三本同宋本孔本韓本異作易按易是也

▲章指言循理孔本考文引古本作禮而動不合時人阿意事貴脅肩所尊俗之情也是以萬物皆流而金石獨止

人常愛之【補】諸本常皆作恒下常敬同

人亦必反報之於己也閩監毛三本同宋本作人亦必反之己也孔本韓本考文古本作人必反之己也足利本無之字

來加於我也閩監毛三本同廖本孔本韓本考文古本作來加我

無知者閩監毛三本孔本同韓本上有謂字足利本上有爲字

又何足難矣閩監毛三本同廖本孔本韓本考文古本矣作也

憂之當如何乎閩監毛三本同廖本孔本韓本考文古本如下有之字

常行仁禮閩監毛三本同廖本孔本韓本考文古本禮上有行字

▲章指言君子責己小人不改比之禽獸孔本韓本衍故字不足難矣蹈仁行禮不患其患惟不若舜可以憂也

當平世三過其門者按此段注宋本廖本孔本韓本俱分兩段自此至故孔子俱賢之在經文

禹稷顏回同道下

憂民者也 閩監毛三本同宋本孔本韓本考文古本者作急

窮而樂道者也 閩監毛三本同宋本孔本韓本考文古本無者字

其心皆然 閩監毛三本同宋本孔本韓本考文古本皆作亦

故勞佚異 閩監毛三本同宋本無故字廖本下有矣字孔本韓本考文古本作勞佚異矣

雖被髮纓冠而救之 考文古本而下有往字

走赴鄉鄰 閩監毛三本同宋本孔本韓本考文古本鄰作人

顏子所以閉戶 閩監毛三本同廖本孔本韓本考文古本閉作闔

▲章指言上賢之士得聖一概顏子之心有同禹稷時行則行時止則止失其節則惑矣

則孟子爲禹稷顏回同道也 補案爲字監毛本並作謂是

惰懈不作 閩監毛三本同廖本孔本韓本懈作解按音義出惰解案懈正字解假借字

豈有一事於此 閩監毛三本同廖本孔本韓本此作是

賊恩之大者也 閩監毛三本同宋本孔本韓本考文古本無者字

子有子母之屬哉 閩監毛三本同孔本韓本考文古本子母作母子

執持此屏妻子之意 閩監毛三本同廖本孔本韓本考文古本屏下有出字

以爲得罪於父 閩監毛三本同廖本孔本韓本考文古本得上有人字

而不若是以自責罰 宋本罰作詈

是則罪益大矣 閩監毛三本同廖本孔本韓本考文古本下有是章子之行已矣何爲不可與言十三字○按有者是

▲章指言匡章得罪出妻屏子上不得養下以責已衆曰不孝其實則否是以孟子禮貌之也

徧國人皆稱爲不孝者焉 人字缺閩監毛三本如此

父有爭而 閩監毛三本而改子是也

猶行曰 補案猶上當有沈字

言賓師不與臣同耳 閩監毛三本同廖本無耳字宋本孔本韓本考文古本作言師賓不與臣同

易地皆然 閩監毛三本同宋本孔本韓本考文古本地皆作處同廖本皆作同

▲章指言臣當營君師有餘裕二人處義非殊者也是故孟子紀之謂得其同 足利本作宜

王使人瞯夫子 宋九經本岳本咸淳衢州本孔本韓本考文古本同監毛二本瞯作瞷閩本注作瞷此經作瞷門字中缺蓋初刻作瞷欲改作瞯刓去而未修板也○按音義出瞯夫作瞯蓋此正與滕文公篇陽貨瞯孔子同字音勘諫爲瞯而以古莧切之非也下章同

與凡人同耳 閩監毛三本岳本孔本韓本同宋本考文古本無人字

▲章指言人以道殊賢愚體別頭員足方善惡如一儲子之 足利本無此字 言齊王之不達也

以爲妻妾不知 閩監毛三本孔本韓本同宋本考文古本以作也山井鼎云屬上

用君子之道觀之 閩監毛三本同宋本孔本韓本考文古本無下之字

此良人爲妻妾所羞而泣傷也 閩監毛三本同廖本孔本韓本考文古本上有由字而字作爲所二字

▲章指言小人苟得謂不見知君子觀之與正道乖妻妾猶羞況於國人著以爲戒恥之甚焉

孟子注疏解經卷第九上　孫奭疏

萬章章句上 凡九章

趙氏注 萬章者萬姓章名孟子弟子也萬章問舜孝猶論語顏淵問仁因以題其篇也

疏 正義曰前篇論離婁之明此篇論萬章問孝蓋以明者當明其行而行莫大於爲孝今萬章問孝故以萬章爲此篇之題以次於前篇矣此篇凡十八章趙氏分爲上下卷據此上卷凡有九章而已一章言孝爲百行之本無物以先之雖富有天下而不能取悅其父母也二章言仁聖所存者大舍小從大達權之義不告而娶守正道也三章言仁人之心四章言孝莫大於嚴父行莫大於蒸蒸五章言德合於天則天爵歸之行歸於仁則天下與之六章言義於人則四海宅心守正不足則聖位莫保者也七章言賢達之理世務推政以濟時物守已直行不枉道以取容八章言君子大居正位以禮進退屈伸達節不違貞信九章言君子時行則行時舍則舍故能顯君明道不爲苟合其餘九章分在下卷各有敘說焉○注萬章至篇也○正義曰萬章孟子弟子已說在敘段云論語顏淵問仁者蓋論語第十二篇首顏淵問爲仁孔子曰克已復禮爲仁因以顏淵目其篇蓋其文也孟子於此則而象之爾

萬章問曰。舜往于田。號泣于旻天。何爲其號泣也。問舜往至于田何爲號泣也謂耕于歷山之時然也 孟子曰。怨慕也。言舜自怨遭父母見惡之厄而思慕也

萬章曰。父母愛之。喜而不忘。父母惡之。勞而不怨。然則舜怨乎。言孝法當不怨如是舜何故怨 曰。長息問於公明高曰。舜往于田。則吾既得聞命矣。號泣于旻天。于父母。則吾不知也。公明高曰。是非爾所知也。長息公明高弟子公明高曾子弟子旻天秋天也秋陰氣也故訴于旻天高非息之問不得其義故曰非爾所知也已 夫公明高以孝子之心。爲不若是恝。恝無愁之貌孟子以萬章之問難自距之故爲言高息之問對如此夫公明高以爲孝子不得意於父母自當怨悲豈可恝恝然無憂哉因以萬章具陳其意耳 我竭力耕田。共爲子職而已矣。父母之不我愛。於我何哉。我共人子之事而父母不我愛於我之身獨有何罪哉自求責於已而悲感焉 帝使其子九男二女。百官牛羊倉廩備。以事舜於畎畝之中。帝堯也堯使九子事舜以爲師以二女妻舜百官致牛羊倉廩致粟米之餼備具餼禮以奉事舜於畎畝之中由是遂賜舜以倉廩牛羊使得自有之堯典曰釐降二女不見九男孟子時尚書凡百二十篇逸書有舜典之敘亡失其文孟子諸所言舜事皆堯典及逸書所載獨丹朱以胤嗣之子臣下以距堯求禪其餘八庶無事故不見於堯典猶晉獻公之子九人五人以事見於春秋其餘四子亦不復見於經 天下之士多就之者。帝將胥天下而遷之焉。爲不

順於父母。如窮人無所歸。天下之善士多就舜而悅之胥須也堯須天下悉治將遷位而禪之順愛也爲不愛於父母其爲憂愁若困窮之人無所歸往也天下之士悅之。人之所欲也。欲貪也而不足以解憂。好色。人之所欲。妻帝之二女。而不足以解憂。富。人之所欲。富有天下。而不足以解憂。貴。人之所欲。貴爲天子。而不足以解憂。人悅之、好色、富貴。無足以解憂者。惟順於父母。可以解憂。言爲人所悅將見禪爲天子皆不足以解憂獨見愛於父母爲可以解已之憂人少。則慕父母。知好色。則慕少艾。有妻子。則慕妻子。仕。則慕君。不得於君。則熱中。慕思慕也人少年少也艾美好也不得於君失意於君也熱中心熱恐懼也是乃人之情大孝終身慕父母。五十而慕者。予於大舜見之矣。大孝之人終身慕父母若老萊子七十而慕衣五綵之衣爲嬰兒匍匐於父母前也我於大舜見五十而尚慕父母書曰舜生三十徵庸三十在位在位時尚慕故言五十也

〔疏〕萬章問舜往于田至予於大舜見之矣○正義曰此章言大孝百行之本無物以先之雖富有天下而不能取悅於父母也萬章問曰舜往于田號泣于旻天何爲其號泣也者萬章問孟子謂舜往耕于田乃號泣于旻天是何爲其號泣於此也旻天秋天之號也以其情主乎慟也爾雅曰秋曰旻天是也孟子曰怨慕也孟子荅之曰舜所以號泣于田者自怨遭父母之惡而思慕之也萬章曰父母愛之至怨乎萬章又曰父母以慈愛愛息其子子則當喜悅而不敢忘其父母之所愛父母惡之其子亦當勤勞奉事之而不可怨恨父母今舜若是則舜誠有怨恨父母乎曰長息問於公明高至是非爾所知也孟子難以自爲言拒之乃託以長息問公明高之言而荅也言長息常問公明高曰舜往于田則我既以得聞教命矣號泣于旻天則我不能知也故問之公明高乃荅之曰此非爾所能知者也以其所問不得其義故荅之此也夫公明高以孝子之心爲不若是憝至於我何哉者孟子又言夫公明高以謂孝子之心有不得意於父母爲不若此憝憝然而無憂也以其有不得父母意故有是怨也其舜必謂我竭盡其力而耕作田業以供爲子之事以奉養父母而父母今反不我愛恤誠於我有何罪哉故自求責於已而號泣怨慕也帝使其子九男二女至予於大舜見之矣孟子至此乃繼其言而荅萬章言舜堯帝使其子九男與二女兼百官及牛羊倉廩皆備具以事舜於畎畝之中天下之善士多就歸舜而悅之者堯帝又將須以天下而遷位讓之其舜尚以有不得愛於父母其亦憂愁若窮困苦極之人無所歸告者矣且天下之善士悅而就之是人之所皆欲也而尚不足以解舜之憂好色之女是人之所皆欲者也妻以堯帝之二女而尚亦不足以解舜之憂富是人之所皆欲者也而堯以百官牛羊倉廩備以事之而尚亦不足以解舜之憂貴是人之所皆欲者也而堯將以天下遷而讓之而爲天子尚亦更不足以解其憂凡以人悅之好色富貴此數者皆無足以解舜之憂惟得於父母然後可以解其憂夫人少小之時則知思慕父母及長知好其女色則思慕其少艾有妻子則思慕其妻子至於爲仕則思慕其君如不得遇於君則熱中心而恐懼之也是則人之常情如此如爲大孝者則終身思慕父母而不忘也然則孟子言至於五十之歲者而思慕父母而不敢忘者我於大舜見之矣故歷以此荅其萬章之問○注耕于歷山○正義曰上卷首章已說詳矣○注堯典至不復見○正義曰云堯典曰釐降二女不見九男惟丹朱胤嗣之子臣下以距堯求禪其餘八庶無事故不見二女即娥皇女英是也案尚書堯典放齊曰胤子朱啟明帝曰吁嚚訟可乎孔安國云胤國名子爵朱胤子之名也益稷云無若丹朱傲孔注云丹朱堯之子是堯九子但見丹朱一人矣其餘八子亦未詳以其經傳無見爲云如晉獻公九人以事見於春秋餘四子亦不所見者按魯莊公二十八年左傳云晉獻公娶于賈無子烝於齊姜生秦穆夫人及大子申生又娶二女於戎大戎生重耳小戎子生夷吾晉伐驪戎驪戎男女以驪姬歸生奚齊其娣生卓子凡此九人但見其此即此五人是也云獻公有九人按史記世家云獻公有子九人太子申生重耳夷吾皆有賢行以此則知獻公有子九人而已其餘四者亦以經傳無見焉○注慕思慕至人之情正義曰云少年少也艾美好也者蓋世之傳孟子者以少女爲少艾也按說文云艾老也長也又按禮記云五十曰艾是則艾誠老長之稱也謂之少艾安可乎是則云艾美好也者又不知何據爲之說也殆亦未可知○注老萊子七十而慕至書曰舜生三十徵庸三十在位○正義曰云老萊子者按高士傳云老萊子楚人少以孝行養親極甘脆年七十父母猶存萊子服荆蘭之衣爲嬰兒戲親前言不稱老爲親取食上堂足跌而偃因爲嬰兒啼誠至發中楚室方亂乃隱耕於蒙山之陽著書號萊子莫知所終又云老萊著五綵五色班襴之衣出列女傳文今不載

萬章問曰。詩云娶妻如之何。必告父母。信斯言也。宜莫如舜。舜之不告而娶何也。詩齊風南山之篇言娶妻之禮必告父母舜合信此詩之言何爲違禮不告而娶也孟子曰。告則不得娶。男女居室。人之大倫也。如告則廢人之大倫。以懟父母。是以不告也。舜父頑母嚚常欲害舜告則不聽其娶是廢人之大倫以怨懟於父母也萬章曰。舜之不告而娶。則吾既得聞命矣。帝之妻舜而不告。何也。禮娶須五禮父母先莭以辭是相告也帝謂堯何不告舜父母曰。帝亦知告焉。則不得妻也。帝堯知舜大孝父母止之舜不敢違則不得妻之故亦不告也萬章曰。父母使舜完廩。捐階。瞽瞍焚廩。使浚井。出。從而揜之。完治廩倉階梯也使舜登廩屋而捐去其階焚燒其廩也一說捐階舜即旋從階下瞽瞍不知其已下故焚廩也使舜浚井舜入而即出瞽瞍不知其已出從而蓋揜其井以爲舜死矣象曰。謨蓋都君。咸我績。象舜異母弟也謨謀蓋覆也都於也君舜也舜有牛羊倉廩之奉故謂之君咸皆績功也象言謀覆於君而殺之者皆我之功欲與父母分舜之有取其善者故引爲已之功也牛羊父母。倉廩父母。欲以牛羊倉廩與其父母干戈朕。琴朕。弤朕。二嫂使治朕棲。干楯戈戟也琴舜所彈五絃琴也弤彫弓也天子曰彫弓堯禪舜天下故賜之彫弓也棲牀也二嫂娥皇女英使治牀欲以爲妻也象往入舜宮。舜在牀琴。象曰。鬱陶思君爾。忸怩。象見舜生在牀鼓琴愕然反辭曰我鬱陶思君故來爾辭也忸怩而慙是其情也舜曰。唯茲臣庶。汝其于予治。茲此也象素憎舜不至其宮也故舜見來而喜曰惟念此臣衆汝故助我治事不識舜不知象之將殺己與。萬章言我不知舜不知象之將殺己與何爲好言順辭以荅象也曰。奚而不知也。象憂亦憂。象喜亦喜。奚何也孟子曰舜何爲不知象惡己也仁人愛其弟憂喜隨之象方言思君故以順辭荅之曰。然則舜僞喜者與。詐僞也萬章言如是則爲舜行至誠而詐喜以悅人矣曰。否。昔者有饋生魚於鄭子產。子產使校人畜之池。校人烹之。反命曰。始舍之圉圉焉。少則洋洋焉。攸然而逝。子產曰。得其所哉。得其所哉。孟子言否云舜不詐喜也因爲說子產以喻之子產鄭子國之子公孫僑大賢人也校人主池沼小吏也圉圉魚在水羸劣之貌洋洋舒緩搖尾之貌攸然迅走水趣深處也故曰得其所哉重言之者嘉得魚之志也校人出。曰。孰謂子產智。予既烹而食之。曰。得其所哉。得其所哉。故君子可欺以其方。難罔以非其道。彼以愛兄之道來。故誠信而喜之。奚僞焉。方類也君子可以事類欺故子產不知校人之食其魚象以其愛兄之道來問舜是亦其類也故誠信之而喜何爲僞喜也

〔疏〕萬章問曰至奚僞焉○正義曰此章言仁聖所有者大舍小從大達權之義不告而娶守正道也萬章問曰至何也者萬章問孟子言齊風南山之詩有云娶妻如之何必告父母如信此詩之言宜莫如舜信之今舜乃不告父母而娶是如之何也孟子曰至是以不告也孟子荅之曰舜如告父母則不得娶之也男女居室是人之大倫者也如告之則舜必不得娶也不得娶是廢人之大倫以致怨懟於父母也是以舜爲此所以不告父母而娶也萬章曰至何也者萬章又問孟子言舜之不告而娶則我既已得聞教命矣然堯帝而以二女妻於舜而不告舜父母是如之何也故以此問之妻者以女嫁人謂之妻也曰帝亦知告焉則不得妻也孟子又荅之曰帝堯亦知告舜父母則舜父母止之則不得以妻之也萬章曰至不知象之將殺已與萬章又問孟子言舜之父母使舜完治倉廩舜既登倉廩即捐梯而下瞽瞍不知已下乃焚廩欲因此以燒殺其舜又使舜深浚其井舜既浚井即反出之瞽瞍不知已出又欲從而掩之以溺殺其舜其舜有弟名象乃曰謀揜蓋而殺都君者皆我之功也都君即象稱舜也然謂之都君者蓋以舜在側微之時漁雷澤一年所居成聚二年成邑三年成都故以此遂因爲之都君矣注曰都於也其說亦通又曰牛羊與父母倉廩與父母干戈留我琴亦留我弤亦留我二嫂使治我之牀以爲我妻欲與父母分此故先設言爲謨蓋都君者咸我績耳於是象遂往入舜之宮遇舜又在牀而鼓五絃之琴愕然反

其辭曰我氣閉積思意君故來此遂忸怩其顏而乃慙恥形於面容也以其恐舜知已謀其二嫂故也舜曰惟茲臣庶汝其于予治是舜見象素不來至其宮遂見至宮乃曰念此臣之象汝其來助我治耳如此故萬章乃問孟子言舜帝不知其弟象之將欲殺其已與故以此好言而答其象也曰奚而不知也象憂亦憂象喜亦喜孟子又言舜何爲而不知象謀殺已也以其仁人愛其弟故象憂亦憂象喜亦喜故以好言答之也曰然則舜僞爲喜以悅人者與曰否至奚僞焉孟子又答之曰舜非僞喜以悅人者矣又引以子産有饋生魚事而證之言往者有人饋賜生魚於鄭之子産子産受之乃使主池沼之吏曰校人者畜養於池校人烹煮而食之遂反歸命告於子産曰我始初放之於池則魚尚羸之圉圉然於水而未遊少項則洋洋然舒緩搖尾而走趣於深處子産信之以爲然乃曰此魚是得其所養哉故重言之乃嘆魚之得志於水甚快然也其校人乃出而與人曰誰謂子産爲智者有知於人予既烹煮而食其魚子産乃曰得其所哉得其所哉如此孟子故於此言故君子者可欺僞以其方類難誣罔全以非其道也彼象謂以鬱陶思君是以愛兄之道來至於宮是以但欺以其方類也故舜遂必以誠深信之而喜其來故以好辭答之矣何爲以舜爲僞喜者焉言舜不僞也亦若校人欺子産之謂故子産亦必曰得其所哉得其所哉耳所謂方類者以其在疑似之間故也○注完治至爲死矣○正義曰云揜去其階焚舜之詭不若旋階之詭通也按史記云瞽瞍欲殺舜使舜上塗廩瞽瞍從下縱火焚廩舜乃以兩笠自扞而下去得不死後瞽瞍又使舜穿井爲匿空旁出舜既入深瞽瞍與象共下土實井舜從匿空旁出去瞽瞍與象喜以爲舜死矣象曰本謀者象之謀也象於是與父母分於是曰舜妻堯二女與琴象取之牛羊倉廩事父母象乃止舜宮居鼓其琴舜往見之象愕不懌曰我思舜正鬱陶舜曰然爾其庶舜復事瞽瞍愛弟彌謹凡此亦其事也以史記觀之則捎階之說是此之文也大抵學者不可執此以爲深然也當以意喻默然有自判之論可矣○注干楯戈戟也至妻也○正義曰云干楯也者按孔安國云干楯也周禮掌五兵五楯鄭玄五楯干櫓之屬云戈戟也者禮圖云戈今之勾戟或謂之雞鳴或之擁頸內謂胡以內接柲者也長四寸胡六寸疏云胡子橫揷微邪向上不勾不勾似磬之折殺也又云戟今之三鋒戟也內長四寸半胡長六寸以其與戈相類故云戈戟也論其則別矣云彫弓天子之弓者彫弓漆赤弓也尚書云彤弓一彤矢百孔安國云諸侯有大功賜弓矢然後專征伐彤弓所以講德習射藏示子孫周禮司弓云天子之弓合九而成規諸侯之弓合七而成規大夫合五而成規士合三而成規是其等也云五絃琴者史記云舜彈五絃之琴是矣云棲床者蓋取類於禽棲故也以其床則主木而言棲則主棲而言二女即娥皇女英是也○注鄭子國之子公孫僑者○正義曰按左傳云子産穆公之孫公子發之子名僑公子之子曰公孫襄三十年執鄭國之政爲鄭大夫公子發字子國公孫之子以王父字爲氏據後而言故稱爲國僑

萬章問曰。象日以殺舜爲事。立爲天子。則放之。何也。怪舜放之何故孟子曰。封之也。或曰。放焉。舜封象於有庳或有人以爲放之萬章曰。舜流共工于幽州。放驩兜于崇山。殺三苗于三危。殛鯀于羽山。四罪而天下咸服。誅不仁也。象至不仁。封之有庳。有庳之人奚罪焉。仁人固如是乎。在他人則誅之。在弟則封之。舜誅四佞以其惡也象惡亦甚而封之仁人用心當如是乎罪在他人當誅之在弟則封之曰。仁人之於弟也。不藏怒焉。不宿怨焉。親愛之而已矣。親之欲其貴也。愛之欲其富也。封之有庳。富貴之也。身爲天子。弟爲匹夫。可謂親愛之乎。孟子言仁人於弟不問善惡親愛之而已封者欲使富貴耳身既已爲天子弟雖不仁豈可爲匹夫敢問。或曰放者。何謂也。萬章問放之意曰。象不得有爲於其國。天子使吏治其國。而納其貢稅焉。故謂之放。豈得暴彼民哉。象不得施教於其國天子使吏代其治而納貢賦與之比諸見放也有庳雖不得賢君象亦不侵其民也雖然。欲常常而見之。故源源而來。不及貢。以政接于有庳。雖不使象得豫政事舜以兄弟之恩欲常常見之無已故源源而來如流水之與源通不及貢者不待朝貢諸侯常禮乃來也其間歲歲自至京師謂若天子以政事接見有庳之君者實親親之恩也此之謂也。此常常以下皆尚書逸篇之辭孟子以告萬章言此乃象之謂也

疏萬章問曰至此之謂也○正義曰此章言仁人之心如是也萬章問曰象日以殺舜爲事立爲天子則放之何也者萬章問孟子以謂象日日以謀殺舜爲事然舜既立爲天子則放象而不誅如之何孟子曰封之也或曰放焉孟子答之曰是封象也或人言放焉萬章曰至在弟則封之萬章又問舜流共工於幽州放驩兜於崇山殺三苗于三危殛鯀于羽山誅罪此四者而天下於是咸服此乃是誅戮其不仁者也然象傲極不仁乃反封之於有庳之國則有庳之國中人何罪也仁人固肯如此乎在他人之惡則誅戮焉在弟則封之國故曰仁人固如是乎萬章之意以謂仁人必不肯如此也孔安國注尚書云共工象恭滔天足以惑世故流放之幽州北裔水中可居者曰洲驩兜黨於共工罪惡同崇山南裔也三苗國名搢雲氏之後爲諸侯號饕餮三危西裔鯀方命圮族績用不成羽山東裔在海中按史記云共工少皞氏不才子天下謂之窮奇者也驩兜帝鴻氏不才子天下謂之混沌者也鯀顓頊氏不才子天下謂之饕餮者也曰仁人之於弟也至可謂親愛之乎孟子又答之曰仁者之人於其弟也不藏怒心不隔宿怨但親愛之而已所以親之者以欲其貴也愛之者以欲其富也今舜封象於有庳者是所以富貴之也如舜身自爲天子而使弟只爲之匹夫可謂爲親愛其弟者乎有庳國之名號也敢問或曰放者何謂也萬章又問孟子或人言放之者是何所謂也曰象不得有爲於其國至此之謂也孟子又答之曰象之於庳不得施政教於其國中天子使吏代之以治其國而納天子之貢賦焉故謂之爲放也象豈得暴彼有庳之國民哉以其使吏代之故也雖然不使象得施政教而舜以兄弟親親之恩欲常常見之故源源如水之流與源而通不以朝貢之諸侯常禮乃來也其自至而見天子如天子以政事接見於有庳之君也故孟子云是此之謂也○注云自常常已下皆尚書逸篇之辭○正義曰按隋經籍志尚書逸篇出於齊梁之間考其篇目似孔氏壁中書之殘缺者故附尚書之末唐有三卷徐邈爲之注焉蓋其文也

咸丘蒙問曰。語云。盛德之士。君不得而臣。父不得而子。舜南面而立。堯帥諸侯北面而朝之。瞽瞍亦北面而朝之。舜見瞽瞍。其容有蹙。孔子曰。於斯時也。天下殆哉岌岌乎。不識此語誠然乎哉。咸丘蒙孟子弟子語者諺語也言盛德之士君不敢臣父不敢子堯與瞽瞍皆臣事舜其容有蹙蹐不自安也孔子以爲君父爲臣岌岌乎不安貌也故曰殆哉不知此語實然乎孟子曰。否。言不然也此非君子之言。齊東野人之語也。東野東作田野之人所言耳咸丘蒙齊人也故聞齊野人之言書曰平秩東作謂治農事也堯老而舜攝也。堯典曰。二十有八載。放勳乃徂落。百姓如喪考妣。三年。四海遏密八音。孟子言舜攝行事耳未爲天子也放勳堯名徂落死也如喪考妣思之如父母也遏止也密無聲也八音不作哀思甚也孔子曰。天無二日。民無二王。舜既爲天子矣。又帥天下諸侯以爲堯三年喪。是二天子矣。日一王一言不得並也咸丘蒙曰。舜之不臣堯。則吾既得聞命矣。不以堯爲臣也詩云。普天之下。莫非王土。率土之濱。莫非王臣。而舜既爲天子矣。敢問瞽瞍之非臣。如何。詩小雅北山之篇普偏率循也偏天下循土之濱無有非王者之臣而曰瞽瞍非臣如何也曰。是詩也。非是之謂也。勞於王事。而不得養父母也。曰。此莫非王事。我獨賢勞也。孟子言此詩非舜臣父之謂也詩言皆王臣也何爲獨使我以賢才而勞苦不得養父母乎是以怨也故說詩者。不以文害辭。不以辭害志。以意逆志。是爲得之。如以辭而已矣。雲漢之詩曰。周餘黎民。靡有孑遺。信斯言也。是周無遺民也。文詩之文章所引以興事也辭詩人所歌詠之辭志詩人志所欲之事意學者之心意也孟子言說詩者當本之不可以文害其辭文不顯乃反顯也不可以辭害其志辭曰周餘黎民靡有孑遺志在憂旱災民無孑然遺脫不遭旱災者非無民也人情不遠以己之意逆詩人之志是爲得其實矣王者有所不臣不可謂皆爲王臣謂舜臣其父也孝子之至。莫大乎尊親。尊親之至。莫大乎以天下養。爲天子父。尊之至也。以天下養。養之至也。尊之至瞽瞍爲天子之父養之至舜以天下之富奉養其親至極也詩曰。

永言孝思。孝思惟則。此之謂也。詩大雅下武之篇周武王所以長言孝道欲以爲天下法則此舜之謂也書曰。祗載見瞽瞍。夔夔齊栗。瞽瞍亦允若。是爲父不得而子也。書尚書逸篇祗敬載事也夔夔齊栗敬愼戰懼貌舜既爲天子敬事嚴父戰栗以見瞽瞍瞍亦信知舜之大孝若是爲父不得而子也以此解咸丘蒙之疑○

〔疏〕咸丘蒙至不得而子也○正義曰此章言孝莫大於嚴父而尊之矣行莫過於蒸蒸而執子之政者也咸丘蒙問曰至誠然乎哉者咸丘蒙問孟子曰諺語有云盛德之士君不得而臣之父不得而子之今舜南面而立爲天子堯帝乃率天下諸侯北面而朝之而舜見瞽瞍其容蹙踖然而不敢自安孔子亦云於此時也而天下危殆岌岌乎如也岌岌不安之貌也然未知此諺語實如是乎孟子曰否此非君子之言齊東野人之語也者孟子荅以否不然也此語非君子之言也即齊東作田野人之語也堯老而舜攝之至是二天子矣孟子又言堯帝既老而舜於是攝權堯行事耳未爲天子也堯典之篇有云言舜攝堯行事至二十有八年放勛乃徂落而死放勛堯之號也魂氣往爲徂體魄殂爲落大抵則死也堯既死天下百姓如喪其父母三年四海之内絶盡八音以其哀思之甚也禮記曰生曰父曰母死曰考曰妣鄭注云考成也言其德行之成也妣之言媲也媲於考故也八音金石絲竹匏土革木是也孔子云天無兩日民無兩王如舜既爲天子矣又率諸侯以爲堯三年之喪是則爲二天子矣言日與王不可得而並也以其舜方攝堯行事未爲天子故也咸丘蒙曰至非臣如何者咸丘蒙又言舜之不得臣堯則我既得聞教命矣然而詩小雅北山之篇有云偏天之下莫非爲王之土地循土之濱莫非爲王之臣而舜既得爲王之臣而舜既得爲天子矣敢問舜父瞽瞍之非臣是如之何曰是詩也非是之謂也至是周無遺民也者孟子又荅之曰此北山之詩云非是舜臣父之謂也其詩蓋言勤勞於王事而不得奉養其父母者也故云普天之下莫非王土率土之濱莫非王臣言皆是王臣也以其無非爲王事者也何爲獨使我以賢才而勞苦不得奉養其父母也故以是而怨之也故說詩者不以文而害逆其辭又不可以其辭而害逆其詩人之志以已之心意而逆求知詩人之志是爲得詩人之辭旨人如說詩者但以歌詠之辭爲然而不以已之意而求詩人志之所在而爲得詩人之旨而已矣則雲漢之篇有云周餘黎民靡有孑遺信此言也是周無遺民矣殊不知此雲漢之詩其詩人之志蓋在憂旱災以其多有死亡者矣今其餘民無有單孑得遺脫不遭旱災者非謂無民也孑單也孟子引此所以證此北山之詩云普天之下莫非王土率土之濱莫非王臣亦非謂舜臣父之意也孝子之至莫大乎尊親至是爲父不得而子也者孟子又言孝子之至不可以有加者莫大乎尊親爲之至也尊親之至莫大乎以天下奉養其親是爲尊親之至也今瞽瞍爲天子之父是舜尊親之至者也舜以天下奉養之是養之至者也詩大雅下武之篇云武王長言孝心之所思所思者維則法大王王季文王三后之所行耳此亦舜之謂也書於大禹謨篇亦云舜敬以事見于父夔夔然悚懼齋莊戰栗瞽瞍亦信順之見舜以瞍爲父而不得子之也孔安國注云祗敬載事也允信若順也○注咸丘蒙○正義曰云爲孟子弟子齊人也者他經傳未詳今按春秋威公七年有焚咸丘杜預云咸丘魯地以此推之則此所謂咸丘蒙者豈咸丘之人有以蒙爲名者邪是未可知也注乃云齊人也者蓋魯國孟子時爲齊之所侵故咸丘之地乃爲齊之地故也有所問於孟子即爲弟子矣○注書平秩東作○正義曰孔安國傳云平均次序東作之事以務農也○注詩小雅北山之篇○正義曰此篇蓋刺幽王役使不均已勞於從事而不得養其父母也○注大雅下武之篇○正義曰此詩蓋詠武王有聖德復受天命能昭先人之功也○注逸篇○正義曰據今大禹謨有云此非特止於逸篇文也已矣

孟子注疏卷九上校勘記

阮元撰盧宣旬摘錄

因以題其篇也　閩監毛三本同宋本孔本韓本考文古本無其字也字

謂耕于歷山之時然也　閩監毛三本同廖本孔本韓本于作於無然也二字考文引歷山之時然也云古本無然也二字

秋天也　閩監毛三本同宋本廖本孔本韓本考文古本無天字足利本無也字

幽陰氣也　閩監毛三本同宋本廖本孔本韓本考文古本幽作憂

非爾所知也已　閩監毛三本同廖本孔本韓本考文古本無也已二字

故爲言高息之用對如此　閩監毛三本用作問宋本廖本孔本韓本考文古本作相按此當以宋廖本爲正作問非也

因以萬章具陳其意耳　閩監毛三本同廖本孔本韓本考文古本以作爲無耳字

皆堯典及逸書所載　案段玉裁尚書撰異曰此堯典字乃舜典之誤及字衍傳寫之失也此章及不告而娶章及原原而來數語及祗載見瞽瞍數語皆當是舜典中語蓋舜登庸以後事全見於堯典而登庸以前及家庭事乃在舜典也此注上文云逸書有舜典之敘亡失其文則此正當作孟子所言諸舜事皆舜典逸書所載謂亡失文中語也舜既謫堯浚人乃又妄沾及字

亦不復見於經　閩監毛三本同廖本孔本韓本考文古本無於經二字

堯須天下悉治　閩監毛三本孔本足利本同韓本考文古本治作洽

三十在位　廖本孔本韓本足利本同閩監毛三本三作五考文古本作二○按段玉裁曰作五者非也作三者亦未是作二者是也古文尚書舜生三十登庸三十在位五十載馬融王肅姚方興本之爲舜年百十二歲之說今文尚書舜生三十徵庸二十在位五十載大戴禮五帝德史記五帝本紀皇甫氏帝王世紀皆本之爲舜年百歲之說王充趙岐皆從今文者也論衡氣壽篇曰舜生三十徵用二十在位五十載陟方乃死適百歲矣趙注此章五十而慕云書曰舜生三十徵庸二十在位在位時尚慕故言五十也合三十二十正是五十乃爲五十而慕之證今本作三十在位何可通耶今本論衡亦改二十在位作三十在位使下文適百歲之語不可接皆由不知今文古文之異也鄭康成注古文而用今文正古文正義曰鄭元讀此經云舜生三十謂生三十年也登庸二十謂歷試二十年在位五十載陟方乃死謂攝位至死爲五十年舜年一百歲也此正鄭說三當作二以今正古故正義冠之以鄭元讀此經云六字不則直曰鄭某云鄭云而已未嘗有鄭元讀此經云之例讀此經者明此經之本不如是也此所以馬王姚作三十在位而鄭作二十也自宋以來皆不憭此意尚書撰異中詳言之

▲章指言夫孝百行之本無物以先之雖富有天下而不能取悅於其父母莫有可也孝道明著則六合歸仁矣

萬章言舜堯　閩本同監毛本無舜字

又將須以天下　閩本同監本毛本須作胥

尚亦更不足以解其憂　閩監毛三本無更字

餘四子亦不所見者　監毛本不作無是也

五色班襴之衣　閩本同監毛二本班襴作斑斕

齊風南山之篇　閩監毛三本同宋本孔本足利本風上有國字韓本考文古本風作國

父母先荅以辭　閩監毛三本同岳本廖本孔本韓本先作亢

帝謂堯何不告舜父母　閩監毛三本同廖本孔本韓本考文古本堯下父母下並有也字○按當疊堯字

故亦不告也　閩監毛三本同廖本孔本韓本考文古本無也字

一說捐階　閩監毛三本同宋本孔本韓本考文古本捐作旋○按說文圓規也趙意捐同圓故訓爲旋

從而蓋揜其井　閩監毛三本同宋本孔本韓本考文古本無揜字

以爲舜死矣　閩監毛三本同宋本孔本韓本考文古本無舜字

舜異母弟也　閩監毛三本同廖本孔本韓本考文古本無也字

故引爲已之功也　閩監毛三本同宋本廖本孔本韓本考文古本作故引其功也

天子曰彫弓　考文古本彫作彤下同按音義出彤弓云或作彫誤

象見舜生　閩監毛三本岳本孔本韓本同宋本無生字

不知象之將殺已與　閩監毛三本同宋本孔本韓本已作之

羸劣之貌　毛本劣誤弱

迅走水趣深處也　孔本韓本同考文古本同閩監毛三本水趣倒

重言之者　閩監毛三本同廖本孔本韓本無者字

嘉得魚之志也　宋本各本並同毛本嘉誤喜

象以其愛兄之道來向舜　廖本考文古本同岳本孔本韓本足利本道作言閩監毛三本向誤問

章指言仁聖所存者大舍小從大達權之義也不告而娶守正道也

或之擁頸　閩本同監本或下剜增謂字毛本同

論其則別矣　閩本同監毛二本其下增制字

則主棲而言　閩本同監毛本棲作取

罪在他人　宋本他作何

不問善惡　岳本各本並同宋本問作間

身既已爲天子　閩監毛三本同宋本孔本韓本考文古本無既已二字足利本無已字

豈可爲匹夫　閩監毛三本同廖本孔本韓本考文古本作豈可使爲匹夫也足利本無也字

此常常以下　閩監毛三本同廖本孔本韓本以作已

▲章指言懇誠于內者則外發於事仁人之心也象爲無道極矣友于之性忘其悖逆況其仁賢乎

搢雲氏之後　〔補〕監毛本搢作縉與左傳合

東作田野之人　廖本孔本韓本考文古本同閩監毛三本作誤鄙○按東作出堯典下文著之

放勛　孔本考文古本勛作勳案音義出勛字云音勳則作勳非也

攝行事耳　宋本閩本孔本韓本同監毛二本耳誤時

謂舜臣其父也　閩監毛三本同宋本孔本韓本考文古本無其字

爲天子之父　閩監毛三本同宋本孔本韓本考文古本無之字

以此解咸丘蒙之疑　閩監毛三本同岳本廖本孔本韓本考文古本此作是

▲章指言孝莫大於嚴父而尊之矣行莫過於蒸蒸執子之政也此聖人軌道無有加焉

而舜既得爲王之臣而舜既得爲天子矣　上八字衍閩本作而舜既爲天子則是舜既得爲天子矣監毛本同

孟子注疏卷九上校勘記

孟子注疏解經卷第九下

萬章章句上　　趙氏注　　孫奭疏

萬章曰。堯以天下與舜。有諸。欲知堯實以天下與舜否 孟子曰。否。堯不與之 天子不能以天下與人。當與天意合之非天命者天子不能違天命也堯曰咨爾舜天之歷數在爾躬是也 然則舜有天下也。孰與之。萬章言誰與之也 曰。天與之。孟子言天與之 天與之者。諄諄然命之乎。萬章言天有聲音命與之乎 曰。否。天不言。以行與事示之而已矣。孟子曰天不言語但以其人之所行善惡又以其事從而示天下也 曰。以行與事示之者如之何。萬章欲知示之之意 曰。天子能薦人於天。不能使天與之天下。諸侯能薦人於天子。不能使天子與之諸侯。大夫能薦人於諸侯。不能使諸侯與之大夫。昔者堯薦舜於天。而天受之。暴之於民。而民受之。故曰天不言。以行與事示之而已矣。孟子言下能薦人於上不能令上必用之舜天人所受故得天下也 曰。敢問薦之於天。而天受之。暴之於民。而民受之。如何。萬章言天人受之其事云何 曰。使之主祭而百神享之。是天受之。使之主事而事治。百姓安之。是民受之也。天與之。人與之。故曰天子不能以天下與人。百神享之祭祀得福也百姓安之民皆謳歌其德也 舜相堯二十有八載。非人之所能爲也。天也。二十八年之久非人爲也天與之也 堯崩。三年之喪畢。舜避堯之子於南河之南。天下諸侯朝覲者。不之堯之子而之舜。訟獄者。不之堯之子而之舜。謳歌者。不謳歌堯之子而謳歌舜。故曰天也。夫然後之中國。踐天子位焉。而居堯之宮。逼堯之子。是篡也。非天與也。南河之南遠地南夷也故言然後之中國堯子肖子丹朱訟獄獄不決其罪故訟之謳歌謳歌舜德也 ▲泰誓曰。天視自我民視。天聽自我民聽。此之謂也。泰誓尚書篇名自從也言天之視聽從人所欲也

〔疏〕萬章曰至此之謂也○正義曰：▲此章言德合於天則天爵歸之行歸於仁則天下與之者也。萬章曰堯以天下與舜有諸，萬章問孟子堯帝以天下與舜有之乎。孟子曰否，孟子荅之堯不與之也。天子不能以天下與人，孟子言天子不能以天下與其人也。然則舜有天下也孰與之，萬章又問孟子言如此則舜有天下也誰與之。曰天與之，孟子荅以爲天與之也。天與之者諄諄然命之乎，萬章又問天與之舜者天有聲音諄諄然命與之乎。曰天不言以行與事示之而已矣，孟子又荅之言天不以言語諄諄然命之也，但以人之所行善惡與其事從而示之而止矣。曰以行與事示之者如之何，萬章又問以行與事示之者是如之何也。曰天子能薦人至示之而已矣，孟子荅之言天子者雖能舉薦人於上天也，又不能使上天以與之天下也，諸侯者能舉薦人於天子而不能使天子必與爲之諸侯，大夫者能薦人於諸侯而不能使諸侯必與爲之大夫，往者堯舉薦舜於上天而天受之，暴之於民而民受之，我故曰天不言以行與事示之矣。曰敢問薦之於天而天受之暴之於民而民受之如何，萬章又問薦之於天而天受之暴之於民而民受之如是如之何也。曰使之主祭而百神享之是天受之也，使之主事而事治百姓安之是民受之也，天與之人與之，故曰天子不能以天下與人也。書云納于大麓，是堯薦舜於天也；烈風雷雨弗迷，是天受之也，所謂百神享之亦可知也；慎徽五典，五典克從，納于百揆，百揆時敘，是暴之於民也，是民受之也，所謂百姓安之亦可知也。曰黎民於變時雍是也。然於天則云薦，於民則云暴者，蓋天遠而在上，是爲尊者也，聖人於天舉其所知而取舍不在我，故云薦之也；民近而在下，是爲卑者也，聖人之於民顯其功業而使之自附，故云暴之也；所謂受之者，即是與之也。舜相堯至此之謂也，孟子又言舜攝行堯事輔相之得二十八年之久，非人之所能爲也，乃天與之也。堯帝既崩死，舜率天下諸侯爲堯三年喪，三年喪既畢，舜乃逃避堯之子丹朱而隱於南河之南，天下諸侯朝覲而來者不往朝覲於堯之子丹朱而往朝覲於舜，訟獄有未決斷者不往求治於堯之子丹朱而往求治於舜，謳歌吟詠者不吟詠堯之子丹朱而吟詠舜，故曰天與之也。如此然後往歸中國履天子之位焉，如使舜不避堯之子而居堯帝之宮逼逐堯之子，是則爲篡奪者也，非謂爲天與之也。泰誓篇亦云天之所視從我民之所視，天之所聽亦從我民之所聽，是此天與之人與之之謂也。○注咨爾舜天之歷數在爾躬。○正義曰：案論語堯曰篇有此文，書亦有此。何晏曰：歷數，列次也。孔安國云：歷數，天道，謂天歷運之數，帝王易姓而興，故言歷數謂天道。○注河南南夷也。○正義曰：案裴駰云：劉熙曰南河之南，九河之最南者是也，是知爲南夷也。所謂中國，劉熙云：帝王所都爲中，故曰中國。○注泰誓尚書篇。○正義曰：孔安國傳云：泰誓者，大會以誓衆也。又云：天因民以視聽，民所惡者天誅之而已。

萬章問曰。人有言。至於禹而德衰。不傳於賢。而傳於子。有諸。問禹之德衰不傳於賢而自傳於子有之否乎 ▲孟子曰。否。不然也。天與賢則與賢。天與子則與子。言隨天也 昔者舜薦禹於天。十有七年。舜崩。三年之喪畢。禹避舜之子於陽城。天下之民從之。若堯崩之後。不從堯之子而從舜也。禹薦益於天。七年。禹崩。三年之喪畢。益避禹之子於箕山之陰。朝覲訟獄者。不之益而之

啓。曰。吾君之子也。謳歌者。不謳歌益而謳歌啓。曰。吾君之子也。丹朱之不肖。舜之子亦不肖。舜之相堯。禹之相舜也。歷年多。施澤於民久。啓賢。能敬承繼禹之道。益之相禹也。歷年少。施澤於民未久。舜薦禹禹薦益同也以啓之賢故天下歸之益又未久故也陽城箕山之陰皆嵩山下深谷之中以藏處也舜禹益相去久遠。其子之賢不肖。皆天也。非人之所能爲也。莫之爲而爲者。天也。莫之致而至者。命也。莫無也人無所欲爲而橫爲之者天使爲也人無欲致此事而此事自至者是其命而已矣故曰命也匹夫而有天下者。德必若舜禹。而又有天子薦之者。故仲尼不有天下。繼世而有天下。仲尼無天子之薦故不得以有天下繼世之君雖無仲尼之德襲父之位非匹夫故得有天下也天之所廢。必若桀紂者也。故益伊尹周公不有天下。益值啓之賢伊尹值大甲能改過周公值成王有德不遭桀紂故以匹夫而不有天下伊尹相湯。以王於天下。湯崩。太丁未立。外丙二年。仲壬四年。太甲顚覆湯之典刑。伊尹放之於桐。三年。太甲悔過。自怨自艾。於桐處仁遷義。三年。以聽伊尹之訓己也。復歸于亳。太丁湯之太子未立而薨外丙立二年仲壬立四年皆太丁之弟也太甲太丁子也伊尹以其顚覆典刑放之於桐邑處居也遷徙也居仁徙義自怨其惡行艾治也治而改過以聽伊尹之教訓己故復得歸之於亳反天子位也周公之不有天下。猶益之於夏。伊尹之於殷也。孔子曰。唐虞禪。夏后殷周繼。其義一也。周公與益伊尹雖有聖賢之德不遭者時然孔子言禪繼其義一也〔疏〕萬章問曰至其義一也○正義曰此章言義於仁則四海宅心守正不足則賢位莫繼者也萬章問孟子曰世人有言至於禹之代而德衰微不傳於賢而傳於子有諸此乎否孟子荅之曰否不然也天與之賢者則與賢者天與之子則與子以其隨天如何耳往者舜薦禹於天及得十有七年舜於是崩死禹以三年服喪畢遂避舜之子商均隱於陽城天下之民從禹若堯之死後民之舜而不之丹朱也禹其後又薦益於天及得七年禹即崩死益以三年服喪畢益遂避禹之子啓隱於箕山之陰朝覲訟獄謳歌者皆不歸益而歸禹之子啓咸曰我君之子也無它以其堯子丹朱不肖舜子商均亦不肖而舜之相堯禹之輔相舜而歷年多矣施恩澤於民已久天下之民所以歸舜與禹不歸丹朱商均也啓以賢能敬承續禹之治而益又輔相禹但七年其歷年尚少不如舜相堯二十有八年禹相舜十有七年之多而施恩澤於民亦未至久所以天下之民不歸益而歸啓也又況啓有賢德與丹朱商均之不同耶舜禹益相去年代已久遠其子之或賢或不肖天使然也非人所能爲之也人莫之爲然而爲然者故曰天使然也人莫能致之此事而其事自至者是其命有是也言天與命者究其義則一也以其無爲而無不爲故曰天也天之使我有是之謂命故曰命也天下善否天實使之然也祿位器服乃其所命故也今丹朱商均與啓三者之或賢或否是其天也天下之民或歸之或不歸之是其命也與書所謂天難諶命靡常孔子云死生有命富貴在天凡此亦天與命之意也匹夫之賤而有天下者其義必如舜禹而又得天子薦之者故得有天下也故孔子不有天下雖言有德然而無天子以薦之者是不有天下也繼世之君雖無仲尼之德然而襲父之位又非匹夫故得有天下也夫天之所以廢滅者必若桀與紂之暴虐然後無乃廢滅之矣故益伊尹周公三者不有天下以其時值啓太甲成王三君皆賢天不廢此三君故益伊尹周公所以不有天下也伊尹相湯王天下也及湯崩死太子太丁未立而喪於是太丁弟外丙立外丙即位二年崩外丙弟仲壬立仲壬即位四年崩太丁子太甲立太甲即位遂顚覆湯之典刑伊尹乃放之於桐宮及三年太甲乃自悔過而怨其己惡遂治身於桐宮於是居仁徙義以聽伊尹之教訓而復歸于亳都反天子之位焉周公之不有天下若益之於夏禹伊尹之於殷湯故也孔子曰唐虞二帝禪讓其位夏禹殷湯周武繼父之位其義則一更無二也謂其義則一而無二者蓋唐與賢夏后殷周與子天與賢則與賢天與子則與子其爲順天則一而已故曰其義則一也云禪者蓋唐虞禪祭而告傳位故曰禪也○注陽城箕山之陰皆嵩山下深谷中○正義曰案史記斐駰注云劉熙曰陽城是今之潁川也箕山嵩高之北是也○注太丁湯之子至位也○正義曰案史記文已具在公孫丑篇內此更不錄然史記乃云外丙即位三年今孟子云外丙二年蓋史記不稽孟子之過也○注丹朱商均○正義曰堯舜之子皇甫謐云娥皇無子商均女英生也

萬章問曰。人有言。伊尹以割烹要湯。有諸。人言伊尹負鼎俎而干湯有之否孟子曰。否。不然。否不是也伊尹耕於有莘之野。而樂堯舜之道焉。非其義也。非其道也。祿之以天下。弗顧也。繫馬千駟。弗視也。非其義也。非其道也。一介不以與人。一介不以取諸人。有莘國名伊尹初隱之時耕於有莘之國樂仁義之道非仁義之道者雖以天下之祿加之不一顧而覷也千駟四千匹也雖多不一眄視也一介草不以與人亦不以取於人也湯使人以幣聘之。囂囂然曰。我何以湯之聘幣爲哉。我豈若處畎畝之中。由是以樂堯舜之道哉。湯聞其賢以玄纁之幣帛往聘之囂囂然自得之志無欲之貌也曰豈若居畎畝之中而無憂哉樂我堯舜仁義之道三使往聘之。既而幡然改曰。與我處畎畝之中。由是以樂堯舜之道。吾豈若使是君爲堯舜之君哉。吾豈若使是民爲堯舜之民哉。吾豈若於吾身親見之哉。幡反也三聘既至而後幡然改本之計欲就湯聘以行其道使君爲堯舜之君使民爲堯舜之民天之生此民也。使先知覺後知。使先覺覺後覺也。予天民之先覺者也。予將以斯道覺斯民也。非予覺之而誰也。覺悟也天欲使先知之人悟後知之人我先悟覺者也我欲以此仁義之道覺悟此未知之民非我悟之將誰教乎思天下之民匹夫匹婦。有不被堯舜之澤者。若己推而內之溝中。其自任以天下之重如此。故就湯而說之以伐夏救民。伊尹思念不以仁義之道化民者如己推排內之溝壑中也自任之重如此故就湯說之伐夏桀救民之厄也吾未聞枉己而正人者也。況辱己以正天下者乎。枉己者尚不能以正人況於辱己之身而有正天下者也聖人之行不同也。或遠或近。或去或不去。歸潔其身而已矣。不同謂所由不同大要當同歸但殊塗耳或遠者處身遠也或近者仕者近君也或去者不屑就也或不去者去焉能浼我也歸絜於身不污己而已吾聞其以堯舜之道要湯。未聞以割烹也。我聞伊尹以仁義于湯致湯爲王不聞以割烹牛羊爲道伊訓曰。天誅造攻。自牧宮。朕載自亳。伊訓尚書逸篇名牧宮桀宮朕我也謂湯也載始也亳殷都也言意欲誅伐桀造作可攻計之罪者從牧宮桀起自取之也湯曰我始與伊尹謀之於亳遂順天而誅之也〔疏〕萬章問曰至朕載自亳○正義曰此章言賢達之理世務推政以濟時不枉道以取容期於益治而已者也萬章問曰至有諸者萬章問孟子謂世人有言伊尹以負鼎俎割烹之事而干湯有之否乎孟子曰否至朕載自亳孟子荅之曰否不是也伊尹耕於有莘之國野而樂行堯舜二帝之道如非其義與非其道也雖祿賜之以天下之大且不顧而若無也繫馬雖千匹之多亦且不眄視也非其義也非其道也雖一草介亦不取諸人也以其伊尹所操守如是也湯聞如此之賢乃使人以幣帛之物往聘之伊尹且囂囂然自得而曰我何爲以湯之幣聘是爲出哉我豈如居處有莘之畎畝之中緣此以樂堯舜之道哉湯至三次使人往以幣帛聘之既至而後反然改本之計曰與我居處有莘之畎畝之中由是以樂堯舜之道我豈如使此君成湯爲堯舜之君哉吾豈若使湯之民爲堯舜之民哉我豈若吾身今得親見致君爲堯舜之君致民爲堯舜之民哉於是又曰上天之生此人民也是使爲先知覺悟後知者也是使爲先覺悟以覺悟其後覺者也我今亦天民之先覺者也我將亦以伊尹樂堯舜仁義之道以覺悟今之民如非我覺悟之而誰能也孟子於此又言伊尹思念天下之民雖一匹之夫婦有不被堯舜之恩澤者如已推而內之於溝壑中也其伊尹自任以天下之重如此然後故就湯而說之以伐夏桀而救人民之厄也我未聞有枉其已身而能正人者也而況伊尹肯辱身負鼎俎割烹之事以爲正天下者乎且聖人所行之迹不同也或遠處其身而不仕或近而仕君或去而不屑就或不去以爲爾焉能浼我哉但歸絜其

身而不汙已而已矣如是則我所以但聞伊尹以堯舜之道干說其湯未聞以鼎俎割烹之事而要湯也故尚書伊訓之篇有云天行誅伐始攻之罪者自桀宮起也湯言我始與伊尹謀之自亳地也以此詳之則知伊尹非事割烹之汙而要湯伐桀者也伊尹或遠而不仕則在有莘之野是也或近而仕謂湯三聘而往見之是也去亳適夏所謂或去是也既醜有夏復歸于亳所謂或不去是也○注伊尹負鼎俎而干湯○正義曰案史記殷本紀云伊尹名阿衡欲干湯而無由乃為有莘氏媵臣負鼎俎以滋味說湯致於王道或曰伊尹處士湯使人聘迎之五反然後肯往從湯言素王及九主事湯舉任以國政伊尹去湯適夏既醜有夏復歸于亳裴駰云列女傳曰湯妃有莘氏之女劉向別錄曰九主者有法君專君授君勞君寄君等君破君國君三歲社君凡九品圖畫其形是也○注有莘國名至人也○正義曰案左傳莊公三十二年秋七月有神降于莘杜預曰莘虢地又云虢國今榮陽縣是也云千駟四千匹○案論語孔子云齊景公有馬千駟孔安國注云千駟四千匹○注伊訓至牧宮○正義曰云伊訓逸篇之名蓋今之尚書亦有伊訓之篇乃其文則曰造攻自鳴條朕哉自亳孔安國傳云造皆始也鳴條也在安邑之西又云湯始居亳孔安國云帝嚳都亳湯自商丘遷焉是則亳帝嚳之都也今云殷都即因湯居而言爾

萬章問曰：或謂孔子於衛主癰疽，於齊主侍人瘠環，有諸乎？有人以孔子孫然癰疽癰疽之醫者也瘠姓環名侍人也衛君齊君之所近狎人也孟子曰：否，不然也。好事者為之也。否不也不如是也但好事毀人德行者為之辭爾於衛主顏讎由。彌子之妻與子路之妻，兄弟也。彌子謂子路曰：孔子主我，衛卿可得也。子路以告。孔子曰：有命。孔子進以禮，退以義，得之不得曰有命。而主癰疽與侍人瘠環，是無義無命也。顏讎由衛賢大夫孔子以為主彌子彌子瑕也因子路欲為孔子主孔子知彌子幸於靈公不以正道故不納之而歸於命也孔子進以禮退以義必曰有天命也若主此二人是為無義無命者也孔子不悅於魯衛，遭宋桓司馬將要而殺之，微服而過宋。是時孔子當阨，主司城貞子，為陳侯周臣。孔子以道不合不見悅魯衛之君而去適諸侯遭宋桓魋之故乃變更微服而過宋司城貞子宋卿也雖非大賢亦無諂惡之罪故為貞子陳侯周陳懷公子也為楚所滅故無諡但曰陳侯周是時孔子遭阨難不暇擇大賢臣而主貞子為陳侯周臣也於衛齊無阨難何為主癰疽瘠環者也吾聞觀近臣以其所為主，觀遠臣以其所主。若孔子主癰疽與侍人瘠環，何以為孔子？近臣當為遠方來賢者為主遠臣自遠而至當主於在朝之臣賢者若孔子主於卑幸之臣是為凡人耳何謂孔子得見稱為聖人乎

〔疏〕萬章問曰至孔子。○正義曰：此章言君子大居正以禮進退屈伸達節不違貞信故孟子辯之正其大義者也萬章問曰至有諸乎萬章問孟子曰或有人謂孔子於衛國主癰疽之醫者於齊國主侍人姓瘠名環者誠有此乎否孟子曰否至何以為孔子孟子荅之曰否言不如是也但好事毀人德行者為此言也夫孔子於衛主顏讎由讎由賢大夫也彌子瑕之妻與子路之妻是兄弟也彌子瑕乃謂子路曰孔子如主於我則衛之卿可得也子路以此言告孔子孔子遂曰我有命也以其得與不得皆命也孟子於此言夫孔子進以禮而有辭遜之心退以義而有羞惡之心其得用與不得用則曰有命如為主於癰疽與侍人瘠環者是無義無命者也是孔子所不為也然則孔子於衛主顏讎由者以其義也於衛不主彌子以其有命也以義則得其宜也以命則得與不得無所憂也然而孔子又嘗不悅於魯衛二國遂之宋國是時宋國司馬桓魋將要求孔子而殺之孔子乃變更微服而過宋當此時也孔子是遭其阨不得已遂至陳主司城貞子家為陳侯周之臣孟子於此又曰我聞觀遠方之來臣者但觀其所為主者如何則知其賢否也今孔子如主癰疽與侍人瘠環二人但卑佞之臣耳為凡人也何得為之孔子今以司城貞子之行不可得而詳由其諡而推之則司城貞子亦為守正之臣者也非癰疽瘠環之比也然則孔子當阨不得已而主之者尚且如是況癰疽瘠環者孰謂孔子肯主之乎蓋司城者今以宋六卿考之則司城在司寇之上右師左師司馬司徒之下其位則六卿之中也古有司空之官無司城之名特宋有之者按左傳魯桓公六年宋以武公廢司空杜預曰武公名司空遂變為司城也○注癰疽之醫瘠姓環名侍人也○正義曰未詳其人但以經文推之亦誠然也○注顏讎由至靈公○正義曰案孔子世家史記云孔子自魯適衛主於子路妻兄顏濁鄒家是則顏讎由即濁鄒也為衛大夫又案魯哀公二十五年左傳云彌子飲衛侯酒杜預云彌子彌子瑕也是其有幸於衛靈公者也○注遭宋桓魋之故至陳侯周○正義曰案史記孔子自衛過曹及去曹適宋與弟子習禮大樹下宋司馬桓魋欲殺孔子拔其樹遂適鄭與弟子相失遂至陳主於司城貞子家歲餘吳王夫差伐陳取三邑而去由是推之則司城貞子為陳國之卿非宋卿也亦恐史家謬誤云陳侯周懷公子也今案史記世家陳懷公之子名越者乃為湣公又案湣公年表六年孔子來是則陳侯周即湣公是為懷公之子湣公即位二十四年楚惠王復國以兵北伐殺湣公遂滅陳而有之是歲孔子卒於魯案孔子世家云孔子在陳三歲晉楚爭強更伐陳及吳侵陳孔子遂曰歸與歸與然則孔子湣公六年來至居三歲遂復適衛而歸魯是湣公八年去陳也由此推之則孔子主於司城是為湣公之臣矣今孟子乃云為陳侯周臣是陳侯周即湣也

萬章問曰：或曰百里奚自鬻於秦養牲者五羊之皮，食牛，以要秦繆公，信乎？人言百里奚自賣五羖羊皮為人養牛以是而要秦繆之相實然不孟子曰：否，不然。好事者為之也。好事毀敗人之德行者為設此言也百里奚，虞人也。晉人以垂棘之璧與屈產之乘假道於虞以伐虢，宮之奇諫，垂棘美玉所出地名屈產地良馬所生乘四馬也皆晉國之所寶宮之奇虞之賢臣諫之不欲令虞公受璧馬而假晉道百里奚不諫。知虞公之不可諫而去之秦，年已七十矣，曾不知以食牛干秦繆公之為汙也，可謂智乎？不可諫而不諫，可謂不智乎？知虞公之將亡而先去之，不可謂不智也。時舉於秦，知繆公之可與有行也而相之，可謂不智乎？相秦而顯其君於天下，可傳於後世，不賢而能之乎？百里奚知虞公之不可諫而去之秦年七十而不知食牛干人君之為汙是為不智也欲言其不智下有三智知食牛干秦為不然也卒相秦顯其君不賢之人豈能如是言其實賢也自鬻以成其君，鄉黨自好者不為，而謂賢者為之乎？人自鬻於汙辱而已傳相成立其君鄉黨邑里自喜好名者尚不肯為也況賢人肯辱身而為之乎

〔疏〕萬章問曰至賢者為之乎。○正義曰：此章言君子時行則行時舍則舍故能顯君明道不為苟合而為正者也萬章問曰至信乎者萬章問孟子謂或有人曰百里奚自賣五羖羊之皮於秦為人養牛以此而干秦繆公為之相今信乃為實然乎否乎孟子曰否至而謂賢者為之乎孟子荅之以為否不信然也百里奚虞國之大夫也晉獻公以垂棘之璧與屈產之乘假道於虞以伐虢國虞之大夫宮之奇諫之令虞公無受璧與馬以借與道也百里奚不諫之以其知虞公之不可諫而去之遂往秦時百里奚年已七十歲矣豈不知食養牛干秦繆公之為有汙辱也苟如是知以食牛為汙辱可謂為智者言不可謂之智者矣知虞公為君不可得而諫故不諫可謂為不智乎言如此可謂為不智者也又知虞公將亡其國而乃先去之而之秦不可謂之不智也時得舉用於秦國百里奚知秦繆公可與有行其道也遂輔相之可謂不智乎言可謂之智者矣及輔相秦繆公而顯其君名揚於天下又可傳於後世不為賢者而能如是乎言百里奚真賢者乃能如是顯其君於天下可傳於後世如自賣而汙辱其身乃為成立其君雖鄉黨邑里自喜好名者尚亦不肯為自鬻以汙身今乃謂百里奚為真賢者而肯為之乎是孟子言百里奚不肯為是也蓋宮之奇者按杜預春秋傳云虞之忠臣也○注五羖羊皮○正義曰說文云羖夏羊牡曰羖羊也○注垂棘至晉道○正義曰左傳魯僖公二年云晉荀息請以屈產之乘與垂棘之璧假道於虞以伐虢杜預曰荀息荀叔也屈產生良馬垂棘出美玉故以為名四馬曰乘史記云百里奚者晉獻公既虜百里奚以為秦繆公媵於秦百里奚亡秦走宛楚鄙人說之繆公聞百里奚賢欲重贖之恐楚人不與乃使人請以五羖羊之皮贖之楚人許之繆公乃釋其囚授之以國政號曰五羖大夫是其事矣又僖公五年云晉侯復假道於虞以伐虢宮之奇諫曰虢虞之表也虢亡虞必從之晉不可啓寇不可翫一之謂甚其可再乎為二年假晉道滅下陽是也諺所謂輔車相依脣亡齒寒其虞虢之謂也宮之奇以其族行曰虞不臘矣在此行也冬十二月晉滅虢虢公醜奔京師師還館于虞遂襲虞滅之執虞公及其大夫井伯以媵秦穆姬而脩虞祀且歸其職貢於王故書曰晉人執虞公罪虞且言易也此孟子所以據且云焉

孟子注疏卷九下校勘記　阮元撰盧宣旬摘錄

萬章欲知示之之意　考文古本無一之字

允子丹朱　宋本無子字

泰誓曰 閩監毛三本同宋九經本咸淳衢州本泰作太廖本孔本韓本作太注同○按泰太皆俗古祇作大

章指言德合於天則天爵歸之行歸於仁則天 孔本韓本考文古本此下有下字 與之天命不常此之謂也

則天下與之者也 閩本同監毛本無者字

有之否乎 閩監毛三本孔本同廖本韓本考文古本無乎字

孟子曰否不然也 此經下岳本廖本孔本韓本考文古本足利本並有注否不也不如人所言八字注疏本並無之○按有者是也但因此可正今本經文之誤經文本作孟子曰否然也三字一句無不字故注之云否不也不如人所言癰疽章注曰否不也不如是也割烹章注亦同而今本奪三字孟子之否然即今人之不然也他否字皆不注獨此注者恐人之誤斷其句於否字句絕則然也不可通矣不得其意而或增經或刪注今乃了然

是其命而已矣故曰命也 閩監毛三本同廖本孔本韓本考文古本作是其命祿也

繼世而有天下 毛本而作以朱子集注本同

故不得以有天下 閩監毛三本同宋本孔本韓本無以字

章指言篤志 此二字考文古本作義字 於仁則四海宅心守正不足則聖位莫繼丹朱商均是也是以聖人孜孜於仁德也

言義於仁 閩監毛三本仁誤人按章指作篤志於仁此文義字亦當是篤之誤

然後無乃廢滅之矣 閩本同監毛本刪無字

蓋唐與賢 監毛本同案唐下應有虞字

孟子曰否不然 按不字衍文說見上

否不是也 按此當同前後章作否不也不如是也奪三字

不一眄視也 毛本眄誤盼

嚻嚻然曰 音義出嚻嚻盡心上同

嚻嚻然自得之志 閩監毛三本孔本同廖本韓本考文古本無然字

欲就湯聘 岳本及各本並同宋本聘作幣

覺悟此未知之民 廖本韓本考文古本足利本同閩監毛三本誤脫覺字孔本誤脫此字

自任之重如此 閩監毛三本同廖本孔本韓本考文古本之作其

而有正天下者也 孔本也改乎案也邪古字通用改乎非

歸潔其身而已矣 閩監毛三本同石經廖本孔本韓本潔作絜

去焉能浼我也 廖本孔本韓本考文古本去作云是也閩監毛三本作爾非

歸潔於身不汚已而已 閩監毛三本同宋本潔於身作於身絜考文古本與宋本同絜作潔廖本孔本韓本作於絜身

章指言賢達之理世務也推正以濟時物守已直行不枉道而取容期於益治而已矣

雖千匹之多 閩監毛三本匹作駟

莊公二十二年 閩本同監毛本二十改三十是也

造皆始也 閩監毛三本造下增載字 也在安邑之西 閩監毛三本也改地是

有人以孔子孫然 廖本孔本韓本考文古本孫作爲是也閩監毛三本孫然作主於非

孟子曰否不然也 按不字衍文說見前

但好事毀人德行者爲之辭爾 閩監毛三本同廖本孔本韓本考文古本足利本無但字爾作也

退以義 宋本以作應

是爲無義無命者也 閩監毛三本同廖本孔本韓本無者字

遭宋桓司馬 石經桓作桓

主司城貞子 石經貞諱正

瘠環者也 閩監毛三本同廖本孔本韓本考文古本無者字

得見稱爲聖人乎 閩監毛三本同廖本孔本韓本考文古本無乎字

章指言君子大居正以禮進退屈伸達 考文古本作違 節不違貞性 孔本韓本考文引古本作信 故孟 足利本作孔 子辯之正其大義也

以是而要秦繆之相實然不 閩監毛三本同廖本考文古本秦繆作繆公孔本韓本繆下有公字不作否非

孟子曰否不然 按不字衍文

爲設此言也 閩監毛三本同廖本孔本韓本作爲之設此言考文古本無也字

諫之 考文古本無之字

而假晉道 閩監毛三本同廖本孔本韓本考文古本無而字

而已傳相 傳傳之誤宋本孔本韓本考文古本正作傳是也閩監毛三本作輔孔本韓本考文古本已作以

章指言君子時行則行時舍則舍故能顯君明道不爲苟合而違正也

此孟子所以據且云焉 閩監毛三本且改而

孟子注疏解經卷第十上

萬章章句下　凡九章　趙氏注　孫奭疏

［疏］正義曰此卷即趙氏分上卷爲下卷也此卷中凡九章一章言聖人由力力有常也賢者由巧巧可增也仲尼天高不可階它人丘陵猶可踰二章言聖人制祿上下差敘三章言匹夫友賢下之以德三公友賢授之以爵四章言聖人憂民樂行其道不合則去亦不淹久五章言國有道則能者處卿相國無道則聖人居乘田六章言知賢之道舉之爲上養之爲次不舉不養賢惡肯歸七章言君子之志志於行道不得其禮亦不苟往八章言好高慕遠君子之道九章言國須賢臣必擇忠良親近貴戚或遭禍殃凡此九章合上卷九章是萬章有十八章矣

孟子曰。伯夷目不視惡色。耳不聽惡聲。非其君不事。非其民不使。治則進。亂則退。橫政之所出。橫民之所止。不忍居也。思與鄉人處。如以朝衣朝冠。坐於塗炭也。當紂之時。居北海之濱。以待天下之清也。故聞伯夷之風者。頑夫廉。懦夫有立志。孟子反覆差伯夷伊尹柳下惠之德以爲足以配於聖人故數章陳之猶詩人有所誦述至於數四蓋其留意者也義見上篇矣此復言不視惡色謂行不正而有美色者若夏姬之比也耳不聽惡聲謂鄭聲也後世聞其風者頑貪之夫更思廉絜懦弱之人更思有立義之志也 伊尹曰。何事非君。何使非民。治亦進。亂亦進。曰。天之生斯民也。使先知覺後知。使先覺覺後覺。予天民之先覺者也。予將以此道覺此民也。思天下之民。匹夫匹婦。有不與被堯舜之澤者。如已推而內之溝中。其自任以天下之重也。說與上同 柳下惠不羞汙君。不辭小官。進不隱賢。必以其道。遺佚而不怨。阨窮而不憫。與鄉人處。由由然不忍去也。爾爲爾。我爲我。雖袒裼裸裎於我側。爾焉能浼我哉。故聞柳下惠之風者。鄙夫寬。薄夫敦。鄙狹者更寬優薄淺者更深厚 孔子之去齊。接淅而行。去魯。曰。遲遲吾行也。去父母國之道也。可以速而速。可以久而久。可以處而處。可以仕而仕。孔子也。淅漬米也不及炊避惡亟也魯父母之國遲遲不忍去也是其道也孔子聖人故能量時宜動中權也 孟子曰。伯夷。聖之清者也。伊

尹。聖之任者也。柳下惠。聖之和者也。孔子。聖之時者也。孔子之謂集大成。集大成也者。金聲而玉振之也。金聲也者。始條理也。玉振之也者。終條理也。伯夷清伊尹任柳下惠和皆得聖人之道也孔子時行則行時止則止孔子集先聖之大道以成己之聖德者也故能金聲而玉振之振揚也故如金音之有殺振揚玉音終始如一也始條理者金從革可始之使條理終條理者玉終其聲而不細也合三德而不撓也始條理者。智之事也。終條理者。聖之事也。智者智理物聖人終始同智譬則巧也。聖譬則力也。由射於百步之外也。其至爾力也。其中。非爾力也。智譬猶人之有技巧也可學而益之以聖譬猶力之有多少自有極限不可強增聖人受天性可庶幾而不可及也夫射遠而至爾努力也其中的者爾之巧也思改其手用巧意乃能中也〔疏〕孟子曰伯夷至非爾力也○正義曰此章言聖人由力力有常也賢者由巧巧可增也仲尼天高不可階他人丘陵猶可踰所謂小同而大異者也孟子曰伯夷目不視惡色耳不聽惡聲至薄夫敦已說上篇詳矣此言不視惡色不聽惡聲者言伯夷清潔其身不欲以亂色留於明姦聲留於聰也於是使聞伯夷之清風者頑貪之夫莫不變而為廉潔之人懦弱之夫莫不變而為能有立其剛志也聞下惠之和風者莫不變鄙狹而為寬博變浚薄而為敦厚也孔子之去齊至孔子也言孔子之去齊急速但漬米不及炊而即行以其避惡故如是也去魯國則曰遲遲而不忍行去此為去父母國之道也所謂父母國者孔子所生於魯國故為父母之國也大抵孔子量時適變其去國可以速則速故於齊不待炊而行也可以久而未去則久之故於魯國所以遲遲吾行也可以處此國則處之故未嘗有三年之淹可以仕於其君則仕之故有行可際可公養之任也凡如此者故曰孔子如是也孟子曰至非爾力也孟子又曰伯夷之行為聖人之清者也是其不以物污其已而成其行於清也伊尹之行為聖人之任者也是其樂於自為而以天下之重自任也柳下惠之行為聖人之和者也是其不以已異於物而無有所擇也唯孔子者獨為聖人之時者也是其所行之行惟時適變可以清則清可以任則任可以和則和不特倚於一偏也故謂之孔子為集其大成得純全之行者也蓋集大成即集伯夷伊尹下惠三聖之道是為大成耳如所謂危邦不入亂邦不居是孔子之清而不至伯夷一於清也佛肸召而欲往是孔子之任而不至伊尹一於任也南子見所不見陽貨敬所不敬是孔子之和而不至下惠一於和也然則伯夷伊尹下惠是皆止於一偏未得其大全也而孟子亦皆取之為聖者蓋伯夷伊尹下惠各承其時之有弊不得不如是而救也以孔子觀之又能集此三聖而為大成者也方伯夷之時天下多進寡退而伯夷所以如是潔已不殉方伊尹之時天下多退而寡進而伊尹所以如是而以天下為已任方下惠之時天下多潔已而異俗而下惠所以如是術身而同衆故伯夷承伊尹之弊而救之清下惠承伯夷之弊而救之和孔子又承而集之遂為大成者誰謂伯夷伊尹下惠救時弊如此可不謂為聖者耶雖然孟子取為三聖其言又不無意於其間也言伯夷但聖之清者也以其取清而言之矣伊尹但聖之任者也以其取任而言之矣下惠但聖之和者也以其取和而言之矣孔子之聖則以時也其時為言以謂時然則然無可無不可故謂之集其大成又非止於一偏而已故孟子於下又取金聲玉振而喻之也言集大成者如金聲而玉振之者也金聲者是其始條理也言金聲始則隆而終則殺者也如伯夷能清而不能任伊尹能任而不能和下惠能和而不能清者也玉振之者是其終條理也言玉振則終始如一而無隆殺者也如孔子能清能任能和者也所以合金聲而玉振之而言也以其孔子其始如金聲之隆而能清能任能和其終且如玉振無隆殺又能清而且任任而且和和而且清有始有終如一者也然則孟子於此且合金聲玉振之條理而喻歸于孔子是其宜也然而始條理者是為智者之事也終條理者是為聖人之事也以智者而譬之則若人之有巧也以聖人而譬之則若人之有力也如射於百步之外為遠其射至於百步之外是人之力也其所以中的者非人之力也以其人之巧耳此譬伯夷伊尹下惠但如射於百步之外能至而不能中孔子於射能至又能中者也蓋能至亦射之善矣而能至能中者又備其善者也能清能任能和是聖人之善者也能時又備其聖人之善者也此一段則孟子揔意而解其始終條理也而始終條理又解金聲玉振者也金聲而玉振又喻孔子集三聖之大成者耳蓋條理者條則有數而不紊理則有分而不可易也○注夏姬鄭聲○正義曰云夏姬者按史記云夏姬夏徵舒之母陳大夫御叔之妻三為王后二為夫人納之者無不迷惑陳靈公與大夫孔寧儀其通於夏姬廢失朝政徵舒遂殺靈公及申公蓋將夏姬來奔於晉晉人殺巫臣又娶夏姬凡此是也云鄭聲者已說於公孫丑篇○注伯夷清伊尹任柳下惠和孔子時行則行時止則止者○正義曰已說於上篇

北宮錡問曰。周室班爵祿也。如之何。北宮錡衛人班列也問周家班列爵祿等差謂何孟子曰。其詳不可得聞也。諸侯惡其害已也。而皆去其籍。然而軻也嘗聞其略也。詳悉也不可得備知也諸侯欲恣行憎惡其法度妨害已之所為故滅去典籍今周禮司祿之官無其職是則諸侯皆去之故使不復存也軻孟子名也略麤也言嘗聞其大綱如此矣今考之禮記王制則合矣天子一位。公一位。侯一位。伯一位。子男同一位。凡五等也。公謂上公九命及二王後也自天子以下列尊卑之位凡五等君一位。卿一位。大夫一位。上士一位。中士一位。下士一位。凡六等。諸侯法天子臣名亦有此六等從君下至於士天子之制。地方千里。公侯皆方百里。伯七十里。子男五十里。凡四等。不能五十里。不達於天子。附於諸侯。曰附庸。凡此四等制地之等差也天子封畿千里諸侯方百里象雷震也小者不能特達於天子因大國以名通曰附庸也天子之卿受地視侯。大夫受地視伯。元士受地視子男。視比也天子之卿大夫士所受采地之制大國地方百里。君十卿祿。卿祿四大夫。大夫倍上士。上士倍中士。中士

倍下士。下士與庶人在官者同祿。祿足以代其耕也。公侯之國為大國卿祿居於君祿十分之一也大夫祿居於卿祿四分之一也上士之祿居大夫祿二分之一也中士下士轉相倍庶人在官者未命為士者也其祿比上農夫士不得耕以祿代耕也次國地方七十里。君十卿祿。卿祿三大夫。大夫倍上士。上士倍中士。中士倍下士。下士與庶人在官者同祿。祿足以代其耕也。伯為次國大夫祿居卿祿三分之一也小國地方五十里。君十卿祿。卿祿二大夫。大夫倍上士。上士倍中士。中士倍下士。下士與庶人在官者同祿。祿足以代其耕也。子男為小國大夫祿居卿祿二分之一也耕者之所獲。一夫百畝。百畝之糞。上農夫食九人。上次食八人。中食七人。中次食六人。下食五人。庶人在官者。其祿以是為差。獲得也一夫一婦佃田百畝百畝之田加之以糞是為上農夫其所得穀足以食九口庶人在官者食祿之等差由農夫有上中下之次亦有此五等君今之斗食佐史除吏也〔疏〕北宮至為差○正義曰此章言聖人制祿上下等差貴有常尊賤有等威諸侯僭越滅籍從私孟子略託言其大綱以荅北宮錡之問也北宮錡問曰周室班爵祿也如之何者北宮錡問孟子以謂周家班列其爵祿高下等差如之何也孟子曰其詳不可得而聞也至嘗聞其略也者孟子荅之謂其詳悉則不可得而聞諸侯放恣憎惡其法度有妨於已之所為盡滅去其典籍故今不復有然而軻也但嘗聞得其大綱也天子一位公一位侯一位伯一位子男同一位凡五等至上次食八人中食七人中次食六人下食五人庶人在官者其祿以是為差者此皆孟子言周室班爵祿之大綱也云天子一位至凡五等也者蓋父天母地而為之子者天子也爵位盛大以無私為德者公也斥候於外以君人為德者侯也體仁足以長人者伯也子字也字養也而其德足以養人者故曰子也男任也任安也而其德足以安人者故曰男也自天子至於子男皆有君道也故尊卑之位凡有五等然公侯伯子男皆臣乎天子而爵位之列自天子始所以與天子同其班君一位卿一位至凡六等者蓋出命足以正衆者君也知進退而其道上達者卿也智足以帥人者大夫也才足以事人者士也自君以下至於士皆有臣道焉故尊卑之位凡六等然卿大夫士皆臣乎國君而爵位之列自國君所以與國君同其班凡此者是皆孟子所謂班君臣之爵也天子之制地方千里至附庸者此孟子言土地之等差也故天子尊於公侯故制地方廣千里蓋不方千里則無以待天下之諸侯故也公侯卑於天子故地廣百里蓋不廣百里則無以守宗廟之典籍故也伯又卑於公侯子男又卑於伯故其地之廣狹亦莫不有七十里五十里之差凡是四等如其德不足以合瑞於天子而其地又不足以敵廣於公侯其勢又難以特達於天子者故因大國以名通則謂之附庸天子之卿受地視侯大夫受地視伯元士受地視子男者此言天子之卿大夫士所受采地之制也周禮上公九命侯

伯七命子男五命王之三公八命其卿六命其大夫四命鄭玄云王之上士三命則元士者即上士也蓋以六命之卿其所受之地則視七命之諸侯以四命之大夫則所受之地而視七命之伯以二命之元士其所受之地則視五命之子男故也大國地方百里君十卿祿至祿足以代其耕也者蓋公侯之國是為大國者也大國之地方百里而國君之祿則十倍於卿而卿之祿是為居於君祿十分之一也卿所居之祿又四倍於大夫而大夫之祿是為居卿祿四分之一也大夫所受之地則一倍於上士而上士之祿是為居大夫二分之一也中士下士亦皆轉為相倍而下士與庶人在官者同祿者蓋庶人在官者是未命為士者也謂府史之屬官長所除不命於天子國君者也其祿比於上農夫然而不耕之者蓋以士勞力於事人不為無庸也而祿且足以代其耕矣次國地方七十里君十卿祿至祿足以代其耕也者蓋伯之國是為次國者也君卿大夫士之祿亦同大國之君卿大夫士之祿相為倍差其下士與庶人在官者亦以祿足以代其耕矣小國地方五十里君十卿祿至祿足以代其耕也者蓋子男者是為小國者也君卿大夫士之祿亦相為倍差與上同其祿足以代其耕亦然耕者之所獲一夫百畝百畝之糞上農夫食九人上次食八人中食七人中次食六人下食五人庶人在官者其祿以是為差者蓋耕者所得一夫一婦佃田百畝而百畝之田加之以糞是為上農夫其所得之穀足以食養其九口上次則食八人中食七人中次則食六人下食五人其庶人在官者食祿之等差亦如農夫有上中下之次有此五等矣若今之斗食佐史屬吏是也王制云王者之制祿爵公侯伯子男凡五等諸侯之上大夫卿下大夫上士中士下士凡五等其不及天子又無六等殆與孟子不合者蓋以孟子所言則周制而王制所言則夏商之制也王制云公侯田方百里伯七十里子男五十里不能五十里者不合於天子附於諸侯曰附庸而孟子不言田而言地者蓋祿以田為主王制主於分田以制祿孟子主於制地以分國而國以地為主此所以有田地之異也王制云天子之三公田視公侯天子之卿視伯天子之大夫視子男天子之元士視附庸而孟子則言天子之卿受地視伯元士受地視子男其視不同者亦以周制與夏商之制不同也孟子所以不言天子之公受地視侯而特言其卿者蓋卿與公同其所受是所謂舉卑以見尊之意也此又孟子所云班臣之祿也○注詳悉也至則其合也○正義曰云諸侯欲悉行憎惡其法廢妨害已之所為故滅去典籍今周禮司祿之官無其職是則諸侯皆去之故使不復有也者蓋自列國之後先王之法浸壞上無道揆下無法守而諸侯類皆以強吞弱以大并小而齊魯之始封儉於百里至孟子時齊方百里者十魯方百里者五此諸侯所以惡其籍害已而去司祿之職也是時周室班爵祿之道孟子所以不得聞其詳特以大略而荅北宮錡之問也云今考王制則合也者蓋自王制推之亦有不合者矣已說於前矣○注公謂上公九命及二王後也至凡五等○正義曰周禮典命職云上公九命為伯鄭氏云上公謂王之三公有德者加命為二伯二王之後亦為上公是也○注凡此四等士地之等差也至曰附庸○正義曰云天子封畿千里諸侯方百里象雷震也者按周官建王國制其畿方千里諸侯方百里象雷震者按周易云震驚百里驚遠而懼邇是也王制云天子之田方千里公侯田方百里伯七十里子男五十里不能五十里者不合於天子附於諸侯曰附庸鄭氏云象日月之大亦取昭同也天子方千里所謂縣內以祿公卿大夫元士自公侯百里至子男五十里鄭氏注云星辰之大小也附庸者小城曰附庸附庸者以國事附於大國未能以其名

通也○注視比也至制也○正義曰王制云天子之三公之田視公侯天子之卿視伯天子之大夫視子男天子之元士視附庸鄭注云視猶比也元善也善士謂命士也此殷所因夏爵三等之制也殷有鬼侯梅伯春秋變周之文從殷之質合伯子男以為一則殷爵三等者公侯伯也異畿內謂之子周武王初定天下更立五等之爵增以子男而猶因殷之地以九州之界尚狹也周公攝政致太平斥大九州之界制禮成武王之意封王者之後為公及有功之諸侯大者地方五百里其次侯四百里其次伯三百里其次子二百里其次男百里所因殷之諸侯亦以功黜陟之其不合者皆益之地為百里焉是有周世有爵尊而國小爵卑而國大者雖天子畿內不用以祿羣臣不主為治民也周禮大司職云以土圭之法求地中以建王國制其畿方千里諸公之地封疆方五百里其食者半諸侯之地封疆方四百里其食者參之一諸伯之地封疆方三百里其食者參之一諸子之地封疆方二百里其食者四之一諸男之地封疆方百里其食者四之一是又鄭注本此而言也云天子之卿大夫士所受采地之制者按周禮云凡造都鄙制其地域而封溝之以其室數制之不易之地家百畝一易之地家二百畝再易之地家三百畝又注云都鄙者王子弟公卿大夫采地其界曰都鄙所居也王制曰天子之縣內方百里之國九七十里之國二十有一五十里之國六十有三此蓋變時采地之數周未聞矣是宜孟子但言其大綱而其詳所以未之聞也○注公侯之國為大國至代耕也又自伯為次國至三分之一也又子男為小國至二分之一也○正義曰王制云凡四海之內九州州方千里建百里之國三十七十里之國六十五十里之國百有二十凡二百一十國名山大澤不以封其餘以為附庸間田八州州二百一十國鄭氏云立大國三十十三公也立次國六十十六卿也立小國百三十十二少卿也名山大澤不以封與民同財不得障管亦賦稅矣此大界方三千里三三而九方千里者九也其一為縣內餘八各立一州此殷制也周公制禮九州大界方七千里七七四十九方千里者四十九也其一為畿內餘四十八八州各有方千里者六設法一州封地方五百里者不過四謂之大國又封方四百里者不過六又封方三百里者不過十一謂之次國又封方二百里者不過二十五及餘方百里者謂之小國盈上四等之數并四十六一州二百一十國則餘方百里者百六十四也凡處地方千里者五方百里者五十九其餘方百里者四十一附庸地也又云大國三卿皆命於天子下大夫五人上士二十七人次國三卿二卿命於天子一卿命於其君下大夫五人上士二十七人小國二卿皆命於其君下大夫五人上士二十七人然而先王之制列爵惟五分土惟三此所以有公侯伯子男而又有大國次國小國之殊制爾故三十里之遂二十里之郊九里之城三里之宮是大國之制如此也自二十里之遂九里之郊三里之城一里之宮是次國之制如此也自九里之遂三里之郊一里之城以城為宮是小國之制如此也大抵上蓁於大國下蓁於小國其地雖廣彼不同其祿雖多寡有異及君之所受均十卿之祿而已自卿以下至於士其祿各相殺以一此卿祿居於君祿十分之一大夫居於卿祿四分之一上士居大夫祿二分之一次國大夫居卿祿三分之一小國大夫居卿祿二分之一也其間王制周官與孟子雖有不合者亦於前言其大槩也○注獲得也一夫一婦佃田百畝至若今之斗食佐史除吏也○正義曰古者制民之產以六尺為步步百為畝畝百為夫此耕者之所得所以一夫受田百畝也王制云農夫百畝百畝之分上農夫食九人其次食八人其次食七人其次食六人下農夫食五人鄭氏

以謂農夫皆受田於公田肥瘠有五等收入不同其說是矣然孟子言上農夫食九人上次食八人中食七人中次食六人下食五人凡三等又與此異蓋以周禮以一易再易不易之地言之所以有三等孟子王制論所入食人之衆寡此所以有五等也周禮上地家七人而孟子言上地上農夫食九人上次食八人者蓋上農夫足以食九人而其家七人者亦得以受之此民所以有餘財自七人以下則不得以受上地矣先王之制祿諸侯之下士視上農夫祿足以代其耕則庶人在官者與下士同祿其多寡之數一視五等農夫為差而班祿亦不外此

萬章問曰。敢問友。問朋友之道也孟子曰。不挾長。不挾貴。不挾兄弟而友。友也者。友其德也。不可以有挾也。長年長貴貴勢兄弟兄弟有富貴者不挾是乃為友謂相友以德也孟獻子。百乘之家也。有友五人焉。樂正裘。牧仲。其三人則予忘之矣。獻子之與此五人者友也。無獻子之家者也。此五人者。亦有獻子之家。則不與之友矣。獻子魯卿孟氏也有百乘之賦樂正裘牧仲其五人者皆賢人無位者也此五人者自有獻子之家富貴而復有德不肯與獻子友也獻子以其富貴下此五人五人屈禮而就之也非惟百乘之家為然也。雖小國之君亦有之。費惠公曰。吾於子思。則師之矣。吾於顏般。則友之矣。王順長息。則事我者也。小國之君若費惠公者也王順長息德不能見師友故曰事我者也非惟小國之君為然也。雖大國之君亦有之。晉平公於亥唐也。入云則入。坐云則坐。食云則食。雖蔬食菜羹。未嘗不飽。蓋不敢不飽也。然終於此而已矣。大國之君如晉平公者也亥唐晉賢人也隱居陋巷晉平公嘗往造之亥唐言入乃入言坐乃坐言食乃食也蔬食糲食也不敢不飽敬賢也終於此平公但以此禮下之而已弗與共天位也。弗與治天職也。弗與食天祿也。士之尊賢者也。非王公尊賢也。位職祿皆天之所以授賢者而平公不與亥唐共之而但卑身下之是乃匹夫尊賢者之禮耳王公尊賢當與共天職矣舜尚見帝。帝館甥于貳室。亦饗舜。迭為賓主。是天子而友匹夫也。尚上也舜在畎畝之時堯友禮之舜上見堯堯舍之於貳室貳室副宮也堯亦就享舜之所設更迭為賓主禮謂妻父曰外舅謂我舅者吾謂之甥堯以女妻舜故謂舜甥卒與之天位是天子而友匹夫也用下敬上。謂之貴貴。用上敬下。謂之尊賢。貴貴尊賢。其義一也。下敬上臣恭於君也上敬下君禮於臣也皆禮所尚故云其義一也

【疏】萬章問曰至其

義一也。正義曰此章言匹夫友賢下之以德王公友賢授之以爵大聖之行千載爲法者也萬章問曰敢問友者是萬章問孟子爲朋友之道如何也孟子曰至挾也孟子荅之以謂不挾戴年長又不挾戴其貴勢抑又不挾戴其兄弟有富貴者而友朋友也是友其德也以其不可以有挾戴其勢而友之也孟獻子百乘之家也至其義一也孟子又言孟獻子魯卿是有兵車百乘之家者也有友五人焉其二人曰樂正裘牧仲其三人則我忘其姓名矣夫獻子之與此五人者是友也以此五人無獻子之家富貴也此五人如亦有獻子之家富貴則不與獻子爲之友矣無他以其兩貴不能以相下故也獻子與之爲友則以貴下賤故也所謂好人之善而忘己之勢者也今五人與獻子爲友者亦所謂樂己之道而忘人之勢者也非惟百乘之家爲然也雖爲小國之君亦有如是也費惠公乃小國之君也嘗云我於子思則師事之矣我於顏般則友之矣王順長息則不足爲之師友但事我者也非惟小國之君爲如是也雖大國之君亦有如是矣晉平公者乃大國之君也嘗往於亥唐之家亥唐言人則人其門言坐則坐言食則食雖蔬食菜羹之薄亦未嘗不飽也蓋爲不敢不飽也然終於此以禮下之而已矣而平公弗能與之其天位也又弗能與之治天職也抑又不與食其天祿也且職位祿皆云天者蓋此三者皆天之所以授於人也故云國君之位必曰天位云職必曰天職云祿則曰天祿耳言平公以身禮下之是士者之尊賢矣非所謂王公大人尊賢者也以其王公大人尊賢則當與其天位也不當以身禮下之也夫舜於往日上見於堯帝堯乃館舍之於副宮堯亦就副宮而饗舜所設更爲之賓主然卒禪其天位此天子之友其匹夫也云匹夫者蓋舜本則耕於歷山但側微之賤者也故云匹夫云甥者蓋堯爲舜之外舅堯所以謂舜爲甥也且用下敬上如舜之上見於堯故欽堯爲友是謂貴其貴用上敬下如堯館于貳室故欽舜而與之爲友是謂尊其賢貴貴尊賢禮皆所尚故曰其義則一而無二也蓋獻子有五人者左傳趙簡子云魯孟獻子有鬭臣五人豈謂此五人者乎然亦名字則未之詳。注妻父曰外舅。正義曰此蓋案禮記而云也

孟子注疏卷十上挍勘記　阮元撰盧宣旬摘錄

橫民之所止　音義云橫或作總

差伯夷伊尹柳下惠之德　閩監毛三本孔本韓本同宋本考文古本差作嗟山井鼎云非

至於數四　考文古本四作回非也

蓋其留意者也　浦鏜云留監本誤酉　而有美色者　監本而誤甫

頑貪之夫　監本貪誤食　懦弱之人　監本懦誤儒

遲遲吾行也　石經遲作遟

始條理也　音義云本亦作治條理下同

集先聖之大道　宋本道誤首

故如金者之有殺　宋本孔本韓本考文古本者作聲閩監毛三本作音

終始如一也　閩監毛三本孔本韓本同廖本終始作始終

智者智理物　考文古本同山井鼎云恐非閩監毛三本孔本韓本下智作知

聖人終始同　宋本同作何

智譬猶人之有技巧也　閩監毛三本同廖本孔本韓本考文古本上有以字猶作由下猶同

章指言聖人由力力有常也賢者由巧巧可增也仲尼天高故不可階他人丘陵丘陵由可踰所謂小同而大異者也

聞下惠之和風者　閩本同監毛本下上增柳字下並同惟柳下惠之行柳字非監毛增

孟子名也　閩監毛三本同廖本孔本韓本考文古本無也字

麄也　廖本麄作麤。案麤麄正俗字

言嘗聞其大綱如此矣　閩監毛三本同岳本孔本韓本無矣字

下至於士也　閩監毛三本同廖本孔本韓本考文古本下有也字

公侯皆方百里　考文古本皆下有地字

所受采地之制　閩監毛三本同廖本孔本韓本考文古本下有也字

士不得耕　宋本士作上非

章指言聖人制祿上下差敘貴有常尊賤有等威諸侯僭越滅籍從私孟子略記言其大綱以荅北宮子之問

晉平公於亥唐也　廖本閩本同監毛二本孔本韓本於上有之字石經此經漫漶

如晉平公者也　岳本及諸本同宋本無也字

隱居陋巷晉平公嘗往造之　閩監毛三本同宋本嘗作當廖本晉作者孔本韓本考文古本同廖本嘗作常是

非王公尊賢也　石經廖本閩本同監毛本孔本韓本尊上有之字

皆天之所以授賢者　岳本閩本孔本韓本考文古本足利本同監毛本誤脫所字

迭爲賓主　音義出迭爲張云或作佚誤按佚字不誤古乃通用

堯亦就享舜之所設饗　閩監毛三本同廖本孔本韓本享作饗

是天子而友匹夫也　閩監毛三本同廖本孔本韓本考文古本而作之

用下敬上　石經敬諱欽下同

章指言匹夫友賢下之以德王公友賢授之以爵大聖之行千載爲法者也

孟子注疏解經卷第十下

萬章章句下　趙氏注　孫奭疏

萬章曰。敢問交際何心也。際接也問交接道當執何心爲可也孟子曰。恭也。當執恭敬爲心曰。卻之卻之爲不恭。何哉。萬章問卻不受尊者禮謂之不恭何然也曰。尊者賜之。曰。其所取之者。義乎不義乎。而後受之。以是爲不恭。故弗卻也。孟子曰今尊者賜己己問其所取此物寧以義乎得無不義乃後受之以是爲不恭故不當問尊者不義而卻之也曰。請無以辭卻之。以心卻之。曰。其取諸民之不義也。而以他辭無受不可乎。萬章曰請無正以不義之辭卻也心知其不義以他辭讓無受之不可邪曰。其交也以道。其接也以禮。斯孔子受之矣。孟子言其來交求已以道理其接待已有禮者若斯孔子受之矣蓋言其可受之也萬章曰。今有禦人於國門之外者。其交也以道。其餽也以禮。斯可受禦與。禦人以兵禦人而奪之貨如是而以禮道來交接已斯可受乎曰。不可。康誥曰。殺越人于貨。閔不畏死。凡民罔不譈。是不待教而誅者也。殷受夏。周受殷。所不辭也。於今爲烈。如之何其受之。孟子曰不可受也康誥尚書篇名周公戒成王康叔封越于皆於也殺於人取於貨閔然不知畏死者譈殺也凡民無不得殺之者也若此之惡不待君之教命遺人得討之三代相傳以此法不須辭問也於今爲烈烈明法如之何受其餽也曰。今之諸侯取之於民也。猶禦也。苟善其禮際矣。斯君子受之。敢問何說也。萬章曰今之諸侯賦稅於民不由其道履畝強求猶禦人也欲善其禮以接君子君子欲受之何說也君子謂孟子也曰。子以爲有王者作。將比今之諸侯而誅之乎。其教之不改而後誅之乎。夫謂非其有而取之者盜也。充類至義之盡也。孔子之仕於魯也。魯人獵較。孔子亦獵較。獵較猶可。而況受其賜乎。孟子謂萬章曰子以爲後如有聖人興作將比地盡誅今之諸侯乎將教之其不改者乃誅之乎言必教之誅其不改者也殷之衰亦猶周之末武王不盡誅殷之諸侯滅國五十而已知後王者亦不盡誅也謂非其有而竊取之者爲盜充滿至甚也滿其類大過至者但義盡耳未爲盜也諸侯本當稅民之類者今大盡耳亦不可比於禦孔子隨魯人之獵較獵較者田獵相較奪禽獸得之以祭時俗所尚以爲吉祥孔子不違而從之所以小同於世也獵較尚

猶可爲況受其賜而不可也

曰。然則孔子之仕也。非事道與。萬章問孔子之仕非欲事行其道與 曰。事道也。孟子曰孔子所仕者欲事行其道 事道奚獵較也。萬章曰孔子欲事道如何可獵較也 曰。孔子先簿正祭器。不以四方之食供簿正。孟子曰孔子仕於衰世不可卒暴改戾故以漸正之先爲簿書以正其宗廟祭祀之器即其舊禮取備於國中不以四方珍食供其所簿正之器度珍食難常有乏絕則爲不敬故獵較以祭也 曰。奚不去也。萬章曰孔子不得行道何爲不去也 曰。爲之兆也。兆足以行矣。而不行。而後去。是以未嘗有所終三年淹也。兆始也孔子每仕常爲之正本造始欲以次治之而不見用占其事始而退足以行之矣而君不行也然後則孔子去矣終者竟也孔子未嘗得竟事一國也三年淹留而不去者也 孔子有見行可之仕。有際可之仕。有公養之仕。於季桓子。見行可之仕也。於衞靈公。際可之仕也。於衞孝公。公養之仕也。行可冀可行道也魯卿季桓子秉國之政孔子仕之冀可得因之行道也際接也衞靈公接遇孔子以禮故見之也衞孝公以國君養賢者之禮養孔子孔子故留宿以荅之也

【疏】萬章問曰至公養之仕也○正義曰此章言聖人憂民樂行其道苟善辭命不忍逆距不合則去亦不淹久蓋仲尼行止之節者也萬章問曰敢問交際何心也萬章問孟子凡交接之際當執何心而交接也孟子曰恭也孟子荅之曰但當執恭敬之心也曰卻之卻之爲不恭何哉萬章又問孟子言卻去之卻去之而不受是爲不恭敬然也何哉者是何然也曰尊者賜之曰其所取之者義乎至故弗卻也孟子又荅之言尊長賜己己乃問之曰其所取此物寧以義取之乎不以義取之乎乃方受之以此是爲不恭敬也但當受之不當問尊長所取不義則卻去之也謂宜受之故不可卻去也曰請無以辭卻之至不可乎萬章又問曰如尊長賜己之物其所取之不義但請無以直言不義之辭卻之但以己心卻去而不受爲不義之交也然後飾以他辭而不受不可乎故以此問孟子曰其交也以道其接也以禮斯孔子受之矣孟子又荅之曰其以物來交己以道理其接待於己亦以禮度此孔子受之矣言其如此交接則可受之也萬章曰今有禦人於國門之外至斯可以受禦與萬章又問曰假使今有人以兵禦人於國門之外者而奪得其貨物其來交己也以道理交之其餽賜己也亦以禮度如此誠可以受禦奪之物與曰不可至如之何其受之孟子又荅之以爲不可受也且尚書康誥之篇有云殺於人而取于貨暋然强暴爲不畏死者雖凡之衆民無有不憝惡之也如此者是可不待教而後誅殺之者也言即殺之更不必待其教命之後也如若殷受夏之天下周受殷之天下所不辭也無他以其夏桀殷紂無道義當伐之而受其天下也於今乃竊比聖王之述而遂以殺人而受物於人爲之暴烈如之何可受之言不可受此之餽也曰今之諸侯至敢問何也萬章又曰今之諸侯賦稅於民不以其道亦如禦人而奪貨者也苟善其禮以交接之斯君子且受之敢問何謂也曰子以爲有王者作至而況受其賜乎孟子又謂萬章曰子今以爲後如有王者興作將比今之諸侯無道而盡誅之乎其待教之其不改者乃誅之乎言必待教之不改者也夫所謂非其所有而取之者是爲盜也如充取民賦稅之類至大過者但義之盡耳亦未爲盜者也故曰夫所謂非其有而取之者是爲盜也充類至義之盡也然孟子必以此言者其意蓋謂今之諸侯雖取於民不以義然而受教之猶庶幾能省刑罰薄稅斂爲善政也此固在所教而不誅今萬章乃曰今之諸侯猶禦也殊不知與禦人之元惡不待教而誅者異矣然則萬章之所問乃云此者是其繆也宜孟子荅之此耳孔子之仕於魯國魯國之人田獵較奪禽獸孔子亦田獵較奪其禽獸然而獵較而孔子猶尚可爲而況受其賜而乃爲不可也言此者但有道理以交接則可受而不可辭卻也曰然則孔子之仕也非事道與萬章又問孟子言如此則是孔子之爲仕也非欲事其道與曰事道也孟子荅之以爲孔子之仕是欲行其道也事道奚獵較也萬章又問曰孔子既以欲行其道何以田獵較奪禽獸也曰孔子先簿正祭器不以四方之食供簿正孟子又荅之曰孔子所以獵較者以其孔子仕於衰世不可以卒暴更變故先且即簿書而正宗廟之祭器既欲正其祭器又不以四方之珍食供簿正祭器所以獵較而供簿正耳然而孔子必以獵較禽獸而供簿正祭器且不以四方之珍食者但爲四方珍食難常有之恐後人無珍食以供之故又絕其祭之禮所以如此也曰奚不去也萬章又問曰言孔子既仕於衰世不可卒暴更變以行其道何爲而不去而莫仕也曰爲之兆也至淹也者孟子又荅之曰孔子所以不去而且獵較者以其假爲行道之始也兆始也然假獵較爲兆既足以行之矣而君乃不行之者孔子然後去之也如此是以孔子歷聘未嘗有於一國得終三年淹留而不去也是其時君不行孔子之兆故也如得行其兆孔子遂大行其道以輔佐其君雖留而弗去可也孔子有見行可之仕至公養之仕也孟子又因而言孔子有見行可之仕有際可之仕有公養之仕如於魯卿季桓子再三時受乃語魯君爲周道遊往觀終日怠於政事子路曰夫子可以行矣孔子曰魯今且郊如致膳乎大夫則吾猶可以止桓子卒受女樂又不致膳俎於大夫孔子遂行宿于魯之南屯地桓子喟然嘆曰夫子罪我以羣婢故也凡此是孔子有見行可之仕也以其見既行之後乃且嘆曰夫子罪我以羣婢故也孰謂非於季桓子有見行可之仕乎於衞靈公是際可之仕也今按世家又云衞靈公問孔子來喜郊迎問伐蒲之事後又問陳於孔子孔子曰俎豆之事則嘗聞之矣軍旅之事未之學也凡此是孔子有際可之仕也以其接遇孔子而孔子因言之此又孰謂非於衞靈公有際可之仕乎於衞孝公爲公養之仕者史記諸家於衞國並無孝公所謂公養之仕但言以養賢之禮養孔子也今按史記紀孔子則亦衞靈公也據春秋年表云衞靈公即位三十八年孔子來祿之又案孔子世家云孔子適衞衞靈公問孔子居魯得祿幾何對曰奉粟六萬衞人亦致粟六萬居頃之或譖孔子孔子遂去衞是則孔子於衞靈公有公養之仕也如衞孝公則吾亦未能信以其無以按據故也以時推之則孔子於季桓子受女樂之時則靈公即位之三十七年也魯定公十二年也定公十三年是衞靈公即位之三十八年也問陳之時則即位之四十三年衞靈公是年卒後之學者宜精究之○注康誥尚書篇名周公戒成王封康叔○正義曰案尚書云成王既伐管叔蔡叔以殷餘民封康叔作康誥孔安國傳云命康叔之誥康圻內國名叔封字也云殺越人于貨暋不畏死凡民罔弗憝注云殺人顚越人於是以取貨利暋强也自强爲惡而不畏死人無不惡之者言當消絕之釋云越于也於也○注諸侯滅國五十○正義曰此蓋據經之文也已在滕文公之篇說焉○注魯卿季桓子秉國之政至荅之○正義曰左傳定公五年夏季平子卒桓子嗣立杜預云季孫斯也云衞孝公養賢者之禮養孔子不知何據

孟子曰。仕非爲貧也。而有時乎爲貧。娶妻非爲養也。而有時乎爲養。仕本爲行道濟民也而有以居貧親老而仕者娶妻本爲繼嗣也而有以親執釜竈不擇妻而娶者 爲貧者。辭尊居卑。辭富居貧。爲貧之仕當讓高顯之位無求重祿 辭尊居卑。辭富居貧。惡乎宜乎。抱關擊柝。辭尊富者安所宜乎宜居抱關擊柝監門之職也柝門關之木也擊推之也或曰柝行夜所擊木也傳曰魯擊柝聞於邾 孔子嘗爲委吏矣。曰會計當而已矣。嘗爲乘田矣。曰牛羊茁壯長而已矣。位卑而言高。罪也。立乎人之本朝。而道不行。恥也。孔子嘗以貧而祿仕委吏主委積倉庾之吏也不失會計當直其多少而已乘田苑囿之吏也主六畜之芻牧者也牛羊茁壯肥好長大而已茁茁生長貌也詩云彼茁者葭位卑不得高言豫朝事故但稱職而已立本朝大道當行不行爲己之恥是以君子祿仕者不處大位

【疏】孟子曰至恥也○正義曰此章言國有道則能者處卿相國無道則聖人居乘田量時安卑不受言責獨善其身者也孟子曰仕非爲貧至道不行恥也孟子言爲仕者志在欲行其道以濟生民非爲家貧乏財故爲仕也然而家貧親老而仕者亦有時而爲貧也娶妻在爲繼嗣以傳業非爲其欲奉養其己故娶妻也然而有以親執釜㸑不擇妻而娶者是娶妻亦有時乎爲養也然以孟子於此乃言娶妻之謂者蓋妻亦臣之喻故因言爲仕而帶言之也所以於下文不復敘之而獨繼之以爲貧而言也言爲貧者不苟貪但免朝不食夕不食餓不能出門戶足矣高爵非所慕也故辭其尊而處卑重祿非所慕也故辭其富而處貧凡此者以其爵有尊卑祿有多寡故然也以其祿之少者則又以貧言之非所謂家貧之貧也此又知孟子立言之法也言辭尊而處卑辭富而居貧是安所而宜之乎言抱關擊柝者是也抱關擊柝之職乃監門守禦之吏也擊柝者所以擊關門之木以警寇也以其是胥之卑祿之貧者也故曰惡乎宜乎抱關擊柝又引孔子而證之言孔子嘗以貧而祿仕但爲委吏以掌倉庾又嘗爲乘田之吏以掌苑囿主芻牧也爲委吏則日會計當料量多少斯已矣未嘗侵官犯分也爲乘田之助吏則曰牛羊茁壯肥長斯已矣又未嘗侵官犯分也是皆但爲稱職耳孟子於此遂因言之曰如位處卑而言在高位者是罪之極也如立乎人之朝而道不得行者君子之所恥辱也孔子曰不在其位不謀其政又曰邦無道富且貴焉恥也皆此之謂也○注息家貧親老而仕至娶者○正義曰傳云任重而道遠者不擇地而息家貧親老者不擇官而仕是其意歟○注傳曰魯擊柝聞於邾○正義曰已說在敘篇○注孔子至道也○正義曰案孔子世家云孔子貧且賤嘗爲委氏吏而料量平嘗爲司職吏而畜息蕃由是爲司空已而去魯是其事也云詩云彼茁者葭注云茁出也葭蘆也箋云言蘆之始出者

萬章曰。士之不託諸侯。何也。託寄也謂若寄公食祿於所託之國也 孟子曰。不敢也。諸侯失國。而後託於諸侯。禮也。士

之託於諸侯。非禮也。謂士位輕本非諸侯敵體故不敢比失國諸侯得爲寄公也萬章曰。君餽之粟。則受之乎。士窮而無祿君餽之粟則可受之乎曰。受之。孟子曰受之也受之何義也。萬章曰受粟何義也曰。君之於氓也。固周之。氓民也孟子曰君之於民固當周其窮乏況於士乎曰。周之則受。賜之則不受。何也。萬章言士窮居周之則受賜之則不受何也周者謂周急稟貧民之常料也賜者謂禮賜橫加也曰。不敢也。孟子曰士不敢受賜曰。敢問其不敢何也。萬章問何爲不敢曰。抱關擊柝者。皆有常職以食於上。無常職而賜於上者。以爲不恭也。孟子曰有職事者可食於上祿士不仕自以不任職事而空受賜爲不恭故不受也曰。君餽之則受之。不識可常繼乎。萬章曰君禮餽賢臣賢臣受之不知可繼續而常來致之乎將當輒更以君命將之也曰。繆公之於子思也。亟問。亟餽鼎肉。子思不悅。於卒也。摽使者出諸大門之外。北面稽首再拜而不受。曰。今而後知君之犬馬畜伋。蓋自是臺無餽也。孟子曰魯繆公時尊禮子思數問數餽鼎肉子思以君命道故不悅也於卒者末後復來時也摽麾也麾使者出大門之外再拜叩頭不受曰今而後知君以犬馬畜伋伋子思名也責君之不優以不煩而但數與之食物若養犬馬臺賤官主使令者傳曰僕臣臺從是之後臺不持餽來繆公慍也慍恨也悅賢不能舉。又不能養也。可謂悅賢乎。孟子譏繆公之雖欲有悅賢之意而不能舉用使行其道又不能優養終竟之豈可謂能悅賢也曰。敢問國君欲養君子。如何斯可謂養矣。萬章問國君養賢之法也曰。以君命將之。再拜稽首而受。其後廩人繼粟。庖人繼肉。不以君命將之。子思以爲鼎肉使己僕僕爾亟拜也。非養君子之道也。將者行也孟子曰始以君命行禮拜受之其後倉廩之吏繼其粟將盡復送廚宰之人日送其肉不復以君命者欲使賢者不荅以敬所以優之也子思所以非繆公者以爲鼎肉使己數拜故也僕僕煩猥貌謂其不得養君子之道也堯之於舜也。使其子九男事之。二女女焉。百官牛羊倉廩備。以養舜於畎畝之中。後舉而加諸上位。故曰。王公之尊賢者也。堯之於舜如是是王公尊賢之道也九男以下已說於上篇上位尊帝位也〔疏〕萬章曰至尊賢者也○正義曰此章言知賢之道舉之爲上養之爲次不舉不養賢惡肯歸是以孟子上陳堯舜之大法下刺繆公之不弘者也萬章曰士之不託諸侯何也萬章問孟子言士之不寄公食祿於諸侯是如之何也孟子曰不敢也至非禮也者孟子荅之以爲士之所以不託於諸侯者以其不敢也如諸侯失去其國然後託於諸侯是禮也士之託於諸侯非是禮也以其諸侯失國不得繼世而託食祿於諸侯則所託之諸侯不敢臣之也以賓禮之而已蓋爲諸侯於諸侯有賓道焉士之於諸侯則臣也有臣之道故不敢託也如託於諸侯則非禮也萬章曰君餽之粟則受之乎萬章又問孟子士既窮而無祿如國君餽賜之以粟則可受之乎曰受之孟子以爲可受之也受之何義也萬章又問受之是何義也曰君之於氓也固周之孟子又荅云君之於民固當賙其窮乏況爲士乎曰周之則受賜之則不受何也萬章又問謂國君周之則受之也君所賜則不受是如之何曰不敢也孟子又荅之以爲不敢也曰敢問其不敢何也萬章又以此問之曰抱關擊柝者至恭也孟子又荅之曰抱關擊柝爲監門之吏者是皆有常職事可以食於君也如士者是無常職事若空見賜於君者是以爲不恭故不敢受也以其受與不受特在義之而已曰君餽之則受之不識可常繼乎萬章又問以謂國君餽之以粟則可以受之不知可以常繼續而餽之與曰繆公之於子思至可謂悅賢者乎孟子又荅之言魯繆公尊於子思數數問之而又數數餽賜其鼎肉子思以君命如是之煩故憤而不喜悅於卒末後復來餽之時子思乃麾使者出諸大門之外嚮北稽首再拜辭之而不受曰至今而後乃知魯君以犬馬畜養其伋也伋子思自稱其名也蓋自子思如是辭之之後僕臣臺從此不持餽來也孟子於此又因譏繆公既能悅其子思之賢而不能舉用之又不能以祿養之可謂爲能悅賢者乎言不可爲悅賢之君也曰敢問國君欲養君子如何斯可謂養矣萬章又問國君今欲養賢如之何可以謂之養也曰以君命將之至王公之尊賢者也孟子荅之以爲始以君命賜行禮拜而受之其後倉廩之吏繼其粟將盡又送餽之廚宰之人繼送其肉而不絕又不以君命欲使賢者不荅以敬以是爲優其養所以非繆公以爲鼎肉使已數數拜而僕僕然也僕僕即煩猥貌也如此是非所以養賢之道也且堯帝於舜也乃使九男事之二女女焉女者以女嫁人謂之女也又以百官牛羊倉廩備以養舜於畎畝側微之中後能舉用而加諸帝位如此則爲王公犬人所以尊賢者也孟子引此適所以譏繆公不能舉用子思徒使鼎肉有迫于思之煩猥也抑又所以救時之弊者焉○注託寄也謂若寄公○正義曰案禮記大喪服云君之喪未斂爲寄公者是也注九男二女更不復說萬章曰。敢問不見諸侯。何義也。問諸侯聘請而夫子不見之於義何取也孟子曰。在國曰市井之臣。在野曰草莽之臣。皆謂庶人。庶人不傳質爲臣。不敢見於諸侯。禮也。在國謂都邑也民會於市故曰市井之臣在野居之曰草莽之臣莽亦草也庶衆也庶衆之人未得爲臣傳執贄見君之質執雉之屬也未爲臣則不敢見之禮也萬章曰。庶人召之役。則往役。君欲見之。召之則不往見之。何也。庶人召使給役事則往供役君召之見不肯往見何也曰。往役。義也。往見。不義也。且君之欲見之也。何爲也哉。孟子曰庶人法當給役故往役義也庶人非臣也不當見君故往見不義也且君何爲欲見而召之曰。爲其多聞也。爲其賢也。萬章曰君以是欲見之也曰。爲其多聞也。則天子不召師。而況諸侯乎。爲其賢也。則吾未聞欲見賢而召之也。孟子曰安有召師召賢之禮而可往見繆公亟見於子思曰。古千乘之國以友士。何如。子思不悅曰。古之人有言曰。事之云乎。豈曰友之云乎。子思之不悅也。豈不曰。以位。則子君也。我臣也。何敢與君友也。以德。則子事我者也。奚可以與我友。千乘之君求與之友而不可得也。而況可召與。魯繆公欲友子思子思不悅而稱曰古人曰見賢人當事之豈云友之邪孟子云子思所以不悅者豈不謂臣不可友君弟子不可友師也若子思之意亦不可友況乎可召之齊景公田。招虞人以旌。不至。將殺之。志士不忘在溝壑。勇士不忘喪其元。孔子奚取焉。取非其招不往也。已說於上篇曰。敢問招虞人何以。萬章問招虞人當何用也曰。以皮冠。庶人以旃。士以旂。大夫以旌。孟子曰招禮若是皮冠弁也旃通帛也因章曰旃旂有鈴者旌注旄首者以大夫之招招虞人。虞人死不敢往。以士之招招庶人。庶人豈敢往哉。況乎以不賢人之招。招賢人乎。以貴者之招招賤人賤人尚不敢往況以不賢人之招招賢人乎不賢之招是不以禮者也欲見賢人而不以其道。猶欲其入而閉之門也。夫義。路也。禮。門也。惟君子能由是路。出入是門也。欲人之入而閉其門何得而入乎閉門如閉禮也詩云。周道如底。其直如矢。君子所履。小人所視。詩小雅大東之篇底平矢直視比也周道平直君子履直道小人比而則之以喻虞人能効君子守死善道也萬章曰。孔子君命召。不俟駕而行。然則孔子非與。俟待也孔子不待駕而應君命也孔子爲之非與曰。孔子當仕有官職。而以其官召之也。孟子言孔子所以不待駕者孔子當仕位有官職之事君以其官名召之豈得不顚倒詩云顚之倒之自公召之不謂賢者無位而君欲召見也〔疏〕萬章曰至召之也○正義曰此章言君子之志志於行道不得其禮亦不苟往者也萬章曰敢問不見諸侯何義也萬章問孟子所以不見諸侯其義謂何孟子曰在國曰市井之臣至禮也孟子荅之以謂凡在都邑謂之市井之臣在郊野謂之草莽之臣然總而言之皆謂之衆庶之人如衆庶之人未得傳質爲臣者故不敢就見於君也以其無禮也傳質者所執其物以見君也如公執桓圭侯執

信圭伯執躬圭子執穀璧男執蒲璧又諸侯世子執纁孤執玄附庸之君執黃卿執羔大夫執鴈士執雉是所以爲贄也萬章曰庶人召之役則往役君欲見召之則不往見之何也萬章又問孟子曰庶人於君召之給役則庶人往就其役事今君欲見召之乃不往者是如之何也萬章見齊王召孟子孟子不往所以有是問之曰往役義也往見不義也孟子荅之曰庶人往應其役是其義當往也以其庶人於君其法當爲之役故也往而見君者是不義也以其庶人非臣也義不當往見君故也且君之欲見之也者何爲也哉孟子又以此問萬章言且國君所欲見之者何爲也哉曰爲其多聞又以其賢也萬章荅之曰君之所以欲見之者是爲多聞又爲其賢有德也曰爲其多聞也至而召之也孟子又曰如是爲其多聞也者則雖天子亦且不召其師而況諸侯可召而見之乎如是賢爲有其德也則我未曾聞知有欲見賢者而以召之也繆公亟見子思至不往也孟子又引繆公而證之言魯繆公數數見於子思乃曰古者千乘之國君以友其士何如子思遂慍而不喜曰古之人有言曰見賢人則當事矣豈嘗云友之乎然而子思所以不悅者其意豈不謂以位推之則子是爲君尊矣而我則臣下也何敢與君爲之交友也以有德論之則子尊我爲子之師也奚可以與我爲友是則千乘之國君求賢者與之爲友而尚且不可得也而況諸侯於今可召賢者而見之乎齊景公至不往也說於上篇矣此更不云曰致問招虞人何以萬章見孟子言齊景公招虞人之事遂因問之曰招虞人當用何物而招之曰以皮冠庶人以旃至賢人乎孟子以荅之曰招虞人當以皮弁而招之也庶人則以通帛招之士以旃大夫以旌如以大夫之旌招虞人虞人雖死亦且不敢往應其招也以其士之旃而招庶人庶人豈敢往而應之哉而況以不賢之招而招賢人乎不賢之招即不以禮之謂也欲見賢人而不以道至小人所視孟子又言今之諸侯欲見賢人而不以其道是若欲入入其門而反閉其門也如此尚何可得而見之乎夫義是若路也禮若門也惟君子之人能由行此義之路出入此禮之門上今乃反塞其義路而閉其禮門使君子何由而出入哉此孟子亦即此謂今之諸侯欲見賢人而乃欲召之則賢尚可得而見邪而小雅大東之詩有云周道平直如砥之平箭之直也君子亦所常履行此平直之道而爲小人所常視而則法之矣然以此證之者蓋謂賢人所以不往見於諸侯者是所守以義而爲衆人所矜式耳萬章曰孔子君命召不俟駕而行然則孔子非與萬章又問孟子以謂孔子常於君命召則不敢坐待駕而後行如此則孔子誠爲非與曰孔子當仕有官職而以其官召之也孟子又荅之曰孔子所以不俟駕而行者以其當於爲仕有官職而國君以其官而召之也豈得爲非耶○注質執雉之屬○正義曰已說於前矣○注孟子曰至首者○正義曰案士冠禮注云皮弁以白鹿爲之象齊禮圖云以鹿皮淺毛黃白者爲之高尺二寸今虞人以皮弁者皮弁以田故也又案周禮司常職云交龍爲旂通帛爲旃析羽爲旌鄭注云通帛謂大赤從周正色無飾析羽皆五采繫之於旃旌之上所謂注旃於首是也○注詩小雅至善道也○正義曰此詩蓋刺亂之詩也譚國在東其大夫作是詩故云大東注云如砥貢財予均也如矢賞罰不偏也言君子皆法傚履而行之其如砥矢之平直小人又皆視之共之無怨也○注孟子言孔子所以不待駕至豈可見也○正義曰語云君命召不俟駕而行是時孔子爲中都宰以其有官職也詩云顛之倒之自公召之此乃國風東方未明之章文也箋云聿臣顛倒衣裳而朝人又從君所來而召之也云伊尹三聘而後就湯孟子云湯三使往聘之是其文也云沮溺耦耕接輿佯狂接論語云長沮桀溺耦而耕鄭注云長沮桀溺隱者也耜廣五寸二耜爲耦又云楚狂接輿歌而過孔子曰鳳兮鳳兮蓋楚狂接輿是楚人姓陸名通字接輿也昭王時政令無常乃被髮佯狂不仕時人謂之楚狂也趙注引而證其解

孟子謂萬章曰。一鄉之善士。斯友一鄉之善士。一國之善士。斯友一國之善士。天下之善士。斯友天下之善士。鄉人之善者國一國之善者天下四海之內各以大小來相友自爲疇匹也以友天下之善士爲未足。又尚論古之人。頌其詩。讀其書。不知其人可乎。是以論其世也。是尚友也。好善者以天下之善士爲未足極其善道也尚上也乃復上論古之人頌其詩詩歌國近故曰頌讀其書者猶恐未知古人高下故論其世以別之也在三皇之世爲上在五帝之世爲次在三王之世爲下是爲好上友之人也

疏 孟子至尚友也。○正義曰此章言好高慕遠君子之道樂其崇茂者也孟子謂萬章曰至是尚友也孟子謂萬章言一鄉之中有其善者所友斯亦一鄉之善士者也一國之中有善士所友者亦一國之善士者也天下於四海之內有其善士者所友亦以天下之善士者也如友天下之善士者爲未足以極其善道則又上論古之人而頌歌其詩看讀其書如此不知其如是之人可以友也乎然猶未知其人之可友也抑又當論其人所居之世如何耳能以此乃是尚友之道也孟子所以謂之以此者蓋欲教當時之人尚友也孔子云無友不如己者與其詩云高山仰止景行行止亦其意與

齊宣王問卿。孟子曰。王何卿之問也。王問何卿也曰。卿不同乎。曰。不同。有貴戚之卿。有異姓之卿。孟子曰卿不同貴戚之卿謂內外親族也異姓之卿謂有德命爲王卿也王曰。請問貴戚之卿。問貴戚之卿如何曰。君有大過則諫。反覆之而不聽。則易位。孟子曰貴戚之卿反覆諫君君不聽則欲易君之位更立親戚之貴者王勃然變乎色。王聞此言愠怒而驚懼故勃然變色曰。王勿異也。王問臣。臣不敢不以正對。孟子曰王勿怪也王問臣臣不敢不以其正義對王色定。然後請問異姓之卿。王意解顏色定復問異姓之卿如之何也曰。君有過則諫。反覆之而不聽。則去。孟子言異姓之卿諫君不從王而待放遂不聽之則去而之他國也

疏 齊宣至則去。○正義曰此章言國須賢臣必擇忠良親近貴戚或遭殃禍者也齊宣王問卿是齊王問孟子爲卿者如之何也孟子曰王何卿之問孟子荅之以謂王問何卿也王曰卿不同乎宣王見孟子以爲問何卿故問之曰然是卿有不同而異之乎曰不同有貴戚之卿有異姓之卿孟子又荅之曰卿不同也以其有貴戚內外親族之卿有異姓有貴之卿也王曰請問貴戚之卿宜王又問貴戚之卿是如之何也曰君有過謬則諫諍以至反覆數諫君不聽從則欲更易君位更立其君者也王勃然變乎色宜王聞此言遂憤而驚恐乃勃然變乎顏色曰王勿異也王問臣臣不敢不以正對孟子又曰王勿怪異我之言也王之所以問臣臣不敢不以正義對王也王色定然後請問異姓之卿宜王見孟子此言顏色遂解而心且安定故無驚恐然後又問其異姓之卿是如之何曰君有過則諫反覆之而不聽則去孟子又荅之曰國君有過謬則諫諍以至反覆數諫而不聽從則去而之他國者是也如紂之無道微子比干諫之而不聽一則爲之見剖一則抱祭器而從周伊尹發於有莘之野而爲殷湯與治天下蓋亦本湯立賢無方故也宜孟子以是而告齊王

孟子注疏卷十下挍勘記　阮元撰盧宣旬摘錄

當執何心爲可也　閩監毛三本同廖本孔本韓本考文古本足利本也作者

卻之卻之爲不恭　閩本同監毛二本孔本韓本卻作郤音義出卻之云或作郤誤案卻字从卩說文曰卩也俗作却郤者邑名字从邑經傳亦借爲隙字

其來交求已以道理　閩監毛三本同岳本孔本韓本考文古本交求作求交

蓋言其可受之也　閩監毛三本同宋本廖本孔本韓本考文古本作言可受也足利本無之也二字

殷受夏周受殷　石經殷諱作商

皆於也　廖本孔本韓本考文古本同閩監毛三本皆誤者

於今爲烈烈　閩監毛三本孔本同韓本考文古本下烈作然

君子欲受之　閩監毛三本同孔本韓本欲作且受上重受字考文古本同孔本無且字

謂孟子也　閩監毛三本同宋本岳本廖本孔本韓本考文古本足利本無也字

知後王者　諸本同廖本監本毛本王作正誤

今大盡耳　宋本耳作甘

孔子先簿正祭器　音義云簿本多作薄誤

乏絕　監毛二本乏誤之玩僞疏本用此誤本

何爲不去也　閩監毛三本同廖本孔本韓本考文古本無也字

占其事始　廖本孔本韓本考文古本足利本同閩監毛三本始誤治

於季桓子　石經桓作桓

孔子故宿留以荅之也　閩監毛三本同宋本岳本考文古本無孔子二字廖本也作矣孔本韓本無孔子二字也作矣足利本無之字

▲章指言聖人憂民樂行其道苟善辭命不忍逆距不合則去亦不淹久蓋仲尼行止之節也

椎之也考文古本椎作推案音義出椎字作推非也

行夜按行字如月令出行田原之行經典釋文皆下孟反孫不爲音非也

茁茁閩監毛三本足利本同孔本韓本考文古本無一茁字

▲章指言國有道則能者取考文古本作處卿相國無道則聖人居乘田量時安卑不受言責獨善其身之道也

固當周其窮乏岳本及各本同宋本當作常

士窮居周之則受閩監毛三本同廖本孔本韓本考文古本居作君

稟貧民之常料也廖本孔本韓本考文古本料作科是也閩監毛三本稟作廩○按作廩非也說文曰稟賜穀也淺人多譌稟爲廩

可食於上祿孔本韓本祿作有

而常來致之乎廖本常作當案常是毛本同

以君命道故不悅也閩監毛三本同廖本孔本韓本考文古本道作煩足利本作以爲君命煩故不悅案煩是

君以犬馬畜伋閩監毛三本同宋本岳本廖本孔本韓本無以字

愠恨也玩此三字似經文有奪抑注文作繆公愠恨也五字今本行二字耳

▲章指言知賢之道舉之爲上養之爲次不舉不養賢惡肯歸是以孟子上陳堯舜之大法下刺繆公之不宏孔本韓本作閎也孔本韓本考文古本無也字

伋曾子自稱其名也案曾子當作子思

謂都邑也孔本無也字

故曰市井之臣在野居之曰草莽之臣閩監毛三本同廖本考文古本作故曰市井之人在野居之人孔本韓本同廖本上人作臣

庶衆之人閩監毛三本同宋本孔本韓本考文古本庶衆作衆庶

則往供役事閩監毛三本同宋本孔本韓本考文古本無役字

不月往見岳本廖本孔本韓本考文古本月作肯是也閩監毛三本作自亦非

欲見而召之閩監毛三本同廖本孔本韓本考文古本作欲見之而召之也

而可往見也閩監毛三本同宋本孔本韓本考文古本下有也字

孔子奚取焉取非其招不往也石經焉下有哉字無其字

註旃首者者註當作注下者字衍宋本岳本廖本考文古本作注旃首者閩監毛三本作注旃干首者孔本韓本作注旃干首者○按作干是也古多假干爲竿

是不以禮者也閩監毛三本同廖本孔本韓本考文古本作不以禮也足利本有是字

何得而入乎閩監毛三本同廖本孔本韓本何作可

如閉禮也閩監毛三本同廖本韓本如作由孔本作猶

周道如底按底字誤也當作厎說文厎柔石也从厂氏聲或作砥職雉切底山居也下也从广氏聲都禮切今毛詩作砥孟子作厎正是一字不當从广音義亦誤

孟子言孔子閩監毛三本足利本同孔本韓本考文古本言作曰

▲章指言君子之志志於行道不得其禮亦不苟往於禮之可伊尹三聘而後就湯道之未洽沮溺耦耕接輿佯狂豈可見也孔本作乎

一國之善者閩監毛三本同廖本孔本韓本考文古本一國作國中

四海之內閩監毛三本同宋本孔本韓本考文古本下有也字

詩歌國近閩監毛三本同廖本孔本韓本考文古本國近作頌之是

▲章指言好高慕遠君子之道雖各有倫樂其崇茂是以仲尼曰毋友不如已者高山仰止景行行止

命爲王卿也閩監毛三本同廖本孔本韓本考文古本王作三

更立親戚之貴者宋本岳本韓本考文古本同閩監毛三本韓本貴作賢是

諫君不從王而待旅遂不聽之廖本考文古本王作三旅作放是也宋本遂作逐孔本韓本同廖本三作去閩監毛三本作諫君反覆諫君而君遂不聽之非也

▲章指言國須賢臣必擇忠良親近貴戚或遭禍殃伊發有莘爲殷興道故云成湯立賢無方也

齊宜至則去閩監本同毛本宜下增王字

孟子注疏解經卷第十一上

告子章句上凡二十章

趙氏注　孫奭疏

告子者告姓也子男子之通稱也名不害兼治儒墨之道者嘗學於孟子而不能純徹性命之理論語曰子罕言命謂性命難言也以告子能執弟子之問故以題篇

【疏】正義曰此篇首論告子言性所以次於萬章問孝之篇者以其爲孝之道其本在性也故此篇首以告子之言性遂爲篇題次於萬章不亦宜乎此一篇凡三十六章趙氏分之以成上下卷此卷凡二十章而已一章言養性長義順夫自然殘木爲器變而後成二章言人之欲善由水好下迫勢激躍失其素真三章言人之性與善俱生四章言明仁義由內以曉告子五章言公都告子受命然後乃理六章言天之生人皆有善性引而趨之善惡異衢其七章言人稟性俱有好憎或爲君子或爲小人猶麰麥不齊雨露使然也八章言秉心持正使邪不干猶止斧斤不伐牛山山則木茂人則稱仁九章言弈爲小數不精不能一人善之十人惡之若竭其道何由智哉十章言舍生取義義之大者也十一章言由路求心爲得其本十二章言舍大惡小不知其要十三章言莫知養身而養其樹木十四章言養其行治其政俱用智力善惡相厲是以君子居處思義飲食思禮十五章言天與人性先立其大十六章言古人修天爵自樂之也今要人爵以誘待也得人人弃天道之忌也或以招之小人事也十七章言所貴在身人不知求十八章言爲仁不至不反求諸已謂水勝火熄而後已不仁之甚終爲亡矣十九章言功毀幾成人在慎終五穀不熟荑稗是勝是以爲仁必其成也二十章言彀張規矩以驗爲仁學不爲仁由是二教失其法而行之者也其餘十六章趙氏分在下卷各有敘焉○注告子者姓至篇題○正義曰云告子名不害者盡心篇有浩生不害疑爲告子姓告名不害以浩生爲字趙注又云浩生姓名不害又爲二人其他經傳未詳甚人云論語子罕言命蓋論語第九篇首云也故以題其篇

告子曰。性猶杞柳也。義猶桮棬也。以人性爲仁義。猶以杞柳爲桮棬。告子以爲人性爲才幹義爲成器猶以杞柳之木爲桮棬也杞柳柜柳也一曰杞木名也詩云北山有杞桮棬桮素也 孟子曰。子能順杞柳之性。而以爲桮棬乎。將戕賊杞柳。而後以爲桮棬也。戕猶殘也春秋傳曰戕舟發梁所能順完杞柳不傷其性而成其桮棬乎將斤斧殘賊之乃可以爲桮棬言必殘賊也 如將戕賊杞柳而以爲桮棬。則亦將戕賊人以爲仁義與。孟子言以人身爲仁義豈可復殘傷其形體乃成仁義邪明不可此桮棬 率天下之人而禍仁義者。必子之言夫。以告子轉性爲仁義若轉木以成器必殘賊之故言率人以禍仁義者必子之言夫蓋歎辭也

【疏】告子至言夫○正義曰此章言養性長義順夫自然殘木爲器變而後成孟子拂之不假以言也告子曰至爲桮棬告子言人之性譬若杞柳義若桮棬也以人之性爲其仁義之道若以杞柳之木爲之桮棬也杞枸杞也柳少楊也桮素樸也棬器之似屈轉木作也以其杞柳可以楺而作棬也孟子曰子

能順杞柳之性爲桮棬乎至必子之言夫孟子乃拂之曰子能順杞柳之木性以爲桮棬乎以其將以斤斧殘賊其杞柳然後爲之桮棬也如將斤斧殘賊杞柳而以爲之桮棬是亦將殘賊人之形軀然後以爲仁義與且驅天下之人而殘禍仁義之道者是亦必子之此言也孟子所以拂之以此蓋謂人之性仁義固有不可比之桮棬以杞柳爲之也○注杞柳柜柳至素正義曰案說文云杞枸杞柳少楊也桮𠤫也棬屈木孟也所謂器似升屈木作是也詩云北山有杞南山有臺文也

告子曰。性猶湍水也。決諸東方則東流。決諸西方則西流。人性之無分於善不善也。猶水之無分於東西也。湍水圜也謂湍湍縈水也告子以喻人性若是水也善惡隨物而化無本善不善之性也

孟子曰。水信無分於東西。無分於上下乎。人性之善也。猶水之就下也。人無有不善。水無有不下。今夫水。搏而躍之。可使過顙。激而行之。可使在山。是豈水之性哉。其勢則然也。人之可使爲不善。其性亦猶是也。孟子曰水誠無分於東西故決之而往也水豈無分於上下乎水性但欲下耳人性生而有善猶水之欲下也所以知人皆有善性似水無有不下者也躍跳顙額也人以手跳水可使過顙激之可令上山皆迫於勢耳非水之性也人之可使爲不善非順其性也亦妄爲利欲之勢所誘迫耳猶是水也言其本性非不善也

疏告子至是也○正義曰此章言人之欲善猶水好下迫勢激躍失其素真是以守正性爲君子隨曲折爲小人者也告子曰性猶湍水也至東西也告子言人之性猶縈迴之水也湍圜縈迴之勢也縈迴之水決之使流於東方則東流之決之流西方則西流之而人之性無分於爲善爲不善也如縈迴之之水無分於東西也孟子曰至是也孟子言水之性無分於東西上下乎言有分於東西上下也人性之善也猶水之就下也人無有性之不善者水無有不就下者今夫水之勢搏而跳之可使過顙激而行之可令上山如此豈水性如是哉是其勢如是也人之性所以可使爲不善者亦若此水之勢也以其人之性不善乃利慾而誘迫之也亦搏激其水之謂也○注湍者圜也○正義曰說文云湍急瀨水又云瀨水流沙上也令謂縈迴之水者然其水流沙上縈迴之勢湍湍然也

告子曰。生之謂性。凡物生同類者皆同性

孟子曰。生之謂性也。猶白之謂白與。猶見白物皆謂之同白無異性

曰。然。告子曰然

白羽之白也。猶白雪之白。白雪之白。猶白玉之白與。孟子以爲羽性輕雪性消玉性堅雖俱白其性不同問告子以三白之性同邪

曰。然。告子曰然誠以爲同也

然則犬之性。猶牛之性。牛之性。猶人之性與。孟子言犬之性豈與牛同所欲牛之性豈與人同所欲乎

疏告子曰生之至性歟正義曰此章言物雖有性性各殊異惟人之性與善俱生者也告子曰生之謂性告子言人之生與物之生皆謂之性以其爲同也孟子曰生之謂性也猶白之謂白歟孟子見告子以爲凡物生同謂之性故問之曰然則生之謂性是如凡物之白皆謂同白無異性也曰然告子以爲誠如是也白羽之白也猶白雪之白白雪之白猶白玉之白歟孟子又言是則白羽毛之白亦如白雪之白白雪之白亦如白玉之白歟故以此三者問告子然孟子以謂羽毛之白則其性輕白雪之白其性易消白玉之白其性堅是其性有不同其白也曰然告子不知爲有異故亦以爲誠然也言則同也然則犬之性猶牛之性牛之性猶人之性歟孟子曰又如是則犬狗之性猶牛之性牛之性亦猶人之性與孟子所以言此者以其犬之性金畜也故其性守牛之性土畜也故其性順夫人受天地之中萬物俱備於我者也是其稟陰與陽之氣所生也故其性能柔能剛是爲不同者告子不知但知其麤者也

告子曰。食色。性也。仁。內也。非外也。義。外也。非內也。人之甘食悅色者人之性也仁由內出義在外也不從己身出也

孟子曰。何以謂仁內義外也。孟子怪告子是言也

曰。彼長而我長之。非有長於我也。猶彼白而我白之。從其白於外也。故謂之外也。告子言見彼人年老長大故我長敬之長大者非在我者也猶白色見於外者也

曰。異於白馬之白也。無以異於白人之白也。不識長馬之長也。無以異於長人之長歟。且謂長者義乎。長之者義乎。孟子曰長異於白白馬白人同謂之白可也不知敬老馬無異於敬老人邪且謂老者爲義義乎將謂敬老者爲有義乎且敬老者己也何以爲外也

曰。吾弟則愛之。秦人之弟則不愛也。是以我爲悅者也。故謂之內。長楚人之長。亦長吾之長。是以長爲悅者也。故謂之外也。告子曰愛從己則己心悅故謂之內所悅喜老者在外故曰外也

曰。耆秦人之炙。無以異於耆吾炙。夫物則亦有然者也。然則耆炙亦有外歟。孟子曰耆炙同等情出於中敬楚人之老與敬己之老亦同己情性敬之雖非己炙同美故曰物則有然者也如耆炙之意豈在外邪言楚秦喻遠也

疏告子曰食色至亦有外歟○正義曰此章言事者雖從外行其事者皆發於中明仁義由內所以曉告子之惑者也告子曰食色性也仁內也非外也義外也非內也告子言人之嗜其甘食悅其好色是人之性也仁在我爲內非自外而入者也義在彼非在我故爲外也非內也孟子曰何以謂仁內義外也孟子見告子以爲仁內義外故問之曰何以爲仁內義外曰彼長而我長之至故謂之外也告子言彼人之年老而我從而敬長之非有長在我也如彼物之色白而我從而白之是從其白於外也我故謂義爲在外也曰異於白馬之白也無以異於白人之白也不識長馬之長也無以異於長人之長歟且謂長者義乎長之者義乎孟子又闢之曰彼長而我長之異於彼白而我白之也於白馬之色白無以異於白人之色白也是則同也不知長老馬無以異於長人之長老乎以其是則有異也蓋白馬之白與白人之白者彼白而我白之耳我何容心於其間哉固無異也長馬之白長與長人之長則有欽不欽之心矣此所以有異焉以其長人之長者有欽長馬之長者無欽是則長者在彼長之者在我而義自長之者生非自長者生也如此告子何得謂之外乎故問之曰且謂長者爲有義乎長之者爲有義乎曰吾弟則愛之至故謂之外也告子又謂我之弟則親愛之秦人之弟則我不愛是愛以我爲悅者也愛主仁故謂仁爲內也敬長楚人之長者亦敬長吾之長者是以長爲悅者也長主義故謂義爲外也曰耆秦人之炙無以異於耆吾炙至亦有外歟孟子又以秦人之炙而排之曰好秦人之炙無以異於好吾之炙爲物耳則亦有如是也然則好炙亦有外歟且孟子所以排之以此者蓋謂仁義皆內也以其秦人之弟則不愛吾弟則愛之愛與不愛是皆自我者也告子謂之以我爲悅則是矣吾之長者吾長之楚人之長吾亦長之長之亦皆自我者也告子又謂之以長爲悅則非矣是亦猶秦人之炙與吾之炙雖不同而嗜之者皆自我也如是則義果非生於外者也云炙實周書曰黃帝始燔肉爲炙是也秦楚所以喻外

孟季子問公都子曰。何以謂義內也。季子亦以爲義外也

曰。行吾敬。故謂之內也。公都子曰以敬在心而行之故言內也

鄉人長於伯兄一歲。則誰敬。季子曰敬誰也

曰。敬兄。公都子曰當敬兄也

酌則誰先。季子曰酌酒則誰先酌

曰。先酌鄉人。公都子曰當先酌鄉人

所敬在此。所長在彼。果在外。非由內也。季子曰所敬者兄也所酌者鄉人也如此義果在外不由內也果猶竟也

公都子不能荅。以告孟子。公都子無以荅季子之問

孟子曰。敬叔父乎。敬弟乎。彼將曰。敬叔父。曰。弟爲尸。則誰敬。彼將曰。敬弟。子曰。惡在其敬叔父也。彼將曰。在位故也。子亦曰。在位故也。庸敬在兄。斯須之敬在鄉人。孟子使公都子荅季子如此言弟以在尸位故敬之鄉人以在賓位故先酌之耳庸常也常敬在兄斯須之敬在鄉人

季子聞之曰。敬叔父則敬。敬弟則敬。果在外。非由內也。隨敬所在而敬之果在外

公都子曰。冬日則飲湯。夏日則飲水。然則飲食亦在外也。湯水雖異名其得寒溫者中心也雖隨敬之所在亦中心敬之猶飲食從人所欲豈可復謂之外也

疏孟季至是亦在外也○正義曰此章言凡人隨形不本其原賢者達情知所以然季子信之猶若告子公都受命然後乃理者也孟季子問公都子曰何以謂義內也孟季子猶若告子以爲義外故問孟子弟子公都子曰何以謂義爲內也曰行吾敬故謂之內也公都子荅之曰所敬在心而行之故謂義爲內也鄉人長於伯兄一歲則誰敬季子又問之曰鄉之人有長於己之伯兄一歲則當敬誰曰敬兄公都子曰當敬己之兄也酌則誰先季子又問之曰如在筵則酌酒先酌誰曰先酌鄉人公都子曰當先酌鄉人也所敬在此所長在彼果在外非由內也季子又言所敬在兄是敬在此酌在鄉人是所長在彼是義果在外者也非由內而出之也公都子不能荅以

告孟子公都子於此遂無言以應荅而乃告知於孟子孟子曰至斯須之敬在鄉人孟子謂公都子曰敬叔父乎敬弟乎彼季子將曰敬叔父則問之曰弟爲主則誰敬彼季子將曰敬弟則又問之曰如敬弟則安在敬其叔父也彼季子將曰弟在位故敬之也子亦與之曰所以先酌鄉人者亦以在賓之位故先酌之也言常敬者在兄斯須少頃之敬在鄉人也季子聞之至非由內也季子聞孟子此言故謂之曰敬叔父則敬之敬已之弟則亦敬之是隨敬所有則敬在外非由內也公都子曰冬日則飲湯至亦在外也公都子因孟子教之以此乃曉其理故自又以冬夏所飲比諭而曉季子之惑也言冬寒之日則飲湯夏熱之日則飲水如是則飲食亦有在外者也蓋謂湯水雖異名然得其寒熱而飲之者在我之中心然也猶敬叔父敬弟雖有異然而能敬之者在我而已敬在我則敬在心而出之者也安得謂之在外乎季子即下卷所謂季任爲任處守者

公都子曰。告子曰。性無善。無不善也。公都子道告子以爲人性在化無本善不善也或曰。性可以爲善。可以爲不善。是故文武興。則民好善。幽厲興。則民好暴。公都子曰或人以爲可教以善不善亦由告子之意也故文武聖化之起民皆喜爲善幽厲虐政之起民皆好暴亂或曰。有性善。有性不善。是故以堯爲君而有象。以瞽瞍爲父而有舜。以紂爲兄之子。且以爲君。而有微子啓。王子比干。公都子曰或人者以爲各有性善惡不可化移堯爲君象爲臣不能使之爲善瞽瞍爲父不能化舜爲惡紂爲君又與微子比干有兄弟之親亦不能使其二子爲不仁是亦各有性也矣今曰性善。然則彼皆非歟。公都子曰告子之徒其論如此今孟子曰人性盡善然則彼之所言皆爲非歟孟子曰。乃若其情。則可以爲善矣。乃所謂善也。若順也性與情相爲表裏性善勝情情則從之孝經云此哀戚之情情從性也能順此情使之善者真所謂善也若隨人而强作善者非善者之善也若夫爲不善。非才之罪也。若爲不善者非所受天才之罪物動之故也惻隱之心。人皆有之。羞惡之心。人皆有之。恭敬之心。人皆有之。是非之心。人皆有之。惻隱之心。仁也。羞惡之心。義也。恭敬之心。禮也。是非之心。智也。仁義禮智。非由外鑠我也。我固有之也。弗思耳矣。故曰。求則得之。舍則失之。或相倍蓰而無筭者。不能盡其才者也。仁義禮智人皆有其端懷之於內非從外銷鑠我也求存之則可得而用之舍縱之則亡失之矣故人之善惡或相倍蓰或至於無筭者不能相與計多少言其絕遠也所以惡乃至是者不能自盡其才性也故使有惡人非天獨與此人惡性其有下愚不移者也譬若乎被疾不成之人所謂童昏也詩曰。天生蒸民。有物有則。

民之秉彝。好是懿德。孔子曰。爲此詩者。其知道乎。故有物必有則。民之秉彝也。故好是懿德。詩大雅蒸民之篇言天生蒸民有物則有所法則人法天也民之秉夷夷常也常好美德孔子謂之知道故曰人皆有是善者也

〔疏〕公都子曰至懿德○正義曰此章言天之生人皆有善性引而趍之善惡異衢高下自懸賢愚行殊尋其本者乃能一諸者也○公都子曰至然則彼皆非歟者公都子問孟子以謂告子言人之性無有善亦無有不善但在人所爲如何耳或有謂人性可以爲善又可以爲不善但在上所化如何耳如此故文王武王興起常以善養人則民人皆好善至幽王厲王興起常以政暴虐於民則民亦皆好其暴亂或有人又謂人有性善有性不善非在所化稟之於天而已如此故以堯帝之爲君而有象之傲爲臣以瞽瞍之頑爲父而有舜之聖爲子以紂爲兄之子且以爲君而有微子啓王子比干之賢爲臣今孟子乃曰性皆善是則彼告子與或人之言者皆不是歟故以此問孟子孟子曰乃若其情則可以爲善矣至好是懿德孟子言人之乃順其情則皆可以爲善矣是所謂性善也若夫人爲不善者非天之降才爾殊也其所以爲不善者乃自汩喪之耳故言非稟天才之罪也且情性才三者合而言之則一物耳分而言之則有三名故曰性曰情曰才蓋人之性本則善之而欲爲善者非性也以其情然也情之能爲善者非情然也以其才也是則性之動則爲情而情者未嘗不好善而惡惡者也其不欲爲善者乎而才者乃性之用也而才者上有以達乎天下有以達乎地中有以貫乎人其有不能爲善者乎此孟子所以曰乃若其情則可以爲善矣乃所謂善也若夫爲不善非才之罪也言惻隱之心人皆有之至智也者已詳於前矣蓋以惻隱羞惡恭敬是非之心人皆有是心也人能順此而爲之是謂仁義禮智也仁義禮智即善也然而仁義禮智之善非自外銷鑠我而亡之也我有生之初固有之也但人不思而求之耳故曰求則得之而存舍之則亡之矣然人所以有善有惡其善惡相去之遠或相倍蓰或至於不可計其多少如此之絕遠者是不能自盡其性才者也言才無有不能爲善者矣但不能盡其才而爲之耳故詩大雅蒸民之篇有曰上天之生衆民有物則有所法則民之秉執其常善故好是美德而已所謂常即善也所謂善即美德也謂美德者即仁義禮智是也孔子常亦云爲此詩之人其能知道者也故言有物必有則民之秉彝故好是懿德也然所謂物者即自人之四肢五藏六腑九竅之於君臣父子夫婦兄弟明友無非物也所謂則者即仁之於父子義之於君臣禮之於夫婦信之於明友也是無非有物則有則也由此觀之孟子所以言至此者豈非人性皆善者邪故有物必有則是謂性之善也能秉其彝是謂才也好是懿德是謂情也有物有則民之秉彝好是懿德是能順其情以爲善而才從之者也○注紂與微子比干有兄弟之親○正義曰案史記世家云微子啓者殷帝乙之首子而紂之庶兄也又云王子比干者亦紂之親戚也是知有兄弟之親矣○注大雅蒸民之詩○正義曰此蓋尹吉甫美宣王之詩文也

孟子曰。富歲。子弟多賴。凶歲。子弟多暴。非天之降才爾殊也。其所以陷溺其心者然也。富歲豐年也凶歲飢饉也子弟凡人之子弟也賴善暴惡也非天降下才性與之異也以飢寒之厄陷溺其心使爲惡者也今夫麰麥。播種而耰之。其地同。樹之時又同。浡然而生。至於日至之時。皆熟矣。雖有不同。則地有肥磽。雨露之養。人事之不齊也。麰麥大麥也詩云貽我來麰言人性之同如此麰麥其不同者人事雨澤有不足地之有肥磽耳磽薄也故凡同類者。舉相似也。何獨至於人而疑之。聖人與我同類者。聖人亦人也其相覺者以心知耳故體類與人同故舉相似也故龍子曰。不知足而爲屨。我知其不爲蕢也。屨之相似。天下之足同也。龍子古賢人也雖不知足小大作屨者猶不更作蕢蕢草器也以屨相似天下之足略同故也口之於味。有同耆也。易牙先得我口之所耆者也。如使口之於味也。其性與人殊。若犬馬之與我不同類也。則天下何耆。皆從易牙之於味也。至於味。天下期於易牙。是天下之口相似也。人口之所耆者相似故皆以易牙爲知味言口之同也惟耳亦然。至於聲。天下期於師曠。是天下之耳相似也。耳亦猶口也天下皆以師曠爲知聲之微妙也惟目亦然。至於子都。天下莫不知其姣也。不知子都之姣者。無目者也。目亦猶耳也子都古之姣好者也詩云不見子都乃見狂且儻無目者乃不知子都好耳言目之同也故曰。口之於味也。有同耆焉。耳之於聲也。有同聽焉。目之於色也。有同美焉。至於心。獨無所同然乎。言人之心性皆同也心之所同然者。何也。謂理也。義也。聖人先得我心之所同然耳。故理義之悅我心。猶芻豢之悅我口。心所同耆者義理也理者得道之理聖人先得理義之要耳理義之悅心如芻豢之悅口誰不同也

〔疏〕孟子曰至我口○正義曰此章言人稟性但有好憎耳目口心所悅者同或爲君子或爲小人猶麰麥不齊雨露使然者也孟子曰富歲子弟多賴至猶芻豢之悅我口者孟子言豐熟之年凡人之子弟多好善賴善也凶荒之年凡人之子弟多好暴惡然而非上天降下才性與之殊異也而其所以由飢寒之厄陷溺去其良心而爲之惡也無他所謂禮義生於富足盜賊起於貧窮是也且譬夫今之大麥也人播種而耰鋤之其地高下以同藝之時又同浡浡然而生長秀茂至於日至可以收割之時皆熟矣雖有不同不熟者則是地有肥薄與雨露之不均而人事之所加有不齊也故凡物有同其類者皆相似也何獨至於人而疑爲不然雖聖人亦則與我同其類者也故龍子之賢人有曰人不知天下人之足而爲草屨者我知其人不能爲之蕢也蕢草器也其所以爲屨皆相似者以其天下人之足則同也故口之於食味人有同耆

也然而易牙先得我口之所好者也如使人口於味其性之所好與人殊異有是若狗馬之與我不同其形類也則天下何以耆其味皆從易牙所好之味也至於食味天下所以皆期指於易牙者是天下之人口相似也不特口之於味然也惟耳於聲亦如是也耳於聲天下之人所以皆期指於師曠為知聲之妙者是天下之人耳相似也又不特耳如是也惟天下之目亦如是也至於子都者天下之人無有不知其姣好也不知子都之姣好者是無目之人也故曰人口之於味其有所同好者焉耳之於聲以其有同聽者焉目之於色以其有同美者焉至於心獨無所同亦如是乎言人心性亦若口耳皆有同而無異也然人心有所同然者何也是謂理也義也惟聖人者但先得我心之所同然耳故曰理義之有害悅於我心者如芻豢之味有悅於我口耳蓋理出於性命天之所為也義出於道德人之所為也而理義又出於人心所同然也是則天之使我有是之謂命天命之謂性是性命本乎天故為天之所為也天之所為雖妙然而未嘗不有理焉如此豈非其理有出於性命者乎人能存其性命而不失之者是所謂有其道德也故為人之所為者也人之所為道德雖妙然而未嘗不有義存焉如此則豈非其義有出於人心者乎合而言之則性命道德是為理義雖是理義出於性命道德者耳○注麰麥至薄也○正義曰釋云麰麥大麥也又短粒麥也詩云貽我來麰此蓋周頌思文之篇言后稷配天之詩也磽說文云磽石地名也○注易牙為知味○正義曰案左傳云易牙齊桓公大夫也淄澠二水為食易牙亦知二水之味桓公不信數試始驗是易牙為知味者也○注師曠為知聲之妙○正義曰案呂氏春秋云已說在離婁篇首左傳杜氏注云晉樂師子野者是也○注子都詩云不見子都乃見狂且○正義曰案詩國風山有扶蘇之篇文也注云都世之美好者狂狂人也且辭也箋云人之好色不往覿子都反往覿狂醜之人凡此是知子都為美好者也○草牲曰芻穀養曰豢○正義曰說文云牛馬曰芻犬豕曰豢是其解也

孟子注疏卷十一上校勘記　阮元撰盧宣旬摘錄

人性爲才幹 閩監毛三本孔本足利本同韓本考文古本才作本

所能順完杞柳 閩監毛三本同廖本孔本韓本考文古本足利本所作子

而成其桮棬乎 閩監毛三本足利本同孔本韓本考文古本無其字

將斤斧殘賊之 各本同岳本將下有以字

如將戕賊杞柳 此本脫戕字

明不可此桮棬 此當作比閩監毛三本作比廖本孔本韓本考文古本作明不可比桮棬也

以告子轉性爲仁義 閩監毛三本同廖本孔本韓本考文古本足利本爲上有以字

蓋歎辭也 閩監毛三本同廖本孔本韓本考文古本無蓋字

▲章指言養性長義順夫自然殘木爲器變而後成 岳本孔本韓本考文古本此下並有告子道偏見有不純八字 仁內義外 孔本作內仁外義 違人之端孟子拂之不假以言也

湍水圜也謂湍水湍縈水也 閩監毛三本同廖本孔本韓本考文古本上湍水作湍者下湍水無水字縈作濴案僞疏引亦作湍者圜也音義出濴字

搏而躍之 音義丁作摶

猶水之欲下也 閩監毛三本同廖本孔本韓本無之字

▲章指言人之欲善猶水好下迫勢激躍失其素眞是以守正性者爲君子隨曲拂者爲小人也

令謂縈迴之水者然其水流沙上 案今誤令言誤然監毛本不誤

無異性 閩監毛三本足利本同廖本孔本韓本考文古本下有也字

問告子以三白之性 閩監毛三本同廖本孔本韓本考文古本疊子字

▲章指言物雖有性性各殊異惟人之性與善俱生赤子入井以發其誠告子一之知其麤矣孟子精之是 足利本作人 在其中

則犬狗之性 閩本同監毛二本無狗字

見彼人年老長大 閩監毛三本同廖本孔本韓本無老字

非在我者也猶白色見於外者也 閩監毛三本足利本同廖本孔本韓本考文古本在下有於字無二者字

同謂之白可也 各本同考文古本可作何

爲義義乎 閩監毛三本少一義字廖本孔本韓本考文古本作爲有義乎案廖本是也

且敬老者 閩監毛三本同廖本孔本韓本無且字

愛從已 廖本孔本韓本考文古本同閩監毛三本已誤心

所悅喜老者在外 岳本孔本韓本考文古本同閩監毛三本脫老字

故曰外也 閩監毛三本同廖本孔本韓本無也字

耆秦人之炙 音義本亦作嗜下同○案嗜正字耆假借字

已情性敬之 閩監毛三本足利本同孔本韓本考文古本性作往

▲章指言事雖在外行其事者皆發於中明仁義由內所以曉告子之惑也

且孟子所以排之 閩監二本同毛本且作故

云炙實 監毛本實並作者

行吾敬 此章敬字石經諱作欽

故言內也 閩監毛三本同岳本孔本韓本無也字

則誰先酌 閩監毛三本足利本同岳本孔本韓本考文古本作則先酌誰

鄉人以在賓位 閩監毛三本同廖本孔本韓本考文古本無以字

斯須之敬在鄉人 閩監毛三本足利本同廖本孔本韓本考文古本下有也字

▲章指言凡人隨形不本其原賢者達情知所以然季子信之猶若告子公都受命然後乃理

孟季至是亦在外也 是食之誤閩監毛三本不誤

公都子曰或人者 閩監毛三本同孔本韓本無者字

以爲各有性 閩監毛三本同岳本廖本孔本韓本各上有人字

使其二子爲不仁 閩監毛三本同岳本孔本韓本考文古本其作此

是亦各有性也矣 廖本孔本韓本考文古本無矣字閩監毛三本也作者

皆爲非歟 閩監毛三本同廖本孔本韓本考文古本作皆非邪

孝經云 閩監毛三本同岳本孔本韓本云作曰

其有下愚不移者也 閩監毛三本同岳本廖本孔本韓本考文古本無也字

譬若乎被疾不成之人 閩監毛三本同岳本廖本韓本若作如無乎字考文古本無乎字

民之秉彝 閩本同石經彝作夷監本毛本孔本韓本考文古本足利本同石經下同

言天生蒸民 閩監毛三本同廖本孔本韓本考文古本蒸作衆

民之秉夷夷常也 孔本韓本考文古本同閩監毛三本二夷作彝

故曰人皆有是善者也 閩監毛三本足利本同廖本孔本韓本作故曰人皆有善也考文古本作故言人皆有善也

▲章指言天之生人皆有善性引而趣之善惡異衢高下相懸賢愚舛殊尋其本者乃能一諸

非天降下才性與之異也 閩監毛三本同廖本孔本韓本無也字

以飢寒之厄 閩監毛三本同孔本韓本考文古本厄作阸音義出阸字

樹之時又同 石經此文漫漶樹似諱作植

貽我來麰 各本同考文古本來作麥

地之有肥磽耳 各本同足利本地上有如字

古賢人也閩監毛三本同岳本孔本韓本考文古本人作者

誰不同也閩監毛三本同宋本廖本孔本韓本考文古本下有草食曰芻穀養曰豢八字宋本食作牲古本作性山井鼎云性恐牲誤

▲章指言人稟性俱有好憎耳目口心所悅者同或爲君子或爲小人猶麰麥不齊雨露使然也孟子上言是所以勗而進之

孟子注疏卷十一上校勘記

孟子注疏解經卷第十一下

告子章句上　趙氏注　孫奭疏

孟子曰。牛山之木嘗美矣。以其郊於大國也。斧斤伐之。可以爲美乎。是其日夜之所息。雨露之所潤。非無萌櫱之生焉。牛羊又從而牧之。是以若彼濯濯也。人見其濯濯也。以爲未嘗有材焉。此豈山之性也哉。牛山齊之東南山也邑外謂之郊息長也濯濯無草木之貌牛山未嘗盛美以在國郊斧斤牛羊使之不得有草木耳非山之性無草木也雖存乎人者。豈無仁義之心哉。其所以放其良心者。亦猶斧斤之於木也。旦旦而伐之。可爲美乎。其日夜之所息。平旦之氣。其好惡與人相近也者幾希。存在也言雖在人之性亦猶此山之有草木也人豈無仁義之心邪其日夜之思欲息長仁義平旦之志氣其好惡凡人皆有與賢人相近之心幾豈也豈希言不遠也則其旦晝之所爲。有梏亡之矣。梏之反覆。則其夜氣不足以存。夜氣不足以存。則其違禽獸不遠矣。人見其禽獸也。而以爲未嘗有才焉者。是豈人之情也哉。旦晝日晝也其所爲萬事有梏亂之使亡失其日夜之所息也梏之反覆利害于其心其夜氣不能復存也人見惡人禽獸之行以爲未嘗存善木性此非人之情也故苟得其養。無物不長。苟失其養。無物不消。孔子曰。操則存。舍則亡。出入無時。莫知其鄉。惟心之謂與。誠得其養若雨露於草木法度於仁義何有不長也誠失其養若斧斤牛羊之消草木利欲之消仁義何有不盡也孔子曰持之則存縱之則亡莫知其鄉鄉猶里以喩居也獨心爲若是也

【疏】孟子曰牛山至之謂與。正義曰此章言秉心持正使邪不干猶止斧斤不伐牛山則山木茂人則稱仁也孟子曰牛山之木至惟心之謂與者孟子言牛山之木常爲秀美矣然以其爲郊國之外也殘之以斤斧之伐可以爲秀美乎言以其斤斧常伐之則不可爲美也雖爲斤斧所伐然以其日夜之所長息雨露之所潤澤非無萌牙絲櫱生焉柰何萌櫱既生而牛羊之畜又從而牧養於其間是以牛山若彼濯濯無草木之貌也人見其濯濯然無草木以爲牛山未嘗有材木焉是豈牛山之性無草木哉言牛山之木常有其材木耳其所以無之者但斧斤牛羊從而殘滅之矣言雖存在乎人者豈無仁義之心哉然人之所以放去其良心而無仁義者亦如斧斤之伐於牛山之木也是日日而伐滅之可爲美材乎言不可爲美材也言牛山日夜之所息長草木與人平旦之氣其好惡與人相近者不遠矣以其牛山日夜所息長草本莫不欲秀茂爲美而惡其斧斤牛羊殘害之爲惡也人之平旦之氣尚未有利欲汨之則氣猶靜莫不欲爲之善也而惡爲之惡也但人平旦之氣則其旦晝之所爲利欲有以梏亡之矣平旦則未至於晝旦晝所以爲日之中矣且人於平旦之時其氣靜未有利欲事緒以動之則未必不善矣以其善固存於此時也亦如牛山日夜所長草木無以斧斤牛羊殘害之則未必不美矣以其萌櫱生焉而美固已有矣柰何斧斤牛羊又從而殘滅之亦若旦晝所爲利欲以梏亡之者焉梏手械也利欲之制善使不得爲猶梏之制手也梏之反覆其情緒不一則夜於平旦之氣不足以存既不足以存而爲利欲萬緒梏而亡之則其違異於禽獸之行不遠矣以其近也人見其爲禽獸之行者而爲未嘗有才性焉是豈人之情爲如是哉言非人之情也言人情本欲爲善矣其所以終而爲者但利欲從而梏亡之矣故苟得其所養無物不長苟失其所養無物不消如牛山苟日夜之所息雨露之所潤與平旦之氣是得其所養者也是則無物不長矣如牛山苟爲牛羊從而牧之與旦晝所爲而梏亡之是失所養者也是則無物不消矣孟子又引孔子云操持之則存縱舍之則亡其出入徇物而不有常時莫知其所向之鄉惟獨心爲若是也凡此孟子所以言人心性本善但當有常操而存之者矣。注牛山齊之東南山。正義曰蓋亦以理推之亦自可見故傳所謂齊景遊於牛山之上是亦知之爲齊之山矣

孟子曰。無或乎王之不智也。王齊王也或怪也時人有怪王不智而孟子不輔之故言此也雖有天下易生之物也。一日暴之。十日寒之。未有能生者也。吾見亦罕矣。吾退而寒之者至矣。吾如有萌焉何哉。種易生之草木五穀一日暴溫之十日陰寒以殺之物何能生我亦希見於王既見而退寒之者至謂左右佞諂順意者多譬諸萬物何由得有萌牙生也今夫弈之爲數。小數也。不專心致志。則不得也。弈博也或曰圍棊論語曰不有博弈者乎數技也雖小技不專心則不得也弈秋。通國之善弈者也。使弈秋誨二人弈。其一人專心致志。惟弈秋之爲聽。一人雖聽之。一心以爲有鴻鵠將至。思援弓繳而射之。雖與之俱學。弗若之矣。爲是其智弗若與。曰。非然也。有人名秋通一國皆謂之善弈曰弈秋使教二人弈其一人惟秋所善而聽之其一人志欲射鴻鵠故不如也爲是謂其智不如也曰非也以不致志也故齊王之不智亦若是

【疏】孟子曰無或至非然也。正義曰此章言弈爲小數不精不能一人善之十人惡之雖竭其道何由能成者也孟子曰無或乎王之不智也至非然也孟子言時人無怪齊王之不智也以其孟子不輔佐之故云之此言雖有天下易生之物如一日溫煖以暴之乃十日寒凍以殺之是以未有能生者也雖有能生之者然於我見之亦少矣我自輔佐齊王而退歸而姦佞諂諛齊王者至多矣然而我尚如有心欲使王萌而爲善是如之何哉孟子言之以此者蓋謂吾君不能者是謂賊其君者也所以言時人無或乎王之不智也當輔佐君爲之而已孟子輔佐齊王既退而姦佞之臣又陷君於爲惡故有激而云此也蓋天下易生之物譬

齊王以爲善也，一日暴之喻孟子一人之輔齊王也，十日寒之喻姦佞臣之衆陷君於爲惡也，陷君於爲惡者如是之衆，則齊王所以不智也，喻未有能生者也。今夫譬之弈秋，但爲技數雖小技，如不專一其心，致篤其志，則亦不得精也。是故弈人名秋者，通一國皆稱爲善能弈者也，使秋誨其二人弈，其一人專心致志，唯弈秋之言是聽，一人雖聽之，其一心以爲有鴻鵠之鳥將至，乃思援弓繳矢而射之，雖與皆學夫弈秋，然亦不若其專心致志者精矣。爲是弗若之者，非謂其智弗若也，以其不專心致志而聽弈秋之誨故也。此所以曰爲是其智弗若與，繼之曰非然也，言不然也。孟子所以引爲比者，蓋謂齊王如能專心致志，惟賢者是聽，則孰不與王爲善乎？柰齊王不能專心致志惟賢是聽，但爲姦臣之所謏佞，所以如有鴻鵠將至，思援弓繳矢而射之者，故弗若彼之精而遂不爲善矣。然則時人亦不可謂齊王不智，特當輔之而已。然既輔之，亦當齊王能專心致志聽從之，然後可矣。孟子所以既退而尚如有萌焉，柰何終輔之而齊王姦佞諂諛之衆，而不能聽從爲善耳。此故以弈秋喻己，而以鴻鵠喻姦佞。其一以爲有鴻鵠，思援弓繳而射之，喻齊王雖聽己之言，然不專心致志，惟在於鴻鵠耳。○注「弈博也」至「不得也」。○正義曰：按陽貨論語第十七之篇云「不有博弈者乎」，而解弈爲博也。說文云：「作博局戲也，六著十二棊也。」古者堯曾作博，圍棊謂之弈。說文：「弈從廾，言速兩手而執之。」棊者所執之子，圍而相殺，故謂之圍棊，稱弈者，又取其落弈之義也。○注「有人名秋善弈」。○正義曰：按傳記有云：「弈秋，通國之善弈也。有過者止而聽之，則弈敗，坐泪之也。」又云：「疑首，天下之善算也。有鴻鵠過，彎弦擬問以三五，則不知，鴻鵠亂之也。」是亦孟子之言與。

孟子曰：「魚，我所欲也；熊掌，亦我所欲也。二者不可得兼，舍魚而取熊掌者也。生，亦我所欲也；義，亦我所欲也。二者不可得兼，舍生而取義者也。熊掌熊蹯也以喻義魚以喻生也。生亦我所欲，所欲有甚於生者，故不爲苟得也。死亦我所惡，所惡有甚於死者，故患有所不辟也。如使人之所欲莫甚於生，則凡可以得生者，何不用也？使人之所惡莫甚於死者，則凡可以辟患者，何不爲也？有甚於生者謂義也義者不可苟得有甚於死者謂無義也不苟辟患也莫甚於生則苟利而求生矣莫甚於死則可辟患不擇善何不爲耳由是則生而有不用也，由是則可以辟患而有不爲也。是故所欲有甚於生者，所惡有甚於死者。非獨賢者有是心也，人皆有之，賢者能勿喪耳。有不用不用苟生也有不爲不爲苟患而辟患也有甚於生義甚於生也有甚於死惡甚於死也凡人皆有是心賢者能勿喪亡之也一簞食，一豆羹，得之則生，弗得則死，嘑爾而與之，行道之人弗受；蹴爾而與之，乞人不屑也。人之餓者得此一器食可以生不得則死嘑爾猶嘑爾咄啐之貌也行道之人凡人以其賤己故不肯受也蹴蹋也以足踐蹋與之乞人不潔之亦由其小故輕而不受也萬鍾則不辯禮義而受之，萬鍾於我何加焉？爲宮室之美、妻妾之奉、所識窮乏者得我與？言一簞食則貴禮至於萬鍾則不復辯別有禮義與不鍾量器也萬鍾於己身何加益哉己身不能獨食萬鍾也豈不爲廣美宮室供奉妻妾施與所知之人窮乏者也鄉爲身死而不受，今爲宮室之美爲之；鄉爲身死而不受，今爲妻妾之奉爲之；鄉爲身死而不受，今爲所識窮乏者得我而爲之，是亦不可以已乎？此之謂失其本心。」鄉者不得簞食而食則身死尚不受也今爲此三者爲之是不亦可以止乎所謂失其本心者也

〔疏〕「孟子曰魚」至「失其本心」。○正義曰：此章言舍生取義，義之大者也；簞食萬鍾，用有輕重；縱彼納此，蓋違其本；凡人皆然，君子則否，所以殊也。「孟子曰魚我所欲也」至「失其本心」者，孟子言魚之爲味，我之所欲者也；熊蹯之味，亦我所欲者也。然而魚與熊蹯二者不可兼得，但捨去其魚而取熊蹯也，以其熊蹯之味又有美於魚也。魚在水之物，熊蹯在山之物，欲在水不可兼得於在山者，在山又不可兼得於在水者，故爲二者不可兼得也。魚所以喻生也，熊蹯所以喻義，故曰生亦我所欲也，義亦我所欲也。然而生與義二者亦不可兼得之，但捨生而取義也，以其義又有勝於生也。如勇士不忘喪其元，志士不忘在溝壑，有殺身以成仁，是皆以義有勝於死也，是舍生而取義也。然而生亦爲我心之所欲，其以所欲有甚於生者，故不爲苟得也；死亦爲我心之所惡疾者，其以所惡有甚於死者，故患禍有所不避辟也。如令人之所欲者無有甚於生，則凡可以得生者何不用而行之也？令人之惡者無有甚於死者，則凡可以辟患者何不擇而爲之也？蓋可以得生、可以辟患者，皆是不義也，故不爲苟得，故患有所不辟也者，是皆有義也。由此言之，則生而有不用也，是不苟生也；則可以辟患而有不爲也，是不苟爲惡以辟患也。如此，故所欲有甚於生，所惡者有甚於死，非獨賢者有此心也，人皆有此心也，但賢人能常存之而勿喪亡之耳。蓋所欲有甚於生者，是義也；所惡有甚於死者，是不義也。且以一簞所盛之食，一豆所盛之羹，得而食之者則養其生，不得此而食者則餓而死，然而嘑爾叱咄而與之，雖行道塗之中凡人且不肯受而食之也；如蹴爾踐蹋而與之，雖乞丐之賤人且以爲不潔而不肯受而食也。言萬鍾之祿，則不責辯禮義而受之者，雖萬鍾之多，然於我何足爲益焉？於我何益，以其已身不能獨食之也。已不能獨食，則爲宮室之廣美，供奉妻妾，施與所知之人窮乏者而已。如是，則鄉日不得簞食豆羹則身死尚不受，今乃爲宮室廣美、供奉妻妾、與施所知之人窮乏者而受爲之，如此是亦不可以止乎？言此可以止而不止者也，是謂失其本心者矣，是亡其義者矣。故本心即義也，所謂賢者但能勿喪亡此本心耳。○注「熊蹯」。○正義曰：按史記世家云：「宰夫胹熊蹯不熟，晉靈公怒而殺之。」裴駰注云：「服虔曰：蹯，熊掌，其肉難熟。」注「鍾，量器也」。正義曰：齊太夫晏子云，已說在梁惠篇。

孟子曰：「仁，人心也；義，人路也。舍其路而弗由，放其心而不知求，哀哉！不行仁義者不由路不求心者也可哀憫哉人有雞犬放，則知求之；有放心，而不知求。學問之道無他，求其放心而已矣。」人知求雞犬莫知求其心者惑也學問所以求之矣

〔疏〕「孟子曰」至「而已矣」。○正義曰：此章言由路求心，爲得其本，追逐雞犬，務其末也，學以求之，詳矣。「孟子曰至而已矣」者，孟子言仁者是人之心也，是人人皆有之者也；義者是人之路也，是人人皆得而行之者也。今有人乃舍去其路而不行，放散其心而不知求之者，可哀憫哉！且人有雞犬放之，則能求追逐之；有心放離之，而不求追復。然而學問之道無他焉，但求其放心而已矣。能求放心，則仁義存矣。以其人之所以學問者，亦以精此仁義也。

孟子曰：「今有無名之指，屈而不信，非疾痛害事也，如有能信之者，則不遠秦楚之路，爲指之不若人也。無名之指手之第四指也蓋以其餘指皆有名無名指者非手之用指也雖不疾痛妨害於事猶欲信之不遠秦楚爲指之不若人故也指不若人，則知惡之；心不若人，則不知惡。此之謂不知類也。」心不若人可惡之大者也而反惡指故曰不知其類也類事也

〔疏〕「孟子曰」至「不知類也」。○正義曰：此章言舍大惡小，不知其要，憂指忘心，不即於道，是以君子惡之者也。「孟子曰」至「此之謂不知類也」，孟子言今人有第四指爲無名之指，屈而不信，且非疾痛有妨害於爲事也，如有人能信者，則不遠秦楚之路而求信之，以爲惡其指之不若人也。且以無名之指爲無用之指，則耻惡之不若人；其心不若人，則不知耻惡之，是之謂爲不知其類者也。荀子云「相形不如論心」，同其意也。蓋云秦楚者，以其秦楚相去最爲遠者也，故取爲言。指屈尚不遠秦楚之路而求信，心即在於已，爲最近者也，尚不能求之耶？此孟子所以爲不知類者也。

孟子曰：「拱把之桐梓，人苟欲生之，皆知所以養之者。至於身，而不知所以養之者，豈愛身不若桐梓哉？弗思甚也。」拱合兩手也把以一手把之也桐梓皆木名也人皆知灌溉而養之至於養身之道當以仁義而不知用豈於身不若桐梓哉不思之甚者也宜孟子有是以言之歟

〔疏〕「孟子」至「甚也」。○正義曰：此章言莫知養身而養其樹木，失事違務，不得所急，所以誠未達者也。孟子言桐梓之木，方於可拱把之時，人欲其生長，皆知所以灌溉而養之者；至於已之身，而不知以仁義之道養之者，豈人之愛保其身，反不若桐梓之爲急哉？但人弗思忖之而已，故以甚者也，宜誠之以此。

孟子曰：「人之於身也，兼所愛。兼所愛，則兼所養也。無尺寸之膚不愛焉，則無尺寸之膚不養也。人之所愛則養之於身也一尺一寸之膚養相及也所以考其善不善者，豈有他哉？於己取之而已矣。考知其善否皆在己之所養也體有貴賤，有小大。無以小害大，無以賤害貴。養其小者爲小人，養其大者爲大人。養小則害大養賤則

害貴小口腹也大心志也頭頸貴者也指拇賤者也不可舍貴養賤也務口腹者爲小人治心志者爲大人故也今有場師。舍其梧檟。養其樲棘。則爲賤場師焉。場師治場圃者場以治穀圃園也梧桐檟梓皆木名樲棘小棘所謂酸棗也言此以喻人舍大養小故曰賤場師也養其一指。而失其肩背。而不知也。則爲狼疾人也。謂醫養人疾治其一指而不知其肩背之有疾以至於害之此爲狼藉亂不知治疾之人也飲食之人。則人賤之矣。爲其養小以失大也。飲食之人。無有失也。則口腹豈適爲尺寸之膚哉。飲食之人人所賤之者爲其養口腹而失道德耳如使不失道德存仁義以往不嫌於養口腹也故曰口腹豈但爲肥長尺寸之膚哉亦以懷其道德也〔疏〕孟子曰人之於身至膚哉〇正義曰此章言養其行治其正俱用智力善惡相厲是以君子居處思義飲食思禮者也孟子曰人之於身也至於已取之而已矣孟子言人之於一身也無有所不愛也以其兼愛之矣兼所愛則必兼有所養也是則一身之中無有一尺一寸之肌膚不愛焉則亦無有一尺一寸之肌膚不養之也以其兼所愛必兼所養而已然而所以考究其有善其有不善者亦豈有他爲哉但亦於一己自取之而已矣所謂頤其大體則爲大人從其小體則爲小人豈非已自取之謂乎蓋孟子但云尺寸之膚者則心存乎中又有居待而言者也且心爲一身之君所謂心爲天君者也荀子云心居中虛以治五官此之謂也言人既愛尺寸之膚雖心亦在所愛焉既養尺寸之膚雖心亦在所養焉所謂愛養心者亦以仁義之道愛養之而已人之心由人所趨向如何耳故曰所以考其善不善於已取之而已矣體有貴賤至尺寸之膚哉孟子又言人體有貴亦有賤有小亦有大於人之一身合而言之則謂之體自體而言之又有耳目口鼻形心者也以貴大則心爲一體之貴者大者以賤小則耳目口鼻形爲一體之賤者小者言人之於一體不可務愛養其賤者小者以害其貴者大者也如養其小者則爲之小人養其大者則爲大人以其耳目口鼻形五者所好不過利慾而已而心稟於有生之初仁義之道俱存於其間是以養心者爲大人君子養耳目口鼻形者以利慾爲小人耳故孟子所以有是言也今有場師治場圃者如舍其梧檟之良本而特養其樲棘是爲賤場師焉梧桐也檟山楸也樲棘小酸棗也梧檟可以爲琴瑟材是良木小酸棗無用之才也是賤木也此所以喻養體不養其貴者而養其賤者也又如養其一指之小而失其肩背之大則爲狼疾藉亂而不知醫治者也此所以喻養體不養其大者而養其小者也且務飲食之人則人皆賤之者矣無他是爲其養小而失去其大也如飲食之人亦無有失其養大則口腹豈但肥長適尺寸之膚爲哉言是亦懷仁義之道者也〇注檟樲棘爲桐梓酸棗正義曰說文云梧檟山楸又云楸梓也樲棘小酸棗也是所以棗此爲之云公都子問曰。鈞是人也。或爲大人。或爲小人。何也。鈞同也言有大有小何也孟子曰。從其大體爲大人。從其小體爲小人。大體心思禮義小體縱恣情慾曰。鈞是人也。或從其大體。或從其小體。何也。公都子言人何獨有從小體也曰。

耳目之官不思。而蔽於物。物交物。則引之而已矣。心之官則思。思則得之。不思則不得也。此天之所與我者。先立乎其大者。則其小者不能奪也。此爲大人而已矣。孟子曰人有耳目之官不思故爲物所蔽官精神所在也謂人有五官六府物事也利慾之事來交引其精神心官不思善故失其道而陷爲小人也此乃天所與人情性先立乎其大者謂生而有善性也小者情慾也善勝惡則惡不能奪之而已矣〔疏〕公都子至已矣〇正義曰此章言天與人性先立其大心官思之邪不乖越故謂之大人者也公都子問曰鈞是人也至何也者公都子問孟子曰世之人皆是人者也或有名爲大人或有名爲小人者是如之何也孟子曰從其大體爲大人從其小體爲小人孟子荅之曰從事於大體而以仁義養其心是從其大體故謂之大人也從其小體以利慾養其耳目之官是從其小體故謂之小人也曰鈞是人也或從其大體或從其小體何也公都子未曉故問之曰既皆是人也或以從養其大體或從養其小體是如之何曰耳目之官至此爲大人而已矣孟子又荅之曰人有耳目之官不以心思主之而遂蔽於者慾之物既蔽於物則己亦已失矣已失則是亦爲物而已是則物交接其物終爲物引之喪其所得矣惟心之官則爲主於思如心之所思則有所得而無所喪如不思則失其所得而有以喪之耳是以天之所與付於我者所以先與立其大者則心是也既與立其大者則小者斯不能奪之矣小者則耳目是也是以爲之大人而已矣蓋耳目主視聽是以爲官者也心君主官者也亦謂之官者以其亦主思故亦爲官矣荀子云心君也房中虛而治五官者也是以心思之大者而小者不能奪其耳目不爲利慾之所蔽茲所以從其大體而爲大人也彼小人者以其不思而爲利慾所蔽故也孟子曰。有天爵者。有人爵者。仁義忠信。樂善不倦。此天爵也。公卿大夫。此人爵也。天爵以德人爵以祿古之人。脩其天爵。而人爵從之。今之人。脩其天爵。以要人爵。既得人爵。而棄其天爵。則惑之甚者也。人爵從之人爵自至也以要人爵要求也得人爵棄天爵惑之甚也終亦必亡而已矣。棄善忘德終必亡也〔疏〕孟子至已矣〇正義曰此章言古脩天爵自樂之也今要人爵以誘時也得人棄天道之忌也惑以招亡小人之事者也孟子曰有天爵者至終亦亡之而已矣孟子言有所謂天爵者有所謂人爵者仁義忠信四者而又樂行其善而不厭倦者是所謂天爵也自公卿大夫者是所謂人爵此孟子所以自解之也自古之人脩治其天爵而人爵自然從之如舜耕於歷山樂取諸人以爲善而堯自然禪其祿位是脩其天爵而人爵從之者也又如伊尹之徒亦是也今之人脩其天爵以要求人爵既得其人爵而又棄其天爵則蔽惑之甚者也如登龍斷以罔市利乞墦間之祭者是其類也此孟子所以指今之人而言也如此者終亦必亡其人爵而已矣是故孟子所以有是言而勸誡之孟子曰。欲貴者。人之同心也。人人有貴於己者。弗思耳矣。人之所貴

者。非良貴也。趙孟之所貴。趙孟能賤之。人皆同欲貴之心人人自有貴者在己身不思之耳在己者謂仁義廣譽也凡人之所貴富貴故曰非良貴者趙孟晉卿之貴者也能貴人又能賤人人之所自有也者他人不能賤之也詩云。既醉以酒。既飽以德。言飽乎仁義也。所以不願人之膏粱之味也。令聞廣譽施於身。所以不願人之文繡也。詩大雅既醉之篇言飽德者飽仁義之於身身之貴者也不願人之膏梁矣膏梁細梁如膏者也文繡衣服也〔疏〕孟子曰至文繡也〇此章言所貴在身人不知求膏梁文繡已之所優趙孟所貴何能比之是以君子貧而樂也孟子曰欲貴者人之同心也至文繡也孟子言凡所願欲其貴者世人所同其心也以其人皆欲之也然而人人有貴只在其己者但不思之耳凡人所貴者非是良貴也良貴者不以爵而貴者是謂良貴如下文所謂仁義廣譽者是也且以趙孟晉卿之貴雖爲所貴者然而趙孟又能賤之是人之所貴者非爲良貴也此孟子所以引而喻也以其趙孟者即晉襄公之臣趙盾者是也是爲晉卿然人爲晉卿出則爲盟主是謂貴矣柰何其賢則不及趙襄其良則不及宜子則所貴特人爵之貴耳如此得無賤耶故曰趙孟之所貴趙孟能賤之也詩大雅既醉之篇有云既醉之以酒既飽之以德是言飽乎仁義者也是亦所謂德將于醉之意同謂德則仁義是也言飽乎仁義所以不願人之膏粱之味乎案禮云公食大夫則稻粱爲嘉膳則膏粱味之至珍者也然而不願人之膏梁則以仁義爲膏梁令聞廣譽之名聲既施飾於身所以不願人之文繡也案詩以一裳爲顯服則文繡爲服之至美者也然而不願人之文繡則以令聞廣譽爲文繡也蓋令聞者以其內有仁義之德則人特不特見而善之又以聞者以其內有仁義令聞令譽則不善也聞名聲而人所聞之也廣譽者亦以內有仁義之德則不待近者美喻之而遠者又有以美喻焉故云廣譽廣遠大也譽美稱也凡此孟子所以教時人之云耳故論君子貧而樂如顏子在陋巷而不改其樂者是之謂也孟子曰。仁之勝不仁也。猶水之勝火。今之爲仁者。猶以一杯水。救一車薪之火也。不熄。則謂之水不勝火。此又與於不仁之甚者也。亦終必亡而已矣。水勝火取水足以制火一杯水何能救一車薪之火也以此則謂水不勝火爲仁者亦若是則與作不仁之甚者也亡猶無也亦終必亡矣〔疏〕孟子至已矣〇正義曰此章言爲仁不至不反諸己謂水勝火熄而後已不仁之甚終必亡矣爲仁道不卒無益於賢者也孟子言爲仁勝於不仁也若水之勝火今之爲仁者不知反本心而爲仁如以一杯水而救一車薪之火也火不熄滅則謂水不勝火以爲不仁勝仁此又與於不仁之甚者也以其有過於不爲仁者也是亦終必亡其仁矣且如湯武之至仁然後勝桀紂之至不仁也今之爲仁但以轉粟移民之爲仁而望民多於鄰國以羊易之仁而欲朝秦楚而撫四夷是若一杯水而望救一車薪之火也此所以終必亡其仁矣此吾孟子所以有激而云孟子曰。五穀者。種之美者也。苟爲不熟。不如荑稗。夫仁亦在乎熟之

而已矣。熟成也五穀雖美種之不成則不如荑稗之草其實可食爲仁不成猶是也【疏】正義曰此章言功毀幾成人在慎終五穀不熟荑稗是勝是以爲仁以其成也孟子言五穀者是天下種之美者也苟五穀不成則不勝荑稗之所奮夫仁者亦天下道之美者也苟爲仁不成則不勝不仁之所害故云夫仁亦在乎成之而已矣此章與前章相類亦若齊宣有愛牛之仁而功不至於百姓梁惠有移民之仁而民不加多於鄰國是爲仁不成之過也五穀已說於前矣云荑稗者即禾中之莛草也孟子曰羿之教人射必志於彀。羿古之善射者彀張弩付的者用思要時也學者志道猶射者之張學者亦必志於彀。也大匠誨人必以規矩。學者亦必以規矩。大匠攻木工規所以爲圓也矩所以爲方也誨教也教人必須規矩學者以仁義爲法式亦猶大匠以規矩者也【疏】孟子至規矩。正義曰此章言事各有本道有所隆彀張規矩以喻爲仁學不爲仁猶是二教失其法而行之者也孟子言羿爲善射者其教人射必志在於勢勢者張弓也張弓以其力分之所至處也言羿雖善射其教人亦必求之於力分之內也大匠爲攻木之工者其教誨人爲匠必在於規矩規所以爲圓之度矩所以爲方之度以其規矩爲法度之至者也言大匠誨人亦必求之於法度內也羿教人既求之於力分之內則學之者亦必求於力分之內矣大匠誨人既求之於法度之內則學之者亦必求於法度之內矣然必皆求於力分之內者以其力分所不到則射亦末如之何矣法度者亦如是矣此喻人以道教人而學之者亦如此耳如皆不求之於力分之內與法度之內則於道終亦不得矣。注羿古之攻射者與匠爲攻木之工者。正義曰此已說於前矣

孟子注疏卷十一下校勘記　阮元撰盧宣旬摘錄

牛山未嘗盛美 閩監毛三本同岳本孔本韓本考文古本未作木

亦猶此山之有草木也 閩監毛三本同廖本孔本韓本無此也二字

可爲美乎 〔補〕各本可下有以字此本脫

日晝也 閩監毛三本同廖本孔本韓本考文古本足利本作晝日也

利害于其心 監毛二本同廖本閩本孔本韓本于作干

以爲未嘗存善木性 廖本孔本韓本考文古本存作有木作才閩監毛三本存作有木作本

章指言秉心持正使邪不干猶止斧斤不伐牛山山則木茂人則稱仁也

其所以終而爲者 〔補〕監毛本而作不是也

其一人志欲射鴻鵠 閩監毛三本同岳本孔本足利本志作念韓本考文古本志下有念字

故齊王之不智亦若是 各本同孔本下衍也字

章指言弈爲小數不精不能一人善之十人惡之雖竭其道何由智哉詩云濟濟多士文王以寧此之謂也

孟子所以引爲比者 閩監毛三本比誤此

不爲苟患而辟患也 閩監毛三本同廖本孔本韓本考文古本上患作惡

蹴爾而與之 音義張取六切或作蹵音同案玉篇蹵躄也則蹴蹵可通用盧刊音義蹵作躍非也通志堂微波榭本俱不誤

人之餓者 廖本孔本韓本考文古本同閩監毛三本餓誤餞

猶嘑爾。閩監毛三本同廖本孔本韓本考文古本嘑作呼按呼是呼卽今俗云招呼咄嗟謂招呼也

行道之人凡人 閩監毛三本同岳本孔本韓本考文古本凡上有道中二字

則不辯禮義而受之 音義云丁本作變案周易坤釋文由辯荀作變是辯變古字通用

則不復辯別有禮義與不 廖本孔本韓本同閩監毛三本不改否考文古本復作得

窮乏者也 閩監毛三本同廖本孔本韓本考文古本無也字

所謂失其本心者也 閩監毛三本足利本同廖本孔本韓本考文古本無者字

章指言舍生取義義之大者也簞食萬鍾用有輕重縱彼納此蓋違其本凡人皆然君子則否所以殊也

有甚於死者 閩監二本同毛本於下衍言字

可哀憫哉 閩監毛三本孔本同韓本考文古本哉作也

人知求雞犬 閩監毛三本同岳本孔本韓本考文古本犬作狗

學問所以求之矣 閩監毛三本足利本同廖本孔本韓本考文古本無矣字有者是

章指言由路求心爲得其本追逐雞狗務其末也學以求之詳矣

且人有雞犬放之 閩監二本同毛本且改凡

爲指之不若人故也 閩監毛三本同廖本岳本孔本韓本無之字

章指言舍大惡小不知其要憂指忘心不嚮於道是以君子惡之也

不思之甚者也宜孟子有是以言之歟 閩監毛三本同廖本孔本韓本考文古本無者字宜孟子以下九字

章指言莫知養身而養 孔本韓本衍其字 樹木失事違 足利本誤遠 務

不得所急所以誡未達者也

宜誡之以此 閩監二本同毛本脫宜字

不可舍貴養賤也 閩監毛三本同廖本孔本韓本也上有者字

爲大人故也 閩監毛三本足利本同廖本孔本韓本考文古本無故也二字

樲棘 樲棘古書皆作樲棗爾雅遵羊棗注引孟子養其樲棗古本爾雅皆同詳爾雅挍勘記唐宋人本艸注皆作樲棗毛傳曰棘者棗也統言之也故羊棗雖小而得稱棗

樲棘小棘 按此是樲棗小棗之誤不可不正小棘之語尤爲不通

人所賤之者 閩監毛三本同岳本孔本韓本考文古本足利本所下有以字

豈但爲肥長尺寸之膚哉 閩監毛三本同廖本孔本韓本考文古本哉作邪

亦以懷其道德也 閩監毛三本同廖本作亦爲懷其道者也孔本韓本作亦爲懷道德者也考文古文作亦以懷其道德者也足利本作亦以懷其道者也

章指言養其行治其正俱用智力善惡相厲是以君子居處思義飲食思禮也

此天之所與我者 廖本閩監毛三本同岳本孔本韓本此作比按朱子文集云舊官本皆作比字注中此乃亦作比方又集注云舊本多作比而趙注亦以比方釋之今本既多作此而注亦作此乃未詳孰是。按朱子誤矣趙注既云比方安可因近本之譌而疑之上文官有二故比方之而先立其大者文意甚明漢書賈誼傳比物此志也如淳曰比謂比方也今多譌此物公羊傳注父老比三老孝弟官屬今本比亦譌此

此乃天所與人情性 廖本閩監毛三本同岳本孔本韓本此乃作比方。按比方是妄改又在朱子後

則惡不能奪之而已矣 閩監毛三本同廖本孔本韓本考文古本無之而已矣四字

章指言天與人性先立其大心官思之邪不乖越故謂之大人也

終必亡也 閩監毛三本足利本同岳本廖本孔本韓本考文古本也作之

章指言古修天爵自樂之也今要人爵以誘時也得人棄天道之忌也惑以招亡小人事也

故曰非良貴者 孔本者改也浦鏜云也誤者

晉卿之貴者也 閩監毛三本同孔本韓本足利本無也字

又能賤人 孔本無又字

人之所自有也者 閩監毛三本同廖本孔本韓本考文古本無也字

▲章指言所貴在身人不知求膏粱文繡已之所優趙孟所貴何能比之是以君子貧而樂也

則人特不特見而善之　補監毛本上特字作將是也

此章言所貴在身　此上當有正義曰三字閩監毛三本不脫

何能救一車薪之火也　閩監毛三本同廖本能救作勝孔本韓本考文古本足利本救作勝

則謂水不勝火　閩監毛三本同廖本孔本韓本無則字

亦終必亡仁矣　閩監毛三本同廖本孔本韓本考文古本亡作無

▲章指言爲仁不至不反諸已謂水勝火熄而後已不仁之甚終必亡矣爲道不卒　足利本卒誤率　無益於賢也

以羊易之仁　易下脫牛字閩本剜增牛字是也監毛二本同閩本

▲章指言功毀幾成人在慎終五穀不熟荑稗是勝是以爲仁必其成也

必志於彀　孔本韓本考文古本足利本同閩監毛三本志作至下同浦鏜云志誤至

古之善射者　閩監毛三本同岳本孔本韓本考文古本善作工疏引作攻

彀張弩付的者　付字模糊閩監毛三本如此廖本孔本韓本作彀張也張弩向的者考文引彀張云古本下有也字又引弩付的者云付作向○按張弩向的所謂若虞機張往省括于度則釋也

用思要時也　閩監毛三本同廖本時作專孔本韓本要作專

得射者之張也　得字模糊閩監毛三本如此孔本韓本考文古本得作猶浦鏜云得當猶字誤

攻木工　閩監毛三本同廖本孔本韓本考文古本作攻木之工疏引有之字

所以爲圓也　閩監毛三本韓本同岳本圓作圓孔本脫也字

▲章指言事各有本道有所隆彀張規矩以喻爲仁學不爲仁猶是二教失其法而行之也

孟子注疏卷十一下挍勘記

孟子注疏解經卷第十二上

告子章句下　凡十六章　趙氏注　孫奭疏

〔疏〕正義曰此卷趙氏分爲下卷者也此卷十有六章其一章言臨事量宜權其輕重以禮爲先食色爲後若有偏殊從其大者二章言天下大道人病不由不患不能是以曹交請學孟子辭焉三章言生之膝下一體而分當親而疏怨慕號天是以小弁之怨未足以爲愆也四章言上之所欲下以爲俗五章言君子交接動不違道享見之儀亢答不差六章見幾而作不俟終日孔子將行冕不及稅七章言王道浸衰轉爲罪人八章言招攜懷遠貴以德禮義勝爲上戰勝爲下九章言善爲國者必藏於民賊民以往其餘何觀十章言先王典禮萬世可遵什一供貢下富上尊十一章言君子除害普爲人也十二章言民無信不立十三章言好善從人聖人一槩十四章言仕雖正道亦有量宜聽言爲上禮貌次之困而免死斯爲下矣十五章言聖賢困窮天堅其志次賢感激乃奮其意十六章言學而見賤恥之大者教誨之方或析或引凡此十六章合上卷二十章是告子之篇有三十六章矣

任人有問屋廬子曰。禮與食孰重。任國之人問孟子弟子屋廬連問二者何者爲重　曰。禮重。荅曰禮重　色與禮孰重。曰。禮重。重如上也　曰。以禮食。則飢而死。不以禮食。則得食。必以禮乎。親迎則不得妻。不親迎則得妻。必親迎乎。任人難屋廬子云若是則必待禮乎　屋廬子不能對。明日之鄒。以告孟子。孟子曰。於。荅是也何有。於音烏歎辭也何有爲不可荅也　不揣其本而齊其末。方寸之木。可使高於岑樓。金重於羽者。豈謂一鉤金。與一輿羽之謂哉。取食之重者。與禮之輕者而比之。奚翅食重。取色之重者。與禮之輕者而比之。奚翅色重。孟子言夫物當揣量其本以齊等其末知其大小輕重乃可言也不節其數累積方寸之木可使高於岑樓岑樓山之銳嶺者寧可謂寸木高於山邪金重於羽謂多少同而金重耳一帶鉤之金豈重一車羽邪如取食色之重者比禮之輕者何翅食色重哉翅辭也若言何其不重也　往應之曰。紾兄之臂。而奪之食。則得食。不紾則不得食。則將紾之乎。踰東家牆。而摟其處子。則得妻。不摟則不得妻。則將摟之乎。教屋廬子往應任人如是紾戾也摟牽也處子處女也則是禮重食色輕者也

〔疏〕任人至摟之乎○正義曰此章言臨事量宜稱其輕重以禮爲先食色爲後者也任人有問屋廬子曰禮與食孰重任人任國之人有問屋廬子曰禮與食二者何者爲重曰禮重屋廬子荅之以爲禮重屋廬子孟子弟子也任人又問色與禮二者孰重曰禮重屋廬子又荅之以爲禮重曰以禮食則飢而死至必親迎乎任人又問之曰人若待有禮然後食則飢餓而死不待禮而食者則得其食而不見飢餓必待以禮然後食乎任人意以爲不待禮而食也行親迎婚之禮則不得其妻不待親迎之禮則得其妻必待親迎之禮任人意又以爲不待親迎也所謂禮食者案禮云主人親饋則客祭主人不親饋則客不祭故君子苟無禮雖美不食焉凡此之謂所謂親迎者又案禮云夏氏迎於庭商人迎於室周人迎於戶凡此是也今任人不知此爲重故以食色並而問之屋盧子不能對明日之鄒以告孟子屋盧子未有言以荅應故不能對任人之問乃明日之鄒國以任人此言告於孟子孟子曰於荅是也何有至則將摟之乎孟子見盧子不能荅此言而乃嘆之曰荅此之言何有難乎何爲不可荅也言凡物有常如不揣量其本但齊等其末則雖方寸之木可合高於岑樓岑樓山之銳峯也此乃齊等其末而不量其本之謂也言雖可謂之一帶鉤之金與一車羽毛之謂哉是亦不揣其本而齊其末之謂也以其揣之以本則方寸之木不能過於岑樓一帶鉤之金不能重於一車之羽也如不揣其本則取食之重者與禮之輕者比喻之何啻食爲重也取色之重者與禮之輕者比並之則何啻色爲重也如此是猶積累方寸之木可使高於岑樓積疊一車之羽毛可使重於一鉤金也是則任人不揣其本而齊其末也且爲不以禮食則飢而死則人誰不以食爲重也不親迎則得妻則人誰不以色爲重也故孟子所以於此又教之屋盧子使往應於任人曰紾戾其兄之臂而奪之食則得其食不紾戾之則不得其食則將可以紾戾兄之臂乎踰越東家之牆而牽其處女則得爲之妻不牽之則不得爲之妻則將可以牽處女乎言不可如是也故以乎言之所謂東家則託此言之矣如謂鄰家也然而鄰亦有西南北何不言之蓋言東則西南北不言而在矣○注任國○正義曰任薛同姓之國在齊楚之間後亦有案文在孟子居鄒之段○注岑樓山之銳嶺○正義曰釋云山小而高者曰岑是知岑樓即知爲銳嶺之峯也曰樓者蓋重屋曰樓亦取其重高之意也○注云處女○正義曰未嫁者也

曹交問曰。人皆可以爲堯舜。有諸。孟子曰。然。曹交曹君之弟交名也荅曰然者言人皆有仁義之心堯舜行仁義而已　交聞文王十尺。湯九尺。今交九尺四寸以長。食粟而已。如何則可。交聞文王與湯皆長而聖今交亦長獨但食粟而已當如之何　曰。奚有於是。亦爲之而已矣。有人於此。力不能勝一匹雛。則爲無力人矣。今曰舉百鈞。則爲有力人矣。然則舉烏獲之任。是亦爲烏獲而已矣。夫人豈以不勝爲患哉。弗爲耳。孟子曰何有於是言乎仁義之道亦當爲之乃爲賢耳人言我力不能勝一小雛則謂之無力人言我能舉百鈞百鈞三千斤也則謂之有力之人烏獲古之有力人也能移舉千鈞人能舉其所任是爲烏獲才也夫一匹雛不舉豈患不能勝哉但不爲之耳　徐行後長者。謂之弟。疾行先長者。謂之不弟。夫徐行者。豈人所不能哉。所不爲也。長者老者也弟順也人誰不能徐行者患不肯爲也　堯舜之道。孝悌而已矣。子服

堯之服。誦堯之言。行堯之行。是堯而已矣。子服桀之服。誦桀之言。行桀之行。是桀而已矣。孝悌而已人所能也堯服衣服不踰禮也堯言仁義之言堯行孝悌之行桀服譎詭非常之服桀言不行仁義之言桀行淫虐之行爲堯似堯爲桀似桀而已矣

曰。交得見於鄒君。可以假館。願留而受業於門。交欲學於孟子願因鄒君假館舍備門徒也

曰。夫道若大路然。豈難知哉。人病不求耳。子歸而求之。有餘師。孟子言堯舜之道較然若大路豈有難知人苦不肯求耳子歸曹而求行其道有餘師師不少也不必留館學也

【疏】曹交至餘師○正義曰此章言天下大道人病不求不患不能是以曹交請學孟子辭之者也曹交問曰人皆可以爲堯舜有諸曹交曹君之弟也姓曹名交曹交問孟子曰凡人皆可以爲堯舜二帝有諸否乎孟子曰然孟子荅之以爲誠如是也交聞文王十尺至如何則可者曹交又言交嘗聞文王身長十尺湯王身長九尺今交身亦長九尺四寸但獨食粟而已當如之何則可以爲堯舜曰奚有於是至是桀而已矣孟子荅之曰何有於此言之謂乎言非論身長短之謂也所以爲堯舜者亦爲之而已且託今有人於此其力不能舉任一匹雛之小是則爲無筋力之人也今又曰能舉任三千鈞之重則爲有筋力之人也如是言之則能舉鳥獲千鈞之任者此亦足爲鳥獲之徒而已矣且夫人豈以不能舉勝一匹雛之小而爲憂患哉但不爲之耳如用力舉之則勝矣以言人之所欲爲堯舜者豈患其不能爲之哉亦但不爲之耳且以徐緩而行後於長者是謂之悌順急疾而行先於長者謂之不悌順夫徐緩而行者豈凡人所不能如是哉但所不爲徐行之矣夫堯舜二帝之道而已矣今若身服堯之法服以衣服不越禮口誦堯之法言以其言有法度所行則行堯所行堯所行之迹以其行不淫虐如此是亦爲堯之徒矣若子於今身乃服桀非常之服口誦詭譎之言所行乃行桀淫虐之行如此是亦爲桀而已矣交得見於鄒君至於門曹交聞孟子言至此乃曰交得見鄒君可以因而假館舍願留止而受業於夫子之門而學於孟子也曰夫道若大路至餘師孟子乃荅之曰夫道若大路較然易行也豈爲難知者哉言不難知也但人病不求之耳子歸曹而自能求之而行其道亦不少師也何必願受業於我孟子所以荅之者此蓋爲曹交欲挾鄒君而問是挾貴而問者也是以辭之而已抑亦不屑教誨之謂也○注鈞三千斤○正義曰已前篇說之矣○注烏獲有力人也○正義曰案皇甫士安帝王世說云秦武王好多力之士烏獲之徒並皆歸焉秦王於洛陽舉周鼎烏獲兩目血出六國時人也孟子假是而開闢曹交之蔽而已矣

公孫丑問曰。高子曰。小弁。小人之詩也。孟子曰。何以言之。曰。怨。高子齊人也小弁小雅之篇伯奇之詩也怨者怨親之過故謂之小人

曰。固哉。高叟之爲詩也。有人於此。越人關弓而射之。則已談笑而道之。無他。疏之也。其兄關弓而射之。則已垂涕泣而道之。無他。戚之也。小弁之怨。親親也。親親。仁也。固矣夫。高叟之爲詩也。固陋也高子年長孟子曰陋哉高父之爲詩也疏越人故談笑戚親也親其兄故號泣而道之怪怨之意也伯奇仁人而父虐之故作小弁之詩曰何辜于天親親而悲怨之辭也重言固陋傷高叟不達詩人之意也

曰。凱風何以不怨。詩邶風凱風之篇也公孫丑曰凱風亦孝子之詩何以獨不怨

曰。凱風。親之過小者也。小弁。親之過大者也。親之過大而不怨。是愈疏也。親之過小而怨。是不可磯也。愈疏。不孝也。不可磯。亦不孝也。孔子曰。舜其至孝矣。五十而慕。孟子曰凱風言莫慰母心母心不悅也知親之過小也小弁曰行有死人尚或墐之而曾不閔已知親之過大也愈益也過已大矣而孝子不怨思其親之意何爲如是是益疏之道也故曰不孝磯激也過小耳而孝子感激輒怨其親是亦不孝也孔子以舜年五十而慕其親不殆稱曰孝之至矣孝之不可以已也知高叟譏小弁爲不得矣

【疏】公孫丑至而慕○正義曰此章言生之膝下一體而分喘息呼吸氣通於親當親而疏怨慕號天是以小弁之怨未足以爲愆也公孫丑問曰高子曰小弁小人之詩也高子齊人也公孫丑問孟子曰高子有云小弁之詩是小人之詩也孟子曰何以言之孟子又問孫丑以謂高子何以言爲小人之詩曰怨孫丑又荅之曰爲其有怨也曰固哉高叟之爲詩也又至爲詩也固陋矣高子老孟子稱曰叟蓋叟長老之稱也孟子曰陋哉高叟之謂此詩爲小人之詩也今且託以有人於此是爲越南蠻人被人彎弓而射之則已見之但談笑而道之是也此無他是與越人疏也其兄如被人彎弓而射之則已見其必垂涕淚號泣而道之此無他是與兄爲親也小弁之詩其辭有怨是親親之故也親親仁道也陋矣夫高子之謂此詩爲小人之詩也然孟子所以重言之深誚高子不達詩人之意之甚者也曰凱風何以不怨公孫丑再問孟子然則凱風亦孝子之詩也何以獨不怨凱風邶風之詩也曰凱風親之過小者也至五十而慕者孟子又荅之曰凱風之詩是親之過小者也以詩觀之有曰有子七人莫慰母心是爲親之過小者也小弁之詩是親之過大者也以詩觀之有曰何辜于天我罪伊何是則怨以責已爲親之過大者也親之過大而不怨慕之是益疏其親也親之過小而怨之是懟其親也是謂父母不可以磯激之者也是親之過大者以其幽王信褒姒讒言疏太子宜臼之親非特放之又將以殺之是以小弁爲太子之傅作焉而著父之過爲大者也親之過小者以其先王制禮夫死妻穉子幼然後其妻始與適人今七子之母則非穉齒子幼者也乃反不安其室而欲去嫁是以凱風美孝子以著母之過爲小者也故曰益疏其親而不怨慕之者是不孝者也謂父母不可激之者是亦不爲孝也云磯者蓋磯激也若微切以感激之以幾諫者也譬如石之激水順其流而激之耳今乃謂親之不可幾諫安得謂孝子乎所以云愈疏不孝也不可磯亦不孝也又引孔子有云舜其爲至孝者耳以其但亦五十之年尚能慕親矣孟子又引以此蓋謂至孝則當怨慕之也然則小弁之怨安得謂爲小人乎宜高子所以見誚於吾孟子矣○注伯奇仁人而父虐之至何辜于天○正義曰按史記云幽王嬖愛褒姒褒姒生子伯服幽王欲廢太子太子母申侯女而爲后後幽王得褒姒愛之欲廢申后并去太子宜臼以褒姒爲后以伯服爲太子後立爲平王者是宜臼者也以此推之則伯奇宜臼也故小弁之詩注云幽王娶申女生太子宜臼又娶褒姒生子伯服立以爲后而放宜臼將殺之故也○凱風至小弁曰行有死人尚或墐之○正義曰凱風美孝子之詩也云莫慰母心者注云慰安也言有子七人無以安母之心也云行有死人尚或墐之者注云墐路冢也箋云相視投掩行道也視彼人將掩兎尚有先驅走之者道中有死人尚有覆掩之成其墐者言其心所不忍也

宋牼將之楚。孟子遇於石丘。曰。先生將何之。宋牼宋人名牼學士年長者故謂之先生石丘地名也道遇問欲何之也

曰。吾聞秦楚構兵。我將見楚王。說而罷之。楚王不悅。我將見秦王。說而罷之。二王我將有所遇焉。牼自謂往說二王必有所遇得從其志也

曰。軻也請無問其詳。願聞其指。說之將何如。孟子敬宋牼自稱其名曰軻不敢詳問其指欲如何說之

曰。我將言其不利也。牼曰我將爲二王言興兵之不利也

曰。先生之志則大矣。先生之號則不可。先生以利說秦楚之王。秦楚之王悅於利。以罷三軍之師。是三軍之士樂罷而悅於利也。爲人臣者。懷利以事其君。爲人子者。懷利以事其父。爲人弟者。懷利以事其兄。是君臣父子兄弟。終去仁義。懷利以相接。然而不亡者。未之有也。孟子曰先生志誠大矣所稱名號不可用也二王悅利罷三軍軍士樂之而悅利則舉國尚利以相接待而忘仁義則其國從而亡矣

先生以仁義說秦楚之王。秦楚之王悅於仁義。而罷三軍之師。是三軍之士樂罷而悅於仁義也。爲人臣者。懷仁義以事其君。爲人子者。懷仁義以事其父。爲人弟者。懷仁義以事其兄。是君臣父子兄弟。去利。懷仁義以相接也。然而不王者。未之有也。何必曰利。以仁義之道不忍興兵三軍之士悅國人化之咸以仁義相接可以致王何必以利爲名也

【疏】宋牼至何必曰利○正義曰此章言上之所欲下以爲俗俗化於善久而致平俗化於惡久而致傾者也宋牼將之楚孟子遇於石丘曰先生將何之宋牼宋國之人姓宋名牼孟子尊老之曰先生宋牼將欲往楚國孟子相逢於石丘之地石丘則宋國地也孟子乃問之曰先生將何往曰吾聞秦楚構兵至我將有遇焉宋牼荅孟子曰我聞秦楚二國交兵我將見楚王說而罷之如楚王不悅我說我將又見秦王說而罷之秦楚二王我將有所得從其志也曰軻也至將何如孟子敬宋牼故自稱名曰軻也請無敢問其詳悉願聞其指意說之將如何說之曰我將言其不利也牼荅之曰我將說之以言其興兵之不利也曰先生之志則大矣至何必曰利孟子又荅之

曰先生之志則誠爲大矣先生之名號則不可用也先生今以利說秦楚二王秦楚二王悅於利是必罷三軍之衆萬二千五百人爲軍三軍之衆乃三萬七千五百人也如此是三軍之士卒樂罷兵而悅利也爲人臣者苟懷抱其利以奉君爲人子者又懷抱利以事其父爲人弟者又懷抱利以奉其兄是則君臣父子兄弟終皆亡去仁義之道特懷利以相接待君臣父子兄弟皆以利相接待然而不身亡者未之有也言必亡其身矣先生將以仁義之道說秦楚之王秦楚之王悅從仁義而罷去三軍之衆也如此是三軍之士卒樂罷兵而悅從於仁義也爲人臣者懷抱仁義之道以奉其君爲人子者懷抱仁義之道以奉其父爲人弟者懷抱仁義之道以奉其兄是則君臣父子兄弟乃去其利而抱仁義相接待也既懷抱仁義而相接待則父父子子君君臣臣兄兄弟弟如此則不爲王者未之有也言如此則可以爲王矣何必曰利以說之乎蓋爲利則其害至於亡身爲仁義則其利至於王故曰何必曰利也此孟子所以持仁義之道教宋牼事其秦楚譏其欲以利說秦楚也○注宋牼宋人名牼○正義曰案荀卿非十二子云不知壹天下建國家之權稱曾不足以容辨異懸君臣然而其持之有故其言之成理足以欺惑愚衆是宋鈃也楊倞云宋鈃宋人與孟子尹文子彭蒙愼到同時孟子作宋牼牼與鈃同口莖反是也

孟子居鄒。季任爲任處守。以幣交。受之而不報。處於平陸。儲子爲相。以幣交。受之而不報。任薛之同姓小國也季任任君季弟也任君朝會於鄰國季任爲之居守其國致幣帛之禮以交孟子受之而不報平陸齊下邑也儲子齊相也亦致禮以交於孟子孟子而不荅之也

他日由鄒之任。見季子。由平陸之齊。不見儲子。屋廬子喜曰。連得閒矣。問曰。夫子之任見季子。之齊不見儲子。爲其爲相與。連屋廬子名也見孟子荅此二人有異故喜曰連今日乃得一見夫子與之閒隙也俱荅二人獨見季子不見儲子者以季子當君國子民之處儲子爲相故輕之邪

曰。非也。書曰。享多儀。儀不及物。曰不享。惟不役志于享。爲其不成享也。孟子曰非也非以儲子爲相故不見尚書洛誥篇曰享多儀言享見之禮多儀法也物事也儀不及事謂有闕也故曰不成享禮儲子本禮不足故我不見也

屋廬子悅。或問之。屋廬子曰。季子不得之鄒。儲子得之平陸。屋廬子已曉其意聞義服故悅也人問之曰何爲若是屋廬子曰季子守國不得越境至鄒不身造孟子可也儲子爲相得循行國中但遙交禮爲其不尊賢故禮荅而不見之也

【疏】孟子居鄒至平陸○正義曰此章言君子交接動不違禮享見之儀亢荅不差是以孟子或見或否各以其宜者也孟子居鄒至而不報言孟子居處鄒國季任爲任國居守者也以其任國之君朝會於鄰國季任爲居守其國也季任爲居守以幣帛之禮以交孟子孟子受而不荅孟子爲齊卿相之時居處於平陸齊之下邑儲子爲齊相以幣帛交孟子孟子亦受之而不荅他日由鄒之任至不見儲子言孟子異日自鄒之任國乃見其季子自平陸往齊國乃不見儲子屋廬子喜曰至爲相與屋廬子見孟子於此二人見與不見故喜而言曰連於今日得間隙與夫子爲語矣故問孟子曰夫子往任國乃見季子往齊國乃不見儲子是爲其儲子爲齊相故欲輕之歟曰非也至爲其不成享也孟子荅之曰非爲其爲相故不見而輕之耳以其尚書洛誥篇有云享多儀言享見之禮多儀法也如儀不及享獻之物是曰不享以其無儀法雖有物以享之但亦如不享耳惟在上者不役使下之志於享也是以我不見儲子者爲其儀不及物不成享也我所以受之幣而不見荅也屋廬子悅至得之平陸屋廬子已曉故聞孟子言而喜悅或人見屋廬子故問之曰此洛誥云是何之謂屋廬子荅之日季子以其守國故不得越境親至鄒國見孟子故但以幣交孟子孟子所以往而見荅也儲子爲齊相得循行國中可以親至平陸見孟子然以不親見之但亦以幣交之是其下尊賢者也是所謂儀不及物爲不成享也孟子所以之齊故不見而荅之也○注任薛之同姓正義曰案魯隱公十一年左傳云滕侯薛侯來朝爭長公使羽父請於薛侯曰周之宗盟異姓爲後寡人若朝于薛不敢與諸任齒杜預云薛任姓也齒列也是知薛與任爲同姓也○注尚書洛誥篇云○正義曰此篇召公既相宅周公往營成周使來告卜作此洛誥之篇也孔安國云既成洛邑將欲成王告以居洛之義也云享多儀至惟不役志于享者案安國傳云奉上謂之享言奉上之道多威儀威儀不及於禮物惟曰不奉上人君惟不役志於奉上則凡人化之惟曰不奉上矣

淳于髡曰。先名實者。爲人也。後名實者。自爲也。夫子在三卿之中。名實未加於上下而去之。仁者固如此乎。淳于姓髡名也齊之辨士名者有道德之名實者治國惠民之功實也齊大國有三卿謂孟子嘗處此三卿之中矣未聞名實下濟於民上匡其君而速去之仁者之道固當然邪

孟子曰。居下位。不以賢事不肖者。伯夷也。五就湯。五就桀者。伊尹也。不惡汙君。不辭小官者。柳下惠也。三子者。不同道。其趨一也。伊尹爲湯見貢於桀不用而歸湯湯復貢之如何者五思濟民冀得施行其道也此三人雖異道所履則一也

一者何也。髡問一者何也

曰。仁也。君子亦仁而已矣。何必同。孟子言君子進退行止未必同也趨於屢仁而已髡爲其速去故引三子以喻意也

曰。魯繆公之時。公儀子爲政。子柳子思爲臣。魯之削也滋甚。若是乎。賢者之無益於國也。髡曰魯繆公時公儀休爲執政之卿子柳泄柳也子思孔子之孫伋也二人爲師傅之臣不能救魯之見削奪亡其土地者多若是賢者無所益於國家者何用賢爲

曰。虞不用百里奚而亡。秦繆公用之而霸。不用賢則亡。削何可得歟。孟子云百里奚所去國亡所在國霸無賢國亡何但得削豈可不用賢也

曰。昔者王豹處於淇。而河西善謳。緜駒處於高唐。而齊右善歌。華周杞梁之妻。善哭其夫。而變國俗。有諸內必形諸外。爲其事而無其功者。髡未嘗覩之也。是故無賢者也。有則髡必識之。王豹衛之善謳者淇水名衛詩竹竿之篇泉源在左淇水在右碩人之篇曰河水洋洋北流活活衛地濵於淇水在北流河之西故曰處淇水而河西善謳所謂鄭衛之聲也緜駒善歌者也高唐齊西邑緜駒處之故曰齊右善歌華周華旋也杞梁杞殖也二人齊大夫死於戎事者其妻哭之哀城爲之崩國俗化之則効其哭髡曰如是歌哭者尚能變俗有中則見外爲之而無功者髡不聞也有功乃爲賢者不見其功故謂之無賢者也如有之則髡必識之矣

曰。孔子爲魯司寇。不用。從而祭。燔肉不至。不稅冕而行。不知者以爲爲肉也。其知者以爲爲無禮也。乃孔子則欲以微罪行。不欲爲苟去。君子之所爲。衆人固不識也。孟子言孔子爲司寇爲賢臣不用不能用其道也從魯君而祭於宗廟當賜大夫以胙燔肉不至膰炙者爲燔詩云燔炙芬芬反歸其舍未及稅冕而行出適他國不知者以爲不得燔肉而慍也知者以爲爲君無禮乃欲以微罪行燔肉不至我黨從祭之禮不備有微罪乎乃聖人之妙旨不欲爲誠欲急去也衆人固不識君子之所爲謂髡不能知賢者之志也

【疏】淳于至不識也○正義曰此章言見幾而作不俟終日孔子將行冕不及稅庸人不識課以功實淳于雖辨終亦屈服正者勝也淳于髡曰至固如是乎淳于髡齊國之辨士也淳于髡問孟子曰先名實者爲人也後名實者自爲也言名生于實者也有功利之實斯有功利之名進而治國濟民則名利在所先故先名實者爲人退而獨善其身則功利在所後故後名實者爲自爲今夫子嘗處於三卿之中而名實未加及於上下而去之仁人固肯如是乎髡之意以爲仁人必不如是也故以此譏之蓋名實未加於上下以其上無以輔佐君而治國下無以惠澤而濟於民也孟子曰至其趨也者孟子乃荅曰居臣下之位不肯以賢而奉事不肖者是伯夷也所謂伯夷非其君不事是矣五就於湯五就於桀者是伊尹也所謂何事非君治亦進亂亦進是矣不耻惡汙君不辭小官者謂柳下惠也所謂爾爲爾我爲我爾焉能涴我哉阨窮而不憫遺佚而不怨是矣此三子者雖進退之道不同然其所履則一而已一者何也髡又問孟子所謂其趨一者是何也曰仁也君子亦仁而已矣何必同孟子又荅曰其一者是一於仁也言三子進退行止皆一於仁也伯夷之仁則見於必退以爲清伊尹之仁則見於必進而爲任下惠之仁則見於不必進亦不必退而爲和如此則君子進退行止亦履仁而已何用同其進退行止然後爲仁也孟子所以引此三子而喻者蓋謂之去齊是亦伯夷之清者也是亦有仁而已故以是荅淳于髡曰魯繆公之時公儀子爲政至無益於國也髡又曰魯繆公之時公儀休爲執政之卿泄柳孔伋爲師傅之臣而魯國爲敵國所侵削益甚如此是賢者不能拯救之是賢者無所益於國家也曰虞不用百里奚而亡至何可得歟者孟子又荅之曰虞君不能信用百里奚而亡其國秦繆公任用之而得爲霸是則不能用賢則國亡矣何特止於見削歟故曰削何可得歟蓋百里奚知虞公之不可諫而去之秦而穆公釋其囚授之以國政號曰五羖大夫是其事也又說於萬章首卷之末詳矣曰昔者王豹處於淇上至識之者髡又曰往日衛之善謳詠者王豹居於淇水而西河之人皆善謳齊之善歌詠者緜駒居於高唐而齊右

之人皆能善歌凡此是皆以謳相尚故然也齊之二大夫華周杞梁皆死於戎事其二人妻哭哀城爲之崩國俗化之而皆効其哭是以如此歌哭者尚能變化其俗則有諸中必見於外如無其功者髡未曾見之也如此是故無賢者也有賢者則髡必知之矣淳于髡所以又言之此者以其不知繆公不能師公儀休泄柳子思三子之道徒疑之以爲不賢又以此明孟子名實未加於上下而去之亦若是矣故引而言之復議於孟子淇水河西高唐齊右皆地名也曰孔子爲魯司寇至衆人固不識也孟子又荅曰孔子嘗爲魯國司寇之官不得用其道從魯君祭於宗廟當賜大夫以胙燔肉且不至孔子孔子遂反歸其舍未及脫祭祀之冕而適他國不知孔子者以謂孔子不得燔肉故爲此而行也其知孔子者以謂爲君無禮乃欲以微罪行微罪以其孔子爲司寇大夫之官凡有祭則大失之黨黨從君祭既從祭之禮有不備所以有羿矣然則君子之所爲者庸衆之人固不能識而知也孟子言此者又有以讓請髡也意謂吾之去齊是亦君子之道也豈淳于髡所識也○注淳于髡至然也正義曰案史記列傳云淳于髡者齊之贅壻也長不滿七尺滑稽多辯數使諸侯末嘗屈辱齊威之時喜隱好爲淫樂長夜之飲酒不治委政於卿大夫百官荒亂諸侯並侵國且危亡左右莫敢諫淳于髡曰國中有大鳥云云文恐煩更不具述○注髡曰魯繆公至賢爲正義曰云公儀休爲執政之卿者案史記云公儀休魯博士以高弟爲魯相奉法循理無所變更百官自正使食祿者不得與下民爭利受大者不得取小漢書曰公儀子相魯之其家見繒帛怒而出其妻於舍而茹葵愠而拔其葵曰吾以食祿又奪園夫織女利乎是公儀休執政之事也云子柳泄柳也檀弓云子柳鄭注云子柳魯敬仲皮之子子碩兄也子思孔伋已說於前矣○注孟子云百里奚去國至賢也正義曰云百里奚所去國亡所在國霸者即經所謂知虞之將亡而先去之相秦而霸其君是也云何但得削者如楊子云或人問魯用儒而削雄曰魯不用真儒故也如用真儒無敵於天下安得削亦是意也○注王豹衛之善謳至知之○正義曰王豹衛之善謳者注案衛詩以淇水在衛地說文云淇水出河內其北山東入河又晉世家云晉西有河西與秦接境北邊翟東至河內是也竹竿碩人皆衛國之詩也云高唐齊西邑案齊莊公元年晉伐齊至高唐杜氏曰高唐在祝阿縣西北是也云華周華旋也杞梁杞殖也二人齊大夫案魯襄公二十三年齊莊公旋自晉不入遂襲莒杞梁華旋載甲夜入宿于莒郊明日先遇莒子於蒲侯氏杜注云近莒之邑也莒子重賂之使無死曰請有盟華周對曰貪貨棄命亦君所惡也昏而受命日未中而棄之何以事君莒子親鼓之從而伐之獲杞梁莒人行成齊侯歸杞梁之妻於郊使弔之辭曰殖之有罪何辱命焉若免於罪猶有先人之敝盧在下妾不得與郊弔齊侯弔諸室杜注云杞梁杞殖也華周即華旋也或云齊莊公襲莒逆而死其妻孟姜向城而哭城爲之崩○注孔子爲魯賢臣從魯君而祭於宗廟燔肉不至者○正義曰案孔子世家云魯定九年孔子爲中都宰一年四方皆則之由中都宰爲司空由司空爲大司寇定公十三年季氏將墮費十四年孔子由大司寇攝行相事有喜色門人聞君子禍至不懼福至不喜孔子曰有是言也於是誅大夫亂政者少正卯齊人歸女樂定公有怠政事子路曰夫子可以行矣孔子曰魯今且郊如致燔于大夫則吾猶可止於是不致燔俎于大夫孔子遂行宿于此此魯國之南地也王肅曰燔祭肉也孔子因適衛矣

孟子注疏卷十二上校勘記　阮元撰盧宣旬摘錄

何者爲重　各本同孔本無者字

豈重一車羽邪　閩監毛三本孔本同韓本考文古本車作輿

翅辭也若言何其不重也　按翅辭也者翅者是語詞即不啻也說文口部曰啻語時不啻也奚翅不啻猶史漢之言聚頤或析翅字訓但誤矣注云若言何其重也正謂色食之重者後人添不字遂不可解矣

章指言臨事量宜權其輕重以禮爲先食色爲後若有偏　足利本作徧　殊從其大者屋廬子未達故譬摟紾也

周人逆於戸　逆當作迎閩監毛三本不誤

當如之何　閩監毛三本同廖本孔本韓本考文古本無之字

力不能勝一匹雛　音義匹丁作疋云注云疋雛小雛也匹不訓小而詁訓及諸書疋訓耦訓小無文今案方言疋小也音節蓋與疋字相似後人傳寫誤耳

則謂之無力人　閩監毛三本同孔本謂作爲力下有之字韓本考文古本力下有之字

百鈞三千斤也　閩監毛三本孔本韓本同廖本千作十考文引亦作十足利本無百鈞二字案廖本非也

則謂之有力之人　閩監毛三本同廖本孔本韓本考文古本下有矣字

孝悌而已矣　閩監毛三本同宋九經本岳本咸淳衢州本孔本韓本悌作弟○按悌者俗字

淫虐之行　閩監毛三本同廖本孔本韓本考文古本下有也字

爲桀似桀而已矣　閩監毛三本同廖本孔本韓本考文古本無而已矣三字

不必留館學也　閩監毛三本同孔本韓本考文古本館作此

章指言天下　韓本考文古本有之字　大道人竝由之病於不爲不患不能是以曹交請學孟子辭焉蓋詩三百一言以蔽之　孔本韓本足利本作也

夫堯舜二帝之道而已　閩監毛三本而已上增孝弟二字是

則行堯所行堯所行之迹　閩監毛三本刪堯所行三字是

口誦說儒之言　閩監毛三本誦下增桀字

注鈞三千斤　案鈞上當有百字閩監毛三本改千爲十非也

帝王世說云　案說當作紀

高父之爲詩也　閩本孔本韓本考文古本足利本同監毛二本父誤叟

不達詩人之意也　閩監毛三本同廖本孔本韓本考文古本意下有甚字

不可磯　按段玉裁曰注中訓磯激也但於雙聲求之磯與机幾字古音同謂摩也故毛詩音義曰磯居依反又古愛反古假借字耳近人以石激水解之殊誤說文固無磯字

而曾不閔已　廖本孔本韓本考文古本同閩監毛三本閔誤闕案十行本閔字稍糢糊鄙刻閩本時誤認爲闕字遂改爲闕耳

而慕其親不殆　閩監毛三本同岳本考文古本足利本慕上有思字孔本韓本與岳本同殆作怠是也

孝之至矣　岳本孔本韓本考文古本同閩監毛三本矣誤耳

爲不得矣　岳本廖本孔本韓本考文古本同閩監毛三本得誤達

章指言生之膝下一體而分喘息呼吸氣通於親當親而踈怨慕號天是以小弁之怨未足以　孔本韓本考文引古本無以字　爲愆也

孟子又問孫丑　閩本同監毛二本孫上增公字非下孫丑又荅之同

以褒爲后　閩本同監毛二本褒下增姒字

問欲何之也　閩監毛三本同廖本孔本韓本考文古本無也字

得從其志也　閩監毛三本同廖本孔本韓本考文古本無也字

不敢詳問其指　閩監毛三本同岳本孔本韓本考文古本其上有願聞二字

先生之志則大矣　毛本生誤王下先生之號同

三軍士樂之而悅利　考文古本無三軍二字

則其國從而亡矣　閩監毛三本同廖本孔本韓本無從而二字

章指言上之所欲下以爲俗俗化於善久而致平俗化於惡久而致傾是以君子創業慎其所以爲名也

居守其國　閩監毛三本同廖本孔本韓本考文古本下有也字

致幣帛之禮　足利本無帛字

受之而不報　閩監毛三本同岳本孔本韓本不作未下有也字

亦致禮以交於孟子　閩監毛三本岳本廖本孔本韓本考文古本無於字

孟子亦不荅之也　閩監毛三本同廖本考文古本作而未荅也孔本韓本足利本作受而未荅也

聞義服故悅也　閩本同監本服上剜增而字毛本孔本韓本考文古本同監本○按當作聞義則服用弟子職語

故禮荅而不見之也　閩監毛三本同廖本孔本韓本考文古本無禮之也三字

章指言君子交接動不違禮享見之儀亢　考文古本亢作允　荅不差是以孟子或見或否各　考文古本否各作不荅　以其宜也

有道德之名 閩監毛三本同孔本韓本考文古本下有也字
見貢於桀 足利本貢作責下貢同。按貢是也
不用而歸湯 閩監毛三本同廖本孔本韓本考文古本上有桀字
如何者五 閩監毛三本何改是岳本孔本韓本作此
所履則一也 閩監毛三本同廖本孔本韓本則作者
趨於屢仁而已 補案屢當作履監毛本不誤
髡爲其速去 閩監毛三本同廖本孔本韓本考文古本爲作譏
孔子之孫伋也 閩監毛三本同廖本孔本韓本考文古本無子之孫三字
衛詩竹竿之篇 閩監毛三本同廖本孔本韓本考文古本下有曰字
北流活活 監本下活誤濣
齊右善歌 毛本歌誤謳。按右一本作后見文選注藝文類聚要非趙本也
爲之而無功者 考文古本之作事
則髡必識之矣 閩監毛三本同廖本孔本韓本考文古本之矣作知之
爲司寇爲賢臣 閩監毛三本同廖本孔本韓本考文古本作爲魯賢臣
膰炙者爲燔 毛本膰誤燔
未及稅冕而行 閩監毛三本同廖本孔本韓本考文古本稅下有解祭之三字
不欲爲誠欲急去也 考文古本上欲作敬
衆人固不識君子之所爲 閩監毛三本同廖本孔本韓本考文古本足利本識作能知二字
章指言見幾而作不俟終日孔子將行冕不及稅庸人不識課以功實淳于雖辯終亦屈服正者勝也
孟子曰至其趨也者 閩監毛三本也上增一字毛本趨作趣
下惠之仁 閩本同監毛二本上增柳字
蓋謂之去齊 閩監毛三本之上增我字
則大夫之黨黨從君祭 補監毛本下黨字作當是也
齊侯歸杞梁之妻 閩本同監本杞上剜增遇字毛本同
宿于此此魯國之南地也 閩本同監毛本此改屯

孟子注疏卷十二上校勘記

孟子注疏解經卷第十二下

告子章句下　趙氏注　孫奭疏

孟子曰：五霸者，三王之罪人也。五霸者大國秉直道以率諸侯齊桓晉文秦繆宋襄楚莊是也三王夏禹商湯周文王是也 今之諸侯，五霸之罪人也。今之大夫，今之諸侯之罪人也。謂當孟子之時諸侯及大夫也諸侯臣摠謂之大夫罪人之事下別言之 天子適諸侯曰巡狩，諸侯朝於天子曰述職。春省耕而補不足，秋省斂而助不給。入其疆，土地辟，田野治，養老尊賢，俊傑在位，則有慶，慶以地。入其疆，土地荒蕪，遺老失賢，掊克在位，則有讓。一不朝，則貶其爵；再不朝，則削其地；三不朝，則六師移之。是故天子討而不伐，諸侯伐而不討。五霸者，摟諸侯以伐諸侯者也。故曰：五霸者，三王之罪人也。巡狩述職皆以助人民慶賞也養老尊賢能者在位賞之以地益其地也掊克不良之人在位則責讓之不朝而至三則討之以六師移之就之也討者上討下也伐者敵國相征伐也五霸強摟牽諸侯以伐諸侯不以王命也於三王之法乃爲之罪人也 五霸桓公爲盛。葵丘之會，諸侯束牲載書而不歃血。初命曰：誅不孝，無易樹子，無以妾爲妻。再命曰：尊賢育才，以彰有德。三命曰：敬老慈幼，無忘賓旅。四命曰：士無世官，官事無攝，取士必得，無專殺大夫。五命曰：無曲防，無遏糴，無有封而不告。曰：凡我同盟之人，既盟之後，言歸于好。今之諸侯皆犯此五禁，故曰：今之諸侯，五霸之罪人也。齊桓公五霸之盛者也與諸侯會于葵丘束縛其牲但加載書不復歃血言畏桓公不敢負之不得專誅不孝樹立也已立世子不得擅易也不得立愛妾爲嫡妻也尊賢養才所以彰明有德之人敬老愛小卹矜孤寡客羈旅勿忘忽也仕爲大臣不得世官賢臣乃得世祿也官事無攝無曠庶僚也取士必得賢也立賢無方也無專殺大夫不得以私怒行戮也無敢違王法而以己意設防禁也無過止穀糴不通鄰國也無以私恩擅有封賞而不告盟主也言歸于好無構怨也桓公施此五命而今諸侯皆犯之故曰罪人也 長君之惡其罪小，逢君之惡其罪大。今之大夫，皆逢君之惡，故曰：今之大夫，今之諸侯之罪人也。君有惡命臣長大而宣之其罪在不能拒逆君命故曰小也逢迎也君之惡心未發臣以諂媚逢迎之而導君爲非故曰罪大今諸侯之大夫皆逢君之惡故曰罪人也

〔疏〕孟子至罪人也○正義曰：此章言王道浸衰，轉爲罪人，孟子傷之，是以博思古法，以匡時君者也。孟子曰五霸者三王之罪人也至五霸之罪人也者，又至今之諸侯之罪人也，孟子言齊桓、晉文、秦繆、宋襄、楚莊五霸者，乃爲夏禹、商湯、周之罪人也；今之諸侯，謂孟子時之諸侯，乃爲五霸者之罪人也；今之大夫，亦謂孟子時之大夫，乃爲今之時諸侯之罪人也。自天子適諸侯至三王之罪人也者，此一段是孟子自解五霸爲三王之罪人也。天子適諸侯曰巡守，至助不給，已說在惠王篇。言入其疆，謂古天子行巡守之禮，巡諸侯所守之地，至入其諸侯疆境，見其土地開辟而不蕪，田野耕治而不荒，又能養其耆老，尊敬賢者，有俊傑之才能在位行政事，如此則有慶賞，以其慶賞益其地也。入其封疆，見土地荒蕪而不開辟，又遺棄其耆老，失其賢人，惟以掊克多取聚斂之臣在其位以殘民，如此則有責讓，不特責讓之，又其一不朝覲述所職，則貶損其爵，至二不朝則削減其土地，以至三不朝則命六師以移易其位也，以其不能保安社稷也。是故天子於諸侯有其罪則討而不行兵征伐諸侯之，於諸侯則行兵征伐而不討。蓋彼有罪而布令陳辭以責之，是謂討也；彼有罪而用兵行師以加之，是謂伐也。且五霸者牽率諸侯者也，故曰五霸者三王之罪人也，以其五霸擅自專權，不待天子錫之弓矢然後征，錫之鈇鉞然後殺者也，特牽率諸侯以伐諸侯而已，是則豈非三王之罪人歟？故齊桓率諸侯以伐蔡，晉文率諸侯以滅曹，秦繆率諸侯以伐晉，宋襄率諸侯以伐楚，楚莊率諸侯以伐陳，是摟諸侯以伐諸侯者也。五霸桓公爲盛至五霸之罪人也，此一段是孟子自解今之諸侯乃五霸之罪人也。言齊桓公爲五霸最盛者也，以其土地之廣，甲兵之衆，強制諸侯，懼其未盡從已也，於是期約諸侯爲葵丘之會。葵丘，杜預曰：陳留外黃縣有葵丘，魯地也。諸侯皆束縛其牲，但加載書而不復歃血。歃血也，言不敢負桓公之約也。桓公於是初命之曰：誅不孝矣，言所誅在不孝矣；無易樹子，言世子已立，更不得擅自變易也；無以妾爲妻，言不得以愛幸之妾而立嫡妻也。其再命之曰：尊賢育才，以彰有德，言賢者當尊之於朝以崇其才德者，當養之於學以成其德，是所謂以彰明有德者也。其三命之曰：敬老慈幼，無忘賓旅，言當敬重其耆老，慈憫其幼少，又當無忘忽其賓客羈旅。其四命之曰：士無世官，不得兼攝其職也，以其一官不專則一事不舉也；取士必得，言所取之士必得其賢，不得使之羣小殺亂之也；無專殺大夫，言大夫有罪者，當皆請命於天子，而諸侯不得專殺之也。其五命之曰：無曲防，言不得曲防其水以專利也，當通水利而防郭之而已；無遏糴，言不得過止穀糴不通於鄰國也；無有封而不告，言不得有私自封賞而不告於天子也。五命之後，於是又布告之曰：凡我同盟會盟之人，自今既盟誓之後，言當歸于交好，無更搆怨也。然今之諸侯皆犯此桓公之五禁，故曰令之諸侯五霸之罪人也。五禁即五命是也。長君之惡至今之諸侯之罪人也者，此一段孟子自解今之大夫爲今之諸侯罪人者也。蓋自諸侯之下皆爲大夫者也。言君有惡命，臣長益而宣布之，其罪猶小，以其但不能距逆君之命也；君之惡未著而爲之臣，乃諂媚逢迎而導君爲非，故曰其罪大，以其有以啓之也。然今之大夫皆有以迎君之惡而啓之，故曰今之大夫，今之諸侯之罪人也。○五霸至者也。正義曰：云齊桓、晉文至楚莊五者，今案史記諸侯年表云：周莊王十二年，齊桓公小白即位，周釐王三年始霸，會旅諸侯於鄄，周惠王二十

三年諸侯伐鄭周襄王元年夏會諸侯於葵丘天子使宰孔賜胙命無拜襄王九年卒是桓公自釐王三年始霸至卒凡得四十三年晉文公重耳自周襄王十六年即位是爲霸五年卒諸侯以伐曹襄王二十四年羆即位凡得九年而已宋襄公茲父自周襄王三年即位十三年伐楚十四年死泓戰是歲襄王十五年矣秦繆公任好自周惠王十五年即位二十八年會晉伐楚朝周是歲周襄王二十年三十五年伐晉報殽敗于汪三十九年卒以人從死是歲襄王三十一年矣楚莊王侶自周頃王六年即位十三年伐陳十六年卒諸侯誅陳夏徵舒立陳成公午三十三年羆是歲周定王十六年矣云夏禹商湯周文武說於前矣○注齊桓至罪人也正義曰云與諸侯會于葵丘案魯僖公九年左傳云夏會諸侯于葵丘尋盟且脩好禮也秋齊桓盟諸侯于葵丘曰凡我同盟之人既盟之後言歸于好是之謂也是歲所謂周襄王元年矣云誅不孝者如衛世子輒拒其父蒯瞶楚世子商臣弑其父凡此之類是不孝者也云無易其世子者如晉獻公立奚齊以易申生是易世子者也云無立愛妾爲嫡者正妃曰嫡也如晉獻公於驪姬是以愛妾爲嫡也云尊賢育才者如南有嘉魚之詩云太平之君子至誠樂與賢者共之也菁菁者莪之詩云樂育才也凡此是尊賢養才之意也云敬老愛小恤矜寡孤如周禮大司徒之職云以保息六養萬民一曰慈幼二曰養老孟子曰文王發政施仁必先鰥寡孤獨是其旨也云賓客羈旅無忽忘也周禮太宰職云以禮待賓客之治是不忘賓客也孟子曰關市譏而不征是不忘忽羈旅也云仕爲大臣不得世官乃得世祿者如魯有臧孫氏仲孫氏叔仲氏季孫氏晉有狐氏趙氏荀氏郤氏欒氏范氏齊有高氏國氏崔氏衛有甯氏孫氏是皆世官之類也孟子曰文王治岐士無世祿是世祿之謂也云無曠庶僚者孔安國云僚官也曠空也尚書注云無曠庶官天工人其代之位非其人爲空官言人代天理官不可以天官私非其人亦具官而事無攝則爲非禮孔子曰管仲官事不攝焉得儉所以譏誚之矣無云取士必得立之無方者如桓公取管仲於賊國湯立賢無方是矣若晉奚齊之於里克陳靈公於夏徵舒是取士不得矣云不得以私怒行戮者如文公六年左傳云賈季怨陽子之易其班而知其無援於晉乃使續鞫居殺處父成公八年晉殺其大夫趙括十五年宋殺其大夫山十六年楚殺其大夫公子側是也凡此之類春秋書之四十有七是專殺大夫也云無敢違王法而以己意私設防禁者然而此亦通以義矣奈何據其下文曰遏糴則無曲防是爲無曲防障其水以專利者也故先王制畎遂溝洫所以爲此矣是齊桓會諸侯于陽穀公羊以爲障谷會諸侯于葵丘穀梁以爲無壅泉凡此可見矣云無止糴如秦饑晉閉之糴是也云無以私恩擅有封賞如成公十八年楚取彭城以封魚石是也凡此五命案左傳文則曰凡我同盟之人既盟之後言歸于好而不及五命案公穀梁述葵丘會有云無遏糴無易立子無以妾爲妻無使婦人與國事無壅泉而不及誅不孝尊賢育材士無世官官事無攝取士必得無專殺大夫無有封而不告案公羊述桓公陽穀之會則云無障谷無貯粟無易立子無以妾爲妻而不及無使婦人與國事其詳略與此不同蓋所以相終始而已又案春秋凡書諸侯會有四十九而齊桓十有八焉內臣會凡二十有六而齊居四焉書外相會凡十有三而齊居六焉案史記云兵車之會三乘車之會六孔子曰桓公九合諸侯一匡天下穀梁傳云衣裳之會十有一范注云十三年會北杏十四年會鄄十五年會鄄十六年會幽二十七年又會幽僖公元年會檉二年會貫三年會陽穀五年會首戴七年會甯九年會葵丘凡十一會也

魯欲使慎子爲將軍。孟子曰。不教民而用之。謂之殃民。殃民者。不容於堯舜之世。一戰勝齊。遂有南陽。然且不可。慎子善用兵者不教民以仁義而用之戰鬬是使民有殃禍也堯舜之世皆行仁義故好戰殃民者不能自容也就使慎子能爲魯一戰取齊南陽之地且猶不可山南曰陽岱山之南謂之南陽也慎子勃然不悅曰。此則滑釐所不識也。滑釐慎子名不悅故曰我所不知此言何謂也曰。吾明告子。天子之地方千里。不千里。不足以待諸侯。諸侯之地方百里。不百里。不足以守宗廟之典籍。周公之封於魯。爲方百里也。地非不足。而儉於百里。太公之封於齊也。亦爲方百里也。地非不足也。而儉於百里。今魯方百里者五。子以爲有王者作。則魯在所損乎。在所益乎。徒取諸彼以與此。然且仁者不爲。況於殺人以求之乎。孟子見慎子不悅故曰明告子天子諸侯制如是諸侯當來朝聘故言守宗廟典籍謂先祖常籍法度之文也周公大公地尚不能滿百里儉而不足也後世兼侵小國今魯乃五百里矣有王者作若文王武王者子以爲魯在所損之乎在所益之乎言其必見損也但取彼與此爲無傷害仁者尚不肯爲況戰鬬殺人以求廣土地乎君子之事君也。務引其君以當道。志於仁而已。言君子事君之法牽引其君以當正道者仁也志仁而已欲使慎子輔君以仁也〔疏〕慎子至而已○正義曰此章言招攜懷遠貴以德禮賤其用兵義勝爲上戰勝爲下明賤戰者也魯欲使慎子爲將軍慎子名滑釐善用兵者也魯國遂欲使慎子爲將軍戰鬬孟子曰不教民以仁義之道而用之戰鬬是謂殃禍以殘害民也故好戰而殃禍殘害其民者不容於堯舜二帝之世也以其堯舜之世民皆仁義但如四凶者則誅戮之是不容殃民者也今欲使慎子爲將軍雖爲魯一戰而遂取南陽之地然且猶不可況有不勝者乎慎子勃然不悅曰此則滑釐之罪也慎子見孟子此言乃勃然變顏而不悅而憤之曰此言則滑釐所不知也故自稱名爲滑釐是以因知滑釐爲慎子名也曰吾明告子至於仁而已孟子乃與之曰我分明告子以其不可之意也且天子之地方闊千里不闊千里則其中無可以待諸侯諸侯之地方闊百里不闊百里則其中無以守宗廟之典籍典籍常籍法度之文也謂先祖之典籍也周公之封於魯也其地爲方闊百里者也非其地不足而儉用於百里然亦不敢縱欲以敗王制也太公之封於齊亦然今魯國方百里之地有五以其方五百里者也子今且以爲有王者興作則此魯國之地在所損之中乎在所益之中乎言必在所損也是則徒務戰鬬取彼以與此也是則仁者且不肯爲而戰鬬殺人以求廣土地乎○注慎子善用兵至南陽也○正義曰案史記慎到趙人也學黃老道德之術著十二篇徐廣曰今慎子劉向所定有四十六篇墨子云公輸子意不過欲殺臣殺臣宋莫能守可攻也然臣之弟子滑釐等三百人已持魯國之器在宋城上而待楚寇也雖殺臣不能絕也於是楚王曰善哉吾請無攻宋城矣是慎子即慎到矣荀卿非十二子篇注云慎子與宋銒孟子同時是也墨子之云則又知是爲善用兵者矣云山南曰陽岱山之南謂之南陽者案尚書禹貢岳陽孔安國云山南曰陽岱山即太山在齊國之南者也周公封於魯太公封於齊案周禮上公之地五百里齊魯是爲上公之封則百里實封之五百里兼附庸之地也今魯方百里非兼附庸也安詩自廣而已禮記曰周公封於曲阜百里史記云周封伯禽於魯四百里太公於齊兼五侯地是皆臆說不足取信也

孟子曰。今之事君者皆曰。我能爲君辟土地。充府庫。今之所謂良臣。古之所謂民賊也。辟土地侵小國也充府庫重賦斂也今之所謂良臣於古之法爲民賊者也賊傷民也故謂之賊也君不鄉道。不志於仁。而求富之。是富桀也。爲惡君聚斂以富之爲富桀也謂君夏桀也我能爲君約與國。戰必克。今之所謂良臣。古之所謂民賊也。連諸侯以戰求必勝之也君不鄉道。不志於仁。而求爲之強戰。是輔桀也。說與上同由今之道。無變今之俗。雖與之天下。不能一朝居也。今之道非善道今之世俗漸惡久矣若不變更雖得天下之政而治之不能自安一朝之間居其位也〔疏〕孟子至居也○正義曰此章言善爲國者必藏於民賊民以往其餘何觀變俗移風非樂不化以亂齊民不知其善者也孟子曰至不能一朝居也孟子言今之世爲臣而奉事君者皆曰我能爲君廣闢土地充實府庫以其皆掊克之人也今之所謂忠臣良臣者皆古之先王治世所謂爲殘賊民者也孟子於此又言君既不趨向慕於道其心之所之又不志於仁是爲惡也而爲臣者又掊克聚斂而求富之是如富於夏桀之君也又且曰我能爲君期與敵國戰鬬必能勝如此是今之所謂良臣即古之所謂民賊者也君既不向慕道不志於仁而爲臣者又求爲之強戰鬬於敵國是輔桀也若猶用今之不善之道又不能變更今之世俗如此者雖與之以天下亦且不能自安一朝之間以居其位也是以孟子於魯欲使慎子爲將軍所以深闢之也

白圭曰。吾欲二十而取一。何如。白圭周人也節以貨殖省賦利民使二十而稅一孟子曰。子之道。貉道也。萬室之國。一人陶。則可乎。貉夷貉之人在荒服者也貉之稅二十而取一萬家之國使一人陶瓦器則可乎以此喻白圭之所言而已矣曰。不可。器不足用也。白圭曰一人陶則瓦器不足以供萬室之用也曰。夫貉。五穀不生。惟黍生之。無城郭宮室宗廟祭祀之禮。無諸侯幣帛饔飧。無百官有司。故二十而取一而足也。貉在北方其氣寒不生五穀黍早熟故獨生之無中國之禮如此之用故可二十而取一而足也今居中國。去人倫。無君子。如之何其可也。陶

以寡。且不可以爲國。況無君子乎。欲輕之於堯舜之道者。大貉小貉也。欲重之於堯舜之道者。大桀小桀也。

今之居中國當行禮義而欲效夷貉無人倫之敍無君子之道豈可哉陶器者少尚不可以爲國況無君子之道乎堯舜以來什一而稅足以行禮故以此爲道今欲輕之二十而稅一者夷貉爲大貉子爲小貉也欲重之過什一則是夏桀爲大桀而子爲之小桀也

【疏】白圭至小桀也。○正義曰此章言先王典禮萬世可遵什一供貢下富上尊裔土簡惰二十而稅夷狄有君不足爲貴圭欲法之孟子斥之以王制者也白圭曰吾欲二十而取一何如白圭周人也白圭言於孟子曰我今欲省賦利民但二十中而稅一如之何孟子曰子之道貉道也萬室之國一人陶則可乎孟子欲闢之故與之曰子以二十而稅一之道乃荒服北裔貉之道也故託喻以問之曰萬家之國但以一人陶瓦器而供使用則可乎否乎曰不可器不足用也白圭荅之曰一人陶器而供萬家之國則器不足用也是爲不可也曰夫貉五穀不生至大桀小桀也孟子又與之言曰夫貉居於北方其地寒燥而五穀不生長惟黍早熟於寒燥故生之又以其無中國之城郭宮室又無宗廟祭祀之禮又無幣帛饔飧之費又無百官之衆供贍朝食曰饔夕食曰殄如此無有費用供贍故於貉但二十而稅一亦足給也今居中國之地如去人倫之敍使無君子之道如何爲可乎然而陶器之少且尚不可以爲供國之用況於國而無君子之道乎且自堯舜二帝以來皆以什一而稅也今欲輕於堯舜什一之道而欲二十而取一則夷貉爲大貉而子爲小貉也如欲重於堯舜什一之道而過於什一則夏桀爲大桀而子爲小桀也以其桀暴於賦斂者也此孟子所闢之白圭也○注白圭周人也○正案班固志貨殖傳云白圭周人也當魏文侯時李克務盡地力而白圭樂觀時變故人棄我取人取我與能薄飲食忍嗜慾節衣服曰吾治生與伊尹呂尚之謀孫吳用兵商鞅行法是也又公羊傳曰古者什一而籍古者易爲什一而籍什一者天下之中正也多乎什一大桀小桀寡乎什一大貉小貉什一者天下之中正也什一行而天下頌聲作矣何休云多取於民比於桀蠻貉無百官制度之費稅薄穀梁云古者什一而籍孟子曰夏氏五十而貢殷人七十而助周人百畝而徹凡書傳云什一者衆矣杜預曰古者公田之法十取其一謂十畝內取一舊法既以十畝取一矣春秋魯宣公十五年初稅畝又履其餘畝更復十取其一乃是什取其二故魯哀公問有若曰二吾猶不足如之何其徹也周禮載師云凡任地近郊十一遠郊二十而三何稍縣都皆取過十二漆林之征二十而五彼謂王畿之內所共多故賦稅重諸書所言什一皆謂畿外之國故鄭玄曰云什一而稅謂之徹徹通也爲天下之通法言天下皆什一耳不言譏內亦什一也孟子云方百里爲井井九百畝其中爲公田八家皆私百畝同養公田公事畢然後敢治私事鄭玄云詩箋云井稅一夫其田百畝則九而稅一其意又異於漢食貨志云井田方百里是爲八九家共之各受私田百畝公田十畝是爲八百八十畝餘二十畝爲廬舍然而諸儒多用孟子爲義如孟子所言則家別一百一十畝是爲十外稅一也是爲鄭玄有異於此也又孟子對滕公請野九一而助國中什一使自賦鄭玄周禮匠人注孟子此言乃云是邦國亦異外內之法則鄭玄以爲諸侯郊外郊內郊其法不同郊內十一使自賦其一郊外九而助一是爲二十而稅一故鄭玄又云諸侯謂之徹者通其率以十一爲正郊內郊外相通其率爲十稅一也杜預直云十取其一則又異於鄭惟謂一夫百畝以十畝歸公趙注不解夏五十殷七十而助助七畝好惡取於此鄭注考工記云周人畿內用夏之貢法邦國用殷之助法也

白圭曰。丹之治水也。愈於禹。

丹名圭字也當諸侯之時有小水白圭爲治除之因自謂過乎禹也

孟子曰。子過矣。禹之治水。水之道也。是故禹以四海爲壑。今吾子以鄰國爲壑。水逆行。謂之洚水。洚水者。洪水也。仁人之所惡也。吾子過矣。

子之所言過矣禹除中國之害以四海爲溝壑以受其害水故後世賴之今子除水近注之鄰國觸於洚水之名仁人惡爲之自以爲愈於禹是子亦過甚矣

【疏】白圭至過矣。○正義曰此章言君子除害普爲人也白圭壑鄰亦以狹矣是故賢者志其大者遠者也白圭曰丹之治水也愈於禹丹圭名也趙注所以知其爲圭字也孟子與之曰子此言有過謬矣夫大禹之治水因水道而疏通歸於海也此故禹以四海爲溝壑以受其水害故當時民皆得平土而居之今吾子以鄰國爲壑以受害而又有逆其水道且逆水者所以謂之洚水謂洚水即洪大之水也是爲仁人之所惡之也今子如是乃云有愈於大禹是吾子之過謬矣白圭云所以言此者是又不知大禹不自滿假不自伐之謂也於禹治水之功是又白圭未得禹萬分之一也宜其孟子辭而闢之以爲過謬者矣抑亦不思天下有溺者由己溺之謂也

孟子曰。君子不亮。惡乎執。

亮信也易曰君子履信思順若爲君子之道捨信將安所執之邪

【疏】正義曰此章言重信之至者也孟子言君子之道如不以信爲主則君之道惡乎執言執君子之道特在乎信也亮信也然言亮而不言信者蓋亮之爲義其體在信其用在明君子之道惟明爲能明善在信爲能誠身不明乎善不能誠其身矣是則君子不亮又惡乎執歟以其誠也者擇善而固執之者也故論語云自古皆有死民無信不立是重信之至也

魯欲使樂正子爲政。

樂正子克也魯君使之執政於國

孟子曰。吾聞之喜而不寐。

喜其人道德得行爲之喜而不寐

公孫丑曰。樂正子強乎。曰。否。有知慮乎。曰。否。多聞識乎。曰。否。

丑問樂正子有此三問之所能乎孟子皆曰否不能有此也

然則奚爲喜而不寐。

丑問無此三者何爲喜而不寐

曰。其爲人也好善。

孟子言樂正子之爲人也能好善故爲之喜

好善足乎。

丑問以但好善足以治國乎

曰。好善優於天下。而況魯國乎。夫苟好善。則四海之內。皆將輕千里而來。告之以善。夫苟不好善。則人將曰訑訑。予既已知之矣。訑訑之聲音顏色。距人於千里之外。

孟子曰好善樂聞善言是采用之也以此治天下可以優之舜是也何況於魯不能治乎人誠好善四海之內皆輕行千里以善來告之誠不好善則其人將曰訑訑賤他人之言訑訑者自足其智不嗜善言之貌訑訑之人發聲音見顏色人皆知其不欲受善言也道術之士聞之止於千里之外而不來也

士止於千里之外。則讒諂面諛之人至矣。與讒諂面諛之人居。國欲治可得乎。

懷善之士止於千里之外不肯就之則邪惡順意之人至矣與邪惡居欲使國治豈可得乎

【疏】魯欲至得乎。○正義曰此章言好善從人聖人一槩禹聞讜言答之以拜訑訑距之善人亦逝善去惡來道若合符者也魯欲使樂正子爲政故言於弟子曰我聞魯欲使樂正子爲政遂喜而不寐者以其樂正子將得行其道也公孫丑曰樂正子強乎至曰否公孫丑見孟子此言以爲喜而不寐乃問孟子曰樂正子有強力勝乎曰否孟子荅無以力勝也公孫丑問有智慮能善謀乎曰否孟子又荅之曰無用智慮謀也公孫丑又問曰有多聞見識乎曰否孟子又荅曰無多聞見識也然則奚爲喜而不寐曰其爲人也好善孟子曰樂正子爲人能好善言故爲之喜也好善足乎又問言樂正子但好善言足以治國乎曰好善優於天下至可得乎孟子與之曰能好善言足優爲於天下也而況魯國乎夫人苟好善則四海之內有善言之士皆得不遠千里而來告之也苟不能好善則四海之內人將曰彼人之訑訑自足其智不好善言我既已知之如此則訑訑之人發聲音形顏色以距止人於千里之外是則善言之士既止於千里之外而不來告之則讒惡諂佞面從之人至矣然而與讒惡諂佞面諛之人居國欲使之治尚可得乎言不可得而治也莊子云好言人之惡以爲讒希意導言以爲諂不擇是非而言以爲諛○注樂正子克○正義曰已說於前矣○注聞善言虞舜是也○正義曰孟子曰舜聞一善言見一善行若決江河沛然莫之能禦是之謂也○注禹聞讜言荅之以拜至此之謂也○正義曰禹聞善言則拜尚書讜言說於前矣詩曰雨雪瀌瀌見晛曰消者此蓋角弓之詩文也注云晛日也瀌瀌雨雪之盛貌

陳子曰。古之君子。何如則仕。

陳臻問古之君子謂何禮可以仕也

孟子曰。所就三。所去三。迎之致敬以有禮。言將行其言也。則就之。禮貌未衰。言弗行也。則去之。其次。雖未行其言也。迎之致敬以有禮。則就之。禮貌衰。則去之。其下。朝不食。夕不食。飢餓不能出門戶。君聞之曰。吾大者不能行其道。又不能從其言也。使飢餓於我土地。吾恥之。周之亦可受也。免死而已矣。

所去就謂下事也禮者接之以禮也貌者顏色和順有樂賢之容禮衰不敬也貌衰不悅也其下者困而不能與之祿則當去矜其困而問之苟免死而已此三就三去之道窮餓而去不疑也故不言去免死而留爲死故也權時之宜嫌其疑也故載之也

【疏】陳子至巳矣。○正義曰此章言士雖正道亦有量宜聽言爲上禮貌次之困而免死斯爲下矣備此三科無疑者也陳子曰古之君子何如則仕陳臻問孟子古之君子何如則可進爲之仕孟子曰所就三所去三孟子荅之曰古之君子爲仕所去就有三也下文孟子解之者是也自迎之致敬至死而已矣是解所去就有三矣言國君迎接之致其敬以有禮言將行用其言也則就而仕之是所謂

行可之仕也如禮貌接之以禮又有樂賢之容未衰而言弗得行也則當退而去之以其爲道而仕道不行則去矣其次國君雖未行用其言然而接之以敬以有禮則就而仕之是所謂際可之仕也及其國君接之致以禮又無樂賢之容是其禮貌衰也是則退而去之不以禮而仕禮貌衰則去矣其下朝旦無以食夕昏又無以食以至飢餓困乏不能出其門戶國君聞之乃曰吾大爲之君者不能使之得行其道又不能聽從其言而使飢餓於我之土地吾羞恥之也如此國君有以周賜之亦可以受之而不辭也無他免其餓死而已矣以其爲貧而仕是公養之仕也是以昔之孔子去就如是此孟子荅陳臻之問所以孰此而詳悉告之

孟子曰。舜發於畎畝之中。傅說舉於版築之間。膠鬲舉於魚鹽之中。管夷吾舉於士。孫叔敖舉於海。百里奚舉於市。故天將降大任於是人也。必先苦其心志。勞其筋骨。餓其體膚。空乏其身。行拂亂其所爲。所以動心忍性。曾益其所不能。舜耕歷山三十徵庸傅說築傅巖武丁舉以爲相膠鬲殷之賢臣遭紂之亂隱遁爲商文王於鬻販魚鹽之中得其人舉之以爲臣也士獄官也管仲自魯囚執於士官桓公舉以爲相國孫叔敖隱處耕於海濱楚莊王舉之以爲令尹百里奚亡虞適秦隱於都市穆公舉之於市而以爲相也言天將降下大事以任聖賢必先勤勞其身餓其體而瘠其膚使其身乏資絕糧所行不從拂戾而亂之者所以動驚其心堅忍其性使不違仁困而知勤增益其素所以不能行之者也人恒過。然後能改。困於心。衡於慮。而後作。徵於色。發於聲。而後喻。人常以有謬思過行不得福然後乃更其所爲以不能爲能也困瘁於心衡橫也橫塞其慮於胷中而後作爲奇計異策憤激之說也徵驗見於顏色若屈原憔悴漁父見而怪之發於聲而後喻若甯戚商歌桓公異之是而已矣入則無法家拂士。出則無敵國外患者。國恒亡。然後知生於憂患。而死於安樂也。入謂國內也無法度大臣之家輔弼之士出謂國外也無敵國可難無外患可憂則凡庸之君驕慢荒怠國常以此亡也故知能生於憂患死於安樂也死亡也安樂怠慢使人亡其知能者也

〈疏〉孟子曰至安樂也○正義曰此章言聖賢困窮天堅其志次賢感激乃奮其意凡人佚樂以喪知能賢愚之教者也孟子曰舜發於畎畝之中至死於安樂也者孟子言舜初起發自歷山畎畝之中而堯禪其位傅說築於傅岩之間而高宗舉之爲相膠鬲鬻販於魚鹽之中而商文王舉爲賢臣管仲爲士官之囚而桓公舉爲相國孫叔敖隱遁於海濱而楚莊王舉爲令尹百里奚亡虞歸秦而隱於都市秦繆公任之以爲相故天欲降其大任與之卿相之位於此六人也必先所以如是苦楚其心志劬勞其身已餓其體使之焦枯疲瘠其皮膚又使其身乏無資財所行不遂而拂戾其所爲又所以驚動其心堅忍其性曾益其素所不能而已又言人常以過謬然後更改而遷善困瘁於心而無所通則其操心也危橫塞其慮而思慮無所達而後乃能興作其大憔悴枯槁之容而驗於色而後有吟咏嘆息之氣而發於聲則人見其色聞其聲而後喻曉其所爲矣又言國君者入於國內無大夫循守其犧而爲之法家又無輔弼諫諍之士出於國外則無強敵之大國爲危難之警如是者其國未爲不喪亡矣故曰國常亡也如是則然後因而知人以憂患謀慮而生以安樂怠慢而死也故曰生於憂患而死於安樂也○注舜耕歷山至不能行○正義曰自舜耕歷山至繆公舉之以爲相也是皆案史記之文也○注若屈原憔悴與甯戚商歌桓公異之○正義曰案史記屈原名平與楚同姓事懷王爲三閭大夫王甚任之上官大夫與之同列爭寵而心害其能因讒之王怒而疏平復逐放之乎乃遊江濱被髮行吟澤畔顏色憔悴形容枯槁時有漁父釣於江濱怪而問之曰子非三閭大夫乎何故至此原曰舉世混濁而我獨清衆人皆醉而我獨醒漁父曰聖人不疑滯於物與世推移舉世皆濁何不淈其泥而揚其波衆人皆醉何不餔其糟而歠其醨原曰吾聞新沐者必彈冠新浴者必振衣誰能以身之察察受物之汶汶者乎寧赴常流而葬魚腹中耳遂作長沙之賦懷石自投汨羅以死後百餘年賈誼爲長沙王大傅過湘投書以弔之甯戚角歌者案三齊記云齊桓公夜出迎客甯戚疾擊其牛角高歌曰南山粲白石爛生不遭堯與舜禪短布單衣適至骭從昏飯牛薄夜半長夜曼曼何時旦桓公乃召與語說之遂以爲大夫

孟子曰。教亦多術矣。予不屑之教誨也者。教人之道多術予我也屑絜也我不絜其人之行故不教誨之其人是亦教誨之而已矣。感此退自修學而爲仁義是亦教誨之一道也〈疏〉正義曰此章言學而見賤恥之大者激而厲之能者以改教誨之方或折或引同歸殊途成之則者也孟子言教人之道非特一術耳以其多有也我之所以於不絜人之行而不教之者此亦我有以教之也以其使彼感激自勉修爲之而已是以亦爲教誨之者也蓋謂教亦多術者有君子之五教或三隅不反則不復也或叩兩端而竭於鄙夫或憤則不告或謂予之歸求有餘師或爲挾貴而不荅是教之多術矣

孟子注疏卷十二下挍勘記　阮元撰盧宣旬摘錄

商湯　閩監毛三本同廖本孔本韓本商作殷

周文王是也　廖本孔本韓本考文古本同閩監毛三本王改武

則有讓　石經讓諱作責

不朝而至三　閩監毛三本同岳本廖本孔本韓本考文古本無而字

則討之以六師　閩監毛三本同廖本孔本韓本考文古本無則字

乃爲之罪人也　閩監毛三本同廖本孔本韓本考文古本無爲之二字

五霸桓公爲盛　石經桓諱作威

無易樹子　石經樹諱作立

敬老慈幼　石經敬諱作欽

不敢負之　閩監毛三本同廖本孔本韓本考文古本之作也

不得立愛妾爲嫡妻也　閩監毛三本同廖本孔本韓本無妻字

取士必得賢也立賢無方也　閩監毛三本同廖本上也作立下賢作之孔本韓本考文古本同廖本惟少一立字

不得以私怒行戮也　閩監毛三本同廖本孔本韓本戮上有誅字

而以已意設防禁也　閩監毛三本同廖本孔本韓本考文古本意上有曲字

擅有封賞　閩監毛三本同廖本孔本韓本考文古本有下有所字

臣以諂媚逢迎之　閩監毛三本同廖本孔本韓本無之字

章指言王道寖衰轉爲罪人孟子傷之是以博思古法匡時君也

五霸至者也　閩監毛三本上增註字者閩本作是

士無世祿　補監毛本無作者不誤

天子諸侯制制如是　上制字誤廖本孔本韓本考文古本作地是閩監毛三本作之非

在所損之乎在所益之乎　閩監毛三本同廖本孔本韓本考文古本上乎作中邪二字下乎作中也二字○按上云邪下云也古人文法多如此

以當正道者　廖本孔本韓本考文古本同閩監毛三本正誤王

章指言招攜懷遠貴以德禮既孔本韓本作及考文古本作賤其用兵廟勝爲上戰勝爲下明賤戰也

愼子至而已　閩本同監毛二本上增魯欲使三字

今之事君者皆曰　閩監毛三本孔本同考文古本足利本無皆字

侵小國也　閩監毛三本同廖本孔本韓本考文古本小作鄰

今之所謂良臣　閩監毛三本同廖本孔本韓本考文古本下有者字

於古之法爲民賊者也　閩監毛三本同廖本孔本韓本考文古本無者也二字

賊傷民也　閩監毛三本同廖本孔本韓本考文古本無賊字也字

求必勝之也　閩監毛三本同廖本孔本韓本考文古本無之字

章指言善爲國者必孔本韓本考文引古本作以藏於民賊民以往其餘何觀變俗移風非樂不化以亂濟民不知其善也

孟子止居也　閩本同監毛二本止改至

省賦利民　閩監毛三本同廖本孔本韓本上有欲字

以此喻白圭之所言而已矣　閩監毛三本同廖本孔本韓本考文古本作以此喻白圭

所言也

無諸侯幣帛饔飧 飧當作飱毛本飧作餐

故二十而取一而足也 諸本無上而字

故可二十而取一 閩監毛三本同廖本孔本韓本無而字

二十而稅一者 閩監毛三本同廖本孔本韓本考文古本無而字

則是夏桀爲大桀而子爲之小桀也 閩監毛三本同廖本孔本韓本無是字而字之字考文引而子爲之小桀也云古本無而字之字

章指言先王典禮萬世可遵什一供貢下富上尊裔土 考文古本作士 簡惰二十而稅夷狄有君 韓本刪此四字孔本作貉道有然 不足爲貴 此四字韓本亦刪 圭欲去之孟子斥之以王制也

正案班固志貨殖傳云 正下脫義曰二字閩監毛三本不脫

井田方百里是爲八九家共之 閩本同監毛二本百作一八九家作九夫八家

是案此文監本擠寫是監本剜改

當諸侯之時 閩監毛三本同廖本孔本韓本無之字

因自謂過乎禹也 閩監毛三本同廖本孔本韓本考文古本無乎字

是子亦過甚矣 閩監毛三本同廖本孔本韓本考文古本無是字

章指言君子除害普爲人也白圭壑鄰亦以狹矣是故賢者志其大者遠者也

君子不亮惡乎執 音義本亦無乎字

捨信將安所執之邪 閩監毛三本同岳本無所字廖本孔本韓本捨作舍無所字邪字考文古本無所字邪字

章指言論語曰自古皆有死民無信不立重信之至者 孔本韓本考文古本無者字 也

則君之道 君下漏子字閩監毛三本不脫

丑問以但好善 閩監毛三本同岳本孔本韓本考文古本以作人

舜是也 閩監毛三本同廖本孔本韓本考文古本上有虞字

懷善之士 閩監毛三本同廖本孔本韓本考文古本善下有言字

章指言好善從人聖人一概禹聞讜言荅之而拜詘詘吐之善人亦逝善去惡來道若合符詩曰雨雪瀌瀌見晛聿消此之謂也

注禹聞讜言荅之而拜至此之謂也 閩監毛三本而作以此之謂作合符

者

正義曰禹聞善言則拜尚書讜言說於前矣詩曰雨雪瀌瀌見晛曰消者此蓋角弓之詩文也注云晛日也瀌瀌雨雪之盛貌 閩監毛三本無詩曰至盛貌三十一字

謂何禮可以仕也 閩監毛三本同廖本孔本韓本考文古本謂作得

迎之致敬以有禮 石經敬諱作欽下同

三十徵庸 監本徵誤徵○按此三十當同五十而慕注作二十

文王於鬻販魚鹽之中 音義鬻字或作育

章指言仕雖正道亦有量宜聽言爲上禮貌次之困而免死斯爲下矣 考文古本作夫 備 考文古本作偏 此三科亦無疑也

所以不能行之者也 閩監毛三本同廖本孔本韓本考文古本無之者也三字

人恆過 石經恆諱作常下同

徵於色 石經徵諱作證

橫塞其慮於胷中 閩監毛三本同廖本孔本韓本考文古本胷下有臆之二字

若甯戚商歌 考文古本商作高案非也

是而已矣 閩監毛三本同廖本孔本韓本考文古本無此四字

輔弼之士 閩監毛三本同孔本韓本考文古本弼作拂

安樂怠慢使人亡其知能者也 閩監毛三本同廖本孔本韓本考文古本慢作惰無者字

章指言聖賢困窮天堅其志次賢感激乃奮其慮凡人佚樂以喪知能賢愚之敘也

何不啜其漕而餔其漓 閩監毛本漕作糟漓作醨是也

是亦教誨之一道也 閩監毛三本同廖本孔本韓本考文古本亦下有我字

章指言學而見賤恥之大者激而厲之能者以改教誨之方或折或引同歸殊塗成之而已

成之則者也 毛本則下有一字

孟子注疏解經卷第十三上

盡心章句上　凡四十五章　孫奭疏

趙氏注 盡心者人之有心爲精氣主思慮可否然後行之猶人法天天之執持綱維以正二十八舍者北辰也論語曰北辰居其所而衆星拱之心者人之北辰也苟存其心養其性所以事天也故以盡心爲篇題

【疏】正義曰前篇章首論告子之言性此篇章首以論盡心蓋以情性有主於心故次之以盡心也言盡已之心與天道通是道之極者故孟子七篇所以終於盡心也此篇凡八十四章趙氏分成上下卷此卷即有四十五章而已一章言盡心知性二章言爲仁由已富貴在天三章言每必以誠恕已而行四章言人有仁端達之爲道五章言遠辱不爲憂六章言不慕大人何能有恥七章言王公尊賢以貴下賤八章言內定常滿賤不失道達善天下九章言小人待化十章言人情富盛莫不驕矜十一章言勞人欲以佚之殺人欲以生之十二章言王政浩浩與天地同道霸者德小民人速報十三章言明法審令崇寬務化十四章言本性良能仁義是也十五章言聖人潛隱十六章言孤孽自危故能顯達十七章言容悅凡言社稷股肱天民行道大人正已十八章言育養賢才樂過萬乘十九章言臨涖天下君子之樂尚不與焉二十章言王政普大二老聞歸二十一章言教民之道富而所用二十二章言能大明者無不照二十三章言好善從舜好利從跖二十四章言揚墨放蕩子莫執中二十五章言飢不妄食二十六章言下惠不恭二十七章言爲仁由已必在究之二十八章言仁在性體其次假道二十九章言放惡攝政伊周有爲凡人志異則生篡心三十章言君子正已以立於世三十一章言人當尚志善之所由仁與義也三十二章言事有輕重行有小大三十三章言奉法承天政不可枉大孝榮父遺棄天下三十四章言人性皆同居使之異三十五章言輿服器用人用不殊尊貴居之志氣以舒三十六章言取人之道必以恭敬三十七章言聖人踐形三十八章言禮斷三年孝者欲益富貴怠厭思減其日三十九章言教人之術莫善五者四十章言道大難追人能弘道四十一章言窮達卷舒屈伸興變四十二章言學尚虛已四十三章言賞僭及淫刑濫及士季文三思四十四章言君子布德名有所思四十五章言振喪持領正羅惟綱其餘三十九章趙氏分在下卷各有敘焉○注盡心者至篇題○正義曰云人之有心爲精氣主思慮可否然後行之猶人法天者蓋以性之得於天心之生於性天莫之爲而所以命人者性也性則湛然自得所以爲主者心也則人之心爲精氣主思慮可否然後行由人法天也云天之執持維綱以正二十八舍者北辰也者二十八舍案一首天文志云東方角亢氐房心尾箕北方斗牛女虛危室壁西方奎婁胃昴畢觜參南方井鬼柳星張翼軫凡此四七之星分布四方是二十八舍也然所以正之者蓋在乎北辰論語曰北辰居其所而衆星拱之包注云北辰之不移而衆星拱之爾雅釋文云北極謂之北辰郭璞曰北極天之中以正四時然則極中也辰時也以其居天之中故曰北極以正四時故曰北辰又按漢書天文志云中宮太極星其一明者太乙之常居也旁三星三公環之匡衛十二星藩臣皆曰紫宮北斗七星所謂璇璣玉衡以齊七政斗爲帝車運於中央臨制四方分陰陽建四時均五行移節度定諸紀皆係於斗是衆星所拱也

孟子曰：盡其心者，知其性也。知其性，則知天矣。性有仁義禮智之端，心以制之。惟心爲正，人能盡極其心，以思行善，則可謂知其性矣。知其性，則知天道之貴善者也。存其心，養其性，所以事天也。能存其心，養育其正性，可謂仁人。天道好生，仁人亦好生。天道無親，惟仁是與。行與天合，故曰所以事天也。殀壽不貳，脩身以俟之，所以立命也。貳，二也。仁人之行，一度而已。雖見前人或殀或壽，終無二心，改易其道。殀若顏淵，壽若邵公，皆歸之命，脩正其身以待天命，此所以立命之本。【疏】孟子至命也。○正義曰：此章言盡心竭性，足以承天，殀壽禍福，秉心不違，立命之道，惟是爲珍者也。孟子曰盡其心者至所以立命也者，孟子言人能盡極其心以思之者，是能知其性也。知其性，則知天道矣。知存其心，養育其性，此所以能承事其天者也。以其天之賦性，而性者人所以得於天也，然而心者又生於性，性則湛然自得，而心者又得以主之也。蓋仁義禮智根於心，是性本固有而爲天所賦也。盡惻隱、羞惡、恭敬、是非之心，則是知仁義禮智之性；知吾性固有此者，則知天實賦之者也。如存此惻隱、羞惡、恭敬、是非之心，以長育仁義禮智之性，是所以事天者也。是性即天也，故存心養性是爲事天矣。又言人之於命，雖有或殀或壽，但操執其心而不仁也，既天壽不二，而修其身以待其在天者如何耳。如是所以爲能立命之本也。以其殀壽皆定於未形有分之初，亦此而不二也，不可徼求之矣，但脩其在我以待之，是爲立命也。如於殀壽而二其心，以廢其所以脩其在我者，則非所以立命者也。商書云「我生不有命在天」，是其意也。

孟子曰：莫非命也，順受其正。莫無也。人之終，無非命也。命有三名：行善得善曰受命，行善得惡曰遭命，行惡得惡曰隨命。惟順受命爲受其正也已。是故知命者，不立乎巖牆之下。知命者欲趨於正，故不立於巖牆之下，恐壓覆也。盡其道而死者，正命也。盡脩身之道，以壽終者，得正命也。桎梏死者，非正命也。畏壓溺死，禮所不弔，故曰非正命也已。【疏】孟子曰至非正命也。○正義曰：此章言人必趨命，貴受其正，巖牆之疑，君子遠之也。孟子曰莫非命至非正命也者，孟子言人之死無非是命也，然當順受其正，盡道以生死也。書云「惠迪吉」，是其順受其正之旨也。是故知命之君子，不立身於巖牆危險之下，以其能壓覆人也。是以盡其脩身之道而死亡者，乃爲受正命而死也。陷於刑獄，爲桎梏而死者，非受正命而死也，以其不能盡脩身之道而順受其命而死也。桎，足械也；梏，手械也。今刑獄匣手足者也。案孔子云：人有三死而非命飲食不節，勞逸過度，是病其殺之者也；居下位而上誣其君，嗜慾無厭，是刑其殺之也；以少犯眾，以弱侮強，是兵其殺之者也。又云：人有三死而不弔：有畏而死者，有壓而死者，有溺而死者。○注「莫，無也」至「正也」。○正義曰：云「命有三，行善得善曰受命」者，如舜聞一善言，見一善行，沛然若決江河而莫之禦，而終得升于帝而崩是也。行善得惡曰遭命，如淮南子伯牛有癩，論語曰：伯牛有疾，孔子自牖執其手，曰：亡之，命矣夫！斯人也而有斯疾也，斯人也而有斯疾也！包曰：伯牛有惡疾是也。行惡得惡曰隨命，如舜之四凶之類是也。○注「畏壓溺死，所不弔」。○正義曰：禮於檀弓云：死而不弔者三：畏、壓、溺。鄭氏云：謂輕身忘孝也。畏，人或時以非罪攻己，不能有以說之死之者，孔子畏於匡是也；壓，行止危險之下是也；溺，不乘橋船是也。荀子曰：夏首之南有人曰涓蜀梁，其爲人善畏，明月而宵行，俯見其影，以爲伏鬼也；仰視其髮，以爲立魅也；背而走，比至其家，失氣而死。是亦畏死者也。又秦武王時，大蛇從身出，復入穴，五女示之，五子拔蛇，壓殺五女，是壓死者也。尾生與女子期於梁下，水至不去，抱梁柱而死，是溺死者也。孟子之言，其趨則一也。

孟子曰：求則得之，舍則失之，是求有益於得也，求在我者也。謂脩仁行義，事在於我，我求則得，我舍則失，故求有益於得也。求之有道，得之有命，是求無益於得也，求在外者也。謂賢者脩其天爵而人爵從之，故曰求之有道也。脩天爵者，或得或否，故曰得之有命也。爵祿須知己，知己者在外，非身所專，是以云求無益於得也，求在外者也。【疏】孟子至者也。○正義曰：此章言爲仁由己，富貴在天者也。孟子言仁義禮智，性之所有，如就性而求之，則得之，舍而不求，則亡之。是則仁義禮智求之有益於得者也，是求之在我者也。以其仁義禮智，有生之初，性固有者，是爲在我者也，是爲天爵也。求之有道，則脩其天爵而人爵從之故也。既脩其天爵，而人爵或有不得者，是或得或否，是得之有命也。是則人爵求之無益於得也，是求之在外者也，以其人爵非身所專，故爲在外者也。如論語云「求仁而得仁」，是求則得之之謂也。易云「舍爾靈龜，凶」，是舍則失之之謂也。詩云「愷悌君子，求福不回」，是求之有道者也。荀子云：君子能爲可用，不能使人必用己。是得之有命者也。孟子所以言之以此。

孟子曰：萬物皆備於我矣。反身而誠，樂莫大焉。物，事也。我，身也。普謂人爲成人已往，皆備知天下萬物，常有所行矣。誠者，實也。反自思其身所施行，能皆實而無虛，則樂莫大焉。強恕而行，求仁莫近焉。當自強勉以忠恕之道，求仁之術，此最爲近也。【疏】孟子至莫近焉。○正義曰：此章言每必以誠，恕己而行，樂在其中，仁之至者也。孟子言人之生也，萬物皆備足於我矣，但能反己思之以誠，不爲物之喪己，是有得於內矣。有得於內，則爲樂亦莫大焉。以其外物爲樂，則所樂在物不在於我，故爲樂也小；以內爲樂，則所樂在己不在物，其爲樂也大。又言勉強以忠恕之道而行之，以求仁之術，爲最近，故傳有云「仁者必恕而後行」，是之謂也。斯亦力行近乎仁之意歟。

孟子曰：行之而不著焉，習矣而不察焉，終身由之而不知其道者眾也。人皆有仁義之心，日自行之無所而不能著明其道以施於大事，仁妻愛子，亦以習矣，而不能察知可推以爲善，由用之以爲自然，不究其道可成君子，此眾庶之人也。終身【疏】正義曰：此章言人有仁端，達之爲道，凡人用之，不知其爲實也。孟子言仁義之道，人皆有之，然而行之而不著，則其迹不能彰明；習此仁義之道而不察，則其理不能推明；終身用而行之而不知其是爲道，凡如此者，非君子者也，是則爲凡眾者矣，故孟子以此閔之。

孟子曰：人不可以無恥。人不可以無所羞恥也。論語曰：行己有恥。無恥之恥，無恥矣。人能恥己之無所恥，是爲改行從善之人，終身無復有恥辱之累也。【疏】正義曰：此章言恥身無分，獨無所恥，斯必遠辱，不爲憂矣。孟子言人之不可無其羞恥也，人能無恥而尚有羞恥，是爲遷善遠罪之人，終身無復有恥辱累之矣。案禮云：君子有五恥：朝不坐，燕不善，君子恥之；居其位，無其言，君子恥之；有其言，無其行，君子恥之；既得之，又失之，君子恥之；地有餘而民不足，君子恥之。如此則人可以無恥乎？此孟子所以有此言而救時之弊歟。

孟子曰：恥之於人大矣。爲機變之巧者，無所用恥焉。恥者爲不正之道，正人之所恥爲也。今造機變阱陷之巧以攻戰者，非古之道也，取爲一切可勝敵之宜，無以錯於廉恥之心。不恥不若人，何若人有？不恥不如古之聖人，何有如賢人之名也。【疏】正義曰：此章言不慕大人，何能有恥者也。孟子言人之所以恥者，以其爲不正之道也，不正之道，正宜羞恥而無爲之也。[illegible]人爲大者也。今之人乃造機變阱陷藏兵之巧以爲攻戰者，是爲不正之道也，是無所用而恥之也。如不恥不若古之聖賢，何能有古聖賢之名也。○注「隱朋顏淵」。○正義曰：[illegible]注有所要者，雖於文段不錄，然於事未嘗敢棄之而不明。今有以隱朋不及黃帝，佐齊桓以有動；顏淵慕虞[illegible]幾也。案杜預春秋傳云：隱朋，齊大夫也。史記注[illegible]或作崩，常愧恥不若黃帝之爲人，後齊桓之[illegible]十一年卒。顏淵慕虞舜，案經云：顏淵曰：舜何人[illegible]有爲者亦若是。孔子所以曰：回也其庶乎，屢空。[illegible]注所以引而爲解文。

孟子曰：古之賢王好善而忘勢。樂善而自卑，若高宗得傅說而稟命。古之賢士何獨不然？樂其道而忘人之勢。何獨不然，何獨不者，所樂有所忘也。樂道守志，若許由洗耳，可謂忘人之勢矣。故王公不致敬盡禮，則不得亟見之。見且由不得亟，而況得而臣之乎？亟，數也。若伯夷非其君不事，伊尹[illegible]致敬盡禮，可數見之乎？作者七人[illegible]可得而臣之者乎。【疏】孟子至之乎。○正義曰：此章言王[illegible]貴下賤，樂道忘勢，不以富貴動[illegible]子曰至而況得而臣之者乎。孟子曰古之賢[illegible]善而忘己之勢，古之爲賢士者亦然，以其能樂[illegible]人之貴勢也。如此，故有王公大人不致其敬而[illegible]得數數見其賢者，然而見之且猶尚以爲不可，而[illegible]而卑下者乎。○注「高宗得傅說而稟命」。○正義[illegible]命篇云：高宗夢得說，使百工營求諸野，得諸傅[illegible]王置諸其左右，曰：臣下罔有稟命。孔安國傳云[illegible]令，命也。○注經「許由洗耳，可謂忘人之勢」。正義[illegible]云：許由，潁川人也，隱箕山。堯聞之，聘爲九州[illegible]洗耳於河。巢父見之，曰：吾欲飲牛，汚吾牛口。於[illegible]飲之。由大慙而隱是也。○注「亟，數也」至「作者七[illegible]」云伯夷、伊尹者，此蓋本孟子之正文也，已說之[illegible]七人者，案論語之文也。七人，包注云：凡七人，長[illegible]石門、荷蕢、儀封人、楚狂接輿是也。王弼云：七人[illegible]仲、夷逸、朱張、柳下惠、少連，是此七人者也。

孟子謂宋句踐曰：子好遊乎？吾語子遊。人知之，亦囂囂；人不知，亦囂囂。[illegible]以道德遊，欲行其道者，囂囂自得無欲之貌也。曰：何如斯可以囂囂矣？[illegible]可囂囂也。曰：尊德樂義，則可以囂囂矣。尊，貴也。孟子曰：能貴德而履之，樂義而行之，則可以囂囂無欲矣。故士窮不失義，達不離道。窮不

失義。故士得已焉。達不離道。故民不失望焉。窮不失義不爲不義而苟得故得已之本性也達不離道思利民之道故民不失其望也古之人得志。澤加於民。不得志。脩身見於世。窮則獨善其身。達則兼善天下。古之人得志君國則德澤加於民人不得志謂賢者不遭遇也見立也獨治其身以立於世間不失其操也是故獨善其身達謂得行其道故能兼善天下也〔疏〕孟子至天下○正義曰此章言內定常滿囂囂無憂可出可處故云以士脩身立世賤不失道達善天下乃用其寶句踐好遊未得其要孟子言之然後乃喻者也孟子謂宋句踐曰至囂囂宋句踐宋人姓宋名句踐孟子謂句踐曰子好逸遊乎我今語以教子之遊也言人之知已亦但囂囂然自得人不知已亦但囂囂然而自得曰何如斯可以囂囂矣句踐問之曰當何如此可以囂囂然自得矣曰尊德樂義至達則兼善天下孟子又與之曰尊貴其德所樂以義以此則可以囂囂自得矣蓋德有所得於內義有所不爲於外既所貴在德而盡性於內所樂在義而窮理於外是以樂天知命故人知不知斯囂囂然自得矣如此故士窮而在下則不失義而不爲苟得達而在上則不離道而常思利民窮不失義而不爲苟得故得已之本性達不離道而常思利民故民不失其所望是以古之人得志遭遇其時則布恩澤而加被於民不得志則脩治其身以立於世間是其窮則獨善身達則得行其道而兼善天下也言古之人以是者如顏子之徒窮而不得志則不改其樂而獨善其身伊尹之徒得志而澤加於民也

孟子曰。待文王而後興者。凡民也。若夫豪傑之士。雖無文王猶興。凡民無自知者也故由文王之大乃能自興起以趨善道若夫豪傑之才知千萬於凡人者雖不遭文王猶能自起以善守其身正其行不陷溺也〔疏〕正義曰此章言小人待化乃不邪君子特立不爲俗移故稱豪傑自興者也孟子言必待文王之化而乃能興起以從善道者凡民也以其無自知者也若夫才有過於千萬人之豪傑者雖不遭遇文王之化猶能自興起以從善而正立其身也已

孟子曰。附之以韓魏之家。如其自視欿然。則過人遠矣。附益也韓魏晉六卿之富者也言人既自有家復益以韓魏百乘之家其富貴已美矣而其人欿然不自知仁義之道不足也此則過人甚遠矣〔疏〕正義曰此章言人情富盛莫不驕亢有若欿然謂不如人非但免過卓絕乎凡也孟子言人自有富復附益以韓魏晉六卿百乘之家富而貴之如其自視已於仁義之道欿然不足則超絕有過乎衆人遠矣○注韓魏晉六卿百乘之家正義曰已說於梁惠首篇

孟子曰。以佚道使民。雖勞不怨。謂教民趨農役有常時不使失業當其雖勞後獲其利則佚矣若亟其乘屋之類也故曰不怨以生道殺民。雖死不怨殺者。謂殺大辟之罪者以坐殺人故也殺此罪人者其意欲生民也故雖伏罪而死不怨殺者〔疏〕孟子至殺者○正義曰此章言勞人欲以佚之殺人欲以生之則民不怨者也孟子言國君如使民趨於農耕是以佚道使民是農耕時雖爲勞然後有所獲稼則又有以佚樂矣如是則何怨恨其勞乎故曰以佚道使民雖勞不怨又言國君殺戮其罪人者以其恐有害於民故殺之而意有在於欲生其民也是則罪人被殺雖死且不怨恨殺者也故曰以生道殺民雖死不怨殺者○注若亟其乘屋之類○正義曰已於滕文公說之矣○注大辟之罪正義曰孔云大辟之罪死刑也前已說

孟子曰。霸者之民。驩虞如也。王者之民。皞皞如也。殺之而不怨。利之而不庸。民日遷善而不知爲之者。霸者行善恤民恩澤暴見易知故民驩虞樂之也王者道大法天浩浩而德難見也殺之不怨故曰殺之而不怨庸功也利之使趨時而農六畜繁息無凍餓之老而民不知獨是王者之功修其庠序之教又使日遷善亦不能覺知誰爲之者言化遷善爲之大道者也夫君子所過者化。所存者神。上下與天地同流。豈曰小補之哉。君子通於聖人聖人如天過此世能化之存在此國其化如神故言與天地同流也天地化物歲成其功豈曰使人知其小補益之者哉〔疏〕孟子至之哉○正義曰此章言王政皞皞與天地同流霸者德小民人速覩是以賢者志其大者也孟子曰至小補之哉者孟子言霸者行善政以及民以其恩澤暴見故民驩虞而樂也王者道大故若天浩浩而難知難見者也故民皞皞然自得而已矣是以王者之民殺之而不怨以其生道殺之故也利而不知爲王者之功以其佚道使之故也自迹觀之則君子過之而不守拘其一自妙道觀之則其所感而遂天下之故者未嘗不有存焉故曰君子所過者化所存者神今夫天地之化者始乎春而終乎冬而萬物皆得以移易者也天地之神者始乎震而終乎艮而陰陽不可測之者是也然則王者之於民所過者以化所存者以神宜其與天地上下同流而無間也則是天地之化以神而存之豈曰使萬物知其有小補益哉王者之化亦存以神又豈曰使民知其有小補益之哉如此故王者之民所以皞皞如也蓋虞之爲樂必待虞度無患然後爲驩則其樂淺皞皞如也以其使民舒通太平自得而已故於驩虞又有以間矣此孟子所以抑區區之爲而尊崇其王者也

孟子曰。仁言不如仁聲之入人深也。仁言政教法度之言也仁聲樂聲雅頌也仁言之政雖明不如雅頌感人心之深也善政不如善教之得民也。善政使民不違上善教使民尚仁義心易得也善政民畏之。善教民愛之。善政得民財。善教得民心。畏之不逋怠故賦役舉而財聚於一家也愛之樂風化而上下親故歡心可得也〔疏〕孟子至民心○正義曰此章言明法審令民趨君命崇寬務化民愛君德故曰移風易俗莫善於樂者也孟子曰至善教得民心孟子言仁言爲政教法度之言不若仁聲樂聲雅頌感人心之深也善政使民不違上又不若善教得民之易也以其善政出於法度之粗有刑威以行之故民有以畏之善教本人之德性有仁恩以懷之故民有以愛之亦以善政有九職繫萬民有九兩以繫萬民九職任萬民故一曰三農以平地山澤生黍稷禾稻麻大小豆大小麥之九穀二曰園圃以育草木三曰虞衡作山澤之材四曰藪牧養蕃鳥獸五曰百工飭化八材八材鄭司農云珠象玉石金木革羽是也六曰商賈阜通貨賄七曰嬪婦化治絲枲鄭玄云金玉曰貨布帛曰賄嬪婦人之美稱也八曰臣妾聚斂疏財九曰閒民無常職轉移執事鄭玄云疏材百草根實可食者九兩繫萬民一曰牧以地得民二曰長以貴得民三曰師以賢得民四曰儒以道得民五曰宗以族得民六曰主以利得民七曰吏以治得民八曰友以任得民九曰藪以富得民凡此善政爲民財而已善教因民心以教之故能得民心矣此所以爲仁言不如仁聲之入人深也善政不如善教之得民然而善政非不能得民但得民財而已又不若善教得民之心矣○蓋移風易俗莫大乎樂此禮之文然也孟子所以同其趨焉

孟子曰。人之所不學而能者。其良能也。所不慮而知者。其良知也。不學而能性所自能良甚也是人之所能甚也知亦猶是能也孩提之童。無不知愛其親者。及其長也。無不知敬其兄也。孩提二三歲之間在襁褓知孩笑可提抱者也少知愛親長知敬兄此所謂良能良知也親親仁也。敬長義也。無他。達之天下也。人仁義之心少而皆有之欲爲善者無他達通也但通此親親敬長之心施之天下人也〔疏〕孟子至天下也○正義曰此章言本性良能仁義是也達之天下恕乎已者也孟子曰人之所不學而至達之天下也者孟子言人之所以不學而性自能是謂良能者也所以不待思慮而自然知者是謂良知者也孩提之童子無有不知愛其父母及其長大無不知欽順其兄是則厚愛其親欽順其兄是仁義也仁義即良知良能者也言人之爲善者無更於他求也但通達此親親敬長之良能良知施之於天下耳注襁褓者正義曰釋云襁褓負兒衣也織縷爲之廣八寸長二尺以負兒於背上者也是亦知孩提爲二三歲

孟子曰。舜之居深山之中。與木石居。與鹿豕遊。其所以異於深山之野人者幾希。舜耕歷山之時居木石間鹿豕近人若與人遊也希遠也當此之時舜與野人相去豈遠及其聞一善言。見一善行。若決江河。沛然莫之能禦也。舜雖外與野人同其居處聞人一善言則從之見人一善行則識之沛然不疑若江河之流無能禦止其所欲行也〔疏〕孟子至禦也○正義曰此章言聖人潛隱若神能飛天亦能潛藏同舜之謂也孟子言虞舜初起於歷山耕時居於木石之間以其近木石故也與鹿豕遊以其鹿與豕近於人也然而舜於此其所以有異於深山之野人不遠但能及其聞一善言見一善行其從之若決江河之水沛然其勢莫之能禦止之也○注聖人潛隱若神龍者○正義曰此蓋周易乾卦之文也趙注引之以解其經

孟子曰。無爲其所不爲。無欲其所不欲。如此而已矣。無使人爲己所不欲爲者無使人欲己之所不欲者每以身先之如此則人道足也〔疏〕正義曰此章言己所不欲勿施於人仲尼之道也孟子言人無爲其所不爲以其所不爲者不義也無欲其所不欲者以其不欲爲不善也人能無爲不義又不欲其所不善則人道於是足矣故曰如此也

孟子曰。人之有德慧術知者。恒存乎疢疾。人所以有德行智慧道術才知者以其在於有疢疾之人疢疾之人又力學故能成德獨孤臣孽子。其操心也危。其慮患也深。故達。此即人之疢疾也自以孤微懼於危殆之患而深慮之勉

爲仁義故至於達也〔疏〕孟子至故達。○正義曰：此章言孤孽自危，故能顯達；膏粱自正，多用沉溺，是故在上不驕以戒諸侯也。孟子言人之所以有德慧術知者，常在於疢疾之人也。疢疾，人之有小疾常需在身不去者，是爲疢疾也。如孤臣孽子，其操心也常危，其慮患也常深，是若疢疾也。此孟子所以執此喻以自解也。言孤臣不得於其君者也，孽子不得於其親者也，不得於其君與不得於其親者，故能秉心常危，慮患常深，以勉力於爲道德，故能顯達也。操心常危，慮患常深，是人之疢疾常需在身而不去也，是孟子所以爲疢疾之人有德慧術智也。然而非謂德慧術智必繫乎有疢疾者，但常存乎疢疾之人而已。蓋有得於已謂之德，述而行之謂之術，然德又以慧達，術又以智達之者，以其德以慧明，術以智釋耳。是則所謂智慮生於憂患，豈非德慧術智存於疢疾之意有同歟？此孟子所以有是言之，而戒當時之人者也。

孟子曰：有事君人者，事是君則爲容悅者也。事君求君之意，爲苟容以悅君者也。有安社稷臣者，以安社稷爲悅者也。忠臣志在安社稷而後爲悅者也。有天民者，達可行於天下而後行之者也。天民知道者也，可行而行，可止而止。有大人者，正己而物正者也。大人大丈夫不爲利害動移者也，正己物正，象天不言而萬物化成也。〔疏〕孟子至者也。○正義曰：此章言容悅凡臣，社稷股肱，天民行道，大人正身，凡四科優劣之差者也。孟子曰有事君人者，事是君則爲容悅者也。孟子言有人事其君以求君之意者，是爲苟容以悅君者也。有安社稷臣者，以安社稷爲悅者也，孟子又言有忠臣爲安社稷臣者也，在於安社稷而後爲悅者也。有天民者，達可行於天下而後行之者也，言天民爲之先覺者，志在於行道，然而既達而在位，可以行其道於天下，然後乃行之也。以其若窮而在下，未可行其道，則亦止而不行矣，是其窮達一歸於天而已。有大人者，正已而物正者也，言有大丈夫不爲利害之所移動，是則自正治其已而物後自取正於我也。凡此是其四科優劣差等也。

孟子曰：君子有三樂，而王天下不與存焉。父母俱存，兄弟無故，一樂也。仰不愧於天，俯不怍於人，二樂也。得天下英才而教育之，三樂也。天下之樂不得與此三樂之中。兄弟無故，無他故。不愧天，又不怍人，心正無邪也。育，養也。教養英才，成之以道，皆樂也。君子有三樂，而王天下不與存焉。君子重言是美之也。〔疏〕孟子曰至存焉。○正義曰：此章言保親之養，兄弟無他，誠不愧天，育養英才，吾人能之，樂過萬乘，孟子重焉，一章再云者也。孟子曰君子有三樂而王天下不與存焉，王存焉者，孟子言君子有三樂，而爲王天下者不得與於其間。父母皆在，兄弟無有他故者，以其無嫌隙之事也，此乃一樂也。存誠於已而仰無以有愧於天，俯無以有慚怍於人，此乃二樂也。已之有德，又得天下英才大賢而推已以教而養育之，此乃三樂也。三樂如此，故孟子又重言之，然君子有三樂而王天下不與存焉，以其有天下之樂不若此三樂矣，故重言之而美此三樂也。是以舜得天下而無足解憂，楊子云紆朱懷金之樂不如顏氏子之樂，是亦與此同意也。

孟子曰：廣土衆民，君子欲之，所樂不存焉。中天下而立，定四海之民，君子樂之，所性不存焉。廣土衆民，大國諸侯也，所樂不存，欲行禮也。中天下而立，謂王者，所性不存，乃所謂性於仁義者也。君子所性，雖大行不加焉，雖窮居不損焉，分定故也。大行，行之於天下；窮居，不失性也。分定故不變。君子所性，仁義禮智根於心，其生色也睟然，見於面，盎於背，施於四體，四體不言而喻。四者根生於心，色見於面，睟然潤澤之貌也。盎，視其背而可知其背盎盎然盛流於四體，四體有匡國之綱，雖口不言，人自曉喻而知也。〔疏〕孟子曰至而喻。○正義曰：此章言臨涖天下，君國子民，君子之樂尚不與存，仁義內外，充身體履，方四體不言，蟠辟用張，心邪意溺，進退無容，於是之際，知其所不同也。孟子曰廣土衆民至不言而喻，孟子言廣土地之大，衆民人之多，以爲大國之諸侯，君子者心欲好之，然其所樂不在此也。中天下之中而立，以安四海之民，是爲之王，君子者雖樂於此，然而稟天性不在此焉。蓋君子欲廣土衆民，以其足以行一道於一國故也，然其所樂又在於定四海之民，而未樂於此一國而已。雖樂在於中天下而立定四海之民，得以行道於天下，奈何所性不在此焉，是所性者特在仁義禮智耳，故言於下文是也。是則君子所稟天之性，雖大而行道於天下，且不能加益其性；雖窮居在下，且不能損滅其性，以其所生之初，受之於天有其分定故也。故君子所性，是仁義禮智四者根生於心，顯而形諸德容，其生於色則睟然潤澤見於面，又有輝光乎其前，盎盎然見於背，又有充實乎其後，而旁溢流通乎左右上下四體，則一動靜一行止，固雖不言而人以曉喻而知其所存，是其不言仁而喻其能仁，不言義而喻其能義，以至禮也智也亦若是矣，此所以故云四體不言而喻。荀子云：君子之學，入乎耳，著乎心，布乎四體，形乎動靜。又曰：君子至德，默然而喻，同意。

孟子注疏卷十三上挍勘記　阮元撰盧宣旬摘錄

凡四十五章　閩監毛三本同。音義宋本五作七。案章指當爲四十七章，作四十五者，僞疏改。疏以王子宮室章并入上章，又失數莫非命也一章，故爲四十五章也。

爲精氣王　宋本王作生，孔本、韓本、閩監毛三本作主。

天之執持綱維　閩監毛三本同，孔本、韓本、考文古本綱維作維綱。

而衆星拱之　閩監毛三本同，宋本、孔本、韓本、考文古本拱作共。音義出共之云亦作拱。

苟存其心　宋本苟作曰。

故以盡心爲篇題　閩監毛三本同，孔本、韓本、考文古本爲篇題作題篇。

言容悅凡言　補監毛本下言字作臣，是也。

案一首天文志云　補監毛本一首作五行，不誤。

故曰所以事天也　閩監毛三本同，宋本、岳本、孔本、韓本、考文古本無也字。

此所以立命之本　閩監毛三本同，廖本、孔本、韓本、考文古本下有也字。

▲章指言盡心竭性，足以承天，殀壽禍福，秉心不違，道惟是爲珍

但操存其心而不仁也　宋仁爲二，誤。

爲受其正也已　閩監毛三本同，岳本、廖本、孔本、韓本、考文古本無已字。

得正命也　閩監毛三本同，廖本、孔本、韓本、考文古本上有爲字。足利本爲作無，案作無非也。

畏壓溺死　閩監毛三本同，廖本、孔本、韓本、考文古本無死字，案無者非。

故曰非正命也已　閩監毛三本同，廖本、孔本、韓本、考文古本無已字。

▲章指言人必趨命，貴受其正，巖牆之疑，君子遠之

注畏壓溺死所不弔　閩監毛三本所上有禮字。

▲章指言爲仁由已，富貴在天，故孔子曰：如不可求，從吾所好

常有所行矣　宋本、廖本、閩本、孔本、韓本、考文古本、足利本同，監毛二本常誤當。

強恕而行　廖本、孔本、韓本同，閩監毛三本強作彊，注同。

當自強勉　岳本及各本同，宋本作勉強。

此最爲近也　閩監毛三本同，宋本、岳本、廖本、孔本、韓本、考文古本無也字。

▲章指言每必以誠，恕己而行，樂在其中，仁之至也

無所愛所愛　閩監毛三本同，廖本、孔本、韓本、考文古本作於其所愛。

可推以爲善　閩監毛三本同，廖本、孔本、韓本、考文古本下有也字。

▲章指言人有仁端，達之爲道，凡夫用之，不知其爲實　考文古本誤實也

論語曰　各本同，考文古本作論曰。○按趙注多作論。

▲章指言恥身無分，獨無所恥，斯必遠辱，不爲憂矣

無復有恥辱累之矣　之字墨丁，閩監毛三本如此。

今造機變阱陷之巧　閩監毛三本同，廖本、孔本、韓本阱作穽。

取爲一切可勝敵之　閩監毛三本同，廖本、孔本、韓本、考文古本之作也。

廉恥之心　閩監毛三本同，廖本、孔本、韓本、考文古本下有也字。

不恥不如古之聖人，何有如賢人之名也　廖本、孔本、韓本、考文古本同注。

意謂取法乎上乃得乎中也閩監毛三本聖人賢人並作聖賢

▲章指言不慕大人何能有恥是以隰朋愧不及黃帝佐桓公孔本韓本考文引古本桓公作齊桓以有動顏淵慕虞舜孔子孔本韓本考文引古本孔子作仲尼歎庶幾之云考文古本歎下有而字

正宜羞恥而無爲之也正字墨丁閩監毛三本如此

何能有古聖賢之名也也字墨丁閩監毛三本如此

後齊桓得之輔佐輔字墨丁閩監毛三本如此

何獨不者所樂有所忘也補監毛本者作有是也

見且由不得亟宋九經本宋本岳本咸淳衢州本孔本韓本同閩監毛三本由作猶

伊尹樂道堯舜閩監毛三本同廖本孔本韓本考文古本作伊尹樂堯舜之道

豈可得而臣之者乎閩監毛三本同廖本孔本韓本考文古本無者乎二字

▲章指言王公尊賢以貴下賤之義也樂道忘勢不以富貴動心之分也各崇所尚則義不虧矣

以其能樂已之樂能樂二字墨丁閩監毛三本如此

故有王公大人王字墨丁閩監毛三本如此

自得無欲之貌也閩監毛三本同廖本孔本韓本考文古本無也字

▲章指言內定常滿囂囂無憂可出可處故云以遊修身立世賤不失道達善天下乃用其實句踐好遊未得其要孟子言之然後乃喻

孟子至天下閩監二本同毛本天上有兼善二字

故云以士士字墨丁閩監毛三本如此案此章指文也士當作遊與憂韻

窮則獨善身閩監毛三本身上有其字

無自知者也閩監毛三本足利本同宋本孔本韓本考文古本自作異

故由文王之大廖本孔本韓本考文古本作故須文王之大化閩監毛三本作故由文王之化

若夫豪傑之才知閩監毛三本同廖本孔本韓本考文古本無之字

以善守其身正其行閩監毛三本同宋本岳本孔本韓本考文古本無二其字

▲章指言小人待化乃不辟邪孔本韓本二字倒君子特立不爲俗移故稱豪傑自與也

▲章指言人情韓本作恃富盛莫不驕矜若能飲然謂不如人非

但免過卓絕乎凡也

當其雖勞閩監毛三本同岳本孔本韓本考文古本其作時是也

以坐殺人故也廖本孔本韓本考文古本同閩監毛三本坐誤生

▲章指言勞人欲以佚之殺人欲以生之則民無怨讟也

殺之不怨故曰殺之而不怨閩監毛三本同宋本岳本下之作人廖本考文古本下之作人下有也字孔本韓本作殺非不教故殺之不怨也

又使日遷善閩監毛三本同孔本韓本考文古本無又字

言化遷善爲之大道者也閩監毛三本同廖本孔本韓本考文古本作言化大也

豈曰使人知其小補益之者哉閩監毛三本同廖本孔本韓本考文古本作豈曰使成人知其小補益也

▲章指言王政浩浩孔本韓本作皡皡與天地同道霸者德小民人速覩是以賢者志其大者也

而遂天下之故者閩監毛三本遂下有逌字是

▲章指言明法審令民趨君命崇寬務化民愛君德故曰移風易俗莫善於樂

有九職繫萬民補監毛本繫作任

無不知愛其親者按者字古本皆同注疏本亦不誤今書塾朱子集注本者作也不可不正

施之天下人也閩監毛三本同廖本考文古本也作而已二字孔本韓本與廖本同施作推

▲章指言本性良能仁義是也達之天下恕乎已也

人之所不學而至達之天下也者閩監毛三本而下有能字

居木石間閩監毛三本同孔本韓本考文古本間上有之字

相去豈遠閩監毛三本同廖本孔本韓本考文古本下有哉字

聞人一善言各本同孔本無人字下見人同

若江河之流各本同孔本上有辟字案此采音義也音義出辟若云下辟若同下辟若當指章指辟若神龍言故知此文上舊有辟字浦挍同

其所欲行也閩監毛三本同廖本孔本韓本考文古本無也字

▲章指言聖人潛隱辟若神龍亦能飛天亦能潛藏舜之謂也

每以身先之閩監毛三本同廖本孔本韓本考文古本先作況

▲章指言已所不欲勿施於人仲尼之道也

以其在於有疢疾之人閩監毛三本同廖本孔本韓本考文古本無以其二字

▲章指言孤孽自危故能顯達膏粱難正多用沈溺是故在上不驕以戒諸侯也

膏粱自正補案自字當從章指作難

以悅君者也閩監毛三本同廖本孔本韓本考文古本者也作而已

而後爲悅者也閩監毛三本同廖本孔本韓本考文古本作而後悅也

▲章指言容悅凡臣社稷股肱天民行道大人正身凡此四科優劣之差

君子重言閩監毛三本同宋本孔本韓本考文古本君作孟

▲章指言保親之養兄弟無他誠不愧天育養英才賢人能之樂過萬乘孟子重焉一章再云也

此章言保親之養此字墨丁閩監毛三本如此

吾人能之吾字墨丁閩本同監本如此毛本作賢

以其無嫌隙之事也嫌隙二字墨丁閩本同監毛二本如此

而仰無以有羞愧於天俯無以有慚怍於人仰無至天俯九字墨丁閩本同監毛二本如此

已之有德又得天下英才大賢德又二字墨丁閩本同監毛二本如此

欲行禮也閩監毛三本同廖本孔本韓本考文古本欲作樂

乃所謂性於仁義者也閩監毛三本同宋本孔本韓本考文古本作謂性仁義也廖本無於字

行之於天下閩監毛三本同宋本孔本韓本考文古本之作政

人自曉喻而知也閩監毛三本同宋本岳本孔本韓本考文古本自作以知下有之字廖本亦有之字足利本無

▲章指言臨莅孔本韓本莅作蒞天下君國子民君子之樂尚不與存仁義內充身體履方四支不言蟠辟用張心邪意溺進

退無容於是之際知其不同也

仁義内外充　監毛本同案章指無外字

君國子民　君字壘丁閩監毛三本如此

君子之學入乎耳著乎心布乎四體形乎動靜又曰君子至德默然而喻同意　耳著以下十行本有脫頁閩本亦闕監本毛本如此

孟子注疏卷十三上挍勘記

孟子注疏解經卷第十三下

盡心章句上　趙氏注　孫奭疏

孟子曰。伯夷辟紂。居北海之濵。聞文王作。興曰。盍歸乎來。吾聞西伯善養老者。太公辟紂。居東海之濵。聞文王作。興曰。盍歸乎來。吾聞西伯善養老者。已說於上篇　天下有善養老。則仁人以爲已歸矣。天下有能若文王者仁人呼復歸之矣　五畝之宅。樹牆下以桑。匹婦蠶之。則老者足以衣帛矣。五母雞。二母彘。無失其時。老者足以無失肉矣。百畝之田。匹夫耕之。八口之家。足以無飢矣。五雞二彘八口之家畜之足以爲畜產之本也　所謂西伯善養老者。制其田里。教之樹畜。導其妻子。使養其老。五十非帛不煖。七十非肉不飽。不煖不飽。謂之凍餒。文王之民無凍餒之老者。此之謂也。所謂無凍餒者教導之使可以養老者耳非家賜而人益之也〔疏〕孟子至此之謂也。○正義曰此章言王政普大教其常業各養其老使不餒乏二老聞之歸身自已所謂衆鳥不羅翔鳳來集之類者也孟子曰伯夷辟紂至此之謂也已說於上篇矣此以大同小異更不復說焉然其類亦孔子所云刳胎殺夭則麒麟不至覆巢毀卵則鳳凰不翔此亦類也

孟子曰。易其田疇。薄其稅斂。民可使富也。食之以時。用之以禮。財不可勝用也。易治也疇一井也庶民治其田疇薄其稅斂不踰什一則民富矣食取其征賦以時用之以常禮不踰禮以費財也故畜積有餘財不可勝用也　民非水火不生活。昏暮叩人之門戶。求水火。無弗與者。至足矣。聖人治天下。使有菽粟如水火。菽粟如水火。而民焉有不仁者乎。水火能生人有不愛者至饒足故也菽粟饒多若是民皆輕施於人而何有不仁者也〔疏〕孟子至者乎。○正義曰此章言教民之道富而節用蓄積有餘焉有不仁故曰倉廩實知禮節也孟子曰易其田疇至不可勝用也孟子言如使在下者易治其田疇而不難耕作則地無遺其利又在上者又薄其賦斂而無橫賦則民皆可令其富足也又食之以時而其用不屈用之以禮而其欲不窮則財用有餘而不可勝用也民非水火不生活至焉有不仁者乎孟子又言人民非得其水火則不能生活然而昏暮之時有敲人之門戶而求之水火無不與之者以其水火至多矣聖人如能治其天下使民有其菽粟亦如水火之多則民而人孰不以有餘而補其不足而爲仁者乎故曰菽粟如水火而民焉有不仁者乎此所謂倉廩實而知禮節者也。○注疇一井也。○正義曰說文云爲耕治之田也不知一井何據

孟子曰。孔子登東山而小魯。登太山而小天下。故觀於海者難爲水。遊於聖人之門者難爲言。所覽大者意大觀小者志小也　觀水有術。必觀其瀾。瀾水中大波也　日月有明。容光必照焉。容光小郤也言大明照幽微也　流水之爲物也。不盈科不行。君子之志於道也。不成章不達。盈滿也科坎也流水滿坎乃行以喻君子之學必至成章乃仕進者也〔疏〕孟子至不達。正義曰此章言弘也明者無不照包聖道者成其仁也孟子曰孔子登東山至難爲言者孟子言孔子登魯國之東山而所覽者大故小其魯國以魯國莫大於東山也登太山而能小其天下亦所覽者大而天下亦莫大也於大山也如此故觀之於海者難爲水也以其水所同歸於海者也是以海爲百谷王遊聖人之門者難爲言以其道之所同出又同歸於此者也楊子云視日月而知衆星之蔑仰天庭而知天下之居卑亦與此同意觀水有術必觀其瀾者孟子又言人之觀於水以其有術也有術者所謂觀水必觀其波瀾是爲能觀水者也云此者以其人之觀書亦若是也言觀書亦當觀其五經而已矣五經所以載聖人之大道者也日月有明容光必照焉者又言日月之有明凡於幾隙但有容其光者則必照之亦若道之在天下無往而不在也流水之爲物也不盈科不行至不成章不達者又言流水爲物所流過於科坎不盈滿其科坎則不流進而行也如君子之學志在於道也不成章則不達而進仕以其君子於道至於成章則充實美在其中暢於四支發於事業爲美之至者也此孟子所以有水爲之喻焉

孟子曰。雞鳴而起。孳孳爲善者。舜之徒也。雞鳴而起。孳孳爲利者。蹠之徒也。欲知舜與蹠之分。無他。利與善之間也。蹠盜蹠也蹠舜之分故以此別之也〔疏〕正義曰此章言好善從舜好利從蹠明明求之常若不足君子小人各一趨也孟子曰至間也者孟子言人之雞鳴而起孳孳但勤篤於爲善者乃爲舜之徒黨也如雞鳴而起孳孳但勤篤於爲利者乃爲盜蹠之徒也儻言欲知舜與盜蹠爲君子小人之分別無他事焉特一趨於利一趨於善之間而已。○注盜蹠。○正義曰案李奇漢書傳云盜蹠乃是秦之大盜也

孟子曰。楊子取爲我。拔一毛而利天下。不爲也。楊子楊朱也爲我爲己也拔己一毛以利天下之民不肯爲也　墨子兼愛。摩頂放踵。利天下爲之。墨子墨翟也兼愛他人摩突其頂下至於踵以利天下己樂爲之也　子莫執中。子莫魯之賢人也其性中和專一者也　執中爲近之。執中無權。猶執一也。執中和近聖人之道然不權聖人之重權執中而不知權猶執一介之人不知時變也　所惡執一者。爲其賊道也。舉一而廢百也。所以惡執一者爲其不知權以一知而廢百道也〔疏〕孟子至百也。○正義曰此章楊墨放蕩子莫執一聖人量時不取此術孔子行止唯義所

在者也。孟子曰楊子取爲我，拔一毛而利天下不爲也。至爲之。孟子謂楊朱所取以爲己，雖拔己之一毛以利天下且不爲也。墨翟兼愛他人，雖摩突其頂而至於踵而利天下且以爲之。子莫執一，子莫魯賢人，言子莫執中和之性而不專一者也，以其無爲己兼愛之過而已，故曰執中爲近之，言子莫執中爲近聖人之道者也。如執中而不知權變，但若執一介之人不知時變者也。然而所以惡疾其執一者，是爲其有以賊害其道也，是若知舉一道而廢其百道也，故曰執中無權猶執一也。所惡執一者，爲其賊道舉一而廢其百也。

孟子曰。飢者甘食。渴者甘飲。是未得飲食之正也。飢渴害之也。飢渴害其本所以知味之性，令人强甘之。豈惟口腹有飢渴之害。人心亦皆有害。爲利欲所害亦猶飢渴得之。人能無以飢渴之害爲心害。則不及人不爲憂矣。人能守正不爲邪利所害，雖謂富貴之事不及逮人，猶爲君子，不爲善人所憂患也。【疏】孟子至憂矣。○正義曰：此章言飢不妄食，忍情節欲，賤不失道，不爲苟求，能無心害，夫將何憂者也。孟子曰飢者甘食至不爲憂矣，孟子言人之飢餓則易爲食，故以甘之；渴者易爲飲，故以甘之，然而不得飲食之正者也，以其但爲飢渴害其本性耳。豈獨飲食於口腹爲有飢渴以害之，言人心亦皆有以害之也，以其利慾害之故也。人能無以飢渴之害爲心害，則所養不及於人亦不足爲可憂矣。蓋無以飢渴爲心害，則孟子以飢渴之害亦猶利欲之害，故假託而言之也。

孟子曰。柳下惠不以三公易其介。介，大也。柳下惠執弘大之志，不恥汚君，不以三公榮位易其大量也。【疏】正義曰：此章言柳下惠不恭用志大也，無可無否，以貴爲賤者也。孟子言柳下惠不以三公之榮位而移易己之大志也，以其所守之介在道而已，是所以不羞小官者焉。今夫三公者，乃百僚之師帥也，人臣之位極者也，衣則服衮，圭則執桓圭，而世之所謂富貴榮顯者無以過也。

孟子曰。有爲者辟若掘井。掘井九軔而不及泉。猶爲棄井也。有爲爲仁義也。軔，八尺也。雖深而不及泉，喻有爲者能於中道而盡棄前行者也。【疏】正義曰：此章言爲仁由己，必在究之，九軔而輟，無益成功者也。孟子曰今之有爲之道者，譬如掘井者也，掘井至九軔之深而不及泉則止而不掘，是棄其前掘井之功者也；喻爲仁義之道而不及之則止而不爲，是亦棄其仁義之道者也。孔子曰：「爲山未成一簣，止，吾止也。」與此同意。○注軔八尺也。○正義曰：案釋云七尺曰軔。

孟子曰。堯舜性之也。湯武身之也。五霸假之也。性之，性好仁自然也。身之，體之行仁，視之若身也。假之，假仁以正諸侯也。久假而不歸。惡知其非有也。五霸而能久假仁義，譬如假物久而不歸，安知其不真有也。【疏】孟子至非有也。○正義曰：此章言仁在性體，而行仁本性之自然者也。湯武利而行仁，視之若身也。五霸強而行仁，則力假之而已，然而久假而行之而不歸止，安知其非真有也。楊子曰：「假儒衣書服而讀之，三月不歸，孰曰非儒也？」亦同其旨。

公孫丑曰。伊尹曰。予不狎于不順。放太甲于桐。民大悅。太甲賢。又反之。民大悅。賢者之爲人臣也。其君不賢。則固可放與。丑怪伊尹賢者而放其君何也。孟子曰。有伊尹之志則可。無伊尹之志則篡也。人臣秉忠志若伊尹，欲寧殷國，則可放惡而不即立君，宿留冀改而復之。如無伊尹之忠，見間乘利，篡心乃生，何可放也。【疏】公孫至篡也。○正義曰：此章言憂國忘家，意在出身，志在寧君，放惡攝政，伊周有焉；凡人志異，則生篡心也。公孫丑問孟子謂伊尹有言：我不邇于順己者，故放太甲于桐宮，而民心大悅；及太甲悔改其過而歸賢，則伊尹又迎而反之以復君位，商民大悅。且賢者之爲人臣也，其君有不賢者，則固可以放之與？孟子對曰：如賢者有伊尹愛君之志，則可以放君；如無伊尹秉忠心以愛君，則放君而生篡奪君位之心者也，以爲不可矣。

公孫丑曰。詩曰。不素餐兮。君子之不耕而食何也。詩魏國伐檀之篇也。無功而食則謂之素餐。世之君子有不耕而食何也。孟子曰。君子居是國也。其君用之。則安富尊榮。其子弟從之。則孝悌忠信。不素餐兮。孰大於是。君子能使人化其道德，移其習俗，身安國富而保其尊榮，子弟孝悌而樂忠信，不素餐之功誰大於是，何爲不可以食祿。【疏】公孫丑至於是。○正義曰：此章言君子正己以立於世，世美其道，君臣是貴，所過者化，又何素餐之謂也。公孫丑問孟子曰：魏國伐檀之詩有云「不素餐兮」，言無功而食謂之素餐，然而君子有不自耕而食祿者，是如之何？孟子對之曰：君子居處此國，其君任用之，則安富尊榮，安國保其尊榮，子弟從之則能孝悌忠信，是則不素餐兮，誰有大於此者，言何爲而不可食祿。○注魏國伐檀之篇。○正義曰：此詩蓋刺在位貪鄙，無功而受祿，君子不得進仕爾。

王子墊問曰。士何事。齊王子名墊也。問士當何事爲事者耶。孟子曰。尚志。尚，貴也。士當貴上於用志也。曰。何謂尚志。曰。仁義而已矣。殺一無罪。非仁也。非其有而取之。非義也。居惡在。仁是也。路惡在。義是也。居仁由義。大人之事備矣。孟子言志之所尚，仁義而已矣。不殺無罪，不取非有者，爲仁義。欲知其所當居者仁，爲士所由者義，爲貴大人之事備矣。【疏】王子至備矣。○正義曰：此章言人當尚志，志於善也。善之所由，仁與義也。欲使王子無過差者也。王子墊問曰士何事者，王子墊，齊王之子名墊也，問孟子曰：爲士者當以何事爲尚也？孟子曰尚志，孟子荅之曰：爲士者當以志爲尚也。曰何謂尚志，王子又問孟子何以謂之尚志。曰仁義而已矣至大人之事備矣，孟子又荅之曰：尚志則以仁義而已矣，言能以仁義爲尚，則爲尚志也。如殺一人之無罪，是爲非仁也；非己之所有而取求之，是爲非義也。如此非仁非義者，亦以所居有惡疾在於仁，所行有惡疾在於義是也。如仁以爲居，義以爲行，則大人之事亦備矣。此孟子所以欲使王子墊於無過之地也。

孟子曰。仲子不義與之齊國而弗受。人皆信之。是舍簞食豆羹之義也。仲子，陳仲子，處於陵者，人以爲廉，謂以不義而與之齊國必不受之。孟子以爲仲子之義，若上章所道簞食豆羹，無禮則不受，萬鍾則不辯禮義而受之也。人莫大焉。亡親戚君臣上下。以其小者。信其大者。奚可哉。人當以禮義爲正，陳仲子避兄離母，不知仁義親戚上下之敘，何可以其小廉信以爲大哉。【疏】孟子曰至奚可哉。○正義曰：此章言事有輕重，行有大小，以大包小可也，以小信大未之聞者也。孟子言陳仲子以不義雖與之齊國之大而且不受，國人皆信之以爲廉，是爲舍簞食豆羹之小義也。人之所倚當以莫大爲尚焉者，是其知以親戚君臣上下之敘者也。今陳仲子避兄離母，處於陵而不仕，是棄親戚君臣上下之大分，而徒取其辭受之小節而已，而信廉之大又安可哉？以其非義之本耳，宜孟子以是闢之。○注陳仲子至受之也。○正義曰：此於前篇已說矣。

桃應問曰。舜爲天子。皋陶爲士。瞽瞍殺人。則如之何。桃應，孟子弟子，問皋陶爲士官，主執罪人，瞽瞍惡暴而殺人，則皋陶何如。孟子曰。執之而已矣。孟子曰皋陶執之耳。然則舜不禁與。桃應以舜爲天子，使有司執其父，不禁止之邪。曰。夫舜惡得而禁之。夫有所受之也。夫，辭也。孟子曰：夫舜惡得禁之？夫天下乃受之於堯，當爲天理民，王法不曲，豈得禁之也。然則舜如之何。應問舜爲之將如何。曰。舜視棄天下。猶棄敝蹝也。竊負而逃。遵海濱而處。終身訢然。樂而忘天下。孟子曰舜視棄天下如拚棄敝蹝。蹝，草履也，敝喻不惜。舜必負父而遠逃，終身訢然，忽忘天下之爲至貴也。【疏】桃應至天下。○正義曰：此章言奉法承天，政不可枉，大孝榮父，遺棄天下，虞舜之道趣將若此，孟子之言揆聖意者也。桃應問曰舜爲天子，皋陶爲士，瞽瞍殺人，則如之何，桃應問孟子曰：舜爲天子，命皋陶爲士官以執罪人，舜父瞽瞍殺人，則皋陶之士當如何也？孟子曰執之而已矣，孟子荅之：但當執而不縱也。然則舜不禁與，桃應問曰：如是則舜爲天子，使有司執其父而不禁之耶？曰夫舜惡得而禁之，夫有所受之也，孟子又荅之曰：夫舜豈得而禁止之哉？夫以其法有所受之而已。然則舜如之何，桃應問曰：如是則舜不敢禁止皋陶無執其父，則舜將如之何？曰舜視棄天下至忘天下，孟子又荅之曰：舜視天下如捐棄敝蹝而不惜也，必將竊負戴其父而逃，循海濱而處，以逃之，且終身訢然樂而忘去天下，是以舜得天下不足解憂，惟順父母可以解憂也。

孟子自范之齊。望見齊王之子。喟然歎曰。居移氣。養移體。大哉居乎。夫非盡人之子與。范，齊邑，王庶子所封食也。孟子之范，見王子之儀聲氣高涼，不與人同，還至齊，謂諸弟子喟然歎曰：居尊則氣高，居卑則氣下，居之移人氣志使之高涼，若供養之移人形身使充盛也。大哉居乎，言人當慎所居，人必居仁也。凡人與王子豈非盡是人之子也，王子居尊勢，故儀聲如是也。【疏】正義曰：趙云此章言人性皆同，居使之異，君子居仁，小人處利，譬猶王子殊於衆品者也。孟子嘗自范邑見齊王之子，儀體聲氣高爽，不與人同，乃往歸齊，而於弟子之間喟然嘆息之曰：夫居足以移易人之氣，所養足以移易人之體，以其王子之儀體聲氣如是者，亦以所居所養之大移之使然也。大哉居乎，言人當慎所居，以仁爲廣居，凡衆之人豈

非盡人之子與言齊王之子亦人之子也凡人亦人子也下文觀宜合此章

孟子曰。王子宮室車馬衣服多與人同。而王子若彼者。其居使之然也。況居天下之廣居者乎。言王子宮室乘服皆人之所用之耳然而王子若彼高涼者居勢位故也況居廣居謂行仁義仁義在身不言而喻也

魯君之宋。呼於垤澤之門。守者曰。此非吾君也。何其聲之似我君也。此無他。居相似也。垤澤宋城門名也人君之聲相似者以其俱居尊勢故音氣同也以城門不自肯夜開故君自發聲耳

【疏】正義曰此章宜與上章合而爲一不當分而爲二也孟子言王子所居宮室與車馬之乘衣服之飾是皆與人同所用之也然而王子若彼儀體聲氣高涼者必其居勢位使之如是與人不同耳言王所居勢位能如此而況居天下之廣居以仁爲居者乎且以魯國之君往宋乃呼於垤澤之門守者曰此非吾君之身也何其呼聲似其呼聲似我君也言大亦無他事異焉亦以皆居尊勢故其聲之如是相似也垤澤宋城門之名守者監門之官也是言能以大人之所居者處已而與大人相似者也

孟子曰。食而弗愛。豕交之也。愛而不敬。獸畜之也。恭敬者。幣之未將者也。恭敬而無實。君子不可虛拘。人之交接但食之而不愛若養豕也愛而不敬若人畜禽獸但愛而不能敬也且恭敬者如有幣帛當以行禮而未以命將行之也恭敬貴實如其無實何可虛拘致君子之心也

【疏】正義曰此章言取人之道必以恭敬恭敬貴實虛則不應實者謂敬愛者也孟子言人之交接但飲食爲備而歡意弗加者非以愛相接者也是爲豕交之也犬馬者人所愛而畜養者也如愛誠雖至而敬心弗加者是謂愛而弗敬以爲獸畜之也然而恭敬者是幣帛之禮未行之也蓋以恭敬爲先而幣帛從之也如恭敬而無幣帛之實以將之是又君子不可以虛拘矣以其禮不可以徒虛而行何必以恭敬修於內而爲之本幣帛以將之而爲之末則君子交接之道畢矣

孟子曰。形色。天性也。惟聖人然後可以踐形。形謂君子體貌尊嚴也尚書洪範一曰貌色謂婦人妖麗之容詩云顏如舜華此皆天假施於人也踐履居之也易曰黃中通理聖人內外文明然能以正道履居此美形不言居而言踐尊陽抑陰之義也

【疏】正義曰此章言體德正容大人所履者也孟子言人之形與色皆天所賦性所有也惟獨聖人能盡其天性然後可以踐形而履之不爲形之所累矣蓋形有道之象色爲道之容人之生也性出於天命道又出於率性是以形之與色皆爲天性也惟聖人能因形以求其性體性以踐其形故體性以踐目之形而得於性之明踐耳之形而得於性之聰以至踐肝之形以爲仁踐肺之形以爲義踐心之形以通於神明几於百骸九竅五藏之形各有所踐也故能以七尺之軀方寸之微六通四闢其運無乎不在茲其所以爲聖人與然而形與色皆天性何獨踐形而不踐色何耶蓋形則一定而不易者也色則有喜怒哀樂之變以其無常者也不可以踐之矣亦以聖人吉凶與人同何踐之以爲異哉是又孟子之深意然也○注形謂君子至抑陰之義也○正義曰云洪範一曰貌者蓋以五事之一者也孔安國云貌容儀也謂婦人妖麗之容詩云顏如舜華者此蓋有女同車之篇文也注云舜木槿也易曰君子黃中通理者蓋坤之卦文也謂君子黃中通理正位居體美在其中而暢於四支發於事業美之至也是亦以正道履居此美形不言居而言踐尊陽而抑陰也

齊宣王欲短喪。公孫丑曰。爲朞之喪。猶愈於已乎。齊宣王以三年之喪爲太長久欲減而短之因公孫丑使自以其意問孟子旣不能三年喪以朞年差愈於止而不行喪者也

孟子曰。是猶或紾其兄之臂。子謂之姑徐徐云爾。亦教之孝悌而已矣。紾戾也孟子言有人戾其兄之臂爲不順也而子謂之曰且徐徐云爾是豈以徐徐之爲差者乎不若教之以孝悌勿復戾其兄之臂也令欲行其朞喪亦猶曰徐徐之類也

王子有其母死者。其傅爲之請數月之喪。公孫丑曰。若此者何如也。丑曰王之庶夫人死迫於適夫人不得行其喪親之數其傅爲請之於君欲使得行數月喪如之何

曰。是欲終之而不可得也。雖加一日愈於已。謂夫莫之禁而弗爲者也。孟子曰如是王子欲終服其子禮而不能者也加益一日則愈於止況數月乎所謂不當者謂無禁自欲短之故譏之也

【疏】齊宣至者也○正義曰此章言禮斷三年孝者欲益富貴怠厭思減其日君子正言不可阿情丑欲朞之故譬以紾兄徐徐者也齊宣王欲短喪公孫丑曰爲朞之喪猶愈於已乎齊宣王欲短三年之喪公孫丑勸之以謂朞年之喪猶勝於止而不爲者矣朞年十二月也孟子曰至而已矣者孟子言如此是若或有紾戾其兄之臂者子以爲之姑且徐徐然紾其兄之臂云爾但當教之以孝悌不復戾兄之臂也今子欲勸齊王短其三年之喪而且以謂爲朞年之喪亦若徐徐然之謂也王子有其母死者其傅爲之請數月之喪公孫丑曰若此何如也公孫丑又復問孟子曰王子有母死之者其傅相者爲之請行數月之喪如此者是如之何也以其王子庶生之母死迫於嫡母而不敢終喪者也曰是欲終之而不可得也至而弗爲者也孟子荅之曰是王子欲終之喪有所禦而不可得而爲者也雖加益一日亦足勝於止而不爲者矣今齊宣王欲短三年之喪以其禮所當終之而且謂朞年之喪猶愈於已以勸之是謂夫莫之禁止而自弗爲者也此孟子所以不取之也論語宰我問三年之喪朞已久矣孔子所以責之曰予之不仁也汝安之則爲之乎是亦孟子於此不取公孫丑之意也

孟子曰。君子之所以教者五。教民之道有五品

有如時雨化之者。教之漸漬而浹洽也

有成德者。有達財者。有荅問者。有私淑艾者。私獨淑善艾治也君子獨善其身人法其仁此亦與教法之道無差也

此五者。君子之所以教也。申言之孟子貴重此教之道也

【疏】孟子至教也○正義曰此章言教人之術莫善五者養育英才君子所珍聖所不倦其惟誨人者也孟子曰君子之所以教者五至所以教也者孟子言君子所以教人之道有五品也有如時雨之教者以其教人漸漬恰如時雨之澤也是其潤之以德漸之以仁善有萌芽則誘之使敷秀性有其材則養之使長茂凡此因其大以成大小以成小是爲有若時雨而教者也有成德者以其因固有之德但教而成之也是其能仁不能反者則教之以克已復禮能勇不能怯者則教之以臨事而懼是爲有成德者也有達財者以其有財之具而不能用者則教而達之也子貢問曰賜也何如子曰女器也曰何器也曰瑚璉也子謂子夏曰女爲君子儒無爲小人儒是爲有達財之教者也有荅問者以其在於荅問之間也不憤不啓不悱不發舉一隅不以三隅反則不復也是爲有荅問之教也有私淑艾者以其獨善其身使彼法之也子曰我非生而知之者好古敏以求之者也子不語怪力亂神几此之類是有私淑艾之教也故重言之曰此五者之教乃君子之所以教者也論語云有教無類同

公孫丑曰。道則高矣美矣。宜若登天然。似不可及也。何不使彼爲可幾及而日孳孳也。丑以爲聖人之道大高遠將若登天人不能及也何不少近人情令彼凡人可庶幾使日孳孳自勉也

孟子曰。大匠不爲拙工改廢繩墨。羿不爲拙射變其彀率。君子引而不發。躍如也。中道而立。能者從之。大匠不爲新學拙工故爲之改鑿廢繩墨必正也羿不爲新學拙射者變其彀率之法也彀弩張嚮表率之正體望之極思用巧之時不可變也君子謂於射則引弓彀弩而不發以待彀偶也於道則中道德之中不以學者不能故卑下其道將以須於能者往取之也

【疏】公孫丑至從之○正義曰此章言曲高和寡道大難追然而履正者不枉執德者不回故曰人能弘道丑欲下之非也公孫丑曰至孳孳也者公孫丑問孟子謂聖人之道則至高至美矣學者跂慕之宜如登天之難以其不可得而致及也何不使彼之道幾近令人可庶幾能及而使之日孳孳自勉而至也孟子曰大匠不爲拙工改變繩墨至能者從之孟子荅之曰大匠之師不爲新學拙工改去其繩墨之正羿之善射不爲新學拙射更變其彀率之法彀率張弓嚮的正體極思用巧之時也君子循循善誘而引人於道不以開發者又且躍如使進而無退也是其不高不卑但於中道而立教使賢愚智者皆能從而學之也此孟子所以譏於公孫丑也

孟子曰。天下有道。以道殉身。天下無道。以身殉道。未聞以道殉乎人者也。殉從也天下有道得行王政道從身施功實也天下無道道不得行以身從道守道而隱不聞以正道從俗人也

【疏】正義曰此章言窮達卷舒屈伸異變者也孟子言天下有治道之時則當以道從身以施其功實也以其身顯而道彰也天下無治道之時則當以身從道而卷藏守伏也以其道藏則身伏也未聞於此無道之時以道從人而養富貴也論語云天下有道則見無道則隱同意

公都子曰。滕更之在門也。若在所禮而不荅。何也。滕更滕君之弟來學於孟子也言國君之弟而樂在門人中宜荅見禮而夫子不荅何也

孟子曰。挾貴而問。挾賢而問。挾長而問。挾有勳勞而問。挾故而問。皆所不荅也。滕更有二焉。挾接也接已之貴勢接已之有賢才接已長老接已當有功勞之恩接已與師有故舊之好凡持此五者而以學問望師之待以異意而教之皆所不當荅滕更有二焉

接貴接賢故不荅矣〈疏〉公都至二焉○正義曰：此章言學尚虛己，師誨貴平，是以滕更恃二，孟子弗應者也。公都子曰至何也。公都子問孟子謂滕君之弟滕更者樂在門人中，宜若在所禮敬之，然而有所問而夫子不荅，是如之何也。孟子曰挾貴而問至滕更有二焉。孟子荅之曰：有挾己之貴勢而問者，有挾己之賢才而問者，有挾己之長老而問者，有挾己有功勞之恩而問者，有挾己與師友故舊之好而問者，凡恃此五者而問，我皆所不荅也。今滕更有二於此五者之中，以恃己之貴勢與恃賢才，我所以不荅之也。挾，接也。此孟子於滕更所以不荅者，是亦不屑教之道也，奈何公都子不知，以此故有復而問焉。

孟子曰：於不可已而已者，無所不已。於所厚者薄，無所不薄也。其進銳者其退速。已，棄也。於義所不當棄而棄之，則不可所以不可而棄之，使無罪者咸恐懼也。於義當厚而反薄之，何不薄也，不憂見薄者亦皆自安矣。不審察人而過進，不肯越其倫，悔而退之必速矣。當翔而後集，慎如之何。〈疏〉孟子曰至退速○正義曰：此章言賞僭及淫，刑濫傷善，不僭不濫，詩人所紀，是以季文三思而後行之者也。孟子言人君於不可棄去之者而反棄去之，是其餘之類無所不棄也。不可棄者，以其無罪之人也；所以棄之者，以其有罪者也，故棄之使人有所懼也，如堯去四凶之罪，是可以棄而棄之者也。其於賞當所厚者反而薄之，是其餘之類亦無所不薄也。所以厚賞之者，以其有功，故厚賞之，使人有所勵也，如舜舉八元八凱，是所厚而厚之也。其於無所不棄、無所不薄之君，得銳進而爲仕，則其被退黜亦必急速矣，無他，以其君不能鑒其賢否，不能信任，所以如是矣。故詩之商頌所以於殷武之篇有云「不僭不濫」，論語「翔而後集」，季文子三思而後行也。

孟子曰：君子之於物也，愛之而弗仁。物謂凡物可以養人者也，當愛育之而不加之仁，若犧牲不得不殺也。於民也，仁之而弗親。臨民以非己族類，故不得與親同也。親親而仁民，仁民而愛物。先親其親戚，然後仁民；仁民，然後愛物。用恩之次者也。〈疏〉正義曰：此章言君子布德，各有所施，事得其宜，故謂之義者也。孟子言君子於凡物也，但當愛育之而弗當以仁加之也，若犧牲不得不殺也；於民也，當仁愛之而弗當親之也，以愛有差等也。是則先親其親而後仁愛其民，先仁愛其民然後愛育其物耳。是又見君子用恩有其倫序也，故楊子所以事得其宜之謂義也。

孟子曰：知者無不知也，當務之爲急；仁者無不愛也，急親賢之爲務。知者知所務善也，仁者務愛其賢也。堯舜之知而不偏物，急先務也；堯舜之仁不偏愛人，急親賢也。物事也，堯舜不偏知百工之事，不偏愛衆人，先愛賢使治民，不一一自往親加恩惠也。不能三年之喪，而緦小功之察；放飯流歠，而問無齒決，是之謂不知務。尚不能行三年之喪，而復察緦麻小功之禮。放飯，大飯也；流歠，長歠也。齒決，斷肉置其餘也。於尊者前賜食，大飯長歠，不敬之大者；齒決，小過耳。言世之先務，捨大譏小，有若大飯長歠而問無齒決類也。〈疏〉孟子至不知務○正義曰：此章言君子百行，先務其崇，是以堯舜親大化以隆道爲要者也。孟子曰知者無不知也當務之爲急至是之謂不知務者，孟子言爲之智者以其多知，故無所有而不知者也，然而但當知要務爲急耳；爲之仁者以其汎愛，故無所有而不愛者也，然而但當急親其賢爲之要務。是以堯舜二帝之智不能偏知百工之事，但急於知賢之爲先務也；爲仁不能偏愛於衆人，但能急親任其賢能使之以治民也。今夫不能三年之喪，爲不孝之大者也，而察緦小功之禮，是孝之小者也；放飯流歠，不敬之大者也，問無齒決，責其不敬之小者也。如不能以知賢爲先務，而務徧知百工之事爲之先；不能以親賢爲急務，而務偏愛衆人之爲急，是若執親之喪不能去不孝之大者，而乃皮察孝之小者；食於尊者之前不能去不敬之大者，而乃反責問不敬之小者也。如此，又安知先後之務爲援急乎？蓋緦麻三月之服者，小功五月之服者也。荀子云：若摯裘領，屈三指而頓之，順者不可勝數。史云：綱舉而網疏。提其綱則衆目張，與此同意。

孟子注疏卷十三下挍勘記　阮元撰盧宣旬摘録

仁人呼復歸之矣　閩監毛三本同廖本孔本韓本考文古本宋本呼作將是也案此形近之譌

足以無飢矣　宋九經本宋本岳本咸淳衢州本孔本韓本考文古本足利本同閩監毛三本足誤可

▲章指言王政普大教其常業各養其老使不凍餧　考文古本作餒之案之當无之之誤　二老聞之歸身自託　考文古本誤記　衆鳥不羅翔鳳來集亦斯類也

歸身自已　已章指作託是也

嚋一井也　按文選登樓賦注及唐釋元應衆經音義卷一皆引賈逵說一井爲嚋邠卿所本也文選送應民詩注作二井爲嚋二乃譌字

庶民治其田疇　閩監毛三本同宋本孔本韓本考文古本庶作教

而何有不仁者也　閩監毛三本同宋本孔本韓本考文古本無而字

▲章指言教民之道富而節用畜　孔本作蓄　積有餘焉有不仁故曰倉廩實知禮節也

則地無遺其利又在上者　閩監毛三本其利作利其無又字

坎也　閩監毛三本同宋本孔本韓本考文古本坎作欿下滿坎同○按原泉章作科坎也

以喻君子之學必至成章乃仕進者也　閩監毛三本同宋本孔本韓本考文古本無之字至字者字

▲章指言宏大明者無不照包聖道者成其仁是故賢者志大宜爲君子

此章言宏也明者　閩監毛三本也上一字作能也作大案此章指文也作能非

包聖道者　閩監毛三本包改志案此章指文也包宋本作乞作志非

而天下亦莫大也於太山也　補案上也字誤衍

故以此別之也　閩監毛三本同宋本孔本韓本考文古本作以此別之

▲章指言好善從舜好利從蹠明明求之常若不足君子小人各一趣也

不肯爲也　閩監毛三本孔本同宋本韓本考文古本無肯字

放踵　文選注引作致於踵引注致至也

不知時變也　閩監毛三本同岳本宋本孔本韓本考文古本知作得

▲章指言楊墨放蕩子莫執一聖人量時不取此術孔子行止唯義所在

▲章指言饑　孔本韓本考文引古本作飢　不妄食忍情抑欲賤不失道不爲苟求能無心害夫將何憂

▲章指言柳下惠不恭用志大也無可無否以賤爲貴也　案僞疏作以貴爲賤誤也

能於中道　閩監毛三本同宋本孔本韓本考文古本無能於二字

而盡棄前行者也　閩監毛三本同廖本孔本韓本考文古本無者字

▲章指言爲仁由己必在究　考文古本作完韓本同　之九軔而輟無益成功論之一簣義與此同

五霸而能久假仁義　閩監毛三本同宋本孔本韓本考文古本而作若足利本作方

譬如假物　閩監毛三本孔本韓本同廖本如作若

▲章指言仁在性體其次假借用而不已　考文古本無已字　實何以易在其勉之也

人臣秉忠志若伊尹　閩監毛三本同廖本孔本韓本叠志字

▲章指言憂國忘家意在出身志在寧君放惡攝政伊周有焉凡人志異則生篡心也

公孫至篡也　閩本同監毛二本孫下有丑字

則謂之素餐　閩監毛三本同廖本孔本韓本考文古本無則字

有不耕而食　閩監毛三本同廖本孔本韓本下有者字

身安國富　閩監毛三本同宋本孔本韓本身作君

章指言君子正已以立於世世美其道君臣是貴所過者化何素餐之謂也　孔本韓本考文引足利本無也字

問士當何事爲事者邪　閩監毛三本同廖本孔本韓本考文古本者邪作也

尚貴也　十行本貴字模糊閩監毛三本如此宋本孔本韓本考文古本作上

仁爲士　廖本孔本韓本士作上閩監毛三本作貴

大人之事備矣　閩監毛三本同廖本孔本韓本考文古本矣作也

章指言人當尚志志於善也善之所由仁與義也欲使王子無過差也

章指言事有輕重行有小大以大包小可也以小信大未之聞也

桃應以舜爲天子　閩監毛三本同宋本孔本韓本以下有爲字

夫舜惡得禁之　各本同宋本夫作大

草履也　閩監毛三本同廖本孔本韓本考文古本履下有可蹝者三字

爲至貴也　閩監毛三本同宋本孔本韓本考文古本無至字

章指言奉法承天政不可枉大孝榮父遺棄天下虞舜之道趨將如此孟子之言揆聖意也

見王子之儀　岳本宋本廖本孔本考文古本同閩本此下剜增體字非監毛二本韓本並沿閩本之誤

高凉　按凉字與亮同古字通用亮者明也

喟然嘆曰　各本同岳本嘆上有而字

居之移人氣志　閩本孔本韓本考文古本足利本同監毛二本人誤養

豈非盡是人之子也　閩監毛三本同宋本考文古本豈作皆孔本韓本盡作皆

章指言人性皆同居使之異君子居仁小人處利譬猶王子殊於衆品也

譬猶王子　閩監毛三本猶作如

故君自發聲耳　閩監毛三本同廖本孔本韓本考文古本無耳字

章指言輿服器用人用不殊尊貴居之志氣以舒是以居仁由義盎然內優胷中正者眸子不瞀也

正義曰　此上監毛二本增孟子曰至似也六字

似其呼聲似我君也　閩監毛三本删似其呼聲四字是也

言大亦無他事異焉　閩本同監毛二本無大字

愛而不敬　石經敬諱作欽下同

章指言取人之道必以恭敬恭敬貴實虛則不應實者謂敬愛也

正義曰　監本此上剜增孟子曰至虛拘六字毛本與監本同

天性也　注文宋本廖本分兩段形謂至人也在此經下孔本韓本與宋本同

謂君子體貌尊嚴也　閩監毛三本同宋本孔本韓本尊嚴作嚴尊

顏如舜華　十行本舜字模糊閩監毛三本如此廖本孔本韓本考文古本作蕣案音義出蕣字依說文則舜古字蕣俗字也

然能以正道　閩監毛三本同廖本孔本韓本考文古本然下有後字

而言踐　閩監毛三本足利本同廖本孔本韓本考文古本作色主名是也

章指言體德正容大人所履有表無裏謂之柚梓是以聖人乃堪踐形也

何踐之以爲異哉　閩本同監毛二本哉作或

而不行喪者也　閩監毛三本同廖本孔本韓本考文古本無也字

亦教之孝悌而已矣　石經宋本孔本韓本同閩監毛三本悌作弟

是豈以徐徐之爲差者乎　閩監毛三本同岳本廖本孔本韓本考文古本不重徐字

令欲行其朞喪　閩監毛三本同宋本孔本韓本考文古本令作今

欲使得行數月喪　岳本及各本同廖本使作復

章指言禮斷三年孝者欲益富貴怠厭思減其日君子正言不可阿情丑欲朞之故譬以紾兄徐徐也

而浹洽也　閩監毛三本同廖本孔本韓本考文古本浹作沾足利本也作之

有達財者　音義出達財云一本作才

此教之道也　閩監毛三本同廖本孔本韓本考文古本無也字

章指言教人考文古本作之之術莫善五者養育英才君子所珍聖所不倦其惟誨人乎

則中道德之中　各本同考文古本德作體

章指言曲高和寡道大難追然而履正者不枉執德者不回故曰人能宏道考文古本作大丑欲下之非也

章指言窮達卷舒屈伸異變變流從顧守者所慎故曰金石獨止不徇人也

滕更滕君之弟　自此文滕君之弟起至君子之於物也章注非已族類非字止十行本缺一頁閩本與十行本同亦缺一頁惟所缺自更字起耳監毛本不缺○今據毛本補

當有功勞之恩　監毛同宋本孔本韓本當作嘗

章指言學尚虛已師誨貴平是以滕更恃二孟子弗應

章指言賞僭及淫刑濫傷善不僭不濫詩人所紀是以季文三思何後之有

而不加之仁　監毛韓本同宋本考文古本加之作知人岳本廖本孔本作如人足利本此句作而不得與人同

不得不殺也　監毛孔本韓本同宋本下不作而誤

用恩之次者也　閩監毛三本同廖本孔本韓本考文古本無者字

章指言君子布德各有所施事得其宜故謂之義也

務愛其賢也　閩監毛三本同廖本孔本韓本考文古本無其字

不二三　宋本廖本孔本韓本同閩監毛三本二三作一一

親加恩惠也　閩監毛三本同岳本廖本孔本韓本無也字

有若大飯長歠而問無齒決類也　閩監毛三本同廖本孔本韓本考文古本有若王齒決十一字作若此之三字

章指言振裘持領正羅維綱君子百行先務其崇是以堯舜親賢大化以隆道爲要也

孟子注疏解經卷第十四上

盡心章句下 凡三十九章 趙氏注 孫奭疏

〔疏〕正義曰：此卷即趙注分上卷爲之者也。此卷凡三十九章：一章言發政施仁，一國被恩，好戰輕民，災及所親；二章言春秋撥亂，時多戰爭；三章言文之過實，聖人不改，錄其意也；四章言民思明君，若旱望雨，以仁伐暴，誰不欣喜；五章言規矩之法，喻若典禮；六章言阨窮不憫，貴而思降；七章言恕以行仁，遠禍之端，暴以殘民，招咎之患；八章言修理關梁，譏而不征；九章言率人之道，躬行爲首；十章言務利蹈姦，務德蹈仁；十一章言廉貪相殊，名亦卓異；十二章言親賢正禮，明其五教；十三章言王者當天，然後處之；十四章言得民爲君，爲臣重民，敬祀治之所先；十五章言伯夷、下惠，變貪厲薄；十六章言仁恩及人，人能弘道；十七章言孔子周流，不遇則去；十八章言君子固窮，窮不變道，上下無交，無賢援也；十九章言正己信心，不患衆口；二十章言以明照暗，暗者以開，以暗責明，暗者愈迷；二十一章言聖人之道，學而時習，仁義在身，當常被服，舍而不修，猶茅是塞；二十二章言前聖後聖，所尚者同，三王一體，何得相踰；二十三章言可爲則從，不可則止，非時逆指，猶若馮婦，暴虎無已，必有害也；二十四章言尊德樂道，治性勤禮；二十五章言神聖以下，優劣異差，樂正好善，猶下二科；二十六章言驅邪反正，正斯可矣，來者不追，追其前罪，君子甚之，以爲過；二十七章言正養民輕斂，君子道也；二十八章言寶此三者，以爲國珍；二十九章言小知自私，藏怨之府，大雅先人，福之所聚；三十章言教誨之道，受之如海，百川移流，不得有拒；三十一章言善恕仁義，充其大美，無受爾汝，何施不可；三十二章言道之善，以心爲原；三十三章言君子之行，動合中禮，湯、武之隆，不是過；三十四章言富貴而驕，自遺咎也，茅茨采椽，聖堯表也，以賤說貴，懼有蕩心；三十五章言清淨寡欲，行之高者，畜聚積實，穢行之下，廉者招福，濁者速禍；三十六章言曾參至孝，思親異心，羊棗之感，終身不嘗；三十七章言士行有科，人有等級，中道爲上，狂狷不合，似是而非，色厲而內荏，鄉原之惡，聖人所甚戒；三十八章言三皇已來，人倫攸敘，聖人不出，名世承間，雖有斯限，蓋有遇不遇焉，是以仲尼止於獲麟，孟子終於無有乎爾。凡此三十九章，合前四十五章，是盡心篇有八十四章矣。

孟子曰：不仁哉，梁惠王也。仁者以其所愛，及其所不愛；不仁者以其所不愛，及其所愛。梁，魏都也。以，用也。仁者用恩於所愛之臣民，王政不偏，普施德教，所不親愛者并蒙其恩澤也。用不仁之政加於所不親愛，則有災傷，所親愛之臣民亦并被其害。惠王好戰殺人，故孟子曰不仁哉。

公孫丑問曰：何謂也？丑問及所愛之狀何謂也。

梁惠王以土地之故，糜爛其民而戰之，大敗，將復之，恐不能勝，故驅其所愛子弟以殉之，是之謂以其所不愛及其所愛也。孟子言惠王貪利鄰國之土地而戰其民，死亡於野，骨肉糜爛而不收，兵大敗而欲復戰，恐士卒少不能用勝，故復驅其所愛近臣及子弟而以殉之。殉，從也。所愛從其所不愛而往趨死亡，故曰及其所愛也。東敗於齊，長子死焉。

〔疏〕○孟子曰至愛也。○正義曰：此章言發政施仁，一國被恩，好戰輕民，災及所親，著此魏王以戒人君者也。「孟子曰不仁哉梁惠王也」至「及其所愛也」，孟子言世稱不仁之人，是梁惠王也。仁者之君，以其用恩於所愛親幸者，以加及於所不親幸者，是自近及遠之謂也。不仁之君，以其用不仁之政加於所不親愛幸者，則有災傷，及其所親愛幸者也。「公孫丑問曰何謂也」，公孫丑未曉其旨，乃問孟子曰及所愛之狀是何所謂也。「梁惠王以土地之故」至「及其所愛也」，孟子解其旨以曉公孫丑之問也，言梁惠王貪利鄰國之土地，而戰鬬其民，戰死於野，糜爛其骨肉，及兵大敗，將欲復戰之，恐懼其不能戰勝，以其士卒之少，故驅率其所愛幸之親臣及親愛之子弟以從之，而往趨於戰死，是謂以其所不愛及其所愛者也。此所以見梁惠王不仁之甚也。左傳云：未陣而薄之曰敗某師，大崩曰敗績。今梁王之敗獨謂之大敗者，以其敗某師與敗績不足言，故稱爲大敗。抑又言梁王不以義戰，以見梁王不仁之甚也。○注「梁，魏都」及「東敗於齊，長子死焉」。正義曰：此蓋首篇說矣。

孟子曰：春秋無義戰。彼善於此，則有之矣。征者，上伐下也，敵國不相征也。春秋所載戰伐之事，無應王義者也。彼此相覺有善惡耳。孔子舉毫毛之善，貶纖芥之惡，故皆錄之於春秋也。上伐下謂之征。諸侯敵國不相征。五霸之世，諸侯相征，於三王之法，皆不得其正者也。

〔疏〕正義曰：此章言春秋撥亂，時多爭戰，事實違禮，以文反正，誅討征伐不自王命，故曰無義戰者也。「孟子曰」至「敵國不相征也」，孟子言春秋之世，凡兵之所起，皆小役大，弱役強，或因怒興師，或棄禮貪利，未嘗有禁暴救亂之義也，是以春秋無義戰。然而春秋雖謂無義戰，其彼國之戰有善於此國，未嘗無也，是以彼善於此則有之矣。夫征者，以上伐下，無有敵於我師，所以正彼之罪也。如抗敵之國，則相爲強弱以結禍亂，非上之所以伐下，罔有敵于我師者也。其勢皆足以相抗，皆出於交惡者也，故曰敵國不相征也。○注「孔子舉毫毛」至「春秋也」。正義曰：此蓋言春秋無義戰之謂也，如有之則孔子必書，故有是之言也。

孟子曰：盡信書，則不如無書。吾於武成，取二三策而已矣。仁人無敵於天下，以至仁伐至不仁，而何其血之流杵也？書，尚書。經有所美，言事或過，若康誥曰「冒聞于上帝」，甫刑曰「皇帝清問下民」，梓材曰「欲至于萬年」，又曰「子子孫孫永保民」，人不能聞天，天不能問於民，萬年永保，皆不可得爲書，豈可案文而皆信之哉？武成，逸書之篇名，言武王誅紂，戰鬬殺人，血流舂杵。孟子言武王以至仁伐至不仁，殷人簞食壺漿而迎其王師，何乃至於血流漂杵乎？故吾取武成兩三簡策可用者耳，其過辭則不取之也。

〔疏〕正義曰：此章言文之過實，聖人不改，錄其意也，是故取於武成二三策而已。孟子言尚書之文不可盡信之也，如盡信其書之文，則不若無書而已，以其辭之有過，適所以疑惑於人也。故孟子言我於書之武成篇，特取二三策而爲不盡信之而已。蓋尚書之過辭多矣，所以不暇具言之，故於武成但取二三策而言耳。曰仁人用兵，故前徒倒戈，無有敵於我師也，是以至仁之人而誅伐其至不仁之人，而何其武王誅紂，戰鬬殺人，乃至於血流舂杵也？此孟子於武成所以執此而言書之不可盡信矣。○注「書，尚書」至「不取也」。○正義曰：康誥曰「冒聞于上帝」者，蓋成王伐管叔、蔡叔，以殷餘民封康叔，作此康誥也。云「我西土惟時怙冒，聞于上帝，帝休」，孔安國云：我西土岐周，惟是怙恃文王之道，故其政教冒被四表，上聞于天也。云甫刑曰「皇帝清問於下民」者，蓋呂侯見命爲天子司寇，後爲甫侯，故或稱甫刑。此篇蓋以穆王命作夏禹贖刑之法，以布告天下也。「皇帝清問下民」者，孔安國云：堯帝詳問民患也。云梓材曰「欲至于萬年」，又曰「子子孫孫永保民」者，蓋康叔爲政之道，亦如梓人治材，故曰梓材。言欲至于萬年，惟王子子孫孫永保民。孔注云：我周家惟欲使至於萬年，承奉王室，又欲令子孫累世長居國以安民也。餘已前說。

孟子曰：有人曰：我善爲陳，我善爲戰，大罪也。國君好仁，天下無敵焉。南面而征北夷怨，東面而征西夷怨，曰：奚爲後我？此人欲勸諸侯以攻戰也，故謂之有罪。好仁無敵，四夷怨望，遲願見征，何謂而後我？已說於上篇矣。

武王之伐殷也，革車三百兩，虎賁三千人。王曰：無畏，寧爾也，非敵百姓也。若崩厥角稽首。征之爲言正也，各欲正己也，焉用戰？革車，兵車也。虎賁，武士爲小臣者也。書云「虎賁、贅衣、趣馬、小尹」。三百兩，三百乘也。武王令殷人曰：無驚畏，我來安止爾也。百姓歸周，若崩厥角，額角犀厥地，稽首拜命，亦以首至地也。欲令武王來征已之國，安用善戰陳者。

〔疏〕孟子曰至焉用戰。○正義曰：此章言民思明君，若旱望雨，以仁伐暴，誰不欣喜，是以殷民厥角，周師歌舞，焉用善戰者也。「孟子曰有人曰我善爲陳，我善爲戰」至「焉用戰」者，孟子言有人謂我善爲行陳，我善爲戰鬬，以其是欲勸諸侯以攻戰者也，是爲大罪之人也。且國君好行仁政以及民人，凡有所征，天下無敢有敵者也，故南面而征則北夷怨，東面而征則西夷怨，曰：奚爲後我？說已在上篇矣。武王之誅伐商紂，有兵車三百乘，虎賁之勇士有三千人，武王令告於商之人曰：無驚畏，我來安止爾也。故不敢抗敵之百姓，皆崩摧其角，若無所容頭，乃稽首拜命，故征之所以言正彼之罪也。百姓各欲武王來征已之國，焉用爲善戰者乎？此孟子所以有是而戒時君好仁以爲無敵之道而已，又戒時之臣無以戰事言於時君耳。○注「革車」至「戰陳者」。○正義曰：革車者，以皮爲飾者也。牧誓言「武王戎車三百兩，虎賁三千人」，孔安國云：兵車，百夫長所載，車稱兩，一車步卒七十二人，凡二萬一千人，舉全數。虎賁，勇士稱也，若虎賁獸，言其猛也，皆百夫長也。又案太誓篇云「百姓懍懍，若崩厥角」，孔安國言：民畏紂之虐，危懼不寧，若崩厥角角，無所容頭者也。

孟子曰：梓匠輪輿能與人規矩，不能使人巧。梓匠輪輿之功，能以規矩與人，人之巧在心，拙者雖得規矩之法，亦不能成器也。蓋喻人不志仁，雖誦典憲，不能以善。

〔疏〕正義曰：此章言規矩之法，喻若典禮，人不志仁，雖誦憲籍，不能以善者也。孟子言梓匠輪輿之工，能與人規矩法度，而不能使人之巧，以其人之巧在心，如心拙，雖得規矩法度，亦不能成美器也。喻當時之君，如心不在仁，雖誦憲籍，亦不能成美政也。梓匠輪輿已說於上篇矣。

孟子曰：舜之飯糗茹草也，若將終身焉。及其爲天子也，被袗衣，鼓琴，二女果，若固有之。糗飯，乾糒也。袗，畫也。果，侍也。舜耕陶之時，飯糗茹草，若將終身如是。及爲天子，被畫衣，黼黻絺繡也。鼓琴以協音律也。以堯二女自侍，亦不佚豫，如固自當有之也。

〔疏〕正義曰：此章言阨窮不憫，貴而

思降凡人所難舜降聖德所以殊者也。孟言舜初於耕歷山陶河濱之時以糗而飯以草而茹若終身如是焉及堯禪位為之天子所被以畫衣黼黻絺繡鼓五絃之琴以堯帝二女事之實若固自當有之也。○注糗乾糒也至黼黻絺繡也。○正義曰云糗糒也按釋名云糗乾飯屑也云袗畫也說文云袗玄衣也孔傳云黼若斧形黻為兩已相背葛之精曰絺五色備曰繡云果侍也按許慎謂女侍曰倮今釋果為侍謂二女之侍舜是以有惑於許慎之說而遂誤歟蓋木實曰果云果者取其實而言也

孟子曰。吾今而後知殺人親之重也。殺人之父。人亦殺其父。殺人之兄。人亦殺其兄。然則非自殺之也。一間耳。父仇不同天兄仇不同國以惡加人人必加之知其重也一間者我往彼來間一人耳與自殺其親何異哉〔疏〕正義曰此章言恕以行仁遠禍之端暴以殘民招咎之患是以君子好生惡殺反諸身者也孟子言我於今然後知殺人之親之為最重者也殺彼人之父彼人亦殺己之父而報之殺人之兄彼人亦殺己兄而報之如是則非己之殺但一間耳以其與自殺之無異也。○注父仇不同天兄仇不同國。○正義曰案禮云父之讎弗與共戴天交遊之讎不同國兄弟之讎不反兵蓋所以避之也周官云父之讎避諸四海之外所謂不與共其國蓋非周禮歟又周官調人凡殺人而義者勿令勿讎則殺之而不義在邦法不可殺者必避之而已

孟子曰。古之為關也。將以禦暴。今之為關也。將以為暴。古之為關將以禦暴亂譏閉非常也今之為關反以征稅出入之人將以為暴虐之道也〔疏〕正義曰此章言修理關梁譏而不征如以稅斂非其程式懼將為暴故譏之也孟子言古之為關譏而不稅將以禦暴亂非常之人而已今之為關乃征稅而不譏將以為暴亂之道也按周禮司關云凡四方之賓客叩關則為之告有內外之送則以節傳出納之是以為關將以禦暴也孟子之時司關征取其稅適所以為暴此孟子所以有是言歟

孟子曰。身不行道。不行於妻子。使人不以道。不能行於妻子。身不自履行道德而欲使人行道德雖妻子不肯行之言無所則效使人不順其道理不能使妻子順之而況他人乎〔疏〕正義曰此章言率人之道躬行為首者也孟子言人身自不履行其道德雖妻子之間且有所不行以其無所倣法者也使人如不以道理雖妻子且有不順況能行於民乎荀況云有分義則合天下而治無分義則一妻一妾而亂亦與同意論語曰其身正不令而行其身不正雖令不從亦其意也

孟子曰。周于利者。凶年不能殺。周于德者。邪世不能亂。周達也達於利營苟得之利而趨生雖凶年不能殺之周達於德身欲行之雖遭邪世不能亂其志也〔疏〕正義曰此章言務利蹈姦務德蹈仁舍生取義其道不均者也孟子言人積備其利物以為周于利者則所養常厚故凶荒之年且不能殺死喻人之能盡其性以為周于德者則所守彌篤故姦邪之世不能亂其志蓋以戰國之時無富而教之之術此孟子所以救之以此

孟子曰。好名之人。能讓千乘之國。苟非其人。簞食豆羹見於色。好不朽之名者輕讓千乘伯夷季札之類是也誠非好名者爭簞食豆羹變色訟之致禍鄭公子染指黿羹之類是也〔疏〕正義曰此章言廉貪相殊名亦異者也孟子言好不朽之名者則重名而輕利故云能讓千乘之國而且見不受苟非好名之人則重利而輕名而簞食豆羹之小節而且見不爭奪而變見於顏色。○注伯夷季札與鄭公子羹之類。○正義曰案史記列傳云伯夷叔齊孤竹君之二子父欲立叔齊及父卒叔齊讓伯夷伯夷曰父命也遂逃去叔齊亦不肯立而逃之案春秋少陽篇伯夷姓墨名允字公信伯長也夷謚也叔齊名智字公達伯夷之弟齊亦謚也世家云王餘昧卒欲授弟季子札季札讓逃去於是吳人曰先王有命兄卒弟代立必致季子今逃位則王餘昧後立今卒其子當代乃立王餘昧之子僚為王凡此是伯夷季札之讓千乘之國也云鄭公子染指黿羹者案魯宣公四年左傳云楚人獻黿於鄭靈公公子宋與子家將見子公之食指動以示子家曰他日我如此必嘗異味及入宰夫將解黿相視而笑公問之子家以告及食大夫黿召子公而弗與子公怒染指於鼎嘗之而出公怒欲殺子公子公與子家謀先子家曰畜老猶憚殺之而況君乎反譖子家子家懼而從之夏弒靈公故經書曰鄭公子弒其君夷是也

孟子曰。不信仁賢。則國空虛。無禮義。則上下亂。無政事。則財用不足。不親信仁賢仁賢去之國無賢人則曰空虛也無禮義以正尊卑則上下之敘泯亂無善政以教人農時貢賦則不入故財用有所不足故也〔疏〕正義曰此章言親賢正禮明其五教為政之源聖人以三者為急也孟子言人君不親信仁賢則仁賢去之則國無賢人是為空虛之國也無禮義以正尊卑則上下之序泯亂無政事以理財則財用之而不足蓋禮義由賢者出政事由賢者出不信仁賢則禮義不與禮義不與則政事不行而國之財用於是乎不足此孟子言之亦其敘之然

孟子曰。不仁而得國者。有之矣。不仁而得天下者。未之有也。不仁得國者謂象封於有庳叔鮮叔度封於管蔡以親親之恩而得國也雖有誅亡其世有土丹朱商均天下元子以其不仁天不與故不得有天下焉〔疏〕正義曰此章言王者當天然後處之桀紂幽厲雖得猶失不為得者也孟子曰不仁而得國有之矣不仁而得天下未之有也者孟子言世有不仁者而得其國而為臣者有之矣不仁之人而得天下而為王者故未之有也是以桀紂幽厲雖得而終亦失之且不為得者也。○注象封有庳叔鮮叔度封於管蔡與丹朱商均者。○正義曰云象封有庳孟子於萬章篇言之詳矣云叔鮮叔度者案世家史記云管叔鮮蔡叔度周文王子而武王之弟也武王克殷紂平天下封功臣昆弟於是封叔鮮於管封叔度於蔡杜預云管在滎陽京縣東北世本曰居上蔡丹朱商均者丹朱堯之子也商均舜之子也又言於上篇已詳矣

孟子曰。民為貴。社稷次之。君為輕。是故得乎丘民而為天子。君輕於社稷社稷輕於民丘十六井也天下丘民皆樂其政則為天子殷湯周文是也得乎天子為諸侯。得天子之心封以為諸侯得乎諸侯為大夫。得諸侯之心諸侯能以為大夫諸侯危社稷。則變置。諸侯危社稷之行則變更立賢諸侯也犧牲既成。粢盛既絜。祭祀以時。然而旱乾水溢。則變置社稷。犧牲已成肥腯粢稻已成絜精祭祀社稷常以春秋之時然而其國有旱乾水溢之災則毀社稷而更置之〔疏〕孟子至社稷。○正義曰此章言得民為君得君為臣論民社稷之輕重也孟子曰至則變置社稷者孟子言民之為貴不可賤之者也社稷次之於民而君比於民猶以為輕者也如此故得四邑之民以樂其政則為天子以有天下得天子之心則為諸侯以有其國得乎諸侯之心以為大夫以有其家如諸侯不能保安其社稷而以危之則變更立置其賢君是社稷有重於君也犧牲既成以肥腯粢盛既成以精絜祭祀又以春秋祈報之時然而其國尚有旱乾水溢之災則社稷無功以及民亦在所更立有功於民者為之也是民貴於社稷也此孟子所以自解民為貴又有社稷次之之說也。○注社稷者蓋先王立五土之神祀以為社立五穀之神祀以為稷以古推之自顓帝以來用句龍為社柱為稷及湯之旱以棄易其柱是亦知社稷之變置又有見於此也。○注君輕於社稷至於殷湯周文也。○正義曰云丘十六井者案司馬法云六尺為步步百為畝畝百為夫夫三為屋屋三為井井十為通通十為成成是一上為十之地也今云十六井蓋有一萬四千四夫所受者也云殷湯周文者蓋引此二天下王是得乎民心者也

孟子曰。聖人。百世之師也。伯夷柳下惠是也。伯夷之清柳下惠之和聖人之一槩也故聞伯夷之風者。頑夫廉。懦夫有立志。聞柳下惠之風者。薄夫敦。鄙夫寬。奮乎百世之上。百世之下。聞者莫不興起也。非聖人而能若是乎。而況於親炙之者乎。頑貪懦弱鄙狹也百世言其遠也興起志意興起也非聖人之行何能感人若是喻聞尚然況於親見而薰炙之者乎〔疏〕孟子至者乎。○正義曰此章言伯夷柳下惠變貪厲薄猶有感激謂之聖人美其德也孟子曰聖人百世之師也乎者此言伯夷柳下惠二聖人也故言之師法者也伯夷下惠之為聖人也清風者頑貪之夫化而為廉儉懦弱之聞下惠之和風者鄙薄之夫化而為敦和之風奮發乎百世之上而使百世之感激而志意興起而化之也然而非聖之下莫不興起者也聞而化者尚如此炙之者乎。○注頑貪至美其德此蓋於上篇言之詳矣

孟子曰。仁也者。人也。合而言之。道也。能行仁恩者人也人與仁合而言之可謂之有道也〔疏〕正義曰此章言仁恩須人人能弘道也孟子言為仁者所以盡人道也此仁者所以為人也蓋人非仁不立仁非人不行合仁與人而言之則人道盡矣揚子云仁以人同

孟子曰。孔子之去魯。曰遲遲吾行也。去父母國之道也。去齊。接淅而行。去他國之道也。遲遲接淅說已見上篇言矣此不復說焉〔疏〕此章蓋言孔子周流不遇則去者也其說俱見上篇

孟子曰。君子之戹於陳蔡之閒。無上下之交也。君子孔子也論語曰君子之道三我無能焉孔子乃尚謙不敢當君子之

道故可謂孔子爲君子也孔子所以厄於陳蔡之間者其國君臣皆惡上下無所交接故厄也〔疏〕正義曰此章言孔子見厄謂君子固窮窮不變道上下無交無賢援也孟子言孔子見厄於陳蔡二國之間幾不免死以無上下之交而已以其上無所事雖死不爲諂下無所可與雖死不爲瀆是爲無交接也論語衛靈公之篇云孔子在陳絕糧從者病莫能興子路慍見曰君子亦有窮乎子曰君子固窮小人窮斯濫矣豈非窮不變道者能如是乎○注君子道者三我無能焉所謂仁者不憂智者不惑勇者不懼是三者也

貉稽曰。稽大不理於口。貉姓稽名仕者也爲衆口所訕理賴也謂孟子曰稽大不賴人之口如之何也孟子曰。無傷也。士憎茲多口。審己之德口無傷也離於凡人而仕者亦益多口詩云。憂心悄悄。慍于羣小。孔子也。肆不殄厥慍。亦不殞厥問。文王也。詩邶風柏舟之篇曰憂心悄悄憂在心也慍于羣小怨小人聚而非議賢者也孔子論此詩孔子亦有武叔之口故曰孔子之所苦也大雅緜之篇曰肆不殄厥慍殄絕慍怒也亦不殞厥問殞失也言文王不殞絕畎夷之慍怒亦不能殞失文王之善聲問也〔疏〕貉稽至文王也○正義曰此章言正己信心不意衆口衆口諠譁大聖所有況於凡品之所能禦者也貉稽曰稽大不理於口貉姓稽名亦當世之士也貉稽自稱名問於孟子曰稽大不能治人之口使不訕其己者如之何孟子曰無傷也至文王也者孟子答之以爲審己之德已修雖人之口訕亦不能傷害其己之德也以其爲士者益此多口不能免人之訕也故邶風柏舟之詩有云憂心悄悄慍于羣小言憂悄悄常在心見怒于羣小衆小人也以其孔子刪此詩亦不能免武叔之毀故曰孔子尚如是憎多口也大雅緜之詩有云肆不殄厥慍亦不殞厥問言不能殄絕畎夷之慍怒然亦不能殞失文王之善聲故曰文王尚如此亦憎多口也此所以答貉稽大不理於口以爲無傷也○注邶風柏舟之篇至聲聞也○正義曰此篇蓋言仁人不遇也注云慍怒也悄悄憂貌論語云叔孫武叔毀仲尼子貢曰仲尼不可毀也仲尼日月也人雖欲自絕其何傷於日月乎多見其不知量也云大雅緜之篇者蓋此篇言文王之興本由大王也注肆故今也慍恚殞墜也畎夷狄國也

孟子曰。賢者以其昭昭。使人昭昭。今以其昏昏。使人昭昭。賢者治國法度昭明明於道德是躬行之道可也今之治國法度昏昏亂潰之政也身不能治而欲使人昭明不可得也〔疏〕正義曰此章言以明昭闇闇者以開以闇責明闇者愈迷賢者可遵譏今之非也孟子曰至昭昭者孟子言有諸己然後求諸人之道也賢者之君治國以其昭昭明己之道德然後使人昭昭今之治國者乃以昏昏不能自明己之道德而欲使他人昭明微不可得也是亦所謂曲其表而求影之正濁其源而求流之請同其旨

孟子謂高子曰。山徑之蹊間。介然用之而成路。爲間不用。則茅塞之矣。今茅塞子之心矣。高子齊人也嘗學於孟子鄉道而未明去而學於他術孟子謂之曰山徑山之領有微蹊介然人遂用之不止則蹊成爲路爲間有間也謂廢而不用則茅草生而塞之不復爲路以喻高子學於仁義之道當遂行之而反中止正若山路故曰茅塞子之心也〔疏〕正義曰此章言聖人之道學而時習舍而弗修循茅是塞明爲善之不可倦者也孟子謂於高子曰山嶺有微蹊其間之微小介然而已如用而行之則蹊成大路不用而行之茅草生塞之不能成其路也喻高子之爲善止於中道而其心爲利欲之所充塞亦若茅塞其路矣故曰今茅塞子之心矣蓋高子嘗於爲詩而不通乎意是塞其心之一端也

高子曰。禹之聲。尚文王之聲。孟子曰。何以言之。高子以爲禹之尚聲樂過於文王孟子難之曰何以言之曰。以追蠡。高子曰禹時鐘在者追蠡也追鐘鈕也鈕磨齧處深矣蠡欲絕之貌也文王之鐘不然以禹爲尚樂也曰。是奚足哉。城門之軌。兩馬之力與。孟子曰是何足以爲禹尚樂乎先代之樂器後王皆用之禹在文王之前千有餘歲用鐘日久故追欲絕耳譬若城門之軌齧其限切深者用之多耳豈兩馬之力使之然乎兩馬者春秋外傳曰國馬足以行關公馬足以稱賦是兩馬也〔疏〕高子至力與○正義曰此章言前聖後聖所尚者同三王一體何得相踰欲以追蠡未達一隅孟子言之將以啓其蒙者也高子曰禹之聲尚文王之聲者高子言於孟子曰禹王之尚聲樂過於文王之聲樂也孟子曰何以言之者孟子見高子蔽或故難之曰何以言禹之聲尚文王之聲也曰以追蠡高子曰以其追蠡鐘鈕之銳欲絕故云然也孟子曰是奚足哉城門之軌兩馬之力與孟子又以此解高子之蔽也言此追蠡何足爲禹之尚聲樂過於文王乎且譬之城門之軌齧其限之深處豈以兩馬之力能使之然亦以積漸之久故使然也非特兩馬之力即如是之深也言禹王至文王其鐘用之亦以日久故能磨銳至於欲絕也此又見高子之蔽不獨於詩也所謂太山之溜久而穿石單極之綆久而斷幹其來非一日也兩馬即如注所謂春秋外傳云國馬公馬是也

齊饑。陳臻曰。國人皆以夫子將復爲發棠。殆不可復。棠齊邑也孟子嘗勸齊王發棠邑之倉以振貧窮時人賴之今齊人復饑陳臻言一國之人皆以爲夫子將復若發棠時勸王也殆不可復言之也孟子曰。是爲馮婦也。晉人有馮婦者。善搏虎。卒爲善士。則之野。有衆逐虎。虎負嵎。莫之敢攖。望見馮婦。趨而迎之。馮婦攘臂下車。衆皆悅之。其爲士者笑之。馮姓婦名也勇而有力能搏虎卒後也善士者以善搏虎有勇名也故進以爲士之於野外復見逐虎者攖迫也虎依陬而怒無敢迫近者也馮婦恥不如前見虎走而迎攘臂下車欲復搏之衆人悅其勇猛其士之黨笑其不知止也故孟子謂陳臻今欲復使我如發棠時言之於君是則我爲馮婦也必爲知者所笑也〔疏〕齊饑至笑之正義曰此章言可爲則從不可則止言善見用得其時也非時逆指猶若馮婦搏虎無已必有害也齊饑陳臻曰至殆不可復者蓋齊國之人時皆被饑孟子嘗勸齊王發粟以賑之今者復饑而孟子不復發棠邑之粟以賑陳臻爲孟子之弟子乃問孟子言齊國之人皆以爲夫子將復發棠邑之粟以賑救之今夫子不復發殆爲齊王不可復勸是如之何故以此問之孟子孟子曰至其爲士者皆笑之者孟子乃以此馮婦之喻而此言於陳臻也言如將復發棠是爲馮婦者也馮婦能暴虎也言晉國有馮婦之人善能搏虎後爲之善士則之於野外見有衆人逐其虎虎倚山嵎而怒衆人皆莫敢攖而搏之者望見馮婦來乃皆趨進而迎之馮婦乃下車攘臂欲復搏之衆人皆悅其勇猛其爲士之黨者知道則笑其不知止也言今齊王恃威虐以斂民亦若虎之負嵎以難合之說進於暴人之前又若迎而博虎也是以孟子將復爲發棠非不足以悅衆自君子觀之亦若爲士者之笑馮婦也以其不知止矣○注棠齊邑也○正義曰案齊世家史記云棠公妻好騶云賈逵曰棠公齊邑大夫也是棠之爲齊邑明矣

孟子曰。口之於味也。目之於色也。耳之於聲也。鼻之於臭也。四肢之於安佚也。性也。有命焉。君子不謂性也。口之甘美味目之好美色耳之樂五音鼻之喜芬香臭香也易曰其臭如蘭四體謂之四肢四肢懈倦則思安佚不勞苦此皆人性之所欲也得居此樂者有命祿人不能皆如其願也凡人則有情從欲而求可身君子之道則以仁義爲先禮節爲制不以性欲而苟求之也故君子不謂之性也仁之於父子也。義之於君臣也。禮之於賓主也。知之於賢者也。聖人之於天道也。命也。有性焉。君子不謂命也。仁者得以恩愛施於父子義者得以義理施於君臣好禮者得以禮敬施於賓主知者得以明知知賢達善聖人得以天道王於天下此皆命祿遭遇乃得居而行之不遇者不得施行然亦才性有之故可用也凡人則歸之命祿在天而已不復治性以君子之道則修仁行義修禮學知庶幾聖人亹亹不倦不但坐而聽命故曰君子不謂命也〔疏〕孟子曰至命也○正義曰此章言尊德樂道不追佚性治性勤禮不事委命君子所能小人所病究言其事以勸戒者也孟子曰至君子不謂性也者孟子言人口之於美味目之於好色耳之於五聲鼻之於芬芳四肢之於安佚無事以勞之凡此五者皆人性所欲也然而得居於此樂者以其有命存焉君子以爲有命在所不求而不可以幸得也是所以不謂之性也仁之於父子也至君子不謂命也者孟子又言仁以恩愛施之於父子義以義理施之於君臣禮以禮敬施之於賓主知以明智施之於賢者而具四端聖人兼統四體而與於天道以王天下者也凡此五者皆歸之於命也然而有是五者皆稟乎天性也以其有性存焉君子以爲有性在所可求而不可不勉也是所以不謂之命也孟子言之所以分別凡人君子以勸戒時人

浩生不害問曰。樂正子何人也。浩生姓不害名齊人也見孟子聞樂正子爲政於魯而喜故問樂正子何等人也孟子曰。善人也。信人也。樂正子爲人有善有信也何謂善。何謂信。不害爲善信之行謂何曰。可欲之謂善。有諸己之謂信。充實之謂美。充實而有光輝之謂大。大而化之之謂聖。聖而不可知之之謂神。樂正子二之中。四之下也。己之可欲乃使人欲之是爲善人己所不欲勿施於人也有之於己乃謂人有之是爲信人不億不信也充實善信使之不虛是爲美人美德之人也充實善信而宣揚之使有光輝是爲大人大行其道使天下化之是爲聖人有聖知之明其道不可得知是爲神人人有是六等樂正子能善能信在二者之中四者之下也〔疏〕浩生

至下也正義曰此章言神聖以下優劣異差樂正好善應下二科是以孟子爲之喜者也浩生不害問曰樂正何人也者浩生不害問孟子曰樂正子何等人也以其見孟子聞樂正子爲政於魯而喜故有此問之也孟子曰善人也信人也孟子荅之以爲樂正子是善人信人者也以其有善有信故也何謂善何謂信不害又問之曰何以謂之善何以謂之信也曰可欲之謂善有諸己之謂信至四之下也者孟子又荅而詳爲之解之曰己之可欲使人欲之是爲善有是善於己謂人亦有之是謂之信所謂善即仁義禮智也是爲可欲之善矣充實其善使之不虛是爲美人故謂之美充實其善而宣揚之使有光輝于外是爲大人故謂之大人具此善不特充實於己而推之以化人自近以及遠自内以及外是爲聖人故謂之聖以此之善又至經以萬方使人莫知其故是爲神人故謂之神凡是六善而樂正子能善能信是在二之中而在美大聖神四者之下也但不能充實而至神也注孟子聞樂正子爲政於魯正義曰此蓋經文說見上

孟子注疏卷十四上挍勘記　阮元撰盧宣旬摘錄

凡三十九章　閩監毛三本同音義九作七案此當作三十八章疏亦數至三十八章又云凡此三十九章舛錯殊甚

得民爲君爲臣　閩監二本同毛本爲臣上有得君二字

言伯夷下惠　閩本同監毛二本下上有柳字毛本言誤方

優劣異羞　補監毛本羞作差不誤

所親愛之臣民　閩監毛三本足利本同宋本考文古本無親字廖本上有加字孔本韓本作加所愛之臣民

章指言發政施仁一國被恩好戰輕民災及所親著此魏王以戒人君也

敵國不相征　閩監毛三本同廖本孔本韓本考文古本足利本不下有得字

於三王之法　各本同考文古本三作二

皆不得其正者也　閩監毛三本同宋本孔本韓本考文古本無皆字

章指言春秋撥亂時多戰爭　孔本韓本作爭戰　事實違禮以文反正征伐誅討不自王命故曰無義戰也

言爭或過　閩監毛三本同廖本孔本韓本考文古本爭作事

皇帝清問下民　閩監毛三本同宋本廖本孔本韓本考文古本足利本無皇字○按無者是困學記聞所引正同

天不能問於民　閩監毛三本同廖本韓本考文古本無於字孔本作天子不能問民孔本誤

武城之篇名　閩監毛三本同廖本孔本韓本考文古本之上有逸書二字是也

而迎其王師　閩監毛三本同廖本孔本韓本考文古本無王字

則不取之也　閩監毛三本同宋本孔本韓本考文古本無之字

章指言文之有美過實聖人不改錄其意也非獨書云詩亦有言崧高極天則百斯男　宋本孔本韓本考文古本此下有亦已過矣四字　是故取於武城二三策而已　孔本韓本無是故已下十字

南面而征北夷怨　宋本孔本韓本同閩監毛三本夷作狄石經此字漫漶案僞疏引亦作北夷作夷是也

何謂而後我　閩監毛三本同宋本謂作爲廖本無而字孔本韓本考文古本作何爲後我

己說於上篇矣　閩監毛三本同廖本孔本韓本考文古本無矣字

武王之伐殷也　石經殷諱作商

趣馬　廖本及各本同宋本作取馬音義出趣馬

額角犀厥地　閩監毛三本同宋本孔本韓本額作頟犀作犀案音義云頟郎額字犀音西義與棲遲同息也久也字從尸下辛或作犀牛字誤也段玉裁云丁說殊誤字當作犀从牛國語曰角犀豐盈國策曰眉目準頟犀角權衡偃月今人謂之天庭古謂之犀角相書云伏犀貫頂即其理也頟角犀厥地文選注引作撅地謂人叩頭似若以角發地然也說文曰厥發石也

欲令武王來征己之國　閩監毛三本同廖本孔本韓本考文古本上有各字

章指言民思明君若旱望雨以仁伐暴誰不欣喜是以殷民厥角周師歌舞焉用善戰故云罪也

若崩厥角角　閩本下角剜去空一字監毛本無下角字

梓匠輪輿之功　宋本廖本孔本韓本同閩監毛三本功作工

雖得規矩之法　閩監毛三本同廖本孔本韓本考文古本無之法二字

亦不能成器也　閩監毛三本同宋本廖本孔本韓本考文古本亦不能作不以

蓋諭人不志仁雖誦典憲不能以善　閩監毛三本同廖本孔本韓本考文古本無此十四字

章指言規矩之法喻若典禮人不志仁雖誦典憲　孔本韓本考文古本作憲籍　不能以善善人修道公輸守繩政成器美惟　宋本足利本作準　度是應得其理也

章指言阨窮不憫貴而思降凡人所難虞舜獨　孔本韓本考文引古本作所　隆聖德所以殊也

舜降聖德　案降當依章指作隆

孟言舜初於耕歷山　閩監毛三本孟下有子字

章指言恕以行仁遠禍之端暴以殘民招咎之患是以君子好生惡殺反諸身也

勿令勿讎則殺之　閩監毛三本下勿作讐

章指言修理關梁譏而不征如以稅斂非其式程懼將爲暴故載之也

雖妻子不肯行之　閩監毛三本孔本韓本同岳本宋本廖本考文古本無雖字

而況他人乎　閩監毛三本同宋本作而況於他人者乎考文古本作而況他人者乎

章指言率人之道躬行爲首　孔本韓本考文引古本下有故字　論語曰其身不正雖令不從

營苟得之利　各本同毛本苟誤荀

章指言務利蹈姦務德蹈仁舍生取義其道不均也

能讓千乘之國　石經讓諱作遜

伯夷　各本同宋本作子臧

季札之類　閩監毛三本同孔本韓本考文古本類作疇

爭簞食豆羹　閩監毛三本孔本韓本同宋本岳本食作飯

鄭公子　閩監毛三本同廖本孔本韓本考文古本作鄭子公是也左傳作子公

染指黿羹之類　閩監毛三本同宋本孔本韓本考文古本黿作魭音義出魭羹云左傳作黿案此則注文本用魭字改爲黿非也

章指言廉貪相殊名亦卓異故聞伯夷之風懦夫有立志也

故經書曰鄭公子弒其君夷　案子下當有嘉字

故則用有所不足故也　閩監毛三本同宋本孔本韓本考文古本作故財用不足

章指言親賢正禮明其五教爲政之源聖人以三者爲急也

謂象封於有庳　閩監毛三本同宋本孔本韓本作謂若象封有庳考文古本足利本謂下有若字

故不得有天下焉 閩監毛三本同宋本孔本韓本考文古本足利本焉作也
▲章指言王者當天然後處之桀紂幽厲雖得猶失不以善
終不能世祀不爲得也
丗有不仁之者 補監毛本者作人是也
而得其國而爲臣者 (補)監毛本臣作君
諸侯能以爲大夫 閩監毛三本同宋本孔本韓本能作封
而更置之也 閩監毛三本同宋本孔本韓本考文古本之作
▲章指言得民爲君得君爲臣民爲貴也先黜諸侯後毀社
稷君爲輕也重民敬祀治之所先故列其次而言之
如諸侯不能保安其社稷 閩本同監毛二本如作而
柳下惠之和 各本同考文古本和作厚
喻聞尚然 閩監毛三本同宋本廖本孔本韓本考文古本喻作諭
況於親見而薰炙之者乎 閩監二本同毛本薰作熏乎誤子岳本無於而二字廖本作況親見動炙者也考文古本與廖本同動作熏孔本作況於親見薰炙者也韓本足利本與孔本同韓本薰作動案音義出動炙云字與熏同則作薰熏者並非古本也
▲章指言伯夷柳下惠 考文古本無惠字 變貪厲薄千載聞之猶有
感激謂之聖人美其德也
下惠之爲聖人也 閩本同監毛二本上增柳字下聞下惠之和風同
▲章指言仁恩須人人能宏道也
說已見上篇言矣此不復說焉 閩監毛三本同廖本孔本韓本足利本作注義見萬章下首章考文古本無言矣已下七字
▲章指言孔子周流不遇則之他國遠逝惟魯斯戀篤於 孔本韓本考文引古本無於字
父母國之義也
君子之戹於陳蔡之間 音義出戹於云或作厄同
君子之道三 孔本韓本考文古本同閩監毛三本之道改道者
▲章指言君子固窮窮不變道上下無交無賢援也
如之何也 閩監毛三本同廖本孔本韓本考文古本無也字
而仕者亦益多口 閩監毛三本同廖本孔本韓本作而爲士者益多口考文引而仕者云古本作而爲仕者
亦不殄厥問 宋九經本岳本咸淳衢州本孔本考文古本同閩監毛三本韓本殄作隕注同
不殄絶畎夷之愠怒 閩監二本同毛本孔本韓本考文古本殄作珍
▲章指言正己信心不患衆口衆口諠譁大聖所有況於凡
品之所能禦故荅貉稽曰無傷也
不意衆口 閩本同監毛二本意作患
法度昭明 閩監毛三本同廖本孔本韓本考文古本明作昭
是躬行之道可也 閩監毛三本同廖本孔本韓本考文古本行作化
而欲使人昭明 閩監毛三本同宋本孔本韓本考文古本人上有他字
▲章指言以明昭闇闇者以開以闇責明闇者愈迷賢者可
遵譏今之非也
而求流之請 補監毛本請作清
山之領 宋本孔本韓本考文古本足利本同閩監毛三本作嶺
正若山路 閩監毛三本同廖本孔本韓本考文古本正作比
▲章指言聖人之道學而時習仁義在身常 宋本孔本韓本足利本作當
常被服舍而弗修猶茅是塞明爲善之不可倦也
禹之尚聲樂 閩監毛三本同廖本孔本韓本考文古本尚下有聲字
鈕磨齧處深矣 閩監毛三本同宋本孔本韓本考文古本磨作礕
蠡欲絶之貌也 閩監毛三本同廖本孔本韓本考文古本叠蠡字足利本不叠無也字
限切 段玉裁云門限亦曰門切丁氏云限迹切深僞疏畢摘限字由不解切字也
是兩馬也 閩監毛三本同廖本孔本韓本考文古本無此四字
▲章指言前聖後聖所尚者同三王一體何得相踰欲以追
蠡未達一隅孟子言之將啟其蒙
以振貧窮 廖本孔本韓本考文古本同閩監毛三本振作賑賑乃俗字耳
將復若發棠時 閩監毛三本同孔本韓本考文古本無將字
見虎走而迎 閩監毛三本同宋本孔本韓本考文古本下有之字
▲章指言可爲則從不可則凶言善見用得其時也非時逆
指猶若馮婦暴虎無已必有害也
耳之樂五音 閩監毛三本同廖本孔本韓本考文古本五音作音聲
四肢懈倦 閩監毛三本同孔本韓本懈作解音義出解倦
則思安佚不勞苦 宋本孔本韓本考文古本苦誤若
凡人則有情從欲而求可身 閩監毛三本同廖本孔本韓本有作觸身作樂宋本考文古本有作觸足利本身作樂
故君子不謂之性也 閩監毛三本同廖本孔本韓本考文古本無之字
知之於賢者也 宋本岳本孔本韓本同閩監毛三本知作智案音義出知之云音智注同則作智非也
有性焉 各本同孔本焉作也
乃得居而行之 閩本孔本韓本同監毛二本居誤君
在天而已 閩監毛三本同廖本孔本韓本考文古本在作任
▲章指言尊德樂道不任 孔本韓本考文古本作追 佚性治性勤禮不專
委命君子所能小人所病究言其事以勸戒也
聞樂正子爲政於魯 各本同毛本聞誤問
不害爲善信之行謂何 閩監毛三本同孔本韓本考文古本爲作問
不億不信也 閩監毛三本同廖本孔本韓本考文古本億作意案音義出不意作億非也
使之不虛 各本同考文古本之下有意字
▲章指言神聖以下優劣異差樂正好善應下二科是以孟
子爲之喜也
樂正何人也者 閩監毛三本正下增子字

孟子注疏解經卷第十四下

盡心章句下　趙氏注　孫奭疏

孟子曰。逃墨必歸於楊。逃楊必歸於儒。歸斯受之而已矣。墨翟之道兼愛無親疏之別最爲違禮楊朱之道爲己愛身雖違禮尚得不敢毀傷之義逃者去也去邪歸正故曰歸去墨歸楊去楊歸儒則當受而安之也今之與楊墨辯者。如追放豚。既入其苙。又從而招之。苙欄也招罥也今之與楊墨辯爭道者譬如追放逸之豕豚追而還之入欄則可又復從而罥之太甚以言去楊墨歸儒則可又復從而非之亦云太甚【疏】孟子至招之○正義曰此章言驅邪反正斯可矣來者不追追其前罪君子甚之以爲過者也孟子曰逃墨必歸於楊至歸斯受之而已矣者墨翟無親疏之別楊朱尚得父母生身不敢毀傷之義儒者之道幼學所以爲己壯而行之所以爲人故能兼愛無親疏之道必歸於楊朱爲己逃去楊朱爲己之道必歸儒者之道也然而歸之儒道則當斯受而安之矣今之與楊墨又從而招之者孟子又言今之人有與楊墨辯爭其道者如追放逸之豕豚既還入其欄又從而罥之者也以其逃墨而歸儒則可受之而已而乃又從而罪之無以異於追放逸之豕豚既入其欄又從而罥之也以其爲亦太甚矣此孟子所以比之

孟子曰。有布縷之征。粟米之征。力役之征。征賦也國有軍旅之事則橫興此三賦也布軍卒以爲衣也縷紩鎧甲之縷也粟米軍糧也力役民負荷廝養之役也君子用其一。緩其二。用其二而民有殍。用其三而父子離。君子爲政雖遭軍旅量其民力不竝此三役更發異時急一緩二民不苦之若竝用二則路有餓殍若竝用三則分崩不振父子離析忘禮義矣【疏】孟子曰至父子離○正義曰此章言原心量力政之善者繇役竝興以致離殍養民輕斂君之道也孟子曰有布縷之征至用其三而父子離者此所以薄稅斂之言而有以救時之弊者矣孟子言有布縷之征有粟米之征有力役之征布所以爲衣縷所以紩鎧甲粟米所以爲糧力征所以荷負廝養之役然而君子爲政其於此三者之賦未嘗竝行也用其一則緩其二今夫三者之賦皆取民之類也如用其二則有傷財而民至於餓死用其三則有害民而至於父子離散是豈君子之爲政然歟蓋征之者義也緩之者仁也惟君子以仁是守以義是行然而充類之至而義之盡者君子所不爲也此孟子不得不權時而救時之弊也

孟子曰。諸侯之寶三。土地。人民。政事。寶珠玉者。殃必及身。諸侯正其封疆不侵鄰國鄰國不犯寶土地也使民以時居不離散寶人民也修其德教布其惠政寶政事也若寶珠玉求索和氏之璧隋侯之珠與強國爭之強國加害殃及身也【疏】正義曰此章言寶此三者以爲國珍寶於爭玩以殃其身諸侯如茲永無患也孟子言諸侯之所寶者有三曰土地曰人民曰政事使鄰國無侵犯其封疆是寶其土地也撫恤鰥寡煢獨使民以時民不離散是寶人民也修德布惠是寶政事也若不以此三者爲寶而寶珠玉者殃禍必及身矣此孟子見當時之君爭城殺人橫賦重斂不以土地人民政事爲寶所以有是言而救之耳○和氏之璧隋侯之珠○正義曰案韓詩云楚人和氏得玉璞於楚山中獻武王武王使人相之曰非也王怒刖其左足後成王即位和抱玉璞泣於楚山下成王使人琢之果得寶名曰和氏之璧又隋侯姓祝字元暢往齊國見一蛇在沙中頭上血出隋侯以杖挑於水中而去後回還到蛇處乃見此蛇銜珠來隋侯前隋侯意不懌是夜夢脚踏一蛇驚起乃得雙珠後人稱爲隋侯珠矣

盆成括仕於齊。孟子曰。死矣盆成括。盆成姓括名也嘗欲學於孟子問道未達而去後仕於齊孟子聞而嗟歎曰死矣盆成括知其必死盆成括見殺。門人問曰。夫子何以知其將見殺。門人問孟子何以知之也曰。其爲人也小有才。未聞君子之大道也。則足以殺其軀而已矣。孟子荅門人言括之爲人小有才慧而未知君子仁義謙順之道適足以害其身也【疏】盆成括至而已矣○正義曰此章言小智自私藏怨之府勞謙終吉者也盆成括仕於齊孟子曰死矣盆成括者盆成括嘗學於孟子未達其道而去之後仕於齊國孟子聞之乃曰死矣盆成括以其盆成括之必見死也盆成括見殺門人問曰夫子何以知其將見殺者言盆成括果見殺死門人乃問孟子曰夫子何以知其盆成括將見殺死曰其爲人也小有才未聞君子之大道也則足以殺其軀而已矣者孟子荅之曰盆成括之爲人小有才慧而未知聞君子仁義謙順之大道是則足以知其將見殺其身

孟子之滕。館於上宮。館舍也上宮樓也孟子舍止賓客所館之樓上也有業屨於牖上。館人求之弗得。或問之曰。若是乎從者之廋也。屨屝屨也業織之有次業而未成也置之窻牖之上客到之後求之不得有來問孟子者曰是客從者之廋廋匿也孟子與門徒相隨從車數十故曰侍從者所竊匿也曰。子以是爲竊屨來與。孟子謂館人曰子以是衆人來隨事我本爲欲竊屨故來邪曰。殆非也。館人曰殆非爲是來事夫子也自知問之過也夫子之設科也。往者不追。來者不拒。苟以是心至。斯受之而已矣。孟子曰夫我設教授之科教人以道德也其去者亦不追呼來者亦不拒逆誠以是學道之心來至我則斯受之亦不知其取之與否君子不保其異心也見館人殆非爲是來亦云不能保知謙以益之而已【疏】孟子至而已矣○正義曰此章言教誨之道受之如海百川移流不得有拒雖獨竊屨非已所絕順荅小人小人自咎者也孟子之滕館於上宮者孟子往至滕國乃舍止於賓客所館之樓上有業屨於牖上館人求之弗得或問之曰若是乎從者之廋也者言業織之有次業而未成之屨置之於窻牖之上自客到之後館主之人求之不得或問於孟子曰若此屨之不見爲從者之廋匿也曰子以是爲竊屨來與者孟子見館主乃問已以爲從者之廋匿其屨乃謂之曰子以是從者來隨事我本爲欲竊子之屨故來與曰殆非也館主自知責已問之過也乃曰殆非爲是來事夫子也夫子之設科也至斯受之而已矣者孟子又曰夫我之設科以教人往去之者則不追呼而還來者則不拒逆誠以是學道之心來至我則斯容受之而教誨亦且不保其異心也然則不拒之從者匿屨亦何累之有論語云不保其往有教無類其斯之謂與

孟子曰。人皆有所不忍。達之於其所忍。仁也。人皆有所愛不忍加惡推之以通於所不愛皆令被德此仁人也人皆有所不爲。達之於其所爲。義也。人皆有不喜爲謂貧賤也通之於其所喜爲謂富貴也抑情止欲使若所不害爲此者義人也人能充無欲害人之心。而仁不可勝用也。人皆有不害人之心能充大之以爲仁仁不可勝用也人能充無穿窬之心。而義不可勝用也。穿牆踰屋姦利之心也人既無此心能充大之以爲義義不可勝用也人能充無受爾汝之實。無所往而不爲義也。爾汝之實德行可輕賤人所爾汝者也既不見輕賤不爲人所爾汝能充大而以自行所至皆可以爲義也士未可以言而言。是以言餂之也。可以言而不言。是以不言餂之也。是皆穿踰之類也。餂取也人之爲士者見尊貴者未可與言而強與之言欲以言取之也是失言也見可與言者而不與之言不知賢人可與之言而反欲以不言取之是失人也是皆趨利入邪無知之人故曰穿踰之類也【疏】孟子曰至類也○正義曰此章言善恕行義充大其美無受爾汝何施不可取人不知失其臧否比之穿踰之類者也孟子曰人皆不忍至是皆穿踰之類也者孟子言人皆有所惻隱而不忍如能推之所不忍於其所忍者仁人也以其所愛及其所不愛仁之爲道如是也人皆有所不喜爲謂貧賤也如能推之所不喜爲而達之於所喜爲謂富貴也是爲有義之人也人能充大不欲害人之心而爲仁則仁道於是乎備故不可勝用也人能充大其無穿踰姦利之心以爲義則義於是乎盡故義不可勝用也人能充大其不受人爾汝之實是不爲人所輕賤故無所行而不爲義者也言所爲皆可以爲義矣蓋惻隱有不忍者仁之端也羞惡有不爲者義也但能充而大之則爲仁義矣人之爲士於尊貴者未可與言而之言是以言取之也是失言也以其失之諂也可以與之言而不與之言是以不言取之也是失人也以其失之敖也如此者是皆爲穿牆踰屋趨姦利之類也

孟子曰。言近而指遠者。善言也。守約而施博者。善道也。君子之言也。不下帶而道存焉。言近指遠近言正心遠可以事天也守約施博約守仁義大可以施德於天下也二者可謂善言善道也正心守仁皆在胷臆吐口而言之四體不與焉故曰不下帶而道存焉君子之守。脩其身而天下平。身正物正天下平矣人病舍其田。而芸人之田。所求於人者重。而所以自任者輕。芸治也田以喻身舍身不治而欲責人治是求人太重自任太輕也【疏】孟子曰至自任者輕正義曰此章言道之善以心爲原當求諸己而責於人君子尤之況以妄芸言失務者也孟子曰言近而指遠者至所以自任者輕孟子言辭之近而指意已遠者乃爲善言者也所守簡約而所施博大者乃爲善道○君子之言也不下帶而道存焉是所謂言近而指遠也是孟子自解其旨也以其君子於其言也皆在胷臆以其不遠於心而道存焉蓋帶

者所以服之近於人身也故取而喻之曰不下帶而道存焉又見君子之言非特騰心說而已君子之守脩其身而天下平是所謂守約而施博也是孟子又自解其旨也以其君子之所守特在脩身而天下由是平矣又是所謂正己而物正者也且人病在舍其己之田而耕芸他人之田也是所求於人者爲重而所以自任其在己者太輕耳芸治也田所以喻人之身也言人病在舍其己身而治他人之身也故爲是云孟子曰。堯舜、性者也。湯武、反之也。堯舜之體性自善者也殷湯周武反之於身身安乃以施人謂加善於民也動容周旋中禮者。盛德之至也。人動作容儀周旋中禮者盛德之至哭死而哀。非爲生者也。死者有德哭者哀也經德不回。非以干祿也。言語必信。非以正行也。經行也體德之人行其節操自不回邪非以求祿位也庸言必信非必欲以正行爲名也性不忍欺人也君子行法以俟命而已矣。君子順性蹈德行其法度天壽在天行命以待之而已矣〔疏〕孟子至而已矣。正義曰此章言君子之行動合禮中不惑禍福脩身俟終堯舜之盛湯武之隆不是過也孟子曰至於君子行法以俟命而已矣者孟子言堯舜之體性自然善也湯王武王反之於身身安乃以施人謂加善於人而反之者也一則體性之自然一則反之於身身安乃以施人無非是禮也故動容周旋中禮者是爲盛之至也至者以其盛德至矣盡矣不可以有加矣蓋哭死而哀非爲生者也是爲動容中禮也是孟子自解之旨也言哭其死而哀之者非爲其生者也以其動容中禮德性然也經德不回非以干祿也言語必信非以正行也是謂周旋中禮者也是孟子自解之旨也言經德不回邪非欲干求爵祿而然也以其周旋中禮德行然也言語必以正非欲以正行爲名故然也亦以周旋中禮德言如是也君子者順性蹈德行其禮法脩身以俟命而已然則堯舜禹湯爲盛德之至亦不是過也孟子曰。說大人則藐之。勿視其巍巍然。大人謂當時之尊貴者也孟子言說大人之法心當有以輕藐之勿敢視之巍巍富貴若此而不畏之則心舒意展言語得盡而已堂高數仞。榱題數尺。我得志弗爲也。仞八尺也榱題屋霤也堂高數仞榱題數尺奢太之室使我得志不居此堂也大屋無尺丈之限故言數仞也食前方丈。侍妾數百人。我得志弗爲也。極五味之饌食列於前方一丈侍妾衆多至數百人也般樂飲酒。驅騁田獵。後車千乘。我得志弗爲也。般大也大作樂而飲酒驅騁田獵後車千乘般于遊田也在彼者。皆我所不爲也。在我者。皆古之制也。吾何畏彼哉。在彼貴者驕佚之事我所恥爲也在我所行皆古聖人所制之法謂恭儉也我心何爲當畏彼人乎哉〔疏〕孟子至彼哉。正義曰此章言富貴而驕自遺咎茅茨采椽聖堯表也以賤說貴懼有蕩心心謂彼陋以寧我神故以所不爲爲之寶玩者也孟子曰說大人則藐之至吾何畏彼哉者孟子言說當時之尊貴爲之大人者當輕藐之勿視其巍巍然尊貴而畏之也以其如是則心意舒展得盡其言也又言堂高數仞仞八尺也至霤高數尺是爲奢汏之

室也如我之得志於行道不爲此室也食之前有方丈之廣以極五味之饌而列之又有所侍之妾至數百人之衆如我得志於行道亦不爲之也大作樂而飲酒驅騁田獵有後車千乘之多如我得志於行道亦不爲之也以其在彼驕貴之事者皆於我所恥而不爲之也在我所行之事又皆是古聖王之制度者也是皆恭儉而有禮也如是則於我何有畏於彼之富貴乎哉是以說大人則藐之而勿視其巍巍然也孟子曰。養、心莫善於寡欲。其爲人也寡欲。雖有不存焉者寡矣。養治也寡少也欲利欲也雖有少欲而亡者謂遭橫暴若單豹臥深山而遇飢虎之類也然亦寡矣其爲人也多欲。雖有存焉者寡矣。謂貪而不亡蒙先人德業若晉國欒黶之類也然亦少矣不存者衆〔疏〕孟子至寡矣。正義曰此章言清淨寡慾德之高者畜聚積實穢行之下廉者招福濁者速禍雖有不然蓋非常道是以正路不可不由也孟子曰至雖有不存焉者寡矣者孟子言此以教時人養心之術也言人之治其心莫善於少欲也其爲人也少欲則不爲外物之汨喪雖有遭橫暴而亡者蓋亦百無二三也然而未必全無也以其少也是如單豹爲人少欲獨隱處於深山而臥乃遭遇於飢虎而亡之是也其爲人也多欲則常於外物之所汨喪雖間有不亡其德業於身者蓋亦百無二三也然而未必多有者焉以其亦少也是如欒黶爲人多貪乃爲卿於晉國者是也荀子云養心莫善於誠蓋亦與此孟子同其旨也曾晳嗜羊棗。而曾子不忍食羊棗。公孫丑問曰。膾炙與羊棗孰美。羊棗名也曾子以父嗜羊棗父沒之後唯念其親不復食羊棗故身不忍食也公孫丑怪之故問羊棗與膾炙孰美也孟子曰。膾炙哉。言膾炙固美也何比於羊棗公孫丑曰。然則曾子何爲食膾炙而不食羊棗。曰。膾炙所同也。羊棗所獨也。諱名不諱姓。姓所同也。名所獨也。孟子言膾炙雖美人所同嗜獨曾子父嗜羊棗耳故曾子不忍食也譬如諱君父之名不諱其姓姓與族同之名所獨也故諱〔疏〕曾晳至所獨也。正義曰此章言曾參至孝思親異心羊棗之感終身不嘗孟子嘉之曾晳嗜羊棗而曾子不忍食羊棗公孫丑問曰膾炙與羊棗孰美者曾晳曾子父也曾晳爲人專好羊棗羊棗名也曾晳既沒而曾子常思念其親而不忍食羊棗公孫丑怪之乃問孟子以謂膾炙與羊棗此二味孰爲美孟子曰膾炙哉言膾炙固美於羊棗也而羊棗何可比於膾炙哉公孫丑曰然則曾子何爲食膾炙而不食羊棗公孫丑又問孟子曰如是則曾子何爲獨食於膾炙而不忍食羊棗曰膾炙所同也羊棗所獨也諱名不諱姓姓所同也名所獨也孟子又荅之曰膾炙雖美人所同好者也羊棗獨曾子好之故曾子所以思念之而不忍食也譬如君父之名不諱其姓者以其姓爲族之所同名爲君父之所獨故諱之也。注羊棗名也。正義曰蓋樲與棗一物也然而有二名是樲小而棗大樲酸而棗甘耳云羊棗則羊棗之爲大棗甘者也其類則樲棗之屬也曾晳者曾子父也案史記弟子傳曰曾蔵音點字晳是也孔傳云曾參父名點。注上章稱曰豈有非義而曾子言之者。正義曰此謂公孫丑疑曾子爲非義而乃不知膾炙所同羊棗之所獨而曾子之心言之是或一義於孝

道故云然也萬章問曰。孔子在陳。曰盍歸乎來。吾黨之小子。狂簡進取。不忘其初。孔子在陳。何思魯之狂士。孔子在陳不遇賢人上下無所交蓋歎息思歸欲見其鄉黨之士也簡大也狂者進取大道而不得其正者也不忘其初孔子思故舊也周禮五黨爲州五州爲鄉故曰吾黨之士也萬章怪孔子何爲思魯之狂士者也孟子曰。孔子不得中道而與之。必也狂狷乎。狂者進取。狷者有所不爲也。孔子豈不欲中道哉。不可必得。故思其次也。中道中正之大道也狂者能進取狷者能不爲不善時無中道之人以狂狷次善者故思之也敢問。何如斯可謂狂矣。萬章曰人行何如斯則可謂之狂也曰。如琴張曾晳牧皮者。孔子之所謂狂矣。孟子言人行如此三人者孔子謂之狂也琴張子張也子張之爲人踸踔譎詭論語曰師也辟故不能純善而稱狂也又善鼓琴號曰琴張曾晳曾參父也牧皮行與二人同皆事孔子學者也何以謂之狂也。萬章問何以謂此人爲狂曰。其志嘐嘐然。曰古之人。古之人。夷考其行而不掩焉者也。嘐嘐志大言大者也重言古之人欲慕之也夷平也考察其行不能掩覆其言是其狂也狂者又不可得。欲得不屑不絜之士而與之。是獧也。是又其次也。屑絜也不絜汚穢也既不能得狂者欲得有介之人能恥賤惡行不絜者則可與言矣是獧人次於狂者也孔子曰。過我門而不入我室。我不憾焉者。其惟鄉原乎。鄉原、德之賊也。憾恨也人過孔子之門不入則孔子恨之獨鄉原不入者無恨心耳以其鄉原賊德故也曰。何如斯可謂之鄉原矣。萬章問鄉原之惡如何曰。何以是嘐嘐也。言不顧行。行不顧言。則曰古之人。古之人。行何爲踽踽涼涼。生斯世也。爲斯世也。善斯可矣。閹然媚於世也者。是鄉原也。孟子言鄉原之人言何以嘐嘐若有大志也其言行不顧則亦稱曰古之人古之人行何爲踽踽涼涼有威儀如無所施之貌也鄉原者外欲慕古之人而其心曰古之人何爲空自踽踽涼涼而生於今之世無所用之乎以爲生斯世但當取爲人所善善人則可矣其實但爲合衆之行媚愛也故閹然大見愛於世也若是者謂之鄉原也萬子曰。一鄉皆稱原人焉。無所往而不爲原人。孔子以爲德之賊。何哉。萬子即萬章也孟子錄之以其不解於聖人之意故謂之萬子子男子之通稱也美之者欲以責之也萬子言人皆以爲原善所至亦謂之善人若是孔子以爲賊德何爲也曰。非之無舉也。刺之無刺也。同乎

流俗。合乎汙世。居之似忠信。行之似廉絜。衆皆悅之。自以爲是。而不可與入堯舜之道。故曰。德之賊也。孟子言鄉原之人能匿蔽其惡非之無可擧者刺之無可刺者志同於流俗之人行合於汙亂之世爲人謀居其身若似忠信行其身若似廉絜爲行矣衆皆悅美之其人自以所行爲是而無仁義之實故不可與入堯舜之道也無德而人以爲有德故曰德之賊也　孔子曰。惡似而非者。惡莠恐其亂苗也。惡佞恐其亂義也。惡利口恐其亂信也。惡鄭聲恐其亂樂也。惡紫恐其亂朱也。惡鄉原恐其亂德也。似眞而非眞者孔子之所惡也莠之莖葉似苗佞人詐飾似有義者利口辯辭似若有信鄭聲淫人之聽似若美樂紫色似朱朱赤也鄉原惑衆似有德者此六似者孔子之所惡也　君子反經而已矣。經正則庶民興。庶民興。斯無邪慝矣。經常也反歸也君子治國家歸於常經謂以仁義禮智道化之則衆民興起而家給人足矣倉廩實而知禮節安有爲邪惡之行也

〔疏〕萬章曰至斯無邪慝矣。正義曰此章言士行有科人有等級中道爲上狂狷不合似是而非色厲內荏鄉原之惡聖人所甚反經身行民化於已子率以正孰敢不正之謂也萬章問曰孔子在陳何思魯之狂士者萬章問曰孔子在陳國有厄不遇賢人上下無有交者乃歎曰盍歸乎來言我黨之爲士進取於大道而不得其中道者也亦以不忘其初而思故舊也故問之孟子謂孔子在陳國何爲而思魯國之狂士者也孟子曰孔子不得中道而與之至故思其次也孟子荅之曰孔子不得中正之道者而取與之必也思其狂狷者乎狂者以其但進取於大道而不知退宿於中道狷者有所不敢爲但守節無所爲而應進退者也孔子豈不欲中道者而與之哉不可以必得中道之人故思念其次於中道者爲狂狷者也敢問何如斯可謂狂矣萬章又問孟子曰人行當何如則斯可謂之狂矣曰琴張曾晳牧皮者孔子之所謂狂矣孟子又荅之曰如琴張曾晳牧皮三人者孔子謂爲狂者也蓋論語嘗謂古之狂也肆今之狂也蕩琴張曾晳牧皮三者皆學於孔子進取於道而躐等者也是謂古之狂者也琴張曰君子不爲利疾我曾晳風乎舞雩詠而歸是皆有志於學亦志於仕以爲進取者也牧皮經傳並無所見大抵皆學孔子而行有同於曾晳琴張二人耳此孟子所以皆謂之狂士何以謂之狂也萬章又問何以謂此三人爲之狂士也曰其志嘐嘐然曰古之人古之人至鄉原德之賊也者孟子又荅之曰其志嘐嘐然大言乃曰古之人古之人及考驗其所行之行而未始掩覆其言焉是言過於行爲之狂者也孔子思與狂者又不可而必得之欲得有介之人能恥賤汙行不絜者而與之是爲狷者也是又次於狂者也孔子有曰過我門而不入我室我不以恨之者其唯獨於鄉原之徒也鄉原者以其爲賊害於德者也然則孔子如以自非鄉原而過其門而不入室者是則恨之矣此亦見孔子自非鄉原之徒者無不與之也所以思於中道而不可得則思其狂狷曰何如斯可謂之鄉原矣萬章又問何如則謂之鄉原者矣曰何以是嘐嘐也至是鄉原也孟子又荅之曰鄉原之人其言何以是嘐嘐然若有大也以其言不顧於行行又不顧於言則亦稱之曰古之人古之人所行之行何爲踽踽涼涼有威儀如無所施之貌也是言鄉原之人外欲慕古之人而其心乃曰古之人何爲空自踽踽涼涼而生於今之世無所用之乎以爲生斯世也但當取爲人所善則可矣故閹然大見媚愛之於世也者是則謂之鄉原者矣萬子曰一鄉皆稱原人焉至何哉者萬章不解孟子之意故問之曰如一鄉皆稱爲原善之人是無所往而不爲善人矣孔子乃以爲有賊害於德是爲德之賊者何爲者哉曰非之無擧也至斯無邪慝者孟子又荅之曰言鄉原之人能掩蔽其惡使人欲非謗之則無可而非者使人欲譏刺之則無可爲譏刺者其志則有同乎流俗之人所行又合於汙亂之世居其身則若有忠信而實非忠信也行其身若有廉絜而實非廉絜也衆人皆悅美之而自以爲是而無其實故不與入堯舜之正道者也是無德而爲有德故謂之爲德之賊者也孔子有曰惡有似眞而非眞者惡莠之莖葉秀茂者以其似苗恐有亂其苗種者也惡佞詐飾者以其似義恐有亂其義者也惡利口辯辭以其似信恐其有亂於信者也惡鄭聲之淫哇以其似美樂恐其有亂於雅樂也惡紫之間色以其似朱恐其有亂於朱者也惡鄉原之或衆以其似有德恐其有亂於德者也凡此六者孔子所以惡之以其似是而非者也君子者乃歸其常經而已矣云經者則義信德是也如佞口鄉原者是不經也唯君子則反經而已矣君子去其不經以反復乎經則其經斯適於正而不他故義以立而不爲佞亂信以立而不爲利口亂德以立既不爲鄉原亂此庶民所以興行又不爲兩疑之惑矣庶民故以興行斯無邪慝之行也○在周禮五黨爲州五州爲鄉故曰吾黨之士也○正義曰案論語云子在陳曰歸與歸與吾黨之小子狂簡斐然成章不知所以裁之今云周禮五黨而解其文蓋亦不案此論語而有誤也誠如周禮五黨言之則論語何以云吾黨蓋不當引此爲證所謂黨者蓋五百家爲之黨是其旨也○注孟子言至學者也○正義曰子張之爲人踸踔譎詐論語曰師也辟故不能純善者案家語有衞人琴牢字張則此與左傳所謂琴張者琴牢而已非所謂子張善鼓琴也趙注引爲顓孫師亦未審何據而琴張曰師張曰曾晳曾參之父蓋言於前矣牧皮者未詳○注似眞而非至孔子所惡也正義曰案論語云惡紫之奪朱惡鄭聲之亂雅樂惡利口之覆邦家其序與此不同者蓋孟子以亂義不及亂信亂信不及亂德其所主三者而已苗莠朱紫聲樂所託以爲喻者也是所以爲異者也○注色厲內荏至子帥以正孰敢不正者○正義曰此蓋本論語之文而云

孟子曰。由堯舜至於湯。五百有餘歲。若禹皋陶。則見而知之。若湯則聞而知之。言五百歲聖人一出天道之常也亦有遲速不能正五百歲故言有餘歲也見而知之謂輔佐也通於大賢次聖者亦得與在其間親見聖人之道而佐行之言易也聞而知之者聖人相去卓遠數百歲之間變故衆多踰聞前聖所行追而遵之以致其道言難也　由湯至於文王。五百有餘歲。若伊尹萊朱。則見而知之。若文王則聞而知之。伊尹摯也萊朱亦湯賢臣也一曰仲虺是也春秋傳曰仲虺居薛爲湯左相是則伊尹爲右相故二人等德也　由文王至於孔子。五百有餘歲。若太公望散宜生。則見而知之。若孔子則聞而知之。太公望呂尚也號曰師尚父散宜生文王四臣之一也呂尚有勇謀而爲將散宜生有文德而爲相故以相配而言之也　由孔子而來。至於今百有餘歲。去聖人之世。若此其未遠也。近聖人之居。若此其甚也。然而無有乎爾。則亦無有乎爾。至今者至今之世當孟子時也聖人之間必有大賢名世者百有餘年適可以出未爲遠而無有也鄒魯相近傳曰魯擊柝聞於邾近之甚也言已足以識孔子之道能奉而行之既不遭値聖人若伊尹呂望之爲輔佐猶可應備名世如傳說之中出於殷高宗也然而世謂之無有此乃天不欲使我行道也故重言之知天意之審也言則亦者非實無有也則亦當使爲無有也乎爾者歎而不怨之辭也

〔疏〕孟子曰至無有乎爾。○正義曰此章言天地剖判開元更始三皇以來人倫攸敘弘析道德莫貴聖人聖人不出名世承間雖有斯限蓋有遇不遇焉是以仲尼至獲麟而止筆孟子亦有乎爾終於篇章者也孟子曰由堯舜至於湯至由湯至於文王又至由文王至於孔子又至由孔子而至於今止無有乎爾者此孟子欲歸道於已故歷言其世代也言自堯舜二帝至於商湯其年數有五百餘載矣如禹皋陶爲堯舜之臣則親見而知堯舜聖人之大道而佐行之也如湯王之去堯舜之世則相去有數百歲之遠則但聞其二帝所行之道遵而行之者也又自商湯遠至文王周時又有五百餘歲而伊尹萊朱二者俱爲湯之賢臣則親見而知湯所行之道而輔佐之者也如文王之去湯世則相去有數百歲之遠則但聞其湯所行之道而遵之者也以自文王之世至於孔子之時又有五百餘載如太公望散宜生二者爲文王之臣則親見而知文王所行之道而輔佐之者也如孔子之去文王世則相去亦有數百歲之遠則但聞其文王之道而遵之者也故自孔子以來逮至於今但百有餘歲以其去孔子之出如此之未遠自鄒國至于魯國其地相去如此之甚近然而猶可應備名世如傳說之中出於高宗也然而世之以謂無有此名世而出於間者乃天不欲使我行道也故曰然而無有乎爾則亦無有乎爾矣此所以欲歸於已而歷擧世代而言之也○注伊尹至于等德也正義曰史記云伊尹名摯號爲阿衡也爲湯之相萊朱亦湯賢臣一曰仲虺是也春秋傳曰仲虺居薛爲湯左相者蓋魯定公元年左丘明之文也杜預云仲虺奚仲之後也○注太公望散宜生○正義曰太公望於前詳言之矣散宜生案論語云武王曰予有亂臣十人馬融云十人而散宜生在焉散姓宜生名也○注至今者至而無有也○正義曰云魯擊柝聞於邾者按魯哀公七年公伐邾之文也亦於敘言之詳矣云傳說出殷高宗者亦言於前篇矣然而仲尼作春秋必至獲麟而止者也孟子亦必止於無有乎爾而終其篇者蓋亦見孟子擬仲尼而作者也故哀公十四年春西狩獲麟杜氏云麟仁獸也聖王之嘉瑞時無明王出而遇獲仲尼傷周道不興感嘉瑞之無應故春秋脩中興之教絕筆於獲麟之一句所感而作固所以爲終也孟子之書終於是言者蓋亦憫聖道不明于世歷三皇已來推以世代雖有歲限然亦有遇不遇焉故述仲尼之意而作此七篇遂以無有乎爾終於篇章之末蓋亦深歎而不怨之云爾

孟子注疏卷十四下校勘記　阮元撰盧宣旬摘錄

欄也　閩監毛三本同廖本孔本韓本考文古本欄作蘭足利本作闌下入欄同音義出蘭字云與欄字同案蘭者假借字欄者俗字闌者正字也

又復從而非之 閩監毛三本同廖本孔本韓本考文古本非作誹

▲章指言驅邪反正正斯可矣來者不綏追其前誹君子甚之以爲過也

厮養之役也 閩監毛三本同廖本孔本韓本考文古本厮作斯音義出斯養云斯養同厮

則分崩不振 閩監毛三本孔本韓本同宋本廖本無則字

▲章指言原心量力政之善者繇役並興以致離殍養民輕斂君之道也

居不離散 閩監毛三本同廖本孔本韓本考文古本居作民

▲章指言寶此三者以爲國珍寶於珍 孔本韓本考文引古本作爭 玩以殃其身諸侯如茲永無患也

▲章指言小知自私藏怨之府大雅先人福之所聚勞謙終吉君子道也

若是乎從者之廋也 閩監毛三本孔本韓本同廖本廋作廋音義出廋字云或作廋

屝屨也 十行本糢糊閩監毛三本如此宋木孔本韓本屝作屝音義出屝字作屝者誤

自知問之過也 閩監毛三本同宋本孔本韓本無也字

夫子之設科也 閩監毛三本同宋本岳本廖本孔本韓本子作予案注云夫我設教授之科僞疏亦云夫我之設科以教人則作予是也予子蓋字形相涉而譌

來者不拒 閩監毛三本孔本韓本同宋九經本宋本岳本咸淳衢州本廖本拒作距

亦不拒逆 閩監毛三本韓本同廖本考文古本拒作距孔本拒逆作逆拒

君子不保其異心也 閩監毛三本同廖本孔本韓本考文古本無其字

殆非爲是來 閩監毛三本同廖本孔本韓本考文古本上有言字

謙以益之而已 閩監毛三本同廖本孔本韓本考文古本作謙以荅之

▲章指言教誨之道受之如海百川移流不得有拒 考文引古本作距 雖獨竊屨非已所絕順荅小人小人自咎所謂造次必於是也

人能充無穿窬之心 閩監毛三本同宋九經本岳本咸淳衢州本廖本孔本韓本窬作踰

人能充無受爾汝之實 各本同廖本汝作女

人所爾汝者也 閩本孔本韓本同監毛二本汝作女毛本下爾汝亦作女

而以自行所至 閩監毛三本自作有廖本孔本韓本考文古本有作自

是以言餂之也 音義云本亦作餂○按韻書無餂字而趙注與方言正合則爲餂字之誤無疑也

▲章指言善恕行義充大其美無受爾汝何施不可取人不知失其臧否比之穿踰善亦遠矣

孟子曰人皆不忍 閩監毛三本皆下有有所二字

以其失之以也 閩本下以改敎監毛二本與閩本同

而道存焉 閩監毛三本同岳本廖本孔本韓本考文古本無此四字

自任太輕也 閩監毛三本同宋本孔本韓本無也字

▲章指言道之善以心爲原當求諸已而責於人君子尤之況以妄芸言失務也

乃爲善言者也 閩本同監毛二本删者字

乃爲善道○君子之言也 閩監毛三本○作也字

以其君子於其言也 閩本同監毛二本無上其字

非特騰心說而已 補監毛本心作口是也

盛德之至 各本同孔本下有也字

行命以待之而已矣 閩監毛三本同廖本孔本韓本考文古本作待命而已矣

▲章指言君子之行動合禮中不惑禍福修身俟終堯舜之盛湯武之隆不是過也

是爲盛之至也 閩監毛三本盛下有德字

勿視其巍巍然 閩監毛三本同廖本孔本韓本巍作魏音義出魏魏丁云當作巍是經文本作魏作巍非也○按依說文本無二字

謂當時之尊貴者也 岳本及各本同宋本無謂字

說大人之法 閩監毛三本同廖本孔本韓本考文古本說下有此字

言語得盡而已 閩監毛三本廖本孔本韓本考文古本無而已二字

堂高數仞 閩監毛三本同廖本孔本韓本考文古本堂高作高堂

榱題數尺 閩監毛三本同廖本孔本韓本考文古本榱題作振屋

奢大之室 閩監毛三本同廖本孔本韓本足利本大作汰考文古本作大

大屋無尺丈之限 廖本孔本考文古本足利本同閩監毛三本韓本屋作室

後車千乘 閩監毛三本同孔本韓本考文古本後作從

▲章指言富貴而驕自遺咎也茅茨采椽聖堯表也以賤說貴懼有蕩心心謂彼陋以寧我神故以所不爲爲之寶玩也

自遺咎 補案咎下依章指有也字

利欲也 各本同廖本利欲作欲利

若晉國欒黶之類也 閩監毛三本同廖本孔本韓本考文古本無晉字

不存者衆 閩監毛三本同廖本孔本韓本考文古本下有也字

▲章指言清靜 孔本韓本作淨 寡欲德之高者畜聚積實穢行之下廉者招福濁者速禍雖有不然蓋非常道是以正路不可不由也

孟子至寡矣 閩監二本同毛本子下有曰字

孟子曰至雖有不存焉者寡矣 監毛本同案不字衍

故問羊棗與膾炙孰美也 閩監毛三本同廖本孔本韓本考文古本孰字在與字之上韓本無也字

故諱 閩監毛三本同廖本孔本韓本考文古本下有之也二字

▲章指言情理 宋本孔本韓本說文古本作禮 相扶以禮制情人所同然禮則不禁曾參至孝思親異心羊棗之感終身不嘗孟子嘉焉故上章稱曰豈有非義而曾子言之者也

獨曾子好之 閩監毛三本子改晳

譬如君父之名 閩監毛三本如下增諱字

吾黨之小子 閩監毛三本同宋本孔本韓本小子作士

孔子在陳 閩監毛三本同廖本孔本韓本考文古本在作尼

思魯之狂士者也 閩監毛三本同廖本孔本韓本考文古本無者字

狷者有所不爲也 各本狷作獧案音義出狂獧云與狷同則經注並當作獧作狷者誤

能恥賤惡 閩監毛三本同廖本孔本韓本考文古本惡作汙

以其鄉原賊德故也 閩監毛三本同宋本孔本韓本無鄉原二字

萬章問鄉原之惡如何 廖本孔本韓本如作云閩監毛三本如何作何如

言何以嘐嘐若有大志也閩監毛三本同廖本孔本韓本以下有是字

萬子曰按朱注本作萬章誤

惡鄉原恐其亂德也韓本脫此八字

莠之莖葉似苗閩監毛三本同岳本廖本孔本韓本無之字

色似朱朱赤也閩監毛三本同廖本孔本韓本少一朱字

孔子之所惡也閩監毛三本同廖本孔本韓本考文古本上有皆字

歸於常經閩監毛三本同宋本岳本廖本孔本韓本考文古本於作其

▲章指言士行有科人有等級中道爲上狂獧不合似是而非色厲內荏鄉原之惡聖人所甚反經身行民化於己子率而足利本作以正孰敢不正也

如佞曰鄉原者閩監毛三本口上有利字

然而無有乎爾則亦無有乎爾音義陸本作然而無乎爾則亦有乎爾

非實無有也岳本廖本孔本韓本考文古本同閩監毛三本有誤者

▲章指言天地剖判開元建始三皇以來人倫攸敘宏析道德班垂文采莫貴乎聖人聖人不出名世承閒雖有此限蓋有遇孔本下有有字不遇焉是以仲尼至獲麟而止筆孟子以無有乎爾終其篇章斯亦一契之趣也

孟子注疏卷十四下校勘記

齊故刑人之地　閩監毛本同誤也鄂本故作放當據正

宋樂世心　毛本世作大鄂本不誤公羊作世心左氏作大心廿五年釋文可證嚴杰説

自曹入于蕭不言宋　鄂本此下疊言宋二字此脱

何氏特引此事者　閩本同監毛本氏誤事

叔痤卒　唐石經諸本同解云左氏穀梁作叔輒

叔痤卒　解云　閩監毛本脱卒字

冬蔡侯朱出奔楚　唐石經諸本同解云左氏與此同穀梁作蔡侯東

二十有二年

大蒐于昌姦　唐石經諸本同釋文作大廋云本亦作蒐昌姦二傳作昌間

以上二事以解傳文何言乎王室亂之意　按此十六字當在天王出居于鄭是也之下

刺周室之微　十八年疏引此下有弱字

不言成周　蜀大字本閩監毛本同鄂本言作曰

故正王可知也　疏引作皆可知

傳若事悉解　浦鏜云疑脱一事字

云注不爲天子諱者　按注字當衍何按本作注云

閔二年傳云　浦鏜云元誤二按浦説是也

不舉猛爲重者　鄂本閩本同監毛本舉誤居

正以言王傾國受師　此本傾作頃今據閩本訂正監毛本作須非

以者何行其意也　浦鏜云上當脱傳云

自號西周王　鄂本同閩監毛本自誤故主作王按廿六年冬十月下疏引作自號西周王

不月者　蜀大字本閩監毛本同鄂本無者字

三者皆不當卒卒又名者　蜀大字本閩監毛本同誤也鄂本三作二無下卒字當據以訂正按解云言二者皆不當卒又云既不合卒今書其名皆與鄂本合

假令得作外踰年君問自不得書其卒　浦鏜云問疑亦字誤

論語注疏校勘記序

春秋易大傳聖人自作之文也論語門弟子所以記載聖言之文也凡記言之書未有不宗之者也魯齊古本異同今不可詳今所習者則何晏本也元於論語注疏舊有校本且有箋識又屬仁和生員孫同元推而廣之於經注疏釋文皆據善本備其同異暇輒親訂成書以詒學者云爾阮元記

引據各本目錄

漢石經十卷　據洪适隸釋所載石刻殘字

唐石經十卷　唐開成時石刻本

宋石經　宋紹興時石刻本

皇侃義疏十卷　日本寛延庚午根伯修遜志校正付刻每葉十八行每行二十字前有彼國人平安服元喬敘

高麗本　據海寧陳鱣論語古訓本所引

十行本二十卷　每葉二十行每行二十三字上邊書字數下邊書刻工姓名中有一葉下邊書泰定四年年號知其書雖爲宋刻元明遞有修補又元徵宏桓慎殷樹匡敦讓貞懲崩完恒等字字外並加一墨圈書中誤字雖多然其勝於各本之處亦復不少

閩本二十卷　明嘉靖間閩中御史李元陽校刊每葉十八行每行二十一字下邊書刻工姓名間有書字數者當出於修補之手雖有訂正十行本之處然已有不及十行本之善

北監本　明神廟間北國子監所刊行數字數與閩本同上邊書萬歷十四年刊六字字體惡劣誤字亦多

毛本　明崇禎間汲古閣毛子晉校刊行數字數亦與閩本同下邊大書汲古閣三字雖校正付刊誤字少於北監本然較之十行本其善處遠不可及矣